Krauß • Vermögensnachfolge in der Praxis

Vermögensnachfolge in der Praxis

Vorweggenommene Erbfolge in Privat- und Betriebsvermögen

von

Notar Dr. Hans-Frieder Krauß,
LL.M. (University of Michigan), München

3., überarbeitete und erweiterte Auflage

Carl Heymanns Verlag 2012

Bibliografische Information der Deutschen Nationalbibliothek

Die Deutsche Nationalbibliothek verzeichnet diese Publikation in der Deutschen Nationalbibliografie; detaillierte bibliografische Daten sind im Internet über http://dnb.d-nb.de abrufbar.

ISBN 978-3-452-27552-3

www.wolterskluwer.de
www.heymanns.com

Alle Rechte vorbehalten.
© 2012 Wolters Kluwer Deutschland GmbH, Luxemburger Straße 449, 50939 Köln.
Carl Heymanns – eine Marke von Wolters Kluwer Deutschland GmbH.

Das Werk einschließlich aller seiner Teile ist urheberrechtlich geschützt. Jede Verwertung außerhalb der engen Grenzen des Urheberrechtsgesetzes ist ohne Zustimmung des Verlages unzulässig und strafbar. Das gilt insbesondere für Vervielfältigungen, Übersetzungen, Mikroverfilmungen und die Einspeicherung und Verarbeitung in elektronischen Systemen.

Verlag und Autor übernehmen keine Haftung für inhaltliche oder drucktechnische Fehler.

Umschlagkonzeption: Martina Busch, Grafikdesign, Fürstenfeldbruck
Druck und Weiterverarbeitung: L.E.G.O. S.p.A. – Lavis, Italy

Gedruckt auf säurefreiem, alterungsbeständigem und chlorfreiem Papier

Vorwort

Die beiden Vorauflagen dieses Werks, erschienen Ende 2006 bzw. Ende 2009 jeweils unter dem Titel „Überlassungsverträge in der Praxis", haben eine überaus freundliche Aufnahme gefunden. Das praxisorientierte Konzept einer umfassenden Darstellung „aus einer Hand" der schuld-, sachen-, erb-, sozial-, ertragsteuer- und schenkungsteuerlichen Aspekte der vorweggenommenen Erbfolge sowie der Übertragung unter Ehegatten und Lebensgefährten hat sich offensichtlich bewährt.

Einem vielfach geäußerten Benutzerwunsch folgend, wurde die Nachfolge in Betriebsvermögen sowie in Gesellschaftsanteile in der hier vorgestellten 3. Auflage deutlich stärker betont, sodass der im neuen Titel aufscheinende, umfassendere Begriff der „Vermögensnachfolge" den Kern besser trifft. Zugleich wurde die Darstellung anderer Formen der Vermögensübertragung, wie die Erbteilsübertragung und Abschichtung, die Übertragung auf Stiftungen, und die Darstellung von Geschäften unter Lebenden auf den Todesfall deutlich erweitert.

Die Zahl der Bausteine hat sich damit auf etwa 460 erhöht, ebenso die im Anhang enthaltenen Gesamtvertragsmuster.

Daneben wurden erste Erfahrungen mit der Bewertungs- und Erbschaftsteuerreform des Jahres 2009 sowie umfangreiche Rechtsprechung insb. des BGH und des BSG berücksichtigt, einschließlich der begleitenden Kommentierung durch die praxisorientierte Literatur.

Das Buch ist auf dem Rechtsstand vom 23. Oktober 2011.

Ich freue mich auf einen lebendigen Dialog mit Ihnen! Haben Sie Vorschläge, vermissen Sie etwas, stellen Sie Fehler fest oder wollen Sie auf Entwicklungen in der Praxis aufmerksam machen, bitte ich um Ihre Nachricht an: info@notarkrauss.de.

München, im Oktober 2011   Dr. Hans-Frieder Krauß

Hinweis zur Benutzung der CD-ROM

Zur Übernahme der Muster oder Formulierungsbeispiele legen Sie die CD-ROM in Ihr CD-ROM-Laufwerk ein. Sie können z.B. über das Icon „Arbeitsplatz" durch Doppelklick auf das Symbol des CD-ROM-Laufwerks Zugriff auf die Dateien erhalten.

Durch Doppelklick auf die Datei „start-rtf" gelangen Sie auf ein zentrales Word-Dokument. In diesem Dokument sind sämtliche rtf-Dateien der CD-ROM aufgelistet.

Durch Mausklick in Kombination mit der Strg-Taste auf die entsprechende Fundstelle gelangen Sie zum gesuchten Muster oder Formulierungsbeispiel.

Inhaltsverzeichnis

	Seite
Vorwort	V
Hinweis zur Benutzung der CD-ROM	VI
Inhaltsverzeichnis	VII
Verzeichnis der Formulierungsvorschläge und Muster	LI
Literaturverzeichnis	LXV
Abkürzungsverzeichnis	LXXVII

	Rn.
Kapitel 1: Grundtypus und Varianten – Das Schenkungsrecht des BGB und typische Fallgruppen	1
A. Begriff, Rechtsnatur	2
B. Rahmenbedingungen	7
I. Rechtstatsächliches	7
II. Weichenstellungen	9
III. Rolle des Notars	14
C. Der Schenkungsbegriff des BGB	21
I. Voraussetzungen einer Schenkung	22
1. Bereicherung des Empfängers	23
2. Unentgeltlichkeit der Zuwendung	28
3. Einigung	35
II. Einzelfälle möglicher Gegenleistungsverknüpfungen	38
1. Bereits erbrachte Leistungen	38
2. Zu erbringende Leistungen bzw. zu erduldende Vorbehalte	43
3. Verrechnung mit Pflichtteils-, Zugewinnausgleichs- bzw. Unterhaltsansprüchen	50
a) Pflichtteilsanspruch/Pflichtteilsverzicht	51
aa) Liegt in der Zuwendung als Abfindung für einen Erb- und/oder Pflichtteilsverzicht nach § 2346 BGB ebenfalls eine Schenkung?	52
bb) Abgeltung des Pflichtteilsgeldanspruchs	58
b) Zugewinnausgleichsanspruch	61
aa) Schenkungsteuer	63
bb) Zivilrecht	69
cc) Ertragsteuerrecht	76
c) Unterhaltsanspruch	83
4. Schenkungscharakter/Verwertbarkeit erbrechtlicher Präventivmaßnahmen	87
a) Pflichtteilsverzichtsvertrag	88
aa) „normaler Gläubiger"	88
bb) Regelinsolvenz	89
cc) Wohlverhaltensphase	90
dd) Sozialleistungsträger	91

					Rn.
		b)	Ausschlagung		94
			aa)	„normaler Gläubiger"	94
			bb)	Regelinsolvenz	95
			cc)	Wohlverhaltensphase	96
			dd)	Sozialleistungsträger	97
		c)	Entstandene Pflichtteilsansprüche		99
			aa)	„normaler Gläubiger"	99
			bb)	Regelinsolvenz	100
			cc)	Wohlverhaltensphase	101
			dd)	Sozialleistungsträger	103
	III.	Abgrenzung zur Schenkung: Familienrechtliche Verträge			109
		1.	Gütergemeinschaft		109
		2.	Gütertrennung und Vereinbarungen zum Zugewinnausgleich		115
		3.	Anrechnung gem. § 1380 BGB		116
		4.	Rückwirkende Vereinbarung der Zugewinngemeinschaft		117
		5.	Güterrechtliche Besonderheiten im Beitrittsgebiet		119
	IV.	Weitere Abgrenzung: Gesellschaftsrechtliche Vereinbarungen			121
		1.	Verpflichtungen causa societatis		121
		2.	Nachfolgeregelungen bei Personengesellschaften		123
D.	**Schenkungsrecht des BGB**				**136**
	I.	Form			136
	II.	Besonderheiten des Schenkungsrechts			141
	III.	Schenkung unter Auflage (§§ 525 bis 527 BGB)			155
	IV.	Privilegierung von Schenkungen			158
	V.	Bestandsschwäche von Schenkungen			161
		1.	Bestandsschwäche im Verhältnis zwischen Schenker und Beschenktem		161
		2.	Bestandsschwäche im Verhältnis zu Dritten		162
		3.	Insb.: Anfechtungsrecht		172
			a)	Allgemeine Voraussetzungen	173
			b)	Anfechtungstatbestände	179
			c)	Beurkundungsrecht	186
	VI.	„Asset Protection"			188
E.	**Weitere Typen lebzeitiger Zuwendungen**				**195**
	I.	Ausstattung (§ 1624 BGB)			196
	II.	Gemischte Schenkung			206
	III.	Weitere Typen der vorweggenommenen Erbfolge			210
	IV.	Gegenseitige Zuwendungsversprechen auf den Todesfall			213
	V.	Erbauseinandersetzung			223
		1.	Grundsatz		223
		2.	Rechtsgeschäftliche Auseinandersetzung		224
			a)	Auseinandersetzungsvertrag	225
				aa) Ausschluss	226
				bb) Zeitpunkt	228

				Rn.
		cc)	Sachverhaltserfassung	230
		dd)	Sonderfälle	233
	b)	Erbteilsübertragung		235
	c)	Abschichtung		245
	3. Gesetzliche Verfahren			249
	a)	Vermittlungsverfahren		249
	b)	Auseinandersetzungsklage		251
	c)	Gerichtliche Zuweisung		253

F. Besonderheiten bei der Unternehmensnachfolge 255
   I.   Allgemeines 255
   II. Interessenlage 258
   III. Formen der Nachfolgeplanung 266
      1. Unternehmensnachfolge von Todes wegen 266
         a) Alleinerben-Vermächtnisnehmer-Modell 269
         b) „Frankfurter Testament" 276
         c) Wahlvermächtnis-Modell 282
         d) Schlusserbenlösung mit Abänderungsvorbehalt 286
         e) Mitunternehmerschaften 292
         f) Nachfolge in Freiberufler-Gesellschaften 300
         g) Dauervollstreckungslösung 306
      2. Unternehmensnachfolge zu Lebzeiten 314
         a) Vorbereitung und Absicherung 314
         b) Zwischenformen: Übertragung auf den Todeszeitpunkt 321
         c) Lebzeitige Übertragung 323
   IV. Möglichkeiten lebzeitiger Unternehmensübertragung 324
      1. Einzelunternehmen 324
      2. Gesellschaftsbeteiligung 331
      3. Änderung der Rechtsform 334
   V. Besonderheiten bei landwirtschaftlichen Übergaben 337
      1. Interessenlage 337
      2. Rückbehalt 340
      3. Übertragungsumfang 346
      4. Milchreferenzmenge 348
      5. Zuckerrübenlieferungsrechte 354
      6. Agrarförderung 358

Kapitel 2: Sozialfürsorgerecht – ein Überblick 365
A. Sozialhilfe 369
   I.   Grundbegriffe, Arten der Hilfegewährung 374
      1. Definitionen 374
      2. Hilfe zum Lebensunterhalt (§§ 27 bis 40 SGB XII) 396
         a) Regelbedarf 397
         b) Mehrbedarf 401
         c) Zusatzbedarf 402

		Rn.
d) Einsatz- und Bedarfsgemeinschaft		404
3. „Hilfe in besonderen Lebenslagen"		408
II. Berücksichtigung von Vermögen und Einkommen		419
1. Vermögensschonung (§ 90 SGB XII)		419
a) Begriff des Vermögens		419
b) Unverwertbares Vermögen (§ 90 Abs. 1 SGB XII)		424
c) Schonvermögen (§ 90 Abs. 2 SGB XII)		439
d) Unbillige Härte (§ 90 Abs. 3 SGB XII)		459
2. Einkommen (§§ 82, 85 SGB XII)		462
a) Einkommensbegriff (§ 82 SGB XII)		462
b) Absetzbare Beträge (§ 82 Abs. 2 und 3 SGB XII)		473
c) Einkommensschongrenze bei Leistungen des 5. – 9. Kapitels		476
aa) Allgemeine Einkommensgrenze (§ 85 SGB XII)		478
bb) Abweichende Einkommensberücksichtigung		485
(1) Erhöhter Grundbetrag (§ 86 SGB XII)		485
(2) Reduzierte Einkommensanrechnung bei Leistungen für Behinderte		486
(3) Einkommensunabhängige Leistungen		488
cc) Einsatz des Einkommens über der Einkommensgrenze (§ 87 SGB XII)		489
dd) Einsatz des Einkommens unter der Einkommensgrenze (§ 88 SGB XII)		494
III. Regress, Erbenhaftung, Überleitung		499
1. Rückforderungsrechte nach allgemeinem Sozialverwaltungsrecht		502
2. Aufwendungs- bzw. Kostenersatz		505
3. Erbenhaftung (§ 102 SGB XII)		509
a) Zu ersetzende Leistungen		510
b) Ersatzpflichtiger Personenkreis		514
c) Ersatzpflichtiger Nachlass		519
d) Geltendmachung des Erbenregresses		534
4. Überleitung von Ansprüchen gem. § 93 SGB XII (bzw. § 27g BVG, § 33 Abs. 1 SGB II, § 95 Abs. 3 SGB VIII)		539
a) Überleitungsgegenstand		539
b) Überleitungsbetroffener		542
c) Überleitungsvoraussetzungen		544
d) Überleitungsverfahren		549
e) Folgen der Überleitung		550
5. Übergang von Unterhaltsansprüchen gem. § 94 SGB XII (§ 27h BVG, § 33 Abs. 2 SGB II)		551
a) Forderungsübergang		551
b) Gegenstand des Übergangs		561
aa) Kongruenz		562
bb) Unterhaltsrechtliche Differenzierung		565

				Rn.
		cc)	Sozialhilferechtliche Differenzierung	567
	c)	Strukturunterschiede zum Unterhaltsrecht		568
		aa)	Personenkreis	569
		bb)	Schonung des Berechtigten	572
		cc)	Zeitlicher Beginn	576
		dd)	Schonung des Verpflichteten	577
		ee)	Art des Bedarfs	580
		ff)	Schuldnermehrheit	581
	d)	Härtefall gem. § 94 Abs. 3 Nr. 2 SGB XII		583
	e)	Schonung von Eltern behinderter Kinder (§ 94 Abs. 2 SGB XII)		585
6.	Inanspruchnahme bei Verarmung von Geschwistern			590
	a)	§ 419 BGB a.F.		591
	b)	§ 528 BGB		592
	c)	§§ 2325, 2316 BGB		595

B. Grundsicherung ... 597

I.	Grundsicherung im Alter und bei Erwerbsminderung (4. Kap. SGB XII)			597
1.	Leistungsbezieher			598
2.	Leistungsansprüche			602
3.	„Regress"			605
	a)	Erbenhaftung		606
	b)	Anspruchsüberleitung		607
	c)	Unterhaltsregress		608
II.	Hartz IV: Grundsicherung für Arbeit Suchende seit 01.01.2005 (SGB II)			611
1.	Geschichtliches: Arbeitslosenhilfe und Rechtspolitik			611
2.	Anspruchsberechtigung			617
3.	Insb. Erwerbsfähigkeit/Hilfebedürftigkeit			632
	a)	Definitionen		632
	b)	Zumutbarkeit		634
	c)	Einkommen		635
	d)	Vermögen		644
4.	Eingliederungsleistungen			671
5.	Finanzielle Leistungen			674
	a)	Allgemeines		674
	b)	ALG II		677
	c)	Sozialgeld		687
	d)	Kinderzuschlag		689
	e)	Sanktionen		691
6.	Regress			693
	a)	Tatbestände		693
		aa)	Verschuldensregress	694
		bb)	Erbenregress	695
		cc)	Überleitungsregress	696
	b)	Insb. „Ahndung" von Vermögensübertragungen		705

		Rn.
	7. Checkliste	708
	8. Würdigung und Ausblick	709
C.	**Elternunterhalt**	**718**
I.	Grundlagen	727
	1. Rechtspolitische Überlegungen	727
	2. Bürgerlich-rechtlicher Unterhaltsrang	729
II.	Berechtigte: Bedarf, Bedürftigkeit, Schonung	731
	1. Bedarf	731
	2. Bedürftigkeit	733
	a) Einkommenseinsatz	734
	b) Vermögenseinsatz	736
	3. Sozialhilferechtliche Besonderheiten	743
	a) Einkommensschonung	744
	b) Vermögensschonung	747
	c) Einsatz- und Bedarfsgemeinschaft	748
III.	Bemessung der Leistungsfähigkeit von Kindern aus Einkommen	750
	1. Einkommensermittlung	751
	2. Einkommensbereinigung	756
	3. Minderung der Leistungsfähigkeit durch vorrangige Unterhaltspflichten	762
	a) Kindesbarunterhalt	764
	b) Kindesnaturalunterhalt	765
	c) Geschiedenenunterhalt	767
	d) Ehegattenunterhalt	768
	4. Mindestselbstbehalt und Eigenbedarf	776
	5. Einkommenseinsatz ohne Rücksicht auf den Mindestselbstbehalt	782
	a) Vermögensbildung	785
	b) Überobligatorischer Erwerb außerhalb des eheprägenden Bedarfs	786
	c) Auskömmliches Schwiegerkindeinkommen	788
	6. Berechnungsbeispiele	791
IV.	Heranziehung aus Vermögen	795
V.	Ausschlusstatbestände	811
	1. Beschränkung oder Wegfall gem. § 1611 Abs. 1 BGB	811
	2. Verwirkung nach § 242 BGB	815
VI.	Verhältnis mehrerer Unterhaltspflichtiger zueinander	816
	1. Rangabstufungen	816
	2. Verteilung im Gleichrang	820
	3. Haftungsverhältnis mehrerer gleichzeitig Beschenkter	824
	4. Regelungsbedarf	826
VII.	Sozialrechtliche „Reaktionen" auf den Elternunterhalt	828
VIII.	Strategien zur Vermeidung einer Heranziehung	830

Kapitel 3: Sozialrechtliche Fragen der Grundstücksüberlassung 834
A. Vorüberlegung: Rolle des Notars 834

	Rn.
B. Risiko der Nichtigkeit wegen Verstoßes gegen das sozialrechtliche Nachrangprinzip (§ 138 BGB)	840
I. Sittenwidrigkeit der Übertragung	840
1. Exkurs: Familienrecht	841
a) Sozialrechtlich bedingte Sittenwidrigkeit	841
b) Inhalts- und Ausübungskontrolle im Verhältnis der Ehegatten zueinander	844
2. Erbrecht	847
3. Vermögensübertragungen	850
II. Sittenwidrigkeit einzelner Rechtsakte beim Vermögenswechsel	860
1. Sittenwidrigkeit des Rückforderungsverlangens	861
2. Sittenwidrigkeit der Ausschlagung/Annahme einer Erbschaft	862
C. Risiko der Rückforderung bei späterer Verarmung des Veräußerers (§ 528 BGB)	866
I. Tatbestandsvoraussetzungen	868
1. Schenkung	868
a) Begriff	868
b) Vollzogene Schenkung	871
2. Verarmungstatbestand	875
3. Umgestaltung des zivilrechtlichen Anspruchs durch das Sozialrecht	879
a) Eingeschränkte Abtretbarkeit	882
b) Fortbestehen des Anspruchs trotz Wegfalls des Notbedarfs	888
c) Transmortales Fortbestehen	890
d) Immunität ggü. Konfusion	895
e) Sozialrechtliche Besonderheiten bei der Überleitung	898
aa) Sozialhilferechtliche Erweiterungen der Möglichkeiten zur Deckung des Notbedarfs	900
bb) Sozialhilferechtliche Schranken gem. § 93 Abs. 1 Satz 3 SGB XII	902
II. Inhalt des Rückforderungsanspruchs	910
1. Bedarfslücke überschreitet Aktivwert des Geschenks	911
2. Ausübung der gesetzlichen Ersetzungsbefugnis (§ 528 Abs. 1 Satz 2 BGB)	912
3. Regelfall: Aktivwert des Geschenks überschreitet Bedarfslücke	914
4. „Umgekehrte Ersetzungsbefugnis"	918
a) Zivilrechtliche Zulässigkeit	918
b) Sozialrechtliche Relevanz der „umgekehrten Ersetzungsbefugnis" (§ 93 Abs. 1 Satz 3 SGB XII, § 33 Abs. 1 SGB II)	923
c) Zivilrechtliche Relevanz der „umgekehrten Ersetzungsbefugnis" (§ 529 Abs. 2 BGB)	928
d) Erfüllung des Anspruchs nach Ausübung der umgekehrten Ersetzungsbefugnis	931
III. Rückforderungsobjekt	937
IV. Konkurrenzverhältnis	939
V. Ausschlusstatbestände	943
1. 10-Jahres-Frist (§ 529 Abs. 1 a.E. BGB)	944

	Rn.

    2. Vorsätzliche oder grob fahrlässige Herbeiführung der Bedürftigkeit (§ 529 Abs. 1, 1. Alt. BGB) 946
    3. Gefährdung des eigenen Unterhalts (§ 529 Abs. 2 BGB: Einkommens- und Vermögensschonung des Erwerbers) 947
    4. Pflicht- und Anstandsschenkungen (§ 534 BGB) 953
    5. Verjährung 954
  VI. Quintessenz 955
    1. Verarmungsrisiko auf Veräußererseite 956
    2. Verarmungsrisiko auf Erwerberseite 960
    3. Verarmungsrisiko auf Geschwisterseite 966

D. Auswirkungen der Übertragung bzw. vereinbarter Gegenleistungen auf sozialrechtliche Ansprüche 969
  I. Vermögens- und einkommensunabhängige Ansprüche 969
  II. Vermögensabhängige Sozialleistungsansprüche 971
    1. Betroffene Sozialleistungen 971
    2. Einfluss der Übertragung bzw. vereinbarter Gegenleistungen auf vermögensabhängige Ansprüche 973
      a) Anknüpfung an den Vermögensverlust 974
      b) Anknüpfung an die Gegenleistungen 977
  III. Einkommensabhängige, nicht pflegefallspezifische Sozialleistungsansprüche .. 979
    1. Sanktionsmechanismen 979
      a) Anknüpfung an die veräußerungsbedingte Einkommensminderung 980
      b) Anknüpfung an den Einkommenswert der Gegenleistungen 982
    2. Enger Einkommensbegriff (ohne vertragliche Versorgungsansprüche) 983
    3. Kürzung aufgrund Einkommensanrechnung der Gegenleistungen 988

E. Pflegefallspezifische Ansprüche nach dem SGB XII und PflegeVG und ihre Wechselbeziehung zu Grundbesitzübertragungen 1000
  I. Häusliche Pflege 1002
    1. Erstattung von Aufwendungen 1003
    2. Kostenübernahme für externe Pflegekräfte 1004
      a) Voraussetzungen 1004
      b) Kriterien für mögliche Kürzungen 1005
    3. Pflegegeld 1008
      a) Voraussetzungen 1008
      b) Kriterien für mögliche Kürzungen 1012
  II. Pflege bei Unterbringung in Heimen 1014
    1. Reduzierter Schonbereich 1014
    2. Wegfall vertraglicher Ansprüche (Wohnungsrecht)? 1017
    3. Überleitung vertraglicher Ansprüche? 1026
    4. „Umwandlung" in Geldansprüche? 1030
      a) Leibgedingsrecht 1030
      b) Änderung der Geschäftsgrundlage (§ 313 BGB)? 1034
      c) „Interessengerechte" Vertragsauslegung? 1037

			Rn.
III.	Rechtslage gemäß Pflegeversicherungsgesetz		1045
	1. Grundzüge des SGB XI		1045
		a) Versicherte, Beiträge	1045
		b) Pflegebedürftigkeit (Pflegestufen)	1051
		c) Pflegegeldleistung	1056
		d) Pflegesachleistung	1058
		e) Teilstationäre Leistungen	1060
		f) Vollstationäre Leistungen	1062
		g) Leistungserbringung	1065
		h) Private Pflichtversicherung, Reformüberlegungen	1066
	2. Wechselbezüge mit Übertragungsverträgen		1069
IV.	Landespflegegesetze		1076

Kapitel 4: Absicherung des Veräußerers 1078
A. Nießbrauch 1078

I.	Begriff, Rechtsinhalt		1078
	1. Rechtsnatur		1078
	2. Entstehung und Beendigung		1081
		a) Grundverhältnis	1081
		b) Entstehung des dinglichen Rechts	1082
		c) Erlöschen durch Tod oder Fristablauf	1084
		d) „Verzicht"	1088
	3. Belastungsgegenstand		1093
	4. Berechtigter		1100
		a) Grundsatz	1100
		b) Mehrheit von Berechtigten	1101
		c) Sukzessivberechtigung	1109
	5. Rechtsinhalt		1113
		a) Grundsatz	1113
		b) Ausschluss einzelner Nutzungsarten	1114
		c) Örtliche Begrenzung	1119
		d) Wohnungseigentum	1122
		e) Besitz- und Abwehrrechte	1125
	6. Nießbrauch und Mietverhältnis		1128
	7. Übertragung eines Nießbrauchs zur Ausübung		1133
	8. Gläubigerzugriff		1138
		a) Pfändung	1138
		b) Zwangsversteigerung	1141
		c) Zwangsverwaltung	1143
		d) Überleitung auf den Sozialfürsorgeträger	1146
II.	Lastentragung		1147
	1. Unterhaltung der Sache		1148
	2. Kosten		1152
	3. Abweichende Vereinbarungen		1158

	Rn.
4. Finanzierung der Lasten des Nießbrauchers.	1175
a) Bestehende Grundpfandrechte	1176
b) Künftige Grundpfandrechte	1180
c) Bedingtes Abstandsgeld	1185
d) Ablösung des Nießbrauchs durch wiederkehrende Leistungen („Rentenwahlrecht")	1186
e) Ablösung des Nießbrauchs durch Einmalzahlung	1189
5. Verfügungsvollmachten	1192
III. Pflichtteilsergänzung, Bewertung.	1198
1. Beginn der Frist des § 2325 Abs. 3 BGB.	1199
a) Fristbeginn beim Bruchteils- oder Quotennießbrauch	1201
b) Fristbeginn beim Zuwendungsnießbrauch an den Ehegatten	1204
2. Bewertung des Vorbehaltsnießbrauchs i.R.d. § 2325 BGB.	1208
a) Bewertungsstichtag	1209
b) Abzugsbetrag	1210
3. Bewertung des Nießbrauchs i.R.d. Zugewinns	1215
4. Nachträglicher Verzicht auf den Nießbrauch	1221
IV. Nießbrauch an Geld- und Wertpapiervermögen	1223
1. Zivilrecht.	1223
a) Bargeld, Bankguthaben.	1223
b) Wertpapiere, Darlehen	1224
c) Sicherung der Beteiligten	1226
2. Steuerrecht.	1227
V. Besonderheiten des Nießbrauchs an Unternehmen	1230
1. Allgemeine Grundsätze	1231
2. Einzelunternehmen.	1235
3. Personengesellschaften	1239
a) Zulässigkeit.	1245
b) Ertragsbezogene Rechte	1247
c) Mitwirkungsrechte des Nießbrauchers	1252
aa) Gesellschafterrechte/Geschäftsführung	1252
bb) Informations- und Kontrollrechte	1256
d) Surrogation	1257
4. Kapitalgesellschaften	1259
B. Wohnungsrecht	**1265**
I. Begriff, Rechtsinhalt.	1265
1. Abgrenzung zu ähnlichen Rechtsinstituten	1265
a) (Mit-) Benutzungsrecht gem. §§ 1090 ff. BGB	1267
b) Wohnungsgewährungsreallast (§ 1105 BGB)	1272
c) Dauerwohnrecht (§§ 31 ff. WEG)	1279
2. Grundbuchlicher Belastungsgegenstand.	1280
3. Dinglicher Ausübungsbereich.	1284
4. Berechtigte	1286

		Rn.
	5. Dinglicher Inhalt des Wohnungsrechts	1291
	a) Wohnnutzung	1291
	b) Überlassung zur Ausübung	1293
	c) Abwehrrechte	1300
	6. Gläubigerzugriff	1302
	a) Pfändung	1302
	b) Sozialrechtliche Überleitung	1304
	c) Sozialrechtliche Anrechnung	1307
	7. Beendigung des Wohnungsrechts	1309
II.	Lastentragung	1314
	1. Erhaltung	1314
	2. Kosten des Wohnens	1319
	3. Gesamtformulierung	1322
	4. „Miete"	1327
III.	Wohnungsrecht und Pflichtteilsergänzungsansprüche	1330
	1. Beginn der Frist	1331
	2. Wertanrechnung	1334
C. Wart und Pflege		**1335**
I.	Checkliste: Vertragliche Pflegeverpflichtung	1341
II.	Verbotener „Vertrag zulasten Dritter" als Gestaltungsgrenze?	1342
III.	Festlegung des Umfangs der geschuldeten Leistung	1347
	1. Inhalt der Tätigkeit	1349
	2. Auslösender Tatbestand	1351
	3. Leistungsort	1352
	4. Zeitlicher Umfang und Zumutbarkeitsgrenzen	1353
	a) Deckung des Restbedarfs	1354
	b) Deckung des Sockelbedarfs	1360
	5. Pflegeansprüche als Einkommensersatz?	1373
IV.	Vermeidung von Leistungserhöhungen bei Wegzug des Veräußerers	1374
V.	Wegfall von Leistungen in sozialleistungsverdächtigem Kontext?	1379
	1. Nachbildung gesetzlicher Vermutungen	1380
	2. Wegfall ortsbezogener Naturalleistungen	1381
	3. Wegfall auf Geld gerichteter Surrogatansprüche	1382
	4. Wegfall nicht ortsbezogener Leistungspflichten?	1398
VI.	Regelungen im Verhältnis zu weichenden Geschwistern	1399
	1. Schaffung eigener Forderungsrechte	1400
	2. Freistellungsvereinbarungen	1402
	3. Vereinbarungen zur Konkurrenz mehrerer Beschenkter	1412
	4. Besicherung	1415
VII.	Regelungen zur Ausübung des Sozialleistungsbezugs	1419
VIII.	Pflegedienstvertrag	1425
D. Leibgeding		**1432**
I.	Gesetzliche Bedeutung	1432

			Rn.

- II. Definition ... 1433
- III. Grundbuchrecht ... 1436
- IV. Landesrecht ... 1442
- V. Leibgeding im Zugewinnausgleich ... 1449

E. Wiederkehrende Geldleistungen/Reallasten ... 1452
- I. Bedeutung im Schenkungsrecht ... 1452
- II. Steuerrechtliche Differenzierung ... 1455
  1. Fallgruppenbildung ... 1455
  2. Insb.: dauernde Last/Leibrente ... 1456
     a) „Altfälle" vor 2008 ... 1456
     b) Neufälle ab 2008 ... 1463
- III. Zivilrechtliche Differenzierungen und Detailausgestaltung ... 1464
  1. Fälligkeit der Leistung ... 1467
  2. Beteiligtenmehrheit ... 1468
  3. Familienrecht ... 1471
  4. Gesamtformulierung ... 1472
- IV. Wertsicherungsvereinbarungen ... 1473
  1. Leistungsbestimmungsvorbehalte ... 1474
  2. Spannungsklauseln ... 1476
  3. Wertsicherungsklauseln ... 1478
- V. Ausgestaltung des Vorbehalts gem. § 323a ZPO/§ 239 FamFG analog ... 1487
  1. Anpassungsmaßstab bzw. Anpassungsmaßstäbe ... 1488
  2. Schutz gegen atypische Entwicklungen ... 1490
  3. Maßgeblichkeitsgrenze ... 1491
  4. Anpassungsmechanismus ... 1492
- VI. Sicherung ... 1500
  1. Vollstreckungsunterwerfung ... 1500
  2. Dingliche Sicherung durch Reallast (§ 1105 BGB) ... 1506
  3. Persönlicher Reallastanspruch gegen den jeweiligen Eigentümer (§ 1108 BGB) ... 1518
  4. Mögliche Modifikationen der Reallast ... 1521
     a) Kein Erlöschen des Stammrechts ... 1522
     b) Verfallvereinbarung ... 1529
     c) Vorsorge zum Verjährungsproblem ... 1531
- VII. Kombination von Mietvertrag und dauernder Last ... 1535
  1. „Stuttgarter Modell" ... 1535
  2. Steuerliche Bedenken ... 1545
  3. Zivilrechtliche Erwägungen ... 1552
  4. Sozialrechtliche Erwägungen ... 1555

F. Regelungen im Verhältnis zu weichenden Geschwistern ... 1556
- I. Rahmenbedingungen ... 1556
  1. Ausgleichsmotive ... 1556
  2. Ausgleichsvolumen ... 1559

			Rn.
		3. Ausgleichswege	1562
II.	Nicht anwesendes Geschwisterteil		1565
	1. Nachgenehmigung		1565
	2. Vertrag zugunsten Dritter		1571
III.	Lebzeitiger Ausgleich		1575
	1. Zulasten des Veräußerers		1575
	2. Zulasten des Erwerbers		1578
		a) Unbedingte Leistungspflicht	1584
		b) Bedingte Leistungspflicht	1590
		c) Vorbehalt späterer Leistungsanordnung	1603
	3. Verjährung		1607
IV.	Ausgleich von Todes wegen		1609
	1. Ausgleichungsanordnung (§§ 2050 ff. BGB)		1610
		a) Wirkungsweise	1610
		b) Geborene Ausgleichungspflichten	1611
		c) Gekorene Ausgleichungspflichten	1621
		d) Nachträgliche Änderungen	1626
		e) Reformüberlegungen im Ausgleichungsrecht	1630
		f) Wirkungsweise der Ausgleichung	1637
		g) Berechnung	1642
		h) Abweichende Wertansätze	1649
	2. Ausgleichung beim Berliner Testament		1651
		a) Nachversterben des veräußernden Ehegatten	1656
		b) Erstversterben des veräußernden Ehegatten	1659
	3. Minderjährigkeit		1670
G.	**Übernahme von Verbindlichkeiten und/oder Grundpfandrechten**		**1672**
I.	Schuldübernahme		1673
	1. Zeitpunkt		1673
	2. Abwicklung		1676
		a) Schuldübernahmegenehmigung	1679
		b) Abstrakte Schuldanerkenntnisse/Vollstreckungsunterwerfung	1684
		c) Zweckbestimmung/Sicherungsvereinbarung	1692
	3. Erfüllungsübernahme		1697
		a) Anwendbarkeit der §§ 491 ff. BGB	1697
		b) Ausgestaltung	1702
II.	Grundpfandrechtsübernahme		1718
	1. Bedeutung der Rückgewähransprüche		1719
	2. Belehrungspflichten bei vorrangigen Grundpfandrechten		1724
	3. Mögliche Abmilderungen der Risiken des Veräußerers bei vorrangig bestehenbleibenden Grundschulden		1732
		a) Bewusste Nichtregelung?	1732
		b) Selektiver Rangrücktritt	1733
		c) Beschränkung der Rückgewähransprüche auf Löschung	1735

	Rn.
d) Rückgewähransprüche in GbR	1737
4. Verwendung stehenbleibender Grundpfandrechte beim Nießbrauchsvorbehalt	1745
a) Aufschiebend bedingte Schuld- oder Erfüllungsübernahme	1746
b) Zuordnung der Eigentümerrechte und Rückgewähransprüche	1751
H. Vertragliche Rückforderungsrechte	**1753**
I. Anwendungsbereich	1753
1. Rückforderungsrechte zur Sicherung der Vertragserfüllung?	1754
a) Auflagenschenkung	1755
b) Gemischte Schenkung	1763
c) Kautelarjuristische Vorsorge	1766
2. Funktion und Wirkung vertraglicher Rückforderungsrechte	1770
a) Ziele	1770
b) Wirkungen	1774
c) Risiken	1778
3. Alternative Regelungsmöglichkeiten	1781
4. Gläubigerzugriff	1788
a) Gläubigerzugriff auf das Rückforderungsrecht	1788
b) Gläubigerzugriff auf den Rückforderungsanspruch	1796
c) Weitere Zugriffsmöglichkeiten	1804
II. Risiken des jederzeitigen Rückerwerbsrechts	1805
1. Schenkungsteuerliche Folgen	1807
2. Ertragsteuerliche Erwägungen	1809
a) Gewerbliche Einkünfte sowie land- und forstwirtschaftliche Einkünfte	1810
b) Einkünfte aus Kapitalvermögen	1813
c) Einkünfte aus Vermietung und Verpachtung	1814
d) Selbstgenutzte Immobilien	1815
III. Ausgestaltungsvarianten des Rückforderungsrechts	1816
1. Rückforderungsberechtigte	1816
a) Mehrere gemeinsam Rückforderungsberechtigte	1817
b) Übergang auf den überlebenden Mitberechtigten	1828
c) Übergang der Rückerwerbsberechtigung auf einen bisher nicht Beteiligten	1833
d) Generelle Abtretbarkeit und Vererblichkeit des Rückforderungsrechts?	1849
e) Höchstpersönlichkeit?	1853
2. Rückübertragungsverpflichteter	1858
a) Gesamtrechtsnachfolge	1858
b) Einzelrechtsnachfolge	1860
c) Tatbestandsverwirklichung durch den „jeweiligen Eigentümer"	1863
d) Mehrheit von Erwerbern (samt GbR)	1866
aa) Rückübertragung des Gesamtobjektes	1869
bb) Übertragung eines quotenentsprechenden Miteigentumsanteils	1870
cc) Wahlrecht	1873

			Rn.
	3.	Rückforderungsobjekt	1879
	4.	Häufige Rückforderungstatbestände	1886
		a) Schuldrechtliche Verfügungsbeschränkung	1888
		b) Vermögensverfall des Eigentümers	1896
		c) Scheidung des Eigentümers	1905
		d) Ableben des Eigentümers	1911
		e) Fehlverhalten des Eigentümers	1918
		f) Steuerliche Tatbestände	1922
	5.	Durchführung der Rückabwicklung	1933
		a) Betroffene Gegenstände	1933
		b) Ausübungsfrist	1936
		c) Form	1938
		d) Auflassung	1939
		e) Gegenleistungen	1941
		f) Ersetzungsbefugnis	1957
IV.	Sicherung durch Vormerkung		1960
	1. Notwendigkeit/Rang		1960
	2. „Löschungserleichterung"		1969
	3. „Antezipierte Freigabe" und ihre Besicherung		1980
	4. Vormerkung bei Weitergabeverpflichtung		1987
	5. Belehrungen		1991
V.	Vorschlag einer Gesamtformulierung		1996
VI.	Rückforderungsrechte im Gesellschaftsrecht		1998
	1. Mögliche Rückforderungstatbestände		1998
	2. Abfindung und Schicksal von Gegenleistungen		2010
	3. Durchführung und Sicherung		2014

I.	**Verhältnis mehrerer Berechtigter bei Vorbehalten und Gegenleistungen**	2021
I.	Überblick	2021
II.	Vorteile und Risiken	2025
	1. Bruchteilsberechtigung	2025
	2. Gesamtgläubigerschaft (§ 428 BGB)	2026
	a) Vorteile	2027
	b) Nachteile	2028
	c) Steuerliche und sozialrechtliche Folgen	2032
	3. Mitgläubigerschaft (§ 432 BGB)	2035

Kapitel 5: Gesellschaftsrechtliche Lösungen	2041
A. Abwägung zum Bruchteilserwerb	2041
B. Erwerb in GbR	2053
I. „Grundbuchfähigkeit" der GbR	2053
1. Entscheidung des BGH	2053
2. Wege aus der Kalamität	2055
3. Mögliche weitere Konsequenzen	2069
II. Gesetzliche Neuregelung	2070

	Rn.
1. Grundbuchrecht	2072
2. Grundbuchverfahrensrecht	2079
3. Materielles Recht	2080
a) GbR als Verfügende	2085
b) GbR als Verpflichtete	2094
c) GbR als Erwerbende	2103
aa) Aus Sicht des Notars	2103
bb) Aus Sicht des Grundbuchamtes	2109
(1) Im Bereich des § 19 GBO	2109
(2) Im Bereich des § 20 GBO	2110
(a) Identität der GbR	2111
(b) Existenz der GbR	2114
(c) Vertretung der GbR	2118
d) Namens-GbR	2120
III. Nachweise zur Berichtigung des Grundbuches	2126
1. Hinzutreten weiterer Gesellschafter	2130
2. Austritt oder Ausschluss eines Gesellschafters	2137
3. Tod eines Gesellschafters	2139
4. Insolvenz eines Gesellschafters; Verfügungsbeschränkungen	2145
5. Änderung sonstiger Identifikationsmerkmale	2148
C. Gesellschaftslösungen unter Beteiligung der Veräußerer	**2152**
I. Vor- und Nachteile	2153
II. GbR, KG oder gewerblich geprägte KG?	2159
1. GbR	2159
2. Vermögensverwaltende KG	2168
3. Gewerblich geprägte GmbH & Co. KG	2182
a) Merkmale	2182
b) Gestaltungsinstrument zur Schaffung von Betriebsvermögen	2185
c) Gestaltungsmittel: tauschähnlich-entgeltliche Einbringung oder unentgeltliche verdeckte Einlage?	2188
aa) Gestaltungsvarianten	2188
bb) Privatvermögen, entgeltliche Einbringung	2190
cc) Privatvermögen, unentgeltliche Einlage	2193
dd) Exkurs: Privatvermögenseinbringung in eine Kapitalgesellschaft	2197
ee) Betriebsvermögenseinbringung in Personengesellschaft: § 6 Abs. 5 EStG	2198
ff) Exkurs: Betriebsvermögenseinbringung in Kapitalgesellschaft	2202
III. Detailausgestaltung des Gesellschaftsvertrages	2206
1. Gestaltungsgrenze: Erhalt der steuerlichen Mitunternehmerschaft	2207
2. Einlageverpflichtung	2213
3. Gesellschafterkonten	2216
4. Verwaltung, Geschäftsführung, Vertretung	2222
5. Stimmrecht	2227

			Rn.

    6. Vertragsänderung durch Mehrheitsbeschluss 2228
    7. Tod von Gesellschaftern 2230
    8. Hinauskündigungsmöglichkeit 2231
    9. Rückforderungsvorbehalt 2233
  10. Risiko eigener Kündigung 2234
  11. Abfindungsanspruch bei Kündigung oder Ausschluss 2236
       a) Berechnung 2236
       b) Reduzierung 2240
  12. Gewinn- und Verlustverteilung, Entnahmen 2246
       a) Gewinnermittlung 2246
           aa) Hauptbilanz 2247
           bb) Ergänzungsbilanzen 2248
           cc) „Sonderbilanzen" 2249
       b) Gewinnverteilungsabrede 2250
       c) Nießbrauch 2255
       d) Sonderbetriebseinnahmen 2256
       e) Entnahmeberechtigung 2258
  13. Haftungsrisiken 2259
  14. Beteiligung Minderjähriger 2261
       a) Gründung der Gesellschaft 2261
       b) Erwerb von Gesellschaftsanteilen 2262
       c) Gesellschafterbeschlüsse 2264
       d) Gerichtliche Genehmigung 2266
           aa) Abschluss eines Gesellschaftsvertrages 2266
           bb) Erwerb von Gesellschaftsanteilen 2267
           cc) Veräußerung von Gesellschaftsanteilen 2269
           dd) Veräußerung von Gesellschaftsimmobilien 2270
           ee) Satzungsändernde Beschlüsse einer Kapitalgesellschaft . 2271
  15. Eintrittsrecht und „Öffnungsklausel für Nachgeborene" 2272
  16. Vorkehrungen gegen „vorzeitige" Gesellschaftsbeendigung 2276
IV. Misch- und Sonderformen 2279
    1. Stille Gesellschaften 2279
       a) Arten 2279
       b) Entstehung 2281
       c) Rechte und Pflichten 2283
       d) Steuerliche Anerkennung 2285
       e) Steuerliche Konsequenzen 2287
       f) GmbH & Still 2295
    2. Unterbeteiligungen 2299
    3. GmbH & Co. KG 2310
       a) Varianten 2310
       b) Haftung 2318
       c) Steuer 2324

		Rn.

V. Familien-Kapitalgesellschaften als Alternative? 2328
   1. Gesellschaftsrecht 2328
      a) Körperschaftliche Struktur 2328
      b) Haftung 2332
          aa) Haftung der Geschäftsführer 2332
          bb) Haftung der Gesellschafter 2336
      c) Übertragung von Anteilen 2350
          aa) Durchführung 2350
          bb) Teilung von Anteilen 2358
          cc) Vinkulierung 2360
      d) Vererbung von Anteilen 2363
          aa) Grundsatz 2363
          bb) Einziehungs- und Abtretungsklauseln 2365
      e) Gesellschafterrechte 2372
      f) Rechnungslegung, Offenlegung 2377
   2. Die „Limited" als bessere Alternative? 2383
   3. Ertragsteuerrechtliche Grundzüge 2396
      a) Körperschaftsteuer 2396
          aa) Grundsatz 2396
          bb) Verlustvorträge 2397
              (1) Grundsatz 2397
              (2) Einzelheiten 2399
              (3) Ausnahmen 2401
          cc) Verdeckte Gewinnausschüttungen 2403
          dd) Varianten des Gewinntransfers auf die Gesellschafterebene 2406
      b) Gewerbesteuer 2412
      c) Organschaft 2413
      d) Einkommensteuer 2418
   4. Rechtsformwahl im Lichte der Unternehmensteuerreform 2008/2009 2420
      a) Grundzüge der Unternehmensteuerreform 2008 2421
          aa) Thesaurierungsbegünstigung 2421
          bb) Kapitalgesellschaften 2422
          cc) Abgeltungsteuer 2425
              (1) Erfasste Sachverhalte 2425
              (2) Ausgenommene Tatbestände 2427
              (3) Ausnahme für Veräußerungen gem. § 17 EStG 2431
              (4) Werbungskosten- und Verlustabzug 2434
              (5) Optionsmöglichkeiten 2437
              (6) Erhebungsverfahren 2440
              (7) Auswirkungen 2441
          dd) Gewerbesteuer 2446
          ee) Gegenfinanzierung 2450
      b) Besteuerungsvergleich 2453

	Rn.
aa) Regelbesteuerung von Personenunternehmen.	2453
(1) Ohne Thesaurierungsbegünstigung	2453
(2) Mit Thesaurierungsbegünstigung	2455
bb) Besteuerung von Kapitalgesellschaftsausschüttungen	2459
(1) An Kapitalgesellschaften	2459
(2) In das Betriebsvermögen von Personenunternehmen	2460
(3) In Privatvermögen	2461
(4) Berechnungsbeispiel	2462
(5) Vergleich zu Personengesellschaftsausschüttungen	2466
cc) Fazit	2473
dd) Fortbestehende Strukturunterschiede	2475

Kapitel 6: Stiftungen ... 2483
A. Übersicht ... 2483
  I. Verbreitung ... 2483
  II. Anwendbares Recht ... 2485
  III. Merkmale ... 2489
    1. Stiftungszweck ... 2490
    2. Stiftungsvermögen ... 2494
    3. Stiftungsorganisation ... 2498
      a) Organe ... 2498
      b) Rechnungslegung ... 2505
    4. „Destinatäre" ... 2506
  IV. Erscheinungsformen ... 2507
    1. Öffentlich-rechtliche/kirchliche/kommunale Stiftungen ... 2507
    2. Öffentliche/private Stiftungen ... 2508
    3. Tätigkeitsformen ... 2509
      a) Operative Stiftungen/Förderstiftung ... 2509
      b) Unternehmensverbundene Stiftung ... 2510
      c) Stiftungsverbund ... 2517
      d) Familienstiftung ... 2518
      e) Bürger- oder Gemeinschaftsstiftung ... 2524
    4. Kombinationsmodelle ... 2525
      a) Doppelstiftung ... 2525
      b) Stiftung & Co. KG ... 2530
      c) Gemeinnützige Stiftung mit Familienbegünstigung ... 2534
    5. Ersatzformen der rechtsfähigen Stiftung ... 2536
      a) Unselbstständige Stiftung ... 2536
      b) Stiftungsverein und Stiftungskapitalgesellschaft ... 2542
    6. Ausländische Stiftungen und Trusts ... 2544
      a) Anstalten liechtensteinischen Rechts ... 2546
      b) Stiftungen des liechtensteinischen Rechts ... 2552
      c) Österreichische Privatstiftung ... 2557
      d) Trusts ... 2563

	Rn.
B. Errichtung, Ausstattung und Verwaltung einer selbstständigen Stiftung	2569
I. Stiftungsgeschäft	2569
1. Stiftungsgeschäft unter Lebenden	2570
2. Stiftung von Todes wegen	2574
II. Anerkennung	2577
III. Zustiftung	2579
IV. Stiftungsaufsicht	2591
1. Aufgaben	2591
2. Satzungsänderung und Umwandlung von Stiftungen	2593
C. Steuerrecht	2597
I. Gemeinnützigkeit	2597
1. Voraussetzungen	2597
2. Beteiligung gemeinnütziger Stiftungen an anderen Gesellschaften	2609
II. Steuerrechtliche Begünstigung bei Gemeinnützigkeit	2613
1. Begünstigung der Stiftung	2613
a) Erbschaftsteuer	2613
b) Einkommensteuer	2614
c) Grunderwerbsteuer	2615
d) Körperschaft- und Gewerbesteuer	2616
e) USt und Grundsteuer	2619
2. Steuerliche Förderung des Stifters/Spenders	2620
a) ESt	2620
aa) Spendenabzug	2622
bb) Dotation von Stiftungen	2624
cc) Buchwertprivileg für Einbringung von Betriebsvermögen	2626
b) Schenkung-/Erbschaftsteuer	2627
3. Steuerliche Behandlung der Destinatäre	2629
III. Besteuerung der nicht gemeinnützigen Stiftung	2630
1. Besteuerung der Vermögensausstattung	2630
2. Besteuerung der Stiftung	2634
3. Besteuerung der Destinatäre	2636
D. Eignung privatnütziger Stiftungen als Instrument der asset protection?	2639
I. Anfechtbarkeit der Stiftungserrichtung und -ausstattung	2640
II. Risiko der Rückforderung (§ 528 BGB)	2642
III. Zugriff auf die Destinatärsrechte	2643
Kapitel 7: Besonderheiten bei Zuwendungen unter Ehegatten	2648
A. Definition und Fallgruppen der ehebedingten Zuwendung	2648
I. Negative Abgrenzung: Fehlen einer Schenkung	2648
1. Gesetzliches Unterhaltsrecht	2649
2. Gesellschaftsvertrag	2658
3. Treuhandabreden	2660
II. Positive Abgrenzung: Varianten der ehebedingten Zuwendung	2663
III. Motivationslagen	2668

			Rn.
IV.	Rechtliche Besonderheiten der ehebedingten Zuwendung		2671
V.	Die „reine Ehegattenschenkung"		2674
	1. Abgrenzung		2674
	2. Rückabwicklung		2676
	3. Behandlung im Zugewinnausgleich		2678
B.	**Schicksal ehebedingter Zuwendungen bei Scheitern der Ehe**		**2679**
I.	Rückforderungsrechte bei Fehlen einer vertraglichen Vereinbarung?		2679
	1. Kondiktionsrecht		2681
	2. Gesellschaftsrecht		2682
		a) Innengesellschaft bürgerlichen Rechts	2682
		b) Gemeinschaft des bürgerlichen Rechtes, Gemeinschaftskonto	2687
	3. Besonderer familienrechtlicher Vertrag		2691
	4. Rückabwicklung gem. §§ 528 ff. BGB		2692
		a) Spätere Verarmung	2692
		b) Grober Undank	2693
	5. Rückforderung gem. § 313 BGB (Wegfall der Geschäftsgrundlage)		2694
		a) Fortbestand der Ehe als Geschäftsgrundlage	2694
		b) Einzelfälle	2696
		c) Verjährung	2701
	6. Auseinandersetzung von Miteigentümergemeinschaften		2702
	7. Besonderheiten bei Schwiegerelternzuwendungen		2704
		a) Zuwendungen durch Schwiegereltern	2704
		b) Zuwendungen an Schwiegereltern	2709
II.	Vertragliche Rückforderungsvorbehalte		2710
	1. Übertragung des Familienheims		2712
	2. Ausübungsfrist?		2715
	3. Abstimmung mit Zugewinnausgleichsregelungen		2717
		a) Nichtausübung des Rückforderungsrechtes	2718
		b) Ausübung des Rückforderungsrechtes	2723
III.	Berücksichtigung von Ehegattenzuwendungen im Zugewinnausgleich		2736
	1. Teleologische Reduktion des § 1374 Abs. 2 BGB		2736
	2. Zuwendungen durch Schwiegereltern		2738
	3. Anrechnung gem. § 1380 BGB		2740
		a) Anwendbarkeit des § 1380 BGB	2741
		b) Tatbestandsvoraussetzungen	2745
		c) Durchführung der Anrechnung	2746
		d) Relevanz des § 1380 BGB	2750
		e) Relevanz der Zuwendung?	2754
		f) Vertragliche Modifizierung des § 1380 BGB?	2760
IV.	Berücksichtigung im Unterhaltsrecht?		2763
	1. Wohnvorteil		2763
	2. Übertragung zur Unterhaltsabgeltung		2766
C.	**Privilegierte Wirkungen im Verhältnis zu Dritten?**		**2770**

			Rn.
	I.	Grundsatz	2770
	II.	Pflichtteilsergänzung	2773
	III.	Ausnahmen	2775
	IV.	Formulierung einer ehebedingten Zuwendung	2778

D. Steuerliche Überlegungen zur ehebedingten Zuwendung ... 2780
- I. Schenkungsteuer (§ 13 Abs. 1 Nr. 4a ErbStG) ... 2780
  - 1. Rechtslage bis Ende 2008 ... 2780
  - 2. Rechtslage ab 2009 ... 2789
- II. Eigenheimzulage ... 2794
- III. Einkünfte aus Vermietung und Verpachtung ... 2796
- IV. Betriebsvermögen ... 2801

E. Kettenschenkungen ... 2802
- I. Weiterübertragung des Erworbenen an den Ehegatten ... 2804
  - 1. Schenkungsteuer ... 2805
  - 2. Zivilrecht ... 2810
  - 3. Vorsorge für den Scheidungsfall ... 2814
  - 4. Nebeneinander mehrerer Rückforderungsverhältnisse ... 2823
- II. Vorabübertragung des zu Übertragenden an den Ehegatten ... 2825

F. Ausblick: Zuwendungen in nichtehelicher Lebensgemeinschaft ... 2833
- I. Zivilrichterliche Rückabwicklung ... 2834
  - 1. Innengesellschaft ... 2835
  - 2. Bereicherungsrecht ... 2837
  - 3. Wegfall der Geschäftsgrundlage ... 2838
- II. Schenkungsteuer ... 2840
- III. Gestaltungsalternativen ... 2842
  - 1. Ausdrücklicher Schenkungscharakter ... 2842
    - a) Unter Lebenden ... 2842
    - b) Auf den Todesfall ... 2843
  - 2. Ehefiktion ... 2845
  - 3. Darlehen ... 2846
  - 4. Wohnungsleihe ... 2855
  - 5. Miteigentümervereinbarungen ... 2857
  - 6. Erwerbsrechte ... 2860
  - 7. Innengesellschaft ... 2864
  - 8. Außengesellschaft bürgerlichen Rechtes ... 2865
- IV. Ansprüche Dritter aufgrund lebensgemeinschaftsbedingter Zuwendungen ... 2866
  - 1. §§ 812, 138 BGB? ... 2868
  - 2. §§ 2325 ff. BGB ... 2869
  - 3. §§ 2287 f. BGB ... 2872

Kapitel 8: Rechtsgeschäfte unter Lebenden auf den Tod ... 2873
A. Schenkungen auf den Todesfall ... 2873
- I. Handschenkungen auf den Todesfall (§ 516 BGB) ... 2878

		Rn.

	II.	Auf den Tod befristete Versprechensschenkung ohne Überlebensbedingung des Beschenkten (§ 518 BGB)	2880
	III.	Vollzogene Schenkungsversprechen auf den Tod mit echter Überlebensbedingung (§ 2301 Abs. 2 BGB)	2884
	IV.	Vergleich mit erbrechtlichen Lösungen	2888

B. Der Vertrag zugunsten Dritter auf den Todesfall (§§ 328, 331 BGB) 2892
C. Insb.: der Lebensversicherungsvertrag 2897
    I. Rechtliche Konstruktion 2897
    II. Bezugsberechtigung 2903
        1. Fehlen einer Benennung 2903
        2. Art und Inhalt der Benennung 2904
        3. Widerrufliche Benennung 2907
        4. Unwiderrufliche Benennung 2908
        5. Valutaverhältnis: Rechtsgrund zum Behaltendürfen 2909
    III. Versicherungsanspruch als Nachlassbestandteil? 2915
        1. Regelfall: Übertragung außerhalb des Erbrechts 2915
        2. Ausnahme: Versicherungsanspruch im Nachlass 2916
            a) Fehlen eines Bezugsberechtigten 2917
            b) Lebensversicherung zur Kreditsicherung 2918
            c) Abweichende versicherte Person 2920
            d) Fehlerhaftes Valutaverhältnis 2921
    IV. Lebensversicherung und Pflichtteilsrecht 2922
        1. Beeinträchtigende Schenkungen (§ 2287 Abs. 1 BGB) 2924
        2. Pflichtteilsergänzungsanspruch bei Schenkungen (§ 2325 BGB) 2925
        3. Anrechnung von Zuwendungen auf den Pflichtteil (§ 2315 BGB) 2932
    V. Schenkung- und Erbschaftsteuer 2933
    VI. Lebensversicherungen als Mittel der „Asset Protection"? 2940
        1. Liechtensteinische Lebensversicherungen 2941
        2. Pfändungsschutz zur Altersvorsorge (§§ 851c, 851d ZPO) 2946

D. Rechtsgeschäfte unter Lebenden auf den Tod eines Dritten (§ 311b Abs. 4 und 5 BGB) 2953
    I. Gem. § 311b Abs. 4 BGB verbotene Gestaltungen 2955
    II. Gem. § 311b Abs. 4 BGB erlaubte Rechtsgeschäfte 2960
    III. Gem. § 311b Abs. 5 BGB erlaubte Rechtsgeschäfte 2967

Kapitel 9: Erb- und pflichtteilsrechtliche Problematik 2983
A. Allgemeine Fragen zum Pflichtteils- und Pflichtteilsergänzungsanspruch 2983
    I. Verfassungs- und Reformfragen 2983
    II. Grundwertungen 2989
    III. §§ 2303, 2305, 2306 BGB: pflichtteilsrechtliche Anknüpfung an letztwillige Verfügungen 2992
        1. § 2303 BGB 2992
        2. § 2305 BGB 2994
        3. § 2306 BGB 2995

			Rn.

	a) § 2306 Abs. 1 BGB a.F. (Sterbefälle bis zum 31.12.2009)	2995
	b) § 2306 Abs. 2 BGB a.F. (Sterbefälle bis zum 31.12.2009)	3001
	c) Größenvergleich zur „Hälfte des gesetzlichen Erbteils".	3005
	d) Neuregelung durch die Erbrechtsreform (Sterbefälle ab dem 01.01.2010)	3010

IV. Auskunftsanspruch 3016
 1. Auskunftspflicht der Erben (§ 2314 BGB) 3016
 2. Weitere Auskunftsansprüche 3023
 3. Wertermittlungsanspruch 3026
V. Bewertung von Aktiva und Passiva, § 2311 BGB. 3028
VI. Verjährung 3041
 1. Fristlauf. 3041
 2. Abweichende Vereinbarungen 3048
VII. Fälligkeit, Verzug 3050
VIII. Verteilung der Pflichtteilslast 3053

B. Pflichtteilsergänzung 3058
 I. Pflichtteilsergänzungsanpruch bei Schenkungen (§ 2325 BGB) 3058
  1. Grundlagen 3058
  2. Voraussetzungen 3061
   a) Schenkung. 3061
   b) Zeitpunkt der Leistung 3069
    aa) Rechtlicher Leistungserfolg 3069
    bb) Wirtschaftliche Ausgliederung 3072
  3. Gläubigerstellung 3076
   a) Personenkreis 3076
   b) Zeitliches Kriterium 3079
  4. Ermittlungsschritte 3081
  5. Abzug von Eigengeschenken 3085
   a) Anrechnung nur gem. § 2327 BGB. 3087
   b) Anrechnung nach § 2327 und § 2315 BGB. 3089
   c) Anrechnung nach §§ 2327 und 2316 BGB 3094
  6. Ausschluss des Pflichtteilsergänzungsanspruchs 3097
  7. Bewertung der Schenkung 3098
  8. Schuldner 3103
  9. Einrede des Gesamtpflichtteils, § 2328 BGB 3106
  10. Haftung des Beschenkten gem. § 2329 BGB 3111
 II. „Schleichwege" am Pflichtteilsergänzungsanspruch vorbei?. 3116
  1. Konsum. 3117
  2. Minderung des anzusetzenden Werts; Landgutprivileg und Höfeordnung. ... 3118
  3. Flucht in ausländische Sachwerte. 3130
  4. Ausstattung; Pflicht- und Anstandsschenkungen 3132
  5. Anderweitige Entleerung des Nachlasses. 3134
  6. Reduzierung der Pflichtteilsquote 3135
 III. Konkurrenz zu § 2316 BGB 3136

	Rn.
C. Pflichtteilsanrechnung gem. § 2315 BGB	3138
I. Allgemeine Grundsätze/Abgrenzung	3138
II. Voraussetzungen der Anrechnung auf den Pflichtteil	3144
1. Lebzeitige, freigiebige Zuwendung des Erblassers	3144
2. Anrechnungsbestimmung	3145
3. Keine Änderung durch die Pflichtteilsreform	3146
III. Berechnung des Pflichtteils unter Anrechnung	3153
1. Grundsätze	3153
2. Berechnungsbeispiele	3154
3. Kombination von § 2315 und § 2325 BGB	3160
4. Kombination von § 2315 BGB und § 2327 BGB	3162
5. Kombination von § 2315 BGB und § 1380 BGB	3163
IV. Problemfälle	3165
1. Streit beim Tod des nicht veräußernden Ehegatten	3165
2. Fehlgeschlagene „Gleichstellungszahlung"	3166
D. Der Ausgleichspflichtteil (§ 2316 BGB)	3168
I. Pflichtteilsfernwirkung der Ausgleichung (§ 2316 BGB)	3168
1. Allgemeine Grundsätze	3168
2. Voraussetzungen der Ausgleichung	3173
3. Bewertung und Berechnung	3174
II. Kombination von Ausgleichung und Anrechnung	3178
E. Erb- und Pflichtteilsverzicht	3182
I. Erbverzicht	3182
1. Wirkung	3182
2. Varianten	3186
a) Auflösende Bedingung	3186
b) Beschränkungen	3187
c) Wirkung für den Stamm	3189
d) Zuwendungsverzicht, § 2352 BGB	3194
3. Form	3200
4. Zustandekommen	3204
5. Grundgeschäft	3210
6. Verzicht gegen Abfindung	3213
7. Sittenwidrigkeit?	3216
8. Störung der Geschäftsgrundlage (§ 313 BGB)	3218
9. Internationales Privatrecht	3226
10. Muster: Erbverzicht	3228
II. Pflichtteilsverzicht	3232
1. Wirkungen	3232
2. Pflichtteilsverzicht gegen Abfindung	3241
a) Gestaltungsalternativen	3241
b) Bedingter Verzicht	3243
c) Leistungserbringung durch den Erblasser	3253

		Rn.
	d) Leistungserbringung durch den Erwerber	3255
	3. Pflichtteilsverzicht des Ehegatten	3257
	4. Aufhebung bzw. Aufhebungssperre	3260
	5. Inhaltskontrolle?	3268
III.	Beschränkter Pflichtteilsverzicht	3272
	1. Beschränkung auf rechtliche Teile des Gesamtpflichtteils	3273
	2. Beschränkung auf pflichtteilserhöhende Wirkung einer Zuwendung	3277
	3. Neutralisierung von Einzelgegenständen	3281
	4. Betragsbegrenzung; Bewertungsabschläge	3285
	5. Erweiterungen der Wirkungen des § 2315 BGB	3292
	6. Stundung	3296
	7. Verzicht auf den ersten Sterbefall	3309
	8. Verzicht „auf Wunsch des Beschwerten" (Naturalobligation)	3311
IV.	Verzicht auf Ansprüche nach der Höfeordnung	3315
V.	Exkurs: Die Pflichtteilsentziehung	3325

F. Den Vertragserben beeinträchtigende Schenkungen (§§ 2287 f. BGB) 3328

I.	Schutz des Vertrags-/Schlusserben, § 2287 BGB	3328
	1. Grundwertung	3328
	2. Schenkung	3329
	3. Eingriff in letztwillige Bindung	3330
	4. Benachteiligungsabsicht	3333
	5. Anspruchsgläubiger	3339
	6. Anspruchsschuldner	3340
	7. Anspruchsinhalt	3341
	8. Zustimmung des Vertragserben	3345
	9. Verjährung	3346
II.	Schutz des Vermächtnisnehmers (§ 2288 BGB)	3347
	1. Grundsatz	3347
	2. Tatsächliche Beeinträchtigungen (§ 2288 Abs. 1 BGB)	3349
	3. Rechtsgeschäftliche Beeinträchtigungen (§ 2288 Abs. 2 BGB)	3351
	4. Anwendung auf Geld- oder Gattungsvermächtnisse	3355
	5. Beeinträchtigungsabsicht, Zustimmung, Ausschluss	3356
III.	Erbschaftsteuer	3357

Kapitel 10: Vollzug; Kosten 3358
A. Vollzug 3358

I.	Auftrag und Vollmacht	3358
II.	Vollzugstätigkeit	3366
	1. Einholung von Genehmigungen	3366
	a) Rechtsgeschäftliche Genehmigungen	3366
	b) Behördliche Genehmigungen	3372
	2. Eigenurkunden	3374
	3. Vollzugsnachricht	3379
III.	Wichtige Genehmigungserfordernisse	3380

			Rn.
	1.	Grundstücksverkehrsgesetz	3382
		a) Genehmigungssachverhalt	3382
		b) Genehmigungsfreistellung	3384
		c) Genehmigungsvoraussetzungen	3389
		d) Verfahren	3392
	2.	Grundstücksverkehrsordnung	3398
	3.	Genehmigungen nach BauGB	3400
		a) Teilungsgenehmigung	3400
		b) Weitere Genehmigungen nach BauGB	3409
		aa) Sanierungsverfahren	3410
		bb) Umlegungsverfahren	3413
		cc) Flurbereinigungsverfahren	3419
	4.	Verwalterzustimmung gem. § 12 WEG	3426
		a) Anordnung	3426
		b) Verfahren	3429
		c) Versagung	3436
	5.	Nacherbenzustimmung	3439
	6.	Zustimmung des Ehegatten (§ 1365 BGB)	3444
IV.	Schieds- und Schlichtungsverfahren		3452
B.	**Notarkosten**		3454
I.	Geschäftswert		3455
	1.	Grundsatz: Verkehrswert	3455
	2.	Vierfacher Einheitswert bei land- oder forstwirtschaftlichen Betrieben	3458
II.	Bewertung der Erwerberleistungen		3463
III.	Steuerliche Abzugsfähigkeit		3475
C.	**Grundbuchgebühren**		3477
Kapitel 11: Verkehrsteuern			3483
A.	**Schenkungsteuerrecht**		3483
I.	Einleitung		3483
	1.	Bedeutung der Schenkungsteuer	3483
	2.	Rechtsgrundlagen	3484
	3.	Rechtsprechung des BVerfG	3486
	4.	Reform 2009	3491
		a) Entwicklung	3491
		b) Gestaltungen in der Übergangsphase	3494
		c) Rechtspolitische Bedenken	3500
	5.	Inkrafttreten, Wahlrechte	3504
	6.	Position des Notars	3510
II.	Grundsätze		3513
III.	Steuerbare Vorgänge gem. § 7 ErbStG		3516
	1.	Freigebige Zuwendungen (§ 7 Abs. 1 Nr. 1 ErbStG)	3516
		a) Tatbestandsvoraussetzungen	3516
		b) Beispielsfälle	3521

	Rn.
c) Gesellschaftsrechtliche Vorgänge	3526
aa) Personengesellschaften	3526
bb) Kapitalgesellschaften	3527
(1) Leistungen des Gesellschafters an „seine" Gesellschaft	3528
(2) Leistungen unter Kapitalgesellschaftern	3532
(3) Leistungen der Gesellschaft an ihren Gesellschafter	3535
(4) Leistungsverkehr zwischen Gesellschaft und „Angehörigen" des Gesellschafters	3536
(5) Leistungsverkehr zwischen Gesellschaft und Nichtgesellschaftern	3538
2. Erwerb infolge Vollziehung einer Auflage/Bedingung (§ 7 Abs. 1 Nr. 2 ErbStG)	3539
3. § 7 Abs. 1 Nr. 4 ErbStG: Bereicherung durch Gütergemeinschaft	3541
4. Abfindungserwerb und vorzeitiger Nacherbenerwerb (§ 7 Abs. 1 Nr. 5, 7 und 10 ErbStG)	3544
5. Stiftungserwerb (§ 7 Abs. 1 Nr. 8 und 9 ErbStG)	3546
6. Gesellschaftsrechtliche Vorgänge (§ 7 Abs. 5 bis 7 ErbStG)	3547
a) Nachträgliche Steuerherabsetzung bei Buchwertabfindung (§ 7 Abs. 5 ErbStR)	3547
b) Zuerwerb beim Ausscheiden eines Gesellschafters (§ 7 Abs. 7 ErbStG)	3548
c) Übermäßige Gewinnbeteiligung (§ 7 Abs. 6 ErbStG)	3549
7. Pflichtteilsrecht, Ausschlagung und Erbschaftsteuer	3552
a) Pflichtteilsrecht	3552
aa) Verzicht auf den Pflichtteil vor dem Erbfall	3553
bb) Unterlassen der Geltendmachung des Pflichtteilsanspruchs	3556
cc) Geltendmachung des Pflichtteilsanspruchs	3557
dd) Verzicht auf entstandenen, jedoch nicht geltend gemachten Pflichtteilsanspruch	3560
ee) Verzicht auf bereits geltend gemachten Pflichtteilsanspruch	3564
ff) Optimierung des Berliner Testamentes	3565
b) Ausschlagung	3570
aa) Erbschaftsteuerliche Aspekte	3572
bb) Einsatzmöglichkeiten	3574
cc) Ertragsteuerrecht	3580
8. Vermächtnis, Ausschlagung und Erbschaftsteuer	3583
IV. Entstehung der Schenkungsteuer (§ 9 ErbStG)	3590
V. Wertermittlung (§ 10 ErbStG)	3601
1. Stichtag	3602
2. Übernahme der Schenkungsteuer durch den Schenker	3605
VI. Bewertung nach altem Recht	3608
VII. Bewertung nach neuem Recht (Rechtslage ab 2009)	3609
1. Grundvermögen	3610
a) Begriff des Grundvermögens (§ 176 BewG)	3611
b) Bewertungsgrundsatz	3614

	Rn.
c) Unbebaute Grundstücke	3616
aa) Grundsatz	3616
bb) Ermittlung der Bodenrichtwerte	3619
cc) Anpassung der Bodenrichtwerte	3623
(1) Abweichende Geschossflächenzahl	3624
(2) Übergröße/Grundstückstiefe	3626
(3) Abweichender Erschließungszustand	3627
d) Grundstücke im Zustand der Bebauung	3628
e) Bebaute Grundstücke (§§ 182 ff. BewG)	3630
aa) Vergleichswertverfahren	3632
(1) Vergleichspreisverfahren	3633
(2) Vergleichsfaktorverfahren	3636
bb) Ertragswertverfahren	3638
(1) Rohertrag	3642
(a) Vertragliche Jahresmiete	3643
(b) Übliche Miete	3645
(2) Bewirtschaftungskosten	3648
(3) Bodenverzinsung	3650
(4) Vervielfältiger	3655
(5) Mindestwert: Bodenwert	3662
(6) Berechnungsbeispiel Ertragswertverfahren	3665
cc) Sachwertverfahren	3666
(1) Grundsatz	3666
(2) Bodenwert	3668
(3) Gebäudesachwert	3669
(a) Gebäuderegelherstellungswert	3670
(b) Alterswertminderung	3676
(4) Marktanpassung durch Wertzahl	3679
(5) Berechnungsbeispiel	
f) Bewertung des Erbbaurechts (§ 193 BewG)	3683
aa) Vergleichswertverfahren	3684
bb) Finanzmathematisches Verfahren	3685
(1) Bodenwertanteil	3686
(2) Gebäudewertanteil	3689
cc) Berechnungsbeispiel	3691
g) Bewertung des Erbbaugrundstücks (§ 194 BewG)	3692
aa) Bodenwertanteil	3694
bb) Gebäudewertanteil	3695
cc) Berechnungsbeispiel	3696
h) Gebäude auf fremdem Grund und Boden (§ 195 BewG)	3697
i) „Escape-Klausel" (Verkehrswertnachweis, § 198 BewG)	3700
aa) Verfahren	3700
bb) Anwendungsfälle	3708

	Rn.
2. Bewertung land- und forstwirtschaftlicher Betriebe (§§ 158 ff. BewG)	3715
a) Begriff des „LuF-Vermögens"	3717
b) Umfang des Betriebsvermögens der LuF	3719
c) Bewertung des Wohnteils und der Betriebswohnungen	3722
d) Bewertung des Wirtschaftsteils	3723
aa) Fortführungswert	3726
bb) Mindestwirtschaftswert	3730
cc) Obergrenze Verkehrswert	3735
dd) Ersatzweise: Liquidationswert	3736
ee) Erste Wertung	3739
3. Bewertung des Betriebsvermögens	3742
a) Grundsatz	3742
b) Ableitung aus Verkäufen	3744
c) Vereinfachtes Ertragswertverfahren (§§ 199 ff. BewG)	3745
aa) Nachhaltig erzielbarer Jahresertrag	3748
bb) Kapitalisierungsfaktor	3753
cc) Hinzurechnungen gemeiner Werte	3756
(1) Nicht betriebsnotwendiges Vermögen	3757
(2) Gesellschaftsbeteiligungen	3758
(3) „Junge Wirtschaftsgüter"	3759
(4) Sonderbetriebsvermögen	3760
dd) Mindestwert: Substanzwert	3765
ee) Ausnahme: Untergrenze Liquidationswert	3771
d) Andere Bewertungsverfahren	3772
aa) Einzelbewertungsverfahren	3777
bb) Mischbewertungsverfahren	3778
cc) Gesamtbewertungsverfahren	3779
(1) „Discounted-cash-flow"-Verfahren (DCF-Verfahren)	3780
(2) Multiplikatorenverfahren	3782
(3) AWH-Standard	3783
(4) Leitfaden der OFD Rheinland und Münster	3784
(5) IDW S 1 (2008)	3786
e) Feststellungsverfahren	3788
f) Erste Wertung	3789
4. Nutzungs- und Duldungsrechte, wiederkehrende Leistungen	3794
a) Bewertung des Rechtes selbst	3794
b) Berücksichtigung des Rechtes als „Gegenleistung"	3802
5. Bewertung sonstigen Inlandsvermögens	3805
6. Auslandsvermögen	3807
VIII. Berücksichtigung von Gegenleistungen und Auflagen	3809
1. Gemischte Schenkungen (Alte Rechtslage bis Ende 2008)	3810
a) Privatvermögen	3810
b) Betriebsvermögen	3817

				Rn.
	2.	Schenkung unter Auflage		3821
		a) Nutzungs- oder Duldungsauflage		3822
			aa) Zugunsten anderer Personen als des Veräußerers und dessen Ehegatten	3822
			bb) Zugunsten des Veräußerers und/oder dessen Ehegatten (§ 25 ErbStG a.F.)	3826
			(1) Anwendbarkeit des § 25 ErbStG a.F.	3826
			(2) Ermittlung des Stundungsbetrages	3828
			(3) Beendigung der Stundung	3831
			(4) Weitere Schenkung an den Mitberechtigten (§ 428 BGB)	3833
			(5) Unentgeltlicher Verzicht auf das vorbehaltene Nutzungsrecht	3836
			(6) Entgeltlicher Verzicht	3840
			cc) Zusammenfassendes Berechnungsbeispiel	3842
		b) Leistungsauflage		3852
	3.	Gemischte Schenkung/Leistungsauflagen neben Duldungsauflagen		3859
	4.	Gemischte Schenkung (neue Rechtslage ab 2009)		3862
	5.	Schenkung unter Auflage (neue Rechtslage ab 2009)		3870
		a) Abschaffung des § 25 ErbStG		3870
		b) nachträglicher Verzicht auf den Nießbrauch		3874
		c) Abzugsbeschränkungen		3876
		d) Berechnungsbeispiele		3879
		e) Berücksichtigung auf der Bewertungsebene		3881
		f) Nießbrauchsvermächtnis		3884
		g) Grunderwerbsteuer		3886
	6.	Rückforderungsvorbehalte		3887
IX.	Steuerbefreiungen und -begünstigungen			3888
	1.	Zugewinnausgleich (§ 5 ErbStG)		3888
		a) Erbrechtlicher Zugewinnausgleich (§ 5 Abs. 1 ErbStG)		3889
		b) Güterrechtlicher Zugewinnausgleich (§ 5 Abs. 2 ErbStG)		3897
	2.	Sachliche Steuerbefreiungen (§ 13 Abs. 1 Nr. 1 bis 18 ErbStG)		3908
		a) Hausrat, Kunstgegenstände etc. (§ 13 Abs. 1 Nr. 1 u. Nr. 2 ErbStG)		3908
		b) Ehebedingte Zuwendung des selbst genutzten Familienheims (§ 13 Abs. 1 Nr. 4a ErbStG)		3911
		c) Vererbung des Familienheims an den Ehegatten (§ 13 Abs. 1 Nr. 4b ErbStG) (ab 2009)		3912
			aa) Umfang des begünstigten Erwerbs	3915
			bb) Begünstigte Immobilie	3923
			cc) Selbstnutzung durch den Erblasser	3924
			dd) Selbstnutzung durch den Erwerber	3925
			ee) Nachversteuerung	3926
		d) Vererbung des Familienheims an Abkömmlinge (§ 13 Abs. 1 Nr. 4c ErbStG) (ab 2009)		3932
			aa) Erwerbstatbestand	3932

		Rn.
	bb) Angemessenheit	3936
	cc) Begünstigungstransfer	3938
e)	Erwerb durch erwerbsunfähige oder erwerbsgehinderte Personen (§ 13 Abs. 1 Nr. 6 ErbStG)	3943
f)	Leistungen für Pflege (§ 13 Abs. 1 Nr. 9, 9a ErbStG)	3944
g)	Rückvererbung geschenkten Vermögens (§ 13 Abs. 1 Nr. 10 ErbStG)	3945
h)	Sonstige Steuerbefreiungen (§ 13 Abs. 1 Nr. 12, 14, 16 u. 17, Abs. 2 ErbStG)	3946
3. Verschonung bei Grundvermögen ab 2009 (§ 13c ErbStG)		3949
4. Persönliche Steuerbefreiungen (Freibeträge) (§ 16 ErbStG)		3952
a) Rechtslage bis 31.12.2008		3952
b) Rechtslage ab 2009		3955
5. „Steuerstorno" (§ 29 ErbStG)		3957
a) Gesetzliche Rückforderungsrechte		3957
b) Vertragliche Rückforderungsrechte		3960
c) Weitere Tatbestände		3967
6. Jahressteuer bei Nutzungen und wiederkehrenden Leistungen (§ 23 ErbStG)		3969
X. Privilegierung des Erwerbs von Betriebsvermögen nach altem Recht (§§ 13a, 19a ErbStG, R 51 ff. ErbStR 2003)		3974
1. Überblick		3974
2. Begünstigtes Betriebsvermögen		3981
a) Begriff des Betriebsvermögens		3981
b) Anteile an einer Personengesellschaft		3986
c) Land- und forstwirtschaftliches Vermögen		3993
d) Anteile an Kapitalgesellschaften		3995
3. Erfasste Vorgänge		3996
a) Erwerb von Todes wegen		3997
b) Lebzeitiger Erwerb		4000
4. Zuordnung des Freibetrages		4002
5. Nachversteuerung		4005
6. Abzugsbeschränkung; Verzicht auf die Vergünstigung		4010
XI. Begünstigung von Betriebsvermögen nach neuem Recht		4011
1. Grundkonzept		4012
2. Begünstigtes Vermögen (§ 13b Abs. 1 ErbStG)		4016
a) Land- und forstwirtschaftliches Vermögen (§ 13b Abs. 1 Nr. 1 ErbStG)		4017
b) Betriebsvermögen i.S.d. § 13b Abs. 1 Nr. 2 ErbStG (Betrieb, Teilbetrieb, Mitunternehmeranteil)		4018
c) Kapitalgesellschaftsanteil (§ 13b Abs. 1 Nr. 3 ErbStG)		4024
aa) Grundsatz		4024
bb) Insb.: Poolvereinbarung		4026
(1) Verfügungsbeschränkung		4030
(2) Einheitliche Stimmrechtsausübung		4039
(3) Mindestbeteiligung		4044

		Rn.
	(4) Muster einer Gesamtvereinbarung.	4048
3.	Mögliche Vergünstigungen	4053
	a) Verschonungsabschlag und Abzugsbetrag (§ 13a Abs. 1 u. 2 ErbStG)	4053
	b) Tarifbegrenzung (§ 19a ErbStG)	4059
	c) Ambitioniertes Modell: volle Steuerbefreiung	4061
4.	Ausschluss der Betriebsvermögensbegünstigung bei Verwaltungsvermögen (§ 13b Abs. 2 ErbStG)	4065
	a) Testverfahren	4065
	b) Verwaltungsvermögen im Einzelnen (§ 13b Abs. 2 Satz 2 ErbStG)	4072
	aa) Dritten zur Nutzung überlassene Grundstücke (§ 13b Abs. 2 Satz 2 Nr. 1 ErbStG)	4073
	(1) Ausnahme Sonderbetriebsvermögen und Betriebsaufspaltung (lit. a)	4077
	(2) Ausnahme Betriebsverpachtung (lit. b)	4081
	(3) Ausnahme Konzernfälle (lit. c)	4084
	(4) Wohnungsunternehmen (lit. d)	4085
	bb) Minderheitsanteile an Kapitalgesellschaften (§ 13b Abs. 2 Satz 2 Nr. 2 ErbStG)	4089
	cc) Anteile an Gesellschaften mit überwiegendem Verwaltungsvermögen (§ 13b Abs. 2 Satz 2 Nr. 3 ErbStG)	4093
	dd) Wertpapiere und vergleichbare Forderungen (§ 13b Abs. 2 Satz 2 Nr. 4 ErbStG)	4098
	ee) Kunstgegenstände etc. (§ 13b Abs. 2 Satz 2 Nr. 5 ErbStG)	4102
	c) Junges Verwaltungsvermögen (§ 13b Abs. 2 Satz 3 ErbStG)	4104
5.	Lohnsummenkriterium (§ 13a Abs. 1 Satz 2 i.V.m. Abs. 4 ErbStG)	4109
	a) Ausnahmen	4110
	b) Zeiträume	4113
	c) Ermittlung	4115
	d) Tochtergesellschaften	4117
	e) Folgen des Unterschreitens	4120
	f) Erste Wertung	4125
6.	Behaltensregelungen (§ 13a Abs. 5 ErbStG)	4126
	a) Grundsatz	4126
	b) Schädliche Vorgänge im Einzelnen	4127
	aa) § 13a Abs. 5 Satz 1 Nr. 1 ErbStG (Veräußerung)	4127
	bb) § 13a Abs. 5 Satz 1 Nr. 4 ErbStG (Kapitalgesellschaftsvorgänge)	4134
	cc) § 13a Abs. 5 Satz 1 Nr. 3 ErbStG (Überentnahmen)	4135
	dd) § 13a Abs. 5 Satz 1 Nr. 5 ErbStG (Aufhebung einer Pool-Vereinbarung)	4138
	c) Folge: Nachversteuerung	4143
	d) Verfahrensrecht	4147
7.	Gestaltungsmöglichkeiten bei Betriebsvermögen ab 2009	4148
	a) Gestaltung i.R.d. Bewertung	4149

	Rn.
b) Gestaltung zur Sicherung der Verschonung	4153
aa) Schaffung begünstigten Vermögens	4154
bb) Bestehen des Verwaltungsvermögenstests	4156
(1) Derzeit schädliche Verwaltungsvermögensquote	4157
(2) Derzeit unschädliche Verwaltungsvermögensquote	4166
cc) Bestehen der Lohnsummenkontrolle	4170
(1) Maßnahmen vor dem Stichtag	4170
(2) Maßnahmen nach dem Stichtag	4175
dd) Einhaltung der Behaltensfristen	4178
c) Gestaltungsvergleich Sondergewinnbezugsrechte/Vorbehaltsnießbrauch	4180
8. Erbauseinandersetzung unter Geltung des neuen Rechtes	4183
a) Bisherige Rechtslage	4183
b) Grundzüge der Neuregelung	4185
c) § 13b Abs. 3 Satz 1 ErbStG: positive Allokation	4189
d) § 13a Abs. 3 ErbStG: negative Allokation	4193
e) Anwendungsbereich im Einzelnen	4194
f) Verfahren	4201
g) Wertung	4202
9. Milderung der Doppelbelastung aus Einkommen- und Schenkungsteuer (§ 35b EStG)	4203
XII. Mittelbare Grundstücksschenkung	4205
1. Begriff; Tatbestandsvoraussetzungen	4205
2. Zivilrechtliche Aspekte	4210
3. Schenkungsteuer	4216
4. Ertragsteuern; Eigenheimzulage	4219
XIII. Steuertarif	4222
1. Steuerklassen (§ 15 ErbStG)	4222
a) Einteilung	4222
b) Gestaltung durch Adoption	4226
2. Steuersätze (§ 19 ErbStG)	4232
3. Berücksichtigung früherer Erwerbe (§ 14 ErbStG)	4240
XIV. Persönliche Steuerpflicht; Besteuerungsverfahren	4254
1. Auslandssachverhalte	4254
2. Besteuerungsverfahren	4262
a) Anzeigepflichten	4262
b) Erhebungsverfahren	4275
c) Steuerschuldnerschaft, § 20 ErbStG	4276
XV. Übersicht: Gestaltungshinweise zur Steuerreduzierung	4280
1. Gestaltungsoptionen nach der Erbschaftsteuerreform	4281
2. Gestaltungsoptionen bis Ende 2008	4289
B. Grunderwerbsteuer	4293
I. Vorrang der Schenkungsteuer	4293
II. Gesellschafterwechsel	4298

		Rn.
	1. § 1 Abs. 2a GrEStG	4299
	2. § 1 Abs. 3 GrEStG	4304
	3. Freistellung und Nachbesteuerung	4310
III.	Bemessung	4316
IV.	Anzeigepflichten	4320

C. Umsatzsteuer 4322

Kapitel 12: Einkommensteuerrecht 4327

A. Voraussetzung der steuerlichen Anerkennung von Verwandtengeschäften 4331
  - I. Zivilrechtliche Wirksamkeit bei Beteiligung Minderjähriger 4332
    1. Vertretung Minderjähriger 4332
       a) Vertretung durch die Eltern 4332
       b) Handeln des Kindes mit Genehmigung der Eltern 4335
       c) Vormundschaft 4338
       d) Lediglich rechtlich vorteilhaftes Geschäft 4340
       e) Ausschluss der elterlichen Vertretungsmacht 4349
       f) Pflegschaft 4354
    2. Gerichtliche Genehmigungen 4360
       a) Genehmigungsbedürftige Sachverhalte 4360
          aa) Immobilientransaktionen 4361
          bb) Grundpfandrechtsbestellung 4371
       b) Verfahren nach altem Recht (FGG) 4377
       c) Verfahren nach neuem Recht (FamFG) 4379
          aa) Zuständigkeiten 4379
          bb) Entscheidungskriterien 4383
          cc) Rechtskraft des Genehmigungsbeschlusses 4386
              (1) Beginn der Beschwerdefrist: Bekanntgabe bzw. Erlass 4387
              (2) Beschwerdeverzicht 4396
              (3) Rechtskraftzeugnis 4397
          dd) Weitergehende Mitwirkung des Notars? 4399
       d) „Doppelvollmacht" 4404
    3. Exkurs: Ausschluss der elterlichen Vertretung durch Anordnung 4415
  - II. Ernsthaftigkeit der Vereinbarung und ihrer Durchführung 4420
  - III. Fremdvergleich 4424
    1. Grundsatz 4424
    2. Darlehen 4426
    3. Mietverträge 4428
    4. Arbeitsverträge 4433
  - IV. Exkurs: Gestaltungsmissbrauch/Gesamtplanrechtsprechung 4436

B. Unterscheidung Privat-/Betriebsvermögen 4439
  - I. Selbstständige Wirtschaftsgüter 4439
    1. Nutzungsbereiche 4443
    2. „Verdecktes Betriebsvermögen" 4448
       a) Betriebsaufspaltung 4449

			Rn.
	aa) Anforderungen		4449
	bb) Erscheinungsformen		4452
	cc) Folgen		4453
	dd) Konkurrenzen		4463
	ee) Beendigung		4465
b) Sonderbetriebsvermögen			4466
c) Verpächterwahlrecht			4469
d) Gewerblicher Grundstückshandel			4472
3. „Geborenes Betriebsvermögen" bei Gesellschaften			4473
a) Kapitalgesellschaften			4474
b) Gewerbliche Personengesellschaft			4478
	aa) Gewerblich tätige Personengesellschaft		4478
	bb) Gewerblich geprägte Personengesellschaft		4480
c) Vermögensverwaltende Personengesellschaft			4482
II. Gewerbesteuer			4484
1. Steuerobjekt und -subjekt			4484
2. Bemessungsgrundlage			4486
3. Berechnung der Gewerbesteuer			4493
4. Unternehmensteuerreform 2008			4495
C. Steuerliche Folgen der Übertragung des Wirtschaftsguts selbst			**4497**
I. Gefahr der Entnahme			4500
1. Entnahmetatbestand			4501
a) Grundfall			4501
b) „Verdecktes Betriebsvermögen"			4502
c) Nießbrauchsvorbehalt			4507
d) Vermeidungsstrategien			4511
e) Betriebsaufgabe			4514
	aa) Tatbestand		4514
	bb) Privilegierungen		4515
	cc) Abgrenzung zur Betriebsabwicklung und Betriebsunterbrechung		4519
2. Nießbrauchsbedingte Mehrheit von Betrieben			4520
II. Zurechnung des Wirtschaftsguts, AfA-Berechtigung			4523
1. Zurechnung beim Erwerber			4523
a) Übergang der AfA-Befugnis			4524
	aa) Zeitpunkt der Anschaffung		4524
	bb) Durchführung (Besitzübergabe)		4527
	cc) Wirkungen		4531
b) Anerkennung von Fremdwerbungskosten			4533
2. Besonderheiten beim Nießbrauch			4534
a) Unentgeltlich bestellter Nießbrauch			4536
	aa) Die Zuordnung der steuerbaren Einnahmen		4537
	bb) Die Zuordnung der steuerbaren Einnahmen		4538
	cc) Die Zuordnung der steuerbaren Einnahmen		4539

			Rn.
	b)	Entgeltlich bestellter Nießbrauch	4544
	c)	Vermächtnisnießbrauch	4546
III.	Eigenheimzulage/Eigenheimriesterförderung		4548
	1.	Grundsätzliches	4548
	2.	Keine Fortführung der Zulage durch den unentgeltlichen Erwerber	4550
	3.	Ausnahme beim Erwerb vom Ehegatten	4553
	4.	Verwirklichung eines eigenen Anschaffungstatbestands durch den Erwerber	4556
	5.	Auswirkungen vorbehaltener Nutzung	4563
	6.	Investitionen auf fremdem Grund und Boden?	4567
	7.	„Wohnriester"	4571
IV.	Ertragsteuerliche Folgen des Erbfalles und der Erbauseinandersetzung/Vermächtniserfüllung		4580
	1.	Ertragsteuerliche Folgen des Erbfalls selbst: Grundsatz	4580
	2.	Besonderheiten bei der „Vererbung" von Anteilen an einer Personengesellschaft	4582
		a) Auflösung (§ 727 BGB)	4583
		b) Fortsetzungsklausel	4584
		aa) Zivilrecht	4584
		bb) Ertragsteuerrecht	4586
		cc) Erbschaftsteuerrecht	4590
		c) Einfache Nachfolgeklausel	4594
		aa) Zivilrecht	4594
		bb) Ertragsteuerrecht	4598
		cc) Erbschaftsteuerrecht	4602
		d) Qualifizierte Nachfolgeklausel	4607
		aa) Zivilrecht	4607
		bb) Ertragsteuerrecht	4612
		cc) Erbschaftsteuerrecht	4619
		e) Eintrittsklausel	4623
		aa) Zivilrecht	4623
		bb) Ertragsteuerrecht	4630
		cc) Erbschaftsteuerrecht	4633
		f) Einlage anlässlich des Erbfalls	4634
	3.	Veräußerung von Nachlassgegenständen	4635
	4.	Auseinandersetzung durch gegenständliche Zuordnung („Realteilung")	4637
		a) Anschaffungsvorgang?	4637
		b) Zurechnung laufender Einkünfte und Schuldzinsen	4646
		c) Buchwertfortführung/Entnahme bei Betriebsvermögen (Realteilungsgrundsätze)	4652
	5.	Erbteilsveräußerung	4661
	6.	Ausscheiden durch Abschichtung	4662
V.	Ertragsteuerliche Fragen der Betriebsübergabe		4663
	1.	Haftung für Betriebsteuern (§ 75 AO)	4664

XLIII

	Rn.
2. Übertragung eines Betriebes oder Teilbetriebes	4666
a) „Einheitstheorie" zur Feststellung der Unentgeltlichkeit	4670
b) (Teil-)betriebsübertragung gem. § 6 Abs. 3 EStG	4672
aa) Betrieb, Teilbetrieb	4673
bb) Unentgeltlichkeit	4677
cc) Ausnahme: Aufstockung der Buchwerte	4680
3. Unentgeltliche Aufnahme einer natürlichen Person in ein Einzelunternehmen	4681
4. Entgeltliche Aufnahme einer natürlichen Person in ein Einzelunternehmen	4688
a) Bargründung einer Personengesellschaft	4689
b) Einbringungsvorgang gem. § 24 UmwStG	4690
c) Einbringung außerhalb des § 24 UmwStG	4699
5. Unentgeltliche Übertragung eines Mitunternehmeranteils	4702
6. Unentgeltliche Übertragung eines Teils eines Mitunternehmeranteils	4712
7. Entgeltliche Veräußerung eines Einzelunternehmens oder Mitunternehmeranteils	4716
a) Einkommensteuerbelastung des Veräußerers	4716
aa) Veräußerungsgewinn	4716
(1) Kapitalgesellschaft als Verkäufer	4721
(2) Natürliche Person/Personengesellschaft als Verkäufer	4726
(3) Konsequenz aus Verkäufersicht: Formwechsel von der Personen- in die Kapitalgesellschaft	4732
bb) Verschonungen (§§ 16, 34 EStG)	4735
b) Einkommensbesteuerung des Erwerbers	4739
aa) Nutzung der Anschaffungskosten	4739
bb) Abzugsfähigkeit der Finanzierungsaufwendungen	4743
c) Gewerbesteuer	4744
d) Umsatz- und Grunderwerbsteuer	4751
8. Übertragung eines einzelnen Wirtschaftsguts des Betriebsvermögens	4752
a) „Überführung" ohne Rechtsträgerwechsel	4753
b) Mit Rechtsträgerwechsel	4754
aa) Unentgeltlich	4755
bb) Teilentgeltlich: Trennungstheorie	4756
cc) Vollentgeltlich	4758
c) Besonderheiten bei Kapitalgesellschaften	4759
d) Besonderheiten bei Personengesellschaften	4761
aa) „Mitunternehmererlass"	4762
(1) Rechtslage bis 31.12.1998	4762
(2) Rechtslage in den Jahren 1999 und 2000	4763
(3) Rechtslage seit 2001	4764
bb) Ausscheiden gegen Sachabfindung	4773
cc) Realteilung im engeren Sinne	4775

	Rn.
9. Übertragung eines Unternehmens/Mitunternehmeranteils unter Nießbrauchsvorbehalt.	4782
10. Betriebsverpachtung	4784
11. Übertragung von Kapitalgesellschaftsanteilen unter Lebenden und von Todes wegen	4791
a) Einkommensteuer	4792
aa) Trennungstheorie bei Teilentgeltlichkeit.	4792
bb) Entgeltliche Übertragung: Überblick	4799
cc) Einzelheiten: Besteuerung beim Verkäufer.	4800
(1) Kapitalgesellschaft als Verkäufer.	4800
(2) Natürliche Person/Personengesellschaft als Verkäufer	4804
dd) Einzelheiten: Besteuerung beim Käufer	4814
(1) Nutzung der Anschaffungskosten	4814
(2) Abzugsfähigkeit der Finanzierungsaufwendungen	4823
(a) Privatvermögen	4823
(b) Betriebsvermögen einer natürlichen Person/Personengesellschaft	4826
(c) Betriebsvermögen einer erwerbenden Kapitalgesellschaft	4836
(3) Konsequenz aus Käufersicht: Formwechsel von der Kapital- in die Personengesellschaft	4838
ee) Verrentung	4845
b) Körperschaftsteuer	4850
c) Erbschaftsteuer	4853
D. Überlassungsvereinbarungen mit Entgeltcharakter	**4858**
I. Steuerliche Vorfragen	4858
1. Teilentgeltlichkeit (Einheits- versus Trennungsmethode)	4859
2. Steuerliche Bedeutung der Entgeltlichkeitsfrage	4862
3. Entgeltverteilung bei Mehrheit von Wirtschaftsgütern	4867
II. Gegenleistungen mit Entgeltcharakter im Einzelnen	4869
1. Abstandsgelder an den Veräußerer	4871
2. Verrechnung mit Geldersatzansprüchen ggü. dem Veräußerer	4877
3. Gleichstellungsgelder an Geschwister	4886
4. Schuldübernahme	4900
5. „Austauschrenten" (wiederkehrende Leistungen mit Gegenleistungscharakter)	4906
a) Vollentgeltliche Übertragung bei kaufmännisch abgewogener Rente	4908
b) Teilentgeltliche Übertragung	4912
c) „Überentgeltliche" Rente	4913
d) Zeitrenten	4915
e) „Ungewollte Austauschrenten"	4919
f) Kaufpreisrenten bei Betriebsvermögen	4922
III. „Spekulationsbesteuerung" i.R.d. vorweggenommenen Erbfolge	4929
1. Betroffene Objekte	4929

	Rn.
2. Steuerfreiheit bei fehlender Identität	4933
3. Anschaffungs- und Veräußerungsvorgänge	4934
a) Betroffene Vorgänge	4934
b) Entgeltlichkeit	4939
c) Die „Spekulationsfalle": Immobilien zum Ausgleich des Zugewinns	4947
4. Ermittlung des Veräußerungsgewinns	4951
5. Entstehung und Entfallen der Steuer	4953

E. Versorgungsrenten ... 4955
    I. Sonderinstitut der Vermögensübergabe gegen Versorgungsleistungen ... 4955
        1. Entwicklung ... 4955
            a) Wesen der Versorgungsleistung ... 4955
            b) Reform 2008 ... 4957
                aa) Ziele ... 4957
                bb) Übergangsregelung ... 4961
        2. Ertragsteuerliche Differenzierung (Rententypen) ... 4963
            a) Austauschrenten ... 4964
            b) Unterhaltsrenten ... 4965
            c) Betriebliche Renten ... 4968
            d) Letztwillige Renten ... 4970
            e) Beitragserkaufte Renten ... 4972
    II. „Unentgeltlichkeit" ... 4975
    III. „Vermögen" ... 4976
        1. Rechtslage für Altfälle bis 31.12.2007 ... 4976
            a) Existenzsicherndes Vermögen ... 4976
                aa) Geeignete Wirtschaftsgüter ... 4976
                bb) Nachträgliche Umschichtung in geeignete Objekte ... 4981
                cc) Sonderbehandlung von Betriebsvermögen? ... 4986
            b) „Ausreichend ertragbringend" ... 4987
                aa) Ertragsprognose ... 4987
                bb) Teilentgeltliche Übertragungen ... 4991
                cc) Unternehmensübertragung ... 4993
                dd) Unzureichende Erträge: der frühere „Typus 2" ... 4996
        2. Rechtslage für Neufälle ab 2008 ... 5000
            a) Beschränkung auf „Betriebsvermögen" ... 5000
                aa) Betriebe oder Teilbetriebe ... 5001
                bb) Mitunternehmeranteile ... 5003
                cc) GmbH-Anteile ... 5006
                dd) „Versorgungsrenten" bei „ungeeignetem" Vermögen ... 5014
                ee) Umschichtung in „geeignetes Vermögen" ... 5018
                ff) Gestaltungsalternativen für „nunmehr ungeeignetes" Vermögen ... 5019
            b) Ausreichende Ertragsprognose ... 5021
    IV. „Behaltensdauer"; Umschichtungen innerhalb geeigneten Vermögens ... 5024
        1. Erster Rentenerlass ... 5026

	Rn.
2. Zweiter Rentenerlass	5028
3. Dritter Rentenerlass	5030
4. Vierter Renterlass	5033
a) Umschichtungsfälle	5033
b) Gleitende Vermögensübergabe	5038
V. „Lebenszeit"	5043
VI. Destinatäre	5046
1. Vermögensempfänger	5046
2. Versorgungsleistungsempfänger	5047
VII. Korrespondenzprinzip	5053
VIII. Formale Anforderungen	5055
IX. Umfang der absetzbaren Sonderausgaben/der zu besteuernden wiederkehrenden Bezüge	5057
1. Nichtgeldleistungen	5060
2. Insb. Nutzungsüberlassung	5062
3. Geldleistungen	5066
4. Sonderausgabenabzug bei vorbehaltenem Wohnungsrecht des Veräußerers nach altem Recht?	5073
5. Sonderausgabenabzug bei Selbstnutzung durch Erwerber nach altem Recht?	5074

Kapitel 13: „Behinderten- bzw. Bedürftigentestament" ... 5080
A. Ziel und Anwendungsbereich ... 5080
  I. Motive ... 5080
  II. „Enterbungslösung" ... 5088
B. „Auflagenlösung" als mittelbare Zuwendung ... 5094
  I. Auflage ... 5094
  II. Insb.: Stiftungen ... 5096
  III. Risiko: Überleitung des Pflichtteilsanspruchs ... 5098
C. Unmittelbare Zuwendung an den Destinatär: Vermächtnislösungen ... 5104
  I. Reiz des Vermächtnisses ... 5104
  II. Vermächtnistyp ... 5109
  III. Insb.: Vor- und Nachvermächtnis ... 5113
    1. Ausgestaltung ... 5113
    2. Bedenken ... 5115
      a) Nachvermächtnisvollstreckung? ... 5116
      b) Verhältnis zur sozialrechtlichen Nachlasshaftung ... 5117
      c) Ausschlagung (§ 2307 BGB) ... 5122
      d) Analogie zu § 102 SGB XII? ... 5123
      e) Analogie zu § 2385 Abs. 1 BGB? ... 5124
  IV. Vermächtnisgegenstand ... 5127
  V. Der seidene Faden aller Gestaltung: Überleitungsfähigkeit des Ausschlagungsrechtes ... 5134
    1. Überleitung ... 5134
    2. Aufforderung zur Selbsthilfe ... 5138

	Rn.
D. Erbschaftslösungen	5142
I. Das „klassische Behindertentestament": Destinatär als Mitvorerbe, Testamentsvollstreckung	5142
1. Regelungsziel	5142
2. Konstruktionselemente	5145
a) Vorerbschaft	5145
b) Testamentsvollstreckung	5149
3. Gefährdungen	5156
a) § 2338 BGB als Vorkehrung?	5157
b) § 2306 Abs. 1 Satz 1 BGB	5161
aa) Werttheorie als Folge früherer Zuwendungen	5165
bb) Mehrere pflichtteilsberechtigte Nacherben	5179
cc) Ausschlagung durch überlebenden Ehegatten	5182
c) § 2306 Abs. 1 Satz 2 BGB	5186
d) § 2306 Abs. 2 BGB	5195
e) § 2325 BGB	5208
f) § 2216 Abs. 2 Satz 2 BGB	5212
g) Person des Testamentsvollstreckers	5219
h) Ungeplante Entwicklungen	5229
i) Änderungen der Rechtslage	5235
4. Erleichterung der Rechtsposition anderer Beteiligter	5238
a) Teilungsanordnung	5238
b) Trennungslösung?	5243
c) Herausgabevermächtnis auf den Überrest?	5248
5. Sozialfürsorgerechtliche Wertung	5249
6. § 138 BGB?	5255
a) Subsidiaritätsverstoß?	5255
b) Sättigungsgrenze?	5259
c) Sittenwidrigkeit ggü. dem Behinderten?	5262
d) Sittenwidrigkeit der Erbschaftsannahme?	5264
7. § 134 BGB i.V.m. § 14 HeimG?	5265
II. Destinatär als alleiniger Vorerbe	5268
III. Destinatär als Mitnacherbe	5278
E. Bedürftigentestament	5283
I. Unterschiede und Gemeinsamkeiten zum „Behindertentestament"	5284
1. „Standardkonstruktion"	5284
2. „Vermächtniskonstruktion"	5291
II. Die Wirkungsweise der Konstruktionselemente	5299
1. Vor- und Nacherbfolge	5300
2. Testamentsvollstreckung	5311
III. Aufhebung der Beschränkungen	5325
1. Durch den Erblasser selbst	5326
2. Durch die Erben	5327

	Rn.
3. Durch Vorkehrung in der letztwilligen Verfügung selbst	5331
a) Ermöglichung der Anfechtung?	5332
b) Auflösend bedingte bzw. befristete Vorerbenstellung?	5339
c) Aufschiebend bedingte Befreiung des Vorerben?	5347
d) Befristete Testamentsvollstreckung?	5351
e) Gestufte Ausschlagung?	5353
f) Auflage?	5357

Kapitel 14: Vertragsmuster ... 5361
A. Lebzeitige Übertragung von Grundbesitz („Überlassung")/Merkblatt für Veräußerer, Erwerber und Geschwister ... 5361
B. Merkblatt: Das Erbschaftsteuerreformgesetz 2009/2010 ... 5362
C. Fragebogen und Datenerfassung zu einer Hausübergabe ... 5363
D. Fragebogen zur Übergabe eines landwirtschaftlichen Anwesens ... 5364
E. Übertragung eines städtischen Anwesens auf Abkömmlinge unter Nutzungs- und Verfügungsvorbehalt ... 5365
F. Muster einer Bauplatzübertragung als Ausstattung mit Ausgleichspflichtteilsverzicht eines weichenden Geschwisters ... 5366
G. Teilungserklärung im Eigenbesitz und Übertragung des Sondereigentums zum Eigenausbau ... 5367
H. Landwirtschaftlicher Übergabevertrag (mit weiteren Erläuterungen) ... 5368
I. Ehebedingte Zuwendung eines Halbanteils an einer Immobilie ... 5369
J. Ehebedingte Übertragung von Grundbesitz in das künftige Alleineigentum eines Ehegatten ... 5370
K. Übertragung in Verrechnung mit Zugewinnausgleichsansprüchen ... 5371
L. „Familienpool" in Form einer vermögensverwaltenden KG (Gründung und Einbringung des Grundbesitzes mit Schuldübernahme und Verfügungs„sperre") ... 5372
M. „Familienpool" in Form einer GbR (Gründung und Einbringung des Grundbesitzes mit Nießbrauchsvorbehalt und Verfügungs„sperre") ... 5373
N. Schenkung eines Kommanditanteils im Wege vorweggenommener Erbfolge ... 5374
O. Schenkung einer atypischen Unterbeteiligung an einem Kommanditanteil ... 5375
P. Abtretung eines GmbH-Geschäftsanteils im Wege vorweggenommener Erbfolge ... 5376
  I. Muster ... 5376
  II. Notarbescheinigte Liste der Gesellschafter ... 5377
Q. „Stuttgarter Modell" (Überlassung mit Mietvertrag; Vereinbarung einer dauernden Last) ... 5378
R. Übertragung eines einzelkaufmännischen Gewerbebetriebes mit Grundbesitz ... 5379
  I. Übergabe eines einzelkaufmännischen Gewerbebetriebes (mit Grundbesitz) ... 5379
  II. Anmeldung zum Handelsregister ... 5380
S. Erbschaftsvertrag nach § 311b Abs. 5 BGB ... 5381
T. Schenkung eines Erbteils ... 5383
U. Abschichtung gegen Abfindung ... 5384

V. Muster eines „klassischen" Behindertentestamentes (als Erbvertrag) 5385
W. Einzeltestament bei überschuldetem Abkömmling 5386

	Seite
Stichwortverzeichnis	2033

Verzeichnis der Formulierungsvorschläge und Muster

	Rn.
Kapitel 1: Grundtypus und Varianten – Das Schenkungsrecht des BGB und typische Fallgruppen	
Ausstattungscharakter	199
Umfang und Folgen der Ausstattung	205
Gegenseitige entgeltliche Zuwendungsversprechen auf den Todesfall	222
Unternehmertestament (Dauervollstreckung mit Zuordnungsbefugnis hinsichtlich Betriebs- und Privatvermögen)	271
„Frankfurter Testament" zur Unternehmensnachfolge	277
Steuerausgleichsvermächtnis beim „Frankfurter Testament"	280
Wahlvermächtnis gem. § 2151 BGB zur Bestimmung des Unternehmensnachfolgers	283
Beschränkter Abänderungsvorbehalt hinsichtlich der Einsetzung eines Unternehmenserben	287
Sog. Super-Vermächtnis nach Gutdünken des Längerlebenden anstelle des Pflichtteils	289
Sog. Super-Vermächtnis nach Gutdünken des Längerlebenden anstelle des Pflichtteils mit sofortiger Abzugsmöglichkeit	291
Anordnung eines Vermächtnisses bzgl. Personengesellschaftsanteilen	295
Nachfolgeklausel in Freiberufler-Kapitalgesellschaft	302
Dauervollstreckungs-Modell bei Betriebsnachfolge von Todes wegen (Einzelunternehmen)	310
Betriebsfortführungsvollmacht als Notfallvorsorge	315
Anmeldung des Haftungsausschlusses gem. § 25 Abs. 2 HGB beim die Firma fortführenden Rechtsträger	327
Übertragung eines Milcherzeugungsbetriebs in vorweggenommener Erbfolge	351
Verkauf eines Milcherzeugungsbetriebs	353
Vereinbarung über mit übertragene Zuckerrüberlieferungsrechte	357
Mitübertragene Gegenstände bei landwirtschaftlicher Übergabe	362
Kapitel 2: Sozialfürsorgerecht – ein Überblick	
Keine Formulierungsvorschläge und Muster enthalten.	
Kapitel 3: Sozialrechtliche Fragen der Grundstücksüberlassung	
Modifizierung des § 528 BGB hinsichtlich „umgekehrter Ersetzungsbefugnis"	936
Erlöschen des dinglichen Wohnungsrechts bei Unmöglichkeit seiner Ausübung	1020
(Er-)löschen des dinglichen Wohnungsrechts gegen amtsärztliches Attest	1021
(Er-)Löschen des dinglichen Wohnungsrechts durch Abmeldebescheinigung	1023
(Er-)Löschen des dinglichen Wohnungsrechts gegen notarielle Eigenurkunde	1025
Kapitel 4: Absicherung des Veräußerers	
Besitzübergang beim Vorbehaltsnießbrauch	1079
Befugnis zur einseitigen Aufgabe des Nießbrauchs	1089
Bruchteilsvorbehaltsnießbrauch	1095

	Rn.
Bruchteilszuwendungsnießbrauch	1097
Nießbrauchsrecht in Gütergemeinschaft	1102
Quotenvorbehaltsnießbrauch	1106
Quotenzuwendungsnießbrauch	1108
Aufschiebend bedingter Nießbrauch für den überlebenden Ehegatten des Veräußerers	1110
Anspruch auf Sukzessivnießbrauch (vormerkungsgesichert) für den überlebenden Ehegatten des Veräußerers	1112
Nießbrauch mit Fremdvermietungs- und Leerstandsverbot gem. § 1030 Abs. 2 BGB	1116
Sicherungsnießbrauch	1118
Örtlich beschränkter Nießbrauch (als unechte Teilbelastung)	1120
Nießbrauch an Sondereigentum	1124
Verjährungsverlängerung beim Nießbrauch	1126
Vermietung durch Nießbraucher	1129
Beitritt des Eigentümers zur Vermietung durch den Nießbraucher	1131
Eigenübliche Sorgfalt des Nießbrauchers	1150
Nießbrauch mit gesetzlicher Lastenverteilung	1157
Bruttonießbrauch	1160
Außerordentliche Unterhaltungspflichten des Eigentümers mit dinglicher Wirkung	1163
Nettonießbrauch	1171
Dinglich-entgeltlicher Nießbrauch (Monatszahlung mit Währungssicherung)	1173
Verwendung stehen bleibender Grundpfandrechte zugunsten des Vorbehaltsnießbrauchers	1178
Beleihungsverpflichtung und -vollmacht des Eigentümers	1184
Rentenwahlrecht des Nießbrauchers	1188
Begrenzte Rangrücktrittsverpflichtung und -vollmacht des Nießbrauchers	1194
Modifizierung des Zugewinnausgleichs (Ausschluss in Bezug auf Vermögen gem. § 1374 Abs. 2 BGB)	1220
„Steuerklausel" beim Zuwendungsnießbrauch an Wertpapiervermögen	1228
Auskunfts- und Einsichtsrechte des Nießbrauchers	1241
Regelung des Gewinnanspruchs beim Nießbrauch an einem Personengesellschaftsanteil	1248
Anspruch auf Erstattung nicht entnommener Gewinne bei Beendigung des Nießbrauchs	1250
Gesellschafterrechte bei Nießbrauch an Personengesellschaftsanteil	1254
Surrogate beim Nießbrauch an Personengesellschaftsanteilen	1258
Surrogate und Verwaltungsrechte beim Nießbrauch an GmbH-Anteil	1261
Ausschüttungsumfang beim unentgeltlichen Zuwendungsnießbrauch an GmbH-Anteil	1263
Mitbenutzungsrecht mit aufschiebend bedingtem Wohnungsrecht bei Eigentumsverlust oder Trennung	1271
Erlöschen der Wohnungsrechts-Sekundärpflichten beim Abriss des Gebäudes	1273
Wohnungsgewährungsreallast als Sekundärrecht	1278
Wohnungsrecht in Gütergemeinschaft	1289
Überlassung eines Wohnungsrechts zur Ausübung unter der Bedingung der Lastentragung wie beim Nießbrauch	1295

Verzeichnis der Formulierungsvorschläge und Muster

	Rn.
Überlassung eines Wohnungsrechts zur Ausübung unter der Bedingung vollständiger Lastentragung	1297
Überlassung eines Wohnungsrechts zur Ausübung bei Pflegebedürftigkeit	1299
Bedingte Rentenzahlungspflicht bei Erlöschen des Wohnungsrechtes	1312
Wohnungsrecht (Gesamtbaustein)	1323
Nettowohnungsrecht (Gesamtbaustein)	1325
Wohnungsrecht verknüpft mit Mietvertrag	1328
Hinweis auf sozialhilferechtliche Anerkennungsrisiken bei Leistungsbeschränkungsklauseln	1346
Übernahme des ungedeckten Pflegebedarfs	1356
Pflege- und Dienstleistungspflichten (kurz)	1362
Schuldrechtliche Einschränkung der Reallast	1366
Pflege- und Dienstleistungsverpflichtung (ausführlich)	1368
Pflege- und Dienstleistungsverpflichtung (sehr ausführlich)	1370
Keine Anpassung der dauernden Last bei Ortswechsel	1377
Ruhen ortsgebundener Rechte bei Abwesenheit; Ausschluss von Geldersatzansprüchen außer bei „verschuldeter Verdrängung"	1393
Erlöschen ortsgebundener Rechte aufgrund fachärztlicher Feststellung (Ergänzung im Anschluss an den vorstehenden Formulierungsvorschlag)	1395
Erlöschen ortsgebundener Rechte; vollständiger Ausschluss von Geldersatzansprüchen	1397
Forderungsrechte weichender Geschwister	1401
Allgemeiner Freistellungsanspruch unter Geschwistern	1403
Formulierungsvorschlag (Alternative): Begrenzter Freistellungsanspruch unter Geschwistern	1405
Begrenzter Freistellungsanspruch unter Geschwistern, mit Entreicherungseinwand	1408
Freistellung unter Geschwistern hinsichtlich des Elternunterhalts	1410
Geschwisterabrede zur Verteilung der „Sozialast der Eltern" nach festen Quoten:	1414
Rücktrittsvorbehalt beim Pflichtteilsverzicht zur Absicherung einer Freistellungspflicht unter Geschwistern	1418
Regelung zur Auskehr des Pflegegeldes	1420
Ausübung der Leistungswahlrechte bei Pflege (ausführlich)	1424
Pflege- und Versorgungsvertrag	1426
Pflegevergütungsvermächtnis	1431
Eintragungsbewilligung für Leibgeding	1439
Vertragliche Vereinbarung der landesrechtlichen Bestimmungen zum Leibgeding	1448
Abwehrklausel gegen die Annahme einer dauernden Last nach altem Recht (bis Ende 2007)	1460
Zivil- und steuerrechtliche Leibrente	1472
Leistungsvorbehaltsklausel als Wertsicherungsvereinbarung	1475
Spannungsklausel als Wertsicherungsvereinbarung	1477
Zeitabhängige Indexgleitklausel als Wertsicherungsvereinbarung	1485
Schwellen- und verlangensabhängige Indexgleitklausel als Wertsicherungsvereinbarung	1486
Dauernde Last ohne Wertsicherung (unterhaltsähnliche Maßstäbe)	1494

Verzeichnis der Formulierungsvorschläge und Muster

	Rn.
Dauernde Last ohne Wertsicherung (Maßstab: Jahresüberschuss/mit Mindestbetrag)	1498
Vollstreckungsunterwerfung bei wertgesicherter schuldrechtlicher Zahlung	1504
Bestellung einer Reallast	1507
Sicherungsreallast	1509
Reallast nur für den Ausgangsbetrag	1515
Vollstreckungsunterwerfung für „Haftungstrias".	1520
Rückstandssicherung bei Reallast	1526
Ablösevereinbarung bei Reallast	1530
Verjährungsverlängerung des Leibrentenstammrechts	1533
Bedingter Anspruch auf Sicherungswohnungsrecht	1540
Nachgenehmigung durch weichendes Geschwisterteil	1570
Dingliche Rechte für nicht Anwesende (noch unter Vorbehalt)	1573
Lebzeitige Ausgleichspflicht (Leistungserbringung erfolgt wirtschaftlich durch den Erwerber)	1585
Wohnungsrecht für weichendes Geschwisterteil bis zur Verheiratung	1589
Nachabfindungsverpflichtung (im Anschluss an Zustimmungsvorbehalt des Veräußerers)	1592
Weitere Fälle des Ausschlusses einer Nachabfindungspflicht (im Anschluss an Textbaustein Rdn. 1592).	1594
Absicherung des bedingten Nachabfindungsanspruchs der weichenden Geschwister	1596
Anspruch der weichenden Geschwister auf künftige Absicherung	1598
Bedingter Anspruch auf Übertragung eines Bauplatzes bei späterer Bebaubarkeit zugunsten weichender Geschwister	1602
Vorbehalt künftiger lebzeitiger Gleichstellungsverpflichtung	1604
Vorbehalt nachträglicher Anordnung einer lebzeitigen Ausgleichszahlung, Ergänzung/Befugnis auch seitens des überlebenden Ehegatten	1606
Ausschluss der Ausgleichung von Pflegeleistungen unter Kindern gem. § 2057a BGB.	1615
Ausdrückliche („gekorene") Ausgleichungsanordnung (Standardfall)	1623
Gekorene Ausgleichungspflicht ohne Pflichtteilsfernwirkung, „Abbedingung des § 2316 Abs. 1 BGB".	1625
Vorausvermächtnis zur nachträglichen Freistellung des ausgleichspflichtigen Abkömmlings von der Ausgleichung	1628
Ausgleichungspflicht selbst bei Nachlasserschöpfung, „Abbedingung des § 2056 BGB"	1645
Ausgleichungsanordnung auflösend bedingt bei Pflichtteilsverlangen weichender Geschwister nach dem erstversterbenden Ehegatten	1658
Allseitige „postmortale Ausgleichungsvereinbarung" zur Gleichstellung im Schlusserbfall unabhängig von der Versterbensreihenfolge	1666
Vorausvermächtnis zur Sicherung der Ausgleichung auf den Sterbefall des überlebenden Veräußerers	1669
Schuldübernahme (mit schuldrechtlicher und dinglicher Vollstreckungsunterwerfung)	1696
Erfüllungsübernahme	1703
Variante Erfüllungsübernahme bei bereits erklärter persönlicher Vollstreckungsunterwerfung	1706

Verzeichnis der Formulierungsvorschläge und Muster

	Rn.
Fortsetzung Erfüllungsübernahme mit Einholung der Erklärung nach § 415 BGB durch den Notar	1708
Variante Erfüllungsübernahme mit Einholung der Erklärung nach § 415 BGB durch die Beteiligten	1709
Fortsetzung Erfüllungsübernahme/Umschreibung nur bei Schuldbefreiung, sonst Rücktrittsrecht	1712
Variante Erfüllungsübernahme/Umschreibung nur bei Schuldbefreiung, kein Rücktrittsrecht (am Beispiel dann fortbestehenden Miteigentums bei Scheidung)	1713
Variante Erfüllungsübernahme/Umschreibung auch ohne Schuldbefreiung	1714
Einholung einer Schuldübernahmegenehmigung durch den Notar (Vollzugsbrief)	1717
Belehrung bei Rangrücktritt hinter Grundpfandrechte	1728
Selektiver Rangvorbehalt mit Belehrungsvermerk	1731
Beschränkung der Rückgewähransprüche auf Löschung sowie Löschungsvormerkung bei nachrangigen Rechten des Veräußerers	1736
Abtretung der Rückgewähransprüche bei übernommenen Grundpfandrechten	1739
Abtretung von Rückgewähransprüchen (ausführlich)	1744
Schuldübernahme aufschiebend bedingt auf den Zeitpunkt des Erlöschens des Nießbrauches	1747
Sofortige Schuldübernahme mit Freistellung bis zum Erlöschen des Nießbrauches	1750
Vertragliche Geldersatzrente außerhalb des Leibgedingsrechts	1760
Güterrechtliche Wirkungen der Durchführung der Rückübertragung	1793
Wegfall der Pflichtteilswirkungen mit Durchführung der Rückübertragung	1795
Erlöschen des Rückforderungsrechts bei Schweigen nach Aufforderung des Eigentümers	1802
Rückforderungsrecht bei Berechtigten in Gütergemeinschaft	1806
Rückforderungsrecht bei Berechtigten in Gütergemeinschaft	1819
Rückforderungsberechtigung gem. § 428 BGB mit festgelegter Eigentumsstruktur	1824
Rückforderungsberechtigung nach § 428 BGB mit freier Eigentumsstruktur	1827
Alleinige Rückforderungsberechtigung des überlebenden Miteigentümers kraft Abtretung	1831
Rückforderungsberechtigung des Ehegatten (Nichteigentümers) des Veräußerers kraft Abtretung	1838
„Über-Kreuz-Abtretung" des Rückforderungsrechtes unter mehreren Erwerbern zur Verlängerung des Schutzzeitraums	1840
Rückforderungsberechtigung gem. § 428 BGB mit Vorrang des Veräußerers	1842
aufschiebend bedingte selbstständige Rückforderungsberechtigung des überlebenden Ehegatten	1845
bedingter Übertragungsanspruch als Vermächtnisinhalt	1848
Rückforderungsrecht mit einmaliger Vererblichkeit	1852
Keine gesetzliche Vertretung bei Ausübung des Rückforderungsrechts (Einleitung)	1854
Erlöschen des Rückforderungsvorbehalts bei Betreuungsbedürftigkeit	1857
Rückforderung eines quotenentsprechenden Miteigentumsanteils bei Erwerbern in GbR	1872

	Rn.
Rückforderung wahlweise des Gesamtobjekts oder eines quotenentsprechenden Miteigentumsanteils bei Erwerbern in GbR	1875
Rückübertragungsverpflichtung hinsichtlich eines übertragenen GbR-Anteils	1878
Rückforderung lediglich des betreffenden Miteigentumsanteils	1883
Rückforderung des betreffenden Miteigentumsanteils oder des Gesamtobjekts nach Wahl des Berechtigten	1885
Nur begrenztes Rückforderungsrecht im Todesfall	1912
Jederzeitiges Rückforderungsrecht im Todesfall	1914
Weitere Rückforderungsrechte	1920
Rückforderungsvorbehalt als „Steuerklausel"	1923
Rückforderungsmöglichkeit bei künftigen Steuererleichterungen	1925
Rückforderungsvorbehalt bei Inanspruchnahme als Zweitschuldner für die Schenkungsteuer	1928
Rückforderungsvorbehalt bei Nachbesteuerungstatbeständen gemäß §§ 13a, 13b ErbStG	1930
Weitere Rückforderungsrechte bei Betriebsvermögen	1932
Rückforderungsobjekt „Betrieb"	1935
Vollmacht zur Rückabwicklung bei Vorversterben des Erwerbers	1940
Pflicht zur Freistellung von „unüblichen" Mietverhältnissen bei Rückforderung	1942
Ausschluss jeglicher Erstattung bei Rückforderung	1945
Rückabwicklung bei Ausübung des Rückforderungsrechts	1956
Subjektive Wahlschuld des Rückübertragungsverpflichteten	1958
Rangvorbehalt bei der Rückübertragungsvormerkung	1965
Vormerkungsgesicherte Pflicht zum Rangrücktritt mit der Rückübertragungsvormerkung	1966
Grundbuchliche Erklärungen bei späterer Änderung der Rückforderungstatbestände	1968
Auflösend befristete Vormerkung für Rückforderungsanspruch	1975
Vollmacht zur Löschung der Rückübertragungsvormerkung	1978
Vollzugsauftrag zur Reduzierung des vormerkungsgesicherten Rückforderungsanspruchs bei einem Teilflächenverkauf	1982
Verlautbarung der Inhaltsreduzierung der Vormerkung durch auflösende Bedingung	1984
Verlautbarung der Inhaltsreduzierung der Vormerkung durch Wirksamkeitsvermerk	1986
Risikohinweise bei Rückforderungsvorbehalt	1992
Verzicht auf Rückforderungs- und sonstige Vorbehalte	1995
Gesamtbaustein „Rückforderungsrecht"	1997
Haftungsbeschränkende „Umwandlung" des zurückzuübertragenden Unternehmens auf Verlangen des Schenkers	2005
Rückforderungsrecht im Vorfeld einer Unternehmensinsolvenz	2007
Rückforderungsvorbehalt (auflösende Bedingung) bei GmbH-Anteil	2017
Modifizierung des § 428 BGB	2031
Sukzessivberechtigung bei Mitgläubigerschaft	2039

Kapitel 5: Gesellschaftsrechtliche Lösungen

Ausschluss des Versteigerungsrechts unter Miteigentümern	2049

	Rn.
Miteigentümervereinbarung mit Separierung von Nutzungs- und Kostentragungsbereichen	2052
Berichtigung bei identitätswahrendem Formwechsel einer eingetragenen GbR in OHG	2064
Riskohinweis bei Veräußerung z.B. beweglicher Sachen durch eine GbR	2093
Schuldrechtliche Doppelverpflichtung bei Veräußerung durch GbR	2100
Erwerb in GbR (schuldrechtliche Einigung)	2104
Vollstreckungsunterwerfung bei erwerbender GbR	2108
GbR auf Erwerberseite mit Quotenanpassungsabrede nach Finanzierungsbeiträgen	2167
Wirksamwerden der Kommanditanteilsübertragung	2169
Vierkontenmodell bei der Personengesellschaft	2221
Natürliche Person als weiterer Vollhafter ohne Befugnisse (zur Vermeidung der Registerpublizität)	2225
Eintrittsrecht für Minderjährige nach Eintritt der Volljährigkeit	2273
Einheits-GmbH & Co. KG, Wahrnehmung der Stimmrechte in der Komplementär-GmbH durch die Kommanditistenversammlung	2316
GmbH & Co KG, Offenlegung der Weitergabe der GmbH-Stammeinlage als Darlehen an die KG	2323
Beirat bei einer GmbH	2330
Widerspruch zur Gesellschafterliste bei aufschiebend bedingtem Erwerb	2353
Kombinierte Einziehungs- und Abtretungsklausel bei Erbfall in GmbH	2369

Kapitel 6: Stiftungen

Begrenzte Flexibilität bei Unternehmensbeteiligungsstiftung	2516
Regelung des Zwecks einer Familienstiftung	2520
„Starker" Beirat bei einer unternehmensverbundenen Familienstiftung	2522
Errichtung einer Stiftung von Todes wegen	2576
Regelung zu Zustiftungen in der Stiftungs-Satzung	2585
„Lenkungsrecht" des Zustifters	2587
Bedingte Zweckerweiterungskompetenz des Stiftungsvorstands	2589
Mustersatzung für Vereine, Stiftungen, Betriebe gewerblicher Art von juristischen Personen des öffentlichen Rechts, geistliche Genossenschaften und Kapitalgesellschaften (Anlage 1 zu § 60 AO) – enthält nur die aus steuerlichen Gründen notwendigen Bestimmungen –	2600
Satzungsregelung zur Vorstandsvergütung bei Gemeinnützigkeit	2604

Kapitel 7: Besonderheiten bei Zuwendungen unter Ehegatten

Verwaltungsvereinbarung unter Ehegatten zur Schenkungsvermeidung	2662
Ehegattenschenkung unter auflösender Bedingung der „Rückvererbung"	2714
Rückforderung unter Ehegatten ist spätestens bei Scheidung auszuüben	2716
Berücksichtigung einer Ehegattenzuwendung bei Fehlen oder Nichtausübung eines Rückforderungsvorbehaltes lediglich i.R.d. § 1380 BGB	2719
Rückabwicklung bei Ausübung des Rückforderungsrechtes unter Ehegatten bei Gütertrennung	2724

	Rn.
Berücksichtigung der Ehegattenzuwendung bei Ausübung des Rückforderungsvorbehaltes im Scheidungsfall lediglich nach Zugewinnausgleichsrecht.	2728
Berücksichtigung der Ehegattenzuwendung bei Ausübung des Rückforderungsvorbehaltes im Scheidungsfall nach Zugewinnausgleichsrecht, aber mit Mindesterstattung der hälftigen Eigeninvestitionen.	2731
Rückforderungsrecht mit Erstattung lediglich außerhalb des Zugewinnausgleichs	2733
Rückforderungsrecht mit direkter Erstattung werterhöhender Investitionen und Erfassung sonstiger Steigerungen i.R.d. Zugewinnausgleichs.	2735
Nichtanrechnungsbestimmung gemäß § 1380 BGB	2743
Erweiterung der Zugewinnausgleichswirkung einer Ehegattenzuwendung über § 1380 BGB hinaus	2762
Rückforderungsvorbehalt bei Immobilienübertragung zur Unterhaltsabgeltung	2769
Vorliegen einer ehebedingten Zuwendung (am Beispiel der Übertragung eines Halbanteils an einer Immobilie in das nunmehrige Alleineigentum des Ehegatten)	2779
Weiterübertragung eines Halbanteiles an den Ehegatten des Erwerbers	2812
Weiterübertragung an den Ehegatten des Erwerbers – Verzicht auf gegenständliche Rückforderung bei Scheidung	2815
Rückforderungsrecht mit Berücksichtigung allein i.R.d. Zugewinnausgleichs.	2817
Rückforderungsrecht mit ausschließlicher Erstattung werterhöhender Investitionen	2820
Rückforderungsrecht mit Erstattung werterhöhender Investitionen und Erfassung sonstiger Steigerungen i.R.d. Zugewinnausgleichs	2822
Darlehensvertrag zur Investitionsabsicherung unter Lebensgefährten	2852
Wahlrecht zwischen Darlehensrückzahlung und Wohnungsrecht (Ergänzung).	2854
Nutzungsabrede zur Sicherung des Lebensgefährten	2859
Wechselseitige Erwerbsrechte unter Lebensgefährten bei Scheitern der Beziehung	2863

Kapitel 8: Rechtsgeschäfte unter Lebenden auf den Tod

Auf den Tod des Schenkers vollzugsbefristete Grundstücks-Versprechensschenkung ohne echte Überlebensbedingung mit sofortiger Erklärung der Auflassung	2883
Versprechensschenkung unter Lebenden auf den Tod des Schenkers unter echter Überlebensbedingung, jedoch lebzeitigem Vollzug i.S.d. § 2301 Abs. 2 BGB	2886
Bedingter, vormerkungsgesicherter, Übereignungsanspruch Dritter nach dem Tod des Versprechensempfängers	2896

Kapitel 9: Erb- und pflichtteilsrechtliche Problematik

Umfassende Rechtswahl zugunsten des deutschen Rechts nach Maßgabe des Entwurfes der ROM IV-Verordnung	2988
Cautela socini (§ 2306 BGB n.F.)	3014
Übernahme der Pflichtteilsergänzungslast durch den Beschenkten.	3105
Anordnung der Ertragswertklausel gem. § 2312 BGB	3121
Anrechnungsbestimmung nach § 2315 BGB.	3139
Anrechnungsbestimmung nach § 2315 BGB mit „Niederstwertprinzip"	3141

Verzeichnis der Formulierungsvorschläge und Muster

	Rn.
Kombination von Ausgleichung und Anrechnung mit Optimierung der Pflichtteilsreduzierung	3181
Beschränkter Zuwendungsverzicht (Anordnung der Testamentsvollstreckung und Vermächtnisse zugunsten der Enkel bei Berliner Testament)	3196
Ungültigkeit von Ersatzerbeinsetzungen bei Zuwendungsverzicht des „Vormannes"	3199
Endgültiger Charakter einer Abfindungsvereinbarung bei Erb- oder Pflichtteilsverzicht	3222
Anpassungsvorbehalt beim Erb-/Pflichtteilsverzicht hinsichtlich der Abfindungshöhe (entsprechend § 313 BGB)	3224
Erbverzicht eines Abkömmlings	3229
Erbverzicht unter Ehegatten	3231
Allgemeiner Pflichtteilsverzicht eines Verwandten	3236
Zuwendungsverzicht auf Pflichtteilsvermächtnis	3238
Allgemeiner Pflichtteilsverzicht eines Ehegatten sowie (bedingter) Verzicht auf den güterrechtlichen Ausgleich im Todesfall	3240
Abfindung beim Pflichtteilsverzicht (unmittelbare Leistung des Erblassers)	3254
Abfindung beim Pflichtteilsverzicht (Leistungserbringung erfolgt wirtschaftlich durch den Erwerber)	3256
Umfassende Zustimmung des Ehegatten des Veräußerers mit gegenständlichem Pflichtteilsverzicht auch gem. § 1586b BGB	3259
Verzicht auf Pflichtteilsergänzungsansprüche auch gem. § 2329 BGB gegenüber dem Beschenkten	3262
Erbschaftsvertrag gem. § 311b Abs. 5 BGB zwischen Erwerber und weichendem Geschwister	3264
„Abbedingung des § 2306 BGB"	3276
Gegenständlich beschränkter Verzicht auf den Ausgleichspflichtteil (§ 2316 BGB)	3278
Gegenständlich beschränkter Pflichtteilsverzicht (§ 2325 und § 2316 BGB)	3280
Hinsichtlich Betriebsvermögens gegenständlich beschränkter Pflichtteilsverzicht	3282
Modifizierung des Zugewinnausgleichs und des Pflichtteilsrechts, gegenständlich beschränkt auf Betriebsvermögen	3284
Vereinbarung der Ertragswertklausel unabhängig von § 2312 BGB	3287
Schiedsgutachterklausel und Bewertungsfestlegung für Betriebsvermögenswertermittlung	3289
Pflichtteilsrechtliche Vereinbarung der Gleichstellung mit gesellschaftsvertraglichen Abfindungsbestimmungen	3291
Vertragliche Pflichtteilsanrechnungsvereinbarung analog § 2315 BGB bei Zuwendung eines Dritten	3293
Sicherstellung der vollständigen Anrechnung auf den Pflichtteil nach dem Ableben beider Veräußerer	3295
Stundung des Pflichtteils bis zum Ableben des länger lebenden Elternteils	3302
Stundung des gesamten Pflichtteilsanspruchs nach dem ersten Elternteil	3304
Hinausschieben des Entstehens des gesamten Pflichtteilsanspruchs nach dem ersten Elternteil	3306
Stundungsvereinbarung nach Entstehung des Pflichtteilsanspruchs	3308

	Rn.
Bedingter Pflichtteilsverzicht für den ersten Sterbefall der Eltern.	3310
Qualitativer Pflichtteilsverzicht (Herabstufung zur Naturalobligation) zur Erhaltung der erbschaftsteuerlichen Entlastungswirkung.	3314
Verzicht auf einen bereits entstandenen höferechtlichen Abfindungsanspruch.	3318
Verzicht auf künftige höferechtliche Abfindungsansprüche.	3319
Verzicht auf höferechtliche Nachabfindungsansprüche nach der Veräußerung einzelner Hofgrundstücke.	3322
Verzicht auf künftige höferechtliche Nachabfindungsansprüche nach dem Zeitpunkt der Übergabe/dem Erbfall.	3323
Verzicht auf künftige höferechtliche Nachabfindungsansprüche vor der Übergabe/dem Erbfall.	3324
Lebzeitiges Eigeninteresse.	3336

Kapitel 10: Vollzug; Kosten

Allgemeine Vollzugsvollmacht.	3361
Angestelltenvollmacht zur Behebung von Zwischenverfügungen.	3364
Beurkundung mit vollmachtlosem Vertreter mit Hinweis auf die Folge.	3371
Rücktrittsrecht statt gerichtlicher Verfahren bei ablehnenden Bescheiden nach GrdStVG	3397
Belehrungshinweis beim Teilflächenerwerb.	3403
Umlegungsverhaftetes Grundstück.	3417
Grundstück im Flurbereinigungsverfahren.	3425
Zustimmungserfordernis gem. § 1365 BGB.	3449
Schiedsgerichtsvereinbarung.	3453

Kapitel 11: Verkehrsteuern

Vermächtnis zur Reduzierung der Erbschaftsteuerbelastung beim Berliner Testament	3568
Übernahme der Schenkungsteuer und Nebenkosten durch den Schenker.	3607
Wahl- und Herausgabevermächtnis zur steuerfreien Vererbung des Eigenheims.	3922
Zuordnung des Eigenheims unter mehreren Kindern durch Testamentsvollstrecker.	3935
Gebot einheitlicher Verfügung/Vererbung beim Poolvertrag.	4038
Stimmrechtsbindung beim Poolvertrag.	4042
Poolvereinbarung als Satzungsbestandteil.	4048
Umfangreiche schuldrechtliche Poolvereinbarung (shareholder agreement).	4050
Poolmitgliedschaft als Satzungsbestandteil.	4052
Ausgleichsklausel zur nachträglichen Teilung der Erbschaftsteuerprivilegien bei Erbauseinandersetzung.	4188
Mittelbare Grundstücksschenkung mit Nießbrauchsvorbehalt (als Teil eines Kaufvertrages).	4215
Begrenzte Übernahme der Schenkungsteuerschuld durch den Betriebsveräußerer.	4278

Kapitel 12: Einkommensteuerrecht

Noch vorzunehmende Bestellung eines Pflegers.	4358
Eigenurkunde über die Aushändigung der Bestellungsurkunde/Bestallungsurkunde des Pflegers.	4359

Verzeichnis der Formulierungsvorschläge und Muster

Rn.

„Umfassende Vollzugsbetreuung" durch den Notar bei der Einholung der gerichtlichen Genehmigung	4403
Vollzugsauftrag zur Einholung der gerichtlichen Genehmigung (vor Inkrafttreten des FamFG)	4407
Vollzugsauftrag zur Einholung der gerichtlichen Genehmigung (nach Inkrafttreten des FamFG)	4409
Eigenurkunde aufgrund Doppelvollmacht	4411
Ausschluss der Eltern von der Verwaltung	4416
Ausschluss des anderen Elternteils von der Verwaltung (§ 1638 BGB)	4417
Anordnungen zur Verwaltung gem. § 1639 BGB	4419
Besitzübergang (Stichtagsregelung) für Betriebsübertragung (mit Selbstvornahmemöglichkeit)	4530
Fortsetzungsklausel bei Personengesellschaft mit Abfindung	4585
Fortsetzungsklausel bei Personengesellschaft mit Abfindungsausschluss	4589
Erfordernis einheitlicher Vertretung bei Nachfolge einer Personenmehrheit in Gesellschaftsanteil	4596
Einfache Nachfolgeklausel bei Personengesellschaft	4597
Freier Anteilserwerb bei Beendigung eines Treuhandverhältnisses über Personengesellschaftsanteil	4605
Qualifizierte Nachfolgeklausel bei Personengesellschaften, hilfsweise als Eintrittsklausel für nachfolgeberechtigte Nicht-Erben	4610
Rechtsgeschäftliche Nachfolgeklausel	4627
Gesellschaftsrechtliche Übernahmeklausel	4629
Steuererstattungspflicht bei späterer Gewinnrealisierung nach Realteilung einer Erbengemeinschaft	4658
Verfügungsunterlassungs- und Nachzahlungspflicht bei Übertragung von Mitunternehmerteilanteilen	4713
„Sanktionen" bei Verstoß gegen ertragsteuerliche Sperrklausel	4714
§ 7 Satz 2 Nr. 2 GewStG – Erstattung der Gewerbesteuerbelastung bei Veräußerung eines Personengesellschaftsanteils durch eine Kapitalgesellschaft	4745
Gewerbesteuerklausel im Gesellschaftsvertrag	4747
Gewerbesteuerklausel im Kaufvertrag über einen Mitunternehmeranteil (Erfassung beim Verkäufer)	4748
Kaufpreisminderung zur Zuordnung der Gewerbesteuerbelastung aus dem Verkauf eines Mitunternehmeranteils beim Veräußerer	4750
Steuererstattungspflicht bei späterer Gewinnrealisierung nach Realteilung einer Personengellschaft	4781
Pflicht zur Erstattung der Nachversteuerung beim Anteilstausch gem. § 22 Abs. 2 UmwStG	4802
Vinkulierungsklausel mit Ausgleichspflicht bei Untergang von Verlustvorträgen (§ 8c KStG)	4852
Entgeltlichkeit aufgrund Verrechnung mit Verwendungsersatzansprüchen	4882

LXI

	Rn.
Anpassung der Versorgungsrente bei späterem Wegfall des Sonderausgabenabzugs nach Übertragung von GmbH-Anteilen.	5012
Versorgungsrente als Netto-Betrag, „Wegzugs-Klausel".	5054

Kapitel 13: „Behinderten- bzw. Bedürftigentestament"

	Rn.
Vor- und Nachvermächtnis beim „Behindertentestament".	5131
Quotengeldvermächtnis mit Ersetzungsbefugnis (als Vor- und Nachvermächtnis beim Behindertentestament).	5133
Pflichtteilsbeschränkung in wohlmeinender Absicht bei überschuldeten Kindern.	5160
Bedingtes Vorausvermächtnis (als Vor- und Nachvermächtnis) beim „Behindertentestament" (als Vorsorge gegen die Werttheorie sowie gegen überleitbare Pflichtteilsansprüche).	5178
Automatische Pflichtteilsstrafklausel beim „Behindertentestament".	5194
Vorsorgliche Auflage zur Absicherung der Testamentsvollstreckeranordnungen beim „Behindertentestament".	5218
Nebenvollstreckung bei Personenidentität zwischen Hauptvollstrecker und Betreuer/Elternteil.	5226
Dauertestamentsvollstreckung über den Vorerbenanteil beim „Behindertentestament".	5228
Hinweise und vorsorgende Hilfslösung beim Behindertentestament.	5237
Teilungsanordnung beim „Behindertentestament".	5242
Ausgleichsvermächtnis für die nicht behinderten Geschwister.	5247
„umgekehrte Vermächtnislösung" beim „Behindertentestament", lediglich Abkömmlinge.	5270
„umgekehrte Vermächtnislösung" beim „Behindertentestament"; Ehegatten und mehrere Abkömmlinge.	5273
„umgekehrte Vermächtnislösung" beim „Behindertentestament"; zusätzliches Nießbrauchsuntervermächtnis für den Längerlebenden.	5275
Einfluss des bedürftigen Erben auf die Person des Testamentsvollstreckers.	5286
Vor- und Nachvermächtnis beim Bedürftigen-Testament; Sicherung durch aufschiebend befristete Erfüllung.	5293
Auseinandersetzungsverbot bei Testamentsvollstreckung (mit Surrogatwirkung).	5320
Teilungsanordnung bei Testamentsvollstreckung im Bedürftigentestament (mit Surrogatwirkung).	5323
Motivangabe beim Bedürftigentestament zur Ermöglichung der Anfechtung nach § 2078 BGB bei wirtschaftlicher Erholung.	5338
Bedingte Befreiung von den Vorerbschaftsbeschränkungen und bedingter Wegfall der Testamentsvollstreckung beim Bedürftigentestament.	5350
Befristete Testamentsvollstreckung beim Bedürftigentestament.	5352
Bedürftigentestament; Vorsorge bei späterem Wegfall der Bedürftigkeit (Auflagenlösung).	5360

Kapitel 14: Vertragsmuster

	Rn.
Merkblatt: Lebzeitige Übertragung von Grundbesitz („Überlassung").	5361
Das Erbschaftsteuerreformgesetz 2009/2010.	5362

Verzeichnis der Formulierungsvorschläge und Muster

	Rn.
Fragebogen und Datenerfassung zu einer Hausübergabe	5363
Fragebogen zur Übergabe eines landwirtschaftlichen Anwesens	5364
Übertragung eines städtischen Anwesens auf Abkömmlinge unter Nutzungs- und Verfügungsvorbehalt	5365
Bauplatzübertragung als Ausstattung mit Ausgleichspflichtteilsverzicht eines weichenden Geschwisters	5366
Teilungserklärung im Eigenbesitz und Übertragung des Sondereigentums zum Eigenausbau	5367
Landwirtschaftlicher Übergabevertrag (mit weiteren Erläuterungen)	5368
Ehebedingte Zuwendung eines Halbanteils an einer Immobilie	5369
Ehebedingte Übertragung von Grundbesitz in das künftige Alleineigentum eines Ehegatten	5370
Übertragung in Verrechnung mit Zugewinnausgleichsansprüchen	5371
„Familienpool" in Form einer vermögensverwaltenden KG (Gründung und Einbringung des Grundbesitzes mit Schuldübernahme und Verfügungs„sperre")	5372
„Familienpool" in Form einer GbR (Gründung und Einbringung des Grundbesitzes mit Nießbrauchsvorbehalt und Verfügungs„sperre")	5373
Schenkung eines Kommanditanteils im Wege vorweggenommener Erbfolge	5374
Schenkung einer atypischen Unterbeteiligung an einem Kommanditanteil	5375
Abtretung eines GmbH-Geschäftsanteils im Wege vorweggenommener Erbfolge	5376
Notarbescheinigte Liste der Gesellschafter	5377
„Stuttgarter Modell" (Überlassung mit Mietvertrag; Vereinbarung einer dauernden Last)	5378
Übergabe eines einzelkaufmännischen Gewerbebetriebes mit Grundbesitz	5379
Anmeldung zum Handelsregister	5380
Erbschaftsvertrag unter künftigen gesetzlichen Erben	5382
Schenkung eines Erbteils	5383
Abschichtung gegen Abfindung	5384
Muster eines „klassischen" Behindertentestamentes (als Erbvertrag)	5385
Einzeltestament bei überschuldetem Abkömmling	5386

Literaturverzeichnis

Abele/Klinger/Maulbetsch, Pflichtteilsansprüche vermeiden und reduzieren, 2010;
Adams, 21st Century Estate Planning, 2005;
Ahrens, Dingliche Nutzungsrechte, 2. Aufl. 2007;
Amann/Brambring/Hertel, Vertragspraxis nach neuem Schuldrecht, 2. Aufl. 2002;
Andres/Leithaus, Insolvenzordnung: InsO, 2. Aufl. 2011;
Arndt/Lerch/Sandkühler, Bundesnotarordnung: BNotO, 6. Aufl. 2008;

Baltzer, Das Vor- und Nachvermächtnis in der Kautelarjurisprudenz, 2007;
Bamberger/Roth, Kommentar zum Bürgerlichen Gesetzbuch, 2. Aufl. 2008;
Bärenz, Der zwischenzeitliche Zugewinnausgleich, 2010;
Bärmann, Wohnungseigentumsgesetz: WEG, 11. Aufl. 2010;
Bauer/v. Oefele, Grundbuchordnung: GBO, 2. Aufl. 2006;
Baumbach/Hopt, Handelsgesetzbuch: HGB, 34. Aufl. 2010;
Baumbach/Hueck, GmbH-Gesetz, 19. Aufl. 2010;
Baumbach/Lauterbach/Albers/Hartmann, Zivilprozessordnung: ZPO, 69. Aufl. 2011;
Baus, Die Familienstrategie, 3. Aufl. 2010;
Bayer/Koch, Unternehmens- und Vermögensnachfolge, 2009;
Bärenz, Der zwischenzeitliche Zugewinnausgleich, Diss. 2010;
BeckOK, Online-Kommentar zum BGB, hrsg. v. Bamberger/Roth, Stand: 01.03.2011;
Beck'sches Formularbuch Erbrecht, hrsg. v. Brambring/Mutter, 2. Aufl. 2009;
Beck'sches Notar-Handbuch, hrsg. v. Brambring/Jerschke, 5. Aufl. 2009;
Beck'sches Handbuch der GmbH, hrsg. v. Müller/Winkeljohann, 4. Aufl. 2009;
Bengel/Reimann, Handbuch der Testamentsvollstreckung, 4. Aufl. 2010;
Bitter, Festschrift für Karsten Schmidt zum 70. Geburtstag, 2009;
Blaurock, Handbuch Stille Gesellschaft, 7. Aufl. 2010;
Bleifuß, Beschränkungen und Beschwerungen des pflichtteilsberechtigten Erben, Diss. 2000;
Blumenberg/Benz, Die Unternehmensteuerreform 2008, 2007;
Blümich, EStG, KStG, GewStG, Loseblatt, 103. Aufl. 2009;
Blydt-Hansen, Die Rechtsstellung der Destinatäre der rechtsfähigen Stiftung bürgerlichen Rechts, Diss. 1998;
Bonefeld/Wachter, Der Fachanwalt für Erbrecht, 2. Aufl. 2010;
Böning, Die Anwendung des § 2325 BGB auf Grundstücksschenkungen unter Widerrufs- und Nießbrauchsvorbehalt, Diss. 1991;
Böttcher, ZVG: Gesetz über die Zwangsversteigerung und die Zwangsverwaltung, 4. Aufl. 2005;

Boruttau, Grunderwerbsteuergesetz, 17. Aufl. 2011;

Brambring, Ehevertrag und Vermögenszuordnung unter Ehegatten, 6. Aufl. 2008;

Brams/Taylos, Fair Division: From cake-cutting to dispute resolution, 1996;

Braun, Insolvenzordnung: InsO, 4. Aufl. 2010;

Brühl, Sozialhilfe für Betroffene von A – Z, 3. Aufl. 1992;

Buchholz, Sammel- und Nachschlagewerk der Rechtsprechung des Bundesverwaltungsgerichts, hrsg. v. Mitgliedern des Bundesverwaltungsgerichts, Loseblattwerk;

Bundesrechtsanwaltskammer/Bundesnotarkammer, Festschrift 50 Jahre Deutsches Anwaltsinstitut e.V., 2003;

Burandt/Leplow, Immobilien in Erbschaft und Schenkung, 2001;

Caemmerer, Gesammelte Schriften Bd. I, 1968;

Cornelius, Der Pflichtteilsergänzungsanspruch, Diss. 2004;

Corsten, Nachfolgeplanung in Familienunternehmen, 2011;

Crezelius, Erbschaft- und Schenkungsteuer in zivilrechtlicher Sicht, 1998;

ders., Unternehmenserbrecht, 2. Aufl. 2009;

Damrau, Praxiskommentar Erbrecht, 2. Aufl. 2010;

Damrau, Der Erbverzicht als Mittel zweckmäßiger Vorsorge für den Todesfall, 1995;

Daragan/Halaczinsky/Riedel (Hrsg.), Praxiskommentar ErbStG und BewG, 2010;

Dauner-Lieb/Heidel/Ring, Anwaltkommentar BGB, 2005;

Dauner-Lieb/Grziwotz/Hohmann-Dennhardt (Hrsg.), Pflichtteilsrecht, Handkommentar, 2010;

Dazert, Mithaftung und Sukzession bei Verbraucherkreditverträgen, Diss. 1998;

Deininger/Götzenberger, Internationale Vermögensnachfolgeplanung mit Auslandsstiftungen und Trusts, 2006;

Deininger/Lang, Wegzug aus steuerlichen Gründen, 2. Aufl. 2009;

Demharter, Grundbuchordnung: GBO, 26. Aufl. 2008;

v. Dickhuth-Harrach, Handbuch der Erbfolgegestaltung, 2010;

Döbereiner, Die Restschuldbefreiung nach der InsO, Diss. 1997;

Dötsch/Patt/Pung/Möhlenbrock, Umwandlungssteuerrecht, 6. Aufl. 2007;

Eberl-Borges, Die Erbauseinandersetzung, Habil.- Schrift 2000;

Eicher/Spellbrink, SGB II, Kommentar, 2. Aufl. 2008;

Eidenmüller, Ausländische Kapitalgesellschaften im deutschen Recht, 2004;

Eisele, Erbschaftsteuerreform 2009, 2009;

Engelmann, Letztwillige Verfügungen zugunsten Verschuldeter oder Sozialhilfebedürftiger, 2. Aufl. 2001;

Erman, Handkommentar zum Bürgerlichen Gesetzbuch, 13. Aufl. 2011;

Esch/Baumann/Schulze zur Wiesche, Handbuch der Vermögensnachfolge, 7. Aufl. 2009 mit Nachtrag 2010;

Eschenbruch/Klinkhammer, Der Unterhaltsprozess, 5. Aufl. 2009;

Eulberg/Ott-Eulberg/Halaczinsky, Die Lebensversicherung im Erb- und Erbschaftsteuerrecht, 2004;

Eylmann/Vaasen, Bundesnotarordnung, Beurkundungsgesetz: BNotO und BeurkG, 3. Aufl. 2011;

Faßbender/Grauel/Kemp/Ohmen/Peter, Notariatskunde, 16. Aufl. 2007;

Faude, Selbstverantwortung und Solidarverantwortung im Sozialrecht, 1983;

Fischer, Die Unentgeltlichkeit im Zivilrecht, 2002;

Fischer/Jüptner/Pahlke/Wachter, ErbStG, Kommentar, 2. Auflage 2010;

Frieser/Sarres/Stückemann/Tschichoflos, Handbuch des Fachanwalts Erbrecht, 4. Aufl. 2011;

Frommann, Sozialhilferecht SGB XII, 4. Aufl. 2009;

Gaberdiel, Kreditsicherung durch Grundschulden, 9. Aufl. 2011;

Gagel, SGB II/SGB III, Loseblatt, 36. Auflage 2009;

Ganter/Hertel/Wöstmann, Handbuch der Notarhaftung, 2. Aufl. 2009;

Gasser, Zur Rechtsnatur des Übergabevertrages, 1993;

Gastl, Stiftung & Sponsoring, 2008;

Gebel, Betriebsvermögen und Unternehmensnachfolge, 2. Aufl. 2002;

Gockel, Verzichtsverträge im Erbrecht, 2011

Gottschalk, Leistungen in das Gesellschaftsvermögen einer GmbH als freigebige Zuwendung gem. § 7 Abs. 1 ErbStG, Diss. 2001;

Gottschick/Giese, Das Bundessozialhilfegesetz, 10. Aufl. 1998;

Gottwald (Hrsg.), Insolvenzrechts-Handbuch, 4. Aufl. 2010;

Griesel/Mertes, Die neue Abgeltungsteuer, 2008;

Groll/Rösler, Praxis-Handbuch Erbrechtsberatung, 3. Aufl. 2010;

Großfeld, Recht der Unternehmensbewertung, 5. Aufl. 2009;

Grotherr (Hrsg.), Handbuch der internationalen Steuerplanung, 3. Aufl. 2011;

Grube/Wahrendorf, SGB XII, Kommentar, 3. Aufl. 2010;

Grziwotz, Partnerschaftsvertrag für die nichteheliche und nicht eingetragene Lebensgemeinschaft, 4. Aufl. 2002;

ders., Nichteheliche Lebensgemeinschaft, 4. Aufl. 2006;

Grziwotz/Döbertin, Spaziergang durch die Antike, 2002;

Grziwotz/Lüke/Saller, Praxishandbuch Nachbarrecht, 2005;

Güthe/Triebel, Grundbuchordnung, 6. Aufl. 1937;

Gürsching/Stenger, Bewertungsrecht, BewG/ErbStG, Loseblatt;

Habersack, Festschrift für Peter Ulmer zum 70. Geburtstag am 2. Januar 2003, 2003;

Hahn/Radeisen, Bauordnung für Berlin, 4. Aufl. 2007;

Handzik, Die Bewertung des Grundvermögens für die Erbschaft- und Schenkungsteuer, 2. Aufl. 2011;

Happ, Stifterwille und Zweckänderung, 2007;

Harenberg/Zöller, Abgeltungssteuer 2010, 2010;

Hasse, Lebensversicherung und erbrechtliche Ausgleichsansprüche, 2005;

Haug/Zimmermann, Die Amtshaftung des Notars, 3. Aufl. 2011;

Hausen/Kohlrust-Schulz, Die Eigenheimzulage, 2. Aufl. 1998;

Hausmann, Nichteheliche Lebensgemeinschaft und Vermögensausgleich, 1989;

Hauß, Elternunterhalt – Grundlagen und anwaltliche Strategien, 3. Aufl. 2010;

Haußleiter/Schulz, Vermögensauseinandersetzung bei Trennung und Scheidung, 5. Aufl. 2011;

Heckelmann, Abfindungsklauseln in Gesellschaftsverträgen, 1973;

Heckschen/Heidinger, Die GmbH in der Gestaltungs- und Beratungspraxis, 2. Aufl. 2009;

Heinz-Grimm/Pieroth/Krampe/, Testamente zugunsten von Menschen mit geistiger Behinderung, 3. Aufl. 1997;

Heiß/Born, Unterhaltsrecht, Loseblatt-Handbuch, 39. Aufl. 2011;

Heisse, Die Beschränkung der Geschäftsführerhaftung gegenüber der Gesellschaft, 1988;

Henssler, Risiko als Vertragsgegenstand, 1991;

Herberger/Martinek/Rüßmann/Weth, juris PraxisKommentar BGB, 5. Aufl. 2011;

Herrler/Schneider, Von der Limited zur GmbH, 2010;

Hess/Weis/Wienberg, Kommentar zur Insolvenzordnung und EGInsO, 2. Aufl. 2001;

Hesselmann/Tillman, Handbuch der GmbH & Co., 20. Aufl. 2009;

Hirte/Bücker, Grenzüberschreitende Gesellschaften, 2. Aufl. 2006;

Holler, Satzungen, 2004;

Hopt, Gesellschaftsrecht, 4. Aufl. 1996;

v. Hoyenberg, Vorweggenommene Erbfolge, Recht – Steuern – Formulare, 2010;

Hönn/Konzen/Kreutz, Festschrift für A. Kraft zum 70. Geburtstag, 1998;

Huber, Gesetz über die Anfechtung von Rechtshandlungen des Schuldners außerhalb des Insolvenzverfahrens, 10. Aufl. 2006;

Huber, Anteilsgewährungspflicht im Umwandlungsrecht, 2005;

Huhn/v. Schuckmann, BeurkG, DONot, Kommentar, 5. Aufl. 2009;

Hübner, Erbschaftsteuerreform 2009, 2008;

Hübschmann/Hepp/Spitaler, Abgabenordnung – Finanzgerichtsordnung, Loseblatt-Kommentar;

Hügel/Wilsch, Grundbuchordnung, GBO, 2. Aufl. 2010;
Hüttenbrink, Sozialhilfe und Arbeitslosengeld II, 11. Aufl. 2009;

IDW, Wirtschaftsprüfer-Handbuch, Bd. II, 13. Aufl. 2008;

Jansen/Jansen, Der Nießbrauch im Zivil- und Steuerrecht, 8. Aufl. 2009;
Jauernig, Bürgerliches Gesetzbuch, 12. Aufl. 2007;
Jeep, Ehegattenzuwendungen im Zugewinnausgleich, 1999;
Joachim, Die Haftung des Erben für Nachlassverbindlichkeiten, 2. Aufl. 2006;
Juchem, Vermögensübertragung zugunsten behinderter Menschen durch vorweggenommene Erbfolge und Verfügung von Todes wegen, Diss. 2002;
Jürgens, Pflegeleistungen für Behinderte, Diss. 1986;
Just, Die englische Limited in der Praxis, 3. Aufl. 2008;

Kalthoener/Büttner/Niepmann, Rechtsprechung zur Höhe des Unterhalts, 10. Aufl. 2008;
Kapp/Ebeling, Erbschaftsteuer- und Schenkungsteuergesetz (Kommentar), Loseblatt, Stand: 03/2011;
Kasper, Anrechnung und Ausgleichung im Pflichtteilsrecht, 1999;
Kerscher/Riedel/Lenz, Pflichtteilsrecht in der anwaltlichen Praxis, 3. Aufl. 2002;
Kersten/Bühling, Formularbuch und Praxis der Freiwilligen Gerichtsbarkeit, 23. Aufl. 2010;
Kipp/Coing, Erbrecht, 14. Aufl. 1990;
Kirchhoff, Wertsicherungsklauseln für Euro-Verbindlichkeiten, 2006;
Kirchhof, EStG, KompaktKommentar Einkommensteuergesetz, 8. Aufl. 2008,
Kirchhof/Söhn/Mellinghoff, Einkommensteuergesetz, Loseblatt;
Klie/Krahmer, Sozialgesetzbuch XI, Soziale Pflegeversicherung, Lehr- und Praxiskommentar, 3. Aufl. 2009;
Klein, Abgabenordnung: AO, 10. Aufl. 2009;
Klingelhöffer, Pflichtteilsrecht, 3. Aufl. 2009;
Knott/Mielke, Unternehmenskauf, 3. Aufl. 2008;
Kötz/Rawert/K. Schmidt/Walz, Non Profit Law Yearbook 2001, 2002;
Korintenberg/Lappe/Bengel/Reimann, Kostenordnung: KostO, 18. Aufl. 2010;
Korn/Carlé/Stahl, Personengesellschaften, 2006;
Kornexl, Nachlassplanung bei Problemkindern, 2006;
ders., Der Zuwendungsverzicht, 1998;
Krafka/Willer/Kühn, Registerrecht, 8. Aufl. 2010;
Krauß, Immobilienkaufverträge in der Praxis, 5. Aufl. 2010;
Kreft (Hrsg.), Heidelberger Kommentar zur Insolvenzordnung (InsO), 5. Aufl. 2008;

Kübler, Das sogenannte Behindertentestament unter besonderer Berücksichtigung der Stellung des Betreuers, Diss. 1998;

Kübler/Prütting/Bork, InsO, Kommentar zur Insolvenzordnung, Loseblatt, Stand: 05/2011;

Kuntze/Ertl/Herrmann/Eickmann, Grundbuchrecht, 6. Aufl. 2006;

Lambert-Lang/Tropf/Frenz, Handbuch der Grundstückspraxis, 2. Aufl. 2005;

Lambrecht, Der Zugriff des Sozialhilfeträgers auf den erbrechtlichen Erwerb, 2001;

Lambrecht, Pflichtteilsreduzierung bei der Nachfolge in Personengesellschaften, Diss. 2009;

Landsittel, Gestaltungsmöglichkeiten von Erbfällen und Schenkungen, 3. Aufl. 2006;

Lange/Kuchinke, Erbrecht, 5. Aufl. 2001;

Langenfeld, Testamentsgestaltung, 4. Aufl. 2010;

ders., Vertragsgestaltung, 3. Aufl. 2004;

ders., Handbuch der Eheverträge und Scheidungsvereinbarungen, 6. Aufl. 2011;

ders., Gesellschaft bürgerlichen Rechts, 7. Aufl. 2009;

Langenfeld/Günther, Grundstückszuwendungen zur lebzeitigen Vermögensnachfolge, 6. Aufl. 2010;

Larenz, Lehrbuch des Schuldrechts Band 1: Allgemeiner Teil, 14. Aufl. 1987;

Lehmann/Treptow, Zusammensetzung und Diskrepanz der Erbschaft- und Schenkungsteuer 2002, 2006;

Leingärtner, Die Einkommensbesteuerung der Land- und Forstwirtschaft, 2. Aufl. 1991;

Lieb, Die Vergütung des Testamentsvollstreckers, 2004;

Limmer/Hertel/Frenz/J. Mayer, Würzburger Notarhandbuch, 2. Aufl. 2010;

Linhart/Adolph/Gröschel-Gundermann, SGB II, SGB XII, Asylbewerberleistungsgesetz, Loseblatt;

Link, Zur (teilweisen) Unentgeltlichkeit von Übergabeverträgen im Rahmen vorweggenommener Erbfolge – Auswirkungen im Zivilrecht und Steuerrecht, 2003;

Littmann/Bitz/Pust, Das Einkommensteuerrecht, Kommentar, Loseblatt, Stand: 08/2011;

Lohr, Der Nießbrauch an Unternehmen und Unternehmensanteilen: Grundlagen und Gestaltungsmöglichkeiten für Anteilseigner und deren Angehörige aus ertrag- und erbschaftsteuerlicher Sicht, Diss. 1989;

Lorz/Kirchdorfer, Unternehmensnachfolge, 2. Aufl. 2011;

Ludyga, Inhaltskontrolle von Pflichtteilsverzichtsverträgen, 2008;

Luthin, Handbuch des Unterhaltsrechts, 10. Aufl. 2004;

Lutter/Hommelhoff, GmbHG, 17. Aufl. 2009;

v. Maydell, Weiterentwicklung des landwirtschaftlichen Sozialrechts, 1988;

v. Maydell/Ruland/Becker (Hrsg.), Sozialrechtshandbuch (SRH), 4. Aufl. 2008;

Mayer, J., Der Übergabevertrag, 2. Aufl. 2001;

Mayer, J./Bonefeld (Hrsg.), Testamentsvollstreckung, 3. Aufl. 2010;
Mayer, J./Littig, Sozialhilferegress gegenüber Erben und Beschenkten, 1999;
Mayer, J./Süß/Tanck/Bittler/Wälzholz, Handbuch des Pflichtteilsrechts, 2. Aufl. 2010;
Medicus/Petersen, Bürgerliches Recht, 22. Aufl. 2009;
Mehring/Farny, Festschrift für Dieter Farny, 1994;
Meikel, Grundbuchrecht, 10. Aufl. 2009;
Meincke, Erbschaftsteuer- und Schenkungsteuergesetz: ErbStG (Kommentar), 15. Aufl. 2009;
Menzel, Erbschafts- und Schenkungssteuerrecht, 12.Aufl. 2005;
Mergler/Zink, Handbuch der Grundsicherung und Sozialhilfe, Teil II: SGB XII, Loseblatt, Stand: 01/2011;
Mertes/Klümpen-Neusel, Gestaltungen und Formulierungen in der Erbschaft- und Schenkungsteuer, 2010
Michalski, Kommentar zum Gesetz betreffend die Gesellschaften mit beschränkter Haftung (GmbH-Gesetz), 2. Aufl. 2010;
Millich, Der Pflegefall des Altenteilers unter besonderer Berücksichtigung des Sozialhilferechtes, 1989;
Moench, Erbschaft- und Schenkungssteuergesetz, Stand: 02/2011;
Moench/Albrecht, Erbschaftsteuerrecht – einschließlich Schenkungsteuerrecht und Bewertung, 2. Aufl. 2009;
Müller, Der Rückgriff gegen Angehörige von Sozialleistungsempfängern, 5. Aufl. 2008;
Müller/Stöcker, Die Organschaft, 8. Aufl. 2011;
Müller/Winkeljohann, Beck'sches Handbuch der GmbH, 4. Aufl. 2009;
Münch, Ehebezogene Rechtsgeschäfte, 3. Aufl. 2011;
ders., Die Unternehmerehe, 2007;
Münchener Anwaltshandbuch Erbrecht, hrsg. v. Scherer, 3. Aufl. 2010;
Münchener Anwaltshandbuch Familienrecht, hrsg. v. Schnitzler, 3. Aufl. 2010;
Münchener Handbuch des Gesellschaftsrechts:
– Bd. 1: BGB-Gesellschaft, Offene Handelsgesellschaft, Partnergesellschaft, Partnerrederei, EWIV, hrsg. v. Gummert/Weipert, 3. Aufl. 2009;
– Bd. 2: Kommanditgesellschaft, GmbH &Co. KG, Publikums-KG, Stille Gesellschaft, hrsg. v. Gummert/Weipert, 3. Aufl. 2009;
– Bd. 3: Gesellschaft mit beschränkter Haftung, hrsg. v. Priester/Mayer, 3. Aufl. 2009;
Münchener Kommentar zum Bürgerlichen Gesetzbuch:
– Bd. 1/Teilbd. 1: Allgemeiner Teil (§§ 1–240, ProstG), 5. Aufl. 2006;
– Bd. 2: Schuldrecht Allgemeiner Teil (§§ 241–432), 5. Aufl. 2007;
– Bd. 3: Schuldrecht Besonderer Teil I (§§ 433–610, Finanzierungsleasing, HeizkostenV, BetriebskostenV, CISG), 5. Aufl. 2007;
– Bd. 6: Sachenrecht (§§ 854–1296, Wohnungseigentumsgesetz, Erbbaurechtsgesetz), 5. Aufl. 2009;

- Bd. 7: Familienrecht I (§§ 1297–1588, VAHRG, VAÜG, HausratsV), 5. Aufl. 2010;
- Bd. 9: Erbrecht (§§ 1922–2385, §§ 27–35 BeurkG), 5. Aufl. 2010;

Münchener Kommentar zum Handelsgesetzbuch, Bd. 3: Zweites Buch. Handelsgesellschaften und stille Gesellschaft. Zweiter Abschnitt. Kommanditgesellschaft. Dritter Abschnitt. Stille Gesellschaft §§ 161–237. Konzernrecht der Personengesellschaften, 2. Aufl. 2009;

Münchener Kommentar zur Insolvenzordnung, hrsg. v. Kirchhof/Lwowski/Stürner, Bd. 2: §§ 103–269, 2. Aufl. 2008;

Münchener Vertragshandbuch;
- Bd. 4: Wirtschaftsrecht III, hrsg. v. Schütze/Weipert, 6. Aufl. 2007;
- Bd. 6: Bürgerliches Recht II, 6. Aufl. 2010;

Münder(Hrsg.), Sozialgesetzbuch II, Lehr- und Praxiskommentar, 3. Aufl. 2009;

Münder/Armborst/Berlit/Bieritz-Harder/Birk/Brühl/Conradis/Geiger/Krahmer/Niewald/Roscher/Schoch, Sozialgesetzbuch XII, Lehr- und Praxiskommentar, 8. Aufl. 2008;

Nagelschmitz, Einlagen in Kapitalgesellschaften im Schenkungssteuerrecht, Diss. 2010;

Nerlich/Römermann, Insolvenzordnung: InsO, 17. Aufl. 2009, Loseblatt, Stand: 01/2011;

Neyer, Der Mantelkauf, 2008;

Nieder/Kössinger, Handbuch der Testamentsgestaltung, 4. Aufl. 2011;

Nörr/Scheyhing, Sukzessionen, 1999;

Notarkasse, Streifzug durch die Kostenordnung, 8. Aufl. 2010;

Oberfinanzdirektion Karlsruhe, OFD Einkommensteuerkartei der OFD Karlsruhe, Loseblatt;

Omlor, Verkehrsschutz im Kapitalgesellschaftsrecht, zugleich, Diss., 2010;

Otta, Vorausleistungen auf den Pflichtteil, Diss. 2000;

von Oertzen, Asset Protection im deutschen Recht, 2007;

Oestreicher, SGB II/SGB XII, Loseblatt-Kommentar, 63. Aufl. 2011;

Oestreicher/Schelter/Kunz, Bundessozialhilfegesetz, Loseblatt;

Palandt, Bürgerliches Gesetzbuch: BGB, 70. Aufl. 2011;

Pauli, Unternehmensnachfolge durch Vermächtnis, 2007;

Pauli/Maßbaum/Reiser, Erbschaftsteuerreform 2009, 2009;

Pikalo/Bendel, Grundstücksverkehrsgesetz, 1963;

Pöllath, Unternehmensfortführung durch Nachfolge oder Verkauf, 2007;

Prölss/Martin, Versicherungsvertragsgesetz: VVG, 28. Aufl. 2010;

Rastätter, Der Einfluss des § 14 HeimG auf Verfügungen von Todes wegen, 2004;

RGRK, Reichsgerichtsräte-Kommentar zum BGB, 12. Aufl. 1981;

Reiff, Die Dogmatik der Schenkung unter Nießbrauchsvorbehalt und ihre Auswirkungen auf die Ergänzung des Pflichtteils und die Schenkungsteuer, Diss. 1989;

Reimann, Festschrift für Professor Jürgen Damrau, 2007;

Reimann/Bengel/Mayer, Testament und Erbvertrag, 5. Aufl. 2006;

Reithmann, Allgemeines Urkundenrecht, 1972;

ders., Vorsorgende Rechtspflege auch Notare und Gerichte, 1989;

Reithmann/Albrecht, Handbuch der notariellen Vertragsgestaltung, 8. Aufl. 2001;

Renn/Schoch, Die neue Grundsicherung, 2002;

Reul/Heckschen/Wienberg, Insolvenzrecht in der Kautelarpraxis, 2006;

Richter, Die Abfindung ausscheidender Gesellschafter unter Beschränkung auf den Buchwert, 2002;

Riecke/Schmid (Hrsg.), Fachanwaltskommentar Wohnungseigentumsrecht, 3. Aufl. 2010;

Rödl/Preißer, ErbStG, Kompaktkommentar, 2009;

Rössler/Troll, Bewertungsgesetz: BewG, Loseblatt, 11. Aufl. 2009;

Rothkegel, Sozialhilferecht, 2005;

Ruby/Schindler/Wirich, Das Behindertentestament, 2008;

Sarres, Vermächtnis, 2009;

ders., Erbrechtliche Auskunftsansprüche, 2. Aufl. 2011;

Schäfer, Der stimmrechtslose GmbH-Geschäftsanteil, Diss. 1997;

Schaub, Arbeitsrechts-Handbuch, 14. Aufl. 2011;

Schauhoff, Handbuch der Gemeinnützigkeit, 3. Aufl. 2010;

Schellhorn/Schellhorn, BSHG, 16. Aufl. 2002;

Schellhorn/Schellhorn/Hohm, Kommentar zum SGB XII - Sozialhilfe, 17. Aufl. 2006;

Schenck-Notzing, Freih. v., Unerlaubte Bedingungen in letztwilligen Verfügungen, 2009;

Scherer/Kormann/Blanc/Groth/Wimmer, Familienunternehmen, 2005;

Schindler, Pflichtteilsberechtigter Erbe und pflichtteilsberechtigter Beschenkter, Diss. 2004;

Schippel/Bracker, Bundesnotarordnung: BNotO, 8. Aufl. 2006;

Schlecht & Partner/TaylorWessing (Hrsg.), Unternehmensnachfolge, 2. Aufl. 2010;

Schlitt, Der Schutz des Pflichtteilsberechtigten vor belastenden Anordnungen des Erblassers, Diss. 1990;

Schlitt/Müller (Hrsg.), Handbuch Pflichtteilsrecht, 2010

Schmidt K., Gesellschaftsrecht, 4. Aufl. 2002;

Schmidt L., Einkommensteuergesetz: EStG, 30. Aufl. 2011;

Schmitz, Ausgleichung unter Miterben, Diss. 2005;

Schnorr, Die Gemeinschaft nach Bruchteilen (§§ 741–758 BGB), 2004;

Scholz, GmbHG, 10. Aufl. 2006;

Schön, Steuerberaterjahrbuch 1996/1997, 1997;

Schöner/Stöber, Grundbuchrecht, 14. Aufl. 2008;

Schörnig, Die obligatorische Gruppenvertretung, 2001;

Schulin/Igl/Welti, Sozialrecht, 8. Aufl. 2007;

Schumacher, Rechtsgeschäfte zu Lasten der Sozialhilfe im Familien- und Erbrecht, 2000;

Schulte-Bunert/Weinreich, Kommentar zum FamFG, 2009;

Seifart/v. Campenhausen, Stiftungsrechts-Handbuch, 3. Aufl. 2009;

Semrau, Das Unternehmertestament, 2. Aufl. 2011

Settergren, Das „Behindertentestament" im Spannungsfeld zwischen Privatautonomie und sozialhilferechtlichem Nachrangprinzip, 1999;

Soergel, Bürgerliches Gesetzbuch mit Einführungsgesetz und Nebengesetzen, Kommentar, 13. Aufl. 2003;

Spanke, Das Ausscheiden einzelner Miterben aus der Erbengemeinschaft durch Abschichtung, 2002;

Spiegelberger, Vermögensnachfolge, Gestaltung nach Zivil- und Steuerrecht, 2. Aufl. 2009;

Sprau/Bauer, Justizgesetze in Bayern |Kommentar zum AGBGB, AGGVG und zur Vertretungsverordnung mit einer Einführung zum Unschädlichkeitszeugnis, 1988;

Staub, Handelsgesetzbuch: HGB, 5. Aufl. 2008 ff.;

Staudinger, Kommentar zum Bürgerlichen Gesetzbuch mit Einführungsgesetz und Nebengesetzen, 14. Aufl. 2005 ff.;

Steiner, Das neue Erbschaftsteuergesetz, 2009;

Sticherling, Schenkungen in fraudem testamenti, 2005;

Stöber, Forderungspfändung, 15. Aufl. 2010;

ders., Zwangsversteigerungsgesetz: ZVG, 19. Aufl. 2009;

Straub, Die Rechtsfolge ehebezogener Zuwendungen im Erbrecht, 2009;

Strohal, Das Deutsche Erbrecht, 3. Aufl. 1903;

Sudhoff, Unternehmensnachfolge, 5. Aufl. 2005;

ders., Familienunternehmen, 2. Aufl. 2005;

Süß, Erbrecht in Europa, 2. Aufl. 2008;

Tanck/Krug, Anwaltsformulare Testamente, 4. Aufl. 2010;

Thielmann, Sittenwidrige Verfügungen von Todes wegen, 1973;

Tipke/Kruse, Abgabenordnung – Finanzgerichtsordnung, Loseblatt;

Tiedke, Erbrechtsberatung – aktuelle Entwicklungen im Erbrecht und Erbschaftsteuerrecht, Tagungsband, 2007;

Troll/Gebel/Jülicher, Erbschaftssteuer und Schenkungsgesetz, Loseblatt – Kommentar, 42. Aufl. 2011;

Turner, Bürgerstiftung als Treuhänder, 2006;

Uhlenbruck/Hirte, Insolvenzordnung: InsO, 13. Aufl. 2010;

Veltins, Der Gesellschaftsvertrag der Kommanditgesellschaft, 2. Aufl. 2002;

Viskorf/Glier/Hübner/Knobel/Schuck, ErbStG, 2. Aufl. 2004;

Wachter (Hrsg.), Handbuch des Fachanwalts für Handels- und Gesellschaftsrecht, 2. Aufl. 2010;

Wahl, Vertragliche Versorgungsrechte in Übergabeverträgen und sozialrechtliche Ansprüche, Diss. 1989;

Waldner, Vorweggenommene Erbfolge für die notarielle und anwaltliche Praxis, 2003;

Walz, Formularbuch außergerichtliche Streitbeilegung, 2006;

Wanger, Liechtensteinisches Wirtschafts- und Gesellschaftsrecht, 3. Aufl. 1998;

Wegmann, Grundstücksüberlassung. Zivil- und Steuerrecht, 2. Aufl. 1999;

ders., Eheverträge, 2. Aufl. 2002;

Weirich, Erben und Vererben. Handbuch des Erbrechts und der vorweggenommenen Vermögensnachfolge, 6. Aufl. 2010;

Wellhöfer/Peltzer/Müller, Die Haftung von Vorstand Aufsichtsrat Wirtschaftsprüfer und GmbH-Geschäftsführern, 2008;

Wendl/Staudigl, Unterhaltsrecht in der familienrichterlichen Praxis, 7. Aufl. 2008;

Wenzel, Baulasten in der Praxis, 2006,

Wever, Vermögensauseinandersetzung der Ehegatten außerhalb des Güterrechts, 4. Aufl. 2006.

Widmann/Mayer, Umwandlungsrecht, Loseblatt;

Wiedemann, Gesellschaftsrecht I, 7. Aufl. 2007;

ders., Die Übertragung und Vererbung von Mitgliedschaftsrechten bei Handelsgesellschaften, 1965;

Wietek, Verfügung von Todeswegen zugunsten behinderter Menschen, 1996;

Winkeljohann (Hrsg.), Familienunternehmen – Deutschland 2008, 2008;

Winkler, Beurkundungsgesetz: BeurkG, 16. Aufl. 2008;

Wirich, Das Leibgeding, 2006;

Wöhrmann, Das Landwirtschaftserbrecht, Kommentar zur Höfeordnung, zum BGB-Landguterbrecht und zum GrstVG-Zuweisungsverfahren, 10. Aufl. 2011;

Wolfsteiner, Die vollstreckbare Urkunde, 3. Aufl. 2011;

Wollny, Unternehmens- und Praxisübertragungen, 6. Aufl. 2005;

Zeranski, Der Rückforderungsanspruch des verarmten Schenkers, Diss. 1998;

Zimmermann, Der Verlust der Erbschaft, 2005;

Zimmermann, Die Testamentsvollstreckung, 2. Aufl. 2003;

Zöller, Zivilprozessordnung, 28. Aufl. 2010.

Abkürzungsverzeichnis

A

a.A.	andere Ansicht
a.a.O.	am angegebenen Ort
ABGB	Allgemeines bürgerliches Gesetzbuch für Österreich
ABM	Arbeitsbeschaffungsmaßnahme
Abs.	Absatz
Abt.	Abteilung
Abschn.	Abschnitt
abzgl.	abzüglich
AcP	Archiv für civilistische Praxis (Zs.)
AdopG	Adoptionsgesetz
a.E.	am Ende
AEAO	Anwendungserlass zur Abgabenordnung
AEUV	Vertrag über die Arbeitsweise der Europäischen Union
a.F.	alte Fassung
AfA	Absetzung für Abnutzungen
AFG	Arbeitsförderungsgesetz
AG	Aktiengesellschaft/Amtsgericht/Die Aktiengesellschaft (Zs.)
AGBGB	Gesetz zur Ausführung des Bürgerlichen Gesetzbuchs und anderer Gesetze
AgrarR	Agrarrecht (Zs.)
AktG	Aktiengesetz
ALG	Arbeitslosengeld/Gesetz über die Alterssicherung der Landwirte
ALG I	Arbeitslosengeld I
ALG II	Arbeitslosengeld II
ALG II-VO	Arbeitslosengeld II/Sozialgeld-Verordnung
AlhiVO	Arbeitslosenhilfe-Verordnung
Alt.	Alternative
AltZertG	Gesetz über die Zertifizierung von Altersvorsorge- und Basisrentenverträgen (Altersvorsorgeverträge-Zertifizierungsgesetz)
AnfG	Anfechtungsgesetz
Anm.	Anmerkung
AnwK	Anwaltkommentar
AO	Abgabenordnung
AP	Arbeitsrechtliche Praxis - Nachschlagewerk des Bundesarbeitsgerichts
APV	Adjusted Present Value
ARGE	Arbeitsgemeinschaft
ARoV	Amt zur Regelung offener Vermögensfragen

Art.	Artikel
AStG	Gesetz über die Besteuerung bei Auslandsbeziehungen
Aufl.	Auflage
AuR	Arbeit und Recht (Zs.)
AusglV	Verordnung über die Einkommensfeststellung nach dem Bundesversorgungsgesetz
AVG	Angestelltenversicherungsgesetz
AWH	Arbeitsgemeinschaft der Wert ermittelnden Betriebsberater im Handwerk
Az.	Aktenzeichen
B	
BA	Bundesagentur
BAFA	Bundesamt für Wirtschaft und Ausfuhrkontrolle
BAföG	Bundesgesetz über individuelle Förderung der Ausbildung
BAG	Bundesarbeitsgericht
Banz.	Bundesanzeiger
BAO	Bundesabgabenordnung (Österreich)
BARoV	Bundesamt zur Regelung offener Vermögensfragen
BauGB	Baugesetzbuch
BauNVO	Baunutzungsverordnung
BauOBln	Bauordnung für Berlin
BauO NRW	Bauordnung für das Land Nordrhein-Westfalen
BayAGBGB	Bayerisches Ausführungsgesetz zum Bürgerlichen Gesetzbuch
BayAGBSHG	Bayerisches Gesetz zur Ausführung des Bundessozialhilfegesetzes
BayGO	Gemeindeordnung für den Freistaat Bayern
BayGVBl.	Bayerisches Gesetz- und Verordnungsblatt
BayObLG	Bayerisches Oberstes Landesgericht
BayObLGZ	Entscheidungen des BayObLG in Zivilsachen
BayStG	Bayerisches Stiftungsgesetz
BayPfleWoqG	Bayerisches Gesetz zur Regelung der Pflege-, Betreuungs- und Wohnqualität im Alter und bei Behinderung
BaySHR	Sozialhilferichtlinien des Bayerischen Städtetages, des Bayerischen Landkreistages und des Verbandes der bayerischen Bezirke
BayStMinFin	Bayerisches Staatsministerium der Finanzen
BayVGH	Bayerischer Verwaltungsgerichtshof
BB	Der Betriebs-Berater (Zs.)
BBEV	BeraterBrief Erben und Vermögen (Zs.)
Bd.	Band
BDI	Bundesverband der Deutschen Industrie
BeckRS	Beck-Rechtsprechung
BeckVerw	Beck-Verwaltungsanweisungen

BekM	Bekanntmachung
BErzGG	Bundeserziehungsgeldgesetz
Beschl.	Beschluss
BetrAVG	Gesetz zur Verbesserung der betrieblichen Altersversorgung
BetrKV	Verordnung über die Aufstellung von Betriebskosten
BetrPrämDurchfG	Betriebsprämiendurchführungsgesetz
BeurkG	Beurkundungsgesetz
BewG	Bewertungsgesetz
BFH	Bundesfinanzhof
BFHE	Sammlung der Entscheidungen des BFH
BFH/NV	Sammlung amtlich nicht veröffentlichter Entscheidungen des BFH
BgA	Betrieb gewerblicher Art
BGB	Bürgerliches Gesetzbuch
BGBl.	Bundesgesetzblatt
BGH	Bundesgerichtshof
BGHZ	Entscheidungen des BGH in Zivilsachen
BilMoG	Bilanzrechtsmodernisierungsgesetz
BKGG	Bundeskindergeldgesetz
BKleingG	Bundeskleingartengesetz
BMF	Bundesministerium der Finanzen
BMJ	Bundesministerium der Justiz
BMVEL	Bundesministerium für Verbraucherschutz, Ernährung und Landwirtschaft
BMWi	Bundesministerium für Wirtschaft und Technologie
BNotK	Bundesnotarkammer
BNotO	Bundesnotarordnung
BRD	Bundesrepublik Deutschland
BR-Drucks.	Bundesratsdrucksache
BSchAV	Berufsschadensausgleichsverordnung
BSG	Bundessozialgericht
BSGE	Entscheidungen des BSG
BSHG	Bundessozialhilfegesetz
Bsp.	Beispiel
bspw.	beispielsweise
BStBl.	Bundessteuerblatt
BT-Drucks.	Bundestags-Drucksache
Buchst.	Buchstabe
II. BV	Verordnung über wohnungswirtschaftliche Berechnungen nach dem Zweiten Wohnungsbaugesetz
BVerfG	Bundesverfassungsgericht
BVerwG	Bundesverwaltungsgericht

BVerwGE	Entscheidungen des BVerwG
BVFG	Gesetz über die Angelegenheiten der Vertriebenen und Flüchtlinge
BVG	Bundesversorgungsgesetz
BvS	Bundesanstalt für vereinigungsbedingte Sonderaufgaben
BWNotZ	Zeitschrift für das Notariat in Baden-Württemberg
bzgl.	bezüglich
bzw.	beziehungsweise

C

ca.	circa
CC	Codice Civile
c.i.c.	culpa in contrahendo

D

DAI	Deutsches Anwaltsinstitut
DA-FamEStG	Dienstanweisung zur Durchführung des Familienleistungsausgleichs nach dem X. Abschnitt des Einkommensteuergesetzes
DAVorm	Der Amtsvormund (Zs.)
DB	Der Betrieb (Zs.)
DBA	Doppelbesteuerungsabkommen
DCF-Verfahren	Discounted-cash-flow-Verfahren
DDR	Deutsche Demokratische Republik
DGB	Deutscher Gewerkschaftsbund
d.h.	das heißt
DIHT	Deutscher Industrie- und Handelstag
DIN	Deutsches Institut für Normung e. V.
DM	Deutsche Mark
DNotI	Deutsches Notarinstitut
DNotZ	Deutsche Notarzeitschrift
DStR	Deutsches Steuerrecht (Zs.)
DStRE	Deutsche Steuerrechtsentscheidungen (Zs.)
DStZ	Deutsche Steuer-Zeitung
DVBl.	Deutsches Verwaltungsblatt
DVEV	Deutsche Vereinigung für Erbrecht und Vermögensnachfolge e. V.
DVO	Durchführungsverordnung

E

EAG Bau	Gesetz zur Anpassung des Baugesetzbuchs an EU-Richtlinien
EBITDA	Earnings before Interest, Taxes, Depreciation and Amortisation
EFG	Entscheidungen der Finanzgerichte (Zs.)
e.G.	eingetragene Genossenschaft
EG	Europäische Gemeinschaft

EGBGB	Einführungsgesetz zum Bürgerlichen Gesetzbuch
EGE	Europäische Größeneinheit
EGFGB	Einführungsgesetz zum Familiengesetzbuch
EGHGB	Einführungsgesetz zum Handelsgesetzbuch
EGInsO	Einführungsgesetz zur Insolvenzordnung
EGV	Vertrag zur Gründung der Europäischen Gemeinschaft
EGVVG	Einführungsgesetz zum Versicherungsvertragsgesetz
EGZVG	Einführungsgesetz zum Zwangsversteigerungsgesetz
EheG	Ehegesetz
EHUG	Gesetz über elektronische Handelsregister und Genossenschaftsregister sowie das Unternehmensregister
EigZulG	Eigenheimzulagengesetz
e.K.	eingetragener Kaufmann
EL	Ergänzungslieferung
ErbbauRG	Erbbaurechtsgesetz
ErbbauVO	Erbbaurechtsverordnung
ErbBstg	Erbfolgebesteuerung (Zs.)
ErbR	Zeitschrift für die gesamte erbrechtliche Praxis
ErbStB	Der Erbschaft-Steuer-Berater (Zs.)
ErbStDV	Erbschaftsteuer-Durchführungsverordnung
ErbStG	Erbschaftsteuer- und Schenkungsteuergesetz
ErbStH	Erbschaftsteuer-Hinweise
ErbStR	Erbschaftsteuer-Richtlinien
ErbStRG	Gesetz zur Reform des Erbschaftsteuer- und Bewertungsrechts
ERP	European Recovery Program
ESt	Einkommensteuer
EStB	Der Ertrag-Steuer-Berater (Zs.)
EStDV	Einkommensteuer-Durchführungsverordnung
EStG	Einkommensteuergesetz
EStH	Einkommensteuer-Hinweise
ESt-Kartei	Einkommensteuerkartei der Oberfinanzdirektion Karlsruhe (Loseblattwerk)
EStR	Einkommensteuer-Richtlinien
et al.	et alii (und andere)
etc.	et cetera
EU	Europäische Union
EUInsVO	Europäische Insolvenzverordnung
EuGH	Europäischer Gerichtshof
e.V.	eingetragener Verein
evtl.	eventuell

EWiR	Entscheidungen zum Wirtschaftsrecht (Zs.)
EWR	Europäischer Wirtschaftsraum
F	
f.	folgende
FA	Finanzamt
FamFG	Gesetz über das Verfahren in Familiensachen und in den Angelegenheiten der freiwilligen Gerichtsbarkeit
FamRÄndG	Gesetz zur Vereinheitlichung und Änderung familienrechtlicher Vorschriften
FamRB	Der Familien-Rechts-Berater (Zs.)
FamRZ	Zeitschrift für das gesamte Familienrecht
FAUB	Fachausschuss Unternehmensbewertung und Betriebswirtschaft
FAZ	Frankfurter Allgemeine Zeitung
FEVS	Fürsorgerechtliche Entscheidungen der Verwaltungs- und Sozialgerichte
ff.	fort folgende
FF	Forum Familienrecht (Zs.)
FG	Finanzgericht
FGB-DDR	Familiengesetzbuch der DDR
FGG	Gesetz über die Angelegenheiten der freiwilligen Gerichtsbarkeit
FGPrax	Praxis der Freiwilligen Gerichtsbarkeit (Zs.)
FinMin	Finanzministerium
FinStrG	Finanzstrafgesetz
FKPG	Gesetz zur Umsetzung des Föderalen Konsolidierungsprogramms
Flst.	Flurstück
FlurbG	Flurbereinigungsgesetz
Fn.	Fußnote
FN-IDW	IDW Fachnachrichten
FPR	Familie Partnerschaft Recht (Zs.)
FR	Finanz-Rundschau (Zs.)
FS	Festschrift
FTD	Financial Times Deutschland
FuR	Familie und Recht (Zs.)
FPR	Familie Partnerschaft Recht (Zs.)
G	
GBO	Grundbuchordnung
GbR	Gesellschaft bürgerlichen Rechts
GBV	Verordnung zur Durchführung der Grundbuchordnung (Grundbuchverfügung)
GDV	Gesamtverband der Deutschen Versicherungswirtschaft

geb.	geboren/geborene
gem.	gemäß
GenG	Genossenschaftsgesetz
GewArch	Das Gewerbearchiv (Zs.)
GewStG	Gewerbesteuergesetz
GewStR	Gewerbesteuer-Richtlinien
GEZ	Gebühreneinzugszentrale
GFZ	Geschossflächenzahl
GG	Grundgesetz
ggf.	gegebenenfalls
ggü.	gegenüber
GKV	Gesetzliche Krankenversicherung
GmbH	Gesellschaft mit beschränkter Haftung
GmbHG	Gesetz betreffend die Gesellschaften mit beschränkter Haftung
GmbHR	Die GmbH-Rundschau (Zs.)
GmbH-StB	Der GmbH-Steuer-Berater (Zs.)
GoA	Geschäftsführung ohne Auftrag
grds.	grundsätzlich
GrEStG	Grunderwerbsteuergesetz
GrdstVG	Grundstückverkehrsgesetz
GrundVZÜV	Grundstücksverkehrsgenehmigungszuständigkeitsübertragungsverordnung
GSiG	Gesetz über eine bedarfsorientierte Grundsicherung im Alter und bei Erwerbsminderung
GVBl.	Gesetz- und Verordnungsblatt
GVG	Gerichtsverfassungsgesetz
GVO	Grundstücksverkehrsordnung
GWB	Gesetz gegen Wettbewerbsbeschränkungen

H

H	Hinweise zu den Erbschaftsteuer-Richtlinien
HBauO	Hamburgische Bauordnung
HeimG	Heimgesetz
ha	Hektar
Halbs	Halbsatz
HausratsVO	Hausratsverordnung
HbL	Hilfe in besonderen Lebenslagen
HessVGH	Hessischer Verwaltungsgerichtshof
HGB	Handelsgesetzbuch
HLU	Hilfe zum Lebensunterhalt
h.M.	herrschende Meinung

HöfeO	Höfeordnung
HöfeVfO	Verfahrensordnung für Höfesachen
HRA	Handelsregister Abteilung A

I

IAB	Institut für Arbeitsmarkt- und Berufsforschung
i.d.F.	in der Fassung
i.d.R.	in der Regel
IDW	Institut der Wirtschaftsprüfer in Deutschland e.V.
IDW S 1	Grundsätze zur Durchführung von Unternehmensbewertungen des Instituts der Wirtschaftsprüfer
i.E.	im Ergebnis
i.H.d.	in Höhe der/des
IHK	Industrie- und Handelskammer
i.H.v.	in Höhe von
INF	Information über Steuer und Wirtschaft (Zs.)
info also	Informationen zum Arbeitslosenrecht und Sozialhilferecht (Zs.)
insb.	insbesondere
InsO	Insolvenzordnung
InVeKoSDG	Gesetz über die Verarbeitung und Nutzung von Daten im Rahmen des integrierten Verwaltungs- und Kontrollsystems nach den gemeinschaftsrechtlichen Vorschriften für landwirtschaftliche Stützungsregelungen
InvestmentStG	Investmentsteuergesetz
IPR	Internationales Privatrecht
IPRax	Praxis des Internationalen Privat- und Verfahrensrechts
i.R.d.	im Rahmen der/des
i.S.d.	im Sinne der/des
i.S.e.	im Sinne einer
IStR	Internationales Steuerrecht (Zs.)
i.Ü.	im Übrigen
i.V.m.	in Verbindung mit

J

JR	Juristische Rundschau (Zs.)
JStG	Jahressteuergesetz
JurBüro	Das juristische Büro (Zs.)
JurionRS	Jurion Rechtsprechung
juris	Juristisches Informationssystem
jurisPR-SteuerR	juris PraxisReport Steuerrecht
JW	Juristische Wochenzeitschrift
JZ	Juristenzeitung

K

Kap.	Kapitel
KbLVAB	Allgemeine Bedingungen für die kapitalbildende Lebensversicherung
K.d.ö.R.	Körperschaft des öffentlichen Rechts
KESt	Kapitalertragsteuer
KfW	früher: Kreditanstalt für Wiederaufbau, jetzt: KfW Bankengruppe
Kfz	Kraftfahrzeug
KG	Kammergericht/Kommanditgesellschaft
KGaA	Kommanditgesellschaft auf Aktien
KGJ	Jahrbuch für Entscheidungen des Kammergerichts
Kl.	Klasse
KO	Konkursordnung
KÖSDI	Kölner Steuerdialog (Zs.)
KostO	Kostenordnung
KFürsVO	Verordnung zur Kriegsopferfürsorge
krit.	kritisch
KStG	Körperschaftsteuergesetz
KStR	Körperschaftsteuer-Richtlinien
KTS	Konkurs – Treuhand – Sanierung (Zs.)
KV	Krankenversicherung
KVLG	Krankenversicherung der Landwirte

L

LandesWaldG M-V	Waldgesetz für das Land Mecklenburg-Vorpommern
LARoV	Landesamt zur Regelung offener Vermögensfragen
lfd. Nr.	laufende Nummer
LG	Landgericht
lit.	Litera
Lit.	Literatur
LJZ	Liechtensteinische Juristenzeitung
LKK	Landeskrankenkasse
LM	Lindenmaier/Möhring, Nachschlagewerk des BGH (Zs.)
LNotK	Landesnotarkammer
LPartG	Lebenspartnerschaftsgesetz
LPK-SGB XII	Lehr- und Praxiskommentar Sozialgesetzbuch XII
LS	Leitsatz
LSG	Landessozialgericht
LStDV	Lohnsteuer-Durchführungsverordnung
LStiftG LSA	Stiftungsgesetz Sachsen-Anhalt
LStiftG-RP	Landesstiftungsgesetz Rheinland-Pfalz

lt.	laut
Ltd.	Limited
LuF-Vermögen	Land- und forstwirtschaftliches Vermögen
LVwG	Landesverwaltungsgesetz
LwVG	Gesetz über das gerichtliche Verfahren in Landwirtschaftssachen
LZ	Leipziger Zeitschrift für Deutsches Recht

M

MAH	Münchener Anwaltshandbuch
m. abl. Anm.	mit ablehnender Anmerkung
m.Anm.	mit Anmerkung
MdE	Minderung der Erwerbstätigkeit
MDR	Monatsschrift für Deutsches Recht (Zs.)
m.E.	meines Erachtens
MilchQuotV	Verordnung zur Durchführung der EG-Milchquotenregelung
Mio.	Million
MitBestG	Gesetz über die Mitbestimmung der Arbeitnehmer
MittBayNot	Mitteilungen der bayerischen Notarkammer (Zs.)
MittRhNotK	Mitteilungen der Rheinischen Notarkammer (Zs.)
m. krit. Anm.	mit kritischer Anmerkung
Mm.	Mindermeinung
MoMiG	Gesetz zur Modernisierung des GmbH-Rechts und zur Bekämpfung von Missbräuchen
MoRaKG	Gesetz zur Modernisierung der Rahmenbedingungen für Kapitalbeteiligungen
Mrd.	Milliarde
MünchKomm	Münchener Kommentar
m.w.N.	mit weiteren Nachweisen
m. zust. Anm.	mit zustimmender Anmerkung

N

NBauO	Niedersächsische Bauordnung
NdsAGBGB	Niedersächsisches Ausführungsgesetz zum Bürgerlichen Gesetzbuch
NdsRpflege	Niedersächsische Rechtspflege
NDV	Nachrichtendienst des Deutschen Vereins für öffentliche und private Fürsorge e.V.
NDV-RD	Rechtsprechungsdienst des Deutschen Vereins für öffentliche und private Fürsorge e.V.
n.F.	neue Fassung
NJ	Neue Justiz (Zeitschrift)
NJOZ	Neue juristische Online-Zeitschrift
NJW	Neue Juristische Wochenschrift

NJW-FER	NJW-Entscheidungsdienst Familien- und Erbrecht
NJW-RR	NJW-Rechtsprechungs-Report Zivilrecht (Zs.)
NotBZ	Zeitschrift für die notarielle Beratungs- und Beurkundungspraxis
NotK	Notarkammer
NotRV	Deutsche Notarrechtliche Vereinigung e.V.
Nr.	Nummer
n.rk.	Nicht rechtskräftig
NRW	Nordrhein-Westfalen
n.v.	nicht veröffentlicht
NV-Bescheinigung	Nichtveranlagungsbescheinigung
NVwZ	Neue Zeitschrift für Verwaltungsrecht
NVwZ-RR	NVwZ-Rechtsprechungs-Report Verwaltungsrecht (Zs.)
NW	Nordrhein-Westfalen
NWB	Neue Wirtschaftsbriefe (Zs.)
NWVBl.	Nordrhein-Westfälische Verwaltungsblätter
NZA	Neue Zeitschrift für Arbeitsrecht
NZA-RR	NZA-Rechtsprechungs-Report Arbeitsrecht (Zs.)
NZG	Neue Zeitschrift für Gesellschaftsrecht
NZM	Neue Zeitschrift für Miet- und Wohnungsrecht
NZS	Neue Zeitschrift für Sozialrecht

O

o.Ä.	oder Ähnliches
OFD	Oberfinanzdirektion
o.g.	oben genannt
OLG	Oberlandesgericht
OLGR	OLGReport
OLG-Report	Schnelldienst zur Zivilrechtssprechung der Oberlandesgerichte (Zs.)
OLGZ	Entscheidungen der Oberlandesgerichte in Zivilsachen einschließlich der freiwilligen Gerichtsbarkeit
OVG	Oberverwaltungsgericht

P

p.a.	pro anno
PartGG	Gesetz über Partnerschaftsgesellschaften Angehöriger Freier Berufe
PGR	Personen- und Gesellschaftsrecht des Fürstentums Liechtenstein
PflegeVG	Pflegeversicherungsgesetz
PKH	Prozesskostenhilfe
P-Konto	Pfändungsschutzkonto
Pkw	Personenkraftwagen
PrAGBGB	Preußisches Ausführungsgesetz zum Bürgerlichen Gesetzbuch

PrALR	Preußisches Allgemeines Landrecht
PreisAngG	Preisangabengesetz
PreisG	Preisgesetz
PreisklauselG	Gesetz über das Verbot der Verwendung von Preisklauseln bei der Bestimmung von Geldschulden
PrKV	Preisklauselverordnung
pVV	positive Vertragsverletzung

Q

qm	Quadratmeter

R

R	Richtlinie
RdL	Recht der Landwirtschaft (Zs.)
RdLH	Rechtsdienst der Lebenshilfe
Rdn.	Randnummer
Recht	Das Recht (Zs.)
RegE	Regierungsentwurf
Rev.	Revision
RG	Reichsgericht
RGRK	Reichsgerichtsräte-Kommentar zum BGB
RGZ	Entscheiden des RG in Zivilsachen
RiBGH	Richter am BGH
Rk.	Rechtskräftig
Rn.	Randnummer
RNotZ	Rheinische Notar-Zeitschrift
Rpfleger	Der deutsche Rechtspfleger (Zs.)
RSB	Restschuldbefreiung
RSO	Liechtensteinische Rechtssicherung-Ordnung
Rspr.	Rechtsprechung
RVO	Reichsversicherungsordnung

S

S.	Seite
s.	siehe
s.a.	siehe auch
SachbezugsV	Sachbezugsverordnung
SBV	Sonderbetriebsvermögen
SchKG	Schwangerschaftskonfliktgesetz
SchlHA	Schleswig-Holsteinische Anzeigen (Zs.)
SchlHolLVwG	Allgemeines Verwaltungsgesetz für das Land Schleswig-Holstein
SchweizZGB	Schweizerisches Zivilgesetzbuch

SED	Sozialistische Einheitspartei Deutschlands
SEStEG	Gesetz über steuerliche Begleitmaßnahmen zur Einführung der Europäischen Gesellschaft und zur Änderung weiterer steuerrechtlicher Vorschriften
SeuffA	Seufferts Archiv für Entscheidungen der obersten Gerichte in den deutschen Staaten
SG	Sozialgericht
SGB	Sozialgesetzbuch
SGG	Sozialgerichtsgesetz
SGH	Statut des Schlichtungs- und Schiedsgerichtshofs deutscher Notare
SH-Richtlinien	Sozialhilferichtlinien
s.o.	siehe oben
sog.	so genannt
SozR	Sozialrechtliche Rechtsprechung und Schrifttum, bearb. v. d. Richtern d. BSG
Sp.	Spalte
StBerG	Steuerberatungsgesetz
Stbg	Die Steuerberatung (Zs.)
StGB	Strafgesetzbuch
StiftG	Stiftungsgesetz
Std.	Stunde
str.	streitig
st. Rspr.	ständige Rechtsprechung
s.u.	siehe unten
SvEV	Verordnung über die sozialversicherungsrechtliche Beurteilung von Zuwendungen des Arbeitgebers als Arbeitsentgelt (Sozialversicherungsentgeltverordnung)
SWK	Steuer- und WirtschaftsKartei (Zs.)
SZ	Süddeutsche Zeitung

T

ThürAGBGB	Thüringer Gesetz zur Ausführung des Bürgerlichen Gesetzbuchs
ThürBO	Thüringer Bauordnung
ThürGVBl.	Gesetz- und Verordnungsblatt für das Land Thüringen
Tz.	Teilziffer

U

u.	und
u.a.	und andere/unter anderem
Ubg	Die Unternehmensbesteuerung (Zs.)
UG	Unternehmergesellschaft
UmwG	Umwandlungsgesetz

UmwStG	Umwandlungssteuergesetz
UR.Nr.	Urkunden-Nummer
Urt.	Urteil
USt	Umsatzsteuer
UStG	Umsatzsteuergesetz
UStR	Umsatzsteuer-Richtlinien
u.U.	unter Umständen
UVG	Unterhaltsvorschussgesetz
UVR	Umsatzsteuer- und Verkehrssteuer-Recht (Zs.)

V

v.	vom
v.a.	vor allem
Var.	Variante
VDR	Verband Deutscher Rentenversicherungsträger
VermG	Vermögensgesetz
VersR	Versicherungsrecht (Zs.)
VersVG	Versicherungsvertragsgesetz
VG	Verwaltungsgericht
vGA	verdeckte Gewinnausschüttung
VGH	Verwaltungsgerichtshof
vgl.	vergleiche
v.H.	vom Hundert
VIZ	Zeitschrift für Vermögens- und Immobilienrecht
VO	Verordnung
VOB	Vergabe- und Vertragsordnung für Bauleistungen
VPI	Verbraucherpreisindex
VVG	Versicherungsvertragsgesetz
VwGO	Verwaltungsgerichtsordnung
VwVfG	Verwaltungsverfahrensgesetz
VwZG	Verwaltungszustellungsgesetz

W

WACC	Weighted Average Cost of Capital
WährG	Währungsgesetz
WarnR	Rechtsprechung des Reichsgerichts, hrsg. v. Warneyer
WEG	Wohnungseigentumsgesetz
WertR	Wertermittlungsrichtlinien
WertV	Verordnung über Grundsätze für die Ermittlung der Verkehrswerte von Grundstücken
WGV	Wohnungsgrundbuchverfügung

WiPrO	Gesetz über eine Berufsordnung der Wirtschaftsprüfer
WM	Zeitschrift für Wirtschafts- und Bankrecht (bis 2000: Wertpapiermitteilungen)
WoBauG	Wohnungsbaugesetz
WoBindG	Gesetz zur Sicherung der Zweckbestimmung von Sozialwohnungen
WoFG	Wohnraumförderungsgesetz
WoGG	Wohngeldgesetz
WoGV	Wohngeldverordnung
WohnflVO	Wohnflächenverordnung
WpAIV	Verordnung zur Konkretisierung von Anzeige-, Mitteilungs- und Veröffentlichungspflichten sowie der Pflicht zur Führung von Insiderverzeichnissen nach dem Wertpapierhandelsgesetz
WPg	Die Wirtschaftsprüfung (Zs.)
WpHG	Wertpapierhandelsgesetz
WPO	Gesetz über eine Berufsordnung der Wirtschaftsprüfer
WpÜG	Wertpapiererwerbs- und Übernahmegesetz
www	world wide web
WuW	Wirtschaft und Wettbewerb (Zs.)
WuW/E	Entscheidungssammlung der WuW
WZB	Wissenschaftszentrums Berlin für Sozialforschung

Z

ZAP	Zeitschrift für die Anwaltspraxis
ZAP-EN	ZAP-Eilnachrichten
ZAVO	Landesverordnung über die Zulassung von Abwasseruntersuchungsstellen
z.B.	zum Beispiel
Zerb	Zeitschrift für die Steuer- und Erbrechtspraxis
ZEV	Zeitschrift für Erbrecht und Vermögensnachfolge
ZFE	Zeitschrift für Familien- und Erbrecht
ZfF	Zeitschrift für Familienforschung
ZfIR	Zeitschrift für Immobilienrecht
ZfSH/SGB	Zeitschrift für Sozialhilfe und Sozialgesetzbuch
ZGB	Zivilgesetzbuch
ZGB-DDR	Zivilgesetzbuch der Deutschen Demokratischen Republik
ZGR	Zeitschrift für Unternehmens- und Gesellschaftsrecht
ZGS	Zeitschrift für das gesamte Schuldrecht
ZHR	Zeitschrift für das gesamte Handelsrecht und Wirtschaftsrecht
Ziff.	Ziffer
ZInsO	Zeitschrift für das gesamte Insolvenzrecht
ZIP	Zeitschrift für Wirtschaftsrecht
ZIV	Zinsinformationsverordnung

ZMR	Zeitschrift für Miet- und Raumrecht
ZNotP	Zeitschrift für die Notarpraxis
ZollVG	Zollverwaltungsgesetz
ZOV	Zeitschrift für offene Vermögensfragen
ZPO	Zivilprozessordnung
Zs.	Zeitschrift
ZSt	Zeitschrift zum Stiftungswesen
z.T.	zum Teil
zust.	zustimmend
ZVG	Gesetz über die Zwangsversteigerung und die Zwangsverwaltung
zzgl.	zuzüglich
z.Zt.	zur Zeit

Kapitel 1: Grundtypus und Varianten – Das Schenkungsrecht des BGB und typische Fallgruppen

		Rn.
A.	Begriff, Rechtsnatur	2
B.	Rahmenbedingungen	7
I.	Rechtstatsächliches	7
II.	Weichenstellungen	9
III.	Rolle des Notars	14
C.	Der Schenkungsbegriff des BGB	21
I.	Voraussetzungen einer Schenkung	22
	1. Bereicherung des Empfängers	23
	2. Unentgeltlichkeit der Zuwendung	28
	3. Einigung	35
II.	Einzelfälle möglicher Gegenleistungsverknüpfungen	38
	1. Bereits erbrachte Leistungen	38
	2. Zu erbringende Leistungen bzw. zu erduldende Vorbehalte	43
	3. Verrechnung mit Pflichtteils-, Zugewinnausgleichs- bzw. Unterhaltsansprüchen	50
	a) Pflichtteilsanspruch/Pflichtteilsverzicht	51
	aa) Liegt in der Zuwendung als Abfindung für einen Erb- und/oder Pflichtteilsverzicht nach § 2346 BGB ebenfalls eine Schenkung?	52
	bb) Abgeltung des Pflichtteilsgeldanspruchs	58
	b) Zugewinnausgleichsanspruch	61
	aa) Schenkungsteuer	63
	bb) Zivilrecht	69
	cc) Ertragsteuerrecht	76
	c) Unterhaltsanspruch	83
	4. Schenkungscharakter/Verwertbarkeit erbrechtlicher Präventivmaßnahmen	87
	a) Pflichtteilsverzichtsvertrag	88
	aa) „normaler Gläubiger"	88
	bb) Regelinsolvenz	89
	cc) Wohlverhaltensphase	90
	dd) Sozialleistungsträger	91
	b) Ausschlagung	94
	aa) „normaler Gläubiger"	94
	bb) Regelinsolvenz	95
	cc) Wohlverhaltensphase	96
	dd) Sozialleistungsträger	97
	c) Entstandene Pflichtteilsansprüche	99
	aa) „normaler Gläubiger"	99
	bb) Regelinsolvenz	100
	cc) Wohlverhaltensphase	101
	dd) Sozialleistungsträger	103
III.	Abgrenzung zur Schenkung: Familienrechtliche Verträge	109
	1. Gütergemeinschaft	109
	2. Gütertrennung und Vereinbarungen zum Zugewinnausgleich	115
	3. Anrechnung gem. § 1380 BGB	116
	4. Rückwirkende Vereinbarung der Zugewinngemeinschaft	117
	5. Güterrechtliche Besonderheiten im Beitrittsgebiet	119
IV.	Weitere Abgrenzung: Gesellschaftsrechtliche Vereinbarungen	121
	1. Verpflichtungen causa societatis	121
	2. Nachfolgeregelungen bei Personengesellschaften	123
D.	Schenkungsrecht des BGB	136
I.	Form	136
II.	Besonderheiten des Schenkungsrechts	141
III.	Schenkung unter Auflage (§§ 525 bis 527 BGB)	155
IV.	Privilegierung von Schenkungen	158
V.	Bestandsschwäche von Schenkungen	161
	1. Bestandsschwäche im Verhältnis zwischen Schenker und Beschenktem	161
	2. Bestandsschwäche im Verhältnis zu Dritten	162
	3. Insb.: Anfechtungsrecht	172
	a) Allgemeine Voraussetzungen	173

			Rn.
	b)	Anfechtungstatbestände	179
	c)	Beurkundungsrecht	186
VI.	„Asset Protection"		188
E.	**Weitere Typen lebzeitiger Zuwendungen**		**195**
I.	Ausstattung (§ 1624 BGB)		196
II.	Gemischte Schenkung		206
III.	Weitere Typen der vorweggenommenen Erbfolge		210
IV.	Gegenseitige Zuwendungsversprechen auf den Todesfall		213
V.	Erbauseinandersetzung		223
	1. Grundsatz		223
	2. Rechtsgeschäftliche Auseinandersetzung		224
	a)	Auseinandersetzungsvertrag	225
		aa) Ausschluss	226
		bb) Zeitpunkt	228
		cc) Sachverhaltserfassung	230
		dd) Sonderfälle	233
	b)	Erbteilsübertragung	235
	c)	Abschichtung	245
	3. Gesetzliche Verfahren		249
	a)	Vermittlungsverfahren	249
	b)	Auseinandersetzungsklage	251
	c)	Gerichtliche Zuweisung	253
F.	**Besonderheiten bei der Unternehmensnachfolge**		**255**
I.	Allgemeines		255
II.	Interessenlage		258
III.	Formen der Nachfolgeplanung		266
	1. Unternehmensnachfolge von Todes wegen		266
	a)	Alleinerben-Vermächtnisnehmer-Modell	269
	b)	„Frankfurter Testament"	276
	c)	Wahlvermächtnis-Modell	282
	d)	Schlusserbenlösung mit Abänderungsvorbehalt	286
	e)	Mitunternehmerschaften	292
	f)	Nachfolge in Freiberufler-Gesellschaften	300
	g)	Dauervollstreckungslösung	306
	2. Unternehmensnachfolge zu Lebzeiten		314
	a)	Vorbereitung und Absicherung	314
	b)	Zwischenformen: Übertragung auf den Todeszeitpunkt	321
	c)	Lebzeitige Übertragung	323
IV.	Möglichkeiten lebzeitiger Unternehmensübertragung		324
	1. Einzelunternehmen		324
	2. Gesellschaftsbeteiligung		331
	3. Änderung der Rechtsform		334
V.	Besonderheiten bei landwirtschaftlichen Übergaben		337
	1. Interessenlage		337
	2. Rückbehalt		340
	3. Übertragungsumfang		346
	4. Milchreferenzmenge		348
	5. Zuckerrübenlieferungsrechte		354
	6. Agrarförderung		358

1 Vermögensübertragungen (unter Lebenden und von Todes wegen) sind von außerordentlicher tatsächlicher Relevanz und damit ein ebenso forderndes wie attraktives Aufgabenfeld juristischer, steuerlicher und unternehmerischer Beratung: Zwischen 2010 und 2020 sind Vermögenswerte i.H.v. insgesamt ca. 2,6 Billionen € zu übertragen (das sind 27 % des Vermögensbestandes aller privaten Haushalte), davon entfällt etwa die Hälfte auf Immobilien[1] (interessanterweise ist

---

[1] Vgl. Pressemitteilung des Deutschen Instituts für Altersvorsorge v. 15.06.2011. Im Durchschnitt entfallen auf jeden Erblasser (freilich mit erheblichen Schwankungen) 305.000,00 €, davon ca. 50.000,00 € Geldvermögen.

der Immobilienanteil ausweislich der Erbschaftsteuerstatistik beim Erwerb in vorweggenommener Erbfolge höher als beim letztwilligen Erwerb).[2]

A. Begriff, Rechtsnatur

Ausgehend vom jeweils verfolgten Vertragszweck hat die moderne Vertragstypenlehre[3] als offenes System Fallgruppen von Zuwendungen herausgearbeitet. Die kautelarjuristische Entwicklung hat demzufolge die im Gesetz angelegte Aufgliederung in Schenkung, Schenkung unter Auflage, gemischte Schenkung und Ausstattung weiter aufgefächert. Die Bestimmungen der §§ 516 ff. BGB bieten insoweit nur mehr eine Auffangregelung für nicht individualvertraglich geregelte Vertragsstörungen als das am ehesten nahekommende Rechtsfolgensystem, jedoch nicht i.S.e. notwendigen tatbestandlichen Einordnung solcher kautelarjuristischen Vertragstypen als „Schenkung" i.S.d. §§ 516, 518 BGB.

Wesentliche Vertragstypen sind:
- die **vorweggenommene Erbfolge**, in der notariellen Praxis traditionell auch als „Übergabevertrag" oder „Überlassungsvertrag" bezeichnet,[4] deren typenbestimmender Zweck in der lebzeitigen Klärung der Erbfolge in den betroffenen Vermögensgegenstand liegt.
Mitverfolgte Nebenzwecke können bspw. in der Freistellung von Lasten, der Absicherung von Investitionen des Erwerbers in das Objekt, der Versorgung des Veräußerers, der Ausschaltung von Pflichtteils(ergänzung)berechtigten oder in der Nutzung steuerlicher Vorteile liegen. Typische Störfallvorsorge betrifft die weitere Nutzung durch den Veräußerer, den Vorbehalt des wirtschaftlichen Eigentums („Verfügungssperre") sowie das Versprechen von Dienst- und Versorgungsleistungen, etwa im Bereich der Haushaltsführung oder der Pflege.
- Der „**Generationennachfolgevertrag**" ist demgegenüber stärker dadurch geprägt, dass der folgenden Generation „das Nachrücken in eine die Existenz wenigstens teilweise begründende Wirtschaftseinheit ermöglicht wird", wodurch gleichzeitig die Versorgung des Übergebers aus dem übernommenen Vermögen zumindest z.T. gesichert sei.[5] Als klassischer „Altenteilsvertrag", für den regelmäßig landesrechtliche Bestimmungen, basierend auf Art. 96 EGBGB, ergänzend gelten, stellt er deren Urform dar, allerdings nicht notwendig begrenzt auf die Generationennachfolge, sondern bspw. auch unter Geschwistern[6] oder gar Fremden[7] denkbar. Urform ist die Übergabe landwirtschaftlicher Hofstellen. Die Übertragung städtischer Anwesen stellt sich (mit reduzierten Pflege- und Versorgungsverpflichtungen) häufig als „Schrumpfungsmodell" der traditionellen Hofübergabe dar.[8]
- Daneben tritt die Vermögensnachfolge zur **Ausstattung eines Kindes** i.S.d. § 1624 BGB, häufig bezogen auf Bauplätze oder Objekte zur Eigennutzung bzw. Geldzuwendungen zur

---
2   Nach Erhebungen der Postbank im Juli 2011 wurden 2010 in Deutschland ca. 233 Mrd. € vererbt; die Zahl soll bis 2020 auf ca. 330 Mrd. € ansteigen. In 38 % der Fälle werden Immobilien mit vererbt.
3   Grundlegend *Langenfeld*, Vertragsgestaltung – Methode, Verfahren, Vertragstypen.
4   Vgl. *Langenfeld/Günther*, Grundstückszuwendungen zur lebzeitigen Vermögensnachfolge, Rn. 28.
5   Vgl. etwa BGH, DNotZ 1982, 697; BayObLG, DNotZ 1965, 434.
6   Vgl. BGH, DNotZ 1996, 636.
7   Vgl. BGH, MDR 1964, 741.
8   Vgl. *Langenfeld/Günther*, Grundstückszuwendungen zur lebzeitigen Vermögensnachfolge, Rn. 31.

Existenzgründung/-sicherung. Sie ist i.d.R. durch das Fehlen von Nutzungs- oder Verfügungsvorbehalten des Veräußerers, jedoch durch die Betonung der Ausgleichsthematik zu weichenden Geschwistern geprägt.

6 • Einen eigenen Bereich der Vermögensnachfolge bilden **Ehegattenzuwendungen**, die sich je nach dem verfolgten Zweck als vorweggenommener Zugewinnausgleich, als freiwilliger Zugewinnausgleich bei Gütertrennung, als Vertrag zur Vermeidung des Gläubigerzugriffs auf den Kernbestand des Privatvermögens oder als Versorgungsvertrag zugunsten des anderen Ehegatten darstellen können.[9] Typisch hierfür sind Rückforderungsklauseln bei Trennung/ Scheidung und – bei gesetzlichem Güterstand – Regelungen zur Berücksichtigung der Zuwendung i.R.d. §§ 1374 ff. BGB.

---

9 Vgl. zu dieser Differenzierung BGH, NJW-RR 1990, 386.

B. Rahmenbedingungen

I. Rechtstatsächliches[10]

Motive für eine vorweggenommene Erbfolge sind in erster Linie **erbschaftsteuerlicher Natur** (54,78 %), bei Grundstücken insb. die 1996 und erneut 2009 eintretende Verschärfung der Bewertung. Ebenso große Bedeutung hat das Anliegen der Eltern, das **Vermögen unter den Kindern zu Lebzeiten** (am besten unter deren Mitwirkung) **aufzuteilen**, um spätere – oft substanzschädigende – Streitigkeiten zu vermeiden (48,96 %). Hintergrund der Übertragung ist weiter die **Sicherstellung der Versorgung des Übergebers im Alter** (20,5 %), **Vermeidung eines künftigen Sozialhilferegresses** (21,3 %) und die **Existenzsicherung des Erwerbers** (21,9 %).

Bei einer großen Mehrheit der Fälle (70 – 80 %, sowohl bei Grundstücksübertragungen als auch bei Übertragungen von Gesellschaftsanteilen) wird eine Anrechnung des Vorempfangs auf den Pflichtteil vereinbart. Häufig wird eine Sicherung des Veräußerers gewünscht, wobei v.a. Nießbrauch, Leibrente sowie Wart und Pflege gewählt werden.

II. Weichenstellungen

In weit stärkerem Maße als die entgeltliche Grundstücksveräußerung ist die „Überlassung", gleich ob in vorweggenommener Erbfolge oder unter Ehegatten, in einen von Empfindlichkeiten und Rücksichtnahme geprägten Kontext eingebettet, begründet sie doch eine „faktische Dauerrechtsbeziehung", die im Regelfall bis zum Ableben des Veräußerers anhält. Daher spielen in der Gestaltungsberatung bereits i.R.d. **Vorbesprechung** grundsätzliche Fragen eine besondere Rolle:

- **Soll überhaupt lebzeitig übergeben werden oder ist die Übertragung durch letztwillige Verfügung nicht vorzuziehen?**
  Für die lebzeitige Übertragung streitet der oft gewollte sofortige Entlastungseffekt (Übertragung der Verantwortung und Verwaltungslasten auf den Erwerber) sowie die Möglichkeit, in allseitigem Einvernehmen einen Konsens und Ausgleich unter mehreren Nachkommen herbeizuführen. Dafür sprechen aber auch ertragsteuerliche Motive (z.B. Möglichkeit des Sonderausgabenabzugs für Versorgungsleistungen im Zusammenhang mit Betriebsvermögen, vor 2008 auch mit Privatvermögen; bis 2005 ferner: Investitionsförderung beim Erwerber durch Eigenheimzulage) und schenkungsteuerliche Überlegungen (Möglichkeit der neuerlichen Ausnutzung der personenbezogenen Freibeträge nach Ablauf von 10 Jahren). Die Übertragung durch Testament ist hingegen überlegen hinsichtlich der dinglichen Wirkung von kontroll- und verfügungsentziehenden Elementen (Testamentsvollstreckung, Vor- und Nacherbfolge), die auch einen praktisch sehr weit gehenden pfändungs- und sozialrechtlichen Zugriffsschutz gewähren. Bei hoch belasteten Immobilien ermöglicht die Vererbung den vollen Abzug der Verbindlichkeiten zur Steuerminderung, während auf der Aktivseite lediglich der steuerlich ggf. geringere Bedarfswert angesetzt wird (bei lebzeitiger Übertragung werden die Verbindlichkeiten im Verhältnis des Verkehrs- zum Steuerwert gekürzt, wobei letztere beide Werte seit 2009 nur mehr begrenzt auseinanderfallen). Schließlich erlaubt die

---

10 Vgl. hierzu die Studie von *Bengel*, MittBayNot 2003, 270, 275.

testamentarische Variante Planänderungen bis zum buchstäblich letzten Moment, allerdings auf das Risiko hin, dass bspw. bei notwendig werdender Heimunterbringung das Vermögen einer Verwertung zugeführt werden muss, was bei mehr als 10 Jahre zurückliegender Übertragung hätte vermieden werden können (§ 528 BGB).

11 • **Wann ist der rechte Zeitpunkt?**
Nicht zu früh und nicht zu spät! Häufig wird der Berater mit dem Wunsch konfrontiert, Vermögen, bspw. zur Vermeidung eines Gläubigerzugriffs nach „Überstehen" der Anfechtungsfrist, bereits an Kleinkinder zu übertragen oder aber jedenfalls an Nachkommen, welche die drei entscheidenden Phasen der Persönlichkeitsprägung (Pubertät, Berufsfindung, Partnerwahl) noch nicht durchlaufen haben. Mögen auch Rückforderungsrechte – jedenfalls für einzelne „Katastrophen" – Notlösungen (allerdings i.S.e. „alles oder nichts") bereithalten, kreist doch manches Beratungsgespräch um die allzu menschlichen Risiken des Lebens, seien sie im Charakterlichen, im Umgang oder in äußeren Umständen (Arbeitslosigkeit etc.) begründet. Der beabsichtige Erwerb durch Minderjährige bietet zugleich Gelegenheit, auf die verkomplizierenden Mechanismen der familiengerichtlichen Genehmigung bzw. Ergänzungspflegschaft hinzuweisen. Erfolgt die Übergabe dagegen zu spät, ist sie häufig materiell für den Erwerber nicht mehr von entscheidender Hilfe, sondern wird ebenfalls als Last empfunden, wenn sie nicht gar gem. § 528 BGB wirtschaftlich zumindest teilweise rückabgewickelt wird, da bei kurz darauffolgender Pflegebedürftigkeit des Veräußerers steuerfinanzierte Sozialfürsorgeleistungen in Anspruch genommen werden müssen. Sofern die geplante Abschmelzungsregelung gem. § 2325 Abs. 3 Satz 1 BGB (Rdn. 3084) in Kraft treten wird und der Sterbefall danach eintritt, eröffnet lebzeitige Übertragung ferner die Chance, für jedes abgelaufene Jahr seit Vollziehung der Schenkung den Pflichtteilsergänzungsanspruch um 1/10 zu verringern, sofern nur die Frist angelaufen ist.
Als Alternative zu einer möglicherweise zu früh erfolgenden Vollübertragung können „Teillösungen" ins Gespräch gebracht werden, z.B. die Begründung eines Erbbaurechts bzw. eines Dauerwohnrechts zur Sicherung von Investitionen des Erwerbers (und deren steuerlicher Förderung) bzw. die „gleitende Übergabe" durch Gesellschaftslösungen („Familien-Pool" unter maßgeblicher weiterer Beteiligung des Veräußerers, s.u. Rdn. 2152 ff.).

12 • **An wen soll übergeben werden?**
Die fachlichen und kommunikativen Fähigkeiten des Erwerbers spielen bei der Übergabe von Betriebsvermögen eine ausschlaggebende, bei der Übertragung sonstiger Quellen zur Einkunftserzielung (vermietete Immobilien) eine deutlich reduzierte und bei der Übertragung von zur Eigennutzung bestimmtem Wohnraum eine eher marginale Rolle, während im umgekehrten Sinn das Maß an Übereinstimmung und „menschlicher Chemie" bei den zur gemeinsamen Eigennutzung (Wohnungsrecht für den Veräußerer, zugleich Bewohnen durch den Erwerber) bestimmten Objekten am höchsten ist.
Ins Auge zu fassen sind jedoch auch andere Risiken in der Person des Erwerbers, bspw. längere anhaltende Bedürftigkeit (mit der Gefahr des Sozialleistungszugriffs gem. SGB XII oder SGB II [„Hartz IV"]), Trennung der Erwerberfamilie (Thematik des Zugewinnausgleichs bzw. der Weiterübertragung an Schwiegerkinder) sowie die Notwendigkeiten beruflich-räumlicher Umorientierung (die von besonderer Maßgeblichkeit sind bei ausbedungenen ortsgebundenen Leistungen, wie etwa Wart und Pflege).

- **Welche Absicherungen sind sinnvoll, welche gar notwendig?**
Die alltägliche Beratungssituation bewegt sich oft zwischen entgegengesetzten Extremen: Während einzelne Veräußerer erst durch drastische Beispiele mühsam für die Gefahren sensibilisiert werden, die sich bei vollständigem Verzicht auf Nutzungsrechte, Rückforderungsvorbehalte etc. ergeben, drohen die vorgefassten Sicherheitserwartungen anderer Veräußerer, den Erwerb in einem Maße zu befrachten, dass eine innere Identifizierung des Erwerbers mit dem neu gewonnenen „Eigentum" nicht möglich ist und eine Beleihung durch Dritte (Kreditinstitute) i.d.R. ausscheidet, in extremen Fällen auch der steuerliche Erfolg versagt werden kann (kein Übergang der betrieblichen Mitunternehmerschaft bei jederzeitigem Rückforderungsrecht).
Eine „Ideallinie" kann nur für jeden Einzelfall gefunden werden, und zwar nach Kenntnis der individuellen Bedarfs- und Versorgungssituation, der Planungen des Erwerbers sowie der psychologischen Befindlichkeiten und Empfindlichkeiten der Beteiligten.
In dieser „Steuerbarkeit" des jeweiligen Erwerbs, der konkreten Zuordnung zum bestgeeigneten und optimal interessierten Erwerber, liegt einer der entscheidenden Vorteile der lebzeitigen Zuwendung ggü. der letztwilligen Zuweisung in eine gesamthänderisch strukturierte Erbengemeinschaft, welche die gegenständliche Teilung sich u.U. nervenaufreibend und kostenintensiv „erkämpfen" muss (oder zu distributiven Hilfsverfahren der außergerichtlichen Streitbeilegung[11] greift, wie etwa der Aufteilung nach alternierendem Wahlrecht, dem Losverfahren, dem Auktionsverfahren, dem Prinzip „einer teilt, der andere sucht aus", der Drittentscheidung anhand verbindlicher Angebote etc.).

13

III. Rolle des Notars

In der sensiblen Aufdeckung der wechselseitigen Befürchtungen, deren behutsamer Verbalisierung und deren Eindämmung durch bewährte und auch steuer- und sozialrechtlich abgesicherte Vertragsgestaltung liegt die wahre Meisterschaft der Übergabeberatung. Die **Aufmerksamkeit** des Notars ist daher sowohl bei der **Erforschung und begleitenden Konkretisierung des Parteiwillens** als auch bei der **Formulierung von Vereinbarungsvorschlägen** in erhöhtem Maße gefordert. Dieses Buch soll hierzu einen praxisorientierten Beitrag leisten.

14

§ 17 BeurkG beschränkt die Prüfungs- und Belehrungspflicht auf die Aufklärung der unmittelbaren Urkundsbeteiligten hinsichtlich der **unmittelbar eintretenden rechtlichen Folgen** des Rechtsgeschäftes. Mittelbare, v.a. wirtschaftliche – etwa durch die Sozialgesetze herbeigeführte – Konsequenzen der Transaktion scheiden damit aus dem Bereich notarieller Verantwortung ohnehin aus, solange sie nicht zur Nichtigkeit (§ 138 BGB) führen und die Beurkundung daher abzulehnen ist (zu diesen seltenen „Außengrenzen" vgl. etwa Rdn. 840 ff. zur Sozialwidrigkeit). Dass ein Vermögens- oder Einkommenszuwachs bspw. zur Reduzierung der Möglichkeiten führt, steuerfinanzierte Sozialfürsorgeleistungen anzunehmen, stellt keinen „Schaden" dar, vor welchem die Belehrungspflicht des Notars zu bewahren hätte.[12]

15

Die Haftungsrechtsprechung schafft jedoch zunehmend „erweiterte Belehrungspflichten" des Notars in Richtung auf eine **Warn- und Hinweispflicht** einerseits, eine Pflicht zur **betreuenden**

16

---

11 Vgl. hierzu ausführlich Walz/*Schneeweiß/Walz/Schwarz*, Formularbuch außergerichtliche Streitbeilegung, Kap. 7 (§§ 14 bis 20).
12 Vgl. DNotI-Gutachten, Faxabruf-Nr. 55923, Stand: Januar 2005.

Beratung andererseits (gestützt auf §§ 1, 14 Abs. 1 Satz 2 BNotO, vgl. Rdn. 4329 ff. am Beispiel der steuerrechtlichen Folgen). Solche konsultativen Pflichten treffen den Notar nicht nur bei der unmittelbaren Betreuungstätigkeit i.S.d. § 24 BNotO, sondern nach Maßgabe der nachstehenden Voraussetzungen auch bei Beurkundungen und sonstigen notariellen Amtsgeschäften. Sie umfassen jedoch nicht die Verpflichtung, den Beteiligten zu raten, was wirtschaftlich am zweckmäßigsten zu unternehmen wäre,[13] und machen ihn damit auch nicht zum „Ausfallbürgen" fehlgeschlagener Geschäfte der Beteiligten.[14] Erforderlich sind zwei **Voraussetzungen**:

17
- Als **objektiver Anlass** für die Belehrung muss einem Beteiligten aus der vorgesehenen Art der Durchführung oder des Inhalts des Vertragswerks ein wirtschaftlicher Schaden entstehen können, dessen er sich nicht bewusst ist,[15] und der durch – dem anderen Vertragsteil zumutbare – Vorkehrungen gebannt werden kann. Solche besonderen Umstände können sich auch aus gesetzlichen Regelungen außerhalb des Vertrags ergeben, die den Beteiligten offenbar nicht bekannt sind.[16]
- Subjektiv muss der Notar bei „notarüblicher Sorgfalt" **Grund zur Befürchtung** haben, dass dem Beteiligten ein solcher Schaden drohe.[17] Bei rechtlichen Gefahren außerhalb des Zivilrechts, etwa des Steuerrechts, genügt jedoch insoweit nicht bloße Fahrlässigkeit, da der Notar kein Steuerberater ist.[18] Anderes gilt, wenn sich die Steuerpflicht aus einer ungewöhnlichen, vom Notar selbst vorgeschlagenen Gestaltung ergibt, oder wenn der Notar einen vom Steuerberater geprüften Entwurf ohne erneute Rücksprache mit Letzterem ändert (vgl. Rdn. 3510 f.).

18 Geht es (wie allerdings bei Überlassungen selten) sogar um die **Absicherung der Zug-um-Zug-Leistung**, also das Vermeiden riskanter Vorausleistungen, trifft den Notar das „gestalterische" Aufzeigen von Vermeidungsstrategien, sofern sie denselben Sicherungsgrad aufweisen,[19] was tunlich in der Urkunde vermerkt werden sollte.[20]

19 Wird der Notar jedoch **konkret zu mittelbaren** (etwa sozialrechtlichen oder steuerlichen) Auswirkungen befragt und antwortet er insoweit nicht i.S.e. bloßen Weiterverweisung z.B. an den Steuerberater, haftet er für falsche Beratung unmittelbar nach § 24 Abs. 1 Satz 1 BNotO, allerdings beschränkt auf den Gegenstand der Beratung bzw. seines Eingreifens in die Vertragsgestaltung.[21] Gleiches gilt bei einem Auftrag zur „**gestaltenden Beratung**", etwa wenn die Beteiligten im Vorgespräch lediglich das Gestaltungsziel vorgeben, jedoch hinsichtlich des Weges den Rat des Notars erbeten (z.B. bzgl. der Abwägung zwischen letztwilliger und lebzeitiger Übertragung). Für Letztere gilt ebenfalls unmittelbar § 24 BNotO, mithin gem. § 19 Abs. 1 Satz 2 BNotO nicht das Verweisungsprivileg auf andere Haftungsquellen.

---

13 BGH, VersR 1968, 1139.
14 BGH, NJW 1978, 219.
15 Beispiel: BGH, NJW 1987, 84 – Belehrungspflicht zur Bestellung von Vorwegbeleihungsgrundschulden zugunsten des Käufers.
16 Vgl. Beck'sches Notar-Handbuch/*Bernhard*, Teil F, Rn. 124 f. mit weiteren Beispielen.
17 Vgl. *Ganter*, DNotZ 1998, 859.
18 Vgl. BGH, DNotZ 1992, 813, 817.
19 Ihn trifft das Gebot, zum „sicheren Weg" zu raten; vgl. *Reithmann*, Vorsorgende Rechtspflege auch Notare und Gerichte, S. 170 ff.
20 Vgl. *Basty*, in: FS für *Schippel*, S. 582 f.
21 OLG München, 18.01.2007 – 1 U 3684/06, RNotZ 2007, 355.

Im Zusammenhang mit der umfassenden rechtlichen Betreuung von Familien durch den Notar wird ihm häufig auch die Unterstützung beim „**estate planning**", also der Vermögens- und Nachlassplanung, angesonnen.[22] Ziel ist dann die Aufbereitung von Vermögen so, dass es möglichst optimal in die nächste Generation übergeleitet werden kann, also unter Einschluss erbrechtlicher, familienrechtlicher, gesellschaftsrechtlicher und – v.a., aber nicht ausschließlich – steuerrechtlicher Fragen. Allgemeine Regelungsziele sind dabei die Sicherung der Familie und die Erhaltung des Vermögens, also das Geringhalten von Pflichtteils- und Steuerlasten sowohl erbschaftsteuerlicher als auch ertragsteuerlicher Art. Besonderheiten gelten bei krisenbelasteten Ehen, bei Vorhandensein überschuldeter, missratener oder hilfebedürftiger (z.B. behinderter) Kinder, ferner bei Betriebsvermögen (Rdn. 319). Das „estate planning" erfasst dann bspw. auch die rechtzeitige Bildung ausreichenden Privatvermögens zur Abfindung weichender Geschwister, wenn der Betrieb in die Hand eines Kindes übergehen soll. Lebensversicherungen, Bankverfügungen und sonstige Wege der Sondernachfolge außerhalb des Nachlasses flankieren diese Beratungsaufgabe ebenso wie begleitende Erb- und Pflichtteilsverzichte sowie vorbereitende oder transmortale Vollmachten bzw. Vorsorgevollmachten für den Fall der Handlungsunfähigkeit (Rdn. 314). Die Zusammenstellung aller wesentlichen Informationen in einer Art „Notfall-Mappe" steht oft am Ende eines solchen umfassenden „estate planning".

20

---

22 Vgl. zur erbrechtsübergreifenden Beratungsaufgabe der Nachlassplanung *Reimann*, ZEV 1997, 129 ff.

C. Der Schenkungsbegriff des BGB

21 Die Schenkung gem. § 516 Abs. 1 BGB bildet neben der Leihe (§§ 598 ff. BGB, Rdn. 1265), der unentgeltlichen Dienst- bzw. Werkleistung (§§ 612 Abs. 1, 632 Abs. 1 BGB) und dem Auftrag (§§ 662 ff. BGB) den wichtigsten Anwendungsfall eines unentgeltlichen Rechtsgeschäfts.

I. Voraussetzungen einer Schenkung

22 Die Schenkung ist ein **Vertrag**. Nicht ausreichend ist also bspw. (mangels Vertrags) das bloße Verjährenlassen von Forderungen, sofern diesem faktischen Geschehen nicht eine entsprechende Verpflichtungsabrede zugrunde liegt.

Häufig wird übersehen, dass sich im Kontext einer Immobilienübertragung weitere **begleitende Schenkungen** vollziehen können, etwa parallele Zuwendungen an weichende Geschwister (schenkweise Abtretung des Anspruchs des Veräußerers gegen den Immobilienerwerber auf Zahlung eines Gleichstellungsgelds, Rdn. 1584 ff.; Zuwendung eines „Wohnungsrechts auf die Dauer des ledigen Standes": Rdn. 1589) oder an den Ehegatten des Veräußerers (Zuwendungsnießbrauch, Zuwendungswohnungsrecht[23] – zur entsprechenden steuerrechtlichen Bewertung, Rdn. 3833 ff.). Auch diese bedürfen der Annahmeerklärung, die jedoch nicht der Formpflicht des § 518 Abs. 1 BGB unterliegt (s. Rdn. 1566 ff.), ebenso wie schenkweise zugewendete dingliche Rechte nicht gem. § 328 BGB bestellt werden können, sondern eine dingliche Einigung gem. § 873 BGB erfordern[24] (Rdn. 1572 f.).

Ein solcher Schenkungsvertrag setzt voraus:

1. Bereicherung des Empfängers

23 Eine Schenkung setzt **objektiv** eine **Bereicherung des Empfängers** voraus. Sie kann in einer Vermehrung der Aktiva, aber auch in einer Verminderung der Passiva (Schuldenerlass,[25] pactum de non petendo, Aufgabe einer Sicherheit) bestehen. Die Bereicherung braucht nicht von der Absicht des Schenkers umfasst zu sein; der Schenker kann also auch eigensüchtig handeln, etwa mit dem Endziel, sein eigenes Vermögen durch erwartete Rückerwerbe zu mehren. Leistet ein Dritter auf eine Schuld, kann darin eine Zuwendung an den Gläubiger oder (im Regelfall) an den eigentlichen Schuldner liegen. Die Bereicherung darf allerdings ihrem Wesen nach nicht nur vorübergehend, also z.B. nicht nur treuhänderisch, oder unter dem Vorbehalt des Rückgriffs (Stellung einer Bürgschaft für fremde Schuld: Regress gem. § 774 BGB)[26] bzw. unter dem Vor-

---

[23] FG Hessen, 18.03.2008 – 1 K 3128/05, ErbStB 2008, 165: „Rückbehalt" eines Wohnungsrechtes zugunsten des Lebensgefährten des Veräußerers ist Zuwendung des Veräußerers, nicht des Erwerbers.

[24] OLG München, 24.11.2010 – 34 Wx 103/10, JurionRS 2010, 33245.

[25] RG, SeuffA, 76 Nr. 202; im Rahmen von Sanierungsversuchen ist der Schuldenerlass jedoch gem. § 13 Abs. 1 Nr. 5 ErbStG teilweise schenkungsteuerlich privilegiert.

[26] Vgl. Hinweis 14, ErbStR 2003: In der Übernahme einer Bürgschaft der Eltern für eine Investition des Kindes liegt noch keine Schenkung (BFH, BStBl. 2000 II, S. 596), ebenso wenig in der Zahlung an den Gläubiger, aber im anschließenden Verzicht auf den Regress.

behalt eigener Verfügungen über den Gegenstand erfolgen. Bloßes „Durchgangseigentum" (wie etwa im Fall einer sog. Kettenschenkung)[27] reicht nicht aus.

So sollten nach OLG Dresden[28] z.B. Zuwendungen an eine juristische Person, die zur Förderung eines gemeinnützigen Zwecks (Stiftung Frauenkirche Dresden) errichtet wurde, auch zivilrechtlich (§ 2325 BGB!) keine Schenkung darstellen. Es fehle an einer objektiven und gefestigten Bereicherung, vielmehr handle es sich um bloßes **Durchgangseigentum** (Weitergabe an das „Erbbaurecht Frauenkirche"). Dies vertrug sich nicht mit der herrschenden Meinung, wonach bei Zustiftungen oder der Ausstattung einer selbst errichteten **Stiftung** §§ 2325 ff. BGB zumindest analog angewendet werde.[29] Der BGH[30] hatte kurz darauf in einem obiter dictum die Spende an eine gemeinnützige Organisation (die ja in Kenntnis der Weitergabe erfolgt) als Schenkung angesehen (vgl. auch Rdn. 3065). Richtet sich der Pflichtteilsergänzungsanspruch unmittelbar gegen den Beschenkten (§ 2329 BGB, z.B. weil der Anspruchsinhaber selbst Alleinerbe ist), kann die Stiftung regelmäßig Entreicherung im Stadium der Gutgläubigkeit einwenden wegen der „unentgeltlichen", bestimmungsgemäßen Weitergabe an den endgültigen Destinatär; der gegen den Endbegünstigten gerichtete Anspruch aus § 822 BGB scheitert (z.B. bei Zuwendungen an viele Einzelempfänger oder an Personen in ausländischen Hungergebieten) regelmäßig mangels dessen Feststellbarkeit oder an dortiger Entreicherung.[31] Die Revisionsentscheidung[32] hat das Urteil des OLG Dresden demnach aufgehoben und zur weiteren Ermittlung zurückverwiesen: Die für Treuhandverhältnisse typischen Merkmale wie wirtschaftliches Eigentum des Treugebers, Kündigungsrecht des Treugebers jedenfalls aus wichtigem Grund (§ 671 Abs. 3 BGB) und Vermögensrückfall bei Insolvenz des Treuhänders lägen hier gerade nicht vor. Auch lasse sich bei einer juristischen Person nicht zwischen Dauer- und Durchgangserwerb (Eigen- und Fremdverwaltung) unterscheiden, da sie letztlich alles Vermögen, das ihrem Zweck gewidmet sei, für sich verwende.[33] Auch die Voraussetzungen des § 2330 BGB (pflichtteilsfeste sog. Anstandsschenkungen) sind jedenfalls de lege lata nicht gegeben (vgl. Rdn. 153). Schwierig mag allerdings die Ermittlung der Höhe der Bereicherung (§ 822 BGB) beim Drittempfänger (Erbbaurecht Frauenkirche) sein: Werterhöhung einer unverkäuflichen res sacra? Oder (eher) Befreiung von Verbindlichkeiten durch Bezahlung von Rechnungen – es handelt sich nicht um Aufwendungen, die sonst nicht getätigt worden wären, sodass § 818 Abs. 3 BGB nicht befreit.[34]

Die Bereicherung muss **Folge der Zuwendung** aus dem Vermögen des Schenkers sein, wobei jedoch die Bereicherung des Beschenkten und die Entreicherung des Schenkers nicht durch denselben Gegenstand einzutreten brauchen (z.B. bei der sog. „mittelbaren Grundstücksschenkung": Abfluss von Geld, Zufluss einer Immobilie). Anders als im allgemeinen Sprachgebrauch setzt also eine Schenkung im rechtlichen Sinne eine Verminderung des gegenwärtigen Vermögens

---

27 *Muscheler*, AcP 2003, 471 f.
28 OLG Dresden, ZEV 2002, 415.
29 Vgl. *Muscheler*, ZEV 2002, 417; *Rawert*, NJW 2002, 3151.
30 BGH, ZEV 2003, 114.
31 *Kollhosser*, ZEV 2003, 206.
32 BGH, 10.12.2003 – IV ZR 249/02, ZEV 2004, 115, m. Anm. *Kollhosser*, S. 117 f. und *Schiffer*, NJW 2004, 1565.
33 So bereits RGZ 71, 143.
34 Zur vergleichbaren Konstellation des § 2287 BGB bei Zuwendung an mildtätige Stiftungen Gutachten, DNotI-Report 2007, 195.

voraus, sodass der bloß zugunsten einer anderen Person unterlassene Vermögenserwerb, der Verzicht auf ein angefallenes, noch nicht endgültig erworbenes[35] Recht oder die Ausschlagung einer Erbschaft[36] oder eines Vermächtnisses bzw. das Unterlassen einer Ausschlagung in den Fällen des § 2306 BGB[37] nicht genügen (§ 517 BGB, vgl. Rdn. 94 ff., wobei die steuerliche Behandlung davon allerdings teilweise abweicht).[38] Anders liegt es jedoch bei dem ohne Gegenleistung abgeschlossenen Erlassvertrag (§ 397 BGB) über den bereits mit dem Erbfall entstandenen Pflichtteilsanspruch (§ 2317 BGB).

26 **Unentgeltliche Arbeits- und Dienstleistungen** sind keine Schenkungen i.S.d. § 516 Abs. 1 BGB, da keine Verminderung der Vermögenssubstanz des Schenkers eintritt.[39] Gegenstand der Schenkung kann jedoch die ersparte Vergütung sein, z.B. durch Erlass der entstandenen Vergütungsschuld. Abweichende Vereinbarungen sind allerdings häufig (z.B. bei Arbeitsleistungen zum Hausbau, Rdn. 2720, v.a. unter nicht verheirateten, Rdn. 2842). Dementsprechend ist auch die Gewährung freien Wohnraums („Wohnungsleihe") keine Schenkung[40] – anders kann es allenfalls liegen, wenn in einem sonst ausschließlich fremd vermieteten Mehrfamilienhaus eine Wohnung unentgeltlich überlassen wird.[41] Auch kann das Zur-Verfügung-Stellen von Wohnraum seinerseits (auch vorweggenommene) Gegenleistung einer Übertragung sein, also eine Schenkung vermeiden bzw. mindern (Rdn. 41). **Unentgeltliche Nutzungsüberlassungen**[42] (auch zinsfreie Darlehensgewährungen) können aber schenkungsteuerlich relevant werden, da i.R.d. § 7 Abs. 1 Nr. 1 ErbStG keine Vermögenssubstanz überzugehen braucht (vgl. Rdn. 3516, 3524).

27 **Bei Lebensversicherungen auf den Todesfall** (§ 330 BGB) bilden lediglich die entrichteten Prämien – da sie aus dem Vermögen des Schenkers stammen – das Objekt der Zuwendung, nicht jedoch die tatsächlich durch Überschuss- und Gewinnanteile erhöhte Auszahlungssumme,[43]

---

35 Z.B. auf ein aufschiebend bedingtes Recht, auch wenn bereits eine Anwartschaft besteht: OLG Schleswig, SchlHA 1949, 23; ferner auf ein aufschiebend befristetes Recht; anders allerdings bei auflösend bedingten Rechten sowie beim Erlass eines betagten (noch nicht fälligen) Rechts.

36 Die Anfechtung einer Ausschlagung durch Gläubiger innerhalb und außerhalb einer Insolvenz ist daher ausgeschlossen; selbst bei Pfändung eines Erbteils gem. § 859 ZPO steht dem Erben bis zur Erbauseinandersetzung weiterhin das Recht auf Ausschlagung zu (vgl. *Engelmann*, Letztwillige Verfügungen zugunsten Verschuldeter oder Sozialhilfebedürftiger, S. 43).

37 BGH, MittBayNot 2001, 570: Unterlässt die als Vorerbin eingesetzte Ehefrau eine ihr gem. § 2306 Abs. 1 Satz 2 BGB zu Gebote stehende Ausschlagung, liegt hierin keine Schenkung zugunsten der Nacherben, die Pflichtteilsergänzungsansprüche Dritter begründen könnte.

38 Die Finanzverwaltung wertet eine Ausschlagung gegen einmalige Abfindungszahlung als entgeltlichen Vorgang (bei anteiliger Verteilung der Abfindung auf die übergehenden Wirtschaftsgüter führt dies ggf. zu Veräußerungsgewinnen oder zur Besteuerung nach § 23 EStG), vgl. Rdn. 3580. Auch erbschaftsteuerlich wird die Abfindung für eine Ausschlagung erfasst, und zwar als Erwerb vom Erblasser, § 3 Abs. 2 Nr. 4 ErbStG (vgl. Rdn. 3573).

39 BGH, NJW 1987, 2817.

40 Vgl. OLG Hamm, NJW-RR 1996, 717, auch keine Schenkung i.S.d. § 2287 BGB: BGH, 11.07.2007 – IV ZR 218/06, ZEV 2008, 192.

41 So *Schlitt*, ZEV 2006, 395, wobei dadurch keine ertragsteuerliche Vermietung vorliegt. Einer Pflichtteilsergänzung als Folge dieser „Schenkung" der Mietzahlung kann jedoch u.U. § 2330 BGB (Pflicht- und Anstandsschenkung, etwa als Ausgleichung für Betreuungsleistungen) entgegenstehen.

42 BFH, BStBl. 1994 II, S. 366.

43 BGH, FamRZ 1976, 616; anders jedoch, wenn die Lebensversicherung der Kreditsicherung diente: Nach BGH, ZEV 1996, 263 soll dann i.R.d. Pflichtteilsergänzung die Versicherungssumme in der Höhe zum Nachlass gehören und bei der Pflichtteilsberechnung zu berücksichtigen sein, in der sie beim Erbfall noch an das Kreditinstitut abgetreten war.

wobei die neuere insolvenzgerichtliche[44] Rechtsprechung darin eine mittelbare Schenkung der Versicherungssumme im Wege der unentgeltlichen Einräumung eines Bezugsrechts aus der Lebensversicherung sieht (Prämien als Entreicherungsgegenstand, Versicherungssumme als Zuwendungsgegenstand des Valutaverhältnisses), und in der Pflichtteilsergänzung der Betrag zugrundegelegt werden soll, den der Erblasser unmittelbar vor seinem Tode hätte realisieren können (Rückkaufswert, ggf. höherer nachgewiesener Veräußerungswert auf dem Zweitmarkt,[45] vgl. näher Rdn. 2925 ff.).

2. Unentgeltlichkeit der Zuwendung

Weitere Voraussetzung ist die Unentgeltlichkeit der Zuwendung, die zwar nach der objektiven Sachlage zu beurteilen ist, aber von den Vertragsparteien **subjektiv** auch **als unentgeltlich gewollt** sein muss. Bedingung ist das Fehlen einer Gegenleistung, die nicht notwendig geldwert oder vermögensrechtlich sein muss und deren Erbringung auch an Dritte geschuldet sein kann (häufig liegt dann im Verhältnis zwischen Veräußerer und begünstigtem Dritten [etwa dessen Ehegatten] zivil- und schenkungsteuerrechtlich[46] eine weitere, verdeckte, Schenkung vor).[47] Die ganz herrschende Auffassung geht von einem **einheitlichen Unentgeltlichkeitsbegriff im Zivilrecht** (und möglicherweise auch im Bereich des Anfechtungsgesetzes) aus,[48] während teilweise im Bereich drittschützender Normen[49] (§§ 528, 2287, 2325 BGB) eine „rechtsfolgenorientierte Differenzierung" gefordert wird, sodass es zur Missbrauchsvermeidung zusätzlich des Merkmals „objektiver Entgelttauglichkeit"[50] bedürfe.

28

Die Unentgeltlichkeit folgt nicht schon aus der Bezeichnung des Rechtsgeschäfts, bspw. als „vorweggenommene Erbfolge".[51] Andererseits weist z.B. der Vertragstypus eines Vergleichs – also die Beseitigung einer bei verständiger Würdigung des Sachverhalts oder der Rechtslage bestehenden Ungewissheit durch gegenseitiges Nachgeben – auf das Fehlen der Unentgeltlichkeit hin (etwa in Gestalt einer „Schenkung eines Teils einer Forderung").[52] Bei auf Austausch gerichteten Verträgen sind Verknüpfungen mit Gegenleistungen auf den drei möglichen, nachfolgend genannten Ebenen zu untersuchen:

29

- **synallagmatisch** i.S.e. gegenseitigen Vertrags gem. §§ 320 ff. BGB, z.B. häufig bei der gemischten Schenkung, wobei das bloße materielle Missverhältnis zwischen Zuwendung und Gegenleistung nicht für die Annahme einer Teilunentgeltlichkeit ausreicht;[53]

30

---

44 BGH, 23.10.2003 – IX ZR 252/01, NJW 2004, 214; hierzu ausführlich *Gebel*, ZEV 2005, 236.
45 BGH, 28.04.2010 – IV ZR 73/08, ZEV 2010, 305, m. abl. Anm. *Wall*, und BGH, 28.04.2010 – IV ZR 230/08, JurionRS 2010, 15745; abl. auch *Frohn*, Rpfleger 2011, 185; *Mayer* DNotZ 2011, 89 ff.; rechtfertigend *Wendt*, ZNotP 2011, 242 ff.
46 Berechnungsbeispiel für die gleichzeitig ausbedungene Mitberechtigung des Ehegatten des Veräußerers am Nießbrauch s. Rdn. 3833.
47 Vgl. MünchKomm-BGB/*Koch*, § 516 Rn. 24.
48 Vgl. im Einzelnen *Fischer*, Die Unentgeltlichkeit im Zivilrecht, S. 399 ff., 447.
49 So etwa *J. Mayer*, DNotZ 1996, 616 ff.; *Waldner*, Vorweggenommene Erbfolge, Rn. 90.
50 Vgl. etwa *Fischer*, Die Unentgeltlichkeit im Zivilrecht, S. 380 f. m.w.N.
51 BGH, NJW 1995, 1349.
52 BGH, 09.11.2006 – IX ZR 285/03, DNotZ 2007, 286 (Ablehnung einer Schenkungsanfechtung).
53 BGH, NJW 1961, 604.

31 • **konditional** in dem Sinn, dass das Eingehen einer Verpflichtung oder das Bewirken einer Leistung die Bedingung (§ 158 BGB) der Zuwendung sei,[54] sodass bei Zweckverfehlung eine Rückabwicklung gem. § 812 Abs. 1 Satz 1, 1. Alt. oder Satz 2, 1. Alt. BGB stattfindet, oder

32 • **kausal**, indem die Zuwendung rechtlich (und nicht nur tatsächlich oder wirtschaftlich) auf der Geschäftsgrundlage beruht, dass dafür (ggf. von einem Dritten) eine Verpflichtung eingegangen oder eine Leistung bewirkt werde. Anders liegt es jedoch, wenn ein über die Zuwendung an den Beschenkten hinausgehender Zweck verfolgt wird, auf den jedoch kein Anspruch auf Vollziehung besteht (sog. „Zweckschenkung" – in Erwartung des Fortbestands der Ehe; ggf. Rückabwicklung bei Nichterreichen des Zwecks gem. § 812 Abs. 1 Satz 2 Nr. 2 BGB).[55]

33 Keine ausreichende Gegenleistung, mit der eine Zuwendung verknüpft sein mag, liegt in der mit einer Schenkung verbundenen **Abstattung von Dank** (sog. „belohnende oder remuneratorische Schenkung") sowie in der mit einer Zuwendung verbundenen **Erfüllung einer sittlichen oder gesellschaftlichen „Pflicht"** (sog. „Pflicht- oder Anstandsschenkung", § 534 BGB).

34 Die neuere Dogmatik neigt unter dem Einfluss der Vertragstypenlehre[56] verstärkt dazu, als objektives Abgrenzungskriterium der Schenkung nicht ihre Unentgeltlichkeit, sondern den Vertragszweck der **Freigebigkeit**, d.h. der Freiwilligkeit oder Liberalität, zu sehen.[57] Aus dieser Ermittlung des Vertragszwecks ergebe sich eine sachgerechte Abgrenzung von anderen Vertragstypen, etwa der ehebedingten Zuwendung. Es bedarf sodann jedoch noch einer wertenden Entscheidung darüber, welche Normen des bürgerlich-rechtlichen Schenkungsrechts (§§ 516 ff. BGB) auf die anderen Zuwendungstypen entsprechend anwendbar sind.

3. Einigung

35 **Subjektiv** ist die (auch stillschweigende) Einigung der Vertragsparteien über die Unentgeltlichkeit der Zuwendung[58] (bzw. – im Lichte der neueren Vertragstypenlehre – ihrer Freiwilligkeit/Freigebigkeit) erforderlich. An einer solchen Einigung fehlt es bspw., wenn eine Partei irrigerweise[59] annimmt, es bestehe eine Pflicht zur Zuwendung; Gleiches kann gelten, wenn der Rechtsgrund der Leistung in einem familien- oder gesellschaftsrechtlichen Vertrag liegt (z.B. Vereinbarung der Gütergemeinschaft; Anwachsungsklausel ohne Abfindung in GbR; vgl. unten Rdn. 109 ff., 123 ff.).

---

54 Nach BGH, NJW 1951, 268 soll konditionale Verknüpfung auch vorliegen bei der Schenkung einer Rente an ein Geschwister unter der angestrebten Bedingung, dass der Vater den Schenker dafür zum Erben einsetzt.

55 Beispiel in OLG Düsseldorf, DNotZ 1996, 652: Übertragung „mit Rücksicht auf die in der Vergangenheit erbrachten Pflegeleistungen" = kausale Verknüpfung sowie „mit Rücksicht auf künftige Pflegeleistungen" = konditionale Verknüpfung.

56 Vgl. insb. *Langenfeld/Günther*, Grundstückszuwendungen zur lebzeitigen Vermögensnachfolge, Rn. 619 ff. m.w.N.

57 Umfassend *Gasser*, Zur Rechtsnatur des Übergabevertrags, S. 47 ff.

58 Für Zwecke des Schenkungsteuerrechts genügt die Kenntnis der Umstände der Unentgeltlichkeit; eine Bereicherungsabsicht ist nicht erforderlich: BFH, BStBl. 1994 II, S. 366; R 14 Abs. 1 und 3 ErbStR 2003.

59 Die bloße Behauptung eines solchen Irrtums genügt nicht zur Beseitigung der Schenkungsteuerpflicht, FG Düsseldorf, ErbStB 2005, 5.

Ein auffallendes, grobes **Missverhältnis** zwischen den wirklichen Werten von Leistung und Gegenleistung,[60] möglicherweise auch bereits ein „ein geringes Maß deutlich übersteigendes Missverhältnis",[61] führt allerdings zu einer Beweiserleichterung in Form einer der Lebenserfahrung entsprechenden tatsächlichen Vermutung zugunsten einer Einigung der Beteiligten über die zumindest teilweise Unentgeltlichkeit der Zuwendung.[62] Auf diese Beweiserleichterung können sich jedenfalls Dritte berufen, die aus einer behaupteten Schenkung Rechte herleiten (z.B. §§ 2287, 2325 BGB etc.); sie gilt jedoch nicht für denjenigen, der sich zur Abwehr eines Anspruchs auf eine Schenkung beruft (etwa i.R.d. § 1374 Abs. 2 BGB mit dem Ziel der Reduzierung einer Zugewinnausgleichsschuld).[63]

36

Umgekehrt können gerade Angehörige, deren Vertragsbeziehungen nicht von kaufmännischer Abgewogenheit geprägt sind, auch Leistungen, die bei strenger Bewertung um ca. 20%[64] differieren, als ihrer Überzeugung nach gleichwertig betrachten und damit dem Schenkungsrecht entziehen (sog. Prinzip der „**subjektiven Äquivalenz**" als Ausfluss der Privatautonomie):[65] Die von den Beteiligten zugrunde gelegten Bewertungen der wechselseitigen Leistungen seien maßgeblich, sofern sie „bei verständiger, die konkreten Umstände berücksichtigender Beurteilung noch als vertretbar gelten können".[66] Dieser Spielraum stützt sich auch auf den Umstand, dass das BGB eine Vermutung für den Schenkungscharakter von Leistungen auch unter nahen Angehörigen nur in engen Grenzen (etwa in §§ 685, 1620 BGB) kennt. Insoweit mag es sich empfehlen, die Einschätzung der Beteiligten, auch unter Angabe konkreter Zahlen[67] wiederzugeben; eine Pflicht hierzu besteht jedoch nicht.[68] Gegen die Berücksichtigung subjektiver Äquivalenzeinschätzungen auch im „drittschützenden" Bereich (also zulasten des Sozialleistungsträgers bei § 528 BGB, zulasten des Pflichtteilsergänzungsberechtigten bei § 2325 BGB) wendet sich die neuere Lehre der sog. „objektiven Unentgeltlichkeit" (vgl. Rdn. 3062).[69]

37

---

60 BGH, NJW 1993, 559.
61 So BGH, DNotZ 1996, 640.
62 Nach *Kerscher*, Pflichtteilsrecht in der anwaltlichen Praxis, 1997, S. 122 soll diese Beweislastumkehr bereits bei einem objektiven Mehrwert von 25 % eintreten.
63 OLG Brandenburg, 27.02.2008 – 9 UF 219/07, NotBZ 2008, 468.
64 OLG Koblenz, ZErb 2006, 282 wendet die 20%-Grenze an auf das Verhältnis zwischen Gegenleistung einer gemischten Schenkung und dem Restwert, der vom Verkehrswert nach Abzug der Schenkungsauflage verbleibt (Verkehrswert der Immobilie: 127.000,00 € abzgl. Vorbehaltsnießbrauch 63.330,00 €; Schuldübernahme i.H.v. 52.000,00 € macht 81 % des Restwerts aus).
65 Vgl. OLG Oldenburg, NJW-RR 1992, 779; FamRZ 1998, 516; OLG Hamm, AgrarR 1997, 441; *Mayer*, in: Mayer/Süß/Tanck/Bittler/Wälzholz, Handbuch Pflichtteilsrecht, § 11 Rn. 137 ff.
66 BGH, FamRZ 1989, 732; NJW 1995, 1349; FamRZ 2002, 884.
67 Zur „geltungserhaltenden Reduzierung" objektiv überhöhter Zahlen, *v. Dickhuth-Harrach*, in: FS Rheinisches Notariat, S. 185, 232.
68 *Reithmann/Albrecht*, Handbuch der notariellen Vertragsgestaltung, Rn. 667.
69 Eingehend *Pawlytta*, in: Mayer/Süß/Tanck/Bittler/Wälzholz, Handbuch Pflichtteilsrecht, § 7 Rn. 34; krit. *Lange/Kuchinke*, Erbrecht, § 25 Abs. 5 Satz 5a, 37 Abs. 10 Satz 3.

II. Einzelfälle möglicher Gegenleistungsverknüpfungen

1. Bereits erbrachte Leistungen

38 Häufig besteht Anlass zu prüfen, inwieweit außer den regelmäßig mitgeteilten „künftigen" Gegenleistungen des Erwerbers an Veräußerer und weichende Geschwister auch **bereits erbrachte Zuwendungen** des Erwerbers die Unentgeltlichkeit mindern. Zu denken ist etwa an Investitionen, die der Erwerber bereits ohne beiderseitige Einigkeit über ihren Schenkungscharakter auf dem nunmehr überlassenen Grundstück des Veräußerers getätigt hat, und hinsichtlich derer er jetzt auf Verwendungs- und Ersatzansprüche verzichtet. Hierin können auch steuerlich relevante **Anschaffungskosten** liegen,[70] Rdn. 4877 ff.

39 **Kritisch** ist jedoch zivilrechtlich das tatsächliche **Vorliegen eines Verwendungsersatzanspruchs** gem. §§ 951, 812 BGB. Einer Leistungskondiktion steht die Kenntnis der Freiwilligkeit entgegen (§ 814 BGB) und die Eingriffskondiktion scheitert daran, dass der verfolgte Zweck (Erwerb der Immobilie) durch die Übertragung eintritt und nicht ausfällt (vgl. im Einzelnen Rdn. 4877 ff.; auch zur ertragsteuerlichen Einordnung). Es bedarf also einer zumindest stillschweigenden Vereinbarung, dass die Investitionen an sich in Geld auszugleichen seien, an Erfüllungs statt jedoch auch die Verschaffung des Sachwerts in Betracht komme.

40 Häufig wird der Erwerber bereits bisher über die gesetzliche Pflicht (z.B. § 1619 BGB) hinaus auf dem Hof bzw. im Betrieb des Übergebers mitgearbeitet haben. Es ist dann zu prüfen, ob Überlassung und Mitarbeit in einer synallagmatischen, konditionalen oder kausalen Leistungs-/Gegenleistungsverknüpfung zueinanderstehen oder nicht. Hierbei ist die feine Unterscheidung zu treffen, ob die nachträgliche Zuwendung des Grundbesitzes nach dem Willen der Beteiligten als „Belohnung" (remuneratorische Schenkung,[71] somit Unentgeltlichkeit gegeben) gedacht war oder ob sie tatsächlich „**Entlohnung**" darstellte. Denn nur um letztgenannten Fall mindert die frühere überobligationsmäßige Mitarbeit, deren Darstellung in der Urkunde sich allerdings schon mit Blick auf § 2057a BGB empfehlen kann,[72] die Unentgeltlichkeit der Zuwendung.[73] In der Vergangenheit erbrachte Dienstleistungen werden nur mit dem damaligen Wert (z.B. i.H.d. damals entgangenen Verdienstes aus unterbliebener Berufstätigkeit) angerechnet, also ohne Indexierung, da es nicht um einen Vermögensvergleich geht.[74]

41 Nach OLG Düsseldorf[75] und OLG Oldenburg[76] kann eine „mit Rücksicht auf **in der Vergangenheit erbrachte Pflegeleistungen**" erfolgte Zuwendung nach den Umständen des Einzelfalls auch dann nicht mehr als Schenkung zu qualifizieren sein, wenn dadurch Vermögenswerte dem

---

70 Vgl. zum Verwendungsbegriff BGH, DNotZ 1996, 441 (umfasst auch geldwerte Arbeitsleistung).
71 Beispiele (Schenkungscharakter bejaht): OLG Düsseldorf, OLGZ 1978, 324; Gegenbeispiel OLG Hamm, ZMR 1992, 113: Gewährung eines Wohnrechts keine schenkweise Zuwendung, wenn sie als Gegenleistung für jahrzehntelange Dienste gewährt worden ist. Zum Ganzen instruktiv MünchKomm-BGB/*Koch*, § 516 Rn. 27 ff.; *Keim*, FamRZ 2004, 1081 ff.
72 Vgl. *Reithmann/Albrecht*, Handbuch der notariellen Vertragsgestaltung, Rn. 721.
73 Vgl. etwa BGH, FamRZ 1965, 430; *Karpen*, MittRhNotK 1988, 139. Ähnlich BGH, DNotZ 1991, 498 zur Entgeltlichkeit einer Zuwendung unter Ehegatten durch welche langjährige Dienste des Erwerbers „vergütet" werden.
74 OLG Oldenburg, 30.08.2006 – 5 U 154/05, ZErb 2008, 118.
75 DNotZ 1996, 652.
76 NJW-RR 1997, 263 = MittBayNot 1997, 183.

Zugriff des Sozialhilfeträgers entzogen werden sollen. Dies gilt auch für Pflegezuwendungen unter nichtehelichen Lebensgefährten.[77] Auch die **kostenlose Gewährung von Wohnraum** kann in der beiderseitigen Erwartung der Abgeltung durch Übertragung eines Grundstücks erfolgt sein und damit Gegenleistungscharakter haben, also nicht nur Motiv einer belohnenden Schenkung sein.[78] Gemäß OLG Düsseldorf[79] kann schließlich volle Entgeltlichkeit aufgrund Verrechnung mit früheren Zuwendungen, die nach dem Willen der Beteiligten nicht ohne Entschädigung bleiben sollten, auch dann in Betracht kommen, wenn der Ausgleich ursprünglich auf erbrechtlichem Weg und ohne Rechtsanspruch hergestellt werden sollte (also die Beteiligten bspw. eine testamentarische Einsetzung durch lebzeitige Zuwendung vorwegnehmen). Auch schenkungsteuerrechtlich können zuvor erbrachte Dienstleistungen wie „Entgelt" behandelt werden.[80]

Es soll sogar möglich sein, im Wege einer **nachträglichen Vereinbarung der Entgeltlichkeit**[81] eine bereits als unentgeltlich erbrachte Leistung zur vorweggenommenen Erfüllungshandlung für einen nunmehr abzuschließenden Übertragungsvertrag „umzuwidmen"[82] oder für eine bereits vollzogene Übertragung Gegenleistungen erst durch „Nachtrag" zu vereinbaren oder zu erhöhen[83] – Abreden, die sich allerdings häufig nahe am Scheingeschäft (§ 117 BGB) bewegen,[84] insb. wenn es um die nachträgliche Entlohnung von früheren unentgeltlichen Leistungen des Erwerbers geht. Jedenfalls nach Ansicht des BGH[85] ist jedoch die nachträgliche Vereinbarung eines Entgelts für eine frühere Schenkung des Veräußerers **pflichtteilsergänzungsfest**,[86] allerdings möglicherweise nicht anfechtungsfest[87] (zur Schenkungsteuer vgl. Rdn. 3518). Diese Umqualifikationsmöglichkeit ist hilfreich gerade in Fällen, in denen erst später erkannt wird, dass – etwa mangels wirtschaftlicher Ausgliederung (Rdn. 3072 ff.) oder bei Schenkungen unter Ehegatten – die Frist für den Ablauf des Pflichtteilsergänzungsrisikos noch gar nicht anlaufen konnte, sodass

42

---

77 OLG Köln, FamRZ 1997, 1113.
78 OLG Düsseldorf, NJW-RR 2001, 1518.
79 NotBZ 2002, 151.
80 Nach FG Hessen, 25.10.2010 – 1 K 2123/08, ErbStB 2011, 127 bedarf es einer vorher getroffenen Entgeltabrede.
81 BGH, NJW-RR 1986, 1135; NJW-RR 1989, 706; OLG Düsseldorf, DNotZ 1996, 653; a.A. Staudinger/*Cremer*, BGB, § 516 Rn. 30.
82 BGH, NJW 1992, 2567; OLG Oldenburg, MittBayNot 1997, 183; ebenso BGH, 08.03.2006 – IV ZR 263/04, ZEV 2006, 265, m. Anm. *Ruby/Schindler*, ZEV 2006, 471: „übernommene Pflegeverpflichtungen und -leistungen können zudem – auch nachträglich – in Form echter Gegenleistungen als Abzugsposten in Betracht kommen".
83 RGZ 72, 188; BGH, DNotZ 1991, 498 bei einer Ehegattenzuwendung; *Mayer*, in: Mayer/Süß/Tanck/Bittler/Wälzholz, Handbuch Pflichtteilsrecht, § 11 Rn. 135 f.
84 So etwa in BGH, ZEV 1996, 186: Begründung einer Zahlungspflicht für erbrachte Pflegeleistungen in einer Notarurkunde; Erlass eben dieser Forderung in derselben Urkunde im Hinblick auf die Grundstücksübertragung.
85 Skeptisch z.B. *Mayer*, ZEV 2004, 169 und *Keim*, FamRZ 2004, 1084.
86 BGH, 14.02.2007 – IV ZR 258/05, MittBayNot 2008, 225, m. Anm. *Dietz*: nachträgliche Bezahlung der geschenkten Immobilie; für eine Wirksamkeit solcher nachträglichen Vereinbarungen auch ggü. dem Pflichtteilsberechtigten; *Fischer*, Die Unentgeltlichkeit im Zivilrecht, S. 44 ff., 96, 133; 456; *Schindler*, ZErb 2004, 46: Da Entstehungszeitpunkt der Todesfall sei, müsse auf die Leistungsbilanz in ihrer endgültigen Fassung abgestellt werden.
87 So jedenfalls BFH, 10.02.1987 – VII R 122/84, NJW 1988, 3174: Aus Gründen des Gläubigerschutzes könne die einmal gegebene Anfechtbarkeit nicht nachträglich „geheilt" werden, da auch das entstandene Anfechtungsrecht schützenswert sei. Das Pflichtteilsergänzungsrecht entsteht aber erst mit dem Erbfall.

lediglich die nachträgliche Entgeltlichkeit zu einer „Heilung" führen kann. Offen ist jedoch die schenkungsteuerliche Folge einer solchen nachträglichen Entgeltlichkeit.[88]

2. Zu erbringende Leistungen bzw. zu erduldende Vorbehalte

43 Typisch ist jedoch die Verknüpfung mit Gegenleistungen oder Schenkungsminderungen, die im Übertragungsvertrag mit Blick auf die Zukunft vereinbart sind (vgl. im Einzelnen deren Darstellung im 4. Kap., Rdn. 1078 ff.). Die Gegenleistung kann auch immaterieller Art sein (Verzicht auf gerichtliche Schritte, Einräumung des gemeinsamen Sorgerechtes für die Kinder, „Mitgiftversprechen an den Schwiegersohn zur Übernahme der Ehelasten";[89] Auslobung eines Geldbetrages, falls der Begünstigte einen Sportwettbewerb gewinnt).[90] Die Art der „Gegenleistung" kann in (nunmehr seltenen) Fällen auch zur Sittenwidrigkeit der Schenkung an sich führen („Schenkkreis", der nach dem Schneeballsystem organisiert ist;[91] früher auch Schenkungen die ausschließlich sexuell motiviert sind).[92]

44 In der Praxis schwierig ist dabei die **Berechnung** der durch Versorgungsansprüche oder Nutzungsvorbehalte eintretenden **Reduzierung der zivilrechtlichen Unentgeltlichkeit:** Bei auf Lebenszeit des Berechtigten vereinbarten wiederkehrenden Leistungen oder Nutzungsvorbehalten (Wohnungsrecht, Nießbrauch) ist der Jahreswert der Nutzung/Leistung zu kapitalisieren. Richtig ist eine abstrakte „ex ante" Bewertung[93] nach den jeweils aktuellen[94] Werten der allgemeinen Sterbetafel,[95] abzuzinsen mit einem Zinssatz von derzeit ca. 2,5 – 3 %[96] auf den Gegenwartswert, oder – zwar einfacher, jedoch mit geringerer Unentgeltlichkeitsminderung wegen des überhöhten, lediglich für die Finanzverwaltung verbindlichen, gesetzlichen Abzinsungszinssatzes von 5,5 % gem. § 12 Abs. 3 BewG – eine Orientierung an Anlage 8[97] zu § 14 Abs. 1 BewG[98] (i.d.F.

---

88 Gesetzliche Regelungen (wie etwa in § 29 ErbStG) fehlen. *Kornexl*, ZEV 2007, 326, 328 plädiert dafür, wegen der Maßgeblichkeit des Zivilrechts auch schenkungsteuerlich die Freigebigkeit rückwirkend entfallen zu lassen. Zugleich entfällt damit aber auch die „Sperrwirkung" ggü. der Grunderwerbsteuer.

89 RGZ, 62, 273, 276.

90 BGH, 28.05.2009 – XaZR 9/08, NotBZ 2009, 359 (Sponsor sagt dem Trainer einer Mannschaft mündlich 5.000,00 € zu, falls Meisterschaftstitel gewonnen wird).

91 BGH, NJW 2006, 45.

92 BGH, NJW 1970, 1273.

93 Vgl. OLG Celle, 08.07.2008 – 6 W 59/08, NotBZ 2008, 469 = ZFE 2008, 478.

94 Derzeit Sterbetafel 2008/2010 des Statistischen Bundesamtes, kostenfrei zu beziehen unter www.destatis.de unter dem Menüpunkt Bevölkerung/Geburten und Sterbefälle/Periodensterbetafeln und Lebenserwartung/aktuelle Sterbetafeln für Deutschland. Das Deutsche Zentrum für Altersfragen Berlin ermöglicht die Berechnung der durchschnittlichen Lebenserwartung zumeist nach neueren Sterbetabellen, www.gerostat.de.

95 So *Schneider/Winkler*, ZfF 1996, 196 und OLG Köln, OLGR 1993, 43; ebenso FG Köln, ZEV 2003, 409 für die schenkungsteuerliche Anrechnung als Leistungsauflage und KG, FamRZ 1988, 171 zur Wertermittlung im Zugewinnausgleich, da dem BewG verfälschende steuerliche Erwägungen zugrundelägen: Der Vervielfältiger gem. § 14 Abs. 1 Satz 4 BewG berücksichtigt die Abzinsung auf den Gegenwartswert gem. § 12 Abs. 3 BewG mit finanzmathematischen 5,5 %, mithin deutlich über dem sonst derzeit üblichen Abzinsungssatz von ca. 3 %. Die aktuellen Sterbetafeln werden nun jährlich gem. § 14 Abs. 1 Satz 4 BewG im Bundessteuerblatt veröffentlicht (z.B. BStBl. 2009 I, S. 270–272).

96 *Gehse*, RNotZ 2009, 361, 375. Handelsrechtlich bestimmt § 253 Abs. 2 HGB den durchschnittlichen Marktzinssatz der letzten 7 Geschäftsjahre, vgl. www.bundesbank.de/download/statistik/abzinsungszinssaetze.pdf.

97 Identisch mit der früheren Anlage 9 zum BewG, vgl. BStBl. 2001 I, S. 1041, 1057.

98 So OLG Düsseldorf, DNotZ 1996, 655; OLG Koblenz, RNotZ 2002, 337; OLG Celle, ZEV 2003, 83, m. Anm. *Hannes*; ebenso *Reiff*, NJW 1992, 2857; *Nieder*, Handbuch der Testamentsgestaltung, Rn. 139.

der Anlage bei Vertragsschluss,[99] d.h. seit 01.01.2009 nach Maßgabe der jährlich neu bekannt gemachten Kapitalwerte gem. § 14 Abs. 1 Satz 4 BewG),[100] nach der Mm. auch eine konkrete Bewertung anhand des tatsächlich erreichten Lebensalters des Berechtigten, was jedoch bei der regelmäßig erfolgenden Inanspruchnahme zu Lebzeiten des Veräußerers ohnehin ausscheidet.[101] Die Übernahme von Verbindlichkeiten[102] des Veräußerers[103] wird mit dem Kapitalbetrag am Stichtag, Abstandszahlungen oder (zur Weitergabe an weichende Geschwister bestimmte) Gleichstellungsgelder an den Veräußerer sind mit dem Nominalbetrag (bei zinsfreier Stundung über mehr als ein Jahr in allerdings abgezinster Höhe)[104] anzusetzen. Für die Übernahme der Bestattungskosten können pauschal 5.000,00 €, für die Grabpflege je nach Liegedauer weitere 1.000,00 – 2.000,00 € veranschlagt werden.[105]

Bedingte Leistungsverpflichtungen (z.B. Pflegeverpflichtungen) sind dabei anders als im Schenkungsteuerrecht (dort Berücksichtigung erst ab dem Zeitpunkt der Erbringung [Rdn. 3803]) mit einem Wahrscheinlichkeitswert auch dann anzusetzen, wenn sich das Risiko (noch) nicht verwirklicht haben sollte.[106] Die Urkunde sollte daher auf alle Umstände hinweisen, die eine außergewöhnliche Höherbewertung der Verpflichtung rechtfertigen.[107] Konkrete Bewertungen der Beteiligten, die sich in einem vernünftigen Rahmen bewegen, sind dabei anzuerkennen.[108] Andernfalls erfolgt der Ansatz üblicherweise mit einem an der Wahrscheinlichkeit orientierten Teilwert des kapitalisierten Jahresbetrags der Pflege.[109] Die **Bemessung des Wertes** solcher „Leistungen an einer Person" ist schwierig,[110] sodass in der Urkunde enthaltene gemeinsame Wertansätze zu akzeptieren sind, auch wenn sich dadurch der Veräußerer die Pflege „etwas kosten lässt".[111] Fehlen ausdrückliche Wertansätze, ist die i.S.d. § 612 Abs. 2 BGB übliche Vergütung zu ermitteln. Letztere war i.d.R. bisher orientiert an dem Pflegegeldbetrag der jeweiligen Stufe (Stufe I ab 90 Minuten durchschnittlichen täglichen Aufwandes: 215,00 €; Stufe II ab 180 Minuten täglich: 420,00 €; Stufe III ab 300 Minuten: 675,00 € monatlich). Die im (aus anderen Gründen nicht umgesetzten) § 2057b BGB-E zum Ausdruck kommende gesetzgeberische

---

99   OLG Celle, OLGR 2002, 220.
100 Zunächst BMF-Schreiben v. 20.01.2009 – IV C 2-S 3104/09/10001 (abrufbar etwa unter www.zev.de, unter „Aktuelles: Finanzverwaltung", basierend auf der am 22.08.2008 veröffentlichten Sterbetafel 2005/2007), vgl. BStBl. 2009 I, S. 270 ff.; Zahlen für 2011: BMF-Schreiben v. 08.11.2010 – IV D - S 3104/09/10001, BStBl 2010 I, S. 1288.
101 Vgl. eingehend hierzu *Reiff*, ZEV 1998, 246 ff.
102 Die bloße Übernahme eines nicht mehr valutierenden Grundpfandrechtes (als Ausnahme von der Pflicht zur rechtsmängelfreien Lieferung) bleibt außer Betracht, BGH, ZEV 2005, 213.
103 Demnach keine Berücksichtigung, wenn der Erwerber bereits Schuldner der zu übernehmenden Verbindlichkeit war, OLG Düsseldorf, NJW-RR 2001, 519.
104 Derzeit üblicher zivilrechtlicher Abzinsungssatz ca. 3 % – vgl. *Gehse*, RNotZ 2009, 361, 375; eine Stundungsverzinsung in dieser Höhe vermeidet die Abzinsung (§ 12 Abs. 3 BewG legt für steuerliche Bewertungszwecke 5,5 % zugrunde).
105 *Müller*, Erbrecht effektiv 2008, 31.
106 BGH, DNotZ 1996, 104; OLG Oldenburg, FamRZ 1998, 516; OLG Koblenz, RNotZ 2002, 338 (dort nur 300,00 DM/Monat).
107 Vgl. *Nieder*, Handbuch der Testamentsgestaltung, Rn. 139; *Beckmann*, MittRhNotK 1977, 27.
108 OLG Bamberg, 01.10.2007 – 6 U 44/07, NotBZ 2008, 236.
109 Zur Bewertung einer Pflegeverpflichtung als wertmindernder Auflage im Rahmen eines Pflichtteilsergänzungsverfahrens vgl. etwa OLG Hamburg, FamRZ 1992, 228, m. Anm. *Reiff*, FamRZ 1992, 363.
110 OLG Düsseldorf, NJW-RR 2001, 519.
111 OLG Oldenburg, NJW-RR 1997, 263: 3.000,00 DM/Monat.

Wertung (Erbrechtsreform 2010) weist auf höhere Ansätze hin: ebenso wie im Rahmen einer Ausgleichung unter gesetzlichen Erben sollte demnach künftig auch im Verhältnis zum Veräußerer (und damit zur Ermittlung des unentgeltlich verbleibenden Wertanteils) etwa hinsichtlich des Rückforderungsrisikos (§ 528 BGB) und der Pflichtteilsergänzung (§ 2325 BGB) sowie der Gläubigeranfechtung auf die Pflegesachleistungswerte der betreffenden Stufe (§ 36 SGB XI),[112] abgestellt werden.[113]

46 Für **schuldrechtliche „Verfügungssperren"** (an den Eintritt bestimmter Voraussetzungen und die Ausübung eines Optionsrechtes anknüpfende Rück- oder Weiterübertragungspflichten) wird jedenfalls bei der Berechnung des Pflichtteilsergänzungsanspruchs ein Abschlag von 10 % des Immobilienwerts anerkannt,[114] i.R.d. Vermögensvergleichs bei der Zugewinnausgleichsberechnung sogar von 33 % (vgl. Rdn. 1774).[115] Maßgeblich für die Höhe des Abschlags ist der Grad der Wahrscheinlichkeit der Ausübung des vorbehaltenen Rechts.

47 *Zusammenfassendes Beispiel:*

Bei der Übertragung einer Immobilie, deren Verkehrswert angesichts von Vergleichsverkäufen mit 180.000,00 € realistisch geschätzt werden kann, bedingt sich der derzeit gesunde 65-jährige Veräußerer ein vormerkungsgeschütztes Rückforderungsrecht für bestimmte Sachverhalte, ein Wohnungsrecht auf Lebenszeit an der Erdgeschosswohnung (Kaltmiete 500,00 €) sowie, sofern erforderlich, Wart und Pflege bis zum Erreichen der Pflegestufe I aus. Zivilrechtlich bewirkt die „Verfügungssperre" eine Minderung der Unentgeltlichkeit, wenn die Rückübertragung nicht überdurchschnittlich wahrscheinlich ist, um etwa 10 % auf noch 162.000,00 € (vgl. Rdn. 1774). Der Jahreswert des Wohnungsrechts (6.000,00 € – u.U. höher, wenn der Eigentümer auch zu Instandhaltungen verpflichtet ist) wird (zur Erzielung der Abzinsung) vereinfachend, allerdings damit zu gering – Rdn. 43 – mit dem Faktor aus Anlage gem. § 14 Abs. 1 Satz 4 BewG (männlich, 65 Jahre: 11,135) multipliziert, sodass sich eine weitere Minderung um 66.810,00 € ergibt. Der Monatswert der zu übernehmenden Grundpflege wird angesichts der gesetzgeberischen Wertung, die der (aus anderen Gründen nicht umgesetzten) Einführung des geplanten § 2057b BGB n.F. zugrunde lag, i.H.d. betreffenden Pflegesachleistungspauschbetrages von (seit 01.07.2008) 420,00 € angesetzt, vereinfachend mal obigem Faktor nach BewG ergibt 56.120,40 €, weiter multipliziert mit einem Wahrscheinlichkeitswert, wie viele Jahre des verbleibenden Lebenszeitraums diese Pflege tatsächlich zu leisten sein wird (geschätzt z.B. bei robuster Gesundheit x 0,3) verbleiben 16.836,12 €, sodass der unentgeltliche Anteil der Überlassung sich noch auf 78.353,88 € (180.000,00 € – 18.000,00 € – 66.810,00 € – 16.836,12 €) beläuft. Bei exakter, nicht steuerrechtlich-fiskalischer Ermittlung des Gegenwartswerts (also unter Zugrundelegung der aktuellen Sterbetafeln und einer realistischen Abzinsung von derzeit ca. 3 %) liegt der tatsächlich unentgeltliche Anteil noch niedriger.

48 Von der vorstehend erläuterten zivilrechtlichen Bewertung (Unentgeltlichkeitsminderung) zu unterscheiden ist die Berücksichtigung der vereinbarten Gegenleistungen (Duldungs- und Leistungsauflagen) im Ertragsteuerrecht (s. Rdn. 4858 ff.) und im Schenkungsteuerrecht (s. Rdn. 3805 ff.) Die Berücksichtigung der Gegenleistungen differiert sowohl vom Zivilrecht als auch untereinander: **Ertragsteuerrechtlich** zählen lediglich die an den Veräußerer oder weichende Geschwister erbrachten Abgeltungszahlungen (auch in Form einer Schuldübernahme) sowie

---

[112] Das sind seit 01.01.2010 450,00 €/Monat in Pflegestufe I, 1.040,00 €/Monat in Pflegestufe II, 1.510,00 €/Monat in Pflegestufe III.
[113] Ebenso bereits OVG Mannheim, NJW 2000, 376; *Müller*, Erbrecht effektiv 2008, 32.
[114] OLG Koblenz, RNotZ 2002, 338, ebenso OLG Hamm, 22.02.2005 – 10 U 134/04, n.v.; *Müller*, Erbrecht effektiv 2008, 30.
[115] OLG München, MittBayNot 2001, 85.

sog. „Veräußerungs(= Kaufpreis)renten" und – in gewissem Umfang – die Verrechnung mit Verwendungsersatzansprüchen zu den als „Kaufpreis" (Entgelt) zu berücksichtigenden Umständen (sodass bei Einkunftserzielung Abschreibungen bzw. bis Ende 2006 im Fall der Eigennutzung Eigenheimzulage geltend gemacht werden kann, während im betrieblichen Bereich möglicherweise Veräußerungsgewinne anfallen). Vorbehaltene Nutzungsrechte sowie auf Dienstleistung (z.B. Pflege) gerichtete Verpflichtungen ebenso wie Rückforderungsvorbehalte bleiben bei der Bemessung solcher Anschaffungskosten außer Betracht;[116] sie können sich jedoch (bspw. im Fall der jederzeitigen Rückforderungsmöglichkeit) mittelbar ertragsteuerlich dahingehend auswirken, dass die Einkunftsquelle als nicht übergegangen gilt (vgl. Rdn. 1809 ff.).

Im **Schenkungsteuerrecht** verlaufen die Trennlinien wiederum abweichend: Rückforderungsvorbehalte führen nicht zu einer Minderung des einzusetzenden Bereicherungswertes, ermöglichen jedoch die nachträgliche Steuerfreistellung sowohl der Übertragung als auch der Rückübertragung (§ 29 ErbStG; vgl. Rdn. 3957 ff.); der Durchführung einer Schenkung im schenkungsteuerlichen Sinn stehen sie selbst bei jederzeitiger Widerrufsmöglichkeit nicht entgegen (vgl. Rdn. 1809). Bedingte Gegenleistungen sind im Schenkungsteuerrecht (anders als im Zivilrecht) erst mit dem Eintritt dieser Bedingungen zu berücksichtigen (vgl. Rdn. 3803 mit Berechnungsbeispiel zur Pflegeverpflichtung in Rdn. 3853). I.Ü. war bis zum Inkrafttreten der Erbschaftsteuerreform zu differenzieren zwischen Duldungsauflagen (Nießbrauch, Wohnungsrechtsvorbehalten) zugunsten des Veräußereres und/oder dessen Ehegatten, einerseits, die gem. § 25 ErbStG a.F. lediglich zu einer teilweisen Stundung, nicht jedoch zu einer echten Reduzierung der Erbschaftsteuer führten (Rdn. 3826 ff.) und Duldungsauflagen zugunsten anderer Personen bzw. Leistungsauflagen gleich welcher Art, andererseits, die nach den Regeln der gemischten Schenkung für Privat- und Betriebsvermögen unterschiedlich (Rdn. 3809 ff., 3817 ff.) die Bereicherung mindern. Mit dem Wegfall des § 25 ErbStG i.R.d. Erbschaftsteuerreform 2009 führen sowohl Gegenleistungen, die auf Duldung, also auch solche, die auf Leistung gerichtet sind, zu einer Minderung der Schenkungsteuerlast (s. im Einzelnen Rdn. 3870 ff.).

3. Verrechnung mit Pflichtteils-, Zugewinnausgleichs- bzw. Unterhaltsansprüchen

Die Entgeltlichkeit von Grundstücksübertragungen „an Erfüllungs statt" (§ 364 BGB) zur Abgeltung von Pflichtteils-, Zugewinnausgleichs- und Unterhaltsansprüchen (bzw. als „Gegenleistung" für den Verzicht hierauf) wird bisher nicht einheitlich beurteilt:[117]

a) Pflichtteilsanspruch/Pflichtteilsverzicht

Zwei Fragen sind insoweit zu unterscheiden:
- Liegt in der „Abfindung" für einen solchen künftigen Verzicht eine Schenkung bzw. umgekehrt formuliert: Führt die Abgabe eines solchen Verzichtes als „Gegenleistungsbaustein" zur (Teil-) Entgeltlichkeit (Rdn. 52)?

---

116 Allerdings mindern sie naturgemäß den Verkehrswert des Objektes, etwa zur Beurteilung der Frage, ob i.R.d. § 33a Abs. 1 Satz 3 EStG die unterhaltsberechtigte Person über ein „nicht geringes Vermögen" verfügt, BFH, 29.05.2008 – III R 48/05, ZfIR 2008, 743.

117 Vgl. hierzu umfassend *Tiedtke*, Auswirkungen des § 23 EStG im Zusammenhang mit Trennungs- und Scheidungsvereinbarungen, in: „Vertragsobjekt Ehe und Lebenspartnerschaft", Symposium des Instituts für Notarrecht 2002, S. 112 ff. (Deutsche notarrechtliche Vereinigung, Gerberstr. 19, 97079 Würzburg).

- Ist der „an Erfüllungs statt" für einen bereits entstandenen Pflichtteilsanspruch geleistete Gegenstand entgeltlich oder unentgeltlich geleistet (Rdn. 58)?

aa) Liegt in der Zuwendung als Abfindung für einen Erb- und/oder Pflichtteilsverzicht nach § 2346 BGB ebenfalls eine Schenkung?

52 Die Frage ist umstritten:[118] Wegen des Risikocharakters des Pflichtteilsverzichts (insb. der Ungewissheit, ob und in welcher Höhe überhaupt ein Pflichtteilsanspruch entstanden wäre) wird unter Betonung des Aspekts der objektiven Bewertung ganz überwiegend die Entgeltlichkeit abgelehnt,[119] während entschiedene Verfechter des Prinzips der subjektiven Äquivalenz[120] auf die Vorstellungen der Beteiligten abstellen und daher die Entgeltlichkeit jedenfalls dann bejahen, wenn der Abfindungsbetrag nicht über den voraussichtlichen Pflichtteil hinausgeht[121] (mit zusätzlichen Problemen, wenn der Abfindungsempfänger selbst gem. § 2329 BGB in Anspruch genommen wird – Entreicherungseinwand).[122] Schließlich wird vermittelnd Entgeltlichkeit dann bejaht, wenn ein bisher erbrechtlich gebundener Beteiligter auf diese Weise die Aufhebung der Bindungen des Erbvertrags/gemeinschaftlichen Testaments erreicht und sich mittels der Abfindung von eingegangenen Bindungen „freikauft".[123]

53 Tragender Gesichtspunkt für die Unentgeltlichkeit der Abfindung (also die Untauglichkeit des schlichten Pflichtteilsverzichts als „Gegenleistung"), welche wohl auch vom BGH vertreten wird,[124] ist der Umstand, dass durch die Gewährung der Abfindung dem Nachlass Werte entzogen werden, ohne dass aufgrund des Pflichtteilsverzichts eines Beteiligten zwingend ein Zuwachs zu verzeichnen wäre, sodass der Schutzzweck des § 2325 BGB verletzt wäre, wollte man die Abfindungsleistung aus der Pflichtteilsergänzung herausnehmen.

54 **Erbschaftsteuerrechtlich** hat der BFH mehrfach entschieden, dass der Pflichtteilsverzicht selbst ein „unentgeltliches" Rechtsgeschäft darstelle, also nicht als Entgelt-Baustein tauge, und demnach auch die dafür gewährte Abfindung schenkungsteuerpflichtig ist (vgl. Rdn. 3553 ff.).[125] Der Geldbetrag, der als Gegenleistung für den Verzicht auf einen künftigen Pflichtteilsanspruch des Zahlungsempfängers ggü. einem Dritten geleistet wird (Vertrag zwischen zwei künftigen Erben gem. § 311b Abs. 5 BGB, Rdn. 2967 ff.), stellt also schenkungsteuerlich eine freigiebige Zuwendung gem. § 7 Abs. 1 Nr. 1 ErbStG dar; der Wegfall des künftigen, ungewissen

---

118 Vgl. zum Meinungsstand *Wegmann*, Grundstücksüberlassung, Rn. 230, Palandt/*Edenhofer*, BGB, § 2325 Rn. 14; *Theiss/Boger*, ZEV 2006, 143 ff. Am Anfang stand die von *Speckmann*, NJW 1970, 117 ff., problematisierte Frage, ob eine Grundstücksübertragung gegen Erb- oder Pflichtteilsverzicht eine Schenkung i.S.d. § 2325 BGB darstelle; vgl. umfassend (gegen Schenkungscharakter) auch *Kollhosser*, AcP 1994, 258 ff.
119 Vgl. *Kollhosser*, AcP 1994, 258 ff.; Staudinger/*Schotten*, BGB, § 2346 Rn. 122 ff. m.w.N.
120 So etwa *Otta*, Vorausleistungen auf den Pflichtteil, S. 64 ff.; *Heinrichs*, MittRhNotK 1995, 157 f.
121 So etwa *Kornexl*, Der Zuwendungsverzicht, Rn. 188 ff. (ex post – Vergleichsbetrachtung).
122 Mit Rechenbeispiel *Kornexl*, Nachlassplanung bei Problemkindern, Rn. 689 f.
123 So etwa *Nieder*, Handbuch der Testamentsgestaltung, Rn. 155.
124 BGH, NJW 1986, 129; krit. hiergegen *Dieckmann*, FamRZ 1986, 258 f. Zahlungen als Abfindung für einen Erb- und Pflichtteilsverzicht unterliegen daher als unentgeltliche Zuwendungen der Gläubigeranfechtung nach AnfG bzw. InsO, vgl. BVerfG, NJW 1991, 2695.
125 So etwa BFH, 16.03.2001 – IV B 96/00, ZEV 2001, 449.

Pflichtteils(ergänzungs)anspruchs mindert die Bereicherung nicht.[126] Die Steuerklasse richtet sich allerdings nicht nach dem Verhältnis der Vertragsschließenden zueinander – Geschwister, Kl. II –, sondern wie beim Erbverzicht nach § 7 Abs. 1 Nr. 5 ErbStG nach dem Verhältnis zwischen Verzichtendem und Erblasser – Abkömmlinge, also Steuerklasse I, vgl. Rdn. 2981. Wiederkehrende Zahlungen sind demnach ebenso wenig „Gegenleistung" für den Pflichtteilsverzicht, sondern haben den Charakter freiwillig begründeter Unterhaltsrenten, die somit beim Bezieher nicht steuerbar (§ 22 Nr. 1 Satz 2 EStG), aber auch beim Zahlenden nicht als Sonderausgaben abzugsfähig sind.[127]

Besondere Schwierigkeiten entstehen allerdings beim echten **Erbverzicht** (der sich wegen § 2310 Satz 2 BGB häufig als notarieller Kunstfehler darstellt). Bleibt man auch hier bei der Unentgeltlichkeit der Abfindung, erhöht die Abfindungsleistung über die Pflichtteilsergänzung den Anspruch des weichenden Geschwisters (§ 2325 BGB) und zugleich erhöht der Erbverzicht die Pflichtteilsquote des weichenden Geschwisters.

55

Zur Frage der **Entgeltlichkeit der Abfindung für einen Erbverzicht** wurden bisher im Wesentlichen drei Auffassungen vertreten:

1. Die erste sieht – ausgehend von der **subjektiven Äquivalenz** – die Entgeltlichkeit als gegeben an, soweit sich die Abfindung am Wert des Erbteils orientiert.[128]

2. Die **traditionelle Auffassung** geht von Unentgeltlichkeit aus, da der – gleichfalls unentgeltliche – Erwerb von Todes wegen sozusagen vorweggenommen würde[129] und sich auf diese Weise ein Gleichklang mit dem Steuerrecht erzielen lasse, wo die Abfindung für den Erbverzicht in § 7 Abs. 1 Nr. 5 ErbStG ebenfalls als Schenkung angesehen wird. Der ggf. notwendige Schutz des Abfindungsempfängers könne über eine analoge Anwendung der §§ 2329 Abs. 1 Satz 1, 818 Abs. 3 BGB erreicht werden.[130]

3. Die **vermittelnde Auffassung**[131] hält lediglich i.R.d. § 2325 BGB, also nicht bei der Anwendung sonstiger schenkungsrelevanter Vorschriften (etwa § 528 BGB), eine teleologische Reduktion für erforderlich, da die Vermögensweggabe durch die Erhöhung der Pflichtteilsquote nach § 2310 Satz 2 BGB kompensiert wird. Teilweise wird insoweit vertreten, bei der Berechnung des Ergänzungsanspruchs die Abfindung bis zu der Höhe nicht zu berücksichtigen, in der aufgrund des Erbverzichts eine zusätzliche Pflichtteilsquote entsteht,[132] oder das Geschenk zu halbieren[133] oder die Gegenleistung nur i.H.d. Pflichtteils ergänzungsfrei zu stellen.[134]

---

[126] BFH, 25.01.2001 – II R 22/98, NWB, Fach 10, S. 1241 f.; anders noch die Vorinstanz FG München, EFG 1997, 1525.
[127] BFH, 20.10.1999 – X R 132/95, BStBl. 2000 II, S. 82; FG Nürnberg, 04.04.2006 – I 370/2007, ZErb 2007, 26.
[128] Etwa *Rheinbay*, ZEV 2000, 278, 279; MünchKomm-BGB/*Lange*, 4. Aufl. 2005, § 2325 Rn. 17.
[129] *Staudinger/Schotten*, BGB (2004), § 2346 Rn. 122 ff.
[130] So *J. Mayer*, in: Bamberger/Roth, BGB, § 2329 Rn. 13.
[131] Vertreten etwa durch das OLG Hamm v. 18.05.1999, ZEV 2000, 277, m. Anm. *Rheinbay*.
[132] *Staudinger/Schotten*, BGB (2004), § 2346 Rn. 136.
[133] OLG Hamm, 18.05.1999, ZEV 2000, 277.
[134] *Haegele*, BWNotZ 1971, 39.

56 Der **BGH** hat[135] lediglich zur Thematik des § 2325 BGB im Zusammenhang mit der Abfindung für einen Erbverzicht Stellung genommen; frühere Entscheidungen tendierten eher zur generellen Unentgeltlichkeit der Abfindung.[136] Demnach unterliege der Pflichtteilsergänzung nur, was über eine „angemessene Abfindung" für den Erbverzicht hinausgehe, wobei auf den Wert des Erbteils (nicht des Pflichtteils!) zum Zeitpunkt des Verzichts abzustellen sei. Diese Rechtsprechung ist jedoch, da sie wesentlich auf dem „Ausgleich" zugunsten des Pflichtteilsberechtigten infolge § 2310 Satz 2 BGB beruht, nicht auf die Abfindung für einen Pflichtteilsverzicht übertragbar.

57 > **Hinweis:**
>
> Es ist jedoch davor zu warnen, das Urteil als Basis von Gestaltungen zur Schädigung missliebiger Pflichtteilsberechtigter zu stark zu belasten. So dürfte bspw. die „Angemessenheit der Abfindung" generell zu verneinen sein, wenn ein Erbverzicht (d.h. Verzicht auf das gesetzliche Erbrecht!) geschlossen wird trotz erbvertraglich oder im gemeinschaftlichen Testament geschaffener bindender Schlusserbeinsetzung des Verzichtenden. Ähnlich dürfte (vergleichbar der „Umgehungsrechtsprechung" bei der Schenkungsvermeidung durch Eheverträge, etwa im Zusammenhang mit der kurzfristigen Vereinbarung der Gütergemeinschaft, Rdn. 110) zu entscheiden sein, wenn anstelle des Verzichtenden aufgrund eines „Gesamtplans" ihm nahestehende Personen, z.B. seine eigenen Kinder, testamentarisch eingesetzt werden.[137]

bb) Abgeltung des Pflichtteilsgeldanspruchs

58 Wird „**anstelle**"[138] des Pflichtteilsgeldanspruchs ein Nachlassgegenstand übertragen, hatte die untergerichtliche Rechtsprechung im Steuerrecht[139] traditionell stets einen entgeltlichen Erwerb des Nachlassgegenstands abgelehnt, weil der Pflichtteilsanspruch selbst unentgeltlich erlangt worden sei und seiner wirtschaftlichen, wenngleich auch nicht rechtlichen Natur nach auf eine Nachlassbeteiligung ohnehin „hinauslaufe". Auch die „Verrechnung" einer Grundstücksübertragung mit einem bereits entstandenen, geltend gemachten Pflichtteil solle demnach ertragsteuerlich[140] nicht zu einer entgeltlichen Anschaffung führen.

59 Der **BFH** hat jedoch (unabhängig von der zivilrechtlichen Ausgestaltung der Leistung an Erfüllungs statt als Austauchvertrag, Änderungsvertrag oder Erfüllungsabrede) einen **entgeltlichen Vorgang** angenommen, wenn „zur Abgeltung" des geltend gemachten Pflichtteilsanspruchs eine

---

135 BGH, 03.12.2008 – IV ZR 58/07, ZEV 2009, 77, m. Anm. *Schindler*; vgl. auch *Dietz*, MittBayNot 2009, 475.
136 So etwa BGH, NJW 1986, 127, 129; BGH, NJW 1991, 1610 f.
137 Ebenso *Schindler*, ZEV 2009, 81.
138 Erbschaftsteuerrechtlich ist dabei von Bedeutung die Abgrenzung zwischen § 3 Abs. 1 Nr. 1 ErbStG einerseits (Übertragung an Erfüllungs statt lässt weiter den Geldbetrag des Pflichtteilsanspruchs maßgeblich sein) und § 3 Abs. 2 Nr. 4 ErbStG andererseits (Übertragung als Abfindung für den Verzicht auf einen zwar entstandenen, aber noch nicht geltend gemachten Anspruch lässt den Steuerwert des übertragenen Gegenstandes maßgeblich sein), vgl. im Einzelnen Rdn. 3560 ff.
139 Z.B. FG Köln, EFG 1994, 94; FG Düsseldorf, ErbStB 2003, 145 auch zur ertragsteuerlichen Wertung.
140 FG Düsseldorf, ZEV 2003, 299: bloße Schuldumschaffung, kein entgeltlicher Austauschvertrag.

Unternehmensbeteiligung übertragen wird;[141] dies gilt auch für die Übertragung von Privatvermögen an Erfüllungs statt[142] Die Finanzverwaltung hat sich zwischenzeitlich dieser Betrachtung angeschlossen, sieht also bspw. in der Übertragung eines Grundstücks zur Erfüllung einer entstandenen Pflichtteilsschuld ein entgeltliches Rechtsgeschäft[143] (vgl. Rdn. 4640).

> **Hinweis:** 60
>
> Dadurch wurde eine **Kehrtwende in der zivilrechtlichen Betrachtung** eingeläutet,[144] die sich bisher an die steuerliche Sicht angelehnt hat, sodass vorsichtige Notare früher dazu geraten hatten, den Pflichtteilsanspruch tatsächlich in Geld zu erfüllen und diesen Betrag als „Entgelt" einzusetzen.

Richtig dürfte sein, auch zivilrechtlich den mit dem Ableben entstandenen und (zumindest) durch die „Einstellung" in die Verrechnungsabrede geltend gemachten Pflichtteilsgeldanspruch als entgelttaugliches Gegenleistungselement anzuerkennen, nicht jedoch den (aleatorischen) Verzicht auf den künftigen Pflichtteil als solchen.

b)   Zugewinnausgleichsanspruch

An sich würden diese Grundsätze auch bei der Leistung eines Grundstücks an Erfüllungs statt für einen eherechtlichen Zugewinnausgleichsanspruch gelten, denn auch dieser wurde „unentgeltlich" kraft Gesetzes erworben; § 1383 Abs. 1 BGB eröffnet darüber hinaus auch hier im Einzelfall auf Anordnung des Familiengerichts eine gegenständliche Zuordnung. Besonders deutlich wird die Identität der Ausgangssituation in den Fällen, in denen die Ehe durch den Tod des Beteiligten aufgelöst und der überlebende Partner vollständig enterbt wurde. Ihm stehen dann gem. § 1371 Abs. 2 BGB der kleine Pflichtteil und die familienrechtliche Ausgleichsforderung zu. 61

Die grundsätzliche „**Entgelttauglichkeit**" des Zugewinnausgleichsanspruchs war jedoch, anders als die bzgl. des Pflichtteilsanspruchs, nie umstritten, weder in schenkungsteuerlicher (vgl. dazu Rdn. 63 ff.), noch in zivilrechtlicher (vgl. dazu Rdn. 69 ff.) noch in ertragsteuerlicher Hinsicht (vgl. dazu Rdn. 76 ff.). Gesamtmuster einer Grundstücksübertragung an Erfüllungs statt zur Abgeltung des durch ehevertragliche Beendigung der Zugewinngemeinschaft entstehenden Zugewinnausgleichs-Geldanspruchs ist im Formularteil (Kap. 14) unter Rdn. 5371 enthalten. 62

---

141   BFH, 16.12.2004 – III R 38/00, DStRE 2005, 449; krit. hiergegen *Tiedtke/Langheim*, FR 2007, 368: Einbringung eines Unternehmens in eine KG ist bzgl. „Zuzahlungen" nicht zu Buchwerten gem. § 6 Abs. 3 EStG möglich, wenn die pflichtteilsberechtigten Kinder zu mehr als ihrer Einzahlungsquote beteiligt werden und im Gegenzug auf eine private Forderung gegen den Einbringenden (Pflichtteilsanspruch) verzichten: Es entsteht ein laufender, nicht begünstigter Veräußerungsgewinn, der allerdings durch eine § 6b-Rücklage neutralisiert werden kann (BFH, BStBl. 1996 II, S. 60 hatte noch eine vorherige Entnahme aus Betriebsvermögen angenommen, bevor die Übertragung zur Pflichtteilsabfindung erfolge). Ähnlich BFH, 10.07.2002 – II R 11/01, BStBl. 2002 II, S. 775 zur Grunderwerbsteuer.
142   FG Berlin-Brandenburg, 25.06.2008 – 3 K 1012/06 B, JurionRS 2008, 17896; der Immobilienerwerber startet daher eine neue Abschreibungsreihe.
143   OFD Münster v. 07.06.2006, ZEV 2006, 311.
144   Dafür plädiert *Wälzholz*, in: Mayer/Süß/Tanck/Bittler/Wälzholz, Handbuch Pflichtteilsrecht, § 17 Rn. 138 ff.

aa) Schenkungsteuer

63 Der kraft Gesetzes (§ 1378 Abs. 3 Satz 1 BGB) – sofern nicht ehevertraglich ausgeschlossen[145] – mit Beendigung des gesetzlichen Güterstandes entstehende Zahlungsanspruch auf Ausgleich des bisherigen Zugewinns ist nicht rechtsgeschäftlich zugewendet und somit **nicht schenkungsteuerbar** (§ 5 Abs. 2 ErbStG; vgl. ausführlich Rdn. 3897 ff.). Dies gilt für den Anspruch in seiner vollen gesetzlich entstehenden Höhe, also ohne Kürzung im Verhältnis zwischen Verkehrs- und Steuerwert,[146] sodass die konkrete güterrechtliche Ausgleichung des Zugewinns schenkungsteuerlich eine höhere Vergünstigung als die pauschal-letztwillige (§ 5 Abs. 1 ErbStG) verschafft.

64 Auf diese Weise lässt sich bspw. bei „Vermögensdiskrepanz-Ehen" auch eine günstigere Vermögensverteilung unter Ehegatten zur anschließenden Weiterübertragung an Abkömmlinge[147] oder zur Vermeidung einer allzu üppig dotierten Erbengemeinschaft in streitigen Patchwork-Situationen erreichen, ebenso aber die Versorgung des jüngeren Partners steuerfrei sichern bei deutlich unterschiedlicher Lebenserwartung der Ehegatten.

65 Die Steuerfreiheit gilt jedoch nicht für den Forderungsteil, der etwa aufgrund ehevertraglicher Vereinbarung eines vor Ehebeginn liegenden Anfangsvermögensstichtags oder abweichenden Anfangsvermögens geschaffen wurde (vgl. im Einzelnen zur Abgrenzung Rdn. 3906). Erforderlich ist auch hier ein **Wechsel des Güterstandes** (kein bloßer „fliegender Ausgleich" durch schlichte „Zwischenabrechnung" i.R.d. fortbestehenden gesetzlichen Güterstandes, Rdn. 3907; auch Ausgleichsleistungen für bloße Modifikationen des fortbestehenden gesetzlichen Güterstandes oder zur Vermeidung richterlicher Beanstandungen i.R.d. Wirksamkeits- oder Anfechtungskontrolle von Eheverträgen sind daher schenkungsteuerpflichtig, vgl. Rdn. 3901).

66 Bei fortbestehender Gütertrennung besteht jedoch im Sterbefall nicht der dem gesetzlichen Güterstand[148] vorbehaltene Steuerfreibetrag gem. § 5 Abs. 1 ErbStG i.H.d. fiktiven, inflationsbereinigten[149] und auf Steuerwerte umgerechneten[150] Zugewinnausgleichs; auch entfällt die pauschale

---

145 Daher sollte die Modifizierung des gesetzlichen Güterstands durch Ausschluss oder betragsmäßige Begrenzung des Zugewinnausgleichs ausdrücklich nur den Fall der Scheidung oder der Eheaufhebung, nicht den Fall eines Güterstandswechsels erfassen, vgl. mit Formulierungsvorschlägen, *Jülicher*, ZEV 2006, 338 ff.
146 Also anders als bei der erbrechtlichen Freistellung gem. § 5 Abs. 1 Satz 5 ErbStG, s. Rdn. 3900.
147 Um eine steuerschädliche „Kettenschenkung" zu vermeiden, ist die steuerfreie Zugewinnforderung ohne Auflage zur Weiterschenkung zu erfüllen; das Geleistete muss dem Ehegatten zunächst zur freien Verfügung stehen.
148 Möglicherweise wegen der europarechtlich verbürgten Personenverkehrsfreiheit (Art. 18, 39 ff., 43 ff. EG-Vertrag a.F., nun Art. 20, 33 AEUV) auch im Fall eines der deutschen Zugewinngemeinschaft vergleichbaren ausländischen Güterstandes hinsichtlich der in Deutschland zu entrichtenden Erbschaftsteuer, vgl. *Jeremias*, ZEV 2005, 414.
149 BMF-Schreiben v. 22.10.2003, DB 2003, 2626 (Änderung der Verwaltungspraxis ab dem Jahr 1998, vgl. R 11 Abs. 3 Satz 2 ErbStR 1998. Dies begegnet gemäß FG Düsseldorf, ErbStB 2005, 307 keinen Bedenken, obwohl nicht recht einzusehen ist, weshalb der Kaufkraftschwund bei der Höhe des Anfangsvermögens, nicht jedoch bei während der Ehe erworbenem Vermögen berücksichtigt wird). Zur neuen Praxis vgl. H 11 Abs. 3 ErbStR 2003 und BMF-Schreiben v. 30.03.2005, ZEV 2005, 203. Jahreswertindizes ab 1958 in ZEV 2005, 525.
150 Diese Umrechnung von Verkehrs- auf Steuer(Bedarfs-)werte erfasst jedoch nach BFH, 29.06.2005 – II R 7/01, ZEV 2005, 488, m. Anm. *Gebel* entgegen R 11 Abs. 5 ErbStR 2003 nur solche Positionen des gesetzlichen (fiktiven) Zugewinnausgleichsanspruchs, die auch tatsächlich in den Nachlass fallen, nicht also z.B. die Hinzurechnungen von getätigten Schenkungen zum Endvermögen gem. § 1375 Abs. 2 Nr. 1 BGB, vgl. *Schlünder/Geißler*, FamRZ 2006, 1658.

erbrechtliche Quotenerhöhung.[151] Die anschließende sofortige Neubegründung des gesetzlichen Güterstandes („**Güterstandsschaukel**" oder auch „Gütertrennung für einen Abend") gefährdet die Schenkungsteuerfreiheit[152] der Zugewinnausgleichsforderung nicht (da es für § 5 Abs. 2 ErbStG lediglich auf das gesetzeskonforme Entstehen des Ausgleichsanspruchs ankommt).[153] Der Güterstandswechsel (mit zeitnaher Rückkehr zum gesetzlichen Güterstand zur Ermöglichung des Anwachsens neuen Verrechnungspotenzials und zur Vermeidung der sonst verbleibenden Erb-/Pflichtteilsquotenverschlechterung des Ehegatten) erlaubt also zwischen Ehegatten die Aufstockung des „Basisfreibetrags" von 500.000,00 € (vor der Reform 307.000,00 €) bzw. schaffte vor der Erbschaftsteuerreform innerhalb einer eingetragenen Lebenspartnerschaft überhaupt erstmals[154] „Übertragungsfreibeträge".[155]

Wird eine bereits als Folge eines wirksamen Ehevertrages bestehende Gütertrennung durch Begründung des gesetzlichen Güterstandes mit Rückwirkung auf den Zeitpunkt der Eheschließung beendet, ist diese Rückwirkung (anders als beim erbrechtlichen Ausgleich) anzuerkennen, sodass das gesamte Zugewinnausgleichspotenzial als „entgelttaugliche Verfügungsmasse" zu werten ist (vgl. Rdn. 3905). Wurde jedoch der Zugewinn der Vergangenheit bereits (anlässlich des Wechsels in die Gütertrennung) insoweit „genutzt", steht er aber nicht erneut zur Verfügung. Gänzlich unproblematisch ist die Rechtslage, wenn sich der anfängliche Gütertrennungsvertrag als nichtig, da der richterlichen Wirksamkeitskontrolle (Rdn. 845) nicht standhaltend, erweisen sollte, sodass von Anfang an Zugewinngemeinschaft bestand.[156]

67

Über § 29 Abs. 1 Nr. 3 ErbStG (nachträgliche Anrechnung früherer Schenkungen auf entstandene Zugewinnausgleichsforderungen, auch über § 1380 BGB hinaus [Rdn. 3967 ff.]) lässt sich das „Entgeltpotenzial" von Zugewinnausgleichsverbindlichkeiten auch für bereits in der Vergangenheit erfolgte und versteuerte Schenkungen unter Ehegatten nutzen[157] (vgl. Rdn. 2788, 3896 und Rdn. 3903 zur Vermeidung eines Veräußerungsvorgangs im ertragsteuerlichen Sinn vgl. Rdn. 82).

68

---

151 Vgl. *Wetzel*, BWNotZ 2001, 10 ff.
152 Auf das Zivilrecht ist diese Rspr. nicht ohne Weiteres übertragbar, vgl. RGZ 87, 301; *von Oertzen/Cornelius*, ErbStB 2005, 350, sowie unten Rdn. 69 ff.
153 BFH, 12.07.2005 – II R 29/02, ZEV 2005, 490, m. Anm. *Münch*: Die sofortige Neuvereinbarung des gesetzlichen Güterstandes auch im selben Ehevertrag sei regelmäßig nicht rechtsmissbräuchlich; ebenso bereits FG Köln, ErbStB 2003, 5 = RNotZ 2003, 65: Kein Gestaltungsmissbrauch (§ 42 AO) oder Scheingeschäft (§ 41 Abs. 2 AO) bei „alsbaldiger" Neubegründung des gesetzlichen Güterstandes. Dem ist insoweit zuzustimmen als es keinen Unterschied machen kann, ob der Zugewinn insgesamt am Ende der Ehe (bei Scheidung oder Tod) steuerfrei gestellt wird oder in sich addierenden Teilen bei zwischenzeitlichen Güterstandswechseln – abgesehen von Zinsvorteilen und der abweichenden steuerlichen Berechnung der Zugewinnausgleichsforderung in § 5 Abs. 1 ErbStG, vgl. *Münch*, Ehebezogene Rechtsgeschäfte, Rn. 253 ff.
154 Die frühere Einordnung Verpartnerter in Steuerklasse III ist verfassungsgemäß, BFH, 20.06.2007 – II R 56/05, ErbStB 2007, 292.
155 Vgl. zur Rechtslage vor der Erbschaftsteuerreform den Erlass des BayStMinFin v. 15.07.2005, ZEV 2005, 477, Nr. 2.3.a). Im Todesfall bestand mangels Geltung des § 5 ErbStG a.F. für Lebenspartnerschaften keine Freistellung i.H.e. fiktiven Ausgleichsforderung.
156 Vgl. *Kesseler*, ZEV 2008, 27 („nichtige Eheverträge – ein steuerlicher Segen").
157 Vgl. *Müller*, ErbStB 2007, 15.

bb) Zivilrecht

69 Erfolgt eine Übertragung in Anrechnung auf die familienrechtlich nach den jeweils geltenden Vorschriften ermittelte Ausgleichsforderung an Erfüllungs statt bzw. als Gegenleistung für den Verzicht auf deren Geltendmachung, wird hierdurch auch zivilrechtlich eine **Veräußerung durch entgeltlichen Erwerb** ausgelöst, so als ob die Zugewinndifferenz-Hälfte in Geld ausgeglichen worden wäre und dieses zum Erwerb des Gegenstandes (etwa Grundstücks) eingesetzt worden wäre. Die Literatur warnt davor, zusätzliche Vereinbarungen zu treffen, die für einen entgeltlichen Leistungsaustausch untypisch seien (etwa einen Rückforderungsvorbehalt);[158] tatsächlich kann es sich dabei aber durchaus um eine „weitere Gegenleistung" (Rdn. 46) neben der Zugewinnerfüllung handeln.

70 Damit liegt auch **anfechtungsrechtlich** keine unentgeltliche Zuwendung i.S.d. § 4 AnfG vor. Die Zugewinnausgleichsverrechnung ist entgeltlich zwischen nahestehenden Personen i.S.d. § 3 Abs. 2 AnfG/§ 133 Abs. 2 InsO vorgenommen, der nicht nur schuldrechtliche, sondern auch güterrechtliche Verträge erfasst.[159] Er führt auch – entgegen großzügigerer Ansichten in der Literatur – zu einer ursächlichen Verkürzung des Gläubigerzugriffs i.S.d. § 1 Abs. 1 AnfG: zwar fließt der Masse eine vollwertige Gegenleistung in Gestalt der Befreiung von einer gesetzlichen Verbindlichkeit zu, andererseits wäre diese gesetzliche Verpflichtung ohne den Ehevertrag in die „Bilanz" gar nicht einzubeziehen gewesen.[160] Damit wird bei Vorgängen binnen 2 Jahren vor dem Eröffnungsantrag (§ 133 Abs. 2 Satz 2 InsO, Rdn. 181) – widerleglich – vermutet, dass Benachteiligungsvorsatz beim Schuldner als auch Kenntnis davon beim Anfechtungsgegner vorlagen. Der Umstand allein, dass die Entscheidung zur Geltendmachung des Zugewinnausgleichs zu einem bestimmten Zeitpunkt getroffen wird, ist seinerseits nicht rechtsmissbräuchlich.[161] Künftige Gläubiger können allerdings einen Güterrechtsvertrag nicht anfechten, da sie keinen Anspruch auf Fortdauer eines bestimmten Güterstandes haben.[162]

71 Die unmittelbare Absichtsanfechtung nach § 3 Abs. 1 AnfG/§ 133 Abs. 1 InsO außerhalb des Zwei-Jahres-Zeitraums wird demnach, da keine Beweislastumkehr greift, am Nachweis der objektiven Gläubigerbenachteiligung scheitern, jedenfalls sofern keine ehefremden Zwecke verfolgt werden[163] (problematisch daher das „Schaukelmodell", vgl. Rdn. 74).

72 > **Hinweis:**
>
> Im Zeitpunkt des Ehevertragsschlusses **bereits bekannte Gläubigerforderungen** (ebenso latente Ertragsteuern) mindern bereits die Höhe des schenkungsfreien Zugewinnausgleichs-

---

158 Vgl. *Geck* ZEV 2006, 62, 65.
159 MünchKomm-InsO/*Kirchhof*, § 133 Rn. 40.
160 BGH, 01.07.2010 – IX ZR 58/09, FamRZ 2010, 1548 Rn. 9, m. Anm. *Bergschneider* = MittBayNot 2010, 493, m. Anm. *Lotter*; ausführlich *Hosser*, ZEV 2011, 174 ff.; ablehnend *Klühs*, NZI 2010, 521.
161 Ähnlich im Steuerrecht zu § 42 AO: BFH, ZEV 2005, 490.
162 BGH, 20.10.1971 – VIII ZR 212/69, WM 1971, 1435–1437, vgl. *Hosser*, ZEV 2011, 174, 176.
163 In Übertragung der Rspr. des BGH zum Schenkungscharakter bzw. der Anfechtbarkeit des Güterstandswechsels in die Gütergemeinschaft, BGHZ 116, 178; *Ponath*, ZEV 2006, 49 ff. Noch großzügiger *Klühs*, NotBZ 2010, 287 ff.: anfechtbar sind nur Ausgleichszahlungen für den Verzicht auf möglichen künftigen Zugewinnausgleich bzw. möglichen künftigen nachehelichen Unterhalt.

anspruchs, sodass die ehevertraglich geschaffene Entgeltlichkeit „asset protection" in erster Linie im Hinblick auf erst künftig entstehende Verpflichtungen leisten kann.[164]

Voraussetzung der Entgeltlichkeit ist allerdings, dass gem. § 1378 Abs. 3 BGB tatsächlich eine Zugewinnausgleichsforderung entstanden ist, d.h. der gesetzliche **Güterstand beendet** wird (also nicht bspw. bei bloßer Vereinbarung einer Modifizierung der Zugewinngemeinschaft etwa durch Ausschluss des Ausgleichs im Scheidungsfall oder aber beim „fliegenden Zugewinnausgleich" i.S.e. im Gesetz außerhalb von §§ 1385, 1386 BGB nicht vorgesehenen „Zwischenabrechnung",[165] bei welchem sich die Beteiligten lediglich schuldrechtlich so zu stellen haben, als ob der gesetzliche Güterstand beendet worden wäre).[166] Andernfalls liegt lediglich eine **Erwerbsaussicht** vor, der kein Vermögenswert beigemessen werden kann, die demnach auch nicht als tauglicher Erwerbs- oder Zuwendungsgegenstand in Betracht kommt, sodass weder eine entreichernde Vermögenshingabe vorliegen kann noch eine Anerkennung als Gegenleistung in Betracht kommt.[167] Auch im Scheidungskontext empfiehlt sich trotz der höheren Notarkosten[168] die Vereinbarung der Gütertrennung anstelle des (sonst gewollten) Verzichts auf entstandene Zugewinnausgleichsansprüche gem. § 1378 Abs. 3 Satz 2 BGB, da Letztere nur für den konkreten Scheidungsfall, nicht für die weitere Ehedauer im Fall einer Versöhnung gilt.[169] Der zivilrechtlich wirksame Zugewinnausgleichserwerb ist auch während der Wohlverhaltensphase (§§ 287 ff. InsO) geschützt.[170]

73

Wird unmittelbar nach[171] dem Wechsel des Güterstandes („**Schaukelmodell**") der gesetzliche Güterstand neu begründet („Gütertrennung für eine logische Sekunde"), ist allerdings – anders als im Schenkungsteuerrecht (Rdn. 66) – zivilrechtlich außerordentlich fraglich, ob dennoch (auch mit Wirkung ggü. Dritten, etwa i.R.d. § 2325 BGB) eine Schenkung ausgeschlossen blie-

74

---

164 Vgl. *Scherer/Kirchhain*, ZErb 2006, 106.
165 Die Zugewinnausgleichsreform hat allerdings die Anforderungen an den vorzeitigen Zugewinnausgleich, auch im vorläufigen Rechtsschutzverfahren, erleichtert.
166 Zum „fliegenden Ausgleich" a.A. *Hüttemann*, DB 1999, 248 ff. unter Berufung auf die Materialien; DNotI-Gutachten Nr. 1254, Stand 27.02.2002, wie hier – steuerrechtlich – BFH, 24.08.2005 – II R 28/02, ZEV 2006, 41, m. Anm. *Münch*; FG Köln, DStRE 2002, 1248; s.a. Rdn. 3907. Das Verpflichtungs- und Verfügungsverbot des § 1378 Abs. 3 Satz 3 BGB (hierzu BGH, FamRZ 2004, 1353) würde durch die Beurkundung (Abs. 3 Satz 2) bereits vor Rechtshängigkeit eines Scheidungsverfahrens überwunden, BGH, FamRZ 1983, 159. *Bärenz*, Der zwischenzeitliche Zugewinnausgleich, plädiert allerdings dafür, die Umsetzung einer ehevertraglichen Modifizierung des § 1363 Abs. 2 Satz 2 BGB als auch im Verhältnis zu Dritten entgeltliches Geschäft anzusehen.
167 Vgl. BGHZ 113, 393; ebenso für das Schenkungsteuerrecht: BFH, BStBl. 2000 II, S. 82; Gutachten, DNotI-Report 2005, 40.
168 § 39 Abs. 3 KostO: Gegenstandswert ist das beiderseitige Aktivvermögen abzgl. der Verbindlichkeiten, auch wenn nur wenig Zugewinn entstanden ist.
169 Vor der Zugewinnausgleichsreform sprach hierfür auch, dass die Vermögenswertgrenze des § 1378 Abs. 2 BGB an den Zeitpunkt der Beendigung des Güterstands, nicht die Rechtshängigkeit des Scheidungsantrags anknüpfte.
170 § 295 Abs. 1 Nr. 2 InsO erfasst nur den erbrechtlichen Erwerb, nicht den Zugewinnausgleich, auch nicht den familienrechtlichen Zugewinnausgleich im Todesfall, vgl. Gutachten, DNotI-Report 2011, 52.
171 Ist die Rückkehr zum gesetzlichen Güterstand für zumindest einen Ehegatten so entscheidend, dass die Bereitschaft zur Gütertrennung damit „steht und fällt", müssen beide Teile des „Schaukelmodells" gem. § 1410 BGB in einer Urkunde zusammengefasst werden, vgl. *Kornexl*, Nachlassplanung bei Problemkindern, Rn. 704. Dann aber ist fraglich, ob überhaupt die Gütertrennung nur für eine logische Sekunde eintrat, da ein Ehevertrag erst mit der Unterschrift des Notars abschließt.

be.[172] Durch die Wiederherstellung der Zugewinngemeinschaft wird die Pflichtteilsreduzierung der Abkömmlinge (wegen des pauschalierenden Charakters des § 1931 Abs. 3 BGB unabhängig vom tatsächlichen Entstehen eines weiteren Zugewinns) besonders deutlich. Vielmehr liegt nahe, dass der BGH in der Gesamttransaktion wegen Verfolgens „ehewidriger Zwecke" (ähnlich wie bei Missbrauchsfällen der Gütergemeinschaft, vgl. Rdn. 110) eine Schenkung i.S.d. § 2325 BGB sieht.[173] Auch die gesetzliche Wertung des § 1378 Abs. 2 BGB (vgl. Rdn. 2721) weist in diese Richtung: Durch den Zugewinnausgleich darf keine Überschuldung eintreten, die Interessen anderer Gläubiger sollen also ggü. Zugewinnausgleichsvereinbarungen geschützt werden. Aus Sicherheitsgründen empfehlenswert ist es also, die Rückkehr in den Ursprungsgüterstand ausreichend lange nach dessen Verlassen vorzunehmen.[174]

75 **Hinweis:**

Die Beendigung des gesetzlichen Güterstandes durch Ehevertrag und die Übertragung eines Gegenstands zur Erfüllung des Ausgleichsanspruchs erfolgt zweckmäßigerweise in einer Urkunde (kostenrechtlich gegenstandsgleich, also 20/10 Gebühr aus dem höheren Wert im Vergleich zwischen dem Verkehrswert des zu übertragenden Vermögens ohne Schuldenabzug einerseits und dem gemeinsamen Reinvermögen beider Ehegatten nach Schuldenabzug gem. § 39 Abs. 2 KostO andererseits).

cc) Ertragsteuerrecht

76 Dieselbe Wertung vollzieht auch das Ertragsteuerrecht nach[175] (vgl. auch Rdn. 4947): Eine Übertragung, die in zeitnaher[176] Abgeltung eines tatsächlich entstandenen Zugewinnausgleichsanspruchs, an Erfüllung statt oder als Gegenleistung für den Verzicht auf dessen Geltendmachung stattfindet, vollzieht sich auch im ertragsteuerlichen Sinn als Anschaffungs- bzw. Veräußerungsvorgang (vgl. Verfügung der OFD Frankfurt am Main[177] und der OFD München).[178] Gleiches gilt, wenn das FamG auf Antrag gem. § 1383 BGB anstelle des Geldanspruchs bestimmte Gegenstände im Eigentum „zuweist" (Zwangsveräußerung).[179] **Konsequenzen** dieser Entgeltlichkeit sind:

---

172 *Klingelhöffer*, Pflichtteilsrecht, Rn. 343; *Mayer*, in: Mayer/Süß/Tanck/Bittler/Wälzholz, Handbuch Pflichtteilsrecht, § 11 Rn. 117 ff.; auch *Münch*, ZEV 2005, 491 rät dazu, die Gütertrennung für einen kurzen Zeitraum eintreten zu lassen.
173 Ebenso *Wall*, ZEV 2007, 251 f.
174 *Ponath*, ZEV 2006, 53, sieht 2 Jahre Zwischenzeit als notwendig an, was übertrieben vorsichtig erscheint (hiesige Empfehlung: 6 Monate, orientiert an der naturrechtlichen Sicht der Vegetationsperioden). Für unbedenklich im Hinblick auf das Risiko der Gläubigeranfechtun hält dagegen *Klühs*, NotBZ 2010, 292 die sofortige Rückkehr.
175 Vgl. *Kensbock/Menhorn*, DStR 2006, 1073; *Sagmeister*, DStR 2011, 1589 ff.
176 Wird der Anspruch zinsfrei gestundet, liegt eine „Zinsschenkung" i.H.v. 5,5 % (§ 15 Abs. 1 BewG) vor, *Gumpp*, DStZ 1995, 329, anders bei Vereinbarung eines auch niedrigeren marktüblichen Zinses: FinMin Baden-Württemberg, DStR 2000, 204. Übersteigt die Stundung ein Jahr, erfolgt Aufspaltung in einen gem. § 20 Abs. 1 Nr. 7 EStG steuerpflichtigen Zinsanteil (von wiederum 5,5 %) – BFH ZEV 1997, 86 – und einen Kapitalanteil. Um ein „Übermaß" an nicht erfüllbarem Zugewinnausgleichsanspruch zu vermeiden, müsste daher dessen Höhe zuvor und unabhängig davon ehevertraglich „gekappt" werden mit der Folge, dass sodann bei tatsächlichem Güterstandswechsel der Ausgleichsanspruch nur insoweit entsteht.
177 RNotZ 2001, 414 m. Anm. S. 380 ff.
178 DStR 2001, 1298.
179 *Fichtelmann*, EStB 2006, 255.

C. Der Schenkungsbegriff des BGB

- Bei **Privatvermögen** löst dies Besteuerungsfolgen aus, wenn der betreffende Gegenstand "steuerverstrickt" ist, also i.R.d. § 17 EStG, des § 21 UmwStG oder wenn die "Spekulationsfrist" des § 23 EStG – bei nicht eigengenutzten Grundstücken 10 Jahre – noch nicht abgelaufen ist (vgl. Rdn. 4947 ff.).

77

Beispiel:

Ein vermietetes[180] Objekt wird im Rahmen einer Scheidungsvereinbarung an einen Ehegatten zur Abgeltung von Zugewinnausgleichsansprüchen oder Unterhaltsansprüchen an Erfüllungs statt übertragen.

- Die vom Großen Senat des BFH aufgestellten Grundsätze zur Möglichkeit **gewinnneutraler Realteilung bei Erbauseinandersetzung** eines sog. Mischnachlasses (Rdn. 4637 ff.) gelten bei Auseinandersetzungen aus Anlass der Beendigung einer ehelichen Zugewinngemeinschaft unter Lebenden nicht.[181] Die auch ertragsteuerliche "Entgeltlichkeit" wird dabei nicht nur für den Veräußerungsvorgang ("Besteuerung privater Veräußerungsgewinne" [§ 23 EStG] außer im Fall der "Zwangsveräußerung" aufgrund richterlicher Zuweisung gem. § 1383 BGB)[182] geschaffen; auch die Nutzungsüberlassung "zur Abgeltung von Zugewinnausgleichsansprüchen" stellt eine entgeltliche Vermietung dar und generiert (i.H.d. steten Verminderung der Zugewinnausgleichsschuld) Einkünfte aus Vermietung und Verpachtung, § 21 EStG[183] (zu unterscheiden ist hiervon: Die Überlassung einer Wohnung als vereinbarte Unterhaltsleistung führt nicht zu steuerpflichtigen Einnahmen, da sie selbst als solche geschuldet ist, also nicht zur Begleichung einer anderen Geldforderung dient).[184]

Hinweis:

78

Sofern der Verkehrswert steuerverstrickter Objekte unter den maßgeblichen Anschaffungswert (ggf. abzgl. bisheriger AfA) gesunken ist, lässt sich das Vorliegen einer ertragsteuerlich relevanten Veräußerung i.H.d. Verkehrswerts = Anrechnungswerts auf den Zugewinnausgleich andererseits auch zur gezielten ertragsteuerlichen Aufdeckung solcher Verluste nutzen (etwa bei Immobilien in den neuen Bundesländern).

- Wird **Betriebsvermögen** zur Abgeltung (bzw. an Erfüllung statt oder als Gegenleistung für den Verzicht auf die Geltendmachung) eines tatsächlich entstandenen Zugewinnausgleichsanspruchs übertragen, handelt es sich hinsichtlich der Differenz zwischen dem Buchwert und dem tatsächliche höheren Anspruch um einen laufenden betrieblichen Gewinn, der nicht nach § 16 Abs. 4 i.V.m. § 34 EStG begünstigt ist (allenfalls kann der aufgedeckte Gewinn beim Übertragenden nach § 6b EStG durch Ersatzinvestitionen neutralisiert werden). Unproblematisch ist lediglich die Übertragung von Mitunternehmeranteilen im Ganzen oder in Teilen sowie von Betrieben oder Teilbetrieben, wenn der Buchwert des übertragenen Vermö-

79

---

180 War die Immobilie bisher zu eigenen Wohnzwecken genutzt und zieht einer der Ehepartner anlässlich der Trennung aus, hindert dies die Privilegierung aus § 23 Abs. 1 Nr. 1 Satz 3 EStG ebenso wenig, wie ein vollständiger Leerstand vor einer anschließenden Veräußerung schaden würde, OFD München, DStR 2001, 1298, Tz. 2.1.2.1; *Hermanns*, DStR 2002, 1067.
181 BFH, DStR 2002, 1209.
182 *Kusterer*, EStB 2007, 344.
183 BFH, 08.03.2006 – IX R 34/04, EStB 2006, 175; anders noch die Vorinstanz FG München, DStRE 2005, 15.
184 EStB 2006, 244.

gens höher ist als der Zugewinnausgleichsanspruch, sodass nach § 6 Abs. 3 EStG zwingend die Buchwerte ohne Gewinnrealisierung fortgeführt werden.

80 • Schließlich kann die **Übertragung eines Grundstücks** i.R.d. Zugewinnausgleichs auch als **Zählobjekt** i.S.d. Grundsätze über den gewerblichen Grundstückshandel[185] gewertet werden.[186]

81 Die Übertragung mit bloßer **Anrechnungsbestimmung nach § 1380 BGB** wird vereinzelt[187] ebenfalls als zivilrechtlich entgeltliche gewertet; richtigerweise entscheidet die Anrechnungsbestimmung nur über die Abgrenzung zwischen „freier" (ohne § 1380 BGB) und „ehebedingter" Zuwendung (unter Geltung des § 1380 BGB). Daher ist möglicherweise das Modell „Erst schenken, dann beenden"[188] zur Vermeidung einer Veräußerungsbesteuerung tragfähig: Steuerverstrickte Wirtschaftsgüter werden zunächst schenkungsweise, jedoch unter ausdrücklicher Anrechnungsbestimmung gem. § 1380 Abs. 1 Satz 1 BGB übertragen. Sofern nach ausreichender Schamfrist (zur Vermeidung der Annahme eines Gesamtplanes)[189] der Güterstand tatsächlich beendet wird und damit die Anrechnung zum Tragen kommt, erlischt die bereits entstandene Schenkungsteuer gem. § 29 Abs. 1 Satz 3 ErbStG, soweit in den Fällen des § 5 Abs. 2 ErbStG unentgeltliche Zuwendungen auf die Ausgleichsforderung tatsächlich anzurechnen sind (vgl. Rdn. 3903).

82 Dadurch werde jedoch nicht rückwirkend die Schenkung zu einem ertragsteuerlichen Veräußerungsvorgang umqualifiziert. Nach anderer Auffassung, der sich die Finanzverwaltung allerdings anschließen könnte,[190] liegt in der späteren Anrechnung auf den Zugewinnausgleich der Eintritt einer auflösenden Bedingung des ertragsteuerlich unentgeltlichen Charakters. Dann allerdings kann durch dieses Modell wenigstens der Zeitpunkt des Veräußerungsvorgangs gesteuert werden.

c) Unterhaltsanspruch

83 Ähnlich wie beim Pflichtteilsanspruch (Rdn. 51) wird insoweit zu differenzieren sein zwischen einer Übertragung „als Gegenleistung" für den Verzicht auf einen möglichen künftigen (nachehelichen) Unterhaltsanspruch einerseits und der Übertragung an Erfüllung statt bzw. zur kapitalisierten Abgeltung eines entstandenen Anspruchs andererseits. Die bloße Eventualität eines künftig entstehenden Anspruchs, im erstgenannten Sachverhalt, ist kein entgelttaugliches Element. Dementsprechend hat der BFH[191] eine als „Abgeltung" für den Verzicht auf mögliche künftige nacheheliche Unterhaltsansprüche ehevertraglich vereinbarte Zahlung jedenfalls schen-

---

185 Vgl. *Krauß*, Immobilienkaufverträge in der Praxis, Rn. 2838 ff.
186 BFH, 04.10.2001 – X B 157/00, BFH/NV 2002, 330; allerdings nicht im Fall des seit mehr als 5 Jahren selbst genutzten Objekts, Tz. 10 des BMF-Schreibens v. 26.03.2004, BStBl. 2004 I, S. 436; differenzierter *Obermaier*, NWB 2007, 695 = Fach 3, S. 14387.
187 Etwa von *Hollender/Schlütter*, DStR 2002, 1932, gegen *Hermanns*, DStR 2002, 1068; wenn überhaupt, kann Entgeltlichkeit allenfalls nachträglich („aufschiebend bedingt") i.H.d. tatsächlichen Reduzierung der Ausgleichsforderung eintreten, vgl. *Söffing/Thoma*, ErbStB 2003, 321 m.w.N.
188 *Hermanns*, DStR 2002, 1067; *Milatz/Herbst*, DStR 2011, 706.
189 *Strahl*, KÖSDI 2003, 13918 ff.: jedenfalls 2 Jahre.
190 *A. Söffing/Thoma*, ErbStB 2003, 321; *von Oertzen/Cornelius*, ErbStB 2005, 354.
191 BFH, 17.10.2007 – II R 53/05, ZEV 2008, 208; krit. zur Vorinstanz (FG Nürnberg) *Schuck*, NotBZ 2004, 119.

kungsteuerlich als freigebige Zuwendung i.S.d. § 7 Abs. 1 Nr. 1 ErbStG angesehen.[192] Dem ist der BFH beigetreten, da zum einen der Unterhaltsanspruch lediglich aufschiebend bedingt (durch Scheidung) entstehe,[193] zum anderen ungewiss sei, ob und in welcher Höhe dann ein Unterhaltstatbestand vorliegt.[194] Auch zivilrechtlich handelt es sich in diesen Fällen um eine Schenkung.

Anders dürfte es sich jedoch verhalten, wenn ein auf Zahlung gerichteter Unterhaltsanspruch kraft Gesetzes entstanden und in einer dem voraussichtlichen Umfang entsprechenden Kapitalisierung durch Leistung an Erfüllung statt abgegolten wird bzw. Vermögenswerte als „Abfindung" für den Verzicht auf die zeitabschnittsweise Geltendmachung übertragen werden. Auch insoweit liegt (wie beim Zugewinnausgleichs- sowie beim entstandenen Unterhaltsanspruch) **ein zivilrechtlich entgeltlicher** Übertragungsvorgang vor. Zu Vorkehrungen i.R.d. Übertragung einer Immobilie als Unterhaltsabgeltung für den Fall, dass dennoch Ansprüche auf (z.B. Trennungs-) Unterhalt geltend gemacht werden (Rückforderungsvorbehalt etc.) s. Rdn. 2766 mit Formulierungsvorschlag Rdn. 2768.

84

Im Bereich des Verwandtschaftsunterhalts, insb. des **Unterhalts ggü. Kindern**, ist dagegen eine Vermögensübertragung mit Abgeltungswirkung für künftigen Unterhalt nicht möglich (§ 1614 Abs. 1 BGB). Wie sich aus § 1614 Abs. 2 i.V.m. § 760 Abs. 2 BGB ergibt, leistet der Pflichtige ferner auf eigene Gefahr, wenn er im Voraus Unterhalt für mehr als 3 Monate zahlt und der Berechtigte sodann erneut Geld für seinen Lebensunterhalt benötigt, z.B. wegen Verlusts, Verschwendung oder unrichtigen Umgangs mit dem Geld. Will also ein Elternteil Vermögenswerte (oder Geld) an Kinder schenken zu dem Zweck, hieraus Unterhaltsansprüche der Kinder zu decken, kommt allenfalls eine Schenkung unter Auflage (§ 525 BGB) in Betracht, wobei diese Auflage (Heranziehung der Vermögenserträge als Unterhaltsleistung) nur schuldrechtlich wirkt, sofern sie nicht durch Rückforderungsrechte für den Fall des Verstoßes gegen die Auflage abgesichert ist. Wegen des Verbots der Aufrechnung gegen den Kindesunterhalt (§ 394 BGB) muss ein solcher Rückforderungsanspruch zudem stets selbständig geltend gemacht werden; eine Verrechnung mit dem laufenden Unterhalt kommt nicht in Betracht. Aufgrund der Auflagebehaftung liegt kein lediglich rechtlich vorteilhaftes Geschäft vor, sodass ein Ergänzungspfleger erforderlich ist.[195] Eine familiengerichtliche Genehmigung ist allerdings nicht notwendig.

85

Der **Stamm des geschenkten Vermögens** kann hingegen nicht einmal per Auflage als Unterhaltssurrogat bestimmt werden, da minderjährige, unverheiratete Kinder gem. § 1602 Abs. 2 BGB nicht verpflichtet sind, ihre Vermögenssubstanz einzusetzen, solange die Eltern noch leistungsfähig sind (§ 1603 Abs. 2 Satz 3 BGB), also auch dann als bedürftig gelten, wenn sie über eigenes Vermögen verfügen, das keine Erträge abwirft. Denkbar sind insoweit lediglich Freistellungsabreden zwischen beiden Elternteilen hinsichtlich der nach Grund und Höhe unberührt bleibenden Unterhaltsansprüche des beschenkten Kindes (Erfüllungsübernahme durch den nicht schenkenden Elternteil).

86

---

192 Anders kann es sich nach Ansicht der Rspr. nur verhalten, wenn Ausgleichszahlungen im Rahmen eines Scheidungsverfahrens ausgelöst werden, vgl. BFH, BStBl. 1968 II, S. 239; BStBl. 1971 II, S. 223.
193 Dies entspricht der Wertung des § 4 BewG: Wirtschaftsgüter, deren Erwerb vom Eintritt einer aufschiebenden Bedingung eintritt, werden erst dann berücksichtigt.
194 BFH, 17.10.2007 – II R 53/05, MittBayNot 2008, 417, m. Anm. *Schuck*.
195 Vgl. DNotI-Gutachten, Faxabruf-Nr. 12455 v. 27.07.2007.

4. Schenkungscharakter/Verwertbarkeit erbrechtlicher Präventivmaßnahmen

87 Praxisrelevant sind die Möglichkeiten des **Gläubigerzugriffs auf eigene Maßnahmen zur Beseitigung erbrechtlicher Positionen**, bspw. der Verzicht auf künftige eigene Pflichtteilsansprüche (§ 2346 BGB, nachstehend a, Rdn. 87 ff.), die **Ausschlagung eines sonst anfallenden Erbes oder Erbteils** (nachstehend b, Rdn. 94 ff.) und schließlich die **Nicht-Geltendmachung bzw. der Erlassvertrag (§ 397 BGB) bzgl. eines entstandenen Pflichtteilsanspruchs** (nachstehend c, Rdn. 99 ff.), und zwar jeweils – i.S.e. Steigerung – aus der Sicht eines „normalen" Gläubigers (Pfändungszugriff auf Ansprüche oder Anfechtung unentgeltlicher Verträge – jeweils aa), bei Insolvenz des Erklärenden (jeweils bb), hinsichtlich dessen RSB (jeweils cc) und schließlich in Bezug auf den Zugriff des Sozialleistungsträgers (jeweils dd):

a) Pflichtteilsverzichtsvertrag

aa) „normaler Gläubiger"

88 Inwieweit der Pflichtteilsverzicht gem. § 2346 Abs. 2 BGB seinerseits als unentgeltlichkeitsmindernde Gegenleistung im Austausch gegen eine Vermögensübertragung gewertet werden kann, ist umstritten, wird aber von der überwiegend zivilrechtlichen Rechtsprechung verneint (vgl. oben Rdn. 52). Auch der BFH wertet die „Abfindung" für einen solchen Pflichtteilsverzicht als schenkungsteuerpflichtigen Vorgang (vgl. Rdn. 54). Aus diesem fehlenden Entgeltcharakter kann jedoch nicht geschlossen werden, der Verzicht auf den künftigen Pflichtteil unterläge der **Anfechtung durch Gläubiger** nach dem AnfG oder der Insolvenzanfechtung: Da er nicht zum Ausscheiden eines Gegenstands aus dem Vermögen des Schuldners führt, sondern lediglich eine potenzielle Nichtvermehrung des künftigen Vermögens zur Folge hat, liegt darin keine Schenkung i.S.d. § 516 BGB (vgl. auch die Wertung des § 517 BGB: Verzicht auf ein nicht endgültig erworbenes Recht), sodass eine Anfechtung[196] auch i.R.d. Insolvenz[197] ausscheidet. Gleiches gilt wohl für den Erb- und den Zuwendungsverzicht (§§ 2346 Abs. 1, 2352 BGB).[198]

bb) Regelinsolvenz

89 Auch wenn der Verzichtende sich in Insolvenz befindet, kann er **ohne Mitwirkung des Insolvenzverwalters** auf künftige Pflichtteilsansprüche verzichten, da sich das Verwaltungs- und Verfügungsrecht des Verwalters gem. § 80 Abs. 1 InsO nur auf gegenwärtiges, nicht auf mögliches künftiges Vermögen bezieht.[199]

cc) Wohlverhaltensphase

90 Auch im Rahmen einer **RSB** nach der Insolvenz natürlicher Personen (§§ 286 ff. InsO) dürfte der Pflichtteilsverzicht nicht zu einem Obliegenheitsverstoß i.S.d. § 295 Abs. 1 Nr. 2 InsO führen, da noch kein tatsächlich erworbenes Vermögen, sondern lediglich die bloße Möglichkeit eines

---

196 *Huber*, AnfG, § 1 Rn. 26; ebenso *Schumacher-Hey*, RNotZ 2004, 556.
197 BGH, NJW 1997, 2384.
198 Vgl. *Reul/Heckschen/Wienberg*, Insolvenzrecht in der Kautelarpraxis, S. 332.
199 Vgl. *Reul*, MittRhNotK 1997, 374; Gutachten, DNotI-Report 2003, 181.

Erwerbs „weggegeben" wird und auch die noch stärker wirkende Ausschlagung einer bereits angefallenen Erbschaft nach herrschender Auffassung nicht die RSB gefährdet.[200]

dd) Sozialleistungsträger

Dieselben Wertungen sprechen gegen die Sittenwidrigkeit vorheriger Pflichtteilsverzichte eines **Sozialleistungsempfängers**.[201] Der **BGH**[202] hat den (auf dem Sterbebett, also mit nur mehr geringem aleatorischem Element, ausgesprochenen) Pflichtteilsverzicht eines (geschäftsfähigen) Behinderten ggü. den Eltern, beschränkt auf den ersten Sterbefall, als wirksam erachtet: Darin liege kein unzulässiger Vertrag zulasten Dritter (sondern nur mit faktisch nachteiliger Wirkung für Dritte), und auch der Nachranggrundsatz des Sozialhilferechts sei bei Behinderten deutlich zurückgenommen und repräsentiere daher keine übergeordnete Wertung, zu deren Verteidigung die Nichtigkeit des Pflichtteilsverzichtes anzuordnen sei.[203] Diese Wertung entspreche dem Grundsatz, dass es einem Übergeber offen stehe, nur solche Versorgungsleistungen zu vereinbaren, die auf dem übernommenen Anwesen selbst erbracht werden können (sodass Leistungsbegrenzungsklauseln für den Fall des Wegzugs nicht sittenwidrig sind, Rdn. 1389). Ihr stehe auch nicht entgegen, dass der Leistungsbezieher beim Pflichtteilsverzicht (anders als beim Behindertentestament) selbst aktiv an der Gestaltung beteiligt und nicht lediglich der Gestaltung eines Dritten (des Erblassers) unterworfen ist, denn auch die Ausschlagung einer ihm sonst zufallenden Erbschaft hätte er (entgegen OLG Stuttgart und Hamm, Rdn. 97) wirksam erklären können.

91

Schließlich hätten die Eltern den Pflichtteilsanspruch des Verzichtenden auch wirksam durch Einsetzung zum (mit Nacherbfolge und Testamentsvollstreckung) beschwerten Miterben verhindern können, denn eine Überleitung des Ausschlagungsrechtes gem. § 2306 BGB hätte der Sozialleistungsträger nicht bewirken können (Rdn. 5134 ff.). Des weiteren ist zu berücksichtigen, dass Eltern (unter dem Aspekt der Unterhaltsgewährung aus Einkommen) zu Lebzeiten nur eingeschränkt zum Ausgleich der ihrem behinderten Kind gewährten Leistungen herangezogen werden konnten (§ 94 Abs. 2 SGB XII: i.H.v. pauschaliert 46,00 € monatlich); damit wäre es nicht zu vereinbaren, den verbleibenden Elternteil (beim Berliner Testament) postmortal im Weg der Zwangsauszahlung eines Pflichtteilsanspruchs stärker heranzuziehen.

92

Offen ist derzeit, inwieweit die Entscheidung auf den schlicht bedürftigen, nicht behinderten, Sozialleistungs- (Grundsicherungs-)empfänger übertragen werden kann, zumal untergerichtliche Entscheidungen der Verwendung erbrechtlicher Instrumente (etwa der Anordnung der Testa-

93

---

200 Nerlich/Römermann, InsO, § 295 Rn. 27.
201 Ebenso Vaupel, RNotZ 2009, 497, 508; Mayer/Littig, Sozialhilferegress ggü. Erben und Beschenkten, S. 103; DNotI-Gutachten, Faxanruf-Nr. 92744 v. 23.03.2009; a.A. Lambrecht, Der Zugriff des Sozialhilfeträgers auf den erbrechtlichen Erwerb, S. 172; Schumacher, Rechtsgeschäfte zulasten der Sozialhilfe im Familien- und Erbrecht, S. 142.
202 BGH, 19.01.2011 – IV ZR 7/10, ZEV 2011, 258, m. Anm. Zimmer = NotBZ 2011, 168, m. Anm. Krauß, ebenso zuvor OLG Köln, 09.12.2009 – 2 U 46/09, ZEV 2010, 85, m. krit. Anm. Armbrüster einerseits und zu Recht zust. Anm. Bengel/Spall, ZEV 2010, 195 (Replik Armbrüster, ZEV 2010, 555) andererseits; zust. auch v. Proff zu Irnich, ZErb 2010, 206 ff. und Vaupel, RNotZ 2010, 141 ff. Abl.: Dutta, AcP 2009, 793; ders., FamRZ 2010, 841, 843. Differenzierend Klühs, ZEV 2011, 15, 18 (bei Behinderten ja, bei Bedürftigen nein).
203 Vgl. § 94 Abs. 2 SGB XII: eingeschränkte Heranziehung der elterlichen Unterhaltspflicht ggü. behinderten Kindern, sowie § 92 Abs. 2 SGB XII: stark zurückgenommene Heranziehung eigenen Einkommens, völlig ausgeschlossene Heranziehung eigenen Vermögens für bestimmte, dort genannte Eingliederungsleistungen.

mentsvollstreckung) mit dem Ziel, „verwertungsfreies Vermögen" für den arbeitslosen Miterben zu schaffen, die Gefolgschaft zu verweigern beginnen (vgl. etwa Rdn. 5312). Die Entscheidungsgründe des BGH stellen nicht darauf ab, ob dem Verzichtenden eigener Erwerb objektiv möglich sei; und auch die ins Feld geführten Abmilderungen des Nachrangprinzips im Verhältnis zwischen behinderten Kindern zu ihren Eltern gelten ähnlich im Verhältnis zwischen arbeitslosen Kindern und ihren Eltern (vgl. etwa § 33 Abs. 2 Satz 1 Nr. 2 SGB II, wonach Unterhaltsansprüche von Kindern, die über eine abgeschlossene Berufsausbildung verfügen oder über 25 Jahre alt sind, gegen ihre Eltern nur übergeleitet werden können, wenn die Kinder diese Ansprüche selbst geltend machen, ein „Verzicht" auf die Geltendmachung, also insoweit sozialrechtlich respektiert wird). Dies spricht – im Verein mit der aleatorischen, nicht von Äquivalenzvermutung geprägten Natur des Rechtsgeschäfts – für die Wirksamkeit auch des Verzichtes eines Grundsicherungsempfängers.[204]

b) Ausschlagung

aa) „normaler Gläubiger"

94 Eine Schenkung – auch zugunsten des Nächstberufenen – liegt gem. § 517, 3. Alt. BGB nicht vor (auch nicht im schenkungsteuerlichen Sinn, Rdn. 3572 f.).[205] Eine **Anfechtung** nach §§ 129 ff. InsO und §§ 1 ff. AnfG scheidet aus diesem Grund und wegen des sonst eintretenden Wertungswiderspruchs zur Höchstpersönlichkeit der Ausschlagung (§ 83 InsO; Rdn. 95) aus.[206] Möglicherweise ist aber der Wert eines (noch nicht endgültig angenommenen) Vermächtnisses, das der Erbe im Nachlass vorfindet, trotz späterer Ausschlagung durch den Erben noch im Verhältnis zu Pflichtteilsberechtigten zu berücksichtigen (§ 2311 BGB).[207]

bb) Regelinsolvenz

95 Auch ein in **Insolvenz** befindlicher „Erbanwärter" kann die Entscheidung über die Annahme oder die Ausschlagung der Erbschaft, der Nacherbschaft[208] oder des Vermächtnisses ohne Mitwirkung des Insolvenzverwalters treffen (§ 83 Abs. 1 Satz 1 InsO); das Ausschlagungsrecht wird nicht Bestandteil der Insolvenzmasse. Dies gilt unabhängig davon, ob der Sterbefall vor oder nach Eröffnung des Insolvenzverfahrens stattfindet.

---

204 Ebenso *Kleensang*, ZErb 2011, 121, 124 und *Ivo*, DNotZ 2011, 387, 389; hierzu tendierend auch *Wendt* (RiBGH), ZNotP 2011, 362, 377.
205 Der durch die Ausschlagung Begünstigte gilt von vornherein als Erbe nach dem Erblasser. Abfindungszahlungen an den zunächst berufenen Ausschlagenden werden als Erwerb vom Erblasser besteuert (§ 3 Abs. 2 Nr. 4 ErbStG) nach dem Gegenstand der Zuwendung (allerdings ohne Privilegierung für übertragenes Betriebsvermögen: R 55 Abs. 4 Satz 4 ErbStR); beim Nächstberufenen zählt die Abfindung zu den Kosten des Erwerbs und ist daher wie eine Nachlassverbindlichkeit nach § 10 Abs. 5 Nr. 3 ErbStG abziehbar, auch wenn sie nicht durch ihn selbst, sondern einen Dritten erbracht wurde (darin liegt allerdings eine weitere freigiebige Zuwendung, vgl. *Wachter*, ZNotP 2004, 182).
206 BGH, DNotZ 1998, 827; MünchKomm-InsO/*Schumann*, § 83 Rn. 12; a.A. nur *Bartels*, KTS 2003, 49 ff.
207 *De Leve*, ZEV 2010, 75; a.A. *J. Mayer*, in: Bamberger/Roth, BGB, § 2311 Rn. 5.
208 Die Ausschlagung ist ab Eintritt des Vorerbfalls möglich (§ 2142 Abs. 1 BGB) bis zum Ablauf der Ausschlagungsfrist nach dem Eintritt des Nacherbfalls, § 1944 Abs. 2 Satz 1 BGB.

cc) Wohlverhaltensphase

Der Treuhänder im **Restschuldbefreiungsverfahren** ist nicht zur Ausschlagung berufen; ihm fehlt bereits die umfassende Verfügungsbefugnis (§ 291 Abs. 2 InsO).[209] Ein Obliegenheitsverstoß ist nach überwiegender Auffassung, wohl auch (obiter) des BGH,[210] zu verneinen, sodass die RSB nicht gefährdet ist. Der in § 295 Abs. 1 Nr. 2 InsO normierte Halbteilungsgrundsatz betrifft nur das[211] tatsächlich angefallene, also nicht ausgeschlagene Erbschaftsvermögen. Die Entschließungsfreiheit des Erben wird also auch im Verbraucherinsolvenzverfahren respektiert.[212] Bei Vermächtnissen kann der Begünstigte mangels einer a priori geltenden Ausschlagungsfrist (§ 2180 BGB) ohnehin die Annahme bis nach Ablauf des Restschuldbefreiungsverfahrens hinauszögern, sofern er nicht vom Erben gem. § 2307 Abs. 2 BGB zur Annahme aufgefordert wird,[213] sodass auch im Unterlassen der Annahme eines „in der Schwebe bleibenden" Vermächtnisses, Rdn. 5294 ff., kein Obliegenheitsverstoß liegt.[214]

96

dd) Sozialleistungsträger

Die Entscheidungsbefugnis über die Ausschlagung als Gestaltungsrecht kann auch der **Sozialleistungsgläubiger** nicht gem. § 93 Abs. 1 Satz 4 SGB XII, § 33 Abs. 1 Satz 3 SGB II mangels Anspruchsqualität auf sich überleiten[215] (s. im Einzelnen Rdn. 5134 ff.). Der Betroffene kann also selbst ausschlagen und damit einen Vermögensanfall, der weiteren aktuellen Sozialleistungsbezug verhindert und nach seinem Tod 10 Jahre rückwirkend zur Verwertung freigegeben ist (Rdn. 509 ff.), verhindern. Entgegen der Ansicht des OLG Stuttgart[216] und des OLG Hamm[217] verstößt eine (vom Erben selbst oder seinem Betreuer ausgehende) tatsächlich erklärte Ausschlagung (einer nicht i.S.d. § 2306 BGB beschwerten, somit an sich verwertbaren) Erbschaft nicht gegen die guten Sitten[218] (und ist demnach, sofern vom Betreuer erklärt, als im Interesse des Betreuten liegend betreuungsgerichtlich zu genehmigen, wenn dem Betreuten dafür verbessernde Abfindungsleistungen geboten werden; die Annahme einer [beschwerten] Erbschaft

97

---

209 Im Gegensatz zum Treuhänder im Verbraucherinsolvenzverfahren, § 313 InsO.
210 BGH, 25.06.2009 – IX ZB 196/08, MittBayNot 2010, 52, m. Anm. *Menzel*; BGH, 10.03.2011 – IX ZB 168/09, NotBZ 2011, 212, m. Anm. *Krauß* (zur Ausschlagung eines Vermächtnisses).
211 Nach der Beendigung des regulären Insolvenzverfahrens (durch Beschluss des Insolvenzgerichts), vgl. BGH, 15.07.2010 – IX ZB 229/07, DNotZ 2011, 219.
212 *Nerlich/Römermann*, InsO, § 295 Rn. 27; *Döbereiner*, Die Restschuldbefreiung nach InsO, S. 167; *Ivo*, ZErb 2003, 252 f.; LG Mainz, ZInsO 2003, 525.
213 Vgl. *Limmer*, ZEV 2004, 136. Die spätere Annahme wirkt nicht auf den Zeitpunkt des Anfalls zurück.
214 BGH, 10.03.2011 – IX ZB 168/09, NotBZ 2011, 212, m. Anm. *Krauß*.
215 BGH, Urt. v. 19.01.2011 – IV ZR 7/10, ZEV 2011, 258, m. Anm. *Zimmer* = NotBZ 2011, 168, m. Anm. *Krauß*.
216 NJW 2001, 3484 = ZEV 2002, 367, m. abl. Anm. *Mayer*; ähnlich krit. *Ivo*, FamRZ 2003, 6; a.A. zu Recht LG Aachen, ZEV 2005, 130; ähnlich abl. OLG Köln, 29.06.2007 – 16 Wx 112/07, ZEV 2008, 196: keine vormundschaftsgerichtliche Genehmigung zur Ausschlagung für einen zum nicht befreiten Vorerben eingesetzten, betreuten Behinderten.
217 OLG Hamm, 16.07.2009 – I-15 Wx 85/09, ZEV 2009, 471, m. zust. Anm. *Leipold*: zwar schaffe das Nachrangprinzip keine Verpflichtung Dritter, dem Bedürftigen zu helfen (Behindertentestament!), es richte sich aber an den Bedürftigen selbst.
218 BGH, Urt. v. 19.01.2011 – IV ZR 7/10, ZEV 2011, 258, m. Anm. *Zimmer* = NotBZ 2011, 168, m. Anm. *Krauß* (obiter).

bzw. das bloße Verstreichenlassen der Ausschlagungsfrist bedarf ohnehin keiner gerichtlichen Genehmigung);[219] vgl. im Einzelnen Rdn. 862 f.

98 Allenfalls dürfte auch hier (wie in Rdn. 91) lediglich eine Anspruchskürzung gem. § 26 Abs. 1 Satz 1 Nr. 1 SGB XII (vormals §§ 25 Abs. 2 Nr. 1, 29a BSHG) in Betracht kommen. Die vorausgesetzte willentliche Vermögensminderung in der Absicht des Sozialleistungsbezugs („sich maßgeblich davon leiten lassen")[220] ist allerdings dann nicht anzunehmen, wenn der Bedürftige dadurch erkennbar Vorteile erhält. Steht der Hilfeempfänger unter Betreuung, wird eine Kürzung nach § 26 Abs. 1 Satz 1 Nr. 1 SGB XII regelmäßig ausscheiden, da er sich das Verhalten seines gesetzlichen Vertreters nicht zurechnen lassen muss.[221]

c) Entstandene Pflichtteilsansprüche

aa) „normaler Gläubiger"

99 Wegen § 852 Abs. 1 ZPO kann ein zivilrechtlicher Gläubiger den Pflichtteilsberechtigten nicht dazu zwingen, den Pflichtteilsanspruch geltend zu machen.[222] Das bloße Untätigbleiben des Schuldners genügt, um den Pflichtteilsanspruch für seine Gläubiger letztlich unerreichbar zu machen.[223] Im schlichten Eintretenlassen der Verjährung liegt auch (mangels Vertrags) keine Schenkung i.S.d. § 516 BGB, anders im Erlassvertrag (§ 397 BGB) auf den Pflichtteilsanspruch. Wegen des sonst eintretenden Wertungswiderspruchs zu § 852 Abs. 1 ZPO ist jedoch eine Anfechtung des bloßen Nichtgeltendmachens des Pflichtteilsanspruchs oder des Erlassvertrags nach dem AnfG ausgeschlossen.[224]

bb) Regelinsolvenz

100 **Unpfändbare Gegenstände** zählen nicht zur Insolvenzmasse (§ 36 Abs. 1 Satz 1 InsO). Die Schutzvorschrift des § 852 Abs. 1 ZPO wird von der neueren Rechtsprechung nicht als Pfändungsverbot, sondern als „aufschiebende Bedingtheit der Verwertbarkeit" eines bereits – dem Grunde nach – vorab pfändbaren Anspruchs verstanden,[225] sodass eine Vorabpfändung mit rangwahrender Wirkung möglich ist. Demnach zählt zwar der (in seiner Verwertbarkeit aufschiebend bedingte) Pflichtteilsanspruch zur Insolvenzmasse, der **Insolvenzverwalter** ist jedoch nicht in der Lage, den Schuldner dazu zu verpflichten, ihn geltend zu machen.[226]

---

219 OLG Köln, 16.07.2007 – 5 W 535/07, ZErb 2008, 119: keine Analogie zu § 1643 Abs. 2 BGB mangels Regelungslücke.
220 Vgl. LSG Berlin-Brandenburg, 10.10.2007 – L 23 B 146/07 SO, NotBZ 2008, 242.
221 Gutachten, DNotI-Report 1996, 48, 53; *Ivo*, FamRZ 2003, 9; *Settergren*, Das „Behindertentestament" im Spannungsfeld zwischen Privatautonomie und sozialhilferechtlichem Nachrangprinzip, S. 128.
222 Vor vertraglicher Anerkennung oder Rechtshängigkeit erfolgt die Pfändung wie bei einem aufschiebend bedingten Anspruch; die Überweisung zur Einziehung darf erst erfolgen, wenn die Voraussetzungen des § 852 Abs. 1 ZPO vorliegen, BGH, 26.02.2009 – VII ZB 30/08, ZNotP 2009, 192 = ZEV 2009, 247, m. Anm. *Musielak*.
223 BGH, DNotZ 1998, 827.
224 Staudinger/*Haas*, BGB, § 2317 Rn. 57; *Klumpp*, ZEV 1998, 126.
225 BGH, DNotZ 1994, 780.
226 Vgl. *Klumpp*, ZEV 1998, 127; *Keim*, ZEV, 1998, 127. Nach LG Göttingen, 26.10.2009 – 10 T 86/09, ZEV 2010, 99 zählen Pflichtteilsansprüche des Schuldners jedoch überhaupt nur dann zur Insolvenzmasse, wenn sie bei Eröffnung anerkannt oder rechtshängig waren.

cc) Wohlverhaltensphase

Dies gilt entgegen der zuvor wohl herrschenden Meinung auch im Rahmen einer **RSB**.[227] § 295 Abs. 1 Nr. 2 InsO statuiert eine Obliegenheit zur Herausgabe der Hälfte des „von Todes wegen erworbenen Vermögens"; hierzu würde dem Wortlaut nach auch der bereits mit dem Ableben entstandene Pflichtteilsanspruch gem. § 2317 Abs. 1 BGB zählen, sodass die RSB versagt werden müsste, wenn der Gemeinschuldner einer Verbraucherinsolvenz den entstandenen Pflichtteil nicht geltend macht (also durch Untätigkeit verjähren lässt oder gar durch Erlassvertrag beseitigt).[228] Der BGH[229] zieht jedoch eine Parallele zum Schutz der Entscheidungsfreiheit hinsichtlich einer Ausschlagung der Erbschaft (Rdn. 115) und betont, die Ablieferung des geltend gemachten Pflichtteils nur zur Hälfte sei als gesetzgeberischer Anreiz, ihn einzufordern, nur verständlich vor dem Hintergrund einer an sich nicht gegebenen Obliegenheit der Geltendmachung (auch ein angefallenes Vermächtnis ist erst nach Annahme zur Hälfte abzuliefern).[230] Die Situation unterscheidet sich also nicht von der Behandlung des Pflichtteils in der Regelinsolvenz, § 36 Abs. 1 InsO (bzw. der Behandlung des Vermächtnisses in der Regelinsolvenz, wo § 83 Abs. 1 InsO die höchstpersönliche Entscheidung über Annahme oder Ausschlagung des Vermächtnisses schützt). Auch eine Rechtspflicht zur Offenlegung des möglichen Pflichtteilanspruchs ggü. dem Treuhänder in der Wohlverhaltensphase besteht so lange nicht, als noch nicht feststeht, ob er tatsächlich geltend gemacht wird, sodass die Versagung der RSB ebenso wenig auf § 295 Abs. 1 Nr. 3 InsO („Verheimlichung") gestützt werden kann.[231]

101

Wird allerdings der Pflichtteilsanspruch nach Ablauf der Wohlverhaltensphase (also nach Beendigung der Abtretungserklärung und Schlusstermin gem. § 197 InsO) anerkannt oder rechtshängig gemacht, findet eine **Nachtragsverteilung** statt,[232] da i.S.d. § 203 Abs. 1 Nr. 3 InsO „nachträglich Gegenstände der Masse ermittelt wurden" (wie in Rdn. 100 erläutert, gehört der – in seiner Verwertbarkeit aufschiebend bedingte – Pflichtteilsanspruch bereits als solcher zur Insolvenzmasse; der nachträgliche Eintritt der Verwertbarkeit eines bereits bekannten Anspruchs ist dem gesetzlichen Tatbestandsmerkmal der nachträglichen „Ermittlung" eines bisher noch nicht bekannten Anspruchs im Wege des Erst-Recht-Schlusses gleichgestellt). Ein bereits während der Regelinsolvenz erworbener Pflichtteilsanspruch ist dabei in voller Höhe, ein während der

102

---

227 Genauer: ab Aufhebung des Insolvenzverfahrens und Ankündigung der RSB, BGH, 18.12.2008 – IX ZB 249/07, ZEV 2009, 250: Pflichtteilsansprüche, die bereits während des eigentlichen Insolvenzverfahrens (nur bedingt gem. § 852 Abs. 1 ZPO, § 36 InsO pfändbar) erworben wurden, fallen nicht darunter, auch wenn die Verjährungsfrist teilweise mit der Wohlverhaltensphase sich überlapp. Zur möglichen Nachtragsverteilung gem. § 203 InsO, wenn der Anspruch später tatsächlich anerkannt (bzw. gar erfüllt) oder rechshängig gemacht wird, vgl. Rdn. 102.
228 Vgl. MünchKomm-InsO/*Ehricke*, § 295 Rn. 57 m.w.N.; Braun/*Lang*, InsO, § 295 Rn. 11; *Döbereiner*, Die Restschuldbefreiung nach der InsO, S. 165 f.; *Andres/Leithaus*, InsO (2006), § 295 Rn. 5; *Hess/Weis/Wienberg*, § 295 InsO, Rn. 22; *Ivo*, ZErb 2003, 255; Kübler/Prütting/Bork, InsO, § 295 Rn. 19; a.A. jedoch *Nerlich/Römermann*, InsO, § 295 Rn. 24 und *Schumacher-Hey*, RNotZ 2004, 557 mit Blick auf den Schutz der Entscheidungsfreiheit, § 852 Abs. 1 ZPO; *Reul/Heckschen/Wienberg*, Insolvenzrecht in der Kautelarpraxis, S. 334 und *Hartmann*, ZNotP 2005, 82.
229 BGH, 25.06.2009 – IX ZB 196/08, MittBayNot 2010, 52, m. Anm. *Menzel*; BGH, 16.07.2009 – IX ZB 72/09, ZInsO 2009, 1831.
230 BGH, 10.03.2011 – IX ZB 168/09, NotBZ 2011, 212, m. Anm. *Krauß*.
231 BGH, 10.03.2011 – IX ZB 168/09, NotBZ 2011, 212, m. Anm. *Krauß*; ein schlichtes Unterlassen steht dem aktiven Verheimlichen nur bei Bestehen einer solchen Rechtspflicht zur Offenlegung gleich: BGH, 22.10.2009 – IX ZB 249/08, FamRZ 2010, 26.
232 BGH, 02.12.2010 – IX ZB 184/09, ZEV 2011, 87, m. Anm. *Reul*.

Wohlverhaltensphase erworbener zur Hälfte seines Wertes zur Nachtragsverteilung heranzuziehen.[233] Zur Rechtslage bei nachträglicher Annahme eines zuvor „in der Schwebe gehaltenen" Vermächtnisses vgl. Rdn. 5297.

dd) Sozialleistungsträger

103 Der **Sozialhilfeträger** als Gläubiger ist hingegen gem. § 93 Abs. 1 Satz 4 SGB XII uneingeschränkt berechtigt, den Pflichtteilsanspruch (auch vor dessen Geltendmachung)[234] auf sich überzuleiten und einzufordern, da die Pfändbarkeits- und Abtretbarkeitsbeschränkung ihm ggü. nicht gilt.[235] Auf den Träger der Grundsicherung für Arbeit Suchende („Hartz IV") geht der Pflichtteilsanspruch sogar gem. § 33 SGB II kraft Gesetzes über (vgl. Rdn. 596), i.H.d. bereits gewährten Leistungen. Dies gilt nach bisheriger[236] Ansicht des BGH auch dann, wenn durch dessen Geltendmachung eine Enterbung für den zweiten Sterbefall ausgelöst wird;[237] wobei jedoch häufig die Auslegung solcher „Pflichtteilsstrafklauseln" ergibt, dass diese erzwungene Geltendmachung nicht zum Entfallen der Erbenstellung führen solle[238] (vgl. im Einzelnen Rdn. 5098 ff.).

104 **Hinweis:**
Daher ist der präventive, auch ggü. dem Sozialleistungsträger wirksame (Rdn. 91 ff.) Pflichtteils- oder Pflichtteilsergänzungsverzicht von entscheidender Bedeutung, auch als flankierende Maßnahme z.B. bei Schenkungen „am Verzichtenden vorbei" (Zuwendung der Großeltern an die Enkel: Verzicht des „übersprungenen" Sozialleistungsempfängers zur Vermeidung eines übergeleiteten/überleitbaren Anspruchs aus § 2325 BGB beim Ableben des Zuwendenden in den folgenden 10 Jahren, da nur Eigengeschenke an ihn selbst, nicht an seinen Stamm, gem. § 2327 BGB angerechnet werden).

105 Ein Versuch des Hilfeempfängers, trotz des Bezugs nachrangiger Sozialleistungen auf den bereits angefallenen (allerdings noch nicht geltend gemachten) Pflichtteilsanspruch durch Erlassvertrag einzuwirken, verstößt wohl gegen § 138 BGB (Rdn. 849),[239] zumindest liegt darin ein schuldhaftes Herbeiführen der Hilfebedürftigkeit (mit der Folge einer Kürzung gem. § 26 Abs. 2

---

233 Für Letzteres spricht BGH, NZI 2006, 180: § 203 InsO gilt auch im Verbraucherinsolvenzverfahren.
234 Anders verhält es sich lediglich für den „sekundären Pflichtteilsanspruch", der erst nach einer Ausschlagung, etwa gem. § 2306 BGB, entsteht, da das Ausschlagungsrecht selbst nicht übergeleitet werden kann, s.o. Rdn. 97 und Rdn. 5110 ff.
235 BGH, 08.12.2004 – IV ZR 223/03, RNotZ 2005, 176, m. Anm. *Litzenburger*, S. 162; OLG Karlsruhe, DNotI-Report 2004, 37, sowie OLG Frankfurt am Main, DNotI-Report 2004, 38; a.A. möglicherweise, jedoch ohne Begründung BayObLG, DNotI-Report 2003, 189.
236 *Wendt* (Richter am IV. BGH-Senat) plädiert in ZNotP 2011, 362, 377 dafür, diese Rspr. zu überdenken: um Einflussnahme auf die Erbfolge zu unterbinden, müsse ggf. die Durchsetzung von Pflichtteilsansprüchen im ersten Sterbefall generell untersagt werden.
237 BGH, 08.12.2004 – IV ZR 223/03, RNotZ 2005, 176, m. Anm. *Litzenburger*, S. 162; *Spall*, MittBayNot 2003, 356; zuvor bereits OLG Karlsruhe, DNotI-Report 2004, 37 – gegen OLG Frankfurt am Main, DNotI-Report 2004, 38 (aufgehoben durch BGH, 19.10.2005, FamRZ 2006, 194). Zur möglichen Bedeutung von Pflichtteilsstrafklauseln bei der sozialrechtlichen Prüfung der Unwirtschaftlichkeit bzw. besonderer Härte vgl. Rdn. 106.
238 OLG Karlsruhe, DNotI-Report 2004, 37 durch BGH, 08.12.2004 – IV ZR 223/03, RNotZ 2005, 176, m. Anm. *Litzenburger*, S. 162 nunmehr bestätigt.
239 VGH Baden-Württemberg, 08.06.1993, NJW 1993, 2954; OLG Frankfurt am Main, 22.06.2004 – 20 W 332/03, FamRZ 2005, 60; *Muscheler*, ZEV 2005, 119, 120; *v. Proff zu Irnich*, ZErb 2010, 207.

Satz 1 SGB XII bzw. des Wegfalls der SGB II-Leistungen für höchstens 3 Monate gem. §§ 31 Abs. 2 Nr. 1, 31a, 31b SGB II).[240] Ist der Pflichtteilsanspruch bereits übergegangen, gehen Erlassverträge ohnehin ins Leere (die Voraussetzungen des §§ 407, 412 BGB werden angesichts der zumindest laienhaften Kenntnis der Beteiligten über den Forderungsübergang bzw. der angezeigten Rechtsnachfolge durch Verwaltungsakt gem. SGB XII regelmäßig nicht vorliegen).[241]

Ist der Pflichtteilsanspruch (durch Enterbung oder Ausschlagung) entstanden, *bevor* steuerfinanzierte Fürsorgeleistungen nach SGB II oder SGB XII beantragt wurden, zählt der Pflichtteilsanspruch als solcher zum berücksichtigungsfähigen Vermögen i.S.d. § 12 Abs. 1 SGB II bzw. § 90 Abs. 1 SGB XII, das die Hilfebedürftigkeit des Pflichtteilsberechtigten ausschließt.[242] Seine – rechtlich stets mögliche – Verwertbarkeit muss auch tatsächlich in überschaubarer Zeit (Rdn. 435: 6 bzw. 12 Monate) möglich sein.[243] Im Einzelfall kann allerdings gem. § 12 Abs. 3 Nr. 6, 1. Alt. SGB II die Verwertung wegen „**Unwirtschaftlichkeit**" nicht geschuldet sein, wenn bspw. eine Pflichtteilsstrafklausel als Folge der Geltendmachung zum quantifizierbaren, viel höheren Verlust der Schlusserbschaft führen würde,[244] oder gem. § 12 Abs. 3 Nr. 6, 2. Alt. SGB II (ebenso § 90 Abs. 3 SGB XII, Rdn. 459) wegen Vorliegens einer „besonderen Härte" entfallen:

106

Eine solche **besondere Härte** kann zum einen

107

(1) – moralisch/ethisch – in einer nachhaltigen Störung des Familienfriedens liegen,[245] oder in unzumutbaren Auswirkungen auf den pflichtteilsbelasteten Erben – etwa weil dieser den nun pflichtteilsberechtigten Sozialleistungsempfänger lange Zeit gepflegt und damit höhere Sozialleistungen vermieden hat,[246] oder aber

(2) – materiell, einkommensbezogen – sich dadurch verwirklichen, dass den Erben die Aufnahme eines Darlehens zur Auszahlung des Pflichtteilsanspruchs finanziell so einschränken würde, dass ihm weniger Einkommen bleibt als Verwandte gem § 9 Abs. 5 SGB II – Rdn. 629 – ggü. dem Hilfeempfänger verteidigen könnten (§ 1 Abs. 2 und § 4 Abs. 2 ALG II-VO: doppelte Regelleistung – also 718,00 €, ab 2012 728,00 € – zuzüglich Kosten der Unterkunft und Heizung, zuzüglich der Hälfte des übersteigenden Einkommens, Rdn. 631). Sie kann schließlich

(3) – materiell, vermögensbezogen – auch vorliegen, wenn der Erbe verpflichtet wäre, zur Erfüllung des Pflichtteilsanspruchs Vermögen zu verwerten, das er als Sozialleistungsbezieher verteidigen könnte, etwa das selbst genutzte Familienheim,[247] § 90 Abs. 2 Nr. 8 SGB XII/§ 12 Abs. 3 Nr. 4 SGB II.

---

240 *Klühs*, ZEV 2011, 15, 17 (zum noch bis zum 31.12.2010 geltenden § 31 SGB II a.F.).
241 *Von Proff zu Irnich*, ZErb 2010, 206 m.w.N.
242 LSG NRW, 24.11.2008 – L 20 AS 92/07, JurionRS 2008, 30679; BeckOK/*Merten* § 33 SGB II Rn. 3; *Klühs*, ZEV 2011, 15.
243 BSG, 06.05.2010 – B 14 AS 2/09, ZEV 2010, 585, Tz. 21.
244 Hohes Alter des vermögenden Zweitversterbenden im Zeitpunkt der Antragstellung nach SGB II bei i.Ü. bindender Schlusserbeinsetzung (Rückverweisung zur Sachverhaltsaufklärung durch BSG, 06.05.2010 – B 14 AS 2/09 R, ZEV 2010, 585).
245 Nach BSG, 06.05.2010 – B 14 AS 2/09 R, ZEV 2010, 585 genügt dafür aber nicht die Wertung, die in der Abfassung eines Berliner Testaments zum Ausdruck kam; großzügiger *Klühs*, ZEV 2011, 15, 16, bei Vorliegen einer Pflichtteilsstrafklausel.
246 BVerwG, 10.03.1995 – 5 B 37.95 – Buchholz 436.0, § 90 BSHG Nr. 23.
247 *Angermeier*, Soziale Sicherung 2010, 194, 196.

108 Stets wird (vom übergeleiteten bzw., sofern noch kein Sozialleistungsbezug vorliegt, zu dessen Vermeidung einzusetzenden) Pflichtteilsanspruch der etwaige noch unverbrauchte Freibetrag abgezogen, der einem Leistungsempfänger verbleiben kann (im Fall der Sozialhilfe also der sog. kleinere Barbetrag i.S.d. § 90 Abs. 2 Nr. 9 SGB XII: 1.600,00 bzw. 2.600,00 € – Rdn. 457 –, soweit noch nicht durch anderes Finanzvermögen aufgezehrt; im Fall der Grundsicherung die altersabhängigen Freibeträge gem. § 12 Abs. 2 Satz 1 Nr. 1 und Nr. 4 SGB II: 150,00 € je Lebensjahr, Rdn. 664 ff., soweit noch nicht durch andere belassene Vermögenswerte – nicht nur Finanzvermögen – aufgezehrt).[248]

III. Abgrenzung zur Schenkung: Familienrechtliche Verträge

1. Gütergemeinschaft

109 Der **Abschluss eines Ehevertrags**, insb. Begründung einer Gütergemeinschaft, stellt regelmäßig – auch anfechtungsrechtlich[249] und pflichtteilsergänzungsrechtlich – keine Schenkung dar,[250] selbst wenn dadurch ein Ehegatte objektiv eine deutliche Bereicherung erfährt. Die Vereinbarung der Gütergemeinschaft wird daher bewusst eingesetzt, bspw. zur Versorgung eines Ehegatten, wenn der andere durch bindend gewordene letztwillige Verfügung in seiner Testierfreiheit (und gem. § 2287 BGB in seiner Schenkungsfreiheit) eingeschränkt ist und auf das Recht zur Selbstanfechtung bei Wiederheirat verzichtet hat. Jedenfalls seit 01.01.2005 steht die Gütergemeinschaft auch eingetragenen Lebenspartnern zur Verfügung.[251]

110 **Rechtsgrund** der Gütergemeinschaft ist ein „**familienrechtlicher Vertrag**". Dieser ist nur ausnahmsweise eine Schenkung, wenn der verfolgte Zweck nicht in der Verwirklichung der Ehe liegt.

Beispiele:

Vereinbarung „im Angesicht des Todes", kurz nach Vereinbarung wieder Aufhebung mit völlig neuer Vermögenszuordnung,[252] Verschiebung wertvoller Vermögensgegenstände in das Vorbehaltsgut des weniger begüterten Ehegatten,[253] Vereinbarung einer höheren als hälftigen (§ 1476 BGB) Ausgleichsquote zugunsten des weniger vermögenden Ehegatten.[254]

111 Allerdings reduziert sich die gesetzliche **Ehegattenerbquote** durch die Vereinbarung der Gütergemeinschaft auf lediglich ein Viertel, sodass eine Pflichtteilskürzung nur eintritt, wenn das Vermögen desjenigen Ehegatten, der Pflichtteilsansprüche reduzieren möchte, mehr als dreimal so groß ist wie das Vermögen des weiteren Ehegatten.[255] Nachteilig ist jedoch die (auch bei gemeinschaftlicher Verwaltung eintretende) **Haftungserweiterung** für Verpflichtungen, die bereits vor Eintritt der Gütergemeinschaft bestanden haben, und solche, die aufgrund Gesetzes entste-

---

248 BSG, 06.05.2010 – B 14 AS 2/09 R, ZEV 2010, 585, Tz. 32.
249 Daher allenfalls 2-jährige Anfechtung nach § 133 Abs. 2 InsO; vgl. OLG München, OLGR 1997, 94.
250 BGH, NJW 1992, 558; eingehend *Wegmann*, ZEV 1996, 204.
251 Aufgrund Neufassung des § 7 LPartG; zuvor umstritten (dagegen etwa *Grziwotz*, DNotZ 2001, 287; dafür *Schwab*, FamRZ 2001, 388).
252 Vgl. RGZ 87, 301.
253 RG, Recht 1908 Nr. 1550 – es handelt sich also keineswegs um ein „neues" Modell!
254 BGH, DNotZ 1992, 503.
255 Eingehend *Wieser*, MittBayNot 1970, 137 ff.

hen, etwa aus unerlaubter Handlung und Unterhaltspflichten[256] sowie die Mitberücksichtigung des Einkommens des Ehegatten bei der Beurteilung der Leistungsfähigkeit im Unterhaltsrecht (§ 1604 BGB).[257] Gem. § 7 Abs. 1 Nr. 4 ErbStG stellt die Bereicherung aufgrund Vereinbarung der Gütergemeinschaft eine **steuerpflichtige Schenkung** dar (ausgenommen ist das Familienwohnheim gem. § 13 Abs. 1 Nr. 4a ErbStG); Steuergrundlage ist die Hälfte des Differenzbetrags des von beiden Ehegatten eingebrachten Vermögens.[258]

Einkommensteuerliche Wirkung kommt der Gütergemeinschaft (anders als ihrer Auseinandersetzung)[259] nicht zu, allerdings sind bei einem Gewerbebetrieb (und bei freiberuflicher Tätigkeit, § 18 Abs. 5 EStG)[260] beide Ehegatten regelmäßig als Mitunternehmer i.S.d. § 15 Abs. 1 Nr. 2 EStG anzusehen, es sei denn, es wird ohne nennenswertes Kapital gewirtschaftet und die persönliche Arbeitsleistung des unternehmensführenden Ehegatten ist allein bestimmend. Etwaige Löhne, einschließlich der Arbeitgeberanteile zur Sozialversicherung, die der „mitarbeitende", tatsächlich jedoch mitunternehmerisch veranlagte Ehegatte bezieht, sind also keine Betriebsausgaben, sondern zählen zu den Einkünften aus Gewerbebetrieb, unterliegen der Gewerbesteuer, vermitteln keinen Arbeitnehmerpauschbetrag gem. § 9a Nr. 1 EStG und können nicht zur Pauschalversteuerung nach §§ 40, 40a EStG veranlagt werden. Kommt es bei der Beendigung der Gütergemeinschaft zur gegenständlichen Auseinandersetzung, gelten dieselben Grundsätze wie bei der Vermögensübertragung zur Erfüllung eines Zugewinnausgleichsanspruchs (vgl. Rdn. 76 ff.: ertragsteuerliche Entgeltlichkeit).[261] Übernimmt ein Ehegatte den bisher zum Gesamtgut gehörenden Betrieb allein, liegt darin das Ausscheiden aus einer zweigliedrigen „Personengesellschaft".[262]

112

> **Hinweis:**
>
> Um zu vermeiden, dass beim Vorversterben des „falschen", nämlich durch die Vereinbarung der Gütergemeinschaft faktisch bereicherten Ehegatten der andere wesentliche Teile des Vermögens zurückerhält, ist eine flankierende Verfügung von Todes wegen (Vor- und Nacherbfolge) notwendig.

113

Noch stärker pflichtteilsabwehrende Wirkung hat die **fortgesetzte Gütergemeinschaft** mit gemeinschaftlichen Abkömmlingen: Gem. § 1483 Abs. 1 Satz 3 BGB gehört das Gesamtgut beim Tod des erstversterbenden Ehegatten im Verhältnis zu den gemeinschaftlichen Abkömmlingen nicht zum Nachlass, sodass diesbezüglich weder ordentliche Pflichtteilsansprüche noch Pflichtteilsergänzungsansprüche geltend gemacht werden können. Gem. § 1505 BGB gilt für Zwecke

114

---

256 Vgl. *Behmer*, MittBayNot 1994, 382; *Everts*, ZFE 2004, 273.
257 Vgl. OLG Frankfurt am Main, FamRZ 2002, 982.
258 Wobei infolge des Wechsels vom gesetzlichen Güterstand dem weniger vermögenden Ehegatten eine Zugewinnausgleichsforderung zustehen kann, die materiell-rechtlich ebenfalls in das Gesamtgut eingebracht wird, BGH, FamRZ 1990, 257.
259 Es gelten wohl die Realteilungsgrundsätze, vgl. FG München, EFG 1993, 812; BFH, BStBl. 2002 II, S. 519; *Fichtelmann*, EStB 2006, 257.
260 Wobei hier häufig die besondere Qualifikation des freiberuflich tätigen Ehegatten im Vordergrund steht, sodass keine Mitunternehmerschaft eintritt.
261 *Kusterer*, EStB 2007, 344.
262 *Liebelt*, NJW 1994, 609, 613.

der Pflichtteilsergänzung der erstverstorbene Ehegatte als erst zum Zeitpunkt der Beendigung der fortgesetzten Gütergemeinschaft (regelmäßig also bei Versterben des zweiten Ehegatten, sofern die gemeinsamen Abkömmlinge keine vorzeitige Aufhebung erzwingen können) verstorben. Das Anlaufen der Zehn-Jahres-Frist gem. § 2325 Abs. 3 BGB wird dadurch jedoch nicht berührt, sodass Schenkungen aus dem Gesamtgut zu Lebzeiten beider Ehegatten immer dann ergänzungsfest sind, wenn wenigstens einer der beiden Ehegatten[263] den Schenkungszeitpunkt mehr als 10 Jahre überlebt.

2. Gütertrennung und Vereinbarungen zum Zugewinnausgleich

115 Der kraft Gesetzes (§ 1378 Abs. 3 Satz 1 BGB) – sofern nicht ehevertraglich ausgeschlossen – mit Beendigung des gesetzlichen Güterstandes entstehende Zahlungsanspruch auf Ausgleich des bisherigen Zugewinns ist nicht rechtsgeschäftlich zugewendet und somit nicht schenkungsteuerbar (§ 5 Abs. 2 ErbStG; vgl. ausführlich Rdn. 3897 ff.). Erfolgt eine Übertragung in Anrechnung auf die familienrechtliche Ausgleichsforderung, an Erfüllungs statt bzw. als Gegenleistung für den Verzicht auf deren Geltendmachung, liegt hierin auch **zivilrechtlich** ein entgeltlicher Erwerb (vgl. Rdn. 69 ff.). Dieselbe Wertung vollzieht auch das **Ertragsteuerrecht** nach (vgl. ausführlich Rdn. 76 ff., Rdn. 4942 ff.).

3. Anrechnung gem. § 1380 BGB

116 Erfolgt eine Übertragung unter Ehegatten in Anrechnung auf einen künftigen Zugewinnausgleichsanspruch nach § 1380 BGB, nimmt die Literatur ab Entstehung des Ausgleichsanspruchs nachträgliche (Teil-) Entgeltlichkeit in Höhe dessen anrechnungsbedingter Minderung an[264] (vgl. Rdn. 81 ff. zur ertragsteuerlichen Sicht und Rdn. 68 mit weiteren Verweisungen zum Schenkungsteuerrecht, § 29 Abs. 1 Nr. 3 ErbStG, Rdn. 3903).

4. Rückwirkende Vereinbarung der Zugewinngemeinschaft

117 Die mit der ehevertraglichen Vereinbarung der Zugewinngemeinschaft einhergehende Erhöhung des gesetzlichen Ehegattenerbteils um ein Viertel reduziert nachhaltig und mit sofortiger Wirkung die Pflichtteilsquote anderer Berechtigter. Ebenso wie die Vereinbarung der Gütergemeinschaft dürfte sie in erster Linie familienrechtliche Gründe haben und damit keine Schenkung darstellen. Zivilrechtlich ist es weiterhin möglich, als Anfangsvermögen i.S.v. § 1374 Abs. 1 BGB bei späterer Vereinbarung der Zugewinngemeinschaft nicht das Vermögen beim Ehevertrag, sondern das bei Eheschließung vorhandene Vermögen zu vereinbaren.[265] Diese „rückwirkende" Wiedervereinbarung der Zugewinngemeinschaft wird allerdings erbschaftsteuerlich bei der „erbrechtlichen Lösung" gem. § 5 Abs. 1 Satz 4 ErbStG[266] nicht anerkannt; steuerfrei gestellt wird lediglich der errechnete Zugewinn ab tatsächlichem Ehevertragsdatum (Rdn. 3892).

---

263 Während der fortgesetzten Gütergemeinschaft können Schenkungen aus dem Gesamtgut nur mit Zustimmung der fortsetzenden Abkömmlinge erfolgen (vgl. §§ 1487, 1425 BGB).
264 Vgl. *Söffing/Thoma*, ErbStB 2003, 321 m.w.N.
265 Vgl. BGH, FamRZ 1998, 903.
266 Gilt gem. § 37 Abs. 10 ErbStG a.F. für alle Erwerbe, für die die Steuer ab 01.01.1994 entstanden ist (verfassungskonforme unechte Rückwirkung gem. BFH, 13.04.2005 – II R 46/03, FamRZ 2006, 1667).

§ 5 Abs. 2 ErbStG (güterrechtlicher Ausgleich) erwähnt dagegen schlicht „die Ausgleichsforderung (§ 1378 BGB)" und kennt keine ausdrückliche Verweisung auf das **Rückwirkungsverbot** des § 5 Abs. 1 Satz 4 ErbStG. Daher besteht (Schenkungs-)steuerfreiheit auch des „rückwirkend" auf den Beginn der Ehe „**wiedervereinbarten**" Zugewinns beim güterrechtlichen Ausgleich[267] nunmehr auch nach Ansicht der Finanzverwaltung[268] (vgl. näher Rdn. 3905 ff. auch zu den Grenzen: Nichtanerkennung eines vor Ehebeginn liegenden Stichtages etc.).

118

5. Güterrechtliche Besonderheiten im Beitrittsgebiet

§ 40 FGB-DDR[269] gibt bei Beendigung der ehelichen Vermögensgemeinschaft, also des gesetzlichen, bis zum 01.10.1990 auch einzigen Güterstands des Familiengesetzbuchs der DDR, eine **Ausgleichsforderung**, deren Höhe gem. § 40 Abs. 2 FGB-DDR im richterlichen Ermessen steht. Dabei ist auch die mittelbare Entlastung des anderen Ehepartners durch Leistungen im Haushalt und bei der Erziehung der Kinder ein berücksichtigungsfähiger Umstand; es ist nicht erforderlich, dass daneben finanzielle Beiträge geleistet werden. Maßgeblich ist der Wert des Alleinvermögens des anderen Ehegatten zum 03.10.1990, sodass die Wertsteigerung seit der Sozial- und Währungsunion (Freigabe der Stopp-Preise am 01.07.1990) noch miterfasst wird.[270] Anders als beim Zugewinnausgleich werden also nicht nur Werterhöhungs-, sondern auch Werterhaltungsmaßnahmen berücksichtigt. Der Anspruch entsteht mit der gesetzlichen Beendigung des DDR-Güterstands, der als noch nicht abgewickelte Liquidationsgemeinschaft fortbesteht, und ist in seiner Verjährung gem. § 207 Satz 1 BGB gehemmt. Dieser Anspruch,[271] dessen Höhe nicht zu unterschätzen ist, wird transfersteuerlich wie der Zugewinnausgleichsanspruch bei vorzeitiger Beendigung der Zugewinngemeinschaft behandelt (§ 5 Abs. 2 ErbStG) und löst keine Pflichtteilsergänzungsansprüche aus.

119

Im Beitrittsgebiet sind zusätzlich **gesetzliche Miterwerbe** des Ehegatten zu berücksichtigen, etwa gem. Art. 233 § 11 Abs. 5 EGBGB[272] bei ehemaligen Bodenreformgrundstücken hinsichtlich des „gesetzlichen Erwerbs" zum 15.03.1990, gem. § 4 EGFGB bzgl. des Miterwerbs von Vermögensgegenständen durch den Ehegatten bei Eintritt des gesetzlichen Güterstands des FGB-

120

---

267 FG Düsseldorf, 14.06.2006 – 4 K 7107/02 Erb, RNotZ 2007, 55 = ErbStB 2006, 305, rk. Das FA hatte zuvor in der rückwirkenden Wiedervereinbarung des gesetzlichen Güterstandes eine Schenkung des Erblassers auf den Todesfall gesehen.
268 Bayerisches Landesamt für Steuern, Erlass v. 05.10.2006 – S 3804–4 St35N, ZEV 2007, 48; vgl. auch *Müller*, ErbStB 2007, 14.
269 Gem. Art. 234 § 4 EGBGB leben Ehegatten, die am 02.10.1990 im gesetzlichen Güterstand der „Errungenschaftsgemeinschaft" des FGB-DDR verheiratet waren, ab 03.10.1990 (also nicht ab Ehebeginn!) im Güterstand der Zugewinngemeinschaft. Für die güterrechtliche Auseinandersetzung des bis zum 03.10.1990 erworbenen vormals gemeinschaftlichen Vermögens gelten im Fall einer späteren Scheidung gem. Art. 234 § 4 Abs. 4 EGBGB weiterhin §§ 39 ff. FGB.
270 Nach § 40 Abs. 1 FGB-DDR war zwar die Beendigung der Ehe erforderlich, aus § 40 Abs. 3 FGB, wonach auch schon vor Beendigung der Ehe in einzelnen Fällen der Anspruch geltend gemacht werden konnte, schöpfte der BGH jedoch das Entstehen des Anspruchs bereits mit Beendigung des DDR-Güterstands: BGH, NotBZ 2003, 30; VIZ 1999, 502.
271 Vgl. hierzu auch die Rspr. der OLG der neuen Bundesländer: OLG Naumburg, NJ 2003, 438; OLG Brandenburg, FamRZ 2003, 452; OLG Dresden, VIZ 2001, 343; OLG Rostock, FamRZ 2000, 887.
272 Vgl. hierzu *Stavorinus*, NotBZ 2000, 107; § 891 BGB (Vermutung der Richtigkeit des Grundbuchs) gilt insoweit bei Bodenreformgrundstücken nicht, vgl. OLG Rostock, MittBayNot 1994, 441; a.A. (lediglich Verpflichtung des Notars, den Sachverhalt zu klären) LG Neubrandenburg, Rpfleger 1994, 293.

DDR am 01.04.1965,[273] weiter gem. § 9 Abs. 4 Sachenrechtsbereinigungsgesetz[274] und bzgl. des Baulichkeitseigentums gem. § 296 ZGB.[275]

IV. Weitere Abgrenzung: Gesellschaftsrechtliche Vereinbarungen

1. Verpflichtungen causa societatis

121 Insb. in der Gründungsphase sowie in Zeiten finanzieller Bedrängnis übernehmen Gesellschafter ggü. „ihrer" Gesellschaft Verpflichtungen, etwa zur Übernahme von Verlusten, im Rahmen sog. **Patronatserklärungen**[276] oder durch freiwillige Sanierungsleistungen (Zuschüsse) bzw. Gewährung sog. Finanzplankredite.[277] Werden lediglich Sicherheiten mit Regressberechtigung gestellt (Übernahme einer Bürgschaft), liegt hierin bereits wegen der Rückgriffsberechtigung keine Schenkung (vgl. Rdn. 23). Aber auch Patronatserklärungen oder sonstige Beiträge, zu denen keine satzungsmäßige oder durch Beschluss begründete Verpflichtung besteht, werden i.d.R. nicht als Gegenstand eines (beurkundungspflichtigen) Schenkungsversprechens, sondern im Hinblick auf die Mitgliedschaft in dieser Gesellschaft oder in diesem Verein[278] („causa societatis") abgegeben. Eine solche kausale Verknüpfung schließt das Vorliegen einer Schenkung aus;[279] die Leistung (z.B. Verlustübernahmeerklärung)[280] wird zum Zweck der Stärkung der Gesellschaft und damit zur Erhöhung des Werts der Beteiligung erbracht. Demnach fällt für die Übertragung eines Grundstücks auf eine Kapitalgesellschaft zur Verstärkung der Beteiligung des Einbringenden Grunderwerbsteuer an, nicht jedoch Schenkungsteuer[281] (vgl. Rdn. 3528). Zuwendungen an eine Familienstiftung sind jedoch zivilrechtlich und schenkungsteuerlich (mangels zu stärkender „Beteiligung" an der Stiftung) Schenkung, selbst wenn der Zuwendende als Destinatär mittelbar wiederum von der Zuwendung profitiert (vgl. Rdn. 2632). Umgekehrte Zuwendungen der Gesellschaft an ihre Gesellschafter können jedoch nicht causa societatis erfolgen.[282]

122 Im Regelfall fehlt es, wie erwähnt, auch in schenkungsteuerlicher Hinsicht an einer Schenkung, jedenfalls im Verhältnis zur Gesellschaft selbst (Rdn. 3528). Allerdings kann in der **Bereicherung der Mitgesellschafter**, die keine entsprechenden Ausgleichsbeiträge geleistet haben, eine zumindest objektive und damit steuerbare Schenkung liegen (Rdn. 3530 f.), wenn es auch für das Vorliegen einer zivilrechtlichen Schenkung regelmäßig am Bereicherungswillen fehlen wird.

---

273 Vgl. OLG Dresden, ZEV 1997, 31.
274 Vgl. OLG Brandenburg, VIZ 1998, 151.
275 Vgl. OLG Brandenburg, FamRZ 2003, 159.
276 Nach BGH, 20.09.2010 – II ZR 296/08 – „Star 21" GmbH-StB 2010, 319 ist eine Patronatserklärung mit Wirkung für die Zukunft jedenfalls dann kündbar, wenn sie vereinbarungsgemäß nur die Prüfung der Sanierungsfähigkeit der Tochtergesellschaft erlauben sollte, sog. „mittelharte Patronatserklärung"; vgl. auch *Vossius*, NotBZ 2011, 33.
277 BGH, DStR 1997, 505; *Groh*, DStR 1999, 1051.
278 BGH, 14.01.2008 – II ZR 245/06, ErbStB 2008, 139.
279 MünchKomm-BGB/*Koch*, § 516 Rn. 28.
280 BGH, 08.05.2006 – II ZR 94/05, DNotZ 2006, 870 (eines Aktionärs ggü. seiner AG; die Berufung auf den Formmangel der „auf einer Serviette" abgegebenen Erklärung blieb daher ungehört).
281 BFH, 17.10.2007 – II R 63/05, ZNotP 2008, 86.
282 OLG Hamburg, 11.02.2011 – 11 U 12/10, ErbStB 2011, 188 (n.rk., Az. BGH: II ZR 50/11): Zusage von Sonderzahlungen an einen stillen Gesellschafter, die – in Verlustjahren – nach dem Gesellschaftsvertrag nicht geschuldet sind, bedarf gem. § 518 Abs. 1 BGB der notariellen Beurkundung.

Auch in Übermaßzuwendungen einer Gesellschaft an Gesellschafter oder nahestehende Dritte („verdeckte Gewinnausschüttungen") kann eine Schenkung liegen (vgl. Rdn. 3535).

2. Nachfolgeregelungen bei Personengesellschaften

Unter Gestaltungsaspekten interessant, zugleich jedoch komplex, ist der Grenzbereich zwischen Erbrecht und Gesellschaftsrecht. Stirbt ein Gesellschafter, wird eine GbR nach der gesetzlichen Vermutung des § 727 Abs. 1 BGB aufgelöst, bei einer OHG scheidet gem. § 131 Abs. 3 Nr. 1 HGB der verstorbene Gesellschafter aus und die Gesellschaft wird mit den verbleibenden Gesellschaftern fortgesetzt (bzw., bei einer zuvor zweigliedrigen Gesellschaft, liquidationslos vollbeendet unter gleichzeitigem Übergang aller Aktiva und Passiva auf den verbleibenden „Gesellschafter").[283] Gleiches gilt gem. § 9 Abs. 1 PartGG (wobei Nachfolgeklauseln insoweit nur in Grenzen des Berufsrechts zulässig sind, § 1 Abs. 3 PartGG). Bei der KG gilt für den Komplementär dieselbe Rechtslage wie bei der OHG, allerdings eröffnet § 139 HGB die Option in die Stellung eines Kommanditisten einzutreten. Beim Ableben eines Kommanditisten wird gem. § 177 HGB die Gesellschaft im Zweifel mit dessen Erben fortgesetzt, ebenfalls beim Ableben eines stillen Gesellschafters gem. § 234 Abs. 2 HGB.

123

Vertragliche Nachfolgeregelungen (Rdn. 4582 ff.) können konzipiert sein als:

124

- **Fortsetzungsklauseln** (z.B. einfache Fortsetzungsklausel bei der GbR: Anteil wächst den verbleibenden Gesellschaftern[284] an, GbR ist nicht aufgelöst), auch als qualifizierte Fortsetzungsklausel nur beim Tod bestimmter Gesellschafter oder i.S.e. Anwachsung nur an bestimmte andere Gesellschafter: Der Gesellschaftsanteil erlischt und fällt nicht in den Nachlass; dort befinden sich allenfalls Auseinandersetzungsansprüche, soweit nicht ausgeschlossen.

- **Eintrittsklauseln** (Zuwendung eines Eintrittsrechts): Der Mitgliedschaftswechsel selbst vollzieht sich durch Erklärung des Berechtigten oder Aufnahmevertrag. Die Zuwendung des Eintrittsrechts kann durch Gesellschaftsvertrag oder erbrechtlich erfolgen. Zusätzlich kann dem Eintrittsberechtigten auch der Kapitalanteil des verstorbenen Gesellschafters zugewendet werden; die verbleibenden Gesellschafter halten ihn dann bis zu dessen Eintritt für ihn treuhänderisch, sodass eine Abfindungsanspruch noch nicht entstanden ist (vgl. Rdn. 4625 ff.).

125

- Eintritt durch **rechtsgeschäftliche Nachfolgeklausel**: Also aufschiebend auf den Tod bedingte Schenkung und Abtretung des Anteils an den Berechtigten durch Vertrag mit diesem. Der Anteil ist dann bereits zu Lebzeiten und damit außerhalb des Nachlasses übertragen.

126

- **Erbrechtliche Nachfolgeklausel**: Der Vorrang des Gesellschaftsrechts wird durch schlichte Vererblichstellung des Anteils (einfache erbrechtliche Nachfolgeklausel) aufgehoben, der Anteil fällt dann in den Nachlass (allerdings mit der Besonderheit, dass mehrere Erben ihn in Höhe ihrer Erbquote, nicht in Erbengemeinschaft halten).[285] Die **qualifizierte erbrechtli-**

---

283 Auch bei der KG; die Rspr. billigt dem verbleibenden Kommanditisten, sofern er das Unternehmen nicht fortführt (sonst: §§ 25, 27 HGB), eine Haftungsbeschränkung zu und ermöglicht ein Partikularinsolvenzverfahren über das ihm angewachsene Gesellschaftsvermögen, vgl. Gutachten, DNotI-Report 2010, 45 ff.

284 Die Fortsetzungsklausel gilt auch, wenn die Mehrheit der Gesellschafter kündigt: BGH, 07.04.2008 – II ZR 3/06, ZNotP 2008, 411.

285 Soll nur eine Person den Anteil als Vermächtnisnehmer erhalten, bedarf es also einer erbrechtlichen Eintrittsklausel, vgl. Gutachten, DNotI-Report 2004, 141.

che **Nachfolgeklausel** stellt den Anteil allerdings nur zugunsten namentlich benannter oder nach eindeutigen Merkmalen bezeichneter Personen (z.B. ältester Sohn, abgeschlossenes BWL-Studium) vererblich und muss daher durch eine Verfügung von Todes wegen flankiert werden.[286] Sind qualifizierte Nachfolgeeröffnung im Gesellschaftsvertrag und Verfügung von Todes wegen konkordant, soll die personenbezogene Mitgliedschaft im Weg einer Sondererbfolge (ähnlich dem Höfe- und Heimstättenrecht) unmittelbar dem benannten Erben zustehen[287] – übertragbare Vermögensrechte aus der Beteiligung wie etwa der Gewinnanspruch oder der Anspruch auf das künftige Auseinandersetzungsguthaben fallen allerdings in den Nachlass.[288] Weichende Erben haben i.d.R. allenfalls[289] erbrechtliche Ausgleichsansprüche.[290] Da nicht Bestandteil des Nachlasses, werden solche durch Sondererbfolge übergegangene Personengesellschaftsanteile von etwaigen Erbteilsübertragungen nicht erfasst.[291]

127 **Hinweis:**
Bei allen vorgenannten vertraglichen Regelungsmöglichkeiten ist zu berücksichtigen, dass **Sonderbetriebsvermögen** das Schicksal der mitunternehmerischen Beteiligung selbst nicht teilt, sodass flankierende lebzeitige Gestaltungen wie z.B. Einbringung in die Gesellschaft oder aufschiebend bedingte Übertragung notwendig sind (vgl. Rdn. 4625 ff.).[292] Fällt das Sonderbetriebsvermögen in den Nachlass, wird es zu Privatvermögen, sodass ein Entnahmegewinn entsteht und stille Reserven aufgedeckt werden[293] (zur Vermeidung vgl. Rdn. 4625 ff.). Zu den ertragsteuerlichen Folgen der verschiedenen Regelungsmöglichkeiten der Nachfolge in Personengesellschaften vgl. insgesamt ausführlich Rdn. 4582 ff.

128 **Pflichtteilsrechtlich** führt die zuletzt genannte erbrechtliche Nachfolgeklausel zu keiner Abweichung, da der Anteil zumindest wertmäßig in den Nachlass fällt. Bei der rechtsgeschäftlichen Nachfolgeklausel vollzieht sich die Schenkung pflichtteilsrechtlich erst beim Tod des Vorgängers, sodass die Zehn-Jahres-Frist noch nicht angelaufen ist. Gleiches gilt bei einer Eintrittsklausel im Fall der Ausübung des Eintrittsrechts, wenn zugleich die Kapitalbeteiligung (ebenfalls aufschiebend bedingt auf den Todesfall) zugewendet ist. Eine mögliche pflichtteilsrechtliche

---

286 Nach BGH, NJW 1978, 264 soll bei Unterlassung der Benennung und damit Fehlschlagen der qualifizierten erbrechtlichen Nachfolgeklausel diese in eine einfache Fortsetzungsklausel mit Eintrittsrecht des Benannten umgedeutet werden können.
287 Erfolgt die Zuweisung der Mitgliedschaft allerdings lediglich durch eine Teilungsanordnung, bedarf es ihrer rechtsgeschäftlichen Umsetzung (im Handelsregister sind dann mangels einer § 40 GBO vergleichbaren Vorschrift die Einzelschritte anzumelden), vgl. Gutachten, DNotI-Report 2006, 109.
288 BGHZ 108, 187. Damit soll Testamentsvollstreckung, Nachlassverwaltung etc. wenigstens an diesen Rechten ermöglicht werden.
289 Der gesellschaftsrechtliche Abfindungsanspruch nicht nachfolgeberechtigter Personen wird regelmäßig ausgeschlossen, vgl. Formulierungsvorschlag bei *Wälzholz*, FamRB 2007, 89.
290 BGH, 25.10.1995 – IV ZR 362/94, NJW-RR 1996, 577: Analogie zur Teilungsanordnung, es sei denn, zugunsten des nachfolgeberechtigten Miterben wäre ein Vorausvermächtnis ausgesetzt.
291 Vgl. *Keller*, MittBayNot 2007, 96. Erfasst sind jedoch schuldrechtliche Ansprüche (etwa auf das künftige Auseinandersetzungsguthaben), möglicherweise besteht auch aufgrund der Surrogationsnorm des § 2374 BGB eine Verpflichtung zur Übertragung des Gesamthandsanteils auf den Erbteilserwerber.
292 Vorbeugend kann auch der Unternehmensnachfolger zum Alleinerben eingesetzt werden, beschwert mit Vermächtnissen zugunsten der weichenden Geschwister.
293 Vgl. hierzu *Tiedtke/Hils*, ZEV 2004, 441 ff.

Minderung kann jedoch bei einfachen Fortsetzungsklauseln mit Abfindungsausschluss eintreten, da weder der Anteil noch (mangels Existenz) eine Abfindung in den Nachlass fallen.

Modifizierungen (z.B. Herabsetzung auf den Buchwert, Änderung der Wertermittlungsart, durch Ausschluss des Firmenwerts, Substanzwertmethode statt Ertragswert), **Stundungen** oder gar der **Ausschluss einer Abfindung** können für den Fall der Gläubigerbenachteiligung (Abfindung wird nur für den Fall der Insolvenz und der Gläubigerkündigung herabgesetzt) oder der Knebelung gegen § 138 BGB verstoßen[294] oder bei wesentlicher Herabsetzung zulasten des Kündigenden wegen Verstoßes gegen § 723 Abs. 3 BGB unwirksam sein[295] (vgl. Rdn. 2236 ff.). Auch in diesem Fall tritt an die Stelle der nichtigen gesellschaftsvertraglichen Vereinbarung die gesetzliche Abfindung, anders nur dann, wenn das Missverhältnis zwischen wahrem Wert und Buchwert erst im Lauf der Zeit entsteht.[296] Zivilrechtlich zulässig ist jedoch der Ausschluss jeglicher Abfindung bei Tod eines Gesellschafters.[297] Pflichtteilsansprüche bestehen dann weder nach § 2303 BGB (die gesellschaftsvertragliche Vereinbarung stellt keine Verfügung von Todes wegen dar) noch nach § 2306 Abs. 1 Satz 2 BGB (die dort abschließend aufgezählten Beschränkungen erfassen nicht gesellschaftsrechtliche Regelungen) oder nach § 2305 BGB (der Gesellschaftsanteil fällt nicht in den Nachlass).

129

Allerdings könnte **§ 2325 BGB** erfüllt sein, wenn im Abfindungsverzicht eine Schenkung läge. Wird die Fortsetzungsklausel mit Abfindungsausschluss für alle Gesellschafter gleichmäßig vereinbart und ist das Risiko des Ablebens etwa vergleichbar (Altersunterschied, Erkrankung), handelt es sich um ein **Wagnisgeschäft** ähnlich wechselseitigen Zuwendungen auf den Todesfall, Rdn. 2244.[298] Dieses Ergebnis wird jedenfalls dann als wertungsgerecht hingenommen, wenn der Abfindungsausschluss weniger von der Absicht, dem Nachfolger etwas zuzuwenden geprägt ist, sondern in erster Linie das Unternehmen beim Tod des Gesellschafters erhalten, insb. seine Gefährdung durch Abfindungsansprüche abwehren soll.[299] Auf rein vermögensverwaltende Gesellschaften, insb. zur Immobilienverwaltung, dürfte diese Rechtsprechung daher nur mit Vorsicht anzuwenden sein,[300] es sei denn, die pflichtteilsberechtigten Personen wären nicht bereits bei Vereinbarung des Abfindungsausschlusses vorhanden gewesen (sog. Erfordernis der Doppelberechtigung).[301]

130

---

294 Gem. BGHZ 65, 22 ist die Klausel dann insgesamt nichtig, sodass die gesetzliche Abfindung i.H.d. Verkehrswerts geschuldet ist, eine geltungserhaltende Reduktion würde den sittenwidrig Handelnden belohnen.
295 BGH, NJW 1989, 2685.
296 BGH, NJW 1993, 2101 führt durch ergänzende Vertragsauslegung zu einem Zwischenwert zwischen Buch- und Verkehrswert.
297 BGHZ 22, 194; RGZ 145, 294; *Wälzholz*, NWB 2008, 4332 = Fach 19, S. 3974 m.w.N.
298 Vgl. die Übersicht bei *Mayer*, ZEV 2003, 355 und bei *Wälzholz*, NWB 2008, 4332 = Fach 19, S. 3974 sowie *Hölscher*, ZEV 2010, 609 (mit Formulierung eines Warnhinweises S. 615); mongrafisch *Lambrecht*, Pflichtteilsreduzierung bei der Nachfolge in Personengesellschaften, S. 109 ff.; grundlegend BGH, 22.11.1956 – II R 222/55, NJW 1957, 180; BGH, 20.12.1965, DNotZ 1966, 620; BGH, 14.07.1971, WM 1971, 1338; BGH, 26.03.1981 – IVaZR 154/80, NJW 1981, 1956.
299 Vgl. BGH, DNotZ 1966, 620.
300 So auch *Mayer*, ZEV 2003, 355.
301 BGH, ZEV 1997, 373.

Kapitel 1: Grundtypus und Varianten – Das Schenkungsrecht des BGB und typische Fallgruppen

131 **Beispiel 1:**

Der Vater nimmt seine Tochter in die bestehende OHG mit einem kleinen Anteil auf. Der Gesellschaftsvertrag bestimmt seit jeher, dass beim Ausscheiden der Anteil des Verstorbenen an die anderen Gesellschafter ohne Abfindung für die Erben übergeht (einfache Fortsetzungsklausel zur Anwachsung unter Abfindungsausschluss).

132 **Beispiel 2:**

Der Ehemann betreibt mit seiner Frau einen gut gehenden Betrieb in der Rechtsform der GbR. Zu seinem 60. Geburtstag wird eine Klausel in den Vertrag aufgenommen, wonach bei Tod eines Gesellschafters die Gesellschaft ohne Liquidation auf den Überlebenden alleine übergeht, ohne Abfindung für die Erben.

Ergebnis: Beim Tod des Ehemannes haben die Kinder keinen Erb- oder Pflichtteilsanspruch aus dem Wert der GbR.

Begründung:

(1) In den Nachlass fällt keine Abfindung;

(2) die Aufnahme der Klausel in den GbR-Vertrag stellt keine ergänzungspflichtige Schenkung dar, weil sie bei etwa gleicher Risikolage gegenseitig abgewogen und daher nicht unentgeltlich ist. Sie ist auch nicht nach § 2301 BGB formunwirksam.[302]

133 **Hinweis:**

Daraus ergibt sich zugleich, dass Missbrauchsfälle anders zu entscheiden sind, etwa die Übertragung eines Zwerganteils an einer Gesellschaft an die Tochter unter Vereinbarung der genannten Klauseln oder ganz allgemein die Vereinbarung solcher gesellschaftsrechtlicher Klauseln bei erheblich abweichender Lebenserwartung der Gesellschafter (d.h. bei großen Altersunterschieden oder schwerer Erkrankung).[303] Allerdings führt § 3 Abs. 1 Nr. 2 Satz 2 ErbStG zur Erhebung von Erbschaftsteuer bei Fortsetzungs- oder Übernahmeklauseln, soweit der Wert des Anteils den Abfindungsanspruch des Erben (hier: null) übersteigt. Letzteres gilt unabhängig davon, ob die Beschränkung zulasten aller Gesellschafter bzw. deren Erben vereinbart wurde.

134 Allerdings ist zu berücksichtigen, dass die **Aufnahme in eine Personengesellschaft** selbst als Schenkung gewertet werden kann (hingegen möglicherweise nicht die Aufnahme als persönlich haftende Gesellschafter[304] wegen des regelmäßig geschuldeten Einsatzes der vollen Arbeitskraft bzw. der Übernahme der persönlichen Haftung, s. Rdn. 332). Die Übertragung eines Kommanditanteils ist jedoch tauglicher Schenkungsgegenstand.[305] Besteht keine Pflicht zur Erbringung von Arbeitsleistungen bzw. keine Gefahr der Übernahme der Schuldenhaftung, etwa bei ver-

---

302 Auch bei einer zweigliedrigen Gesellschaft ist auf das „Schenkungsversprechen, das unter der Bedingung erteilt wird, dass der Beschenkte den Schenker überlebe", § 2301 BGB nicht anwendbar, da es sich um eine vorrangig gesellschaftsrechtliche Regelung handele (BGH, NJW 1959, 1433).

303 Vgl. Gutachten, DNotI-Report 2002, 43 ff. m.w.N.; BGHZ 22, 186; BGH, NJW 1981, 1957; OLG Düsseldorf, MDR 1977, 932 bei 15-jährigem Enkelsohn; a.A. KG, DNotZ 1978, 111: Trotz Krebserkrankung eines Gesellschafters liege keine Schenkung vor. Liegt bereits in der Zuwendung eines Kommanditanteils eine Schenkung – bei welcher der Abfindungsausschluss als wertbestimmend mit zu berücksichtigen ist – löst der Ausschluss der Abfindung beim Tod des Erblassers keine neue Schenkung aus.

304 BGH, NJW 1981, 1956.

305 BGH, NJW 1990, 2616.

mögensverwaltender GbR oder OHG, ist allerdings fraglich, ob nicht auch bei Vollhaftung eine Schenkung in Betracht kommt.[306] Bei der Ermittlung der Bereicherung ist auch auf die Gestaltung des Gesellschaftsvertrags, insb. die Vereinbarung einer ausgleichsfreien Fortsetzungsklausel, abzustellen.

Liegt in der Beteiligung einer Person an einer Gesellschaft eine Schenkung, ist fraglich, ob die **Zehn-Jahres-Frist** des § 2325 Abs. 3 BGB bereits mit dem Eintritt in die Gesellschaft zu laufen beginnt[307] oder erst mit dem Tod des bisherigen Gesellschafters. Wenn insb. bei Einbringung von Vermögen in Familien-Pools unterschiedliche Stimmrechte sowie Gewinn-[308] und Verlustanteile vorgesehen sind, dürfte der bereits lebzeitig weggeschenkte, also auch gegen den Willen des Schenkers forderbare Anteil nicht identisch sein mit der abstrakten Gesellschaftsquote.

135

Da wirtschaftlicher Zuwendungsgegenstand der Geschäftsanteil ist, dürfte mit dessen wirtschaftlicher Ausgliederung die Zehn-Jahres-Frist in Gang gesetzt sein; bei Vereinbarung des Abfindungsausschlusses allerdings erst mit dessen Realisierung beim Tod des Gesellschafters.[309]

---

306 *Keim*, ZEV 2003, 356; krit. auch *Boujong*, in: FS für *Ulmer* 2003, S. 41 sowie *Mayer*, ZEV 2004, 171.
307 So *Wegmann*, ZEV 1998, 135.
308 Zur schenkungsteuerlichen Bewertung inkongruenter Gewinnbeteiligungen vgl. *Fuhrmann*, ErbStB 2003, 388 f.
309 *Kerscher/Riedel/Lenz*, Pflichtteilsrecht in der anwaltlichen Praxis, S. 216; *Winkler*, ZEV 2005, 94; a.A. *Wegmann*, ZEV 1998, 135.

D. Schenkungsrecht des BGB

I. Form

136 Das Gesetz behandelt die „Handschenkung" als den Normalfall, bei der die für den Vertragsschluss erforderliche Willenserklärung zumindest einer Partei typischerweise durch die Handlung (Bewirkung des Leistungserfolgs) schlüssig erklärt wird. Das bei wirtschaftlich gewichtigeren Sachverhalten i.d.R. gegebene **Schenkungsversprechen** ist im Unterschied zur Realschenkung (§ 518 BGB) zum Schutz des Schenkers vor übereilten Entschlüssen formgebunden. Nicht erfasst sind Ausstattungsversprechen (Rdn. 200) und (wohl) ehebedingte Zuwendungen (vgl. Rdn. 2673). Die **Formnichtigkeit** bei Fehlen notarieller Beurkundung wird **geheilt** durch „die Bewirkung der versprochenen Leistung" (§ 518 Abs. 2 BGB);[310] darin liegt zugleich, weitgehend deckungsgleich,[311] die für die Entstehung der Schenkungsteuer maßgebliche „Ausführung der Zuwendung" i.S.d. § 9 Abs. 1 Nr. 2 ErbStG (Rdn. 3590 ff.); korrespondierend können Beträge, die ein Erbe zur Erfüllung eines formunwirksam (z.B. mündlich) abgegebenen Schenkungsversprechens aufgewendet hat, als Nachlassverbindlichkeiten gem. § 10 Abs. 5 ErbStG abgezogen werden.[312] Es genügt hierfür, dass der Schenker (Schuldner) alles getan hat, was seinerseits für den Vollzug erforderlich ist, sodass auch bedingter oder befristeter Vollzug (§§ 158, 163 BGB) oder der Vorbehalt eines Rückforderungsrechtes ausreicht. Das Vollzugsgeschäft selbst muss jedoch wirksam sein. Sind Berechtigungen Gegenstand der Schenkung, genügt der Erwerb des Rechts; seine Ausübung ist nicht erforderlich.[313] Schenkungen in Form eines Vertrages zugunsten Dritter sind ausgeführt, sobald der Dritte das Forderungsrecht erworben hat, sonst erst mit Erfüllung des Versprochenen selbst.[314] Ist der Schenker vor der Erfüllung verstorben, kann ggf. Umdeutung in ein Vermächtnis erfolgen.[315]

137 Die Schenkung beweglicher Sachen ist erfolgt mit Erwerb des zivilrechtlichen Eigentums, §§ 929 ff. BGB (so etwa auch bei der unmittelbaren Übergabe von Bargeld), Buchgeldschenkungen durch Einzahlung bzw. Überweisung auf ein Konto des Beschenkten (wobei der BGH bei der Schenkung eines Scheckbetrags nicht nur die Übergabe, sondern auch die Einlösung des Schecks fordert).[316] Wertpapiere können in natura, § 929 BGB, oder – wie bei depotverwahrten Papieren die Regel – durch Abtretung des Herausgabeanspruchs gegen die Bank, § 929 i.V.m. § 931 BGB, vollzogen werden.[317] Nicht der Beurkundungsform genügende Forderungsschenkungen werden durch Abtretung, § 398 BGB, geheilt, für die Schenkung eines formnichtig versprochenen GmbH-Anteils bedarf es allerdings nicht nur der Abtretung des Geschäftsanteils (in

---

310 Vgl. hierzu *Steiner*, ZEV 2009, 68 ff.
311 Abweichungen bestehen insb. beim Vollzug unter aufschiebender Bedingung, wo Besteuerung erst mit Eintritt der Bedingung eintritt, Rdn. 3517, 3592.
312 Hessisches FG, 09.12.2008 – 1 K 1709/06, ZErb 2009, 249.
313 BGH, 19.07.2005 – X ZR 92/03, ZEV 2006, 36 zu einem Holzeinschlagsrecht.
314 BFH, 20.01.2005 – II R 20/03, BStBl. 2005 II, S. 408.
315 Nicht in eine Erbeinsetzung, jedenfalls wenn weiteres Vermögen vorhanden ist, vgl. KG, 26.05.2009 – 1 W 61/08, FGPrax 2009, 170.
316 BGH, NJW 1978, 2027.
317 Bei der Teilschenkung eines Depots bedarf es allerdings der genauen Bezeichnung der erfassten Positionen oder der Eröffnung eines neuen Depots, vgl. *Steiner*, ZEV 2009, 69.

notarieller Form), § 15 Abs. 3 GmbHG, sondern im Verhältnis zur Gesellschaft nunmehr auch der Aufnahme des neuen Inhabers in die Gesellschafterliste beim Handelsregister, § 16 Abs. 1 GmbHG. Die Schenkung von durch Kapitalerhöhung entstehenden Anteilen ist mit Vollzug der Kapitalerhöhung eingetreten.[318]

Schenkungsversprechen in Bezug auf Beteiligungen an **Personengesellschaften** (soweit überhaupt schenkungsfähig, was hinsichtlich Vollhafterstellungen fraglich ist, vgl. Rdn. 332) sind durchgeführt mit Abschluss des Gesellschaftsvertrags bzw. (formloser) Übertragung bestehender Kommanditanteile, §§ 398, 413 BGB, wobei noch ausstehende Zustimmungserklärungen von Mitgesellschaftern oder Dritten die zivilrechtliche Heilung (ähnlich einer aufschiebenden Bedingung) nicht hindern,[319] jedoch die steuerrechtliche Ausführung der Vollziehung (§ 9 Abs. 1 Nr. 2 ErbStG) hinausschieben. Wirtschaftsgüter des Sonderbetriebsvermögens sind allerdings selbstständig zu übertragen. Formunwirksame Schenkungen von stillen Gesellschaftsbeteiligungen oder Unterbeteiligungen lässt allerdings die Rechtsprechung erst eintreten, wenn entsprechende Gewinnanteile ausgezahlt werden, da der stille Gesellschafter/Unterbeteiligte zuvor nur schuldrechtliche Ansprüche gegen den Geschäftsinhaber erhalte[320] (vgl. Rdn. 2301, auch zur dadurch eintretenden Doppelbelastung der Erträge mit Schenkungsteuer und ESt § 20 Abs. 1 Nr. 4 EStG).

138

Wer sich ggü. einer Klage auf Herausgabe einer rechtsgrundlosen Bereicherung auf ein angebliches (zunächst formwirksames, später durch Vollzug geheiltes) Schenkungsversprechen beruft, muss hierfür den vollen Beweis führen.[321]

Bei den in dieser Darstellung interessierenden Grundbesitzzuwendungen wird die Formvorschrift des § 518 BGB jedoch i.d.R. durch **§ 311b Abs. 1 BGB** und die dann vorrangige Heilungsvorschrift des § 311b Abs. 1 Satz 2 BGB (Vollzug im Grundbuch) überlagert. Anders verhält es sich, wenn statt Grundbesitz **GbR-Anteile** übertragen werden: Weder das schuldrechtliche Geschäft noch die Abtretung selbst bedarf der notariellen Beurkundung, selbst dann nicht, wenn das Gesellschaftsvermögen lediglich aus Grundbesitz oder bspw. GmbH-Anteilen besteht, es sei denn, die Errichtung der GbR hätte nur dazu gedient, die Formpflicht zu umgehen:[322] Stehen die künftige Zuwendungsrichtung und deren Adressat bereits beim Ersterwerb der später weiter zu übertragenden Immobilie fest, lassen sich beide, Veräußerer und künftiger Erwerber, als Gesellschafter bürgerlichen Rechts beim Erwerb im Grundbuch eintragen, wobei der Anteil des künftigen Erwerbers derzeit lediglich 0 % beträgt.[323] Allerdings bedarf in diesem Fall die Gründung der GbR der notariellen Beurkundung (Einbringungs- bzw. Mitwirkungsverpflichtung bzgl. bestimmter Immobilie),[324] und der Veräußerer und „materielle Alleineigentümer" ist

139

---

318 So für § 9 Abs. 1 Nr. 2 ErbStG: FG Münster v. 01.12.2006, EFG 2007, 860; a.A. FG Nürnberg v. 20.09.2007, ErbStB 2008, 38, m. Anm. *Kirschstein*; (die Revisionsentscheidung BFH, 20.01.2010 – II R 54/07, JurionRS 2010, 11450, betrifft lediglich die Frage der Einheitlichkeit der Zuwendung).
319 A.A. MünchKomm-BGB/*Koch*, § 518 Rn. 32.
320 BGH, NJW 1952, 1412; vgl. die Nachweise zur abweichenden Lit. bei Erman/*Herrmann*, BGB, 12. Aufl. 2008, § 518 Rn. 5b.
321 BGH, 14.11.2006 – X UR 34/05, ZErb 2007, 301, m. Anm. *Klessinger*: bloßes Bestehen einer Kontovollmacht genügt nicht als Nachweis der angeblichen Zuwendung des Guthabens.
322 BGH, 10.03.2008 – II ZR 312/06, GmbHR 2008, 589, m. Anm. *Werner*.
323 In der „Zuwendung" einer Gesellschaftsbeteiligung ohne Vermögensanteil liegt jedenfalls bei vollhaftenden Gesellschaften ihrerseits keine Schenkung, vgl. BGH, BB 1959, 574.
324 Was *Carlé*, ErbStB 2004, 316 übersieht.

faktisch an den in Aussicht genommenen Erwerber gebunden (jedwede Veräußerung an andere bedarf zumindest grundbuchlich der Mitwirkung des weiteren Gesellschafters); bis zum Vollzug der Weiterveräußerung bestehen gesamthänderische „Verstrickungen", die durch den Gesellschaftsvertrag allenfalls abgemildert werden können (z.B. Gesamthaftung mit dem vollen Vermögen, Gesamtvertretung, Kündigungsrecht).

140 Insb. Vermögensübertragungen unter Ehegatten, aber auch an Abkömmlinge, sind mitunter Bestandteil einer umfassenden **Trennungs- und Scheidungsfolgenvereinbarung**, die auch Regelungen über den Zugewinnausgleich vor Beendigung des Güterstands beinhaltet. Letztere bedarf gem. § 1378 Abs. 3 Satz 2 BGB ebenfalls der notariellen Beurkundung, ebenso wie der Wechsel des Güterstands (§ 1410 BGB). Im Regelfall bilden alle genannten Vereinbarungen, auch zu Unterhalt, Ehewohnung etc., ein „Gesamtpaket", dessen einzelne Bestandteile nicht ohne die anderen zustande gekommen wären bzw. aufrechterhalten werden sollen. Findet insoweit eine unvollständige Beurkundung statt, etwa weil lediglich die Immobilienübertragung protokolliert wird und der Notar über die weiter getroffenen Vereinbarungen im Unklaren gelassen werden soll, würde die Heilungswirkung des § 311b Abs. 1 Satz 2 BGB mit Eintragung im Grundbuch nicht helfen, da diese lediglich damit im Zusammenhang stehende weitere Regelungen erfasst, die ihrerseits nicht per se wegen anderer Normen beurkundungspflichtig sind.[325]

II. Besonderheiten des Schenkungsrechts

141 §§ 516 bis 534 BGB enthalten **Privilegierungen des Schenkers**, die nachstehend kurz im Überblick skizziert werden sollen (einzelne Tatbestände [z.B. § 528 BGB: Rückforderungsrecht bei Verarmung] werden in den weiteren Kapiteln vertieft untersucht werden):

- Ist bei einer Realschenkung die Zuwendung ohne Willen des Beschenkten erfolgt, kann der Schenker ihn unter Fristsetzung zur Annahme auffordern. Ein **Schweigen gilt** dann ausnahmsweise **als Zustimmung** zur Schenkung (§ 516 Abs. 2 BGB).

142 - Gerät der Schenker in finanzielle Kalamitäten, bevor das Schenkungsversprechen erfüllt wurde, steht ihm eine **(aufschiebende) Notbedarfseinrede** gem. § 519 BGB zu, als Sonderregelung der Grundsätze über den Wegfall der Geschäftsgrundlage mit Vorrang ggü. § 313 BGB. Für den Erben des Schenkers gilt § 519 BGB nicht (Rechtsgedanke des § 226 Abs. 2 Nr. 3 KO a.F.).

143 - Bei der **schenkweisen Zuwendung einer Rente** (wiederkehrende Leistung mit Unterstützungscharakter) erlischt im Zweifel die Rentenzahlungspflicht mit dem Tod des Schenkers, wird also keine Nachlassverbindlichkeit i.S.d. § 1967 BGB (vgl. § 520 BGB).

144 - **Schadensersatzpflichten des Schenkers** bei leichter Fahrlässigkeit sind gem. § 521 BGB ausgeschlossen (eine weiter gehende Freistellung ist vertraglich möglich bis zur Grenze des § 276 Abs. 3 BGB). Die Milderung des Verschuldensmaßstabes gilt bspw. für zu vertretende Pflichtverletzungen leistungsbezogener und leistungsunabhängiger Pflichten gem. § 280 BGB. Für Rechts- und Sachmängelhaftung gehen jedoch §§ 523 und 524 BGB vor.

---

325 Vgl. *Herr*, FuR 2005, 544 der zudem befürchtet, auch die Heilung des Grundstücksteils selbst träte nicht ein, da dieses noch an weiteren Mängeln (aufgrund der Nichteinhaltung der weiteren Beurkundungserfordernisse) leide, was jedoch wohl nicht zutrifft: Bzgl. des Grundstücksgeschäfts besteht lediglich eine auf § 311b Abs. 1 BGB fußende Beurkundungspflicht.

- Bei **schuldhaft verzögerter Erfüllung** eines Geldschenkungsversprechens schuldet der Schenker keine Verzugszinsen (§ 522 BGB), allerdings sonstigen, nunmehr konkret nachzuweisenden Verzögerungsschaden gem. § 288 Abs. 4 BGB.   145

- Die **Haftung für Rechtsmängel** (bei Schenkung von Sachen und Rechten) ist gem. § 523 Abs. 1 BGB auf arglistig verschwiegene Mängel beschränkt. Geschuldet ist nur das negative Interesse (Vertrauensschaden, z.B. sonst unterlassene Aufwendungen für den Gegenstand). Der Beschenkte ist also so zu stellen, wie er stünde, wenn er sich mit dem Schenker niemals eingelassen hätte (Umkehrschluss zu § 523 Abs. 2 BGB, wo bei erst noch zu beschaffenden Gegenständen das Erfüllungsinteresse zu ersetzen ist).   146
  Handelt es sich bei dem Schenkungsobjekt um erst noch zu beschaffende Gegenstände (z.B. ein dem Schenker noch gar nicht gehörendes Grundstück), ist gem. § 523 Abs. 2 BGB das Erfüllungsinteresse zu ersetzen, sofern dem Schenker der Rechtsmangel zumindest grob fahrlässig verborgen geblieben ist. Unter dieser Voraussetzung verweist § 523 Abs. 2 Satz 2 BGB auf die kaufrechtliche Rechtsmängelhaftung (§§ 435, 436, 442, 452 BGB).

> **Hinweis:**   147
>
> Als Folge dieser Verweisung würde der Schenker z.B. gem. § 436 BGB noch solche im Grundbuch nicht eintragungsfähige öffentliche Lasten (also Erschließungskosten/Anliegerbeiträge) tragen müssen, die bis zum Tag des Schenkungsversprechens bautechnisch begonnen wurden. Nicht einzustehen hat er jedoch für Rückstände an anderen nicht eintragungsfähigen öffentliche Lasten (z.B. Grundsteuer). Dieses Ergebnis kann kautelarjuristisch in verschiedene Richtungen modifiziert werden: Zum einen kann der Schenker im Anwendungsbereich des § 523 Abs. 2 BGB (also bei noch zu beschaffenden Sachen) von der Haftung für alle nicht eintragungsfähigen öffentlichen Lasten, einschließlich der Erschließungskosten, freigestellt werden (oder umgekehrt ihm auch die Haftung für den Restbereich der nicht eintragungsfähigen öffentlichen Lasten, z.B. die Grundsteuer, aufgebürdet werden). Zum anderen kann im Bereich des § 523 Abs. 1 BGB (also bei Schenkung aus eigenem Vermögen) die Haftung für die Freiheit rückständiger öffentlicher Lasten gleich welcher Art über den engen gesetzlichen Rahmen hinaus (Arglist) erweitert werden.

- Auch die **Haftung für Sachmängel** bei Schenkungsversprechen in Bezug auf Sachen aus eigenem Vermögen (nicht Rechte) ist auf arglistig verschwiegene Tatbestände beschränkt. Die Privilegierung gilt nicht für garantierte Eigenschaften (Rechtsgedanke des § 444 BGB; die Zusicherung bedarf jedoch der Form des § 518 BGB)! I.R.d. § 524 BGB ist ebenfalls nur der Vertrauensschaden geschuldet, einschließlich des Folgeschadens (str.); es besteht also kein Anspruch auf Erstattung der Aufwendungen zur Beseitigung des Fehlers. Im Einzelnen ist die Abgrenzung oft schwierig: 148

Beispiel: 149

Im verschenkten Hausanwesen sind durch einen dem Schenker nicht bekannten Frostschaden die Wasserleitungen gebrochen, sodass die vom Beschenkten eingebrachten wertvollen technischen Geräte zerstört werden. Überwiegend wird § 524 BGB auch auf Mängelfolgeschäden angewendet. Eine Mm. hält § 524 BGB für nur auf den unmittelbaren Mangelschaden anwendbar (wie auch vor der Schuldrechtsreform im Kaufrecht) und sieht daher eine Haftung aus § 280 i.V.m. § 241 Abs. 2 BGB – früher c.i.c. oder pVV – gegeben, die jedoch gem. § 521 BGB bei leichter Fahrlässigkeit ausgeschlossen sei. Eine weitere Mm.

wiederum beschränkt auch § 521 BGB auf das unmittelbare Erfüllungsinteresse, nicht auf das Integritätsinteresse und würde daher in diesem Fall eine Haftung bejahen. Besonders schwierig wird die Lösung des Falls, wenn (wie häufig) eine gemischte Schenkung vorliegt. Da der Sachmangel nicht unmittelbar dem entgeltlichen oder unentgeltlichen Teil des Geschäfts zuzuordnen ist, sind dann wertende Betrachtungen (Schwerpunkt? Subjektive Vorstellungen zum überwiegenden Moment?) erforderlich.

Wurde die Schenkung einer noch zu beschaffenden, nur der Gattung nach bestimmten Sache versprochen, schuldet der Schenker bei Kenntnis und grob fahrlässiger Unkenntnis eines Mangels der Sache, auch Nachlieferung einer fehlerfreien Sache. Hat er jedoch den Fehler des noch zu beschaffenden Gattungsstücks gar arglistig verschwiegen, kann der Beschenkte statt der Nachlieferung auch vollen Schadensersatz statt der Leistung verlangen; es gelten dann gem. § 524 Abs. 2 Satz 3 BGB die Regeln des Kaufrechts.

150 • Die Regelung über die **Rückforderung wegen Notbedarfs** gem. §§ 528, 529 BGB werden unter Rdn. 866 f. eingehend dargestellt. Sie entsprechen für die Zeit nach Vollziehung der Schenkung der vor deren Durchführung gegebenen Notbedarfseinrede gem. § 519 BGB und stellen ebenfalls einen gesetzlich normierten Anwendungsfall der Geschäftsgrundlagenlehre (clausula rebus sic stantibus) dar. Von Bedeutung ist das Rückforderungsrecht insb. aufgrund seiner Überleitungsfähigkeit durch Verwaltungsakt auf den Sozialhilfeträger gem. § 93 Abs. 1 SGB XII (die eingeschränkte Abtretbarkeit und Pfändbarkeit [§ 852 Abs. 2 ZPO, § 400 BGB] wird durch § 93 Abs. 1 Satz 4 SGB XII überwunden).

151 • §§ 530 bis 533 BGB gewähren ein Recht zum **Widerruf wegen groben Undanks** des Beschenkten in Gestalt einer schweren Verfehlung gegen den Schenker oder dessen nahen Angehörigen (auch Lebensgefährten!). Es handelt sich um ein höchstpersönliches Recht, das nicht abtretbar (und daher nicht pfändbar) sowie nur eingeschränkt vererblich ist.[326] Der Widerruf ist **ausgeschlossen** bei endgültiger Verzeihung (analog § 2337 BGB), bei Ablauf eines Jahres ab Kenntniserlangung von den Widerrufsgründen sowie nach dem Tod des Beschenkten (§ 532 BGB). Ein **Verzicht** auf das Widerrufsrecht kann nicht im Vorhinein erklärt werden, sondern allenfalls durch einseitige Willenserklärung nach Kenntnis der Umstände, die den Undank begründen (§ 533 BGB). Der Widerruf erfolgt durch Erklärung ggü. dem Beschenkten und lässt den Rechtsgrund der Schenkung entfallen, sodass ein Anspruch auf Herausgabe nach den Grundsätzen der ungerechtfertigten Bereicherung besteht. Im Fall einer **gemischten Schenkung** bei Überwiegen des Schenkungselements ist der Anspruch so eingeschränkt, dass er nur Zug um Zug gegen Wertausgleich des entgeltlichen Teils geltend gemacht werden kann.[327] Sonstige Gegenansprüche des Beschenkten, die im Zusammenhang mit dem Geschenk stehen, können über § 818 Abs. 3 BGB geltend gemacht werden.[328]

Die als Widerrufsgrund erforderliche **schwere Verfehlung** (die auch in einem Unterlassen bestehen kann) muss sich objektiv gegen den Schenker und/oder dessen Angehörigen richten, subjektiv eine tadelnswerte, **auf Undank deutende Gesinnung** offenbaren.[329] Rechtswidrigkeit ist nicht erforderlich, Schuld nur i.S.e. moralischen Vorwerfbarkeit. Die erforderli-

---

[326] § 530 Abs. 2 BGB: Widerruf durch den Erben des Schenkers nur, wenn der Beschenkte den Schenker getötet oder vorsätzlich am Widerruf gehindert hat!
[327] BGHZ 107, 156.
[328] BGH, NJW 1999, 1626.
[329] St. Rspr., z.B. BGH, NJW 1992, 183 m.w.N. Bloße Unbeholfenheit oder Scham genügen daher als Beweggründe nicht, BGH, FamRZ 2005, 511.

che Schwere der Verfehlung[330] ist durch Würdigung aller Tatumstände[331] festzustellen; sie kann sich z.B. auch aus konsequenter Weigerung zur Vertragserfüllung, Nichterfüllung eines Nießbrauchs,[332] Gefährdung der Veräußererrechte durch Geschehenlassen der Versteigerung aus vorrangigen Rechten,[333] Weiterveräußerung des geschenkten Gegenstands ohne vereinbarte Rücksprache mit dem Schenker[334] ergeben. Handlungen eines Organs sind einer juristischen Person als Beschenkter (Stiftung!) zuzurechnen;[335] ggü. einer juristischen Person als Schenker kann allerdings kein grober Undank verübt werden. Kein grober Undank liegt im Gebrauchmachen von gesetzlichen Ansprüchen (Verlangen des Pflichtteils).[336]

Beispiele: 152

Die Rechtsprechung bejaht groben Undank bei
- *körperlicher Misshandlung,*
- *grundloser Strafanzeige,*
- *Vornahme belastender Aussagen trotz Bestehens eines Zeugnisverweigerungsrechts,*
- *schweren Beleidigungen,*[337]
- *grundlosem Antrag auf Bestellung eines Betreuers,*
- *ehewidrigem Verhalten (insb. bei Ehebruch), hier allerdings nur, wenn weitere besondere Umstände hinzutreten.*[338]

- Eine Sonderrolle spielen die **Pflicht- und Anstandsschenkungen**[339] des § 534 BGB: Einer sittlichen Pflicht kann die Schenkung bspw. genügen, wenn Zuwendungen an bedürftige Geschwister, Stiefkinder oder den nichtehelichen Lebensgefährten, Patenkinder oder als Abfindung an den verlassenen Lebensgefährten (also ohne Bestehen einer gesetzlichen Unterhalts- oder Ausgleichspflicht) vorgenommen werden, i.d.R. aber nicht bei der Belohnung für Pflege durch nahe Verwandte[340] oder bei der Versorgung von Eltern, die bereits über (wenn auch knappen) Wohnraum verfügen.[341] Anstandsschenkungen sind insb. gebräuchliche Gelegenheitsgeschenke zu Geburtstagen, Weihnachten, Hochzeiten und auch bei guten Vermögensverhältnissen in Bezug auf Grundstücke nicht zu bejahen.[342] Für Pflicht- und Anstandsschenkungen gelten die §§ 516 ff. BGB in gleicher Weise, jedoch ist das Recht auf 153

---

330 Zu deren Konkretisierung kann auf die Erbunwürdigkeits- sowie die Pflichtteilsentziehungsgründe (§§ 2339, 2333 ff. BGB) zurückgegriffen werden, vgl. *Wacke*, JZ 2003, 179 ff.
331 Unter Erschöpfung aller zulässigen Beweisanträge, vgl. BGH, FamRZ 2006, 196.
332 BGH, NJW 1993, 1577.
333 OLG Köln, RNotZ 2002, 280.
334 BGH, ZEV 2005, 213.
335 *Muscheler*, AcP 203 (2003), 469, 500 ff., dort (S. 502) auch zum groben Undank der Destinatäre ggü. Stifter und Stiftung.
336 OLG Karlsruhe, 26.10.2009 – 3 U 22/09, ZErb 2010, 55.
337 BGH, FamRZ 2006, 196: „alte Hexe", „verlogene Saubrut".
338 Abzulehnen ist jedoch die Auffassung, seit der Abschaffung des Verschuldensprinzips im Scheidungsrecht bedürfe es eines „exzessiven Fehlverhaltens", da die Familienrechtsreform bewusst § 530 BGB nicht geändert hat, vgl. MünchKomm-BGB/*Koch*, § 530 Rn. 10.
339 *Migsch*, AcP 1973, 46 ff. plädiert dafür, sie als eigenen Vertragstyp zu begreifen.
340 BGH, NJW 1986, 1926; krit. zu dieser zu engen Auffassung *Keim*, FamRZ 2004, 1085.
341 OLG Koblenz, 13.07.2006 – 7 U 1801/05, ZErb 2006, 419.
342 BGH, NJW-RR 1986, 1202.

Rückforderung wegen Verarmung oder Widerruf wegen groben Undanks ausgeschlossen;[343] auch eine Pflichtteilsergänzung findet gem. § 2330 BGB nicht statt (vgl. Rdn. 3133; eine generelle Freistellung von Schenkungen für gemeinnützige Zwecke besteht jedoch, anders als gem. § 785 Abs. 3 Satz 1, 2. Alt. österr. AGBGB,[344] nicht, sie wird jedoch zunehmend gefordert).[345] Weitere Privilegierungen enthalten §§ 1425 Abs. 2, 1641, 1804, 2113 Abs. 2, 2205, 2207 (Ausnahmen vom Schenkungsverbot bei gesetzlichen Vertretern und Nacherbenbeschränkungen).

154 **Hinweis:**

Dem Kautelarjuristen muss die Lückenhaftigkeit des gesetzlichen Schenkungsrechts Ansporn sein, wichtige Punkte im Vertrag selbst durch Vereinbarung oder durch konkrete Verweisung auf Normen zu regeln. In diesem Sinn zählen zu den regelungsbedürftigen Fragen insb.

- Absicherung des Veräußerers durch Auflagen und Gegenleistungen,
- Leistungen an den Ehegatten des Veräußerers,
- Leistungen an weichende Erben,
- Rückforderungsrechte als
  – weitere Einwirkungsmöglichkeit auf den Vertraggegenstand,
  – Vorsorge für „Schenkungsreue",
  – Störfallregelung bei nicht ordnungsgemäßer Erbringung der Absicherungsleistungen,
- Erb- und pflichtteilsrechtliche Anordnungen.

III. Schenkung unter Auflage (§§ 525 bis 527 BGB)

155 Der gesetzlich nicht definierte Begriff der **Auflage** wird in ständiger Rechtsprechung verstanden i.S.e. der Schenkung hinzugefügten Bestimmung, dass der Empfänger zu einer Leistung (Tun, Dulden oder Unterlassen, auch ohne vermögensrechtlichen Wert) verpflichtet sein soll, die aus dem Zuwendungsobjekt zumindest wirtschaftlich zu entnehmen ist.

Beispiele:

- *Zuwendung einer Immobilie unter Vorbehalt des zu bestellenden Nießbrauchs,*[346]

---

343 Weitere Sonderregelungen ergeben sich aus §§ 814, 1425 Abs. 2, 1641, 1804, 2113 Abs. 2, 2205, 2207, 2330 BGB.
344 Dort beträgt allerdings die Pflichtteilsergänzungsfrist lediglich 2 Jahre.
345 Für eine Ausweitung des § 2330 BGB plädieren z.B. *Medicus*, in: FS für Helmut Heinrichs, 1998, S. 392 und *Richter*, ZErb 2005, 139; zum rechtspolitischen Wertungskonflikt von Gemeinnützigkeit und Generationengerechtigkeit *Röthel*, ZEV 2006, 8 ff.; *Hüttemann/Rawert* entwickeln einen Gesetzgebungsvorschlag (Freistellung i.H.d. Erbteils eines weiteren, fiktiv hinzugedachten Kindes), ZEV 2007, 107 ff.
346 OLG Köln, FamRZ 1994, 1242.

- *Übereignung eines Geldbetrags unter der Auflage, die zugewendete Summe als Darlehen dem Schenker zurückzugewähren.*[347]

Die Hinzufügung einer Auflage ändert zivilrechtlich nichts daran, dass der **gesamte Gegenstand geschenkt** ist, also das Schenkungsrecht insgesamt Anwendung findet. Stehen sich Zuwendung und Gegengewährung jedoch i.S.e. (teilweisen) Austausches von Leistung und Gegenleistung ggü., handelt es sich um eine gemischte Schenkung (hierzu nachstehend Rdn. 206 ff.), auf deren Gesamtabwicklung das Schenkungsrecht nur eingeschränkt Anwendung findet. Beide Formen – die Schenkung unter Auflage sowie die gemischte Schenkung – sind ihrerseits wiederum abzugrenzen von der reinen Schenkung eines seinerseits belasteten Gegenstands (etwa bei der Übernahme dinglicher Lasten), mag diese Belastung auch erst im Moment des Schenkungsversprechens bestellt worden sein (wie etwa häufig bei der Übertragung unter Vorbehaltsnießbrauch oder -wohnungsrecht).[348]

156

Die **Vollziehung der Auflage** kann erst verlangt werden, wenn die Schenkung geleistet ist; eine Befreiung von der Auflage ist bspw. möglich bei nachträglicher Unmöglichkeit gem. § 275 Abs. 1 BGB sowie bei Entwertung des geschenkten Gegenstands.[349] Sofern wegen eines Rechts- oder Sachmangels der Wert der Zuwendung hinter den Aufwendungen zur Erfüllung der Auflage zurückbleibt, gewährt § 526 BGB ein Leistungsverweigerungsrecht. Gleiches gilt nach herrschender Meinung auch dann, wenn dieses Missverhältnis schon von Anfang an, also ohne Hinzutreten eines Rechts- oder Sachmangels, bestand. Wird die Auflage nicht vollzogen, hat der Schenker weiterhin den Anspruch aus § 525 BGB sowie ggf. auf Schadensersatz.[350] Handelt es sich (selten) zugleich um einen synallagmatischen Vertrag (also eine gemischte Schenkung mit Überwiegen des Gegenleistungselements) steht ihm ferner nach Kündigung infolge erfolgloser Nachfristsetzung oder im Fall der Unmöglichkeit (§ 323 Abs. 1 bzw. 5 BGB)[351] ein **Herausgabeanspruch** hinsichtlich der Zuwendung zu. Dieser richtet sich (Rechtsfolgenverweisung) nach Kondiktionsrecht und ist beschränkt („insoweit") auf dasjenige, was zum Vollzug der Auflage zu verwenden gewesen wäre. § 527 BGB kann abbedungen, aber auch (z.B. i.S.e. allgemeinen Rücktrittsrechts) erweitert werden.

157

IV. Privilegierung von Schenkungen

Ähnlich wie der Erwerb von Todes wegen sind Schenkungen bzw. Übertragungen in vorweggenommener Erbfolge in verschiedener Hinsicht privilegiert. So zählen sie, da sie keinen spezi-

158

---

347 Die Darlehensgewährung an den Betrieb des Schenkers in Erfüllung einer Auflage oder in Vollzug eines vorgefassten Plans soll allerdings nicht zum Betriebsausgabenabzug der geleisteten Schuldzinsen berechtigen, vgl. BFH, 12.02.1992 – X R 121/88, BStBl. 1992 II, S. 468 beim Einzelunternehmen, BFH, 22.01.2002 – VIII R 46/00, BStBl. 2002 II, S. 685 zur Personengesellschaft anders jedoch bei der GmbH als eigenem Steuersubjekt: BFH, 19.12.2007 – VIII R 13/05, GmbHR 2008, 325, m. krit. Anm. *Hoffmann*, sodass bei Letzterer keine verdeckten Gewinnausschüttungen anzunehmen sind. Das Darlehen selbst ist ertragsteuerlich nicht anzuerkennen, wenn die Schenkung erst nach Abschluss des Darlehensvertrags erfolgt, da wirtschaftlich der Beschenkte nie über den Betrag verfügen konnte, sodass er das Darlehen nicht aus „eigenem Vermögen" gewährte: FG Baden-Württemberg, 08.06.2005 – 10 K 20/03, ZErb 2005, 343.
348 Ausführlich *Reiff*, Die Dogmatik der Schenkung unter Nießbrauchsvorbehalt, S. 100 ff.
349 Analog § 526 BGB: RGZ 112, 210.
350 §§ 280, 283, 286 BGB, jedoch behaftet mit dem Problem des Nachweises des Schadens.
351 Nach neuem Schuldrecht auch ohne Verzug oder Verschulden.

fischen Ehebezug aufweisen, sondern auf die besondere persönliche Beziehung des Erwerbers zum Zuwendenden zurückgehen, gem. § 1374 Abs. 2 BGB nicht zum Zugewinn, werden also dem Anfangsvermögen hinzugerechnet.[352] **Wertsteigerungen** des geschenkten/in vorweggenommener Erbfolge erworbenen Vermögens, soweit sie über den Kaufkraftschwund des Gelds (Indexierung gem. Verbraucherpreisindex) hinausgehen, unterliegen allerdings dem Zugewinnausgleich.

159 Die **rein rechnerische Wertsteigerung**, die aufgrund Absinkens des Werts vorbehaltener Nutzungsrechte eintritt (Nießbrauch, Wohnungsrecht, Altenteilsrechte), unterliegt jedoch (entgegen der bis November 2006 geltenden Rechtsprechung des BGH)[353] dem Zugewinnausgleich, vgl. Rdn. 1217. Gleiches galt seit jeher bei auf Leistung gerichteten Versprechen im Rahmen einer Schenkung/vorweggenommenen Erbfolge (etwa einer Leibrente): auch diese ist sowohl im Anfangs- als auch – sofern in diesem Zeitpunkt noch bestehend – im Endvermögen mindernd zu berücksichtigen. Der im Lauf der Ehe wachsende Wert der Zuwendung ist insoweit nicht unentgeltlich i.S.d. § 1374 Abs. 2 BGB und damit auch nicht privilegiert.[354]

160 Als Folge der zum 01.09.2009 in Kraft getretenen Reform des Zugewinnausgleichsrechtes kann das Anfangsvermögen, auch das aus während der Ehezeit erfolgenden Schenkungen herrührende „fiktive" Anfangsvermögen des § 1374 Abs. 2 BGB, negativ sein, da der Abzug von Verbindlichkeiten nicht auf den Aktivwert begrenzt ist (§ 1374 Abs. 3 BGB). Ein scheidungswilliger Ehegatte könnte sich also vor dem Stichtag des § 1384 BGB (Zustellung des Scheidungsantrags) „arm schenken lassen", indem er eine überschuldete Schenkung annimmt. In evidenten Missbrauchsfällen hilft möglicherweise eine Korrektur durch analoge Anwendung des § 1375 BGB (vgl. Rdn. 167).[355]

V. Bestandsschwäche von Schenkungen

1. Bestandsschwäche im Verhältnis zwischen Schenker und Beschenktem

161 Die Schwäche des unentgeltlichen Geschäfts zwischen den Parteien manifestiert sich insb. in den teilweise bereits geschilderten erleichterten Möglichkeiten einer **Auflösung zugunsten des Schenkers**,[356] v.a. dem Widerruf bei grobem Undank (§ 530 BGB; Rdn. 151 ff.), sowie der Rückforderung bei Verarmung des Schenkers, § 528 BGB (Rdn. 866 ff.).

---

352 Vgl. umfassend J. *Mayer*, in: Bamberger/Roth, BGB, § 1374 Rn. 9.
353 BGH, FamRZ 1990, 603; FamRZ 1990, 1083.
354 Vgl. BGH, 07.09.2005 – XII ZR 209/02, DNotI-Report 2005, 198.
355 *Münch*, MittBayNot 2009, 261.
356 Z.B. §§ 519, 528, 530 BGB; vergleichbar §§ 605 Nr. 1, 671 BGB.

2. Bestandsschwäche im Verhältnis zu Dritten

Wesentlich verstreuter, jedoch ebenfalls Ausdruck eines allgemeinen Rechtsgedankens, sind die **Bestandsschwächen des unentgeltlichen Erwerbs im Verhältnis zu Dritten**. Zu nennen sind folgende Beispielsfälle:[357]

- **Unentgeltliche Verfügungen eines Nichtberechtigten**: Auch der unentgeltliche Erwerber kann, sofern er redlich ist, vom Nichtberechtigten dinglich wirksam Eigentum oder Inhaberschaft erwerben. § 816 Abs. 1 Satz 2 BGB führt zu einer schuldrechtlichen Korrektur, indem das unentgeltlich erworbene Recht kondizierbar wird. Die Position des geschädigten Rechtsverlierers verdient mehr Schutz als der redliche, aber unentgeltliche Erwerber.

- **Unentgeltliche Verfügungen eines Bereicherungsschuldners:** Soweit ein zur Herausgabe Verpflichteter wirksam über den Gegenstand verfügt und seine Konditionshaftung demnach gem. § 818 Abs. 3 BGB erlischt, führt § 822 BGB zu einem eigenen Konditionsanspruch gegen den unentgeltlichen Zweiterwerber (ebenso Dritt-, Vierterwerber) in gleicher Weise, als wenn der Zweit- oder Dritterwerber nicht unentgeltlich, sondern rechtsgrundlos erworben hätte. Schenkungen können die Konditionsbehaftung nicht „abwaschen" (ebenso wenig wie sie die „Anfechtungsbehaftung" abwaschen können, Rdn. 176: § 145 Abs. 2 InsO, § 15 Abs. 2 AnfG). Ist also bspw. der Beschenkte gem. § 528 BGB wegen Verarmung des Schenkers zur Herausgabe nach Konditionsgrundsätzen verpflichtet und hat er vor dem Eintritt der Rechtshängigkeit oder Bösgläubigkeit den ihm geschenkten Gegenstand weiterverschenkt, haftet in gleicher Weise der Zweiterwerber für die Rückforderung wegen Verarmung des Ursprungsschenkers.

- Auch ein **redlicher Besitzer, der seinen Besitz unentgeltlich erlangt hat**, muss dem Eigentümer gem. § 988 BGB die gezogenen Nutzungen uneingeschränkt herausgeben. Er soll keine Vorteile behalten können, die er aus einem ohne eigene Opfer erworbenen Recht zulasten des fremden Eigentümers erlangt hat.

- **Schenkungen des Erblassers zulasten des Vertragserben**, denen kein lebzeitiges Eigeninteresse[358] zugrunde liegt (sog. „bösliche Schenkungen", wobei an die Stelle des gesetzlichen Merkmals der Beeinträchtigungsabsicht faktisch eine Missbrauchsprüfung getreten ist)[359] sind zwar ebenfalls dinglich wirksam, unterliegen jedoch der Rückforderung nach Bereicherungsrecht (Rechtsfolgenverweisung) gem. § 2287 BGB (Rdn. 3328 ff.). Auf die Redlichkeit des Beschenkten, der unmittelbar Anspruchsgegner ist, kommt es auch hier nicht an.

- Gem. § 1390 BGB kann in ähnlicher Weise ein Ehegatte, dessen **Zugewinnausgleichsforderung** durch solche Schenkungen verkürzt worden ist, den Drittempfänger konditionsrechtlich in Anspruch nehmen, und zwar seit 01.09.2009 nicht mehr allein auf Herausgabe gerichtet, sondern unmittelbar auf Zahlung in Geld. Sie kommt zum Tragen, wenn der aus-

162

163

164

165

166

---

[357] Vgl. hierzu auch *Medicus*, Bürgerliches Recht, § 16 Abs. 3.
[358] Die Anforderungen sind streng: Der Wunsch, durch lebzeitige Verfügung für eine Gleichbehandlung der Abkömmlinge zu sorgen, soll bspw. nicht ausreichen (BGH, 29.06.2005 – IV ZR 56/04, ZEV 2005, 479; ebenso BGH, 25.01.2006 – IV ZR 153/04, ZEV 2006, 312: jedenfalls dann, wenn die Begünstigung des anderen Abkömmlings bereits beim Abschluss des Erbvertrags gegeben war). Eine Schenkung als Ausgleich für Pflegeleistungen ist regelmäßig privilegiert, es sei denn, der Vertragserbe war seinerseits zur Pflege vertraglich verpflichtet und bereit und der Schenker wünschte dessen Leistungen lediglich nicht mehr, OLG Koblenz, NJW-RR 2005, 883.
[359] *Schindler*, ZEV 2005, 334 m.w.N.

gleichspflichtige Ehegatte Schenkungen an einen Dritten in Benachteiligungsabsicht getätigt hat (kollusives Zusammenwirken ist nicht erforderlich), seine Ausgleichspflicht jedoch wegen Eingreifens der Kappungsgrenze (§ 1378 BGB) erschöpft ist. Soweit auch der Ehegatte selbst (etwa wegen der Erweiterung der Kappungsgrenze bei illoyalen Verschiebungen: § 1378 Abs. 2 BGB, Rdn. 167) haftet, stehen der Zahlungsanspruch gegen den Dritten und der güterrechtliche Anspruch gegen den Ehegatten nunmehr gesamtschuldnerisch nebeneinander, § 1390 Abs. 1 Satz 4 BGB. Ferner ist das Erfordernis der Sicherheitsleistung (§ 1390 Abs. 4 BGB a.F.) entfallen.

167 • Bereits auf der Berechnungsebene sind unentgeltliche Zuwendungen, die ein Ehegatte an Dritte getätigt hat, seinem Endvermögen zuzurechnen (§ 1375 Abs. 2 Nr. 1 BGB), es sei denn sie lägen (Abs. 3) länger als 10 Jahre zurück oder wären mit (nicht formgebundener) Einwilligung des anderen Ehegatten erfolgt; andere Schenkungen sind also nicht zugewinnausgleichsfest (Pflicht- und Anstandsschenkungen werden allerdings gem. § 1375 Abs. 2 Nr. 1 a.E. BGB dem Endvermögen nicht hinzugerechnet).

Die Reform des Zugewinnausgleichs hat zum 01.09.2009 insoweit zwei weitere Verschärfungen bewirkt:

(1) die Höhe der Ausgleichsforderung wurde – bisher – gem. § 1378 Abs. 2 Satz 1 BGB durch das bei Ende des Güterstandes (bzw. an dem nach § 1384 BGB maßgeblichen Stichtag) vorhandene Vermögen begrenzt. Der Ausgleichsschuldner muss in den Fällen, in denen er bei Beginn des Güterstandes vorhandene Schulden getilgt hat, notfalls sein gesamtes nach der Schuldentilgung erworbenes Vermögen an den Ausgleichsgläubiger abführen, er muss aber keine Verbindlichkeiten eingehen. Hat der Ausgleichsschuldner aber sein Vermögen in den Fällen des § 1375 Abs. 2 BGB illoyal verwendet, muss er gem. § 1378 Abs. 2 Satz 2 BGB n.F. zur Erfüllung der Ausgleichsforderung ein Darlehen aufnehmen, und zwar i.H.d. illoyal verwendeten Betrages, der im eigenen Vermögen fehlt.

(2) Darüber hinaus wird gem. § 1375 Abs. 2 Satz 2 BGB nunmehr (widerlegbar) vermutet, dass Minderungen des Endvermögens, die nach der Erteilung einer Auskunft[360] über die Vermögensverhältnisse zum Trennungszeitpunkt eingetreten sind, auf illoyalen Verschiebungen beruhen.

168 • **Schenkungen zulasten eines Pflichtteilsberechtigten** können gem. § 2329 BGB (vgl. Rdn. 3111 ff.), ohne dass es auf Benachteiligungsabsicht des Schenkers ankäme, vom Beschenkten nach Bereicherungsrecht (Rechtsfolgenverweisung) herausgefordert werden, soweit der zur Pflichtteilsergänzung verpflichtete Erbe (z.B. wegen Dürftigkeit des Nachlasses oder weil er selbst pflichtteilsberechtigt ist und ihm nicht einmal der eigene Pflichtteil verbliebe) ihn nicht zu erfüllen braucht.

169 • Unentgeltliche Verfügungen eines **Vorerben**, auch eines befreiten, werden gem. § 2113 Abs. 2 Satz 1, 1. Alt. BGB mit Eintritt des Nacherbfalls insoweit unwirksam, als sie das Recht des Nacherben vereiteln oder beeinträchtigen würden – der Nacherbe wird also zu diesem Zeitpunkt Eigentümer des schenkungshalber hingegebenen Nachlassgegenstandes[361] und kann z.B. bei Grundstücken Grundbuchberichtigung gem. § 894 BGB – bei teilentgeltlichen Geschäften Zug um Zug gegen Rückerstattung der Gegenleistung – verlangen (zur Nacher-

---

360 Der Auskunftsanspruch wurde gem. § 1379 Abs. 2 BGB vorverlegt, vgl. *Reetz*, DNotZ 2009, 836 ff.
361 OLG Bamberg, 08.05.2009 – 6 U 38/08, JurionRS 2009, 34686.

benzustimmung vgl. Rdn. 3439 ff.: Stimmen alle Nacherben zu, können ihre Rechte nicht mehr beeinträchtigt werden).

- **Dingliche Schenkungsverbote** (z.B. §§ 1425 Abs. 1, 1641,[362] 1804 BGB bei Schenkung durch die Eltern, den Vormund, Betreuer oder Pfleger und den Ehegatten im Fall der Gütergemeinschaft, § 2205 Satz 3 BGB bei Schenkung durch den Testamentsvollstrecker)[363] führen bei Mitwirkung gesetzlicher Vertreter zur unmittelbaren Unwirksamkeit der über bloße Pflicht- und Anstandsgeschenke hinausgehenden Zuwendung, sodass der Gegenstand selbst vom Vermögensinhaber herausverlangt werden kann. Eine etwa gleichwohl erteilte betreuungs- bzw. familiengerichtliche Genehmigung hat naturgemäß keine Heilungswirkung.[364] Verfassungsrechtliche Bedenken ob der dadurch herbeigeführten Beschränkung der Umsetzung eines in früheren gesunden Tagen geäußerten Schenkungswillens (z.B. Stiftungswillens) teilt die Rechtsprechung nicht.[365]

170

Der **Nachweis der Entgeltlichkeit** (bzw. des Vorliegens einer privilegierten „Anstandsschenkung"[366] [§ 1804 Satz 2 BGB] oder einer Ausstattung[367] [§ 1908 BGB]) ggü. dem Grundbuchamt **bei Eintragung der Auflassung**[368] erfolgt nach den gleichen Grundsätzen wie bei der Nacherbfolge. Ausstattungen bedürfen stets der Genehmigung des Betreuungsgerichts (§ 1908 BGB).[369] Gemischte Schenkungen unterfallen ebenfalls der Nichtigkeit.[370] Eine verbotene Schenkung liegt jedoch nicht vor, wenn lediglich im Rahmen einer Nachtragsurkunde eine falsa demonstratio (versehentliches Nichterwähnen weiterer, vom Übertragungswillen des damals noch selbst handelnden Veräußerers erfasster Grundstücke) bereinigt wird.[371]

171

3. Insb.: Anfechtungsrecht

Dem Bemühen des pfändungsgefährdeten Vermögensinhabers, sich i.R.d. „asset protection" auch kurzfristig von seinen Gütern zu trennen (möglichst ohne den wirtschaftlichen Zugriff hierauf aufgeben zu müssen), wird – außer durch Mittel des Strafrechts (§§ 283 ff. StGB) – durch

172

---

362 Die Vertretungsmacht der Eltern ggü. Dritten (etwa bei der Erteilung eines Überweisungsauftrags zulasten des Kindeskontos zugunsten des Kontos der Eltern) wird dadurch nicht berührt, BGH, NJW 2004, 2517.
363 Bei letzterer Schenkungssperre kann Wirksamkeitsvorsorge durch Mitwirkung aller Miterben getroffen werden; bei Zuwendungen durch einen Betreuer ist zu prüfen, ob ggf. der Betreute selbst geschäftsfähig ist.
364 BayObLG, MittBayNot 1996, 432.
365 BayObLG, NJW-RR 1997, 452 gegen *Canaris*, JZ 1987, 993. Für eine verfassungskonform einschränkende Auslegung bei Stiftungsgeschäften plädiert *Grziwotz*, ZEV 2005, 338.
366 Zu weitgehend LG Traunstein, MittBayNot 2005, 231, m. abl. Anm. *Böhmer*, wo „sittliche Pflicht" mit „Sitte" (Üblichkeit) gleichgesetzt wird. In der Übertragung einer Immobilie gegen eine (eingeschränkte) Pflegeverpflichtung liegt keine Anstandsschenkung, vgl. OLG Frankfurt am Main, 10.09.2007 – 20W 69/07, Rpfleger 2008, 72.
367 Großzügig OLG Stuttgart, MittBayNot 2005, 229, m. krit. Anm. *Böhmer*, das die Angemessenheit i.S.d. § 1624 BGB nicht alleine danach bemisst, was den Eltern noch verbleibt, sondern auch die Nachhaltigkeit der Versorgungssicherung in Gestalt der „Gegenleistungen" prüft.
368 Bei Eintragung der Vormerkung ist der mögliche Verstoß wegen des begrenzten Prüfungsumfangs des § 19 GBO nicht zu berücksichtigen, BayObLG, DNotI-Report 2003, 126.
369 Vgl. hierzu BayObLG, Rpfleger 2003, 649: Strenge Anforderungen an das Vorliegen einer Ausstattung, wenn vor Eintritt der Betreuungsbedürftigkeit keine diesbezüglichen Planungen vorlagen.
370 OLG Frankfurt am Main, 10.09.2007 – 20W 69/07, Rpfleger 2008, 198.
371 OLG Frankfurt am Main, 30.08.2007 – 20W 153/07, RNotZ 2008, 229.

das Recht der Gläubiger- und der Insolvenzanfechtung[372] Grenzen gesetzt, jedenfalls wenn die Übertragung nicht rechtzeitig erfolgt ist.

a) Allgemeine Voraussetzungen

173 Das Vorliegen eines Anfechtungstatbestands nach dem AnfG oder der (ab Eröffnung des Insolvenzverfahrens vorrangigen) InsO schafft ein gesetzliches Schuldverhältnis zwischen Gläubiger und Anfechtungsgegner mit dem Ziel der Wiederherstellung der Zugriffslage, das nicht – auch nicht durch Rechtshängigkeitsvermerk – im Grundbuch dokumentiert werden kann.[373] **Berechtigt** zur Insolvenzanfechtung ist lediglich der Insolvenzverwalter (§ 129 InsO),[374] zur Gläubigeranfechtung gem. § 2 AnfG jeder (nach herrschender Meinung auch nach der Vornahme der anfechtbaren Rechtshandlung hinzugekommene)[375] Gläubiger, der einen vollstreckbaren Schuldtitel über eine fällig gewordene Forderung erlangt hat, sofern die Vollstreckung in das Vermögen des Schuldners nicht zu einer vollständigen Befriedigung des Gläubigers geführt hat oder dies zumindest anzunehmen ist.

174 Anfechtbar sind die Wirkungen von **Rechtshandlungen**, d.h. aller Willenserklärungen, rechtsgeschäftsähnlicher oder prozessualer Handlungen sowie willentlicher[376] Unterlassungen, die das Vermögen des Schuldners zum Nachteil der Gläubiger verändern können (allerdings nicht das bloße Unterlassen eines möglichen Vermögenserwerbs).[377] Die für die Fristberechnung und das Vorliegen des subjektiven Tatbestands maßgebliche „**Vornahme**" solcher Rechtshandlungen erfolgt mit dem Eintritt ihrer rechtlichen Wirkungen (§ 140 InsO, § 8 AnfG), bei Immobiliarverfügungen allerdings bereits zu dem Zeitpunkt, an dem entweder die Einigung wirksam geworden und der Eintragungsantrag vom Erwerber gestellt wurde[378] oder gar, sofern das Rechtsgeschäft durch Vormerkung gesichert wird, in dem Zeitpunkt, in dem die Voraussetzungen des § 878 BGB für die Vormerkung eingetreten und der vorgemerkte Anspruch entstanden[379] sind (§ 140 Abs. 2 Satz 1 bzw. Satz 2 InsO, § 8 Abs. 2 Satz 1 bzw. Satz 2 AnfG).

---

372 Vgl. hierzu im Überblick *Huber/Armbruster*, NotBZ 2011, 206 ff., 233 ff.
373 BayObLG, 30.06.2004 – 2Z BR 111/04, NotBZ 2004, 396. Zum richterlichen Verfügungsverbot vgl. aber Rdn. 176 a.E.
374 Ausnahme: § 313 Abs. 2 Satz 1 InsO – jeder Insolvenzgläubiger beim vereinfachten Insolvenzverfahren.
375 Vgl. BGH, 13.08.2009 – IX ZR 159/06, MittBayNot 2010, 149. m. Anm. *Lotter*, sowie die Nachweise bei *Schumacher-Hey*, RNotZ 2004, 544 unter A II 1 und 4; krit. *Lotter*, MittBayNot 1998, 422 und MittBayNot 2010, 151; anders beim BGH beim Pflichtteilsergänzungsanspruch (Grundsatz der „Doppelberechtigung", Rdn. 3079). Mit *Amann*, DNotZ 2010, 241, 260 ist wohl zwischen der Insolvenzanfechtung (wo der Grundsatz der Gleichbehandlung aller Gläubiger für die Lösung des BGH spricht) einerseits und der Gläubigeranfechtung andererseits (wo Vertrauen auf vorhandenes Schuldnervermögen verlangt werden muss) zu differenzieren.
376 Z.B. bei bewusstem Fördern von Vollstreckungshandlungen anderer Gläubiger, BGH, NJW 2005, 1121. Ist allerdings jede Möglichkeit selbstbestimmten Handelns ausgeschaltet, fehlt es an einer „Rechtshandlung des Schuldners" i.S.d. § 133 Abs. 1 InsO.
377 Daher sind z.B. nicht anfechtbar die Nichtannahme eines Schenkungsantrags vor Insolvenzeröffnung, die Ausschlagung einer Erbschaft/eines Vermächtnisses sowie der Erbverzicht, vgl. allerdings zur Abgrenzung Rdn. 1801.
378 Nach überwiegender Auffassung (der *Amann*, DNotZ 2010, 241, 257 ff. überzeugend entgegengetreten) genügt die lediglich auf § 15 GBO gestützte Antragstellung durch den Notar nicht, da sie ohne Zustimmung des Berechtigten gem. § 24 Abs. 3 Satz 1 BNotO wieder zurückgenommen werden könnte, BGH, 08.05.2008 – IX ZR 116/07, MittBayNot 2009, 61, m. Anm. *Kesseler*; anders jedoch wenn eine ausdrückliche Ermächtigung für den Notar vorliegt.
379 BGH, 10.12.2009 – IX ZR 203/06, DNotZ 2010, 294, m. Anm. *Amann*, S. 241 ff.: auch ohne Erklärung der Auflassung.

In objektiver Hinsicht ist zudem das Vorliegen einer **Gläubigerbenachteiligung** erforderlich, 175
d.h. die Verschlechterung der Zugriffsmöglichkeiten – auch künftiger, Rdn. 173 – Gläubiger auf
das Vermögen des Schuldners. Die **unmittelbare** Gläubigerbenachteiligung setzt voraus, dass
das pfändbare Schuldnervermögen unter Einbeziehung des veräußerten Gegenstandes größer
ist als ohne diesen, also der in der Versteigerung erzielbare Wert (bei der Insolvenzanfechtung
wohl: der Verkehrswert)[380] des Grundstücks die vorrangigen Belastungen[381] und die Kosten des
Versteigerungsverfahrens übersteigt.[382] Unproblematisch ist demnach[383] jedenfalls die Weggabe

(1) von Gegenständen, die der Aussonderung oder Absonderung unterliegen, sowie

(2) von wertlosen oder wertausschöpfend belasteten Objekten. Weiter ist unantastbar

(3) die Ausübung von Persönlichkeitsrechten (Heirat, Scheidung, Adoption, Güterstandswechsel, Ausschlagung einer Erbschaft, Nichtgeltendmachung des Pflichtteils, Nichtantritt einer gut bezahlten Arbeit).

Die früher angenommene vierte Fallgruppe (Weggabe unpfändbarer Gegenstände) kann aufgrund neuerer Rechtsprechung[384] nicht mehr uneingeschränkt aufrechterhalten werden. Bei einigen Anfechtungstatbeständen genügt auch die mittelbare Gläubigerbenachteiligung, s. Rdn. 180.

Anfechtungsgegner ist derjenige, der durch die anfechtbare Rechtshandlung etwas aus dem 176
Vermögen des Schuldners erlangt hat, ebenso sein Gesamtrechtsnachfolger (§ 145 Abs. 1 InsO,
§ 15 Abs. 1 AnfG). Gleiches gilt gem. § 145 Abs. 2 InsO, § 15 Abs. 2 AnfG für **Sonderrechtsnachfolger**, die entweder z.Zt. ihres Erwerbs Kenntnis von den Umständen hatten, die zur Anfechtbarkeit des Erwerbs des Vorgängers geführt haben, oder die das Erlangte **unentgeltlich**
erworben haben. Die **Rechtsfolge** der Insolvenzanfechtung ist gem. § 143 InsO ein schuldrechtlicher Anspruch auf Rückgewähr[385] der weggegebenen Leistung[386] bzw. Wertersatz, i.R.d. Gläubigeranfechtung gem. § 11 AnfG die Duldung der Zwangsvollstreckung aus dem Gläubigertitel in
den anfechtbar weggegebenen Gegenstand, die nicht vormerkbar ist, aber durch (im einstweiligen Rechtsschutz ergehendes) richterliches Verfügungsverbot gesichert werden kann.[387] Fällt der
Anfechtungsgegner in Insolvenz, nachdem die „normale" Gläubigeranfechtung geltend gemacht

---

380 Bei §§ 129 ff. InsO kann der Insolvenzverwalter auch eine freihändige Veräußerung vornehmen, vgl. *Kesseler*, RNotZ 2006, 202, 203.
381 In ihrer vollen valutierenden Höhe, auch wenn dieser Gläubiger auf andere Sicherheiten (verpfändete Lebensversicherungen) zurückgreifen könnte, dies jedoch nicht muss: BGH, 23.11.2006 – IX ZR 126/03, ZNotP 2007, 113. Dies gilt auch, wenn der Veräußerer sich zur weiteren Bedienung der wertausschöpfenden Belastungen verpflichtet hat (in den Tilgungsleistungen können jedoch selbstständig anfechtbare mittelbare weitere Zuwendungen liegen), BGH, 03.05.2007 – IX ZR 16/06, ZNotP 2007, 354. Beispiel hierfür: BGH, 19.05.2009 – IX ZR 129/06, MittBayNot 2010, 228, m. Anm. *Huber*.
382 BGH, 20.10.2005 – IX ZR 276/02, RNotZ 2006, 200, m. Anm. *Kesseler*.
383 *Bitter*, Insolvenzanfechtung bei Weggabe unpfändbarer Gegenstände, FS Karsten Schmidt S. 123; *Suppliet*, NotBZ 2010, 97.
384 BGH, 06.10.2009 – IX ZR 191/05, NotBZ 2010, 95, m. Anm. *Suppliet*: Zahlungen aufgrund geduldeter Kontoüberziehung sind anfechtbar, obwohl der „geduldete Rahmen" nicht gepfändet werden könnte.
385 BGH, 21.09.2006 – IX ZR 235/04, DNotZ 2007, 210.
386 Selbst dann, wenn der in anfechtbarer Weise erworben Habende nochmals im Weg des Versteigerungszuschlags erwirbt: BGH, MittBayNot 2005, 160, m. Anm. *Huber*.
387 BGH, 14.06.2007 – IX ZR 219/05, ZInsO 2007, 943; es gilt das Prioritätsprinzip (der durch das erste Verbot geschützte Gläubiger kann vom später Geschützten den Rücktritt hinter eine dann eingetragene Zwangssicherungshypothek verlangen).

wurde, kann der Insolvenzverwalter gem. § 17 Abs. 2 AnfG den Klageantrag auf Rückgewähr des gesamten Gegenstands erweitern.[388]

177   Der Duldungsanspruch nach dem AnfG besteht auch, wenn der Übertragungsgegenstand (Miteigentumsanteil) wegen Vereinigung in einer Hand nicht mehr besteht.[389] Gegenstand dieser Vollstreckungsduldungspflicht ist also das Grundstück in seinem ursprünglichen rechtlichen Zustand, d.h. mit den aus dem Kaufvertrag weggefertigten Grundbuchgläubigern, was[390] vereinfachend dergestalt umgesetzt wird, dass die Aufwendungen des Erwerbers zur Wegfertigung bisheriger Belastungen, sofern gem. § 45 Abs. 1 ZVG angemeldet, in das geringste Gebot (§ 44 ZVG) aufgenommen werden. Hinsichtlich übersteigender, an den Veräußerer selbst geflossener Leistungen ist der Erwerber jedoch gem. § 12 ZVG auf einen kaum realisierbaren Rückzahlungsanspruch gegen den Veräußerer verwiesen.

178   Ausnahmsweise erfasst die Anfechtung nicht den gesamten Vertrag, sondern **lediglich einzelne Bestandteile**. Die Masse ist also so zu stellen, als wäre der Vertrag ohne die beanstandete Bestimmung geschlossen worden (Einrede gem. § 146 Abs. 2 InsO): Dies gilt für Klauseln, die sich nicht anders rechtfertigen können, als alleine für den Insolvenzfall dem Gläubiger einen ihm sonst nicht zukommenden Vorteil zu verschaffen, der also nicht zum Schutz anerkennenswerter Interessen des Gläubigers erforderlich ist, und den der Schuldner, da er sich dann ohnehin in Insolvenz befindet, leichtfertig hinzugeben bereit ist.

Beispiele:

- *Heimfallanspruch bereits bei Insolvenz des Erbbauberechtigten – also vor Erreichen des Zweijahresrückstandes des § 9 Abs. 4 ErbbauVO – sofern das Erbbaurecht gem. § 42 SachenRBerG an die Stelle eines nicht heimfallbehafteten Gebäudeeigentums tritt[391] oder wenn der Heimfall (bei Gewerbeimmobilien) nicht vergütet wird,[392]*
- *Rückforderungsrecht des Veräußerers bei Insolvenzeröffnung mit Ausschluss jeglichen Verwendungsersatzes nur für diesen Fall (Rdn. 1943).*

b) Anfechtungstatbestände

179   Zwischen den Anfechtungstatbeständen herrscht ein **Stufenverhältnis** mit abnehmenden Anforderungen bei zunehmender zeitlicher Entfernung zur Insolvenzeröffnung/Anfechtungserklärung

---

388   Dadurch verlängert sich zugleich faktisch die Anfechtungsfrist, da der Insolvenzverwalter die Anfechtbarkeit innerhalb der Frist des § 146 Abs. 1 InsO, also weiterer 3 Jahre gerichtlich geltend machen kann, vgl. *Huber/Armbruster*, NotBZ 2011, 208.

389   Übertragen der schuldende und die anderen Miteigentümer das Grundstück gemeinsam, hat der Gläubiger nach BGH, 06.04.2000 – IX ZR 160/98, JurionRS 2000, 18639, vgl. *Lögering*, ZfIR 2010, 610 ff., Duldungsanspruch hinsichtlich des gesamten Grundstücks.

390   Nach BGH, NJW 1976, 1398, 1401, dem die Praxis folgt: Stöber, ZVG, § 44 Rn. 4.13.

391   BGH, 19.04.2007 – IX ZR 59/06, ZNotP 2007, 307, m. zust. Anm. *Kesseler*, S. 303 (Verstoß gegen das Leitbild des § 9 Abs. 4 ErbbauVO); vgl. *Reul*, ZEV 2007, 649 ff. (maßgebend sei die „Nachträglichkeit" der Heimfallabrede).

392   BGH, 12.06.2008 – IX ZB 220/07, NotBZ 2008, 462: dass der Vertrag in sich ausgewogen sei bzw. im Hinblick auf die Heimfallklausel möglicherweise andere Klauseln akzeptiert wurden, steht nicht entgegen – zumal auf diese Weise der Insolvenzschuldner sich einen Vorteil verschafft hätte, während der Nachteil die Insolvenzgläubiger trifft.

und – soweit es sich nicht um die Einräumung von Eigentümerrechten handelt, Rdn. 182[393] – geringerer Nähebeziehung zwischen Schuldner und Vertragspartner sowie Kenntnis des Vertragspartners von den Umständen:[394]

- Wurde die Rechtshandlung (oder das ihr gleichstehende Unterlassen)[395] in **Benachteiligungsabsicht** (dolus eventualis, also billigendes In-Kauf-Nehmen genügt)[396] vorgenommen und kannte der Vertragspartner diesen subjektiven Tatbestand (die Kenntnis wird gem. § 133 Abs. 1 Satz 2 InsO, § 3 Abs. 1 Satz 2 AnfG widerleglich vermutet, wenn er zumindest von der objektiven Benachteiligungswirkung und der drohenden Zahlungsunfähigkeit des Schuldners wusste), kann die Anfechtung bis zu 10 Jahre zurückliegende Rechtshandlungen erfassen. Ungewöhnliche Vertragsgestaltungen (Verkauf gegen geringen Kaufpreis und lebenslanges Nutzungsrecht für den Veräußerer) können dabei Indiz sowohl für die Kenntnis des Käufers von der drohenden Zahlungsunfähigkeit des Verkäufers als auch für das Vorliegen des Gläubigerbenachteiligungsvorsatzes sein.[397] In den Fällen der Absichtsanfechtung genügt auch eine lediglich **mittelbare** Gläubigerbenachteiligung,[398] die z.B. in der gegenständlichen Umschichtung des Gläubigervermögens von sicheren zu flüchtigeren Werten liegen kann (der Verkäufer eines zum Verkehrswert veräußerten Grundstücks erhält i.H.d. die Belastungen übersteigenden Kaufpreises Geld statt Sachwert), oder durch eine Erhöhung des Verkehrswertes des anfechtbar veräußerten Objektes zwischen Vornahme der Handlung (Rdn. 174) und letzter mündlicher Verhandlung in der Tatsacheninstanz des Anfechtungsprozesses eintreten kann, außer das Objekt war bei Veräußerung wertausschöpfend belastet. Außerdem genießen Bargeschäfte (Rdn. 183) keine Privilegierung. 180

- Für einen Teilbereich besonders verdächtiger Rechtshandlungen kehrt § 133 Abs. 2 InsO, § 3 Abs. 2 AnfG sogar die Beweislast um: Ein **entgeltlicher** Vertrag **mit nahestehenden Personen**[399] während der zurückliegenden **2 Jahre**, der zu einer *unmittelbaren* Gläubigerbenachteiligung führt, erfordert zwar hinsichtlich der Anfechtung identische subjektive Voraussetzungen (Benachteiligungsabsicht des Schuldners, Kenntnis des Vertragspartners hiervon), allerdings wird deren Vorliegen kraft Gesetzes (widerleglich) vermutet: der Gläubiger braucht insoweit (auch bei güterrechtlichen Verträgen, Rdn. 70)[400] nichts weiter vorzutragen, es obliegt der Behauptungs- und Beweislast des Schuldners, darzutun, er habe nicht mit Benachteiligungsvorsatz gehandelt bzw. der Anfechtungsgegner habe jedenfalls davon keine 181

---

393 BFH, 30.03.2010 – VII R 22/09, ZIP 2010, 1356 ff.; hierzu *Klühs*, RNotZ 2010, 516 ff. und *Huber/Armbruster*, NotBZ 2011, 238: die Tatbestandsanforderungen des Anfechtungsrechtes, die auf „den anderen Teil" abstellen, entfallen naturgemäß bei der Einräumung von Eigentümerdienstbarkeiten.
394 Vgl. hierzu und zum Folgenden: *Schumacher-Hey*, RNotZ 2004, 547 ff.
395 Z.B. bei bewusstem Herbeiführen von Vollstreckungshandlungen anderer Gläubiger, BGH, NJW 2005, 1121.
396 BGH, 22.04.2004 – IX ZR 370/00, VIZ 2004, 428.
397 BGH, 18.12.2008 – IX ZR 79/07, ZNotP 2009, 162.
398 Vgl. *Amann*, DNotZ 2010, 246, 249 ff.
399 Vgl. im Einzelnen § 3 Abs. 2 Satz 1 AnfG, § 138 InsO: Aufgrund familienrechtlicher oder gesellschaftsrechtlicher Beziehung oder einer Verbindung beider, z.B. Nähebeziehung des Sohns eines GmbH-Geschäftsführers zur GmbH. Der nichteheliche Partner des Schuldners zählt nicht dazu, BGH, 17.03.2011 – IX ZA 3/11, JurionRS 2011, 13610.
400 Allerdings weist der BGH in Tz. 13 des in nachstehender Fußnote genannten Urteils obiter darauf hin, die Vermutung des § 133 Abs. 2 Satz 1 InsO gelte nicht für „Verträge, die an die Stelle eines Zugewinnausgleichsverlangens nach §§ 1385, 1386 BGB treten"; in diesen Fällen fehlt es wohl bereits am Merkmal eines „entgeltlichen Vertrages", vgl. auch *Suppliet*, NotBZ 2011, 96.

Kenntnis gehabt.[401] An der unmittelbaren Gläubigerbenachteiligung fehlt es jedoch, wenn das Objekt zum Verkehrswert veräußert wird, gleichgültig ob der Kaufpreis zur Ablösung von Gläubigern Verwendung findet oder an den Verkäufer direkt fließt – solange ein Bargeschäft i.S.d. Rdn. 183 vorliegt –; sie liegt vor bei einem „vergünstigten" Verkauf, es sei denn, der Käufer kann dartun, dass das Objekt bis zu dem Zeitpunkt, an dem es vom Vollstreckungszugriff des anfechtenden Gläubigers erfasst worden wäre, an Wert entsprechend verloren hat.[402]

182 • Die Vornahme einer **unentgeltlichen Leistung**, gleich mit welchem Vertragspartner, berechtigt dagegen zur Anfechtung binnen 4 Jahren (§ 4 AnfG, § 128 InsO). Maßgeblich ist die objektive Wertrelation, der Einigkeit über die Unentgeltlichkeit bedarf es also abweichend von § 516 BGB nicht. Die Anfechtung kann sich auch auf das spätere Erfüllungsgeschäft beziehen, obwohl die Erfüllung einer bereits begründeten Rechtspflicht eigentlich nicht unentgeltlich ist,[403] sofern nur der Anspruch selbst unentgeltlich war; sogar wenn der unentgeltlich begründete Anspruch unter dem Schutz einer Vormerkung steht.[404] Auch die „freiwillige" Leistung auf die Schuld eines Dritten kann unentgeltlich i.S.d. § 134 InsO sein.[405] Die schlichte Bestellung einer Sicherheit für eine entgeltlich erworbene Forderung ist ihrerseits nicht „unentgeltlich",[406] möglicherweise aber „inkongruent" i.S.d. nachstehenden Rdn. 183. Bei **gemischten Schenkungen** wird z.T. auf den Schwerpunkt des Rechtsgeschäfts abgestellt,[407] überwiegend jedoch die Möglichkeit der Anfechtung des gesamten Rechtsgeschäfts bejaht, gerichtet auf Rückgewähr der Leistung Zug um Zug gegen Erstattung der aus dem Vermögen des Beschenkten erbrachten Gegenleistung, es sei denn, der Anfechtungsgegner wendet die Rückgewähr durch anteiligen Wertersatz in Geld ab.[408] Wird allerdings eine Schenkung angefochten, bei welcher sich der Veräußerer Duldungs- und/oder Rückforderungsrechte vorbehalten hat (Schenkung unter Auflage, § 525 BGB) – auch wenn dieser Vorbehalt als „Gegenleistung" des Erwerbers tituliert ist – ist auch die Bestellung dieser Rechte anfechtbar; dem Recht des Gläubigers ist also der Vorrang einzuräumen (§ 11 AnfG, § 880 BGB analog).[409]

183 • §§ 130 bis 132 InsO schließlich sollen im Vorfeld einer Insolvenz (die schlichte Gläubigeranfechtung kennt solche Vorschriften nicht) dem Prinzip der gleichmäßigen Gläubigerbefriedigung bereits ab dem Zeitpunkt des Offenbarwerdens der Krise Geltung verschaffen.

---

401 BGH, 01.07.2010 – IX ZR 58/09, Tz. 11; FamRZ 2010, 1548, m. Anm. *Bergschneider*. Nicht geeignet zur Widerlegung sind z.B. Vermögensaufstellungen des Steuerberaters, die auf Angaben des Schuldners zurückgehen.
402 Vgl. *Amann*, DNotZ 2010, 246, 250.
403 Vgl. MünchKomm-InsO/*Kirchhof*, § 129 Rn. 61, 62, § 134 Rn. 24.
404 Bejahend BGH, MittBayNot 1988, 798; verneinend *Reul*, DNotZ 2007, 649, 659 m.w.N. Folgt man dem BGH, gelangt der Anfechtungsgläubiger nur dann ans Ziel, wenn sich aus der Anfechtung entgegen Staudinger/*Gursky*, BGB (2002), § 886 Rn. 6 eine dauernde Einrede i.S.d. § 886 BGB ergibt.
405 BGH, 22.10.2009 – IX ZR 182/08, NotBZ 2010, 48, m. Anm. *Suppliet*. Fallen sowohl der Leistende als auch der Hauptschuldner sodann in Insolvenz, ist zwar zunächst die „Deckungsanfechtung" zwischen Hauptschuldner und Leistungsempfänger vorrangig (BGHZ 174, 228), sind die Fristen des § 131 Abs. 1 Nr. 1 und 2 InsO jedoch abgelaufen, bleibt die Schenkungsanfechtung seitens des Leistenden.
406 BGH, 22.07.2004 – IX ZR 183/03, DNotZ 2005, 129. Wird die Sicherheit jedoch zu einem Zeitpunkt bestellt, an dem die Forderung nicht mehr einbringlich gewesen wäre, liegt (jedenfalls) Unentgeltlichkeit vor, das „Stehenlassen" der (z.B. Kredit-) Forderung ist dann keine „Gegenleistung" mehr, vgl. BGH, 01.06.2006 – IX ZR 159/04, ZNotP 2006, 334.
407 Vgl. Braun/*de Bra*, InsO, § 124 Rn. 6.
408 Vgl. *Schillig*, MittBayNot 2002, 354.
409 BFH, 30.03.2010 – VII R 22/09, ZIP 2010, 1356 ff. Rn. 42; hierzu *Klühs*, RNotZ 2010, 516, 520.

Differenziert wird dabei nicht nur in zeitlicher Hinsicht, sondern auch zwischen Rechtshandlungen des Schuldners oder eines Dritten mit Wirkung einer kongruenten bzw. einer inkongruenten Deckung.

- **Inkongruenz** liegt vor, wenn eine Sicherung oder Befriedigung (auch durch Schaffung einer Aufrechnungslage)[410] ermöglicht wurde, die dem späteren Insolvenzgläubiger nicht, nicht in der Art oder nicht zu dieser Zeit[411] zugestanden hätte. Liegt inkongruente Sicherung oder Befriedigung im **letzten Monat** vor dem Eröffnungsantrag oder nach diesem Antrag vor, bedarf die Anfechtung keiner weiteren objektiven oder subjektiven Voraussetzungen (§ 131 Abs. 1 Nr. 1 InsO). Gleiches gilt bei inkongruenten Rechtshandlungen innerhalb des zweiten oder dritten Monats vor dem Eröffnungsantrag, wenn der Schuldner zum Zeitpunkt der Vornahme der Handlung objektiv zahlungsunfähig war (§ 131 Abs. 1 Nr. 2 InsO). Anstelle der objektiven Zahlungsunfähigkeit ist dann auch (§ 131 Abs. 1 Nr. 3 InsO) die subjektive Kenntnis des Anfechtungsgegners von der objektiven Benachteiligung der Insolvenzgläubiger ausreichend, deren Nachweis durch § 131 Abs. 2 InsO erleichtert wird.

- Bei einer **kongruenten Deckung** dagegen gestattet § 130 InsO die Anfechtung bei Rechtshandlungen binnen drei Monaten vor Eröffnungsantrag nur, wenn zusätzlich der Schuldner zu diesem Zeitpunkt zahlungsunfähig war und der Gläubiger hiervon Kenntnis hatte (insoweit mit ähnlichen Beweiserleichterungen gem. § 130 Abs. 2 InsO).[412] Gem. § 142 InsO (Gleiches gilt ungeschrieben i.R.d. Gläubigeranfechtung) ist die Anfechtung kongruenter Rechtsgeschäfte jedoch ausgeschlossen, wenn es sich um „**Bargeschäfte**" handelt, also ein enger zeitlicher Zusammenhang zwischen Leistung und Gegenleistung vorliegt. Bei Grundstücksgeschäften hat der BGH sogar einen Zeitraum von einem bis zwei Monaten als ausreichend angesehen,[413] sofern keine Stundung gewährt oder sonstige Vorleistung vereinbart wurde. Teilweise wird empfohlen, bereits die Bewilligung der Vormerkung vom Finanzierungsnachweis des Käufers abhängig zu machen,[414] um „Vorleistungen" zu verhindern.

> **Hinweis:** 184
> Für die Vertragsgestaltung besonders tückisch ist das Risiko der Anfechtung durch den Insolvenzverwalter gem. §§ 130, 131 InsO in den 3 Monaten vor Insolvenzeröffnung wegen kongruenter oder inkongruenter Deckung, bei welcher mittelbare Gläubigerbenachteiligung genügt und geringe Anforderungen an den subjektiven Tatbestand gestellt werden (das zusätzliche Risiko der Unwirksamkeit erlangter Sicherheiten aufgrund der einmonatigen

---

410 Hierzu BGH, 29.06.2004 – IX ZR 195/03, DNotZ 2005, 38; zur Aufrechnung in den verschiedenen Stadien einer Insolvenz: *Busch/Hilbertz*, NWB 2005, 1465 = Fach 2, S. 8751 ff.
411 Daher sicherlich keine Inkongruenz bei einer Schuldnerzahlung nach Vollstreckungsbescheid, vgl. BGH, 07.12.2006 – IX ZR 157/05, NJW 2007, 848.
412 Ausreichend ist, dass der Gläubiger aus den ihm bekannten Tatsachen und dem Verhalten des Schuldners den Schluss zieht, jener werde wesentliche Teile der ernsthaft eingeforderten Verbindlichkeiten nicht binnen etwa eines Monats tilgen können, vgl. HK-InsO/*Kreft*, § 130 Rn. 22.
413 BGH, NJW 1977, 718.
414 *Heckschen*, MittRhNotK 1999, 16; nach RG, DRiZ 1934, 315, kann sich der Notar, der die Eintragung einer Vormerkung veranlasst, ohne dass die Zahlung des Kaufpreises gesichert wäre, sich gar einer Bankrottstraftat gem. § 283 Abs. 1 Nr. 1 StGB strafbar machen.

> Rückschlagsperre des § 88 InsO trifft allenfalls Vormerkungen, die aufgrund einstweiliger Verfügung eingetragen wurden). Es kann sich daher empfehlen, Leistungen des potenziellen Anfechtungsgegners (Erwerbers) erst nach Ablauf von 3 Monaten fällig werden zu lassen bzw. Geldbeträge erst dann aus dem Anderkonto auszubezahlen, wenn keine Insolvenzeröffnung erfolgt ist.[415] Kommt es zur Anfechtung, sind alle Zahlungen, die zur Ablösung bevorrechtigter (dinglicher) Gläubiger geleistet wurden, „gesichert", während Zahlungen an den Gemeinschuldner selbst oder auf dessen Weisung an dessen private Gläubiger ungesicherte Insolvenzforderungen sind (§ 144 Abs. 2 Satz 2 InsO).

185 Eine dem Anfechtungsrecht vergleichbare Erweiterung der Zugriffsmöglichkeit des (Fiskal-) Gläubigers enthält **§ 278 Abs. 2 AO**: Werden einem Steuerschuldner von einer mit ihm zusammen veranlagten Person (insb. also dem Ehegatten) in oder nach dem Veranlagungszeitraum, für den noch Steuerrückstände bestehen, unentgeltlich Vermögensgegenstände zugewendet, so kann der Empfänger bis zum Ablauf des zehnten Kalenderjahres nach dem Zeitpunkt des Ergehens des Aufteilungsbescheids bis zur Höhe des gemeinen Werts dieser Zuwendung für die Steuer in Anspruch genommen werden. Bei der Berechnung des gemeinen Werts werden bloß dingliche Grundschuldbelastungen naturgemäß nicht abgezogen, da/soweit sie durch die rückübertragenen Rückgewähransprüche hinsichtlich der bereits getilgten Darlehensteile kompensiert werden.[416] Die seit dem 25.12.2008 aufgenommene Beschränkung der Zugriffsmöglichkeit auf einen 10-Jahres-Zeitraum entspricht der Rechtslage bei § 3 Abs. 1 AnfG.[417]

c) Beurkundungsrecht

186 In beurkundungsrechtlicher Hinsicht führt die schlichte Anfechtbarkeit eines Rechtsgeschäfts aus Gläubigerschutzgesichtspunkten noch nicht zur Pflicht des Notars, die **Beurkundung** gem. § 14 Abs. 2 BNotO, § 4 BeurkG **abzulehnen**, sofern nicht die Stufe der sittenwidrigen Schädigung gem. § 826 BGB erreicht ist, also bspw. der Schuldner planmäßig und erkennbar mit eingeweihten Helfern zusammenwirkt, um wesentliches Vermögen dem Zugriff der Gläubiger zu entziehen.[418] Eine gleiche Ablehnungspflicht mag gelten, wenn das zu beurkundende Geschäft deutlich auf eine strafbare Gläubigerbegünstigung (§ 283c StGB), Vollstreckungsvereitelung (§ 288 StGB)[419] oder eine Bankrottstraftat (insb. § 283 Abs. 1 Nr. 1 StGB)[420] hinausläuft (auch zur Vermeidung eigener Beihilfestrafbarkeit).[421] Die unter der Geltung des früheren An-

---

415 *Reul*, MittBayNot 2011, 363, 368.
416 BFH, 11.12.2007 – VII R 1/07, ZEV 2008, 250.
417 BFH, 09.05.2006 – VII R 15/05, DStRE 2006, 1160; vgl. *Geck/Messner*, ZEV 2006, 380.
418 BGH, NJW 1995, 2846; NJW 1996, 2232.
419 Zu strafrechtlichen Risiken für den Notar i.R.d. Übertragung von Vermögensgegenständen aus Haftungsgründen vgl. *Schwarz*, DNotZ 1995, 121 ff.
420 Wurden Vermögensgegenstände in der Krise in einer den Rahmen einer ordnungsgemäßen Wirtschaft überschreitenden Weise übertragen, liegt hierin i.d.R. ein „Beiseiteschaffen" i.S.d. Gesetzes. Objektive Strafbarkeitsbedingung (die also nicht vom subjektiven Tatbestand erfasst zu sein braucht) ist weiter die Einstellung der Zahlungen oder die Eröffnung bzw. Ablehnung mangels Masse des Insolvenzverfahrens.
421 An der Strafbarkeit einer Beihilfehandlung fehlt es jedoch stets dann, wenn der Notar aus berufs- und standesrechtlicher Sicht (§ 4 BeurkG, § 14 Abs. BNotO) seine Mitwirkung nicht zu verweigern hatte: Rechtfertigungsgrund oder Fehlen des Vorsatzes, vgl. *Volk*, BB 1987, 139; *Schumacher-Hey*, RNotZ 2004, 561.

fechtungsrechts, wo für die Benachteiligungsabsicht unlauteres Handeln vorausgesetzt wurde,[422] vereinzelt vertretene Auffassung,[423] auch die schlichte Anfechtbarkeit müsse zur Ablehnung der Beurkundung führen, da die Unlauterkeit der Zwecke auch ein Tatbestandsmerkmal des § 14 Abs. 2 BNotO sei, kann nach der Neufassung des Gesetzes, das Benachteiligungs-"vorsatz" (wobei bedingter Vorsatz ausreicht) verlangt, nicht mehr aufrechterhalten werden.[424] Ebensowenig liegt in der anfechtbaren Handlung per se eine unerlaubte Handlung i.S.d. Deliktrechts.[425] Erst recht gilt dies für die besonderen Insolvenzanfechtungstatbestände der §§ 130 bis 132 InsO: Sie sollen nach dem Willen des Gesetzgebers nur dann rückabgewickelt werden, wenn es tatsächlich zur Insolvenzeröffnung kommt.[426]

> **Hinweis:**
>
> Über die Gefahr und Möglichkeit einer Gläubigeranfechtung wird der **Notar** allerdings gem. § 17 Abs. 1 Satz 1 BeurkG **belehren müssen**,[427] jedenfalls i.R.d. erweiterten Belehrungspflicht[428] (Warnpflicht analog § 14 Abs. 1 Satz 2 BNotO, die aus Besonderheiten des beurkundeten Rechtsgeschäfts herrührt, die dem Notar bekannt sind oder bekannt sein müssen, jedoch demjenigen unbekannt sind, dessen Interessen gefährdet sind) sowie in den Fallgruppen der sog. „außerordentlichen Belehrungspflicht" (bei erkennbaren Anfechtungsmöglichkeiten, etwa wenn dem Notar bekannt ist, dass gegen den Schuldner ein Insolvenzantrag gestellt worden ist).[429] Eine über die Befragung der Beteiligten – mag diese auch Bösgläubigkeit schaffen – hinausgehende Beweiserhebung ist allerdings mit der Stellung des Notars nicht vereinbar; er ist weder berechtigt noch verpflichtet, nach Beweggründen oder Vermögensverhältnissen der Beteiligten zu forschen.[430]

187

VI. „Asset Protection"

Gegenstand der angloamerikanisch sog. „asset protection"[431] ist die Beratung über legale Vorsorgemaßnahmen zur Vermeidung oder Beschränkung des Haftungszugriffs Dritter. Hauptursachen solcher Haftungszugriffe sind:

- zivilrechtliche Überfinanzierung (Einzelvollstreckung durch Gläubiger oder umfassender Zugriff: Insolvenz),
- private Verpflichtungen (Pflichtteils-, Unterhalts-, Zugewinnausgleichslasten),

188

---

422 BGH, NJW 1991, 2145.
423 OLG Köln, DNotZ 1989, 54; dagegen und mit zahlreichen Nachweisen *Ganter*, DNotZ 2004, 422.
424 So auch BGH, NJW 2003, 3561; ausführlich hierzu *Schumacher-Hey*, RNotZ 2004, 560.
425 Vgl. *Uhlenbruck/Hirte*, InsO, § 129 Rn. 27.
426 Vgl. *Röll*, DNotZ 1976, 143 ff.
427 RG, DNotZ 1933, 799; im Einzelnen *Huber/Armbruster*, NotBZ 2011, 309 ff.
428 A.A. *Goost*, MittRhNotK 1965, 46, da die Information über die Zahlungsunfähigkeit oder den Eröffnungsantrag zugunsten des Vertragsbeteiligten, der sie bisher möglicherweise nicht kennt, gerade die Anfechtungsvoraussetzungen schaffen würde; zum Ganzen umfassend *Schumacher-Hey*, RNotZ 2004, 562.
429 So etwa *Armbrüster*, in: Huhn/von Schuckmann, BeurkG, § 17 Rn. 68; a.A. *Ganter/Hertel/Wöstmann*, Handbuch der Notarhaftung, Rn. 466, 479.
430 Vgl. *Schippel/Bracker*, BNotO, § 14 Rn. 13; *Röll*, DNotZ 1976, 470.
431 Vgl. zum Folgenden umfassend *v. Oertzen*, Asset Protection im deutschen Recht; *ders.*, NWB 2011, 3463 ff.; Übersicht bei *Wälzholz*, FamRB 2006, 380 ff.

- öffentlich-rechtliche Verpflichtungen (Steuern),
- deliktische Handlungen des Zivil- und öffentlichen Rechts (Haftpflicht- und Umweltschäden),
- Inanspruchnahme aus beruflicher Pflichtverletzung bzw. der Rückgriff entsprechender Haftpflichtversicherer,
- Inanspruchnahme aus Pflichtverletzungen bei Organtätigkeit (z.B. als Vorstand, Aufsichtsrat, Geschäftsführer) bzw. der Rückgriff entsprechender D & O-Versicherungen.

189 Im angloamerikanischen Rechtskreis haben sich insb. Alaska und Delaware mit der Zulassung sog. „asset protection trusts" hervorgetan,[432] wobei der Pfändungsschutz durch steuerliche Nachteile erkauft wird. Nicht umfasst von seriöser „asset protection"-Beratung ist (auch zum Schutz des Beraters vor ggf. strafrechtlicher Inanspruchnahme, §§ 283 ff. StGB) eine Gestaltung, die lediglich auf der Verfälschung von Tatsachen, der Verheimlichung von Vermögenswerten oder einer sonstigen Verdeckung des vollen Sachverhalts beruht.[433]

190 Dem Grund nach kann „asset protection" bewirkt werden durch:
- **vorsorgende Reduzierung** der drohenden Verpflichtungen selbst, z.B. steuervermeidende Gestaltung oder ehevertragliche Maßnahmen zum Ausschluss bzw. zur Verringerung nachehelicher Zugewinnausgleichs- oder Unterhaltsansprüche, allerdings ohne die enger werdenden Gestaltungsgrenzen zu überschreiten (Rdn. 844 ff.) –, im Hinblick auf die sonst drohende Gefahr der Gesamtnichtigkeit, also des „Zurückschnellens" auf das gesetzlich hohe Niveau.
- **Widerlegung gesetzlicher Pfändungserleichterungsvorschriften**, z.B. der Eigentumsvermutung der § 1362 BGB, § 739 ZPO unter Ehegatten[434] durch ein rechtzeitig gefertigtes (zur Entkräftung des Rückdatierungsvorwurfs notariell beglaubigtes) Vermögensverzeichnis gem. § 1377 BGB.
- **Bildung von oder Umschichtung in Vermögenswerte**, die bspw. mangels Übertragbarkeit **nicht gepfändet** werden können, z.B. Wohnungsrechte ohne Befugnis zur Überlassung zur Ausübung oder Gewährung lediglich wiederkehrender Leistungen, die dem Pfändungsprivileg des § 850b Abs. 1 Nr. 3 ZPO unterliegen, seit 31.03.2007 auch entsprechende Altersvorsorgeverträge für Selbstständige (§§ 851c, 851d ZPO, vgl. Rdn. 2946).

191
- Einrichtung eines[435] (seit 01.07.2010 zur Verfügung stehenden)[436] sog. „**Pfändungsschutzkontos**"[437] (P-Konto, § 850k ZPO), wonach für alle Arten von Einkünften (auch aus freiberuflicher Tätigkeit etc.) monatlich (ab 01.07.2011)[438] 1028,89 € (§ 850c ZPO;

---

432 Vgl. *Adams*, 21st Century Estate Planning, S. 252.
433 „Asset protection planning must not involve hiding assets, committing fraud or perjury or engaging in fraudulent transfers", so *Rosen/Rothschild*, Asset Protection Planning, 2003 (zitiert nach *v. Oertzen*, Asset Protection im deutschen Recht, Rn. 4).
434 § 1362 Abs. 1 BGB gilt nicht unter nichtehelichen Lebensgefährten, BGH, 14.12.2006 – IX ZR 92/05, NJW 2007, 992.
435 Die SCHUFA wird zur Vermeidung mehrfacher P-Kontoeröffnung auch dieses Kontomerkmal speichern.
436 Ab 01.07.2010 können auch bestehende Konten binnen eines Monats nach Pfändung in ein P-Konto umgewandelt werden (§ 850k Abs. 7 Satz 2 und 3 ZPO), vgl. i.Ü. www.f-sb.de.
437 Vgl. *Singer*, ZAP 2010, 653 ff. = Fach 14 S. 613 ff.
438 *Eilts*, NWB 2009, 4115; BGBl. 2011 I, S. 825.

„Basispfändungsschutz" bei ledigen Personen ohne Unterhaltsverpflichtung) pfändungsfrei bleiben, sodass hieraus Überweisungen, Lastschriften, Daueraufträge etc. getätigt werden können. Der in einem Monat nicht ausgeschöpfte Teil des pfändungsfreien Guthabens wird in den Folgemonat übertragen (zur Reservenbildung für einmaligen Aufwand, etwa Versicherungsprämien). Durch Vorlage entsprechender Bescheinigungen von Arbeitgebern, Schuldnerberatungsstellen oder Sozialleistungsträgern (über Unterhaltspflichten bzw. die Höhe von Sozialleistungen) beim Kreditinstitut kann der Basispfändungsschutz erhöht werden, eine Erhöhung oder Herabsetzung ist auch durch das Gericht möglich. Auch überwiesenes Kindergeld ist zusätzlich geschützt. Bisher war der Arbeitgeber, nicht aber das Kreditinstitut zur Berücksichtigung des Pfändungsschutzes verpflichtet; durch gerichtliche Verfügung gem. § 850k ZPO a.F. konnte der Kontoinhaber die anteilige Freigabe des pfändungsgeschützten Arbeitseinkommens ab der Pfändung bis zum nächsten Monatsersten erreichen. Ab 2012 sind ausschließlich Guthaben auf P-Konten geschützt, bis dahin bestehen beide Schutzsysteme nebeneinander. Als Ausgleich verbessert der Gesetzgeber die Rechtsstellung von Gläubigern ab 2013: nach fruchtloser Sachpfändung über mindestens 500,00 € kann der Gerichtsvollzieher beim Bundeszentralamt für Steuern die Kontendaten des Schuldners abfragen.

- Übertragung des Vermögens in den Geltungsbereich solcher ausländischer Rechtsordnungen, die (z.B. zur Alterssicherung) erhöhten Pfändungsschutz gewähren (vgl. hierzu insb. Rdn. 2941).

- Einbringung des Vermögens in Gesellschaften, deren Satzung im Fall der Pfändung oder der Insolvenz (wie auch des sonstigen Ausscheidens) eine geringere Abfindung gewährt, sodass die Differenz sich dem Gläubigerzugriff entzieht (vgl. Rdn. 129; zur Höhe der möglichen Reduzierung vgl. Rdn. 2236 ff.).

- Übertragung unter höchstpersönlichen Rückforderungsvorbehalten u.a. für den Fall des Gläubigerzugriffs bzw. der Insolvenz (s. Rdn. 1896 ff.; zum Gläubigerzugriff auf das Rückforderungsrecht selbst vgl. Rdn. 1788 ff.).

- im Wege der vorrangigen Absicherung anderer, bereits vorhandener Gläubiger[439] aus dem Familien- und Bekanntenkreis durch Eintragung von Grundpfandrechten, Wohnungsrechten etc. zur Absicherung von jenen ggü. bestehenden Verpflichtungen, sofern eine solche Absicherung als „kongruente Deckung" vereinbart war (vgl. Rdn. 183).

- Verlagerung von Vermögen auf einen selbstständigen Rechtsträger, wo es mangels Eigentümers keinem Fremdzugriff mehr unterliegt (z.B. auf eine inländische Stiftung, Rdn. 2639 ff., oder eine ausländische Stiftung, Rdn. 2552 ff.), samt „Rückbegünstigung" der Familie des Zuwendenden und des Zuwendenden selbst (als Stifter) durch Versorgungsleistungen, auf die kein Anspruch besteht, sodass auch keine pfändbare Positionen geschaffen werden.

192

Bei **Zuwendung von Vermögen durch Verfügung von Todes wegen** wird „asset protection" insb. durch Verwendung solcher erbrechtlicher Instrumente erreicht, die dem Vermögensinhaber selbst die Verfügungsmöglichkeit nehmen, also nichtbefreite Vor- und Nacherbfolge und Dauertestamentsvollstreckung: Wenn und soweit der Vermögensinhaber selbst nicht bzw. nicht allein

193

---

439 Untauglich ist naturgemäß die Eintragung einer Fremdgrundschuld, die keine Forderung sichert; diese führt zudem wegen „Verschwendung" zur Versagung der Restschuldbefreiung, BGH, 30.06.2011 – IX ZB 169/10, JurionRS 2011, 20055.

über das Vermögen verfügen kann, kann erst recht kein Zugriff Dritter erfolgen (vgl. §§ 2214 und 2115 BGB und Rdn. 5300 ff. zum sog. „Bedürftigentestament").

194 Eine deutliche Verbesserung des Vermögensschutzes, wenn auch keine umfassende Vollstreckungsabwehr, wird schließlich durch alle Instrumente erreicht, die der Vermeidung oder Reduzierung der Unentgeltlichkeit dienen, um zum einen das Rückforderungsrisiko bei späterer Verarmung gem. § 528 BGB zu reduzieren, zum anderen die 4-jährige Schenkungsanfechtung zugunsten der max. 2-jährigen Anfechtung entgeltlicher Verträge unter Angehörigen zu vermeiden. Große Teile dieses Buches sind dem Bestreben gewidmet, alle im zivilrechtlichen Sinn als Gegenleistung tauglichen Bausteine zu identifizieren und einzusetzen. Hierzu zählt z.B. auch die Verwendung gesellschaftsrechtlicher Mittel (Fortsetzungsklausel bei Versterben eines Gesellschafters mit Abfindungsausschluss, Rdn. 123 ff.) oder die Kombination mit eherechtlichen Verträgen („Güterstandsschaukel", Rdn. 69 ff.).

E. Weitere Typen lebzeitiger Zuwendungen

Außerhalb des Schenkungsrechts, also neben

- der klassischen Schenkung, §§ 516 ff. BGB (Rdn. 141 ff.),
- der gleichwohl vollständig unentgeltlichen Schenkung unter Auflagen, §§ 525 ff. BGB (Rdn. 155 ff.) und
- der Pflichtschenkung, § 534 BGB (Rdn. 153)

kennt das BGB als einzigen weiteren Typ der Vermögenszuwendung die Ausstattung.

I. Ausstattung (§ 1624 BGB)

Wenn Eltern als Veräußerer und ein Kind als Erwerber an einer Grundstückszuwendung beteiligt sind, kann es sich um eine Ausstattung[440] handeln, bei der Schenkungsrecht nur nach Maßgabe des § 1624 BGB anwendbar ist. Erforderlich sind:

- **Beteiligte**: Eltern auf Veräußererseite, deren Kind(er) (wohl auch Enkel[441]) auf Erwerberseite; Zuwendungen Dritter, Übertragungen an Verlobte oder Schwiegerpartner etc. scheiden aus.
- **Anlass und Zuwendungszweck**: Verheiratung („Aussteuer, Mitgift"), Erlangung einer angemessenen Lebensstellung (Haushaltsgründung; Start in die eigene berufliche Existenz), die Erhaltung der Lebensstellung oder der Wirtschaft (z.B. bei der Tilgung von Verbindlichkeiten des Kindes auf dem Familieneigenheim oder in seiner betrieblichen Sphäre); nicht ausreichend sind daher lediglich auf den Veräußerer bezogene Motive, etwa der Wunsch, unter den Kindern eine gerechte Vermögensgleichstellung herbeizuführen[442] oder die Erhaltung des geschäftlichen Ansehens des Vaters bei den Gläubigern des Sohnes.[443]
- **Angemessenheitskriterium**: Ein den Vermögensverhältnissen der Eltern (also ihrem eigenen Unterhaltsbedarf und den Bedürfnissen der vorhandenen weiteren Geschwister) entsprechendes Maß.

> **Hinweis:**
>
> Das „Übermaß" ist jedoch trotz des Wortlautes („gilt") nicht zwingend Schenkung i.S.d. §§ 516 ff. BGB, sondern nur dann, wenn es eines anderen Rechtsgrundes entbehrt. Daher steht es den Beteiligten frei, auch das Übermaß als Ausstattung zu vereinbaren.[444]

---

440 Hierzu *Sailer*, NotBZ 2002, 81 ff.; *Everts*, MittBayNot 2011, 107 ff.
441 Jedenfalls bei vorverstorbenem Kind: OLG Karlsruhe, 27.04.2011 – 6 U 137/09, ZEV 2011, 531, mit allerdings dann unzutreffender Pflichtteilsberechnung gem. § 2316 BGB: *Ruby/Schindler*, ZEV 2011, 524, 526.
442 *Schmitz*, Ausgleichung unter Miterben, S. 50 ff.
443 RG, Recht 1912 Nr. 444.
444 *Schindler*, ZEV 2006, 391 m.w.N.; RG, JW 1908, 71 f.

Ausstattungsfähig sind nicht nur Sachleistungen oder Kapitalzuwendungen,[445] sondern auch Naturalleistungen[446] oder Rechte.[447]

198 Der Vertragszweck der Haushalts- oder Existenzgründung bzw. -sicherung sollte wegen der eigenständigen Rechtsform der Ausstattung in der Urkunde zum Ausdruck kommen, zumal die Beteiligten die Ausstattungsabsicht bei der Zuwendung ausschließen können.[448] Fehlen nähere Angaben, ist bei größeren Zuwendungen das Vorliegen einer Ausstattung zu vermuten, sofern die weiteren Kriterien erfüllt sind.[449]

199 **Formulierungsvorschlag: Ausstattungscharakter**

> Die Zuwendung wird als Ausstattung gem. § 1624 BGB zur Begründung eines eigenen Hausstandes gewährt.

200 Für den Vertragstypus der Ausstattung sind wegen ihres endgültigen Charakters **Nutzungsvorbehalte** untypisch; **Rückforderungsvorbehalte** sind mit ihm allenfalls insoweit vereinbar, als es um die Abwehr externer Zugriffe (Insolvenz, Zwangsversteigerung) oder zweckwidriger Verwendung geht.[450]

201 Rechtsfolgen sind:
- **Schenkungsrecht** ist **nicht anwendbar**, also auch nicht die Formpflicht des Schenkungsversprechens aus § 518 BGB,[451] ebenso wenig § 528 BGB. Nur hinsichtlich der Mängelhaftung verweist § 1624 Abs. 2 BGB auf die §§ 523, 524 BGB. In schenkungsteuerlicher Hinsicht allerdings wird die Ausstattung der Schenkung gleichgestellt.
- Die Ausstattung unterliegt wohl **nicht** der **Gläubigeranfechtung** nach § 4 AnfG = § 134 InsO (Anfechtung von unentgeltlichen Leistungen innerhalb von 4 Jahren),[452] wohl aber der Anfechtung nach § 3 Abs. 2 AnfG = § 133 Abs. 2 InsO (Anfechtung innerhalb von 2 Jahren bei entgeltlichen Verträgen mit nahestehenden Personen).
- Die Ausstattung **unterliegt nicht der Pflichtteilsergänzung** nach § 2325 BGB.
- Die **Ausgleichung bei gesetzlicher Erbfolge** wird gesetzlich im Zweifel angeordnet (§ 2050 Abs. 1 BGB).[453]

---

445 Auch z.B. Verzicht auf eine Forderung, OLG Hamburg, Recht 1911, Nr. 753.
446 Z.B. Arbeitsleistungen, wenn eigentlich Lohn geschuldet wäre, aber hierauf verzichtet wird.
447 Z.B. mietfreies Wohnen, LG Mannheim, NJW 1970, 2111 – anders als i.R.d. Schenkung, s.o. Rdn. 26 und *Schlitt*, ZEV 2006, 394.
448 Staudinger/*Coester*, BGB (2000), § 1624 Rn. 11 f.
449 AG Stuttgart, 25.02.1998 – 23 F 1157/97, NJW-RR 1999, 1449.
450 Ähnlich *Schindler*, ZEV 2006, 391; *Bothe*, in: Damrau, Erbrecht, § 2050 Rn. 19, sieht dagegen Nutzungs- oder Rückforderungsvorbehalte generell als ausstattungsschädlich an.
451 Bei auf Grundstücken bezogenen Ausstattungen setzt sich allerdings die Formpflicht des § 311b Abs. 1 BGB durch.
452 A.A. MünchKomm-BGB/*v. Sachsen-Gessaphe*, § 1624 Rn. 16.
453 Hierzu ausführlich *Kerscher*, ZEV 1997, 354.

E. Weitere Typen lebzeitiger Zuwendungen

Hinweis:

Eine ausdrückliche Regelung dieser Frage ist zu empfehlen, auch eine Stellungnahme zur Frage der Anrechnung der Ausstattung und des Übermaßes auf den Pflichtteil nach § 2315 BGB, welche nicht vermutet werden. Bei einem (ohne Weiteres möglichen) ausdrücklichen Ausschluss der Ausgleichung ist allerdings § 2316 Abs. 3 BGB zu beachten, wonach kein Ausschluss zum Nachteil eines Pflichtteilsberechtigten erfolgen kann. Auch eine vertragliche Regelung, dass keine Ausgleichungspflicht bestehe, hindert also nicht, dass die frühere Ausstattung zu einer Erhöhung des Pflichtteils des nicht ausgestatteten Geschwisters führt, und zwar ohne zeitliche Befristung, da die Zehnjahresgrenze des § 2325 BGB bei der Ausstattung nicht gilt. In diesem Kontext ist also die Ausstattung u.U. der Schenkung ggü. nachteilig.[454] Gegensteuern kann ein gegenständlich auf den Ausgleichspflichtteil (Erhöhungswirkung) beschränkter Verzicht der nicht ausgestatteten Geschwister ggü. dem Veräußerer (vgl. Rdn. 3277 ff.) oder aber die Vermeidung der Entstehung eines Pflichtteilsanspruchs als solchen, d.h. die Einsetzung auch des zu benachteiligenden Abkömmlings zum Miterben des verbleibenden, spärlichen Restnachlasses, sodass (auch bei Ausschlagung) kein Pflichtteilsanspruch entsteht und somit der Wertverschiebungseffekt des § 2316 Abs. 3 BGB nicht zum Tragen kommt. Auf der Ebene der Erbschaft kann die von § 2050 Abs. 1 BGB vermutete Ausgleichungspflicht ohne Weiteres ausgeschlossen werden.

202

Ist das Entstehen eines Pflichtteilsanspruchs nicht zu vermeiden und auch ein jedenfalls auf den Ausgleichspflichtteil beschränkter Verzicht nicht zu erlangen und bewerten die Beteiligten die damit zwingend eintretende (unbefristete) Pflichtteilserhöhung zugunsten der weichenden Abkömmlinge als in stärkerem Maße negativ im Vergleich zu den durch die Ausstattung vermittelten Vorteilen (etwa ggü. schlichten und Sozialleistungsgläubigern: AnfG/§ 528 BGB), ist zu raten, die Eigenschaft einer Ausstattung ausdrücklich zu verneinen, auch wenn deren objektive Merkmale vorliegen. Jedenfalls durch Negierung des erforderlichen Zweckmoments („aus Anlass der Hochzeit", „zur Begründung eines eigenen Hausstands") haben es die Beteiligten in der Hand, es insgesamt bei der „schlichten Schenkung" gem. §§ 516 ff. BGB zu belassen.

203

Andernfalls führt erst das **Übermaß**, d.h. soweit das den Vermögensverhältnissen der Eltern entsprechende Maß überschritten wird, und nur hierauf begrenzt, zur Anwendung von Schenkungsrecht, sofern nicht auch insoweit eine Ausstattung vereinbart wird (Rdn. 197). Wer die Übermäßigkeit behauptet (z.B. ein Pflichtteilsberechtigter oder ein Gläubiger) ist für sie beweispflichtig. Die Beteiligten können hierzu in der Urkunde konkretisierende (den potenziell Pflichtteilsberechtigten allerdings naturgemäß nicht bindende) Angaben aufnehmen.

204

Formulierungsvorschlag: Umfang und Folgen der Ausstattung

205

Die Zuwendung erfolgt als Ausstattung gem. § 1624 BGB anlässlich der Heirat des Erwerbers am ..... Der Wert der Ausstattung beträgt ..... €, der Wert des Übermaßes beträgt ..... €. Beide sind auf den Pflichtteil des Erwerbers i.S.d. § 2315 BGB anzurechnen. Eine Ausglei-

---

454 Hat allerdings der Erblasser sein gesamtes Vermögen zu Lebzeiten übertragen, scheitert die ausstattungsbedingte Erhöhung des Pflichtteils der anderen Abkömmlinge an § 2056 Satz 1 BGB (keine Herausgabe des „Mehrempfangs"; keine Korrektur über Direktkondiktion beim „Beschenkten" wie bei § 2329 BGB).

> chung bei gesetzlicher Erbfolge unter Geschwistern ist entgegen § 2050 Abs. 1 BGB nicht angeordnet. Uns ist bekannt, dass gem. § 2316 Abs. 3 BGB gleichwohl deren Ausgleichspflichtteile sich erhöhen; gegenständlich beschränkte Pflichtteilsverzichte sollen jedoch entgegen der Empfehlung des Notars nicht eingeholt werden.

II. Gemischte Schenkung

206 Eine gemischte Schenkung liegt vor, wenn eine real unteilbare[455] Zuwendung vorgenommen wird und diese höherwertig ist als die Gegenleistung. Aus Sicht der Beteiligten setzt sie sich aus einem entgeltlichen und einem unentgeltlichen Teil zusammen (Abrede der teilweisen Unentgeltlichkeit), die dogmatische Einordnung dieses Typenverschmelzungsvertrags[456] ist umstritten („Einheitstheorie", „Trennungstheorie", „Zweckwürdigungstheorie").

Beispiel:

Schenkung gegen Pflicht zur Zahlung eines Abstandsgelds oder einer Leibrente oder dauernden Last.

Im Zweifel solle der **Parteiwille** entscheiden, sodass z.B. eine übernommene Pflegeverpflichtung als Gegenleistung, aber auch als Auflage verstanden werden kann.[457]

207 Unabhängig von der dogmatischen Einordnung ist **Schenkungsrecht** jedenfalls nur **mit Einschränkungen anwendbar**:
- Für die **Haftung des Veräußerers** nimmt die herrschende Meinung an, dass die Privilegien der §§ 521, 523, 524 BGB (Haftung und Mängel) nur für den Schenkungsteil gelten sollen.
- Die Verpflichtung zur **Lastenfreistellung** sollte ausdrücklich geregelt werden, da §§ 433 Abs. 1 Satz 2, 435 BGB (Verpflichtung zur Lastenfreistellung in Abt. II und III des Grundbuchs) nur für den Kaufvertrag gilt.

208
- Im Fall des § 528 BGB (**Rückforderung wegen Verarmung**) besteht nach herrschender Meinung bei der gemischten Schenkung eines unteilbaren Gegenstandes („soweit"; § 818 Abs. 2 BGB bei Unmöglichkeit der Rückgabe des unmittelbaren Kondiktionsobjekts aufgrund rechtlicher Unteilbarkeit) nur ein Geldanspruch, kein Recht auf Rückforderung des Vertragsgegenstandes.
- Bei **Rückforderung wegen groben Undanks** (§ 530 BGB) kann der Veräußerer das Geschenk zurückfordern, wenn der unentgeltliche Charakter des Geschäfts überwiegt.[458] Dieser Anspruch besteht nur Zug um Zug gegen Wertausgleich des entgeltlichen Teils (§ 812 Abs. 1 Satz 1 i.V.m. § 818 Abs. 3 BGB analog). Wurde der Gegenstand jedoch überwiegend entgeltlich erworben, verbleibt er dem Teilbeschenkten gegen Erstattung des die Gegenleistung übersteigenden Mehrwerts (§ 818 Abs. 2 BGB).

---

455 Andernfalls liegen zwei selbstständige, nur äußerlich zusammengefasste Verträge vor.
456 Negotium mixtum con donatione.
457 Vgl. OLG Oldenburg, ZEV 1999, 33; *Rundel*, MittBayNot 2003, 183; OLG Koblenz, FamRZ 2002, 773; ausführlich zur Abgrenzung zwischen objektiven und subjektiven Merkmalen *Link*, Zur (teilweisen) Unentgeltlichkeit von Übergabeverträgen im Rahmen vorweggenommener Erbfolge, S. 117 ff., der im Regelfall von einer Auflage ausgeht (S. 129–134).
458 Nicht etwa entscheidet das Kriterium des „Überwiegens" der Entgeltlichkeit über das Vorliegen einer gemischten Schenkung als solcher. Maßgeblich ist das Überwiegen jedoch für die Anwendbarkeit des § 323 BGB (Rücktritt bei synallagmatischen Verträgen), vgl. Rdn. 1763.

- Nach neuerer Auffassung soll die Einordnung als gemischte Schenkung (im Unterschied zur Schenkung unter Auflage) auch auf die Höhe der Anrechnung bei der Bestimmung der Unentgeltlichkeit von Einfluss sein: Während bei einer gemischten Schenkung auf den objektivierten voraussichtlichen Aufwand der zu erbringenden Gegenleistung – aus dem Blickwinkel des Schenkungszeitpunkts – abzustellen sei, müsse bei der Schenkung unter Auflage, bei der ja der Schenker in Vorleistung tritt und sodann der Beauflagte seinerseits zu leisten habe, die im Nachhinein ermittelte, tatsächlich erbrachte Leistung zugrunde gelegt werden (etwa i.R.d. § 2287 BGB bei einer Pflegeverpflichtung, die je nach Parteiwillen als Gegenleistung oder als Auflage verstanden sein kann).[459]

209

III. Weitere Typen der vorweggenommenen Erbfolge

Verträge i.R.d. vorweggenommenen Erbfolge (die im Gesetz an einzelnen Stellen, z.B. § 593a BGB als Begriff vorausgesetzt wird) sind dadurch gekennzeichnet, dass der Vermögensgegenstand an den vorgesehenen Erben (i.d.R. eine Person aus dem Kreis der gesetzlichen Erben) übertragen wird und dass dem Begünstigten Leistungen zur Versorgung des Zuwendenden auferlegt werden. Die Versorgung des Veräußerers bildet allerdings nicht den Hauptzweck.

210

Die wertende Zuordnung angesichts der Interessenlage führt dazu, dass auf die vorweggenommene Erbfolge regelmäßig die Normen des Schenkungsrechts durchweg Anwendung finden.

Beim **Versorgungsvertrag** steht die Alterssicherung des Veräußerers im Vordergrund. Dieser eher seltene Vertragstyp bedarf einer genauen Regelung der Rechtsfolgen von Leistungsstörungen, da das Schenkungsrecht grds. nicht anwendbar ist, jedenfalls stellt sich das Problem der Einordnung der Versorgungsleistungen und vorbehaltenen Rechte als Auflagen oder sonstige Gegenleistungen i.S.e. gemischten Schenkung oder aber der Übergang zum Austauschvertrag nach §§ 320 ff. BGB mit abgewogener Leistung und Gegenleistung. Gesetzlich erfasst als Ausschnitt möglicher Versorgungsvarianten ist der **Verpfründungsvertrag**, bei dem lebzeitige Zuwendungsversprechen (z.B. Pflege bis zum Tod) durch vertragsmäßige Einsetzung als Erben abgegolten[460] werden sollen. **§ 2295 BGB** gewährt in diesem Fall ein außerordentliches Rücktrittsrecht von der erbvertraglichen Verfügung bei Nichterbringung der Pflege (auch wenn deren Erbringung unmöglich geworden ist, da die zu pflegende Person in ein Heim übergesiedelt ist).[461] Im umgekehrten Sachverhalt (der zu Pflegende überträgt den erbvertraglich „zugesagten" Gegenstand einem Dritten) kann der Pflegende (wohl) seine Verpflichtung gem. § 314 Abs. 1 Satz 1 BGB aus wichtigem Grund kündigen und in der Vergangenheit erbrachte Leistungen gem. 812 Abs. 1 Satz 2 Halbs. 2 BGB zurückfordern.

211

Die **Umstrukturierung des Vermögens zur Haftungsvermeidung** wird oft als Unterform der ehebedingten Zuwendung behandelt, da sie regelmäßig, nicht aber stets zu Überlassungen unter

212

---

[459] Vgl. hierzu *Schindler*, ZErb 2006, 19, 21.
[460] Es genügt für die Verknüpfung i.S.d. § 2295 BGB nicht allein, dass Erbvertrag und Unterhaltsverpflichtung in verschiedenen Dokumenten am selben Tag beurkundet werden, OLG München, 16.04.2009 – 31 Wx 90/08, ZEV 2009, 345, m. Anm. *Keim*; vgl. zum Ganzen *G. Müller*, ZEV 2011, 240 ff.
[461] *Möller*, Erbrecht Effektiv 2011, 2. Für den Rücktritt vom daneben bestehenden lebzeitigen Vertrag (Pflegeverpflichtung im Synallagma z.B. mit der Verpflichtung, vorhandenen Grundbesitz nicht zu veräußern oder zu belasten) sind die Voraussetzungen des § 323 BGB einzuhalten, vgl. BGH, 05.10.2010 – IV ZR 30/10, ZEV 2011, 254, m. Anm. *Kanzleiter* = MittBayNot 2011, 318, m. Anm. *Kornexl* zur eindeutigen Leistungsaufforderung.

Ehegatten führt. In diesem Fall dient der Vertrag auch der Sicherstellung der Lebensgrundlagen der Ehe und Familie. Grds. kommt Schenkungsrecht zur Anwendung. Der Vertragstyp zeichnet sich in der Praxis dadurch aus, dass umfangreiche Rückforderungsrechte vereinbart werden.

IV. Gegenseitige Zuwendungsversprechen auf den Todesfall[462]

213 **Objektive Entgeltlichkeit** (die auch subjektiv gewollt sein wird) liegt wohl dann vor, wenn sich zwei Leistungspflichten „spiegelbildlich" in dem Sinn bedingen, dass die des erstverstorbenen Beteiligten auf dessen Ableben hin zu erfüllen ist. Sind also zwei Ehepartner oder Lebensgefährten (bei denen die Frage transfersteuerlich von größerer Bedeutung ist!) etwa gleich alt und gleich gesund, führt die gegenseitige Übertragung ihrer Immobilienmiteigentumsanteile auf den Todesfall (ähnlich wie das abfindungslose Ausscheiden eines verstorbenen Gesellschafters aus einer Personengesellschaft ohne Abfindung der Erben bei etwa gleich hoher Sterbewahrscheinlichkeit) zur Entgeltlichkeit, vgl. Rdn. 130. Die eigene Verpflichtung wird gerade im Hinblick darauf eingegangen, dass der andere Miteigentümer sich in gleicher Weise verpflichtet.[463] Die jeweils bedingten Leistungspflichten (Risikoübernahme des Eigentumsverlustes bzw. -zuwachses) schaffen einen gegenseitigen Vertrag (vergleichbar dem Lotterievertrag [§ 763 BGB] oder dem Versicherungsvertrag [Prämie im Austausch gegen Risikoübernahme, nicht erst gegen Schadenszahlung] und anderen aleatorischen Rechtsgeschäften).[464] Etwaige geringfügige Abweichungen in der Erstversterbenswahrscheinlichkeit werden durch die Vorstellung der Beteiligten, der Ausgleich sei erzielt („gemeinsam alt werden"), kompensiert (Prinzip der subjektiven Äquivalenz). Bestehen tatsächlich gravierende Unterschiede im Mortalitätsrisiko, lassen sich diese durch höhere oder geringere Bemessung des Miteigentumsanteils kompensieren.

214 Die objektiv gegebene und vom subjektiven Willen getragene Entgeltlichkeit dürfte auch im Hinblick auf § 2325 BGB anzuerkennen sein:[465] Es handelt sich nicht um bloße unbeachtliche Motive, sondern um Leistungsgegenstände eines gegenseitigen Vertrags. Allerdings ist zuzugeben, dass bei der eigentlichen Verfügung von Todes wegen, etwa dem Erbvertrag mit bindend gegenseitiger Einsetzung, das eigene Vererbungsversprechen vom Nachlasswert oder der erbschaftsteuerlichen Bemessungsgrundlage (als „Kosten des Erwerbs") nicht abgezogen werden kann, und zwar aufgrund gesetzlicher Anordnung (§ 2311 BGB; § 10 Abs. 5 Nr. 3 ErbStG). Die Rechtsordnung behandelt nämlich erbrechtliche Zuwendungen als a priori aufgrund unentgeltlichen Rechtsgeschäfts erworben,[466] womit jedoch die Entscheidung auf der Ebene lebzeitiger Austauschverträge noch nicht präjudiziert ist! Dem Vorwurf der unbilligen **Verkürzung der Pflichtteilsposition** der Verwandten des Erstverstorbenen ist zu entgegnen, dass der potenzielle Anspruch der Pflichtteilsberechtigten des Zweitversterbenden in simultaner Weise verdoppelt wird, also keine Reduzierung, sondern lediglich eine Verschiebung der Pflichtteilslast stattfinden.

---

462 Vgl. zum Folgenden umfassend *Egerland*, NotBZ 2002, 233 ff.
463 Dies unterscheidet den Sachverhalt gegenseitiger Grundstücksübertragungen vom Sachverhalt abfindungslosen Ausscheidens aus der Gesellschaft, wo von Teilen der Lit. geltend gemacht wird, die Verpflichtung werde nicht eingegangen, um von einer Wertsteigerung des eigenen Anteils zu profitieren, sondern um den Bestand der Gesellschaft zu sichern: *Heckelmann*, Abfindungsklauseln in Gesellschaftsverträgen, S. 77 ff.
464 Vgl. hierzu umfassend *Henssler*, Risiko als Vertragsgegenstand, S. 454 ff.
465 MünchKomm-BGB/*Lange*, § 2325 Rn. 17 m.w.N.
466 Vgl. *Egerland*, NotBZ 2002, 234, Fn. 9 m.w.N.

Auch im **Schenkungsteuerrecht** hat der BFH die Frage der objektiven Entgeltlichkeit von gesellschaftsvertraglichen Öffnungsklauseln mit Abfindungsausschluss ausdrücklich offengelassen (sie war wegen der für diesen Fall in §§ 7 Abs. 7 und 3 Abs. 1 Nr. 2 Satz 2 ErbStG ausdrücklich angeordneten Besteuerung auch nicht entscheidungserheblich).[467] Gerade die Notwendigkeit einer ausdrücklichen gesetzlichen Regelung und der im Wesentlichen durchgehaltene Gleichlauf des Entgeltlichkeitsbegriffs im Zivil- und Schenkungsteuerrecht streiten allerdings für die überwiegend vertretene Auffassung, dem aleatorischen Rechtsgeschäft unter Lebenden mangele es an der Freigebigkeit i.S.d. § 7 Abs. 1 Nr. 1 ErbStG. Der Umstand, dass die „Gegenleistung" (Übertragungsverpflichtung des anderen Teils) eine lediglich bedingte ist, schadet insoweit nicht; die Berücksichtigung bedingter Verpflichtungen erst ihrem Eintritt (§ 4 BewG) ist lediglich eine Bewertungsvorschrift, die steuersystematisch erst dann zur Anwendung gelangt, wenn feststeht, dass eine freigiebige Zuwendung i.S.d. Steuerrechts vorläge (Abschn. 14 Abs. 4 ErbStR). Für die Unentgeltlichkeit im schenkungsteuerlichen Sinne könnte andererseits der Vergleich mit der Behandlung gemeinsam abgeschlossener und bespater Kapitallebensversicherungen „auf verbundenen Leben" sprechen, wo eine Zuwendung i.H.d. hälftigen Versicherungsleistung, die durch Prämienzahlungen des anderen Partners erwirtschaftet wurde, trotz der aleatorischen Bezugsberechtigung angenommen wird (Abschn. 9 Abs. 3 ErbStR).[468]

215

Es handelt sich demnach zivil- und transfersteuerrechtlich um ein entgeltliches Rechtsgeschäft unter Lebenden auf den Todesfall, das neben die im Gesetz geregelten Verträge zugunsten Dritter auf den Todesfall (§ 331 BGB) und die vollzogene Schenkung auf den Todesfall (§ 2301 Abs. 2 BGB; die nicht vollzogene Schenkung wird in § 2301 Abs. 1 BGB bekanntlich den Voraussetzungen und Rechtsfolgen des Erbrechts unterstellt) tritt. Verpflichtungen unter Lebenden auf den Todesfall bzgl. des **gesamten künftigen Vermögens** sind gem. § 311b Abs. 4 BGB (Rdn. 2953 ff.) nichtig, da sie auch die Verpflichtung zur Übertragung aller zu einem künftigen Zeitpunkt vorhandenen Aktiva beinhaltet, sodass Gegenstand stets nur ein Einzelobjekt sein wird.

216

Der Anspruch dürfte auch nicht durch **Konfusion** erlöschen, wenn die überlebende Vertragspartei zugleich Alleinerbe des verstorbenen Übertragungsverpflichteten ist, jedenfalls nicht für Zwecke des Pflichtteils- und Erbschaftsteuerrechts.[469] Ebenso wenig handelt es sich um eine „unvollkommene Verbindlichkeit" i.S.d. § 762 BGB – verfolgt sie doch einen ernsthaften wirtschaftlichen und sittlichen Zweck – oder um sittenwidrige Abreden (§ 138 BGB).[470] Denkbar ist jedoch, dass die Finanzverwaltung diese Gestaltungsmöglichkeit mit dem Verdikt des § 42 AO belegt:[471] Die Konstruktion weicht zwar vom einfachsten rechtlichen Weg (Erbvertrag) ab und ist damit „unangemessen" i.S.d. § 42 AO, führt auch zu einer Steuerreduzierung, ist allerdings – so lässt sich mit guten Gründen darlegen – durch außersteuerliche Motive gerechtfertigt; der Vormerkungsschutz im Grundbuch geht deutlich weiter als § 2287 BGB.

217

---

467 BFH, BStBl. 1992 II, S. 927 f.; vgl. hierzu *Neumayer/Imschweiler*, DStR 2010, 201.
468 Argument *v. Proff zu Irnich*, RNotZ 2008, 330.
469 Vgl. § 10 Abs. 3 ErbStG für die Berechnung der Erbschaftsteuer, BGHZ 98, 389, im Pflichtteilsrecht.
470 Wenn schon bei Schenkungen hinsichtlich der Annahme der Sittenwidrigkeit Vorsicht geboten ist, da sonst der zeitlich befristete Schutz des § 2325 BGB entgegen der gesetzgeberischen Intention verewigt würde, muss dies erst recht für entgeltliche Übertragungen gelten. Anerkennenswertes Ziel ist die Ermöglichung der Weiternutzung des gemeinsamen Grundbesitzes.
471 *Egerland*, NotBZ 2002, 239.

218 Allerdings ist zu bedenken, dass die Entgeltlichkeit (unter Lebensgefährten, nicht unter Ehegatten)[472] zur **Grunderwerbsteuerpflicht** führt, da der Befreiungstatbestand des § 3 Abs. 1 Nr. 2 GrEStG (vorrangige Schenkungsteuerpflicht) nicht greift. Die Steuer entsteht erst mit Bedingungseintritt (erster Sterbefall; § 14 Abs. 1 GrEStG). Bemessungsgrundlage ist wohl nicht nur der Bedarfswert (§ 8 Abs. 2 Nr. 1 GrEStG, derzeit „12,5-fache Jahresnettomiete") bzw. die statistische Risikoübernahmebewertung nach Lebensalter, sondern der Verkehrswert des übergehenden (Halb-) Anteils. Diese Belastung ist typischerweise gleichwohl geringer als die (bei Wahl der Vererbungsalternative) anfallende Erbschaftsteuer, außer der Zuwendungswert würde durch erhebliche zu übernehmende Schulden deutlich reduziert. Ertragsteuerlich liegt wohl im „Entgelt" für die Risikoübernahme (Immobilienerwerb) kein steuerbarer sonstiger Bezug i.S.d. § 22 Nr. 3 EStG.

219 **Hinweis:**
Ist nicht absehbar, ob der Eintritt der lebzeitig geschaffenen Bedingung oder die Vererbung (aufgrund eines parallel abgeschlossenen Erbvertrags mit oder ohne Rücktrittsmöglichkeit) sich als transfersteuerlich günstiger darstellen wird, kann ein Rücktrittsrecht vorbehalten werden, das auch durch den Alleinerben noch ausgeübt werden kann, wenn – gegen Ende der Nachlassabwicklung – Nachlassverwaltung beantragt wird (vgl. § 1976 BGB).[473]

220 Wird der betreffende Grundbesitz in einer „**Familien-GbR**" gehalten, bzgl. dessen der jetzt versterbende Gesellschafter abfindungslos ausscheidet, wird zwar auch hierdurch pflichtteilsergänzungsrechtlich eine Schenkung vermieden,[474] allerdings führt § 3 Abs. 1 Nr. 2 Satz 2 ErbStG[475] zur Erhebung von Erbschaftsteuer bei Fortsetzungs- oder Übernahmeklauseln, soweit der Steuerwert des Anteils den Abfindungsanspruch des Erben (hier: null) übersteigt.[476] Letzteres gilt unabhängig davon, ob die Beschränkung zulasten aller Gesellschafter bzw. deren Erben vereinbart wurde oder nicht; und erfasst (wohl) sowohl den Anwachsungserwerb als auch auf dem Gesellschaftsvertrag beruhende Abtretungsklauseln.[477] § 3 Abs. 1 Nr. 2 Satz 2 ErbStG gilt jedoch (wie auch die Parallelvorschrift zu lebzeitigem Ausscheiden, § 7 Abs. 7 ErbStG) nicht für Bruchteilsgemeinschaften und kann (als gegen die aleatorische Gestaltung in Gesellschaftsverträgen gerichtete Ausnahmevorschrift) hierauf auch nicht steuerverschärfend analog angewendet werden (zum Verbot von Analogien im Steuerrecht zum Nachteil des Steuerpflichtigen vgl. §§ 4, 85 AO).

---

[472] Abzustellen ist bei bedingten Geschäften auf die Verwandtschaftsverhältnisse z.Zt. des Vertragsabschlusses, mag auch bei Eintritt der Bedingung die Ehe durch Tod eine juristische Sekunde zuvor beendet sein: *Sack*, in: Boruttau, GrEStG § 3 Rn. 69.
[473] Vgl. im Einzelnen *Egerland*, NotBZ 2002, 242.
[474] BGH, NJW 1981, 1957; vgl. Rdn. 130.
[475] Hierzu auch DNotI-Gutachten, Faxabruf-Nr. 47535 v. Februar 2004; zur Parallelvorschrift des § 7 Abs. 7 ErbStG vgl. Rdn. 3548.
[476] Ertragsteuerlich liegt bei der gesellschaftsrechtlichen Anwachsung ohne Abfindung ein unentgeltlicher Erwerb vor, der gem. § 6 Abs. 3 EStG die Buchwertfortführung erlaubt. Wird Abfindung gezahlt, die den Buchwert übersteigt, werden stille Reserven aufgedeckt (Ergänzungsbilanz bei den anderen Gesellschaftern).
[477] *Troll/Gebel/Jülicher*, ErbStG, § 7 Rn. 259 ff.

E. Weitere Typen lebzeitiger Zuwendungen

> **Hinweis:**
> Vorsichtige Vertragsgestaltung berücksichtigt auch die Auswirkungen für den Fall, dass die Rechtsprechung die oben vorgetragene Einschätzung des „Modells" nicht teilen sollte („Risikoabwägung durch Gegenprobe"): Werden die gegenseitigen Übertragungsversprechen entgegen des aleatorischen Gedankens als „unentgeltlich" eingestuft, läge eine (trotz Eintragung der Vormerkung) nicht vollzogene Schenkung auf den Todesfall vor, die nach § 2301 Abs. 1 BGB als Erbvertrag gilt, mit gegenseitigen Vermächtnisanordnungen. Eine Schlechterstellung in Hinsicht auf Pflichtteilsrecht und Schenkungsteuerrecht ggü. der unmittelbaren Errichtung eines Erbvertrags ist damit nicht verbunden. Stuft die Finanzverwaltung die Gestaltung als missbräuchlich i.S.d. § 42 AO ein, unterläge sie der Erbschaftsteuer (nicht aber zusätzlich der Grunderwerbsteuer).[478] Würde das Vertragswerk allerdings als zivilrechtlich wegen § 138 BGB nichtig eingestuft, hülfe lediglich eine vorsorglich begleitend errichtete Verfügung von Todes wegen.

221

Formulierungsvorschlag: Gegenseitige entgeltliche Zuwendungsversprechen auf den Todesfall

222

> Die Beteiligten verpflichten sich gegenseitig, ihren hälftigen Miteigentumsanteil an dem in § 1 beschriebenen Grundbesitz mit allen wesentlichen Bestandteilen und dem Zubehör auf den jeweils anderen Beteiligten zu übertragen. Die Verpflichtung zur Übertragung steht jeweils unter der aufschiebenden Bedingung, dass der Übertragende verstirbt und der Erwerber den Übertragenden überlebt (echte Überlebensbedingung); sie ist auflösend bedingt durch Erwerb des anderen Miteigentumsanteils und durch die Erklärung des nachstehend vorbehaltenen Rücktritts durch den anderen Beteiligten. Die Übertragung erfolgt im Weg des entgeltlichen Rechtsgeschäfts unter Lebenden auf den Todesfall zur Vermögensnachfolge außerhalb der Formen des Erbrechts.
>
> Wir sind uns darüber einig, dass dieser Übertragungsvertrag ein gegenseitiger und vollentgeltlicher ist. Die volle Entgeltlichkeit ergibt sich aus der Gleichwertigkeit der Leistungsgegenstände und der Tatsache, dass unsere Lebenserwartungen angesichts unseres etwa gleichen Lebensalters und des Fehlens atypischer Umstände, etwa bekannter schwerer Krankheiten, gefährlichen Berufs etc., nicht deutlich unterschiedlich hoch sind (aleatorisches Geschäft).
>
> Der Besitz am Vertragsgegenstand ist unverzüglich nach dem Tod des Übertragenden zu übergeben.
>
> Zur Sicherung des vorstehend begründeten Anspruchs des jeweils anderen Beteiligten auf Übertragung des Miteigentumsanteils bewilligen und beantragen beide Beteiligte die Eintragung einer Eigentumsvormerkung zulasten ihres jeweiligen Anteils in das Grundbuch. Jeder Beteiligte bevollmächtigt den jeweils anderen, befreit von § 181 BGB, über den Tod hinaus und mit dem Recht zur Erteilung von Untervollmacht, die Auflassung des Halbanteils

---

478 § 42 Satz 2 AO: Zu besteuern ist – zugunsten wie zulasten des Steuerpflichtigen – die aus Sicht des Steuerrechts „angemessene" Gestaltung (Vererbung).

des Erstverstorbenen an den Längerlebenden an der Amtsstelle des amtierenden Notars zu erklären und entgegenzunehmen.

Ein jeder der Beteiligten behält sich den Rücktritt von diesem Übertragungsversprechen und der vorstehend erteilten Vollmacht vor mit der Maßgabe, dass

- der Rücktritt nur mit Zugang auch an der Amtsstelle des amtierenden Notars wirksam wird und
- mit Zugang des Rücktritts beim anderen Beteiligten zugleich die auflösende Bedingung für dessen Übertragungsversprechen eintritt und beide Vormerkungen wegen Gegenstandslosigkeit zur Löschung zu bewilligen sind.

V. Erbauseinandersetzung

1. Grundsatz

223 Eine Mehrheit von Personen, gleich ob kraft Gesetzes oder aufgrund Verfügung von Todes wegen berufen, hält den Nachlass als Erbengemeinschaft zur gesamten Hand, ohne damit eine rechtsfähige Organisation zu bilden.[479] Sie kann unbefristet fortbestehen, ja sogar unternehmerisch tätig sein (zur steuerlichen Zurechnung der Einnahmen vgl. Rdn. 4646). Maßnahmen ordnungsgemäßer Verwaltung – hierzu mag auch die Veräußerung eines Grundstücks[480] oder die Kündigung eines Mietvertrages[481] zählen – können mehrheitlich (§§ 2038 Abs. 2, 745 BGB), alle anderen nur einstimmig beschlossen werden.[482] Nutzt ein Miterbe (etwa der überlebende Ehegatte) einen Nachlassgegenstand (das Familienheim) alleine, ist er der Gemeinschaft gegenüber zur Entschädigung verpflichtet.[483] Die Erbengemeinschaft ist ihrer Natur nach auf Auseinandersetzung angelegt. Diese kann sich rechtsgeschäftlich (Rdn. 224 ff), hilfsweise gerichtlich (Rdn. 251 ff.) vollziehen.

2. Rechtsgeschäftliche Auseinandersetzung

224 Die rechtsgeschäftliche Auseinandersetzung kann sich wiederum

(1) durch Abschluss eines Auseinandersetzungsvertrags gem. § 2042 BGB (Rdn. 225 ff),

(2) durch Übertragung von Erbanteilen an einen Miterben oder einen Dritten (Rdn. 235 ff), oder

(3) durch Abschichtung, also Ausscheiden eines Miterben aus der Gemeinschaft mit Anwachsungsfolge bei den Miterben (Rdn. 245 ff.) vollziehen,

(4) ferner unter Beteiligung eines Testamentsvollstreckersdurch Vollzug eines von ihm aufgestellten Teilungsplans, §§ 2203, 2204 BGB.

---

479 BGH, DNotZ 2007, 134; a.A. *Ann*, MittBayNot 2003, 193; es fehlt sowohl an der dauerhaften Anlage als auch an notwendigen Organen.

480 Vgl. OLG Koblenz, 22.07.2010 – 5 U 505/10, ZEV 2011, 321; der Zustimmungsanspruch steht „der Erbengemeinschaft" zu, kann aber von einem einzelnen Miterben klageweise durchgesetzt werden.

481 BGH, 26.04.2010 – II ZR 159/09, ZEV 2010, 476.

482 Zu Stimmrechtsverboten vgl. *Löhnig*, FamRZ 2007, 1600; eine trotz starker Interessenkollision abgegebene Stimme ist nichtig.

483 Entgegen der h.M. kann der Miterbe wohl nicht (gem. § 2038 Abs. 2 Satz 1 i.V.m. § 745 Abs. 2 BGB) unmittelbar auf anteilige Zahlung an ihn selbst klagen, da § 2038 Abs. 2 Satz 2 BGB die Teilung der Früchte erst bei der Auseinandersetzung anordnet, *Sachs*, ZEV 2011, 512 f.

E. Weitere Typen lebzeitiger Zuwendungen

Zur ertragsteuerlichen Behandlung der Erbauseinandersetzung, Erbteilsübertragung und Abschichtung, insb. nach Maßgabe des BMF-Erlasses v. 14.03.2006, vgl. Rdn. 4635 ff., zur erbschaftsteuerlichen Behandlung seit 2009 vgl. Rdn. 4183 ff.

a) Auseinandersetzungsvertrag

§§ 2046 bis 2057a, 2042 Abs. 2 i.V.m. §§ 752 bis 756 BGB enthalten dispositive Normen zur inhaltlichen Ausgestaltung der Auseinandersetzung einer Erbengemeinschaft, denen ggü. jedoch – stets einvernehmlich zu treffende – privatautonome Lösungen vorrangig sind.[484] Anordnungen des Erblassers (wie Vorausvermächtnisse oder Teilungsanordnungen) geben jedoch jedem Miterben ein Recht, auf deren Einhaltung zu klagen. Fehlen solche, bewahrheitet sich auf der Suche nach freivertraglichen Lösungen oft die Erkenntnis: „If you want to know the true character of a person, divide an inheritance with him" (Benjamin Franklin).[485] Einer Umfrage zufolge[486] gibt es in 17 % aller Erbfälle „Streit ums Erbe"; künftige Erben erwarten dies gar in 26 % aller Fälle. Ursache ist ganz überwiegend (73 %) das Gefühl eines der beteiligten Erben, benachteiligt zu sein.

225

aa) Ausschluss

Das Recht jedes Miterben, die Auseinandersetzung jederzeit zu verlangen, § 2042 Abs. 1 BGB, kann durch den Erblasser in Bezug auf einzelne Gegenstände oder insgesamt **ausgeschlossen** oder von der Einhaltung einer Kündigungsfrist abhängig gemacht werden, § 2044 Abs. 1 Satz 1 BGB. Es besteht eine 30-jährige Zeitgrenze, § 2044 Abs. 2 BGB. Die (1) schlichte Anordnung i. S. d. § 2044 Abs. 1 BGB hat nur schuldrechtlichen Charakter, so dass sich die Miterben stets einvernehmlich darüber hinwegsetzen können. Daneben kann die Anordnung (2) eine Auflage darstellen, §§ 2192 ff. BGB, mit der Folge, dass ein Verstoß hiergegen dem i.S.d. § 2194 BGB Vollziehungsberechtigten Schadensersatzansprüche gewähren kann, oder (3) Gegenstand eines Vermächtnisses sein zugunsten eines dadurch begünstigten Miterben oder aber (4) gar eine bedingte Enterbung i. S. d. § 2075 BGB für den Fall anordnen, dass das Erbteilungsverbot missachtet wird.

226

Trotz Auseinandersetzungsverbots sieht die herrschende Meinung im Eintritt der Volljährigkeit eines Miterben einen wichtiger Grund, die Auseinandersetzung verlangen zu können, §§ 2042 Abs. 2, 749 Abs. 2 Satz 1 BGB: verlangt nämlich ein Minderjähriger nicht binnen 3 Monaten nach Eintritt der Volljährigkeit die Auseinandersetzung des Nachlasses, ist gem. § 1629a Abs. 4 BGB im Zweifel anzunehmen, dass die Nachlassverbindlichkeiten erst nach Eintritt der Volljährigkeit entstanden sind, sodass ihm die Haftungsbeschränkung (§ 1629a Abs. 1 BGB) auf das bei Eintritt der Volljährigkeit vorhandene Vermögen nicht mehr zur Verfügung stünde.

227

bb) Zeitpunkt

Eine verfrüht, also vor vollständiger Ermittlung und Erfüllung aller Nachlassverbindlichkeiten, erfolgende Erbteilung, birgt Risiken: § 2046 Abs. 1 Satz 1 BGB fordert aus gutem Grund zunächst die vorherige Begleichung der Nachlassverbindlichkeiten; für streitige oder noch nicht fällige

228

---

484 Vgl. hierzu monographisch *Eberl-Borges*, Die Erbauseinandersetzung, 2000.
485 Zitiert nach *Brams/Taylor*, Fair Division: From cake-cutting to dispute resolution, 1996, S. 12.
486 Vgl. Financial Times Deutschland v. 05.05.2011, S. 21 (Umfrage im Auftrag der Postbank).

Pflichten ist das „zur Berichtigung Erforderliche" zurückzubehalten.[487] Stellen sich nämlich später, nach der Erbteilung, weitere Verbindlichkeiten heraus, steht gem. § 2062 Halbs. 2 BGB eine Nachlassverwaltung als Instrument zur erbrechtlichen Haftungsbeschränkung (§ 1975 BGB) nicht mehr zur Verfügung, es bleibt nur noch ein Nachlassinsolvenzverfahren gem. §§ 317 ff. InsO, §§ 1975, 1981 BGB.

229 Des Weiteren haften die Miterben nach der Teilung des Nachlasses für Verbindlichkeiten gesamtschuldnerisch und ohne Möglichkeit der Haftungsbeschränkung, § 2058 BGB, da sie durch die Auseinandersetzung die Einrede des nichtgeteilten Nachlasses, § 2059 BGB, verlieren. Sind die anderen Miterbe nicht mehr greifbar, erweist sich der interne Ausgleichsanspruch gem. § 426 BGB freilich als wertlos. Es empfiehlt sich daher, in Zweifelsfällen ein Gläubigeraufgebot, §§ 1970 ff. BGB, beim AG durchzuführen, das zu einer Haftung jedes Erben nur für den seinem Erbteil entsprechenden Teil der Nachlassverbindlichkeiten führt, § 2060 Nr. 1 BGB; gleiche Wirkung hat ein privater Gläubigeraufruf nach § 2061 BGB,[488] wenn die Forderung bei der Teilung noch nicht bekannt war. Der Notar sollte daher gem. § 17 Abs. 1 BeurkG auf diese Risiken hinweisen, wenn noch nicht erfüllte Nachlassverbindlichkeiten (z.B. Steuerschulden aus einer die Zeit vor dem Erbfall betreffenden Betriebsprüfung) wahrscheinlich sind.

cc) Sachverhaltserfassung

230 Während die Erbauseinandersetzungsverträge hinsichtlich der Gestaltung regelmäßig keine Besonderheiten bieten, liegt umso mehr Problempotential in der Ermittlung des Sachverhalts. So kann es zunächst schwierig sein, den Umfang des Gesamtnachlasses zuverlässig zu ermitteln, etwa im Hinblick auf kraft Gesetzes eingetretene (im Grundbuch noch nicht vermerkte) Surrogationen gem. § 2041 BGB,[489] auch der tatsächliche Sachbestand wird von den Beteiligten oft nicht korrekt wiedergegeben; insoweit können die zur Gebührenfestsetzung beim Nachlassgericht eingereichten Verzeichnisse oder in der Nachlassakte enthaltenen Kopien der Anzeigen von Kreditinstituten über hinterlassene Guthabenkonten gem. § 33 Abs. 1 ErbStG bzw. Aktenspuren von Anfragen von Gläubigern über den Stand des Verfahrens auf der Passivseite hilfreich sein. Auch darf sich der Gestalter nicht allein mit der Vorlage eines Erbscheins zur Ermittlung der Erbquoten begnügen, vielmehr sind geborene oder gekorene Ausgleichungspflichten (vgl. Rdn. 1610 ff.) häufig mitzuberücksichtigen („Wert statt Quote").

231 Stellt sich im Nachhinein heraus, dass andere als die im Grundbuch eingetragenen bzw. im Erbschein ausgewiesenen Personen tatsächlich zur Erbengemeinschaft gehörten (etwa aufgrund eines später aufgefundenen, abändernden Testaments), ist gutgläubiger Erwerb gem. §§ 892 Abs. 1, 2366 Abs. 1 BGB regelmäßig nicht eingetreten, da es am erforderlichen Verkehrsgeschäft fehlt, wenn auf Erwerberseite nur einzelne Mitglieder der Gesamthand beteiligt sind.[490] Der **„übergangene" Erbe** kann jedoch das Verfügungsgeschäft (die Auflassung), das an sich nur gemein-

---

487 Beispiel: OLG Dresden, 18.06.2010 – 3 U 1322/09, Jurion RS 2010, 37565.
488 Vgl. *Zimmermann*, ZErb 2011, 259 ff.
489 Vgl. *Böhringer*, NotBZ 2011, 317, 322.
490 OLG Hamm, FamRZ 1975, 510. Allerdings soll ein Verkehrsgeschäft vorliegen, wenn der Erwerber eines Miteigentumsanteils bereits Eigentümer eines anderen Bruchteils ist oder als solcher zu Unrecht eingetragen ist, vgl. BGH, 29.06.2007 – V ZR 5/07, ZNotP 2007, 380.

sam gem. § 2040 Abs. 1 BGB möglich war, nachträglich gem. § 185 Abs. 2 BGB genehmigen, und zwar gem. § 182 Abs. 2 BGB sogar formfrei.[491]

Das nicht von allen materiell Beteiligten zustande gebrachte Verpflichtungsgeschäft ist seinerseits wirksam unter den damals beteiligten Miterben, aufgrund der Genehmigung des „übergangenen" Miterben zum dinglichen Geschäft liegt ein Fall des § 816 Abs. 1 BGB vor (mit der Folge, dass bei einer entgeltlichen Erbauseinandersetzung die neu hinzutretenden Miterben zur anteiligen Herausgabe des Erlangten verpflichtet sind, § 816 Abs. 1 Satz 1 BGB, bei einer – auch nur teilweisen – unentgeltlichen Verfügung jedoch der im Grundbuch als Folge der Erbauseinandersetzung eingetragene Miterbe die Immobilie an die tatsächlichen Miterben zur gesamten Hand herauszugeben hätte § 816 Abs. 1 Satz 2 BGB). Ein der Genehmigung der Verfügung zugrunde liegendes Kausalgeschäft dahingehend, gegen eine Ausgleichssumme auf Ansprüche aus § 816 Abs. 1 BGB zu verzichten und die Grundstücksverfügung nachträglich zu genehmigen, ist seinerseits beurkundungspflichtig (unmittelbare oder mittelbare Verpflichtung zur Erteilung der Genehmigung);[492] in solchen Fällen kann die Formpflicht unter dem Gesichtspunkt der Geschäftseinheit auch die Genehmigungserklärung selbst erfassen.[493]

232

dd) Sonderfälle

Besonderheiten gelten bei der Beteiligung von **Vorerben**. Der von den Beschränkungen des § 2113 Abs. 1 BGB befreite Vorerbe kann ohne Zustimmung des Nacherben mitwirken, sofern er nichts „verschenkt", also Surrogationsgegenstände im Wert seiner Erbquote erwirbt (was freilich dem Grundbuchamt ggü. nur glaubhaft gemacht werden kann und typischerweise dennoch zur Anhörung der Nacherben zur Gewährung rechtlichen Gehörs führt); das erhaltene Gut unterliegt gem. § 2111 BGB surrogationsweise den Nacherbenbeschränkungen, sodass der Nacherbenvermerk dort wieder eingetragen wird. Erfolgt die Verfügung in Erfüllung einer wirksamen Teilungsanordnung oder eines wirksamen Vermächtnisses des Erblassers, sind Zustimmungen Dritter nicht erforderlich. Möglich ist des Weiteren, einzelne Gegenstände mit Zustimmung der Nacherben (nicht jedoch der Ersatznacherben) aus der Vorerbenbindung herauszulösen (sog. Eigenerwerb des Vorerben, vgl. Rdn. 5328).

233

Sind **Minderjährige** an der Erbengemeinschaft beteiligt, hindern §§ 1629 Abs. 2, 1795 BGB die Eltern an der Vertretung, sodass es eines Ergänzungspflegers gem. § 1909 BGB bedarf, und zwar für jedes Kind getrennt.[494] Eine solche Beteiligung der Eltern „auf beiden Seiten", auch für den Minderjährigen, liegt bspw. auch dann vor, wenn zwar die Veräußerung von erbengemeinschaftlichem Grundbesitz gemeinsam an einen Dritten stattfindet, jedoch dann der Erlös auf getrennte Konten überwiesen werden soll; in diesem Fall liegt bereits in der vorbereitenden Veräußerung, die zur Beendigung der Erbengemeinschaft führt, ein ohne Beteiligung eines Ergänzungspflegers unzulässiges In-sich-Geschäft.[495]

234

---

491 BGH DNotZ 1994, 40.
492 MünchKomm-BGB/*Kanzleiter/Krüger*, § 311b Rn. 36.
493 Gutachten, DNotI-Report 2010, 221.
494 Vgl. BGHZ 21, 229 ff. (es sei denn, die Erbauseinandersetzung erfolgt exakt unter Beachtung der gesetzlichen Regeln).
495 Vgl. *J. Mayer*, MittBayNot 2010, 345, 350.

b) Erbteilsübertragung

235 Die Übertragung eines Erbteils bildet den in der Praxis wichtigsten Fall des **Erbschaftskaufs**, §§ 2371 ff. BGB. Erwerbsgegenstand ist die vermögens- bzw. mitgliedschaftliche Seite des Erbanteils;[496] der Erwerber wird hierdurch jedoch nicht Miterbe, sondern hat lediglich einen schuldrechtlichen Anspruch, wie ein (Mit-) Erbe gestellt zu werden.[497] Ein Erbteils- oder Erbschaftserwerber ist zwar berechtigt, einen Antrag auf Erteilung eines Erbscheins zu stellen, in diesem aufgeführt wird jedoch der Veräußerer als unmittelbarer Miterbe bzw. Erbe. Möglich ist auch die Übertragung eines Bruchteils eines Erbanteils.[498]

236 Ist Gegenstand der Übertragung ein **Nacherbenanwartschaftsrecht** (in der Phase zwischen dem Erbanfall an den Vorerben und dem Eintritt des Nacherbfalls) bedarf es hierzu keiner Mitwirkung der Ersatznacherben (weder der ausdrücklich eingesetzten noch der nach der Auslegungsregel des § 2069 BGB Bestimmten).[499] Allerdings erhält der Vorerbe dadurch noch nicht die Stellung eines unbeschränkten Vollerben, da die Position des Ersatznacherben durch die Übertragung der Nacherbenanwartschaft nicht berührt wird. Fällt also der Nacherbe vor dem Eintritt des Nacherbfalls weg und tritt demnach der Ersatznacherbe an dessen Stelle, verliert der Vorerbe seine Rechtsstellung wieder an den Ersatznacherben im Zeitpunkt des Eintritts des Nacherbfalls. Die Löschung eines grundbuchlichen Nacherbenvermerks als Folge der bloßen Übertragung der Nacherbenanwartschaft ist daher nicht möglich. Will der Vorerbe hinsichtlich seiner Stellung sicher sein, müsste er sich die Ersatznacherbenanwartschaftsrechte mitübertragen lassen; ggf. bedarf es hierzu einer Pflegschaft für noch nicht geborene Ersatznacherben. Anders liegt es, wenn bereits im Testament die Ersatznacherbfolge auflösend bedingt angeordnet ist für den Fall der Übertragung des unmittelbaren Nacherbenanwartschaftsrechts an den Vorerben.

237 Aus dem **schuldrechtlichen Geschäft** der Erbteils- bzw. Erbschaftsveräußerung ergibt sich die Verpflichtung, dem Erwerber alle Positionen zu vermitteln, die ihm zustünden, wenn er anstelle des Veräußerer Erbe bzw. Miterbe geworden wäre. Daher sind auch Surrogate oder Ersatzobjekte zu übertragen (§§ 2374, 2375 BGB). Umgekehrt kann der Veräußerer vom Erwerber Ersatz der Aufwendungen verlangen, die er zur Begleichung von Nachlassverbindlichkeiten seit dem Erbfall getätigt hat, § 2378 Abs. 2 BGB, und Ersatz seiner sonstigen notwendigen oder werterhöhenden Verwendungen, § 2381 BGB, und der für die Erbschaft entrichteten Abgaben und außerordentlichen Lasten, § 2379 Satz 2 BGB (nicht jedoch der – personenbezogenen – Erbschaftsteuer).

238 Die **dingliche Erfüllung** dieser Verpflichtungen tritt eo ipso nur bei der dinglichen Übertragung eines Erbteils (§ 2033 BGB) ein, da sie zum Erwerb der gesamthänderischen Mitgliedschaft im Nachlass und damit zur wirtschaftlichen Mitbeteiligung an den Gegenständen des Nachlasses führt. Die dingliche Erbteilsübertragung gem. § 2033 BGB scheidet daher aus, wenn der Nach-

---

496 Zur Vererbung von Erbanteilen, insb. zur IPR-rechtlichen Qualifikation und „Belegenheit", vgl. *Eule*, ZEV 2010, 508 ff.
497 Vgl. *Muscheler*, RNotZ 2009, 65.
498 Dadurch entsteht nach h.M. kein weiterer Erbteil, sondern eine Bruchteilsgemeinschaft am ursprünglichen Erbanteil.
499 Vgl. BayObLG, DNotZ 1970, 687, m. Anm. *Kanzleiter*: Der Vorerbe kann nach Erwerb der Nacherbenanwartschaftsrechte auch mit Wirkung gegen die Ersatznacherben frei über die Nachlassgegenstände verfügen.

E. Weitere Typen lebzeitiger Zuwendungen

lass bereits vollständig auseinandergesetzt ist. Verfügungen über einen Erbteil schließen allerdings nicht den in Singularsukzession erworbenen Personengesellschaftsanteil ein (Rdn. 4595), da dieser zwar zum Nachlass,[500] aber nicht zum erbengemeinschaftlichen Vermögen gehört. Beim Kauf einer **Gesamterbschaft** erfolgt die Erfüllung der schuldrechtlichen Verpflichtungen dagegen durch Einzelübertragungsakte (Übereignungen, Auflassungen, Abtretungen), da der „Nachlass" als solcher keine Sachgesamtheit bildet, die als Ganzes übergehen könnte.

Die Erbteils- sowie die Erbschaftsveräußerung bedürfen sowohl hinsichtlich des schuldrechtlichen Geschäfts als auch (in Bezug auf die Erbteilsabtretung) des dinglichen Erfüllungsgeschäfts der **notariellen Beurkundung**, unabhängig davon, ob sich im Nachlass Grundbesitz befindet oder nicht. Für das schuldrechtliche Geschäft ergibt sich dies aus § 2371 BGB (für den Erbteilstausch bzw. die Erbteilsschenkung i.V.m. § 2385 BGB), für die Abtretung des Erbteils aus § 2033 BGB. Die Formzwecke liegen im Übereilungsschutz, dem erleichterten Rechtsnachfolgenachweis ggü. Dritten und in den Interessen der Nachlassgläubiger.[501] Gleiches gilt für die Aufhebung solcher Geschäfte. Eine Heilung durch dinglichen Vollzug tritt nicht ein.[502]

239

Hinsichtlich der **Haftung der Miterben** schützen die Haftungsbeschränkungsmöglichkeiten der §§ 1967 bis 2017 BGB den/die Erben vor dem Zugriff von Nachlassgläubigern auf sein Eigenvermögen; bis zur Teilung lässt darüber hinaus § 2059 Abs. 1 Satz 1 BGB den Zugriff nur auf den (ungeteilten) Nachlass zu; daher haftet im Zweifel der Erbteilsveräußerer gem. § 2376 Abs. 1 BGB schuldrechtlich dafür, dass keine unbeschränkte Haftung eingetreten sei. Nach der Teilung ermöglichen §§ 2060, 2061 BGB, die Haftung wenigstens anteilig auf die ideelle Erbquote zu beschränken.

240

Gem. § 2382 Abs. 1 BGB haftet der Erwerber (zwingend) neben dem forthaftenden Veräußerer ab Vertragsschluss (§ 2380 BGB nicht erst ab Erfüllung!) ggü. Nachlassgläubigern, sogar für solche Verbindlichkeiten, für die er dem Verkäufer ggü. seine Haftung gem. §§ 2378, 2379 BGB ausgeschlossen hat. Weiter trägt der Erwerber das Risiko, dass ein gutgläubiger Erwerb des Erbteils nicht in Betracht kommt, auch nicht gestützt auf einen Erbschein, da dieser gem. § 2366 BGB nur den Erwerber einzelner Nachlassgegenstände schützt. Eine Absicherung des Erwerbs ähnlich einer Vormerkung kommt selbst dann nicht in Betracht, wenn sich im Nachlass nur noch ein Grundstück befindet. Daher stellt die Absicherung der Zug-um-Zug-Leistung bei entgeltlichen Erbteilsübertragungen den Gestalter vor besondere Herausforderungen:

241

Ratsam ist, dass

242

- zur Sicherung beider Beteiligter die dingliche Abtretung des Erbteils nach § 2033 Abs. 1 BGB durch die Entrichtung des Kaufpreises bedingt sein sollte:

---

500 Sodass Testamentsvollstreckung insoweit denkbar ist, vgl. Gutachten, DNotI-Report 2011, 10; OLG München, MittBayNot 2010, 144, m. Anm. *Tersteegen.*
501 Vgl. *Muscheler*, RNotZ 2009, 65, 66.
502 BGH, DNotZ 1971, 37.

Handelt es sich um eine aufschiebende Bedingung (nämlich der Kaufpreiszahlung),[503] kann die auf § 161 BGB beruhende Verfügungsbeschränkung in Abteilung II des Grundbuchs zugunsten des Erwerbers eingetragen werden; sie verhindert auch Verfügungen über einzelne Nachlassgegenstände durch die Gemeinschaft der Miterben.[504] Handelt es sich (wie i.d.R. bei Erbteilserwerb durch einen Dritten) um eine auflösende Bedingung (des Rücktritts wegen Nichtzahlung), ist mit Berichtigung des Grundbuches auf den Erwerber wegen § 892 Abs. 1 Satz 2 BGB die für den Fall des Eintritts der auflösenden Bedingung eintretende rückwirkende (§ 158 Abs. 2, letzter Halbs. BGB) Verfügungsbeschränkung zugunsten des Veräußerers einzutragen (zur Vermeidung des gem. § 161 Abs. 3 BGB möglichen gutgläubigen Zwischenerwerbs Dritter). Diese darf erst mit Zahlung des Kaufpreises gelöscht werden (durch Vollmacht an den Notar, die Löschung dann zu bewilligen, oder Bewilligung in der Urkunde mit der Anweisung an den Notar, vollständige Ausfertigungen/beglaubigte Abschriften erst nach Kaufpreiszahlung zu erteilen).

243 • Weiterhin sollte zur Sicherung des Erwerbers, sobald der Erbteil dinglich (sei es auch auflösend bedingt) übergegangen ist, bis zur Berichtigung des Grundbuches (die z.B. wegen Fehlens der grunderwerbsteuerlichen Unbedenklichkeitsbescheinigung[505] noch aussteht) ein **Widerspruch eingetragen** werden. Dieser zerstört den öffentlichen Glauben des Grundbuches daran, dass bei Verfügungen über Nachlassgegenstände der Veräußerer noch mitberechtigt sei. Der Widerspruch ist mit Berichtigung des Grundbuches zu löschen, sofern keine Zwischeneintragungen ohne Zustimmung des Erwerbers stattgefunden haben.

244 Die schuldrechtliche Abwicklung (**Kaufpreiszahlung**) erfolgt zur Absicherung beider Beteiligter dergestalt, dass der Erbteilserwerber zur Zahlung verpflichtet ist, sobald (bei auflösend bedingtem Sofortübergang) der Widerspruch im Grundbuch eingetragen ist und ggf. bestehende **Miterbenvorkaufsrechte** nicht ausgeübt wurden (bei der Variante der auflösend bedingten Sofortabtretung ist dieses Miterbenvorkaufsrecht abweichend von § 464 Abs. 1 Satz 1 BGB dem Erwerber ggü. auszuüben, § 2035 Abs. 1 BGB), sodass das sonst bestehende Risiko der Verheimlichung einer dem Verkäufer zugegangenen Ausübungserklärung ausscheidet. Erfolgt die Berichtigung des Grundbuches aufgrund der sofort (auflösend bedingt) erklärten dinglichen Erbteilsübertragung bereits vor der Entrichtung des Kaufpreises, wird zur Sicherung des Verkäufers die oben erwähnte Verfügungsbeschränkung in Abteilung II des Grundbuches eingetragen und mit Bestätigung des Geldeingangs gelöscht.

Muster einer Erbteilsschenkung findet sich im Materialteil, Rdn. 5381.

---

503 Diese mag beim Erwerb des Erbteils des einzigen anderen Miterben vorzuziehen sein: Bei sofortigem Rechtsübergang wäre die Erbengemeinschaft durch Alleineigentumserwerb beendet, und es ist nicht gesichert, dass sie bei Eintritt einer auflösenden Bedingung wieder (gem. § 158 Abs. 2, letzter Halbs. BGB rückwirkend) entstehen würde. Es muss aber dann bestimmt sein, dass die aufschiebende Bedingung dem Grundbuchamt ggü. ferner als eingetreten gilt, sobald der Notar die eigentliche Grundbuchberichtigung beantragt; im Innenverhältnis ist er angewiesen, dies erst nach Zahlungsnachweis vorzunehmen (vgl. *Heinze*, RNotZ 2010, 281, 307).

504 BayObLG, MittBayNot 1994, 223; *Mauch*, BWNotZ 1993, 140 (§ 892 Abs. 1 Satz 2 BGB gilt nach h.M. analog für absolute Verfügungsverbote zur Vermeidung gutgläubigen Erwerbs).

505 Diese ist erforderlich, vgl. OLG Celle, 19.05.2011 – 4 W 56/11, JurionRS 2011, 16687.

c) Abschichtung

Anstelle einer Einzelrechtsübertragung des Erbanteils kann die persönliche Teilerbauseinandersetzung auch durch Aufgabe der Mitgliedschaftsrechte an der Erbengemeinschaft erfolgen, sodass die bisherige wirtschaftliche Beteiligung des Ausscheidenden den übrigen Miterben kraft Gesetzes im Verhältnis ihrer bisherigen Beteiligungen anwächst. Der BGH hat diese sog. Abschichtung[506] in Analogie zum Gesamthandsmodell der GbR (§ 738 BGB) als dritten Weg der Erbauseinandersetzung anerkannt. Die dingliche Rechtsänderung an den Nachlassgegenständen tritt eo ipso ein; scheidet der „vorletzte" Miterbe aus, wachsen alle Nachlassgegenstände dem Verbleibenden an. Befinden sich im Nachlass Grundstücke, bedarf es also lediglich einer Grundbuchberichtigung (§ 894 BGB).

245

Die Abschichtung ist nach Ansicht des BGH formfrei, da der Schutzzweck der §§ 2033 Abs. 1 Satz 2, 2371 BGB nicht zutreffe; dem ist die herrschende Literatur entgegengetreten.[507] An das Vorliegen eines Rechtsbindungswillens sind jedenfalls erhöhte Anforderungen zu stellen.[508] Befinden sich im Nachlass Grundstücke, bedarf es jedenfalls der unterschriftsbeglaubigten Berichtigungsbewilligungen (§§ 22, 29 GBO) aller Miterben samt schlüssiger Darlegung des Sachverhalts, sodass auch der (i. Ü. privatschriftliche) Abschichtungsvertrag vorzulegen ist.

246

Erfolgt die Abschichtung – wie regelmäßig – gegen Entgelt, sollte zur **Absicherung** der Zug-um-Zug-Leistung der dingliche Anteilsverzicht des Ausscheidenden aufschiebend bedingt auf die Erbringung dieser Gegenleistung erklärt werden. Zum Nachweis des Bedingungseintritts ggü. dem Grundbuchamt eignet sich die notarielle Eigenurkunde, zu deren Fertigung der Notar nach Eingang der Zahlungsbestätigung ermächtigt wird. Die Haftung für Nachlassverbindlichkeiten wird durch den Ausscheidensakt nicht beendet; hierzu bedürfte es (wie bei der GbR) der „Entlassung" durch den Gläubiger. Daher wird regelmäßig der dingliche Anteilsverzicht weiterhin aufschiebend bedingt auf die Genehmigung der (dann befreienden) Schuldübernahme durch den Gläubiger erklärt.

247

Unklar ist, ob nach Ansicht des BGH nicht nur die Formbestimmungen, sondern auch die schuldrechtlichen Regelungen des Erbschaftskaufs nichtauf die Abschichtung Anwendung finden. Vorsichtshalber empfiehlt sich die vertragliche Ausgestaltung, üblicherweise im Sinn eines Ausschlusses der Sachmängelrechte, bei weitgehender Aufrechterhaltung der Rechtsmängelansprüche. Auch empfiehlt sich vorsichtshalber die Anzeige beim Nachlassgericht analog § 2384 BGB.

248

Zur ertragsteuerlichen Wertung s. Rdn. 4662.

Muster einer Abschichtung gegen Abfindung (mit Vollzugsunterstützung durch den unterschriftsbeglaubigenden Notar) findet sich in Kap. 14, Rdn. 5384.

---

506 In den Urteilen v. 21.01.1998, DNotZ 1999, 60, sowie v. 27.10.2004, ZEV 2005, 22.
507 *Keller*, ZEV 1998, 281, 283 ff.; *Keim*, RNotZ 2003, 375, 386, *Spanke*, Das Ausscheiden einzelner Miterben aus der Erbengemeinschaft durch Abschichtung, S. 50 ff.: zumindest analoge Anwendung als Schutz vor Übereilung.
508 OLG Rostock, 26.02.2009 – 3 U 212/08, ZEV 2009, 464.

3. Gesetzliche Verfahren

a) Vermittlungsverfahren

249 Die freiwillige Gerichtsbarkeit kennt ferner in §§ 363 bis 372 FamFG (vor dem 01.09.2009: §§ 86 bis 98 FGG) ein **nachlassgerichtliches Vermittlungsverfahren**, überwiegend in der Hand des Rechtspflegers (§ 3 Nr. 2 lit.c) RPflG);[509] landesrechtlich (wie etwa in Bayern)[510] kann daneben oder anstelle dessen der Notar zuständig sein. Das Gericht bzw. der Notar beurkundet einzelne Miterbenvereinbarungen, etwa über die Art der Teilung (§ 366 Abs. 1 FamFG), und fertigt den Auseinandersetzungsplan (§ 368 Abs. 1 Satz 1 FamFG), der jedoch erst mit allseitiger Zustimmung zustande kommt.[511]

250 Einziges „Sanktionsmittel" ist die Möglichkeit der Fristsetzung mit anschließender Präklusion (säumige Miterben werden also gem. §§ 366 Abs. 3, 368 Abs. 2 FamFG so behandelt, als hätten sie zugestimmt). Zur Verhinderung einer Einigung bedarf es demnach aktiver Opposition. Liegt allseitiges Einverständnis vor bzw. wird es durch Präklusion vermutet, bestätigt das Gericht durch Beschluss den beurkundeten Auseinandersetzungsplan (§ 368 Abs. 1 Satz 2 und 3 FamFG), aus dem nach Rechtskraft die Zwangsvollstreckung stattfinden kann (§ 371 Abs. 2 FamFG). Bisher führt dieses Verfahren freilich ein Schattendasein.

b) Auseinandersetzungsklage

251 Scheitert die vertragliche – hilfsweise eine durch das Nachlassgericht vermittelte – Erbauseinandersetzung, hat der die Erbauseinandersetzung begehrende Miterbe einen vollständigen Auseinandersetzungsplan vorzulegen, der den gesetzlichen Bestimmungen des § 2042 Abs. 2 i.V.m. §§ 752 bis 756, 2046 bis 2057a BGB zu entsprechen hat. Demnach ist an sich jeder Nachlassgegenstand zu teilen bzw., wo dies der Natur nach nicht möglich ist, zu veräußern zur Verteilung des Erlöses; bei Immobilien kommt eine Teilungsversteigerung nach §§ 180ff. ZVG in Betracht. Hat der Erblasser dies bestimmt (§ 1066 ZPO), kann auch ein Schiedsgericht zuständig sein.

252 Abweichungen von den gesetzlichen Teilungsnormen sind nur begrenzt möglich, etwa bei der Veräußerung von Mobiliarvermögen gem. § 1246 Abs. 2 BGB i.V.m. § 410 Nr. 4 FamFG durch Bestimmung einer abweichenden Verkaufsart im Weg eines gerichtlichen Beschlusses (etwa freihändiger Verkauf oder Versteigerung durch den Notar und in einem begrenzten Teilnehmerkreis, z.B. nur unter den Miterben). Die bei einer „Zwangsversilberung" durch Versteigerung eintretende Wertevernichtung übt einen hohen Einigungsdruck auf die Miterben aus und schien dem Gesetzgeber des BGB deshalb vertretbar, weil jeder Miterbe die Möglichkeit habe, zur Teilung anstehende Nachlassgegenstände selbst zu erwerben und den Kaufpreis aus dem ihm Zufallenden zu zahlen.[512] In der Praxis nutzt freilich ein einzelner, oft nur zu geringer Quote beteiligter Miterbe die Drohung mit der Auseinandersetzungsklage, um die Miterben zu seiner Lösung zu nötigen.

---

509 Dem Richter vorbehalten ist lediglich die Genehmigung gem. § 368 Abs. 3 FamFG.
510 Art. 38 BayAGBGB, ebenso Art. 22ff. HessFGG, Art. 14ff. NdsFGG, Art. 21ff. PrFGG.
511 Zum gerichtlichen Teilungsverfahren vgl. *J. Mayer*, Rpfleger 2011, 245ff.
512 Motive V, S. 695.

c) Gerichtliche Zuweisung

Nur in wenigen Fällen kennt das Gesetz die Möglichkeit einer **gerichtlichen Zuweisung**, um die Zerschlagung wirtschaftlich sinnvoller Einheiten zu vermeiden, so etwa bei landwirtschaftlichen Betrieben gem. §§ 13 bis 17, 33 GrdstVG.

253

Im Anschluss an französische Vorbilder[513] wird **de lege ferenda** eine in stärkerem Maße gestaltende richterliche Zuweisung von Gegenständen gefordert.[514] Möglicherweise wird künftig auch die Mediation insoweit eine stärkere Rolle spielen,[515] etwa nach dem Adjusted Winner-Verfahren, in dem vorab jeder Mediationsteilnehmer durch Vergabe von „Punkten" aus seinem Gesamtkonto zu erkennen gibt, wie wichtig ihm persönlich ein bestimmter Gegenstand ist, oder nach dem Prinzip „der eine teilt, der andere wählt".

254

---

513 Reform zum 01.01.2007: Anstelle der Teilung in natura findet eine wertmäßige Teilung statt, bei der wirtschaftliche Einheiten nicht zerschlagen werden sollen; auf Antrag kann das Gericht Ehewohnung, Betrieb und freiberufliche Einheiten zuteilen; i.Ü. werden Teile, die aus dem Nachlass gem. Art. 826 Abs. 3 CC gebildet werden, durch einen vom Gericht beauftragten Notar verlost. Restbeträge werden in Geld ausgeglichen.
514 Vgl. etwa *Eberl-Borges*, ZErb 2010, 255 ff.
515 Vgl. *Brandt*, ZEV 2010, 133 ff.; *Eberl-Borges*, ZErb 2010, 255, 257 ff.

F. Besonderheiten bei der Unternehmensnachfolge

I. Allgemeines

255 Nach Untersuchung des **Instituts für Mittelstandsforschung** Bonn[516] stehen Jahr für Jahr in Deutschland ca. 22.000 Familienunternehmen mit ca. 290.000 Beschäftigten vor der Lösung der Nachfolgefrage; in den nächsten 5 Jahren ist 1/4 der Familienunternehmen von diesem Eigentümerwechsel betroffen. 95 % aller Unternehmen in Deutschland sind familienbeherrscht; sie beschäftigen 57 % aller sozialversicherungspflichtigen Beschäftigten. Die 500 größten deutschen Familienunternehmen haben zwischen 2003 und 2005 300.000 neue Stellen geschaffen, davon 200.000 in Deutschland.[517] Etwa 2/3 aller Unternehmensübergaben erfolgen planmäßig, ca. 25 % gehen jedoch auf unvorhersehbare externe Ereignisse zurück, z.B. Unfall, Erkrankung des Unternehmers, finanzielle Notlage. Ca. 8 % (mit steigender Tendenz) aller Übergabeanlässe beruhen auf persönlichen Entscheidungen des Unternehmers (z.B. Wunsch nach Veränderung, Ehestreitigkeiten). Untersuchungen einer Expertengruppe der Europäischen Kommission aus dem Jahr 2002 ergeben ähnliche Zahlen im europäischen Rahmen.[518]

256 Statistisch[519] haben im Jahr 2005 die Beteiligten in 43,8 % der Fälle eine familieninterne Übergabegestaltung gewählt, 10,2 % den Verkauf an Mitarbeiter („management buy-out", **MBO**) durchgeführt, 16,5 % den Verkauf an externe Management-Teams favorisiert (sog. „mangagement buy-in", **MBI**), 21,1 % den Verkauf an andere Unternehmen, Finanzinvestoren etc. (sog. **„Industrieverkauf"**) herbeigeführt und in den verbleibenden 8,3 % das Unternehmen stillgelegt oder auf Stiftungen übertragen. Den Schwerpunkt bildet also auch hier die vorweggenommene Erbfolge in fast der Hälfte der Fälle (hinsichtlich der betroffenen Mitarbeiter sogar mehrheitlich: rund 351.000 von gesamt 678.000). Angestrebt wird stattdessen in 70 % aller Fälle eine familieninterne Lösung, in ca. 20 % ein Verkauf an Konkurrenten oder an Mitarbeiter und in immerhin bereits 13 % ein Verkauf an Private-Equity-Investoren.[520] In Betracht ziehen mittelständische Unternehmer allerdings in zunehmendem Maße den Verkauf des Unternehmens, immerhin können sich 28 % der Befragten[521] eine Veräußerung an europäische Bieter, 25 % an lokale Bieter, 16 % an außereuropäische Bieter und 11 % an Finanzinvestoren vorstellen. Online-Börsen erleichtern die Käufer- bzw. die Objektsuche.[522]

---

516 Statistik zur Unternehmensnachfolge www.ifm-bonn.org; vgl. auch *Gesmann-Nuissl*, BB-Spezial, Heft 6 2006, S. 2 ff.
517 In derselben Zeit haben die DAX-Konzerne ihre Belegschaft um 3 % reduziert.
518 Vgl. Abschlussbericht der Sachverständigengruppe zur Übertragung von kleinen und mittleren Unternehmen der Europäischen Kommission, Generaldirektion Unternehmen (2002), S. 7 ff.
519 Vgl. hierzu *Pöllath*, Unternehmensfortführung durch Nachfolge oder Verkauf, 2007; www.pplaw.com.
520 Studie von PriceWaterhouseCoopers, vgl. PriceWaterhouseCoopers (verantwortlicher Herausgeber: *Winkeljohann*), Familienunternehmen 2008, www.pwc.de. 89 % der Befragten wünschen sich eine einfachere Steuergesetzgebung, 79 % eine engere Zusammenarbeit mit Hochschulen.
521 Befragung durch die Mannheimer Unternehmensberatung IMAP M&A Consultants AG 2008, vgl. GmbHR 2008, R 267.
522 So etwa ab Januar 2011 die „Deutsche Unternehmerbörse – DUB" sowie seit 2004 der „Entrepreneurs Club" (www.entrepreneursclub.eu).

Gerade mittelständische Familienunternehmen – das Rückgrat der deutschen Wirtschaft[523] – stehen vor der Herausforderung des Nachfolgeproblems. Die Sensibilisierung der betroffenen Unternehmer nimmt zu.[524] Zwischen 2006 und 2010 sind ca. 30 % aller Betriebe übergegangen, in etwa der Hälfte[525] der Fälle auf Familienmitglieder – sei es, dass hinsichtlich der verbleibenden Hälfte keine geeigneten Unternehmenspersönlichkeiten zur Verfügung stehen, diese den hohen zeitlichen und finanziellen Einsatz einer Unternehmensfortführung scheuen oder ihnen (insb. im Bereich Hotel- und Gaststättengewerbe sowie im Einzelhandel) die Ertragslage ungenügend erscheint.

257

Trotz der objektiven Notwendigkeit, sich frühzeitig mit der Nachfolgeplanung zu beschäftigen, verdrängen viele Betroffene eine geordnete Planung aus emotionalen Gründen oder weil sie geschäftliche Nachteile bei Kunden befürchten, wenn Ruhestandswünsche ruchbar werden.[526] Hinzu kommen undurchschaubare gesetzliche und steuerrechtliche Vorschriften.

II. Interessenlage

Die grundlegenden Regelungsziele[527] der Vermögensnachfolgeplanung bei Betrieben, insb. mittelständischen Familienunternehmen, ähneln denen der Übertragung von Privatvermögen. Zu erreichen ist

258

- ein **optimaler Vermögenserhalt**
- bei **bestmöglicher Versorgung der Familie des Übergebers** (einschließlich der Freistellung aus übernommenen Bürgschaften und sonstigen Haftungsrisiken)
- unter gleichzeitiger **Absicherung des Erwerbers** durch möglichst geringe finanziellen Belastungen (Reduzierung von Schenkung- bzw. Erbschaftsteuer und/oder Abfindungs- bzw. Pflichtteilszahlungen).

Für den Veräußerer spielt gerade bei eigentümerdominierten Unternehmen weiterhin die **Wahrung des Familiencharakters** eine Rolle. Dieser kann gefährdet sein durch die Veräußerung des Betriebs oder von Mitunternehmeranteilen an Außenstehende – bspw. auch im Rahmen einer private equity Beteiligung –, die Gefahr einer „Verschleppung" der Familienhabe an Schwiegerkinder bzw. an eine „neue Familie" aus Anlass von Ehescheidungen oder als Folge des Ehegattenerbrechts[528] oder durch mangelnde testamentarische Vorsorge mit der Folge einer Zersplitterung der Anteile.

259

---

523 Die ca. 3,4 Mio. mittelständischen Unternehmen beschäftigen ca. 70 % aller Arbeitnehmer (sogar 80 % aller Auszubildenden). Auf sie entfallen nach Ermittlung des IfM (Instituts für Mittelstandsforschung Bonn) 57 % der Bruttowertschöpfung und 75 % aller Patente.
524 Als Gründe für die Befassung mit der Übergabefrage wurden genannt (Markt und Mittelstand, Heft 6/2007, S. 34): Selbstbefassung 9 %, gescheiterte Fälle im Bekanntenkreis 10 %, Sicherung des Ruhestandes 18 %, Druck der Banken (Basel II) 24 %, härterer Wettbewerb 31 %, Thematisierung in den Medien 65 %.
525 Bei geringen Umsätzen (bis 250.000,00 €/Jahr) ca. 40 %, bei Umsätzen von 2,5 bis 12,5 Mio. €/Jahr ca. 70 %.
526 Vgl. die Schilderung der Unternehmensnachfolge bei „Haribo" (Familie Riegel) durch *Astheimer*, FAZ v. 24.06.2006, S. 65.
527 Vgl. die Übersichtsdarstellung samt Checklisten bei Birkner, Nachfolgeratgeber Familienunternehmen, 2009.
528 Vgl. *Strätz*, FamRZ 1998, 1558.

260 In psychologisch-unternehmerischer Hinsicht ist schließlich unabdingbare Voraussetzung, die **Management- und Betriebsführungsqualitäten** der vorgesehenen **Nachfolger** rechtzeitig und realistisch einzuschätzen.[529] Ist derzeit kein „geeigneter" und „fortführungswilliger" Angehöriger vorhanden, besteht aber noch Aussicht, dass ein solcher sich finden wird, kann der Ehegatte als zwischenzeitlicher Unternehmensträger eine Brückenfunktion übernehmen (bei der letztwilligen Alternative des Unternehmertestaments wird dann dem Ehegatten oder einem Dritten gem. § 2151 Abs. 2 BGB die Auswahl des Vermächtnisnehmers bzw. gem. § 2048 Satz 2 BGB die Durchführung der Teilungsanordnung überantwortet). Besteht keine Chance auf eine familieninterne Nachfolge, empfiehlt sich (ggf. nach Umwandlung in eine dafür geeignete Gesellschaftsform, also die GmbH & Co. KG oder eine Kapitalgesellschaft) die Installation einer **Fremdgeschäftsführung**.[530] Gibt der Veräußerer bei Vorhandensein eines zwar willigen, aber ungeeigneten Nachfolgers jedoch nach und überträgt das Unternehmen an ein Familienmitglied, das sich nur durch die Gnade der Geburt, nicht durch Leistung und Fähigkeit legitimiert, ist der Keim für den Betriebskollaps gelegt („Buddenbrook-Schicksal").

261 Ist dagegen ein geeigneter und bereiter Nachfolger vorhanden, sind ihm – v.a. im Hinblick auf weichende Geschwister – rechtzeitig die Wege zu ebnen. Hierzu zählt auch die Bildung ausreichenden Privatvermögens durch genügende Entnahmen, um die Abfindung weichender Geschwister zu ermöglichen und den eigenen Lebensabend aus den Einnahmen des Privatvermögens zu finanzieren. Dadurch wird das Betriebsvermögen entlastet. Gefährlich wäre es, ungeeignete Geschwister durch eine Beschäftigungsgarantie im Unternehmen absichern zu wollen, oder gar deren ggf. gezeigtem Drängen nachzugeben und den Betrieb an alle Kinder gemeinsam zu übertragen. Auch Großbetriebe sind durch Diadochenkämpfe zerrieben worden (vgl. Bahlsen, Villeroy & Boch, Underberg, Herlitz etc.). Nicht aktive Familienmitglieder sollten auch nicht für Überwachungsaufgaben (Aufsichtsrat) eingesetzt werden, denen sie nicht gewachsen sind bzw. die sie für bloße Machtproben missbrauchen könnten.

262 Häufig hilft eine **vorgeschaltete „Probezeit"** durch verantwortungsvolle Tätigkeit in einem Fremdunternehmen – der Übergeber befürchtet allerdings, dass der Nachfolger sich dort abwerben lassen könnte – oder durch Übernahme eines Betriebsteils im elterlichen Unternehmen als „Profitcenter" für einige Jahre. Wichtig ist auch die **Wahl des „rechten Zeitpunktes"** („Prinz-Charles-Syndrom"). Die Gründer- und Aufbaugeneration gibt das Ruder oft erst aus der Hand, wenn äußere Umstände (Krankheit) dazu zwingen, kaschiert mit dem Argument, der Nachfolger müsse erst in seine Aufgabe „hineinwachsen". Im Zuge der Übergabe selbst kommt es sodann häufig zu einem Generationenkonflikt, in welchem die Erfahrung des Seniors und die technologischen Fertigkeit des Juniors (EDV!) nicht zusammenwirken, sondern zur Bloßstellung des anderen genutzt werden. Die versteckte Führung des Unternehmens vom Rücksitz aus („back seat driving") mithilfe installierter „alter Gefährten" vereitelt die Chance des Nachfolgers, zur eigenen Unternehmerpersönlichkeit zu werden (z.B. Modeunternehmen Steilmann).[531]

---

[529] Selten bringt jede Generation Unternehmerpersönlichkeiten hervor mit dem Willen und der Fähigkeit, Überdurchschnittliches zu leisten: „Der Vater erstellt's, der Sohn erhält's, beim Enkel verfällt's".

[530] Nach Ermittlungen von PriceWaterhouseCoopers müssen mittlerweile bei 3/4 aller Familienunternehmen bei der Besetzung von Führungspositionen Familienmitglieder mit externen Bewerbern konkurrieren.

[531] Nachdem die Tochter Britta durch den Vater zweimal aus der Geschäftsführung „vergrault" wurde, verkaufte die weitere Tochter Ute das Unternehmen 2005 an den italienischen Konkurrenten Miro Radici.

Stehen schließlich mehrere „Prätendenten" bereit, ist oft die **Realteilung des Betriebs** eine sinnvolle Lösung, andernfalls sind **Maßnahmen zur Konfliktbereinigung** und -lösung unabdingbar (z.B. **Beirat**[532] – Rdn. 2329 – mit mehr als nur beratender, vielmehr streitschlichtender oder gar schiedsrichterlicher Funktion bei Patt-Situationen, Schiedsgerichtsklauseln, begrenztes fortdauerndes Mitsprache- oder Vetorecht des Veräußerers). 263

> **Hinweis:**
> Nur eine umfassende betriebswirtschaftliche, finanzielle, steuerliche, juristische und psychologische Analyse gewährleistet damit den idealen Betriebsübergang.

Fehlt es an geeigneten und bereiten Nachfolgern, verbleibt die Alternative des **Unternehmensverkaufs** (v.a. wenn gem. § 34 Abs. 3 EStG wegen Überschreitens des 55. Lebensjahres oder Erwerbsunfähigkeit zum halben Steuersatz möglich, vgl. Rdn. 4515 ff.). Sie bietet häufig den Vorteil, dass aus dem Verkaufserlös zumindest die bestehenden Verbindlichkeiten (und damit die persönliche Haftung des Verkäufers hierfür) zurückgeführt werden können, wenn auch damit nicht die Altersversorgung auf Dauer gesichert sein mag. 264

Finanzierungshilfen wie das „Startgeld",[533] Mikro-Darlehen,[534] das Fremdkapitalprogramm der KfW,[535] und Mezzanine Finanzierungen[536] erleichtern die Übernahme durch den (auch familieninternen) Erwerber als Existenzgründer. Daneben treten – bei Gründungen aus der Arbeitslosigkeit – Förderungsmöglichkeiten i.R.d. ALG I (Gründungszuschuss)[537] und des ALG II (Einstiegsgeld).[538] 265

---

[532] Zu Beiräten in Familienunternehmen und den Grenzen der Aufgabenübertragung (Kernbereichslehre und Abspaltungsverbot, bei der Personengesellschaft auch Selbstorganschaft) vgl. *Groß*, ErbStB 2010, 216 ff. (Implementierung) und ErbStB 2010, 252 ff. (Beiratsverfassung), mit Formulierungsvorschlägen, sowie *Werner*, ZEV 2010, 619 ff.

[533] KfW-Mittelstandsbank, max. 50.000,00 €, 10 Jahre Laufzeit, davon 2 tilgungsfrei. Die KfW gewährt der Hausbank eine 80 %ige Freistellung.

[534] Max. 25.000,00 €, insgesamt 20 staatlich geförderte Programme, vgl. *Tödtmann/Achtruth*, NWB 2011, 142.

[535] Unternehmerkredit mit einer Laufzeit von max. 20 Jahren, davon bis zu 3 Jahre tilgungsfrei; zur Finanzierung des Kaufpreises samt Warenlager, anstehender Investitionen und (Betriebsmittelvariante) auch laufender Aufwendungen. Höchstbetrag 10 Mio. €; Zinskonditionen je nach Risiko und Sicherheiten des Unternehmers.

[536] ERP-Kapital bis zu 2 Jahre nach Geschäftsübernahme (Aufstockung vorhandener Eigenmittel von i.d.R. 15 % auf bis zu 40 % der Aufwendungen). Höchstbetrag 500.000,00 €; Laufzeit 15 Jahre (davon 7 Jahre tilgungsfrei). Näheres unter www.kfw-mittelstandsbank.de.

[537] §§ 57, 58 SGB III bei mindestens 90 Tage Restanspruch auf Alg I und positiver Stellungnahme einer fachkundigen Stelle: 9 Monate nach steuerfreier Zuschuss i.H.d. bisherigen individuellen Arbeitslosengeldes zuzüglich 300,00 € monatlicher Sozialversicherungspauschale, sodann weitere 6 Monate nach 300,00 € Sozialversicherungspauschale.

[538] §§ 16b, 16c SGB II: Regelförderung von 12 Monate (max. 24 Mon.) lang 50 % der ALG II – Regelleistung zuzüglich 10 % je weitere Person der Bedarfsgemeinschaft und zuzüglich 20 % bei längerer Arbeitslosigkeit bis max. 100 %; ferner bis zu 5.000,00 € Zuschüsse für die Beschaffung von Sachgütern gem. § 16c Abs. 2 SGB II.

III. Formen der Nachfolgeplanung

1. Unternehmensnachfolge von Todes wegen

266 Verantwortliche Nachfolgeplanung steuert zwar die lebzeitige Übertragung an und stellt hierfür rechtzeitig die Weichen (z.B. durch gegenständlich beschränkte Pflichtteilsverzichte, Vorab-Übertragung von Privatvermögen an weichende Geschwister mit Anrechnungsbestimmung gem. § 2315 BGB oder im Austausch gegen einen gegenständlich auf das Betriebsvermögen beschränkten Verzicht, Förderung der Ausbildung des Nachfolgeprätendenten), sieht aber zugleich – für den Fall dass diese gesteuerte, im Ganzen oder sukzessive sich vollziehende Überleitung in die nächste Generation nicht mehr selbst vollzogen werden kann, auch aufgrund „umgekehrter Versterbensreihenfolge" – eine **testamentarische Vorsorgelösung** vor.[539] Lediglich 1/3 aller Unternehmer soll derzeit ein Testament errichtet haben,[540] obwohl auch Banken (Basel II) und Investoren mittlerweile auf einer solchen Notfallplanung bestehen und der Governance Codex für Familienunternehmen[541] deren Bedeutung hervorhebt.

267 **Laienhaft errichtete Testamente** stiften oft mehr Streit als Rechtsfrieden[542] und laden zu Gerichtsprozessen ein mit hohen emotionalen und materiellen[543] Kosten. Doch selbst wenn sie bei ihrer Errichtung eine angemessene Lösung enthielten, sollten sie einer regelmäßigen Überprüfung zugänglich sein und unterzogen werden, sodass Bindungswirkungen wie etwa beim gemeinschaftlichen Testament und beim Erbvertrag (§§ 2265 ff. BGB, insb. Wechselbezüglichkeit gem. § 2269 BGB; §§ 2274 ff. BGB) zu vermeiden oder durch einseitige Abänderungsbefugnisse zu beseitigen sind. Auch enge „dingliche" Bindungen des Unternehmensnachfolgers, wie etwa die Beschränkung durch einen Nacherben, sind nicht empfehlenswert,[544] sodass eher mit Vor- und Nachvermächtnis gearbeitet werden sollte (§ 2191 BGB: lediglich schuldrechtlicher Anspruch auf Übertragung, durch Schadensersatzverpflichtung gesichert).

268 Einige **taugliche Grundmodelle erbrechtlicher Nachfolgeregelungen für Unternehmer** (mit allerdings deutlich abweichenden ertragsteuerlichen Konsequenzen, vgl. Rn. 4246) werden nachfolgend (Rn. 228 ff.) vorgestellt. Typologisch lässt sich differenzieren

- zwischen Sachverhalten, in denen die vorsorgende Unternehmensgestaltung im Vordergrund steht (bei Fehlen geeigneter Nachfolger: Umstrukturierung eines Einzelunternehmens in eine GmbH & Co KG)

---

539 Vgl. z.B. im Überblick *von Hoyenberg*, RNotZ 2007, 377 ff.; *Werner*, NWB 2011, 213 ff.; monografisch *Sudhoff*, Unternehmensnachfolge und *Semrau*, Das Unternehmertestament.
540 Vgl. *Klein-Benkers*, ZEV 2001, 329; statistische Informationen auch bei www.ifm-bonn.de, www.nexxt.org.
541 Vgl. www.kodex-fuer-familienunternehmen.de, dort Tz. 3.3 und Tz. 7, hierzu *Lange*, BB 2005, 2585.
542 Bekannt ist das Testament des Tchibo-Gründers Max Herz, wonach „zwei seiner befähigsten Jungen mind. 52% seiner Firma" erhalten sollen.
543 Grobkalkulation des Kostenrisikos bei einem Streitwert von 50.000,00 €: erste Instanz 7.600,00 €, Berufung 8.800,00 €, Revision 11.800,00 €, insgesamt also mit 28.200,00 € mehr als die Hälfte des Streitwerts! Bei 200.000,00 € beläuft sich die Summe aller drei Instanzen auf 57.000,00 €, bei einer Mio. € auf 151.000,00 €!
544 Selbst bei der befreiten Vorerbschaft werden z.B. Grundpfandrechtsbestellungen wegen des Schenkungsverbots (§ 2113 Abs. 2 BGB) nur mit Zustimmung des Nacherben möglich sein, da die „statthafte", vollentgeltliche Verwendung der Kreditmittel kaum rechtssicher belegt werden kann.

- und solchen, in denen zumindest ein beschränkter Kreis potentiell geeigneter Nachfolger besteht (Wahlvermächtnisse gem. Rn. 240 ff; Auswahlentscheidungen durch Testamentsvollstrecker)
- und schließlich solchen, in denen der Nachfolger feststeht, und die Abwägung der Versorgungs- und Abfindungsinteressen anderer Beteiligter im Vordergrund steht, wie etwa in der Regel bei Landwirten.

a) Alleinerben-Vermächtnisnehmer-Modell

Bei dieser in aller Regel empfohlenen[545] Gestaltung wird der Unternehmensnachfolger (bzw. Übernehmer der Gesellschaftsanteile)[546] zum Alleinerben benannt, zugunsten der übrigen Personen werden Vermächtnisse, möglichst aus dem Privatvermögen, ausgesetzt. Die **Vermeidung einer Erbengemeinschaft** erspart Konflikte. Eine Erbauseinandersetzung, die ESt auslösen könnte, findet nicht statt, und auch die Leistung der Vermächtnisse ist einkommensteuerlich neutral, soweit sie aus Privatvermögen erfolgt. Liquiditätsprobleme beim Erben treten, wenn keine Geldzahlungen aus dem betrieblichen Bereich angeordnet werden, nicht auf. Das ungewollte Auseinanderfallen von Sonderbetriebs- (= zivilrechtlichem Allein-)vermögen und zivilrechtlichem (Gesamthands-) Betriebsvermögen ist nicht möglich (eine solche Entnahme mit der Folge der Auflösung stiller Reserven im Betriebsgebäude tritt z.B. ein, wenn lediglich ein „Vermächtnis hinsichtlich der Gesellschaftsanteile" ausgesetzt wird, wovon das Sonderbetriebsvermögen zivilrechtlich nicht erfasst ist).

269

Besonders flexibel ist dabei eine Lösung, welche auch die Inhalte des Vermächtnisses zugunsten des aus dem Privatvermögen zu versorgenden Ehegatten dem „Unternehmensvollstrecker" (s. hierzu auch den Formulierungsvorschlag in Rdn. 314) überantwortet (§ 2156 BGB); im Regelfall wird (auch zur Erzielung möglicher Steuerfreiheit gem. § 13 Abs. 1 Nr. 4b ErbStG bei 10-jähriger Selbstnutzung) jedenfalls das Eigenheim davon erfasst sein. Je nach Ausgestaltung ist das Vermächtnis erbschaftsteuerlich sofort oder erst mit Erfüllung abzugsfähig, vgl. Rdn. 3567.

270

Formulierungsvorschlag: Unternehmertestament (Dauervollstreckung mit Zuordnungsbefugnis hinsichtlich Betriebs- und Privatvermögen)

271

> *(Anm.: im Anschluss an die Erbeinsetzung der Kinder:)*
>
> Wenn meine Ehefrau nicht (Ersatz-)Erbin wird, so erhält sie, sofern bei meinem Tod die Ehe nicht geschieden oder ihre Scheidung beantragt ist, zu ihrer Versorgung als Vermächtnis mein gesamtes Privatvermögen, also das Vermögen, das nicht zu dem derzeit unter der .....-GmbH betriebenen Unternehmen gehört, insbesondere das Familienheim. Den genauen Gegenstand des Vermächtnisses bestimmen nach § 2156 BGB die Testamentvollstrecker.
>
> Es ist mein Anliegen, den Fortbestand des derzeit in Form der genannten GmbH betriebenen Unternehmens – nachfolgend als Unternehmen bezeichnet – zu sichern, auch im Interesse der leitenden Mitarbeiter und der Arbeitnehmer. Deshalb ordne ich Testamentsvollstreckung an. Die Testamentvollstrecker haben alle gesetzlich möglichen Befugnisse und sind

---

545 *Ivens*, ZEV 2010, 462 ff.; *Spiegelberger*, Unternehmensnachfolge, § 2 Rn. 29.
546 Insb. bei der Kapitalgesellschaft, wo keine Sonderrechtsnachfolge möglich ist, vgl. *Ivens*, ZEV 2011, 177 ff.

insbesondere auch zur Dauervollstreckung befugt, bis der Fortbestand des Unternehmens gesichert ist. Sie sind auch zur Erfüllung der Vermächtnisse verpflichtet (Abwicklungsvollstreckung).

Zu Testamentvollstreckern ernenne ich Herrn Rechtsanwalt ..... und Herrn Steuerberater ....., und zwar zur gemeinsamen einvernehmlichen Amtsausübung. Jeder Testamentsvollstrecker kann einen Nachfolger benennen. (**Anm.**: *Es folgen Regelungen zur Vergütung etc.*)

Im Wege der Dauervollstreckung haben die Testamentvollstrecker die Aufgabe, den Fortbestand des Unternehmens zu sichern.

1. Dies geschieht in erster Linie dadurch, dass einer oder mehrere geeignete Abkömmlinge das Unternehmen übernehmen können. Sind diese Vorraussetzungen bei meinem Tod noch nicht gegeben, aber voraussehbar, so verwalten die Testamentvollstrecker das Unternehmen bis zu dem Zeitpunkt der Übergabe an einen oder mehrere Abkömmlinge.
2. Als Zweckvermächtnis und Vorausvermächtnis i.S.v. §§ 2156, 2150 BGB setze ich dem oder den zur Fortführung des Unternehmens geeigneten Erben das Unternehmen aus. Die Testamentvollstrecker bestimmen nach §§ 2151, 2153 BGB, wer von mehreren Erben geeignet ist und zu welchen Anteilen mehrere Vermächtnisnehmer zu welchem Zeitpunkt und unter welchen Bedingungen sie das Vermächtnis erhalten sollen.
3. Als Zweckvermächtnis und Vorausvermächtnis i.S.d. §§ 2156, 2150 BGB setze ich den Erben, die im Falle der Erfüllung des Vermächtnisses gemäß vorstehender Nr. 2. nicht am Unternehmen beteiligt werden, zu ihrer Versorgung geeignete stimmrechtslose Beteiligungen, Nutzungsrechte oder Rentenbezugsrechte zulasten des Unternehmens aus. Die Testamentvollstrecker bestimmen nach ihrem billigen Ermessen den Inhalt des Zweckvermächtnisses und nach §§ 2151, 2153 BGB die Personen und Anteile der Vermächtnisnehmer.
4. Ist keiner der Erben aus dem Kreis der Abkömmlinge zur Fortführung des Unternehmens geeignet oder wird kein geeigneter Abkömmling Erbe, so haben die Testamentvollstrecker den Fortbestand des Unternehmens durch dessen Veräußerung sicherzustellen. Hierbei haben sie die Vorstellungen und Wünsche der leitenden Angestellten des Unternehmens zu berücksichtigen.
5. In erster Linie ist anzustreben, das Unternehmen den Mitarbeitern zur Fortführung zu veräußern.
6. In zweiter Linie ist das Unternehmen an einen Käufer zu veräußern, der das Unternehmen in seinem Fortbestand erhalten wird.
7. Der Fortbestand des Unternehmens und der Erhalt der Arbeitsplätze hat auch dann Vorrang, wenn bei der Veräußerung an einen Käufer, der sich hierzu verpflichtet, ein geringerer Kaufpreis erzielt wird als bei der Veräußerung an einen Käufer, der das Unternehmen nicht erhalten wird.

272 Sollte das Privatvermögen zur Abfindung von Pflichtteilslasten nicht genügen, kann eine **Einräumung typisch stiller Beteiligungen oder einer dauernden Last** erwogen werden.[547] Diese Lösung ist der Aufnahme eines Darlehens zur Finanzierung von Ausgleichszahlungen an die

---

547 Zu beiden *Ivens*, ZEV 2010, 462, 463.

"weichenden Erben" überlegen, da Darlehenszinsen zur Erfüllung von Geldvermächtnissen nicht abzugsfähig wären, ebenso wie das Geldvermächtnis selbst nicht ertragsteuerlich berücksichtigt werden kann[548] (keine Analogie zu lebzeitigen Gleichstellungsgeldern, zu diesen vgl. Rdn. 4886).

Seltener ist die umgekehrte Zuwendung des (dann komplett zu erfassenden – Problemkreise: Sonderbetriebsvermögen und Betriebsaufspaltungen!) Betriebsvermögens durch Vermächtnis an den Unternehmensnachfolger (in der Form eines Vorausvermächtnisses, falls er zugleich an der weiter bestehenden Erbengemeinschaft beteiligt ist). Ertragsteuerlich wird die Auflösung stiller Reserven in den meisten Fällen auch hier vermieden (vgl. im Einzelnen Rdn. 4652 ff.); eine Gewinnrealisierung findet jedoch z.B. statt, sofern der Vermächtnisnehmer seinerseits mit Gegenleistungen beschwert ist.[549]

273

Wegen der besonderen Lasten und Verantwortung, die mit betrieblichem Vermögen verbunden sind, wird der Erbe typischerweise wertmäßig besser bedacht als die Vermächtnisnehmer. Die häufig anzutreffende Gleichsetzung von „Gleichheit" und „Gerechtigkeit" kann allenfalls, wenn überhaupt, für das Privatvermögen (und auch dort kaum für alle Objektarten, z.B. nicht für Immobilien im Vergleich zu Geldvermögen) Geltung beanspruchen.

274

Der Erbe kann die bei Vererbung eines einzelkaufmännischen Unternehmens eintretende unbeschränkte Haftung dadurch vermeiden, dass er das Handelsgeschäft unter einem anderen Namen fortführt[550] oder aber durch vollständige Einstellung des Geschäfts binnen 3 Monaten gem. § 27 Abs. 2 HGB. Mehrere Erben können sich über den Nachlass auseinandersetzen (zu den ertragsteuerlichen Folgen, also zur Möglichkeit der Buchwertfortführung und zur Geltendmachung von Finanzierungsaufwendungen vgl. Rdn. 4637 ff.) oder den Betrieb als Erbengemeinschaft weiterführen, sodass gem. § 31 Abs. 1 HGB die Miterben als Inhaber im Handelsregister einzutragen sind. Für Letztere gelten (wohl) die Vertretungs- und Geschäftsführungsregeln der OHG entsprechend.[551]

275

b) „Frankfurter Testament"

Das „Frankfurter Testament"[552] bietet immer dann einen relativ stabilen Lösungsansatz, wenn das Betriebsvermögen das Privatvermögen übersteigt. Es setzt allerdings eine (streitanfällige) Unternehmens- und Grundstücksbewertung voraus.

276

Formulierungsvorschlag: „Frankfurter Testament" zur Unternehmensnachfolge

277

> Ich setze meine beiden Kinder A und B zu Miterben im Verhältnis der Werte ein, welche die ihnen nachstehend durch Teilungsanordnung zugewiesenen Vermögensteile haben. Hierbei erhält mein Sohn A das Einzelunternehmen ......, meine Tochter B die zum Privatvermögen zählenden Gegenstände des beweglichen und unbeweglichen Vermögens. Der hierfür einge-

---

548 FG Nürnberg, 31.03.2010 – 3 K 1179/2007, ZErb 2010, 216.
549 Tz. 71 des BMF-Schreibens zur Erbauseinandersetzung, BStBl. 1993 I, S. 62.
550 H.M., vgl. Baumbach/Hopt, HGB, § 27 Rn. 3.
551 Str., vgl. *K. Schmidt*, NJW 1985, 2785, 2789.
552 Der Name stammt von *Felix*, KÖSDI 1990, 8265.

Kapitel 1: Grundtypus und Varianten – Das Schenkungsrecht des BGB und typische Fallgruppen

> setzte Testamentsvollstrecker ..... hat nach freiem Ermessen, orientiert an den Grundsätzen ordnungsgemäßer Unternehmens- und Grundstücksbewertung, das Betriebs- und das Privatvermögen zu bewerten.
>
> (*Anm.: ggf. weiter:*) Meine Tochter B erhält aus dem Anteil des Sohnes ein nicht anrechnungspflichtiges Vorausvermächtnis in Höhe eines .....Teils der Bewertungsdifferenz in bar, erfüllbar in drei gleichen Jahresraten und ab dem zweiten Jahr mit ..... % nachträglich zu verzinsen (*Alt.: eine typisch stille Beteiligung am Unternehmen zu folgenden Konditionen .....*)

278 Durch die „dynamische" Einsetzung nach Wertquoten und die prozentuale Berechnung des Vorausvermächtnisses ist eine Anpassung des Testaments nach dem Verhältnis der künftigen Vermögensentwicklung nicht erforderlich. Das bare Vorausvermächtnis führt zu nicht abziehbarem Zinsaufwand, sodass eine typisch stille Beteiligung vorzuziehen ist.

279 Zur Entlastung der nichtunternehmerischen Miterben sollte allerdings angeordnet sein, dass der Unternehmenserbe die anderen Miterben freizuhalten hat von Steuernachzahlungen, die auf das frühere Einzelunternehmen noch in der Hand des nachmaligen Erblassers, etwa aufgrund von Betriebsprüfungen für die davor liegende Zeit, entfallen. Diese würden sonst alle Erben treffen (anders bei der Gewerbe- und der Umsatzsteuer).

280 **Formulierungsvorschlag: Steuerausgleichsvermächtnis beim „Frankfurter Testament"**

> Diejenigen Miterben, welche die Privatvermögensteile erhalten, haben vermächtnisweise einen Anspruch gegen den Miterben, der das Unternehmen erhält, auf Erstattung derjenigen Steuernachzahlungen, die – etwa aufgrund einer Betriebsprüfung – aufgrund von Gewinnen und Vermögen des Einzelunternehmens während der Eigentumszeit des Erblassers nachzuzahlen sind.

281 Der unternehmerische Miterbe kann die Vergünstigungen der §§ 13a, 19a ErbStG in Anspruch nehmen. Der Erbschaftsteuerwert folgt der Steuerbilanz (mit Ausnahme von Immobilien und Kapitalgesellschaftsanteilen im Betriebsvermögen des Einzelunternehmens).

c) Wahlvermächtnis-Modell

282 Weiter sind Fälle denkbar, in denen der überlebende Ehegatte, ggf. für einen lediglich begrenzten Zeitraum (z.B. vorübergehende Betriebserlaubnis der Handwerkskammer bei Fehlen der Ausbildungsvoraussetzungen für einen Handwerksbetrieb zugunsten des Ehegatten!) – oder ein Testamentsvollstrecker (s. Rdn. 306) – das Unternehmen des Verstorbenen weiter führt und sodann, aus dem Kreis der Abkömmlinge, einen geeigneten Betriebsnachfolger aussucht, dem das Unternehmen gem. § 2151 Abs. 2 BGB (Bestimmungsvermächtnis)[553] gegen eine Versorgungsrente zu übertragen ist (auch bei einer Teilungsanordnung kann der Ehegatte oder ein sonstiger Dritter den Unternehmensnachfolger gem. § 2048 Abs. 2 BGB bestimmen; die unmittelbare Bestimmung eines Erben durch einen Dritten wäre jedoch gem. § 2065 Abs. 2 BGB unzulässig). Im Kern ist eine solche Gestaltung in der häufigsten Vermächtnisvariante etwa wie folgt zu formulieren:

---

553 Vgl. *Jünemann*, ZEV 2011, 163 ff.

Formulierungsvorschlag: Wahlvermächtnis gem. § 2151 BGB zur Bestimmung des Unternehmensnachfolgers 283

> Ich setze meine Ehefrau zur Alleinerbin ein. Meinen Handwerksbetrieb mit allen Aktiva und Passiva wende ich demjenigen meiner Abkömmlinge zu, der die Voraussetzungen der Eintragung in die Handwerksrolle erlangt. Meine Ehefrau bestimmt den Zeitpunkt der Nachfolge, also die Erfüllung des Vermächtnisses, und hat bei mehreren geeigneten Abkömmlingen gem. § 2151 BGB die Wahl, ob und ggf. welchem oder welchen Abkömmlingen sie den Betrieb zu welchen Quoten überträgt. Meiner Ehefrau steht es auch frei, den Betrieb zu veräußern, solange keiner meiner Abkömmlinge die entsprechende Befähigung erlangt hat. Sind handwerksrechtlich befähigte Abkömmlinge vorhanden, muss die Betriebsübertragung jedoch spätestens mit Vollendung des ..... Lebensjahres meiner Ehefrau erfolgen. Bis zur Übertragung, also der Erfüllung des Vermächtnisses, ist meine Ehefrau zur Unternehmensführung berechtigt sowie zur freien Verwendung der Erträge. Sollte die Fortführung des Betriebs handwerksrechtlich nicht ausreichend lange möglich sein, ist meine Ehefrau berechtigt, anstelle eines Verkaufs das Unternehmen in eine Kapitalgesellschaft einzubringen und einen handwerksrechtlich zugelassenen technischen Betriebsleiter anzustellen.
>
> Ab dem Zeitpunkt der Vermächtniserfüllung ist der Vermächtnisnehmer, also der Betriebsübernehmer, im Weg eines Untervermächtnisses damit belastet, zugunsten meiner Ehefrau eine Versorgungsrente i.H.v. monatlich ..... € auf deren Lebenszeit zu entrichten. Dieser Betrag, der nach den derzeitigen Verhältnissen bemessen ist, ändert sich bis zum Zeitpunkt der ersten Fälligkeit nach Maßgabe der Veränderung des Verbraucher-Preisindex in Deutschland auf der jeweils aktuellen Originalbasis im Vergleich zum derzeitigen Monat. Nach Entstehung der Versorgungsrente findet eine Anpassung jeweils statt, wenn weitere Veränderungen von 10 % nach oben oder unten stattgefunden haben.

Erbschaftsteuerlich[554] war bis 31.12.2008 die Zuweisung des Freibetrags gem. § 13a ErbStG empfehlenswert, um dessen Aufteilung zwischen Erben und Vermächtnisnehmern zu vermeiden; die Weiterübertragung des Betriebs aufgrund des schuldrechtlichen Vermächtnisanspruchs verstieß, auch wenn sie binnen 5 Jahren nach dem Tod erfolgte, nicht gegen die Behaltensregelung und war damit nicht steuerschädlich. Seit 2009 erfolgt bereits durch § 13b Abs. 3 ErbStG eine unmittelbare Allokation der Steuerprivilegien beim endgültigen Übernehmer (vgl. Rdn. 4185 ff.). Die im Weg des Untervermächtnisses ausgesetzte Versorgungsrente dürfte den Sonderausgabenabzug beim Unternehmenserwerber ermöglichen, sofern sie aus dem Ertrag des Betriebs aufgebracht werden kann (Rdn. 5000 ff.).[555] 284

Die Auswahlmöglichkeit gem. § 2151 BGB kann auch dritten Personen, etwa einem Testamentsvollstrecker, überantwortet werden, dem dann regelmäßig auch die Erfüllung des Vermächtnisses obliegt. 285

---

554 Zum Zeitpunkt der Abzugsfähigkeit beim Beschwerten vgl. unten Rdn. 290.
555 Dritter Rentenerlass des BMF, BStBl. 2004 II, S. 922, Tz. 40 f.; a.A. zuvor die strengere Rspr. des X. Senats des BFH, DB 1996, 1958, wonach der Sonderausgabenabzug bei einer testamentarisch angeordneten privaten Versorgungsrente nur gewährt werde, wenn die Rente anstelle des Erbteils gewährt wird, die Ehefrau also nicht Erbin des Restvermögens bliebe, vgl. *Schwenk*, DStR 2004, 1679, 1685.

d) Schlusserbenlösung mit Abänderungsvorbehalt

286 Soll der Unternehmensnachfolger erst für die Zeit nach dem Tod des längerlebenden Ehegatten, also als Schlusserbe, berufen werden, ist dringend anzuraten, diese Schlusserbeinsetzung von der erbvertraglichen Bindung bzw. der Wechselbezüglichkeit eines gemeinschaftlichen Testaments auszunehmen und dem Längerlebenden die Möglichkeit zu Reaktionen auf sich ändernde Verhältnisse zu geben. Ein solcher **Aufhebungs- und Änderungsvorbehalt** ist nach neuerer Rechtsprechung[556] selbst dann zulässig, wenn der Erbvertrag/das gemeinschaftliche Testament keine weitere vertragsmäßig bindende Verfügung enthält. Dann allerdings nur, wenn die Ausübung des Vorbehalts hinsichtlich dieser einzigen vertragsmäßigen Verfügung nur unter bestimmten Voraussetzungen möglich ist.[557] Auch der Umfang der eröffneten Änderungen muss genau bestimmt sein, bspw. zur Klärung, ob auch eine komplette Enterbung möglich ist.[558] So hat etwa das OLG München[559] einen Abänderungsvorbehalt hinsichtlich einer (der einzigen) an sich erbvertraglich bindenden Einsetzung des Sohnes für zulässig gehalten mit folgendem Wortlaut:

287 **Formulierungsvorschlag: Beschränkter Abänderungsvorbehalt hinsichtlich der Einsetzung eines Unternehmenserben**

> Die Mutter kann nach dem Ableben des Vaters den Sohn E, der vorstehend zum Schlusserben insbesondere des väterlichen Betriebs eingesetzt wurde, von jeglicher Erbfolge ganz oder teilweise ausschließen und über den freiwerdenden Anteil zugunsten eines oder mehrerer der gemeinschaftlichen ehelichen Abkömmlinge anderweitig verfügen, wenn Tatsachen ernste Zweifel an der Eignung des Sohnes E für die ordnungsgemäße Fortführung des Betriebs rechtfertigen. Zur Änderung berechtigt insbesondere alles, was zur Erbunwürdigkeit oder zum Pflichtteilsentzug führen kann, ferner verschwenderische Lebensführung, Arbeitsscheue, Interesselosigkeit am Betriebsgeschehen, Unterlassung einer dem Lebensalter angemessenen, der Unternehmensfortführung dienlichen Berufsausbildung, schwere körperliche Mängel, geistige Erkrankung, grober Leichtsinn in geschäftlichen Angelegenheiten, außerbetriebliche Verschuldung, Trunk- oder Rauschgiftsucht sowie schwere Straftaten.

288 Verwandt ist die bei Berliner Testamenten anzutreffende Gestaltung, dem länger lebenden Ehegatten Vermächtnisse unbestimmter Höhe, unbestimmten Inhalts und unbestimmter Fälligkeit zugunsten der Kinder des Erstversterbenden aufzuerlegen, auch um erbschaftsteuerliche Freibeträge zu nutzen und ihnen eine „Anerkennung" für die Nichtgeltendmachung des Pflichtteilsanspruchs zukommen zu lassen.[560]

---

556 OLG München, 10.10.2006 – 31 Wx 29/06, DNotZ 2007, 53.
557 Sog. Lehre vom spezifizierten Abänderungsvorbehalt, vgl. OLG München, 18.09.2008 – 31 Wx 8/08, MittBayNot 2009, 237, m. Anm. *Kornexl.*
558 Nach OLG Düsseldorf, 29.01.2007 – 3 Wx 256/06, FamRZ 2007, 769 berechtigt ein „Änderungsvorbehalt hinsichtlich anderweitiger Festlegung der Erbquoten" im Zweifel nicht zu einer vollständigen Enterbung; krit. hiergegen *Münch*, FamRZ 2007, 1145 f.
559 Im bereits zitierten Beschl. des OLG München, 10.10.2006 – 31 Wx 29/06, DNotZ 2007, 53.
560 *S.Schmidt*, BWNotZ 1998, 98; *Ebeling*, ZEV 2007, 87.

Formulierungsvorschlag: Sog. Super-Vermächtnis nach Gutdünken des Längerlebenden anstelle des Pflichtteils 289

> Der Erstversterbende wendet seinen Kindern als Anerkennung dafür, dass sie ihre Enterbung ohne Pflichtteilsverlangen hinnehmen, und zur zumindest teilweisen Ausnutzung der erbschaftsteuerlichen Freibeträge Vermächtnisse zu, wenn und sobald entstandene Pflichtteilsansprüche verjährt oder durch Erlassvertrag erloschen sind bzw. Gegenstand eines Pflichtteilsverzichtsvertrages waren. Der überlebende Ehegatte (Erbe) als Beschwerter hat die Befugnis, unter allen Kinden den oder die Bedachten gem. § 2151 BGB und unter den Ausgewählten zu bestimmen, was jeder gem. § 2153 BGB erhält. Der Beschwerte kann ferner gem. § 2156 BGB die Leistung nach billigem Ermessen bestimmen und ihre Fälligkeit nach freiem Belieben gem. § 2181 BGB festlegen. Der Beschwerte kann nach billigem Ermessen einzelne Gegenstände zuweisen, diese bewerten und Ausgleichs- bzw. Gleichstellungszahlungen festlegen. Die Berechtigten können eine einstweilige Sicherung ihres Vermächtnisses nicht verlangen. (**Anm.:** *ggf. Beschränkung: Jedes Kind muss jedoch mind. so viel erhalten, wie seinem Pflichtteil nach dem zuerst Verstorbenen wertmäßig entspricht.*)

Die zeitlich völlig unbestimmte Fälligkeit dieses „Supervermächtnisses"[561] führt allerdings dazu, 290
dass gem. § 9 Abs. 1 Nr. 1a ErbStG das Vermächtnis erst mit dem (selbstgewählten) Eintritt der Fälligkeit als abzugsfähig zu werten ist, d.h. der erbschaftsteuermindernde Effekt für den längerlebenden Ehegatten zunächst noch nicht eintritt,[562] vielmehr eine spätere Korrektur eintritt. Der Sofortabzug (allerdings unter Abzug der Abzinsung i.H.v. 5,5 %/Jahr gem. § 12 Abs. 3 BewG)[563] ist jedoch gewährleistet, wenn ein letzter, hilfsweise eintretender Zeitpunkt der Fälligkeit bestimmt ist, der jedoch (da sonst eine wirtschaftliche Belastung fehlt, Rechtsgedanke des § 6 Abs. 4 ErbStG)[564] nicht mit dem Tod des Längerlebenden zusammenfallen und auch nicht (§ 42 AO) in unrealisistisch ferner Zukunft („80 Jahre nach meinem Tod") liegen darf. Den Vermächtnisnehmern sollte ferner zum Schutz des Erben auferlegt werden, dass eine einstweilige Sicherung (etwa durch Arrest, § 916 ZPO), nicht verlangt werden kann (Untervermächtnis, gerichtet auch Abschluss einer Vollstreckungsschutzvereinbarung).[565]

---

561 Vgl. hierzu *Everts*, NJW 2008, 557; *J. Mayer*, DStR 2004, 1409 ff. (auch – dann losgelöst vom Unterbleiben eines Pflichtteilsverlangens – unter der Bezeichnung „Erbschaftsteuervermächtnis" diskutiert).
562 BFH, BStBl. 2003 II, S. 921, vgl. *Everts*, ZErb 2004, 373. Dies entspricht der zivilrechtlichen Vermutung des § 2181 BGB, wonach im Zweifel die Leistung mit dem Tod des Beschwerten fällig werde.
563 Sofern, wie regelmäßig, der letzte Fälligkeitstermin später als ein Jahr nach dem Todesfall liegt. Auch einkommensteuerlich tritt eine entsprechende Zerlegung in einen (steuerfreien) Kapitalanteil und einen (kapitalertragsteuerpflichtigen) Zinsanteil ein, es sei denn, Leistungsgegenstand des Wahlvermächtnisses sind an sich Sachwerte, die seitens des Erben durch Geldleistung ersetzt werden können.
564 BFH, 27.06.2007 – II R 30/05, ErbStB 2007, 291, m. krit. Anm. *Heinrichshofen; Wälzholz*, ZEV 2007, 503.
565 Der zu sichernde Anspruch ist nicht so unbestimmt, dass die Schwelle des § 916 Abs. 2 ZPO überschritten wäre: gem. § 2151 Abs. 3 BGB sind im Zweifel alle Benannten Gesamtgläubiger (§ 428 BGB), Fälligkeit tritt im Zweifel ein mit dem Tod des beschwerten Ehegatten (§ 2181 BGB); und bei verzögerter Bestimmung des Leistungsinhalts erfolgt diese durch gerichtliches Urteil, § 2156 Satz 2 i.V.m. § 319 Abs. 1 Satz 2 BGB.

291 **Formulierungsvorschlag: Sog. Super-Vermächtnis nach Gutdünken des Längerlebenden anstelle des Pflichtteils mit sofortiger Abzugsmöglichkeit**

> Der Erstversterbende wendet seinen Kindern als Anerkennung dafür, dass sie ihre Enterbung ohne Pflichtteilsverlangen hinnehmen, und zur zumindest teilweisen Ausnutzung der erbschaftsteuerlichen Freibeträge Vermächtnisse zu, wenn und sobald entstandene Pflichtteilsansprüche verjährt oder durch Erlassvertrag erloschen sind bzw. Gegenstand eines Pflichtteilsverzichtsvertrages waren. Der überlebende Ehegatte (Erbe) als Beschwerter hat die Befugnis, unter allen Kindern den oder die Bedachten gem. § 2151 BGB und unter den Ausgewählten zu bestimmen, was jeder gem. § 2153 BGB erhält. Der Beschwerte kann ferner gem. § 2156 BGB die Leistung nach billigem Ermessen bestimmen und ihre Fälligkeit nach freiem Belieben gem. § 2181 BGB festlegen. Der Beschwerte kann nach billigem Ermessen einzelne Gegenstände zuweisen, diese bewerten und Ausgleichs- bzw. Gleichstellungszahlungen festlegen. (*Anm.: ggf. Beschränkung: Jedes Kind muss jedoch mindestens so viel erhalten, wie seinem Pflichtteil nach dem zuerst Verstorbenen wertmäßig entspricht.*) Spätester Zeitpunkt der Fälligkeit dieser Vermächtnisse ist jedoch der .....; hat der Beschwerte dann noch keine Festlegungen getroffen, trifft sie [der Präsident der örtlich zuständigen Industrie- und Handelskammer/Handwerkskammer] als Dritter. Die Berechtigten können eine einstweilige Sicherung ihres Vermächtnisses nicht verlangen.

Zum in der Struktur vergleichbaren, unmittelbaren Steuerfreibetragsvermächtnis beim Berliner Testament s. Rdn. 3568.

e) Mitunternehmerschaften

292 Besonderer, auch haftungsträchtiger[566] Koordinationsbedarf ergibt sich wegen des Vorrangs des Gesellschaftsrechts ggü. dem Erbrecht (Art. 2 Abs. 1 EGHGB; vgl. Rdn. 4582 ff. zu den zivil-, ertrag- und erbschaftsteuerlichen Folgen der verschiedenen Nachfolgeregelungsmöglichkeiten: schlichte Fortsetzungsklausel, einfache und qualifizierte Nachfolgeklausel, erbrechtliche und rechtsgeschäftliche Eintrittsklausel). Letztwillige Verfügungen sind nur in den gesellschaftsvertraglich eröffneten Grenzen möglich, die daher (einschließlich etwaiger späterer Satzungsnachträge) i.R.d. Sachverhaltsaufklärung genau festgestellt werden müssen. Ist der Gesellschaftsanteil **unvererblich gestellt** (mit der Folge der Fortsetzung unter den verbleibenden Gesellschaftern, vgl. Rdn. 4584 ff.), kann letztwillig allenfalls über den Abfindungsanspruch verfügt werden, sofern dieser nicht wirksam ausgeschlossen wurde.

293 Ist der Anteil dagegen **unbeschränkt vererblich** (etwa als Folge der einfachen Nachfolgeklausel, Rdn. 4594 ff., oder wegen Aufrechterhaltung der gesetzlichen Regelung des § 177 HGB bei Kommanditanteilen), kann beliebig durch Erbeinsetzung oder Vermächtnis verfügt werden. Aufgrund ihrer Teilrechtsfähigkeit dürfte eine zum Zeitpunkt des Erbfalls bereits gegründete **GbR** ebenfalls **erbfähig** sein,[567] allerdings (wegen der Vervielfältigung der Gesellschafterstellung) wohl nur, wenn der „Ober-Gesellschaftsvertrag" dies gestattet. In diesem Fall böte die Satzung

---

[566] BGH, DNotZ 2002, 768: Notarhaftungsfall (mit übergebene Satzung der KG schloss die „Vererbung" an Ehegatten aus).
[567] Vgl. *Scherer/Feick*, ZEV 2003, 341; *Hadding*, ZGR 2001, 712.

dieser GbR die Möglichkeit, umfangreiche Regelungen zur Bündelung der Interessen zu treffen und dabei auch die „Nebenerben" zur Nachfolge zuzulassen, ihre Mitspracherechte jedoch einzudämmen.

Die **Vermächtniserfüllung** (durch Übertragung des dem Erben angefallenen Anteils) bedarf der Mitwirkung der anderen Gesellschafter,[568] die vorsorglich bereits in der Satzung erteilt werden kann (vgl. Rdn. 4597). Hilfsweise kann sie als Abtretung der vermögensrechtlichen Ansprüche (§ 717 Satz 2 BGB), aufrechterhalten werden.[569] Schwierigkeiten bereitet weiter die Zuordnung der Gewinnansprüche beim Vermächtnis zwischen Anfall (=Todeszeitpunkt, § 2176 BGB) und Erfüllung des Vermächtnisses: Gem. § 2184 BGB würden dem Vermächtnisnehmer nur die zwischen Anfall und Erfüllung tatsächlich ausgeschütteten Gewinne zustehen, die noch nicht festgestellten und zur Verwendung beschlossenen Gewinne der Vergangenheit würden jedoch gem. § 101 Nr. 2 BGB dem beschwerten Erben verbleiben.[570] Regelungsbedürftig ist ferner der Umfang des Vermächtnisses beim Personengesellschaftsanteil, etwa im Hinblick auf Sonderbetriebsvermögen[571] (das sonst ertragsteuerlich entnommen würde und erbschaftsteuerlich nicht mehr unter die Betriebsvermögensprivilegierung fiele) oder das Schicksal gesonderter Darlehens- und Privatkonten, die nicht an die Kommanditbeteiligung zwingend gebunden sind, auch wenn sie Entnahmebeschränkungen unterliegen (vgl. Rdn. 2216). Darüber hinaus wird der Vermächtnisnehmer möglicherweise im Weg eines Untervermächtnisses verpflichtet sein, Personal- und Realsicherheiten, die der verstorbene Gesellschafter im Interesse der Gesellschaft gestellt hatte, in Entlastung der Erben ebenfalls in eigener Person beizubringen.

Hierzu der folgende Formulierungsvorschlag.[572]

Formulierungsvorschlag: Anordnung eines Vermächtnisses bzgl. Personengesellschaftsanteilen

> Mein Sohn X erhält vermächtnisweise meinen Gesellschaftsanteil an der im Handelsregister ..... unter HRA ..... eingetragenen Kommanditgesellschaft in Firma ..... samt allen Ansprüchen und Verbindlichkeiten, die am Todestag auf dem Kapitalkonto I (festes Kapitalkonto), dem Kapitalkonto II (variables Kapitalkonto) und dem Darlehens- sowie dem Verlustvortragskonto in Soll oder Haben ausgewiesen sind. Mitübertragen sind alle vermögensrechtlichen Ansprüche (§ 717 Satz 2 BGB), insbesondere Gewinnanteile und Ansprüche auf den Liquidationserlös. Sollte ich bei meinem Ableben noch Personal- oder Realsicherheiten (Grundpfandrechte, Bürgschaften etc.) zur Besicherung von Gesellschaftsverbindlichkeiten gestellt haben, hat der Vermächtnisnehmer in Entlastung der Erben selbst entsprechende

---

568 Für einen ipso iure eintretenden dinglichen Vollzug auf gesellschaftsrechtlicher Grundlage plädiert gegen die h.M. *Pauli*, Unternehmensnachfolge durch Vermächtnis, S. 192 ff. („erbrechtliche causa", vergleichbar der Hofnachfolge).
569 Vgl. *Heymann*, ZEV 2006, 307.
570 Vgl. Gutachten, DNotI-Report 2002, 131.
571 Wohlwollende Auslegung eines mehrdeutigen Testaments: FG Münster, 18.01.2007 – 3 K 4009/04 Erb, ErbStB 2007, 296.
572 Vgl. *Heymann*, ZEV 2006, 309. Monografisch zum Thema: *Pauli*, Unternehmensnachfolge durch Vermächtnis, der anknüpfend an die Sonderrechtsnachfolge in Personengesellschaftsanteile einen unmittelbar dinglich wirkenden Vollzug auch der Vermächtnisanordnung propagiert.

Kapitel 1: Grundtypus und Varianten – Das Schenkungsrecht des BGB und typische Fallgruppen

> Sicherheiten zu stellen. Etwa bei meinem Ableben zur Finanzierung der Kommanditbeteiligung bestehende Verbindlichkeiten sind in Entlastung der Erben in schuldbefreiender Weise ebenfalls zu übernehmen oder bis zum Ablauf eines Jahres nach meinem Ableben umzuschulden, sofern meine Erben nicht auf den Enthaftungsanspruch verzichten und sich mit einer schlichten Freistellungsverpflichtung begnügen.

296 Bei einer **qualifizierten Nachfolgeklausel** muss der den Kriterien des Gesellschaftsvertrags genügende, bestimmte Nachfolger auch zum Erben oder zumindest Miterben[573] eingesetzt sein, um die Sonderrechtsnachfolge in den Anteil auszulösen. Wird er lediglich zum Vermächtnisnehmer eingesetzt, muss entweder der Erbe ebenfalls nachfolgeberechtigt und die Übertragbarkeit auf den eigentlich vorgesehenen Vermächtnisbegünstigten durch die Mitgesellschafter oder bereits im Gesellschaftsvertrag gestattet sein oder aber es bedarf satzungsrechtlich der Ermöglichung des vorübergehenden Erwerbs durch den nicht nachfolgeberechtigten Erben (vgl. Rdn. 4609 f. mit Formulierungsvorschlag).

297 **Hinweis:**

Gerade bei qualifizierten Nachfolgeklauseln können sich aus der mangelnden Abstimmung zwischen Gesellschafts- und Erbrecht katastrophale Folgen ergeben. Wird niemand, der den Qualifikationskriterien genügt, zumindest Miterbe, geht der Anteil der Familie gänzlich verloren – er wächst den anderen Gesellschaftern an – (und allenfalls eine etwa vorgesehene Abfindung für die Anwachsung bleibt erhalten), es sei denn, durch Ausschlagung (ggf. gegen Abfindung) könnte noch eine Notreparatur erfolgen, indem mind. ein Ersatzerbe zum Kreis der zugelassenen Gesellschaftsanteilnachfolger zählt. Ähnlich gefährlich sind die Folgen eines Auseinanderfallens von Sonderbetriebsvermögen (erbrechtliche Nachfolge) und Gesellschaftsanteil (Sonderrechtsnachfolge). Vgl. Rdn. 4703 und Rdn. 4614 ff. zur Vermeidung (Überführung in das Gesamthandsvermögen, Alleinerbenmodell, gewerblich geprägte Schwestergesellschaft etc.).

298 Bei **Eintrittsklauseln** kann die Bestimmung des Eintrittsberechtigten i.d.R. sowohl durch lebzeitige Erklärung ggü. der Gesellschaft als auch durch Verfügung von Todes wegen erfolgen. Darüber hinaus können die Abfindungsansprüche der Erben des Gesellschafter-Erblassers, sofern sie nicht ausgeschlossen sind, Gegenstand einer Teilungs- oder Vermächtnisanordnung sein und demnach auch z.B. dem Eintrittsberechtigten als Vorausvermächtnis zugewendet werden (vgl. Rdn. 4624). Sind die Abfindungsansprüche der Erben des Erblasser-Gesellschafters durch Gesellschaftsvertrag ausgeschlossen, ist an sich neben der Benennung des Eintrittsberechtigten, falls diese nicht bereits durch lebzeitige Vereinbarung erfolgt ist, keine weitere Regelung erforderlich; aus Gründen der Vorsicht[574] sollte jedoch dem Eintrittsberechtigten auch der Kapitalanteil des Erblassers bzw. etwaige doch bestehende Abfindungsansprüche zugewendet werden.

---

573 In diesem Fall sind die anderen Miterben, die nicht von der Sondererbfolge profitieren, ausgleichsberechtigt, es sei denn, die Miterbschaftsquote entspräche den Wertverhältnissen des Kommanditanteils oder der Mehrwert wäre durch Vorausvermächtnis (§ 2150 BGB) zugewiesen.

574 Insb. wegen des möglichen Streits über das Formerfordernis des § 2301 Abs. 1 BGB.

Keine Probleme bereitet die letztwillige Gestaltung bei (stets vererblichen) **Kapitalgesellschaftsanteilen**.[575] Bei der GmbH & Co. KG gelten für den Gesellschaftsanteil an der Komplementär-GmbH und an der KG demnach jeweils unterschiedliche Regelungen, es sei denn, es handelt sich um eine sog. Einheitsgesellschaft, bei welcher der Komplementäranteil mittelbar über den Kommanditanteil mitübertragen wird.

f) Nachfolge in Freiberufler-Gesellschaften

Ähnliche Schwierigkeiten ergeben sich schließlich bei der Vererbung freiberuflicher Unternehmen, zum einen angesichts der dafür erforderlichen Zulassungsvoraussetzungen, die beim erhofften Nachfolger-Erben möglicherweise noch nicht erfüllt sind, zum anderen wegen der schädlichen Infektionswirkung (§ 15 Abs. 3 Nr. 1 EStG) des Eintritts eines nicht qualifizierten Erben in eine freiberufliche Personengesellschaft[576] (Gewerbesteuerpflicht des Gesamtgewinns, Rdn. 4479). Auch berufsrechtlich ist bei Freiberufler-Kapitalgesellschaften die Gesellschafterstellung eines Nicht-Berufsträgers nur zeitlich begrenzt zulässig (z.B. 5 Jahre gem. § 55 Abs. 2 StBerG, § 34 Abs. 1 Nr. 2 WiPrO). Bei der Rechtsnachfolge von Todes wegen in Freiberufler-Praxen existieren berufsrechtliche „Überbrückungsmöglichkeiten", wenn ein Eintritt des letztwilligen Nachfolgers nicht oder nicht sofort möglich ist. (Beispiel für Steuerberaterkanzleien: bei Fehlen eines Nachfolgers Bestellung eines Praxis-Abwicklers gem. § 70 Abs. 1 StBerG; zur Überbrückung Bestellung eines Praxis-Treuhänders, der auch neue Mandate annehmen darf und demzufolge das Haftpflichtrisiko selbst trägt).[577]

Die Zeit bis zum Abschluss der Ausbildung kann durch einen Anspruch auf Beschäftigung und ein Eintrittsrecht des qualifizierten Abkömmlings überbrückt werden. Scheiden Eintritt oder Praxisnachfolge seitens Familienangehöriger aus, können die begünstigten, verbleibenden Freiberufler-Gesellschafter mit einer betrieblichen Versorgungsrente[578] (vgl. Rdn. 4968) oder einer privaten Versorgungsrente (Sonderausgabenabzug, Rdn. 4976 ff.) belastet werden.[579] Da der Ausscheidende die Behaltensfrist nicht hat einhalten können (mag dies auch auf berufsrechtlich zwingenden Vorgaben beruhen), scheidet die schenkungsteuerliche Betriebsvermögensprivilegierung aus; hinzu kommt die einkommensteuerliche Belastung aus dem „Verkauf" des Anteils (bei sofortigem Ausscheiden noch durch den Erblasser auf dem Sterbebett realisiert und der Erbengemeinschaft hinterlassen – doppelte Besteuerung der stillen Reserven! Seit 2009 wird diese Doppelbelastung etwas gemildert durch Anrechnung gem. § 35b EStG).

---

575 Allerdings kann mittelbar der Verbleib des Erben, etwa durch Abtretungs- oder Einziehungsklauseln bzw. durch die Anordnung zwingender Vertretung durch einen Sprecher hinsichtlich des Stimmrechts, beschränkt werden, vgl. *Ivo*, ZEV 2006, 252 ff.
576 Zur Steuerberatungs-GmbH & Co KG: *Neufang/Beißwenger*, BB 2009, 932.
577 OLG Stuttgart, MDR 2005, 115; bei der Praxisabwicklung tragen dies die „vertretenen" Erben.
578 Der Gesellschaftsanteil geht dann gleichwohl unentgeltlich gem. § 6 Abs. 3 EStG auf die übrigen Sozien über, die betriebliche Versorgungsrente stellt also keine Gegenleistung dar. Der Nachweis des betrieblichen Anlasses der Versorgungsrente wird in der Praxis nicht streng gehandhabt, vgl. BFH, BStBl. 1979 II, S. 403 und Rdn. 4968.
579 Sofern die Versorgungsrente zugunsten des überlebenden Ehegatten ausgesetzt ist, kann auch ein Dritter, etwa der begünstigte Freiberufler-Mitgesellschafter, Vermögensempfänger sein, vgl. Tz. 35 des 3. Rentenerlasses des BMF, BStBl. 2004 I, S. 922.

Eine entsprechende Klausel im Gesellschaftsvertrag einer Steuerberater-GmbH könnte etwa wie folgt lauten:

302 **Formulierungsvorschlag: Nachfolgeklausel in Freiberufler-Kapitalgesellschaft**

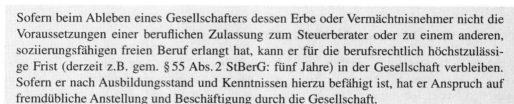

> Sofern beim Ableben eines Gesellschafters dessen Erbe oder Vermächtnisnehmer nicht die Voraussetzungen einer beruflichen Zulassung zum Steuerberater oder zu einem anderen, soziierungsfähigen freien Beruf erlangt hat, kann er für die berufsrechtlich höchstzulässige Frist (derzeit z.B. gem. § 55 Abs. 2 StBerG: fünf Jahre) in der Gesellschaft verbleiben. Sofern er nach Ausbildungsstand und Kenntnissen hierzu befähigt ist, hat er Anspruch auf fremdübliche Anstellung und Beschäftigung durch die Gesellschaft.
>
> Bis zum Erlangen der berufsrechtlichen Voraussetzungen ist der Erbe/Vermächtnisnehmer und nach Ablauf der höchstzulässigen Bleibefrist die übrigen Gesellschafter zur Kündigung/Hinauskündigung des Erben/Vermächtnisnehmers berechtigt. Dieser erhält dann die in § ..... vereinbarte Abfindung. Der ausgeschlossene Gesellschafter hat jedoch bis zum ..... das Recht, den Wiedereintritt in die Gesellschaft in Höhe seines zuletzt gehaltenen Anteils zu verlangen, sobald er die berufsrechtlichen Zulassungsvoraussetzungen erfüllt hat, gegen Erstattung des erhaltenen Abfindungsbetrags zuzüglich Zinsen i.H.d. Basiszinses (§ 247 BGB).
>
> Verbleibt nur noch ein Gesellschafter, ohne dass die Verbleibens- oder Übernahmeregelungen zum Tragen kommen, kann der Verbleibende die Kanzlei veräußern, der Erlös steht den Nachlassbeteiligten der verstorbenen weiteren Gesellschafter beim Verkauf im ersten Jahr nach dem Sterbefall i.H.d. vollen Anteils, in jedem späteren Jahr jeweils um ein Fünftel gemindert zu.
>
> Erben und Vermächtnisnehmer haben das Recht auf Einsicht in Bilanzen, Gewinn- und Verlustrechnungen, betriebswirtschaftliche Auswertungen und die Steuerunterlagen einschließlich Steuerveranlagungen.

303 Die rechtsgeschäftliche Übertragung einer **Freiberufler-Praxis im Ganzen** (gleich ob unentgeltlich, teilentgeltlich oder entgeltlich) begegnet zusätzlichen Problemen aufgrund des besonderen, auch strafrechtlichen, Schutzes des Vertrauensverhältnisses zum Klienten/Mandanten/Patienten, § 203 StGB. Klauseln, wonach die Überlassung von Akten auch ohne Einwilligung des betroffenen Mandanten geschuldet sei, oder die den Verkauf freiberuflicher Honorarforderungen ohne Zustimmung des betreffenden Mandanten an den Erwerber zum Gegenstand haben, sind daher gem. § 134 BGB unwirksam und können zur Unwirksamkeit des gesamten Austauschverhältnisses führen.[580] Da bei einer ausdrücklichen Befragung aller Kunden möglicherweise ein Teil der Mandantschaft „verlorengeht", ist stattdessen an ein Stufenmodell zu denken, wonach der prospektive Erwerber zunächst als Mitarbeiter in die Kanzlei aufgenommen wird, und sodann einen Soziätätsanteil oder die Praxis insgesamt übernimmt. Hat der Erwerber als Mitarbeiter nämlich zuvor die Angelegenheiten des Mandanten umfassend kennengelernt, liegt nach Ansicht des BGH[581] kein Verstoß gegen § 203 Abs. 1 Nr. 3 StGB vor.

---

580 BGH, DStR 1995, 1924; BGH, DNotI-Report 1995, 194.
581 NJW 1995, 2915.

Weitere Unwirksamkeitsgründe, die auf die gesamte Veräußerung ausgreifen können, ergeben sich aus in sachlicher, zeitlicher und örtlicher Hinsicht nicht ausreichend begrenzten **Wettbewerbsverboten** zulasten des Verkäufers (Verstoß gegen Art. 101 ff. AEUV, § 1 GWB, § 138 BGB i.V.m. Art. 2, 12 GG).[582] Eine erweiterte Anwendung der §§ 74 ff. HGB auf Mitgesellschafter[583] bzw. Betriebsinhaber bzw. Geschäftsführer, die zugleich Gesellschafter sind, wird ganz überwiegend abgelehnt.[584] Nur in engen Grenzen kann eine überlange[585] Wettbewerbsunterlassungspflicht auf das noch zulässige Maß geltungserhaltend reduziert werden.[586] Weniger bedenklich sind Klauseln, wonach der Veräußerer nach der Durchführung der Übertragung keine wichtigen Mitarbeiter abwerben darf (im Sinn einer Pflicht, kein Angebot zum Abschluss eines Anstellungs-, Beratungs- oder Dienstvertrags zu unterbreiten oder Vorteile für den Fall anzubieten, dass der bestehende Anstellungsvertrag gekündigt werde). 304

Ist der gesamte Übertragungsvertrag wegen Verstoßes gegen die Geheimhaltungspflicht oder wettbewerbsrechtliche Normen unwirksam, führt die Rückabwicklung regelmäßig zu unlösbaren Problemen: Sind die Mandanten mit einer „Rückkehr" nicht einverstanden, ist lediglich der gutachterlich zu schätzende Restwert (§ 818 Abs. 2 BGB: Unmöglichkeit der Herausgabe der Bereicherung) zu ersetzen, Zug um Zug gegen Rückzahlung des Kaufpreises.[587] 305

g) Dauervollstreckungslösung

Schließlich sind Sachverhalte denkbar, in denen aus Sicht des Erblassers (noch) keiner der Erbprätendenten zur Unternehmensübernahme und -führung geeignet ist. Als „weiche" und psychologisch weniger belastende Lösung kann z.B. durch letztwillige Verfügung ein Beirat installiert werden, mit dann allerdings mehr als lediglich beratender Funktion, vielmehr vergleichbar einem Aufsichtsrat[588] oder mit der Befugnis zum „Stichentscheid"[589] bei einem Patt zwischen mehreren Gesellschafter(stämme)n. Die „harte", allerdings oft als Bevormundung empfundene Lösung liegt in der Benennung eines Testamentsvollstreckers auf bestimmte Zeit (§ 2210 BGB) zur Führung des Unternehmens bzw. zur Ausübung des Stimmrechts aus Gesellschaftsanteilen. Die Testamentsvollstreckung bietet sich ferner an bei verschuldeten Erben (§ 2214 BGB!), bei minderjährigen Erben zur Vermeidung der Abhängigkeit vom Familiengericht, bei zerstrittenen Erben, zur Vorbereitung einer Stiftungslösung und zur Bestimmung eines Nachfolgers unter mehreren Prätendenten (Verteilungsvermächtnis, kombiniert mit Anteilsbestimmungsrecht und 306

---

582 Vgl. bspw. BGH, NJW 1979, 1605; BGH, NJW 1984, 2366.
583 BGH, 30.11.2009 – II ZR 208/08, ZNotP 2010, 113: umfassendes Wettbewerbsverbot für Gesellschafter gilt nur bis zum Austritt aus der Gesellschaft, ab dann käme sie einem gegen § 138 BGB i.V.m. Art. 12 GG verstoßenden Berufsverbot gleich. Die Nichtigkeit wird nicht dadurch abgewendet, dass die (GmbH-) Satzung eine Befreiung vom Verbot durch Beschluss ermöglicht, OLG München, 11.11.2010 – U (K) 2143/10, RNotZ 2011, 191.
584 Vgl. *Knott/Mielke*, Unternehmenskauf, S. 281.
585 I.d.R. 2 Jahre, in besonderen Fällen – hochspezialisierte, langjährige Tätigkeit des Veräußerers – bis zu 5 Jahre, vgl. OLG Düsseldorf v. 22.08.1984, WuW/E OLG 3326, 3327.
586 BGH, NJW 2000, 2584, 2585; BGH, NJW-RR 1996, 741 f.
587 So der Sachverhalt BGH, DStR 2006, 1958, m. Anm. *Mutschler*: Im Ergebnis verblieb weniger als die Hälfte des ursprünglich vereinbarten Kaufpreises!
588 Vgl. etwa zur GmbH *Huber*, GmbHR 2004, 774.
589 Zur Förderung der Entschlusskraft der Beiräte sollte ihre Haftung für Fälle leichter Fahrlässigkeit ausgeschlossen sein, *Wälzholz*, DStR 2003, 517.

Kapitel 1: Grundtypus und Varianten – Das Schenkungsrecht des BGB und typische Fallgruppen

Zweckvermächtnis: §§ 2151, 2153, 2156 BGB – vgl. den Formulierungsvorschlag in Rdn. 271; oder mit dem Recht zur Bestimmung des Begünstigten aus einer Auflage, § 2193 BGB).

307 Riskant ist allerdings die Machtfülle, über die insb. ein Dauervollstrecker (nicht lediglich ein Abwicklungsvollstrecker) verfügt, und die nicht durch präventive richterliche Aufsicht, sondern allenfalls durch die Gefahr persönlicher Haftung (§ 2219 BGB)[590] kompensiert wird. Die Personalisierung des „Misstrauens" des Erblassers in Gestalt des Vollstreckers kann unnötige psychologische Hemmnisse aufbauen, die bspw. durch Wahl einer „neutralen", subjektlosen Familienstiftung vermieden werden können,[591] bei noch höherer Dauerhaftigkeit der gefundenen Lösung. Zählt der von Testamentsvollstreckung Betroffene zum Kreis der Pflichtteilsberechtigten, kann er durch Ausschlagung gem. §§ 2306 Abs. 1 Satz 2, 2307 BGB anstelle des „zwangsverwalteten" Erbteils bzw. Vermächtnisses den unbelasteten Pflichtteil in Geld erlangen. Schließlich ist zu berücksichtigen, dass eine Dauerergänzungspflegschaft durch einen Dritten erforderlich werden kann, wenn der überlebende Ehegatte zum Testamentsvollstrecker bestimmt ist und dieser zugleich als Vormund die betroffenen minderjährigen Kinder gesetzlich vertritt (vgl. Rdn. 5106, 5220).

308 Die Verwaltungsvollstreckung über **GmbH-Geschäftsanteile** ist selbst bei personalistisch strukturierten kleinen Gesellschaften mit vinkulierten Anteilen stets zulässig. Ihr Umfang kann jedoch durch die Satzung eingeschränkt werden, etwa wenn zur Vertretung eines Gesellschafters nur Verwandte und Mitgesellschafter zugelassen sind,[592] und ist ferner begrenzt durch die „Kernbereichslehre", also bei Eingriffen in solche Rechtspositionen, die von der Gesellschafterversammlung nicht einmal mit satzungsändernder Mehrheit beseitigt werden können (z.B. mitgliedschaftliche Sonderrechte, Einführung neuer Leistungspflichten, Wettbewerbsverbote, Abweichungen vom Gleichheitsgrundsatz). Daneben treten – bei allen Formen der Testamentsvollstreckung sowohl über Betriebs- als auch Privatvermögen – die erbrechtlichen Schranken: das Verbot von Schenkungen (also auch lediglich teilentgeltlicher Geschäfte) zulasten des Nachlasses (§ 2205 Satz 2 BGB) sowie das Verbot einer persönlichen Verpflichtung des Erben (sodass die Mitwirkung des Vollstreckers an Kapitalerhöhungsmaßnahmen begrenzt ist auf Erhöhungen aus Gesellschaftsmitteln oder auf Erhöhungen gegen solche Einlagen, die aus dem verwalteten Nachlass erbracht werden können, und die sofort fällig sind, zur Vermeidung der sonst drohenden kollektiven Ausfallhaftung gem. § 24 GmbHG).[593]

309 Bei **Einzelunternehmen** scheidet allerdings die Dauervollstreckung (im Unterschied zur Abwicklungsvollstreckung) aus, da weder der Vollstrecker persönlich haften noch er die Erben über den Nachlass hinaus persönlich verpflichten könnte.[594] Die hierzu entwickelten Ausweichlösungen sind entweder für den Erben gefährlich (Verpflichtung des Erben zur Erteilung einer bzw.

---

590 Während der Gesellschafter bspw. einer GmbH seine Überwachungsaufgabe (§ 46 Nr. 6 GmbHG) auf einen Dritten, z.B. einen Beirat, übertragen kann, steht diese Möglichkeit dem Testamentsvollstrecker nicht zur Verfügung.
591 Vgl. hierzu *Werner*, ZEV 2006, 539.
592 Auch dann soll jedoch die Überlassung einzelner Rechte zur Ausübung durch den Testamentsvollstrecker möglich sein, vgl. *Werner*, NWB, Fach 19, S. 3833.
593 Aus demselben Grund muss der Erbe persönlich die gem. §§ 51 Abs. 1 Satz 1 und 3, 125 UmwG erforderliche Zustimmung erteilen, wenn bei Verschmelzung oder Spaltung auf eine bestehende GmbH die Anteile an der aufnehmenden Gesellschaft nicht in voller Höhe bewirkt sind.
594 BGHZ 12, 100.

zum Nichtwiderruf einer dem Vollstrecker erteilten umfassenden Vollmacht, durch deren Ausübung allerdings der Erbe persönlich verpflichtet wird) oder aber für den Vollstrecker riskant (treuhänderische Übertragung des Einzelunternehmens an den Vollstrecker, sodass er die unbegrenzte Haftung trägt). Vorzugswürdig ist es, den Testamentsvollstrecker das Einzelunternehmen in geeignete Gesellschaften, z.B. eine GmbH & Co. KG, durch Einbringung „umzuwandeln" zu lassen, sodass er entweder selbst die Geschäfte führt oder einen Geschäftsführer der Komplementär-GmbH (der ggf. auch – wider Erwarten – einer der Erben sein kann) benennt.

Formulierungsvorschlag: Dauervollstreckungs-Modell bei Betriebsnachfolge von Todes wegen (Einzelunternehmen) 310

> Mein Einzelunternehmen ..... mit allen Aktiva und Passiva wende ich als (ggf. Voraus-)Vermächtnis den Kindern A, B, C zu gleichen Teilen zu. Ich ordne Dauervollstreckung auf den Zeitraum von 30 Jahren nach meinem Ableben an. Vollstrecker ist ....., ersatzweise ..... (**Anm.**: *weitere Regelungen zur Vergütung, Ersatz- und Nachfolgerbenennung etc.*)
>
> Er hat die Einzelunternehmung in eine Personen- oder Kapitalgesellschaft, die nach seiner pflichtgemäßen Einschätzung geeignet ist, „umzuwandeln", vorzugsweise in eine GmbH & Co. KG, an der die Vermächtnisnehmer zu gleichen Teilen beteiligt sind. Bei Personengesellschaften soll das Recht auf ordentliche Kündigung auf einen möglichst langen Zeitraum ausgeschlossen sein und der Übergang der Anteile lediglich auf Abkömmlinge in gerader Linie eröffnet bleiben, anderen Personen steht kein Abfindungsanspruch zu.
>
> Der Vollstrecker übt die Stimmrechte meiner Abkömmlinge aus ihren Beteiligungen aus und ist daher auch befugt, sich selbst oder einen geeigneten Dritten zum Geschäftsführer bzw. gesetzlichen Vertreter der Gesellschaft einzusetzen. Der Vollstrecker ist weiter zur Verwaltung der aus dieser Gesellschaft erwirtschafteten und ausgeschütteten Erträge berufen, jedoch lediglich bis zum Erreichen des 25. Lebensjahres des jeweiligen Vermächtnisnehmers.
>
> Es ist mein Wunsch, dass ihre aus dem Unternehmen erzielten Erträge vor allem zur Förderung der Ausbildung und Existenzgründung sowie zur Gründung eines eigenen Hausstands eingesetzt werden.

Bei **Personengesellschaften** sind eine bloße Abwicklungsvollstreckung[595] (z.B. bei durch den Tod aufgelösten Gesellschaften) sowie eine lediglich den Abfindungsanspruch (im Fall der Fortsetzung unter den verbleibenden Gesellschaftern) erfassende Vollstreckung ohne Bedenken zulässig. Nach heute herrschender Auffassung kann auch der Personengesellschaftsanteil selbst Gegenstand einer Dauervollstreckung sein, und zwar sogar dann, wenn der Erbe bereits zuvor selbst Mitgesellschafter war (Durchbrechung des Grundsatzes von der Einheitlichkeit der Mitgliedschaft).[596] Bei vollhaftenden Personengesellschaftsanteilen (GbR, OHG, Komplementär einer KG) ist die Reichweite einer Dauertestamentsvollstreckung jedoch beschränkt auf die mit dem Anteil verbundenen Vermögensrechte (die „Außenseite" zur Vermeidung eigenmächtiger Verfügung durch den Erben oder gegen ihn gerichteter Vollstreckung in den Anteil und die 311

---

[595] Diese berechtigt (anders als die Dauertestamentsvollstreckung) nicht zur Anmeldung der Rechtsnachfolge beim Handelsregister, OLG München, 07.07.2009 – 31 Wx 115/08, MittBayNot 2010, 144, m. Anm. *Everts*.
[596] Jedenfalls bezogen auf die vermögensrechtliche Seite des Anteils, BGH, ZEV 1996, 110, 112.

Vermögensrechte).⁵⁹⁷ Im Verhältnis zu den Mitgesellschaftern bedarf sie ferner der Zulassung in der Satzung; bei Kommanditanteilen ist die Zustimmung aller Mitgesellschafter nur dann erforderlich, wenn die Vollstreckung über diese abspaltbaren Vermögensrechte hinaus gehen soll.⁵⁹⁸ In letzterem Fall kann die Zustimmung zur „umfassenden Testamentsvollstreckung" jedoch bereits konkludent in der Satzung dadurch erteilt sein, dass die Anteile frei übertragbar oder aber Gegenstand freier erbrechtlicher Nachfolgeregelungen sind.

312 Beschränkungen unterliegt aber nicht nur das Verhältnis des Vollstreckers zu den Mitgesellschaftern, sondern auch zum Gesellschafter-Erben selbst: bei allen (auch den haftungsbeschränkten) Personengesellschaftsanteilen bedarf der Vollstrecker für Maßnahmen an der (vermögensrechtlichen) „Außenseite" der Beteiligung keiner Mitwirkung des „Gesellschafter-Erben",⁵⁹⁹ anders jedoch für Maßnahmen im „Kernbereich", also der „Innenseite" der Mitgliedschaft: Das Stimmrecht in Angelegenheiten, die sich auf die persönliche Rechtsstellung des Betroffenen (auch nach Wegfall der Vollstreckung) auswirken, müssen beide gemeinsam ausüben,⁶⁰⁰ es sei denn, die Satzung würde den Entscheidungsbereich des Vollstreckers insoweit erweitern.⁶⁰¹ Als Ausweichlösungen kommen auch hier die Vollrechtstreuhand (der Vollstrecker hält den Anteil im eigenen Namen, jedoch für Rechnung des Gesellschafter-Erben) oder die Generalvollmachtslösung in Betracht.

313 Schließlich sind auch hier die unter Rdn. 308 geschilderten **erbrechtlichen Einschränkungen** bedeutsam, also das Schenkungsverbot (§ 2205 Satz 2 BGB) und das Verbot einer persönlichen Verpflichtung des Erben, das etwa verletzt würde durch die Entgegennahme einer Teilrückzahlung der Einlage (§ 172 Abs. 4 HGB, wegen § 171 Abs. 1 Halbs. 1 HGB) oder durch die Mitwirkung an einer Haftsummenerhöhung, wenn die erhöhte Einlage nicht sofort aus dem verwalteten Nachlass geleistet werden kann.

2. Unternehmensnachfolge zu Lebzeiten

a) Vorbereitung und Absicherung

314 Im Umfeld ist weiter das Bereitliegen von **Vollmachten** (insb. Vorsorgevollmachten bei Verlust der Geschäfts- oder Handlungsfähigkeit, bei längerer – auch ungewollter, Entführungen – Ortsabwesenheit) von nicht zu unterschätzender Bedeutung, ggf. auch als gegenständlich beschränkte Generalvollmacht lediglich zur Fortführung, ggf. Umwandlung und Veräußerung des Unternehmens.⁶⁰²

---

597 Vgl. etwa OLG Düsseldorf, RNotZ 2008, 303.
598 BGH, NJW 1989, 3152f.
599 *Kreppel*, DStR 1996, 430; *Everts*, MittBayNot 2003, 427, 429.
600 Möglicherweise mit Ausnahmen bei im Gesellschaftsinteresse dringend gebotenen Vertragsänderungen, *Ulmer*, NJW 1990, 73, 81.
601 BGH, 03.07.1989 – II ZB 1/89, DB 1989, 1331; eine letztwillige Festlegung genügt insoweit nicht (Art. 2 EGHGB).
602 Sofern zu einem Einzelunternehmen auch Grundbesitz gehört, bedarf die Vollmacht zumindest der notariellen Beglaubigung; die Veräußerung von GmbH-Geschäftsanteilen oder Kommanditanteilen könnte auch aufgrund privatschriftlicher Vollmacht erfolgen.

Formulierungsvorschlag: Betriebsfortführungsvollmacht als Notfallvorsorge

Ich bin Inhaber des einzelkaufmännischen Unternehmens ....., das im Handelsregister des Amtsgerichts ..... unter HRA ..... eingetragen ist (*Alt.: ..... derzeit nicht eingetragen ist*). Ich erteile hiermit Herrn/Frau ..... (*Alt.: Herrn A und Herrn B gemeinsam/Herrn A und Herrn B je einzeln*) **Vollmacht**, mich gegenständlich beschränkt auf dieses Unternehmen umfassend zu vertreten, soweit eine Stellvertretung überhaupt gesetzlich zulässig ist. Der Bevollmächtigte kann demnach Rechtsgeschäfte aller Art mit Bezug auf dieses Betriebsvermögen abschließen, ändern und aufheben, über die betrieblichen Konten umfassend verfügen, Verpflichtungserklärungen jeder Art abgeben, das Unternehmen zu beliebigen Bedingungen veräußern, die Rechtsform des Unternehmens beliebig verändern, das Unternehmen verpachten, Fremdgeschäftsführer bestellen und abberufen und alle mit ihnen abzuschließenden Verträge zustande bringen, überhaupt alle Erklärungen abgeben, die für die Fortführung des Unternehmens zweckdienlich sind.

Lediglich im Innenverhältnis, also ohne Auswirkung auf den Bestand der Vollmacht im Außenverhältnis und ohne Prüfungspflicht für Geschäftspartner, darf der Bevollmächtigte von dieser Vollmacht nur Gebrauch machen, wenn ich selbst etwa infolge Krankheit oder sonstiger Gebrechen, auf die Dauer von mind. drei Monaten nicht der Lage bin, das Unternehmen selbstständig zu führen. Einen Verkauf soll er nur dann durchführen, wenn nachhaltig ausgeschlossen erscheint, dass ich das Unternehmen selbst werde weiterführen können. Vor einer (nachrangig zu einem Verkauf in Betracht zu ziehenden) Liquidation sollen der Rechtsanwalt und der Steuerberater des Unternehmens konsultiert werden; der Bevollmächtigte entscheidet dann jedoch selbst nach billigem Ermessen über die Liquidation.

Von den Beschränkungen des § 181 BGB ist der Bevollmächtigte befreit (*Alt.: nicht befreit*). Die Vollmacht gilt über meinen Tod hinaus. Der Bevollmächtigte kann Untervollmacht erteilen.

Entscheidend ist weiter der rechtzeitige **Abschluss von Eheverträgen** auf Erwerberseite, regelmäßig i.S.e. Modifizierung der Zugewinngemeinschaft durch Herausnahme der betrieblichen Aktiva und Passiva (Muster s. Rdn. 3283), Verzicht auf Vollstreckung wegen sonstiger Forderungen in das betriebliche Vermögen und hierauf bezogenen Pflichtteilsverzicht.[603] Hilfreich ist auch die **Bereinigung** ungelöster Vermögensfragen (z.B. Beschaffung von Löschungsbewilligungen verschollener Gläubiger), der Abschluss von **Lebensversicherungen** und die Schaffung der richtigen **gesellschaftsrechtlichen Struktur** (zu Unternehmensumwandlungen s. Rdn. 334, zur Rechtsformwahl im Lichte der neuen Steuerkoordinaten aufgrund der Unternehmenssteuerreform 2008 s. Rdn. 2420ff.), möglicherweise gar als „Auffangregelung" in Bereitschaft für den Zeitpunkt der lebzeitigen oder erbrechtlichen Übertragung. Dadurch kann häufig eine transaktionsoffene Struktur unter gleichzeitiger Haftungsabschirmung und Minimierung der Steuerlast erreicht werden.

Bei Familien mit umfangreichem Betriebs- und/oder Privatbesitz werden immer häufiger die Leitlinien und Strukturen in einer „**family charter**" (Familienverfassung) schriftlich niederge-

---

603 Vgl. monografisch hierzu *Münch*, Die Unternehmerehe.

Kapitel 1: Grundtypus und Varianten – Das Schenkungsrecht des BGB und typische Fallgruppen

legt.[604] Dadurch sollen die Bedürfnisse von Familie, Unternehmen und Gesellschaftern sorgfältig abgewogen sowie Konflikte vermieden oder zumindest einer möglichst schonenden Lösung zugeführt werden. Ähnlich der „corporate governance" eines Konzerns enthält eine solche Familienverfassung z.B. Aussagen darüber, ob die Interessen des Unternehmens selbst oder die seiner Eigentümer vorrangig sind (vergleichbar dem klassischen Managementkonflikt zwischen shareholder value und stakeholder value). Juristisch handelt es sich lediglich um eine „Absichtserklärung", die das „kollektive Gedächtnis" der Familie sichert. Auf sog. „Familientagen" werden die Regelungen einer allfälligen Anpassung unterzogen.

318 Von oft entscheidender Bedeutung für die Alterssicherung des Veräußerers ist die **Freistellung seines Privatvermögens von Kreditsicherungsbelastungen** (Grundschulden, Bürgschaften) für betriebliche Verbindlichkeiten.[605] Benachteiligt ist insb. der „gutmütige" Unternehmer, der nicht bzw. nicht rechtzeitig „zugriffsfreies" Vermögen (etwa beim Ehegatten, mit Nutzungs- und/oder Eigentumsabsicherung im Scheidungsfall) gebildet hat. Häufig sind Kreditinstitute zur Enthaftung nur bereit, wenn der Erwerber seinerseits gleichwertiges Privatvermögen als Sicherungsgut anbietet; manchmal kann auch eine „Abschmelzungsregelung" verhandelt werden (Begrenzung des Haftungsrisikos auf den Kreditstand zum Zeitpunkt des Ausscheidens und Reduzierung pro Zeitjahr um ein x/tel).

319 Die planvolle Umgestaltung des Vermögens im Hinblick auf die vorweggenommene Erbfolge (bzw. eine überraschend eintretende unmittelbare Erbfolge), das sog. **„estate planning"** (Rdn. 20), verfolgt insb. zwei Ziele:
- Die Liquiditätsbeschaffung zur Begleichung möglicher künftiger Erbschaft-/Schenkungsteuer, zur Abfindung weichender Geschwister sowie zur Versorgung des Veräußerers (also des derzeitigen Unternehmers) unabhängig vom Unternehmen selbst.
- Hinzu kommt im Hinblick auf das Junktim zwischen einerseits dem Fortbestand einer steuerlichen Privilegierung des Betriebsvermögens und andererseits der Fortführung des Betriebsvermögens selbst in vergleichbarem Umfang über einen Zeitraum von 7 bzw. 10 Jahren die Notwendigkeit, die Zusammensetzung des Betriebsvermögens vor der Übertragung so zu korrigieren, dass der übergehende „Restbestand" voraussichtlich über den kritischen Zeitraum hinweg erhalten bleiben kann.

320 Bei einer **Umstrukturierung des Privatvermögens im Vorfeld einer Betriebsübertragung** ist zu bedenken,[606] dass ab 2009 (Abgeltungsteuer) auch die Veräußerung von Privatvermögen in größerem Umfang zur Steuerpflicht führen kann, z.B. für Wertpapiere unter 1 % des Gesellschaftskapitals, für die bisher nur eine 1-jährige Spekulationsfrist galt. Außerdem bestehen verstärkte Dokumentationsobliegenheiten (gelingt z.B. der spätere Nachweis der historischen Anschaffungskosten nicht, werden 30 % des Erlöses als Veräußerungsgewinn unterstellt). Vor-

---

604 Vgl. *Schulz/Werz*, ErbStB 2007, 310 ff., mit Formulierungsempfehlungen ErbStB 2007, 355 ff. (Einrichtung eines Familienbüros, eines Familienrates als „Vorstand" und einer Familienversammlung); monografisch *Baus*, Die Familienstrategie.
605 Nach einer durch *Albach*, BB 2000, 784 vorgestellten Umfrage unter mittelständischen Unternehmern nach einer Übergabe wurde die Wichtigkeit der Haftungsfreistellung auf einer Skala von null bis vier mit einem Wert von 3,13 extrem hoch eingeschätzt, noch vor der psychologischen Vorbereitung auf den Ruhestand (2,32) und der Bildung eines Beirats zur beratenden Begleitung des Generationenwechsels.
606 Vgl. *Kirnberger*, ErbStG 2007, 305 ff.

handene Altbestände können allerdings auch nach 2009 weiterhin zum bisherigen Recht (d.h. ohne Abgeltungsteuer) veräußert werden (gem. § 20 Abs. 4 Satz 7 EStG wird jedoch unterstellt, dass stets die ältesten Papiere zuerst veräußert werden, sog. „first in first out (fifo)"-Verfahren, sodass die steuerfreien Altbestände zuerst abgebaut werden). Umgekehrt mag es sich auch empfehlen, gerade verlustbehaftete Altbestände noch vor 2009 zu veräußern, um Gegenrechnungspotenzial für in den folgenden 5 Jahren etwa anfallende Veräußerungsgewinne zu erhalten (§ 20 Abs. 2 EStG a.F. 2009).

b) Zwischenformen: Übertragung auf den Todeszeitpunkt

Als „Zwischenformen" kommen einerseits das näher an der erbrechtlichen Variante liegende **Schenkungsversprechen auf den Todesfall** in Betracht. Dieses unterfällt, da nicht lebzeitig vollzogen, gem. § 2301 Abs. 1 BGB den Bestimmungen zum Erbvertrag und schafft (abgesehen von § 2287 BGB) keine lebzeitige Sicherheit. Andererseits ist die näher an der lebzeitigen Variante liegende **Überlassung mit auf den Todeszeitpunkt aufgeschobener Erfüllung** zu nennen, wodurch bereits eine gesicherte (bei Grundstücken also vormerkungsfähige) Rechtsposition erzeugt wird (vgl. Rdn. 1781 und ausführlich Rdn. 3140 ff.). Letztere kann mit einer Sofortverpachtung des Unternehmens an den künftigen Inhaber kombiniert werden. Schenkungsteuerlich ist damit jedoch noch kein Vollzug (und damit keine Ausnutzung der Freibeträge) eingetreten. 321

Schließlich steht dem „Veräußerer" auch das Instrument der **Vorausabtretung** zur Verfügung: Weiß bspw. der Unternehmer, dass nach seinem Tod sein Unternehmensanteil nicht fortgeführt werden kann oder wird, mag er die Auseinandersetzungsansprüche antezipiert an seine Witwe zu deren Versorgung abtreten. Die Erben sind hieran, auch wenn sie die Vorausverfügung nicht kennen, gebunden.[607] 322

c) Lebzeitige Übertragung

> **Hinweis:**
>
> Die **Vorteile** der lebzeitigen Unternehmensnachfolge liegen zum einen in den Korrekturmöglichkeiten, die ggf. erkennbaren Fehlentwicklungen gegenzusteuern erlauben, zum anderen in der Chance einer Pflichtteilsreduzierung durch Anlaufen[608] oder gar Ablauf der Zehn-Jahres-Frist des § 2325 Abs. 3 BGB, weiterhin in der Chance der Vermeidung künftigen Sozialleistungsregresses nach zehn Jahren (§§ 528 f. BGB), in der Verteilung von ertragsteuerlichen Freibeträgen auf mehrere Familienmitglieder, zusätzlich in der Möglichkeit, durch Verteilung auf mehrere Zehnjahreszeiträume Schenkungsteuer zu sparen (§ 14 ErbStG) und schließlich in der Chance eines gleitenden Übergangs (etwa durch Aufnahme als Mitgesellschafter in ein bisheriges Einzelunternehmen [Rdn. 329], oder begleitende Beratungstätigkeit des Veräußerers nach der Übergabe) anstelle des „abrupten" erbrechtlichen Erwerbs. 323

---

607 BGH, 13.11.2000 – II ZR 52/99, EWiR 2001, 217 (*Marotzke/Harder*).
608 Reduzierung um 10 % pro abgelaufenem Zeitjahr seit juristischer und wirtschaftlicher Ausgliederung gem. § 2325 BGB maßgeblich ist der Sterbefall ab dem 01.01.2010, auch wenn die Schenkung an den Dritten zuvor stattgefunden hat.

> Auch die vertragliche Einbindung der weichenden Geschwister gelingt leichter.[609] Die letztwillige Variante ist vorzugswürdig, wenn die dinglich wirkenden Disziplinierungs- und Kontrollmittel der Nacherbfolge oder Testamentsvollstreckung sich als notwendig erweisen, und bleibt stets notwendige „Auffanglösung" für den Katastrophenfall. Bei der letztwilligen Lösung spielt naturgemäß die Absicherung des Unternehmers selbst (durch Nießbrauchsvorbehalte, Sonderstimmrechte, Versorgungsrenten, Beraterverträge, Rückforderungsrechte etc.) keine Rolle mehr, allerdings die mögliche Absicherung des hinterbliebenen Ehegatten.

IV. Möglichkeiten lebzeitiger Unternehmensübertragung

1. Einzelunternehmen

324 Auch wenn die einzelnen Gegenstände (Rechte und Sachen), die zu einem **einzelkaufmännischen Unternehmen**[610] gehören, bilanziell zusammengefasst sind, bleibt zivilrechtlicher Übergabegegenstand nicht „das Unternehmen", sondern dessen einzelne Bestandteile, die (als „asset deal") nach den jeweils hierfür geltenden Vorschriften übertragen, abgetreten bzw. aufgelassen werden müssen. Sind **Grundstücke** enthalten, erfasst § 311b Abs. 1 BGB (Beurkundungspflicht) wegen der wirtschaftlichen und rechtlichen Geschäftseinheit den gesamten Übertragungsvorgang. Dem zivilrechtlichen Bestimmtheitsgrundsatz wird jedoch regelmäßig durch Bezugnahme auf die Stichtagsbilanz und Inventarlisten, Sachanlageverzeichnisse etc. Genüge getan. Es hat sich darüber hinaus eingebürgert, **Dauerschuldverhältnisse**, in die ein Eintritt zu erfolgen hat, sowie besonders bedeutsame Verpflichtungen (Bankverbindlichkeiten) sowie **gewerbliche Schutzrechte** (z.B. Lizenzen) einzeln zu benennen.

325 **Arbeitsrechtlich** gilt (auch für unentgeltliche Betriebsübertragungen) § 613a BGB samt der Hinweispflicht des § 613a Abs. 5 BGB.[611] Damit tritt der Betriebsübernehmer zugleich in die Versorgungsanwartschaften der aktiven Arbeitnehmer ein,[612] hinsichtlich der bestehenden Ruhestandsverhältnisse ist eine Rechtsnachfolge gem. § 4 BetrAVG möglich, soweit sie insolvenzgesichert sind[613] (Pensionssicherungsverein). Änderungen bestehender Zusagen sind nach Betriebsübergang nur beschränkt möglich.[614] Rückstände in Bezug auf Sozialversicherungsbeiträge, auch hinsichtlich der Arbeitnehmeranteile, gehen jedoch nicht gem. § 613a BGB über.[615]

---

609 Z.B. durch gegenständlich beschränkte Pflichtteilsverzichte gegen Abfindung, ähnlich dem „patto di famiglia" gem. Art. 768 ff. CC, vgl. *Castello/Molinari*, ZErb 2007, 367 ff.
610 Vgl. zum Folgenden *Geck/Reimann*, Unternehmensnachfolge in der Kautelarpraxis (DAI-Skript November 2005), S. 142 ff., sowie *Spiegelberger*, Vermögensnachfolge im Zivil- und Steuerrecht, Teil 1: Betriebsvermögen (DAI-Skript September 2006), S. 208 ff.
611 BAG, 13.07.2006 – 8 AZR 305/05, NZA 2006, 1268: „präzise, aber dem Laien verständliche Beschreibung der rechtlichen Folgen im Detail".
612 BAG, AP § 613a BGB Nr. 12, 15.
613 BAG, DB 1988, 122.
614 Vgl. im Einzelnen *Gaul/Kühnreich*, NZA 2002, 495.
615 BayLSG, 28.01.2011 – L 5 R 848/10 B ER, StBW 2011, 235 (ebenso Art. 3 ff. der Richtlinie 2001/23/EG, ABl EU L 82/16 v. 22.03.2001).

Für das einzelkaufmännische Unternehmen einer Firma ist das **Handelsregister zu berichtigen**, im Fall der Firmenfortführung[616] bzw. der Fortführung des Kernbestands des Unternehmens[617] ist an die Vereinbarung und zeitnahe[618] Veröffentlichung (Handelsregistereintragung beim Erwerber)[619] eines **Haftungsausschlussvermerks** zu denken (§ 25 Abs. 2 HGB), dessen Eintragung durch das Registergericht nur abgelehnt werden kann, wenn eine Haftung des neuen Unternehmensträgers gem. § 25 Abs. 1 HGB nicht in Betracht kommen kann;[620] einer Vorlage der Ausschlussvereinbarung bedarf es nicht.[621] Als „Unternehmensfortführung" genügt dabei auch die Übernahme des – aus Sicht des Rechtsverkehrs – wesentlichen Teilbereiches.[622] Einzutragen ist der Haftungsausschluss beim die Firma fortführenden Rechtsträger, etwa aufgrund folgender Anmeldung:

326

Formulierungsvorschlag: Anmeldung des Haftungsausschlusses gem. § 25 Abs. 2 HGB beim die Firma fortführenden Rechtsträger

327

> Die A GmbH/A oHG etc hat ihren Geschäftsbetrieb mit dem Recht der Firmenfortführung an die (z.B.) B GmbH veräußert. Der Übergang der im erworbenen Geschäftsbetrieb begründeten Forderungen sowie die Haftung für die im erworbenen Geschäftsbetrieb begründeten Verbindlichkeiten sind ausgeschlossen. Die Firma der B GmbH wurde geändert in .... GmbH.

Gem. § 75 AO besteht eine nicht ausschließbare Haftung des Erwerbers für betriebliche Steuern (Rdn. 4664). Anders liegt es beim Erwerb nach Eröffnung des Insolvenzverfahrens (vgl. § 75 Abs. 2 AO; i.R.d. § 613a BGB ebenfalls gefestigte Rechtsprechung;[623] i.R.d. § 25 HGB jedenfalls dann, wenn nicht nur einzelne Wirtschaftsgüter aus der Insolvenz erworben werden).[624] Regelmäßig übernimmt der Erwerber die Erfüllung bestehender, auch latenter, Verpflichtungen aus Sachmängeln auch für die Vergangenheit, und die Pflicht zur Nachzahlung etwaiger betrieblicher Steuern und ESt als Ergebnis einer Betriebsprüfung, die ohnehin häufig aus Anlass einer Betriebsübertragung durchgeführt wird (die Übernahme von Einkommensteuernachzahlungen, auch aufgrund betrieblicher Einnahmen beruhend, ist allerdings „Gegenleistung" im er-

328

---

616 OLG Jena, 24.05.2007 – 6 W 231/07, NotBZ 2007, 298: bereits die ernsthafte Möglichkeit einer Haftung aus Firmenfortführung genügt als Eintragungsvoraussetzung.
617 BGH, 07.12.2009 – II ZR 229/08, DStR 2010, 177.
618 Sofern die Anmeldung sofort erfolgt, genügt die Eintragung binnen ca. 5 Monaten (OLG Düsseldorf, NJW-RR 2003, 1120), aber nicht mehr nach 7 Monaten (OLG München, 06.02.2007 – 31 Wx 103/06, NotBZ 2007, 299), auch wenn die Verzögerung durch (unberechtigte) Zwischenverfügungen des Registergerichts bedingt ist.
619 OLG Düsseldorf, RNotZ 2008, 424, m. Anm. *Heil*.
620 OLG München, 30.04.2008 – 31 Wx 41/08, RNotZ 2008, 425, m. Anm. *Heil*; OLG Düsseldorf, 09.05.2011 – 3 Wx 84/11, RNotZ 2011, 434; BGH, 16.09.2009 – VIII ZR 321/08, MittBayNot 2010, 216, m. Anm. *M. Wachter* samt Formulierungsvorschlag, zur „faktischen Unternehmensfortführung" (identische Geschäftstätigkeit, Übernahme von Teilen des Personals, identische Telefon- und Faxnummer).
621 OLG München, 23.06.2010 – 31 Wx 105/10, GmbHR 2011, 1039, jedenfalls wenn die Anmeldung von den Geschäftsführern beider Gesellschaften unterschrieben ist.
622 BGH, 07.12.2009 – II ZR 229/08, NotBZ 2010, 218, m. Anm. *Vossius*.
623 Keine Haftung für vor Eröffnung des Insolvenzverfahrens entstandene Verbindlichkeiten: BAG, 16.02.1993 – 3 AZR 374/92, NJW 1993, 2259 f.
624 OLG Stuttgart, 23.03.2010 – 8 W 139/10, notar 2011, 58, m. Anm. *Kilian*: daher vorsorglicher Haftungsausschlussvermerk möglich (und ratsam); vgl. auch *Gerber*, GmbHR 2011, 1028 ff.

Kapitel 1: Grundtypus und Varianten – Das Schenkungsrecht des BGB und typische Fallgruppen

tragsteuerlichen Sinn, führt also bei negativem Kapitalkonto zu einer Gewinnrealisierung (vgl. Rdn. 4670).

329 Im Fall einer **stufenweisen Nachfolge**, also der lediglich teilweisen Beteiligung des Nachfolgers am Einzelunternehmen, kommt der Rückbehalt des Nießbrauches am Einzelunternehmen in Betracht (Rdn. 1235),[625] ebenso die Verpachtung des Unternehmens an den prospektiven Nachfolger: Der Pächter wird gem. § 22 Abs. 2 HGB in das Handelsregister eingetragen, der Verpächter kann aufgrund seines Wahlrechts (Rdn. 3985) den „ruhenden" Betrieb zur Vermeidung der Auflösung stiller Reserven fortführen und erzielt demnach Einkünfte aus Gewerbebetrieb, die aber wegen § 9 Nr. 1 Satz 2 GewStG nicht der Gewerbesteuer unterliegen. Als dritte Möglichkeit können gesellschaftsrechtliche Lösungen erforderlich sein (Rdn. 330).

330 Will der Veräußerer zunächst möglichst wenig Leitungsmacht „aus der Hand geben", bietet sich die Eingehung einer **stillen Gesellschaft** an. Ist Letztere „atypisch" ausgestaltet, kann sie durchaus in die Nähe echter Mitunternehmerschaft rücken. Volle Personengesellschaftsbeteiligung kann bspw. erreicht werden durch die „Vorab-Gründung" einer solchen Gesellschaft mit dem Nachfolger, in die der Veräußerer sodann sein Unternehmen gegen Gewährung von Gesellschaftsrechten zu Buchwerten (§ 21 UmwStG) einbringt. Anschließend werden Gesellschaftsanteile schenkweise auf den Nachfolger übertragen.[626] Denkbar ist jedoch auch die „abkürzende" Einbringung des Einzelunternehmens sowohl für eigene als auch für Rechnung des Erwerbers in eine neue Personengesellschaft; Schenkungsgegenstand ist dann der durch Einbuchung entstehende Anteil:[627] Da Entreicherungs- und Bereicherungsgegenstand nicht identisch sein müssen, kann auch eine vorher mangels Gesellschaft nicht im Vermögen des Schenkers vorhandene Beteiligung verschenkt werden.

2. Gesellschaftsbeteiligung

331 Ist Gegenstand der Übertragung die Beteiligung an einer bestehenden **Personen- oder Kapitalgesellschaft**, sind zunächst die gesellschaftsrechtlichen Regelungen zur Übertragbarkeit des Anteils zu prüfen. Ggf. sind vorab Satzungsänderungen erforderlich, auch im Hinblick auf die Beibehaltung oder gar Stärkung des Einflusses des möglicherweise noch beteiligten Veräußerers.

332 Die Aufnahme in eine **Personengesellschaft** erfolgt in der Weise, dass der Gesellschaftsvertrag geändert wird und die jeweiligen Kapitalkonten umgebucht werden.[628] Allerdings geht die ständige Rechtsprechung des BGH[629] dahin, eine schenkweise Übertragung von OHG-Anteilen nur unter sehr engen Voraussetzungen anzunehmen. Grds. sei nämlich die Übernahme der Haftung und die Verpflichtung zur Arbeitsleistung als Gegenleistung zu werten, die eine – auch gemisch-

---

625 Vgl. hierzu *Halaczinsky*, UVR 2006, 31. Fraglich ist allerdings, ob hierfür die Steuerentlastungen der §§ 13a, 19a ErbStG anwendbar sind, vgl. Rdn. 3982.
626 So etwa BGH, ZEV 2005, 71, m. Anm. *Reimann*.
627 So im Benteler-Urteil BGH, NJW 1990, 2616.
628 Zu beachten ist hier jedoch die in der Lit. auf erhebliche Kritik (Nachweise bei Palandt/*Putzo*, BGB, § 516 Rn. 9a) gestoßene Entscheidung des BGH (NJW 1959, 1433), nach der eine Schenkung einer Gesellschaftsbeteiligung, der eine volle persönliche Haftung innewohnt, nicht möglich ist. Vielmehr soll die Übernahme der Haftung eine die Unentgeltlichkeit ausschließende Gegenleistung darstellen.
629 NJW 1981, 1956; NJW 1990, 2616.

te – Schenkung ausschließe.[630] In Fällen eines besonders krassen Missverhältnisses von Leistung und Gegenleistung hat jedoch auch der BGH eine gemischte Schenkung angenommen, z.B. bei schwerer Erkrankung des Schenkers im Zeitpunkt der Schenkung und Vereinbarung eines Übernahmerechts hinsichtlich der Gesellschaftsanteile auch des Schenkers mit Abfindungsausschluss, wobei die Beschenkte vorher schon Vollzeit im Einzelunternehmen arbeitete;[631] Gleiches dürfte allgemein gelten bei deutlich unterschiedlichen Lebenserwartungen des Schenkers und des aufgenommenen Gesellschafters.[632]

> **Hinweis:**
>
> Klarzustellen ist somit immer, ob Gegenstand der Zuwendung tatsächlich der Gesellschaftsanteil als solcher oder nur die Einlage ist, da die Schenkungsgeeignetheit des Gesellschaftsanteils fraglich ist, die der Geldeinlage nicht.

Bei der Übertragung der Gesellschaftsanteile kann sich der Veräußerer Vorsorgeleistungen durch Nießbrauchsvorbehalt (Rdn. 1248 ff., Rdn. 2255) oder disquotale Gewinnbezugsrechte zurückbehalten (Rdn. 2250 ff.) bzw. Versorgungsrenten vereinbaren (Rdn. 5003); zum schenkungsteuerlichen Belastungsvergleich s. Rdn. 4180 ff. Ertragsteuerliche Hinweise:[633] Rdn. 4702 ff. 333

3. Änderung der Rechtsform

Häufig wird im Zug der vorweggenommenen Erbfolge auch eine Änderung der Rechtsform ins Auge gefasst, sodass die Anteilsübertragung hinsichtlich des Vollzugs der Schenkung auf den auf die Eintragung der Strukturveränderung im Handelsregister folgenden Tag zu befristen ist (§ 9 Abs. 1 Satz 2 ErbStG). 334

> *Beispiel:*
>
> *„Umwandlung", also Verschmelzung einer GmbH auf ihren Alleingesellschafter, um der (bis zum 31.12.2008) schlechteren Bewertung von Kapitalgesellschaften bei der Erbschaftsteuer zu entkommen; umgekehrt Ausgliederung aus dem Vermögen des Einzelkaufmanns auf eine neugegründete GmbH zur Haftungsbeschränkung und Möglichkeit der Teilübertragung sowie der Fremdorganschaft etc.*

Wegen des (allerdings nicht ausnahmslos geltenden) **Grundsatzes der Mitgliederidentität**[634] kann sich ein Inhaberwechsel nur im Anschluss an die Umwandlung vollziehen. Damit wird zugleich die steuerliche Qualifizierung des Übertragungsgegenstands bei der Schenkungsteuer definiert.[635] Allerdings kann ohne Verletzung des Grundsatzes der Mitgliederidentität i.R.d. Umwandlungsvorgangs die Kapitalbeteiligung eines Mitglieds erhöht werden, wenn alle Gesellschafter zustimmen („disparitätische Umwandlungen",[636] gem. § 122b UmwG und der SEVIC- 335

---

630 St. Rspr., BGH, NJW 1990, 2616 f. m.w.N.; die Schenkung eines Kommanditanteils ist infolge der Haftungsbeschränkung und nicht zwingenden Geschäftsführung problemlos möglich.
631 BGH, NJW 1981, 1956 f.
632 *Wälzholz*, NWB 2008, 4334 = Fach 19, S. 3976.
633 Überblick zur steuerlichen Behandlung der Rechtsnachfolge von Todes wegen in eine GmbH & Co. KG bei *Levedag*, GmbHR 2010, 629 ff.; zur vorweggenommenen Erbfolge in solche Anteile: *Levedag*, GmbHR 2010, 855 ff.
634 Vgl. *Widmann/Mayer*, Umwandlungsrecht, § 5 UmwG Rn. 57 ff.
635 Vgl. *D. Mayer*, ZEV 2005, 325.
636 Vgl. *Huber*, Anteilsgewährpflicht im Umwandlungsrecht, S. 461 ff.

Entscheidung des EuGH[637] auch bei grenzüberschreitenden Verschmelzungen).[638] Im Extremfall können auch bei Spaltungsvorgängen, die der Umstrukturierung vor einer vorweggenommenen Erbfolge dienen, nicht verhältniswahrende Spaltungen, im Extremfall sogar „Spaltungsvorgänge zu Null" stattfinden.[639]

336 Verwandt sind **Aufspaltungen** eines bestehenden Unternehmens in zwei rechtlich selbstständige, als Besitz- und Betriebsgesellschaft konfigurierte Betriebe, wobei sich der Unternehmens-"Patriarch" i.d.R. die Besitzgesellschaft sichert und die Betriebsgesellschaftsanteile an Nachkommen abgibt.[640] Denkbar ist des Weiteren eine **Familien-Holding**, z.B. durch Schaffung eines Vermögenspools, in welchem vorhandenes Familienvermögen (nicht notwendig betrieblicher Art) zusammengeführt und gebündelt wird (s. hierzu Rdn. 2048 ff.).

V. Besonderheiten bei landwirtschaftlichen Übergaben

1. Interessenlage

337 Bei der Gestaltung einer landwirtschaftlichen Übergabe sind bestimmte Interessen auf Veräußerer- und Erwerberseite besonders prägend: Im Vordergrund steht zunächst die Erhaltung des landwirtschaftlichen Betriebs als **wirtschaftliche Einheit** und als wesentliche Lebensgrundlage der nächsten Generation, weshalb sie auch **kostenrechtlich privilegiert** ist (zu § 19 Abs. 4 KostO vgl. Rdn. 4442 ff.). Die frühzeitige Heranführung, oft durch gleitende Zwischenlösungen (z.B. gemeinsame Bewirtschaftung in GbR, Anpachtung des Betriebs) bietet Gewähr für eine Übereinstimmung zwischen Veräußerer und Erwerber in diesen Grundwertungen.

338 Die Versorgung des Veräußerers spielt seit der Einführung der Altershilfe für Landwirte (Gesetz v. 01.10.1957), die mit Abgabe[641] des landwirtschaftlichen Betriebs ab Vollendung des 65. Lebensjahrs[642] den Bezug von **Altersgeld** ermöglicht, nicht mehr die allein entscheidende Rolle. Austrags- und Leibgedingsleistungen ergänzen vielmehr die Geldversorgung aus diesem Sicherungssystem, die auch für Bäuerinnen eine selbstständige Berechtigung schafft, und dienen v.a. der Deckung des Bedarfs an Dienstleistungen, die durch den Erwerber erbracht werden können (hauswirtschaftliche Versorgung, Pflegeleistung), um den teuren (und unpersönlichen) Einkauf solcher Leistungen bei gewerblichen Anbietern zu vermeiden.

339 Die reduzierte Bedeutung dieser Altenteilsleistungen, auch von Sachdeputaten, angesichts der zunehmenden Spezialisierung der landwirtschaftlichen Höfe, kommt dem Interesse des Übernehmers entgegen, vor einer übermäßigen Belastung, die seine wirtschaftliche Existenz gefährden kann, bewahrt zu bleiben. Weichende Geschwister schließlich erwarten eine angemessene Abfindung weniger für die Hofübernahme als solche (insoweit wird die *Sonderwertung*

---

637 EuGH, 13.12.2005, C-411/03 – SEVIC Systems AG IStR 2006, 26, m. Anm. *Beul*.
638 *Reimann*, ZEV 2009, 586, 588.
639 Vgl. *Perwein*, DStR 2009, 1892, auch zur Schenkungsteuerpflicht gem. § 7 Abs. 1 und Abs. 7 ErbStG und zur Frage der Verteilung der Ausgangslohnsumme auf übertragende und übernehmende Gesellschaft.
640 Vgl. *Gesmann-Nuissl*, BB-Spezial Heft 6/2006, 4.
641 Unter Erklärung der Auflassung, vgl. LSG München, MittBayNot 1993, 168 ff.
642 Der Rentenanspruch entsteht erst mit Beginn des Monats, der der Abgabe folgt, vgl. § 30 ALG i.V.m. § 99 Abs. 1 SGB VI. Deshalb sollte der Übergang von Besitz, Nutzungen und Lasten auf den vorangehenden Monatsletzten datiert sein, nicht auf den Ersten eines Monats.

des § 2312 BGB, Ertragswertprivileg, im Regelfall akzeptiert; s. hierzu und zur **Höfeordnung** Rdn. 3119 ff.) vielmehr für den Fall der Veräußerung nicht betriebsnotwendiger Baulandflächen (Nachabfindung). Sie wünschen weiterhin, von den Soziallasten der Eltern, einschließlich etwaiger Unterhaltsansprüche, möglichst weitgehend freigestellt zu sein.

2. Rückbehalt

Beratungsbedarf in der notariellen Praxis besteht v.a. hinsichtlich der bereits wiederholt dargestellten[643] Problematik des **Rückbehalts von Grundstücken beim Veräußerer**. Sofern dieser Rückbehalt nämlich 1/4 der Existenzgrundlagengröße des § 1 Abs. 5 ALG überschreitet (oder das abgegebene Restunternehmen die genannte Basisgröße unterschreitet), liegt (noch) keine wirksame Abgabe vor; ALG-Altersgeld wird nicht gewährt (§ 21 Abs. 7 ALG). Die Bezugsgröße wird durch die jeweilige Landwirtschaftliche Alterskasse (welche in Bayern bei den Landwirtschaftlichen Berufsgenossenschaften als Körperschaften des öffentlichen Rechts errichtet sind) festgelegt; die genauen Flächengrößen, welche auch nach der Qualität der Böden und den vorgesehenen Kulturen variieren, können von deren Geschäftsführern erfragt werden (der Bundesdurchschnittswert liegt bei etwa 4 ha).[644]

340

Ferner hat der Notar in der Beratungspraxis darauf hinzuweisen, dass

341

- bei erheblichem Rückbehalt die Erteilung der **Genehmigung nach dem Grundstücksverkehrsgesetz** gefährdet sein kann (§ 9 Abs. 1 Nr. 2, Abs. 3 GrdstVG),[645]
- die **Ertragswertprivilegien** (§§ 2312, 2049, 1376 Abs. 4 BGB) hinsichtlich des zurückbehaltenen Teils mangels Landguteigenschaft entfallen und i.Ü. ebenfalls gefährdet sein können sowie
- die im Verhältnis etwa zu opponierenden Geschwistern wichtige **10-Jahres-Frist des § 2325 Abs. 3 BGB** insoweit nicht zu laufen beginnt.

Auch wird das Vorliegen eines Leibgedingsvertrags und die hieran anknüpfenden Privilegien gefährdet.[646]

Sozialhilferechtlich zählen zurückbehaltene landwirtschaftliche Grundstücke nicht zum Schonvermögen des Veräußerers, da sie nicht für dessen „Erwerbstätigkeit" unentbehrlich sind (§ 90 Abs. 2 Nr. 5 SGB XII).

342

Zum land- und forstwirtschaftlichen Betriebsvermögen gehören die Grundstücke einschließlich des Bauerwartungslands und der Betriebsgebäude, nicht jedoch die spätestens seit Ende des Veranlagungszeitraums 1998 (Rdn. 4444) steuerfrei in das Privatvermögen entnommene Wohnung des Landwirts und die Altenteilerwohnung samt des zugehörigen Grund und Bodens. Unlieb-

343

---

643 Vgl. etwa *Winkler*, MittBayNot 1979, 56; *Plagemann*, AgrarR 1989, 86; *Gitter*, DNotZ 1984, 596.
644 Vgl. *v. Maydell*, Weiterentwicklung des landwirtschaftlichen Sozialrechts, S. 33; *Winkler*, MittBayNot 1979, 56 referiert Berechnungsweise und Zahlen für die Bezirke Schwaben und Oberbayern.
645 Vgl. etwa BGH, NJW 1994, 733: Rückbehalt wegzumessender Teilflächen mit Altenteilerhaus führt i.d.R. zu einer unwirtschaftlichen Verkleinerung, sodass die Genehmigung nach dem GrdStVG zu versagen ist.
646 Vgl. OLG Zweibrücken, MittBayNot 1994, 136, da kein vollständiges Nachrücken in die wirtschaftliche Existenz des Veräußerers vorliege. Dagegen jedoch zu Recht krit. *Wolf*, MittBayNot 1994, 117 ff.

Kapitel 1: Grundtypus und Varianten – Das Schenkungsrecht des BGB und typische Fallgruppen

same Folgen können daher im **Einkommensteuerrecht** erwachsen, wenn wesentliche Teile[647] dieses Betriebsvermögens nicht übergeben werden: Es liegt keine buchwertneutrale (§ 6 Abs. 3 Satz 1 EStG) Betriebsübertragung mehr vor, sondern eine gewinnrealisierende Betriebsaufgabe (Rdn. 4514 ff.), schenkungsteuerlich entfällt der Sonderfreibetrag für Betriebsvermögen;[648] werden einzelne, nicht zu den wesentlichen Betriebsgrundlagen zählende Grundstücke zurückbehalten, entsteht ein Entnahmegewinn (Rdn. 4501), welcher zudem nicht nach §§ 14, 34 EStG begünstigungsfähig ist. Weitgehend unproblematisch ist lediglich der Rückbehalt von Bauernwaldgrundstücken, da diese fast immer[649] einen eigenen forstwirtschaftlichen „Kleinst-" Betrieb darstellen,[650] ferner der Rückbehalt eines weiter bewirtschafteten verkleinerten Betriebes.

344 Auch die **Nießbrauchsbestellung** an Flächen, welche 1/4 der o.g. Berechnungsgröße überschreiten, wie überhaupt alle Vereinbarungen, die den Übergeber in die Lage versetzen, bzgl. der betroffenen Flächen in vergleichbarem Umfang wie vor der Übergabe unternehmerisch tätig zu sein,[651] lassen die für das ALG-Altersgeld erforderliche „Abgabe des Betriebs" entfallen. Der Vorbehalt des Nießbrauchs hindert auch das Anlaufen der Frist des § 2325 Abs. 3 BGB.[652]

Den geschilderten gravierenden Nachteilen des Veräußererrückbehalts stand lediglich die mögliche Vermeidung der Rechtsfolgen des § 419 BGB vor dem 01.01.1999 ggü. (Rdn. 591).

345 Eine Besonderheit bildet die Hofübergabe unter Vorbehalt des Totalnießbrauchs für den Übergeber und seinen Ehegatten mit anschließender Verpachtung des Hofes (ohne Übergeberwohnung) zu moderaten Konditionen und gegen Versorgungspflichten an den Erwerber, der demnach zugleich Eigentümer und Pächter ist (sog. „**Rheinische Hofübergabe**").[653] Die Position des Übergebers soll dadurch gestärkt werden. Regelmäßig bilden Hofübergabe und „Rückverpachtung" zumindest aus Sicht des Erwerbers eine Einheit, sodass auch der Pachtvertrag zu beurkunden ist.[654] Jedenfalls bei Verpachtung an den Erwerber ist die „Rheinische Hofübergabe" auch mit dem Höferecht vereinbar; bei der (seltenen) Verpachtung an einen Dritten wird der Übergabevertrag gem. § 17 Abs. 3 HöfeO nur genehmigungsfähig sein, wenn der Erwerber (Eigentümer) auf sein Sonderkündigungsrecht gem. § 1056 Abs. 2 BGB verzichtet hat (Muster Rdn. 1131).

---

647 Dies hat der BFH etwa bei Rückbehalt von 18 % der landwirtschaftlichen Fläche angenommen (MittBayNot 1990, 210), jedenfalls bei annähernd gleichwertiger Bonität der übertragenen und zurückbehaltenen Böden. Anders der Sachverhalt in BFHE 143, 559 (12 %iger Rückbehalt geringwertigen Weidelandes schadet nicht).
648 Vgl. FG Münster, ErbStB 2003, 348.
649 Sofern sie mit echter Gewinnerzielungsabsicht bewirtschaftet werden können, was bereits bei wenigen Hektar Fläche angenommen werden kann, BFH, BStBl. 1985 II, S. 550.
650 Vgl. *Ochs*, MittBayNot 1985, 174; *Martin*, MittBayNot 1980, 145; *Zaisch*, in: Leingärtner, Die Einkommensbesteuerung der Land- und Forstwirtschaft, Rn. 1665 ff.
651 Vgl. BSG, SozR 5850 § 41 Nr. 14.
652 Vgl. hierzu *Wegmann*, MittBayNot 1991, 5; *Wieser*, MittBayNot 1970, 135 ff.; *Rolland*, DNotZ 1989, Sonderheft, S. 148 sowie *Draschka*, NJW 1993, 437 f.
653 Vgl. *Gehse*, RNotZ 2009, 160, 162.
654 So auch das Muster von *Grundmann*, in: Kersten/Bühling, Formularbuch und Praxis der Freiwilligen Gerichtsbarkeit, § 36 Rn. 164 M.

3. Übertragungsumfang

Besonderes Augenmerk ist auf die Bezeichnung der mit übertragenen weiteren Betriebsgrundlagen zu richten. Im Bereich der Landwirtschaft zählen z.B. zu Inventar und sonstigem Zubehör (§§ 97, 98 Satz 2 BGB) alle landwirtschaftlichen Maschinen, Büroeinrichtungen, das Vieh (lebendes Inventar) und die landwirtschaftlichen Erzeugnisse (vgl. hierzu das Muster Rdn. 361). Für **zugepachtete Grundstücke** gewährleistet § 593a BGB den Eintritt des Übernehmers in den Pachtvertrag,[655] wobei jedoch der Verpächter von der Betriebsübergabe zu benachrichtigen ist. Für **verpachtete Grundstücke** gilt gem. § 593b BGB der Grundsatz „Grundstücksübertragung bricht nicht Miete" (§§ 566 ff. BGB) mit im Zweifel zeitanteiliger Aufteilung des Pachtzinses (§ 101 BGB).

346

Zu beachten ist auch die Übertragung von Ansprüchen (und Pflichten) aus langfristigen **Lieferverträgen**, etwa von Zuckerrübenlieferrechten, die seit Inkrafttreten der EU-Marktordnung durch regionale Zuckerhersteller im Rahmen eigener, unterschiedlicher Vergabe- und Übergaberegelungen bestehen (Rdn. 354 ff.). Bedeutsam ist auch die **Übernahme von Mitgliedschaften** in Erzeugerringen, Maschinenringen, Produktions-, Verwertungs- und Kreditgenossenschaften (vgl. hierzu § 76 GenG). Während vor der am 18.08.2006 in Kraft getretenen Reform des Genossenschaftsrechts[656] das Geschäftsguthaben nur im Ganzen, also auf einen einzigen Erwerber, übertragen werden konnte, erlaubt § 76 GenG auch die Teilübertragung auf andere Mitglieder (vormals: „Genossen"), ohne § 67b GenG (Kündigung) in Anspruch nehmen zu müssen.

347

4. Milchreferenzmenge

Die sog. „**Milchquoten**" (Anlieferungsrechte bei der Molkerei) gingen bis zum 31.03.2000 unter der Geltung der „Milch-Garantiemengen-VO" flächengebunden über, werden jedoch nunmehr nach Maßgabe der politisch durchaus umstrittenen Milchabgabenverordnung (MilchQuotV,[657] zuvor: ZAVO)[658] grds. über sog. Übertragungsstellen „West" und „Ost" zu festgesetzten Terminen und Preisen („Gleichgewichtspreis", § 17 MilchQuotV) innerhalb West- bzw. Ostdeutschlands übertragen („Börsenpflicht").

348

Außerhalb dieser Börse ist eine Übertragung von Milchreferenzmengen möglich:[659]

349

- i.V.m. der (entgeltlichen oder unentgeltlichen) Veräußerung oder Verpachtung[660] des gesamten[661] Milcherzeugungsbetriebs (§ 22 Abs. und 2 MilchQuotV), Rdn. 353,

---

655 Daneben kann ein „Mieterwechsel" ohne Zustimmung des Vermieters als Teil einer (partiellen) Gesamtrechtsnachfolge nach dem UmwG eintreten, z.B. bei der Ausgliederung aus dem Vermögen eines Einzelkaufmanns auf eine GmbH, OLG Karlsruhe, 19.08.2008 – 1 U 108/08, notar 1992, 172 f. (Az. BGH: XII ZR 147/08).
656 Vgl. hierzu *Gschwandtner/Helios*, NotBZ 2006, 293 ff.
657 BGBl. 2007 I, S. 295, gültig ab 01.04.2007.
658 BGBl. 2000 I, S. 27, geändert insb. in BGBl. 2002 I, S. 586.
659 *Gehse*, MittBayNot 2008, 336 ff.; *ders.*, RNotZ 2007, 61 ff.
660 Vgl. hierzu *Gehse*, MittBayNot 2008, 337, auch zur Rechtslage bei Beendigung von Altpachtverträgen, §§ 48 ff. MilchQuotV.
661 Bei Übertragungen zwischen Verwandten in gerader Linie oder auf den Ehegatten genügt gem. § 7 Abs. 2 Satz 5 ZAVO auch die Übertragung eines Betriebsteils.

- im Wege der vorweggenommenen Erbfolge (§ 21 Abs. 1 MilchQuotV) als dauerhafte Übertragung, wobei rechtlich zulässige Vorbehalte die Dauerhaftigkeit nicht hindern (Rdn. 351),
- durch schriftliche Vereinbarung zwischen Ehegatten, Verpartnerten bzw. Verwandten in gerader Linie (§ 21 Abs. 2 MilchQuotV) sowie
- bei Einbringung eines Betriebs in eine Gesellschaft, sofern der Einbringende dort 2 Jahre lang mitarbeitet (§ 23 MilchQuotV) und i.R.d. Auflösung von Gesellschaften bei der Verteilung ihrer Vermögenswerte an die Gesellschafter (§ 25 MilchQuotV).

350 Auch solche Übertragungen sind der Landesstelle anzuzeigen und von dieser zu bescheinigen (§ 27 Abs. 1 MilchQuotV). Wird die mit dem Gesamtbetrieb erworbene Milchquote vor Ablauf des zweiten „Quotenjahres" (das jeweils am 01.04. beginnt) weiterveräußert, ist diese weiterveräußerte Quote grds. einzuziehen (§ 22 Abs. 3 und 4 MilchQuotV), was wirtschaftlich der Unübertragbarkeit gleichkommt; auch beim regulärem Verkauf über die Börse findet stets zumindest ein Basisabzug (§ 31 Abs. 3 MilchQuotV) statt.

Trotz ihrer eingeschränkten Verfügbarkeit unterliegen Milchquoten der Pfändung.[662]

351 **Formulierungsvorschlag: Übertragung eines Milcherzeugungsbetriebs in vorweggenommener Erbfolge**

> Gegenstand der Übertragung ist ein milcherzeugender landwirtschaftlicher Betrieb als Einheit mit Rücksicht auf das künftige Erbrecht des Erwerbers, sodass die Milchreferenzmengen gem. § 21 Abs. 1 und § 22 Abs. 1 der MilchQuotV v. 07.03.2007 auf den Erwerber mit übertragen werden. Die Beteiligten werden die Anzeige bei der zuständigen Landesstelle selbst vornehmen und die zur Vorlage bei der Molkerei erforderliche Übertragungsbescheinigung einholen. Ihnen ist bekannt, dass eine Weiterveräußerung der erworbenen Milchquote binnen zwei Quotenjahren grds. zu deren ersatzloser Einziehung führt.

352 Wird ein milcherzeugender landwirtschaftlicher Betrieb verkauft, sind gem. § 22 Abs. 1 Satz 3 MilchQuotV die übertragenen Anlieferungsquoten ausdrücklich im Vertrag zu nennen; der hierauf entfallende Kaufpreisteil sollte wegen der Grunderwerbsteuerersparnis beziffert werden:[663]

353 **Formulierungsvorschlag: Verkauf eines Milcherzeugungsbetriebs**

> Gegenstand des Verkaufs ist ein milcherzeugender landwirtschaftlicher Betrieb. Die dem Verkäufer gehörenden Anlieferungsquoten in Höhe von ..... Mit einem Referenzfettgehalt von ..... % sind ebenfalls verkauft und werden – aufschiebend bedingt auf die Zahlung des gesamten Kaufpreises – an den Käufer übertragen (§ 22 Abs. 1 MilchQuotV). Die Beteiligten werden die Anzeige bei der zuständigen Landesstelle selbst vornehmen und die zur Vorlage bei der Molkerei erforderliche Übertragungsbescheinigung einholen. Ihnen ist bekannt, dass eine Weiterveräußerung der erworbenen Milchquote binnen zwei Quotenjahren grds. zu deren ersatzloser Einziehung führt.

---

662 BGH, 20.12.2006 – VII ZB 92/05, NJW-RR 2007, 1219 ff.
663 *Hertel*, DNotZ 2000, 325, 328.

5. Zuckerrübenlieferungsrechte

Besonderheiten gelten auch für sog. **Zuckerrübenlieferrechte**.[664] Die seit 1968 bestehende Zuckermarktordnung sieht neben Ein- und Ausfuhrbeschränkungen mit Drittländern eine Interventionspreisregelung im Binnenhandel und eine Kontingentierung durch Quotenregelung vor.[665] Bei Letzterer wird zwischen A-, B- und C-Zucker unterschieden, jeweils mit unterschiedlichen Mindestpreisen (A-Zucker entspricht der Grundquote, B-Zucker umfasst den Bereich zwischen Grundquote und Höchstquote, C-Zucker darüber hinausgehende Ernten; seit 2005 wird unterschieden zwischen „Quoten-Rüben" entsprechend der bisherigen A- und B-Rüben, Industrierüben, Ethanolrüben etc.).). Die Unterverteilung innerhalb des der BRD zugewiesenen Kontingents erfolgt durch die Zuckerhersteller als „beliehene Unternehmer", die neben den Grundsätzen des Verwaltungsprivatrechts auch das Kartellrecht (als marktbeherrschende Unternehmen i.S.d. § 20 Abs. 1 GWB) zu beachten haben.

354

Zugeteilte Lieferrechte bilden nach Ansicht des BGH[666] kein Zubehör eines veräußerten landwirtschaftlichen Grundstücks, sondern sind betriebsbezogen, gehen also nur im Fall ausdrücklicher Vereinbarung über, die wegen ihrer Einbindung in den Rahmen der Grundstücksübertragung beurkundungspflichtig ist.[667] (Steuerrechtlich handelt es sich um abnutzbare immaterielle Wirtschaftsgüter).[668] Die Abtretung ist dem Zuckerhersteller anzuzeigen, bei einer Vinkulierung des Anspruchs ist zusätzlich dessen Zustimmung einzuholen (§ 399 BGB), was auch durch den Notar erfolgen kann (mit der Kostenfolge des § 147 Abs. 2 KostO). Werden Flächen zum Rübenanbau landwirtschaftlich verpachtet, sind die Zuckerrübenrechte als Bestandteil der ordnungsgemäßen Bewirtschaftung bei Pachtende (anders als die EU-Agrarförderansprüche, Rdn. 359) an den Verpächter zurück zu übertragen.[669]

355

Zur langfristigen Einbeziehung der Zuckermarktordnung in die Betriebsprämienregelung werden nunmehr die A- und B-Quoten zu einer einheitlichen Produktionsquote zusammengefasst, für die der Mindestpreis bis zum Wirtschaftsjahr 2009/2010 schrittweise um ca. 40 % gesenkt wird. Ein erheblicher Teil des frei gewordenen Prämienvolumens wird in die von der Produktion entkoppelte Betriebsprämienregelung als sog. „Zuckerausgleich" integriert.[670] Aufgrund der Angleichung aller Zahlungsansprüche an den regional einheitlichen Wert ab dem Jahr 2010 werden jedoch v.a. flächenarme Betriebe dauerhaft Subventionen verlieren.

356

Formulierungsvorschlag: Vereinbarung über mit übertragene Zuckerrüberlieferungsrechte

357

> Mitübertragen zum Zeitpunkt des Besitzübergangs sind ..... Tonnen A-Rüben- und ..... Tonnen B-Rüben-Lieferrechte bei der Südzucker AG. Der Veräußerer verpflichtet sich, die

---

664 Vgl. *Gehse*, RNotZ 2007, 73 ff.
665 Art. 10 bis Art. 21 EG-Verordnung 1260/2001.
666 BGH, DNotZ 1991, 667.
667 Vgl. *Uhlig*, DNotZ 1990, 673.
668 Abschreibung bei entgeltlichem Erwerb auf 15, u.U. 10 Jahre, BFH, 17.03.2010 – IV R 3/08, EStB 2010, 286.
669 BGH, NJW 2001, 2537; *Grages*, AgrarR 2003, 332.
670 Erhöhung um betriebsindividuelle Zuckergrundbeträge und weitere Zuckerbeträge gem. § 5 Abs. 4a und § 5a Betriebsprämiendurchführungsgesetz (BetrPrämDurchfG).

> Übertragung mit Wirkung für das laufende Zuckerwirtschaftsjahr dem Erzeuger anzuzeigen. Die Beteiligten stellen klar, dass Veränderungen des Werts dieser Lieferrechte etwa aufgrund einer allgemeinen Absenkung der Mindestpreise oder sonstiger Kürzungen, v.a. infolge Änderung der Zuckermarktordnung und Einbeziehung in die Betriebsprämienregelung, auf die Hofübergabe ohne Einfluss bleiben.

6. Agrarförderung

358 Die EU-Agrarreform 2003[671] führt ab 01.01.2005 (bis zur nächsten Neuregelung 2013) zur Entkoppelung der bisher nach der Art des Produkts differenzierenden Agrarbeihilfen: Mit Ausnahme von Hopfen und Tabak (und teilweise Stärkekartoffeln sowie Trockenfutter) entfallen Direktzahlungen, insb. die Milchprämie (frühere Referenzmenge nach Zusatzabgabenverordnung). Jeder Betriebsinhaber erhält entsprechend der bisher von ihm bewirtschafteten Fläche Zahlungsansprüche als Rechengröße, bestehend aus einem zwischen Dauergrünland und Ackerland differenzierten Basisbetrag und dem „betriebsindividuellen Prämienanteil (BIP)", Letzterer gemessen an den Direktbeihilfen der Referenzjahre 2000 bis 2002. Steuerrechtlich handelt es sich bei den zugeteilten Zahlungsansprüchen um immaterielle Wirtschaftsgüter des Anlagevermögens (die im Fall entgeltlichen Erwerbs zu aktivieren sind).[672]

359 Diese Zahlungsansprüche, die mit Identifikationsnummern versehen werden,[673] sind nicht an eine bestimmte Fläche gebunden, sondern können mit jeder dem Betriebsinhaber mind. 10 Monate lang zur Verfügung stehenden Fläche „aktiviert" werden. Diese Fläche muss nicht tatsächlich bewirtschaftet, sondern lediglich in gutem landwirtschaftlichem und ökologischem Zustand gehalten werden („**cross compliance**").[674] Die endgültige Festsetzung der Zahlungsansprüche erfolgte bis 31.12.2005. Sie werden sodann zwischen 2009 und 2013 schrittweise an den „regionalen Zielwert" angepasst[675] und unterliegen ferner zur Bildung einer „nationalen Reserve" bis Ende 2012 einer jährlichen prozentualen Kürzung („Modulation"). Eine Sonderregelung gilt für Obst-, Gemüse- oder Speisekartoffel („OGS")-Anbauflächen: Bei ihnen bedarf die Aktivierung der Zahlungsansprüche einer zusätzlichen „OGS-Genehmigung", die fortan an den betreffenden Zahlungsanspruch geknüpft ist.[676]

360 Die Zahlungsansprüche stehen demjenigen zu, der die Fläche am jeweiligen Stichtag[677] in gutem landwirtschaftlichem Zustand hält, im Fall der Verpachtung also **dem Pächter**.[678] Bei Been-

---

671 Vgl. *Schmitte*, MittBayNot 2004, 95 und *Fischer*, MittBayNot 2005, 273; *Gehse*, RNotZ 2007, 61 ff.; BetrPrämDurchfG v. 21.07.2004, BGBl. 2004 I, S. 1763 mit Änderungen S. 1861 und S. 1868 sowie BGBl. 2006 I, S. 942; EU-Verordnungen 1782/03 und 864/2004.
672 Vgl. im Einzelnen BMF v. 25.06.2008, EStB 2008, 393.
673 Gem. InVeKoSDG, BGBl. 2004 I, S. 1763 und S. 3194.
674 Anhänge III und IV der EG-Verordnung Nr. 1783/2003, vgl. „Meilensteine" des Bundesministeriums für Verbraucherschutz, Ernährung und Landwirtschaft, Rn. 64, 203 ff.
675 Vgl. § 6 BetrPrämDurchfG; dieser wird voraussichtlich zwischen 265,00 € (Saarland) und 360,00 € (Schleswig-Holstein) je Hektar liegen.
676 Vgl. *Gehse*, RNotZ 2007, 66.
677 Regelmäßig der 15.05. eines Jahres, wobei die Fläche dann mind. 10 Monate zur Verfügung stehen muss. Im Fall des Erwerbs zählt der Besitzübergang zu diesem Stichtag; ggf. hilft ein vorgeschalteter Pachtvertrag.
678 Umfassend zur Pacht und zum isolierten Erwerb von Zahlungsansprüchen *Krämer*, NotBZ 2008, 133 ff. und 216 ff.

digung der Pacht ist der Pächter – anders als bei Milchreferenzmengen und Zuckerrübenlieferrechten – jedenfalls gesetzlich nicht verpflichtet, die Zahlungsansprüche an den Verpächter zu übertragen,[679] auch nicht gem. § 596 Abs. 1 BGB.[680] Dies gilt auch für Altverträge[681] ohne Prämienübertragungsregelung;[682] allerdings könnte dort ein Anspruch auf Vertragsanpassung gem. § 593 Abs. 1 BGB wegen der durch den Systemwechsel der Agrarförderung nachhaltig veränderten Verhältnisse bestehen. Anderenfalls sind der Eigentümer und der neue Pächter darauf angewiesen, sich gegen Entgelt solche Zahlungsansprüche wieder zu beschaffen, soweit sie nicht als „Betriebsinhaber in besonderer Lage" Ansprüche aus der nationalen Reserve zugeteilt erhalten. In neuen Pachtverträgen[683] wird nunmehr in aller Regel der Pächter zur Rückübertragung der entkoppelten Betriebsprämien verpflichtet, was auch in AGB zulässig ist.[684]

Bei Vererbung oder **vorweggenommener Erbfolge** erhält der Erwerber die Zahlungsansprüche gegen Vorlage des Erbscheins bzw. Hofübergabevertrags zugewiesen, sofern er Betriebsinhaber ist/wird. Zur Vereinfachung sollte dabei auf die Fälligkeit des (oft in mehreren Einzelraten zur Auszahlung gelangenden) Anspruchs abgestellt werden, unabhängig vom Stichtag der Prämienprüfung (regelmäßig der 15.05) oder dem jeweiligen Überwachungszeitraum. 361

Formulierungsvorschlag: Mitübertragene Gegenstände bei landwirtschaftlicher Übergabe 362

> An den Erwerber mitübergeben wird das gesamte beim landwirtschaftlichen Anwesen vorhandene lebende und tote landwirtschaftliche Inventar, Ein- und Vorrichtungen, Maschinen und die gesamten Wirtschaftsvorräte, der Hausrat und alle Rechte, insbesondere alle etwa dazugehörenden Gemeinde- und Nutzungsrechte und Genossenschaftsanteile sowie sonstige hier nicht aufgeführte Grundstücke, Miteigentumsanteile oder Rechte, die zum Vertragsanwesen gehören.
>
> **Ausgenommen** von der Übergabe sind die in der Austragswohnung des Veräußerers befindlichen Wohnungseinrichtungsgegenstände und der Hausrat sowie der im Eigentum des Veräußerers stehende Pkw der Marke „VW-Golf" mit dem amtlichen Kennzeichen .....
>
> Insbes. werden folgende Rechte/Anteile an den Erwerber zum Zeitpunkt des Besitzübergangs mitübergeben und abgetreten:
>
> Die Milchreferenzmengen gem. § 21 Abs. 1 und § 22 Abs. 1 der MilchQuotV v. 07.03.2007, da ein milcherzeugender landwirtschaftlicher Betrieb als Einheit mit Rücksicht auf das künftige Erbrecht auf den Erwerber übertragen wird. Die Beteiligten werden die Anzeige bei der zuständigen Landesstelle selbst vornehmen und die zur Vorlage bei der Molkerei

---

679 Vgl. *Fischer*, MittBayNot 2005, 274; *Krüger/Schmitte*, AUR 2005, 86; OLG Oldenburg, 21.09.2006 – 10 U 4/06, NotBZ 2007, 260; a.A. *Jansen/Hannusch*, AUR 2005, 45.
680 BGH, 24.11.2006 – LwZR 1/06, MittBayNot 2008, 37, m. Anm. *Gehse*. Dies ist europarechtskonform, EuGH, 21.01.2010 – C-470/08, NL-Briefe zum Agrarrecht (BzAR) 2010, 110.
681 Eine Übergangsregelung wie in § 12 Abs. 2 MilchabgabenVO (BGBl. 2004 I, S. 2143) fehlt.
682 Solche Übertragungsregelungen gelten trotz des Systemwechsels im Zweifel auch für die Zahlungsansprüche neuen Rechtes, BGH, 24.04.2009 – LwZR 11/08, DNotZ 2009, 951. Sie sind auch formularvertraglich möglich, OLG Naumburg, 26.11.2009 – 2 U 90/09 (Lw), NL-Briefe zum Agrarrecht (BzAR) 2010, 152.
683 Muster bei *Krämer*, NotBZ 2008, 292 (mit getrennter Verpachtung der Zahlungsansprüche).
684 OLG Naumburg, 26.11.2009 – 2 U 90/09 (Lw), NL-Briefe zum Agrarrecht (BzAR) 2010, 152.

> erforderliche Übertragungsbescheinigung einholen. Ihnen ist bekannt, dass eine Weiterveräußerung der erworbenen Milchquote binnen zwei Quotenjahren grds. zu deren ersatzloser Einziehung führt.
>
> Ansprüche auf Agrarförderung, auch auf flächenbezogene und betriebsindividuelle Zahlungen i.S.d. EU-Agrarreform 2003, soweit diese künftig fällig werden; es handelt sich um eine vorweggenommene Erbfolge i.S.d. Art. 33 Abs. 1 lit b) der VO(EG) 1782/2003.
>
> ..... Tonnen A-Rüben- und ..... Tonnen B-Rüben-Lieferrechte bei der Südzucker AG. Der Veräußerer verpflichtet sich, die Übertragung mit Wirkung für das laufende Zuckerwirtschaftsjahr dem Erzeuger anzuzeigen.
>
> Ferner die Genossenschaftsanteile an der Trocknungsgenossenschaft ....., an der Milchversorgung ..... e.G. und an der Besamungsgenossenschaft .....

363 Zahlungsansprüche können auch an andere Betriebsinhaber innerhalb desselben Bundeslandes **übertragen** werden, mit oder ohne Flächen. Die Übertragung von Zahlungsansprüchen ohne Fläche ist jedoch erst möglich, wenn der Betriebsinhaber mind. 80 % seiner Ansprüche innerhalb eines Kalenderjahres genutzt hat.[685]

364 **Hinweis:**

Sollte der Veräußerer gegen die Verpflichtung, die Flächen in gutem landwirtschaftlichen und ökologischen Zustand zu halten, verstoßen haben, dürfte dies, sofern der Erwerber den Zustand nicht aufrechterhält, Letzterem nicht zum Nachteil gereichen. Eine Versicherung oder gar Garantie des Veräußerers, die sog. „cross compliance" eingehalten zu haben, ist daher allenfalls bei nicht mehr behebbaren Zuständen (extremer Pestizidbelastung) zu erwägen.[686]

---

[685] Andernfalls muss er alle Zahlungsansprüche, die er im ersten Jahr nicht genutzt hat, freiwillig an die nationale Reserve abtreten, BMELV, „Meilensteine der Agrarpolitik 2005", Rn. 73.
[686] Großzügiger *von Jeinsen*, AgrarR 2003, 294.

Kapitel 2: Sozialfürsorgerecht – ein Überblick

			Rn.
A.	Sozialhilfe		369
I.	Grundbegriffe, Arten der Hilfegewährung		374
	1.	Definitionen	374
	2.	Hilfe zum Lebensunterhalt (§§ 27 bis 40 SGB XII)	396
		a) Regelbedarf	397
		b) Mehrbedarf	401
		c) Zusatzbedarf	402
		d) Einsatz- und Bedarfsgemeinschaft	404
	3.	„Hilfe in besonderen Lebenslagen"	408
II.	Berücksichtigung von Vermögen und Einkommen		419
	1.	Vermögensschonung (§ 90 SGB XII)	419
		a) Begriff des Vermögens	419
		b) Unverwertbares Vermögen (§ 90 Abs. 1 SGB XII)	424
		c) Schonvermögen (§ 90 Abs. 2 SGB XII)	439
		d) Unbillige Härte (§ 90 Abs. 3 SGB XII)	459
	2.	Einkommen (§§ 82, 85 SGB XII)	462
		a) Einkommensbegriff (§ 82 SGB XII)	462
		b) Absetzbare Beträge (§ 82 Abs. 2 und 3 SGB XII)	473
		c) Einkommensschongrenze bei Leistungen des 5. – 9. Kapitels	476
		aa) Allgemeine Einkommensgrenze (§ 85 SGB XII)	478
		bb) Abweichende Einkommensberücksichtigung	485
		(1) Erhöhter Grundbetrag (§ 86 SGB XII)	485
		(2) Reduzierte Einkommensanrechnung bei Leistungen für Behinderte	486
		(3) Einkommensunabhängige Leistungen	488
		cc) Einsatz des Einkommens über der Einkommensgrenze (§ 87 SGB XII)	489
		dd) Einsatz des Einkommens unter der Einkommensgrenze (§ 88 SGB XII)	494
III.	Regress, Erbenhaftung, Überleitung		499
	1.	Rückforderungsrechte nach allgemeinem Sozialverwaltungsrecht	502
	2.	Aufwendungs- bzw. Kostenersatz	505
	3.	Erbenhaftung (§ 102 SGB XII)	509
		a) Zu ersetzende Leistungen	510
		b) Ersatzpflichtiger Personenkreis	514
		c) Ersatzpflichtiger Nachlass	519
		d) Geltendmachung des Erbenregresses	534
	4.	Überleitung von Ansprüchen gem. § 93 SGB XII (bzw. § 27g BVG, § 33 Abs. 1 SGB II, § 95 Abs. 3 SGB VIII)	539
		a) Überleitungsgegenstand	539
		b) Überleitungsbetroffener	542
		c) Überleitungsvoraussetzungen	544
		d) Überleitungsverfahren	549
		e) Folgen der Überleitung	550
	5.	Übergang von Unterhaltsansprüchen gem. § 94 SGB XII (§ 27h BVG, § 33 Abs. 2 SGB II)	551
		a) Forderungsübergang	551
		b) Gegenstand des Übergangs	561
		aa) Kongruenz	562
		bb) Unterhaltsrechtliche Differenzierung	565
		cc) Sozialhilferechtliche Differenzierung	567
		c) Strukturunterschiede zum Unterhaltsrecht	568
		aa) Personenkreis	569
		bb) Schonung des Berechtigten	572
		cc) Zeitlicher Beginn	576
		dd) Schonung des Verpflichteten	577
		ee) Art des Bedarfs	580
		ff) Schuldnermehrheit	581
		d) Härtefall gem. § 94 Abs. 3 Nr. 2 SGB XII	583
		e) Schonung von Eltern behinderter Kinder (§ 94 Abs. 2 SGB XII)	585
	6.	Inanspruchnahme bei Verarmung von Geschwistern	590
		a) § 419 BGB a.F.	591
		b) § 528 BGB	592
		c) §§ 2325, 2316 BGB	595
B.	Grundsicherung		597
I.	Grundsicherung im Alter und bei Erwerbsminderung (4. Kap. SGB XII)		597
	1.	Leistungsbezieher	598

				Rn.

	2.	Leistungsansprüche	602
	3.	„Regress"	605
		a) Erbenhaftung	606
		b) Anspruchsüberleitung	607
		c) Unterhaltsregress	608
II.	Hartz IV: Grundsicherung für Arbeit Suchende seit 01.01.2005 (SGB II)		611
	1.	Geschichtliches: Arbeitslosenhilfe und Rechtspolitik	611
	2.	Anspruchsberechtigung	617
	3.	Insb. Erwerbsfähigkeit/Hilfebedürftigkeit	632
		a) Definitionen	632
		b) Zumutbarkeit	634
		c) Einkommen	635
		d) Vermögen	644
	4.	Eingliederungsleistungen	671
	5.	Finanzielle Leistungen	674
		a) Allgemeines	674
		b) ALG II	677
		c) Sozialgeld	687
		d) Kinderzuschlag	689
		e) Sanktionen	691
	6.	Regress	693
		a) Tatbestände	693
		aa) Verschuldensregress	694
		bb) Erbenregress	695
		cc) Überleitungsregress	696
		b) Insb. „Ahndung" von Vermögensübertragungen	705
	7.	Checkliste	708
	8.	Würdigung und Ausblick	709
C.	Elternunterhalt		718
I.	Grundlagen		727
	1.	Rechtspolitische Überlegungen	727
	2.	Bürgerlich-rechtlicher Unterhaltsrang	729
II.	Berechtigte: Bedarf, Bedürftigkeit, Schonung		731
	1.	Bedarf	731
	2.	Bedürftigkeit	733
		a) Einkommenseinsatz	734
		b) Vermögenseinsatz	736
	3.	Sozialhilferechtliche Besonderheiten	743
		a) Einkommensschonung	744
		b) Vermögensschonung	747
		c) Einsatz- und Bedarfsgemeinschaft	748
III.	Bemessung der Leistungsfähigkeit von Kindern aus Einkommen		750
	1.	Einkommensermittlung	751
	2.	Einkommensbereinigung	756
	3.	Minderung der Leistungsfähigkeit durch vorrangige Unterhaltspflichten	762
		a) Kindesbarunterhalt	764
		b) Kindesnaturalunterhalt	765
		c) Geschiedenenunterhalt	767
		d) Ehegattenunterhalt	768
	4.	Mindestselbstbehalt und Eigenbedarf	776
	5.	Einkommenseinsatz ohne Rücksicht auf den Mindestselbstbehalt	782
		a) Vermögensbildung	785
		b) Überobligatorischer Erwerb außerhalb des eheprägenden Bedarfs	786
		c) Auskömmliches Schwiegerkindeinkommen	788
	6.	Berechnungsbeispiele	791
IV.	Heranziehung aus Vermögen		795
V.	Ausschlusstatbestände		811
	1.	Beschränkung oder Wegfall gem. § 1611 Abs. 1 BGB	811
	2.	Verwirkung nach § 242 BGB	815
VI.	Verhältnis mehrerer Unterhaltspflichtiger zueinander		816
	1.	Rangabstufungen	816
	2.	Verteilung im Gleichrang	820
	3.	Haftungsverhältnis mehrerer gleichzeitig Beschenkter	824
	4.	Regelungsbedarf	826
VII.	Sozialrechtliche „Reaktionen" auf den Elternunterhalt		828
VIII.	Strategien zur Vermeidung einer Heranziehung		830

Die Gestaltung von Vermögensübertragungen ohne kaufmännisch abgewogene Gegenleistung wirft angesichts der bereits geschilderten Erwerbsschwächen der Schenkung in weit höherem Maße als bei Kaufverträgen sozialrechtliche Fragen auf, die an das Risiko einer Verarmung aufseiten des Veräußerers, des Erwerbers oder Dritter (etwa weichender Geschwister) anknüpfen. 365

Dabei ist eine Differenzierung angezeigt, die traditioneller Weise[1] in Anlehnung an die im Kompetenzkatalog des Grundgesetzes verwendeten Begriffe der Sozialversicherung (vgl. Art. 74 Nr. 12 GG), Sozialversorgung (Art. 74 Nr. 10 GG) und Sozialfürsorge (Art. 74 Nr. 7 GG) erfolgt: 366

- Die **Sozialversicherung** gewährt einen Risikoausgleich für die typischerweise zu erwartenden Wechselfälle des Lebens wie Krankheit (ab 01.01.1995 i.R.d. PflegeVG auch Pflegebedürftigkeit),[2] Arbeitsunfall oder Alter. Diese Leistungen werden überwiegend aus dem Beitragsaufkommen der zwangsweise versicherten Mitglieder und nur ergänzend aus Staatszuschüssen finanziert und sind daher i.d.R. von individueller Bedürftigkeit unabhängig.

- Die **Sozialversorgung** wird hingegen überwiegend aus allgemeinen Steuermitteln finanziert. Sie dient teilweise dem Ausgleich besonderer Opfer (etwa als Folge des Kriegs- oder Wehrdienstes), teils der ausgleichenden Allgemeinversorgung in besonderen Pflichtlagen (z.B. ggü. Kindern: Kindergeld). Diese Leistungen sind regelmäßig in gewissem Umfang von der Bedürftigkeit der berechtigten Person abhängig.

- Die **Sozialfürsorge**, insb. **Sozialhilfe** und **Grundsicherung für Arbeit Suchende** (SGB II und XII), aber auch bspw. sog. Kriegsopferfürsorge wird ebenfalls aus allgemeinen Steuermitteln finanziert. Sie umfasst die individuelle, auf die konkrete Notlage und Bedürftigkeit abstellende tatsächliche und finanzielle Hilfe, welche ggü. anderweitiger Bedarfsdeckung soweit als möglich subsidiär ist. 367

Im letztgenannten Bereich – steuerfinanzierte Leistungen, die keinem individuellen Opferausgleich dienen – ist naturgemäß die Kollisionsgefahr mit dem Zivilrecht, v.a. die Regressthematik, am unmittelbarsten zu erwarten. Daher konzentriert sich die Darstellung in diesem Buch auf diesen Bereich,[3] erläutert am Beispiel des Sozialhilferechts (SGB XII) und der Grundsicherung für Arbeit Suchende (SGB II). 368

---

1 Die neuere Sozialrechtslehre differenziert stattdessen zwischen dem „Recht des sozialen Schadensausgleichs" (d.h. Sozialversicherung und soziales Entschädigungsrecht) einerseits, und dem „Recht des sozialen Nachteilsausgleichs" andererseits (Letzteres umfasst die soziale Entlastung – Kindergeld, Elterngeld –, die soziale Förderung – Jugendhilfe, BAföG – und soziale Hilfen, also SGB XII und SGB II).

2 Im Zuge der Überlegungen der sog. Rürup-Kommission wird über eine Ablösung des (beitragsfinanzierten) Sozialversicherungsmodells, das zu keiner Besserung der Pflegesituation geführt hat, durch ein steuerfinanziertes „Bundespflegeleistungsgesetz" diskutiert, das jedoch durch vollständige Heranziehung von Einkommen und Vermögen teilweise refinanziert werden soll.

3 Eine gute und preiswerte Übersicht über alle Zweige des Sozialrechts, die zudem über das Internet (www.bmas.de) aktuell gehalten wird, bietet der Sammelband „Übersicht über das Sozialrecht" des Bundesministeriums für Arbeit und Soziales (ISBN 978-3-8214-7247-8, 1172 Seiten mit CD-ROM, 36,00 €).

A. Sozialhilfe

369 Das Gesetz zur Einordnung des Sozialhilferechts in das Sozialgesetzbuch v. 27.12.2003 (BGBl. I 2003, S. 3022 ff.) inkorporiert das BSHG, das bereits (§ 1 Nr. 15 SGB I) als besonderer Teil des Sozialgesetzbuchs (SGB) galt,[4] in Letzteres auch tatsächlich als dessen (ursprünglich für das Wohngeldrecht reservierte) Buch XII. Im Zuge dessen wurden in zwar überschaubarem, gleichwohl über bloße redaktionelle Retuschen hinausgehendem Umfang inhaltliche Änderungen und Umstellungen im Gesetz vorgenommen. Sie führen zu der dem Rechtsanwender bereits aus der Schuldrechtsreform geläufigen misslichen Folge, dass vertraute „Hausnummern" des in dieser Form im Wesentlichen seit 01.06.1963 geltenden BSHG mit Inkrafttreten der Eingliederung, mithin am 01.01.2005, neu memoriert werden müssen.

370 Da der Gesetzgeber jede Bestimmung des Sozialhilferechts dabei zwangsläufig einer Prüfung unterzogen hat, ist die unveränderte Übernahme von Formulierungen (z.B. des Begriffs „Erbe" in § 102 SGB XII aus § 92c BSHG) als ausdrückliche Bestätigung zu werten.

371 Termini, denen eine geringschätzende Note anhaften könnte, werden im neuen Recht durch neutrale Ausdrücke ersetzt. An die Stelle des Hilfesuchenden oder des Hilfeempfängers tritt der „Leistungsberechtigte". „Hilfe" wird nicht mehr „gewährt", es werden vielmehr „Leistungen erbracht" – die „Fürsorgesprache" des BSHG wird durch die „Marktsprache" des SGB XII ersetzt.[5] Besonderes Augenmerk wird auch darauf gelegt, dass geschlechtsneutrale Bezeichnungen verwendet werden (neudeutsch: „gender mainstreaming").[6] Häufig wird die Formulierung dadurch schwerfälliger, teilweise auch fehlerhaft.[7]

372 Die bisherige Zweiteilung einerseits in **HLU** und andererseits in **HbL** wird in der Gesetzessystematik (jedoch nicht in der Sache selbst – Leistungen des 3. Kap. [HLU] einerseits, des 5. – 9. Kap. [HbL] andererseits) aufgegeben. Grundlegende Bestimmungen zu den Leistungsvoraussetzungen und Regelungen für bestimmte Personengruppen werden daher in einem vorangestellten Kap. 2 (§§ 8 bis 26) für beide Leistungsarten „vor die Klammer gezogen". Bisher notwendige Vorschriften zur (schwierigen) Vermischung von Maßnahmekosten und von Kosten für den Lebensunterhalt bei Heimunterbringung können entfallen.

373 **Hinweis:**

Mit Interesse wird zu verfolgen sein, inwieweit die mit der Eingliederung in das Sozialgesetzbuch einhergehende Änderung der gerichtlichen Zuständigkeit von den Verwaltungs- zu

---

4 Sodass bspw. die Verfahrensvorschriften des SGB X bereits bisher Anwendung fanden, sofern sich nicht aus dem BSHG, den hierzu erlassenen Durchführungsverordnungen und landesrechtlichen Ausführungsvorschriften etwas Abweichendes ergibt, § 37 Satz 1 SGB I.
5 *Linhart/Adolph/Gröschel-Gundermann*, SGB II, SGB XII, AsylbLG, Teil I C Rn 32.
6 Vgl. BT-Drucks. 15/1514 v. 05.09.2003, S. 55.
7 So verpflichtete etwa § 102 Abs. 1 Satz 1 SGB XII bis zur Richtigstellung zum Kostenersatz den Erben der leistungsberechtigten Person „oder dessen Ehegatte oder dessen Lebenspartner". Tatsächlich gemeint ist aber, wie sich aus dessen Satz 3 und der bisherigen Gesetzesfassung ergibt, der Erbe des Ehegatten bzw. Lebenspartners.

den Sozialgerichten[8] zu anderen Schwerpunktsetzungen führt (vgl. Rdn. 388). Ein Beitrag zur stärkeren Vereinheitlichung des Sozialrechts wird dadurch auf jeden Fall geleistet.

I. Grundbegriffe, Arten der Hilfegewährung

1. Definitionen

§ 9 Satz 1 SGB I definiert den Anspruch auf **Sozialhilfe als soziales Recht** wie folgt: 374

„Wer nicht in der Lage ist, aus eigenen Kräften seinen Lebensunterhalt zu bestreiten oder in besonderen Lebenslagen sich selbst zu helfen, und auch von anderer Seite keine ausreichende Hilfe erhält, hat ein Recht auf persönliche und wirtschaftliche Hilfe, die seinem besonderen Bedarf entspricht, ihn zur Selbsthilfe befähigt, die Teilnahme am Leben in der Gemeinschaft ermöglicht und die Führung eines menschenwürdigen Lebens sichert."

Die Sozialhilfe bildet demgemäß ein subsidiäres Basissystem[9] zur Behebung persönlicher und wirtschaftlicher Notlagen, sofern andere Sozialleistungen insoweit nicht vorgesehen oder nicht ausreichend sind (Grundsatz der Universalität der Sozialhilfe). Die Gewährung der Sozialhilfe ist zur Wahrung des Sozialstaatsprinzips (Art. 20 Abs. 1, 28 Abs. 1 Satz 1 GG), des allgemeinen Gleichheitssatzes (Art. 3 Abs. 1 GG) und des Grundrechts auf Schutz der Menschenwürde und freie Entfaltung der Persönlichkeit (Art. 1 Abs. 1, 2 Abs. 1 GG) geboten; sie dient zugleich der Stabilisierung des Gesamtstaats ggü. armutsbedingten Unruhepotenzialen. 375

Wesentliche **Normgrundlage** ist das ab 01.01.2005 in das SGB XII überführte Bundessozialhilfegesetz (BSHG), das am 01.06.1963 an die Stelle der früheren Reichsverordnung über die Fürsorgepflicht aus dem Jahr 1924 getreten ist. Das BSHG galt v. 01.01.1976 bis zum 31.12.2004 als besonderer Teil des SGB,[10] sodass insb. die Bestimmungen des allgemeinen Teils des Sozialrechts (SGB I) sowie die Verfahrensvorschriften des SGB X Anwendung fanden, sofern sich nicht aus dem BSHG, den Durchführungsverordnungen zum BSHG und landesrechtlichen Ausführungsvorschriften etwas Abweichendes ergab (§ 37 Satz 1 SGB I). Seit 01.01.2005 ist es[11] als Buch 12 unmittelbar in das SGB integriert, unter inhaltlichen Änderungen und mit neuer Paragrafenfolge. 376

Die zahlreichen **Novellen zum Sozialhilferecht**[12] lassen sich hinsichtlich der Abfolge der Themenschwerpunkte gliedern in die Fortschreibungsgesetzgebung (Ausweitung des Kreises der Berechtigten, Verbesserung der Leistungsansprüche – bis 1980), die Reduktionsgesetzgebung (Leistungseinschränkungen und restriktive Begrenzung der Ermessensausübung – seit 1981), die Korrekturgesetzgebung (punktuelle Verbesserungen für Einzelgruppen, Bereinigung geset- 377

---

8 Durch § 51 Abs. 1 Nr. 6a SGG (BGBl. I 2003, S. 3022); für das ALG II ergibt sich deren Zuständigkeit aus Art. 22 des Gesetzes v. 24.12.2003, BGBl. I 2003, S. 2954). Von der Öffnungsklausel im SGG, Sozialgerichtsbarkeit durch besondere Spruchkörper der VG auszuüben, hat nur Bremen Gebrauch gemacht.
9 Hierzu und zum Folgenden *Trenk-Hinterberger*, in: v. Maydell/Ruland/Becker, Sozialrechtshandbuch, S. 1177–219; *Hüttenbrink*, Sozialhilfe und Arbeitslosengeld II.
10 Vgl. Art. 11 § 1 Nr. 15 SGB I.
11 Durch das Gesetz zur Einordnung des Sozialhilferechts in das Sozialgesetzbuch (BGBl. I 2003, S. 3022 ff.).
12 Vgl. Übersicht bei *Schellhorn/Jirasek/Seipp*, BSHG, vor § 1.

zessystematischer Unstimmigkeiten – seit 1985) und die „Spargesetzgebung" (Begrenzung des Gesamtaufkommens, Bekämpfung des Sozialleistungsmissbrauchs – seit 1993).

378 Aufgrund der im SGB XII enthaltenen Ermächtigungen sind **Verordnungen des Bundes** zu Maßnahmen der Hilfe zur Überwindung besonderer sozialer Schwierigkeiten, zur Berechnung und Bereinigung des Einkommens, zum Begriff der Hilfsmittel i.S.d. § 81 Abs. 1 Nr. 3 BSHG, zur Neufestsetzung von Geldleistungen und Geldbeträgen nach dem BSHG (nun SGB XII) in den neuen Bundesländern und zur Höhe der Barbeträge oder sonstigen Geldwerte i.S.d. § 90 Abs. 2 Nr. 9 SGB XII ergangen.[13]

379 Die **funktionale Zuständigkeit** zur Gewährung von Sozialhilfe liegt bei den örtlichen Trägern, d.h. den kreisfreien Städten und Landkreisen (§§ 97 Abs. 1, 3 Abs. 2 Satz 1 SGB XII), die diese als Selbstverwaltungsangelegenheit im eigenen Wirkungskreis durchführen. Die Bestimmung der überörtlichen Träger der Sozialhilfe obliegt gem. § 97 Abs. 2 Satz 1 SGB XII den Ausführungsgesetzen der Länder, die hierzu sich selbst oder überörtliche kommunale Körperschaften eingesetzt haben.[14] Gem. § 97 Abs. 3 SGB XII sind die überörtlichen Träger insb. für die Leistungen der Eingliederungshilfe für behinderte Menschen, der Hilfe zur Pflege, der Überwindung sozialer Schwierigkeiten und der Blindenhilfe (§§ 53 bis 72 SGB XII) sachlich zuständig; im Rahmen eines öffentlich-rechtlichen Auftragsverhältnisses können jedoch die überörtlichen Träger die nachgeordneten örtlichen Träger zur Durchführung ihrer Aufgaben nach dem Sozialhilferecht heranziehen und ihnen hierbei Weisungen erteilen, um eine bürgernahe Konzentration der Sozialhilfeverwaltung auf der unteren kommunalen Ebene zu ermöglichen. Die örtliche Zuständigkeit bestimmt sich nach § 98 Abs. 1 Satz 1 SGB XII im Regelfall nach dem tatsächlichen Aufenthalt des Leistungsberechtigten.

380 Teilweise existieren **Sozialhilferichtlinien** in Gestalt von Empfehlungen der Landessozialministerien, die jedoch die Sozialhilfeträger nicht binden, allerdings aufgrund des Weisungsrechts des Behördenvorstands den einzelnen Sachbearbeitern vorgegeben werden können. Diese sind teilweise veröffentlicht;[15] ferner existieren häufig interne Ausführungsvorschriften einzelner Sozialhilfeträger. Von großer Bedeutung sind schließlich die **Empfehlungen des Deutschen Vereins für öffentliche und private Fürsorge e.V.** Frankfurt am Main, in dessen Ausschüssen Vertreter der beteiligten Ministerien, der überörtlichen Sozialhilfeträger sowie der freien Wohlfahrtsver-

---

13 Die Verordnungen zur Eingliederungshilfe (Personenkreis, Art und Umfang der Leistungen) nach § 60 SGB XII, über die Hilfe zur Überwindung besonderer sozialer Schwierigkeiten nach § 69 SGB XII, zur Schiedsstelle nach § 81 SGB XII, zum automatisierten Datenausgleich nach § 120 SGB XII und zur Bundesstatistik nach § 129 SGB XII stehen noch aus.

14 Die Länder selbst sind überörtliche Träger der Sozialhilfe in den Stadtstaaten, den neuen Bundesländern mit Ausnahme Sachsens, dem Saarland, Schleswig-Holstein, Niedersachsen und Rheinland-Pfalz. In Baden-Württemberg obliegt die überörtliche Trägerschaft den Landeswohlfahrtsverbänden Baden und Württemberg-Hohenzollern, in Hessen dem Landeswohlfahrtsverband, in Nordrhein-Westfalen den Landschaftsverbänden Rheinland und Westfalen-Lippe, in Sachsen dem Landeswohlfahrtsverband, in Bayern den Bezirken als Selbstverwaltungsangelegenheit.

15 So etwa in Baden-Württemberg, Bayern, Brandenburg, Niedersachsen, Rheinland-Pfalz und im Bereich Westfalen-Lippe; nach BVerwGE 69, 278 besteht i.Ü. kein Anspruch auf Einsichtgewährung in nicht veröffentlichte Verwaltungsvorschriften.

bände¹⁶ zusammenwirken.¹⁷ Unmittelbare Rechtswirkung für den Hilfesuchenden kommt diesen Verwaltungsvorschriften nicht zu. Sie können jedoch eine für die Zukunft jederzeit aufhebbare Selbstbindung der Verwaltung zur Folge haben.

Das Sozialhilferecht ist geprägt durch das Nachrangprinzip, das Individualisierungsprinzip und das Bedarfsdeckungsprinzip: 381

Der **Grundsatz des Nachrangs** („**materielle Subsidiarität**", § 2 SGB XII) gilt ggü.
- Möglichkeiten der Selbsthilfe (z.B. dem Einsatz der eigenen Arbeitskraft, dem Einsatz eigenen Einkommens oder Vermögens, der Realisierung von Ansprüchen ggü. Dritten); diese sind als „bereite Mittel" allerdings nur dann vorrangig, wenn sie tatsächlich zur Verfügung stehen (sog. Faktizitätsprinzip),¹⁸ andernfalls ist Hilfe zu gewähren und der Anspruch nachträglich gem. § 93 SGB XII überzuleiten);
- tatsächlichen Leistungen Dritter (auch wenn diese ohne gesetzliche Verpflichtung erbracht werden);¹⁹
- Leistungsverpflichtungen Dritter, insb. aus dem Unterhaltsrecht;
- Ermessensleistungen anderer Sozialleistungsträger, die gem. § 2 Abs. 2 Satz 2 SGB XII jedenfalls nicht unter Hinweis auf Sozialhilfeleistungen versagt werden dürfen.²⁰

Die Sozialhilfe stellt also keine rentengleiche Dauerleistung mit Versorgungscharakter dar, sondern soll **vorübergehende Hilfe zur Selbsthilfe** bilden mit dem Ziel einer möglichst raschen Beseitigung der Notlage aufgrund aktiver Mitwirkung des Leistungsberechtigten (vgl. § 1 Satz 3 SGB XII). Nach dem Grundsatz des „**Förderns und Forderns**" sollen seit 01.01.2005 auch dem in der Sozialhilfe verbleibenden Berechtigtenkreis, also den weniger als 3 Std. täglich erwerbsfähigen Personen, aktivierende Leistungen zugutekommen, andererseits aber auch Maßnahmen zur Überwindung der Bedürftigkeit und zur Stärkung der Eigenverantwortung des Leistungsberechtigten gefordert werden können. Sie sollen in einer Leistungsabsprache (§ 12 SGB XII) schriftlich festgehalten werden, deren Nichteinhaltung zu Nachteilen für den Leistungsberechtigten führen kann. 382

Sozialleistungsansprüche aufgrund anderer Gesetze, etwa nach dem BAföG, der gesetzlichen Kranken-, Renten- und Unfallversicherung, nach dem Bundesversorgungsgesetz, Kinder- und 383

---

16 Der Bundesarbeitsgemeinschaft der freien Wohlfahrtspflege gehören als Spitzenverbände an: der Bundesverband der Arbeiterwohlfahrt, der Deutsche Caritasverband, der Deutsche Paritätische Wohlfahrtsverband, das Deutsche Rote Kreuz, das Diakonische Werk der Evangelischen Kirchen in Deutschland und die Zentralwohlfahrtsstelle der Juden in Deutschland.
17 Zu nennen sind etwa die Empfehlungen des Deutschen Vereins für den Einsatz des Vermögens in der Sozialhilfe, herausgegeben in der Reihe „Kleinere Schriften" des Deutschen Vereins Nr. 46, sowie die Empfehlungen des Deutschen Vereins für die Heranziehung Unterhaltspflichtiger in der Sozialhilfe, Fassung ab 01.07.2005: FamRZ 2005, 1387, frühere Fassung in FamRZ 2002, 931, Fassung ab 1995 im Eigenverlag des Deutschen Vereins, Schriftenreihe Nr. 20.
18 BVerwGE 67, 166.
19 Anders jedoch dann, wenn ein Dritter bewusst für einen säumigen Sozialhilfeträger eintritt, vgl. BVerwGE 23, 255.
20 Hierzu zählen etwa Ermessensleistungen nach den Satzungen einzelner Krankenkassen etc.

Wohngeld, Leistungen der Jugendhilfe nach SGB VIII etc. gehen vor und wirken bedarfsmindernd (bzw. sind als Einkommen anzurechnen).

384 Der Subsidiaritätsgrundsatz ist in seiner praktischen Umsetzung allerdings durch die Anerkennung von Schonvermögen (§ 90 SGB XII) und Schoneinkommen (Letzteres lediglich im Bereich der früheren HbL, also des 5. – 9. Kap., § 85 SGB XII) sowie die außerhalb des SGB XII erlassenen Bestimmungen über die Nichtanrechnung einzelner Einkünfte[21] erheblich durchbrochen.[22] Weiter ist der Grundsatz der Nachrangigkeit innerhalb des (beispielhaft gewählten) SGB XII dadurch abgeschwächt, dass Sozialhilfe trotz bestehender anderweitiger Bedarfsdeckungsmöglichkeit, zumindest vorübergehend, geleistet wird.[23]

Sozialhilfe wurde „kurzzeitig überbrückend" geleistet	§ 42 Abs. 2 Satz 2 SGB I	Vorschussleistungen
	§ 43 Abs. 2 SGB I	vorläufige Leistungen
	§ 19 Abs. 5 SGB XII	Aufwendungsersatz
	§ 38 SGB XII	Darlehen für Hilfe zum Lebensunterhalt bei vorübergehender Notlage
	§ 91 SGB XII	Darlehen bei Einsatzproblemen betr. das Vermögen
	§ 92 Abs. 1 SGB XII	Aufwendungsersatz
Sozialhilfe wurde „stellvertretend für einen anderen" zu Leistungen Verpflichteten geleistet	§ 115 SGB X	Nichterfüllte Ansprüche auf Arbeitsentgelt
	§ 116 SGB X	Ansprüche gegen Schadensersatzpflichtige
	§ 93 SGB XII	Übergang von Ansprüchen
	§ 94 SGB XII	Übergang von Unterhaltsansprüchen
Sozialhilfe wurde für einen „regelwidrig erhöhten Bedarf" geleistet	§ 37 Abs. 1 SGB XII	ergänzende Darlehen
Sozialhilfe wurde einem „eigentlich nicht Leistungsberechtigten" geleistet	§ 22 Abs. 1 Satz 2 SGB XII	Darlehen für Auszubildende (Härtefälle)
	§ 27 Abs. 3 Satz 2 SGB XII	Kostenbeitrag für einzelne erforderliche Tätigkeiten

---

21 Etwa hinsichtlich des Erziehungsgelds, der Renten nach dem Contergan-Gesetz, der Leistungen der Stiftung „Mutter und Kind" etc.
22 Vgl. auch §§ 43 Abs. 2, 72 Abs. 3, 75 Abs. 4 BSHG, § 72 Abs. 1 Satz 2 und 3 SGB XII.
23 Erstellt nach *Frommann*, Sozialhilferecht SGB XII, 196 ff.

Sozialhilfe wurde „ungeachtet vorwerfbaren Verhaltens des Leistungsberechtigten" geleistet	§ 34 Abs. 1 Satz 3 SGB XII	Darlehen für Schulden
	§ 92 Abs. 2 Satz 6 SGB XII	Kostenersatz wegen vorsätzlicher oder grob fahrlässiger Nichtversicherung
	§ 26 SGB XII, § 103 Abs. 1 Satz 1 SGB XII	Leistungsherabsetzung und Kostenersatz bei schuldhaftem Verhalten
Sozialhilfe wurde „ohne Berücksichtigung geschonter Mittel" geleistet	§ 102 SGB XII, § 103 Abs. 2 SGB XII	Kostenersatz durch Erben
Sozialhilfe kann aus sonstigen Gründen zurückgefordert werden	§ 8 Abs. 2 EinglhVO	Darlehen zur Beschaffung eines Kfz
	§ 17 Abs. 1 Satz 2 EinglhVO	Darlehen zur Beschaffung von Arbeitsgegenständen

Das **Individualisierungsprinzip** fordert als Ausfluss der Menschenwürde eine auf die Einzelperson abgestellte Feststellung der Notlage und der Hilfegestaltung. Anspruchsinhaber ist der einzelne Hilfebedürftige, nicht die Familie als solche; den Wünschen und Präferenzen des Hilfeempfängers wird gem. § 9 Abs. 2 und 3 SGB XII in gewissem Umfang entsprochen.

385

Gemäß dem **Bedarfsdeckungsprinzip** ist für die Gewährung der Sozialhilfe die tatsächliche Notlage maßgeblich, gleichgültig wodurch diese entstanden ist.[24] Ist der Bedarf gedeckt worden, kann („für die Vergangenheit") Sozialhilfe nicht mehr gewährt werden.[25] Eine Verrechnung von Ansprüchen des Sozialhilfeträgers gegen den Hilfebedürftigen ist nur in den engen Grenzen des § 26 Abs. 2 SGB XII (vormals §§ 25a, 29a BSHG: Erstattung bzw. Schadensersatz wegen zu Unrecht erbrachter Leistungen) zulässig. Die Tilgung von Schulden oder früheren Aufwendungen ist regelmäßig nicht Aufgabe der Sozialhilfe.[26]

386

Hinsichtlich des **Rechtsanspruchs auf Hilfe** sind gem. § 17 Abs. 1 SGB XII zu unterscheiden:
- Pflichtleistungen („ist zu gewähren"),
- Soll-Leistungen, die lediglich im zu begründenden und zu beweisenden Ausnahmefall versagt werden sollen[27] und
- Kann-Leistungen, über deren Gewährung nach pflichtgemäßem Ermessen, das der Überprüfung gem. § 114 VwGO unterliegt, zu entscheiden ist.[28]

387

Das Sozialhilfeverhältnis wird nicht durch einen förmlichen Antrag, sondern durch Kenntnis des Trägers der Sozialhilfe oder der von ihm beauftragten Stellen von den Voraussetzungen der

388

---

24 Allerdings können die Gründe für die Entstehung der Notlage für die Rückzahlung der Sozialhilfe § 103 SGB XII von Bedeutung sein.
25 Anders, wenn der Hilfebedürftige gegen die Ablehnung der Sozialhilfe Rechtsmittel eingelegt hat oder ein Dritter für den säumigen Träger eingetreten ist.
26 Ausgenommen sind Fälle der vorbeugenden oder nachgehenden Hilfe gem. Rdn. 390; dabei ist jedoch zu beachten, dass die Sozialhilfe grds. nicht der Vermögensbildung dient.
27 Vgl. etwa §§ 70, 71 SGB XII (Hilfe zur Weiterführung des Haushalts und Altenhilfe).
28 Etwa Hilfen nach § 53 Abs. 1 Satz 2 SGB XII, v.a. im Bereich der erweiterten HLU.

Hilfegewährung begründet (§ 18 Abs. 1 SGB XII). Mit Kenntniserlangung trifft ihn allerdings die Pflicht, den Bedarf des Hilfeempfängers in seiner Gesamtheit zu erfassen. Bewilligung, Änderung und Einstellung von Sozialhilfeleistungen erfolgen durch **Verwaltungsakt**, gegen den seit 01.01.2005 gem. § 51 Abs. 1 Nr. 6a SGG der Rechtsweg zu den **SG** (vor dem 31.12.2004: den Verwaltungsgerichten) eröffnet ist (§ 31 SGB X). Das sozialgerichtliche Verfahren bietet ggü. der VwGO den Vorteil kürzerer Dauer sowie der Möglichkeit der Berufung zum Landessozialgericht (ohne Anwaltszwang), des Anspruchs auf medizinische Gutachter eigener Wahl, der Möglichkeit der Einberufung weiterer Verwaltungsakte in das laufende Gerichtsverfahren sowie der Beteiligung ehrenamtlicher Richter aus dem Kreis der Betroffenen.

389 Der Grundsatz der **Bedarfsdeckung durch Sozialhilfe für den jeweiligen Zeitabschnitt** erfordert, dass dem Verwaltungsakt nach dem Sozialhilferecht eine zeitlich lediglich begrenzte Wirksamkeit eigen ist; die stillschweigende Fortsetzung laufender Leistungen im jeweils neuen Monat gilt als konkludenter Erlass eines erneuten Verwaltungsakts. Wird die Hilfe eingestellt, liegt also hierin nicht Rücknahme oder Widerruf eines begünstigenden Dauer-Verwaltungsakts, sondern die Ablehnung des Erlasses eines Verwaltungsakts. Hiergegen ist (nach Durchführung des Vorverfahrens)[29] die Verpflichtungsklage nach § 54 Abs. 1 Satz 1, 2. Alt. SGG mit dem Ziel der Neufestsetzung der Sozialhilfe bzw. zur Sicherung die einstweilige Anordnung gem. § 86b Abs. 2 SGG eröffnet. Besteht allerdings ein Rechtsanspruch auf die abgelehnte Leistung, ist die kombinierte Anfechtungs- und Leistungsklage gem. § 54 Abs. 4 SGG zu erheben.

390 Die **vorbeugende Gewährung** von Sozialhilfe ist gem. § 15 Abs. 1 SGB XII möglich, wenn dadurch eine dem Einzelnen unmittelbar drohende Notlage ganz oder teilweise abgewendet werden kann. Sie kommt etwa in Betracht bei der Übernahme von Mietrückständen zur Vermeidung der Obdachlosigkeit (§ 34 SGB XII) sowie der Hilfe zur Familienplanung (§ 49 SGB XII) und der Verhütung der Verschlimmerung besonderer sozialer Schwierigkeiten nach § 67 SGB XII.

391 Gem. § 10 Abs. 1 SGB XII kann Sozialhilfe durch persönliche Hilfe (z.B. Beratung), Geldleistung oder Sachleistung gewährt werden. Hinsichtlich der Leistungsarten **ist** einerseits zwischen der **HLU** (= 3. Kap. §§ 27 bis 40 SGB XII) und andererseits den weiteren Hilfearten des 5. – 9. Kap. (§§ 47 bis 74 SGB XII), früher zusammenfassend bezeichnet als **HbL** zu unterscheiden. Dazwischen steht die Grundsicherung im Alter und bei Erwerbsminderung (vormals GSiG) des nunmehr 4. Kap. Die HLU dient als Grundhilfe für den allgemeinen Lebensbedarf und der Sicherung des notwendigen Lebensunterhalts (§ 27 SGB XII), d.h. insb. der Deckung des Bedarfs an Ernährung, Unterkunft, Kleidung, Körperpflege, Hausrat, Heizung und der Teilnahme am kulturellen Leben. Die Tatbestände der HbL hingegen gewähren auf die jeweiligen Erfordernisse zugeschnittene Leistungen für umgrenzte Personengruppen in besonderen Bedarfslagen, die im Gesetz typisiert erfasst sind. Der ohnehin benachteiligten Stellung der Hilfeempfänger in besonderen Lebenslagen Rechnung tragend, ist der Grundsatz der Nachrangigkeit der Sozialhilfe bei den HbL-Leistungen erheblich abgeschwächt, insb. durch die Anerkennung einer besonderen Einkommensgrenze in §§ 85, 86 SGB XII, erhöhte Schonbeträge für Ersparnisse in § 90 Abs. 2 Nr. 9 SGB XII i.V.m. der hierzu ergangenen Verordnung sowie den grundsätzlichen Wegfall der Pflicht zum Einsatz eigener Arbeitskraft im Bereich der HbL.[30]

---

29 § 62 SGB X i.V.m. § 78 Abs. 2 und Abs. 1 SGG.
30 Mit Ausnahme des § 68 Abs. 3 SGB XII, der allerdings lediglich einen begrenzten Anwendungsbereich hat.

A. Sozialhilfe

Leistungen des 5. – 9. Kap. in- und außerhalb von Einrichtungen einerseits sowie Leistungen der HLU können kombiniert werden. So zählt bspw. i.R.d. Hilfeleistungen in Einrichtungen die Gewährung des sog. Barbetrags zur persönlichen Verfügung (27 % des Eckregelsatzes, „Taschengeld") nunmehr zur HLU (§ 35 Abs. 2 Satz 2 SGB XII; nicht mehr wie in § 27 Abs. 3 BSHG zur HbL).[31]

392

Im Jahr 2002,[32] also vor der Ausgliederung erwerbsfähiger Sozialhilfeempfänger in das SGB II, beliefen sich die gesamten Sozialhilfeausgaben auf rund 24,7 Mrd. €; hiervon konnten ca. 2,7 Mrd. € durch Heranziehung Unterhaltspflichtiger, Eigenbeteiligungen, Kosten- und Aufwendungsersatz gedeckt werden. Ca. 8,8 Mrd. € aus den verbleibenden Aufwendungen entfielen auf die HLU, deren Leistungen ca. 2,9 Mio. Personen zugutekamen, die überwiegend außerhalb von Einrichtungen lebten. Wichtigste Ursache für den HLU-Bezug war Arbeitslosigkeit, ungenügende Rentenhöhe, insb. bei alleinstehenden Frauen, sowie nicht ausreichende Unterhaltszahlungen des Vaters ggü. alleinerziehenden Müttern. Der überwiegende Teil der Sozialhilfeausgaben – nämlich 13,2 Mrd. € – wurde für die Leistungen der HbL aufgewendet, wobei dort die drei Hilfearten der Krankenhilfe (1,3 Mrd. €), der Eingliederungshilfe für Behinderte (9,1 Mrd. €) und der Hilfe zur Pflege (2,4 Mrd. €) gesamt 98 % der Gesamtaufwendungen im HbL-Bereich ausmacht. Über 90 % der HbL-Kosten entfiele auf Hilfeempfänger in Einrichtungen.

393

Die Sozialhilfequote (Anteil der Hilfebezieher an der Gesamtbevölkerung) betrug 2002 in den alten Bundesländern 3,2 % (mit Spitzen in den Stadtstaaten Bremen: 8,9 %, Berlin: 7,4 % und Hamburg 7 %), in den neuen Ländern 3 %. Die Zahl der Empfänger stieg im mittelfristigen Jahresdurchschnitt um etwa 2 %, die Summe der Ausgaben um jährlich etwa 3 %.

394

Im Jahr 2006, also nach der Überführung zahlreicher Bezieher von HLU aus dem Bereich des SGB XII in die Grundsicherungsleistungen des SGB II, bezogen[33] lediglich mehr 306.000 Personen laufende HLU nach SGB XII, davon 27 % außerhalb von Einrichtungen. Von diesen 82.000 Personen waren 86 % Deutsche, 14 % ausländische Mitbürger, sodass die Empfängerquote bei Ausländern mit 1,6 je tausend Einwohner höher liegt als bei Deutschen mit 0,9 Hilfebeziehern je tausend Einwohnern. 19 % der Empfänger waren Kinder unter 18 Jahren. Bei den Personen, die HLU in Einrichtungen (z.B. Pflegeheimen) beziehen, überwiegt der Frauenanteil (52 %); der Ausländeranteil liegt bei lediglich 3 %.

395

Grundsicherungsleistungen nach SGB XII (also im Alter und bei Erwerbsminderung) bezogen[34] im Jahr 2006 rund 682.000 Personen (Anstieg ggü. 2005 um 8,2 %). Davon erhielten 46 % (311.000 Personen) Leistungen wegen voller Erwerbsminderung, 371.000 Personen Grundsicherungsleistungen im Alter, wobei auch bei letzterer Gruppe der Frauenanteil mit 57 % deutlich überwiegt.

---

31 Damit in Zusammenhang steht die Einführung eines weiteren Deckelungsbetrags für den Unterhaltsübergang in § 94 Abs. 2 Satz 1 SGB XII i.H.v. 20,00 €/Monat für die HLU ggü. Eltern behinderter oder pflegebedürftiger Personen.
32 Vgl. Mitteilung des Statistischen Bundesamts, FamRZ 2003, 1728.
33 Nach Mitteilung des Statistischen Bundesamts Nr. 377 v. 18.09.2007, FamRZ 2007, 2043.
34 Nach Mitteilung des Statistischen Bundesamts Nr. 413 v. 12.10.2007, FamRZ 2007, 2044.

2. Hilfe zum Lebensunterhalt (§§ 27 bis 40 SGB XII)

396 Die laufenden HLU-Leistungen setzen sich außerhalb von Heimen oder gleichartigen Einrichtungen aus Regelbedarf, Mehrbedarf und Zusatzbedarf zusammen. Diesem Gesamtbedarf sind das Einkommen i.S.d. § 82 SGB XII nach Abzug der dort genannten Beträge zur Einkommensbereinigung und das einzusetzende Vermögen gegenüberzustellen; die Differenz ist als laufende Hilfe zu gewähren.

a) Regelbedarf

397 Der zur Abdeckung des Regelbedarfs gewährte Regelsatz wird bisher durch festgelegte „Vom-Hundert-Anteile" an Positionen der Einkommens- und Verbrauchsstichprobe bestimmt, Referenzgruppe sind die untersten 20 % der nach dem Netto-Einkommen geschichteten Ein-Personen-Haushalte. Zugrunde gelegt wird die in Abständen von 5 Jahren durchgeführte **Einkommens- und Verbrauchsstichprobe des Statistischen Bundesamts** (zuletzt EVS 2008); hinsichtlich des Teilbereichs der Haushaltsenergie wird auf Erhebungen der Vereinigung Deutscher Elektrizitätswerke zurückgegriffen. Die Höhe der Regelsätze wird ab 2011 für alle sechs Regelbedarfsstufen je getrennt und bundeseinheitlich festgelegt.[35]

> **Hinweis:**
>
> Für das Jahr 2011 gelten folgende Regelsätze:
>
> - Regelbedarfsstufe 1 (alleinstehende Leistungsberechtigte): 364,00 €
> - Regelbedarfsstufe 2 (Partner, die gemeinsam wirtschaften): 328,00 €
> - Regelbedarfsstufe 3 (Erwachsene, die in einem anderen Haushalt leben): 291,00 €
> - Regelbedarfsstufe 4 (Jugendliche zwischen 15 und 18 Jahren): 275,00 €
> - Regelbedarfsstufe 5 (Kinder zwischen 7 und 14 Jahren): 242,00 €
> - Regelbedarfsstufe 6 (Kinder bis zur Vollendung des 7. Jahres): 213,00 €

Bis Ende 2010 betrug der Regelsatz 359,00 €/Monat, ab 2012 voraussichtlich 369,00 €/Monat (Regelbedarfsstufe 2: 337,00 €).

398 Die Einkommens- und Verbrauchsstichprobe wird alle fünf Jahre neu durchgeführt, in der Zwischenzeit ist die Fortschreibung des Regelsatzes an die Entwicklung der Preise und Löhne gekoppelt (§ 28a SGB II). Die Summe der Regelsätze und der Durchschnittsbeträge für die Kosten der Unterkunft und Heizung muss jedoch bei Haushaltsgemeinschaften bis zu fünf Personen gem. § 28 Abs. 4 SGB XII unter den jeweils erzielten monatlichen durchschnittlichen Netto-Arbeitsentgelten unterer Lohn- und Gehaltsgruppen, zuzüglich Kindergeld und Wohngeld, bleiben (sog. „Lohnabstandsgebot")..

399 Da i.R.d. SGB XII die meisten einmaligen Leistungen (mit Ausnahme des § 31 Abs. 1 SGB XII: Erstausstattung für Wohnraum, Bekleidung bei Schwangerschaft und Geburt sowie Kosten für

---

[35] Politisch umstritten war die Kürzung um 15,00 € für Alkohol und Zigaretten, kompensiert durch 2,99 € für eine Kiste Mineralwasser, vgl. BT-Drucks. 17/3404, S. 53.

mehrtägige Klassenfahrten) in den Regelsatz einbezogen wurden – dadurch soll eine Vereinfachung der Verwaltung und eine Entlastung der Gerichte („der Streit um den Wintermantel") erreicht werden – stiegen die durchschnittlichen Regelsätze um etwa 20 % ggü. den vor 31.12.2004 geltenden Beträgen. Entfallen sind demnach die (häufig als Pauschale i.H.v. ca. 300,00 € gewährte) Bekleidungsbeihilfe, die Erstattung der Kosten einer Familienfeierlichkeit, Nachhilfeunterricht sowie die Weihnachtsbeihilfe[36] etc.

Volljährige Leistungsberechtigte in Einrichtungen erhalten gem. § 35 Abs. 2 SGB XII ein „Taschengeld" als angemessenen Barbetrag zur persönlichen Verfügung i.H.v. 26 % des Eckregelsatzes. Dieser kann gemindert werden, soweit dessen bestimmungsgemäße Verwendung durch oder für den Leistungsberechtigten nicht möglich ist (Vor dem 31.12.2004 erhöhte sich der Betrag bei Leistungsberechtigten, die eigene Einkünfte einsetzten.[37] Durch den Wegfall dieser Erhöhung ab 01.01.2005 sollte die Ungleichbehandlung von Leistungsberechtigten in- und außerhalb einer Einrichtung beendet und zugleich eine Einsparung von 130 Mio. € pro Jahr erzielt werden.).[38] Weiter übernimmt der Sozialhilfeträger im Wege eines Darlehens vorschusshalber die vom Insassen bis zu seiner Belastungsgrenze (§ 62 SGB V) zu leistenden Zuzahlungen i.R.d. **gesetzlichen Krankenversicherung** (§ 35 Abs. 3 SGB XII; zur Rückzahlung: § 37 Abs. 2 SGB XII).[39]

400

b) Mehrbedarf

Der Mehrbedarf berücksichtigt durch Zuschläge zum Regelbedarf die erschwerten Bedingungen einzelner Gruppen von Hilfeempfängern. Mehrbedarfszuschläge für Alter (über 65 Jahre), Erwerbsunfähigkeit,[40] Schwangerschaft, Versorgung von Kindern durch Alleinerziehende oder kostenaufwendige Ernährung können nebeneinander geltend gemacht werden, dürfen jedoch zusammengenommen insgesamt die Höhe des maßgeblichen Regelsatzes nicht übersteigen.

401

c) Zusatzbedarf

Zu berücksichtigen ist schließlich der Zusatzbedarf zur Erfassung der zwar typischerweise anfallenden, jedoch in der Höhe individuell unterschiedlichen **Kosten**. Zu nennen sind insb. die **Unterkunftskosten**[41] (§ 29 SGB XII) i.H.d. tatsächlichen Aufwendungen,[42] soweit diese angemessen sind.[43] Auch Schuldzinsen, öffentliche Abgaben, Versicherungsbeiträge, Erhaltungsaufwand und Bewirtschaftungskosten eines selbstbewohnten Eigenheims sind als Zusatzbedarf

402

---

36 Vgl. hierzu zum früheren Recht die umfassende Zusammenstellung bei *Brühl*, Mein Recht auf Sozialhilfe, 12. Aufl. 1995, Abschn. II 1 B.
37 Um 5 % des Einkommens, max. jedoch um 15 % des Regelsatzes eines Haushaltsvorstands.
38 Vgl. BT-Drucks. 15/1734 v. 15.10.2003, S. 3 (Finanztableau).
39 Eingefügt durch Gesetz v. 08.12.2004, BGBl. I 2004, S. 3305.
40 Seit 01.08.1996 ist hierzu zusätzlich das Vorliegen einer Gehbehinderung (Schwerbehindertenausweis mit Kennbuchstaben „G") erforderlich.
41 Vgl. § 3 Abs. 1 der früheren Regelsatzverordnung zu § 22 BSHG (BGBl. I 1962, S. 515).
42 Einschließlich der umgelegten Mietnebenkosten, etwa Gebühren für Antennenanlage und Flurlicht.
43 Andernfalls ist der Hilfeempfänger zur Senkung der Kosten, z.B. durch Wohnungswechsel oder Untervermietung verpflichtet.

berücksichtigungsfähig.⁴⁴ Zum Zusatzbedarf zählen ferner die laufend anfallenden **Heizungskosten** in der tatsächlichen, die Angemessenheit nicht übersteigenden Höhe.⁴⁵ Ferner wirken bedarfserhöhend die Krankenversicherungskosten (§ 32 SGB XII) sowie der Aufwand für die Alterssicherung und Sterbegeld (§ 33 SGB XII).

403 Von den vorerwähnten Pflichtleistungen zu unterscheiden ist die Ermessensleistung der sog. „**erweiterten HLU**" (vgl. § 19 Abs. 5 SGB XII). Sie wird gewährt, obwohl zumindest teilweise die Deckung des Lebensunterhalts aus zu berücksichtigendem Einkommen oder Vermögen zumutbar ist; in dieser Höhe haben jedoch der Hilfeempfänger und die weiteren Mitglieder der Einsatz- und Bedarfsgemeinschaft dem Sozialleistungsträger die Aufwendungen der Sozialhilfe zu ersetzen (§ 92 Abs. 1 SGB XII). Diese unechte Darlehensgewährung als Abweichung vom sonst geltenden „Netto-Prinzip" ist insb. erforderlich, wenn der Träger eines Altenheims sich wegen ungeklärter Einkommens- und Vermögensverhältnisse des Hilfesuchenden weigert, ohne Zusage der vollständigen Kostenübernahme durch den Sozialhilfeträger diesen aufzunehmen. Gleiches gilt, wenn ein in die Einsatzgemeinschaft einbezogenes Familienmitglied sein Einkommen oder Vermögen nicht dieser Gemeinschaft zur Verfügung stellt, sodass tatsächlicher Bedarf besteht, der jedoch durch nachträglichen Aufwendungsersatz auf den eigentlich Einsatzpflichtigen abgewälzt werden kann.⁴⁶

d) Einsatz- und Bedarfsgemeinschaft

404 Anspruch auf HLU hat nur, wer seinen notwendigen Lebensunterhalt aus **eigenen „Kräften und Mitteln"** nicht ausreichend beschaffen kann (§ 19 Abs. 1 Satz 1 SGB XII). Zu den vorrangig zu mobilisierenden „Kräften" zählt insb. die Pflicht zum Einsatz der Arbeitskraft (soweit für die im Bereich des SGB XII verbleibenden unter 3 Std. täglich erwerbsfähigen Personen zumutbar).

405 In teilweiser Durchbrechung des oben dargestellten Individualitätsgrundsatzes bestimmt § 19 Abs. 1 Satz 2 SGB XII, dass bei nicht getrennt lebenden Ehegatten oder eingetragenen Lebenspartnern das Einkommen und Vermögen beider zu berücksichtigen ist. Diese bilden also eine **Einsatzgemeinschaft**,⁴⁷ was sich aus der soziologischen Tatsache rechtfertigt, dass (Ehe-) Partner jedenfalls so lange „aus einem Topf" wirtschaften, als sie nicht gem. § 1567 BGB getrennt leben. Die bloße Übersiedlung eines Ehegatten in ein Alten- oder Pflegeheim führt nicht eo ipso zum Getrenntleben, sofern noch gemeinschaftlich gewirtschaftet wird und die Familienbande in ihrem durch die räumliche Trennung reduzierten Umfang nach besten Kräften aufrechterhalten werden.⁴⁸ Soll HLU an nicht selbst leistungsfähige minderjährige, unverheiratete Kinder gewährt werden, ist gem. § 19 Abs. 1 a.E. SGB XII auch das Einkommen und Vermögen

---

44 Zu differenzieren hiervon sind Tilgungsleistungen auf bestehende Immobiliarkredite, die allenfalls zur Vermeidung drohender Obdachlosigkeit infolge einer Versteigerung des Grundpfandrechtsgläubigers gem. § 34 SGB XII sozialhilfefähig sind.
45 Vgl. § 3 Abs. 2 der früheren Regelsatzverordnung zu § 22 BSHG (BGBl. I 1962, S. 515); die Kosten für die Haushaltsenergie sind allerdings im Regelsatz enthalten und daher nicht ergänzend als Zusatzbedarf anerkennungsfähig.
46 Der Aufwendungsersatzanspruch verjährt in 30 Jahren (BVerwG, NDV 1987, 293); er wird durch Verwaltungsakt geltend gemacht und nach den landesrechtlichen Verwaltungsvollstreckungsgesetzen realisiert.
47 Vgl. BVerwG, NDV 1993, 239; das Gericht hat sich hier von dem früheren Begriff der „Bedarfsgemeinschaft" distanziert.
48 Vgl. OVG Nordrhein-Westfalen, NJW 1992, 1123.

ihrer Eltern bzw. des Elternteils, dessen Haushalt sie angehören, zu berücksichtigen. Nicht zur Einsatzgemeinschaft zählen also volljährige Kinder, selbst wenn sie ohne Einkommen oder Vermögen sind, ferner verheiratete minderjährige Kinder und solche minderjährigen Kinder, deren Einkommen über ihrem sozialhilferechtlichen Bedarf liegt.[49]

Erweiternd hierzu stellt § 36 Satz 1 SGB XII im Bereich der HLU die Vermutung auf, dass ein Hilfesuchender vonseiten derjenigen Personen (auch wenn sie nicht mit ihm verwandt oder verschwägert sind, wie bis zum 31.12.2004 in § 16 BSHG gefordert: sog. Familiennotgemeinschaft), mit denen er in **Haushaltsgemeinschaft** lebt, diejenige Unterstützungsleistung erfährt, deren Aufbringen den Mitbewohnern nach deren Einkommen und Vermögen zugemutet werden kann.[50] Wird diese Vermutung allerdings widerlegt, ist dem Hilfesuchenden uneingeschränkt HLU zu gewähren (§ 36 Satz 2 SGB XII). Die Vermutung ist kraft Gesetzes ausgeschlossen bei Hilfesuchenden, die schwanger sind bzw. ein leibliches Kind unter 6 Jahren betreuen und bei Personen, die behindert oder pflegebedürftig sind und tatsächlich durch Mitglieder der Haushaltsgemeinschaft betreut werden (§ 36 Satz 3 SGB XII). 406

Zur Vermeidung einer Schlechterstellung des verheirateten Hilfeempfängers mit demjenigen, der mit einer anderen geschlechtsverschiedenen Person in eheähnlicher Gemeinschaft lebt (Art. 6 Abs. 1 GG), ordnet § 20 SGB XII (vormals § 122 BSHG) die Gleichstellung der **eheähnlichen Gemeinschaften** mit der Ehe nicht getrennt lebender Ehepartner und seit 01.08.2006 die Gleichstellung der lebenspartnerschaftsähnlichen Gemeinschaft mit der eingetragenen Lebenspartnerschaft nicht getrennt lebender gleichgeschlechtlicher Personen an. Voraussetzung ist die Existenz einer auf längere Zeit und auf Ausschließlichkeit angelegten Bindung auf der personalen Ebene sowie das tatsächliche Füreinander-Einstehen auf materieller Ebene ähnlich der ehelichen Unterhaltspflicht gem. § 1360 BGB (vgl. im Einzelnen Rdn. 627 ff.).[51] Den Nachweis des Vorliegens einer eheähnlichen oder lebenspartnerschaftsähnlichen Lebensgemeinschaft hat gem. § 20 SGB X der Sozialhilfeträger zu führen, wobei allerdings den Antragsteller selbst (nicht dessen Lebensgefährten) gem. § 60 SGB I eine Mitwirkungspflicht trifft. 407

3. „Hilfe in besonderen Lebenslagen"

Das BSHG enthielt in den §§ 30 bis 75 insgesamt elf Typen der HbL, die durch eine Generalklausel (§ 27 Abs. 2 BSHG) ergänzt wurden. Mit der Eingliederung in das SGB XII werden sie (soweit sie nicht wegen der immanent vorausgesetzten Erwerbsfähigkeit entfallen sind, wie etwa die Hilfe zum Aufbau einer Lebensgrundlage – § 30 BSHG) nicht mehr als solche bezeichnet, sondern schlicht in eine Reihe mit allen Leistungsarten der Sozialhilfe gestellt (§ 8 SGB XII). Gleichwohl stellen diese Hilfen des „5. – 9. Kapitels" weiterhin einen gesonderten Block dar (vgl. etwa § 19 Abs. 3 SGB XII: eigene Bestimmung zur Einsatz- und Bedarfsgemeinschaft, Rdn. 418). 408

---

49 Vgl. im Einzelnen *Schoch*, in: LPK-SGB XII, § 19 Rn. 47 ff.
50 Die Verweisung auf § 36 SGB XII in § 20 Satz 2 SGB XII (eheähnliche Gemeinschaft) ist überflüssig geworden, da § 36 SGB XII anders als noch § 16 BSHG keine Verwandtschaft/Schwägerschaft mehr fordert.
51 BVerfG, NJW 1993, 643.

409 Im Einzelnen:
- **Die vorbeugende Gesundheitshilfe** (§ 47 SGB XII) umfasst insb. die nach amtsärztlichen Gutachten erforderlichen Erholungskuren zur Vermeidung von Krankheiten oder Verhinderung fortschreitender Pflegebedürftigkeit.
- Der Umfang der **Krankenhilfe** (§ 48 SGB XII) entspricht den Leistungen der gesetzlichen Krankenversicherung, bei voller Bedürftigkeit jedoch unter Wegfall der dort vorgesehenen Eigenbeteiligungen.

410
- Die Hilfe bei nicht rechtswidriger **Sterilisation** (§ 51 SGB XII) stellt einen Untertypus der Krankenhilfe dar. Die bis zum 01.01.1996 ebenfalls miterfasste Hilfe bei nicht rechtswidrigem Schwangerschaftsabbruch ist nunmehr in § 24b SGB V und im Schwangerschaftskonfliktgesetz (SchKG) geregelt. Voraussetzung ist jedoch, dass der Frau die Aufbringung der Mittel für den Abbruch nicht zuzumuten ist. Die Einkommensgrenze liegt gem. §§ 19 Abs. 2, 25 Abs. 2 SchKG derzeit bei 1.001,00 € monatlich (neue Bundesländer: 990,00 €) zzgl. 237,00 € für jedes ihr gegenüber unterhaltsberechtigte, minderjährige und haushaltsangehörige Kind zzgl. der Mietkosten, die 294,00 € (neue Bundesländer: 264,00 €), übersteigen, wobei letzere jedoch nur bis max. 294,00 € berücksichtigt werden.
- Die **Hilfe zur Familienplanung** (§ 49 SGB XII) umfasst auch die Kosten ärztlich verordneter empfängnisregelnder Mittel. Sachlich zuständig ist der örtliche Sozialhilfeträger.
- Die **Hilfe bei Schwangerschaft und Mutterschaft** (§ 50 SGB XII) ist identisch mit den Leistungen bei Schwangerschaft und Entbindung nach SGB V. Das Entbindungsgeld (150,00 DM) ist entfallen.

411
- Die **Eingliederungshilfe für behinderte Menschen** (§§ 53 bis 60 SGB XII) soll den Eintritt einer körperlichen, geistigen oder seelischen Behinderung verhüten bzw. eine vorhandene Behinderung mildern und die Wiedereingliederung des Behinderten in die Gesellschaft ermöglichen. Gewährt werden Maßnahmen der medizinischen, beruflichen und sozialen Rehabilitation. Einzelheiten zum Personenkreis und zu den Leistungsansprüchen regelt die Eingliederungshilfeverordnung zu § 60 SGB XII. Die Eingliederungshilfe kann auch neben der Hilfe zur Pflege gewährt werden, wenn Aussicht auf Besserung des Behinderungszustands besteht. Wegen des Vorrangs anderer Hilfearten wird Eingliederungshilfe für Behinderte insb. bei der Versorgung mit bestimmten Hilfsmitteln, der Beschäftigung in einer Behindertenwerkstatt und bei Einrichtungen des behindertengerechten Wohnens geleistet.

412
> **Hinweis:**
> § 57 SGB XII (mit Verweisungen in § 61 Abs. 2 Satz 3 u.a.) enthält eine **weitere Neuerung** seit 01.01.2005: Für kranke, behinderte und pflegebedürftige Menschen soll – ähnlich dem durch SGB IX in der Behindertenhilfe bereits eingeleiteten Paradigmenwechsel – ein **trägerübergreifendes persönliches Budget** erhöhte Selbstständigkeit und Selbstbestimmung ermöglichen. Sie können dadurch regelmäßige Geldzahlungen erhalten, die es ihnen erlauben, Betreuungsleistungen selbst zu organisieren und zu bezahlen. Dadurch soll stationäre Betreuung so lange wie möglich vermieden und eine Verwaltungsvereinfachung erreicht werden. Möglicherweise lassen sich hierdurch auch alternative Wohnformen anstelle stationärer Versorgung fördern. Die Vorschrift hat experimentellen Charakter und setzt einen Antrag des Leistungsberechtigten voraus.

Die bei „Hilfen in besonderen Lebenslagen" ohnehin (etwa in Gestalt der Einkommensschon- 413
grenze des § 85 SGB XII, s.u. Rdn. 478 ff.) abgeschwächte Intensität des Regresses wird im Bereich der Behindertenhilfe weiter reduziert: Zu nennen ist die durch § 92 Abs. 2 SGB XII gänzlich ausgeschlossene Vermögensberücksichtigung und stark zurückgenommene Einkommensheranziehung für die dort genannten, überwiegend ambulanten Leistungen (s.u. Rdn. 486 f.), ebenso die in § 94 Abs. 3 SGB XII vereinheitlichte Kappung der Heranziehung der Eltern für Sozialhilfeleistungen an behinderte Kinder auf monatlich 46,00 € (s. Rdn. 589 f.). Lediglich hinsichtlich der Heranziehung des Eigenvermögens und -einkommens bei der vollstationären Behindertenbetreuung existieren keine Privilegierungen.

- Die **Blindenhilfe** (§ 72 SGB XII) soll in Form einer Geldleistung einen Ausgleich für die 414
durch Blindheit bedingten Mehraufwendungen sicherstellen. Wegen ihrer Nachrangigkeit ggü. den häufig einkommensunabhängigen landesrechtlichen Blindengesetzen und der Blindenhilfe im Rahmen anderer Bundesgesetze (z.B. § 35 BVG) erlangt sie nur geringe tatsächliche Bedeutung.

- Die **Hilfe zur Weiterführung des Haushalts** (§ 70 SGB XII) soll eine drohende Auflösung 415
des Haushalts verhindern, wenn die hauswirtschaftlichen Verrichtungen bspw. wegen eines Krankenhausaufenthalts nicht mehr wie bisher durchgeführt und auch nicht durch einen anderen Angehörigen der Haushaltsgemeinschaft übernommen werden können. Die Hilfe kann durch persönliche Betreuung der Haushaltsmitglieder oder durch deren anderweitige Unterbringung geleistet werden. Die sachliche Zuständigkeit liegt beim örtlichen Sozialhilfeträger.

- Die **Hilfe zur Überwindung besonderer sozialer Schwierigkeiten** (§§ 67 bis 69 SGB XII) 416
umfasst Maßnahmen der Beratung und persönlichen Betreuung sowie der Beschaffung und Erhaltung einer Wohnung (vgl. §§ 7 bis 11 der hierzu ergangenen Verordnung) für Obdachlose, Landfahrer, entlassene Strafgefangene, verhaltensgestörte Menschen etc. Ein Großteil des Aufwands entfällt auf die Heimunterbringung nichtsesshafter Personen durch die überörtlichen Sozialhilfeträger.

- Die **Altenhilfe** gem. § 71 SGB XII soll die übrigen Leistungen des Gesetzes, auch die HLU, 417
durch Beratung und die Vermittlung altersgerechter Dienste bzw. Wohnungen ergänzen. Zuständig ist der örtliche Sozialhilfeträger.

- Die ambulanten und stationären Leistungen der **Hilfe zur Pflege** (§§ 61 bis 66 SGB XII) werden im Zusammenhang unter Rdn. 1002 ff. dargestellt.

Auch bei den Leistungen der HbL bilden der Hilfesuchende selbst und sein nicht getrennt le- 418
bender Ehegatte/Lebensgefährte/eingetragene Partner – sofern der Hilfesuchende minderjährig und unverheiratet ist, und zwar anders als bei der HLU ohne Rücksicht auf seine Haushaltszugehörigkeit und seine eigene mangelnde Leistungsfähigkeit auch jeder Elternteil – eine **Einsatzgemeinschaft** (§ 19 Abs. 3 SGB XII), deren gesamtes Einkommen und Vermögen bei der Prüfung, ob der Einsatz eigener Mittel vorrangig zuzumuten ist, berücksichtigt wird. Die Pflicht zum vorrangigen Einsatz eigener Arbeitskraft entfällt allerdings bei den Hilfen in besonderen Lebenslagen fast vollständig. Auch die in § 36 SGB XII für den Bereich der HLU normierte Vermutung des tatsächlichen Füreinander-Einstehens durch die in Haushaltsgemeinschaft lebenden Personen gilt für die HbL-Leistungen nicht. Die dadurch indizierte Abmilderung der Nachrangigkeit im Bereich der Aufbringung eigener Mittel zeigt sich auch durch Anerkennung erhöhter

Barbeträge gem. § 90 Abs. 2 Nr. 9 SGB XII im Bereich der Vermögensschonung (nachstehend Rdn. 457) sowie in Gestalt der Einkommensgrenzen („Schoneinkommen") für HbL-Leistungen (nachstehend Rdn. 478).

II. Berücksichtigung von Vermögen und Einkommen

1. Vermögensschonung (§ 90 SGB XII)

a) Begriff des Vermögens

419 Sozialhilfe soll zugleich Hilfe zur Selbsthilfe sein; dem Hilfeempfänger muss also ein enger wirtschaftlicher Spielraum verbleiben, der die – auch ökonomische – Selbstentfaltung ermöglicht.[52] Aus diesem Grund mutet § 90 SGB XII den Mitgliedern der Einsatzgemeinschaft (d.h. insb. dem Hilfeempfänger und dessen nicht getrennt lebendem Ehegatten bzw. dem nichtehelichen Lebensgefährten, §§ 19, 20 SGB XII) den Einsatz ihres Vermögens durch Verbrauch (des Bar- und Sparvermögens) bzw. Verwertung (d.h. Veräußerung oder Belastung des sonstigen Vermögens) zu, wenn die Grenzen der sozialhilferechtlichen Vermögensschonung überschritten sind. Diese Einschränkung des Subsidiaritätsprinzips gilt im Grundsatz bei den Hilfen zum Lebensunterhalt und den Hilfen in besonderen Lebenslagen gleichermaßen; lediglich i.R.d. durch § 1 der Durchführungsverordnung zu § 90 Abs. 2 Nr. 9 SGB XII erfolgten Festsetzung der unangetastet bleibenden „kleinen Barbeträge" und durch stärkere Betonung des Vorbehalts einer Vermeidung unbilliger Härte bei HbL-Leistungen in § 90 Abs. 3 Satz 2 SGB XII genießt der Bereich der Hilfen in besonderen Lebenslagen (Leistungen des 5. – 9. Kap.) eine (geringe) Privilegierung.

420 Der Begriff des „Vermögens" wird im SGB XII nicht definiert, erschließt sich jedoch aus der Abgrenzung zum Begriff des „Einkommens" als die Gesamtheit derjenigen Gegenstände, die nach allgemeiner Verkehrsauffassung nicht zur Bestreitung des gegenwärtigen Lebensbedarfs vorgesehen sind.[53] Hierzu zählen also **Geld- oder Geldeswerte**, soweit sie im Zuflussmonat nicht ausgegeben wurden, **Forderungen** und **Ansprüche gegen Dritte** sowie **bewegliche** und **unbewegliche sonstige Gegenstände** (die hieraus fließenden Erträge stellen zwar im Zuflussmonat Einkommen dar, führen jedoch zur Bildung von Vermögen, falls sie thesauriert werden). Zum Vermögen zählen insb. auch **einmalige Zahlungen und Zuflüsse** (z.B. Nachzahlungen, Veräußerungserlöse, Auszahlungen von aus eigenen Beiträgen angesparten Lebensversicherungen[54] Schadensersatz- und Abfindungsleistungen, Zugewinnausgleichszahlungen – auch soweit sie verrentet werden –, Lottogewinne), soweit sie nicht im Zuflussmonat ausgegeben werden. Umschichtungen aus einer Sparanlage in Bar- und Girogeld verbleiben ebenfalls im „Innenbereich" des Vermögens, schaffen also kein „Einmaleinkommen" im Zuflussmonat (etwa bei Auszahlung aus einer gekündigten Lebensversicherung).

421 Noch nicht höchstrichterlich geklärt ist die Vermögensqualität einer im Leistungszeitraum angefallenen **Erbschaft**. Während die frühere Rechtsprechung, auch zum Behindertentestament, unre-

---

52 Vgl. BVerwGE 23, 158.
53 Vgl. hierzu und zum Folgenden *Brühl*, in: LPK-SGB XII, § 90 Rn. 5 ff.
54 LSG Niedersachsen-Bremen, 22.11.2006 – L 8 AS 325/06 ER, ZEV 2007, 539; anders bei durch Dritte angesparten Versicherungen: Einkommen, vgl. Rdn. 466.

flektiert die Vorschriften zur Vermögensschonung anwendete,[55] wird zwischenzeitlich eine große Bandbreite von Auffassungen vertreten, teilweise differenziert nach dem Nachlassinhalt:

- Nach Ansicht des **BSG**[56] handelt es sich bei einer Erbschaft um (sofort anfallendes) Vermögen, bei einem Vermächtnis im Zeitpunkt des Zuflusses jedenfalls dann um Einkommen, wenn es auf Geld gerichtet ist;
- Teilweise gehen die LSG weiterhin von der uneingeschränkten Vermögenseigenschaft aus.[57]
- Teilweise werden ererbte Immobilien als Vermögen, sonstige Werte als Einkommen qualifiziert.[58]
- Wieder anderer Ansicht nach soll es sich bei einmaligen Zuflüssen aus Erbschaften vor dem Sozialleistungsbezug um Vermögen, bei Zuflüssen während des Sozialleistungsbezugs um Einkommen handeln, Letzteres aber lediglich im Monat des Zuflusses, sodann handle es sich um Vermögen („Wechsel des Aggregatszustandes").
- Teilweise sieht man Erbschaften lediglich als Aussicht auf Vermögen, sodass es zunächst allein um Einkommen handele,[59] jedenfalls ab tatsächlichem Zufluss[60] (vgl. Rdn. 466). Hinsichtlich der Höhe des Einkommensansatzes nehmen die Vertreter dieser Auffassung eine Verteilung auf die Monate des Bedarfs vor,[61] andere verteilen den Betrag lediglich auf den Bewilligungszeitraum, also i.R.d. Grundsicherung für Arbeitsuchende gem. § 41 Abs. 1 Satz 4 SGB II auf sechs, max. zwölf Monate.[62]

Das BVerwG[63] hatte sich nicht deutlich positioniert; die Literatur[64] hat ebenfalls noch zu keiner einheitlichen Linie gefunden. Die Frage ist gleichwohl von entscheidender Bedeutung für die Anwendbarkeit des § 90 Abs. 1 SGB XII/§ 12 Abs. 1 SGB II auf die Erbschaft als solche, und damit auf die sozialrechtliche Unbedenklichkeit des sog. Behinderten-/Bedürftigentestamentes. 422

Nur **tatsächlich vorhandenes Vermögen** kann herangezogen werden, nicht also „fiktive Leistungsfähigkeit" aufgrund wertender Zurechnung bei Obliegenheitsverstößen, wie etwa im Un- 423

---

55 OVG Saarland, ZErb 2006, 6 ff.; Sächs. OVG MittBayNot 1998, 127.
56 BSG, 24.02.2011 – B 14 AS 45/09 R, ZEV 2011, 328.
57 OVG Rheinland-Pfalz, NJW 1993, 152 f.; LSG Hamburg, 31.05.2007 – L 5 AS 42/06, ZEV 2008, 544; SG Aachen, 11.09.2007 –S 11 AS 124/07, ZEV 2008, 150 m. zust. Anm. *Conradis*.
58 LSG Baden-Württemberg, 03.01.2007 – S 13 As 6244/06 ER, www.sozialgerichtsbarkeit.de; ebenso LSG Baden-Württemberg, 21.02.2007 – L 7 AS 690/07, NZS 2007, 606: Verteilung gem. §§ 2b i.V.m. 2 Abs. 3 Alg II-VO auf einen angemessenen Zeitraum; ähnlich LSG Nordrhein-Westfalen, 02.04.2009 – L 9 AS 58/07, ZEV 2009, 407 und und LSG Sachsen, 21.02.2011 – L 7 AS 724/09, NotBZ 2011, 228 (Einkommen ab dem Monat des tatsächlichen Geldzuflusses).
59 SG Lüneburg, 01.03.2007 – S 24 As 212/07 ER, ZEV 2007, 541 m. Anm. *Schindler;* SG Hamburg, 12.11.2008 – S 53 AS 2451/06, BeckRS 2009, 59921.
60 LSG Niedersachsen-Bremen, 13.02.2008 – L 13 As 237/07 ER, NZS 2009, 114.
61 Beispiel: SG Lüneburg, 01.03.2007 – S 24 AS 212/07 ER, ZEV 2007, 541 m. Anm. *Schindler*.
62 LSG Sachsen-Anhalt, 20.11.2006 – L 2 B 198/06 AS ER.
63 BVerwG, 03.05.2005 – 5B 106/94; BVerwG, 18.02.1999 – 5 C 16/98.
64 *Wahrendorf*, in: LPK-SGB XII, § 90 Rn. 9; *ders.*, Die Rechtsprechung zum Vermögenseinsatz nach SGB II und SGB XII, ZfF 2007, 4 f.; *Mergler/Zink*, SGB XII, Stand: Januar 2005, § 90 Rn. 13, 15; *Brühl*, in: LPK-SGB XII, 8. Aufl., § 11 Rn. 9.; *Conradis*, Einkommen und Vermögen im SGB II – Probleme der Abgrenzung, info also 2007, 12.

terhaltsrecht, ebenso wenig „früheres Vermögen", das bereits übertragen ist[65] (zu § 528 BGB vgl. jedoch Rdn. 866 ff.). In benachbarten Sozialleistungsbereichen, etwa dem Recht der Ausbildungsförderung (BAföG), hat jedoch die Rechtsprechung praeter legem[66] „Vermögen, das sozialwidrig in der Absicht, die Voraussetzungen der Ausbildungsförderung zu schaffen, weggegeben wurde" als noch vorhandenes Vermögen gewertet.

b) Unverwertbares Vermögen (§ 90 Abs. 1 SGB XII)

424 Sozialhilferechtlich geschont wird gem. § 90 Abs. 1 SGB XII zunächst das **nicht verwertbare Vermögen**. Dies entspricht einem allgemeinen Grundsatz bei steuerfinanzierten Sozialfürsorgeleistungen (vgl. § 12 Abs. 1 SGB II, § 27 Abs. 2 BAföG).[67] Die Unverwertbarkeit kann sich hierbei aus wirtschaftlichen oder aus rechtlichen Gründen ergeben.

425 Der Vorbehalt der **wirtschaftlichen Unverwertbarkeit** soll insb. vermeiden, dass der Hilfesuchende zur vorübergehenden Behebung einer Notlage sein Vermögen zu verschleudern hat. In diesem Fall ist Sozialhilfe darlehensweise zu gewähren (§ 91 SGB XII) so lange, bis sich die Marktverhältnisse gebessert haben oder ein nachhaltiger Ertrag aus der Veräußerung zu erwarten ist. Die Verwertbarkeit scheidet vollständig aus, wenn auch bei günstigen Marktverhältnissen ein die Belastung überschreitender Kaufpreis nicht erzielt werden kann, wobei jedoch nur solche Belastungen zu berücksichtigen sind, die für den Erwerb des Gegenstands oder Investitionsmaßnahmen hieran aufgenommen wurden; andere auf dem Objekt dinglich abgesicherte Verbindlichkeiten nur, wenn deren Nichtrückführung aus dem Erlös eine unbillige Härte i.S.d. § 90 Abs. 3 SGB XII darstellen würde.[68]

426 Ein **Ausschluss der Verwertbarkeit aus rechtlichen Gründen** kann in mehreren Alternativen in Betracht kommen:

- Nicht verwertbar sind Gegenstände, die **durch private Drittgläubiger** gem. §§ 811, 812 ZPO **nicht gepfändet** werden könnten.[69]
- Aus rechtlichen Gründen (Einheitlichkeit der Gesetzeswertung) nicht verwertbar sind Gegenstände, auf die ihrerseits ein **Anspruch nach dem SGB XII** besteht, z.B. Geräte zur Erleichterung der Lebensführung Behinderter.

427 - Rechtliche Unverwertbarkeit kann sich ferner ergeben aus der **fehlenden Übertragbarkeit** von Vermögensgegenständen, wie etwa beschränkt persönliche Dienstbarkeiten. Zu beachten ist allerdings, dass ortsgebundene und höchstpersönliche Duldungs- und Naturalleistungsansprüche sich bei tatsächlicher Gegenstandslosigkeit kraft landesrechtlicher Vorschriften oder

---

65 Wurde eine Nacherbenanwartschaft vor Leistungsbezug abgetreten, wird der Zessionar bei Eintritt des Nacherbfalls unmittelbar Nacherbe, ohne Durchgangserwerb des (dann Leistungen beziehenden) Zedenten: LSG Hessen, 18.03.2011 – L 7 AS 687/10 B ER, NotBZ 2011, 306.
66 Einen Gesetzesvorschlag de lege ferenda entwickelt *Loos*, FamRZ 2006, 836.
67 Zu Letzterem vgl. Gutachten, DNotI-Report 2006, 72.
68 Generell ist die Rückführung von Krediten aus der Verwertung einzusetzenden Vermögens dann anzuerkennen, wenn ein wirtschaftlicher Konnex besteht, z.B. hinsichtlich der Tilgung eines Kredits, der zur Einzahlung auf einen Bausparvertrag aufgenommen wurde, durch Auflösung des Bausparguthabens, vgl. VGH Baden-Württemberg, FEVS 32, 462 f.
69 Vgl. *Brühl*, in: LPK-SGB XII, § 90 Rn. 11.

gem. § 313 BGB (Änderung der Geschäftsgrundlage) in Geldersatzansprüche umwandeln können, die dann als Einkommen einzusetzen sind.

- Unverwertbarkeit aus rechtlichen Gründen kann sich auch aufgrund einzelgesetzlicher Anordnung ergeben, so etwa gem. § 21 Abs. 2 des Gesetzes über die Stiftung „Hilfswerk für das behinderte Kind".

- Eine in der notariellen Gestaltungspraxis besonders bedeutsame Fallgruppe der rechtlichen Unverwertbarkeit beruht auf dem **Fehlen** oder dem **Verlust der Verfügungsbefugnis** des Vermögensträgers, wie etwa bei der nicht befreiten Vorerbschaft (§§ 2113 ff. BGB) sowie bzgl. solcher Vermögensbestandteile, die der Verfügungsbefugnis des Testamentsvollstreckers unterliegen (vgl. § 2211 Abs. 1 BGB).[70] Beide genannten erbrechtlichen Gestaltungselemente bilden wesenstypische Bestandteile des sog. „Behindertentestaments". Ein Miterbenanteil ist jedoch verwertbar, auch im Fall eines Auseinandersetzungsverbots gem. § 2044 BGB, zumindest im Wege einer Verpfändung zur Absicherung eines aufzunehmenden Darlehens.[71]

428

Die Belastung mit beschränkt dinglichen Rechten, auch wenn sie den Nutzungswert des Wirtschaftsguts vollständig ausschöpfen (Totalnießbrauch), hindert naturgemäß die Verkäuflichkeit in rechtlicher Hinsicht nicht,[72] kann allerdings bei entsprechenden Marktgegebenheiten ein faktisch-wirtschaftliches Verwertungshindernis darstellen, das nach neuerer Auffassung des BSG (Rdn. 435) der Unverwertbarkeit gleich steht, wenn es auf absehbare Zeit nicht behoben werden kann.

429

Nach einem umstrittenen und in der Literatur zu Recht abgelehnten, im einstweiligen Rechtsschutz ergangenen, Beschluss des VG Gießen,[73] dem andere Entscheidungen gefolgt sind,[74] sollen Vermögensgegenstände, die unter (vormerkungsgesichertem) **schuldrechtlichem Veräußerungs- und Belastungsverbot** erworben wurden – anders als im Erbrecht – gleichwohl verwertbar sein; und zwar nicht erst mit Ablauf der i.d.R. endbefristeten Rückforderungsrechte, sondern bereits zuvor: Die Geltendmachung des Rückübertragungsverlangens[75] durch den Veräußerer bei durch den Sozialhilfeträger erzwungener Veräußerung oder Belastung (§ 91 SGB XII:

430

---

70 Vgl. VGH Baden-Württemberg, NJW 1993, 152; VGH Hessen, NDV 1989, 210. Endet allerdings die Verfügungsbeschränkung potenziell vorzeitig, z.B. bei auf Erreichen der Volljährigkeit auflösend bedingter Vorerbschaft, steht bis zu diesem Zeitpunkt die Möglichkeit der Kreditgewährung gem. § 91 SGB XII zur Verfügung, dessen dingliche Sicherung gem. § 91 Satz 2 SGB XII allerdings nur bei (freiwilliger) Mitwirkung des Nacherben erfolgen kann.

71 BVerwGE 88, 303.

72 OVG Nordrhein-Westfalen, 26.03.1993 – 16 A 2637/91 zu § 27 Abs. 2 BAföG.

73 DNotZ 2001, 784 m. abl. Anm. *J. Mayer*.

74 VG Karlsruhe, 14.01.2004 – 10 K 1353/03; ebenso VGH Bayern, 25.04.2001 – 12 ZB 01.553, n.v.; in dieselbe Richtung BGH, 07.11.2006 – X ZR 184/04, NJW 2007, 60: Mit Rückforderungsvorbehalt und Nießbrauch belastetes Vermögen ist, da nur zeitweise in der Verwertung gehindert, geeignet, die Verarmung i.R.d. § 528 BGB zu beseitigen.

75 Die Vereinbarung des Rückforderungsrechts als solche wird nicht mit dem Verdikt des § 138 BGB belegt – andernfalls könnte argumentiert werden, die Beteiligten hätten die Übertragung ohne die Rückforderungsklausel nicht gewollt (§ 139 BGB) sodass die Übertragung insgesamt unwirksam sei. Das Versagen des Schutzes des § 888 BGB gegen die gem. § 91 SGB XII einzutragende Belastung dürfte jedoch universell aufzufassen sein, also auch im Fall der berechtigten späteren Rückforderung wegen eines anderen Sachverhalts dazu führen, dass Beseitigung dieser Belastung (als „nicht beeinträchtigend") nicht verlangt werden kann.

darlehensweise Gewährung von Sozialhilfe) sei gar wegen Verstoßes gegen § 138 BGB unbeachtlich, sodass kein Beseitigungsanspruch besteht.

431 Dadurch würde im Ergebnis § 138 Abs. 1 BGB die Funktion eines „sozialstaatlichen Ordre public" beigemessen,[76] der ihm nicht zukommt. Anders als in den bisher obergerichtlich unter § 138 BGB subsumierten Fällen (VGH Baden-Württemberg:[77] Verzicht auf einen bereits entstandenen Pflichtteilsanspruch während des Bezugs von Sozialhilfe; OVG Nordrhein Westfalen:[78] arglistiges Verschweigen der Zuwendung; erneut OVG Nordrhein Westfalen:[79] bewusst gegen den Sozialhilferegress gerichtete Verhaltensweise) will sich der Schenker durch das schuldrechtliche Belastungsverbot allgemein gegen die Verschleuderung seiner Schenkungszuwendung sichern, was entgegen früherer Ansicht auch nicht als sittenwidrige Gläubigerbenachteiligung zu klassifizieren ist.[80] Es werden also nicht – wie etwa bei der Rechtsprechung des BGH zur Sittenwidrigkeit von Verzichten auf nachehelichen Unterhalt – bereits bestehende Unterhaltsquellen trotz bestehender oder zu erwartender Bedürftigkeit aufgegeben bzw. nicht ausgeschöpft. Ist aber die Vereinbarung des Rückforderungsvorbehalts im Pfändungsfall erlaubt, kann die Ausübung des vorbehaltenen Rechts im konkreten Fall nicht deshalb gegen die guten Sitten verstoßen (allenfalls denkbar wäre die Treuwidrigkeit im Einzelfall gem. § 242 BGB, ähnlich der Wirksamkeits- und Ausübungskontrolle bei Eheverträgen mit Verzichtscharakter, Rdn. 844). Auch besteht nicht etwa ein grundsätzlicher Unterschied zwischen den in der Rechtsprechung anerkannten, zur Unverwertbarkeit aus rechtlichen Gründen führenden erbrechtlichen Gestaltung (Testamentsvollstreckung/Nacherbenbeschränkung) und der „nur relativen" Verfügungsbeschränkungswirkung einer Grundbuchvormerkung: Testamentsvollstrecker und Erben gemeinsam könnten über die erfassten Nachlassgegenstände verfügen, sogar dann, wenn der Erblasser dies durch Verfügung von Todes wegen untersagt hat.[81]

432 Schließlich kann auch die Sittenwidrigkeit nicht darauf gestützt werden, die **Untersagung der Rückforderung sei zur Absicherung anerkannter Ordnungen** (hier des Subsidiaritätsprinzips, § 9 SGB I) **erforderlich**. Bereits in seiner Rechtsprechung zum Behindertentestament[82] hat der BGH betont, dass dieses seine prägende Wirkung immer mehr verloren habe. Schließlich kann Sittenwidrigkeit auch nicht zur Verhinderung einer verwerflichen Gesinnung angenommen werden, da die Rückforderung nicht allein auf den Fall der Heimunterbringung oder des Sozialhilfebezugs abstellt, sondern generell auf einen Pfändungszugriff von dritter Seite.[83] Eine andere Sichtweise würde zum absurden Ergebnis führen, dass wegen des unterschiedlichen Vorverständnisses der richterlichen Rechtsanwender die in der Gestaltung weit flexiblere vorweggenommene Erbfolge zugunsten der schlicht erbrechtlichen Abwicklung zurücktreten müsste, da sonst ein wesentliches Absicherungsinstrument nicht aufrechterhalten werden könne. Daher ist die

---

76 Dafür *Köbl*, ZfSH/SGB 1990, 458.
77 NJW 1993, 2953.
78 NJW 1989, 2834.
79 NJW 1997, 2901.
80 BayObLG, NJW 1978, 700 und OLG Düsseldorf, OLGZ 1984, 90: Das Objekt ist bereits mit dem Rückerwerbsrecht für den Pfändungsfall belastet auf den Erwerber übergegangen.
81 BGH, DNotZ 1972, 86.
82 BGHZ 111, 42; BGHZ 123, 368.
83 Ebenso *Mayer/Littig*, Sozialhilferegress gegenüber Erben und Beschenkten, Rn. 129.

Sittenwidrigkeit der Ausübung des Rückforderungsrechts (als Gestaltungserklärung) lediglich anzunehmen im krassen Ausnahmefall eines „dolosen Zusammenwirkens zwischen Rückforderungsberechtigtem und Eigentümer ausschließlich zu dem Zweck, Sozialhilfe zu erlangen".[84]

Die **sozialgerichtliche Rechtsprechung** setzt in neuerer Zeit andere Akzente als die geschilderte verwaltungsgerichtliche Sichtweise. So hat das LSG Nordrhein-Westfalen[85] entschieden, dass eine **Unverwertbarkeit von Vermögen** auch bei schuldrechtlichen, relativen Verfügungsverboten bestehe. Trotz § 137 Satz 1 BGB sei die Verfügungsunterlassungspflicht einem behördlichen oder gerichtlichen Verfügungsverbot gleichzustellen, da ein Verstoß hiergegen einen Schadensersatzanspruch begründet, der nach §§ 280 Abs. 1, 249 Abs. 1 BGB grds. auf Rückgängigmachung der Verfügung gerichtet ist. In der Vereinbarung des durch Vormerkung gesicherten Rückforderungsvorbehalts liege auch keine sittenwidrige Schädigung des Sozialleistungsträgers, da sonst im Kern eine vom Gesetz nicht vorgesehene Obliegenheit der Eltern, ihr Vermögen zugunsten hilfebedürftiger Kinder verwerten zu lassen, geschaffen würde. Das Urteil ist durch Rücknahme der Revision rechtskräftig geworden. 433

Das BSG[86] ging sogar darüber hinaus: Der Kläger beantragte Grundsicherung für Arbeitsuchende gemäß SGB II („Hartz IV"). Er ist Eigentümer eines Gebäudes, das auf der Grundlage eines bis zum Jahr 2055 befristeten Erbbaurechts errichtet worden war und das er in vorweggenommener Erbfolge seitens seiner Mutter erworben hatte. Die (nunmehr sehbehinderte) Mutter hat sich das lebenslange Nießbrauchsrecht vorbehalten, das sie durch Selbstnutzung ausübt. Die Grundsicherungsbehörde war – ebenso wie die Berufungsinstanz, das Bayerische LSG im Urt. v. 31.08.2006, L 7 AS 71/05 – der Auffassung, es handele sich bei diesem Erbbaurecht, obwohl nießbrauchsbelastet, um verwertbares Vermögen. Allerdings sei die sofortige Verwertung nicht möglich bzw. wäre mit besonderer Härte verbunden, sodass der Antragsteller gem. § 9 Abs. 4 SGB II aktuell weiter als hilfebedürftig gilt, jedoch gem. § 23 Abs. 5 SGB II die Leistung lediglich als Darlehen zu erbringen ist (dessen dingliche Sicherung verlangt werden kann). 434

Das BSG misst dem **Begriff der Verwertbarkeit i.S.d. § 12 Abs. 1 SGB II/§ 90 Abs. 1 SGB XII** im Urt. v. 06.12.2007 – in Fortführung von Literaturstimmen[87] – auch eine **zeitliche Komponente** bei, sodass das temporale Kriterium nicht nur (wie nach bisheriger Auffassung) eine Rolle spielt für die Entscheidung zwischen Regelleistung und Darlehensleistung, sondern für die Frage der Einsatzpflicht von Vermögen überhaupt. **Unverwertbarkeit dem Grunde nach** liegt also auch dann vor, wenn „in absehbarer Zeit" (Tz. 12 der Urteilsgründe) bzw. „bis auf weiteres" (Tz. 15 der Urteilsgründe) der Eigentümer hieraus keinen wirtschaftlichen Nutzen ziehen könne. Zur Bemessung des Zeitraums, der für die Beurteilung dieser „Absehbarkeit" zugrunde zu legen ist, bietet sich – jedenfalls im Recht des SGB II – der Zeitraum an, für den einheitliche Hilfe gewährt wird (gem. § 41 Abs. 1 Satz 4 SGB II ist dies ein Zeitraum von 6 Monaten bzw. – § 41 435

---

84 So VG Regensburg, 14.03.2006 – RN 4 K 05.932, n.v.; in Abgrenzung zu VG Gießen, DNotZ 2001, 784 m. abl. Anm. *J. Mayer.*
85 Urt. v. 30.08.2007 – L 7 (12) AS 8/07, JurionRS 2007, 48390.
86 V. 06.12.2007 – B 14/7b AS 46/06 R, MittBayNot 2008, 239 = NotBZ 2008, 195 m. Anm. *Krauß.*
87 So *Brühl,* in: LPK-SGB II, § 9 Rn. 40; *Mecke,* in: Eicher/Spellbrink, SGB II, § 9 Rn. 45: Unverwertbarkeit auch dann, wenn die Verwertung nicht in angemessener Zeit erfolgen kann.

Abs. 1 Satz 5 SGB II – von 12 Monaten, sofern eine Veränderung der Verhältnisse in diesem Zeitraum nicht zu erwarten sei).[88]

436 Dies bedeutet: Ist völlig ungewiss, wann eine Verwertung tatsächlich möglich sein wird, sind insb. keine Umstände erkennbar, die während des folgenden Jahres einen Wegfall des Verwertungshindernisses wahrscheinlich erscheinen lassen, ist Vermögen dem Grunde nach unverwertbar, sodass die Sozialleistung als Regelleistung, nicht nur als Darlehen zu gewähren ist. Ist jedoch davon auszugehen, dass eine Verwertung innerhalb des dem Entscheidungszeitpunkt folgenden Jahres möglich sein wird (wie z.B. ganz allgemein bei Immobilien, die ja nicht in gleicher Weise fungibel sind wie etwa Wertpapiere, sondern erst einige Monate nach der grundsätzlichen Verkaufsentscheidung auch wirklich zu einem Mittelzufluss führen), handelt es sich dem Grunde nach zwar um verwertbares Vermögen, allerdings ist für den Übergangszeitraum bis zum tatsächlichen Verwertungserfolg ein Darlehen zu gewähren. Nur in den Fällen, in denen die sofortige Verwertung tatsächlich und rechtlich möglich ist (etwa bei Bargeld oder sonstigen uneingeschränkt fungiblen Vermögensgegenständen), sind die Voraussetzungen des § 12 Abs. 1 SGB II/§ 90 Abs. 1 SGB XII uneingeschränkt gegeben, sodass keine Sozialleistung geschuldet ist, da der Antragsteller in der Lage ist, seinen notwendigen Unterhalt aus eigenen Mitteln zu bestreiten.

437 Legt man die vom BSG im Urt. v. 06.12.2007 entwickelten LS zugrunde, führt (erst recht) der **vormerkungsgesicherte Rückforderungsvorbehalt**, der an Verwertungsversuche anknüpft, zu „Unverwertbarkeit" i.S.d. § 12 Abs. 1 SGB II/§ 90 Abs. 1 SGB XII, jedenfalls dann, wenn nicht während des folgenden Jahres mit einem Erlöschen dieses Rückforderungsvorbehalts (etwa als Folge des Ablebens des Rückforderungsberechtigten, sofern das Rückforderungsrecht nicht vererblich gestellt ist) zu rechnen ist. Die in Rdn. 433 erwähnte, rechtskräftig gewordene, Entscheidung des LSG Nordrhein-Westfalen v. 30.08.2007 hätte also wohl auch vor dem BSG Bestand gehabt. Der BFH[89] ist dem BSG gefolgt: Unterhaltszahlungen an eine Person, die ein nießbrauchs- und rückforderungsbelastetes Objekt innehat, sind gleichwohl als außergewöhnliche Belastung i.S.d. § 33a Abs. 1 EStG absetzbar, da der Empfänger lediglich über „geringes Vermögen" i.S.d. Bestimmung verfügt.[90]

438 In Bezug auf den „sozialrechtlichen Verwertungsschutz durch Nießbrauchsbelastung" ist allerdings folgender relativierender Hinweis angebracht: Im Sachverhalt des BSG-Urteils hatte die beklagte ARGE (vielleicht voreilig) zugestanden, dass – wie auch durch entsprechende Maklerauussagen bekräftigt – ein tatsächlicher „Markt" für mit Nießbrauch belastete Immobilien nicht bestehe, derzeit also kein Erlös durch den Verkauf der Immobilie als solcher zu erzielen sei. An diesen festgestellten Sachverhalt war das Revisionsgericht gebunden, sodass die neu entwickelte Lehre vom Erfordernis der „Verwertbarkeit in absehbarer Zeit" bestimmend wurde. Im Licht dieser Rechtsprechung wird die Praxis der Sozialbehörden nun dazu übergehen zu belegen, dass auch für nießbrauchsbelastete Immobilien ein Erlös zu erzielen sei, je nach der kalkulierten

---

88 Ebenso nun BSG, 27.01.2009 – B 14 AS 42/07 R, ZEV 2009, 403, auch zu den (strengen) Anforderungen an die erforderlichen Feststellungen hinsichtlich der Verwertbarkeit am Markt.
89 BFH, 29.05.2008 – III R 48/05, notar 2008, 373; dem steht nicht entgegen, dass § 9 Abs. 2 Satz 1 i.V.m. Abs. 3 BewG Verfügungsverbote bei der Ermittlung des gemeinen Wertes unberücksichtigt lässt.
90 R 33a.1 Abs. 2 Satz 2 EStR 2005: max. 15.500,00 €, wobei ein selbst genutztes Eigenheim i.S.d. § 90 Abs. 2 Nr. 8 SGB XII nicht berücksichtigt würde (BFH, DStRE 2006, 769).

A. Sozialhilfe

Lebensdauer des Nießbrauchers, der voraussichtlichen Abnutzung des Gebäudes während dieser Zeit, der zu erwartenden Entwicklung des Grund- und Bodenpreises und der Langfristigkeit des Investitionshorizontes des Käufers. Gelingt dieser Nachweis, würde nämlich die voraussichtliche Verkäuflichkeit binnen Jahresfrist der nießbrauchsbelasteten Immobilie an sich dazu führen, dass es sich um dem Grunde nach einsatzpflichtiges Vermögen handelt und lediglich bis zur tatsächlichen Gutschrift des Verkaufserlöses überbrückungsweise ein Darlehen gewährt wird, das ggf. dinglich zu sichern ist (§ 23 Abs. 5 Satz 2 SGB II/§ 91 Satz 2 SGB XII). Der BSG-Entscheidung kann also nicht die allgemeine Aussage entnommen werden, bereits die Belastung mit einem Nießbrauch schütze, sofern nur die statistische Lebenserwartung des Nießbrauchers noch über einem Jahr liege, zwingend vor dem Verwertungszugriff des Sozialleistungsträgers bei Verarmung des Erwerbers.

c)   Schonvermögen (§ 90 Abs. 2 SGB XII)

§ 90 Abs. 2 SGB XII enthält eine über die allgemeine Einschränkung der Unverwertbarkeit in § 90 Abs. 1 SGB XII hinausgehende Aufzählung derjenigen Vermögensgegenstände, deren Existenz in der Hand des Hilfeempfängers oder eines anderen Mitglieds der Einsatzgemeinschaft für die Gewährung von HLU- und HbL-Leistungen unbeachtlich ist. Diese dürfen also weder bei der Entscheidung über Form und Maß noch bei der Festsetzung der Höhe der Sozialhilfe berücksichtigt werden; eine Verwertung kann weder durch Veräußerung, Beleihung noch durch sonstige Nutzung (z.B. Vermietung, Bestellung von Erbbaurechten an Grundstücken) gem. § 2 SGB XII verlangt werden. Im Einzelnen sind zu nennen: 439

- Mittel zum **Existenzaufbau und zur Existenzsicherung** (§ 90 Abs. 2 Nr. 1 SGB XII); Voraussetzung ist jedoch, dass die Zuwendung aus öffentlichen Mitteln gewährt wurde, d.h. ihre Zahlung den Haushalt des Bundes, eines Landes, einer Gemeinde oder sonstigen Körperschaft, Anstalt oder Stiftung des öffentlichen Rechts belastet hat. Beispiele bilden etwa Aufbaudarlehen nach dem Lastenausgleichsgesetz, Leistungen der Berufsfürsorge nach § 26 BVG und Beihilfen für Vertriebene nach §§ 12, 42 ff. BVFG. Die nach dem Einsatz der Förderungsmittel geschaffenen Vermögenswerte selbst unterliegen jedoch nicht mehr dem Schutz des § 90 Abs. 2 Nr. 1 SGB XII.[91] 440

- Kapital und Erträge eines staatlich geförderten Ansparvermögens nach § 10a EStG („**Riester-Rente**": Diese seit 01.01.2002 eingeführte weitere Schonvermögensposition soll Wertungswidersprüche zum Altersvermögensgesetz [Kapitalgedeckte Altersvorsorge] vermeiden. Wird das Vermögen im Alter zweckentsprechend aufgelöst, ist es allerdings anzurechnen).[92] 441

- Mittel zur **Hausbeschaffung oder -erhaltung** (§ 90 Abs. 2 Nr. 3 SGB XII): Umfasst werden Ersparnisse, Bausparguthaben und andere Vermögenswerte, die aufgrund nachvollziehbarer subjektiver Widmung dazu bestimmt und der Höhe nach geeignet sind, ohne Inanspruchnahme erheblicher Fremdfinanzierung im Rahmen eines tragfähigen Gesamtfinanzierungskonzepts den Erwerb, die Errichtung oder den Ausbau eines angemessenen Hausgrundstücks oder einer angemessenen Eigentumswohnung zu ermöglichen, die Wohnzwecken eines Behinderten, Blinden oder Pflegebedürftigen dienen soll. Es ist nicht erforderlich, dass der 442

---

91   Vgl. OVG Nordrhein-Westfalen, ZfSH/SGB 1990, 38; allerdings können die Schutzvorschriften des § 90 Abs. 2 Nr. 3, Nr. 4 und Nr. 7 oder eine unbillige Härte nach § 90 Abs. 3 SGB XII vorliegen.
92   BT-Drucks. 14/4595, S. 72.

Behinderte bzw. Pflegebedürftige selbst zugleich die leistungsberechtigte Person nach dem SGB XII ist. Die „baldige" Realisierung erfordert im Unterschied zu dem bis 31.12.1981 geltenden früheren Kriterium der „alsbaldigen" Beschaffung oder Erhaltung, dass mit der Umsetzung so rechtzeitig gerechnet werden kann, dass die wohnwirtschaftliche Zuwendung dem Behinderten oder Pflegebedürftigen noch ausreichend zugutekommen wird. Der Vermögensschutz entfällt, wenn der privilegierte Zweck endgültig nicht mehr erreicht werden kann, sei es infolge Übersiedlung der begünstigten Person in ein Altenheim, Aufgabe der Kauf- oder Bauabsicht oder infolge Realisierbarkeit der geplanten Maßnahme auch ohne die betreffenden Ansparungen.

443 • **Angemessener Hausrat** (§ 90 Abs. 2 Nr. 4 SGB XII): Umfasst werden Möbel und Geräte der Wohnungseinrichtung, soweit sie dem Lebenszuschnitt vergleichbarer Bevölkerungsgruppen entsprechen. Hierbei ist zwar auch der frühere Lebensstil des Hilfempfängers zu berücksichtigen (Individualisierungsgebot gem. § 9 Abs. 1 SGB XII), kostbare Luxusgegenstände wie etwa echte Teppiche oder Bilder sind jedoch auch dann kein Schonvermögen, wenn ihre Beschaffung dem früheren Lebensstandard des nunmehrigen Hilfesuchenden entsprach.[93]

444 • Gegenstände zur **Berufsausübung oder Erwerbstätigkeit** (§ 90 Abs. 2 Nr. 5 SGB XII). Sie müssen freigestellt sein, um den Charakter einer „Hilfe zur Selbsthilfe", die mit Leistungen des SGB XII verbunden sein soll, zu wahren. Umfasst sind daher nicht nur Gegenstände, die zur Aufnahme oder Fortsetzung der Berufsausübung erforderlich sind, sondern auch solche, die für Fortbildung oder berufliche Schulung oder Schulausbildung benötigt werden.[94] Es handelt sich bspw. um Arbeitsgeräte, Berufskleidung, landwirtschaftliche oder gewerbliche Maschinen, ein Kfz, das zur Erreichung der Arbeitsstelle unentbehrlich ist oder das der Einkünfteerzielung dient (Taxifahrer) sowie um Betriebsgrundstücke, etwa in der Land- und Forstwirtschaft. Die Teilveräußerung ist jedoch zumutbar, wenn hierdurch eine nachhaltige Ertragsminderung nicht eintritt.[95]

445 • **Familien- und Erbstücke** (§ 90 Abs. 2 Nr. 6 SGB XII), die unter Wahrung des affektiven Interesses des Hilfesuchenden oder des weiteren Mitglieds der Einsatzgemeinschaft zur Vermeidung unbilliger Härte unangetastet bleiben sollen. I.d.R. wird es sich um Schmuckstücke handeln.

• Gegenstände zur **Befriedigung geistiger Bedürfnisse** (§ 90 Abs. 2 Nr. 7 SGB XII). Umfasst werden nicht nur Objekte zur Ausübung wissenschaftlicher oder künstlerischer Betätigung nichtgewerblicher Art (sonst liegt § 90 Abs. 2 Nr. 5 SGB XII vor), sondern können auch der Realisierung eines Sammel-Hobbys oder der Sportausübung dienen. Geschützt sind demnach Bücher, Musikinstrumente, Schallplatten, eine Fotoausrüstung, Kleidung und Geräte zur sportlichen Betätigung, soweit sie nicht das der Lebenssituation des Hilfesuchenden i.Ü. vergleichbare Maß übersteigen.

446 • **Angemessenes Hausgrundstück** (§ 90 Abs. 2 Nr. 8 SGB XII). Dem Hausgrundstück stehen das Wohnungseigentum,[96] Erbbaurechtsgebäude sowie Dauerwohnrechte nach dem WEG gleich.

---

93 Vgl. etwa *Brühl*, in: LPK-SGB XII, § 90 Rn. 37.
94 Ebenso Mitteilungsblatt des Deutschen Vereins für öffentliche und private Fürsorge, 1971, 63.
95 Vgl. im Einzelnen zum Einsatz landwirtschaftlichen Vermögens *Basse/Janosch*, ZfF 1984, 117 ff.
96 Vgl. § 90 Abs. 2 Nr. 8 Satz 3 SGB XII; zum früheren Recht ebenso BGH, MittBayNot 1991, 131.

Die Neufassung des Gesetzes mit Wirkung ab 01.01.1991 hat zu einer deutlichen Erweiterung des Schutzbereichs des Haus- und Wohnungseigentums geführt, die bereits im abweichenden Wortlaut „angemessen" (statt „klein") zum Ausdruck kommt. Vermögensschonung kann ein im Allein- oder Miteigentum des Hilfesuchenden oder einer weiteren Person der Einsatzgemeinschaft (§§ 19, 20 SGB XII: zusammenlebende Ehegatten, Verpartnerte und eheähnliche sowie lebenspartnerschaftsähnliche Partner, ferner die Eltern bzw. der zusammenlebende Elternteil bei hilfesuchenden minderjährigen, unverheirateten, im Haushalt lebenden Kindern) stehendes Hausgrundstück bei Erfüllung der übrigen Voraussetzungen nur dann und so lange genießen, als es vom Hilfesuchenden oder einem weiteren Mitglied der Einsatzgemeinschaft (allein oder zusammen mit Angehörigen) **selbst bewohnt** wird (personales Kriterium).

Mit der **Heimunterbringung des hilfesuchenden Alleineigentümers** endet demnach der Schutz des § 90 Abs. 2 Nr. 8 SGB XII nicht, wenn ein nicht getrennt lebender Ehepartner/Verpartnerter oder ehe-/lebenspartnerschaftsähnlicher Lebensgefährte im Haus verbleibt. Das alleinige Bewohnen durch andere Angehörige, etwa Abkömmlinge, genügt in keinem Fall zur Wahrung des Wohnungsschutzes. Die im Wortlaut ergänzte Voraussetzung, dass das Hausgrundstück nach dem Tod des Hilfeempfängers oder eines weiteren Mitglieds der Einsatzgemeinschaft durch die Angehörigen bewohnt werden soll, hat insoweit keine erweiternde, sondern allenfalls einschränkende Funktion: Sofern nachweislich die weitere Selbstnutzung nur stattfindet, um die Sozialhilfeverwertung zu verhindern, kann ihr mit Hinweis auf den genannten Gesetzeswortlaut die Sperrwirkung entzogen werden. Mit dem Tod des Hilfeempfängers (und seines Ehegatten, falls dieser vor dem Hilfeempfänger verstirbt und nicht Hilfeempfänger ist) unterliegt der Nachlass ohnehin der Kostenersatzpflicht des § 102 SGB XII; frühere Schonvermögenseigenschaften sind dann unbeachtlich.

447

Geschützt ist lediglich die „**Wohnstatt**" (Nutzungskriterium). Ist daher ein Grundstücksteil (z.B. eine Gartenfläche) selbstständig abtrennbar und verwertbar, ohne dass die Eigenschaft eines Wohnhausgrundstücks für den verbleibenden Rest verlorengeht, erstreckt sich die Schutzwirkung des § 90 Abs. 2 Nr. 8 SGB XII hierauf nicht.[97] Die gemischte, zugleich gewerblichen Zwecken dienende Nutzung steht dem Charakter des Gesamtobjekts als „Wohnhausgrundstück" nicht entgegen, sofern die gewerbliche Nutzung oder Vermietung untergeordneten, nicht prägenden Charakter hat.[98]

448

Von § 90 Abs. 2 Nr. 8 SGB XII geschützt ist lediglich das „**angemessene**" Hausgrundstück (objektbezogenes Kriterium). Die „Angemessenheit" ist dabei nach der mittlerweile auch gesetzlich normierten Kombinationstheorie aus personenbezogenen, sachbezogenen und wertbezogenen Merkmalen zu ermitteln (Zahl der Bewohner, Wohnbedarf, Grundstücksgröße, Hausgröße, Zuschnitt und Ausstattung des Wohngebäudes, Wert des Grundstücks samt Wohngebäude).[99]

449

---

97 Vgl. BVerwG, NDV 1971, 79.
98 Vgl. BVerwGE 59, 299.
99 Hierbei sind jedenfalls die bei Eigentumserwerb bereits bestehenden oder eingegangenen Belastungen (VGH Bayern, NJW 1989, 2832: Wohnungsrecht) abzuziehen.

450 Die „beanstandungsfreie" **Wohnfläche** des Familienheims[100] richtete sich nach der bis zum 31.12.2001 geltenden Gesetzesfassung nach den Grenzwerten des Zweiten Wohnungsbaugesetzes (II. WoBauG), beläuft sich also bei Familienheimen mit einer Wohnung auf 130 m², bei Eigentumswohnungen auf 120 m² (§ 39 Abs. 1 Nr. 1 und Nr. 3 II. WoBauG). Eine Überschreitung der genannten Wohnflächengrenzen war gem. §§ 39 Abs. 2, 82 Abs. 2 II. WoBauG zulässig, soweit die Mehrfläche der Unterbringung eines Haushalts mit mehr als vier Personen dient,[101] i.R.d. örtlichen Bauplanung bei Schließung einer Baulücke durch wirtschaftlich notwendige Grundrissgestaltung bedingt ist oder sich aus den besonderen persönlichen oder beruflichen Bedürfnissen des Wohnungsinhabers erklärt. Hierzu präzisierte § 88 Abs. 2 Nr. 7 Satz 3 BSHG i.V.m. § 39 Abs. 1 Satz 1 Nr. 1 und Nr. 3 II. WoBauG, dass sich bei häuslicher Pflege zumindest einer Person (die nicht notwendig Hilfeempfänger nach dem SGB XII sein muss) die Wohnflächengrenzen um 20 % erhöhen (d.h. bei Familienheimen auf 156 m², bei Eigentumswohnungen auf 144 m²). Daneben sind Mehrflächen aufgrund eines beruflich bedingten Arbeitszimmers geschützt. Mit Außerkrafttreten des Zweiten Wohnungsbaugesetzes zum 01.01.2002 wird die Festlegung von Wohnungsgrößen der Zuständigkeit der Länder überantwortet (§ 10 Wohnraumförderungsgesetz);[102] die obigen Werte dürften jedoch weiterhin eine Orientierung vermitteln.

451 Bei einem **Miteigentumsanteil** an einem Hausgrundstück ist zur Beurteilung der Wohnungsgröße nur der tatsächlich bewohnte Gebäudeteil heranzuziehen, wenn die Nutzung des Hilfeempfängers auf einen seinem Miteigentumsanteil entsprechenden Teil des Anwesens beschränkt ist;[103] anders liegt es, wenn der Miteigentümer das gesamte Anwesen mitbenutzen darf, oder beim Miteigentumsanteil an einem Mehrfamilienhaus, das Angehörige mehrerer Generationen einer Familie je in separaten Wohnungen nutzen.[104] Gleiches gilt bei Gesamthandseigentum, bspw. einer Erbengemeinschaft, sofern der Nachlass im Wesentlichen aus einem Wohnhausgrundstück besteht.

452 Hinsichtlich des weiteren Kriteriums der **Grundstücksgröße** sind nach den Empfehlungen des Deutschen Vereins für öffentliche und private Fürsorge[105] bei Reihenhäusern bis zu 250 m², bei Doppelhaushälften oder Reihenendhäusern bis zu 350 m² und bei freistehenden Einfamilienhäusern bis zu 500 m² Grundstücksgröße noch als angemessen zu werten. Bei Eigentumswohnungen bleibt die im Gemeinschaftseigentum stehende Grundstücksfläche außer Betracht; zu berücksichtigen sind allenfalls Flächen, die dem jeweiligen Sondereigentum als Sondernutzungsrecht zur ausschließlichen Inanspruchnahme zugewiesen sind.

---

100 Hierunter versteht das II. WoBauG ein Eigenheim, das dazu bestimmt ist, dem Eigentümer, seinem Ehegatten oder eheähnlichen Partner, den Verwandten in gerader Linie sowie Verwandten 2. und 3. Grades in der Seitenlinie, Verschwägerten in gerader Linie oder Verschwägerten 2. und 3. Grades in der Seitenlinie, Pflegekindern ohne Rücksicht auf ihr Alter und Pflegeeltern als Heim zu dienen.
101 Für jede weitere Person erhöhte sich die Wohnfläche gem. § 82 Abs. 3 II. WoBauG um 20 m².
102 BGBl. I 2001, S. 2376 ff.
103 Vgl. hierzu BVerwG, MittRhNotK 1993, 137.
104 SG Detmold, 26.06.2008 – S 6 SO 62/07 (rk.), NWB 2009, 602.
105 NDV 2002, 431 ff.

Unter der Geltung des früheren Gesetzeswortlauts hatte das Bayerische Staatsministerium für Arbeit und Sozialordnung durch Bekanntmachung v. 24.10.1985[106] ausgeführt, dass bis zu einer **Wertgrenze** von 300.000,00 DM[107] ohne weitere Prüfung von der Angemessenheit ausgegangen werden könne, und auch eine deutliche Überschreitung dieser Wertgrenze in Ballungsgebieten in Betracht komme. In der Praxis der Sozialhilfeverwaltungen der Großstädte ist der Wertmaßstab mittlerweile weitgehend in den Hintergrund getreten. Außerhalb der Ballungsgebiete stellt der Verkehrswert jedoch auch bei Eigenheimen, welche die Wohnflächengrößen nach § 90 Abs. 2 Nr. 8 Satz 3 SGB XII nicht überschreiten, eine Bezugsgröße von erheblichem Gewicht dar.[108]

453

Aufgrund der Gesetz gewordenen **Kombinationstheorie** ist demnach eine Gesamtbetrachtung vorzunehmen, die einen Vergleich des Hausgrundstücks mit dem gesetzlichen Maßstab des sozialen Wohnungsbaus ermöglicht. Eine übermäßig teuere Ausstattung[109] kann also durch Unterschreiten der maßgeblichen Grenzen bei anderen Kriterien „kompensiert" werden (anders die Vermögensschonung des Eigenheims i.R.d. § 12 Abs. 3 Nr. 4 SGB II, wo allein auf die Größe abgestellt wird).

454

Liegt ein angemessenes Hausgrundstück vor, kann auch nicht dessen **Beleihung mit einem Grundpfandrecht** verlangt werden, da auch hierin eine partielle Verwertung liegt, die der Hilfeempfänger nicht hinzunehmen verpflichtet ist. Überschreitet das Hausgrundstück oder das Wohnungseigentum ganz oder teilweise die Grenze der Angemessenheit, ist es insgesamt verwertbar; auch der Erlös aus einem Verkauf, der auf ein kleineres angemessenes Hausgrundstück entfallen wäre. Der frühere Hilfeempfänger ist damit nicht mehr sozialhilfebedürftig, was ihm ermöglicht, über sein Vermögen (in den Grenzen des § 26 SGB XII) weitgehend frei zu verfügen. Ihm steht es also frei, ein angemessenes Hausgrundstück zu erwerben, und bei danach eintretender erneuter Bedürftigkeit wiederum Sozialhilfe zu beanspruchen.[110]

455

Handelt es sich dem Grunde nach um einsatzpflichtiges Vermögen, würde jedoch dessen sofortige Verwertung eine unbillige Härte darstellen, kann der Sozialleistungsträger gem. § 91 SGB XII die Leistung als **Darlehen** gewähren und dessen grundbuchliche Sicherung nach § 91 Satz 2 SGB XII verlangen.[111]

456

- Die Höhe der gem. § 90 Abs. 2 Nr. 9 SGB XII geschützten **kleineren Barbeträge** oder sonstige Geldwerte (z.B. Sparguthaben, Schecks)[112] wurde konkretisiert durch die gem. § 88 Abs. 4 BSHG erlassene Rechtsverordnung v. 11.02.1988,[113] zuletzt geändert i.R.d. Eingliederung in das SGB XII[114] mit Wirkung ab 01.01.2005. Hiernach bleiben anrechnungsfrei 1.600,00 €

457

---

106 AMBl. 85 A 167.
107 Zu dieser Verwaltungsrichtlinie vgl. VG München, NJW 1985, 163.
108 Vgl. OVG Bremen, NJW 1997, 883 m.w.N. zu Verkehrswerten zwischen 200.000,00 DM und 300.000,00 DM; zum Verhältnis zwischen Wert und Größe auch ausführlich Gutachten, DNotI-Report 1997, 47 ff.
109 Z.B. Verklinkerung, OVG Niedersachsen, FEVS 41, 456.
110 OVG Niedersachsen, FEVS 37, 456; *Brühl*, in: LPK-SGB XII, § 90 Rn. 56.
111 Vgl. OVG Niedersachsen, NJW 1995, 3202. Hinsichtlich der Notargebühren für solche Besicherungen gilt regelmäßig die Gebührenbefreiung des § 143 Abs. 2 KostO, § 64 Abs. 2 Satz 3 SGB X; vgl. OLG Hamm, ZNotP 2004, 39, auch für deren Löschung, *Ländernotarkasse,* NotBZ 2010, 136.
112 Nach OVG Niedersachsen, FEVS 36, 473, jedoch keine Ansparungen aus Lebensversicherungsverträgen.
113 BGBl. I 1988, S. 150.
114 BGBl. I 2003, S. 3060.

bei Bezug allgemeiner HLU (erhöht auf 2.600,00 € für Hilfesuchende über 60 Jahre und Erwerbsunfähige), 2.600,00 € bei Erhalt von Leistungen nach dem 5. – 9. Kap. („besondere Lebenslagen"), jeweils zzgl. 614,00 € für den nicht getrennt lebenden Ehegatten und weitere 256,00 € für jede Person, die vom Hilfesuchenden überwiegend unterhalten wird. Wenn beide (Ehe-) Partner blind oder pflegebedürftig sind, beträgt der Grundfreibetrag 4.091,00 € und der Ehegattenaufschlag 1.534,00 €.

458 Es handelt sich nicht um Freigrenzen, sondern um **Freibeträge**, d.h. auch bei übersteigendem Geldvermögen bleibt der geschützte Betrag anrechnungsfrei. Hinsichtlich des übersteigenden Geldvermögens kann die Sozialhilfe für max. diejenige Zahl an Monaten versagt werden, die sich durch Division des einzusetzenden Vermögens durch den monatlichen Bedarf ergibt. Verbraucht der Hilfesuchende sein einzusetzendes Vermögen rascher, kommt eine Kürzung auf das Unerlässliche bei unwirtschaftlichem Verhalten gem. § 26 SGB XII in Betracht.

d) Unbillige Härte (§ 90 Abs. 3 SGB XII)

459 Wenn die Voraussetzungen des § 90 Abs. 1 SGB XII (Verwertbarkeit) und die im Katalog des § 90 Abs. 2 SGB XII enthaltenen Voraussetzungen einer Schonvermögensfreistellung nicht oder nur teilweise vorliegen, kann die Pflicht zum Einsatz des Vermögens gem. § 90 Abs. 3 SGB XII daran scheitern, dass dessen Verwertung für den Eigentümer und seine unterhaltsberechtigten Angehörigen eine Härte bedeuten würde. Diese „Auffangbestimmung" soll insb. ungewöhnliche Fälle erfassen, bei denen die besonders nachteilige gesundheitliche oder soziale Stellung des Vermögensträgers eine Lockerung der Schonvermögensregelung erfordert. Dabei können auch die Herkunft des Vermögens und die Ursache der Not eine Rolle spielen,[115] ebenso die Lebenssituation betroffener Dritter: so hat es etwa das LSG NRW[116] als unbillige Härte i.S.d. § 12 Abs. 3 Satz 1 Nr. 6 SGB II gewertet, wenn die Mutter eines pflichtteilsberechtigten Sozialleistungsbeziehers durch die Geltendmachung des Pflichtteilsanspruchs ihr selbst bewohntes Familienheim verlieren würde.[117] Auch die als Folge der Geltendmachung des Pflichtteilsanspruchs eintretende nachhaltige Störung des Familienfriedens kann eine besondere Härte bewirken, Rdn. 106.

460 Für den Bereich der HbL – nicht der HLU[118] – bestimmt § 90 Abs. 3 Satz 2 SGB XII ergänzend, dass eine unbillige Härte v.a. gegeben ist, wenn eine angemessene Lebensführung oder die Aufrechterhaltung einer angemessenen **Alterssicherung** sonst wesentlich erschwert würden. Die Freistellung von Vermögenswerten zur Alterssicherung kommt jedoch dann nicht in Betracht, wenn diese bereits durch gesetzliche Rentenansprüche oder Lebensversicherungsverträge sichergestellt ist.

---

115 Teilweise abweichend BVerwGE 47, 112; wie hier *Brühl*, in: LPK-SGB XII, § 90 Rn. 78.
116 LSG Nordrhein-Westfalen, 24.11.2008 – L 20 AS 92/07, notar 2009, 115 m. Anm. *Odersky*.
117 Ähnlich OLG Bremen, 17.04.2008 – 5 WF 13/08, DNotZ 2009, 225: Einsatz des Pflichtteilsanspruchs für Prozesskosten gem. § 115 Abs. 3 ZPO scheidet aus, wenn der Erbe zu dessen Begleichung das Familienheim verkaufen müsste.
118 BVerwG, NJW 2004, 3647: Kapitallebensversicherung ist bei der HLU einzusetzen, wenn der Anspruchsteller über das Kapital jederzeit verfügen kann.

Mangels anderweitiger Sicherung können jedoch bspw. angemessene Einzahlungen auf einen **Grabpflegevertrag** vor ihrer „Rückholung" durch Kündigung geschützt sein.[119] Gleiches gilt für Ansprüche aus einer Sterbegeldversicherung[120] oder aus angespartem Vermögen, das zur angemessene Bestattungsvorsorge zweckgebunden ist.[121]

Weitere Sonderregelungen zur unbilligen Härte bei der Eingliederungshilfe zur Beschäftigung in einer Behindertenwerkstatt sind seit dem 01.01.2005 entfallen.[122]

461

Liegt ein Tatbestand der Vermögensschonung vor, kann eine Verwertung auch nicht im Weg der Beleihung zur Absicherung eines Darlehens verlangt werden.[123]

2. Einkommen (§§ 82, 85 SGB XII)

a) Einkommensbegriff (§ 82 SGB XII)

§ 82 SGB XII definiert als Einkommen i.S.d. Gesetzes – d.h. mit Wirkung sowohl für Leistungen zum Lebensunterhalt als auch Hilfen in besonderen Lebenslagen – „alle Einkünfte in Geld oder Geldeswert" mit Ausnahme der dort aufgezählten Vergütungen. § 1 der hierzu gem. § 76 Abs. 3 BSHG, nunmehr § 96 Abs. 1 SGB XII erlassenen Durchführungsverordnung[124] (nachfolgend „**DVO**") stellt insoweit klar, dass es weder auf die Herkunft noch auf die Rechtsnatur dieser Einkünfte ankommt, ebenso wenig darauf, ob sie zu den Einkunftsarten i.S.d. EStG zählen und steuerpflichtig sind oder nicht.

462

Aufgrund des weiten Wortlauts („Geldeswert") sind auch **Sachbezüge** wie Kost, Wohnung, Kleidung, Heizung, Beleuchtung etc., ferner **Dienstleistungen**, die üblicherweise gegen Geld erlangt werden, zu berücksichtigen;[125] zur SozialversicherungsentgeltVO (vormals SachbezugsVO) vgl. Rdn. 470 ff.

463

Aufgrund teleologischer Reduktion des § 82 SGB XII kann die Einkommensnatur von Einkünften entfallen, wenn diese nicht zur Deckung des Sozialhilfebedarfs bestimmt sind (**Grundsatz der Zweckidentität**),[126] so würde etwa die Zweckbestimmung des Pflegegelds (besonders gewissenhafte Pflege durch materielle Anerkennung zu ermöglichen) vereitelt, wenn dieses bei der

464

---

119 BVerwG, NJW 2004, 2914.
120 OLG Schleswig, 14.02.2007 – 2 W 252/06, FamRZ 2007, 1188.
121 OLG München, 04.04.2007 – 33 Wx 228/06, FamRZ 2007, 1189; BSG, 18.03.2008 – B 8/9b SO 9/06, ZEV 2008, 539 (6.000,00 €, auf Treuhandkonto für Bestattung und 30-jährige Grabpflege hinterlegt, auch wenn das Treuhandkonto kurz vor dem ersten Sozialhilfebezug angelegt wurde!).
122 Gemäß dem durch das Gesetz zur Reform der agrarsozialen Sicherung eingefügten § 88 Abs. 3 Satz 3 BSHG – es handelt sich um eine Korrektur der früher abweichenden höchstrichterlichen Rspr., BVerwG, NDV 1993, 480 – sei bei der Eingliederungshilfe zur Beschäftigung in einer Werkstatt für Behinderte eine Härte dann anzunehmen, wenn das einzusetzende Vermögen den 10-fachen Betrag des gem. § 88 Abs. 2 Nr. 8 BSHG geschonten Barvermögens (d.h. nach damaligem Recht 23.010,00 €) nicht übersteigt.
123 Vgl. Empfehlung des Deutschen Vereins für öffentliche und private Fürsorge, NDV 1992, 141 Rn. 72; teilweise abschwächend BVerwGE 47, 109 f.
124 Verordnung zur Durchführung des § 82 SGB XII v. 28.11.1962, BGBl. I, S. 692, zuletzt geändert am 21.03.2005 (BGBl. I 2005, S. 818).
125 Zur Anrechnung eines vertraglichen Anspruchs auf Wart und Pflege vgl. allerdings Rdn. 1373 f.
126 Vgl. *Brühl*, in: LPK-SGB XII, § 82 Rn. 5.

Pflegeperson, welcher der Hilfeempfänger das Pflegegeld bestimmungsgemäß weitergereicht hat, als Einkommen i.S.d. § 82 SGB XII anzusetzen wäre.[127]

465 Soweit Einkünfte bereits unmittelbar den Bedarf gemindert haben, dürfen sie naturgemäß zur Vermeidung einer doppelten Berücksichtigung nicht mehr zusätzlich als Einkommen angerechnet werden. Andere Leistungen, wie etwa das Wohngeld, werden jedoch lediglich auf der Einkommens-, nicht auf der Bedarfsseite angerechnet.[128]

466 **Einmalige Zahlungen**, die im Austausch für Vermögensgegenstände erlangt werden – z.B. die Auszahlung aus einer Lebensversicherung nach ihrer Kündigung, die aus Beiträgen des Betroffenen angespart wurde[129] –, zählen wiederum zum Vermögen. Dies gilt auch, wenn die Einmalzahlung verrentet wird.[130] Allerdings soll es sich bei den Wertersatzzahlungen, die der Erwerber bei späterer Verarmung des Schenkers gem. § 528 Abs. 1 Satz 1, 818 Abs. 2 BGB schuldet, nicht um Vermögen, sondern um Einkommen handeln,[131] obwohl sie als Surrogat an die Stelle des in Natur nicht unmittelbar restituierbaren, da unteilbaren Vermögensgegenstands treten. Dem ist mit Blick auf die Nähe des § 528 BGB zur gesetzlichen Unterhaltspflicht und die besondere Zweckgebundenheit des Herausgabeanspruchs bei Verarmung zur Deckung des laufenden Bedarfs zum Lebensunterhalt beizutreten (vgl. hierzu unten Rdn. 906). Auch der Zufluss aus einer Lebensversicherung, die ein Dritter angespart hat, bildet (mangels „Vermögensumschichtung") Einkommen und wird – ebenso wenig wie andere einmalige Zuflüsse – auch nicht nach Ablauf des Zuflussmonats zu „Vermögen" (Letzteres tritt nur ein für regelmäßig wiederkehrendes Einkommen).[132] Zur umstrittenen Einordnung einer Erbschaft vgl. Rdn. 421.

467 Als Einkommen berücksichtigungsfähig sind nur solche Einkünfte, die tatsächlich zur Verfügung stehen, also **keine fiktiven Einnahmen** (etwa erzielbares Einkommen, das ein Unterhaltsschuldner leichtfertig zu erzielen unterlässt) oder angerechnete „Unterhaltsbeiträge", die nicht tatsächlich gezahlt werden.[133] Soweit lediglich ein Anspruch auf Einkommensgewährung besteht, der jedoch noch nicht erfüllt ist, handelt es sich insoweit um einen Bestandteil des Vermögens des Hilfebedürftigen, nicht jedoch um Einkommen. **Gepfändete Einkommensteile** sind (jedenfalls dann, wenn die Pfändungsgrenzen des §§ 850c ff. ZPO beachtet sind) nicht als Einkommen i.S.d. § 82 SGB XII zu berücksichtigen.

---

127 So BVerwG, NDV 1993, 27; OVG Niedersachsen, FEVS 37, 367.
128 BVerwG, 16.12.2004 – 5 C 50/03, ZAP-EN Nr. 367/2005, DVBl. 2005, 776.
129 LSG Niedersachsen-Bremen, 22.11.2006 – L 8 AS 325/06 ER, ZEV 2007, 539.
130 Vgl. etwa OVG Bremen, FEVS 27, 254: Rentenzahlungen, die der geschiedene Ehemann aufgrund gerichtlichen Vergleichs zur Abfindung der Ansprüche auf Zugewinnausgleich nach §§ 1378 ff. BGB zu erbringen hat.
131 BVerwG, MittBayNot 1993, 42; anders noch die Vorinstanz in ZfF 1987, 252.
132 LSG Niedersachsen-Bremen, 22.11.2006 – L 8 AS 325/06 ER, ZEV 2007, 539; es tritt demnach eine Verteilung auf die dadurch abzudeckende Tage des Bedarfs (z.B. gem. § 2 Abs. 3 ALG II-VO) ein.
133 BGH, FamRZ 1998, 818; OLG Düsseldorf, FamRZ 1999, 885. Lebt der Hilfeempfänger allerdings in nichtehelicher Lebensgemeinschaft, wird das Einkommen des Partners gem. § 20 SGB XII aufgrund dessen Zugehörigkeit zur Einsatzgemeinschaft mitberücksichtigt.

Aufgrund ausdrücklicher Erwähnung in § 82 Abs. 1 SGB XII sind **nicht** als **Einkommen** anzusetzen: 468

- Leistungen nach dem SGB XII selbst (z.B. das Pflegegeld in der Person des Pflegebedürftigen),
- Grundrente nach dem BVG,
- Renten oder Beihilfen nach dem Bundesentschädigungsgesetz,
- sonstige Zahlungen, die aufgrund sondergesetzlicher Bestimmung von der Anrechnung i.R.d. SGB XII ausgenommen sind,[134]
- gem. § 83 Abs. 2 SGB XII das **Schmerzensgeld** nach § 847 BGB; erhält der Schmerzensgeldberechtigte jedoch eine Kapitalabfindung anstelle einer Rente, handelt es sich um Vermögen, dessen Einsatz allerdings regelmäßig eine unbillige Härte gem. § 90 Abs. 3 SGB XII darstellen würde.[135]

Verluste in einer Einkommensart dürfen mit positiven Einkünften aus anderen Einkommensarten nicht verrechnet werden (§ 10 Satz 1 DVO); auch insoweit steht der Sozialhilfeempfänger schlechter als der Steuerschuldner. Zur Förderung der Arbeitsbereitschaft bleiben ferner seit 01.04.2005 bei HLU- und bei Altersgrundsicherungsleistungen Teile des Einkommens aus selbstständiger und aus nichtselbstständiger Tätigkeit anrechnungsfrei (Rdn. 475). 469

Sachbezüge sind gem. § 2 Abs. 1 Satz 1 Halbs. 1 DVO mit den Werten der ab 01.01.2007 geltenden SozialversicherungsentgeltVO (SvEV, vormals Sachbezugsverordnung) anzusetzen, die auf der Grundlage des § 17 Abs. 1 SGB IV erlassen wurde (und deren Werte gem. § 8 Abs. 2 Satz 2 und 3 EStG auch für das Steuerrecht verbindlich sind). Für die Jahre 2010 und 2011 sind folgende Werte anzusetzen: 470

- Für „**freie Verpflegung**" monatlich 217,00 € (2010: 215,00 €), wovon auf Frühstück 47,10 € [30 x 1,57 €] (2010: 47,00 €) und auf Mittag- und Abendessen je 84,90 € [2,83 x 30] (2010: 84,00 €) entfallen (für Kinder und Familienangehörige gelten Teilwerte).[136]
- Der Wert **freier Unterkunft** wird mit monatlich 206,00 (2010: 204,00 €) inkl. Heizung und Strom – jeweils für einen volljährigen Beschäftigten und außerhalb von Gemeinschaftsunterkünften – pauschaliert.
- Wird eine „**freie Wohnung**", d.h. eine abgeschlossene Einheit von Räumen, in denen das Führen eines selbstständigen Haushalts möglich ist, als Sachbezug gewährt,[137] ist gem. § 2 471

---

[134] Etwa Leistungen der „Stiftung Mutter und Kind – Schutz des ungeborenen Lebens", vgl. § 5 Abs. 2 des Gesetzes hierzu; Rentenbeiträge i.H.e. Grundrente nach § 21 Abs. 2 des Gesetzes über die Errichtung der Stiftung „Hilfswerk für behinderte Kinder" v. 17.12.1971 (Contergan-Fälle), Leistungen nach dem Bundeserziehungsgeldgesetz gem. § 8 Abs. 1 Satz 1 BErzGG, Unterstützungsleistungen für SED-Opfer (§ 16 Abs. 4 des 1. Gesetzes zur Bereinigung von SED-Unrecht), Entschädigungsrenten nach dem Gesetz über Entschädigungen für Opfer des Nationalsozialismus im Beitrittsgebiet zur Hälfte (§ 4 Satz 2 des genannten Gesetzes). Nicht zu den gem. § 83 Abs. 1 SGB XII anrechnungsfreien Bezügen gehört die (nicht zweckgebundene) Eigenheimzulage, BVerwG, FamRZ 2004, 194.
[135] Vgl. VGH Baden-Württemberg, NJW 1994, 212.
[136] Vgl. NWB 2005, 4401 = Fach 27, S. 6117.
[137] Und handelt es sich dabei nicht um eine Vorbehaltswohnungsrecht zugunsten des früheren Eigentümers eines angemessenen, als Vermögen geschonten Hausgrundstücks (erst-recht-Gedanke zu § 90 Abs. 2 Nr. 8 SGB XII), vgl. Rdn. 1308.

Abs. 4 SvEV der ortsübliche Mietpreis zugrunde zu legen. Ist die Feststellung des ortsüblichen Mietpreises mit außergewöhnlichen Schwierigkeiten verbunden, darf der Quadratmeterpreis mit 3,55 € (bei einfacher Ausstattung ohne Sammelheizung oder ohne Bad oder Dusche mit 2,88 €) pauschaliert werden (ab 01.01.2008 einheitlich für das gesamte Bundesgebiet). Jahreswerte für Vollbeköstigung im Rahmen eines Altenteils und den übrigen Sachaufwand, jeweils für einen Leibgedingsberechtigten bzw. ein Ehepaar, sind zudem als sog. Nichtbeanstandungsgrenzen veröffentlicht (sie betragen im Veranlagungszeitraum 2009 für die Einzelperson [in Klammer die Werte für ein Ehepaar] 2.520,00 € [5.040,00 €], für Heizung, Beleuchtung und andere Nebenkosten 560,00 € [1.120,00 €]).[138]

472 Soweit die SvEV keine Festsetzungen enthält, sind gem. § 3 Abs. 1 Satz 1 Halbs. 2 DVO die „üblichen Mittelpreise am Verbrauchsort" zugrunde zu legen.

b) Absetzbare Beträge (§ 82 Abs. 2 und 3 SGB XII)

473 Im Monat der Ausgabe[139] sind gem. § 82 Abs. 2 SGB XII abzusetzen:
- die auf das Einkommen tatsächlich entrichteten (Einkommen-, Lohn-, Kirchen-, Gewerbe-, Kapitalertrags-) Steuern (§ 82 Abs. 2 Nr. 1 SGB XII);
- die Pflichtbeiträge zur Kranken-, Renten- und Arbeitslosen- sowie Pflegeversicherung (§ 82 Abs. 2 Nr. 2 SGB XII);
- der Mindesteigenbeitrag zur Riester-Rente nach § 86 EStG sowie diejenigen Beiträge zu öffentlichen oder privaten Versicherungen, die entweder gesetzlich vorgeschrieben sind[140] oder der Höhe nach angemessen sind (§ 82 Abs. 2 Nr. 3 SGB XII). Letzteres ist anzunehmen, wenn in Bevölkerungsschichten unteren Einkommens Risiken, bei deren Eintritt die weitere Lebensführung außerordentlich belastet wäre, durch relativ geringe Beiträge abgesichert werden (z.B. private Haftpflichtversicherung, Hausratversicherung);

474 - die zur Gewinnung der Einkünfte notwendigen Ausgaben (§ 82 Abs. 2 Nr. 4 SGB XII), wobei die Anerkennung solcher Werbungskosten strenger ist als im Einkommensteuerrecht; die Einzelheiten hierzu sind in der DVO geregelt: So darf etwa bei Einkünften aus nicht selbstständiger Tätigkeit als Pauschale für Arbeitsmittel ein Betrag i.H.v. monatlich 5,20 € berücksichtigt werden; für Fahrtaufwand mit eigenem Pkw monatlich 5,20 € je Entfernungskilometer, max. jedoch monatlich 208,00 € (vgl. § 3 Abs. 5 und 6 DVO). Bei Einkünften aus Vermietung und Verpachtung sind lediglich Schuldzinsen, öffentliche Abgaben sowie der Erhaltungsaufwand, zzgl. einer Bewirtschaftungspauschale i.H.v. 1 % der Jahresroheinnahmen abzugsfähig, nicht jedoch die steuerlichen Abschreibungen (§ 7 Abs. 2 GVO). Bei Untervermietung eines möblierten Zimmers sind 70 %, bei Untervermietung eines Leerzimmers 90 % der Roheinnahmen als Einkünfte anzusetzen (§ 7 Abs. 4 DVO);

---

[138] Erlass des Bayerischen Landesamts für Steuern v. 25.02.2009, ZEV 2009, 156; vgl. BFH, BStBl. II 1989, S. 784 und 786.

[139] Die häufig anzutreffende Praxis, einmalige Aufwendungen anteilig auf die Monate des Bedarfszeitraums zu verteilen, findet im Gesetz selbst keine Stütze; vgl. auch *Brühl*, in: LPK-SGB XII, § 82 Rn. 69.

[140] Die Kfz-Haftpflichtversicherung ist zwar gesetzlich vorgeschrieben, jedoch nur dann abzugsfähig, wenn das Halten des Kfz selbst sozialhilferechtlich anrechnungsfrei bleibt, z.B. wenn es sich um einen zur Einkünfteerzielung eingesetzten Pkw gem. § 90 Abs. 2 Nr. 5 SGB XII handelt.

- das Arbeitsförderungsgeld und -entgelterhöhungen aufgrund der Kostenzuordnung im Arbeitsbereich der Werkstatt für behinderte Menschen (§ 82 Nr. 5 SGB XII i.V.m. § 43 SGB IX).

Um den Anreiz zu weiterer Erwerbstätigkeit nachhaltig wachzuhalten (im für das SGB XII verbleibenden Bereich der Erwerbsfähigkeit unter 3 Std. täglich) ordnet § 82 Abs. 3 SGB XII seit 01.04.2005 an, 30 % des Einkommens des Leistungsberechtigten aus selbstständiger und nichtselbstständiger Tätigkeit beim Bezug von Leistungen zum Lebensunterhalt **nicht anzusetzen** (bei der Beschäftigung in einer Werkstatt für behinderte Menschen: 1/8 des Eckregelsatzes zzgl. 1/4 des diesen Betrag übersteigenden Entgeltes). In begründeten Fällen kann ein anderer Prozentanteil abgesetzt werden.

c) Einkommensschongrenze bei Leistungen des 5. – 9. Kapitels

Während Hilfen zum Lebensunterhalt und Leistungen zur HbL im Bereich der Vermögensschonung weitgehend gleichgestellt sind (vgl. Rdn. 419 ff.),[141] sind die **Bezieher von HbL-Leistungen** im Bereich der Einkommensberücksichtigung deutlich **privilegiert**. Während also bei Bezug von HLU-Leistungen jedes dem Grunde nach berücksichtigungsfähige Einkommen bedarfsmindernd und damit leistungsreduzierend wirkt, kommen den Hilfeempfängern von Leistungen des 5. – 9. Kap. **Freibeträge** zugute.

Sofern das gem. § 82 SGB XII ermittelte „bereinigte" Einkommen des Hilfesuchenden und der weiteren Mitglieder der Einsatzgemeinschaft (nicht getrennt lebender Ehegatte bzw. nichtehelicher Lebensgefährte; bei hilfesuchenden minderjährigen Kindern auch das Einkommen der Eltern) bestimmte Einkommensgrenzen nicht übersteigt, ist eine Anrechnung auf HbL-Leistungen nur unter den engen Voraussetzungen des § 88 SGB XII vorgesehen. Hierdurch soll erreicht werden, dass den Beziehern von HbL-Leistungen Eigenmittel verbleiben, welche die Aufrechterhaltung einer angemessenen Lebensführung ermöglichen und verhindern, dass gleichzeitig HLU-Leistungen erforderlich werden. Außerdem soll der benachteiligten Stellung aufgrund der „besonderen Lebenslage" Rechnung getragen werden; diese Differenzierung ist bereits im Wortlaut des § 19 Abs. 3 SGB XII („Zumutbarkeit") im Vergleich zu § 19 Abs. 1 SGB XII bei HLU-Leistungen angelegt. Das BSHG differenzierte noch einerseits zwischen der allgemeinen Einkommensgrenze in § 79 BSHG bei sämtlichen HbL-Leistungen und andererseits „besonderen Einkommensgrenzen" in § 81 BSHG, welch Letztere bei Erfüllung zusätzlicher Voraussetzungen gelten. I.R.d. Überführung in das SGB XII wurde lediglich die allgemeine Einkommensgrenze beibehalten; „besondere" Grenzen können durch Landesrecht angeordnet werden.

aa) Allgemeine Einkommensgrenze (§ 85 SGB XII)

Die „allgemeine" Einkommensgrenze des § 85 SGB XII setzt sich für die nachfragende Person und deren nicht getrennt lebenden (Ehe-) Partner zusammen aus:

- **Grundbetrag** i.H.d. 2-fachen Eckregelsatzes des Ortes, an dem sich der Leistungsberechtigte aufhält (im Jahr 2011 also 728,00 €, im Jahr 2012 734,00 €).[142]

---

[141] Mit Ausnahme der um mind. 1.000,00 € erhöhten kleineren Barbeträge gem. § 90 Abs. 2 Nr. 9 SGB XII und erweiterter Berücksichtigung unbilliger Härten gem. § 90 Abs. 3 Satz 2 SGB XII.

[142] Damit wird der bis 22.07.1985 bestehende Zustand (doppelter Regelsatz des Haushaltsvorstands) wieder hergestellt. In der Zwischenzeit galten niedrigere Basiswerte, die jährlich an die Rentenentwicklung angepasst wurden.

479 • **Unterkunftskosten** (d.h. der tatsächliche Aufwand für Miete und Nebenkosten): Diese sind auf ihre Angemessenheit zu prüfen und werden zum Grundbetrag hinzu addiert. Aus § 29 SGB XII, wo zwischen Unterkunftskosten und Heizungskosten unterschieden wird, folgert die herrschende Rechtsprechung,[143] dass die Kosten der Heizung nicht berücksichtigt werden dürfen, sofern sie aus dem gesamten Wohnaufwand herausgerechnet werden können; in Betracht käme dann allenfalls die Anerkennung besonders hoher Heizkosten als besondere Belastung gem. § 87 Abs. 1 SGB XII. Bewohnt der Bezieher von HbL-Leistungen ein Eigenheim oder Wohneigentum, ist der Zinsaufwand für aufgenommene Verbindlichkeiten unstreitig einzubeziehen, nach überwiegender Auffassung jedoch nicht die Tilgungsbeträge,[144] was bei einem Annuitätendarlehen mit gleichbleibender Gesamtbelastung, aber abnehmendem Zinsanteil zu dem nicht ohne Weiteres einleuchtenden Ergebnis führt, dass der berücksichtigungsfähige Aufwand für Unterkunft immer mehr abnimmt. Einzubeziehen ist der Wohnaufwand aller Personen, für die ein Familienzuschlag gem. § 85 Abs. 1 Nr. 3 SGB XII gewährt wird. Gewährtes Wohngeld mindert den anzusetzenden Unterkunftsaufwand.[145]

480 Seit 01.01.1984 dürfen nur solche Unterkunftskosten berücksichtigt werden, die den **angemessenen Umfang** nicht übersteigen. Die relativ strengen Kriterien, die zur Angemessenheitsprüfung des Unterkunftsbedarfs i.R.d. HLU (§ 22 BSHG und in § 3 der hierzu ergangenen früheren Regelsatzverordnung) aufgestellt wurden, können jedoch auf § 85 Abs. 1 Nr. 2 SGB XII nicht ohne Weiteres übertragen werden. Die Einführung einer Einkommensgrenze bei HbL-Leistungen soll es nämlich dem Hilfesuchenden gerade ermöglichen, eine angemessene Lebensführung außerhalb der Sozialhilfebedürftigkeit, d.h. der Bezugsberechtigung für HLU-Leistungen, beizubehalten. Demnach ist im Regelfall der Umzug in eine preisgünstigere Wohnung nicht zuzumuten, sofern nicht die Kosten des Umzugs sich angesichts deutlich geringerer Belastung in kurzer Zeit amortisieren. Der Deutsche Verein hat hierfür Empfehlungen ausgearbeitet.[146]

481 • **Familienzuschläge** für den nicht getrennt lebenden Ehegatten/Lebensgefährten sowie für jede weitere Person, die vom Hilfesuchenden oder seinem Ehegatten bisher überwiegend unterhalten worden ist oder der sie künftig unterhaltspflichtig werden sind ebenfalls hinzuzuziehen. Die Bezeichnung „Familienzuschlag" ist insoweit irreführend, da die zu berücksichtigende Person nicht zur „Familie" im verwandtschaftsrechtlichen Sinn zählen muss (auch Leistungen an Stiefkinder oder Geschwister können bspw. berücksichtigt werden) und auch keine Zugehörigkeit zum Haushalt gefordert wird. Das Kriterium des „**überwiegenden Unterhaltens**" wird erfüllt, wenn mehr als 50 % des Lebensbedarfs durch den Hilfesuchenden oder den Ehegatten aufgebracht werden. Die Unterhaltsbedarfsberechnung wird hierbei nach bürgerlichem Unterhaltsrecht (z.B. gemäß den Festsetzungen der Düsseldorfer Tabelle) vorzunehmen sein.[147] Lebt ein minderjähriges Kind bei einem Ehegatten, das ihm Naturalunterhalt gewährt, und entrichtet der andere, z.B. getrennt lebende Elternteil Barunterhalt, gelten nach der gesetzlichen Vermutung des § 1606 BGB beide Beiträge als gleichwertig, sodass

---

143 Z.B. OVG Niedersachsen, FEVS 36, 108, 118; *Grube/Wahrendorf*, SGB XII, § 85 Rn. 14.
144 BVerwGE 37, 13.
145 A.A. BVerwGE 47, 157: Wohngeld wird bereits als Einkommen berücksichtigt.
146 NDV 1986, 257.
147 Vgl. *Conradis*, in: LPK-SGB XII, § 85 Rn. 25.

keiner der Eltern das Kind „überwiegend unterhält". Eine Berücksichtigung kann daher allenfalls i.R.d. Angemessenheitskriteriums des § 87 Abs. 1 SGB XII möglich sein.

Die Höhe des „Familienzuschlags" entspricht dem auf volle Euro aufgerundeten Betrag von 70 % (vor dem 01.01.2005: 80 %) des Regelsatzes eines Haushaltsvorstands. Die Bemessung des „Familienzuschlags" ist der Höhe nach pauschaliert, führt also zu einer Besserstellung, wenn jüngere Kinder zum Haushalt gehören, jedoch zu einer Schlechterstellung bei Vorhandensein älterer Kinder.

482

Ist der Hilfesuchende minderjährig und nicht verheiratet, sind sein **Einkommen** und das Einkommen beider Eltern **zusammenzurechnen**. I.R.d. Familienzuschläge sind hierbei gem. § 85 Abs. 2 Satz 1 Nr. 3 SGB XII jedoch nur ein Elternteil zuzüglich aller Personen zu berücksichtigen, die vom Hilfesuchenden oder den Eltern bisher überwiegend unterhalten worden sind oder denen sie nunmehr ggü. unterhaltspflichtig werden. Leben die Eltern nicht zusammen, richtet sich die Einkommensgrenze nach dem Elternteil, bei dem der Hilfesuchende lebt; lebt er bei keinem der Eltern, gilt die allgemeine Einkommensgrenze des § 85 Abs. 1 SGB XII. Letzteres (Anwendbarkeit der allgemeinen Einkommensgrenze des § 85 Abs. 1 SGB XII, falls der minderjährige Hilfesuchende bei keinem der Eltern lebt) gilt jedoch nach überwiegender Auffassung[148] nur, wenn die Eltern ihrerseits getrennt leben. Leben die Eltern zusammen, jedoch getrennt vom Hilfesuchenden, bilden sie nach überwiegender Auffassung dennoch eine Einsatzgemeinschaft mit diesem.

483

> **Hinweis:**
>
> Aufgrund des **Zeitabschnittscharakters der Sozialhilfe** sind jeweils die Verhältnisse des Monats, in dem der Bedarf auftritt und zu decken ist maßgeblich, auch wenn die tatsächliche Hilfegewährung aufgrund der verwaltungstechnischen Bearbeitung erst später erfolgt. Überschreitet der Bedarfszeitraum die Monatsgrenze, sollen nach den Sozialhilferichtlinien lediglich die Verhältnisse des ersten Monats zugrunde gelegt werden, wenn der Bedarf nicht länger als 30 Tage währt, andernfalls ist auch der zweite Monat zu berücksichtigen.[149] Das BVerwG[150] verteilt jedoch den Bedarf auf die gesamten belegten Kalendermonate, auch wenn er kürzer ist als ein Zeitmonat.

484

bb) Abweichende Einkommensberücksichtigung

(1) Erhöhter Grundbetrag (§ 86 SGB XII)

Das BSHG hatte bei besonders schweren Fällen der Krankenhilfe, der Eingliederungshilfe für Behinderte sowie der Hilfe zur Pflege als Ausgleich für die besondere Belastung des Hilfesuchenden eine Erhöhung der allgemeinen Einkommensgrenze gewährt (§ 81 Abs. 1 BSHG) in nochmals gesteigertem Maße für besondere Fälle der Blindenhilfe und für den Bezug von Pflegegeld der Pflegestufe III (§ 81 Abs. 2 BSHG). Diese Privilegierungen (Berücksichtigung

485

---

148 OVG Nordrhein-Westfalen, FEVS 33, 160.
149 Vgl. etwa SH-Richtlinien Bayern, Tz. 79.06.
150 ZfSH/SGB 1990, 309.

des 1,5-fachen bzw. des 3-fachen Grundbetrags)[151] wurden in das SGB XII nicht übernommen. Durch die Abschaffung der erhöhten Einkommensgrenzen werden Einsparungen von jährlich 45 Mio. € erhofft. Vielmehr steht es den Ländern nunmehr gem. § 86 SGB XII frei, ob sie (wie bisher nicht geschehen) für bestimmte Leistungen des 5. – 9. Kap. höhere Grundbeträge vorsehen.

(2) Reduzierte Einkommensanrechnung bei Leistungen für Behinderte

486 Gem. § 92 Abs. 2 SGB XII ist die Inanspruchnahme der Bedarfsgemeinschaft stark eingeschränkt bei

- heilpädagogischen Maßnahmen für Kinder (§ 92 Abs. 2 Nr. 1 SGB XII),
- Hilfen zur angemessenen Schulbildung (§ 92 Nr. 2 SGB XII),
- Integrationshilfen für noch nicht eingeschulte Kinder (§ 92 Nr. 3 SGB XII),
- Schul- und Ausbildungshilfen in besonderen Einrichtungen (§ 92 Nr. 4 SGB XII),
- Leistungen der medizinischen Rehabilitation (§ 92 Nr. 5 SGB XII),
- Leistungen zur Teilhabe am Arbeitsleben (§ 92 Nr. 6 SGB XII),
- Leistungen in anerkannten Behindertenwerkstätten (§ 92 Nr. 7 SGB XII) und
- Leistungen in teilstationären Einrichtungen für behinderte Menschen (§ 92 Nr. 8 SGB XII).

487 Zum einen kann die Bedarfsgemeinschaft bei solchen Leistungen lediglich für die Kosten des Lebensunterhalts herangezogen werden; sie werden weiterhin ohne Berücksichtigung vorhandenen Vermögens erbracht (§ 92 Abs. 2 Satz 2 SGB XII). Kostenersatz für Lebensunterhalt bei Unterbringung in einer Einrichtung wird für die Leistungen des § 92 Abs. 2 Nr. 1 bis Nr. 6 SGB XII gem. § 92 Abs. 2 Satz 3 Halbs. 1 SGB XII nur i.H.d. ersparten häuslichen Aufwendungen geschuldet. Bei Leistungen in Werkstätten und teilstationärer Unterbringung (§ 92 Abs. 2 Nr. 7 und Nr. 8 SGB XII) ist das eigene Einkommen des Behinderten gem. § 92 Abs. 2 Satz 4 SGB XII nur heranzuziehen, soweit es den doppelten Eckregelsatz übersteigt (im Jahr 2011 also 728,00 €, im Jahr 2012 734,00 €). Erbringen nicht unterhaltspflichtige Dritte weitere Leistungen, können in dieser Höhe die Mitglieder der Einsatzgemeinschaft zusätzlich herangezogen werden (§ 92 Abs. 3 Satz 2 SGB XII).

(3) Einkommensunabhängige Leistungen

488 Einzelne Dienst- und Beratungsleistungen, z.B. Altenhilfe (§ 71 Abs. 4 SGB XII), und zur Überwindung sozialer Schwierigkeiten (§ 68 Abs. 2 SGB XII) sind unabhängig von vorhandenem Einkommen (und Vermögen) zu erbringen.

cc) Einsatz des Einkommens über der Einkommensgrenze (§ 87 SGB XII)

489 § 87 SGB XII ergänzt als „Kehrseitenregelung" die Bestimmungen des § 85 SGB XII, wonach die Gewährung von HbL-Leistungen vom Einsatz des Einkommens unterhalb bestimmter Grenzen i.d.R. (vgl. § 88 SGB XII) nicht abhängig gemacht werden darf, und legt fest, in welchem Umfang das die Einkommensgrenze übersteigende Einkommen der in § 85 Abs. 1 oder 2 SGB XII

---

151 D.h. i.R.d. § 81 Abs. 1 BSHG auf 826,00 € bzw. im Fall des § 81 Abs. 2 BSHG gar auf 1.651,00 € in den alten Ländern ab 01.07.2002.

genannten Personengemeinschaft heranzuziehen ist. Maßgeblich ist hierbei die Beschränkung auf den „**angemessenen Umfang**", dessen Ermittlung im Einzelfall durch die in § 87 Abs. 1 Satz 2 SGB XII genannten Kriterien erleichtert wird. Die „Angemessenheit" des Einkommenseinsatzes stellt rechtsdogmatisch einen unbestimmten Rechtsbegriff dar,[152] dessen richtige Interpretation durch die VG (anders als bei Vorliegen einer Ermessensvorschrift, § 114 VwGO) in vollem Umfang nachprüfbar ist. Die Praxis folgt weitgehend den durch den Deutschen Verein für öffentliche und private Fürsorge im Jahr 1975 herausgegebenen „Empfehlungen für die Anwendung der §§ 84 ff. BSHG":

- Unter dem Gesichtspunkt der **Art des Bedarfs** führen i.d.R. länger dauernde Beeinträchtigungen der Gesundheit oder der wirtschaftlichen Lebensgrundlage (z.B. Verlust des Arbeitsplatzes) zu einem geringeren Eigenanteil des einzusetzenden Einkommens. Gleiches gilt, wenn die erhöhte Heranziehung die sozialpolitische Zielsetzung der konkreten Hilfeart gefährden könnte (etwa bei Leistungen zur Förderung der häuslichen Pflege).

490

- Die **Höhe der Aufwendungen** kann zu einer Verringerung des einzusetzenden Eigenanteils führen, soweit die nach § 85 SGB XII verpflichteten Personen vor der Inanspruchnahme des Sozialhilfeträgers durch Einsatz eigener Mittel den Bedarf selbst zu decken sich bemüht haben oder während des Bestehens der Notlage nicht erstattungsfähige Nebenaufwendungen entstehen.

- Eine höhere **Dauer der Aufwendungen** führt i.d.R. ebenfalls zu einer Verschärfung der Einsatzpflicht im Vergleich zu einem nur einmalig oder punktuell auftretenden Bedarf.

491

- Zusätzlich zu berücksichtigen sind **besondere Belastungen** des Hilfeempfängers und seiner unterhaltsberechtigten Angehörigen, allerdings nach den Empfehlungen des Deutschen Vereins und Verwaltungspraxis nur, soweit sie vor Eintritt der Notlage eingegangen waren oder während der Notlage nach allgemeiner Lebenserfahrung nicht vermieden werden können. Hierunter können Unterhaltsleistungen an Berechtigte zählen, die im Familienzuschlag nach § 85 Abs. 1 Nr. 3 SGB XII (bzw. Abs. 2) wegen Verfehlens des Kriteriums des „überwiegenden" Unterhalts nicht berücksichtigt wurden, Tilgungsbeiträge oder Renovierungskosten für die Wohnung, Fort- und Weiterbildungskosten, Kinderbeiträge, Kosten im Zusammenhang mit Familienereignissen und ggf. Heizkosten, die nicht bereits bei den Unterkunftskosten gem. § 85 Abs. 1 Nr. 2 SGB XII (bzw. Abs. 2) berücksichtigt wurden.

In Ausfüllung der erläuterten Kriterien der Angemessenheit kann die Pflicht zum Einsatz des die Grenzen des § 85 SGB XII übersteigenden Einkommens von einer völligen Freistellung bis zur vollständigen Heranziehung reichen.[153]

492

Eine Ausweitung des Einkommenseinsatzes kann ausnahmsweise gem. § 87 Abs. 2 und 3 SGB XII in Betracht kommen. § 87 Abs. 2 SGB XII soll eine Besserstellung der Hilfeempfänger vermeiden, die infolge des sog. „Ein-Monats-Prinzips" (Gegenüberstellung von Einkommen und Bedarf lediglich im Bedarfsmonat) bei nur **kurzfristigem**, aber teuerem **Sonderbedarf** (Krankenhausaufenthalt durch Selbstständige ohne Versicherungsschutz o.Ä.) auftritt. Ein kurzfristiger Bedarf von höchstens einmonatiger Dauer ist demnach auf einen „angemessenen Zeitraum" von i.d.R. dreimonatiger Dauer zu verteilen. Gem. § 87 Abs. 3 SGB XII ist es dem Sozialhilfe-

493

---

152 BVerwG, FEVS 39, 93.
153 Vgl. Begründung zum RegE, BT-Drucks. 3/1799.

träger gestattet, bei der **Beschaffung langlebiger Bedarfsgegenstände** durch einmalige Leistungen der HbL den Eigenanteil aus dem übersteigenden Einkommen von bis zu 4 Monaten zu verlangen; auch hierdurch soll ungewollten Auswirkungen des Ein-Monats-Prinzips entgegengewirkt werden.

dd) Einsatz des Einkommens unter der Einkommensgrenze (§ 88 SGB XII)

494 § 88 SGB XII enthält in Abs. 1 drei Tatbestände und in Abs. 2 einen weiteren Tatbestand abschließenden Charakters, die zu einer Abweichung von der Grundsatzregel führen, der zufolge bei HbL-Leistungen der Hilfeempfänger und die Einsatzgemeinschaft den Bedarf nicht aus dem Einkommen unter der Einkommensgrenze zu decken haben. Liegt ein solcher Ausnahmefall vor und hat der Sozialhilfeträger vollständig den Bedarf trotz Einsatzpflicht des Einkommens des Hilfeempfängers bzw. des Mitglieds der Einsatzgemeinschaft befriedigt, kann der Sozialhilfeträger den „Eigenanteil" anschließend im Weg des Aufwendungsersatzes gem. § 19 Abs. 5 SGB XII zurückverlangen.[154] Das im Bereich der HbL abgeschwächte Nachrangprinzip des § 2 SGB XII wird also i.R.d. § 88 SGB XII wiederum verstärkt zur Anwendung gebracht. Auch ein Einsatz des Einkommens unter den HbL-Schongrenzen darf jedoch nicht den Hilfesuchenden unter das Lebensniveau der HLU drücken.[155]

495 Eine Einsatzpflicht kann gem. § 88 Abs. 1 Nr. 1 SGB XII für Sach- oder Geldleistungen bestehen, die der Hilfesuchende **für denselben Zweck** von privater oder öffentlicher Seite erhalten hat. Erforderlich ist eine konkrete Zuwendung für einen bestimmten Bedarf (z.B. Geldzuwendungen aus betrieblichen Sozialfonds im Krankheitsfall o.Ä.).

496 Gem. § 88 Abs. 1 Nr. 2 SGB XII soll ein geringfügiger Eingriff in das Einkommen unterhalb der Schongrenzen gestattet sein, wenn der sonst damit verbundene Verwaltungsaufwand eine Leistung des Sozialhilfeträgers nicht rechtfertigt. Die Grenze dürfte bei derzeit etwa 25,00 € je Monat liegen.[156]

497 Von sehr viel größerer Bedeutung ist der „angemessene" Einsatz des Einkommens unterhalb der Schongrenze bei voraussichtlich längerer Unterbringung (in Analogie zu den Wertungen des § 14 Abs. 1 SGB XI also für voraussichtlich mind. 6 Monate) in einer **teilstationären oder stationären Einrichtung** (§ 88 Abs. 1 Satz 2 SGB XII). § 92a Abs. 1 SGB XII[157] mutet der Einsatzgemeinschaft zum einen (bzgl. der im Heim erbrachten „HLU"[158] und der Altersgrundsicherungsleistungen) die Heranziehung i.H.d. häuslichen Ersparnis zu;[159] der Betrag wird i.d.R. mit etwa 70% bis 80% des maßgeblichen Haushaltsangehörigen-Regelsatzes angenommen. Sehr viel dramatischer ist hingegen die Möglichkeit, darüber hinaus gem. § 92a Abs. 2 SGB XII „in angemessenem Umfang" die Aufbringung der Mittel von Personen zu verlangen, die auf

---

154 A.A. VGH Baden-Württemberg, FEVS 42, 24: kein Wahlrecht der Behörde, sondern Kürzung der Leistungen.
155 Grundprinzip des Vermeidens eines Sozialhilfe-Karussells, vgl. VGH Baden-Württemberg, FEVS 23, 368.
156 Vgl. *Grube/Wahrendorf*, SGB XII, § 88 Rn. 10.
157 Eingefügt durch Gesetz v. 02.12.2006, BGBl. I 2006, S. 2671, insoweit identisch mit dem früheren § 88 Abs. 1 Nr. 3 Satz 1 SGB XII.
158 Z.B. dem Taschengeld nach § 35 Abs. 2 SGB XII.
159 Dies ergab sich vor dem 07.12.2006 aus der nun aufgehobenen Verweisung des § 82 Abs. 4 SGB XII auf § 88 Abs. 1 Nr. 2 SGB XII.

voraussichtlich längere Zeit stationär bzw. teilstationär untergebracht sind. Während nach der bis 07.12.2006 geltenden Vorgängernorm (§ 88 Abs. 1 Nr. 3 Satz 2 SGB XII) hierfür zusätzlich erforderlich war, dass der Leistungsberechtigte „keine andere Person" (also nicht nur keinen Angehörigen) „überwiegend unterhält",[160] ist dieses Ausschlusskriterium nunmehr (in § 92a Abs. 3 SGB XII) herabgestuft zu einem Abwägungselement i.R.d. Prüfung der „Angemessenheit", allerdings beschränkt auf „die Lebenssituation der im Haushalt verbliebenen minderjährigen Kinder und des Partners". Wie bisher können wohl auch langfristig eingegangene Schuldverpflichtungen, Unterhaltszahlungen an Dritte unterhalb der Grenze des „überwiegenden Unterhaltens" oder sonstige laufende Verpflichtungen, deren Beendigung dem Hilfesuchenden nicht zugemutet werden kann, berücksichtigt werden.

Gem. § 88 Abs. 2 SGB XII (eingefügt durch die BSHG-Novelle v. 23.07.1996) wird allerdings bei stationärer Unterbringung ein Teilbetrag des Einkommens, das aus **entgeltlicher Beschäftigung** erzielt wird, i.H.e. Achtels des Regelsatzes für einen Haushaltsvorstand, zzgl. 25 % des übersteigenden Netto-Einkommens, nicht berücksichtigt; dieses verbleibt also dem Hilfesuchenden als „Arbeitsanreiz" auf jeden Fall anrechnungsfrei.

498

III. Regress, Erbenhaftung, Überleitung

In der notariellen Praxis spielen die gesetzlich vorgesehenen, insb. im Sozialhilferecht ausdifferenzierten Ausgleichsansprüche der Sozialleistungsträger oftmals eine entscheidende Rolle. Diese „Regressmöglichkeiten" sind ihrem Tatbestand nach von einer Übertragung unabhängig. Sie sollen daher in einem gesonderten Abschnitt im Rahmen dieses dem materiellen Sozialhilferecht gewidmeten Kapitels zusammenfassend dargestellt werden.

499

Sozialrechtlich handelt es sich um einen „negativen Tatbestand", also ein Rückgewähr- oder Erstattungsrechtsverhältnis, da vorrangig zur Verfügung stehende eigene Einkommens- und Vermögenswerte oder Ansprüche gegen Dritte nicht eingesetzt wurden. Regress ist also die nachträgliche Wiederherstellung der Subsidiarität, sei es im Verhältnis zum Sozialleistungsbezieher selbst oder im Verhältnis zu Dritten, gegen die ihm Ansprüche zustehen. Im Überblick lassen sich insb. folgende Regresstatbestände bzw. rechtlichen Ansatzpunkte für Kürzungen von nachrangigen Sozialleistungen unterscheiden:

- Sittenwidrigkeit des Übertragungsvertrags (§ 138 BGB),
- Verweisung auf einen bestehenden Anspruch als „bereites Mittel" i.S.d. § 2 SGB XII, sofern dieser realisierbar und die Realisierung zumutbar ist (vgl. z.B. Rdn. 866, Rdn. 541 und Rdn. 5138),
- Leistungskürzungen nach § 26 SGB XII (Rdn. 706, Rdn. 857),
- Überleitung von Ansprüchen nach § 93 SGB XII,
- gesetzlicher Übergang von Unterhaltsansprüchen nach § 94 SGB XII,
- selbstständige Erbenhaftung nach § 102 SGB XII,
- Kostenersatz bei verschuldetem Verhalten nach § 103 SGB XII,

500

---

160 Die Definition des „überwiegenden Unterhaltens" war identisch mit den Voraussetzungen für die Anerkennung eines Familienzuschlags gem. § 85 Abs. 1 Nr. 3 SGB XII, sodass auf die dortigen Erläuterungen (Rdn. 481) verwiesen werden kann.

- Aufwendungsersatz bei erweiterter Hilfe gem. § 19 Abs. 5 SGB XII,
- Nichtanerkennung von Einschränkungen vertraglicher Versorgungsansprüche (z.B. § 1 Abs. 2 und Abs. 3 DVO zu § 33 BVG),
- Rückforderungsansprüche nach Allgemeinem Sozialverwaltungsrecht, z.B. § 45 SGB X.

501 Übertragungsunabhängige Ausgleichs- und Erstattungsansprüche werden in besonderem Maße relevant im Verhältnis zu Geschwistern des Erwerbers, welche sich häufig im Glauben wiegen, mit Erhalt einer geringen Abfindungszahlung zwar des elterlichen Erbes, aber auch der tatsächlichen und wirtschaftlichen Sorge um die Eltern im Alter ledig zu sein. Hier besteht für den Notar häufig Anlass, auf Einzelne der folgenden Aspekte hinzuweisen.

1. Rückforderungsrechte nach allgemeinem Sozialverwaltungsrecht

502 Solche Rückforderungsmöglichkeiten bestehen – wie im Leistungsverwaltungsrecht des VwVfG – insb. für den Fall des **Erschleichens von Sozialleistungen durch falsche Sachverhaltsangaben**. Gem. § 45 Abs. 2 Satz 3 Nr. 2 und Nr. 3 SGB X kann bspw. der rechtswidrige begünstigende Bewilligungsakt zurückgenommen werden, welcher auf zumindest grob fahrlässig unwahren Sachverhaltsangaben beruht oder dessen Rechtswidrigkeit der Begünstigte bei erforderlicher Sorgfalt hätte erkennen müssen. Häufigster Anwendungsfall ist die wahrheitswidrige Verneinung der im Antragsformular gestellten Frage nach vorangegangenen Grundstücksübertragungen des Hilfeempfängers, welche dazu führt, dass dem Sozialhilfeträger das Vorhandensein verwertbaren Vermögens (nämlich des Rückgewähranspruchs gem. § 528 BGB, Rdn. 866, oder – für den Fall der Sittenwidrigkeit der Übertragung – des übertragenen Gegenstands selbst) nicht bekannt wird.[161] Dagegen berechtigt die schlichte **rechtliche Fehlbewertung** des korrekt zur Kenntnis gebrachten Sachverhalts seitens der Behörde nicht zur Rückforderung.[162]

503 Die bereits erbrachte Leistung ist zu erstatten (§ 50 Abs. 1 SGB X). Dieser Rückzahlungsanspruch trifft auch die **Erben**, welche sich jedoch schon im Anfechtungsprozess gegen den Erstattungsbescheid auf die Dürftigkeit des Nachlasses (§ 1990 BGB) berufen und dadurch ihre Haftung beschränken können.[163] Davon zu unterscheiden ist die auf den Erben übergehende Verpflichtung zur Rückzahlung von lediglich darlehensweise (§ 91 SGB XII, § 23 Abs. 5 SGB II) gewährten Sozialleistungen, die i.d.R durch öffentlich-rechtlichen Rückforderungsbescheid geltend gemacht wird.[164]

---

[161] Ein unmittelbarer Auskunftsanspruch der Sozialverwaltung gegen den Notar besteht nicht; er wäre auch mit § 18 BNotO unvereinbar. Der Sozialleistungsträger wird im Hinblick auf §§ 93 f. SGB XII jedoch regelmäßig in der Lage sein, ein berechtigtes Interesse auf Einsicht des Grundbuchs i.S.d. § 12 GBO darzulegen. Unmittelbar mitwirkungspflichtig sind nur die Betroffenen selbst, §§ 60 ff. SBG I.

[162] Dadurch ergibt sich ein Wertungswiderspruch zwischen demjenigen Erben, dem rechtwidrige Leistungen wegen Unanwendbarkeit des § 102 SGB XII belassen werden im Verhältnis zu demjenigen, der bei rechtmäßiger Hilfegewährung an den Erblasser das vormals geschonte Vermögen verliert. Das BVerwG betont allerdings in st. Rspr. (vgl. z.B. BVerwGE 91, 13), die §§ 45, 50 SGB X stellten ein geschlossenes System der Rücknahme von Verwaltungsakten und der Erstattung zu Unrecht erbrachter Leistungen dar.

[163] So VGH Baden-Württemberg, NJW 1986, 272.

[164] Schlägt der Erbe aus, wird der Bescheid rechtswidrig und ist gem. § 44 Abs. 2 SGB X aufzuheben, vgl. LSG Nordrhein-Westfalen, 22.11.2007 – L 20 B18/07, ZEV 2008, 548.

Erstattungs- und Schadensersatzansprüche wegen zu Unrecht erbrachter Sozialhilfeleistungen, die der Hilfeempfänger durch vorsätzlich oder grob fahrlässig unrichtige Angaben „erschlichen" hat, können gem. § 26 Abs. 2 SGB XII (vormals § 25a BSHG) auch mit laufenden Sozialhilfeleistungen im Weg der Aufrechnung für max. 3 (vormals zwei) Jahre verrechnet werden, sodass diese auf das zum Lebensunterhalt Unerlässliche reduziert werden.

504

2. Aufwendungs- bzw. Kostenersatz

In einer Reihe von Fällen können der Hilfeempfänger selbst bzw. die Mitglieder der Einsatzgemeinschaft (nicht getrennt lebender Ehegatte/Verpartnerter gem. § 19 SGB XII; der in eheähnlicher Gemeinschaft Lebende gem. § 20 SGB XII; bei minderjährigen unverheirateten Kindern beide Eltern gem. § 19 Abs. 1 bzw. Abs. 3 a. E. SGB XII) zum Ersatz der für die Hilfeleistung entstandenen Kosten herangezogen werden. Die Sozialhilfe wird hier also nicht als „verlorener Zuschuss" gewährt.

505

Es handelt sich zum einen um die Fälle, in denen **wissentlich Sozialhilfe geleistet** wurde, obwohl die **Einkommens- oder Vermögensverhältnisse** des Empfängers dies an sich **nicht rechtfertigen** würden (§ 19 Abs. 5 SGB XII). Ein solcher Sachverhalt kann etwa auftauchen, wenn Heimträger die Verschaffung eines Heimplatzes von einer alle Kosten umfassenden Übernahmeerklärung des Sozialhilfeträgers abhängig machen, obwohl angesichts des Renteneinkommens des Hilfeempfängers an sich nur die Heimkosten in halber Höhe zu leisten wären. Der „überzahlte" Betrag wird vom Hilfeempfänger bzw. der Einsatzgemeinschaft zurückgefordert,[165] sog. **Aufwendungsersatz**.

506

Eine weitere Fallgruppe bildet die Rückerstattung von Aufwendungen für Hilfeempfänger, welche ihre **Bedürftigkeit selbst „verschuldet"** haben. Dieser Tatbestand wird in § 103 SGB XII[166] erfasst: Danach kann die (normalerweise als „verlorener Zuschuss" beim Hilfeempfänger verbleibende) Sozialhilfe nachträglich zurückgefordert werden, wenn die Voraussetzungen der Sozialleistungsbedürftigkeit durch vorsätzliches oder grob fahrlässiges Verhalten des Betroffenen herbeigeführt wurden. Die Ersatzverpflichtung geht als Nachlassverbindlichkeit auf die Erben über, welche begrenzt auf den Nachlass, jedoch ohne Privilegierung etwaiger früherer Schonvermögensteile haften (§ 103 Abs. 2 SGB XII, sog. **unselbstständige Erbenhaftung**).

507

Obwohl hier – anders als etwa bei § 26 SGB XII, welcher eine Kürzung der zu gewährenden Leistungen selbst zum Gegenstand hat – keine auf die Herbeiführung eigener Vermögenslosigkeit gerichtete Absicht gefordert wird, hat § 103 SGB XII als „Handhabe" gegen die Vermögensübertragung per se bisher wenig Bedeutung gewonnen; Hauptanwendungsbereich ist wohl der Kostenersatz für Sozialhilfe, welche an die Familie eines inhaftierten Straftäters geleistet wurde[167] oder welche an die Mutter eines nichtehelichen Kindes erbracht wurde, welche sich ohne triftigen Grund weigert, den Vater des Kindes zu benennen, ferner Krankenhilfeleistungen nach

508

---

165 Beispiel nach *Schulin*, Sozialrecht, 4. Aufl. 1991, Rn. 873.
166 Diese Bestimmung findet im Recht der Kriegsopferfürsorge und der ALG keine Entsprechung.
167 Vgl. etwa *Frank*, BWNotZ 1983, 160; Beispiel: BVerwG, FamRZ 2004, 194.

§ 48 SGB XII nach „mutwilliger" Kündigung einer freiwilligen Mitgliedschaft in der gesetzlichen Krankenversicherung.[168] Plakativ spricht man von „doloser Solidaritätsprovokation".[169]

3. Erbenhaftung (§ 102 SGB XII)

509 § 102 SGB XII (vormals § 92c BSHG) regelt den sog. **„selbstständigen" Erbenregress**; eine vergleichbare Vorschrift existiert in Gestalt des § 35 SGB II i.R.d. Grundsicherung für Arbeit Suchende. Bestand dagegen bereits zu Lebzeiten ein Kostenersatzanspruch gegen den Hilfeempfänger selbst wegen schuldhafter Herbeiführung der Voraussetzungen der Sozialhilfebedürftigkeit (§ 103 Abs. 1 SGB XII), geht dieser Anspruch i.R.d. „unselbstständigen" Erbenhaftung gem. § 103 Abs. 2 SGB XII auf den Erben über; beide Ansprüche können miteinander konkurrieren.

a) Zu ersetzende Leistungen

510 Gem. § 102 SGB XII sind die Erben des Hilfeempfängers zum Ersatz der innerhalb eines Zeitraums von 10[170] Jahren vor dem Erbfall **rechtmäßig**[171] **aufgewendeten**[172] **Sozialhilfe** verpflichtet. Zu beachten ist, dass die frühere Hilfegewährung nach ständiger Rechtsprechung auch dann nicht als rechtmäßig anzusehen ist, wenn Vermögensteile des Hilfeempfängers versehentlich nicht verwertet wurden, da der Sozialleistungsträger unzutreffend von Schonvermögen ausging – allerdings kann sich die Hilfegewährung auch bei einem nicht mehr angemessenen Hausgrundstück als rechtmäßig darstellen, wenn die Forderung nach sofortiger Verwertung eine unbillige Härte bedeuten würde und daher die Hilfe als Darlehen gewährt wurde (§ 91 SGB XII).[173] War der Bewilligungsbescheid jedoch rechtswidrig, bleiben der Behörde nur die Rückforderungsinstrumente des allgemeinen Sozialverwaltungsrechts, insb. gestützt auf § 45 Abs. 2 Satz 3 Nr. 2 und Nr. 3 SGB X (vgl. Rdn. 502)

511 Weiterhin sind gem. § 102 Abs. 5 SGB XII Leistungen der Grundsicherung im Alter/bei Erwerbsunfähigkeit (also des 4. Kap.) ausgenommen (um zu vermeiden, dass in verschämter Altersarmut der Gang zum Sozialamt gänzlich unterbleibt).

512 Nach der Systematik des Gesetzes wird man seit 01.01.2005 auch den Aufwand i.H.d. **fiktiven Wohngelds** von der postmortalen Ersatzpflicht auszunehmen haben[174] (§ 105 Abs. 2 SGB XII: 56 % der reinen Unterkunftskosten ohne Heizung und Warmwasserbereitung – das früher etwa in dieser Höhe gewährte Wohngeld unterlag nicht dem Regress). Gleiches gilt gem. § 40 Abs. 2 SGB II für § 35 SGB II.

---

168 BVerwG, NJW 2000, 1208.
169 *Faude*, Selbstverantwortung und Solidarverantwortung im Sozialrecht, S. 329, 339.
170 Bei Einführung des § 92c BSHG im Jahr 1969: 5 Jahre.
171 *Vaupel* RNotZ 2009, 497, 513; VGH Bayern, FamRZ 2004, 488: daher keine Erbenhaftung für Sozialhilfe, die trotz Vorhandensein eines unangemessen großen Eigenheims gewährt wurde.
172 Es genügt, dass der Rechtsgrund des Sozialhilfeaufwands vor dem Tod gelegt war, auch wenn die tatsächliche Zahlung (etwa an das Krankenhaus) erst nach dem Tod des Hilfeempfängers erfolgt, vgl. SH-Richtlinien Bayern, Tz. 92c02 Abs. 3.
173 Vgl. *Grieger*, in: Rothkegel, Sozialhilferecht, S. 547.
174 *Conradis*, in: LPK-SGB XII, § 105 Rn. 3.

Von der im 10-Jahres-Zeitraum rechtmäßig gewährten Sozialhilfe wird ein geringer **Freibetrag** i.H.d. 6-fachen Eckregelsatzes[175] (im Jahr 2011 also 2.184,00 €, im Jahr 2012 2.202,00 €) freigestellt (in § 35 SGB II beträgt dieser Freistellungsbetrag einheitlich 1.700,00 €).

513

b) Ersatzpflichtiger Personenkreis

Einsatzpflichtig sind zunächst die Erben des verstorbenen Hilfeempfängers. Zugrunde zu legen ist der zivilrechtliche Erbenbegriff;[176] daher ist z.B. beim sog. „**Behindertentestament**" der Nacherbe nicht zum Ersatz der dem behinderten Vorerben gewährten Sozialhilfe verpflichtet. **Miterben** haften gesamtschuldnerisch (§ 2058 BGB).

514

Auch der nicht befreite **Vorerbe** unterliegt der Nachlasshaftung, und zwar ohne Beschränkung auf die Erträge, die sich aus ordnungsgemäßer Nutzung ergeben. Der **Nacherbe** ist ggf. zur Einwilligung in Verfügungen verpflichtet, um die Ersatzpflicht, bei welcher es sich kraft gesetzlicher Anordnung um eine Nachlassverbindlichkeit handelt, zu erfüllen.[177]

515

Der **Vermächtnisnehmer** (§ 2147 BGB) haftet mangels Erbeneigenschaft nicht; allerdings ist sein Vermächtnisanspruch der selbstständigen Erbenhaftung aus § 102 SGB XII nachrangig (vgl. Rdn. 527).

516

Neben den Erben des Hilfeempfängers haften die Erben seines Ehegatten[178] bzw. Lebenspartners,[179] falls Letzterer vor dem Hilfeempfänger stirbt, – beide Erbengruppen jeweils selbstständig und ohne Subsidiaritätsverhältnis nebeneinander, sodass die Kostenersatzpflicht der Ehegattenerben nicht erlischt, wenn später die Kostenersatzpflicht der Erben des unmittelbaren Hilfeempfängers hinzutritt.[180] Dadurch wird die zuvor bestehende Einsatz- und Bedarfsgemeinschaft „postmortal" hinsichtlich des bisherigen Schonvermögens verwirklicht. Dementsprechend ist die Inanspruchnahme der Partnererben für Sozialhilfeaufwendungen ausgeschlossen, die während des Getrenntlebens entstanden sind (§ 102 Abs. 1 Satz 3 SGB XII: Die Voraussetzungen der Einsatzgemeinschaft nach § 19 SGB XII liegen nicht mehr vor; Inanspruchnahme konnte allenfalls aus bürgerlichem Unterhaltsrecht resultieren, die jedoch Gegenstände des Schonvermögens, etwa das selbst genutzte angemessene Eigenheim regelmäßig nicht verwertet, sodass die Erbhaftung zur pauschalierenden Vereinfachung insoweit gänzlich ausgeschlossen ist). Gleiches gilt naturgemäß in dem Umfang, in welchem der Hilfeempfänger den vorverstorbenen Ehegatten selbst beerbt (§ 102 Abs. 1 Satz 4 SGB XII), da das Vermögen den Bereich der Einsatzgemein-

517

---

175 Früher 1.652,00 €: § 92c Abs. 3 Nr. 1 BSHG; vgl. auch die SH-Richtlinien Bayern, Tz. 92c.03, nunmehr: 3-facher Grundbetrag nach § 85 Abs. 1 Nr. 1 SGB XII, der seinerseits dem doppelten Eckregelsatz entspricht.
176 *Conradis*, in: LPK-SGB XII, § 102 Rn. 7 ff. m.w.N.
177 BVerwG, NDV 1983, 215.
178 Diesem ist wegen § 20 SGB XII der in ehe- oder lebenspartnerschaftsähnlicher Gemeinschaft lebende Partner gleichgestellt (obwohl auf diese Weise das in § 20 SGB XII nur auf die verschieden- oder gleichgeschlechtlichen Lebensgefährten bezogene Besserstellungsverbot auf dessen Erben erstreckt wird). Zur Anwendung des § 103 SGB XII (Kostenersatz bei Verschulden) auf den eheähnlichen Partner: VG Sigmaringen, info also 2002, 83. Andernfalls würde „rechtzeitige Scheidung" vor dem Erstversterben des nicht hilfeempfangenden Ehegatten dessen Nachlass „retten".
179 Der Wortlaut war zunächst semantisch verunglückt („der Erbe der leistungsberechtigten Person oder dessen Ehegatte oder dessen Lebenspartner" anstelle von „der Erbe der leistungsberechtigten Person oder ihres Ehegatten oder ihres Lebenspartners" ...).
180 BVerwG, 10.07.2003 – 5 C 17/02, FamRZ 2004, 455.

schaft nicht verlassen hat und ggf. damit weiter an Schonvermögenseigenschaften (bis zum eigenen Ableben) teilhat.

518 | **Hinweis:**

Die Bestimmungen zur selbstständigen Haftung der Erben des vorverstorbenen „Partners" sind hinsichtlich ihrer praktischen Auswirkungen bemerkenswert: Die Ersatzpflicht erfasst nur dann das noch geschonte „Partnervermögen", wenn der Partner **vor dem Hilfeempfänger verstirbt**. Stirbt der Hilfeempfänger jedoch als erster (wie häufig im Fall hoher Pflegebedürftigkeit), bleibt das Partnervermögen in der Hand der Erben unbelastet. Sind beide Ehegatten Bruchteilseigentümer des angemessenen selbst genutzten Wohnobjekts, hängt der Umfang der Verwertung also von Zufälligkeiten ab: Stirbt der Hilfeempfänger zuerst, wird nur sein Anteil herangezogen; stirbt der Ehegatte zuerst, wird sein Anteil und sodann, nach dem späteren Ableben des Hilfeempfängers, auch dessen Anteil verwertet.

Nach Erbenregressaspekten ist daher eine Vermögensverteilung vorzuziehen, die allein den Ehegatten/Verpartnerten berücksichtigt, da sie zumindest die Chance eröffnet, das zu Lebzeiten in der Einsatzgemeinschaft geschonte Vermögen postmortal (und zwar dann vollständig) zu erhalten, wenn nur der Eigentümer (Ehegatte/Verpartnerte) länger lebt als der Hilfeempfänger (andernfalls kommt es auch hier zur sofortigen Vollverwertung, wie letztendlich im Fall des gemeinsamen Eigentums – Stufenzugriff – oder des alleinigen Eigentums des Hilfeempfängers – Zugriff dann erst im zweiten Sterbefall).

Wird allerdings das alleinige Eigentum des Ehegatten erst durch lebzeitige unentgeltliche Übertragung des (geschäftsfähigen oder vertretenen) Hilfeempfängers hergestellt, die nicht mind. 10 Jahre vor Eintritt der Hilfebedürftigkeit stattgefunden hat, löst sie den Rückforderungsanspruch des (nunmehrigen) Hilfebedürftigen aus § 528 BGB aus. Ist dieser (wie i.d.R. bei unteilbaren Gegenständen) auf Geldzahlung (nicht Unterhaltszahlung) gerichtet, nämlich auf die Schließung der „Bedarfslücke" des nunmehrigen Hilfebedürftigen, kann der Ehegatte allerdings nicht einwenden, es handle sich um Schonvermögen, da allein die Schoneinkommenstatbestände maßgeblich sind. Ist der Rückforderungsanspruch (da den gesamten Aktivgegenstand umfassend oder wegen vorbehaltener und ausgeübter „umgekehrter Ersetzungsbefugnis") dagegen auf Rückübertragung des Eigentums gerichtet, kann er (in teleologischer Reduktion des § 93 Abs. 1 Satz 3 SGB XII) trotz der (fortbestehenden) Schonvermögenseigenschaft geltend gemacht werden, gerade um den späteren Erbenregress zu ermöglichen (Analogie zu den in § 93 Abs. 1 Satz 3 SGB XII genannten Fällen, dass „bei rechtzeitiger Leistung Aufwendungsersatz oder ein Kostenbeitrag nach §§ 19 Abs. 5, 22 Abs. 1 SGB XII zu leisten wäre). Die Rechtslage ist identisch wie bei der Schenkung von Schonvermögen in vorweggenommener Erbfolge.[181]

c) Ersatzpflichtiger Nachlass

519 Neben dem unter Rdn. 513 erläuterten Abzug von den Sozialhilfe-/SGB II-Aufwendungen i.H.v. 2.184,00 € (in 2011) bzw. 2.202,00 € (ab 2012) wird (allerdings nur i.R.d. § 102 SGB XII) vom

---

181 Vgl. ausführlich *Krauß*, MittBayNot 2005, 349, 353 und Rdn. 923.

Nachlass (nicht vom jeweiligen Erbteil) ein weiterer (nachlass-, nicht erbenbezogener)[182] **Freibetrag** i.H.d. 6-fachen Eckregelsatzes (also von erneut 2.184,00 € in 2011 bzw. 2.202,00 € in 2012) gewährt (§ 102 Abs. 3 Nr. 1 SGB XII), sodass im Bereich des SGB XII durch Reduzierung der zu ersetzenden Leistungen und des Nachlasses der Erbenregress um jedenfalls gesamt 4.368,00 €/4.404,00 € zurückgenommen ist.

Eine weitere Privilegierung besteht nur hinsichtlich solcher Erben, die als Verwandte, Ehegatten oder Verpartnerte den Hilfeempfänger bis zu seinem Tode nicht nur vorübergehend[183] in häuslicher Gemeinschaft[184] selbst[185] gepflegt haben, soweit[186] der Wert des betreffenden Nachlassanteils unter 15.340,00 € (30.000,00 DM) bleibt (§ 102 Abs. 3 Nr. 2 SGB XII – in § 35 Abs. 2 Nr. 1 SGB II geringfügig abweichend auf 15.500,00 € bestimmt). Ist nur ein Erbe vorhanden[187] und kann sich dieser auf den Pflegefreibetrag der § 102 Abs. 3 Nr. 2 SGB XII berufen, soll der oben erwähnte „Sockelbetrag" der § 102 Abs. 3 Nr. 1 SGB XII darin konsumiert sein.[188]

520

Daneben tritt die Privilegierung des § 102 Abs. 3 Nr. 3 SGB XII: Das **Vorliegen einer unbilligen Härte** angesichts der „**Besonderheiten des Einzelfalls**". In Betracht kommen v.a. Sachverhalte, die nicht alle Voraussetzungen des § 102 Abs. 3 Nr. 2 SGB XII erfüllen (z.B. kein Verwandtschaftsverhältnis des pflegenden Erben mit dem Hilfeempfänger[189] oder es bestand keine häusliche Gemeinschaft),[190] die aber wertungsmäßig vergleichbar sind.[191] Möglich (und Regelfall) ist auch eine lediglich teilweise Freistellung („soweit"), etwa hinsichtlich Beträgen, die der Erbe zu Lebzeiten in das hinterlassene Wohngebäude investiert und damit den „Wert des Nachlasses" erhöht hat.[192] Der bloße Verbrauch der Erbschaft, etwa in Unkenntnis der gesetzlichen Erbenhaftungsbestimmung, auch die Verwendung für den eigenen Lebensunterhalt eines arbeitslosen Erben, begründet hingegen keine unbillige Härte.[193]

521

Die Erben haften nur mit dem **Wert des zum Todeszeitpunkt vorhandenen**[194] **Nachlasses** (§ 102 Abs. 2 Satz 2 SGB XII), d.h. also ohne Einbeziehung sonstiger Erwerbe durch Rechtsge-

522

---

182 SG Karlsruhe, 27.08.2009 – S 1 SO 1039/09 BeckRS 2009, 73277.
183 Mindestens 6 Monate, arg. § 61 Abs. 1 Satz 1 SGB XII. Kürzere Zeiträume sind wohl nur über die Härtefallklausel des § 102 Abs. 3 Nr. 3 SGB XII zu erfassen.
184 Fehlt es daran, will VGH Hessen, FamRZ 1999, 1023 die Vorschrift analog anwenden (zweifelhaft; eher ein Fall der unbilligen Härte der Nr. 3).
185 Die Hinzuziehung Dritter, etwa professioneller Pflegekräfte, schadet nicht, sofern die Hauptlast der Grundpflege („Leistung an, nicht für eine Person") beim Verwandten/Ehegatten/Verpartnerten lag, vgl. *Schoenfeld*, in: Grube/Wahrendorf, SGB XII, § 102 Rn. 13.
186 Kürzungsvorschrift: etwa VGH Baden-Württemberg, NJW 1993, 2955.
187 Andernfalls lassen sich der nachlassbezogene und der erbenbezogene Freibetrag kombinieren, Mayer/Littig, Sozialhilferegress ggü. Erben und Beschenkten, S. 118 m.w.N.
188 VGH Baden-Württemberg, FEVS 46, 338; SH-Richtlinien Bayern, Tz. 92c.04 Abs. 6 Satz 1.
189 VGH Baden-Württemberg, FEVS 41, 205; SH-Richtlinien Bayern, Tz. 92c.04 Abs. 5.
190 VGH Hessen, FEVS 51, 180.
191 Bloße Pflege an Wochenenden oder im Urlaub reicht nicht aus, BSG, 23.03.2010 – B 8 SO 2/09, FamRZ 2010, 1660.
192 Briefkasten, ZfF 1986, 65.
193 OVG Sachsen, 23.03.2006 – 4 E 318/05, ErbR 2006, 59 m. Anm. *Knauss*.
194 Nach der vor dem 21.12.1993 geltenden Gesetzesfassung „nur mit dem Nachlass" wirkten sich Wertminderungen des Nachlasses zwischen dem Sterbefall und dem Zeitpunkt des behördlichen Widerspruchsbescheids bzgl. des heranziehenden Verwaltungsakts zum Nachteil der Behörde aus.

schäfte unter Lebenden auf den Todesfall (Lebensversicherungen,[195] sofern sie nicht ausnahmsweise Nachlassbestandteil sind),[196] wobei jedoch der Nachlass – abgesehen vom erwähnten weiteren Sockelbetrag wiederum i.H.d. 6-fachen Eckregelsatzes – vollständig, d.h. **einschließlich der früheren Schonvermögensteile**,[197] zu verwerten ist. Postmortales Schonvermögen i.S.d. § 90 SGB XII besteht nicht mehr.[198] Auch Vermögenswerte, die der verstorbene Hilfeempfänger aus Leistungen der Sozialhilfe selbst angespart hat, werden verwertet.[199]

523 Eine Freistellung erfolgt schließlich ebenso wenig hinsichtlich solcher Vermögenswerte, die erst nach der Sozialhilfegewährung erworben wurden (und zu deren Einstellung für die Zukunft führten); für den Fall des Vermögenserwerbs und lebzeitigen -verbleibs wird die an sich als „verlorener Zuschuss" zu gewährende Sozialhilfe mit dem Tod hinsichtlich des zurück liegenden 10-Jahres-Zeitraums zum zinslos eingeräumten Darlehen.[200] In der Praxis erfolgt aber nur selten eine **„Nachverfolgung" abgeschlossener Sozialhilfefälle** im Hinblick auf während der Rückgriffsperiode eintretende Sterbefälle mit aktivem Gesamtnachlass, was jedoch der Anwendung der Norm nicht entgegensteht.[201]

524 **Hinweis:**

Befürchtet also der „wirtschaftlich Wiedererstarkte" frühere Bezieher von Sozialfürsorgeleistungen des SGB II oder SGB XII, in den folgenden 10 Jahren zu sterben, ist ihm zu raten, sein neu gewonnenes Vermögen so rechtzeitig an Dritte zu übertragen, dass es sich nicht mehr im Nachlass befindet, bspw. auch durch Schenkungen (denen dann allerdings wegen

---

195 Liegt im Valutaverhältnis zum Begünstigten als Drittem eine Schenkung, kommt jedoch die Rückforderung gem. § 528 BGB in Betracht, sofern nicht (sehr weitgehend bspw. SH-Richtlinien Bayern, Tz. 92c.04 Abs. 1 Satz 4) gar Sittenwidrigkeit angenommen wird. Bei einer lediglich widerruflichen Bezugsberechtigung ist die Schenkung erst mit Auszahlung der Versicherungssumme i.S.d. § 528 Abs. 1 BGB vollzogen (10-Jahres-Frist gem. § 529 BGB!), bei einer unwiderruflichen bereits mit Einzahlung der jeweiligen Prämien. Davon zu trennen ist die Frage, ob Schenkungsgegenstand möglicherweise auch dann „mittelbar" die daraus erzielte Versicherungssumme ist, so wohl der IX. Senat des BGH zur parallelen insolvenzrechtlichen Frage, NJW 2004, 214 und *Elfring*, NJW 2004, 483 ff. zur parallelen Frage i.R.d. § 2325 BGB.

196 Also wenn ein Bezugsberechtigter gänzlich fehlt, soweit die Lebensversicherung zur Kreditsicherung eingesetzt wurde, sowie wenn das Valutaverhältnis zwischen Versicherungsnehmer und bezugsberechtigtem Dritten fehlerhaft war, sodass der Dritte den Anspruch gegen die Versicherungsgesellschaft ohne Rechtsgrund erlangt hat und die Erben gem. § 812 Abs. 1 Satz 1 BGB kondizieren können.

197 VGH Baden-Württemberg, NJW 1993, 2956; *Schoenfeld*, in: Grube/Wahrendorf, SGB XII, § 102 Rn. 21, ganz h.M. Vgl. allerdings abschwächend VGH Bayern, BayVBl. 1994, 312: Sofern der Erbe an dem ererbten Vermögen bereits vor dem Erbfall beteiligt war und dieses vor und nach dem Erbfall sowohl in der Person des Hilfeempfängers als auch des Ehegatten Schonvermögen bildete, sei § 92c BSHG = § 102 SGB XII seinem Sinn und Zweck nach nicht anzuwenden (teleologische Reduktion). Das Urteil betraf ein landwirtschaftliches Anwesen, das der Hilfeempfänger und sein nicht getrennt lebender Ehegatte in Gütergemeinschaft hielten; der Gesamtgutsanteil des Hilfeempfängers fiel nach dessen Tod vollständig an den Ehegatten, der die Landwirtschaft fortführte.

198 Z.B. LSG Baden-Württemberg, 22.12.2010 – L 2 SO 5548/08, BeckRS 2011, 68034: keine postmortale Schonung der eigengenutzten Wohnung i.S.d. § 90 Abs. 2 Nr. 8 SGB XII.

199 *Mayer/Littig*, Sozialhilferegress ggü. Erben und Beschenkten, S. 115.

200 Krit. hierzu *Oestmann*, ZfSH/SGB 2003, 709 ff. ebenso die 17. und 18. Kammer des VG Berlin, 17 A 470.96 und 18 A 677.98 (Letzteres aufgehoben durch OVG Berlin-Brandenburg, 23.06.2005 – 6 B 23/03) im Hinblick darauf, dass gem. § 92b BSHG (seit Änderung des BSHG am 14.08.1969) der Kostenersatz bei späterem lebzeitigem Vermögenshinzuerwerb nur beschränkt eintreten solle, und § 92b BSHG am 25.03.1974 ersatzlos gestrichen wurde. Dann könne es sich postmortal erst recht nicht anders verhalten.

201 OVG Nordrhein-Westfalen, FEVS 53, 378; ebenso OVG Berlin-Brandenburg, 23.06.2005 – 6 B 23/03.

§ 528 BGB keine erneute Verarmung folgen darf), oder aber das Vermögen in Einkommen „umzuwandeln", sodass es mit seinem Tod aufgezehrt ist (Verkauf auf Leibrentenbasis). Die Schenkung an sich wird nicht inkriminiert, da § 102 SGB XII eine Vorschrift zur „Nachlassergänzung" (vergleichbar § 2325 BGB im Pflichtteilsrecht) nicht enthält. Das Risiko späterer Nachlassverwertung wird also durch lebzeitige Veräußerungen, gleich welcher Natur, sofort und nachhaltig ausgeschlossen, ohne Einhaltung einer wie auch immer gearteten „Vorlaufzeit".

Aus diesem Grund mag auch der (noch geschäftsfähige oder durch Vorsorgevollmacht vertretene) Hilfeempfänger selbst erwägen, ihm verbliebenes Schonvermögen möglichst knapp vor seinem Tod in vorweggenommener Erbfolge zu übertragen, wohl wissend, dass dadurch die Rechtsfolgen des § 528 BGB ausgelöst werden (hinsichtlich der Verarmung = Bedürftigkeit nach Vollziehung der Schenkung: Da zwischen Schenkung und Verarmung keine Kausalität zu bestehen braucht [„nach"], erfasst § 528 BGB auch Schenkungen, die während eines bereits eingetretenen Verarmungszustands erfolgen, strahlt allerdings nicht zurück auf die bereits zuvor bestehende Bedürftigkeit). Der Erwerber ist also verpflichtet, für die weitere Dauer des Bedarfs, d.h. wohl bis zum Ableben des Veräußerers, Wertersatzzahlungen (§ 818 Abs. 2 BGB, bis zur Grenze des Schenkungswerts) anstelle des Sozialhilfeträgers zu leisten, kann dann jedoch den geschenkten Gegenstand „behalten", der bei weiterem Verbleib beim Hilfeempfänger als Nachlassbestandteil für die vollen Kosten der letzten 10 Lebensjahre verwertet worden wäre („Flucht in § 528 BGB"). Dem möglichen Einwand der Nichtigkeit solcher Übertragungen ist mit Hinweis darauf zu begegnen, dass das Gesetz bewusst stichtagsbezogen auf den (Wert des) noch vorhandenen Nachlass(es) abstellt, ohne Ergänzung um vorangehende Wegschenkungen – mit anderen Worten eine Parallelnorm zu § 2325 BGB fehlt, der Schutz des Sozialleistungsgläubigers also schwächer ausgestaltet ist als der Schutz bspw. des Pflichtteilsberechtigten. Sollte sich die den Beteiligten abverlangte Mortalitätsprognose als unzutreffend erweisen, also die Summe der zu leistenden Wertersatzzahlungen sich immer mehr dem „vollen Kaufpreis" nähern, ist allerdings eine „Rückgängigmachung" des Vorgangs, also eine „Flucht in § 102 SGB XII", nur möglich, wenn eine umgekehrte Ersetzungsbefugnis bei der Übertragung entweder zulässigerweise vereinbart wurde (oder bereits kraft Gesetzes zur Verfügung steht) und nun ausgeübt wird (s. hierzu Rdn. 918 ff.).

§ 102 Abs. 2 Satz 1 SGB XII definiert die Ersatzpflicht des Erben als „Nachlassverbindlichkeit",[202] zu denen gem. § 1967 Abs. 2 BGB „außer den vom Erblasser herrührenden Schulden die den Erben als solchen treffenden Verbindlichkeiten" gehören; sie ist aber keine Erblasserschuld (wie etwa eine öffentlich-rechtliche Steuerschuld des Erblassers), sondern trifft „den Erben als solchen" i.S.d. § 1967 Abs. 2 BGB (**Erbfallschuld**).[203]

525

§ 102 Abs. 2 Satz 2 SGB XII ordnet die Beschränkung der **Haftung auf den Nachlasswert** (nicht lediglich die Nachlassgegenstände) **z.Zt. des Erbfalls** an. Spätere Wertverluste oder die Weggabe von Nachlassgegenständen vor der Inanspruchnahme durch den Sozialleistungsträger können also den Erben nicht entlasten; insoweit muss er ggf. sein Eigenvermögen einsetzen.[204] Die vor

526

---

202 Monografisch hierzu *Joachim*, Die Haftung des Erben für Nachlassverbindlichkeiten, 3. Aufl. 2011.
203 Vgl. VGH Bayern, FamRZ 2004, 489.
204 *Baltzer*, ZEV 2008, 116, 121 m.w.N.; a.A. *Ruby/Schindler/Wirich*, Behindertentestament, 2008, Rn. 61 ff.

dem 21.12.1993 geltende Gesetzesfassung (Haftung „nur mit dem Nachlass") hatte nach Auslegung des BVerwG beliebige Minderungen bis zum Zeitpunkt der Widerspruchsentscheidung über den heranziehenden Verwaltungsakt erlaubt.[205]

527 Der **„Wert des Nachlasses"** umfasst wie in § 2311 BGB (Pflichtteilsberechnung) den Aktivbestand abzgl. der bereits zum Zeitpunkt des Erbfalls in der Person des Erblassers begründeten Verbindlichkeiten (Erblasserschulden) und solcher Erbfallschulden, die auch vorliegen würden, wenn man allein die gesetzliche Erbfolge zugrunde legt: Wie im Pflichtteilsrecht (Erbersatzfunktion des Pflichtteilsrechts) bleiben demnach Verpflichtungen unberücksichtigt, die auf Verfügungen des Erblassers von Todes wegen beruhen, insb. also Pflichtteilsansprüche selbst, ebenso Vermächtnisse[206] – soweit sie nicht, wie Nachvermächtnisse, bereits dem Erblasser als Vorvermächtnisnehmer auferlegt waren[207] (vgl. eingehend Rdn. 5117) – und Auflagen, zumal diese den Pflichtteilsansprüchen gem. § 327 Abs. 1 Nr. 2 und Nr. 3 InsO nachgehen.[208] Abzugsfähig sind allerdings die Beerdigungskosten[209] (§ 1968 BGB – nicht allerdings die Kosten der laufenden Grabpflege)[210] sowie Kosten der Nachlasssicherung und Nachlassverwaltung sowie der Ermittlung der Nachlassgläubiger[211] – es handelt sich insoweit um solche Erbfallschulden, deren Rechtsgrund bzw. Erfüllungsnotwendigkeit bereits auf den Todesfall zurückgeht oder deren Erfüllung den Pflichtteilsberechtigten auch getroffen hätte, wenn er gesetzlicher Erbe geworden wäre.[212]

528 Aus diesem Grund ebenfalls vorrangig abzugsfähig ist der Anspruch des überlebenden Ehegatten auf familienrechtlichen Zugewinn nach § 1371 Abs. 2 und Abs. 3 BGB, vgl. Rdn. 3037, ebenso gem. Art. 12 Abs. 1 des Abkommens über den deutsch-französischen Wahlgüterstand, vgl. Rdn. 3038.

529 **Hinweis:**

In der Praxis wird der überlebende Ehegatte sich allerdings selten durch Ausschlagung und Verlangen des güterrechtlichen Zugewinnausgleichs (der daneben gem. § 1371 Abs. 3 BGB zustehende kleine Pflichtteil ist ohnehin dem Erbenregress ggü. nachrangig) besser stellen können, da der Hilfeempfänger kaum einen höheren Zugewinn erzielt haben wird. Der umgekehrte Fall (der Hilfeempfänger schlägt nach seinem vorverstorbenen Ehegatten aus und verlangt seinerseits den familienrechtlichen Zugewinnausgleich vorrangig vor dem Erbenregress) ist wenig praktisch, da der erlangte Geldanspruch als nicht privilegiertes Vermögen

---

205 Vgl. die Ausführungen in BT-Drucks. 12/5930, S. 4 zur früheren Rechtslage; BVerwG, 25.06.1992 – 5 C 67/88, NJW 1993, 1089.
206 Auch gesetzliche Vermächtnisse wie etwa § 1371 Abs. 4 BGB (Ausbildungsanspruch des Stiefkindes aus dem erhöhten Viertel).
207 § 2191 Abs. 1 Halbs. 2 BGB. Zu dieser Differenzierung *Watzek*, MittRhNotK 1999, 42; im Ergebnis ebenso Gutachten, DNotI-Report 1999, 149 ff.; eingehend und grundlegend *Damrau*, ZEV 1998, 3.
208 Der Umkehrschluss gilt allerdings nur bedingt: Nachlasserbenschulden aus der Nachlassverwaltung seitens des Erben sind nicht abzugsfähig, obwohl ebenfalls in der Nachlassinsolvenz vorrangig: Soergel/*Dieckmann*, BGB, § 2311 Rn. 11.
209 VGH Bayern, FamRZ 2004, 490.
210 SG Frankfurt, 28.11.2008 – S 36 SO 212/05.
211 VGH Bayern, FamRZ 2004, 489.
212 Vgl. *Mayer*, in: Bamberger/Roth, BGB, § 2311 Rn. 9.

beim Hilfeempfänger einzusetzen wäre; erzwingen kann der Sozialleistungsträger aber eine solche Ausschlagung mangels Überleitbarkeit[213] nicht.

Nicht abzugsfähig sind jedoch **Nachlasserbenschulden** (z.B. Verbindlichkeiten aus der Fortführung eines zum Nachlass gehörenden Unternehmens), und erst recht nicht **Eigenschulden des Erben**, ebenso wenig die allein dem Erben nützlichen Aufwendungen (z.B. Kosten der Testamentseröffnung und der Erbscheinserteilung).[214]

530

Entgegen einer teilweise untergerichtlich vorgetragenen Rechtsmeinung besteht ein „naturgegebener" Vorrang des öffentlich-rechtlichen Erstattungsanspruchs ggü. sonstigen Nachlassverbindlichkeiten (Erblasser- oder Erbfallschulden) gerade nicht.[215] Vielmehr ist zunächst der „Wert des Nachlasses" zu ermitteln, wobei auf die obigen (Rdn. 527 ff.) Differenzierungen abzustellen ist (vorrangig sind also Erblasserschulden und solche Erbfallschulden, die auf den Todesfall als solche zurückgehen oder die einen Pflichtteilsberechtigten auch dann getroffen hätten, wenn er Erbe geworden wäre).

531

Erst dann stellt sich die Frage der **Konkurrenz mit anderen Nachlassverbindlichkeiten**, vorausgesetzt, der Erbe hat die Beschränkung seiner Haftung auf den Nachlass gem. § 1975 BGB herbeigeführt und der Nachlass reicht nicht aus, allen Nachlassverbindlichkeiten i.S.d. § 1967 BGB (zu denen auch der Erbenregress in der oben ermittelten dann beschränkten Höhe zählt) nachzukommen.

532

> **Hinweis:**
>
> Anders als unter der bis 21.12.1993 geltenden Fassung des § 92c BSHG („Haftung nur mit dem Nachlass") beschränkt sich die Kostenersatzpflicht des Erben nicht bereits kraft Gesetzes auf den Nachlass,[216] sodass ggf. Maßnahmen zur Begrenzung der Erbenhaftung erforderlich sind oder sich gar bei ersichtlicher Überschuldung die rechtzeitige Ausschlagung empfiehlt.

533

d) Geltendmachung des Erbenregresses

Der Anspruch auf Kostenersatz gegen die Erben – in der Praxis häufig die Geschwister des Übernehmers hinsichtlich etwaigen Restbarvermögens – erlischt 3 Jahre nach dem Tod des Hilfeempfängers (also keine Sylvesterverjährung wie in § 103 Abs. 3 Satz 1 SGB XII). Die Bestimmungen des BGB (insb. § 204) zu Hemmung, Ablaufhemmung und zum Neubeginn der Verjährung gelten entsprechend. Tritt nur bei einem Miterben **Verjährung** ein, führt dies nicht zum Erlöschen des Anspruchs gegen die anderen Miterben.[217]

534

---

213 § 93 Abs. 1 Satz 1 SGB XII eröffnet dies nur für Ansprüche, vgl. zur Parallelfrage i.R.d. § 2306 BGB beim „Behindertentestament" Rdn. 5134 ff.
214 OLG Stuttgart, JABl. BW 1978, 76.
215 VGH Bayern, 15.07.2003 – 12 B 99.1700, FamRZ 2004, 489.
216 VGH Bayern, FamRZ 2004, 491, auch mit Zitaten zur abweichenden herrschenden Literaturauffassung; bereits zur alten Gesetzesfassung hatte OLG Lüneburg, FEVS 31, 197 zumindest prozessual den Vorbehalt einer Beschränkung der Haftung auf den Nachlass ähnlich der Dürftigkeitseinrede des § 1980 BGB verlangt.
217 OVG Nordrhein-Westfalen, NDV Rechtsprechungsdienst, 2001, 95.

535 Der Anspruch kann durch Leistungsbescheid, wohl auch durch Leistungsklage[218] geltend gemacht werden. Widerspruch und Anfechtung haben aufschiebende Wirkung (§ 86a Abs. 1 SGG).

536 Die Heranziehung der Erben zum Kostenersatz ist – von Härtefällen i.S.d. § 102 Abs. 3 Nr. 3 SGB XII abgesehen – durch den Sozialleistungsträger **zwingend vorzunehmen**;[219] ist der Nachlass wegen der begrenzten Höhe der gewährten Sozialleistung jedoch nur teilweise heranzuziehen, besteht ein (an der Leistungsfähigkeit der Miterben orientiertes) **Auswahlermessen**.[220] Soweit jedoch einzelne Miterben gem. § 102 Abs. 3 Nr. 2 oder Nr. 3 SGB XII (häusliche Pflege bis zum Tod oder Härtefall) nicht herangezogen werden können und aus dem Kreis der Pflichtigen ausscheiden, dürfen die Verbleibenden nur zu einem ihrem Erbteil entsprechenden Anteil des Ersatzanspruchs herangezogen werden (gestörter Gesamtschuldnerausgleich).[221]

537 **Hinweis:**

Praktischer Hauptanwendungsfall des Erbenregresses i.R.d. SGB XII ist angesichts des Fehlens sonstiger nennenswerter Schonvermögenstatbestände der Zugriff auf das angemessene, bis zuletzt durch zumindest ein Mitglied der Bedarfsgemeinschaft **selbst genutzte Eigenheim**.

Fälle des § 35 SGB II werden demgegenüber seltener sein als solche des § 102 SGB XII, da der Bezug des ALG II mit Erreichen des Rentenalters endet und häufig der Erbfall erst nach Ablauf von 10 dann folgenden Jahren eintritt. Kommt der Erbenregress i.R.d. SGB II jedoch zum Tragen, ist seine inhaltliche Reichweite häufig weiter als bei § 102 SGB XII; da das SGB II in höherem Maße Schonvermögen anerkennt als das SGB XII (z.B. in Gestalt eines angemessenen Pkw bzw. altersabhängiger Freibeträge zusätzlich zum angemessenen Eigenheim).

538 Finanzbehörden sind ggü. Sozialleistungsbehörden zur **Auskunftserteilung** über die ihnen bekannten Personendaten der Erben sowie den Nachlassbestand nach einem verstorbenen Leistungsempfänger verpflichtet (§ 30 Abs. 4 Nr. 2 AO i.V.m. § 21 Abs. 4 SGB X).[222] Daneben treten die **steuerlichen Mitteilungspflichten** des § 31a AO (Offenlegung der sonst durch das Steuergeheimnis geschützten Verhältnisse des Betroffenen, soweit für ein Verwaltungsverfahren mit dem Ziel der Rückforderung öffentlicher Leistungen erforderlich).

---

218 Vgl. *Conradis*, ZEV 2005, 383 gegen *Schoenfeld*, in: Grube/Wahrendorf, SGB XII, § 102 Rn. 26.
219 *Schoenfeld*, in: Grube/Wahrendorf, SGB XII, § 102 Rn. 16, auch zur Gegenansicht.
220 Vgl. VGH Hessen, FamRZ 1999, 1023; ähnlich OVG Bremen, 20.01.1994 – 2 BA 12/93.
221 *Schoenfeld*, in: Grube/Wahrendorf, SGB XII, § 102 Rn. 22; BVerwGE 57, 173; VGH Baden-Württemberg, FEVS 25, 107.
222 Zu Einzelheiten vgl. AO-Kartei OFD Magdeburg, § 30 Karte 29 v. 15.11.2005 – S 0130-58-St 251 und Karte 13 v. 18.11.2005 – S 0130-33-St 251.

4. Überleitung von Ansprüchen gem. § 93 SGB XII (bzw. § 27g BVG, § 33 Abs. 1 SGB II, § 95 Abs. 3 SGB VIII)

a) Überleitungsgegenstand

Nach den genannten Vorschriften steht dem Sozialleistungsträger (Träger der Sozialhilfe, der Grundsicherung für Arbeit Suchende, der Kinder- und Jugendhilfe[223] bzw. dem Versorgungsamt) die Möglichkeit offen, durch schriftliche Anzeige an einen Dritten Ansprüche, welche dem Hilfeempfänger oder einem Mitglied der (hier erweiterten!) Einsatzgemeinschaft gegen den Dritten zustehen, auf sich überzuleiten (im Bereich des SGB II vollzieht sich dieser Übergang seit 01.08.2006 gar durch Legalzession). In Betracht kommen etwa Ansprüche aus Vertrag oder aus Gesetz (z.B. gem. § 528 BGB, aus Bereicherungsrecht o.Ä.), und zwar solche des privaten und des öffentlichen Rechts, auch soweit sie nicht (originär bzw. nach Transformation) auf Geldzahlung gerichtet sind.[224] Auch die Überleitung von Wertersatzansprüchen, die an die Stelle primärer Leibgedingsdienstleistungen nach den Landesausführungsgesetzen zum BGB treten, bleibt ein Vorgang im Bereich des § 93 SGB XII, kein gesetzlicher Übergang eines Unterhaltsanspruchs gem. § 94 SGB XII.[225]

539

Nicht der Überleitung zugänglich sind **selbstständige Gestaltungsrechte** (vgl. zur Parallelfrage des Ausschlagungsrechts Rdn. 5110). Häufig enthalten bspw. Grundstücksübertragungsverträge bedingte Ansprüche auf Rückauflassung, z.B. für den Fall einer abredewidrigen Verfügung, des Vermögensverfalls des Erwerbers oder des Vorversterbens vor dem Veräußerer. I.d.R. werden diese nicht als auflösende Bedingung, sondern als für den Fall der Ausübung eines Gestaltungsrechts bestehende schuldrechtliche Ansprüche formuliert sein. Selbstständige, höchstpersönliche Gestaltungsrechte lassen sich jedoch, da es sich nicht um Ansprüche handelt, auch nicht gem. § 93 Abs. 1 Satz 4 SGB XII überleiten,[226] mögen sie auch (in Grenzen) der Einzelpfändung unterliegen.[227] Allenfalls unselbstständige Nebenrechte zu einem Anspruch können mit diesem übergeleitet werden.

540

Allerdings stellt eine bestehende Rücktrittsberechtigung (bei Eintritt einer der Rücktrittstatbestände) einen Vermögenswert dar, auf den der Sozialhilfeträger den rücktrittsberechtigten Veräußerer als vorrangigen Einsatz eines Rechts verweisen kann (§ 2 SGB XII). Ob Gleiches für ein etwa bestehendes **Ausschlagungsrecht des Hilfeempfängers** gilt, soweit dadurch liquide Pflichtteilsansprüche entstehen können (z.B. gem. § 2306 BGB), ist allerdings fraglich: Der Einsatz des „bereiten Mittels" muss dem Hilfesuchenden zumutbar sein. Daran dürfte es fehlen, wenn er mit der Ausschlagung schlechter steht als ohne diese, da die ergänzenden, nur durch die Testamentsvollstreckung/den Nacherbenschutz gewährleisteten Zuwendungen wegfallen würden (vgl. hierzu unten Rdn. 5138 ff.).

541

---

223 Fall in BGH, 07.11.2006 – X ZR 184/04, NJW 2007, 60 (Hilfe für die Persönlichkeitsentwicklung eines volljährigen Jugendlichen, § 41 SGB VIII durch Heimunterbringung; Kosten 7.000,00 DM/Monat!).
224 A.A. OLG Braunschweig, NdsRpfleger 1996, 93 ff. (arg: Wortlaut „bis zur Höhe seiner Aufwendungen" in § 93 Abs. 1 Satz 1 SGB XII); dagegen *Rosendorfer*, MittBayNot 2005, 2 m.w.N.
225 Vgl. BVerwG, NJW 1994, 64 ff.
226 Ebenso von *Lanzenauer*, ZfSH 1966, 40.
227 BGH, 20.02.2003 – IX ZR 102/02, NotBZ 2003, 229 m. Anm. *Heinze*; FamRZ 2003, 858 m. Anm. *Münch*, FamRZ 2004, 1329; ähnlich zuvor schon OLG Bamberg, 25.05.1992 – 4 U 111/91, n.v.

b) Überleitungsbetroffener

542 Während nach der bis zum 01.08.1996 geltenden Fassung des damaligen § 90 BSHG nur solche Ansprüche übergeleitet werden konnten, deren Gläubiger vor der Zession der Hilfeempfänger selbst oder ein weiteres Mitglied der Einsatz- und Bedarfsgemeinschaft war, benennt das Sozialhilfereformgesetz v. 23.07.1996 (BGBl. I, S. 1088) als tauglichen Anspruchsinhaber – allerdings ausschließlich bei der Gewährung von HbL – neben dem nicht **getrennt lebenden Ehegatten** (der schon bisher über die Einsatzgemeinschaft des § 28 BSHG, nun § 19 SGB XII erfasst war)[228] und dem Verpartnerten auch die **Eltern des Hilfeempfängers** (diese wären nach früherem Recht über § 19 SGB XII BSHG nur dann zu berücksichtigen gewesen, wenn der Hilfeempfänger minderjährig und unverheiratet ist). Demnach kann der Sozialhilfeträger nunmehr bspw. im Fall der Zuwendung von Hilfe zur Pflege an einen behinderten Volljährigen den Anspruch überleiten, den dessen Eltern aufgrund einer früheren Zuwendung (z.B. Grundbesitzübertragung) an ein weichendes Geschwisterteil gem. § 528 BGB (Fallgruppe der Verarmung in Form verringerter Unterhaltsgewährung an Abhängige) haben, i.d.R. selbst jedoch nicht geltend machen werden.

543 Dies gilt auch, wenn die Zuwendung selbst bereits vor dem 01.08.1996 stattgefunden hat, sofern nur die Verarmung als anspruchsauslösendes Merkmal erst nach Inkrafttreten der erweiterten Fassung des (damaligen) § 90 BSHG eintrat; dieser Anspruch wird dann ebenfalls von der Überleitungsfähigkeit durch Verwaltungsakt erfasst (verfassungsrechtlich unechte Rückwirkung; das Vertrauen des Schenkungsempfängers in das bestehen Bleiben der Nichtabtretbarkeit der Verpflichtung – §§ 400 BGB, 852 ZPO wurde erst ab 01.08.1996 durch § 90 Abs. 1 Satz 1 und Satz 4 BSHG, nun § 93 Abs. 1 SGB XII, überwunden – ist ebenso wenig schutzbedürftig wie das tatsächliche Vertrauen darauf, dass während der 10-Jahres-Frist des § 529 Abs. 1 BGB keine Verarmung eintreten werde).

c) Überleitungsvoraussetzungen

544 Der Überleitung des Anspruchs auf den Träger nachrangiger Sozialleistungen steht nicht entgegen, dass der Anspruch (z.B. das Rückforderungsrecht aus § 528 BGB gem. § 852 Abs. 2 ZPO, § 400 BGB) nicht abtretbar ist (vgl. § 93 Abs. 1 Satz 4 SGB XII, § 27g Abs. 1 Satz 4 BVG im Bereich der Kriegsopferfürsorge, § 203 Abs. 1 Satz 4 SGB III a.F. für Leistungen der Arbeitslosenhilfe, nun § 33 Abs. 1 Satz 4 SGB II für das Arbeitslosengeld II).

545 Die Überleitung darf jedoch nur i.H.d. **gewährten nachrangigen Sozialleistungen** erfolgen, wobei die Rechtsprechung die dabei häufig verwendete Formulierung i.H.d. anfallenden Sozialhilfeleistungen genügen lässt.[229]

---

[228] Mit der Folge, dass nach Überlassung eines im je hälftigen Eigentum von Ehegatten stehenden Anwesens an ein Kind bei Sozialhilfebezug durch einen der beiden Veräußerer auch der vom nicht getrennt lebenden Ehegatten überlassene Halbanteil der Überleitung des Rückforderungsanspruchs (§ 528 BGB beim Ehegatten verwirklicht in der Variante des Wegfalls eigener Leistungsfähigkeit ggü. Unterhaltsberechtigten, nicht der eigenen Verarmung!) unterliegt; vgl. DNotI-Gutachten, Faxabruf-Nr. 1225 v. 12.08.1999.

[229] Vgl. etwa BGH, NJW 1985, 2419.

> **Hinweis:**
>
> Dies hat zur Folge, dass der Notar, der für eine vollstreckungsbewehrte Vertragsverpflichtung (etwa eine Zahlungspflicht in einem Grundstücksübergabevertrag) dem Sozialhilfeträger eine vollstreckbare Ausfertigung erteilen soll, nach § 727 ZPO nicht nur den Nachweis der Bekanntgabe des Überleitungsakts (Postzustellurkunde sowie beglaubigte Abschrift des Verwaltungsakts) zu fordern hat, sondern auch eine gesiegelte Aufstellung der bisher erbrachten Leistungen (als öffentliche Urkunde i.S.d. § 418 BGB).[230]

Ferner darf nur insoweit übergeleitet werden,[231] als bei rechtzeitiger Leistung des Anspruchsgegners die Sozialleistung nicht zu gewähren gewesen wäre. Diese sozialhilferechtliche Schranke des § 93 Abs. 1 Satz 2 SGB XII tritt neben etwaige Schranken, die sich aus dem Inhalt des übergeleiteten Anspruchs selbst ergeben (dessen Rechtsnatur und ggf. Einredebehaftetheit sich ja durch die Rechtsnachfolge auf Gläubigerseite nicht ändern). Von besonders problematischer Relevanz ist i.R.d. § 93 Abs. 1 Satz 2 SGB XII das Tatbestandsmerkmal der „**Leistung**". So stellt sich bspw. bei Überleitung eines Rückforderungsanspruchs gem. § 528 BGB die später noch zu untersuchende Frage, ob die dem verarmten Schenker zustehenden „Leistungen" i.S.d. Sozialhilferechts als „Einkommen" oder „Vermögen" zu klassifizieren sind, mithin also ob auf den geschenkten Gegenstand selbst (z.B. ein Anwesen, das in der Hand des Schenkers Schonvermögen bilden würde) abzustellen ist oder auf den Einkommenscharakter der Geldzahlung, die wegen der Unteilbarkeit des Geschenkwerts für den jeweils zugrunde zu legenden Zeitraum in der praktischen Anwendung des Gesetzes typischerweise zu erbringen ist. Diese Frage und mögliche vertragliche Gestaltungsmöglichkeiten werden später untersucht (Rdn. 902 ff.).

546

Schließlich muss der übergeleitete Anspruch gerade „für die Zeit" bestehen, für welche Hilfe gewährt wurde. Dies ist nicht nur bei wiederkehrenden Geldleistungsansprüchen hinsichtlich desselben Zeitraums gegeben, sondern wohl auch bei einmaligen Ansprüchen (z.B. aus § 528 BGB), welche während des Hilfeleistungszeitraums fällig werden.[232] Die **zeitliche Kongruenz** ist allerdings wohl nicht mehr gewahrt, wenn der übergeleitete Anspruch noch nicht fällig ist, da dann auch bei rechtzeitiger Leistung der Anspruch nicht geeignet ist, die Notlage abzuwenden und staatliche Sozialhilfeleistungen überflüssig werden zu lassen.[233]

547

Der öffentlich-rechtliche Kostenbeitrags- bzw. Aufwendungsersatzanspruch gem. §§ 19 Abs. 5, 92 SGB XII hat ggü. § 93 SGB XII Vorrang, z.B. in den Fällen, in denen der Dritte ebenfalls Mitglied der Einsatzgemeinschaft mit dem Hilfempfänger ist.

548

d) Überleitungsverfahren

Der Übergang gem. § 93 SGB XII selbst erfolgt aufgrund (anfechtbaren) **(Sozial-) Verwaltungsakts**; der übergeleitete Anspruch ist ggf. vor den Gerichten, welche nach seinem Inhalt zur Ent-

549

---

230 Vgl. Gutachten, DNotI-Report 2002, 75.
231 Vgl. § 93 Abs. 1 Satz 3 SGB XII; § 27g Abs. 1 Satz 3 BVG. Nach OVG Nordrhein-Westfalen, NJW 1988, 1866 muss sogar die Überleitungsanzeige selbst zum Ausdruck bringen, dass die Überleitung nur insoweit bewirkt werde, als bei rechtzeitiger Leistung (z.B. Herausgabe gem. § 528 BGB) die Hilfe nicht gewährt worden wäre.
232 Vgl. OVG Nordrhein-Westfalen, NWVBl. 1988, 17.
233 Vgl. DNotI-Gutachten, Faxabruf-Nr. 1243 v. 15.04.2001.

scheidung hierüber berufen sind, geltend zu machen. Ist der Überleitungsbescheid angefochten, wird regelmäßig[234] der Rechtsstreit über den übergeleiteten Anspruch selbst gem. § 148 ZPO ausgesetzt. Im Bereich der Grundsicherung für Arbeit Suchende (§ 33 SGB II) findet allerdings seit 01.08.2006 eine Legalzession statt, sodass das Fachgericht i.R.d. Aktivlegitimation auch deren Wirksamkeit prüft. Es handelt sich um eine Ermessensentscheidung, bei welcher der Sozialleistungsträger auch die „sozialen Rechte" des Hilfeempfängers gem. §§ 3 bis 10 SGB I zu berücksichtigen hat.[235]

e) Folgen der Überleitung

550 Der durch (Sozial-) Verwaltungsakt herbeigeführte Übergang des Anspruchs führt zu keiner Inhaltsänderung, die **Überleitungsanzeige ersetzt** also lediglich die **rechtsgeschäftliche Abtretungserklärung**. Dem Zessionar können weiterhin alle Einreden entgegengehalten werden (§ 404 BGB); an den bisherigen Rechtsinhaber kann bis zur Anzeige der Abtretung schuldbefreiend geleistet werden (§ 407 BGB), ein gutgläubiger Erwerb einer nicht bestehenden Forderung ist auch durch Verwaltungsakt nicht möglich. Für Streitigkeiten über den übergeleiteten Anspruch selbst sind die jeweiligen Fachgerichte zuständig. Der Sozialleistungsträger, der aus übergeleitetem Recht Ansprüche geltend macht, erfährt hinsichtlich der Darlegungs- und Beweislast keine Erleichterungen, auch nicht im Hinblick darauf, dass er über keine weiteren Informationen zur Sache selbst verfügt (er muss also bspw. in gleicher Weise vortragen, wie wenn der Berechtigte selbst eine Pflichtteilsergänzung gem. § 2329 BGB verlangen würde).[236]

5. Übergang von Unterhaltsansprüchen gem. § 94 SGB XII (§ 27h BVG, § 33 Abs. 2 SGB II)

a) Forderungsübergang

551 Alle nachrangigen Sozialleistungsarten sehen vor, dass zivilrechtliche Unterhaltsansprüche des Hilfeempfängers gegen Verwandte ersten Grades oder geschiedene Ehegatten übergehen können (§ 94 SGB XII für die Sozialhilfe, § 27h BVG hinsichtlich der Kriegsopferfürsorge, § 33 Abs. 2 SGB II i.R.d. Grundsicherung für Arbeitsuchende).[237]

552 Im Bereich der Kinder- und Jugendhilfe wird die Nachrangigkeit der Bedarfsdeckung in Gestalt der Heimunterbringung von Kindern (sog. Hilfe zur Erziehung) ggü. den Unterhaltspflichten der Eltern jedoch seit 01.10.2005 allein[238] durch Erhebung eines pauschalierten öffentlich-rechtlichen Kostenbeitrags gem. §§ 92 Abs. 2, 94 Abs. 5 SGB VIII i.V.m. der hierzu ergangenen Ver-

---

234 Anders, wenn die beklagte Partei die Anfechtungsklageschrift nicht vorlegt, BGH, 15.05.2007 – X ZR 109/05, FamRZ 2007, 1163.
235 *Wendt*, ZNotP 2008, 2, 9.
236 Vgl. OLG Köln, 28.03.2007 – 2 U 37/06, ZEV 2007, 489.
237 Vgl. hierzu allgemein *Frank*, BWNotZ 1983, 160; *Karpen*, MittRhNotK 1988, 137.
238 Vgl. BGH, 06.12.2006 – XII ZR 197/04, FamRZ 2007, 376 m. Anm. *Doering-Striening*.

ordnung²³⁹ verwirklicht, was häufig zu einer (schwer verständlichen) Besserstellung der Eltern führt.²⁴⁰

I.R.d. Gesetzes zur Umsetzung des föderalen Konsolidierungsprogramms v. 23.06.1993²⁴¹ wurden die Überleitungsnormen im Bereich der Sozialhilfe und der Kriegsopferfürsorge auf den gesetzlichen Forderungsübergang umgestellt, lediglich § 33 SGB II verblieb bis zum 01.08.2006 bei der früheren Überleitungslösung durch Verwaltungsakt (ebenso wie die Vorgängernormen des § 140 AFG und des § 203 Abs. 1 SGB III, was zu einem gewissen Systembruch innerhalb der Nachrangigkeitsnormen des Sozialrechts führte,²⁴² der jedoch durch das Hartz IV – Fortentwicklungsgesetz behoben wurde. 553

Die Novellierungen im Bereich des BVG, des (damaligen) BSHG und des nunmehrigen SGB II haben zur Erleichterung des Rückgriffs und zur Vermeidung der bisherigen Zweigleisigkeit²⁴³ des Rechtswegs (verwaltungsrechtliche Anfechtungsklage gegen die Überleitungsanzeige und zivilrechtliche Leistungsklage auf Unterhalt) auch im Bereich des § 94 SGB XII einen **gesetzlichen Forderungsübergang** (cessio legis) nach dem Vorbild etwa des § 116 SGB X, des § 37 BAföG oder des § 7 UVG eingeführt. Einer schriftlichen Überleitungsanzeige nach dem Muster des § 93 Abs. 1 Satz 1 SGB XII bedarf es hier nicht. Ein (anfechtbarer) Verwaltungsakt ist demnach nicht mehr gegeben, sodass alle maßgeblichen Fragen (hinsichtlich Grund und Höhe des übergegangenen Anspruchs) i.R.d. **Leistungsklage** vor den Zivilgerichten zu klären sind.²⁴⁴ Die Mitteilung über die bereits erfolgte Überleitung des Anspruchs an Unterhaltsgläubiger und -schuldner ist nur mehr schlichtes Verwaltungshandeln, kein angreifbarer Verwaltungsakt. Auch der unterhaltsrechtliche Auskunftsanspruch geht mit über.²⁴⁵ 554

Der kraft Gesetzes eintretende Forderungsübergang ist jedoch **ausgeschlossen**, soweit der Unterhaltsanspruch durch direkte Zahlung an den unterhaltsberechtigten Hilfeempfänger erfüllt wird (§ 94 Abs. 1 Satz 2 SGB XII). 555

Der gesetzliche Forderungsübergang wirkt zeitlich auf den **Beginn der Hilfeleistung** (nicht nur auf das Datum des Bewilligungsbescheids!) zurück, wenn der Träger der Sozialhilfe den Unterhaltspflichtigen unverzüglich nach Kenntnis von dem Sozialhilfebedarf (§ 18 Abs. 1 SGB XII) hiervon schriftlich unterrichtet (§ 94 Abs. 4 SGB XII). Der Sozialhilfeträger wird damit im Ver- 556

---

239   V. 01.10.2005, BGBl. I 2005, S. 2907, Tabelle S. 2909.
240   So in der vorvorig zitierten BGH-Entscheidung: älteres Doppelbeamtenehepaar (Musikhochschullehrer und Studiendirektorin) adoptiert ausländische Kinder, die nach elterlichen Misshandlungen dauerhaft im Heim untergebracht werden müssen.
241   FKPG, BGBl. I 1993, S. 944 ff.
242   Vgl. zum Folgenden umfassend *Künkel*, FamRZ 1994, 540; *Münder*, NJW 1994, 494 ff.; *Renn*, FamRZ 1994, 473 ff.; von der prozessualen Seite: *Seetzen*, NJW 1994, 2505 ff.
243   Diese hat zu sehr umfangreicher Rspr. über die Abgrenzung der jeweiligen Prüfungspflichten geführt, vgl. z.B. BVerwG, NJW 1992, 3313: Keine Prüfung der Frage, ob Sozialhilfe zu Recht gewährt wurde, im Verwaltungsstreit gegen den Überleitungsakt.
244   Vgl. hierzu auch BT-Drucks. 12/4401, S. 82 (Begründung zu Art. 7 des FKPG).
245   Seit der Gesetzesnovelle zum 01.08.1996; früher war der Sozialhilfeträger auf den öffentlich-rechtlichen Auskunftsanspruch des § 116 BSHG verwiesen.

gleich zur früheren Rechtslage[246] besser gestellt. I.Ü. gehen auch hier die Bestimmungen des BGB zur rückwirkenden Inanspruchnahme Unterhaltspflichtiger vor.

557 Gem. § 94 Abs. 4 Satz 2 SGB XII kann der Sozialhilfeträger auch zur Vermeidung von Doppelprozessen bei voraussichtlich längerer Hilfegewährung gleichzeitig den Anspruch auf künftige Leistung bis zur Höhe der jeweiligen monatlichen Sozialhilfeaufwendungen klageweise geltend machen.[247]

558 Der nunmehr allein berufene Zivilrichter hat (vgl. § 94 Abs. 5 Satz 3 SGB XII) auch die verbleibende sozialhilferechtliche Schranke des § 94 Abs. 3 SGB XII zu beachten, z.B. die Schranke der **unbilligen Härte** oder des **Verbots dadurch bedingter eigener Sozialhilfebedürftigkeit des Unterhaltsschuldners**,[248] ferner die Begrenzung auf 26,00 € (HbL) und 20,00 € (HLU) pro Monat bei der Unterhaltsgewährung durch Eltern an ein volljähriges behindertes oder pflegebedürftiges Kind (§ 94 Abs. 2 SGB XII).[249] Die unterhaltsrechtliche Verpflichtung ist also i.d.R. weiter als der gesetzlich eintretende Übergang nach § 94 SGB XII.

559 Diese nachstehend im Einzelnen (Rdn. 568 ff.) dargestellten Begrenzungen des gesetzlichen Übergangs privater Unterhaltsansprüche führen dazu, dass der **Unterhaltsgläubiger** hinsichtlich eines überschießenden Betrags weiterhin **aktivlegitimiert** bleibt,[250] sodass möglicherweise mehrere Prozesse wegen desselben Anspruchs nebeneinander bestehen könnten. Zuständig für beide Verfahren wäre das AG (§§ 23a Nr. 2, 23b Nr. 4 und Nr. 5 GVG). Aus diesem Grund wurden **vor Inkrafttreten des § 94 Abs. 5 SGB XII** (vormals § 91 Abs. 4 BSHG) in der Praxis verschiedene Möglichkeiten diskutiert, um zu erreichen, dass der Unterhaltsgläubiger in einem Verfahren auch den gesetzlich auf den Sozialhilfeträger übergegangenen Anspruchsteil klageweise geltend machen kann (gewillkürte Prozessstandschaft; materiell-rechtliche Einziehungsermächtigung gem. § 185 BGB; treuhänderische Rückübertragung des übergegangenen Anspruchs etc.).[251]

560 Seit 01.08.1996 wurde die Möglichkeit der **Rückübertragung des Unterhaltsanspruchs auf den Sozialhilfeempfänger** nunmehr im Gesetz ausdrücklich gesetzlich anerkannt; etwaige Mehrkosten sind dem Hilfeempfänger zu erstatten.[252] Gleiches gilt seit 01.08.2006 im Bereich des SGB II.

---

246 Vgl. dazu etwa BGH, FamRZ 1985, 793; ferner *Bonefeld*, FamRZ 1993, 1029.
247 Vgl. auch hier zum bisherigen Rechtszustand OLG Bremen, FamRZ 1984, 1256; OLG Schleswig, DAVorm 1984, 712.
248 Durch Gesetz v. 02.12.2006, BGBl. I 2006, S. 2671 wurde klargestellt, dass es um die Vermeidung des Bezugs von HLU sowie Altersgrundsicherungsleistungen (3. und 4. Kap.) geht.
249 OLG Köln, NJW 2000, 1201: Auch bei sehr guten wirtschaftlichen Verhältnissen kann die volle Inanspruchnahme der Eltern unbillig sein, wenn sich die Eltern intensiv um das behinderte Kind gekümmert haben und dies auch nach Heimunterbringung aufrechterhalten.
250 Vgl. OLG Köln, FamRZ 1997, 1101.
251 Vgl. im Einzelnen Rn. 406 der 1. Aufl. dieses Buches, m.w.N.
252 Gemäß OLG Düsseldorf, NJW 1997, 137 soll allerdings eine vor dem 01.08.1996 erfolgte Rückabtretung unwirksam bleiben; diese Rspr. begegnet im Hinblick auf die Ausführungen in der vorangehenden Fußnote erheblichen Bedenken.

b) Gegenstand des Übergangs

Die cessio legis nach § 94 SGB XII erfasst gesetzliche Unterhaltsansprüche gegen solche Personen, die nicht ohnehin bereits der Einsatz- und Bedarfsgemeinschaft angehören, also Getrenntlebens- und Nachscheidungsunterhalt,[253] auch im Bereich der Lebenspartnerschaft, und v.a. den Verwandtenunterhalt.

561

aa) Kongruenz

Voraussetzung ist jedoch die Deckungsgleichheit zwischen der Sozialhilfeleistung und dem Unterhaltsanspruch, d.h. sachliche, zeitliche und persönliche Kongruenz:[254]

562

- Es sind eine ganze Reihe von Fallgestaltungen denkbar, in denen die gewährte Sozialhilfe ihrer Art nach („**sachlich**") vom bürgerlich-rechtlichen Unterhalt nicht erfasst wird, sodass (mangels Anspruchs) kein Übergang stattfinden kann: Hilfen zur Übernahme von Zahlungsrückständen (§ 34 Abs. 1 SGB XII), Hilfe zur Sterilisation und Familienplanung (§§ 49, 51 SGB XII), Haushaltsführungshilfe (§ 70 SGB XII), nach früherem Recht auch Hilfen zum Aufbau oder zur Sicherung einer Existenz (§ 30 BSHG) und Hilfen zur Erlangung und Sicherung eines geeigneten Arbeitsplatzes (§ 40 BSHG) etc.[255] Umgekehrt mag ein bestimmter Bedarf zwar vom bürgerlich-rechtlichen Unterhaltsanspruch erfasst sein, hierfür jedoch keine Sozialhilfe gewährt werden, sodass der Anspruchsübergang (mangels rechtmäßig geleisteter Hilfe) ebenfalls ausscheidet: Vorsorgeunterhalt ist bspw. (außer gem. § 33 SGB XII) nicht Bestandteil der Deckung des aktuellen Lebensbedarfs in der Sozialhilfe.

- Die **persönliche Kongruenz** macht es regelmäßig erforderlich, den für alle Mitglieder der Einsatz- und Bedarfsgemeinschaft in einem Sozialhilfebescheid zusammengefassten Betrag dem einzelnen Hilfeempfänger zuzuordnen.[256] Im Detail bereiten insb. die Aufteilung der Wohnkosten und die Zuordnung des Kindergelds Schwierigkeiten.[257]

563

- Bzgl. der **zeitlichen Kongruenz** ist zu beachten, dass der Sozialhilfeträger rückständigen Unterhalt nicht nur in den Fällen des bürgerlichen Rechts (Rechtshängigkeit, Inverzugsetzung, ferner bei Sonderbedarf gem. § 1613 Abs. 2 BGB) einfordern kann, sondern zusätzlich auch ab dem Zeitpunkt, in dem er dem Unterhaltspflichtigen die Hilfegewährung (dem Grund nach) mitgeteilt hat. Diese[258] sog. „Rechtswahrungsanzeige"[259] ersetzt die Inverzugsetzung durch den Unterhaltsberechtigten. Bleibt die Sozialhilfeverwaltung allerdings ein Jahr nach deren Zugang untätig, hat sie den Unterhalt für dieses Jahr nach § 242 BGB verwirkt.[260]

564

---

253 Gleichgestellt sind vertragliche Unterhaltsansprüche, welche die gesetzliche Höhe konkretisieren sollen, also keine rentenähnliche Verpflichtung schaffen (andernfalls § 93 SGB II).
254 Vgl. hierzu ausführlich *Schnitzler/Günther*, MAH Familienrecht, § 12 Rn. 47 ff.
255 Ebenso SH-Richtlinien Bayern, Allgemeines Ministerialblatt 1997, S. 646, Rn. 91.11.
256 Hierzu ausführlich *Schnitzler/Günther*, MAH Familienrecht, § 12 Rn. 55 ff.
257 Vgl. *Scholz*, FamRZ 2004, 755f. Die Verwaltung verteilt den Wohnaufwand nach Köpfen, BVerfG, NJW 1999, 293 fordert jedoch die Ermittlung des konkreten Mehrbedarfs („zusätzliches Kinderzimmer"). Ab 01.01.2005 ist gem. § 82 Abs. 1 Satz 2 SGB XII das Kindergeld (anders als bisher – BVerwG, NJW 2004, 2541: Auszahlungsempfänger) allein dem Kind zuzurechnen.
258 Nach dem VwZG zustellbar, BGH, FamRZ 1983, 896.
259 Bei der es sich mangels unmittelbaren Eingriffs in die Rechte des Unterhaltspflichtigen nicht um einen Verwaltungsakt handelt, sodass er nicht mit Widerspruch angegriffen werden kann, BVerwGE 50, 66.
260 BGH, FamRZ 2002, 1698; vgl. Rdn. 815.

bb) Unterhaltsrechtliche Differenzierung

565 Zu unterscheiden ist zwischen

- **gesteigerten Unterhaltspflichten:**
  - Unterhaltspflicht der Eltern im Verhältnis zu minderjährigen unverheirateten ehelichen und unehelichen Kindern (§§ 1603 Abs. 2, 1615a BGB),
  - Unterhaltspflicht der Eltern ggü. volljährigen unverheirateten Kindern bis zur Vollendung des 21. Lebensjahres, solange sie bei wenigstens einem Elternteil leben und sich in allgemeiner Schulausbildung befinden (§ 1603 Abs. 2 Satz 2 BGB, seit 01.07.1998),
  - Unterhaltspflicht von Ehegatten oder Lebenspartnern bei Getrenntleben (§ 1361 BGB); einer Überleitung der Unterhaltspflicht unter nicht getrennt lebenden Ehegatten bedarf es wegen der Zugehörigkeit beider zur Einsatzgemeinschaft (§ 19 Abs. 1 und 3 SGB XII) nicht;

566 - **nicht gesteigerten Unterhaltspflichten:**
  - sonstige Unterhaltspflicht zwischen Verwandten in gerader Linie (§§ 1589 Satz 1, 1601, 1603 Abs. 1, 1615a, 1754 BGB), insb. den sog. „Aszendentenunterhalt" ggü. den Eltern,
  - Unterhaltspflicht des Vaters ggü. der Mutter des nichtehelichen Kindes (§ 1615 Abs. 1 BGB),
  - nacheheliche Unterhaltspflicht zwischen geschiedenen Ehegatten oder Lebenspartnern.

cc) Sozialhilferechtliche Differenzierung

567 **Bis zum 31.12.2004** war wegen der in § 91 Abs. 2 Satz 1 BSHG enthaltenen sog. **sozialhilferechtlichen Vergleichsberechnung** zu differenzieren einerseits zwischen Hilfen zum Lebensunterhalt und andererseits Hilfen in besonderen Lebenslagen an den Hilfeempfänger, die Anlass sind für die Geltendmachung des gesetzlich übergegangenen Unterhaltsanspruchs. Bei Letzteren[261] waren die (allgemeine oder gesteigerte) sozialhilferechtlichen Freistellungen von Einkommen – mit der Maßgabe, dass übersteigendes Einkommen gem. § 84 BSHG/§ 87 SGB XII nur in angemessener, i.d.R. hälftiger Höhe, heranzuziehen sei –, bei beiden die sozialhilferechtliche Freistellung von Vermögen zu berücksichtigen. Die Schongrenzen des konkreten Unterhaltsgläubigers (Bedürftigen) wären also identisch dem tatsächlichen Unterhaltsschuldner zugutegekommen, beurteilt nach den personenbezogenen Merkmalen des Gläubigers (z.B. Pflegebedürftigkeit Stufe III: mehrfach erhöhter Grundbetrag), ergänzt um die beim Zahlungspflichtigen zu berücksichtigenden Familienfreibeträge und angemessenen Unterkunftskosten. Dies wurde i.R.d. Überführung in das SGB XII nicht übernommen. Da zusätzlich die erhöhten sozialhilferechtlichen Einkommensgrenzen entfallen sind, wäre die zusätzliche öffentlichrechtliche Schranke ohnehin nur selten zum Tragen gekommen; der zusätzliche Einspareffekt soll sich also nach Ansicht der Bundesregierung auf lediglich jährlich 65 Mio. € belaufen.[262] Im Bereich

---

261 Teilweise wurde – Nachweise etwa bei *Müller*, Heranziehung Unterhaltspflichtiger, S. 132 f. – auch bei den HbL-Leistungen vertreten, in Ergänzung zu den Einkommensgrenzen der §§ 79, 81 BSHG eine zusätzliche Freistellungsprüfung nach den nachstehend referierten Grundsätzen des Deutschen Vereins für öffentliche und private Fürsorge (Fassung vor bzw. nach 1995) vorzunehmen und die höhere Grenze heranzuziehen.

262 BT-Drucks. 15/1734 v. 15.10.2003, S. 3.

der HLU-Leistungen, wo es ein sozialrechtliches „Schoneinkommen" nicht gibt, wurden für die Rechtslage vor 31.12.2004 unterschiedliche Auffassungen zu der Frage vertreten, ob faktisch doch eine „Vergleichsberechnung" stattzufinden habe; die Empfehlungen des Deutschen Vereins für öffentliche und private Fürsorge sahen jedenfalls für die Praxis einen (2005 veränderten) Berechnungsmodus zur Vermeidung eigener Sozialhilfebedürftigkeit vor.[263]

c) Strukturunterschiede zum Unterhaltsrecht

Der **Inhalt des übergeleiteten Anspruchs** richtet sich weiterhin nach dem Unterhaltsrecht des BGB, allerdings unter zusätzlicher Beachtung der Begrenzungen aus § 94 SGB XII. Wegen der weitreichenden Strukturunterschiede zwischen Sozialhilferecht und gesetzlichem Unterhaltsrecht[264] ergeben sich bei der Anwendung des § 94 SGB XII in der Praxis immer wieder Probleme. 568

aa) Personenkreis

Gem. § 94 Abs. 1 Satz 3 Halbs. 2 SGB XII können nur **Verwandte ersten Grades in aufsteigender und absteigender Linie** herangezogen werden. Diese Regelung trägt der gewandelten Auffassung hinsichtlich der Reichweite des „Generationenvertrags" Rechnung und soll verhindern, dass ältere Menschen aus Angst vor Heranziehung der Enkel auf die Geltendmachung von Sozialhilfe verzichten. 569

Ausgeschlossen ist gem. § 94 Abs. 1 Satz 3 SGB XII ferner der gesetzliche Forderungsübergang von Unterhaltsansprüchen 570

- ggü. anderen Mitgliedern der Einsatz- und Bedarfsgemeinschaft (§ 19 SGB XII), deren Einkommen und Vermögen ohnehin bereits unmittelbar zusammengerechnet wird.
- ggü. ihren zusammenlebenden Ehegatten/eingetragenen Partnern/Lebensgefährten oder bei bedürftigen minderjährigen unverheirateten Kindern im Verhältnis zu ihren Eltern oder einem Elternteil, wenn sie in deren Haushalt leben, bei den Leistungen nach dem 3. Kap. („der HLU", vgl. § 19 Abs. 1 SGB XII);
- ggü. ihren zusammenlebenden Ehegatten/Lebensgefährten/eingetragenen Partnern oder bei unverheirateten minderjährigen Kindern (ohne Rücksicht auf deren Haushaltszugehörigkeit oder eigene Leistungsfähigkeit) im Verhältnis zu jedem Elternteil im Bereich des 5. – 9. Kap. (der „HbL", vgl. § 19 Abs. 3 SGB XII) sowie 571
- bei Unterhaltsansprüchen gegen Verwandte ersten Grades einer Person, die schwanger ist oder ihr leibliches Kind bis zur Vollendung des 6. Lebensjahres betreut.

bb) Schonung des Berechtigten

§ 90 Abs. 2 SGB XII enthält einen Katalog von Vermögensgegenständen, deren Verbrauch oder Verwertung (d.h. Veräußerung oder Belastung) vom Hilfeempfänger (dem Elternteil) sozialhilferechtlich nicht erwartet wird. Dieser deckt sich (z.B. hinsichtlich des sog. „Notgroschens", § 90 Abs. 2 Nr. 9 SGB XII) mit der bürgerlich-rechtlichen Bedürftigkeitsprüfung (Rdn. 733 ff.) ist 572

---

263 Vgl. im Einzelnen die Vorauflage, Rn. 415–418.
264 Vgl. hierzu auch *Münder*, NJW 1990, 2031 ff.; *Künkel*, FamRZ 1991, 14 ff.; *Kohleiss*, FamRZ 1991, 8 ff.; *Brudermüller*, FamRZ 1995, 1033 ff.

jedoch teilweise deutlich großzügiger, etwa hinsichtlich der pauschalen Freistellung des selbst genutzten angemessenen Wohneigentums (§ 90 Abs. 2 Nr. 8 SGB XII).

573 In ähnlicher Weise stellt das SGB XII Einkommenstatbestände des Hilfeempfängers in großzügigerem Umfang frei: Zum einen, indem es bestimmte Bezüge (z.B. Grundrente nach dem BVG) nach § 82 Abs. 1 SGB XII nicht als Einkommen fingiert, zum anderen indem es fiktive Einkünfte des Berechtigten, etwa aufgrund Verletzung der Erwerbsobliegenheit, nicht – da tatsächlich zu keiner Bedarfsdeckung führend – berücksichtigt und schließlich durch Anerkennung eines Einkommensschonbetrags im Bereich der HbL gem. § 85 SGB XII (jedenfalls bis zum Zeitpunkt der dauernden Heimunterbringung, §§ 88 Abs. 1 Satz 2, 92a Abs. 2 SGB XII). Ab 01.01.2005 entfiel die nochmals gesteigerte Freistellung etwa für Pflegebedürftige oder Blinde in Gestalt der besonderen Einkommensgrenze, sofern die Länder nicht vom Vorbehalt des § 86 SGB XII Gebrauch machen.

574 Das **bürgerlich-rechtliche Unterhaltsrecht** zeichnet die großzügige Freistellung bestimmter Bezugsarten (Grundrente) oder Mindesteinkünfte nicht nach; der Bedarf des Elternteils und damit die Höhe des zu gewährenden Unterhalts wird also entsprechend reduziert. Da der gesetzliche Forderungsübergang lediglich zu einem Wechsel in der Inhaberschaft, aber zu keiner Inhaltsänderung führen kann (Rechtsgedanke des § 404 BGB), ist der Regress für den aufgrund der Einkommensschonung großzügigeren Sozialhilfeanteil ausgeschlossen.

575 Zu einer gänzlichen Blockade führt das Vorhandensein bürgerlich-rechtlich einsatzpflichtigen Vermögens (etwa des Eigenheims, dessen Veräußerung erwartet werden kann). Die sozialhilferechtliche Praxis empfiehlt zwar,[265] die fiktive Aufzehrung des Vermögens durch Verteilung auf den Zeitraum, für den das Vermögen zur Deckung des Bedarfs ausgereicht hätte mit der Folge, dass nach Ablauf dieser Frist der Unterhaltsberechtigte als bedürftig anzusehen sei, auch wenn das geschützte Vermögen noch vorhanden ist. Dies widerspricht jedoch der Sachlogik des Unterhaltsrechts, das zwar u.U. nichtvorhandenes Einkommen oder Vermögen als fiktiv vorhanden setzen kann, nicht aber tatsächlich vorhandenes, einsatzpflichtiges Vermögen oder Einkommen „wegretouchiert". Ein Forderungsübergang kann in solchen Fällen nicht stattfinden.

cc) Zeitlicher Beginn

576 Auch der zeitliche Beginn der Unterhaltspflicht differiert, wobei jedoch insoweit das Sozialrecht eine weitere Inanspruchnahme ermöglicht, welche sich ggü. den engeren Grenzen des Zivilrechts durchsetzt: Unterhaltsverlangen für die Vergangenheit sind – von §§ 1613 Abs. 2, 1615d BGB abgesehen – im Unterhaltsrecht des BGB ausgeschlossen; sozialhilferechtlich ermöglicht jedoch § 94 Abs. 4 Satz 1 SGB XII die Geltendmachung auch für die Vergangenheit rückwirkend bis zum Beginn der Sozialhilfeleistung, sofern dem Unterhaltspflichtigen der Bedarf unverzüglich nach Kenntnis des Trägers der Sozialhilfe schriftlich mitgeteilt wurde (dies geht über die Wirkung der früheren sog. Rechtswahrungsanzeige i.R.d. § 91 BSHG hinaus).

---

265 Bspw. in Gestalt der Empfehlungen des Deutschen Vereins für öffentliche und private Fürsorge für die Heranziehung Unterhaltspflichtiger in der Sozialhilfe, FamRZ 2002, 933, Rn. 79.

dd) Schonung des Verpflichteten

Von eminenter Bedeutung für die Praxis ist schließlich der Umfang der **Einkommens- und Vermögensschonung auf der Seite des Verpflichteten**. Unterhaltsrechtlich geht es v.a.[266] um die Berechnung des Selbstbehalts[267] zur Abdeckung des angemessenen (bei nicht gesteigerter Unterhaltspflicht) bzw. des notwendigen (bei gesteigerter Unterhaltspflicht) Eigenbedarfs, wobei sich die Praxis in den Leitlinien der Familiensenate der OLG Hamm und Düsseldorf (sog. Düsseldorfer Tabelle) weitgehend vereinheitlicht hat. Sozialhilferechtlich geht es in erster Linie um die Vermeidung einer durch die Inanspruchnahme entstehenden Sozialhilfebedürftigkeit des Verpflichteten (§ 94 Abs. 3 Satz 1 Nr. 1 SGB XII), vor dem 31.12.2004 zusätzlich um die Anerkennung der Schoneinkommens- und Schonvermögensvorschriften, die einem Hilfeempfänger zugutekämen, auch zugunsten des Unterhaltsschuldners. Letztere gilt nur mehr im Bereich des SGB II.

577

Vorausgegangene Vermögensminderungen der Unterhaltsschuldner durch Übertragung von Vermögensteilen an Personen, die zivil- oder sozialhilferechtlich nicht zum Unterhalt verpflichtet sind (z.B. Enkel der hilfebedürftigen Großeltern, vgl. § 94 Abs. 1 Satz 3 SGB XII, oder an Ehegatten des Unterhaltsschuldners), sind durch den Sozialhilfeträger mit Mitteln des SGB XII selbst nicht beseitigbar, sofern keine Sittenwidrigkeit des Übertragungsvertrags festzustellen ist. Die Überleitung des Unterhaltsanspruchs gegen die unmittelbaren Abkömmlinge berechtigt nämlich den Sozialhilfeträger nicht dazu, einen etwaigen Herausgabeanspruch der Unterhaltsschuldner aus § 528 BGB (Verarmung) als nunmehriger „Unterhaltsgläubiger kraft Überleitung" zu pfänden und anschließend an sich zur Einziehung überweisen zu lassen. Dem steht die Unpfändbarkeit des Herausgabeanspruchs aus § 528 BGB entgegen (§ 852 Abs. 2 ZPO). Allerdings kann ein wirtschaftlich weitgehend gleichwertiges Ergebnis dadurch erzielt werden, dass der im Vermögen des nunmehr selbst bedürftigen (da zur Erfüllung seiner Unterhaltspflichten ggü. den Eltern nicht mehr befähigte) Unterhaltsschuldner vorhandene Anspruch auf Rückforderung gegen den Beschenkten als tatsächlich vorhandenes Vermögen angesehen wird, sodass er **unterhaltsrechtlich** weiter als leistungsfähig gilt.

578

In diese Richtung weist etwa LG Lübeck,[268] wo aus Sicht des Gerichts überhöhte Geldzuwendungen, die anlässlich Hochzeit oder Geburt an die Enkel des Hilfeempfängers durch den Unterhaltsschuldner (allerdings während des Sozialhilfebezugs der Eltern) geleistet wurden, weiterhin dem Vermögen des Unterhaltsschuldners zugerechnet werden mit der Folge fortbestehender Leistungsfähigkeit und damit Zahlungspflicht bis zur fiktiven Aufzehrung des betroffenen Vermögensteils.

579

ee) Art des Bedarfs

Eine weitere sozialhilferechtliche Privilegierung hinsichtlich der **Art des zum Unterhaltsregress berechtigenden Bedarfs** enthält § 94 Abs. 1 Satz 6 SGB XII in Gestalt einer neuen Verwei-

580

---

[266] Jedoch nicht ausschließlich; vgl. etwa LG Hagen, FamRZ 1989, 1330 f. zur Frage der Berücksichtigungsfähigkeit des Schuldendienstes beim Unterhaltsverpflichteten.

[267] Vgl. hierzu etwa ausführlich BGH, FamRZ 1992, 795; AG Rheinbach, FamRZ 1992, 1336; AG Wetter, FamRZ 1991, 852.

[268] FamRZ 1996, 961 m. insoweit zust. Anm. *Meyer*, FamRZ 1997, 225.

sung auf § 105 Abs. 2 SGB XII, wonach (i.R.d. Kostenersatzpflicht von Leistungsempfängern, die Doppelleistungen mehrerer Sozialleistungsträger erhalten haben) 56 % der Kosten für Unterkunft mit Ausnahme der Kosten für Heizungs- und Warmwasserversorgung nicht der Rückforderung unterliegen. Im Ergebnis können also nur 44 % der vorstehend definierten Unterkunftskosten vom Unterhaltspflichtigen gefordert werden. Grund ist der Wegfall der bisher geltenden Wohngeldberechtigung: Seit 01.01.2005 sind gem. § 1 Abs. 2 WoGG Empfänger von laufenden Leistungen der HLU nach SGB XII, ebenso Empfänger des ALG II, des Sozialgelds und der Grundsicherung im Alter vom Wohngeld nach dem WoGG ausgeschlossen. Die Sozialhilfeaufwendungen wachsen demnach um den bisher durch Inanspruchnahme von Wohngeld gedeckten Betrag, diese zusätzliche Sozialfürsorgeleistung soll jedoch weiterhin nicht dem Unterhaltsregress unterliegen (in statistisch ermittelter pauschalierter Höhe).[269]

ff) Schuldnermehrheit

581 Hinsichtlich der Mechanismen der **Auswahl und Höhe der Inanspruchnahme** unter mehreren Unterhaltsschuldnern gelten unterhaltsrechtliche Grundsätze: Gem. § 1606 Abs. 3 Satz 1 BGB haften mehrere gleich nahe Verwandte (z.B. Geschwister) anteilig nach ihren Einkommens- und Vermögensverhältnissen. Im Bereich der Haftung der Eltern für den Unterhalt ihrer minderjährigen Kinder hat jedoch die Rechtsprechung (gestützt auf den Vorrang des § 1603 Abs. 2 BGB) eine gegenseitige Ausfallhaftung konstituiert mit der Folge eines anschließenden Innenausgleichs (über GoA, Bereicherungsrecht oder einen eigenen familienrechtlichen Ausgleichsanspruch).[270]

582 I.R.d. Überleitung von Rückforderungsansprüchen nach § 528 BGB (gem. § 93, nicht § 94 SGB XII) haften jedoch auch zivilrechtlich mehrere „beschenkte" Geschwister dem Übergeber ggü. nicht nur als Teilschuldner, sondern wie **Gesamtschuldner** bis zur Obergrenze des angemessenen Unterhaltsbedarfs i.S.d. § 528 Abs. 1 oder, im Fall des § 528 Abs. 2 BGB, bis zur Obergrenze des Restbedarfs, der sich ergibt, wenn man den vollen Bedarf um die Herausgabepflichten aller später Beschenkten vermindert.[271] Nach Auffassung des BGH liegt es jedoch nahe, innerhalb des Kreises der in Anspruch Genommenen gesetzliche Ausgleichsansprüche anzuerkennen. Diese Fragen tauchen regelmäßig auf, wenn an Geschwister des Übernehmers Abfindungszahlungen als Elterngut geflossen sind, sofern insoweit noch keine Entreicherung eingetreten ist.

d) Härtefall gem. § 94 Abs. 3 Nr. 2 SGB XII

583 Das Risiko der Überleitung bürgerlicher Unterhaltsansprüche stellt sich insb. im Verhältnis zu weichenden Geschwistern. Häufig wird jedoch insoweit ein Härtefall gem. § 94 Abs. 3 SGB XII[272] vorliegen, sodass bei mäßigen Einkommensverhältnissen nicht selten von der Inanspruchnahme

---

269 Fraglich sind die Auswirkungen im Unterhaltsprozess, wo bisher unter bestimmten Voraussetzungen – BGH, FamRZ 1982, 587 – das Wohngeld als unterhaltsrechtliches Einkommen des Gläubigers zu behandeln war; vgl. hierzu Hußmann, ZIV 2005, 58.
270 Vgl. im Einzelnen etwa Palandt/*Brudermüller* BGB, § 1606 Rn. 17 f., Einf 26 v. § 1601.
271 Vgl. BGH, DNotZ 1992, 102.
272 Als gesetzliches Beispiel des Härtefalls ist der Fall eines volljährigen behinderten Kindes angegeben, dem Eingliederungshilfe für Behinderte oder Hilfe zur Pflege gewährt wird.

der Geschwister des Erwerbers abgesehen wird. Nach den Sozialhilferichtlinien in Bayern[273] soll im Einzelfall auch von einer Heranziehung abgesehen werden, wenn der Unterhaltspflichtige den Hilfeempfänger über das Maß seiner Verpflichtungen hinaus längere Zeit betreut und gepflegt hat oder wenn der Hilfeempfänger seine sittlichen Pflichten ggü. dem Unterhaltsschuldner in gröblicher Weise verletzt hat (Rechtsgedanke des § 1611 BGB). Letzteres kann z.B. der Fall sein, wenn der Vater aufgrund psychischer Störung für mehrere Jahrzehnte und dadurch bedingter Heimunterbringung dem Kind weder emotionale noch materielle Zuwendung geben konnte;[274] das bloße Fehlen familiären Kontaktes reicht aber nicht.[275]

Die **Fallgruppen** der allgemeinen Härteregelung des § 94 Abs. 3 SGB XII sind in der Entscheidung des OLG Frankfurt am Main[276] wie folgt zusammengefasst: 584

- Die Höhe des Heranziehungsbetrags steht in keinem Verhältnis zu einer etwa heraufbeschworenen nachhaltigen Störung des Familienverhältnisses.
- Die Heranziehung würde das weitere Verbleiben des Hilfeempfängers im Familienverband gefährden.
- Der Unterhaltsverpflichtete hat vor dem Eintreten der Sozialhilfe den Hilfeempfänger in einer über das Maß seiner Unterhaltspflicht weit hinausgehenden Weise betreut und gepflegt.

e) Schonung von Eltern behinderter Kinder (§ 94 Abs. 2 SGB XII)

Die möglichst schonende Heranziehung von Eltern behinderter Kinder war – wenn auch in sich verändernder Weise – stets ein gesetzgeberisches Anliegen, ähnlich der abgemilderten Heranziehung der Bedarfsgemeinschaft, selbst bei bestimmten Leistungen für Behinderte (zu Letzterem § 92 Abs. 2 SGB XII, s. Rdn. 486 f.): 585

Zivilrechtlich besteht die Bedürftigkeit erwerbsunfähiger Kinder auch nach Erlangung einer von den Eltern unabhängigen Lebensstellung (z.B. durch Arbeit in einer Behindertenwerkstatt) fort.[277] Neben den „Normalbedarf" in Gestalt des Tabellenunterhalts (unter Abzug der häuslichen Ersparnisse bei auswärtiger Unterbringung)[278] tritt der Mehrbedarf (Heimunterbringung,[279] behindertengerechte Ausstattung[280] der Wohnung, nicht erstattungsfähige Hilfsmittel und Medikamente, erhöhte Fahrtkosten, Vergütung von Betreuungspersonal,[281] Diätkost etc.) und ggf. Sonderbedarf (§ 1613 Abs. 2 Satz 1 Nr. 1 BGB: unregelmäßig anfallender, außerordentlich hoher und

---

273 Nr. 91.06.
274 BGH, 21.04.2004 – XII ZR 326/01, FamRZ 2004, 1097.
275 BGH, 23.06.2010 – XII ZR 170/08, FamRZ 2010, 1418 (Kind versucht – als Folge einer psychischen Erkrankung – bei den Eltern einzubrechen).
276 OLGR 2002, 25 f.
277 Vgl. *Götsche*, FamRB 2004, 264 m.w.N.
278 Vgl. im Einzelnen (nach den Werten der SachbezugsVO) *Götsche*, FamRB 2004, 267.
279 OLG Oldenburg, FamRZ 1996, 626.
280 Zur erweiterten steuerrechtlichen Förderung des Aufwandes für den behindertengerechten Wohnungsumbau: BFH, 22.10.2009 – VI R 7/09, BStBl. II 2010 280 (Anerkennung als außergewöhnliche Belastung – Krankheitskosten – trotz der damit verbundenen Wertsteigerung des Gebäudes, lediglich unter Abzug der zumutbaren, einkommensabhängigen Eigenleistung); umfassend *Loschelder*, EStB 2010, 255 ff. (Kriterium der Zwangsläufigkeit verdrängt Gegenwertlehre).
281 BGH, FamRZ 1983, 48.

nicht vorhersehbarer Bedarf, z.B. Kosten einer nicht erstattungsfähigen Operation). Während volljährige Kinder sonst zunächst ihr eigenes Vermögen zu verwerten haben, bevor die elterliche Unterhaltspflicht greift, können behinderte Kinder jedenfalls solches Vermögen verteidigen, das sie zur Alterssicherung benötigen.[282] Ist bei volljährigen behinderten Kindern weiterhin persönliche Betreuung erforderlich bzw. sehen beide Elternteile sie als erforderlich an, ist dies bei der Bemessung der Erwerbspflicht i.R.d. nachehelichen Unterhalts zu berücksichtigen.[283] Ist der Eigenbetreuungsanteil (etwa bei durchgehender, nicht nur tagsüber stattfindender Heimunterbringung) dagegen nachrangig, haben beide Elternteile gem. § 1606 Abs. 3 Satz 2 BGB Barunterhalt zu leisten, sodass auch den früher betreuenden Elternteil dann eine Erwerbsobliegenheit trifft; stets nach Maßgabe ihrer Leistungsfähigkeit zur Barleistung verpflichtet sind beide Eltern hinsichtlich des Mehrbedarfs.[284]

586 Zur Entlastung der Eltern wird auch über das 25. (vor 2007: 27.) Lebensjahr hinaus Kindergeld gewährt (§ 32 Abs. 4 EStG),[285] das gem. § 74 EStG unmittelbar an die unterhaltsgewährende Stelle (z.B. Sozialleistungsträger) gezahlt werden kann, wenn mangels Leistungsfähigkeit eine Unterhaltspflicht nicht oder nur in geringerer Höhe als dem Kindergeldbetrag besteht bzw. die elterliche Unterhaltspflicht nicht erfüllt wird.[286] Hinzu kommt die ab 2009 erweiterte Steuerermäßigung bis max. 4.000,00 €/Jahr für Leistungen im Haushalt eines Pflegebedürftigen, soweit sie vom Steuerpflichtigen bezahlt werden, oder für Pflegeheimkosten, soweit sie auf Dienstleistungen ähnlich der Hilfe im Haushalt vergleichbar sind.[287]

587 **Sozialhilferechtlich gilt**: Nach der bis 31.12.2001 geltenden Fassung des § 91 Abs. 2 Satz 2 BSHG lag eine die Anspruchsüberleitung ausschließende unbillige Härte „in der Regel bei unterhaltspflichtigen Eltern vor, soweit einem Behinderten oder Pflegebedürftigen nach Vollendung des 21. Lebensjahres (stationäre) Eingliederungshilfe für Behinderte oder Hilfe zur Pflege gewährt wird".

Im Interesse einer gleichmäßigen Inanspruchnahme aller Eltern, allerdings zu einem niedrigen Betrag, bestimmte sodann § 91 Abs. 2 Satz 3 BSHG für die Zeit ab 01.01.2002 (bis 31.12.2004), dass bei Kindern[288] ab 18 Jahren, die Eingliederungshilfe oder Hilfe zur Pflege in vollstationären Einrichtungen erhalten, davon auszugehen sei, dass der Unterhaltsanspruch gegen „die Eltern" i.H.d. (nach Euro-Umstellung gesetzlich geglättet) 26,00 € je Monat übergehe. Dieser Betrag, der nach der Formulierung des Gesetzes von beiden Elternteilen insgesamt nur einmal gefordert

---

282 BFH, 11.02.2010 – VI R 61/08, NWB 2010, 1728. Demzufolge können die Eltern die Unterhaltskosten für ihr schwerbehindertes Kind als außergewöhnliche Belastungen i.S.d. § 33 EStG geltend machen, auch wenn Letzteres (aus einer großelterlichen Schenkung) über Immobilienvermögen verfügt, aus dessen Mieterträgen Altersvorsorge betrieben wird; der in § 33a Abs. 1 Satz 4 EStG enthaltene Vorbehalt, der Unterhaltsberechtigte dürfe nicht über Vermögen verfügen, gilt i.R.d. § 33 EStG nicht.
283 BGH, 17.03.2010 – XII ZR 204/08, NotBZ 2011, 36.
284 BGH, FamRZ 1998, 288.
285 Sofern die Behinderung erheblich mitursächlich ist für die Arbeitslosigkeit, BFH, 19.11.2008 – III R 105/07, EStB 2009, 127 und BFH, 22.10.2009 – III R 50/07, EStB 2010, 134; ähnlich BFH, 28.05.2009 – III R 72/06, EStB 2009, 429, zum Borderline-Syndrom; hierzu BMF, 22.11.2010 – IV C 4 – S 2282/07/0006-01, FR 2011, 148.
286 BFH, 23.02.2006 – III R 65/04, EStB 2006, 283 hält die pauschalierenden Verwaltungsvorschriften hierzu (DA-Fam-EStG 74.1.1. Abs. 3 Satz 4 ff.) für rechtswidrig; es bedürfe der Ermessensausübung im Einzelfall.
287 *Paus*, EStB 2009, 143, 144.
288 Gleich welcher Nationalität: AG Bad Urach, FamRZ 2005, 559.

werden kann,²⁸⁹ begrenzte also den Unterhaltsregress unabhängig vom tatsächlichen Einkommen und Vermögen der Eltern selbst dann, wenn diese außerordentlich gut gestellt sind.

Nach dem bis zum 31.12.2004 geltenden Recht war im Fall der Heimunterbringung des behinderten Kindes die HLU nach § 27 Abs. 3 BSHG Teil der HbL, also von der vorstehenden Deckelung auf 26,00 € monatlich mit umfasst. Pflegten Eltern ihr behindertes Kind allerdings im eigenen Haushalt, existierte keine Obergrenze der unterhaltsrechtlichen Inanspruchnahme hinsichtlich der HLU. 588

Diese Ungleichbehandlung wurde i.R.d. Überführung des BSHG in das SGB XII dergestalt beseitigt, dass § 94 Abs. 2 Satz 1 SGB XII nunmehr die Inanspruchnahme bei Leistungen nach dem 6. und 7. Kap. (Eingliederungshilfe für behinderte Menschen, Hilfe zur Pflege)²⁹⁰ wie bisher auf 26,00 €, für Leistungen nach dem 3. Kap. (Hilfen zum Lebensunterhalt) auf weitere 20,00 € je Monat begrenzt. Im Ergebnis erhöht sich damit für Eltern von stationär untergebrachten volljährigen Kindern die Heranziehung von bislang 26,00 € auf gesamt **46,00 € monatlich** (sofern zugleich HLU gewährt wird, die nunmehr nicht mehr von der HbL konsumiert wird, wie in § 27 Abs. 3 BSHG), während sie sich für Eltern, deren Kinder nicht stationär untergebracht sind, auf 46,00 € reduziert. Der pauschalierte Anspruchsübergang ist nicht davon abhängig, dass die unterhaltspflichtigen Eltern für ihr behindertes/pflegebedürftiges Kind Kindergeld erhalten.²⁹¹ 589

6. Inanspruchnahme bei Verarmung von Geschwistern

In diesem Zusammenhang sei ferner darauf verwiesen, dass auch dem Übernehmer umgekehrt das Risiko, für weichende Geschwister aufkommen zu müssen, drohen kann. 590

a) § 419 BGB a.F.

Dies war bei Übertragungen bis zum 01.01.1999 zum einen der Fall, wenn wegen Erwerbs des überwiegenden elterlichen Vermögens (**§ 419 BGB a.F.**) die z.Zt. der Übergabe schon „im Keim" (wenn auch nicht notwendig in Barleistungsform) vorhandene Unterhaltspflicht der Eltern ggü. den Geschwistern auf den Hofübernehmer überging, mit der Folge, dass er vom Sozialhilfeträger gem. § 91 BSHG in Anspruch genommen wurde. Dieses Risiko bestand bei Übertragungen bis zum 01.01.1999 insb. dann, wenn Geschwister des Übernehmers zum Übergabezeitpunkt behindert waren,²⁹² mögen auch Barunterhaltspflichten aus der Behinderung erst nach dem 01.01.1999 erwachsen sein (und zwar solange, als zumindest ein Elternteil lebt, da der gesetzliche Schuldbeitritt durch Vermögensübernahme nach § 419 BGB den Untergang des Hauptanspruchs nicht überdauert, und nur in der Höhe, in welcher die Eltern unter Einschluss des übertragenen Vermögens leistungsfähig i.S.d. Unterhaltsrechts gewesen wären). Außerhalb dieser nunmehr au- 591

---

289 An anderen Stellen ist sich der Gesetzgeber des § 94 SGB XII durchaus bewusst, dass bürgerlich-rechtlich ggü. jedem Elternteil ein eigener Unterhaltsanspruch besteht, diese also nicht den Unterhalt als Gruppe schulden (vgl. Abs. 2 Satz 2: „ein nach bürgerlichem Recht Unterhaltspflichtiger", Abs. 2 Satz 4: „ein Elternteil").
290 Dies galt schon vor der Klarstellung im Wortlaut, Jedenfalls hatte die Vorgängerregelung (§ 91 Abs. 2 Satz 3 BSHG) auch die eigentlichen Leistungen zur Pflege umfasst; ebenso *Kornexl*, Nachlassplanung bei Problemkindern, Rn. 252; ebenso (ohne Begründung) *Rust*, FamRB 2005, 87.
291 BGH, 23.06.2010 – XII ZR 170/08, FamRZ 2010, 1418.
292 Vgl. *Karpen*, MittRhNotK 1988, 146; *Winkler*, MittBayNot 1979, 58.

ßer Kraft getretenen Anspruchsgrundlage besteht eine Unterhaltspflicht zwischen Geschwistern praktisch[293] nicht.

b) § 528 BGB

592 Daneben besteht auch heute noch das Risiko des übernehmenden Geschwisters, dem Rückforderungsanspruch der Eltern nach **§ 528 BGB** dann ausgesetzt zu sein, wenn jene nicht mehr in der Lage sind, das bedürftige Geschwister in gleichem Umfang zu unterhalten. Seit der Neufassung des Eingangssatzes des § 93 SGB XII (Vorgängernorm: § 90 Abs. 1 Satz 1 BSHG) zum 01.08.1996 sind nämlich bei HbL-Gewährung auch vermögensrechtliche Ansprüche der Eltern des Hilfeempfängers auf den Sozialhilfeträger überleitbar (hierzu bereits oben Rdn. 542 f.). Daraus folgt:

593 Der Sozialhilfeträger kann nunmehr bspw. im Fall der Zuwendung von Hilfe zur Pflege an einen behinderten Volljährigen den Anspruch überleiten, den dessen (selbst nicht bedürftig gewordene) Eltern nach einer früheren Zuwendung (z.B. Grundbesitzübertragung) an ein weichendes Geschwisterteil gem. § 528 BGB (Fallgruppe der Verarmung in Form ungenügender Unterhaltsgewährung an Abhängige) haben, i.d.R. selbst jedoch nicht geltend machen werden[294] (vgl. Rdn. 901). Zu ermitteln ist hierfür in jedem Einzelfall, ob und inwieweit die Eltern, hätten sie nicht übergeben, in höherem Maße leistungsfähig geblieben und dem bedürftigen Geschwister ggü. zu höherer Unterhaltsleistung verpflichtet gewesen wären. Diese höhere Unterhaltspflicht muss sowohl bürgerlich-rechtlich als auch sozialhilferechtlich bestehen (vgl. § 93 Abs. 1 Satz 3 SGB XII). An Letzterem kann es fehlen, wenn § 94 Abs. 2 Satz 1 SGB XII der Inanspruchnahme der Eltern bei Leistungen nach dem 5. und 6. Kap. (HbL zu Gesundheit und Eingliederungshilfe für behinderte Menschen) Grenzen i.H.v. 26,00 € (HbL) und 20,00 € (HLU) pro Monat bei volljährigen behinderten oder pflegebedürftigen Kindern setzt und eine Inanspruchnahme aus Vermögen gänzlich außer Betracht lässt.[295]

594 Dass die zuvor erfolgte Übertragung an das nicht bedürftige Kind wegen Verstoßes gegen die guten Sitten unwirksam sein könnte, sodass das Vermögen bei den Eltern weiterhin unmittelbar dem bedürftigen Abkömmling ggü. einzusetzen wäre,[296] lässt sich zwar im Lichte der BGH-Rechtsprechung zur Sittenwidrigkeit nachehelicher Unterhaltsverzichte bei Absehbarkeit, dass der andere Vertragsteil dadurch der Sozialfürsorge anheim fallen werde,[297] nicht völlig ausschlie-

---

293 Abgesehen von Einzelfällen unterhaltsähnlicher Leistungen an diesen Personenkreis, vgl. §§ 1371 Abs. 4, 1649 Abs. 2, 1969 Abs. 1 BGB sowie im landesrechtlich geregelten Höferecht.
294 Dies gilt auch, wenn die Zuwendung selbst bereits vor dem 01.08.1996 stattgefunden hat, sofern nur die Verarmung als anspruchsauslösendes Merkmal erst nach Inkrafttreten der erweiterten Fassung des (damaligen) § 90 BSHG eintrat; dieser Anspruch wird dann ebenfalls von der Überleitungsfähigkeit durch Verwaltungsakt erfasst (verfassungsrechtlich unechte Rückwirkung; das Vertrauen des Schenkungsempfängers in das Bestehenbleiben der Nicht-Abtretbarkeit der Verpflichtung – § 400 BGB, § 852 ZPO wird erst ab 01.08.1996 durch § 90 Abs. 1 Satz 1 und 4 BSHG [nun § 93 Abs. 1 SGB XII] überwunden – ist ebenso wenig schutzbedürftig wie das tatsächliche Vertrauen darauf, dass während der 10-Jahres-Frist des § 529 Abs. 1 BGB keine Verarmung eintreten werde).
295 In diese Richtung auch *Grziwotz*, NotBZ 2006, 151.
296 Zu Unterhaltspflichten ggü. behinderten Kindern vgl. *Götsche*, FamRB 2004, 264 ff.
297 BGHZ 86, 82 und BGH, NJW 1991, 913.

ßen. Dies widerspräche jedoch der höchstrichterlichen Billigung der letztwilligen Variante solcher Zuwendungen in Gestalt des „Behindertentestaments".[298]

c) §§ 2325, 2316 BGB

Hinzu kommt die Gefahr des Zugriffs auf **Pflichtteilsergänzungsansprüche** und **Ausgleichspflichtteilsansprüche** (§§ 2325, 2316 BGB) des weichenden Geschwisters. Dieser Anspruch ist – ebenfalls wie der mit dem Erbfall entstehende Pflichtteil – vererblich und übertragbar (§ 2317 BGB), und kann daher ungeachtet der Vollstreckungsbeschränkungen des § 852 Abs. 2 ZPO gem. § 93 SGB XII übergeleitet werden; einer vorherigen „Geltendmachung" i.S.e. Gestaltungsrechts bedarf es nicht.[299] Dies gilt auch, wenn die Geltendmachung des Pflichtteilsanspruchs infolge einer „**Pflichtteilsstrafklausel**" zu einer Enterbung auf den zweiten Sterbefall führt (Rdn. 103 und ausführlich Rdn. 5098 ff.). Gleiches gilt für den Pflichtteilsrestanspruch nach § 2305 BGB. Der Übergang findet jedoch nur sukzessive in der Höhe statt, in der jeweils Zahlungen zeitabschnittsweise erbracht wurden.

595

> **Hinweis:**
>
> Zur Vermeidung eines solchen Rückgriffs kommen notariell beurkundete Pflichtteilsverzichte (§ 2346 Abs. 2 BGB) in Betracht (vgl. Rdn. 88 ff. und Rdn. 3277 ff.); ferner sollten Ausgleichszuwendungen an die weichenden Geschwister gem. § 2315 BGB als Elterngut auf deren Pflichtteilsansprüche durch Anordnung anzurechnen sein. Schließlich sollte in Risikofällen darauf geachtet werden, dass wenigstens nach Ablauf der 10-Jahres-Frist des § 2325 Abs. 3 BGB nach Umschreibung auf den Erwerber im Grundbuch das Pflichtteilsergänzungsrisiko ausgeschlossen ist, sich der Veräußerer also keine Nießbrauchsrechte vorbehält.[300] Lässt sich die 10-Jahres-Frist biologisch nicht mehr „durchhalten", kann jedoch umgekehrt gerade die Bestellung eines Nießbrauchsvorbehalts nach dem Niederstwertprinzip zumindest zu einer Reduzierung des maßgeblichen Werts der Schenkung führen (vgl. Rdn. 1208 ff.).

596

---

298 Worauf *Grziwotz*, NotBZ 2006, 150 zu Recht hinweist.
299 Vgl. etwa *Karpen*, MittRhNotK 1988, 148; VGH Hessen, RdLH 1995, 34 f. Anders möglicherweise BayObLG, 18.09.2003 – 3Z 167/03, DNotI-Report 2003, 189 (obiter dictum).
300 BGH, NJW 1994, 1791.

B. Grundsicherung

I. Grundsicherung im Alter und bei Erwerbsminderung (4. Kap. SGB XII)

597 Der Vorläufer der §§ 41 bis 46 SGB XII wurde als „Gesetz über eine bedarfsorientierte Grundsicherung im Alter (GSiG)" – von der Öffentlichkeit relativ unbemerkt – i.R.d. Altersvermögensgesetzes verabschiedet (BGBl. I 2001, S. 1335 f.) und trat am 01.01.2003 in Kraft. Verblüffenderweise nach äußerst knapper parlamentarischer Behandlung und ohne vorbereitende fachliche Diskussion haben damit jahrzehntelange sozialpolitische Diskussionen und mehrere parlamentarische Initiativen zu einer Grundsicherung gegen die Altersarmut als Alternative zur Sozialhilfe ihren Niederschlag im Sozialrecht gefunden. Die Leistungen entsprechen weitgehend denen der HLU i.R.d. SGB XII (nachstehend Rdn. 602 ff.) für einen besonderen Personenkreis (nachstehend Rdn. 598), allerdings mit – für die Gestaltungspraxis besonders bedeutsamen – Abweichungen hinsichtlich des „Regresses" (Rdn. 608). Das ursprüngliche[301] Nebeneinander von Grundsicherungsamt und Sozialhilfeträger ist mit der am 01.01.2005 vollzogenen Eingliederung als 4. Kap. des SGB XII beendet worden.

1. Leistungsbezieher

598 Anspruchsberechtigt sind gem. § 41 Abs. 1 SGB XII **alle Personen mit gewöhnlichem Aufenthalt in Deutschland** (nicht jedoch Asylbewerber), die entweder das 65. bis 67.[302] Lebensjahr vollendet haben oder **volljährig** und **vollerwerbsgemindert** gem. § 43 Abs. 2 SGB VI sind. Bekämpft werden soll also in erster Linie die „Altersarmut" bspw. von Ehegatten von Spätaussiedlern ohne eigene Rentenansprüche oder von ehemals langfristig selbstständigen Personen, deren Altersabsicherung (in Gestalt einer Kapitallebensversicherung oder privaten Rentenversicherung) wegen Insolvenz oder infolge Gläubigerzugriffs vernichtet wurde; bevor §§ 851c, 851d ZPO einen Verwertungsschutz ähnlich der gesetzlichen Altersente für unwiderruflich mit Kapitalisierungsverbot einbezahlte Lebensversicherungsbeträge geschaffen hat (Rdn. 2946 ff.). Schließlich sollen alle **Rentenbezieher**, deren Sozialrente unter dem 27-fachen des aktuellen Rentenwerts liegt, durch die Rentenversicherungsträger unaufgefordert ein Antragsformular auf Altersgrundsicherungs-Leistungen erhalten (§ 46 Satz 2 SGB XII). Ende 2009 erhielten 763.864 Personen Leistungen nach §§ 41 ff. SGB XII (ggü. Ende 2003 eine Steigerung um 74 %!).

599 Gem. § 41 Abs. 3 SGB XII **scheiden** jedoch **Ansprüche aus**, wenn der Antragsteller „in den letzten zehn Jahren seine Bedürftigkeit vorsätzlich oder grob fahrlässig herbeigeführt hat". Die amtliche Begründung[303] subsumiert hierunter Personen, die „ihr Vermögen verschleudert oder dieses ohne Rücksicht auf die Notwendigkeit der Bildung von Rücklagen für das Alter verschenkt haben". Die Notwendigkeit dieser in den Materialien nicht näher begründeten Leistungsausnahme erschließt sich nicht unmittelbar, gewährt doch das Gesetz in solchen Fällen ohnehin bereits einen Rückforderungsanspruch (§ 528 BGB), der wegen der zeitabschnittsweise eintretenden Verarmung und (bei Grundstücksübertragungen) der Unteilbarkeit des zugewendeten Gegen-

---

301 Und wegen der negativen Beinote der Sozialhilfe auch durchaus gewollte.
302 Gem. § 41 Abs. 2 SGB XII erfolgt für Jahrgänge zwischen 1947 und 1964 eine Anhebung des Höchstalters um zunächst einen, später 2 Monate.
303 BT-Drucks. 14/5150, S. 48 ff.

stands auf monatliche Zahlung in Geld gerichtet ist, jedoch keinen Unterhaltsanspruch darstellt, sondern (bis zur Erfüllung) Bestandteil des Vermögens, sodann Bestandteil des Einkommens des Anspruchstellers ist. Der Antragsteller wäre also in der Lage, den Lebensunterhalt aus eigenem „Einkommen und Vermögen" zu beschaffen und ist demnach schon nach § 41 Abs. 2 SGB XII vom Bezug der Grundsicherung ausgeschlossen. Unter § 41 Abs. 3 SGB XII können demnach allenfalls solche Übertragungssachverhalte fallen, in denen ein Rückforderungsanspruch wegen vollständiger Entreicherung im Stadium der Gutgläubigkeit (§ 818 Abs. 3 BGB) ausscheidet und in denen zugleich (angesichts des vom Gesetz zusätzlich geforderten Merkmals der groben Fahrlässigkeit bzw. des Vorsatzes) dem Veräußerer ein extrem leichtfertiger Umgang mit seinen Vermögensreserven vorgeworfen werden kann.[304]

Die beitragsunabhängige, bedarfsorientierte Grundsicherung wird gem. § 41 Abs. 2 SGB XII solchen Antragsberechtigten gewährt, die ihren Lebensunterhalt nicht aus ihrem Einkommen und Vermögen beschaffen können,[305] wobei (§§ 43 Abs. 1, 19, 20 SGB XII) das Einkommen und Vermögen des nicht[306] getrennt lebenden Ehegatten/Verpartnerten und des Partners in einer eheähnlichen Gemeinschaft (nicht jedoch aus einer bloßen Haushaltsgemeinschaft nach § 36 SGB XII) mit zu berücksichtigen ist, soweit es den „Eigenbedarf" (der identisch ist mit den unter Rdn. 602 erläuterten Grundsicherungsleistungen) übersteigt. 600

Da die Grundsicherungsleistungen den rentenartigen Bezügen der HLU im Bereich des BSHG nachgebildet sind, findet die Einkommensgrenze des § 85 SGB XII keine Anwendung, auch wenn der Anspruchsteller daneben Hilfe in besonderen Lebenslagen (z.B. Hilfe zur Pflege) bezieht.[307] Jeder Euro verfügbaren eigenen Einkommens[308] und über den Grundsicherungsbedarf (d.h. die hypothetische Grundsicherungsleistung) des (Ehe-) Partners hinausgehenden Partnereinkommens ist bedarfsmindernd anzurechnen. Besonderheiten gelten allerdings in Bezug auf Unterhaltsansprüche des Berechtigten: Zivilrechtliche, auch titulierte Ansprüche gegen Verwandte (Eltern bzw. Kinder) des Hilfeempfängers, deren Summe der Einkünfte jährlich 100.000,00 € nicht übersteigt (§ 43 Abs. 2 SGB XII; Rdn. 609) bleiben unberücksichtigt, während tatsächlich gezahlter Unterhalt als Einkommen i.S.d. § 41 Abs. 2 SGB XII zu werten ist.[309] Hinsichtlich des Schonvermögens gelten unmittelbar die in Bezug genommenen Alternativen des § 90 Abs. 1 („unverwertbar") sowie Abs. 2 SGB XII (also die enumerativen Schonvermögenstatbestände, insb. das angemessene Hausgrundstück). 601

---

304 Notwendig ist wohl „sozialwidriges Verhalten" ähnlich wie bei § 92a BSHG, BVerwGE 51, 55.
305 Gem. § 41 Abs. 2 a.E. SGB XII kann die Altersgrundsicherung andernfalls darlehensweise gewährt werden, vgl. § 91 SGB XII.
306 Sofern unter getrenntlebenden oder geschiedenen Ehegatten Unterhalt geschuldet ist, sind diese Ansprüche ihrerseits vorrangig ggü. der Grundsicherungsrente. Nur ggü. nachrangig verpflichteten Unterhaltsschuldnern (z.B. Kindern ggü. den Eltern) trifft den Unterhaltsgläubiger zuvor die Obliegenheit, Grundsicherungsleistungen zu beantragen (vgl. *Reinecke*, ZAP, Fach 11 S. 665 ff.) und gem. OLG Saarbrücken, MittBayNot 2005, 436 m. Anm. Krauß sogar die Pflicht, gegen einen zu Unrecht ablehnenden Grundsicherungsbescheid vorzugehen!
307 So nunmehr ausdrücklich § 41 Abs. 2 SGB XII, zuvor schon *Renn/Schoch*, Die neue Grundsicherung, Rn. 12; *Mayer*, ZEV 2003, 174.
308 Allerdings nach Abzug der Steuern und Sozialabgaben und des Erwerbstätigenbonus, § 82 Abs. 2 SGB XII. Bei einem erwerbsunfähigen volljährigen Kind zählt auch das an die Eltern gezahlte Kindergeld nicht zum Einkommen des Kindes, BVerwG, 28.04.2005 – 5 C 28/04, NJW 2005, 2873; anders nur, wenn es an das Kind weitergeleitet wird, BSG, 08.02.2007 – B 9b SO 5/06 R, FamRZ 2008, 51.
309 BGH, 20.12.2006 – XII ZR 84/04, FamRZ 2007, 1158 m. Anm. *Scholz*.

2. Leistungsansprüche

602 Die bedarfsorientierte Grundsicherung umfasst gem. § 42 SGB XII **Geldleistungen** in folgender Höhe:

- den für den Antragsberechtigten maßgeblichen Regelsatz;[310]
- die Kosten für Unterkunft und Heizung, soweit[311] sie angemessen sind, ist der Anspruchsteller dauernd stationär untergebracht (bspw. in einem Pflege- oder Altenheim), werden nicht die sog. „Hotelkosten" des Heims (also die pflegeunabhängige Grundvergütung) gewährt, sondern nur die durchschnittliche angemessene Warmmiete eines Einpersonenhaushalts am Aufenthaltsort, die natürlich weit geringer ist;
- Versicherungsbeiträge für Kranken- und Pflegeversicherung;
- ein Mehrbedarf von 17 % des Regelsatzes für Schwerbehinderte mit Merkzeichen „G" (Gehbehinderung).

603 Nicht umfasst vom Leistungskatalog der Grundsicherung im Alter sind also insb. die **tatsächlichen Unterbringungskosten** in Alten- oder Pflegeheimen sowie die **pflegebedingten Mehraufwendungen**, wobei für Letztere allerdings das Pflegeversicherungsgesetz eine (wenngleich nicht umfassende, so doch regressfreie) Grundabsicherung gewährt.

604 Aufgrund dieser Beschränkung auf der Leistungsseite wird es auch künftig bei betagten Personen häufig zu Kombinationen von Grundsicherung und sonstigen Sozialhilfeleistungen kommen, etwa bei der Hilfe zur Pflege zur Übernahme der Kosten solcher Pflegeeinsätze, die durch die Pflegesachleistung nicht mehr abgedeckt sind, zur Tragung der stationären Heimkosten,[312] bei der Krankenhilfe nach § 48 SGB XII für solche Personen, die keine Krankenversicherung haben (die Grundsicherungsleistung betrifft nur die Versicherungsbeiträge für bestehende Versicherungen!), ferner dann, wenn bei Ehepartnern der eine noch nicht das 65. Lebensjahr vollendet hat (Sozialhilfe), der andere als über 65-jährig jedoch Grundsicherungsleistungen nach dem 4. Kap. bezieht.

3. „Regress"

605 Während früher § 3 Abs. 2 GSiG lediglich auf die §§ 76 bis 88 BSHG, also die Bestimmungen zur Ermittlung von Einkommen und Vermögen und die Schontatbestände, verwies, sodass die sozialhilferechtlichen Regressnormen, insb. also die §§ 90, 91 und 92c BSHG nicht unmittelbar galten, ist die Grundsicherung im Alter seit 01.01.2005 integraler Bestandteil des SGB XII, der nur bei ausdrücklicher Regelung abweichenden Bestimmungen unterworfen ist.

---

310 § 2 GSiG bestimmte insoweit 115 % des Haushaltsvorstands-Regelsatzes als Ausgleich für die daneben nicht in Betracht kommenden einmaligen Leistungen.
311 Also ggf. nur teilweise: OVG Hamburg, NJW 2004, 2177.
312 Mit Berechnungsbeispiel *Mayer*, ZEV 2003, 178.

B. Grundsicherung

Dies bedeutet im Einzelnen:

a)   **Erbenhaftung**

Eine Inanspruchnahme der Erben für die dem Verstorbenen gewährte Grundsicherung (wie sie § 102 SGB XII in begrenztem Umfang für dem Verstorbenen gewährte Sozialhilfe ermöglicht) droht nicht, da § 102 Abs. 5 SGB XII hiervon ausdrücklich die Leistungen nach dem 4. Kap. ausnimmt. Die Grundsicherung bleibt demnach eine dauerhafte Beihilfe, die nicht mit dem Ableben des Hilfeempfängers den Charakter eines zinslosen Darlehens erhält.

606

b)   **Anspruchsüberleitung**

Soweit jedoch der Anspruchsteller über Ansprüche verfügt, die ihm Einkommen oder Vermögen verschaffen (z.B. den Anspruch auf Rückforderung wegen Verarmung gem. § 528 BGB),[313] scheidet er aus dem Kreis der anspruchsberechtigten Personen aus, weil er i.S.d. § 41 Abs. 2 SGB XII imstande ist, sich seinen Lebensunterhalt aus eigenem Einkommen und Vermögen zu beschaffen. Das (bis zum 31.12.2004 zuständige) Grundsicherungsamt hatte (mangels einer § 90 BSHG entsprechenden Überleitungsmöglichkeit) keine Handhabe, solche Ansprüche auf sich zur eigenen Geltendmachung überzuleiten, falls der eigentliche Anspruchsinhaber ihn nicht weiter verfolgte oder bei der Verfolgung erfolglos blieb. Der weiterhin bedürftige Hilfeempfänger war also darauf verwiesen, in diesem Fall gleichwohl zur Überbrückung der Notlage Sozialhilfe zu beziehen mit der Folge, dass der Sozialhilfeträger die an sich gegebene Subsidiarität seiner Leistung nachträglich dadurch wieder herstellte, dass er gem. § 90 BSHG den Anspruch auf sich überleitete und durchsetzte. Da § 93 SGB XII für alle Leistungsarten gilt, steht ab 01.01.2005 auch für die Altersgrundsicherung unmittelbar die Überleitung von Ansprüchen durch Sozialverwaltungsakt zur Verfügung.

607

c)   **Unterhaltsregress**

Unterhaltsansprüche gegen gesetzlich unterhaltsverpflichtete Personen (z.B. Eltern oder Abkömmlinge) gingen vor dem 31.12.2004 (mangels einer § 91 BSHG entsprechenden Norm im GSiG) nicht kraft Gesetzes oder kraft Verwaltungsakts auf das Grundsicherungsamt über, zählten aber (ebenso wie die unter Rdn. 607 aufgeführten Ansprüche) an sich (bei Erfüllung) zum Einkommen bzw. (bis zur Erfüllung) zum Vermögen des Berechtigten, hätten also seine Bedürftigkeit entfallen lassen. Zur Erreichung der sozialpolitischen Zielstellung, betagten Personen den Weg zur Inanspruchnahme staatlicher Hilfe zu erleichtern, weil sie keinen Regress gegen ihre Kinder befürchten müssen, erfuhr jedoch bereits im GSiG die Inanspruchnahme unterhaltspflichtiger Personen bei der Gewährung eine außerordentliche Privilegierung: Gem. § 2 Abs. 1

608

---

313   Vermögen im Fall der Naturalrestitution, Einkommen im Fall der Wertersatzzahlung: BVerwG, NJW 1992, 3312.

Satz 3 GSiG zählten Unterhaltsansprüche ggü. Kindern[314] bzw. Eltern[315] nur dann zum Einkommen bzw. Vermögen des Antragsberechtigten, wenn das jährliche Gesamteinkommen gem. § 16 SGB IV (gleichbedeutend mit der Summe der Einkünfte i.S.d. Einkommensteuerrechts) für die jeweilige Einzelperson[316] über jährlich 100.000,00 € lag.[317]

609 Mit der Eingliederung in das SGB XII gilt an sich der gesetzliche Forderungsübergang von Unterhaltsansprüchen (§ 94 SGB XII) auch für die Leistungen des nunmehrigen 4. Kap. Um die vorstehend erläuterte Privilegierung der Inanspruchnahme von Verwandten nicht zu gefährden, findet jedoch die cessio legis ggü. „Eltern und Kindern" (dies umfasst wohl erst recht auch Voreltern bzw. Enkel und Verwandte entfernteren Grades) gem. § 94 Abs. 1 Satz 3 Halbs. 2 SGB XII nicht statt. Für diese bleibt es unmittelbar bei der (auf den Fall einer 100.000,00 € übersteigenden Summe der Einkünfte des jeweiligen potenziellen Schuldners) begrenzten Berücksichtigung als Einkommen und Vermögen gem. **§ 43 Abs. 2 SGB XII**.[318] Andere Personen (z.B. der frühere Ehegatte nach Scheidung/Lebenspartner nach Aufhebung der Partnerschaft) unterliegen allerdings nunmehr dem gesetzlichen Anspruchsübergang, sodass der Grundsicherungsträger nicht mehr – wie bisher – überbrückungsweise Sozialhilfe zu gewähren hatte, um diese Ansprüche durchzusetzen.

610 Gem. § 43 Abs. 2 Satz 2 SGB XII wird (realistischerweise) vermutet, dass das Einkommen[319] des in Betracht kommenden Unterhaltspflichtigen den Jahresbetrag von 100.000,00 € nicht überschreitet; das Amt kann jedoch vom Anspruchsberechtigten Angaben über die Einkommensverhältnisse des Unterhaltspflichtigen verlangen.[320] Liegen Anhaltspunkte für ein Überschreiten vor, sind Kinder und Eltern unmittelbar ggü. der Behörde zur Offenlegung ihrer Einkommensverhältnisse (d.h. Vorlage des Einkommensteuerbescheids) verpflichtet. Maßkriterium für die Heranziehung bzw. Nichtheranziehung von Unterhaltspflichtigen ist nach dem klaren Wortlaut des Gesetzes übrigens ausschließlich das Einkommen, nicht das Vermögen des Kindes bzw. Elternteils![321]

---

314 Damit müssen erst recht auch Enkel gemeint sein (Schließung einer planwidrigen Gesetzeslücke durch teleologische Extension: Der Gesetzgeber wird kaum entferntere Verwandte ggü. näheren schlechter stellen wollen. Die Gesetzesfassung beruht auf der ursprünglichen Absicht, lediglich den Regress nach § 91 BSHG (= § 94 SGB XII) auszuschließen, wo die im zweiten oder einem entfernteren Grad verwandten bereits in § 91 Abs. 1 Satz 3 BSHG freigestellt sind (vgl. *Klinkhammer*, FamRZ 2002, 999).

315 Nicht privilegiert sind allerdings sonstige Unterhaltsverhältnisse, z.B. zwischen geschiedenen oder getrenntlebenden Ehegatten!

316 Auf die trotz des insoweit undeutlichen Wortlauts „ihren Kindern und Eltern" abzustellen ist, sonst würde bspw. Kinderreichtum im Alter bestraft, *Münder*, NJW 2002, 3661; *Brühl/Hofmann*, Grundsicherungsgesetz, S. 89; *Müller*, Der Rückgriff gegen Angehörige von Sozialleistungsempfängern, D Rn. 7 ff.

317 Die Erstfassung des Gesetzes im Ausschuss für Arbeit und Sozialordnung hatte noch eine gänzliche Nichtberücksichtigung von Unterhaltsansprüchen gegen gesetzlich verpflichtete Personen vorgesehen.

318 Vgl. zum Zusammenspiel von Altersgrundsicherung und Elternunterhalt OLG Saarbrücken, MittBayNot 2005, 436 m. Anm. *Krauß*.

319 Gesamteinkommen i.S.d. § 16 SGB IV, d.h. die „Summe der Einkünfte" i.S.d. § 2 EStG.

320 Nach *Schoch*, NDV 2002, 422 seien allerdings keine direkten Angaben nach dem Kindeseinkommen geschuldet (wie im nicht amtlichen Vordruck des Deutschen Vereins vorgesehen).

321 Vgl. Auch *Klinkhammer*, FamRZ 2002, 1000: Sonst hätte über den Umweg des Unterhalts aus Vermögen die Einkommensgrenze des § 2 Abs. 1 Satz 3 GSiG unterlaufen werden können.

B. Grundsicherung

II. **Hartz**[322] **IV:**[323] **Grundsicherung für Arbeit Suchende seit 01.01.2005 (SGB II)**

1. **Geschichtliches: Arbeitslosenhilfe und Rechtspolitik**

Sozialpolitisches Leitprinzip der bis 31.12.2004 gewährten Arbeitslosenhilfe war eine eingeschränkte Lebensstandardsicherung bei Arbeitslosigkeit durch eine lohnorientierte Individualleistung mit Einkommensanrechnung.[324] Durch eine Zusammenführung dieser Leistungen (SGB III) und der Sozialhilfe (SGB XII) in Gestalt der „Grundsicherung für Arbeit Suchende" (SGB II) ab 01.01.2005[325] sollen Fürsorgeleistungen effizienter[326] erbracht und die Eigeninitiative der aktuell ca. 5 Mio.[327] antragsberechtigten (vgl. Rdn. 617) **erwerbsfähigen Hilfebedürftigen** (vgl. Rdn. 632 ff.) unterstützt werden. Die Zweigleisigkeit bei der Absicherung von Langzeitarbeitslosen führte zu einer Zersplitterung der Maßnahmen der aktiven Arbeitsmarktpolitik, zu Doppelbürokratie in den Arbeits- und Sozialverwaltungen, unzureichender arbeitsmarktpolitischer Schwerpunktsetzung bei der Vermittlung und Förderung und zu wechselseitigen Kostenverschiebungen zwischen Bund – Arbeitslosenhilfe – und Kommunen – Sozialhilfe.[328] Da die Arbeitslosenhilfe nicht bedarfsorientiert ausgerichtet war, musste ein Teil der Empfänger ergänzend Sozialhilfe beziehen, wurde also mit zwei Leistungsgesetzen und zwei Verwaltungen konfrontiert. Die kommunale Finanzierung der wachsenden Ausgaben für die reine Sozialhilfe hat die Städte und Gemeinden überfordert und regionale Ungleichgewichte verstärkt.

611

Neben die **Eingliederungsleistungen** (vgl. Rdn. 671 ff.), die über den bisher in SGB III vorgesehenen Rahmen der aktiven Arbeitsförderung (z.B. Vermittlungsgutschein,[329] Arbeitsbeschaffungs-

612

---

322 Hartz war ehemaliger Vorsitzender der Kommission zum Abbau der Arbeitslosigkeit und zur Umstrukturierung der Bundesanstalt für Arbeit: „Moderne Dienstleistungen am Arbeitsmarkt", Berlin 2002.
323 Hartz I hatte die Einführung der „Ich-AG", Hartz II sog. „Minijobs" zum Gegenstand – hierzu *Büttner*, FF 2003, 192; Hartz III beinhaltete die Umstrukturierung der Arbeitsverwaltung, einer Behörde mit 180 Ämtern, 600 Außenstellen und 90.000 Mitarbeitern.
324 Vgl. im Einzelnen die Darstellung Rn. 463 f. in der 1. Aufl. dieses Buchs.
325 Aufgrund des Vierten Gesetzes für moderne Dienstleistungen am Arbeitsmarkt v. 24.12.2003, BGBl. I 2003, S. 2954 ff.
326 Vermeidung (versuchter) Lastenverschiebung zwischen den Leistungsträgern, BT-Drucks. 15/1516, S. 42.
327 Anfang 2007 bezogen rund 5,1 Mio. Menschen in 3,6 Mio. Bedarfsgemeinschaften ALG-II, im August 2011 6,3 Mio Menschen. 2006 wurden dafür 40,5 Mrd. € bereit gestellt. Knapp die Hälfte der ALG-II-Empfänger war nicht arbeitslos gemeldet, sondern bezog bspw. Leistungen nach SGB II ergänzend zum Lohn aus einem Beschäftigungsverhältnis, war in einer Arbeitsgelegenheit beschäftigt oder nahm an einer Qualifizierungsmaßnahme.
328 Zu beobachten ist nunmehr allerdings ein „Verschieben" in das SGB II durch Einstufung auch von AIDS-Kranken und Koma-Patienten als erwerbsfähig; bei einzelnen Kommunen beträgt der Rückgang von Sozialhilfeempfängern über 95 %. Da die (nicht mehr durch Wohngeld geminderten) Unterkunftskosten nunmehr allein den Kommunen zur Last fallen, ergibt sich gleichwohl häufig eine höhere Belastung (auch unter Berücksichtigung der 29,1 %igen, ab 2007 grds. 31,2 %igen Bundeszuschüsse hierfür und der häufigen Übernahme des Lohnaufwands ehemaliger Mitarbeiter des Sozialamts durch die Bundesagentur bzw. ARGE).
329 § 421g SGB III: 2.000,00 €, zahlbar je zur Hälfte nach 6-wöchiger bzw. 6-monatiger Dauer einer verschafften sozialversicherten Beschäftigung an den privaten Vermittler.

maßnahmen,[330] bis 30.06.2006: Existenzgründungszuschuss zur Ich-AG,[331] seit 01.08.2006: Gründungszuschuss)[332] hinausgehen, treten **finanzielle Leistungen** (vgl. Rdn. 674 ff.) in Gestalt des ALG II und des Sozialgelds sowie in Form der Einbeziehung in die Sozialversicherung. Ähnlich der Sozialhilfe, wenngleich in abgeschwächter Form, ist der Träger der Grundsicherung für Arbeit Suchende zum **Regress** (vgl. Rdn. 693 ff.) berechtigt. Vor Antragstellung empfehlen sich Überlegungen, die in einer **Checkliste** (vgl. Rdn. 708) zusammengefasst sind.

613 **Träger** sind die **Agenturen für Arbeit**, für bestimmte Leistungen (z.B. Unterkunftskosten samt Heizung, psychologische Betreuung, Schuldner- und Suchtberatung, Kinderbetreuungsleistungen und Übernahme einmaligen Bedarfs) die **kreisfreien Städte und Kreise**, die auf Antrag durch Rechtsverordnung für zunächst 6 Jahre, seit 2011 unbefristet, auch die weiteren Aufgaben übernehmen können (Optionsmodell, § 6a SGB II[333] mit zwischenzeitlicher gesetzlicher Ausformung:[334] derzeit 69 Optionskommunen, gem. Art. 91e GG bis zu 110 möglich). Teilen sich – wie meistens – Arbeitsagentur und Kommune die Zuständigkeit, errichten sie in den gem. § 9a SGB III eingerichteten Jobcentern **sog. lokale Arbeitsgemeinschaften** (derzeit 338 ARGE;[335] § 44b SGB II).[336] Die Arbeitsgemeinschaft wird als Resultat eines öffentlich-rechtlichen oder privatrechtlichen Vertrags – mangels landesgesetzlicher Vorgaben[337] wohl als gemeinnützige[338]

---

330 §§ 260 ff. SGB III: seit 01.01.2005 als pauschaler Zuschuss zu den Lohnkosten i.H.v. monatlich 900,00 € für Tätigkeiten, für die i.d.R. keine Ausbildung notwendig ist, mit Berufsausbildung 1.100,00 €, mit Aufstiegsfortbildung 1.200,00 €, mit (Fach-) Hochschulausbildung 1.300,00 €.

331 Existenzgründungszuschuss nach § 421 Buchst. L SGB III bis 30.06.2006 (seit 01.01.2005 nur noch mit befürwortender Stellungnahme einer fachkundigen Stelle): im ersten Jahr 600,00 €, im zweiten 360,00 €, im dritten 240,00 € im Monat, sofern mind. ein Tag lang ALG I, Arbeitslosenhilfe oder Entgeltersatzleistungen bezogen wurden oder eine ABM besucht wurde. Zwischen 01.08.2002 und 01.08.2006 wurden rund 390.000 Ich-AG mit ca. 3,14 Mrd. € gefördert; das Instrument war v.a. interessant für weniger qualifizierte Gründer und für Frauen, während das Überbrückungsgeld eher von Gründern mit höherem letztem Einkommen nachgefragt wurde, vgl. FAZ Nr. 176 v. 01.08.2006, S. 11.

332 § 57 SGB III: 9 Monate lang wird die bisherige ALG I-Leistung (deren Gesamtbezugsdauer sich dadurch nicht verlängert) um 300,00 € aufgestockt; weitere 6 Monate lang nach Ermessen der Arbeitsagentur lediglich den Aufstockungsbetrag. Der Gründungszuschuss steht nur Beziehern des ALG I bis 3 Monate vor Ende ihres Anspruchszeitraumes offen. Wie schon bisher beim Existenzgründungszuschuss der Ich-AG muss der Businessplan durch eine fachkundige Stelle geprüft werden. Daneben kann eine untergeordnete nichtselbstständige Tätigkeit aufgenommen werden. Frühestens 24 Monate nach dem Scheitern des ersten Projektes kann erneut ein Gründungszuschuss beantragt werden. Vgl. insgesamt *Sartorius/Bubeck*, ZAP, Fach 18, S. 969 ff.

333 In voraussichtlich 69 Gebietskörperschaften (diese nehmen damit eigene Aufgaben wahr, unterliegen jedoch gem. § 6b Abs. 3 SGB II der Kontrolle des Bundesrechnungshofs). In den neuen Ländern handelt es sich um folgende Landkreise: in Brandenburg Oberhavel, Ostprignitz-Ruppin, Oder-Spree, Spree-Neiße, Uckermark; in Mecklenburg-Vorpommern Ostvorpommern, in Sachsen Bautzen, Döbeln, Kamenz, Löbau-Zittau, Meißen, Muldentalkreis, in Sachsen-Anhalt Anhalt-Zerbst, Bernburg, Merseburg-Querfurt, Schönebeck, Wernigerode, in Thüringen Eichsfeld und die Stadt Jena, in Bayern Städte Erlangen und Schweinfurt sowie Landkreise Miesbach und Würzburg.

334 BGBl. I 2004, S. 2014. Dadurch und durch das Schwarzarbeitsbekämpfungsgesetz v. 30.07.2004, BGBl. 2004 I. S. 1842 wurde das SGB II bereits vor seinem Inkrafttreten geändert!

335 Dabei handelt es sich auch bei Personalüberlassung nicht um Betriebe gewerblicher Art, OFD Frankfurt am Main v. 25.02.2005, EStB 2005, 179.

336 Münder, NJW 2004, 3213.

337 § 2a des Niedersächsischen Gesetzes zur Ausführung des SGB II sieht vor, dass die ARGE in der Rechtsform einer rechtsfähigen Anstalt des öffentlichen Rechts errichtet werden kann.

338 Daher kein Verstoß der GbR gegen das kommunalrechtliche (etwa in Art. 92 Abs. 1 BayGO enthaltene) Verbot unbegrenzter Haftung bei „wirtschaftlicher Betätigung".

GbR,³³⁹ und damit jedenfalls grundbuchfähig,³⁴⁰ – errichtet und durch einen Geschäftsführer vertreten.³⁴¹ Sie nimmt die Aufgaben der Agentur für Arbeit als Leistungsträger nach SGB II wahr; die kommunalen Träger sollen ihr ebenfalls ihre Aufgaben übertragen. Die eigenartige Form der Mischverwaltung ohne Letztentscheidungsmöglichkeit verstieß gegen den Grundsatz eigenverantwortlicher Aufgabenwahrnehmung und die kommunale Selbstverwaltung;³⁴² sie wurde daher ab 01.01.2011 auf eine verfassungsrechtliche Grundlage gestellt (Art. 91e GG)³⁴³ und erneut angepasst.³⁴⁴

Die durch die Bundesagentur zu erbringenden Leistungen werden durch den Bund, die in kommunaler Trägerschaft zu erbringenden Leistungen durch die Gebietskörperschaft finanziert, wobei der Bund zu den Unterkunftskosten Zuschüsse in steigender Höhe leistet.³⁴⁵ Aus der beitragsfinanzierten Arbeitslosenversicherung hat die BfA zusätzlich einen „Aussteuerungsbeitrag" (ab 01.01.2008 „Eingliederungsbeitrag" i.S.d. § 46 Abs. 4 SGB II) an den Bund zu leisten. 614

Hinweis: 615

Die Zersplitterung der Zuständigkeiten birgt für die notarielle Praxis die Gefahr, dass unbestimmte Rechtsbegriffe (z.B. anrechnungsfreies „angemessenes" Kfz bzw. Eigenheim oder zu übernehmende „angemessene" Kosten der Unterkunft) von den betreffenden kreisfreien Städten/Landkreisen anders angewendet werden als durch die BfA. Ohnehin ist die Verbescheidungspraxis bereits gemessen am positiven Gesetzeswortlaut recht fehleranfällig.³⁴⁶

Die Leistungen der Grundsicherung für Arbeit Suchende werden nur **auf Antrag**,³⁴⁷ dem eine Plausibilitätsprüfung der relevanten Daten folgt,³⁴⁸ und nur für die Zeit ab Antragstellung erbracht (§ 37 SGB II), sie sollen nach § 41 Abs. 1 Satz 3 SGB II für 6 Monate bewilligt und monatlich im 616

---

339 Die SG halten sie stattdessen für eine Anstalt des öffentlichen Rechts (LSG Baden-Württemberg, NZS 2006, 442) oder eine öffentlich-rechtliche Einrichtung eigener Art (SG Hannover, NZS 2005, 258), für die dafür notwendige Verleihung der Rechtsfähigkeit ist § 44b Abs. 1 SGB II sowie die durch § 70 SGG gewährte Beteiligtenfähigkeit in sozialgerichtlichen Verfahren jedoch nicht konkret genug. Landesgesetze ermöglichen teilweise die Konstituierung der ARGE als Anstalt des öffentlichen Rechtes (z.B. § 3 AG – SGB II NRW). Für die (mit hoheitlichen Aufgaben beliehene) GbR eingehend Gutachten, DNotI-Report 2006, 142 ff.
340 OLG Köln, 16.07.2010 – 2 Wx 53/09, FGPrax 2011, 277.
341 Bei Dissens über dessen Bestellung wird er je für ein Jahr durch die Agentur für Arbeit und die Kommune bestimmt (das Recht der Erstbestellung wird durch Los entschieden).
342 BVerfG, 20.12.2007 – 2 BvR 2433/04, BVerfGE 119, 331.
343 Marschner, NWB 2010, 2803 ff.
344 Gesetz zur Weiterentwicklung der Organisation der Grundsicherung für Arbeitsuchende v. 03.08.2010, BGBl. I 2010, S. 1112.
345 Zum Mindest-Garantieentlastungsbetrag für kommunale Träger i.H.v. 2,5 Mrd. €: § 46 Abs. 5 bis 10 SGB II. Für 2007 bis 2010 wurde der Anteil des Bundes an den Miet- und Heizkosten von 29,1 auf grds. 31,2 % und damit auf real ca. 4,3 Mrd. € aufgestockt, vgl. § 46 Abs. 6 SGB II (BGBl. I 2006, S. 3376).
346 Von den bisher 141.000 Widersprüchen wurden 9.313 bearbeitet, dabei wurde dem Widerspruch in 5.150 Fällen abgeholfen (SZ Nr. 41/2005 v. 19./20.02.2005, S. 9).
347 Dieser kann (anders als beim ALG I) sogar telefonisch gestellt werden, auch ohne Ausfüllung des 16-seitigen Auskunftsbogens.
348 Zumindest Datenabgleich mit dem Verband Deutscher Rentenversicherungsträger (VDR), dem Einwohnermeldeamt, dem Bundesamt für Finanzen (wegen der Freistellungsaufträge) und der Kfz-Zulassungsstelle.

Voraus[349] ausbezahlt werden. Dagegen werden die ebenfalls antragsabhängigen Leistungen der Grundsicherung im Alter für 12 Monate bewilligt (§ 44 Abs. 1 Satz 1 SGB XII); die Sozialhilfe allerdings wird weiterhin als situationsgebundene Notfallhilfe gewertet, die antragsunabhängig gleichsam täglich neu regelungsbedürftig ist.[350]

2. Anspruchsberechtigung

617 Anspruchsberechtigt (§ 7 SGB II) sind Personen zwischen dem 15. und 65. bis 67.[351] Lebensjahr, die ihren gewöhnlichen Aufenthalt in Deutschland haben und **sowohl erwerbsfähig als auch hilfebedürftig** sind. Ob tatsächlich Erwerbslosigkeit vorliegt, ist trotz der irreführenden Bezeichnung „Arbeitslosengeld II (ALG II)" bzw. „Grundsicherung für Arbeit Suchende" ohne Belang. ALG II können daher auch Arbeitnehmer und Selbstständige beziehen, was sich bereits aus den diesbezüglichen Anrechnungsbestimmungen ergibt.

618 Wer **65 Jahre oder älter** ist oder dauerhaft voll erwerbsgemindert, erhält dagegen die Grundsicherung nach dem 4. Kap. des SGB XII (vormals nach dem GSiG), ggf. Rente wegen voller Erwerbsminderung und zusätzlich Sozialhilfe.

619 **Auszubildende** wiederum sind gem. § 7 Abs. 5 Satz 1 SGB II vom Bezug des ALG II ausgeschlossen, da sie dem Grunde nach i.R.d. Berufsausbildungsbeihilfe (§§ 60 bis 62 SGB III) bzw. des BAföG förderfähig sind.[352] Für die „klassische" HLU (3. Kap. SGB XII) verbleiben demnach v.a. Kinder und Erwachsene unter 65 Jahren, die (für länger als 6 Monate) voll erwerbsgemindert sind.[353]

620 Seit 01.08.2006 gilt die sog. „Erreichbarkeitsanordnung" aus dem Bereich des ALG I auch für ALG II-Bezieher (§ 7 Abs. 4a SGB II): Grundsicherung für Arbeit Suchende wird daher nicht gewährt für Personen, die sich außerhalb des dort definierten zeit- und ortsnahen Bereichs aufhalten (Urlaubsabwesenheit von 3 Wochen/Jahr mit Zustimmung des Amts; an Werktagen persönliche Erreichbarkeit für Post der Arbeitsagentur).

621 Anspruchsberechtigt sind weiter die mit dem vorgenannten Personenkreis in **Bedarfsgemeinschaft** gem. § 7 Abs. 3 SGB II lebenden Personen, wobei der erwerbsfähige Hilfebedürftige deren weitere Mitglieder vertritt (§ 38 SGB II). Ist der Bedarf auch nur eines Mitglieds der Bedarfsgemeinschaft nicht gedeckt, gilt jedes Mitglied der Gemeinschaft im Verhältnis seines eigenen

---

349 Da es sich um eine Unterstützungsleistung, nicht (wie die bisherige ALG) um eine Lohnersatzleistung – die monatlich nachschüssig zu leisten wäre – handelt.
350 BVerwGE 57, 239.
351 Gem. § 7a SGB II erfolgt für Jahrgänge zwischen 1947 und 1964 eine Anhebung des Höchstalters um zunächst einen, später 2 Monate.
352 Dies führt dazu, dass bspw. früher Heroinabhängige, die nunmehr die Berufsschule nachholen, auf Darlehen angewiesen sind, worauf die Stadt Frankfurt am Main hinweist (SZ Nr. 18/2005 v. 13.01.2005, S. 18).
353 *Mrozynski*, ZfSH/SGB 2004, 198.

zum Gesamtbedarf als hilfsbedürftig (§ 9 Abs. 2 Satz 3 SGB II).³⁵⁴ Auch die Leistungen werden für alle Mitglieder der Bedarfsgemeinschaft insgesamt berechnet.³⁵⁵

Zur Bedarfsgemeinschaft gehören

- **erwerbsfähige Hilfebedürftige (§ 7 Abs. 3 Nr. 1 SGB II)**:
  Um Einsparungen von erwartet ca. 500 Mio. € zu erzielen, erschwert § 22 Abs. 2a SGB II seit 01.04.2006 die Bildung von Bedarfsgemeinschaften durch Einzelpersonen unter 25 Jahren. Auf die (für die Übernahme der Unterkunftskosten erforderliche vorherige)³⁵⁶ behördliche Zusicherung besteht nur dann ein Anspruch, wenn schwerwiegende soziale oder berufliche Gründe vorliegen. Wer am 17.02.2006 bereits eine Bedarfsgemeinschaft gebildet hatte, genießt allerdings Bestandsschutz (§ 68 Abs. 2 SGB II).
- im Haushalt lebende(r) **Eltern** (teil) **eines erwerbsfähigen** (also über 15-jährigen) unter 25-jährigen³⁵⁷ unverheirateten Kindes, sowie der Partner des Elternteils (§ 7 Abs. 3 Nr. 2 SGB II),
- nicht getrennt lebender **Ehegatte, Lebenspartner** und in eheähnlicher oder lebenspartnerschaftsähnlicher Gemeinschaft lebende „Partner" des erwerbsfähigen Hilfebedürftigen (§ 7 Abs. 3 SGB II): Die Rechtsprechung nimmt jedoch gegen den Wortlaut solche Partner aus, die (etwa als Altersrentenbezieher) keine SGB II-Leistungen beziehen können,³⁵⁸
- unter 25-jährige³⁵⁹ nicht **erwerbsfähige Kinder** des Hilfebedürftigen oder seines Partners,³⁶⁰ wenn sie ihren Lebensunterhalt nicht aus eigenem Einkommen oder Vermögen decken können (§ 7 Abs. 3 Nr. 4 SGB II).

622

Die Bestimmungen zum **Mitteleinsatz**, also zur Zusammenrechnung von Einkommen und Vermögen der Mitglieder der Bedarfsgemeinschaft, sind enger. In die **Einsatzgemeinschaft** einbezogen sind gem. § 9 Abs. 2 SGB II:

623

- der „Partner" (nicht getrennt lebende Ehegatte, Lebenspartner, in eheähnlicher oder lebenspartnerschaftsähnlicher Gemeinschaft Lebender) des erwerbsfähigen Hilfesuchenden,
- hinsichtlich des an unverheiratete Kinder zu gewährenden Sozialgelds auch deren in gleicher Bedarfsgemeinschaft lebende Eltern/Elternteile und (entgegen früherer Rechtsprechung)³⁶¹

---

354 Offen ist dabei, ob das Verhältnis der ungekürzten Einzelbedarfe oder das Verhältnis der ungedeckten Bedarfe (nach Abzug des jeweiligen Einkommens) maßgeblich ist; für Letzteres *Klinkhammer*, FamRZ 2004, 1917.
355 Dies führt etwa i.R.d. § 33 SGB II zu Schwierigkeiten, weil der Übergang von Unterhaltsansprüchen nur für die dem unterhaltsberechtigten Individuum (sog. Persönliche Kongruenz) erfolgen darf. Wohn- und Heizkosten sollen nach BVerwG, NJW 1989, 313 nach Kopfanteilen, nach *Scholz*, FamRZ 2004, 755 nach Maßgabe des konkreten Mehrbedarfs ermittelt werden.
356 Seit 01.08.2006 soll § 22 Abs. 2a letzter Satz SGB II auch den Umweg versperren, zunächst auszuziehen und nach einer „Schamfrist" sodann als Alleinstehender die Leistungen zu beantragen („wer in der Absicht umzieht, die Voraussetzungen für die Gewährung von Leistungen herbeizuführen ...").
357 Seit 01.07.2006 (zuvor: eines minderjährigen Kindes).
358 SG Chemnitz, FamRZ 2007, 239.
359 Seit 01.07.2006 (zuvor: minderjährigen Kinder).
360 Dadurch wird das Einkommen/Vermögen des Stiefvaters mitberücksichtigt und kürzt die Sozialgeld-Leistung für bspw. die Kinder aus erster Ehe eines Ehegatten, für die der leibliche andere Elternteil wenig Unterhalt zahlt (anders als in der früheren Sozialhilfe, bei der nur der leibliche Elternteil zur Einsatzgemeinschaft zählte, § 19 Abs. 1 a.E. SGB XII (zu politischen Initiativen: FOCUS Heft 15/2005 v. 11.04.2005, S. 24).
361 LSG Niedersachsen, 29.11.2005 – L 8 AS 37/05 ER (für die Stiefelternteile gilt allenfalls § 9 Abs. 5 SGB II).

seit 01.08.2006 auch die mit diesen Elternteilen zusammenlebenden „Partner", soweit sie über Mittelüberschüsse verfügen.

624 **Hinweis:**
Verfügen also **umgekehrt** Kinder über Vermögen, das sie von Außenstehenden oder aber das sie vor mehr als 10 Jahren (§ 529 BGB!) von anderen Mitgliedern der Bedarfsgemeinschaft erhalten haben, wird dieses nicht etwa zulasten der weiteren Mitglieder der Bedarfsgemeinschaft angerechnet, vielmehr entfällt lediglich der zusätzliche Sozialgeldbetrag für das Kind selbst. Dies bedeutet i.d.R. eine monatliche Verringerung für Kinder unter 15 Jahren um bis zu 211,00 € (60 % der Regelleistung), für über 15-jährige Kinder um bis zu 281,00 € (80 % der Regelleistung). Sie scheiden also schlicht, ggf. zeitlich befristet, aus der Bedarfsgemeinschaft aus (§ 7 Abs. 3 Nr. 4 SGB II).

625 In der Praxis schwierig ist allein die Prüfung des Vorliegens einer **eheähnlichen bzw. (seit 01.08.2006) lebenspartnerschaftsähnlichen Gemeinschaft**. Die Betroffenen werden sich gegen deren Bestehen angesichts der dadurch ausgelösten Verschärfungen vehement verwehren:

- Reduzierung der Regelleistungen beider volljähriger Partner von je 364,00 € seit 02.04.2011) auf je 328,00 € (§ 20 Abs. 4 SGB II);
- unmittelbare Anrechnung berücksichtigungsfähigen Partnereinkommens und -vermögens beim anderen und seit 01.08.2006 auch bei dessen Kindern[362] (§ 9 Abs. 2 SGB II);
- Wegfall des Alleinerziehenden-Mehrbedarfszuschlags i.S.d. § 21 Abs. 3 SGB II);
- Berücksichtigung i.R.d. § 22 Abs. 1 SGB II lediglich des Unterkunftsbedarfs eines Zweipersonenhaushaltes, nicht zweier Einpersonenhaushalte.

626 Seit 01.08.2006 wird das **Prüfkriterium** in § 7 Abs. 3 Nr. 3 lit. c) SGB II legal definiert als „Zusammenleben mit dem erwerbsfähigen Hilfebedürftigen in einem gemeinsamen Haushalt so, dass nach verständiger Würdigung der wechselseitige Wille anzunehmen ist, Verantwortung füreinander zu tragen und füreinander einzustehen". Dies wird nunmehr gem. § 7 Abs. 3a SGB II vermutet, wenn Partner

- länger als ein Jahr[363] zusammenleben oder
- mit einem gemeinsamen Kind zusammenleben oder
- Kinder oder Angehörige[364] im Haushalt versorgen oder
- befugt sind, über Einkommen oder Vermögen des anderen zu verfügen.

Da die gesetzliche Vermutungsregelung des § 7 Abs. 3 Nr. 3 lit. c) SGB II erst greift, wenn das Nichtbestehen einer bloßen Wohngemeinschaft (Rdn. 629) nachgewiesen ist, bleibt ihr praktischer Wert aber begrenzt.

---

[362] SG Düsseldorf, 01.03.2007 – S 24 AS 27/07 ER, hält dieses „Einstehenmüssen für Stiefkinder" (bzw. Kinder des nichtehelichen/lebenspartnerschaftsähnlichen Lebensgefährten) für verfassungswidrig; vgl. www.stieffamilien.de.
[363] Bewusste Verkürzung ggü. den 2–3 Jahren, welche die Rspr. für die Verwirkung des Unterhaltsanspruchs gem. § 1579 Abs. 1 Nr. 7 BGB fordert.
[364] *Scholz*, FamRZ 2006, 1418 plädiert dafür, nur Kinder/Angehörige des anderen Partners genügen zu lassen.

B. Grundsicherung

Damit übernimmt das SGB II die „Definitionshoheit" zur Lebensgemeinschaft, die früher bei § 122 BSHG (bzw. § 20 SGB XII) und der hierzu ergangenen Rechtsprechung gelegen hatte.[365] Letztere hatte gefordert eine Lebensgemeinschaft (nicht notwendig in einer gemeinsamen Wohnung)[366]

627

- zwischen einem Mann und einer Frau (homosexuelle oder lesbische Lebensgemeinschaften waren also insoweit ausgenommen!),[367]
- auf Dauer angelegt (bzw. seit etwa 3 Jahren besteht),[368]
- die daneben keine weitere Lebensgemeinschaft gleicher Art zulässt und
- die sich durch innere Bindungen auszeichnet, welche ein gegenseitiges Verantworten und Einstehen der Partner füreinander begründen, also über die Beziehungen in einer reinen Haus- und Wirtschaftsgemeinschaft hinausgehen – ähnlich den Anforderungen an die „verfestigte Lebensgemeinschaft" i.S.d. § 1579 Nr. 2 BGB n.F.:[369] Die Leistungsfähigkeit des Partners spielt insoweit keine Rolle – anders als bei der Berücksichtigung eines (fiktiven) Entschädigungsbetrags für die Führung des Haushalts eines leistungsfähigen Dritten.[370]

Bis zur Umkehrung der Nachweislast durch das „Hartz IV – Fortentwicklungsgesetz" zum 01.08.2006 oblag die Aufklärungspflicht den Behörden von Amts wegen (§ 20 SGB X), sie trugen auch die objektive Beweislast. Die Untergerichte legten dabei strenge Maßstäbe an (Doppelbett und Herrenpflegeartikel im Badezimmer seien kein Beweis;[371] die Indizien mussten zeitnah erhoben sein;[372] ein Befragen des Vermieters sei nicht statthaft;[373] selbst die eigene Einschätzung der Beteiligten, es handele sich um eine eheähnliche Gemeinschaft, könne laienhaft unzutreffend sein.[374] Gleichwohl hat sich statistisch die Zahl der „Hartz IV-Haushalte" wegen der Anmietung eigener Kleinwohnungen bspw. in Berlin von Januar bis Mai 2005 von 225.000 auf 292.000 erhöht![375]

628

Von der Bedarfsgemeinschaft (insb. in der Variante der eheähnlichen Gemeinschaft) zu unterscheiden ist die **Haushaltsgemeinschaft** i.S.d. § 9 Abs. 5 SGB II: Lebt der Hilfeempfänger mit

629

---

365 Insb. BVerwG, NJW 1993, 643 – gegen eine uneingeschränkte Übertragung auf den Bereich der Grundsicherung für Arbeit Suchende LSG Hessen, FamRZ 2006, 296.
366 „Living apart together".
367 Nach Ansicht des SG Düsseldorf, NJW 2005, 845 war deshalb die Anrechnung von Partnereinkommen auch bei verschiedengeschlechtlichen eheähnlichen Gemeinschaften zur Vermeidung eines Gleichheitsverstoßes nicht statthaft. Das BVerfG, FamRZ 2006, 470 hat eine hiergegen gerichtete Verfassungsbeschwerde mangels Rechtswegerschöpfung nicht angenommen.
368 So das BSG, NZS 2003, 546 im Recht der Arbeitsförderung; abschwächend LSG Nordrhein-Westfalen, NJW 2005, 2253; LSG Hessen, 03.11.2005 – L 7 AS 67/05 ER: ein Jahr ist zu kurz; SG Düsseldorf, 23.11.2005 – S 35 AS 343/05 ER: jugendliches Alter der Beteiligten spricht eher für schlichte „liaison d'amour".
369 Vgl. hierzu *Schnitzler*, FamRZ 2006, 239 ff.
370 Zwischen 200,00 € und 550,00 €, gem. Nr. 6 der Süddeutschen Leitlinien.
371 So das SG Düsseldorf, NJW 2005, 845; a.A. das LSG Nordrhein-Westfalen zu ähnlichen vorausgehenden Eilverfahren (SG Düsseldorf, 22.04.2005 – S 35 AS 119/05 ER) und in NJW 2005, 2253, ebenso LSG Hamburg, NJOZ 2005, 2526.
372 LSG Hessen, FamRZ 2006, 295.
373 SG Düsseldorf, 23.11.2005 – S 35 AS 343/05, AuR 2006, 33.
374 SG Saarland, 04.04.2005 – S 21 AS 3/05: seit 27 Jahren zusammenlebendes Paar, bei welchem jedoch in der mündlichen Verhandlung „eine gewisse Distanz" spürbar gewesen sei.
375 Handelsblatt v. 16.06.2005.

sonstigen Verwandten/Verschwägerten (Großeltern, Schwager, Vetter, Stiefvater,[376] volljährige Kinder, minderjährige Kinder mit eigenen Kindern, minderjährige Kinder mit ausreichendem Einkommen[377]/Vermögen) zusammen in einer Wohnung,[378] die ihrerseits genügend leistungsfähig sind, wird (widerleglich) vermutet, dass diese ihn in diesem Umfang auch tatsächlich unterstützen. Über den Kreis der Verwandtschaft/Schwägerschaft hinaus[379] wird seit 01.08.2006 auch vermutet, dass der nicht mit dem Elternteil verheiratete/verpartnerte, im selben Haushalt lebende Lebensgefährte das Kind des anderen unterstützt, ähnlich dem/der schon bisher erfassten Stiefvater/der Stiefmutter. Abzugrenzen von der Haushaltsgemeinschaft ist jedoch wiederum die bloße **Wohngemeinschaft**[380] ohne gemeinsamen Haushalt.

630 Die Praxis wird zeigen, welche Anforderungen an die Widerlegung der Vermutung des § 9 Abs. 5 SGB II gestellt werden. Die Durchführungshinweise der Arbeitsagenturen lassen hierfür einfache Erklärungen des Hilfebedürftigen genügen.[381] Die zur Parallelnorm im früher BSHG (dort § 16) ergangene Rechtsprechung war strenger; sie forderte sowohl die glaubhafte und zweifelsfreie Versicherung des Hilfesuchenden und der weiteren Mitglieder der Haushaltsgemeinschaft als auch die Glaubhaftmachung nachvollziehbarer und überprüfbarer Tatsachen, welche die Richtigkeit der Vermutung erschüttern.[382] Als Plausibilitätsnachweis wird insoweit ein Vertrag mit dem Verwandten (z.B. Untermietvertrag mit dem volljährigen Sohn über einen geringeren Anteil als die Kopfquote) sinnvoll sein, vorausgesetzt die beim Leistungsberechtigten verbleibende Miete kann noch als angemessen angesehen werden. Die Haushaltsgemeinschaft kann (ohne dass ein Auszug erforderlich wäre) aufgelöst werden durch schlichte Beendigung des „Wirtschaftens aus einem Topf".[383]

631 Die für die Vermutung des § 9 Abs. 5 SGB II erforderliche Leistungsfähigkeit des Verwandten oder Verschwägerten wird nach der ALG II-Verordnung v. 17.12.2007 nur angenommen, wenn diese als bereinigtes Einkommen mehr als das Doppelte des Regelbedarfs zuzüglich der Unterkunftskosten zur Verfügung haben.

Beispiel:

Zusammen mit den Eltern und ihren beiden Kindern wohnt die Großmutter, eine Rentnerin. Die Gesamtkosten für Miete und Heizung i.H.v. 1.000,00 € entfallen anteilig zu 1/5, also i.H.v. 200,00 €, auf sie. Als leistungsfähig kann die Rentnerin nur angesehen werden, wenn sie über mind. 928,00 € (2 x 364,00 €

---

376 LSG Nordrhein-Westfalen, 04.05.2005 – L 9 4/05 AS ER.
377 Kindergeld zählt dabei gem. § 11 Abs. 1 Satz 3 SGB II als Einkommen des Kindes.
378 Erforderlich ist hierfür eine baulich abgeschlossene Einheit mit Kochgelegenheit, WC und Bad/Dusche, welche die Führung eines eigenen Hausstands ermöglicht, Mindestfläche ca. 23 m² (vgl. *Krause*, NotBZ 2004, 54). Also keine Haushaltsgemeinschaft bei zwei Wohnungen im selben Haus!
379 Damit zieht das Gesetz die Parallele zu § 36 SGB XII, wo das Verwandtschafts-/Schwägerschaftserfordernis keine Rolle mehr spielt.
380 Daher dürfen gemäß BVerfG, 02.09.2004 – 1 BvR 1962/04, FamRZ 2004, 1950 nur Angaben zu Name und Mietanteil solcher Unter- bzw. Mitmieter im ALG II-Antrag verlangt werden. Allerdings trage der Antragsteller das Risiko, dass entgegen seiner Angaben doch eine ehe- oder lebenspartnerschaftsähnliche Lebensgemeinschaft vorliege.
381 So auch SG Oldenburg, 28.09.2005 – S 48 AS 194/05: Erklärung der fehlenden Bereitschaft zur Unterstützung ist ausreichend zur Widerlegung.
382 OVG Nordrhein-Westfalen, FEVS 44, 198.
383 *Mecke*, in: Eicher/Spellbrink, SGB II, § 9 Rn. 68.

Regelsatz, zzgl. anteiliger Miet- und Heizkosten) verfügt. Ihr tatsächliches Renteneinkommen wird dabei bereinigt um monatlich 30,00 € für angemessene private Versicherungen, ferner ggf. Beiträge zur Riester-Rente und die Kfz-Versicherung.

Vom verbleibenden überschießenden bereinigten Einkommen wird nach § 1 Abs. 2 der ALG II-Verordnung vermutet, dass die Hälfte dieses Betrags zur Unterstützung der Bedarfsgemeinschaft i.R.d. umfassenden Haushaltsgemeinschaft eingesetzt wird.

3. Insb. Erwerbsfähigkeit/Hilfebedürftigkeit

a) Definitionen

Erwerbsfähigkeit i.S.d. § 8 SGB II liegt vor, wenn auf absehbare Zeit (d.h. auf einen Zeitraum von 6 Monaten, vgl. § 7 Abs. 4 SGB II) mind. 3 Std. täglicher Erwerbstätigkeit[384] auf dem allgemeinen Arbeitsmarkt möglich ist (Verfahren zu deren Feststellung: sozialmedizinisches Gutachten der Agentur für Arbeit; bei Dissens mit dem kommunalen Träger oder demjenigen Träger, der bei voller Erwerbsminderung zuständig wäre: Einigungsstelle, §§ 44a, 45 SGB II). Es ist nicht erforderlich, dass der Erwerbsfähige dem Arbeitsmarkt tatsächlich zur Verfügung steht.

632

Beispiel:

Allein erziehende Mutter eines 2-jährigen Kindes; 15-jähriger Schüler.

Bei Ausländern[385] muss allerdings zusätzlich die Ausübung einer Beschäftigung erlaubt oder zumindest genehmigungsfähig sein (§ 8 Abs. 2 SGB II).

Hilfebedürftigkeit ist gem. § 9 Abs. 1 SGB II gegeben, wenn der eigene Lebensunterhalt, die Eingliederung in Arbeit und der Lebensunterhalt der in Bedarfsgemeinschaft lebenden Personen nicht aus vorrangig in Anspruch zu nehmenden Sozialleistungen anderer Träger (§ 12a SGB II), durch Aufnahme einer zumutbaren Arbeit oder aus zu berücksichtigendem Einkommen oder aus Vermögen gesichert werden kann, wobei Vermögen und Einkommen der in § 9 Abs. 2 SGB II genannten Personen (nicht getrennt lebender Ehegatte/Lebenspartner/eheähnlicher Partner sowie, wenn Hilfe an minderjährige unverheiratete haushaltsangehörige Kinder gewährt werden soll, der Eltern) zusammenzurechnen sind. Dieser Kreis der „Einsatzgemeinschaft" ist also enger als der (zur Gesamtleistungsberechnung maßgebliche) Kreis der Bedarfsgemeinschaftsmitglieder selbst (§ 7 Abs. 3 SGB II) oder gar der Mitglieder der Haushaltsgemeinschaft (§ 9 Abs. 5 SGB II, Letztere fungieren lediglich als potenzielle weitere Versorgungsquellen).

633

b) Zumutbarkeit

Kernstück der Regelung ist die – in das Visier der politischen Diskussion geratene – Verschärfung der **Zumutbarkeitskriterien**[386] gem. § 10 SGB II (im Vergleich zum bisherigen § 121 SGB III). Jede, auch untertariflich[387] bezahlte, **legale Arbeit** ist dem erwerbsfähigen (jedenfalls noch nicht

634

---

[384] Abgestimmt auf die volle Erwerbsminderung gem. § 43 Abs. 2 Satz 2 SGB VI sowie die Grundsicherung, § 41 Abs. 1 Nr. 2 SGB XII.
[385] *Strick*, NJW 2005, 2182 zu Ansprüchen „neuer und alter Unionsbürger".
[386] Hierzu ausführlich *Louven*, NWB, Fach 27, S. 6013 ff.
[387] Bis zur Grenze der Sittenwidrigkeit, also mehr als 30 % unter Branchenniveau.

58-jährigen)³⁸⁸ Hilfebedürftigen zumutbar, auch wenn sie hinter seiner Ausbildung oder seiner bisherigen Beschäftigung zurückbleibt, der Arbeitsort weiter vom Wohnort entfernt ist oder die Arbeitsbedingungen ungünstiger sind als bisherige Tätigkeiten („Fördern und Fordern").³⁸⁹ Arbeitsangebote können nur aus **wichtigen Gründen** (§ 10 Abs. 1 Nr. 5 SGB II) **abgelehnt** werden, wie körperlicher, geistiger oder seelischer Überforderung, vorrangigen Belangen der Kindererziehung³⁹⁰ oder der Pflege Angehöriger. Die Beweislast wurde umgekehrt, § 31 Abs. 1 Satz 2 SGB II („von welfare zur workfare").³⁹¹ Wer erstmals ALG II-Leistungen beantragt, ohne in den vorherigen 2 Jahren ALG I erhalten zu haben (z.B. arbeitslose Hochschulabgänger), erhält als Test seiner Arbeitsbereitschaft gem. § 15a SGB II ein „Sofortangebot" (z.B. einen Ein-Euro-Job oder eine Trainingsmaßnahme).

c) Einkommen

635 Das **zu berücksichtigende Einkommen** (§ 11 Abs. 1 SGB II) umfasst (wie im Sozialhilferecht, § 82 SGB XII) alle Einkünfte in Geld oder Geldeswert, also unter Einschluss von Sachbezügen und einmaligen Zuflüssen (vgl. Rdn. 466 zu Grenzfällen [Erbschaft,³⁹² Pflichtteilsanspruch, Lebensversicherungssumme]). Alle auf das Einkommen entrichteten Steuern sowie Pflichtbeiträge zur Sozial- und Arbeitslosenversicherung sind abzuziehen, ebenso (seit 01.08.2006) gem. § 11 Abs. 2 Satz 1 Nr. 7 SGB II Aufwendungen zur Erfüllung gesetzlicher Unterhaltspflichten i.H.d. Betrags, der sich aus einem Unterhaltstitel oder einer notariell³⁹³ beurkundeten (!) Unterhaltsvereinbarung ergibt.³⁹⁴ Letzteres führt zu einem Bruch mit dem Unterhaltsrecht, wo der Pflichtige (der gem. § 33 SGB II im Regresswege in Anspruch genommen wird) nur den notwendigen Bedarf entgegen halten kann und ggf. eine Abänderung bestehender Titel zu betreiben hat.³⁹⁵

---

388 § 65 Abs. 4 SGB II, ebenso § 428 SGB III, bis zum 31.12.2007 verlängert (ab dann nur noch Geltung für „Altfälle"): Arbeitslose über 58 Jahre erhalten ALG I und ALG II unter vereinfachten Bedingungen gegen die Zusicherung, zum frühestmöglichen Zeitpunkt ohne Abschläge in Rente zu gehen. Andererseits wird die Einstellung älterer Arbeitsloser gefördert: Über 50-jährige erhalten bei Annahme einer geringer dotierten Tätigkeit nach Arbeitslosigkeit eine ergänzende „Entgeltsicherung" als Zuzahlung. Wer als Arbeitgeber über 55-jährige Arbeitslose einstellt, führt bis Ende 2007 keine Beiträge zur Arbeitslosenversicherung ab.
389 So die Überschrift des 1. Kap.
390 Die Bundesagentur soll gem. § 10 Abs. 1 Nr. 3 SGB II darauf hinwirken, dass erwerbsfähigen Hilfebedürftigen mit Kindern unter 3 Jahren vorrangig ein Tagesbetreuungsplatz oder die Aufnahme in eine Tageseinrichtung angeboten wird. Gem. § 24 SGB VIII ist ihnen in Tagesbetreuungseinrichtungen der Vorrang zu gewähren.
391 Sog. Prinzip des aktivierenden Sozialstaates; vgl. *Giddens*, Der Dritte Weg, 1999 (als Mittelweg zwischen einer Ausweitung der Erweiterung staatlicher Ressourcen durch Steuererhöhung und der Privatisierungsstrategie; Original unter dem Titel: The third way – the renewal of social democracy), vgl. *Münder*, NJW 2004, 3210.
392 Mit der Folge, dass der Grundsicherungsträger aufgrund der gesetzlichen Überleitung, § 33 SGB II, die Auszahlung an sich verlangt; *Conradis*, info also 2007, 10.
393 Gleiches dürfte für den Anwaltsvergleich des § 796a ZPO gelten, der ebenfalls Unterhaltstitel sein kann. Auch der gerichtliche Vergleich (§ 126a BGB) steht der notariellen Beurkundung gleich.
394 Zur früheren Rechtslage: Keine Anerkennung nicht titulierter Unterhaltsleistungen (SG Aachen, FamRZ 2006, 1296); Nr. 11.5 der internen Verwaltungshinweise der BfA zu § 11 SGB II verlangt über die Titulierung hinaus, dass es sich um Ansprüche von Personen handelt, die ggü. den Bedarfsgemeinschaftsmitgliedern vorrangig sind, und ferner die tatsächliche Erbringung nachgewiesen ist.
395 BGH, FamRZ 2003, 363, 367; *Scholz*, FamRZ 2006, 1419.

Bestimmte Einkünfte sind bereits dem Grunde nach freigestellt. **Anrechnungsfrei sind**: 636
- gem. § 1 Abs. 1 Nr. 4 ALG II-VO „weitergereichtes" **Pflegegeld** für Grundpflege/hauswirtschaftliche Versorgung, der Wertung des § 3 Abs. 1 Nr. 36 EStG und des § 13 Abs. 6 SGB XI folgend, sowie seit 01.08.2006 z.T. auch Erziehungspflegegeld der Kinder- und Jugendhilfe nach SGB VIII (§ 11 Abs. 4 SGB II) wegen ihrer abweichenden Zweckbestimmung;
- (seit 01.10.2005) die **Eigenheimzulage**, soweit sie nachweislich zur Finanzierung einer angemessenen selbst genutzten (und damit geschonten) Immobilie genutzt wird (§ 1 Abs. 1 Nr. 7 ALG II-VO); dies entspricht bisheriger Rechtsprechung;[396]
- das **Kindergeld** für volljährige, nicht mehr im Haushalt wohnende Kinder des Hilfebedürftigen, soweit es nachweislich an das Kind weitergegeben wird (§ 1 Abs. 1 Nr. 8 ALG II-VO);
- (seit 01.10.2005) **Nebeneinkünfte** bis zu 100,00 €/Monat von unter 15 Jahre alten Sozialgeldempfängern sog. Taschengeldregelung (§ 1 Abs. 1 Nr. 9 ALG II-VO);
- Einkünfte aus „Arbeitsgelegenheiten" (ABM-Maßnahmen im öffentlichen Interesse, gemeinnützige Tätigkeiten mit nicht verdrängender Wirkung für den „ersten Arbeitsmarkt" als sog. zusätzliche[397] **Ein-Euro-Jobs**,[398] die kein Arbeits-, sondern ein Sozialverhältnis begründen – im Jahr 2005: 6,5 Mrd. € für 600.000 Ein-Euro-Jobs; Haushaltsansatz 2006: 10 Mrd. €),[399] bei deren Verweigerung das ALG II zeitweise gekürzt werden kann.
- Näheres zur Einkommensermittlung regelt die (zum 01.10.2005 als Ergebnis des „Job-Gipfels" geänderte)[400] **ALG II-VO**:[401] Als Einkommen aus selbstständiger Tätigkeit gilt der Überschuss (Gewinn vor Steuern), ggf. geschätzt auf der Grundlage früherer Betriebsergebnisse. Sind die Betriebsausgaben nicht ermittelbar, werden sie i.H.v. 20 % der Brutto-Einnahmen pauschaliert. 637
- Bei Erwerbseinkommen aus nicht selbstständiger Tätigkeit sieht die ALG II-VO, gestützt auf § 11 Abs. 2 Satz 2 SGB II, bei Bruttoeinkommen bis zu 400,00 € eine **Werbungskostenpauschale** von 100,00 € monatlich vor (der Nachweis höherer oder geringerer Werbungskosten i.S.d. § 11 Abs. 1 Satz 1 Nr. 3 bis Nr. 5 SGB II ist insoweit abgeschnitten). Bei einem Bruttoeinkommen oberhalb von 400,00 € sieht die Verordnung zur Verwaltungsvereinfachung

---

396 LSG Niedersachsen-Bremen, 27.04.2005 – L 8 AS 39/05 ER, NZM 2005, 553.
397 *Rixen/Pananis*, NJW 2005, 2177 ff., auch zur Strafbarkeit bei Fehlen dieser Voraussetzung (§ 266a StGB: Nichtentrichtung von Sozialversicherungsbeiträgen; § 291 Abs. 1 Satz 1 Nr. 3 StGB: Lohnwucher).
398 Sie sollen insb. durch Kommunen und Wohlfahrtsverbände auf die Dauer von max. 9 Monaten mit max. 30 Wochenstunden geschaffen werden, die hierfür eine pauschale Mehraufwandsentschädigung (§ 2 i.V.m. § 16 Abs. 3 SGB II) von 1,00 – 2,00 €/Std. von der BfA erhalten. Solche Arbeitsgelegenheiten sind sozialversicherungsfrei, unterliegen allerdings dem gesetzlichen Unfallversicherungsschutz. Die Entschädigung wird nicht auf die ALG II-Leistungen angerechnet; sie ist nach § 3 Nr. 2 lit. b) EStG steuerfrei und unterliegt nicht dem Progressionsvorbehalt, da in § 32b EStG nicht genannt: OFD Koblenz, 29.11.2004 – S 2342 A (NWB 2005, 162; gem. § 3c Abs. 1 EStG ist demnach auch kein Werbungskostenabzug möglich). Die Mehraufwandsentschädigungen sind ferner unpfändbar, LG Dresden, Rpfleger 2008, 655. Wer mind. 15 Wochenstunden beschäftigt ist, wird in der Arbeitslosenstatistik nicht mehr erfasst.
399 Davon 3,5 Mrd. € Verwaltungsausgaben, 6,5 Mrd. € für Eingliederungsleistungen, zu denen auch ABM (2005: 60.000 Teilnehmer), Qualifizierungsmaßnahmen (2005: 60.000 Teilnehmer) und Trainingsmaßnahmen (2005: 400.000 Teilnehmer) zählen.
400 BGBl. I 2005, S. 2499; neuerliche Änderung ab 01.07.2011, BGBl. I 2011, S. 1175.
401 ALG II/Sozialgeldverordnung v. 20.10.2004, BGBl. I 2004, S. 2622.

Pauschbeträge vor, und zwar monatlich 15,33 €,[402] weitere 30,00 €/Monat pauschal für private und öffentliche Versicherungen, ferner in voller Höhe Beiträge zur Riester-Rente[403] nach § 82 EStG und für gesetzlich vorgeschriebene Versicherungen (Kfz- und Berufshaftpflicht sowie – erweiternd – Gebäudebrandversicherung), und 0,20 €/Entfernungskilometer pro Fahrt zur Arbeitsstätte. Als Grundfreibetrag wird stets eine Werbungskostenpauschale von 100,00 € anerkannt. Der Nachweis insgesamt höherer Werbungskosten ist jedoch bei Bruttoeinkommen über 400,00 € stets möglich.

638
- Neben die Werbungskostenpauschalen bzw. -abzüge treten – allerdings nur bei den Einkünften aus selbstständiger und aus abhängiger Beschäftigung, also bei Erwerbseinkommen – „Zusatzfreibeträge", bezogen auf den Teil des Bruttoeinkommens, der 100,00 € übersteigt: Im Einkommensbereich bis zu 800,00 € monatlich 20 %, darüber 10 %; die Obergrenze beträgt für Hilfebedürftige ohne Kinder 1.200,00 €, mit mind. einem Kind (gleich ob dies Mitglied der Bedarfsgemeinschaft ist) 1.500,00 €.

639
- Folgende **Beispiele** sollen das Zusammenspiel aus Werbungskostenfreistellung und weiteren Zusatzfreibeträgen erläutern:
- Bei einem Brutto-Erwerbseinkommen bis zu 100,00 € erfolgt insgesamt eine komplette Freistellung, da bis zu 100,00 € als Werbungskostenpauschale ohne weitere Nachweise anerkannt werden.
- Bei einem Brutto-Erwerbseinkommen von bspw. 300,00 € addieren sich die Werbungskostenpauschale von 100,00 € und der Zusatzfreibetrag von 20 % des 100,00 € übersteigenden Brutto-Einkommens (also 20 % von 200,00 € = 40,00 €) auf gesamt 140,00 €.
- Bei einem Brutto-Einkommen von 1.200,00 € (netto sind dies ca. 890,00 €, also der aktuelle notwendige Selbstbehalt eines Erwerbstätigen nach der Düsseldorfer Tabelle) und Inanspruchnahme lediglich der Werbungskostenpauschale von 100,00 € erfolgt zusätzliche Freistellung i.H.v. 180,00 € (20 % des Einkommensbereichs zwischen 100,00 € und 800,00 €, 10 % des darüber hinausgehenden Einkommens), sodass Gesamtfreistellung i.H.v. 280,00 € stattfindet. Angerechnet würde also das um 280,00 € geminderte Netto (890,00 €), also 610,00 €, sodass aufstockendes ALG II auch beim notwendigen Selbstbehalt in Betracht kommt.

640 Die tatsächliche Anrechnung auf den ALG II-Anspruch bezieht sich jedoch stets auf das Netto-Einkommen. Hierzu folgendes Beispiel, das zugleich die Inanspruchnahme konkreter, nachgewiesener, über 100,00 € hinausgehender Werbungskosten zeigt:

Beispiel:

Bei einem bisherigen Anspruch auf ALG II i.H.v. 750,00 € nimmt der Betroffene eine pflichtversicherte Tätigkeit mit einem Brutto-Arbeitsentgelt von 850,00 € auf (Steuerklasse I, ohne Kind). Steuern sind nicht zu entrichten, Sozialversicherungsbeiträge i.H.v. 187,01 €. Er kann weitere Werbungskosten i.H.v. konkreten 177,00 € (z.B. in Gestalt von Fahrtkosten) nachweisen, sodass sich sein Netto-Erwerbseinkommen auf 485,99 € beläuft. Hiervon wird ein Zusatzfreibetrag i.H.v. 145,00 € freigestellt (20 % des Brutto-Arbeitseinkommens zwischen 100,00 € und 800,00 €, also 140,00 €, und 10 % der übersteigenden 50,00 €, also weitere 5,00 €; der Grundfreibetrag von 100,00 € wird nicht zusätzlich gewährt, da ja konkrete Wer-

---

402 Ein sechzigstel der steuerlichen Pauschale, § 3 Abs. 1 Nr. 3 lit. a) ALG II-VO.
403 Da ALG II-Bezieher wie rentenversicherungspflichtige Personen behandelt werden, können sie auch einen Riester-Vertrag neu abschließen.

bungskosten i.H.v. 177,00 € nachgewiesen wurden). Es ergibt sich demnach ein Anrechnungsbetrag von 485,99 – 145,00 = 340,99 €, sodass sich das ALG II nach Anrechnung noch auf 409,01 € beläuft. Die Gesamteinkünfte des Leistungsbeziehers betragen nunmehr 409,01 € ALG II + 485,99 € Netto-Einkommen nach Steuern, Sozialabgaben und Werbungskosten, gesamt also 895,00 €.

Es ist fraglich, ob die intendierte Anreizwirkung (bei einem Anstieg der Gesamteinkünfte von 750,00 € auf lediglich 895,00 €!) dadurch noch erreicht wird. (I.R.d. Sozialhilfe existierte ein Grundfreibetrag von 165,00 €/Monat, bei Einkünften über 691,00 €/Monat wurde jeder weitere Euro angerechnet.)

(Nach der bis zum 30.09.2005 geltenden Fassung des § 30 SGB II wurden bei einem Monatsbruttolohn bis zu 400,00 € 15 % des um die Absetzbeträge bereinigten Einkommens aus Erwerbstätigkeit, vom übersteigenden Teil bis zu brutto 900,00 € 30 %, darüber hinaus bis brutto 1.500,00 € wiederum 15 %, das aus dem über 1.500,00 € liegenden Bruttolohneinkommen resultierende Nettoverdienst wird voll angerechnet. Zur Vereinfachung der Anrechnungsfreistellung war nach der ALG II-VO eine einheitliche Nettoquote für alle Bruttoverdienststufen zugrunde zu legen, identisch dem Verhältnis des Gesamtnettolohns zum Gesamtbruttolohn.)[404]

Ein **Verlustausgleich** zwischen verschiedenen Einkommensarten kommt allerdings nicht in Betracht;[405] nicht abzugsfähig sind ferner Schulden, Abzahlungsverpflichtungen und Unterhaltsbelastungen (soweit nicht tituliert oder in notarieller Vereinbarung enthalten, § 11 Abs. 2 Satz 1 Nr. 7 SGB II; s. Rdn. 635).[406]

641

Laufende Einnahmen sind stets für den Monat zu berücksichtigen, in dem sie zufließen (Ende Dezember 2004 bezogene Arbeitslosenhilfe und Arbeitseinkommen also nicht für Januar 2005, auch wenn sie dann noch vorhanden ist). Einmalige Einnahmen (Urlaubs- oder Weihnachtsgeld, Steuerrückerstattungen)[407] sind seit dem 01.10.2005 erst ab dem Folgemonat auf „einen angemessenen Zeitraum aufzuteilen" (§ 1 Abs. 3 ALG II-VO).

642

Ist in einer Bedarfsgemeinschaft nicht der gesamte Bedarf aus eigenen Mitteln gedeckt, gilt jedes Mitglied im Verhältnis des eigenen Bedarfs zum Gesamtbedarf als hilfebedürftig. Es wird also eine prozentuale Einkommensumverteilung vorgenommen, soweit ein Mitglied (z.B. ein minderjähriges Kind) über Einkommen (z.B. Kindergeld und Unterhalt des anderen Elternteils) verfügt, das seinen Bedarf (Sozialgeld und, nach Köpfen, anteiliger Betrag des Wohnbedarfs) übersteigt. Das verbleibende zu berücksichtigende Einkommen mindert zunächst die Leistungen der Agentur für Arbeit (z.B. das Sozialgeld), soweit darüber hinaus ein **Einkommensüberhang** verbleibt, mindert dieser die vom kommunalen Träger zu erbringenden, auf dieses Mitglied anteilig entfallenden (v.a. Unterbringungs-) Leistungen.

643

---

404 Beispiel nach *Kopp*, NWB Fach 27, S. 5970: Bei einem Bruttolohn des Partners von 1.500,00 € ergibt sich nach Abzug der Steuern (147,00 €), Pflichtbeiträge zur Sozialversicherung (318,00 €), des Pauschbetrags für Versicherungen (30,00 €), der tatsächlichen Kfz-Versicherung (30,00 €), der tatsächlichen Werbungskosten (75,00 €) ein Netto-Einkommen von 900,00 €, also 60 %. Unberücksichtigt bleiben davon von den ersten brutto 400,00 € 60 % aus 15 %, also gesamt 9 %, vom Bruttolohn zwischen 400,00 € und 900,00 € 60 % aus 30 %, also gesamt 18 %, vom verbleibenden Bruttolohn zwischen 900,00 € und 1.500,00 € wiederum 60 % aus 15 %, also 9 %, gesamt also 180,00 €, sodass das Partnereinkommen mit 720,00 € anzusetzen ist.
405 BSG, SozR 3-4100, § 138 SGB III Nr. 7.
406 *Bubeck/Sartorius*, ZAP Fach 18, S. 857, 868.
407 Wie das BVerwG (BVerwGE 108, 296 ff., zum BSHG) wertet das BSG, 16.12.2008 – B 4 AS 48/07 R, info also 2009, 134, die Steuererstattung als Vermögen, nicht als Einkommen.

d) Vermögen

644 Zum zu berücksichtigenden **Vermögen** zählt der gesamte zu Beginn des Zeitraums vorhandene[408] Bestand an Sachen oder Rechten[409] in Geld oder Geldeswert, und zwar zunächst ohne Berücksichtigung von Schulden, es sei denn, diese lasten unmittelbar auf dem betreffenden Vermögenswert (Grundpfandrechte!); andernfalls sind sie lediglich i.R.d. Prüfung der Zumutbarkeit einer Verwertung einzubeziehen.[410]

645 Dabei bleiben naturgemäß – wie bei der Sozialhilfe – aus tatsächlichen oder rechtlichen Gründen **nicht verwertbare Positionen** (z.B. aufgrund nicht befreiter Vorerbschaft/Testamentsvollstreckung) außer Betracht (§ 12 Abs. 1 SGB II). Die Rechtslage ist mit § 90 Abs. 1 SGB XII identisch, sodass auf die dortigen Ausführungen (auch zur Frage der Verwertbarkeit vormerkungsbelasteten Erwerbs, Rdn. 430) verwiesen werden kann. Relevant sind demnach folgende Fallgruppen:
- gesetzliche Verwertungsausschlüsse (§ 21 Abs. 2 des Gesetzes über die Errichtung der Stiftung „Hilfswerk für behinderte Kinder" etc.);
- Sachen im Eigentum eines Dritten ohne verwertbaren Rückübertragungsanspruch aus einer Sicherungsübereignung;[411]
- Rechte, die einem Dritten zustehen, auch wenn der Hilfesuchende begünstigt ist (z.B. Lebensversicherung die auf den Namen des Betriebs geführt wird;[412]
- wirksame Abtretung oder Verpfändung eines Anspruchs (etwa einer Lebensversicherung, die auf diese Weise zur Tilgung eines Immobiliendarlehens eingesetzt werden muss);

646
- Verwertungsbeschränkungen i.R.d. Altersvorsorge, z.B. bei Direktversicherungen (§ 2 BetrAVG: vor Eintritt des Versorgungsfalls keine Möglichkeit der Beleihung, Verpfändung, Abtretung oder des Erhalts des Rückkaufswerts durch Kündigung) und bei der sog. Rürup-Rente (§ 10 Abs. 1 Nr. 2 lit. b) EStG: nicht vererblich, nicht übertragbar, nicht beleihbar, nicht kapitalisierbar);[413]
- nicht aufhebbare Beschränkung des Inhabers in der Verfügung, z.B. Mietkautionssparbuch in der Hand des Vermieters (§ 808 BGB!);
- aus rechtlichen Gründen bestehende Verfügungsbeschränkungen, etwa aus Vorerbschaft oder Testamentsvollstreckung.

647 Rein faktische Verwertungserschwernisse, wie etwa vorbehaltene Nießbrauchsrechte, können – ja nach Marktlage und Dauer der Unverkäuflichkeit – nach der Rechtsprechung des BSG

---

[408] Zum Einkommen zählt dagegen der während des Zeitraums stattfindende Zuwachs, bis zum Beginn des nächsten Zahlungszeitraums (Monats), vgl. Anwendungsempfehlungen der BfA Nr. 12.2. – also auch Lottogewinne, Steuererstattungen und die Eigenheimzulage.
[409] Also auch der Rückforderungsanspruch aus § 528 BGB, vgl. Anwendungsempfehlungen der BfA Nr. 12 („sofern der erwerbsfähige Hilfebedürftige bzw. dessen Ehegatte/Partner ohne die Schenkung nicht bedürftig wäre").
[410] BSGE 87, 143 ff.; a.A. *Mecke*, in: Eicher/Spellbrink, SGB II, § 12 Rn. 14 f.
[411] OVG Nordrhein-Westfalen, FEVS 47, 123.
[412] Arbeitslosenzeitung „quer" 3/2003, S. 25.
[413] Vgl. Anwendungsempfehlungen der BfA Nr. 12.6 und 12.7.

(Rdn. 434 ff.) u.U. zu zu „unverwertbarem Vermögen" führen.[414] Teilweise gehen aber die Grundsicherungsträger davon aus, hinsichtlich des einzusetzenden Vermögensanteils (Wert des durch Wohnungsrecht/Nießbrauch anderweit genutzten Gebäudeteils) scheide nicht die Verwertung dem Grunde nach, sondern nur die „sofortige Verwertung" wegen der Vorbehaltsnutzung aus, und gewähren ein Darlehen i.H.d. ALG II, das durch Grundpfandrecht zu sichern sei.[415]

Gleiches gilt für Vermögenswerte, deren **sofortige Verwertung offensichtlich unwirtschaftlich wäre oder eine unbillige Härte bedeuten würde** (§ 12 Abs. 3 Satz 1 Nr. 6 SGB II). Letzteres geht über § 90 Abs. 3 Satz 1 SGB XII, wo lediglich auf die besondere Härte abgestellt wird, und über § 1 Abs. 3 Nr. 6 Arbeitslosenhilfeverordnung 2002, wo lediglich die offensichtliche Unwirtschaftlichkeit genannt wird, hinaus. Die Bedeutung dieses Auffangtatbestands wird in dem Maß abnehmen, in dem der Verordnungsgeber (gem. § 13 Satz 1 Nr. 2 SGB II) weitere Vermögensgegenstände von der Berücksichtigung ausnimmt, was in § 7 Abs. 1 der ALG II-VO v. 17.12.2007 für die zur Berufsausbildung oder Erwerbstätigkeit benötigten Gegenstände bereits geschehen ist.

648

Eine **offensichtliche**, also sich aufdrängende **Unwirtschaftlichkeit** ist anzunehmen, wenn der zu erwartende **Netto-Erlös** (Brutto-Erlös abzgl. Verwertungskosten) erheblich unter dem tatsächlichen derzeitigen Wert liegt, z.B. bei erheblicher Abweichung des Verkehrswerts eines gebrauchten Gegenstands von seinem Gebrauchswert[416] oder bei aktuell geringen Erlösen wegen des aktuellen Überangebots nicht selbst genutzter landwirtschaftlicher Flächen.[417] In der Praxis der BfA[418] ist eine Verwertung von Sachen oder Rechten nicht offensichtlich unwirtschaftlich, falls der zu erwartende Netto-Erlös um max. 10 % unter dem Substanzwert (Verkehrswert bzw. Summe der Einzahlungen zuzüglich bisheriger Erträge) gelegen hat. Bei einem Verlust von mehr als 10 % dürfte also umgekehrt offensichtlich Unwirtschaftlichkeit angenommen werden, etwa bei Verwertung „**junger Lebensversicherungen**" (hohe Abschlusskosten und Stornoreserven) oder bei Verwertung von **Kapital-Lebensversicherungen** kurz vor der Endfälligkeit, da der Rückkaufswert deutlich hinter dem zu erwartenden Endauszahlungsbetrag zurückbleibt.[419] Gleiches dürfte gelten für **vermögenswirksam angelegte Vermögenswerte**.[420] Die Rechtsprechung wendet die 10 % Grenze dagegen nur auf Finanzwerte mit objektiv feststellbarem „Substanzwert" an, während bei anderen Gegenständen (z.B. Erbteilen) die Unwirtschaftlichkeit erst bei

649

---

414 A.A. zuvor VG Gießen, DNotZ 2001, 784 m. abl. Anm. *J. Mayer*; ebenso VG Karlsruhe, 14.01.2004 – 10 K 1353/03, BeckRS 2004, 20608. In dieselbe Richtung BGH, 07.11.2006 – XZR 184/04, NJW 2007, 60: Mit Rückforderungsvorbehalt und Nießbrauch belastetes Vermögen ist, da nur zeitweise in der Verwertung gehindert, geeignet, die Verarmung i.R.d. § 528 BGB zu beseitigen.
415 Gestützt auf die Mitwirkungspflicht nach § 60 Abs. 1 Satz 1 Nr. 3 SGB I. Bei lediglich „darlehensweiser Gewährung" besteht allerdings keine Kranken- und Pflegepflichtversicherung, sodass Krankenhilfe nach dem SGB XII in Betracht kommt.
416 *Ebsen*, in: Gagel, SGB III, § 193 Rn. 193 ff.
417 Anwendungsempfehlungen zu § 12 SGB II Nr. 12.37a; ferner kann die Verwertung eine unbillige Härte begründen, wenn keine andere Alterssicherung vorhanden ist (Nr. 12.38).
418 Dienstanweisung zu § 193 SGB III Rn. 17; Anwendungsempfehlungen zu § 12 SGB II Nr. 12.37.
419 A.A. die Anwendungsempfehlungen der BfA § 12.37a, die im letzten Fünftel der Laufzeit einer Lebensversicherung regelmäßig den Rückkauf (oder die Beleihung) für wirtschaftlich ansehen.
420 *Hammel*, ZfS 1997, 295 ff.

einer „Verschleuderung" erreicht sei; das bei weiterem Zuwarten künftige Wertsteigerungen zu erwarten seien, bleibt dabei außer Betracht.[421]

650 Allerdings ist die Verwertung **langfristig angelegten Gelds** nicht deshalb unwirtschaftlich, weil damit Zinsverluste verbunden sind, ebenso wenig die Auflösung von **Bausparverträgen**, wenn damit ein Verlust der Bausparprämie oder der Arbeitnehmer-Sparzulage einhergeht,[422] oder die Verwertung **kursabhängiger Anlagen** (z.B. Aktien) auch bei früher höheren Einkaufskursen.[423] Ggf. kann die Beleihung verlangt werden (z.B. Prämiensparvertrag).[424]

651 Die „**besondere Härte**" dürfte zur Vermeidung von Wertungswidersprüchen ggü. dem Sozialhilferecht zu lesen sein wie die „schlichte Härte" i.S.d. § 90 Abs. 3 Satz 1 SGB XII, sodass die dazu ergangene Rechtsprechung Anwendung finden kann. Zu denken ist etwa an Bestattungs- und Grabpflegeguthaben, Abfindungszahlungen eines Arbeitgebers wegen Verlusts des Arbeitsplatzes in den gesetzlichen Grenzen oder an ein unangemessenes Hausgrundstück bei Eltern, die ihre querschnittsgelähmte Tochter unter großen Anstrengungen jahrelang gepflegt haben.

652 Zum **Schonvermögen** (dessen Verwertung auch nicht im Wege der Vermietung oder Beleihung verlangt werden kann) zählt gem. **§ 12 Abs. 3 Satz 1 Nr. 4 SGB II** (ähnlich wie in § 90 Abs. 2 SGB XII) das (dauerhaft)[425] selbst[426] genutzte **Hausgrundstück**[427] oder die selbst genutzte Eigentumswohnung von angemessener Größe (im Wege des Erst-Recht-Schlusses demnach auch das Dauerwohnrecht gem. § 31 WEG und Wohnungsrechte, sofern sie überhaupt wegen § 1092 Abs. 1 Satz 2 BGB verwertbar sind).[428] Etwa ein Viertel der Arbeitslosenhaushalte wohnt in den eigenen vier Wänden.[429] Als Schwellengröße maßgeblich waren nach bisheriger Praxis[430] und

---

421 LSG Hamburg, 31.05.2007 – L 5 AS 42/06, ZEV 2008, 544.
422 VGH Baden-Württemberg, info also 1998, 222.
423 Andernfalls würde der Grundsicherungsträger das Risiko solcher naturgemäß kursabhängiger Anlagen zu übernehmen haben (Anwendungsempfehlungen der BfA § 12.37a).
424 OVG Nordrhein-Westfalen, FEVS 45, 362.
425 Also nicht schlichte Ferienhäuser oder „Datschen" – Letztere liegen allerdings, da sie häufig hohen Liebhaberwert jedoch geringen Verkehrswert haben, oft unter dem Vermögensfreibetrag der Bedarfsgemeinschaft. Nr. 12.8 und 12.29 der Anwendungsempfehlungen der BfA geht davon aus, dass Kleingärten und Lauben i.S.d. § 3 Abs. 2 BKleingG „in der Regel nicht verwertbar" seien.
426 Maßgeblich ist (wohl) die Nutzung durch die Bedarfsgemeinschaft des § 7 Abs. 3 SGB II (*Mecke*, in: Eicher/Spellbrink, SGB II, § 12 Rn. 69), nicht allein der Einsatzgemeinschaft des § 9 Abs. 2 SGB II, möglicherweise jedoch auch der Haushaltsgemeinschaft des § 9 Abs. 5 SGB II.
427 Geschützt ist dadurch nicht die Immobilie als Vermögenswert, sondern die Wohnung als vorhandener Lebensmittelpunkt, BSGE 49, 30. Daher kann es zur Privilegierung angemessen kleiner Luxuswohnungen kommen.
428 *Ebsen*, in: Gagel, SGB III, § 193 Rn. 174 (Stand: Dezember 2003) zur früheren Sozialhilfe.
429 Nach Angabe des statistischen Bundesamtes 23 % in den alten, 24,6 % in den neuen Ländern. Der Wert dieser Immobilien lag in den neuen Ländern überwiegend unter 50.000,00 € (28 %); zwischen 50.000,00 € und 100.000,00 €: 22 %, zwischen 100.000,00 € und 150.000,00 €: 16 %, zwischen 150.000,00 € und 200.000,00 € 13 %; darüber: 14 %); in den alten Ländern überwiegend über 200.000,00 € (39 %; zwischen 150.000,00 € und 200.000,00 €: 15 %, zwischen 100.000,00 € und 150.000,00 € 16 %; zwischen 50.000,00 € und 100.000,00 € 14 %, unter 50.000,00 €: lediglich 6 %).
430 So bereits die Durchführungsanweisungen der BfA zu § 193 SGB III.

Rechtsprechung[431] die zu § 1 Abs. 3 Nr. 5 Arbeitslosenhilfeverordnung 2002 entwickelten Kriterien zur Wohnungsgröße und ggf. zur Grundstücksgröße (insoweit also ohne Berücksichtigung der im BSHG/SGB XII in Bezug genommenen weiteren sieben Kombinationsfaktoren, v.a. des Wertes[432] und der Ausstattung, was zu einer oft unverständlichen Privilegierung führt[433] und teilweise untergerichtlich durch Betonung des Elements der „Angemessenheit" in Richtung auf eine Wertprüfung korrigiert wird).[434]

Die „beanstandungsfreie" **Wohnfläche** des Familienheims richtete sich nach der bis zum 31.12.2001 geltenden Gesetzesfassung nach den Grenzwerten des II. WoBauG, beläuft sich also bei Familienheimen mit einer Wohnung auf 130 m², bei Eigentumswohnungen auf 120 m² (§ 39 Abs. 1 Nr. 1 und Nr. 3 II. WoBauG, vgl. im Einzelnen Rdn. 450). Das BSG[435] hat jedoch in Abkehr von der bisherigen Praxis diese Flächengröße in Abhängigkeit zur Personenzahl gesetzt, zum einen um eine gleichheitssatzwidrige Diskrepanz zu § 90 Abs. 2 Nr. 8 SGB XII (wo die Personenzahl zu berücksichtigen ist, vgl. Rdn. 449) zu vermeiden, zum anderen aufgrund der ratio des § 12 Abs. 3 Nr. 4 SGB II, welche nicht dem Schutz der Immobilie als Vermögensgegenstand, sondern der Sicherung des Grundbedürfnisses „Wohnen" diene. Demnach gilt als noch angemessen:

653

- für 1-[436] oder 2-Personenhaushalt 90 m²,
- für 3-Personenhaushalt 110 m²,
- für 4-Personenhaushalt 130 m²,
- für 5- oder mehr Personenhaushalt jeweils 20 m² mehr
- (für Eigentumswohnungen jeweils 10 m² weniger).

Die Wohnflächen sind nach der WohnflVO zu berechnen, sodass sich der rechtzeitige „Rückbau" eines nicht mehr genutzten Schlafzimmers im Keller in eine Waschküche lohnt. Noch offen ist, ob in Sonderfällen (etwa Kinderzimmer für die nunmehr ausgezogenen Kinder) Ausnahmen denkbar sind.[437]

Hinsichtlich der „Ausgabenseite" (Kosten der Unterkunft) gelten jedoch die geringeren Flächengrößen der Mietförderung (vgl. Rdn. 680).

Bei einem **Miteigentumsanteil** an einem Hausgrundstück ist zur Beurteilung der Wohnungsgröße nur der tatsächlich bewohnte Gebäudeteil heranzuziehen, wenn die Nutzung des Hilfe-

654

---

431 LSG Baden-Württemberg, 01.08.2005 – L 7 AS 2875/05 ER B; LSG Bayern, 21.04.2006 – L 7 AS 1/05; LSG Niedersachsen-Bremen, 08.06.2006 – L 7 AS 443/05 ER; so auch BSG, 17.12.2002 – B 7 AL 126/01 R, DStR 2004, 1929; abschwächend SG Augsburg, 04.10.2005 – S 1 AS 365/05, bestätigt durch das BSG, 07.11.2006 – B 7b AS 2/05 R, NZS 2007, 428: jedenfalls 80 m² Wohnfläche sind für eine einzelne Person nicht unangemessen groß.
432 So ausdrücklich LSG Baden-Württemberg, 01.08.2005 – L 7 AS 2875/05, NJW 2006, 719.
433 Vgl. Frankfurter Allgemeine Sonntagszeitung Nr. 45/2006 v. 12.11.2006, S. 45.
434 SG Koblenz, 03.05.2007 – S 11 AS 187/06.
435 BSG, 07.11.2006 – B 7b AS 2/05 R, NZS 2007, 428.
436 Da die zeitnahe Aufnahme eines Partners stets möglich bleiben soll.
437 So *Christian Link*, wiss. Mitarbeiter am BSG, in SZ Nr. 51/2007 (02.03.2007), S. V 2/1.

empfängers auf einen seinem Miteigentumsanteil entsprechenden Teil des Anwesens beschränkt ist;[438] anders liegt es, wenn der Miteigentümer das gesamte Anwesen mitbenutzen darf.

Gleiches gilt bei **Gesamthandseigentum**, bspw. einer Erbengemeinschaft, sofern der Nachlass im Wesentlichen aus einem Wohnhausgrundstück besteht.

655 Ähnlich wird bei **vorbehaltenen Nutzungen** zu differenzieren sein (wobei der Totalvorbehalt bereits zum Wegfall des Merkmals „selbst genutzt" führt![439]): Die vom Nutzungsvorbehalt (Wohnrecht/Nießbrauchsrecht ggf. hinsichtlich seiner schuldrechtlichen Ausübungsbeschränkung) erfassten Räume zählen mangels Eigennutzung zum anzurechnenden Vermögen, wenngleich unter Wertabzug des Nutzungsvorbehalts (anders, wenn die Bedarfsgemeinschaft des ALG II-Beziehers nur tatsächlich einen Teil des Gesamtobjekts nutzt, obwohl eine Gesamtnutzung rechtlich möglich wäre: Die Leerfläche zählt zum eigengenutzten Teil und wird dort in die Größenprüfung einbezogen; Nebenflächen des Wohnens, z.B. Abstellräume, Garagen, bleiben jedoch insgesamt außer Betracht.)

656 Wird der Rest des Gebäudes durch Dritte genutzt, bleibt lediglich der Wert des durch die Bedarfsgemeinschaft genutzten Gebäudeteils, sofern die Angemessenheit nicht überschreitend, geschont. Der Wert der verbleibenden Gebäudeteile, gleich ob durch Dritte aufgrund Miete, Wohnungsleihe, zugewendeten oder vorbehaltenen Nutzungsrechts genutzt, zählt jedoch zum Vermögen (im Fall vorbehaltenen Nutzungsrechts wie auch etwaiger objektbezogener Belastungen in Abt. III jedoch um jene gemindert). Soll demnach ein künftig sowohl vom Übergeber aufgrund vorbehaltenen Nutzungsrechts als auch vom Erwerber zu nutzendes Objekt übergeben werden, würde die (Teil-) Anrechnung nur dadurch zu vermeiden sein, dass lediglich ein dem künftig erwerbergenutzten Wertanteil entsprechender Miteigentumsanteil überlassen und dabei eine entsprechende Nutzungsabrede (ggf. auch nur schuldrechtlich, vorzugsweise jedoch nach § 1010 BGB) getroffen wird.

657 Ist das **Anwesen unangemessen groß**, also die Grenze der Privilegierung überschritten, muss zunächst geprüft werden, ob eine getrennte Veräußerung der Überfläche möglich ist, d.h. diese nach WEG als abgeschlossene Einheiten gebildet werden können. In diesem Fall werden keine Leistungen gewährt, unabhängig von der Liquidität des einzusetzenden Vermögens.[440] Gleiches gilt bei Übergrößen des Grundstücks, auch wenn die Mehrfläche nicht selbstständig bebaubar ist (dieser Umstand hat nur Auswirkung auf den Verkehrswert), es sei denn aufgrund Marktsättigung (wie in zahlreichen regionalen Märkten) ist die Mehrfläche objektiv unverkäuflich.[441] Ist die Teilveräußerung entweder rechtlich (mangels Abtrennbarkeit der Wohnung) oder objektiv (mangels Marktes) nicht möglich und scheidet auch eine Beleihung der Immobilie (begrenzt auf den Verkehrswert der Überfläche) mangels Erlangbarkeit eines Kredits aus, mutet die Gesetzesanwendung allerdings (anders als im Sozialhilferecht) dem prospektiven Grundsicherungsempfänger einen Gesamtverkauf der i.Ü. eigengenutzten Immobilie nicht zu. Vielmehr rechnet

---

438 Vgl. hierzu BVerwG, MittRhNotK 1993, 137.
439 Selbst wenn der Vorbehaltsnießbraucher den Eigentümer im Objekt wohnen lässt, liegt keine „Selbstnutzung" vor: Er nutzt als Mieter (dann ist diese, soweit angemessene, ALG II-fähig nach § 22 SGB II) oder als Begünstigter einer Wohnungsleihe (dann ist der Geldwert der Nutzung gem. § 11 als „Einnahme in Geldeswert" anzusetzen).
440 Vgl. Anwendungsempfehlungen der BfA zu § 12 SGB II, Anlage 1 Fall 1 zu Rn. 12.27.
441 Vgl. Anwendungsempfehlungen der BfA zu § 12 SGB II, Anlage 1 Fall 3 zu Rn. 12.27.

die bisherige Praxis den fiktiven Erlös aus der Vermietung der „Übergröße" (i.H.d. ortsüblichen Miete, ggf. nach Maßgabe der SozialversicherungsentgeltVO [Rdn. 470] 3,45 € bzw. 2,80 € je m² und Monat für Wohnungen mit/ohne Zentralheizung) als (tatsächlich allerdings fiktives) Einkommen an.[442] Für diese Privilegierung ggü. der Vollanrechnung spricht, dass – anders als im Sozialhilferecht – Ziel dieser objektbezogenen Vermögensfreistellung nicht der Schutz einer gewünschten Investition in angemessener Höhe ist, sondern die Bewahrung vor dem Zwang zur Aufgabe der eigenen Wohnung als Lebensmittelpunkt.[443]

Ist (angesichts des fiktiven Charakters des anzurechnenden Einkommens) gleichwohl notwendiger („unabweisbarer") Bedarf nicht zu decken, werden ALG II-Leistungen (wohl gem. § 23 Abs. 1 SGB II[444] „nicht auf andere Weise zu decken") wiederum als **Darlehen** gewährt. Zur Besicherung solcher Darlehen lassen sich die Träger der Grundsicherung für Arbeit Suchende in der Praxis durch sog. „Sicherungsvertrag" z.B. die künftigen Zahlungsansprüche aus einer Veräußerung des Objekts abtreten, um angesichts der kurzen Laufzeit solcher Darlehen (z.B. 9 Monate) keine Grundbucheintragung auszulösen. 658

Hinsichtlich der **Grundstücksgröße** gelten Grenzen von ca. 500 m² im städtischen, 800 m² im ländlichen Bereich.[445] Bei Eigentumswohnungen bleibt die im Gemeinschaftseigentum stehende Grundstücksfläche außer Betracht; zu berücksichtigen sind allenfalls Flächen, die dem jeweiligen Sondereigentum als Sondernutzungsrecht zur ausschließlichen Inanspruchnahme zugewiesen sind. Problematisch ist die Rechtslage, wenn sich ein Haus von angemessener Größe auf einem unangemessen großen Grundstück befindet. Während die BfA in ihren Durchführungsanweisungen zu § 193 SGB III hier die Angemessenheit insgesamt verneint, also die Teilveräußerung der übergroßen Grundstücksfläche bzw. deren Anrechnung (ohne Abzug der Vermessungskosten) als einsatzpflichtiges Vermögen verlangte – sofern das relevante Gesamtvermögen samt dem Wert des abzutrennenden Grundstücksteils die zustehenden Freibeträge übersteigen würde –, neigt die Rechtsprechung[446] dazu, allein auf das Gebäude abzustellen. Ist das Objekt jedoch insgesamt von unangemessener Größe, steht der Anrechenbarkeit nicht entgegen, dass es wegen der Belastungen einen geringeren Verkehrswert hätte als ein unbelastetes Objekt von angemessener Größe. 659

Ist die sofortige Verwertung an sich zu berücksichtigenden Vermögens nicht möglich oder mit besonderer Härte verbunden, werden Leistungen dann ggf. als **Darlehen** i.S.d. § 23 Abs. 5 SGB II gewährt, dessen Satz 2 nunmehr auch einen Anspruch auf dingliche Sicherung gewährt.[447] 660

---

442 Durchführungsanweisung der BfA zu § 193 Rn. 13, 14 und zu § 12 SGB II Rn. 12.27 Fall 2: Es sei nicht zumutbar, den Verkauf des unangemessen großen und Neuerwerb eines angemessen kleineren Eigenheims zu verlangen, ebenso SG Berlin, info also 2004, 164.
443 *Ebsen*, in: Gagel, SGB III, § 193 Rn. 186.
444 Anderer Anwendungsfall gem. LSG Niedersachsen-Bremen, 19.08.2005 – L 7 AS 182/05 ER: Übernahme von Rückständen an Haushaltsenergiekosten.
445 Strenger die früheren Empfehlungen des Deutschen Vereins für öffentliche und private Fürsorge (NDV 1992, 141, Rn. 54), die bei Reihenhäusern bis zu 250 m², bei Doppelhaushälften oder Reihenendhäusern bis zu 350 m² und bei freistehenden Einfamilienhäusern nur bis zu 500 m² Grundstücksgröße noch als angemessen werten.
446 SG Berlin, 30.01.2004 – S 58 AL 490/03, info also 2004, 164; differenzierend *Ebsen*, in: Gagel, SGB III, § 193 Rn. 182 ff. zur früheren Sozialhilfe.
447 Ebenso wie § 91 Satz 2 SGB XII, jedoch abweichend von der seit 01.04.2006 aufgehobenen Vorgängernorm des § 9 Abs. 4 Satz 2 SGB II a.F., vgl. SG Detmold, NotBZ 2005, 415.

661 Weiterhin gehört gem. § 12 Abs. 3 Satz 1 SGB II Vermögen, das nachweislich zur baldigen Beschaffung und Erweiterung eines Hausgrundstücks angemessener Größe bestimmt ist, allerdings nur soweit dieses zu Wohnzwecken behinderter oder pflegebedürftiger Angehöriger[448] dienen soll (§ 12 Abs. 3 Satz 1 Nr. 5 SGB II) zum **Schonvermögen**. Nach den Durchführungshinweisen der BfA (Nr. 12.31) sind hierfür Bau- und Finanzierungspläne vorzulegen und Kaufvertragsabschluss/Baubeginn sollte innerhalb eines Jahres erfolgen.

662 Ferner (über das Sozialhilferecht hinausgehend):
- der angemessene Hausrat (§ 12 Abs. 3 Satz 1 Nr. 1 SGB II);
- ein angemessenes[449] Kfz für jedes erwerbsfähige hilfebedürftige Mitglied der Bedarfsgemeinschaft (§ 12 Abs. 3 Satz 1 Nr. 2 SGB II): Ist das Fahrzeug unangemessen aufwendig, geht es nur mit dem nach Abzug des Erwerbskredits und von 5.000,00 €,[450] nach Ansicht des BSG 7.500,00 €[451] Angemessenheitsgrenze verbleibenden Betrag in die Vermögensermittlung ein. Die Wertermittlung soll mit den im Internet angebotenen Programmen erfolgen. Die Rechtsprechung weicht allerdings das starre Wertkriterium auf.[452]

663
- bei nicht gesetzlich rentenversicherten Personen angemessene Vermögensgegenstände zur Altersvorsorge (§ 12 Abs. 3 Satz 1 Nr. 3 SGB II):[453] Hierzu zählen Selbstständige, angehöriger berufsständischer Versorgungswerke, frühere Beamte sowie Personen, die ehemals eine befreiende private Renten- oder Lebensversicherung abgeschlossen haben. Die Zweckwidmung kann sich aus glaubhaftem Vortrag ergeben; es ist also keine Bindung gegen anderweitige Verwendung, wie etwa bei der Rürup-Rente des § 10 Abs. 1 Nr. 2 lit. b) EStG erforderlich. Erforderlich sind lediglich die subjektive Zweckbestimmung des Anlegers sowie objektive Begleitumstände, die damit in Einklang zu bringen sind.[454] (Über die Härtefallregelung des § 12 Abs. 3 Nr. 6 SGB II werden nach der Gesetzesbegründung weiter Fälle erfasst, in denen ein ALG II-Bezieher mit ungenügender gesetzlicher Absicherung, etwa wegen Unterbrechung aufgrund Freiberuflichkeit, kurz vor Erreichen des Rentenalters höhere private Altersvorsorge auflösen müsste. Auch bei vorhandener, wenngleich geringer, gesetzlicher Rente sind also weitere Vermögensbeträge im Einzelfall freizustellen).

---

448 I.S.d. § 16 Abs. 5 SGB X, auch wenn sie nicht zur Bedarfsgemeinschaft zählen.

449 Wobei sich die Angemessenheit nach dem nunmehrigen Lebenszuschnitt richtet: statt Mercedes Cabrio für den früheren GmbH-Geschäftsführer „nur mehr" Golf.

450 So bereits die Verwaltungspraxis der BfA zum wortgleichen § 1 Abs. 3 Nr. 2 AlhiVO.

451 BSG, 06.09.2007 – B 14/7b AS 66/06 R, NWB 2009, 475 (abgeleitet durch Abzug von § 5 Abs. 1 Satz 1 KraftfahrzeughilfeVO, wo 9.500,00 € als angemessen bezeichnet werden).

452 SG Aurich, NJW 2005, 2030: Mittelklassewagen mit durchschnittlicher Motorisierung, der sich bereits vor der Arbeitslosigkeit im Eigentum befand, ist als Verkehrsmittel angesichts gestiegener Mobilitätsanforderungen angemessen und damit als Vermögen geschützt (Skoda Oktavia 105 PS, 1.600 ccm, im Juni 2003 als Neuwagen für 17.100,00 € erworben, bei Antragstellung Februar 2005 noch 9.900,00 € wert). Ist ein Behinderter auf Pkw mit Automatikgetriebe angewiesen – das im unteren Preissegment kaum angeboten wird – kann auch ein VW Beetle (Zeitwert 15.500,00 €) noch angemessen sein, SG Detmold, 21.06.2005 – 4 AS 17/05. Ohne solche Gründe ist jedoch ein Audi A3, Zeitwert 14.000,00 €, i.H.v. 7.000,00 € anzurechnen, da für 7.000,00 € zuverlässige neuere Gebrauchtwagen (Opel Corsa) angeboten würden (SG Aachen, 27.10.2005 – S 9 AS 31/05).

453 Damit wird die großzügige Rspr. des BSG zur Verwertungszumutbarkeit von Kapitallebensversicherungen i.R.d. § 6 Abs. 3 AlhiVO fortgeführt (die für die Sozialhilfe nicht gilt, BVerwG, NJW 2004, 3647).

454 BSG, NZS 1999, 199.

B. Grundsicherung

Hinzu treten gem. § 12 Abs. 2 SGB II als Schonvermögenstatbestände: 664

- Gem. § 12 Abs. 2 Satz 1 Nr. 1 SGB II ein **altersabhängiger Grundfreibetrag** i.H.v. je 150,00 € (vor 01.08.2006:[455] 200,00 €) je vollendetem[456] Lebensjahr des volljährigen Hilfebedürftigen und seines (Ehe-, Lebens-, eheähnlichen) Partners, mind. jedoch jeweils 3.100,00 € (vor 01.08.2006: 4.100,00 €) max. jeweils 9.750,00 € für Personen, die vor dem 31.12.1957 geboren sind, bzw. max. 9.900,00 € für zwischen 1958 und 1963 geborene, und 10.050,00 € für ab 1994 Geborene (bis zum 01.08.2006: max. 13.000,00 €), samt Übergangsvorschrift für vor dem 01.01.1948 Geborene.[457] Der Grundfreibetrag entspricht in seiner Funktion zum einen dem „kleineren Barbetrag" des § 90 Abs. 2 Nr. 9 SGB XII, ist jedoch – darüber hinausgehend – nicht auf bare Mittel beschränkt, sondern erfasst auch alle Vermögenswertbeträge, die nach Berücksichtigung der vorgängigen gegenständlichen Vermögensfreilassungen des § 12 Abs. 2 Nr. 2 bis Nr. 4 und Abs. 3 Satz 1 Nr. 1 bis Nr. 6 SGB II noch verbleiben.

Soweit also tatsächlich vorhandenes Bar- und Sparvermögen die kombinierten Grundfreibeträge nicht auffüllt, kann der freie Rest durch Überschusswerte (in Euro ausgedrückt) sonstiger Vermögenswerte ausgeglichen werden, gleich ob diese per se zweckgeschützt wären (Kfz, dessen Wert über 5.000,00 € liegt) oder nicht.

Beispiel:

Ist lediglich eine vermietete Eigentumswohnung im Wert von 70.000,00 € vorhanden, die noch i.H.v. 65.000,00 € tatsächlich belastet ist, steht der verbleibende „Wert" von 5.000,00 € der SGB II – Förderung bei einem 52-jährigen nicht entgegen.

Nicht ausgenutzte Freibeträge des einen können dem Partner gutgebracht werden und umgekehrt (allerdings findet keine Verrechnung der Freibeträge zwischen Eltern und minderjährigen Kindern – hierzu § 12 Abs. 2 Satz 1 Nr. 1a SGB II – statt!). Entgegen der ersten Gesetzesfassung kommt es auf die Erwerbsfähigkeit des volljährigen Mitgliedes der Bedarfsgemeinschaft nicht an.

Nicht in Bar- oder Buchgeld bestehende Gegenstände werden zum Verkehrswert umgewertet, wobei Wertveränderungen sowohl zugunsten als auch zulasten des Hilfebedürftigen zu beachten sind (§ 12 Abs. 4 Satz 3 SGB II). Steigt also bspw. ein Wertpapierdepot im Kurs nach Antragstellung über den Freibetrag, ist der Zuwendungsbescheid gem. § 48 Abs. 1 Satz 1 SGB X für die Zukunft aufzuheben, jedenfalls bis erneut Hilfebedürftigkeit i.S.d. § 9 Abs. 1 Nr. 2 SGB II eintritt. Ggf. kann der kommunale Gutachterausschuss im Wege der Amtshilfe um ein (gem. § 64 Abs. 2 Satz 1 SGB X kostenfreies)[458] Verkehrswertgutachten ersucht werden.

---

[455] Wer bereits am 01.08.2006 Grundsicherung für Arbeit Suchende erhält, dessen Vermögensverhältnisse werden erst mit Beginn des neuen Bewilligungszeitraumes geprüft. Wird der altersabhängige Grundfreibetrag überschritten, kann der Antragsteller binnen 2 Monaten den überschießenden Betrag als gem. § 168 Abs. 3 VVG 2008 geschütztes Schonvermögen sanktionsfrei „umschichten".

[456] Anzusetzen ab dem Monat der Vollendung des Lebensjahres. 9.750,00 € wird nie erreicht, da mit Vollendung des 65. Lebensjahres die Hilfeberechtigung endet (§ 7 Abs. 1 Satz 1 Nr. 1 SGB II).

[457] Die Übergangsvorschrift des § 65 Abs. 5 SGB II erhöht den Lebensaltersfreibetrag für Personen, die vor dem 01.01.1948 geboren sind, auf 520,00 €/Jahr, den Höchstbetrag auf 33.800,00 € (auch nach 01.08.2006 unverändert).

[458] BVerwG, NVwZ 1987, 1071.

665 • Gem. § 12 Abs. 2 Satz 1 Nr. 1a SGB II[459] ein **weiterer Grundfreibetrag** von 3.100,00 € (vor 01.08.2006: 4.100,00 €) für jedes hilfebedürftige minderjährige Kind. Auf die Frage, ob für über 15-jährige Kinder Erwerbsfähigkeit gegeben ist oder nicht kommt es nicht an. Jegliches Kindesvermögen, auch auf seinen Namen als Versicherungsnehmer abgeschlossene Ausbildungsversicherungen, sind durch diesen Freibetrag (und den weiteren gem. §§ 12 Abs. 2 Satz 1 Nr. 4 SGB II i.H.v. 750,00 €) geschützt. Eine Verrechnung nicht ausgenutzter Freibeträge im Verhältnis zwischen minderjährigen Kindern und im Verhältnis zwischen minderjährigen Kindern und ihren Eltern ist allerdings nicht möglich.

666 • **Altersvorsorgevermögen** gem. § 12 Abs. 2 Satz 1 Nr. 2 SGB II, die nach Bundesrecht gefördert sind (z.B. die Riester-Rente[460] und die Rürup-Rente[461] – beide sind in voller Höhe, samt Zuschlägen und Zinsen, freigestellt, bei der Riester-Rente zusätzlich die Beiträge beim Einkommen nicht zu berücksichtigen).

667 • **Altersvorsorgevermögen** gem. § 12 Abs. 2 Satz 1 Nr. 3 SGB II, das vor dem Eintritt in den Ruhestand[462] aufgrund vertraglicher Vereinbarung[463] nicht verwertbar ist, bis zu einem Wert der Ansprüche von **750,00 €** (bis zum 17.04.2010: je 250,00 €, bis zum 31.07.2006: je 200,00 €/) pro Lebensjahr des erwerbsfähigen Hilfebedürftigen und seines Ehegatten/ Lebenspartners, höchstens je 48.750,00 € für vor 1958 Geborene, 49.500,00 € für zwischen 1958 und 1963 Geborene, 50.500,00 € für ab 1964 Geborene (bis 17.04.2010 betrug der Maximalbetrag 16.250,00 €, bis zum 31.07.2006 13.000,00 €) je Person beträgt – ermittelt nach dem aktuellen Rückkaufswert).[464]

668 • Gem. § 12 Abs. 2 Satz 1 Nr. 4 SGB II ein weiterer **Freibetrag für notwendige Anschaffungen** i.H.v. 750,00 € für jeden Hilfebedürftigen der Bedarfsgemeinschaft (ohne Rücksicht auf dessen Erwerbsfähigkeit, also auch für jedes haushaltsangehörige Kind i.S.d. § 7 Abs. 3 Nr. 4 SGB II).

---

459 Eingefügt durch das Vierte Gesetz zur Änderung des SGB III; vgl. BT-Drucks. 15/3674, S. 29.

460 Im Jahr 2005 können je Person 2 % des Vorjahresbrutto-Einkommens, max. jedoch 1.050,00 € (ggf. durch freiwillige Aufzahlung), „hartzgeschützt" in einen riester-geförderten Vertrag einbezahlt werden, in den Jahren 2006 und 2007 bis zu 3 % bzw. 1.575,00 €, sodann bis zu 4 % bzw. 2.100,00 €. Die Zulagen belaufen sich in 2005 auf 76,00 € zzgl. 92,00 € Kinderzulage, für 2006/2007 auf 114,00 €/138,00 €, für 2008 auf 154,00 €/185,00 €. Die spätere Rente ist voll steuerpflichtig und wird zur gesetzlichen Krankenversicherung herangezogen.

461 Private kapitalgedeckte Leibrentenversicherung mit Steuerbegünstigung; Auszahlung ab 60. Lebensjahr ohne Kapitalisierungs-, Beleihungs-, Vererbungsmöglichkeit; Verkauf und Aufnahme einer Hinterbliebenenversorgung für Ehegatten oder kindergeldberechtigte Kinder möglich, gem. Alterseinkünftegesetz 2005 möglich. Vgl. BMF v. 24.02.2005, FR 2005, 327 Tz. 8; nunmehr ergänzt durch das Eigenheimrentengesetz, BGBl. I 2008, S. 1509 Die spätere Rente ist voll steuerpflichtig und wird zur gesetzlichen Krankenversicherung herangezogen.

462 Gerechnet wird mit einer Altersgrenze von 60 Jahren; *Winkel*, Soziale Sicherheit 2004, S. 206; die für bestimmte Berufsgruppen (Piloten) früheren Altersgrenzen gehen allerdings vor (Anwendungsempfehlungen der BfA Nr. 12.19).

463 Einen solchen Verwertungsausschluss erlaubt ab 01.01.2005 § 165 Abs. 3 VVG (entspricht § 168 Abs. 3 VVG 2008) für bis zu 200,00 € je Lebensjahr, max. 13.000,00 € (die Anpassung an die ab 01.08.2006 geltende Obergrenze von 250,00 €/Lebensjahr wurde bisher versäumt). Auch die sog. Rürup-Rentenverträge ab 01.01.2005 (private Leibrenten, § 10 Abs. 1 Nr. 2 lit. b) EStG) erfüllen diese Kriterien. Die Versicherungswirtschaft plant ferner den Wechsel von der Kapitallebensversicherung in die „hartz-sichere" Riesterpolice ohne erneute Abschlussgebühr anzubieten; durch Gesetzesänderung soll der Vertragswechsel als Vertragsfortsetzung fingiert werden, um die vor dem 31.12.2004 bestehende Privilegierung zu „konservieren".

464 Also eingezahltes Kapital minus Abschluss-, Verwaltungs- und Storngebühren sowie Risikoaufwand.

Die Verordnung v. 17.12.2007 hat in § 7 Abs. 1 zusätzlich Vermögensgegenstände, die für die Annahme oder Fortsetzung einer Berufsausbildung oder der Erwerbstätigkeit „unentbehrlich" sind, anrechnungsfrei gestellt (vergleichbar § 90 Abs. 2 Nr. 5 SGB XII). 669

Gerade im Bereich des **Bar- und Sparvermögens** geht die Schonung also deutlich über den Freibetrag (Notgroschen) der (Sozialhilfe-) Verordnung zu § 90 Abs. 2 Nr. 9 SGB XII hinaus (seit 01.01.2005 1.600,00 €). Auch hinsichtlich der Freistellungen für das Partnervermögen (z.B. altersabhängige Freibeträge) ist sie großzügiger als bspw. die Regelung zur Grundsicherung im Alter (§ 43 Abs. 1 SGB XII: Vermögen des [Ehe-]Partners, das dessen Bedarf nach SGB XII übersteigt, wird voll berücksichtigt). 670

4. Eingliederungsleistungen

Die **(„aktiven") Leistungen zur Eingliederung in Arbeit** (§§ 14 ff. SGB II) sind vorrangig ggü. Leistungen zum Lebensunterhalt (§§ 19 ff. SGB II); Letztere wiederum verdrängen für arbeitsfähige Hilfebedürftige die allgemeinen Sozialhilfeleistungen des SGB XII mit geringen Ausnahmen.[465] 671

Die Eingliederungsleistungen sind nach dem Grundsatz des Forderns (§ 2 SGB II) und des Förderns (§ 14 SGB II) in einer (mit dem „Fallmanager"[466] – Arbeitsvermittler, Sozialarbeiter und Sozialpolizist in einem – abzuschließenden) einzelfallorientierten Vereinbarung niederzulegen, in der zum einen die Ermessensleistungen der Agentur für Arbeit (gem. § 3 Abs. 1 Satz 4 SGB II orientiert an den Erfordernissen der Wirtschaftlichkeit und Sparsamkeit, z.B. **Einstiegsgeld** bei einer Erwerbsaufnahme gem. § 29 SGB II[467] mit Lohnergänzungsfunktion, demnach als unterhaltsrechtlich zu berücksichtigendes Einkommen),[468] aber auch die Bemühungen des erwerbsfähigen Hilfebedürftigen, ihre Häufigkeit und der notwendige Nachweis festgehalten werden.

Die bis 31.07.2006 beantragbaren Existenzgründungszuschüsse („Ich-AG") sowie das Überbrückungsgeld[469] ebenso wie der ab 01.08.2006 an deren Stelle tretende **Gründungszuschuss**[470] 672

---

465 Z.B. notwendiger Lebensunterhalt in Einrichtungen, § 35 SGB XII; ferner Lebensunterhalt in Sonderfällen, z.B. Übernahme von Mietschulden zur Sicherung der Unterkunft, § 34 SGB XII (s.a. § 21 SGB XII; § 5 Abs. 2 Satz 2 SGB II; nach VG Bremen, 09.01.2005 – S 2 V 2538/05, auch gem. § 22 Abs. 5 SGB II, wenn mit Verlust der Wohnung auch Verlust des Arbeitsplatzes droht).

466 Angestrebt ist eine Betreuungsquote von 75 „Klienten" v.a. bei Jugendlichen; bis zur Personalverstärkung beträgt die Relation 1:150.

467 Erhöhung der Regelleistung (345,00 €) um im Allgemeinen die Hälfte, max. um weitere 345,00 €/Monat auf bis zu 24 Monate, als Anreiz zur Aufnahme einer gering entlohnten Beschäftigung, welche den Lebensunterhalt vorerst nicht abdeckt. Anspruch auf ALG II muss daneben nicht bestehen. Zusätzlich kann der Arbeitgeber bei Arbeitnehmern mit Vermittlungshemmnissen Eingliederungszuschüsse von bis zu 50 % des Arbeitsentgelts für max. ein Jahr erhalten (§ 16 Abs. 1 SGB II).

468 OLG Celle, 15.03.2006 – 15 UF 54/05, NJW 2006, 1356. Die allgemeinen Grundsicherungsleistungen sind jedoch wegen ihrer Nachrangigkeit kein Einkommen i.S.d. Unterhaltsrechts.

469 § 57 SGB III a.F.

470 9 Monate lang wird die bisherige ALG I-Leistung (deren Gesamtbezugsdauer sich dadurch nicht verlängert) um 300,00 € aufgestockt; weitere 6 Monate lang nach Ermessen der Arbeitsagentur lediglich den Aufstockungsbetrag. Wie schon bisher beim Existenzgründungszuschuss der Ich-AG muss der Businessplan durch eine fachkundige Stelle geprüft werden. Daneben kann eine untergeordnete nichtselbstständige Tätigkeit aufgenommen werden. Frühestens 24 Monate nach dem Scheitern des ersten Projekts kann erneut ein Gründungszuschuss beantragt werden. Vgl. im Einzelnen *Marschner*, NWB, Fach 27, S. 6277 ff.

nach § 57 SGB III stehen nur **Beziehern des ALG I** offen (für den Gründungszuschuss mit einem Restanspruch von mind. 90 Tagen). In Betracht kommen allerdings viele in SGB III geregelte Eingliederungsleistungen, etwa Maßnahmen zur Eignungsfeststellung und Trainingsmaßnahmen (§§ 48 ff. SGB III), Mobilitätshilfen (§§ 53 ff. SGB III), Förderung der beruflichen Weiterbildung (§§ 77 ff. SGB III) oder Förderung der Teilhabe behinderter Menschen am Arbeitsleben (§§ 97 ff. SGB III).

673 Menschen zwischen 15 und 25 Jahren, die Antrag auf ALG II stellen, soll sofort eine Arbeit, ein Ausbildungsplatz oder zumindest eine gemeinnützige Arbeitsgelegenheit („Ein-Euro-Jobs") vermittelt werden (§ 3 Abs. 2 SGB II). Ihnen drohen bei Weigerung schärfere Sanktionen (Streichung finanzieller Leistungen, stattdessen Naturalleistungen gem. § 31 Abs. 3 Satz 3 SGB II). Kosten für Unterkunft und Heizung werden direkt an den Vermieter überwiesen.

5. Finanzielle Leistungen

a) Allgemeines

674 Die finanziellen Leistungen zur Sicherung des Lebensunterhalts entsprechen Sozialhilfeniveau, sind also **pauschaliert** allein an der **Deckung des notwendigen Bedarfs orientiert**. Ergänzende Leistungen (wie etwa früher in § 21 BSHG vorgesehen, z.B. Winterbekleidung), die Übernahme bestehender Schulden (ausgenommen Mietrückstände nach § 22 Abs. 5 SGB II)[471] und die einzelfallorientierte Bedarfsbewertung sollen dadurch entfallen.[472] Anders als bei der bisherigen Arbeitslosenhilfe orientiert sich die Leistungshöhe nicht mehr am zuvor erhaltenen Arbeitslosengeld, dessen Bezugsdauer zudem verkürzt wurde.[473]

675 Sie beträgt nach Versicherungspflichtverhältnissen mit einer Dauer von mind. 12 Monaten nunmehr 6 Monate, ab 16 Monaten: 8 Monate, ab 20 Monaten: 10 Monate, ab 24 Monaten max. 12 Monate. Nach Vollendung des 55. Lebensjahrs steigt die maximale Bezugsdauer nach Versicherungspflichtverhältnissen von mind. 30 Monaten auf 15 Monate, und von mind. 36 Monaten auf 18 Monate (§ 127 Abs. 2 SGB III), ab 01.01.2008 gem. § 434r Abs. 1 SGB III für über 50-jährige auf 15, für über 58-jährige auf 24 Monate. Nach bisherigem Recht betrug die maximale Bezugsdauer 32 Monate nach Vollendung des 57. Lebensjahres.

676 Darin liegt der zweite entscheidende Paradigmenwechsel i.R.d. „Agenda 2010". Daher mussten v.a. bisherige Bezieher von Arbeitslosenhilfe mit früherem Durchschnittseinkommen, Alleinerziehende mit einem Kind (noch verstärkt durch die Rangrückstufung unverheirateter Elternteile

---

[471] Bzw. gem. § 34 SGB XII, wenn die erwerbsfähige Person (etwa wegen des Partnereinkommens) nicht hilfebedürftig i.S.d. § 9 SGB II ist, vgl. die Verweisung hierauf in § 21 SGB XII, *Scholz*, FamRZ 2006, 1420.

[472] Dies hält *Däubler*, NJW 2005, 1545 für verfassungswidrig und plädiert für eine Erweiterung der Darlehensklausel des § 23 Abs. 1 SGB II bei unabweisbarem Bedarf mit reduzierter Tilgung durch Aufrechnung nur in den ersten 3 Jahren.

[473] I.R.d. Gesetzes zu Reformen am Arbeitsmarkt v. 24.12.2003 (BGBl. I 2003, S. 3002; hierzu NWB Fach 27, S. 5771 ff. und ZAP Fach 18, S. 823 ff.), in Kraft getreten am 01.01.2004. Es enthält des Weiteren Änderungen im Kündigungsschutz, eine Vereinfachung des Leistungsrechts, die Einführung eines Teilzeitprivilegs hinsichtlich der Verfügbarkeit und die Neustrukturierung der Sanktionen bei versicherungswidrigem Verhalten. Zugleich wird während der Übergangsfrist die Erstattungspflicht für Arbeitgeber bei Entlassung älterer Arbeitnehmer verschärft, danach jedoch ab 01.02.2006 aufgehoben (vgl. umfassend *Kopp*, NWB Fach 27, S. 5903).

i.R.d. Unterhaltsreform 2008) und Ehepaare mit zwei Verdiensten mit Kürzungen rechnen, weniger die bisherigen Bezieher von Sozialhilfe.

Die finanziellen Leistungen gliedern sich in das sog. ALG II[474] und das Sozialgeld.

b) ALG II

Das **ALG II** (§ 19 SGB II) setzt sich zusammen aus:

- der **monatlichen Regelleistung**: Diese ist gem. § 20 Abs. 2 SGB II entsprechend der Einkommens- und Verbrauchsstichprobe 2008 und der Festlegungen in § 28 SGB XII identisch mit den Leistungen für die sechs Regelbedarfsstufen im SGB XII, vgl. Rn. 350 (Regelsatz demnach für 2011 monatlich 364 €); sie wird jährlich zum 01.01. gemäß der Lohn- und Preisentwicklung angepasst, was 2012 zu einem Anstieg um 3 € führt. Jugendliche unter 25 Jahren, die ohne Übernahmezusicherung des kommunalen Trägers daheim ausgezogen sind, erhalten seit 01.07.2006 ebenfalls nur 80 % der Regelleistung anstelle des bisherigen vollen Betrags (§ 20 Abs. 3 SGB II). Das Bundesverfassungsgericht[475] hatte zuvor beanstandet, dass die der Ermittlung der monatlichen Regelleistung zugrundeliegenden Methoden – auch wegen der Abweichung von den Strukturprinzipien des Statistikmodells - das von Art. 1 Abs. 1, 20 Abs. 1 GG garantierte Existenzminimum nicht nachvollziehbar ergäben, so dass der Gesetzgeber bis 31.12.2010 nachbessern musste.[476]

- **Leistungen für Mehrbedarf** gem. § 21 SGB II (z.B. für schwangere Personen: 17 %, Alleinerziehende mit einem Kind unter sieben Jahren 36 %, mit fünf und mehr Kindern 60 % etc.), gedeckelt jedoch auf die oben genannte Regelleistung. § 21 Abs. 6 SGB II enthält nunmehr auch eine Härtefallregelung, z.B. für Umgangskosten.

- **Bedarf für Bildung und Teilhabe** für Schüler bis zum 25. Lebensjahr gem. §§ 28, 29 SGB II: Schulausflüge, Klassenfahrten, 70 € am 01.08. und 30 € am 01.02. für persönlichen Schulbedarf, Nachhilfe, gemeinschaftliche Mittagsverpflegung über dem Eigenanteil von 1 €/Tag, Mitgliedsbeiträge bis zu 10 € je Monat.

- **angemessene Kosten für Unterkunft und Heizung** (§ 22 SGB II): auch im eigenen Heim i.H.d. Schuldzinsen[477] ohne Tilgungsanteil,[478] Grundsteuer, Erbbauzins, Wohngebäudeversicherung sowie Instandhaltungs- und Heizkosten[479] wie bei Mietwohnungen, jedenfalls in der Höhe, in der sie den angemessenen Aufwand bei Anmietung einer angemessenen Bestandswohnung nicht überschreiten, nach der Rechtsprechung sogar jedenfalls hinsichtlich

677

678

---

474 Der Terminus nährt die irreführende Annahme, es handle sich um eine beitragserkaufte Versicherungsleistung wie das Arbeitslosengeld selbst.
475 BVerfG v. 09.02.2010 – 1 BvL 1/09, 3/09, 4/09 FamRZ 2010, 429 m. Anm. *Schürmann*.
476 Zur Reform (BGBl 2011 I 453) vgl. *Schürmann*, FamRZ 2011, 1188 ff.
477 Daher wird der Betroffene stets mit der Bank über eine Tilgungsaussetzung verhandeln. Sind andererseits vor Antragstellung noch erhebliche Barreserven oberhalb der Anrechnungsgrenze vorhanden, ist zu erwägen, diese zur Schuldentilgung für das angemessene Eigenheim einzusetzen.
478 BSG, 07.11.2006 – B 7b AS 2/05 R und AS 8/06 R, FamRZ 2007, 729.
479 Nicht jedoch allgemeine Energiekosten wie Kochgas, Warmwasserbereitung, die bereits durch die Regelleistung des § 20 SGB II abgegolten sind.

der Heizkosten darüber hinaus.[480] Weitere Nebenkosten, wie Warmwassergewinnung, Wasser- und Stromkosten, sind jedoch über die Regelleistung zu tragen. Bei notwendigen größeren Instandhaltungsmaßnahmen (Heizungsreparatur) kommt ggf. ein „Sozialdarlehen" in Betracht.[481]

679   Vor Abschluss eines Mietvertrags soll die Zusicherung des kommunalen Trägers eingeholt werden. Zwangsumzüge werden jedoch eher die Ausnahme bleiben;[482] während eines Übergangszeitraums von 6 Monaten ab der Kostensenkungsaufforderung[483] und während nachweisbarer Suchbemühungen wird jedenfalls die bisherige Miete weiter bezahlt.[484] Die Praxis insb. der kommunalen Wohnungsgesellschaften behilft sich teilweise mit „Teilstilllegungen" der Übergröße und entsprechender Mietreduzierung anstelle eines Umzugs.[485] Kommunale Pauschalierungen sind möglich.[486] Daneben wird kein Wohngeld mehr gewährt.[487] Die Miete wird nur auf entsprechende Anweisung des Antragstellers oder bei Gefahr zweckwidriger Verwendung direkt an den Vermieter überwiesen (§ 22 Abs. 4 SGB II).

680   **Hinweis:**

Die angemessenen **Wohnungsgrößen** orientieren sich an den Vorgaben des sozialen Wohnungsbaus, d.h. je nach den Vorgaben des örtlichen Wohnungsmarkts ca. 50/60/75/90 m^2 für einen Ein-/Zwei-/Drei-/Vierpersonenhaushalt, pro weiterer Person 10 m^2 zusätzlich.[488] Bei jungen Ehepaaren (die beide das 40. Lebensjahr noch nicht vollendet haben und deren Ehe noch nicht 5 Jahre besteht) ist analog § 5 WoBindG wegen des in absehbarer Zeit zu erwartenden zusätzlichen Platzbedarfs ein weiterer Raum von ca. 15 m^2 zuzubilligen. Diese Flächengrößen gelten auch bei der Förderung selbst genutzten angemessenen Wohnei-

---

480 SG Aurich, 17.03.2005 – S 15 AS 3/05, sozial-info Nr. 10, Februar 2005: Wenn eine Wohnfläche von 120 m^2 anrechnungsfrei bleibt, muss auch diese Fläche beheizt werden können; vermittelnd SG Schleswig, 04.05.2006 – S 5 AS 425/05: „Heizkosten für 75 % der Wohnfläche des Eigenheims, mind. aber der angemessenen Heizfläche".

481 Mit monatlicher „Tilgung" i.H.d. Differenz zwischen der förderfähigen Mietobergrenze und dem tatsächlichen Leistungsbezug.

482 6 Monate lang soll ein Verbleib auch in einer unangemessen großen Wohnung möglich sein. Kosten eines angeordneten Umzugs (ggf. auch doppelte Mieten, Kaution, Maklercourtage – SG Frankfurt am Main, 31.03.2006 – 48 AS 123/06; Wohnungsrenovierung falls geschuldet: LSG Baden-Württemberg, 23.11.2006 – L 7 SO 4415/05, NZM 2007, 258) „soll" (d.h. im Regelfall: muss) die Arbeitsagentur tragen. Der Deutsche Mieterbund schätzte, dass ca. 3 % aller betroffenen Haushalte werden umziehen müssen (SZ Nr. 302/2004 v. 29.12.2004, S. 18). Tatsächlich wird hiervon kaum Gebrauch gemacht: In Berlin wurden die Unterkunftskosten-Richtlinien im Jahr 2005 5.400 mal überschritten; 2.650 Bezieher wurden zur Senkung durch Nachverhandlung mit dem Vermieter aufgefordert, zwölf Personen zum Umzug, lediglich in einem Fall ist er angeordnet worden (Bericht der Berliner Sozialsenatorin *Knake-Werner*, PDS, für den Berliner Senat v. 23.05.2006, FAZ v. 24.05.2006 Nr. 120, S. 11).

483 Diese stellt nach LSG Schleswig, 23.01.2006 – L 10 B 373/05 PKH keinen Verwaltungsakt dar.

484 Als Nachweis aktiver Suchbemühungen wird i.d.R. die Meldung beim Amt für Wohnungswesen, die direkte Vorsprache bei größeren Vermietern und die Führung einer Besichtigungsliste verlangt.

485 Vgl. Die ZEIT v. 08.03.2007, S. 15: Löbauer Wohnungsverwaltung reduziert die Miete bei endgültiger Räumung und „Versiegelung" eines dann nicht mehr beheizten Zimmers.

486 Auf der Grundlage einer noch zu erlassenden Verordnung nach § 27 Nr. 1 SGB II.

487 § 1 Abs. 2 Nr. 1 WoGG: soweit bei der Berechnung von ALG II bzw. Sozialgeld die Kosten der Unterkunft berücksichtigt wurden.

488 So LSG Nordrhein-Westfalen, 01.08.2005 – L 19 B 21/05 AS ER; vgl. auch LSG Niedersachsen-Bremen, 01.04.2005 – L 8 AS 55/05 ER: bei Fehlen eines örtlichen Mietspiegels Prüfung anhand der höchsten Mietpreisbeträge der Wohngeldtabelle; vgl. auch *Kopp*, NWB Fach 27, S. 6283.

> gentums.⁴⁸⁹ Da die angemessene **Miethöhe** lokal sehr unterschiedlich zu ermitteln ist, wird anscheinend von der bundesrechtlichen Verordnungsermächtigung kein Gebrauch gemacht werden. Abzustellen wird dann wohl⁴⁹⁰ auf die „Höchstbeträge für Miete", die zu § 8 WohngeldG als Tabelle⁴⁹¹ erlassen wurde, sein. Diese differenziert nach der Zahl der Personen, der Miethöhenstufe der Gemeinde – zwischen I und VI – und der Ausstattung bspw. bei bis zum 31.12.1965 bezugsfertig gewordenem Wohnraum für einen Alleinstehenden zwischen monatlich (jeweils ohne Nebenkosten) 265,00 € (Stufe I) und 370,00 € (Stufe VI); bei zwei Familienmitgliedern zwischen 320,00 € und 455,00 €, bei drei Mitgliedern zwischen 385,00 € und 540,00 €, bei vier Mitgliedern zwischen 445,00 € und 630,00 €, bei fünf zwischen 510,00 € und 715,00 € und für jedes weitere Familienmitglied zwischen 60,00 € und 90,00 € zusätzlich. Dies gilt auch, wenn der Mietvertrag langjährig unkündbar ist.⁴⁹² Als Heizkosten dürften ca. 1,50 € je m² und Monat angemessen sein; mehr bei hohen Räumen oder Bewohnern mit nachgewiesener Immunschwäche.

- bis zum 31.12.2010⁴⁹³ einem **befristeten Zuschlag** nach Bezug von Arbeitslosengeld in den ersten zwei Jahren gem. § 24 SGB II: Dieser betrug im ersten Jahr zwei Drittel, im zweiten Jahr ein Drittel der Differenz zwischen bisherigem Arbeitslosen- und Wohngeld einerseits und ALG II andererseits (max. jedoch im ersten Jahr 160,00 € für Alleinstehende, 320,00 € für Paare, zzgl. max. 60,00 € je Kind, im zweiten Jahr seit 01.08.2006 jeweils die Hälfte der vorgenannten Höchstwerte). Es handelte sich (anders als das ALG II, das lediglich der Unterhaltssicherung dient) im Kern um eine Lohnersatzleistung,⁴⁹⁴ die vom Anspruchsübergang des § 33 SGB II demnach nicht erfasst war.   681

- Leistungen bei vorübergehender Arbeitsunfähigkeit gem. § 25 SGB II, z.B. Krankheit.

- Sowie die **Übernahme von Beiträgen** (auf Basis des Mindestbeitrags)⁴⁹⁵ in der gesetzlichen Rentenversicherung⁴⁹⁶ oder – bei versicherungsfreien Personen – einem Zuschuss zu den Bei-   682

---

489 BSG, 07.11.2006 – B 7b AS 2/05 R; a.A. zuvor bspw. SG Aurich, 11.02.2005 – S 15 AS 3/05, NZM 2005, 512 (da sonst der geschützte Wohnbereich nicht angemessen genutzt werden könne).
490 LSG Nordrhein-Westfalen, 28.02.2006 – L 9 B 99/05 AS ER; LSG Schleswig-Holstein, 02.08.2006 – L 10 B 153/06 AS ER; a.A. LSG Hessen, 21.03.2006 – L 9 AS 124/05 ER.
491 In BGBl. I 2002, S. 477.
492 LSG Hessen, 28.03.2006 – L 7 AS 122/05 ER, NVwZ-RR 2006, 704 ff.: Eigenkündigungsausschluss für 10 Jahre auf Betreiben des Mieters für eine zu große Wohnung.
493 Art. 15 HaushaltsbegleitG 2011 v. 09.12.2010, BGBl 2010 I 1885.
494 Die demnach im Unterhaltsrecht als Einkommen anzusetzen ist, vgl. Klinkhammer, FamRZ 2004, 1914.
495 Bis 2006: fiktiver Verdienst von 400,00 €/Monat (dies entspricht 16 % eines Durchschnittseinkommens), sodass sich nach einem Jahr – Einzahlung von 12 x 78,00 € – eine Steigerung der späteren monatlichen Rente um 4,26 € ergibt. Damit stehen Bezieher des ALG II schlechter als Bezieher der bisherigen Arbeitslosenhilfe: einkommensabhängiger Betrag, aber besser als bisherige Sozialhilfeempfänger: keine Rentenbeiträge. Seit 01.01.2007 wird der Beitrag aus einem Betrag von 205,00 € bemessen (§ 166 Abs. 1 Nr. 2a SGB VI – monatliche Rentensteigerung demnach 2,10 €); für Pflichtversicherte wird hinsichtlich des aufstockenden ALG II-Betrags kein Beitrag mehr entrichtet (§ 3 Satz 1 Nr. 3a lit. e) SGB VI). Ab 2011 entfällt die Rentenbeitragsleistung insgesamt.
496 Versicherungspflicht gem. § 3 Satz 1 Nr. 3a SGB VI; Beitragszahlung durch den Bund: § 276c SGB VI a.F. Besteht kein Anspruch nach SGB II, zählt die Zeit der Arbeitslosigkeit bei periodischer (3-monatiger) Meldung bei der Arbeitsagentur wenigstens als Anrechnungszeit (zur Aufrechterhaltung des Anspruchs auf Erwerbsminderungsrente und auf vorzeitige Altersrente – die Altersgrenze hierfür wird nach Arbeitslosigkeit oder Altersteilzeit zwischen 2006 und 2008 stufenweise für die 1946 bis 1948 Geborenen v. 60. auf das 63. Lebensjahr angehoben. Ausgenommen sind vor dem 01.01.1952 Geborene, welche die Aufhebung ihres Arbeitsverhältnisses vor 31.12.2004 vertraglich vereinbart hatten).

trägen gem. § 26 SGB II (allerdings beides nur bis **Ende 2010**);[497] ebenso für die gesetzliche oder als Pauschalzuzahlung zur privaten[498] Krankenversicherung (125,00 €/Monat)[499] – wobei nunmehr auch über 55-jährige Privatversicherte in die gesetzliche Krankenversicherung zurückkehren können![500] – und die Pflegeversicherung (14,90 €/Monat).[501] Die Übernahme von Rentenbeiträgen (wenn auch in geringer Höhe) ist eine deutliche Besserstellung ggü. der bisherigen Sozialhilfe; zudem eröffnet sie Ansprüche auf eine Rehabilitation und (nach 36 Monaten) auf Erwerbsminderungsrente. Wird der Antrag auf ALG II abgelehnt und besteht keine Möglichkeit zur beitragsfreien Familienversicherung beim Ehegatten, sollte binnen 3 Monaten die freiwillige Versicherung in der Krankenversicherung (die Veranlagung ausgehend von einem Mindesteinkommen i.H.v. 805,00 €/Monat) erfolgen.[502] Liegt das Einkommen nur knapp unter der Bedürftigkeitsgrenze, kann bei der Arbeitsagentur ein Zuschuss zu den Kassenbeiträgen (bis zu 125,00 €/Monat für die gesetzliche Kranken-, 15,00 € für die gesetzliche Pflegeversicherung) beantragt werden (Gleiches gilt für Mitglieder der Bedarfsgemeinschaft, die Sozialgeld beziehen, aber – etwa als eheähnliche Partner – nicht in der Familienversicherung des ALG II-Beziehers erfasst sind).[503]

683 *Beispiel: Gewährung von ALG II für Erwerbstätige*

Eine Arbeitnehmerfamilie in den alten Bundesländern mit zwei Kindern unter 14 Jahren lebt vom Erwerbseinkommen eines Ehegatten i.H.v. brutto 1.600,00 € (dies entspricht bei einem Krankenversicherungsbeitrag von 13,8 % und zwei Kinderfreibeträgen einem Netto-Gehalt von 1.268,00 €). Nach Abzug der Freibeträge, die dem Arbeitnehmer zustehen (mangels anderweitigen Nachweises 100,00 € Werbungskostenpauschale, 20 % vom Betrag zwischen 100,00 € und 800,00 €, 10 % für das übersteigende, also 286,80 €), verbleiben noch anzurechnende 991,20 €. Mit 308,00 € Kindergeld kommt die Familie auf ein ALG II-relevantes Einkommen von 1.299,20 €. Der demgegenüber zu ermittelnde Bedarf besteht aus der Summe der Regelsätze i.H.v. gesamt 1.036,00 € zzgl. der angemessenen Unterkunftskosten von (angenommen) 570,00 €, gesamt also 1.606,00 €, sodass i.H.v. 307,80 €/Monat Anspruch auf („aufstockendes") ALG II besteht.

684 Nach Ermittlungen des DGB[504] kann sich die Antragstellung bei einem Ehepaar mit vier Kindern bspw. noch bei einem Netto-Erwerbseinkommen von 2.140,00 € (und einer Kaltmiete von 770,00 €) lohnen. Gleiches gilt, wenn anstelle der Kaltmiete entsprechend hohe Zinsbelastungen/Grundsteuer/Versicherungsprämien/Erbbauzinsen für das Eigenheim anfallen.

---

497 Da ab 2011 die Versicherungspflicht von ALG II – Beziehern in der gesetzlichen Rentenversicherung entfällt, wird die (abstrakte) Riester-Berechtigung ab 2011 durch Änderung des § 10a Abs. 1 Satz 3 EStG gewährleistet.

498 Der bisher privat Versicherte kann binnen 3 Monaten nach Beginn des ALG II-Bezugs Befreiungsantrag stellen, um seine private Krankenversicherung fortzuführen.

499 Versicherungspflicht gem. § 5 Abs. 1 Nr. 2a SGB V; vgl. Marburger, ZAP, Fach 18, S. 906.

500 § 6 Abs. 3a SGB V hebt die sonst gegebene Rückkehrsperre für ALG II-Bezieher auf. In gleicher Weise können in Not geratene Freiberufler oder Gewerbetreibende (ohne Abmeldung ihrer Tätigkeit) beim Bezug ergänzenden ALG II in die gesetzliche Krankenversicherung aufgenommen werden.

501 Versicherungspflicht gem. § 20 Abs. 1 Satz 2 Nr. 2a SGB XI.

502 Dies setzt allerdings voraus, dass in den unmittelbar vorangehenden 12 Monaten bzw. in einem Zeitraum von 5 zurückliegenden Jahren mind. 24 Monate lang gesetzliche Krankenversicherung vorlag.

503 Nach Ansicht des SG Saarbrücken, 28.01.2005 – S 21 ER 1/05 AS, sozial-info Nr. 10, Februar 2005 sei in diesem Fall stattdessen die Zahlung eines ALG II von einem Cent geschuldet, um die Pflichtmitgliedschaft in der gesetzlichen Krankenversicherung zu erhalten.

504 DGB-Bundesvorstand, 111 Tipps zu Arbeitslosengeld II und Sozialgeld, 4. Aufl. 2011, S. 23.

Anders als die frühere Arbeitslosenhilfe kommt ALG II demnach auch für **Selbstständige** infrage, deren Einkünfte die maßgeblichen Bedarfsbeträge nicht erreichen, und für vormals arbeitslose Existenzgründer, die den Existenzgründungszuschuss für eine Ich-AG erhalten (dieser wird als Einkommen bei ALG II angerechnet).[505] Denkbar ist schließlich auch, dass ALG II-Leistungen bezogen werden, um das reguläre ALG I „aufzustocken" (vom regulären ALG können monatlich 30,00 € Pauschbetrag für angemessene Versicherungen sowie die Kfz-Versicherung und Zahlungen auf einen Riester-Rentenvertrag abgesetzt werden).

685

Grundsicherungsberechtigte Personen erfüllen im Regelfall auch die Voraussetzungen für den (auf Antrag gewährten) Erlass der Rundfunkgebühren (GEZ),[506] den Sozialtarif der Deutschen Telekom AG[507] sowie die Reduzierung der Zuzahlungskosten für Arztbesuche und Medikamente auf 82,80 € pro Jahr (2 % der einem Alleinstehenden zustehenden jährlichen Regelsätze), bei chronisch Kranken begrenzt auf 41,40 €/Jahr hinsichtlich der kompletten Bedarfsgemeinschaft. Weiterhin werden die Kosten für Zahnersatz i.d.R. durch die Krankenkassen voll erstattet, sofern der Bewilligungsbescheid für ALG II vorgelegt wird (Vermutung der Unzumutbarkeit der an sich vorgesehenen Zuzahlungen). Hinzu kommen regelmäßig Ansprüche auf staatliche Beratungshilfe bei Rechtsstreitigkeiten (Eigenbetrag von 10,00 € hinsichtlich der anwaltlichen Beratungskosten) sowie auf PKH.[508]

686

c) Sozialgeld

Nicht erwerbsfähige Angehörige der Bedarfsgemeinschaft erhalten gem. § 28 SGB II **Sozialgeld** gleichen Umfang wie das ALG II (Ausnahmen: § 28 Abs. 1 Satz 3 SGB II).[509] Verfügen Kinder über Vermögen, das den Freibetrag von 3.100,00 € übersteigt, entfällt ihr Sozialgeldbetrag so lange, bis das übersteigende Vermögen rechnerisch aufgebraucht ist. Dies bedeutet i.d.R. eine monatliche Verringerung für Kinder unter 15 Jahren um bis zu 218,40 € (60 % der Regelleistung), für über 15-jährige Kinder um bis zu 291,20 € (80 % der Regelleistung). Eine Anrechnung auf Einkommen oder Vermögen der übrigen Mitglieder der Bedarfsgemeinschaft erfolgt nicht.[510] Das BVerfG hält die Höhe des Sozialgeldes für Kinder für verfassungswidrig:[511] bei Kindern unter 14 Jahren werde nicht mehr nach Altersstufen differenziert; die vorgeblich bedarfsdeckenden Sätze seien geringer als für Kinder von Sozialhilfeempfängern (§ 28 Abs. 1 Satz 2 SGB XII), und schließlich sei die 40 %ige Absenkung für Kinder nicht durch Bedarfsprüfungen empirisch ableitbar.

687

---

505 Der Existenzgründungszuschuss selbst kann allerdings nur beantragt werden, solange noch Anspruch auf das reguläre ALG I besteht. Für ALG II-Bezieher kommt lediglich das sog. „Einstiegsgeld" infrage.
506 Jedoch nicht für Personen, die lediglich den 2-jährigen befristeten Zuschlag nach Bezug des ALG I (Rdn. 681) erhalten.
507 Ersparnis monatlich (samt USt) 8,26 €.
508 Dort liegen allerdings die Vermögensfreigrenzen geringer, derzeit bspw. bei 1.600,00 € als kleinem Barbetrag.
509 Z.B. beträgt die Regelleistung bis zur Vollendung des 14. Lebensjahres lediglich 60 %, im 15. Lebensjahr 80 % des Normalbetrags.
510 Vgl. Mitteilung des BMWi, NWB 2004, 2700.
511 BVerfGE, 09.02.2010 – I 193 – 1 BvL 1/09, 1 BvL 3/09,1 BvL 4/09; Anrufung durch BSG, 27.01.2009 – B 14/11b AS 9/07 R 27.

688 Für Bezieher des Sozialgelds werden allerdings keine Rentenversicherungsbeiträge abgeführt, sie erhalten keinen befristeten Zuschlag zur „Abfederung" ggü. dem bisherigen ALG, und sie erhalten keine Arbeitsmarktleistungen der Ämter. Seit 2009 erhalten jedoch Schüler, deren Eltern Sozialhilfe oder SGB II-Leistungen beziehen, bis zum Abschluss der 10. Klasse jährlich einmalig 100,00 € („Schulbedarfspaket"); die Hartz IV-Reform 2011 hat sie um ein sog. „Bildungspaket" ergänzt (Mittagessenszuschüsse, Zuschüsse zu Lernmaterialien und Beförderungskosten, Übernahme von Vereinsbeiträgen).

d) Kinderzuschlag

689 Neu ist ab 01.01.2005 der sog. **Kinderzuschlag** von höchstens[512] 140,00 €/Kind, der mit dem Kindergeld an Eltern für längstens 36 Monate ausbezahlt wird, deren Arbeitseinkommen zwar für den eigenen Bedarf, aber nicht für den des Kindes genügt (§ 6a BKGG gibt daher nicht nur ein Höchst-, sondern auch ein Mindesteinkommen vor). Seit 01.07.2006 sind auch volljährige Kinder bis zur Vollendung des 25. Lebensjahres berechtigt. Sozialrechtlich (aber wohl nicht unterhaltsrechtlich)[513] handelt es sich insoweit um Einkommen des Kindes (§ 11 Abs. 1 Satz 2, 3 SGB II); dessen Bedarf (und damit der gesamten Bedarfsgemeinschaft) wird dadurch gesenkt. Wird ein zunächst gestellter Antrag auf ALG II abgelehnt, kann – rückwirkend innerhalb von bis zu 4 Jahren – auf vereinfachtem Vordruck bei der Familienkasse der Arbeitsagentur der Kinderzuschlag beantragt werden; auf die bereits gespeicherten Daten wird aufgrund einzuholender Genehmigung zurückgegriffen. Angesichts der vom Erwerbseinkommen abziehbaren Beträge (Kfz-Versicherung, Riester-Rente, Versicherungspauschale von 30,00 €, zusätzlicher Erwerbstätigkeitsfreibetrag, der bei Steuerklasse III bis zu 240,00 € betragen kann) kann sich eine Antragstellung bei einem Ehepaar mit zwei Kindern und einer angemessenen Warmmiete von 710,00 € noch bei einem Netto-Gehalt von 1.800,00 € (ohne Kindergeld) lohnen. Zusätzlich sind Unterhaltsbeträge für Kinder oder geschiedene Ehegatten abziehbar,[514] allerdings nur, wenn sie tituliert sind (etwa gem. § 59 SGB VIII).

690 Aus Sicht der Betroffenen ist jedoch problematisch, dass der Bezug des Kinderzuschlags den befristeten Zuschlag zum ALG II (2-jährige Aufstockungsregelung, Rdn. 681) sperrt, da Letzterer nur bei ALG II-Bezug gewährt werden kann. Um dieser bisweilen verschlechternden Wirkung des Kinderzuschlags gegenzuwirken, ist nunmehr der (auch befristete) Verzicht hierauf möglich.[515]

e) Sanktionen

691 Die Verweigerung oder Verletzung einer Eingliederungsvereinbarung sowie die Ablehnung der Aufnahme zumutbarer Arbeit oder der Ausführung im öffentlichen Interesse liegender Arbeitsgelegenheiten kann zur **Absenkung** des ALG II und des Zuschlags (ohne Unterkunftskosten) um

---

512 Erwerbseinkommen der Eltern, das ihren Bedarf übersteigt, wird zu 70 % auf den Kinderzuschlag angerechnet.
513 Der Anspruch steht nicht dem Kind, sondern dem betreuenden Elternteil zu; der Zuschlag ist nicht nach § 1612c BGB auf den Unterhaltsanspruch anzurechnen. Es dürfte sich (wie beim früheren Kindergeldzuschlag des § 11a BKGG) unterhaltsrechtlich daher um Einkommen des betreuenden Elternteils handeln, *Klinkhammer*, FamRZ 2004, 1912.
514 Gemäß der Durchführungshinweise der BfA.
515 BGBl. I 2006, S. 1706; Beispielrechnung zur früheren Rechtslage in der 1. Aufl. dieses Buches, Rn. 542.

zunächst 30 %, sodann um weitere 10 % sowie zur **Streichung** des Zuschlags und schließlich zu **weiteren Kürzungen** führen. Ab 01.01.2007 führt die zweimalige Ablehnung eines zumutbaren Eingliederungs- oder Arbeitsangebots innerhalb eines Jahres zu einer Kürzung für 3 Monate um 60 %, die 3-malige zur völligen Streichung (§ 31 Abs. 3 SGB II). Ähnliches gilt für das Sozialgeld (§ 32 SGB II). Bei Jugendlichen unter 25 Jahren führt bereits die zweite Ablehnung einer Arbeits- oder Eingliederungsmaßnahme zum vollständigen Leistungsentzug; die Weiterzahlung der Wohn- und Heizkosten (dann an den Vermieter, § 31 Abs. 5 SGB II) ist ab 2007 in das Ermessen des Amts gestellt und daran geknüpft, dass die „Pflichtverletzung" nachträglich behoben wird. Wegen des verfassungsrechtlich verbürgten Existenzminimums[516] sind allerdings wohl zur Vermeidung von Hunger und Obdachlosigkeit stets Naturalleistungen zu gewähren,[517] ggf. nach dem Polizei- und Ordnungsrecht.

Meldeversäumnisse führen zu einer Kürzung von 10 % der Regelleistung für 3 Monate; die zweite Nichtbefolgung einer Meldeaufforderung binnen eines Jahres bewirkt eine Kürzung um 20 %, die dritte Verletzung um 30 %. 692

6. Regress

a) Tatbestände

Auch die **Regressmöglichkeiten** sind der Sozialhilfe angenähert, wenngleich mit Unterschieden hinsichtlich der Unterhalts- und Überleitungsheranziehung. 693

aa) Verschuldensregress

So kann schuldhaftes Verhalten eine Verpflichtung zum Kostenersatz begründen (§ 34 SGB II, vergleichbar § 103 SGB XII, identisch mit dem früheren § 92a BSHG; das SGB III kannte eine solche Bestimmung nicht). Gerichtet ist die Bestimmung bspw. gegen die sozialwidrige Kündigung eines bestehenden Arbeitsverhältnisses durch den Arbeitnehmer. Es handelt sich in der bisherigen Rechtsprechung um einen quasi-deliktischen Ausnahmetatbestand. 694

bb) Erbenregress

Ferner kann bzgl. der Leistungen zur Sicherung des Lebensunterhalts (nicht der Eingliederungsleistungen) eine Erbenhaftung eintreten (§ 35 SGB II, entspricht der Struktur nach § 102 SGB XII = § 92c BSHG, begrenzt auf den Wert des Nachlasses bzgl. des in den letzten 10 Jahren gewährten ALG oberhalb eines Sockelbetrages von 1.700,00 €, bei häuslicher Pflege bis zum Tod und stets für das weitere Mitglied der dadurch aufgelösten Bedarfsgemeinschaft wird ein Freibetrag von 15.500,00 € [kurioserweise in § 102 Abs. 3 Nr. 2 SGB XII: 15.340,00 €] gewährt). Gerät umgekehrt der Hilfeempfänger durch Erbschaft zu Vermögen, muss er jedoch das erhaltene ALG II nicht zurückzahlen – er ist nicht rückwirkend leistungsfähig geworden. 695

---

516 BVerfG, NJW 1990, 2869; *Münder*, NJW 2004, 3212.
517 Das starre Sanktionssystem der Vorgängerregelung (§§ 144, 147 SGB III) war hinnehmbar, da unterhalb des SGB III das BSHG als „Auffangnetz" bestand. Wegen der vollkommenen Verdrängung des SGB XII durch das SGB II ist das Ermessen zu Sachleistungen auf Null reduziert. § 31 Abs. 3 Satz 6 SGB II spricht gleichwohl von einer Kann-Leistung, bei Vorhandensein minderjähriger Kinder von einer Soll-Leistung.

Da analoge Bestimmungen im SGB III bisher fehlten, wird zur Auslegung des § 35 SGB II die Rechtslage nach dem SGB XII heranzuziehen sein, auf die hier verwiesen wird (Rdn. 509).

Fälle des § 35 SGB II werden seltener sein als solche des § 102 SGB XII, da der Bezug des ALG II mit Erreichen des Rentenalters endet und häufig der Erbfall erst nach Ablauf von 10 dann folgenden Jahren eintritt. Kommt der Erbenregress i.R.d. SGB II jedoch zum Tragen, ist seine inhaltliche Reichweite häufig weiter als bei § 102 SGB XII; da das SGB II in höherem Maße Schonvermögen anerkennt als das SGB XII (etwa in Gestalt eines angemessenen Pkw bzw. altersabhängiger Freibeträge).

cc) Überleitungsregress

696 **Sonstige Ansprüche** des Empfängers von Leistungen zur Sicherung des Lebensunterhalts[518] gegen Dritte (z.B. der Rückforderungsanspruch wegen Verarmung nach § 528 BGB), auch bürgerlich-rechtliche Unterhaltsansprüche, **gehen** (ohne Übergangsregelung!)[519] **seit 01.08.2006 kraft Gesetzes auf den Leistungsträger über**. Während zuvor hierfür weiterhin (wie bisher in § 203 SGB III für die „alte Arbeitslosenhilfe") nach zwingender Anhörung[520] ein Ermessensverwaltungsakt[521] erforderlich war, wurde nunmehr die Legalzession auch auf schlichte Ansprüche erstreckt, für die z.B. gem. § 93 SGB XII weiterhin ein (Sozial-) Verwaltungsakt erforderlich ist.

697 Damit soll der bisherigen Doppelgleisigkeit der Rechtswegzuständigkeiten (Sozialgerichte hinsichtlich der Überleitung, Fachgerichte hinsichtlich des Anspruchs selbst)[522] ebenso begegnet werden wie der unzutreffenden Rechtsprechungstendenz, ALG II-Leistungen als Einkommen des Unterhaltsberechtigten zu betrachten, solange kein Überleitungsakt zur Verwirklichung der Subsidiarität stattgefunden hat.[523] Das nunmehr allein zuständige Fachgericht hat demnach auch die Vorfrage der Aktivlegitimation zu klären und dabei zu berücksichtigen, dass

---

518 Wobei gem. § 9 Abs. 2 Satz 3 SGB II alle Mitglieder der Bedarfsgemeinschaft als bedürftig gelten, falls deren Gesamtbedarf nicht aus eigenem Vermögen oder Einkommen zu decken ist.

519 Zu den Folgen für laufende Verfahren (Umstellung des Klageantrags oder Rückabtretung) s. *Klinkhammer*, FamRZ 2006, 1173.

520 § 24 SGB X; anders als im VwVfG führt deren Unterbleiben gem. § 42 Satz 2 SGB X zur Rechtswidrigkeit des Verwaltungsakts.

521 Vgl. zu den anzustellenden Erwägungen *Rudnik*, FamRZ 2005, 1942.

522 Krit. insb. *Hußmann*, FÜR 2004, 543 und *Klinkhammer*, FamRZ 2004, 1914; zu den Auswirkungen auf die Aktivlegitimation im Prozess *Rudnik*, FamRZ 2005, 1944 ff. Die Rechtslage wurde weiter dadurch erschwert, dass – den Hinweisen (Nr. 2.4 III, Satz 4) der Bundesagentur für Arbeit sowie der früheren sozialhilferechtlichen Praxis zufolge – in einem zweistufigen Verwaltungsverfahren zunächst der Unterhaltsanspruch dem Grund nach überzuleiten ist und sodann die Bezifferung des übergegangenen Unterhaltsanspruchs in einer späteren Anzeige erfolgt. Dadurch lägen sogar zwei selbstständige anfechtbare Verwaltungsakte vor. Anfechtungsberechtigt waren neben dem Leistungsbezieher auch (wegen der enthaltenen Schuldnerschutzvorschriften = öffentlich-rechtliche Vergleichsberechnung) der Unterhaltsschuldner; wegen der sonst eintretenden Tatbestandswirkung war ihm die Anfechtung dringend anzuraten. Nach *Rudnik*, FamRZ 2005, 1949 sollte allerdings der sozialrechtliche Einwand (Aufhebungs"anspruch" nach § 44 Abs. 2 SGB X) trotz der Tatbestandswirkung auch im Zivilprozess noch geltend gemacht werden können.

523 So etwa Koblenzer Unterhaltsleitlinien 2.2. (Stand 2009); dagegen OLG Celle, FamRZ 2006, 1203 und *Klinkhammer*, FamRZ 2006, 1171. Als Einkommen des Bedürftigen anzurechnen ist jedoch (wohl) wegen seines Subventionscharakters bzw. der Lohnersatzfunktion das Einstiegsgeld nach § 29 SGB II, ebenso bis 31.12.2010 der Zuschlag nach § 24 SGB II (für den keine Unterhaltsüberleitung stattfinden kann) sowie der Wohnkostenanteil in Nachfolge des früheren Wohngeldes (Rechtsgedanke des § 40 Abs. 2 SGB II).

B. Grundsicherung

- **mehrere Leistungsträger Teilinhaber des Anspruchs** geworden sein können (etwa die Kommunalbehörde hinsichtlich der Unterkunftskosten, die Arbeitsagentur für die Regelleistung, sofern nicht die ARGE nach § 44b Abs. 3 SGB II einheitlich handelt[524] – die Zuordnung erfolgt gem. § 19 Abs. 1 Satz 3 SGB II zunächst auf die Regelleistung, sodann auf die Unterkunftskosten; eindeutig ist die Rechtslage nur bei Optionskommunen nach § 6a SGB II); 698

- ein **Übergang von Unterhaltsansprüchen gem. § 33 Abs. 2 Satz 3 SGB II** nur stattfindet, soweit das Einkommen und Vermögen des Verpflichteten die Schongrenzen des §§ 11, 12 SGB II übersteigt (Rdn. 701 ff.);

- für **jedes Mitglied der Bedarfsgemeinschaft** der nicht gedeckte Bedarf, also die **auszugleichende Leistung, individuell zu ermitteln ist** (wobei die Unterdeckung gem. § 9 Abs. 2 Satz 3 SGB II im Verhältnis der ungedeckten Bedarfe, also nach Berücksichtigung des jeweiligen Individualeinkommens, zu verteilen ist).

Der **Forderungsübergang** ist beschränkt auf die Höhe der (seit 01.01.2009 nicht nur dem Unterhaltsgläubiger[525]) erbrachten Leistungen zur Sicherung des Lebensunterhalts (ALG II und Sozialgeld, nicht jedoch der befristete Zuschlag gem. § 24 SGB II bis 31.12.2010, das Einstiegsgeld, die durch die Bundesagentur zu zahlenden Renten-, Kranken-, Pflegeversicherungsbeiträge.[526]) Er findet wie im Bereich des SGB XII nur statt, wenn bei rechtzeitiger Leistung die Lebensunterhaltssicherung nicht erforderlich gewesen wäre, d.h. bspw. keine Überleitung eines Pflichtteilsanspruchs, wenn dieser mit dem sonstigen Vermögen den altersabhängigen Freibetrag gem. § 12 Abs. 2 SGB II nicht überschreiten würde.[527] Auch nicht übertragbare, unpfändbare oder nicht verpfändbare Ansprüche sind überleitbar. **Nicht vom Forderungsübergang** erfasst sind naturgemäß **Unterhaltsansprüche gegen Mitglieder der Bedarfsgemeinschaft** (deren Einkommen ohnehin hinzugerechnet wird), von schwangeren Kindern gegenüber ihren Eltern sowie Unterhaltsansprüche alleinerziehender Elternteile von leiblichen[528] Kindern unter sechs Jahren gegenüber ihren Eltern. Im Grundsatz umfasst sind allerdings (über § 94 Abs. 1 Satz 3 SGB XII hinaus) auch Unterhaltsansprüche gegen Enkel. 699

Abweichend vom Sozialhilferecht gehen allerdings Unterhaltsansprüche gegen Verwandte nicht über, solange der Anspruch **nicht durch den Inhaber selbst geltend gemacht** wird (vgl. § 33 Abs. 2 Satz 1 Nr. 2 SGB II). Das Risiko, für erwerbsfähige arbeitslose Eltern als unterhaltspflichtiges Kind (oder Enkel)[529] in Anspruch genommen zu werden, besteht also anders als bei nicht erwerbsfähigen (etwa pflegebedürftigen) Eltern – § 94 SGB XII – nur dann, wenn die 700

---

524 Nach *Scholz*, FamRZ 2006, 1424 sei dies zu vermuten; ebenso OLG Zweibrücken, 18.04.2007 – 5 WF 16/07, NJW 2007, 2779 (Titelumschreibung unmittelbar auf die ARGE).
525 Gem. § 33 Abs. 1 Satz 2 SGB II kann ein Übergang des Anspruchs gegen den Unterhaltsschuldner eines Kindes auch eintreten, wenn zwar das Kind selbst wegen eigenen sonstigen Einkommens oder des Kindergeldes trotz des ausbleibenden Unterhalts nicht sozialleistungsbedürftig wurde, aber andere Mitglieder der Haushalts- oder Bedarfsgemeinschaft deshalb höhere Leistungen erhalten haben, kritisch *Kuller* FamRZ 2011, 255 ff. („cessio legis exzessiv").
526 *Scholz*, FamRZ 2006, 1422.
527 Vgl. *Müller*, Der Rückgriff gegen Angehörige von Sozialleistungsempfängern, Teil C Rn. 12.
528 Also keine Überleitungssperre bei zu betreuenden Adoptivkindern unter sechs Jahren!
529 Insoweit besteht eine Schlechterstellung ggü. § 94 SGB XII, wo solche Ansprüche von vornherein nicht kraft Gesetzes auf den Sozialhilfeträger übergehen konnten.

Eltern ihrerseits diese Zahlungen einfordern,[530] etwa getragen von der Furcht, „bisher zu kurz gekommen zu sein". Unterhaltsansprüche Minderjähriger oder bis 25 Jahre alter Kinder ohne abgeschlossene Berufsausbildung gegen ihre Eltern sind jedoch überleitbar unabhängig von ihrer Geltendmachung durch die Kinder. Weiter ist zu bedenken, dass freiwillig geleistete regelmäßige Zahlungen mit Unterhaltscharakter (Großmutter überweist regelmäßig 50,00 € monatlich) als Einkommen angerechnet werden.

701 Gem. § 33 Abs. 2 Satz 3 SGB II findet der Übergang nicht statt, soweit Einkommen bzw. Vermögen der unterhaltsverpflichteten Person die Schongrenzen der §§ 11, 12 SGB II nicht übersteigen („öffentlich-rechtliche Vergleichsberechnung"): Die Schonbeträge des Leistungsempfängers/Unterhaltsgläubigers kommen, anders als in § 94 SGB XII, wo diese Bestimmung bei der Übernahme in SGB XII gestrichen wurde, als Mindestgröße – vorbehaltlich höherer familienrechtlicher Selbstbehalte – dem Unterhaltsverpflichteten zugute. Es besteht demnach eine (auch durch verlangte zivilrechtliche Abtretung nicht umgehbare)[531] Überleitungssperre, wenn evident ist, dass beim Verpflichteten mangels hinreichenden Vermögens und Einkommens einerseits Hilfebedürftigkeit besteht und andererseits Leistungsfähigkeit nicht vorhanden sein kann.[532] Ist die Überleitung von Ansprüchen gem. § 33 Abs. 2 SGB II gesperrt, besteht insoweit auch keine Möglichkeit der Verweisung auf das Selbsthilfegebot des § 2 SGB II durch den Grundsicherungsträger.

702 Hierfür hat der **Unterhaltsschuldner** (wohl) den **Bedarf** und die Leistungsfähigkeit aller Mitglieder seiner (hypothetischen) „Bedarfsgemeinschaft" zu **ermitteln**. Der „sozialrechtliche Selbstbehalt" des Unterhaltsverpflichteten ist zum einen verletzt, wenn er selbst Grundsicherungsleistungen für Arbeit Suchende bezieht,[533] zum anderen, wenn er aufgrund des Übergangs selbst zum Leistungsberechtigten i.S.d. SGB II würde. In letzterem Fall ist der überleitungsfähige Anteil einerseits begrenzt auf die Differenz zwischen seinem tatsächlich vorhandenen (nicht aufgrund nur unterhaltsrechtlich relevanter fiktiver Elemente erhöhten) Einkommen[534] und andererseits seinem SGB II-Anspruch (Regelleistung, Leistungen für Mehrbedarf, Leistungen für Unterhalt und Heizung etc.).[535]

703 Problematisch ist das „Zusammenspiel" zwischen unterhaltsrechtlicher Betrachtung und öffentlich-rechtlicher Vergleichsbewertung allerdings bspw. bei der **Anrechnung fiktiven Einkommens**, das sozialrechtlich bekanntlich nicht zu erfassen ist (etwa in Fällen einer Sperrzeit wegen Arbeitsaufgabe oder Arbeitsablehnung bzw. einer Leistungsminderung nach § 31 SGB II), ebenso hinsichtlich des in § 11 Abs. 2 Satz 1 Nr. 7 SGB II gewährten Abzugs selbstgeschaffener vertraglicher Unterhaltspflichten (Rdn. 636); ferner wenn gem. § 65 SGB II i.V.m. § 428 SGB III[536]

---

530 Werden solche Zahlungen kontinuierlich erbracht, sei es auch auf freiwilliger Basis, sind sie allerdings als Einkommen anzurechnen und mindern damit die Höhe des ALG II.
531 OLG Celle, 15.03.2006 – 15 UF 54/05, NJW 2006, 1356.
532 Entgegen *Klinkhammer*, FamRZ 2004, 1915 genügt das bloße Überschreiten der Freibeträge der §§ 11, 12 SGB II nicht, da auch dann Hilfebedarf bestehen kann; es wird lediglich der Leistungsumfang entsprechend reduziert.
533 Dies kommt etwa in Betracht, wenn er i.S.d. SGB II geschontes Vermögen besitzt, das er jedoch, z.B. ggü. minderjährigen Kindern, unterhaltsrechtlich einzusetzen hätte.
534 Dabei wird Erwerbseinkommen gekürzt um die Freibeträge nach §§ 11 Abs. 2 Satz 2 und Satz 3, 30 SGB II.
535 Beispiel bei *Müller*, Der Rückgriff gegen Angehörige von Sozialleistungsempfängern, Teil C Rn. 43.
536 Vermutlich wird dieses Dilemma familienrechtlich dadurch gelöst, dass leichtfertiges, treuwidriges Verhalten des Unterhaltsschuldners dann nicht angenommen werden kann, wenn bereits der Gesetzgeber ihm praktisch keine Vermittlungsaussicht einräumt, vgl. BGH, FamRZ 2003, 1471; *Rudnik*, FamRZ 2005, 1946.

ältere Arbeitslose ab dem 58. Lebensjahr sich nicht mehr um Arbeit bemühen müssen, obwohl sie familienrechtlich hierzu möglicherweise noch verpflichtet wären. Bedenklich erscheint schließlich das Überleitungsverbot dann, wenn das Unterschreiten der Freibeträge des Unterhaltsschuldners schuldhaft verursacht ist; es wird dafür plädiert, den Forderungsübergang dann durch den Gesetzgeber de lege ferenda zuzulassen, damit bei späterer Leistungsfähigkeit die übergeleitete Forderung gleichwohl realisiert werden kann.

Eine § 94 Abs. 3 Satz 1 Nr. 2 SGB XII entsprechende Härteklausel enthält allerdings § 33 SGB II nicht.[537]

Das **Hartz IV-Fortentwicklungsgesetz** hat mit Wirkung ab 01.08.2006 jedoch weitere Defekte der bisherigen, insoweit nur rudimentären Regelung behoben: 704
- So geht nunmehr (§ 33 Abs. 1 Satz 3 SGB II) auch der bürgerlich-rechtliche Auskunftsanspruch mit über. Demnach ist ein vorgeschaltetes Verwaltungsverfahren auf Auskunft gem. § 60 SGB I nicht mehr erforderlich.
- Wie im Sozialhilferecht (§ 94 Abs. 4 Satz 1 SGB XII) kennt § 33 Abs. 3 Satz 1 SGB II nun auch eine „Rechtswahrungsanzeige", sodass Unterhalt für die Vergangenheit nicht nur nach Maßgabe des – beim nachehelichen und nachpartnerschaftlichen Unterhalt allerdings bisher ohnehin nicht geltenden – § 1613 BGB („Stufenmahnung") geltend gemacht werden kann.[538]
- Schließlich schafft § 33 Abs. 4 SGB II (nach dem Vorbild des § 94 Abs. 5 SGB XII) die Möglichkeit der einvernehmlichen treuhänderischen Rückübertragung des Anspruchs auf den Leistungsempfänger gegen Übernahme der Aufwendungen.

Noch nicht bereinigt ist jedoch das Fehlen einer §§ 94 Abs. 1 Satz 6, 105 Abs. 2 SGB XII entsprechenden Norm (Regressverbot hinsichtlich der früheren Wohngeldleistung i.H.v. 56 % der Kosten der Unterkunft – ohne Heizung und Warmwasserversorgung).[539]

b) Insb. „Ahndung" von Vermögensübertragungen

Das SGB II enthält – der Struktur des Sozialhilferechts folgend – demnach drei Anknüpfungspunkte zur „Ahndung" früherer Vermögensminderungen: 705
- Zum einen i.R.d. durch kraft Gesetzes übergehenden Rückforderungsanspruchs nach § 528 BGB (§ 33 Abs. 1 SGB II; dies entspricht der durch Sozialverwaltungsakt zu bewirkenden Überleitung gem. § 93 Abs. 1 SGB XII).
- Daneben tritt gem. § 31 Abs. 4 Nr. 1 SGB II (wie im bisherigen Sozialhilferecht § 25 Abs. 2 Nr. 1 BSHG und nunmehr § 26 Abs. 1 Satz 1 Nr. 1 SGB XII) die (hier allerdings zwingende) Absenkung[540] des ALG II bei erwerbsfähigen Hilfebedürftigen, die als Volljährige ihr Ein-   706

---

537 BT-Drucks. 15/1516, S. 62 sieht dies unverständlicherweise anders.
538 Vgl. *Kinkhammer*, FamRZ 2004, 1916; *Budde*, FamRZ 2005, 1217 zur (umstrittenen) Stufenmahnung beim Ehegattenunterhalt.
539 Vgl. ausführlich *Scholz*, FamRZ 2006, 1422 mit dem Hinweis, nach den zwischenzeitlichen Teilreformen könne nicht mehr von einem Redaktionsversehen ausgegangen werden.
540 Bei der Sozialhilfe führt sie zur Reduzierung auf das „für den Lebensunterhalt Unerlässliche", also ohne Aufwendungen zur Befriedigung geistiger Bedürfnisse, und im Regelfall durch Sachleistung bzw. Zahlung unmittelbar an den Vermieter.

kommen oder Vermögen „in der Absicht" vermindert haben, „die Voraussetzungen für die Gewährung oder Erhöhung des ALG II herbeizuführen". Für die „Absicht" genügt es, dass bei einem auf einen anderen Zweck gerichteten Handeln der Wille, (mehr) Sozialfürsorgeleistung zu erhalten, eingeschlossen ist;[541] die ältere Rechtsprechung verlangte zusätzlich ein „leichtfertiges und unlauteres Verhalten".[542] Nicht jedes unwirtschaftliche Verhalten berechtigt aber zur Kürzung: So blieb z.B. ein unfallbedingt Pflegebedürftiger beanstandungsfrei, der sich mit der Versicherungsleistung zunächst ein „schönes Leben" machte,[543] ebenso ein Scheidungsbeteiligter, der aus Anlass der Vermögensauseinandersetzung eine Lebensversicherung dem früheren Partner überschrieb.[544]

707
- Schließlich könnte § 34 Abs. 1 SGB II (mit etwas abweichendem Wortlaut von § 103 Abs. 1 SGB XII, vormals § 92a BSHG) als Ansatzpunkt dienen: Er statuiert eine Ersatzpflicht für die erhaltenen Leistungen zulasten desjenigen, der „vorsätzlich oder grob fahrlässig die Voraussetzungen für seine Hilfebedürftigkeit (oder die Hilfebedürftigkeit der in Bedarfsgemeinschaft lebenden Personen) ohne wichtigen Grund (dieses Abwägungskriterium ist neu) herbeigeführt hat". I.R.d. BSHG hatte die Parallelvorschrift wenig Bedeutung als Instrument zur „Ahndung" von Vermögensübertragungen erlangt, zumal die vorweggenommene Erbfolge typischerweise ein Bündel von Motivlagen verknüpft (Hauptanwendungsgebiet ist die Verbüßung von Freiheitsstrafen, leichtfertige Verursachung eines Verkehrsunfalls, Kündigung eines Arbeitsverhältnisses ohne rechtfertigenden Grund, Verschweigen des Namens des Kindsvaters durch die nichteheliche Mutter, Nichtantritt einer vermittelten Arbeitsstelle, unterlassenes Versichern gegen Krankheit. Maßgeblich ist die Sozialwidrigkeit des Verhaltens aus Sicht der Gemeinschaft[545] und die Fähigkeit, das Rechtswidrige seines Tuns einzusehen.

7. Checkliste

708
Für mögliche künftige Bezieher von ALG II empfiehlt sich daher **vor der Antragstellung eine Klärung insb. folgender Aspekte**:

☐ Prüfung des Vorliegens einer Bedarfsgemeinschaft (insb. in der Gestalt der eheähnlichen Gemeinschaft – gemeinsame Konten, Freizeitgestaltung etc.) bzw. einer Haushaltsgemeinschaft (Widerlegung ggf. durch Untermietverträge etc.).

☐ Stellung eines Antrags auf Wohngeld noch während des Bezugs von ALG I (mit ALG II ist Wohngeld nicht kombinierbar; der befristete Abfederungszuschuss zwischen einerseits ALG II und andererseits ALG I und Wohngeld erhöht sich zudem hierdurch).

☐ Verwendung von Rücklagen zur Tilgung von Schulden, da Aktiva und Passiva nicht miteinander verrechnet werden (Beispiele: Verkauf eines Wertpapierdepots zum Kurswert an Bekannte oder Verwandte und Verwendung des Erlöses zur Tilgung des überzogenen Girokontos und zur vorzeitigen Rückzahlung eines Ratenkredits; Einsatz einer Lebens-

---

541 Der Leistungsempfänger muss sich also maßgeblich davon haben leiten lassen, die Voraussetzungen für staatliche Hilfeleistungen zu schaffen: OVG Hamburg, FEVS 41, 288/297; LSG Berlin-Brandenburg, L 23 B 146/07 SO ER; weder genügt die sichere Kenntnis des künftigen Sozialleistungsbezugs noch muss deren Herbeiführung ausschließlicher Zweck gewesen sein.
542 VGH Baden-Württemberg, FEVS 23, 73.
543 OVG Hamburg, FEVS 41, 288.
544 VGH Baden-Württemberg, FEVS 49, 311.
545 *Schellhorn*, BSHG, § 92a Rn. 7: v.a. wenn die ablehnende Haltung der Sozialhilfeverwaltung bekannt ist.

versicherung oder von Wertpapieren zur Tilgung von Schulden auf der Immobilie). Abgezogen wird allerdings der Schuldenstand aus der Finanzierung eines Pkw (nur der verbleibende Betrag ist an der Angemessenheitsgrenze von 5.000,00 € zu messen) sowie bei nicht selbst genutzten Immobilien (und Immobilienteilen) zur Ermittlung, ob die verbleibende Differenz unter dem altersabhängigen Vermögensfreibetrag verbleibt.

Beispiel:

Immobilien (bzw. nicht durch die Bedarfsgemeinschaft selbst genutzte Immobilienteile) mit (ggf. anteiligem) Verkehrswert von 80.000,00 €, (ggf. anteiliger) Kreditbelastung 70.000,00 €, verbleibt unter dem altersabhängigen Schwellenwert des Hilfebedürftigen und seines Partners. Für das (wegen Selbstnutzung und insoweit angemessener Größe) freigestellte Objekt ist es allerdings ohne Belang, ob es noch durch Verbindlichkeiten belastet ist oder nicht (die Höhe etwaiger Schuldzinsen wirkt sich lediglich auf der Leistungsseite als erstattungsfähige Kosten der Unterkunft nach § 22 SGB II aus).

☐ In Betracht kommt die Umschichtung von Vermögen, z.B. in angemessenes Wohnungseigentum (das auch erst einige Wochen vor dem Antrag auf ALG II erworben sein kann), den Erwerb je eines angemessenen Pkw für jeden Bezieher von ALG II lit. b) EStG ab 2005). Wegen des Datenabgleichs mit dem Bundesamt für Finanzen sollte der Verwendungsweg früherer höherer Ersparnisse allerdings stets nachvollziehbar bleiben, um dem Vorwurf begegnen zu können, das Geld werde schlicht „daheim unter dem Kopfkissen gehortet".

☐ Prüfung der Rücklagen von Kindern über 3.850,00 € (Verwendung etwa für den Erwerb neuer Möbel für das Kinderzimmer, eines Computers oder Sprachurlaubs in England); zu bedenken ist auch, dass nichtausgenutzte Freibeträge zwischen Kindern und auch im Verhältnis zwischen Eltern und Kindern nicht übertragen werden können (verfügt der Sohn über ein Sparbuch von 2.000,00 €, die Tochter über ein Sparbuch von 6.000,00 €, erhält die Tochter so lange kein Sozialgeld, bis der überschießende Betrag aufgebraucht ist, anders bei gleichmäßiger Verteilung).

☐ Wurde jedoch (vor der 10-jährigen Rückforderungsgrenze des § 529 Abs. 1 BGB) den minderjährigen Kindern erheblich höheres Vermögen übertragen, hindert dies lediglich den Bezug des Sozialgelds durch die Kinder, nicht aber den Bezug von ALG II-Leistungen durch die Eltern, da eine umgekehrte Verrechnung insoweit in der Bedarfsgemeinschaft grds.[546] nicht stattfindet.

☐ Wer selbst zur Miete wohnt, seine eigene Immobilie jedoch vermietet hat, sollte – sofern die vermietete Immobilie nicht etwa wegen geringen Aktivwerts unter dem Vermögensfreibetrag verbleibt – rechtzeitig Maßnahmen zur Eigenbedarfskündigung einleiten. Dadurch unterfällt die Immobilie dem Schutz des § 12 Abs. 3 Nr. 1 SGB II; zusätzlich sind zumindest die Schuldzinsen und wiederkehrenden öffentlichen Abgaben/Versicherungsprämien Gegenstand der ALG II-Förderung.

---

546 Ausnahme: Sofern das Kind allein wegen des ihm zuzurechnenden Kindergeldes (zusammen mit sonstigen eigenen Einkünften) seinen Bedarf decken kann (z.B. 16-jähriges Kind in 4-köpfiger Familie mit 600,00 € Unterkunftskosten: Regelbedarf 267,00 € zzgl. anteilige Unterkunftskosten 150,00 € wird mehr als gedeckt durch 154,00 € Kindergeld und 300,00 € eigene Einkünfte), soll es nach den Durchführungsbestimmungen der BfA dennoch mit zur Einsatzgemeinschaft zählen; seine überschüssigen Einkünfte werden allerdings den Eltern angerechnet.

- ☐ Um den zusätzlichen Altersvorsorgefreibetrag von 250,00 € pro Lebensjahr (sowohl für den Antragsteller als auch für dessen [Ehe-]Partner) in Anspruch nehmen zu können, sollte für Lebensversicherungsverträge ein teilweiser Verwertungsausschluss bis zur Höhe von (gemeinsam) 500,00 € pro Lebensjahr gem. § 168 Abs. 3 VVG 2008 vereinbart werden. Hinzuweisen ist allerdings darauf, dass ein Rechtsanspruch auf Gewährung eines solchen Verwertungsausschlusses nicht besteht. Wurde der Ausschluss vereinbart, ist er unwiderruflich. Er kommt nicht in Betracht, wenn der Zeitablauf des bisherigen Vertrags ohnehin vor Vollendung des 60. Lebensjahres liegt, ferner wenn die Rechte aus dem Vertrag abgetreten oder verpfändet sind.
- ☐ Antrag auf Gründungszuschuss nach § 57 SGB III von der Arbeitsagentur muss noch während des Bezugs von ALG I gestellt werden.
- ☐ Möglicherweise lohnt sich auch der Abschluss von Riester-Sparverträgen, zumal die Mindesteigenbeiträge in voller Höhe vom Einkommen abgesetzt werden können.
- ☐ Kindergeld für volljährige Kinder sollte durch die Familienkasse der Arbeitsagentur gem. § 74 EStG unmittelbar an das Kind selbst überwiesen werden, sodass es als Einkommen des Kindes, nicht als Einkommen der Eltern zu werten ist (Kindergeld für minderjährige Kinder gilt stets, auch wenn es auf das Konto der Eltern überwiesen wird, als Einkommen der Kinder).
- ☐ Jahreseinkommensteuererstattungen sollten vor der Antragsstellung vereinnahmt worden sein.
- ☐ U.U. empfiehlt es sich für den verdienenden (Ehe-) Partner, die ungünstigere Steuerklasse V anstelle der Klasse III zu wählen – angesichts seines geringeren Nettoverdienstes erhält der Partner höheres ALG II. Die spätere Steuererstattung stellt allerdings wieder anzurechnendes Einkommen dar, sofern dann noch ALG II bezogen wird.
- ☐ Weiter mag es ratsam sein, die Antragstellung auf einen späteren Zeitpunkt zu verschieben, wenn im laufenden Monat höhere Einmalzahlungen (Eigenheimzulage, Lohnnachzahlung etc.) zu erwarten sind.
- ☐ Schließlich ist, wenn bisher ALG I bezogen wird, dem Verhältnis im letzten Bezugsmonat besonderes Eigenmerk zu schenken, bemisst sich doch anhand der Differenz zwischen dem in diesem Monat bezogenen „regulären" ALG I und dem anschließenden ALG II die 2-jährige „Abfederungszahlung" (Zuschlag). Da ein regulärer Bezieher des ALG I zur Aufnahme eines Nebenjobs mit weniger als 15 Wochenstunden nicht verpflichtet ist, kann er diesen auch sanktionslos für den Referenzmonat ruhen lassen. Dadurch vermeidet er, dass der über 165,00 € hinausgehende Teil des Nebenjobs das ALG I für diesen Monat mindert.
- ☐ Wer im eigenen Heim wohnt, sollte mit der Bank eine Herabsetzung des Tilgungsanteils, ggf. auf null, verhandeln – nur die Schuldzinsen werden mit den weiteren laufenden Wohnaufwendungen, allerdings begrenzt auf den angemessenen Aufwand bei Fremdanmietung, i.R.d. ALG II übernommen.

8. Würdigung und Ausblick

Durch die Herabstufung des ALG II zu einem Instrument sozialhilfeähnlicher Bedarfsdeckung, gepaart mit Eingliederungsanreizen und -sanktionen, hat sich also der Anwendungsbereich sozialleistungssensibler Vertragsgestaltung ab dem 01.01.2005 stark erweitert; inhaltlich unterscheiden sich beide Fürsorgesysteme (abgesehen vom Eingliederungsaspekt) nur in Nuancen (z.B. altersabhängiger höherer Notgroschen, keine Legalzession von Unterhaltsansprüchen, Geltendmachung des Aszendentenunterhalts nur bei vorheriger Einforderung durch die Eltern selbst, abweichender Schwerpunkt beim Schutz der eigengenutzten Immobilie).

709

Entscheidend für die tatsächlich eintretenden Veränderungen ist die Strenge, mit der die Zumutbarkeitskriterien des § 10 SGB II administrativ umgesetzt werden. Ob allerdings verstärkter Druck auf die Arbeitslosen tatsächlich weitere Arbeitsplätze schafft oder hierfür nicht vielmehr eine stärkere Deregulierung des Arbeitsmarkts selbst, gepaart mit verstärkter Binnennachfrage, notwendig ist, bleibt – insb. in den neuen Ländern[547] – offen. Eine gezielte Verbesserung der Beschäftigungschancen insb. älterer Menschen, wie seit 01.05.2007 in Kraft,[548] verspricht teilweise effizientere Abhilfe.

710

Da die Einkommens- und Vermögensanrechnungen schärfer sind als bei der bisherigen Arbeitslosenhilfe, erhalten insb. **arbeitslose (Ehe-) Partner** aufgrund der Berücksichtigung des Einkommens des anderen Partners vielfach keine Leistungen mehr.[549] Für viele, v.a. bisher im oberen und mittleren Einkommensbereich tätig gewesene **Langzeitarbeitslose** fallen die Leistungen deutlich niedriger aus; die Abstufung zwischen Arbeitseinkommen, lohnbezogenem ALG und existenzminimalem ALG II wird deutlich stärker gespreizt. Zu Verbesserungen, auch hinsichtlich der Altersabsicherung, kommt es allerdings für die **bisherigen Empfänger von Sozialhilfe**. Die Bundesregierung ging davon aus, dass unter die erste Personengruppe (Wegfall des Bezugs von ALG II) 25 % der bisherigen Arbeitslosenhilfeempfänger fallen, zur Gruppe derjenigen, deren Leistungen geringer werden, 50 % zählen und die verbleibenden 25 % eine Verbesserung erfahren werden.

711

Nach den im Oktober 2005 veröffentlichten Ermittlungen des IAB (Institut für Arbeitsmarkt- und Berufsforschung) erhalten 17 % der bisherigen Arbeitslosenhilfeempfänger kein ALG II mehr. Bei den Beziehern des ALG II halten sich „Gewinner" und „Verlierer" etwa die Waage. Zu den 47 %[550] Gewinnern zählen v.a. junge Arbeitslose (sie hätten i.R.d. Arbeitslosenhilfe wegen

712

---

547 Vgl. das Interview des Vorstandssprechers der BfA mit der Financial Times Deutschland v. 22.02.2005: In Ostdeutschland müsse die Betreuung der über 55-jährigen Arbeitslosen gesamtgesellschaftliche Aufgabe sein, etwa durch Einführung eines Bürgergeldes und Heranziehung zu gemeinnützigen Aufgaben.

548 BGBl. I 2007, S. 538 ff., enthaltend insb. (1) die Möglichkeit der sachgrundlosen Befristung auf bis zu 5 Jahre für Arbeitnehmer ab 52 Jahren, die zuvor mind. 4 Monate beschäftigungslos waren, Transferkurzarbeitergeld bezogen oder an öffentlichen Beschäftigungsmaßnahmen nach SGB II/III teilgenommen haben, § 14 Abs. 3 Tz. BfG; ferner (2) Gewährung eines Eingliederungszuschusses für bestimmte Arbeitnehmer ab 50 Jahren, § 219 Abs. 1 SGB III; (3) Übernahme externer Weiterbildungskosten für Arbeitnehmer ab 45 Jahren, § 417 Abs. 1 SGB III; schließlich (4) Einkommensaufstockung und zusätzliche Rentenbeiträge bei Aufnahme einer geringer entlohnten Beschäftigung durch bestimmte, über 50 Jahren alte Arbeitnehmer.

549 Vereinzelt wurde gar von Scheidungen als Folge der Hartz IV-Gesetze berichtet, um lediglich den deutlich geringeren Nachscheidungsunterhalt anrechnen zu müssen: Die ZEIT Nr. 6/2005 (03.02.2005), S. 21: „Geschieden dank Hartz". Allerdings ist der Wegfall der Möglichkeit beitragsfreier Familienkrankenversicherung zu bedenken.

550 In den neuen Ländern 35 %, in den alten 57 %.

ihres niedrigen bisherigen Verdienstes noch weniger erhalten, verfügen selten über anzurechnende Vermögensrücklagen oder über einen einsatzpflichtigen Partner), zu den 53% Verlierern dagegen zählen ältere Arbeitslose mit bisher hohem Erwerbseinkommen und/oder Rücklagen oder solche, bei denen der Partner über ausreichendes Einkommen verfügt.

713   Im März 2005 erhielten gesamt 4,7 Mio. erwerbsfähige Hilfsbedürftige die Transferleistung, dies bedeutet im Vergleich zu den beiden alten Leistungssystemen einen Zuwachs von 600.000 Personen.[551] Die gesamt 3,6 Mio. Bedarfsgemeinschaften (davon 56% Singlehaushalte)[552] bezogen im März 2005 im Westen 880,00 € im Schnitt, im Osten 791,00 €; fast 15.000 Bedarfsgemeinschaften – v.a. mit mehreren Kindern – erhielten über 2.000,00 € im Monat. Die Quote der ALG II-Empfänger an der Gesamtbevölkerung beträgt in Mecklenburg-Vorpommern 17,3%, in Berlin 15,9%, in Bremen 14,8%; die geringsten Quoten weisen Rheinland-Pfalz mit 6,0%, Baden-Württemberg mit 4,5% und Bayern mit 4,4% auf. Im Schnitt beträgt der Prozentanteil in Westdeutschland 7%, in Ostdeutschland 14,8%, in Gesamtdeutschland statistisch 8,7%.

714   Das staatliche Transfervolumen für Langzeitarbeitslose (2003: 35,8 Mrd. €) wird jedenfalls durch Hartz IV entgegen der früher geäußerten Erwartungen[553] nicht herabgesetzt (2005: 35,6 Mrd. €[554] zzgl. 2,7 Mrd. € Verwaltungskosten), sondern lediglich anders verteilt[555] oder gar dauerhaft erhöht (Schätzung für 2006: 42,7 Mrd. €).[556] Das sind fast 10 Mrd. € mehr als ursprünglich veranschlagt.[557] Die Mehrausgaben beruhen v.a. auf der weiter steigenden Zahl der berechtigten Bedarfsgemeinschaften (von 3,33 Mio. per 01.01.2005 auf über 4 Mio. per 30.06.2006) und der auf ca. 1 Mio. geschätzten Zahl der aufzahlungsberechtigten Geringverdiener.[558] Alleinerziehende Mütter werden als Folge ihrer Rangrückstufung ggü. den Kindern i.R.d. Unterhaltsrechtsreform 2007 künftig noch stärker auf SGB II-Leistungen angewiesen sein.

---

551   Vgl. hierzu und zum Folgenden: FAZ Nr. 288 v. 10.12.2005, S. 11.
552   Allein 700.000 Jugendliche unter 25 Jahren!
553   Angekündigt war ein Einsparvolumen von 4,3 Mrd. € bereits für 2005! Hauptgründe für die Fehleinschätzungen dürften sein: die deutlich höhere Zahl von Bedarfsgemeinschaften; die Meldung von 90% statt angenommener 75% erwerbsfähiger bisheriger Sozialhilfeberechtigter; die Abbau möglicher Scham vor dem Gang zum Sozialamt etwa bei Kleingewerbetreibenden und Ausländern.
554   Davon 22,4 Mrd. € für ALG II und Sozialgeld, 10,4 Mrd. € für Unterkunftskosten und 2,8 Mrd. € für Eingliederungsmaßnahmen.
555   Durch Hartz IV dürfte keine generelle Verarmung eintreten. Unter der Armutsschwelle von 60% des mittleren Haushaltsnettoeinkommens (d.h. 2003: unter 938,00 €) leben v.a. Alleinerziehende und kinderreiche Familien. Nach Untersuchungen des Deutschen Instituts für Wirtschaftsforschung Berlin (SZ v. 24. – 26.12.2004) befindet sich allerdings die Hälfte aller Personen, die 1995 im untersten Einkommensdrittel waren, nicht mehr dort. Die Einkommen des untersten Fünftels der Skala (immerhin 16 Mio. Menschen) sind seit 1995 zwar real um 10% gestiegen, allerdings im Vergleich der letzten 3 Jahre gesunken. Das Einkommen der Mittelschicht ist seit 1995 bereinigt um 15% gestiegen.
556   Schätzung des niedersächsischen Sozialministeriums lt. FAZ am Sonntag, 23.10.2005, S. 44.
557   FAZ v. 31.05.2006 Nr. 125, S. 12: „Nicht die Leistungsempfänger sind durch Hartz IV verarmt, sondern die Steuerzahler".
558   Ggü. nur auf 250.000 kalkulierten Erwerbstätigen, die zugleich Sozialhilfe bezogen. Hartz IV ist der Einstieg in die „negative Einkommensteuer", vgl. *Milleker*, in FTD v. 13.06.2006, S. 28. *Brauksiepe* (arbeitsmarktpolitischer Sprecher der Union) rügt (in FAZ v. 24.05.2006 Nr. 120, S. 11), dass Arbeitnehmer ihre Arbeitszeit verringerten und „sich den Rest vom Staat holten".

Auch die komplexe **Verwaltung** durch 354 Arbeitsgemeinschaften, lokale Träger und die Bundesagentur hat sich nicht bewährt.[559] Schließlich zeigt die hohe Zahl gerichtlicher Aufhebung von Bescheiden erhebliche handwerkliche Mängel, aber auch eine deutlich verwaltungskritischere Rechtsprechung seit dem Übergang von den Verwaltungs- zu den SG.[560] Das BSG in Kassel richtete Ende März 2007 einen weiteren (14.) Senat zu SGB II-Verfahren ein. 715

Die Politik begegnete den unerwarteten Mehrausgaben durch **Begrenzung der Leistungen für unter 25-Jährige** (SGB II-Änderungsgesetz zum 01.04. und 01.07.2006) sowie durch das am 01.08.2006 in Kraft getretene Maßnahmenpaket des SGB II-Fortentwicklungsgesetzes, dessen wesentliche Neuregelungen bereits dargestellt wurden: 716

- Beweislastumkehr hinsichtlich des Vorliegens einer Bedarfsgemeinschaft bei Zusammenleben für mind. ein Jahr, Versorgung von Angehörigen oder gemeinsamen Kindern und Bildung einer Wirtschaftsgemeinschaft,
- „Verschärfung der Stallpflicht" für Jugendliche unter 25 Jahren (§ 22 Abs. 2a SGB II),
- Reduzierung der Rentenbeitragsleistungen von 78,00 € auf 40,00 €/Monat,
- Senkung des allgemeinen Vermögensfreibetrags von 200,00 € auf 150,00 €/Lebensjahr, dafür Anhebung des Altersvorsorgebeitrags von 200,00 € auf 250,00 €/Lebensjahr,
- Ermöglichung von Außendienst- und Telefonkontrollen und Erleichterung des Datenabgleichs (z.B. gem. § 52a SGB II: zentrales Fahrzeugregister, Melderegister etc.).

Möglicherweise lädt die Auszahlung durch Arbeitsagenturen zu massiverem Sozialmissbrauch ein als die frühere Verwaltung durch die Träger der Sozialhilfe;[561] hinzu kommt der Anreiz für jugendliche Arbeitslose, rasch daheim auszuziehen und ihre eigene Bedarfsgemeinschaft zu gründen[562] – § 33 Abs. 2 SGB II hindert die Heranziehung des Elterneinkommens/-vermögens, es sei denn das Kind ist noch nicht 25 Jahre alt und verfügt über keine Berufsausbildung. Hinzu kommt, dass zahlreiche in eheähnlicher Gemeinschaft lebende Personen durch Anmietung eines zweiten kleinen Apartments oder durch Abschluss eines „Untermietvertrags" mit dem Lebenspartner (die Miete zählt zum erstattungsfähigen Aufwand) und Verheimlichung der tatsächlich fortbestehenden Bedarfsgemeinschaft die gebotene Anrechnung des Einkommens/Vermögens ihres Partners umgehen, ohne dass vor dem 01.08.2006 effektive Nachforschungsmöglichkeiten bei anderen Personen als den Betroffenen eröffnet waren.[563] Gem. § 93 Abs. 8 bis 10 AO sind ab 18.08.2007 auch die Grundsicherungsämter, sowie die Bewilligungsstellen für BAföG und Wohngeld berechtigt, Kontenabfragen vorzunehmen, wenn ein Auskunftsersuchen beim Betroffenen selbst „keinen Erfolg verspricht". 717

---

559 Bericht des Ombudsrates, FAZ v. 24.06.2006 Nr. 144, S. 12.
560 Bericht des SG Berlin v. 05.06.2006, FAZ v. 06.06.2006 Nr. 129, S. 15.
561 Laut FAZ am Sonntag v. 23.10.2005, S. 44 wurden 390.000 Leistungsbezieher zehnmal zu unterschiedlichen Zeiten angerufen. 170.000 von ihnen waren kein einziges Mal zu erreichen.
562 9,9 % aller Menschen zwischen 15 und 25 Jahren beziehen ALG II, verglichen mit 8,7 % aller Personen zwischen 15 und 65 Jahren. Mehr als die Hälfte der Bedarfsgemeinschaften besteht aus nur einer Person, in 70 % der Fälle gibt es nur einen erwerbsfähigen Hilfebedürftigen.
563 SG Düsseldorf, 23.11.2005 – S 35 AS 343/05 ER, AuR 2006, 33: Verwertungsverbot für Ergebnisse einer Befragung des Vermieters über die Hintergründe eines Scheinuntermietverhältnisses zwischen einer 18-jährigen Schülerin und ihrem 24-jährigen „Freund".

C. Elternunterhalt

718 Fragen der Unterhaltspflicht von Kindern ggü. ihren Eltern („Aszendentenunterhalt") spielen eine immer wichtigere Rolle in der notariellen Praxis[564] – allerdings nicht (wie bspw. nacheheliche Unterhaltspflichten) als Objekt notariell begleiteter Gestaltung, sondern (angesichts ihrer materiell-rechtlichen Unabänderlichkeit, § 1614 Abs. 1 BGB) als Risikoumstände im Umfeld des Vermögenserwerbs und der Vermögensübertragung.

719 Jedem Notar vertraut sind Fragestellungen etwa folgenden Inhalts:
- **Steuerung des Vermögenserwerbs**: „Baldige Heimunterbringung meiner Eltern ist unvermeidlich. Sollte nicht vielleicht allein meine Ehefrau das zur Eigennutzung bestimmte Objekt erwerben?"
- **Begleitumstände der Vermögensveräußerung**: „Ich bin mit der Übertragung des elterlichen Grundbesitzes auf mein Geschwister ohne adäquaten Ausgleich einverstanden. Droht mir aber bei Verarmung der Eltern die Heranziehung zum Elternunterhalt, insbes. über den Sozialhilfeträger? Kann vorbeugend eine Ausgleichspflicht unter Geschwistern vereinbart werden?"

720 Seit der Zuordnung des Elternunterhalts zum familiengerichtlichen Instanzenzug[565] am 01.07.1998 hatte der BGH in zwischenzeitlich **18** neuen **Leitentscheidungen** Gelegenheit, Voraussetzungen und Höhe der Inanspruchnahme des Einkommens und Vermögens von Kindern für den Bedarf der Eltern deutlicher zu definieren als dies unter der uneinheitlichen instanzgerichtlichen Rechtsprechung bis 1998[566] der Fall war. Den Boden bereitet hatte:

BGH, 26.02.1992 – XII ZR 93/91 (OLG Oldenburg), FamRZ 1992, 795 = NJW 1992, 1393	Mindestselbstbehalt von Kindern ggü. ihren Eltern: Zuschlag von 25 % zum angemessenen Eigenbedarf eines Elternteils ggü. volljährigem Kind nicht zu beanstanden

---

564 Vgl. zum Folgenden auch *Krauß*, DNotZ 2004, 502 ff. und 580 ff.; *Herr*, FamRZ 2005, 1021 ff. und umfassend *Hauß*, Elternunterhalt – Grundlagen und anwaltliche Strategien.
565 Durch Erweiterung des § 23b Abs. 1 Nr. 5 GVG i.R.d. Kindschaftsreformgesetzes.
566 Dargestellt bspw. bei *Menter*, FamRZ 1997, 919 ff.

Das Urteil war nur dadurch möglich geworden, dass das FamG seine Unzuständigkeit verkannt hatte. Zur Konkretisierung beigetragen haben nunmehr folgende weiteren Urteile (in chronologischer Reihenfolge, jeweils mit Angabe der wesentlichen Themen):

721

BGH, 23.10.2002 – XII ZR 266/99 (OLG Koblenz), FamRZ 2002, 1698 m. Anm. *Klinkhammer* = NJW 2003, 128 = DNotZ 2003, 285	pauschalierende Heranziehung des den Mindestselbstbehalt übersteigenden Einkommens nur zur Hälfte; geschuldeter Vermögenseinsatz; Verwirkung
BGH, 19.02.2003 – XII ZR 67/00 (OLG Düsseldorf), FamRZ 2003, 860 m. Anm. *Klinkhammer* = NJW 2003, 1660 = DNotZ 2003, 549	Berücksichtigung vorrangiger Unterhaltspflichten ggü. dem Ehegatten; Bereinigung des Einkommens durch Risikovorsorge für Arbeitslosigkeit und Alter
BGH, 19.03.2003 – XII ZR 123/00 (OLG Frankfurt am Main), FamRZ 2003, 1179 m. Anm. *Klinkhammer* = NJW 2003, 2306	Berücksichtigung des Wohnvorteils; Unterhaltsbereinigung i.R.d. Altersvorsorge
BGH, 07.05.2003 – XII ZR 229/00 (OLG München), FamRZ 2003, 1836 m. Anm. *Strohal* = NJW 2003, 3624	Auskunftsansprüche unter Geschwistern und Geschwisterehegatten
BGH, 25.06.2003 – XII ZR 63/00 (OLG Düsseldorf), FamRZ 2004, 186 m. Anm. *Schürmann*	Berücksichtigung von Überstundenvergütungen; Prägung des Familienunterhaltsbedarfs durch latente Unterhaltslast der Eltern; Berücksichtigung des Sparens und der Vermögensbildung

Und, in rascher Folge, i.S.e. Verschärfung des Elternunterhalts beim Zusammenleben mit einem gut verdienenden Ehegatten:[567]

722

BGH, 15.10.2003 – XII ZR 122/00 (OLG Stuttgart), FamRZ 2004, 366 m. Anm. *Strohal*, S. 441	Heranziehung eigenen Einkommens unterhalb des Mindestselbstbehalts bei „auskömmlichen" Schwiegerkindeinkünften; Taschengeldanspruch
BGH, 17.12.2003 – XII ZR 224/00 (OLG Frankfurt am Main), FamRZ 2004, 370 m. Anm. *Strohal*, S. 441 = NJW 2004, 677	Heranziehung von Einkommen unterhalb des Mindestselbstbehalts, sofern der angemessene Unterhalt bereits durch Familienunterhalt gedeckt ist; Ermittlung der Konsum- und Spargewohnheiten der Familie
BGH, 14.01.2004 – XII ZR 69/01 (OLG Hamm), FamRZ 2004, 443 m. Anm. *Schürmann* = NJW 2004, 769:	Einkommenskorrektur nach ungünstiger Steuerklassenwahl; Heranziehung von Einkommen unter dem Mindestselbstbehalt
BGH, 14.01.2004 – XII ZR 149/01 (OLG Hamm), FamRZ 2004, 792 m. Anm. *Borth*	Einkommensbereinigung um zusätzliche Altersvorsorge; Ersparnis durch gemeinsame Haushaltsführung

---

567 „Härtere Gangart", so treffend *J. Mayer*, ZEV 2004, 172.

BGH, 28.01.2004 – XII ZR 218/01 (OLG Hamm), FamRZ 2004, 795 m. Anm. *Strohal*	Heranziehung der Einkünfte aus einer Nebentätigkeit
BGH, 21.04.2004 – XII ZR 251/01 (OLG Frankfurt am Main), FamRZ 2004, 1097 m. Anm. *Klinkhammer*, S. 1283	unbillige Härte i.S.d. § 91 Abs. 2 Satz 2 BSHG
BGH, 21.04.2004 – XII ZR 326/01 (OLG Hamm), FamRZ 2004, 1184	Obliegenheit zur Verwertung des Vermögensstammes durch den Verpflichteten zumindest ebenso abgeschwächt wie beim Verwandtenunterhalt in absteigender Linie
BGH, 19.05.2004 – XII ZR 304/02 (OLG Frankfurt am Main), FamRZ 2004, 1559 m. Anm. *Born*	Verwirkung nach § 1611 BGB bei vorwerfbarem Verlassen des Kindes in frühem Alter
BGH, 07.07.2004 – XII ZR 272/02 (OLG Hamm), FamRZ 2004, 1370	Bemessung der Bedürftigkeit des Elternteils allein aufgrund seines eigenen Bedarfs und Einkommens, auch wenn ein Teil dessen sozialhilferechtlich der Versorgung des anderen Elternteils zugerechnet wird.
BVerfG, 07.06.2005 – 1 BvR 1508/96, FamRZ 2005, 1051 m. Anm. *Klinkhammer*	Bestätigung der Linie des BGH gegen die (vom LG Duisburg vorgeschlagene) Überlegung, für einen „aufgedrängten Kredit" i.H.d. elterlichen Sozialhilfebezugs die Beleihung des Miteigentumsanteils des Kindes an einem Vier-Familienhaus, das der Alterssicherung dienen sollte, zu verlangen
BGH, 08.06.2005 – XII ZR 75/04 (OLG Dresden), NJW 2006, 142	obige Grundsätze gelten erst recht zugunsten der Großeltern im Rahmen deren Ersatzhaftung anstelle der unmittelbaren Eltern
BGH, 23.11.2005 – XII ZR 155/03 (KG), FamRZ 2006, 935 m. Anm. *Hauß*	Bekräftigung des Umstandes, dass unterhaltsbegehrende Eltern zuvor auch schwer verwertbare Vermögensbestandteile einzusetzen haben (Beleihung eines Anteils an einer ungeteilten Erbengemeinschaft)
BGH, 30.08.2006 – XII ZR 98/04 (OLG München), FamRZ 2006, 1511 m. Anm. *Klinkhammer*	aus der Freistellung von weiteren 5% des Bruttoarbeitnehmereinkommens für private Altersvorsorgeaufwendungen (über die Rentenbeiträge hinaus) wird gefolgert, dass auch – jedenfalls – Vermögenswerte (gleich welcher Art), die aus diesem Zusatzaufwand im Laufe eines Erwerbslebens angespart werden können, hinsichtlich der Vermögensheranziehung freigestellt sind

723

BGH, 28.07.2010 – XII ZR 140/07 (OLG Düsseldorf), FamRZ 2010, 1535 m. Anm. *Hauß*	Berechnung der Leistungsfähigkeit verheirateter Kinder (55 % seines Anteils an dem den gemeinsamen Mindestselbstbehalt übersteigenden gemeinsamen Einkommen)
BGH, 15.09.2010 – XII ZR 148/09 (OLG Hamm), FamRZ 2010, 1888	schuldhaftes Fehlverhalten i.S.d. § 1611 BGB nicht bei psychischer Erkrankung

I.R.d. **Großelternhaftung** sind auch Leistungen nach dem Unterhaltsvorschussgesetz bedarfsmindernd anzurechnen.[568]

In gleicher Weise kommen den Großeltern, die auf Enkelunterhalt in Anspruch genommen werden, die Freistellungen des Elternunterhalts zugute.[569]

Die folgende Darstellung soll dem Praktiker einen an der obergerichtlichen Rechtsprechung orientierten Überblick über die **Grundlagen des Elternunterhalts** (vgl. Rdn. 727 ff.), den **Bedarf und die erforderliche Bedürftigkeit der Eltern** (vgl. Rdn. 731 ff.), die **Heranziehung von Kindern aus Einkommen** (vgl. Rdn. 750 ff.) und **Vermögen** (vgl. Rdn. 795 ff.) und mögliche **Ausschlusstatbestände** (vgl. Rdn. 811 ff.) sowie das **Verhältnis mehrerer Unterhaltspflichtiger zueinander** (vgl. Rdn. 816 ff.) bieten.

Da in der Praxis die Inanspruchnahme aus Elternunterhalt ganz überwiegend (übrigens in allen veröffentlichten BGH-Entscheidungen!) durch den Sozialhilfeträger aus übergeleitetem Recht erfolgt, bliebe das Bild ohne Blick auf die sozialhilferechtlichen Besonderheiten (§ 94 SGB XII, § 33 SGB II) unvollständig (hierzu s. Rdn. 828 f.). Strategien zur Vermeidung einer Heranziehung aus Elternunterhalt werden abschließend unter Rdn. 830 ff. dargestellt.

I. Grundlagen

1. Rechtspolitische Überlegungen

Die **Verpflichtung zur Leistung von Barunterhalt zwischen Verwandten** sowohl in aufsteigender als auch in absteigender Linie (§§ 1601 ff. BGB) ist Ausprägung der Generationensolidarität. Elternunterhalt lässt sich also begreifen als „Ausgleich" zum einen für die (mind.) zwei Jahrzehnte währende erziehende und finanzielle Zuwendung an die Kinder, zum anderen für deren materielle Erberwartung. In Zeiten, in denen die tatsächliche Versorgung und Pflege der älteren Generation nicht (mehr) im häuslichen Verbund, sondern in Einrichtungen gegen eine Vergütung geleistet wird, die auch bei auskömmlichen, durch die Grundsicherung[570] ergänzten Altersrenten und einem regressfreien (da beitragserkauften) Zuschuss zu den pflegebedingten Mehraufwendungen aus dem Pflegeversicherungsgesetz (SGB XI) häufig nicht ohne Inanspruchnahme steuerfinanzierter Sozialhilfeleistungen entrichtet werden kann, stellt sich die „faire Bemessung" des Elternunterhalts jedoch nicht nur als Frage der Verteilungsgerechtigkeit zwischen der älteren und jüngeren Generation dar, sondern auch als Problem der adäquaten Be-

---

[568] OLG Dresden, 09.11.2005 – 21 UF 0486/05, NJW-RR 2006, 221.
[569] BGH, 03.05.2006 – XII ZR 35/04, ZFE 2006, 351.
[570] Ab 01.01.2005 in §§ 41 ff. SGB XII verortet.

bzw. Entlastung des Individuums im Verhältnis zur Allgemeinheit. Für Hilfe zur Pflege in stationären Einrichtungen gem. SGB XII wurden 2005 ca. 2,6 Mrd. € gewährt (der Unterhaltsregress ggü. Kindern belief sich auf lediglich 42 Mio. €).

728 Rechtspolitische Stellungnahmen plädieren seit jeher in dieser Frage für eine stark abgemilderte Inanspruchnahme der Kinder[571] (richtungweisend insoweit die Verhandlungen der mit dem Elternunterhalt befassten Abteilung des 64. Deutschen Juristentags 2002[572] unter der Leitung von Dr. Hahne, die zugleich Vorsitzende des für Familiensachen zuständigen XII. Zivilsenats des BGH ist). Zur Begründung werden regelmäßig vier Aspekte angeführt:

- Während Eltern stets damit zu rechnen haben, ihrem Kind ggü. – jedenfalls bis zur Erlangung wirtschaftlicher Selbstständigkeit – barunterhaltspflichtig zu sein, verursacht in aller Regel nicht bereits das Alter an sich, sondern oft unvermittelt eintretende Pflegebedürftigkeit der Eltern eine finanzielle Inanspruchnahme der Kinder.
- Tritt diese ein, sind Einkommen und Vermögen der Verpflichteten regelmäßig für die Versorgung der „eigenen Familie" und die Rückführung hoher Kredite, z.B. im Zusammenhang mit Eigenheim oder Existenzgründung, gebunden.
- Die verpflichtete Generation leistet aus ihrem Arbeitseinkommen bereits einen Solidarbeitrag i.H.v. etwa 20 % (Rentenversicherung) zur Vorsorge nicht für das eigene Alter, sondern zur Versorgung der vorangehenden Generation, entrichtet Steuern zur Stützung der Rententräger (Bundeszuschuss) und trägt möglicherweise durch die Erziehung eigener Kinder zur Abmilderung der „demografischen Falle" bei. Plakativ ist das Bild von der „Sandwich-Generation",[573] die sich von zwei Seiten aus ökonomischem Druck ausgesetzt sieht und zudem die eigene Altersversorgung selbstständig sicherzustellen hat.
- Angesichts der stark zurückgegangenen Kinderzahlen („Pillenknick") droht ein „Generationenvertrag ohne Generation".[574]

2. Bürgerlich-rechtlicher Unterhaltsrang

729 Die Bestimmungen zur **Rangfolge der Unterhaltsberechtigungen** (§ 1609 BGB) sind ein Abbild der vorstehend skizzierten rechtssoziologischen und rechtspolitischen Erwägungen.

- Gem. § 1609 Nr. 1 BGB gehen zunächst die unverheirateten minderjährigen (und die bis 21-jährigen, in Ausbildung befindlichen volljährigen) Kinder vor, ebenso der Ehegatte, auch nach Scheidung,
- sodann folgen Unterhaltsansprüche des kindesbetreuenden Elternteils bzw. des Ehegatten bei langer Ehedauer (Nr. 2),
- gefolgt von sonstigen Ehegatten oder geschiedenen Ehegatten (Nr. 3),
- es folgen die Unterhaltsansprüche sonstiger Kinder (Nr. 4) sowie der Enkel und Urenkel (Nr. 5),

---

571 Vgl. auch *Roth*, NJW 2004, 2434.
572 Verhandlungen Bd. II/2 L 225 f.; noch deutlicher 59. Deutscher Juristentag, 1992, Beschlussfassung II M 241 ff. mit Votum zugunsten einer Abschaffung des Elternunterhalts.
573 Eingehend *Diederichsen*, FF Sonderheft 2001, 7; *Brudermüller*, FamRZ 1996, 129; *ders.*, NJW 2004, 634.
574 Vgl. *Raffelhüschen* im Interview der Welt am Sonntag v. 01.04.2007, S. 26.

- an letzter Stelle rangiert die Unterhaltspflicht in aufsteigender Linie, wobei insoweit die nähere Generation wiederum der entfernteren vorgeht (Elternunterhalt vor Großelternunterhalt, § 1609 Nr. 6 und 7 BGB).

Diese **schwache Ausprägung des Rechtsrangs des Elternunterhalts** rechtfertigt im Verein mit den vorgetragenen wertenden Erwägungen eine deutlich abgemilderte Heranziehung der Kinder für die Unterhaltslast der Eltern, also eine strengere Einsatzpflicht der vorhandenen Mittel des Berechtigten und eine großzügigere Freistellung von Einkommen und Vermögen des Verpflichteten, wie sie nachstehend ab Rdn. 731 ff. nach aktuellem Stand dargestellt wird. Die **gesetzlichen Bestimmungen zur Bemessung des Verwandtschaftsunterhalts** selbst allerdings sind in aufsteigender und absteigender Linie identisch (Anknüpfung der Bedürftigkeit in § 1602 Abs. 1 BGB an die Unfähigkeit, sich selbst zu unterhalten, und andererseits der Leistungsfähigkeit in § 1603 Abs. 1 BGB an das Fehlen einer Gefährdung seines eigenen angemessenen Unterhalts bei Berücksichtigung seiner sonstigen Verpflichtungen). Die Praxis der Heranziehung zum Elternunterhalt ist außerordentlich divers,[575] überwiegend von größerer Schärfe als nach der Rechtsprechung geschuldet[576] und vertraut offensichtlich darauf, dass viele Kinder den Rechtsweg ohnehin nicht beschreiten werden, um nicht als „Rabenkinder" zu gelten.[577] Bei korrekter Anwendung des Gesetzes sind auch unter erwerbstätigen Kindern weniger als 10 % objektiv ausreichend leistungsfähig.[578]

II. Berechtigte: Bedarf, Bedürftigkeit, Schonung

1. Bedarf

Maß des Unterhalts ist der „gesamte gegenwärtige Lebensbedarf" (§ 1610 Abs. 2 BGB). Dieser umfasst den **laufenden Bedarf** (d.h. die elementaren Erfordernisse wie Unterkunft, Verpflegung, Kleidung, Kranken- und Pflegeversicherungsbeiträge, nicht jedoch sonstige Versicherungsprämien, die nur vor künftigen Risiken schützen sollen), den **Mehrbedarf** (Diätverpflegung,[579] ggf. Haushaltshilfe[580] oder Kosten einer Pflegeperson, Medikamentenzuzahlung, v.a. aber auch die Kosten der Unterbringung pflegebedürftiger Eltern in einem Pflegeheim)[581] und schließlich ggf. den **Sonderbedarf** (§ 1613 Abs. 2 BGB, z.B. bei einer vorübergehenden Erkrankung mit außergewöhnlich hohem Zusatzaufwand). Der Mehrbedarf aufgrund Heimunterbringung ist jedoch wegen des Grundsatzes der wirtschaftlichen Eigenverantwortung (§ 1602 BGB) nur anzusetzen, wenn die kostengünstigere Führung eines eigenen Hausstands mit ambulanter Pflegeunterstützung aus tatsächlichen Gründen ausscheidet.[582]

---

575 Eine (offen durchgeführte) Untersuchung des Fraunhofer-Instituts für Offene Kommunikationssysteme, Berlin, bei der Kreisverwaltung Herford ergab Abweichungen von mehreren Hundert Euro; ca. ein Drittel der Lösungen war nicht mehr vertretbar.
576 So berichten Beteiligte, die Sozialämter hätten die Berechtigung von Nachhilfestunden für die Kinder angezweifelt, da deren schulische Leistungen sich nicht gebessert hätten.
577 Welt am Sonntag v. 01.04.2007, S. 25.
578 Vgl. *Ehinger*, NJW 2008, 2465.
579 OLG Karlsruhe, FamRZ 1998, 1436.
580 OLG Köln, FamRZ 1980, 1007.
581 OLG Koblenz, NJW-RR 2000, 294; LG Hamm, FamRZ 1996, 118.
582 Staudinger/*Kaiser/Engler*, BGB, § 1610 Rn. 132.

732 Das Niveau des laufenden Mehr- und Sonderbedarfs richtet sich gem. § 1610 Abs. 1 BGB nach der **Lebensstellung der Eltern**, im Wesentlichen also nach ihren wirtschaftlichen Verhältnissen. Auch einkommens- und vermögenslosen Eltern ist ein Unterhaltsbedarf i.H.d. Existenzminimums zuzubilligen;[583] dieses ist für den laufenden Bedarf der Höhe nach identisch mit dem notwendigen Eigenbedarf (Selbsthalt) ggü. dem getrennt lebenden/geschiedenen Ehegatten (d.h. 1.050,00 €/Monat, Existenzminimum für einen erwerbstätigen Elternteil 950,00 €, für einen nicht erwerbstätigen 770,00 €).[584] Der laufende Bedarf wird durch den Mehr- und Sonderbedarf ergänzt, wobei das Niveau der beanspruchbaren Heimunterbringung sich ebenfalls an den wirtschaftlichen Möglichkeiten der Eltern orientiert.[585] Abzustellen ist dabei nicht mehr auf die etwa großzügigere frühere Lebensstellung; insb. muss der Kapitalverzehr durch Eintritt in den Ruhestand, Erkrankung, Arbeitslosigkeit etc. hingenommen werden (keine Garantie des Lebensstandards durch Unterbringung in einer Senioren-Residenz).

2. Bedürftigkeit

733 Zur Befriedigung des oben definierten Unterhaltsbedarfs haben Eltern gem. § 1602 Abs. 1 BGB ihr Einkommen und Vermögen einzusetzen, eine **Klage auf Elternunterhalt** ist daher nur dann schlüssig, wenn sie darlegt, dass der Anspruchsteller seinen Bedarf nicht aus eigener Erwerbstätigkeit, durch Vermögenseinsatz oder nicht subsidiäre Sozialleistungen decken kann.[586]

a) Einkommenseinsatz

734 Zum Einkommen zählen **alle verfügbaren Einkünfte**, auch Renten und Leistungen der Pflegekasse (Gleichwertigkeitsvermutung zwischen Leistung und notwendigem Aufwand gem. § 1610a BGB), ferner Dienstleistungs- und Sachansprüche aus Verträgen, z.B. aus Überlassungen mit Versorgungsleistungen. Das frühere Wohngeld, das auch bei dauerhafter Heimunterbringung gewährt werden konnte,[587] war ebenfalls zu berücksichtigen.[588] Gleiches gilt nunmehr für Leistungen der Grundsicherung.[589]

735 Verstoßen Eltern gegen die **Obliegenheit zur Geltendmachung gesetzlicher Ansprüche** (auch auf Grundsicherung) sind ihnen ggf. **fiktive Einkünfte** bedarfsmindernd anzurechnen, und zwar nach strenger Rechtsprechung auch dann, wenn sie nicht gegen einen (die Grundsicherung zu Unrecht unter Verweis auf den Elternunterhalt ablehnenden) behördlichen Bescheid vorgehen.[590] Gleiches gilt bei einem Verstoß gegen die Obliegenheit zur Aufnahme zumutbarer Erwerbstätigkeit (i.R.d. noch vorhandenen Arbeitskraft und Anpassungsfähigkeit – diese Obliegenheit

---

583 *Schnitzler/Günther*, MAH Familienrecht, § 12 Rn. 12. Das (auch erhöhte) Taschengeld gem. § 35 Abs. 2 SGB XII ist darin bereits berücksichtigt.
584 Abschnitt B IV der Düsseldorfer Tabelle, Stand 01.01.2011.
585 *Brudermüller*, NJW 2004, 634.
586 OLG Oldenburg, NJW-RR 2006, 797.
587 § 3 Abs. 1 Nr. 5 WoGG i.V.m. § 8 WoGV.
588 Nach BGH, FamRZ 2003, 862 ist es dabei zunächst auf einen erhöhten Wohnkostenbedarf anzurechnen, für den nichtverbrauchten Rest als Einkommen zu werten. Krit. hierzu *Brudermüller*, NJW 2004, 634, Fn. 25.
589 Vgl. OLG Oldenburg, FamRZ 2004, 295; ebenso *Klinkhammer*, FamRZ 2002, 997; *Reinecke*, ZAP Fach 11, S. 669 ff.
590 OLG Saarbrücken, MittBayNot 2005, 436 m. Anm. *Krauß*; ebenso OLG Nürnberg, FamRZ 2004, 1988; *Scholz*, FamRZ 2007, 1161.

endet spätestens mit Erreichen der allgemeinen Altersgrenze von 65 Jahren);[591] Voraussetzung ist jedoch stets, dass die Arbeitsmarktlage einen (Wieder-) Einstieg in die Berufstätigkeit, auch unterhalb der bisherigen Lebensstellung, erlaubt.[592]

b) Vermögenseinsatz

Eine § 1577 Abs. 3 BGB entsprechende Vorschrift zum Schutz des Vermögensstamms vor der Obliegenheit zur Verwertung fehlt im Recht des Verwandtenunterhalts. Aus der schwachen Ausprägung der Unterhaltsansprüche von Eltern gegen Kinder folgt allerdings, dass in aller Regel der Verbrauch des Vermögens (durch Veräußerung, Versteigerung, Belastung, Umschichtung) verlangt werden kann, bevor Bedürftigkeit entsteht. In früherer aktiver Zeit gebildete Vermögenswerte sind nicht dazu bestimmt, den Erben zur Verfügung zu stehen, sondern vielmehr den eigenen Bedarf des Vermögensträgers zu decken.[593]

736

Daher ist auch die **Veräußerung des Familienheims** geschuldet, es sei denn, wegen der darauf ruhenden Belastungen könnte der Erlös den Unterhalt nur für kurze Zeit sicherstellen (Unzumutbarkeitsgrenze). Gleiches gilt, wenn die Verwertung, z.B. bei Veräußerung gebrauchter Gegenstände, völlig unwirtschaftlich wäre oder bei geringwertigen Gegenständen das Affektionsinteresse zugunsten des Bedürftigen den Ausschlag gibt.[594] Bloße Schwierigkeiten in der Verwertung befreien jedoch nicht, ggf. ist auch der Erbteil an einer schwer auseinanderzusetzenden Erbengemeinschaft durch Kreditaufnahme zu „verwerten".[595]

737

Unangetastet bleiben kann jedoch beim Berechtigten wohl ein „Notgroschen"[596] i.H.d. sozialhilferechtlich gem. § 90 Abs. 2 Nr. 9 SGB XII i.V.m. der diesbezüglichen Durchführungsverordnung freigestellten Beträge (seit 01.01.2005 angehoben auf 1.600,00 € bei der HLU, 2.600,00 € bei Personen über 60 Jahren oder erwerbsgeminderten Personen; bei der Hilfe in besonderen Lebenslagen auf 2.600,00 € zzgl. 614,00 € für den Ehegatten und 256,00 € für jede weitere unterhaltene Person – bei Pflegebedürftigen der Stufe III beträgt der Ehegattenaufschlag 1.534,00 €). Die Literatur fordert darüber hinaus auch die Schonung zweckgebunden angelegter, angemessener Beträge zur Sicherung des Beerdigungs- und des Grabpflegeaufwands.[597]

738

Zum **verlangbaren Vermögenseinsatz** gehört auch die Geltendmachung von Ansprüchen, etwa auf Unterhalt oder Zugewinnausgleich gegen den geschiedenen Ehegatten, auf nicht subsidiäre Sozialleistungen wie Renten und Pflegegeld nach SGB XI, Erstattung von Aufwendungen seitens privater Krankenversicherungen, Rückzahlung von Einkommen- und Kirchensteuer, die

739

---

591 BGH, FamRZ 1999, 709.
592 BSG, FamRZ 1985, 1253.
593 *Schnitzler/Günther*, MAH Familienrecht, § 12 Rn. 24.
594 BGH, FamRZ 1998, 369.
595 BGH, FamRZ 2006, 935.
596 BGH, FamRZ 2006, 935.
597 Hauß, FamRZ 2006, 938 unter Berufung auf *Brühl*, in: LPK-SGB XII, § 90 Rn. 12 m.w.N. Allerdings sind auch die Erben gem. § 1968 BGB und der Sozialhilfeträger gem. § 74 SGB XII zur Tragung der Bestattungskosten verpflichtet (zu Letzterem vgl. LSG Baden-Württemberg, 25.03.2010 – L 7 SO 4476/08, ZErb 2010, 153.

Durchsetzung vertraglich zugesagter Versorgungsleistungen in Natur bzw. an deren Stelle tretender Geldansprüche,[598] früher auch des Anspruchs auf Wohngeld.

740 Häufiger Anwendungsfall ist die **Rückforderung früherer Zuwendungen** bzw. **Leistung des Wertersatzes in Geld bei späterer Verarmung** gem. **§ 528 BGB**[599] oder bei grobem Undank gem. § 530 BGB. Diese bei Inanspruchnahme von Sozialhilfeleistungen (Überleitung nach § 93 SGB XII) oder unterhaltersetzender Leistungen privater Dritter[600] erzwingbare Konditionsleistung ist also innerhalb der ersten 10 Jahre nach Vollziehung der Schenkung stets vorrangig vor der Inanspruchnahme von Kindern aus gesetzlichem Unterhalt. Das Risiko der Inanspruchnahme v.a. zulasten weichender Geschwister realisiert sich demnach in der Praxis in aller Regel nur, wenn die Bedürftigkeit erst nach Ablauf von 10 Jahren nach der vorweggenommenen Zuwendung folgt oder wenn der Rückforderungsanspruch aus § 528 BGB an der gutgläubig eingetretenen Entreicherung (§ 818 Abs. 3 BGB) oder an dem Eintritt eigener Bedürftigkeit des Beschenkten (§ 529 Abs. 2 BGB) scheitert.

741 In einer zweiten Stufe ist vorrangig vor privaten Unterhaltsansprüchen zu untersuchen, ob die im Überlassungsvertrag zugesagten Versorgungsleistungen bzw. die an deren Stelle tretenden Surrogate[601] zur Bedarfsdeckung herangezogen werden können. Im Verhältnis zu den Versorgungsquellen, die aus früheren Vermögensübertragungen resultieren (Rückforderung des Substrats im Ganzen oder zeitabschnittsweise als Wertersatz zum einen, Geltendmachung der als „Gegenleistungen" zugesagten Versorgungsansprüche zum anderen), bildet also der Elternunterhalt eine nachrangige „Auffanglösung", die sich dann auch auf den Schultern der nichtbedachten Kinder verteilt.

742 **Hinweis:**

Aus der Sicht des Sozialhilfeträgers gilt plakativ die Formel „93 vor 94" (zunächst Geltendmachung des Rückforderungsanspruchs durch Verwaltungsakt, erst dann Legalzession der Unterhaltspflicht).[602]

3. Sozialhilferechtliche Besonderheiten

743 In einem deutlichen Spannungs-, ja Kontrastverhältnis zur vorstehend referierten strengen familienrechtlichen Obliegenheit zum Einsatz eigenen Einkommens und zur Verwertung eigenen Vermögens steht die im Sozialhilferecht gewährte (zum 01.01.2005 etwas zurückgenommene) Schonung seines (und der weiteren Mitglieder der Einsatz- und Bedarfsgemeinschaft, §§ 19 Abs. 1 und Abs. 3, 20 SGB XII, vgl. Rdn. 748) Einkommens und Vermögens.

---

598 Umwandlung z.B. aufgrund der landesrechtlichen Leibgedingsbestimmungen oder aus § 313 BGB; zu Letzterem vgl. etwa OLG Köln, FamRZ 1991, 1432; OLG Düsseldorf, Rpfleger 2001, 542; gegen OLG Hamm, NJW-RR 1996, 1360 und OLG Brandenburg, ZOV 1997, 417.
599 Vgl. hierzu *Krauß*, ZEV 2001, 417; *Kollhosser*, ZEV 2001, 289 ff.
600 BGH, MittBayNot 2002, 179 m. Anm. *Mayer*, S. 153; DNotZ 2002, 702 m. Anm. *Krauß*.
601 Vgl. die Rspr. des BGH, ZEV 2003, 211 zur Entrichtung „ersparter Aufwendungen" als Ergebnis „interessengerechter Auslegung" bei lückenhaften Regelungen im Vertrag zum Schicksal ortsgebundener Leistungen für den Fall der dauernden Heimunterbringung.
602 Vgl. BGH, NJW 1991, 1824.

a) Einkommensschonung

(Nur) Beim Bezug von **Hilfe in besonderen Lebenslagen**, z.B. bei der Hilfe zur Pflege, gewährt § 85 SGB XII eine Einkommensverschonung i.H.d. 2-fachen Eckregelsatzes zuzüglich der angemessenen Unterkunftskosten und weiterer Familienzuschläge i.H.v. 70 % des Haushaltsvorstands-Regelsatzes (vgl. Rdn. 478).

744

> **Hinweis:**
> Vor dem 31.12.2004 erhöhte sich der Grundbetrag aus diesen drei Komponenten der Einkommensschonung gem. § 81 Abs. 1 BSHG z.B. beim Erreichen der Pflegestufe I (90 Minuten durchschnittliche tägliche Pflegebedürftigkeit) oder bei stationärer Unterbringung für voraussichtlich 6 Monate (Nr. 5) auf 853,00 €, im Fall der Pflegebedürftigkeit gem. Stufe III (täglicher Bedarf an durchschnittlicher anteiliger Grundpflege und hauswirtschaftlicher Versorgung von mind. 5 Std.) sowie bei der Blindenhilfe auf 1.705,00 €, jeweils zuzüglich des angemessenen Wohnaufwands und der genannten Familienzuschläge. Diese „**besondere Einkommensgrenze**" wurde in das **SGB XII nicht übernommen**, kann jedoch durch die Länder wieder eingeführt werden (§ 86 SGB XII).

745

Erst bei **dauernder Heimunterbringung** und unter der weiteren Voraussetzung, dass keine weitere Person vom Einkommen des Hilfeempfängers überwiegend unterhalten wird, ist gem. §§ 88 Abs. 1 Satz 2, 92a Abs. 2 SGB XII Einkommen auch unter der genannten Schongrenze einzusetzen.

746

b) Vermögensschonung

In ähnlicher Weise stellt § 90 Abs. 2 SGB XII Vermögensbestandteile wie bspw. das angemessene, durch ein Mitglied der Einsatz- und Bedarfsgemeinschaft **zu eigenen Wohnzwecken genutzte Hausgrundstück** (Nr. 8) als Schonvermögen frei, sodass sozialhilferechtlich nicht einmal deren Beleihung verlangt werden kann. Eine Verwertung ist regelmäßig erst mit ständigem Wegzug, spätestens mit dem Ableben des Hilfeempfängers möglich (§ 102 SGB XII). Das Vorhandensein solchen Vermögens hindert mangels Bedürftigkeit das Entstehen familienrechtlicher Elternunterhaltsansprüche, und zwar dauerhaft, solange das Eigenheim nicht (unter Verzicht auf die sozialhilferechtliche Schonung) tatsächlich verwertet worden ist. Die sich daraus ergebenden Wertungskonflikte zum Sozialhilferecht werden unter Rdn. 568 sowie Rdn. 828 kurz thematisiert.

747

c) Einsatz- und Bedarfsgemeinschaft

Ist der potenziell bedürftige Elternteil verheiratet/verpartnert, ohne getrennt zu leben, bilden beide eine sozialhilferechtliche Einsatz- und Bedarfsgemeinschaft. Verfügt der Partner demnach über ungenügendes Einkommen, wird das Gesamteinkommen beider je zur Hälfte beiden zugerechnet mit der Folge, dass bereits bei der Feststellung des einzusetzenden Einkommens des wirtschaftlich stärkeren Elternteils ein Teil der Einkünfte nicht berücksichtigt wird. Das Unterhaltsrecht vollzieht diese Wertung nicht nach, sondern erfasst nur, dafür aber in vollem Umfang, den Bedarf und die Einkünfte des Anspruchstellers. Ihm geschuldete Unterhaltszahlungen sollen

748

lediglich seinen eigenen Bedarf decken, ihn aber nicht in die Lage versetzen, Verbindlichkeiten gegen Dritte (etwa aus § 1360 BGB) zu erfüllen.[603]

749 Verfügt also bspw. der Vater über ausreichende (Renten- und PflegeVG-) Einkünfte zur Deckung seiner Heimkosten, erhält er aber gleichwohl Sozialhilfe, da ihm ein Teil seiner Rentenbezüge zur Bedarfsdeckung des nicht getrennt lebenden Ehegatten (§ 19 Abs. 1 oder 3 SGB XII) nicht angerechnet wird, scheidet ein bürgerlich-rechtlicher Unterhaltsanspruch aus (die an sich zivilrechtlich bedürftige Mutter ist zwar ihrerseits möglicherweise unterhaltsberechtigt, allerdings wird dieser Anspruch nicht durch den Sozialleistungsträger durchgesetzt, da sie ja infolge der „sozialhilferechtlichen Einkommensaufstockung in der Einsatzgemeinschaft" nicht sozialhilfeberechtigt ist.

III. Bemessung der Leistungsfähigkeit von Kindern aus Einkommen

750 Ein Kind ist nicht mehr im unterhaltsrechtlichen Sinn leistungsfähig, wenn es bei Berücksichtigung seiner sonstigen Verpflichtungen zur Zahlung außerstande ist, ohne eine **Gefährdung seines angemessenen Eigenunterhalts** eintreten zu lassen (§ 1603 Abs. 1 BGB). Diese Kriterien sind wie folgt zu prüfen:
- Ermittlung des vorhandenen Einkommens (s. Rdn. 751 ff.);
- Bereinigung um abzugsfähige Positionen (s. Rdn. 756 ff.);
- Berücksichtigung der Unterhaltsverpflichtungen gegen vorrangige Angehörige, etwa eigene Kinder und/oder den Ehegatten (s. Rdn. 762 ff.);
- Sicherstellung des zur Wahrung des angemessenen eigenen Unterhalts erforderlichen Betrags (s. Rdn. 777 ff.), sofern dieser nicht aus dem insgesamt zu Gebote stehenden Familienunterhalt gewährleistet ist (s. Rdn. 782).

1. Einkommensermittlung

751 **Unterhaltsrechtlich relevant** ist das **gesamte vorhandene Einkommen des Pflichtigen**, das nach den insb. i.R.d. Getrenntlebens- und Geschiedenenunterhalts entwickelten Grundsätzen zu ermitteln ist. Aus der umfangreichen Kasuistik seien lediglich im Weg der Aufzählung als relevante Umstände erwähnt:
- Hinsichtlich der Einkünfte aus **abhängiger Beschäftigung** die Brutto-Einkünfte und vermögenswerte Sachzuwendungen (z.B. Überlassung eines Firmenfahrzeugs zur privaten Nutzung),[604] Urlaubsgeld, Steuervorteile, Sparzulage, Leistungsprämien, Ortszuschläge, Weihnachtsgeld, 13. und 14. Gehalt, Überstundenvergütungen,[605] sonstige Gratifikationen, Trinkgeld, Wegezeitvergütungen.
- Bei Einkünften aus **selbstständiger Tätigkeit oder Gewerbetrieb** ist der Durchschnitt der 3 vorangehenden Jahre heranzuziehen, wobei steuerlich zulässige Abzüge, v.a. pauschaler Art (z.B. Ansparrücklagen, Abschreibungen) nur i.H.d. realen Aufwendungen oder Wertminde-

---

603 BGH, 07.07.2004 – XII ZR 272/02, FamRZ 2004, 1370.
604 *Romeyko*, FamRZ 2004, 242 ff.
605 Die auch i.R.d. Elternunterhalts jedenfalls dann zu berücksichtigen sind, wenn sie in angemessenem Umfang anfallen, BGH, FamRZ 2004, 186.

rungen beachtlich sind.⁶⁰⁶ Ein Hilfsmittel bei der Feststellung der wahren Einkommensverhältnisse kann auch die Höhe der Privatentnahmen sein.⁶⁰⁷

- In ähnlicher Weise sind Einkünfte aus **Vermietung und Verpachtung** nur um die lineare, nicht die degressive oder Sonderabschreibung zu kürzen.

752

- Bei Einkommen aus **Vermögen** (z.B. Dividenden) ist nur der nachhaltig erzielbare Ertrag (allerdings ohne Abzug inflationsbedingten Wertverlustes)⁶⁰⁸ zugrunde zu legen.

- Einkommensbestandteile sind auch **erhaltene Unterhaltszahlungen** (z.B. aus vorangegangener Scheidung), nicht jedoch treuhänderisch erhaltene Kindesunterhaltsbeträge und das Kindergeld, das nur zu einer Stärkung der Leistungsfähigkeit im Verhältnis zum eigenen Kind führen soll.

- Zum Einkommen zählt auch der Anspruch des nichterwerbstätigen oder hinzuverdienenden⁶⁰⁹ Ehegatten gegen den erwerbstätigen Partner auf „**Taschengeld**" i.H.v. fünf bis sieben zum Hundert des Netto-Einkommens des Zahlungspflichtigen,⁶¹⁰ der als nicht dem Verzicht zugänglicher Bestandteil des Ehegattenunterhalts auch dann zu erfassen ist, wenn es nicht tatsächlich separat ausgezahlt wird⁶¹¹ oder aber Bestandteil des Haushaltsgelds ist, bei welchem es sich i.Ü. um nicht unterhaltsrelevante, treuhänderisch zur Verwendung für die Bedürfnisse der Familie überlassene Geldmittel handelt.⁶¹² Insb. bei Heranziehung von Taschengeldansprüchen ist die unter Rdn. 790 zu behandelnde Unterschreitung des Mindestselbstbehalts aufgrund anderweitiger Deckung des Eigenbedarfs aus Familieneinkommen häufig zu thematisieren.

753

Fiktive Einkommensbeträge, die bspw. im Verhältnis unter geschiedenen Ehegatten oder ggü. minderjährigen Kindern als Haushaltsführungsbeitrag oder wegen der Verletzung der Obliegenheit zur Aufnahme eigener Erwerbstätigkeit anzusetzen sind, bleiben nach wohl richtiger Ansicht beim Elternunterhalt außer Betracht.⁶¹³ Obwohl die veröffentlichten BGH-Entscheidungen (etwa im Taschengeldfall)⁶¹⁴ dazu Anlass gegeben hätten, wird die Zurechnung fiktiven Einkommens aus einer Verletzung der Erwerbsobliegenheit oder der Obliegenheit zu möglichst ertragbringender Anlage vorhandenen Vermögens nirgends thematisiert.⁶¹⁵ Im Sozialhilferecht zählen ohnehin

754

---

606 BGH, FamRZ 1984, 40; OLG Köln, FamRZ 1983, 89.
607 OLG Saarbrücken, NJW 1992, 1902.
608 BGH, NJW-RR 1986, 682.
609 BGH, FamRZ 1998, 608.
610 OLG Bamberg, FamRZ 1988, 948; OLG Hamm, NJW-RR 1990, 124.
611 Es handelt sich um einen unentziehbaren Anspruch, nicht um die Hinzurechnung fiktiver Einkünfte, was nur bei unterhaltsrechtlichem Fehlverhalten statthaft wäre; a.A. Born, FamRB 2004, 75.
612 Zur Heranziehung des Taschengeldanspruchs i.R.d. Elternunterhalts vgl. BGH, FamRZ 2004, 366; zur verfassensrechtlichen Unbedenklichkeit der Pfändung von Taschengeldansprüchen BVerfG, FamRZ 1986, 773.
613 OLG Köln, NJW-RR 2000, 810; *Pauling*, in: Wendl/Staudigl, Das Unterhaltsrecht in der familienrichterlichen Praxis, § 2 Rn. 645; auch die sog. Hausmann-Rspr. (faktisches Sich-Entziehen aus der Unterhaltspflicht durch Übernahme der Hausmannrolle in neuer Beziehung) dürfte nicht greifen: Müller, Der Rückgriff gegen Angehörige von Sozialleistungsempfängern, S. 99. Für eine (abgeschwächte) Erwerbsobliegenheit jedoch *Schnitzler/Günther*, MAH Familienrecht, § 12 Rn. 39.
614 BGH, FamRZ 2004, 366 m. Anm. *Strohal*, 441 ff.
615 Vorsichtiger *Strohal*, FamRZ 2004, 799.

nur bereite Mittel zum Einkommen, sodass auf lediglich fiktiv erzielbare Einkünfte des Kindes ein Regress nicht gestützt werden kann.[616]

755 Einkommenserhöhend anzusetzen ist schließlich der **Wohnvorteil einer eigengenutzten Immobilie**. Der maßgebliche Wert der Nutzungen i.S.d. § 100 BGB ist jedoch nicht am objektiven Mietwert zu messen, sondern begrenzt auf den angemessenen, dadurch ersparten Wohnaufwand aufseiten des Unterhaltspflichtigen.[617] Die Figur des „relativen Wohnwerts", der sich am üblichen Aufwand einer der Personenzahl und sozialen Stellung angemessenen Mietwohnung orientiert, wurde ursprünglich i.R.d. Trennungsunterhalts entwickelt,[618] um dem Gedanken der aufgedrängten Bereicherung („totes Kapital") nach Auszug eines Ehegatten aus dem dadurch zu groß gewordenen Haus Rechnung zu tragen. Im Verhältnis zu den Eltern beruht der möglicherweise „überhöhte Wohnkomfort" allerdings nicht auf dem aufgedrängten Auszug des Anspruchstellers; seine Nichtberücksichtigung rechtfertigt sich eher aus der Tatsache, dass das Kind im Verhältnis zu den vergleichsweise schwach anspruchsberechtigten Eltern nicht verpflichtet ist, überschießende Wohnkapazitäten durch Vermietung oder gar Verkauf zu verwerten. Da andererseits i.R.d. Einkommensbereinigung (vgl. Rdn. 756) die tatsächlichen, nicht nur die relativ geminderten Hauslasten abzugsfähig sind, ergibt sich häufig per Saldo eine Minderung des einzusetzenden Einkommens aufgrund der Eigennutzung.

2. Einkommensbereinigung

756 Der unter Rdn. 729 dargestellte, in hohem Maße abgeschwächte Rang des Elternunterhalts wirkt sich auf der Ebene der Einkommensermittlung nur in Gestalt der Nichtberücksichtigung fiktiven Einkommens, dafür aber umso deutlicher auf der Ebene der Einkommensbereinigung aus. Insb. vor der seit 2002 veröffentlichten Rechtsprechung des BGH hat sich hierzu eine außerordentlich facettenreiche untergerichtliche Kasuistik entwickelt (z.B. in Gestalt der Anerkennung von Rücklagen für den Familienurlaub,[619] Reparaturrücklagen für das Eigenheim,[620] des vollen Abzugs von Vorsorgeaufwendungen[621] etc.)[622] Die Anerkennung eines erhöhten Mindestselbstbehalts und darüber hinausgehender Freistellungsbeträge i.R.d. angemessenen Selbstbehalts (vgl. Rdn. 776 ff.) hat den von den Beteiligten auf die Gerichte ausgeübten Druck gemindert, eine unüberschaubare und unvorhersehbare Vielzahl von Ausgaben des täglichen Lebens als nicht durch den Mindestselbstbehalt abgedeckt zusätzlich anzuerkennen.

757 In der neueren obergerichtlichen Rechtsprechung kristallisieren sich folgende typische **Bereinigungsposten** heraus, die allerdings in die Leitlinien der OLG bisher kaum Eingang gefunden haben.[623]

---

616 Vgl. m.w.N. *Schnitzler/Günther*, MAH Familienrecht, § 13 Rn. 5.
617 BGH, FamRZ 2003, 1179 m. Anm. *Klinkhammer*.
618 BGH, FamRZ 1998, 899; FamRZ 2000, 951.
619 AG Altena, FamRZ 1993, 835.
620 LG Osnabrück, FamRZ 1996, 1494.
621 LG Paderborn, FamRZ 1996, 1497.
622 Vgl. im Einzelnen die Zusammenstellung von *Menter*, FamRZ 1997, 919 ff.
623 Abschnitt I 4 C der Leitlinien des OLG Celle führt allerdings aus, dass Einkommens- und Vermögensdispositionen, die der Unterhaltspflichtige für die Lebensgestaltung und für Vorsorgezwecke der eigenen Familie getroffen hat, im Allgemeinen zu akzeptieren seien, soweit sie einen angemessenen Rahmen nicht überschreiten.

- Einkommensmindernd ist die tatsächliche **Steuerlast**, wobei im Fall der Wahl einer ungünstigeren Steuerklasse (z.B. der Klasse V) im Verhältnis zum Ehegatten die Reduzierung der Leistungsfähigkeit durch einen tatrichterlich zu schätzenden Aufschlag zu korrigieren ist.[624]
- Zu berücksichtigen sind weiter tatsächlich für die **Altersvorsorge** getätigte Aufwendungen in angemessener Höhe. Ist der Unterhaltspflichtige nicht sozialversicherungspflichtig, orientiert sich der anzuerkennende Aufwand für die primäre Altersversorgung an 20 % (Rentenversicherungsbeitrag 2011: 19,90 %) des Brutto-Einkommens (Arbeitgeber- und Arbeitnehmeranteil zur Rentenversicherung). Dabei steht es dem Kind frei, in welcher Weise es Vorsorge trifft (Lebensversicherung, Immobilie,[625] Rentensparverträge, Aktienfonds etc.).[626] Aus Gründen der Gleichbehandlung muss dieser 20 %ige Abschlag für tatsächlich getätigte Altersvorsorgeaufwendungen auch dem sozialversicherungspflichtigen Kind jedenfalls für denjenigen Teil seines Einkommens zugutekommen, der wegen Überschreitung der **Beitragsbemessungsgrenze** (2011: 66.000,00 €/Jahr [West], 57.600,00 €/Jahr [Ost]; 2010: 66.000,00 €/Jahr [West], 55.800,00 €/Jahr [Ost]; 2009: 64.800,00 €/Jahr [West], 54.600,00 €/Jahr [Ost]; 2008: 63.600,00 €/Jahr [West], 54.000,00 €/Jahr [Ost]; 2007: 63.000,00 €/Jahr [West], 54.600,00 €/Jahr [Ost]; 2006: 63.000,00 €/Jahr [West], 52.800,00 €/Jahr [Ost]; 2005: 62.400,00 €/Jahr [West], 52.800,00 €/Jahr [Ost]) nicht mehr in der gesetzlichen Rentenversicherung wirksam wird. Da der Gesetzgeber durch Einführung der Riester-Rente und anderer Maßnahmen zur Förderung von Altersvorsorgevermögen zu erkennen gegeben hat, dass die primäre Vorsorge aus der gesetzlichen Rentenversicherung künftig nicht mehr ausreichen wird, hat der BGH entsprechend seiner Ankündigung[627] auch darüber hinausgehende Beiträge anerkannt, damit die heutigen Anspruchsverpflichteten nicht im Alter ihre eigenen Kinder künftig auf Unterhalt in Anspruch nehmen müssen: So soll etwa ein nichtselbstständig Erwerbstätiger weitere 5 % seines Brutto-Einkommens (auch oberhalb der Bemessungsgrenze) für eine zusätzliche Altersvorsorgeinvestition seiner Wahl einsetzen dürfen[628] – ähnlich der möglichen Freistellung beim nachehelichen Unterhalt[629] –, sodass bei entsprechender Darlegung tatsächlicher Aufwand bis zu einem Viertel des Brutto-Einkommens als Altersvorsorgeaufwand die Leistungsfähigkeit mindern kann[630] (zur entsprechenden Vermögensfreistellung vgl. Rdn. 802).
- Beiträge zur **Kranken- und Pflegeversicherung**, ferner tatsächlich abgeführte Beiträge zur Arbeitslosenversicherung, nicht jedoch aus eigenen Stücken getätigte Rücklagen in gleicher Höhe (6,5 % vor dem 01.01.2007, ab 2009 demnach 7,75 %)[631] durch einen Gesellschafter-

---

[624] BGH, FamRZ 2004, 443; der dort im LS genannte „Abschlag" bezieht sich auf die Herabsetzung des Steuerabzugs.
[625] Dies gilt auch dann, wenn die vermietete Immobilie eine Unterdeckung aufweist, BGH, FamRZ 2004, 792.
[626] BGH, FamRZ 2003, 860; FamRZ 2003, 1179.
[627] BGH, FamRZ 2003, 1179.
[628] BGH, FamRZ 2004, 792; die Zubilligung weiterer 5 % des Brutto-Einkommens ergibt sich rechnerisch aus einer Erhöhung der 20 %igen Sozialversicherungsquote um ein Viertel (ebenso wie der Mindestselbstbehalt ggü. Eltern sich aus der Erhöhung des Selbstbehaltes ggü. volljährigen Kindern um ein Viertel ergibt).
[629] BGH, 27.05.2009 – XII ZR 111/08, MittBayNot 2009, 379: bis zu 4 % des Bruttoeinkommens beim Krankheitsunterhaltspflichtigen abzugsfähig, auch wenn diese weitere Vorsorge während der Ehe noch nicht getätigt wurde.
[630] Etwas anderes wird gelten, wenn das unterhaltspflichtige Kind bereits anderweitig, etwa durch angesparte Lebensversicherungen, ausreichende Vorsorge getroffen hat, BGH, FamRZ 2004, 793, wobei die Prognose einer ausreichenden Absicherung schwerfällt: *Borth*, FamRZ 2004, 795.
[631] GKV-Beitragssatzverordnung v. 29.10.2008, BGBl. 2008 I, S. 2109.

Geschäftsführer, dessen Kündigungsrisiko aufgrund seiner eigenen beherrschenden Stellung in der Gesellschafterversammlung deutlich reduziert ist.[632]

- Alle Aufwendungen – Zins und Tilgung – für Verbindlichkeiten, die für den Bau oder den **Erwerb eines Familienheims** getätigt wurden oder werden, jedenfalls in üblicher Höhe. Angesichts der schwachen Ausprägung des Elternunterhalts kann das unterhaltspflichtige Kind nicht darauf verwiesen werden, durch Tilgungsaussetzung sich unwirtschaftlich und zulasten seines künftigen Einkommens zu verhalten.[633] Der BGH billigt die Minderung um den Tilgungsanteil (und damit in beschränktem Umfang Vermögensbildung zulasten der Eltern) jedenfalls dann, wenn die Verbindlichkeiten vor Bekanntwerden der Unterhaltsverpflichtung eingegangen worden waren.[634] (Hohe laufende Kosten, die für eine gemietete Wohnung anfallen, werden regelmäßig nicht durch eine Absetzung vom Einkommen, sondern durch die Erhöhung des Mindestselbstbehalts über den darin rechnerisch enthaltenen Wohnanteil hinaus berücksichtigt, hierzu s.u. Rdn. 777.)

760
- Bei sonstigen vor dem Einsetzen der Unterhaltsbedürftigkeit der Eltern eingegangenen **Altverpflichtungen** wird allerdings[635] i.d.R. nur der Zinsanteil anerkannt, jedenfalls sofern sie einen angemessenen Umfang nicht überschreiten.[636] Sofern aus betrieblichen Darlehen Wirtschaftsgüter angeschafft wurden, deren Aufwand bereits durch die Abschreibung Eingang in die Gewinn- und Verlustrechnung gefunden hat, sind ebenfalls nur die Zinsen, nicht auch der Tilgungsanteil abzugsfähig.[637]

- Sozialpolitisch zu begrüßen ist ferner die Anerkennung der Besuchs- und **Umgangskosten** für Fahrten zu den im Altenheim entfernt untergebrachten Eltern.[638]

761 Insb. in der früheren instanzgerichtlichen Rechtsprechung, die noch der Vorstellung einer sonst drohenden Heranziehung jedweden Einkommens oberhalb des Mindestselbstbehalts geprägt war, wurden zahlreiche weitere Absetzungen zur Rücklagenbildung, etwa zur Instandhaltung des Wohneigentums,[639] zur Anschaffung eines neuen Pkw,[640] für anstehende Reparaturen an Haushaltsgeräten,[641] gutgebracht. Gleiches gilt für Versicherungsbeiträge über die reinen Altersvorsorge- und Kranken-Pflegeversicherungsaufwendungen hinaus, bspw. für Hausrat-, Rechtsschutz-, Haftpflicht- und Wohngebäudeversicherung.[642] Richtigerweise dürfte ein erheblicher

---

632 BGH, FamRZ 2003, 860.
633 Teilweise a.A. *Pauling*, in: Wendl/Staudigl, Das Unterhaltsrecht in der familienrichterlichen Praxis, § 2 Rn. 639; wie hier Schürmann, FamRZ 2003, 1031.
634 BGH, FamRZ 2003, 1180; gegen diese Differenzierung *Brudermüller*, NJW 2004, 636.
635 Für eine großzügigere Anerkennung *Herr*, FamRZ 2005, 1024 Fn. 57.
636 OLG Frankfurt am Main, OLGR 2001, 264; OLG Hamm, NJW-RR 2001, 1661.
637 BGH, FamRZ 2004, 795 m. Anm. *Strohal*.
638 OLG Köln, FamRZ 2002, 572; dies entspricht auch der Zielsetzung des § 7 BSHG, den Zusammenhalt der Familie zu festigen.
639 So etwa LG Kiel, FamRZ 1996, 755; LG Münster, FamRZ 1994, 845; OLG Köln, FamRZ 2002, 572.
640 LG Münster, FamRZ 1994, 845.
641 OLG Oldenburg, FamRZ 2000, 1176.
642 So etwa OLG Köln, FamRZ 2002, 572; LG Paderborn, FamRZ 1996, 1496; LG Kiel, FamRZ 1996, 755.

Teil dieser Aufwendungen nunmehr aus dem über den Mindestselbstbehalt hinaus unangetastet verbleibenden Einkommen zu bestreiten sein.[643]

3. Minderung der Leistungsfähigkeit durch vorrangige Unterhaltspflichten

Die unter Rdn. 729 referierte Schlusslichtposition des Elternunterhalts im Geleitzug der gesetzlichen Unterhaltstatbestände gebietet es, bei nicht uneingeschränkt gegebener Leistungsfähigkeit die vorrangigen Unterhaltspflichten ggü. eigenen Kindern, dem geschiedenen Ehegatten und dem derzeitigen (nicht getrennt lebenden oder getrennt lebenden) Ehegatten im Weg zusätzlicher „Freibeträge" gutzubringen. 762

Leben die Ehegatten allerdings in Gütergemeinschaft (§§ 1408, 1415 BGB), wird auch für die Zwecke des Elternunterhalts das Gesamtgut beider Ehegatten dem unterhaltspflichtigen Teil zugerechnet (§ 1604 BGB). Außerhalb dieser seltenen Fälle jedoch ist zu differenzieren zwischen Abzügen für den Kindesbarunterhalt (s. Rdn. 764), den Kindesnaturalunterhalt (s. Rdn. 765), den Geschiedenen- oder Getrenntlebensunterhalt (s. Rdn. 767) und – besonders bedeutsam – der Berücksichtigung des im gemeinsamen Haushalt lebenden, nicht in Gütergemeinschaft verheirateten Ehegatten nach § 1360a BGB (s. Rdn. 768 ff.). 763

a) Kindesbarunterhalt

Soweit eigenen Kindern (aufgrund Volljährigkeit des Kindes oder bei Betreuung durch den anderen Elternteil) Barunterhalt zu leisten ist, wird der **volle Tabellenbetrag** (also ohne den ggf. i.R.d. § 1612b Abs. 5 BGB a.F. stattfindenden max. hälftigen Abzug des durch den anderen Elternteil bezogenen Kindergelds) gutgebracht. Die Erhöhung des tatsächlich bezahlten Unterhalts um die Kindergeldkomponente rechtfertigt sich daraus, dass Letzteres ausschließlich die Unterhaltspflicht ggü. eigenen Kindern erleichtern, nicht aber das erwachsene Kind in die Lage versetzen soll, seinen eigenen Eltern höheren Unterhalt zu leisten.[644] Zusätzlich zu berücksichtigen sind (aus einem Erst-Recht-Schluss zur Anerkennung der Besuchskosten bei den Eltern, s. Rdn. 760 a.E.) am Ende, die durchschnittlichen Aufwendungen für die Wahrnehmung des Umgangsrechts mit dem Kind. 764

b) Kindesnaturalunterhalt

Wird dagegen den in intakter Familie mit dem Elternunterhaltspflichtigen lebenden eigenen Kindern Naturalunterhalt (z.B. Wohnung, Nahrung, Kleidung) gewährt, ist dieser Aufwand **in Geldbeträge umzurechnen**. Während in der früheren Rechtsprechung hierfür unmittelbar der entsprechende Tabellenwert des Barunterhaltsanspruchs nach der Düsseldorfer Tabelle herangezogen wurde,[645] favorisiert die neuere Entwicklung zu Recht großzügigere **Freibeträge**. Die Werte der Düsseldorfer Tabelle tragen nämlich dem Umstand Rechnung, dass die Finanzmöglichkeiten geteilter Familien wegen der höheren Fixkosten getrennter Haushalte geschmälert 765

---

643 So schlägt bspw. *Schnitzler/Günther*, MAH Familienrecht, § 12 Rn. 47 vor, nur solche angemessenen Versicherungsbeiträge anzuerkennen, die über 10 % des dem Kind über seinen Sockelselbstbehalt hinaus verbleibenden bereinigten Einkommens liegen.
644 So BGH, FamRZ 1997, 806 für den Ehegattenunterhalt.
645 LG Bielefeld, FamRZ 1999, 401; OLG Hamburg, FamRZ 1993, 1455.

sind. Den eigenen Eltern ggü. haben minderjährige Kinder nach § 1610 Abs. 1 BGB Anspruch auf den angemessenen, nicht lediglich den notwendigen Lebensbedarf, wobei Letzterer statistisch bereits mit etwa 300,00 € im Monat anzusetzen sein dürfte.[646] Der 13. Deutsche Familiengerichtstag hat unter der Arbeitsgruppenleitung der Vorsitzenden Richterin des zuständigen XII. Senats am BGH empfohlen, dem erwachsenen Kind für den Naturalunterhalt seiner eigenen Kinder mind. 150 % des Regelbetrags (entspricht der 8. Einkommensgruppe der Düsseldorfer Tabelle) zuzubilligen.[647]

766 Verfügt der Ehegatte des erwachsenen Kindes allerdings über eigenes Einkommen, ist bei der Umrechnung der Naturalunterhaltsleistungen in Barbeträge der vorstehende Aufwandansatz (150 % des Regelbetrags) um den Prozentanteil zu kürzen, den der Ehegatte nach Maßgabe der Einkommensrelation (ohne Abzug von Selbstbehalten)[648] beizutragen hat.[649]

c) Geschiedenenunterhalt

767 Unterhaltsleistungen an **geschiedene oder getrennt lebende Ehegatten** sind in der vollen tatsächlich entrichteten Höhe abzuziehen. Die nach Trennung bzw. Scheidung entstehende Bedürftigkeit der früheren Schwiegereltern ist nicht mehr eheprägend, kann also ihrerseits auch nicht zu einer Reduzierung des nachehelich geschuldeten Unterhalts führen.[650]

d) Ehegattenunterhalt

768 Auch die **Unterhaltsansprüche des Ehegatten bei intakter Ehe** gem. §§ 1360, 1360a BGB[651] sind vorrangige „sonstige Verpflichtungen" i.S.d. § 1603 Abs. 1 BGB. Dieser Bedarf bestimmt sich (ebenso wie das Maß des Unterhalts eines getrennt lebenden oder geschiedenen Ehegatten, § 1578 Abs. 1 Satz 1 BGB) nach den ehelichen Lebensverhältnissen unter Wahrung des **Halbteilungsgrundsatzes**[652] (und damit ohne Erwerbstätigkeitsbonus bzw. -abschlag). Die eheprägenden Lebens-, Einkommens- und Vermögensverhältnisse erfordern eine einzelfallorientierte Ermittlung des für die gemeinschaftliche Lebensführung zur Verfügung stehenden „Familieneinkommens", von dem die Hälfte für den Unterhalt des Ehepartners, der seinen eigenen Bedarf nicht aus eigenen Einkünften decken kann, gutzubringen ist.

769 Das hierfür zu ermittelnde eheprägende **Familieneinkommen** ergibt sich aus der Summe des tatsächlichen Gesamteinkommens, abzüglich

- vorrangiger **Unterhaltsverpflichtungen ggü. Kindern** (s. Rdn. 764 f.) sowie

---

646 So der Existenzminimumbericht der Bundesregierung für das Jahr 2003, BT-Drucks. 14/7765, Nr. 5: 303,00 €, differenziert nach Altersgruppen.
647 FamRZ 2000, 273, Abschnitt A I 4d; ähnlich OLG Oldenburg, FamRZ 1991, 1349 in der durch BGH, FamRZ 1992, 795 bestätigten Entscheidung.
648 *Scholz*, in: Wendl/Staudigl, Das Unterhaltsrecht in der familienrichterlichen Praxis, § 3 Rn. 39: Ehegatten wirtschaften grds. aus einem Topf.
649 A.A. LG Osnabrück, FamRZ 1996, 1495: Die von den Ehegatten tatsächlich gewählte Zuordnung des Naturalunterhalts sei entscheidend.
650 Vgl. OLG Hamm, FamRZ 1998, 621.
651 Die gem. § 1360a Abs. 3 BGB i.V.m. § 1614 Abs. 1 BGB ebenfalls keinem Verzicht zugänglich sein können.
652 Vgl. BGH, FamRZ 2002, 742; FamRZ 2003, 866; OLG Oldenburg, FamRZ 2004, 295.

- solcher Beträge, die – da die ehelichen Verhältnisse von vornherein durch tatsächlich erbrachte Unterstützungsleistungen für Eltern geprägt waren – bereits bisher nicht für den Familienunterhalt zur Verfügung standen, sondern tatsächlich vorab den Eltern zur Alimentation zugewendet wurden. Strittig und eher abzulehnen[653] ist in diesem Zusammenhang, ob bereits die latent vorhandene Heimunterbringungsgefahr oder erst tatsächlich geleistete Unterstützungen als eheprägende Vorwegabzüge zu werten sind. In den vom BGH zu entscheidenden Sachverhalten war die Mutter des Beklagten bereits bei Eheschließung gelähmt und wurde von ihm zeitweise auch gepflegt, was die späteren ehelichen Lebensverhältnisse von vornherein begrenzte[654] bzw. hatte der Sohn seiner Mutter bereits während der Ehe laufend ein „Taschengeld" zur Verfügung gestellt.[655]

- Zur **Ermittlung des hälftig dem Ehegatten zuzuteilenden Familienunterhalts** ist schließlich nach den konkreten Verhältnissen weiter derjenige Teil des Familieneinkommens abzuziehen, der zur reinen Vermögensbildung verwendet wurde und damit für den laufenden Unterhalt nicht zur Verfügung stand und stehen musste. Solche Beträge kann auch der Ehegatte nicht anteilig[656] „verteidigen", da sie ihm ohne Schmälerung des aktuellen Lebenszuschnitts entzogen werden können. Erforderlich ist eine Prüfung des jeweiligen Einzelfalls: Der BGH hat wiederholt – jedenfalls bei gehobenen Einkünften[657] – gerügt, es könne nicht schlicht unterstellt werden, das gesamte Familieneinkommen diene der Finanzierung der Lebensführung. Die statistische Vermögensbildungsquote (Sparleistung) von aktuell etwas über 10% könne insoweit einen Anhaltspunkt bilden.[658]

770

Die diesbezüglichen Ausführungen des BGH in seinen jüngsten Entscheidungen haben das Tor zur Diskussion erst aufgestoßen: Genügt es als „Strategie zur Vermeidung der Heranziehung"[659] darzulegen, das gesamte zur Verfügung stehende hohe Einkommen sei stets in den Konsum geflossen, und bei den angeblichen Sparleistungen habe es sich nur um phasenverschobenen Konsum zur künftigen Anschaffung von Gegenständen des gehobenen Bedarfs gehandelt?[660] Auf dieser Grundlage kommen Instanzgerichte häufig zu einer völligen Freistellung von jeglichem Elternunterhalt bei vollständigem Verbrauch des Familieneinkommens.[661]

771

Fraglich ist, wie die **Erhöhung der Leistungsfähigkeit** des unterhaltspflichtigen Kindes **bei Bestehen einer intakten Ehe** berücksichtigt wird. Der BGH hat zunächst[662] eine Beteiligung

772

---

653 Würden bereits latente Unterhaltsrisiken anerkannt, stünde dies allerdings in Wertungswiderspruch zur Nachrangigkeit des Elternunterhaltes aufgrund seines unvermuteten Eintritts, vgl. Rdn. 728.
654 BGH, FamRZ 2003, 860.
655 BGH, FamRZ 2004, 794.
656 Insoweit also keine Anwendung der 50%-Regel; str. (zur Kritik vgl. *Eschenbruch/Klinkhammer*, Der Unterhaltsprozess, Rn. 2083; *Ehringer*, NWB 2009, 2819, 2831.
657 Im Sachverhalt der BGH-Entscheidung, FamRZ 2004, 443, verfügte die zum Elternunterhalt herangezogene Tochter über ein Netto-Erwerbseinkommen von monatlich 1.130,00 DM, deren Ehemann von monatlich 5.380,00 DM.
658 Hierauf weist auch BGH, FamRZ 2004, 798 hin.
659 *Hauß*, FamRB 2003, 237.
660 Krit. auch *Brudermüller*, NJW 2004, 637. Beispiel nach BGH NJW 2006, 3344, 3347: Rücklagen für die Anschaffung eines neuen Pkw.
661 OLG Hamm, 22.11.2004 – 8 UF 411/00, NJW-RR 2005, 588.
662 BGH, FamRZ 2004, 795, 797.

beider Ehegatten am Familienunterhalt nach dem Verhältnis ihrer Einkommen (Proportionalrechnung) gebilligt, also auf die Verpflichtung zur Leistung von Familienunterhalt abgestellt. Er wies jedoch zugleich darauf hin, dass die Vorteile aus dem Zusammenleben nicht allein mit dem unterschiedlichen Sockelselbstbehalt (seit 2011: 1.500,00 € für den Unterhaltspflichtigen, 1.200,00 € für den bei ihm lebenden Ehegatten) erfasst sein können, weil diese Vorteile mit steigendem Konsum sich erhöhen. Die Literatur[663] hat teilweise darauf abgestellt, die durch das Zusammenleben erlangte Ersparnis auf ca. 14 % festzulegen (Verhältnis der Differenz der Selbstbehalte zur Summe der Selbstbehalte, d.h. – gemessen an den Zahlen bis 31.12.2010 – 1.400,00 € minus 1.050,00 € = 350,00 € im Verhältnis zu 2.450,00 €.

773 Dies ergäbe folgendes Rechenschema:[664]

Das (um alle in Rdn. 756 ff. geschilderten Faktoren bereinigte) Einkommen des Unterhaltspflichtigen beträgt 3.000,00 €, das des Ehegatten 1.000,00 €, Summe also 4.000,00 €. Der Familienbedarf beträgt 86 % davon, also 3.440,00 €, nach dem Halbteilungsgrundsatz entfallen hiervon auf den Unterhaltspflichtigen 1.720,00 € (also die Hälfte). Dieser Betrag erhöht sich um die Ersparnisse aus dem Einkommen des Unterhaltspflichtigen, nämlich 14 % von 3.000,00 € (also 420,00 €) auf 2.140,00 €, die dem Unterhaltspflichtigen verbleiben. Sein Mindestselbstbehalt beträgt (ab 01.01.2011) 1.500,00 €, von der Differenz (640,00 €) ist die Hälfte, also 320,00 €, für den Elternunterhalt einzusetzen.

Im Anschluss an die Hausmann-Rechtsprechung steht hier also der hälftige Anspruch auf Familienunterhalt im Vordergrund, die zusätzliche Berücksichtigung der Ersparnis durch das Zusammenleben wird proportional auf beide Ehegatten nach dem Verhältnis ihrer Einkünfte verteilt

774 Der BGH hat indessen[665] eine Proportionalrechnung zugrunde gelegt, bei der die Ersparnis durch das Zusammenleben nicht nur beim Sockelselbstbehalt, sondern auch durch einen weiteren Abzug von 10 % von dem Einkommen, das nach Subtraktion des kombinierten Familienselbstbehalts verbleibt, berücksichtigt wird. Dies soll folgendes Berechnungsbeispiel verdeutlichen:

Einkommen des Unterhaltspflichten 3.000,00 €, seines Ehegatten 1.000,00 €, gesamtes Familieneinkommen (das bereits um alle in Rdn. 756 ff. geschilderten Faktoren bereinigt ist) also 4.000,00 €. Nach Abzug des Familienselbstbehalts (1.500,00 € für den Unterhaltspflichtigen, 1.200,00 € für dessen Ehegatten) verbleiben 1.300,00 €. Diese werden nochmals um eine 10 %ige (pauschale) Haushaltsersparnis, also 130,00 €, auf 1.170,00 € reduziert. Hiervon die Hälfte beträgt 585,00 €. Durch Addition des Familienselbstbehalts von 2.700,00 € ergibt sich ein individueller Familienbedarf von 3.285,00 €, davon beträgt der Anteil des Unterhaltspflichtigen 3/4 (Verhältnis 3.000,00 € zur Gesamtsumme des Einkommens 4.000,00 €), also 2.463,75 €. Bei einem tatsächlichen Einkommen des Unterhaltspflichtigen von 3.000,00 €, abzgl. des Anteils des Unterhaltspflichtigen am Familienbedarf von 2.463,75 € sind also 536,25 € (also deutlich mehr als nach der Berechnungsformel der vorangehenden Randnummer) für den Elternunterhalt einsetzbar.

---

663 So etwa *Scholz*, in: Wendl/Staudigl, Das Unterhaltsrecht in der familienrichterlichen Praxis, Rn. 3.83 ff.; *Eschenbruch/Klinkhammer*, Der Unterhaltsprozess, Rn. 2083.
664 Vgl. *Gutdeutsch*, FamRZ 2011, 78.
665 Im Urteil v. 28.07.2010 – XII ZR 140/07, FamRZ 2010, 1535, m. Anm. *Hauß*, hierzu weiter *Gutdeutsch*, FamRZ 2011, 78 und *Wohlgemuth* FamRZ 2011, 341.

Als **Formel**[666] lässt sich diese Berechnungsweise des BGH wie folgt wiedergeben: 775

(Gesamteinkommen beider Ehegatten abzgl. 2.700,00 €) multipliziert mit der Relation zwischen dem Einkommen des Pflichtigen und dem Gesamteinkommen mal 0,55

Die Erhöhung des letzten Faktors auf 55 % anstatt wie bisher 50 % führt zu einem im Ergebnis jedenfalls 10 %igen Anstieg der für den Elternunterhalt einsetzbaren Beträge im Vergleich zu früheren Proportionalrechnungen, die in der Literatur entwickelt worden waren.[667]

4. Mindestselbstbehalt und Eigenbedarf

Bereits in seiner ersten Leitentscheidung[668] und in ständiger Wiederholung anlässlich der ab 23.10.2002 einsetzenden Reihe neuer Grundsatzurteile[669] hat der BGH ausgeführt, der seinen Eltern ggü. Unterhaltspflichtige brauche eine spürbare und dauerhafte Senkung seines „berufs- und einkommensabhängigen Unterhaltsniveaus" im Regelfall nicht hinzunehmen, „solange er keinen nach den Verhältnissen unangemessenen Aufwand betreibt oder ein Leben im Luxus führt". 776

Die Nachrangigkeit des Elternunterhalts rechtfertigt es, den Mindestselbstbehalt des erwachsenen Kindes ggü. seinen Eltern dadurch zu ermitteln, dass der Mindestselbstbehalt, der ggü. einem volljährigen Kind derzeit bei durchschnittlichen Verhältnissen verteidigt werden kann (1.000,00 €),[670] um einen maßvollen Zuschlag von 25 % erhöht wird. Damit belief sich der Mindestselbstbehalt des Kindes ggü. seinen Eltern bis zum 30.06.2005 auf 1.250,00 €, seit 01.07.2005 (zum 01.07.2007 und 01.01.2010 nicht verändert) auf 1.400,00 €,[671] ab 01.01.2011 auf **1.500,00 €**. Hierin sind – wie beim notwendigen Eigenbedarf – Kosten für Unterkunft und Heizung i.H.v. etwa einem Drittel, nämlich monatlich 450,00 €, enthalten. Der Mindestselbstbehalt für den im gemeinsamen Haushalt lebenden Ehegatten wird angesichts einer angenommenen Ersparnis aus gemeinsamer Haushaltsführung von (zwischen 01.07.2005 und 31.12.2010 350,00 €)[672] seit 01.01.2011 300,00 € auf 1.200,00 € beziffert, hierin enthalten 350,00 € Anteil für Unterkunft und Heizung. Sofern der Mietwohnaufwand also über 450,00 € beim alleinstehenden, 800,00 € (450,00 € plus 350,00 €) beim verheirateten in Anspruch genommenen Kind beträgt, erhöht sich der eigene bzw. der kombinierte Mindestselbstbehalt („Familienmindestselbstbehalt") um den übersteigenden Betrag. Er reduziert sich jedoch nicht bei tatsächlich niedrigerem Wohnaufwand, da der Pflichtige in der Disposition der ihm belassenen Mittel frei ist.[673] Ist allerdings der Ehegatte Eigentümer einer Immobilie, die der Familie mietfreies Wohnen ermöglicht, kann der Selbstbehalt des Unterhaltspflichtigen angemessen gekürzt werden.[674] 777

---

666 Vgl. *Gutdeutsch*, FamRZ 2011, 78.
667 Insb. von *Hauß*, Elternunterhalt, Rn. 246, 251, im Anschluss an BGH, FamRZ 2006, 1511.
668 BGH, FamRZ 1992, 795.
669 Z.B. BGH, FamRZ 2002, 1698.
670 Düsseldorfer Tabelle, Anm. A 5 Abs. 2.
671 Düsseldorfer Tabelle, Anm. D 1 Satz 1; ebenso Leitlinien Nr. 21.3.2 der meisten OLG mit Ausnahme des OLG Schleswig, das keinen festen Selbstbehaltssatz angibt.
672 *Scholz*, FamRZ 2004, 1832, plädiert dafür, die häusliche Ersparnis durch einen pauschalen Abzug von 14 % von den Einkünften beider Ehegatten zu berechnen.
673 BGH, FamRZ 2004, 186.
674 BGH, 19.03.2003 – XII ZR 123/00, FamRZ 2003, 1179 m. Anm. *Klinkhammer*; *J. Mayer*, ZEV 2007, 146.

778　Soweit der Ehegatte über **eigenes Einkommen** verfügt, reduziert dies auch den gutzubringenden weiteren Mindestselbstbehalt von 1.200,00 €, ebenso wie es von seinem etwa höheren Halbanteil am eheprägenden Familieneinkommen (s. Rdn. 768 ff.) abgezogen worden wäre.

779　Die vorstehenden Schwellenwerte von 1.500,00 € (zzgl. ggf. 1.200,00 € für den Ehegatten) stellen allerdings nur Mindestbeträge zur Einkommensschonung dar. Den Empfehlungen des Deutschen Familiengerichtstags[675] und des Deutschen Vereins für öffentliche und private Fürsorge zur Heranziehung Unterhaltspflichtiger in der Sozialhilfe,[676] ebenso der Düsseldorfer Tabelle[677] und den Süddeutschen Leitlinien[678] folgend, hat der BGH wiederholt eine Pauschalierung des Inhalts gebilligt,[679] dass **die Hälfte des eigenen Einkommens**, das

- nach Bereinigung,
- nach Abzug vorrangiger Unterhaltsverpflichtungen (einschließlich derjenigen ggü. dem Ehegatten) und
- nach weiterem Abzug des eigenen Mindestselbstbehalts von 1.500,00 € (ggf. samt Erhöhung aufgrund höherer Warmmiete) verbleibt,

zusätzlich freigestellt wird.

780　Aufgrund dieser – allerdings nicht i.S.e. zwingenden Regel, sondern einer Berechnungsvereinfachung zu verstehenden – Privilegierung der hälftigen „überschießenden" Leistungsfähigkeit erübrigen sich die in der Vergangenheit häufig angestrengten Versuche, durch großzügigere Absetzungen vom Einkommen (z.B. Rücklagenbildung für Kfz-Anschaffung, Rücklagen für Urlaub) zu einem adäquaten Ergebnis zu gelangen.

781　Auch Ermittlungen zur konkreten Bezifferung des für die Vermögensbildung eingesetzten Anteils, der sonst – soweit er auf das pflichtige Kind entfällt – in voller Höhe zum Unterhalt heranzuziehen wäre (nachstehend Rdn. 782 ff.), sind dann nicht mehr veranlasst, jedenfalls sofern (wie bei kleineren oder mittleren Einkommen) vom Erfahrungssatz ausgegangen werden kann, dass die nach Abzug der Altersvorsorgeaufwendungen und der Eigenheimlasten verbleibenden Mittel in vollem Umfang dem präsenten oder künftigen Konsum zugeführt werden.

5. Einkommenseinsatz ohne Rücksicht auf den Mindestselbstbehalt

782　Die Mindestselbstbehalte (s. Rdn. 779) wurden bisher in der instanzgerichtlichen Rechtsprechung[680] unterschiedslos als Schwellenwerte zugrunde gelegt mit der Folge, dass der nur gering verdienende oder gar einkommenslose Ehegatte auch bei sehr hohem Schwiegerkindeinkommen als nicht leistungsfähig einzustufen war.

783　In einer Entscheidung zur Geltendmachung von Unterhaltsansprüchen der Kinder gegen Elternteile, die in einer neuen Ehe die Haushaltsführung übernommen haben und nur in geringem

---

675　NJW 2000, 1464.
676　Fassung ab 01.07.2005: FamRZ 2005, 1387, Nr. 137; frühere Fassung in FamRZ 2002, 931, Nr. 121.
677　Anm. D1 (Fassung 01.01.2011).
678　Tz. 21.3.3. (Fassung 01.01.2011).
679　BGH, FamRZ 2002, 1698; FamRZ 2003, 1179 („nicht grundsätzlich als rechtsfehlerhaft anzusehen").
680　Z.B. OLG Frankfurt am Main, FamRZ 2000, 1391 (aufgehoben durch BGH, FamRZ 2004, 370).

Umfang über Einkünfte verfügen, hat der BGH[681] allerdings herausgearbeitet, dass bereits i.R.d. Beurteilung der Leistungsfähigkeit nach § 1603 Abs. 1 BGB der Anspruch des Pflichtigen auf Familienunterhalt zu berücksichtigen sei: Sofern der angemessene Bedarf durch diesen Familienunterhalt seitens des Schwiegerkindes gedeckt sei, könne der Pflichtige zusätzlich selbst erwirtschaftete Einkünfte ohne weitere Rücksichtnahme auf seinen Selbstbehalt zur Befriedigung von Unterhaltsansprüchen Verwandter einsetzen, ohne dass dadurch der Hälfteanteil des Schwiegerkindes am angemessenen Familienunterhalt geschmälert würde, Letzterer also indirekt zur Unterhaltsleistung herangezogen werde.

Diesen Grundsatz (der „Kollektivbetrachtung") hat der BGH in den seit Oktober 2003 ergangenen Entscheidungen[682] auch auf den Verwandtenunterhalt in aufsteigender Linie übertragen. Obwohl die Entwicklung noch im Fluss begriffen ist, lassen sich schwerpunkthaft die drei folgenden Sachverhaltsgruppen unterscheiden, in denen **Einkommen auch unterhalb des eigenen Mindestselbstbehalts** den Eltern zur Verfügung zu stellen ist. 784

a) Vermögensbildung

Zum einen sind (ohne Rücksicht auf den Mindestselbstbehalt und ohne 50 %-Privileg) diejenigen Einkommensteile des unterhaltspflichtigen Kindes abzuführen, die anteilig zur **Vermögensbildung der Familie** herangezogen worden waren. Ergibt bspw. die tatrichterliche Aufklärung eine Vermögensbildung[683] i.H.v. 10 % des gesamten Familieneinkommens i.H.v. 4.000,00 €, zu dem das Kind i.H.v. 1.000,00 € und das Schwiegerkind i.H.v. 3.000,00 € beigetragen haben (Vermögensbildungsanteil also insgesamt 400,00 €), so ist der nach dieser Quotelung auf das Kind entfallende Anteil an der Vermögensbildung, im Beispielsfall also **ein Viertel** (100,00 €), dem Elternunterhalt zur Verfügung zu stellen. Ein Abgleich mit dem Mindestselbstbehalt findet nicht statt, da dieser Anteil an der Vermögensbildung schon bisher nicht dem laufenden Familienbedarf diente und demnach ebenso wenig den Eltern ggü. in Gestalt des erhöhten Eigenbedarfs verteidigt werden kann.[684] 785

b) Überobligatorischer Erwerb außerhalb des eheprägenden Bedarfs

Erbringt der „elternpflichtige" Ehegatte seinen **Familienbeitrag durch Haushaltsführung und/oder Kindererziehung** und erfüllt damit seine Pflicht aus § 1360 Satz 2 BGB bereits vollständig, erzielt jedoch zusätzlich Einkünfte aus einer bspw. teilschichtigen Nebenbeschäftigung, die er entweder tatsächlich für sich selbst verbraucht[685] oder lediglich freiwillig der Familie zur Verfügung stellt, obwohl die Einkünfte aus überobligatorischem Einsatz stammen, sodass ein 786

---

[681] FamRZ 2004, 24.
[682] BGH, FamRZ 2004, 370; FamRZ 2004, 366; FamRZ 2004, 443.
[683] Nicht hierzu zählen hinsichtlich der Einkommensbereinigung privilegierte Ausgaben, auch soweit sie Tilgungs- und damit Wertsteigerungscharakter haben, wie etwa Aufwendungen für das Eigenheim oder Rücklagen zur Alterssicherung in der anerkannten Höhe von 20 % des Bruttoeinkommens!
[684] Vgl. hierzu etwa *Schürmann*, FamRZ 2004, 449.
[685] BGH, FamRZ 2004, 372 (unter 4 b bb); FamRZ 2004, 797 (unter 3 b).

erhebliches Missverhältnis der beiderseitigen Beiträge zum Familienunterhalt entsteht[686] oder lediglich freiwillig der Familie zu Verfügung stellt, obwohl der Bedarf der Familie tatsächlich durch das Schwiegerkind bereits gedeckt wäre,[687] ist solches Einkommen auch unterhalb des eigenen Mindestselbstbehalts für den Unterhalt der Eltern heranzuziehen.[688]

787 Die ehelichen Lebensverhältnisse werden durch solch überobligatorisch erzieltes oder nicht für den Familienunterhalt erforderliches Einkommen nicht geprägt. Zwar steht es Ehegatten frei, die persönliche und wirtschaftliche Lebensführung in ihrer Ehe in gemeinsamer Verantwortung zu bestimmen;[689] sie können jedoch nach Treu und Glauben eine solche Abrede dem Elternunterhalt ggü. nicht verteidigen, sofern der beiderseitige angemessene Familienunterhalt auch nach Abzug der „Zuschussbeträge" gewahrt bleibt. Um festzustellen, ob die bisher beigesteuerten „geringfügigen" Eigeneinkünfte einem geschuldeten Zusatzbeitrag zum Familienunterhalt entsprachen oder außerhalb des eheprägenden Bedarfs freiwillig und demnach „auf Widerruf" erbracht wurden, bedarf es einer Ermittlung der Konsum- und Spargewohnheiten der Ehegatten.[690]

c) Auskömmliches Schwiegerkindeinkommen

788 Eine Einzelfallbetrachtung der Konsum- und Spargewohnheiten könne sich – so der BGH[691] und Teile der Literatur[692] sowie der Praxisempfehlungen[693] – allerdings dann erübrigen, wenn der vom Schwiegerkind geleistete Familienunterhalt „so auskömmlich ist, dass das Kind bereits daraus angemessen unterhalten werden kann". Dies sei anzunehmen, wenn das bereinigte und um Kindesunterhaltsbeträge reduzierte **Einkommen des Schwiegerkindes den doppelten kombinierten Selbstbehalt** – bis 01.07.2005 (1.250,00 + 950,00) € x 2 = 4.400,00 €, zwischen 01.07.2005 und 31.12.2010 (1.400,00 + 1.050,00) € x 2 = 4.900,00 €, seit 01.01.2011 (1.500,00 + 1.200,00) € x 2 = 5.400,00 € – monatlich **übersteigt**. In diesem Fall seien jedwede eigene Einkünfte des Kindes, auch unter dem eigenen Mindestselbstbehalt von 1.500,00 €, für den Ehegattenunterhalt heranzuziehen, da eine Schmälerung des bereits durch das Schwiegerkind gesicherten angemessenen eigenen Unterhalts ausgeschlossen sei.

789 In Fortführung des vom BGH[694] entwickelten Ansatzes, oben Rdn. 774, werden möglicherweise künftig auch Fälle, in denen der unterhaltspflichtige Ehegatte weniger verdient als sein Ehepartner, übertragen. Es würde dann auch für die Leistungsfähigkeit des weniger Verdienenden im

---

686 BGH, FamRZ 2004, 797 verneint solche überobligatorischen Einkünfte bei einer Ehefrau, die neben der Führung des Haushalts und der Erziehung eines fast erwachsenen Kindes einer Teilzeittätigkeit nachgeht; der Ehemann ist zugleich gewerblich (Inhaber eines Gartenbaubetriebs) und als Arbeitnehmer tätig.
687 BGH, FamRZ 2004, 368 (unter 2 e cc); FamRZ 2004, 372 (unter 4 a); FamRZ 2004, 797 (unter 3 a).
688 BGH, FamRZ 2004, 373; *Schnitzler/Günther*, MAH Familienrecht, § 12 Rn. 94; *Pauling*, in: Wendl/Staudigl, Das Unterhaltsrecht in der familienrichterlichen Praxis, § 2 Rn. 645.
689 BVerfG, FamRZ 2002, 528.
690 BGH, FamRZ 2004, 373.
691 FamRZ 2004, 373; FamRZ 2004, 797.
692 *Schnitzler/Günther*, MAH Familienrecht, § 12 Rn. 99; *Müller*, FamRZ 2002, 571.
693 Empfehlungen des Deutschen Vereins für öffentliche und private Fürsorge zur Heranziehung Unterhaltspflichtiger in der Sozialhilfe (SGB XII), Stand 01.07.2005 (FamRZ 2005, 1387 ff.), Rdn. 158, mit der Ergänzung, dass auch bei einem Familieneinkommen über 4.900,00 € dem Kind die Hälfte des „Barbetrages zur persönlichen Verfügung" verbleiben solle.
694 Im Urt. v. 28.07.2010 – XII ZR 140/07, FamRZ 2010, 1535, m. Anm. *Hauß*.

Wege der Proportionalrechnung vorab der Anteil bestimmt, der für den Familienunterhalt geschuldet ist. Das Rechenbeispiel in Rdn. 774 mit „umgekehrtem Vorzeichen", also aus der Sicht des weniger verdienenden Ehegatten, würde sich dann wie folgt darstellen:

Bereinigtes Einkommen des unterhaltspflichtigen Ehegatten 1.000,00 €, seines Ehepartners 3.000,00 €, Familieneinkommen also 4.000,00 €, abzgl. Familienselbstbehalt (1.500,00 €+1.200,00 €= 2.700,00 €) verbleiben 1.300,00 €. Hiervon ist die 10 %ige Haushaltsersparnis pauschal abzuziehen, sodass nach Abzug der 130,00 € noch 1.170,00 € verbleiben. Die Hälfte, 585,00 €, zzgl. des Familienselbstbehalts von 2.700,00 € ergibt den individuellen Familienbedarf von 3.285,00 €. Der Anteil des Unterhaltspflichtigen hiervon beträgt 1/4 (1.000/4.000), also 821,00 €. Von seinem Einkommen von 1.000,00 € sind also für den Elternunterhalt nach Abzug dieser 821,00 € noch 179,00 € abziehbar. Auch hier wirkt also die in Rdn. 775 dargestellte Formel: (Gesamteinkommen 4.000,00 € minus Familienselbstbehalt 2.700,00 € = 1.300,00 €) mal Relation zwischen dem Einkommen des Pflichtigen 1.000,00 € und dem Gesamteinkommen 4.000,00 € (also 0,25) mal 0,55 = 179,00 €.

Stehen keine Fremdeinkünfte zur Verfügung, könne der **Taschengeldanspruch** von 5 % bis 7 % des Netto-Einkommens des Ehepartners herangezogen werden.[695] Entgegen der überwiegenden Ansicht in der Literatur hielt der BGH bisher auch dabei eine Teilfreistellung des Taschengelds nicht für erforderlich[696] (richtigerweise müsste auch insoweit wohl auf eine lediglich 50 %ige Quote abgestellt werden).[697] In diesem begrenzten Anwendungsbereich werden also derzeit „mittelbar" 5 % bis 7 % des Einkommens des Schwiegerkindes herangezogen, unabhängig davon, ob das Taschengeld tatsächlich durch bare Auszahlung dem unterhaltspflichtigen Kind zur Verfügung steht, da es sich um einen zwingenden Bestandteil seines Ehegattenunterhaltsanspruchs handelt, der nicht für den Familienunterhalt einzusetzen sei und demnach ohne Schmälerung des Lebensstandards der Familie für den Elternunterhalt zur Verfügung stehen könne.

790

6. Berechnungsbeispiele

Das Zusammenspiel dieser Prüfungsumstände im Einkommensbereich sei durch folgende **Beispiele** verdeutlicht:

791

Beispiel 1: Einkommensbereinigung und -einsatz des ledigen Kindes

Kind A, ledig und kinderlos, erzielt (im 3-jährigen Vergangenheitsdurchschnitt) Einkommen aus freiberuflicher Tätigkeit i.H.v. monatlich 3.000,00 €, ferner aus Vermietung und Verpachtung i.H.v. monatlich 700,00 € (gemindert um 200,00 € erhöhter Abschreibungen für Denkmalschutzobjekte). Der Wohnaufwand im eigenen Reihenhaus (samt Zinsen und Tilgung der hierfür aufgenommenen Verbindlichkeiten) beläuft sich auf monatlich 1.000,00 €. Das gesamte verbleibende Einkommen fließt in den laufenden Konsum oder in Altersrückstellungen.

Unterhaltsrechtlich sind zunächst die Mieteinkünfte um die steuerliche Minderung durch die erhöhte AfA auf 900,00 € zu erhöhen; ferner ist der Wohnwert der Eigennutzung, allerdings nur i.H.d. angemessen ersparten Fremdmiete i.H.v. (z.B.) 600,00 € zu addieren. Die Summe i.H.v. 4.500,00 € ist zu mindern um

---

695 BGH, FamRZ 2004, 366 ff.
696 Er führt aus, der Barbetrag nach § 21 Abs. 3 BSHG umfasse Aufwendungen für Zeitungen, Porto und Nahverkehrsmittel etc., die in den vorliegenden Sachverhalten bereits aus dem Einkommen des Hauptverdieners zu bestreiten seien. Die Instanzgerichte urteilten milder, z.B. OLG Stuttgart, OLGR 2000, 245: hälftiger Taschengeldbetrag; noch großzügiger OLG Köln, NJW-RR 2000, 810: kein Zugriff auf den Taschengeldanspruch; Empfehlung des 13. Deutschen Familiengerichtstags, Arbeitskreis 1: Schonung i.H.v. 220,00 €.
697 So *Gutdeutsch*, FamRZ 2011, 81.

die tatsächlichen Wohnkosten, soweit sie den im Mindestselbstbehalt enthaltenen Betrag von 450,00 € übersteigen (1.000,00 € abzgl. 450,00 € = 550,00 €), ferner um (hinsichtlich ihrer Verwendungsart dem Kind anheim gestellte) tatsächlich getätigte Altersvorsorgeaufwendungen i.H.v. 20 % der freiberuflichen Einkünfte (600,00 €). Von den verbleibenden 3.350,00 € kann das Kind den Mindestselbstbehalt von 1.500,00 € und von dem übersteigenden Betrag von 1.850,00 € die Hälfte verteidigen, sodass es i.H.v. max. 925,00 € leistungsfähig ist.

792 **Beispiel 2: Hinzutreten vorrangiger Unterhaltspflichten**

Sachverhalt wie zuvor, jedoch ist das „elternpflichtige Kind" mit einem einkommenslosen Ehegatten verheiratet und hat ein 10-jähriges und ein 12-jähriges Kind.

Vom wie oben ermittelten Familieneinkommen i.H.v. 4.500,00 € abzgl. der Altersvorsorgeaufwendungen (600,00 €) sind die tatsächlichen Wohnkosten nur i.H.v. 200,00 € abzuziehen (soweit nämlich 1.000,00 € die in den Mindestselbstbehalten enthaltenen Wohnanteile von 450,00 € und 350,00 € übersteigt), sodass das bereinigte Familieneinkommen 3.700,00 € beträgt. Hiervon sind je 152 % des Regelbetrags (Einkommensstufe 9 der Düsseldorfer Tabelle für die 2. und 3. Altersstufe, d.h. 462,00 € und 556,00 €) abzuziehen. Am verbleibenden (im Beispielsfall vollständig dem Familienbedarf einschließlich Wohnen und Altersvorsorge, nicht der reinen Vermögensbildung gewidmeten) Betrag i.H.v. 2.682 € hat der Ehegatte zur Hälfte teil, sodass auf ihn ein „Freibetrag" von 1.341,00 € (der Mindestbetrag von 1.200,00 € ist gewahrt) entfällt. Der verbleibende Rest i.H.v. 1.341,00 € übersteigt nicht den Mindestselbstbehalt des Kindes von 1.500,00 €, sodass eine Heranziehung nicht geschuldet ist.

793 **Beispiel 3: Begrenzte Leistungsfähigkeit des Schwiegerkindes**

Sachverhalt wie im Beispiel 2, allerdings erzielt der Ehepartner (Ehefrau) aus zumutbarer teilschichtiger Tätigkeit 600,00 €. Das gesamte Familieneinkommen beläuft sich demnach auf (wiederum vollständig dem Unterhalt einschließlich Wohnen und Altersvorsorge, nicht der reinen Vermögensbildung gewidmeten) 5.100,00 €. Hiervon sind die übersteigenden Wohnkosten (200,00 €) sowie 20 % Vorsorgeaufwendungen aus der selbstständigen Tätigkeit (600,00 €) abzuziehen, ferner der Kindernaturalunterhalt (1.018,00 €); es verbleiben 3.482,00 €, wovon auf die Ehefrau die Hälfte (1.741,00 €) abzgl. ihres Eigeneinkommens, also 1.141,00 €, entfällt. Vom eigenen Einkommen des „elternpflichtigen" Ehemannes (Beispiel 1: 3.350,00 €) bleibt also 1.141,00 € für den vorrangigen Unterhaltsanspruch der Ehefrau und (1.018,00 € x 33/39tel – anteilig gekürzt wegen des Kindernaturalunterhaltsanteils der Ehefrau –, also) 861,00 € für die Kinder unberücksichtigt. Der Restbetrag von 1.348,00 € übersteigt nicht den Mindestselbstbehalt des Kindes von 1.500,00 €, sodass eine Heranziehung nicht geschuldet ist.

*Nach **anderer Berechnungsweise**,[698] welche die Kostenersparnis aus gemeinsamer Haushaltsführung stärker betont, sind in diesem Fall die Netto-Einkünfte gegenüberzustellen (Ehemann: 3.000,00 € Freiberufliche Tätigkeit, 900,00 € Miete, 300,00 € anteiliger Wohnvorteil abzg. 600,00 € Vorsorgeaufwendungen = 3.600,00 € einerseits; Ehefrau: 600,00 € und hälftiger Wohnvorteil 300,00 € = 900,00 € andererseits). Abzuziehen sind jeweils die Kindesunterhaltsanteile (Ehemann: 36/45 aus 1.018,00 € = 763,00 €; Ehefrau: 255,00 €), sodass als Einkommen des Ehemannes 2.837,00 €, der Ehefrau 645,00 € verbleiben. Das Gesamtfamiliennettoeinkommen von 3.482,00 € (80 % Ehemann bzw. 20 % Ehefrau) ist um 14 % Ersparnis aus gemeinsamer Haushaltsführung zu kürzen, sodass 2.994,00 € als Gesamtbedarf der Familie verbleiben, wovon die Hälfte auf den Ehegatten entfällt, also 1.497,00 € (Halbteilungsgrundsatz). Für die Beurteilung der Leistungsfähigkeit des Ehemannes muss dann allerdings dem verbleibenden Betrag von 1.497,00 € wiederum die Gemeinschaftshaushaltsersparnis von 14 % bezogen auf sein Nettoeinkommen (2.837,00 €), also i.H.v. 397,00 €, hinzugerechnet werden, sodass seine Leistungsfähigkeit sich auf 1.894,00 € beläuft. Sein Mindestselbstbehalt beträgt 1.500,00 € zzgl. 80 % (sein Unterhaltsanteil) der die Selbstbehalte übersteigenden Wohnkosten von 200,00 €, somit gesamt 1.660,00 €. Die Hälfte der verbleibenden Differenz beläuft sich auf 234,00 € : 2 = 117,00 €.*

---

698 Vgl. OLG Düsseldorf, 08.02.2007 – 9 UF 72/06, FamRZ 2007, 1684.

*Nach wiederum **anderer Berechnungsweise**[699] ist dem wie vorstehend ermittelten Gesamtfamilieneinkommen von 3.482,00 € der kombinierte Mindestselbstbehalt von 1.500,00 € + 1.200,00 € + 200,00 € (Erhöhung um diejenigen Wohnkosten, welche die in den Mindestselbstbehalten enthaltenen Anteile von 450,00 € und 350,00 € übersteigen) = 2.900,00 € zzgl. der Hälfte des Übersteigenden, also 291,00 €, gesamt also 3.191,00 € gegenüberzustellen. Da der unterhaltspflichtige Ehemann 2837/3482tel des Gesamtfamilieneinkommens erzielt, entfällt auf ihn diese Quote des Gesamtselbstbehalts von 3.191,00 €, also 2.600 00 €, sodass er i.H.d. Differenz zu 2.837,00 €, also 237,00 €, leistungsfähig bliebe.*

Beispiel 4: Leistungsfähiges Schwiegerkind 794

Das heranzuziehende Kind verfügt über Einkünfte aus einer Teilzeitbeschäftigung von 600,00 € (bzw. alternativ: verfügt lediglich über den gesetzlichen Taschengeldanspruch) und führt den Haushalt; der Ehemann hat (bereits bereinigte) Einkünfte von monatlich 7.000,00 €. 10 % der Gesamteinkünfte dienen der reinen Vermögensbildung.

Obwohl die eigenen Einkünfte (600,00 € bzw. Taschengeldanspruch ca. 300,00 € – 350,00 €) den Mindestselbstbehalt (1.500,00 €) nicht erreichen, können sie für den Elternunterhalt herangezogen werden, da eine Beschneidung des Lebenszuschnitts der Familie dadurch nicht eintritt: Dies gilt für den 10 %igen Vermögensbildungsanteil ebenso wie für den Rest, da der Familienunterhalt durch das „auskömmliche Partnereinkommen" (auch nach Kindesunterhaltsabzug wird der doppelte kombinierte Mindestselbstbehalt von 5.400,00 € überschritten) gesichert ist.

IV. Heranziehung aus Vermögen

Als Folge der großzügigen Einkommensbereinigung, des hohen Mindestselbstbehalts und seiner Ergänzung durch die angemessene (50 %ige) Freistellung des überschießenden Betrags, ferner als Folge der vorherigen Berücksichtigung vorrangiger Unterhaltspflichten ggü. eigenen Kindern und dem Ehegatten (Halbteilungsgrundsatz) wird häufig eine Inanspruchnahme aus Einkommen (s. Rdn. 750 ff.) ausscheiden oder nicht zur vollständigen Schließung der Bedarfslücke führen. Da die Bedürftigkeit der Eltern regelmäßig erst in vorgerücktem Stadium der Pflegebedürftigkeit eintritt, haben die dann bereits seit geraumer Zeit im Erwerbsleben stehenden Kinder typischerweise aus dem über den aktuellen Gesamtfamilienunterhalt hinaus vorhandenen Mitteln Vermögen bilden können, dessen Heranziehung zur Versorgung der Eltern nunmehr zu untersuchen ist. 795

Aus der i.R.d. Einkommensheranziehung gewonnenen Erkenntnis, dass bei Sicherstellung des angemessenen Gesamtfamilienunterhalts Elternunterhalt aus dem auf das eigene Kind entfallenden Anteil an der „reinen" Vermögensbildung zu leisten sei, folgt nicht ohne Weiteres, dass das Ergebnis der in der **Vergangenheit geleisteten Vermögensbildungsbeiträge**, also der nunmehr vorhandene Vermögensstamm, uneingeschränkt dem Elternunterhalt gewidmet sein müsse. Zum einen stellt die höchstrichterliche, nunmehr gefestigte Rechtsprechung i.R.d. Einkommensschonung bspw. Lebensversicherungsbeiträge zur Altersversorgung oder Tilgungsbeiträge zur Schaffung eines Eigenheims frei, die aus Gründen der Wertungsgerechtigkeit im sodann geschaffenen Ergebnis – als Vermögensobjekt – ebenso wenig abgeschöpft werden können. Zum anderen kennt das Familienrecht (z.B. in §§ 1581 Satz 2, 1577 Abs. 3 BGB) bei strengeren, vorrangigen Unterhaltspflichten eine Verschonung des Vermögensstamms, sofern „die Verwertung unwirtschaftlich oder unter Berücksichtigung der beiderseitigen wirtschaftlichen Verhältnisse unbillig" wäre. Auch wenn im Recht des Verwandtenunterhalts (§§ 1601 ff. BGB) eine ähnliche Vorschrift 796

---

699 Vgl. *Hauß*, Elternunterhalt – Grundlagen und anwaltliche Strategien, Rn. 476.

fehlt, muss dieser Aspekt jedenfalls für den nachrangigen Elternunterhalt erst recht[700] Geltung finden. Dies ist auch verfassungsrechtlich geboten.[701]

797 Wie § 1603 Abs. 1 BGB zu entnehmen ist, setzt Leistungsfähigkeit ein, sobald die vorrangigen sonstigen Verpflichtungen nicht mehr berücksichtigt zu werden brauchen und der eigene angemessene Unterhalt nicht gefährdet ist. Die **Verwertung des Vermögensstamms** darf also auch dann nicht verlangt werden, wenn sie den Unterhaltsschuldner von fortlaufenden Einkünften abschneiden würde, die er zur Erfüllung weiterer Unterhaltsansprüche, anderer berücksichtigungswürdiger Verbindlichkeiten und zur Bestreitung seines eigenen Unterhalts, und zwar nachhaltig, auf Lebenszeit, benötigt.[702]

798 Über diesen Grundansatz besteht Einigkeit. Dessen Umsetzung in konkrete „Vermögensschonbeträge" führt allerdings in der untergerichtlichen Rechtsprechung[703] zu außerordentlich uneinheitlichen, „gespreizten" Ergebnissen: Sie reichen von einem behaupteten Schonvermögen i.H.v. lediglich 5.000,00 DM[704] bis zur Freistellung eines Betrags von 490.000,00 DM.[705] Lediglich eines der jüngeren BGH-Urteile befasst sich mit dem geschuldeten Einsatz vorhandenen Vermögens und billigt die Heranziehung vorhandener Barmittel eines alleinstehenden Kindes i.H.v. 300.000,00 DM bei zusätzlichem Vorhandensein einer Eigentumswohnung für einen einmaligen und wegen Ablebens der Mutter endgültigen Elternunterhaltsbetrag von 22.400,00 DM.[706]

799 Das BVerfG[707] hatte sich (nach Art einer Superrevisionsinstanz)[708] bisher lediglich mit einer eher ungewöhnlichen Konstellation zu befassen, dem Versuch einer durch „aufgedrängtes zinsloses Darlehen" geschaffenen künftigen (postmortalen) Leistungsfähigkeit (der Ansatz verdankt sich allerdings allein dem gestalterischen Ehrgeiz des LG Duisburg[709] und entsprang nicht etwa der Handhabung des Sozialleistungsträgers). Gleichwohl wurde diese Auffassung in der bisherigen Kommentarliteratur durchaus ausgewogen sowohl begrüßt[710] als auch abgelehnt.[711] Die von harschen Worten begleitete Aufhebung des LG Duisburg als unzulässige richterliche Rechtsfortbildung (Verstoß gegen den Grundsatz der Gewaltenteilung) bedeutet für die einfachgesetzliche

---

700 BGH, FamRZ 2004, 1184 konnte diese Frage offenlassen, da eine Heranziehung des Vermögens bereits unter Anwendung der allgemeinen, für den Deszendentenunterhalt entwickelten Grundsätze („wirtschaftlich nicht mehr vertretbarer Nachteil") ausschied.
701 BVerfG, NJW 2005, 1927 zum sog. „Bochumer Modell" (Schaffung „künstlicher Leistungsfähigkeit" durch aufgedrängten Kredit trotz fehlender Verwertungspflicht bei der Alterssicherung gewidmeten und hierfür erforderlichen Vermögens).
702 Vgl. BGH, FamRZ 2002, 1702; die Kalkulation auf die voraussichtliche Lebensdauer des Unterhaltspflichtigen wurde bereits von BGH, NJW 1989, 524 gefordert.
703 Vgl. hierzu bspw. *Günther*, NDV 2003, 85 ff.; *Schiebel*, NJW 1998, 3449 ff.; *Duderstadt*, FamRZ 1998, 273 ff.
704 Staudinger/*Engler/Kaiser*, BGB, § 1603 Rn. 180.
705 LG Lübeck, FamRZ 1996, 962.
706 BGH, FamRZ 2002, 1702.
707 Urt. v. 07.06.2005 – 1 BvR 1508/96, NJW 2005, 1927 m. Anm. *Herr*, NJW 2005, 2747.
708 Zu einem Sachverhalt, der (vor der Einordnung des Elternunterhalts als Familiensache per 01.07.1998) noch letztinstanzlich nur zu den Zivilkammern des LG gelangen konnte.
709 FamRZ 1996, 1498 ff.
710 So etwa von *Pauling*, in: Wendl/Staudigl, Das Unterhaltsrecht in der familienrichterlichen Praxis, § 2 Rn. 623 und 642; *Günther*, NDV 2003, 88; bis zur 61. Aufl. auch in Palandt, BGB, § 1603.
711 So (mit lediglich kurzer Begründung) *Kalthoener/Puttner*, NJW 1997, 1821; *Schiebel*, NJW 1998, 3451; OLG Köln, FamRZ 2001, 1475.

Anwendung den Abschied vom teilweise vertretenen Modell einer „relativen Einstandspflicht" des Unterhaltsschuldnervermögens: Entgegen dem Normverständnis des LG Duisburg und der ihm beitretenden Autoren kann nicht ein Vermögensgegenstand, der als solcher zum geschützten, „heranziehungsresistenten" Bereich zählt, durch eine Abmilderung des Verwertungsmodus doch für Unterhaltszwecke mobilisiert werden.

Die bloße **Verschiebung der Zwangsverwertung auf die Zukunft** (hier den Zeitraum nach dem Ableben des Unterhaltsschuldners) durch Verzicht auf die Kündigung eines zinsfreien Darlehens bis zu diesem Zeitpunkt mag zwar den tatsächlichen Lästigkeitseffekt der Unterhaltsheranziehung in der Gegenwart abmildern, ist aber nicht geeignet, einem dem Grunde nach nicht einsatzpflichtigen Vermögensgegenstand diese Schonvermögenseigenschaft bei anderen Modalitäten der Verwertung wieder abzuerkennen.[712] I.R.d. Heranziehung für Unterhaltszwecke sind Vermögensbestandteile entweder geschützt – dann ist jede Form der Verwertung, gleichgültig ob Veräußerung oder Beleihung, nicht geschuldet – oder aber der Vermögensgegenstand kann i.R.d. Elternunterhalts nicht verteidigt werden, sodass der Pflichtige Unterhalt in Geld (und nicht etwa in Form der Annahme eines Darlehensangebots) schuldet, und es bleibt ihm überlassen, auf welche Weise er sich den aufgrund seiner tatsächlich gegebenen Leistungsfähigkeit geschuldeten Geldbetrag verschafft (ob durch Verkauf oder Beleihung dieses Vermögensgegenstands oder aber eines anderen, den er hätte verteidigen können, oder aber durch Einschränkung seiner Konsumausgaben unter das Niveau seines erhöhten Selbstbehalts etc.).

800

Eine an der aktuellen Rechtslage orientierte Differenzierung der Freistellungstatbestände lässt wohl folgende Umrisse erkennen:

801

- Allenfalls das **tatsächlich aktuell vorhandene** Vermögen ist heranziehbar. Der unterlassene Vermögenserwerb (z.B. infolge einer Erbbausschlagung oder der Nichtgeltendmachung von Pflichtteilsansprüchen) bleibt außer Betracht. Er kann (mangels Schenkungscharakters, § 517 BGB bzw. wegen § 83 Abs. 1 InsO) auch nicht im Weg der Anfechtung durch den Unterhaltsgläubiger beseitigt werden.

- Gleiches gilt im Ergebnis für **vorangegangene Vermögensminderungen** des potenziell unterhaltspflichtigen Kindes, z.B. infolge Übertragungen in vorweggenommener Erbfolge an seine eigenen Abkömmlinge. Zwar erlaubt § 528 BGB die Rückforderung nach Bereicherungsrecht innerhalb eines 10-Jahres-Zeitraums nicht nur für den Fall eigener Verarmung (1. Alt.), sondern auch dann, wenn der Schenker (das Kind) infolge der Zuwendung außerstande ist, seinen Verwandten (den Eltern) ggü. Unterhalt zu leisten 2. Alt.); zu einer tatsächlichen Vermögensmehrung führt dieser Anspruch jedoch nur, wenn er durch den Betroffenen selbst geltend gemacht wird. Die Eltern können ihn zuvor weder pfänden (§ 852 Abs. 2 ZPO), noch kann ihn der Sozialhilfeträger auf sich überleiten, auch wenn er gem. § 94 SGB XII Gläubiger des Unterhaltsanspruchs selbst geworden sein sollte, da der privilegierte Zugriff durch Verwaltungsakt (§ 93 Abs. 1 Satz 4 SGB XII überwindet Abtretungs- und Pfändungsausschlüsse) nur bei eigenen Ansprüchen des Sozialhilfeempfängers oder seiner Eltern anwendbar ist, sodass auch der Sozialhilfeträger auf die Mittel des allgemeinen Pfändungsrechts verwiesen bleibt.

---

712 Daher kommt es auch umgekehrt, worauf *Herr*, NJW 2005, 2748 hinweist, auf den vom BVerfG betonten Aspekt der zeitlichen Konkordanz von Darlehensangebot bzw. Verwertung einerseits und unterhaltsrechtlichem Bedarf andererseits nicht an; maßgeblich ist die Einsatzpflichtigkeit als solche.

Allenfalls unter den seltenen Voraussetzungen des § 138 BGB (Umstandssittenwidrigkeit; Schädigungsabsicht; kollusives Zusammenwirken) sind solche früheren Vermögensminderungen ohne Belang.

Stammte allerdings das (weiter) übertragene Vermögen aus einer noch nicht 10 Jahre zurückliegenden Schenkung des nunmehr bedürftig gewordenen Elternteils, befreit die Weggabe das Kind nicht mehr, wenn er zu diesem Zeitpunkt bereits bösgläubig i.S.d. §§ 818 Abs. 4, 819 Abs. 1 BGB gewesen sein sollte;[713] bei gutgläubiger Weiterschenkung ist er zwar selbst gem. § 818 Abs. 3 BGB entreichert, der Zweitbeschenkte allerdings haftet in gleicher Weise aus § 822 BGB, und zwar unabhängig davon, ob es sich um eine schlichte Schenkung oder eine ehebedingte Zuwendung handelt.[714]

802 • Soweit i.R.d. Einkommensermittlung **Geldmittel zur privilegierten Rücklagenbildung** freigestellt wurden, ist das daraus geschaffene Vermögen in gleicher Weise geschont. Dies gilt bspw. für Finanz- oder Sachwerte zur Altersversorgung, die aus dem durch den BGH[715] erlaubten max. 25%igen Altersvorsorgeabzug geschaffen wurden. Die individuelle Anlageentscheidung des Kindes (z.B. vermieteter Grundbesitz, Fondsanlagen, Sparvertrag) ist dabei zu akzeptieren. Bei Arbeitnehmern ist zumindest derjenige Vermögensbetrag (gleich in welcher Form angelegt) frei zu stellen, der im Laufe eines Erwerbslebens aus den 5% des Bruttoeinkommens, die über die gesetzlichen Rentenversicherungsbeiträge hinaus zur Altersvorsorge hinsichtlich des Einkommens geschont sind, angespart werden kann[716] (als Freibetrag für zusätzliche, sekundäre Altersvorsorge).

803 • Gleiches gilt für Vermögenswerte, bzgl. derer vorhandene Verbindlichkeiten hinsichtlich Zins und Tilgung i.R.d. Einkommensbereinigung ebenfalls mindernd angerechnet wurden. Hauptanwendungsfall ist das **selbst genutzte Eigenheim**, unabhängig von seiner Größe, also auch über die Angemessenheit i.S.d. § 90 Abs. 2 Nr. 8 SGB XII hinaus.[717]

804 • Eine Vermögensverwertung scheidet auch aus, wenn die Verwertung **rechtlich nicht erzwingbar** ist (z.B. unter Nacherbenbeschränkung oder Testamentsvollstreckung stehendes Vermögen, ferner solches Vermögen, zu dessen Veräußerung die Zustimmung des Ehegatten gem. § 1365 BGB erforderlich wäre).[718]

805 • Das potenziell unterhaltspflichtige Kind ist ferner vor einer Vermögensverwertung geschont, durch die es mit einem **wirtschaftlich nicht vertretbaren Nachteil** belastet würde (Rechtsgedanke der §§ 1581 Satz 2, 1577 Abs. 3 BGB).[719] Hiervon erfasst ist bspw. alles zur Fortführung eines Betriebs oder einer freiberuflichen Tätigkeit erforderliche Vermögen

---

713 Hierzu genügt die Kenntnis der Tatsachen, aus denen sich die aktuelle Bedürftigkeit des Elternteils ergibt.
714 BGH, ZNotP 2000, 27; ähnlich schon *Sandweg*, NJW 1989, 1937; gegen OLG Koblenz, NJW-RR 1991, 1218. Zum Umfang der Herausgabepflicht bei hieraus beschafften (dann davon erfassten) Surrogaten BGH, DNotI-Report 2004, 91.
715 BGH, FamRZ 2003, 860; FamRZ 2004, 792.
716 BGH, 30.08.2006 – XII ZR 98/04, FamRZ 2006, 1511 m. Anm. *Klinkhammer*; hierzu auch *Koritz*, NJW 2007, 270: Im dortigen Sachverhalt 100.000,00 € bei einem bereinigten monatlichen Netto-Einkommen von 1.330,00 € (Brutto-Einkommen 2.140,00 €, d.h. monatliche Sparrate 107,00 €, angenommene Rendite 4%, 35 Jahre Berufsleben). Unterhalt aus Einkommen war wegen Unterschreitens des Selbstbehalts und Fehlen auskömmlichen Schwiegerkindeinkommens nicht geschuldet.
717 So ausdrücklich auch die SH-Richtlinien Bayern, Rn. 91.37a.
718 OLG Köln, NJW-RR 2000, 811; *Schnitzler/Günther*, MAH Familienrecht, § 12 Rn. 54.
719 Vgl. BGH, FamRZ 1986, 48; OLG Hamm, FamRZ 2002, 1212.

C. Elternunterhalt

(Rechtsgedanke des § 90 Abs. 2 Nr. 5 SGB XII). Gleiches gilt für Betriebsvermögen oder der Spekulationsbesteuerung unterliegende Werte, deren Netto-Erlös aufgrund der Steuerbelastung bei Veräußerung/Entnahme deutlich herabgesetzt würde.[720] Die Beleihung von Vermögenswerten (Grundbesitz) kann nicht verlangt werden, wenn das Kind nach seinen finanziellen Verhältnissen nicht in der Lage wäre, das Darlehen zu banküblichen Konditionen zu bedienen, ohne seinen angemessenen Familienunterhalt zu gefährden.[721]

- Zur Sicherung des anrechnungsfrei verbleibenden Einkommens braucht das Kind ferner solche Einkommensquellen nicht „zu verschließen" (also zu veräußern oder durch Beleihung wirtschaftlich zu entwerten), deren **Erträge im Verbund mit den weiteren Einkünften unterhalb des geschonten Einkommens verbleiben**, also bspw. für den Unterhalt eigener Abkömmlinge erforderlich sind.[722] 806

- Ist nicht einmal der freizustellende Mindestselbstbehalt von 1.400,00 € für das Kind selbst erreicht (zzgl. ggf. der Kinderfreibeträge i.H.v. 150 % des Regelsatzes und des Ehegattenmindestselbstbehalts von 1.050,00 € abzüglich dessen eigenen Einkommens, ggf. weiter aufgestockt um den Wohnaufwand, der 450,00 € bei Alleinstehenden/800,00 € bei Ehegatten in diesem Mindestselbstbehalt enthaltenen Aufwand übersteigt), steht aber Vermögen zur Verfügung, müssen dem Kind weiter Werte in der Höhe verbleiben, die unter Berücksichtigung der durchschnittlichen Kapitalrendite und der lebensalterabhängigen Kapitalisierungstabellen zur Aufstockung des ungenügenden Einkommens auf die genannten Mindestselbstbehaltsbeträge notwendig sind. 807

Beispiel: 808

Einem Kind, das lediglich seinem Elternteil unterhaltspflichtig ist, fehlen monatlich 400,00 € zum Mindestselbstbehalt von 1.400,00 €. Freizustellen ist demnach (unbeschadet sonstiger Freistellungstatbestände, etwa des „Notgroschens") bei einem vollendeten Altersjahr von 50 (männlich) 400,00 x 12 x 12,961 = 62.212,00 €.[723]

Die schematische Ermittlungsmethode darf allerdings nicht darüber hinwegtäuschen, dass im Grunde das Ziel der Ermittlung die zur nachhaltigen Sicherung der Versorgung, auch im Alter, auf Lebenszeit des Kindes erforderliche Vermögensmasse ist. Hierzu sind Unwägbarkeiten wie die künftige Erhöhung des Bedarfs, etwa aufgrund eigener Pflegebedürftigkeit, über den Mindestselbstbehalt hinaus, die Belastung durch Verwaltungskosten und Ertragsteuern, eine möglicherweise in den bisherigen Sterbetafeln nicht erfasste längere generelle oder individuelle Lebenserwartung etc. durch Vorsichtigkeitsaufschläge zu berücksichtigen. An dieser Schwäche leiden auch alternative Berechnungsvorschläge wie etwa das Erfragen des erforderlichen Einmalbetrags, dessen Einzahlung eine Lebenszeitrente in der notwendigen Differenzhöhe erbringen würde, bei Banken oder Versicherungen.[724] Bei anderen Vermögens-

---

720 Vgl. *Schiebel*, NJW 1998, 3452. Die Veräußerung von Betriebsvermögen trotz Steuerlast hält OLG Karlsruhe, NJW 2004, 296 allerdings (bedenklich) für zumutbar, wenn die Existenz des Unterhaltschuldners nicht vom Betrieb abhänge (Nebenerwerbslandwirtschaft).
721 OLG Köln, FamRZ 2001, 1475.
722 Beispielsfall: BGH, FamRZ 2004, 1184 (Wohnung wurde der ehemaligen Lebensgefährtin und den gemeinsamen Kindern zur unentgeltlichen Nutzung als Teil des zu gewährenden, wenn auch überobligationsmäßig geleisteten, Unterhalts überlassen.
723 OLG Karlsruhe als Vorinstanz zu BGH, NJW 1997, 735; Schiebel, NJW 1998, 3453.
724 So *Haußleiter*, in: Wendl/Staudigl, Das Unterhaltsrecht in der familienrichterlichen Praxis, 5. Aufl., § 1 Rn. 322.

werten als Barbeträgen, die zur Alterssicherung bestimmt sind, versagt die Kapitalisierungsmethode ohnehin, da die Erträge aus solchem Vermögen (etwa vermieteter Eigentumswohnung) weit geringer als mit den in den Tabellen enthaltenen 5,5 % anzusetzen sind. Eine Umschichtung in Fondsanlagen, die durch Kapitalverzehr bis zum mutmaßlichen Ableben eine höhere monatliche Liquidität erwirtschaften, kann nicht verlangt werden.[725]

809 • Unabhängig davon muss auch bei ausreichendem Einkommen zur Wahrung des Sozialstaatsprinzips stets ein **liquider Bar- oder Sparbestand** anrechnungsfrei bleiben. Dies folgt zudem aus einem Erst-Recht-Schluss zum Schontatbestand des § 90 Abs. 2 Nr. 9 SGB XII (kleinere Barbeträge, hierzu s. Rdn. 457).

810 Die Höhe dieser Barreserve muss bürgerlich-rechtlich in den Fällen, in denen kein selbst genutzter Grundbesitz vorhanden ist, nochmals deutlich angehoben werden.[726] Die **Richtlinien des Deutschen Vereins**[727] setzen sie mit mind. 25.000,00 €, bei Fehlen selbst genutzten Wohneigentums mit 75.000,00 € an.[728] Die Bayerischen Sozialhilferichtlinien belassen den 20-fachen Betrag des sozialhilferechtlichen Notgroschens (falls eigengenutzter Grundbesitz vorhanden ist, den mit dem Faktor 10 multiplizierten Betrag); dies wären bei pflegebedürftigen Eltern 23.000,00 € bzw. 46.000,00 € bei Pflegebedürftigkeit der Eltern in Stufe III (mind. 5 Std. täglich durchschnittliche Grundpflege und anteilige hauswirtschaftliche Versorgung) gar 40.000,00 € bzw. 80.000,00 €.

V. Ausschlusstatbestände

1. Beschränkung oder Wegfall gem. § 1611 Abs. 1 BGB

811 Während § 1612 Abs. 2 BGB den Eltern die Möglichkeit einräumt, mithilfe des Unterhaltsrechts auf das Verhalten ihrer Kinder Einfluss zu nehmen, enthält § 1611 Abs. 1 BGB umgekehrt drei Tatbestände, die als Einwendung der Unterhaltspflicht entgegengehalten werden können und (mit Wirkung auch gegen andere, entferntere Unterhaltspflichtige, § 1611 Abs. 3 BGB) zu einer Reduzierung auf einen bloßen Billigkeitsunterhalt oder aber zum völligen Wegfall der Zahlungspflicht in besonders krassen Fällen (§ 1611 Abs. 1 Satz 2 BGB) führen:

• **Bedürftigkeit der Eltern durch „sittliches Verschulden", also unterhaltsbezogene Leichtfertigkeit (§ 1611 Abs. 1 Satz 1, 1. Alt. BGB)**

812 Alkohol-, Drogen- oder Spielsucht kommen wegen ihres Krankheitscharakters nur in Betracht, wenn der bedürftige Elternteil, etwa im Anfangsstadium, noch zur Bekämpfung in der Lage gewesen wäre.[729] In der Praxis häufiger sind Fälle der Verschwendung des Vermögens durch

---

[725] BGH, FamRZ 1986, 50 zum Kindesunterhalt; dies muss dann erst recht für den Elternunterhalt gelten; OLG Köln, FamRZ 2001, 1475 zum Elternunterhalt; *Pauling*, in: Wendl/Staudigl, Das Unterhaltsrecht in der familienrichterlichen Praxis, § 2 Rn. 642, 623.

[726] Dies ergibt sich auch aus der Rspr. des BVerfG, NJW 1999, 2357 zur Anrechnung von Vermögenswerten bei BAföG-Antragstellern gem. § 28 Abs. 1 BAföG a.F., wo die Berücksichtigung von Grundbesitz nur nach dem Einheitswert als gleichheitssatzwidrig verworfen wurde.

[727] FamRZ 2002, 931 Rn. 91.

[728] Ähnlich OLG Köln, NJW-RR 2003, 2: Sparvermögen von 58.000,00 DM verbleibt dem Kind ohne Anrechnung; vgl. auch OLG Hamm, FamRZ 2002, 1212.

[729] Vgl. BGH, FamRZ 1988, 378.

unangemessen raschen Verbrauch[730] oder Fälle der Bedürftigkeit, weil ein sonst gegebener Anspruch auf Trennungs- oder nachehelichen Unterhalt gem. § 1579 BGB verwirkt wurde und damit auch die Voraussetzungen der Verwirkung im Verhältnis zum Kind nach § 1611 Abs. 1 BGB erfüllt sind. Ein vorangegangener Verzicht auf nachehelichen Unterhalt mit der Folge eigener Sozialhilfebedürftigkeit wird jedoch je nach Unterhaltstatbestand und Voraussehbarkeit im Prognosezeitpunkt bereits an § 138 BGB scheitern oder aber die Berufung hierauf wird nach Treu und Glauben verwehrt sein.[731]

- **Frühere grobe Vernachlässigung der eigenen Unterhaltspflicht ggü. dem Kind (§ 1611 Abs. 1 Satz 1, 2. Alt. BGB)**

Über die bloße Nichterfüllung hinaus sind Umstände (die jedoch nicht vorsätzlich geschaffen zu sein brauchen) erforderlich, die der Pflichtwidrigkeit ein besonderes Gewicht verleihen, z.B. dadurch ausgelöste ernsthafte Schwierigkeiten des unterhaltsberechtigten Kindes bei der Beschaffung seines Lebensbedarfs.[732] Kein i.S.d. § 1611 BGB schuldhaftes Fehlverhalten liegt vor, wenn die Vernachlässigung auf einer psychischen Erkrankung beruhte,[733] es sei denn die psychische Erkrankung ihrerseits geht auf ein Handeln des Staates zurück.[734]   813

- **Vorsätzliche schwere Verfehlungen gegen das Kind oder nahe Angehörige (§ 1611 Abs. 1 Satz 1, 3. Alt. BGB)**

Diese liegen bei tiefen Kränkungen[735] vor, die einen groben Mangel an menschlicher Rücksichtnahme erkennen lassen, z.B. Anschwärzung beim Arbeitgeber oder FA,[736] vorwerfbarem Verlassen des Kindes in jungem Alter[737] oder auch bei kriminellen Handlungen (sexueller Missbrauch, erhebliche körperliche Misshandlung).[738] Eine Verzeihung ist möglich.   814

2. Verwirkung nach § 242 BGB

Außerhalb des § 1611 Abs. 1 BGB kann Verwirkung, gestützt auf § 242 BGB, bei illoyal verspäteter Geltendmachung des Unterhalts eintreten. Das hierfür regelmäßig erforderliche „**Umstandsmoment**" ist bei rückständigen, verspätet geltend gemachten Unterhaltsansprüchen auch ohne konkrete Vertrauensinvestitionen regelmäßig gegeben, da der Schuldner seine Lebensführung nach den tatsächlich zur Verfügung stehenden Mitteln eingerichtet hat.[739] Hinsichtlich des weiter   815

---

730 BGH, FamRZ 1984, 366.
731 BGH, 11.02.2004 – XII ZR 265/02, NJW 2004, 930.
732 BGH, FamRZ 1987, 50; OLG Koblenz, OLGR 2000, 254; AG Germersheim, FamRZ 1990, 1388 (Trunksucht).
733 BGH, 15.09.2010 – XII ZR 148/09, FamRZ 2010, 1888 m. Anm. *Hauß*.
734 BGH, 21.04.2004 – XII ZR 251/01, FamRZ 2004, 1097: psychische Erkrankung als Folge des Einsatzes im Zweiten Weltkrieg.
735 Sie müssen sich auf „völlig ungewöhnlichem", nicht nur „menschlich bedauerlichem" Niveau bewegen, OLG Karlsruhe, FamRZ 2004, 971.
736 OLG Celle, FamRZ 1993, 1236.
737 BGH, FamRZ 2004, 1559: Das Kind musste die Mutter ein Leben lang entbehren und muss sie nun als Fremde empfinden.
738 *Finger*, FamRZ 1995, 969 ff.
739 BGH, FamRZ 2002, 1698; KG, 29.04.2005 – 18 UF 145/04, NJW-RR 2005, 1308: Verwirkung, wenn zunächst das verwaltungsgerichtliche Verfahren auf Inanspruchnahme des Trägers der Sozialhilfe abgewartet wird anstelle einer zügigen eigenen gerichtlichen Geltendmachung.

notwendigen **Zeitmoments** zieht der BGH[740] die Jahresfrist der §§ 1585b Abs. 3, 1613 Abs. 2 Nr. 1 BGB entsprechend heran und bejaht Verwirkung für länger zurückliegende Zeiträume auch dann, wenn der Unterhalt durch den Sozialhilfeträger geltend gemacht wird (keine Zuerkennung eines „Behördenbonus"). Die Jahresfrist beginnt in letzterem Fall mit der Rechtswahrungsanzeige des Sozialhilfeträgers (regelmäßig kombiniert mit der Aufforderung zur Auskunftserteilung über seine Einkommens- und Vermögensverhältnisse). Erteilt das Kind diese Auskunft und erhält es während des folgenden Jahres keinen Bescheid oder Zwischenbescheid, kann es davon ausgehen, nicht mehr in Anspruch genommen zu werden, sodass bei tatsächlich gleichwohl erfolgender späterer Klageerhebung die Unterhaltsrückstände für das erste Jahr nach Zugang der Rechtswahrungsanzeige verwirkt seien.

VI. Verhältnis mehrerer Unterhaltspflichtiger zueinander

1. Rangabstufungen

816   Gem. § 1606 Abs. 1 BGB sind für den Unterhalt der Eltern unter den Verwandten (also wenn keine vorrangig in Anspruch zu nehmenden Ehegatten, geschiedene Ehegatten,[741] Lebenspartner oder ehemalige Lebenspartner vorhanden sind, vgl. § 1608 BGB) zunächst die **Abkömmlinge** (Kinder) vor den Verwandten in aufsteigender Linie (Großeltern, Urgroßeltern) verantwortlich. In der ab- bzw. aufsteigenden Linie haften jeweils die näheren vor den entfernteren Verwandten (Kinder vor Enkeln).

817   Zur Frage des **„Nachrückens" der entfernteren Verwandten** (z.B. Enkel) anstelle eines näheren Verwandten (z.B. Kind), der nicht in Anspruch genommen werden kann, ist zwischen drei verschiedenen Tatbeständen zu differenzieren.

Beruht der Wegfall der Unterhaltspflicht auf der mangelnden Leistungsfähigkeit des betreffenden Kindes (§ 1603 BGB), tritt gem. § 1607 Abs. 1 BGB die „Ersatzhaftung" seiner Abkömmlinge an dessen Stelle. Hat das leistungsunfähige Kind Geschwister, haben allerdings nach dem insoweit vorrangigen § 1606 Abs. 3 Satz 1 BGB **zunächst die leistungsfähigen Geschwister** nach Maßgabe ihrer Erwerbs- und Vermögensverhältnisse aufzukommen, die Ersatzhaftung der Enkel greift also nur für den nicht gedeckten Restbedarf:

818   • Ist ein Kind verstorben, treten nicht dessen Kinder (die Enkel) an dessen Stelle, da § 1607 Abs. 1 BGB für diesen Fall nicht gilt. Es bleibt vielmehr dabei, dass die **übrigen Geschwister** (sie sind näher verwandt i.S.d. § 1606 Abs. 2 BGB als die Enkel des Verstorbenen) hierfür einzutreten haben, in den Grenzen ihrer Leistungsfähigkeit.

• Kann eines der Kinder Verwirkung i.S.d. § 1611 BGB (etwa aufgrund früherer tätlicher Übergriffe des Elternteils gegen ihn) einwenden, tritt wegen § 1611 Abs. 3 BGB kein anderer an seine Stelle, weder die Geschwister noch Abkömmlinge. Diejenigen Geschwister, die keine Verwirkung einwenden können (oder verziehen haben), schulden denjenigen Unterhalt, den sie anteilig aufzubringen hätten, wenn das ausgeschiedene Geschwister nach Maßgabe seiner tatsächlichen Leistungsfähigkeit keine Verwirkung geltend machen hätte können.

---

740   FamRZ 2002, 1698; hierzu ausführlich *Soyka*, FPR 2003, 634 f.
741   Gem. § 1608 Satz 2 BGB, § 63 Abs. 1 Satz 2 EheG tritt allerdings eine Änderung der Rangfolge zur Entlastung des Ehegatten ein, wenn dessen angemessener Unterhalt gefährdet wäre, vgl. BGH, FamRZ 1990, 261.

Sozialhilferechtlich ist gem. § 94 Abs. 1 Satz 2, 2. Alt. SGB XII der Forderungsübergang gegen Verwandte zweiten und entfernteren Grads ausgeschlossen; § 1607 Abs. 1 und 2 BGB sind also nicht zu prüfen, wenn der Sozialhilfeträger den Anspruch gegen Enkel aus übergeleitetem Recht geltend macht.

819

2. Verteilung im Gleichrang

Gem. § 1606 Abs. 3 Satz 1 BGB sind mehrere gleich nahe Verwandte (Geschwister) **Teilschuldner**, nicht Gesamtschuldner.[742] Die Haftungsquote errechnet sich (ähnlich wie es beim Barunterhaltsanspruch volljähriger Kinder gegen beide Elternteile der Fall ist) nach dem bereinigten Netto-Einkommen, das nach Abzug des für den eigenen Unterhalt und zur Befriedigung vorrangiger Dritter Notwendigen verbleibt.[743]

820

Haften einzelne Kinder aus Vermögen, muss der zur Verfügung stehende Vermögensteil zunächst in monatliches Einkommen umgerechnet werden, und zwar indem der Kapitalwert der lebenslänglichen Leistung, ausgehend vom Alter des Elternteils, ermittelt wird.

821

Beispiel 1: Verhältnis Einkommens- zu Vermögenshaftung[744]

Von zwei Söhnen ist einer aus Einkommen, und zwar i.H.v. monatlich 10.000,00 € leistungsfähig. Der andere hat Unterhalt aus Vermögen i.H.v. zur Verfügung stehenden 165.000,00 € zu leisten. Die bedürftige Mutter ist 80 Jahre alt. Bei einem Rechnungszins, einschließlich Zwischen- und Zinseszinses von 5,5 %, und einem Mittelwert zwischen jährlich vorschüssiger und jährlich nachschüssiger Zahlung ist[745] *ein Betrag von 7,09 € notwendig, um eine jährliche Rente von 1,00 € für eine 80-jährige Frau zu finanzieren. Demnach rechnet sich das Vermögen von 165.000,00 € um in eine monatliche Lebenszeitrente von 1.939,35 € (165.000,00 : 12 : 7,09). Der aus Unterhalt pflichtige Bruder und der aus Vermögen pflichtige Bruder sind also etwa im Verhältnis 5:1 (10.000 zu 1.939) als Teilschuldner zur Deckung der Unterhaltslast der Mutter verpflichtet.*

Beispiel 2: Kombination von gleichstufiger und nachrangiger Haftung

822

Die verwitwete Mutter hat vier Kinder, ihr ungedeckter Bedarf beträgt (jeweils monatlich) 1.025,00 €. Tochter A ist verstorben, das Kind A1 (alleinstehend) erzielt monatlich netto (bereinigt) 1.800,00 €. Tochter B, verwitwet, verdient bereinigt netto 1.100,00 €, ihr alleinstehendes Kind B1 1.900,00 €. Sohn C, verheiratet mit einer einkommenslosen Ehefrau, verdient netto 2.000,00 €, Sohn D, alleinstehend, netto 3.000,00 €.

B erreicht nicht ihren Mindestselbstbehalt (1.500,00 €), C nicht den um den Mindestselbstbehalt des Ehegatten erhöhten Selbstbehalt (2.700,00 €), sodass beide nicht leistungsfähig sind. An die Stelle der nicht leistungsfähigen B tritt nicht sofort ihr Kind B1, sondern zunächst ist gem. § 1606 Abs. 2 BGB als näherer Verwandter der Bruder D heranzuziehen. Dieser ist (mangels sonstiger Schonungstatbestände) i.H.v. 750,00 € leistungsfähig (Hälfte der Differenz zwischen 1.500,00 € und seinem bereinigten Einkommen; Vermögensbildungsrücklagen erfolgten nicht).

Den nicht gedeckten Restbedarf von 275,00 € müssen nun A1 (gem. § 1606 Abs. 2 BGB als entferntere Verwandte) und B1 (als Ersatzhaftender nach § 1607 Abs. 1 BGB) nach Maßgabe ihrer Leistungsfähigkeit decken. A1 ist i.H.v. 15000 €, B1 i.H.v. 200,00 € (jeweils Hälfte des über 1.500,00 € hinausgehenden

---

742 BGH, FamRZ 1986, 153.
743 BGH, FamRZ 1988, 1041.
744 OLG Karlsruhe, NJW 2004, 296.
745 Vgl. Anlage gem. § 14 Abs. 1 Satz 4 BewG, BStBl. I 2009, S. 270 ff., früher: Anlage 9 zu § 14 BewG.

Betrags) leistungsfähig, sodass sie im Verhältnis 3 : 4, die Lücke zu schließen haben. Da die Enkel nur als entferntere Verwandte bzw. als Ersatzhaftende eintreten und nicht auf der Ebene des § 1606 Abs. 3 BGB gleich gelagert sind, verteilt sich die Unterhaltslast nicht – wie es unter Geschwistern der Fall wäre – im Verhältnis 750 : 150: 200,00 €.

Würde der Unterhaltsanspruch durch den Sozialhilfeträger geltend gemacht werden, könnte allerdings lediglich D i.H.v. 750,00 € herangezogen werden.

823 Wird eines der Kinder auf Unterhalt für den Elternteil in Anspruch genommen, kann es nach § 242 BGB[746] vom anderen Kind Auskunft über Einkommens- und Vermögensverhältnisse verlangen, auch über das Einkommen dessen Ehegatten, soweit dies für die Freistellung erforderlich ist.[747] Der Ehegatte selbst steht allerdings außerhalb des Unterhaltsverhältnisses und ist damit nicht selbst Adressat des Auskunftsanspruchs.[748] Der **Auskunftsanspruch** aus § 242 BGB (nicht gem. § 1605 BGB!) geht i.R.d. § 94 Abs. 1 Satz 1 a.E. SGB XII ebenfalls auf den Sozialhilfeträger über, der seit 01.08.1996 auch einen eigenen öffentlich-rechtlichen, allerdings nicht sanktionsbewehrten, Auskunftsanspruch gegen die nicht getrennt lebenden Ehegatten/Lebenspartner/Mitglieder der Haushaltsgemeinschaft i.S.d. § 36 SGB XII der Unterhaltsverpflichteten hat (§ 117 Abs. 1, 6 SGB XII).[749] Finanzbehörden sind in diesem Umfang ggü. Sozialleistungsbehörden zur Auskunftserteilung über die ihnen bekannten Einkommens- und Vermögensverhältnisse des Antragstellers, Leistungsempfängers, Unterhaltsverpflichteten und der zum Haushalt zählenden Mitglieder verpflichtet (§ 30 Abs. 4 Nr. 2 AO i.V.m. § 21 Abs. 4 SGB X).[750] Daneben treten die steuerlichen Mitteilungspflichten des § 31a AO (Offenlegung der sonst durch das Steuergeheimnis geschützten Verhältnisse des Betroffenen, soweit für ein Verwaltungsverfahren mit dem Ziel der Rückforderung öffentlicher Leistungen erforderlich).

3. Haftungsverhältnis mehrerer gleichzeitig Beschenkter

824 Wie unter Rdn. 740 ausgeführt, schließt der Anspruch auf Rückforderung gem. § 528 BGB als Vermögensbestandteil (ebenso wie das ggf. im Weg der Naturalrestitution rückgeführte Schenkungsobjekt, sofern es kleiner ist als die akkumulierte Unterhaltslücke, als Bestandteil des Vermögens, bzw. die im Regelfall monatlich zu entrichtende Wertersatzzahlung in Geld, § 818 Abs. 2 BGB,[751] als Einkommensbestandteil)[752] die Bedürftigkeit der Eltern aus, verdrängt also die in dieser Abhandlung thematisierte Fragestellung der gesetzlichen Unterhaltspflicht.

825 Hat im relevanten 10-Jahres-Zeitraum vor Eintritt der Verarmung (Bezug nachrangiger Sozialleistungen oder unterhaltsersetzender Leistungen Dritter)[753] eine (sei es auch nur teilweise) unentgeltliche Übertragung ohne Ausstattungscharakter (§ 1624 BGB) stattgefunden, liegen

---

746 Vgl. BGH, FamRZ 1988, 269 zum Auskunftsanspruch unter Eltern für den Haftungsanteil beim Kindesunterhalt.
747 OLG München, FamRZ 2002, 51.
748 BGH, NJW 2003, 3624.
749 Vgl. umfassend *Müller*, Rückgriff gegen Angehörige von Sozialleistungsempfängern, S. 112 ff.
750 Zu Einzelheiten vgl. AO-Kartei OFD Magdeburg § 30 Karte 29, 15.11.2005 – S 0130-58-St 251 und Karte 13, 18.11.2005 – S 0130-33-St 251.
751 Wegen Unteilbarkeit des nur teilweise von der Kondiktion erfassten Grundbesitzes.
752 BVerwG, MittBayNot 1993, 42.
753 BGH, ZEV 2001, 241 mit Besprechung *Kollhosser*, ZEV 2001, 289 ff.

typischerweise zugleich weitere, gleichzeitig (also aus demselben Rechtsgrund herrührende)[754] Schenkungen an die weichenden Geschwister in Gestalt von Gleichstellungsgeldern vor. Die Zuwendung der Forderung auf das Gleichstellungsgeld (mag es auch erst später fällig werden) aus dem Vermögen der Eltern, die sich dazu die erforderlichen Mittel vom Erwerber des Vermögens verschaffen können, ist im Moment der Beurkundung (ggf. gem. § 328 BGB) vollzogen.[755] Bei solchen gleichzeitigen Schenkungen haften die Beschenkten (also anders als im Unterhaltsrecht, § 1606 Abs. 3 Satz 1 BGB) als **Gesamtschuldner** mit der Folge eines Innenausgleichs gem. § 426 BGB, mangels anderer Anhaltspunkte also nach Kopfquoten,[756] es sei denn, einer der mehreren Begünstigten scheidet endgültig aus dem Kreis der Verpflichteten aus (z.B. wegen Entreicherung, § 818 Abs. 2 BGB oder eigener Bedürftigkeit gem. § 529 Abs. 2 BGB).[757]

4. Regelungsbedarf

Die Pflicht zur Leistung des Verwandtenunterhalts ist zwar jedenfalls für die Zukunft unabdingbar (§ 1614 BGB[758] – ähnlich der Unverzichtbarkeit des Trennungsunterhalts,[759] da §§ 1361 Abs. 4 Satz 4, 1360a BGB hierauf verweisen), allerdings sind **Regelungen zur internen Verteilung der Unterhaltslast der Eltern unter mehreren Geschwistern** denkbar und – sofern die Fragestellung thematisiert wird – durchaus häufig. Sie empfehlen sich sowohl zur Anpassung des Kopfquoten-Regresses unter den gesamtschuldnerisch haftenden, gleichzeitig Beschenkten im Rahmen vorweggenommener Erbfolge (vorstehend Rdn. 824) als auch zur schuldrechtlichen Überlagerung der aus § 1606 Abs. 3 Satz 1 BGB sich ergebenden Teilschuldnerpflichten. Nicht selten sollen auf diese Weise historisch bedingte Bevorzugungen eines Geschwisters durch Aufbürdung eines erhöhten Lasten-(ggf. also Erstattungs-) Anteils ausgeglichen werden, oder aber die Übermaßschenkung an den Vermögensübernehmer, dessen Abfindungszahlungen an die Geschwister zu keiner kaufmännisch abgewogenen Gleichbelastung geführt haben, soll zunächst durch alleinige Aufbürdung der Elternlast berücksichtigt werden. Die Festlegung einer „internen Verantwortungsreihenfolge" oder aber fester Quotenverhältnisse führt zugleich zu einer Versteinerung der Haftung nach den Verhältnissen z.Zt. der Vereinbarung, was sich häufig bei Übertragungsvorgängen als gewollt herausstellt.

826

Beispiel:

Das eine weichende Geschwister verprasst die Gleichstellungsgelder vor Eintritt der elterlichen Pflegebedürftigkeit und wäre damit aus dem Innenregress ausgeschieden, was die Verbleibenden zusätzlich belasten würde.[760]

---

754 Vgl. *Keim*, ZEV 1998, 375.
755 In ähnlicher Weise wird sie schenkungsteuerlich als Zuwendung der Eltern, nicht nach der schlechteren Steuerklasse im Verhältnis zum Geschwister, bewertet, BFH, ZNotP 2003, 115.
756 So BGH, MittBayNot 1998, 89 ff.; krit. *Keim*, ZEV 1998, 375, 376 f.
757 Nach den Regeln des gestörten Gesamtschuldnerausgleichs führt dies auch zum Ausscheiden aus der internen Regressverpflichtung, vgl. ausführlich *Rundel*, MittBayNot 2003, 182.
758 Nach OLG Hamm, FamRZ 2001, 1023, ist eine Abweichung vom gesetzlichen Unterhalt um mehr als 20 % nach unten unwirksam.
759 Möglich ist die Ausfüllung des zulässigen Ermessensspielraums in Gestalt einer Unterschreitung des gesetzlich Geschuldeten um jedenfalls 20 %: OLG Düsseldorf, FamRZ 2001, 1148, nicht jedoch um 33 %, ebenso wenig wie beim Kindesunterhalt, vgl. *Bergschneider*, Verträge in Familiensachen, Rn. 348, 526; *ders.*, FamRZ 2007, 734; ausführlich *Huhn*, RNotZ 2007, 177 ff. mit Formulierungsvorschlägen.
760 Zum Ganzen instruktiv und mit Formulierungsvorschlägen vgl. *Rundel*, MittBayNot 2003, 185.

827 Hingegen wird eine Versteinerung der Quote auch i.R.d. Heranziehung zur gesetzlichen Unterhaltslast angesichts der oft unverschuldet eintretenden Veränderungen der Leistungsfähigkeit im Verhältnis zueinander weniger in Betracht kommen, ausgenommen die Fälle eines unbedingt gewollten, vorab durchzuführenden Abtragens einer dann in der Urkunde möglichst betragsmäßig zu beziffernden Übermaßzuwendung zugunsten eines Geschwisters.

Werden **Freistellungen** vereinbart,[761] ist auch ihre (dingliche) Absicherung zu thematisieren.[762]

Vgl. umfassend (mit Formulierungsvorschlägen) zu Vereinbarungen unter Geschwistern über das „elterliche Sozialrisiko" Rdn. 1399.

VII. Sozialrechtliche „Reaktionen" auf den Elternunterhalt

828 Die Konkurrenzsituation des familienrechtlichen Elternunterhalts zu öffentlich-rechtlichen Formen der Bedarfsdeckung aus sozialstaatlicher Verantwortung, also die Spannung zwischen Verpflichtung einerseits des Individuums und andererseits der Allgemeinheit führt zu schwierigen Abgrenzungen und Wechselbeziehungen. Drei **Grundformen der sozialrechtlichen „Reaktion"** auf den vorgefundenen bürgerlich-rechtlichen Unterhaltstatbestand lassen sich unterscheiden:

- Unterhaltsverpflichtungen der Kinder bleiben (zumindest für den Regelfall) außer Betracht: Bei Grundsicherungsleistungen für vollerwerbsgeminderte oder über 65 Jahre alte Menschen sind Unterhaltsansprüche wegen Einkommen und Vermögen der Kinder (und damit erst recht auch Enkel) nur dann zu berücksichtigen, wenn das jährliche Gesamteinkommen des Kindes gem. § 16 SGB IV (gleichbedeutend mit der Summe der Einkünfte i.S.d. Einkommensteuerrechts) für die jeweilige Einzelperson[763] über 100.000,00 € jährlich liegt (vgl. Rdn. 608). Lediglich der tatsächlich geltend gemachte und bezahlte Unterhalt verringert also den Bedarf.

829
- Heranziehung der Kinder erfolgt erst nach Geltendmachung durch die Eltern: Bei der Grundsicherung für Arbeit Suchende (SGB II) gehen Unterhaltsansprüche gegen Verwandte gem. § 33 Abs. 2 Satz 1 Nr. 2 SGB II nur über, wenn die unterhaltsberechtigte Person den Anspruch gegen den Verwandten (hier das Kind) auch selbst geltend macht (vgl. Rdn. 700).
- Überleitung des Anspruchs auf Elternunterhalt gem. § 94 SGB XII (hierzu Rdn. 551).

Versuche zur Lösung des Konflikts zwischen sozialrechtlicher und unterhaltsrechtlicher Differenzierung sind unter Rdn. 568 skizziert.

VIII. Strategien zur Vermeidung einer Heranziehung

830 Da die Unterhaltspflicht ggü. Eltern kraft Gesetzes entsteht und als Teil des Verwandtenunterhalts einer vertraglichen Abbedingung nicht zugänglich ist, konzentrieren sich Vermeidungsstrategien – neben den Überlegungen zur Verteilung der Unterhaltslast „im Innenverhältnis" im

---

[761] Formulierungsbeispiele: *Rastätter*, ZEV 1996, 288 f.; *Albrecht*, in: Reithmann/Albrecht, Handbuch der notariellen Vertragsgestaltung, Rn. 714; *Weyland*, MittRhNotK 1997, 73 f.; *Waldner/Ott*, MittBayNot 1986, 65.

[762] *J. Mayer*, ZEV 1997, 179 f.; *ders.*, MittBayNot 2004, 183; *ders.*, ZEV 2007, 149 ff.

[763] Auf die trotz des insoweit undeutlichen Wortlauts „ihren Kindern und Eltern" abzustellen ist, vgl. *Münder*, NJW 2002, 3661; *Brühl/Hofmann*, Grundsicherungsgesetz, S. 89.

Kreis der Geschwister (hierzu nachstehend Rdn. 1399 ff.) – auf faktische Vorkehrungen zur Reduzierung der Inanspruchnahmemöglichkeiten. Hierbei sind insb. zu nennen:[764]

- Der hierfür max. freistellbare Teil des Netto-Einkommens (bis zu 25 %)[765] sollte auch tatsächlich zum Aufbau einer eigenen Alterssicherung eingesetzt werden, wobei die Auswahl der Investitionsgüter (Lebensversicherung, vermietetes Immobilieneigentum etc.) dem Unterhaltsschuldner freisteht. Zu denken ist weiter an Einzahlungen in eine Riester-Rente und die Auffüllung von Versorgungslücken nach durchgeführtem Versorgungsausgleich.[766]
- Gleiches gilt für die Investition von Ansparbeträgen in Vermögenswerte, die i.R.d. Elternunterhalts nicht einzusetzen sind, insb. das selbst genutzte Immobilieneigentum (auch über die Grenzen des § 90 Abs. 2 Nr. 8 SGB XII hinaus). 831
- Überhaupt sollte eine Umschichtung in Vermögenswerte erwogen werden, die i.R.d. Elternunterhalts verteidigt werden können, da sie (im Erst-Recht-Schluss zu § 1577 Abs. 3 BGB) zum nicht einsatzpflichtigen Vermögensstamm zählen; neben dem, auch großzügigen, Eigenheim zählt hierzu auch Betriebs- und beruflichen Zwecken dienendes Vermögen.
- Da der Unterhaltsschuldner eine spürbare und dauerhafte Senkung des berufs- und einkommenstypischen Unterhaltsniveaus infolge des Elternunterhalts nicht hinzunehmen hat, solange die Grenze des unangemessenen Aufwands oder des Luxuslebens nicht überschritten sei, wird derjenige Abkömmling privilegiert, der in der Vergangenheit eher konsumiert als gespart hat. Sofern jedoch Rücklagen als „phasenverschobene Aufwendungen für künftigen Konsum" anzusehen sind, lässt sich der sonst vielleicht zu gewinnende Eindruck, der bisherige Familienunterhalt sei in erster Linie als Sparleistung verwendet worden, korrigieren.[767] 832

Vermögenszuwendungen an dritte Personen lösen zwar, wenn dadurch die Unterhaltsleistungsfähigkeit ggü. Eltern eingeschränkt wird, das Rückforderungsrecht gem. § 528 Abs. 1 BGB aus, dieses kann allerdings nicht durch den (Unterhalts-) Gläubiger gepfändet werden, solange es nicht tatsächlich geltend gemacht wurde (§ 852 Abs. 2 ZPO). Nicht einmal die Obliegenheit der Geltendmachung dieses unzweifelhaft zum Vermögen des Unterhaltsschuldners zählenden Anspruchs besteht jedoch, wenn Vermögensübertragungen zwar ohne bare Gegenleistung, aber gleichwohl nicht unentgeltlich stattfinden (z.B. zum Ausgleich eines Zugewinns im Rahmen eines ehevertraglichen Wechsels zur Gütertrennung [s. Rdn. 69 ff.] oder aber sie der Erfüllung von [Vorsorge-] Unterhaltsverpflichtungen dienen [s. Rdn. 2507 ff.]). 833

---

764 Vgl. hierzu insb. *Hauß*, FamRB 2003, 337 ff.
765 *Hauß*, FamRB 2003, 338 plädiert bei nicht gesetzlich rentenversicherten Verheirateten gar für 40 % des Brutto-Einkommens.
766 *J. Mayer*, ZEV 2007, 147.
767 *Born*, FamRB 2003, 300. Unstreitiges Beispiel: Rücklage i.H.v. 21.700,00 € für die Anschaffung eines neuen Audi A3, wenn das bisherige Fahrzeug bereits eine Laufleistung von 215.000 km aufweist (BGH, NJW 2006, 3344, 3347).

Kapitel 3: Sozialrechtliche Fragen der Grundstücksüberlassung

			Rn.
A.	Vorüberlegung: Rolle des Notars		834
B.	Risiko der Nichtigkeit wegen Verstoßes gegen das sozialrechtliche Nachrangprinzip (§ 138 BGB)		840
I.	Sittenwidrigkeit der Übertragung		840
	1. Exkurs: Familienrecht		841
		a) Sozialrechtlich bedingte Sittenwidrigkeit	841
		b) Inhalts- und Ausübungskontrolle im Verhältnis der Ehegatten zueinander	844
	2. Erbrecht		847
	3. Vermögensübertragungen		850
II.	Sittenwidrigkeit einzelner Rechtsakte beim Vermögenswechsel		860
	1. Sittenwidrigkeit des Rückforderungsverlangens		861
	2. Sittenwidrigkeit der Ausschlagung/Annahme einer Erbschaft		862
C.	Risiko der Rückforderung bei späterer Verarmung des Veräußerers (§ 528 BGB)		866
I.	Tatbestandsvoraussetzungen		868
	1. Schenkung		868
		a) Begriff	868
		b) Vollzogene Schenkung	871
	2. Verarmungstatbestand		875
	3. Umgestaltung des zivilrechtlichen Anspruchs durch das Sozialrecht		879
		a) Eingeschränkte Abtretbarkeit	882
		b) Fortbestehen des Anspruchs trotz Wegfalls des Notbedarfs	888
		c) Transmortales Fortbestehen	890
		d) Immunität ggü. Konfusion	895
		e) Sozialrechtliche Besonderheiten bei der Überleitung	898
		aa) Sozialhilferechtliche Erweiterungen der Möglichkeiten zur Deckung des Notbedarfs	900
		bb) Sozialhilferechtliche Schranken gem. § 93 Abs. 1 Satz 3 SGB XII	902
II.	Inhalt des Rückforderungsanspruchs		910
	1. Bedarfslücke überschreitet Aktivwert des Geschenks		911
	2. Ausübung der gesetzlichen Ersetzungsbefugnis (§ 528 Abs. 1 Satz 2 BGB)		912
	3. Regelfall: Aktivwert des Geschenks überschreitet Bedarfslücke		914
	4. „Umgekehrte Ersetzungsbefugnis"		918
		a) Zivilrechtliche Zulässigkeit	918
		b) Sozialrechtliche Relevanz der „umgekehrten Ersetzungsbefugnis" (§ 93 Abs. 1 Satz 3 SGB XII, § 33 Abs. 1 SGB II)	923
		c) Zivilrechtliche Relevanz der „umgekehrten Ersetzungsbefugnis" (§ 529 Abs. 2 BGB)	928
		d) Erfüllung des Anspruchs nach Ausübung der umgekehrten Ersetzungsbefugnis	931
III.	Rückforderungsobjekt		937
IV.	Konkurrenzverhältnis		939
V.	Ausschlusstatbestände		943
	1. 10-Jahres-Frist (§ 529 Abs. 1 a.E. BGB)		944
	2. Vorsätzliche oder grob fahrlässige Herbeiführung der Bedürftigkeit (§ 529 Abs. 1, 1. Alt. BGB)		946
	3. Gefährdung des eigenen Unterhalts (§ 529 Abs. 2 BGB: Einkommens- und Vermögensschonung des Erwerbers)		947
	4. Pflicht- und Anstandsschenkungen (§ 534 BGB)		953
	5. Verjährung		954
VI.	Quintessenz		955
	1. Verarmungsrisiko auf Veräußererseite		956
	2. Verarmungsrisiko auf Erwerberseite		960
	3. Verarmungsrisiko auf Geschwisterseite		966
D.	Auswirkungen der Übertragung bzw. vereinbarter Gegenleistungen auf sozialrechtliche Ansprüche		969
I.	Vermögens- und einkommensunabhängige Ansprüche		969
II.	Vermögensabhängige Sozialleistungsansprüche		971
	1. Betroffene Sozialleistungen		971
	2. Einfluss der Übertragung bzw. vereinbarter Gegenleistungen auf vermögensabhängige Ansprüche		973
		a) Anknüpfung an den Vermögensverlust	974
		b) Anknüpfung an die Gegenleistungen	977
III.	Einkommensabhängige, nicht pflegefallspezifische Sozialleistungsansprüche		979
	1. Sanktionsmechanismen		979
		a) Anknüpfung an die veräußerungsbedingte Einkommensminderung	980
		b) Anknüpfung an den Einkommenswert der Gegenleistungen	982
	2. Enger Einkommensbegriff (ohne vertragliche Versorgungsansprüche)		983
	3. Kürzung aufgrund Einkommensanrechnung der Gegenleistungen		988

			Rn.
E.	Pflegefallspezifische Ansprüche nach dem SGB XII und PflegeVG und ihre Wechselbeziehung zu Grundbesitzübertragungen		1000
I.	Häusliche Pflege		1002
	1. Erstattung von Aufwendungen		1003
	2. Kostenübernahme für externe Pflegekräfte		1004
		a) Voraussetzungen	1004
		b) Kriterien für mögliche Kürzungen	1005
	3. Pflegegeld		1008
		a) Voraussetzungen	1008
		b) Kriterien für mögliche Kürzungen	1012
II.	Pflege bei Unterbringung in Heimen		1014
	1. Reduzierter Schonbereich		1014
	2. Wegfall vertraglicher Ansprüche (Wohnungsrecht?)		1017
	3. Überleitung vertraglicher Ansprüche?		1026
	4. „Umwandlung" in Geldansprüche?		1030
		a) Leibgedingsrecht	1030
		b) Änderung der Geschäftsgrundlage (§ 313 BGB)?	1034
		c) „Interessengerechte" Vertragsauslegung?	1037
III.	Rechtslage gemäß Pflegeversicherungsgesetz		1045
	1. Grundzüge des SGB XI		1045
		a) Versicherte, Beiträge	1045
		b) Pflegebedürftigkeit (Pflegestufen)	1051
		c) Pflegegeldleistung	1056
		d) Pflegesachleistung	1058
		e) Teilstationäre Leistungen	1060
		f) Vollstationäre Leistungen	1062
		g) Leistungserbringung	1065
		h) Private Pflichtversicherung, Reformüberlegungen	1066
	2. Wechselbezüge mit Übertragungsverträgen		1069
IV.	Landespflegegesetze		1076

A. Vorüberlegung: Rolle des Notars

834 Jeder Notar wird in der täglichen Beratungs- und Beurkundungspraxis mit Fragen nach den sozialrechtlichen Konsequenzen der gewählten Vertragsgestaltung konfrontiert. Dies und die dabei typischerweise zutage tretende Interessenlage soll kurz am Beispiel der Beurkundung von Grundbesitzübertragungen und den dabei häufig vereinbarten Versorgungsansprüchen aufgezeigt werden:[1]

- Der **Veräußerer**, durch warnende Hinweise und Beispiele sensibilisiert, begehrt Auskunft, ob durch die Übertragung oder dabei eingeräumte Gegenleistungen bereits gewährte oder zu erwartende Sozialleistungen wegfallen oder gekürzt werden.

835 - Der **Erwerber** befürchtet, dass die Übertragung möglicherweise für den Fall künftiger Sozialleistungsbedürftigkeit des Veräußerers keinen Bestand (mehr) haben könnte, oder dass sich die zu dessen Gunsten vereinbarten Natural- oder Geldzuwendungen als „Einfallstore" für eine Inanspruchnahme des Erwerbers durch den Sozialleistungsträger erweisen könnten. Die genannten Risiken werden insb. bei nicht beitragserkauften[2] Sozialleistungen bedeutsam, die ggü. privater Bedarfsdeckung nachrangig sind, etwa der Sozialhilfe. So können z.B.

---

1 Vgl. zum Folgenden auch *Krauß*, MittBayNot 1992, 77 ff. m.w.N.
2 Zu den Gestaltungsprinzipien, welche den einzelnen Sozialleistungen zugrunde liegen, vgl. ausführlich *Wahl*, Vertragliche Versorgungsrechte in Übergabeverträgen und sozialrechtliche Ansprüche, S. 30 ff.; *Gitter*, DNotZ 1984, 601.

vertragliche Versorgungsansprüche zu einer Leistungsminderung führen, da der Veräußerer „die erforderliche Hilfe bereits von anderen, besonders von Angehörigen, erhält" (§ 2 Abs. 1 SGB XII, vgl. auch § 9 Abs. 1 SGB I).

- **Geschwister** des Erwerbers schließlich gehen v.a. bei Übertragung des wesentlichen elterlichen Grundvermögens gegen Übernahme von Versorgungspflichten im traditionellen Umfang (z.B. i.R.d. landwirtschaftlichen Übergabe) davon aus, zumindest finanziell der Verantwortung für das Wohlergehen der Eltern enthoben zu sein, und wünschen vom Notar eine Bestätigung dieser Erwartung. Für diesen Personenkreis geht es also primär um das allgemeine Rangverhältnis zwischen bürgerlich-rechtlicher Unterhaltsverpflichtung und öffentlich-rechtlicher Sozialleistung. 836

Obwohl es sich bei den sozialrechtlichen Konsequenzen von Grundbesitzübertragungen regelmäßig um mittelbare wirtschaftliche und rechtliche Folgen des zu beurkundenden Vertrags handelt, die vom Pflichtumfang notarieller Belehrung gem. § 17 BeurkG nicht umfasst werden,[3] können Fälle auftreten, in denen der Notar gehalten ist, im Rahmen seiner von der Rechtsprechung entwickelten sog. erweiterten Belehrungspflicht (analog § 14 BNotO)[4] in Betreuungs- und Vertrauensverhältnissen die Beteiligten vor ihnen nicht evidenten, drohenden Schäden zu bewahren. Dabei ist darauf hinzuweisen, dass der schlichte Verlust der Möglichkeit, aufgrund eines Vermögenszuwachses Sozialfürsorgeleistungen anzunehmen, keinen Schaden im Sinne dieser Rechtsprechung darstellt.[5] 837

Doch auch außerhalb des haftungsrechtlich relevanten Bereichs steht es dem Notar gut an, zumindest mögliche Kollisionsbereiche mit Sozialleistungsansprüchen zu erkennen und aufzuzeigen, sobald der mitgeteilte oder aufgeklärte Sachverhalt hierzu näheren Anlass bietet. Aus der Sicht des Kautelarjuristen verschränken sich dabei Sozialrecht und vertragliche Regelung in reizvoller, jedoch zugleich komplizierter und nicht immer verlässlich prognostizierbarer Wechselwirkung: Einerseits können Übertragungen oder dabei vereinbarte Versorgungsansprüche Auswirkungen auf Bestand oder Höhe der Sozialleistung haben, andererseits erwachsen aus sozialrechtlichen Wertungen Grenzen für den Gestaltungswillen der Parteien und damit die notarielle Beurkundungstätigkeit, indem der Übertragung selbst oder Nachrangvereinbarungen i.R.d. „Gegenleistungen" die (sozial-) rechtliche Anerkennung versagt wird. Die Aufmerksamkeit des Notars ist daher sowohl bei der Erforschung und begleitenden Konkretisierung des Parteiwillens als auch bei der Formulierung von Vereinbarungsvorschlägen in erhöhtem Maße gefordert. 838

Im Rahmen dieser Darstellung sollen lediglich drei besonders praxisbedeutsame Aspekte herausgegriffen werden, welche die **Wirksamkeit** (Rdn. 840 ff.) bzw. den **dauerhaften Bestand** (Rdn. 866 ff.) der **Übertragung bei späterem Bezug von nachrangigen Sozialleistungen** (z.B. Leistungen zur Pflege nach dem SGB XII – bis 01.01.2005: BSHG) umfassen, ebenso die Wechselwirkung zwischen nicht pflegefallspezifischen (Rdn. 969 ff.) und pflegefallspezifischen (Rdn. 1000 ff.) Ansprüchen nach dem SGB XII und vertraglichen Gestaltungen der „Gegenleistungen" des Erwerbers. 839

---

3 Vgl. *Wahl*, Vertragliche Versorgungsrechte in Übergabeverträgen und sozialrechtliche Ansprüche, S. 297 f.; *Ott*, Anm. 3 zu Art. 14 BayAGBGB, in: *Sprau* u.a., Justizgesetze in Bayern, 1988.
4 Vgl. hierzu etwa BGH, DNotZ 1954, 330; DNotZ 1987, 157; *Haug/Zimmermann*, Die Amtshaftung des Notars, 2011, Rn. 533 (zu „wirtschaftlichen Gefahren" insb. Rn. 582); *Winkler*, BeurkG, § 17 Rn. 18.
5 Vgl. DNotI-Gutachten, Faxabruf-Nr. 55923, Stand Januar 2005.

B. Risiko der Nichtigkeit wegen Verstoßes gegen das sozialrechtliche Nachrangprinzip (§ 138 BGB)

I. Sittenwidrigkeit der Übertragung

840 **Gesetzliche Verbote (§ 134 BGB)** von Grundbesitzübertragungen sind in den Sozialleistungsgesetzen nicht enthalten. Zu prüfen ist jedoch die mögliche Nichtigkeit der Veräußerung und Übereignung wegen Verstoßes gegen die guten Sitten (§ 138 BGB), und zwar insb. dann, wenn sich die Vermögens- und Einkommensminderung beim Veräußerer zulasten der öffentlichen Hand auswirkt, bei welcher er vermögens- und einkommensabhängige Sozialleistungen (insb. Sozialhilfe, Kriegsopferfürsorge nach dem BVG und Arbeitslosenhilfe) beantragt.

Obergerichtliche Rechtsprechung zur Frage eines Verstoßes gegen § 138 BGB wegen (beabsichtigten) Unterlaufens des Nachrangprinzips liegt lediglich im Bereich des Familien- und Erbrechts vor.

1. Exkurs: Familienrecht

a) Sozialrechtlich bedingte Sittenwidrigkeit

841 Der BGH[6] und ihm folgend die Untergerichte[7] haben in teilweiser Abkehr von der früheren Rechtsprechung, wonach in Betonung des subjektiven Elements „gewissenloses Handeln, geleitet von der wesentlichen Absicht, die Unterhaltslast auf den Sozialhilfeträger zu überbürden" gefordert war,[8] einen **Verzicht auf nachehelichen Ehegattenunterhalt** als u.U. sittenwidrig[9] beurteilt, auch wenn er nicht auf einer Schädigungsabsicht der Ehegatten ggü. dem Sozialhilfeträger beruhe. Entscheidend komme es auf den Gesamtcharakter der Vereinbarung an, welcher der Zusammenfassung von Inhalt, Beweggrund und Zweck zu entnehmen sei.[10] Der so ggf. festzustellende objektiv sittenwidrige Gehalt des Verzichts sei den Ehegatten auch subjektiv zuzurechnen, wenn sie sich bei Vertragsschluss der Bedürftigkeit des Verzichtenden bewusst oder grob fahrlässig nicht bewusst gewesen seien.[11]

842 Die berechtigten Interessen des Sozialleistungsträgers gebieten es Ehegatten allerdings nicht, mit Rücksicht auf ihn Regelungen zu unterlassen, die von den gesetzlichen Scheidungsfolgen abweichen. Das Gesetz kennt – gleich ob der Ehevertrag vor oder nach Eheschließung zustande kommt oder Letztere gar vom Vertragsschluss abhängig gemacht wird – keine „Pflicht zur Be-

---

6 BGHZ 86, 82 = MittBayNot 1983, 129; vgl. auch BGH, NJW 1987, 1546, 1548 und nunmehr BGH, MittBayNot 1993, 23 ff.; DNotZ 1993, 524.
7 Vgl. etwa OLG Düsseldorf, FamRZ 1981, 1081; OLG Karlsruhe, FamRZ 1982, 1215; OLG Zweibrücken, FamRZ 1983, 930.
8 So etwa LG Ellwangen, FamRZ 1955, 108; OLG Düsseldorf, FamRZ 1955, 293.
9 In neuerer Zeit überwiegen allerdings Urteile, in denen der Verzicht zwar als wirksam, die Berufung hierauf aber treuwidrig gewertet wird, sofern hierdurch die Interessen minderjähriger Kinder beeinträchtigt werden. In diesem Fall ist weiter der Notunterhalt geschuldet (vgl. etwa BGH, MittBayNot 1995, 299).
10 Beispielsfälle: OLG Düsseldorf, FamRZ 2004, 461; OLG Köln, FamRZ 2003, 767; OLG Naumburg, FamRZ 2002, 456.
11 Vgl. hierzu etwa *Karpen*, MittRhNotK 1988, 150; *Glitter*, DNotZ 1984, 610.

günstigung des Sozialhilfeträgers im Scheidungsfall". Demnach ist nach Ansicht des BGH[12] ist auch bei der Prüfung der **sozialrechtlich bedingten Sittenwidrigkeit** vorrangig darauf abzustellen, ob auf der Ehe beruhende Familienlasten zulasten des Sozialleistungsträgers „verschoben" wurden (unbedenklich sind daher Verzichte, die auf die Risiken aus bereits vor der Ehe bestehenden Umständen reflektieren, etwa bereits vorhandene Krankheiten oder eine Ausbildung, die offenkundig keine Erwerbsgrundlage verspricht). Werden ehebedingte Risiken ausgeschlossen und damit faktisch auf den Sozialleistungsträger überwälzt, kann dies zwar im Verhältnis zwischen den Beteiligten ausgeglichen werden (etwa durch Bestellung eines Wohnungsrechts), sodass die „allgemeine richterliche Inhaltskontrolle" nicht zu einer Beanstandung führt,[13] aber im Verhältnis zum Sozialleistungsträger gleichwohl zur universellen Sittenwidrigkeit führen.

Eine solche sozialrechtlich **bedingte Sittenwidrigkeit** ist (wohl) auch anzunehmen, wenn zwar keine ehebedingten Nachteile im eigentlichen Sinn zulasten des Sozialleistungsträgers ausgeschlossen werden, jedoch durch die Eheschließung als solche ein Sozialfürsorgeanspruch entsteht (etwa als Folge einer dadurch vermittelten Aufenthaltsberechtigung für Ausländer) und das Einstehenmüssen der Ehegatten füreinander (auch hinsichtlich nicht ehebedingter Nachteile) abbedungen wurde.[14] Schließlich kann auch umgekehrt die ehevertragliche Vereinbarung einer über das Gesetz hinausgehenden Versorgung („Unterhaltsrente"), die den Verpflichteten so überfordert, dass er ergänzender Sozialleistungen bedarf, wegen Sittenwidrigkeit zulasten des Sozialleistungsträgers unwirksam sein.[15] Wirkt sich die unabänderliche Natur der vertraglich vereinbarten Rente jedoch „lediglich" zulasten neu hinzutretender Unterhaltsberechtigter (etwa des zweiten Ehegatten) aus, da die vom BGH früher (verfassungswidrig) angenommene Gleichordnung („Dreiteilung")[16] nicht erfüllt werden kann, führen weder die Wirksamkeits- noch die Ausübungskontrolle zu einer Reduzierung der Zahlungspflicht.[17]

843

---

12 BGH, 25.10.2006 – XII R 144/04, FamRZ 2007, 197 m. Anm. *Bergschneider*.
13 Weder i.R.d. Wirksamkeitskontrolle (§ 138 BGB) bezogen auf den Zeitpunkt des Vertragsschlusses, noch i.R.d. Ausübungskontrolle (§ 242 BGB) bezogen auf den Zeitpunkt des Scheiterns der Ehe.
14 *Bergschneider*, FamRZ 2007, 200; BGH, 22.11.2006 – XII ZR 119/04, FamRZ 2007, 450 m. krit. Anm. *Bergschneider*: Russische Klavierlehrerin mit Krankheitsverdacht übersiedelt infolge Heirat nach Deutschland und erkrankt tatsächlich an MS; das „Integrationsrisiko" sei mittelbare Folge der Eheschließung (war die Krankheit nicht erkennbar, dürfte jedoch allenfalls eine Ausübungskontrolle stattfinden); vgl. *Kanzleiter*, notar 2008, 354 ff.
15 BGH, 05.11.2008 – XII ZR 157/06, NotBZ 2009, 63 m. Anm. *Reetz*, NotBZ 2009, 37; hierzu auch *Herrler*, MittBayNot 2009, 110 ff.
16 Wandelbarkeit der ehelichen Lebensverhältnisse durch Hinzutreten eines neuen Ehegatten: Bedarf des früheren Ehegatten sei grds. ein Drittel des zur Verfügung stehenden Gesamteinkommens aller Beteiligten einschließlich des nunmehrigen Splittingvorteils, ohne Rücksicht auf das Rangverhältnis zwischen altem und neuem Ehegatten, BGH, 30.07.2008 – XII ZR 177/06, FamRZ 2008, 1911 und BGH, 01.10.2008 – XII ZR 62/07 (adoptiertes weiteres Kind), MittBayNot 2009, 149 m. Anm. *Herrler*, MittBayNot 2009, 110 ff.
17 *Herrler*, MittBayNot 2009, 110 ff.

b) Inhalts- und Ausübungskontrolle im Verhältnis der Ehegatten zueinander

844 Insb. bei nicht beurkundeten Verträgen und unausgewogener Verhandlungsposition (z.B. Schwangerschaft) erfordert das Grundgesetz weiter gehende richterliche Inhaltskontrolle.[18]

Der BGH hat in seiner Leitentscheidung,[19] gefolgt von einem vielstimmigen Chor auf Ebene der OLG,[20] den **Vorrang der Ehevertragsfreiheit**[21] vor dem eher rechtspolitisch gefärbten Rollenbild der nachehelichen Solidarität betont und hervorgehoben, dass die Beitragsgleichwertigkeit des § 1360 Satz 2 BGB nicht zu einem Wertgleichheitsgedanken im ehelichen Vermögensrecht umgebaut werden dürfe. Abschluss- und Ausübungskontrolle durch Gerichte seien vielmehr lediglich Instrumente der Freiheitsgewährleistung, die einer evident einseitigen und durch die individuelle Gestaltung der ehelichen Lebensverhältnisse nicht gerechtfertigten Lastenverteilung gegenwirken sollten. Dabei sei der **Zugewinnausgleich** der ehevertraglichen Disposition am weitesten zugänglich.[22] Im nachehelichen Unterhaltsrecht ist der **Unterhaltsanspruch wegen Erwerbslosigkeit**, der **Aufstockungsunterhalt**[23] und der **Ausbildungsunterhalt** (§§ 1573, 1578 Abs. 2, 1. Alt. und Abs. 3, 1573 Abs. 2, 1575 BGB) regelmäßig weitestgehend disponibel, während der **Krankheits- und Altersunterhalt** (§§ 1572, 1571 BGB) und ihm gleich gelagert der **Versorgungsausgleich** einer enger begrenzten Disposition unterliegen.

845 Der **Kindesbetreuungsunterhalt** (§ 1570 BGB) ist wegen seiner Drittwirkung zugunsten/zulasten des Kindes und dessen Erziehung in stärkstem Umfang der Wirksamkeitskontrolle (§ 138 Abs. 1 BGB) bzw. Ausübungskontrolle (§ 242 BGB) ausgesetzt. Der **Kranken- und Altersvorsorgeunterhalt** (§ 1578 BGB) seinerseits teilt den Rang des betreffenden Elementarunterhalts, dessen Höhe er beeinflusst.[24] **Sittenwidrigkeit** kann (außer aufgrund Verstoßes gegen die sozialrechtliche Subsidiarität, s. Rdn. 841 ff.) eintreten bei Regelungen im Kernbereich der richterlichen Kontrolle, die mit dem gewählten Ehetyp (Doppelverdienerehe, Alleinverdienerehe, phasenbezo-

---

18 Vgl. BVerfG, 06.02.2001 – 1 BvR 12/92, DNotZ 2001, 222; ausführlich hierzu *Wachter*, ZNotP 2003, 408 ff. (mit Formulierungsvorschlägen); die daraus zu ziehenden Folgerungen waren bis zur Entscheidung des BGH, 11.02.2004 – XII ZR 265/02, FamRZ 2004, 46 ungewiss; für eine (bedenkliche) Ausweitung der zur Unwirksamkeit führenden Sachverhalte z.B. OLG München, 01.10.2002 – 4 UF 7/02, FamRZ 2003, 35; für eine Beibehaltung der bisherigen Gestaltungsgrenzen dagegen z.B. OLG München, 25.09.2002 – 16 WF 1328/02, FamRZ 2003, 376.
19 BGH, 11.02.2004 – XII ZR 265/02, DNotZ 2004, 550 mit ausführlicher Anm. *Hahne*, DNotZ 2004, 84; *Rauscher*, DNotZ 2004, 524 ff.; *Langenfeld*, ZEV 2004, 311; *Brandt*, MittBayNot 2004, 221, 278; *Gageik*, RNotZ 2004, 295; *Koch*, NotBZ 2004, 147; *Rakete-Dombeck*, NJW 2004, 1273; *Münch*, ZNotP 2004, 122.
20 Übersicht bei *Münch*, ZNotP 2007, 205 ff.; ausführlicher in *Münch*, Die Unternehmerehe, Rn. 467 ff. Deutlich OLG Hamm, 08.06.2011 – 5 UF 51/10, RNotZ 2011, 494: allein aus objektivem Ungleichgewicht der Einkommens- und Vermögensverhältnisse ergibt sich keine Sittenwidrigkeit, sofern kein Verhandlungsungleichgewicht bestand.
21 Die als solche beileibe nicht selbstverständlich ist (in Florida gilt ein Ehevertrag als „criminal act" – Boris Becker).
22 Wie sich aus dem Wahlgüterstand der Gütertrennung ergibt. Sollte im Ausnahmefall die Vereinbarung einer Gütertrennung (etwa wegen Ausnutzung einer Drucksituation) sich als sittenwidrig darstellen, führt dies zu erheblichen Folgeproblemen (Unwirksamkeit früherer Verfügungen gem. § 1365 BGB? Abweichende Erb- und Pflichtteilsquoten, erhöhte Erbschaftsteuerfreibeträge), vgl. *Volmer*, ZNotP 2005, 247 f.
23 Dieser braucht insb. nicht in der vollen Höhe des gesetzlichen Unterhalts (§ 1578 Abs. 1 Satz 1 BGB) gewährt zu werden, sondern bspw. lediglich begrenzt auf den angemessenen Lebensbedarf (§ 1578 Abs. 1 Satz 2 BGB), d.h. das im bisherigen Beruf nach Tarifvertrag erzielbare Gehalt.
24 BGH, 25.05.2005 – XII ZR 221/02, DNotZ 2005, 857.

gene Kindererziehung) nicht in Einklang zu bringen sind. Sittenwidrigkeit kann ferner aufgrund situationsbezogener Unterlegenheit eintreten, etwa Schwangerschaft, mangelnder Sprachkenntnisse, ungenügender Beratung bei privatschriftlichen Unterhaltsverträgen, immanenter Überforderung wegen Vereinbarung eines einkommensunabhängigen Mindestunterhalts,[25] nicht jedoch allein aufgrund Einkommens- und Vermögensdisparität.[26] Die Sittenwidrigkeit kann einzelne Klauseln erfassen, aber auch als Ergebnis einer Gesamtschau den gesamten Vertrag.[27] Sie kann auch aufgrund vorhersehbarer konkreter Bedarfssituationen eintreten, die als mittelbare Folge der Eheschließung vom Unterhaltsverzicht erfasst werden sollten, auch wenn primär ausländerrechtliche Vorteile beabsichtigt waren (Heirat einer kranken Ausländerin: Krankheitsfolgen allein könnten zwar als nicht ehebedingter Umstand ausgeschlossen werden, allerdings schafft der durch die Hochzeit veranlasste Umzug nach Deutschland mangels verwertbarer Ausbildung ein ehebedingtes und demnach jedenfalls im Kernbereich nicht ausschließbares Risiko).[28]

Neben diese Wirksamkeitskontrolle tritt die nicht auf den Zeitpunkt des Vertragsabschlusses, sondern den Zeitpunkt der Geltendmachung der aus dem Vertrag sich ergebenden Rechte bzw. Verzichte abstellende **Ausübungskontrolle mit möglicher richterlicher Anpassung**[29] (§ 242 BGB), die Vertragslücken schließt und einer Änderung der Geschäftsgrundlage Rechnung trägt. Sie greift insb., wenn durch eine Abweichung der Ehewirklichkeit vom vertraglichen Ehemodell die frühere Vereinbarung – soweit sie sich im Bereich verschärfter richterlicher Kontrolle bewegte – nicht mehr „modellangemessen" sein sollte. Bei Scheidungsfolgenvereinbarungen, bei denen Vereinbarung und Scheitern der Ehe zusammenfallen, hat die Ausübungskontrolle demnach keinen Raum.[30] Für die Höhe der Eingriffsschwelle, also des erforderlichen Maßes der Disparität, sind auch der Umfang der Verletzung ehelicher Solidarität und – soweit es nicht um den Ausgleich ehebedingter Nachteile geht – auch der Verschuldensaspekt maßgeblich, aber auch der

846

---

25 OLG Celle, 24.09.2004 – 15 WF 214/04, MittBayNot 2006, 243.
26 Vgl. im Einzelnen *Rauscher*, DNotZ 2004, 535 ff. Die nach dem Grundsatzurteil des BGH ergangenen OLG-Entscheidungen weiten den Anwendungsbereich des § 138 BGB allerdings bedenklich aus: OLG Celle, FamRZ 2004, 1489; OLG Saarbrücken, MittBayNot 2004, 450.
27 BGH, 17.05.2006 – XII ZB 250/03, FamRZ 2006, 1097 m. Anm. *Bergschneider*: Fall der Gesamtnichtigkeit (keine Aufrechterhaltung des Versorgungsausgleichsausschlusses mit dem Argument, der Ausschluss des nachehelichen Unterhalts sei unwirksam, sodass mithilfe des Unterhalts eine eigene Altersversorgung aufgebaut werden könnte). Vgl. hierzu *Brambring*, NJW 2007, 865 mit dem Hinweis auf ungeklärte Konsequenzen, wenn ein bei Abschluss extrem einseitiger Vertrag doch wegen überraschender Sachverhaltsentwicklung sich zugunsten des damals Benachteiligten ausgewirkt hätte, sowie zur Frage der Nichtigkeit eines mit beurkundeten Pflichtteilsverzichts.
28 BGH, 22.11.2006 – XII ZR 119/04, FamRZ 2007, 450 m. krit. Anm. *Bergschneider*, wo betont wird, dass die Sittenwidrigkeit nicht aufgrund der Belastung des Sozialleistungsträgers eintrete. Letzteres wäre aber wohl angenommen worden, wenn eine gesunde Ausländerin durch die Heirat eine Aufenthaltserlaubnis erhalten sollte, und mangels Ausbildung ihren Unterhalt nicht selbst bestreiten kann: Überbürdung des Integrationsrisikos auf die Allgemeinheit, s. Rdn. 842 a.E.
29 Beispiele: BGH, 06.10.2004 – XII ZB 57/03, NJW 2005, 139 anstelle des nicht aufrechtzuerhaltenden vollständigen Ausschlusses des Versorgungsausgleiches: Ausgleich lediglich der ehebedingten Versorgungsnachteile; BGH, 28.11.2007 – XII ZR 132/05, FamRZ 2008, 582; Begrenzung des Unterhalts bei nachträglicher Erkrankung während der Ehe auf die Reduzierung der Erwerbsminderungsrente, die auf eine ehebedingt geringere Erwerbstätigkeit zurückgeht.
30 OLG Jena, 09.05.2008 – 1 WF 9/07, NotBZ 2008, 275. Zur Anwendung der Wirksamkeitskontrolle in solchen Fällen: OLG Köln, 02.10.2009 – 4 WF 110/09, RNotZ 2010, 55.

Umfang der Gemeinsamkeit der Planänderung.[31] Die richterliche Inhaltsanpassung wiederum orientiert sich nicht in erster Linie an den ehelichen Verhältnissen, sondern am Ausgleich der ehebedingten Nachteile:[32] Auf einen „Zuwachs an Vorteilen" als Folge der Ehe kann verzichtet werden („Abdingbarkeit der Teilhabe"), nicht aber komplett auf den Ausgleich ehe- und familienbedingter Nachteile.[33] Es findet lediglich eine Missbrauchskontrolle, keine „Leitbildabweichungskontrolle" statt. Zudem darf der Ehegatte als Folge der richterlichen Vertragsanpassung nicht besser gestellt werden als er ohne die Ehe und den damit einhergehenden Erwerbsverzicht stünde.[34]

2. Erbrecht

847 Auch dem Erbrecht ist die richterliche Unwirksamkeits- und Inhaltskontrolle selbst nach der Rechtsprechungswende zu den „Geliebtentestamenten" im Jahr 1970[35] nicht fremd, insb. i.R.d. Prüfung von Potestativbedingungen, die auf höchstpersönliche Entscheidungen des Erbanwärters mittelbar Einfluss nehmen (Ebenbürtigkeitsklausel in der Hohenzollern[36] Entscheidung des BVerfG;[37] als behaupteter Eingriff in die Eheschließungsfreiheit; Qualifikationsklausel als behaupteter Eingriff in die Berufswahlfreiheit;[38] behaupteter Eingriff in die Freizügigkeit durch die „Wohnsitzklausel").[39]

848 In der Kollision mit dem sozial(hilfe)rechtlichen Nachrangprinzip hat allerdings der BGH[40] und ihm folgend die Verwaltungsgerichtsbarkeit[41] ein sog. **„Behindertentestament"** nicht beanstandet, durch welches der Vater eines behinderten Kindes sein bescheidenes Vermögen so weiterzuleiten versuchte, dass dem Sozialhilfeträger wegen seiner Aufwendungen für das Kind der Rückgriff auf den Nachlass (im Regressweg) versagt blieb. Hier konnte nicht davon die Rede

---

31 Dieselben Grundsätze sollen (bedenklicherweise, Prognosefehler sind nicht dankbar!) gelten für Scheidungsfolgenvereinbarungen, OLG Hamm, NJW 2004, 1961; *Wachter*, ZNotP 2004, 264.
32 BGH, 25.05.2005 – XII ZR 221/02, NJW 2005, 2391.
33 Ausführlich *Münch*, DNotZ 2005, 819 ff.
34 BGH, 28.02.2007 – XII ZR 165/04, RNotZ 2007, 267.
35 Im Einzelnen *Grziwotz*, Nichteheliche Lebensgemeinschaft, S. 343 ff.
36 Zu den durch den Erbvertrag v. 23.11.1938 ausgelösten Gerichtsentscheidungen (Ebenbürtigkeitsklausel, Schiedsklausel, Testamentsvollstreckung), vgl. *Zimmermann*, ZEV 2010, 43.
37 BVerfG, NJW 2004, 2008 (anders zuvor BGH, ZEV 1999, 58). Überwiegend krit. zum dort behaupteten Verstoß gegen die Eheschließungsfreiheit in Gestalt der „Ebenbürtigkeitsklausel": *Isensee*, DNotZ 2004, 754; *Otte*, ZEV 2004, 393; *Gutmann*, NJW 2004, 2347; *Führ*, MittBayNot 2006, 461; *Kroppenberg*, DNotZ 2006, 86 ff. m.w.N. Gefährdung der durch Art. 14 GG geschützten Testierfreiheit: *Nehlsen*, auf der Gründungsveranstaltung des Rheinischen Instituts für Notarrecht 04.11.2006 in Bonn, vgl. DNotZ 2007, 6. Umfassend die Dissertation von *A. Freih. Schenck-Notzing*, Unerlaubte Bedingungen in letztwilligen Verfügungen, Berlin 2009.
38 BayObLG, Seuff Archiv 50 Nr. 97, S. 171 ff.: Eintritt in den Priesterstand, zustimmend zitiert bei Staudinger/*Otte*, BGB, § 2074 Rn. 50; krit. – zulässig aufgrund ihres vermögensrechtlichen Bezugs – *Heeg*, DStR 2007, 91, dort auch zum Vorschlag einer diesbezüglich bedingten Auflage im Rahmen eines Unternehmensnachfolgetestaments.
39 RG, WarnR 1915 Nr. 8; III 261/14; zustimmend zitiert bei *Thielmann*, Sittenwidrige Verfügungen von Todes wegen (1973), S. 286 ff.
40 MittBayNot 1990, 245; vgl. zu diesem Problemkreis auch umfassend Rdn. 5253 sowie *van de Loo*, MittBayNotK 1989, 233 ff.; *Krampe*, AcP 1991, 526 ff.
41 Vgl. etwa OVG Sachsen, ZEV 1997, 344; nunmehr auch OVG Saarland, 17.03.2006 – 3 R 2/05 rk., MittBayNot 2007, 65 m. Anm. *Spall* (zu einem Sachverhalt ohne gleichzeitige Vor- und Nacherbfolge, in welchem also nach dem Tod des Bedürftigen § 102 SGB XII die Verwertung seines Nachlasses ermöglicht); ebenso zuvor VGH Baden-Württemberg, NJW 1993, 152; VGH Hessen, NDV 1989, 210.

sein, dass „der Hilfeempfänger eigene Unterhaltsquellen nicht ausgeschöpft oder solche aufgegeben oder verschüttet habe". Die Motive der Eltern seien regelmäßig nicht zu beanstanden. Offen bleibt die rechtliche Beurteilung des Sittenverstoßes bei Vorhandensein „beträchtlichen Vermögens".

Der VGH Baden-Württemberg[42] hat **den Erlassvertrag in Bezug auf Pflichtteilsansprüche des Hilfeempfängers** als sittenwidrig eingestuft, da die Erklärungen nach Inhalt, Zweck und Beweggrund in erster Linie darauf angelegt waren, Vermögensverhältnisse zum Schaden des Sozialhilfeträgers und damit auf Kosten der Allgemeinheit zu regeln. Der Verzicht war vereinbart worden während des Sozialleistungsbezugs des Verzichtenden und nachdem der Sozialhilfeträger diesen mehrfach darauf hingewiesen hatte, dass er einsatzpflichtiges Vermögen in Gestalt u.a. des Pflichtteilsanspruchs besaß und die Sozialhilfe daher nur darlehensweise gewährt würde. Der wegen Sittenwidrigkeit des Verzichts fortbestehende Pflichtteilsanspruch war daher weiterhin anrechnungspflichtiges Vermögen des Hilfeempfängers.

849

3. Vermögensübertragungen

Für den hierzu untersuchenden Bereich der **Sittenwidrigkeit von Grundbesitzübertragungen**, welche sich zum Nachteil des Sozialleistungsträgers auswirken, fehlt bisher eine solche höchstrichterliche Klärung.[43] Soweit aus der veröffentlichten Rechtsprechung ersichtlich, haben sich – abgesehen von mehreren *obiter dicta* – lediglich fünf Untergerichte hiermit auseinandergesetzt:

850

- In dem der Entscheidung des OVG Nordrhein Westfalen[44] zugrunde liegenden Sachverhalt hatte eine bereits seit Jahren im Altenheim untergebrachte Bezieherin von Sozialhilfe ihren Grundbesitz, welcher – da nicht mehr von der Hilfeempfängerin oder Angehörigen bewohnt – nicht zum verwertungsfreien Schonvermögen i.S.d. § 90 Abs. 2 Nr. 8 SGB XII (vormals § 88 Abs. 2 Nr. 7 BSHG) gehörte, an die Schwiegermutter übertragen gegen Gewährung eines Wohnungsrechts und häuslicher Pflege. Das Gericht wertete die Übertragung als sittenwidrig, da sie, wie auch die späteren Verheimlichungsversuche zeigten, lediglich vorgenommen worden sei, um den Zugriff des Sozialleistungsträgers auf den Grundbesitz zu vereiteln. Die vereinbarten „Gegenleistungen" waren angesichts des Gesundheitszustands der Übergeberin (Hirntumor mit Lähmungserscheinungen aller Gliedmaßen) bloße Scheinvereinbarungen. Der Verstoß gegen die guten Sitten erfasse auch die an sich wertneutrale Auflassung, weil gerade mit dem dinglichen Rechtsvorgang unsittliche Zwecke verfolgt würden. Dem Herausgabe- bzw. Grundbuchberichtigungsanspruch der Übergeberin (§§ 985, 894 BGB, übergeleitet gem. § 93 SGB XII auf den Sozialhilfeträger) könne der Rechtsgedanke des § 817 Satz 2 BGB nicht entgegengehalten werden.[45]

851

---

42 NJW 1993, 2953.
43 Zur Frage, ob angesichts einer wirtschaftlichen Unausgewogenheit der Leistungen zwischen den Beteiligten Sittenwidrigkeit gegeben ist, liegt hingegen umfangreiche Judikatur vor. Vgl. etwa BayObLG, MittBayNot 1994, 225 zur Frage der Sittenwidrigkeit eines Leibgedingevertrags (verneinend, da dieser Vertragstyp keine wirtschaftliche Ausgewogenheit voraussetze).
44 NJW 1989, 2834.
45 Ähnlich für eine teleologische Reduktion des § 817 Satz 2 BGB bei auf sittenwidrigem Schneeballsystem beruhenden „Schenkkreisen" (keine Sperre des Rückforderungsanspruchs) BGH, NJW 2006, 45.

852 • Ähnlich lag der Sachverhalt in einer späteren Entscheidung desselben Gerichts,[46] wo – nach den Feststellungen der Vorinstanz – Grundstücksübertragungen „allein zu dem Zweck vorgenommen wurden, den berechtigten Zugriff des Trägers der Sozialhilfe auf diese Vermögenswerte zu vereiteln".

853 • Das VG Freiburg[47] hält die während des Bezugs von Sozialhilfe vorgenommene Übertragung geschützten Schonvermögens auf den Enkel der Hilfeempfängerin für sittenwidrig. Das Gericht schließt aus den äußeren Sachverhaltsumständen (z.B. aus der Tatsache, dass die Übergeberin durch die Mutter des Erwerbers aufgrund Generalvollmacht vertreten wurde), der Grundbesitz sei gerade deshalb an den Enkel übertragen worden, um zu vermeiden, dass er bei der Tochter der Übergeberin in den Nachlass falle. Dieser Nachlass hätte nämlich gem. § 102 SGB XII – abgesehen von geringen Freibeträgen – ohne Rücksicht auf die frühere Schonvermögenseigenschaft des Grundbesitzes zur Erstattung der Kosten der Sozialhilfe, die während eines Zeitraums von 10 Jahren vor dem Erbfall aufgewendet worden sind, herangezogen werden können.

854 • Weiter gehend hält das OLG Frankfurt am Main[48] eine Grundstücksübertragung auf Angehörige für sittenwidrig (und damit vormundschaftsgerichtlich nicht genehmigungsfähig), die erfolgt sei „um den Vermögensgegenstand bei einer absehbaren späteren Inanspruchnahme staatlicher Unterstützung dem Zugriff des Sozialhilfeträgers zu entziehen". Da im Streitfall ein Betreuer verfügte, dürfte die Nichtigkeit bereits aus § 1804 BGB (dingliches Schenkungsverbot) folgen.

855 • Das VG Düsseldorf[49] schließlich wertete eine Grundstücksübertragung für sittenwidrig, die kurz nach der Übersiedlung des Veräußerers in ein Pflegeheim erfolgte, obwohl zu diesem Zeitpunkt klar war, dass eigenes Vermögen und Einkommen diese Kosten nur für kurze Zeit würde decken können. Kurz darauf wurde tatsächlich Antrag auf Pflegewohngeld gestellt.

856 Die vom BGH i.R.d. Beurteilung nachehelicher Unterhaltsverzichte entwickelten Grundsätze, wonach schon die voraussehbare objektive Benachteiligung des Sozialleistungsträgers genügen kann, sind m.E. auf die hierzu erörternde Frage, ob für den Sozialleistungsträger nachteilige Grundbesitzübertragungen sittenwidrig sein können, **nicht übertragbar**. Zum einen müssen Belange der Rechtssicherheit bei der Einzelfallüberprüfung dinglicher Übertragungsakte, welche für eine Vielzahl von Drittbeteiligten unmittelbare Auswirkungen zeitigen, eine ungleich größere Rolle spielen als bei dem primär bilateral bedeutsamen Unterhaltsverzicht. Soll etwa bezogenes ALG-Altersgeld zurückzuerstatten sein – mit der Folge erhöhter Bedürftigkeit des Veräußerers – wenn sich im gerichtlichen Verfahren herausstellt, dass eine wirksame dingliche Abgabe des Betriebs wegen § 138 BGB von Anfang an nicht vorlag?

857 Zum Zweiten spricht auch die spezialgesetzliche Wertung der Sozialleistungsnormen selbst für große Zurückhaltung bei der Feststellung eines Verstoßes gegen die guten Sitten: § 26 Abs. 1 Satz 1 Nr. 1 SGB XII (früher §§ 25 Abs. 2 Nr. 1, 29a BSHG; ähnlich § 51 KFürsVO – für die ebenfalls streng nachrangigen Leistungen der Kriegsopferfürsorge gem. §§ 25 bis 27i BVG, sowie

---

46 OVG Nordrhein-Westfalen, NJW 1997, 2901.
47 Zeitschrift für Fürsorgewesen 1980, 15, 17.
48 OLG Frankfurt am Main, 22.06.2004 – 20 W 332/03, OLGR 2004, 320 = FamRZ 2005, 60.
49 VG Düsseldorf, 25.01.2008 – 21 K 3379/07, ZfSH/SGB 2008, 307.

§ 31 Abs. 4 Nr. 1 SGB II, vgl. Rdn. 706) sieht vor, dass die Sozialleistungen auf das „zum Lebensunterhalt Unerlässliche" eingeschränkt werden sollen (bis zum Inkrafttreten des FKPG: „können"), sofern der Hilfesuchende sein Vermögen (oder Einkommen) in der Absicht[50] vermindert hat, die Voraussetzungen für den Bezug der Sozialleistung oder deren Erhöhung herbeizuführen. Der Gesetz- bzw. Verordnungsgeber geht also offensichtlich von der Rechtswirksamkeit selbst vorsätzlich schädigender Rechtsgeschäfte aus, denn andernfalls unterläge das weiterhin beim Hilfeempfänger verbliebene Vermögen ohne Weiteres dem Zugriff des Sozialleistungsträgers, ohne dass es besonderer Kürzungsvorschriften bedürfte.[51] Schlichte Schenkungen führen nicht einmal zur Kürzung, selbst wenn der Schenker sicher weiß, dass er infolge der Einkommens- oder Vermögensminderung hilfebedürftig werden wird.[52] Zwar ist nicht erforderlich, dass der Leistungsempfänger durch das „unwirtschaftliche Verhalten" ausschließlich die Herbeiführung der Hilfebedürftigkeit bezweckt hat, jedoch muss er sich davon maßgeblich haben leiten lassen.[53] Schließlich ist zu betonen, dass bei der vertraglichen Gestaltung der lebzeitigen Generationenfolge insb. in der Landwirtschaft, zahlreiche anerkennenswerte Regelungsmotive (Erhaltung des Betriebs, Rechtssicherheit im Verhältnis zu weichenden Geschwistern, Versorgung des Übergebers etc.)[54] typischerweise mitbeteiligt sind, welche schon bei der nach BGH anzustellenden objektiven Unwertprüfung anhand der Gemengelage von „Inhalt, Beweggrund und Zweck" zugunsten der Rechtswirksamkeit der Übertragung berücksichtigt werden müssen.

> **Hinweis:**
>
> Sittenwidrigkeit kann daher allenfalls in extrem gelagerten Ausnahmefällen vorliegen, insb. wenn während des Bezugs oder in fast sicherer Erwartung nachrangiger Sozialleistungen[55] anrechnungspflichtiges Vermögen von gewissem Wert ohne ins Gewicht fallende anderweitige Veranlassung weitgehend gegenleistungsfrei übertragen wird.[56] In der Praxis der Sozialleistungsverwaltung wurde – soweit ersichtlich – äußerst selten die Sittenwidrigkeit des Übertragungsaktes eingewendet; auch in Fällen, die dazu wohl Anlass gegeben hätten,[57]

858

---

50   Der Leistungsempfänger muss sich also maßgeblich davon haben leiten lassen, die Voraussetzungen für staatliche Hilfeleistungen zu schaffen: OVG Hamburg, FEVS 41, 288/297; LSG Berlin-Brandenburg, L 23 B 146/07 SO, NotBZ 2008, 240; weder genügt die sichere Kenntnis des künftigen Sozialleistungsbezugs noch muss deren Herbeiführung ausschließlicher Zweck gewesen sein.

51   Zum Vorstehenden vgl. umfassend *Wahl*, Vertragliche Versorgungsrechte in Übergabeverträgen und sozialrechtliche Ansprüche, S. 188 ff. Aus den angesprochenen Gründen des Schutzes der Interessen Dritter wird in der Kommentarliteratur auch die sog. relative Unwirksamkeit (lediglich zugunsten des Sozialleistungsträgers) diskutiert (*Gottschick/Giese*, BSHG, § 90 Rn. 8.3.).

52   LSG Berlin-Brandenburg, 10.10.2007 – L 23 B 146/07 SO, NotBZ 2008, 242.

53   OVG Hamburg, NVwZ-RR 1991, 411; LSG Berlin-Brandenburg, 10.10.2007 – L 23 B 146/07 SO ER, ZEV 2008, 547.

54   Vgl. zu den Regelungszielen des Übergabevertrags etwa *Wahl*, Vertragliche Versorgungsrechte in Übergabeverträgen und sozialrechtliche Ansprüche, S. 22 ff.

55   In diesem Zusammenhang ist bedeutsam, dass die h.M. (vgl. im Einzelnen *Herb*, ZfSH 1990, 67) einen Verzicht auf nachehelichen Unterhalt nach Zugang einer Rechtswahrungsanzeige des Sozialhilfeträgers nicht schon aufgrund dieser Tatsache als sittenwidrig qualifiziert, sondern an den allgemeinen Kriterien misst.

56   Ähnlich im Ergebnis auch *Wahl*, Vertragliche Versorgungsrechte in Übergabeverträgen und sozialrechtliche Ansprüche, S. 196 ff.; vgl. zum Ganzen auch *Karpen*, MittBayNotK 1988, 142.

57   So etwa der Sachverhalt, der der Entscheidung des LG Münster, NJW 1984, 118 zugrunde lag: 5 Wochen vor dem Sozialhilfeantrag wird ein Achtfamilienhaus weitgehend gegenleistungsfrei auf den Sohn übertragen. Auch dort wird lediglich § 528 BGB erörtert.

> wird lediglich der übergeleitete Anspruch auf Herausgabe einer Schenkung wegen Verarmung (§ 528 BGB, hierzu Rdn. 866 ff.) geltend gemacht. Beurkundungsablehnungen oder entsprechende Belehrungsvermerke (§ 17 Abs. 2 Satz 2 BeurkG) durch den Notar werden daher nur in Ausnahmefällen angezeigt sein, in welchen sich das Sittenwidrigkeitsverdikt geradezu aufdrängt.

859 Liegt ein Verstoß gegen § 138 BGB vor, ist die zu Unrecht gewährte Sozialleistung nach Rücknahme des rechtswidrigen Bewilligungsbescheids (§§ 45 Abs. 2, 50 SGB X) zurückzugewähren bzw. der Hilfeempfänger und sein nicht getrennt lebender Ehegatte werden gem. § 26 Abs. 2 SGB XII zur Erstattung der Aufwendungen des Sozialhilfeträgers herangezogen. Diese Verpflichtungen sind vererblich und als Nachlassverbindlichkeit u.a. aus dem Grundbesitz zu erfüllen, der sich mangels wirksamer Übertragung noch im Nachlass befindet. In Fällen der Absichtsschädigung kommen ferner Schadensersatzansprüche auch gegen den kollusiv mitwirkenden Erwerber gem. § 826 BGB in Betracht.

II. Sittenwidrigkeit einzelner Rechtsakte beim Vermögenswechsel

860 Seit einigen Jahren sind in der Rechtsprechung Tendenzen erkennbar, zwar nicht den Vermögenstransfer (gleich ob unter Lebenden oder von Todes wegen) zu inkriminieren, allerdings einzelne Rechtsakte, die sich im wirtschaftlichen Ergebnis zulasten des Sozialleistungsträgers auswirken, wegen Verstoßes gegen die guten Sitten für unwirksam zu erklären.

1. Sittenwidrigkeit des Rückforderungsverlangens

861 Hierzu zählte etwa der im einstweiligen Rechtsschutz ergangene Beschluss des VG Gießen:[58] Vermögensgegenstände, die unter (vormerkungsgesichertem) schuldrechtlichem Veräußerungs- und Belastungsverbot erworben wurden, sollen – anders als im Erbrecht – gleichwohl gem. § 90 Abs. 1 SGB XII verwertbar sein; die Geltendmachung des Rückübertragungsverlangens[59] durch den Veräußerer bei durch den Sozialhilfeträger erzwungener Veräußerung oder Belastung (§ 91 SGB XII: darlehensweise Gewährung von Sozialhilfe) sei wegen Verstoßes gegen § 138 BGB unbeachtlich, da sie lediglich den Zweck habe, zulasten des Sozialhilfeträgers eine ansonsten nicht bestehende Bedürftigkeit entstehen zu lassen. Der Entscheidung ist nicht zu folgen; die sozialgerichtliche Judikatur setzt mittlerweile andere Akzente (s.o. Rdn. 430 f.).

---

58 DNotZ 2001, 784 m. abl. Anm. *J. Mayer*; VG Karlsruhe, 14.01.2004 – 10 K 1353/03 = BeckRS 2004, 20608; ebenso VGH Bayern, 25.04.2001 – 12 ZB 01.553, n.v.; in dieselbe Richtung BGH, 07.11.2006 – X ZR 184/04, NJW 2007, 60: Mit Rückforderungsvorbehalt und Nießbrauch belastetes Vermögen ist, da nur zeitweise in der Verwertung gehindert, geeignet, die Verarmung i.R.d. § 528 BGB zu beseitigen; Rdn. 938.

59 Die Vereinbarung des Rückforderungsrechts als solche wird nicht mit dem Verdikt des § 138 BGB belegt; andernfalls könnte argumentiert werden, die Beteiligten hätten die Übertragung ohne die Rückforderungsklausel nicht gewollt (§ 139 BGB), sodass die Übertragung insgesamt unwirksam sei. Das Versagen des Schutzes des § 888 BGB gegen die gem. § 91 SGB XII einzutragende Belastung dürfte jedoch universell aufzufassen sein, also auch im Fall der berechtigten späteren Rückforderung wegen eines anderen Sachverhalts dazu führen, dass Beseitigung dieser Belastung (als „nicht beeinträchtigend") nicht verlangt werden kann.

2. Sittenwidrigkeit der Ausschlagung/Annahme einer Erbschaft

In eine ähnliche Richtung gingen die Entscheidungen des OLG Stuttgart[60] und des OLG Hamm,[61] wonach die **durch einen Betreuer für einen sozialhilfebedürftigen Erben erklärte Erbschaftsausschlagung** vormundschafts- bzw. nun betreuungsgerichtlich nicht genehmigungsfähig sei, da sie bereits gegen die guten Sitten verstoße. Zugrunde gelegen hat ein Sachverhalt, der bei bewusster Vorsorge Anlass geben würde zu erbrechtlichen Gestaltungen bei Vorhandensein überschuldeter Destinatäre (Stichwort „Behindertentestament"). In Fortführung dieser Entscheidung hat das SG Mannheim auch die spiegelbildliche Situation (Annahme einer aufgrund Testamentsvollstreckung und Nacherbenbeschränkung unverwertbaren Erbschaft) als sittenwidrig erachtet.[62] Alle Entscheidungen berücksichtigen nicht ausreichend die von der Rechtsordnung durchgängig gewährleistete Entschließungsfreiheit des Erben, sich durch Ausschlagung von der Erbschaft wieder zu befreien. Auch in Überschuldungsfällen unterliegt die Ausschlagung nicht der Insolvenzanfechtung (§ 83 Abs. 1 Satz 1 InsO) oder der Anfechtung nach dem Anfechtungsgesetz,[63] sie gilt auch zivilrechtlich nicht als Schenkung (§ 517 BGB). Bei einer Verbraucherinsolvenz stellt die Ausschlagung keinen Verstoß gegen die Obliegenheit aus § 295 Abs. 1 Nr. 2 InsO dar; fällt die Erbschaft an, ist sie nur zur Hälfte zu verwerten (vgl. zum Ganzen Rdn. 94 ff.). Demgemäß hat der **BGH**[64] obiter deutlich zu erkennen gegeben, dass die Ausschlagung einer Erbschaft durch einen Sozialhilfebezieher (entgegen OLG Stuttgart und Hamm) nicht gegen die guten Sitten verstoße.

862

Die **Rechtsprechung zum Unterhaltsverzicht** (Rdn. 841 ff.) ist nicht übertragbar, zumal es sich bei der Erbschaft nicht um Unterhalt oder zum Unterhalt bestimmte Leistungen handelt (wie sie historisch allerdings dem Pflichtteil als Unterhaltsersatz zugesprochen wurde). Folge des Sittenwidrigkeitsverdikts ist nämlich nicht wie in den dort genannten Fällen das Fortbestehen des Unterhalts- oder Pflichtteilsanspruchs, sondern der Erwerb einer Erbschaft mit allen Aktiva und Passiva und daraus erwachsenden Verpflichtungen und Belastungen. Denkbar sind demnach allenfalls Kürzungen gem. § 26 SGB XII im Einzelfall. Die Prüfung der Ausschlagung durch einen Betreuer schließlich ist betreuungsgerichtlich nicht nach fiskalischen Aspekten durchzuführen, sondern hinsichtlich ihrer Auswirkung auf den Betreuten selbst. Werden ihm also als „Gegenleistung" für die Ausschlagung Versorgungsleistungen zugewendet, die die gesetzlichen Ansprüche ergänzen (ähnlich den Anweisungen an den Testamentsvollstrecker gem. § 2216 BGB bei einem Behindertentestament), ist die Ausschlagung m.E. ohne Weiteres genehmigungsfähig.

863

Dies fügt sich nahtlos ein in ein „Gesamtsystem" der Zulässigkeit erbrechtlicher Gestaltung mit nachteiligen Wirkungen für Dritte, insb. Sozialleistungsgläubiger.[65]

864

(1) **Letztwillige Gestaltungen allein des Erblassers** verstoßen jedenfalls i.d.R. (Rdn. 5255 ff.) nicht gegen die guten Sitten bei behinderten Destinatären, ebenso wenig bei schlicht über-

---

60 NJW 2001, 3484 = ZEV 2002, 367 m. abl. Anm. *J. Mayer*; ähnlich abl. *Ivo*, FamRZ 2003, 6; a.A. auch LG Aachen, ZEV 2005, 130.
61 OLG Hamm, 16.07.2009 – I-15 Wx 85/09, NotBZ 2009, 457 m. Anm. *Krauß*; vgl. auch *Leipold* ZEV 2009, 471.
62 SG Mannheim, 20.12.2006 – S 12 AS 526/06; s.a. Rn. 4804.
63 BGH, NJW 1997, 2384.
64 BGH, 19.01.2011 – IV ZR 7/10, ZEV 2011, 258 m. Anm. *Zimmer* = NotBZ 2011, 168 m. Anm. *Krauß*.
65 Vgl. *Ihrig*, NotBZ 2011, 345 ff.; ähnlich *Wendt*, ZNotP 2011, 362 ff.

schuldeten Destinatären (Rn. 4836 ff.); gewisse Unsicherheit besteht allerdings beim Bezug steuerfinanzierter SGB II-Leistungen (Rdn. 5312).

(2) Gleiches gilt für Gestaltungen, an denen **sowohl der Erblasser als auch der Destinatär mitwirkt**, etwa beim lebzeitigen Pflichtteilsverzicht, der beim schlicht pfändungsgefährdeten (Rdn. 88) oder überschuldeten/insolventen (Rdn. 89 ff.) sowie Sozialhilfe beziehenden Destinatär (Rdn. 91) sicher zulässig ist; offen ist die Rechtslage im SGB II-Fall (Rdn. 93).

865 (3) In Bezug auf Gestaltungen **nach dem Erbfall** begegnet das **passive Hinnehmen** nachteiliger erbrechtlicher Situationen (z.B. die Nichtausschlagung einer im Übermaß beschwerten Erbschaft, die Nichtgeltendmachung eines originär entstandenen Pflichtteilsanspruchs) außerhalb des Sozialleistungsbezugs keinen Bedenken (Rdn. 99 ff.). Der Sozialleistungs-(SGB XII oder SGB II)Träger allerdings kann den Pflichtteilsanspruch ohne weiteres auf sich überleiten bzw. wird bereits kraft Gesetzes dessen Inhaber (Rdn 106 ff.); die Ausschlagungsentscheidung kann er hingegen nicht an sich ziehen, Rdn. 5134 ff.).

(4) Auch die **aktive Ausschlagung** sonst anfallender Positionen muss der Gläubiger oder Insolvenzverwalter (Rdn. 94 ff.), nach richtiger Ansicht des BGH aber wohl auch der Sozialleistungsträger (Rdn. 97, 863), jedenfalls der Sozialhilfeträger, hinnehmen.

Anders verhält es sich jedoch in Fällen, in denen bereits angefallenes Vermögen **nachträglich weggegeben** wird: § 138 BGB (Rdn. 840 ff.) ist selten, § 528 BGB jedoch regelmäßig erfüllt (Rdn. 866 ff.).

C. Risiko der Rückforderung bei späterer Verarmung des Veräußerers (§ 528 BGB)

Der Rückforderungsanspruch wegen späterer Verarmung des Schenkers gem. § 528 BGB spielt in der Praxis jedenfalls des wichtigsten Bereichs nachrangiger Sozialleistungen, insb. also Sozialhilfe (SGB XII) und Grundsicherung für Arbeit Suchende (SGB II), eine immer bedeutsamere Rolle.[66] Der etwaige Anspruch gem. § 528 BGB stellt einzusetzendes Vermögen dar, auf dessen vorrangige Verwertung der Hilfeempfänger verwiesen werden kann, sofern seine Realisierung zeitnah möglich ist (sog. Faktizitätsprinzip)[67] – fehlt es an dieser zeitnahen Erfolgsaussicht, etwa da der Beschenkte mutmaßlich entreichert ist oder sich auf § 529 Abs. 2 BGB berufen kann, darf die Sozialleistungsgewährung (noch) nicht mit Hinweis auf eine anderweitige „bereite Möglichkeit der Bedarfsdeckung" versagt oder, wegen angeblich unwirtschaftlichen Verhaltens, gekürzt werden;[68] ist jedoch die Leistungsfähigkeit und -bereitschaft des Beschenkten unbestritten, handelt es sich um ein Mittel der Selbsthilfe i.S.d. § 2 Abs. 1 SGB XII, auf welches der Sozialhilfeträger verweisen kann.[69] (Die aufgrund des § 528 zurückfließenden Geldbeträge stellen allerdings Einkommen – nicht Vermögen – dar, sodass die Privilegierungen des § 90 SGB XII hierfür nicht gelten.)[70]

866

Weigert sich der Anspruchsinhaber oder erscheint die Durchsetzung fraglich, leitet der Sozialleistungsträger den Anspruch gem. § 93 SGB XII (früher § 90 BSHG), § 27g BVG, § 33 Abs. 2 SGB II (früher § 203 Abs. 1 SGB III, für die ebenfalls nachrangigen Kriegsopferfürsorgeleistungen und die Arbeitslosenhilfe) auf sich über und realisiert nachträglich durch dessen Geltendmachung das gesetzliche Subsidiaritätsprinzip.

867

I. Tatbestandsvoraussetzungen

1. Schenkung

a) Begriff

Einer Abgrenzung ggü. sog. „ehebedingten Zuwendungen"[71] bedarf es jedenfalls im Bereich des SGB XII oder SGB II nicht, da dort auch das Vermögen des nicht getrennt lebenden Ehegatten in gleichem Umfang wie das Vermögen des Hilfeempfängers selbst herangezogen werden kann (§ 19 SGB XII, § 9 SGB II). Die Übertragung von Vermögen innerhalb dieser **gesetzlichen Einsatzgemeinschaft**, zu welcher auch der nichteheliche Lebensgefährte (sowie bei minderjährigen Kindern die Eltern) gehören, ist also ohne Einfluss auf dessen Verwertungspflicht und die Anrechnung hieraus erwirtschafteten Einkommens.

868

---

66 Vgl. hierzu allgemein *Germer*, BWNotZ 1987, 61 ff.; *Karpen*, MittRhNotK 1988, 138 ff.; *Millich*, Der Pflegefall des Altenteilers unter besonderer Berücksichtigung des Sozialhilferechtes, S. 165 ff.; *Plagemann*, AgrarR 1989, 86 ff.
67 BVerwGE 67, 166.
68 LSG Berlin-Brandenburg, 10.10.2007 – L 23 B 146/07 SO ER, ZEV 2008, 547; allerdings kommt eine Überleitung nach § 93 SGB XII in Betracht.
69 LSG Nordrhein-Westfalen, 13.09.2007 – L 9 SO 19/06, MittBayNot 2008, 157.
70 Vgl. BVerwG, MittBayNot 1993, 42; anders noch die Vorinstanz in ZfF 1987, 252.
71 Hierzu grundlegend BGHZ 87, 145; *Morhard*, NJW 1987, 1734 m.w.N.; BGH, MittBayNot 1990, 178.

869 **§ 1624 BGB (Ausstattung)**[72] bietet dann ausreichende Handhabe, wenn die Zuwendung des überwiegenden elterlichen Vermögens an einen Abkömmling das „den Vermögensverhältnissen des Vaters oder der Mutter entsprechende Maß nicht übersteigt", andernfalls kommt zumindest hinsichtlich des Übermaßes regelmäßig Schenkungsrecht zur Anwendung.[73] Vgl. i.Ü. zu den Voraussetzungen und Grenzen einer Schenkung Rdn. 21 und Rdn. 38 ff.

870 Die noch nicht überzeugend geklärte Frage, ob und inwieweit Gegenleistungen des Erwerbers, v.a. Leibgedingsleistungen, als **Auflagen i.S.d. § 525 BGB** anzusehen sind,[74] sodass der Schenkungscharakter des gesamten Rechtsgeschäfts erhalten bleibt, oder ob sie den Übertragungsakt zur gemischten Schenkung werden lassen, bei welcher nach allgemeinen Grundsätzen festzustellen wäre, ob der entgeltliche oder unentgeltliche Teil überwiegt, spielt[75] in der Praxis der Grundstücksüberlassung keine Rolle mehr: Soweit der Wert des unteilbaren Schenkungsgegenstands – wie regelmäßig – den jeweils aktuellen Unterhaltsbedarf des verarmten Schenkers übersteigt, folgt aus dem Wortlaut des § 528 Abs. 1 BGB („soweit") und dem Rechtsfolgenverweis auf das Recht der ungerechtfertigten Bereicherung, dass gem. § 818 Abs. 2 BGB jeweils nur Wertersatz für denjenigen Teil der Schenkung verlangt werden kann, der wertmäßig zur Deckung des Unterhaltsbedarfs zwar ausreichend wäre, dessen Herausgabe aber infolge der Unteilbarkeit von Grundstücken unmöglich ist, bis zur Erschöpfung des Werts der Zuwendung[76] (s. Rdn. 906).

b) Vollzogene Schenkung

871 Die **10-Jahres-Frist** des § 529 BGB – die anders als die Frist des § 2325 BGB auch künftig nicht abschmilzt, sondern nach dem „Alles-oder-Nichts-Prinzip" ausgestaltet bleibt – beginnt mit „der Leistung des geschenkten Gegenstands" (unter Geltung des BGB, also nicht vor dem 03.10.1990 im Beitrittsgebiet[77]). Anders als bei § 2325 Abs. 3 BGB (Wortlaut: „seit der Leistung des **ver**schenkten Gegenstandes") kommt es bei § 529 BGB (Wortlaut: „**ge**schenkten Gegenstandes") auf die Perspektive des Beschenkten an, nicht auf die des Schenkers. Maßgeblich dürfte daher nicht die bloße Erbringung der Leistungshandlung, sondern der **Eintritt des** (rechtlichen, nicht wirtschaftlichen) **Leistungserfolgs beim Beschenkten** sein. Anders als bei § 2325 Abs. 3 BGB ist bei der schenkweisen Zuwendung von Grundstücken allerdings nicht die Eigentumsumschreibung im Grundbuch maßgeblich, sondern der Eingang des Erwerberantrags auf Eigentumsumschreibung.[78] Der Begriff der „Leistung" in § 529 BGB dürfte mit dem in § 528 BGB (zur

---

72 Vgl. hierzu umfassend *Kerscher*, ZEV 1997, 354.
73 Vgl. hierzu eingehend *Karpen*, MIttRhNotK 1988, 139; a.A. im Ergebnis offenbar *Röll/Geßele*, in: Reithmann/Albrecht, Handbuch der notariellen Vertragsgestaltung, Rn. 598.
74 So BGH, MittBayNot 1989, 206 jedenfalls für Versorgungsansprüche des Übergebers, in Fortführung von BGHZ 3, 211; ebenso schon OLG Bamberg, NJW 1949, 788 bei Grundstücksübertragung unter Vorbehalt des Nießbrauchs.
75 Seit dem Urteil des BGH, DNotZ 1986, 138.
76 So zusammenfassend BGH, MittRhNotK 1997, 75.
77 BGH, 28.10.2003 – X ZR 118/02, WM 2004, 337. Erfolgte der Vollzug (Grundbuchumschreibung) jedoch erst nach dem 03.10.1999, gilt § 528 BGB; da die Schenkung gem. § 282 ZGB-DDR als Realschenkung angelegt war, sodass bei späterem Vollzug gem. Art. 232 § 1 EGBGB das BGB gilt, BGH, 15.05.2007 – X ZR 109/05, FamRZ 2007, 1163.
78 BGH, 19.07.2011 – X ZR 140/10, ZNotP 2011, 383; ebenso OLG Köln, FamRZ 1986, 989; großzügiger *Schippers*, RNotZ 2006, 54 m.w.N: Entstehung einer Anwartschaft (so dass auch Erklärung der Auflassung und Antrag auf Eintragung einer Vormerkung ausreichen würden).

Abgrenzung gegenüber der Einrede des § 519 BGB) Verwendeten auch gesetzessystematisch identisch sein.

Anders als bei § 2325 BGB[79] **hindert** ein **Vorbehaltsnießbrauch** das Anlaufen der Frist **nicht**, es ist also keine zusätzliche „wirtschaftliche Ausgliederung" erforderlich.[80] Bei § 529 BGB kommt es nicht auf ein lebzeitig zu spürendes Opfer an, sondern auf den die „Verarmung" im Kern vorbereitenden Vorgang des Vermögensverlustes; die infolge des Vorbehaltsnießbrauchs verbleibende Leistungsfähigkeit des Schenkers wird bereits in Gestalt des geringeren Umfangs der Schenkung (und der Anrechnung des Nießbrauchs als Vermögen bzw. der aus ihm fließenden Erträge als Einkommen) berücksichtigt; wird der Nießbrauch später rechtsgeschäftlich aufgegeben, liegt hierin eine neuerliche Schenkung, welche die 10-Jahres-Frist insoweit neu in Gang setzt.

872

Schließlich legen auch die unterschiedlichen Gesetzeszwecke der Zehn-Jahres-Fristen nahe, i.R.d. § 529 Abs. 1, 2. Alt. BGB anders als i.R.d. § 2325 Abs. 3 BGB zu entscheiden: Während die Frist im Pflichtteilsergänzungsrecht als „zeitliche Hürde" gegen die Schmälerung des außerordentlichen Pflichtteils zum Schutz des Pflichtteilsberechtigten wirken soll, handelt es sich bei der Frist des Verarmungsrechts um eine „zeitliche Schwelle", ab deren Überschreitung das Interesse des Beschenkten am dauernden Bestand seines Erwerbs Vorrang hat vor dem Unterhaltssicherungsinteresse des Schenkers. Auch die Zweckänderung des Anspruchs ab der Bedarfsdeckung durch Sozialleistungsträger bzw. unterhaltsersetzende Leistungen Dritter nötigt zu keinem abweichenden Ergebnis, zumal das Vertragserfüllungsprinzip (pacta sunt servanda) und die mit Zeitablauf sich verstärkende Verfestigungserwartung (vgl. § 528 Abs. 2 BGB!) für den Vorrang des Bestandsinteresses streiten.

873

Von der Bestimmung des maßgeblichen Zeitpunkts für das Anlaufen der 10-Jahres-Frist des § 529 Abs. 1, 2 Alt. BGB zu unterscheiden ist jedoch die Frage, ab welchem Zeitpunkt eine i.R.d. § 528 BGB relevante **Verarmung frühestens vorliegen** kann. Der BGH sieht in der Zusammenschau von § 519 (vor Vollziehung) und § 528 BGB (danach) ein geschlossenes System mit der Folge, dass der Unterhaltsbedarf bereits ab dem Datum der Beurkundung zur Rückforderung (d.h. in der Praxis zum Wertausgleich) berechtigt, wenn nur die Schenkung später auch tatsächlich vollzogen wird.[81]

874

2. Verarmungstatbestand

Maßgeblich für den Tatbestand, welcher ab Beurkundung (vgl. Rdn. 874) bis zum Ablauf der an die Vollziehung anschließende 10-Jahres-Frist für die Verwirklichung des Anspruchs einzutreten bzw. zu bestehen hat, ist die Verarmung i.S.d. (wegen Fehlens einzusetzenden Einkommens und Vermögens)[82] rechtmäßigen Inanspruchnahme nachrangiger Sozialleistungen (SGB XII, SGB II,

875

---

79 BGH, NJW 1994, 1791.
80 BGH, 19.07.2011 – X ZR 140/10, ZNotP 2011, 383, ebenso *Schippers*, RNotZ 2006, 42 ff., Abschnitt D III und IV; hierzu tendierend bereits *Krauß*, ZEV 2001, 423; *Rundel*, MittBayNot 2003, 180; *ders.*, RNotZ 2006, 55; a.A. SG Freiburg, 27.07.2011, S 6 SO 6485/09, BeckRS 2011, 76590.
81 BGH, 07.11.2006 – X ZR 184/04, NJW 2007, 60, 62.
82 OLG Koblenz, 06.01.2004 – 5 W 826/03, ZEV Heft 3/2004, S. VI verneint die Verarmung bei Vorhandensein nahe liegender Einkunftsmöglichkeiten [die im konkreten Fall allerdings fragwürdigerweise darin gesehen werden, dass ein nicht mehr ausübbares Wohnungsrecht nach § 313 BGB zur Vermietung herangezogen werden solle].

aber auch Eingliederungs-Jugendhilfe nach SGB VIII)[83] oder von Zuwendungen Dritter, auf die kein oder noch kein gesetzlicher Anspruch besteht.[84]

In diesem Augenblick beginnt die Einstandspflicht des verschenkten Vermögens; sie entfällt nicht etwa bei späterer Verbesserung der Einkommens- und Vermögenslage des Schenkers vor der letzten mündlichen Verhandlung über den übergeleiteten Anspruch.[85]

876 Auch ist nicht etwa eine „Kausalität" in dem Sinne zu verlangen, dass die Verarmung ihrerseits sich als Folge der früheren Schenkung darstellen müsse. Das Wort „nach (Vollziehung der Schenkung ...)" i.S.d. § 528 Abs. 1 Satz 1 BGB beinhaltet lediglich eine zeitliche Abgrenzung (und zwar zur Erfüllungsverweigerungseinrede des § 519 BGB).[86] Auch umgekehrt ist es ohne Bedeutung, dass der Schenker bereits vor der Weggabe Sozialhilfeleistungen bezogen hat, also bereits zuvor als verarmt gelten konnte,[87] sofern die Bedürftigkeit nur danach fortdauert (s. Rdn. 946).

877 Die Anknüpfung an den **„angemessenen Unterhalt"** i.S.d. § 528 Abs. 1 Satz 1 BGB verweist den Schenker auf einen Unterhalt, der nicht zwingend seinem bisherigen individuellen Lebensstil entsprechen muss, sondern der objektiv seiner Lebensstellung nach der Schenkung angemessen ist.[88] In „besonderen Lebenslagen" (z.B. Pflegebedürftigkeit, psychische Erkrankung) spricht eine Vermutung für die Erforderlichkeit der gesetzlich zu gewährenden Aufwendungen.[89] Es genügt nicht, dass vor Ablauf der Frist lediglich die Umstände eingetreten sind, aus denen sich später die Erschöpfung der Leistungsfähigkeit des Schenkers ergeben wird.[90] Wenn also ein tatsächlich bestehender Bedarf durch zusätzliche Eigenleistungen des Beschenkten, Nachbarschaftshilfe ohne Regresswillen oder auf andere Weise (Nachbarschaftshilfe gegen Auskehr des Pflegegelds und ggf. weitere Zuwendungen aus vorhandenem Vermögen)[91] zunächst gedeckt ist, bis die 10-Jahres-Frist abgelaufen ist, kann für einen nach Fristablauf durch staatliche Leistungen oder Leistungen Dritter gedeckte Bedürftigkeit das Geschenkte nicht mehr rückgefordert werden.[92]

878 **Hinweis:**

Der Berater wird in solchen Konstellationen eher zu freiwilligen Zusatzleistungen raten. Ist die Verarmung jedoch (in Gestalt des Bezugs von Sozialfürsorgeleistungen) bereits eingetre-

---

83 BGH, 07.11.2006 – X ZR 184/04, NJW 2007, 60, 61.
84 BGH, 26.10.1999 – X ZR 69/97, ZNotP 2000, 106.
85 BGH, NJW 2003, 2449 in Ergänzung zu BGH, NJW 1986, 1606.
86 BGH, 19.10.2004 – X ZR 2/03, FamRZ 2005, 177.
87 BGH, NJW 1996, 287 f.
88 BGH, FamRZ 2003, 224 = ZEV 2003, 114 m. Anm. *Kollhosser*, ZEV 2003, 206.
89 BGH, 07.11.2006 – X ZR 184/04, NJW 2007, 60, 61 – Unterbringung eines volljährigen „Crash-Kids" in einem Jugendwohnheim für 7.000,00 DM monatlich, auch wenn sich der Jugendliche dem Heimaufenthalt wiederholt entzog.
90 So deutlich BGH, MittBayNot 2000, 226.
91 So das Beispiel bei *Müller*, Der Rückgriff gegen Angehörige von Sozialleistungsempfängern, S. 128: Die Verarmung i.S.d. Gesetzes sei dann erreicht, wenn der über die Schongrenzen des § 90 Abs. 2 SGB XII hinausgehende Betrag aufgebraucht ist.
92 Vgl. MünchKomm-BGB/*Kollhosser*, § 529 Rn. 3; *Müller*, Der Rückgriff gegen Angehörige von Sozialhilfeempfängern, S. 164.

> ten, entfallen zwar durch nunmehrige Zuwendungen des Beschenkten die Voraussetzungen für eine weitere Hilfegewährung, würden diese Zuwendungen aber (auch nach Ablauf der 10-Jahres-Frist der Schenkung) wieder eingestellt, bleibt es bei der sozialhilferechtlichen Verhaftung des verschenkten Gegenstands, die nicht durch späteren Vermögens- oder Einkommenserwerb wieder „retroaktiv" beseitigt werden kann.[93] (Andernfalls hätte es der Beschenkte in der Hand, den voraussichtlichen Bedarf des Schenkers bis zum Erreichen der 10-Jahres-Frist vorauszubezahlen, und dadurch den Restwert zu retten!)

3. Umgestaltung des zivilrechtlichen Anspruchs durch das Sozialrecht

Wie *Kollhosser*[94] überzeugend dargelegt hat, liegt der Schlüssel zum Verständnis des § 528 BGB nicht in seiner angeblichen „Höchstpersönlichkeit", sondern in seiner zweckgebundenen Natur. Der Inhalt des Rückforderungsanspruchs sowie Möglichkeiten und Grenzen seiner Verfügbarkeit (durch Erlass, Abtretung, Vererblichkeit etc.) bemessen sich nach den Kategorien der Zweckbindung, der Zweckerreichung, Zweckänderung und des Zweckfortfalls.

879

Gesetzlicher Zweck der Rückforderungsmöglichkeit ist die Sicherung des „angemessenen Unterhalts des Schenkers und die Erfüllung seiner gesetzlichen Unterhaltspflichten". Wird dieser Zweck durch unterhaltssichernde Leistungen Dritter erreicht, die jedoch ihrer Natur nach nicht dem Beschenkten, sondern ausschließlich dem Schenker zur Behebung seiner momentanen Notlage zugutekommen sollen, erfährt dieser im Wortlaut des § 528 BGB angelegte Zweck eine Modifikation dahin gehend, dass nunmehr die Rückforderungsmöglichkeit den Leistungsausgleich („Regress") zugunsten des Dritten (insb. des nachrangig leistenden Sozialleistungsträgers) sichern soll. Dieser erweiterte Zweck, der aus dem bipolaren Verhältnis eine tripolare Konstellation werden lässt, führt zu „erhöhter Resistenz" des Rückforderungsanspruchs ggü. Umständen, die ihn dem Zugriff des in Vorleistung getretenen Dritten entziehen könnten. Dies sei kurz und exemplarisch anhand der eingeschränkten Abtretbarkeit des Rückforderungsanspruchs (nachstehend Rdn. 882 ff.) sowie seiner erweiterten trans- bzw. postmortalen Existenz (nachstehend Rdn. 890 ff.) skizziert.

880

Andererseits werden Aufrechnungslagen auch ggü. dem Überleitungsgläubiger geschützt, wenn der Gegenanspruch des Beschenkten gegen den Schenker (etwa aus unerlaubter Handlung) entstanden ist, bevor der Beschenkte von der Anspruchsüberleitung selbst Kenntnis hatte (§ 406 BGB). Es schadet nicht, lediglich die Voraussetzungen zu kennen, die eine Überleitung durch behördlichen Akt ermöglichen.[95]

881

a) Eingeschränkte Abtretbarkeit

Wie schon *Wüllenkemper*[96] nachgewiesen hat, besteht nicht etwa gem. § 400 BGB i.V.m. § 852 ZPO eine generelle Abtretungssperre. Dies ergibt sich nach überwiegender Auffassung aus einer

882

---

93 BGH, NJW 2003, 2449 in Ergänzung zu BGH, NJW 1986, 1606.
94 ZEV 1995, 391 ff.
95 BGH, 07.11.2006 – X ZR 184/04, NJW 2007, 60, 63. Auch § 394 BGB, § 852 Abs. 2 ZPO stehen dann nicht entgegen, da der Rückforderungsanspruch mit seiner Geltendmachung durch den Überleitungsgläubiger pfändbar ist und damit auch gegen ihn aufgerechnet werden kann.
96 JR 1988, 353 ff.

teleologischen Reduktion des § 400 BGB, der seinem Sinn nach nur an die Pfändungsschutzvorschriften der §§ 850 bis 850k ZPO anknüpft, nicht jedoch auch § 852 ZPO erfassen soll, da Letzterer ohne Rückwirkung auf das materielle Recht ausschließlich für die Zwangsvollstreckung gilt. Eine neuere Auffassung[97] überwindet den formalen Wortlaut des § 400 BGB dadurch, dass sie die in § 852 Abs. 2 ZPO verlangte „vertragliche Anerkennung" des Anspruchs als Voraussetzung seiner Pfändbarkeit (und damit auch Abtretbarkeit) nicht nur in einer rechtsgeschäftlichen Vereinbarung zwischen den Berechtigten und dem Verpflichteten sieht, sondern auch in einem (Verfügungs-) Vertrag zwischen dem Berechtigten und einem Dritten, also bspw. der Abtretungserklärung selbst. Damit würde durch Erklärung der Abtretung der Anspruch vertraglich anerkannt und damit die Abtretungsbeschränkung entfallen, was eher begriffsjuristisch anmutet. Vorzuziehen erscheint die von der überwiegenden Meinung[98] geteilte Argumentation einer teleologischen Reduktion des § 400 BGB (bzw. einer erweiternden Gesamtanalogie zu §§ 2317 Abs. 2, 1378 Abs. 3 Satz 1 BGB).

883   Folgt demnach nicht schon aus § 400 BGB i.V.m. § 852 Abs. 2 ZPO ein generelles Abtretungsverbot, ergeben sich allerdings Abtretungsbeschränkungen aufgrund des Anspruchsinhalts, also seiner **Zweckbindung** (§ 399, 1. Alt. BGB). Diese verbieten es, den Anspruch an beliebige Dritte abzutreten, um ihn bspw. dem späteren Zugriff des Sozialhilfeträgers im Weg der Überleitung durch Verwaltungsakt zu entziehen, wozu sich der Schenker angesichts der Notwendigkeit des Sozialhilfebezugs möglicherweise auf Drängen des Beschenkten veranlasst sehen könnte. Zulässig sind daher nur solche Abtretungen, die den Zweck des § 528 BGB (im bipolaren Verhältnis: Unterhaltssicherung; im tripolaren Verhältnis: Ausgleich für die unterhaltssichernden Leistungen Dritter) erreichen können.

884   Ist also bspw. **im bipolaren Verhältnis** (ohne Inanspruchnahme von Sozialhilfeleistungen oder sonstigen unterhaltssichernden Leistungen Dritter) zwar keine Eigenverarmung des Schenkers eingetreten, dieser aber außerstande, seine gesetzlichen Unterhaltspflichten zu erfüllen (entgegen dem missverständlichen Gesetzeswortlaut genügt eine der beiden Verarmungsalternativen allein, die Rückforderungsmöglichkeit auszulösen), könnte der Schenker anstelle eigener Geltendmachung den Rückforderungsanspruch an die unterhaltsberechtigte Person abtreten, der ggü. er nicht mehr hinreichend leistungsfähig ist (§ 364 BGB).[99]

885   Im **tripolaren Verhältnis** kann der Anspruch wirksam an Dritte abgetreten werden, die dem verarmten Schenker unterhaltssichernde Leistungen gewährt haben und damit für den leistungsunwilligen Beschenkten in „Vorlage" getreten sind, ohne ihn entlasten zu wollen.[100] Demnach ist mit *Kollhosser*[101] zu differenzieren:

- Wurde der Notbedarf des Schenkers durch einen **unterhaltsverpflichteten Dritten** gedeckt (z.B. einen anderen Abkömmling des Schenkers), ist er ebenfalls für den Beschenkten in Vorlage getreten, da die gesetzliche Unterhaltspflicht der Rückforderung des Geschenks ggü.

---

97 *Zeranski*, NotBZ 2001, 22 in Fortführung seiner Monografie „Der Rückforderungsanspruch des verarmten Schenkers" (Berlin 1998), S. 53 ff.; zu letzterer Rezension in DNotZ 2002, 238.
98 Vgl. MünchKomm-BGB/*Kollhosser*, § 528 Rn. 8.
99 OLG München, NJW-RR 1993, 250.
100 BGH, NJW 1995, 323.
101 ZEV 1995, 394 ff.

nachrangig ist (die Rückforderungsmöglichkeit als Vermögenswert des Schenkers lässt dessen Bedürftigkeit entfallen). An den vorleistenden Dritten kann also der Rückforderungsanspruch wirksam abgetreten werden; der Dritte hat hierauf sogar wohl einen Anspruch in Gesamtanalogie zu §§ 1607 Abs. 2 Satz 2, 1608 Satz 3, 1584 Satz 3 BGB: Rückgriffsanspruch zugunsten desjenigen, der Unterhaltspflichten erfüllt, obwohl zuerst ein anderer zu leisten verpflichtet gewesen wäre.

- Leistet ein **nichtunterhaltspflichtiger Dritter**, der für den Beschenkten (etwa als Erfüllungsgehilfe oder nach § 267 BGB) den Notbedarf des Schenkers erfüllen möchte, geht der Rückforderungsanspruch aufgrund Zweckerreichung endgültig unter. 886

- Leistet jedoch ein Dritter, der (wie im Regelfall) zwar den verarmten Schenker unterstützen, nicht jedoch den Beschenkten von seiner Pflichtenstellung entlasten möchte, gilt Gleiches wie bei der Vorleistung durch unterhaltspflichtige Dritte (erster Spiegelstrich): Nach dem Rechtsgedanken des § 843 Abs. 4 BGB entlastet die unterhaltssichernde Leistung des Dritten den Beschenkten nicht, sodass der Rückforderungsanspruch fortbesteht. Er ist wiederum an den Dritten abtretbar und aufgrund schuldrechtlicher Verpflichtung abzutreten, sofern Letzterer nur vorläufig in Vorlage treten wollte. Fälle dieser Konstellation sind in der Praxis durchaus häufig. 887

Beispiele:

- *Der Vater gerät innerhalb der 10-Jahres-Frist des § 529 BGB in Not, der beschenkte Abkömmling erbringt keine Leistungen.*
- *Ein Geschwister erfüllt, obwohl er hierzu aufgrund des Nachrangs der gesetzlichen Unterhaltspflicht[102] nicht verpflichtet wäre, den Notbedarf des Schenkers. Hier könnte der Schenker den Rückforderungsanspruch i.H.d. unterhaltssichernden Leistungen des Dritten (hier des Geschwisters) an jenen abtreten mit der Folge, dass ein Zugriff durch den Sozialleistungsträger, wenn später doch steuerfinanzierte Sozialfürsorge-Leistungen in Anspruch genommen werden müssen, insoweit nicht mehr möglich ist.[103]*

b) Fortbestehen des Anspruchs trotz Wegfalls des Notbedarfs

Erbringt – wie in den vorgenannten Beispielen – ein Dritter, der hierzu nicht primär verpflichtet wäre (z.B. Sozialleistungsträger, Geschwister, privates Pflegeheim),[104] unterhaltssichernde Leistungen an den Schenker, entfällt damit an sich dessen Notbedarf. Damit tritt jedoch keine Zweckerreichung ein (mit der Folge eines Wegfalls des Anspruchs), sondern – im „tripolaren Verhältnis" – eine Zweckänderung dahin gehend, über § 528 BGB einen Ausgleich zugunsten des vorleistenden Dritten zu ermöglichen. Der Anspruch überdauert also den Wegfall eines seiner anspruchsbegründenden Merkmale (Rechtsgedanke des § 843 Abs. 4 BGB).[105] 888

Nach traditioneller Rechtslage wäre damit zwar der „Untergang" des Rückforderungsanspruchs abgewehrt, allerdings stünde es (bis zu einer Überleitung durch Verwaltungsakt oder einer möglicherweise schuldrechtlich geschuldeten rechtsgeschäftlichen Abtretung an den vorleistenden 889

---

102 BGH, NJW 1991, 1824.
103 So auch *Mayer/Littig*, Sozialhilferegress ggü. Erben und Beschenkten, Rn. 57.
104 So im Sachverhalt des BGH, 25.04.2001 – X ZR 229/99, ZEV 2001, 241 ff.
105 So ausdrücklich BGH, 25.04.2001 – X ZR 229/99, ZEV 2001, 241, 243.

Privaten) weiterhin im Belieben des Schenkers, ob er diesen fortbestehenden Anspruch tatsächlich geltend machen möchte oder nicht. In einer Leitentscheidung[106] hat der BGH auch insoweit eine bemerkenswerte Änderung des materiellen Inhalts des § 528 BGB beim Übergang vom bipolaren Verhältnis zum tripolaren Verhältnis vorgezeichnet: Sobald der verarmte Schenker zur Behebung seines Notbedarfs unterhaltssichernde Leistungen Dritter in Anspruch nimmt (gleichgültig ob es sich um Leistungen des Sozialhilfeträgers oder – wie im genannten Urteil – eines privaten Pflegeheims oder um Leistungen anderer nicht primär verpflichteter privater Personen handelt), bringe er zum Ausdruck, dass er der Rückforderung seines Geschenks für seinen Lebensunterhalt bedürfe. Unter dem Gesichtspunkt des Verbots widersprüchlichen Verhaltens (**venire contra factum proprium**) steht also die tatsächliche Abforderung unterhaltssichernder Leistungen Dritter der Geltendmachung des Rückforderungsanspruchs ggü. dem Beschenkten, also der Leistungsaufforderung an den Übernehmer des Vermögens, gleich. Der im bipolaren Verhältnis auch durch § 852 ZPO im Verhältnis zu Gläubigern gewährte Schutz für die persönliche Entscheidung des Schenkers, ob er den Rückforderungsanspruch geltend machen oder sich beschränken möchte, entfällt also bei Übergang zum tripolaren Verhältnis, d.h. sobald unterhaltssichernde Leistungen Dritter in Anspruch genommen werden. Darin liegt stets zugleich die Ausübung des Rückübertragungsverlangens im Verhältnis zum Erwerber.

c) Transmortales Fortbestehen

890 Die Resistenz des Rückforderungsanspruchs ggü. seinem Untergang aufgrund Wegfalls der Notlage (vorstehend Rdn. 908) wurde bisher in bevorzugtem Umfang für die besonders praxisrelevante Fallgruppe des Versterbens des Schenkers (und des dadurch bedingten Wegfalls des Notbedarfs) diskutiert. Die Rechtsprechung näherte sich dem nunmehrigen Rechtszustand in mehreren Stufen:

- Wurde der Anspruch noch **vor dem Tod abgetreten** oder übergeleitet und geltend gemacht, erlischt er nicht mit dem Tod des Schenkers;[107] der durch Übergang in das tripolare Verhältnis geänderte Zweck (Leistungsausgleich zugunsten des Abtretungsempfängers) gebietet weiterhin seine Existenz.

891
- Wurde der Rückforderungsanspruch noch **vom Schenker selbst geltend gemacht** und ist ein Dritter zur Behebung der Notlage in Vorleistung getreten, kann der Erbe des Anspruchs diesen (mit dem Ziel eines Ausgleichs der Vorleistung des Dritten) weiterverfolgen.[108]

892
- Hat der Schenker den Anspruch nicht geltend gemacht, wurde er auch nicht abgetreten oder durch Verwaltungsakt übergeleitet, hat der Schenker jedoch **Sozialhilfeleistungen bezogen**, kann jedenfalls der Sozialhilfeträger den Anspruch nach dem Tod des Schenkers weiterverfolgen.[109] Dies ergibt sich daraus, dass im Verhältnis zum Sozialleistungsträger die persönliche Wahlfreiheit des Schenkers, ob er den Anspruch geltend machen möchte oder nicht, ohnehin nicht geschützt ist (§ 93 Abs. 1 Satz 4 SGB XII), also das Fehlen der persönlichen Geltendmachung (Leistungsaufforderung) unbeachtlich ist. Aufgrund der durch den Sozialleistungsbezug („Übergang in das tripolare Verhältnis") eingetretenen Zweckänderung

---

106 25.04.2001 – X ZR 229/99, ZEV 2001, 241 ff.; hierzu eingehend *Kollhosser*, ZEV 2001, 289 ff.
107 BGHZ 96, 383.
108 BGH, ZEV 1994, 50 m. Anm. *Kollhosser*.
109 BGH, ZEV 1995, 378.

überdauert der Anspruch, dessen Inhalt nunmehr auf Ausgleich der staatlichen Vorleistung gerichtet ist, den Wegfall des Notbedarfs und auch den Tod des Schenkers. Die Überleitung kann hier durch Verwaltungsakt noch postmortal erfolgen.[110]

Problematisch war allerdings bisher die transmortale Fortexistenz des Rückforderungsanspruchs, wenn der Schenker vor seinem Tod unterhaltssichernde Leistungen nicht des Sozialleistungsträgers in Anspruch genommen hat, sondern **Leistungen privater Dritter**, etwa von Geschwistern oder – wie in einer BGH-Entscheidung[111] – eines privaten Pflegeheims. Hier war umstritten, ob das zu Lebzeiten nicht mehr ausgeübte Rückforderungsverlangen postmortal (nach Abtretung des Anspruchs durch den Erben an den vorleistenden Dritten) durch jenen noch geltend gemacht werden kann.

893

Mit der unter Rdn. 880, 889 vorgestellten Argumentationsfigur schließt der BGH nunmehr auch diese Lücke: Im tripolaren Verhältnis liegt, soweit überhaupt das persönliche Geltendmachen des Rückforderungsanspruchs von Bedeutung ist (also im Verhältnis zu privat vorleistenden Dritten), die Ausübung dieses Wahlrechts und damit die Leistungsaufforderung auch ohne ausdrückliche Erklärung im Akt der Inanspruchnahme unterhaltssichernder Leistungen Dritter selbst. Hat also – hierüber hatte der BGH zu entscheiden – der Schenker vor seinem Tod Leistungen eines privaten Pflegeheims in Anspruch genommen und damit zu erkennen gegeben, dass er sich gerade nicht einschränken wolle, hat er damit den Anspruch geltend gemacht. Aufgrund der Zweckänderung (Ausgleich der Vorleistungen des Dritten) überdauert er demnach auch in dieser Fallgruppe den Wegfall des Notbedarfs und den Tod des verarmten Schenkers.

894

d) Immunität ggü. Konfusion

Eine letzte Hürde, welcher der Rückforderungsanspruch beim Tod des verarmten Schenkers zum Opfer fallen könnte, ist schließlich die **Konfusion**, also der Untergang aufgrund Identität von Gläubiger und Schuldner des Anspruchs, wenn (wie in der Praxis häufig) der rückgabepflichtige Beschenkte zugleich Erbe des Schenkers wird. Würde in diesem Fall (wie sonst im Schuldrecht) der Rückforderungsanspruch untergehen, käme eine postmortale Überleitung auf den Sozialhilfeträger (oder eine rechtsgeschäftliche Abtretung an vorleistenden privaten Dritten) nicht mehr in Betracht. Der BGH hat schon früh[112] ein Erlöschen des Anspruchs aufgrund Konfusion dann abgelehnt, wenn zuvor Sozialhilfeleistungen in Anspruch genommen wurden; wegen der damit eintretenden Zweckänderung hätte der Schenker selbst auf den Anspruch nicht mehr verzichten können, sodass auch dessen Tod nicht zu einem solchen Ergebnis führen dürfe. Der BGH vergleicht diese Konstellation mit der Vererbung einer pfandbehafteten Forderung, die ebenfalls nicht durch Konfusion untergeht.

895

Richtiger erscheint es allerdings,[113] die Fortexistenz des Rückforderungsanspruchs in einem tripolaren Verhältnis auf eine Analogie zu § 2175 BGB zu gründen: Eine Forderung, die der Erblasser einem Dritten vermacht hat, geht nicht unter, wenn der Schuldner dieser Forderung den

896

---

110 *Zeranski*, NJW 1998, 2574.
111 ZEV 2001, 241 ff.; hierzu eingehend *Kollhosser*, ZEV 2001, 289 ff.
112 BGH, NJW 1995, 2287 f.
113 Vgl. *Zeranski*, NJW 1998, 2575.

Erblasser beerbt. Hieraus lässt sich in analoger Anwendung schließen, dass Konfusion dann nicht eintritt, wenn der Gläubiger einem Dritten ggü. zur Abtretung der Forderung verpflichtet ist. Dies muss aber erst recht gelten, wenn der Gläubiger zur Verschaffung der Forderung an den Dritten gar keine rechtsgeschäftliche Erklärung mehr abzugeben hat, sondern ihm ggü. durch Verwaltungsakt, also einseitigen privatrechtsgestaltenden Zugriff durch den Sozialleistungsträger (§ 93 Abs. 1 Satz 1 SGB XII), der Forderungsübergang erzwungen werden kann.

897 Mit dem Bezug nachrangiger unterhaltssichernder Leistungen des Sozialleistungsträgers oder privater Dritter wird der Rückforderungsanspruch also ggü. den Erlöschensgründen des Notbedarfswegfalls (Rdn. 888 ff.), des Versterbens des verarmten Schenkers (Rdn. 890 ff.) und der Konfusion (Rdn. 895 ff.) „immunisiert"; ferner liegt in der Leistungsinanspruchnahme selbst die Geltendmachung des Rückforderungsanspruchs, soweit es hierauf (im Verhältnis zu privaten vorleistenden Dritten) noch ankommen sollte. Zugleich treten aufgrund der Zweckänderung mit Übergang in das tripolare Verhältnis Abtretungsbeschränkungen in Kraft, die ein „Fortschaffen" des Anspruchs an beliebige Dritte (etwa um den Anspruch dem späteren Zugriff des Sozialleistungsträgers zu entziehen) nicht mehr zulassen.

e) Sozialrechtliche Besonderheiten bei der Überleitung

898 Besteht das „tripolare Verhältnis" aufgrund Leistungen des Sozialhilfeträgers, ist die (durch das in Rdn. 889 genannte BGH-Urteil gelöste) Problematik der vorherigen Leistungsaufforderung, also Ausübung des persönlichen Entscheidungsrechts i.S.e. Geltendmachung, wegen § 93 Abs. 1 Satz 4 SGB XII stets ohne Relevanz gewesen. Selbst ohne diese gesetzliche Vorschrift läge – bei Anwendung der Rechtsprechungsgrundsätze im genannten Urteil[114] – in der Stellung eines Antrags auf Sozialhilfebezug die Ausübung des Rückforderungsverlangens. Zugleich treten mit der Inanspruchnahme nachrangiger Sozialhilfeleistungen die geschilderten Zweckänderungen des Anspruchs ein, die eine Einschränkung seiner Abtretbarkeit, umgekehrt eine erhöhte Immunisierung ggü. Beendigungstatbeständen (Notbedarfswegfall, Versterben) zur Folge haben.

899 Die **tatsächliche Überleitung** und **Durchsetzung des Anspruchs** erfolgt aufgrund privatrechtsgestaltenden Verwaltungsakts gem. § 93 Abs. 1 Satz 1 SGB XII. Es handelt sich um eine Entscheidung mit gebundenem Ermessen, wobei auch der in Anspruch genommene „Drittschuldner" bei Ermessensfehlgebrauch in eigenen Rechten verletzt sein kann, z.B. falls der Sozialhilfeträger in der irrigen Annahme der Gebundenheit (Ermessensnichtgebrauch) handelt.[115]

Der **Anspruchsinhalt** selbst, der bereits durch den Sozialleistungsbezug als solchem aufgrund Zweckänderung modifiziert wurde, bleibt durch den Gläubigerwechsel aufgrund Verwaltungsakt natürlich unverändert (Rechtsgedanke des § 404 BGB analog). Allerdings treten durch das nachgeschaltete „öffentlich-rechtliche Anschluss-Stück" Besonderheiten ein, welche die Möglichkeiten der Inanspruchnahme bei Verarmung des Schenkers teilweise erweitern (nachstehend Rdn. 902 ff.), teilweise einschränken (nachstehend Rdn. 900 ff.).

---

114 BGH, ZEV 2001, 241 ff.; hierzu eingehend *Kollhosser*, ZEV 2001, 289 ff.
115 BVerwG, NJW 1994, 64.

C. Risiko der Rückforderung bei späterer Verarmung des Veräußerers (§ 528 BGB)

aa) Sozialhilferechtliche Erweiterungen der Möglichkeiten zur Deckung des Notbedarfs

Nach allgemeinen Grundsätzen, insb. den Regelungen zur bereits erläuterten sog. „Einsatz- und Bedarfsgemeinschaft" (§ 19 SGB XII) könnte der Sozialleistungsträger nur solche Ansprüche als Bestandteil des verwertbaren Vermögens (§ 90 Abs. 1 SGB XII) heranziehen, die der Hilfeempfänger selbst oder ein weiteres Mitglied der Einsatzgemeinschaft innehat. In dieser Einsatz- und Bedarfsgemeinschaft verbunden sind neben dem Hilfeempfänger sein nicht getrennt lebender Ehegatte, der nichteheliche Lebensgefährte bei gemeinsamer Wirtschafts- und Sozialgemeinschaft (§ 20 SGB XII) sowie – sofern minderjährige, unverheiratete Kinder noch im Haushalt ihrer Eltern bzw. ihres Elternteils wohnen und selbst Sozialhilfeempfänger sind – auch die Eltern. Bei volljährigen oder verheirateten Kindern oder solchen, die nicht mehr im Haushalt der Eltern wohnen, allerdings Sozialhilfe beziehen, könnten jedoch nach allgemeinen Grundsätzen Ansprüche der Eltern nicht im Regressweg herangezogen werden (abgesehen vom gesetzlichen Forderungsübergang zivilrechtlicher Unterhaltsansprüche, § 94 SGB XII). Gleiches würde gelten, wenn der Elterngeneration Sozialhilfe gewährt wird (Pflegebedürftigkeit!) hinsichtlich des Einkommens und Vermögens der Kinder, das ebenfalls nur i.R.d. § 94 SGB XII (in den familienrechtlichen Grenzen) herangezogen werden kann.

900

Bzgl. der erstgenannten Fallgruppe (Heranziehung der Eltern bei Sozialhilfebezug des Kindes) hat das Sozialhilfereformgesetz v. 23.07.1996 eine bedeutsame Erweiterung eröffnet: Bei Gewährung von HbL (z.B. Hilfe zur Pflege) können nicht nur Ansprüche des Hilfeempfängers und seines nicht getrennt lebenden Ehegatten (der schon bisher über die Gesetzesverweisung auf § 28 BSHG erfasst war)[116] – seit der Überführung in das SGB XII auch des eingetragenen Lebenspartners –, sondern auch Ansprüche der Eltern des Hilfeempfängers übergeleitet werden. Demnach kann der Sozialhilfeträger nunmehr bspw. im Fall der Zuwendung von Hilfe zur Pflege an einen behinderten Volljährigen den Anspruch überleiten, den dessen Eltern aufgrund einer früheren Zuwendung (z.B. Grundbesitzübertragung) an ein weichendes Geschwisterteil gem. § 528 BGB (Fallgruppe der Verarmung in Form ungenügender Unterhaltsgewährung an Abhängige) haben, i.d.R. selbst jedoch nicht geltend machen werden (vgl. Rdn. 593).

901

bb) Sozialhilferechtliche Schranken gem. § 93 Abs. 1 Satz 3 SGB XII

Die Überleitung durch Verwaltungsakt darf nur i.H.d. gewährten nachrangigen Sozialleistungen erfolgen (wobei die Rechtsprechung die dabei häufig verwendete Formulierung „i.H.d. anfallenden Sozialhilfeleistungen" genügen lässt).[117]

902

---

116 Mit der Folge, dass nach Überlassung eines im je hälftigen Eigentum von Ehegatten stehenden Anwesens an ein Kind bei Sozialhilfebezug durch einen der beiden Veräußerer auch der vom nicht getrennt lebenden Ehegatten überlassene Halbanteil der Überleitung des Rückforderungsanspruchs [§ 528 BGB beim Ehegatten verwirklicht in der Variante des Wegfalls eigener Leistungsfähigkeit ggü. Unterhaltsberechtigten, nicht der eigenen Verarmung!] unterliegt; vgl. DNotI-Gutachten, Faxabruf-Nr. 1225 v. 12.08.1999.
117 Vgl. etwa BGH, NJW 1985, 2419.

903 Ferner ist die Überleitung nur zulässig,[118] als bei rechtzeitiger Leistung des Anspruchsgegners die Sozialleistung nicht zu gewähren gewesen wäre. Diese **sozialhilferechtliche Schranke** des § 93 Abs. 1 Satz 3 SGB XII (Rdn. 546, ebenso § 33 Abs. 1 SGB II) tritt neben die Beschränkungen, die sich aus dem bürgerlich-rechtlichen Inhalt des übergeleiteten Anspruchs selbst ergeben. Zugrunde liegt derselbe Rechtsgedanke wie früher in § 91 Abs. 2 Satz 1 BSHG: Durch Anwendung der Regressvorschriften sollen nicht die sozialhilferechtlichen Schontatbestände für Einkommen (§§ 82, 85 ff. SGB XII) bzw. Vermögen (insb. § 90 Abs. 2 SGB XII) „umgangen" werden, mithin also durch Abforderung beim Beschenkten Vermögenswerte realisiert werden, die – wenn sie niemals übertragen worden und im Eigentum des Schenkers verblieben wären – dem Zugriff nicht unterlegen hätten, sondern anrechnungsfrei beim Hilfeempfänger hätten fortbestehen können.

904 Von besonders problematischer Relevanz ist i.R.d. § 93 Abs. 1 Satz 3 SGB XII das Tatbestandsmerkmal der „**Leistung**": Sind die dem verarmten Schenker zustehenden „Leistungen" i.S.d. Sozialhilferechts als „Einkommen" oder „Vermögen" zu klassifizieren? Insoweit ist nach dem Inhalt des Rückforderungsanspruchs (Rdn. 910) zu differenzieren:

- Der Aktivwert des Geschenks ist niedriger als die bereits akkumulierte Bedarfslücke, deren Deckung im Weg des § 528 BGB geltend gemacht wird. Der Anspruchsinhalt ist auf Zuwendung von **Vermögen** gerichtet (Naturalrestitution).

905 - Gleicher Sachverhalt wie zuvor, jedoch hat der Beschenkte von seiner Ersetzungsbefugnis gem. § 528 Abs. 1 Satz 2 BGB Gebrauch gemacht, da ihm am Verbleib des zugewendeten Gegenstands liegt. Durch die Verpflichtungserklärung des Beschenkten, dem Schenker den für dessen Unterhalt und die Erfüllung seiner Unterhaltspflichten erforderlichen Betrag zahlen zu wollen, wandelt sich der Inhalt des Schuldverhältnisses endgültig um, sodass der Anspruchsinhalt auf Zuwendung von **Einkommen** gerichtet ist.

906 - Davon zu unterscheiden ist der – bei Grundbesitzübertragungen in aller Regel vorliegende – Sachverhalt, dass der (Aktiv-) Wert des zugewendeten Gegenstands den Betrag der auszugleichenden, durch nachrangige Leistungen vorläufig gedeckten Unterhaltslücke übersteigt, der Gegenstand jedoch nicht teilbar ist. In diesem Fall richtet sich der Anspruch, wie sich aus dem Wortlaut des § 528 Abs. 1 Satz 1 BGB „soweit" und der (Rechtsfolgen-) Verweisung auf das Recht der ungerechtfertigten Bereicherung ergibt, gem. § 818 Abs. 2 BGB auf Ersatz des Werts, da die tatsächlich geschuldete (Teil-) Herausgabe wegen der Beschaffenheit des Erlangten nicht möglich ist. Dieser Umstand wird von der Rechtsprechung des BVerwG[119] nicht etwa als nachträgliche Umwandlung eines weiterhin ursprünglich auf Naturalherausgabe gerichteten Anspruchs verstanden, sondern als anfängliche Prägung des Anspruchs, der in diesem Fall originär auf **Einkommensverschaffung** gerichtet ist.[120]

---

118 Vgl. § 93 Abs. 1 Satz 3 SGB XII; § 27g Abs. 1 Satz 3 BVG. Nach OVG Nordrhein-Westfalen, NJW 1988, 1866 muss sogar die Überleitungsanzeige selbst zum Ausdruck bringen, dass die Überleitung nur insoweit bewirkt werde, als bei rechtzeitiger Leistung (z.B. Herausgabe gem. § 528 BGB) die Hilfe nicht gewährt worden wäre.
119 Vgl. BVerwG, NJW 1992, 3312 = MittBayNot 1993, 42.
120 Vgl. hierzu jetzt auch BVerwG, MittBayNot 1993, 42 ff.; der Anspruch unterliegt allerdings weiterhin der 30-jährigen Allgemeinverjährung, BGH, FamRZ 2001, 409.

C. Risiko der Rückforderung bei späterer Verarmung des Veräußerers (§ 528 BGB)

In diesem Fall ist es unbeachtlich, ob das übertragene Vermögen im Eigentum des Schenkers Schonvermögen gewesen wäre.[121] Der BGH[122] hat dieses Ergebnis zusätzlich darauf gestützt, das Schenkungsrecht einerseits und das Sozialhilferecht andererseits, enthielten jeweils getrennte, unabhängig voneinander zum Einsatz kommende Schutzschranken: Während das Schenkungsrecht auf die Gefährdung des standesgemäßen Unterhalts und der Erfüllung der gesetzlichen Unterhaltspflichten als Folge der Vermögensminderung des Beschenkten abstellt (§ 529 Abs. 2 BGB), enthalte das SGB XII Schoneinkommens- und Schonvermögenstatbestände (§§ 85, 90 SGB XII). Die Überleitungsanzeige bewirke, dass der Sozialhilfeträger hinsichtlich der übergeleiteten Ansprüche in die Gläubigerposition des Schenkers eintrete. Maßgeblicher Ansatzpunkt für diese Überlegung dürfte indes nicht etwa sein, dass § 93 Abs. 1 Satz 3 SGB XII i.R.d. Rückforderung durch den Sozialhilfeträger nach Überleitung a priori keine Rolle spiele (was einer Negierung des Gesetzeswortlauts gleichkäme), sondern dass dieser Aspekt, der für das Verhältnis zwischen Sozialhilfeträger und Leistungsempfänger von Bedeutung ist, i.R.d. öffentlich-rechtlichen Anfechtung der Überleitungsanzeige (Verwaltungsakts) hätte geprüft werden müssen, sodass nach dessen Bestandskraft von der Rechtmäßigkeit der Überleitung, also insb. der diesbezüglichen Schranken, im zivilrechtlichen Verfahren ausgegangen werden musste (Rdn. 926). Hierauf hatte das Berufungsgericht (OLG Celle) im betreffenden Verfahren deutlich hingewiesen.

907

Unter dem Gesichtspunkt der Schonung beim Hilfeempfänger (und damit der zumindest eingeschränkten Überleitung der diesbezüglichen Rückforderung vom Beschenkten) sind für die typischen Verarmungsfälle des späteren Bezugs von Sozialhilfe in besonderen Lebenslagen (Hilfe zur Pflege) die oben in der zweiten und dritten Variante verwirklichten Einkommensbezüge weniger attraktiv, da gem. §§ 88 Abs. 1 Satz 2, 92a Abs. 2 SGB XII bei dauernder (voraussichtlich über 6 Monate hinausgehender) Heimunterbringung das Einkommen des Hilfeempfängers (und seines nicht getrennt lebenden Ehegatten bzw. Lebensgefährten) auch unter den (seit 01.01.2005 ohne die erhöhten Beträge ausgestatteten) Einkommensschongrenzen der §§ 85 ff. SGB XII (Einkommensgrundfreibetrag, Kosten des angemessenen Wohnens, Familienzuschläge) herangezogen werden kann (s. Rdn. 497). Stellt der zurückzugewährende Gegenstand (wie in der ersten Fallgruppe) jedoch Vermögen dar, ist es durchaus nicht unwahrscheinlich, dass er eine der Tatbestandsalternativen des § 90 Abs. 2 SGB XII erfüllt (z.B. ein angemessenes und damit geschontes Eigenheim darstellt, das vom Hilfeempfänger oder – z.B. im Fall seiner Heimunterbringung – dem dadurch noch nicht getrennt lebenden Ehegatten als weiterem Mitglied der Einsatz- und Bedarfsgemeinschaft selbst bewohnt wird). Da die erste Fallgruppe jedoch bei Tatbeständen der vorweggenommenen Erbfolge die am wenigsten wahrscheinliche ist, hat die sozialhilferechtliche Schranke des § 93 Abs. 1 Satz 3 SGB XII i.R.d. § 528 BGB (anders als die frühere sozialhilferechtliche Schranke des § 91 Abs. 2 Satz 1 BSHG i.R.d. gesetzlichen Übergangs zivilrechtlicher Unterhaltsansprüche) bisher wenig Bedeutung erlangt.

908

Anders läge es, wenn die nachstehend zu erörternde Frage einer „umgekehrten Ersetzungsbefugnis" (Rückgabe des Vermögensgegenstands selbst, und zwar an den Schenker, anstelle regelmäßiger Einkommenszahlung; vgl. Rdn. 918 ff.) sowohl zivilrechtlich als auch sozialhilferechtlich

909

---

121 BGH, FamRZ 1994, 815; BVerwG, NJW 1992, 3312.
122 BGH, 19.10.2004 – X ZR 2/03, FamRZ 2005, 117.

Anerkennung findet (wie die neuere Rechtsprechung des BGH nahelegt) und in Anspruch genommen würde.

§ 528 BGB geht gesetzlichen Unterhaltsansprüchen vor (die Existenz des Anspruchs lässt demnach die Bedürftigkeit entfallen). Demnach ist durch den Sozialhilfeträger zunächst § 93 geltend zu machen, erst dann § 94 SGB XII[123] (vgl. Rdn. 742).

II. Inhalt des Rückforderungsanspruchs

910 Hinsichtlich des Inhalts des Rückforderungsanspruchs ist also zu differenzieren zwischen vier Sachverhalten:

1. Bedarfslücke überschreitet Aktivwert des Geschenks

911 Der Aktivwert des Geschenks ist niedriger als die bereits akkumulierte Bedarfslücke, deren Deckung im Weg des § 528 BGB geltend gemacht wird: Hier richtet sich der Anspruch originär auf die **Rückgabe des geschenkten Gegenstands in Natur** (ggf. Zug um Zug gegen Erstattung der Gegenleistung), nicht lediglich auf Wertersatz.[124] Die Frage der Teilbarkeit des Zugewendeten stellt sich hier nicht, da die Rückabwicklung des gesamten Schenkungsvorgangs erforderlich ist, um den Unterhaltsbedarf des verarmten Schenkers zu befriedigen.

2. Ausübung der gesetzlichen Ersetzungsbefugnis (§ 528 Abs. 1 Satz 2 BGB)

912 Gleicher Sachverhalt wie zuvor, jedoch hat der Beschenkte von seiner Ersetzungsbefugnis gem. § 528 Abs. 1 Satz 2 BGB Gebrauch gemacht. Diese Regelung soll dem Beschenkten die Möglichkeit geben, das Geschenk in Natur behalten zu können, wenn ihm daran liegt.[125] Diese **Ersetzungsbefugnis** greift nur, wenn der Anspruch nicht ohnehin auf Geldersatz gerichtet ist, weil das unteilbare Sachgeschenk die Bedarfslücke übersteigt, sodass aufgrund des Wortlautes „soweit" und der Rechtsfolgenverweisung auf § 818 Abs. 2 BGB der Wert der Zuwendung in Geld auszugleichen ist. Durch die Verpflichtungserklärung des Beschenkten, dem Schenker den für dessen Unterhalt und die Erfüllung seiner Unterhaltspflichten erforderlichen Betrag zahlen zu wollen, wandelt sich der Inhalt des Schuldverhältnisses endgültig um, sodass später keine Partei einseitig zur Naturalherausgabepflicht des § 528 Abs. 1 Satz 1 BGB zurückkehren kann. Die durch Novation begründete Unterhaltspflicht erlischt auch dann nicht, wenn der zu zahlende Unterhaltsbetrag den Wert des Geschenks übersteigt.[126] Der Naturalrückforderungsanspruch lebt auch dann nicht auf, wenn der Beschenkte mit der Zahlung der einmal übernommenen Rente in Verzug kommt.

913 Die Verweisungsvorschrift des § 528 Abs. 1 Satz 3 BGB gilt nach heute allgemeiner Ansicht ebenfalls nur für den Fall, dass der Beschenkte von der Ersetzungsbefugnis des § 528 Abs. 1 Satz 2 BGB Gebrauch gemacht hat.[127] Gem. §§ 528 Abs. 1 Satz 3, 760, 1613 Abs. 2 BGB haftet

---

123 BGH, NJW 1991, 1824.
124 Überwiegt allerdings der entgeltliche Teil, kann der Erwerber die Zuwendung behalten und lediglich den die Gegenleistung übersteigenden Mehrwert ersetzen: VGH Baden-Württemberg, NJW 2000, 376, 378.
125 Vgl. MünchKomm-BGB/*Kollhosser*, § 528 Rn. 12 ff.
126 Vgl. *Germer*, BWNotZ 1987, 61, 63.
127 Vgl. BGH, NJW 1986, 1926 f.; NJW 1985, 2419; OLG Düsseldorf, FamRZ 1984, 887, 889.

der Erwerber in diesem Fall für den laufenden Unterhaltsbedarf, welcher gem. § 760 BGB jeweils auf 3 Monate im Voraus zu befriedigen ist, sowie für den Sonderbedarf (z.B. außergewöhnlich hohe Aufwendungen wegen Übersiedlung in ein Alters- oder Pflegeheim) des vorangegangenen Jahres, und zwar auch ohne Vorliegen von Verzug oder Rechtshängigkeit.

3. Regelfall: Aktivwert des Geschenks überschreitet Bedarfslücke

Davon zu unterscheiden ist der – bei Grundbesitzübertragungen in aller Regel vorliegende – Sachverhalt, dass der (Aktiv-) Wert des zugewendeten Gegenstands den Betrag der geltend gemachten und auszugleichenden Unterhaltslücke übersteigt, der Gegenstand jedoch nicht teilbar ist, ohne dabei seine Natur zu verändern (demnach bleiben bei Grundstücken die Möglichkeit der Wegmessung realer Teilflächen oder bei Miteigentumsanteilen die Möglichkeit der Abspaltung kleinerer Bruchteile außer Betracht).[128] In diesen Fällen der Unteilbarkeit richtet sich der Anspruch, wie sich aus dem Wortlaut des § 528 Abs. 1 Satz 1 BGB „soweit" und der (Rechtsfolgen-) Verweisung auf das Recht der ungerechtfertigten Bereicherung ergibt, gem. § 818 Abs. 2 BGB auf **Ersatz des Werts**, da die tatsächlich geschuldete (Teil-) Herausgabe wegen der Beschaffenheit des Erlangten nicht möglich ist.[129] Hat eine Erbengemeinschaft einen Gegenstand zugewendet und verarmt einer der Miterben sodann, bemisst sich der Wertersatz nach seinem Anteil am geschenkten Gegenstand.[130]

914

Dieser Umstand wird von der Rechtsprechung des BVerwG[131] nicht etwa als nachträgliche Umwandlung eines weiterhin ursprünglich auf Naturalherausgabe gerichteten Anspruchs verstanden, sondern als anfängliche Prägung des Anspruchs, der in diesem Fall originär auf Geldzahlung gerichtet ist.[132] Der geschenkte unteilbare Gegenstand selbst verbleibt beim Beschenkten – darüber hinaus wird sogar der Schenkungsakt noch zu Ende vollzogen, wenn es sich um ein bisher noch unerfülltes Schenkungsversprechen handelte.[133] Die Schenkungsteuer wird gem. § 29 Abs. 1 Nr. 1 bzw. Nr. 2 ErbStG (Rdn. 3957 ff.) erstattet; einkommensteuerlich liegen in Wertersatzzahlungen nachträgliche Anschaffungskosten des Gebäudes.[134]

915

---

128 Vgl. BGH, 17.12.2009 – Xa 6/09, NotBZ 2010, 141 m. Anm. *Krauß*.
129 Vgl. BGH, ZEV 2003, 29: Daher ist eine pauschale Verurteilung zur Rückauflassung fehlerhaft; der Anspruchsteller hat nachzuweisen, inwieweit er zur Deckung des Bedarfs außerstande ist und – soweit Zahlung für die Vergangenheit begehrt wird – außerstande war.
130 OLG Köln, 28.03.2007 – 2 U 37/06, ZEV 2007, 489.
131 Vgl. MittBayNot 1993, 42.
132 Vgl. hierzu BVerwG, MittBayNot 1993, 42 ff. Es galt jedoch nach altem Recht für die Verjährung des Wertersatzzahlungsanspruchs die 30-jährige Regelfrist, nicht die Regelung zu wiederkehrenden Leistungen, vgl. BGH, NJW 2001, 1063.
133 OLG Celle, 24.11.2006 – 6 W 117/06, NotBZ 2007, 259: Schenkung wurde lediglich beurkundet und durch Vormerkung gesichert – der Schenker kann nicht etwa aus § 528 BGB Beseitigung der Vormerkung, sondern Leistung von Wertersatz Zug um Zug gegen Erfüllung des Schenkungsversprechens verlangen.
134 Vgl. BFH, 17.04.2007 – IX R 56/06, EStB 2008, 444 (zu Abgeltungszahlungen gem. § 11 AnfG); es liegen keine sofort abzugsfähigen Werbungskosten vor, vgl. BFH, 19.12.2000 – IX R 66/97, BFH/NV 2001, 769.

916 Die **Einrede der Entreicherung** des Erwerbers ist, solange er nicht verschärft haftet,[135] möglich (§§ 818 Abs. 3, 819 Abs. 1 BGB).[136] Sofern der Gegenstand selbst (Naturalrestitution) geschuldet ist, trägt der Schenker/Sozialleistungsträger das Sachwertrisiko, denn die Rückübereignung erfasst das Grundstück mit dem (ggf. auch verringerten) Verkehrswert, den es bei Erfüllung hat. Sofern Wertersatz geschuldet ist – insoweit handelt es sich um eine andere Art der Erfüllung aufgrund rechtlicher Unteilbarkeit des Anspruchs, nicht um einen Anspruch eigener Art, der bspw. auch eigener Verjährung unterliegen würde[137] – kann nichts anderes gelten: Die Wertersatzzahlung findet also nur so lange statt, bis der im Objekt noch vorhandene Schenkungswert aufgezehrt ist. Maßgeblich ist der Wert zum Zeitpunkt des Entstehens des Kondiktionsanspruchs, also der Erschöpfung des sonstigen Vermögens und sonstiger Unterhaltsquellen.[138] Lediglich auf Wertverluste, die auf Handlungen oder Rechtsgeschäfte des Beschenkten zurückgehen und die nach Überschreiten der Zeitgrenze der §§ 818 Abs. 4, 819 Abs. 1 BGB eingetreten sind, kann sich der Beschenkte ggü. dem Schenker/Sozialleistungsträger nicht berufen.

917 Die unentgeltliche Weitergabe des geschenkten Gegenstands an einen **Dritten** ist jedoch dem Sozialhilfeträger ggü. unbeachtlich (§ 822 BGB).[139] Die Möglichkeit, aufgrund eines eigenen Rückforderungsanspruchs gem. §§ 528 Abs. 1 Satz 1, 822 BGB den Zweitbeschenkten in Anspruch zu nehmen, wird zwar vereinzelt mit Hinweis auf den insoweit zu kurz greifenden Wortlaut des § 528 BGB „von dem Beschenkten" bestritten,[140] ist jedoch zu Recht allgemeine Ansicht, da der Dritte nicht schutzwürdiger als die erstbeschenkte Person sein kann.[141] I.R.d. § 822 BGB gewinnt die Abgrenzung der Schenkung zur **ehebedingten Zuwendung** möglicherweise wieder an Bedeutung.[142] Richtigerweise wird jedoch mit dem BGH davon auszugehen sein, dass – wie auch in anderen Anwendungsfällen, in denen die Verwirklichung des Tatbestandsmerkmals „Schenkung" von Bedeutung ist – die ehebedingte Zuwendung der unentgeltlichen Zuwendung

---

135 Hierfür reicht nach BGH, ZEV 2003, 374, Kenntnis von der beabsichtigten Rückforderung, die im Rahmen einer Anhörung nach § 24 SGB X vermittelt wird.
136 OLG Düsseldorf, FamRZ 1997, 769: Kenntnis vom Rechtsmangel hat auch, wer sich bewusst den Rechtsfolgen verschließt (Kenntnis vom Schlaganfall der Mutter zeitlich vor der Tätigung von Luxusausgaben).
137 So auch der BGH, DNotI-Report 2001, 49: keine 4-jährige Verjährung als wiederkehrende Leistung, sondern 30-jährige Regelverjährung!
138 Vgl. BGH, FamRZ 2003, 229 (rechte Spalte); NJW 1995, 55.
139 Vgl. BGHZ 106, 354; krit. noch *Germer*, BWNotZ 1987, 63.
140 Vgl. *Koch*, JR 1993, 313 ff.
141 Vgl. BGH, LM Nr. 4 § 528 BGB, wo dies bereits als herrschende Ansicht bezeichnet wird; *Knütel*, NJW 1989, 2504; OLG Koblenz, NJW-RR 1991, 1218.
142 Vgl. OLG Koblenz, NJW-RR 1991, 1218 wonach zwar § 822 BGB auf den Rückforderungsanspruch des § 528 BGB Anwendung finde, Zuwendungen unter Ehegatten jedoch i.d.R. ehebedingt seien und daher den Tatbestand des § 822 BGB nicht erfüllten. Dagegen jedoch nunmehr der BGH (vgl. nachstehende Fn.).

i.S.d. § 822 BGB gleichgestellt werden muss.¹⁴³ Herauszugeben ist grds. das, was der Erstbeschenkte vor seiner Entreicherung aufgrund Weiterschenkung geschuldet hätte.¹⁴⁴

4. „Umgekehrte Ersetzungsbefugnis"

a) Zivilrechtliche Zulässigkeit

Fraglich ist, ob nicht auch i.R.d. vorgenannten, in der Praxis häufigsten Anwendungsfallgruppe eine – im Gesetz nicht ausdrücklich vorgesehene – Ersetzungsbefugnis des Herausgabeschuldners besteht, mithin ob dieser also die Möglichkeit hat, sich von der Pflicht zur Zahlung der Wertersatzbeträge gem. § 818 Abs. 2 BGB durch Rückgabe des gesamten zugewendeten Gegenstands zu befreien. Der BGH¹⁴⁵ hatte diese Frage zunächst ausdrücklich offengelassen, neigte jedoch zumindest zur Bejahung der Zulässigkeit einer ausdrücklichen Abrede i.S.e. vertraglichen Modifizierung des § 528 BGB.¹⁴⁶ Dem hatte sich die hierzu spärliche vorhandene Literatur angeschlossen,¹⁴⁷ unter Verweis auf den Billigkeitsgedanken, der § 528 BGB zugrunde liegt, indem eine sittliche Verpflichtung zu einer Rechtspflicht erhoben wird.¹⁴⁸ Des Weiteren streitet für die Zulässigkeit einer vertraglichen „umgekehrten Ersetzungsbefugnis" die ratio legis des § 528 BGB, die auch bei Überleitung auf den Sozialleistungsträger hinsichtlich des damit verfolgten Schutzzwecks (Gewährleistung einer Entlastung der Allgemeinheit von privaten Unterhaltslasten) nicht gefährdet wird, führt doch die Rückabwicklung des Schenkungsvorgangs selbst exakt zu dem Zustand, der bestehen würde, wenn die inkriminierte Zuwendung nicht erfolgt wäre.¹⁴⁹

918

Zwischenzeitlich¹⁵⁰ hat der BGH darüber hinaus sogar judiziert, die Möglichkeit einer „umgekehrten Ersetzungsbefugnis" ergebe sich bereits aus einer **Analogie zu § 528 Abs. 1 Satz 2 BGB**, also gänzlich ohne vertragliche Modifikation im Zuwendungsakt (die jedoch, sofern erfolgt, damit auf jeden Fall zulässig war). Mehr als die Wiederherstellung des früheren Zustands könne vom Beschenkten nicht verlangt werden. Insb. gebe es keinen Anlass, dem Beschenkten zwingend das Verwertungsrisiko aufzubürden; hiervon könne er sich vielmehr befreien, indem er die Rückabwicklung in Natur anbiete. Sofern – wie im Urteilsfall – der Sozialleistungsträger dieses Anerbieten (wie sich im Ergebnis zeigt, zu Unrecht) von vornherein zurückweist, ist der

919

---

143 So BGH, ZNotP 2000, 27; ähnlich schon *Sandweg*, NJW 1989, 1937. Damit wurde die allgemeine Tendenz der Zivilrechtsprechung fortgesetzt, die sich bereits i.R.d. §§ 1374, 2325 BGB sowie der Insolvenz- und Anfechtungsvorschriften bestätigt hat. Relevant wird das Vorliegen der ehebedingten Zuwendung demnach ausschließlich im Bereich des Schenkungsteuerrechts, wo deren Existenz durch das Jahressteuergesetz 1996 anerkannt wurde.
144 Nach BGH, 10.02.2004 – X ZR 117/02, DNotI-Report 2004, 91 schuldet der Zweitbeschenkte das, was der Erstbeschenkte herauszugeben hatte, bevor er durch Weiterschenkung von seiner Herausgabepflicht befreit wurde (§ 818 Abs. 3 BGB). Hat der Erstbeschenkte aus den ihm überlassenen Geldmitteln einen Pkw erworben und dem Zweitbeschenkten übereignet, kann sich Letzterer durch Herausgabe des Fahrzeugs von seiner Pflicht zur Zahlung (da der Erstbeschenkte Geld erhalten hat, schulde auch der Zweitbeschenkte im Grunde Geld) befreien.
145 BGH, NJW 1994, 1655.
146 „Ob der Beschenkte sich gleichwohl durch Rückgabe des ganzen Geschenks von der Zahlungspflicht nach § 528 Abs. 1 Satz 1 i.V.m. § 818 Abs. 2 BGB befreien könnte – wofür spricht, dass die einschränkende Zahlungsverurteilung den Beschenkten begünstigen soll – bedarf hier keiner Entscheidung.".
147 *Hörlbacher*, ZEV 1995, 202 ff.; *Skibbe*, ZEV 1994, 255; *Mayer/Littig*, Sozialhilferegress ggü. Erben und Beschenkten, S. 55 ff., der jedoch den praktischen Bedarf bezweifelt.
148 Vgl. LG Karlsruhe, NJW 1994, 137; MünchKomm-BGB/*Kollhosser*, § 528 Rn. 1.
149 Ausführlich hierzu mit Begründung *Krauß*, ZEV 2002, 424.
150 BGH, 17.12.2009 – Xa 6/09, NotBZ 2010, 141 m. Anm. *Krauß*.

Beschenkte auch nicht gehalten, das Rückgabeangebot formwirksam (also notariell beurkundet) abzugeben (§ 242 BGB), sodass bereits mit dem privatschriftlichen „Angebot" der Inhalt seiner Leistungspflicht sich geändert hat und die weiterhin auf Geldzahlung gerichtete Klage abzuweisen ist.

920 **Bedenklich** dürfte jedoch sein, in diesem Zusammenhang eine **Rückerstattungspflicht** des verarmten Schenkers hinsichtlich des Betrags zu begründen, um den der Wert des zurückgegebenen Geschenks die gesamte akkumulierte Unterhaltslücke endgültig übersteigt. Die Pflicht zur Geldzahlung für den „nicht in Anspruch genommenen" Teilbetrag belastet nämlich den Schenker anders (und stärker) als es Gegenstand seines ursprünglichen, auf Übergabe eines Gegenstands in Natur gerichteten Schenkungsversprechens war.[151]

921 Wird diese „umgekehrte Ersetzungsbefugnis" ausgeübt, wandelt sich der Inhalt des Anspruchs wiederum – ebenfalls in Parallelität zur Wertung bei § 528 Abs. 1 Satz 2 BGB – zur originären Rückgabepflicht hinsichtlich des Gegenstands selbst. Dies wird relevant

- im Hinblick auf § 93 Abs. 1 Satz 3 SGB XII, in dessen Rahmen dann nämlich die Schonvermögensvorschriften, nicht die Schoneinkommensvorschriften des SGB XII gelten würden. Ist also das in Natur zurückzugewährende angemessene Hausgrundstück noch von einem Mitglied der Einsatz- und Bedarfsgemeinschaft bewohnt, käme in diesem Fall eine Inanspruchnahme jedenfalls zunächst nicht in Betracht (s. hierzu b, Rdn. 923 ff.).

922 - sowie i.R.d. § 529 Abs. 2 BGB, sofern das Objekt vom Beschenkten selbst genutzt wird und daher zur Vermeidung einer Gefährdung des eigenen Unterhalts ggü. den Eltern nicht eingesetzt zu werden braucht (s. hierzu c, Rdn. 928 ff.)

Zu untersuchen ist schließlich Weg und das Ergebnis der tatsächlichen Anspruchserfüllung nach Ausübung einer solchen vorbehaltenen umgekehrtern Ersetzungsbefugnis (s. hierzu Rdn. 931 ff.).

b) Sozialrechtliche Relevanz der „umgekehrten Ersetzungsbefugnis" (§ 93 Abs. 1 Satz 3 SGB XII, § 33 Abs. 1 SGB II)

923 Die sozialhilferechtliche Blockade der Naturalrestitution begegnet jedoch Bedenken, da auf diese Weise die Möglichkeit des Sozialhilfeträgers abgeschnitten würde, gem. § 102 SGB XII nach dem Tod des Hilfeempfängers auf dessen Nachlass zuzugreifen. Die sozialhilferechtliche Schranke des § 93 Abs. 1 Satz 3 SGB XII (identisch mit § 33 Abs. 1 SGB II; s. Rdn. 699) ist demnach einschränkend dahin gehend auszulegen, dass sie nicht zu einer sofortigen Verwertung eines Geschenks führen darf, das nach allgemeinem Sozialhilferecht nicht einzusetzen wäre, dass jedoch die allgemein bestehende Nachrangigkeit der Sozialhilfeleistung und die zu dessen Schutz vorgesehenen Regress- und Rückgriffsnormen dadurch nicht beeinträchtigt werden dürfen. Andernfalls hätten es die Beteiligten in der Hand, über die (zeitlich begrenzte) Schonvermögenseigenschaft des § 90 Abs. 2 Nr. 8 SGB XII hinaus wertvolle Vermögensteile dauerhaft dem Zugriff des Sozialhilfeträgers durch lebzeitige Vorauszuwendung zu entziehen.

924 Dieser Rechtsgedanke kommt in § 93 Abs. 1 Satz 3 Halbs. 2 SGB XII – allerdings unvollkommen – zum Ausdruck, wonach die Überleitung statthaft ist, wenn bei rechtzeitiger Leistung „in

---

151 Ähnlich zurückhaltend *Hörlbacher*, ZEV 1995, 205 f.

den Fällen des § 19 Abs. 5 und des § 92 Abs. 1 SGB XII (früher: des § 11 Abs. 2, des § 29 und des § 43 Abs. 1 BSHG) Aufwendungsersatz oder ein Kostenbeitrag zu leisten wäre". Der Fall des Kostenersatzes gem. § 102 SGB XII ist hier zwar nicht ausdrücklich miterwähnt, da der Gesetzgeber augenscheinlich lediglich die lebzeitigen Zugriffsmöglichkeiten zu sichern trachtete, jedoch den aufgezählten Sachverhalten hinsichtlich des Regressinteresses ohne Weiteres vergleichbar und daher im Weg der Gesamtanalogie an der geschilderten Gesetzesstelle zu ergänzen.

Bei dieser Auslegung des § 93 Abs. 1 Satz 3 SGB XII begegnet die „umgekehrte Ersetzungsbefugnis" auch **sozialhilferechtlich keinen Bedenken**, da sie den Sozialhilfeträger nicht stärker belastet, als dieser bei der (in anderen Wertverhältnissen geschuldeten) Rückgabe des Gesamtgeschenks belastet wäre. Die Tatsache, dass Geldrückzahlungen zu erleichtert verschaffter Liquidität verhelfen, stellt kein schutzwürdiges Sperr-Interesse des Sozialleistungsträgers dar, da der Anspruch des § 528 BGB nicht in jedem Fall von vornherein auf Geldzuwendung (Unterhaltsleistung) gerichtet ist. Hierzu existieren die Spezialregelungen des § 94 SGB XII i.V.m. den gesetzlichen Unterhaltsansprüchen des BGB. Dementsprechend hat auch der BGH in seinem neueren Grundsatzurteil,[152] das gegen einen Sozialhilfeträger erging, insoweit keine Bedenken geäußert.

925

Verunsichernd wirkt allerdings in diesem Zusammenhang die Äußerung des BGH,[153] das Schenkungsrecht (§ 529 Abs. 2 BGB) und das Sozialhilferecht (§ 93 Abs. 1 Satz 3 SGB XII) enthielten je **selbstständige Schutzsysteme**, sodass die frühere Schonvermögenseigenschaft des übertragenen Objekts keine Rolle spielen dürfe. Die Entscheidung war zu einem Sachverhalt ergangen, in dem es auf den vom Kläger vorgetragenen § 90 Abs. 2 Nr. 8 SGB XII (wie regelmäßig) ohnehin nicht ankam, da Wertersatz in Geld geschuldet war, nicht Rückgabe des Objekts als solches, sodass lediglich die (hier nicht einschlägigen) Einkommensschutzvorschriften von Bedeutung gewesen wären. Will man § 93 Abs. 1 Satz 3 SGB XII i.R.d. § 528 BGB nicht gänzlich außer Kraft setzen, wird man die Aussage wohl so zu verstehen haben, dass die sozialhilferechtlichen Schutzschranken, die das Verhältnis zwischen einerseits Sozialhilfeträger und andererseits Leistungsempfänger betreffen, lediglich im öffentlich-rechtlichen Angriff auf die Überleitungsanzeige als solche (Verwaltungsakt) zu berücksichtigen sind, nicht mehr im anschließenden zivilrechtlichen Verfahren über den Anspruch selbst (Rdn. 907).

926

Wie vorstehend ausgeführt, hindert § 93 Abs. 1 Satz 3 SGB XII, sofern die Rückforderung originär auf Vermögensübertragung gerichtet ist (also bei einem Aktivwert unter der Bedarfslücke oder aber im Fall der vertraglich vereinbarten umgekehrten Ersetzungsbefugnis), die Rückforderung a priori nicht, führt allerdings – aufgrund unmittelbarer Geltung des § 90 Abs. 2 Nr. 8 SGB XII – sodann zu einem zeitlichen Aufschub in der Verwertung, in gleicher Weise, wie wenn das Objekt von vornherein nie übertragen worden wäre. Es tritt also[154] durch die „gescheiterte" Vermögensübertragung keine Verschlechterung der Situation des Schenkers (und des Sozialhilfeträgers) ein, allerdings auch keine Verbesserung, was durchaus der Billigkeit entspricht.

927

---

152 BGH, 17.12.2009 – Xa ZR 6/09, NotBZ 2010, 141 m. Anm. *Krauß*.
153 FamRZ 2005, 177; DNotI-Report 2005, 13.
154 Entgegen der Anm. in DNotI-Report 2005, 14.

c) Zivilrechtliche Relevanz der „umgekehrten Ersetzungsbefugnis" (§ 529 Abs. 2 BGB)

928 In stärkerem Maße relevant werden könnte jedoch die „Umwandlung" des Geldanspruchs (Wertersatz) in einen Naturalrestitutionsanspruch aufgrund vorbehaltener „umgekehrter Ersetzungsbefugnis" im Hinblick auf § 529 Abs. 2 BGB, der den angemessenen Unterhalt des Beschenkten zu schonen aufgibt. Zur Bemessung des geschützten angemessenen Unterhalts zieht die Rechtsprechung[155] die familienrechtlichen Grundsätze zur Schonung des Verpflichteten i.R.d. Elternunterhalts heran (im Einzelnen zu § 529 Abs. 2 BGB s. Rdn. 947 ff.).

929 Bezieht sich die Rückforderung auf die Restitution des Vermögens (sodass das Gesamtobjekt zu restituieren wäre oder – aufgrund ausgeübter „umgekehrter Ersetzungsbefugnis" – die Naturalrückgabe an die Stelle der Wertersatzzahlung tritt), wäre in der Tat unterhaltsrechtlich zu prüfen, ob die nunmehr geforderte Inanspruchnahme des Vermögens auch tatsächlich geschuldet ist. Bewohnt der Erwerber das geschenkte Anwesen selbst, besteht (selbst bei zusätzlicher Einliegerwohnung) unterhaltsrechtlich keine Obliegenheit, das Eigenheim zur Befriedigung von Unterhaltsansprüchen der Eltern einzusetzen. Selbst bei einer vermieteten Immobilie, deren Einkünfte zur Alterssicherung erforderlich sind,[156] bestünde keine Einsatzpflicht (vgl. im Einzelnen Rdn. 795 ff.). Nimmt man die vom BGH in den aktuellen Entscheidungen herausgestellte Parallelität der Schutzgrenzen des „standesgemäßen" Eigenunterhalts in § 529 Abs. 2 BGB mit der Schonung von Einkommen bzw. Vermögen i.R.d. Elternunterhalts beim Wort, böte § 529 Abs. 2 BGB in weitaus größerem Umfang als bisher angenommen Gelegenheit zur schenkungsrechtlichen Verteidigung des Erhaltenen (s. Rdn. 947 ff.).

930 > **Hinweis:**
>
> Aus Sicht des Beschenkten stellt die Geltendmachung einer „umgekehrten Ersetzungsbefugnis" insgesamt einen Vorteil dar, da er bei Ausübung des Wahlrechts nicht durch sofortige Zahlungen aus eigenem Einkommen oder Vermögen belastet wird, sondern lediglich die Zuwendung insgesamt juristisch rückgeführt wird, wobei das Verwertungsrisiko beim Sozialhilfeträger liegt. Die umgekehrte Ersetzungsbefugnis erlaubt ihm also unter Berücksichtigung der voraussichtlichen weiteren Leistungsdauer abzuwägen, ob er lieber mit der monatlichen Entrichtung von Wertersatzzahlungen fortfährt, um den Gegenstand als solchen zu „retten", oder ob er restituiert, den Gegenstand aber beim Hilfeempfänger sodann der postmortalen Verwertung gem. § 102 SGB XII für die ab jetzt wieder zu Recht zu gewährende Sozialhilfeleistung preisgibt.

d) Erfüllung des Anspruchs nach Ausübung der umgekehrten Ersetzungsbefugnis

931 Geschuldet wird dann aus § 528 BGB – Ausübung einer solchen „**umgekehrten Ersetzungsbefugnis**" vorausgesetzt – nach Ansicht des BGH[157] die Übertragung auf den Sozialleistungsträger. Soll jedoch die vom BGH betonte ratio (die umgekehrte Ersetzungsbefugnis stelle den früheren,

---

155 BGH, NJW 2000, 3488; NJW 2001, 1207; OLG Celle, OLGR 2003, 274.
156 So der Sachverhalt in der Verfassungsbeschwerde zum Elternunterhalt, BVerfG, NJW 2005, 1927 (zum sog. „Bochumer Modell" einer künstlichen Leistungsfähigkeit durch „aufgedrängte" Darlehensaufnahme).
157 BGH, 17.12.2009 – Xa ZR 6/09, NotBZ 2010, 141 m. Anm. *Krauß*.

C. Risiko der Rückforderung bei späterer Verarmung des Veräußerers (§ 528 BGB)

ohne die Schenkung gegebenen Zustand wieder her) tatsächlich umgesetzt werden, bedarf es indes der Rückübertragung an den Schenker selbst – zudem ergibt sich auf diese Weise die Chance, in den Genuss etwaiger Schonvermögenstatbestände in der Person des Hilfeempfängers (angemessenes Eigenheim, das durch ein Mitglied der Bedarfsgemeinschaft selbst genutzt wird) zumindest vorübergehend (bis zum Tod des Hilfeempfängers: § 102 SGB XII, Rdn. 509 ff.) zu kommen. Es empfiehlt sich, dieses Ergebnis jedenfalls durch vertragliche Modifikation zu gewährleisten (s. Rdn. 936).

Die bereits gewährten „Gegenleistungen" (gleichgültig ob Auflagen oder echte, schenkungsmindernde Erbringungsverpflichtungen) sind Zug um Zug gegen Rückauflassung des Grundstücks insoweit zurückzugewähren, als sie nicht dem Veräußerer (Schenker/Hilfeempfänger) bei fortbestehendem Eigentum ohnehin zugeflossen wären. So ist ein **Ausgleich für das tatsächliche weitere Bewohnen**, das der Erwerber aufgrund vorbehaltenen Nutzungsrechts zu dulden hatte, nicht geschuldet, da dieser Vermögenswertevorteil dem Veräußerer auch als Eigentümer (§ 903 BGB) zugutegekommen wäre; anders verhält es sich jedoch bei **Renten- und Abstandszahlungen**, und zwar auch an weichende Geschwister, sofern diese als Elterngut (Verpflichtung unmittelbar zugunsten der Eltern) durch Zahlung an Dritte ausgestaltet waren. Diese Rückabwicklung auch der „Gegenleistungen" ergibt sich aus zwei parallelen Erwägungen, die zum selben Ergebnis führen:

932

- Die im Recht der ungerechtfertigten Bereicherung, auf das § 528 BGB hinsichtlich der Rechtsfolge verweist, herrschende **Saldo-Theorie** trägt die synallagmatische Verknüpfung der wechselseitigen Leistungspflichten auch in den Bereich des Kondiktionsrechts. Der Rückforderungsanspruch ist von vornherein um die Gegenleistung „gekürzt"; stehen sich ungleichartige Leistungen ggü., ist der Ausgleich der rechtsgrundlos gewordenen Hauptleistung nur Zug um Zug gegen Rückerstattung des Erlangten geschuldet.[158] Gleiches gilt für vermögensmindernde Aufwendungen des Beschenkten auf den zurückzugebenden Gegenstand, die entweder als Entreicherung gem. § 818 Abs. 3 BGB oder (hinsichtlich der Arbeitsleistung) im Wege eines eigenständigen Verwendungsersatzanspruchs des Beschenkten nach § 812 Abs. 1 Satz 1, 2. Alt. BGB Berücksichtigung finden.[159]

933

- Zum selben Ergebnis führt die schenkungsrechtliche Rechtsprechung zur Rückabwicklung **teilunentgeltlicher Zuwendungen**. Richten sich Rückforderungsrechte auf den gesamten Gegenstand (s. Rdn. 208: Überwiegen des Schenkungselements), ist dieser nur gegen Rückgabe der Gegenleistung zurückzugewähren, und zwar gleichgültig, ob es sich insoweit um eine als Auflage oder als Gegenleistung geschuldete Gegenposition handelt.[160] Die wirtschaftliche „Rückabwicklung" der eigenen Aufwendungen kann (wenn sie nicht bereits als Entreicherung i.S.d. § 818 Abs. 3 BGB berücksichtigt werden können, wie dies bei vermögensmindernden Aufwendungen des Beschenkten der Fall ist) bspw. im Wege eines eigenständigen Verwendungsersatzanspruchs gem. § 812 Abs. 1 Satz 1, 2. Alt. BGB unter dem Ge-

934

---

158 Vgl. BGH, WM 1972, 564; NJW 1995, 454.
159 BGH, 19.01.1999 – ZR 42/97, ZNotP 1999, 203.
160 Vgl. BGHZ 30, 120; BayObLG 1996, 20.

sichtspunkt der Verwendungskondiktion erfolgen, wie etwa für eigene Arbeitsleistungen des Beschenkten.[161]

935 Eine diesen Modifikationen Rechnung tragende Abrede zur „umgekehrten Ersetzungsbefugnis" könnte – verbunden mit einem belehrenden Hinweis auf § 528 BGB – etwa wie folgt formuliert werden:

936 **Formulierungsvorschlag: Modifizierung des § 528 BGB hinsichtlich „umgekehrter Ersetzungsbefugnis"**

> Auf das gesetzliche Rückforderungsrecht bei späterer Verarmung des Schenkers, das bei Bezug von Sozialhilfe oder Grundsicherung für Arbeitsuchende auf den Sozialleistungsträger übergeleitet werden kann, wurden die Beteiligten hingewiesen. Sie vereinbaren hierzu:
>
> Sollte sich der Erwerber von einer etwa bestehenden Pflicht zur Leistung von Wertersatz in Geld durch Rückauflassung des Vertragsbesitzes selbst befreien wollen, erfolgt diese unmittelbar an den Veräußerer Zug um Zug gegen Ausgleich der durch Investitionen des Erwerbers geschaffenen Werterhöhung sowie seiner an den Veräußerer oder weichende Geschwister aufgrund Vertrages erbrachten Zahlungen

III. Rückforderungsobjekt

937 Rückforderungsobjekt ist lediglich das vom später **verarmten Schenker selbst übertragene Vermögen** nicht jedoch dasjenige, was bspw. der andere, selbst nicht verarmte Ehegatte des pflegebedürftig gewordenen Schenkers ebenfalls mitübertragen hatte (etwa bei gemeinsamer Zuwendung von Vermögen an Kinder aus je hälftigem Miteigentum der Eltern oder aus dem Gesamtgut einer Gütergemeinschaft).[162] Ist der andere, nicht selbst verarmte Ehegatte bereits zu dem Zeitpunkt verstorben, in welchem beim Verbliebenen Verarmung eintritt, scheidet eine Heranziehung unter dem Gesichtspunkt des § 19 Abs. 1 SGB XII bereits von vornherein aus, da die Einsatz- und Bedarfsgemeinschaft jedenfalls mit dem Ableben geendet hat. Lebt der andere, nicht selbst verarmte Ehegatte noch, besteht in seiner Person ein Rückforderungsanspruch nur dann, wenn er aufgrund der Übertragung seinen Unterhaltspflichten gegen den nunmehr bedürftig gewordenen Ehepartner nicht mehr nachkommen kann (2. Alt. des Verarmungstatbestands in § 528 BGB). Bei der Übertragung des gemeinsamen Familienheims ist eine solche Konstellation nicht denkbar, jedoch u.U. bei ertragbringenden Wirtschaftsgütern (vermietete Objekte, Betrieb). Ein solcher Rückforderungsanspruch kann sodann gem. § 93 Abs. 1 SGB XII übergeleitet werden bzw. geht gem. § 33 SGB II mit über, solange die Einsatz- und Bedarfsgemeinschaft noch besteht (also kein Getrenntleben eingetreten ist).

938 Ob das zurückzuübertragende Vermögen seinerseits gegenständlich sofort zur Unterhaltssicherung durch den Schenker verwendet werden könnte, ist ohne Belang, sofern das Geschenk nur

---

161 So entschieden für den Rückforderungsanspruch nach Widerruf einer Schenkung wegen groben Undanks gem. § 531 Abs. 2 BGB durch BGH, ZNotP 1999, 203.
162 Die in §§ 2054 Abs. 1 Satz 1 und 2331 Abs. 1 Satz 1 BGB angeordnete Zurechnung solcher Zuwendungen aus dem Gesamtgut der Gütergemeinschaft an jeden Ehegatten zur Hälfte dürfte auch für den Schenkungsvorgang maßgeblich sein, vgl. DNotI-Gutachten, Faxabruf-Nr. 1225 v. 12.08.1999.

als solches überhaupt werthaltig ist. Auch ein Grundstück, das mit einer vormerkungsgesicherten „Verfügungssperre" (vgl. Rdn. 1886 ff.) zugunsten eines Dritten belastet ist, jedoch mit dessen Billigung verschenkt wurde, kann daher durch Wertersatzzahlung „wirtschaftlich" zurückgefordert werden, auch wenn der Beschenkte nicht mit einer neuerlichen Genehmigung eines Weiterverkaufs zur Verwertung rechnen kann, zumal die „Verfügungssperre" mit dem Ableben des Begünstigten entfällt.[163]

IV. Konkurrenzverhältnis

Mehrere gleichzeitig Beschenkte (z.B. im Weg einer Grundstücksübertragung im Wege vorweggenommener Erbfolge gegen Zahlung von Gleichstellungsgeldern an Geschwister) haften i.R.d. § 528 BGB gleichrangig nebeneinander.[164] Sie gelten auch dann als gleichzeitig beschenkt, wenn die Verpflichtung zur Leistung der Gleichstellungsgelder aus derselben Urkunde herrührt,[165] mag die Zahlung auch erst später fällig sein (Reduzierung des Zuwendungsbetrags aufgrund Abzinsung; „vollzogen" ist die Schenkung i.S.d. § 528 Abs. 1 Satz 1 BGB gleichwohl bereits). Regelmäßig wird das Gleichstellungsgeld als sog. **„Elterngut"** von den Eltern an das weichende Geschwister geleistet (wobei der Geldbetrag zuvor vom Erwerber in Minderung seines Schenkungsanteils an die Eltern zugewendet wurde). Ist der weichende Geschwister am Vertrag nicht beteiligt, handelt es sich regelmäßig um einen Vertrag zugunsten Dritter, sodass auch im Valutaverhältnis zwischen Übergeber als Versprechensempfänger und weichendem Geschwister als Drittem eine Schenkung vorliegt (Gegenstand der Schenkung wäre allerdings dann dogmatisch richtig der Anspruch auf Zahlung an das Geschwister, nicht der Geldbetrag selbst).[166]

939

Diese Haftung – die Unterhaltsansprüchen des Schenkers vorgeht – besteht bis zur Obergrenze des angemessenen Unterhaltsbedarfs i.S.d. § 528 Abs. 1 BGB bzw. (bei zeitlich aufeinanderfolgenden Schenkungen) i.H.d. Restbetrags, der verbleibt, wenn der volle Bedarf um die Herausgabeverpflichtungen der später Beschenkten vermindert wird.[167] Kann sich der später Beschenkte also auf § 529 Abs. 2 BGB (Gefährdung eigenen Unterhalts) oder auf § 818 Abs. 3 BGB berufen, ist der früher Beschenkte wieder unmittelbar verpflichtet (vgl. § 528 Abs. 2 BGB).[168]

940

Im Zweifel sollen[169] bei gleichzeitiger Schenkung die mehreren Begünstigten, soweit sie nicht aus dem Kreis der Verpflichteten endgültig ausscheiden,[170] bei Inanspruchnahme eines von ihnen gem. § 426 BGB mangels anderer Anhaltspunkte im Innenverhältnis nach Köpfen[171] zum Ausgleich verpflichtet sein, was jedoch im Regelfall nicht gewollt sein wird (eher eine **Aus-**

941

---

163 BGH, 07.11.2006 – X ZR 184/04, NJW 2007, 60, 61.
164 OLG Frankfurt am Main, MittBayNot 1993, 281 ff.
165 *Heiter*, JR 1995, 417; *Rundel*, MittBayNot 2003, 180.
166 Vgl. DNotI-Gutachten, Faxabruf-Nr. 1243 v. 14.05.2001.
167 BGH, DNotZ 1992, 102.
168 Rechtsgedanke des § 2329 Abs. 3 BGB!
169 BGH, MittBayNot 1998, 89 ff. (Berufungsurteil zu OLG Frankfurt am Main, MittBayNot 1993, 281 ff.).
170 Z.B. wegen der rechtsvernichtenden Einwendung des § 818 Abs. 3 BGB, die auch in Anwendung der Regeln des gestörten Gesamtschuldnerausgleichs ein Ausscheiden aus der internen Regressverpflichtung zur Folge hat, vgl. *Rundel*, MittBayNot 2003, 182.
171 So BGH, MittBayNot 1998, 89 ff.; ein Vorrang des Geldgeschenks wurde dabei ebenso abgelehnt wie die Berücksichtigung nicht vertraglich geschuldeter, gleichwohl erbrachter Pflegeleistungen durch einen Beschenkten.

gleichspflicht pro rata der Nettoerwerbe oder eine primäre Einsatzpflicht des Grundstücksübernehmers und erst nach Erschöpfung seines „Mehrerwerbs" ein Ausgleich nach Köpfen etc.; vgl. Rdn. 1412 f.).

942 § 528 BGB geht gesetzlichen Unterhaltsansprüchen vor, da der Anspruch als Vermögensbestandteil die Bedürftigkeit beseitigt. Demnach ist durch den Sozialhilfeträger zunächst § 93 SGB XII geltend zu machen, erst dann der gesetzliche Übergang von zivilrechtlichen Unterhaltsansprüchen gem. § 94 SGB XII.[172]

V. Ausschlusstatbestände

943 Dem Anspruch stehen die häufig anzutreffenden[173] landesrechtlichen Rückabwicklungssperren bei **Leibgedingsverträgen** (z.B. Art. 17 BayAGBGB,[174] der jedoch für § 527 BGB gilt, oder Art. 15 § 7 PreußAGBGB) nicht entgegen.[175]

1. 10-Jahres-Frist (§ 529 Abs. 1 a.E. BGB)

944 Die Frist (auf deren Ablauf sich der Schuldner einredeweise berufen muss) beginnt mit „der Leistung des geschenkten Gegenstands" (vgl. Rdn. 871 ff., auch zu den Auswirkungen vorbehaltener Rechte) und setzt „Verarmung" i.S.d. Gesetzes (Rdn. 875 ff.) vor Ablauf der Frist voraus. Die Frist bleibt in diesem Fall auch gewahrt, wenn bspw. eine zeitlich kürzer zurückliegende weitere Schenkung zunächst gem. § 528 Abs. 2 BGB herangezogen wird, sodass die tatsächliche Inanspruchnahme der zeitlich früheren Schenkung erst nach Ablauf von 10 Jahren beginnt, da es lediglich auf den „**Beginn der Verarmung**" ankommt. Ab dessen Beginn kann ferner der zeitlich früheren, in ihrer Inanspruchnahme allerdings noch suspendierten Schenkung die **Einrede der Entreicherung** nicht mehr zugutekommen (§§ 818 Abs. 4, 819 Abs. 1 BGB).

945 § 529 BGB enthält neben der (für die Erwerbsschwäche von Schenkungsvorgängen typischen) 10-Jahres-Frist (§ 529 Abs. 1 a.E. BGB), zwei weitere auf Einrede[176] des Erwerbers zu beachtende Einschränkungen zum Schutz des Beschenkten.

---

172 Vgl. BGH, NJW 1991, 1824.
173 Landesgesetze zum Leibgeding (z.B. § 13 des Thüringer Zivilrechtsausführungsgesetzes, GVBl. Thüringen, 2002, S. 424) sehen mittlerweile Rücktrittsmöglichkeiten vor, allerdings unter stark einschränkenden Bedingungen: Voraussetzung ist dort der Verzug des Erwerbers (also Verschulden erforderlich) und der Ablauf einer angemessenen Nachfrist sowie die Zukunftsprognose dahin gehend, dass keine Besserung erwartet werden könne, schließlich die (bereits nach allgemeinem Recht notwendige) Erheblichkeit der Pflichtverletzung. Die Erklärung des Rücktritts bedarf der notariellen Beurkundung, auch um den Zurücktretenden auf die gravierenden Folgen (z.B. Wertersatz für die geleistete Pflege, [§ 346 Abs. 1 BGB] sowie Aufwendungsersatz i.R.d. § 347 Abs. 2 BGB für die getätigten Investitionen des Erwerbers!) hinzuweisen.
174 Zum Anwendungsbereich des Art. 17 BayAGBGB (Erstreckung auch auf Kündigung von Dauerschuldverhältnissen aus wichtigem Grund analog § 626 BGB): BayObLG, MittBayNot 1993, 208. Die Tatbestände wurden durch Gesetz v. 24.12.2002 (GVBl. 2002, 975) an die Schuldrechtsreform angepasst: Verletzung einer Pflicht nach § 241 Abs. 2 BGB; Freiwerden von der Leistung nach § 275 Abs. 1 bis 3 BGB; Nichterbringung oder nicht fristgemäße Erbringung einer fälligen Leistung.
175 Dies folgt schon aus dem Wortlaut des Art. 17 BayAGBGB, welcher lediglich § 527 BGB erwähnt; vgl. BayObLG, AgrarR 1989, 132.
176 Trotz des irreführenden Wortlauts handelt es sich bei § 529 BGB nicht um Einwendungen, vgl. MünchKomm-BGB/*Kollhosser*, § 529 Rn. 6 m.w.N.

2. Vorsätzliche oder grob fahrlässige Herbeiführung der Bedürftigkeit (§ 529 Abs. 1, 1. Alt. BGB)

Erfasst sind lediglich „mutwillige" **Verschwendungsvorgänge** oder **Vermögensgefährdungen durch unseriöse Spekulationen** nach Vollzug der Schenkung, die zudem bei der Schenkung noch nicht voraussehbar waren.[177] Wurde die Bedürftigkeit des Schenkers nämlich durch die Schenkung selbst herbeigeführt oder war sie zu diesem Zeitpunkt bereits voraussehbar, ist für ein schutzwürdiges Vertrauen des Beschenkten auf den Bestand der Zuwendung kein Raum. Aus dieser einschränkenden Auslegung des § 529 Abs. 1, 1. Alt. BGB folgt jedoch – wie der BGH ausdrücklich klarstellt – gerade nicht, dass die Verarmung ihrerseits stets kausale Folge der Zuwendung sein müsse. Das Gesetz verlangt in § 528 Abs. 1 BGB (Wortlaut „nach", vgl. Rdn. 876) lediglich eine temporale Reihenfolge, keinen finalen Zusammenhang zwischen Schenkung und Verarmung. Zivilrechtlich ist es also ohne Belang, ob der Veräußerer, wäre er Eigentümer des Objekts geblieben, dieses (wie unterhaltsrechtlich in aller Regel der Fall) zur Beseitigung einer Bedürftigkeitslage hätte einsetzen müssen oder ob dadurch keine Veränderung seiner unterhaltsrechtlichen Bedarfslage eingetreten ist. Maßgeblich ist lediglich der spätere Umstand eines Notbedarfs.

946

3. Gefährdung des eigenen Unterhalts (§ 529 Abs. 2 BGB: Einkommens- und Vermögensschonung des Erwerbers)

Der Intention des § 519 Abs. 1 BGB entsprechend, schützt schließlich § 529 Abs. 2 BGB den Beschenkten davor, eine Gefährdung seines „standesmäßigen" (richtig: „angemessenen")[178] Unterhalts hinnehmen zu müssen. Richtet sich der Anspruchsinhalt des § 528 BGB originär auf Wertersatzzahlung nach § 818 Abs. 2 BGB oder (infolge Ausübung der Ersetzungsbefugnis des § 528 Abs. 1 Satz 2 BGB) auf Zahlung des Unterhaltsbedarfs als Leibrente, handelt es sich insoweit um eine Ausnahme vom allgemeinen zivilrechtlichen Grundsatz „Geld hat man zu haben". Für die Berechtigung der Einrede aus § 529 Abs. 2 BGB ist es grds. unerheblich, wann oder wodurch die eigene Bedürftigkeit des Beschenkten entstanden ist. § 529 Abs. 2 BGB führt (wie die dilatorische Einrede des § 519 BGB) zu einer Klageabweisung als „derzeit unbegründet".[179]

947

Bei § 529 Abs. 2 BGB genügt bereits eine Gefährdung des angemessenen Unterhalts;[180] die Einrede bleibt jedoch (wegen unzulässiger Rechtsausübung) ohne Wirkung, wenn der Beschenkte in Kenntnis des Notbedarfs seine eigene Bedürftigkeit mutwillig herbeigeführt hat.[181] Der verschärft haftende Bereicherungsschuldner hat stets für seine finanzielle Leistungsfähigkeit einzustehen.[182]

948

---

177 BGH, ZEV 2003, 114; hierzu *Kollhosser*, ZEV 2003, 207.
178 Die Anpassung des Wortlauts (wie sie in §§ 519, 528, 829, 1603 ff. BGB erfolgt ist) wurde i.R.d. FamRÄndG 1961 offensichtlich übersehen.
179 Was sich jedoch auch aus den Urteilsgründen ergeben kann, BGH, 06.09.2005 – X ZR 51/03, ZEV 2006, 37.
180 Vgl. BGH, NJW 2001, 1207.
181 BGH, NJW 2003, 2449.
182 Rechtsgedanke des § 279 BGB a.F.; vgl. BGH, 20.05.2003 – X ZR 246/02, NJW 2003, 2449.

949 Zur **Bemessung** des geschützten angemessenen Unterhalts zieht die Rechtsprechung[183] und die herrschende Literatur[184] die familienrechtlichen Grundsätze zur Schonung des Verpflichteten i.R.d. Elternunterhalts (s. hierzu Rdn. 750 ff.) heran.

950 Nicht selten wird der Beschenkte einwenden können, seine monatliche Wertersatzzahlungspflicht sei auf den Betrag zu kürzen, der auch unterhaltsrechtlich im Verhältnis zu seinen Eltern max. überleitbar wäre. Die Leistungsfähigkeit des Beschenkten bemisst sich dabei jedoch nicht allein aus seinen sonstigen Einkunftsquellen (z.B. Einkünfte aus Arbeitnehmer- oder selbstständiger bzw. gewerblicher Tätigkeit, Vermietung und Verpachtung, Kapitaleinkünften), sondern schließt (jedenfalls nach früherer Ansicht des BGH)[185] **Erträge aus einer zugemuteten Veräußerung des zugewendeten Objekts** mit ein, sofern die Rückforderung lediglich (vgl. Rdn. 912 ff., 918 ff.) auf Wertersatz- oder Leibrentenzahlungen gerichtet sei, die Rückforderung das Vermögen selbst also nicht erfasse. In diesem Fall könne der Beschenkte sich nur dann auf § 529 Abs. 2 BGB berufen, wenn ihm der Nachweis gelänge, dass er auch den Verkaufserlös benötigen würde, um seinen angemessenen Lebensunterhalt zu bestreiten. Zusätzlich ist das Bestehen einer **Erwerbsobliegenheit** zu prüfen, auch bei Fehlen einer gesetzlichen Unterhaltspflicht (z.B. bei Schenkung an einen Verwandten in der Seitenlinie).[186]

951 Noch nicht entscheiden musste der BGH den Sachverhalt, dass die Rückforderung sich auf die Restitution eines (unteilbaren) Vermögensgegenstands beziehe (s. Rdn. 911 ff. oder – aufgrund vertraglich vereinbarter bzw. analog § 528 Abs. 1 Satz 2 BGB bestehender und ausgeübter „umgekehrter Ersetzungsbefugnis" – s. Rdn. 918 ff.): Dann wäre nämlich in der Tat unterhaltsrechtlich zu prüfen, ob die nunmehr geforderte Inanspruchnahme des Vermögens auch tatsächlich geschuldet ist. Bewohnt der Erwerber das geschenkte Anwesen selbst, besteht (selbst bei zusätzlicher Einliegerwohnung) unterhaltsrechtlich keine Obliegenheit, das **Eigenheim** zur Befriedigung von Unterhaltsansprüchen der Eltern einzusetzen. Selbst bei einer **vermieteten Immobilie**, deren Einkünfte **zur Alterssicherung** erforderlich sind,[187] bestünde keine Einsatzpflicht. Nimmt man die vom BGH herausgestellte Parallelität der Schutzgrenzen des „standesgemäßen" Eigenunterhalts in § 529 Abs. 2 BGB mit der Schonung von Einkommen bzw. Vermögen i.R.d. Elternunterhalts beim Wort, böte § 529 Abs. 2 BGB in weitaus größerem Umfang als bisher angenommen Gelegenheit zur schenkungsrechtlichen Verteidigung des Erhaltenen. Dies gilt insb. dann, wenn die Rückforderung lediglich auf das Objekt selbst gerichtet ist (vgl. Rdn. 910 ff., 918 ff.) und dessen Versilberung unterhaltsrechtlich nicht geschuldet wäre.

952 Damit kommen dem Erwerber über § 529 Abs. 2 BGB die **unterhaltsrechtlichen Bestimmungen** über die Schonung des Einkommens oder Vermögens im Verhältnis zum Schenker (i.d.R.

---

183 BGH, 11.07.2000 – X ZR 126/98, ZEV 2000, 449; BGH, NJW 2001, 1207; OLG Celle, OLGR 2003, 274.
184 Z.B. *Müller*, Der Rückgriff gegen Angehörige von Sozialleistungsempfängern, Rn. 132 ff.; kritisch allerdings *Wedemann*, NJW 2011, 571 ff: der Beschenkte könne sich nicht in gleichem Maße wie der Unterhaltspflichtige auf „Bestandsschutz" berufen, da er das Vermögen nicht erarbeitet, sondern anstrengungslos erhalten habe, und sich durch Rückgabe der Haftung endgültig entziehen könne.
185 FamRZ 1994, 815, S. 816, rechte Spalte.
186 BGH, 11.07.2000 – X ZR 126/98, ZEV 2000, 449; ZEV 2006, 38 – trotz Erziehung zweier Kinder, allerdings nur bei Überschreiten des Selbstbehalts.
187 So der Sachverhalt in der Verfassungsbeschwerde zum Elternunterhalt, BVerfG NJW 2005, 1927 (zum sog. „Bochumer Modell" einer künstlichen Leistungsfähigkeit durch „aufgedrängte" Darlehensaufnahme).

also den Eltern) zugute, und zwar je nachdem, worauf der Anspruch gerichtet ist; diese gehen über die sozialhilferechtlichen Freistellungstatbestände, die auf den hypothetischen Sachverhalt in der Person des Veräußerers (verarmten Schenkers) abstellen, i.d.R. hinaus.

4. Pflicht- und Anstandsschenkungen (§ 534 BGB)

Pflicht- oder Anstandsschenkungen gem. § 534 BGB, welche ebenfalls den Rückforderungsanspruch entfallen lassen, sind dagegen angesichts der restriktiven Rechtsprechung des BGH[188] außerhalb von Gelegenheits- und Geburtstagszuwendungen kaum noch denkbar: Der Schenker wurde von seinem nicht mehr berufstätigen Sohn und der Schwiegertochter jahrelang versorgt und verpflegt. 3 Jahre vor der Übersiedlung in ein Pflegeheim übertrug er an den Sohn einen Geldbetrag von 42.000,00 DM. Der BGH führt aus, die „Hege und Pflege" des Vaters habe zwar einer sittlichen Pflicht des Sohnes entsprochen, nicht jedoch die Übergabe des Gelds vom Vater auf den Sohn. Nur wenn der Pflegende **schwerwiegende persönliche Opfer** bringt und deswegen selbst in eine Notlage gerät (z.B. eine Berufstätigkeit aufgibt), könne davon ausgegangen werden, dass solche Zuwendungen einer moralischen oder sittlichen Pflicht entsprächen und daher „rückforderungsfest" seien.

953

5. Verjährung

Seit 01.01.2002 unterliegt der Rückforderungsanspruch der 3-jährigen **Regelverjährung**,[189] bei Grundstücksübertragungen der 10-jährigen Verjährung gem. § 196 BGB.[190] Er wird fällig mit Entstehen der Sozialhilfebedürftigkeit. Die Kenntnis des Veräußerers von den Umständen, aus denen sich die Sozialhilfebedürftigkeit ergibt, und vom Schuldner des Anspruchs, die für den Verjährungsbeginn erforderlich sind, muss sich der Sozialhilfeträger als Rechtsnachfolger zurechnen lassen.[191] Da es sich auch beim Wertersatzzahlungsanspruch[192] um einen einheitlichen Anspruch handelt, der durch Zahlung von Teilwerten erfüllt werden kann, ist der Anspruch künftig ab Beginn des vierten auf die Sozialhilfebedürftigkeit folgenden Jahres verjährt.

954

VI. Quintessenz

Wie beantwortet sich nun nach alledem die Frage, ob die vorweggenommene Erbfolge in einem sozialrechtlich sensiblen Kontext überhaupt noch guten Gewissens empfohlen werden kann, insb. wenn sie sich auf Schonvermögen bezieht?

955

---

188 Vgl. etwa NJW 1966, 1926.
189 Vgl. auch *Schippers*, RNotZ 2006, 53.
190 BGH, 22.04.2010 – Xa ZR 73/07, DNotZ 2010, 834: Wertersatzanspruch ist Surrogat des primären Rückforderungsanspruchs.
191 Jedenfalls bei § 528 BGB allg. Meinung, vgl. MünchKomm-BGB/*Koch*, § 528 Rn. 34; a.A. allerdings jurisPK-BGB/*Sefrin*, § 528 Rn. 38 („interessengerecht, die Verjährung erst mit Kenntnis des Sozialleistungsträgers beginnen zu lassen", was jedenfalls i.R.d. § 528 BGB bedeuten würde: Kenntnis des für den Regressanspruch zuständigen Bediensteten: BGH, 28.11.2006 – VI ZR 196/05, JurionRS 2006, 29955) und Staudinger/*Wimmer-Leonhardt*, BGB, § 528 Rn. 52 (ab Kenntnis der Schenkung und des Beschenkten).
192 Nach BGH, NJW 2001, 1063.

1. Verarmungsrisiko auf Veräußererseite

956 Die wundersame Vermehrung der Regressmöglichkeiten gelingt dem Sozialleistungsträger zwar nicht, wohl aber die Transformation eines Vermögensgegenstands in wiederkehrenden Ertrag. Dies vollzieht jedoch die bereits im Anspruchsinhalt des § 528 BGB angelegte „Schubladenbildung" nach: Ist Inhalt des Rückforderungsanspruchs die Leistung bereicherungsrechtlichen Wertersatzes i.H.d. monatlich wiederkehrenden Bedarfslücke (also Leistung von Geld als Einkommenstatbestand), spielen die auf das Schonvermögen abstellenden Umstände des Sozialfürsorgerechts, auch vor den zu ihrer Berücksichtigung im Rahmen von Anfechtungsklagen berufenen VG (seit 01.01.2005: SG),[193] keine Rolle. Gleiches würde gelten, wenn der Beschenkte, an sich zur Herausgabe des Vermögens verpflichtet, von der gesetzlich vorgesehenen (selten gewählten) Ersetzungsbefugnis in Richtung auf ein Leibrentenversprechen (§ 528 Abs. 1 Satz 2 BGB) Gebrauch gemacht hätte.

957 In beiden Fällen wären lediglich die **Einkommensschongrenzen** maßgeblich, und zwar diejenigen des Sozialhilferechts[194] als (sozialgerichtlich geltend zu machende) Überleitungssperre,[195] diejenigen des Unterhaltsrechts nach Maßgabe des § 529 Abs. 2 BGB; allerdings mit der Besonderheit, dass auch der aus dem Verkauf des im Eigentum des Erwerbers verbleibenden Objekts zu erzielende Ertrag als Einkommen fiktiv anzusetzen sei und nur dann verteidigt werden kann, wenn er unter dem erhöhten Selbstbehalt verbleibt. Die Selbstnutzung der geschenkten Immobilie durch den Erwerber als solche spielt dabei keine Rolle.

958 Wäre jedoch die Rückforderung von vornherein auf die Herausgabe des gesamten Vermögensgegenstands gerichtet (also Sachverhalt Rdn. 911 ff. oder 918 ff.) oder aber hätten die Beteiligten bereits im Zuwendungsvertrag eine „umgekehrte Ersetzungsbefugnis" (Rückgabe des Gesamtobjekts anstelle der monatlichen Wertersatzzahlung) zivilrechtlich vereinbart und hätte der Beschenkte hiervon wirksam Gebrauch gemacht, würde sich die Prüfung im Bereich der **Schonvermögenstatbestände** bewegen. Handelt es sich beim Beschenkten um Vermögen, das er (etwa als angemessenes Eigenheim oder der Altersvorsorge dienendes Objekt) den Eltern ggü. verteidigen kann, käme ihm dies gem. § 529 Abs. 2 BGB zugute, sodass es (aufgrund wirksamer Einredeerhebung) einer ergänzenden Prüfung, ob der etwa bestehende Anspruch durch das Sozialhilferecht (§ 93 Abs. 1 Satz 3 SGB XII) am Übergang gehindert ist, nicht mehr bedarf. Handelt es sich zwar nicht beim Beschenkten um unterhaltsrechtliches Schonvermögen, würden aber (fiktiv wieder in das Eigentum des Veräußerers zurückversetzt) bei jenem die Schonvermögenstatbestände des § 90 SGB XII (v.a. Abs. 2 Nr. 8) greifen, vermeidet jedoch § 93 Abs. 1 Satz 3 SGB XII bei wertungsgerechter Auslegung des Gesetzes nicht die Überleitung und die Rückforderung als solche, stellt allerdings den hypothetischen Zustand wieder her, der bei Unterlassen der Übertragung (bzw. deren Aufhebung) fortbestehen würde, nämlich die vorübergehende, längstens bis zum Tod gewährte Schonung des Vermögens, das letztendlich dem Nachlassregress gem. § 102 SGB XII/§ 35 SGB II verfällt.

---

193 Vgl. § 51 Abs. 1 Nr. 6 lit. a) SGG.
194 Solche existieren im Bereich der HLU nicht, im Bereich der Hilfen in besonderen Lebenslagen nur mehr in § 85 SGB XII bis zum Erreichen der Voraussetzungen des § 88 Abs. 1 SGB XII.
195 Mit der Folge, dass eine Auffüllung des vorhandenen Einkommens bis zur Schongrenze aus Wertersatz- oder Leibrentenzahlungen nicht stattfinden darf, die Überleitung also insoweit unterbleibt.

> **Hinweis:**
>
> Vor diesem Hintergrund zeigt sich, dass die vorweggenommene Erbfolge zwar nicht zu einer verschärften, möglicherweise aber zu einer anderen Inanspruchnahme des Beschenkten führt (welcher den monatlich wiederkehrenden Abfluss von Wertersatzentgelt hinzunehmen hat, jedoch das Eigentum am Objekt behalten darf). Das schlichte Verbleibenlassen des Gegenstands beim Veräußerer verspielt von vornherein die Möglichkeit, nach 10 verarmungsfreien Jahren die Regressthematik – jedenfalls soweit sie auf den Veräußerer abstellt – als erledigt betrachten zu können und bietet schließlich auch keine alternativen Handlungsmöglichkeiten, da ein Aushebeln des § 102 SGB XII durch erbrechtliche Instrumente (etwa die Aushöhlung des Nachlasses durch Vermächtnisse o. Ä.) zum Scheitern verurteilt ist.[196] Zu erwägen ist jedoch, ob nicht in verstärktem Maße von der oben erwähnten, bereits verschiedentlich erläuterten „umgekehrten Ersetzungsbefugnis" als vertraglicher bzw. vom BGH anerkannter gesetzlicher Modifizierung des § 528 BGB (vgl. Rdn. 918 ff.) Gebrauch gemacht werden soll, um dem Beschenkten die Möglichkeit zu geben, durch Ausübung dieser Befugnis die Schonvermögenstatbestände „in Kraft zu setzen" und sich dadurch der Verpflichtung zur wiederkehrenden Leistung von Wertersatz zu entledigen. Verwirklicht er selbst den Schonvermögenstatbestand im unterhaltsrechtlichen Sinn, ist ihm die dauernde Einrede des § 529 Abs. 2 BGB eröffnet; würde sie der Veräußerer als hypothetischer Wieder-Eigentümer verwirklichen, kauft sich der Erwerber durch tatsächliche Rückgabe von der Zahlungspflicht frei, allerdings um des Risikos willen, dadurch bei Ex-post-Betrachtung zuviel an Eigentum für ein Zuwenig an Einkommenserhalt geleistet zu haben.[197] Eine höhere Gesamt-Inanspruchnahme durch den Sozialleistungsträger tritt jedoch auch in diesem Fall der vorbehaltenen und gewählten Rückgabe nicht ein, vielmehr birgt sie die Chance zu einer Verkürzung der Regresssumme auf den 10-Jahres-Zeitraum vor dem Tod gem. § 102 Abs. 1 SGB XII. Soweit sozialhilferechtliche Schontatbestände (gleichgültig, ob des Einkommens oder des Vermögens) greifen,[198] sind diese allerdings rechtzeitig durch Anfechtung des Überleitungsverwaltungsakts vor dem SG (nach Abschluss des Widerspruchsverfahrens) geltend zu machen.

2. Verarmungsrisiko auf Erwerberseite

Tritt die Verarmung auf der Seite des Erwerbers ein, beantragt also dieser unterhaltsersetzende Leistungen subsidiärer Art aus Steuermitteln (Sozialhilfe bzw. Grundsicherung für Arbeits Suchende), spielt § 528 BGB (sofern der Erwerber nicht seinerseits das erworbene Eigentum unentgeltlich weiter übertragen hat) keine Rolle. Relevant ist vielmehr die Prüfung der Tatbe-

---

196 Die Nachlassverbindlichkeit des Kostenersatzes der Erben erfasst den Wert des Nachlasses (§ 102 Abs. 2 Satz 2 SGB XII), sodass – wie bei § 2311 BGB – Erbfallschulden wie Vermächtnisanordnungen, Pflichtteilslasten, Auflagen etc. nicht abzuziehen sind. Andererseits besteht kein Vorrang des öffentlichen Erstattungsanspruchs ggü. sonstigen Nachlassverbindlichkeiten, VGH Bayern, FamRZ 2004, 489. Auch eine Aushebelung des § 102 SGB XII durch lebzeitige Begründung von Schenkungsversprechen auf den Todesfall als dann vorrangige Erblasserschuld dürfte sozialhilferechtlich nicht anzuerkennen sein.

197 Etwa weil der pflegebedürftige Vater schon nach kurzer Zeit verstorben wäre, sodass den Schenker die Einkommenseinbuße nicht erheblich beeinträchtigt hätte.

198 Wie bei Rdn. 923 ff. dargelegt, ist die Rückforderung als solche jedoch angesichts des Tatbestands des § 90 Abs. 2 Nr. 8 SGB XII gerade nicht insgesamt gehindert.

standselemente des § 90 Abs. 2 SGB XII im Bereich der Sozialhilfe bzw. des § 12 Abs. 3 SGB II im Bereich der Grundsicherung für Arbeit Suchende („Hartz IV"). Liegen die Voraussetzungen der enumerativen Einzelfreistellung nicht vor, ist sodann zu prüfen, ob aus anderen Gründen die Unverwertbarkeit i.S.d. Generalklausel (§ 90 Abs. 1 SGB XII/§ 12 Abs. 1 SGB II) erlangt werden kann (s. hierzu Rdn. 644 ff. zu SGB II, Rdn. 419 ff. zu SGB XII).

961 Sind die Voraussetzungen der enumerativen Schonvermögenstatbestände des § 90 Abs. 2 SGB XII/§ 12 Abs. 3 SGB II nicht erfüllt, hindert möglicherweise die Generalausnahme des § 90 Abs. 1 SGB XII/§ 12 Abs. 1 SGB II die Einsatzpflicht, wenn es sich um „**nicht verwertbare**" **Vermögensbestandteile** handelt. Bloß wirtschaftliche Erschwernisse bzw. Wertminderungen (etwa infolge vorbehaltener Nutzungsrechte zugunsten des Veräußerers) bleiben dabei naturgemäß unberücksichtigt; sie spielen lediglich i.R.d. Unwirtschaftlichkeitsprüfung (§ 12 Abs. 3 Nr. 6 SGB II) eine Rolle.[199]

962 Entscheidend ist allerdings die Frage, ob die häufig i.R.d. vorweggenommenen Erbfolge installierte „**Verfügungsunterlassungspflicht**" (Rückforderungsrecht des Veräußerers für u.a. den Fall der Belastung oder Weiterveräußerung bzw. des Gläubigerzugriffs ohne sein Einverständnis, Sicherung des dann entstehenden, doppelt bedingten Rückübertragungsanspruchs durch Eigentumsvormerkung) auch bei einem sozialrechtlich gefärbten Vermögensverfall des neuen Eigentümers Schutz gewährt. Dass sie sich ggü. schlichten Zwangsvollstreckungsmaßnahmen Dritter (§ 888 BGB) durchsetzt (kein Fall der Gläubigerbenachteiligung, jedenfalls wenn die Ausgleichsleistungen des Rückerwerbers nicht schlechter sind als für andere Fälle des Rückerwerbs) und ebenso im Insolvenzfall siegreich bleibt (keine unzulässige Lösungsklausel i.S.d. § 119 InsO, vgl. Rdn. 1898; Beseitigung des Wahlrechts des Insolvenzverwalters gem. § 106 InsO auch dann, wenn die Rückforderung erst nach Eröffnung des Insolvenzverfahrens erfolgt),[200] dürfte als gesichert gelten.

963 Dass umgekehrt die unmittelbare Vereinbarung eines Rückforderungsrechts bei Bezug nachrangiger steuerfinanzierter Sozialleistungen aufgrund der dadurch eintretenden Schlechterstellung des Sozialleistungsgläubigers (Rückforderung bereits bei abstrakter Gefährdung) ggü. zivilrechtlichen Gläubigern (Rückforderung lediglich bei konkreter Inanspruchnahme) subsidiaritätswidrig und demnach gem. § 138 BGB unbeachtlich ist, dürfte ebenfalls einleuchten.

964 Davon zu trennen ist jedoch die Frage, ob möglicherweise die Geltendmachung eines allgemeinen, nicht für den tatsächlichen Sozialhilfefall vorbehaltenen Rückforderungsrechts vereitelt sein kann, wenn es auf Verlangen des Sozialhilfeträgers zu einer Verwertung (Belastung oder Veräußerung) des übertragenen Grundbesitzes kommt:

---

199 Teilweise gehen allerdings die Grundsicherungsträger davon aus, hinsichtlich des an sich einzusetzenden Vermögensanteils – Wert des infolge Wohnungsrechts/Nießbrauchsvorbehalt nicht durch den Erwerber genutzten Gebäudeteils – scheide eine sofortige Verwertung wegen der Vorbehaltsnutzung aus, und gewähren ein Darlehen i.H.d. ALG II, das durch Grundpfandrecht gesichert werden soll.
200 BGH, ZNotP 2001, 482.

C. Risiko der Rückforderung bei späterer Verarmung des Veräußerers (§ 528 BGB)

Die Beantwortung dieser Frage war aufgrund der früheren Rechtsprechung zweifelhaft. Nach VG Gießen[201] stellt auch ein unter Rückforderungsvorbehalt übertragenes Grundstück verwertbares Vermögen des Erwerbers i.S.d. § 90 Abs. 1 SGB XII dar; das Rückauflassungsverlangen zur Vereitelung der Sozialhilfeverwertung verstoße gegen § 138 BGB und sei daher unbeachtlich, die Vormerkung verschaffe gegen diesen „Gläubiger der Sonderklasse" demnach keinen Schutz. Diese Bewertung ist unzutreffend (s. Rdn. 430 f.), die neuere sozialgerichtliche Rechtsprechung weist richtigerweise in eine andere Richtung. Kann sich der Erwerber nicht auf einen der enumerativen Schonvermögenstatbestände berufen, wäre andernfalls bei Verarmungsrisiken in seiner Person also (zeitlich unbefristet) Vorsicht geboten, möglicherweise gar von der Übertragung abzuraten.

3. Verarmungsrisiko auf Geschwisterseite

Bis zum 01.01.1999 bestand die Gefahr, infolge des Erwerbs des überwiegenden elterlichen Vermögens gem. § 419 BGB a.F. die z.Zt. der Übergabe schon „im Keim" (wenn auch nicht notwendig in Barleistungsform) vorhandene Unterhaltspflicht der Eltern ggü. den Geschwistern infolge des gesetzlichen Schuldbeitritts übernommen zu haben (Rdn. 966).[202] Es verbleibt jedoch auch danach das Risiko des Zugriffs auf Pflichtteilsergänzungsansprüche des weichenden Geschwisters,[203] das allenfalls durch rechtzeitige Pflichtteilsverzichte gebannt werden kann. Letztere werden auch in sozialrechtlich gefärbtem Kontext nur selten gegen § 138 BGB verstoßen (vgl. Rdn. 91), und unterliegen – anders als bspw. der Verzicht auf nacheheliche Unterhalt – nur sehr begrenzt einer richterlichen Wirksamkeits- oder Ausübungskontrolle (vgl. Rdn. 3268 ff.).

Demgegenüber wird jedoch leicht übersehen, dass auch § 528 BGB bei der Verarmung des Geschwisters seine Schatten werfen kann, da § 93 Abs. 1 Satz 1 SGB XII bei der Gewährung von Hilfen in besonderen Lebenslagen (etwa der Eingliederungshilfe für Behinderte) auch die Überleitung von Ansprüchen der Eltern des Hilfeempfängers (des Geschwisters) gegen einen Dritten (den Übernehmer eines Wirtschaftsguts, das die Fähigkeit der Eltern zur Unterhaltsgewährung an andere Angehörige gem. § 528 Abs. 1 Satz 1, 2. Alt. BGB verringert hat; vgl. oben Rdn. 542 f., 593). Zu ermitteln ist hierfür in jedem Einzelfall, ob und inwieweit die Eltern, hätten sie nicht übergeben, in höherem Maße leistungsfähig geblieben und dem Geschwister ggü. weiter zur Unterhaltsleistung verpflichtet gewesen wären, und zwar auch sozialhilferechtlich, d.h. ggf. unter Berücksichtigung der Begrenzung der elterlichen Heranziehung auf monatlich 26,00 € bzw. 20,00 € für Hilfen in besonderen Lebenslagen bzw. Hilfe zum Lebensunterhalt (§ 94 Abs. 2 SGB XII; hierzu im Einzelnen Rdn. 605 ff., 589).

Diesem übergeleiteten Anspruch kann der (selbst nicht verarmte) Erwerber gem. § 529 Abs. 2 BGB dieselbe **unterhaltsrechtliche Verteidigung** entgegenhalten, die er seinen Eltern ggü. bei deren unmittelbarer eigenen Verarmung aufzubieten imstande wäre (orientiert an den Schon-

---

201 DNotZ 2001, 784; ebenso VG Karlsruhe, 14.01.2004 – 10 K 1353/03, BeckRS 2004, 20608; ebenso VGH Bayern, 25.04.2001 – 12 ZB 01.553, n.v.; in dieselbe Richtung BGH, 07.11.2006 – X ZR 184/04, NJW 2007, 60: Mit Rückforderungsvorbehalt und Nießbrauch belastetes Vermögen ist, da nur zeitweise in der Verwertung gehindert, geeignet, die Verarmung i.R.d. § 528 BGB zu beseitigen.
202 Vgl. *Karpen*, MittRhNotK 1988, 146.
203 Vgl. zur Geltendmachung des Pflichtteilsanspruchs durch den Sozialhilfeträger, auch bei einer „Pflichtteilsstrafklausel", BGH, MittBayNot 2005, 314 sowie *J. Mayer*, MittBayNot 2005, 286 und eingehend Rdn. 5098 ff.

vermögensbestimmungen, sofern der Inhalt des Rückforderungsanspruchs auf Rückgabe des Vermögens gerichtet ist – Sachverhalt s. Rdn. 904 ff. und 918 ff., sonst an der Schonung des Einkommens in den Sachverhaltsalternativen s. Rdn. 912 f. und Rdn. 914 ff.). Ob das Objekt gegenständlich zum Schonvermögen des Veräußerers gehören würde (angemessenes Eigenheim etc.) spielt (auch über § 93 Abs. 1 Satz 3 SGB XII) keine Rolle, da der Rückforderungsberechtigte selbst nicht Hilfeempfänger ist. Rechtzeitige Übertragung verschafft jedoch nach Ablauf der 10-Jahres-Frist des § 529 Abs. 1 BGB auch insoweit Regressschutz.

D. Auswirkungen der Übertragung bzw. vereinbarter Gegenleistungen auf sozialrechtliche Ansprüche

I. Vermögens- und einkommensunabhängige Ansprüche

Einkommenszuwachs und Vermögensreduzierung beim Veräußerer haben auf solche Sozialleistungen naturgemäß keinen Einfluss. Hierzu zählen etwa:

- **Regelaltersrente** für Versicherte der gesetzlichen Rentenversicherung ab Erreichen des. 67 Lebensjahres (§§ 35, 34 Abs. 2 Satz 1 SGB VI) sowie die Berufsunfähigkeitsrenten gem. § 43 SGB VI, welche i.R.d. verbliebenen Erwerbsfähigkeit unbegrenzten Hinzuverdienst erlauben;

969

- **Grundrente** gem. § 31 BVG: Hierbei handelt es sich um einen pauschalierten Ausgleich für den beschädigungsbedingten Mehraufwand des durch militärischen Dienst gesundheitlich Geschädigten i.S.d. § 1 BVG bzw. derjenigen Personen, auf welche das BVG kraft Verweisung Anwendung findet.[204] Ihre Höhe ist unabhängig vom entgangenen oder noch anderweit erzielten Einkommen; sie richtet sich nur nach dem Grad der Minderung der Erwerbsfähigkeit (MdE).

970

II. Vermögensabhängige Sozialleistungsansprüche

1. Betroffene Sozialleistungen

Sämtliche Leistungen nach dem **SGB XII** und nach dem **SGB II** werden erst bei Unterschreiten gewisser Vermögensgrenzen gewährt, verweisen also auf den vorgehenden Einsatz verwertbarer Gegenstände mit Ausnahme der gem. §§ 811, 812 ZPO unpfändbaren Sachen sowie des gem. § 90 Abs. 2 SGB XII (vgl. Rdn. 439 ff.) bzw. § 12 SGB II (vgl. Rdn. 652 ff.) geschützten Schonvermögens. Leistungen der bis zum 31.12.2004 gewährten **Arbeitslosenhilfe** gem. §§ 190 ff. SGB III (früher §§ 133 ff. AFG), die ein früher erwerbstätiger Übergeber etwa wegen Nichterfüllung der Anwartschaften oder wegen Ablauf der Gewährungszeit für das Arbeitslosengeld beziehen mag, waren gem. der dazu ergangenen § 1 AlhiVO v. 13.12.2001[205] ebenfalls vermögensabhängig.

971

Leistungen der **Kriegsopferfürsorge** gem. §§ 25 bis 27i BVG werden zur Ergänzung der übrigen BVG-Ansprüche als besondere Hilfen im Einzelfall gewährt, etwa als sog. ergänzende Hilfe zum Lebensunterhalt oder als Hilfe zur Pflege (§ 27a bzw. § 26c BVG). Diese Leistungen sind inhaltlich den Regelungen der Sozialhilfe stark angenähert. So gelten etwa die Bestimmungen des § 90 Abs. 2 und 3 SGB XII über Einsatz und Verwertung von Vermögen des Hilfeempfängers entsprechend (§ 25f Abs. 1 BVG), jedoch unter abweichender – großzügigerer – Festlegung der anrechnungsfreien „kleineren Barbeträge" in § 25f Abs. 2 BVG sowie vereinfachter Definition des Grundbesitz-Schonvermögens durch § 25f Abs. 3 BVG (ohne Wohnflächenobergrenzen).

972

---

204 Etwa für die Opfer von Gewalttaten gem. Opferentschädigungsgesetz (OEG) v. 11.05.1976, BGBl. I, S. 1181. Das BVG hat ferner Modellcharakter für ähnlich gelagerte Aufopferungsfälle.
205 BGBl. 2001, S. 3734.

2. Einfluss der Übertragung bzw. vereinbarter Gegenleistungen auf vermögensabhängige Ansprüche

973 Die Vermögensabhängigkeit der unter Rdn. 971 f. dargestellten nachrangigen staatlichen Unterstützungsleistungen kann bei der sozialrechtlichen Beurteilung von Überlassungs- und Übergabeverträgen in zweierlei Hinsicht Bedeutung gewinnen:

a) Anknüpfung an den Vermögensverlust

974 Es ist denkbar, dass der **Vermögensverlust**, welchen der Veräußerer durch die als wirksam anerkannte und auch ggü. § 528 BGB bestandskräftige Übertragung (s. hierzu Rdn. 866 ff.) zwangsläufig erlitten hat, zu „nachteiligen" Folgen bei der Höhe oder Art der Gewährung der Sozialleistung führt.

975 • Eine **Anspruchskürzung** zulasten des Veräußerers sehen bspw. § 26 Abs. 1 Satz 1 Nr. 1 SGB XII (Rdn. 857) sowie § 51 KFürsVO vor, wonach die Leistungen auf das zum Lebensunterhalt Unerlässliche bzw. das zur Gewährleistung von HbL unverzichtbare Minimum eingeschränkt werden können, wenn der Hilfesuchende sein (Einkommen oder) Vermögen in der Absicht, die Voraussetzungen für die Gewährung oder Erhöhung der Hilfe herbeizuführen, vermindert hat. Ausweislich der veröffentlichten und durch Umfragen erhärteten Rechtspraxis wird hiervon im Zusammenhang mit Grundbesitzübertragungen höchst selten Gebrauch gemacht. Der Nachweis, dass die Herbeiführung der Sozialbedürftigkeit ein (mit-)bestimmendes Motiv der Übertragung war, dürfte angesichts der hierbei regelmäßig verfolgten zahlreichen, bereits i.R.d. Feststellung des subjektiven Sittenwidrigkeitstatbestands dargestellten Regelungsziele kaum geführt werden können. Da übertragener Grund und Boden zudem häufig beim Veräußerer als Grundlage der Erwerbstätigkeit oder als selbstbewohntes angemessenes Hausgrundstück (§ 90 Abs. 2 Nr. 5 oder Nr. 8 SGB XII ggf. i.V.m. § 25f Abs. 1 BVG) zum Schonvermögen zählte, kommen Leistungskürzungen wohl allenfalls bei nicht anderweit erklärbaren Übertragungen größerer Geldbeträge in „sozialleistungsnahem" Kontext infrage.

976 • Eine weitere „Sanktionsmöglichkeit" im Hinblick auf die Art der Sozialleistungsgewährung eröffnet § 103 SGB XII, wonach die (normalerweise als „verlorener Zuschuss" beim Hilfeempfänger verbleibende) Sozialhilfe nachträglich zurückgefordert werden kann (**Kostenersatz**), wenn die Voraussetzungen der Sozialleistungsbedürftigkeit durch vorsätzliches oder grob fahrlässiges Verhalten herbeigeführt wurden. Die Ersatzverpflichtung geht als Nachlassverbindlichkeit auf die Erben über, welche begrenzt auf den Nachlass, jedoch ohne Privilegierung etwaiger früherer Schonvermögensteile haften (§ 103 Abs. 2 SGB XII, sog. unselbstständige Erbenhaftung; s.o. Rdn. 507).

b) Anknüpfung an die Gegenleistungen

977 In sehr viel stärkerem Maße wird die Vermögensabhängigkeit nachrangiger Sozialleistungsansprüche jedoch nicht ggü. der Vermögensübertragung als solcher relevant, sondern hinsichtlich der Heranziehung der Vermögenspositionen, die dem Veräußerer i.R.d. „**Gegenleistungen**" geleistet oder versprochen werden. Wiederkehrende Bezüge (z.B. Naturalansprüche, Renten) sind im Zuflusszeitraum Einkommen; das Problem der Vermögensanrechnung stellt sich also

D. Auswirkungen der Übertragung/vereinbarter Gegenleistungen auf sozialrechtl. Ansprüche

nur, wenn diese Erträge nicht mit ihrer Erbringung „verbraucht" sind, sondern z.B. in Form von Ersparnissen angesammelt werden. Diese hindern, sofern sie die oben genannten jeweiligen Freigrenzen übersteigen, die Gewährleistung von Sozialleistungen, bis sie (ggf. rechnerisch) aufgezehrt sind. Gleiches gilt für Einmalzahlungen (Gutabstandsgeld). Die Erbringung vertraglich geschuldeter Wart und Pflege – welche möglicherweise als Einkommen zu qualifizieren ist (s. hierzu Rdn. 1373) – führt dagegen in keinem Fall zu einem sozialrechtlich relevanten Vermögenszuwachs.

Die dingliche Rechtsposition des Veräußerers hinsichtlich der von ihm weiter bewohnten Räume (z.B. Wohnungsrecht) zählt zwar zum Vermögen. Sie muss jedoch nach richtiger Auflassung[206] unberücksichtigt bleiben, wenn auch die weiter gehende Eigentumsposition an diesen Räumen (z.B. gem. § 90 Abs. 2 Nr. 8 SGB XII) Schonvermögenscharakter beanspruchen könnte (Erst-Recht-Schluss). Die Frage der „Anrechnung" bzw. „Überleitung" solcher Wohnungsrechte stellt sich daher regelmäßig erst bei der Heimunterbringung, sofern die Beendigung der Selbstnutzung durch den Hilfeempfänger nach den jeweiligen, oben dargestellten Normen zum Erlöschen des „Vermögensschutzes" führt (hierzu unten Rdn. 1030 ff.). 978

III. Einkommensabhängige, nicht pflegefallspezifische Sozialleistungsansprüche

1. Sanktionsmechanismen

Die meisten Sozialleistungen dienen dem Ausgleich individueller Bedürfnislagen oder bezwecken – wie etwa das BVG – eine Kompensation für Erwerbsminderungen, welche auf Schädigungen beruhen, die bei Erfüllung gemeinwohlwichtiger Aufgaben entstanden sind. Demzufolge sehen sie häufig – jedenfalls soweit sie nicht beitragserkauft sind – die Berücksichtigung anderweitiger Einkünfte des Anspruchstellers vor. Diese Einkommensabhängigkeit kann, ebenso wie die teilweise zu berücksichtigende Vermögensabhängigkeit, s.o. Rdn. 973 ff., im Rahmen von Übertragungssachverhalten ebenfalls in zweierlei Hinsicht Bedeutung gewinnen: 979

a) Anknüpfung an die veräußerungsbedingte Einkommensminderung

Zum einen könnte der Sozialleistungsträger „**Sanktionen**" an die **Einkommensminderung** knüpfen, welche durch die Weggabe der Erwerbsgrundlage (z.B. des landwirtschaftlichen Betriebs) eintritt. Die vorstehend dargestellten gesetzlichen Regelungen (§§ 26 Abs. 1 Nr. 1, 103 SGB XII, § 51 KFürsVO) erfassen auch die „absichtliche" bzw. „verschuldete" Einkommensminderung. Da die Herstellung eigener Sozialleistungsbedürftigkeit jedoch wohl nie von den genannten subjektiven Tatbestandsmerkmalen in hinreichend belegbarer Weise umfasst sein wird, sind in der Praxis kaum Versuche bekannt geworden, eine Kürzung oder Rückforderung der Sozialleistung allein auf die mit dem Austritt aus dem Erwerbsleben verbundene Einkommensmin- 980

---

[206] So etwa auch *Wahl*, Vertragliche Versorgungsrechte in Übergabeverträgen und sozialrechtliche Ansprüche, S. 104; ebenso OLG Karlsruhe, NotBZ 2003, 120 = FamRZ 2003, 715 für ein künftig vom Behinderten zu nutzendes Wohnrecht. Ein gesetzlicher Anhaltspunkt lässt sich allenfalls dem Zusammenspiel der Norm des § 25f Abs. 3 BVG (Eigentumsposition) einerseits mit § 30 Abs. 2 Nr. 5 KFürsVO andererseits entnehmen, wonach ein „freies Wohnrecht" nicht (allerdings auf das Einkommen des Hilfeempfängers) angerechnet wird. Ähnlich § 2 Abs. 1 Nr. 36 der Verordnung zu § 33 BVG, wonach der Sachbezugswert eines freien Wohnrechts innerhalb bestimmter Flächengrenzen (bei der Einkommensermittlung) unberücksichtigt bleibt.

derung zu stützen, wenn die Übertragung der Einkunftsquelle einen alters- oder krankheitsbedingten Kontext nahe legt. Gleiches galt im Arbeitslosenrecht aufgrund der Sonderbestimmung des § 10 Nr. 1 AlhiVO.[207]

981 Eine – praktisch allerdings wenig bedeutsam gewordene – Spezialregelung enthält § 1 Abs. 2 Satz 2 AusglV gem. §§ 32, 33 BVG (s. hierzu Rdn. 992 ff.): Hat der Schwerbeschädigte ohne verständigen Grund über Vermögenswerte in einer Weise verfügt, dass dadurch sein bei der Feststellung der Ausgleichsrente zu berücksichtigendes Einkommen gemindert wird, ist seine Ausgleichsrente so festzustellen, als hätte er die Verfügung nicht getroffen. Die Kürzung der Sozialleistung tritt hier also aufgrund der Fiktion der Nichtübertragung der Erwerbsquelle (ohne dass die Voraussetzungen des § 138 BGB gegeben sein müssten) ein.

b) Anknüpfung an den Einkommenswert der Gegenleistungen

982 Eine sehr viel größere Bedeutung gewinnt die Einkommensabhängigkeit zahlreicher Sozialleistungen jedoch bei der Anrechnung der „**Gegenleistungen**", welche sich der Übergeber insb. im landwirtschaftlichen Bereich bis heute regelmäßig ausbedingt. Im Folgenden soll daher der Einfluss der am häufigsten vereinbarten Versorgungsansprüche (Geldrente, Naturalleistungen, Wart und Pflege) auf die Höhe des Sozialleistungsanspruchs untersucht werden. Dabei empfiehlt es sich, zwischen allgemeinen Sozialleistungen und solchen, die an den Pflegefall anknüpfen (zu Letzteren s. Rdn. 1000 ff.) zu differenzieren, zumal sich bei letzteren Ansprüchen das zusätzliche Problem denkbaren gänzlichen Wegfalls aufgrund unmittelbarer Naturalbedarfsdeckung durch Erbringung vertraglich vereinbarter Wart und Pflege stellt. Im Bereich der nicht pflegespezifischen Ansprüche ist wiederum der jeweils zugrunde liegende Einkommensbegriff zu untersuchen, sodass diese Ansprüche teilweise von Altenteilsleistungen unberührt bleiben (s. Rdn. 983 ff.), teilweise jedoch eine Kürzung erfahren können (s. Rdn. 988 ff.).

2. Enger Einkommensbegriff (ohne vertragliche Versorgungsansprüche)

983 **Arbeitslosengeld** kann einem arbeitslos gewordenen Übergeber, welcher zugleich als beitragspflichtiger Arbeitnehmer oder als Heimarbeiter beschäftigt war, nach Erfüllung der Anwartschaftszeit zustehen, wenn er vor Vollendung des 67. Lebensjahres dem Arbeitsmarkt noch zur Verfügung steht (§ 117 SGB III). Gem. § 141 Abs. 1 SGB III (früher § 115 AFG) mindern lediglich bestimmte anderweitige Erwerbseinkünfte oder Erwerbsersatzbezüge (z.B. Entlassungsentschädigungen) den Sozialanspruch – hierunter fallen die primär versorgungsorientierten Gegenleistungen für Grundbesitzübertragungen nicht.[208]

---

[207] Hiernach scheidet Bedürftigkeit aus, wenn der Arbeitslose eine Tätigkeit als Selbstständiger fortsetzen und sich dadurch in ausreichendem Maße selbst unterhalten könnte; vgl. *Wahl*, Vertragliche Versorgungsrechte in Übergabeverträgen und sozialrechtliche Ansprüche, S. 101.

[208] Vgl. hierzu *Wahl*, Vertragliche Versorgungsrechte in Übergabeverträgen und sozialrechtliche Ansprüche, S. 83.

D. Auswirkungen der Übertragung/vereinbarter Gegenleistungen auf sozialrechtl. Ansprüche

Witwen-/Witwerrenten[209] gem. §§ 46, 48 SGB VI (früher § 1281 RVO bzw. § 58a AVG)[210] bleiben ebenfalls von Altenteilsansprüchen unberührt, da sie nach Ablauf des sog. Sterbevierteljahres lediglich die Teilanrechnung anderweitigen Vermögens- und Erwerbs- oder Erwerbsersatzeinkommens (insb. eigener Renten; im Einzelnen vgl. §§ 18a bis 18e SGB IV) vorsehen (vgl. § 97 SGB VI: im Jahr 2010 40 % des Betrags, der 718,00 € [neue Länder: 637,00 €] monatlich übersteigt). Auch die gesetzliche Altersrente vor Erreichen des 65., künftig 67. Lebensjahrs sowie **Altersteilrenten** sehen lediglich die teilweise Anrechnung von Arbeits- oder freiberuflichem Einkommen vor (vgl. im Einzelnen § 34 Abs. 2 und 3 SGB VI; wobei seit 01.01.2008 bei der Vollrente ein Hinzuverdienstbetrag von 400,00 € unberücksichtigt bleibt.

984

Rente wegen Erwerbsminderung schließlich wird nicht gewährt, wenn der Versicherte eigene Erwerbstätigkeit nicht wenigstens 3 (volle **Erwerbsminderung**) bzw. 6 (einfache Erwerbsminderung) Std. täglich ausüben könnte (§§ 43 Abs. 2 Satz 2, Abs. 3 SGB VI). Bei Bezug einer Rente wegen Erwerbsunfähigkeit beträgt die unschädliche Zuverdienstgrenze aus Arbeitsentgelt oder gleichgestelltem Einkommen[211] seit 01.04.2003 1/7 der monatlichen Bezugsgröße (§ 313 Abs. 3 Nr. 1 SGB VI; 2011 und 2010: 365,00 €, 2009: 360,00 €, 2008: 355,00 €, 2006 und 2007: 350,00 €),[212] andernfalls ist für Altfälle Rente wegen Berufsunfähigkeit zu leisten (§ 313 Abs. 2 Nr. 2 SGB VI), für Neufälle („Rente wegen voller Erwerbsminderung") ist sie je nach Höhe des übersteigenden Zuverdienstes als 3/4-Rente, 1/2-Rente oder 1/4-Rente zu gewähren. Renten wegen teilweiser Erwerbsminderung nach § 43 Abs. 1 SGB VI bzw. wegen Berufsunfähigkeit nach § 240 SGB VI schließlich werden je nach Höhe des Hinzuverdienstes[213] in voller oder lediglich halber Höhe bezahlt oder entfallen ganz.

985

Die Leistungen nach dem Zweiten Gesetz über die **Krankenversicherung der Landwirte** (KVLG 1989)[214] sind – zumal beitragserkauft – grds. einkommensunabhängig. In der landwirtschaftlichen Krankenkasse ist regelmäßig der hauptberufliche Landwirt (bei Ehegatten in Gütergemeinschaft, welche gemeinsam ein landwirtschaftliches Unternehmen betreiben, derjenige Ehegatte mit überwiegender Leitungsfunktion bzw. der von der Krankenkasse bestimmte Ehegatte, vgl. § 2 Abs. 3 Satz 3 und 4 KVLG) versicherungspflichtig; der andere Ehegatte genießt

986

---

209 Hilfreiche Übersicht zu den verschiedenen Rentenarten unter www.rentenlexikon.bmas.de.
210 „Kleine Witwen-/Witwerrente" (Hinterbliebene/r ist unter 45 Jahre alt und erzieht keine minderjährigen Kinder): 25 % der auf den Todeszeitpunkt berechneten Rente des Verstorbenen. Seit dem Alterseinkünftegesetz ist dieser Anspruch auf 24 Monate nach dem Ableben begrenzt. Ab Erreichen des 45. Lebensjahres (sofern keine Neuverheiratung stattfand) erhält der/die Hinterbliebene jedoch die „Große Witwen-/Witwerrente" i.H.v. 55 % (zuvor 60 %) der auf den Todeszeitpunkt errechneten Rente des Verstorbenen. Ist der Gatte vor dem 63. Lebensjahr verstorben, wird seit 01.01.2002 die kleine und die große Witwen-/Witwerrente ferner um 0,3 % je Monat, max. jedoch um 10,8 % (bei Versterben vor dem 60. Lebensjahr) gekürzt, vgl. insgesamt *Schuchardt*, NWB Fach 27, S. 6307. Hat die Ehe weniger als ein Jahr gedauert – sog. Totenbettehe –, wird Rente nur gewährt, wenn nach den Umständen (Unfalltod) eine „Versorgungsehe" ausgeschlossen werden kann. Auch bei betrieblichen Renten bestehen häufig „Späteheklauseln", von BAG, 28.07.2005 – 3 AZR 457/04, NZA-RR 2006, 591 gehalten.
211 Z.B. Verletztengeld, Arbeitslosengeld, Kurzarbeitergeld, Mutterschaftsgeld, Insolvenzgeld, Winterausfallgeld, Krankengeld: §§ 96a Abs. 3 SGB VI, 18a Abs. 3 Satz 1 Nr. 1 SGB VI.
212 Gem. §§ 96a Abs. 1, 313 Abs. 1 SGB VI darf dieser Betrag in 2 Monaten bis zum Doppelten überschritten werden.
213 Verdienst der letzten 3 Jahre vor Rentenbeginn (in Entgeltpunkten) multipliziert mit aktuellem Rentenwert – für das Jahr 2011 27,47 € West bzw. 24,37 € Ost – und Faktor 20,7 für die volle, 25,8 für die hälftige Rente. Zur Berechnung ab 01.01.2008 vgl. *Schuchardt*, NWB, Fach 27, S. 6427 und die Rentenwertbestimmungsverordnung 2011 v. 06.06.2011, BGBl 2011 I, S. 1039.
214 Gesetzessammlung Aichberger, Nr. 30/22.

Versicherungsschutz entweder i.R.d. beitragsfreien Familienversicherung oder aufgrund eigener Versicherungspflicht als mitarbeitender Familienangehöriger (§ 2 Abs. 1 Nr. 3 KVLG). Nach der Abgabe des Betriebs bleibt der frühere landwirtschaftliche Unternehmer gem. § 2 Abs. 1 Nr. 4 oder Nr. 5 KVLG versichert; sein Ehegatte erhält i.d.R. allenfalls Familienversicherungsschutz (§ 7 KVLG).

987 Wie in allen gesetzlichen Krankenkassen ist der Anspruch auf Familienversicherung jedoch daran geknüpft, dass der Angehörige (hier der Ehegatte) ein bestimmtes eigenes Gesamteinkommen (2011: 365,00 € – ein Siebtel der Bezugsgröße gem. § 18 SGB IV –, bei Mini-Job-Regelung: 400,00 € monatlich) regelmäßig nicht überschreitet. Zum Gesamteinkommen zählen auch Einkünfte aus Kapitalvermögen.[215] Die Familienversicherung i.R.d. KVLG ist insoweit privilegiert, als nach § 7 Abs. 1 Satz 2 KVLG Einkünfte aus früherer landwirtschaftlicher Tätigkeit nicht zum Gesamteinkommen des betreffenden Ehegatten hinzugerechnet werden. Altenteilsleistungen können also auch vom Ehegatten des Übergebers (u.U. aufgrund der Gesamtberechtigung in Gütergemeinschaft) unschädlich bezogen werden. Vorsicht ist jedoch geboten, wenn der Übergeber zugleich als Arbeitnehmer tätig war, denn die Versicherungspflicht gem. § 5 Abs. 1 Nr. 1 SGB V (bzw. für Rentner Nr. 11) geht der Versicherung in landwirtschaftlichen Krankenkassen vor (§ 3 Abs. 1 KVLG). In diesem Fall könnte der Familienversicherungsanspruch des (Rentner-) Ehegatten durch den Bezug von Altenteilsleistungen entfallen.[216]

3. Kürzung aufgrund Einkommensanrechnung der Gegenleistungen

988 Wie dargestellt, können Einkünfte des Übergeber-Ehegatten seinen Anspruch auf Familienversicherung i.R.d. **gesetzlichen Krankenversicherung** gefährden. Gem. § 10 Abs. 1 Nr. 5 SGB V darf das regelmäßige Gesamteinkommen des Ehegatten 1/7 der jeweiligen monatlichen Bezugsgrenze „West"[217] nicht überschreiten.[218] Für 2006 und 2007 betrug 1/7 dieser Bezugsgröße 350,00 €, für 2008 355,00 €, für 2009 360,00 € und für 2010 und 2011 365,00 € im Monat im gesamten Bundesgebiet, bei Ausübung einer[219] geringfügigen Beschäftigung („Mini-Job-Regelung") seit 01.04.2003 einheitlich 400,00 € im Monat. Das maßgebliche Gesamteinkommen umfasst den Gesamtbetrag der Einkünfte i.S.d. § 16 SGB IV, d.h. die Summe der einkommensteuerrechtlich relevanten Einkünfte,[220] zu welchen gem. § 22 EStG insb. Rentenbezüge bzw. dauernde Lasten – etwa Altenteilsleistungen – gehören (auch echte Leibrenten i.S.d. Steuerrechts werden

---

215 Gemäß BSG, 22.05.2003 – B 12 KR 13/02 R, BSGE 91, 83 ff. ist dabei der Sparerfreibetrag abzuziehen; bis 2008 auch darüber hinausgehende höhere tatsächlich nachgewiesene Werbungskosten.
216 Vgl. hierzu ausführlich (allerdings noch zum alten Recht) *Gitter*, DNotZ 1984, 607 ff.
217 Die Bezugsgröße „West" beläuft sich 2011 auf 2.555,00 €, die Bezugsgröße „Ost" auf 2.240,00 €. In der Kranken- und Pflegeversicherung gilt jedoch seit 01.01.2001 auch in den neuen Ländern die Bezugsgröße „West".
218 Vgl. die jährlichen Verordnungen über die maßgeblichen Rechengrößen der Sozialversicherung.
219 Bestehen mehrere geringfügige Beschäftigungen nebeneinander, beginnt die Beitragspflicht gem. § 8 Abs. 2 Satz 3 SGB IV erst mit Bekanntgabe eines feststellenden Bescheides der Einzugsstelle bzw. des Rententrägers, also entgegen strengerer Verwaltungsrichtlinien nicht rückwirkend, LSG Baden-Württemberg, 09.04.2008 – L 5 R 2125/07, JurionRS 2003, 14902.
220 Das BSG hat im Urt. v. 22.05.2003 – 12 KR 13/02, JurionRS 2003, 21725, aufgrund der Streichung des § 15 SGB IV anerkannt, dass von den Kapitalzinseinkünften der sog. Sparerfreibetrag abzuziehen ist; es dürften auch die Mieteinnahmen um die Abschreibung zu kürzen sein. In der Vergangenheit zu Unrecht bezahlte Beiträge für eine freiwillige Mitgliedschaft (ca. 100,00 – 120,00 € im Monat) können innerhalb der 4-jährigen Verjährungsfrist u.U. gem. §§ 26, 27 SGB IV rückgefordert werden.

D. Auswirkungen der Übertragung/vereinbarter Gegenleistungen auf sozialrechtl. Ansprüche

hierbei gem. § 10 Abs. 1 Nr. 5 letzter Halbs. SGB V mit dem vollen Zahlbetrag berücksichtigt). Hinzu kommt die Gefahr der zusätzlichen Verbeitragung sonstiger Einkünfte bei freiwillig krankenversicherten Personen, auch Rentnern (vgl. etwa Rdn. 1563). Der Beitragssatz in der gesetzlichen Krankenversicherung beträgt seit dem 01.01.2009 einheitlich 15,5 %[221] (davon trägt der Arbeitnehmer 8,2 %, der Arbeitgeber 7,3 %).

War das übertragene Objekt Gesamtgut der Ehegatten in **Gütergemeinschaft**, fallen auch ausbedungene Altenteilsleistungen notwendig in das Gesamtgut. Dies bedeutet nach Ansicht des BFH,[222] dass solche in Gütergemeinschaft erhaltenen Bezüge beiden Ehegatten einkommensteuerrechtlich je zur Hälfte zuzurechnen seien. Insb. bei (häufig durch den Steuerberater des Übernehmers zur Ermöglichung des Sonderausgabenabzugs angeregter) Vereinbarung monatlicher Geldzahlungspflichten kann also der Familienversicherungsschutz i.R.d. § 10 SGB V rasch gefährdet sein. Es ist angesichts der Ausführungen des BFH fraglich, ob diese Folge dadurch verhindert werden kann, dass die Altenteilsleistung ehevertraglich zum Vorbehaltsgut des unmittelbar krankenversicherten Ehegatten erklärt wird, da die Gesamtguteigenschaft des abgegebenen Unternehmens, aus welchem die Versorgungsleistungen nunmehr gewährt werden, nicht nachträglich beseitigt werden kann. *Gitter*[223] sieht deshalb nur die Möglichkeit, die Gütergemeinschaft insgesamt vertraglich zu beenden.

989

Die Zurechnung an die Ehefrau des Veräußerers kommt aber nach BFH[224] auch in Betracht, wenn Leistungen an mehrere Veräußerer als Berechtigten nach **§ 428 BGB** zugewendet werden.[225] Es empfiehlt sich daher bei höheren Leistungen, diese zunächst allein dem bisherigen Eigentümer, nach dessen Ableben oder Scheidung (aufschiebend bedingt) allein bzw. (bei Scheidung) hälftig dem etwa überlebenden bzw. geschiedenen Ehegatten zuzuwenden (vgl. hierzu umfassend Rdn. 2032).

990

Außer bei der Ermittlung der Berechtigung zur Familienversicherung spielt das vorhandene Einkommen i.R.d. gesetzlichen Krankenversicherung eine Rolle bei der Ermittlung der **Belastungsgrenze für Zuzahlungen**, insb. i.R.d. Rezeptgebühr für Arzneimittel (§ 62 SGB V i.V.m. § 3 SGB V). Diese beläuft sich auf 2 % der jährlichen Brutto-Einnahmen, bei chronisch Kranken, die wegen derselben schwerwiegenden Krankheit in Dauerbehandlung sind, liegt sie bei 1 % der jährlichen Brutto-Einnahmen. Bei einer Überlassung vereinbarte wiederkehrende Leistungen werden (außerhalb der landwirtschaftlichen Krankenkasse) als der Versorgung dienende Brutto-Einnahmen berücksichtigt, auch das Wohnungsrecht i.H.d. Sozialversicherungsentgeltverordnung. Letzteres erscheint wegen der Privilegierung, die der stärkeren Position, dem Eigentum am vormals übergebenen Grundbesitz, gewährt worden wäre, fragwürdig (richtig ist aufgrund eines Erst-Recht-Schlusses das gegenteilige Ergebnis, vgl. unten Rdn. 1307 f.).

991

---

221 GKV-Beitragssatzverordnung v. 29.10.2008, BGBl. 2008 I, S. 2109 (einschließlich des Arbeitnehmer-Sonderbeitrags von 0,9 %). Kommt die Krankenkasse mit den vom Gesundheitsfonds zugewiesenen Mitteln (samt morbiditätsorientiertem Risikostrukturausgleich) nicht aus, kann sie Zusatzbeiträge erheben (als Pauschale oder einkommensabhängig, max. 1 % der beitragspflichtigen Einnahmen des Mitgliedes).
222 Vgl. Gutachten, BStBl. 1959 III, S. 263 ff.
223 DNotZ 1984, 609.
224 MittBayNot 1994, 262.
225 Daher stehen auch dem Ehegatten des Übergebers ein eigener Pauschbetrag für Werbungskosten sowie ein eigener Altersentlastungsbetrag (§§ 9a Satz 1 Nr. 3, 24a EStG) zu.

Hinsichtlich der **Renten nach dem BVG** ist zu differenzieren:

992 • **Ausgleichsrenten** gem. § 32 BVG sollen einen abstrakten Ausgleich für den kriegsschädigungsbedingten wirtschaftlichen Schaden sicherstellen, setzen also Bedürftigkeit voraus. Art und Anrechnung des einzusetzenden Einkommens ergeben sich aus § 33 BVG und der hierzu ergangenen Durchführungsverordnung,[226] welche in § 1 Abs. 3 Nr. 9 AusglV ausdrücklich Altenteilsleistungen und Leibrenten als anzurechnende Einkünfte erwähnt. Zugrunde zu legen sind die Werte der SvEV (§ 3 Abs. 1 AusglV).[227] Anrechnungsfrei bleibt jedoch aufgrund ausdrücklicher Erwähnung (§ 2 Abs. 1 Nr. 36 der AusglV) der Sachbezugswert eines freien Wohnrechts, das aus der Überlassung eines früher selbstbewohnten Heims oder eines landwirtschaftlichen Gutes herrührt. Diese Bestimmung ist als normatives Indiz für die nachstehend unter Rdn. 1307 f. erläuterte These zu werten, dass die spezialgesetzliche Schonvermögenseigenschaft der Eigentumsposition an selbstbewohnten Räumen a maiore ad minus auch die Anrechnung des dinglichen oder schuldrechtlichen Wohnrechts an solchen Räumen etwa i.R.d. SachBezV ausschließt.

Gem. § 12 Abs. 1 AusglV sind Einkünfte aus zurückbehaltenem Grundbesitz oder aus Nießbrauch hieran anrechnungsfrei, wenn der Einheitswert des Grundbesitzes 15.000,00 DM nicht übersteigt. Bezieht der Übergeber Ausgleichsrente gem. § 32 BVG, sollten daher die auf zurückbehaltenen Grundbesitz oder zurückbehaltene Nießbrauchsrechte entfallenden steuerlichen Einheitswerte geprüft werden.

In diesem Zusammenhang enthält § 3 Abs. 3 Satz 2 AusglV eine methodisch interessante Regelung: Sind die vertraglich vereinbarten Altenteilsleistungen im Verhältnis zum Wert des Übergabegegenstands oder der üblicherweise vereinbarten Versorgungsleistungen „zu hoch oder zu niedrig", so ist als Einkommen zu berücksichtigen, was „unter angemessener Berücksichtigung der tatsächlichen Verhältnisse" zu leisten wäre. Der in §§ 26 Abs. 1 Satz 1 Nr. 1, 103 SGB XII, § 51 KFürsVO sehr viel restriktiver geregelte Gedanke, dem Hilfeempfänger dürfe ein Verzicht auf zumutbare Erwerbsquellen nicht zugutekommen, führt hierzu einer Fiktion „angemessener Versorgungsleistungen", welche dem Sozialleistungsträger einen kaum kontrollierbaren Berücksichtigungsspielraum belässt. Einen ähnlichen Sonderweg beschreitet die AusglV auch hinsichtlich der Fiktion des Nichtvorliegens einkommensmindernder Vermögensverfügungen, welche nach Ansicht der Versorgungsämter „ohne verständigen Grund" vorgenommen wurden. In der Praxis ist jedoch von diesen Handhaben – der abnehmenden Bedeutung der Kriegsopferausgleichsrenten entsprechend – nur selten Gebrauch gemacht worden.

993 • **Berufsschadensausgleichsrente** gem. § 30 BVG soll eine Kompensation für das durch die Schädigungsfolgen geminderte Einkommen aus gegenwärtiger oder früherer Tätigkeit darstellen. Zu den anzusetzenden Einnahmen aus früherer Tätigkeit zählen gem. § 9 Abs. 2 Nr. 3 der zu § 30 BVG erlassenen DV (BSchAV)[228] auch „Einnahmen aus Vermögen, das der Geschädigte ... geschaffen hat, um sich nach dem Ausscheiden aus dem Erwerbsleben den Lebensunterhalt zu sichern". Hierunter können auch Versorgungsleistungen etwa aus Alten-

---

226 VO über die Einkommensfeststellung nach dem BVG (AusglV) v. 01.07.1975, BGBl. I, S. 1769 mit späteren Änderungen.
227 Das früher insoweit vorgesehene Punktesystem, das bei landwirtschaftlichen Gutsüberlassungsverträgen einen Bewertungsabschlag von 25 % gewährte, ist entfallen.
228 VO zur Durchführung des § 30 Abs. 3 bis 12 BVG, BGBl. 1984 I, S. 861.

teilsverträgen fallen. Das BSG[229] differenziert insoweit dahin gehend, ob der überlassene Gutsbetrieb „objektiv erarbeitet", insb. vergrößert wurde (dann Anrechnung der Altenteilsleistungen hieraus) oder lediglich „verwaltet" und allenfalls „erhalten" worden war (dann keine Berücksichtigung der Versorgungsleistungen). Dieses auf den ersten Blick paradoxe Ergebnis (der Landwirt, welcher den ererbten Hof durch außergewöhnlich intensives Wirtschaften erweitert hat, wird durch Anrechnung der hieraus erzielten Altenteileinkünfte „bestraft") erklärt sich aus der Zielsetzung der Berufsschadensausgleichsrente, welche nicht an das Bedürftigkeitsprinzip anknüpft, sondern an den schädigungsbedingten Ausfall der Erwerbsleistungskraft des Übergebers.[230]

- Alle vorstehenden Ausführungen zu den Renten gem. BVG gelten entsprechend für **Hinterbliebenen-**, insb. Witwen- und Waisenrenten gem. §§ 38 ff. BVG.

994

Die **Sozialfürsorgeleistungen** des **SGB XII und SGB II** werden – aufgrund ihrer Subsidiarität als steuerfinanzierte, nicht zum Ausgleich gemeinschaftsbedingter Opfer bestimmter Leistungen – ebenso wie die bis 31.12.2004 gewährte Arbeitslosenhilfe (§§ 193 ff. SGB III, zuvor §§ 137 Abs. 1 und Abs. 2a, 136 AFG) unter Anrechnung aller Einnahmen in Geld (Renten etc.) oder Geldeswert des Beziehers sowie seines Partners gewährt (§ 82 SGB XII, s. im Einzelnen Rdn. 462; sowie § 11 SGB II, s. im Einzelnen Rdn. 635 ff.). Auch Naturalleistungen (z.B. Tischkost) mindern daher die Höhe solcher Sozialleistungen i.H.d. Werte, welche die gem. § 17 Abs. 1 Nr. 3 SGB IV erlassene und bereits unter Rdn. 469 ff. erläuterte **Sozialversicherungsentgeltverordnung** festlegt.

995

Hinsichtlich der Duldung des Bewohnens durch den Übernehmer (Wohnungs- und Mitbenützungsrecht) ist jedoch wertend zu berücksichtigen, dass der viel stärkere Vorbehalt des Eigentums an den weiter bewohnten Räumen (z.B. gem. WEG, ErbbauV) oder eines Dauerwohnrechts gem. § 31 WEG zu keiner einkommensrelevanten Berücksichtigung (ähnlich etwa dem früheren § 21a EStG) führen würde. Dann kann dies erst recht nicht für die dahinter zurückbleibende Position eines schuldrechtlichen oder dinglichen Wohnrechts gelten. Nach richtiger Auffassung ist der Wert eines bei Übergabe zurückbehaltenen oder „als Gegenleistung" zugewendeten Wohnungsrechts im früher eigenen Heim nicht als Einkommen i.S.d. SGB IV bzw. der SvEV anzusetzen (vgl. im Einzelnen Rdn. 1308).

996

Anders liegt es jedoch hinsichtlich der Heizungs- und Beleuchtungsaufwendungen, wenn diese – wie häufig – der Grundstückseigentümer insgesamt zu tragen hat.

Hat der Veräußerer Anspruch auf Gewährung eines freien Wohnrechts, wird der ihm zustehende Regelsatz jedoch naturgemäß nicht um den Betrag einer (hier fiktiven) Miete erhöht. Bezieht allerdings der das Objekt bewohnende Übernehmer Hilfe zum Lebensunterhalt, sind bei ihm die an den Veräußerer gewährten Leistungen in ihrer Gesamtheit berücksichtigbar als „Kosten der Unterkunft", da sie eingegangen wurden, um das Eigentum am Anwesen zu erhalten.

997

---

229 BSG, 04.02.1976 – 9 RV 126/75, SozR 3640, § 9 Nr. 4.
230 Vgl. *Gitter*, DNotZ 1984, 601; krit. *Wahl*, Vertragliche Versorgungsrechte in Übergabeverträgen und sozialrechtliche Ansprüche, S. 132, der zu Recht darauf hinweist, dass die Voraussetzungen des weiteren Tatbestandsmerkmals des § 9 Abs. 2 Nr. 3 VO zu § 30 BVG (Motiv der Vermögensvermehrung muss die Sicherung des Altenteilerdaseins sein) bei wortlautgerechter Prüfung wohl nur selten gegeben sein werden.

Kapitel 3: Sozialrechtliche Fragen der Grundstücksüberlassung

998 Problematisch ist in diesem Zusammenhang allein die geldwerte Berücksichtigung der aufgrund vertraglicher Vereinbarung erbrachten tatsächlichen **Wart und Pflege** als Einkünfte in Geldeswert nach den „üblichen Mittelpreisen am Verbrauchsort" (§ 2 Abs. 1 Halbs. 2 der VO zur Durchführung des § 82 SGB XII). Entgegen früherer Rechtsprechung des BVerwG[231] hat sich in der Praxis die Linie des VGH Bayern[232] durchgesetzt, wonach die persönliche Hilfeleistung zugunsten des Übergebers nicht per se Einkommenscharakter habe (s. im Einzelnen Rdn. 1373).

999 Im Bereich der möglichen Auswirkung vertraglicher Pflegeverpflichtungen auf SGB XII-Leistungen, die für den häuslichen oder Heimpflegefall gewährt werden (z.B. das Pflegegeld), ergeben sich jedoch deutliche Differenzierungen, zumal sich dort das Problem schon auf der vorgelagerten Ebene möglichen Bedarfswegfalls stellt (s. hierzu ausführlich Rdn. 1005 ff.).

---

231 Im Urt. v. 31.01.1968 – BVerwG V C 22.67, BVerwGE 29, 108.
232 In seinem Urt. v. 02.02.1989, ZfSH/SGB 1989, 580.

E. Pflegefallspezifische Ansprüche nach dem SGB XII und PflegeVG und ihre Wechselbeziehung zu Grundbesitzübertragungen

Wie teilweise schon aus dem bisherigen Gang der Untersuchung ersichtlich, erscheint es ratsam, den Einfluss vertraglicher „Gegenleistungen" bei Vermögensübertragungen auf staatliche Vergünstigungen, die gerade für den Pflegefall gewährt werden, gesondert zu erörtern. Auf einer vorgelagerten Ebene ist insoweit zu prüfen, inwieweit durch die tatsächliche Erbringung der vertraglich geschuldeten Wart und Pflege (oder durch das Verweisen auf deren Geltendmachung) der Sozialleistungsanspruch schon dem Grunde nach wegen anderweitiger Bedarfsdeckung entfällt. Des Weiteren ergeben sich im Bereich der pflegespezifischen Sozialhilfeleistungen zahlreiche Sonderfragen, insb. bei Heimunterbringung des Übergebers (Umwandlung von Wohn- und Versorgungsrechten in Geldrenten etc.). In diesem Abschnitt bedürfen insb. die – in der Praxis allerdings bedeutsamsten – Leistungen nach dem SGB XII und dem PflegeVG (SGB XI) einer Untersuchung.

1000

Diese Themenstellung – bereits ein biblisches Thema, in Gestalt des Vierten Gebotes[233] - wird, wie angesichts der einerseits zunehmenden Lebenserwartung und der andererseits relativen Abnahme des arbeitenden Teils der Bevölkerung nicht weiter überraschend, an Brisanz wachsen. Die Pflegestatistik 2009[234] weist Ende 2009 2,34 Mio. Menschen als pflegebedürftig zumindest in Stufe I aus, davon wurden 31 % (717.000) stationär,[235] 69 % (1,62 Mio. Menschen) zu Hause gepflegt – von Letzteren 1.070.000 allein durch Angehörige, 550.000 durch Pflegedienste.[236] 53,3 % sind in Pflegestufe I, weitere 33,7 % in Pflegestufe II und 13,0 % in Pflegestufe III klassifiziert (lediglich 10 % der Betroffenen können die Heimkosten in Stufe III selbst tragen!). 2005 lagen die Gesamtausgaben der Pflegeversicherung bei ca. 18 Mrd. €, zzgl. ca. 3,2 Mrd. € der Sozialhilfeträger. Es lebten bereits 717.000 Menschen in vollstationären Einrichtungen, davon 146.800 in Pflegestufe III. Die Zahl der Pflegeplätze steigt zwar stetig; die der über 80-jährigen jedoch schneller.[237] Für Hilfe zur Pflege in stationären Einrichtungen gem. SGB XII wurden 2005 ca. 2,6 Mrd. € gewährt (der Unterhaltsregress ggü. Kindern belief sich auf lediglich 42 Mio. €). Etwa 1 Mio. Pflegebedürftiger erhielt ausschließlich Pflegegeld, wurde also durch Angehörige betreut. Die durchschnittliche Monatsvergütung im Heim betrug in Stufe III über 2.860,00 €. Es wird geschätzt, dass sich die Gesamtzahl der pflegebedürftigen Personen bis zum Jahr 2030 auf 3,4 Mio. erhöhen wird (die Bevölkerungsgruppe der 25- bis 49-Jährigen [„Sandwich-Generation"] wird von derzeit ca. 20 Mio. dann auf ca. 16 Mio. geschrumpft sein – ein Generationenvertrag ohne Generation –, die der über 60-Jährigen von 20,5 auf 28,4 Mio. angewachsen sein); derzeit wächst die Zahl aller Pflegebedürftigen jährlich um ca. 2,5 %, die der vollstationär Untergebrachten um ca. 6 %. Derzeit liegt der Anteil der Pflegebedürftigen bei den 70-Jährigen bei 5 %, bei den über 90-Jährigen bei 60 %!

1001

---

233 *Grziwotz/Döbertin*, Spaziergang durch die Antike, S. 135 f., weist zu Recht darauf hin, dass die Einhaltung des Vierten Gebotes („Du sollst deinen Vater und deine Mutter ehren, auf dass du lange lebst auf Erden") als einziges bereits im Diesseits belohnt wird.
234 Veröffentlicht unter www.destatis.de, Rubrik „online-Publikationen".
235 In 10.400 Pflegeheimen mit ca. 546.000 Beschäftigten.
236 11.000 Pflegedienste mit 214.000 Beschäftigten.
237 1999: 645.456 Plätze in 8.859 Heimen; 2003: 713.195 Plätze in 9.743 Heimen; das waren im Jahr 1999: 220,5 Plätze pro 1.000 Einwohner über 80 Jahren, im Jahr 2003 lediglich 206,8 pro 1.000.

Kapitel 3: Sozialrechtliche Fragen der Grundstücksüberlassung

I. Häusliche Pflege

1002 Hinsichtlich der Anrechnung vertraglich vereinbarter Gegenleistungen gelten für die Berücksichtigung regelmäßiger Geldzahlungen und geldwerter Sachleistungsbezüge (abgesehen von den erhöhten Einkommensgrenzen) keine Besonderheiten. Die vertragliche Verpflichtung zur Wart und Pflege ihrerseits wird mittlerweile nicht mehr als Problem der numerischen Anrechnung eines wie auch immer festzustellenden Geldwerts dieser Pflegeverpflichtung gesehen, sondern als Frage des (teilweisen) Wegfalls der in § 61 SGB XII vorgesehenen Sozialhilfeleistungen wegen anderweitiger Bedarfsdeckung. Hierbei ist hinsichtlich der drei **Leistungsbereiche** (Aufwendungserstattung für Pflegepersonen, Kostenübernahme für Pflegekräfte, Pflegegeld) zu differenzieren.

1. Erstattung von Aufwendungen

1003 Der Anspruch auf **Erstattung der Aufwendungen nahestehender Pflegepersonen** („kleines Pflegegeld"), welcher schon bei einfacher Pflegebedürftigkeit gem. § 65 Abs. 1 Satz 1 SGB XII gewährt wird, entfällt nach überwiegender Auffassung, wenn die häusliche Wart und Pflege aufgrund vertraglicher Verpflichtungen geschuldet wird.[238] Hat der Hilfeempfänger bereits Anspruch auf „freie" Wart und Pflege, besteht kein Bedürfnis, ihn durch Geldzuwendungen zur Kosten- und Aufwandserstattung zu befähigen.[239] Von diesem Ausschluss sind also folgende Leistungen umfasst: Soweit die häusliche Pflege durch Angehörige oder Nachbarn übernommen wird, wären die angemessenen Aufwendungen dieser sog. Pflegepersonen dem Pflegebedürftigen zu erstatten. Die einschlägigen Verwaltungsvorschriften[240] nennen z.B. den Ersatz angefallener Fahrtkosten, Verpflegungsmehraufwand, Ausgaben für die Reinigung der Kleidung der Pflegeperson, für eine durch die Pflege erforderlich gewordene Kinderbetreuung. Ferner können dem Pflegebedürftigen angemessene Beihilfen zugunsten dieser Pflegepersonen gewährt werden (z.B. Entschädigung für unvermeidbaren Verdienstausfall; Übernahme der Prämien einer Krankenversicherung der Pflegeperson). Als weitere Ermessensleistung können Alterssicherungsbeiträge für die Pflegeperson übernommen werden. Aufwendungserstattung und Pflegebeihilfen stehen dem **Pflegebedürftigen** zu; sie werden in der Praxis häufig in Form einer monatlichen Pauschalsumme gezahlt (sog. „kleines Pflegegeld").[241] Das früher geltende Verbot der Pauschalierung (§ 69b Abs. 3 BSHG) ist entfallen.[242]

---

238 Eine pauschale Kürzung allein aufgrund des Verwandtschaftsverhältnisses zwischen Pflegeperson und Pflegebedürftigem ist jedoch nicht zulässig, OVG Nordrhein-Westfalen, ZfSH 1989, 475.
239 Vgl. auch Tz. 69.01, letzter Satz der SH-Richtlinien des Bayerischen Städtetages, des Landkreisverbandes Bayern und des Verbandes der bayerischen Bezirke i.d.F. der Bekanntmachung des Bayerischen Staatsministeriums für Arbeit und Soziales v. 01.08.1995, AMBl. 1995 Nr. 23. Über die Anwendung dieser Richtlinien beschließt der Sozialhilfeausschuss beim örtlichen und überörtlichen Träger der Sozialhilfe (Art. 2 Abs. 1 Satz 2, Art. 6 Abs. 1 Satz 2 BayAGBSHG). Ihre Anwendung führt zur Selbstbindung der Verwaltung.
240 Bekanntmachung des Bayerischen Staatsministeriums für Arbeit und Sozialordnung v. 06.05.1983, AMBl. 1983 A 111, Nr. 3.1.1.
241 Vgl. BVerwGE 55, 31.
242 Sozialhilfereformgesetz v. 23.07.1996 (BGBl. I, S. 1088).

2. Kostenübernahme für externe Pflegekräfte

a) Voraussetzungen

Die Übernahme der Kosten für externe Pflegekräfte kann gem. § 65 Abs. 1 Satz 2 SGB XII beansprucht werden, wenn deren Heranziehung „**erforderlich**" ist. Die Praxis der Sozialhilfeträger knüpft hierbei, soweit ersichtlich, an die Ermittlung des vertraglich geschuldeten Pflegeumfangs an: Hinsichtlich der Pflegeleistungen, welche i.R.d. Überlassungsvertrags versprochen wurden, besteht die (allenfalls durch unvorhersehbare Schicksalsschläge widerlegliche) Vermutung, dass sie vom Pflegeverpflichteten ohne Inanspruchnahme externer Kräfte erbracht werden können.

1004

b) Kriterien für mögliche Kürzungen

Damit entfällt regelmäßig die Übernahme der Kosten einer externen Kraft für allgemeine **hauswirtschaftliche Verrichtungen** (z.B. Lebensmitteleinkauf, Reinigen der Wäsche, Zubereiten der Mahlzeiten, Reinigung des Zimmers), auch soweit sie mit der Pflegebedürftigkeit im Zusammenhang stehen (z.B. Betten machen, Leeren des Nachtstuhls). Gleiches gilt regelmäßig für die sog. personenbezogenen Verrichtungen der **Grundpflege** (z.B. Hilfe bei Aufstehen und zu Bett gehen, An- und Auskleiden, Nahrungsmittelaufnahme, Körperpflege, Bewegung, geistiger Erholung). Im Bereich der medizinisch indizierten **Behandlungspflege** werden allerdings wohl nur solche Verrichtungen geschuldet sein, welche ohne besondere Ausbildung nach kurzer Anleitung von jedermann vorgenommen werden können (z.B. Einreibungen, Umschläge), nicht jedoch Maßnahmen, die üblicherweise gewisser Kenntnisse oder Erfahrung bedürfen und bei unsachgemäßer Handhabung Risiken bergen (z.B. Verabreichung von Spritzen).

1005

> **Hinweis:**
>
> Es ist – nicht nur mit Blick auf den Wegfall des Kostenersatzes für externe Pflegekräfte – ratsam, das Maß der geschuldeten Wart und Pflege im Übergabevertrag detaillierter zu regeln, als dies bisher regelmäßig im Rahmen formelhafter Umschreibungen geschehen ist (vgl. hierzu Rdn. 1347 ff.).

1006

Differenzierungen können sich auch hinsichtlich des **zeitlichen Maßes** sowie der „**Lästigkeit**" **des Pflegeaufwands** ergeben. Nach Ansicht von *Wahl*[243] ist bspw. die Übernahme von Wart und Pflege i.R.d. beiden höchsten Pflegebedürftigkeitsstufen des § 64 SGB XII., d.h. bei einer zeitlichen Inanspruchnahme von mehr als 3 Std. täglich für Grundpflege und hauswirtschaftliche Versorgung, im Rahmen von Altenteilsverträgen nur dann geschuldet, wenn dies ausdrücklich vorgesehen ist. Die ältere Rechtsprechung hat dagegen den Verpflichtungsumfang aus vertraglichen Versorgungsansprüchen eher extensiv ausgelegt: Mangels klar einschränkender Regelung sei u.U. sogar die Übernahme der Pflege bei außergewöhnlicher Pflegebedürftigkeit (d.h. in der höchsten Pflegestufe!) geschuldet;[244] ggf. müsse der Verpflichtete eben die Kosten einer quali-

1007

---

[243] Vertragliche Versorgungsrechte in Übergabeverträgen und sozialrechtliche Ansprüche, S. 203 Fn. 1, S. 157 f.; ähnlich *Millich*, Der Pflegefall des Altenteilers unter besonderer Berücksichtigung des Sozialhilferechtes, S. 68 ff.

[244] So etwa OVG Nordrhein-Westfalen, ZfF 1990, 133 zu der Klausel „... die Eltern bis an deren Lebensende in gesunden und kranken Tagen unentgeltlich zu warten und zu pflegen, d.h. demselben alle Handreichungen zu tun, wie es dem Stande und den Bedürfnissen derselben entspricht."

fizierten Pflegekraft übernehmen.[245] Dem ist die jüngere Rechtsprechung, wie in Rdn. 1044 ff. referiert, i.R.d. ergänzenden Vertragsauslegung, dem Rechtsgedanken des § 275 Abs. 3 BGB folgend, entgegengetreten Soweit die pflegende Versorgung des Veräußerers nach dem Ergebnis der Auslegung oder nach der Formulierung des Überlassungsvertrags nicht geschuldet wird oder unverschuldet nicht im versprochenem Maße erbracht werden kann, sind die Kosten für den angemessenen Einsatz externer Pflegekräfte – sofern die allgemeinen Einkommensgrenzen nicht überschritten sind – i.R.d. § 65 Abs. 1 Satz 2 SGB XII ohne Kürzung zu ersetzen.

3. Pflegegeld

a) Voraussetzungen

1008 Der Einfluss einer vertraglichen Pflegeverpflichtung auf die (betragsmäßig am stärksten ins Gewicht fallende) Gewährung von **Pflegegeld** (seit 01.01.2012 in Stufe I: 235,00 €, Stufe II: 440,00 €, Stufe III: 700,00 € pro Monat) ist noch immer nicht vollständig geklärt.[246] Der[247] Ansatz, der Anspruch auf Pflegeleistung sei als Einkommen zu werten, dessen Einsatz wegen § 88 Abs. 1 Nr. 1 SGB XII (Zweckidentität) auch unterhalb der Einkommensgrenzen der HbL gefordert werden könne, darf wohl in dieser Form nicht mehr zugrunde gelegt werden.

1009 Das weitergereichte Pflegegeld darf auf andere Sozialleistungen **nicht angerechnet** werden. Dies bedeutet z.B.:

- keine Anrechnung auf das ALG II/Sozialgeld gem. § 1 Abs. 1 Nr. 4 der Verordnung v. 17.12.2007 (BGBl. 2007 I, S. 2942);[248]
- keine Wertung als rentenschädlicher Hinzuverdienst, wenn die pflegende Person vor Vollendung des 65. Lebensjahrs vorzeitige Altersrente erhält, § 34 Abs. 2 Satz 4 Nr. 1 SGB VI;
- keine Berücksichtigung als Einkommen i.R.d. Unterhaltsberechnung gem. § 13 Abs. 6 SGB XI).

1010 Gem. § 3 Nr. 36 EStG sind Einnahmen für Leistungen zur Grundpflege oder hauswirtschaftlichen Versorgung bis zur Höhe des Pflegegelds zugunsten von Angehörigen oder anderen Personen, die damit eine sittliche Pflicht des § 33 Abs. 2 EStG erfüllen, zusätzlich einkommensteuerfrei.[249] (Diese Freistellung tritt neben die Steuerbefreiung für nebenberufliche Pflegetätigkeit i.H.e. Freibetrages von bis zu 2.100,00 €/Jahr gem. § 3 Nr. 26 EStG).[250] Allerdings kann aufgrund Wei-

---

[245] OLG Schleswig, SchlHA 56, 334, 335; vgl. auch *Millich*, Der Pflegefall des Altenteilers unter besonderer Berücksichtigung des Sozialhilferechtes, S. 71. Die Lohnkosten gelten dann beim Übergeber als steuerpflichtiges Einkommen aus dauernder Last! Moderater allerdings nunmehr OLG Koblenz, MittBayNot 1999, 284: Zwar seien bei unbestimmtem Leistungsumfang auch ungedeckte Kosten einer stationären Pflege eingeschlossen, allerdings gem. § 242 BGB begrenzt auf den Wert des vom Anspruchsberechtigten übertragenen Gegenstands.

[246] Vgl. zum Folgenden insb. *Germer*, BWNotZ 1983, 73 ff. sowie *Küfner*, ZfSH 1985, 66 ff.

[247] In BVerwGE 28, 109 entwickelte.

[248] Geändert durch VO vom 21.06.2011, BGBl 2011 I, S. 1175.

[249] Gleiches gilt für Pflegegelder aus privaten Versicherungsverträgen sowie für die Pauschalbeihilfen nach beamtenrechtlichen Beihilfevorschriften für häusliche Pflege.

[250] Vgl. hierzu OFD Frankfurt am Main, 21.04.2008, EStB 2008, 320 und Bay. Landesamt für Steuern v. 29.07.2008, EStB 2008, 395; Werbungskosten sind nur abzugsfähig, soweit sie den Freibetrag übersteigen.

tergabe des Betrags an die pflegende Person die Inanspruchnahme des Pflegepauschbetrags nach § 33b Abs. 6 EStG verwehrt sein.[251]

Voraussetzung für den Bezug des Pflegegelds ist neben der Einstufung mind. in Pflegestufe I (hierzu s. Rdn. 1052 ff.), dass der Pflegebedürftige „mit dem Pflegegeld" dessen Umfang entsprechend die erforderliche Grundpflege und hauswirtschaftliche Versorgung in geeigneter Weise selbst sicherstellt. 1011

b) Kriterien für mögliche Kürzungen

Da das Pflegegeld gem. § 64 SGB XII die tatsächliche Erbringung der Pflege durch nahestehende Personen gerade voraussetzt und fördern soll, also offensichtlich das Gesetz selbst davon ausgeht, dass auch bei tatsächlicher Leistungserbringung weiterhin Bedarf für finanzielle Motivation besteht, kann von einer Zweckidentität der vertraglichen Pflegeverpflichtung mit dem gesetzlichen Pflegegeld keine Rede sein. Der VGH Bayern hat in der ebenfalls bereits erwähnten Entscheidung[252] kurz ausgeführt, es sei allenfalls an einen teilweisen Bedarfswegfall zu denken, da der Motivationsschub bei ohnehin bestehender vertraglicher Verpflichtung nicht die Intensität erreichen müsse, die bei der Pflege aus „bloß" sittlicher Veranlassung notwendig sei. Der einzige im Gesetz geregelte Fall einer **teilweisen Kürzung des Pflegegelds** wegen teilweisen Wegfalls des Bedarfs ist jedoch die Reduzierung bei teilstationärer Betreuung des Pflegebedürftigen (§ 66 Abs. 3 SGB XII). Ausdrücklich existiert de lege lata keine Grundlage für eine Teilkürzung des Pflegegelds bei vertraglicher Pflegeverpflichtung.[253] Zur Stützung der Praxis einer Pflegegeldkürzung lässt sich allenfalls anführen, dass gem. § 66 Abs. 2 Satz 2 SGB XII eine bis zu 66 %ige Reduzierung des Pflegegelds erfolgen kann, wenn gleichzeitig Aufwendungen für Pflegepersonen oder Kosten von Pflegekräften erstattet werden. Hieraus ist zu schließen, dass auch nach Auffassung des Gesetzgebers das Pflegegeld zumindest teilweise den Charakter eines pauschalierten **Aufwendungsersatzes** hat, der jedoch – wie ausgeführt – bei vertraglicher Verpflichtung zur Vornahme der Pflege und zur Erbringung der notwendig damit verbundenen Aufwendungen entfallen kann. 1012

> **Hinweis:**
>
> In der Praxis wird dementsprechend, den früheren Sozialhilferichtlinien[254] folgend, größtenteils das Pflegegeld um zwei Drittel gekürzt, wenn eine vertragliche Pflegepflicht für diese Stufe übernommen wurde.

1013

---

251 BFH, 21.03.2002 – III R 42/00, BStBl. 2002 II, S. 417: Unschädlich ist nur die „treuhänderische" Verwaltung des Pflegegelds durch die pflegende Person, wenn die tatsächliche Verwendung für den Pflegebedürftigen nachgewiesen wird. Aufgrund Gesetzesänderung gelten diese Grundsätze allerdings nicht für Eltern eines behinderten Kindes, sodass diese den Pauschbetrag weiter in Anspruch nehmen können (§ 33b Abs. 6 Satz 2 EStG i.d.F. des Steueränderungsgesetzes 2003).
252 ZfSH 1989, 580.
253 Ebenso *Gottschick/Giese*, BSHG, Anm. 10.2. zu § 69; *Bayer*, ZfF 1977, 78 ff.
254 SH-Richtlinien Bayern 1995, Tz. 69.01.

Das OVG Nordrhein-Westfalen hat dies gebilligt.[255] Wie eine telefonische Umfrage ergeben hat, versuchen einzelne Sozialhilfeträger, durch differenzierende Prüfung den tatsächlichen Verhältnissen des Einzelfalls besser gerecht zu werden: Je höher der Wert des übergebenen Anwesens ist, je kürzer die Übergabe zurückliegt, je geringer der Gesamtumfang der dabei vereinbarten Gegenleistungen ist, je weniger diese bisher tatsächlich aktuell geworden sind, um so höher wird die vertragliche Pflegeverpflichtung auf das Pflegegeld angerechnet.

II. Pflege bei Unterbringung in Heimen

1. Reduzierter Schonbereich

1014 Der Umfang der Pflicht zum Einsatz eigenen Vermögens oder Einkommens ist bei dauernder Heimunterbringung erweitert. So fällt die Schonvermögenseigenschaft der **angemessenen Wohnung** i.S.d. § 90 Abs. 2 Nr. 8 SGB XII weg, wenn mit einer Rückkehr aus dem Heim nicht zu rechnen ist und kein weiteres Mitglied der Einsatzgemeinschaft (insb. der Ehegatte) oder kein Abkömmling diese Räume weiter bewohnt.[256] Der Einsatz **eigenen Einkommens** auch unterhalb der Einkommensgrenze kann „in angemessenem Umfang" verlangt werden, solange der Hilfeempfänger nicht eine andere Person überwiegend unterhält und auf voraussichtlich längere Zeit[257] der Pflege in einem Heim bedarf (§ 88 Abs. 1 Satz 2 SGB XII). Von dieser Möglichkeit wird weitgehend Gebrauch gemacht.

1015 Da die typischerweise vereinbarten Altenteilsnaturalleistungen einschließlich der Wart und Pflege ihrer Natur nach bzw. ihrem vertraglich konkretisierten Leistungsinhalt zufolge nur für den Zeitraum des Verbleibs des Übergebers im Anwesen zu erbringen sind, entfällt bei Sozialhilfeleistungen i.R.d. Heimunterbringung des Übergebers regelmäßig das unter Rdn. 1002 ff. behandelte, vorgelagerte Problem des möglichen Wegfalls der Sozialleistung wegen vorrangiger anderweitiger Bedarfsdeckung. Die Auseinandersetzung verlagert sich überwiegend auf die Ebene der Vermögens- und Einkommensanrechnung, wobei der Sozialhilfeträger i.H.d. anrechnungspflichtigen Einkommens entweder ggü. dem Heimträger die Pflegesatzzahlungen kürzt oder – im Regelfall – den Heimträger in voller Höhe befriedigt, jedoch nach Überleitung gem. § 93 SGB XII[258] Erfüllung der geldwerten Ansprüche des Hilfeempfängers an die Sozialhilfeverwaltung verlangt.

---

255 OVG Nordrhein-Westfalen, 25.01.1988, ZfSH 1989, 41. Im älteren Schrifttum wurde teilweise gar das völlige Entfallen des Pflegegelds bei vertraglichem Pflegeanspruch gefordert, so etwa von *Fuchs*, ZfF 1967, 68 f.
256 Das OVG Nordrhein-Westfalen hatte in ZfSH 1983, 519 noch abweichend entschieden, das weitere Bewohnen der Räume durch den Ehegatten erhalte den Schonvermögenscharakter der Wohnung nicht. Dies ist durch die Neufassung des Gesetzes überholt. Vgl. zur früheren Rechtslage auch BVerwG, NJW 1992, 1402 f.
257 Nach SH-Richtlinien Bayern, Tz. 85.05 ist hiervon auszugehen, wenn die Beendigung der Heimpflege nicht innerhalb von 6 Monaten zu erwarten ist.
258 Die Unpfändbarkeit oder Nichtabtretbarkeit bestimmter Altenteilsleistungen (§ 850b Abs. 1 Nr. 3 ZPO, § 399 BGB) steht der Überleitung gem. § 93 Abs. 1 Satz 4 SGB XII nicht entgegen. Wie unter Rdn. 902 ff. ausgeführt, darf nur übergeleitet werden, soweit der Anspruch in der Hand des Hilfeempfängers nicht mehr zum Schonvermögen gezählt hätte, was jedoch bei auswärtiger Heimunterbringung im Hinblick auf § 90 Abs. 2 Nr. 8 SGB XII regelmäßig nicht mehr der Fall ist.

> **Hinweis:**
> Hierbei wird seitens der Sozialhilfeträger häufig übersehen, dass die Überleitung des schuldrechtlichen Anspruchs zu keinem Übergang des diesen Anspruch sichernden dinglichen Rechts (auch nicht kraft Gesetzes gem. §§ 401 Abs. 1, 412, 413 BGB) führt.[259] Anders liegt es nur bei der (akzessorischen) Hypothek. Dem Sozialhilfeträger dürfte jedoch nach Überleitung ein schuldrechtlicher Anspruch auf Neubestellung dinglicher Rechte zur Sicherung der schuldrechtlichen Ansprüche zustehen,[260] für welche jedoch wohl nicht die Vollstreckungsprivilegien des Altenteilsrechts (z.B. § 9 Abs. 1 EGZVG oder § 850d ZPO) gelten.[261]

1016

2. Wegfall vertraglicher Ansprüche (Wohnungsrecht)?

Auf rein zivilrechtlicher Ebene ist zunächst zu ermitteln, ob bzw. in welchem Umfang die vorbehaltenen Rechte entfallen, wenn deren Begünstigter (sei es wegen Pflegebedürftigkeit oder wegen dauernder Übersiedlung in wärmere Gefilde) das Anwesen dauerhaft verlässt. Maßgeblich ist zunächst der vertraglich vereinbarte Inhalt des (schuldrechtlichen oder dinglichen) Rechts, subsidiär etwa anwendbare landesrechtliche Bestimmungen zum Leibgedingsvertrag (vgl. etwa Art. 8 Satz 1 BayAGBGB, wonach Altenteilsleistungen auf dem überlassenen Grundstück zu bewirken sind), schließlich die allgemeinen Regelungen des BGB-Schuld- bzw. Sachenrechts.

1017

Eine beschränkte persönliche Dienstbarkeit – die „Urform" des Wohnungsrechts – erlischt, wenn ihre Ausübung aus tatsächlichen oder rechtlichen Gründen dauernd unmöglich wird, als niemand[262] mehr einen Vorteil bietet.[263] Die bloße **dauernde Unmöglichkeit der Ausübung** durch den Wohnungsberechtigten selbst genügt hierfür jedoch nicht; mit Zustimmung des Grundstückseigentümers, die auch später und beschränkt auf den Einzelfall erteilt werden kann, könnte die Ausübung des Rechts einem Dritten überlassen werden (§ 1090 Abs. 1 Satz 2 BGB).[264] Der Fall der dauernden Heimunterbringung des Wohnungsberechtigten ist daher in seiner Auswirkung auf den Bestand des dinglichen Rechts anders zu beurteilen als etwa die dauerhafte Zerstörung des Weges durch Bergrutsch, wenn keine Wiederherstellungspflicht besteht. Das dingliche Wohnungsrecht erlischt endgültig nur bei Aufgabe durch den Berechtigten (vgl. Rdn. 1089)[265] – auf die kein gesetzlicher Anspruch besteht.[266] Eine „bereits jetzt" erteilte Löschungsbewilligung „für den Fall des Eintritts der Pflegebedürftigkeit" ist – da die Bedingung nicht allein aus dem Grundbuch ersichtlich ist (wie etwa bei der Bewilligung der Löschung der Kaufvormerkung „bei

1018

---

259 Vgl. *Karpen*, MittRhNotK 1988, 147; *Plagemann*, AgrarR 1989, 86; a.A. zu Unrecht *Baur*, ZfSH 1982, 231 und LG Duisburg, DNotZ 1984, 573.
260 So auch *Büllesbach*, ZfSH 1987, 350; *Plagemann*, AgrarR 1989, 87. Vgl. auch Art. 16 BayAGBGB, wonach der Leibgedingsberechtigte dingliche Sicherung seiner Ansprüche verlangen kann.
261 *Uer*, ZfSH 1966, 39 ff.
262 BGH, 06.02.2009 – V ZR 139/08, MittBayNot 2009, 374 m. Anm. *Böhringer* (Wasserdurchleitungsrecht der öffentlichen Hand ist zwar gegenstandslos, aber Wasserentnahme des dienenden Eigentümers bleibt möglich).
263 BGHZ 41, 214; Gleiches gilt für Grunddienstbarkeiten: BayObLG, DNotZ 1999, 507.
264 OLG Celle, NJW-RR 1999, 10; OLG Zweibrücken, OLGZ 1987, 27; *Schöner/Stöber*, Grundbuchrecht, Rn. 1267; BGH, 19.01.2007 – V ZR 163/06, NotBZ 2007, 129 m. Anm. *Krauß*; OLG Saarbrücken, 05.08.2010 – 5 W 175/10, BeckRS 2010, 28837.
265 Vgl. *Everts*, ZEV 2004, 496.
266 LG Heidelberg, 12.11.2009 – 7 O 14/09, NotBZ 2010, 155.

Fehlen nachrangiger Eintragungen") – nicht tauglich, ebenso wenig eine unter dieser Bedingung stehende Löschungsvollmacht.[267]

1019 Weitergehend kann – zur „Säuberung" des Grundbuches – ein dauerndes Ausübungshindernis in der Person des Berechtigten als auflösende Bedingung vereinbart werden. Da der Nachweis des Eintritts dieser Bedingung nur schwierig in der Form des § 29 GBO geführt werden kann (z.B. durch amtsärztliches Zeugnis, Rdn. 1021, oder Meldebescheinigung, Rdn. 1022), arbeitet die Praxis mit der Pflicht zur Berichtigungsbewilligung (Rdn. 1020),[268] oder verwendet das Instrument der Eigenurkunde des Notars (Rdn. 1023):

1020 **Formulierungsvorschlag: Erlöschen des dinglichen Wohnungsrechts bei Unmöglichkeit seiner Ausübung**

> Das dingliche Wohnungsrecht und die zugrunde liegende Abrede erlöschen, wenn es durch den Berechtigten voraussichtlich auf Dauer nicht mehr ausgeübt werden kann; der Berechtigte ist dann zur Bewilligung der Löschung verpflichtet.

1021 **Formulierungsvorschlag: (Er-)löschen des dinglichen Wohnungsrechts gegen amtsärztliches Attest**

> Das dingliche Wohnungsrecht und die zugrunde liegende Abrede erlöschen, wenn es durch den Berechtigten voraussichtlich auf Dauer nicht mehr ausgeübt werden kann. Dasselbe gilt, wenn ein amtsärztliches, gesiegeltes, Attest des Inhalts vorgelegt wird, dass der Berechtigte aus gesundheitlichen Gründen voraussichtlich dauernd an der Ausübung gehindert ist.

1022 Alternativ kann auch zum grundbuchlichen (§ 29 GBO!) Nachweis des Erlöschens des Wohnungsrechtes (und damit der Unrichtigkeit des Grundbuchs, § 22 GBO) auf eine Bescheinigung der Meldebehörde abgestellt werden,[269] dass dort eine Abmeldung dieser Wohnung erfolgt sei. Freilich erlaubt das bundesrechtliche Rahmengesetz (in § 16 Abs. 2 MRRG), bei der Übersiedlung in ein Alten- oder Pflegeheim von der Ummeldung abzusehen;[270] ferner besteht bei einer (zur Vermeidung einer Betreuerbestellung) aufgenommenen Vollmacht an den Erwerber, den Wohnungsberechtigten abzumelden, die Gefahr einer missbräuchlich verführten Löschung.

1023 **Formulierungsvorschlag: (Er-)Löschen des dinglichen Wohnungsrechts durch Abmeldebescheinigung**

> Das dingliche Wohnungsrecht und die zugrunde liegende Abrede erlöschen, wenn es durch den Berechtigten voraussichtlich auf Dauer nicht mehr ausgeübt werden kann. Dasselbe gilt, wenn der Berechtigte bei der zuständigen Meldebehörde weder mit Haupt- noch mit Nebenwohnung gemeldet ist; der Berechtigte bevollmächtigt hiermit den Erwerber, diese

---

[267] Zu beidem OLG Hamm, 02.08.2010 – 15 W 265/10, ZfIR 2010, 702.
[268] Vgl. auch *Zimmer*, ZEV 2009, 382, 383.
[269] So etwa *Müller-von Münchow*, ZEV 2009, 549 f.
[270] Davon macht etwa Art. 25 Abs. 1 Satz 1 BayMeldeG Gebrauch; authorisiert aber andererseits den Heimleiter in Art. 25 Abs. 1 Satz 3 BayMeldeG zur Anmeldung.

Abmeldung vorzunehmen, wenn die vom Wohnungsrecht erfassten Räume tatsächlich weder als Haupt- noch als Nebenwohnung mehr dienen.

Schließlich kann das Instrument der „Eigenurkunde des Notars" (Rdn. 3374 ff.) eingesetzt werden, um externe Nachweise, die ihrerseits nicht der Beweismittelbeschränkung des § 29 GBO genügen, in die Sphäre des § 29 GBO „hochzustufen". 1024

Formulierungsvorschlag: (Er-)Löschen des dinglichen Wohnungsrechts gegen notarielle Eigenurkunde 1025

> Das dingliche Wohnungsrecht und die zugrunde liegende Abrede erlöschen, wenn es durch den Berechtigten voraussichtlich auf Dauer nicht mehr ausgeübt werden kann, oder wenn dem Grundbuchamt eine notarielle Eigenurkunde über das Erlöschen vorgelegt wird. Der amtierende Notar, sein Vertreter und Nachfolger im Amt werden hiermit in stets widerruflicher Weise angewiesen, diese Eigenurkunde zu fertigen, wenn dem Notar ein schriftliches ärztliches Attest vorgelegt wird, demzufolge der Berechtigte aus gesundheitlichen Gründen voraussichtlich dauernd an der Ausübung des Wohnungsrechtes durch Selbstnutzung gehindert ist.

3. Überleitung vertraglicher Ansprüche?

Kommt es als Folge stationärer Pflege zu ergänzenden Leistungen der Sozialhilfe oder z.B. zur Gewährung des steuerfinanzierten Landes-Pflegewohngeldes (insb. in NRW und Schleswig-Holstein), werden naturgemäß alle auf Geld gerichteten Ansprüche, die dem Pflegebedürftigen gegen den Erwerber aus dem Überlassungsvertrag zustehen, gem. § 93 SGB XII übergeleitet. Es ist angesichts der unkalkulierbaren Höhe der offenen Pflegekosten eindringlich davor zu warnen, insoweit Pflichten zu übernehmen, die über die Erbringung der tatsächlichen Dienstleistung hinaus Geldzahlungspflichten vorsehen, zumal die Rechtsprechung der späteren Herabsetzung solcher Pflichten sehr skeptisch ggü. steht, sie teilweise gar als sittenwidrig nicht beachtet.[271] 1026

Schwieriger zu beantworten ist die Frage nach der **Überleitungsfähigkeit von Wohnungsrechten** (Rdn. 1304 ff.) und anderen ortsgebundenen Pflichten. Das frühere Schrifttum[272] hat sie unter Hinweis auf § 93 Abs. 1 Satz 4 SGB XII, wonach die bürgerlich-rechtliche Nichtübertragbarkeit des Anspruchs seiner Überleitung auf den Sozialhilfeträger nicht entgegensteht, uneingeschränkt bejaht. Dem ist jedoch[273] zu widersprechen: Durch die Überleitung darf keine Erschwerung oder Änderung der Leistungspflicht des Schuldners eintreten. Diese Folge wäre jedoch unvermeidlich, wenn der Sozialhilfeträger ein Wohnungsrecht nach Überleitung durch Überlassung an dritte Personen „ausüben" dürfte. § 93 Abs. 1 Satz 4 SGB XII überwindet also lediglich rechtsgeschäftliche Ausschlüsse der Abtretbarkeit sowie gesetzliche Abtretungsausschlüsse, die nicht zur Wahrung der Identität des Leistungsinhalts angeordnet sind. Bei unverändertem Leistungsinhalt aber ist das „übergeleitete" Wohnungsrecht für den Sozialhilfeträger per se nichts wert, da es wei- 1027

---

271 So VG Münster, 19.11.2008 – 6 K 683/07, notar 2009, 262 m. Anm. *Michael* („so übernimmt der Erwerber den Differenzbetrag zur Finanzierung der Unterbringung ..").
272 Insb. *Baur*, ZfSH 1982, 229 ff.
273 Ebenso *Karpen*, MittRhNotK 1988, 146 f.

terhin auf Überlassung der Wohnräume an den ursprünglichen Wohnungsberechtigten gerichtet ist (anders liegt es naturgemäß, wenn – entgegen der gesetzlichen Regel [§ 1092 Abs. 1 Satz 2 BGB] – die Überlassung an Dritte zur Ausübung, d.h. Fremdvermietung, gestattet wäre).[274] Es bedarf daher nicht der vom Ergebnis her motivierten teleologischen Reduktion des § 93 SGB XII auf lediglich Geldansprüche, wie sie etwa das OLG Braunschweig[275] vorgeschlagen hat. Vielmehr stellt sich nur das unter Rdn. 1030 ff., 1034 behandelte Problem der Umwandlung des Wohnungsrechtsanspruchs in einen Geldanspruch (zu dessen Abdingbarkeit s. Rdn. 1382 ff.).

1028 Die in der früheren sozialhilferechtlichen Kommentarliteratur[276] teilweise behauptete per-se-Umwandlung der Ansprüche auf Dienst- und Sachleistungen in Geldzahlungspflichten bei SGB XII-Überleitung findet eine normative Grundlage nur im Erstattungsrecht der Leistungsträger untereinander (§ 108 SGB X) und ist daher außerhalb des oben beschriebenen spezialgesetzlichen Anwendungsbereichs der Landesausführungsgesetze zum BGB sowie der möglichen Vertragsanpassung wegen Wegfalls der Geschäftsgrundlage abzulehnen.

1029 > **Hinweis:**
>
> Eine Überleitung von Wohnungsrechten gem. § 93 SGB XII ist daher allenfalls möglich, wenn die Ausübung des Wohnungsrechts schon vertraglich (über die ggf. landesgesetzliche Regelung, z.B. des Art. 13 Abs. 1 BayAGBGB hinaus) gem. § 1092 Abs. 1 Satz 2 BGB an Dritte überlassen werden kann; die Rechtsprechung des OLG Köln, wonach sich eine solche Ausübungsübertragbarkeit aus § 242 BGB ergeben könne, ist allenfalls für den dort entschiedenen Sonderfall, in welchem das Wohnungsrecht an die Stelle eines früheren Nießbrauchrechts getreten war, noch vertretbar.

4. „Umwandlung" in Geldansprüche?

a) Leibgedingsrecht

1030 Hinsichtlich der Leistungen, die ihrer Natur nach nur auf dem Grundstück gewährt werden können,[277] d.h. insb. hinsichtlich eines Wohnungsrechts und der Verpflichtung zur Erbringung von Dienstleistungen, bei entsprechender Klarstellung auch Wart und Pflege, stellt sich bei dauernder Heimunterbringung i.R.d. Einkommens- und Vermögensanrechnung das zusätzliche Problem der **„Umwandlung" in Geldansprüche**,[278] welche dann unstreitig anzurechnendes (und ggf. überzuleitendes) Einkommen darstellen. Die gem. Art. 96 EGBGB fortgeltenden landesrechtlichen Vorschriften zum Leibgedingsrecht sehen überwiegend vor, dass – jedenfalls ab einem hierauf gerichteten Verlangen[279] – eine dem Wert der Befreiung nach billigem Ermes-

---

274 *Everts*, ZEV 2004, 497; OLG Celle, OLGR 2004, 38.
275 MittRhNotK 1996, 222.
276 Vgl. etwa *Germer*, BWNotZ 1983, 75; hiergegen z.B. *Grube/Wahrendorf*, § 93 Rn. 24.
277 Vgl. insoweit auch Art. 8 BayAGBGB, wonach die dem Berechtigten zustehenden Leistungen auf dem überlassenen Grundstück zu bewirken sind.
278 Vgl. hierzu eingehend *Karpen*, MittRhNotK 1988, 144 f.; *Gitter*, DNotZ 1984, 603; *Büllesbach*, ZfSH 1987, 346; *Sbresny*, ZfF 1983, 222 ff.; *Rosendorfer*, MittBayNot 2005, 1 ff.
279 Wohl zu verstehen i.S.e. „Kündigung" des Naturalleistungsanspruchs; a.A. OLG Schleswig, RdL 1961, 186: Anspruch entsteht bei Vorliegen der Voraussetzungen ex lege.

sen entsprechende Geldrente zu entrichten ist, wenn der Berechtigte aus besonderen Gründen das Grundstück auf Dauer verlässt (so Art. 18 BayAGBGB oder – ähnlich – Art. 15 § 9 Abs. 3 PrAGBGB).[280] Diese Voraussetzungen sind i.d.R.[281] erfüllt, wenn feststeht, dass der Berechtigte sein Wohnrecht und die Naturalleistungsansprüche wegen dauernder Heimunterbringung nicht mehr wird ausüben können.[282] Gleiches gilt i.R.d. (z.B. in NRW geltenden) Art. 15 § 9 Abs. 3 PrAGBGB: Der Berechtigte ist durch andere Umstände als das Verhalten des Verpflichteten ohne eigenes Verschulden genötigt, das Grundstück dauernd zu verlassen; ebenso i.R.d. § 16 NdsAGBGB: Dauerndes Verlassen des Altenteilergrundstücks, ohne dass dieser Umstand auf eine Störung des Zusammenlebens durch den Verpflichteten zurückzuführen ist. Diese Voraussetzungen sind jedenfalls[283] erfüllt, wenn der Berechtigte infolge Pflegebedürftigkeit dauernd auf einer Pflegestation eines Heims verbleiben muss. Dass bei etwaigen kurzzeitigen Besuchen die Couch zum Ausruhen des Hilfempfängers bereitsteht, genügt zur Abwendung der Rechtsfolgen des Art. 15 § 9 Abs. 3 PrAGBGB nicht.[284]

Die Rechtsprechung orientiert sich bei der Ermittlung **der Höhe dieser Auszugsrente** hinsichtlich 1031

- **des Wohnungsrechts** an der erzielbaren Nettomiete[285] (deren Feststellung allerdings gerade im ländlichen Bereich häufig Schwierigkeiten bereitet);
- **des Wegfalls der Wart- und Pflegeverpflichtung** am entfallenen täglichen Stundenaufwand (Freizeitwert; Stundensatz ca. 6,00 – 8,00 €).[286] Dabei wird berücksichtigt, dass viele i.R.d. häuslichen Betreuung und Versorgung anfallende Hilfstätigkeiten ohnehin auch für den eigenen Haushalt zu erledigen wären. Ferner gilt als „nicht erspart" der Zeitaufwand, den der Erwerber für Besuche im Pflegeheim weiterhin aufbringt.[287] Pauschalierend wird teilweise der (volle) Pflegegeldbetrag zugrunde gelegt für die Stufe, deren Übernahme der Erwerber

---

280 Auch Art. 15 § 8 PrAGBGB wird von der Rspr. bei städtischen Gebäuden teilweise unmittelbar angewendet, vgl. etwa AG Brilon, 21.01.1986 – 2 C 485/85, n.v.
281 Zu beachten ist jedoch in diesem Zusammenhang die Entscheidung des LG Duisburg, NJW-RR 1987, 1349, wonach keine Geldersatzrente für ein Wohnungsrecht geschuldet wird, wenn die Räume für den Berechtigten auch nach dessen Heimunterbringung aus psychologischen Gründen weiter freigehalten werden. Nach AG Paderborn – 2 C 621/91, n.v. erlischt auch das „schlichte" lebenslängliche Wohnungsrecht nicht ohne Weiteres mit dem Umzug in ein Altenheim.
282 Vgl. OLG Köln, NJW-RR 1989, 138; BayObLG, DNotZ 1998, 299 (orientiert an § 7 Abs. 3 BGB: objektive Aufgabe des Wohnsitzes und diesbezüglicher Wille erforderlich). Die bloße Aufnahme in ein Pflegeheim gestattet diese Schlussfolgerung allerdings noch nicht.
283 Nach OLG Celle, 20.03.2006, OLGR 2006, 454 (zu § 16 NdsAGBGB) genügt auch ein dauerndes Verlassen, das aus eigenem Antrieb des Altenteilsberechtigten erfolgt, also ohne medizinische Notwendigkeit.
284 Vgl. OLG Köln, MittRhNotK 1993, 162 ff.; zur hierbei verwendeten Definition des Altenteilsrechts (§ 49 GBO) krit. *Mayer*, Rpfleger 1993, 320 f. („Abschied vom Altenteil?").
285 Beispiel: OLG Celle, 20.03.2006, OLGR 2006, 454 (zu § 16 NdsAGBGB), wo die Wohnung tatsächlich, wenn auch innerhalb der Familie, nachvermietet wurde.
286 Zusammenstellung bei *Karpen*, MittRhNotK 1989, 144 mit Tendenz nach oben (LG Osnabrück, NJW-RR 1992, 453 f.), vgl. auch Gutachten, DNotI-Report 1999, 47 f. Das OLG Düsseldorf (s. nachfolgende Fn.) legt 5,00 € je Stunde zugrunde.
287 Vgl. OLG Düsseldorf, 11.07.2005 – I-9 U 193/04, ZErb 2006, 59.

zugesagt hatte (Stufe I: 215,00 €).[288] Höhere Wertansätze finden sich in Pflichtteilsergänzungsprozessen (als unentgeltlichkeitsmindernder Anrechnungsposten im Jahr 1998: bis zu 2.500,00 DM/Monat).[289] Möglicherweise wird die nun konsequent verfolgte Linie des BGH (Rdn. 1044), im Rahmen ergänzender Vertragsauslegung lediglich auf die ersparten Sachaufwendungen, nicht den Wert gewonnener Freizeit, abzustellen, insoweit künftig geringere Ansätze zur Folge haben.

- **der entfallenen Aufwendungen** für die Verköstigung an einer monatlichen Ersparnis von ca. 80,00 €.[290]

1032 In Bayern wird aufgrund einer Abstimmung der zuständigen Sachgebietsleiter[291] weiter differenziert:

- Erfasst der räumliche Ausübungsbereich des vorbehaltenen Wohnungsrechts das gesamte Anwesen, ist die ortsübliche Miete heranzuziehen.
- Ist dessen Gegenstand lediglich die Nutzung einzelner Räume, werden pro Zimmer mind. 25,00 € pro Monat angesetzt, zusätzlich – sofern tatsächlich vom Erwerber/Eigentümer geschuldet – für die Übernahme der Nebenkosten für Strom 7,50 € pro Monat, für Wasser 1,50 €, für Heizung 40,00 € und für sonstige Nebenkosten 13,00 €. Ist der Eigentümer zusätzlich verpflichtet, die Instandhaltungskosten zu tragen, wird dies mit weiteren 25,00 – 100,00 € monatlich bewertet.
- Hauswirtschaftliche Versorgungen sind in drei „Untergruppen" eingeteilt:
  - Durchführung von Besorgungen (Einkäufe etc.),
  - Reinigung und Ausbesserung von Kleidung, Wäsche und Schuhe sowie schließlich,
  - die Zubereitung der Mahlzeiten.

  Für die beiden ersten Bereiche werden je nach den Umständen mind. 15,00 € monatlich angesetzt, für den Wegfall der Verpflegungsverpflichtung 1/3 des Regelsatzes für volljährige Anspruchssteller.
- Hinsichtlich der Verpflichtung zu Wart und Pflege wird das Pflegegeld für die Pflegestufe I angesetzt, derzeit also 225,00 € monatlich.

1033 **Begrenzend** ist zum einen die Leistungsfähigkeit des Übernehmers dann zu berücksichtigen, wenn nach den Bestimmungen des Übergabevertrags finanzielle Verpflichtungen (etwa die Tragung der nicht anderweit gedeckten Krankheitskosten) ihrerseits davon abhängig gemacht wurden. Darüber hinaus erkennen einige Sozialhilferichtlinien[292] sowohl eine objektive Begren-

---

288 Ein Gutachten des Deutschen Vereins für öffentliche und private Fürsorge (NDV 1997, 366) plädiert, da das Pflegegeld nur Motivationscharakter habe, sogar für den Ansatz der Pflegesachleistung dieser Stufe (Stufe I: nunmehr 420,00 €). Ähnlich *Weyland*, MittRhNotK 1997, 68 f.: In Anlehnung an die Leistungsstörungsvorschriften bei gegenseitigen Verträgen müsse der volle Wert (= Sachwert) der Pflegeverpflichtung ersetzt werden.
289 OLG Oldenburg, FamRZ 1998, 517.
290 Vgl. etwa LG Osnabrück, RdL 1991, 270; an früheren Urteilen ist z.B. zu nennen LG Kaiserslautern, ZfF 1982, 157; OLG Hamm, MittBayNot 1983, 288; LG Hannover, AgrarR 1987, 20; OLG Düsseldorf, MittRhNotK 1988, 13.
291 Vgl. Referat von Oberregierungsrätin *Kaltenstadler* am 19.03.2003 vor dem Bayerischen Notarverein in Landshut; *Rosendorfer*, MittBayNot 2005, 4.
292 So z.B. in den SH-Richtlinien Baden-Württemberg, Rn. 90.36.

zung – die sich aus der Addition der einzelnen Positionen ergebende Summe wird wertend reduziert, wenn der Barwert des Altenteils den Wert der übergebenen Grundstücke übersteigt – als auch eine subjektive Obergrenze an: Dem Erwerber soll zumindest ein Garantiebetrag verbleiben i.H.v. 120% des Regelsatzes eines Haushaltsvorstands, etwaigen Mehrbedarfszuschlägen, den Kosten der Unterkunft, einschließlich Heizkosten, sowie Ratenverpflichtungen für Hausratsgegenstände und Pkw; andernfalls rechtfertige die wirtschaftliche Lage des Erwerbers eine Ersatzrente in der errechneten Höhe nicht.

Zur vertraglichen Abdingbarkeit vgl. Rdn. 1382 ff.

b) Änderung der Geschäftsgrundlage (§ 313 BGB)?

Auch außerhalb des Leibgedingsrechts (z.B. häufig bei Übertragungsverträgen über städtisches Wohngebäude unter Rückbehalt eines Wohnungsrechts)[293] hat der BGH[294] im Weg der **Anpassung des der Wohnungsrechtsbestellung zugrunde liegenden Vertrages aufgrund Wegfalls der Geschäftsgrundlage** eine Abgeltung des Versorgungsanspruchs durch Zahlung von Geldbeträgen in entsprechender Höhe im Einzelfall hergeleitet.   1034

Das OLG Köln[295] hat diesen Ansatz weiter nuanciert: Die Parteien hatten das ursprünglich eingeräumte Nießbrauchsrecht gegen eine einmalige Zahlung in ein nichtübertragbares Wohnungsrecht „umgewandelt". Nach Ansicht des Gerichts entfällt zwar die Geschäftsgrundlage für diese „Umwandlung" aufgrund der späteren Heimunterbringung des Wohnungsrechtsinhabers nicht, der Verpflichtete (=Erwerber) könne aber nach Treu und Glauben gehalten sein, die Ausübung des Wohnungsrechts durch ihm zumutbare dritte Personen angesichts der wirtschaftlichen Notlage des Berechtigten zu gestatten. Dahinter steht wohl die (in den Urteilsgründen nicht ausgesprochene) Überlegung, die Mieteinnahmen als überleitungsfähiges Einkommen zur Deckung der Heimkosten heranziehen zu können. Ähnlich hat wiederum das OLG Köln[296] ausgeführt, bei dauernder stationärer Pflegebedürftigkeit könne die Geschäftsgrundlage für die Beschränkung eines Wohnungsrechts auf eine höchstpersönliche Nutzung entfallen mit der Folge, im Weg der Anpassung der Vereinbarung dem Wohnungsberechtigten (als anrechnungsfähiges Einkommen) einen Anspruch auf Vergütung der durch Vermietung üblicherweise erzielbaren[297] Erträge zuzubilligen.[298]   1035

Dieser Ausweitung der Lehre vom Wegfall der Geschäftsgrundlage ist das OLG Hamm[299] mit guten Gründen entgegengetreten, wonach eine Ausgleichszahlung weder nach §§ 323, 324 BGB   1036

---

293 So der Sachverhalt in LG Duisburg, MittRhNotK 1989, 194; vgl. jedoch LG Bamberg, MittBayNot 1992, 144 zu einem Leibgeding an städtischem Anwesen; ebenso für die Erweiterung des materiellen Leibgedingsbegriffs von der „Wirtschaftseinheit" zur „Versorgungseinheit" *Rosendorfer*, MittBayNot 2005, 3.
294 DB 1981, 1614.
295 FamRZ 1991, 1432.
296 LS in MittBayNot 1996, 40.
297 Abweichend OLG Celle, OLGR 1998, 318: lediglich i.H.d. von den Beteiligten bei der Bestellung zugrunde gelegten Wohnungsrechtswerts von 100,00 DM/Monat.
298 Ähnlich OLG Düsseldorf, NJW-RR 1988, 326 f.; NJW-RR 1994, 201; OLG Köln, MittRhNotK 1995, 175; OLG Köln, ZEV 1997, 937; OLG Schleswig, OLGR 1997, 357; zum Ganzen vgl. auch *Schwarz*, ZEV 1997, 309, 315.
299 Vgl. NJW-RR 1996, 1360 und erneut OLG Hamm, 09.05.2005, RNotZ 2007, 544 ähnlich AG Lahr, MittRhNotK 1999, 112.

a.F. noch den Grundsätzen über den Wegfall der Geschäftsgrundlage geschuldet sei, sondern nur bei Eingreifen der Leibgedingsvorschriften (dort des Art. 15 § 9 Abs. 3 des PrAGBGB). Auch das OLG Brandenburg[300] sieht für eine Ausweitung der vom Beschenkten übernommenen Verpflichtungen, gestützt auf § 242 BGB, nur Raum, wenn andernfalls ein untragbares, mit Recht und Gerechtigkeit schlechthin unvereinbares Ergebnis nicht zu vermeiden wäre. War die (später eintretende) Pflegebedürftigkeit tatsächlich voraussehbar, steht dies der Anwendung der Grundsätze über die Änderung der Geschäftsgrundlage ohnehin entgegen, da die Parteien die Versorgungssituation des Zuwendenden (mit dem vertraglich vereinbarten Ergebnis) dann in ihren rechtsgeschäftlichen Willen aufgenommen haben. Von Letzterem ist nach zutreffender Ansicht des OLG Koblenz[301] und des OLG Oldenburg[302] i.d.R. auszugehen; somit fehlt es an dem für § 313 BGB erforderlichen „hypothetischen Element", dass der Vertrag in Kenntnis des Risikos anders geschlossen worden wäre. Auch der BGH äußert mittlerweile Bedenken, den Eintritt der Pflegebedürftigkeit als unvorhergesehenes Ereignis i.S.d. § 313 BGB zu werten,[303] und stellt neuerdings[304] in Übereinstimmung mit der Literatur[305] zutreffend fest, „bei der Vereinbarung eines lebenslangen Wohnungsrechtes musste jeder Vertragsteil grds. damit rechnen, dass der Berechtigte sein Recht wegen Krankheit und Pflegebedürftigkeit nicht bis zum Tod ausüben kann. Der Umzug in ein Pflegeheim ist daher i.d.R kein Grund, den der Bestellung zugrunde liegenden Vertrag nach § 313 BGB anzupassen".

Dies gilt umso mehr, wenn in der Urkunde für den Fall der dauernden auswärtigen Unterbringung Vorkehrungen getroffen sind, etwa durch bedingte Befugnis zur Überlassung des Wohnungsrechtes zur Ausübung an Dritte (Rdn. 1298). Zur vertraglichen Abwehrvorsorge vgl. Rdn. 1382 ff.

c) „Interessengerechte" Vertragsauslegung?

1037 Der BGH hat in seinem Urt. v. 21.09.2001[306] die von der Vorinstanz (OLG Hamm) gefundene (übernehmerfreundliche und zumutbarkeitsorientierte) Auslegung einer Vertragsklausel, wonach der Erwerber zwar (wie ausdrücklich geregelt) die Kosten der ambulanten Pflege, nicht aber (da nicht erwähnt) die Kosten einer stationären Pflege (sondern lediglich die ausdrücklich erwähnten nicht gedeckten Krankenhauskosten) zu übernehmen habe, verworfen, und zwar mit dem überraschenden Vorwurf, sie sei sinnlos, da damit die Leistungsvereinbarung auf einen unwirksamen **Vertrag zulasten Dritter** (des Sozialhilfeträgers) gerichtet sei. Folgt man dem, würde auch eine ausdrücklich enthaltene Vertragsbestimmung, wonach der Übernehmer zwar im ambulanten Bereich bestimmte Verpflichtungen trage, nicht jedoch für die nicht gedeckten Kosten stationärer Unterbringung aufzukommen habe, als „Vertrag zulasten Dritter" unwirksam sein.[307] Dem kann weder in der Begründung noch im Ergebnis gefolgt werden (vgl. unten Rdn. 1342 ff.).

---

300 ZOV 1997, 417.
301 OLG Koblenz, 15.11.2006 – 1 U 573/06, RNotZ 2007, 36.
302 OLG Oldenburg, 11.10.2007 – 14 U 86/07, RNotZ 2008, 298.
303 BGH, 19.01.2007 – V ZR 163/06, NotBZ 2007, 133 m. Anm. *Krauß*; OLG Celle, 15.10.2007 – 4 W 195/07, NotBZ 2007, 445 lässt offen, ob seine frühere Rspr. zu § 313 BGB demnach fortgeführt werden kann.
304 BGH, 09.01.2009 – V ZR 168/07, ZNotP 2009, 147, NotBZ 2009, 222 m. Anm. *Krauß*.
305 *Mayer*, DNotZ 2008, 678; *Auktor*, MittBayNot 2008, 15; *Krauß*, NotBZ 2007, 130.
306 BGH, 21.09.2001 – V ZR 14/01, MittBayNot 2002, 179 m. Anm. *Mayer*, S. 153; DNotZ 2002, 702 m. Anm. *Krauß*.
307 Hierauf weist zu Recht auch *Kornexl*, ZEV 2002, 117 f. hin.

Der BGH hatte im Urt. v. 23.01.2003[308] Gelegenheit, im Rahmen eines PKH-Verfahrens zu einem ähnlichen Sachverhalt Stellung zu nehmen: Durch notariellen Altenteilsvertrag des Jahres 1972 hatten sich übernehmender Sohn und dessen (nunmehr beklagte) Ehefrau „zur Erbringung sämtlicher häuslicher Arbeiten und zur Betreuung und Pflege in gesunden und kranken Tagen, solange kein Krankenhausaufenthalt notwendig wird", verpflichtet. Da der medizinisch indizierte Aufenthalt in einem Pflegeheim nicht erwähnt sei, handele es sich um eine Vertragslücke, die entgegen der (m.E. richtigen) Auffassung des Berufungsgerichts nicht durch eine Gleichstellung mit dem Krankenhausaufenthalt (mit der Folge des Erlöschens der Verpflichtung) zu schließen sei, sondern durch die Annahme einer finanziellen Beteiligung an den stationären Heimkosten i.H.d. **ersparten Aufwendungen**,[309] also ohne Berücksichtigung des Sachwerts des Wohnungsrechts selbst (im Beispielsfall addierten sich erparte Wasser-, Strom- und Instandhaltungsaufwendungen sowie ersparter Verpflegungsaufwand auf insgesamt immerhin 982,00 € pro Monat; weit niedrigere Werte sind jedoch anzusetzen, wenn bereits in der Vergangenheit im Einvernehmen mit dem Wohnungsberechtigten dessen Ausübungsbereich reduziert wurde).[310] Hierfür spreche der aus dem Vertrag zum Ausdruck kommende umfassende Versorgungswille des Übergebers,[311] dem die Vorstellung, „der Allgemeinheit zur Last zu fallen", unerträglich sei.[312] Allerdings distanziert sich der BGH deutlich vom Topos des „unzulässigen Vertrags zulasten Dritter" und versteht die Ausführungen im Urt. v. 21.09.2001 als Hinweis darauf, dass die übernehmerfreundliche Auslegung wirtschaftlich zu einer Belastung des Sozialhilfeträgers führe. Leistungsbeschränkende Klauseln, dies wird deutlich, werden jedenfalls extrem eng – angeblich dadurch „interessengerecht" – ausgelegt. Dies gilt auch für Lücken in Nachtragsvereinbarungen zu vorbehaltenen Rechten (z.B. Gestattung der Vermietung der bisher vom Wohnungsrecht umfassten Räume, wenn nicht ausdrücklich geregelt ist, wem die Miete zustehen soll: dem Wohnungsberechtigten zuzüglich der ersparten Instandhaltungsaufwendungen).[313]

1038

Dieser **Tendenz „interessengerechter Vertragsauslegung"** (die auch dem Revisionsgericht ohne einschlägige tatrichterliche Festlegung eröffnet ist) schlossen sich einige Instanzgerichte an, allerdings mit der Maßgabe, dass zuvor der Umfang der geschuldeten Leistung, bzgl. dafür ersparter Aufwendungen zu erstatten seien, auf das mutmaßlich Gewollte korrigiert wird: Trotz des unbegrenzten Wortlauts „Wartung und Pflege in gesunden und kranken Tagen" sei etwa gemäß OLG Düsseldorf[314] angesichts der bereits bei Vertragsschluss vorhandenen zwei eigenen Kinder lediglich der Dienstleistungsaufwand geschuldet gewesen, der zum Erreichen der Pflegestufe I führt. Von den solchermaßen zugrunde zu legenden 90 Minuten täglich seien weiter diejenigen Verrichtungen als „nicht erspart" auszunehmen, die i.R.d. Betreuung des eigenen

1039

---

308 BGH, 23.01.2003 – V ZB 48/02, ZEV 2003, 211 m. Anm. *J. Mayer*, MittBayNot 2004, 181.
309 Die Höhe der ersparten Aufwendungen dürfte sich an der Rspr. zu Leibgedingsverträgen orientieren, vgl. *Rosendorfer*, MittBayNot 2005, 7.
310 Beispiel OLG Düsseldorf, 11.07.2005 – I-9 U 193/04, ZErb 2006, 59: Bei Reduzierung auf nur mehr ein Zimmer praktisch keine ersparten Aufwendungen.
311 Ebenso OLG Düsseldorf, 21.11.2002 – V ZR 40/02, n.v.
312 Dies darf zu Recht auch für Landwirte bezweifelt werden (Pflegeheimkosten lassen sich auch aus großen landwirtschaftlichen Betrieben kaum erwirtschaften; die Betriebe selbst sind nur durch steuerfinanzierte Förderungen überlebensfähig!).
313 BGH, 19.01.2007 – V ZR 163/06, NotBZ 2007, 129 m. Anm. *Krauß*.
314 V. 11.07.2005 – I-9 U 193/04, RNotZ 2005, 485 = ZErb 2006, 59, 60; ähnlich OLG Düsseldorf v. 05.04.2004 – I-9 U 180/03, JurionRS 2004, 24081 Rn. 46 ff.

Haushalts „miterledigt" werden können. Das Gericht sieht einschließlich der Sachaufwendungen einen monatlichen Betrag von gesamt 200,00 € (wobei die „gewonnene Freizeit" mit 5,00 € pro Stunde angesetzt wird, entgegen der nunmehrigen Linie des BGH Rdn. 1044) als angemessen an. Für das nicht mehr ausübbare Wohnrecht ist kein weiterer Aufwand anzusetzen, da gemäß der Bestellungsurkunde alle Kosten des Bewohnens durch den Berechtigten zu tragen gewesen seien. Andere Instanzgerichte wiederum betonen, für eine ergänzende Auslegung in Richtung einer Ersatzgeldrente bedürfe es konkreter Anhaltspunkte dafür, wie die Beteiligten die Regelungslücke geschlossen hätten, andernfalls verbiete sich die Annahme eines umfassenden Alterssicherungsvertrages.[315]

1040 In seiner **dritten Leitentscheidung**[316] verschiebt der BGH die Akzente und widersteht damit der Versuchung, i.R.d. „interessengerechten Vertragsauslegung" den Schwerpunkt nicht auf das Substantiv, sondern auf das Adjektiv zu legen, um richterlich definierte Vorstellungen von Vertrags- und Lastenverteilungsgerechtigkeit – auch im Fiskalinteresse – durchzusetzen: Ein „klassisches Wohnungsrecht", das auf Lebenszeit des Veräußerers ohne weitere Regelung bestellt wird, ist angesichts seiner höchstpersönlichen Natur und der familiären Verbundenheit zwischen Veräußerer und Erwerber, ungeachtet des Umstands, dass das Wohnungsrecht der Alterssicherung des Berechtigten dient, nicht durch ergänzende Vertragsauslegung dahin gehend zu ergänzen, dass bei Heimunterbringung eine Verpflichtung des Berechtigten zur Vermietung der Wohnung und Herausgabe des erzielten Erlöses bestehe.

1041 Im Einzelnen gibt der BGH folgende Handreichungen zur Schließung etwa vorhandener planwidriger Lücken, sollte die Formulierung dafür (als „kautelarjuristischer Betriebsunfall"[317] noch Raum lassen:

a) Eine Verpflichtung der Eigentümerin, die nach Auszug der Wohnungsberechtigten nicht mehr genutzten Räume zu vermieten, entspricht wegen des höchstpersönlichen Charakters des Nutzungsrechts im Zweifel nicht dem hypothetischen Parteiwillen (anders läge es nur dann, wenn das Wohnungsrecht aufgrund allgemeiner Gestattung des Eigentümers gem. § 1092 Abs. 1 Satz 2 BGB an Dritte überlassen werden könnte, was jedoch in der Praxis die Ausnahme ist.)

b) Demzufolge wird auch für den Fall, dass die Familie des Eigentümers oder ein naher Familienangehöriger die frei gewordenen Räume selbst nutzt, keine Pflicht bestehen, von diesem Nutzer eine Miete bzw. Nutzungsentschädigung zu verlangen. Gerade wenn das Wohnungsrecht für ein Familienmitglied bestellt war, ergibt sich hieraus der hypothetische Parteiwille, dass auch die Nutzung durch andere Familienmitglieder unentgeltlich erfolgen könne.

1042 c) Regelmäßig wird der hypothetische Parteiwille jedoch gestatten, die freigewordenen Räume an Dritte zu vermieten (ohne dass hierzu eine Pflicht besteht, s.o. a). Dies gilt nach Ansicht des BGH jedenfalls dann, wenn „eine Rückkehr der Mutter aus dem Pflegeheim in absehba-

---

315 OLG Schleswig, 07.12.2007 – 14 U 57/07, ZEV 2008, 398.
316 BGH, 09.01.2009 – V ZR 168/07, DNotZ 2009, 431 m. Anm. *Herrler*, S. 408 ff.; *Volmer*, MittBayNot 2009, 276 ff.
317 So treffend *J. Mayer*, DNotZ 2008, 685.

rer Zeit offenbar nicht zu erwarten und die ihr überlassene Wohnung zur Vermietung an Dritte geeignet ist".[318]

d) Es verbleibt die wirtschaftlich entscheidende Frage, wem die Einnahmen aus einer solchen (freiwilligen) Vermietung, wie sie auch im BGH-Sachverhalt einige Jahre lang stattgefunden hat, zustehen. Ein gesetzlicher Auskehranspruch (§§ 567 bzw. 567a i.V.m. § 566 BGB; §§ 816 Abs. 1 Satz 1, 812 Abs. 1 Satz, 1. 2. Alt. BGB; angemaßte Eigengeschäftsführung gem. §§ 687 Abs. 2 Satz 1, 681 Abs. 2, 667 BGB) besteht nicht, da der Mietzins nicht auf Kosten des Berechtigten erlangt wurde. Maßgeblich ist daher die ergänzende Auslegung der zugrunde liegenden Abrede dahin gehend, ob die Mietzinsen dem Wohnungsberechtigten (also infolge Überleitung dem Sozialleistungsträger) zustehen oder ob der Eigentümer die Vermietung auf eigene Rechnung vornehmen darf.

aa) Für Ersteres führt der Senat ins Feld, dass das Wohnungsrecht ein Teil der Altersversorgung der Mutter darstellte und ein Grund, weshalb deren Umzug in eine Pflegeheim zu einer wirtschaftlichen Besserstellung der Eigentümerin (der erwerbenden Tochter) führen solle, nicht erkennbar sei.[319]

bb) Dagegen spricht aber, dass die Parteien ausdrücklich ein Wohnungsrecht, nicht einen Nießbrauch vereinbart haben und somit gerade keine Einkunftserzielung aus den betreffenden Räumen für den Berechtigten erzielen wollten. Die bloße, auch beim schlichten Wohnungsrecht gegebene Befugnis, Pflegepersonen in die Wohnung aufzunehmen (§ 1093 Abs. 2 BGB), ändert an dieser Wertung nichts. Das Wohnungsrecht sollte zwar der Alterssicherung dienen, allerdings nur in Gestalt der Ersparnis von Mietaufwendungen durch Eigennutzung, sodass der hypothetische Parteiwille nicht darauf gerichtet sei, den Eigentümer dazu zu verpflichten, die Wohnung auch danach zur Sicherung der Lebensgrundlage des Berechtigten einzusetzen.

cc) Die Literatur schließlich plädiert schließlich dafür, mangels abweichender Gesichtspunkte (analog § 430 BGB) die Miete je zur Hälfte dem Wohnungsberechtigten und dem Eigentümer zuzuweisen.[320]

Hinweis:

Nimmt man die nunmehr gefundene Argumentationsbasis des BGH beim Wort, kann bei exakter, jegliche Auslegungsbedürftigkeit ausschließender, Formulierung leistungsbeschränkender Klauseln „Entwarnung" gegeben werden. Die nicht mehr vom Wohnungsberechtigten genutzten Räume stehen dann dem Eigentümer, auch zur entgeltlichen Vermietung, zur Verfügung. (Zu den Folgen für den Vertragsgestalter s.u. Rdn. 1382 ff.). Schwieriger mag es sein, das Ergebnis der ergänzenden Vertragsauslegung zu prognostizieren, wenn die Wohnnutzung nur schuldrechtlich vereinbart ist und damit § 1092 Abs. 1 Satz 2 BGB (keine Überlassung der Ausübung an Dritte) als Argument nicht zur Verfügung steht.[321]

1043

---

318 Ohne diese Einschränkung für eine Befugnis zur Vermietung der leerstehenden Räume auf eigene Rechnung: OLG Hamm, 28.09.2009 – I-5 U 80/07, DNotZ 2010, 128.
319 Ähnlich *Auktor*, MittBayNot 2008, 14, 17.
320 Z.B. *Herrler*, DNotZ 2009, 408, 421.
321 OLG Karlsruhe, 29.09.2010 – 4 W 78/10, DNotI-Report 2011, 77 sieht daher bei einem schuldrechtlichen, infolge Heimunterbringung nicht mehr ausübbaren Wohnungsrecht Raum für eine Beteiligung an den Kosten der Wohnkosten im Heim.

1044 Diesen Ansatz hat der BGH[322] auch auf das Schicksal ortsgebundener **Leistungs- (nicht Duldungs-) Pflichten** übertragen, wenn im Vertrag keine Regelung für den Fall getroffen war, dass der Veräußerer diese Leistungen aufgrund (i.d.R. gesundheitsbedingten) Wegzugs nicht mehr in Anspruch nehmen kann: Ein Ausgleich für ersparten tatsächlichen Dienstleistungs**zeit**aufwand (in Bezug auf Pflege und hauswirtschaftliche Verrichtungen), also eine Abgeltung gewonnener Freizeit, sei als Ergebnis ergänzender Vertragsauslegung nur dann geschuldet, wenn die Beteiligten beim Abschluss des Übergabevertrags übereinstimmend davon ausgegangen waren, der Erwerber werde diese Leistungen nicht selbst erbringen, sondern hierfür eine Hilfskraft engagieren und bezahlen. Andernfalls bleibe es lediglich bei der Erstattung ersparter **Sachaufwendungen**.

III. Rechtslage gemäß Pflegeversicherungsgesetz

1. Grundzüge des SGB XI

a) Versicherte, Beiträge

1045 Die **Pflegeversicherung** – der jüngste Sozialversicherungszweig in der BRD – gewährt seit 01.04.1995 häusliche, seit dem 01.07.1996 stationäre Leistungen. Das Versicherungs- und das Beitragsrecht ist weitgehend an das Recht der gesetzlichen Krankenversicherung (SGB V) angelehnt (vgl. § 20 Abs. 1 Satz 1 SGB XI). So kennt bspw. § 25 SGB XI eine beitragsfreie Mitversicherung von Familienangehörigen ähnlich der krankenversicherungsrechtlichen Mitversicherung in § 10 SGB V. Auch organisatorisch sind die Pflegekassen unter dem Dach der gesetzlichen Krankenversicherung errichtet worden (§§ 1 Abs. 3, 46 Abs. 1 SGB XI).

1046 Es gilt (vorbehaltlich des Zuschlags für Kinderlose, i.H.v. weiteren 0,25 %, Rdn. 1047) ab 01.07.2008 ein bundeseinheitlicher **Beitragssatz** von 1,95 % (zuvor 1,7 %), der je hälftig von Arbeitgeber und Arbeitnehmer getragen wird (Ausnahme im Bundesland Sachsen, wo der Buß- und Bettag als Feiertag nicht gestrichen wurde: bis 30.06.2008 Arbeitnehmeranteil 1,35 %, Arbeitgeberanteil 0,35 %).[323] Die **Beitragsbemessungsgrenze** ist identisch mit derjenigen der Krankenversicherung (§ 55 Abs. 2 SGB XI: 44.550,00 € für 2011; 45.000,00 € für 2010; 44.100,00 € für 2009; 43.200,00 € für 2008; 42.750,00 € für 2006 und 2007; 42.300,00 € für 2005 in den alten und den neuen Ländern – das darüber hinausgehende Arbeitseinkommen wird also bei der Beitragsermittlung ignoriert), jedoch kennt die Pflegeversicherung im Unterschied zur Krankenversicherung (dort § 6 SGB V: 49.500,00 €[324]/Jahr in den alten und den neuen Ländern mit seit 02.02.2007 erschwerten Wechselvoraussetzungen)[325] **keine Versicherungspflichtgrenze** (de-

---

[322] BGH, 29.01.2010 – V ZR 132/09, NotBZ 2010, 182 m. Anm. *Krauß*.
[323] Dies ist verfassungsgemäß, BSGE 85, 10.
[324] Für Arbeitnehmer, die seit mind. 31.12.2002 privat krankenversichert sind, abweichend hiervon 44.550,00 € in den neuen und den alten Bundesländern, vgl. § 6 Abs. 7 SGB V.
[325] Verabschiedung des GKV-Wettbewerbsstärkungsgesetzes: Versicherungsfreiheit erst, wenn die Jahresarbeitsentgeltgrenze (für 2011: 49.500,00 €; für 2010: 49.950,00 €) in drei aufeinanderfolgenden Kalenderjahren überschritten wurde, vgl. *Eilts*, NWB 2009, 4104. Mit erfasst sind auch regelmäßig zu erwartende Zulagen (samt 13. Monatsgehalt) sowie Einkünfte aus einer versicherungspflichtigen Zweitbeschäftigung; bei Krankengeld etc. wird ein fiktives Entgelt zugrunde gelegt. Unabhängig vom Jahresarbeitsentgelt ist eine Krankenversicherungspflicht ausgeschlossen, wenn ein über 55-Jähriger in den vorangehenden 5 Jahren nicht gesetzlich versichert war und nicht mind. die Hälfte dieser Zeit versicherungsfrei, von der Versicherungspflicht befreit oder hauptberuflich selbstständig tätig war.

ren Überschreitung grds. das Ausscheiden aus der gesetzlichen Krankenversicherungspflicht,[326] nicht jedoch der Pflegeversicherungspflicht zur Folge hat). Unter engen Voraussetzungen (§ 26a SGB XI) ist auch ein freiwilliger Beitritt zur gesetzlichen Pflegeversicherung möglich.[327]

Aufgrund eines Auftrags des BVerfG[328] musste der Gesetzgeber ab 01.01.2005 bei der Beitragsbemessung in der sozialen Pflegeversicherung[329] Eltern ggü. **kinderlosen Versicherten** bevorzugen (durch einen vom Versicherten allein zu tragenden Beitragszuschlag von 0,25 % für alle über 23 Jahre alte Versicherten,[330] die kein Kind[331] erzogen haben – gleichgültig ob leibliches, Stief-, Adoptiv-,[332] Pflege- oder verstorbenes Kind), sodass der Beitragssatz für Kinderlose sich auf 2,20 % (bzw. für Personen mit halbem Beitragssatz, wie Beamte, auf 1,225 % = 0,975 + 0,25 %) beläuft.

1047

Das Pflege-Weiterentwicklungsgesetz[333] brachte ab 01.07.2008 eine, allerdings nicht tiefgreifende, **Reform der gesetzlichen Pflegeversicherung**:

1048

- Im Vordergrund steht die Verbesserung der Versorgung altersverwirrter Patienten (Demenzkranke, „Pflegestufe Null") durch Leistungen von bis zu 2.400,00 € im Jahr und die Bildung wohnortnaher Pflegestützpunkte.
- Pflegeheime, deren Bemühungen dazu führen, dass der Pflegebedürftige in eine niedrigere Pflegestufe eingeordnet wird, erhalten künftig einen Bonus.
- Ein Fallmanager („Pflegebegleiter") koordiniert seit 01.01.2009 die Vorsorge für jeden Pflegefall und dient als Anspruchpartner.
- Die ambulanten und stationären Sachleistungen sowie das Pflegegeld wurden Mitte 2008, und sodann jeweils zum Jahresbeginn 2010 und 2012 angehoben. Ab dem Jahr 2015 soll alle 3 Jahre eine Anpassung an die aktuelle Preisentwicklung erfolgen (§ 30 SGB XI).

Die **Pflegesachleistungen** wurden wie folgt erhöht:		
Stufe I	ab 01.07.2008	420,00 €
(bisher 384,00 €)	ab 01.01.2010	440,00 €
	ab 01.01.2012	450,00 €
Stufe II	ab 01.07.2008	980,00 €
(bisher 921,00 €)	ab 01.01.2010	1.040,00 €

1049

---

326 Sie ist für „Altfälle" gem. § 6 Abs. 7 SGB V (vor 2003) identisch mit der Beitragsbemessungsgrenze, für „Neufälle" ab 2003 (§ 6 Abs. 6 SGB V) höher.
327 Seit 01.01.2002 als Folge von BVerfGE 103, 225 (zuvor nur bei Wegzug ins Ausland). Mindestbeitragsberechnungsgrundlage ist dann für das Jahr 2012 875,00 € monatlich (§ 240 Abs. 4 SGB V).
328 BVerfGE 103, 242.
329 Also nicht der privaten Pflegepflichtversicherung (NWB, Fach 27, S. 5933).
330 Ausgenommen die vor 1940 Geborenen.
331 Zum Nachweis der Elterneigenschaft ggü. dem Arbeitgeber sollen aufgrund Verständigung der Kranken- und Pflegekassen Lohnsteuerkarte, Geburts- oder Abstammungsurkunde, Auszug aus dem Familienbuch oder Kindergeld- bzw. Erziehungsgeldbescheid dienen.
332 Gem. § 55 Abs. 3a SGB XI reicht allerdings keine Adoption eines Kindes im Erwachsenenalter (Reaktion auf das insoweit zweifelnde Urteil des BSG, 18.07.2007 – B 12 P 4/07, n.v.).
333 BGBl. 2008 I, S. 874 ff.; vgl. hierzu *Marschner*, NWB 2008, 2371 ff. = Fach 27, S. 6607 ff.

	ab 01.01.2012	1.100,00 €
Stufe III (bisher 1.432,00 €)	ab 01.07.2008	1.470,00 €
	ab 01.01.2010	1.510,00 €
	ab 01.01.2012	1.550,00 €
Das **ambulante Pflegegeld** wird bis zum Jahr 2012 wie folgt angehoben:		
Stufe I (bisher 205,00 €)	ab 01.07.2008	215,00 €
	ab 01.01.2010	225,00 €
	ab 01.01.2012	235,00 €
Stufe II (bisher 410,00 €)	ab 01.07.2008	420,00 €
	ab 01.01.2010	430,00 €
	ab 01.01.2012	440,00 €
Stufe III (bisher 665,00 €)	ab 01.07.2008	675,00 €
	ab 01.01.2010	685,00 €
	ab 01.01.2012	700,00 €
	ab 2015	ebenfalls mit Inflationsanpassung
Die **stationären Sachleistungsbeträge** der Stufen I und II bleiben unverändert, für die stationäre Pflegestufe III und die Stufe III in Härtefällen erfolgt ab 2008 ebenfalls eine stufenweise Anpassung:		
Stufe III (bisher 1.432,00 €)	ab 01.07.2008	1.470,00 €
	ab 01.01.2010	1.510,00 €
	ab 01.01.2012	1.550,00 €
für Härtefälle der Stufe III (bisher 1.688,00 €)	ab 01.07.2008	1.750,00 €
	ab 01.01.2010	1.825,00 €
	ab 01.01.2012	1.918,00 €

1050   Die zusätzlichen Leistungen werden durch **höhere Beiträge** finanziert, nämlich einen Anstieg um 0,25 % ab 01.07.2008 (im Gegenzug wurde ab 01.01.2008 der Beitrag zur Arbeitslosenversicherung um 0,9 % von 4,2 % auf 3,3 %, und ab 01.01.2009 von 3,3 % auf 2,8 % gesenkt; seit 01.10.2011 beträgt er 3,0 %). Damit werden v.a. Rentner stärker belastet, da sie von der billigeren Arbeitslosenversicherung nicht mehr profitieren. Durch die Beitragserhöhungen sind die Mehrkosten jedoch lediglich bis etwa 2015 gesichert, sodass bereits jetzt eine Kapitalreserve angespart werden soll, um höhere Beiträge nach 2015 zu verhindern; hierzu stehen jedoch konkrete Beschlüsse noch aus.

b)   **Pflegebedürftigkeit (Pflegestufen)**

1051   Allen Leistungen der sozialen Pflegeversicherung ist gemeinsam, dass ein bestimmter **Grad der Pflegebedürftigkeit** vorliegen muss (ab Pflegestufe I, §§ 14 ff. SGB XI). Die Versicherung ist nicht darauf angelegt, eine volle Absicherung des Pflegerisikos herbeizuführen (Grundsicherungsprinzip, § 4 Abs. 2 SGB XI). Der häuslichen Pflege soll der Vorrang gebühren (§ 3 SGB XI).

Leistungen werden nur auf Antrag gewährt (§ 33 Abs. 1 SGB XI), und zwar grds. als Sachleistungen oder Sachleistungssurrogate (Pflegegeld; § 4 Abs. 1 SGB XI). Bei jeder Leistungsart besteht eine Leistungsobergrenze, innerhalb der Pflegestufe III noch um eine besondere Härtefallstufe erhöht.

Die **Pflegebedürftigkeit** (§ 14 SGB XI) und ihre Stufen (§§ 15 ff. SGB XI) sind im Gesetz, ergänzt durch Richtlinien der Pflegekassen (§ 17 SGB XI) definiert und häufiger Gegenstand gerichtlicher Entscheidungen, insb. bzgl. des Leistungen auslösenden Erreichens der Pflegestufe I.[334] Diese haben Modellcharakter für andere an Pflegebedürftigkeit anknüpfende Sozialleistungsgesetze (etwa die Hilfe zur Pflege nach dem SGB XII). Rechtserheblich ist Pflegebedarf nur, wenn wegen einer körperlichen, geistigen oder seelischen Krankheit oder Behinderung für die gewöhnlichen und regelmäßig wiederkehrenden Verrichtungen im Ablauf des täglichen Lebens für voraussichtlich mind. 6 Monate in erheblichem oder höherem Maß Hilfebedarf besteht. 1052

Als **gewöhnliche** und **regelmäßig wiederkehrende** Verrichtungen werden durch § 14 Abs. 4 SGB XI vier Bereiche differenziert: 1053
- Bereich der Körperpflege (Waschen, Duschen, Baden, Darm- oder Blasenentleerung etc.),
- Bereich der Ernährung (mundgerechte Zubereitung, Aufnahme der Nahrung etc.),
- Bereich der Mobilität (selbstständiges Aufstehen, Zu-Bett-Gehen, An- und Auskleiden, Treppensteigen, Verlassen und Wiederaufsuchen der Wohnung),
- Bereich der hauswirtschaftlichen Versorgung (Einkaufen, Kochen, Reinigen, Spülen, Wechseln und Waschen der Wäsche und Kleidung, Beheizen), der vom Bereich der Grundpflege abzugrenzen ist.[335]

Die **Pflegestufen** sind insb. zeitlich dahin gehend differenziert, dass der **tagesdurchschnittliche Aufwand**, den ein Familienangehöriger oder eine andere nicht als Pflegekraft ausgebildete Pflegeperson für die erforderlichen Leistungen der Grundpflege und der hauswirtschaftlichen Versorgung benötigt, 1054
- bei der **Pflegestufe I** mind. 90 Minuten betragen muss (hiervon Anteil der Grundpflege mind. 45 Minuten, mind. zwei Verrichtungen der Grundpflege täglich),
- bei der **Pflegestufe II** mind. 180 Minuten (davon mind. 120 Minuten Anteil der Grundpflege für mind. dreimal täglich zu verschiedenen Tageszeiten notwendige Verrichtungen),
- bei **Pflegestufe III** mind. 300 Minuten (davon mind. 140 Minuten Grundpflege mit Verrichtungen rund um die Uhr, auch nachts).

Die Rechtsprechung legt strenge Maßstäbe an das Erreichen der Pflegestufe I an.[336]

Schwierig ist die Abgrenzung im Einzelfall zur sog. „**Behandlungspflege**", für welche die Krankenversicherung als Kostenträger aufzukommen hat;[337] die strikte Trennung zwischen Krank- 1055

---

334 Insoweit legt das BSG strenge Maßstäbe an, vgl. etwa BSGE 82, 27.
335 Aufgrund dieser stärker verrichtungs-, nicht betreuungsbezogenen Ausrichtung der Pflegestufen gelten demenzkranke Personen oft nicht als pflegebedürftig.
336 BSGE 82, 27.
337 Vgl. etwa BSGE 82, 276. Aufgrund eines interministeriellen Kompromisses kommt jedoch bis 01.07.2007 (§ 43b SGB XI a.F.) für Behandlungspflege in Heimen in systemwidriger Weise ebenfalls die Pflegeversicherung auf.

heit einerseits und Pflegebedürftigkeit andererseits auch in anderen Rechtsgebieten, etwa im Steuerrecht,[338] vorausgesetzt.

c) Pflegegeldleistung

1056 Die zum 01.04.1995 eingeführten **häuslichen Pflegeversicherungsleistungen** können entweder als Pflegegeld (§ 37 SGB XI, sog. „Sachleistungssurrogat") oder als Pflegesachleistung (§ 36 SGB XI) bezogen werden. Das **Pflegegeld** hat Anreizfunktion und ist zur Weitergabe an die nicht professionelle Pflegeperson gedacht, was auch an der verhältnismäßig geringen Leistungshöhe zum Ausdruck kommt (zur Höhe des Pflegegeldes Rdn. 1049). Der Pflegebedürftige kann Pflegegeld- und Pflegesachleistungen auch prozentual kombinieren, muss aber grds. die getroffene Wahl 6 Monate beibehalten. Zur Nichtanrechnung des Pflegegelds auf andere Sozialleistungen und zur einkommensteuerlichen Privilegierung vgl. i.Ü. Rdn. 1009 f.

1057 Voraussetzung für den Bezug des Pflegegelds ist, dass der Pflegebedürftige „mit dem Pflegegeld" dessen Umfang entsprechend die erforderliche Grundpflege und hauswirtschaftliche Versorgung in geeigneter Weise selbst sicherstellt. Zur Überprüfung dessen ist der Pflegegeldempfänger verpflichtet, in bestimmten Zeitabständen **Pflege-Kontrollbesuche** nach § 37 Abs. 3 bis 6 SGB XI abzurufen, die auf Kosten der Pflegekasse durch professionelle Pflegedienste durchgeführt werden. Des Weiteren können in halbjährigem (bei Pflegestufe III in vierteljährigem) Abstand Beratungsleistungen abgerufen werden.[339] Weiterhin sind Pflegekassen nach § 45 SGB XI verpflichtet, Pflegekurse anzubieten; schließlich erweitert § 44 SGB XI den sozialversicherungsrechtlichen Schutz nichtprofessioneller Pflegepersonen durch die Entrichtung von Beiträgen an die Träger der gesetzlichen Rentenversicherung zur Alterssicherung solcher Pflegepersonen (vgl. § 166 Abs. 2 SGB VI, dort sechs Beitragsstufen).[340] Pflegepersonen sind weiter gesetzlich unfallversichert.[341] Angehörige von Pflegebedürftigen können sich darüber hinaus bis zu 6 Monate von der Arbeit (ohne Lohnfortzahlung) freistellen lassen; die Pflegeversicherung entrichtet für diese Zeit, sofern kein Anspruch auf Familienversicherung besteht, einen Beitragszuschuss i.H.d. Mindestbeiträge für freiwillig Versicherte in der gesetzlichen oder einer privaten Krankenversicherung.

d) Pflegesachleistung

1058 Der Pflegebedürftige hat die Wahl, ob er anstelle oder in Vermischung (sog. „Kombinationsleistung") mit dem Pflegegeld die **Pflegesachleistung** des § 36 SGB XI in Anspruch nimmt, also die

---

338 So handelt es sich bei Leistungen der häuslichen Pflegehilfe (§ 36 SGB XI) um im einkommensteuerlichen Sinn gewerbliche Tätigkeit, bei häuslicher Krankenpflege (§ 37 SGB V) dagegen um freiberufliche, vgl. BFH, EStB 2004, 231.

339 Bis 30.06.2008 bis zu 16,00 €/Halbjahr bei Pflegestufe I und II, bis zu 26,00 € pro Quartal in Pflegestufe III; danach bis zu 21,00 € je Halbjahr für Pflegestufe Null bis II, bis zu 31,00 € je Quartal für Pflegestufe III.

340 Ab dem 01.02.2006 kann eine Pflegeperson, die einen der Stufe I – Stufe III zugeordneten Angehörigen wenigstens 14 Std. wöchentlich pflegt, auf Antrag und eigene Kosten sich ferner in der „Freiwilligen Weiterversicherung" der Arbeitslosenversicherung versichern, um Unterbrechungen der Versicherungszeiten zu vermeiden. Die ebenfalls ab 01.02.2006 ermöglichte freiwillige Arbeitslosenversicherung von Personen, die sich vor 2004 selbstständig gemacht haben, wurde per 01.06.2006 wieder abgeschafft.

341 BSG, NJW 2005, 1148 (auch bei weniger als 14 Wochenstunden Pflegetätigkeit, da § 2 Abs. 1 Nr. 17 SGB VII nur auf § 19 Satz 1 SGB XI verweise).

Teilfinanzierung eines professionellen Pflegedienstes durch die Pflegekasse. Die **Leistungshöhe** umfasst in Pflegestufe I max. Pflegeeinsätze bis zu einem Gesamtwert von (ab 2012) 450,00 € monatlich, bei Pflegestufe II bis zu 1.100,00 € monatlich, bei Pflegestufe III bis zu 1.550,00 € monatlich (Härtefallstufe: 1.918,00 €, allerdings für max. 3 % der Versicherten der Pflegestufe III). Hierzu zählt auch die **Verhinderungspflege** gem. § 39 SGB XI für längstens 4 Wochen je Kalenderjahr (max. 1.550,00 €/Jahr) nach einer Pflege von mind. 6 (vor 01.07.2008: 12) Monaten in häuslicher Umgebung. Gem. § 40 SGB XI werden weiter in begrenztem, teilweise einkommensabhängigem Umfang auch Pflegehilfsmittel im häuslichen Leistungsbereich mitfinanziert (z.B. Treppenlift).

Erreichen **demenzkranke Pflegebedürftige** zumindest die Pflegestufe I, wird ihre Versorgung seit dem Pflegeleistungs-Ergänzungsgesetz ab 01.01.2002 durch ein zusätzliches (gleichwohl zu niedrig angesetztes) Sachleistungsbudget von 460,00 € jährlich, z.B. für die nichtprofessionelle Betreuung durch Gruppen von Alzheimer-Gesellschaften, erhöht (vgl. §§ 45a, 45b, 122 SGB XI). Mit Wirkung ab 01.07.2008 wurden diese Leistungen weiter verbessert: in Abhängigkeit von der festgestellten Intensität des Betreuungsbedarfs können monatlich bis zu 100,00 bzw. bis zu 200,00 € beansprucht werden, auch in der Pflegestufe „Null". 1059

e) **Teilstationäre Leistungen**

Die ebenfalls seit 01.04.1995 gewährten **teilstationären Leistungen** (insb. Tages- und Nachtpflege nach § 41 SGB XI und die Kurzzeitpflege nach § 42 SGB XI) spielen derzeit noch eine untergeordnete, gleichwohl zunehmende Rolle. Wenn die häusliche Pflege nicht in ausreichendem Umfang sichergestellt werden kann, werden Aufwendungen für soziale Betreuung, medizinische Behandlungspflege und die notwendige Beförderung der Pflegebedürftigen von der Wohnung zur Einrichtung und zurück übernommen, allerdings nur im Umfang von bis zu 450,00 € monatlich (Stufe I, jeweils seit 01.01.2012), 1.100,00 € monatlich (Stufe II) bzw. 1.550 € monatlich (Stufe III). Dadurch wird der tatsächliche Bedarf jedoch nicht gedeckt. 1060

Beispiel:

So fallen z.B. nach dem Tarif der Wohlfahrtsverbände in Nordrhein-Westfalen bei Pflegestufe I für 22 Einsätze der sog. kleinen Grundpflege (Teilwaschung, Betten machen, Frühstück vorbereiten) 415,80 €, für acht Einsätze der sog. großen Grundpflege (mit Duschen/Baden) 204,96 €, zzgl. der Pauschale für 30 Hausbesuche i.H.v. 47,10 €, gesamt also mind. 667,86 € an,[342] sodass i.Ü. Eigenmittel eingesetzt oder Sozialhilfeleistungen (§ 65 Abs. 1 Satz 2 SGB XII: Übernahme von Pflegeeinsätzen) beansprucht werden müssen.

Kurzzeitpflege soll in vollstationären Einrichtungen für bestimmte Krisenfälle erbracht werden, sie ist auf längstens 4 Wochen pro Kalenderjahr bzw. max. 1.470,00 € (vor 30.06.2008: 1.432,00 € pro Jahr)[343] begrenzt. In der Praxis findet sie häufig im Anschluss an eine stationäre Krankenhausbehandlung statt. 1061

---

342 Quelle: „capital" Heft 19/2005, S. 98.
343 Ab 01.01.2010: 1.510,00 €; ab 01.01.2012: 1.550,00 €.

f) Vollstationäre Leistungen

1062 Die vollstationären Leistungen gem. §43 SGB XI werden seit 01.07.1996 gewährt. Sie umfassen neben den eigentlichen Pflegeleistungen auch die **soziale Betreuung** und dürfen 75% des tatsächlichen Heimentgeltes (bestehend aus Pflegesatz, Unterkunfts- und Verpflegungskosten sowie den gesondert berechenbaren Investitionskosten) nicht übersteigen.

1063 Bis auf Weiteres übernehmen die Pflegekassen pauschal für vollstationäre Pflegeleistungen einen Betrag von monatlich 1.023,00 € in der Pflegestufe I, 1.279,00 € in der Pflegestufe II und 1.550,00 € (seit 01.01.2012, zuvor ab 01.07.2008: 1.470,00 €; ab 01.10.2010: 1.510,00 €) in der Pflegestufe III (Härtefälle: ab 01.01.2012 1.918,00 € monatlich, zuvor ab 01.07.2008: 1.750,00 €; ab 01.01.2010: 1.825,00 €, allerdings unter Beachtung jährlicher Gesamtleistungsobergrenzen gem. §43 Abs. 5 Satz 2 SGB XI). Erreicht die Pflegeeinrichtung eine Herabstufung in eine niedrigere Pflegestufe, erhält sie einmalig zur Abgeltung aktivierender und rehabilitativer Maßnahmen eine Zahlung von 1.536,00 €.

1064 Bei Unterbringung Pflegebedürftiger in **vollstationären Einrichtungen der Behindertenhilfe** übernimmt die Pflegekasse lediglich einen pauschalen Aufwendungsersatz i.H.v. 10% des sozialhilferechtlich vereinbarten Heimentgelts, max. jedoch 256,00 € je Kalendermonat (identisch für alle Pflegestufen), vgl. §43a SGB XI.

g) Leistungserbringung

1065 Die Leistungserbringung in der Pflegeversicherung ähnelt dem Modell der gesetzlichen Krankenversicherung. Den Pflegekassen ist ein gesetzlicher Sicherstellungsauftrag zugewiesen (§69 SGB XI), der nur durch zugelassene Leistungsanbieter (Pflegeheime, Pflegedienste) aufgrund eines **Versorgungsvertrags** erbracht werden kann. Dieser enthält die Vergütungsvereinbarungen (vgl. §§85ff. SGB XI); hilfsweise gelten gesetzliche Kostenerstattungsregelungen (§91 SGB XI). Seit dem Jahr 2004 müssen sich Pflegeheime einer Zertifizierung unterziehen (§§112ff. SGB XI).

h) Private Pflichtversicherung, Reformüberlegungen

1066 Die **private Pflege-Pflichtversicherung** (§§23, 110 bis 111 SGB XI), die an den privaten Krankenversicherungsschutz anknüpft, muss demselben Leistungsrahmen folgen; im Beitragsrecht sind jedoch Abweichungen (regelmäßig zulasten des Versicherten, z.B. Wegfall der beitragsfreien Mitversicherung von Angehörigen) möglich.[344] Auch hier ist gem. §51 Abs. 2 SGG der Rechtsweg zu den SG eröffnet.

1067 Die zum 01.07.2008 erweiterten Leistungen (Rdn. 1048ff.) wurden auch in der privaten Pflegeversicherung zur Pflicht (an die Stelle der sog. Sachleistungen tritt jedoch die Kostenerstattung), sodass auch dort die Prämien gestiegen sind. Zusätzlich ist seit 2009 ein Basistarif eingeführt worden, vergleichbar dem zwingenden Basistarif in der privaten Krankenversicherung. Bei diesem Basistarif können im Fall eines Wechsels der Versicherungsgesellschaft die Altersrückstellungen mitgenommen werden (Portabilität).

---

[344] Dies ist verfassungsgemäß, vgl. BVerfGE 103, 271.

Das im Januar 2004 „suspendierte" große Reformkonzept der damaligen Bundesregierung sah vor, die gesetzliche Pflegeversicherung stärker zu einem bloßen „Kernsicherungssystem" umzugestalten, die Leistungsbeiträge der häuslichen Pflege (durch Erhöhung) und der stationären Pflege (durch Reduzierung) anzugleichen, die Behandlungspflege in Heimen der gesetzlichen Krankenversicherung zu überantworten und Leistungsverbesserungen für Demenzkranke einzuführen. Dieser Reformbedarf ist nach wie vor aktuell. Das **Pflegezeitgesetz** hat ab 01.07.2008 (ähnlich der Elternzeit) einen Anspruch auf zehntägiges Fernbleiben von der Arbeit zur Organisation der Pflege geschaffen, ebenso auf bis zu 6-monatige unbezahlte Freistellung von der Arbeit mit Rückkehrmöglichkeit (ggü. Arbeitgebern mit mind. 16 Beschäftigten).

1068

2. Wechselbezüge mit Übertragungsverträgen

Das Pflegeversicherungsgesetz enthält keine Bestimmungen, welche eine Kürzung oder einen Wegfall der Geld- oder Sachleistungen des PflegeVG für den Fall der vertraglich geschuldeten Pflegeerbringung vorsehen. Dies ist systemgerecht, da die Leistungen (zumindest zu einem nicht unerheblichen Teil) beitragserkauft und damit unabhängig von der eigenen Leistungsfähigkeit[345] sind; mag dies auch nur für die jetzt berufstätige und künftig pflegebedürftige Generation aufgrund ihrer Einzahlungen in vollem Umfang gelten.

1069

Eine Auswirkung auf die Einstufung hinsichtlich des Grads der Pflegebedürftigkeit (§ 15 SGB XI) scheidet ebenfalls aus. Der Bedarf an Pflege, welcher dort zugrunde gelegt wird, besteht unabhängig davon, ob dieser Bedarf derzeit durch häusliche Pflegeleistung erfüllt wird und auf welcher Grundlage ggf. diese Leistungen erbracht werden, insb. ob sie aus sittlichen Erwägungen oder auch aus vertraglicher Verpflichtung durchgeführt wurden.

1070

Auch in Gesetzeswort und Begründung zu § 36 SGB XI (Pflegesachleistung) ist eine Subsidiarität zu vertraglichen Pflegesachleistungen nicht angelegt. Insb. ist die Ausübung des Wahlrechts des Pflegebedürftigen nicht in der Weise eingeschränkt, dass er nicht zusätzlich zu bereits erbrachten Pflegeleistungen weitere Pflegeeinsätze wählen dürfte. Die Eigenverantwortung des Pflegebedürftigen, welcher die Deckung oder Nichtdeckung seines Pflegebedarfs selbst beurteilen kann und soll, ist vielmehr ein erklärtes Ziel des PflegeVG.

1071

Problematisch erscheint in diesem Zusammenhang lediglich die Formulierung in § 37 Abs. 1 SGB XI, wonach der Pflegebedürftige anstelle der häuslichen Pflegehilfe ein Pflegegeld beantragen könne, wenn er **„mit dem Pflegegeld"** dessen Umfang entsprechend die erforderliche Grundpflege und hauswirtschaftliche Versorgung durch eine Pflegeperson in geeigneter Weise selbst sicherstellen kann. Die durch Fettdruck hervorgehobene Formulierung ließe sich so auslegen, dass gerade das Pflegegeld der motivierende Faktor für die Erbringung der Pflegeleistungen sein müsse. Ein Anspruch auf Pflegegeld würde dann nicht bestehen, wenn die Pflegeperson zur Erbringung der Leistung auch ohne das Pflegegeld bereit wäre, etwa weil sie hierzu aufgrund des Vertrags verpflichtet ist, oder weil sie die Erbringung der Pflegeleistung als sittliche Selbstverständlichkeit ansieht. Abgesehen davon, dass sich hierfür – neben der missverständlichen Gesetzesformulierung – in der Gesamt- und Einzelbegründung zum Koalitionsentwurf kein An-

1072

---

345 Ausnahme z.B. § 40 Abs. 4 SGB XI: einkommensabhängige Zuschüsse zu den Maßnahmen der Verbesserung des häuslichen Wohnumfelds.

haltspunkt findet, wäre diese Auslegung auch in keiner Weise sachgerecht. Die Formulierung soll lediglich auf die Funktion des Pflegegelds hinweisen, welches es dem Pflegebedürftigen ermöglichen soll, Angehörigen und sonstigen Pflegepersonen eine materielle Anerkennung für die mit großem Einsatz und Opferbereitschaft im häuslichen Bereich sichergestellte Pflege zukommen zu lassen.[346] Das Pflegegeld soll also die Situation des Pflegebedürftigen über die vorher bestehende Sachlage hinaus weiter verbessern. Gegen einen Pflegegeldwegfall bei vertraglich geschuldeter Wart und Pflege spricht auch, dass das Pflegegeld Surrogat (Ersatz) für die Pflegesachleistung ist, welche ohne Zweifel auch bei i.Ü. geschuldeter Pflege beantragt werden kann. Wenn schließlich selbst im Bereich der streng subsidiär ausgestalteten Sozialhilfe, nach der Rechtsprechung eine Kürzung des Pflegegelds bei vertraglich geschuldeter Wart und Pflege gänzlich ausscheidet, vielmehr lediglich eine Kürzung (gestützt auf § 66 Abs. 2 Satz 2 SGB XII) vorgenommen wird, kann bei Leistungen der beitragserkauften Pflegegeldversicherung erst recht kein völliger Wegfall der Pflegegeldleistungen eintreten.

1073 Diese Gesichtspunkte sprechen dafür, dass mit Leistungserbringung gemäß PflegeVG eine Wechselwirkung vertraglich vereinbarter Wart und Pflege auf Art und Höhe der Leistungsgewährung ausscheidet.[347] Das Pflegegeld gem. § 37 SGB XI für selbstbeschaffte Pflegehilfen (die Angehörigen oder Übernehmer i.R.d. Hofübergabevertrags) wird also gewährt unabhängig davon, ob der Pflegende lediglich aus sittlicher oder auch aus vertraglicher Pflicht, die Pflegesachleistung erbringt. Voraussetzung ist jedoch, dass der medizinische Dienst der Krankenkassen das Vorliegen der Voraussetzung des § 37 SGB XI in einem Gutachten bestätigt, insb. also zu erkennen ist, dass die Pflegeperson tatsächlich zur Übernahme der Pflege bereit und fähig ist. An die fachspezifischen Vorkenntnisse sind dabei jedoch keine überhöhten Anforderungen zu stellen, zumal gem. § 45 SGB XI auch im Rahmen von Pflegekursen unentgeltliche Schulungen für Pflegepersonen durchzuführen sind. Solche Pflegepersonen sind – dies sei ausdrücklich klargestellt – keine Pflegekräfte i.S.d. § 77 SGB XI, mit welchen die Pflegekassen Einzelverträge über Inhalt, Umfang, Vergütung und Prüfung der Qualität und Wirtschaftlichkeit der Leistung abzuschließen haben. Solche Einzelpflegeverträge kommen allenfalls in Betracht, wenn in abgeschnittenen Gegenden (Hallig, Alm etc.) keine anderweitige Pflegesachleistung durch die Kassen sichergestellt werden kann.

1074 Die unter Rdn. 1419 ff. dargestellten Regelungen (z.B. über die Auskehr des Pflegegeldbetrags an die pflegende Person) werden jedoch erhöhte Relevanz erhalten.

1075 Klargestellt sei jedoch, dass die Anrechnungs- und Kürzungsproblematik im Bereich des (der Höhe nach an sich identischen) Pflegegelds nach § 64 SGB XII – hierzu Rdn. 1012 f. – weiterhin uneingeschränkt einschlägig ist. Es ist eher zu erwarten, dass die Tendenz der Sozialhilfeträger zur Kürzung des Pflegegelds bei vertraglich vereinbarten Pflegeverpflichtungen sich verstärken wird: Die (dogmatisch recht schwache) gesetzliche Verankerung zur Reduzierung des Pflegegelds um bis zu 66 % (als angenommenen Anteil für Aufwendungserstattung) ergibt sich aus § 66 Abs. 2 Satz 2 SGB XII.

---

346 BT-Drucks. 12/5262, S. 112.
347 So auch mit ausführlicher Begründung *Mayer*, DNotZ 1995, 571.

IV. Landespflegegesetze

Die von den Ländern erlassenen Gesetze zur Umsetzung des Pflegeversicherungsgesetzes enthalten häufig[348] Ansprüche stationär untergebrachter Pflegebedürftiger auf Leistung sog. „**Pflegewohngeldes**" als monatlichen Zuschuss zur anteiligen Deckung derjenigen Kosten, die die Pflegeeinrichtung als nicht durch die Pflegekassen umlegbar ausweist. Es handelt sich insb. um Aufwand für die Herstellung, Anschaffung und Wiederbeschaffung der Gebäude, Zinsen für Darlehen zur Finanzierung betriebsnotwendiger Aufwendungen etc.; die Gewährung individuellen Pflegewohngelds ist also eine Maßnahme der öffentlichen Förderung der Investitionskosten vollstationären Pflegeeinrichtungen und dient damit auch dem öffentlichen Interesse an der Vorhaltung einer leistungsfähigen Versorgungsstruktur, daneben den Interessen des Heimbewohners, der finanziell entlastet werden soll.

1076

Hinsichtlich des anrechenbaren Einkommens und Vermögens verweisen die Landespflegegesetze zumeist auf die Bestimmungen des ersten bis dritten Abschnitts des 11. Kapitals des SGB XII sowie die §§ 25 ff. BVG, gewähren jedoch häufig weiter gehende Einkommensfreistellungen,[349] enthalten keine Vorschriften zur Überleitung von Ansprüchen des Heimbewohners gegen Dritte und berücksichtigen nur Unterhaltsansprüche des Pflegebedürftigen ggü. dem derzeitigen oder früheren Ehegatten, nicht jedoch ggü. Kindern oder sonstigen Verwandten. Die zur Entscheidung über diese Ansprüche berufenen VG berücksichtigen bei der Auslegung des Begriffs der „unbilligen Härte" i.R.d. Heranziehung vorhandenen Vermögens (auch etwa des Rückforderungsanspruchs nach § 528 BGB aus früheren Wegschenkungen, § 90 Abs. 3 SGB XII i.V.m. den landespflegegesetzlichen Verweisungsnormen) die im Landespflegegesetz angelegte reduzierte Heranziehung des Heimbewohners selbst und gewähren daher das Pflegewohngeld weiter, wenn die Realisierung des (verwertbaren) Anspruchs zu einer unangemessenen Belastung des Näheverhältnisses zum Anspruchsgegner (z.B. dem eigenen Kind) führen würde.[350]

1077

---

348 Vgl. z.B. § 12 LPflegeG Nordrhein-Westfalen GV NW 2005, 498 ff.; § 9 LPflegeG Mecklenburg-Vorpommern (GVOBl. N-V 2003, 675).
349 Z.B. in § 12 Abs. 3 LpflegeG NRW: Freistellung kleinerer Barbeträge bis zu 10.000,00 €.
350 So etwa OVG NRW, 14.10.2008 – 16 A 1409/07, JurionRS 2008, 25091: Weitergewährung des Pflegewohngelds trotz (nicht weiter geprüften) Bestehens eines Rückforderungsanspruchs gegen die eigene Tochter im Wert von ca. 28.000,00 €.

Kapitel 4: Absicherung des Veräußerers

			Rn.
A.	**Nießbrauch**		1078
I.	Begriff, Rechtsinhalt		1078
	1.	Rechtsnatur	1078
	2.	Entstehung und Beendigung	1081
		a) Grundverhältnis	1081
		b) Entstehung des dinglichen Rechts	1082
		c) Erlöschen durch Tod oder Fristablauf	1084
		d) „Verzicht"	1088
	3.	Belastungsgegenstand	1093
	4.	Berechtigter	1100
		a) Grundsatz	1100
		b) Mehrheit von Berechtigten	1101
		c) Sukzessivberechtigung	1109
	5.	Rechtsinhalt	1113
		a) Grundsatz	1113
		b) Ausschluss einzelner Nutzungsarten	1114
		c) Örtliche Begrenzung	1119
		d) Wohnungseigentum	1122
		e) Besitz- und Abwehrrechte	1125
	6.	Nießbrauch und Mietverhältnis	1128
	7.	Übertragung eines Nießbrauchs zur Ausübung	1133
	8.	Gläubigerzugriff	1138
		a) Pfändung	1138
		b) Zwangsversteigerung	1141
		c) Zwangsverwaltung	1143
		d) Überleitung auf den Sozialfürsorgeträger	1146
II.	Lastentragung		1147
	1.	Unterhaltung der Sache	1148
	2.	Kosten	1152
	3.	Abweichende Vereinbarungen	1158
	4.	Finanzierung der Lasten des Nießbrauchers	1175
		a) Bestehende Grundpfandrechte	1176
		b) Künftige Grundpfandrechte	1180
		c) Bedingtes Abstandsgeld	1185
		d) Ablösung des Nießbrauchs durch wiederkehrende Leistungen („Rentenwahlrecht")	1186
		e) Ablösung des Nießbrauchs durch Einmalzahlung	1189
	5.	Verfügungsvollmachten	1192
III.	Pflichtteilsergänzung, Bewertung		1198
	1.	Beginn der Frist des § 2325 Abs. 3 BGB	1199
		a) Fristbeginn beim Bruchteils- oder Quotennießbrauch	1201
		b) Fristbeginn beim Zuwendungsnießbrauch an den Ehegatten	1204
	2.	Bewertung des Vorbehaltsnießbrauchs i.R.d. § 2325 BGB	1208
		a) Bewertungsstichtag	1209
		b) Abzugsbetrag	1210
	3.	Bewertung des Nießbrauchs i.R.d. Zugewinns	1215
	4.	Nachträglicher Verzicht auf den Nießbrauch	1221
IV.	Nießbrauch an Geld- und Wertpapiervermögen		1223
	1.	Zivilrecht	1223
		a) Bargeld, Bankguthaben	1223
		b) Wertpapiere, Darlehen	1224
		c) Sicherung der Beteiligten	1226
	2.	Steuerrecht	1227
V.	Besonderheiten des Nießbrauchs an Unternehmen		1230
	1.	Allgemeine Grundsätze	1231
	2.	Einzelunternehmen	1235
	3.	Personengesellschaften	1239
		a) Zulässigkeit	1245
		b) Ertragsbezogene Rechte	1247
		c) Mitwirkungsrechte des Nießbrauchers	1252
		aa) Gesellschafterrechte/Geschäftsführung	1252
		bb) Informations- und Kontrollrechte	1256
		d) Surrogation	1257

				Rn.

		4.	Kapitalgesellschaften	1259
B.			**Wohnungsrecht**	1265
I.			Begriff, Rechtsinhalt	1265
		1.	Abgrenzung zu ähnlichen Rechtsinstituten	1265
			a) (Mit-) Benutzungsrecht gem. §§ 1090 ff. BGB	1267
			b) Wohnungsgewährungsreallast (§ 1105 BGB)	1272
			c) Dauerwohnrecht (§§ 31 ff. WEG)	1279
		2.	Grundbuchlicher Belastungsgegenstand	1280
		3.	Dinglicher Ausübungsbereich	1284
		4.	Berechtigte	1286
		5.	Dinglicher Inhalt des Wohnungsrechts	1291
			a) Wohnnutzung	1291
			b) Überlassung zur Ausübung	1293
			c) Abwehrrechte	1300
		6.	Gläubigerzugriff	1302
			a) Pfändung	1302
			b) Sozialrechtliche Überleitung	1304
			c) Sozialrechtliche Anrechnung	1307
		7.	Beendigung des Wohnungsrechts	1309
II.			Lastentragung	1314
		1.	Erhaltung	1314
		2.	Kosten des Wohnens	1319
		3.	Gesamtformulierung	1322
		4.	„Miete"	1327
III.			Wohnungsrecht und Pflichtteilsergänzungsansprüche	1330
		1.	Beginn der Frist	1331
		2.	Wertanrechnung	1334
C.			**Wart und Pflege**	1335
I.			Checkliste: Vertragliche Pflegeverpflichtung	1341
II.			Verbotener „Vertrag zulasten Dritter" als Gestaltungsgrenze?	1342
III.			Festlegung des Umfangs der geschuldeten Leistung	1347
		1.	Inhalt der Tätigkeit	1349
		2.	Auslösender Tatbestand	1351
		3.	Leistungsort	1352
		4.	Zeitlicher Umfang und Zumutbarkeitsgrenzen	1353
			a) Deckung des Restbedarfs	1354
			b) Deckung des Sockelbedarfs	1360
		5.	Pflegeansprüche als Einkommensersatz?	1373
IV.			Vermeidung von Leistungserhöhungen bei Wegzug des Veräußerers	1374
V.			Wegfall von Leistungen in sozialleistungsverdächtigem Kontext?	1379
		1.	Nachbildung gesetzlicher Vermutungen	1380
		2.	Wegfall ortsbezogener Naturalleistungen	1381
		3.	Wegfall auf Geld gerichteter Surrogatansprüche	1382
		4.	Wegfall nicht ortsbezogener Leistungspflichten?	1398
VI.			Regelungen im Verhältnis zu weichenden Geschwistern	1399
		1.	Schaffung eigener Forderungsrechte	1400
		2.	Freistellungsvereinbarungen	1402
		3.	Vereinbarungen zur Konkurrenz mehrerer Beschenkter	1412
		4.	Besicherung	1415
VII.			Regelungen zur Ausübung des Sozialleistungsbezugs	1419
VIII.			Pflegedienstvertrag	1425
D.			**Leibgeding**	1432
I.			Gesetzliche Bedeutung	1432
II.			Definition	1433
III.			Grundbuchrecht	1436
IV.			Landesrecht	1442
V.			Leibgeding im Zugewinnausgleich	1449
E.			**Wiederkehrende Geldleistungen/Reallasten**	1452
I.			Bedeutung im Schenkungsrecht	1452
II.			Steuerrechtliche Differenzierung	1455
		1.	Fallgruppenbildung	1455
		2.	Insb.: dauernde Last/Leibrente	1456
			a) „Altfälle" vor 2008	1456
			b) Neufälle ab 2008	1463
III.			Zivilrechtliche Differenzierungen und Detailausgestaltung	1464

			Rn.
	1.	Fälligkeit der Leistung	1467
	2.	Beteiligtenmehrheit	1468
	3.	Familienrecht	1471
	4.	Gesamtformulierung	1472
IV.	Wertsicherungsvereinbarungen		1473
	1.	Leistungsbestimmungsvorbehalte	1474
	2.	Spannungsklauseln	1476
	3.	Wertsicherungsklauseln	1478
V.	Ausgestaltung des Vorbehalts gem. § 323a ZPO/§ 239 FamFG analog		1487
	1.	Anpassungsmaßstab bzw. Anpassungsmaßstäbe	1488
	2.	Schutz gegen atypische Entwicklungen	1490
	3.	Maßgeblichkeitsgrenze	1491
	4.	Anpassungsmechanismus	1492
VI.	Sicherung		1500
	1.	Vollstreckungsunterwerfung	1500
	2.	Dingliche Sicherung durch Reallast (§ 1105 BGB)	1506
	3.	Persönlicher Reallastanspruch gegen den jeweiligen Eigentümer (§ 1108 BGB)	1518
	4.	Mögliche Modifikationen der Reallast	1521
		a) Kein Erlöschen des Stammrechts	1522
		b) Verfallvereinbarung	1529
		c) Vorsorge zum Verjährungsproblem	1531
VII.	Kombination von Mietvertrag und dauernder Last		1535
	1.	„Stuttgarter Modell"	1535
	2.	Steuerliche Bedenken	1545
	3.	Zivilrechtliche Erwägungen	1552
	4.	Sozialrechtliche Erwägungen	1555
F.	**Regelungen im Verhältnis zu weichenden Geschwistern**		**1556**
I.	Rahmenbedingungen		1556
	1.	Ausgleichsmotive	1556
	2.	Ausgleichsvolumen	1559
	3.	Ausgleichswege	1562
II.	Nicht anwesendes Geschwisterteil		1565
	1.	Nachgenehmigung	1565
	2.	Vertrag zugunsten Dritter	1571
III.	Lebzeitiger Ausgleich		1575
	1.	Zulasten des Veräußerers	1575
	2.	Zulasten des Erwerbers	1578
		a) Unbedingte Leistungspflicht	1584
		b) Bedingte Leistungspflicht	1590
		c) Vorbehalt späterer Leistungsanordnung	1603
	3.	Verjährung	1607
IV.	Ausgleich von Todes wegen		1609
	1.	Ausgleichungsanordnung (§§ 2050 ff. BGB)	1610
		a) Wirkungsweise	1610
		b) Geborene Ausgleichungspflichten	1611
		c) Gekorene Ausgleichungspflichten	1621
		d) Nachträgliche Änderungen	1626
		e) Reformüberlegungen im Ausgleichungsrecht	1630
		f) Wirkungsweise der Ausgleichung	1637
		g) Berechnung	1642
		h) Abweichende Wertansätze	1649
	2.	Ausgleichung beim Berliner Testament	1651
		a) Nachversterben des veräußernden Ehegatten	1656
		b) Erstversterben des veräußernden Ehegatten	1659
	3.	Minderjährigkeit	1670
G.	**Übernahme von Verbindlichkeiten und/oder Grundpfandrechten**		**1672**
I.	Schuldübernahme		1673
	1.	Zeitpunkt	1673
	2.	Abwicklung	1676
		a) Schuldübernahmegenehmigung	1679
		b) Abstrakte Schuldanerkenntnisse/Vollstreckungsunterwerfung	1684
		c) Zweckbestimmung/Sicherungsvereinbarung	1692
	3.	Erfüllungsübernahme	1697
		a) Anwendbarkeit der §§ 491 ff. BGB	1697
		b) Ausgestaltung	1702

			Rn.
II.	Grundpfandrechtsübernahme		1718
	1.	Bedeutung der Rückgewähransprüche	1719
	2.	Belehrungspflichten bei vorrangigen Grundpfandrechten	1724
	3.	Mögliche Abmilderungen der Risiken des Veräußerers bei vorrangig bestehenbleibenden Grundschulden	1732
		a) Bewusste Nichtregelung?	1732
		b) Selektiver Rangrücktritt	1733
		c) Beschränkung der Rückgewähransprüche auf Löschung	1735
		d) Rückgewähransprüche in GbR	1737
	4.	Verwendung stehenbleibender Grundpfandrechte beim Nießbrauchsvorbehalt	1745
		a) Aufschiebend bedingte Schuld- oder Erfüllungsübernahme	1746
		b) Zuordnung der Eigentümerrechte und Rückgewähransprüche	1751
H.	**Vertragliche Rückforderungsrechte**		**1753**
I.	Anwendungsbereich		1753
	1.	Rückforderungsrechte zur Sicherung der Vertragserfüllung?	1754
		a) Auflagenschenkung	1755
		b) Gemischte Schenkung	1763
		c) Kautelarjuristische Vorsorge	1766
	2.	Funktion und Wirkung vertraglicher Rückforderungsrechte	1770
		a) Ziele	1770
		b) Wirkungen	1774
		c) Risiken	1778
	3.	Alternative Regelungsmöglichkeiten	1781
	4.	Gläubigerzugriff	1788
		a) Gläubigerzugriff auf das Rückforderungsrecht	1788
		b) Gläubigerzugriff auf den Rückforderungsanspruch	1796
		c) Weitere Zugriffsmöglichkeiten	1804
II.	Risiken des jederzeitigen Rückerwerbsrechts		1805
	1.	Schenkungsteuerliche Folgen	1807
	2.	Ertragsteuerliche Erwägungen	1809
		a) Gewerbliche Einkünfte sowie land- und forstwirtschaftliche Einkünfte	1810
		b) Einkünfte aus Kapitalvermögen	1813
		c) Einkünfte aus Vermietung und Verpachtung	1814
		d) Selbstgenutzte Immobilien	1815
III.	Ausgestaltungsvarianten des Rückforderungsrechts		1816
	1.	Rückforderungsberechtigte	1816
		a) Mehrere gemeinsam Rückforderungsberechtigte	1817
		b) Übergang auf den überlebenden Mitberechtigten	1828
		c) Übergang der Rückerwerbsberechtigung auf einen bisher nicht Beteiligten	1833
		d) Generelle Abtretbarkeit und Vererblichkeit des Rückforderungsrechts?	1849
		e) Höchstpersönlichkeit?	1853
	2.	Rückübertragungsverpflichteter	1858
		a) Gesamtrechtsnachfolge	1858
		b) Einzelrechtsnachfolge	1860
		c) Tatbestandsverwirklichung durch den „jeweiligen Eigentümer"	1863
		d) Mehrheit von Erwerbern (samt GbR)	1866
		aa) Rückübertragung des Gesamtobjektes	1869
		bb) Übertragung eines quotenentsprechenden Miteigentumsanteils	1870
		cc) Wahlrecht	1873
	3.	Rückforderungsobjekt	1879
	4.	Häufige Rückforderungstatbestände	1886
		a) Schuldrechtliche Verfügungsbeschränkung	1888
		b) Vermögensverfall des Eigentümers	1896
		c) Scheidung des Eigentümers	1905
		d) Ableben des Eigentümers	1911
		e) Fehlverhalten des Eigentümers	1918
		f) Steuerliche Tatbestände	1922
	5.	Durchführung der Rückabwicklung	1933
		a) Betroffene Gegenstände	1933
		b) Ausübungsfrist	1936
		c) Form	1938
		d) Auflassung	1939
		e) Gegenleistungen	1941
		f) Ersetzungsbefugnis	1957
IV.	Sicherung durch Vormerkung		1960
	1.	Notwendigkeit/Rang	1960

			Rn.
	2.	„Löschungserleichterung"	1969
	3.	„Antezipierte Freigabe" und ihre Besicherung	1980
	4.	Vormerkung bei Weitergabeverpflichtung	1987
	5.	Belehrungen	1991
V.	Vorschlag einer Gesamtformulierung		1996
VI.	Rückforderungsrechte im Gesellschaftsrecht		1998
	1.	Mögliche Rückforderungstatbestände	1998
	2.	Abfindung und Schicksal von Gegenleistungen	2010
	3.	Durchführung und Sicherung	2014
I.	**Verhältnis mehrerer Berechtigter bei Vorbehalten und Gegenleistungen**		2021
I.	Überblick		2021
II.	Vorteile und Risiken		2025
	1.	Bruchteilsberechtigung	2025
	2.	Gesamtgläubigerschaft (§ 428 BGB)	2026
		a) Vorteile	2027
		b) Nachteile	2028
		c) Steuerliche und sozialrechtliche Folgen	2032
	3.	Mitgläubigerschaft (§ 432 BGB)	2035

A. Nießbrauch

I. Begriff, Rechtsinhalt

1. Rechtsnatur

Der Nießbrauch[1] an Sachen[2] (§§ 1030 bis 1067 BGB) stellt eine **Unterform der Dienstbarkeit** dar (kann also wesensnotwendig nur auf Duldens- oder Unterlassenspflichten des Grundstückseigentümers gerichtet sein) und schafft ein gesetzliches Schuldverhältnis zwischen dem jeweiligen Grundstückseigentümer und dem Nießbraucher in Gestalt eines dinglichen Rechts. Erfolgt die Übertragung eines Vermögensgegenstands demnach unter Nießbrauchsvorbehalt, erhält der Erwerber zunächst nur den sog. mittelbaren Besitz; die Nutzungen und der unmittelbare Besitz verbleiben beim Nießbraucher. Lasten, Verkehrssicherungspflichten und Gefahr gehen dagegen nur insoweit über, als der Nießbrauch als „vorrangiger Ausschnitt" dem nicht entgegensteht:

1078

Formulierungsvorschlag: Besitzübergang beim Vorbehaltsnießbrauch

1079

> Der mittelbare Besitz geht sofort über – Lasten, Haftung, Verkehrssicherung und Gefahr jedoch nur, soweit der Nießbrauch nicht entgegensteht; der unmittelbare Besitz und die Nutzungen jedenfalls erst mit dessen Beendigung.

Eine Inhaltsänderung des gesetzlichen Schuldverhältnisses mit dinglicher Wirkung (aufgrund Grundbucheintragung) ist wegen des **sachenrechtlichen Typenzwangs** nur möglich, sofern dadurch der Wesenskern des Nießbrauchs nicht beeinträchtigt wird. Eine Überschreitung dieser Grenzen, z.B.

1080

---

1 Vgl. monografisch *Ahrens*, Dingliche Nutzungsrechte; *Jansen/Jansen*, Der Nießbrauch im Zivil- und Steuerrecht.
2 Davon zu unterscheiden ist der Nießbrauch an Rechten (§§ 1068 ff. BGB), für dessen Bestellung die Bestimmungen zur Übertragung des Rechts entsprechend gelten (etwa Nießbrauch an einem Erbteil oder an einer Kommanditbeteiligung: Rdn. 1239 ff. und 1259 ff.; Gutachten, DNotI-Report 2005, 1 ff.) und der Vermögensnießbrauch (§ 1085 BGB), z.B. an einem Nachlass, der an jedem einzelnen Gegenstand separat zu bestellen ist.

- bei der Begründung von Leistungspflichten zulasten des Grundstückseigentümers,[3]
- bei der Erweiterung der Befugnisse des Nießbrauchers über die Nutzziehung hinaus auf rechtsgeschäftliche Verfügungen über den Gegenstand,[4]
- durch Abbedingung der Erhaltungspflicht des Nießbrauchers nach § 1041 Satz 1 BGB[5] oder
- durch Abbedingung des Besitzrechts des Nießbrauchers

ist daher allenfalls **schuldrechtlich** möglich.

2. Entstehung und Beendigung

a) Grundverhältnis

1081 Das zugrunde liegende **schuldrechtliche Grundgeschäft** (Abrede über die Bestellung eines Nießbrauchs) kann – wie im Kontext dieser Untersuchung – Bestandteil eines Überlassungsvertrags oder eines umfassenden Kaufvertrags[6] sein, aber auch Gegenstand einer Verfügung von Todes wegen (Vermächtnisnießbrauch) oder eine Sicherungsabrede[7] gem. § 311 Abs. 1 BGB (Bestellung eines sog. „**Sicherungsnießbrauchs**": Festlegung des Verwendungszwecks der Nutzungen durch Verrechnung auf die Forderungen des Nießbrauchers gegen den Eigentümer)[8] – Formulierungsvorschlag s. Rdn. 1117. Aus diesem schuldrechtlichen Grundgeschäft oder der Aufhebungsabrede kann sich auch ein Anspruch auf Neubestellung eines Nießbrauchs an einem an die Stelle des ursprünglichen Belastungsobjekts tretenden Ersatzgegenstand (z.B. Ersatzimmobilie bzw. Geldanlage aus dem Verkaufspreis des zunächst belasteten Objekts) ergeben; eine **dingliche Surrogation** kennt das Nießbrauchsrecht nur in engen Ausnahmefällen (§ 1046 Abs. 1 BGB: Versicherungsleistung; § 1066 Abs. 3 BGB: Fortsetzung am Erlös bei Aufhebung der Bruchteilsgemeinschaft; § 1075 BGB: Nießbrauch an der geleisteten Sache anstelle des Nießbrauchs an der Forderung); zur rechtsgeschäftlichen „Übertragung" des Nießbrauchs auf ein Surrogationsobjekt vgl. Rdn. 3831 (Schenkungsteuer) bzw. Rdn. 4536 (Ertragsteuer).

b) Entstehung des dinglichen Rechts

1082 Als **beschränkt dingliches Recht** entsteht der Nießbrauch an Grundstücken durch (formfreie) dingliche Einigung gem. § 873 BGB und Eintragung im Grundbuch, die hinsichtlich der Bewil-

---

3 LG Bonn, RNotZ 2004, 232.
4 Dies wäre ein (unzulässiger) sog. „Dispositionsnießbrauch". Denkbar ist allerdings, dass der Eigentümer den Nießbraucher zu bestimmten Verfügungen ermächtigt oder bevollmächtigt, außerhalb des Rechtsinhalts des Nießbrauchs selbst. Bzgl. des Inventars eines Grundstücks hat der Nießbraucher jedoch gem. § 1048 BGB ein gesetzliches Verfügungsrecht innerhalb der Grenzen einer ordnungsgemäßen Wirtschaft, muss allerdings für abgehende Stücke Ersatz beschaffen.
5 KG, 11.04.2006 – 1 W 609/03, RNotZ 2006, 544; vgl. aber Rdn. 1149 hinsichtlich der Haftung hierfür.
6 Ist der zu schaffende Nießbrauch selbst Gegenstand des Kaufvertrags, handelt es sich um einen Rechtskauf.
7 Teilweise wird hierunter auch das „Bindeglied" zwischen schuldrechtlichem Grundverhältnis und dinglicher Erfüllung gesehen, um den „überschießenden" dinglichen Rechtsinhalt auf das Gewollte zu reduzieren (z.B. Bierbezugsverpflichtung durch „negative Brauereidienstbarkeit" – Sicherungsabrede dergestalt, die vorbehaltene Einwilligung zum Getränkeverkauf werde erteilt, wenn es sich um Produkte des Dienstbarkeitsbegünstigten handelt); vgl. *Filipp*, MittBayNot 2005, 187.
8 Der Nießbrauch ist dann i.d.R. durch die Tilgung der Forderung auflösend bedingt, sodass bei Wegfall des Sicherungszwecks ein Löschungsanspruch des Eigentümers entsteht: BGH, WM 1966, 653.

ligung der Form des § 29 GBO bedarf. Ohne eine solche Grundbucheintragung entsteht lediglich ein „nießbrauchsähnliches obligatorisches Nutzungsrecht", das ertragsteuerlich[9] und hinsichtlich seiner Wirkung i.R.d. § 2325 Abs. 3 BGB dem dinglichen Nießbrauch gleichgestellt, i.Ü. jedoch wie als Leihe (§§ 598 ff. BGB) einzustufen ist, sodass erleichterte Kündigungsrechte nach § 605 BGB, v.a. nach dem Tod des Eigentümers, bestehen. Unter Sicherungsaspekten ist daher der „lediglich schuldrechtliche Nießbrauch" keine ernst zu nehmende Alternative.

Auch die originäre Bestellung eines **Eigentümernießbrauchs** an Grundstücken ist möglich, und zwar auch ohne dass ein berechtigtes Interesse daran nachgewiesen werden müsste.[10] Dies gilt auch, wenn der Nießbrauch dem Eigentümer zusammen mit einer weiteren Person zustehen soll.[11] Die Bestellung eines Eigentümernießbrauchs empfiehlt sich z.B. bei Absicht künftiger Veräußerung des dann nießbrauchsbelasteten Grundstücks.[12]

1083

c) Erlöschen durch Tod oder Fristablauf

Das dingliche Recht kann aufschiebend oder **auflösend bedingt und/oder befristet** sein. Häufig ist die aufschiebend bedingte und befristete Bestellung eines neuen Nießbrauchs für den überlebenden Ehegatten nach dem Ableben oder einem sonstigen Erlöschen (Verzicht) des für den Veräußerer bestellten Nießbrauchs (Rdn. 1109 ff.),[13] ebenso umgekehrt die auflösend bedingte Bestellung eines Nießbrauchs bis zur Rechtskraft einer Scheidung, verbunden mit der dann aufschiebend bedingten Nießbrauchsbestellung zu eigenen Gunsten. In Betracht kommt aber auch bspw. die Bestellung eines Nießbrauchs auflösend bedingt durch die Beendigung eines anderen Vertragsverhältnisses.[14]

1084

Die Möglichkeit der auflösenden Bedingung überbrückt das Fehlen eines dinglich regelbaren **Kündigungsrechts**.[15] Um den Rechtsverkehr zu warnen, muss die Bedingtheit eines Nießbrauchs im Grundbuchbeschrieb unmittelbar zum Ausdruck kommen, sodass bloße Bezugnahme auf die Eintragungsbewilligung gem. § 874 BGB nicht genügt.[16]

1085

Ist ein aufschiebend befristetes Nießbrauchsrecht dinglich erloschen, kann es gleichwohl konkludent als schuldrechtliches Nutzungsrecht fortgesetzt werden.[17]

Der Nießbrauch endet zwingend durch **Tod** oder Erlöschen des Berechtigten als juristische Person (§ 1061 BGB, ausgenommen Fälle der Gesamt- oder Funktionsnachfolge bei juristischen

1086

---

9 BFH, BStBl. 1986 II, S. 605; 2. Nießbraucherlass v. 24.07.1998 Tz. 51 ff.
10 BGH, 14.07.2011 – V ZB 271/10, ZNotP 2011, 386.
11 Trotz der Nutzung „unter Ausschluss des Eigentümers", LG Mainz, 05.10.2006 – 8 T 74/98, n.v.
12 Die vorherige Abgabe einer Eintragungsbewilligung des Erwerbers könnte vergeblich sein, wenn vor dem Zeitpunkt des § 878 BGB Verfügungsbeschränkungen eintreten.
13 Vgl. LG Schweinfurt, MittBayNot 1982, 69.
14 Eines Mietvertrags: BayObLG, DNotZ 1991, 254 (zur Dienstbarkeit).
15 Vgl. BayObLG, NJW-RR 1990, 87.
16 *Schöner/Stöber*, Grundbuchrecht, Rn. 1382.
17 BFH, 16.01.2007 – IX R 69/04, EStB 2007, 203.

Personen oder Personenhandelsgesellschaften: § 1059a BGB,[18] auch von Unternehmensteilen),[19] nicht aber durch Untergang des Gebäudes bei einem Grundstücksnießbrauch[20] oder durch Konsolidation, wenn Eigentum und Nießbrauch aufgrund späterer Übertragungen derselben Person zustehen.

1087 Die Löschung aufgrund bloßen Unrichtigkeitsnachweises in der Form des § 22 GBO (z.B. gegen Vorlage einer Sterbeurkunde oder – sofern der Nießbrauch auflösend bedingt auf Verehelichung geschlossen ist – einer Heiratsurkunde) genügt jedoch grundbuchlich nur, wenn eine entsprechende **Löschungserleichterungsklausel** gem. § 23 Abs. 2 GBO vereinbart und eingetragen ist. Andernfalls bedarf es – falls die Löschung innerhalb des ersten Jahres (Sperrjahr) oder gegen den Widerspruch des Rechtsnachfolgers erfolgen soll – einer entsprechenden Bewilligung des Rechtsnachfolgers in der Form des § 29 GBO. Rückstände sind nämlich beim Nießbrauch wesensnotwendig möglich sogar dann, wenn der Nießbraucher aufgrund aufweichender Vereinbarung alle Lasten des Nießbrauchsobjekts trägt (man denke etwa an § 1046 Abs. 2 BGB: Rückstand hinsichtlich der Pflicht zur Weitergabe der Versicherungsleistung bei unterlassenem Wiederaufbau).[21]

d) „Verzicht"

1088 Der „Verzicht" auf den dinglichen Nießbrauch erfordert die materiell-rechtlich formfreie Aufgabeerklärung gem. § 875 Abs. 1 BGB sowie deren Vollzug im Grundbuch aufgrund Löschungsbewilligung in Form des § 29 GBO und (formfreien) Antrags. Die zugrunde liegende schuldrechtliche Abrede bzw. das schuldrechtliche Nutzungsrecht kann jedoch nur durch Vertrag (ggf. Erlassvertrag i.S.d. § 397 BGB) oder durch Vereinbarung einer Aufgabebefugnis (i.S.e. antizipierten Zustimmung bzw. eines unbefristeten Angebots auf Erlass) aufgehoben werden:

1089 **Formulierungsvorschlag: Befugnis zur einseitigen Aufgabe des Nießbrauchs**

> Der Nießbraucher kann und darf den Nießbrauch jederzeit durch Löschung im Grundbuch aufgeben.

1090 **Einkommensteuerlich** geht die Einkunftsquelle auf den Eigentümer über, sofern er Besitz und Verwaltung künftig tatsächlich ausübt. Entrichtet der Eigentümer für die Aufgabe des Nießbrauches eine Entschädigung, kann er diese, sofern er Einkünfte aus dem Objekt erzielt, als Aufwendungen zur Erlangung des Vermögenswertes „Gebäude" abschreiben; er setzt damit eine neue Afa-Reihe in Gang.[22] Wird das nießbrauchsbelastete Grundstück jedoch nur „**ausgetauscht**" (d.h. verzichtet der Vorbehaltsnießbraucher auf den Nießbrauch, um dem Eigentümer den Verkauf des Grundstücks zu ermöglichen und erhält er „im Gegenzug" den Nießbrauch an dem

---

18 Es sei denn die Übertragbarkeit ist ausgeschlossen worden, § 1059a Abs. 1 Satz 1 BGB: auflösende Bedingung der Gesamtrechtsnachfolge, MünchKomm-BGB/*Pohlmann*, § 1059a Rn. 7.
19 Nach OLG Hamm, 11.01.2007 – 15 VA 5/06, MittBayNot 2007, 315 kann auch ein einzelnes Betriebsgrundstück als Unternehmensteil zu bewerten sein.
20 Vgl. hierzu auch § 1046 BGB: Nießbrauch an der Versicherungsforderung.
21 Vgl. *Güthe/Triebel*, GBO, § 23 Anm. 7; Meikel/*Böttcher*, Grundbuchrecht, §§ 23, 24 GBO Rn. 32 begründet die Notwendigkeit einer Löschungserleichterungsklausel mit der Möglichkeit des Rückstands von Mieten.
22 Bay. Landesamt für Steuern, 28.01.2011 – S 2196.1.1-2/1 St 32, EStB 2011, 115.

neu erworbenen Grundstück), kann der Nießbraucher Abschreibungen zwar nicht mehr auf das Grundstück (mangels „wirtschaftlichen Eigentums" in Verlängerung früherer zivilrechtlicher Eigentümerstellung als Vorbehaltsnießbraucher) geltend machen, allerdings auf das nunmehr entgeltlich erworbene Nießbrauchsrecht gem. § 7 Abs. 1 EStG vornehmen, vgl. Rdn. 4536.[23]

Schenkungsteuerlich führt der vorzeitige unentgeltliche Verzicht auf den vorbehaltenen, nicht auf einen bestimmten Endtermin befristeten, Nießbrauch zu einer Bereicherung i.S.d. § 7 Abs. 1 Nr. 1 ErbStG in Gestalt der Minderung von Belastungen des Eigentümers, Rdn. 3874 ff.[24] Dadurch besteht in „Altfällen" die Gefahr einer doppelten Belastung, sofern das (**bis 31.12.2008**) vorbehaltene Nießbrauchsrecht bei der Übertragung des Wirtschaftsguts selbst wegen § 25 Abs. 1 ErbStG a.F. nicht als Abzugsposten (sondern nur als Stundungselement) berücksichtigt wurde, andererseits aber der Verzicht hierauf als schenkungsteuerbarer Vorgang betrachtet wird. Die Finanzverwaltung hat zunächst die gestundete Steuer auf die beim Nießbrauchsverzicht anfallende Steuer angerechnet (im Fall der vorzeitigen Ablösung i.H.d. fiktiven Ablösebetrags im Zeitpunkt des Nießbrauchsverzichts), gestützt auf Billigkeitserwägungen. Der BFH und ihm folgend die Verwaltung (H 85 Abs. 4 ErbStR 2003) beseitigt den Wertungswiderspruch nun auf der Ebene der steuerlichen Bereicherung gem. § 10 ErbStG. Im Ergebnis bleibt der Verzicht demnach schenkungsteuerfrei, wenn der bei Besteuerung des nießbrauchsbelasteten Gegenstands unberücksichtigte Steuerwert des Nießbrauchs höher ist als der nunmehrige Steuerwert des Nießbrauchs im Zeitpunkt des Verzichts (etwa infolge zwischenzeitlich gesunkener Erträge, der geringeren Lebenserwartung etc.). Ist der Nießbrauchswert allerdings gestiegen (höhere Erträge oder höhere Deckelung gem. § 16 BewG wegen des gestiegenen Steuerwertes des Gesamtobjektes, v.a. im Vergleich zur Nießbrauchsbestellung bis Ende 1995 oder zwischen 1996 und 2008), erfolgt eine Zusatzbesteuerung dieses „Mehrbetrages" (vgl. im Einzelnen Rdn. 3836 ff.).

1091

Eine die schenkungsteuerliche Belastung **mindernde Gegenleistung** kann in einer als Bestandteil der Aufhebungsabrede (also nicht nachträglich!)[25] zu vereinbarenden Einmalzahlung zur „Ablösung" des Nießbrauchs liegen, aber auch in dessen Ersetzung durch einen schwächeren Duldungsvorbehalt (Wohnungsrecht), i.d.R. kombiniert mit wiederkehrenden Verpflichtungen zu Dienst- oder Geldleistungen (Taschengeld, hauswirtschaftliche Versorgung). Eine solche „**gleitende Übergabe**" kann bereits zu Beginn vereinbart sein: Der bisherige Eigentümer will zunächst das Wirtschaftsgut selbst weiter bewirtschaften, behält sich jedoch vor, zu einem von ihm zu bestimmenden Zeitpunkt zu wechseln in die Rolle des „passiven" Empfängers von Versorgungsleistungen.[26] Darin wird die innere Verwandtschaft des Vorbehaltsnießbrauchs mit dem Institut der Vermögensübergabe gegen Versorgungsleistungen deutlich (im ersteren Fall erwirtschaftet noch der Veräußerer die Erträge, im Letzteren obliegt dies dem Erwerber, jedenfalls bis zur Grenze der Ertragskraft des übertragenen Vermögenswerts, vgl. Rdn. 4987 ff., dort auch zur seit 2008 geltenden Beschränkung auf Betriebsvermögen Rdn. 5014 ff.). Zur Übertragung

1092

---

23 Vgl. BFH, 24.01.1995 – IX R 40/92, NV 1995, 770; *Werz*, ErbStB 2005, 288.
24 BFH, 17.03.2004 – II R 3/01, NV 2004, 726.
25 BFH, 17.05.2006 – X R 2/05, ZEV 2006, 422 m. Anm. *Schönfelder*; andernfalls ist der erforderliche Zusammenhang unterbrochen.
26 War allerdings bei Nießbrauchsbestellung dessen baldige Ablösung bereits bekannt, kann der Sonderausgabenabzug aufgrund der Gesamtplan-Rspr. verwehrt sein, vgl. *Korn/Strahl*, NWB, Fach 2, S. 9134.

Kapitel 4: Absicherung des Veräußerers

des Nießbrauchs auf ein Surrogationsobjekt vgl. Rdn. 3831 (Schenkungsteuer) bzw. Rdn. 4536 (Ertragsteuer).

3. Belastungsgegenstand

1093 Belastungsgegenstand können in dem hier interessierenden Rahmen der Übertragung von Grundbesitz nur **einzelne Grundstücke** oder **grundstücksgleiche Rechte** sein; ein einheitlicher Gesamtnießbrauch an mehreren Grundstücken ist nicht möglich.[27] Sofern grundbuchliche Verwirrung nicht zu besorgen ist, kann der Nießbrauch an einer realen Teilfläche eines Grundstücks ohne dessen vorheriger Abschreibung und Vermessung begründet werden, allerdings bedarf es dazu der Verweisung auf einen amtlichen Lageplan mit Einzeichnung der betreffenden Fläche durch das Vermessungs-/Katasteramt (§§ 7 Abs. 2, 2 Abs. 3 GBO).[28] Die Praxis bestellt stattdessen den Nießbrauch dinglich am gesamten Grundbuchgrundstück unter Beschränkung des Ausübungsbereichs auf einen Teil der Fläche (zu deren Kennzeichnung genügt jede Beschreibung oder private Planeinzeichnung, die ausreichend sachenrechtlich bestimmbar ist).

1094 Belastungsgegenstand kann ferner ein **Wohnungseigentum** sein (s.u. Rdn. 1122 ff.) sowie ideelle Bruchteile (§ 1066 BGB: sog. „**Bruchteilsnießbrauch**"). Die Belastung eines ideellen Bruchteils mit einem Nießbrauch ist auch (anders als die Belastung mit einer Hypothek oder Reallast)[29] denkbar, wenn eine Sache noch in ungeteiltem Eigentum steht (§ 1066 BGB analog),[30] sodass der Alleineigentümer einen ideellen Bruchteil seines Grundstücks, der Miteigentümer einen kleineren Bruchteil seines Anteils belasten kann. Der Nießbraucher übt dann die Rechte aus, die sich aus der Gemeinschaft der Miteigentümer hinsichtlich Verwaltung und Art der Benutzung der gemeinsamen Sache ergeben; das Aufhebungsverlangen durch Teilungsversteigerung können Eigentümer und Nießbraucher nur gemeinsam stellen. Bei der Belastung eines **ideellen Bruchteils** an einer in ungeteiltem Eigentum stehenden Sache entsteht in gleicher Weise eine Nutzungs- und Verwaltungsgemeinschaft analog §§ 741 ff. BGB[31] zwischen Eigentümer und Nießbrauchberechtigtem, die allerdings (mangels Buchbarkeit) keine unmittelbare Verdinglichung etwaiger Verwaltungsvereinbarungen nach § 1010 BGB erlaubt[32] (es sei denn, der Transfervorgang würde in zwei Miteigentumsanteilsübertragungen zerlegt, zwischen denen die Miteigentümerregelung dinglich getroffen und eingetragen wird). Ein ideeller Miteigentumsanteil kann auch mit einem Quotennießbrauch („kombinierter Bruchteils- und Quotennießbrauch") belastet werden.[33]

---

27 *Böttcher*, MittBayNot 1993, 129.
28 Vgl. *Schöner/Stöber*, Grundbuchrecht, Rn. 1365.
29 §§ 1106, 1114 BGB; die Praxis behilft sich damit, einen isolierten Miteigentumsanteil vorab zu belasten und sodann zu übertragen: das Recht bleibt bestehen auch wenn sich dadurch Alleineigentum bildet, Gutachten, DNotI-Report 2008, 81 ff.
30 BayObLGZ 1985, 9.
31 A.A. *Ahrens*, Dingliche Nutzungsrechte, Rn. 155, der dem Eigentümer dann für seinen unbelasteten Anteil selbst eine „nießbrauchsartige Stellung" zukommen lassen will, krit. *Kesseler*, RNotZ 2007, 367.
32 LG München I, MittBayNot 1972, 294 m. abl. Anm. *Promberger*.
33 DNotI-Gutachten, Faxabruf-Nr. 61887 v. September 2005; OLG Schleswig, 06.11.2008 – 2W 174/08, n.v.

Formulierungsvorschlag: Bruchteilsvorbehaltsnießbrauch 1095

Der Veräußerer behält sich an einem ideellen Bruchteil zu einhalb des Grundstücks Flst-Nr. ..... den Nießbrauch zurück. Für diesen Bruchteilsnießbrauch gelten die gesetzlichen Bestimmungen mit der Abweichung, dass ..... (*Anm.: Sodann folgen ggf. Regelungen zur Lasten- und Kostentragung, vgl. unten Rdn. 1160 oder 1171*). Während des Bestandes des Nießbrauchs bilden Eigentümer und Veräußerer demnach eine Nutzungs- und Verwaltungsgemeinschaft analog §§ 741 ff. BGB, zu deren innerer Ausgestaltung die heutigen Beteiligten folgende schuldrechtliche Vereinbarung treffen mit der Maßgabe, diese etwaigen Einzelrechtsnachfolgern im Eigentum aufzuerlegen: ..... (*Anm.: Sodann folgen Regelungen zur Verwaltung, z.B. Vollmacht an den Nießbraucher etc.*).

Beim **Zuwendungsbruchteilsnießbrauch** unterscheidet sich lediglich der Einführungssatz: 1096

Formulierungsvorschlag: Bruchteilszuwendungsnießbrauch 1097

Der Eigentümer bestellt an einem ideellen Bruchteil zu einhalb des Grundstücks Flst-Nr. ..... den Nießbrauch zugunsten ..... . Für diesen Bruchteilsnießbrauch gelten die gesetzlichen Bestimmungen mit der Abweichung, dass ..... (*Anm.: Sodann folgen ggf. Regelungen zur Lasten- und Kostentragung, vgl. unten Rdn. 1160 oder 1171*). Während des Bestandes des Nießbrauchs bilden Eigentümer und Nießbraucher demnach eine Nutzungs- und Verwaltungsgemeinschaft analog §§ 741 ff. BGB, zu deren innerer Ausgestaltung die heutigen Beteiligten folgende schuldrechtliche Vereinbarung treffen mit der Maßgabe, diese etwaigen Einzelrechtsnachfolgern im Eigentum aufzuerlegen: ..... (*Anm.: Sodann folgen Regelungen zur Verwaltung, z.B. Vollmacht an den Nießbraucher etc.*).

Der Nießbrauch erstreckt sich auch auf Bestandteile gem. §§ 93 bis 96 BGB und Zubehör gem. § 1031 BGB, auch wenn solche Bestandteile nachträglich eingefügt werden (z.B. wiederaufgebautes Gebäude).[34] Lediglich unwesentliche Bestandteile (z.B. Grundstücksteile)[35] können mit dinglicher Wirkung ausgenommen werden, nicht aber wesentliche Bestandteile, z.B. Teile des Gebäudes oder das Gebäude selbst[36] (Stichwort: Vertikale Teilung möglich, nicht aber horizontale Teilung, s. Rdn. 1119). 1098

Insb. aus der Zeit vor Einführung der Altershilfe für Landwirte (ALG) hat sich der **Nießbrauch am Bauernwald** als eine Art Notversorgung in wirtschaftlich schwierigen Zeiten erhalten. Es ist zu empfehlen, die in §§ 1069, 1038 BGB vorgesehene Aufstellung eines Wirtschaftsplans (als Beitrag zur Bürokratievermeidung) auszuschließen,[37] ferner Regelungen zu treffen, ob auch der Kahlschlag zulässig ist oder ob es sich insoweit nicht um ordnungsgemäße Wirtschaft i.S.d. nicht abdingbaren § 1036 Abs. 2 BGB bzw. um verbotene Umgestaltung i.S.d. ebenfalls nicht dinglich abdingbaren § 1037 BGB handelt, und schließlich ob der Nießbraucher, wie in § 1041 Satz 1 BGB vorgesehen, zur Wiederaufforstung verpflichtet ist (Abbedingung insoweit nicht dinglich, 1099

---

34 BGH, LM § 1090 Nr. 10.
35 LG Tübingen, BWNotZ 1981, 140.
36 BayObLGZ 1979, 361.
37 Formulierung: „Zur Aufstellung eines Wirtschaftsplans ist der Nießbraucher nicht verpflichtet".

jedoch schuldrechtlich möglich). Zu bedenken ist weiter, dass der Nießbraucher weiterhin in der landwirtschaftlichen Berufsgenossenschaft beitragspflichtig ist.[38] Diese Beiträge sind keine öffentlichen Lasten i.S.d. § 1047 BGB, sodass der Hofübernehmer sich allenfalls schuldrechtlich zu deren Tragung verpflichten kann.

4. Berechtigter

a) Grundsatz

1100 Berechtigter kann jede natürliche oder juristische Person sein (vgl. § 1059a BGB!); bei schutzwürdigen eigenen oder fremden Interessen, die nicht vermögensrechtlicher Natur zu sein brauchen,[39] auch der **Grundstückseigentümer selbst** (Rdn. 1083)[40] (eine subjektiv dingliche Bestellung zugunsten des jeweiligen Eigentümers des anderen Grundstücks ist, anders als bei der Dienstbarkeit gem. § 1018 BGB, nicht möglich). Der Nießbrauch zugunsten des Veräußerers wird mit Blick auf die ertragsteuerliche Unterscheidung (Rdn. 4536) „Vorbehaltsnießbrauch", der Nießbrauch zugunsten eines Dritten „Zuwendungsnießbrauch" genannt. Letzterer liegt auch vor, wenn Eltern einem Kind, bspw. befristet bis zum eigenen Eintritt in den Ruhestand, den Nießbrauch an einer Renditeimmobilie einräumen, um eine Einkunftsquelle zu verlagern (Progressionsvorteile!) und Unterhaltszahlungen zu sparen (der Verlust des Kinderfreibetrages und des Freibetrages für Betreuungsbedarf i.H.v. 5.808,00 € wird dadurch i.d.R. mehr als aufgewogen).[41]

b) Mehrheit von Berechtigten

1101 Denkbar ist zum einen eine Berechtigung von Ehegatten zum Gesamtgut in Gütergemeinschaft mit Auffangregelung zugunsten § 428 BGB.[42]

1102 **Formulierungsvorschlag: Nießbrauchsrecht in Gütergemeinschaft**

> Beide Veräußerer behalten sich am übergebenen Anwesen zum Gesamtgut der zwischen ihnen bestehenden Gütergemeinschaft, bei deren Wegfall durch Vertrag oder Urteil als Gesamtberechtigte nach § 428 BGB, nach dem Ableben eines Begünstigten zugunsten des verbleibenden alleine das dingliche Nießbrauchsrecht zurück. Hinsichtlich der Gesamtberechtigung nach § 428 BGB wird weiter vereinbart, dass Leistung nur an einen Berechtigten keine Erfüllungswirkung hat, und dass keiner der Berechtigten mit Wirkung für den anderen über das Gesamtrecht zu verfügen befähigt ist.
>
> Das Nießbrauchsrecht hat folgenden dinglichen Inhalt .....
>
> Die Eintragung dieses Nießbrauchs für beide Veräußerer als Gesamtgutsberechtigte in Gütergemeinschaft, nach deren Beendigung durch Vertrag oder Urteil als Gesamtberechtig-

---

38 §§ 123, 182, 150, 2 Abs. 1 Nr. 5 SGB VII.
39 BGHZ 41, 209.
40 Auch gemeinsam mit einem Dritten nach § 428 BGB (trotz der Nutzung „unter Ausschluss des Eigentümers", LG Mainz, 05.10.2006 – 8 T 74/98, n.v.).
41 Vgl. das Berechnungsbeispiel bei *Janssen*, NWB 2008, 2887 = Fach 2 S. 9835.
42 Vgl. zur Zulässigkeit nur einer Vormerkung *Schöner/Stöber*, Grundbuchrecht, Rn. 261h; *Wegmann*, in: Bauer/von Oefele, GBO, § 47 Rn. 149.

te nach § 428 BGB wird bewilligt und beantragt. Rein vorsorglich bewilligt der Erwerber weiterhin für jeden Veräußerer als alleinigen Berechtigten jeweils ein Nießbrauchsrecht für dessen durch den Tod des jeweils anderen Veräußerers aufschiebend bedingten Nießbrauchsanspruch. Die Eintragung wird jedoch zunächst nicht beantragt. Der amtierende Notar wird von sämtlichen Beteiligten bevollmächtigt, die Eintragung im Rang nach den bereits eingetragenen sowie den heute bestellten Rechten zu beantragen, wenn er hierzu von einem Vertragsteil schriftlich angewiesen wird.

Besonders praxisbedeutsam ist die Begünstigung einer GbR.[43] Werden im Gesellschaftsvertrag der GbR die Mitgliedschaften abtretbar und vererblich gestellt, wird faktisch die Unübertragbarkeit und Lebenszeitbeschränkung der Nießbrauchsberechtigung (und sonstiger beschränkt persönlicher Dienstbarkeiten, über § 1092 Abs. 2 und 3 BGB hinaus) dadurch außer Kraft gesetzt. Als Folge der vom BGH[44] und Gesetzgeber (§ 47 GBO, § 899a BGB) zwischenzeitlich anerkannten Eintragungsfähigkeit der GbR sind Eintragungsbewilligung und Eintragung zu formulieren zugunsten „GbR, bestehend aus X und Y", vgl. im Einzelnen Rdn. 2096 ff.

1103

Weiterhin kommt eine Gesamtberechtigung nach § 428 BGB in Betracht (mit der Folge, dass der Eigentümer nach seinem Belieben an jeden der Nießbraucher zu „leisten" berechtigt ist, Letztere aber nur einmal die Duldung oder Unterlassung fordern können – Vorsorgemöglichkeiten in Rdn. 2028 ff.), ebenso die Mitberechtigung nach § 432 BGB,[45] die allerdings zur Erlangung einer Sukzessivberechtigung nach dem Ableben des ersten Berechtigten zu modifizieren ist, Rdn. 2001, 2040. Denkbar ist weiter die gleichrangige Eintragung je eines Nießbrauchsrechtes für jeden Beteiligten mit der Folge, dass diese sich in der Ausübung gem. § 1024 BGB gegenseitig beschränken, solange sie beide bestehen.[46]

1104

Die in der Praxis häufig gewählte Bruchteilsberechtigung (sog. „**Quotennießbrauch**") führt zu einem Innenverhältnis analog §§ 741 ff., 1010 ff. BGB zwischen mehreren Quotennießbrauchern; erlischt der Nießbrauch eines Beteiligten, entsteht zwischen ihm und dem Eigentümer, der die Nutzziehung anstelle des weggefallenen Mit-Nießbrauchers ausübt, eine identische Nutzungs- und Verwaltungsgemeinschaft.[47] So gilt z.B. für die Tragung der mit den gemeinschaftlich gezogenen Nutzungen zusammenhängenden Lasten § 748 BGB.[48]

1105

---

43 Krit. hierzu *Wegmann*, in: Bauer/von Oefele, GBO, § 47 Rn. 88, 91 ff., 103 wegen des Lebenszeitprinzips; diese Bedenken können jedoch jedenfalls bzgl. der teilrechtsfähigen Außen-GbR nicht mehr aufrechterhalten werden, vgl. *Lautner*, MittBayNot 2001, 437.
44 BGH, 04.12.2008 – V ZB 74/08, ZfIR 2009, 93 m. abl. Anm. *Volmer*.
45 A.A. OLG München, 25.06.2009 – 34 Wx 40/09, NotBZ 2009, 464 m. abl. Anm. *Amann*, NotBZ 2009, 441 ff. (ausgehend von der ausnahmslosen"Teilbarkeit" des Nießbrauchs; tatsächlich unterliegt dies der Regelungsdisposition der Parteien); ablehnend auch *Kesseler*, DNotZ 2010, 123 ff.: An sich wäre nach § 47 GBO der „Verfügungs-" bzw. „Innehabungsmodus" zu verlautbaren. Erlaubt die Rechtspraxis aber auch die Eintragungsfähigkeit des reinen Erfüllungsmodus, muss dies für § 432 BGB ebenso gelten wie für § 428 BGB.
46 *Schöner/Stöber*, Grundbuchrecht, Rn. 1244.
47 BayObLGZ 1955, 155; dies gilt gem. LG Aachen, RNotZ 2001, 587 auch bei einem originär auf eine Bruchteilsberechtigung beschränkten Quotennießbrauch. Gem. § 745 Abs. 2 BGB können die Beteiligten daher festlegen, wie die Nutzungsquote umgesetzt werden soll, auch durch Zuweisung einer Nutzungsbefugnis bzgl. wesentlicher Grundstücksteile (Letzteres erscheint fragwürdig).
48 Vgl. BGH, NotBZ 2003, 310.

1106 **Formulierungsvorschlag: Quotenvorbehaltsnießbrauch**

> Der Veräußerer behält sich am Grundstück Flst-Nr. ..... den Nießbrauch zu einer Quote von (*bspw.*) 1/3 zurück. Für diesen Quotennießbrauch gelten die gesetzlichen Bestimmungen mit der Abweichung, dass ..... (***Anm.:*** *Sodann folgen ggf. Regelungen zur Lasten- und Kostentragung, vgl. unten Rdn. 1160 oder 1171*). Während des Bestandes des Nießbrauchs bilden Eigentümer und Veräußerer demnach eine Nutzungs- und Verwaltungsgemeinschaft analog §§ 741 ff. BGB, zu deren innerer Ausgestaltung die heutigen Beteiligten folgende schuldrechtliche Vereinbarung treffen mit der Maßgabe, diese etwaigen Einzelrechtsnachfolgern im Eigentum aufzuerlegen: ..... (***Anm.:*** *Sodann folgen Regelungen zur Verwaltung, z.B. Vollmacht an den Nießbraucher etc.*).

1107 Beim **Zuwendungsquotennießbrauch** unterscheidet sich lediglich der Einführungssatz:

1108 **Formulierungsvorschlag: Quotenzuwendungsnießbrauch**

> Der Eigentümer bestellt am Grundstück Flst-Nr. ..... den Nießbrauch zu einer Quote von (*bspw.*) 1/3 zugunsten ..... . Für diesen Quotennießbrauch gelten die gesetzlichen Bestimmungen mit der Abweichung, dass ..... (***Anm.:*** *Sodann folgen ggf. Regelungen zur Lasten- und Kostentragung*). Während des Bestandes des Nießbrauchs bilden Eigentümer und Nießbraucher demnach eine Nutzungs- und Verwaltungsgemeinschaft analog §§ 741 ff. BGB, zu deren innerer Ausgestaltung die heutigen Beteiligten folgende schuldrechtliche Vereinbarung treffen mit der Maßgabe, diese etwaigen Einzelrechtsnachfolgern im Eigentum aufzuerlegen: ..... (***Anm.:*** *Sodann folgen Regelungen zur Verwaltung, z.B. Vollmacht an den Nießbraucher etc.*).

c) Sukzessivberechtigung

1109 Häufig ist nur **ein Ehegatte Veräußerer** und damit „geborener" Berechtigter des Vorbehaltswohnungsrechts, auch der andere Ehegatte soll jedoch Mitbegünstigter sein. Diese Mitberechtigung kann entweder gleichzeitig (dann häufig i.S.e. Gesamtberechtigung gem. § 428 BGB, allerdings mit den unter Rdn. 2028 ff. genannten Risiken bzw. Vorsorgemöglichkeiten; zur Bewertung der sich dadurch an den Ehegatten bereits jetzt vollziehenden Schenkung s. die Beispiele unter Rdn. 3834 und Rdn. 3845) oder i.S.e. Sukzessivberechtigung verwirklicht werden, also aufschiebend bedingt und befristet auf den Zeitpunkt des Vorversterbens des Veräußerer-Ehegatten (und damit erst zu letzterem Zeitpunkt schenkungsteuerlich bedeutsam, vgl. Rdn. 3833 für Nießbrauchs- und Rdn. 3803 für Leistungsvorbehalte). Die Begünstigung wird dann wohl ihrerseits wiederum auflösend bedingt nur für den Fall eingeräumt sein, dass die derzeitige Ehe noch besteht. Ein aufschiebend bedingter Nießbrauch des Überlebenden kann auch (wenngleich selten) als selbständiges Recht im Anschluss an eine zuvor bestehende Bruchteilsberechtigung unter Ehegatten gewollt sein.[49]

---

[49] Dann Eintragung unter verschiedenen laufenden Nummern im Grundbuch, OLG Frankfurt am Main, 14.07.2008 – 20 W 47/07, DNotZ 2008, 846 m. Anm. *Westphal*.

Formulierungsvorschlag: Aufschiebend bedingter Nießbrauch für den überlebenden Ehegatten des Veräußerers 1110

Sollte der Veräußerer vor seinem derzeitigen Ehegatten versterben, wird aufschiebend bedingt auf den Zeitpunkt des Todes des Veräußerers, sofern die Ehe dann noch (ohne Scheidungsantrag) besteht, ein Nießbrauchsrecht zu gleichen Bedingungen zugunsten dieses Ehegatten des Veräußerers bestellt. Es handelt sich um einen Zuwendungsnießbrauch; über hieraus erwachsende Folgen wurde belehrt.

Die Eintragung des Nießbrauchsrechts zugunsten des Veräußerers und – im Rang danach – des aufschiebend bedingten Nießbrauchsrechts zugunsten des Ehegatten des Veräußerers am Vertragsbesitz wird

bewilligt und beantragt

mit dem Vermerk, dass zur Löschung des Rechts der Nachweis des Todes des jeweiligen Berechtigten genügen soll, was hiermit vereinbart wird.

Ist dagegen ungewiss, ob der etwa überlebende Ehegatte den ihm aufschiebend bedingt eingeräumten Nießbrauch tatsächlich in Anspruch nehmen wird (etwa da ihm die Lasten der Vermieterstellung in vorgerücktem Alter wenig attraktiv erscheinen), kann alternativ zu seinen Gunsten lediglich ein **Anspruch auf Bestellung** eines (definierten) Nießbrauchs zu diesem Zeitpunkt begründet werden (ggf. auch, sofern der Ehegatte nicht an der Urkunde beteiligt ist, i.S.e. Anspruchs zugunsten Dritter gem. § 328 BGB), der (zugleich rangwahrend) im Grundbuch gesichert wird. Zur weiteren Erleichterung kann ihm zugleich die Vollmacht[50] erteilt werden, befreit von § 181 BGB die Vereinbarung des Nießbrauchs vorzunehmen und dessen Eintragung zu bewilligen. Das Verbleiben auf dieser Vorstufe des „Anspruchs" vermeidet bspw. das sonst eintretende schenkungsteuerliche Problem, dass mit Eintritt der aufschiebenden Bedingung der Zuwendungsnießbrauch entstanden ist (und besteuert wird im Verhältnis zum Ehegatten, dem vormaligen erstrangigen Nießbraucher), und ein nachfolgender Verzicht eine neuerliche Schenkung (nunmehr an den Eigentümer) darstellt. 1111

Formulierungsvorschlag: Anspruch auf Sukzessivnießbrauch (vormerkungsgesichert) für den überlebenden Ehegatten des Veräußerers 1112

Sollte der Veräußerer vor seinem derzeitigen Ehegatten versterben *[Alt.: Sollte der Nießbrauch des Veräußerers enden]*, ist dieser Ehegatte, sofern die Ehe bis zum Tod *[Alt.: beim Ende des Nießbrauchs]* noch (ohne Scheidungsantrag) bestand, berechtigt, binnen sechs Monaten nach dem Tod *[Alt.: nach dem Ende des Nießbrauchs des Veräußerers]* die Bestellung eines Nießbrauchsrechts zu seinen Gunsten zu gleichen Bedingungen zu verlangen. Es handelt sich um einen Zuwendungsnießbrauch; über hieraus erwachsende Folgen wurde belehrt.

---

50   Ist dem Ehegatten (ggf. als Drittem gem. § 328 BGB) bereits ein unentziehbares Recht eingeräumt, wird diese Vollmacht unwiderruflich erteilt sein. Sie wirkt allerdings (anders als die Vormerkung) nicht gegen Einzelrechtsnachfolger auf der Seite des „Gegenüber", also im Eigentum.

> Zur Sicherung dieses bedingten Anspruchs wird die Eintragung einer Vormerkung zugunsten des Ehegatten im Rang nach dem Vorbehaltsnießbrauch des Veräußerers bewilligt und beantragt. Sie ist auflösend befristet auf den Tod des Begünstigten und löschbar bei Vorlage eines Scheidungsurteils; übt der Ehegatte das Nießbrauchsverlangen nicht fristgerecht aus, ist er zur Bewilligung der Löschung verpflichtet. Der Erwerber bevollmächtigt den genannten Ehegatten unwiderruflich, über den Tod hinaus und befreit von § 181 BGB, nach Löschung des Nießbrauchs für den Veräußerer den Nießbrauch zu seinen Gunsten zu bestellen und zur Eintragung zu bewilligen.

5. Rechtsinhalt

a) Grundsatz

1113 Rechtsinhalt des Nießbrauchs („Genuss des Gebrauchs") ist das Recht, **„Nutzungen der Sache** zu ziehen". Der Nießbraucher kann also vermieten oder verpachten und erwirbt damit die Rechtsfrüchte der Sache (Mietforderungen); in gleicher Weise kann er bei Eigenbewirtschaftung die Sachfrüchte im Rahmen ordnungsgemäßer Fruchtziehung sich aneignen. Er verdrängt dabei den Eigentümer (sodass dieser nicht mehr rechtlich gesichert über die Räume verfügen kann und demzufolge Zweitwohnungsteuer gegen ihn nicht erhoben werden darf!).[51] In beiden Fällen hat er jedoch **kein Recht zur Umgestaltung**, muss also insb. gem. § 1036 Abs. 2 BGB die bisherige wirtschaftliche Bestimmung der Sache aufrechterhalten und sich innerhalb der Regeln einer ordnungsgemäßen Wirtschaft halten.

b) Ausschluss einzelner Nutzungsarten

1114 Gem. § 1030 Abs. 2 BGB ist der (durch Bezugnahme auf die Eintragungsbewilligung)[52] dingliche **Ausschluss „einzelner Nutzungen"** möglich, z.B. hinsichtlich einzelner Gebrauchsarten (Wohnnutzung bzw. gewerbliche Nutzung; Beschränkung der Vermietung auf Verträge mit einer Laufzeit von nicht mehr als 12 Monaten).[53] Dabei muss jedoch das Charakteristikum des Nießbrauchs als „umfassendes Nutzungsrecht" erhalten bleiben, sodass bei nur noch einer verbleibenden zulässigen Nutzungsart (z.B. lediglich dem Recht zur Vermietung[54] oder dem Recht zur Eigennutzung)[55] lediglich eine schlichte beschränkte persönliche Dienstbarkeit vorliegen kann.[56]

1115 Überwiegend für zulässig gehalten wird eine solche Beschränkung jedoch, wenn bspw. neben der echten Eigennutzung auch die unentgeltliche Überlassung an Dritte (ähnlich der früheren Kriterien für die Förderung nach dem Eigenheimzulagengesetz) zulässig bleibt. Eine solche Re-

---

51 BVerwG, 13.05.2009 – 9 C 8/08, HFR 2009, 1135.
52 Zur Frage der Eintragungsbedürftigkeit vgl. *Ahrens*, Dingliche Nutzungsrechte, Rn. 68; *Kesseler*, RNotZ 2007, 366.
53 LG Aachen, Rpfleger 1986, 468.
54 OLG Celle, OLGE 6, 121.
55 *Faber*, BWNotZ 1978, 151.
56 Vgl. zur Abgrenzung zur schlichten Dienstbarkeit *Schippers*, MittRhNotK 1996, 198 f.; der BGH (DNotZ 1993, 55) hat die Frage offengelassen; für Zulässigkeit als Nießbrauch bei reiner Eigennutzung jedoch Staudinger/*Frank*, BGB (2002), § 1030 Rn. 57; unzulässig jedoch nach seiner Ansicht Beschränkung allein auf die Mieterträge, Staudinger/*Frank*, BGB (2002), § 1030 Rn. 56.

gelung (kombiniert mit einer auflösenden Bedingung für den Fall des Leerstandes) könnte etwa wie folgt formuliert sein.

Formulierungsvorschlag: Nießbrauch mit Fremdvermietungs- und Leerstandsverbot gem. § 1030 Abs. 2 BGB 1116

> Mit dinglicher Wirkung wird vereinbart, dass der Nießbrauch nicht durch Überlassung gegen Entgelt an Dritte, die nicht Angehörige i.S.d. § 15 AO sind (etwa im Weg der Fremdvermietung), genutzt werden kann, also nur die Nutzung zu eigenen Wohnzwecken des Nießbrauchers oder die unentgeltliche Überlassung an Angehörige möglich sind (§ 1030 Abs. 2 BGB). Das Nießbrauchsrecht ist ferner auflösend bedingt für den Fall, dass in den letzten sechs Monaten keine (zugelassene) Nutzung erfolgt ist.
>
> (*Formulierungszusatz [falls auch unentgeltliche Überlassung an Angehörige ausgeschlossen sein soll]:* ...... *bzw. eine Nutzung zu eigenen Wohnzwecken künftig nicht mehr erfolgen wird, da aufgrund ärztlicher Feststellung die Führung eines eigenen Haushalts nicht mehr möglich ist.*)
>
> Die Eintragung des auflösend bedingten und durch Ausschluss einzelner Nutzungen gem. § 1030 Abs. 2 BGB beschränkten Nießbrauchs wird bewilligt und beantragt.

Möglich ist auch eine Beschränkung auf die Nutzung zu Sicherungszwecken, z.B. zum Zweck der Verrechnung auf Forderungen des Nießbrauchers gegen den Eigentümer (sog. „**Sicherungsnießbrauch**").[57] Da der Nießbraucher außerhalb des Verwertungsfalls auf Art und Umfang der Nutzziehung selbst keinen Einfluss nimmt, ist der Sicherungsnießbrauch einkommensteuerlich unbeachtlich.[58] 1117

Formulierungsvorschlag: Sicherungsnießbrauch 1118

> Der Veräußerer behält sich am übertragenen Grundbesitz Flst-Nr. ...... den Nießbrauch vor (*Anm. [im Fall des Zuwendungsnießbrauchs]: Der Eigentümer bestellt zugunsten des Berechtigten ...... am Grundbesitz Flst-Nr. ...... einen Nießbrauch*) dergestalt, dass die vom Nießbraucher gezogenen Nutzungen auf die Forderungen des Nießbrauchers gegen den Eigentümer (zunächst das Kapital, dann die Zinsen, sodann die Kosten) angerechnet werden. Als Anrechnungswert gilt bei Mieteinnahmen der tatsächlich vereinnahmte Betrag, im Fall der Eigennutzung die ersparte Miete, die im Dissensfall durch einen öffentlich bestellten und vereidigten Sachverständigen auf Kosten des unterliegenden Teils zu ermitteln ist, jeweils abzüglich der nachgewiesenen Fruchtziehungskosten und Steuern. Der Nießbrauch ist durch vollständige Tilgung der Verbindlichkeiten des Eigentümers gegenüber dem Nießbraucher auflösend bedingt (Sicherungsnießbrauch).
>
> (*Anm.: Sodann folgt inhaltliche Ausgestaltung der Lastentragung als Brutto- oder Nettonießbrauch, wobei Letzteres näher liegt.*)

---

57 Vgl. MünchKomm-BGB/*Pohlmann*, § 1030 Rn. 74.
58 BMF-Schreiben v. 24.07.1998, BStBl. 1998 I, S. 914 Rn. 7. Ein solcher Sicherungsnießbrauch ist auch bei Eigennutzung durch den Nießbraucher anzuerkennen, also im Fall eines Mietvertrags zwischen Eigentümer und „Sicherungsnießbraucher", vgl. BFH, BStBl. 1998 II, S. 539.

Kapitel 4: Absicherung des Veräußerers

> Die Eintragung dieses Nießbrauchs wird **bewilligt** und an nächstoffener Rangstelle durch beide Beteiligten auf Kosten des Eigentümers **beantragt** mit dem Vermerk, dass zur Löschung der Nachweis des Todes des Nießbrauchers genügen soll, was hiermit vereinbart und beantragt wird.
>
> Schuldrechtlich verpflichtet sich der Nießbraucher gegenüber dem Eigentümer, den Nießbrauch, sofern und soweit keine Eigennutzung stattfindet, zur Erzielung von Erträgen zumindest mit der eigenüblichen Sorgfalt bestmöglich zu verwerten.

c) Örtliche Begrenzung

1119　Unzulässig ist jedoch (vgl. Rdn. 1098) ein Ausschluss hinsichtlich wesentlicher Bestandteile des Grundstücks, z.B. einer bestimmten Wohnung.[59] Anders liegt es hinsichtlich der Herausnahme sog. einfacher Bestandteile, nämlich bloßer Grundstücksteile, auch wenn sie bebaut sind (zulässige „vertikale Beschränkung" im Gegensatz zur unzulässigen „horizontalen Beschränkung" z.B. auf Gebäudeteile). Zulässig ist demnach auch die Beschränkung auf eine Doppelhaushälfte (unter Trennung von Statik, Zugang und Versorgung). Man spricht von einer „**unechten Teilbelastung**".[60] Davon zu unterscheiden ist die echte Teilbelastung, die nicht nur hinsichtlich des dinglichen Ausübungsbereichs, sondern des Belastungsgegenstands auf einen Grundstücksteil beschränkt ist, und einen amtlichen Lageplan mit Einzeichnung der Nießbrauchsfläche durch das Vermessungsamt gem. § 2 Abs. 3 GBO erfordert, jedoch regelmäßig an § 7 Abs. 2 GBO (Grundbuchverwirrung) scheitert.

1120　**Formulierungsvorschlag: Örtlich beschränkter Nießbrauch (als unechte Teilbelastung)**

> Der Veräußerer behält sich am übertragenen Grundbesitz Flst.-Nr. ..... den Nießbrauch vor (*Anm. [im Fall des Zuwendungsnießbrauchs]: Der Eigentümer bestellt zugunsten des ..... am Grundbesitz Flst.-Nr. ..... einen Nießbrauch*) dergestalt, dass sich das Recht des Nießbrauchers, Nutzungen aus der Sache zu ziehen, beschränkt auf den im beigefügten Lageplan schraffiert gekennzeichneten Grundstücksteil (Gesamtfläche links des Bachs) nebst dort aufstehenden Baulichkeiten. Mit dinglicher Wirkung (§ 1030 Abs. 2 BGB) ist also der Nießbraucher ausgeschlossen von allen Nutzungen, die den verbleibenden Grundstücksteil (rechts des Bachs) betreffen.
>
> (*Anm.: Sodann folgt die Regelung der Lastentragung etc. i.S.e. Brutto- oder eines Nettonießbrauchs oder einer Zwischenform.*)

1121　*Beispiel:*

In einem zu überschreibenden Gebäude befinden sich zwei Mietwohnungen; der Eigentümer möchte sich ausschließlich den Nießbrauch bzgl. der Obergeschosswohnung vorbehalten.

Ein Vorbehalts-Quotennießbrauch zu 1/2 zugunsten des Veräußerers würde dieses Ziel nicht erreichen, da die Hälfte der gesamt gezogenen Nutzungen beim Veräußerer verbliebe. Er würde also auch das Risiko einer Nichtvermietbarkeit der Erdgeschosswohnung wirtschaftlich mittragen.

---

[59]　BayObLG, Rpfleger 1980, 17; BGH, 27.01.2006 – V ZR 243/04, Rpfleger 2006, 386.
[60]　*Schöner/Stöber*, Grundstücksrecht, Rn. 1365.

Auch der Vorbehalt eines Bruchteilsnießbrauchs an einem ideellen halben Miteigentumsanteil (der auch möglich ist, wenn nur ein Eigentümer vorhanden ist) bewirkt nicht die beabsichtigte Trennung der „Vermieterstellung" für Ober- und Erdgeschoss, da den ideellen Bruchteilshälften nicht einzelne Wohnungen zugeordnet sind. Mit dinglicher Wirkung ist es nicht möglich, den Umfang der Nutzziehung auf einzelne Gebäudeteile zu beschränken, da es sich insoweit um wesentliche Sachbesandteile handelt (anders als bei Herausnahme einzelner Grundstücksteile).

Es ist fraglich, ob das gewünschte Ergebnis dadurch erzielt werden könnte, dass dem Erwerber im ersten Schritt lediglich ein halber Miteigentumsanteil überlassen wird, sodann eine dingliche Benutzungsregelung gem. § 1010 BGB vereinbart und im Grundbuch eingetragen wird (wonach mit dem bereits überlassenen halben Miteigentumsanteil die Verwaltung des Erdgeschosses verbunden sei) und dann der verbleibende Miteigentumsanteil unter Vorbehalt eines Bruchteilsnießbrauchs hieran ebenfalls dem Erwerber übertragen wird. Die Miteigentümerregelung dürfte nämlich mit Vereinigung aller Anteile in der Hand des Erwerbers erlöschen (nach überwiegender Auffassung besteht sie nur dann fort, wenn einzelne Miteigentumsanteile mit auf Zahlung oder Leistung gerichteten Rechten belastet sind, z.B. einem Grundpfandrecht oder einer Reallast,[61] was jedoch bei einem Nießbrauch nicht der Fall ist).

Wirtschaftlich nahekommen könnte aber die Bestellung eines Wohnungsrechts, beschränkt hinsichtlich des Ausübungsbereichs auf die Obergeschosswohnung, unter Gestattung der Überlassung an Dritte gem. § 1092 Abs. 1 Satz 2 BGB, wobei jedoch die Ausgestaltung des gesetzlichen Schuldverhältnisses beim Wohnungsrecht, insb. hinsichtlich der Lastentragung, deutlich hinter dem Nießbrauch zurückbleibt (die Ausübung des Wohnungsrechts und der Überlassung müsste daran geknüpft werden, dass der Berechtigte einen nießbrauchsentsprechenden Teil der Grundstückslasten trägt, vgl. Rdn. 1295, 1297).

Sicherste, aber auch teuerste, Alternative bleibt daher die Aufteilung des Anwesens nach dem WEG und sodann der Vorbehalt des Nießbrauchs am neu geschaffenen Sondereigentum „Obergeschosswohnung".

Soll die Erdgeschosswohnung weiterhin vom Erwerber als Eigentümer bewohnt werden, die Obergeschosswohnung aber hinsichtlich der Erträge sofort dem Veräußerer zustehen, kommt auch die Bestellung eines Gesamtnießbrauchs im Rang nach einem Eigentümerwohnungsrecht (Letzteres hinsichtlich des Ausübungsbereichs beschränkt auf die Erdgeschosswohnung; auch die Lastentragung muss dem Nießbrauch angepasst werden – vgl. Rdn. 1297) in Betracht;[62] nach dem Ableben des Eigentümers stehen dem Veräußerer dann aber alle Erträge zu!

d) Wohnungseigentum

In **WEG-Anlagen** übt weiterhin der Wohnungseigentümer (Nießbrauchsbesteller) das Stimmrecht gem. § 25 Abs. 2 Satz 1 WEG aus;[63] ein unmittelbarer Übergang des Stimmrechts auf den Nießbraucher findet nicht einmal hinsichtlich einzelner Beschlussgegenstände, die ihn unmittelbar tangieren, statt. Auch müsse das Stimmrecht nicht notwendig „gemeinsam" ausgeübt werden; allenfalls im Innenverhältnis können sich Bindung zwischen Eigentümer und Nießbrauchsberechtigtem ergeben. Auch zur Anfechtung von Beschlüssen der Wohnungseigentümergemeinschaft (gem. § 43 Nr. 4 WEG) ist allein der Eigentümer berechtigt.[64] Diese Rechtspre-

1122

---

61 Vgl. *Schöner/Stöber*, Grundbuchrecht, Rn. 1472.
62 *Ertl*, MittBayNot 1988, 56.
63 BGH, MittBayNot 2002, 184, m. Anm. *F. Schmidt* (Divergenzvorlage; vgl. zuvor BayObLG, DNotZ 1999, 585 und OLG Hamm, DNotI-Report 2001, 165; einerseits: kein Stimmrechtsübergang, KG, NJW-RR 1987, 973 und OLG Hamburg, NJW-RR 1988, 267 anderseits: Stimmrechtsübergang beschränkt auf Angelegenheiten der Verwaltung und Nutzung, § 1066 BGB).
64 OLG Düsseldorf, NZM 2005, 380 gegen KG, NJW-RR 1987, 973; keine Divergenzentscheidung des BGH hierzu (NZM 2005, 627).

chung dürfte auch (entgegen früherer Entscheidungen)[65] für das Wohnungsrecht gelten. Häufig wird allerdings – gerade in den schenkungsteuerlich motivierten Übertragungsfällen mit Vorbehaltsnießbrauch – der Nießbraucher aufgrund Vollmacht die Wahrnehmung der Interessen in der Eigentümerversammlung vornehmen. Erlaubt die Teilungserklärung keine Stimmrechtsvollmacht an Nießbraucher, wird eine entsprechende Weisungsabrede getroffen (s. nachstehenden Formulierungsvorschlag Rdn. 1124).

1123 Die an den Verwalter zu entrichtende Hausgeldumlage (§§ 16, 28 Abs. 2 WEG) entfällt ganz überwiegend auf Lasten, die (kraft gesetzlicher Vermutung, erst recht aufgrund häufig im Bereich des Vorbehaltsnießbrauchs, auch steuerlich motiviert, geänderter Zuständigkeitsverteilung) den Nießbraucher treffen. Instandhaltungs- und Instandsetzungsaufwand am Gemeinschaftseigentum, der nach Beendigung des Nießbrauchs anfällt, wird allerdings naturgemäß auch aus Rücklagenbeiträgen finanziert, die der Nießbraucher getragen hat. Es entspricht üblicher Handhabung, es bei diesen nicht voraussehbaren und oft auch nicht beeinflussbaren Zufälligkeiten zu belassen. Damit wird zugleich der sonst dem Nießbraucher ggf. gem. § 1049 BGB gegen den Eigentümer zustehende Verwendungsersatzanspruch ausgeschlossen.[66] Des Weiteren wird der Nießbraucher den Eigentümer auch freizustellen haben von Haftungen, die ihn als Mitglied des Verbandes der Wohnungseigentümer ggü. Dritten, v.a. Gläubigern gem. § 10 Abs. 8 WEG, treffen können.

1124 **Formulierungsvorschlag: Nießbrauch an Sondereigentum**

> Der Nießbraucher trägt während der Dauer des Nießbrauchs ferner das an die Eigentümergemeinschaft zu entrichtende Hausgeld einschließlich der Zuführungen zur Instandhaltungsrücklage, auch wenn diese nicht (mehr) zur Finanzierung der von ihm zu tragenden Lasten Verwendung finden sollte, sowie alle Pflichten des Eigentümers als Mitglied des Verbandes der Wohnungseigentümer gegenüber Dritten. Ab Erlöschen des Nießbrauchs übernimmt der Erwerber alle Rechte und Pflichten gegenüber der Eigentümergemeinschaft und dem Verwalter einschließlich etwaiger nach diesem Zeitpunkt fälliger Umlagen und Nachzahlungen; auch etwaige Rückerstattungen stehen ihm dann alleine zu.
>
> Schuldrechtlich gilt weiter: Der Erwerber bevollmächtigt den Nießbraucher hiermit und auf Verlangen in getrennter Urkunde i.S.d. § 172 BGB, für die Dauer des Nießbrauchs das Stimmrecht in der Versammlung der Sondereigentümer wahrzunehmen; falls aus Rechtsgründen erforderlich, wird der Eigentümer sein Stimmrecht nach Weisung des Nießbrauchers ausüben. Dem Eigentümer sind Protokollabschriften zu übermitteln.

e) Besitz- und Abwehrrechte

1125 Der Nießbraucher ist zwingend zum Besitz der Sache berechtigt (§ 1036 Abs. 1 BGB); im Fall der Beeinträchtigung seiner Rechte ist er gem. § 1065 BGB wie ein Eigentümer geschützt (z.B. §§ 985, 1004, 858 ff., 823 BGB). Damit ist er auch „Inhaber einer Wohnung" i.S.d. Bestimmung

---

65 BGHZ 37, 208; ähnlich BGH, LM Nr. 8 zu § 1093 BGB, sofern die Beschlussgegenstände die Rechte und Pflichten eines Wohnungsberechtigten unmittelbar berühren.
66 Vgl. *Pöppel*, MittBayNot 2007, 85, 88.

über die Zweitwohnungsteuer (Art. 105 Abs. 2a Satz 1 GG).⁶⁷ Nach neuem Schuldrecht verjähren diese **Abwehransprüche**, soweit es um eine Störung in der Ausübung geht,⁶⁸ kenntnisabhängig bereits nach 3 Jahren,⁶⁹ sodass als Inhalt des dinglichen Rechts eine vertragliche Verlängerung der Verjährung (§ 202 Abs. 2 BGB) empfohlen wird.⁷⁰

Formulierungsvorschlag: Verjährungsverlängerung beim Nießbrauch 1126

> Soweit Ansprüche aus diesem Nießbrauch der Verjährung unterliegen, beträgt die Frist 30 Jahre ab gesetzlichem Verjährungsbeginn.

Der Nießbraucher erwirbt das Eigentum an allen Sachfrüchten bei Trennung, auch an sog. „Übermaßfrüchten", für die er allerdings Wertersatz zu leisten hat (§ 1039 BGB). 1127

6. Nießbrauch und Mietverhältnis

Der Berechtigte eines dinglichen (Zuwendungs-) Nießbrauchs tritt kraft Gesetzes (§ 567 BGB) in bestehende Mietverhältnisse ein; bei lediglich schuldrechtlich eingeräumtem (Zuwendungs-) Nießbrauch bedarf es hierfür jedoch einer rechtsgeschäftlichen Vertragsübernahme unter Zustimmung des Mieters (die bloße faktische Änderung des Überweisungswegs genügt nicht, sodass auch steuerlich der Einkunftstatbestand noch nicht übergeht).⁷¹ 1128

Zieht der Nießbraucher die Nutzungen (von Anfang an oder später) im Weg der Vermietung und endet der Nießbrauch vor dem Mietverhältnis, gelten zugunsten des Mieters gem. § 1056 BGB die §§ 566 ff. BGB analog, d.h. der Wechsel der Vermieterstellung wird wie ein Wechsel im Eigentum behandelt. Im Akzeptieren einer Nießbrauchsbelastung liegt also (zumindest konkludent) das Abbedingen der Rechte, die dem Erwerber sonst gegen den Veräußerer/Vorbehaltsnießbraucher wegen nicht rechtsmängelfreier Lieferung für den Fall einer nach Beendigung des Nießbrauchs fortbestehenden Vermietung zustehen würden.

Vorsorglich kann vereinbart werden: 1129

Formulierungsvorschlag: Vermietung durch Nießbraucher

> Den Beteiligten ist bewusst, dass etwaige durch den Nießbraucher abgeschlossene Mietverträge grds. den Eigentümer auch nach Beendigung des Nießbrauchs binden; er hat im Verhältnis zum Veräußerer (Vorbehaltsnießbraucher) diesen „Rechtsmangel" hinzunehmen.

---

67 BVerwG, 13.05.2009 – 9 C 8.08, NotBZ 2009, 381 (LS); *Ihle*, notar 2010, 70.
68 Diese Ansprüche auf Beseitigung oder Unterlassung unterfallen nach BGH, 22.10.2010 – V ZR 43/10, DNotI-Report 2010, 221 nicht § 902 Abs. 1 Satz 1 BGB. Letztere Norm ist aber einschlägig, soweit es um die Verwirklichung des Rechtes selbst geht.
69 § 902 Abs. 1 Satz 1 BGB gilt nach BGHZ 125, 56 nicht für den sich nicht unmittelbar aus dem Grundbuch ergebenden Abwehranspruch des § 1004 BGB, auch § 924 BGB sei nicht einschlägig (hiergegen krit. *Volmer*, ZfIR 1999, 87).
70 Vgl. *Amann*, in: Amann/Brambring/Hertel, Vertragspraxis nach neuem Schuldrecht, S. 309. Die Verlängerung der Verjährung aufgrund Vollstreckungsunterwerfung greift wohl nur im Verhältnis zum Vertragspartner, dem Eigentümer des dienenden Grundstücks.
71 BFH, 26.04.2004 – IX R 22/04; vgl. auch BFH, EStB 2006, 413.

1130 Zur Abmilderung der Folgen seiner Bindung an solche fortbestehenden Mietverhältnisse kann jedoch der Eigentümer[72] – und zwar auch bei Mietverhältnissen, die auf bestimmte Zeit geschlossen sind![73] – schon vor dem Vertragsende mit gesetzlicher Frist (nicht notwendig zum erstzulässigen Termin wie gem. §§ 57a ff. ZVG, jedoch innerhalb einer ggf. vom Mieter gesetzten Frist) **kündigen** (§ 1056 Abs. 2 Satz 1, Abs. 3 BGB). Dies gilt sogar, wenn der Eigentümer des nießbrauchsbelasteten Grundstücks Miterbe des verstorbenen Nießbrauchers ist.[74] Der Mieter, der vom Nießbraucher mietet, steht also schlechter als bei Direktanmietung vom Eigentümer, es sei denn, der Eigentümer wäre dem Mietverhältnis beigetreten und demnach auch nach Beendigung des Nießbrauchs an dieses gebunden.

1131 **Formulierungsvorschlag: Beitritt des Eigentümers zur Vermietung durch den Nießbraucher**

> Der Erwerber als künftiger Eigentümer hat es im Verhältnis zum Veräußerer hinzunehmen, dass bei Beendigung des Nießbrauchs ein etwaiger Mietvertrag auf ihn kraft Gesetzes übergeht. Er tritt auch im Verhältnis zum betreffenden Mieter diesem Mietvertrag bei, verzichtet also auf sein besonderes Kündigungsrecht gem. § 1056 Abs. 2 Satz 1, Abs. 3 BGB.

Ein vorzeitiger rechtsgeschäftlicher Verzicht des Nießbrauchers führt jedoch zu einem Sonderkündigungsrecht des Eigentümers erst ab dem Zeitpunkt, in dem der Nießbrauch ohne den Verzicht (z.B. infolge Ablebens des Nießbrauchers) erloschen wäre (§ 1056 Abs. 2 Satz 2 BGB).

1132 Hinsichtlich der umgekehrten Situation eines Wechsels des Pächters bei vorweggenommener Erbfolge eines landwirtschaftlichen Betriebs bzgl. zugepachteter Grundstücke bestimmt § 593a BGB zum Schutz des Landpächters einen (abdingbaren)[75] gesetzlichen Eintritt des Übernehmers in den Pachtvertrag; der Verpächter, der unverzüglich zu benachrichtigen ist, hat nur dann ein außerordentliches Kündigungsrecht, wenn die ordnungsgemäße Bewirtschaftung der Pachtsache durch den Übernehmer nicht gewährleistet ist. Es bedarf also in diesem Fall keiner Unterpachtverhältnisse.

7. Übertragung eines Nießbrauchs zur Ausübung

1133 Der Nießbrauch ist in dem Sinn zwingend „höchstpersönlich", dass er mit dem Tod des Nießbrauchers erlischt (§ 1061 BGB) und als dingliches Recht selbst nicht übertragen werden kann (§ 1059 Satz 1 BGB). Die „Vorabbestellung" eines Nießbrauchs für einen „Rechtsnachfolger" ist also nur in dem Sinn möglich, dass der „Zweitberechtigte" von vornherein in den Kreis der Begünstigten gem. § 428 BGB einbezogen wird oder aber dass zu seinen Gunsten aufschiebend bedingt ein weiterer Nießbrauch bestellt (und im Grundbuch eingetragen) wird.

---

[72] Das Sonderkündigungsrecht geht nicht auf einen Nacherwerber über, es sei denn der Eigentümer überträgt es gem. § 413 BGB, BGH, 27.11.2009 – LwZR 12/08, DNotZ 2010, 941 m. Anm. *Gehse*. Denkbar ist auch die Ermächtigung an den Erwerber (§ 185 Abs. 1 BGB) zur Kündigung bereits vor Eigentumsumschreibung.

[73] AG Stuttgart, ZMR 1973, 152.

[74] BGH, 20.10.2010 – XII ZR 25/09, ZfIR 2011, 103 m. Anm. *Schweitzer*; die Kündigung kann durch eine Mehrheit der Bruchteilseigentümer des Grundstücks ausgesprochen werden, wenn dies ordnungsgemäßer Verwaltung i.S.d. § 745 Abs. 1 Satz 1 BGB entspricht, BGH, 26.04.2010 – II ZR 159/09, ZEV 2010, 476.

[75] BGH, DNotZ 2002, 952.

Lediglich Nießbrauchsrechte für bestimmte juristische Personen sind in ihrer Gesamtheit gem. §§ 1059a bis 1059d BGB übertragbar, sodass der dingliche Rechtsinhalt mit dem „jeweiligen Nießbraucher" zustande kommt. Nur in diesem Rahmen ist auch die Vormerkung, die den Anspruch auf Bestellung eines Nießbrauchs sichert, abtretbar (§ 1059e BGB); allerdings kann der vorgemerkte Anspruch des Versprechensempfängers, einem Dritten einen Nießbrauch einzuräumen, abgetreten werden, sodass die Vormerkung mitübergeht (§ 401 BGB).[76]

Abtretbar sind allerdings ohne Einschränkung – sofern kein rechtsgeschäftlicher Zessionsausschluss gem. § 399 BGB besteht – die einzelnen aus dem Nießbrauch fließenden Ansprüche (z.B. auf Zahlung der Miete).

Ferner kann gem. § 1059 Satz 2 BGB mit dinglicher Wirkung die Ausübung des Nießbrauchs einem anderen (ohne Zustimmung des Eigentümers) überlassen werden, sofern dies nicht (durch Vereinbarung und Eintragung im Grundbuch, die auch im Weg der Bezugnahme gem. § 874 BGB erfolgen kann) ausgeschlossen ist. Diese **Ausübungsüberlassung** ist zu unterscheiden von der unmittelbaren Vermietungstätigkeit, also dem Gebrauchmachen von den Rechtsbefugnissen des Nießbrauchs selbst (Ziehung der Rechtsfrüchte). Im Fall des § 1059 Satz 2 BGB übt der Zweitberechtigte die aus dem Nießbrauch fließenden Rechte im Namen des Nießbrauchers, jedoch für eigene Rechnung aus; das gesetzliche Schuldverhältnis besteht allerdings weiter zwischen Eigentümer und Nießbraucher, dessen Erfüllungsgehilfe nun der Ausübungsberechtigte ist. Unmittelbare Ansprüche des Eigentümers gegen den Ausübungsberechtigten bestehen nur gem. §§ 823 ff. BGB und gem. § 1004 BGB, sofern der bestimmungswidrige Gebrauch trotz Abmahnung fortgesetzt wird. Der Ausübungsberechtigte genießt Besitzschutz gem. §§ 858 ff. und 986 BGB; erlischt jedoch der Nießbrauch, enden ohne Weiteres auch die Rechte aus der Ausübungsüberlassung.

> **Hinweis:**
> In Überlassungsverträgen, die von eher persönlichen Rechtsbeziehungen geprägt sind, wird die Ausübungsüberlassung regelmäßig ausgeschlossen oder auf den engsten Familienkreis begrenzt (etwa auf leibliche Abkömmlinge).

8. Gläubigerzugriff

a) Pfändung

Nicht nur die aus dem Nießbrauch fließenden Rechte (Mietforderungen etc.), sondern auch der Nießbrauch selbst ist pfändbar,[77] und zwar auch dann, wenn die Überlassung der Ausübung an einen Dritten ausgeschlossen ist.[78]

---

76 Vgl. *Zeiser*, Rpfleger 2009, 285, 286.
77 BGHZ 95, 99.
78 *Rossak*, MittBayNot 2000, 383 ff. m.w.N.

1139 > **Hinweis:**
> Die Pfändung kann und sollte berichtigend (kein Wirksamkeitserfordernis!) im Grundbuch eingetragen werden, um bspw. die Löschung des Nießbrauchs ohne Mitwirkung des Pfändungsgläubigers zu vermeiden.[79]

1140 Der Pfändungsgläubiger kann über die Leistungsklage eine ordnungsgemäße Nutzung des Grundstücks erreichen,[80] tritt aber auch in die Lastentragungspflichten des Nießbrauchers ein; die Verwertung erfolgt im Weg der Zwangsverwaltung.[81] Bewohnt der Nießbraucher das Objekt selbst, kann er sich gegen den Pfändungsgläubiger allerdings nicht auf die nur für den Eigentümer geltende Billigkeitsnorm des § 149 ZVG berufen, allerdings hat der Pfändungsgläubiger gegen den Nießbraucher keinen Anspruch auf Räumung und Herausgabe des Grundstücks.[82] Es soll allerdings möglich sein, die Pfändung eines Nießbrauchsrechts als dessen auflösende Bedingung zu vereinbaren;[83] diese Vereinbarung dürfte jedoch der Gläubigeranfechtung gem. §§ 3 ff. AnfG, §§ 129 ff. InsO unterliegen. Denkbar ist weiter, zugunsten des Begünstigten sowohl ein (der Pfändung entzogenes) Wohnungsrecht als auch (im Rang danach) ein (bis zu seiner Pfändung ausgeübtes) Nießbrauchsrecht zu bestellen.[84]

b) Zwangsversteigerung

1141 Die Beschlagnahme des der Zwangsversteigerung unterliegenden Grundstücks erfasst nicht die Ansprüche auf Miet- und Pachtforderungen, die sich aus dem Nießbrauch ergeben (§ 21 Abs. 2 ZVG), ebensowenig die bereits getrennten Erzeugnisse, die bereits im Eigentum des Nießbrauchers stehen (§§ 954, 955 Abs. 2 BGB, § 55 ZVG). Geht der Nießbrauch dem das Versteigerungsverfahren betreibenden Gläubiger im Rang vor, ist er in das geringste Gebot aufzunehmen und ein Zuzahlungsbetrag nach § 51 Abs. 2 ZVG festzusetzen, dessen Höhe der möglichen Fruchtziehung auf die restliche Laufzeit entspricht. Etwaige Rückstände aus dem Nießbrauch sind zur Berücksichtigung im bar zu zahlenden Teil des geringsten Gebots separat anzumelden (§ 45 Abs. 2 ZVG).

1142 Erlischt der Nießbrauch selbst bei einer Zwangsversteigerung des Grundstücks aus vorrangigen Rechten, weil er nicht in das geringste Gebot fällt, tritt[85] an seine Stelle bei ausreichender Vertei-

---

79 Vgl. BayObLG, Rpfleger 1998, 69, 70.
80 Bei Pfändung eines Bruchteilsnießbrauchs unter der weiteren Einschränkung, dass die Nutzung sich i.R.d. § 743 Abs. 2 BGB hält, vgl. BGH, 25.10.2006 – VII ZB 29/06, NJW 2007, 149.
81 §§ 857 Abs. 4, 844 ZPO, §§ 146 ff. ZVG, Formulierungsmuster bei *Eickmann*, NotBZ 2008, 257 ff.; vgl. OLG Düsseldorf, Rpfleger 1997, 315; dabei ist neben der unmittelbaren Vermietung auch die Überlassung des Nießbrauchs als solcher zur Ausübung möglich, vgl. §§ 857 Abs. 1, 835 Abs. 1, 1. Alt. ZPO und BGH, NJW 1974, 796.
82 Keine Anwendung des § 1065 BGB analog (Herausgabeanspruch des Nießbrauchers gegen störende Dritte, § 985 BGB) auf das Verhältnis zwischen Pfändungsgläubiger – der an die Stelle des Nießbrauchers trete – und dem weiter besitzenden Nießbraucher, BGH, 12.01.2006 – IX ZR 131/04, FamRZ 2006, 550.
83 OLG Frankfurt am Main, JurBüro 1980, 1899.
84 Anders als bei der gleichrangigen Eintragung eines Wohnungs- und eines Nießbrauchsrechts zugunsten desselben Begünstigten (OLG Hamm, MittRhNotK 1997, 390) oder bei der Eintragung eines Nießbrauchsrechts im Rang vor dem Wohnungsrecht dürfte hierfür das Rechtschutzbedürfnis nicht zu verneinen sein, vgl. DNotI-Gutachten, Faxabruf-Nr. 11282 v. 20.11.2002.
85 Bei unbestimmtem Jahreswert des Rechtes bedarf es hierfür einer vorherigen Anmeldung zur Berücksichtigung bei der Erlösverteilung.

lungsmasse ein Anspruch auf Wertersatz aus dem Erlös in Gestalt einer **Geldrente** (§ 121 Abs. 2 ZVG), höchstens (bei, wie üblich, auf Lebenszeit bestellten Nießbrauchsrechten) des 25-fachen Jahreswerts der Nutzung. Gem. § 882 BGB kann (zur Erleichterung der Beleihungsprüfung für nachrangige Gläubiger) ein Höchstbetrag des Wertersatzes bestimmt und zum Grundbuchinhalt des Nießbrauchs gemacht werden. Das Deckungskapital wird bei der Gerichtskasse hinterlegt und gelangt quartalsweise vorschüssig zur Auszahlung (§ 92 Abs. 2 Satz 2 ZVG).

c) Zwangsverwaltung

Betreibt ein Grundpfandgläubiger die Zwangsverwaltung (§ 866 ZPO) über ein nießbrauchsbelastetes Grundstück, also nicht in den Nießbrauch selbst, ist hierzu ein **zusätzlicher Duldungstitel** auch gegen den Nießbraucher selbst dann notwendig, wenn der Nießbrauch im Grundbuch im Rang nach dem Grundpfandrecht eingetragen ist[86] (das Vollstreckungsgericht hat dem Zwangsverwalter den Besitz am Grundstück zu übergeben [§ 150 Abs. 2 ZVG], zu dem jedoch auch der Nießbraucher berechtigt ist [§ 1036 Abs. 1 BGB], und zwar auch ggü. anderen Personen als dem Grundstückseigentümer, § 1065 BGB). Ist das vorrangige Grundpfandrecht vollstreckbar bestellt, ist die Klausel gem. § 727 ZPO auf den Nießbraucher zu erweitern (sog. Titelaufspaltung); die „Rechtsnachfolge" der „streitbefangenen Sache" ist durch die Reihenfolge der Nießbrauchseintragung offenkundig.[87] Gleiches gilt bei einem (auch nachrangigen) Wohnungsrecht.[88]

1143

> **Hinweis:**
> Um die uneingeschränkte Verwertung eines noch zu beleihenden Grundstücks nicht nur im Weg der Zwangsversteigerung in erleichterter Form zu ermöglichen, wird ein Grundpfandgläubiger vom bereits eingetragenen Nießbraucher nicht nur die Bewilligung des Rangrücktritts, sondern auch die Abgabe einer Duldungsverpflichtung nach §§ 737, 794 Abs. 2 ZPO verlangen.

1144

Geht der betreibende Gläubiger dem Nießbrauch im Rang nach, scheitert die Beschaffung eines Duldungstitel gegen den Nießbraucher (möglicherweise kann jedoch der Nießbrauch seinerseits der Gläubigeranfechtung gem. §§ 3, 4 AnfG unterliegen).

Die Zwangsvollstreckung in das an einem Grundstück bestellte **Nießbrauchsrecht selbst** erfolgt gem. § 857 Abs. 4 Satz 1, 2 ZPO durch Verwaltung des Grundstücks. Diese setzt – ebenso wie die Zwangsverwaltung nach §§ 146 ff. ZVG – den unmittelbaren oder mittelbaren Besitz des Schuldners (Nießbrauchers) voraus. Das Vollstreckungsgericht ist freilich, wenn die Grund-

1145

---

86 BGH, Rpfleger 2003, 378; a.A. MünchKomm-BGB/*Eickmann*, § 1124 Rn. 45 m.w.N. Zum Erfordernis eines Duldungstitels bei Zwangsverwaltung ggü. einem nachrangigen Wohnungsberechtigten vgl. DNotI-Gutachten, Faxabruf-Nr. 11438.
87 OLG Dresden, Rpfleger 2006, 92; vgl. im Einzelnen Gutachten, DNotI-Report 2004, 3 f. und DNotI-Gutachten, Faxabruf-Nr. 93754 v. 08.05.2009 („Vorstehende Ausfertigung wird dem Gläubiger X gegen Y zur Duldung der Zwangsvollstreckung in die seinem Nießbrauch unterliegenden, zum Vermögen des Z gehörenden Gegenstände erteilt.").
88 LG Mosbach, 07.10.2009, Rpfleger 2010, 153; zur Umschreibung der Klausel selbst: AG Mosbach, 22.12.2009, Rpfleger 2010, 228.

d) Überleitung auf den Sozialfürsorgeträger

1146 Schwieriger ist die Rechtslage hinsichtlich der Überleitbarkeit des Nießbrauchs auf den Sozialhilfeträger nach § 93 SGB XII zu beurteilen. Zwar steht die Unveräußerlichkeit wegen § 93 Abs. 1 a.E. SGB XII nicht entgegen (hinsichtlich der Pfändung wird diese Sperre durch § 857 Abs. 3 ZPO überwunden), allerdings handelt es sich beim Nießbrauch nicht um einen „Anspruch" i.S.d. § 194 BGB, § 93 Abs. 1 Satz 1 SGB XII, sondern um ein dingliches Recht.[90] Unzweifelhaft überleitbar sind allerdings die aus einer Vermietung kraft Nießbrauchs herrührenden Ansprüche; auch handelt es sich beim Nießbrauch um Vermögen, das kraft seiner Verwertbarkeit einsatzpflichtig i.S.d. § 90 Abs. 1 SGB XII ist, sofern der Nießbrauch nicht durch Selbstnutzung in einem angemessenen Eigenheim i.S.d. § 90 Abs. 1 Nr. 8 SGB XII ausgeübt wird (Erst-Recht-Schluss aus der Anrechnungsfreiheit einer entsprechenden Eigentumsposition).

II. Lastentragung

1147 Das gesetzliche Schuldverhältnis differenziert hinsichtlich der Verteilung der Lasten, soweit nicht in den Grenzen des Typenzwangs eine vertragliche Modifikation erfolgt (s. Rdn. 1158 ff.), hinsichtlich der Unterhaltung (s. Rdn. 1148 ff.) und der Zahlungspflicht (s. Rdn. 1152 ff.) wie folgt.

1. Unterhaltung der Sache

1148 Anders als der Grundstückseigentümer wird der Nießbraucher durch die Bestellung des dinglichen Rechts im Zweifel auch zu einem aktiven Tun verpflichtet, nämlich zur Erhaltung der Sache in ihrem wirtschaftlichen Bestand (Beispiel: Wiederaufforstung).[91] Aus diesem Grund obliegen ihm gem. § 1041 Satz 2 BGB solche Ausbesserungen und Erneuerungen, die zur **gewöhnlichen Unterhaltung der Sache**[92] gehören. Von dieser Pflicht zur gewöhnlichen Unterhaltung (die naturgemäß die Instandhaltungsregelung in einem durch den Nießbraucher geschlossenen Mietvertrag nicht präjudiziert)[93] ist jedoch nicht eine Verschlechterung umfasst, die durch ordnungsgemäße Ausübung des Nießbrauchs herbeigeführt wurde (bloße Abnutzung, § 1050 BGB: den Nießbraucher trifft keine Kapitalerhaltungspflicht für abnutzungsbedingte Veränderungen, die trotz Durchführung der gesetzlich geschuldeten Erhaltungsmaßnahmen eintreten).[94]

---

89 BGH, 09.12.2010 – VII ZB 67/09, JurionRS 2010, 30805.
90 Gegen eine Überleitbarkeit daher DNotI-Gutachten, Faxabruf-Nr. 1299 v. 23.02.2004.
91 BayObLGZ 1972, 366; anders beim Wiederaufbau eines zerstörten Hauses (zu dem auch nicht der Eigentümer verpflichtet ist, sofern keine diesbezügliche Reallast bestellt wurde!).
92 Zur gewöhnlichen Unterhaltung zählen solche Maßnahmen, die bei ordnungsgemäßer Bewirtschaftung regelmäßig, und zwar wiederkehrend innerhalb kürzerer Zeitabstände, zu erwarten sind. Nicht hierunter fallen z.B. Erneuerung der Zähleranlage oder Erneuerung der Türblätter, vgl. BGH, NotBZ 2003, 310.
93 Selbst wenn der Nießbraucher an den Eigentümer „zurückvermietet"; allerdings handelt der Mieter rechtsmissbräuchlich, wenn er in dieser Eigenschaft verlangt, was er als Eigentümer wiederum erstatten muss (BGH, 13.07.2005 – VIII ZR 311/04, DNotZ 2006, 45).
94 Demnach wird der Grundsatz des § 1050 BGB durch § 1041 BGB eingeschränkt und nicht umgekehrt, vgl. BGH, 23.01.2009 – V ZR 197/07, MittBayNot 2010, 40, m. Anm. *Promberger* S. 22 ff.

Unterlässt er die gewöhnliche Unterhaltung, haftet er dem Eigentümer wegen pVV des gesetzlichen Schuldverhältnisses (§ 241 Abs. 2 BGB), ebenso aus Deliktsrecht. Dabei hat er jede Fahrlässigkeit zu vertreten, sofern nicht dinglich der Sorgfaltsmaßstab abgemildert wurde[95] (schuldrechtlich dürfte i.d.R. § 521 BGB greifen, da der Nießbrauch als solcher geschenkt wurde, Rdn. 144). Die dingliche[96] Milderung des Maßstabs ist häufig beim Vorbehaltsnießbrauch angezeigt.

Formulierungsvorschlag: Eigenübliche Sorgfalt des Nießbrauchers

> Der Berechtigte schuldet bei der Ausübung des Nießbrauchs nur diejenige Sorgfalt, die er in eigenen Angelegenheiten anwendet (§ 277 BGB).

Bzgl. außergewöhnlicher Unterhaltungsmaßnahmen (z.B. einer Dachsanierung nach Ablauf der Lebensdauer des Dachs, anders bei Austausch einzelner Ziegel nach einem Sturm) ist er nur verpflichtet, dem Eigentümer gem. § 1042 BGB unverzüglich Anzeige zu machen, und – sofern Letzterer auch ohne gesetzliche Verpflichtung Erneuerungsarbeiten vornimmt – diese zu gestatten („**Pattsituation**",[97] § 1044 BGB). Macht er außerhalb seiner Unterhaltungspflicht Verwendungen auf die Sache, kann er gem. § 1049 BGB vom Eigentümer nach den Regeln der GoA Erstattung seiner Aufwendungen verlangen.

2. Kosten

Die Kostentragungsregelung des § 1047 BGB ist getragen von dem Grundsatz, dass dem Nießbraucher der Reinertrag gebührt, er also alle diejenigen Lasten zu tragen hat, deren Entrichtung aus den Erträgen erwartet werden darf, ebenso alle Betriebs- und Fruchtgewinnungskosten. Dies gilt auch, wenn die Lasten die Erträge übersteigen.

Soweit gem. § 1047 BGB der Nießbraucher zur Tragung von Kosten verpflichtet ist, handelt es sich um eine interne Regelung zwischen Eigentümer und Nießbraucher, die dem Eigentümer einen Freistellungsanspruch verschafft; im Außenverhältnis bleibt jedoch weiter unmittelbar der Eigentümer verpflichtet.

Das Gesetz differenziert zwischen:

- **Öffentlichen Lasten**: also auf öffentlichem Recht beruhenden Abgabeverpflichtungen, die einmalig oder wiederkehrend durch Geldleistung zu erfüllen sind, und für die der Schuldner persönlich und das Grundstück selbst dinglich haften. Solche Lasten, auch wenn sie erst während des Nießbrauchs entstehen, trägt grds. der Nießbraucher mit Ausnahme derjenigen, die „auf den Stammwert gelegt sind" (also nicht aus den Erträgen, sondern aus der Substanz zu leisten sind) und ihrer Natur nach außerordentlich (also nicht ständig wiederkehrend) sind. Demnach trägt also bspw. der Grundstückseigentümer Erschließungsbeiträge oder Flurberei-

---

[95] Hiergegen wird eingewendet, es handele sich um einen Verstoß gegen die zwingenden §§ 1041 Satz 1, 1039 Abs. 1 Satz 2 und Satz 3, 1042, 1052 bis 1055 Abs. 1 BGB. Nach KG, DNotZ 2006, 470, m. abl. Anm. *Frank* sei eine solche Vereinbarung nur schuldrechtlich möglich; tatsächlich aber enthält sie gar keine (dinglich unzulässige) Abbedingung der objektiven Pflicht zur Erhaltung der Substanz der nießbrauchsbelasteten Sache als solcher.
[96] Vgl. DNotI-Gutachten, Faxabruf-Nr. 11523.
[97] Vgl. *Schöner/Stöber*, Grundbuchrecht, Rn. 1250.

nigungsbeiträge, der Nießbraucher jedoch die Grundsteuer sowie – sofern landesrechtlich als öffentliche Last ausgestaltet – Kehrgebühren, Verbrauchsgebühren, Schornsteinfegergebühren etc.

1155 • **Privatrechtlichen Lasten**: also Zinsen von Grundpfandrechten und anderen auf Zahlung gerichteten Rechten (Reallasten, Rentenschulden, Überbau- und Notwegerenten), nicht jedoch Tilgungsbeiträge;[98] solche privatrechtlichen Lasten trägt im Zweifel stets und ausschließlich der Nießbraucher, allerdings nur, soweit sie schon z.Zt. der Bestellung des Nießbrauchs bestanden. Später aufgenommene Verbindlichkeiten treffen den Nießbraucher also nur, wenn er selbst unmittelbar Darlehensnehmer sein sollte. Zinsveränderungen bei schon vorher bestehenden Kreditverträgen mit variabler Verzinsung hat allerdings der Nießbraucher gegen sich gelten zu lassen.

1156 Soll ein Nießbrauchsrecht exakt zu den Bedingungen der gesetzlichen, oben skizzierten Lastenverteilung erfolgen, könnte etwa wie folgt formuliert werden.

1157 **Formulierungsvorschlag: Nießbrauch mit gesetzlicher Lastenverteilung**

> Die Beteiligten sind über die Vereinbarung eines dinglichen Nießbrauchsrechts an Flurstück ..... unter Einschluss seiner Bestandteile und des Zubehörs einig. Für diesen Nießbrauch gelten die gesetzlichen Bestimmungen des BGB, die der Notar erläutert hat. Der Nießbraucher ist also berechtigt, den Nießbrauchsgegenstand ordnungsgemäß (durch Eigennutzung oder Vermietung) zu nutzen, jedoch verpflichtet, für die Dauer des Nießbrauchs die laufenden öffentlichen Lasten (wie z.B. Grundsteuer) zu tragen sowie die Verzinsung (nicht Tilgung) der derzeit auf dem nießbrauchsbelasteten Objekt bestehenden Kredite und sonstiger auf Zahlung gerichteter Pflichten (z.B. Reallasten). Er hat weiter für die Erhaltung der Sache in ihrem wirtschaftlichen Bestand zu sorgen und Ausbesserungen oder Erneuerungen vorzunehmen, die zur gewöhnlichen Unterhaltung des Vertragsgegenstands gehören. Die außergewöhnlichen Erneuerungen und Ausbesserungen (etwa neue Eindeckungen des Daches bei vollständiger Abnutzung, Austausch der Heizungsanlage etc.) sowie einmalige öffentliche Lasten, die die nießbrauchsbelastete Sache selbst betreffen (Erschließungskosten), muss er jedoch nicht tragen.
>
> Die Eintragung dieses Nießbrauchsrechts in das Grundbuch an nächstoffener Rangstelle wird bewilligt und beantragt mit dem Vermerk, dass zur Löschung der Nachweis des Ablebens des Berechtigten genügt, was hiermit vereinbart wird.

3. Abweichende Vereinbarungen

1158 Die unter Rdn. 1148 ff., 1152 ff. skizzierte Verteilung der Unterhalts- und Kostenlasten zwischen Eigentümer und Nießbraucher zählt nicht zum unabänderlichen Wesensgehalt (sachenrechtlicher Typenzwang!) des Nießbrauchs als dinglichem Rechtsverhältnis. Es ist also nicht nur mit schuldrechtlicher Wirkung, sondern – bei entsprechender Eintragung, die auch im Weg der Bezugnahme gem. § 874 BGB erfolgen kann – auch mit dinglicher Wirkung für und gegen den jeweiligen Rechtsnachfolger auf Eigentümerseite möglich, abweichende Vereinbarungen zu treffen, also

---

98 OLG Düsseldorf, OLGZ 1975, 341.

den Nießbraucher von solchen Pflichten zu entlasten oder sie ihm über den gesetzlichen Umfang hinaus aufzubürden.[99]

Eine **vollständige Entlastung** des Nießbrauchers (sog. Bruttonießbrauch) kommt etwa vor beim Zuwendungsnießbrauch an Minderjährige (vgl. Rdn. 4343 zur Frage, ob dadurch der lediglich rechtliche Vorteil i.S.d. § 107 BGB gewahrt bleibt). Sie ist, da sie dem Nießbraucher jeglichen Werbungskostenabzug verwehrt, im Fall der Fremdvermietung ertragsteuerlich nachteilhaft. Dabei ist darauf hinzuweisen, dass zwar eine Abbedingung der Pflichten des Nießbrauchers mit dinglicher Wirkung möglich und eintragungsfähig ist, nicht jedoch eine Aufbürdung dieser Pflichten auf den jeweiligen Eigentümer (außerhalb einer eigenen Reallast), da Pflichten zu aktivem Tun dem Wesen einer Dienstbarkeitsbelastung widersprechen.[100]

1159

Formulierungsvorschlag: Bruttonießbrauch

1160

> Der Eigentümer bestellt an dem vorgenannten Grundbesitz zugunsten seines Sohnes ..... den (**Anm.** *[je nach Sachverhalt ggf. folgender Zusatz]: bis zum ..... befristeten*) Nießbrauch, wobei der Nießbraucher abweichend von §§ 1041, 1047, 1051 BGB weder Kosten und Lasten des Objekts zu tragen noch für die Erhaltung in seinem wirtschaftlichen Bestand zu sorgen hat, noch zur Sicherheitsleistung verpflichtet ist („Brutto-Nießbrauch"). Die Eintragung dieses Nießbrauchs wird an nächstoffener Rangstelle bewilligt und durch beide Beteiligte auf Kosten des Eigentümers beantragt.
>
> Schuldrechtlich verpflichtet sich der Eigentümer, diese Kosten und Lasten zu tragen, für die Unterhaltung des Objekts in seinem wirtschaftlichen Bestand zu sorgen und diese Pflichten im Fall einer Weiterveräußerung seinem Rechtsnachfolger aufzuerlegen.

Rein tatsächlich kann sich der Nießbraucher von den Lasten des Nießbrauchs dadurch befreien, dass er das Objekt an den Erwerber „rückvermietet" (ähnlich der sog. „Rheinischen Hofübergabe").[101] Diese wird einkommensteuerrechtlich anerkannt,[102] jedenfalls sofern die Miete nicht den Nutzungswert übersteigt (übersteigende Beträge stellen nicht abzugsfähige Unterhaltsleistungen i.S.d. § 12 Nr. 2 EStG dar). Bei entsprechender Gestattung kann der Erwerber als Erstmieter das Objekt an Dritte untervermieten.

1161

Mit dinglicher Wirkung kann dem Grundstückseigentümer allenfalls die Pflicht zur Unterhaltung der Sache aufgebürdet werden (ebenso wie dies gem. § 1021 BGB i.R.d. Grunddienstbarkeit vereinbart werden kann). Es mag sich daher empfehlen, die gesetzlichen Regelungen – sofern der Nießbraucher in der Tat nur die ordentlichen Unterhaltungslasten zu tragen hat – dahin gehend zu ergänzen, dass die außerordentlichen Unterhaltungslasten tatsächlich vom Eigentümer zu erbringen seien. Hierzu der folgende Formulierungsvorschlag.[103]

1162

---

99 Instruktive Übersicht bei *J. Mayer*, Der Übergabevertrag, S. 313 ff.
100 Vgl. BayObLG, MittBayNot 1985, 70.
101 *Amann*, in: FS Spiegelberger (2009), S. 1161 ff.
102 Tz. 41 des Nießbrauchserlasses BStBl 1998 I, S. 914.
103 Vgl. *Frank*, MittBayNot 2008, 79.

1163 **Formulierungsvorschlag: Außerordentliche Unterhaltungspflichten des Eigentümers mit dinglicher Wirkung**

> Die Beteiligten sind über die Vereinbarung eines dinglichen Nießbrauchsrechts an Flurstück ..... unter Einschluss seiner Bestandteile und des Zubehörs einig. Für diesen Nießbrauch gelten die gesetzlichen Bestimmungen des BGB, die der Notar erläutert hat. Der Nießbraucher ist also berechtigt, den Nießbrauchsgegenstand ordnungsgemäß (durch Eigennutzung oder Vermietung) zu nutzen, jedoch verpflichtet, für die Dauer des Nießbrauchs die laufenden öffentlichen Lasten (wie z.B. Grundsteuer) zu tragen sowie die Verzinsung (nicht Tilgung) der derzeit auf dem nießbrauchsbelasteten Objekt bestehenden Kredite und sonstiger auf Zahlung gerichteter Pflichten (z.B. Reallasten). Er hat weiter für die Erhaltung der Sache in ihrem wirtschaftlichen Bestand zu sorgen und Ausbesserungen oder Erneuerungen vorzunehmen, die zur gewöhnlichen Unterhaltung des Vertragsgegenstands gehören.
>
> Im Übrigen ist der Eigentümer dem Nießbraucher gegenüber mit dinglicher Wirkung verpflichtet, für die Unterhaltung der Sache insoweit zu sorgen, als diese über die gewöhnliche Unterhaltung hinausgeht und nach den Regeln einer ordnungsgemäßen Wirtschaft als erforderlich anzusehen ist.

1164 Umgekehrt ist eine **zusätzliche Belastung des Nießbrauchers** (i.S.e. „Nettonießbrauchs") sogar einkommensteuerlich geboten (s.u. Rdn. 1171), um bspw. dem Vorbehaltsnießbraucher die volle Anerkennung der Lasten als Werbungskosten zu ermöglichen. Trägt er diese nämlich ohne hierzu verpflichtet zu sein, handelt es sich um steuerlich unbeachtlichen Drittaufwand; es kommt zu einem „Werbungskostenleerlauf" (vgl. ausführlich Rdn. 4537 ff.). Bei der Übertragung einer Immobilie an Minderjährige unter Vorbehalt lediglich eines Nettonießbrauchs, also unter Vermeidung eigener Leistungspflichten des Eigentümers, wird zudem die lediglich rechtliche Vorteilhaftigkeit i.S.d. § 107 BGB nicht gefährdet (vgl. Rdn. 4333).

1165 So ist es insb. möglich, dem Nießbraucher auch die Kosten der **außergewöhnlichen Ausbesserungen und Erneuerungen** (z.B. Austausch der Heizanlage, neue Eindeckung des Dachs bei vollständiger Abnutzung etc.) aufzuerlegen oder umgekehrt ihn dazu zu verpflichten, auch für die mit dem Gebrauch notwendig verbundene Abnutzung einen Ausgleich zu schaffen (ähnlich der häufig dem Mieter auferlegten Verpflichtung zu Schönheitsreparaturen, die nicht Folge von Beschädigungen oder außergewöhnlicher Abnutzung sind).

1166 Auch die Übernahme der **Verkehrssicherungspflicht** kann – obwohl gesetzlich nicht geregelt – als Inhalt des dinglichen Rechts dem Nießbraucher aufgebürdet werden, da sie in unmittelbarem Zusammenhang mit dem Zustand der Sache und der Einwirkungsmöglichkeit hierauf stehen;[104] möglicherweise verknüpft mit der Pflicht zum Abschluss einer entsprechenden Haftpflichtversicherung. Dem Eigentümer verbleibt dann jedoch auch im Außenverhältnis zumindest eine Kontroll- und Überwachungspflicht und das damit verbundene Haftungsrisiko.[105]

---

104 Vgl. *Amann*, DNotZ 1989, 546 ff.; BayObLG, DNotZ 1991, 257 zur Grunddienstbarkeit (a.A. OLG Köln, Rpfleger 1990, 409 zur beschränkten persönlichen Dienstbarkeit).
105 *Schippers*, MittRhNotK 1996, 204.

Gleiches gilt für **§ 1047 BGB**, wo auch einmalige, aus der Substanz zu leistende Aufwendungen (z.B. nachträglicher Erschließungsaufwand)[106] dem Nießbraucher auferlegt werden können (was regelmäßig bei steuerlich motivierter Abfassung eines Vorbehaltsnießbrauchs geschieht); ferner kann – allerdings seltener zu beobachten – der Nießbraucher zur Entrichtung der Zinsen für später, während des Nießbrauchs bestellte Grundpfandrechte verpflichtet werden.

1167

> **Hinweis:**
> Um eine unmittelbare steuerliche Zuordnung von Zinsaufwendungen späterer Verbindlichkeiten beim Nießbraucher zu erreichen, empfiehlt es sich jedoch zuerst, das Darlehensverhältnis unmittelbar mit dem Nießbraucher zu begründen und den Eigentümer nur aufschiebend bedingt auf den Zeitpunkt der Beendigung des Nießbrauchs zum Darlehensnehmer zu bestimmen.

1168

Die zusätzliche Übernahme der **Tilgung bestehender Verbindlichkeiten** durch den (Vorbehalts-) Nießbraucher ist ebenfalls mit dinglicher Wirkung als Modifikation des gesetzlichen Schuldverhältnisses möglich, allerdings nicht ertragsteuerlich motiviert (Tilgungsleistungen stellen in keinem Fall Werbungskosten dar, sondern bilden einen Vorgang der privaten Vermögensebene), jedoch in der Praxis insb. dann zu beobachten, wenn durch die vorweggenommene Erbfolge nur die grundbuchliche Zuordnung eines Vermögensgegenstands erreicht werden soll, ohne dass der neue Eigentümer in irgendeiner Weise zusätzliche Belastungen tragen soll. Aufschiebend bedingt auf den Zeitpunkt des Erlöschens des Nießbrauchs hat der Erwerber sodann diese Verbindlichkeiten (ggf. unter Entlastung der Erben des Nießbrauchers) zu übernehmen (vgl. Rdn. 1746 ff. mit Formulierungsvorschlägen, auch zur Variante der sofortigen Übernahme im Außenverhältnis mit Freistellung im Innenverhältnis).

1169

Schenkungsteuerlich ist eher die umgekehrte (dem Gesetz entsprechende) Zuweisung der Tilgungsbeiträge an den Erwerber (Eigentümer) erwägenswert, weil sie zu einer sofortigen Bereicherungsminderung führt[107] und nicht erst (wie bei der auf das Erlöschen des Nießbrauchs aufschiebend bedingten Schuldübernahme) zu einer Nachbewertung unter Berücksichtigung der Restverbindlichkeiten ab Bedingungseintritt.[108]

1170

Formulierungsvorschlag: Nettonießbrauch

1171

> Der Veräußerer – nachstehend „der Berechtigte" genannt – behält sich am gesamten übertragenen Vertragsbesitz ein
>
> **Nießbrauchsrecht**

---

106 Typischerweise abgegrenzt nach dem Zeitpunkt des Zugangs des Bescheids und nicht nach der Durchführung der Maßnahme; ist der Nießbraucher zur „einseitigen Aufgabe" des Nießbrauchs (aufgrund antizipierter Zustimmung) berechtigt, kann er dann allerdings „rechtzeitig" diese abzusehenden Lasten dem Eigentümer überbürden.

107 Ausführlich und instruktiv *Wälzholz*, NotBZ 2002, 91 ff. Die sofort übernommenen Verbindlichkeiten sind allerdings, da zinslos, wohl um 5,5 % abzuzinsen, § 12 Abs. 3 BewG. Da der Nießbraucher geringere Lasten zu tragen hat, erhöht sich zugleich der Kapitalwert des Nießbrauchs (und damit nach altem Recht auch der Umfang der Steuerstundung des § 25 ErbStG), wobei allerdings der Jahreswert der Nutzung gem. § 16 BewG auf 1/18,6tel des Steuersubstanzwerts des nießbrauchsbelasteten Vermögens begrenzt ist.

108 BFH, NotBZ 2002, 113; a.A. *Jülicher*, ZEV 2000, 184.

> vor (Vorbehaltsnießbrauch), für das die gesetzlichen Bestimmungen gelten sollen mit der Abweichung, dass der Nießbraucher auch die außerordentlichen, als auf den Stammwert der Sache gelegt anzusehenden Lasten (einschließlich der Erschließungskosten) sowie die Tilgung bestehender Verbindlichkeiten trägt. Ebenso trägt der Nießbraucher auch Ausbesserungen und Erneuerungen, die über die gewöhnliche Unterhaltung der Sache hinausgehen. Dem Nießbraucher stehen keine Verwendungsersatzansprüche und Wegnahmerechte zu, während umgekehrt der Eigentümer keine Sicherheisleistung (§ 1051 BGB) verlangen kann. Die gesamten Lasten und Kosten des Vertragsbesitzes sowie die Verkehrssicherungspflicht verbleiben demnach beim Nießbraucher.
>
> Die Überlassung der Ausübung des Nießbrauchs an einen anderen zur Ausübung (z.B. Übertragung der Vermieterstellung, § 1059 Satz 2 BGB) ist ausgeschlossen.
>
> Die Eintragung des Nießbrauchsrechts zugunsten des Berechtigten – für mehrere Personen als Gesamtberechtigte gem. § 428 BGB – am Vertragsbesitz wird
>
> **bewilligt und durch beide Beteiligte auf Kosten des Nießbrauchers beantragt**
>
> mit dem Vermerk, dass zur Löschung des Rechts der Nachweis des Todes des Berechtigten genügen soll, was hiermit vereinbart wird. Das Recht erhält nächstoffene Rangstelle.
>
> Eine Vollmacht zur Revalutierung bestehender oder zur Bestellung neuer Grundpfandrechte, z.B. zur Finanzierung der vom Nießbraucher zu tragenden Kosten, wird nicht gewünscht.

1172 Die Be- oder Entlastung des Nießbrauchers kann regelmäßig **mit dinglicher Wirkung**, also mit Wirkung ggü. Einzelrechtsnachfolgern aufgrund Verweisung auf die Eintragungsbewilligung (§ 874 BGB) vereinbart werden. Anders als beim Wohnungsrecht gem. § 1093 BGB kann sogar ein für die Einräumung und Ausübung des Nießbrauchs vereinbartes Entgelt Bestandteil des dinglichen Rechts sein. Es ist Ausfluss der umfassenden Nutzungsberechtigung und damit des gesetzlichen Schuldverhältnisses zwischen Eigentümer und dinglich Berechtigtem.[109] Zur Einhaltung der grundbuchlichen Bestimmbarkeit genügt allerdings nicht die bloße Bezugnahme auf den örtlichen Mietspiegel.[110]

1173 **Formulierungsvorschlag: Dinglich-entgeltlicher Nießbrauch (Monatszahlung mit Währungssicherung)**

> Sobald der Nießbraucher sich verheiratet, verpartnert oder eine ehe- bzw. lebenspartnerschaftsähnliche Gemeinschaft i.S.d. § 20 SGB XII eingeht, hat er neben den vorstehenden Kosten und Lasten des Nießbrauchs an den Eigentümer ein monatliches Entgelt i.H.v. ..... € zu entrichten. Dieser Betrag wurde nach derzeitigen Verhältnissen bemessen; er verändert sich bis zum Monat seiner erstmaligen Entstehung im gleichen Verhältnis wie der Verbraucherpreisindex auf der jeweiligen Originalbasis jeweils zwei Monate vor der heutigen Beurkundung bzw. vor erstmaliger Entstehung der Zahlungspflicht und sodann jeweils alle drei Jahre im selben Verhältnis. Die Pflicht zur Entrichtung eines Entgelts ist Bestandteil des

---

[109] Vgl. etwa BGH, NJW 1974, 641, 642.
[110] BayObLG, MittBayNot 1979, 165.

1174 Dagegen ist umgekehrt die **Belastung des Eigentümers mit Leistungspflichten**, von denen der Nießbraucher dispensiert wurde, dem Nießbrauch **wesensfremd**[111] und somit nur mit schuldrechtlicher Wirkung (unter gleichzeitiger Verpflichtung zur Weitergabe) oder aber als Gegenstand einer eigenen Reallast möglich.

4. Finanzierung der Lasten des Nießbrauchers

1175 Insb. derjenige Nießbraucher, der aus steuerlichen Gründen (Vorbehaltsnießbrauch!) sich zur Tragung auch der außerordentlichen Lasten und Unterhaltungsaufwendungen bereit erklärt, muss gewärtigen, gerade bei Großreparaturen mit erheblichen Zahlungsverpflichtungen konfrontiert zu sein. Sofern aus dem sonstigen Vermögen keine ausreichenden Mittel zur Verfügung stehen, sollte der Notar schon bei der Abfassung des Überlassungsvertrags mögliche Vorkehrungen mit den Beteiligten diskutieren.

a) Bestehende Grundpfandrechte

1176 Zunächst bietet sich an, etwa bereits eingetragene Grundpfandrechte, die aktuell nicht zur Beleihungssicherung benötigt werden, für eine mögliche künftige Revalutierung seitens des Veräußerers (Nießbrauchers) „stehen zu lassen". Mangels Abtretung stehen die Eigentümerrechte und Rückgewähransprüche bzgl. solcher Bestandsrechte ohnehin weiterhin dem Veräußerer zu. Dies birgt allerdings die Gefahr, dass der Nießbraucher die Grundpfandrechte nicht nur zur Finanzierung der von ihm i.R.d. Nießbrauchsabrede zu tragenden, objektbezogenen Lasten einsetzt, sondern auch für sonstige Kredite aus privaten oder betrieblichen Anlässen. Häufig wird der Erwerber nicht bereit sein, dieses Risiko hinzunehmen, und wünscht daher ein Verfahren, das seine „Mitsprache" zur Missbrauchsvermeidung absichert.

1177
> **Hinweis:**
> Es bietet sich an, die Eigentümerrechte und Rückgewähransprüche an Veräußerer und Erwerber in **GbR** abzutreten (ab dem Zeitpunkt des Erlöschens des Nießbrauchs an den Erwerber allein) und den Erwerber schuldrechtlich zu verpflichten, die Zustimmung zur Valutierung bei „objektbezogenen Finanzierungen" zu erteilen (vgl. Rdn. 1737, 1751 ff.).

1178 **Formulierungsvorschlag: Verwendung stehen bleibender Grundpfandrechte zugunsten des Vorbehaltsnießbrauchers**

> Das eingetragene Grundpfandrecht Abteilung III lfd. Nr. ...... wird vom Erwerber in lediglich dinglicher Weise übernommen; es soll dem Nießbraucher zur Absicherung der künftigen Finanzierung für von ihm zu tragende objektbezogene Aufwendungen dienen. Bestehende Eigentümerrechte und Rückgewähransprüche werden daher an Veräußerer und Erwerber in GbR, ab der Beendigung des Nießbrauchs aufschiebend bedingt an den Erwerber allein, ab-

---
111 BayObLG, MittBayNot 1985, 70.

getreten. Der Gesellschaftsvertrag entspricht den Bestimmungen des BGB mit der Maßgabe, dass bei Ableben des Erwerbers (Eigentümers) die Gesellschaft mit dessen Rechtsnachfolgern von Todes wegen fortgesetzt wird, im Fall der Pfändung des Gesellschaftsanteils oder der Insolvenz der betroffene Gesellschafter jedoch ausscheidet. Der Eigentümer ist verpflichtet, die Zustimmung zur Valutierung des Grundpfandrechts zu erteilen, wenn die dadurch abgesicherten Verbindlichkeiten entweder der Finanzierung solcher Lasten dienen, die der Vorbehaltsnießbraucher aufgrund der vorstehend getroffenen Abrede entgegen der gesetzlichen Lastenverteilung zu tragen hat, oder aber sonstiger Instandhaltungs- und Instandsetzungsaufwendungen im Objekt, die der Nießbraucher tatsächlich trägt, auch ohne hierzu verpflichtet zu sein. Die Eintragung der Abtretungen in das Grundbuch wird bewilligt. Der Notar wird beauftragt, die Abtretungen dem Grundpfandgläubiger gem. § 407 BGB anzuzeigen durch Übersendung einer Ausfertigung dieser Urkunde unter Hinweis auf diese Bestimmung. Die Anpassung etwa bestehender Sicherungsabreden werden die Beteiligten selbst vornehmen.

1179 Soll umgekehrt das vorhandene Grundpfandrecht dem Erwerber zur Beleihung zur Verfügung stehen, sind die Eigentümerrechte und Rückgewähransprüche an ihn abzutreten (im Fall der nur eingeschränkt zu eröffnenden Revalutierung empfiehlt sich wiederum die Abtretung an Veräußerer und Erwerber in GbR, verbunden mit der Verpflichtung des Veräußerers, bestimmten [etwa objektbezogenen] Beleihungszwecken zuzustimmen). Wegen der sonst erschwerten Zugriffsmöglichkeit durch Zwangsverwaltung (s. Rdn. 1143) wird der Grundpfandgläubiger dann vom (auch nachrangigen) Nießbraucher die Abgabe einer Duldungsverpflichtung nach §§ 737, 794 Abs. 2 ZPO verlangen, sodass der Nießbraucher sie bereits in der Urkunde erklärt oder aber zu deren Erklärung bei bestimmungsgemäßer Revalutierung verpflichtet sein wird.

b) Künftige Grundpfandrechte

1180 Sind keine geeigneten Grundpfandrechte vorhanden, ist bspw. ein (schuldrechtlicher) **Beleihungsvorbehalt** denkbar in Gestalt einer (allenfalls aus wichtigem Grund widerruflichen) Vollmacht und höchstpersönlichen, nicht übertragbaren Berechtigung[112] zur Bestellung von Grundpfandrechten im Rang vor dem Nießbrauch bis zu einer bestimmten Höhe sowie zum Abschluss des zugehörigen Sicherungsvertrags. Der Vorrang sollte ggü. nachrangigen Belastungsgläubigern durch Eintragung eines Rangvorbehalts im Grundbuch (§ 881 BGB) gesichert werden.

1181 Darüber hinaus kann sich der Veräußerer vor der Übertragung (und damit im Rang vor seinem künftigen Nießbrauch) eine **Eigentümergrundschuld** bestellen, die er an seine künftigen Gläubiger abtreten mag. Auf den Zeitpunkt des Ablebens des Veräußerers sollte jedoch die Grundschuld (sofern sie ihm dann zusteht), sonst die Rückgewähransprüche und Ansprüche auf Herausgabe des Grundschuldbriefs, bereits jetzt an den Erwerber abgetreten werden, um ein dauerhaftes Auseinanderfallen zu vermeiden.

---

112 Zur Bannung der Risiken einer Pfändung und Überweisung durch Gläubiger des Veräußerers, vgl. *J. Mayer*, Der Übergabevertrag, Rn. 456 und *J. Mayer/Geck*, Intensivkurs Überlassungsvertrag (DAI-Skript Mai 2007), S. 208. Der von *Schippers*, MittRhNotK 1996, 197, 206 rechte Spalte geäußerte Vorschlag, Bestellungsanspruch und Vollmacht auf den Fall der Pfändung auflösend bedingt zu gestalten, dürfte eine unzulässige Gläubigerbenachteiligung darstellen.

In Betracht kommt auch die Vereinbarung einer Verpflichtung des Grundstückseigentümers auf (höchstpersönliches) Verlangen des Nießbrauchers zur Beleihung, die durch eine **Vormerkung** zugunsten des konkret bezeichnenden Nießbrauchers (in Abt. III, § 12 Abs. 1 lit. b) GBV, im Rang vor dem Nießbrauch, zugleich zur Rangwahrung gem. § 883 Abs. 3 BGB) gesichert werden kann, sofern die Art der Belastung (Grundschuld/Hypothek oder beides)[113] und der Höchstbetrag an Kapital, Zinsen und Nebenleistung bestimmt ist.[114] Wegen der Einheitlichkeit des Anspruchsgegenstandes, sowie der Identität und Kontinuität von Schuldner und Gläubiger, genügt eine Vormerkung.[115] Jedenfalls die Rechtsprechung erlaubt auch die mehrfache „Ausnutzung" dieser Vormerkung, sofern der gesicherte Anspruch auf eine mehrfache Grundpfandrechtsbestellung gerichtet ist.[116] Die Bewilligung einer solchen Vormerkung ist im Formulierungsvorschlag Rdn. 1184 enthalten.

1182

Das durch solche Grundpfandrechte gesicherte **Darlehensverhältnis** kommt unmittelbar mit dem Nießbraucher zustande. Häufig wird der Nießbraucher zur Reduzierung seiner Belastung ein Darlehen mit nur sehr geringer oder keiner Tilgungsverpflichtung abschließen, sodass seine Eigenerben (denen allerdings die Nutzungen in Gestalt des Nießbrauchs nach dem Tod des Nießbrauchers nicht mehr zustehen können, § 1061 BGB!) zur Tilgung verpflichtet wären. Anders liegt es dann, wenn der Grundstückseigentümer, dessen Gebäude ja die dadurch finanzierten außerordentlichen Unterhaltungs- und Instandsetzungsaufwendungen zugutekommen, dem Darlehensverhältnis beitritt und dessen Verzinsung und Tilgung nach Beendigung des Nießbrauchs (z.B. aufgrund Ablebens des Nießbrauchers) übernimmt, wozu er sich allerdings dem Grunde nach dann bereits i.R.d. Überlassungsvertrags bereit erklären sollte. Eine schenkungsteuerliche Minderung der Zuwendung tritt dann jedoch erst im Zeitpunkt der Schuldübernahme ein, sodass auf Antrag eine Neuveranlagung durchzuführen ist (vgl. Rdn. 1174 und Rdn. 1673 a.E.).

1183

Formulierungsvorschlag: Beleihungsverpflichtung und -vollmacht des Eigentümers

1184

> Der Erwerber als künftiger Eigentümer verpflichtet sich gegenüber dem Nießbraucher, im Rang vor dem Nießbrauch auf höchstpersönliches Verlangen des Nießbrauchers Hypotheken oder Grundschulden bis zur Gesamthöhe von ..... € samt bis zu ..... % jährlicher Zinsen und einer einmaligen Nebenleistung von bis zu ..... % zugunsten durch den Nießbraucher zu bezeichnender europäischer Kreditinstitute zu bestellen und bewilligt – und der Nießbraucher beantragt –, zur Sicherung dieser Verpflichtung im Rang vor dem Nießbrauch eine

---

[113] Es ist dogmatisch kaum begründbar, ausdrücklich die Wahl der Gattung des Rechtes dem Leistungsbestimmungsrecht des Vormerkungsberechtigten nicht zu unterstellen, vgl. DNotI-Gutachten, Faxabruf-Nr. 84173 v. 02.04.2008; während OLG Frankfurt am Main (vgl. folgende Fn.) offensichtlich eine vorherige Festlegung fordert.

[114] Zu diesen Eintragungsanforderungen OLG Frankfurt am Main, 26.01.2005 – 20 W 498/04, DNotI-Report 2005, 102: höheres Maß an Bestimmbarkeit als bei der Teilflächenvormerkung zur Vermeidung einer unbegrenzten Nachbelastung in der Versteigerung aus einem nachrangigen Grundpfandrecht.

[115] Vgl. *Giehl*, MittBayNot 2002, 158 ff.; DNotI-Gutachten, Faxabruf-Nr. 84173 v. 02.04.2008.

[116] OLG München, v. 30.01.2007 – 32 Wx 9/07, NotBZ 2007, 102, m. Anm. *Otto*, vgl. Rdn. 1524 zur vergleichbaren Frage der Vormerkung zur Sicherung des Anspruchs auf „Wiederbestellung" von Reallasten, deren Stammrecht in der Versteigerung „untergeht".

Kapitel 4: Absicherung des Veräußerers

> **Vormerkung**
>
> in das Grundbuch einzutragen. Zugleich erteilt er ihm eine nur aus wichtigem Grund widerrufliche Vollmacht zur Bestellung solcher Grundpfandrechte und zur dinglichen Vollstreckungsunterwerfung gegenüber dem jeweiligen Eigentümer gem. § 800 ZPO, ebenso zur Vereinbarung der Sicherungsabrede, nicht jedoch zur persönlichen Vollstreckungsunterwerfung oder Schuldverpflichtung des Eigentümers gegenüber dem Gläubiger.
>
> Im Innenverhältnis – also außerhalb des Prüfungsbereichs des Grundbuchamts – ist Voraussetzung für die Ausübung dieser Vollmacht und das Bestehen der Beleihungspflicht, dass der Gläubiger dem Eigentümer folgende Umstände bzw. Verpflichtungen schriftlich bestätigt:
>
> - Das Grundpfandrecht dient lediglich der Absicherung von Darlehensverbindlichkeiten des Nießbrauchers, die für – auch außerordentliche – Instandsetzungs- und Erhaltungsaufwendungen am nießbrauchsbelasteten Objekt eingegangen wurden.
> - Es ist eine Anfangstilgung von mind. 2 % p.a. zzgl. ersparter Zinsen vereinbart.
> - Eine Änderung des Darlehensvertrags sowie der Sicherungsabrede bedarf der Zustimmung des jeweiligen Eigentümers (§ 328 BGB).
> - Die Eigentümerrechte und Rückgewähransprüche hinsichtlich des einzutragenden Grundpfandrechtes stehen bis zurm Erlöschen des Nießbrauchs dem Eigentümer und dem Nießbraucher gemeinsam in Gesellschaft bürgerlichen Rechtes, sodann alleine dem Eigentümer zu.
>
> (*Formulierungszusatz: Unter vorgenannter Voraussetzung bietet der Erwerber als künftiger Eigentümer den Erben des Nießbrauchers bereits jetzt an, die noch bestehenden Restverbindlichkeiten beim Ableben des Nießbrauchers in Entlastung der Erben zu übernehmen, falls möglich in schuldbefreiender Weise. Unmittelbare Rechte des Gläubigers ergeben sich hieraus nicht. Der Eigentümer ist verpflichtet, die Verpflichtung etwaigen Einzelrechtsnachfolgern aufzuerlegen.*)

c) Bedingtes Abstandsgeld

1185 Denkbar ist weiterhin, dass sich der Veräußerer und künftige Nießbraucher, um nicht zu einer kreditweisen Finanzierung der Aufwendungen gezwungen zu sein, bei der Übertragung ein zusätzliches **„bedingtes Abstandsgeld"** i.S.e. an ihn auf Abruf fälligen Einmalzahlung vorbehält, sodass bei nachträglichem Abruf, der durch das Entstehen außergewöhnlicher Aufwendungen ausgelöst sein wird, der entgeltliche Anteil der „Gegenleistungen" sich erhöht (und damit u.U. nachträgliche Anschaffungskosten, die zur Abschreibung berechtigen, entstehen; es handelt sich um vorweggenommene Anschaffungskosten des Erwerbers für die künftig, nach Beendigung des noch nicht abgelösten Nießbrauchs, ihm zustehenden Mieteinkünfte).[117]

---

117 *Wegmann*, Grundstücksüberlassung, Rn. 288; BMF v. 24.07.1998, BStBl. 1998 I, S. 914 Tz. 57; *Stuhrmann*, DStR 1998, 1405, 1408.

d) Ablösung des Nießbrauchs durch wiederkehrende Leistungen („Rentenwahlrecht")

Empfohlen wird schließlich, der Nießbraucher möge sich das Recht vorbehalten, unter gleichzeitiger Aufgabe des Nießbrauchsrechts anderweitige Gegenleistungen zu verlangen (Ablösung des Nießbrauchs, „gleitende Vermögensübergabe" – zur mitunter vertraglich vereinbarten, also nicht nur optional wählbaren, Rentenzahlungspflicht des Erwerbers bei Erlöschen des vorbehaltenen Nutzungsrechtes vgl. Rdn. 1312). Dem Eigentümer ist allerdings zu verdeutlichen, dass er als Adressat einer solchen Optionsausübung nicht nur den vereinbaren Ablösebetrag, sondern auch die in Altfällen vor dem 31.12.2008 u.U. gem. § 25 ErbStG gestundete, nunmehr vorzeitig fällig werdende Schenkungsteuer zu tragen hat.

1186

In Betracht kommt bspw. die Einräumung eines Wahlrechts des Nießbrauchers, bei Aufgabe des Nießbrauchsrechts die Vereinbarung einer dauernden Last[118] oder (dann nur hinsichtlich des Ertragsanteils steuerpflichtig) einer Leibrente zu verlangen. Der Veräußerer und Vorbehaltsnießbraucher wird davon Gebrauch machen, sobald aufgrund der außerordentlichen Aufwendungen die Erträge aus dem Nießbrauch für ihn nicht mehr ausreichend erscheinen. I.d.R. werden die Voraussetzungen für die Übergabe einer existenzsichernden Wirtschaftseinheit (Nießbrauch als Übergabegegenstand)[119] erfüllt sein, sodass bis Ende 2007 die Bestimmungen des „3. Rentenerlasses"[120] auch hierfür galten. Soweit diese wiederkehrenden Leistungen beim Veräußerer (und bisherigen Nießbraucher) als „vorbehaltene Vermögenserträge" qualifiziert werden können (also bspw. nicht mehr für den Fall späterer Veräußerung des Anwesens) und aus den Nettoerträgen des Objekts finanzierbar sind, berechtigen sie den Erwerber und (nach Ende des Nießbrauchs) nunmehrigen Vermieter/Nutzer zum Sonderausgabenabzug (vgl. im Einzelnen Rdn. 4977 ff „gleitende Vermögensübergabe"). Seit 2008 gilt diese Ablösemöglichkeit allerdings nur mehr für den Nießbrauch an betrieblichen Einheiten i.S.d. Rdn. 5000 ff., s. Rdn. 5038 ff. auch zum Übergangsrecht.

1187

Formulierungsvorschlag: Rentenwahlrecht des Nießbrauchers

1188

> Der Nießbraucher kann Zug um Zug gegen Aufhebung und Löschung des Nießbrauchs und Eintragung einer ranggleichen Reallast (zur Sicherung des ggf. wertgesicherten Anfangsbetrags) die Zahlung einer dauernden Last auf Lebenszeit verlangen. Der anfängliche Jahresbetrag bestimmt sich nach dem durchschnittlichen Jahresnettoertrag (nach Abzug der Aufwendungen, die bei einer Fremdvermietung als Werbungskosten steuerlich abzugsfähig wären) während der drei dem Umwandlungsverlangen vorausgehenden Kalenderjahre. Der Betrag ist in zwölf gleichen Monatsraten je am dritten Werktag zahlbar und jeweils zum Januar eines Jahres nach Maßgabe der Entwicklung des Verbraucherpreisindex für den vorangehenden Oktober nach oben oder unten anzupassen. Jede Seite kann ferner mit Wir-

---

118 Eine solche liegt wegen der naturgemäß variablen Höhe der Aufwendungen etwa in der Zusage von Wart und Pflege sowie in der Übernahme von Instandhaltungs- und Verbrauchskosten im Zusammenhang mit einem Wohnungsrecht, kraft Vereinbarung ferner in der Zusage wiederkehrender Zahlungen mit Anpassungsvorbehalt i.S.d. § 323 ZPO a.F.
119 Vgl. *Brandenberg*, NWB, Fach 3, S. 13570.
120 BMF-Schreiben v. 16.09.2004, BStBl. 2004 I, S. 922.

> kung für die Zukunft analog § 323a ZPO eine Anpassung der dauernden Last verlangen, wenn sich der nach obigen Maßstäben ermittelte Jahresnettoertrag im Durchschnitt der drei vorangegangenen Jahre nach oben oder unten verändert hat. Aufwendungen für bauliche Maßnahmen dürfen dabei jedoch nur in dem Maße berücksichtigt werden, als sie bei fortbestehendem Nießbrauch vom Nießbraucher zu tragen gewesen wären.

e) Ablösung des Nießbrauchs durch Einmalzahlung

1189 Denkbar ist weiter der Vorbehalt einer einmaligen Zahlung zur Ablösung des Nießbrauchs (i.S.e. „gestreckten Vermögensübergabe", die zunächst die Sachsubstanz und sodann das Nutzungsrecht umfasst). Solche Zahlungen schaffen, da nicht privat veranlasst,[121] beim Erwerber Anschaffungskosten,[122] beim Übergeber – nur sofern von Anfang an verabredet – Veräußerungsentgelt, die (außerhalb von Betriebsvermögen und nach Ablauf der ggf. einschlägigen Zehn-Jahres-Frist des § 23 EStG) steuerfrei vereinbart werden können (vgl. Rn. 4434, 4496). Beruht allerdings die Ablösung gegen Einmalzahlung auf einer späteren Abrede, handelt es sich beim Nießbraucher (dem Veräußerer) um eine nicht steuerbare Vermögensumschichtung,[123] selbst bei Vorbehalt und Ablösung des Nießbrauchs innerhalb von zehn Jahren liegt kein Fall des § 23 EStG vor, da es bereits an einer entgeltlichen Anschaffung des Nießbrauches fehlt. Wird ein Nießbrauch an einem Unternehmen gegen Einmalzahlung „aufgegeben", teilt auch insoweit die Einmalzahlung das rechtliche Schicksal der vorangegangenen Betriebsübertragung mit der Folge, dass Anschaffungskosten beim Erwerber/Veräußerungserlös beim Veräußerer aufgrund der „Einheitstheorie" (Rn. 4264 ff.) nicht vorliegen, sofern die Einmalzahlung mit den weiteren steuerlichen Entgeltkomponenten (Rn. 4432 ff.) nicht den Buchwert des Kapitalkontos des übertragenen Betriebs übersteigt und demnach § 6 Abs. 3 EStG (Rn. 4266 ff.) noch gewahrt bleibt.

1190 Handelt es sich bei der Ablösung nicht um eine Vermögensübergabe in vorweggenommener Erbfolge, sondern werden z.B. Zuwendungsnutzungsrechte abgelöst (z.B. Nießbrauchs- oder Wohnungsrechte für Geschwister des Erwerbers), ist zu differenzieren: Ablösezahlungen für ein ursprünglich unentgeltlich bestelltes Zuwendungsnießbrauchsrecht sind gem. § 12 Nr. 2 EStG nicht abzugsfähig und führen auch beim Nießbraucher nicht zu Einkünften, etwa aus Vermietung und Verpachtung.[124] Beim entgeltlichen Zuwendungsnießbrauch hatte der Eigentümer bisher Einkünfte aus Vermietung und Verpachtung; erbringt er Zahlungen zur Ablösung dieser Einkunftsquelle, handelt es sich um negative Einnahmen aus Vermietung und Verpachtung. Die Finanzverwaltung sieht darin also einen Anschaffungsvorgang beim Zahlungspflichtigen (mit der Folge von Anschaffungskosten bei Einmalzahlung in voller Höhe, bei wiederkehrenden

---

121 Vgl. allerdings Rdn. 5045 und Rdn. 5070 bei nachträglicher Ablösung von Versorgungsleistungen – privater Vorgang!

122 BFH, BStBl. 1992 II, S. 381 zur Ablösung eines Wohnungsrechts; Tz. 57 des Nießbrauchserlasses BStBl. 1998 I, S. 914; FG Düsseldorf, 06.08.2010 – 1 K 2690/09 E, ErbStB 2010, 328: Ablöseentgelt für Nießbrauchslöschung führt zu nachträglichen Anschaffungskosten auf die erworbenen GmbH-Anteile gem. § 17 EStG. Dies gilt auch für die Ablösung eines bestellten, aber noch nicht eingetragenen Nießbrauchs: BFH, 22.02.2007 – IX R 25/05, BFH/NV 2007, 657.

123 Kein rückwirkendes Ereignis i.S.d. § 175 Abs. 1 Satz 1 Nr. 2 AO: BFH, 14.06.2005 – VIII R 14/04, ZEV 2005, 537 m. Anm. *Fleischer*. Im Ergebnis ist die Abfindungszahlung, die der Beschenkte aus Anlass des Weiterverkaufs an den Vorbehaltsnießbraucher (=Schenker) erbringt, dann vom Schenker nicht zu versteuern, mindert aber als nachträgliche Anschaffungskosten den Veräußerungsgewinn des beschenkten nunmehrigen Verkäufers.

124 Tz. 61 und 66 des Nießbrauchserlasses BStBl. 1998 I, S. 914.

Leistungen in Höhe des Barwerts).[125] Der bisherige Nutzungsberechtigte erzielt möglicherweise private Veräußerungsgewinne (für nach dem 01.01.2009 bestellte entgeltliche Zuwendungsnießbrauchsrechte ist die bisher einjährige Spekulationsfrist gem. § 23 Abs. 1 Satz 1 Nr. 2 EStG auf zehn Jahre verlängert worden).

Nur wenn der Abfindungsbetrag bzw. der Kapitalwert der zur Abfindung zugesagten wiederkehrenden Leistung den Kapitalwert des bisherigen Nießbrauchs deutlich übersteigt und ein Bereicherungswille anzunehmen ist, könnte hierin auch ein **schenkungsteuerlicher Vorgang** liegen.

5. Verfügungsvollmachten

Die Nießbrauchsbestellung schafft zwei **Inhaber dinglicher Rechte**, den **Eigentümer** und den **Nießbraucher**, die jeweils die Rechtsmacht des anderen **wechselseitig beschränken**. Bereits i.R.d. möglichen Vorkehrungen zur Sicherstellung der den Nießbraucher treffenden Finanzierungslasten (etwa bei außergewöhnlichen, von ihm zu tragenden Instandhaltungsaufwendungen) wurde unter Rdn. 1184 eine (im Innenverhältnis beschränkte) Vollmacht des Eigentümers (Erwerbers) an den Nießbraucher zur Bestellung von Grundpfandrechten für Kreditaufwendungen des Nießbrauchers im Rang vor dem Nießbrauch erörtert.

Daneben kann auch umgekehrt der **Eigentümer** ein Interesse daran haben, seinerseits im Rang vor dem Nießbrauch das erworbene Objekt **beleihen** zu können, ohne auf die Bereitschaft des Nießbrauchers zum Rangrücktritt angewiesen zu sein. Eine solche Verpflichtung zum Rangrücktritt wird der Veräußerer/Nießbraucher jedoch wegen der Gefährdung seines vorbehaltenen/zugewendeten Rechts in der Zwangsversteigerung nur eingeschränkt übernehmen. Eine Kompromissformulierung könnte daher wie folgt lauten.

Formulierungsvorschlag: Begrenzte Rangrücktrittsverpflichtung und -vollmacht des Nießbrauchers

> Der Nießbraucher verpflichtet sich gegenüber dem jeweiligen Eigentümer, mit seinem Nießbrauchsrecht auf Verlangen des Eigentümers hinter durch jenen zu bestellende Grundpfandrechte zurückzutreten, wenn folgende Voraussetzungen eingehalten sind:
> - Vorrangberechtigt sind lediglich Grundpfandrechte zugunsten europäischer Kreditinstitute.
> - Der Gläubiger muss dem Nießbraucher eine schriftliche Bestätigung erteilen, dass das Grundpfandrecht zur Sicherung von Darlehen dient, die für Investitionsmaßnahmen im nießbrauchsbelasteten Objekt verwendet werden, eine mind. 2 %ige Tilgung p.a. zzgl. ersparter Zinsen vorsehen und eine Änderung dieser Zweckvereinbarung nur ermöglichen, wenn der Nießbraucher zustimmt.
> - Die Rückgewähransprüche am vorrangigen Buchgrundpfandrecht müssen auf die Dauer des Nießbrauchs an Nießbraucher und Eigentümer in GbR, ab Erlöschen des Nießbrauchs an den Eigentümer allein abgetreten sein und diese Abtretung muss dem Gläubiger angezeigt werden.

---

125 Vgl. Nießbrauchserlass, Tz. 62 = Steuerrichtlinien I/21.2 = BStBl. I 1998, S. 914, DStR 1998, 1175 ff.

> • Der Gläubiger muss sich weiter verpflichten, vorstehende Verpflichtungen etwaigen Rechtsnachfolgern aufzuerlegen.
>
> Der Nießbraucher bevollmächtigt den jeweiligen Eigentümer zur Bestellung solcher Grundpfandrechte und zur Bewilligung des Rangrücktritts, befreit von § 181 BGB und mit dem Recht zur Erteilung von Untervollmacht. Im Außenverhältnis, v.a. gegenüber dem Grundbuchamt, ist diese Vollmacht unbeschränkt, im Innenverhältnis darf von ihr nur bei Vorliegen der obigen Voraussetzungen Gebrauch gemacht werden. Auf Bewilligung eines Rangvorbehalts wird verzichtet.

1195 In Betracht kommen schließlich **Regelungen zur Veräußerung des nießbrauchsbelasteten Grundstücks**. Denkbar ist zum einen eine Vollmacht des Erwerbers (Eigentümers) an den Nießbraucher, die Immobilie für eigene Rechnung zu verwerten, die Ermächtigung zur sachenrechtlichen Verfügung über fremdes Eigentum sowie die Vollmacht zum Abschluss von Veräußerungsverträgen und zur Inempfangnahme des Kaufpreises umfassend.

1196 Einer solchen isolierten Vollmacht muss ein (beurkundetes) Auftragsverhältnis (mit Abbedingung des Herausgabeanspruchs hinsichtlich des Erlangten, § 667 BGB) zugrunde liegen; sie kommt zivilrechtlich in die Nähe des unzulässigen Dispositionsnießbrauchs und nährt Zweifel am schenkungsteuerlich anzuerkennenden Vollzug.

1197 Häufiger ist die umgekehrte Vollmacht des Nießbrauchers an den Eigentümer, im Rahmen einer Veräußerung des Grundstücks den **Nießbrauch zur Löschung zu bewilligen**, wenn eine dem kapitalisierten Wert des Nießbrauchs zu jenem Zeitpunkt entsprechende Summe aus dem Verkaufserlös (ähnlich eines zur Lastenfreistellung erforderlichen Ablösebetrags) an den Nießbraucher abgetreten wird. Ohne eine solche Abrede würde sich der Nießbrauch am Kaufpreis als Surrogat des nießbrauchsbelasteten Gegenstands fortsetzen[126] (würde allerdings der gesamte Geldbetrag an den Nießbraucher geleistet, erwürbe dieser analog § 1075 Abs. 2 BGB hieran Eigentum, wäre jedoch nach Beendigung des Nießbrauchs zum Wertersatz verpflichtet, § 1067 BGB).

III. Pflichtteilsergänzung, Bewertung

1198 Um eine Aushöhlung des Pflichtteilsrechts als Folge lebzeitiger Minderung des Nachlasses durch Schenkungen an Dritte zu vereiteln, bestimmt § 2325 BGB die wertmäßige Hinzurechnung der in den letzten 10 Jahren durchgeführten Schenkungen (und ehebedingten Zuwendungen)[127] – nicht jedoch Ausstattungen, § 1624 BGB – zum tatsächlich noch vorhandenen Nachlass.[128]

1. Beginn der Frist des § 2325 Abs. 3 BGB

1199 Die 10-Jahres-Frist beginnt gem. § 2325 Abs. 3 Satz 1 BGB mit der „Leistung des verschenkten Gegenstands" (bei Schenkungen an den Ehegatten des Erblassers jedoch nicht vor Auflösung der Ehe). Erforderlich hierfür ist grds. der Erfolg der Vollzugshandlung, d.h. bei Grundstücksschen-

---

126 *Wegmann*, in: Bamberger/Roth, BGB, § 1075 Rn. 6.
127 Vgl. BGH, NJW 1992, 564.
128 Vgl. zum Folgenden umfassend *Cornelius*, Der Pflichtteilsergänzungsanspruch hinsichtlich der Übertragung von Grundstücken unter dem Vorbehalt von Rechten des Schenkers.

kungen die Umschreibung im Grundbuch;[129] das bloße Entstehen eines Anwartschaftsrechts (z.B. durch Eintragung der Eigentumsverschaffungsvormerkung und Erklärung der Auflassung) genügt also nicht. Mit dinglichem Vollzug der Schenkung beginnt die 10-Jahres-Frist wohl auch zu laufen, wenn sich der Veräußerer den freien Widerruf der Schenkung vorbehalten hat[130] (unstrittig ist dies jedenfalls bei einem nur an bestimmte Tatbestände anknüpfenden Rückforderungsvorbehalt).

Anderes gilt jedoch seit dem Grundsatzurteil des BGH[131] dann, wenn der spätere Erblasser den verschenkten Gegenstand aufgrund vorbehaltenen dinglichen Rechts oder schuldrechtlicher Vereinbarung im Wesentlichen noch nutzte, da er in diesem Fall noch nicht den zur Verhinderung von Missbrauchsfällen verlangten spürbaren Vermögensverlust dergestalt erlitten hat, dass er die Folgen der Schenkung selbst mind. 10 Jahre zu tragen hatte (Erfordernis der „wirtschaftlichen Ausgliederung", s.u. Rdn. 3072 ff.). Der Vorbehalt des Totalnießbrauchs führt also jedenfalls dazu, dass die 10-Jahres-Frist des § 2325 BGB erst mit Beendigung des Nießbrauchs anläuft, sodass z.B. „übergangene" Geschwister, insb. auch nichteheliche Abkömmlinge, Ergänzungsansprüche gegen den Erben (und im Fall des § 2329 BGB auch den Beschenkten) auch dann geltend machen können, wenn der Schenker und spätere Erblasser nach Ablauf von mehr als 10 Jahren seit dinglichem Vollzug der Schenkung verstirbt („Wer zuviel beschwert, schenkt verkehrt").[132]

1200

Für die Praxis, die sich trotz kritischer Kommentierung[133] hierauf einzustellen hat, sind in diesem Zusammenhang folgende Überlegungen bedeutsam.

a) Fristbeginn beim Bruchteils- oder Quotennießbrauch

Die Entscheidung des BGH war von der Überlegung getragen, dass sich der Nießbraucher die „wesentlichen" Nutzungen des Objekts vorbehalte. Die **Grenze der Wesentlichkeit** ist in der Rechtsprechung bisher nicht näher festgelegt worden.

1201

- Die Literatur erörtert die Grenzziehung **primär objektbezogen** anhand des Anteils der vorbehaltenen zu den weggegebenen Ertragsanteilen und steht überwiegend auf dem Standpunkt, ein vorbehaltener Quotennießbrauch zu weniger als 50% sei nicht mehr wesentlich.[134] Ist dagegen (durch Vorbehalt eines Bruchteilsnießbrauchs) nur ein ideeller Anteil der Sache belastet, dürfte die Frist bzgl. der unbelastet übertragenen Eigentumsanteile jedoch anlaufen.

- Denkbar ist demgegenüber auch ein **personenbezogener Ansatz**, gerichtet auf die Ermittlung des Anteils der vorbehaltenen Erträge zu den Gesamteinkünften des Veräußerers; nur bei spürbaren Einschnitten kommt die ratio des § 2325 Abs. 3 BGB zum Tragen, durch lebzeitige Opfer den späteren Erblasser von böslichen Schenkungen abzuhalten.[135]

---

129 BGHZ 102, 289; dagegen *Behmer*, FamRZ 1999, 1254.
130 *J. Mayer*, Der Übergabevertrag, Rn. 304; a.A. *Kerscher/Riedel/Lenz*, Pflichtteilsrecht in der anwaltlichen Praxis, § 7 Rn. 78 sowie *Draschka*, Rpfleger 1995, 71.
131 BGHZ 125, 395 = DNotZ 1994, 784.
132 NJW-Spezial 2004, 253.
133 Z.B. *Mayer*, FamRZ 1994, 739; *Pentz*, FamRZ 1997, 724 ff.
134 *Wegmann*, MittBayNot 1994, 308; nach *Heinrich*, MittRhNotK 1995, 157 sollen jedoch auch Berechtigungen von 10 oder 20% der Nutzungen noch wesentlich sein können.
135 In diese Richtung etwa *Schippers*, MittRhNotK 1996, 211.

1202 • Überzeugender erscheint demgegenüber die von *J. Mayer*[136] entwickelte „**Kombinationstheorie**": Ein Quotennießbrauch von 50 % oder mehr ist stets, ohne Rücksicht auf die absolute Höhe der Erträge, wesentlich. Bei geringen Nutzungsquoten liegt noch kein lebzeitiges Vermögensopfer vor, wenn die dadurch weiter zufließenden Nettoeinkünfte in Relation zu den sonstigen Einnahmen des Veräußerers als „wesentlich" bezeichnet werden können (z.B. ein Viertel überschreiten).

1203 • Zusätzlich komplex wird die Beantwortung der **Auswirkungen eines Nießbrauchsvorbehalts auf die Pflichtteilsergänzung** schließlich, wenn **mehrere juristisch selbstständig übertragbare Objekte veräußert werden**.[137] Soll z.B. ein Mehrfamilienhaus mit neun Wohnungen übertragen werden und will sich der Veräußerer wirtschaftlich den Nießbrauch an fünf der neun Einheiten vorbehalten, dürfte insgesamt – also bzgl. des gesamten übertragenen 9-Familien-Hauses – die Frist noch nicht anlaufen, da auch nach Auffassung der Literatur ein Vorbehalt zu mehr als 50 % der Nutzungen die Wesentlichkeitsgrenze übersteigt. Teilt allerdings der Veräußerer vor der Überlassung das Objekt in neun Sondereigentumseinheiten nach dem WEG auf und überträgt er hiervon vier ohne Nutzungsvorbehalt, lässt sich – sofern die Rechtsprechung die Formel des BGH nicht zur Vermeidung von Rechtsmissbräuchen erweiternd auslegen sollte[138] – zumindest für diese vier Sondereigentumseinheiten das sofortige Anlaufen der Frist erreichen.

b) Fristbeginn beim Zuwendungsnießbrauch an den Ehegatten

1204 Tragende Überlegung des BGH-Grundsatzurteils[139] war der „Rückbehalt" der wesentlichen Nutzungen beim Schenker, sodass ein Zuwendungsnießbrauch an einen Dritten grds. dem Anlaufen der 10-Jahres-Frist des § 2325 Abs. 3 BGB nicht entgegensteht.

Dies dürfte jedoch nicht gelten, wenn sich der Veräußerer den Nießbrauch zugleich selbst vorbehalten hat, und ihn seinem Ehegatten als Drittem in gemeinsamer Gesamtberechtigung gem. § 428 BGB zugewendet hat. Zwar könnte hier gem. § 428 BGB der Grundstückseigentümer grds. auch allein an den Ehegatten des Veräußerers leisten, gleichwohl hat sich der Veräußerer zumindest bedingt die Position einer weiteren totalen Nutzung vorbehalten, unbeschadet der im Zweifel hälftigen (§ 430 BGB) Berechtigung im Innenverhältnis.[140]

1205 Problematisch und bisher von der Rechtsprechung nicht geklärt ist jedoch der Fall, dass der Veräußerer den Nießbrauch nur zugunsten seines Ehegatten einräumen lässt (und damit die steuerlich schlechtere Behandlung des Zuwendungsnießbrauchs, insb. in Gestalt des endgültigen Verlusts der Abschreibungsbefugnis, wegen des möglichen pflichtteilsrechtlichen Vorteils in Kauf nimmt). Häufig liegt der bedungenen Zuwendung des Nießbrauchs an den Ehegatten im Verhältnis zwischen Veräußerer und künftigem Nießbrauchsberechtigten allerdings ihrerseits

---

136 *J. Mayer*, Der Übergabevertrag, Rn. 433.
137 Vgl. *Wegmann/Amann*, Gestaltung und Sicherung der typischen Übernehmerpflichten beim Überlassungsvertrag (DAI-Skript Mai 2000), S. 17.
138 *Amann/J. Mayer*, Intensivkurs Überlassungsvertrag (DAI-Skript März 2005), S. 200 äußert Zweifel an der Teilungslösung, insb. wenn die Objekte in einem so engen Zusammenhang stehen, dass das eine nicht ohne das andere übertragen worden wäre.
139 BGHZ 125, 395.
140 Ebenso *Wegmann*, Grundstücksüberlassung, Rn. 308.

eine Schenkung (ehebedingte Zuwendung) zugrunde, sodass die Frist des § 2325 Abs. 3 BGB (bezogen auf den kapitalisierten Nießbrauchswert) ebenfalls nicht zu laufen beginnt; dies löst ab Bedingungseintritt zugleich Erbschaftsteuer gem. § 3 Abs. 1 Nr. 4 ErbStG[141] aus (Berechnungsbeispiel s. Rdn. 3835) Anders mag es jedoch liegen, wenn die ehebedingte Zuwendung unterhaltsrechtlich geboten war, vgl. Rdn. 2654.[142]

Vermutlich wird insoweit zu differenzieren sein:

- Sofern der Veräußerer selbst über keine ausreichenden Mittel zur Bestreitung des Lebensunterhalts verfügt, sodass er darauf angewiesen ist, dass der durch den Nießbrauch begünstigte Ehegatte aus Mitteln des Nießbrauchs den Familienunterhalt gem. §§ 1360 oder 1361 BGB leistet, kommen ihm mittelbar die „vorbehaltenen" Nutzungen zugute, sodass bei der im Pflichtteilsergänzungsrecht typischen wirtschaftlichen Betrachtungsweise die Frist gleichwohl nicht anlaufen wird.[143]

- Gleiches dürfte gelten, wenn der Veräußerer sich vor dem Risiko einer Scheidung (und dem damit endgültigen Abgeschnittensein von den Erträgen) dadurch schützt, dass er den Nießbraucher durch Scheidung auflösend bedingt und auf diesen Zeitpunkt zu seinen Gunsten aufschiebend bedingt ein weiteres Nießbrauchsrecht einräumen lässt oder er in gleicher Weise zu seinen Gunsten ein auf den Tod des Ehegatten aufschiebend bedingtes weiteres Nießbrauchsrecht einräumt. Auch bei diesem Sachverhalt dürfte davon auszugehen sein, dass wirtschaftlich die Erträge trotz formal ausschließlicher Nießbrauchsberechtigung des Ehegatten auch dem Veräußerer zugutekommen.

- Fehlt es jedoch an den vorgenannten Sachverhaltselementen, dürfte die 10-Jahres-Frist beim Zuwendungsnießbrauch an den Ehegatten des Veräußerers gleichwohl anlaufen. Dem dürfte auch die § 2325 Abs. 3 Halbs. 2 BGB zu entnehmende Wertung, dass Ehegatten im Zweifel „aus einem Topf wirtschaften" nicht entgegenstehen. Allerdings liegt in der Zuwendung des Nießbrauchs an den Ehegatten regelmäßig selbst eine Schenkung, die die 10-Jahres-Frist nach der zitierten Bestimmung naturgemäß nicht beginnen lässt, sodass allenfalls für den Substanzwert, abzgl. des kapitalisierten Nießbrauchs, eine Pflichtteilsverbesserung eintreten mag.[144]

2. Bewertung des Vorbehaltsnießbrauchs i.R.d. § 2325 BGB

Auch wenn der Vorbehalt der wesentlichen Nutzungen in Gestalt des Nießbrauchs die 10-Jahres-Frist des § 2325 Abs. 3 BGB nicht anlaufen lässt, ist er doch u.U. bei der Bewertung des verschenkten Gegenstands in Abzug zu bringen, und zwar unabhängig davon, ob er als Vorbehalt des Schenkers oder als Gegenleistung des Beschenkten bzw. als Auflage an ihn formuliert ist.[145]

---

141 Vgl. FG Hamburg, 29.11.2004 – III 257/02, DStRE 2006, 275 (Vertrag zugunsten Dritter auf den Todesfall).
142 Kein § 2325 BGB: BGH, NJW 1992, 564, ebenso (bei geringer Rente des Ehegatten) OLG Schleswig, 16.02.2010 – 3 U 39/09, notar 2010, 202.
143 Wobei andererseits die Zuwendung an den Ehegatten von Mitteln, die unterhaltsrechtlich geschuldet sind, ihrerseits keine Pflichtteilsergänzung auslöst: BGH, NJW 1992, 564.
144 *Heinrich*, MittRhNotK 1995, 162 f., plädiert jedoch generell dafür, auch beim ausschließlichen Zuwendungsnießbrauch an den Ehegatten vom Nichtanlaufen der Frist des § 2325 Abs. 3 BGB auszugehen.
145 BGH, NJW-RR 1996, 705.

Nach früherer, teilweise noch immer verfochtener[146] Ansicht des BGH[147] solle sich dieser Abzug in kapitalisierter Höhe stets vollziehen, nach anderer Mindermeinung. niemals.[148]

Die Praxis hat sich jedoch auf die nunmehr vom BGH vertretene zweistufige Prüfungsreihenfolge einzustellen.

a) Bewertungsstichtag

1209 Zunächst ist der maßgebliche Bewertungsstichtag zu ermitteln; hierfür gilt das in § 2325 Abs. 2 Satz 2 BGB normierte **Niederstwertprinzip**. Das Nutzungsrecht (Nießbrauch, Wohnungsrecht, Altenteil etc.) bleibt dabei außer Betracht.[149] Der Wert des Gegenstands selbst am Todestag ist jedoch umzurechnen auf die Wertverhältnisse des Tages des dinglichen Vollzugs der Schenkung, also um den Kaufkraftschwund zu bereinigen (maßgeblich sind die Indexwerte der Gesamtlebenshaltung aller privaten Haushalte in Deutschland, nunmehr: „Verbraucherpreisindex" [VPI] auf der jeweils aktuellen Originalbasis, wie vom Statistischen Bundesamt in Wiesbaden festgestellt, vgl. Rdn. 3098). Diese beiden, inflationsbereinigten „Reinwerte" werden sodann verglichen: Maßgeblicher Zeitpunkt ist derjenige, an dem der Gegenstand einen geringeren Wert aufweist.

b) Abzugsbetrag

1210 Ist der Wert am Todestag geringer (z.B. weil der Erwerber nicht in den Gegenstand investiert hat oder aber die allgemeinen Grundstückswerte zurückgegangen sind), bleibt das vorbehaltene Nutzungsrecht, das sich ja am Todestag erledigt hat, endgültig außer Betracht.[150] Kommt es allerdings auf den Zeitpunkt der Schenkung an (der weit mehr als 10 Jahre zurückliegen kann, vgl. oben Rdn. 1199 ff.!), ist – auch bei nur kurzem Zeitraum zwischen Schenkung und Erbfall[151] – vom maßgeblichen Wert des Grundstücks (soweit geschenkt, also bei gemischten Schenkungen nach Abzug der Gegenleistung!) der „**kapitalisierte Wert der vorbehaltenen Nutzung**" abzuziehen. Noch umstritten ist,[152] in welcher Weise die Bewertung erfolgt, insb. also ob sie

- abstrakt ex ante nach der allgemeinen Lebenserwartung stattfindet,[153]

---

146 Z.B. OLG Celle, ZErb 2003, 383 sowie *Link*, ZEV 2005, 283 ff.: Der Nießbrauch sei gar nicht Schenkungsgegenstand gewesen, sodass sich die Frage der Niederstwertbetrachtung nicht stelle. Der vorbehaltene Nießbrauch hat eigene Mietaufwendungen erspart oder Mieteinnahmen generiert und ist damit dem Pflichtteilsergänzungsberechtigten mittelbar bereits zugutegekommen.

147 BGH, NJW 1991, 553.

148 *Reiff*, NJW 1992, 2860; *Leipold*, JZ 1994, 1122.

149 Für einen Abzug des Nießbrauchswerts vom Bruttowert am Schenkungstag dagegen *Dingerdissen*, JZ 1993, 404; Soergel/*Dieckmann*, BGB, § 2325 Rn. 19.

150 BGHZ 118, 49; BGH, 08.03.2006 – IV ZR 263/04, MittBayNot 2006, 249 (LS). *Link*, ZEV 2005, 286 weist darauf hin, dass der Wertverlust i.d.R. hinter dem (ersparten) Nießbrauchsabzug zurückbleibt, sodass das Niederstwertprinzip faktisch in sein Gegenteil verkehrt werde.

151 A.A. OLG Oldenburg, ZEV 1999, 185 m. krit. Anm. *Pentz*, ZEV 1999, 355: Bei einem Zeitraum von nur 14 Monaten kein Wertabzug infolge „billigen Interessenausgleichs".

152 Vgl. zum Folgenden Gutachten, DNotI-Report 2002, 178.

153 So OLG Oldenburg, MittBayNot 1997, 183; ZEV 1999, 185; im schenkungsteuerrechtlichen Bereich auch der BFH, ZEV 2002, 75 m. Anm. *Reiff*, ZEV 2002, 123: § 14 Abs. 2 BewG findet bei vorzeitigem Ableben keine Anwendung; allerdings kann eine andere Bewertung geboten sein, wenn bei objektiver Betrachtung mit an Sicherheit grenzender Wahrscheinlichkeit vorauszusehen ist, dass die Lebenserwartung geringer sein wird.

- konkret ex post nach den tatsächlich noch zurückgelegten Lebensjahren[154] oder aber
- „konkret ex ante" nach der angesichts des Gesundheitszustands des Schenkers für seine Person zu erwartenden weiteren Lebensdauer.[155]

Eine abstrakte Bewertung nach allgemeinen versicherungsmathematischen Sterbetafeln[156] böte Gestaltungschancen etwa dann, wenn ein an unheilbarer Krankheit leidender Veräußerer, der auch bei normaler Schenkung ohne Nießbrauchsvorbehalt den Zehn-Jahres-Zeitraum des § 2325 BGB nicht mehr überleben würde, zur Reduzierung des Pflichtteils übertragen möchte: Diesem Veräußerer wäre auf jeden Fall ein totaler Nießbrauchsvorbehalt anzuraten, um in Gestalt des kapitalisierten Nießbrauchs eine Reduzierung des Anrechnungswerts zu erhalten, jedenfalls sofern der Erwerber durch geeignete Investitionen verhindert, dass der zugewendete Gegenstand am Todestag einen geringeren Wert hat als zum Zeitpunkt der Schenkung.

1211

BGH[157] und (wohl) herrschende Lehre vertreten in Fortführung des Niederstwertprinzips (Maßgeblichkeit des Schenkungszeitpunkts) die **abstrakte ex ante Betrachtung**,[158] durchbricht diese jedoch bei konkreter Gesundheitsgefährdung zugunsten der konkreten ex post Bewertung.[159] Gegen eine generelle ex-post-Betrachtung spricht auch, dass sie beim Zuwendungsnießbrauch versagt, da im Zeitpunkt der Feststellung des nießbrauchsbedingten Wertabzugs der Nießbrauch für den Dritten noch bestehen kann.

1212

Bzgl. des **Kapitalisierungsfaktors** ist es am einfachsten, auf die jeweils gem. § 14 Abs. 1 Satz 4 BewG veröffentlichte aktuelle Tabelle (Rdn. 3796) zurückzugreifen,[160] da hierdurch zugleich die erforderliche Abzinsung (allerdings gem. § 12 Abs. 3 BewG überhöht mit derzeit 5,5 %) bzgl. zukunftsgerichteter wiederkehrender Leistungen stattfindet. Legt man allerdings die aktuelle allgemeine Sterbetafel[161] zugrunde mit einem an die aktuelle Zins- und Inflationssituation angepassteren Zins von ca. 2,5 – 3 %,[162] führt dies zu einem höheren tatsächlichen Abzug (vgl. auch Rdn. 1454 zum Kapitalisierungsfaktor bei wiederkehrenden Leistungen). Zugrunde gelegt

1213

---

154 So *J. Mayer*, Der Übergabevertrag, Rn. 75 ff.
155 OLG Köln, FamRZ 1997, 1437, ausführlicher in MittRhNotK 1997, 79; ähnlich BGHZ 65, 77: Abweichung in Anbetracht des Gesundheitszustands; ähnlich OLG Celle, ZEV 2003, 83: Ausnahmsweise angemessener Abschlag von Anlage 9 zu § 14 BewG (nunmehr Anlage gem. § 14 Abs. 1 Satz 4 BewG), wenn bereits bei Vertragsschluss mit dem baldigen Ableben gerechnet werden musste, dieser Umstand beiden Beteiligten bekannt war und der Erblasser auch tatsächlich kurze Zeit nach Vertragsschluss verstorben ist.
156 Derzeit Sterbetafel 2008/2010 des Statistischen Bundesamtes, kostenfrei zu beziehen unter www.destatis.de unter dem Menüpunkt Bevölkerung/Geburten und Sterbefälle/Periodensterbetafeln und Lebenserwartung/aktuelle Sterbetafeln für Deutschland. Das Deutsche Zentrum für Altersfragen Berlin ermöglicht die Berechnung der durchschnittlichen Lebenserwartung zumeist nach neueren Sterbetabellen, www.gerostat.de.
157 ZEV 1996, 187 f.
158 Vgl. die Nachweise bei *Kornexl*, Nachlassplanung bei Problemkindern, Rn. 667 ff.
159 BGHZ 65, 77; ebenso OLG Köln, MittRhNotK 1997, 89 (Schenker liegt im Sterben); *Gehse*, RNotZ 2009, 361, 376.
160 OLG Koblenz, ZEV 2002, 461, m. Anm. *Kornexl* (noch zur Vorgängernorm: Anlage 9 zu § 14 BewG).
161 Derzeit Sterbetafel 2008/2010 des Statistischen Bundesamtes, kostenfrei zu beziehen unter www.destatis.de unter dem Menüpunkt Bevölkerung/Geburten und Sterbefälle/Periodensterbetafeln und Lebenserwartung/aktuelle Sterbetafeln für Deutschland.
162 *Gehse*, RNotZ 2009, 361, 375. Handelsrechtlich bestimmt § 253 Abs. 2 HGB den durchschnittlichen Marktzinssatz der letzten 7 Geschäftsjahre, vgl. www.bundesbank.de/download/statistik/abzinsungszinssaetze.pdf.

werden kann auch eine nachvollziehbare Bewertung der Beteiligten.[163] Andere Multiplikationsfaktoren (etwa gem. § 24 Abs. 2 KostO) sind demgegenüber ungeeignet.[164]

1214 Der in die Kapitalisierung weiter einfließende „Jahreswert" der vorbehaltenen Nutzung orientiert sich am objektiven Mietwert vergleichbarer Objekte.[165] Ist das Recht – wie regelmäßig – dinglich besichert, soll der Mietwert um einen „Sicherheitszuschlag" erhöht werden;[166] ein „Lastenabzug" soll hingegen über die gesetzliche Aufgabenverteilung hinaus dem Nießbraucher aufgebürdete Instandhaltungs- und Lastentragungspflichten berücksichtigen.[167] Maßgeblich ist also letztlich der Nettoertrag des vorbehaltenen Rechts.[168] Dies kann zu einer deutlichen Reduzierung des Pflichtteilsergänzungsanspruchs führen (vgl. das Berechnungsbeispiel Rdn. 3101). Gestattet der Nießbraucher dem Erwerber die Mitnutzung des Objekts auf gesicherter Grundlage, mindert dies naturgemäß den Jahreswert der vorbehaltenen Nutzung; die Rechtsprechung sieht darin ein schuldrechtliches Wohnungsrecht auf die Dauer des Nießbrauchs als „Gegenleistung für die Nießbrauchsbestellung" und mindert dessen Mietwert um z.B. 40%.[169]

3. Bewertung des Nießbrauchs i.R.d. Zugewinns

1215 Auf der Seite des Nießbrauchsberechtigten („**Aktivseite**") ist der Nießbrauch, auch wenn er nicht zur Ausübung an Dritte übertragbar ist, aufgrund der dadurch vermittelten Nutzungs- und Gewinnerzielungsmöglichkeiten zu berücksichtigen, ebenso wie ein Wohnungsrecht. Der Wert des Nießbrauchs ist durch Kapitalisierung unter Zugrundelegung des im Bewertungsgesetz bestimmten Zinssatzes von 5,5%[170] auf den Gegenwartswert des Stichtags der Anfangs- und/oder Endvermögensbewertung zu ermitteln, was angesichts der höheren Lebenserwartung von Frauen zu dem verblüffenden Ergebnis führt, dass sich ein beiden Ehegatten je zur Hälfte zustehender Quotennießbrauch nicht gegenseitig neutralisiert.[171]

1216 Auf der **Passivseite**, also bei der Vermögensbewertung des Erwerbers eines nießbrauchsbelasteten Objekts, würde sich auf diese Weise wegen der Reduzierung der Lebenserwartung des Nießbrauchers eine „automatische" Minderung der Belastung während der Ehezeit und damit ein Zugewinn ergeben. Dies widerspräche jedoch dem Grundgedanken des § 1374 BGB, da der aufgrund der Minderung der Lebenserwartung der Eltern eintretende Vermögenszuwachs seinerseits ebenfalls auf einer Zuwendung der Eltern und nicht auf einem Zutun des Erwerbers beruht; die Vermögensübertragung erfolgte ja gerade mit der sicheren Aussicht, dass mit dem

---

163 *J. Mayer*, Der Übergabevertrag, Rn. 73; ebenso OLG Celle, ZEV 2003, 83 m. Anm. *Hannes*. § 16 WertermittlungsVO enthält für den Bereich des BauGB (für universellere Maßgeblichkeit *Zimmermann*, ZErb 2000, 46, 49) Ableitungen des Verkehrswerts einer Immobilie aus dem Ertragswert.
164 BGH, ZEV 1999, 194, gegen *Dingerdissen*, JZ 1993, 404; ebenso KG, FamRZ 1988, 171 zum Zugewinnausgleich.
165 OLG Köln, OLGR 2002, 333 = ZMR 2002, 663.
166 LG Bonn, ZEV 1999, 154: dort immerhin ca. 20%!
167 KG, FamRZ 1988, 171: beim Zugewinnausgleich ca. 22% Abzug für die Pflicht des Nießbrauchers zur Tragung aller Lasten.
168 OLG Köln, ZEV 2002, 463, m. Anm. *Kornexl*.
169 OLG Koblenz, ZErb 2006, 282.
170 Vgl. BGH, FamRZ 1987, 38.
171 *Kogel* schlägt in FamRZ 2006, 451 vor, einem darauf basierenden Ausgleichsanspruch § 242 BGB oder § 1381 BGB entgegenzusetzen.

Ableben der Eltern der Nießbrauch wegfallen würde. Daher müsste dem Anfangsvermögen der Wertzuwachs aufgrund des Absinkens des Nießbrauchsrechts hinzugerechnet werden. Von diesem Grundgedanken ausgehend ließ der BGH früher[172] den Nießbrauch/das Wohnungsrecht im End- und Anfangsvermögen (anders als auf aktives Tun gerichtete Pflichten: Rdn. 1450) gänzlich unberücksichtigt.

Diese Vereinfachung führte jedoch zu verfälschenden Ergebnissen, bspw. wenn (vor der Reform) das Anfangs-[173] oder Endvermögen negativ war, da hierdurch (entgegen § 1378 Abs. 2 BGB) überhöhte Ausgleichszahlungen aus tatsächlich nicht vorhandenem Endvermögen ermittelt werden[174] und genügte daher nicht den Bewertungsbestimmungen des § 1376 Abs. 1 und 2 BGB. In Abkehr von seiner bisherigen Rechtsprechung hat der BGH demnach zwischenzeitlich[175] den Nutzungsvorbehalt dem Leistungsvorbehalt gleichgestellt: Der fortlaufende Wertzuwachs durch Absinken der verbleibenden Lebenserwartung wird nunmehr tatsächlich als gleitender Erwerbsvorgang erfasst. Durch Indexierung des Anfangsvermögens wird immerhin der Zugewinn abgemildert. Weiter ist zu berücksichtigen, dass die Lebenserwartung sich nicht linear (sondern anfangs stärker, später geringer) vermindert, und andererseits die letztendlich zu bewertende Wertsteigerung des Grundstücks (durch „verbesserte Marktgängigkeit") nicht identisch sein muss mit dem Rückgang des kapitalisierten Nießbrauchswertes. Tatsächlich ist damit ein Sachverständigengutachten fast immer unvermeidlich.[176]

1217

Verzichtet der Nutzungsberechtigte während der Ehe vorzeitig auf das Nutzungsrecht, liegt im dadurch ausgelösten Wertzuwachs (i.H.d. indexierten Restwertes beim Verzicht) wiederum eine Schenkung, die ihrerseits gem. § 1374 Abs. 2 BGB privilegiert ist; Gleiches dürfte gelten, wenn das Nutzungsrecht während der Ehe durch Tod erlischt.[177] Hinsichtlich der Kapitalisierungsmethode ist (wie bei § 2325 BGB, Rdn. 1069) im Regelfall die abstrakte ex-ante Betrachtung zu wählen; der Jahreswert der Nutzung seinerseits wird durch das Fehlen (oder Vorhandensein) von „Gegenleistungen" wie Instandhaltungspflichten, die Übernahme der Heizkosten etc., beeinflusst.

1218

Empfehlenswerter erscheint, auch im Hinblick auf die bei Pflichten zu aktivem Tun (Leibrente, Pflege) etc. eintretende reale Minderung der Passiva (Rdn. 1450 ff.) und die Unsicherheiten i.R.d. Bewertung von Rückforderungsvorbehalten (Rdn. 46, 1774) eine Modifikation des Zugewinnausgleichs im Scheidungsfall und hinsichtlich des vorzeitigen Zugewinnausgleichverlangens durch notariellen Ehevertrag[178] zwischen dem Erwerber und seinem Ehegatten dahin gehend, dass Vermögen gem. § 1374 Abs. 2 BGB samt der darauf lastenden Verbindlichkeiten gänzlich

1219

---

172 FamRZ 1990, 603; FamRZ 1990, 1084.
173 Etwa aufgrund hoher Verbindlichkeiten, sodass das Anfangs- (oder End-)vermögen bei Außerachtlassung des vorbehaltenen Nutzungsrechtes positiv, bei dessen Berücksichtigung jedoch negativ wäre.
174 Vgl. etwa OLG Bamberg, FamRZ 1995, 609.
175 BGH, 22.11.2006 – XII ZR 8/05, FamRZ 2007, 978, m. Anm. *Schröder*.; NJW 2007, 849; *Münch*, DNotZ 2007, 795; *Schlögel*, MittBayNot 2008, 98.
176 *Münch*, DNotZ 2007, 801.
177 Vgl. *Schlögel*, MittBayNot 2008, 100.
178 Kostenrechtlich gilt § 39 Abs. 3 Satz 3 KostO: Geschäftswert der betroffenen Gegenstände ohne Schuldenabzug (§ 18 Abs. 3 KostO), höchstens jedoch der Betrag des gesamten Reinvermögens (vgl. OLG Karlsruhe, 26.06.2008 – 14 Wx 60/07, RNotZ 2009, 111).

außer Betracht bleibt,[179] ähnlich wie dies „Güterstandsklauseln" in Gesellschaftsverträgen häufig vorschreiben.[180]

1220 Formulierungsvorschlag: Modifizierung des Zugewinnausgleichs (Ausschluss in Bezug auf Vermögen gem. § 1374 Abs. 2 BGB)

1. Grundsatz

Bei der Berechnung des Zugewinnausgleichs infolge Beendigung der Ehe zu Lebzeiten und bei der Berechnung des vorzeitigen Zugewinnausgleichs ist die Wertentwicklung der unter § 1374 Abs. 2 BGB fallenden Vermögensgegenstände (also insbesondere ererbten oder im Wege vorweggenommener Erbfolge erhaltenen Vermögens) außer acht zu lassen, und zwar auch soweit diese bereits vor Eheschließung erworben wurden. Im Bereich des güterrechtlichen Ausgleiches von Todes wegen gem. § 1371 Abs. 2 und 3 BGB bleiben diese Gegenstände ebenfalls unberücksichtigt (im Falle der Ausschlagung, § 1371 Abs. 3 BGB werden sie jedoch berücksichtigt, wenn die Ausschlagung des Zugewandten und Geltendmachung des güterrechtlichen Ausgleichs mit vorheriger schriftlicher Einwilligung aller dann berufenen Erben erfolgt). In gleicher Weise außer Betracht bleiben die auf diesem Vermögen lastenden Verbindlichkeiten und Verpflichtungen, gleich ob sie auf ein Tun, Dulden oder Unterlassen gerichtet sind.

Wird über einen solchen Gegenstand verfügt, so tritt das Surrogat an die Stelle des ursprünglichen Gegenstandes, unabhängig davon in welcher Form das Surrogat gehalten bzw. investiert wird. Wir verpflichten uns, die jetzt und in Zukunft zum ausgleichsfreien Vermögen gehörenden Gegenstände in einem privatschriftlichen Verzeichnis gsondert zu erfassen.

Der entsprechende Wert ist weder beim Anfangs- noch beim Endvermögen in Ansatz zu bringen, und zwar auch dann nicht, wenn sich ein negativer Betrag ergibt. Ein mit dem ausgleichsfreien Vermögen eventuell erzielter Zugewinn verbleibt allein dem Berechtigten und ist nicht auszugleichen.

Sollte aufgrund dieser Vereinbarung einer der beiden Ehegatten gegen den anderen Ehegatten einen Zugewinnausgleichsanspruch haben, der ihm ohne diese Vereinbarung nicht zustünde, so wird dieser Anspruch hiermit wechselseitig ausdrücklich ausgeschlossen (Wäre also z.B. unter Berücksichtigung aller Vermögensentwicklungen der Ehemann aufgrund seines tatsächlich höheren Zugewinns ausgleichspflichtig, führt jedoch die Neutralisierung des privilegierten Vermögens dazu, dass die Ehefrau nun ihrerseits dem Ehemann Zugewinnausgleich schuldet, da ihr nicht priviliegiertes Vermögen stärker gewachsen ist, soll letztere Umkehr des Zugewinnausgleichs nicht stattfinden.)

2. Verfügungsbeschränkung

Die güterrechtlichen Verfügungsbeschränkungen sollen bei diesen Gegenständen nicht gelten. Über die vorgenannten, nicht dem Zugewinnausgleich unterliegenden Vermögenswerte kann daher der Eigentümer ohne Einwilligung seines Ehegatten verfügen, auch wenn er da-

---

179 Vgl. *Münch*, DNotZ 2007, 803.
180 Vgl. *Brambring*, DNotZ 2008, 724 ff. (ein Zwang zur Gütertrennung wäre jedoch wohl unzulässig).

mit über sein Vermögen im Ganzen oder den überwiegenden Teil seines Vermögens verfügt. § 1365 BGB wird insoweit ausgeschlossen.

Ist für einen Dritten nicht erkennbar, ob aufgrund dieser Vereinbarung eine Zustimmung des anderen Ehegatten erforderlich ist, so ist der andere Ehegatte verpflichtet, einer entsprechenden Verfügung des anderen Ehegatten zuzustimmen.

3. Vollstreckungsbeschränkung

Eine Zwangsvollstreckung in das privilegierte Vermögen durch den anderen Ehegatten wird, unabhängig von der Art der geltend gemachten Forderung, ausgeschlossen. Dem anderen Ehegatten ist bekannt, dass Forderungen bei Erschöpfung des sonstigen pfändbaren Vermögens damit möglicherweise faktisch nicht durchsetzbar sind.

4. Erträge

Erträge aus diesem vom Zugewinn ausgeschlossenen Vermögen sind gleichfalls vom Zugewinn ausgeschlossen, sofern sie wieder auf die ausgeschlossenen Vermögenswerte verwendet wurden.

5. Verwendungen und Schuldentilgung

Eine Einschränkung der getroffenen Vereinbarung dahingehend, dass Verwendungen aus dem ausgleichspflichtigen Vermögen auf das privilegierte Vermögen (z.B. die Tilgung von Schulden mit Mitteln des sonstigen Vermögens) beim Ausgleich des Zugewinns dennoch berücksichtigt werden sollen, wünschen die Beteiligten zur Erhaltung möglichst umfassender Handlungsmöglichkeiten ausdrücklich nicht. Ihnen ist bekannt, dass auf diese Weise Missbräuche möglich sind (z.B. erhebliche Investitionen in den privilegierten Bereich kurz vor dem Stichtag der Endvermögensermittlung aus dem ausgleichspflichtigen Bereich, mit der Folge, dass sich das zu ermittelnde Endvermögen verringert, die Mehrung im privilegierten Vermögensbereich aber nicht zugunsten des anderen Ehegatten berücksichtigt werden kann). Allerdings wird vereinbart:

Nicht mehr zu berücksichtigen sind solche Verwendungen, die nach der Trennung erfolgt sind und über den Durchschnitt der drei vorangehenden Jahre hinausgehen, wenn diese Trennung durch eine Mitteilung per Einschreiben an den anderen Vertragsteil dokumentiert war.

6. Geltung gesetzlicher Bestimmungen

Im Übrigen bleiben sämtliche Bestimmungen des gesetzlichen Güterstandes der Zugewinngemeinschaft aufrechterhalten, insbesondere die Bestimmungen über den Zugewinnausgleich hinsichtlich des sonstigen während der Ehezeit erworbenen Vermögens und den Zugewinnausgleich im Todesfall. Im Bereich des güterrechtlichen Ausgleiches gem. § 1371 Abs. 2 und 3 BGB bleiben jedoch die oben 1 genannten Gegenstände ebenfalls unberücksichtigt.

7. Güterrechtsregister

Die Eintragung der Modifizierung des gesetzlichen Güterstandes im Güterrechtsregister und die Veröffentlichung wird vorerst nicht gewünscht. Jeder Vertragsteil ist jedoch berechtigt, diese Eintragung jederzeit einseitig zu beantragen.

(*Ggf. sofern gewünscht*:

8. Gegenständlich beschränkter Pflichtteilsverzicht

Jeder Ehegatte verzichtet hiermit gegenständlich beschränkt hinsichtlich der vom Ausschluß des Zugewinnausgleichs betroffenen Gegenstände und der darauf lastenden Verbindlichkeiten auf sein Pflichtteilsrecht am dereinstigen Nachlass des anderen Ehegatten; die Beteiligten nehmen diesen beschränkten Pflichtteilsverzicht hiermit an. Der auf die zugewinnausgleichsfreien Gegenstände beschränkte Verzicht gilt auch, wenn der Ehegatte ausschlagen und den Pflichtteil verlangen sollte.)

8./9. Belehrung

Über Bedeutung und Tragweite dieser Bestimmungen wurden wir belehrt. Uns ist bekannt, dass uns erhöhte Aufzeichnungsobliegenheiten treffen, um den Weg des ausgleichsfreien Vermögens im Streitfall nachzuvollziehen.

4. Nachträglicher Verzicht auf den Nießbrauch

1221 Parallel zur nunmehrigen schenkungsteuerlichen Betrachtung bei allen ab 01.01.2009 bestellten Nießbrauchsrechten (s. Rdn. 3874) stellt der nachträgliche „Verzicht" auf ein Nießbrauchsrecht, soweit er nicht gegen eine vollwertige Gegenleistung erfolgt, **wiederum eine Schenkung** des Nießbrauchers an den Eigentümer dar. Diese ist mit allen Schwächen behaftet, die der Schenkung als solcher immanent ist, z.B. dem Risiko der Rückforderung gem. § 528 BGB (der BGH[181] berechnet in diesem Fall den Wert der Schenkung nach der Werterhöhung, welche das bisher belastete Grundstück durch den Wegfall des Nießbrauchsrechtes erfährt). Anders verhält es sich, wenn z.B. ein Wohnungsrecht, das aufgrund eines subjektiven dauernden Ausübungshindernisses in der Person des einzigen Nutzungsberechtigten keinen Vorteil mehr gewährt, grundbuchlich gelöscht wird – insoweit liegt keine Bereicherung aus dem Vermögen des „Verzichtenden" vor, sondern eine Maßnahme der „Grundbuchhygiene" (Rdn. 1018 ff.); zum Nichtentstehen von Surrogationsansprüchen Rdn. 1030 ff.

1222 I.R.d. **§ 2325 BGB** sind die dem Nachlass entzogenen weiteren Lebenszeitnutzungen anzusetzen (nicht die objektive Werterhöhung des Grundbesitzes), und zwar unabhängig davon, ob der Nießbrauch seinerseits nach dem Niederstwertprinzip (da auf den Zeitpunkt der Objektschenkung abzustellen war) seinerseits abgezogen wurde oder nicht. Auch insoweit (Rdn. 1212 f.) wird es i.d.R. auf eine abstrakte ex ante – Bewertung des (abgezinsten) kapitalisierten Betrages der Nutzungen im Zeitpunkt des Verzichtes ankommen.[182] Soweit der Nießbrauch bisher dem Fristablauf

---

[181] BGH, 26.10.1999 – X 69/97, ZEV 2000, 111, m. Anm. *Putzo*.

[182] So jedenfalls der BGH beim nachträglichen Verzicht auf eine vorbehaltene Rente, BGH, 17.09.1986 – IVa ZR 13/85, NJW 1987, 122, 124; ausführlich *Blum/Melwitz*, ZEV 2010, 77, 79.

A. Nießbrauch

gem. § 2325 Abs. 3 BGB entgegenstand, läuft die Frist mit der vorzeitigen Löschung jedenfalls an, vgl. Rdn. 1200.

IV. Nießbrauch an Geld- und Wertpapiervermögen

1. Zivilrecht

a) Bargeld, Bankguthaben

Insb. als Teil des Nießbrauchs an einem Gesamtvermögen (z.B. einem Nachlass), der – ebenso wie der Nießbrauch am Betriebsvermögen (nachstehend Rdn. 1207 ff.) – an allen einzelnen Gegenständen zu bestellen ist (§ 1085 Satz 1 BGB), kommt auch der Nießbrauch an Geld- und Wertpapiervermögen vor.[183] **Bargeld** ist dabei dem Nießbraucher zur eigenen Verfügung zu übergeben (§ 1032 BGB), bei Beendigung des Nießbrauchs ist der Nominalbetrag (ohne Inflationsausgleich) zu erstatten (§ 1067 Abs. 1 Satz 1 BGB). Der Nießbrauch an **Bankguthaben** (d.h. Forderungen) wird durch eine formlose Einigung zwischen Gläubiger und Nießbraucher (§ 1069 Abs. 1 i.V.m. § 398 BGB) bestellt, setzt also die Übertragbarkeit des Rechts voraus. § 952 BGB gilt entsprechend, sodass der Nießbraucher auch ein Recht auf Besitz an Sparbüchern hat. Die Mitwirkung des Schuldners (der Bank) ist zwar materiell-rechtlich nicht erforderlich, eine Benachrichtigung empfiehlt sich jedoch zur Vermeidung weiterer Leistungen allein an den Inhaber der Forderung mit schuldbefreiender Wirkung auch ggü. dem Nießbraucher (§ 1070 Abs. 1 i.V.m. § 407 BGB).

1223

b) Wertpapiere, Darlehen

Bei **Wertpapieren** (z.B. Inhaberaktien, Schuldverschreibungen) erfolgt die Bestellung des Nießbrauchs durch Einigung und Übergabe des Papiers oder zumindest Einräumung des Mitbesitzes am Papier (§ 1081 Abs. 2 BGB).[184] Dem Nießbrauchsberechtigten stehen gem. § 1068 Abs. 2 i.V.m. § 1030 Abs. 2 BGB die Erträge zu, also bspw. Darlehenszinsen (Festgeldanlagen!), pro rata temporis ab Entstehung des Nießbrauchs (bei Nießbrauchsvermächtnissen möglicherweise analog § 2184 BGB bereits ab Anfall des Vermächtnisses, also ab dem Erbfall, § 2176 BGB).[185] Gleiches gilt für Zinsen und Dividenden, auch Vorzugsdividenden (§§ 60 Abs. 2, 139 ff. AktG), i.H.d. gemäß Gewinnverwendungsbeschluss ausschüttungsfähigen Gewinns, also ohne Berücksichtigung gebildeter, jedoch erst nach Beendigung des Nießbrauchs ausgezahlter Rücklagen. Unverzinsliche Forderungen kann der Nießbraucher kündigen und einziehen (§ 1074 BGB), um mit den ihm dadurch zufließenden Geldmitteln Erträge zu erwirtschaften, bei Beendigung des Nießbrauchs ist der eingezogene Nominalbetrag zu ersetzen (§ 1067 Abs. 1 Satz 1 BGB).

1224

Veräußerungs- oder Kursgewinne stehen jedoch dem Eigentümer, nicht dem Nießbraucher zu, ebenso Bezugsrechte im Rahmen von Kapitalerhöhungen (wobei umstritten ist, ob sich der Nieß-

1225

---

183 Vgl. hierzu und zu dem Folgenden: *Steiner*, ErbStB 2007, 249 ff.
184 Bei bankverwahrten Wertpapieren, v.a. Giro-Sammelanteilen, bedarf es der Einräumung des mittelbaren Mitbesitzes, vgl. Staudinger/*Frank*, BGB (2002), § 1069 Rn. 22.
185 Vgl. *Steiner*, ErbStB 2007, 250; a.A. KG, NJW 1964, 1808.

brauch an den „jungen Anteilen" fortsetzt).[186] Verzinsliche Forderungen können nur gemeinsam durch Inhaber und Nießbraucher gekündigt und eingezogen werden (vgl. § 1077 BGB), sodass Umschichtungen ertragbringenden Vermögens nur gemeinsam möglich sind. Werden Wertpapiere fällig, fordert § 1083 Abs. 2 BGB eine mündelsichere[187] Anlage des eingezogenen Kapitals, was mit heutigen Investitionsgrundsätzen wenig gemein hat.

c) Sicherung der Beteiligten

1226 Als **Sicherungsmittel** dient das bei Beginn des Nießbrauchs – sofern keine Befreiung erteilt wurde – aufzustellende Verzeichnis (§ 1035 i.V.m. §§ 1068 Abs. 2, 1085, 1089 BGB). Weiterhin kann der Eigentümer des Geld- oder Wertpapiervermögens Sicherheitsleistung verlangen, wenn das Verhalten des Nießbrauchers erhebliche Verletzungen seiner Interessen befürchten lässt (§ 1051 BGB). Wird das gefährdende Verhalten fortgesetzt, kommt sogar gerichtliche Verwaltung in Betracht (§ 1054 BGB). Bei verzinslichen Forderungen und Wertpapieren trägt ferner § 1077 BGB den Interessen beider Beteiligter Rechnung: Das Kapital kann nur gemeinschaftlich an Eigentümer und Nießbraucher (auf Verlangen durch Hinterlegung zugunsten Beider) geleistet werden. Kommt es – wie bei Inhaberpapieren oder blanko-indossierten Orderpapieren – auf die Inhaberschaft an der Urkunde an, kann jeder Beteiligte zur Wahrung des Mitbesitzes (§ 1081 BGB) die Hinterlegung verlangen (§ 1082 BGB). Zur Vermeidung wechselseitiger Blockaden und allzu konservativen Vermögensanlagen empfiehlt sich i.R.d. letztwilligen Anordnungen bei Bar- und Sparvermögen daher eher die Einsetzung eines Testamentsvollstreckers als die Nießbrauchsanordnung.

2. Steuerrecht

1227 Die aus dem Kapitalvermögen zufließenden Erträge sind auch ertragsteuerlich – jedenfalls beim Vorbehalts- und beim Vermächtnisnießbrauch – dem Nießbraucher zuzurechnen (ihm steht auch der Anspruch auf Anrechnung der Körperschaftsteuer zu, § 20 Abs. 5 Satz 3 EStG). Anders verhält es sich jedoch beim Zuwendungsnießbrauch: Dort sind die Einnahmen[188] dem Eigentümer zuzurechnen, auch wenn sie dem Nießbraucher zufließen.[189] Daher sollte vorsorglich der Nießbraucher verpflichtet werden, die beim Eigentümer (ohne entsprechenden Ertragszufluss) anfallenden Steuern auszugleichen:

1228 **Formulierungsvorschlag: „Steuerklausel" beim Zuwendungsnießbrauch an Wertpapiervermögen**

> Sofern die Einkünfte aus dem nießbrauchsbelasteten Vermögen ertragsteuerlich dem Eigentümer zugerechnet werden sollten, ist der Nießbraucher verpflichtet, die ertragsteuerliche Mehrbelastung einschließlich etwaiger Progressionseffekte zzgl. der Annexsteuern (Solidaritätszuschlag) und der Kirchensteuer gegen Nachweis unverzüglich auszugleichen.

---

186 Wohl dann, wenn die neuen Anteile aus Gesellschaftsmitteln oder auf Kosten der Substanz der Altaktien gebildet wurden, vgl. MünchKomm-BGB/*Pohlmann*, § 1068 Rn. 43 f.
187 Vgl. § 1807 BGB, Art. 212 EGBGB; innerhalb der zugelassenen mündelsicheren Anlagen bestimmt der Nießbraucher die Art der Anlage, § 1079 Satz 2 BGB.
188 In Anwendung von BFH, 14.12.1976 – VIII R 146/73, BStBl. 1977 II, S. 115.
189 Vgl. *Steiner*, ErbStB 2007, 273.

Hinsichtlich **der schenkungsteuerlichen Berücksichtigung** sowohl des Nießbrauchs als auch seiner Eigenschaft als unentgeltlichkeitsmindernde Gegenleistung s.u. Rdn. 3794 bzw. Rdn. 3802 ff. Schwierigkeiten bereitet in der Praxis angesichts der schwankenden Erträge aus Aktien und Wertpapieren die Ermittlung des Jahreswerts (gem. § 15 Abs. 3 BewG ist der in Zukunft voraussichtlich im Durchschnitt erzielte Ertrag zugrunde zu legen).[190] Werbungskosten (etwa Bankspesen) sind abzuziehen, nicht jedoch Ertragsteuern. Die Begrenzung des Jahreswerts gem. § 16 BewG (auf ein 18,6stel des Steuerwerts des Wirtschaftsguts selbst) gilt auch beim Nießbrauch an Geld- und Wertpapiervermögen, bezogen auf den Kurswert im Besteuerungszeitpunkt.

V. Besonderheiten des Nießbrauchs an Unternehmen

Gerade bei der vorweggenommenen Erbfolge von Betriebsvermögen bildet der Rückbehalt des Nießbrauchs eine „psychologische Brücke" für solche Veräußerer, die sich zwar mit der grundsätzlichen Realisierung einer Übertragung und der Auswahl des Nachfolgers anfreunden können, aber zur tatsächlichen Aufgabe der Geschäftstätigkeit zugunsten eigenverantwortlichen Wirtschaftens des Erwerbers (der sodann einen Teil der Erträge im Wege einer Versorgungsrente weiterzugeben hätte) noch nicht bereit sind. Da es einen „allgemeinen Unternehmensnießbrauch" nicht gibt, sind zivilrechtlich besondere Differenzierungen vonnöten (vgl. Rdn. 1231 ff.). Ertragsteuerlich bilden sich dadurch häufig zwei Betriebe, der wirtschaftende in der Hand des Nießbrauchers und der (noch) ruhende in der Hand des Erwerbers (vgl. Rdn. 4520 ff.). Zu den ertragsteuerlichen Aspekten der Betriebsübergabe unter Nießbrauchsvorbehalt vgl. weiter Rdn. 4782 ff., zur AfA-Berechtigung Rdn. 4540 ff., zu den steuerlichen Folgen der Ablösung eines (auch betrieblichen) Nießbrauchs gegen Versorgungsrente vgl. Rdn. 1043 ff. bzw. gegen Einmalzahlung Rdn. 1189.

1. Allgemeine Grundsätze

Auch hier kommt ein Zuwendungsnießbrauch oder ein Vorbehaltsnießbrauch im Rahmen einer Schenkung (unter der Auflage, den Nießbrauch zu bestellen) in Betracht. Zu unterscheiden ist weiter zwischen einem **reinen Ertragsnießbrauch**, bei dem nur die Gewinne dem Nießbraucher zustehen, die Führung des Unternehmens jedoch weiter beim Eigentümer bleibt – steuerlich keine Einkünfte aus Gewerbebetrieb, sondern allenfalls[191] aus wiederkehrenden Bezügen gem. § 22 Nr. 1 EStG –, und dem **echten Unternehmensnießbrauch**, bei dem auch alle Geschäftsführungsbefugnisse übertragen werden. Beim Ertragsnießbrauch handelt es sich zwar um einen eingeschränkten dinglichen Nießbrauch[192] am Unternehmen, allerdings steht dem Nießbraucher nur ein schuldrechtlicher Gewinnauszahlungsanspruch zu, da er über keine Position im Unternehmen verfügt.[193] Im Regelfall wird der Ertragsnießbrauch auf einen Anteil am Gewinn beschränkt. Nachstehend skizziert wird lediglich der echte Unternehmensnießbrauch als Vollrechtsnießbrauch.

---

190 Später eintretende andere Entwicklungen sind jedoch kein rückwirkendes Ereignis i.S.d. § 175 Abs. 1 Satz 1 Nr. 2 AO, vgl. *Steiner*, ErbStB 2007, 275.
191 *Paus*, BB 1990, 1681 plädiert dafür, in einem Zuwendungsertragsnießbrauch lediglich eine Unterhaltsrente gem. § 12 Nr. 2 EStG zu sehen, anders als beim Vorbehaltsertragsnießbrauch.
192 Str., vgl. MünchKomm-BGB/*Pohlmann*, § 1085 Rn. 14, Fn. 40.
193 MünchKomm-BGB/*Pohlmann*, § 1085 Rn. 14.

1232 Das Gesetz regelt den Unternehmensnießbrauch nicht, sodass der Nießbrauch an jedem Einzelgegenstand nach den jeweiligen sachenrechtlichen Vorschriften bestellt werden muss. Dennoch befürwortet die herrschende Meinung das Bestehen eines **dinglichen Nießbrauchs** (und nicht nur eines schuldrechtlichen Anspruchs neben dem Nießbrauch an den Einzelgegenständen) **am Unternehmen**,[194] der auch die Immaterialgüter des Unternehmens erfasst, wie z.B. Kunden- und Lieferantenbeziehungen. Davon abzugrenzen ist der schlichte Nießbrauch an einem einzelnen betrieblichen Wirtschaftsgut ohne Gesamtunternehmensbezug.

1233 Dem Nießbraucher stehen die Nutzungen des Unternehmens gem. §§ 1068 Abs. 2, 1030, 99 Abs. 2, 3, 100 BGB zu, wobei der Gewinnanspruch in der Person des Nießbrauchers entsteht.[195]

1234 Einer notariellen Beurkundung gem. § 311b Abs. 3 BGB bedarf die Nießbrauchsbestellung selbst dann nicht, wenn das Unternehmen das gesamte Vermögen des Überlassers darstellt, da es sich hierbei um Sondervermögen handelt.[196]

2. Einzelunternehmen

1235 Bei Einzelunternehmen entsteht sowohl beim Zuwendungs- als auch beim Vorbehaltsnießbrauch (auch beim Ertragsnießbrauch) ein **zweiter Gewerbebetrieb**, wobei der des Eigentümers ruht und der des Nießbrauchers aktiv betrieben wird. Für beide Betriebe sind Bilanzen zu erstellen[197] (das Anlagevermögen verbleibt in der Bilanz des Nießbrauchsbestellers, das Vorratsvermögen in der Bilanz des Nießbrauchers). Die entgeltliche Bestellung eines Unternehmensnießbrauchs wird einkommensteuerlich behandelt wie eine Verpachtung (mit Wahlrecht zwischen Betriebsaufgabe und gewerbesteuerfreier Fortführung als Einkünfte aus Gewerbebetrieb, Rdn. 3985), die unentgeltliche analog § 6 Abs. 3 EStG wie eine Betriebsübertragung (zu Buchwerten, ohne Entnahme).

1236 Durch Bestellung eines echten Unternehmensnießbrauchs wird die Unternehmensleitung und der unmittelbare Besitz an den Nießbraucher übertragen, mit der Folge, dass Letzterer auch voll im Außenverhältnis haftet. Der Nießbraucher wird gem. § 22 Abs. 2 HGB in das Handelsregister eingetragen. Wie bereits ausgeführt (Rdn. 1232), ist – auch bei Annahme des dinglichen Unternehmensnießbrauchs – der Nießbrauch nach den jeweiligen sachenrechtlichen Vorschriften an jedem Einzelgegenstand (Grundstücken, beweglichen Sachen und Rechten) gesondert zu bestellen. Einfacher, aber nicht dinglich abgesichert, ist insoweit die Verpachtung des Unternehmens.

1237 Der Nießbraucher kann die **Firma** mit oder ohne Nachfolgezusatz[198] weiterführen und wird analog § 1067 BGB Eigentümer des Vorratsvermögens,[199] über das er verfügen kann. Zwar bleibt das Anlagevermögen Eigentum des Nießbrauchsbestellers, der Nießbraucher kann aber in den

---

[194] BGH, DNotZ 2002, 217, 218 ff. Nach a.A. besteht insoweit nur ein schuldrechtlicher Anspruch ohne dingliche Sicherung, sodass ein Erwerber im Fall der Veräußerung nicht an die Abrede gebunden wäre MünchKomm-BGB/*Pohlmann*, § 1085 Rn. 11.
[195] MünchKomm-BGB/*Pohlmann*, § 1068 Rn. 49 a.E.
[196] Palandt/*Grüneberg*, BGB, § 311b Rn. 66 unter Berufung auf die st. Rspr. des RG und des BGH.
[197] *Paus*, BB 1990, 1679.
[198] MünchKomm-BGB/*Pohlmann*, § 1085 Rn. 18.
[199] BGH, DNotZ 2002, 217, 218.

Grenzen einer ordnungsgemäßen Wirtschaft über Inventarstücke verfügen. Dadurch eingetretene Substanzverluste sind durch Reinvestition des Veräußerungserlöses in den Betrieb zeitnah auszugleichen.²⁰⁰ Das Anlagevermögen ist weiterhin in der Bilanz des Nießbrauchsbestellers, das Umlaufvermögen jedoch in der Bilanz des Nießbrauchers auszuweisen; auch Forderungen aus Lieferung und Leistung werden i.d.R. dem Nießbraucher zur Einziehung übertragen.²⁰¹ Die bei Beendigung des Nießbrauchs bestehende Pflicht zum Wertersatz oder zur Rückübertragung von Wirtschaftsgütern hat der Nießbraucher in seiner Bilanz zu passivieren.

Der **Nießbraucher haftet** im Fall der Firmenfortführung gem. **§ 25 Abs. 1 Satz 1 HGB** für die bisherigen Verbindlichkeiten persönlich. Ein Ausschluss ist gem. § 25 Abs. 2 HGB möglich. Im Innenverhältnis richtet sich die Haftung nach § 1047 BGB bzw. der jeweiligen Regelung der Parteien, deren detaillierte Vornahme auch hier anzuraten ist.

1238

3. Personengesellschaften

Der Nießbrauch an Personengesellschaftsanteilen wird häufig i.R.d. „gleitenden Vermögensübergabe" an die nachrückende Generation („Familien-Pool") gewählt (vgl. hierzu unten Rdn. 2152 ff., zur steuerlichen Optimierung durch Mitunternehmerschaft sowohl beim Gesellschafter als auch beim Nießbraucher vgl. unten Rdn. 4520, 4782). Die bei Immobilien in Privatvermögen entwickelte Differenzierung zwischen Vorbehalts- und Zuwendungsnießbrauch hinsichtlich der AfA-Befugnis (Rdn. 4541 einerseits, Rdn. 4542 andererseits) hat hier keine Bedeutung: Die Gesellschaft ermittelt die Einkünfte unter Ansatz der AfA gem. § 180 Abs. 1 Nr. 2 lit. a) AO und verteilt sie entsprechend der Nießbrauchsregelung an die Gesellschafter.²⁰²

1239

Gegebenenfalls kann auch hierzu eine Vereinbarung getroffen werden, etwa gemäß folgendem

1240

Formulierungsvorschlag: Auskunfts- und Einsichtsrechte des Nießbrauchers

1241

> Der Gesellschafter verpflichtet sich, den Nießbraucher im Rahmen seiner Rechte auf Auskunft und Einsichtnahme auf Verlangen umfassend zu informieren. Ihm stehen im Verhältnis zum Gesellschafter dieselben Rechte zu wie einem Gesellschafter selbst. Insbesondere hat er – sofern nicht gesellschaftsvertraglich untersagt – eine Kopie des jeweiligen Jahresabschlusses sowie des Prüfungsberichts des Abschlussprüfers zu erhalten. Der Gesellschafter wird die Gesellschaft anweisen, auch dem Nießbraucher zur Gesellschafterversammlung zu laden. Der Nießbraucher darf sich zur Ausübung seiner Rechte eines berufsrechtlich zur Verschwiegenheit verpflichteten Sachverständigen bedienen

Der Nießbrauch am Gesellschaftsanteil ist allerdings zu unterscheiden vom (i.d.R. Vorbehalts-) **Nießbrauch an Gegenständen**, welche die Gesellschaft sodann solchermaßen belastet erwirbt. Letzterer bietet auch den Vorteil, dass der Nießbrauch nicht erlischt, wenn sich alle Gesellschaftsanteile in einer Hand vereinigen und somit keine Gesellschafterbeteiligung mehr besteht. Beide Nießbrauchsvarianten (am Gesellschaftsvermögen und am Gesellschaftsanteil) können

1242

---

200 BGH, 10.03.2006 – V ZR 45/05, ZNotP 2006, 232.
201 Vgl. *Lohr*, Der Nießbrauch an Unternehmen und Unternehmensanteilen, S. 44.
202 Zweifelnd *Paus*, FR 1999, 24.

auch in Kombination auftreten,²⁰³ und damit die Vorteile beider sichern (Fortbestand bei Vereinigung in einer Hand/Mitwirkungsrechte bei Beschlüssen, Rdn. 1252). Schließlich ist zu beachten, dass der Nießbrauch am Gesellschaftsanteil nicht „automatisch" auch etwa vorhandenes Sonderbetriebsvermögen dieses Gesellschafters erfasst, obwohl es ertragsteuerlich zur Mitunternehmerschaft gehört. Dies ist im Hinblick auf die Gefahr einer Entnahme ungefährlich, solange der Nießbrauchsbesteller (wie i.d.R., s. Rdn. 4541 f.) weiter Mitunternehmer bleibt. Wird der Nießbrauch auch am Gegenstand des Sonderbetriebsvermögens zusätzlich bestellt, führt demnach auch dies nicht zur Entnahme.²⁰⁴

1243 In gleicher Weise ist der Nießbrauch an der gesamten Mitgliedschaft zu unterscheiden vom bloßen Nießbrauch an Gewinnansprüchen („**Ertragnießbrauch**"),²⁰⁵ der den Nießbraucher nicht zum Mitunternehmer werden lässt. Die Gewinnansprüche werden also weiterhin dem Gesellschafter zugerechnet, der sie – versteuert – im Wege privater Einkommensverwendung weiterzureichen hat. Wurde ein Gesellschaftsanteil unter bloßem Ertragsnießbrauchsvorbehalt übertragen, können allerdings (bei gewerblich tätigen oder gewerblich infizierten Gesellschaften) die Voraussetzungen des § 10 Abs. 1 Nr. 1a EStG (Versorgungsleistungen, Rdn. 4955 ff.) vorliegen, sodass ertragsteuerlich keine Veräußerung vorliegt, und die weiter gereichten Ausschüttungen als Sonderausgaben beim Gesellschafter abzugsfähig, aber vom Ertragsnießbraucher als sonstige Bezüge zu versteuern sind; bei bloß gewerblich geprägten, oder schlicht vermögensverwaltenden Gesellschaften, bei denen keine Versorgungsleistungen mehr vorliegen können, führen die Zahlungen des Gesellschafters hingegen wohl zu einem entgeltlichen Geschäft.²⁰⁶

1244 Weiter zu differenzieren ist der Nießbrauch am Gewinnstammrecht (dem Quellrecht der Gewinnansprüche),²⁰⁷ sowie der Nießbrauch lediglich am Auseinandersetzungsguthaben.²⁰⁸ Sie begegnen im Hinblick auf § 717 Satz 2 BGB (Übertragbarkeit, als Voraussetzung der Möglichkeit der Einräumung eines Nießbrauches, vgl. §§ 1068 Abs. 1, 1069 Abs. 2 BGB) keinen Bedenken.

a) Zulässigkeit

1245 Eine echte Nießbrauchsbestellung am Gesellschaftsanteil verstößt nicht gegen das Abspaltungsverbot des § 717 Satz 1 BGB, da nicht einzelne Gesellschafterrechte von der Gesellschafterstellung abgespalten werden, sondern nur deren Ausübung übertragen wird.²⁰⁹ Allerdings ist eine Nießbrauchsbestellung gem. § 719 BGB nur dann möglich, wenn der Gesellschaftsvertrag dies

---

203 Bei der gewerblich geprägten GmbH & Co. KG ist allerdings Vorsicht geboten bei einem Totalnießbrauch an den Gegenständen des Gesellschaftsvermögens, da die Gesellschaft dann (entgegen § 15 Abs. 3 Nr. 2 EStG) keine Einkünfte mehr erzielen kann.
204 BFH, DStR 1994, 1803.
205 Vgl. MünchKomm-BGB/*Petzold*, § 1068 Rn. 28. Der etwa von *Sudhoff*, NJW 1974, 2205 propagierte Nießbrauch am „Gewinnstammrecht" ist dagegen zweifelhaft, da das Gesetz (anders als bei der Reallast) ein solches nicht kennt.
206 Schmidt/*Wacker*, EStG, 29. Aufl. 2010, § 15 Rn. 308.
207 Vgl. *Kruse*, RNotZ 2002, 69, 72.
208 Vgl. *Götz/Jorde*, ZErb 2005, 365, 366; *Werz/Sager*, ErbStB 2010, 101.
209 BGHZ 58, 316; BGH, 09.11.1998 – II ZR 213/97, MittRheinNotK 1999, 250 ff.

erlaubt oder die Mitgesellschafter zustimmen.[210] Der Umfang der höchstzulässigen Übertragung von Stimmrechten auf den Nießbraucher ist aber im Einzelnen umstritten.[211] Dem feinen Austarieren der Mitwirkungsbefugnisse zwischen Nießbraucher und Gesellschafter kommt dabei besondere Bedeutung zu, da das Ausschüttungsinteresse des Nießbrauchers typischerweise mit dem Thesaurierungsinteresse des Gesellschafters kollidiert.

Wird in einer Zwei-Personen-Gesellschaft einer der Gesellschaftsanteile an den verbleibenden (dann Allein-) Gesellschafter unter Nießbrauchsvorbehalt übertragen, erlischt gleichwohl die Gesellschaft und der Nießbrauch geht ins Leere.[212] Im Hinblick auf die Mitwirkungsrechte des Nießbrauchers (Rdn. 1252) bejaht die überwiegende Rechtsprechung die Eintragungsfähigkeit eines Nießbrauchs am Gesellschaftsanteil im Handelsregister.[213]   1246

b) Ertragsbezogene Rechte

Dem Nießbraucher steht der Ertrag der Gesellschaftsbeteiligung zu, d.h. der nach dem Gesellschaftsvertrag **entnahmefähige Gewinn**, nicht allerdings der volle bilanzmäßige Gewinn. Der Nießbraucher ist insoweit an den Gesellschaftsvertrag und die Beschlüsse gebunden; steht dem Gesellschafter das Stimmrecht zu, ist er mangels ausdrücklicher Regelung nicht allein aufgrund des Nießbrauchs als solchen verpflichtet, auf eine möglichst umfassende Ausschüttung hinzuwirken.[214] Was auf den gesamthänderisch gebundenen Kapitalkonten (Kapitalkonto II, Rücklagenkonto etc) gebucht wird, gebührt dem Gesellschafter. Auch **Verluste** muss der Nießbrauchsbesteller tragen, ebenso trägt er die Haftung im Außenverhältnis und sollte daher zur Erlangung des Privilegs der §§ 171, 172 HGB in das Handelsregister eingetragen werden.[215] Offen und daher klärungsbedürftig ist dagegen die Zuordnung außerordentlicher Erträge aus der Veräußerung von Anlagevermögen (Auflösung stiller Reserven),[216] aus der Auflösung von Gewinnrücklagen,[217] aus Sondervergütungen (z.B. Zinsen auf Gesellschafterdarlehenskonten); ferner der Einfluss späterer Ergebniskorrekturen (Betriebsprüfung!) und der Ausschüttungsfähigkeit erst nach Erlöschen des Nießbrauchs,[218] beim sog. Nettonießbrauch auch die Art der Berechnung der auf dem Nießbrauch lastenden Ertragsteuern.[219]   1247

---

210 Palandt/*Bassenge*, BGB, § 1068 Rn. 5 sowie § 1069 Rn. 2; Palandt/*Sprau*, BGB, § 719 Rn. 8. Gestattet der Gesellschaftsvertrag die Übertragung der Mitgliedschaft als solcher, erfasst dies auch die Nießbrauchsbestellung als „Minus", vgl. *Frank*, MittBayNot 2010, 96, 97.

211 *Kruse*, RNotZ 2002, 69, 75 f.

212 OLG Schleswig, ZIP 2006, 615; a.A. LG Hamburg, NZG 2005, 926: Ausnahmefall einer Ein-Mann-Personengesellschaft.

213 So etwa LG Oldenburg, DNotI-Report 2008, 166; LG Köln, RNotZ 2001, 170, m. Anm. *Lindemeier*; zum uneinheitlichen Meinungsbild in der Lit. vgl. *Krafka/Willer*, Registerrecht, 7. Aufl. 2007, Rn. 770.

214 Staudinger/*Frank*, BGB, 2009, Anh. zu §§ 1068 ff. Rn. 79.

215 *Hannes*, in: Frieser/Sarres/Stückemann/Tschichoflos, Handbuch des Fachanwalts Erbrecht, S. 1043; Gutachten, DNotI-Report 1999, 195.

216 H.M. Zuordnung zum Gesellschafter; teilweise a.A. es handle sich ebenfalls um Früchte i.S.d. § 99 Abs. 2 BGB; z.T. wird dahin gehend differenziert, ob die Rücklage zulasten des laufenden Gewinns gebildet wurde, vgl. MünchKomm-BGB/*Pohlmann*, § 1068 Rn. 53.

217 Str.; auch insoweit wird häufig differenziert, ob die Rücklage während des Nießbrauchs oder davor gebildet wurde, vgl. MünchKomm-BGB/*Pohlmann*, § 1068 Rn. 56.

218 Nach BGH, NJW 1972, 1755 stehen solche Gewinne nicht mehr dem Nießbraucher zu.

219 Nach OLG Köln, 27.03.2006 – 2 U 4/06, DB 2006, 2341 m. Anm. *Schlütter* nach dem Durchschnitts-, nicht dem Grenzsteuersatz des Nießbrauchers; vgl. hierzu auch *Frank*, MittBayNot 2010, 96, 101 und 104.

1248 **Formulierungsvorschlag: Regelung des Gewinnanspruchs beim Nießbrauch an einem Personengesellschaftsanteil**

> Dem Nießbraucher stehen die auf den Anteil entfallenden Gewinne zu, einschließlich der Verzinsung der Gesellschafterkonten, jedoch nur, soweit diese Gewinne nach den Bestimmungen des Gesellschaftsvertrags entnommen werden können.
>
> Außerordentliche Erträge aus der Verwertung der Vermögenssubstanz der Gesellschaft stehen ausschließlich dem Gesellschafter zu.
>
> Bei Erhöhungen des Festkapitals der Gesellschaft aus Gesellschaftermitteln erstrecken sich die Rechte des Nießbrauchers auch auf die auf den Gesellschafter entfallenden neuen Anteile. Erfolgt die Kapitalerhöhung hingegen durch Einlagen der Gesellschafter, stehen die aus der Kapitalerhöhung resultierenden Gewinnanteile und sonstige Nutzungen insoweit dem Gesellschafter zu.
>
> Änderungen der Jahresabschlüsse sind für die Beteiligten verbindlich und verpflichten sie zum unverzüglichen Ausgleich eines sich hiernach ergebenden Mehr- oder Minder-Ergebnisses.
>
> Endet der Nießbrauch im Lauf eines Geschäftsjahres, steht der für dieses Geschäftsjahr entnahmefähige Gewinnanteil Nießbraucher und Gesellschafter zeitanteilig zu, unabhängig davon, wann der Gewinn der Gesellschaft zugeflossen oder angefallen ist, wann er festgestellt wurde und wann der Beschluss über die Gewinnverwendung getroffen wurde.
>
> Der Nießbraucher ist nicht verpflichtet, die Steuermehrbelastung aus demjenigen Gewinnanteil zu tragen, der vom Anteilsinhaber zu versteuern ist, es sei denn, dieser könnte zu einem späteren Zeitpunkt vom Nießbraucher entnommen werden.

1249 Soweit laufende Gewinne aus der Zeit der Nießbrauchsbestellung nicht entnommen wurden und demnach dem Nießbraucher nicht zur Verfügung standen, sondern bspw. dem Privat- oder dem Kapitalkonto des Gesellschafters gutgeschrieben wurden, hat nach überwiegender Auffassung die Beendigung des Nießbrauchs hierauf keinen Einfluss. Teilweise wird jedoch vertreten,[220] analog § 1049 Abs. 1 BGB sei dem Nießbraucher das aufgelaufene Guthaben bei Beendigung zu vergüten. Soll dies tatsächlich gelten, empfiehlt sich im Hinblick auf die abweichende herrschende Meinung eine entsprechende Vereinbarung,[221] etwa nach folgendem Wortlaut:

1250 **Formulierungsvorschlag: Anspruch auf Erstattung nicht entnommener Gewinne bei Beendigung des Nießbrauchs**

> Soweit während der Dauer des Nießbrauchs Gewinne entstanden sind, die entnommen hätten werden können, ohne ein Wiederaufleben der Haftung nach § 172 Abs. 4 HGB auszulösen, jedoch tatsächlich nicht entnommen wurden, ist der Gesellschafter in Höhe dieses Betrags analog § 1049 Abs. 1 BGB bei Beendigung des Nießbrauchs verpflichtet, dem Nieß-

---

[220] So etwa *Schön*, ZHR 158, 229, 242 ff.
[221] Vgl. MünchKomm-HGB/*K. Schmidt*, vor § 230 Rn. 18.

brauchen den Wert dieser nicht ausgeschütteten, jedoch während der Dauer des Nießbrauchs entstandenen Gewinne zu erstatten.

Etwa durch die Personengesellschaft entrichtete Gewerbesteuer wird i.R.d. § 35 EStG (Rdn. 4495) auf die ESt des Gesellschafters angerechnet, allerdings wohl[222] nur nach Maßgabe der gesellschaftsvertraglichen Gewinnverteilungsregelung, also ohne Berücksichtigung des Nießbrauchs am Gesellschaftsanteil.   1251

c) Mitwirkungsrechte des Nießbrauchers

aa) Gesellschafterrechte/Geschäftsführung

Hinsichtlich der **Ausübung der Mitwirkungsrechte** (als Gesellschafter, z.B. Stimmrecht in der Gesellschafterversammlung, und als organschaftlicher Vertreter, d.h. Geschäftsführungsbefugnisse) besteht **Unsicherheit**. Streitig ist, ob der Gesellschafter für **Grundlagengeschäfte**, der Nießbraucher für die laufenden Geschäfte zuständig ist, die Rechte beiden gemeinsam zustehen[223] oder grds. beim Gesellschafter verbleiben und dem Nießbraucher Mitwirkungsrechte im Innenverhältnis zustehen.[224] Herrschende Meinung ist zwischenzeitlich, dass der Gesellschafter weiter stimmberechtigt bleibt.[225] Jedenfalls für Grundlagengeschäfte hat dies auch der BGH[226] entschieden.[227] Bei einem Sondereigentumsnießbrauch ging der BGH davon aus, dass der Nießbrauchsbesteller das Stimmrecht als Wohnungseigentümer behalte.[228] Hieraus schlussfolgert die herrschende Meinung, dass auch das Recht zur Geschäftsführung beim Nießbrauchsbesteller verbleibt.[229] Dies ist auch steuerrechtlich vorteilhaft: Erhält der Nießbraucher nämlich zusätzliche umfassende Stimmrechtsvollmacht, ist der Gesellschaftsanteilsinhaber nicht mehr **Mitunternehmer** (Rdn. 2207 ff.), sodass auch die schenkungsteuerlichen Betriebsvermögensprivilegien nicht gelten.   1252

Der Nießbrauchsinhaber am Gesellschaftsanteil selbst erfüllt i.d.R. die Voraussetzungen der Mitunternehmerschaft, § 15 Abs. 1 Satz 1 Nr. 2 EStG, obwohl er nur mittelbar (durch Entfall seiner Ausschüttungsansprüche) an Verlusten und gar nicht an stillen Reserven sowie am good will partizipiert; es genügt, dass ihm das Stimmrecht in laufenden Angelegenheiten und Kontrollrechte nach § 716 BGB, §§ 164, 166 HGB zustehen.[230]   1253

---

[222] Das BMF-Schreiben v. 24.02.2009, BStBl. 2009 I, S. 440, nimmt hierzu nicht Stellung. Denkbar wäre auch, dass die Gewinnteilung zwischen Nießbraucher und Gesellschafter dem allgemeinen Schlüssel im Hinblick auf das Gewerbesteueranrechnungsguthaben gleichzustellen ist.
[223] So etwa *Schön*, Steuerberaterjahrbuch 1996/1997, S. 55; *Wiedemann*, Die Übertragung und Vererbung von Mitgliedschaftsrechten bei Handelsgesellschaften, S. 411 (kein Verstoß gegen das Abspaltungsverbot).
[224] *Hannes*, in: Frieser/Sarres/Stückemann/Tschichoflos, Handbuch des Fachanwalts Erbrecht, S. 1043 m.w.N.
[225] MünchKomm-BGB/*Pohlmann*, § 1068 Rn. 69 ff.
[226] NJW 1999, 571 f. (Feststellung des Jahresabschlusses als Grundlagengeschäft).
[227] So auch MünchKomm-BGB/*Pohlmann*, § 1068 Rn. 71 ff.
[228] NJW 2002, 1647 ff.
[229] MünchKomm-BGB/*Pohlmann*, § 1068 Rn. 82.
[230] Vgl. *Hochheim/Wagenmann*, ZEV 2010, 109, 110.

Eine Kompromissregelung zwischen Gesellschafter und Nießbraucher könnte etwa wie folgt formuliert sein.[231]

1254 **Formulierungsvorschlag: Gesellschafterrechte bei Nießbrauch an Personengesellschaftsanteil**

> Die mit der geschenkten Beteiligung verbundenen Verwaltungsrechte, insbesondere das Stimmrecht, stehen dem Gesellschafter zu. Der Gesellschafter wird bei der Ausübung der Verwaltungsrechte auf die Interessen des Nießbrauchers, insbesondere auf das durch den Nießbrauch gesicherte Versorgungsinteresse, angemessen Rücksicht nehmen.
>
> Der Gesellschafter verpflichtet sich, Verwaltungsrechte, die die laufenden Angelegenheiten der Gesellschaft betreffen, nach Weisung des Nießbrauchers auszuüben.
>
> Bei außerordentlichen Angelegenheiten werden sich Nießbraucher und Gesellschafter über die Ausübung der Verwaltungsrechte verständigen. Kommt eine Einigung nicht zustande, ist für den Gesellschaftsanteil mit Stimmenthaltung abzustimmen.
>
> Nicht zu den laufenden Angelegenheiten zählen insbesondere:
>
> 1. die Kündigung der Gesellschaft oder die Übertragung der Beteiligung,
> 2. die Erhebung der Auflösungsklage,
> 3. das außerordentliche Kontrollrecht nach § 166 Abs. 3 HGB,
> 4. die Umwandlung der Gesellschaft,
> 5. die Auflösung der Gesellschaft,
> 6. die Veräußerung des Unternehmens im Ganzen,
> 7. Änderungen und Ergänzungen der Bestimmungen des Gesellschaftsvertrags,
> 8. der Beschluss über die Auflösung von Rücklagen zugunsten entnahmefähiger Konten.

1255 **Hinweis:**

Ohne besondere Regelung dieser Mitwirkungsrechte hat man derzeit somit davon auszugehen, dass weder Geschäftsführungsbefugnisse noch Stimmrechte durch den Nießbrauch übertragen werden, sondern kraft Gesetzes ein reiner Ertragsnießbrauch besteht. Bei Gestaltung eines Nießbrauchs ist es somit unabdingbar, diese Fragen ausdrücklich zu regeln, wobei sowohl eine Übertragung des Stimmrechts[232] als auch eine Übertragung der Geschäftsführungs- und Vertretungsbefugnis als zulässig angesehen wird,[233] sofern dem Gesellschafter ein „Kernbereich" an Mitwirkungsrechten (Satzungsänderungen, Umwandlung, Auflösung) verbleibt.[234] Angesichts fehlender höchstrichterlicher Rechtsprechung sollte jedoch auch

---

231 Vgl. *Schindhelm/Stein*, ErbStB 2003, 34; *Steiner*, ErbStB 2006, 34; Musterformulierungen auch bei *Wachter*, NotBZ 2000, 33 ff. und 78 ff.
232 Wenn die Gesellschafter zustimmen.
233 MünchKomm-BGB/*Pohlmann*, § 1068 Rn. 90 f. m.w.N.; dies sollte selbstverständlich Inhalt des Nießbrauchs werden, um diese dinglich gesicherte Position ggf. Dritten entgegenhalten zu können.
234 *Frank*, MittBayNot 2010, 96, 99.

> die Gestaltung als reiner Ertragsnießbrauch unter Ausschluss von Mitwirkungsrechten ausdrücklich geregelt werden.

bb) Informations- und Kontrollrechte

Die Rechte gem. § 716 BGB, §§ 118, 166 HGB (und § 51a GmbHG, § 131 AktG) gehen nicht auf den Nießbraucher über (s. Erläuterungen Rdn. 1252). Nach herrschender Meinung steht diesem jedoch gem. § 242 BGB ein selbstständiges Informationsrecht gegen die Gesellschaft zu.[235]

1256

d) Surrogation

Geht der Gesellschaftsanteil durch Ausscheiden unter (mit der Folge der Anwachsung bei den verbleibenden Gesellschaftern), erhält der Nießbraucher gem. § 1075 BGB als Surrogat den Nießbrauch am Abfindungsanspruch.[236] Beruht das Ausscheiden auf einer vorangehenden ordentlichen[237] Kündigung des Gesellschafters, ist zur Kündigung gem. § 1071 Abs. 2 BGB die Zustimmung des Nießbrauchers erforderlich. Bei einer „Kapitalerhöhung" erstreckt sich der Nießbrauch wegen der Einheitlichkeit der Mitgliedschaft auf den gesamten Anteil, wobei allerdings die Erträge aus dem „Erhöhungsanteil" dem Gesellschafter allein zustehen.[238] Im Fall der Auflösung der Gesellschaft ist streitig, ob sich der Nießbrauch surrogatweise auf den Liquidationserlös des Gesellschafters bezieht oder gar der Liquidationsüberschuss unmittelbar als Ertrag anzusehen ist, der dem Nießbraucher als Rechtsfrucht zusteht.[239] Auch insoweit empfiehlt sich eine ausdrückliche Regelung.[240]

1257

Formulierungsvorschlag: Surrogate beim Nießbrauch an Personengesellschaftsanteilen

1258

> Erwerben die Gesellschafter für die geschenkte Beteiligung einen Anspruch gegen die Gesellschaft, der an die Stelle der Beteiligung tritt (Surrogat), setzt sich der Nießbrauch am Surrogat automatisch fort. Zu solchen Surrogaten zählen insbesondere Ansprüche auf
>
> - Auszahlung eines Auseinandersetzungsguthabens bei Auflösung der Gesellschaft oder bei Ausscheiden aus der Gesellschaft,
> - eine sonstige Abfindung bei Ausscheiden aus der Gesellschaft,
> - die Rückzahlung von Einlagen oder Nachschüssen,
> - die Ausschüttung außerordentlicher Erträge, die aus der Verwertung der Vermögenssubstanz der Gesellschaft resultieren, z.B. bei Veräußerung von Anlagevermögen,
> - eine Barabfindung nach dem Umwandlungsgesetz.

---

235 MünchKomm-BGB/*Pohlmann*, § 1068 Rn. 82.
236 MünchKomm-BGB/*Pohlmann*, § 1068 Rn. 40.
237 Nicht bei außerordentlicher Kündigung der Mitgliedschaft aus wichtigem Grund, da dieses Recht unabdingbar ist, vgl. *Schön*, ZHR 1994, 268.
238 Weder das „Bezugsrecht" noch die Anteilserhöhung bilden eine Frucht der Mitgliedschaft i.S.d. § 99 Abs. 2 BGB, vgl. *Steiner*, ErbStB 2006, 35.
239 Vgl. ausführlich *Schön*, ZHR 1994, 246.
240 In Anlehnung an *Schindhelm/Stein*, ErbStB 2003, 408; *Steiner*, ErbStB 2006, 35.

Zu den Surrogaten gehören auch die gewährten Anteile an dem übernehmenden Rechtsträger im Fall der Umwandlung der Gesellschaft oder der Einbringung der Beteiligung gegen Gewährung von Gesellschaftsrechten. Ein durch eine Veräußerung der Beteiligung erzielter Veräußerungserlös zählt ebenfalls zu den Surrogaten.

Soweit die Gesellschaft aufgrund Anwachsung beim letzten verbleibenden Gesellschafter erlöschen sollte und dadurch ihr gesamtes Vermögen dem Nießbrauchsbesteller anwächst, setzt sich der Nießbrauch als Quotennießbrauch entsprechend der derzeit bestehenden Gesellschaftsquote des Nießbrauchsbestellers am dann entstandenen Einzelunternehmen als Unternehmensnießbrauch fort.

Falls sich der Nießbrauch nicht kraft Gesetzes automatisch auf das Surrogat erstreckt, verpflichten sich die Parteien, alles zu tun, was zu einer Einräumung des Nießbrauchs am jeweiligen Surrogat erforderlich sein sollte, insbesondere zur Abgabe sämtlicher hierfür erforderlichen Erklärungen. Über die Nießbrauchsbestellung sind sich die Beteiligten bereits jetzt einig.

Soweit Anfall oder Auszahlung des Surrogats beim Gesellschafter eine Steuerlast auslösen, z.B. weil es sich um einen steuerbaren Veräußerungsgewinn handelt, erstreckt sich der Nießbrauch nicht auf den zur Ablösung der Steuer erforderlichen Betrag.

4. Kapitalgesellschaften[241]

1259 Die Bestellung des Nießbrauchs an einem GmbH-Anteil bedarf wie die Abtretung der notariellen Form gem. § 15 Abs. 3 GmbHG, § 1069 Abs. 1 BGB. Sie war der Gesellschaft gem. § 16 GmbHG a.F. anzuzeigen[242] und kann seit 01.11.2008 in die Gesellschafterliste eingetragen werden,[243] wobei sich an diese Eintragung allerdings keine Rechtswirkungen knüpfen[244] – dringend anzuraten ist jedoch die Anzeige bei der Gesellschaft, sodass diese Gewinnausschüttungen nicht gutgläubig wirksam an den „Falschen" erbringt (§ 407 BGB). Die Zustimmung der anderen Gesellschafter ist nur im Fall einer Vinkulierungsklausel erforderlich (§ 15 Abs. 5 GmbHG gilt auch für die „Teilrechtsnachfolge" in Form einer Nießbrauchsbestellung[245] und zwar im Zweifel auch dann, wenn die die Vinkulierungsklausel ausdrücklich nur die Abtretung erwähnt).[246]

1260 Dem Nießbraucher steht gem. §§ 1068 Abs. 2 i.V.m. 1030, 99 ff. BGB der nach Maßgabe des Gewinnverwendungsbeschlusses ausschüttungsfähige Gewinn zu, d.h. bei der AG die Dividende,[247]

---

[241] Eingehende Beratungshinweise und Mustervertrag bei Wachter, NotBZ 2000, 33, 78; vgl. auch *Mohr/Jainta*, GmbH-StB 2010, 269 ff.

[242] Keine Wirksamkeitsvoraussetzung.

[243] LG Aachen, 06.04.2009 – 44 T 1/09, RNotZ 2009, 409, m. zust. Anm. *Reymann*; zustimmend auch *Wälzholz*, MittBayNot 2010, 73; eine Eintragungspflicht besteht allerdings nicht (beides str.), vgl. *Weiler*, notar 2010, 143.

[244] Da § 16 Abs. 3 GmbHG keinen gutgläubig lastenfreien Erwerb von GmbH-Anteilen erlaubt. Gleiches gilt für die Eintragung im Aktienregister, § 67 AktG. Möglicherweise kann aber bei (ausnahmsweise gem. §§ 1068 Abs. 2, 1059a BGB übertragbaren) Nießbrauchsrechten gutgläubiger Zweiterwerb des Nießbrauchs selbst stattfinden, *Mohr/Jainta*, GmbH-StB 2010, 269, 270.

[245] H.M., vgl. MünchKomm-BGB/*Pohlmann*, § 1068 Rn. 35 m.w.N.

[246] OLG Koblenz, NJW 1992, 2163, 2164.

[247] MünchKomm-BGB/*Pohlmann*, § 1068 Rn. 62.

nicht jedoch Veräußerungsgewinne,[248] bei der GmbH der auf die Dauer des Nießbrauchs entfallende ausgeschüttete Gewinnanteil – auch soweit dieser auf der Auflösung eines Gewinnvortrages oder von Rücklagen aus der Zeit vor Nießbrauchsbeginn herrührt[249] –, nicht der in der Bilanz festgestellte Gewinn.[250] Bezugsrechte auf neue Anteile, gleich ob aus Gesellschaftsmitteln oder aus Einlagen stammend, stehen stets dem Gesellschafter selbst zu, allerdings kann der Nießbraucher die Erstreckung seines Rechtes auf Anteile aus Gesellschaftsmitteln verlangen.[251] Die Liquidationsquote (§ 72 GmbHG), das Einziehungsentgelt (§ 34 GmbHG) und das Abfindungsguthaben gebühren ebenfalls allein dem Gesellschafter, allerdings kann der Nießbraucher entsprechende Rechtseinräumungen an diesen Surrogaten verlangen (§§ 1077 ff. BGB analog). Bzgl. der Mitwirkungsrechte gilt das oben Gesagte – mit der Einschränkung der fehlenden Selbstorganschaft bei der Kapitalgesellschaft. Das Stimmrecht wird demnach vom Gesellschafter ausgeübt (der allerdings den Nießbraucher hierzu bevollmächtigen oder ermächtigen[252] kann); dieser darf jedoch den Anspruch des Nießbrauchers auf den Jahresüberschuss gem. § 29 GmbHG nicht willkürlich vereiteln oder mindern.[253] Teilnahmerechte an der Gesellschafterversammlung, Auskunftsrechte gem. § 51a GmbHG, Minderheitsrechte gem. § 50 GmbHG, Anfechtungsrechte etc. stehen allein dem Gesellschafter zu. Auch der Nießbraucher eines GmbH-Geschäftsanteils kann Adressat der Eigenkapitalersatzregeln sein.[254]

Hierzu folgender Formulierungsvorschlag:

Formulierungsvorschlag: Surrogate und Verwaltungsrechte beim Nießbrauch an GmbH-Anteil

1261

> **Kapitalerhöhungen:**
>
> Das Bezugsrecht aus Kapitalerhöhungen steht ausschließlich dem Nießbrauchsbesteller zu.
>
> **Kapitalerhöhungen aus Gesellschaftsmitteln:**
>
> Der vorstehend bestellte Nießbrauch erstreckt sich auch auf neue Geschäftsanteile, die im Wege einer Kapitalerhöhung aus Gesellschaftsmitteln gebildet werden. Für den Fall, dass die automatische Erstreckung des Nießbrauchs auf die neuen Geschäftsanteile nicht wirksam sein sollte, verpflichtet sich der Nießbrauchsbesteller, vorsorglich alle Erklärungen abzugeben, die zur Bestellung des Nießbrauchs erforderlich sein sollten.

---

248 MünchKomm-BGB/*Pohlmann*, § 1068 Rn. 63.
249 *Frank*, MittBayNot 2010, 96, 101.
250 Vgl. *Fricke*, GmbHR 2008, 742, auch zur Gegenansicht.
251 MünchHdbGesR/*Kraus*, Bd. 3, 2. Aufl. 2003, § 26 Rn. 74; darüber hinausgehend: Staudinger/*Frank*, BGB (2002), Anhang zu § 1068 f. Rn. 105.
252 Zur sog. Legitimationsermächtigung bei der Stimmabgabe (z.B. des Veräußerers an den Erwerber bei einer aufschiebend bedingten Anteilsabtretung) vgl. BGH, 11.02.2008 – II ZR 291/06, GmbH-StB 2008, 198.
253 *Reichert/Schlitt/Düll*, GmbHR 1998, 565, 567.
254 BGH, 05.04.2011 – II ZR 173/10, ZNotP 2011, 349.

Kapitalerhöhung aus Einlagen:

Macht der Gesellschafter von seinem Bezugsrecht Gebrauch und übernimmt einen neuen Geschäftsanteil gegen Leistung von Einlagen, erstreckt sich der Nießbrauch nicht auf den neuen Geschäftsanteil.

Soweit allerdings der Ausgabekurs der neuen Geschäftsanteile nicht ihrem inneren Wert entspricht, verpflichtet sich der Nicßbrauchsbesteller, dem Nießbrauchsberechtigten daran anteilig ein Nießbrauchsrecht zu bestellen. Maßgebend für die Ermittlung des Werts der Geschäftsanteile sind die §§ 199 ff. BewG enthaltenen Bewertungsgrundsätze. Durch die Bestellung des Nießbrauchs ist der Nießbrauchsberechtigte wirtschaftlich so zu stellen, als ob die Kapitalerhöhung zu einem angemessenen Ausgabekurs erfolgt wäre. Kann eine Einigung nicht erzielt werden, entscheidet ein vom Geschäftsführer der GmbH zu bestellender Wirtschaftsprüfer als Schiedsgutachter mit bindender Wirkung. Die Kosten des Gutachtens tragen beide Vertragsteile zu gleichen Teilen.

Bezugsrechtsausübung:

Sofern der Nießbrauchsbesteller sein Bezugsrecht aus einer Kapitalerhöhung nicht selbst ausübt, verpflichtet er sich, das Bezugsrecht auf den Nießbrauchsberechtigten zu übertragen. Soweit die Übertragung des Bezugsrechts nach der Satzung der Gesellschaft nicht möglich ist, ist der Nießbrauchsbesteller zur Ausübung des Bezugsrechts verpflichtet, wenn ihm der Nießbrauchsberechtigte die dafür erforderlichen Mittel in vollem Umfang zur Verfügung stellt. Der Nießbrauch erstreckt sich auf denjenigen Teil des neuen Geschfätsanteils, der dem Wertverhältnis des Bezugsrechts zum Gesamtwert der neuen Geschäftsanteile entspricht. In diesem Fall hat der Nießbrauchsbesteller dem Nießbrauchsberechtigten bzw. dessen Rechtsnachfolger die erhaltenen Mittel bei Beendigung des Nießbrauchs unverzinslich zu erstatten.

Surrogate:

Die Vertragsteile sind darüber einig, dass Surrogate des Geschäftsanteils dem Nießbrauchsbesteller alleine zustehen, sich der Nießbrauch aber ohne weiteres darauf erstreckt. Zu den Surrogaten gehören beispielsweise:

- die Liquidationsquote, § 72 GmbHG,
- das Einziehungsentgelt, § 34 GmbHG,
- die Abfindung bei sonstigem Ausscheiden,
- der Überschuss aus dem Verkauf des abandonnierten Geschäftsanteils, § 27 GmbHG,
- die Rückzahlung von Nachschüssen, § 30 Abs. 2 GmbHG,
- die Teilrückzahlung der Stammeinlage im Fall der Kapitalherabsetzung nach § 58 Abs. 2 GmbHG,
- die gewährten Anteile an dem übernehmenden Rechtsträger im Falle der Umwandlung der Gesellschaft bzw. eine Barabfindung im Sinne von § 29 UmwG.

Für den Fall, dass die automatische Erstreckung des Nießbrauchs auf ein Surrogat nicht wirksam sein sollte, verpflichtet sich der Nießbrauchsbesteller vorsorglich, alle Erklärungen abzugeben, die zur Bestellung des Nießbrauchs an dem Surrogat erforderlich sein sollten.

Mitverwaltungsrechte:

Die mit den belasteten Geschäftsanteilen verbundenen Mitverwaltungsrechte, insbesondere das jeweilige Stimmrecht, verbleiben bei dem Nießbrauchsbesteller. Gegenüber dem Nießbrauchsberechtigten verpflichtet sich der Nießbrauchsbesteller, sein Stimmrecht nur nach Weisung des Nießbrauchtsberechtigten auszuüben, sofern über Gegenstände Beschluss gefasst wird, die seine Rechtsstellung (insbesondere seine Beteiligung am Gewinn) beeinträchtigen können, etwa über

- die Verwendung des Bilanzgewinns,
- Kapitalerhöhungen bzw. -herabsetzungen,
- Änderung der Berechtigungsquote am Gewinn bzw. am Liquidationserlös,
- Änderung der Einziehungstatbestände,
- Umwandlung oder Auflösung der Gesellschaft.

In diesen Fällen wird der Nießbrauchsbesteller den Nießbrauchsberechtigen rechtzeitig vor der Gesellschafterversammlung informieren und ihm Gelegenheit geben, sein Weisungsrecht auszuüben.

Alternative:

Das Stimmrecht aus den belasteten Geschäftsanteilen werden Nießbrauchsbesteller und Nießbrauchsberechtigter nur gemeinschaftlich ausüben. Sie werden sich vor jeder Gesellschafterversammlung untereinander abstimmen. Sofern keine einvernehmliche Regelung erzielt werden kann, verfällt das Stimmrecht für die nießbrauchsbelasteten Geschäftsanteile.

Verfall „stehen gebliebener" Gewinne:

Soweit der Nießbrauchsberechtigte Anspruch auf nicht ausgeschüttete Gewinne und/oder auf Auflösung von Gewinnrücklagen und ähnlichen Rücklagen hat, muss er diese Ansprüche während des Bestehens des Nießbrauchs schriftlich geltend machen. Ist dies unterblieben, erlöschen sie mit dem Nießbrauch, sind also insbesondere nicht vererblich. Gewinnansprüche und Gewinnrücklagen stehen dann dem Gesellschafter zu.

Einkommensteuerlich wird jedenfalls der Vorbehaltsnießbrauch anerkannt,[255] ebenso der entgeltliche Zuwendungsnießbrauch,[256] während das Schicksal des unentgeltlichen Zuwendungsnießbrauchs an Kapitalgesellschaftsanteilen streitig ist – die Finanzverwaltung[257] sieht darin einen steuerlich unbeachtlichen Unterhaltsvorgang i.S.d. § 12 Nr. 2 EStG, sodass die Ausschüttung um die Abgeltungsteuerbelastung des Nießbrauchsbestellers gekürzt werden sollte:

1262

---

[255] Einkünfteversteuerung durch den Übergeber, vgl. Tz. 55 des insoweit noch maßgeblichen 1. Nießbrauchserlasses, BStBl. 1983 I, S. 508.

[256] Der Besteller erteilt i.H.d. Entgeltes Einkünfte gem. § 20 Abs. 2 Nr. 2 EStG, der Nießbraucher zieht lediglich die Forderung ein (BFH, BStBl. 1970 II, S. 212).

[257] Schmidt/*Heinicke*, EStG, 29. Aufl. 2010, § 20 Rn. 21 differenziert, inwieweit der Nießbraucher auch gestaltend mitbestimmt und Mitgliedschaftsrechte ausübt.

1263 **Formulierungsvorschlag: Ausschüttungsumfang beim unentgeltlichen Zuwendungsnießbrauch an GmbH-Anteil**

> Der Umfang des Nießbrauchs beschränkt sich auf die Erträge, die nach anteiligem Abzug der persönlichen Steuerbelastung (Abgeltungsteuer) des Gesellschafters verbleiben.

Schenkungsteuerlich soll beim vorbehaltenen Nießbrauch an Aktien die Nießbrauchslast nur gekürzt (im Verhältnis des vollen Werts zum gem. § 13a ErbStG reduzierten Wert) angesetzt werden können.[258]

1264 Wird der vorbehaltene Nießbrauch an einer in vorweggenommener Erbfolge übertragenen GmbH-Beteiligung später (bei einem Weiterverkauf durch den Erwerber)[259] entgeltlich abgelöst, wird hierdurch nicht die vorweggenommene Erbfolge „nachträglich" zu einer entgeltlichen Vermögensübertragung.[260] Beim Verkaufenden dürften jedoch die Abfindungszahlungen den Veräußerungsgewinn (unter Beachtung des Halbeinkünfteverfahrens nach § 3c Abs. 2 i.V.m. § 3 Nr. 40 lit. c) EStG zu 60 %) mindern.[261] Erfolgt die Ablösung unmittelbar, also nicht im Rahmen eines Weiterverkaufs, führt die Ablösesumme beim Erwerber zu nachträglichen Anschaffungskosten auf die unentgeltlich erworbene Beteiligung.[262]

---

[258] So jedenfalls FG Baden-Württemberg, ErbStB 2003, 281 analog § 10 Abs. 6 Satz 5 ErbStG.
[259] Tunlich unter Einhaltung der 5-Jahres-Frist des § 13a Abs. 5 ErbStG, sofern der Betriebsvermögenssonderfreibetrag in Anspruch genommen wurde.
[260] BFH, 14.06.2005 – VIII R 14/04, ErbStB 2005, 337.
[261] Wie bei Immobilienübertragungen, vgl. Nießbrauchserlass BStBl. 1998 I, S. 914 Tz. 57.
[262] FG Düsseldorf, 06.08.2010 – 1 K 2690/09 E, ErbStB 2010, 328 (Rev. BFH: IX R 51/10).

B. Wohnungsrecht

I. Begriff, Rechtsinhalt

1. Abgrenzung zu ähnlichen Rechtsinstituten

Bei einem **„lediglich schuldrechtlichen" Wohnungsrecht** handelt es sich um eine **Wohnungsleihe**, §§ 598 ff. BGB.[263] Auch diese berechtigt lediglich zur Eigennutzung, nicht zur Vermietung,[264] und unterliegt, da nicht übertragbar, ebenso wenig wie das Wohnungsrecht der Pfändung (Rdn. 1302) bzw. dem Insolvenzbeschlag. Der Grundstückseigentümer (bzw. sein Insolvenzverwalter) ist jedoch wegen der Unentgeltlichkeit im Zweifel zur jederzeitigen Rückforderung – § 604 Abs. 3 BGB – und „wenn der infolge eines nicht vorhergesehenen Umstandes der Sache bedarf" zur Kündigung, § 605 Nr. 1 BGB, berechtigt. Die bloße Einräumung einer solchen Wohnungsleihe ist daher, mangels dauerhafter Vermögenszuwendung, keine Schenkung (Rdn. 26), ebenso wenig der „Verzicht" auf eine solche Leihe, und zwar (wohl) auch nicht im schenkungsteuerlichen Sinne (Rdn. 3874). Der „nur schuldrechtlich Wohnungsberechtigte" sollte also darauf drängen, dass diese (dispositiven) Normen (etwa i.S.e. „Leihe auf Lebenszeit") ausgeschlossen werden.[265] Tatsächlich dürfte, wenn (etwa in Vermächtnissen) ein „Wohnrecht" zugewendet wird, das (eintragungsbedürftige) dingliche Wohnungsrecht gemeint sein.[266]

1265

Zu unterscheiden ist dieses **dingliche Wohnungsrecht** im eigentlichen Sinn gem. § 1093 BGB als Sonderform der beschränkten persönlichen Dienstbarkeit von

1266

- einem bloßen Benutzungs- oder Mitbenutzungsrecht als Grundform i.S.e. beschränkten persönlichen Dienstbarkeit gem. §§ 1090 ff. BGB (s. Rdn. 1267),
- von einer Wohnungsgewährungsreallast (s. Rdn. 1279 ff.),
- einem Dauerwohnrecht. (s. Rdn. 1279).

a) (Mit-) Benutzungsrecht gem. §§ 1090 ff. BGB

Wesensmerkmal des Wohnungsrechts im eigentlichen Sinn (§ 1093 BGB) ist in Abgrenzung vom „allgemeinen Institut" der beschränkten persönlichen Dienstbarkeit

1267

- der **Ausschluss**[267] **des Eigentümers** von der Benutzung des Gebäudes oder Gebäudeteils (zumindest Zimmers), auf das sich das Wohnungsrecht bezieht (bei gemeinschaftlicher Benutzung aller Bereiche ist also nur eine beschränkte persönliche Dienstbarkeit möglich); unschädlich ist nur das Mitbenutzungsrecht des Eigentümers an unbebauten Grundstücksteilen, an Nebenräumen oder Einrichtungen, die dem gemeinsamen Gebrauch aller Hausbewohner dienen (vgl. § 1093 Abs. 3 BGB). Der Inhaber des Mitbenutzungsrechtes und der Eigentümer der dienenden Immobilie können, sofern der genaue Inhalt der Mitbenutzung nicht vereinbart

---

263 BGH, 11.12.1981 – V ZR 247/80, NJW 1982, 820; BGH, 11.07.2007 – IV ZR 247/80, ZEV 2008, 192.
264 OLG Celle, 25.03.2004 – 11 U 201/03, NJW-RR 2004, 1595.
265 Beispiel: LG Deggendorf, 27.01.2002 – 1 O 438/01, ZEV 2003, 247. Tatsächlich handelte es sich eher um ein dingliches Wohnungsrechtsvermächtnis.
266 *Grziwotz*, ZEV 2010, 130 ff.
267 Nach LG Fulda, NJW-RR 1989, 777, soll der Eigentümer nicht einmal zur Besichtigung berechtigt sein.

ist, analog § 745 Abs. 2 BGB eine Ausübungsregelung verlangen und zuvor Unterlassungsansprüche gem. §§ 1004, 1027 BGB geltend machen;[268] ab gerichtlicher Geltendmachung bzw. ernsthafter Verweigerung der Mitbenutzung kann ferner eine Nutzungsentschädigung geschuldet sein.[269]

1268
- Hauptzweck des Wohnungsrechts muss ferner stets die **Wohnnutzung** sein; eine andersartige Nutzung ist allenfalls als Nebenzweck denkbar. Steht die anderweitige Nutzung (etwa als Büro) im Vordergrund, kommt nur eine schlichte Benutzungsdienstbarkeit in Betracht (die allerdings wiederum sachenrechtlich voraussetzt, dass dem Eigentümer mind. eine sinnvolle Nutzungsmöglichkeit verbleibt, andernfalls bleibt nur der Nießbrauch,[270] da § 1018, 1. Alt. BGB und § 1090 BGB jeweils lediglich die „Nutzung in einzelnen Beziehungen"[271] umfassen).

1269
- Schließlich müssen Gegenstand des Wohnungsrechts ein **Gebäude oder Gebäudeteile** sein; eine Erstreckung auf unbebaute Grundstücksteile (z.B. Garagenzufahrt, Garten) oder nicht zum Wohnen bestimmte Gebäude (z.B. Garage, Stall) desselben Grundstücks ist zulässig, wenn die Benutzung i.R.d. hauptsächlichen Wohnzwecks liegt. Befinden sich diese Nebeneinrichtungen auf einem anderen Grundstück, kann an jenem anderen Grundstück aber nur eine beschränkte persönliche Dienstbarkeit i.S.d. § 1090 BGB bestellt werden.[272]

1270
Eine Mitbenutzungsdienstbarkeit „am gesamten Grundstück und Gebäude"[273] wird bspw. häufig bei Übertragungen unter Ehegatten[274] oder zugunsten des Lebensgefährten[275] vorbehalten, mit der Maßgabe, dass es zum vollen und ausschließlichen Wohnungsrecht erstarke, wenn das Eigentum (sei es aufgrund Erbfalls, Weiterveräußerung oder Zuschlags in einer Zwangsversteigerung) auf einen Dritten übergeht oder die Ehegatten länger als 6 Monate getrennt leben i.S.d. § 1567 BGB. Wegen des sachenrechtlichen Typenzwangs sind dann zwei dingliche Rechte erforderlich:[276]

---

268 BGH, 19.09.2008 – V ZR 164/07, ZNotP 2008, 496 (zu einer Parkplatzmitbenutzungsdienstbarkeit).
269 BGH, NJW 1966, 1707.
270 Vgl. zur Abgrenzung Staudinger/*Mayer*, J. BGB (2002), § 1018 Rn. 94 ff.
271 Daher keine Dienstbarkeit des Inhalts, bestimmte Räume unter Ausschluss des Eigentümers „umfassend zu nutzen", vgl. OLG München, 22.02.2010 – 34 Wx 3/10, DNotZ 2010, 845, m. Anm. *Kanzleiter*; vgl. auch *Demharter*, MittBayNot 2010, 390 (kein „Wohnungsrecht als Grunddienstbarkeit", unschädlich ist jedoch die faktische Ausschließlichkeit der Nutzung, die sich daraus ergibt, dass jedenfalls derzeit der Raum nicht vom anderen Grundstück aus zugänglich ist). Überblick bei *Hertel*, in: DAI-Skript Aktuelle Probleme der notariellen Vertragsgestaltung im Immobilienrecht 2010/2011, S. 198 ff.
272 BayObLG, DNotZ 1976, 227.
273 Dies ist zulässig, vgl. OLG Frankfurt am Main, DNotZ 1986, 93; OLG Düsseldorf, MittRhNotK 1997, 358.
274 Ebenso wie beim Miteigentum beider Ehegatten an der Ehewohnung kann dem Begünstigten eines Mitbenutzungsrechtes ein Zahlungsanspruch analog § 745 Abs. 2 BGB zustehen, wenn er nach endgültiger Trennung aus der Immobilie ausgezogen ist, BGH, 04.08.2010 – XII ZR 14/09, DNotZ 2011, 58.
275 Nach FG München, 22.03.2006 – 4 K 1631/04, ErbStB 2011, 123 ist ein solches Mitbenutzungsrecht nicht schenkungsteuerlich bewertbar.
276 Unzulässigkeit von „Mischformen": Gutachten, DNotI-Report 2002, 91; a.A. LG Lübeck, 19.08.1999 – 7 T 461/97, n.v. („Sammelbuchung zur Vereinfachung": eine Eintragung genüge).

Formulierungsvorschlag: Mitbenutzungsrecht mit aufschiebend bedingtem Wohnungsrecht bei Eigentumsverlust oder Trennung

1271

Die Beteiligten vereinbaren zugunsten des veräußernden Ehegatten auf dessen Lebensdauer:

Ein Mitbenutzungsrecht in dem übergebenen Anwesen. Dieses besteht in dem Recht der Mitbenutzung sämtlicher Räume des Anwesens samt Einrichtungen und Garten sowie Nebenanlagen mit Ausnahme von .... Der Berechtigte hat sich an den gesamten laufenden Lasten und Kosten des Anwesens – auch den außergewöhnlichen Kosten – hälftig zu beteiligen.

Sobald das Eigentum an dem Vertragsbesitz auf jemanden anderen als den Erwerber übergehen sollte (*Anm. [je nach Sachverhalt ggf. folgender Zusatz]: oder Veräußerer und Erwerber länger als sechs Monate getrennt leben sollten i.S.d. § 1567 BGB*), erstarkt dieses Mitbenutzungsrecht (aufschiebend bedingt auf den Zeitpunkt des Eigentumsübergangs auf einen Dritten (*Anm. [je nach Sachverhalt ggf. folgender Zusatz]: bzw. des Ablaufes des Getrenntlebenszeitraumes*) zu einem Wohnungsrecht mit folgendem Inhalt:

- Der Wohnungsberechtigte ist zur ausschließlichen Benutzung des gesamten Anwesens berechtigt (mit den oben genannten Ausnahmen) – unter Ausschluss des Eigentümers – und dem Recht auf Mitbenutzung der zum gemeinsamen Gebrauch der Hausbewohner bestimmten Anlagen, Einrichtungen und Räume, insbesondere des Gartens.
- Der Eigentümer ist verpflichtet, die dem Wohnungsrecht unterliegenden Räume auf eigene Kosten in gut bewohnbarem und beheizbarem Zustand zu halten.
- Der Wohnungsberechtigte hat die Schönheitsreparaturen für die dem Wohnungsrecht unterliegenden Räume und die hierfür anfallenden, gesondert erfassten Verbrauchsgebühren allein zu tragen.
- Die Kosten für Kaminkehrer, Müllabfuhr und Abwasser sowie die nicht gesondert erfassten Verbrauchsgebühren sind vom Wohnungsberechtigten anteilig – im Verhältnis der von ihm benutzten Wohnfläche zur Gesamtwohnfläche des Hauses – zu bezahlen.
- Eine Übertragung der Ausübung des Wohnungsrechts ist dem Berechtigten nicht gestattet, eine Vermietung oder Untervermietung somit nicht möglich.
- Das Wohnungsrecht erlischt auch dinglich, wenn es voraussichtlich auf Dauer nicht mehr ausgeübt werden kann; der Berechtigte ist dann zur Bewilligung der Löschung verpflichtet. Geldersatzansprüche werden aus jedem Rechtsgrund ausgeschlossen, es sei denn der Eigentümer hat den Wegzug zu vertreten.

Der Wohnungsberechtigte wurde vom Notar darüber belehrt, dass sein Wohnungsrecht (u.U. entschädigungslos) untergehen kann, wenn aus im Grundbuch an besserer Rangstelle eingetragenen Grundpfandrechten die Zwangsvollstreckung betrieben würde.

Der Erwerber bestellt hiermit das Mitbenutzungsrecht als beschränkte persönliche Dienstbarkeit sowie das aufschiebend bedingte Wohnungsrecht an dem in § 1 beschriebenen Grundbesitz zugunsten des Berechtigten und

> **bewilligt und beide Beteiligten beantragen**
>
> auf Kosten des Berechtigten
>
> deren Eintragung an nächstoffener Rangstelle im Grundbuch sowie im Gleichrang untereinander.

b) Wohnungsgewährungsreallast (§ 1105 BGB)

1272 Eine Wohnungsgewährungsreallast gem. § 1105 BGB verpflichtet den belasteten Grundstückseigentümer[277] zu einem aktiven Tun i.S.d. Errichtung oder des Aufrechterhaltens einer Wohnung oder eines Wiederaufbaus der erforderlichen Gebäudeteile nach deren Zerstörung. Andernfalls führt die **Zerstörung** zum Erlöschen des Wohnungsrechts,[278] das auch bei tatsächlicher Wiedererrichtung[279] eines Gebäudes nicht wieder auflebt. Beruht die Zerstörung des wohnrechtsbehafteten Gebäudes allerdings auf mutwilligen Maßnahmen (bewusstem Abriss) seitens des Grundstückseigentümers, schuldet er Schadensersatz aus der Verletzung der Pflicht, alle Maßnahmen zu unterlassen, die die weitere Ausübung des Wohnungsrechts gefährden könnten. (Dieser Fall ist also abzugrenzen von der Zerstörung eines Gebäudes aufgrund von Fällen höherer Gewalt oder der allmählichen allgemeinen Verschlechterung des Gebäudes bei Fehlen einer diesbezüglichen Erhaltungs- oder Instandhaltungspflicht des Grundstückseigentümers, wie sie beim „gesetzlichen Wohnungsrecht" ja nicht besteht). Soll dem Grundstückseigentümer die Befugnis zum Abriss, etwa zur besseren baulichen Nutzung eines großen Grundstücks, erhalten bleiben, müsste die Beseitigung des Gebäudes als auflösende Bedingung des dinglichen Wohnungsrechts und damit zugleich der zugrunde liegenden Causa vereinbart sein, etwa wie folgt:

1273 **Formulierungsvorschlag: Erlöschen der Wohnungsrechts-Sekundärpflichten beim Abriss des Gebäudes**

> Das Wohnungsrecht sowie alle zugrundeliegenden Verpflichtungen erlöschen zugleich (auflösende Bedingung), wenn das Gebäude durch den Eigentümer abgerissen oder es auf sonstige Weise zerstört wird.

1274 Allenfalls aus landesrechtlichen Ausführungsbestimmungen zum Leibgedingsrecht oder aus einer diesbezüglichen schuldrechtlichen Abrede kann sich eine Pflicht zur Wiedereinräumung ergeben, die durch eine Vormerkung – sog. **Brandvormerkung**[280] – gesichert werden kann. Die Verpflichtung zur Wiedererrichtung des Gebäudes selbst ist dann jedoch nicht Inhalt des vormerkungsgesicherten Anspruchs auf Neueinräumung eines Wohnungsrechts! Nach Errichtung

---

277 Belastet sein kann auch ein Miteigentumsanteil (§ 1106 BGB), insb. wenn durch Abrede nach § 1010 BGB bestimmte Gebäudebereiche diesem zur Nutzung und Verwaltung zugewiesen sind.

278 LM Nr. 6 zu § 1093 BGB (anders bei lediglich in der Person des Nutzers eintretenden Hindernissen wie der Pflegebedürftigkeit, vgl. Rdn. 1310, Formulierungsvorschlag in Rdn. 1018).

279 Diese ist nach Leibgedingsvorschriften häufig geschuldet, etwa gem. Art. 12 Abs. 2 BayAGBGB. Beruht der Abriss auf einer Willensentscheidung des Wohnungsrechtsverpflichteten, verletzt er damit die der Wohnungsrechtsbestellung zugrunde liegende Abrede und schuldet als Naturalschadensersatz die Wiederherstellung.

280 *Reichert*, BWNotZ 1962, 124. Die Anforderungen an die Bestimmtheit der Beschreibung des künftigen Gebäudes und Nutzungsbereichs können hinter denen bei einer Reallast (s. Rdn. 1275) zurückbleiben, vgl. *J. Mayer/Geck*, Intensivkurs Überlassungsvertrag (DAI Mai Skript 2007), S. 45.

des Gebäudes ist die Vormerkung zur Löschung zu bewilligen, Zug um Zug gegen Eintragung des Wohnungsrechts selbst an der gesicherten Rangstelle. Ist die Vormerkung zur Sicherung des Anspruchs auf Bestellung neuer Wohnungsrechte für alle künftigen Neuerrichtungsfälle bestellt, wäre sie dagegen mit ihrer erstmaligen „Umschreibung" in ein Wohnungsrecht noch nicht verbraucht.[281] Steht bereits fest, nach welchen Plänen ein neues Gebäude errichtet wird, kann (wiederum jedoch ohne Absicherung der Herstellungsverpflichtung selbst) bereits unmittelbar ein Wohnungsrecht eingetragen werden.

Art und Umfang der nach Maßgabe der Reallast zu errichtenden Wohnung müssen **ausreichend bestimmbar** und in einen Geldbetrag umrechenbar sein.[282] Notwendig ist daher eine Einigung über Lage, Größe, Ausstattung/Baujahr, Zimmeranzahl, Mindestgröße bestimmter Räume, Vorhandensein von Lift, Balkon etc. sowie die Regelung der zu tragenden Nebenkosten des Wohnens. Die grundbuchliche Absicherung der Reallast braucht nicht auf dem Grundstück (oder Miteigentumsanteil) zu erfolgen, auf dem die ins Auge gefasste Wohnung zur Verfügung gestellt werden soll.

1275

Gerade bei erst **noch herzustellendem Wohnraum** sichert die Wohnungsgewährungsreallast anders als das unmittelbare Wohnungsrecht den Begünstigten auch für die Zwischenzeit bis zur Errichtung des Wohngebäudes und für den Fall, dass diese unterbleibt. Allerdings gewährt die Wohnungsreallast nicht, wie das Wohnungsrecht, die Befugnis zur ausschließlichen Nutzung bestimmter Gebäudeteile.

1276

In der Praxis anzutreffen ist daher die Wohnungsgewährungsreallast als flankierende Absicherung neben dem primär gewollten Wohnungsrecht.

1277

Formulierungsvorschlag: Wohnungsgewährungsreallast als Sekundärrecht

1278

> Erlischt infolge Wegfalls der betreffenden Räumlichkeiten, gleich aus welchem Grund, die Möglichkeit der Inanspruchnahme des vorstehend vereinbarten und zur Eintragung bewilligten Wohnungsrechts, ist der Eigentümer aufschiebend bedingt verpflichtet, dem Berechtigten eine Wohnung vergleichbarer Größe, Ausstattung und Lage im Umkreis von ..... km, nach seiner Entscheidung auch auf dem Grundstück selbst, auf Lebenszeit zur Verfügung zu stellen, wobei der Berechtigte lediglich die heute vereinbarten Kosten und Aufwendungen zu tragen hat. Die Verpflichtung erlischt, wenn der Berechtigte die zur Verfügung gestellte, geschuldete Wohnung dauerhaft verlässt, gleich aus welchem Rechtsgrund. Den Monatswert dieser Leistungsverpflichtung geben die Beteiligten mit ..... € an. Zur Sicherung bewilligt der Eigentümer und beantragt der Berechtigte, im Rang nach dem Wohnungsrecht die Eintragung einer Wohnungsgewährungsreallast (§ 1105 BGB) zu seinen Gunsten mit dem Vermerk, dass zur Löschung der Nachweis des Todes des Berechtigten genügen soll, was hiermit vereinbart, bewilligt und beantragt wird.

---

[281] Vgl. OLG München, 30.01.2007 – 32 Wx 9/07, NotBZ 2007, 102, m. Anm. *Otto*, zur Vormerkung auf Bestellung mehrerer Reallasten; es handelt sich nicht um den Fall des „Wiederaufladens" einer gegenstandslos gewordenen Vormerkung, hierzu *Krauß*, Immobilienkaufverträge in der Praxis, Rn. 716 ff.
[282] BGH, DNotZ 1996, 93.

c) Dauerwohnrecht (§§ 31 ff. WEG)

1279 Ein **Dauerwohnrecht** nach §§ 31 ff. WEG,[283] das im Unterschied zu allen vorgenannten Instituten übertragbar und vererblich ist, kann nur an einer abgeschlossenen Wohnung bestellt werden. Es führt jedoch nicht (wie die Einräumung von Sondereigentum) zur Übertragung von Eigentum an Sachsubstanz oder zur Anlegung eines getrennten Wohnungsgrundbuchs. Versteigerungsbeständigkeit ist nur bei Mitwirkung vorrangiger Gläubiger (§ 39 WEG) gegeben. Ein eigentumsähnliches Dauerwohnrecht[284] verschaffte allerdings bis zum 31.12.2005 die Eigenheimzulagenberechtigung.[285]

2. Grundbuchlicher Belastungsgegenstand

1280 Grundbuchlicher Belastungsgegenstand kann wie bei der beschränkten persönlichen Dienstbarkeit ein Grundstück oder Sondereigentum sein, **nicht** jedoch ein **Miteigentumsanteil** (anders als beim Nießbrauch, § 1066 BGB; zu Auswegen s. Rdn. 1282). Wird ein Wohnungsrecht an einem **Sondereigentum** gemäß WEG bestellt, verbleibt dem Eigentümer die Nutzungsbefugnis am Gemeinschaftseigentum und die Position als Mitglied der Eigentümergemeinschaft.[286] Alle zugeordneten ausschließlichen Nutzungsbereiche des Wohnungsberechtigten müssen jedoch Bestandteil des Sondereigentums sein (z.B. muss an einer erfassten Terrasse ein Sondernutzungsrecht bestehen);[287] im Zweifel sind auch umgekehrt alle zugeordneten Sondernutzungsrechte von der Nutzungsbefugnis des Wohnungsrechts umfasst (Rechtsgedanke des § 1093 Abs. 3 BGB).[288] Die alleinige „Belastung des Sondernutzungsrechts" als im Grunde schuldrechtlicher Vereinbarung der Wohnungseigentümer ist nicht möglich, da das Nutzungsobjekt zwar hinter dem Belastungsobjekt zurückbleiben kann, nicht jedoch davon verschieden sein darf.[289]

1281 Ein einheitliches „**Gesamtwohnungsrecht**" an mehreren Grundstücken (auch unterschiedlicher Eigentümer) ist allenfalls denkbar, wenn das einheitliche Gebäude auf mehreren Grundstücken steht (Eigengrenzüberbau oder Fremdüberbau).

1282 Die Begrenzung des Belastungsgegenstands bei beschränkten persönlichen Dienstbarkeiten (auch dem Wohnungsrecht) auf ganze Flurstücke oder Sondereigentumseinheiten führt zu Schwierigkeiten, wenn funktional zugehörige Miteigentumsanteile an Gemeinschaftsflächen, die der Ver- und Entsorgung des vom Wohnrecht erfassten Gebäudes dienen, mitbelastet wer-

---

283 Vgl. hierzu *Lehmann*, RNotZ 2011, 1 ff.
284 Historischer Mustervertrag der Finanzverwaltung m. krit. Kommentierung in MittBayNot 1999, 354 ff. Muster eines wohnungsrechtsähnlichen Dauerwohnrechts im Übertragungsvertrag bei *Mayer*, ZNotP 2000, 354, 358 f.
285 Vgl. *J. Mayer*, Der Übergabevertrag, Rn. 488 ff.; *Mayer*, DNotZ 2003, 908 (dort auch zur „Störfallvorsorge" durch Vereinbarung eines Heimfallanspruchs bei Veräußerung oder Erbfall zur wirtschaftlichen Beschränkung der Dauerwohnrechtsberechtigung auf den ersten Begünstigten trotz der gem. § 33 Abs. 1 Satz 1 WEG gegebenen Veräußerlichkeit und Vererblichkeit des Dauerwohnrechts). I.R.d. „Wohn-Riester" ermöglicht § 92a Abs. 1 Satz 4 EStG die Förderung eines „eigentumsähnlichen und lebenslangen Dauerwohnrechtes", vgl. *Lehmann*, RNotZ 2011, 1, 12.
286 BGHZ 107, 295; ggf. ist also Stimmrechtsvollmacht zu erteilen.
287 OLG Hamm, DNotZ 2001, 216; andernfalls ist die Eintragung des Wohnungsrechts mangels Deckungsgleichheit zurückzuweisen.
288 OLG Nürnberg, NotBZ 2002, 69; BayObLG, Rpfleger 1998, 68 (analog § 1093 Abs. 3 BGB).
289 BayObLG, DNotZ 1990, 496; *W. Schneider*, Rpfleger 1998, 58; vgl. auch Gutachten, DNotI-Report 1997, 244.

den sollen. Um den sonst sachenrechtlich gebotenen „Ausweg" einer Nießbrauchsbestellung am Miteigentumsanteil zu ersparen, plädiert die neuere Literatur[290] für die Zulässigkeit eines einheitlichen Wohnungsrechts, das auch gesondert gebuchte Nebenflächen sowie Miteigentumsanteile an Erschließungsflächen erfasse.

Selbst bei identischem örtlichem Ausübungsbereich besteht ein rechtlich geschütztes Interesse, ein **Wohnungsrecht neben** (= im Rang vor) **einem Nießbrauchsrecht** zu bestellen, jedenfalls wenn es nicht an Dritte zur Ausübung überlassen werden kann und demnach Pfändungsschutz gewährt.[291] Daneben kann z.B. eine Kombination von Eigentümerwohnrecht, bezogen auf einen Gebäudeteil, und nachfolgendem Nießbrauch wirtschaftlich eine „Teilherausnahme" aus dem Nutzungsbereich des Nießbrauchs bewirken, vgl. Rdn. 1121 letzter Spiegelpunkt. Umgekehrt kann das Wohnungsrecht z.B. aufschiebend bedingt bestellt sein für den Fall des Erlöschens des Nießbrauchs, etwa infolge Aufgabeerklärung.[292] Die insoweit restriktive Rechtsprechung, wonach ein Nießbraucher nicht zugleich Wohnungsberechtigter am selben Objekt sein könne,[293] ist abzulehnen.

1283

3. Dinglicher Ausübungsbereich

Da i.d.R. nicht das gesamte Gebäude Gegenstand des Wohnungsrechts ist,[294] müssen[295] die vom **Ausübungsbereich** betroffenen Räume mit sachenrechtlicher Bestimmbarkeit (z.B. durch exakte verbale Beschreibung oder durch Beifügung eines Grundrissplans) exakt definiert werden; insoweit handelt es sich jedoch nur um eine dingliche Einschränkung der räumlichen Ausübungsbefugnis; grundbuchlicher Belastungsgegenstand ist das gesamte Flurstück als solches (ähnlich einem Wegerecht als beschränkter persönlicher Dienstbarkeit, das am gesamten Grundstück zwar eingetragen ist, jedoch auf einer bestimmten Trasse ausgeübt werden soll). Ob die vom Wohnungsrecht erfassten Räume für die langfristige Wohnnutzung geeignet sind, ist gleichgültig,[296] aber es muss zumindest eine abstrakte Eignung gegeben sein.[297] Denkbar ist auch, dass während der Ausübungsdauer des Wohnungsrechts (z.B. nach Wahl des Berechtigten) Räume ausgetauscht werden können; es ist möglich, dies bereits im Vorhinein zum dinglichen Inhalt eines einheitlichen Wohnungsrechts zu vereinbaren oder aber – z.B. bei völligem Austausch der Wohnungen – durch eine auflösende und eine weitere aufschiebend bedingte Wohnungsrechtsbestellung zu sichern.[298] Wurde jedoch der Ausübungsbereich ohne solche Variationsmöglichkeit definiert, kann er nicht durch schlichte tatsächliche Verlegung wirksam verändert werden; hierzu

1284

---

290 Z.B. *Heil*, RNotZ 2003, 445.
291 LG Frankfurt an der Oder, 04.02.1010 – 19 T 40/10, NotBZ 2010, 153.
292 *Michael*, notar 2008, 221.
293 OLG Frankfurt am Main, 15.04.2008 – 20 W 53/07, MittBayNot 2009, 46, m. abl. Anm. *Frank*, ebenso OLG Hamm, MittRhNotK 1997, 390.
294 Dies ist jedoch möglich und erfordert dann nicht die verbale Wiedergabe der einzelnen Räume, BayObLG, MittBayNot 1988, 127.
295 Enthält die Eintragungsbewilligung keine Bezeichnung der Räumlichkeiten, ergibt die Auslegung i.d.R. als naheliegende Bedeutung die Erstreckung des Ausübungsbereichs auf das Gesamtgebäude (also keine Amtslöschung des Wohnungsrechts als unzulässig), vgl. BayObLG, Rpfleger 1999, 526.
296 LG Regensburg, BWNotZ 1987, 147.
297 Daher kein Wohnungsrecht an einem WEG-Teileigentum „Garagenstellplatz", vgl. BayObLG, NJW-RR 1987, 328.
298 BayObLG, MittBayNot 1988, 127.

bedarf es einer rechtsgeschäftlichen[299] Inhaltsänderung durch Einigung und Eintragung (§ 877 i.V.m. § 873 Abs. 1 BGB) unter Mitwirkung nachrangiger Berechtigter.

1285 Die zur Ausübung des Wohnens erforderlichen **Ver- und Entsorgungsanlagen** (z.B. auch Zuleitungen) sind von der Benutzungsbefugnis mit umfasst. Dies hat die in der notariellen Praxis bedeutsame Konsequenz, dass bei der **Abschreibung** von Grundstücksteilen von einem mit einem Wohnungsrecht belasteten Flurstück nach § 1026 BGB (Abschreibung ohne Bewilligung des Wohnungsberechtigten wegen nachgewiesener Nichtbetroffenheit) nur dann verfahren werden kann, wenn aus der Bestellung eindeutig hervorgeht, dass weder ein (ausdrücklich einzuräumendes)[300] Mitbenutzungsrecht an der betreffenden Gartenfläche gewährt noch sich auf der wegzumessenden Teilfläche Leitungen, Zufahrtsflächen o.Ä. befinden, die für das Wohnen von Bedeutung und demnach stets stillschweigend miterfasst sind.

4. Berechtigte

1286 Mehreren Personen kann – auch an denselben Räumen – je ein eigenes Wohnungsrecht bestellt werden; die Konfliktsituation während des gleichzeitigen (und gleichrangigen) Bestehens regelt § 1093 i.V.m. § 1024 BGB.[301] Wegen der höheren Grundbuchkosten ist diese Variante jedoch wenig gebräuchlich. Die Gebote der gegenseitigen Rücksichtnahme, Gleichberechtigung und ausschließlich gemeinsamen Verfügungsbefugnis stehen im Vordergrund. Die Literatur plädiert daher dafür, ein Gemeinschaftsverhältnis analog §§ 1024, 1025 BGB auch dann zu eröffnen, wenn eine einheitliche Dienstbarkeit zugunsten mehrerer Berechtigter (bzw. Grunddienstbarkeit zugunsten mehrerer Grundstücke) gewollt ist.[302]

1287 Ein **einheitliches Wohnungsrecht** kann mehreren Berechtigten zur gesamten Hand zustehen (z.B. GbR oder zum Gesamtgut einer Gütergemeinschaft – Rdn. 1289 –,[303] solange diese besteht, mit Auffangregelung zugunsten § 428 BGB). Denkbar (und häufig) sind schließlich die **Gesamtberechtigung** gem. § 428 BGB[304] (auch mit der Folge, dass der Eigentümer nur das Bewohnen durch einen der mehreren Beteiligten duldet, sich also bei Konflikten innerhalb der Personenmehrheit auf die Seite eines „Begünstigten" schlägt) oder die Mitberechtigung gem. § 432 BGB.[305] Nicht möglich ist jedoch die Bruchteilsberechtigung gem. § 420 BGB, wegen der

---

299 So für die Verlegung des Ausübungsbereichs einer Dienstbarkeit BGH, 07.10.2005 – V ZR 140/04, MittBayNot 2006, 226.

300 Da die Inanspruchnahme des Gartens nicht notwendige Voraussetzung einer sinnvollen Wohnnutzung ist, bedarf ihr Einschluss ausdrücklicher Vereinbarung, vgl. OLG Hamm, Rpfleger 2000, 157.

301 Vgl. BGH, NJW 1966, 3008.

302 So etwa *Kesseler*, MittBayNot 2006, 468, 470; *Amann*, DNotZ 2008, 324, 339; ebenso LG Kassel, 26.05.1 – 3 T 92/09, MittBayNot 2009, 377.

303 Vgl. *Amann*, MittBayNot 1990, 228. Wird das Wohnungsrecht nur für einen Ehegatten bestellt (oder mehrere Rechte, jeweils für jeden Ehegatten allein), fallen diese in dessen Sondergut, §§ 1417, 1092 BGB.

304 Wobei einzuräumen ist, dass das in § 428 BGB erfasste Recht zur Einziehung einer Leistung auf eine Nutzungsbefugnis nicht zwanglos passt, vgl. Staudinger/*J. Mayer*, BGB (2009), § 1093 Rn. 23. Das Innenverhältnis regelt § 430 BGB ähnlich wie § 1024 BGB beim Bestehen mehrerer Wohnungsrechte.

305 Auch diese kann (wie es i.d.R. bei einer Berechtigung nach § 428 BGB geschieht) mit einer Sukzessivberechtigung kombiniert werden.

Unteilbarkeit der Leistung „Wohnungsnahmegewährung".[306] Zu den Vor- und Nachteilen der alternativen Berechtigungsverhältnisse bei mehreren Beteiligten s. umfassend Rdn. 2025 ff.

Auch der Eigentümer des belasteten Grundstücks kann bei Vorliegen eines rechtfertigenden Grundes (z.B. bei bestehender Veräußerungsabsicht) **für sich selbst** ein Wohnungsrecht bestellen.[307] Häufig sind ferner (auch befristete – „auf die Dauer des ledigen Standes" oder bedingte) Wohnungsrechte für weichende Geschwister aus Anlass der Übertragung (s. Rdn. 1586 ff. mit Formulierungsvorschlag unter Rdn. 1589; bei nicht anwesenden Geschwistern gelten Besonderheiten wegen der Unmöglichkeit dinglich wirkender Verträge zugunsten Dritter (s. Rdn. 1572 mit Abwicklungsvorschlag unter Rdn. 1573). Auch wer bereits **nießbrauchsberechtigt** ist, kann richtiger Ansicht nach (Rdn. 1283) Begünstigter eines Nießbrauchsrechtes sein. 1288

Formulierungsvorschlag: Wohnungsrecht in Gütergemeinschaft 1289

> Beide Veräußerer behalten sich am übergebenen Anwesen zum Gesamtgut der zwischen ihnen bestehenden Gütergemeinschaft, bei deren Wegfall durch Vertrag oder Urteil als Gesamtberechtigte nach § 428 BGB, nach dem Ableben eines Begünstigten zugunsten des verbleibenden alleine das dingliche Wohnungsrecht nach § 1093 BGB zurück. Hinsichtlich der Gesamtberechtigung nach § 428 BGB wird weiter vereinbart, dass Leistung nur an einen Berechtigten keine Erfüllungswirkung hat und dass keiner der Berechtigten mit Wirkung für den anderen über das Gesamtrecht zu verfügen befähigt ist.
>
> Das Wohnungsrecht hat folgenden dinglichen Inhalt: .....
>
> Die Eintragung dieses Wohnungsrechts für beide Veräußerer als Gesamtgutsberechtigte in Gütergemeinschaft, nach deren Beendigung durch Vertrag oder Urteil als Gesamtberechtigte nach § 428 BGB, wird bewilligt und beantragt. Rein vorsorglich bewilligt der Erwerber weiterhin für jeden Veräußerer als alleinigen Berechtigten jeweils ein Wohnungsrecht für dessen durch den Tod des jeweils anderen Veräußerers aufschiebend bedingten Wohnungsanspruch. Die Eintragung wird jedoch zunächst nicht beantragt. Der amtierende Notar wird von sämtlichen Beteiligten bevollmächtigt, die Eintragung im Rang nach den bereits eingetragenen sowie den heute bestellten Rechten zu beantragen, wenn er hierzu von einem Vertragsteil schriftlich angewiesen wird.

Auch im Wege des Vermächtnisses kann ein Anspruch auf Vereinbarung und Bestellung eines dinglichen Wohnungsrechtes zugewendet werden, sogar in Bezug auf fremdes Eigentum, sofern der Eigentümer zum Erben eingesetzt wird („**Verschaffungsvermächtnis**", § 2170 BGB). Auf diese Weise kann der derzeitige Wohnungsberechtigte für die Zeit nach seinem Tod den „Fortbestand" des Wohnungsrechtes zugunsten einer nachfolgeberechtigten Person sichern (sofern der beschwerte Erbe ausschlägt, wird regelmäßig der Vermächtnisbegünstigte zum Ersatzerben eingesetzt sein).[308] Auch die Möglichkeit zum entgeltlichen Erwerb eines dinglichen Wohnungs- 1290

---

306 OLG Köln, DNotZ 1965, 686.
307 LG Lüneburg, Rpfleger 1998, 110.
308 *Grziwotz*, Partnerschaftsvertrag für die nichteheliche und die nicht eingetragene Lebensgemeinschaft, S. 65.

5. Dinglicher Inhalt des Wohnungsrechts

a) Wohnnutzung

1291 Inhalt des Wohnungsrechts muss zumindest dem Hauptzweck nach das **Bewohnen durch den Begünstigten** sein, wobei dieser auch ohne ausdrückliche Regelung gem. § 1093 Abs. 2 BGB befugt ist, die zur Bedienung oder Pflege erforderlichen Personen in die Wohnung aufzunehmen sowie „seine Familie", wozu auch der nichteheliche Lebensgefährte,[310] sicherlich auch der Verpartnerte und möglicherweise entgegen der bisherigen Rechtsprechung auch der gleichgeschlechtliche Lebensgefährte zählt. Nimmt der Berechtigte einen von mehreren Miteigentümern des belasteten Grundstücks als Lebensgefährten gem. § 1093 Abs. 2 BGB in die Wohnung auf, stehen den anderen Miteigentümern, da die Nutzung nicht „auf deren Kosten" erfolgt, keine Bereicherungs- oder sonstigen Ausgleichsansprüche zu.[311]

1292 **Hinweis:**

Diese im Wohnungsrecht selbst angelegte Möglichkeit der Einräumung des Mitbesitzes (also nicht der alleinigen Benutzung durch diese Personen)[312] kann jedoch mit dinglicher Wirkung durch Vereinbarung zwischen Eigentümer und Wohnungsberechtigtem und Eintragung im Grundbuch (bzw. Bezugnahme auf die Bewilligung gem. § 874 BGB) erweitert oder eingeschränkt, sogar ausgeschlossen werden.

b) Überlassung zur Ausübung

1293 Sonstigen Dritten kann die Allein- oder Mitbenutzung nur dann überlassen werden, wenn die Gestattung gem. § 1092 Abs. 1 Satz 2 BGB einer **Überlassung der Ausübung** der Dienstbarkeit (zu welcher das Wohnungsrecht ja eine Unterform bildet) eingeräumt wurde, wozu es jedoch einer ausdrücklichen anfänglichen Vereinbarung oder späteren Gestattung bedarf. Ein in diesem Fall vom Wohnungsberechtigten für die Ausübung dieser Überlassungsbefugnis vereinnahmtes Entgelt wird auch ertragsteuerlich als Vermietungseinnahme behandelt.[313] Die bloß vorübergehende Aufnahme von Besuchern bedarf jedoch keiner Gestattung, sondern stellt eine Form der Ausübung des Eigenbesitzes dar.

1294 Wird die Überlassung der Ausübung gestattet, nähert sich das Wohnungsrecht hinsichtlich der vermittelten Befugnis dem Nießbrauch an (und wird häufig auch an dessen Stelle gewählt, um z.B. die Ausübungsbeschränkung auf eine einzelne Wohnung zu nutzen, vgl. das Beispiel unter Rdn. 1121). Typischerweise wird dann auch gewollt sein, dass zumindest die gesetzlichen Lasten des Nießbrauchers dem Berechtigten auferlegt werden. Da die Tragung dieser Lasten nicht lü-

---

309 Vgl. zum Wohnungsrechtsvermächtnis *Grziwotz*, ZEV 2010, 130 ff.
310 BGH, NJW 1982, 1868.
311 OLG Brandenburg, 19.07.2007 – 5 U 153/06, NotBZ 2008, 122.
312 OLG Oldenburg, NJW-RR 1994, 467.
313 BFH, 06.09.2006 – IX R 13/05, EStB 2007, 134.

ckenlos verdinglicht werden kann (Rdn. 1320), sollte dann die weitere Ausübung des Wohnungsrechts unter die aufschiebende Bedingung der Übernahme bzw. Erstattung solcher entstandener Lasten gestellt werden,[314] wobei der tatsächlich Nutzende als Teil seiner „Überlassungsvergütung" den ggü. dem Eigentümer verpflichteten Wohnungsberechtigten zu entlasten haben wird.

Formulierungsvorschlag: Überlassung eines Wohnungsrechts zur Ausübung unter der Bedingung der Lastentragung wie beim Nießbrauch 1295

> Die Ausübung des Wohnungsrechts kann, auch entgeltlich, Dritten überlassen werden (§ 1092 Abs. 1 Satz 2 BGB). Die weitere Ausübung des Wohnungsrechts, auch durch Dritte, ist jedoch jeweils aufschiebend bedingt dadurch, dass sein Inhaber (zusätzlich zum oben geregelten verbrauchsabhängigen Aufwand) alle Lasten trägt bzw. dem Eigentümer erstattet, die nach dem Gesetz ein Nießbraucher zu tragen hätte, (***Anm.** [je nach Sachverhalt ggf. folgender Zusatz]: und zwar im Verhältnis der erfassten Wohnfläche zur Gesamtwohnfläche nach WoFlVO*).
>
> Die Eintragung dieses Wohnungsrechts mit aufschiebend bedingter Ausübungsbefugnis wird bewilligt und beantragt.

Analog der typischen Situation beim Vorbehaltsnießbrauch kann die Ausübungsbedingung darüber hinaus auch außerordentliche Lasten erfassen (vgl. Rdn. 1171, v.a. aus ertragsteuerlichen Erwägungen). 1296

Formulierungsvorschlag: Überlassung eines Wohnungsrechts zur Ausübung unter der Bedingung vollständiger Lastentragung 1297

> Die Ausübung des Wohnungsrechts kann, auch entgeltlich, Dritten überlassen werden (§ 1092 Abs. 1 Satz 2 BGB). Die weitere Ausübung des Wohnungsrechts, auch durch Dritte, ist jedoch jeweils aufschiebend bedingt dadurch, dass sein Inhaber (zusätzlich zum oben geregelten verbrauchsabhängigen Aufwand) folgende Lasten trägt bzw. dem Eigentümer erstattet (***Anm.** [je nach Sachverhalt ggf. folgender Zusatz]: im Verhältnis der erfassten Wohnfläche zur Gesamtwohnfläche nach WoFlVO*): neben denjenigen, die ein Nießbraucher nach dem Gesetz zu tragen hätte, auch die außerordentlichen, als auf den Stammwert der Sache gelegt anzusehenden Lasten (einschließlich der Erschließungskosten), die Tilgung bestehender Verbindlichkeiten, sowie Ausbesserungen und Erneuerungen, die über die gewöhnliche Unterhaltung der Sache hinausgehen.
>
> Die Eintragung dieses Wohnungsrechts mit aufschiebend bedingter Ausübungsbefugnis wird bewilligt und beantragt.

In Betracht kommt ferner eine „bedingte" Vermietungsberechtigung für den Fall der Pflegebedürftigkeit, bspw. um durch zusätzliche Einnahmen den Unterhalts- oder Rückforderungsregress zurückzudrängen. Der Eigentümer wird sich hierfür ein Mitspracherecht hinsichtlich der Mieterauswahl vorbehalten. 1298

---

314 Staudinger/*J. Mayer*, BGB (2002), § 1093 Rn. 14.

1299 Formulierungsvorschlag: Überlassung eines Wohnungsrechts zur Ausübung bei Pflegebedürftigkeit

> Die Ausübung des Wohnungsrechts kann, auch entgeltlich, Dritten nur überlassen werden (§ 1092 Abs. 1 Satz 2 BGB), wenn der Eigentümer der Gebrauchsüberlassung schriftlich zustimmt. Der Eigentümer ist auf Antrag des Wohnungsberechtigten zur Erteilung dieser Zustimmung verpflichtet, wenn der Wohnungsberechtigte nach dem Urteil seines Hausarztes, sonst eines Amtsarztes, aus gesundheitlichen Gründen voraussichtlich auf Dauer an der eigenen Ausübung des Wohnungsrechtes verhindert ist und die Person des Mieters dem Eigentümer nicht unzumutbar ist.

c) Abwehrrechte

1300 Wird das Recht zum Besitz, welches das Wohnungsrecht vermittelt, beeinträchtigt, steht dem Wohnungsberechtigten aus dem Begleitschuldverhältnis bzw. in analoger Anwendung des § 985 BGB[315] ein **Herausgabeanspruch** zu, der gem. §§ 197 Abs. 1 Nr. 1, 200 BGB erst nach 30 Jahren verjährt. Einen öffentlich-rechtlichen Abwehranspruch ggü. Dritten hat der Wohnungsberechtigte jedoch – jedenfalls i.R.d. baurechtlichen Nachbarklage,[316] bei welcher das grundstücks-, nicht personenbezogene Abwehrrecht tangiert ist – nicht.

1301 Der Wohnungsberechtigte ist im Zweifel auch zur Mitbenutzung des Zubehörs berechtigt (§ 1031 BGB, jeweils i.V.m. § 1093 Abs. 1 Satz 2 BGB), genießt Besitzschutzrechte, kann die Feststellung des Gebäudezustands durch einen Sachverständigen verlangen (§ 1034 BGB) und hat gem. § 1049 BGB Anspruch auf Verwendungsersatz sowie Wegnahmerechte mit kurzer Verjährung (§ 1057 BGB).

6. Gläubigerzugriff

a) Pfändung

1302 Zu bedenken ist jedoch, dass bei Gestattung der Überlassung der Ausübung an einen Dritten gem. § 1092 Abs. 1 Satz 2 BGB das Wohnungsrecht unmittelbar der **Pfändung** gem. § 857 Abs. 3 ZPO unterliegt[317] (mit der Folge, dass der Pfändungsgläubiger die Benennung des Überlassungsbegünstigten von der Zahlung einer Miete abhängig machen wird, sodass wirtschaftlich sich das Wohnungsrecht einem Nießbrauch annähert). Die jedem dinglichen Wohnungsrecht im Zweifel innewohnende Berechtigung zur Aufnahme von Familienangehörigen bzw. eines Lebensgefährten begründet jedoch[318] noch keine eigenständige Ausübungsunterlassung i.S.d. § 857 Abs. 3 ZPO.

---

315 Staudinger/*J. Mayer*, BGB (2002), § 1027 Rn. 23.
316 OVG Rheinland-Pfalz, 21.07.2005 – 1 A 10305/05, n.v.
317 BGH, 29.09.2006 – V ZR 25/06, NotBZ 2007, 58 (auch wenn die Ausübungsgestattung sich lediglich aus der in Bezug genommenen Eintragungsbewilligung ergibt).
318 Entgegen *Rossak*, MittBayNot 2000, 383.

Sofern (wie i.d.R.) keine Gestattung der Ausübung zur Unterlassung vorliegt, ist das Wohnungsrecht selbst als höchstpersönliches und nicht übertragbares Recht nicht pfändbar.[319] Die Aufhebung einer bisher eingeräumten Ausübungsüberlassungsgestattung lässt die zuvor gegebene Pfändbarkeit entfallen (die Aufhebungsvereinbarung selbst unterliegt allerdings der Gläubigeranfechtung).[320] Mangels Pfändbarkeit unterliegt das Wohnungsrecht, das keine Ausübungsgestattung über den Kreis der nach § 1093 Abs. 2 BGB ohnehin berechtigten Personen aufweist, auch nicht dem Insolvenzbeschlag (§ 36 InsO), sodass der Insolvenzverwalter auch nicht zur Verfügung über das Wohnungsrecht (etwa zur Löschung) befugt ist.[321]

1303

b) Sozialrechtliche Überleitung

Damit ist die Frage nach der sozialfürsorgerechtlichen Überleitungsfähigkeit von Wohnungsrechten aufgeworfen. Das frühere Schrifttum[322] hat sie unter Hinweis auf § 90 Abs. 1 Satz 4 BSHG (= § 93 Abs. 1 Satz 4 SB XII), wonach die bürgerlich-rechtliche Nichtübertragbarkeit des Anspruchs seiner Überleitung auf den Sozialhilfeträger nicht entgegensteht, uneingeschränkt bejaht. Dem ist jedoch zu widersprechen:[323] Durch die Überleitung darf keine Erschwerung oder Änderung der Leistungspflicht des Schuldners eintreten. Diese Folge wäre jedoch unvermeidlich, wenn der Sozialhilfeträger ein Wohnungsrecht nach Überleitung durch Überlassung an dritte Personen „ausüben" dürfte. § 93 Abs. 1 Satz 4 SGB XII überwindet also lediglich rechtsgeschäftliche Ausschlüsse der Abtretbarkeit sowie gesetzliche Abtretungsausschlüsse, die nicht zur Wahrung der Identität des Leistungsinhalts angeordnet sind. Bei unverändertem Leistungsinhalt aber ist das „übergeleitete" Wohnungsrecht für den Sozialhilfeträger per se nichts wert, da es weiterhin auf Überlassung der Wohnräume an den ursprünglichen Wohnungsberechtigten gerichtet ist (anders liegt es naturgemäß, wenn – entgegen der gesetzlichen Regel, § 1092 Abs. 1 Satz 2 BGB – die Überlassung an Dritte zur Ausübung, d.h. Fremdvermietung, gestattet wäre).[324] Es bedarf daher nicht der vom Ergebnis her motivierten teleologischen Reduktion des § 93 SGB XII auf lediglich Geldansprüche, wie sie etwa das OLG Braunschweig[325] vorgeschlagen hat. Vielmehr stellt sich lediglich das unter Rdn. 1030 behandelte Problem der Umwandlung des Wohnungsrechtsanspruchs in einen Geldanspruch (zu dessen Abdingbarkeit s.u. Rdn. 1382 ff.).

1304

Die in der sozialhilferechtlichen Kommentarliteratur[326] teilweise behauptete per-se-Umwandlung der Ansprüche auf Dienst- und Sachleistungen in Geldzahlungspflichten bei SGB XII-Überleitung findet eine normative Grundlage nur im Erstattungsrecht der Leistungsträger untereinander (§ 108 SGB X) und ist daher außerhalb des oben beschriebenen spezialgesetzlichen

1305

---

319 *Rossak*, MittBayNot 2000, 386 m.w.N.: weder übertragbar noch i.S.d. §§ 851 Abs. 1, 857 BGB der Ausübung nach an Dritte überlassbar.
320 BGH, 14.06.2007 – IX ZR 170/06, MittBayNot 2009, 136.
321 OLG München, 14.09.2010 – 34 Wx 72/10, ZfIR 2011, 70 (nur LS).
322 Insb. *Baur*, ZfSH 1982, 229 ff.
323 Ebenso *Karpen*, MittRhNotK 1988, 146 f.
324 *Everts*, ZEV 2004, 497; OLG Celle, OLGR 2004, 38.
325 MittRhNotK 1996, 222; ebenso OLG Oldenburg, NdsRpfleger 1994, 305, gestützt auf das Wortlautargument „bis zur Höhe der Aufwendungen" in § 93 SGB XII und das Gebot der Gleichzeitigkeit des Anspruchs mit der Hilfeleistung, § 93 Abs. 1 Satz 3 SGB XII.
326 *Schellhorn*, BSHG, Anm. 9 zu § 90; *Gottschick/Giese*, BSHG, Anm. 2.2. zu § 90; ebenso *Germer*, BWNotZ 1983, 75.

Anwendungsbereichs der Landesausführungsgesetze zum BGB sowie der möglichen Vertragsanpassung wegen Wegfalls der Geschäftsgrundlage abzulehnen.

1306 Eine Überleitung von „schlichten" Wohnungsrechten gem. § 93 SGB XII ist daher allenfalls dann möglich, wenn die Ausübung des Wohnungsrechts schon vertraglich (über die gesetzliche Regelung des Art. 13 Abs. 1 BayAGBGB hinaus) gem. § 1092 Abs. 1 Satz 2 BGB an Dritte überlassen werden kann; die Rechtsprechung des OLG Köln,[327] wonach sich eine solche Ausübungsübertragbarkeit aus § 242 BGB ergeben könne, ist allenfalls für den dort entschiedenen Sonderfall, in welchem das Wohnungsrecht an die Stelle eines früheren Nießbrauchrechts getreten war, noch vertretbar. Uneingeschränkt überleitbar sind jedoch sonstige auf Leistung gerichtete Verpflichtungen des Eigentümers, wie etwa zur Tragung der Kosten für Ver- und Entsorgung etc.

c) Sozialrechtliche Anrechnung

1307 Fraglich ist jedoch, ob das Wohnungsrecht beim Begünstigten als Einkommens- oder Vermögensposition anzurechnen ist. In der Wertung bedenklich erschiene die Vermögensanrechnung dann, wenn sich das Wohnungsrecht auf Räume bezieht, die im Fall des Eigentums hieran als angemessenes Schonvermögen (§ 90 Abs. 2 SGB XII, s. Rdn. 446 ff. bzw. § 12 Abs. 3 SGB II, Rdn. 652 ff.) gelten würden. Daher wird das hierauf bezogene Wohnungsrecht, die schwächere Position, „erst recht" nicht als **Vermögen** berücksichtigt (s. Rdn. 978).

1308 Zum sozialrechtlichen **Einkommen** zählen jedoch gem. § 82 SGB XII und der hierzu erlassenen Durchführungsverordnung[328] sämtliche Einkünfte in Geld oder in Geldeswert (mit geringen Ausnahmen, z.B. der Grundrente gem. BVG). Hierzu zählen also auch Ansprüche auf Naturalleistungen, z.B. Tischkost – Letztere mit den nach der Sozialversicherungsentgeltverordnung[329] zu errechnenden Werten –, jedoch nicht die Gewährung freien Wohnrechts, sofern die entsprechende Eigentumsposition anrechnungsfrei bliebe.[330] Nach richtiger Auffassung[331] ist der Wert eines bei Übergabe zurückbehaltenen oder „als Gegenleistung" zugewendeten Wohnungsrechts im früher eigenen Heim im allgemeinen Sozialrecht nicht als Einkommen i.S.d. SGB IV anzusetzen.[332] Dies dürfte trotz der weiten Formulierung des § 1 der DV zu § 76 BSHG (nun § 82 SGB XII) nicht nur im allgemeinen Sozialversicherungsrecht, sondern auch im Sozialhilferecht und i.R.d. Grundsicherung nach dem Grundsicherungsgesetz gelten, wo jedenfalls der Wert des vorbehaltenen/als Gegenleistung zugesagten Wohnungsrechts im vormals eigenen Eigenheim, das als solches zum Schonvermögen zählen würde, als Vermögen und als Einkommen außer Betracht zu bleiben hat (Erst-recht-Schluss aus § 90 Abs. 2 Nr. 8 SGB XII; anders liegt es jedoch hinsichtlich des Mietwerts eines zugewendeten Wohnrechts an einem nicht vormals im Eigentum

---

327 FamRZ 1991, 1432; vgl. hierzu auch oben Rdn. 1035.
328 VO zur Durchführung des § 76 BSHG v. 28.11.1962, BGBl. I, S. 692 i.d.F. der VO v. 23.11.1976 (BGBl. I, S. 3234).
329 Z.B. Werte für das Jahr 2011: BGBl I 2010, S. 1751.
330 Vgl. für den Bereich der Kriegsopferfürsorge die diesbezügliche Sonderregelung des § 30 Abs. 2 Nr. 5 KFürsV.
331 So der Vorsitzende des 4. Senats des LSG Bayern im Verfahren „L 4 KR 204/1" am 06.12.2002 – auf der Grundlage dieses richterlichen Hinweises hob die beklagte Krankenkasse ihren Versagungsbescheid auf und verpflichtete sich, unter Beachtung der Rechtsauffassung des Gerichts einen neuen Bescheid zu erteilen, sodass kein zitierfähiges Urteil erging, vgl. hierzu *Wörner*, MittBayNot 2003, 268.
332 Anders noch LSG Bayern, 26.10.1995 – L 4 KR 73/93, n.v., gestützt auf den Einkommenswert der selbst genutzten Wohnung gem. § 21 EStG a.F.

des Übergebers stehenden Anwesens). Hat der Veräußerer Anspruch auf Gewährung eines freien Wohnrechts, wird der ihm zustehende Regelsatz jedoch naturgemäß nicht um den Betrag einer (hier fiktiven) Miete erhöht. Bezieht allerdings der Übernehmer HLU, sind bei ihm die an den Veräußerer gewährten Leistungen in ihrer Gesamtheit berücksichtigbar als „Kosten der Unterkunft", da sie eingegangen wurden, um das Eigentum am Anwesen zu erhalten.

7. Beendigung des Wohnungsrechts

Das Wohnungsrecht endet, wenn es nicht für einen bestimmten Zeitraum vereinbart wird, jedenfalls mit dem **Tod des Begünstigten**. Es ist damit gegen Vorlage einer Sterbeurkunde und auf schlichten Antrag hin löschbar. Der Vereinbarung und Eintragung einer Löschungserleichterungsklausel gem. § 23 Abs. 2 GBO bedarf es daher nur, wenn aufgrund einer ggü. dem gesetzlichen Inhalt abweichenden Ausgestaltung des dinglichen Rechts Rückstände des Eigentümers hinsichtlich von ihm zu erbringender aktiver Pflichten möglich sind, z.B. 1309

- in Bezug auf Unterhaltungspflichten (Erhaltung in gut bewohnbarem und beheizbarem Zustand) oder
- wegen der Pflicht zur Erhaltung von Gemeinschaftsanlagen, an denen ein Mitbenutzungsrecht besteht,[333] oder
- wegen der Verpflichtung zur Tragung laufender Betriebskosten bzw.
- zur Abgeltung des Werts in bar bei Nichtausübung des Wohnungsrechts.[334]

In diesen Fällen wird durch die Löschungserleichterungsklausel erreicht, dass nach dem Ableben des Begünstigten die Vorlage der Sterbeurkunde genügt und nicht das Sperrjahr abgewartet werden muss.[335]

Die Eintragung eines (weiteren) Wohnungsrechtes „für die Erben des ..... [derzeitigen Wohnungsberechtigten]" scheitert, weil § 328 BGB auf dingliche Rechte nicht anwendbar ist.[336]

Bei einem endgültigen Wegfall des Vorteils aufgrund dauernder objektiver Unmöglichkeit der Rechtsausübung (z.B. Untergang des Gebäudes) erlischt auch die dingliche Grund- oder beschränkt persönliche Dienstbarkeit von selbst.[337] Die tatsächliche Nichtausübung des Wohnungsrechts als solche ist jedoch kein Beendigungsgrund, da – wie stets bei Dienstbarkeiten – der „mögliche" Vorteil für den Berechtigten gem. § 1019 BGB ausreichend ist. Ein dauerhaftes Ausübungshindernis nur in der Person des Berechtigten infolge Pflegebedürftigkeit genügt also nicht, da die Möglichkeit einer (auch nachträglichen) Gestattung der Ausübung gem. § 1090 1310

---

[333] OLG Hamm, MittBayNot 1996, 300 und OLG München, 15.10.2009 – 34 Wx 085/09, NotBZ 2010, 66.
[334] LG Wuppertal, MittBayNot 1977, 235.
[335] BayObLG, DNotZ 1980, 157; OLG Düsseldorf, RNotZ 2003, 315.
[336] OLG München, 24.11.2010 – 34 Wx 103/10, JurionRS 2010, 33245. Daher Amtslöschung gem. § 53 Abs. 1 Satz 2 GBO, vgl. Gutachten, DNotI-Report 2011, 75.
[337] Für die Grunddienstbarkeit vgl. BGH, MittBayNot 1998, 256, für die beschränkte persönliche Dienstbarkeit bereits BGHZ 41, 214.

Kapitel 4: Absicherung des Veräußerers

Abs. 1 Satz 2 BGB besteht,[338] sodass dieser Umstand zur auflösenden Bedingung erhoben werden sollte[339] (s. im Einzelnen Rdn. 1018 ff., mit Formulierungsvorschlägen).

1311 Mitunter verständigen sich die Beteiligten, auch zur Reduzierung des Risikos der weichenden Geschwister, aus ihrer Unterhaltpflicht für die Eltern im Fall der Heimunterbringung aufkommen zu müssen, auf eine ersatzweise vertraglich geschuldete Rentenzahlung, sozusagen als Ausgleich für die durch das auch dingliche Erlöschen des Wohnungsrechts eintretende Bereicherung. Einkommensteuerrechtlich führt sie zu nachträglichen Anschaffungskosten für das Wirtschaftsgut, schenkungsteuerrechtlich zu einem zusätzlichen Abzug für den Fall, dass die Rente den Wert der nicht mehr geschuldeten, Nutzung übersteigt.[340] Hierzu

1312 **Formulierungsvorschlag: Bedingte Rentenzahlungspflicht bei Erlöschen des Wohnungsrechtes**

§ .....

Bedingte Rentenzahlungspflicht

Sobald und soweit das Wohnungsrecht gemäß den in § ..... getroffenen Bestimmungen (also als Folge eines aus gesundheitlichen Gründen bestehenden dauernden Ausübungshindernisses, das der Amtsarzt bestätigt, oder als Folge dauernden Wegzugs aus dem Objekt, belegt durch Bestätigung der Meldebehörde, dass weder Haupt- noch Nebenwohnsitz dort bestehen) auch dinglich erlischt, ist der Erwerber verpflichtet, den bzw. dem früheren Berechtigten des Wohnungsrechts eine lebenslange Geldrente zu zahlen. Der Rentenbetrag beträgt für den Fall, dass bezüglich eines Berechtigten das Wohnungsrecht und die zugrundeliegende Abrede dinglich erloschen sind, 500,00 €, für beide Berechtigte 700,00 €. Der genannte Betrag von 500,00 € bzw. 700,00 € ist wertgesichert nach Maßgabe des Verbraucherpreisindex für Deutschland (VPI); er verändert sich zwischen dem Monat der Beurkundung und dem ersten Monat seiner Fälligkeit im genannten Maß – jeweils gemessen an den Indexzahlen für den Monat, der zwei Monate vorausgeht –, sodann jeweils im Jahresabstand erneut.

Insoweit wird klargestellt, dass der Erwerber für den Fall, dass beispielsweise einer der beiden Eltern sich im Pflegeheim aufhält, der andere Elternteil aber noch daheim wohnt, sowohl das volle Wohnungsrecht (das ungeschmälert dem Verbleibenden zusteht) als auch die Rente von (wertgesicherten) 500,00 € zu entrichten hat.

Weitergehende Ansprüche als Ausgleich für das Erlöschen des Wohnungsrechtes, etwa unter dem Gesichtspunkts der Änderung der Geschäftsgrundlage, oder aus landesrechtlichen Bestimmungen zu Leibgedings- bzw. Altenteilsrechten, oder als Folge ergänzender Vertragsauslegung, werden ausdrücklich ausgeschlossen.

Auf dingliche Sicherung dieser Rentenzahlungspflicht und auf Vollstreckungsunterwerfung wird verzichtet, zumal in § ..... ein Rückforderungsrecht hinsichtlich des übertragenen Ei-

---

338 Vgl. BGH, 19.01.2007 – V ZR 163/06, NotBZ 2007, 129 m. Anm. *Krauß*.
339 BayObLG, MittBayNot 1998, 33.
340 Unterlag der Nutzungsvorbehalt, für Vorgänge bis Ende 2008, noch dem Abzugsverbot des § 25 ErbStG, endet damit zugleich die bisher insoweit gewährte Stundung der anteiligen Schenkungsteuer.

> gentums für den Fall der nachhaltigen Nichterfüllung (Überschreiten eines Rückstandes von sechs Monatsbeträgen) vereinbart ist. Die Rentenzahlungspflicht ist vererblich, der Rentenzahlungsanspruch jedoch weder vererblich noch abtretbar. Auch etwaige Rückstände erlöschen mit dem Ableben des Berechtigten.

Zu bedenken ist allerdings, dass bei endgültigem Verlassen der vom Wohnungsrecht erfassten Räume häufig nach landesrechtlichen **Leibgedingsbestimmungen** Geldersatzansprüche kraft Gesetzes entstehen,[341] die häufig dahin gehend differenziert werden, ob der Wegzug des Berechtigten vom Eigentümer zu vertreten ist, z.B. weil dieser eine nachhaltige Störung der persönlichen Beziehungen hat eintreten lassen (in diesem Fall schuldet er den Aufwand für eine anderweitige Anmietung vergleichbaren Wohnraums), oder aber ob ein solches Verschulden nicht zugrunde liegt (z.B. medizinische Gründe maßgeblich waren). In diesem Fall ist nur eine Geldrente i.H.d. geldwerten Betrags der Bereicherung geschuldet, also der nunmehr dem Eigentümer ersparten Duldungs- oder Unterlassenspflichten. Außerhalb des Leibgedingsrechts können sich solche Ansprüche aus § 313 BGB (Lehre von der Änderung der Geschäftsgrundlage) ergeben (vgl. im Einzelnen Rdn. 1030 ff.). Solche Geldansprüche sind unmittelbar pfändbar oder auf den Sozialleistungsträger überleitbar, können allerdings (mit Wirkung ggü. dem Sozialhilfeträger) hinsichtlich ihrer Entstehung ausgeschlossen werden (vgl. etwa das Muster Rdn. 1312, vorletzter Absatz), da die landesrechtlichen Leibgedingsvorschriften dispositiver Natur sind und die Lehre von der Änderung der Geschäftsgrundlage dann nicht greift, wenn der vertragliche Risikorahmen abschließend festgelegt ist (vgl. hierzu unten Rdn. 1382 ff.). 1313

II. Lastentragung

1. Erhaltung

§ 1093 Abs. 1 Satz 2 BGB verweist auf einzelne Bestimmungen des Nießbrauchsrechts. Demnach muss auch der Wohnungsberechtigte die wirtschaftliche Bestimmung der zur Verfügung gestellten Räume aufrechterhalten und insoweit nach den Regeln einer ordnungsgemäßen Wirtschaft verfahren (§ 1036 Abs. 2 BGB), ohne eine Umgestaltung vorzunehmen (§ 1037 Abs. 1 BGB). Stets ist er dabei zur schonenden Ausübung verpflichtet (§ 1020 Satz 1 BGB); dies ist zugleich Leitschnur für etwaige Anpassungen des Nutzungsberechtigungsinhaltes bei sich ändernden tatsächlichen Verhältnissen.[342] 1314

§ 1093 BGB verweist u.a. auf den bereits erläuterten § 1041 BGB (Rdn. 1148 ff.). Demnach treffen vorbehaltlich abweichender dinglicher Regelung den Wohnungsberechtigten nur **Ausbesserungen oder Erneuerungen** i.R.d. gewöhnlichen Unterhaltung.[343] Zur Tragung der außergewöhnlichen Unterhaltungsaufwendungen ist er also nicht verpflichtet, ebenso wenig jedoch der Grundstückseigentümer, da das Wohnungsrecht als Unterform der beschränkten persönlichen 1315

---

341 Z.B. gem. Art. 18 ff. BayAGBGB.
342 *Grziwotz*, NJW 2008, 1851 ff. (insb. zur Wegedienstbarkeit).
343 Zum Begriff der Unterhaltung = Erhaltung i.R.d. § 1020 BGB allgemein (ohne Differenzierung zwischen gewöhnlicher und außergewöhnlicher) rechnet der BGH, 12.11.2004 – V ZR 42/04, DNotZ 2005, 617, m. Anm. *Amann*, die Instandsetzung, die Aufrechterhaltung der Verkehrssicherheit, Vorkehrungen gegen das Eindringen Unbefugter und ein ordentliches Aussehen.

Kapitel 4: Absicherung des Veräußerers

Dienstbarkeit ihn zu keinem aktiven Tun nötigt.[344] Allerdings sehen die landesrechtlichen Ausführungsbestimmungen zum BGB häufig eine Verpflichtung des Grundstückseigentümers vor, das Gebäude zumindest insoweit instand zu halten, als es zur Ausübung des Wohnungsrechts erforderlich ist.

1316 Gem. §§ 1093, 1090 Abs. 2, 1021 Abs. 1 Satz 1 BGB kann (bei entsprechender Grundbucheintragung oder Verweisung gem. § 874 BGB auch mit dinglicher Wirkung) vereinbart werden, dass der Grundstückseigentümer (nicht aber mit dinglicher Wirkung der Wohnungsberechtigte!)[345] verpflichtet sei, das Gebäude „in gut bewohn- und beheizbarem Zustand zu erhalten". Dahinter zurückbleibend, wird dem jeweiligen Eigentümer häufig die Vornahme der „Schönheitsreparaturen" überbürdet, deren Inhalt sich aus dem Mietrecht ergibt.[346]

1317 Konsequenzen solcher Leistungspflichten des Eigentümers sind:
- Nur bei einer solchen (ggf. teilweisen) Überwälzung der in § 1041 BGB geregelten Pflichten auf den Eigentümer[347] ist eine Löschungserleichterungsklausel nach § 23 GBO wegen denkbarer Rückstände möglich und sinnvoll.[348]
- Solche geschuldeten, außerordentlichen Instandhaltungsaufwendungen können als dauernde Last steuerlich trotz des Wohnungsrechts für den Übergeber geltend gemacht werden, wenn sie im Übergabevertrag klar und eindeutig vereinbart sind und der Vertrag i.Ü. die Voraussetzungen der Übergabe gegen Versorgungsleistungen erfüllt, es sich also bei Übertragungen ab 2008 um Betriebsvermögen handelt (Rdn. 5000 ff.; allerdings sind sie dann beim Wohnungsberechtigten gem. § 22 Nr. 1 lit. a) EStG steuerlich zu erfassen!).

Beispiel:

Ist der Erwerber verpflichtet, die Wohnung in beheizbarem Zustand zu erhalten, kann er den Aufwand für ein neues Tanklager (wegen mangelnder Betriebssicherheit der bisherigen Öltanks) als dauernde Last geltend machen.[349]

1318 Eine separate Vereinbarung als **Reallast** ist aus steuerrechtlicher Sicht nicht (mehr) erforderlich; es genügt, dass sie schuldrechtlich oder als dinglicher Inhalt des Wohnungsrechts selbst (sog.

---

344 Es kommt also (wie beim Nießbrauch) zu einer Pattsituation: *Schöner/Stöber*, Grundbuchrecht, Rn. 1250. Nimmt der Grundstückseigentümer erforderliche Ausbesserungen oder Erneuerungen vor, hat der Wohnungsberechtigte diese jedoch seinerseits zu dulden, § 1044 BGB.
345 BayObLG, DNotZ 1989, 569 mit der Begründung, es handle sich um ein „unzulässiges Entgelt" für die Wohnungsrechtsbestellung, außerdem verweise § 1093 Abs. 1 Satz 2 BGB nicht auf § 1047 BGB; a.A. LG Gießen, Rpfleger 1986, 174.
346 § 28 Abs. 4 Satz 4 der II. BV, auch außerhalb des sozialen Wohnungsbaus: „Tapezieren, Anstreichen und Kalken der Wände und Decken, Streichen der Fußböden und der Heizkörper samt Heizrohre, der Innentüren und Fenster sowie der Außentüren von innen".
347 Vgl. Gutachten, DNotI-Report 2003, 83.
348 LG Potsdam, NotBZ 2005, 118; Gleiches gilt bei Vereinbarungen über die Wertersatzrente bei Wegzug, die nach OLG Hamm, Rpfleger 2001, 402, ebenfalls Inhalt des dinglichen Rechts sein können sollen (str.).
349 BFH, 31.03.2004 – X R 32/02, EStB 2004, 324.

unselbstständige Reallast kraft Verweisung in § 1021 Abs. 2 BGB)[350] vereinbart sind.[351] Die getrennte Sicherung durch eigenständige zusätzliche Reallast, sofern sie landesrechtlich gestattet ist (Art. 115 EGBGB),[352] erlaubt dem Wohnungsberechtigten zusätzlich, bei Nichterfüllung der umfassten Leistungspflichten selbstständig die Verwertung im Wege der Versteigerung zu betreiben, löst allerdings eine weitere Grundbuchgebühr aus.[353]

2. Kosten des Wohnens

Auch kann mit dinglicher Wirkung[354] vereinbart werden, dass der Grundstückseigentümer die **Kosten der Ver- und Entsorgung** (z.B. Heizung, Strom, Wasser Gas) und alle sonstigen Kosten des Bewohnens zu tragen habe.[355] Ratsam sind in diesem Fall, sofern keine Messeinrichtungen bestehen, zugleich Bestimmungen zum Verteilungsschlüssel (z.B. nach Quadratmetern Wohnfläche, Kopfanzahl der dauernden Bewohner oder Pauschalbetrag ggf. mit Wertsicherung). Neben oder anstelle der Verdinglichung als Bestandteil des Wohnungsrechts selbst kommt auch hier (vorbehaltlich Art. 115 EGBGB) die Sicherung durch eigenständige, zur Verwertung berechtigende Reallast in Betracht.

1319

I.Ü. muss die Beteiligung des Wohnungsberechtigten an den **allgemeinen Hauskosten** (Grundsteuer, Straßenreinigung, Müllabfuhr, Brandversicherungsprämie etc.) oder an den verbrauchsabhängigen Kosten seines Bewohnens (Heizung, ggf. auch Gasverbrauch, Strom) vertraglich geregelt werden, da § 1093 Abs. 1 Satz 2 BGB nicht auf § 1047 BGB verweist. Im Regelfall wird vorgesehen, dass der Wohnungsberechtigte (ähnlich einem Mieter hinsichtlich dessen Beteiligung über die sog. „Nebenkosten") die verbrauchsabhängigen Kosten seines eigenen Wohnens zur Gänze trägt[356] und sich an den allgemeinen Hausunkosten im Verhältnis der von ihm beanspruchbaren Wohnfläche zur Gesamtwohnfläche des Hauses zu beteiligen habe (im Zweifel ist dann wie ggü. einem Mieter abzurechnen, unter Einhaltung der Jahresfrist des § 556 Abs. 3 BGB.[357] Soll die tatsächliche Verbrauchsermittlung nach der Heizkostenverordnung wegen der damit verbundenen einmaligen Investitionen und des jährlichen Ableseaufwands nicht gewollt sein, ist dies zu vereinbaren). Mangels Übertragbarkeit des Wohnungsrechts genügt insoweit eine schuldrechtliche Vereinbarung, sofern sie zugunsten des jeweiligen Grundstückseigentü-

1320

---

350 Soweit die Unterhaltslast im Fall einer Grunddienstbarkeit zwischen dem Eigentümer des herrschenden und des dienenden Grundstücks dinglich geteilt wird, führt § 1021 Abs. 2 BGB dazu, dass im Ergebnis unerkannt auf dem herrschenden Grundstück eine Reallast ruht, vgl. Staudinger/*J. Mayer*, BGB (2002), § 1021 Rn. 11 m.w.N.; a.A. *Volmer*, MittBayNot 2000, 389.

351 Schreiben der OFD Münster v. 08.01.2002, DB 2002, 177.

352 Vgl. Staudinger/*Amann*, BGB (2002), Einl. zu §§ 1105 bis 1112 Rn. 2 ff. Ihre Bestellung ist bspw. in Nordrhein-Westfalen und Schleswig-Holstein ausgeschlossen.

353 *Lange-Parpart*, RNotZ 2008, 391; daher ist diese zusätzliche Eintragung zulässig, entgegen BayObLG, DNotZ 1980, 124, 127.

354 BayObLG, DNotZ 1981, 125.

355 *Schöner/Stöber*, Grundbuchrecht, Rn. 1253, schlagen hier die Vereinbarung einer Reallast vor. Die Gegenmeinung verweist auf § 1021 Abs. 2 BGB, wonach auf die Unterhaltspflicht für eine Anlage auf dem belasteten Grundstück die Vorschriften über die Reallast entsprechende Anwendung finden, vgl. *Amann*, MittBayNot 2008, 366 f.

356 Nach AG Frankfurt am Main, 09.07.2008 – 33 C 552/08 – 28, NotBZ 2008, 433, sei dies stets zu vermuten (zu den verbrauchsbedingten Betriebskosten gehören jedoch nicht Hausreinigung, Hauswart und Hausüberwachung).

357 BGH, 25.09.2009 – V ZR 36/09, ZNotP 2010, 26 (analoge Anwendung auf das begleitende vertragliche Schuldverhältnis).

mers (als Dritten gem. § 328 BGB) getroffen wird; nach untergerichtlicher Ansicht ist eine solche Abrede auch mit dinglicher Wirkung als Inhalt des Wohnungsrechts möglich.[358]

1321 Eine Beteiligung des Wohnungsberechtigten an privaten Lasten i.S.d. § 1047 BGB (Verzinsung von grundpfandrechtlich gesicherten Verbindlichkeiten, Überbau- und Erbbaurenten) sowie an solchen öffentlichen Lasten, die auf den „Stammwert der Sache" entfallen (Erschließungskosten) ist lediglich schuldrechtlich möglich[359] und in der Praxis wenig ungebräuchlich (Formulierung eines solchen „Nettowohnungsrechts" Rdn. 1324).

3. Gesamtformulierung

1322 Eine diese Themen aufgreifende Gesamtformulierung könnte etwa wie folgt lauten:

1323 **Formulierungsvorschlag: Wohnungsrecht (Gesamtbaustein)**

> Die Veräußerer erhalten als Gesamtberechtigte gem. § 428 BGB auf Lebensdauer des Längerlebenden ein Wohnungsrecht in dem übergebenen Anwesen. Dieses besteht in dem Recht der ausschließlichen Benutzung der ..... – unter Ausschluss des Eigentümers – und dem Recht auf Mitbenutzung der zum gemeinsamen Gebrauch der Hausbewohner bestimmten Anlagen, Einrichtungen und Räume, insbesondere von ..... (Keller, Speicher, Hof und Garten).
>
> Der Eigentümer ist verpflichtet, die dem Wohnungsrecht unterliegenden Räume auf eigene Kosten in gut bewohnbarem und beheizbarem Zustand zu halten.
>
> Der Wohnungsberechtigte hat für die betreffenden Räume die Schönheitsreparaturen in dem in Mietverträgen zulässigen Umfang und die anfallenden Verbrauchsgebühren, soweit sie derzeit bereits gesondert erfasst werden können, allein zu tragen. Während der Dauer seines Bewohnens hat er sich ferner an den Kosten für Kaminkehrer, Müllabfuhr und Abwasser sowie den nicht gesondert erfassten Verbrauchsgebühren (nicht jedoch an Grundsteuer und sonstigen öffentlichen und privaten Lasten) anteilig im Verhältnis der Flächen zu beteiligen; mietrechtliche Bestimmungen zur Nebenkostenabrechnung sind insoweit ausdrücklich nicht entsprechend anwendbar.
>
> *(**Formulierungsalternative** [Kosten sind komplett beim Eigentümer]:*
>
> *Der Eigentümer trägt sämtliche Kosten, die für das Anwesen und die dem Wohnungsrecht unterliegenden Räume anfallen, auch die Kosten der Schönheitsreparaturen in dem in Mietverträgen zulässigen Umfang, die Kosten für Wasser und Abwasser, Beheizung, Strom und Gas, Kaminkehrer und Müllabfuhr, auch soweit sie auf der Wohnnutzung des Berechtigten beruhen.)*

---

[358] LG Saarbrücken, RNotZ 2003, 615. Nach Staudinger/*Mayer, J.*, BGB (2002), § 1093 Rn. 46, 47, sind nur solche Kosten verdinglichbar, die mit der Benutzung als solcher zusammenhängen (v.a. Verbrauchskosten), nicht jedoch Grundsteuer, Versicherungen etc.!

[359] Dies käme einem dinglich nicht möglichen (vgl. Rdn. 1327) Entgelt für die Wohnungsrechtsausübung nahe; ferner verweist § 1093 BGB nicht auf § 1047 BGB, vgl. BayObLG, DNotZ 1989, 569; a.A. LG Gießen, Rpfleger 1986, 174.

Eine Übertragung der Ausübung des Wohnungsrechts ist dem Berechtigten nicht gestattet, eine Vermietung oder Untervermietung somit nicht möglich.

Das dingliche Wohnungsrecht und die ihr zugrunde liegende Abrede erlöschen ferner, wenn
- ein amtsärztliches Attest des Inhalts vorgelegt wird, dass der Berechtigte aus gesundheitlichen Gründen voraussichtlich dauernd an der Ausübung gehindert ist,
- ferner wenn der Berechtigte bei der zuständigen Meldebehörde weder mit Haupt- noch mit Nebenwohnung gemeldet ist; der Berechtigte bevollmächtigt hiermit den Erwerber, diese Abmeldung vorzunehmen, wenn die vom Wohnungsrecht erfassten Räume tatsächlich weder als Haupt- noch als Nebenwohnung mehr dienen.

Geldersatzansprüche für den Fall der Nichtausübung oder der Beendigung des Wohnungsrechtes werden aus jedem Rechtsgrund ausgeschlossen, es sei denn der Eigentümer hat den Wegzug zu vertreten.

Im Hinblick darauf, dass die den Veräußerern als Gesamtberechtigten gem. § 428 BGB eingeräumten Rechte der Versorgung und Absicherung beider dienen, wird zur Regelung des Anspruchsverhältnisses vereinbart:
- Kein Berechtigter ist befugt, zulasten des anderen über diese Rechte zu verfügen.
- Nach dem Tod des einen stehen die Rechte dem anderen ungeschmälert zu.
- Leistung allein an einen Berechtigten hat keine Erfüllungswirkung gegenüber dem anderen.

Der Erwerber bestellt hiermit das Wohnungsrecht an dem in § 1 beschriebenen Grundbesitz zugunsten der Berechtigten als Gesamtberechtigten nach § 428 BGB und

bewilligt und beantragt

die Eintragung an nächstoffener Rangstelle im Grundbuch mit dem Vermerk, dass zur Löschung der Nachweis des Todes des Berechtigten genügen soll, was hiermit vereinbart und beantragt wird.

Der Wohnungsberechtigte wurde vom Notar darüber belehrt, dass sein Wohnungsrecht (u.U. entschädigungslos) untergehen kann, wenn im Grundbuch an besserer Rangstelle Grundpfandrechte eingetragen sind oder werden, und aus diesen (wegen Nichtzahlung der dadurch abgesicherten Verbindlichkeiten) die Zwangsvollstreckung betrieben würde.

Etwas abweichend ist zu formulieren, wenn der Wohnungsberechtigte nicht nur den reinen Wohnaufwand, sondern auch (ggf. anteilige) sonstige Gebäude- oder Grundstückslasten zu tragen hat, also ein „Nettowohnungsrecht" (ähnlich dem i.d.R. einkommensteuerlich motivierten Nettonießbrauch, Rdn. 1170) bestellt werden soll, da diese Überbürdung nur schuldrechtlich erfolgen kann (vgl. Rdn. 1321): 1324

Formulierungsvorschlag: Nettowohnungsrecht (Gesamtbaustein) 1325

Die Veräußerer erhalten als Gesamtberechtigte gem. § 428 BGB auf Lebensdauer des Längerlebenden ein Wohnungsrecht in dem übergebenen Anwesen. Dieses besteht in dem Recht der ausschließlichen Benutzung der ..... – unter Ausschluss des Eigentümers – und dem Recht auf Mitbenutzung der zum gemeinsamen Gebrauch der Hausbewohner bestimmten Anlagen, Einrichtungen und Räume, insbesondere von (Keller, Speicher, Hof und Garten). .....

Eine Übertragung der Ausübung des Wohnungsrechts ist dem Berechtigten nicht gestattet, eine Vermietung oder Untervermietung somit nicht möglich.

Das dingliche Wohnungsrecht und die ihr zugrunde liegende Abrede erlöschen ferner, wenn
- ein amtsärztliches Attest des Inhalts vorgelegt wird, dass der Berechtigte aus gesundheitlichen Gründen voraussichtlich dauernd an der Ausübung gehindert ist,
- ferner wenn der Berechtigte bei der zuständigen Meldebehörde weder mit Haupt- noch mit Nebenwohnung gemeldet ist; der Berechtigte bevollmächtigt hiermit den Erwerber, diese Abmeldung vorzunehmen, wenn die vom Wohnungsrecht erfassten Räume tatsächlich weder als Haupt- noch als Nebenwohnung mehr dienen.

Geldersatzansprüche für den Fall der Nichtausübung oder der Beendigung des Wohnungsrechtes werden aus jedem Rechtsgrund ausgeschlossen, es sei denn der Eigentümer hat den Wegzug zu vertreten.

Im Hinblick darauf, dass die den Veräußerern als Gesamtberechtigten gem. § 428 BGB eingeräumten Rechte der Versorgung und Absicherung beider dienen, wird zur Regelung des Anspruchsverhältnisses vereinbart:
- Kein Berechtigter ist befugt, zulasten des anderen über diese Rechte zu verfügen.
- Nach dem Tod des einen stehen die Rechte dem anderen ungeschmälert zu.
- Leistung allein an einen Berechtigten hat keine Erfüllungswirkung gegenüber dem anderen.

Der Erwerber bestellt hiermit das Wohnungsrecht an dem in § 1 beschriebenen Grundbesitz zugunsten der Berechtigten als Gesamtberechtigten nach § 428 BGB und

bewilligt und beantragt

die Eintragung an nächstoffener Rangstelle im Grundbuch mit dem Vermerk, dass zur Löschung der Nachweis des Todes des Berechtigten genügen soll, was hiermit vereinbart und beantragt wird.

Schuldrechtlich gilt weiter: Der Wohnungsberechtigte hat für die betreffenden Räume die Schönheitsreparaturen in dem in Mietverträgen zulässigen Umfang und die anfallenden Verbrauchsgebühren, soweit sie derzeit bereits gesondert erfasst werden können, allein zu tragen. Er hat sich ferner an den weiteren umlegungsfähigen Nebenkosten i.S.d. §§ 1 und 2 der Betriebskostenverordnung (BetrKV) nach Maßgabe der betroffenen Wohnflächen zu beteiligen; mietrechtliche Bestimmungen zur Nebenkostenabrechnung sind insoweit ausdrücklich nicht entsprechend anwendbar.

Darüber hinaus ist er verpflichtet, für die Dauer des Bewohnens die Verzinsung und Tilgung derzeit bestehender Verbindlichkeiten sowie Erhaltungs-, Instandhaltungs-, Instandsetzungs-

und Modernisierungsaufwand des Anwesens im Verhältnis der Wohn-/Nutzflächen mit zu tragen, nicht jedoch Erschließungsaufwand sowie Kosten von Aus- und Erweiterungsbauten.

Der Wohnungsberechtigte wurde vom Notar darüber belehrt, dass sein Wohnungsrecht (u.U. entschädigungslos) untergehen kann, wenn im Grundbuch an besserer Rangstelle Grundpfandrechte eingetragen sind oder werden, und aus diesen (wegen Nichtzahlung der dadurch abgesicherten Verbindlichkeiten) die Zwangsvollstreckung betrieben würde.

Hinweis:

Es ist zu empfehlen, dass sich die Bestellungsvereinbarung auch dazu verhält, ob der Berechtigte, sofern er an den Kosten und Lasten des Wohnens und/oder den allgemeinen Hauskosten beteiligt ist, diese finanziellen Beiträge auch dann zu leisten hat, wenn er das Anwesen, z.B. vorübergehend, verlassen hat. Bei Fehlen ausdrücklicher Vereinbarungen wird die Auslegung i.d.R. ergeben, dass der Wohnungsberechtigte durch eigene Abwesenheit von den jedenfalls verbrauchsunabhängigen Kostenbeteiligungen (ähnlich wie bei einem Mietvertrag) nicht befreit sein soll.

4. „Miete"

Die etwa vereinbarte Entrichtung eines **Nutzungsentgelts** („Miete") kann nicht zum Inhalt der dinglichen Vereinbarungen erhoben werden; es kann jedoch neben dem dinglichen Wohnungsrecht, dessen causa stets ausschließlich die Abrede über die Bestellung des Wohnungsrechts selbst ist, ein separates schuldrechtliches Mietverhältnis bestehen.[360] Bei einer Kündigung des Mietverhältnisses entfällt nicht der Rechtsgrund für das Wohnungsrecht, sodass dieses per se kondizierbar wäre; vielmehr müsste das Erlöschen des Mietvertrags zur auflösenden Bedingung des dinglichen Wohnungsrechts erhoben werden. Fehlt es an einem direkten Mietverhältnis, kann die bloße Entgeltabrede dadurch „quasi verdinglicht" werden, dass der Rückstand mit mehr als bspw. 2 Monatsbeträgen zur auflösenden Bedingung des Wohnungsrechts vereinbart wird.

Formulierungsvorschlag: Wohnungsrecht verknüpft mit Mietvertrag

Der Erwerber übernimmt gegenüber den Veräußerern als Gesamtberechtigten gem. § 428 BGB unentgeltlich auf Lebensdauer des Längerlebenden folgende Verpflichtungen: Ein Wohnungsrecht in dem übergebenen Anwesen. Dieses besteht in dem Recht der ausschließlichen Benutzung der ..... – unter Ausschluss des Eigentümers – und dem Recht auf Mitbenutzung der zum gemeinsamen Gebrauch der Hausbewohner bestimmten Anlagen, Einrichtungen und Räume, insbesondere von ..... .

Der Eigentümer ist verpflichtet, die dem Wohnungsrecht unterliegenden Räume auf eigene Kosten in gut bewohnbarem und beheizbarem Zustand zu halten.

Ausdrücklich wird klargestellt, dass die Festlegung des für das Bewohnen geschuldeten Nutzungsentgeltes und die Kündigungsmöglichkeiten des Nutzers selbst in einem noch zwischen den Beteiligten selbst abzuschließenden Mietvertrag festgelegt werden, mit dessen In-

---

360 BGH, Rpfleger 1999, 122.

halt und Zustandekommen die heutige Grundstücksübertragung jedoch nicht steht und fällt. Gegenstand der heutigen Urkunde sind ausschließlich die Inhalte des dinglichen Rechts. Das dingliche Recht ist jedoch

auflösend bedingt

für den Fall einer wirksamen Kündigung des Mietverhältnisses durch den Nutzer oder durch den Eigentümer, wobei Letzterer jedoch auf Lebzeit des Nutzers nur zur Kündigung berechtigt ist bei vertragswidrigem Gebrauch oder bei einem Rückstand des Mieters mit mind. vier Monatsnettomieten.

Wirtschaftlich verstärkt das Wohnungsrecht also die Stellung des Nutzers gegenüber sonstigen Kündigungen des Eigentümers (etwa wegen Eigenbedarfs oder im Fall der Zwangsversteigerung aus nachrangigen Grundpfandrechten).

Eine ertragsteuerliche Beratung hat der Notar nicht übernommen, jedoch darauf hingewiesen, dass der Mietvertrag wie unter fremden Dritten abgeschlossen und durchgeführt werden sollte, wobei allerdings eine Unterschreitung der ortsüblichen Marktmiete unschädlich ist, solange an der Einkünfteerzielungsabsicht keine Zweifel bestehen und die Grenzen des § 21 Abs. 2 EStG eingehalten sind.

1329 | **Hinweis:**
Soll bei Zahlungsrückständen nicht das gesamte dingliche Recht für die Zukunft entfallen, könnte auch lediglich die Ausübung des Wohnungsrechts (also des Anspruchs auf Duldung des Bewohnens) dergestalt mit der Entgeltabrede verknüpft werden, dass dem Anspruch eine aufschiebende Einrede des Eigentümers entgegengehalten werden kann, solange Rückstände oberhalb einer zu definierenden Bagatellgrenze bestehen.[361]

III. Wohnungsrecht und Pflichtteilsergänzungsansprüche

1330 Bereits unter Rdn. 1198 ff. wurde die Rechtsprechung des BGH[362] zur pflichtteilsrechtlichen Auswirkung eines vorbehaltenen totalen Nießbrauchs referiert. Für die Kautelar-Praxis ist es naturgemäß von erheblicher Bedeutung zu ermitteln, ob der Vorbehalt eines bloßen Wohnungsrechts in beiderlei Hinsicht dem Nießbrauch gleichzustellen ist oder nicht.

---

361 Ähnlich OLG Frankfurt am Main, Rpfleger 1974, 30; vgl. Staudinger/*J. Mayer*, BGB (2002), § 1018 Rn. 7, DNotI-Gutachten, Faxabruf-Nr. 11494 v. 04.10.2007; a.A. MünchKomm-BGB/*Falckenberg*, § 1018 Rn. 7.
362 BGHZ 125, 395.

1. Beginn der Frist

Die Literatur ist zur Frage der **Vergleichbarkeit des Vorbehaltsnießbrauchs zum Vorbehaltswohnungsrecht** hinsichtlich § 2325 Abs. 3 BGB uneinheitlich;[363] höchstrichterliche Rechtsprechung liegt hierzu bisher nicht vor. Richtiger Auffassung nach[364] dürfte zu differenzieren sein:

1331

- Sofern die Ausübung des Wohnungsrechts an einen Dritten überlassen werden kann (also einen Vereinbarung gem. § 1092 Abs. 1 Satz 2 BGB getroffen worden ist) und sich das Wohnungsrecht auf das gesamte Gebäude erstreckt, ist ohne Zweifel der Umfang der vorbehaltenen Nutzung mit dem eines Totalnießbrauchs vergleichbar, sodass die 10-Jahres-Frist nicht in Gang gesetzt wird. Der Vorbehalt des Wohnungsrechts zugunsten des Ehegatten des Veräußerers dürfte wie oben Rdn. 1061 ff. erläutert zu behandeln sein.

- Umgekehrt wird das Anlaufen der 10-Jahres-Frist wohl nicht gehemmt, wenn das Wohnungsrecht sich nicht auf eine abgeschlossene Wohnung bezieht, sondern nur einzelne Räume umfasst,[365] auch wenn die Mitnutzung der gemeinschaftlichen Einrichtungen eingeschlossen ist.[366]

1332

- Schwierig sind die (in aller Regel vorliegenden) Zwischentatbestände zu bewerten, in denen das Wohnungsrecht zwar nicht an Dritte überlassen werden kann, sich aber zumindest auf eine abgeschlossene Wohnung erstreckt. Wegen der fehlenden Vermietungsmöglichkeit plädieren die OLG überwiegend dafür, die 10-Jahres-Frist in Gang setzen zu lassen – jedenfalls sofern keine verstärkenden Elemente wie Rückforderungsrechte hinzukommen[367] –, während das OLG München den Wohnungsrechtsvorbehalt an der größeren Wohnung („gesamtes Haus mit Ausnahme der Souterrainwohnung") wie einen Gesamtnutzungsrückbehalt behandeln möchte und, jedenfalls im Verbund mit Rückforderungsrechten, die Frist insgesamt nicht anlaufen lassen will.[368] Richtig dürfte sein, insoweit das vom BGH zu Nießbrauchsrechten entwickelte Dogma, es könne keinen gespaltenen Fristlauf geben, nicht auf das Wohnungsrecht (das sich anders als der Nießbrauch auch auf Gebäudeteile beziehen kann) zu übertragen: zumindest für diejenigen Vermögenswerte, die dem vom Wohnungsrecht erfassten Anteil am Gesamtobjekt entsprechen, ist wegen des Ausschlusses des Eigentümers doch ein wesentlicher Nutzungsrückbehalt i.S.d. BGH erfolgen, sodass die 10-Jahres-Frist insoweit noch nicht beginnen würde,[369] für die restlichen Wertanteile würde die Frist jedoch anlaufen.

1333

---

[363] *Mejding*, ZEV 1994, 205, und *Siegmann*, DNotZ 1994, 791, plädieren dafür, dass die Frist gleichwohl zu laufen beginne; *Heinrich*, MittRhNotK 1995, 163, und *N. Mayer*, ZEV 1994, 328, sprechen dem Wohnungsrecht dieselbe anlaufhemmende Wirkung zu wie beim Nießbrauchsrecht höchstrichterlich entschieden.

[364] *Wegmann*, Grundstücksüberlassung, Rn. 337 ff.

[365] LG Münster, MittBayNot 1997, 113.

[366] OLG Bremen, NJW 2005, 1726 = DNotZ 2005, 702; ähnlich OLG Düsseldorf, NJWE-FER 1999, 279.

[367] So jedenfalls OLG Celle, 27.05.2003 – 6 U 236/02, NotBZ 2003, 475; OLG Düsseldorf, FamRZ 1997, 1114; OLG Oldenburg, 14.11.2005 – 5 W 223/05, ZEV 2006, 80: Wohnungsrecht am Erdgeschoss in einem Mehrfamilienhaus, ebenso OLG Karlsruhe, 15.01.2008 – 12 U 124/07, RNotZ 2008, 231.

[368] OLG München, 25.06.2008 – 20 U 2205/08, ZEV 2008, 480 m. abl. Anm. *Herrler*, S. 461: Teilwohnungsrecht und enumerative Rückforderungsrechte, deren Voraussetzungen der Veräußerer nicht steuern kann, bedeuten keinen Genussverzicht.

[369] So OLG Düsseldorf, FamRZ 1999, 1546 (allerdings bei zusätzlichem Vorbehalt eines Rückforderungsrechts sowie eines Mitbenutzungsrechts hinsichtlich der Gemeinschaftsanlagen).

2. Wertanrechnung

1334 Unstreitig dürfte jedoch sein, dass (unabhängig von der Frage der In-Gang-Setzung der Frist des § 2325 Abs. 3 BGB) der kapitalisierte Wert des Wohnungsrechts (orientiert an den dadurch ersparten Mietaufwendungen des Wohnungsberechtigten) zu einer Minderung des Werts des übertragenen Gegenstands führt, sofern i.R.d. erforderlichen Vorprüfung der Schenkungszeitpunkt als der maßgebliche gem. § 2325 Abs. 2 Satz 2 BGB ermittelt wurde (Niederstwertprinzip), der Erwerber es also nicht dazu hat kommen lassen, dass der zugewendete Gegenstand (ohne Berücksichtigung des Nutzungsrechts) bis zum Tod des Wohnungsberechtigten indexbereinigt an Wert verloren hat.

C. Wart und Pflege

Die insb. **im Bereich der Hofübergabe** aus schierer Notwendigkeit – angesichts des Fehlens erschwinglicher oder durch Sozialversicherungsleistungen finanzierter staatlicher Pflegeangebote – übliche Vereinbarung von tatsächlichen Versorgungspflichten i.S.v. hauswirtschaftlichen Verrichtungen oder Wart- und Pflegeleistungen) bleibt gerade in Zeiten „mechanisierter" externer Pflegeinstitutionen weiterhin aktuell.

1335

Sie begegnet dem Wunsch der Veräußerer zur Versorgung zu Hause, solange dies möglich ist, und trägt den **Gerechtigkeitsvorstellungen der übrigen Beteiligten** insoweit Rechnung, als derjenige, der in Gestalt der Wohnimmobilie den wesentlichen Teil des elterlichen Vermögens erhält, auch mehr Belastungen ggü. seinen Eltern außerhalb des unmittelbar finanziellen Bereichs zu tragen hat und damit zugleich mittelbar das Risiko der weichenden Geschwister, i.R.d. bürgerlich-rechtlichen Elternunterhalts herangezogen zu werden, reduziert. Schließlich erhöht die vertraglich vereinbarte – nicht jedoch die lediglich faktisch erbrachte – Pflege und hauswirtschaftliche Versorgung den zivilrechtlichen Entgeltlichkeitsanteil des Rechtsgeschäfts mit der Folge, dass die Übertragung ggü. den Schwächen der Schenkung, bspw. der Rückforderung aus § 528 BGB, in erhöhtem Maß immun ist.

1336

Diese **Minderung der zivilrechtlichen Bereicherung** tritt bereits durch die abstrakte Übernahme des Pflegerisikos ein – bewertet mit einem an der Wahrscheinlichkeit orientierten Teilwert des kapitalisierten Jahresbetrags der Pflege, Letztere orientiert früherer am niedrigeren Pflegegeld-, nunmehr jedoch i.d.R. unter dem Eindruck des im Projekt des § 2057b BGB zum Ausdruck gekommenen gesetzgeberischen Willens an den höheren Pflegesachleistungsbeträgen der jeweiligen Stufe – (vgl. dazu Rdn. 45), während im Schenkungsteuerrecht die Minderung der Bereicherung erst dann anerkannt wird, wenn die Pflege tatsächlich ausgeübt wird (dann jedoch naturgemäß ohne Unsicherheitsabschlag und orientiert an den sehr viel höheren Pflegesachleistungsbeträgen der betreffenden Stufe, vgl. Rdn. 3853 f., mit Berechnungsbeispiel). Ertragsteuerlich bilden übernommene und erbrachte Dienstleistungen kein Entgelt i.S.v. Anschaffungskosten bzw. Veräußerungserlös, können jedoch bei Einhaltung der sonstigen Voraussetzungen – seit 2008 also nur mehr für Betriebsvermögen (Rdn. 5000 ff.) – zum Sonderausgabenabzug berechtigen – und zwar wegen ihrer naturgemäß variablen Höhe in vollem Umfang, allerdings um den Preis der vollen Besteuerung beim Begünstigten als sonstige wiederkehrende Bezüge gem. § 22 EStG.

1337

> **Hinweis:**
>
> In der Beratung darf durchaus darauf hingewiesen werden, dass auch die perfekt definierte Pflegeverpflichtung dann wenig nützt, wenn das persönliche Verhältnis von Berechtigtem und Verpflichteten nicht in Ordnung ist. Auch ist den Beteiligten, auch den weichenden Erben, klar zu machen, dass die Übernahme einer Pflegeverpflichtung, jedenfalls bei klarer Abgrenzung (anderenfalls droht „interessengerechte Auslegung" entgegen der Intention der Beteiligten, Rdn. 1037), nichts mit der Tragung der Kosten bei einem notwendigen Heimaufenthalt zu tun hat. Ist umgekehrt der Abkömmling so gut situiert, dass er bereits aufgrund seines Einkommens für die Eltern herangezogen würde, ist die vertragliche Vereinbarung

1338

> von Versorgungsleistungen geradezu ratsam, um jedenfalls bei der Übertragung von Betriebsvermögen deren steuerliche Absetzbarkeit als Sonderausgaben (in einer die Ertragskraft des erworbenen Vermögens nicht übersteigenden Höhe) zu gewährleisten.[370] Leistungen aufgrund gesetzlicher Unterhaltspflicht[371] – also ohne vertragliche Grundlage – wären nur in beschränktem Maß als außergewöhnliche Belastungen gem. §§ 33, 33a Abs. 1 EStG abzugsfähig, ebenso wie eigene Aufwendungen bei Pflegebedürftigkeit[372] einschließlich der Kosten des behindertengerechten Umbaus der eigenen Immobilie.[373]

1339 Nicht selten drängt der rechtlich etwas versiertere Erwerber den Veräußerer, die „Gegenleistungen", insb. Versorgungsansprüche, möglichst gering zu halten oder gar „außerhalb der Notarurkunde" zu vereinbaren; schließlich seien sie ja bei zahlreichen künftigen Sozialbezügen des Veräußerers als Einkommen anrechenbar oder führten dazu, dass der Sozialleistungsträger nach Überleitung elegante Möglichkeiten habe, den Erwerber – über die Grenzen des Unterhaltsrechts (§ 94 SGB XII) hinaus – in Anspruch zu nehmen.

1340 > **Hinweis:**
>
> Neben einer eingehenden Belehrung über § 311b Abs. 1 BGB[374] wird der Notar, soweit i.R.d. Erforschung des Parteiwillens und der Belehrung[375] möglich, dem Veräußerer vor Augen halten, dass seine legitimen, mit dem Erwerber und dessen Leistungsfähigkeit abzustimmenden Versorgungsinteressen vor allen sozial- und steuerrechtlichen Detailüberlegungen für die Ausgestaltung des Vertragsverhältnisses maßgeblich sein sollten. Dem Erwerber ist in diesem Zusammenhang auch die Einsicht zu vermitteln, dass mit abnehmender vertraglicher

---

370 Hierauf weist zu Recht *J. Mayer*, MittBayNot 2004, 183, hin.
371 Wobei nach BFH, 18.05.2006 – III R 26/05, EStB 2006, 410, für die steuerrechtliche Prüfung lediglich das Bestehen einer Unterhaltspflicht dem Grunde nach, nicht die zivilrechtliche Höhe des Anspruchs bewiesen zu werden braucht.
372 Als Pflegepauschbetrag i.H.v. 624,00 €/Jahr, i.Ü. gegen Nachweis gem. § 33 EStG, wobei BFH, 10.05.2007 – III R 39/05, EStB 2007, 327 auch unterhalb der Pflegestufe I („Stufe Null") ein ärztliches Attest und (von Unterbringungs- und Verpflegungskosten) getrennten Kostenausweis durch den Heimträger genügen lässt. Krankheitsbedingte Heimaufenthaltskosten (psychiatrische Behandlung) können außergewöhnliche Belastungen i.S.d. § 33 EStG auch dann sein, wenn keine zusätzlichen Pflegekosten entstehen, BFH, 13.10.2010 – VI R 38/09, EStB 2011, 102; selbst getragene Pflegekosten sind es nur, soweit sie Leistungen aus Pflegeversicherungen übersteigen, BFH, 14.04.2011 – VI R 8/10, EStB 2011, 253. Wahlweise kann der Aufwand für häusliche Pflege- und Versorgungsleistungen auch gem. § 35a EStG teilweise geltend gemacht werden, seit 2010 auch ohne Nachweis der Pflegebedürftigkeit, vgl. BMF-Schreiben v. 15.02.2010 IV C 4 – S 2296 – b/07/0003.
373 BFH, 24.02.2011 – VI R 16/10, ZfIR 2011, 342 (Erlangung eines Gegenwertes in Form einer Wertsteigerung sowie Frage nach zumutbaren Handlungsalternativen seien regelmäßig nicht zu prüfen).
374 Zur Beurkundungsbedürftigkeit der Gegenleistungen vgl. etwa *Wahl*, Vertragliche Versorgungsrechte in Übergabeverträgen und sozialrechtliche Ansprüche, S. 270.
375 *Wahl* schlägt in diesem Zusammenhang (Vertragliche Versorgungsrechte in Übergabeverträgen und sozialrechtliche Ansprüche, S. 300) eine umfangreiche allgemeine Vertragsbestimmung, welche notarielle Belehrungen und Hinweise zu sozialrechtlichen Tatbeständen enthält, vor. Diese dürfte die Beurkundung bei normalen Übergabesachverhalten überfrachten und zudem den Eindruck heraufbeschwören, der Notar habe eine besondere sozialrechtliche Betreuungspflicht ggü. den Beteiligten übernommen.

> Versorgungspflicht der Grad der Unentgeltlichkeit und damit die Wahrscheinlichkeit der Rückforderung gem. § 528 BGB steigen wird.[376]

I. Checkliste: Vertragliche Pflegeverpflichtung

Mangels gesetzlicher Regelung hat sich eine umfassende **vertragliche Pflegeverpflichtung** mit folgenden Themen zu befassen:[377]   1341

- ☐ **Person des Verpflichteten**: nur persönlich oder durch Dritte – § 613 BGB (Höchstpersönlichkeit) dürfte wohl[378] mangels Vorliegens eines Dienstvertrags im eigentlichen Sinn nicht einschlägig sein.
- ☐ **Vererblichkeit der Verpflichtung?** Nach dem OLG Hamm[379] ist die Verpflichtung jedenfalls dann vererblich, wenn die Parteien bei Abschluss der Vereinbarung jedenfalls die Erbringung durch Verwandte mit in ihre Überlegungen einbezogen haben.
- ☐ **Anlass der Pflegeleistung**: nur Pflegebedürftigkeit i.S.d. SGB XI oder auch schlichte Krankheit? Abgrenzung zu schlichten hauswirtschaftlichen Verrichtungen.
- ☐ **Art der Tätigkeit**: typischerweise nur Leistungen der Grund- (nicht Behandlungs-) Pflege, die auch ohne Ausbildung aufgrund bloßen Anlernens erbracht werden können.
- ☐ **Umfang der Pflegeleistung**: Differenzierung nach Pflegestufe, nach zeitlichem Aufwand oder aber Übernahme des „nicht gedeckten Restbedarfs" nach Inanspruchnahme der beitragsfinanzierten Leistungen des SGB XI.
- ☐ **Grenzen der Pflegeverpflichtung**: Vorrangigkeit der Versorgung der eigenen Familie; allgemeine Zumutbarkeitsgrenze (vgl. auch § 275 Abs. 3 BGB und Rdn. 1351).
- ☐ **Ort der geschuldeten Handlung**: typischerweise begrenzt auf die derzeitige Wohnung des Veräußerers, ggf. auch auf das Gebiet einer bestimmten Gemeinde.
- ☐ **Finanzieller Ausgleich?** Ggf. Verpflichtung zur Auskehr erlangten Pflegegeldes für die tatsächlich erbrachte Pflegestufe; ferner (selten) Anspruch auf Ersatz von Aufwendungen wie Fahrtkosten, Reinigung der Kleidung etc., oder gar Vergütung für entgangene Freizeit nach Stundenaufwand?
- ☐ **Rechtsfolgen bei Pflichtverletzung**: heikle Thematik, v.a. wenn Rückforderungsvorbehalte daran geknüpft werden sollen! Allenfalls: Verpflichtung zur erweiterten Übernahme der Kosten anderweitiger Ersatzbeschaffung durch externe Pflegedienste.
- ☐ **Regelung des Rechtsverhältnisses zu Geschwistern**: Haben diese ein eigenes Forderungsrecht nach § 328 BGB? Ggf. Einbettung in eine übergreifende Vereinbarung zur Verteilung der „elterlichen Last" unter Einschluss des Schicksals mehrerer Beschenkter

---

376 Vgl. etwa *Schneider/Winkler*, ZfF 1986, 195. Zu erinnern ist ferner an § 3 Abs. 3 Satz 2 der VO zu § 33 BVG, wonach bei Berechnung der BVG-Ausgleichsrenten die Gegenleistungen „in angemessener Höhe" zugrunde gelegt werden.
377 Vgl. auch *J. Mayer*, Der Übergabevertrag, Rn. 186.
378 Entgegen *Weyland*, MittRhNotK 1996, 62; zu berücksichtigen ist auch das Sicherungsinteresse des Veräußerers gerade für diesen Fall.
379 OLG Hamm, DNotZ 1999, 719 beim Übergang der Pflegeverpflichtung auf Minderjährige im Erbweg.

> im Hinblick auf § 528 BGB und mehrerer Unterhaltspflichtiger. Absicherung etwaiger Freistellungsverpflichtungen (s. Rdn. 1399).

II. Verbotener „Vertrag zulasten Dritter" als Gestaltungsgrenze?

1342 Der **BGH** hat in seinem **Urt. v. 21.09.2001**[380] die von der Vorinstanz, dem OLG Hamm, ermittelte Auslegung einer Vertragsklausel, wonach der Erwerber zwar die Kosten der ambulanten Pflege, nicht aber, da nicht erwähnt, die Kosten einer stationären Pflege zu übernehmen habe, verworfen mit dem überraschenden Vorwurf, sie sei sinnlos, da in einer Leistungsvereinbarung somit auf einen unwirksamen Vertrag zulasten Dritter (des Sozialhilfeträgers) gerichtet sei. Folgt man dem, würde auch eine ausdrücklich enthaltene Vertragsbestimmung, wonach der Übernehmer zwar im ambulanten Bereich bestimmte Verpflichtungen trage, nicht jedoch für die nicht gedeckten Kosten stationärer Unterbringung aufzukommen habe, als „Vertrag zulasten Dritter" unwirksam sein.[381] Dem kann weder in der Begründung noch im Ergebnis gefolgt werden.[382]

1343 > **Hinweis:**
>
> Aus sozialrechtlichen Normen lässt sich nicht ein allgemeiner Rechtsgrundsatz des Inhalts herleiten, dass „unzureichend geringe" Gegenleistungen auf ein „angemessenes Maß" aufzustocken wären. Solche Normen[383] sind absolute Einzelfälle und auch über den Rechtsgedanken des § 162 BGB (treuwidrige Einwirkung auf den Kausalverlauf)[384] nicht verallgemeinerbar. Leistungseinschränkende Klauseln erhöhen das Maß der Unentgeltlichkeit und damit das Risiko der ganzen oder teilweisen Rückführung der Vermögensübertragung gem. § 528 BGB (regelmäßig in Gestalt wiederkehrender monatlicher Wertersatzzahlungen, bei vertraglicher Vereinbarung einer Ersetzungsbefugnis möglicherweise auch durch Naturalrestitution).[385] Inwieweit sie jedoch selbst wirksam oder unwirksam sind, richtet sich allein – wie auch sonst bei der Kollision vertraglicher Vereinbarungen mit dem sozialhilferechtlichen Nachrangprinzip – nach § 138 BGB (Umstandssittenwidrigkeit); s. Rdn. 1389.

1344 Es ist daher zu begrüßen, dass der **BGH im Urt. v. 23.01.2003**[386] im Rahmen eines PKH-Verfahrens zu einem ähnlichen Sachverhalt (ausführlich s.o. Rdn. 1037) sich deutlich vom Topos des „unzulässigen Vertrags zulasten Dritter" distanziert hat. Er versteht nun die Ausführungen im Urt. v. 21.09.2001 als Hinweis darauf, dass die übernehmerfreundliche Auslegung wirtschaftlich zu einer Belastung des Sozialhilfeträgers führe. Leistungsbeschränkende Klauseln, dies wird deutlich, werden jedenfalls extrem eng, angeblich dadurch „interessengerecht" ausgelegt.

---

380 BGH, MittBayNot 2002, 179, m. Anm. *Mayer*, MittBayNot 2002, 153; DNotZ 2002, 702, m. Anm. *Krauß*.
381 Hierauf weist zu Recht auch *Kornexl*, ZEV 2002, 117 f., hin.
382 Vgl. hierzu Rn. 1097 ff. der 1. Aufl. dieses Buches.
383 Vgl. § 3 Abs. 3 Satz 2 der Durchführungsverordnung zu § 33 BVG i.d.F. v. 01.07.1975, BGBl. I, S. 1769, wonach bei der Einkommensanrechnung bzgl. der Ausgleichsrente nach BVG vertraglich vereinbarte Altenteilsleistungen, die im Verhältnis zum Wert des Übergabegegenstands oder der üblicherweise vereinbarten Versorgungsleistungen „zu hoch oder zu niedrig" seien, in der Höhe anzusetzen sind, die „unter angemessener Berücksichtigung der tatsächlichen Verhältnisse" zu leisten wäre.
384 In diese Richtung geht allerdings *Wahl*, Vertragliche Versorgungsrechte in Übergabeverträgen und sozialrechtliche Ansprüche, S. 250 ff.
385 Vgl. hierzu *Krauß*, ZEV 2001, 417 ff.
386 V ZB 48/02, ZEV 2003, 211 m. Anm. *J. Mayer*, MittBayNot 2004, 181.

Zu befürchten war allerdings, dass sich die Rechtsprechung des BGH, gespeist von der Vorstellung einer „materialen Vertragsgerechtigkeit", zu einer Inhaltskontrolle auch bei eindeutigen und daher nicht auslegungsbedürftigen leistungseinschränkenden Vereinbarungen im Sozialhilfefall entwickeln würde,[387] ähnlich der Tendenz im Eherecht (Rdn. 841 ff.) und im Erbrecht (Rdn. 847 ff.). Diese Bedenken sind mit der dritten Leitentscheidung des BGH v. **06.02.2009**[388] weitgehend zerstreut worden (vgl. im Einzelnen Rdn. 1389 ff.: im Fokus steht tatsächlich allein die Schließung von Regelungslücken, also die Behandlung kautelarjuristischer Betriebsunfälle. Führt diese Auslegung zu einer Begrenzung der geschuldeten Leistung dergestalt, dass keine Geldersatzansprüche an die Stelle ortsgebundener, pflegebedingt nicht mehr benötigter Verpflichtungen treten, verstößt dieses Auslegungsergebnis (ebenso wenig wie eine ausdrücklich in diese Richtung gehende Klausel) nicht gegen die guten Sitten. Dies gilt jedenfalls dann, wenn die Leistungsbegrenzung in neutraler Weise auf alle Fälle des Wegzugs abstellt, es sich um ihrer Natur nach ortsgebundene Leistungen handelt (also nicht um einen Nießbrauch oder um Geldrenten) und der Veräußerer zumindest über eine Altersversorgung i.H.d. gesetzlichen Rente verfügt. Nur in seltenen Fällen wird daher nunmehr[389] noch ein Risikohinweis des Notars angezeigt sein:

Formulierungsvorschlag: Hinweis auf sozialhilferechtliche Anerkennungsrisiken bei Leistungsbeschränkungsklauseln

> Der Notar hat darauf hingewiesen, dass der vertragliche Ausschluss von Geldersatzansprüchen, die im Fall des dauerhaften Wegzugs des Veräußerers vom Vertragsobjekt u.U. kraft Gesetzes entstehen würden, unwirksam sein kann, wenn der Veräußerer nicht über eine adäquate Alterssicherung verfügt und später steuerfinanzierte Sozialfürsorgeleistungen bezieht.

III. Festlegung des Umfangs der geschuldeten Leistung

Insb. der **Umfang** der vertraglich vereinbarten „Wart und Pflege" bleibt allzu häufig völlig unbestimmt.[390] In den gängigen Leibgedingsklauseln werden zwar regelmäßig Einzelheiten wie etwa die „Reinigung und Ausbesserung des Schuhwerks" oder die „Besorgung der Fahrten zum Geistlichen" erwähnt, die zur späteren Konfliktvermeidung dringend wünschenswerte[391] und im Kollisionsbereich zu Sozialhilfeleistungen bei ambulanter Pflegebedürftigkeit auch rechtlich erforderliche **Konkretisierung der im Einzelnen geschuldeten Maßnahmen** unterbleibt jedoch. Wie oben dargestellt, legt die Rechtsprechung unbestimmte Pflegeklauseln regelmäßig zulasten des Erwerbers aus – selbst zeitaufwendige und kraftintensive Dauerpflege bei außergewöhnlicher Pflegebedürftigkeit (Stufe III) sei geschuldet; ggf. müsse eben eine qualifizierte Pflegekraft

---

387 Hierauf weist *J. Mayer*, Intensivkurs Überlassungsvertrag (DAI-Skript März 2005), S. 72, mit Blick auf die kanonische „laesio enormis" hin.
388 V ZR 130/08, ZErb 2009, 150, NotBZ 2009, 221, m. Anm. *Krauß*.
389 A.A. zuvor *Rosendorfer*, MittBayNot 2005, 10.
390 Vgl. etwa die knappe Regelung in Vertragsmuster Nr. VI.53 (Übergabe mit Leibgeding) des Münchener Vertragshandbuches Bd. IV, 2. Aufl. 1986, § 4 Nr. 5: „Wart und Pflege"; ähnlich unbestimmt: Baustein 6539 aus *Keim*, Diktat- und Arbeitshandbuch für Notare, Immobiliarverträge: „... in ordentlicher und zuvorkommender Weise zu pflegen".
391 So auch *Germer*, BWNotZ 1983, 77.

bezahlt werden – welche zudem aufseiten des Altenteilers zu steuerpflichtigen Einnahmen aus wiederkehrenden Bezügen i.H.d. Entlohnungsaufwands führt (i.Ü. sind lediglich die Sachbezugswerte zugrundezulegen, bei Leistungen zugunsten des Altenteilerehegatten nur i.H.v. 80%, vgl. die Nichtbeanstandungsgrenzen im Erlass des Bayerischen Landesamtes für Steuern).[392] [393]

1348 Die genauere Umschreibung des Umfangs der geschuldeten Pflege- und Betreuungsleistung ist auch vor **grundbuchrechtlichem Hintergrund** zu erwägen: Nach früherer Ansicht des BayObLG[394] liegt keine bestimmbare und damit reallastfähige Leistung mehr vor, wenn lediglich von „Zumutbarkeit für den Erwerber" die Rede ist. Das Gericht hat ferner zu erkennen gegeben, dass es die frühere Rechtsprechung wonach „standesgemäßer Unterhalt" reallastfähig sei, nicht mehr aufrechterhalten werde. Auch zur grundbuchlichen Sicherung der Pflegeverpflichtung im Rahmen eines Leibgedings ist daher im Interesse des Veräußerers eine genauere Festlegung notwendig (vorsorglicher Formulierungsvorschlag s. Rdn. 1366).[395] Der **BGH** hat allerdings zwischenzeitlich[396] die Bedenken des BayObLG insoweit nicht geteilt und sich für die **Reallastfähigkeit solcher Vereinbarungen** ausgesprochen, wenn nur die höchstmögliche Belastung des Grundstückes für jeden Dritten erkennbar ist und der Umfang der Haftung in einem bestimmten Zeitpunkt aufgrund der in der Eintragungsbewilligung enthaltenen Voraussetzungen bestimmt werden kann.

Zur Eingrenzung des Inhalts der Pflegeverpflichtung eignen sich folgende Kriterien:

1. Inhalt der Tätigkeit

1349 Hinsichtlich des **Inhalts der Tätigkeit** unterscheidet die sozialrechtliche Literatur überwiegend[397] zwischen

- den – nicht pflegespezifischen – **hauswirtschaftlichen Verrichtungen** (Einkauf, Zubereiten der Mahlzeiten, Reinigen der Kleidung und der Wohnung),
- dem **pflegefallbedingten hauswirtschaftlichen Bedarf** (Bettenmachen bei Bettlägerigen, Leeren des Nachtstuhls etc.) – beides Leistungen **für** eine Person – und
- den eigentlichen, **personenbezogenen Verrichtungen** (an einer Person) **der Grundpflege** (Hilfe bei Aufstehen und Zubettgehen, An- und Auskleiden, Nahrungsaufnahme, Körperpflege etc.) und der Behandlungs-, d.h. **medizinisch indizierten Pflege**, wobei Letztere wiederum einerseits aus Tätigkeiten besteht, die ohne Weiteres erlernbar sind (Einreibungen,

---

[392] Erlass v. 17.03.2006, ZEV 2006, 355; zuvor Verfügung der OFD München v. 23.01.2005, ZEV 2005, 203, vgl. BFH, BStBl. 1989 II, S. 784 und S. 786.
[393] Vgl. BFH, MittBayNot 1992, 335.
[394] MittBayNot 1993, 370.
[395] Vgl. zur umfangreichen Rspr. über das Vorliegen eines Leibgedings gem. § 49 GBO und dessen grundbuchliche Behandlung BGH, MittBayNot 1994, 217ff.; BayObLG (3 Entscheidungen), DNotI-Report 10/94, 5, und MittBayNot 1994, 225; *Wolf*, MittBayNot 1994, 117; OLG Köln, MittBayNot 1994, 134; BayObLG, MittBayNot 1993, 208; LG Bamberg, MittBayNot 1993, 154; BGH, Rpfleger 1994, 347; OLG Zweibrücken, MittBayNot 1994, 334.
[396] BGH, 13.07.1995 – V ZB 43/94, DNotI-Report 1995, 168.
[397] Vgl. etwa *Jürgens*, Pflegeleistungen für Behinderte, S. 110ff.; *Brühl*, Sozialhilfe für Betroffene, S. 222, jeweils m.w.N.

Umschläge etc.) und andererseits aus geschultem Personal vorbehaltenen Leistungen (Verabreichen von Spritzen etc.).

> **Hinweis:**
>
> Insoweit empfiehlt es sich, die Kriterien bzw. Sachverhaltsgruppen des Pflegeversicherungsgesetzes (SGB XI) mit heranzuziehen, d.h. – sofern gewünscht – als Regelbeispiele die Verrichtungen bei der Körperpflege, Ernährung, Mobilität und hauswirtschaftlichen Versorgung anzuführen. Diese nähere Erläuterung hat den Vorteil, dass die genannten Begriffe durch die zu erwartende Rechtsprechung zum SGB XI künftig näher definiert sein werden, sodass sie im Weg einer dynamischen Verweisung auf das SGB XI im Fall etwaiger Meinungsverschiedenheiten durch Heranziehung der künftigen Judikatur und der Richtlinien des medizinischen Dienstes der Krankenkassen die – auch im Grundbuchsinn – notwendige Bestimmtheit der Leistungsverpflichtung vermitteln.

1350

2. Auslösender Tatbestand

Festzulegen ist ferner, **unter welchen Voraussetzungen** diese Tätigkeiten geschuldet werden – regelmäßig erst dann, wenn objektiv Pflegebedürftigkeit vorliegt (i.S.d. § 14 SGB XI, Rdn. 1052 ff.) und subjektiv der Übergeber oder dessen Ehegatte zur Eigenversorgung nicht mehr in der Lage ist.

1351

3. Leistungsort

Es ist kaum anders vorstellbar, als dass die Dienstleistungspflichten des Erwerbers (und/oder dessen Ehegatten) sich auf die „Austragswohnung" bzw. das **derzeitige Domizil der Veräußerer** beschränken. Dem Veräußerer an seinen neuen Wohnort hinterherzufahren bzw. im Pflegeheim die geschuldeten Dienstleistungen und hauswirtschaftlichen Verrichtungen weiter zu erbringen, ist außerhalb des (ggf. durch Auslegung zu ermittelnden) Rechtsbindungswillens. Diese örtliche Beschränkung, die auch landesrechtlich beim Leibgeding vermutet wird (Rdn. 1381, vgl. z.B. Art. 8 Satz 1 BayAGBGB), gewinnt v.a. Bedeutung i.R.d. sich anschließenden Frage, ob und ggf. in welchen Fällen (z.B. nur bei verschuldetem Wegzug) Sekundäransprüche, etwa auf Zahlung in Geld, geschuldet sind, wenn die primäre Leistungspflicht als Folge des Ortswechsels entfällt, vgl. Rdn. 1382.

1352

4. Zeitlicher Umfang und Zumutbarkeitsgrenzen

Unerlässlich ist schließlich, den **zeitlichen Umfang** sowie die **Zumutbarkeitsgrenzen** insb. der Pflegetätigkeit (in geringerem Maße der hauswirtschaftlichen Verrichtungen) zu regeln. Diese wird nur i.R.d. (zeitlichen) Leistungsfähigkeit des Erwerbers (bzw. dessen Ehegatten) geschuldet sein, d.h. unter Berücksichtigung etwa vorrangiger Beanspruchung des Übernehmerehepaars bei der Sorge um erkrankte eigene Kinder und ohne Verpflichtung zur Übernahme der Kosten externer Pflegeeinsätze. Die Vereinbarungen sollten über einen allgemeinen Zumutbarkeitsvorbehalt (wie er gem. § 275 Abs. 3 BGB bei personenbezogenen Dienstleistungen ohnehin besteht) hinaus gehen.

1353

a) Deckung des Restbedarfs

1354 Denkbar ist einerseits, den tatsächlichen Umfang der geschuldeten Pflege in Abgrenzung zum SGB XI dahin gehend zu bestimmen, dass lediglich der durch die Pflegekasse **nicht gedeckte Restbedarf an Pflege** jeweils durch den Übernehmer zu leisten sei. Unterhalb der Pflegestufe I besteht innerhalb der weiteren Grenzen hier also eine zeitlich uneingeschränkte Pflicht zur tatsächlichen Durchführung der hauswirtschaftlichen Verrichtungen sowie der erforderlichen Pflegedienstleistungen. Ist jedoch Pflegebedürftigkeit mind. der Stufe I gegeben und wählt der Pflegebedürftige die Geldleistung, ist die Umschreibung des tatsächlich geschuldeten Pflegeaufwands allerdings schwierig, da der Empfang der Geldleistung allein keinen Pflegebedarf stillt. Es empfiehlt sich daher, auch für diesen Fall mittelbar eine Pflegeleistungsverpflichtung dergestalt zu schaffen, dass bei Auskehr des Pflegegeldes an die tatsächlich pflegende Person diese zur Erbringung der Pflege verpflichtet ist, welche der durch die Geldzahlung abgedeckten Pflegestufe entspricht. Wählt der Pflegebedürftige jedoch die Sachleistung oder eine Kombination aus Geld- und Sachleistung, bleibt der Übernehmer zur Erbringung der durch die abgerufenen Pflegestundeneinsätze nicht gedeckten „Restpflege" verpflichtet.

1355 Eine solche Formulierung – zugleich ergänzt um die erforderliche Anknüpfung an die Weiterleitung des Pflegegeldes – könnte etwa wie folgt lauten:[398]

1356 **Formulierungsvorschlag: Übernahme des ungedeckten Pflegebedarfs**

> Der Übernehmer hat dem Berechtigten auf dessen Lebensdauer bei Krankheit oder Gebrechlichkeit persönlich oder durch Angehörige sorgsame Wart und Pflege im übergebenen Anwesen zu gewähren. Dies umfasst nicht die Leistungen geschulten Personals, i.Ü. aber alle Verrichtungen im Ablauf des täglichen Lebens, zu denen der Berechtigte selbst nicht mehr in der Lage ist, insbesondere bei der Körperpflege, Ernährung, Mobilität und hauswirtschaftlichen Versorgung.
>
> Rein schuldrechtlich vereinbaren die Beteiligten:
>
> Die Wart und Pflege durch den Übernehmer oder Angehörige ruht insoweit, als der Berechtigte Leistungen aus einer Pflegeversicherung beanspruchen kann; soweit dem Übernehmer Pflegegeld überlassen wird, hat er jedoch die Leistungen, die dem Pflegegeld ihrer Art nach entsprechen, zu erbringen, aber nur im vorstehend vereinbarten Umfang. Bei der Ausgestaltung der Wart und Pflege sind persönliche und örtliche Verhältnisse, Bedarf und Leistungsfähigkeit zu berücksichtigen.

1357 Dieser Formulierungsvorschlag führt im praktischen Ergebnis ggü. der nachstehend bei Rdn. 1369 empfohlenen, an den Stufen des SGB XI orientierten Formulierung, die um die hier vorgeschlagene Verknüpfung mit dem Pflegegeldbezug gemäß nachstehend Rdn. 1420 zu ergänzen ist, zu folgender Abweichung:

---

[398] Vgl. *Amann*, DNotI-Report 1995, 64.

Ist die Pflegebedürftigkeit der Stufe I erreicht, könnte bei der an den Stufen des SGB XI orientierten Verpflichtungsbeschreibung der Übernehmer die **tatsächliche Übernahme der Pflege verweigern**. In diesem Fall würde der Übergeber nur dann Geldleistungen erhalten, wenn dritte Personen zur Übernahme der Pflege geeignet und bereit sind; diesen wäre das Pflegegeld auszukehren. Erbringt der Übernehmer freiwillig (ohne diesbezügliche Verpflichtung) die Pflegeleistung, die über den Bereich unterhalb der Stufe I hinausgeht, erhält er das hierfür entrichtete Pflegegeld. Ist niemand zur Erbringung der über den Bereich unterhalb der Pflegestufe I anfallenden Pflege bereit und in der Lage, stehen dem Pflegebedürftigen nur die Pflegesachleistungen nach dem Gesetz zur Verfügung. Die Sachleistungsverpflichtung des Übernehmers würde sich in diesem Fall weiterhin auf den Bereich beschränken, der unterhalb der Pflegestufe I (d.h. mit einem zeitlichen Aufwand bis zu 90 Minuten pro Tag) zu erbringen ist.

Stellt die vertragliche Umgrenzung der geschuldeten Pflegeleistung jedoch nicht auf die Pflegestufen ab, sondern umfasst sie, wie vorstehend durch *Amann* vorgeschlagen, den **gesamten nicht durch die Pflegekasse abgedeckten Bereich der Pflegeleistung**, besteht eine Verpflichtung zur tatsächlichen Sachpflege auch oberhalb des Erreichens der Pflegestufe I. Eine Begrenzung i.S.e. „Kappung" der tatsächlichen Pflegeverpflichtung tritt dadurch nicht ein. Es steht vielmehr zu befürchten, dass gerade bei Pflegebedürftigkeit der Stufen II und III etwa gewählte Pflegesachleistungen angesichts der Stundensätze ambulanter Pflegedienste (zwischen 25,00 € und 40,00 €) nur einen sehr geringen Bereich der tatsächlich anfallenden hauswirtschaftlichen Versorgungsleistungen und Pflegetätigkeiten abdecken, sodass der tatsächlich zu erbringende Zeitaufwand weitgehend einer „rund-um-die-Uhr" zu erbringenden Pflege, lediglich gekürzt um externe Pflegeeinsätze, entspricht. Wird dem Übernehmer die Auskehr des gewählten Pflegegeldes angeboten, ist er zur tatsächlichen Erbringung der Pflege ebenfalls verpflichtet, er hat nicht – wie bei der an Pflegestufen orientierten Formulierung – die Wahl, auf das Pflegegeld zu verzichten und sich darauf zu berufen, dass seine vertragliche Verpflichtung mit Erreichen der Pflegestufe I ende.

1358

> **Hinweis:**
>
> In jedem Fall ist sehr genau zu prüfen, welche Formulierung dem rechtsgeschäftlichen Willen der Beteiligten eher entspricht. Außerhalb des unmittelbar landwirtschaftlichen Bereichs ist verstärkt zu beobachten, dass auch die Übergeber an einer Begrenzung der tatsächlichen Pflegeleistungspflicht interessiert sind, da sie befürchten, bei einer zeitlich unbegrenzten Verpflichtung zur „Übernahme der Restpflege" seien die Übernehmer überfordert, was zu Störungen und Verstimmungen des Verhältnisses zu den Übergebern führen könnte. Besondere Vorsicht ist geboten bei der Übernahme von Geldzahlungspflichten hinsichtlich des ungedeckten Restbedarfs an Pflege („so übernimmt der Erwerber den Differenzbetrag zur Finanzierung der Unterbringung ....."). Im nachhinein erweist sich diese Bereitschaft oft als übermäßig belastend; die Gerichte stehen der späteren Herabsetzung solcher Pflichten sehr skeptisch ggü., halten sie gar teilweise als sittenwidrig für unbeachtlich.[399]

1359

---

[399] So VG Münster, 19.11.2008 – 6 K 683/07, notar 2009, 262 m. Anm. *Michael*.

b) Deckung des Sockelbedarfs

1360 Alternativ könnte sich daher auch eine Orientierung an **Pflegeaufwandsstufen** des § 15 Abs. 3 SGB XI (und damit auch § 64 SGB XII) anbieten[400] (wo z.B. die den Pflegegeldbezug auslösende sog. erhebliche Pflegebedürftigkeit gemäß Pflegerichtlinien einen durchschnittlichen täglichen Zeitaufwand für Grundpflege und hauswirtschaftliche Versorgung von mind. 1 1/2 Std. voraussetzt,[401] für die zweite Stufe mind. 3 Std. täglich, für die dritte stufe mind. 5 Std. täglich).[402] Die Bezugnahme auf die Pflegestufen des § 15 SGB XI dient hier nicht der Ausfüllung eines Tatbestandsmerkmals (Pflegepflicht lediglich und nur solange Stufe 1 verwirklicht ist), sondern der Rechtsfolge (Umfang der Leistungspflicht). Dies wird i.d.R. gewollt sein.[403] Dabei dürfen die Zeitgrenzen der Pflegestufen (1 1/2, 3, 5 Std.) aber nur i.S.e. durchschnittlichen objektiven Arbeitsaufwands verstanden werden, nicht als schlichte Minutenzahl, da sonst die träge Verrichtung gefördert würde.

1361 Ergibt die Sachverhaltsaufklärung etwa, dass Haushaltsführung, Grund- und nichtqualifizierte Behandlungspflege im Bedarfsfall geschuldet werden, und zwar auch als Dauerpflege, jedoch unterhalb der Schwelle der Pflegestufe I des § 64 SGB XII und nur i.R.d. Möglichkeiten des Übergebers und seines Ehegatten – externe Pflegekräfte sind nicht zu übernehmen –, könnte in Kurzfassung wie folgt formuliert werden (wobei an dieser Stelle zur Wiederholung darauf hingewiesen sei, dass es nicht Aufgabe des Notars sein kann, von sich aus die „sozialleistungsoptimale" Gesamtgestaltung als Maxime seines Wirkens zu verfolgen).

1362 **Formulierungsvorschlag: Pflege- und Dienstleistungspflichten (kurz)**

> 1. Soweit der Veräußerer hierzu nicht mehr selbst in der Lage ist, hat der Erwerber auf Verlangen unentgeltlich dessen Haushalt[1] zu führen, also insbesondere die Mahlzeiten zuzubereiten, die Wohnung sauber zu halten, Wäsche zu reinigen sowie (*ggf. Zusatz: auf Kosten des Veräußerers*) Besorgungen und Fahrdienste zu erledigen.
>
> 2. Soweit der Erwerber (*ggf.: oder sein Ehegatte*) hierzu – insbesondere[2] ohne Inanspruchnahme fremder Pflegekräfte – zumutbarerweise in der Lage ist, hat er bei Krankheit und Gebrechlichkeit des Veräußerers ferner dessen häusliche Grundpflege zu übernehmen. Dazu zählt insb. die Hilfe beim Aufstehen und Zubettgehen, An- und Auskleiden, der Nahrungsaufnahme, Körper- und hygienischen Pflege, die Verabreichung von Medikamenten, Umschlägen, Einreibungen und Ähnliches. Dauerpflege ist allerdings nur in dem Umfang zu erbringen[3], der mit den notwendigen hauswirtschaftlichen Verrichtungen nach dem Urteil des Hausarztes[4] des Veräußerers einem durchschnittlichen täglichen Zeitaufwand[5] von insgesamt nicht mehr als 1 1/2 Stunden entspricht.
>
> 3. Vorstehende Verpflichtungen ruhen, soweit Pflegesachleistungen im Rahmen gesetzlicher Ansprüche, etwa auf Haushaltshilfe, häusliche Krankenpflege oder häusliche Pfle-

---

[400] So auch die Empfehlung von *Mayer*, ZEV 1995, 272 ff.
[401] Vgl. etwa BVerwG, ZfSH 1978, 115; OVG Bremen, FEVS 23, 58.
[402] Die vom Bundesministerium für Arbeit genehmigten Pflegebedürftigkeitsrichtlinien der Spitzenverbände der Pflegekassen gem. § 17 Abs. 1 Satz 1 SGB XI wurden in § 15 Abs. 3 SGB XI übernommen.
[403] *Waldner*, Vorweggenommene Erbfolge, Rn. 48; *Mayer/Geck*, Intensivkurs Überlassungsvertrag (DAI-Skript Mai 2006), S. 106.

gehilfe⁶ erbracht werden. Die Verpflichtungen sind nicht vererblich, bestehen jedoch auch bei Verlust des Eigentums fort.

Folgende **Erläuterungen** mögen die Handhabung dieses Formulierungsvorschlags erleichtern: 1363

1. Der Umfang der Erstattungspflicht des Veräußerers bei Besorgungen und Fahrdiensten („hauswirtschaftliche Verrichtungen") ist ggf. genauer zu regeln, insb. sofern diese über den Bereich erforderlich werdender Neuanschaffungen hinausgeht und z.B. auch den Wert der Lebensmittel umfasst. Art. 14 BayAGBGB sieht i.Ü. vor, dass Heilmittel- und Behandlungskosten im Zweifel vom Veräußerer zu tragen sind.

2. Durch Verwendung des Begriffs „insbesondere" soll zum Ausdruck gebracht werden, dass die Erbringung der Wart und Pflege unter einem allgemeinen Zumutbarkeitsvorbehalt (§ 275 Abs. 3 BGB) steht, der durch die Regelung zur Heranziehung externer Pflegekräfte nicht ausgeschöpft wird.[404] Ähnliches wird teilweise durch den – allerdings eher unterhaltsrechtlich geprägten – Begriff der „Leistungsfähigkeit" ausgedrückt.

3. Die **negative Umschreibung der Leistungspflicht** „in dem Umfang, der ..." erscheint sachgerecht, um klarzustellen, dass die Verpflichtung des Erwerbers auch bei Vorliegen höherer Pflegestufen jedenfalls den Bereich mitumfasst, der zeitlich unterhalb der Pflegestufe I liegt (d.h. bis zu 90 Minuten täglich umfasst). Anderenfalls würde der Erwerber gerade dadurch frei, dass sich der Zustand des Pflegebedürftigen verschlechtert, was geradezu nachlässige Erbringung der Pflegeleistungen unterhalb der Stufe I provozieren könnte. Um die vertragliche Umschreibung des Geschuldeten unabhängig von etwaigen künftigen Änderungen des SGB XI und der hierzu erlassenen Verordnungen und Richtlinien der Pflegekasse zu gestalten, erfolgt keine (dynamische) Verweisung auf die Pflegestufen des Gesetzes, sondern eine ausdrückliche zeitliche Umschreibung des Leistungsumfangs auf durchschnittlich 90 Minuten je Tag.

Für den Bereich der Pflegeleistungen nach dem SGB XII müsste durch die vorgenannte Formulierung – bei aller anzuratenden Vorsicht – zugleich klargestellt sein, dass der Aufwand „besonderer Pflegekräfte" i.S.d. § 65 Abs. 1 Satz 2 SGB XII zu erstatten ist, soweit der Pflegebedarf den vertraglich festgelegten Umfang überschreitet. Pflegegeld gem. § 64 Abs. 1 SGB XII wird ab sog. erheblicher Pflegebedürftigkeit gewährt, bei deren Vorliegen nach obiger Vereinbarung keine häusliche Pflegeverpflichtung mehr besteht. Nach der Praxis der Sozialhilfeverwaltung dürfte damit jedoch das Problem der Anrechnung vertraglicher Pflege auf diese Geldleistung nicht völlig entfallen,[405] da im Pflegegeld auch pauschalierter, bei vertraglicher Pflicht nicht mehr erforderlicher Aufwendungsersatz für die minderen Pflegestufen enthalten ist. Bei korrekter Ermessensausübung darf jedoch hier – in Abgrenzung zur gesetzlichen Regelung des § 66 Abs. 2 Satz 2 SGB XII, wo Aufwendungsersatz und Pflegegeld sich auf dieselbe Pflegestufe beziehen – nur eine Kürzung um deutlich weniger als die Hälfte erfolgen.

4. Die auf den Hausarzt des Veräußerers bezogene **Schiedsgutachterklausel** soll das fachkundige Urteil einer „in dessen Lager stehenden" Person, die ihn und seine Entwicklung typischerweise langjährig kennt, nutzbar machen. *Waldner*[406] wendet ein, dadurch würde das 1364

---

404 *Waldner*, Vorweggenommene Erbfolge, Rn. 48; *Mayer/Geck*, Intensivkurs Überlassungsvertrag (DAI-Skript Mai 2006), S. 106.
405 A.A. jedoch möglicherweise *Lindner*, MittBayNot 1988, 223.
406 Vgl. dazu Vorweggenommene Erbfolge, Rn. 58.

Vertrauensverhältnis zwischen Mediziner und Patient gestört, und regt an, den Medizinischen Dienst der Kassen als Schiedsgutachter zu berufen. Diese sind jedoch erfahrungsgemäß in der Anerkennung von Pflegebedarf aus fiskalischer Rücksichtnahme sehr zögerlich.

5. Durch das Abstellen auf den durchschnittlichen täglichen Aufwand soll verdeutlicht werden, dass nicht etwa die rein zeitliche Ableistung als solche das Maß vorgibt, denn dies würde den „trägen Erwerber" ggü. dem flinken bevorzugen.

6. Die **„Ansprüche auf Pflegehilfe"** zielen insb. auf §§ 37, 38 SGB V und Ansprüche nach dem BVG, jedoch nur in dem Rahmen, in dem die Leistungen, auf welche gesetzlicher Anspruch besteht, tatsächlich erbracht werden. Pflegesachleistungen nach dem SGB XI sind i.R.d. durch diese Übernehmer geschuldeten Zeitaufwands, also unterhalb der Pflegestufe I, nicht beanspruchbar.

1365 Im Hinblick auf die Anforderung an die Bestimmbarkeit der Reallast[407] empfahl sich vor dem „Entwarnungsurteil" des BGH[408] im Anschluss an die Bewilligung einer Reallast (als Bestandteil eines einheitlichen Leibgedinges nach § 49 GBO) **folgende Ergänzung**.

1366 **Formulierungsvorschlag: Schuldrechtliche Einschränkung der Reallast**

Die Beschränkungen der Pflicht zur Haushaltsführung sowie zur Wart und Pflege sind nur schuldrechtlich vereinbart.

1367 Einen ausführlicheren Formulierungsvorschlag hat *J. Mayer*[409] unterbreitet. Auch er lehnt sich an die Pflegestufen des PflegeVG an.

1368 **Formulierungsvorschlag: Pflege- und Dienstleistungsverpflichtung (ausführlich)**

Bei Krankheit, Gebrechlichkeit oder Altersschwäche des Übergebers und sofern dieser dies verlangt, verpflichtet sich der Übernehmer zu sorgsamer häuslicher Wart und Pflege des Übergebers. Hierzu gehören insbesondere:

(1) Hauswirtschaftliche Versorgung

insbesondere Reinigung der Wohnung, Spülen, Wechseln und Waschen der Wäsche und der Kleidung und Besorgung der erforderlichen Gänge und Fahrten zum Einkaufen, zum Arzt, zur Apotheke und zum Krankenhaus.

(2) Körperpflege

Erforderliche Grundpflege des Übergebers selbst beim Waschen, Duschen, Baden und im hygienischen Bereich.

(3) Hilfe bei der Mobilität

Mithilfe bei Aufstehen und Zu-Bett-Gehen, An- und Auskleiden, Gehen und Treppensteigen.

---

407 BayObLG, MittBayNot 1993, 370.
408 BGH, DNotI-Report 1995, 168.
409 *Mayer*, ZEV 1995, 274.

(4) Ernährung und Verköstigung

Mit Zubereitung und Verabreichen der bekömmlichen und standesgemäßen Verköstigung zu den üblichen Mahlzeiten, soweit ärztlich verordnet auch Diät, wobei die Kosten für den Einkauf der Übergeber selbst zu tragen hat.

Geschuldet sind jedoch nur solche gewöhnlichen und wiederkehrenden Verrichtungen,

a) die vom Übernehmer ohne besondere zusätzliche Ausbildung, soweit erforderlich mit Unterstützung der vorhandenen ambulanten Pflegedienste (Sozialstation oder Ähnliches) und des Ehegatten des Übernehmers, in einer dem Alters- und Gesundheitszustand des Übergebers angemessenen Weise zu Hause erbracht werden können und

b) sie in ihrer Gesamtheit – mit Ausnahme der Verköstigung – auf Dauer den Übernehmer bei einer vergleichenden Betrachtungsweise, insbesondere nach Intensität und Zeitaufwand der Pflegeleistung, nicht stärker belasten als die Verrichtungen, die für die Zuordnung in die Pflegestufe I des Pflege-Versicherungsgesetzes (erheblich Pflegebedürftige, durchschnittlicher täglicher Zeitaufwand 1,5 Stunden je Berechtigter und Pflegeleistung von wenigstens zwei Verrichtungen aus einem oder mehreren der Bereiche nach Abs. 1 bis Abs. 3 kennzeichnend sind.

Für die nähere Bestimmung dieser Verpflichtungen gilt in Zweifelsfällen das Pflege-Versicherungsgesetz samt Durchführungsverordnungen in der Fassung, die am Tag der Beurkundung gilt.

Diese Verpflichtungen ruhen ersatzlos, wenn und so lange der Übergeber das Vertragsanwesen verlassen hat, weil nach fachärztlicher Feststellung aus medizinischen oder pflegerischen Gründen ein Verbleiben auf dem Vertragsanwesen nicht mehr vertretbar ist.

Auf die weitergehende gesetzliche Unterhaltspflicht des Übernehmers und seiner Geschwister – auch gerade bei einer Heimunterbringung des Übergebers – sowie auf die Pflegestufen nach dem Pflege-Versicherungsgesetz wurde vom amtierenden Notar eindringlich und nachhaltig hingewiesen.

Kapitel 4: Absicherung des Veräußerers

1369   Noch detaillierter ist der Formulierungsvorschlag von *Weyland*,[410] welcher auch z.B. die kommunikativen Bedürfnisse des Veräußerers mitberücksichtigt:

1370   **Formulierungsvorschlag: Pflege- und Dienstleistungsverpflichtung (sehr ausführlich)**

§ 1

Inhalt, Gegenstand

Der Erwerber verpflichtet sich, den Veräußerer in dem nachstehend näher beschriebenen Umfang zu pflegen:

1.   **Hauswirtschaftliche Versorgung**

Bspw. Einkaufen, Kochen, Reinigen der Wohnung, Spülen, Wechseln und Waschen der Wäsche und Kleidung, Beheizen.

2.   **Personenbezogene Grundpflege**

- **Hilfe bei der Körperpflege**
  (Waschen, Duschen, Baden, Zahnpflege, Kämmen, Rasieren, Darm-/Blasenentleerung);
- **Hilfe bei der Ernährung**
  (mundgerechtes Zubereiten und die Aufnahme der Nahrung);
- **Hilfe bei der Mobilität**
  (selbständiges Aufstehen und Zu-Bett-Gehen, An-/Auskleiden, Gehen, Stehen, Treppensteigen, Verlassen und Wiederaufsuchen der Wohnung).

3.   **Personenbezogene Behandlungspflege**

Medizinisch indizierte Pflege, die von einem Laien nach fachkundiger Anleitung kurzfristig erlernt werden kann, wie Einreiben, Umschläge, Bandagieren, Umbetten, überwachende medizinische Maßnahmen wie Temperatur und Blutdruck messen.

4. Dem Bedürfnis des Gepflegten nach Kommunikation ist Rechnung zu tragen. Die Pflegeverpflichtung umfasst die Verpflichtung, dem Gepflegten regelmäßig – mind. ..... mal monatlich – die Teilnahme an gesellschaftlichen oder kulturellen Veranstaltungen zu ermöglichen, soweit dies die Gesundheit des Gepflegten zulässt. Sie umfasst weiter die Pflicht, dem Gepflegten Gelegenheit zu geben, Besuch zu empfangen und diesen angemessen zu bewirten.

5. Tätigkeiten, die nicht ausdrücklich erfasst sind, sind dann geschuldet, wenn sie hinsichtlich ihrer Bedeutung für den Gepflegten und der Quantität und Qualität der Inanspruchnahme des Pflegenden den vorgenannten Leistungen vergleichbar sind.

6. Die Pflegeverpflichtung erfasst ausschließlich die Dienstleistungen, die zur Bewirkung der geschuldeten Leistungen erforderlich sind. Gebrauchsgegenstände, technische Hilfsmittel oder sonstige Güter, die zur Leistungserbringung erforderlich sind, sind vom Veräußerer zu stellen oder gesondert zu bezahlen.

---

410   *Weyland*, MittRhNotK 1997, 74.

§ 2
Umfang

1. Die Verpflichtung zur Erbringung der vertraglich zugesicherten Pflegeleistungen entsteht, wenn der Veräußerer objektiv selbst nicht mehr in der Lage ist, sich selbst ausreichend und angemessen zu versorgen.

2. Der Umfang der Pflegeverpflichtung umfasst in zeitlicher Hinsicht jeden Pflegeaufwand, der den Pflegeaufwand der Pflegestufe I [bzw. – je nach Vereinbarung – II oder III] i.S.d. SGB XI i.V.m. den dazu erlassenen Richtlinien und Verordnungen in der heute gültigen Fassung nicht erreicht.

Dieser Pflegeumfang bleibt auch dann weiter geschuldet, wenn der Pflegebedürftige in die vom Umfang her nicht mehr geschuldete Pflegestufe eingruppiert wird. Die Erfüllung des verbleibenden Pflegebedarfs hat der Veräußerer sodann auf eigene Kosten sicherzustellen.

(*Formulierungsalternative: Überschreitet der Pflegeaufwand diesen Umfang, ist der Veräußerer nicht berechtigt, die Erfüllung des unterhalb der Zumutbarkeitsgrenze liegenden Pflegeumfangs zu verlangen und den verbleibenden Pflegebedarf durch Einsatz Dritter auf eigene Kosten sicherzustellen. Der Veräußerer ist vielmehr verpflichtet, der Unterbringung in einem Alten- oder Pflegeheim zuzustimmen.)*

3. Der Umfang der Pflegeverpflichtung ist begrenzt durch die Zumutbarkeit des Pflegeaufwands für den Erwerber. Die Zumutbarkeit für den Erwerber wird begrenzt durch dessen Inanspruchnahme durch die eigene Familie (Führung eines ......-Personen-Haushaltes) und durch seine berufliche (Halbtags-/Ganztags-) Tätigkeit.

4. Die Pflegeverpflichtung ist höchstpersönlich. Der Erwerber ist jedoch berechtigt, die versprochenen Dienstleistungen durch seine Ehefrau/seine Kinder/gewerblich tätige Pflegekräfte/sonstige genau bezeichnete Dritte erbringen zu lassen.

Der Erwerber ist nicht verpflichtet, Pflegeleistungen durch die vorbezeichneten Personen erbringen zu lassen, soweit ihm selbst die Leistungserbringung gemäß den Vereinbarungen in § 2 Ziff. 3 nicht zumutbar ist.

Die Ersatzberechtigung zugunsten des Erwerbers begründet keinen Anspruch des Veräußerers auf Stellung der Ersatzkräfte und keine unmittelbaren Leistungspflichten der genannten Ersatzpflegekräfte.

Der **Bayerische Bauernverband** wiederum empfiehlt, in Übergabeverträgen **folgende Formulierung** zu wählen:

„Bei Krankheit und Gebrechlichkeit hat der Übernehmer die erforderliche Wart und Pflege auf dem Vertragsanwesen zu erbringen, solange sich der Übergeber auf dem Anwesen aufhält und soweit die Wart- und Pflegeverpflichtung für den Übernehmer zumutbar ist.

Als zumutbar wird es dabei angesehen, wenn der gesundheitliche Zustand des Übergebers Wart- und Pflegeleistungen bis einschließlich zur Pflegestufe I gem. § 15 Abs. 1 Ziff. 1 des Pflegeversicherungsgesetzes vom 26.05.1994 erfordert.

Danach liegt die Pflegebedürftigkeit der Stufe I vor, wenn die pflegebedürftige Person bei der Körperpflege, der Ernährung oder der Mobilität für wenigstens zwei Verrichtungen aus einem oder mehreren Bereichen mindestens einmal täglich der Hilfe bedarf und zusätzlich mehrfach in der Woche Hilfen bei der hauswirtschaftlichen Versorgung benötigt."

1372 Als Alternative wird sogar die Übernahme der Wart- und Pflegeleistungen bis einschließlich der Pflegestufe II vorgeschlagen.

Diese Vereinbarung würde angesichts der derzeitigen Ausfüllung der Anforderungen an die Pflegestufe I und II zur Folge haben, dass bis zu einem täglichen Aufwand von 3 bzw. 5 Std. der Übernehmer bzw. dessen Ehefrau zur Erbringung der pflege- und hauswirtschaftlichen Leistungen verpflichtet wären. Auch im **Bereich der Landwirtschaft**, wo die traditionellen Generationenbande noch enger geknüpft sind, dürfte wohl der Bereich dessen, was aus Sicht der Beteiligten zumutbar ist, damit überschritten sein.

Unabhängig von dieser mutmaßlichen Abweichung von dem regelmäßig zu vermutenden Gestaltungswillen der Beteiligten krankt diese Formulierung zusätzlich daran, dass nicht hinreichend deutlich wird, ob im Fall einer künftigen Änderung der zeitlichen Umschreibung der Pflegestufen (z.B. durch abweichende Fassung künftiger Richtlinien) es dennoch bei der derzeitigen, im Vertragstext wiedergegebenen Definition der Pflegestufe verbleiben soll oder ob sich diese „dynamisch" anpasst.

5. Pflegeansprüche als Einkommensersatz?

1373 Vertraglich vereinbarte Pflege hat – wiewohl durchaus „Leistung mit Geldeswert" i.S.d. § 85 SGB XII – entgegen der früheren Rechtsprechung[411] keine nach der Sozialversicherungsentgeltverordnung (vgl. dazu Rdn. 470) anzurechnende einkommensersetzende Wirkung. Der VGH Bayern[412] hat ausdrücklich diese Gegenposition bezogen: Die persönliche Hilfeleistung zugunsten des Übergebers habe nicht per se Einkommenscharakter. Dem ist zu folgen; insb. ergibt sich nichts anderes aus den landesrechtlichen Vorschriften[413] über die Umwandlung von Pflegeverpflichtungen in Geldleistungen bei dauerndem Wegzug des Berechtigten, da hiermit nur die unbestrittene Ersparnis von Aufwendungen bei Fortfall der Pflegeverpflichtung aufseiten des Erwerbers belegt ist.[414] Die Sozialhilfepraxis hat sich jedenfalls in Bayern dieser Auffassung des VGH Bayern angeschlossen, soweit es um die nicht pflegefall-spezifische HLU geht. Dem ist

---

[411] Das BVerwG hat – allerdings zur Einkommensberücksichtigung i.R.d. Hilfe zur Pflege nach dem BSHG – im Urt. v. 31.01.1968 (BVerwGE 29, 108) die Ansicht vertreten, die Gewährung freier Wart und Pflege habe grds. Geldeswert, zumal sie auch von dritter Seite erkauft werden könne; zur konkreten Ermittlung der Höhe dieses Werts musste das Gericht jedoch nicht abschließend Stellung nehmen. Diese Feststellung wäre auch aufgrund allgemeiner Normen kaum zu treffen: § 2 Abs. 1 Halbs. 2 der VO zu § 76 BSHG verweist auf die üblichen Mittelpreise am Verbrauchsort, sofern – wie hier – die SachBezVO keine Werte festsetzt.

[412] VGH Bayern, Urt. v. 02.02.1989, ZfSH/SGB 1989, 580.

[413] Z.B. Art. 18 BayAGBGB, wonach der Verpflichtete für die Befreiung von der Verpflichtung zur Erbringung von Dienstleistungen bei dauerndem Wegzug des Berechtigten aus besonderen Gründen eine Geldrente zu entrichten hat, die dem Wert der Befreiung nach billigem Ermessen entspricht.

[414] Anders jedoch offenbar OVG Rheinland-Pfalz, 18.11.1985, ZfSH/SGB 1990, 133, wo (im Zusammenhang mit der später zu behandelnden Anrechnung vertraglicher Pflegerechte auf das Pflegegeld gem. § 69 BSHG) der geldwerte Charakter der vertraglichen Versorgungspflicht hiermit begründet wird.

der fünfte Senat des BVerwG[415] nun gefolgt mit dem (so tenorierten) Ergebnis, dass vertraglich geschuldete Pflegeleistungen nicht als vor dem Bezug von Pflegegeld einzusetzendes Einkommen anzusehen seien. Kautelare Vorsorge entfällt daher insoweit.

IV. Vermeidung von Leistungserhöhungen bei Wegzug des Veräußerers

Insb. aus steuerlichen Gründen erfolgte bis Ende 2007 generell, (seit 2008 insb. bei Betriebsvermögen) die **Vereinbarung regelmäßiger Geld- (oder Natural-) Leistungen des Enderwerbers** häufig als dauernde, teilweise zusätzlich wertgesicherte Last[416] unter dem Vorbehalt des § 323 ZPO (analog)/seit 01.09.2009: § 239 FamFG bzw. § 323a ZPO (analog),[417] orientiert an der Leistungsfähigkeit des Erwerbers (bzw. dem Betriebsgewinn des Übergabegegenstandes) und der Bedürftigkeit des Veräußerers. Diese Leistungen sind – seit 2008 allerdings nur bei der Übertragung von Betriebsvermögen, Rdn. 5000 ff. – in voller Höhe[418] beim Erwerber abzugsfähig, beim Veräußerer steuerpflichtig (§§ 10 Abs. 1 Nr. 1 lit.a) Satz 1, 22 Nr. 1 lit.a) EStG). Auch ist zu beachten, dass solche Bezüge seit 2004 gem. § 248 SGB V[419] insb. in der Kranken- und Pflegeversicherung der Rentner[420] in voller Höhe mit zu Sozialabgaben herangezogen werden.[421]

1374

Es gehört mittlerweile zum kautelarjuristischen Gemeingut, dagegen vorzusorgen, dass der Enderwerber schon aufgrund der dauernden Last die Heimunterbringungskosten des Veräußerers (als Ausfluss dessen erhöhter Bedürftigkeit) zu übernehmen hat. Dabei sollte jedoch, um diese Klausel sozialrechtlich abzusichern, nicht auf die Heimunterbringung oder gar den Sozialleistungsbezug des Veräußerers, sondern – neutraler – auf dessen Wegzug vom Anwesen abgestellt werden. Der Bayerische Bauernverband empfiehlt in seinem Beratungsbogen zur Hofübergabe (Nr. 33) die Formulierung: *„Der Vorbehalt des § 323 ZPO (nun: § 323a ZPO) entfällt für denjenigen Übergeber ab dem Zeitpunkt, ab dem er – aus welchen Gründen auch immer – seine bisherige Altenteilerwohnung auf Dauer verlässt"*. Es ist jedoch nicht einzusehen, weshalb jede Anpassungsmöglichkeit (z.B. auch die Herabsetzung wegen verringerter Ertragskraft des Hofes) dann ausgeschlossen sein soll.

1375

---

415 BVerwG, 18.05.1995 – 5 C 1/93, FamRZ 1995, 1345.
416 Vgl. etwa *Amann*, MittBayNot 1979, 219 ff., sowie BFH, MittBayNot 1992, 67 m. Anm. *Mayer*.
417 § 239 FamFG regelt seit 01.09.2009 die Anpassung von Unterhaltstiteln in vollstreckbaren Urkunden, § 323a ZPO die Anpassung anderer wiederkehrender Leistungen als Unterhaltsansprüche in vollstreckbaren Urkunden (§ 238 FamFG wiederum erfasst die Anpassung gerichtlicher Unterhaltstitel).
418 Bei Vereinbarung eines Mindestbetrags erfolgt gem. BFH, BStBl. 1980 II, S. 575, keine Aufspaltung in eine „Mindestleibrente" und eine dauernde „Erhöhungslast", wenn die Schwankungsmöglichkeit nicht nur theoretisch besteht. Allerdings gefährdet die Kombination einer (für sich allein genommen ohne Weiteres genehmigungsfähigen) Wertsicherungsklausel – etwa geknüpft an den Lebenshaltungskostenindex – mit einem Abänderungsvorbehalt gem. § 323 ZPO, der jedoch die Unterschreitung eines Sockelbetrags ausschließt, die Genehmigung nach § 3 WährG, so die Landeszentralbank im Freistaat Bayern, Schreiben v. 11.04.1995 an die Landesnotarkammer Bayern, Tgb: Nr. R 5239/95.
419 Als Reaktion auf das Urteil des BVerfG; dies gilt auch für Alterseinkommen aus selbstständiger Tätigkeit von in der gesetzlichen Krankenversicherung versicherten Rentnern. Für Bezieher von Renten und Landabgaberenten nach dem ALG bleibt es bei der Anwendung des halben allgemeinen Beitragssatzes.
420 Hierzu ausführlich *Eilts*, NWB, Fach 27, S. 5815 ff. = 2004, 1379 ff.
421 Dies ist verfassungsgemäß, vgl. BSG, B 12 KR 29/04 R, JurionRS 2005, 24813, zu sonstigen Versorgungsbezügen, BSG, B 12 KR 10/05 R, JurionRS 1006, 19003, zu Betriebsrenten und BSG, B 12 RJ 2/05 R, JurionRS 2006, 33310, zum vollen Abzug der Pflegebeiträge. Die hiergegen gerichtete Verfassungsbeschwerde wurde zurückgewiesen, BVerfG, 28.02.2008 – 1 BvR 2137/06, NZS 2009, 91.

1376 Stattdessen soll hier die folgende Formulierung zur Diskussion gestellt werden.

1377 **Formulierungsvorschlag: Keine Anpassung der dauernden Last bei Ortswechsel**

> Wohnt der Veräußerer voraussichtlich auf Dauer nicht mehr in dem übergebenen Anwesen, gleich aus welchem Grund, führt etwaiger Mehrbedarf in seiner Person jedoch zu keiner Anpassung der dauernden Last.

1378 In solchen Regelungen liegt **kein Versuch der Umkehrung des sozialrechtlichen Nachrangverhältnisses**, sondern eine Folge der trotz aller steuerrechtlichen Vorgaben regelmäßig vorhandenen Kontinuitätserwartung der Beteiligten hinsichtlich der monatlichen „Taschengeldrente".

V. Wegfall von Leistungen in sozialleistungsverdächtigem Kontext?

1379 Solche Bestimmungen sind in erhöhtem Maß dem **Vorwurf der Sittenwidrigkeit** wegen gewollter **Schädigung des Sozialleistungsträgers oder zumindest der Gefahr rechnerischer „Nichtbeachtung"**[422] ausgesetzt. Es dürfte unstreitig sein, dass Klauseln, wonach Geld- oder Naturalleistungen „*bei Bezug nachrangiger Sozialleistungen entschädigungslos entfallen*", unwirksam sind.[423] Angesichts der BGH-Rechtsprechung zum nachehelichen Unterhaltsverzicht dürfte Gleiches regelmäßig für einen nachträglichen Verzicht des Veräußerers auf Versorgungsansprüche während des Bezugs nachrangiger Sozialleistungen gelten, sofern der Verzicht nicht schon am Fehlen der Anspruchsinhaberschaft des Veräußerers wegen vorheriger Überleitung scheitert.

I.Ü. ist wohl zu unterscheiden zwischen:

1. Nachbildung gesetzlicher Vermutungen

1380 Unproblematisch sind Regelungen, welche lediglich **gesetzliche Regel-/Ausnahmeverhältnisse bekräftigen**, mag dies auch zu einer Reduzierung überleitungsfähiger Rechte führen.

Beispiel:

Das Wohnungsrecht soll nicht der Ausübung nach einem Dritten überlassen werden können (§ 1092 Abs. 1 Satz 2 BGB); die (ggf.) verbleibende Rechtsposition des Veräußerers ist nach der hier vertretenen Ansicht nicht überleitbar.

2. Wegfall ortsbezogener Naturalleistungen

1381 Ähnliches gilt für Regelungen, wonach bestimmte Naturalleistungen nur so lange zu erbringen sind, wie der Veräußerer **sich auf dem übergebenen Anwesen aufhält**. Hierunter fällt die Pflicht zur Gewährung der Wohnung und zur Wart und Pflege sowie zur Führung des Haushalts. Auch dieses deckt sich mit der Wertung des Gesetzgebers, welcher etwa in Art. 18 BayAGBGB

---

[422] Vgl. etwa § 3 Abs. 3 Satz 2 der VO zu § 33 BVG; nach *Wahl*, Vertragliche Versorgungsrechte in Übergabeverträgen und sozialrechtliche Ansprüche, S. 250 ff., handelt es sich dabei um den Ausdruck eines allgemeinen, aus § 162 Abs. 2 BGB herleitbaren Rechtsgedankens.

[423] Vgl. etwa *Frank*, BWNotZ 1983, 159; *Plagemann*, AgrarR 1989, 89. Diese Auffassung wurde auch durch mehrere Sozialhilfe-Verwaltungsstellen telefonisch bestätigt.

Geldrenten vorsieht als Ausgleich für die „Befreiung" von den vorgenannten Pflichten, wenn der Veräußerer aus besonderen Gründen das Anwesen auf Dauer verlassen muss (vgl. auch Art. 8 Satz 1 BayAGBGB, wonach Altenteilsleistungen auf dem überlassenen Grundstück zu bewirken sind).

3. Wegfall auf Geld gerichteter Surrogatansprüche

Problematischer ist der **vertragliche Ausschluss** der gesetzlich oder richterrechtlich (nunmehr § 313 BGB) an den Wegfall der vorgenannten Pflichten geknüpften **Geldersatzrente**, wie oben (Rdn. 1030 ff.) erläutert. Ein solcher Ausschluss ist zivilrechtlich ohne Weiteres möglich: Art. 18 BayAGBGB gilt gem. Art. 7 BayAGBGB bspw. nicht – Gleiches gilt für Art. 15 § 9 Abs. 3 PrAGBGB gem. Art. 15 Einleitungssatz PrAGBGB –, „soweit besondere Vereinbarungen getroffen sind"; diese gehen auch den von der Rechtsprechung angewendeten Grundsätzen des Wegfalls der Geschäftsgrundlage vor. Auch die Leibgedingsregelungen anderer Bundesländer sind dispositiv.[424]

1382

> **Hinweis:**
>
> Angemerkt sei, dass bei genauer Betrachtung nur wenige notarielle Vertragsmuster diesen Ausschluss enthalten; die häufig verwendeten Klauseln „Leistungen sind nur im Anwesen selbst zu erfüllen" bzw. „... nur solange der Berechtigte im Anwesen wohnt" umschreiben lediglich den Tatbestand, an welchen Art. 18 BayAGBGB gerade die „Verrentung" der Verpflichtung knüpft.

1383

Zwar ist bisher weder ein Fall bekannt noch Rechtsprechung veröffentlicht, die ein vertragliches Abbedingen der landesrechtlichen Leibgedingsregelungen zur Umwandlung in „billige Renten in Geld" als unwirksam angesehen hätten, es läge allerdings auf der vom BGH im Urt. v. 21.09.2001,[425] v. 23.01.2003[426] sowie v. 19.01.2007[427] fortgeführten Linie der aktuellen regressfreundlichen Rechtsprechung, dies unter Hinweis auf die Parallelität zur möglichen Sittenwidrigkeit nachehelicher Unterhaltsverzichte (bzw. der Treuwidrigkeit einer Berufung auf einen solchen Verzicht) zu judizieren (zur sog. interessengerechten Vertragsauslegung, die bereits Züge richterlicher Vertragskontrolle annahm, s. Rdn. 1037 ff.; zum nunmehr abgeschwächten Kriterium des „Vertrags zulasten Dritter" s. Rdn. 1342 ff.).

1384

> **Hinweis:**
>
> Daher wird der vorsichtige Notar bei dieser Fallgruppe künftig erhöhte Belehrung über mögliche Zweifel an der Wirksamkeit walten lassen. Eine Pflicht zur Ablehnung solcher Regelungen sehe ich jedoch derzeit noch nicht. Sollte die Rechtsprechung in diese prognostizierte Richtung gehen, träte an die Stelle der unwirksamen Einschränkung die gesetzliche Geld-

1385

---

424 *Wirich*, ZEV 2008, 372, 376.
425 BGH, DNotZ 2002, 702 m. Anm. *Krauß*.
426 BGH, ZEV 2003, 211.
427 BGH, 19.01.2007 – V ZR 163/06, NotBZ 2007, 129 m. Anm. *Krauß*, zur Auslegung einer lückenhaften Gestattung der Vermietung bei Heimunterbringung des Wohnungsberechtigten: die nicht ausdrücklich geregelte Frage, wem die Miete gebühre, sei zugunsten des Wohnungsberechtigten zu entscheiden, zuzüglich der ersparten Aufwendungen (zu tragenden Nebenkosten).

> rentenvorschrift, allerdings nur im Anwendungsbereich der landesrechtlichen Leibgedings-
> bestimmungen (sodass die nicht immer einfache Abgrenzung des grundbuchrechtlichen und
> materiellrechtlichen Leibgedings noch bedeutsamer werden wird).[428]

1386 M.E. ist ein solcher Ausschluss jedoch auch **sozialrechtlich regelmäßig nicht zu beanstanden**.[429] Hierfür spricht zum einen, dass es aus der Sicht des Erwerbers typischerweise eine erhebliche Verschärfung seiner Leistungspflicht darstellt, statt der – häufig mit der Haushaltsführung für die eigene Familie mit erledigten – Naturalleistung einen, wenn auch bescheidenen, monatlichen Geldbetrag aufbringen zu müssen. Die durch den Wegfall der Pflege der Altenteiler gewonnene Zeit führt per se zu keiner Ertragssteigerung des Betriebs oder des Erwerberhaushaltes, denen sie nunmehr zugutekommt.[430] Auch die ggf. freigewordenen Räume des Übergebers lassen sich – wenn sie nicht ohnehin aus psychologischen Gründen weiter für den Altenteiler reserviert bleiben sollen[431] – jedenfalls im ländlichen Raum kaum vermieten. Die gesetzlich vorgesehene Umwandlung in Geldansprüche stellt also aus der Sicht des Übernehmers regelmäßig keine Fortsetzung der Leistungsbeziehung, sondern eine erhebliche Verschärfung dar, die legitimerweise vorab ausgeschlossen werden kann, ebenso wie die Erhöhung der dauernden Last aufgrund Wegzugs des Übergebers vertraglich abdingbar sein sollte (oben Rdn. 1374ff.).

1387 Zum anderen ist zu berücksichtigen, dass selbst bei Zugrundelegung der BGB-Rechtsprechung zum sog. „unechten Vertrag zulasten Dritter (des Sozialhilfeträgers)" (vgl. dazu Rdn. 1342ff.)[432] **ein sozialrechtlicher Zugriff auf den Grundstückseigentümer/Erwerber kaum in Betracht kommen** würde: Als Folge der „ergänzenden Vertragsauslegung" bei (häufig vorgeblich) lückenhafter Vereinbarung bzw. als Ergebnis interessengerechter Auslegung von (aus Sicht des BGH auslegungsbedürftigen) Vereinbarungen wird nämlich eine Zahlungspflicht des Grundstückseigentümers/Erwerbers angenommen lediglich in Höhe seiner „ersparten Aufwendungen". Diese dürften aber bspw. bei Nutzungsvorbehalten (Wohnungsrecht) dann gegen Null tendieren, wenn die Kosten der Ver- und Entsorgung ohnehin vom Wohnungsberechtigten zu tragen waren (wie dies i.d.R. vereinbart wird) und die Instandhaltung für das gesamte Anwesen ebenfalls nach wie vor dem Eigentümer zur Last fällt.[433] Vorstehende Überlegungen gelten uneingeschränkt jedenfalls dann, wenn der „Verrentungsausschluss" **nicht auf den Fall der Heimunterbringung** (de facto mit Sozialhilfebedürftigkeit gleichzusetzen) **beschränkt** ist.[434] Anderenfalls[435] drängt sich der Verdacht auf, die Änderung der gesetzlichen Regelung sei nur erfolgt, um anrechnungsfähiges Einkommen entfallen zu lassen und den Sozialleistungsträger auf die häufig wenig Erfolg versprechende Überleitung von BGB-Unterhaltsansprüchen zu verweisen, mit der Folge der Sittenwidrigkeit als unzulässige Nachrangvereinbarung.

---

428 *Mayer*, DNotZ 1996, 622ff.
429 Kritischer insoweit *Amann*, DNotI-Report 1995, 64, der für diesen Fall eine Freistellungsregelung zugunsten der weichenden Geschwister nahelegt.
430 Krit. ggü. solchen Ausschlussklauseln als zu „übernehmerfreundlich" allerdings *Mayer*, ZEV 1997, 181.
431 Dann wird nach LG Duisburg, NJW-RR 1987, 1349, ohnehin keine Geldersatzrente geschuldet.
432 Urt. v. 21.09.2201 – V ZR 14/01, ZEV 2002, 116; BGH, 23.01.2003 – V ZB 48/02, ZEV 2003, 211.
433 So auch *Everts*, ZEV 2004, 498.
434 *Krauß*, MittBayNot 1992, 101; *Rosendorfer*, MittBayNot 2005, 6; *Everts*, ZEV 2004, 497.
435 Bspw. beim Formulierungsvorschlag des Bayerischen Bauernverbandes: „*Diese Leistungsverpflichtungen ruhen für einen Berechtigten in der Zeit, in der er sich nicht im Anwesen aufhält, insb. bei Aufenthalt des jeweiligen Berechtigten in einem Krankenhaus oder einem Alten- oder Pflegeheim.*".

Die **Geldersatzpflicht** ist **allerdings angebracht**, wenn der Erwerber durch sein Verhalten die Beziehung zum Veräußerer unzumutbar stört und diesen dadurch vom Anwesen verdrängt (Art. 20 BayAGBGB; hier orientiert sich die Entschädigung zu Recht nicht an den ersparten Aufwendungen des Erwerbers, sondern am Aufwand angemessener Ersatzbeschaffung beim Veräußerer). 1388

Allein die Tatsache, dass Versorgungsleistungen nur so lange geschuldet sind, wie sie vom Verpflichteten im übernommenen Haus erbracht werden können, führt jedoch gemäß der nunmehr bemerkenswert deutlichen Aussage des BGH[436] **nicht zur Sittenwidrigkeit der Nachrangvereinbarung** (mit der Folge, dass die andernfalls entstandene Lücke durch eine ergänzende Vertragsauslegung im Sinn einer Pflicht zur Erstattung ersparter Aufwendungen geschlossen werden müsste).[437] Der BGH führt aus, der ausdrückliche Ausschluss von Zahlungsansprüchen anstelle der nicht mehr zu erbringenden Naturalleistungen sei wirksam: § 528 BGB ist der allgemeine Grundsatz zu entnehmen, dass die Übertragung als solche selbst bei späterer Verarmung aufrechterhalten bleibe und lediglich durch wertmäßige Rückforderung „geahndet" werde; diese Wertung gelte erst recht, wenn anstelle einer uneingeschränkt freigebigen Schenkung Versorgungsgegenleistungen gewährt würden. Die Beschränkung von Sachleistungen auf ihre Erbringung im übertragenen Objekt selbst beruhe auf nachvollziehbaren und nicht zu missbilligenden Erwägungen. 1389

Auch die Tatsache, dass der Veräußerer das Haus überhaupt weggegeben habe, verstoße nicht gegen die guten Sitten; den Veräußerer treffe – so der BGH – keine Verpflichtung, über seine Leistungen an die gesetzliche Rentenversicherung hinaus für sein Alter vorzusorgen. Ein Vergleich zur möglichen Sittenwidrigkeit des Verzichts auf nachehelichen Unterhalt verbiete sich, da anders als dort nicht in gesetzlich vorgegebenen Ansprüche eingegriffen werde, sondern lediglich die Vereinbarung zusätzlicher rechtsgeschäftlicher Pflichten unterbleibe, und eine generelle gesetzliche Pflicht zur Eingehung solcher Gegenleistungen ohnehin nicht bestehe.[438] 1390

Hinweis: 1391

Die vorsichtige Praxis wird allerdings (trotz eines auch insoweit beruhigenden obiter dictum des BGH)[439] weiterhin darauf Wert legen, jegliche Schlechterstellung des Sozialleistungsträgers ggü. anderen Gläubigern zu vermeiden, also die Tatbestände, an die Leistungsbegrenzung anknüpft, neutral formulieren: Wie im vorliegenden Sachverhalt sollte daher darauf abgestellt werden, dass der „Berechtigte im Vertragsanwesen nicht mehr wohne", sodass jeglicher Fall des dauernden Wegzugs, sei es aufgrund persönlicher Entscheidung (Übersiedlung nach Mallorca) oder aufgrund medizinischer Notwendigkeit (Übersiedlung in ein Pflegeheim) gleichbehandelt wird.

---

436 Urt. v. 06.02.2009 – V ZR 130/08, ZErb 2009, 150, NotBZ 2009, 221 m. Anm. *Krauß*.
437 So die Vorinstanz, LG Bamberg, wo die Hälfte des Pflegegelds zuzüglich 25,00 € im Monat für ersparte Instandhaltungsaufwendungen i.R.d. erloschenen Wohnungsrechts zugrunde gelegt wurde.
438 Darüber hinaus verstärkt die vorliegende Entscheidung des 5. (Grundstücks-) Senats die Linie des 4. (Erbrechts-) Senats zur Zulässigkeit des Behindertentestaments, worauf *Litzenburger*, ZEV 2009, 256, zu Recht hinweist: Auch dort hat es der BGH abgelehnt, die Eltern eines behinderten Kindes für verpflichtet zu halten, „die Sorge für das Wohl ihres Kindes dem Interesse der öffentlichen Hand an einer Teildeckung der Kosten unterzuordnen".
439 BGH, 06.02.2009 – V ZR 130/08, ZNotP 2009, 269 Rn. 7; *Berger*, ZNotP 2009, 263, 265.

Kapitel 4: Absicherung des Veräußerers

> Die vom BGH festgestellte Pflicht zur Vorsorge für das Alter durch Leistung gesetzlicher Rentenbeiträge weist ferner darauf hin, dass möglicherweise ein völliger Verzicht auf Versorgungsleistungen im Übergabevertrag dann vorwerfbar und sittenwidrig sein kann, wenn der Veräußerer über keinerlei Alterssicherung verfügt (sei es in Form gesetzlicher Rentenanwartschaften oder anderweitiger Ersparnisse aus privater Vorsorge).

1392 Eine solche, vertragssystematisch an die Regelung zu Wohnungsgewährung, Haushaltsführung und Pflegeübernahme anschließende Ausschlussklausel könnte etwa lauten:

1393 **Formulierungsvorschlag: Ruhen ortsgebundener Rechte bei Abwesenheit; Ausschluss von Geldersatzansprüchen außer bei „verschuldeter Verdrängung"**

> Diese Leistungpflichten ruhen, solange der Veräußerer, gleich aus welchem Grund, nicht mehr im übergebenen Anwesen wohnt. Geldersatz steht ihm nur zu, wenn der Erwerber den Wegzug gem. Art. 20, 21 BayAGBGB (bzw. die jeweilige landesrechtliche Vorschrift des AGBGB oder PrALR über die „verschuldete" Verdrängung) veranlasst hat, anderenfalls werden Ersatzansprüche aus jedem Rechtsgrund ausgeschlossen.

1394 Durch den Begriff „Verlassen" soll zum Ausdruck gebracht werden, dass die **Wohnung** selbstverständlich **weiter vorzuhalten ist**, solange sich der Veräußerer z.B. urlaubsbedingt nicht dort aufhält. Das „Ruhen" für die Zeit solchen Verlassens stellt klar, dass im Fall der (auch unvermuteten) körperlichen Erholung die Leistungen wieder zu erbringen sind. Zur Erleichterung der Zukunftsplanung des Erwerbers wird teilweise empfohlen, auch ein „endgültiges Erlöschen" der Verpflichtung als Statusfeststellung vorzusehen:

1395 **Formulierungsvorschlag: Erlöschen ortsgebundener Rechte aufgrund fachärztlicher Feststellung (Ergänzung im Anschluss an den vorstehenden Formulierungsvorschlag)**

> Die genannten Rechte erlöschen endgültig, sobald ein Facharzt schriftlich feststellt, dass eine Rückkehr zur vereinbarten häuslichen Betreuung mit hoher Wahrscheinlichkeit ausgeschlossen ist.

1396 Es sei nicht verhohlen, dass die Nichtabdingung der Art. 20, 21 BayAGBGB die **begrifflichen Unsicherheiten**, welche jene Gesetzesformulierungen enthalten, damit weiter **perpetuieren**. Ein völliger Ausschluss der Umwandlung in Geldersatzansprüche erscheint mir jedoch aus Sicht des Übergebers und auch des Sozialleistungsträgers im Regelfall nicht vertretbar; rechtlich muss zumindest die Vorsatzhaftung (§ 276 Abs. 3 BGB) ausgenommen sein:

1397 **Formulierungsvorschlag: Erlöschen ortsgebundener Rechte; vollständiger Ausschluss von Geldersatzansprüchen**

> Diese Leistungspflichten ruhen, solange der Veräußerer, gleich aus welchem Grund, nicht mehr im übergebenen Anwesen wohnt. Geldersatzansprüche sind dann jedoch aus jedem Rechtsgrund ausgeschlossen, außer bei Vorsatz des Erwerbers.

4. Wegfall nicht ortsbezogener Leistungspflichten?

Ein Wegfall oder eine Kürzung von Leistungen, die nicht **ihrer Natur nach „ortsgebunden"** sind, für den Fall der auswärtigen Unterbringung des Veräußerers dürfte jedoch unzulässig sein,[440] sofern nicht gewichtige, in der Urkunde darzustellende Gründe die naheliegende Vermutung der Absicht einer Schädigung des Sozialträgers entkräften. Hierunter fallen z.B. Klauseln, wonach Geldrenten bei Wegzug entfallen oder gekürzt werden sollen. Anders als bei den nunmehr auch aus Sicht des BGH (Rdn. 1569) unproblematischen Wegzugsklauseln, die eine Qualitätsänderung von persönlichen Dienstleistungspflichten in Geldzahlungspflichten verhindern sollen, werden hier identisch bleibende (wenn auch vertraglich geschaffene) Ansprüche ähnlich einem Unterhaltsverzicht limitiert.[441]

1398

VI. Regelungen im Verhältnis zu weichenden Geschwistern

Geschwister des Erwerbers wünschen – insb. wenn sie (sei es auch nur gegenständlich beschränkt) auf Pflichtteilsansprüche verzichtet haben – eine Absicherung gegen die Inanspruchnahme aus der Überleitung gesetzlicher Unterhaltsansprüche durch die Träger nachrangiger Sozialleistungen. Mögen auch diesbezügliche Befürchtungen im Hinblick auf die oben (Rdn. 750 ff., 795 ff.) dargestellten Einkommens- und Vermögensfreigrenzen häufig an Gewicht verlieren, besteht gleichwohl Anlass zu folgenden Überlegungen:

1399

1. Schaffung eigener Forderungsrechte

So kann bspw. mit den Beteiligten geprüft werden, ob ihre Stellung durch Zuerkennung eines eigenen **Forderungsrechts gegen den Erwerber gem. § 328 BGB gestärkt** werden soll, sodass sie notfalls gerichtlich (oder aus der in der Urkunde zu erklärenden Zwangsvollstreckungsunterwerfung)[442] die Minimierung der verbleibenden „Bedarfslücke" erzwingen können und die Regelungen nicht mehr ohne Mitwirkung des weichenden Geschwisters aufgehoben oder reduziert werden können. Damit werden zugleich die Probleme umgangen, die im Fall einer Abtretung der (nicht erfüllten) Leibgedingsansprüche an einen Angehörigen entstehen können, insb. im Hinblick auf das aus der beschränkten Pfändbarkeit (§ 850b Abs. 1 Nr. 3 ZPO) erwachsende Abtretungsverbot (§ 400 BGB).[443] Es kann die folgende Formulierung im Anschluss an die Gesamtdarstellung der Gegenleistungen gewählt werden:

1400

Formulierungsvorschlag: Forderungsrechte weichender Geschwister

1401

> Jedes Geschwister hat einen eigenen Anspruch auf Erbringung der vorstehenden Leistungen an den Veräußerer. Es handelt sich um eine Vereinbarung i.S.d. § 328 BGB.

---

440 Ebenso *Mayer*, DNotZ 2008, 673, 684.
441 A.A. *Berger*, ZNotP 2009, 263, 266, der jedoch konzediert, dass „bei der Vertragsgestaltung ein unsicheres Gefühl bleibt".
442 *Wolfsteiner*, Die vollstreckbare Urkunde, Rn. 24.5.
443 BGH, 04.12.2009 – V ZR 9/09, ZEV 2010, 91 (kein Abtretungsverbot aus § 399, 1. Alt. BGB, da weder Inhaltsänderung eintritt noch höchstpersönliche Natur vorliegt). Einziehungsermächtigung zur Leistung an den Leibgedingsberechtigten ist jedoch stets möglich.

Kapitel 4: Absicherung des Veräußerers

2. Freistellungsvereinbarungen

1402 I.Ü. sind **schuldrechtliche Freistellungsverpflichtungen**, ggf. quotal oder betragsmäßig auf den unentgeltlich gebliebenen Teil der Zuwendung begrenzt, häufig und – bei entsprechender Belehrung – **erwägenswert**. Sehr weitreichend könnte diese etwa wie folgt formuliert werden:[444]

1403 **Formulierungsvorschlag: Allgemeiner Freistellungsanspruch unter Geschwistern**

> Sollten Geschwister zur gesetzlichen Unterhaltsleistung oder zur Rückzahlung erhaltener Abstandsgelder gem. § 528 BGB herangezogen werden, hat sie der Erwerber hiervon insgesamt (*Anm.: ggf. alternativ: zur Hälfte o.ä.*) freizustellen.
>
> Zur Absicherung dieser Verpflichtung vereinbaren die Beteiligten ..... (*Anm.: Es folgt eine der in Rdn. 1415 ff. erläuterten Varianten*).

1404 **Kostenrechtlich** dürfte diese Freistellungsverpflichtung i.R.d. vom Übernehmer geschuldeten Gegenleistung in Ansatz zu bringen sein. Schenkung**steuerlich** handelt es sich bei diesem auch dem Veräußerer ggü. abgegebenen Zahlungsversprechen um eine bedingte, also erst bei ihrem Eintritt zu berücksichtigende Leistungsauflage (Rdn. 3852 ff.); ertragsteuerlich ein Entgeltelement[445] (ähnlich unmittelbaren Gleichstellungsgeldern ggü. Geschwistern, Rdn. 4886 ff.). **Zivilrechtlich** führt bereits die Bereitschaft zur Erstattung zu einer Minderung der Unentgeltlichkeit (allerdings nur i.H.e. nach dem Grad der Wahrscheinlichkeit und der Höhe der Ausgleichsleistung zu schätzenden Umfang).

1405 **Formulierungsvorschlag (Alternative): Begrenzter Freistellungsanspruch unter Geschwistern**

> Sollten Geschwister zur gesetzlichen Unterhaltsleistung oder zur Rückzahlung erhaltener Abstandsgelder gem. § 528 BGB herangezogen werden, hat sie der Erwerber hiervon freizustellen, und zwar je Geschwister bis zu einem Betrag, der einem ..... tel des Werts der heutigen Zuwendung entspricht. Diesen beziffern die Beteiligten übereinstimmend auf ..... €.
>
> Zur Absicherung dieser Verpflichtung vereinbaren die Beteiligten ..... (*Anm.: Es folgt eine der in Rdn. 1415 ff. erläuterten Varianten*).

1406 Hier wird dem Willen der Beteiligten entsprechend regelmäßig der **Anteil des Geschwisters bei gesetzlicher Erbfolge** unter den Abkömmlingen (bei drei Geschwistern also ein Drittel) bzw. der entsprechende Geldbetrag einzusetzen sein. Hierzu hat *Rastätter*[446] zusätzlich die Möglichkeit einer Haftungsfreistellung nach Quoten ins Spiel gebracht, wobei die Quoten jedoch bei Änderung der Geschäftsgrundlage der Anpassung unterliegen sollen. Diese Lösung wird jedoch allenfalls bei zusätzlicher Vereinbarung einer Schiedsgutachterklausel in Betracht kommen.

1407 Die vorstehend erläuterten Freistellungsansprüche sind, wenn auch am ursprünglichen Schenkungsanteil bemessen, **auf Zahlung von Geld** gerichtet und damit nicht begrenzt auf den Zu-

---

444 Vgl. hierzu auch *Waldner-Cedzich/Ott*, MittBayNot 1988, 65, sowie umfassend *J. Mayer*, ZEV 2007, 149 ff.
445 Vgl. BMF-Schreiben zur vorweggenommenen Erbfolge v. 13.01.1993, BStBl. 1993 I, S. 80 Tz. 7 ff.
446 *Rastätter*, ZEV 1996, 288 f.

wachs an Leistungsfähigkeit, der dem Erwerber aufgrund der Zuwendung im Zeitpunkt seiner Ausgleichspflicht noch verbleibt („Geld hat man zu haben"). Sie bestehen daher z.B. auch fort, wenn das übertragene Objekt unverschuldet (und unversichert) einem Elementarschaden zum Opfer gefallen sein sollte. Dieses Risiko lässt sich abfedern, indem auf den Freistellungsanspruch §§ 818 ff. BGB Anwendung finden sollen. Tritt Entreicherung beim Erwerber ein, solange er noch gutgläubig ist (§ 818 Abs. 3 BGB), und ohne dass ein Surrogat dafür zufließen würde (§ 818 Abs. 1 BGB) oder der Gegenstand unentgeltlich weitergereicht wurde (§ 822 BGB), wird der Erwerber frei, und es gelten wieder die unmittelbaren gesetzlichen Unterhalts- und Schenkungsrückgabepflichten ggü. den Eltern. Hierzu der folgende

Formulierungsvorschlag: Begrenzter Freistellungsanspruch unter Geschwistern, mit Entreicherungseinwand

1408

> Sollten Geschwister zur gesetzlichen Unterhaltsleistung oder zur Rückzahlung erhaltener Abstandsgelder gem. § 528 BGB herangezogen werden, hat sie der Erwerber hiervon freizustellen, und zwar je Geschwister bis zu einem Betrag, der einem ..... tel des Werts der heutigen Zuwendung entspricht. Diesen beziffern die Beteiligten übereinstimmend auf ..... €.
>
> Soweit die heutige Zuwendung bei Fälligkeit der Freistellungsverpflichtung nicht mehr beim Erwerber vorhanden ist, haftet er lediglich begrenzt in entsprechender Anwendung der §§ 818 ff. BGB auf den entsprechenden Anteil am noch Vorhandenen. Auf eine unentgeltliche Weitergabe des Erworbenen sowie auf Entreicherung nach Eintritt der Bösgläubigkeit kann er sich also nicht berufen, ebenso haftet er mit dem Anteil ihm etwa zugeflossener Ersatzleistungen (Kaufpreis, Versicherungssumme etc.).
>
> Zur Absicherung dieser Verpflichtung vereinbaren die Beteiligten ..... (*Anm.: Es folgt eine der in Rdn. 1415 ff. erläuterten Varianten*).

Eine der Höhe nach begrenzte, sich jedoch für jedes seit der Zuwendung regressfrei verstrichene Jahr abbauende Freistellungsverpflichtung sieht *Weyland*[447] vor – wobei die jährlich reduzierende Ausgleichspflicht wertungsmäßig nur dann gerechtfertigt ist, wenn der Erwerber in der Zwischenzeit auch Versorgungsleistungen an den Veräußerer erbracht hat – :

1409

Formulierungsvorschlag: Freistellung unter Geschwistern hinsichtlich des Elternunterhalts

1410

> 1. Der Erwerber verpflichtet sich gegenüber dem Veräußerer (unmittelbar gegenüber den Geschwistern, soweit diese am Vertragsschluss beteiligt sind), seine Geschwister A, B und C im Innenverhältnis von deren gesetzlichen Unterhaltspflicht gegenüber dem Veräußerer freizustellen.
> 2. Der Freistellungsanspruch ist der Höhe nach begrenzt.

---

447 MittRhNotK 1997, 75.

> *(Formulierungsalternative:*
> 1. *auf den Verkehrswert des übergebenen Grundbesitzes zum heutigen Tag, den die Beteiligten im Innenverhältnis verbindlich mit ..... € festsetzen. Die Freistellungsverpflichtung reduziert sich für jedes volle Jahr gerechnet ab dem heutigen Tag, in dem der Veräußerer auf dem übergebenen Grundbesitz gelebt hat, ohne dass die Geschwister A, B oder C zu Unterhaltszahlungen herangezogen worden sind, um ..... %.*
> 2. *Die Freistellungsverpflichtung endet, wenn der Erwerber an den Veräußerer Unterhaltsleistungen erbracht hat, die insgesamt den Betrag von ..... € übersteigen (u.U. mit Wertsicherungsklausel)/die insgesamt ..... % des Verkehrswerts des übergebenen Grundbesitzes zum Zeitpunkt der auswärtigen Unterbringung des Veräußerers übersteigen.)*
> 3. *Durch diese Vereinbarung erlangen (die nicht am Vertragsschluss beteiligten Geschwister) einen unmittelbaren Anspruch gegenüber dem Erwerber gem. § 328 BGB.*
> 4. *Zur Absicherung dieser Verpflichtung vereinbaren die Beteiligten ..... (**Anm.:** Es folgt eine der in Rdn. 1415 ff. erläuterten Varianten).*

1411 **Hinweis:**
Wie alle auf ungewisse Zeit schwebenden Verpflichtungen[448] sind Freistellungsvereinbarungen unter Geschwistern, worauf der Notar in der Beratung hinweisen sollte, immanent problematisch:

Schwierig erscheint bspw. die Berücksichtigung von Zuwendungen, welche die weichenden Geschwister bereits in der Vergangenheit erhalten haben oder aber erst nach der Grundstückszuwendung erhalten werden.

Aus Sicht des Erwerbers wird als problematisch empfunden werden, dass er häufig auf die erhaltene Immobilie erhebliche Verwendungen tätigt, möglicherweise auch im Interesse des Veräußerers (Verbesserung der Wohnqualität) und sich dadurch finanziell erschöpft, gleichwohl aber den Geschwistern ggü., die ihr liquides Einkommen nach freiem Gutdünken nutzen und ggf. Rücklagen bilden konnten, zum Ausgleich verpflichtet sein soll.

Schließlich ist zu bedenken, dass eine unmittelbare Inanspruchnahme der Geschwister aus bürgerlich-rechtlichem Unterhalt erst dann in Betracht kommt, wenn der vorrangige Rückgriffsanspruch gegen den Beschenkten aus § 528 BGB (wegen Fristablaufs, Entreicherung oder eigener Bedürftigkeit) nicht zum Tragen kam oder aber bereits vollständig geltend gemacht wurde und noch immer eine Unterhaltslücke besteht. Insb. in letzterem Fall, aber auch im Fall der Einrede des § 529 Abs. 2 (eigene Bedürftigkeit) und (in abgeschwächtem Maß) der Entreicherung (§ 818 Abs. 3 BGB) erscheint es wertungsmäßig problematisch, den Erwerber gleichwohl weiterhin zum Innenausgleich zu verpflichten.

---

448 Daher votieren die Bauernverbände in der Übergabeberatung grds. gegen Freistellungsverpflichtungen, worauf *J. Mayer/Geck*, Intensivkurs Überlassungsvertrag (DAI Skript Mai 2007), S. 165, hinweisen.

3. Vereinbarungen zur Konkurrenz mehrerer Beschenkter

In die vertragliche Festlegung der Ausgleichsquoten können nicht nur mehrere gleichzeitig beschenkte Geschwister, sondern auch nachrangig beschenkte einbezogen werden, sodass eine vertragliche Abänderung des § 528 Abs. 2 BGB erfolgt. Diese kann auch dergestalt stattfinden, dass die festgelegte Verteilung der Lasten im Innenverhältnis unabhängig davon gelten soll, ob zum Zeitpunkt der Inanspruchnahme beim jeweiligen Beschenkten noch eine entsprechende Bereicherung vorliegt, und ob dem Zuwendungsempfänger im Außenverhältnis eine Einwendung oder Einrede gegen den Anspruch etwa gem. § 529 BGB zusteht. Er wäre dann, auch wenn er sich im Außenverhältnis auf diese Einwendung oder Einrede berufen kann (z.B. Wegfall der Bereicherung gem. § 818 Abs. 3 BGB, eigene Bedürftigkeit gem. § 529 Abs. 1, 3. Alt. BGB), im Innenverhältnis weiterhin zum Ausgleich, ggf. aus eigenem sonstigen Vermögen, verpflichtet. Zugleich würde die u.U. nur zufällig eingetretene zeitliche und damit auch rechtliche Nachrangigkeit von Schenkungen zu verschiedenen Zeitpunkten dadurch nivelliert. Auch nach Ablauf von 10 Jahren wäre allerdings der begünstigte Geschwisterteil noch zum Innenausgleich verpflichtet.

1412

Rundel[449] schlägt hierzu folgende Formulierung vor:

1413

Formulierungsvorschlag: Geschwisterabrede zur Verteilung der „Soziallast der Eltern" nach festen Quoten:

1414

> Die Vertragsparteien stellen übereinstimmend fest, dass der Veräußerer seinen Kindern folgende Vermögenswerte – sei es auch zu unterschiedlichen Zeitpunkten – zugewendet hat:
> - dem Sohn A im Gesamtbetrag von ...... €,
> - der Tochter B im Gesamtbetrag von ...... €,
> - dem Sohn C im Gesamtbetrag von ...... €.
>
> Die Beschenkten vereinbaren, im Innenverhältnis die Last einer etwaigen Inanspruchnahme aus § 528 BGB untereinander sowie aus gesetzlichen Unterhaltspflichten im Verhältnis der oben festgestellten Werte mitzutragen. Es ist dabei unerheblich, ob zum Zeitpunkt der Inanspruchnahme bei dem jeweiligen Beschenkten noch eine entsprechende Bereicherung vorliegt und ob er sich im Außenverhältnis auf eine Einwendung oder Einrede berufen kann, etwas aus § 529 BGB. Die gesetzlichen Ansprüche des Veräußerers gegen seine Kinder bleiben hiervon unberührt.
>
> Der Notar hat darauf hingewiesen, dass diese Vereinbarung ggf. anzupassen ist, wenn noch weitere Schenkungen vorgenommen werden.

4. Besicherung

Wird ein solcher schuldrechtlicher Freistellungsanspruch vereinbart, wird der Notar stets das Thema seiner **Besicherung** anzusprechen haben. Dies kann etwa geschehen

1415

---

[449] *Rundel*, MittBayNot 2003, 185.

- durch Bestellung einer Höchstbetragssicherungshypothek (oder eine Grundschuld mit Vinkulierung, also Bindung der Abtretung an die Zustimmung des Eigentümers) am übergebenen Besitz an aussichtsreicher Rangstelle und in ausreichender, zu schätzender Höhe.
- durch Stellung sonstiger Sicherheiten (die allerdings selten zur Verfügung stehen werden), etwa einer Bankbürgschaft, einer dinglichen Sicherung an anderem Grundbesitz, oder durch Verpfändung eines Depots oder
- aber durch Wegfall der „eigenen Leistung" des weichenden Geschwisters, nämlich des abgegebenen (oft gegenständlich beschränkten) Pflichtteilsverzichtes mit der Folge, dass (allerdings nur bei Sterbefällen vor Erreichen der Zeitschwelle des § 2325 Abs. 3 BGB, ohne Zeitgrenze bei Ausgleichspflichtteilsansprüchen nach § 2316 BGB) der Geldanspruch gegen den vorhandenen Nachlass oder, bei dessen Erschöpfung, nach § 2329 BGB gegen den Beschenkten eine „Entschädigung" offeriert. Mehrere Wege stehen hierfür zur Verfügung:
  - Vereinbarung einer **auflösenden Bedingung**[450] **beim Pflichtteilsverzicht** dergestalt, dass eine über eine Bagatellgrenze[451] hinausgehende Inanspruchnahme des Verzichtenden für elterlichen Bedarf, der vom Verpflichteten nicht binnen kurz zu bemessender Zeit ausgeglichen wird, zu dessen Wegfall führt (allerdings behaftet mit dem Nachteil der „Pflichtteilsautomatik", die z.B. bei drohendem Zugriff Dritter auf den Pflichtteilsanspruch [§ 93 SGB XII] nicht gewollt sein mag).
  - Soll das Wiederentstehen des Pflichtteils(ergänzungs- oder ausgleichs)anspruchs von einer Willensentscheidung des weichenden, zur Unterhaltslast der Eltern herangezogenen Geschwisters abhängig sein, kann Letzterem ein Recht zum Rücktritt von dem Kausalgeschäft, das dem abstrakten Pflichtteilsverzichtsvertrag zugrunde liegt, eingeräumt werden. Der abstrakte Verzicht ist dann seinerseits durch die Ausübung dieses Rücktrittsrechts auflösend bedingt.[452]

1416 Es dürfte zur Abmilderung des „Alles oder Nichts" eines solchen wiederentstandenen Pflichtteilsanspruchs beitragen, die an das betreffende weichende Geschwister geflossenen/fließenden Gleichstellungsgelder auf die Pflichtteilshöhe anzurechnen (bedingte Vereinbarung der Rechtsfolgen des § 2315 BGB, die sonst durch einseitige Anordnung bei der Zuwendung erzielt werden), ohne dass jedoch etwa übersteigende Gleichstellungsgelder zurückzuzahlen wären.

Im Verbund mit der Vereinbarung gem. § 328 BGB wird durch die Wahl einer oder mehrerer dieser Besicherungsvarianten die Bereitschaft des Verpflichteten zu Natural-(Pflege-)leistungen oder zur finanziellen „Deckungszusage" deutlich angehoben werden.

---

450 Diese ist jedenfalls beim reinen Pflichtteils- (nicht Erb-)verzicht zulässig, vgl. Staudinger/*Schotten*, BGB, § 2346 Rn. 54, 153.
451 Die auf jeden Fall unter der Höhe des etwa gewährten Gleichstellungsgeldes liegen wird.
452 *J. Mayer*, ZEV 2007; 150 f.

Formulierungsvorschlag für einen solche unter dem Vorbehalt des Rücktritts bei sozialrechtlicher Inanspruchnahme stehenden Pflichtteilsverzicht:[453]   1417

Formulierungsvorschlag: Rücktrittsvorbehalt beim Pflichtteilsverzicht zur Absicherung einer Freistellungspflicht unter Geschwistern   1418

> Der auf seinen Pflichtteil Verzichtende behält sich das Recht vor, von dem diesem Verzicht zugrundeliegenden Kausalgeschäft zurückzutreten, wenn
>
> - er von einem Sozialfürsorgeträger mit einem Betrag von mehr als ..... € in Anspruch genommen wird für Leistungen, die den Eltern der Vertragsteile (etwa als Folge der Pflegebedürftigkeit) erbracht wurden, und
> - der Erwerber diesen Betrag nicht binnen eines Monats nach Aufforderung erstattet hat.
>
> Der Rücktritt ist mittels eingeschriebenen Briefs gegenüber Veräußerer und Erwerber zu erklären. Mit der Erklärung des Rücktritts entfällt der vom Übernehmer erklärte Pflichtteilsverzicht, der unter einer entsprechenden **auflösenden Bedingung** steht. Die bis dahin an den Verzichtenden erbrachten Abfindungsleistungen sind aber nach § 2315 BGB auf seinen Pflichtteil anzurechnen; liegen sie über dem tatsächlichen Pflichtteilsanspruch des Verzichtenden, hat er sie insoweit nach Eintritt des Erbfalls unverzinst in den Nachlass rückzuerstatten. Ein solcher Rücktritt lässt die übrigen Vereinbarungen in dieser Urkunde unberührt, insbesondere die Pflichtteilsverzichte durch und Abfindungsleistungen an andere Geschwister des Erwerbers.

VII. Regelungen zur Ausübung des Sozialleistungsbezugs

Kautelarjuristisch erwägenswert sind insb. **Bestimmungen zur Frage der Weiterleitung von**   1419
Geldleistungen, welche dem Hilfeempfänger als Anreiz zur Sicherstellung und Motivierung häuslicher Pflegepersonen gewährt werden (z.B. Geldleistung bei Schwerpflegebedürftigkeit gem. § 38 SGB V sowie Pflegegelder nach § 64 SGB XII, Rdn. 1008, und § 37 SGB XI, Rdn. 1056). Hier sollte durchaus überlegt werden, diese Geldbeträge der konkret pflegenden Person (im Regelfall die Ehefrau des Erwerbers) zuzusprechen.[454] Fehlen solche Abreden, dürfte sich eine Pflicht zur Weiterleitung kaum aus ergänzender Vertragsauslegung oder gar aus einer gem. § 313 BGB erzwingbaren Vertragsänderung ergeben.[455]

Formulierungsvorschlag: Regelung zur Auskehr des Pflegegeldes   1420

> Soweit dem Veräußerer künftig wegen Pflegebedürftigkeit Geldleistungen nach sozialrechtlichen Vorschriften oder aus Versicherungsverträgen zustehen, kann die Übernahme derjenigen Pflege, für welche diese Geldleistung gewährt wird, davon abhängig gemacht werden,

---

453 Nach *J. Mayer/Geck*, Intensivkurs Überlassungsvertrag (DAI-Skript Mai 2007), S. 170.
454 Die weitergeleiteten Beträge sind auch bei ihr steuerfrei (vgl. § 3 Nr. 36 EStG); ähnlich § 3 Nr. 1 (Leistungen nach SGB V) bzw. Nr. 11 (Leistungen nach dem SGB XII) EStG. Zu Sonderfragen bei der Zahlung privaten Pflegegeldes für die Versorgung minderjähriger Kinder vgl. den Erlass des FinMin Mecklenburg-Vorpommern, DB 1992, 918 f.
455 DNotI-Gutachten 99160 v. 19.01.2010.

dass der Anspruch auf Auszahlung des Betrags insoweit an die pflegende Person abgetreten wird bzw. dieser Betrag an sie ausgekehrt wird.

Durch diese Regelung wird vermieden, dass etwa Geldleistungen für Schwerpflegebedürftigkeit vereinnahmt werden, ohne dass die entsprechende Pflegeleistung durch den Empfänger erbracht wird.[456]

1421 Festlegungen zur **Ausübung von Gläubigerwahlrechten** (z.B. i.R.d. PflegeVG zwischen Pflegesachleistung, Pflegegeld oder Kombinationsleistung, §§ 36 bis 38 PflegeVG) übersteigen wohl regelmäßig den Rahmen vertraglicher Gestaltungsmöglichkeiten. Es ist ex ante kaum zu ermitteln, welche Variante dem Wohl des künftig Pflegebedürftigen unter Berücksichtigung der berechtigten Interessen des Erwerbers eher entspricht. Mehr als eine Konsultationsverpflichtung des Veräußerers wird daher kaum denkbar sein, es sei denn, der Hausarzt des Veräußerers ist mit Zustimmung der Beteiligten bereit, im Konfliktfall die „Schiedsrichterrolle" zu übernehmen.

1422 Denkbar ist es jedoch, dem tatsächlich Pflegenden das Recht einzuräumen, zu bestimmen, in welchen Zeiträumen (etwa wegen Urlaubs) eine Ersatzpflegekraft gem. § 39 PflegeVG angefordert werden soll. Voraussetzung eines solchen Anspruchs ist jedoch – neben dem Vorliegen der Pflegebedürftigkeit gem. mind. Stufe I –, dass die Pflege mind. seit 12 Monaten erbracht wurde; die Aufwendungen der Pflegekasse dürfen 1.432,00 € im Kalenderjahr nicht überschreiten.

1423 Drei alternative, im folgenden Text zusammengefasste, Formulierungsvorschläge zur Ausübung der Leistungswahlrechte und zur Auskehr der Geldleistungen hat *Weyland*[457] unterbreitet:

1424 **Formulierungsvorschlag: Ausübung der Leistungswahlrechte bei Pflege (ausführlich)**

§ .....

Pflegesachleistungen, Pflegegeld

Der Veräußerer ist nicht verpflichtet, dem Erwerber die Beträge zuzuwenden, die er gemäß den Bestimmungen des SGB XI in der jeweils gültigen Fassung von der Pflegeversicherung erhält. Ebenso wenig wird das Wahlrecht des Veräußerers zwischen Pflegesachleistungen oder Inanspruchnahme von Pflegegeld im Verhältnis zum Erwerber eingeengt.

(Formulierungsvarianten:

Der Veräußerer verpflichtet sich, dem Erwerber die Beträge zuzuwenden, die er gemäß den Bestimmungen des SGB XI in der jeweils gültigen Fassung von der Pflegeversicherung erhält. Dadurch wird das Recht des Veräußerers, die gesetzlich primär vorgesehenen Pflegesachleistungen in Anspruch zu nehmen, nicht eingeengt. Eine Verpflichtung zur Weiterleitung besteht demnach nur, wenn und soweit der Veräußerer gegenüber der Pflegeversicherung statt der Erbringung von Pflegesachleistungen die Zahlung des Pflegegeldes wählt.

---

[456] *Mayer*, ZEV 1995, 272, unterbreitet insoweit detaillierte Empfehlungen, etwa in Gestalt eines vertraglichen Zurückbehaltungsrechts.
[457] *Weyland*, MittRhNotK 1997, 75.

oder

Der Veräußerer verpflichtet sich, vorrangig Sachleistungen nach dem SGB XI in der jeweils gültigen Fassung abzurufen. Die Pflegeverpflichtung entsteht in dem Umfang, in dem der Veräußerer objektiv der Pflege bedarf und der Pflegebedarf durch die Pflegesachleistungen nicht hinreichend abgedeckt ist.)

VIII. Pflegedienstvertrag

Pflegeleistungen können nicht nur im Zuge einer Immobilienübertragung als unentgeltlichkeitsmindernde „Gegenleistung" vereinbart sein, sondern auch Geld- oder Naturalzuwendungen (Wohnungsrechtsgewährung) rechtfertigen, i.S.e. auf Austausch bedachten **„Pflegevertrages"**. Da sich die Betreuungs- und Fürsorgeleistung sowie die damit im Zusammenhang stehende „jederzeitige Dienstbereitschaft" einer objektiven Bewertung entziehen, haben die Beteiligten insoweit einen weiten Spielraum („subjektive Äquivalenz").

Formulierungsvorschlag:[458] **Pflege- und Versorgungsvertrag**

1. Sachverhalt; Kosten der Unterkunft

Frau B wohnt seit ..... bei Frau A in deren Wohnung in ..... Frau A räumt ihr hiermit (zeitlich begrenzt lediglich durch die Vereinbarung unten 3.) das Recht ein, das separate Zimmer im 1. Obergeschoss ausschließlich, und die sonstigen Wohnräume der Wohnung samt Küche von Frau A mitbenutzen; Frau B hat ferner freien Umgang im Garten und kann die linke Garage ausschließlich nutzen. Die für das Zimmer der Frau B anfallenden Nebenkosten für Heizung, Strom, Wasser, Abwasser, Müllabfuhr, Schönheitsreparaturen und dergl. trägt Frau A.

2. Verpflichtung zur Erbringung von Dienstleistungen

Frau B verpflichtet sich, auch in Zukunft für Frau A in der nachstehend vereinbarten Weise zu sorgen:

a) Pflege: Frau A ist derzeit in Pflegestufe I eingruppiert Die zu erbringende Pflege besteht in Hilfeleistungen in den Bereichen Grundpflege und hauswirtschaftlicher Versorgung. Die Verrichtungen der Grundpflege umfassen die Teilbereiche

– Körperpflege

Hierzu gehören was Waschen, Duschen, Baden, die Zahnpflege, das Kämmen, Rasieren, die Darm- und/oder Blasenentleerung.

– Ernährung

Hierzu gehören die mundgerechte Zubereitung oder die Aufnahme der Nahrung. Das Kochen bzw. die Zubereitung von Speisen fällt nicht hierunter, gemeint sind z.B. das Kleinschneiden von Brot oder Fleisch und das Füttern oder die Gabe von Sondenkost.

– Mobilität

---

[458] Orientiert an einem Regelungssachverhalt des Kollegen Hubert Keller, Leutkirch im Allgäu.

Hierzu gehören vor allem Hilfeleistungen beim Aufstehen und Zubettgehen einschließlich Umlagern im Bett, An- und Auskleiden, Gehen, Stehen, Transfer z.B. in einen Roll- oder Toilettenstuhl.

Zur hauswirtschaftlichen Versorgung gehören die Tätigkeiten Einkaufen, Kochen, Spülen, Reinigen der Wohnung, Beheizen der Wohnung sowie Wechseln und Waschen der Kleidung und Wäsche.

Frau B verpflichtet sich zur Übernahme der häuslichen Pflege von Frau A in Pflegestufe I, und II, im vorstehenden Umfang (Grundpflege und hauswirtschaftliche Versorgung) und erhält dafür das Pflegegeld (monatlich derzeit) 215,00 € sowie eine monatliche Pauschalvergütung in Höhe von ..... €, solange Frau A in Stufe I eingruppiert bleibt, bzw. ..... € ab dem Monat der Einstufung in Pflegestufe II. Mit dieser Vergütung sind auch die verbundenen Sachaufwendungen (verschmutzte Kleidung etc) sowie die mit der Pflegetätigkeit verbundene Freizeiteinbuße, berufsbedingte Nachteile, verringerte Altersvorsorgeleistungsfähigkeit etc. abgegolten.

b) Besorgungen: Frau B verpflichtet sich, sämtliche Nahrungsmittel einschließlich der Getränke, ebenso Hygieneartikel für Frau A bereitzustellen. Ferner hat Frau B auf Verlangen sonstige Gegenstände des täglichen Bedarfs, Kleidung, Bücher und Zeitschriften etc zu beschaffen. Hierfür erhält Frau B eine Wegstreckenentschädigung von 30 ct je zurückgelegtem Kilometer, jedoch keiner zusätzliche Zeitvergütung. Die Aufwendungen für Nahrungs- und Hygieneartikel selbst sind durch Frau A zu tragen.

c) Fahrdienste:. Frau B ist verpflichtet, Fahrten für Frau A zu erledigen (z.B. Arzt, Apotheke, Kirche, Behördengänge, usw.) und diese hierbei zu begleiten. Sie erhält hierfür die oben b) genannte Wegstreckenentschädigung sowie eine Stundenvergütung von ..... €.

3. Leistungsverweigerungsrecht; Kündigung:

Frau B ist berechtigt, die Dienstleistung zu verweigern, wenn ihr diese im Sinne des § 275 Abs. 3 BGB nicht mehr zuzumuten ist, ebenso im Falle eigener Erkrankung. Sie kann die Betreuungsleistung für bis zu maximal vier Wochen im Jahr, die jeweils mindestens drei Monate vorher anzukündigen sind und Zeiträume von jeweils einer zusammenhängenden Woche nicht unterschreiten sollen, urlaubshalber unterbrechen; in diesem Fall trägt Frau A die Kosten der Ersatzbeschaffung der obigen Leistungen durch kommerzielle Pflege- und Betreuungsdienste bzw. der Unterbringung in einer stationären Kurzzeitpflegeeinrichtung.

Frau B ist von der weiteren Erbringung der Leistungen frei, wenn Frau A nach dem Urteil ihres Hausarztes aus medizinischen Gründen der Dauerbetreuung in einer stationären Einrichtung bedarf.

Darüber hinaus ist jeder Vertragsteil berechtigt, die Vereinbarung mit einer Frist von drei Monaten zum Quartalsende zu kündigen.

Mit Wirksamwerden der Kündigung, während der Geltendmachung eines Leistungsverweigerungsrechtes, und mit endgültigem Freiwerden von Pflichten aufgrund hausärztlichen Attestes oder durch das Ableben eines Beteiligten erlöschen die Zahlungspflichten gemäß Abschnitt 2.

> Auch nach Erlöschen ihrer Leistungspflichten ist Frau B jedoch berechtigt, die Leistungen gemäß 1. (miet- und nebenkostenfreie Nutzung der oben beschriebenen Räumlichkeiten) für einen Zeitraum von weiteren drei Monaten zu nutzen; der Umgang außerhalb ihres Zimmers ist dann jedoch auf das Notwendigste zu beschränken.

Fehlt es an einer ausdrücklichen Vergütungsvereinbarung, kann sich ein solcher Anspruch ggf. aus § 612 BGB ergeben, wenn „Dienstleistungen in Erwartung einer späteren Erbeinsetzung oder Zuwendung erbracht wurden und diese Erwartung fehlgeht".[459] Maßgeblich für die Abgrenzung zwischen einem dabei vorausgesetzten **„faktischen Dienstvertrag"** und einem bloßen Gefälligkeitsverhältnis sind – nach den Umständen des Einzelfalls – die betroffenen Verkehrswerte, Art, Umfang und Dauer der Dienstleistung, Berufs- und Erwerbsverhältnis des Leistungserbringers und die Beziehung zwischen den Beteiligten. Langjährige Dienste, die in „fehlgeschlagener Vergütungserwartung" einer Beteiligung am Nachlass geleistet wurden, können einen Zahlungsanspruch gegen den Nachlass begründen (ca 10,00 DM/Std. für die Jahre 1983 bis 1990, 15,00 DM/Std. für die Jahre 1991 bis 2001, 10,00 €/Std. für die Jahre 2002 bis 2004[460]).

1427

In seltenen Fällen mag sogar unter Angehörigen ein Arbeitsverhältnis im eigentlichen Sinne zur Erbringung von Pflegeleistungen begründet werden. Hierzu bedarf es einer Verpflichtung zur Leistung weisungsgebundener fremdbestimmter Arbeiten in persönlicher Abhängigkeit. Die Vergütungshöhe (§ 612 BGB) braucht noch nicht zu Beginn des Arbeitsverhältnisses festzustehen; es genügt, dass der Dienstberechtigte in Kenntnis der Erwartung des Dienstverpflichteten, eine Vergütung zu erhalten, die Leistungen entgegennimmt.[461] Sofern es den Beteiligten auf die auch sozialrechtliche Absicherung des Pflegenden, ungeachtet der (Lohn-)Steuerpflicht der Bezüge, ankommt, mag ein solches Arbeitsverhältnis auch ausdrücklich vereinbart werden.

1428

Ist hingegen entscheidende Motivation des Leistungserbringers die zwischen nahen Angehörigen[462] „übliche Hilfeleistung" innerhalb einer Familie, wird es an einem solchen faktischen Dienstvertrag regelmäßig fehlen,[463] auch wenn dadurch der nahe Angehörige ggü. einem fremden Dritten schlechter gestellt ist. Familienrechtliche Mitarbeitspflichten gem. § 1356 BGB (Ehegatten) bzw. § 1619 BGB (Kinder) sind (in ihrem heute verbleibenden geringen Umfang) ohnehin unentgeltlich zu erbringen. Für einen Anspruch aus § 812 Abs. 1 Satz 2, 2. Alt. BGB schließlich bedarf es schließlich stets einer Zweckbestimmung, wonach der Leistungserbringer in (enttäuschter) Erwartung einer künftigen Zuwendung Leistungen erbracht haben muss, woran es regelmäßig ebenfalls fehlen wird.[464] Die Schwierigkeiten, eine angemessene Entlohnung für v.a. umfangreiche Pflegeleistungen auf der Basis ausschließlich gesetzlicher Bestimmungen zu

1429

---

459   BAG, 24.06.1965 – 5 AZR 443/64, JurionRS 1965, 10134; vgl. *Dienstbühl*, ErbR 2009, 178.
460   LAG Hessen, 07.09.2010 – 12 Sa 1817/08, ZEV 2011, 434, Berichtigung in ZEV 2011, 551 (geltend gemacht wurden 296.380,00 € Vergütung für 29.638 Stunden, 19.282,00 € Erstattung für 642744 gefahrene km, und 127.270,00 € „Zinsschaden"; zugesprochen wurden 106.573,00 € Stundenvergütung).
461   LAG Rheinland-Pfalz, 27.07.2011 - 11 Ta 145/11, ZEV 2011, 549 (zur Frage des Rechtsweges zu den Arbeitsgerichten; die Vergütung lag in der Erbeinsetzung).
462   In Anlehung an § 7 Abs. 3 Pflegezeitgesetz (BGBl. 2008, I 874 ff.) handelt es sich jedenfalls um Großeltern, Eltern, Schwiegereltern, Ehegatten, Lebenspartner, Partner in einer eheähnlichen Gemeinschaft, Geschwister, Kinder, Adoptiv- oder Pflegekinder, Enkelkinder, Schwiegerkinder und die Kinder des Ehegatten oder Lebenspartners.
463   LG Heidelberg, 03.02.2009 – I O 148/07, zitiert nach *Dienstbühl*, ErbR 2009, 179.
464   OLG Oldenburg, ZEV 1999, 31, 33.

sichern, haben zur (bisher noch nicht umgesetzten) Überlegung geführt, eine zwingende Berücksichtigung von Pflegeleistungen im Kreis gesetzlicher Erben i.R.d. Ausgleichung (§ 2057b BGB-E) einzuführen, vgl. Rdn. 1616.

1430 Sofern eine Vergütung für die zu Lebzeiten zugunsten des Erblassers erbrachten (bzw., im Zeitpunkt der Testamentserrichtung, regelmäßig noch zu erbringenden) Pflegeleistungen nur letztwillig geschuldet sein soll (sodass keine pflichtteilsreduzierende Wirkung damit verbunden ist), empfiehlt sich der Rückgriff auf ein Vermächtnis, bei welchem die konkrete Person des Berechtigten gem. § 2151 BGB der Bestimmung eines Dritten überantwortet sein kann, sofern der Kreis der Bedachten zumindest potenziell abgegrenzt ist (andernfalls bedarf es einer Zweckauflage). Im Extremfall kann dieses Vermächtnis auch als Universalvermächtnis ausgestaltet sein; dem Erben (z.B. einer gemeinnützigen Organisation) verbleibt dann wirtschaftlich nichts mehr.[465] Hierzu[466]

1431 **Formulierungsvorschlag: Pflegevergütungsvermächtnis**

> Für den Fall, dass ich von einem oder mehreren meiner Abkömmlinge oder Schwiegerabkömmlinge häuslich gepflegt werde und/oder von diesen hauswirtschaftliche Verrichtungen erbracht werden (letztere allerdings nur, sofern sie durchschnittlich eine Stunde pro Woche überschreiten), ordne ich zugunsten des/der betreffenden Abkömmlings/Abkömmlinge ein Pflegevergütungsvermächtnis an. Es ist in Geld zu erbringen, und zwar in Höhe von 60 Prozent des Betrags, den ich für eine gleichwertige häusliche Pflege oder Versorgung unter Inanspruchnahme externer Dienstleister hätte entrichten müssen. Die Auswahl des Vermächtnisnehmers und die Festsetzung der Höhe des Vermächtnisses erfolgen gemäß §§ 2151, 2153 und 2155 BGB durch einen Testamentsvollstrecker. Hierfür benenne ich ...; ersatzweise, also für den Fall, dass er vor oder nach der Annahme des Amts wegfällt, soll das Gericht einen geeigneten Nachfolger bestimmen. Der Vollstrecker erhält für seine Tätigkeit eine einmalige Vergütung von 500,00 € zuzüglich Umsatzsteuer zu Lasten des Nachlasses.

---

465 Vgl. *v. Dickhuth-Harrach*, Handbuch der Erbfolgegestaltung, § 28, Rn. 84.
466 In Anlehnung an *Tanck/Krug*, Anwaltformulare Testamente, § 14, Rn. 107.

D. Leibgeding

I. Gesetzliche Bedeutung

Der Begriff[467] Leibgeding (oder Altenteil, Auszug, Leibzucht) hat **an vier verschiedenen Stellen im Gesetz Auswirkungen:** 1432

§ 49 GBO (zur erleichterten Grundbucheintragung)	„Werden Dienstbarkeiten und Reallasten als Leibgedinge, Leibzucht, Altenteil oder Auszug eingetragen, so bedarf es nicht der Bezeichnung der einzelnen Rechte, wenn auf die Eintragungsbewilligung Bezug genommen wird."
§ 9 EGZVG (als Vollstreckungsprivileg, sofern nach Landesrecht umgesetzt)[1]	„Soweit ein nach Landesgesetz begründetes Recht an einem Grundstück, das nicht in einer Hypothek besteht, zur Wirksamkeit gegen Dritte der Eintragung nicht bedarf oder soweit eine Dienstbarkeit oder eine Reallast als Leibgedinge, Leibzucht, Altenteil oder Auszug eingetragen ist, bleibt das Recht nach Maßgabe des Landesgesetzes von der Zwangsversteigerung unberührt, auch wenn es bei der Feststellung des geringsten Gebots nicht berücksichtigt ist. Das Erlöschen eines solchen Rechts ist auf Verlangen eines Beteiligten als Versteigerungsbedingung zu bestimmen, wenn durch das Fortbestehen ein dem Rechte vorgehendes oder gleichstehendes Recht des Beteiligten beeinträchtigt werden würde; die Zustimmung eines anderen Beteiligten ist nicht erforderlich."
§ 96 EGBGB (als Fortbestehensklausel oder jetzt Öffnungsklausel für Landesrecht)	„Unberührt bleiben die landesgesetzlichen Vorschriften über einen mit der Überlassung eines Grundstücks in Verbindung stehenden Leibgedings-, Leibzuchts-, Altenteils- oder Auszugsvertrag, soweit sie das sich aus dem Vertrag ergebende Schuldverhältnis für den Fall regeln, dass nicht besondere Vereinbarungen getroffen werden."
§ 850b Abs. 1 Nr. 3 ZPO (als Pfändungsschutz für fortlaufende Einkünfte)	„Unpfändbar sind (...) fortlaufende Einkünfte, die ein Schuldner (...) aufgrund eines Altenteils oder Auszugsvertrags bezieht"
§ 850b Abs. 2 ZPO	„Diese Bezüge können nach den für Arbeitseinkommen geltenden Vorschriften gepfändet werden, wenn (...) Billigkeit entspricht."

1) Dies ist in fast allen alten Bundesländern (außer Bremen und Hamburg) sowie in Thüringen der Fall. Teilweise erfolgt die Umsetzung allerdings nur reduziert, etwa in § 33 BW-AGGVG: Beschränkt auf Leibgedinge im Zusammenhang mit Immobilienübertragungen zu Lebzeiten und ohne Einschluss von Nießbrauchsrechten (vgl. Wirich, ZErb 2010, 159).

---

[467] Umfassend zu den Definitionsmerkmalen des Leibgedings *Wirich*, Das Leibgeding, Rn. 170 ff., der allerdings einen eigenen Begriff entwickelt; Überblick bei *Wirich*, ZErb 2009, 229 ff.

II. Definition

1433 Der Begriff des Leibgedings ist **gesetzlich nirgends definiert**. Nach der Rechtsprechung ist das Leibgeding[468]
- ein der Versorgung des Berechtigten dienendes Recht („sozialmotivierter Versorgungsvertrag")
- bei dem Leistung und Gegenleistung wertmäßig nicht gegeneinander abgewogen sind[469]
- bei dem ferner nicht ausschließlich Geldleistungen, sondern zumindest auch Sachleistungen oder Dienstleistungen vereinbart sind und
- bei dem eine örtliche Bindung des Berechtigten zu dem Grundstück besteht, auf dem oder aus dem die Leistungen gewährt werden (Notwendigkeit dieses Merkmals zweifelhaft).[470]

1434 Besonders strittig ist, ob ein Leibgeding nur vorliegen kann, wenn eine die Existenz sichernde Wirtschaftseinheit übergeben wird. Der BGH[471] hat dies für die Anwendung des Art. 96 EGBGB[472] und für § 850b Abs. 1 Nr. 3 ZPO[473] bejaht, für die Anwendung des § 49 GBO verneint und für die Anwendung des Vollstreckungsprivilegs gem. § 9 EGZVG bisher nicht entschieden[474] (es existiert also ein zweigeteilter oder gar dreigeteilter Leibgedingsbegriff,[475] was den Ruf nach dogmatischer Vereinheitlichung lauter werden lässt).[476] Die Bezeichnung als „Leibgeding" im Grundbuch ist nicht erforderlich.[477]

1435 **Häufige**, aber nicht begriffsnotwendige **Merkmale** sind
- Bestellung auf Lebenszeit des Berechtigten oder Abstellen auf Umstände, welche die Versorgung des Berechtigten berühren, wie z.B. Heirat,
- verwandtschaftliche oder persönliche Beziehungen zwischen den Beteiligten,[478]
- Mehrheit von dinglichen Rechten.[479]

Fast alle „alten" Bundesländer mit Ausnahme von Hamburg und Bremen, ebenso Thüringen, haben von den Möglichkeiten des EGBGB und des EGZVG Gebrauch gemacht.

---

468 Vgl. BGH, NJW 1994, 1158; BayObLG, DNotZ 1993, 603.
469 BGH, DNotZ 1982, 697.
470 Bejahend BayObLG, DNotZ 1975, 624; BayObLGZ 1994, 12.
471 BGH, DNotZ 1996, 636.
472 Sodass bspw. ein Altenteil i.S.d. Art. 96 EGBGB nicht vorliegt, wenn der Übernehmer in den übergebenen Räumen seine Berufstätigkeit aufnimmt; die Existenzgrundlage muss vom Veräußerer bereits geschaffen worden sein (BGH, NotBZ 2003, 117).
473 BGH, 04.07.2007 – VII ZB 86/06, Rpfleger 2007, 614.
474 Für dieses Kriterium i.R.d. EGZVG jedoch RGZ 162, 52 ff., und *Weyland*, MittRhNotK 1997, 71.
475 Hiergegen wendet sich mit Recht *J. Mayer*, DNotZ 1996, 622 ff.
476 Monografisch *Wirich*, Das Leibgeding, auch zu den Tücken der landesrechtlichen Bestimmungen für die Vertragsgestaltung.
477 BGH, DNotZ 1994, 883.
478 Dafür: BayObLG, DNotZ 1993, 603; a.A. (auch Leibgeding unter Fremden denkbar) OLG Köln, DNotZ 1990, 514.
479 Nach LG Köln, NJW-RR 1997, 594 soll ein einzelnes Wohnungsrecht genügen, a.A. LG Duisburg, MittRhNotK 1989, 195.

III. Grundbuchrecht

Auf bundesgesetzlicher Ebene bleibt die **Bedeutung des § 49 GBO** zu erörtern:

1436

Die Bedeutung des § 49 GBO besteht in einer ggü. § 874 BGB **erweiterten Möglichkeit der Bezugnahme auf die Eintragungsbewilligung**. Es kann nicht nur wegen des näheren Inhalts des Rechts auf die Bewilligung Bezug genommen werden, sondern auch

- zur Bezeichnung der im Grundbuch als Leibgeding zusammengefassten Rechte selbst („Sammelbezeichnung"),[480]
- zur Angabe von Bedingungen und Befristungen dieser Rechte,[481]
- zur Bezeichnung des Gemeinschaftsverhältnisses (§ 47 GBO) bei mehreren Berechtigten,[482]
- nach herrschender Meinung abweichend von § 48 GBO zur Angabe, auf welchen Grundstücken die als Leibgeding zusammengefassten Einzelrechte jeweils lasten.[483]

> **Hinweis:**
> Was nach § 49 GBO bei der Grundbucheintragung entfallen darf, muss sich aber stets aus der Eintragungsbewilligung ergeben. Die Arbeit des Notars wird dadurch also nicht erleichtert! Außerdem besteht, wie dargestellt, wegen des „gespaltenen" Leibgedingsbegriffs keine Vorgreiflichkeit der Grundbucheintragung für das Bestehen eines materiell-rechtlichen Leibgedings i.S.d. § 96 EGBGB.[484]

1437

Grunddienstbarkeiten, Grundpfandrechte oder das Dauerwohnrecht nach §§ 31 ff. WEG können nicht zum Bestandteil eines Leibgedings gemacht werden, da es an dem Charakter der höchstpersönlichen Versorgung des Berechtigten fehlt. Ein Nießbrauch am gesamten übergebenen Grundbesitz steht einer Zusammenfassung als Leibgeding ebenfalls entgegen, nicht aber ein Nießbrauch an einem Teil des übergebenen Grundbesitzes.

1438

Formulierungsvorschlag: Eintragungsbewilligung für Leibgeding

1439

> Der Erwerber bestellt hiermit beiden Veräußerern als Gesamtberechtigten nach § 428 BGB für das Wohnungs- und Mitbenutzungsrecht gem. § ..... eine beschränkte persönliche Dienstbarkeit an FlNr. ..... Gemarkung ..... und zur Sicherung der wiederkehrenden Geldleistungen (dauernde Last) nach § ..... eine Reallast am selben Grundstück. Die Eintragung dieser Rechte in das Grundbuch unter der zusammenfassenden Bezeichnung als Leibgeding wird bewilligt und beantragt mit dem Vermerk, dass zur Löschung der Nachweis des Todes des jeweiligen Berechtigten genügt, was hiermit vereinbart wird.
>
> Das Leibgeding erhält Rang nach .....

---

[480] Vgl. BGH, DNotZ 1994, 881.
[481] OLG Schleswig, SchlHAnz 1961, 196.
[482] BGH, NJW 1979, 421.
[483] Vgl. BGH, DNotZ 72, 487; a.A. *Eickmann*, in: Kuntze/Ertl/Herrmann/Eickmann, GBO, § 49 Rn. 6.
[484] Vgl. *Wegmann*, in: Bauer/von Oefele, GBO, § 49 Rn. 42.

1440 Die **Löschungserleichterungsklausel** ist möglich und notwendig, wenn einzelne im Leibgeding zusammengefasste dingliche Rechte beim Ableben des Begünstigten rückstandsbehaftet sein können (z.B. Zahlungspflichten oder Pflichten zur Erhaltung des vom Wohnungsrecht erfassten Grundbesitzes). Eine Löschungserleichterung kann dagegen nicht vereinbart werden, wenn auch solche Verpflichtungen in das Leibgeding einbezogen werden, die erst nach dem Tod zu erfüllen sind, etwa eine Verpflichtung zur Grabpflege. Sie könnte zwar ebenfalls durch Reallast gesichert werden, was jedoch angesichts der Beeinträchtigung der Beleihungs- und Verkehrsfähigkeit des Grundbesitzes i.d.R. nicht gewünscht wird.

1441 Nicht verkannt werden darf, dass die (aus der Perspektive des Berechtigten stets zu empfehlende) grundbuchliche Sicherung des Leibgedings aus Sicht des Eigentümers eine ungebührliche Beschwer bewirken kann, wenn betriebswirtschaftlich notwendige Belastungen oder Veräußerungen dadurch blockiert werden, etwa da der nicht mehr handlungsfähige Leibgedingsberechtigte keine **Vorsorgevollmacht** erteilt hat und der demnach für ihn bestellte Betreuer sich nicht, jedenfalls nicht ohne Kompensation, zur Freigabe in der Lage sieht. Eine aus § 242 BGB zu schöpfende **Verpflichtung zur Freigabe** sieht die Rechtsprechung[485] allenfalls im Ausnahmefall, insb.

(a) bei einer erheblichen Veränderung der wirtschaftlichen oder persönlichen Verhältnisse der Beteiligten,

(b) sofern der Eigentümer dringend Geldmittel benötigt und

(c) das Altenteilsrecht trotz Freigabe des zu veräußernden Grundstücks noch gesichert bleibt.

IV. Landesrecht

1442 Moderne landesrechtliche[486] Bestimmungen zum Altenteilsrecht, wie etwa das Thüringer Zivilrechtsausführungsgesetz (ThürAGBGB)[487] enthalten (dort in §§ 4 bis 22 ThürAGBGB) dispositive Bestimmungen zum Altenteilsrecht in erheblichem Umfang, die vom BGB abweichen.

- So handelt es sich bzgl. der Fälligkeit von Leibrentenzahlungen (abweichend von § 760 Abs. 2 Halbs. 1, BGB Vorauszahlung jeweils für einen Monat, nicht für den Drei-Monats-Bedarf) sowie

- bzgl. der Bestimmungen des Wohnungsrechts (abweichend von § 1041 BGB sollen regelmäßig die Kosten der Instandhaltung und der Instandsetzung vom Eigentümer getragen werden, ebenso die auf dem Grundstück ruhenden Lasten; weiter wird, z.B. in § 10 Abs. 2 Satz 2 ThürAGBGB, die Verpflichtung zum Abschluss einer Versicherung statuiert) um solche Abweichungen.

1443 - Enthalten sind ferner häufig (etwa in § 11 ThürAGBGB) **gesetzliche Auslegungsregeln**, die den Begriff des angemessenen Unterhalts i.S.d. § 1610 Abs. 1 BGB dahin gehend ausfüllen sollen, dass zur Pflege/Verpflegung nicht die Kosten ärztlicher Behandlung und von Heilmitteln gehören, diese also vom Berechtigten selbst zu tragen seien.

---

485 OLG Hamm, 22.09.2009 – 10 W 17/09, JurionRS 2009, 30497.
486 In NRW ist das Altenteilsrecht zum 01.01.2011 entfallen, Art. 2 Nr. 43 JustizbereinigungsG, GBl. NRW 2010, 29 ff.
487 GVBl. 2002, 424 ff.

- Rücktrittsrechte von Altenteilsverträgen sind wegen der existenziellen Bedeutung dieses Vertrags und der auf besondere Dauer und Beständigkeit angelegten Rechtsbeziehung ausgeschlossen (so etwa in Art. 15 § 7 des Preußischen Ausführungsgesetzes zum BGB) oder erheblich eingeschränkt (etwa gem. § 13 ThürAGBGB: Voraussetzung ist dort der Verzug des Erwerbers – also ist ein Verschulden erforderlich) und der Ablauf einer angemessenen Nachfrist sowie die Zukunftsprognose dahin gehend, dass keine Besserung erwartet werden könne, schließlich die (bereits nach allgemeinem Recht erforderliche) Erheblichkeit der Pflichtverletzung. Die Erklärung des Rücktritts bedarf der notariellen Beurkundung, auch um den Zurücktretenden auf die gravierenden Folgen (z.B. Wertersatz für die geleistete Pflege [§ 346 Abs. 1 BGB] sowie Aufwendungsersatz i.R.d. § 347 Abs. 2 BGB für die getätigten Investitionen des Erwerbers!) hinzuweisen.

- Im Fall der Zerstörung einer Wohnung ist der Eigentümer nach Landesrecht regelmäßig dinglich[488] verpflichtet, diese wieder herzustellen, wobei der Berechtigte bei Unzumutbarkeit aufgrund unverhältnismäßig hohen Kostenaufwands entscheiden kann zwischen einer vom Verpflichteten angebotenen Ersatzwohnung oder einer angemessenen Geldrente, die dem bisherigen Wohnwert entspricht.   1444

- Enthalten sind schließlich häufig Regelungen, die den Personenkreis umschreiben, den der Berechtigte in die Wohnung aufnehmen darf (regelmäßig enger als in § 1093 Abs. 2 BGB: ausgeschlossen sind solche Personen, deren Verwandschaft erst nach dem Vertragsschluss entsteht).

- In modernen Ausführungsgesetzen (z.B. §§ 16 ff. ThürAGBGB) sind die Folgen eines Verlassens der Wohnung noch weiter ausdifferenziert: Dem Berechtigten steht eine Geldrente (orientiert an dem Wert der Befreiung von der Verbindlichkeit [§ 16 Abs. 2 ThürAGBGB]) zu, wenn der Berechtigte die ihm überlassene Wohnung auf Dauer verlässt und dies dem Verpflichteten schriftlich (zur Klarheit des Beginnzeitpunkts) mitteilt. Ein besonderer Grund ist hierfür nicht erforderlich, anders jedoch dann, wenn der Berechtigte (§ 16 Abs. 1 Satz 2 ThürAGBGB) zwar die überlassene Wohnung nicht aufgibt, aber die Umwandlung der sonstigen Naturalleistungen in eine Geldrente verlangt. Sind aufgrund Verschuldens des Berechtigten gravierende Störungen eingetreten, die einen weiteren Verbleib des Berechtigten unzumutbar erscheinen lassen, kann der Verpflichtete (Eigentümer) die Wohnung unter Einhaltung einer Frist von mind. 3 Monaten kündigen und hat dann die ebenfalls am Freiwerden von der Verbindlichkeit orientierte Geldrente zu zahlen (§ 17 ThürAGBGB). Beruht die Störung der persönlichen Beziehung auf einem Verhalten des Verpflichteten oder einem diesem zuzurechnenden Verhalten eines Mitglieds dessen Hausstands, tritt neben die genannte Geldrente ein Schadensersatzanspruch, der bspw. auch die Kosten des Wohnungswechsels und die Mehraufwendungen aufgrund selbstständiger Haushaltsführung umfasst. Bei Mitverschulden kann dieser Betrag gem. § 254 Abs. 1 BGB geteilt werden.   1445

- Sind Ehegatten altenteilsberechtigt, kann der Überlebende gem. § 21 Abs. 2 ThürAGBGB nach dem Ableben des anderen Ehegatten die volle Leistung verlangen, soweit sie nicht nur für den persönlichen Bedarf des verstorbenen Ehegattten vereinbart war.   1446

- Gem. § 22 ThürAGBGB kann der Altenteilsberechtigte verlangen, dass die schuldrechtlichen Vereinbarungen dinglich gesichert werden. Der Grundstückseigentümer ist verpflichtet, das

---

488 *Wirich*, ZEV 2008, 372, 375.

Grundstück nicht mit Rechten zu belasten, die dem Recht des Altenteilers im Rang vorgehen würden; bei Verletzung dieser Pflicht macht er sich also schadensersatzpflichtig (§ 22 Abs. 2 ThürAGBGB).

1447
Hinweis:
Sofern diese Bestimmungen oder einzelne von ihnen nach Erörterung mit den Beteiligten dem Gewollten entsprechen, ist daran zu denken, die **Anwendung der betreffenden landesrechtlichen Vorschriften** zum Leibgedings/Altenteilsrecht im Ganzen oder in den betreffenden Teilen **vertraglich zu vereinbaren**, unabhängig davon, ob tatsächlich ein Vertrag gem. Art. 96 EGBGB vorliegt.

1448 **Formulierungsvorschlag: Vertragliche Vereinbarung der landesrechtlichen Bestimmungen zum Leibgeding**

I.Ü. vereinbaren die Beteiligten die Bestimmungen der §§ ..... bis ..... des ..... (***Anm.:** hier ist das jeweilige einschlägige Landesausführungsgesetz zum BGB einzusetzen*), deren Inhalt durch den Notar erläutert und mit den Beteiligten erörtert wurde, und zwar ausdrücklich unabhängig davon, ob tatsächlich ein Vertrag gem. Art. 96 EGBGB vorliegt oder nicht. Diese Anwendungsvereinbarung erfasst die landesrechtlichen Bestimmungen in ihrer derzeitigen Fassung, mithin ohne Rücksicht auf künftige Änderungen, selbst wenn die (insoweit dispositiven) Bestimmungen bereits kraft Gesetzes auf den vorliegenden Sachverhalt Anwendung finden sollten. Zur Erleichterung für die Beteiligten und zu Beweiszwecken wird der betreffende Gesetzestext dieser Urkunde beigefügt.

V. Leibgeding im Zugewinnausgleich

1449 Ansprüche auf wiederkehrende Leistungen – mögen sie in Geldzahlungen oder Dienstleistungen bestehen – sind auf der **Aktivseite** (ebenso wie entsprechende Nutzungsberechtigungen, s.o. Rdn. 1215) zu berücksichtigen, und zwar i.H.d. Kapitalisierungsbetrags unter Berücksichtigung der bewertungsgesetzlichen 5,5%igen Abzinsung auf den Gegenwartswert des jeweiligen Stichtags der Anfangs- und der Endvermögensermittlung. Dienstleistungen sind dabei am sachnächsten mit den Ansätzen der Sozialversicherungsentgeltverordnung, Pflegeleistungen mit dem jeweiligen Pflegegeld- (nicht Pflegesachleistungs-) Betrag der zugehörigen Pflegestufe, ggf. gemindert um einen Wahrscheinlichkeitsabschlag bei noch nicht eingetretener Erbringung, zu bewerten.

1450 Auf der **Passivseite** sind wiederkehrende Geld- oder Dienstleistungen aus dem Eigenvermögen des Erwerbers (Eigentümers) ebenfalls zu berücksichtigen. Anders als bei Nutzungsrechten, die als Belastung auf übernommenem Vermögen ruhen und durch die sinkende Lebenserwartung „automatischen" Vermögenszuwachs generieren, der entgegen früherer Rechtsprechung jedoch ebenfalls im Zugewinn zu berücksichtigen ist, tritt bei Leistungsauflagen eine reale Reduzierung der Verpflichtungshöhe durch den Zeitablauf ein. Deshalb ist beim Erwerb von Vermögen, das mit Pflichten zu aktivem Tun (wiederkehrende Leistungen als Leibrente oder Dienstleistung) belastet ist, die Reduzierung dieser Belastung bei der Zugewinnausgleichsermittlung zu berücksichtigen,[489] indem die Geld- oder Dienstleistung in kapitalisierter (sich vermindernder) Höhe sowohl beim Anfangs- als auch beim Endvermögen abzuziehen ist. Abzuziehen sind weiter etwaige Pflichtteilsergänzungsansprüche, denen sich der beschenkte Ehegatte gem. § 2329 BGB aufgrund des in vorweggenommener Erbfolge erhaltenen Erwerbs ausgesetzt sieht.[490]

Im Vergleich zur vorbehaltenen Nutzung (Nießbrauch zugunsten des Veräußerers) ist also die Vereinbarung wiederkehrender Leistungen günstiger unter dem Aspekt der schenkungsteuerlichen Abzugsfähigkeit („Leistungsauflage", vgl. Rdn. 3852 ff.) und des Anlaufens der Zehn-Jahres-Frist des § 2325 BGB („lebzeitiges Vermögensopfer", Rdn. 1199 ff.), schafft jedoch zumindest potenziell Zahlungspflichten i.R.d. güterrechtlichen Zugewinnausgleichs (sofern nicht gegensteuernde Wertverluste des erworbenen Wirtschaftsgutes eingetreten sind oder eine ehevertragliche Modifikation, vgl. Rdn. 1220, gegensteuert). 1451

---

489 Vgl. BGH, FamRZ 2005, 1974.
490 Vgl. *Bonefeld*, ZErb 2006, 223.

E. Wiederkehrende Geldleistungen/Reallasten

I. Bedeutung im Schenkungsrecht

1452 Die früher häufig anzutreffende Gewährung wiederkehrender Naturalleistungen (Lebensmittel, **Sachdeputate**) ist mit der Abkehr vom Selbstversorgerbetrieb auch in der Landwirtschaft nicht mehr üblich; der Veräußerer versorgt sich i.d.R. selbst und erhält dafür allenfalls Kostgeld. Erst wenn er hierzu aus gesundheitlichen Gründen nicht mehr in der Lage oder auf besondere Schonkost angewiesen ist, wird die Mitverpflegung in Naturalien als Teil der hauswirtschaftlichen Dienstleistung in Anspruch nehmen.

1453 Der zahlreichen Vermögensübertragungen immanente Versorgungscharakter für den Veräußerer erfordert dagegen auch heute noch häufig die **Entrichtung wiederkehrender finanzieller Leistungen** bis zum Eintritt anderer Existenzsicherungsbezüge (z.B. Erreichen des gesetzlichen Rentenalters) oder aber auf Lebenszeit des Veräußerers. Dies gilt nicht nur dann, wenn die wiederkehrenden Geldleistungen aus (z.B. Miet-) Erträgen des Zuwendungsobjekts selbst finanziert werden können, sodass sie unter bestimmten Voraussetzungen als Sonderausgaben abgesetzt werden können, sondern auch bei nicht oder nur eingeschränkt ertragbringendem Vermögen.

1454 Der **entgeltlichkeitsmindernde Wert** wiederkehrender Geldleistungsverpflichtungen war auch nach bisheriger Auffassung[491] nicht nach der für die Kapitalbewertung gem. Anlage 9 zu § 14 BewG bzw. Anhang 3 zu § 12 BewG maßgeblichen Sterbetafel für die BRD 1986/88 zu ermitteln, sondern nach den neueren Zahlen des Statistischen Bundesamts, was zu einer höheren Kapitalisierung führt (vgl. nunmehr die jährlich neu bekanntgegebene Tabelle gem. § 14 Abs. 1 Satz 4 BewG, die allerdings einen mit 5,5 % überhöhten Abzinsungszins enthält, der für das Zivilrecht nicht bindend ist, zutreffender sind 2,5 – 3 %).[492] Steht eine Versorgungsrente zunächst einem Ehegatten, nach dessen Ableben (aufschiebend bedingt und befristet) dem Überlebenden zu, sei der Kapitalwert der Rente dergestalt zu ermitteln, dass zunächst der Kapitalwert der Rente des zunächst Begünstigten bis zu dessen statistischem Ableben errechnet und hierzu der Kapitalwert der Rente ab diesem Zeitpunkt bis zum statistischen Ableben des voraussichtlich länger Lebenden addiert werde.

II. Steuerrechtliche Differenzierung

1. Fallgruppenbildung

1455 Die zivilrechtliche Ausgestaltung solcher laufender finanzieller Leistungen läuft Gefahr, zu einem Spielball der einkommensteuerrechtlichen Einordnung der verschiedenen Rententypen zu werden. Dies wird besonders deutlich angesichts der durch das Jahressteuergesetz 2008 herbeigeführten Änderungen (Rdn. 5000 ff.). Bei vor dem 01.01.2008 realisierten Übertragungsvorgängen war zu unterscheiden zwischen

---

[491] FG Köln, 07.04.2003 – 9 K 6330/01, ZEV 2003, 409. Der BFH wird zu entscheiden haben, ob der Ansatz des FG Köln zutrifft, dass §§ 5 und 7 BewG lediglich bewertungsrechtliche Sonderregelungen zur Ermittlung des Steuerwerts, nicht aber des Verkehrswerts seien.

[492] *Gehse*, RNotZ 2009, 361, 375. Handelsrechtlich bestimmt § 253 Abs. 2 HGB den durchschnittlichen Marktzinssatz der letzten 7 Geschäftsjahre, vgl. www.bundesbank.de/download/statistik/abzinsungszinssaetze.pdf.

- (steuerlich irrelevanten) Unterhaltsrenten,
- Austauschrenten (mit der Folge des Entstehens von Anschaffungskosten bzw. Veräußerungserlösen; insb. bei Zeitrenten, verlängerten Leibrenten und allen kaufmännisch abgewogenen Renten),
- und den den typischerweise angestrebten Versorgungsrenten.

Sie führen (wenn die weiteren Voraussetzungen gegeben sind) zu steuerbaren Einnahmen aus sonstigen Bezügen (§ 22 EStG) beim Empfänger und in gleicher Höhe zu abziehbaren Sonderausgaben beim Leistenden (§ 10 EStG; vgl. Rdn. 4955). Das Jahressteuergesetz 2008 (Rdn. 5000 ff.) hat für „Neufälle" ab 2008 den Anwendungsbereich der dritten Fallgruppe (Versorgungsrenten) deutlich reduziert, und (wohl) die nicht mehr sonderabzugsfähigen Sachverhalte in die zweite Fallgruppe der Veräußerungsrenten verlagert (vgl. Rdn. 4919 ff und die dortigen Erläuterungen zum „Vierten" Rentenerlass vom 11.03.2010).

2. Insb.: dauernde Last/Leibrente

a) „Altfälle" vor 2008

Von entscheidender steuerlicher Relevanz innerhalb dieser dritten Gruppe der Versorgungsleistungen war für Altfälle vor Inkrafttreten des Jahressteuergesetzes 2008 (01.01.2008) die hier zu behandelnde, auch für den Vertragsjuristen außerordentlich bedeutsame Differenzierung zwischen **Leibrente** einerseits und **dauernder Last** andererseits. Für diesen Anwendungsbereich gilt: Bei der Leibrente ist nur der sog. Ertragsanteil der Rente (dieser ist abhängig vom Lebensalter des Beziehers zum Zeitpunkt des Renteneintritts, bei 65 Jahren bspw. 18 %)[493] steuerbar bzw. als Sonderausgabe abziehbar; bei der dauernden Last ist es der volle Zahlbetrag der jeweiligen Leistung. Unterliegt der Erwerber (wie häufig) also derzeit – insb. aber künftig – einer stärkeren steuerlichen Progression als der Veräußerer, ist regelmäßig die dauernde Last angesichts des Vorteils bei einer Gesamtbetrachtung der Familiensteuerbelastung (sog. „Familien-Splitting") die anzustrebende Variante.

1456

Steuerrechtlich liegt eine **Leibrente** dann vor, wenn **auf Lebzeit des Begünstigten** aus einem einheitlichen Rentenstammrecht wiederkehrende Leistungen **in gleichmäßiger Höhe** zu erbringen sind. Eine Absicherung gegen den Geldwertverlust durch sog. „Wertsicherungsklauseln" für sich hindert den Charakter einer bloßen Leibrente nicht,[494] ebenso wenig die Bindung an die Beamtengehälter einer bestimmten Besoldungsgruppe.[495] Ebenso soll nach Ansicht des BFH[496] weiterhin eine Leibrente vorliegen, wenn zwar eine Anpassung nach Maßgabe der Bedürfnisse des Begünstigten vereinbart, diese aber bei wesentlichen Umständen (Heimunterbringung, Pflegebedürftigkeit) ausgeschlossen ist.

1457

---

493 § 22 Nr. 1 Satz 3 lit. a) bb) – Tabelle – EStG i.d.F. des Alterseinkünftegesetzes (BGBl. 2004 I, S. 1432); zuvor betrug dieser Wert 27 %. Sonderregelung für Leibrenten, die vor dem 01.01.1955 zu laufen begonnen haben: § 55 Abs. 2 EStDV 2000.
494 BFH, NJW 1993, 286.
495 BFH, BStBl. 1986 II, S. 261.
496 Nichtzulassungsbeschwerde BFH, 09.05.2007 – X B 162/06, BFH/NV 2007, 1501.

1458 Umgekehrt liegen **dauernde Lasten** dann vor, wenn die in Zeitabschnitten zu erbringende Leistung nicht ihrer Höhe nach gleichmäßig oder allenfalls wertgesichert gleichmäßig ist, sondern eine Anpassung des Leistungsinhalts an geänderte Verhältnisse, mögen sie beim Veräußerer oder beim Erwerber bestehen, eintreten bzw. verlangt werden kann. Die Abänderlichkeit der Leistung wurde regelmäßig daran gemessen, ob § 323 ZPO a.F. in entsprechender Weise auf die Zahlungsverpflichtung Anwendung findet. Die bloß formelhafte Verweisung auf § 323 ZPO, insb. wenn damit möglicherweise nur ausgedrückt werden soll, dass eine Wertsicherungsanpassung verfahrenstechnisch durch Verlangen und ggf. Klageerhebung durchgesetzt werden muss, also keine „dingliche Gleitklausel" vorliegt, genügt für sich noch nicht.[497] Vielmehr muss materiell ein Leistungsvorbehalt oder der Vorbehalt der Anpassung an geänderte Umsätze, Erträge, Versorgungsbedarf oder Leistungsfähigkeit gegeben sein, über den allgemeinen Rechtsgedanken des § 313 BGB (Anpassung bei Änderung der Geschäftsgrundlage) hinausgehend. Es muss eine „Schicksalsgemeinschaft aufgrund Verknüpfung der beiderseitigen Lebensverhältnisse" entstehen.[498] Dienstleistungen (Pflegeverpflichtung, hauswirtschaftliche Versorgung) und unregelmäßig bei Bedarf wiederkehrende Leistungspflichten (etwa zur Instandhaltung) sind bereits ihrer Natur nach variabel und stellen damit stets im steuerrechtlichen Sinn dauernde Lasten dar.

1459 Der Zweite Rentenerlass v. 26.08.2002[499] ging auch bei Geldleistungen im Zusammenhang mit **voll ertragbringenden Zuwendungsobjekten** stets von einer materiellen Abänderbarkeit i.S.d. § 323 ZPO (a.F.) aus, wenn diese nicht ausdrücklich ausgeschlossen ist (sog. „Typus 1"); bei nur eingeschränkt ertragbringenden Wirtschaftseinheiten (sog. „Typus 2") – die allerdings nach dem Beschluss des Großen Senates[500] nicht mehr Gegenstand von Übertragungen gegen Versorgungsleistungen sein können – musste jedoch die Abänderbarkeit sich klar aus der Vereinbarung sich ergeben. Der dritte Rentenerlass[501] ging insgesamt im Zweifel von der Abänderbarkeit wiederkehrender Leistungen aus. Der Kautelar-Jurist sollte sich schon in der Vergangenheit nicht auf solche Annahmen einlassen, sondern stets – sofern gewünscht – die materielle Anwendbarkeit des § 323 ZPO (samt Maßstab, Schwellenwert, Anpassungsverfahren etc.) ausdrücklich regeln (s.u. Rdn. 1488 ff.) oder aber umgekehrt die Unabänderlichkeit zur Entkräftung der Vermutung einer dauernden Last festhalten.

1460 **Formulierungsvorschlag: Abwehrklausel gegen die Annahme einer dauernden Last nach altem Recht (bis Ende 2007)**

> Die Beteiligten stellen klar, dass es sich um eine sog. Leibrente auch im ertragsteuerlichen Sinn handelt. Auch wenn sich die Verhältnisse, die zur Bemessung des Anfangsbetrags maßgeblich waren, wesentlich verändern, kann demnach keine Anpassung verlangt werden.

1461 Eine **Vermischung beider Regelungsprinzipien** kann schließlich dann eintreten, wenn trotz grds. Anwendbarkeit des § 323 ZPO a.F. ein Mindestbetrag (Rdn. 1496) nicht unterschritten werden darf, mithin also die Schwankungsbreite begrenzt ist. Nach früherer Auffassung der Finanz-

---

497 BFH, BStBl. 1993 II, S. 16.
498 BFH, NJW 1993, 283.
499 Zweiter Rentenerlass v. 26.08.2002, DStR 2002, 1617 ff.
500 BGH, 12.05.2003 – GrS 1/00, ZEV 2003, 420 ff., m. Anm. *Fleischer*, 427.
501 Tz. 47, 48 des Erlasses v. 16.09.2004, BStBl. 2004 I, S. 922 ff.

verwaltung[502] stand ein solcher Mindestbetrag dem Vorliegen einer dauernden Last insgesamt nicht entgegen. Die Rechtsprechung des BFH[503] ist dem nur für den Fall beigetreten, dass die Mindesthöhe ohnehin unterhalb der zu erwartenden Schwankungsbreite der dauernden Last gewählt wird; bei höherer Bemessung ist er in einem anderen Fall[504] von einer Aufspaltung in einen „Sockelanteil", der eine Leibrente darstellt, und einen darüber hinausgehenden Anteil dauernder Last ausgegangen. Die Finanzverwaltung vertritt allerdings (wohl) insgesamt die Auffassung, dass auch ein ausreichend weit von der abänderbaren Regelleistung entfernter Sockelbetrag bereits schade.[505] Vermittelnd wird schließlich darauf abgestellt,[506] ob im Grunde eine feste Leibrentenzahlung vereinbart wurde und darüber hinaus eine z.B. vom Unternehmensgewinn abhängige „Tantieme" (dann Aufspaltung) oder aber eine insgesamt schwankende Berechnungsgrundlage mit Mindestbetrag (dann insgesamt dauernde Last).

Die **nachträgliche Änderung einer Leibrente** in eine dauernde Last im steuerrechtlichen Sinn wird nur anerkannt, wenn sie aus den beiderseitigen Lebensumständen nachvollziehbar begründet ist; ausschließlich steuerliche Motive sind nicht ausreichend.[507] Allerdings ist es der Rechtsnatur des Versorgungsvertrags immanent, auf geänderte Bedarfslagen angemessen zu reagieren, sodass außersteuerliche Motive nahe liegen.[508] Die Finanzverwaltung erkennt daher im Rahmen von Vermögensübergabeverträgen gegen Versorgungsleistungen Änderungen steuerlicher Leibrenten in dauernde Lasten mit Wirkung für die Zukunft an.[509]

1462

b) Neufälle ab 2008

Für wiederkehrende Leistungen, die ab Inkrafttreten des Jahressteuergesetzes 2008 (01.01.2008) begründet werden, geht gemäß der nunmehr erstmals geschaffenen gesetzlichen Normierung in § 10 Abs. 1 Nr. 1a EStG die bisherige Unterscheidung zwischen Renten und dauernden Lasten verloren, sodass – sofern die Voraussetzungen der Vermögensübergabe gegen Versorgungsleistungen überhaupt erfüllt sind – stets in voller Höhe eine sonderausgabenabzugsfähige Zahlung vorliegt.[510] Die mit der bisher üblichen Vereinbarung einer abänderbaren dauernden Last verbundenen Belastungsrisiken können also nun ohne Nachteil vermieden werden. Andererseits erfordert § 10 Abs. 1 Nr. 1a EStG für Neufälle zwingend, dass die Versorgungsrente auf Lebenszeit zugesagt wird, sodass bisher in Ausnahmefällen mögliche Gestaltungen einer bis zum Erreichen des Sozialversicherungsbezugs befristeten Leistungsdauer nicht mehr zur Verfügung stehen. Weiterhin steht der Sonderausgabenabzug nur mehr zur Verfügung für Versorgungsleistungen, die aus Anlass der Übertragung betrieblichen Vermögens (vgl. im Einzelnen Rdn. 5000 ff.) zugesagt werden. Außerdem schafft das Gesetz nun ein strenges Korrespondenzprinzip zwischen

1463

---

502 Erster Rentenerlass, 23.12.1996, BStBl. 1996 I, S. 1508 ff., Tz. 37; FG Stuttgart, EFG 1986, 557.
503 BFH, BStBl. 1980 II, S. 576.
504 BFH, BStBl. 1980 II, S. 501.
505 Tz. 48 des Dritten Rentenerlasses, DStR 2004, 1696 ff., allerdings undeutlich („bei abänderbaren Leistungen kann die Abänderbarkeit auch nicht hinsichtlich eines festen Mindestbetrags ausgeschlossen werden").
506 *Bauer/Münch*, ZEV 2007, 11.
507 OFD Cottbus, ZEV 1999, 184.
508 Daher großzügig BFH, 03.03.2004 – X R 135/98, ZEV 2004, 342.
509 Dritter Rentenerlass, 16.09.2004, Tz. 48.
510 Vgl. *Seltenreich/Kunze*, ErbStG 2007, 339.

Sonderausgabenabzug beim Zahlungspflichtigen und Rentenbesteuerung beim Bezieher (vgl. Rdn. 4961).

III. Zivilrechtliche Differenzierungen und Detailausgestaltung

1464 Das BGB kennt lediglich den schuldrechtlichen Vertragstypus der „Leibrente" (§§ 759 ff. BGB). Aus den dortigen Regelungen hat die Rechtsprechung eine Definition extrahiert,[511] die in vielen Punkten der **steuerrechtlichen Definition** einer Leibrente nahekommt:

1465 Leistungen in Geld oder vertretbare Sachen müssen aufgrund eines einheitlichen Stammrechts in gleichmäßiger Höhe regelmäßig wiederkehrend erbracht werden, wobei deren Dauer von der Lebenszeit des Berechtigten abhängig sein muss, nicht notwendig jedoch mit jener übereinstimmt (Zweifelsregelung in § 759 BGB). Zivilrechtlich wird jedoch gerade bei Rentenzahlungen, die der Unterhaltssicherung dienen, eine Leibrente auch angenommen, wenn Anpassungen an den Bedarf des Gläubigers oder die Leistungsfähigkeit des Schuldners verlangt werden können.[512]

1466 Die dispositive Natur des **schuldrechtlichen Leibrentenbegriffs in §§ 759 ff. BGB** erlaubt es jedoch, die zivilrechtliche Gestaltung so vorzunehmen, dass die jeweiligen steuerrechtlichen Kriterien, etwa an das Vorliegen einer dauernden Last im steuerrechtlichen Sinn, eingehalten sind. Zu berücksichtigen sind hierbei insb. folgende Aspekte:

1. Fälligkeit der Leistung

1467 Die Fälligkeit der Leistung wird i.d.R. vorschüssig, häufig für Monatszeiträume, vereinbart (Abweichung von § 759 Abs. 2 BGB: quartalsvorschüssige Zahlung). Sofern die **Bezugsdauer** von der Lebensdauer des Begünstigten[513] abweichen soll, ist Vorsicht geboten. Durch eine verkürzte Laufzeit wird die Anerkennung als steuerliche Versorgungsrente gefährdet (sie ist gemäß Tz. 58 des Dritten Rentenerlasses, BStBl. I 2004, S. 922 ff., nur dann bei abgekürzten Leibrenten gegeben, wenn die wiederkehrende Leistung dazu dient, zeitlich vorübergehende Versorgungslücken zu schließen, etwa bis zum erstmaligen Bezug der Altersrente).[514] Verlängerte Lebenszeitrenten, die also auf eine bestimmte Mindestzeit trotz vorherigen Ablebens des Begünstigten zu leisten sind, werden regelmäßig als Austauschrenten bewertet, also steuerlich in Anschaffungskosten und Zinsanteil zergliedert.

Geht es bei einem Rentenversprechen, wie i.d.R. in der vorweggenommenen Erbfolge, vorrangig um die Unterhaltssicherung des Übergebers und nicht um einen vermögensrechtlichen Leistungsaustausch (Versorgungs- statt Austauschrente), liegt es nahe, auf rückständige Leistungen die unterhaltsrechtlichen Grundsätze zur Verwirkung (nach Ablauf etwa eines Jahres nach Geltendmachung) entsprechend anzuwenden.[515]

---

511 Seit RGZ 67, 204/212.
512 BGH, NJW 1962, 2147.
513 Ggf. ist zu problematisieren, ob beim Ableben rückständige Zahlungen erlassen sind oder (so die gesetzliche Vermutung) von den Erben eingefordert werden können.
514 BFH, 31.08.1994, BStBl. 1996 II, S. 676.
515 OLG Zweibrücken, 13.03.2007 – 5 U 52/06, ZEV 2008, 400.

2. Beteiligtenmehrheit

Die Beteiligtenmehrheit wird i.d.R. **als Gesamtgläubigerschaft vereinbart** sein, sodass jedem Begünstigten ein eigenes Recht auf wiederkehrende Leistungen zusteht, das jedoch durch Leistung auch an einen der beiden empfangsberechtigten Anspruchsinhaber erfüllt werden kann. Bei Ableben eines Beteiligten steht dem Überlebenden die Versorgungsrente ungeschmälert weiter zur Verfügung (§§ 429 Abs. 3 Satz 1, 425 BGB). Soll jedoch die wiederkehrende Leistung zunächst einem Empfänger allein zugutekommen und erst nach dessen Ableben originär in der Person eines Zweitempfängers neu entstehen, kann mit aufschiebend bedingten weiteren Renten gearbeitet werden. Steht die wiederkehrende Leistung mehreren Berechtigten in Bruchteilsgemeinschaft zu, reduziert sie sich allerdings beim Ableben eines Beteiligten um dessen Anteil; vgl. im Einzelnen ausführlich Rdn. 2021 ff.

1468

> **Hinweis:**
> Steuerlich ist die Gesamtberechtigung deshalb vorzuziehen, weil in diesem Fall beide Empfänger steuerbare Einkünfte nach § 22 EStG erzielen, die im Innenverhältnis beiden je zur Hälfte zugerechnet werden, sodass der Altersentlastungsfreibetrag und die Grundfreibeträge bei beiden Empfängern ausgenutzt werden können.

1469

Sozialrechtlich ist allerdings zu beachten, dass Einkünfte des Ehegatten, welche die monatliche Grenze geringfügiger Beschäftigung (2011: 365,00,00 € – ein Siebtel der Bezugsgröße gem. § 18 SGB IV –, bei geringfügiger Beschäftigung jedoch 400,00 € monatlich) überschreiten, zu einem Wegfall der beitragsfreien **Familienmitversicherung in der gesetzlichen Krankenversicherung** führen (Rdn. 987). Wird die seit 01.01.2008 insoweit auf 365,00 € erhöhte Hinzuverdienstgrenze für Bezieher einer Altersvollrente vor Vollendung des 65. Lebensjahres sowie für Bezieher einer Vollrente wegen Erwerbsunfähigkeit bzw. voller Erwerbsminderung überschritten, droht insoweit die Anrechnung (vgl. Rdn. 985).

1470

3. Familienrecht

Hinsichtlich der Berücksichtigung des sich reduzierenden Werts des Stammrechts im **Zugewinnausgleich** beim Vergleich des Anfangs- mit dem Endvermögen sowohl auf der Aktiv- wie auch auf der Passivseite (s.o. Rdn. 1449). I.R.d. **gesetzlichen Versorgungsausgleichs**, schließlich werden auf Vertrag basierende Leibrentenansprüche erfasst, wenn die wiederkehrende Leistung nicht als Kaufpreis („Austauschrente") anzusehen ist, sondern als Gegenleistung für die Nutzung des übergehenden Vermögens.[516]

1471

---

516 BGH, FamRZ 1982, 909.

4. Gesamtformulierung

1472 Formulierungsvorschlag: Zivil- und steuerrechtliche Leibrente

Der Erwerber verpflichtet sich, dem Veräußerer auf dessen Lebensdauer jeweils im Voraus am Monatsersten, erstmals am ....., als Leibrente einen Betrag von monatlich ..... € zu entrichten.

Dieser Betrag ist wie folgt wertgesichert: (*Anm.: Es folgt eine der nachstehenden Bausteinalternativen, Rdn. 1661 ff.*) Ein auf andere Umstände (etwa die Veränderung des Bedarfs oder der Leistungsfähigkeit) gegründetes Anpassungsverlangen kann nicht gestellt werden; § 323a ZPO analog bleibt also nicht vorbehalten.

Die Verpflichtung ist vererblich; beim Tod des Berechtigten etwa noch rückständige Zahlungen sind jedoch nicht vererblich und werden bereits jetzt erlassen.

Der Erwerber bestellt dem Veräußerer zur Sicherung der vorstehend vereinbarten Zahlungspflicht in Höhe des Ausgangsbetrags von ..... € monatlich und der vereinbarten Änderungen, die sich aus der Entwicklung des Verbraucherpreisindex für Deutschland ergeben (§ 1105 Abs. 1 Satz 2 BGB) eine Reallast an FlSt. ..... der Gemarkung ..... Beide Beteiligten bewilligen und beantragen, diese Reallast auf Kosten des Erwerbers in das Grundbuch Blatt ..... an nächstoffener Rangstelle einzutragen mit dem Vermerk, dass zur Löschung der Nachweis des Todes des Berechtigten genügt, was hiermit vereinbart wird.

Die Zahlungen aus der schuldrechtlichen Rentenverpflichtung und den dinglichen Ansprüchen aus der Reallast sind jeweils gegeneinander anzurechnen. Dem Rentenverpflichteten und dem Grundstückseigentümer steht ein Leistungsverweigerungsrecht als Einrede zu, wenn der Rentenbetrag aus einer dieser Verpflichtungen geleistet wurde. Die Eintragung dieser Einrede in das Grundbuch bei der Reallast wird **bewilligt und beantragt**.

Der Erwerber unterwirft sich wegen des dinglichen und wegen des persönlichen Anspruchs aus dieser Reallast sowie wegen der vorstehend vereinbarten schuldrechtlichen Zahlungspflicht in Höhe des Ausgangsbetrags von ..... € monatlich und der vereinbarten Änderungen, die sich aus der Entwicklung des Verbraucherpreisindex für Deutschland ergeben, der sofortigen Zwangsvollstreckung aus dieser Urkunde in sein Vermögen mit der Maßgabe, dass vollstreckbare Ausfertigung auf Antrag des Gläubigers ohne weitere Nachweise erteilt werden kann.

IV. Wertsicherungsvereinbarungen

Die **Anpassung an die Geldentwertung**, die für sich allein jedoch zur Erreichung einer im steuerlichen Sinn dauernden Last nicht ausreicht, kann auf verschiedene Weise stattfinden.[517] Denkbar sind:

1. Leistungsbestimmungsvorbehalte

Bloße Leistungsbestimmungsvorbehalte, die bei Änderung bestimmter Vergleichsgrößen (Preisindex, Gehaltsentwicklung etc.) zu einer Verhandlungspflicht, nicht zu einer automatischen Betragsanpassung führen; diese Vereinbarungen unterliegen daher mangels „unmittelbarer und selbsttätiger Bestimmung des Preises" i.S.d. § 1 Abs. 1 Preisklauselgesetz 2007 (identisch mit § 2 Abs. 1 Preisangaben- und Preisklauselgesetz 1984)[518] keinem Preisklauselverbot. Leistungsvorbehaltsklauseln i.S.d. § 1 Abs. 2 Nr. 1 PreisklauselG sind regelmäßig mit einem Streitbeilegungsmechanismus zu versehen; anderenfalls wird der Gläubiger berechtigt sein, die Geldschuld nach billigem Ermessen,[519] i.S.d. § 316 BGB (das in vollem Umfang der gerichtlichen Überprüfung unterliegt) festzusetzen.

Formulierungsvorschlag: Leistungsvorbehaltsklausel als Wertsicherungsvereinbarung

> Steigt oder sinkt der Vergleichsmaßstab (z.B. Verbraucherpreisindex) um mind. 10 %, sind die Beteiligten verpflichtet, die monatliche Zahlungsverpflichtung in angemessener Weise anzupassen. Kommt über die Neufestsetzung binnen zwei Monaten nach Aufforderung keine Einigung zustande, bestimmt deren Höhe ein von der örtlichen Industrie- und Handelskammer benannter Sachverständiger nach Maßgabe des § 316 BGB.

2. Spannungsklauseln

Spannungsklauseln, nach denen die **Höhe der Zahlungsverpflichtungen in einem bestimmten festen Verhältnis** zur gewählten Bezugsgröße steht. Diese unterliegen gem. § 2 Abs. 1 Nr. 2 Preisklauselgesetz (identisch mit § 1 Nr. 2 PrKV) nicht dem generellen Preisklauselverbot des § 1 Abs. 1 PreisklauselG, wenn die Bezugsgröße mit der wertgesicherten Gegenleistung gleichartig oder zumindest vergleichbar ist, was bspw. gegeben ist bei sog. **Kostenelementeklauseln** (§ 2 Abs. 1 Nr. 3 PreisklauselG, etwa Strompreisveränderung bei Erhöhung der an die Stromproduktion anknüpfenden steuerlichen Abgaben)[520] oder bei der Bindung familienrechtlicher Ausgleichszahlungen für die Aufgabe der Berufstätigkeit an die Altersrentenentwicklung[521] oder im Fall der

---

517 Vgl. hierzu – noch zum früheren Preisangaben- und Preisklauselgesetz, das jedoch hinsichtlich der materiellen Wirksamkeitsvoraussetzungen dem Preisklauselgesetz 2007 entspricht – im Überblick *Kirchhoff*, Wertsicherungsklauseln für Euro-Verbindlichkeiten; *ders.*, DNotZ 2007, 11 ff.
518 Vorrangig und abschließend gilt für Miet- und Pachtverträge jedoch § 557b BGB.
519 Die gesetzliche Definition in § 1 Abs. 2 Nr. 1 PreisklauselG erwähnt allerdings das Kriterium des Ermessensspielraums nicht, vgl. hierzu *Reul*, MittBayNot 2007, 447.
520 BGH, WM 1979, 1097.
521 OLG Hamm, NZG 2000, 929.

Koppelung der Miet-/Pachthöhe an den Grundstücksertrag.[522] Anders liegt es jedoch bspw. bei Klauseln, die Kaufpreisraten, Miethöhe ö.Ä. an Gehälter binden.

1477 **Formulierungsvorschlag: Spannungsklausel als Wertsicherungsvereinbarung**

> Steigt der monatliche Erlös (vor Abzug von Werbungskosten) aus der Vermietung des Objekts um mind. 10 % im Vergleich zum Zeitpunkt der letzten Anpassung bzw. des Vertragsbeginns, erhöht sich die monatliche Zahlungsverpflichtung im gleichen Verhältnis.

3. Wertsicherungsklauseln

1478 Hierunter fallen Wertsicherungsklauseln im eigentlichen Sinn, also automatische Anpassungen (sog. Gleitklauseln oder nach neuerer Terminologie „**Preisklauseln**") an vertragsfremde Bezugsgrößen wie z.B. Lohn- oder Gehaltsklauseln (schwierig wegen der zahlreichen zu berücksichtigenden Zuschläge und Sonderregelungen!) bzw. Lebenshaltungskostenindexklauseln. § 3 Satz 2 WährG – ebenso wie § 2 Abs. 1 Satz 2 des mit Wirkung ab 01.01.1999 an dessen Stelle getretenen Preisangaben- und Preisklauselgesetzes (PreisAngG)[523] samt der hierzu ergangenen PreisklauselVO – hatte eine Genehmigungspflicht für Indexklauseln vorgesehen.[524] Mit Wirkung ab 14.09.2007[525] regelt das neue **Preisklauselgesetz** nunmehr abschließend und ohne Genehmigungsvorbehalt die Zulässigkeit von Wertsicherungsklauseln.

1479 Ob die gesetzlichen Voraussetzungen vorliegen, müssen die Beteiligten also nunmehr selbst prüfen. Ein Verstoß führt jedoch **erst ab deren rechtskräftiger Feststellung zur Unwirksamkeit** (§ 8 PreisklauselG), sodass – bei Fehlen vorrangiger vertraglicher Vereinbarungen – in der Vergangenheit „zu Unrecht" erbrachte Zahlungen unangetastet bleiben. Die bisher kostenfrei mögliche „Präventivkontrolle" in Gestalt des behördlichen Genehmigungsverfahrens entfällt also zugunsten einer ggf. erforderlichen zeit- und kostenintensiven gerichtlichen Feststellungsklage. Belassen es die Beteiligten bei der ex-nunc-Wirkung einer etwaigen Unwirksamkeitsfeststellung (ändern sie also § 8 Abs. 2 PreisklauselG nicht ab), braucht immerhin das Grundbuchamt, das sich bisher auf die behördliche Genehmigung verlassen konnte, nicht in eine eigene Preisklauselprüfung einzutreten.[526]

1480 Für die bisherige Gesetzeslage nahm die Rechtsprechung[527] bei endgültiger Versagung der Genehmigung eine stillschweigende Verpflichtung zur Vereinbarung einer genehmigungsfähigen – hilfsweise einer genehmigungsfreien – Wertsicherungsabrede mit möglichst gleichem wirtschaftlichem Ergebnis an; Gleiches dürfte für die künftigen Fälle der nachträglich erkannten

---

522 OLG München, NJW-RR 1994, 469.
523 Auch die Parallelnorm zu § 3 Satz 2 WährG in den neuen Bundesländern, nämlich Art. 3 der Anlage I des Staatsvertrags v. 18.05.1990, war gem. Art. 9 § 3 des Euro-Einführungsgesetzes mit Wirkung ab 01.01.1999 in identischer Weise durch das PreisG und die PrKV ersetzt worden.
524 Damals zu erteilen durch das Bundesamt für Wirtschaft und Ausfuhrkontrolle (BAFA), Frankfurter Straße 29–31, 65760 Eschborn/Taunus, www.bafa.de.
525 BGBl. 2007 I, S. 2246; vgl. hierzu *Reul*, MittBayNot 2007, 445 ff.
526 *Reul*, MittBayNot 2007, 452; *ders.*, NotBZ 2008, 453, gegen OLG Celle, 14.09.2007 – 4 W 220/07, NotBZ 2008, 470 und *Wilsch*, NotBZ 2007, 431.
527 BGH, DNotZ 1984, 174; *Wolf*, ZIP 1981, 235.

Unwirksamkeit gelten. Wurde für eine Wertsicherungsklausel bisher noch kein Genehmigungsantrag gestellt, gilt gem. § 9 PreisklauselG das neue Gesetz, sodass die fehlende Genehmigung ohne Konsequenzen bleibt, wenn die materiellen Voraussetzungen erfüllt sind.

Zulässig sind im Inland[528] hinreichend bestimmte, in beide Richtungen dynamische und proportional zur Bezugsgröße wirkende Preisklauseln, die

- auf Lebenszeit des Gläubigers, Schuldners oder (neu) eines sonstigen Beteiligten, bis zum Erreichen der Erwerbsfähigkeit bzw. eines bestimmten Ausbildungsziels des Geldempfängers bzw. bis zum Beginn dessen Altersversorgung, oder auf die Dauer von mind. 10 Jahren bzw. aufgrund von Verträgen, bei denen der Gläubiger für mind. 10 Jahre auf das Recht zur ordentlichen Kündigung verzichtet hat (§ 3 Abs. 1 Nr. 1 a) bis e) PreisklauselG), zu erbringen sind, oder

- auf einer Verbindlichkeit aus der Auseinandersetzung unter Miterben, Ehegatten, Eltern und Kindern oder auf testamentarischer Grundlage beruhen und auf die Dauer von mindestens zehn[529] Jahren[530] oder nach dem Tod des Beteiligten zu erbringen sind (§ 3 Abs. 1 Nr. 2 lit. a) PreisklauselG) oder

- für denselben Zeitraum (zehn Jahre bzw. nach dem Tod) vom Übernehmer eines Betriebes oder sonstigen Sachvermögens zur Abfindung eines Dritten zu erbringen sind (§ 3 Abs. 1 Nr. 2 lit. b) PreisklauselG). Regelungen, die bisher genehmigungsfrei waren, dürften künftig uneingeschränkt zulässig sein (insb. Wertsicherungen bei lediglich künftigen oder bedingten, noch nicht entstandenen Forderungen – z.B. die Anpassung eines Kaufpreises in einem Kaufangebot oder einem Ankaufsrecht, anders jedoch bei bereits entstandenen jedoch noch nicht fälligen Forderungen [etwa die Stundung eines Kaufpreises aus einem bereits abgeschlossenen Vertrag]).[531]

Als Bezugsgröße zugelassen ist in den vorgenannten drei Fällen stets der nationale oder europäische Verbraucherpreisindex (Rdn. 1457 ff., § 3 Abs. 1 a.E. PreisklauselG); bei Zahlungen in Verträgen auf die Lebenszeit des Geldempfängers, bis zum Erreichen seiner Erwerbsfähigkeit, eines Ausbildungsziels oder der Altersversorgung auch die Entwicklung von Löhnen, Gehältern oder Renten (§ 3 Abs. 2 PreisklauselG) und bei wiederkehrenden Leistungen über mind. 10 Jahre bzw. mit 10-jähriger ordentlicher Kündigungssperre auch die Preisentwicklung von Gütern, die im Betrieb des Schuldners erzeugt werden, bzw. die Entwicklung der Grundstückspreise, wenn das Schuldverhältnis auf die land- oder forstwirtschaftliche Nutzung beschränkt ist.

---

528 Gem. § 6 PreisklauselG sind Preisklauseln stets zulässig in Verträgen zwischen inländischen Unternehmern und Gebietsfremden.
529 Gemessen zwischen Begründung der Verbindlichkeiten und Endfälligkeit.
530 Die Neufassung des § 3 Abs. 1 PreisklauselG durch BGBl. 2008 I, S. 2101 (Kraft-Wärme-Kopplungs-Förderungsgesetz) korrigiert das bisherige Redaktionsversehen, wonach sich die Zehn-Jahres-Frist nur auf die Fallgruppe b) bezog.
531 Vgl. Gutachten, DNotI-Report 2008, 17.

1483 **Regelungsbedürftig** sind in diesem Fall
- der maßgebende Preisindex (in Betracht kommt nur mehr der „VPI"[532] = Verbraucherpreisindex für Deutschland, welcher den früheren Preisindex für die Gesamtlebenshaltung aller privaten Haushalte in Deutschland fortführt) auf der jeweils aktuellen Originalbasis[533] (derzeit 2000 = 100);
- ob die Neuanpassung „**von selbst**" eintritt oder es einer (wohl notwendigerweise schriftlichen) Geltendmachung bedarf (Rdn. 1492 ff.; Letzteres dürfte bei Zahlungsverpflichtungen zulasten privater Personen sachgerecht sein);

1484
- ob eine Anpassung nur (wie i.d.R.) **für die Zukunft** gestellt werden kann oder auch für bereits abgelaufene Zeiträume; ferner ob bei Beendigung der Zahlungspflicht infolge Ablebens des Berechtigten etwaige Rückstände vererblich sind oder bereits jetzt aufschiebend bedingt und befristet erlassen werden;
- die Festlegung, ob eine bestimmte Mindestveränderung (**Toleranzschwelle**) überschritten werden muss (üblich sind z.B. 5%, teilweise auch – in Anlehnung an die Rechtsprechung zu § 323 ZPO a.F. – 10%);
- schließlich auch, ob die Anpassung jeweils unmittelbar bei Überschreiten der Mindestschwankungsklausel oder aber (bei Privatpersonen vorzuziehen) nur in bestimmten **Zeitabständen** (z.B. in Anlehnung an § 9a ErbbauVO jeweils alle 3 Jahre) verlangt werden kann.

1485 **Formulierungsvorschlag: Zeitabhängige Indexgleitklausel als Wertsicherungsvereinbarung**

> Ab dem 01.01. des auf den heutigen Beurkundungstag folgenden Jahres erhöht oder vermindert sich der Ausgangsbetrag dieser Leibrente jeweils alle 2 Jahre mit Wirkung ab dem 01.01. im gleichen prozentualen Verhältnis, wie sich der Verbraucherpreisindex für Deutschland, gemessen jeweils zum Stand Oktober des Vorjahres, verändert hat. Das Überschreiten einer bestimmten Mindestschwelle ist ebenso wenig erforderlich wie ein Anpassungsverlangen oder eine schriftliche Zahlungsaufforderung des durch die Änderung begünstigten Teils. Ab dem auf die Neufestsetzung eines Basisjahres (derzeit 2000 = 100 Punkte) folgenden Anpassungszeitpunkt wird auf die neue Basis übergegangen.
>
> Es wird klargestellt, dass auch bei einer wesentlichen Veränderung der sonstigen Verhältnisse, etwa der Leistungsfähigkeit des Erwerbers oder des standesgemäßen Unterhaltsbedarfs des Veräußerers, keine weitergehende Abänderung der monatlichen Zahlung verlangt werden kann.
>
> *(**Anm.:** Es folgt die Bestellung einer Reallast sowie die Vollstreckungsunterwerfung wegen der schuldrechtlichen Zahlungspflicht, des dinglichen Titels und der persönlichen Haftung aus der Reallast jeweils in ihrer dynamisierten Höhe, vgl. unten Rdn. 1519f.)*

---

532 Daneben existiert nur noch der „Harmonisierte Verbraucherpreisindex für die EU-Mitgliedstaaten", HVPI, der jedoch in erster Linie dem Vergleich zwischen den Europäischen Mitgliedstaaten dient und für den Verbrauch in Deutschland nicht repräsentativ ist, vgl. *Elbel*, NJW 1999, Beilage zu Heft 48, S. 2f.

533 Zu Umstellungen des Basisjahres vgl. OLG Celle, DNotZ 1969, 419. Mit Einführung eines neuen Basisjahres wird der repräsentative Waren- und Dienstleistungskorb neu gefüllt. Die Textformulierung zur Maßgeblichkeit des jeweils aktuellen Basisjahres hat lediglich klarstellenden Charakter, vgl. *Kunz*, NJW 1969, 828.

Formulierungsvorschlag: Schwellen- und verlangensabhängige Indexgleitklausel als Wertsicherungsvereinbarung 1486

> Die Beteiligten sind darüber einig, dass der Betrag der Leibrente wertbeständig sein soll. Sie soll sich daher nach Maßgabe der nachstehenden Vereinbarungen im gleichen prozentualen Verhältnis nach oben oder nach unten ändern können, wie der vom Statistischen Bundesamt in Wiesbaden festgestellte Verbraucherpreisindex (VPI) auf der jeweils aktuellen Originalbasis. Derzeit ist dies die Basis 2000 = 100 Punkte. Ab dem ersten auf eine Indexbasisneufestsetzung folgenden Berechnungszeitpunkt wird für die Zukunft auf die neue Originalbasis übergegangen.
>
> Ausgangspunkt ist der Preisindex, der jeweils dem Berechnungszeitpunkt um 3 Monate vorausgeht. Derzeitiger Ausgangspunkt ist daher der Preisindex für den Monat ..... mit ..... Punkten auf der Basis 2000 = 100 Punkte.
>
> Eine Anpassung kann jedoch erst verlangt werden, wenn die Änderung der Indexpunktzahl mehr als 5 % gegenüber dem für die letzte Anpassung maßgeblichen Referenzmonat beträgt.
>
> Voraussetzung einer Änderung der Zahlungspflicht ist stets eine schriftliche Aufforderung des durch die Änderung begünstigten Teils, welche die für Anpassung maßgeblichen Indexzahlen zu bezeichnen hat. Der geänderte Betrag ist ab dem Monatsersten nach Zugang einer solchen Aufforderung fällig.
>
> *(Anm.: Folgt Sicherung durch Reallast und Vollstreckungsunterwerfung für den schuldrechtlichen Anspruch sowie die dingliche und persönliche Schuld aus der Reallast, jeweils jedoch nur für den Ausgangsbetrag, da das Erfordernis eines Anpassungsverlangens der „dinglichen Dynamisierung" entgegensteht.)*

V. Ausgestaltung des Vorbehalts gem. § 323a ZPO/§ 239 FamFG analog

Zur wirksamen Erfüllung der steuerlichen Mindestvoraussetzungen einer dauernden Last für Rechtsvorgänge vor dem 31.12.2007 (vgl. nunmehr Rdn. 1650 ff.) musste die **materielle Abänderbarkeit analog § 323 ZPO**/seit 01.09.2009: § 239 FamFG bzw. § 323a ZPO (analog)[534] **tatsächlich** (d.h. nicht nur in formeller Hinsicht, etwa als Hinweis auf ein zuvor erforderliches Anpassungsverlangen bzw. die Notwendigkeit einer Klage) **vereinbart werden**, sofern nicht die übernommene Pflicht bereits ihrer Natur nach aufgrund der zeitabschnittsweise sich ändernden Umstände stets abänderbar ist (wie etwa bei Pflegeleistungen, der Pflicht zur Instandhaltung eines Wohngebäudes etc). Unabhängig von der einkommensteuerlichen Wertung kann es auch zivilrechtlich dem Wunsch der Beteiligten entsprechen, bei wiederkehrenden Leistungen veränderten Verhältnissen über bloße Gleitklauseln (Inflationsanpassung) Rechnung zu tragen. Insoweit sind insb. folgende Themen regelungsbedürftig:

1487

---

534 § 239 FamFG regelt seit dem 01.09.2009 die Anpassung von Unterhaltstiteln in vollstreckbaren Urkunden, § 323a ZPO die Anpassung anderer wiederkehrender Leistungen als Unterhaltsansprüche in vollstreckbaren Urkunden (§ 238 FamFG wiederum erfasst die Anpassung gerichtlicher Unterhaltstitel).

Kapitel 4: Absicherung des Veräußerers

1. Anpassungsmaßstab bzw. Anpassungsmaßstäbe

1488 Denkbar sind z.B. – in Anlehnung an unterhaltsrechtliche Bestimmungen – der Bedarf des Veräußerers[535] und/oder die (näher zu definierende) Leistungsfähigkeit des Erwerbers; ferner – mit geringeren Schwankungsbreiten – konkret erzielte oder aber nach Marktmiete erzielbare Erträge aus dem Zuwendungsobjekt etc. (Beispiel für Letzteres s. Rdn. 1497).

Bei allen Maßstäben, die auf Umstände in der Person des Erwerbers abstellen, insb. dessen Leistungsfähigkeit, ist besondere Vorsicht geboten.[536] Da kein Fall der gesetzlichen Unterhaltsgewährung vorliegt, muss durch Parteivereinbarung definiert werden,

- welchen Selbstbehalt der Zahlungsverpflichtete bei der Heranziehung seines Einkommens verteidigen kann (etwa orientiert an den Schongrenzen des Elternunterhalts, Rdn. 750) und
- ob darüber hinaus eine Verpflichtung zur Verwertung von Vermögen besteht, etwa des übertragenen Vermögens, oder gar auch vorhandener sonstiger Vermögenswerte, jedoch wohl nicht eines selbst genutzten Wohnobjekts.

1489 Zumindest der Veräußerer geht (verführt durch die dingliche Haftung, welche die Sicherungsreallast vermittelt) typischerweise davon aus, der übertragene Gegenstand müsse notfalls zu seiner Versorgung verwertet werden; anderenfalls könnte der Erwerber bei alleinigem Abstellen auf die liquiden im Elternunterhalt einzusetzenden Einkünfte – sofern kein Mindestbetrag vereinbart ist (Rdn. 1460, 1496) – rasch eine Herabsetzung der dauernden Last auf Null beantragen mit der Folge, dass auch die Sicherungsreallast keine weitere Verwertungsmöglichkeit eröffnen würde. Aus Sicht des Veräußerers soll also die Berufung auf eine Reduzierung der Leistungsfähigkeit solange nicht eröffnet sein, wie der übertragene Gegenstand seinerseits nicht (gleichgültig durch wen, auch durch einen Zweitbeschenkten) verwertet wurde bzw. der Verwertungserlös noch nicht vollständig zur Erfüllung der dauernden Last verwertet wurde; ab dann gelten die Berechnungsgrundsätze des Elternunterhalts, jedoch begrenzt auf die Heranziehung des Einkommens (Beispiel s.u. Rdn. 1493).

2. Schutz gegen atypische Entwicklungen

1490 Ein „Ausreißen" der Höhe der dauernden Last bei Veränderungen des Maßstabkriteriums, die außerhalb des übernommenen Risikobereichs liegen, muss als Regelungsaufgabe gesehen und berücksichtigt werden. So wird regelmäßig eine Veränderung des Bedarfs, die durch den Wegzug des Veräußerers aus dem übertragenen Objekt herrührt, ausdrücklich ausgeschlossen (s. im Einzelnen Rdn. 1374 ff.). Damit ist sowohl das Risiko einer dauernden Heimunterbringung aus medizinischen Gründen als auch z.B. der Wunsch des Veräußerers, seinen Lebensabend in südlichen Mittelmeergefilden zu verbringen, irrelevant. Eine Regelung, die ausschließlich den Fall der Heimunterbringung ausnimmt, dürfte jedoch wegen Verstoßes gegen das sozialhilferechtliche Nachrangprinzip (Sozialstaatswidrigkeit, § 138 BGB) unwirksam sein.

---

535 Allein auf diesen abstellend z.B. *Mayer, J.,* Der Übergabevertrag, Rn. 364; *Bauer/Münch,* ZEV 2007, 12, halten jedoch das Vorliegen einer dauernden Last im steuerrechtlichen Sinn (s.o. Rdn. 1455 ff.) dann nicht für gesichert.

536 Vgl. *Bauer/Münch,* ZEV 2007, 6 ff., die empfehlen, die Leistungsfähigkeit so lange als gegeben zu vereinbaren, wie der Gegenstand der vorweggenommenen Erbfolge sich noch im Vermögen des Erwerbers befindet. Damit könnte sich dieser jedoch durch schlichte (auch unentgeltliche) Weiterveräußerung seiner Leistungsfähigkeit entledigen.

3. Maßgeblichkeitsgrenze

Im Regelfall wird in Anlehnung an die gerichtliche Auslegung des § 239 FamFG/§ 323a ZPO eine mind. 10%ige Veränderung des Kriteriums Voraussetzung sein. Unterliegt die Höhe der wiederkehrenden Leistung zusätzlich der Wertsicherung, ist das Verhältnis beider Anpassungsmechanismen zu klären:

- Thematisch ergeben sich i.d.R. keine Schnittmengen (die Wertsicherung kommt allein hinsichtlich der Geldentwertung zum Tragen, § 323 ZPO fängt die übrigen Risiken auf);
- rechnerisch werden beide Mechanismen i.d.R. sich dergestalt ergänzen, dass die stufenweise prozentuale Veränderung zufolge § 323a ZPO jeweils auf den zuletzt erreichten Stand aufsattelt, auch wenn dieser zwischenzeitlich infolge der Wertsicherung sich erhöht hat (mithin die Wertsicherungsdifferenz ihrerseits ebenfalls an der prozentualen Veränderung zusätzlich teilnimmt).

4. Anpassungsmechanismus

Entsprechend § 323a ZPO wird die Anpassung nicht i.S.e. automatischen Änderung des Schuldinhalts, sondern als Recht, die Anpassung zu verlangen, ausgestaltet. Es bedarf in diesem Fall der ausdrücklichen Einigung über den neuen Zahlbetrag, die ggf. auf gerichtlichem Weg herbeigeführt werden muss. Für die Vergangenheit, also vor Ausübung des Anpassungsverlangens, wird die Rück- oder Nachforderung (ähnlich wie im Unterhaltsrecht) i.d.R. ausgeschlossen werden. Zu bedenken ist jedoch, dass das Recht, die Anpassung zu verlangen, als unselbstständiges Gestaltungsnebenrecht zusammen mit der Reallast im Fall der Überleitung auf den Sozialleistungsträger gem. § 93 SGB XII auf Letzteren übergeht und somit jedenfalls für die Zukunft geltend gemacht werden kann.

Eine solche steuerrechtlich als dauernde Last zu qualifizierende Abrede (mit der oben Rdn. 1488 erläuterten Definition der Leistungsfähigkeit, jedoch ohne zusätzliche Wertsicherung) könnte etwa wie folgt formuliert sein:

Formulierungsvorschlag: Dauernde Last ohne Wertsicherung (unterhaltsähnliche Maßstäbe)

> Der Erwerber verpflichtet sich, dem Veräußerer auf dessen Lebensdauer jeweils im Voraus am Monatsersten, erstmals am ....., als dauernde Last einen Betrag von monatlich ..... € zu entrichten.
>
> Dieser Betrag ist nicht an die Entwicklung eines Preisindex gekoppelt (Inflationssicherung). Bei einer wesentlichen, d.h. 10% übersteigenden, Veränderung der heutigen Verhältnisse, insbesondere der Bedürfnisse des Veräußerers, der Kaufkraft des Geldes oder der Leistungsfähigkeit des Erwerbers, ist jeder Vertragsteil entsprechend § 323a ZPO berechtigt, eine entsprechende Anpassung der monatlichen Zahlung für die Zukunft schriftlich zu verlangen. Verlässt der Veräußerer das übergebene Anwesen, führt ein dadurch ausgelöster Mehrbedarf jedoch zu keiner Anpassung, es sei denn, der Schuldner hätte den Wegzug zu vertreten. Eine Reduzierung seiner Leistungsfähigkeit kann der Erwerber erst geltend machen, wenn das heutige Vertragsobjekt vollständig zur Begleichung der dauernden Last verwertet wurde; ab

dann sind die Grundsätze der Heranziehung von Einkommen beim Elternunterhalt maßgeblich.

Die Verpflichtung ist vererblich; beim Tod des Berechtigten etwa noch rückständige Zahlungen sind jedoch nicht vererblich und werden bereits jetzt erlassen.

1495 **Hinweis:**
Die Bestellung einer Reallast sowie die Vollstreckungsunterwerfung wegen des schuldrechtlichen Anspruchs, des dinglichen und persönlichen Titels aus der Reallast, beziehen sich in diesem Fall lediglich auf den vorstehend vereinbarten Ausgangsbetrag!

1496 Soll das Risikogefüge zugunsten des Veräußerers verschoben werden, bleibt das Anpassungskriterium der „Leistungsfähigkeit des Schuldners" unerwähnt und/oder es wird ein **bestimmter Mindestbetrag**, der nicht unterschritten werden darf, **vereinbart**.

Soll zugunsten des Erwerbers eine Risikoreduzierung erreicht werden, könnte eine **Obergrenze** vereinbart werden und/oder das Kriterium der Veränderung der standesgemäßen Unterhaltsbedürfnisse des Veräußerers entfallen.

1497 Zur Verdeutlichung dient eine dauernde Last, die sich an den Erträgen eines (zugewendeten) Unternehmens orientiert, solange dies noch unter der Kontrolle des Erwerbers steht, mit Kappungsgrenze nach unten:

1498 **Formulierungsvorschlag: Dauernde Last ohne Wertsicherung (Maßstab: Jahresüberschuss/mit Mindestbetrag)**

Der Erwerber verpflichtet sich, dem Veräußerer auf dessen Lebensdauer jeweils im Voraus am Monatsersten, erstmals am ....., als dauernde Last einen Betrag von monatlich ..... € zu entrichten.

Die Vertragsparteien sind sich darüber einig, dass diese Versorgungsleistungen bestimmt und geeignet sind, den Lebensunterhalt des Berechtigten zu gewährleisten. Die Höhe der Versorgungsleistungen wurde so bemessen, dass sie etwa der Hälfte des durchschnittlichen Jahresüberschusses der A-GmbH entspricht, bezogen auf das abgelaufene Geschäftsjahr 2011.

Bei einer wesentlichen, d.h. 25 % übersteigenden, Veränderung des Jahresüberschusses (§ 275 Abs. 2 Nr. 20 bzw. Abs. 3 Nr. 19 HGB) künftiger Geschäftsjahre der A-GmbH im Vergleich zum Geschäftsjahr 2009 ist jeder Vertragsteil entsprechend § 323a ZPO berechtigt, eine prozentual entsprechende Anpassung der monatlichen Zahlung schriftlich zu verlangen, und zwar jeweils mit Wirksamkeit ab dem 01.07. des dem betreffenden Geschäftsjahr folgenden Jahres. Der Schuldner hat unaufgefordert die Gewinn- und Verlustrechnung der A-GmbH vorzulegen.

In keinem Fall kann die geschuldete Versorgungsleistung jedoch ..... € unterschreiten. Weder der Ausgangsbetrag noch dieser Mindestbetrag ist an die Entwicklung eines Preisindex gekoppelt (keine Inflationssicherung).

> Die Verpflichtung ist vererblich; beim Tod des Berechtigten etwa noch rückständige Zahlungen sind jedoch nicht vererblich und werden bereits jetzt erlassen.
>
> Sind der Schuldner und/oder dessen Angehörige i.S.d. § 15 AO an der A-GmbH nicht mehr unmittelbar oder mittelbar zu mind. 50 % beteiligt, kann der Berechtigte nach seiner Wahl die Fortzahlung der dauernden Last als Fixbetrag in der zuletzt geschuldeten Höhe, alternativ in Höhe des Ausgangsbetrags, jeweils auf Lebenszeit, oder aber die Kapitalisierung des zuletzt geschuldeten oder des Ausgangsmonatsbetrags durch Einmalzahlung gem. der Tabelle i.S.d. § 14 Abs. 1 Satz 4 BewG verlangen.

Hinweis:

Die Bestellung einer Reallast sowie die Vollstreckungsunterwerfung wegen des schuldrechtlichen Anspruchs, des dinglichen und persönlichen Titels aus der Reallast, beziehen sich in diesem Fall lediglich auf den vorstehend vereinbarten Ausgangsbetrag!

Falls es sich – anders als in vorstehendem Vorschlag – zugleich um eine z.B. an die Geldentwertung anknüpfende Gleitklausel handelt (die mit einem weiteren Anpassungsvorbehalt gem. § 323 ZPO/seit 01.09.2009: § 239 FamFG bzw. § 323a ZPO (analog)[537] kombiniert ist), muss zur Vermeidung der Unzulässigkeit wegen Verstoßes gegen das fortgeltende Einseitigkeitsverbot (vgl. § 2 Abs. 1 Satz 1 PrKV a.F.) sowohl eine Ober- als auch eine Untergrenze vereinbart werden und diese gleich weit entfernt vom Ausgangsbetrag liegen, entsprechend der bisherigen Genehmigungspraxis durch das Bundesamt für Wirtschaft und Ausfuhrkontrolle. 1499

Zur **ertragsteuerlichen Problematik solcher Begrenzungsklauseln** für Rechtsvorgänge bis Ende 2007 (Aufspaltung in einen Sockelanteil = Leibrente und darüber hinausgehende Komponente = dauernde Last?) s. Rdn. 1461.

VI. Sicherung

1. Vollstreckungsunterwerfung

Neben der nachstehend (Rdn. 1506 ff.) behandelten dinglichen Absicherung (z.B. durch Reallast oder Grundschuld) wird regelmäßig die wiederkehrende Leistung, d.h. der einzelne aus dem Leibrentenstammrecht fließende Zahlungsanspruch oder aber die jeweilige Zahlungspflicht in ihrer abänderlichen Höhe, durch Vollstreckungsunterwerfung (§ 794 Abs. 1 Nr. 5 ZPO) abgesichert. Dadurch tritt zugleich eine Verlängerung der Verjährung auf 30 Jahre ein (§ 197 Abs. 1 Nr. 4 BGB). Der hiervon erfasste Anspruch muss in der Vollstreckungsunterwerfungserklärung, einer Erklärung prozessualer Natur, ausreichend bezeichnet sein und aus der Urkunde i.V.m. **allgemein zugänglichen öffentlichen Daten ermittelt** werden können. 1500

---

537 § 239 FamFG regelt seit 01.09.2009 die Anpassung von Unterhaltstiteln in vollstreckbaren Urkunden, § 323a ZPO die Anpassung anderer wiederkehrender Leistungen als Unterhaltsansprüche in vollstreckbaren Urkunden (§ 238 FamFG wiederum erfasst die Anpassung gerichtlicher Unterhaltstitel).

1501 Dies ist bei **bloßen Wertsicherungsgleitklauseln** der Fall,[538] da die zur Berechnung maßgeblichen Größen in allgemein zugänglichen Quellen (www.destatis.de) zur Verfügung stehen (Offenkundigkeit i.S.d. § 291 ZPO), jedenfalls sofern die Betragshöhe, auch bei Schwellenabhängigkeit, nicht von einem Voluntativakt (Anpassungsmitteilung o.Ä.) abhängt. Die Ermittlung der exakten Höhe im Fall der Verwertung ist nicht Gegenstand des Klauselerteilungsverfahrens, sondern Aufgabe des Vollstreckungsorgans.[539] Dabei hat es der BGH zugelassen, anstelle umfangreicher Rückrechnungen zur Ermittlung der bisherigen Schwellensprünge (z.B. Überschreiten von jeweils 10%) „von einem unmittelbaren proportionalen Verhältnis der geschuldeten Rente zum Index" auszugehen. Demnach kann der nunmehr allein maßgebliche Verbraucherpreisindex für Deutschland (VPI) mit einem Stand von 99,1 Punkten für den Monat Dezember 1999, in welchem die bisherigen Indizes zuletzt amtlich ermittelt wurden, „rückgerechnet" werden auf seinen fiktiven früheren Stand zum Beginn der Referenzperiode.

1502 *Beispiel:*[540]

Ermittelt werden soll der aktuelle Stand einer Rente mit Ausgangsbetrag von 500,00 DM = 255,65 € nach der Indexänderung des „Preisindex für die Lebenshaltung von Vier-Personen-Haushalten von Arbeitern und Angestellten mit mittlerem Einkommen, Basisjahr 1985" ggü. dem Stand Januar 1991 (108,5 Punkte) bis Januar 2002: Der historische Index belief sich im Dezember 1999 auf 131,4 Punkte; der Verbraucherpreisindex (VPI 2000) im selben Monat auf 99,1 Punkte (im Januar 2002 auf 102,9 Punkte). Die hypothetische Rückrechnung des VPI auf den Monat Januar 1991 ergibt: 99,1 mal 108,5 geteilt durch 131,4, also 81,8 Punkte. Zugrunde zu legen ist also die prozentuale Anpassung, die dem Verhältnis 102,9 zu 81,8 entspricht, mithin auf 321,59 € monatlich.

1503 Bei indexabhängigen wiederkehrenden Leistungen der schuldrechtliche Zahlungsanspruch könnte demnach wie folgt „tituliert" werden:

1504 **Formulierungsvorschlag: Vollstreckungsunterwerfung bei wertgesicherter schuldrechtlicher Zahlung**

> Der Erwerber unterwirft sich wegen der vorstehend vereinbarten schuldrechtlichen Zahlungspflicht in Höhe des Ausgangsbetrags von ..... € monatlich und der vereinbarten Änderungen, die sich aus der Entwicklung des Verbraucherpreisindex für Deutschland ergeben, der sofortigen Zwangsvollstreckung aus dieser Urkunde in sein Vermögen mit der Maßgabe, dass vollstreckbare Ausfertigung auf Antrag des Gläubigers ohne weitere Nachweise erteilt werden kann.

1505 Nicht ausreichend bestimmt i.S.d. § 794 Abs. 1 Nr. 5 ZPO sind jedoch **echte dauernde Lasten** im steuerrechtlichen Sinn, die von konkreten Einzelumständen, etwa in der Person des Veräußerers oder Erwerbers, abhängig sind.

---

538 BGH, 10.12.2003 – XII ZR 155/01, NotBZ 2004, 103 (zu gerichtlichen Vergleichen gem. § 794 Abs. 1 Nr. 1 ZPO); Gleiches gilt für vollstreckbare notarielle Urkunden gem. § 794 Abs. 1 Nr. 5 ZPO (BGH, 10.12.2004 – IXa ZB 73/04, MittBayNot 2005, 329).

539 So jedenfalls der Sachverhalt des BGH, 10.12.2004 – IXa ZB 73/04, MittBayNot 2005, 329; a.A. *Wolfsteiner*, Die vollstreckbare Urkunde, Rn. 36.16, 26.8., sieht dies jedoch als Bestandteil des Klauselerteilungsverfahrens (§ 726 ZPO). Übernimmt der Notar dies, erhält er eine Gebühr nach § 133 Satz 1 KostO.

540 Nach *Amann/Hertel*, Aktuelle Probleme der notariellen Vertragsgestaltung 2004/2005 (DAI-Skript), S. 181.

In letzterem Fall ist jedoch zu erwägen, ein **abstraktes Schuldanerkenntnis** des Erwerbers in einer ziffernmäßig bestimmten Höhe aufzunehmen, wegen dessen die Vollstreckungsunterwerfung erklärt werden kann. Um nicht einer Kondiktion oder teilweisen Kondiktion dieses Schuldanerkenntnisses zu unterliegen, sollte der Veräußerer jedoch die vollstreckbare Ausfertigung nur für solche Beträge oder Teilbeträge in Anspruch nehmen, die nach dem tatsächlich erreichten Stand des für die Anpassung der dauernden Last maßgeblichen Kriteriums auch tatsächlich geschuldet sind.

2. Dingliche Sicherung durch Reallast (§ 1105 BGB)

I.d.R. wird neben der schuldrechtlichen Leibrentenverpflichtung zur dinglichen (objektbezogenen) Absicherung eine Reallast (§§ 1105 ff. BGB) bestellt. Vorsorglich sei darauf hingewiesen, dass insoweit ergänzend (Art. 115 EGBGB) landesrechtliche Bestimmungen gelten können, die bspw. ewige Reallasten, die nicht auf feste Geldrenten gerichtet sind, verbieten,[541] oder die (etwa in Nordrhein-Westfalen, Niedersachsen und Bremen) dem Grundstückseigentümer einen gesetzlichen Anspruch auf Ablösung der Reallast gegen Zahlung einer (auf den 25-fachen Jahresbetrag gedeckelten) Abfindung gewähren.[542] Einleitend das Gerüst einer BGB-Reallast:

Formulierungsvorschlag: Bestellung einer Reallast

> Der Erwerber bestellt dem Veräußerer zur Sicherung der vorstehend vereinbarten Zahlungspflicht in Höhe des Ausgangsbetrags von ..... € monatlich eine Reallast an FlSt. ..... der Gemarkung ..... Beide Beteiligten bewilligen und beantragen, diese Reallast auf Kosten des Erwerbers in das Grundbuch Blatt ..... an nächstoffener Rangstelle einzutragen mit dem Vermerk, dass zur Löschung der Nachweis des Todes des Berechtigten genügt, was hiermit vereinbart wird.

Reallast und schuldrechtliche Leibrentenzahlung sind (vergleichbar der Grundschuld zur Sicherung von Verbindlichkeiten) durch eine **Sicherungsabrede** miteinander verknüpft.[543] Ist die geschuldete wiederkehrende Leistung (etwa aufgrund Anpassung analog § 323 ZPO) entfallen, besteht aus dem Sicherungsvertrag nach Wahl des Eigentümers Anspruch auf Aufhebung (§ 875 BGB) oder auf Abtretung der Reallast[544] (Entstehung einer Eigentümerreallast), der gepfändet werden kann. Die Sicherungsabrede kann sogar **verdinglicht werden**, indem die gegenseitige Anrechnung der Zahlung aus der schuldrechtlichen Rentenverpflichtung und den dinglichen Ansprüchen aus der Reallast als Leistungsverweigerungsrecht im Weg einer Einrede bei der grundbuchlichen Reallast eingetragen wird, sodass sowohl der jeweilige Rentenzahlungsverpflichtete

---

[541] Z.B. Art. 30 PreußAGBGB i.V.m. § 22 Abs. 2 des NRW-Gesetzes v. 28.11.1961; zulässig sind jedoch auch dort Reallasten für zeitlich befristete Naturalleistungen, vgl. *Lange-Parpart*, RNotZ 2008, 384.
[542] Krit. hiergegen *Sokolowski*, ZfIR 2011, 65.
[543] Sind die gesicherten wiederkehrenden Leistungen ihrerseits auf die Lebenszeit des Berechtigten beschränkt, kann bei der Sicherungsreallast eine Löschungserleichterungsklausel gem. § 23 Abs. 2 GBO eingetragen werden (vgl. OLG Düsseldorf, DNotI-Report 2002, 134).
[544] Nach Erlöschen der Reallast infolge Zuschlags setzt sich der Rückgewähranspruch am Erlösanteil fort.

als auch der jeweilige Grundstückseigentümer (insb. der Rechtsnachfolger) die Zahlung verweigern darf, wenn bereits aus der anderen Verpflichtung geleistet wurde.⁵⁴⁵

1509 **Formulierungsvorschlag: Sicherungsreallast**

> Die Zahlungen aus der schuldrechtlichen Rentenverpflichtung und den dinglichen Ansprüchen aus der Reallast sind jeweils gegeneinander anzurechnen. Dem Rentenverpflichteten und dem Grundstückseigentümer steht ein Leistungsverweigerungsrecht als Einrede zu, wenn der Rentenbetrag aus einer dieser Verpflichtungen geleistet wurde. Die Eintragung dieser Einrede in das Grundbuch bei der Reallast wird bewilligt und beantragt.

1510 Gem. § 1105 Abs. 1 BGB bildet die Reallast ein beschränkt dingliches Recht des Inhalts, dass zugunsten des Begünstigten (denkbar ist gem. § 1105 Abs. 2 BGB auch eine subjektiv-dingliche Reallast zugunsten des jeweiligen Eigentümers eines anderen Grundstücks) wiederkehrende Leistungen **„aus dem Grundstück"** zu entrichten sind. Die Formulierung „aus dem Grundstück" verweist auf das dingliche Verwertungsrecht (§ 1147 BGB: Duldung der Zwangsvollstreckung), das durch den dinglichen Anspruch der Reallast vermittelt wird, setzt also nicht voraus, dass tatsächlich Erträge des Grundstücks Gegenstand der wiederkehrenden Leistung sein müssen.

1511 Die Reallast hat außerordentliche wirtschaftliche Bedeutung nicht nur bei Altenteilsverträgen (Pflegeverpflichtung!), Grundstückskaufverträgen gegen wiederkehrende Leistungen, sondern auch für Pflichten zur Unterhaltung einer baulichen Anlage⁵⁴⁶ oder im Nachbarschaftsverhältnis, Pflichten zur Freistellung von Ansprüchen Dritter⁵⁴⁷ und im Bereich der sog. **„Industriereallasten"** (z.B. Recht auf Strombezug). Entsprechende Anwendungen finden die Bestimmungen z.B. auf die Überbaurente (§§ 912, 914 Abs. 3 BGB), die Notwegerente (§ 917 BGB), den Erbbauzins (§ 9 ErbbauVO) und Unterhaltungspflichten im Rahmen einer Grunddienstbarkeit (§ 1021 BGB).

1512 Die wiederkehrenden Leistungen i.S.d. § 1105 BGB brauchen (im Unterschied zur Rentenschuld, § 1199 BGB) nicht in regelmäßigen Abständen wiederzukehren; es muss sich jedoch um **mehrere Leistungen** handeln.⁵⁴⁸ Sie können unterschiedliche Höhe haben, müssen aber (als Ausfluss des allgemeinen sachenrechtlichen Bestimmtheitsprinzips, zur Kapitalisierbarkeit in der Zwangsversteigerung gem. §§ 92, 121 ZVG und zur Ermittlung der Vorbelastungen durch nachrangige Gläubiger) **ausreichend bestimmbar** sein. Hierfür genügen auch allgemein gehaltene Verpflichtungen⁵⁴⁹ (Betrieb, Wartung und Unterhaltung/Instandhaltung eines Bauwerkes,⁵⁵⁰

---

545 Vgl. OLG Hamm, FGPrax 1998, 9; LG Augsburg, MittBayNot 2005, 47; *Lange-Parpart*, RNotZ 2008, 382; *Grziwotz*, MittBayNot 2010, 341.
546 *Schöner/Stöber*, Grundbuchrecht, Rn. 1299.
547 LG Memmingen, MittBayNot 1995, 212: Verkäufer eines mit Reallast belasteten Grundstücks hat den Käufer von den Reallastpflichten freizustellen; letztere Pflicht wird durch Reallast auf anderem Verkäufergrundstück gesichert.
548 Gewohnheitsrechtlich ist allerdings anerkannt, dass als Bestandteil eines Altenteils auch einmalige Leistungspflichten (Bestattungskosten, jedoch wohl nicht geschwisterliche Gleichstellungsgelder) reallastfähig sind; vgl. *Lange-Parpart*, RNotZ 2008, 394 ff.
549 Vgl. im Einzelnen *Böttcher*, ZNotP 2011, 122, 130.
550 OLG Düsseldorf, RNotZ 2004, 94, 95.

Stellung einer Pflegeperson,[551] Tragung der Kosten der Unterbringung in einem Altenheim),[552] die mit ihrem ungünstigsten Jahreswert anzusetzen sind.

Diese Rechtsprechung ist zwischenzeitlich in § 1105 Abs. 1 Satz 2 BGB (der über § 9 Abs. 1 ErbbauVO nunmehr auch unmittelbar für Erbbauzinsreallasten gilt, demnach das dortige Dynamisierungsproblem regelt) gesetzlich normiert. Reallastfähig sind demnach Wertsicherungsvereinbarungen (ohne Rücksicht auf ihre Genehmigungsbedürftigkeit oder -fähigkeit nach § 2 PreisG), die objektiv und zuverlässig feststellbar sind, den Beginn der neuen Leistungsverpflichtung festlegen und Gewähr für den Fortbestand des Maßstabs während der gesamten Leistungsdauer bieten.[553] Bezugnahmen auf Lebenshaltungskostenindizes, Beamtengehälter[554] etc. sind ohne Zweifel ausreichend. Die Rechtsprechung lässt auch den Bezug auf den Wert des belasteten Grundstücks[555] oder den Mietwert einer bestimmten Wohnung genügen,[556] nicht jedoch die jeweiligen Kosten der vom Berechtigten auszuwählenden Mietwohnung[557] oder die jeweiligen Bezüge einer individuellen Person[558] oder den schlichten „Unterhalt für den Notfall".[559]

1513

Fraglich ist, ob allgemeine Formulierungen wie etwa *„die Gewährung des standesgemäßen Unterhalts"* ausreichend bestimmbar und damit reallastfähig sind.[560] Die schlichte Abhängigkeit von *„der Leistungsfähigkeit des Schuldners"*[561] oder *„der Entwicklung der wirtschaftlichen Verhältnisse"*[562] bzw. *„den Unterhaltsbedürfnissen des Gläubigers"*[563] genügt wohl nicht. Werden die Voraussetzungen an die Bestimmbarkeit der wiederkehrenden Leistungen nicht eingehalten, verbleibt nur die dingliche Sicherung über eine Grundschuld, deren Höhe der kapitalisierten voraussichtlichen Gesamtzahlungssumme entsprechen sollte, oder aber die Sicherung durch eine Reallast, die sich hinsichtlich des dinglichen und des persönlichen Anspruchs ausdrücklich nur auf den jeweils vereinbarten Ausgangsbetrag beschränkt. Die Anpassungsverpflichtung kann dann, sofern dem geringeren Bestimmbarkeitsmaßstab des Schuldrechts genügend, durch Vormerkung gesichert werden.[564]

1514

---

551 LG Aachen, Rpfleger 1986, 211.
552 LG München II, MittBayNot 1990, 244.
553 Staudinger/*Amann*, BGB, § 1105 Rn. 14 m.w.N.
554 BGHZ 22, 54.
555 BGHZ 22, 220 (in Erbbaurechtsverträgen für Wohnzwecke kann aber § 9a ErbbauVO entgegen stehen).
556 LG Nürnberg-Fürth, MittBayNot 1992, 278.
557 KG, DNotZ 1985, 707.
558 KG, OLGE 43, 227.
559 OLG Düsseldorf, MittRhNotK 1990, 167.
560 Das BayObLG hat in der Entscheidung MittBayNot 1993, 370, angekündigt, dass es von der insoweit früheren großzügigeren Rspr. abrücken werde. Der BGH, DNotI-Report 1995, 168, hat jedoch die Bedenken des BayObLG insoweit nicht geteilt und sich für die Reallastfähigkeit solcher Vereinbarungen ausgesprochen, wenn nur die höchstmögliche Belastung des Grundstücks für jeden Dritten erkennbar ist und der Umfang der Haftung zu einem bestimmten Zeitpunkt aufgrund der in der Eintragungsbewilligung enthaltenen Voraussetzung bestimmt werden kann; vgl. im Überblick *Lange-Parpart*, RNotZ 2008, 388 ff.
561 LG Memmingen, MDR 1981, 766.
562 BayObLG, DNotZ 1980, 94.
563 BayObLG, DNotZ 1993, 743.
564 Eine solche Vormerkung bietet jedoch naturgemäß keinen Schutz gegen den Anspruch auf Löschung der Reallast selbst, sofern die Leistungen des Stammrechts unstreitig bezahlt wurden; vgl. OLG Koblenz, 26.06.2006 – 12 U 446/04, NotBZ 2007, 374.

1515 **Formulierungsvorschlag: Reallast nur für den Ausgangsbetrag**

> Die vorstehend vereinbarte und zur Eintragung bewilligte Reallast sichert lediglich den Ausgangsbetrag der geschuldeten wiederkehrenden Leistungen; die weiteren Anpassungsvereinbarungen und -vorbehalte sind nicht Bestandteil des dinglichen Rechts, sondern schuldrechtliche Abreden.

1516 Gem. § 1107 BGB finden „*auf die einzelnen Leistungen die für Zinsen einer Hypothekenforderung geltenden Vorschriften entsprechende Anwendung*". Gemeint sind damit die dinglichen Ansprüche auf wiederkehrende Leistungen der Vergangenheit und der Zukunft, die bereits mit der wirksamen Bestellung der Reallast entstehen, jedoch erst mit Erreichen des bestimmten Zeitraums fällig werden.[565] §§ 1105, 1107 BGB gewähren dem Berechtigten einen dinglichen Anspruch auf Befriedigung **wegen jeder einzelnen Leistung**, der durch Zwangsvollstreckung in das Grundstück geltend zu machen ist. Es bedarf hierzu eines dinglichen Titels, der – da die Reallast in § 800 Abs. 1 ZPO nicht genannt ist – nicht bereits im Vorhinein mit Wirkung gegen den jeweiligen Grundstückseigentümer geschaffen werden kann. Erforderlich ist vielmehr die **Klauselumschreibung** gem. §§ 795, 727, 325 Abs. 3 ZPO, bzgl. der Vollstreckungsunterwerfung des konkreten Eigentümers selbst (§ 794 Abs. 1 Nr. 5 ZPO).

1517 Möglich ist nur die Befriedigung wegen Geldforderungen, sodass bei **Natural- oder Dienstleistungen** eine vorherige materiell-rechtliche[566] Umwandlung in einen Geldersatzanspruch, z.B. gem. § 283 BGB, erfolgen muss. Erfasst vom Vollstreckungszugriff sind alle Gegenstände, die der Hypothekenhaftung unterliegen (§§ 1120 bis 1130 BGB). Die subjektiv-persönliche Reallast ist grds. abtretbar (es sei denn der Anspruch auf die einzelne Leistung wäre nicht abtretbar, § 1111 Abs. 2 BGB) und vererblich (es sei denn die Leistung ist ihrer Natur nach personengebunden, wie etwa bei einem Altenteil).[567]

3. Persönlicher Reallastanspruch gegen den jeweiligen Eigentümer (§ 1108 BGB)

1518 Gem. § 1108 BGB eröffnet die Reallast nicht nur den dinglichen Zugriff auf das Grundstück und die mithaftenden Gegenstände, sondern auch die **Vollstreckung in das gesamte übrige Vermögen** des Eigentümers, da neben die dingliche eine persönliche Haftung des Eigentümers für die während der Dauer seines Eigentums fällig werdenden Leistungen tritt (die allerdings abdingbar ist).

Die **Verwirklichung dieses persönlichen Anspruchs** richtet sich, anders als die dingliche Haftung gem. § 1107 BGB, **nach den allgemeinen Bestimmungen** über schuldrechtliche Ansprüche. Erforderlich ist ein persönlicher Titel, der durch Klage (gerichtet auf Verurteilung zur Leistung) oder aber durch eine Vollstreckungsunterwerfung gem. § 794 Abs. 1 Nr. 5 ZPO geschaffen werden kann. Bei der Zwangsvollstreckung hat der Begünstigte nur den Rang eines normalen Gläubigers (§ 10 Abs. 1 Nr. 5 ZVG).

---

565 BGH, Rpfleger 1978, 207.
566 Nach Auffassung der Mm., z.B. MünchKomm-BGB/*Joost*, § 1107 Rn. 14, genügt die lediglich vollstreckungsrechtliche Umrechnung in den Ersatzwert gem. § 92 ZVG.
567 OLG Düsseldorf, RNotZ 2002, 454.

Hinsichtlich der wiederkehrenden Leistungen ergibt sich demnach regelmäßig eine **„Haftungs-** 1519
trias", die

- den persönlichen Anspruch auf Zahlung einer zivilrechtlichen Leibrente gem. § 759 BGB,
- den persönlichen Anspruch gegen den jeweiligen Eigentümer gem. § 1108 Abs. 1 BGB und
- den dinglichen Anspruch gem. §§ 1105, 1107 BGB, gerichtet auf Duldung der Zwangsvollstreckung in das Grundstück,

umfasst.

Formulierungsvorschlag: Vollstreckungsunterwerfung für „Haftungstrias" 1520

Der Erwerber unterwirft sich wegen des dinglichen und wegen des persönlichen Anspruchs aus dieser Reallast sowie wegen der vorstehend vereinbarten schuldrechtlichen Zahlungspflicht in Höhe des Ausgangsbetrags von ..... € monatlich und der vereinbarten Änderungen, die sich aus der Entwicklung des Verbraucherpreisindex für Deutschland ergeben, der sofortigen Zwangsvollstreckung aus dieser Urkunde in sein Vermögen mit der Maßgabe, dass vollstreckbare Ausfertigung auf Antrag des Gläubigers ohne weitere Nachweise erteilt werden kann.

4. Mögliche Modifikationen der Reallast

Zur Erleichterung der Verwertung einer Reallast sind insb. **zwei ergänzende Regelungen** erwä- 1521
genswert, ferner kann sich Vorsorge gegen ungewollt frühe Verjährung empfehlen:

a) Kein Erlöschen des Stammrechts

Wenn aus der dinglichen Reallast (§ 1105 Abs. 1 BGB) wegen rückständiger Einzelleistun- 1522
gen vollstreckt wird, fällt die Reallast nicht in das geringste Gebot. Sie **erlischt** also **mit dem**
Zuschlag auch hinsichtlich der erst künftig fälligen Leistungen, für die sich die Bezeichnung „Stammrecht" eingebürgert hat. Anstelle der Reallast tritt ein Ersatzanspruch aus dem Versteigerungserlös (§ 91 Abs. 1, 92 Abs. 2 ZVG).[568] Bei Reallasten auf unbestimmte Dauer (Lebenszeit) ist hierfür dem Versteigerungserlös ein sog. Deckungskapital zu entnehmen, das dem kapitalisierten Wert der künftigen Leistungen (bei Nießbrauch, beschränkten persönlichen Dienstbarkeiten sowie Reallasten von unbestimmter Dauer max. jedoch dem 25-fachen Jahresbetrag [§ 121 ZVG]) entspricht, dessen Anlageart der Gläubiger bestimmt und dem er sodann quartalsweise (§ 92 Abs. 2 ZVG) den Jahreswert der Realleistung entnehmen kann.[569] Auch wenn der Reallastberechtigte selbst ersteigert, wird sein eigenes Bargebot hinterlegt und ihm nur in Raten ausgezahlt.[570]

---

[568] Bei Reallasten von bestimmter Dauer i.H.d. Ablösungssumme, hilfsweise der Summe der Einzelleistungen gekürzt um den Zwischenzins; vgl. *Stöber*, ZVG, § 121 Rn. 3.13.
[569] Stirbt er, bevor das Deckungskapital aufgebraucht ist, erhalten die nachrangigen Gläubiger i.R.d. Nachtragsverteilung den Rest.
[570] Vgl. *Stöber*, ZVG, § 121 Rn. 3.13.

Zur Vermeidung des unerwünschten Erlöschens des Stammrechts, sofern der Reallastgläubiger selbst die Zwangsversteigerung betreibt, hat der Gesetzgeber in § 9 Abs. 3 Nr. 1 Erbbau-VO für einen Sonderfall der Reallast, auf Zahlung von Erbbauzinsen gerichtet, die dingliche Vereinbarung der Vollstreckungsfestigkeit gestattet, also das Überleben des Stammrechts (auch bei einer Versteigerung aus vorgehenden Rechten!). Eine solche Vereinbarung (von § 12 ZVG abweichende Befriedigungsreihenfolge), auch beschränkt auf die Versteigerung aus rückständigen Einzelansprüchen, ist im allgemeinen Reallastrecht nicht mit dinglicher Wirkung möglich.[571]

1523 Die Einzelleistungen aus der Reallast werden **wie Hypothekenzinsen behandelt**, sind also bzgl. künftiger Forderungen **immobiliarrechtlich abtretbar** (§§ 873, 1154 Abs. 3 BGB); hinsichtlich bereits fälliger Forderungen gem. §§ 398 ff. BGB (§ 1159 BGB); dabei kann ihnen sachenrechtlich auch der Vorrang vor dem Kapital eingeräumt werden.[572] Versteigerungsrechtlich kann der betreibende Gläubiger

- entweder nur die **Zwangsverwaltung** betreiben
- oder lediglich aus dem persönlichen Haftungsanspruch gem. § 1108 BGB vorgehen, durch nachrangig[573] (ggf. nach Titulierung, sofern keine Vollstreckungsunterwerfung insoweit erfolgt ist – vgl. oben Rdn. 1328) einzutragende **Zwangssicherungshypothek**
- oder aber im Rahmen einer **Zwangsversteigerung** gem. § 59 Abs. 1 ZVG die Aufnahme seines Hauptanspruchs in das geringste Gebot und damit dessen Bestehenbleiben als abweichende Feststellung der Versteigerungsbedingungen beantragen. Hierzu ist wohl nicht die Zustimmung nachrangiger Gläubiger,[574] möglicherweise aber die (dann nicht zu erlangende) des Eigentümers[575] erforderlich zur Vermeidung eines Doppelausgebots.

1524 Umstritten ist, ob dasselbe vollstreckungsrechtliche Ergebnis auch durch **Teilung der Reallast** – allerdings noch vor der Eintragung des Versteigerungsvermerks – in einen vorrangigen Teilbetrag wegen der künftigen Leistung und einen nachrangigen wegen der bereits fälligen erreicht werden kann, damit die vorrangige künftige Teilreallast im geringsten Gebot verbleibt und damit auch über den Zuschlag hinaus fortbesteht.[576] Auch diese Lösung hat der BGH verworfen[577] und darauf verwiesen, der Anspruch auf Neubestellung einer Reallast nach Untergang des Rechts, aus dem die Versteigerung betrieben wird, könne durch vorrangige Vormerkung gesichert wer-

---

571 BGH, ZNotP 2004, 110, auf Divergenzvorlage des OLG Hamm, ZNotP 2003, 31; a.A. BayObLG, DNotZ 1991, 805 (nach *Amann*, DNotZ 1993, 233, war die Regelung jedoch vollstreckungsrechtlich ungeeignet).
572 RGZ 88, 163; *Eickmann*, NotBZ 2004, 264.
573 Damit wird allerdings häufig die Versteigerung undurchführbar, da nur Gebote zulässig sind, welche alle vorrangigen Rechte abdecken, § 44 Abs. 1 ZVG.
574 *Otto*, NotBZ 2007, 104; a.A. *Muth*, Rpfleger 1987, 397.
575 Offenlassend *Eickmann*, NotBZ 2004, 264 Fn. 2; a.A. *Stöber*, NotBZ 2004, 266 ff.
576 *Albrecht*, in: *Reithmann/Albrecht/Basty*, Handbuch der notariellen Vertragsgestaltung, Rn. 642; *Amann*, DNotZ 1993, 230, und DNotZ 2004, 605; OLG Hamm, ZfIR 2002, 994; dagegen krit. *Dümig*, ZfIR 2002, 962: rückständige Raten sind Einzelleistungen und damit nicht mehr reallastfähig.
577 BGH, 02.10.2003 – V ZB 38/02, DNotZ 2004, 615, m. Anm. *Oppermann*, RNotZ 2004, 86 und *Dümig*, MittBayNot 2004, 153; sowie *Eickmann*, NotBZ 2004, 262. *Amann*, DNotZ 2004, 605 ff. verteidigt die Aufspaltung der Reallast in rangverschiedene Teile zugleich als Ausdruck eines allgemeinen, aus § 1151 BGB sprechenden Teilbarkeitsgrundsatzes. Umfasst die nachrangige Teilreallast nur rückständige Leistungen (ohne Stammrechtsanteil), sei die Aufspaltung zwar nicht eintragungsfähig, jedoch im Versteigerungsverfahren nach Anmeldung (§ 37 Nr. 4 ZVG) zu berücksichtigen; krit. hierzu *Lange-Parpart*, RNotZ 2008, 407.

den. Der gesicherte Anspruch richtet sich gegen den derzeitigen,[578] bindet jedoch wegen §§ 888 Abs. 1, 883 Abs. 2 BGB im Ergebnis den „jeweiligen" Eigentümer. Fraglich ist, ob diese Vormerkung mit ihrer erstmaligen Ausnutzung „verbraucht" wäre.[579] Die Vormerkung sichert allerdings nicht den Anspruch auf Vollstreckungsunterwerfung wegen der zu bestellenden Reallast (in dinglicher und/oder persönlicher Hinsicht). Sie führt zudem zu hohen Eintragungskosten[580] und erschwert die Beleihbarkeit des Grundstücks.[581]

> **Hinweis:**
> Mit geringeren Kosten verbunden, im Ansatz sicherlich mehrfach wirksam und die Beleihbarkeit des Grundstücks mäßiger einschränkend ist allerdings der Vorschlag, im Rang nach der Reallast eine **nicht abtretbare Grundschuld in geringer Höhe** zu bestellen, die der Absicherung der rückständigen Verbindlichkeiten aus der Reallastabrede dient (der Betrag sollte die voraussichtliche Summe der Rückstände wiedergeben, die zu einer Versteigerung Veranlassung geben) und aus der sodann die Versteigerung wegen der Rückstände betrieben wird, sodass die Reallast wiederum insgesamt in das geringste Gebot fällt. Zur Erhaltung der mehrfachen Verwendung könnte der Gläubiger rechtzeitig die Grundschuld teilen und lediglich aus dem letztrangigen Teil die Vollstreckung betreiben.

Formulierungsvorschlag:[582] **Rückstandssicherung bei Reallast**

> Der Notar hat den Gläubiger auf Folgendes hingewiesen: Sollte er künftig aus dem dinglichen Recht der Reallast die Zwangsversteigerung in das Grundstück betreiben, geht die Reallast unter; an ihre Stelle tritt eine Beteiligung am Versteigerungserlös in Höhe maximal des 25-fachen Jahresbetrags. Vorsorgemöglichkeiten (wie etwa die Vereinbarung eines Anspruchs auf Neubestellung von Reallasten und dessen Sicherung durch eine vorrangige Vormerkung im Grundbuch) wurden erörtert.
>
> Die Beteiligten vereinbaren hierzu:
>
> Zur Sicherung rückständiger Ansprüche aus der vorstehend vereinbarten monatlichen Zahlungsverpflichtung in Haupt- und Nebensache bestellt der Eigentümer zugunsten des Gläubigers im Rang nach der Reallast eine Grundschuld ohne Brief, die nur mit Zustimmung des Eigentümers abtretbar ist, i.H.v. (*bspw.*) 10.000,00 € nebst 18 % Zinsen hieraus und 5 % Nebenleistung ab dem Tag der Eintragung. Kapital und Nebenleistung sind sofort, die Zinsen jährlich nachträglich fällig. Der Eigentümer unterwirft sich wegen Kapital, Nebenleistung und Zinsen der Zwangsvollstreckung in den belasteten Grundbesitz in der Weise, dass die

---

578 Die Vormerkung muss auch so bewilligt werden, OLG München, 30.01.2007 – 32 Wx 9/07, NotBZ 2007, 102, m. Anm. *Otto*.
579 So *Oppermann*, RNotZ 2004, 87 f.; a.A. wohl OLG München, 30.01.2007 – 32 Wx 9/07, NotBZ 2007, 102, m. Anm. *Otto*, obwohl die dort angeführten Belegzitate andere Sachverhalte umfassten (z.B. BayObLG, NotBZ 2003, 72: einheitliches Anspruchsziel [Eigentumsverschaffung] aus mehreren Gründen [Ankaufs- und Vorkaufsrecht]).
580 Der Wert der Vormerkung ergibt sich gem. § 24 KostO aus einer Vervielfältigung des Reallast-Jahresbetrages; die nach Versteigerung einzutragende Reallast selbst führt zur 10/10 Gebühr aus demselben Wert.
581 *Lange-Parpart*, RNotZ 2008, 405.
582 In Anlehnung an *Oppermann*, RNotZ 2004, 90.

Kapitel 4: Absicherung des Veräußerers

> Vollstreckung gegen den jeweiligen Eigentümer zulässig ist. Er bewilligt und der Gläubiger beantragt, die Grundschuld samt Vermerk nach § 800 ZPO in das Grundbuch einzutragen.

1527 U.U. ist schließlich auch ein in der Verwertungssituation zu ergreifender rein versteigerungsrechtlicher Behelf tragfähig, und zwar die Bestimmung des Fortbestandes des Stammrechtes im geringsten Gebot als abweichende Versteigerungsbedingung i.S.d. §§ 59 Abs. 1, 52 Abs. 1 ZVG durch den Reallastgläubiger. Hierzu ist wohl nicht die Zustimmung nachrangiger Gläubiger erforderlich,[583] möglicherweise aber die (dann nicht zu erlangende) des Eigentümers[584] zur Vermeidung eines Doppelausgebotes.

1528 Aus dem regelmäßig gem. § 794 Abs. 1 Nr. 5 ZPO titulierten persönlichen Anspruch gem. § 1108 BGB kann der Reallastberechtigte ebenfalls vorgehen, die dingliche Reallast fällt dann insgesamt, da einer besseren Rangklasse angehörend (§ 10 Abs. 1 Nr. 4 statt Nr. 5 ZVG), in das geringste Gebot (allerdings ebenfalls alle etwaigen nachrangigen Sicherungshypotheken etc., sodass das Grundstück häufig nicht mehr verwertbar ist!).

b) Verfallvereinbarung

1529 Um den Reallastberechtigten nicht auf die Beitreibung der einzelnen fällig gewordenen Raten zu beschränken, kann eine **Verfallvereinbarung aufgenommen werden**.[585] So kann etwa ein Gesamtablösebetrag fällig gestellt werden, wenn die Zwangsversteigerung in den übergebenen Grundbesitz eröffnet wird, wenn ein Zahlungsrückstand von mehr als 6 Monatsraten besteht oder wenn das Insolvenzverfahren eröffnet oder mangels Masse abgelehnt wird. Die Ablöseforderung ist auf der Grundlage der noch ausstehenden wiederkehrenden Leistung in ihrer voraussichtlichen Höhe, abgezinst nach finanzmathematischen Grundsätzen (derzeitiger Zinssatz 5,5 %), unter Berücksichtigung der allgemeinen Lebenserwartung nach den jeweils neuesten allgemeinen Sterbetafeln[586] zu ermitteln. Nach noch herrschender Meinung[587] kann eine solche Ablösevereinbarung jedoch nicht mit dinglicher Wirkung zum Inhalt der Reallast gemacht werden (anders als die Vereinbarung einer Wertersatzzahlung gem. § 92 Abs. 2 ZVG für die jeweiligen Einzelraten hinsichtlich ihres Jahreswerts), sodass sie dinglich über eine Höchstbetragssicherungshypothek[588] oder eine Grundschuld gesichert werden sollte.

1530 **Formulierungsvorschlag: Ablösevereinbarung bei Reallast**

> Wenn über das Vermögen des Grundstückseigentümers das Insolvenzverfahren eröffnet oder mangels Masse dessen Eröffnung abgelehnt wurde, die Zwangsversteigerung oder Zwangs-

---

583 *Otto*, NotBZ 2007, 104; a.A. *Muth*, Rpfleger 1987, 397.
584 Offen lassend *Eickmann*, NotBZ 2004, 264 Fn. 2; a.A. *Stöber*, NotBZ 2004, 266 ff., vgl. auch *Amann*, DNotZ 2007, 298.
585 *Koenen*, MittRhNotK 1994, 338; *J. Mayer*, Der Übergabevertrag, Rn. 224.
586 Derzeit Sterbetafel 2008/2010 des Statistischen Bundesamtes, kostenfrei zu beziehen unter www.destatis.de unter dem Menüpunkt Bevölkerung/Geburten und Sterbefälle/Periodensterbetafeln und Lebenserwartung/aktuelle Sterbetafeln für Deutschland.
587 OLG Köln, DNotZ 1991, 808; ebenso Staudinger/*Amann*, BGB, Einl. zu §§ 1105 bis 1112 Rn. 22; a.A. Soergel/*Stürner*, BGB, § 1105 Rn. 15; vgl. im Überblick *Lange-Parpart*, RNotZ 2008, 393.
588 Formulierungsvorschlag bei Münchener Vertragshandbuch/*Nieder*, Bd. IV/2 Form XVI.8.

verwaltung in den betroffenen Grundbesitz eröffnet wird oder ein Zahlungsrückstand von mehr als sechs Monatsbeträgen entsteht, kann der jeweils Zahlungsberechtigte anstelle der Reallast einen Ablösebetrag in einer Summe verlangen.

Deren Höhe ist zu ermitteln als Gegenwartswert der künftigen Leistungen auf Lebenszeit (wobei abweichend von den Bestimmungen des Bewertungsgesetzes die Lebenserwartung nach den jeweils neusten allgemeinen Sterbetafeln und der Abzinsungsprozentsatz mit 2-Prozentpunkten über dem seinerzeitigen Basiszins gem. § 247 BGB zu bewerten ist) zuzüglich etwaiger Rückstände.

Zur Sicherung dieses Ablösebetrags wird die Eintragung einer zinslosen Buchgrundschuld über ..... € für den Reallastberechtigten im Rang nach der Reallast bewilligt und beantragt. Der jeweilige Grundstückseigentümer unterwirft sich wegen dieses Grundschuldbetrags der sofortigen Zwangsvollstreckung aus dieser Urkunde gegen den jeweiligen Eigentümer, was hiermit vereinbart und zur Eintragung bewilligt und beantragt wird (§ 800 ZPO).

Die Reallast ihrerseits ist auflösend bedingt durch Erhalt des Ablösebetrags, was zur Eintragung bei der vorbestellten Reallast bewilligt und beantragt wird.

c) **Vorsorge zum Verjährungsproblem**

Nach der bereits erläuterten „Stammrechtslehre" (Rdn. 1522) soll sowohl bei der schuldrechtlichen Leibrente als auch bei der dinglichen Reallast des Zivilrechts (gleichgültig ob es sich steuerlich um eine Leibrente oder eine dauernde Last handelt) zu unterscheiden sein zwischen dem „Stammrecht", einerseits, und den Einzelansprüchen, die aus diesem Stammrecht erwachsen, andererseits. Nach traditioneller Auffassung soll das **Bestehen eines solchen Stammrechts** für die zivilrechtliche Leibrente sogar **wesensnotwendig** sein.[589] Mit Verjährung des Stammrechts würden auch die noch nicht fälligen Einzelforderungen verjähren.

1531

Vor der Schuldrechtsreform verjährte das Stammrecht der Leibrente **in 30 Jahren** (§ 195 BGB a.F.), die Einzelleistung in 4 Jahren (§ 197 BGB a.F.) Nunmehr würden, wenn die Stammrechtslehre aufrechterhalten bliebe, sowohl Stammrecht als auch Einzelforderung der einheitlichen Regelverjährung von 3 Jahren unterliegen, sodass eine Leibrentenvereinbarung ohne Verjährungsverlängerung bzw. ohne Stundungsvereinbarung (§ 205 BGB) wenig hilfreich wäre. Allein die Titulierung der Forderung würde wegen § 197 Abs. 2 BGB (Bereichsausnahme für regelmäßig wiederkehrende Leistungen) möglicherweise nicht helfen. Es spricht vieles dafür, dass der Gesetzgeber des Schuldrechtmodernisierungsgesetzes nicht (mehr) von der Stammrechtslehre ausging;[590] vorsorglich könnte jedoch die folgende Vereinbarung getroffen werden.

1532

Formulierungsvorschlag: Verjährungsverlängerung des Leibrentenstammrechts

1533

Die Beteiligten vereinbaren vorsorglich, dass das sog. „Stammrecht der Leibrente" erst 30 Jahre nach gesetzlichem Beginn bzw. Neubeginn der Verjährung verjährt; für die Einzelleistungen bleibt es bei der gesetzlichen Verjährungsfrist von 3 Jahren.

---

589   Vgl. etwa Palandt/*Sprau*, BGB, § 759 Rn. 1 BGB.
590   Vgl. *Amann*, DNotZ 2002, 117. § 197 Abs. 2 BGB setzt wie selbstverständlich voraus, dass künftig fällige titulierte Leibrentenleistungen nicht insgesamt verjähren, sondern im Jahresrhythmus der §§ 195, 199 Abs. 1 BGB.

1534 Die **dingliche Reallast selbst verjährt** hinsichtlich eines dort ebenfalls etwa bestehenden Stammrechts wegen § 902 Abs. 1 Satz 2 BGB **ohnehin nicht**; allerdings kann bei der typischerweise gegebenen Sicherungsreallast einem Vorgehen aus dem dinglichen Recht wohl entgegengehalten werden, dass die besicherte Forderung selbst verjährt ist. § 216 BGB gilt nicht (vgl. § 216 Abs. 3 BGB), wenn die gesicherten Ansprüche auf wiederkehrende Leistungen gerichtet sind.

VII. Kombination von Mietvertrag und dauernder Last

1. „Stuttgarter Modell"

1535 Mit dem **Wegfall der Nutzungswertbesteuerung für selbst genutzte Wohnungen** (und damit der Möglichkeit, Werbungskosten für unentgeltlich an Angehörige überlassenen Wohnraum geltend zu machen) suchte die steuerrechtlich motivierte Kautelar-Praxis nach Wegen, dem Erwerber die Geltendmachung der Abschreibung (sei es auf den unentgeltlich fortgeführten Teil, sei es auf seine eigenen Anschaffungs- oder Herstellungskosten) sowie sonstiger Werbungskosten (insb. der Schuldzinsen) zu ermöglichen. Die Förderung der Eigennutzung nach dem Eigenheimzulagengesetz steht zugunsten des Erwerbers (in Gestalt der freiwilligen, unentgeltlichen Überlassung an Angehörige) für Neufälle seit 01.01.2006 nicht mehr zur Verfügung; für Altfälle läuft der 8 Jahreszeitraum spätestens Ende 2013 aus, vgl. Rdn. 4548 ff.

Zur Erzielung **steuerlicher Vorteile** ist also die Verwirklichung von Einkünften aus Vermietung und Verpachtung erforderlich.

1536 **Hinweis:**

Im Anschluss an bisherige Eigenheimzulagenförderung beim Veräußerer kann die Übertragung zur Rückanmietung bereits wenige Tage nach Beginn des letzten (achten) Bewilligungsjahres stattfinden, da die Eigenheimzulage dem Veräußerer dann für diesen Zeitraum gleichwohl in voller Höhe gewährt wird[591] und mit möglichst hohen zeitanteiligen (§ 7 Abs. 1 Satz 4 EStG) linearen Abschreibungen des vermietenden Erwerbers kombiniert werden kann.

1537 Der bisherige Veräußerer sollte also im Rahmen eines i.Ü. dem Fremdvergleich standhaltenden,[592] wegen der Verknüpfung des Immobilienübertragungswillens mit der Nutzungssicherung mitzubeurkundenden[593] Mietvertrags die von ihm weiterhin genutzten Wohnräume (für mind. 56 % der Marktmiete [§ 21 Abs. 2 Satz 2 EStG],[594] allerdings unter Beachtung der Rechtsprechung zur

---

[591] BMF-Schreiben v. 21.12.2004, BStBl. 2005 I, S. 305 Tz. 55.
[592] Zur uneinheitlichen Finanzrechtsprechung bzgl. der Vermietung unter Marktniveau (maßgebend sind aufgrund des „Überprüfungsverbots" des BFH lediglich andere Kriterien als die Miethöhe) ausführlich *Stein*, EStB 2004, 158.
[593] *Mayer/Geck*, DStR 2005, 1474.
[594] Zu Einzelheiten der Berechnung, auch im Hinblick auf die Nebenkosten, vgl. die Zusammenstellung in GmbH-StB 2000, 292. Zur Wohnungsvermietung an Angehörige allgemein *Paus*, NWB 2000, 3123 und EStB 2004, 497.

Gewinnerzielungsabsicht[595] – 75%)[596] „rückanmieten"; die zivilrechtliche Ausgestaltung des Mietvertrags wird versuchen, die Mieterrisiken zu reduzieren, bspw. durch Ausschluss des Kündigungsrechts des Eigentümers mit Ausnahme wegen Nichtzahlung der Miete auf die gesetzlich maximale Zeit von 30 Jahren oder aber durch Vereinbarung eines auf Lebenszeit des Veräußerers befristeten Mietvertrags sofern die Voraussetzungen des § 575 BGB vorliegen sollten;[597] es ist jedoch das nicht ausschließbare Sonderkündigungsrecht des Ersteigerers gem. § 57a, b ZVG[598] und des Insolvenzverwalters aus § 111 InsO zu beachten. Auch dem Vermieter können Risiken drohen, etwa aus dem Eintrittsrecht eines Lebensgefährten in den Mietvertrag (§ 563 BGB); ferner sind die wegen des Fremdvergleichs notwendigen Begleitumstände wie etwa Nebenkostenabrechnung, unbare regelmäßige Überweisung, Mieterwegnahmerecht, Mietervorkaufsrecht etc. unbequem. Auf eine Kaution kann jedoch verzichtet werden.

Die Position des Mieters kann dadurch gestärkt werden, dass zusätzlich ein **Sicherungsnießbrauch** oder ein **Sicherungswohnungsrecht** bestellt wird, was steuerrechtlich unschädlich ist.[599] Dies erfordert eine Ausgestaltung des Verhältnisses von Mietvertrag und dinglichem Nutzungsrecht durch eine Sicherungsabrede dergestalt, dass das Mietverhältnis vorrangig ist:

1538

- etwa aufgrund aufschiebender Bedingtheit des Nießbrauchs/Wohnungsrechts für den Fall der Beendigung des Rechts zum Besitz aus dem Mietvertrag oder aber
- durch Überlassung der Ausübung des sofort wirksamen, unbedingten Nutzungsrechts gem. § 1059 BGB bzw. § 1092 Abs. 1 Satz 2 BGB an den Erwerber mit der Abrede, dass diese Ausübungsüberlassung bei Erlöschen des Mietvertrags ohne Kündigung/Versterben des Mieters ende, sodass die dingliche Nutzungsberechtigung allein ihrem tatsächlichen Inhaber, dem Veräußerer, zusteht.

---

595 BFH, 05.11.2002 – IX R 48/01, DStR 2003, 73 entgegen BFH, 15.12.1992 – IX R 13/90, BStBl. 1993 II, S. 490; ebenso nun die Finanzverwaltung (BMF, 29.07.2003, DStR 2003, 1441: anwendbar ab 01.01.2004). Demnach gilt derzeit: Beträgt die Miete (zur Berechnung: *Krauß*, Immobilienkaufverträge in der Praxis, Rn. 2763 ff.) unter 56% der Marktmiete, sodass der unentgeltliche Anteil ohnehin auszuscheiden ist, wird bzgl. des entgeltlichen Anteils, bezogen auf den entgeltlichen Anteil der Aufwendungen binnen 30 Jahren, eine Überschussprognose vorgenommen. Bei einer Miete zwischen 56 und 75% der Marktmiete erfolgt – abweichend vom üblichen Vorgehen – die Überschussprognose in zwei Stufen: zunächst bezogen auf die tatsächliche Miete und die tatsächlichen Aufwendungen binnen 30 Jahren, sodann – falls diese Prognose wie i.d.R. negativ ist – bezogen lediglich auf den entgeltlichen Anteil (mit der Folge der Anerkennung nur dieser Quote, sofern die Prognose positiv ist). Über 75% der Marktmiete ist lediglich bei aufwendigen Objekten ebenfalls (auf einer zweiten Stufe) eine Prognose anhand der gesamten Aufwendungen auf 30 Jahre durchzuführen, die über die Gesamtanerkennung (oder die Gesamtversagung) der Verluste entscheidet.

596 Problematisch ist die Erhöhung bisher zu niedriger Mieten aufgrund der neuen Rspr.: Eine über die zivilrechtlich zulässige 20%-Grenze in einem Schritt erfolgende Anhebung auf 75% der ortsüblichen Kaltmiete könnte zur Versagung der steuerlichen Anerkennung nach § 42 AO führen (Fremdvergleich), FG München, EFG 1998, 305; *Sauren*, DStR 2004, 943. Großzügiger jedoch OFD Münster, 13.02.2004, DStR 2004, 957: Mieterhöhung über die Grenzen des § 558 Abs. 3 BGB hinaus allein genüge nicht zum Ausschluss der steuerlichen Anerkennung des Mietverhältnisses.

597 Hierzu *Mayer/Geck*, DStR 2005, 1472.

598 Zwar gelten gem. § 573d BGB auch hier die Kündigungsschutzvorschriften der §§ 573, 573a BGB, die allerdings bei einem Zweifamilienhaus, das auch vom Eigentümer bewohnt wird, stark eingeschränkt sind. Hiergegen hilft allenfalls ein durch erstrangige Vormerkung abgesichertes Rückerwerbsrecht des Veräußerers für den Fall der Zwangsvollstreckung. Die Möglichkeit eines Aufschubs der außerordentlichen Kündigung bei Mieterleistungen, Mietvorauszahlungen etc. (§ 57c ZVG) wurde ab 01.02.2007 aufgehoben.

599 Vgl. Tz. 18 des 3. Rentenerlasses, BStBl. 2004 I, S. 922; ebenso Tz. 9 des Nießbrauchserlasses, 24.07.1998, BStBl. 1998 I, S. 914.

Erlischt andererseits der Mietvertrag aus Gründen, die vom Mieter zu vertreten sind, sollte das dingliche Sicherungsnutzungsrecht seinerseits auflösend bedingt sein.

1539 Weniger weitgehend kann auch für diesen Fall ein bloßer Anspruch auf Bestellung eines Sicherungswohnungsrechts (vormerkungsgesichert) vereinbart sein, etwa wie folgt:

1540 **Formulierungsvorschlag: Bedingter Anspruch auf Sicherungswohnungsrecht**

> Sofern das Recht zum Besitz aus dem Mietvertrag endet aus Gründen, die nicht vom Mieter zu vertreten sind (etwa Eigenkündigung oder Kündigung des Eigentümers wegen Nichterfüllung seiner vertraglichen Pflichten), kann der Mieter vom Eigentümer die Einräumung und Eintragung eines lebenslangen Wohnungsrechts nach § 1093 BGB zur ausschließlichen Nutzung der Mieträume und Mitnutzung der zum gemeinschaftlichen Gebrauch bestimmten Anlagen verlangen; die schuldrechtlichen Entgeltabreden bleiben unberührt. Zur Sicherung dieses bedingten Anspruchs wird die Eintragung einer Vormerkung zugunsten des Veräußerers im Rang nach ..... bewilligt und beantragt.

1541 Nach **neuerer Rechtsprechung** wird eine Vermietung an unterhaltsberechtigte Abkömmlinge auch dann anerkannt, wenn diese die **Miete aus Barunterhaltsbeträgen entrichten**;[600] Gleiches gilt für Vermietungen unter Geschiedenen, sogar wenn die Miete mit Unterhaltsverpflichtungen verrechnet wird,[601] und für die Wohnungsvermietung an den Ehegatten bei doppelter Haushaltsführung.[602] Überkreuzvermietungen sind jedoch regelmäßig gestaltungsmissbräuchlich i.S.d. § 42 AO.[603]

1542 Der Mittelzufluss beim Erwerber, der eigentlich dauerhaft nicht gewollt ist, sollte sodann **über eine** (für bis Ende 2007 gestaltete Sachverhalte der materiellen Abänderbarkeit nach § 323 ZPO unterliegende) **dauernde Last an den Veräußerer** zurückgelangen, die – sofern es sich um Versorgungsrenten handelt (vgl. hierzu den abschließenden steuerrechtlichen Teil, Rdn. 4955) bei uneingeschränkt ertragbringenden Einheiten (Typus I) in vor Ende 2007 gestalteten Sachverhalten als Sonderausgaben abgezogen werden können. Beim Veräußerer (Mieter) sind diese Bezüge bei vor Ende 2007 gestalteten Sachverhalten aus dauernder Last jedoch gem. § 22 EStG in voller Höhe (bei Leibrenten nur i.H.d. Ertraganteils) zu versteuern; im Regelfall lediglich unter Abzug des Pauschbetrags von 102,00 € (§ 9a Satz 1 Nr. 3 EStG). Allerdings wird der Veräußerer typischerweise einem deutlich geringeren Grenzsteuersatz unterliegen.

---

[600] BFH, BStBl. 2000 II, S. 224; BFH, 17.12.2002 – IX R 35/99, EStB 2003, 177; die Mietzahlung kann sogar durch Verrechnung mit Unterhaltsansprüchen erfolgen (OFD Berlin, DStR 2000, 1651, in Abänderung des früheren Nichtanwendungserlasses BMF, BStBl. 1996 I, S. 37). Anders noch BFH, BStBl. 1995 II, S. 59.

[601] BFH, BStBl. 1996 II, S. 214.

[602] BFH, BStBl. 2003 II, S. 627; hierzu *Dolfen*, NWB 2003, 3425 = Fach 3, S. 12625.

[603] Vgl. BFH, BStBl. 1994 II, S. 738. Keine Überkreuzvermietung liegt jedoch vor, wenn der Steuerpflichtige sein Haus an seine Eltern vermietet, während er selbst ein Haus seiner Eltern unentgeltlich nutzt: BFH, EStB 2003, 125 (keine beiderseitige Inanspruchnahme von Verlusten aus Vermietung und Verpachtung, wobei möglicherweise mitentscheidend war, dass der Sohn nicht unterhaltsrechtlich gehalten war, seinen – leistungsfähigen – Eltern das Haus unentgeltlich zu überlassen).

Alternativ hierzu (i.S.e. Ausweichmodells für Privatvermögen seit 2008) können die Beteiligten auch eine ertragsteuerlich „entgeltliche" Abwicklung in Gestalt einer **kaufmännisch abgewogenen Austauschrente** (Kaufpreisrente) wählen (Rdn. 4906 ff.). 1543

> **Hinweis:**
> Dieselbe Rechtsfolge tritt ein, wenn seit 01.01.2008 das „Stuttgarter Modell" (Vermietung gegen Versorgungsleistungen) in Bezug auf Immobilienvermögen neu vereinbart wird: da Versorgungsleistungen nur mehr in Bezug auf Betriebsvermögen (Rdn. 5000 ff.) denkbar sind, werden die Rentenzahlungen in Anschaffungskosten umqualifiziert, Rdn. 4919 f.

In diesem Fall hat der Veräußerer (treffender: Verkäufer) lediglich den Ertragsanteil der Rente, den das Alterseinkünftegesetz deutlich reduziert hat (§ 22 Nr. 1 Satz 3 lit. a), bb) EStG), zu versteuern, möglicherweise gar unter weiterem Abzug eines etwa nicht verbrauchten Sparerfreibetrags;[604] der Erwerber (treffender: Käufer) berechnet im Fall der Vermietung (hier: Rückvermietung an den Verkäufer) seine Abschreibungen aus dem Barwert der Rente und kann den Ertragsanteil wie Zinsen aus Werbungskosten abziehen. Diese **„entgeltliche Variante"** des Stuttgarter Modells empfiehlt sich besonders, wenn der Verkäufer höhere Monatszuflüsse benötigt, der Käufer aber keine Fremdfinanzierung des Kaufpreises in Einmalzahlung darstellen kann, und zusätzlich neues hohes Abschreibungspotenzial für die Zukunft geschaffen werden soll unter Schonung der Steuerlast des Verkäufers (geringer Ertragsanteil als Einkünfte aus Kapitalvermögen, wenngleich wegen der Verwandtschaft i.d.R. nicht unter Geltung der Abgeltungsteuer, Rdn. 2427). Allerdings schafft die ertragsteuerliche Entgeltlichkeit ihrerseits Fallstricke, die es zu beachten gilt (Besteuerung privater Veräußerungsgewinne; Zählobjekt im Rahmen eines möglichen gewerblichen Grundstückshandels!). 1544

2. Steuerliche Bedenken

Bis zum 31.12.2007 wurde die Kombination von „Mietvertrag und dauernder Last" i.d.R. mit Blick auf den Sonderausgabenabzug bei der Vermögensübergabe gegen Versorgungsleistungen (Rdn. 4955 ff.) als sog. „Stuttgarter Modell"[605] gewählt. Auch dieses unterlag teilweise Bedenken: Der BFH[606] hat die Anerkennung bspw. verweigert bzgl. eines Kombinationsmodells, das durch nachträgliche Umänderung eines ursprünglich vereinbarten Wohnungsrechts entstand[607] und diese Auffassung in einer neueren Entscheidung bestätigt,[608] da sich durch die Rechtsge- 1545

---

604 Vorlagebeschluss des BFH, 14.11.2001, BStBl. 2003 II, S. 813 an das BVerfG, das noch nicht entschieden hat.
605 Dieses wurde in einem Schreiben des baden-württembergischen Justizministeriums an den Württembergischen Notarverein unter bestimmten Voraussetzungen erstmals anerkannt, BWNotZ 1985, 33.
606 BStBl. 1994 II, S. 451 ff.
607 Ähnlich FG Köln, ZEV 2001, 376, bei Umwandlung eines Nießbrauches sowie FG Niedersachsen, DStRE 2002, 1515, bei Ablösung eines Wohnungsrechts; a.A. FG Hessen, DStRE 2002, 955. Anders zu beurteilen ist wohl die nachträgliche Erhöhung der vereinbarten Versorgungsleistungen als Ausgleich für die zeitweilige Nichtausübung eines Wohnungsrechts, vgl. FG Düsseldorf, DStRE 2003, 1096: kein Gestaltungsmissbrauch, auch erhöhte Barleistung ist als Sonderausgabe abziehbar.
608 Die Aufhebung eines unentgeltlichen Wohnrechts gegen eine dauernde Last bei gleichzeitigem Abschluss eines Mietvertrags stellt Gestaltungsmissbrauch dar, BFH, 17.12.2003 – IX R 56/03, DStRE 2004, 454; ebenso FG Hamburg, DStRE 2004, 1020.

schäfte die Position des unentgeltlich Nutzenden letztlich nicht verändert habe (dauernde Last exakt i.H.d. Miete).[609]

1546 Die **untergerichtliche Rechtsprechung**[610] hat – dem folgend – mehrfach entschieden dass auch die originäre Kombination von Mietvertrag und dauernder Last regelmäßig einen Missbrauch von Gestaltungsmöglichkeiten i.S.d. § 42 AO darstelle, sodass die Mietzahlungen nicht berücksichtigt wurden, die wiederkehrenden Leistungen nur insoweit als Sonderausgaben abziehbar waren, als sie die „Mietzahlungen" übersteigen.[611] Der BFH betonte in späteren Entscheidungen die **Gesamtwürdigung aller Aspekte des Einzelfalls**: Der spätere Abschluss eines Mietvertrags bei einem zunächst gegen Versorgungsleistungen übertragenen Objekt soll anzuerkennen sein, wenn das ebenfalls bestellte Wohnungsrecht nur Sicherungscharakter habe.[612] Allein der Verzicht auf ein unentgeltliches Wohnungsrecht und der nachfolgende Abschluss eines Mietvertrags (allerdings ohne Vereinbarung eines „Rückflusses" durch Versorgungsleistungen) ist ebenfalls nicht missbräuchlich.[613]

Der vorsichtige Kautelar-Jurist hat sich daher angesichts der unklaren Rechtsprechung[614] vor allzu vollmundigen Verheißungen hinsichtlich der ertragsteuerlichen Vorteile des Kombinationsmodells gehütet[615] Problematisch sind insb. die (in der Praxis gewollten) Fälle, in denen der Mietvertrag von fremdüblichen Bedingungen abweicht, etwa angesichts der Vereinbarung eines Kündigungsausschlusses.[616]

1547 Um den Sonderausgabenabzug nach den für bis Ende 2007 gestaltete Sachverhalte geltenden Grundsätzen über die Vermögensübergabe gegen Versorgungsleistungen zu ermöglichen,[617] musste – aus Sicht des Zeitpunkts der Vermögensübergabe – die Summe der gewährten Versorgungs(Geld- und Sach-) Leistungen **hinter den Erträgen aus dem Mietverhältnis**, zuzüglich der (auch Sonder-) Abschreibungen, erhöhten Absetzungen sowie außerordentlichen Aufwendungen, die üblicherweise nicht jährlich anfallen, **zurückbleiben**. Wurde die übertragene Immobilie teilweise durch den Erwerber eigengenutzt, lag auch in der ersparten Miete ein (allerdings nicht um AfA und Schuldzinsen zu erhöhender) berücksichtigbarer Ertrag.[618] Dienstleistungen durch persönliche Arbeit (insb. Pflegeleistungen) waren dabei nicht zu berücksichtigen,

---

609 Nach Auffassung des Anmerkenden in DStR 2004, 678, liegt allerdings das differenzierende Element darin, dass Vereinbarungen lediglich auf der Nutzungsebene, nicht auch auf der Eigentumsebene getroffen würden.
610 Z.B. FG Nürnberg, EFG 1996, 279; hierzu auch Verfügung der OFD Nürnberg v. 14.08.1998, ZEV 1998, 382; FG Köln, DStRE 2002, 1137.
611 Vorsichtiger allerdings FG Münster, ZEV 2001, 376: kein Missbrauch bei späterem Mietvertragsabschluss, auch wenn die – ortsübliche – Miethöhe der dauernden Last etwa entspricht.
612 BFH, 10.12.2003 – IX R 12/01, DStRE 2004, 455.
613 BFH, 17.12.2003 – IX R 60/98, DStR 2004, 676 ff.
614 Vgl. die Übersicht von *Hipler*, ZEV 2004, 194 ff.
615 Allerdings argumentierte bereits *Winkler*, DNotZ 1998, 567, für dessen Zulässigkeit.
616 Hierauf stellt *Hipler*, ZEV 2004, 196, maßgeblich ab; weniger skeptisch *Messner*, ErbStB 2004, 179, der das Vorhandensein außersteuerlicher Gründe – Anlaufen der Pflichtteilsergänzungsfrist, Erhaltung des Grundbesitzes – in den Vordergrund stellt.
617 Vgl. Beschlüsse des Großen Senats des BFH, 12.05.2003, BStBl. 2004 I, S. 95, sowie BMF-Schreiben, 16.09.2004 („Dritter Rentenerlass"), BStBl. 2004 I, S. 922.
618 Wobei *Fischer*, FR 2004, 718, darauf hinweist, dass möglicherweise bei Erträgen aus eigenen Nutzungsvorteilen die Werbungskosten (anders als bei tatsächlicher Fremdvermietung) abzuziehen sind.

allerdings der Lohnaufwand durch Gestellung einer fremden Arbeitskraft, falls diese zur Versorgung geschuldet ist. Letzteres kann schnell die erzielbaren (erhöhten) Mieterträge übersteigen. War der Übergeber allerdings zum Zeitpunkt der Überlassung noch nicht pflegebedürftig, blieb dies für die Ertragsprognose (wegen des alleinigen Abstellens auf den Zeitpunkt der Vermögensübergabe, Tz. 25 des 3. Rentenerlasses) unberücksichtigt.[619]

Die **volle Abzugsfähigkeit als Sonderausgaben** setzte für die bis Ende 2007 verwirklichten Sachverhalte weiterhin voraus, dass die Höhe der Versorgungsleistung materiell-rechtlich aufgrund Vereinbarung oder stillschweigend nach den Umständen der Abänderung in einem § 323 ZPO entsprechenden Umfang unterliegt. Das hieraus erwachsende **Risiko einer Mehrbelastung** muss dem Erwerber bewusst sein; es kann (und darf wegen der Selbstständigkeit beider Rechtsverhältnisse) nicht zu einer Anpassung der Miete führen. Überschritt infolge der vereinbarten Variabilität die Höhe der Versorgungsleistung den Mietertrag, war dies jedoch für die Anerkennung als Sonderausgabe unproblematisch, da die ausreichende Ertragskraft allein auf der Grundlage der Verhältnisse im Zeitpunkt der Vermögensübergabe zu beurteilen ist. 1548

Sinkt die Steuerlast des Erwerbers und damit die Attraktivität des ihm eröffneten Sonderausgabenabzugs (bzw. stirbt der Übernehmer und wird er von Personen mit geringerer Steuerprogression beerbt), kann sich die Gesamtbilanz aus Steuerbelastung des Veräußerers und -entlastung des Erwerbers in das Gegenteil verkehren. Teilweise wurde daher vorgeschlagen,[620] dem Erwerber das Recht einzuräumen, vom Veräußerer die Aufgabe des Versorgungsanspruchs Zug um Zug gegen Einräumung eines Nutzungsrechts an den betreffenden Räumlichkeiten (unter Aufhebung des Mietvertrags) zu verlangen.[621] 1549

Für Sachverhalte, die ab 01.01.2008 verwirklicht werden, ist der Sonderausgabenabzug für Versorgungsrenten, die Zug um Zug gegen die Übergabe von Privatvermögen ausgesetzt werden, gestrichen worden (Rdn. 5000 ff.). Es verbleibt insoweit die „entgeltliche Variante" einer Kaufpreisrente (oben Rdn. 1543); das Modell behält jedoch auch außerhalb des Ertragsteuerrechtes Charme etwa im Hinblick auf das Anlaufen der 10-Jahres-Frist des § 2325 BGB. 1550

In **schenkungsteuerlicher Hinsicht** bot jedoch die Vereinbarung einer Leibrente/dauernden Last bis Ende 2008 im Vergleich zum vorbehaltenen Nießbrauch Vorteile, da es sich um Leistungsvorbehalte handelt, die den Wert der Zuwendung reduzieren, auch wenn sie für den Veräußerer oder dessen Ehegatten vereinbart werden. Die Rentenzusage wird dabei nach neuerer Rechtsprechung[622] i.H.d. Verkehrswerts angesetzt, also dem Betrag, zu welchem der Rentenanspruch bei einem Lebensversicherungsunternehmen zu erkaufen wäre oder wahlweise nach den geringeren 1551

---

619 Vgl. *Mayer/Geck*, DStR 2005, 1427.
620 Etwa *Mayer/Geck*, DStR 2005, 1429.
621 Der BFH, DStR 2004, 1206, hat die Anpassung eines Versorgungsvertrags auf geänderte Situation (z.B. Umwandlung einer Leibrente in eine dauernde Last) dem Grunde nach zugelassen. Verlangt der Veräußerer die Einräumung eines Nießbrauchs, handelt es sich zwar der äußeren Form nach um einen Zuwendungsnießbrauch, allerdings hat (wie beim Vorbehaltsnießbrauch) der Nießbraucher die früheren Anschaffungs- und Herstellungskosten selbst getragen, sodass er möglicherweise hinsichtlich der AfA-Befugnis – wie der Vorbehaltsnießbraucher – abzugsberechtigt bleiben sollte.
622 BFH, 08.02.2006 – II R 38/04, ZEV 2006, 277 m. Anm. *Seifried*.

Werten der Anlage zu § 14 Abs. 1 Satz 4 BewG[623] (s. Rdn. 3802 f.). Eine noch aufschiebend bedingte Rentenverpflichtung (etwa zugunsten des Hinterbliebenen nach dem Ableben des ersten Rentenberechtigten) führt zur nachträglichen Minderung der Entgeltlichkeit erst im Zeitpunkt des Bedingungseintritts (Ereignis i.S.d. § 175 Abs. 1 Satz 1 Nr. 2 AO), der dem FA bis zum Ablauf des auf den Eintritt folgenden Kalenderjahres anzuzeigen ist,[624] sodass die gemeinsame Bezugsberechtigung etwa gem. § 428 BGB ggf. mit Reduzierung bei Vorhandensein nur eines Berechtigten vorzuziehen ist.

Vorbehaltene Nießbrauchs- oder Wohnungsrechte führten hingegen bis Ende 2008 i.R.d. § 25 ErbStG lediglich zu einer **Stundung der ungeschmälert bleibenden Schenkungsteuer**; in allen Sachverhalten, in denen die Steuer nach dem 31.12.2008 entsteht, ist auch der Nießbrauch abzugsfähig, da § 25 ErbStG ersatzlos aufgehoben wurde (vgl. Rdn. 3870 ff.).

3. Zivilrechtliche Erwägungen

1552 Eine mögliche „Renaissance"[625] könnte das Kombinationsmodell jedoch möglicherweise aus **pflichtteilsrechtlichen Erwägungen** gewinnen: Der Totalnießbrauch, in gleicher Weise auch der Bruchteils- oder Quotennießbrauch bei einem ausreichend hohen Nutzungsrückbehalt, schließlich auch das vorbehaltene Wohnungsrecht an einer gesamten Wohnung – jedenfalls hinsichtlich des darauf entfallenden Wertanteils – hindern das Anlaufen der 10-Jahres-Frist des § 2325 Abs. 3 BGB (Rdn. 1198, 1330 ff.). Der bloße Mietvertrag dürfte nicht als „Vorbehalt einer Nutzungsbefugnis" angesehen werden können (jedenfalls dann, wenn die Kündigungsrechte des Eigentümers nicht ausgeschlossen sind!),[626] ebenso wenig die gewährte dauernde Last. Damit bestünde die Möglichkeit, im Wege der Ersetzung eines vorbehaltenen Nießbrauchs durch Mietvertrag und dauernde Last den Fristlauf des § 2325 Abs. 3 BGB jedenfalls ab jetzt in Gang zu setzen (vgl. im Einzelnen Rdn. 3074).

1553 Nach anderer Auffassung soll wegen der vom BGH in seiner Grundsatzentscheidung ausgesprochenen Gleichstellung schuldrechtlicher Nutzungsvorbehalte mit dinglichen Rechten auch das Kombinationsmodell **nicht zu einem Anlaufen der 10-Jahres-Frist** führen, jedenfalls solange der Veräußerer nicht aus dem Objekt ausziehe, und zudem die Möglichkeit verbauen, bei Einhaltung des Niederstwertprinzips zumindest zu einer Reduzierung des Anrechnungswerts (wie er durch Abzug des Nießbrauchs zustande kommen kann) beizutragen.[627]

1554 Da zumindest aus der Sicht des Veräußerers das „Ob" und das „Wie" des Mietvertrags für den Übergabeentschluss von entscheidender Bedeutung sind (einseitige rechtliche Abhängigkeit), ist der **Mietvertrag** gem. § 311b Abs. 1 Satz 1 BGB **mit zu beurkunden**. Kommt es dem Veräußerer lediglich auf die „Eckwerte" des Mietvertrags an, sind diese niederzulegen, verbunden mit

---

623 Vgl. Ländererlasse v. 07.12.2001, BStBl. 2001 I, S. 1041, unter III, noch zur Vorgängernorm: Anlage 9 zu § 14 BewG.
624 Entsprechend §§ 5 Abs. 2, 6 Abs. 2 BewG; vgl. BFH, 08.02.2006 – II R 38/04, ErbStB 2006, 143.
625 *Wegmann*, Grundstücksüberlassung, Rn. 425 ff.
626 Zweifelnd allerdings *J. Mayer*, Der Übergabevertrag, Rn. 478 ff.: kein sachlicher Unterschied; schwankend *Burandt/Leplow*, Immobilien in Erbschaft und Schenkung, Rn. 252, unter Hinweis darauf, dass auch schuldrechtliche Vereinbarungen (BGH: schuldrechtliches Nießbrauchsrecht) das Anlaufen der Frist hindern können.
627 So *Mayer/Geck*, DStR 2005, 1475; *Heinrich*, MittRhNotK 1995, 164.

der Verpflichtung, auf Verlangen des Veräußerers weitere Einzelheiten des Vertrags, die er nach billigem Ermessen festzulegen berechtigt ist, unter Verwendung eines im Schreibwarenhandel erhältlichen Formulars zu dokumentieren.[628]

4. Sozialrechtliche Erwägungen

Zu bedenken ist allerdings, dass die Bezüge aus wiederkehrenden Leistungen beim Veräußerer zu dessen **Gesamtbetrag der Einkünfte zählen** und damit u.U. sozialrechtlich unerwünschte Folgen haben: Ist er z.B. in der gesetzlichen Krankenversicherung (hierzu Rdn. 988 ff.) der Rentner[629] und nicht als pflichtversichertes[630] Mitglied, sondern als freiwillig versichertes Mitglied (da er in der zweiten Hälfte seines Erwerbslebens nicht mind. zu 9/10 Mitglied[631] der gesetzlichen Kasse war), bemessen sich nach noch geltendem Recht die Krankenkassenbeiträge auch aus diesen sonstigen Bezügen,[632] und zwar in voller Höhe von ca. 13 % bis 15 %, ohne dass seine Leistungen dadurch erhöht würden; die Ungleichbehandlung der nicht pflichtversicherten Rentner[633] in der gesetzlichen Krankenversicherung ist allerdings verfassungsrechtlich unzulässig und muss daher vom Gesetzgeber geändert werden. Schließlich darf nicht außer Acht gelassen werden, dass die dauernde Last beim Veräußerer pfändbar oder gem. § 93 SGB XII/§ 33 SGB II überleitbar ist (wodurch er nicht mehr in der Lage sein wird, die Miete zu entrichten!), während das Wohnungsrecht, sofern es nicht durch Ausübung an einen Dritten überlassen werden kann, gem. § 857 Abs. 3 ZPO nicht der Pfändung unterliegt.

1555

Ein **Muster eines Überlassungsvertrags** mit Zusage einer dauernden Last und Rückvermietung („Stuttgarter Modell") ist im Formularteil unter Rdn. 5378 enthalten.

---

[628] Formulierungsvorschlag *Spiegelberger*, in: Beck'sches Notarhandbuch, A V Rn. 297 ff.

[629] Hierzu ausführlich nach neuem Recht (Einbeziehung von Versorgungsbezügen und Einkommen aus selbstständiger Tätigkeit ab ca. 120,00 €/monatlich ab 2004 mit dem vollen Beitragssatz; Einbeziehung ab 2004 auch von Kapitalleistungen und Kapitalabfindungen; voller Pflegebeitrag durch den Rentner) *Eilts*, NWB 2004, 1379 = Fach 27, S. 5815 ff.

[630] Gem. § 6 Abs. 3a SGB V muss hierfür das 55. Lebensjahr überschritten sein und die letzten 5 Jahre vor dem Versicherungsbeginn muss gesetzliche Krankenversicherungspflicht bestanden haben.

[631] Die ab 01.01.1993 geltende weitere Verschärfung, die 90 %ige Belegung müsse durch Pflichtbeitragszeiten (also z.B. nicht durch Familienmitversicherung) nachgewiesen sein, ist gemäß BVerfG, 15.03.2000 – 1 BvL 16/96, BVerfGE 102, 68 verfassungswidrig und ab 01.04.2002 nicht mehr anzuwenden.

[632] § 240 SGB V; vgl. ausführlich NWB, Fach 27, S. 5707 ff. und *Marburger*, NWB, Fach 27, S. 6328 = 2006, 3824.

[633] Ähnlich verfassungsrechtlich bedenklich ist die doppelte „Verbeitragung" der Gehaltsumwandlungen in eine Betriebsrente, die ab 2009 hinsichtlich der Einzahlungen und sodann in der Auszahlungsphase dem vollen Krankenversicherungsabzug unterliegen (vgl. Gutachten von *Höfer*, zum Deutschen Juristentag 2004).

Kapitel 4: Absicherung des Veräußerers

F. Regelungen im Verhältnis zu weichenden Geschwistern

I. Rahmenbedingungen

1. Ausgleichsmotive

1556 Im Empfinden vieler Veräußerer sind das Ziel „Gerechtigkeit" und der Weg „Ausgleich" dergestalt miteinander verknüpft, dass zu Recht vom Begriffspaar „ausgleichender Gerechtigkeit" gesprochen werden kann. Es ist ihnen ein Gewissensanliegen, i.R.d. vorweggenommenen Erbfolge nicht nur die eigene Absicherung gewahrt zu wissen, sondern auch die Interessen der „weichenden Geschwister" so zu berücksichtigen, dass nicht der Keim fortschwelender Konflikte gelegt wird. Damit bewegen sich Regelungen im Verhältnis zu weichenden Geschwistern in einem **„dreipoligen" Umfeld**:

1557
- Gesamtfamiliär steht die **Befriedungsfunktion** im Vordergrund, die allseits abgestimmten Abreden per se innewohnt.
- Aus Sicht des Erwerbers wird damit regelmäßig das Ziel verknüpft, die Ungewissheiten des Pflichtteilsergänzungsrechts (10-Jahres-Frist!) und des zeitlich unbegrenzt drohenden Ausgleichspflichtteils durch zumindest **gegenständlich beschränkte Pflichtteilsverzichte**, welchen im Kausalverhältnis Abfindungszusagen zugrunde liegen zu bannen.
- Aus Sicht der weichenden Geschwister locken die Vorteile verlässlicher, in das langfristige Budget einplanbarer **Zahlungs- oder Versorgungszusagen** im Vergleich zu den unbestimmten, weder dem Zeitpunkt noch der Höhe noch schließlich der Schuldnerstellung nach kalkulierbaren postmortalen Ausgleichsansprüchen des Pflichtteilsrechts.

1558 **Hinweis:**

Gleichwohl besteht für den Notar häufig Anlass, dem weit verbreiteten Missverständnis entgegenzuwirken, das Gesetz verlange geradezu eine ausgleichende Mitbegünstigung der weichenden Geschwister. Den unmittelbaren Verhandlungspartnern (Veräußerer und Erwerber) sollte bewusst gemacht werden, dass zunächst sie allein die Modalitäten der Überlassung im vertraglichen Miteinander bestimmen. Gefällt es dem Übergeber, eine reine Schenkung zu vollziehen oder aber lediglich Absicherungen und Gegenleistungen zu seinen, des Veräußerers, Gunsten (und ggf. zugunsten des Ehegatten) sich auszubedingen, hat es dabei sein Bewenden; die enttäuschten weiteren Prätendenten haben abzuwarten, ob und in welchem Umfang ihnen das Pflichtteilsrecht später Ausgleichung bieten wird.

2. Ausgleichsvolumen

1559 Mit großer Zurückhaltung wird der Notar daher auf die an ihn häufig herangetragene Bitte antworten, er, der Notar, möge doch vorrechnen, welches **„Gleichstellungsgeld" ggü. den Geschwistern** geschuldet sei, droht doch die unmittelbare Beeinflussung des wirtschaftlichen Verhandlungsprozesses durch den Irrglauben an ein insoweit bestehendes juristisches Diktat oder aber dessen Manipulation durch den Anschein mathematischer Rechenkunst. Allenfalls kann und wird der Notar Anhaltspunkte dafür bieten können, wie die im Verhältnis zum Veräußerer und ggf. dessen Ehegatten ausbedungenen Vorbehalte und Gegenleistungen sich reduzierend auf das verbleibende Maß der Unentgeltlichkeit auswirken (s. zur Berechnung oben Rdn. 43 ff. mit Berechnungsbeispiel in Rdn. 47).

Sodann wird der Notar erläutern, **wie hoch die Pflichtteilsquote des weichenden Geschwisters** sich hieraus beliefe. Deutlich ist dabei jedoch darauf hinzuweisen, dass 1560

- sich einerseits diese Quote erhöhen (beim gesetzlichen Güterstand verdoppeln) kann, wenn der Ehegatte des Veräußerers (oder Geschwister ohne Hinterlassung von Abkömmlingen) vorversterben sollte,
- sich andererseits aber auch die Pflichtteilszahllast auf Null reduzieren kann, wenn der Veräußerer noch 10 Jahre ab grundbuchlichem Vollzug gelebt hat (vorausgesetzt die Frist des § 2325 Abs. 3 BGB ist angelaufen, vgl. Rdn. 3069 ff.),
- weiterhin Vorerwerbe aller Geschwister, deren Werte, die gesetzlich vermutete, ausdrücklich angeordnete oder ausgeschlossene Ausgleichung oder Anrechnung (§§ 2315, 2316 BGB) das Resultat nach oben oder unten verändern können sowie schließlich dass
- es sich bei jeder Pflichtteilszahllast um einen „Zukunftswert" mit ungewisser Fälligkeit handelt, der für Zwecke des Ausgleichs auf den Gegenwartswert abgezinst werden müsste.

Sodann ist zu eruieren, ob (wie regelmäßig) der Erwerber die Ausgleichsleistung zu erbringen hat – in diesem Fall ist zuvörderst **dessen Liquidität**, auch **unter Berücksichtigung** der etwa in das übertragene Objekt **erfolgenden Investitionen**, zu ermitteln – oder ob der Veräußerer den Gleichstellungswunsch zum Anlass nimmt, die „Abfindung" aus seinem eigenen Vermögen zu erbringen, also der Immobilienüberlassung an den Erwerber weitere (Geld-) Schenkungen an die weichenden Geschwister zur Seite stellt und alle Beteiligten zu je gegenständlich beschränkten Pflichtteilsverzichten bzgl. der Zuwendung an die anderen Geschwister veranlasst. 1561

3. Ausgleichswege

Der Ausgleich kann **auf verschiedene Weise** herbeigeführt werden. Zu unterscheiden sind zunächst lebzeitige Zuwendungen bzw. Zuwendungsverpflichtungen (s.u. Rdn. 1575 ff.) von der „letztwilligen Variante" der Ausgleichungsanordnung (§ 2050 BGB; s.u. Rdn. 1609 ff.). I.R.d. lebzeitigen Zuwendung ist wiederum zu unterscheiden zwischen solchen, die wirtschaftlich allein den Veräußerer treffen (Rdn. 1575 ff.) und der ganz überwiegend gegebenen Konstellation, dass wirtschaftlich der Erwerber die Last trägt (Rdn. 1578 ff.). Auch insoweit kann wieder differenziert werden zwischen Ausgleichungspflichten, die fest und unbedingt geschuldet sind, solchen die nur unter bestimmten Bedingungen (etwa für den Fall der Veräußerung des erworbenen Grundstücks) zu leisten sind, und schließlich solchen, deren nachträgliche Anordnung sich der Veräußerer noch vorbehält (nachstehend Rdn. 1603 ff.). 1562

Ausgleichsleistungen zugunsten von Geschwistern (oft als **Gleichstellungsgelder oder Elterngut** bezeichnet) sind häufig ihrerseits verknüpft mit „Leistungen", die das weichende Geschwister ggü. dem Veräußerer zu erbringen hat, am häufigsten mit einem (vollständigen oder beschränkten) Pflichtteilsverzicht. Die Verknüpfung beider (über die Kausalabrede, Leistungsverweigerungsrechte, aufschiebende oder befristete Bedingungen etc.) wird ausführlich im pflichtteilsrechtlichen Teil, Rdn. 3241 ff. (mit Formulierungsvorschlägen Rdn. 3253 ff.), behandelt. 1563

1564 Ebenfalls verwiesen sei an dieser Stelle auf Regelungsthemen, die sich im Verhältnis der Geschwister untereinander stellen, v.a. im Hinblick auf die **Verteilung der „Unterhaltslast" der Eltern**. Juristisch geht es um Änderungen der (bei gleichzeitig Beschenkten gesamtschuldnerischen, bei nacheinander sich vollziehenden Schenkungen gem. § 528 Abs. 2 BGB gestuften) Haftung bei der Rückforderung im Fall späterer Verarmung des Veräußerers einerseits und um die Verteilung der Unterhaltsschuld abweichend von der gesetzlichen Teilschuldnerstellung (§ 1606 Abs. 3 Satz 1 BGB) andererseits. Formulierungsvorschläge hierzu wurden, da sie überwiegend i.R.d. Pflegebedürftigkeitsrisikos der Eltern relevant werden, unter Rdn. 1399 ff. vorgestellt.

II. Nicht anwesendes Geschwisterteil

1. Nachgenehmigung

1565 Unter berufstätigen oder mit Kindererziehung betrauten Beteiligten ist es oftmals schwierig, außerhalb der Abendstunden oder des Wochenendes einen Notartermin zu finden, an dem alle gleichzeitig anwesend sein können. Typischerweise werden sich daher „Nebenpersonen" der Gesamttransaktion durch einen der anderen Beteiligten **vollmachtlos vertreten lassen und nachgenehmigen**. Welcher **Form** die Mitwirkung bedarf, hängt von den Erklärungen ab, die ihm ggü. oder durch ihn abgegeben werden müssen.

1566 Zwischen **Veräußerer und begünstigtem Geschwister** liegt ihrerseits eine **Schenkung** vor, die erst dann wirksam zustande kommt, wenn das in der Urkunde liegende Schenkungsangebot, das der notariellen Form bedarf (§ 518 Abs. 1 BGB), dem Begünstigten in Ausfertigung zugeht[634] – einer notariellen Beurkundung bedarf die **Schenkungsannahme** nicht,[635] sofern nicht auf Grunderwerb gerichtet (Rdn. 1575) – wobei ein etwa verbleibender Mangel der Form bzw. des Zugangs in nicht ausreichender (lediglich einfacher oder beglaubigter) Abschrift durch den Vollzug geheilt wird (§ 518 Abs. 2 BGB).

1567 Für die regelmäßig zugleich angeordneten **Anrechnungen auf den Pflichtteil (§ 2315 BGB) und „auf den Erbteil"** (Ausgleichung gem. § 2050 Abs. 3 BGB) ist hingegen keine bestimmte Form der Erklärung, sondern lediglich der Umstand des rechtzeitigen Zugangs spätestens mit der Entgegennahme der Zuwendung vorgeschrieben, sodass insoweit auch jedes andere Verfahren der zuverlässigen Kenntnisgabe oder die Übersendung einer schlichten einfachen Abschrift genügt, sofern sie beweisbar ist. Legen die Beteiligten jedoch Wert auf einen sicheren Nachweis hierüber, werden sie den Notar anweisen, dem weichenden Geschwister Ausfertigung zumindest durch Einwurf-Einschreiben zu übermitteln.

1568 Gibt das weichende, nicht anwesende Geschwister einen (vollständigen oder beschränkten) **Pflichtteilsverzicht** ggü. dem Veräußerer ab, bedarf seine Genehmigung (bzw. Vollmacht, vgl. dazu Rdn. 3206) nicht der Form des § 2348 BGB.[636] Regelmäßig werden die Beteiligten aber zu Beweiszwecken zumindest die Schriftform der Genehmigung wünschen und um deren Beibindung in die Urkunde bitten. Der Erblasser, dem ggü. die Verzichtserklärung abzugeben ist, muss

---

634 BGH, NJW 1995, 2117; *Armbrüster*, NJW 1996, 438.
635 RGZ 98, 127.
636 Vgl. *J. Mayer*, MittBayNot 1997, 87 m.w.N.

jedoch persönlich anwesend sein (§ 2347 BGB), sodass auf ein bloßes Verzichtsangebot oder die Bevollmächtigung des Erblassers zum Abschluss des Verzichtsvertrags als In-Sich-Geschäft auszuweichen ist (Rdn. 3207). Die persönliche Anwesenheit ist ferner erforderlich, wenn letztwillige Verfügungen i.R.d. Übergabe enthalten sind, etwa bei gegenseitiger Einsetzung der beiden Erben zu je alleinigen Vermächtnisnehmern im Rahmen eines **Erbvertrags** (§ 2276 BGB).

Ist ein urkundlich beteiligtes Geschwister nicht selbst anwesend gewesen und hat es auch keine entsprechende Vollmacht erteilt, muss dessen **Nachgenehmigung** eingeholt werden (§§ 177, 182, 184 BGB; vgl. hierzu Rdn. 3366 ff.). Dabei wird es regelmäßig nicht dem Willen der Beteiligten entsprechen, die gesamte Transaktion aufschiebend bedingt in der Schwebe zu halten oder gar endgültig unwirksam werden zu lassen, wenn ein weichendes Geschwisterteil die Zustimmung verweigert. Viel eher wird es sich so verhalten, dass die Grundstücksübertragung gleichwohl stattfinden soll, jedoch die zugunsten dieses Geschwisters ausgesetzten Leistungen nicht geschuldet sind, wenn es selbst nicht bereit ist, die durch sie/ihn abzugebenden Erklärungen (z.B. den vollständigen oder gegenständlich beschränkten Pflichtteilsverzicht) wirksam werden zu lassen.

1569

Formulierungsvorschlag: Nachgenehmigung durch weichendes Geschwisterteil

1570

..... hier handelnd eigenen Namens als Erwerber

sowie vorbehaltlich nachträglicher Genehmigung, in welcher von § 181 BGB zu befreien ist, in privatschriftlicher Form für sein Geschwister .....

Der Notar wird auf Kosten des nicht Erschienenen beauftragt und allseits bevollmächtigt, den Entwurf der Nachgenehmigung zu fertigen, diese anzufordern, für alle Beteiligten entgegenzunehmen und den dann zu erteilenden Ausfertigungen beizufügen. Eine Frist gem. § 177 Abs. 2 BGB soll er jedoch erst auf schriftliche Weisung eines Erschienenen stellen.

Die Erschienenen stellen klar: Die Grundbesitzübertragung und die schuldrechtlichen Vereinbarungen zwischen Veräußerer und Erwerber stehen ihrerseits nicht unter dem Vorbehalt der Genehmigung durch das weichende Geschwister. Wird diese Genehmigung jedoch endgültig verweigert, entfallen alle zugunsten des betreffenden Geschwisters enthaltenen Ansprüche, da sie auf den Eingang der Genehmigung (und damit das Wirksamwerden seiner erbrechtlichen Ausgleichserklärungen) aufschiebend bedingt sind.

2. Vertrag zugunsten Dritter

Ist der „Auszahlungsbegünstigte" nicht ohnehin unmittelbar an der Urkunde beteiligt, wird ihm zunächst durch Vertrag zugunsten Dritter ein **Anspruch auf Auskehr des Betrags** zugewendet. Dabei ist festzulegen, ob

1571

- es sich um einen „echten Vertrag zugunsten Dritter" handelt, weiterhin ob
- sein Anspruch noch bedingt oder befristet ist und
- er unter dem Vorbehalt einer Aufhebung oder Änderung durch die Parteien des Überlassungsvertrags steht.

Für die Entscheidung dieser Fragen sind gem. § 328 Abs. 2 BGB im Zweifel auch die Umstände der Zuwendung heranzuziehen, es empfiehlt sich jedoch stets eine **ausdrückliche Regelung**.

1572 Zwar kann das schuldrechtliche Grundgeschäft über die Bestellung eines beschränkt dinglichen Rechts (Nießbrauch, Reallast, Wohnungsrecht etc.) als Vertrag zugunsten eines nicht an der Einigung beteiligten Dritten (§ 328 BGB) wirksam begründet werden, nicht aber die zu deren Erfüllung erforderliche **dingliche Einigung gem. § 873 BGB**.[637] Die an keine Formvorschrift gebundene Erklärung des „anderen Teils" kann jedoch konkludent durch vorbehaltlose Entgegennahme einer zu diesem Zweck übersandten Ausfertigung erfolgen; auf den Zugang der Annahmeerklärung kann gem. § 151 BGB verzichtet werden. **Zur Erleichterung der Dokumentation** ist zumindest eine privatschriftliche[638] Annahmeerklärung des nicht an der Urkunde Beteiligten, ggf. auch dessen Nachgenehmigung zur in der Urkunde vollmachtlos durch einen anderen abgegebenen Einigungserklärung ratsam.[639] Die Einigung (bzw. Annahme des konkludenten Angebotes auf Einräumung des dinglichen Rechtes) kann der (zuvor unrichtigen) Grundbucheintragung nachfolgen; der Rang des dann entstehenden Rechtes richtet sich freilich gem. § 879 Abs. 3 BGB allein nach seiner Eintragung. Führt der Notar das Zustandekommen der dinglichen Einigung nicht selbst herbei, sollte er auf die erforderlichen Schritte hinweisen.[640]

Denkbar sind allerdings auch Fälle, in denen es Veräußerer und Erwerber noch in der Hand behalten wollen, ob dem „Dritten" schuldrechtlich und (durch Übersendung und Entgegennahme) auch dinglich bereits ein unentziehbares Recht zugewendet werden soll.

1573 **Formulierungsvorschlag: Dingliche Rechte für nicht Anwesende (noch unter Vorbehalt)**

> Der Begünstigte aus dem vorstehend „vereinbarten" ggf. aufschiebend bedingten/auflösend bedingten/befristeten etc. Nießbrauchsrecht/Wohnungsrecht ist heute nicht mit erschienen. Da dingliche Rechte durch Vereinbarung zwischen Veräußerer und Erwerber nicht zugunsten Dritter (§ 328 BGB) begründet werden können und es die Beteiligten zudem in der Hand behalten wollen, wann die Einigung bindend und das Recht damit unentziehbar und ohne Zustimmung des Begünstigten nicht mehr änderbar wird, erklären sie übereinstimmend:
>
> Es handelt sich um ein unbefristetes, nur durch Veräußerer und Erwerber gemeinsam widerrufliches Angebot auf Einigung über die Bestellung des beschränkt dinglichen Rechts, das erst dann wirksam angenommen ist, wenn dem amtierenden Notar bzw. Vertreter oder Amtsnachfolger eine vom Begünstigten unterzeichnete privatschriftliche Erklärung des Inhaltes zugegangen ist, dass der Begünstigte vom Inhalt des Angebots aus diesamtlicher Urkunde Kenntnis habe und diese annehme. Eine solche Annahmeerklärung ist nur dann unbeachtlich, wenn vorher beim Notar eine von Veräußerer und Erwerber gemeinsam unterzeichnete

---

637 OLG München, 24.11.2010 – 34 Wx 103/10, JurionRS 2010, 33245: keine Bestellung einer Dienstbarkeit für einen Dritten; ebenso BGH, NJW 1993, 2617; BayObLG, MittBayNot 2003, 126; Staudinger/*Gursky*, BGB (2000), § 873 Rn. 108 m.w.N.; a.A. Staudinger/*Jagmann*, BGB (2004), vor § 328 Rn. 58.

638 Dem Grundbuchamt braucht die Wirksamkeit der Einigung wegen des formellen Konsensprinzips (§ 19 GBO) nicht nachgewiesen zu werden; wer sich auf die Unrichtigkeit der Eintragung beruft, muss allerdings seinerseits den Beweis mit Mitteln i.S.d. § 29 GBO führen, vgl. BayObLG, MittbayNot 2003, 126.

639 § 181 BGB steht (unabhängig von der Möglichkeit der Befreiung) schon deshalb nicht entgegen, weil es sich um die Erfüllung eines schuldrechtlich wirksamen Grundgeschäfts handelt, vgl. BayObLG, MittBayNot 2003, 126 f.

640 BGH, DNotZ 1995, 494, 495; *Lange-Purpart*, RNotZ 2008, 379.

> Widerrufserklärung eingegangen sein sollte. Es ist Sache der heutigen Beteiligten, ob und wann sie die Bindungswirkung herbeiführen; der Notar soll weder dem „Begünstigten" den Text der heutigen Urkunde mitteilen noch die Erklärung der Annahme in Wiedervorlage halten. Er wird jedoch **angewiesen**, zur nachstehend ggf. erklärten Bewilligung den Antrag auf Eintragung an der dann möglichen Rangstelle erst dann beim Grundbuchamt zu stellen, wenn ihm ohne vorherigen Widerruf die mit dem Namenszug des Begünstigten unterzeichnete Annahmeerklärung zugegangen ist.

Eine ähnliche Thematik im Bereich des § 328 BGB stellt sich umgekehrt bei den **Leistungsversprechen des unmittelbaren Erwerbers an den Veräußerer**: Wollen die Beteiligten erreichen, dass auch weichende Geschwister insoweit ein eigenes Forderungsrecht (gerichtet auf Leistungen an den Veräußerer) erhalten, bedarf es insoweit einer Abrede gem. § 328 BGB. Hintergrund solcher Gestaltungswünsche (zur Formulierung s. Rdn. 1400 f.) ist insb. die Besorgnis der weichenden Geschwister, der Erwerber könne bspw. versprochene Pflegeleistungen nur nachlässig erbringen und sich dabei zunutze machen, dass der Veräußerer selbst (sofern er nicht unter Betreuung steht) nicht den Willen oder die Kraft aufbringt, auf der Erfüllung dieser Leistungen zu bestehen. Dadurch wächst die Gefahr der Heimunterbringung und damit der Heranziehung der weichenden Geschwister unter Unterhaltsgesichtspunkten (§ 94 SGB XII, §§ 1601 ff. BGB). Können sie jedoch selbst auf Leistungen an den Veräußerer drängen, lässt sich dieser Zeitpunkt möglicherweise noch hinausschieben. 1574

III. Lebzeitiger Ausgleich

1. Zulasten des Veräußerers

Übernimmt der Veräußerer selbst **aus eigenen Mitteln die Gleichstellungszuwendungen**, handelt es sich um eine **zweite**, im Grunde selbstständige, jedoch im Anlass mit der Hauptzuwendung verknüpfte **Schenkung**, für die die gemachten Ausführungen entsprechend gelten. Ist das weichende Geschwister nicht selbst an der Urkunde (zumindest im Weg der Nachgenehmigung) beteiligt, ist dafür Sorge zu tragen, dass das Schenkungsversprechensangebot ihm in Ausfertigung übersandt wird, anderenfalls tritt häufig Heilung durch Bewirkung gem. § 518 Abs. 2 BGB ein. Die Annahmeerklärung des Begünstigten selbst unterfällt nicht dem Formzwang des § 518 Abs. 1 Satz 1 BGB,[641] es sei denn, es handelte sich beim Zuwendungsgegenstand um Grundbesitz (§ 311b Abs. 1 BGB). 1575

Die **Parallelität mehrerer Schenkungen** aus gleichem Versprechensgrund schafft häufig Anlass für Vereinbarungen im Kreis der Geschwister, beispielweise zur Verteilung der elterlichen Unterhaltslast (etwa Abänderung der sonst eintretenden gesamtschuldnerischen Haftung i.R.d. Rückforderung des Geschenkten gem. § 528 BGB, durch Freistellungsabreden, Quotenversteinerungsklauseln u.Ä.; vgl. hierzu insb. Rdn. 1399 ff.). 1576

Mit der Zuwendung aus eigenen Mitteln des Veräußerers ist häufig eine „**Gegenerklärung**" des weichenden Geschwisters verbunden, z.B. ein (umfassender oder gegenständlich beschränkter) Pflichtteilsverzicht. Zur Art der Verknüpfung (Kausalabrede, Leistungsverweigerungsrecht, auf- 1577

---
641 Vgl. RGZ 98, 127.

Kapitel 4: Absicherung des Veräußerers

schiebende/auflösende Bedingung etc.) s.u. Rdn. 3241; ein Formulierungsvorschlag für den Fall der Leistungserbringung durch den Erblasser (= Veräußerer) selbst ist bei Rdn. 3253 zu finden.

2. Zulasten des Erwerbers

1578 Im Regelfall wird es jedoch Sache des Erwerbers sein, die Gleichstellungslast der Geschwister zu tragen. Rechtskonstruktiv handelt es sich auch insoweit um eine **Verpflichtung des Erwerbers ggü. dem Veräußerer**, die dadurch „**abkürzend**" dem weichenden Geschwister **zugutekommt**, dass der Veräußerer seinen Leistungsanspruch an das weichende Geschwister abtritt (ohne für die Erfüllung der Forderung einzustehen) oder aber (etwa bei Ansprüchen auf nicht abtretbare Nutzungsrechte) der Anspruch auf die versprochene Leistung dem weichenden Geschwister als Drittem gem. § 328 BGB bzw. als unmittelbarem Urkundsbeteiligtem zugewendet wird, unbeschadet der weiter zwischen Veräußerer und Erwerber bestehenden Verpflichtungsabrede. Zwischen Veräußerer und weichendem Geschwister liegt dann seinerseits ebenfalls eine Schenkung vor.

1579 > **Hinweis:**
>
> Das beurkundete Angebot (§ 518 Abs. 1 BGB), ist dem weichenden Geschwister, sofern es nicht – und sei es durch Nachgenehmigung – rechtsgeschäftlich an der Urkunde beteiligt ist, in Ausfertigung zu übersenden, anderenfalls tritt Heilung erst durch Vollzug der Leistung ein.

1580 Es liegen also **mehrere gleichzeitig beschenkte Erwerber** vor (die Gleichzeitigkeit ergibt sich daraus, dass der Gegenstand der Schenkung, nämlich der Anspruch auf die Leistung des Erwerbers – mag diese auch erst später fällig werden – sofort durch Abtretung in der Urkunde geleistet wird). Verarmt der Veräußerer während der Zehn-Jahres-Frist des § 529 Abs. 1 BGB, sind daher beide Erwerber **gesamtschuldnerisch verpflichtet** (Rdn. 939 f.), was zu den in Rdn. 1631 f. vorgestellten abweichenden Risikoverteilungen im Kreis der Geschwister Anlass geben kann (z.B. durch Versteinerung der Haftungsquote, durch Freistellungsverpflichtung etc., jeweils mit oder ohne Absicherung). Zugleich kann der Veräußerer auch ggü. den weichenden Geschwistern hinsichtlich der zugewendeten Leistung (Anspruch auf Zahlung, Bestellung eines Wohnungsrechts etc.) die **Anrechnung auf den künftigen Pflichtteilsanspruch** dieses weichenden Geschwisters ggü. ihm, dem Veräußerer, anordnen (§ 2315 BGB), was jedoch spätestens gleichzeitig mit dem Zugang des Schenkungsangebots erfolgen muss.

1581 Im Grunde bildet also die Gleichstellungsvereinbarung zu wirtschaftlichen Lasten des Erwerbers eine **Kombination aus der Zuwendung des Veräußerers** an das weichende Geschwister (s.o. Rdn. 1575 ff.) **mit einer vorangehenden Verschaffung dieses Schenkungsgegenstands** an den Veräußerer durch entsprechende Leistungsverpflichtung des Erwerbers an den Veräußerer.

1582 Auch das **Ertragsteuerrecht** vollzieht diese Wertung, indem es Gleichstellungsgelder an Geschwister ebenso behandelt wie Abstandsgelder, die unmittelbar an den Veräußerer erbracht werden, und sie als Entgelt (Anschaffungskosten) erfasst (vgl. im Einzelnen ausführlich Rdn. 4886 ff.). Hinzuweisen ist in diesem Zusammenhang auch auf die unter Rdn. 4872 ff. erläuterte, für die Beteiligten oft überraschende Abzinsung solcher Geldleistungen, die später als ein

Jahr ab Besitzübergang fällig werden (mit der Folge fiktiver steuerpflichtiger Zinseinkünfte gem. § 20 Abs. 1 Nr. 7 EStG, obwohl doch gerade das weichende Geschwister auf Stundungszinsen großmütig im Interesse des Familienfriedens verzichtet hat!); zur Abgrenzung ggü. lediglich bedingten Gleichstellungspflichten s. Rdn. 4898 f.

Schenkungsteuerlich wird die Geschwisterzuwendung durch den BFH (s. Rdn. 4896) ebenfalls einerseits als entgeltmindernde Gegenleistung im Verhältnis zwischen Veräußerer und Erwerber und andererseits als Schenkung im Verhältnis zwischen Veräußerer und weichendem Geschwister bewertet, also nicht als Direktschenkung unter Geschwistern (mit der Folge der ungünstigen Steuerklasse II!), und zwar selbst dann nicht, wenn in der sprachlichen Darstellung die zugrunde liegende „Dreieckskonstruktion" nicht, nicht einmal ansatzweise (etwa durch Verwendung des Begriffs „als Elterngut") aufscheint.

1583

a) Unbedingte Leistungspflicht

Zur Schaffung klarer Verhältnisse sowohl für den Erwerber als auch für weichende Geschwister sind im Regelfall Leistungspflichten vereinbart. Zu regeln sind **Betrag, Fälligkeit, Verzinsung** sowie die **Absicherung des weichenden Geschwisters**. Häufig ist die Ausgleichszahlung ihrerseits hinsichtlich des Kausalgeschäfts oder durch aufschiebende bzw. auflösende Bedingung verknüpft mit Erklärungen des weichenden Geschwisters, die der Absicherung des Veräußerers und in erster Linie des Erwerbers dienen (v.a. eines gegenständlich beschränkten Pflichtteilsverzichts und Pflichtteilsergänzungsverzichts und Verzicht auf den Ausgleichspflichtteil), vgl. hierzu ausführlich unten Rdn. 2334. In diesem Fall wird typischerweise die Zahlung nur dann geschuldet sein, wenn das weichende Geschwister seinerseits die (sei sie auch noch bedingt) Pflichtteilsverzichtserklärung abgegeben hat, z.B. durch Nachgenehmigung der Urkunde für den Fall seiner Abwesenheit in der Beurkundungsverhandlung.

1584

Formulierungsvorschlag: Lebzeitige Ausgleichspflicht (Leistungserbringung erfolgt wirtschaftlich durch den Erwerber)

1585

> Der Erwerber verpflichtet sich gegenüber dem Veräußerer, als weitere Gegenleistung einen Abfindungsbetrag (Gleichstellungsgeld) i.H.v. ..... €, fällig am ..... und bis zu diesem Zeitpunkt zinslos gestundet, zu entrichten.
>
> *(**Formulierungszusatz** [bei Befristung länger als ein Jahr]:*
>
> *Den Beteiligten ist bekannt, dass aufgrund dieser zinslosen Befristung über länger als ein Jahr der Abfindungsbetrag einkommensteuerlich zerlegt wird in eine Kapitalsumme und [fiktive, i.H.v. 5,5% jährlich angenommene] steuerpflichtige Zinsen. Der Empfänger hat diesen Zinsanteil im Jahr des Erhalts als Einkünfte aus Kapitalvermögen zu versteuern; der Leistende [Erwerber] verwirklicht Anschaffungskosten lediglich i.H.d. Kapitalbetrags, kann jedoch bei Einkünfteerzielung ggf. den Zinsanteil als Werbungskosten geltend machen).*
>
> Der Anspruch auf die Abfindungsleistung ist abtretbar und vererblich. Auf Wertsicherung (Anpassung an die Geldentwertung) und dingliche Sicherung (Bestellung eines Pfandrechts oder Grundpfandrechts) wird verzichtet.

> Der Erwerber unterwirft sich wegen dieser Zahlungsverpflichtung der Zwangsvollstreckung aus dieser Urkunde in sein gesamtes Vermögen mit der Maßgabe, dass vollstreckbare Ausfertigung nach Fälligkeit auf Antrag dem Gläubiger (d.h. dem Abtretungsempfänger oder dessen Rechtsnachfolger) ohne weitere Nachweise erteilt werden kann.
>
> Der Veräußerer tritt hiermit an den dies annehmenden ..... (weichendes Geschwisterteil) den Anspruch auf Erbringung dieser Abfindungsleistung mit sofortiger Wirkung ab, ohne jedoch für dessen Erfüllung einzustehen. Leistungen an das weichende Geschwister sind aufgrund hiermit getroffener und hingenommener Anordnung auf dessen noch fortbestehenden Pflichtteilsanspruch anzurechnen (§ 2315 BGB). Veräußerer und weichendes Geschwisterteil vereinbaren diese Anrechnung von Teilleistungen so, als ob die tatsächlich erhaltene Teilleistung (und nicht lediglich der Anspruch hierauf) unmittelbar vom Veräußerer gestammt hätte.
>
> *(Anm.: Sodann folgt ggf. auf den Erhalt des Gleichstellungsgeldes bedingter gegenständlich beschränkter Pflichtteilsverzicht, s. Rdn. 3235, sodann Rdn. 3256.)*

1586 Ähnlich häufig und für den Erwerber zumindest in Schonung seiner Liquidität weniger belastend ist die Zuwendung nicht von Ansprüchen auf Geldleistung, sondern von Ansprüchen auf Nutzungseinräumung (insb. **Wohnungsrecht**), seltener von Ansprüchen auf Dienstleistungen (Versorgung, hauswirtschaftliche Verrichtungen etc.). Solche Wohnungsrechte für Geschwister kommen insb. bei landwirtschaftlichen Übergaben sowie bei der Überlassung größerer Objekte, bspw. Mehrfamilienhäusern, vor. Die Einräumung eines Nutzungsrechts an einzelnen Zimmern eines ungeteilten Objekts ist hingegen seltener geworden; die mit zunehmender Individualisierung und Betonung des Selbstverwirklichungsgedankens damit einhergehenden nachbarschaftlichen Konflikte, die auch durch vorausschauende Formulierungen nicht zu lösen sind, sprechen dagegen.

1587 Allenfalls in Betracht kommen **vorübergehende, befristete Wohnungsrechte**, z.B. bis zur Verehelichung dann ausziehender Geschwister (teilweise bezeichnet durch die Formel „*auf die Dauer des ledigen Standes*", was nicht ganz korrekt ist, da ein Wiederaufleben des Wohnungsrechts bei Verwitwung oder Scheidung wohl nicht gewollt sein wird). Die Aufnahme weiterer Personen wird typischerweise nicht gestattet sein, § 1093 Abs. 2 BGB also dinglich abbedungen. Hat der Eigentümer z.B. Instandhaltungspflichten zu erfüllen, die zum dinglichen Inhalt des Wohnungsrechts zählen, ist die Möglichkeit der Vorlöschung z.B. bei Verheiratung oder Fristablauf bzw. Tod zu vereinbaren (§ 23 GBO). Auf die Problematik der Bestellung dinglicher Rechte zugunsten Dritter, wenn das begünstigte Geschwister nicht anwesend bzw. rechtsgeschäftlich durch Nachgenehmigung eingebunden ist, wurde bereits oben bei Rdn. 1572 f. hingewiesen.

1588 Solche Nutzungsrechte zugunsten weichender Geschwister schaffen (anders als Gleichstellungszahlungen) **ertragsteuerlich keine Anschaffungskosten**, mindern jedoch schon bisher (da das Abzugsverbot des § 25 ErbStG a.F. nicht einschlägig war) die schenkungsteuerliche Unentgeltlichkeit. Zivilrechtlich lassen sie sich wegen ihrer Unabtretbarkeit nicht als Weitergabe einer unmittelbar dem Veräußerer ggü. eingegangenen Gegenleistung verstehen (eine Konstruktion über § 1092 Abs. 1 Satz 2 BGB verbietet sich, weil dann das „abgeleitete" Recht des weichenden Geschwisters mit dem Tod des Veräußerers erlöschen würde); vielmehr handelt es sich um eine Abrede mit dem Veräußerer, die jedoch durch unmittelbare Leistung an das weichende Geschwister erfüllt wird.

Formulierungsvorschlag: Wohnungsrecht für weichendes Geschwisterteil bis zur Verheiratung

> Als weitere Gegenleistung bestellt der Erwerber zugunsten seines heute anwesenden, dies annehmenden Geschwisters ..... ein Wohnungsrecht, auflösend bedingt bzw. befristet bis zur ersten Verheiratung oder Verpartnerung des Geschwisters, längstens jedoch auf die Dauer von zehn Jahren ab heute, an FlNr. ......, auszuüben an den zwei Zimmern im Erdgeschoss links des Flurs, verbunden mit dem Recht auf Mitbenutzung der zum gemeinsamen Gebrauch der Bewohner bestimmten Anlagen, nämlich des Badezimmers, der Waschküche, der Küche sowie des Gartens.
>
> Zur Löschung genügt der Nachweis des Todes, der Verheiratung oder der Ablauf der Frist.
>
> Der Eigentümer ist verpflichtet, die dem Wohnungsrecht unterliegenden Räume in gut bewohnbarem und beheizbarem Zustand zu halten. Die Aufnahme weiterer Personen ist dem Wohnungsberechtigten nicht gestattet, § 1093 Abs. 2 BGB gilt also nicht. Auch die Überlassung der Ausübung an Dritte (§ 1093 Abs. 1 Satz 2 BGB) ist ausgeschlossen.
>
> Der Wohnungsberechtigte trägt ein Viertel der für das Gesamtgebäude anfallenden Verbrauchskosten (Strom, Gas, Wasser) und Abfallgebühren, Schornsteinfegerkosten, Versicherungsprämien und Grundsteuer.
>
> Die Eintragung dieses auflösend bedingten und befristeten Wohnungsrechts an nächstoffener Rangstelle wird bewilligt und beantragt.

b) Bedingte Leistungspflicht

Anstelle oder in Ergänzung von sofort zu erbringenden Ausgleichsleistungen finden sich häufig Verpflichtungen des Erwerbers, die **nur beim Eintritt bestimmter Voraussetzungen wirksam** werden. Im Vordergrund steht dabei die teilweise Abschöpfung des übertragenen Werts für den Fall, dass dieser nicht zur Eigennutzung und Eigenbewirtschaftung verwendet, sondern durch Verkauf „kommerzialisiert" wird. Vorbild solcher „**Nachabfindungsklauseln**" sind die Bestimmungen der **Höfeordnung**, die in Rdn. 3128 f. vorgestellt werden (vgl. zum möglichen vertraglichen Verzicht auf Nachabfindungsansprüche Rdn. 3315 ff., zur ertragsteuerlichen Differenzierung Rdn. 4892 ff.).

Zu klären ist insoweit, **unter welchen Voraussetzungen** und **in welchem Umfang** die Verpflichtung eintreten soll, wie sie gesichert wird und ob es sich bereits um ein unentziehbares Recht des Geschwisters handelt oder nicht. Insb. Nachabfindungsvereinbarungen, die an die Veräußerung anknüpfen, sind häufig suspendiert für die Zeit, in der noch zugunsten des derzeitigen Übergebers eine (vormerkungsgesicherte) „**Verfügungssperre**" auf dem Objekt lastet – die Interessen der weichenden Geschwister werden dann regelmäßig noch durch den Veräußerer wahrgenommen, sei es durch Verweigerung der Zustimmung oder aber durch deren Erteilung unter „Auszahlungsauflagen" zugunsten der weichenden Geschwister.

1592 Formulierungsvorschlag: Nachabfindungsverpflichtung (im Anschluss an Zustimmungsvorbehalt des Veräußerers)

(Anm.: Für die Zeit nach dem Erlöschen der Verfügungssperre des §..... [maßgeblich zwischen den Beteiligten soll insoweit die Löschung der Vormerkung im Grundbuch sein] gilt folgende Formulierung.)

Veräußert der Erwerber oder seine Gesamtrechtsnachfolger den überlassenen Vertragsbesitz ganz oder teilweise (vom Tag des Erlöschens der vorstehend vereinbarten Verfügungssperre an gerechnet) innerhalb einer Frist von 15 Jahren, so hat er **je ein Viertel** des Nettoveräußerungserlöses (Verkaufserlös abzgl. etwaiger Erlösgewinnsteuern, weiter abzgl. werterhöhender Investitionen ohne Beilage von Zinsen, andererseits ohne Vornahme einer Abschreibung) an seine Geschwister, ...,

ersatzweise an deren Abkömmlinge, zu gleichen Stammanteilen zu entrichten. Die Zahlung ist mit Erhalt eines etwaigen Kaufpreises, spätestens jedoch 6 Monate nach Beurkundung, fällig.

Für jedes Jahr, das nach dem Erlöschen der Verfügungssperre verstrichen ist, reduziert sich der an die Geschwister zu zahlende Betrag um 1/15, nach 15 Jahren somit auf Null.

Wird kein Kaufpreis, sondern eine andere oder keine Gegenleistung vereinbart, tritt an die Stelle des Veräußerungserlöses der um ..... % verminderte Schätzungswert, den im Dissensfall ein vom Präsidenten der örtlichen Industrie- und Handelskammer auszuwählender vereidigter Grundstückssachverständiger als Schiedsgutachter festsetzt.

Die Verpflichtung zur Nachabfindung besteht nicht

- bei einer Veräußerung zu Straßen- und ähnlichen öffentlichen Zwecken an eine öffentlich-rechtliche Gebietskörperschaft oder zur Abwendung einer sonst drohenden Enteignung,
- bei Berufsunfähigkeit oder Scheidung des Erwerbers,
- zur Erfüllung von Ansprüchen aus § 528 BGB,
- bei der Veräußerung an Ehegatten oder Abkömmlinge, sofern diese die Verpflichtung auf deren restliche Laufzeit übernehmen.

Der Veräußerung steht ein bindendes Veräußerungsangebot sowie der Eigentumsverlust i.R.d. Zwangsversteigerung gleich.

1593 Der **Kreis der die vertragliche Nachabfindungspflicht ausschließenden Umstände** kann um betriebswirtschaftliche Momente erweitert werden, wodurch jedoch Unwägbarkeiten nicht immer vermeidbar sind:

1594 Formulierungsvorschlag: Weitere Fälle des Ausschlusses einer Nachabfindungspflicht (im Anschluss an Textbaustein Rdn. 1592)

Die Verpflichtung zur Nachabfindung besteht ferner nicht,

- soweit der Veräußerungserlös unmittelbar zur Tilgung betrieblicher Verbindlichkeiten dient, die ihrerseits im Rahmen ordnungsgemäßer Wirtschaft entstanden sind bzw.
- sofern und soweit der Veräußernde binnen eines Monats nach Wirksamwerden der Veräußerung ankündigt, den Erlös in beliebige neu anzuschaffende bzw. herzustellende Wirtschaftsgüter des Anlagevermögens des landwirtschaftlichen Betriebs zu investieren, und er diese Invesitition auch binnen zwei Jahren ab der Ankündigung vornimmt.

Entscheidendes Augenmerk ist auch hier der **Sicherung solcher bedingter Nachabfindungsansprüche** zu widmen. So wird regelmäßig eine **Zwangsvollstreckungsunterwerfung** des Verpflichteten gefordert werden (wegen des Bestimmtheitsgebots bezogen auf einen abstrakt anzuerkennenden Betrag, welcher der voraussichtlichen künftigen Auszahlungssumme nahe kommt); dies bewirkt zugleich eine Verlängerung der Verjährung auf 30 Jahre, § 197 Abs. 1 Nr. 4 BGB. Erhöht werden die Zugriffschancen durch die zusätzliche Bestellung einer **Realsicherheit**, häufig einer akzessorischen Sicherungshypothek, auch im Hinblick auf den Fortbestand der dadurch vermittelten Absonderungsrechte trotz einer RSB in der Verbraucherinsolvenz (§ 301 Abs. 2 InsO).

Formulierungsvorschlag: Absicherung des bedingten Nachabfindungsanspruchs der weichenden Geschwister

> Zur Sicherung dieser bedingten Nachabfindungspflicht bestellt der Erwerber hiermit zugunsten jedes Geschwisters (für mehrere im Gleichrang untereinander) eine Sicherungshypothek i.H.v. je ..... € nebst ..... % Zinsen ab Eintragung und bewilligt und beantragt deren Eintragung mit der hiermit erklärten Maßgabe, dass die Vollstreckung hieraus gegen den jeweiligen Eigentümer zulässig ist, § 800 Abs. 1 ZPO. Wegen des hiermit abstrakt anerkannten Betrags i.H.d. Sicherungshypothek unterwirft er sich ferner dem jeweiligen Geschwister gegenüber der Zwangsvollstreckung gem. § 794 Abs. 1 Nr. 5 ZPO mit der Maßgabe, dass vollstreckbare Ausfertigung auf Antrag ohne weitere Nachweise erteilt werden kann.

Einer **Wertsicherung bedarf es insoweit naturgemäß nicht**, da die Wertveränderung des übertragenen Vermögens sich bereits im erzielbaren Veräußerungserlös niederschlägt.

Anstelle der sofortigen dinglichen Absicherung wählen v.a. die Veräußerer jedoch nicht selten den **bloßen Anspruch auf Bestellung solcher Sicherheiten**, insb. dann, wenn die Nachabfindungsverpflichtung erst nach **Ablauf der „Kontrollfrist"** greift, während derer noch der Veräußerer durch vormerkungsgesicherten Rückforderungsvorbehalt eine Veräußerung unterbinden bzw. im Fall einer Genehmigung der Veräußerung nur unter (Treuhand-) Auflagen die Interessen der weichenden Geschwister wahren kann.

Formulierungsvorschlag: Anspruch der weichenden Geschwister auf künftige Absicherung

> Der Erwerber verpflichtet sich, nach dem Erlöschen der Verfügungssperre auf schriftliches Verlangen des jeweiligen Geschwisters, diesem am Grundbesitz je eine Sicherungshypothek i.H.v. 100.000,00 € (im Gleichrang untereinander) zu bestellen und sich der Vollstreckung

Kapitel 4: Absicherung des Veräußerers

> nach § 800 ZPO zu unterwerfen. Eine Sicherung dieser Verpflichtung durch Vormerkung, die Vollstreckungsunterwerfung wegen eines abstrakt anzuerkennenden Betrags oder gar die derzeitige Eintragung der Hypotheken im Grundbuch werden trotz Empfehlung des Notars ausdrücklich nicht gewünscht.
>
> Bis zum Erlöschen der „Verfügungssperre" obliegt es allein dem Veräußerer als Begünstigtem, im Rahmen seiner Zustimmung die Interessen der Geschwister ggf. abzusichern. Bis zum Erlöschen der Verfügungssperre handelt es sich daher bei den Auszahlungsansprüchen der Geschwister noch nicht um Rechte Dritter i.S.d. § 328 BGB, sie können also zwischen Veräußerer und Erwerber ohne Mitwirkung der Geschwister aufgehoben werden. Ab Erlöschen der Verfügungssperre handelt es sich um Ansprüche nach § 328 BGB, auch hinsichtlich des Anspruchs auf dingliche Sicherung.

1599 Anstelle der Auskehr einer Geldzahlung durch den Erwerber zu Händen des Veräußerers zum Zweck der Weiterübertragung an die weichenden Geschwister ist in der Praxis auch zu beobachten, dass der Erwerber verpflichtet wird, zu einem **späteren Zeitpunkt** oder **bedingt** (also auf Verlangen) Teile des Grundbesitzes (etwa **herauszumessende Bauplätze**) an die Geschwister unentgeltlich zu übertragen.

1600 **Zivilrechtlich** ist in diesem Zusammenhang zu bestimmen:
- Anlässe bzw. Voraussetzungen der Geltendmachung (Heirat etc.),
- wem das Bestimmungsrecht hinsichtlich Größe und Lage der Fläche zusteht,
- wer die Kosten der Vermessung und Übereignung sowie die dadurch ausgelösten Steuern trägt (einschließlich etwaiger Auflösung stiller Reserven infolge einer Entnahme aus Betriebsvermögen) und
- ob der Erwerbsanspruch, sofern er bereits hinreichend konkretisiert ist, durch Vormerkung im Grundbuch gesichert werden soll.

1601
- Teilweise wünschen die Beteiligten auch, weichenden Geschwistern einen (bedingten) Anspruch auf **Übertragung zu bestimmender Teilflächen** einzuräumen, sofern binnen bestimmter Frist Baurecht entsteht.

1602 **Formulierungsvorschlag: Bedingter Anspruch auf Übertragung eines Bauplatzes bei späterer Bebaubarkeit zugunsten weichender Geschwister**

> Sofern binnen ..... Jahren ab Besitzübergang die Errichtung eines oder mehrerer Wohngebäude auf FlNr. ..... bauplanungsrechtlich zulässig werden sollte, kann ..... als weichendes Geschwisterteil die Übertragung einer Bauplatzfläche von bis zu ..... m² verlangen, deren Größe, Lage und Zuschnitt das weichende Geschwister nach billigem Ermessen zu bestimmen berechtigt ist, § 315 BGB. Bei der Ausübung des Ermessens ist auch die Bewirtschaftung der verbleibenden Restfläche, ebenso die Bebaubarkeit der herauszumessenden Fläche, zu berücksichtigen. Das Ausübungsverlangen ist zu stellen binnen 6 Monaten, nachdem die Bebaubarkeit durch Bauvoranfrage bestätigt ist, und bedarf der Schriftform. Es ist nicht übertragbar und nicht vererblich. Der Anspruchsberechtigte hat etwa bereits entrichtete Anschluss- und Erschließungskosten zu erstatten, etwaige Ver- und Entsorgungsdienstbarkeiten

zu übernehmen sowie die Notar-, Grundbuch- und Vermessungskosten, die Grunderwerbsteuer und etwaige steuerliche Belastungen des Hofeigentümers infolge der Entnahme zu ersetzen.

Sofern die Voraussetzungen für die Ausübung dieses bedingten Anspruchs nicht entstehen, ist keine anderweitige Entschädigung geschuldet. Auf grundbuchliche Sicherung durch Vormerkung wird verzichtet.

c)   Vorbehalt späterer Leistungsanordnung

Soll zwar einerseits die Gleichstellung der weichenden Geschwister nicht durch bereits jetzt fest vereinbarte lebzeitige Zuwendungen erreicht werden, andererseits sich aber auch diese Wirkung nicht notwendig allein durch eine postmortale Ausgleichspflicht (s. hierzu unten Rdn. 1609 ff.) einstellen, sondern will der Veräußerer sich noch vorbehalten, nachträglich den Erwerber zu Ausgleichszahlungen zu verpflichten, und erklärt sich Letzterer mit solchen nachträglichen Leistungserhöhungen trotz der hierdurch bedingten Unsicherheit einverstanden, kann sich der Veräußerer ein **Leistungsbestimmungsrecht** nach §§ 315, 316 BGB ausbedingen, also wirtschaftlich und nachträglich eine Ausgleichsverpflichtung anordnen.[642] Die Bestimmung selbst kann später auch formlos erfolgen, dies verstößt auch bei Grundstücksübertragungen nicht gegen § 311b Abs. 1 BGB.[643]   1603

Formulierungsvorschlag: Vorbehalt künftiger lebzeitiger Gleichstellungsverpflichtung[644]   1604

Eine Verpflichtung des Erwerbers, zu Händen des Veräußerers Geldbeträge zu entrichten, die dieser an weichende Geschwister als Ausgleichsleistung weiterzureichen verspräche, unter gleichzeitiger Anrechnung auf deren Pflichtteilsrecht (§ 2315 BGB), wird heute nicht vereinbart. Der Veräußerer behält sich jedoch mit Zustimmung des Erwerbers vor, durch nachträgliche Leistungsbestimmung gem. §§ 315, 316 BGB eine solche Zahlungspflicht bis zu seinem, des Veräußerers, Ableben noch anzuordnen, maximal jedoch i.H.v. ..... € je Geschwister (wobei diese Obergrenze indexiert anzupassen ist nach Maßgabe des Verbraucherpreisindex zwischen dem heutigen Monat und dem Monat der nachträglichen Anordnung). Mit Erbringung dieser nachträglichen Ausgleichsleistung an den Veräußerer reduziert sich der Anrechnungsbetrag auf den eigenen Pflichtteil des Erwerbers gem. § 2315 BGB entsprechend. Dem Erwerber sind die wirtschaftlichen Risiken bekannt, die sich aus der Übernahme einer solchen bedingten, dem Grunde und der Höhe nach ungewissen Zahlungsverpflichtung ergeben. Ihm ist weiter bekannt, dass nachträglich hierdurch Anschaffungskosten entstehen und die Minderung der Schenkungsteuer erst mit und für den Fall der tatsächlichen Festsetzung einer solchen Ausgleichszahlung eintritt.

Soll diese nachträgliche Anordnungsbefugnis nach dem Ableben des Veräußerers auf dessen Ehegatten als Alleinerben („**Berliner Testament**"!) übergehen, ist allerdings Vorsicht geboten,   1605

---

642 Vgl. *Peter*, BWNotZ 1986, 32; ähnlich *Nieder/Kössinger*, Handbuch der Testamentsgestaltung, Rn. 229 – jedoch als Pflicht zur Einzahlung in den Nachlass, soweit er unter den Abkömmlingen zur Verteilung gelangt (womit allerdings noch nicht der Modus der rechnerischen Auseinandersetzung über diese Summe bestimmt ist).
643 BGH, DNotZ 1968, 546; BGH FamRZ 1985, 696.
644 Im Anschluss an *Mohr*, ZEV 1999, 261.

Kapitel 4: Absicherung des Veräußerers

da auf diese Weise eine Gleichstellung der Geschwister jedenfalls im Hinblick auf § 2315 BGB nicht mehr erreicht werden kann (die ursprüngliche Zuwendung ist anzurechnen auf den Pflichtteil nach dem Veräußerer, die später geleisteten Ausgleichszahlungen auf den Pflichtteil nach dessen Ehegatten). Eine solche „**Verlängerung**" des Vorbehalts kommt also wohl nur dann in Betracht, wenn auch der Vermögensübernehmer sich dann so stellen lässt, als habe er seine verbleibende Netto-Zuwendung vom überlebenden Ehegatten erhalten.

1606 **Formulierungsvorschlag: Vorbehalt nachträglicher Anordnung einer lebzeitigen Ausgleichszahlung, Ergänzung/Befugnis auch seitens des überlebenden Ehegatten**

> *(Anm.: Diese Formulierung ist im Anschluss an den vorstehenden Baustein Rdn. 1604 zu verwenden.)*
>
> Sollte der Veräußerer zu Lebzeiten keine solche nachträgliche Ausgleichszahlung mehr anordnen, jedoch von seinem derzeitigen Ehegatten allein beerbt werden, steht auch letzterem bis zu seinem, des überlebenden Ehegatten, Ableben dasselbe nachträgliche Leistungsbestimmungsrecht zu. Der heutige Erwerber vereinbart mit dem heute anwesenden Ehegatten des Veräußerers für diesen Fall, dass der unentgeltliche Anteil der heutigen Zuwendung abzüglich. der nachträglich erbrachten Ausgleichsleistungen auf den künftigen Pflichtteil des heutigen Erwerbers am Nachlass des Ehegatten des Veräußerers in gleicher Weise anzurechnen ist, wie wenn der Erwerber den verbleibenden Wert der Zuwendung vom Ehegatten des Veräußerers erhalten hätte, sofern der Ehegatte des Veräußerers gegenüber den weichenden Geschwistern die Anrechnung der nachträglichen Ausgleichsleistungen auf deren Pflichtteile nach seinem Ableben verfügt (konstruktive Gleichstellung mit den Geschwistern im Hinblick auf § 2315 BGB). In dieser Höhe verzichtet der Erwerber gegenüber dem Ehegatten des Veräußerers mit Wirkung für sich und seine Abkömmlinge auf sein künftiges gesetzliches Pflichtteilsrecht, dieser Verzicht wird entgegen- und angenommen.

3. Verjährung

1607 Das Schuldrechtsmodernisierungsgesetz hat mit Wirkung ab 01.01.2002 neben der allgemeinen, kenntnisabhängigen, 3-jährigen „Silvester-Verjährung" eine an den objektiven Entstehenstatbestand der Forderung anknüpfende **Sonderverjährung von 10 Jahren** bei Ansprüchen auf Übertragung des Eigentums an einem Grundstück sowie auf Begründung, Übertragung, Aufhebung oder Inhaltsänderung eines Rechts an einem Grundstück einerseits sowie bzgl. der Ansprüche auf die Gegenleistung, andererseits, geschaffen, die bereits unterjährig, also nicht erst am 31.12., beginnt (§§ 196, 200 Satz 1 BGB). Die Reichweite dieser Sonderverjährung ist insb. bzgl. des Überlassungsvertrags noch nicht geklärt. Qualifiziert man bspw. **Abfindungszahlungen an weichende Geschwister** als Bestandteil der „Gegenleistung" i.S.d. § 196 BGB (wofür sprechen würde, dass bei der üblichen Ausgestaltung solcher Zahlungen die Verpflichtung zunächst ggü. dem Veräußerer begründet wird, der die dadurch erlangten Beträge in Abkürzung des Zahlungswegs den weichenden Geschwistern typischerweise als Ausgleich für gegenständlich beschränkte Pflichtteilsverzichte etc. zuwendet), würde sich eine 10-jährige Verjährungsfrist ab Fälligkeit ergeben.

Qualifiziert man jedoch solche Ausgleichszahlungen als erbrechtlich begründete Gegenleistung für einen gegenständlich beschränkten Pflichtteilsverzicht und nicht als grundstücksrechtliche Ausgleichsleistung für die Übertragung des Eigentums, ergäbe sich eine 3-jährige[645] Verjährung, die bei Beteiligung des Geschwisters (und damit geschaffener Kenntnis) ab dem Ende des Jahres der Fälligkeit zu laufen beginnen würde. Ist der Geschwister nicht beteiligt und erlangt er auch keine sonstige Kenntnis, gilt die Auffang-Verjährungszeit von 10 Jahren ab Fälligkeit gem. § 199 Abs. 4 BGB. Wurde schließlich die Verpflichtung zur Zahlung der Ausgleichsleistung mit Vollstreckungsunterwerfung versehen, wird sie von der 30-jährigen Frist der §§ 197 Abs. 1 Nr. 4, 201 BGB erfasst (Fristbeginn ist der Tag der Beurkundung), sofern es sich nicht um regelmäßig wiederkehrende Zahlungen i.S.d. § 197 Abs. 2 BGB handelt. Wurde die Zahlungspflicht schließlich grundpfandrechtlich abgesichert, kann das Geschwister auch nach Verjährung des schuldrechtlichen Anspruchs selbst das Grundpfandrecht durch Verwertung nutzen, um den (verjährten) Anspruch durchzusetzen (§ 216 BGB).

1608

IV. Ausgleich von Todes wegen

Das „letztwillige" Pendant der lebzeitigen Gleichstellungsleistungen an weichende Geschwister, nämlich die **Erfüllung der Pflichtteilslast** (§§ 2325, 2329, 2316 BGB – s. Rdn. 3058 ff., 3168 ff.) oder die Hinnahme einer geringeren Beteiligung am Restnachlass (§ 2050 BGB; nachstehend Rdn. 1610 ff.), ist demgegenüber von geringerem steuerlichen Charme: Zwar reduziert auch sie den Umfang des erbschaftsteuerlichen Erwerbs, führt aber **ertragsteuerlich nicht zu Anschaffungskosten**, sondern bildet eine **private Erbfallschuld**, sodass auch etwaige Schuldzinsen aus zu deren Begleichung aufgenommenen Verbindlichkeiten nicht absetzbar sind (vgl. Rdn. 4640, ein Betriebserbe kann allerdings liquide Betriebsmittel zur Begleichung des Pflichtteils entnehmen und für neue betriebliche Investitionen einen betrieblichen Kredit aufnehmen, dessen Zinsen in den Grenzen des § 4 Abs. 4a EStG[646] abzugsfähig sind).[647]

1609

1. Ausgleichungsanordnung (§§ 2050 ff. BGB)[648]

a) Wirkungsweise

Die Ausgleichung führt zu einem **Verrechnungsanspruch** i.R.d. Erbauseinandersetzung unter Abkömmlingen, im Pflichtteilsrecht zu einer Verschiebung zugunsten des ausgleichungsbegünstigten Geschwisters bei insgesamt gleicher Gesamtzahllast (§ 2316 BGB, s. hierzu unten Rdn. 3168 ff.). Das Gesetz differenziert zwischen „geborenen" Ausgleichungstatbeständen in § 2050 Abs. 1 (Ausstattung, Übermaßzuschüsse zu Einkünften und Übermaßaufwendungen zum Beruf) und § 2057a BGB (ausgleichspflichtige Dienstleistungen) einerseits und „gekorenen" Ausgleichstatbeständen, die aufgrund entsprechender Bestimmung des Zuwendenden gem.

1610

---

645 Nicht die 30-jährige des § 197 Abs. 1 Nr. 2 BGB a.F., da diese nur für nicht anderweit geregelte gesetzliche Ansprüche des Vierten und Fünften Buches des BGB gilt, BGH, 18.04.2007 – IV ZR 279/05, NotBZ 2007, 250.
646 Vgl. BFH, 29.03.2007 – IV R 72/02, NWB 2007, 3223 m. Anm. *Wacker* = Fach 3, S. 14725 ff. (Schuldzinshinzurechnung ist gesellschafterbezogen, der Sockelbetrag jedoch nur einmal zu gewähren und auf die Gesellschafter aufzuteilen). BFH, 23.03.2011 – X R 28/09, EStB 2011, 279: Abzugsbegrenzung gilt auch für die Finanzierung von Umlaufvermögen.
647 Vgl. BFH, BStBl. 1995 II, S. 413, BFH, BStBl. 1994 II, S. 623.
648 Vgl. zum Folgenden: *Tanck*, in: Mayer/Süß/Tauch/Bittler/Wälzholz, Handbuch Pflichtteilsrecht, § 7.

§ 2050 Abs. 3 BGB als „auf den Erbteil anzurechnender" Vorempfang gekennzeichnet sind, andererseits. Die Ausgleichung hat Auswirkungen lediglich im Verhältnis zwischen den Abkömmlingen, d.h. der Erb- und ggf. Pflichtteil des Ehegatten wird vorab ohne Berücksichtigung der Ausgleichungsvorgänge ermittelt. Alle Abkömmlinge des Erblassers nehmen an der Ausgleichung teil, auch solche, die für erbunwürdig erklärt wurden oder die Erbschaft ausgeschlagen haben (§ 2310 Satz 1 BGB), ebenso wer auf den Pflichtteil verzichtet hat;[649] lediglich der Erbverzicht führt zum endgültigen Ausscheiden aus dem Kreis der Beteiligten (§ 2316 Abs. 1 Satz 2 BGB). Ausgleichungspflichten treffen auch den Erbteilserwerber.[650]

b) Geborene Ausgleichungspflichten

1611 Neben den bereits erläuterten Ausstattungen, § 2050 Abs. 1 BGB (s.o. Rdn. 196 ff.) unterliegen im Zweifel der „**geborenen Ausgleichspflicht**" gem. § 2050 Abs. 2 BGB die **Übermaßzuschüsse** zu Einkünften. Erfasst sind also wiederkehrende Leistungen (nicht lediglich einmalige Vermögenszuwendungen), die über den gesetzlich geschuldeten Unterhalt hinausgehen, also nach herrschender Meinung den kleinen (ggü. Minderjährigen, § 1603 Abs. 2 BGB) bzw. großen Selbstbehalt (ggü. Volljährigen, § 1603 Abs. 1 BGB) beeinträchtigen.[651] Gleichgestellt sind (über § 1610 Abs. 2 BGB hinausgehende) Übermaßaufwendungen für die Berufsausbildung (etwa die Kosten eines Zweitstudiums oder einer übermäßig langen Promotion).[652]

1612 Von erheblicher Praxisbedeutung ist weiter die in **§ 2057a BGB** statuierte Ausgleichspflicht für **Sonderleistungen von Abkömmlingen** ggü. dem Erblasser, etwa in Gestalt unentgeltlicher Mitarbeit im Haushalt,[653] Geschäft oder Beruf des Erblassers, die über einen längeren Zeitraum hinweg erfolgen und auf diese Weise zur Vermögensmehrung oder zumindest Vermögenserhaltung beim Erblasser geführt haben.[654] Es ist ausreichend, dass die Dienstleistung durch dritte Personen erbracht wird, sofern sie nur durch den dadurch ausgleichsberechtigten Abkömmling veranlasst wurde.[655] Häufiger Anwendungsfall sind die in § 2057a Abs. 1 Satz 2 BGB erwähnten Pflegeleistungen, wobei bis zur **Erbrechtsreform 2010** erforderlich war, dass diese unter Verzicht auf berufliches Einkommen (der pflegenden Person, nicht notwendig des Abkömmlings selbst) erbracht wurden.[656] Die Streichung des § 2057a Abs. 1 Satz 2 BGB durch die Erbrechtsreform hat zur Folge, dass auch Pflegeleistungen durch „Hausfrauen und Hausmänner" ausgleichungsbe-

---

649 BGH, NJW 1982, 2497.
650 Arg. § 2376 Abs. 1 BGB (Haftung des Erbteilsverkäufers dafür, dass keine Ausgleichungspflichten bestünden), vgl. *Keller*, MittBayNot 2007, 98.
651 Vgl. *Schindler*, ZEV 2006, 392, auch zur Gegenansicht, die zusammengefasste Einmalleistungen und unterhaltsrechtlich gebotene Leistungen einbezieht.
652 Wobei es nicht darauf ankommt, ob die Ausbildungsaufwendungen sinnvoll waren und ob sie zweckentsprechend verwendet wurden.
653 Die gesetzliche Verpflichtung gem. § 1619 BGB hindert nicht die gleichzeitige Berücksichtigung als Ausgleichung gem. § 2057a BGB, vgl. BGH, NJW-RR 1993, 1197.
654 Vgl. OLG Oldenburg, FamRZ 1999, 1466 ff., LG Konstanz, 28.11.2009 – 5 O 294/08 E, ZErb 2010, 93: Erhalt des Vermögens durch Vermeidung eines Pflegeheimaufenthaltes infolge Mitarbeit im Haushalt.
655 Vgl. *Firsching*, DNotZ 1970, 536.
656 Vgl. im Einzelnen *Kurting*, NJW 1970, 1527.

günstigt sind. Wie stets, wirkt sich die Ausgleichung auch durch Verschiebung der Pflichtteilshöhe aus, § 2316 BGB;[657] sie setzt jedoch stets voraus, dass noch ein Nachlass vorhanden ist.[658]

Die **Höhe** der durch solche „ohne angemessenes Entgelt" (§ 2057a Abs. 2 Satz 1 BGB) „über längere Zeit" (§ 2057a Abs. 1 Satz 2 BGB) erbrachten Pflege ausgelösten **Ausgleichung** ist gem. § 2057a Abs. 3 BGB nach Billigkeitsgesichtspunkten, ausgehend von der Dauer und dem Umfang der Leistung und den Auswirkungen auf den Wert des Nachlasses, zu ermitteln, sodass wohl eine völlige Aufzehrung, auch mit Wirkung für den Pflichtteil anderer Beteiligter, nicht stattfinden kann.[659] Die Rechtsprechung zieht bspw. bei der **Mithilfe in der elterlichen Landwirtschaft** hierzu Richtsätze heran, die bereits Abzüge für die Versorgung im Privathaushalt enthalten.[660] Im Bereich der reinen Pflege kann auf Vereinbarungen der Pflegekassen mit ambulanten Pflegediensten zurückgegriffen werden.[661] Insgesamt ist allerdings die Norm sehr streitträchtig, sodass sich lebzeitige Zuwendungen oder „Pflegeverträge" bzw. die Honorierung durch Zweckvermächtnisse (für den Fall der Pflegebedürftigkeit und eigener Testierunfähigkeit in genau bestimmter Höhe nach Dauer und Umfang der wirklich geleisteten Pflege)[662] eher empfehlen. 1613

Alle auf Zuwendungen beruhenden, „geborenen" Ausgleichungstatbestände stehen unter dem Vorbehalt einer abweichenden Bestimmung (**Ausschluss der Ausgleichungspflicht**) seitens des Erblassers, die Ausgleichungspflicht wird also bei der Ausstattung, bei Übermaßzuschüssen und bei Pflege-/Dienstleistungen lediglich vermutet.[663] Der Ausschluss von Pflegeausgleichungen unter Kindern gem. § 2057a BGB erfolgt testamentarisch insb. in denjenigen Fällen, in denen entgegen der gesetzlichen Vermutung eine pflegebedingte Ausgleichung bei gemäß gesetzlicher Quote eingesetzten Kindern deshalb unterbleiben soll, z.B. weil eine Kompensation für die Pflege bereits durch eine vergangene Zuwendung erfolgt ist. 1614

Formulierungsvorschlag: Ausschluss der Ausgleichung von Pflegeleistungen unter Kindern gem. § 2057a BGB 1615

> Entgegen §§ 2052, 2057a BGB soll eine Ausgleichung im Rahmen der Erbauseinandersetzung unter Kindern unterbleiben für in der Vergangenheit erbrachte Pflegeleistungen, da diese bereits lebzeitig ausgeglichen wurden.

Der (in der 16. Legislaturperiode insoweit nicht umgesetzte) RegE zur Änderung des Pflichtteilsrechts v. 30.01.2008[664] schlug ergänzend vor, während längerer Zeit durchgeführte Pflege- 1616

---

657 Vgl. *Karsten*, RNotZ 2010, 375.
658 Arg. Aus § 2057a Abs. 3 BGB, vgl. KG, 10.07.2010 – 16 U 8/10, ZErb 2011, 53; daher keine Berücksichtigung im Rahmen eines Anspruchs gem. § 2329 BGB gegen den Beschenkten.
659 Vgl. *Ludyga*, ZErb 2009, 289, 294 (auch zur historischen Wertung des § 2057a BGB als gegen nichteheliche Kinder – die mangels Aufnahme in den Haushalt typischerweise keine Pflegeleistungen erbringen – gerichtete Norm).
660 So etwa LG Ravensburg, 25.01.1998 – 5 O 944/87: „Richtsätze für mithelfende Familienangehörige in der Landwirtschaft und Weinbau des Landwirtschaftsministeriums Stuttgart", BWNotZ 1989, 147.
661 Vgl. *Kues*, ZEV 2000, 434.
662 *Baumann/Karsten*, RNotZ 2010, 95.
663 Zum entgegenstehenden Erblasserwillen bei Pflegezuwendungen vgl. *Damrau*, FamRZ 1969, 581.
664 BR-Drucks. 96/08, veröffentlicht z.B. unter www.zev.de, vgl. *Bonefeld*, ZErb 2008, 67; *Progl*, ZErb 2008, 78; *Keim*, ZEV 2008, 161 ff.; *Herrler/Schmied*, ZNotP 2008, 178; *Schindler*, ZEV 2008, 187; *Schaal/Grigas*, BWNotZ 2008, 2 ff.

leistungen seitens gesetzlicher Erben ausdrücklich in § 2057b BGB als ausgleichspflichtigen Tatbestand zu regeln, unter Verweisung hinsichtlich der Rechtsfolgen auf § 2052 und auf § 2057a Abs. 2 und Abs. 4 BGB. Die Höhe des Ausgleichsbetrags sollte sich an den Pflegesachleistungssätzen der betreffenden Pflegestufe gem. § 36 Abs. 3 SGB XI orientieren. Über den bisher betroffenen Kreis (Abkömmlinge) hinaus wären dann gem. § 2057b BGB -Entwurf **alle gesetzlichen Erben** erfasst, jedoch weiterhin nicht sonstige pflegende Personen wie etwa Schwiegerkinder oder Lebensgefährten. Letztere, nicht zum Kreis der gesetzlichen Erben zählenden Personen könnten also nur durch ausdrückliche Verfügung oder – sofern der Erblasser letztwillig gebunden ist – durch lebzeitige Honorierung berücksichtigt werden, sofern noch Geschäfts- bzw. Testierfähigkeit besteht. In der Einbeziehung des Ehegatten[665] bzw. eingetragenen Lebenspartners hätte jedoch ein Systembruch gelegen, da der Wert seiner Pflegeleistungen nicht (wie etwa der Ehegattenvoraus gem. § 1932 BGB) vorab aus dem Nachlass zu vergüten ist, sondern i.R.d. Ausgleichung erfasst werden sollte. Der pflegende Ehegatte hätte in das Ausgleichungskollektiv einbezogen werden müssen, – und zwar dergestalt, dass der Ausgleichungsnachlass durch Subtraktion (nicht Addition) des Pflegebetrags vom Realnachlass ermittelt wird (es handelt es sich ja nicht um eine Vorabzuwendung an einen Abkömmling, die durch Addition wieder wettgemacht werden müsste, sondern um eine Zuwendung in den Nachlass selbst, die demnach abgezogen würde –, sodann fände ggf. – falls weitere Ausgleichungen unter den Abkömmlingen selbst durchzuführen sind – eine nochmalige Ausgleichung unter Beschränkung auf die Abkömmlinge, also die Ausgleichungsberechtigten „im klassischen Sinn" (sog. „Zwei-Topf-Lösung") statt.

1617 Diese Erweiterung des Kreises der Ausgleichungsbeteiligten auf alle gesetzlichen Miterben hätte (wohl) auch gegolten, wenn die Pflegeleistungen durch Abkömmlinge, also Personen, die schon bisher zum Kreis der Ausgleichungsbeteiligten gezählt hatten, erbracht würde.[666]

1618 Die i.R.d. Reform geplante, jedoch nicht umgesetzte, pflichtteilsrechtliche Fernwirkung der Ausgleichung von Pflegeleistungen gem. § 2057b BGB-E. (§ 2316 Abs. 1 Satz 3 BGB-E), wonach „Pflegeausgleichungsbeträge" vom Wert des zur Ausgleichung anstehenden Nachlasses abzuziehen sind (obwohl die Pflegeleistung als solche nicht körperlich im Nachlass vorhanden ist), hätte angesichts der stärkeren Gewichtung solcher Pflegeleistungen möglicherweise zur Folge haben können, dass der Nachlass völlig aufgezehrt wird durch die Ausgleichung solcher Pflegeleistungen, sodass die nichtpflegenden Erben ihren Pflichtteil verlieren, sofern das pflegende Kind zum Alleinerben eingesetzt wird.[667]

1619 Die Literatur[668] hatte zur Vermeidung des mit dieser Erweiterung des Kreises der ausgleichungsbeteiligen Personen verbundenen Systembruchs alternativ vorgeschlagen, ein gesetzliches Vermächtnis bei Pflegeleistungen zu schaffen (etwa in Gestalt eines § 2191a BGB), um auch solche Personen, die nicht gesetzliche Erben sind (etwa Schwiegerkinder), zu bedenken. Dieses gesetzliche Vermächtnis solle nur dann entfallen, wenn ein „angemessenes Entgelt" gewährt oder vereinbart worden ist oder soweit dem Pflegenden wegen seiner Leistungen ein Anspruch

---

665 Im Grunde wird ein Ausschnitt des § 1353 Abs. 1 Satz 2 BGB (eheliche Lebensgemeinschaft und Verantwortung füreinander), nämlich der Bereich der Pflege, nachträglich vergütet.
666 *Bothe*, ZErb 2008, 310 mit Berechnungsbeispielen.
667 Vgl. *Odersky*, MittBayNot 2008, 2 6; *Keim*, ZEV 2008, 161, 166.
668 *Otte*, ZEV 2008, 260; ebenso die Stellungnahme des DNotV v. 31.08.2007; ablehnend *Muscheler*, ZEV 2008, 105, 109.

aus anderem Rechtsgrund zusteht, also bspw. die Pflegeverpflichtung im Rahmen einer Vermögensübertragung vereinbart wurde. Überlegenswert wäre auch die Einführung einer gesetzlichen Nachlassverbindlichkeit in dieser Höhe gewesen, um den Ausgleich pflichtteilsfest zu gestalten, z.B. mit dem Rang des § 325 InsO (unabhängig davon, wer gepflegt hat und wer Erbe wurde).[669]

I.R.d. Pflichtteilsreform 2009 wurde keiner dieser Überlegungen umgesetzt (lediglich die Anforderungen i.R.d. § 2057a BGB erfuhren eine geringe Lockerung), da sich die dogmatischen Verwerfungen unter dem Zeitdruck der auslaufenden Legislaturperiode nicht befriedigend lösen ließen. 1620

c) Gekorene Ausgleichungspflichten

Daneben treten die kraft Anordnung des Erblassers („**gekorenen**") **ausgleichungspflichtigen Zuwendungen**. Dieser ausdrücklichen Ausgleichungsbestimmung zugänglich ist jedwede Schenkung, gemischte Schenkung oder Schenkung unter Auflage, also nicht solche Leistungen, auf die ein gesetzlicher Anspruch (etwa aufgrund Unterhalts) besteht. Anders als bei der Ausstattung und den oben erwähnten Sachverhalten wird bei der „schlichten Schenkung" die Ausgleichungspflicht gerade nicht vermutet, sondern bedarf der ausdrücklichen Bestimmung, die dem Zuwendungsempfänger (Abkömmling) spätestens im Zeitpunkt der Zuwendung zugehen muss[670] – wobei durchaus streitig sein kann, wann dieser Zuwendungszeitpunkt vorliegt. 1621

Beispiel:

Muss die Ausgleichungsanordnung bei der „Zuwendung" einer Lebensversicherung bereits bei der Benennung des Bezugsberechtigten[671] oder erst mit der Auszahlung[672] der Versicherungssumme getroffen sein? – Richtigerweise dürfte zu differenzieren sein zwischen widerruflicher Benennung (dann: Auszahlungszeitpunkt) und unwiderruflicher, damit bereits maßgeblicher Benennung, vgl. unten Rdn. 2932.

Die **Ausgleichungsanordnung** kann als einseitige, empfangsbedürftige Willenserklärung (ohne Vertrags- oder Vereinbarungscharakter) auch ggü. einem minderjährigen Empfänger ohne Mitwirkung des gesetzlichen Vertreters oder des Familiengerichts getroffen werden.[673] Sie kann auch durch einen Vertreter erklärt werden.[674] Häufig wird die Anrechnungsbestimmung in verkürzender, den Beteiligten jedoch durchaus deutlicher Weise als „Anrechnung auf den Erbteil" vorgenommen; eher abzuraten ist jedoch von landsmannschaftlichen Wendungen wie einer Zuwendung „als Elterngut",[675] auch die Formulierung, dass die Übertragung „in vorweggenommener Erbfolge" erfolge, bringt das Gewollte nicht mit der notwendigen Klarheit zum Ausdruck.[676] Eine Ausgleichungsanordnung, welche auch die Schwächen des gesetzlichen Mechanismus erläutert, könnte etwa folgenden Wortlaut haben: 1622

---

669 So *Windel*, ZEV 2008, 305, z.B. als § 1969a BGB.
670 BGH, FamRZ 1982,56; *J. Mayer*, ZEV 1996, 441.
671 So *Kerscher/Riedel/Lenz*, Pflichtteilsrecht in der anwaltlichen Praxis, § 15 Rn. 22.
672 So *J. Mayer*, in: Mayer/Süß/Tanck/Bittler/Wälzholz, Handbuch Pflichtteilsrecht, § 11 Rn. 42; *J. Mayer*, ZErb 2007, 133.
673 H.M., vgl. BGHZ 15, 168.
674 *Gutachten*, DNotI-Report 2011, 43.
675 So aber *Winkler*, BeurkG, § 17 Rn. 275.
676 Zur Auslegung BGH, 12.10.1988 – IVaZR 166/87, FamRZ 1989, 175; BGH, 27.01.2010 – IV ZR 91/09 DNotZ 2011, 59 (zur Pflichtteilsanrechnung, vgl. Rdn. 3145; hierzu *Kühn* ZErb 2010, 320ff.

1623 **Formulierungsvorschlag: Ausdrückliche ("gekorene") Ausgleichungsanordnung (Standardfall)**

> Der unentgeltliche Teil der Zuwendung ist gem. § 2050 Abs. 3 BGB im Verhältnis zu den Geschwistern des Erwerbers zur Ausgleichung zu bringen. Den Beteiligten wurden Voraussetzungen und Wirkungsweise der Ausgleichung erläutert. Ihnen ist daher insbesondere bekannt, dass
> - die Ausgleichung nur unter Geschwistern stattfindet – sofern diese keinen Erbverzicht erklärt haben –, wenn gesetzliche Erbfolge oder eine diese abbildende testamentarische Erbfolge eintritt, ferner
> - der maßgebliche Wert der heutigen unentgeltlichen Zuwendung zum Ausgleich des Kaufkraftschwundes bis zum Erbfall indexiert wird,
> - die Ausgleichung unabhängig davon stattfindet, wie viel Zeit bis zum Erbfall noch verstreicht,
> - die Ausgleichung sich auch auf die Pflichtteilsansprüche von Geschwistern erhöhend auswirkt und schließlich
> - ein Ausgleich aus dem Eigenvermögen des Erwerbers nicht stattfindet, auch nicht bei Erschöpfung des Nachlasses (§ 2056 BGB).

1624 **Hinweis:**

> Eine Ausgleichungsanordnung verbietet sich insb., wenn die übrigen Abkömmlinge bereits Zuwendungen ohne Ausgleichungsanordnung erhalten haben und nachträgliche Vereinbarungen insoweit nicht möglich sind.[677]

Die Ausgleichungsanordnung kann auch aufschiebend oder auflösend bedingt erfolgen,[678] z.B. für den Fall, dass der Zuwendungsempfänger kinderlos verstirbt o.Ä. Häufig ist z.B. die Anordnung der Ausgleichung auflösend bedingt für den Fall, dass es zu einer von der gesetzlichen Erbfolge abweichenden, gewillkürten Erbfolge und damit zu Pflichtteilstatbeständen kommt – die auflösende Bedingtheit vermeidet dann wirtschaftlich den Eintritt der Pflichtteilsverschiebungswirkung des § 2316 Abs. 1 – nicht Abs. 3 – BGB (Rdn. 2260 ff.). (Nach den nicht umgesetzten Reformplanungen 2009 hätten, sofern die Testierfähigkeit erhalten geblieben ist, solche aus späterer Sicht unattraktiv gewordenen Ausgleichungsbestimmungen auch durch nachträgliches Testament aufgehoben werden können).

1625 **Formulierungsvorschlag: Gekorene Ausgleichungspflicht ohne Pflichtteilsfernwirkung, "Abbedingung des § 2316 Abs. 1 BGB"**

> Im Hinblick auf die erläuterte Bestimmung des § 2316 BGB ist die vorstehend angeordnete Pflicht zur Ausgleichung auflösend bedingt für den Fall, dass letztwillige Anordnungen nach dem Tod des Zuwendenden zu Pflichtteilsansprüchen eines Abkömmlinges führen; sie soll

---

677 Hierzu *Götte*, BWNotZ 1995, 84.
678 Vgl. *Nieder/Kössinger*, Handbuch der Testamentsgestaltung, Rn. 228.

also in diesem Fall, da nicht mehr in Kraft, keinen Einfluss auf die Höhe des Pflichtteils haben.

d) Nachträgliche Änderungen

Nachträglich kann der Veräußerer eine **Ausgleichungspflicht** ggü. dem Erwerber nach derzeitiger Rechtslage nicht mehr einseitig anordnen; ebenso wenig ist es möglich, durch lebzeitige nachfolgende Vereinbarung mit dem früheren Zuwendungsempfänger eine Ausgleichungspflicht später herbeizuführen, also für eine Erbauseinandersetzung verbindliche Anordnungen zu treffen[679] (zur Möglichkeit einer allseitigen lebzeitigen Ausgleichungsvereinbarung vgl. jedoch Rdn. 1665). Der Veräußerer kann solche Wirkungen näherungsweise lediglich durch Vorausvermächtnisse an die anderen Geschwister erreichen, wobei jedoch diese Vermächtnisse dem Pflichtteilsrecht nachrangig und ggf., bei erbvertraglicher Bindung, als Beeinträchtigung i.S.d. § 2289 Abs. 1 BGB gesperrt sind.[680] Ebenso kann die nachträgliche „Anrechnung auf den Pflichtteil" allenfalls durch eine „Flucht in § 2325 BGB" (s. Rdn. 3136) wirtschaftlich erreicht werden, da Eigengeschenke auf den durch lebzeitige Schenkungen an Dritte ausgelösten Pflichtteilsergänzungsanspruch stets, auch ohne Anrechnungsbestimmung, anzurechnen sind (§ 2327 BGB).

1626

Wurde dagegen eine Ausgleichsbestimmung getroffen, kann sie **nachträglich** nach derzeitiger Rechtslage ebensowenig einseitig zurückgenommen werden; ihre Wirkung kann jedoch (außer natürlich durch eine Änderung der Erbquoten)[681] jedenfalls[682] wiederum durch **Anordnung eines Vorausvermächtnisses** zugunsten des Ausgleichungspflichtigen wieder beseitigt werden:[683]

1627

Formulierungsvorschlag: Vorausvermächtnis zur nachträglichen Freistellung des ausgleichspflichtigen Abkömmlings von der Ausgleichung

1628

> Ich beschwere meine anderen Abkömmlinge zugunsten meiner Tochter A im Weg eines Vorausvermächtnisses wie folgt:
>
> Bei einer nach §§ 2050 ff. BGB stattfindenden Ausgleichung unter meinen Kindern darf das meiner Tochter A am ..... zugewendete Grundstück X entgegen der damals getroffenen Anordnung nicht berücksichtigt werden. Es ist also im Rahmen einer Erbauseinandersetzung nicht zu berücksichtigen und soll auch die Teilungsquote nicht zu Lasten meiner Tochter A beeinflussen. Vielmehr ist meine Tochter A so zu stellen, als ob die Ausgleichungspflicht nie bestanden hätte.

---

679 BGH, 28.10.2009 – IV ZR 82/08, MittBayNot 2010, 320, m. Anm. *Dietz* (keine vertragsautonome Erweiterung des § 2050 Abs. 3 BGB, auch nicht im Wege eines lebzeitigen Vertrages zugunsten Dritter. Lebzeitige spätere Vereinbarungen mit dem Zuwendungsempfänger sind nur z.B. als formgebundener gegenständlich beschränkter Pflichtteilsverzicht denkbar, §§ 2346 ff. BGB; ein gegenständlich beschränkter Erbverzicht ist jedoch wiederum unzulässig). Krit. *Keim*, DNotZ 2010, 633.
680 Beispiel: OLG München, 26.03.2008 – 15 U 4547/07, ZErb 2009, 155.
681 *Mohr*, ZEV 1999, 257, 261.
682 Teilweise wird auch eine schlichte „Widerlegung der Auslegungsregel des § 2052 BGB" für zulässig gehalten (durch ausdrückliche Verneinung der Ausgleichungspflicht im Testament), die jedoch ebenfalls die Pflichtteilsgrenzen nicht mehr verschieben kann, vgl. *Schindler*, ZEV 2008, 126 m.w.N.
683 Vgl. *Mayer*, ZEV 1996, 441, 444.

1629 Die durch die bereits getroffene Ausgleichungsbestimmung eingetretene pflichtteilsrechtliche Fernwirkung des § 2316 BGB (hierzu unten Rdn. 3168 ff.) wird jedoch durch ein solches Vorausvermächtnis nicht aufgehoben, da Vermächtnisansprüche erst nach Berechnung der Pflichtteilsansprüche erfüllt werden (vgl. § 326 InsO). Um Letztere zu beseitigen, bedarf es also eines gegenständlich auf den Ausgleichungspflichtteil (den „Erhöhungsanteil") beschränkten Pflichtteilsverzichts zwischen dem Erblasser und dem nicht vorempfangenden Abkömmling.[684] Die durch eine bereits erfolgte Ausgleichungsanordnung eingetretene Rechtsposition der anderen Abkömmlinge kann also nicht ohne deren Zutun verschlechtert werden (Verallgemeinerung des Rechtsgedankens des § 2316 Abs. 3 BGB bzw. verbotener Vertrag zulasten Dritter).[685]

e) **Reformüberlegungen im Ausgleichungsrecht**

1630 Die in der 16. Legislaturperiode insoweit (also in Bezug auf nachträgliche Anordnungen zur Pflichtteilsanrechnung und zur Erbteilsausgleichung) aufgrund verfassungsrechtlicher Bedenken nicht mehr umgesetzte **Änderung des Pflichtteilsrechts** hätte nach Maßgabe des Regierungsentwurfs v. 30.01.2008[686] in Gestalt der Stellungnahmen v. 24.04.2008[687] gem. §§ 2050 Abs. 4 BGB-E auch die **nachträgliche Anordnung der Ausgleichspflicht** für solche Zuwendungen erlaubt, die nicht „geborenermaßen" auszugleichen sind, sowie umgekehrt die **nachträgliche Aufhebung** einer angeordneten oder gesetzlich vermuteten Ausgleichungspflicht (wie etwa bei Ausstattungen), und zwar durch letztwillige Verfügung eigener Art.[688] Dies sollte sogar möglich sein für Zuwendungen, die vor Inkrafttreten des neuen Gesetzes erfolgt sind (!), was auch angesichts des sehr weiten Zuwendungsbegriffs in §§ 2050 ff. BGB Bedenken begegnete.[689] Nach dem insoweit klaren Wortlaut des (vorläufig nicht umgesetzten) Entwurfes hätte die Anordnung oder Ausschließung lediglich „nachträglich" durch letztwillige Verfügung erfolgen können, sodass eine pauschal bereits im Vorhinein vorgenommene Ausgleichungsanordnung nicht zulässig wäre; hierfür bedarf es eines Pflichtteilsverzichtsvertrages in notariell beglaubigter Form, § 2348 BGB.

1631 Eine solche nachträgliche letztwilligen Anordnung einer nicht geborenen Ausgleichungspflicht hätte sich auf alle bisher erfolgten Zuwendungen an Abkömmlinge beziehen können (ihre konkrete Benennung wäre nicht erforderlich[690] gewesen, jedoch würde derjenige, der sich später auf die Anordnung beruft, Darlegungs- und Beweisschwierigkeiten erfahren!).

---

684 Vgl. *J. Mayer*, ZEV 1996, 441; *Thubeauville*, MittRhNotK 1992, 289.
685 Nach a.A. ist eine nachträgliche Abänderung der Ausgleichungsbestimmung bzw. eine nachträgliche Minderbewertung im Bereich des § 2050 Abs. 3 BGB uneingeschränkt möglich, da ja §§ 2325 ff. BGB den gesetzlich garantierten Mindestschutz gewährleisten. Anderenfalls würden unentziehbare „Pflichtteilsanwartschaften" über das Gesetz (§ 2316 Abs. 3 BGB) hinaus begründet, vgl. *Ebenroth/Bacher/Lorz*, JZ 1991, 283.
686 BR-Drucks. 96/08, veröffentlicht z.B. unter www.zev.de, vgl. *Bonefeld*, ZErb 2008, 67; *Progl*, ZErb 2008, 78; *Keim*, ZEV 2008, 161 ff.; *Herrler/Schmied*, ZNotP 2008, 178; *Schindler*, ZEV 2008, 187; *Schaal/Grigas*, BWNotZ 2008, 2 ff.
687 BT-Drucks. 16/8954.
688 Es handelt sich nicht, wie bisher, um ein schlichtes Vorausvermächtnis, wie sich aus der Differenzierung zwischen Nr. 2 und Nr. 4 in § 2278 Abs. 4 BGB-E ergibt.
689 *Progl*, ZErb 2008, 13, plädiert daher für einen engeren Zuwendungsbegriff, der nur die über die gesetzliche Unterhaltspflicht hinausgehenden Erwerbe erfasst (vgl. § 2050 Abs. 2, 2. Alt. BGB).
690 *Keim*, ZEV 2008, 162, 164; *Schaal/Grigas*, BWNotZ 2008, 2, 10.

1632 Der sonst gegebene Weg der „nachträglichen Anordnung" einer Ausgleichung im Wege eines Vorausvermächtnisses hatte keine pflichtteilsrechtliche Wirkung, da das Pflichtteilsrecht ggü. Vermächtnissen vorrangig ist (vgl. § 326 InsO). Der Pflichtteilsanspruch steht also demjenigen, der eine zunächst nicht auszugleichende Schenkung erhalten hat, uneingeschränkt weiter zu, trotz des Vorausvermächtnisses an andere Abkömmlinge. Sofern allerdings nach Maßgabe der (nicht umgesetzten) Reform die zunächst nicht angeordnete (oder die ausgeschlossene geborene) Anrechnung nachträglich durch letztwillige Verfügung angeordnet würde (§ 2050 Abs. 4 BGB-E), dürfte diese pflichtteilsrechtlich ebenso wirken, wie wenn die Ausgleichung von vornherein bestanden hätte, da § 2316 BGB auf § 2050 BGB insgesamt, einschließlich seines Abs. 4, verweist.

1633 Zusätzliche Probleme wären entstanden, wenn der Erblasser, der durch nachträgliche Verfügung von Todes wegen eine Anrechnung bzw. Ausgleichung anordnet oder aufhebt, bereits erbvertraglich oder durch wechselbezügliche Verfügungen in einem gemeinschaftlichen Testament gebunden ist. Würde bei einer Schenkung zugunsten eines von mehreren „Vertragserben" die Ausgleichung angeordnet (und sei es auch nachträglich), beseitigt dies die beeinträchtigende Wirkung der Schenkung auf den anderen Vertragserben i.S.d. § 2287 BGB. Würde jedoch umgekehrt bei einer Schenkung an einen von mehreren Vertragserben, die ursprünglich unter Ausgleichungspflicht stand, diese Ausgleichungspflicht nachträglich aufgehoben, läge ab diesem Zeitpunkt in der Schenkung, die nunmehr eine freie Vorauszuwendung ist, eine dem Grunde nach beeinträchtigende Schenkung i.S.d. § 2287 BGB, sowie wenn von vornherein es an einer Ausgleichungsanordnung gefehlt hätte.

1634 Nicht im Problembereich des § 2287 BGB, sondern des § 2289 BGB (Unwirksamkeit späterer testamentarischer Verfügungen des gebundenen Erblassers zulasten eines Vertragserben) hätte sich die umgekehrte Konstellation bewegt, in der trotz erbvertraglicher Bindung nicht Anordnungen zugunsten/zulasten eines anderen Vertragserben, sondern zugunsten eines nichterbenden, schlichten Pflichtteilsberechtigten getroffen würden.

1635 Um hinsichtlich der Ausgleichung bzw. der Nichtausgleichung **dauerhafte Bindungswirkungen** zu ermöglichen, sahen die (nicht umgesetzten) Reformüberlegungen vor, § 2278 Abs. 2 BGB-E dahin gehend geändert, dass auch „(Nr. 4) Anordnungen nach den §§ 2050, 2053 und 2315 BGB" vertragsmäßig getroffen werden können, d.h. eine erbvertragliche Verpflichtung eingegangen werden kann, die Ausgleichungsanordnung vorzunehmen, aufrechtzuerhalten bzw. zu unterlassen. Die Parallelvorschrift zur Reichweite wechselbezüglicher Anordnungen beim gemeinschaftlichen Testament, § 2270 Abs. 3 BGB, wäre jedoch nicht erweitert worden, sodass insoweit eine Beschränkung allenfalls aus der Vermutungsregelung des § 2270 Abs. 2 BGB in tatrichterlicher Würdigung gewonnen werden könnte.[691] An einer solchen erbvertraglichen Bindung hätte in der Praxis zum einen der Beschenkte ein Interesse haben können, um zu vermeiden, dass nachträglich die Ausgleichung angeordnet wird, ebenso ein „weichendes Geschwister", um zu vermeiden, dass eine (geborene oder gekorene) Ausgleichung, die ihn ja begünstigen würde, nachträglich wieder aufgehoben wird.

---

691 Gegen diese Unsicherheiten empfiehlt *Progl*, ZErb 2008, 78 ff., die Abschaffung der Vermutungsregel des § 2270 Abs. 2 BGB.

1636 Allerdings hätte die punktuelle erbvertragliche Abrede, eine Änderung der derzeitigen Anordnungslage nur unter Mitwirkung des Erbvertragspartners herbeizuführen, nur sehr beschränkt gewirkt, sofern keine weiter gehende erbrechtliche Bindung hinsichtlich der eigentlichen Erbeinsetzung bzw. Vermächtnisanordnung eingegangen wird: Selbst wenn sich der Schenker gebunden hat, nicht nachträglich gem. § 2050 Abs. 4 BGB-E durch Testament die Ausgleichung anzuordnen, könnte er (wenngleich ohne Einfluss auf den Pflichtteil, da dieser einem Vermächtnis vorrangig ist) weiterhin die anderen Geschwister begünstigen, indem er diesen Vorausvermächtnisse einsetzt oder sie gar zu Alleinerben bestimmt. In gleicher Weise könnte er, auch wenn er sich ggü. einem weichenden Geschwister gebunden hat, die erfolgte Ausgleichungsanordnung nicht wieder aufzuheben, die Wirkungen der Ausgleichung dadurch konterkarieren, dass er das ausgleichungspflichtige Geschwister mit Vorausvermächtnissen bedenkt oder gar zum Alleinerben einsetzt.

f) Wirkungsweise der Ausgleichung

1637 Jegliche (gesetzliche oder rechtsgeschäftlich angeordnete) Ausgleichung setzt voraus, dass Abkömmlinge als gesetzliche Erben zur Erbfolge gelangen (§ 2050 Abs. 1 BGB). Ordnet also der Veräußerer eine **abweichende testamentarische Erbfolge** an, hebt er damit zugleich (auch ohne Kenntnis des früheren Sachverhalts oder der gesetzlich daran geknüpften Rechtsfolgen) die Ausgleichungsbestimmung auf; der Gesetzgeber geht davon aus, dass die später getroffene testamentarische Regelung unter Berücksichtigung der früheren Zuwendungen getroffen wurde und daher eine endgültige Vermögensverteilung bezweckt. Hat der Erblasser jedoch seine Abkömmlinge so bedacht, wie es der gesetzlichen Erbfolge entspräche (wenn auch z.B. als Folge von Vermächtnissen, Vorausvermächtnissen oder Auflagen zu unterschiedlichen Wertergebnissen), ist nach der Auslegungsregel des § 2052, 1. Alt. BGB im Zweifel anzunehmen, dass die Ausgleichungsanordnung in gleicher Weise gelten soll, wie sie bei unmittelbarer gesetzlicher Erbfolge zwischen den Abkömmlingen gegriffen hätte. Dieselbe Vermutung stellt § 2052, 2. Alt. BGB schließlich auch für den Fall auf, dass die Abkömmlinge durch letztwillige Verfügung zwar nicht identisch mit ihrer gesetzlichen Erbquote, aber doch untereinander in verhältnismäßiger Entsprechung gemäß der gesetzlichen Erbfolge eingesetzt werden.

1638 *Beispiel:*

Die gesetzliche Erbfolge zwischen Ehegatten und Abkömmlingen beliefe sich bei gesetzlichem Güterstand auf 1/2 – 1/4 – 1/4; der Erblasser hat jedoch den Ehegatten zu einer höheren Quote eingesetzt oder einen Teil der Gesamtnachlassmasse einer dritten Person zugedacht, die Abkömmlinge sind allerdings untereinander zu gleichen Teilen mitberufen. Hat der Erblasser hingegen bspw. einen Stamm enterbt, findet die Ausgleichung im Zweifel noch unter den anderen Abkömmlingen statt, die untereinander im gesetzlich maßgebenden Verhältnis bedacht sind.

1639 Um schließlich zu vermeiden, dass die Ausgleichungsfolgen durch Ausschlagung oder Verzicht des Zuwendungsempfängers unterlaufen werden können, ordnet § 2051 Abs. 1 BGB an, dass bei **Wegfall des Zuwendungsempfängers** (wegen Vorversterbens, Enterbung, Ausschlagung, Erbunwürdigkeit, Erbverzichts etc.) dessen nachrückende Abkömmlinge die Ausgleichslast übernehmen, sowie wenn sie den Gegenstand empfangen hätten. Gem. § 2051 Abs. 2 BGB gilt diese Auslegungsregel auch für andere Ersatzerben, die nicht Abkömmlinge sind.

Haben solchermaßen **nachrückende Enkel** oder andere **Ersatzerben** jedoch ihrerseits Zuwendungen erhalten, bevor sie zum Kreis der unmittelbaren Erbprätendenten zählen (also bevor der sie zunächst von der Erbfolge ausschließende nähere Verwandte oder Haupterbe weggefallen ist), vermutet wiederum § 2053 BGB, dass eine Ausgleichung nicht angeordnet sei. Der Gesetzgeber geht (im Regelfall zu Recht) davon aus, dass Ausgleichungswünsche nur bestehen, wenn der Erblasser im Zeitpunkt der Zuwendung den Empfänger für seinen künftigen gesetzlichen Erben hält, er also später sich entwickelnde Möglichkeiten einer Ersatzberufung regelmäßig dabei außer Acht lasse.

1640

> **Hinweis:**
>
> Erfolgen also Zuwendungen an **Enkel** zu Lebzeiten des verwandten Elternteils, bedürfte es stets einer ausdrücklichen Anordnung, um eine Ausgleichung für den Fall vorzusehen, dass der Enkel als „Nachrücker" zur gesetzlichen Erbfolge später berufen sein würde.

1641

g) Berechnung

Die (geborene oder gekorene) Ausgleichungspflicht führt im Erbfall zu einer rechnerischen Werterfassung (sog. „**Idealkollation**"), nicht etwa findet eine Rückgewähr der Zuwendung in Natur („**Realkollation**") statt. Es ist (anders als bspw. i.R.d. Pflichtteilsergänzung, § 2325 Abs. 3 BGB) gleichgültig, welcher Zeitraum seit der Leistung des ausgleichungspflichtigen Vorempfangs bis zum Erbfall noch verstreicht. Diese Zeitdauer spielt jedoch mittelbar dadurch eine Rolle, dass sich der grds. anzusetzende Wert des (unentgeltlich) zugewendeten Gegenstands im Zeitpunkt der Zuwendung (§ 2050 Abs. 2 BGB) nach Maßgabe der Entwicklung des Verbraucherpreisindex bis zum Erbfall anpasst, im Regelfall also erhöht (Ausgleich des **Kaufkraftschwundes**).[692] Die herrschende Meinung wendet diese **Indexierung** auch dann „mechanisch" an, wenn die tatsächliche Kursveränderung (etwa bei Wertpapieren, Aktien etc.) bis zum Erbfall deutlich davon abweicht.

1642

Die Berücksichtigung der Ausgleichung erfolgt gem. § 2055 Abs. 1 Satz 2 BGB dergestalt, dass der (indexierte) **Wert des Vorempfangs dem Nachlass hinzuzurechnen** ist, soweit dieser den Abkömmlingen zukommt, und sodann vom rechnerischen Erbanteil des Ausgleichungspflichtigen wieder abgezogen wird.

1643

> *Beispiel:*
>
> *Der Reinnachlass betrage noch 400.000,00 €, der indexierte Wert des Vorempfangs der Tochter 200.000,00 €, es sind lediglich zwei Abkömmlinge vorhanden, gesetzliche Erbfolge tritt ein. Die fiktiv ergänzte Erbmasse beträgt 600.000,00 €, sodass auf jeden rechnerisch 300.000,00 € (1/2) entfallen. Nach Abzug des Vorempfangs erhält die Tochter noch 100.000,00 €, der Sohn aus dem vorhandenen Nachlass den Rest (300.000,00 €), sodass unter Berücksichtigung des (indexierten) Vorempfangs beide je 300.000,00 € erhalten haben.*

Hat der Ausgleichspflichtige jedoch bereits mehr erhalten, als ihm aufgrund der Auseinandersetzung zukommen würde, ist er gem. § 2056 BGB nicht zur Herausgabe des Mehrbetrags verpflichtet. Er soll also Volleigentümer werden, ohne befürchten zu müssen, dass er möglicherwei-

1644

---

692 Vgl. im Einzelnen *Ebenroth/Bacher*, BB 1990, 2053 ff.

se Jahrzehnte später infolge „**Verarmung der Nachlassmasse**" noch belastet wird. Soll diese **risikobegrenzende Wirkung** des § 2056 BGB **nicht eintreten**, müsste der Erwerber sich dem Veräußerer ggü. verpflichten, ggf. einen bestimmten Geldbetrag in den Nachlass zu zahlen.[693]

1645 **Formulierungsvorschlag: Ausgleichungspflicht selbst bei Nachlasserschöpfung, „Abbedingung des § 2056 BGB"**

> Im Hinblick auf die vorstehend erläuterte Bestimmung des § 2056 BGB vereinbaren die Beteiligten jedoch:
>
> Soweit wegen Erschöpfung des Nachlasses die rechnerische Ausgleichung nach dem Tod des Veräußerers nicht zur vollständigen Gleichstellung zwischen dem Erwerber und den ausgleichungsberechtigten Geschwistern führt, ist der Erwerber zur Einzahlung des an der Gleichstellung fehlenden Betrags in den Nachlass in voller Höhe (*Alt.: zur Hälfte, zu einem Drittel etc.*) verpflichtet. Die Einzahlung ist jedoch begrenzt auf den Wert des unentgeltlichen Anteils der heutigen Zuwendung, indexiert nach Maßgabe der Entwicklung des Verbraucherpreisindex zwischen heute und dem Erbfall. Diese Verpflichtung gilt nur, wenn und soweit die Ausgleichung dem Grunde nach stattfindet, also insbesondere beim Eintritt gesetzlicher Erbfolge oder einer testamentarischen Abbildung der gesetzlichen Erbfolge.

1646 **Hinweis:**
Die Begrenzung auf den indexierten Wert der Zuwendung erscheint sachgerecht, um zu vermeiden, dass bei mehreren Geschwistern und völliger Entleerung des Nachlasses (etwa infolge von Pflegeheimkosten) und dem Fehlen anderweitiger Vorausempfänge jedem einzelnen Geschwister der volle Ausgleich zu leisten ist. Doch selbst bei einem Geschwister bzw. der Kappung wie im Formulierungsbaustein vorgeschlagen, kann aufgrund dieser Abänderung des § 2056 BGB eine Schenkung nachträglich zu einem vollentgeltlichen Rechtsgeschäft (Kauf) mutieren. Der Erwerber sollte sich daher gut überlegen, ob er dieses Risiko eingehen kann.

1647 Die bedingte „**Nachzahlungspflicht**" wird schenkungsteuerlich erst bzw. nur erfasst, wenn sie tatsächlich zum Tragen kommt; ertragsteuerlich handelt es sich dann ggf. um nachträgliche Anschaffungskosten des erworbenen Wirtschaftsguts. Zivilrechtlich mindert bereits die Bereitschaft zur Übernahme einer solchen bedingten Ausgleichszahlung mit dem Wahrscheinlichkeitswert, dessen Bemessung sich nach den Umständen des Einzelfalls (Erschöpfungsrisiko des Nachlasses etc.) ergibt, den unentgeltlichen Wert der Zuwendung. Kommt es allerdings zur Ausgleichszahlung, ist der unentgeltliche Anteil der historischen Zuwendung für die Zwecke der Durchführung des fiktiven Ausgleichsmechanismus und damit der Ermittlung und Begrenzung der Ausgleichszahlungspflicht ohne diesen Wahrscheinlichkeitsabschlag zu ermitteln, da sonst der Gleichstellungszweck aufgrund des in Gang gesetzten wechselseitigen „Unentgeltlichkeitsminderungszirkels" nicht erreicht würde.

1648 Häufiger als die vorstehend erläuterte, bedingte Aufzahlungspflicht in Abkehr von § 2056 BGB sind dem Betrag nach limitierte lebzeitige **Gleichstellungsgelder** an weichende Geschwister,

---
693 Vgl. *Peter*, BWNotZ 1986, 31.

sei es i.S.e. unbedingten Zahlungspflicht oder einer (etwa für den Fall des Drittverkaufs oder der Geschäftsaufgabe) bedingten „Nachzahlung".

h) Abweichende Wertansätze

Ebenso wie die Ausgleichungspflicht dem Grunde nach der Disposition des Veräußerers unterliegt (in Gestalt der ausdrücklichen Anordnung bzw. deren Unterbleibens bzw. in Gestalt der ausdrücklichen Ausschließung einer gesetzlich vermuteten Ausgleichung oder deren Bestätigung), kann der Veräußerer auch den Umfang der Ausgleichung beeinflussen. Unproblematisch ist dabei die Festlegung eines höheren Anrechnungswerts als gesetzlich (i.H.d. unentgeltlichen Anteils zuzüglich des Kaufkraftschwundes) geschuldet – nimmt der Empfänger das Geschenk in Kenntnis dieser „**Übermaßausgleichungsanordnung**" an, muss er sich hieran, sofern ihn nicht § 2056 BGB vor Schlimmerem bewahrt, in gleicher Weise festhalten lassen, wie wenn er vom Veräußerer zu einem überhöhten Kaufpreis erworben hätte (str.).[694] In Pflichtteilsrechte der weichenden Geschwister (für den Fall deren Enterbung) wird dadurch nicht eingegriffen, die zwingende Fernwirkung der Ausgleichung gem. § 2316 BGB also nicht verletzt, da Letztere aufgrund dieser Übermaßanordnung einen höheren Ausgleichspflichtteil erhalten, als er ihnen kraft Gesetzes zustünde.[695]

1649

Da der Veräußerer die Ausgleichungspflicht auch gänzlich ausschließen (bzw. von ihrer Anordnung absehen) kann, steht es ihm naturgemäß (argumentum a maiore ad minus) frei, die Ausgleichungspflicht nur für einen Teil des unentgeltlichen Anteils anzuordnen, also eine **Minderbewertung** zu bestimmen. Eine solche Minderbewertung kann jedoch die durch § 2316 Abs. 3 BGB gezogene Grenze nicht überschreiten: Ausstattungen und Zuschüsse nach § 2050 Abs. 2 BGB sind daher stets mit ihrem vollen Wert zur Erhöhung des Ausgleichungspflichtteils zu erfassen. Andere Zuwendungen gem. § 2050 Abs. 3 BGB (also im Bereich der gekorenen Ausgleichspflichten, mithin die „normalen" Schenkungen) unterliegen jedoch insoweit keiner Grenze mit Ausnahme des § 2325 BGB (auch Letztere entfällt bei Pflicht- und Anstandsschenkungen, § 2330 BGB). Dieser Minimalschutz, bei dem ebenfalls die Schenkungswerte (abgesehen von § 2312 BGB: Landgüter) nach Verkehrswerten zu bestimmen sind, besteht jedoch lediglich 10 Jahre ab der juristischen und wirtschaftlichen Ausgliederung des Gegenstands (§ 2325 Abs. 3 BGB) und gemindert um etwaige Eigenschenkungen an den Pflichtteilsberechtigten (§ 2327 BGB).

1650

2. Ausgleichung beim Berliner Testament

Besonders praxisrelevante Schwierigkeiten treten auf, wenn die ausgleichungspflichtige Zuwendung (zumindest teilweise) aus dem Vermögen eines Ehegatten stammt, sich die Ehegatten gegenseitig zu Alleinerben eingesetzt haben („Berliner Testament") und der Zuwendende zuerst verstirbt.

1651

---

694 Argument der Gegenansicht: Unzulässigkeit eines gegenständlich beschränkten Erbverzichts; vgl. *Wegmann*, Grundstücksüberlassung, Rn. 557, Fn. 389; vgl. auch *Sailer*, NotBZ 2002, 84.
695 Vgl. *Ebenroth/Bacher/Lorz*, JZ 1991, 282.

Ein Teil der Literatur[696] vertritt im Anschluss an eine frühere Entscheidung des KG[697] zur Sicherung des mit der Ausgleichungsanordnung verfolgten „Gleichstellungsziels" die Auffassung, i.R.d. § 2052 BGB sei ein „**erweiterter Erblasserbegriff**" zugrunde zu legen mit der Folge, dass die angeordnete Ausgleichung auch greife, wenn die gesetzliche Erbfolge unter den Abkömmlingen erst beim Schlusserbfall, also nach dem Ableben des nichtübertragenden Ehegatten, eintrete – die gegenseitige Alleinerbeinsetzung „konserviere" gewissermaßen die Ausgleichung.

1652 Demgegenüber hat der BGH in einer zur Anrechnung von Eigengeschenken auf den Pflichtteilsergänzungsanspruch (§ 2327 BGB) ergangenen Entscheidung[698] wortlautgerecht zwischen beiden Sterbefällen klar unterschieden mit der Folge, dass die Anrechnung bei „ungünstiger" Todesreihenfolge „ins Leere läuft"; Gleiches gilt bei § 2316 BGB, also der pflichtteilsrechtlichen „Fernwirkung" der Ausstattung.[699] Richtigerweise wird man daher auch i.R.d. Ausgleichungsanordnung gem. §§ 2050 ff. BGB sowie der Anrechnungsbestimmung auf den unmittelbaren Pflichtteil gem. § 2315 BGB davon ausgehen müssen, dass anordnender Veräußerer und späterer Erblasser identisch sein müssen, mithin die Anordnungen unmittelbar nur Wirkungen zeitigen für Pflichtteilsrechte oder gesetzliche Kindererbengemeinschaften nach dem eigenen Ableben (zur Erweiterung der Wirkungen des § 2315 BGB auf den Sterbefall des nicht veräußernden Ehegatten vgl. Rdn. 3292 f.).

1653 Dieses Ergebnis widerspricht der regelmäßig anzutreffenden Auffassung des Veräußerers und seines Ehegatten, ihr Vermögen bilde – als „**elterlicher Besitz**" – eine Art **Vermögenseinheit**, aus der die Gesamtheit aller Abkömmlinge unter Berücksichtigung aller lebzeitigen und letztwilligen Zuwendungen, gleich aus welcher Hand sie formal stammen, möglichst gleichwertig bedacht werden solle. Dieser Wunsch wird jedenfalls dann anzutreffen sein, wenn es sich nur um gemeinsame (also nicht einseitige) Abkömmlinge handelt und zu diesen (auch unter Berücksichtigung der Schwiegerkinder) ein gleichermaßen (und gleichbleibend) gutes Verhältnis herrscht.

1654 Kautelar-juristisch ergeben sich zur Umsetzung dieses Wunsches nach unbedingter **postmortaler Gleichstellung** verschiedene Regelungsmöglichkeiten, je nachdem ob die „Begünstigung" der weichenden Geschwister ohne deren Mitwirkung noch beseitigt werden können soll oder nicht. Des Weiteren ist danach zu differenzieren, ob vertraglich oder faktisch sichergestellt ist, dass die weichenden Geschwister nicht beim Tod des Veräußerers als erstversterbendem Ehegatten Pflichtteilsergänzungsansprüche bzw. Ausgleichspflichtteilsansprüche (§§ 2325, 2316 BGB) wegen der früheren Zuwendung geltend machen: Anderenfalls würde das erstrebte Ziel der Gesamtgleichstellung verfehlt, weil die weichenden Geschwister insgesamt (durch die übertragungsbedingte Pflichtteilsauszahlung beim ersten Sterbefall) ggü. dem Objekterwerber begünstigt würden. Kann eine solche „zusätzliche Wertabschöpfung" nach dem Tod des erstversterbenden Veräußerers nicht ausgeschlossen werden, müsste sie zumindest in die Berechnung des Ausgleichungsanspruchs nach dem Tod des letztversterbenden Ehegatten beim Eintritt gesetzlicher Erbfolge bzw. im Fall des § 2052 BGB einbezogen werden.

---

696 Vgl. Nachweise bei *Mohr*, ZEV 1999, 258.
697 KG, NJW 1974, 2131.
698 Vgl. *Mohr*, ZEV 1999, 257.
699 Vgl. *Schindler*, Pflichtteilsberechtigter Erbe und pflichtteilsberechtigter Beschenkter, Rn. 422 ff.

Demnach stellen sich dem Gestaltungsberater zur Verwirklichung der gewünschten „postmortalen Geschwistergleichstellung unabhängig von der Versterbensreihenfolge" (zur Variante der lebzeitigen Gleichstellung im Weg von Abfindungsverpflichtungen s. Rdn. 1584 ff., zu bedingten Abfindungsverpflichtungen s. Rdn. 1590 ff.) folgende Regelungsthemen, sofern sich beide Ehegatten gegenseitig beerben wollen („Berliner Testament"):

1655

a) Nachversterben des veräußernden Ehegatten

Verstirbt der **Veräußerer-Ehegatte als Zweiter**, ergeben sich keine Besonderheiten: Bei Eintritt gesetzlicher Schlusserbfolge zugunsten der Abkömmlinge oder einer testamentarischen Erbfolge, durch die sie jedenfalls im Verhältnis zueinander wie gesetzliche Erben eingesetzt sind (§ 2052 BGB), greift die Ausgleichungsanordnung als Umgestaltung der Erbauseinandersetzungsbilanz; entsteht (beim Veräußerer oder einem weichenden Geschwister) ein Pflichtteilsanspruch (etwa infolge Enterbung oder infolge Ausschlagung eines belasteten Erbteils, § 2306 Abs. 1 Satz 2 BGB), wirkt sich die Ausgleichungsanordnung auch verschiebend auf die Pflichtteilshöhe aus, sog. „Ausgleichungspflichtteil" gem. § 2316 BGB, sofern insoweit nicht Pflichtteilsverzichte, zumindest gegenständlich auf die Pflichtteilswirkung der Zuwendung beschränkt, abgegeben wurden. Damit ist zumindest für den Veräußerer-Ehegatten die Gleichstellung erreicht.

1656

Allerdings könnten Abkömmlinge bereits nach dem ersten Sterbefall ihren Pflichtteilsgeldanspruch aufgrund Einforderung erhalten und damit die **„Gesamtbilanz" gestört** haben. Eine eher holzschnittartige Reaktion auf Pflichtteilsauszahlungen an weichende Geschwister nach dem Ableben des Nicht-Veräußerers[700] als ersten Ehegatten könnte darin liegen, die Ausgleichungsanordnung nach dem zweiten Sterbefall (des Veräußerers) dann gerade nicht eintreten zu lassen, also auflösend auf solche Pflichtteilsverlangen zu gestalten. Dies erscheint jedoch allenfalls dann vertretbar, wenn nur ein weichendes Geschwisterteil vorhanden ist, weil sonst die „Illoyalität" eines Kindes sich zulasten der anderen, „braven" weichenden Geschwister auswirken würde.

1657

Formulierungsvorschlag: Ausgleichungsanordnung auflösend bedingt bei Pflichtteilsverlangen weichender Geschwister nach dem erstversterbenden Ehegatten

1658

> Vorstehende Vereinbarung (über die Herbeiführung der Wirkung einer Ausgleichungsanordnung nach dem zweiten Sterbefall) entfällt, falls das weichende Geschwister nach dem Tod des erstversterbenden, nichtveräußernden Elternteils sein Pflichtteilsrecht in verzugsbegründender Weise geltend gemacht haben sollte. Ein vorwerfbares Verhalten oder eine Kenntnis dieser Bestimmung ist hierfür nicht erforderlich, jedoch die Geltendmachung durch das weichende Geschwister selbst oder dessen rechtsgeschäftlichen Vertreter (auflösende Bedingung der Ausgleichungsanordnung).

---

700 Würde eine solche Regelung (auflösende Bedingung) für den Fall getroffen, dass der Veräußerer als Erster stirbt und nach dessen Tod der Pflichtteil verlangt würde, läge eine Verletzung des § 2316 BGB vor – die Geltendmachung des gesetzlich gewährten Anspruchs würde über Umweg der auflösenden Bedingtheit der Ausgleichungsanordnung wiederum gerade die in Anspruch genommene Pflichtteilserhöhung beseitigen!

Kapitel 4: Absicherung des Veräußerers

Alternativ kommt auch die Vereinbarung der Einbeziehung der Pflichtteilszahlungen nach dem ersten Sterbefall in die Auseinandersetzungsbilanz nach dem zweiten Sterbefall (s.u. Rdn. 1660) als flexiblere Lösung in Betracht.

b) Erstversterben des veräußernden Ehegatten

1659 Komplexer ist die Regelungssituation, wenn der **Veräußerer-Ehegatte als Erster verstirbt** und vom anderen Ehegatten beerbt wird. Die schlicht angeordnete Ausgleichungsanordnung geht in diesem Fall – wie oben ausgeführt –, da die Voraussetzungen des § 2050 bzw. 2052 BGB nicht erfüllt sind, ins Leere (Ablehnung des erweiterten Erblasserbegriffs). Soll die Ausgleichungsanordnung nun in ihrer Wirkung auf den zweiten Sterbefall (den des anderen Ehegatten) „verschoben" werden, sind gleichwohl beide Sterbefälle einzubeziehen:

- Die **Enterbung der Abkömmlinge beim Ableben des Veräußerer-Ehegatten** aufgrund des „Berliner Testaments" generiert Pflichtteilsansprüche der Kinder. Unter Gleichstellungsaspekten kann dies nur dann vernachlässigt werden, wenn die vom verstorbenen Ehegatten an einen Abkömmling getätigte Zuwendung sich auf die Höhe der einzelnen Pflichtteilsansprüche nicht auswirken kann.

  Letzteres ist dann gewährleistet, wenn

  – alle Abkömmlinge einen allgemeinen (bspw. auf den ersten Sterbefall begrenzten) Pflichtteilsverzicht abgegeben haben, ferner dann, – wenn die nicht erwerbenden Abkömmlinge ggü. dem (nunmehr verstorbenen) Veräußerer-Ehegatten auf die Pflichtteilserhöhungswirkung der Zuwendung gegenständlich beschränkt verzichtet haben (umfassend sowohl den Pflichtteilsergänzungsanspruch gem. § 2325 BGB i.R.d. 10-Jahres-Frist als auch die Pflichtteilsfernwirkung der rechtsgeschäftlich oder gesetzlich angeordneten Ausgleichungsbestimmung gem. § 2316 BGB) und

  – die Zuwendung nicht den eigenen Pflichtteilanspruch des Erwerbers wegen diesbezüglicher Anordnung (§ 2315 BGB) schmälern kann.

  Neben diese juristischen Sachverhaltsvarianten tritt die tatsächliche Ungewissheit, ob und in welcher Höhe die Abkömmlinge ihren – sofern nicht durch Generalverzicht erloschenen – Pflichtteilsanspruch, auch hinsichtlich des real noch vorhandenen Nachlasses tatsächlich geltend machen.

1660 **Hinweis:**

Dem „Gesamtgleichstellungswunsch" der Eltern trägt es am besten Rechnung, diejenigen Pflichtteilszahlungen, die nach dem Tod des ersten Ehegatten tatsächlich erbracht wurden, in die „Auseinandersetzungsbilanz" nach dem Ableben des zweiten (nichtveräußernden) Ehegatten einzubeziehen, und zwar unabhängig davon, ob es sich um zuwendungsbedingte Pflichtteilszahlungen handelt oder nicht.

1661 • Gleiches gilt regelmäßig für **weitere Zuwendungen**, die – gleichgültig ob vom erstversterbenden oder vom zweitversterbenden Ehegatten stammend – **an einen der Abkömmlinge** noch getätigt werden, sofern auch diese weiteren Zuwendungen (kraft Anordnung oder kraft Gesetzes) ausgleichspflichtig sind. Auch diese sollen regelmäßig in die „Gesamtbilanz" einbezogen werden.

- Liegen nach dem Tod des längerlebenden Ehegatten die gesetzlichen Voraussetzungen einer Ausgleichung dem Grunde nach vor (§§ 2050/2052 BGB), tritt alsdann aufgrund der getroffenen vertraglichen Vereinbarungen die Gesamtgleichstellung i.R.d. Erbauseinandersetzung zwischen den Abkömmlingen ein.
- Zu differenzieren ist insoweit danach, ob   1662
  - die Begünstigung zugunsten der „weichenden Geschwister" auf den zweiten Sterbefall bereits in dem Sinn „bindend" angeordnet werden soll, dass sie nicht mehr ohne deren Zutun beseitigt werden kann (also i.S.e. echten Vertrags zugunsten Dritter [§ 328 Abs. 2 BGB] oder einer unmittelbaren vertraglichen Berechtigung, sofern sie an der Urkunde mitwirken) oder aber
  - es sich um eine lediglich bilaterale Verpflichtung des jetzigen Erwerbers ggü. dem Veräußerer-Ehegatten (nach dessen Tod aufgrund Gesamtrechtsnachfolge ggü. dem anderen Ehegatten) handelt, die auch im Verhältnis zwischen diesen beiden Beteiligten später wieder aufgehoben werden könnte, ohne bestehende Rechte der anderen Geschwister zu verletzen (diesen stehen dann ebenso wenig vertragliche Ansprüche, auch nicht gem. § 328 BGB, zu noch werden ihre gesetzlichen Pflichtteilsansprüche verletzt, da ja kein eigentlicher Fall des § 2050 BGB vorliegt, also die nichtbeseitigbare gesetzliche „Pflichtteilsfernwirkung" des § 2316 BGB nicht eingetreten ist).[701]
- Liegen die gesetzlichen Voraussetzungen einer Ausgleichung gem. §§ 2050, 2052 BGB jedoch nicht vor, etwa weil der länger lebende Ehegatte – sofern ihm diese erbrechtliche Flexibilität verblieben ist – nur einen der Abkömmlinge zum Schlusserben eingesetzt hat, ist die Ausgleichungsthematik endgültig „erledigt". Zugunsten der früheren weichenden Geschwister kann sich die vorvergangene Zuwendung weder pflichtteilserhöhend i.R.d. § 2316 BGB noch des § 2325 BGB ausgewirkt haben, da sie ja nicht vom nunmehr verstorbenen Ehegatten stammt, noch wirkt sie sich zulasten des Zuwendungsempfängers aus, es sei denn, dieser hätte sich mit einer fiktiven Anrechnung (im Weg gegenständlich beschränkten Pflichtteilsverzichts) analog § 2315 BGB einverstanden erklärt.   1663
- Zu bedenken ist schließlich, dass selbst bei Bestehen einer Ausgleichungssituation die tatsächliche Gleichstellungswirkung dann nicht eintreten kann, wenn der Nachlass nach dem Ableben des Längerlebenden erschöpft ist, da gem. § 2056 BGB Einzahlungen aus dem Eigenvermögen nicht geleistet werden müssen. Typischerweise werden es die Ehegatten hierbei belassen (anderenfalls s. den Formulierungsvorschlag bei Rdn. 1645); kommt es den Ehegatten tatsächlich auf die stets im Ergebnis zu garantierende Gleichstellung an, wählen sie ohnehin regelmäßig die Variante sofortiger Gleichstellung durch sie selbst oder durch Erwerber.   1664
- Eine solche in allseitigem Einvernehmen, also unter Mitwirkung der weichenden Geschwister, getroffene „**Ausgleichungsvereinbarung**" (im Unterschied zur einseitigen postmortalen Ausgleichungsanordnung des § 2050 BGB) könnte (kombiniert mit der Einbeziehung von Pflichtteilszahlungen nach dem ersten Sterbefall und weiteren künftigen Ausgleichungsanordnungen) wie nachstehend formuliert werden. In diesem allseitigen Vertrag liegt zugleich eine schuldrechtliche Vereinbarung unter künftigen Miterben gem. § 311b Abs. 5 BGB (**Erb-**   1665

---

701 Dies übersieht *Mohr*, ZEV 1999, 258 (rechte Spalte unten), der befürchtet, die Ausgleichsvereinbarung auf den zweiten Sterbefall reduziere wegen § 2316 BGB den Pflichtteilsanspruch des Beschenkten nach dem überlebenden, nicht zuwendenden, Ehegatten, sodass es insoweit eines beschränkten Pflichtteilsverzichtes bedürfe.

schaftsvertrag unter möglichen künftigen gesetzlichen Erben über den gesetzlichen Erbteil bzw. den Pflichtteil, Rdn. 2967 ff, 2971), allerdings mit der Erweiterung, dass der Erblasser (als Pflichtteilsverzichtsempfänger und als bei Abänderungen Zustimmungsbetroffener) einbezogen wurde.

1666 Formulierungsvorschlag: Allseitige „postmortale Ausgleichungsvereinbarung" zur Gleichstellung im Schlusserbfall unabhängig von der Versterbensreihenfolge

1.

Der unentgeltliche Teil der heutigen Zuwendung, den alle Beteiligten übereinstimmend auf ..... € beziffern, soll im Verhältnis zu den weichenden Geschwistern, die an dieser Vereinbarung mitwirken, bei der Erbauseinandersetzung zur Ausgleichung gebracht werden, wenn und sobald die Kinder zur Erbfolge berufen sind. Der Veräußerer und sein Ehegatten haben sich erbvertraglich/durch gemeinschaftliches Testament zu gegenseitigen Alleinerben eingesetzt („Berliner Testament") und die gemeinsamen Abkömmlinge, die an der heutigen Urkunde sämtlich mitwirken, zu Schlussmiterben zu gleichen Teilen berufen, wobei allerdings dem längerlebenden Ehegatten die Möglichkeit zur Abänderung durch eigenes Testament (*Anm. [je nach Sachverhalt ggf. folgender Zusatz]*: „..... beschränkt auf den Kreis gemeinsamer Abkömmlinge") vorbehalten bleibt. Dies vorausgeschickt, wird vereinbart:

2.

Soweit nach dem Tod des Veräußerers die gesetzlichen Voraussetzungen einer Ausgleichung (§§ 2050, 2052 BGB) vorliegen, etwa weil dieser als zweiter verstirbt, gilt folgende Ausgleichungsanordnung:

Der oben bezifferte unentgeltliche Teil der Zuwendung ist gem. § 2050 Abs. 3 BGB im Verhältnis zu den Geschwistern des Erwerbers zur Ausgleichung zu bringen. Den Beteiligten wurden Voraussetzungen und Wirkungsweise der Ausgleichung erläutert. Ihnen ist daher insbesondere bekannt, dass

- die Ausgleichung nur unter Geschwistern stattfindet – sofern diese keinen Erbverzicht erklärt haben –, wenn gesetzliche Erbfolge oder eine diese abbildende testamentarische Erbfolge eintritt, ferner
- der maßgebliche Wert der heutigen unentgeltlichen Zuwendung zum Ausgleich des Kaufkraftschwundes bis zum Erbfall indexiert wird,
- die Ausgleichung unabhängig davon stattfindet, wie viel Zeit bis zum Erbfall noch verstreicht,
- die Ausgleichung sich auch auf die Pflichtteilsansprüche von Geschwistern erhöhend auswirkt und insoweit später nicht mehr einseitig „zurückgenommen" werden kann, und schließlich
- ein Ausgleich aus dem Eigenvermögen des Erwerbers nicht stattfindet, auch nicht bei Erschöpfung des Nachlasses (§ 2056 BGB). Ergänzende Verpflichtungen des Erwerbers im Hinblick hierauf werden nicht begründet.

3.

Sofern jedoch der Veräußerer und Ehegatte als Erster verstirbt und vom überlebenden Ehegatten, wie oben dargelegt, allein beerbt wird, vereinbaren alle Beteiligten:

Sofern nach dem Tod des Längerlebenden die Voraussetzungen der §§ 2050 Abs. 1 (gesetzliche Erbfolge), 2051 (Nachrücken gemäß der Stammesfolge) oder 2052 BGB (testamentarische Einsetzung der Abkömmlinge in verhältnismäßiger Entsprechung zur gesetzlichen Erbfolge zueinander) vorliegen, hat der Erwerber die heutige Zuwendung unter seinen Geschwistern in gleicher Weise gem. §§ 2050 ff. BGB zur Ausgleichung zu bringen, wie wenn er sie heute vom zuletzt verstorbenen Ehegatten erhalten hätte. Bei dieser Auseinandersetzung sind ferner alle Pflichtteilsbeträge, die ein Abkömmling, dessen Pfändungs- oder Überleitungsgläubiger nach dem ersten Sterbefall erhalten hat, als in gleicher Weise ausgleichungspflichtige Zuwendungen i.S.d. §§ 2050 ff. BGB zugunsten jenes Abkömmlings zu behandeln. Gleiches gilt aufgrund bereits jetzt getroffener allseitiger Abrede für etwaige weitere künftige Zuwendungen, die – gleich von welchem Ehegatten – an einem unserer Abkömmlinge noch erfolgen, es sei denn, bei der Zuwendung würde die Ausgleichungspflicht ausdrücklich ausgeschlossen.

Die Beteiligten bestätigen, dass – mangels Vorliegens der gesetzlichen Voraussetzungen – aufgrund der schlichten vertraglich vereinbarten Fiktion einer Vermögenszuwendung aus dem Vermögen des Längerlebenden ihre Pflichtteilsansprüche an dessen Nachlass sich nicht verändern, insbesondere keine Ansprüche gem. §§ 2325 oder 2316 BGB begründet werden; vorsorglich wird auf solche zuwendungsbedingte Ansprüche mit Wirkung für sich und die Abkömmling verzichtet; beide Ehegatten nehmen diesen Verzicht auf das Ableben des Längerlebenden entgegen und an.

Den Beteiligten ist bekannt, dass die für den Zeitraum nach dem Ableben des Längerlebenden vereinbarte „Gleichstellungsregelung" nur in gemeinsamem Zusammenwirken aller Kinder mit dem Veräußerer, nach dessen Ableben mit dessen Ehegatten, aufgehoben werden kann, jedoch tatsächlich ins Leere geht, wenn der Nachlass des Letztversterbenden insoweit erschöpft ist (§ 2056 BGB) und rechtlich unter dem Vorbehalt anderweitiger testamentarischer Anordnungen des überlebenden Ehegatten steht, dem es bspw. freisteht, Abkömmlinge zu enterben, sodass ihnen lediglich der ordentliche gesetzliche Pflichtteil zusteht.

Insb. der letztgenannte Hinweis auf den überwölbenden Vorbehalt anderweitiger testamentarischer Anordnungen durch den überlebenden Ehegatten wird so manches weichende Geschwister dazu bestimmen, doch bereits nach dem Ableben des ersten Ehegatten die pflichtteilserhöhende Wirkung der Geschwisterzuwendung geltend zu machen und „abzuschöpfen" (§§ 2325, 2316 BGB), auch wenn sich dadurch die Ausgleichsbegünstigung nach dem zweiten Sterbefall entsprechend mindert, da ihm dieser Anspruch (sofern diesbezüglich kein eigenständiger Pflichtteilsverzicht geleistet wurde, vgl. hierzu Rdn. 3277 ff.) jedenfalls sicher ist, dessen Einforderung aber nach Ablauf der Verjährungsfrist nicht mehr „nachgeholt" werden kann, falls sich herausstellen sollte, dass die postmortale Gleichstellungsvereinbarung für den zweiten Sterbefall aus tatsächlichen Gründen (Nachlasserschöpfung) oder aus rechtlichen Gründen (Einsetzung dritter Personen oder Einsetzung der Kinder zu ungleichen Quoten) nicht greift. Wollen die Eltern auch dies verhindern, müssen sie auf (gegenständlich beschränkte oder – eher – umfassende) **Pflichtteilsverzichte** der Kinder auf den ersten Sterbefall drängen (vgl. hierzu Rdn. 3303 ff.).

1667

1668 Ohne eigene rechtsgeschäftliche Mitwirkung des Erwerbers bedarf es zur Sicherstellung der vollen Ausgleichung beim Tod des Längerlebenden der Kombination von Ausgleichungsanordnung und Vorausvermächtnis (Letzteres wird wohl allerdings nur für den Fall angeordnet sein, dass dem Grunde nach Raum für die Ausgleichung ist), also i.Ü. gesetzliche Erbfolge greift:

1669 **Vorausvermächtnis zur Sicherung der Ausgleichung auf den Sterbefall des überlebenden Veräußerers**

> Der Erwerber hat die Zuwendung gemäß §§ 2050 ff. BGB auszugleichen. Findet eine Ausgleichung nach den Erbfällen beider Eltern statt, ist sie bei jedem Erbfall mit der Hälfte des Wertes zu berücksichtigen. Sollte die Ausgleichung beim Tod des erstversterbenden Elternteils nicht erfolgen, etwa weil dieser vom überlebenden Elternteil allein beerbt wird, gilt die Zuwendung als vom überlebenden Elternteil allein erfolgt und ist demnach bei dessen Tod in voller Höhe auszugleichen. Dies wird hiermit vom überlebenden Elternteil auf seinen Tod im Weg des Vorausvermächtnisses zugunsten der anderen ausgleichsberechtigten Abkömmlinge und zu Lasten des Zuwendungsempfängers angeordnet, sofern die §§ 2050 ff. BGB auf den Tod des überlebenden Elternteils zur Anwendung kommen. Das Vermächtnis ist lediglich testamentarisch angeordnet, kann also vom überlebenden Elternteil einseitig geändert und widerrufen werden. Der Zuwendungsbetrag ist dem Kaufkraftschwund nach Maßgabe der Entwicklung des Verbraucherpreisindex auf den Zeitpunkt desjenigen Erbfalls, bei dem er zur Anrechnung gelangt, anzupassen.
>
> *Falls der Erwerber die Erklärung nicht nur entgegennimmt, weitere Ergänzung zur Beseitigung der pflichtteilsrechtlichen Folgen des Vorausvermächtnisses:* Soweit dabei die Zuwendung nicht aus dem Vermögen des überlebenden Elternteils kam, verzichtet der Erwerber für sich und seine Abkömmlinge auf seine Pflichtteilsansprüche nach dem überlebenden Elternteil, soweit dies für diese Rechtswirkung notwendig ist. Jeder Elternteil nimmt diesen Verzicht hiermit an.

3. Minderjährigkeit

1670 Erfolgen Ausgleichsleistungen an weichende Geschwister, die noch minderjährig sind, und wird bzgl. dieser Gleichstellungsgelder durch den Zuwendenden (also den Veräußerer) spätestens bei der Zuwendung die **Ausgleichung** im Fall gesetzlicher Erbfolge angeordnet (§ 2050 Abs. 3 BGB), soll dies nach Ansicht des BGH die lediglich rechtliche Vorteilhaftigkeit des Gesamtgeschäfts i.S.d. § 107 BGB nicht infrage stellen,[702] sodass die Anordnung ggü. einem über 7 Jahre alten Kind selbst getroffen werden bzw. bei jüngeren Kindern den Eltern ggü. als Zugangsberechtigten erklärt werden kann (allgemein zur zivilrechtlichen Wirksamkeit von Übertragungsverträgen unter Beteiligung Minderjähriger s. Rdn. 4332 ff.).

1671 Ein **Pflichtteilsverzicht**, sei er auch gegenständlich beschränkt, bedarf allerdings der vormundschaftsgerichtlichen Genehmigung (§ 2347 Abs. 1 BGB), die wegen § 1804 BGB (Verbot der

---

702 BGHZ 15, 170; MünchKomm-BGB/*Heldrich*, § 2050 Rn. 31 (da durch die Anordnung keine schuldrechtliche Verpflichtung begründet werde); a.A. *Schultz*, DAVorm 1984, S. 715.

Schenkung) nur gegen eine vollwertige Abfindung erlangt werden kann,[703] wobei jedoch die Praxis die Vermögensverhältnisse des künftigen Erblassers z.Zt. der Verzichtserklärung, und nicht deren mutmaßliche künftige Entwicklung, zugrunde legt.[704] Da die **Anrechnung auf den Pflichtteil** (§ 2315 BGB) zwar einseitig durch den Zuwendenden spätestens bei deren Vornahme verfügt werden kann, jedoch in ihrer Wirkung einem beschränkten Pflichtteilsverzicht gleichkommt, dürfte auch dann ein nicht lediglich rechtlich vorteilhaftes Geschäft vorliegen, sodass für eine Zuwendung durch den gesetzlichen Vertreter (Eltern) oder andere Verwandte in gerader Linie (Großeltern) ein Ergänzungspfleger bestellt werden muss und die betreuungsgerichtliche Genehmigung einzuholen ist, §§ 1909 BGB und 2347 Abs. 1 BGB analog,[705] die jedoch im Regelfall erteilt werden wird.[706] Anders mag es liegen, wenn in Abänderung des gesetzlichen Anrechnungsmodus (Wert zum Zeitpunkt der Zuwendung, § 2315 Abs. 2 Satz 2 BGB) ein etwa bis zum Entstehen des Pflichtteilsanspruchs (Versterben) reduzierter Wert maßgeblich sein soll (vgl. Rdn. 3140).

---

703 „Angemessener Ausgleich", vgl. BGH, ZEV 1995, 27; m. Anm. *Langenfeld* (in einem Haftpflichtprozess gegen den Vormundschaftsrichter!).
704 OLG Köln, FamRZ 1990, 101; *J. Mayer*, Der Übergabevertrag, Rn. 146.
705 Vgl. *J. Mayer*, in: *Bamberger/Roth*, BGB, § 2315 Rn. 8; Staudinger/*Haas*, BGB (2006), § 2315 Rn. 31; *J. Mayer*, Der Übergabevertrag, S. 132, mit Hinweis auf die besondere Schutzbedürftigkeit beim Erwerb kurzlebiger Wirtschaftsgüter; a.A. *Everts*, Rpfleger 2005, 180; *Rastätter*, BWNotZ 2006, 7; *Weigl*, MittBayNot 2008, 276: die Anrechnung ist (anders als der Pflichtteilsverzicht) stets an eine Schenkung geknüpft.
706 OLG München, 17.07.2007 – 31 Wx 18/07, NotBZ 2007, 375 (der Umstand, dass ein möglicherweise schwer verkäuflicher Erwerbsgegenstand an die Stelle des disponiblen Geldanspruchs trete, reicht für sich allein nicht zur Ablehnung), ebenso Gutachten, DNotI-Report 2007, 160.

G. Übernahme von Verbindlichkeiten und/oder Grundpfandrechten

1672 Nicht selten bestehen zum Zeitpunkt der Grundbesitzübertragung noch **Verbindlichkeiten im wirtschaftlichen Zusammenhang zum übergebenen Objekt**, z.B. die Restvaluta aus Darlehen, die zur Anschaffung oder zu Investitionen auf dem Grundbesitz eingegangen worden waren. Diese Verbindlichkeiten können entweder gar nicht oder anderweit abgesichert sein, oder auf dem übertragenen Grundbesitz selbst lasten Grundpfandrechte (Grundschulden oder Hypotheken), die der Absicherung dieser Verbindlichkeiten dienen. Bei diesem Sachverhalt stellt sich die nachstehend unter Rdn. 1673 ff. diskutierte Frage der Schuldübernahme[707] durch den Erwerber als (weitere) Gegenleistung ggü. dem Veräußerer. Denkbar ist aber auch, dass die auf dem übertragenen Vermögensgegenstand lastenden Grundpfandrechte nicht mehr valutieren, sondern durch den Erwerber in lediglich dinglicher Hinsicht zur Absicherung etwaiger künftiger eigener Verbindlichkeiten übernommen werden. In diesem nachstehend unter Rdn. 1718 ff. dargestellten Fall steht nicht eine zusätzliche „Gegenleistung" des Erwerbers im Vordergrund, sondern die Absicherung der Nutzungsrechte des Veräußerers (Wohnungsrecht/Nießbrauch), sofern der Erwerber nach einer Neuvalutierung in Vermögensverfall gerät und daher die Zwangsvollstreckung in das übergebene Anwesen betrieben wird.

I. Schuldübernahme

1. Zeitpunkt

1673 Die **sofortige Übernahme von Verbindlichkeiten durch den Erwerber** (als interne Verpflichtung zur Schuldbefreiung ab dem Stichtag des Übergangs von Besitz, Nutzungen und Lasten bzw. als befreiende Schuldübernahme ab Erteilung der Gläubigergenehmigung) ist nur dann die Regel, wenn der Veräußerer aus dem Vertragsobjekt keine wirtschaftlichen Nutzungen mehr zieht. Behält er sich jedoch bspw. den **Nießbrauch** vor, bestimmt schon § 1047 BGB, dass im Zweifel der Nießbraucher (Veräußerer) die Zinsen, der Eigentümer (Erwerber) dagegen die Tilgung bestehender Verbindlichkeiten zu tragen habe. Obwohl für die steuerliche Abzugsfähigkeit als Werbungskosten nur der Zinsanteil von Bedeutung ist, wird der Veräußerer (Nießbraucher) im Regelfall auch zumindest die im Darlehensvertrag vereinbarte Mindesttilgung (zuzüglich ersparter Zinsen) übernehmen. Solche abweichenden Vereinbarungen können mit dinglicher Wirkung zum Inhalt des Nießbrauchs gemacht werden (vgl. hierzu Rdn. 1158 ff.). In diesem Fall wird sich typischerweise der Erwerber im Rahmen einer aufschiebend bedingten Schuldübernahme zu verpflichten haben, in Entlastung der Eigenerben des Veräußerers (zu welchem Kreis er durchaus auch selbst gehören mag) die zum Zeitpunkt der Beendigung des Nießbrauchs (aufgrund Zeitablaufs, Versterben des Nießbrauchers oder vorzeitigen Verzichts) noch bestehenden Verbindlichkeiten hinsichtlich Zins und Tilgung als alleiniger Schuldner zu übernehmen. Diese aufschiebend bedingte Schuldübernahme wird Übrigens bei der **Schenkungsteuer** als Gegenleistung erst mit ihrem Eintritt auf Antrag berücksichtigt[708] (vgl. auch Rdn. 1169 und 3803 mit Beispiel in Rdn. 3854). Auch ertragsteuerlich hat sie erst ab tatsächlichem Eintritt Entgeltcharak-

---

[707] Vgl. *Ogilvie*, MittRhNotK 1990, 145 ff.
[708] BFH, ZEV 2002, 121 ff.: § 12 ErbStG i.V.m. §§ 8, 6 Abs. 1 und Abs. 2 BewG, § 5 Abs. 2 BewG, m. Anm. *Daragan*; FG München, 25.10.2006 – 4 K 1395/04, JurionRS 2006, 28086.

ter (s. Rdn. 4900 ff.); zivilrechtlich führt jedoch bereits die (bedingte) Übernahmeverpflichtung zu einer Minderung der Unentgeltlichkeit, wenn auch mit Unwahrscheinlichkeitsabschlag.

Da angesichts der Ungewissheit über die Laufzeit des Nießbrauchs und das Tilgungsverhalten des Nießbrauchers zum derzeitigen Zeitpunkt der Vermögensübertragung nicht feststeht, ob und bzgl. welcher Verbindlichkeiten die Schuldübernahme zum Tragen kommen wird, kann eine Genehmigung des Gläubigers zur befreienden Schuldübernahme gem. § 415 BGB derzeit noch nicht eingeholt werden. 1674

> **Hinweis:** 1675
>
> Der Notar wird daher in solchen Konstellationen „**aufgeschobener Schuldübernahmen**" besonders deutlich darauf hinweisen, dass die Beteiligten bei Beendigung des Nießbrauchs die erforderliche Gläubigerzustimmung selbst einzuholen haben. Zu regeln ist auch, welche Sekundärverpflichtungen aus einer etwaigen Verweigerung der Gläubigerzustimmung erwachsen sollen: Im Regelfall wird der Erwerber = Schuldübernehmer verpflichtet sein, auf Betreiben auch nur eines Eigenschuldners des Veräußerers (bei Beendigung des Nießbrauchs durch Tod: eines Miterben) die Verbindlichkeiten vollständig abzulösen, d.h. durch Aufnahme anderer Verbindlichkeiten, deren Schuldner allein der Erwerber ist, zu tilgen. Für diesen Fall sollte er auch über die Eigentümerrechte und Rückgewähransprüche bzgl. etwa eingetragener Grundschulden frei verfügen können, um solche neuen Verbindlichkeiten absichern zu können.

2. Abwicklung

Entscheidend bei der Abwicklung der befreienden (privativen) Schuldübernahme ist die **Zustimmung des Gläubigers gem. §§ 414 ff. BGB** (im Rahmen eines direkten Vertrags zwischen Neuschuldner und Gläubiger, § 414 BGB, oder i.R.d. Genehmigung nach § 415 BGB zu einem Vertrag zwischen Altschuldner und Neuschuldner). Die gesetzliche Regelung des § 416 BGB,[709] dass bei einer grundpfandrechtlich gesicherten Darlehensforderung der Erwerber den Umstand der Schuldübernahme nach Umschreibung des Eigentums auf ihn dem Gläubiger anzuzeigen habe und dieser erst dann genehmigen könne (bzw. die Genehmigung nach Ablauf von 6 Monaten als erteilt gelte), ist in der Praxis nicht durchführbar, da kein Verkäufer die Eigentumsumschreibung gestatten wird, bevor er nicht sicher ist, dass er von den Verbindlichkeiten befreit wird. 1676

> **Hinweis:** 1677
>
> Es ist daher den Beteiligten dringend i.R.d. Vorbesprechung anzuraten, bereits vor Beurkundung mit dem Kreditinstitut Kontakt aufzunehmen und zu eruieren, ob mit einer Genehmigung der Schuldübernahme gerechnet werden kann.

---

709 Ungeachtet des irreführenden Wortlautes („nur" in Abs. 1 Satz 1) kann die Schuldübernahme auch unmittelbar gem. § 415 BGB ohne die modifizierenden Bestimmungen des § 416 BGB zu grundpfandrechtlich gesicherten Verbindlichkeiten erfolgen (RGZ 63, 50).

Kapitel 4: Absicherung des Veräußerers

1678 In diesem Zusammenhang lassen sich **zahlreiche Vorfragen klären**, um die Beurkundung zu erleichtern:
- Wird für die Schuldübernahme eine **Bearbeitungsgebühr** verlangt? (I.d.R. teilen sich Veräußerer und Erwerber diese.)
- Verbleibt es bei den **bisherigen Konditionen** oder tritt eine Verschlechterung ein, die der Erwerber möglicherweise nicht mehr hinnehmen wird?
- Verlangt (wie regelmäßig der Fall) der Gläubiger eine **persönliche Vollstreckungsunterwerfung** des Erwerbers in der Urkunde zur Absicherung eines abstrakten Schuldversprechens i.H.d. Nennbetrags der Grundschuld samt Zinsen (die zu diesem Zweck im Eingang der Urkunde komplett wiedergegeben werden sollten), um hinsichtlich der Absicherung des Kredites genauso zu stehen, wie der Gläubiger bei einem neu bestellten Grundpfandrecht stünde?
- Soll ein nicht zur Schuldübernahme benötigter „**Spitzenbetrag**" des Grundpfandrechts, sofern bereits Teile des ursprünglichen Darlehens getilgt wurden, gelöscht werden?
- Ist die Übernahme des Darlehens an den **Abschluss weiterer Verträge** geknüpft, z.B. einer Restschuld-Risiko-Lebensversicherung?
- Handelt es sich um Darlehen, die z.B. zur Vorfinanzierung eines Bausparvertrags gewährt wurden, sodass **parallel ein neuer Bausparvertrag** bespart werden muss?
- Was geschieht mit einem dem Verkäufer belasteten **Disagio**, dessen Verteilungszeit noch nicht abgelaufen ist?
- Wie hoch ist die **voraussichtliche Darlehensresthöhe** am Übernahmestichtag (zur Bezeichnung des entgeltlichen Anteils des Rechtsgeschäfts und zur Verdeutlichung der übernommenen Verpflichtungen für den Erwerber)?

a) Schuldübernahmegenehmigung

1679 Die **Einholung der Genehmigung des Gläubigers** gem. § 415 Abs. 1 BGB (im Regelfall handelt es sich um eine nachträgliche Zustimmung) ist insb. im Interesse des Veräußerers, der sonst (bei bloßem Schuldbeitritt mit interner Erfüllungsübernahmeverpflichtung) für die Verbindlichkeiten weiter haften würde, dringend anzuraten. Sie ist oft auch erforderlich, um eine außerordentliche Kündigung des Darlehens durch den Gläubiger zu vermeiden, die nach den Kreditbedingungen üblicherweise dann möglich ist, wenn das Eigentum an dem durch Grundpfandrechte gesicherten Grundbesitz an andere Personen als den Schuldner übergeht.

1680 **Hinweis:**

Mit der Einholung der Schuldübernahmegenehmigung wird zweckmäßigerweise der Notar betraut, zumal im gleichen Zug weitere Erklärungen des Gläubigers notwendig sein können (z.B. Entlassung des Veräußerers aus erklärten Schuldanerkenntnissen mit Vollstreckungsunterwerfung; Anpassung der Sicherungsvereinbarung), die vom Notar nach den Maßgaben des Kaufvertrags vorformuliert und dem Gläubiger zur rechtswirksamen Unterzeichnung übermittelt werden. Die hierfür zusätzlich anfallende geringe Vollzugsgebühr (5/10-Gebühr gem. § 147 Abs. 2 KostO aus einem Teilwert des Schuldübernahmebetrags) steht außer Relation zu der dadurch für die Beteiligten gewährleisteten Sicherheit.

Zu regeln ist, welcher Rechtszustand bestehen soll zum einen **bis zur Entscheidung** des Gläubigers über die Schuldübernahmegenehmigung, zum anderen für den Zeitraum ab etwaiger Ablehnung einer solchen Genehmigung. Für den ersteren Zeitraum bleibt es i.d.R. bei der gesetzlichen Vermutung des § 415 Abs. 3 BGB, d.h. es handelt sich bis zur Entscheidung des Gläubigers um eine schuldrechtliche Freistellungsverpflichtung im Innenverhältnis (**Erfüllungsübernahme**).

1681

Sollte allerdings die **Schuldübernahmegenehmigung verweigert** werden (bzw. bis zu einem großzügig zu setzenden Endtermin nicht erteilt werden), stehen **zwei Alternativen** zur Wahl:

1682

- Entweder verbleibt es bei der schuldrechtlichen Freistellungsverpflichtung gem. § 415 Abs. 3 BGB – mit dem Risiko einer Inanspruchnahme des Veräußerers bei Vermögensverfall des Erwerbers – oder aber
- der Erwerber ist in diesem Fall verpflichtet, die Verbindlichkeiten durch eigene Kreditaufnahme binnen einer im Vertrag vereinbarten Frist auf eigene Kosten vollständig abzulösen. Billigerweise ist ihm hierfür das zur Sicherung der abzulösenden Verbindlichkeit eingetragene Grundpfandrecht durch Abtretung der Rückgewähransprüche zur Verfügung zu stellen.

> **Hinweis:**
>
> Legt der Veräußerer bei letzterer Alternative großen Wert auf den Eintritt seiner dauerhaften Entlastung, sollte die Auflassung auf den Erwerber zwar erklärt, die Eintragungsbewilligung durch ihn jedoch noch nicht abgegeben werden. Vielmehr ist der Notar zu bevollmächtigen, die Eintragungsbewilligung durch Eigenurkunde (im Grundbuch Vollzugsantrag) dann nachzuholen, wenn ihm entweder die Schuldübernahmegenehmigung vorliegt oder der bisherige Gläubiger die vollständige Tilgung der Verbindlichkeiten schriftlich bestätigt hat. Soll jedoch die Grundbesitzübertragung im Vertrauen auf die zu erwartende Erteilung der Schuldübernahmegenehmigung gleichwohl sofort vollzogen werden, kann sich der Veräußerer zumindest für den Fall ihrer Verweigerung und der Nichttilgung der Verbindlichkeiten binnen einer bestimmten Nachfrist die Rückforderung des Vertragsbesitzes vorbehalten.

1683

b) Abstrakte Schuldanerkenntnisse/Vollstreckungsunterwerfung

Häufig wird der Veräußerer zur Absicherung der nunmehr vom Erwerber zu übernehmenden Verbindlichkeiten ein **Grundpfandrecht bestellt** haben, das auch künftig der Absicherung dieser Verbindlichkeiten dienen soll, zumal sonst die Schuldübernahmegenehmigung des Gläubigers wohl kaum zu erlangen ist und eine Löschung des Grundpfandrechts aus dem Sicherungsvertrag auch nicht verlangt werden kann. Um den Gläubiger der Notwendigkeit zu entheben, vor einer Verwertung des Grundstücks auf Duldung der Zwangsversteigerung zu klagen (§ 1147 BGB), wird sich der damalige Besteller regelmäßig in notarieller Urkunde der Zwangsvollstreckung unterworfen haben, und zwar in „**dinglicher Hinsicht**" wie auch in „**persönlicher Hinsicht**":

1684

1685 Erstere ermöglicht den **Verwertungszugriff auf die Immobilie**, und zwar gemäß der (eigentlich überflüssigen)[710] Regelung des § 800 Abs. 1 ZPO bei Abgabe einer diesbezüglichen prozessualen Erklärung und Eintragung im Grundbuch mit Wirkung gegen den „jeweiligen Eigentümer", Letztere berechtigt dazu, nach Zustellung des Titels Vollstreckungsmaßnahmen in das sonstige Vermögen des damaligen Schuldners oder seines Gesamtrechtsnachfolgers auszubringen (etwa Pfändungen beweglicher Sachen, Pfändung und Überweisung von Forderungen, Eintragung einer Zwangssicherungshypothek auf anderen Grundbesitz und dessen Verwertung etc.). Wurde die „**dingliche Vollstreckungsunterwerfung**" wirksam abgegeben und im Grundbuch vermerkt, richtet sich diese unmittelbar auch gegen den Erwerber ab dem Zeitpunkt seiner Eintragung, sodass einer diesbezüglichen neuerlichen Vollstreckungsunterwerfung nicht bedarf. Vor einer Verwertung ist allerdings eine **Klauselumschreibung** erforderlich (§ 727 ZPO), die der Inhaber der Notarstelle, an welcher die damalige Vollstreckungsunterwerfung des Bestellers beurkundet wurde, gegen Nachweis des Eigentümerwechsels in Gestalt eines beglaubigten Grundbuchauszugs zu erteilen hat (mit der Kostenfolge des § 133 KostO).

1686 Demgegenüber wirkt die „**persönliche Vollstreckungsunterwerfung**" gem. § 794 Abs. 1 Nr. 5 ZPO, die in der ursprünglichen Grundpfandrechtsbestellung typischerweise ebenfalls mit enthalten war, nicht gegen den Schuldübernehmer als „Einzelrechtsnachfolger" des damaligen Beteiligten.[711] Vielmehr bedarf es, wenn der Gläubiger auf dieser Absicherung besteht, der neuerlichen Vollstreckungsunterwerfungserklärung des Erwerbers, typischerweise in der Urkunde über die Grundstücksübertragung. Diese mit einer 10/10-Gebühr gem. § 36 Abs. 1 KostO zu bewertende prozessuale Erklärung ist allerdings gegenstandsverschieden zur Übertragung des Vermögens selbst und daher zusätzlich in Ansatz zu bringen; erforderlich ist eine Vergleichsrechnung gem. § 44 Abs. 2 KostO. Im Fall der **Revalutierung** durch einen neuen Gläubiger ohne gleichzeitlichen Schuldnerwechsel, also **ohne Eigentumsübergang**, ist zu untersuchen, ob die persönliche Vollstreckungsunterwerfung bereits dem „jeweiligen Gläubiger der Grundschuld" oder – besser[712] – „dem jeweiligen Gläubiger des Anspruchs aus dem abstrakten Schuldanerkenntnis" ggü. abgegeben wurde und somit auch dem neuen Gläubiger ggü. wirkt.

1687 Wegen des (aus allgemeinen Prinzipien des Prozessrechts folgenden)[713] **Bestimmbarkeitserfordernisses der Vollstreckungsunterwerfungserklärung** enthält eine Grundpfandrechtsurkunde (und dementsprechend auch der Überlassungsvertrag mit Schuldübernahme) ein der Höhe in Haupt- und Nebensache bestimmtes Schuldverhältnis, auf das sich die (kostenrechtlich dann als Sicherungsgeschäft gegenstandsgleiche) prozessuale Vollstreckungsunterwerfungserklärung bezieht: I.d.R. handelt es sich um ein **abstraktes Schuldanerkenntnis**, das der Besteller i.H.d.

---

710 Jeder neue Eigentümer der „streitbefangenen (= belasteten) Sache" wäre gem. §§ 727, 325 ZPO ohnehin der Vollstreckung unterworfen; ein gutgläubig-titelfreier Erwerb scheidet bei Grundpfandrechten gem. § 325 Abs. 3 ZPO aus. Daher ist auch bei anderen als notariellen Titeln aus Grundpfandrechten (etwa Reallasten), also außerhalb des § 800 Abs. 1 ZPO, eine Klauseiteilung gegen den Einzelrechtsnachfolger auf Schuldnerseite möglich.

711 Die Schuldübernahme ist gemäß BGHZ 61, 140, kein Fall des § 727 ZPO.

712 Andernfalls ist ein Vorgehen allein aus dem persönlichen Titel nicht mehr möglich, wenn der dingliche Titel etwa durch Löschung nach Verwertung untergegangen ist; das Restdarlehen mit dem dieses sichernden abstrakten Schuldanerkenntnis könnte dann zwar an einen neuen Gläubiger (etwa im Rahmen eines Portfolioverkaufs) abgetreten werden, jedoch ohne Titulierung: BGH, 12.12.2007 – VII ZB 108/06, ZNotP 2008, 292.

713 § 253 Abs. 2 ZPO; nach a.A. ist das früher im Wortlaut verankerte Bestimmbarkeitserfordernis nun im Merkmal der Anspruchsbezeichnung aufgegangen, *Münch*, ZNotP 1998, 480.

Grundschuldbetrags und der Grundschuldzinsen ab dem Datum der Beurkundung (in abstrakt anerkannter Höhe der dinglichen Zinsen und etwaiger Nebenleistungen) abgibt (§ 780 BGB). Damit kann die Vollstreckung ggf. eingeleitet werden, ohne in der Form des § 726 ZPO Nachweis über den aktuellen Bestand der Forderungen in Haupt- und Nebensache vorlegen zu müssen; würde der Gläubiger unerlaubter Weise einen höheren Betrag als den tatsächlich aus dem Grundverhältnis (z.B. Kontokorrent) noch geschuldeten vollstrecken, wäre das abstrakte Schuldbekenntnis insoweit kondizierbar.

> **Hinweis:**
> Ein frühzeitiger Kontakt mit dem Gläubiger empfiehlt sich daher für den Schuldner bei beabsichtigter Übernahme der grundpfandrechtlich gesicherten Verbindlichkeiten auch unter diesem Aspekt: Kann nämlich der Gläubiger dazu bewogen werden, angesichts der Objektbonität und/oder des überschaubaren Restkreditbetrags auf die persönliche Vollstreckungsunterwerfung zu verzichten, also nicht eine im Vergleich zur ursprünglichen Bestellung durch den Veräußerer identische Sicherheitenlage zu verlangen, ist dies für den Erwerber mit einer Ersparnis an Notargebühren verbunden.

1688

Sofern also der Gläubiger der zu übernehmenden Schuld es verlangt, ist in den Kaufvertrag neben den Vereinbarungen zur Schuldübernahme auch ein **abstraktes Schuldanerkenntnis des Erwerbers** ggü. dem Gläubiger zu protokollieren i.H.d. eingetragenen Grundschuld samt Zinsen und sonstiger Nebenleistungen ab dem Datum der Bewilligung der Grundschuld – diese Daten sind demgemäß in die Notarurkunde, bspw. i.R.d. Wiedergabe des Grundbuchstands, vollständig aufzunehmen, bloßer Verweis auf das Grundbuch genügt zur Schaffung des Titels nicht –, verbunden mit einer Vollstreckungsunterwerfungserklärung des Erwerbers gem. § 794 Abs. 1 Nr. 5 ZPO. Für die **Erteilung der vollstreckbaren Ausfertigung** zugunsten des Gläubigers aus diesem „persönlichen Titel" ggü. dem Gläubiger ist der Notar der Überlassungsvertragsurkunde zuständig; es handelt sich natürlich nicht um eine Klauselumschreibung, sondern um eine originäre erstmalige Klauselerteilung. Im Regelfall wird dabei (ähnlich wie i.R.d. Grundschuldbestellung selbst) auf den Nachweis sonstiger die Vollstreckbarkeit begründender Tatsachen verzichtet, sodass die vollstreckbare Ausfertigung ohne Weiteres dem Gläubiger übersandt werden kann.

1689

> **Hinweis:**
> Wird die Abgabe eines abstrakten Schuldanerkenntnisses mit Vollstreckungsunterwerfung seitens des Gläubigers in voller Grundschuldhöhe verlangt, sollte zur Kostensenkung für den Erwerber in diesem Fall auch die neuerliche **dingliche Vollstreckungsunterwerfung** durch ihn als künftigen Eigentümer abgegeben werden, da sie die Kosten der Klauselumschreibung (§ 133 KostO) vermeidet.[714] Zur Reduzierung der mit einer Vollstreckungsunterwerfung einhergehenden 10/10-Gebühr (§ 36 Abs. 1 KostO) kann auch erwogen werden, dass der Erwerber sich in persönlicher Hinsicht nur wegen eines **Teilbetrags** der Zwangsvollstreckung unterwirft. Da der dingliche Titel ja (gem. § 800 ZPO) weiterhin insgesamt vollstreckbar ist, droht dem Gläubiger nicht die (bei einem nur für den zuletzt zu zahlenden Teilbetrag vollstreckbaren Grundpfandrecht bestehende) Gefahr, dass eine Leistung in der

1690

---

714 Vgl. *Kersten*, ZNotP 2001, 315.

> Zwangsvollstreckung nach § 75 ZVG immer auf den vollstreckbaren Teil zu verrechnen ist und zudem nachrangige oder gleichrangige dingliche Gläubiger in der Versteigerung nach § 268 BGB berechtigt sind, den titulierten Teil der Grundschuld (ohne Rücksicht auf die Höhe der tatsächlich noch gesicherten Forderung)[715] abzulösen und dadurch die Versteigerung abzuwenden.[716] Begnügt sich der Gläubiger gar mit der Abgabe eines abstrakten Schuldanerkenntnisses samt persönlicher Vollstreckungsunterwerfung lediglich i.H.d. noch bestehenden Darlehensschuld, handelt es sich um ein gegenstandsgleiches Sicherungsgeschäft, das demnach nicht getrennt in Ansatz zu bringen ist.[717]

1691   Die bei neu einzutragenden Grundschulden weiter diskutierte Kostenminderungsstrategie der **Bestellung zweier Grundpfandrechte**, von denen nur eines vollstreckbar ist,[718] kommt bei einer bereits eingetragenen, dinglich vollstreckbaren Grundschuld nicht in Betracht, ebenso wenig die bloße Vollmacht[719] an den Gläubiger zur Vollstreckungsunterwerfung namens des neuen Schuldners.

c)   Zweckbestimmung/Sicherungsvereinbarung

1692   Die Eintragung einer Grundschuld zugunsten eines Bankgläubigers dient nicht einer Verdoppelung der Schuldverhältnisse, sondern der Absicherung der Darlehensverbindlichkeit. Es handelt sich also um ein „**Sicherungsgrundpfandrecht**", dessen Verwertung zwar jederzeit möglich wäre, allerdings erst dann schuldrechtlich zulässig ist und keinen Fall der ungerechtfertigten Bereicherung darstellt, wenn der Sicherungsfall tatsächlich eingetreten ist. Welche Verbindlichkeiten durch das Grundpfandrecht gesichert werden, ist Gegenstand des sog. „schuldrechtlichen Sicherungsvertrags" (auch „Zweckvereinbarung" oder „Zweckabrede" genannt). Dieser Vertrag wird typischerweise aus Anlass der ersten Kreditgewährung mit Grundpfandrechtsbestellung geschlossen. Denkbar sind enge oder weite Fassungen der **Zweckerklärung** (Absicherung nur eines bestimmten Kredites oder aber aller Ansprüche aus laufender Geschäftsverbindung, die Absicherung eigener Verpflichtungen des Schuldners oder aber auch von Drittverbindlichkeiten anderer, z.B. nahestehender Kreditnehmer; bei mehreren Schuldner können künftige Verbindlichkeiten nur für den Fall abgesichert sein, dass sie von allen gemeinschaftlich eingegangen oder zumindest schriftlich bestätigt werden, oder auch für den Fall, dass nur einer der mehreren Schuldner/Eigentümer diese eingeht). Insb. die **formularmäßige Sicherung künftiger Dritt-**

---

[715] BGH, 11.05.2005 – IV ZR 279/04, ZNotP 2005, 338. Der Mehrbetrag, der dem abgelösten vorrangigen Gläubiger dadurch zukommt, ist nicht zwischen den Gläubigern bereicherungsrechtlich auszugleichen, sondern steht dem Eigentümer (bzw. demjenigen, dem der Eigentümer seine Rückgewähransprüche abgetreten hat) zu.

[716] Hierzu beim dinglichen Titel *Wolfsteiner*, DNotZ 1990, 591. Im Fall der Ablösung eines nur teilweise dinglich vollstreckbaren Titels erwerben die nachrangigen Gläubiger den titulierten Teil der Grundschuld jedoch im Rang nach dem Restbetrag der Grundschuld (§§ 1150, 268 Abs. 3 Satz 2 BGB).

[717] OLG Hamm, MittBayNot 1970, 64; *Notarkasse*, Streifzug durch die Kostenordnung, Rn. 1410 ff, 1471.

[718] Ist nur eine der beiden Grundschulden dinglich vollstreckbar, besteht die Gefahr, dass der Schuldner auf die vollstreckbare Grundschuld zahlt. Sofern die Bank Leistung aus der Grundschuld verlangt, muss sie nämlich diese auch auf das dingliche Recht entgegennehmen, trotz der schuldrechtlichen Vereinbarung einer Verrechnung von Zahlungen auf die gesicherten Verbindlichkeiten (BGH, DNotZ 1988, 487).

[719] § 87 ZPO dürfte jedoch eine unwiderrufliche, von § 181 BGB befreite Vollmacht nicht zulassen; ferner erlischt die Vollmacht jedenfalls bei Insolvenzeröffnung (§ 117 InsO) und bindet einen Rechtsnachfolger manges Vormerkbarkeit nicht; vgl. hierzu auch *Dux*, WM 1994, 1145. Möglicherweise ist zudem die Vollmacht zur Vollstreckungsunterwerfung beurkundungsbedürftig, *Rösler*, NJW 1999, 1150.

verbindlichkeiten kann als unangemessene oder **überraschende Klausel** (§§ 305c, 307 BGB) unwirksam sein.

Mit dem Übergang der Verbindlichkeit und dem Fortbestand der Grundschuld zu deren dinglichen Sicherung ist **keine Änderung des Sicherungsvertrags** verbunden. Sofern bisher eine „enge Fassung" der Zweckbestimmungserklärung galt, also die Verwertung der Grundschuld beschränkt war auf Rückstände ausschließlich des nunmehr zu übernehmenden Kredites, kann sie in dieser Form bestehen bleiben; allerdings wird eine **künftige Anpassung** erforderlich werden, wenn der übernommene Kredit getilgt ist. Dies kann jedoch unmittelbar zwischen Gläubiger und Erwerber stattfinden. Problematisch ist der Fortbestand der bisherigen Zweckvereinbarung jedoch dann, wenn diese – wie bisher häufig noch üblich – in „weiter Fassung" alle Ansprüche aus der gesamten Geschäftsverbindung zwischen Gläubiger und bisherigem Schuldner (Veräußerer) absicherte. Würde sie nicht angepasst, droht dem Erwerber das Risiko einer Versteigerung wegen sonstiger Verbindlichkeiten des Veräußerers (z.B. einer Überziehung dessen Kontokorrentrahmens), obwohl er, der Erwerber, seine Verpflichtungen ggü. dem Gläubiger stets ordnungsgemäß erfüllt hat.

1693

Bei der notwendig werdenden Anpassung der Zweckvereinbarung ist allerdings auch das **Sicherungsinteresse des Veräußerers** zu berücksichtigen: Würde nämlich an die Stelle der bisherigen weiten Sicherungszweckerklärung, bezogen auf die Ansprüche des Gläubigers ggü. dem Veräußerer aus der gesamten Geschäftsverbindung, nunmehr eine identisch weite Zweckerklärung, bezogen auf die Ansprüche des Erwerbers aus der gesamten Geschäftsverbindung, treten und werden im Rang nach dem (im Grundbuch ja bereits eingetragenen) Grundpfandrecht Rechte des Veräußerers (z.B. Wohnungsrecht, Rückforderungsrechte etc.) abgesichert, muss nun der Veräußerer befürchten, dass diese für ihn eingeräumten Rechte und Gegenleistungen bei einer Zwangsversteigerung untergehen, die durch ungehemmte Möglichkeit der Neuvalutierung denkbar ist. Der vorsichtige Veräußerer wird also darauf drängen, dass der Sicherungszweck beschränkt wird auf die übernommene Verbindlichkeit und sonstige künftige Ansprüche des Gläubigers ggü. dem Erwerber nur dann mit in den Kreis der gesicherten Forderungen aufgenommen werden können, wenn der Veräußerer dieser Erweiterung im Einzelfall schriftlich zugestimmt hat.

1694

> **Hinweis:**
>
> In solchen Fallgestaltungen wird zweckmäßigerweise der Notar damit beauftragt, die Schuldübernahmegenehmigung, die Entlassung des Veräußerers aus der persönlichen Vollstreckungsunterwerfung und die erforderlich werdende Anpassung der Sicherungsvereinbarung beim Gläubiger einzuholen bzw. dessen Einverständnis mit der Änderung der Zweckerklärung zu beschaffen.

1695

Formulierungsvorschlag: Schuldübernahme (mit schuldrechtlicher und dinglicher Vollstreckungsunterwerfung)

1696

> Als weitere Gegenleistung gegenüber dem Veräußerer übernimmt der Erwerber die durch das Grundpfandrecht Abt. III laufende Nr. ...... gesicherten Verbindlichkeiten samt etwaigen Rückständen auf seine Kosten anstelle des bisherigen Schuldners in schuldbefreiender Wei-

se zur Verzinsung und Tilgung ab dem ..... (Stichtag). Der Schuldsaldo zum Stichtag wird voraussichtlich ..... € betragen. Gelangt die Grundbesitzübertragung nicht zur Durchführung, ist er hiervon wieder rückwirkend freizustellen. Kosten und Gebühren der Schuldübernahme trägt .....

Die Konditionen der zu übernehmenden Verbindlichkeiten (Zinsen, Laufzeit, Tilgungsmöglichkeiten, Kosten etc.) sind den Beteiligten nach Angabe bekannt. Der beurkundende Notar kennt diese nicht; er hat jedoch auf die mögliche Anwendbarkeit der gesetzlichen Regelung über Verbraucherdarlehensverträge sowohl auf den bisherigen Schuldvertrag als auch auf die Vertragsübernahme und die daraus resultierenden Folgen, insbesondere das Widerrufsrecht des Schuldübernehmers, hingewiesen.

Der Veräußerer tritt alle Rechte und Ansprüche, die ihm am Tag der Eigentumsumschreibung an dem übernommenen Grundpfandrecht zustehen, an den Erwerber ab. Er bewilligt, die Abtretung der Eigentümerrechte in das Grundbuch einzutragen.

Der Erwerber anerkennt – mehrere als Gesamtschuldner – dem Grundpfandrechtsgläubiger einen Geldbetrag in Höhe des Grundpfandrechtsnennbetrags und der Zinsen und Nebenleistungen ab dem Datum der Grundbuchbewilligung in der Weise zu schulden, dass dieses Anerkenntnis die Zahlungsverpflichtung selbstständig begründet. Er unterwirft sich der sofortigen Vollstreckung aus dieser Urkunde in sein Vermögen sowie als künftiger Eigentümer in den Grundbesitz mit der Maßgabe, dass vollstreckbare Ausfertigung frühestens ab Genehmigung der Schuldübernahme oder schriftlicher Mitteilung des Erwerbers über die Neuvalutierungsabsicht erteilt werden darf und die dingliche Vollstreckung gegen den jeweiligen Eigentümer zulässig ist (§ 800 Abs. 1 ZPO), was hiermit vereinbart und zur Eintragung bewilligt und beantragt wird.

Der Notar wird damit beauftragt, diese Schuldübernahme dem Gläubiger unter Übersendung einer vollstreckbaren Ausfertigung der heutigen Urkunde gem. § 415 Abs. 1 BGB mitzuteilen und dessen Genehmigung für die Beteiligten zu beantragen und entgegenzunehmen. In der Erklärung sind zugleich die Zweckerklärungen dahin gehend anzupassen, dass diese Grundpfandrechte künftig nur noch für die Verbindlichkeiten der Schuldübernehmer haften, bis zur Eigentumsumschreibung nur mehr für den übernommenen Kredit. Der Veräußerer ist zugleich aus Schuldanerkenntnissen und persönlichen Vollstreckungsunterwerfungen im zu übernehmenden Grundpfandrecht zu entlassen.

Sollte die Genehmigung der Schuldübernahme verweigert oder nur unter Bedingungen genehmigt werden, denen der Erwerber nicht zustimmt, ist der Erwerber verpflichtet, diese Gegenleistung durch unmittelbare Tilgung des Darlehens zu erbringen. Der Betrag ist fällig binnen 14 Tagen, nachdem der Notar dem Erwerber schriftlich bestätigt hat, dass bzgl. des betreffenden Grundpfandrechts Löschungsbewilligung vorliegt unter Auflagen, zu deren Erfüllung sich der Erwerber hiermit verpflichtet. Sofern der Erwerber dem Notar vorher schriftlich die Absicht mitgeteilt hat, das Grundpfandrecht dinglich zur eigenen Neuvalutierung übernehmen zu wollen, tritt an die Stelle der Löschungsbewilligung die Nichtvalutierungsbestätigung unter gleichzeitiger Anpassung der Sicherungsvereinbarung. Der Veräußerer hat gegen den Erwerber nur einen Anspruch auf Erfüllung dieser Gläubigerauflagen, die der Notar ohne weitere Prüfung dem Erwerber mitteilt, nicht auf unmittelbare Zahlung an sich oder sonstige Dritte.

3. Erfüllungsübernahme

a) Anwendbarkeit der §§ 491 ff. BGB

Das in Ablösung des Abzahlungsgesetzes am 01.01.1991 in Kraft getretene Verbraucherkreditgesetz, das nunmehr als §§ 491 ff. unter gleichzeitiger Trennung zwischen reinen Darlehen und sog. Finanzierungshilfen (seit 10.06.2010: §§ 506 ff.) in das BGB integriert wurde, enthält zum Schutz des Verbrauchers ggü. dem Unternehmer[720] v.a. folgende Bestimmungen

- Formvorschriften und Aufklärungspflichten zugunsten des Verbrauchers (§ 492, auch für Vollmachten[721] außer sie sind notariell beurkundet, § 492 Abs. 4 Satz 2 BGB[722]), z.B. die Pflicht zur Angabe des Gesamtbetrages der zu erbringenden Leistungen – vgl. Rdn. 1698,[723]
- Vorgabe günstiger Vertragsbedingungen für den Verbraucher, sofern gegen Aufklärungspflichten verstoßen wird (§ 494 Abs. 3 ff. BGB),
- Widerrufs- und Rückgaberechte (§§ 495, 355 BGB: bei ordnungsgemäßer Belehrung zwei Wochen, sonst ohne Fristablauf)
- Einwendungsdurchgriff bei Drittfinanzierung (§§ 358 und 359 BGB), d.h. Minderung der Darlehensraten bei Mängeln der verbunden finanzierten Wohnung (relevant bspw. bei Insolvenz des Bauträgers!),[724]
- Wechsel- und Scheckverbot (§ 496 Abs. 3 BGB),
- Zinsbeschränkungen und Tilgungsanrechnungsgebote (§ 497 BGB),
- Kündigungs- und Rücktrittsbeschränkungen (§ 503, sonst § 498 BGB),
- sowie ein unabdingbares Recht zur vorzeitigen Tilgung (§ 500 Abs. 2 BGB).

Bei Verbraucherdarlehensverträgen bestehen umfassende Informationspflichten, deren Verletzung teils zur Nichtigkeit des Vertrages (§ 494 Abs. 1 i.V.m. Art. 247 §§ 6 und 9 bis 13 EGBGB, jedenfalls bis zur Auskehrung des Darlehens - möglicherweise mit Weiterungen für die Vermögensübertragung an sich: § 139 BGB), teils zur Reduzierung auf den gesetzlichen Verzugszins anstelle höherer vereinbarter Zinsen (sofern effektiver Jahreszins, Sollzinssatz oder Gesamtbe-

---

[720] Die unternehmerische Tätigkeit braucht sich nicht auf die Kreditvergabe zu beziehen; es genügt, dass letztere in Ausübung einer gewerblichen/freiberuflichen Tätigkeit, auch erstmalig, erfolgt (BGH, 09.12.2008 – XI ZR 513/07, DNotZ 2009, 429: Darlehensvergabe durch eine GmbH).

[721] Entgegen der Rspr. des BGH, DNotZ 2001, 620 und 769.

[722] Jedenfalls aus diesem Grund sollten General- und Vorsorgevollmachten nicht nur beglaubigt sein! *Dörrie*, ZfIR 2002, 93, will allerdings § 492 Abs. 4 Satz 1 BGB einschränkend nur auf Spezialvollmachten für Kreditvertragsabschlüsse anwenden. Für vor dem 01.01.2002 erteilte Vollmachten bleibt es allerdings gem. Art. 229 § 5 Satz 1 EGBGB bei der bisherigen Rechtslage, sie sind also auch ohne Angabe des Effektivzinses etc. gültig.

[723] Unter Sanktion der Vertragsnichtigkeit, allerdings mit Heilung gem. § 494 Abs. 2 Satz 1 BGB durch Empfang der Darlehensvaluta, der auch in der Auszahlung an den Verkäufer im Rahmen eines drittfinanzierten Immobilien- oder Fondserwerbs liegt, vgl. BGH, 25.04.2006 – XI ZR 29/05, DStR 2006, 1087 Tz. 30 ff. (a.A. noch BGH, 14.06.2004 – II ZR 393/02, DStR 2004, 1346.).

[724] Dieser Einwendungsdurchgriff kann (anders als das Widerrufsrecht bis zum 01.07.2005) nicht durch gesonderte schriftliche Vereinbarung ausgeschlossen werden (§ 506 Abs. 3 BGB, Art. 34 Satz 2 OLG-Vertretungsänderungsgesetz).

trag nicht angegeben sind, § 494 Abs. 2 BGB) bzw. einer prozentualen Herabsetzung des Sollzinses (§ 494 Abs. 3 BGB: falls effektiver Jahreszins zu niedrig angegeben), teils zum Entfallen einzelner Kostenpositionen (sofern nicht genannt, § 494 Abs. 4 Satz 1 BGB), zur Möglichkeit jederzeit Kündigung (§ 494 Abs. 6 Satz 1 BGB, sofern der Vertrag hierzu keine Aussage trifft) oder zur Befreiung von der Pflicht zur Stellung von Sicherheiten führt (§ 494 Abs. 6 Satz 2 und 3 BGB, sofern im Vertrag nicht erwähnt und die Kreditsumme unter 75.000 Euro beträgt). Diese Angaben werden aus Anlass einer Beurkundung dem Erwerber (Schuldübernehmer) in den seltensten Fällen zur Verfügung gestellt werden können; auch eine neuerliche Belehrung über etwaige Widerrufsmöglichkeiten (mit der Folge des Anlaufens der 14-Tages-Frist, § 495 Abs. 2 Satz 1 Nr. 2 b i.V.m § 492 Abs. 2 BGB i.V. Art. 247 § 6 Abs. 2 EGBGB, andernfalls läuft die Frist ewig, da § 355 Abs. 4 BGB gem. § 495 Abs. 2 Satz 2 BGB nicht gilt) wird in aller Regel nicht stattfinden.

1699 Der BGH hat die **Anwendbarkeit des Verbraucherkredit**rechts bejaht nicht nur für den Schuldbeitritt durch einen Verbraucher,[725] sondern auch für eine Vertragsübernahme zwischen zwei Verbrauchern im Weg eines echten dreiseitigen Vertrags, an dem also bisheriger Schuldner, neuer Schuldner und Gläubiger beteiligt sind.[726]

1700 Er hat die **Anwendbarkeit offengelassen** für den Fall einer zweiseitigen Vertragsübernahme durch **Direktvereinbarung** zwischen bisherigem neuen Schuldner, welcher der Gläubiger lediglich zustimmt. Das OLG Düsseldorf[727] hat für diesen Fall die Anwendbarkeit verneint: Zwar stehe aus der Sicht eines Neuschuldners die abgeleitete Darlehensverpflichtung in ihrer Auswirkung der Belastung aus einer originär eingegangenen Kreditverpflichtung gleich; kein Verbraucher kann jedoch erwarten, dass er von einem anderen Verbraucher als seinem unmittelbaren Vertragspartner dieselbe Aufklärung erfährt wie von einem professionell-gewerblich tätigen Kreditgeber.[728] Auch ist zu bedenken, dass bei Anwendung des Widerrufsrechts auf die bilaterale Vertragsübernahmevereinbarung selbst die Verbindlichkeit wieder auf den früheren Schuldner rückgeführt wird, dem dadurch – obwohl er selbst Verbraucher ist – ein besonderes Opfer auferlegt würde.[729] Das OLG Dresden verwehrt weiterführend vorsorglich dem Übernehmer die Berufung auf Verstöße gegen §§ 491 ff. BGB, sobald die Bank den Verkäufer aus der Haftung entlassen hat und die Beteiligten den „Kaufpreis" insoweit als getilgt betrachten.[730] Eine Entscheidung des BGH steht noch aus.

1701 Richtigerweise unterfällt schließlich die bloße **Erfüllungsübernahme**, die also gänzlich ohne Mitwirkung des Gläubigers stattfindet, erst recht **nicht den Verbraucherkreditbestimmungen**. Im Unterschied zu einer Schuldübernahme wird bei der Erfüllungsübernahme (§ 329 BGB: kein

---

[725] BGH, NJW 2003, 2746, auch beim Schuldbeitritt des geschäftsführenden Alleingesellschafters zur Schuld „seiner" GmbH: BGH, 08.11.2005 – XI ZR 34/05, DNotI-Report 2006, 26; ebenso beim Schuldbeitritt des Geschäftsführers zur Anschubfinanzierung für „seine" GmbH & Co. KG, BGH, 24.07.2007 – XI ZR 208/06, GmbHR 2007, 1154 = NJW-RR 2007, 1673.
[726] BGH, DNotI-Report 1999, 130, zustimmend *Martinek*, JZ 2000, 551.
[727] OLG Düsseldorf, MittBayNot 2001, 313.
[728] Ebenso *Vollmer*, MittBayNot 2001, 316 und bereits *Kurz*, DNotZ 1997, 558 ff.
[729] So aber *Dazert*, Mithaftung und Sukzession bei Verbraucherkreditverträgen, S. 150.
[730] OLG Dresden, 04.10.2006 – 8 U 639/06, JurionRS 2006, 25362, das im Grunde jedoch ebenfalls (wie das OLG Düsseldorf) von der Nichtanwendbarkeit der §§ 491 ff. BGB ausgeht.

eigenes Forderungsrecht des Gläubigers) lediglich das Ziel festgeschrieben, den Veräußerer von der Haftung zu befreien, der Weg, den der Erwerber hierfür einschlägt, bleibt ihm jedoch freigestellt: Er kann dieses Ziel durch Tilgung im Rahmen einer neuen Darlehensaufnahme, Schuldübernahme, Tilgung aus Eigenmitteln etc., oder schlichte Entlassung des Veräußerers aus etwaiger bisheriger Mitschuld erreichen.[731]

b) Ausgestaltung

> **Hinweis:**
> Solange zur Fallgruppe der bilateralen Vertragsübernahme mit bloßer Genehmigung durch den Gläubiger noch keine höchstrichterliche Rechtsprechung vorliegt, weichen vorsichtige Gestalter daher auf die Erfüllungsübernahme aus, die zudem den Vorteil bietet, die Beteiligten hinsichtlich des Weges der Abwicklung nicht allzu früh einzuengen. In der Variante der „Freistellungspflicht" unterscheidet sie sich vom gesetzlichen Fall der Erfüllungsübernahme (§ 415 Abs. 3 BGB) dadurch, dass sie binnen kurzer Frist (und nicht erst bei Fälligkeit der zu übernehmenden Schuld) zur Entschuldung führen muss.

1702

Formulierungsvorschlag: Erfüllungsübernahme

1703

1. Der Veräußerer ist Schuldner folgender Verbindlichkeiten, die wie nachgenannt besichert sind:
2. Der Erwerber verpflichtet sich dem Veräußerer gegenüber, den Veräußerer von diesen Verbindlichkeiten mit Wirkung ab ..... (= Stichtag) freizustellen (Erfüllungsübernahme). Der Erwerber hat dem Veräußerer innerhalb von 3 Monaten ab heute durch Bestätigung des Gläubigers nachzuweisen, dass die Haftung des Veräußerers für diese Verbindlichkeiten erloschen ist. Dem Erwerber steht es frei, dies zu bewirken, indem er mit dem Gläubiger eine befreiende Schuldübernahme vereinbart oder eine neue Darlehensvereinbarung mit diesem oder einem anderen Gläubiger abschließt oder die Verbindlichkeiten tilgt oder auf andere Weise die Entlassung des Veräußerers aus den Verbindlichkeiten herbeiführt.
3. Die vorstehend aufgeführten Grundpfandrechte sollen bestehen bleiben. Alle daran bestehenden Eigentümerrechte werden hiermit mit Wirkung ab Eigentumsumschreibung auf den neuen Eigentümer übertragen. Entsprechende Grundbucheintragungen werden bewilligt. Auch der Erwerber unterwirft sich als künftiger Eigentümer i.H.d. Betrags der eingetragenen Grundpfandrechte samt Zinsen und Nebenleistung der Vollstreckung aus dieser Urkunde in den übernommenen Grundbesitz in der Weise, dass die Vollstreckung gegen den jeweiligen Eigentümer zulässig ist (§ 800 Abs. 1 ZPO) und bewilligt und beantragt deren Eintragung in das Grundbuch. Eine Abtretung an Veräußerer und Erwerber

---

[731] Vgl. zum Ausweichen auf die Erfüllungsübernahme auch *Kurz*, DNotZ 1997, 552, sowie MittBayNot 1997, 129/134, ferner *Amann*, MittBayNot 2002, 245, aus Anlass der verunglückten Gestaltung in OLG Karlsruhe, MittBayNot 2002, 284, wo die zu enge vertragliche Fixierung auf die echte Schuldübernahme nach § 415 BGB innerhalb einer definierten Frist zum Scheitern des Vertrags führte, obwohl das Ziel der Freistellung anderweitig hätte erreicht werden können.

gemeinsam bis zur Löschung nachrangiger Rechte des Veräußerers zu dessen Schutz, wie vom Notar vorgeschlagen, wünschen die Beteiligten nicht.

4. Hinsichtlich der Sicherungsgrundschulden vereinbaren Veräußerer und Erwerber hiermit mit Wirkung ab dem vorgenannten Stichtag der Erfüllungsübernahme im eigenen Namen und namens des Grundschuldgläubigers vorbehaltlich dessen Zustimmung Folgendes:

   a) Der Erwerber tritt anstelle des Veräußerers in den Sicherungsvertrag ein.

   b) Der Sicherungsvertrag wird dahin gehend geändert, dass die Grundschuld ausschließlich alle gegenwärtigen und künftigen – auch bedingten oder befristeten – Verbindlichkeiten des Erwerbers gegenüber dem Grundschuldgläubiger sichert.

   c) Jede persönliche Haftung des Veräußerers aus der Grundschuldbestellungsurkunde erlischt.

5. Der Erwerber bekennt durch dieses abstrakte Schuldversprechen, folgende sofort fällige Beträge zu schulden nebst 16 % Jahreszinsen hieraus ab heute, die immer am Ende eines Kalenderjahres nachträglich fällig sind: ..... (Betrag), ... (Gläubiger)
   Der Erwerber unterwirft sich wegen dieser Zahlungspflichtung/en der sofortigen Zwangsvollstreckung aus dieser Urkunde in sein gesamtes Vermögen. Dieses Schuldversprechen und die Zwangsvollstreckungsunterwerfung sichern in gleicher Weise Verbindlichkeiten des Erwerbers gegenüber dem Gläubiger, wie dies unter Nr. 4. b) vereinbart ist.

1704 **Hinweis:**

Kostenrechtlich handelt es sich bei der Vereinbarung der Freistellungspflicht, dem abstrakten Schuldversprechen und der Vollstreckungsunterwerfung um Sicherungsgeschäfte i.H.d. tatsächlich bestehenden Darlehensschuld, die mit dem Übertragungsvorgang gegenstandsgleich sind, es sei denn der Übertragungswert bleibt hinter dem Darlehen zurück. Die Höhe des bestehen bleibenden Grundpfandrechts und des abstrakten Schuldversprechens bleibt dabei unberücksichtigt, selbst wenn sie den Übertragungswert übersteigt.[732] Die Einholung der notwendigen Gläubigererklärungen (s. Rdn. 1707) löst eine Treuhandgebühr nach § 147 Abs. 2 KostO aus ca. 20 % des Darlehensbetrags aus.[733]

1705 Hat daher der Erwerber (wie etwa bei einer Grundbesitzübertragung unter Ehegatten im Rahmen einer Vermögensauseinandersetzung aus Anlass der Scheidung häufig der Fall) bereits die „persönliche Vollstreckungsunterwerfungserklärung" abgegeben, wird anstelle der Regelung in vorstehender Nr. 5 formuliert:

---

[732] Vgl. BGH, 09.02.2006 – V ZB 152/05, DNotZ 2006; BGH, 23.03.2006 – V ZB 156/05, MittBayNot 2006, 528, m. Anm. Prüfungsabteilung der Notarkasse, anders noch (zusätzlicher Ansatz soweit den Übertragungswert übersteigend) *Notarkasse*, Streifzug durch die Kostenordnung, Rn. 1411, 1472.

[733] *Notarkasse*, Streifzug durch die Kostenordnung, Rnn. 1729 ff.

G. Übernahme von Verbindlichkeiten und/oder Grundpfandrechten

Formulierungsvorschlag: Variante Erfüllungsübernahme bei bereits erklärter persönlicher Vollstreckungsunterwerfung

5. Für den Eingang der Grundschuldbeträge in Haupt- und Nebensache hat der Erwerber nach seiner Erklärung die persönliche Haftung bereits in den jeweiligen Grundschuldbestellungsurkunden übernommen; eine erneute Zwangsvollstreckungsunterwerfung wird daher nicht gewünscht.

Sodann ist die Einholung der Zustimmungserklärung des Gläubigers zu regeln, auch zur Änderung der Sicherungsabrede. Da mit deren Neugestaltung[734] die bisherigen Rückgewähransprüche gegenstandslos geworden sind, bedarf es ihrer zusätzlichen Abtretung nicht.[735] Die Einholung der Gläubigererklärung erfolgt zweckmäßigerweise i.S.e. Vollzugsauftrags an den Notar.

Formulierungsvorschlag: Fortsetzung Erfüllungsübernahme mit Einholung der Erklärung nach § 415 BGB durch den Notar

6. Zu diesen Vereinbarungen ist jeweils die Zustimmung des Gläubigers und dessen Erklärung erforderlich, dass der Veräußerer für die vorgenannten Verbindlichkeiten nicht mehr haftet. Die Beteiligten beauftragen und bevollmächtigen den Notar, den Gläubiger um folgende schriftliche Erklärung zu bitten:
   a) Der Gläubiger stimmt dieser Vereinbarung zu.
   b) Der Veräußerer haftet für die vorstehend aufgeführten Verbindlichkeiten nicht mehr. Der Notar soll dem Gläubiger zur Abgabe dieser Erklärung ohne weiteren Nachweis eine vollstreckbare Ausfertigung dieser Urkunde übersenden. Etwaige Kosten der Durchführung vorstehender Vereinbarungen trägt der Erwerber.

Oder alternativ, sofern die Beteiligten dies selbst durchzuführen wünschen:

Formulierungsvorschlag: Variante Erfüllungsübernahme mit Einholung der Erklärung nach § 415 BGB durch die Beteiligten

6. Die Beteiligten werden die Freistellungsverpflichtung selbst umsetzen und die hierfür erforderlichen Erklärungen des Gläubigers einholen. Soweit die Umschreibung des Eigentums hieran geknüpft ist, werden sie die Bestätigung des Gläubigers, dass der Veräußerer nicht mehr für die betroffenen Verbindlichkeiten haftet, dem Notar unaufgefordert vorlegen.

Schwierig ist die abschließend erforderliche **Regelung der Konsequenzen eines Scheiterns** innerhalb einer durch die Beteiligten als angemessen erachteten Frist (Vorschlag in Nr. 2 des obigen Formulierungsvorschlags, Rdn. 1703: 3 Monate). Zunächst ist festzulegen, ob die Eigentumsum-

---

734 Hieran kann der Grundpfandgläubiger auch dann ohne weitere Recherchen mitwirken, wenn die Rückgewähransprüche bereits an Dritte abgetreten worden sein sollten, sofern diese Abtretung nicht dem Gläubiger angezeigt wurde (§ 407 Abs. 1 BGB).

735 Vgl. *Amann/J. Mayer*, Intensivkurs Überlassungsvertrag (DAI-Skript, Mai 2006), S. 205.

schreibung[736] von der Schuldbefreiung abhängt oder nicht. Besteht diese Verknüpfung, werden die Beteiligten häufig wünschen, dem Schwebezustand durch die Ausübung eines vorbehaltenen Rücktrittsrechts ein Ende zu bereiten (Rdn. 1708). Will im Rahmen einer Vermögensauseinandersetzung aus Anlass einer Scheidung der „weichende" Ehegatte dennoch die Vereinbarung als schlichte Freistellungsverpflichtung (jedoch ohne Umschreibung) aufrechterhalten, also ohne Rücktrittsmöglichkeit, ist das Innenverhältnis zum Erwerber näher zu regeln (im Formulierungsvorschlag Rdn. 1709 dargestellt am Beispiel dann fortbestehenden je hälftigen Miteigentums des weichenden mit dem übernehmenden Ehegatten).

1711 Soll die Umschreibung auch **ohne Genehmigung des Gläubigers** zur befreienden Schuldübernahme stattfinden (Rdn. 1710), sodass der Erwerber lediglich zur internen Freistellung verpflichtet bleibt, ist zu prüfen, ob der Veräußerer gesichert werden soll hinsichtlich seines Rückgriffsanspruchs, wenn er doch seitens des Gläubigers zu Zahlungen herangezogen wird (z.B. durch nachrangige Sicherungshypothek) oder aber einen (durch Vormerkung zu sichernden) Anspruch auf Rückabwicklung sich vorbehält, wenn der Erwerber seine Freistellungspflicht nicht erfüllt (dann ist, ähnlich wie bei unmittelbaren Rückforderungsvorbehalten, insb. der Umfang der zu erstattenden Investitionen und Tilgungsleistungen zu bestimmen, s.u. Rdn. 1941 ff.).

1712 **Formulierungsvorschlag: Fortsetzung Erfüllungsübernahme/Umschreibung nur bei Schuldbefreiung, sonst Rücktrittsrecht**

> ### 7. Konsequenzen bei Scheitern der Freistellung
>
> Es ist wesentliche Pflicht des Erwerbers, die Freistellung herbeizuführen. Wie bei der oben erklärten Auflassung vereinbart, ist diese nur zu vollziehen, sofern und sobald der in Nr. 2 genannte Nachweis vorliegt. Nach fruchtlosem Ablauf des in Nr. 2 hierfür gesetzten Zeitraums ist jeder Vertragsteil unbefristet berechtigt, vom Vertrag zurückzutreten. Bereits gewährte laufend wiederkehrende Gegenleistungen in Geld oder Dienstleistung an den Veräußerer sowie Zins- und Tilgungsleistungen an den Gläubiger sind dann nicht zurückzugewähren bzw. zu erstatten, gezogene Nutzungen oder getätigte Investitionen nicht zu ersetzen. Ansprüche auf Schadensersatz bestehen nur bei Arglist oder Vorsatz. I.Ü. gelten §§ 346 ff. BGB. Bis zur Ausübung des Rücktritts besteht die Verpflichtung des Erwerbers zur internen Freistellung des Veräußerers fort.

1713 **Formulierungsvorschlag: Variante Erfüllungsübernahme/Umschreibung nur bei Schuldbefreiung, kein Rücktrittsrecht (am Beispiel dann fortbestehenden Miteigentums bei Scheidung)**

> ### 7. Konsequenzen bei Scheitern der Freistellung
>
> Es ist wesentliche Pflicht des Erwerbers, die Freistellung herbeizuführen. Wie bei der oben erklärten Auflassung vereinbart, ist diese nur zu vollziehen, sofern und sobald der in Nr. 2

---

736 Ist die angestrebte Schuldübernahme Teil einer Scheidungsfolgenvereinbarung, sollte sich der Vertrag auch dazu verhalten, ob die eherechtlichen Abreden (zu Unterhalt, Zugewinn, Versorgungsausgleich etc.) ihrerseits durch die Ablehnung der Gläubigergenehmigung auflösend bedingt sind bzw. durch dessen Erteilung aufschiebend bedingt oder aber unabhängig davon gelten.

genannte Nachweis vorliegt. Wird dieser nicht in der oben vereinbarten Frist erbracht, behalten sich jedoch weder Veräußerer noch Erwerber das Recht zum Rücktritt zur Beendigung des Vertragsverhältnisses vor. Der Erwerber ist dann vielmehr dem Veräußerer zur internen Freistellung verpflichtet; in mind. jährlichem Abstand hat er erneut zu versuchen, den Nachweis über die Befreiung auch im Außenverhältnis beizubringen.

Bis zur Eigentumsumschreibung ist der Anspruch des Erwerbers auf Übertragung durch Vormerkung im Grundbuch gesichert. Die Beteiligten werden den Notar unaufgefordert davon verständigen, sobald die Voraussetzungen für die Umschreibung des Eigentums vorliegen; eine eigene Nachforschungspflicht des Notars besteht nicht.

Für die weitere Dauer des gemeinschaftlichen Eigentums gilt: Besitz, Nutzungen und Lasten, Haftung, Verkehrssicherung und Gefahr sind umfassend und ausschließlich beim Erwerber. Dieser erhält seitens des Veräußerers hiermit Vollmacht – befreit von den Beschränkungen des § 181 BGB, über den Tod hinaus und mit dem Recht zur Erteilung von Untervollmacht –, alle i.R.d. Verwaltung (auch Instandhaltung, Umbau, Vermietung etc.), nicht jedoch Veräußerung oder Belastung der Immobilie in Betracht kommenden Erklärungen abzugeben, allerdings unter vollständiger Übernahme der daraus resultierenden Pflichten. Der Veräußerer verpflichtet sich, auf Wunsch des Erwerbers an einer Veräußerung mitzuwirken ohne Anspruch auf seinen rechnerischen Erlös(anteil) zu erheben, sofern

(1) der Veräußerer nicht in Anspruch genommen wurde für die noch gemeinsamen Verbindlichkeiten

sowie

(2) für sonstige Lasten des Hauses und

(3) infolge der Veräußerung die Schuldentlassungen entgültig herbeigeführt werden kann;

anderenfalls hat der Veräußerer Anspruch auf den Betrag, in dessen Höhe er in Anspruch genommen wurde. I.Ü. wird der Anspruch auf anteilige Erlösauskehr bereits jetzt an den dies annehmenden Erwerber abgetreten. Gleiches gilt im Fall einer Zwangsversteigerung. Auf diese Weise soll wirtschaftlich derjenige (eigentlich gewollte) Zustand abgebildet werden, der bestünde, wenn es Zug um Zug gegen tatsächliche Schuldentlassungen zu einem sofortigen Übergang des Eigentums käme. Die weitere Tilgung der (im Außenverhältnis noch gemeinsamen) Verbindlichkeiten sowie Wertsteigerungen durch Investitionen des Erwerbers sollen also im Veräußerungsfall allein diesem zugutekommen.

Formulierungsvorschlag: Variante Erfüllungsübernahme/Umschreibung auch ohne Schuldbefreiung

7. Konsequenzen bei Scheitern der Freistellung

Es ist wesentliche Pflicht des Erwerbers, die Freistellung herbeizuführen. Wie bei der oben erklärten Auflassung vereinbart, ist diese jedoch unabhängig davon zu vollziehen, ob und wann der in Nr. 2 genannte Nachweis vorliegt. Der Erwerber ist dann vielmehr dem Veräußerer zur internen Freistellung verpflichtet; in mindestens jährlichem Abstand hat er erneut zu versuchen, den Nachweis über die Befreiung auch im Außenverhältnis beizubringen. Der

Kapitel 4: Absicherung des Veräußerers

> Notar hat den Veräußerer eingehend auf die Risiken hingewiesen, die mit dieser Vorleistung (Übertragung des Eigentums vor endgültiger Entlassung aus den Verbindlichkeiten) verbunden sind. Sollte der Veräußerer aufgrund seiner fortbestehenden Schuldnerstellung seitens des Gläubigers in Anspruch genommen werden, hat der Erwerber ihm diesen Betrag unverzüglich zu erstatten; der Notar hat empfohlen, den Erstattungsanspruch durch Grundpfandrecht im Grundbuch zu sichern. Der Notar hat weiter geraten, für den Fall der Nichterstattung sich unabhängig von § 323 BGB das Rücktrittsrecht vorzubehalten und den dann bestehenden Anspruch auf Rückübertragung durch Vormerkung im Grundbuch zu sichern. Beides wurde jedoch duch den Veräußerer ausdrücklich nicht gewünscht.

1715 Fällt in vorstehender Sachverhaltsvariante (schlichte Freistellungsverpflichtung) der Gläubiger des Freistellungsanspruchs (also der Veräußerer) in **Insolvenz**, wandelt sich nach herrschender Meinung der Freistellungsanspruch um in einen Anspruch auf Zahlung in Geld, und zwar in voller Höhe an die Insolvenzmasse. Dies gilt auch dann, wenn der Dritte (z.B. das Kreditinstitut) von seinem in Insolvenz gefallenen Schuldner nur die Insolvenzquote hätte erwarten dürfen: die volle Geldsumme steht zur Verteilung unter allen Insolvenzgläubigern zur Verfügung.[737] Aus der nur familienintern gemeinten Absprache wird dann wirtschaftlich ein vollständiger Schuldübergang unter verschärften Bedingungen, nämlich mit sofortiger Fälligkeit. Dies gilt jedoch dann nicht, wenn der Freistellungsschuldner daneben befürchten muss, unmittelbar vom Dritten (etwa dem Kreditinstitut) in Anspruch genommen zu werden, also „doppelt zu zahlen", etwa da er (aufgrund Schuldbeitritts, wie in den vorstehenden Formulierungsbeispielen allerdings bewusst nicht erklärt) dem Dritten ggü. direkt haftet,[738] oder da er dem Dritten eine Sicherheit gestellt hat, etwa eine Bürgschaft oder – wie hier – in Gestalt der mit übernommenen Grundschuld.[739] Die „Nichtumwandlung" in eine Geldschuld ist dann allerdings begrenzt auf den Umfang der Grundschuld, möglicherweise auch den in einer Versteigerung (insb. bei nachrangigen Grundschulden) erzielbaren Betrag.[740]

1716 Holt der Notar gemäß dem (Baustein-) Formulierungsvorschlag Rdn. 1707 die Erklärung des Gläubigers ein, fällt hierfür eine Betreuungsgebühr gem. § 147 Abs. 2 KostO aus einem Teilwert von ca. 20% – 40% der bestehenden Schuld an. Hierzu

1717 **Formulierungsvorschlag: Einholung einer Schuldübernahmegenehmigung durch den Notar (Vollzugsbrief)**

> Darlehens-Nr.: 1234546
>
> Darlehensnehmer: Herr Hans Habenichts
>
> geboren am 1. April 1955
>
> wohnhaft: Musterstraße 10, 99500 Musterstadt

---

737 BGH, NJW 1994, 49, 51; OLG Düsseldorf, NZG 2007, 273, Rn. 37 der Urteilsgründe.
738 OLG Hamburg, NJW-RR 1995, 673, 674; bestätigt durch Nichtannahmebeschluss des BGH, 20.10.1994 – IX ZR 56/94.
739 LG Kleve, 05.05.2010 – 2 O 443/09, RNotZ 2010, 651 m. Anm. *Leitzen*.
740 *Leitzen*, RNotZ 2010, 654.

Sehr geehrte Damen und Herren,

anliegend erhalten Sie eine Abschrift meiner Urkunde vom 02.01.2011, URNr. 04/11. In dieser Urkunde haben die Erwerber die bei Ihnen bestehenden Verbindlichkeiten in schuldbefreiender Weise übernommen.

Gem. § 415 BGB (nicht jedoch gem. § 416 BGB) teile ich Ihnen diese Schuldübernahme mit und bitte Sie um Erteilung der Genehmigung gem. § 415 Abs. 1 BGB zu meinen Händen. Soweit zur Sicherheit für die übernommenen Verbindlichkeiten zu Ihren Gunsten Grundpfandrechte bestellt sind, bitte ich um Entlassung des bisherigen Schuldners aus der persönlichen Haftung sowie um entsprechende Anpassung der Zweckerklärungen dahin gehend, dass diese Grundpfandrechte künftig nur noch für die Verbindlichkeiten der Schuldübernehmer haften.

Bei etwaigen Rückfragen bitte ich Sie, sich direkt an Veräußerer bzw. Erwerber zu wenden. Entwurf einer Bestätigung füge ich bei. Ich weise vorsorglich darauf hin, dass meinerseits nicht geprüft wurde, ob der Veräußerer bisher ordnungsgemäß über das Widerrufsrecht nach § 355 BGB belehrt wurde, und auch zur Schuldübernahme die Pflichtangaben nach § 492 BGB nicht vorlagen.

Die Angelegenheit ist eilbedürftig.

Mit freundlichen Grüßen

......

Anlage:

Akte: ...../.....

Urschriftlich zurück

an

Notar .....

.....

.....

Sehr geehrter Herr Notar,

hierdurch dürfen wir Ihnen bestätigen, dass die in Ihrer Urkunde UR 04/11 vom 02.01.2011 erklärte befreiende Schuldübernahme zu dem in der Urkunde genannten Stichtag gem. § 415 BGB durch uns als Gläubiger

genehmigt

wurde. Die Zweckerklärung wurde dahin gehend angepasst, dass das Grundpfandrecht und die sonstigen Sicherheiten ab dem Stichtag nicht mehr für Verbindlichkeiten der bisherigen Darlehensnehmer haften, sondern bis zur Eigentumsumschreibung nur für den übernommenen Kredit, ab Eigentumsumschreibung zur Absicherung aller Ansprüche gegen die Darlehensnehmer aus der gesamten Geschäftsverbindung (bei mehreren nur, soweit diese

> gemeinsam begründet wurden oder ihnen schriftlich zugestimmt wurde). Diese Erklärungen geben wir zugleich mit Wirkung gegenüber bisherigem und künftigem Darlehensnehmer ab.
>
> Ferner entlassen wir die bisherigen Darlehensnehmer und Mithaftenden aus etwa erklärten abstrakten Schuldanerkenntnissen mit Vollstreckungsunterwerfungen (*Anm.: zu streichen, falls noch sonstige vom Sicherungszweck erfasste Verbindlichkeiten bestehen*).
>
> Der voraussichtliche Saldenstand zum Stichtag beträgt: ..... €
>
> Mit freundlichen Grüßen
>
> .....
>
> (Unterschrift und Bankstempel)

II. Grundpfandrechtsübernahme

1718 Die vorstehenden Erläuterungen (s.o. Rdn. 1673 ff.) betrafen die Schuld- oder Erfüllungsübernahme objektbezogener Verbindlichkeiten, mögen diese dinglich gesichert sein oder nicht. Kreditbeträge oberhalb einer Bagatellgrenze von etwa 5.000,00 € (bis zu diesem Betrag begnügen sich Gläubiger häufig mit einer sog. schuldrechtlichen Negativerklärung, d.h. einer Verpflichtung, den finanzierten Grundbesitz nicht anderweitig ohne Zustimmung des Gläubigers zu belasten) werden jedoch in aller Regel durch **Grundpfandrechte**, insb. Grundschulden, am Objekt **abgesichert** sein.

1. Bedeutung der Rückgewähransprüche

1719 Aus dem zwischen Besteller (Veräußerer) und Gläubiger geschlossenen Sicherungsvertrag sowie ggf. aus den Vorschriften über die ungerechtfertigte Bereicherung kann der Sicherungsgeber vom Gläubiger die Rückgewähr der Grundschuld verlangen, wenn der Sicherungszweck erledigt ist, also keine gesicherten Verbindlichkeiten mehr bestehen und entstehen werden. Sofern der Sicherungsvertrag nichts anderes bestimmt, richten sich diese Ansprüche nach Wahl des Sicherungsgebers auf

- **Abtretung der Grundschuld** (§ 1154 BGB: an ihn oder einen durch ihn benannten – allerdings für den Abtretenden belastet mit dem Risiko der verschuldensunabhängigen Veranlasserhaftung gem. § 799a ZPO bei späterer unrechtmäßiger Vollstreckung),
- **Verzicht** (§ 1168 BGB: mit der Folge des Übergangs auf den Eigentümer außer in den Fällen des §§ 1175, 1178 BGB) oder
- **Aufhebung** (§ 875 BGB: mit der Folge des Erlöschens der Grundschuld).

1720 Diese schuldrechtlichen Ansprüche aus der Sicherungsvereinbarung gehen nicht „automatisch" auf den Erwerber oder Ersteigerer[741] über, auch wenn dieser der dinglichen Zwangsvollstreckung gem. § 800 ZPO unterworfen sein mag, sondern bestehen weiter ausschließlich im Verhältnis zum ursprünglichen Besteller und Sicherungsgeber (=Veräußerer).

---

741 BGH, NotBZ 2003, 260: Der Ersteigerer muss daher eine bestehen bleibende Grundschuld (um deren Betrag sein Gebot ja gemindert wurde!) in voller Höhe ablösen und kann sich nicht darauf berufen, sie valutiere nur mehr z.T. Den Anspruch auf Herausgabe des Übererlöses hat der frühere Besteller.

In bestimmten Fällen können bei Grundschulden ferner sog. Eigentümerrechte entstehen. Der Eigentümer erwirbt die Grundschuld

- im Fall des Verzichts gem. § 1168 Abs. 1 BGB,
- bei Zahlung auf die Grundschuld selbst entgegen den Bestimmungen des Sicherungsvertrags (§ 1143 Abs. 1 Satz 1 BGB analog) sowie
- bei Übertragung der Grundschuld durch Rechtsgeschäft auf den Eigentümer (§ 873 Abs. 1 BGB).

> **Hinweis:**
> Da sich in der Praxis oft nicht nachvollziehen lässt, ob in der Vergangenheit durch Verzicht oder Zahlung auf das dingliche Recht selbst Eigentümerrechte entstanden sind, ist es üblich geworden, in notariellen Urkunden über Grundstücksveräußerungen vorsorglich entstandene Eigentümerrechte an den Erwerber zu übertragen und die entsprechende Grundbucheintragung zu bewilligen (bei Kaufverträgen aufschiebend bedingt durch Bezahlung des Kaufpreises bzw. eigenen Eigentumserwerb).

Eigentümerrechte spielen bei Grundschulden (anders bei Hypotheken) nur eine geringe Rolle. Entscheidender sind die **schuldrechtlichen Rückgewähransprüche**, die es dem Inhaber ermöglichen, über Abtretung, Löschung oder Neuvalutierung der Grundschuld zu entscheiden. Amann spricht[742] plakativ davon, dass der Inhaber der Rückgewähransprüche *„die Grundschuld an der Leine habe"*. Auf die **Zuordnung der Rückgewähransprüche** ist daher besonderes Augenmerk zu legen, insb. auch

- mit Blick auf die Position des Gläubigers: Diesem sollte die Abtretung der Rückgewähransprüche angezeigt werden, da er sonst gem. § 407 BGB weiterhin mit schuldbefreiender Wirkung an den bisherigen Gläubiger, seinen ursprünglichen Sicherungsgeber, leisten kann;
- ferner mit vorrangigem Blick auf den Veräußerer, wenn dieser im Rang nach der bereits eingetragenen Grundschuld beschränkt dingliche Rechte (z.B. Wohnungsrechte) oder Auflassungsvormerkungen zur Sicherung bedingter Rückerwerbsansprüche erhält: Eine undifferenzierte Abtretung der Rückgewähransprüche an den Erwerber verleiht diesem die generelle Befugnis, ohne Rücksprache mit dem Veräußerer die Grundpfandrechte durch Eingehung neuer Verbindlichkeiten wieder zu valutieren. Übernimmt er sich dabei wirtschaftlich, können die dinglichen Rechte des Veräußerers samt den zugrunde liegenden Berechtigungen bei einer Zwangsversteigerung in den übertragenen Grundbesitz entschädigungslos untergehen.

2. Belehrungspflichten bei vorrangigen Grundpfandrechten

Die zuvor geschilderte Konstellation eines bestehen bleibenden Grundpfandrechts im Rang vor Rechten des Veräußerers (z.B. einem Wohnungsrecht) erfordert unzweideutige und nachdrückliche Hinweise des Notars über die damit verbundenen Risiken, sofern der Erwerber die Grundschuld als Sicherheit für seine Verbindlichkeiten verwendet (gleichgültig, ob es sich um

---

742 *Amann*, Gestaltung und Sicherung der typischen Übernehmerpflichten beim Überlassungsvertrag (DAI-Skript Mai 2000), S. 75 ff.

Kapitel 4: Absicherung des Veräußerers

übernommene Altverbindlichkeiten des Veräußerers oder um potenziell neu aufzunehmende Verbindlichkeiten aufgrund Abtretung der Rückgewähransprüche an ihn handelt).

1725 Instruktiv ist hierbei der folgende, einer **BGH-Entscheidung**[743] **zugrunde liegende Sachverhalt**:

Die Veräußerer V haben ihrem Sohn das Anwesen unter Vorbehalt eines umfangreichen Leibgedings überschrieben. Die noch von früher eingetragene Grundschuld, die nicht mehr valutierte, blieb an erster Rangstelle eingetragen. V übertrugen die Eigentümerrechte und Rückgewähransprüche auf den Erwerber S. Jahre später verschuldete sich der Sohn. Es kam zur Zwangsversteigerung aus der genannten Grundschuld mit der Folge des Erlöschens des Leibgedings.

Die Eltern verlangen vom Notar Schadensersatz. Sie begründen ihren Anspruch damit, dass der Notar sie nicht hinreichend über die Gefahren aus dem Vorrang der Grundschuld belehrt habe. Sie räumen ein, der Notar habe sie „auf die Bedeutung des Ranges der dinglichen Rechte im Grundbuch hingewiesen" und mit ihnen erörtert, dass die Grundschuld Rang vor ihrem Altenteilsrecht haben müsse, weil eine finanzierende Bank ansonsten keinen Kredit auszahle. Daraus seien ihnen aber nicht in verständlicher Form die Gefahren deutlich geworden, die ihrem Leibgeding durch die vorrangige Grundschuld drohten.

1726 Die deutlichen Hinweise des BGH[744] verdienen eine **wörtliche Wiedergabe**:

„Mit diesen Hinweisen hat der Beklagte seine Aufgabe, die Veräußerer in einer ihnen verständlichen Form auf die ihrem Altenteilsrecht durch die vorrangige Eintragung der Grundschuld drohenden Gefahren hinzuweisen, nicht erfüllt. Er hätte dem Kläger und seiner Ehefrau vielmehr erläutern müssen, dass sie mit der vorgesehenen Regelung das Risiko eingingen, ihr Altenteilsrecht zu verlieren, wenn der Sohn seine Kreditverbindlichkeiten nicht erfüllt, und die Bank deshalb in das Grundstück vollstreckt. Selbst bei einem Beteiligten, der im Ansatz weiß, was ein Vorrang rechtlich bedeutet, darf der Notar nicht davon ausgehen, dieser erkenne selbst, was die Durchsetzung der vorrangigen Grundschuld für sein nachrangiges Altenteil zur Folge haben kann. Schon wegen der Verschiedenartigkeit der hier miteinander konkurrierenden Rechte bedarf ein Laie hierzu in aller Regel einer eingehenden und ausführlichen Belehrung."

1727 **Hinweis:**

Bekanntlich mutet die Rechtsprechung dem Notar bei risikoreichen Sachverhalten und ungesicherten Vorleistungen nicht nur einen deutlichen Hinweis auf die damit verbundenen Gefahren zu, sondern verlangt weiterhin Vorschläge zu möglichen alternativen Gestaltungen, die mit geringeren Risiken verbunden sind. Zum Nachweis der Erfüllung dieser doppelten Aufklärungspflicht sollte der Notar beides in der Urkunde vermerken. Dies gilt auch für so unscheinbare Vorgänge wie Unterschriftsbeglaubigungen angesichts eines Rangrücktritts hinter Grundschulden, sodass ein diesbezüglicher Belehrungsvermerk in der Rücktrittsbewilligung (vor der Unterschrift des Zurücktretenden) wie im nachfolgenden Formulierungsvorschlag formuliert sein könnte.

---

743 BGH, NJW 1996, 522 ff.
744 BGH, NJW 1996, 522 ff., ähnlich BGH, DNotZ 1993, 752.

G. Übernahme von Verbindlichkeiten und/oder Grundpfandrechten

Formulierungsvorschlag: Belehrung bei Rangrücktritt hinter Grundpfandrechte 1728

> Der Notar hat insbesondere über Folgendes belehrt:
>
> Der Rangrücktritt kann im Fall einer Zwangsversteigerung zum Erlöschen der zurücktretenden Rechte führen. Diese erhalten aus dem Versteigerungserlös einen Wertersatz nur, soweit vom Versteigerungserlös nach Befriedigung der vortretenden Rechte und der sonst vorgehenden Rechte etwas übrigbleibt. Der Betrag vortretender Grundpfandrechte kann sich infolge der vorbehaltenen Zinsen und Nebenleistungen erheblich erhöhen, z.B. auf das Doppelte.
>
> Der Notar hat angeregt, den Rangrücktritt mit einer Abtretung der Rückgewähransprüche zu verbinden, die mit der vortretenden Grundschuld zusammenhängen, und diese Abtretung der Grundschuldgläubigerin anzuzeigen. (*Anm.: Es folgt die Abtretung der Rückgewähransprüche oder eine Feststellung, dass die Beteiligten keine solche Abtretung vereinbaren*).

Der darin enthaltene Hinweis auf die mögliche **„Verdoppelung"** des Grundschuldbetrags 1729
insb. durch die dinglichen Zinsen verdeutlicht ein häufig unterschätztes Risiko: Im Rang der Grundschuld selbst (§ 10 Abs. 1 Nr. 4 ZVG) erhält der Gläubiger auch die i.S.d. § 13 ZVG „laufenden Zinsen", also den vor der Beschlagnahme fällig gewordenen Jahreszins und die bis zum Erlösverteilungstermin fällig werdenden Beträge,[745] ferner die rückständigen Zinsen für die beiden vorangehenden Jahre. Bei grundbuchlichen 15 % – 18 % Zinsen und durchschnittlich 2 Jahren zwischen Anordnung und Abschluss der Versteigerung ergibt sich der 5-fache Zinsbetrag als Mehrforderung, welche der Gläubiger mangels abweichender Regelung auch dann geltend zu machen hat, wenn sie über die gesicherte Forderung hinausgehen, und sodann dem Inhaber des Rückgewähranspruchs (Eigentümer oder – i.d.R. – nachrangiger Gläubiger aufgrund angezeigter Abtretung, aber auch Pfändungsgläubiger) auszukehren hat. Das Risiko einer Verjährung der Rückgewähransprüche[746] ist eher theoretischer Natur.[747]

Ähnlich sollte im Fall eines **Rangvorbehaltes** verfahren werden, den der Veräußerer dem Erwerber vor seinen Rechten einräumt. Der nachfolgende Formulierungsvorschlag[748] (Rdn. 1731) geht davon aus, dass dieser Rangvorbehalt nur selektiv für das im Rahmen einer Beleihungsprüfung besonders schwer zu bewertende Dienstleistungselement (Wart und Pflege), nicht aber für das Wohnungsrecht gilt. 1730

Formulierungsvorschlag: Selektiver Rangvorbehalt mit Belehrungsvermerk 1731

> Der Erwerber behält sich im Einvernehmen mit dem Veräußerer das Recht vor, im Rang vor der vorstehend bewilligten Reallast zur Sicherung der persönlichen Dienstleitungsverpflichtungen (Wart und Pflege, hauswirtschaftliche Verrichtungen) – nicht jedoch im Rang vor der Reallast zur Sicherung des Leibrentenversprechens und vor dem Wohnungsrecht – Grund-

---

745 So sind bspw. bei Anordnung der Zwangsversteigerung am 01.10.2006 und Verteilungstermin am 01.05.2008 gem. § 13 ZVG die Zinsen ab 01.01.2005 (Fälligkeit am 31.12.2005 als letzter Termin vor der Versteigerung) bis 30.04.2008 in grundbuchlicher Höhe umfasst.
746 Hierzu BGH, DNotZ 2000, 59.
747 Jede Vollsteckungshandlung des Gläubigers hemmt die Verjährung (§ 204 BGB).
748 Nach *Amann/J. Mayer*, Intensivkurs Überlassungsvertrag (DAI-Skript März 2005), S. 148.

pfandrechte bis zum Gesamtbetrag i.H.v. ..... € mit Jahreszinsen bis zu 18 % ab heute mit einer einmaligen Nebenleistung von bis zu 10 % des Grundpfandrechtsbetrags in das Grundbuch eintragen zu lassen. Der Rangvorbehalt kann nur einmal, allerdings in Teilbeträgen, ausgenutzt werden; er erlischt mit erstmaliger vollständiger Ausschöpfung. Die Eintragung dieses Rangvorbehalts bei den betroffenen Rechten wird bewilligt und beantragt.

Der Notar hat den Veräußerer in diesem Zusammenhang insbesondere über Folgendes belehrt:

Der Rangvorbehalt kann im Fall einer Zwangsversteigerung zum Erlöschen der betroffenen Reallast, die zur Sicherung der Dienstleistungspflichten bestellt wurde, führen. Aus dem Versteigerungserlös wird einen Wertersatz nur gewährt, soweit vom Versteigerungserlös nach Befriedigung der vortretenden Rechte und der sonst vorgehenden Rechte etwas übrigbleibt. Der Betrag vortretender Grundpfandrechte kann sich infolge der vorbehaltenen Grundpfandrechtsnebenleistungen erheblich erhöhen, z.B. auf das Doppelte.

Der Notar hat angeregt, den Rangvorbehalt abhängig zu machen von einer Abtretung der Rückgewähransprüche, die mit den dadurch vorrangig ermöglichten Grundpfandrechten zusammenhängen, und diese Abtretung der Grundschuldgläubigerin anzuzeigen. (***Anm.:*** *Es folgt die Abtretung der Rückgewähransprüche oder eine Feststellung, dass die Beteiligten keine solche Abtretung vereinbaren, damit der Erwerber seinen Kreditspielraum uneingeschränkt ausschöpfen könne*).

3. Mögliche Abmilderungen der Risiken des Veräußerers bei vorrangig bestehenbleibenden Grundschulden

a) Bewusste Nichtregelung?

1732 Nicht nur mit dem notariellen Berufsverständnis unvereinbar, sondern auch in rechtlicher Hinsicht problematisch erscheint der Vorschlag, eine **Regelung** zum Schicksal der Rückgewähransprüche und Eigentümerrechte **gänzlich zu unterlassen**. Wird das Schweigen des Vertrags als Indiz für den Verbleib dieser Rechte beim Veräußerer angesehen, haftet der Erwerber für mögliche künftige Verbindlichkeiten des Veräußerers, deren Entstehung er nicht verhindern kann, dinglich mit und kann die Grundpfandrechte nicht selbst als Sicherungsmittel einsetzen. Andererseits ist nicht auszuschließen, dass die Rechtsprechung eine stillschweigende Abtretung der Rückgewähransprüche annimmt.[749] Bei einer späteren tatsächlichen Kreditaufnahme des Erwerbers könnten die Beteiligten versucht sein, auf Betreiben des Gläubigers eine nachträgliche privatschriftliche Abtretung der Rückgewähransprüche vorzunehmen, und sind damit für mögliche notarielle Hinweise auf Zwischenlösungen (vgl. nachstehende Ausführungen) nicht mehr zugänglich.

b) Selektiver Rangrücktritt

1733 Zu erwägen ist jedoch ein **selektiver Rangrücktritt** der Veräußererrechte hinter neu einzutragende oder bestehen bleibende Grundschulden (ähnlich dem selektiven Rangvorbehalt, oben

---
[749] So in einem Einzelfall BGH, MittBayNot 1991, 113.

Rdn. 454). Gerade bei einer Vielzahl von Duldungs-, Nutzungs- und Leistungsverpflichtungen des Erwerbers, die typischerweise grundbuchlich als Leibgeding (§ 49 GBO) zusammengefasst sind, werden einzelne Bestandteile aus Sicht des Veräußerers hinsichtlich ihrer dinglichen Eintragung angesichts der beschränkten Vollstreckungsmöglichkeit nur mäßig interessant erscheinen (z.B. Verpflichtungen zur Wart und Pflege), andererseits für den Grundpfandgläubiger aufgrund ihrer der Höhe nach kaum kalkulierbaren Natur besonders gefährlich wirken. Umgekehrt ist bspw. das Bestehen bleiben eines Wohnungsrechts für den Veräußerer ganz entscheidend, während der Gläubiger sich mit dessen Vorrang angesichts der leichten Kalkulierbarkeit (entgehende Monatsmiete multipliziert mit der statistischen Lebenserwartung) leichter abfinden mag.

Es ist daher zu erwägen,[750] der Grundschuld bspw. den Rang vor der Pflegeverpflichtungs-Reallast einzuräumen, andererseits aber das Wohnungsrecht vor der Grundschuld einzutragen bzw. zu belassen. Diese „Aufspaltung" ist auch bei einer zusammenfassenden Buchung als Leibgeding möglich, da die einzelnen dinglichen Rechte ihren materiell-rechtlichen Charakter als Einzelrechte nicht verlieren. Im Grundbuch würde dann bspw. vermerkt: *„Die im Leibgeding enthaltene Reallast zur Sicherung wiederkehrender Dienstleistungen hat Rang nach der Grundschuld"*.

c) Beschränkung der Rückgewähransprüche auf Löschung

Sicherheit für den Veräußerer als nachrangig Berechtigten bietet die Beschränkung der Rückgewähransprüche bei Grundschulden auf Löschung[751] (nicht Abtretung oder Verzicht), vorausgesetzt, durch planmäßige Tilgung seitens des Schuldners kommt es überhaupt tatsächlich zur Fälligkeit solcher Ansprüche (aufgrund Erledigung des bisherigen Sicherungszwecks). Allerdings ist damit die Grundschuld für künftige Neubeleihungen untauglich. Um dem Löschungsinteresse des nachrangigen Veräußerers weiter Rechnung zu tragen, kann sich der Eigentümer – sofern Eigentümergrundpfandrechte doch bereits entstanden sein oder durch weisungswidrige Erklärung des Gläubigers entstehen sollten – zu deren Löschung verpflichten und dies gem. § 1179 BGB sichern.

Formulierungsvorschlag: Beschränkung der Rückgewähransprüche auf Löschung sowie Löschungsvormerkung bei nachrangigen Rechten des Veräußerers

> Eigentümerrechte und Rückgewähransprüche hinsichtlich bestehender, den in dieser Urkunde dem Veräußerer eingeräumten Rechten vorgehender Grundpfandrechte („Altgrundpfandrechte") verbleiben beim Veräußerer, hinsichtlich etwaiger nachrangiger Grundpfandrechte sowie aufschiebend bedingt auf den Zeitpunkt des Erlöschens der nachrangigen Veräußererrechte auch hinsichtlich der Altgrundpfandrechte werden sie an den dies annehmenden Erwerber abgetreten.
>
> Solange nachrangige Veräußererrechte bestehen, sind die Rückgewähransprüche bzgl. der Altgrundpfandrechte auf Löschung beschränkt, sodass weder Abtretung noch Verzicht verlangt werden kann. Die Beteiligten werden die Zuordnung und inhaltliche Beschränkung der Rückgewähransprüche den betreffenden Gläubigern schriftlich anzeigen (§ 407 BGB).

---

750 Vgl. *Mayer*, Der Übergabevertrag, Rn. 115.
751 Vgl. *Milzer*, BWNotZ 2005, 141.

Kapitel 4: Absicherung des Veräußerers

> Der Erwerber verpflichtet sich weiter zur Sicherung der nachrangigen Veräußererrechte, vorrangige Grundpfandrechte zur Löschung zu bringen, soweit und sobald diese ihm jetzt oder künftig als Eigentümerrechte zustehen sollten, und bewilligt und der Veräußerer beantragt die Eintragung entsprechender Löschungsvormerkungen gem. § 1179 BGB bei den Altgrundpfandrechten.

d) Rückgewähransprüche in GbR

1737 Häufig wird es interessengerecht sein, die Entscheidung über das künftige Schicksal des Grundpfandrechts und dessen möglichen neuen Einsatz als Sicherungsmittel in die gemeinsame Verantwortung des Veräußerers und des Erwerbers zu legen, jedenfalls dem Veräußerer nachrangige Berechtigungen zustehen. Es bietet sich in diesem Fall an, die Eigentümerrechte und Rückgewähransprüche an **Veräußerer und Erwerber in GbR** abzutreten. Die Gesamthand eignet sich geradezu ideal als Gemeinschaftsverhältnis für die Verwaltung solcher Rückgewähransprüche, da kein Vertragsteil über seinen Anteil an der Gesamtberechtigung ohne Mitwirkung des anderen verfügen kann – § 719 Abs. 1 BGB –, da sowohl schuldrechtliche Rückgewähransprüche als auch dingliche Eigentümerbefugnisse an Grundschulden in gleicher Weise in gesamthänderischer Mitberechtigung gehalten werden können, insb. auch Eigentümerrechte in diesem Mehrheitsverhältnis eingetragen werden können (§ 47 GBO), und da schließlich die gemeinsame Verwaltung solcher Rückgewähransprüche und Eigentümerrechte sowie die Sicherung nachrangiger Leibgedingsrechte einen ausreichenden gemeinsamen Zweck als Grundlage der GbR bildet (§ 705 BGB). Im Fall der Insolvenz eines Gesellschafters oder der Pfändung seines Anteils sollte die Gesellschaft unter den Verbleibenden fortgesetzt werden, ebenso beim Ableben des Erwerbers mit dessen Erben (in teilweiser Abänderung der §§ 725, 727, 728 BGB) und im Fall der stets möglichen Kündigung der GbR durch den Erwerber (§ 723 BGB) die Ansprüche an den Veräußerer „zurückfallen". Die Abtretung sollte allerdings dem Gläubiger angezeigt werden (§ 407 Abs. 1 BGB).[752]

1738 Ausformuliert könnte dies (bei gleichzeitiger Wahl der oben bei Rdn. 1697 ff. dargestellten Variante „Erfüllungsübernahme") etwa wie folgt lauten:[753]

1739 **Formulierungsvorschlag: Abtretung der Rückgewähransprüche bei übernommenen Grundpfandrechten**

> Das eingetragene Grundpfandrecht darf auch nach der Eigentumsumschreibung im Range vor den zugunsten des Veräußerers einzutragenden Rechten bestehen bleiben, aber während deren Bestehens zur Sicherung neuer Verbindlichkeiten nur verwendet werden, soweit Veräußerer und Erwerber zustimmen. Demgemäß tritt der Veräußerer seine Eigentümerrechte und Rückgewähransprüche bzgl. dieser Grundschuld
> 1. mit sofortiger Wirkung in der Weise ab, dass sie während des Bestehens des nachrangigen Grundbuchrechts des Veräußerers dem Erwerber und dem Veräußerer als Gesellschaftern des bürgerlichen Rechts (GbR) zustehen – hierfür gelten die Bestimmungen des BGB mit der Maßgabe, dass bei Pfändung oder Insolvenz eines Gesellschafters die

---

752 Vgl. OLG München, DNotZ 1999, 744 m. Anm. *Eickmann*.
753 Ähnlich *Milzer*, BWNotZ 2005, 141.

GbR unter den übrigen Gesellschaftern, beim Ableben des Erwerbers mit dessen Erben, fortgesetzt wird –;
2. mit Wirkung ab einer Kündigung durch den Erwerber an den Veräußerer allein ab;
3. mit Wirkung ab Erlöschen des nachrangigen Veräußererrechts an den Erwerber allein ab.

Entsprechende Eintragung im Grundbuch wird bewilligt, jedoch derzeit nicht beantragt.

Des Weiteren ändern die Beteiligten vorbehaltlich der Zustimmung des Grundschuldgläubigers die bisherigen Sicherungsvereinbarungen (Zweckbestimmungserklärungen) dahin gehend ab, dass
1. die Grundschuld nur die derzeit bestehenden Verbindlichkeiten und solche künftigen Verbindlichkeiten sichert, welche mit Zustimmung des Veräußerers und des Erwerbers begründet worden sind;
2. eine Änderung dieser „dreiseitigen" Sicherungsvereinbarung nur mit Zustimmung des Veräußerers möglich ist, solange für diesen nachrangige Rechte eingetragen sind;
3. nach Löschung der nachrangigen Rechte des Veräußerers die Grundschuld solche Verbindlichkeiten absichert, die mit Zustimmung des Erwerbers begründet worden sind.

Die Beteiligten wissen, dass die Abtretung der Rückgewähransprüche dem Grundschuldgläubiger gegenüber erst wirkt, wenn sie dieser angezeigt ist, und dass die Änderung des Sicherungsvertrags der Zustimmung des Gläubigers bedarf. Sie beauftragen den Notar,
1. diese Anzeige gegenüber dem eingetragenen Grundschuldgläubiger vorzunehmen;
2. die Zustimmung des Gläubigers zur vorstehenden Änderung der Zweckerklärung einzuholen verbunden mit einer Verpflichtung des Gläubigers, bei einer Weiterabtretung der Grundschuld diese Verpflichtungen dem neuen Gläubiger aufzuerlegen.

Der Gläubiger erhält hierzu eine beglaubigte Abschrift der heutigen Urkunde.

Gleichwohl darf der (ggf. vermeintliche) „Erwerber" solcher Rückgewähransprüche **folgende Risiken** nicht übersehen: 1740

- Da der **gute Glaube** an die Gläubigerstellung bei der Abtretung von Ansprüchen **nicht geschützt** wird, gehen spätere Abtretungen des Rückgewähranspruchs ins Leere, auch wenn lediglich diese späteren Abtretungen gem. § 407 BGB angezeigt wurden: der Nichtberechtigte, an den die Rückgewähr zu Unrecht erfolgt ist, hat das Erlangte an den wahren Rückgewährsberechtigten herauszugeben (§ 816 Abs. 2 BGB).[754]
- Häufig ist die **Abtretbarkeit** der Rückgewähransprüche im Sicherungsvertrag **ausgeschlossen** (§ 399 BGB) oder an die Zustimmung der Gläubigerin geknüpft. Gleichwohl erfolgte Abtretungen gehen dann ebenfalls ins Leere. Dies hindert jedoch nicht die Pfändbarkeit des Anspruchs (§ 851 Abs. 2 ZPO). Selbst wenn anschließend der Abtretungsausschluss aufgehoben bzw. die frühere Abtretung genehmigt wird, erwirbt der Zessionar das Recht mit der Pfändungsbelastung.

---

[754] *Gaberdiel*, Kreditsicherung durch Grundschulden, 7. Aufl. 2004, Rn. 889.

Kapitel 4: Absicherung des Veräußerers

1741
- Im Sicherungsvertrag ist ferner häufig vereinbart, dass Rückgewähr der Grundschuld **nur durch Aufhebung**, nicht aber durch Abtretung oder Verzicht verlangt werden könne, sodass der Rückgewährgläubiger nicht Inhaber der Grundschuld werden kann.
- Von entscheidender Bedeutung ist weiter die Sicherungsabrede (**Zweckvereinbarung**). Ist das betreffende Grundpfandrecht für alle, auch künftige, Ansprüche aus der gesamten Geschäftsverbindung bestellt, kann Rückgewähr selbst bei Tilgung des derzeitigen Darlehens nicht verlangt werden. Nur der Sicherungsgeber selbst (nicht der Abtretungsempfänger der Rückgewähransprüche)[755] kann diese weite Zweckerklärung mit Wirkung für die Zukunft jederzeit kündigen. Anderenfalls sind stets neue Sicherungszwecke möglich. Nach einem obiter dictum des BGH[756] soll dies möglicherweise auch bei einer „engen Sicherungsabrede" gelten, solange das erste Darlehen noch nicht erledigt ist.

1742
- Schließlich **verneint** die herrschende Meinung,[757] sofern keine diesbezügliche Vollmacht erteilt wurde, einen **Auskunftsanspruch** des Inhabers der Rückgewähransprüche gegen den Grundpfandrechtsgläubiger über den Stand der gesicherten Verbindlichkeiten, solange noch keine Verwertung erfolgt sei.

> **Hinweis:**
> Umfassendere Sicherheit gewährt daher lediglich eine dreiseitige Vereinbarung unter Einschluss des Schuldners, des derzeitigen Gläubigers und des Abtretungsempfängers, die einen nur mehr in allseitigem Zusammenwirken änderbaren Sicherungszweck festlegt und den Altgläubiger verpflichtet, die Grundschuld nach dessen Erledigung an den Abtretungsempfänger abzutreten.

1743 Eine ausführliche Formulierung der Abtretung von Rückgewähransprüchen samt Belehrung über die Schutzlücken könnte daher[758] wie folgt lauten:

1744 **Formulierungsvorschlag: Abtretung von Rückgewähransprüchen (ausführlich)**

> Der Grundschuldbesteller (derzeitige Eigentümer) tritt hiermit alle gegenwärtigen und künftigen, auch bedingten oder befristeten, Ansprüche auf Rückgewähr der Grundschuld Abt. III laufende Nr. ..... sowie alle diesbezüglich etwa bereits entstandenen, gegenwärtigen oder künftigen Eigentümerrechte an ..... (**Anm.** *[Ggf. noch folgenden Zusatz aufnehmen]: „Zur Berechtigung zu gleichen Bruchteilen."*) ab. Er garantiert, diese Ansprüche nicht bereits anderweit abgetreten zu haben, tritt jedoch vorsorglich alle Ansprüche auf Rückgewähr etwaiger bisheriger Abtretungen ab. Die Abtretungen werden angenommen.
>
> Jeder Abtretungsempfänger ist bevollmächtigt, von der Grundschuldgläubigerin alle Auskünfte über sämtliche Umstände zu erhalten, die für den Umfang der Rückgewähransprüche sowie Art und Höhe der gesicherten Verbindlichkeiten von Bedeutung sind.

---

755 Das Kündigungsrecht ist als unselbstständiges Gestaltungsrecht nicht selbstständig abtretbar, vgl. *Gaberdiel* Kreditsicherung durch Grundschulden, 7. Aufl. 2004, Rn. 885.
756 BGH, 09.03.2006 – IX ZR 11/05, MittBayNot 2007, 45/47 m. Anm. *Amann* S. 13 ff.
757 BGH, DNotZ 1988, 155 unter II.2.b; *Gaberdiel*, Kreditsicherung durch Grundschulden, 7. Aufl. 2004, Rn. 1059.
758 Im Anschluss an *Amann*, in: Amann/Hertel/Everts, Aktuelle Probleme der notariellen Vertragsgestaltung im Immobilienrecht 2006/2007 (DAI-Skript), S. 236 f.

Den Beteiligten ist bekannt, dass die Abtretung der Rückgewähransprüche wirkungslos bleibt, falls diese bereits anderweit abgetreten, gepfändet oder verpfändet worden sein sollten, falls die Abtretbarkeit im Sicherungsvertrag ausgeschlossen oder beschränkt wurde, falls der Rückgewähranspruch nicht durch Abtretung oder Verzicht, sondern nur durch Löschung erfüllt werden kann oder wenn der Besteller sowie der derzeitige Grundstücksgläubiger berechtigt bleiben, künftige, weitere Verbindlichkeiten in den Sicherungszweck der Grundschuld einzubeziehen.

Die Anzeige der Abtretung der Rückgewähransprüche beim derzeitigen Grundstücksgläubiger wird der Abtretungsempfänger selbst vornehmen und den Zugang dieser Anzeige dauerhaft dokumentieren, um zu vermeiden, dass der Grundstücksgläubiger schuldbefreiend an andere Personen leisten kann.

Der Notar hat empfohlen, das Interesse des Abtretungsempfängers am Erhalt einer günstigeren Rangstelle dadurch zu sichern, dass unter Mitwirkung des Grundschuldbestellers und des derzeitigen Grundschuldgläubigers eine dreiseitige Vereinbarung zustande kommt, die den Sicherungszweck begrenzt und den derzeitigen Gläubiger nach dessen Erledigung verpflichtet, die Grundschuld an den Abtretungsempfänger abzutreten. Die Beteiligten werden sich selbst bemühen, eine solche allseitige Vereinbarung zustande zu bringen.

4. Verwendung stehenbleibender Grundpfandrechte beim Nießbrauchsvorbehalt

Steht bei dem vorstehend (Rdn. 1724 ff.) behandelten Nebeneinander (bzw.: Nacheinander) von bestehen bleibender Grundschuld und Wohnungsrecht die **Gefahr des Untergangs des Abteilung II-Rechts** bei Versteigerung aus der vorrangigen Grundschuld im Vordergrund (also die Rangproblematik), stellt sich bei der nunmehr zu behandelnden Konstellation der Bestellung eines Nießbrauchsvorbehalts zugunsten des Veräußerers (und/oder dessen Ehegatten) bei Bestehen bleiben der Grundschuld in erster Linie die Frage der Verwendung dieses Grundpfandrechts als Kreditsicherungsmittel. Typischerweise wird nämlich dem Nießbraucher als Inhalt des Nießbrauchs (vgl. oben Rdn. 1158 ff.) auch aufgebürdet, abweichend von der gesetzlichen Lastentragung auch die außerordentlichen Instandhaltungs- und Instandsetzungsaufwendungen zu tragen; ferner wird er regelmäßig sowohl Verzinsung als auch Tilgung bestehen bleibender oder neu aufzunehmender Verbindlichkeiten zu übernehmen haben. Er benötigt daher regelmäßig die Grundschuld als Kreditsicherheit etwa für größere Investitionen (Reparaturen an Dach, Heizung etc.); andererseits hat der Erwerber, der in aller Regel die bei Beendigung des Nießbrauchs noch bestehenden Verbindlichkeiten schuldbefreiend (auch ggü. den anderen Erben des Nießbrauchers) zu übernehmen hat, ein Interesse daran, die Aufnahme neuer Kredite in überschaubarem Rahmen zu halten und auf objektgebundene Darlehen zu begrenzen.

1745

Es stellen sich daher insoweit **folgende Regelungsthemen**:

a) Aufschiebend bedingte Schuld- oder Erfüllungsübernahme

Mit Beendigung des Nießbrauchs (sei es aufgrund Ablebens des Nießbrauchers oder aufgrund vorzeitigen Verzichts) wird regelmäßig aufgrund schon jetzt getroffener Vereinbarung der Erwerber verpflichtet sein, die dann noch bestehenden, grundpfandrechtlich abgesicherten Ver-

1746

bindlichkeiten als weitere **Gegenleistung** (mit erst dann eintretender schenkungsteuerlicher Relevanz, Rdn. 1169, 1673) **zur weiteren Verzinsung und Tilgung** zu übernehmen. Diese Verpflichtung muss mit beurkundet werden. Da Höhe und Konditionen der zu übernehmenden Verbindlichkeiten derzeit noch nicht bekannt sind, können die erforderlichen Gläubigererklärungen erst im Zeitpunkt des Erlöschens des Nießbrauchs eingeholt werden, und zwar typischerweise durch die Beteiligten selbst, da der Notar von diesem Zeitpunkt nicht zwingend erfährt. Er sollte jedoch empfehlen, zur Vermeidung einer Festsetzungsverjährung dann binnen Jahresfrist (§§ 6 Abs. 2, 5 Abs. 2 Satz 2 BewG) einen **Antrag auf Änderung der ursprünglichen Schenkungsteuerfestsetzung** zu stellen (§ 175 Abs. 1 Nr. 2 AO).

1747 **Formulierungsvorschlag: Schuldübernahme aufschiebend bedingt auf den Zeitpunkt des Erlöschens des Nießbrauches**

> Die eingetragene Grundschuld sichert derzeit noch Verbindlichkeiten des Veräußerers und künftigen Nießbrauchers, der verpflichtet bleibt, diese gemäß den Vereinbarungen im jeweiligen Darlehensvertrag zu tilgen und zu verzinsen. Von dem danach bei Erlöschen des Nießbrauchs verbleibenden Rest dieser Verbindlichkeiten hält der Erwerber mit Wirkung ab Erlöschen des Nießbrauchs alle etwaigen Schuldner vollständig frei. Die ungefähre heutige Höhe dieser Verbindlichkeiten und die für sie geltenden Bestimmungen sind dem Erwerber bekannt.
>
> Der Notar hat darauf hingewiesen, dass zur Freistellung der sonstigen Schuldner auch im Außenverhältnis eine entsprechende Erklärung des Gläubigers erforderlich ist. Diese wird der Erwerber nach Erlöschen des Nießbrauchs unverzüglich besorgen; sofern dies nicht gelingt, hat der Erwerber auf Verlangen auch nur eines Mitschuldners die übernommenen Verbindlichkeiten unverzüglich vollständig zu tilgen. Etwaige Kosten der Durchführung vorstehender Vereinbarungen trägt der Erwerber. Der Notar hat empfohlen, bei nachträglicher Schuldübernahme binnen Jahresfrist Antrag auf Neufestsetzung der Schenkungsteuer zu stellen.

1748 Noch stärker vorwegnehmen lassen sich die Wirkungen der auf den Wegfall des Nießbrauchs bedingten Schuldübernahme, wenn diese bereits bei der Einräumung des Nießbrauchs stattfindet und seitens des Gläubigers genehmigt wird, der Nießbraucher sich jedoch im Innenverhältnis ggü. dem Eigentümer verpflichtet, während der Dauer des Nießbrauches die Verzinsung und Tilgung dieser Verbindlichkeiten zu übernehmen. **Schenkungsteuerlich** tritt damit jedoch keine Besserung ein: Relevant i.S.e. zur gemischten Schenkung führenden Gegenleistung wird die Schuldübernahme des Erwerbers/Eigentümers erst, wenn er **keinen Freistellungsanspruch** gegen den Nießbraucher mehr hat.[759] Die bereits jetzt erteilte Schuldübernahmegenehmigung des Gläubigers gibt allerdings den Erben des Nießbrauchers (bzw. diesem selbst bei vorzeitiger Aufgabe des Nießbrauchs) erhöhte Sicherheit; während umgekehrt der Erwerber mit dem Ausfallrisiko des Nießbrauchers belastet ist: Kann dieser die Verzinsung und Tilgung, etwa aufgrund Insolvenz, nicht mehr erbringen, hält sich der Gläubiger bereits während des Bestandes des Nießbrauches an den Erwerber. Daher wird der Erwerber mit der sofortigen Schuldübernahme samt Freistellung nur einverstanden sein, wenn der Nießbrauch seinerseits auflösend bedingt ist

---

759 BFH, 17.01.2001 – II R 60/99, ZEV 2002, 121.

für den Fall seiner, des Erwerbers, vorzeitigen Inanspruchnahme durch den Gläubiger, also die Nichterfüllung des Freistellungsanspruchs über einen bestimmten Schwellenbetrag hinaus.

Eine solche „vorzeitig sich vollziehende" Schuldübernahme, deren Wirkungen durch einen Freistellungsanspruch ausgeglichen werden, könnte etwa wie folgt formuliert sein:

Formulierungsvorschlag: Sofortige Schuldübernahme mit Freistellung bis zum Erlöschen des Nießbrauches

1. Ziel der Vereinbarung

Die eingetragene Grundschuld sichert derzeit noch Verbindlichkeiten des Veräußerers und künftigen Nießbrauchers. Der Erwerber übernimmt diese im Außenverhältnis mit sofortiger Wirkung, im Verhältnis zum Inhaber des Nießbrauchs jedoch erst mit Wirkung ab dessen Erlöschen. Daher wird vereinbart:

2. Schuldübernahme

Als weitere Gegenleistung gegenüber dem Veräußerer übernimmt der Erwerber die durch das Grundpfandrecht Abt. III laufende Nr. ..... gesicherten Verbindlichkeiten samt etwaigen Rückständen im Verhältnis zum Gläubiger ab Übergang des mittelbaren Besitzes (Stichtag) zur weiteren Verzinsung und Tilgung. Gelangt die Grundbesitzübertragung nicht zur Durchführung, ist er hiervon wieder rückwirkend freizustellen. Kosten und Gebühren der Schuldübernahme trägt .....

Die Konditionen der zu übernehmenden Verbindlichkeiten (Zinsen, Laufzeit, Tilgungsmöglichkeiten, Kosten etc.) sind den Beteiligten nach Angabe bekannt. Der beurkundende Notar kennt diese nicht; er hat jedoch auf die mögliche Anwendbarkeit der gesetzlichen Regelung über Verbraucherdarlehensverträge sowohl auf den bisherigen Schuldvertrag als auch auf die Vertragsübernahme und die daraus resultierenden Folgen, insbesondere das Widerrufsrecht des Schuldübernehmers, hingewiesen.

3. Eigentümerrechte und Rückgewähransprüche

Das eingetragene Grundpfandrecht darf auch nach der Eigentumsumschreibung im Range vor den zugunsten des Veräußerers einzutragenden Rechten bestehen bleiben, aber während deren Bestehens zur Sicherung neuer Verbindlichkeiten nur verwendet werden, soweit Veräußerer und Erwerber zustimmen. Demgemäß tritt der Veräußerer seine Eigentümerrechte und Rückgewähransprüche bzgl. dieser Grundschuld

- mit sofortiger Wirkung in der Weise ab, dass sie während des Bestehens des nachrangigen Grundbuchrechts des Veräußerers dem Erwerber und dem Veräußerer als Gesellschaftern des bürgerlichen Rechts (GbR) zustehen – hierfür gelten die Bestimmungen des BGB mit der Maßgabe, dass bei Pfändung oder Insolvenz eines Gesellschafters die GbR unter den übrigen Gesellschaftern, beim Ableben des Erwerbers mit dessen Erben, fortgesetzt wird –,
- mit Wirkung ab einer Kündigung durch den Erwerber an den Veräußerer allein,
- mit Wirkung ab Erlöschen des nachrangigen Veräußererrechts an den Erwerber allein ab.

Entsprechende Eintragung im Grundbuch wird bewilligt, jedoch derzeit nicht beantragt.

4. Zweckvereinbarung, Anzeige

Des Weiteren ändern die Beteiligten vorbehaltlich der Zustimmung des Grundschuldgläubigers die bisherigen Sicherungsvereinbarungen (Zweckbestimmungserklärungen) dahin gehend ab, dass

- die Grundschuld nur die derzeit bestehenden Verbindlichkeiten und solche künftigen Verbindlichkeiten sichert, welche mit Zustimmung des Veräußerers und des Erwerbers begründet worden sind,
- eine Änderung dieser „dreiseitigen" Sicherungsvereinbarung nur mit Zustimmung des Veräußerers möglich ist, solange für diesen nachrangige Rechte eingetragen sind,
- nach Löschung der nachrangigen Rechte des Veräußerers die Grundschuld solche Verbindlichkeiten absichert, die mit Zustimmung des Erwerbers begründet worden sind.

Die Beteiligten wissen, dass die Abtretung der Rückgewähransprüche dem Grundschuldgläubiger gegenüber erst wirkt, wenn sie dieser angezeigt ist, und dass die Änderung des Sicherungsvertrags der Zustimmung des Gläubigers bedarf. Sie beauftragen den Notar,

- diese Anzeige gegenüber dem eingetragenen Grundschuldgläubiger vorzunehmen
- die Zustimmung des Gläubigers zur vorstehenden Änderung der Zweckerklärung einzuholen verbunden mit einer Verpflichtung des Gläubigers, bei einer Weiterabtretung der Grundschuld diese Verpflichtungen dem neuen Gläubiger aufzuerlegen.

Der Gläubiger erhält hierzu eine beglaubigte Abschrift der heutigen Urkunde.

5. Vollstreckungsunterwerfung

Der Erwerber anerkennt (*Anm.: mehrere als Gesamtschuldner*) dem Grundpfandrechtsgläubiger einen Geldbetrag i.H.d. Grundpfandrechtsnennbetrags und der Zinsen und Nebenleistungen ab dem Datum der Grundbuchbewilligung in der Weise zu schulden, dass dieses Anerkenntnis die Zahlungsverpflichtung selbstständig begründet. Er unterwirft sich der sofortigen Vollstreckung in sein Vermögen sowie als künftiger Eigentümer in den Grundbesitz mit der Maßgabe, dass vollstreckbare Ausfertigung frühestens ab Genehmigung der Schuldübernahme erteilt werden darf und die dingliche Vollstreckung gegen den jeweiligen Eigentümer zulässig ist (§ 800 Abs. 1 ZPO), was hiermit vereinbart und zur Eintragung bewilligt und beantragt wird.

6. Genehmigung der Schuldübernahme

Der Notar wird damit beauftragt, diese Schuldübernahme dem Gläubiger unter Übersendung einer vollstreckbaren Ausfertigung der heutigen Urkunde gem. § 415 Abs. 1 BGB mitzuteilen und dessen Genehmigung für die Beteiligten zu beantragen und entgegenzunehmen. Sollte die Genehmigung der Schuldübernahme verweigert oder nur unter Bedingungen genehmigt werden, denen der Erwerber nicht zustimmt, ist der Erwerber verpflichtet, diese Genehmigung erneut zu beantragen, sobald die in Nr. 7 vereinbarte Freistellungspflicht des Nießbrauchers endet, und ab diesem Zeitpunkt den Nießbraucher bzw. dessen Gesamrechtsnachfolger von jeglicher Inanspruchnahme aus dem Darlehen freizustellen (aufschiebend bedingte Erfüllungsübernahme). Die Eigentumsumschreibung soll gleichwohl vollzogen werden (*Anm.: Anderenfalls Verwendung der Formulierung des Bausteins bei Rdn. 1712*).

7. Freistellung durch den Nießbraucher

Unbeschadet der sofort zu vollziehenden Schuldübernahme soll die genannte Verbindlichkeit wirtschaftlich weiter den Nießbraucher treffen, solange der Nießbrauch besteht. Letzterer ist daher verpflichtet, während dieses Zeitraums den Erwerber und dessen Rechtsnachfolger umfassend von Verzinsung und Tilgung freizustellen, indem er diese unmittelbar gegenüber dem Gläubiger leistet, anderenfalls sie dem Erwerber unverzüglich zu erstatten. Gleiches gilt für eine etwaige Anschlussfinanzierung zu marktüblichen Konditionen und mit identischem Tilgungsanteil.

8. Sanktion bei Nichterfüllung der Freistellung/Erlöschen des Nießbrauchs

Wurde der Eigentümer durch den Gläubiger in Höhe mind. eines Jahresbetrags an Zins und Tilgung in Anspruch genommen, ohne dass der Nießbraucher seiner Freistellungspflicht nach Nr. 7 nachgekommen ist, ist er zur Kündigung der schuldrechtlichen Abrede über die Nießbrauchsbestellung berechtigt. Der Nießbrauch als dingliches Recht ist durch diese Kündigung seinerseits auflösend bedingt.

9. Hinweise des Notars

Der Notar hat den Beteiligten insbesondere folgende Umstände verdeutlicht:
- Der Erwerber kann durch den Gläubiger sofort zur Verzinsung und Tilgung der Verbindlichkeit herangezogen werden, er hat lediglich intern einen Anspruch auf Freistellung gegen den Nießbraucher.
- Aufgrund des Freistellungsanspruchs führt die Schuldübernahme nicht sofort zur Minderung der Schenkungsteuer, sondern (auf Antrag) erst dann, wenn der Erwerber die Darlehenslasten tatsächlich trägt.
- Dem Nießbraucher droht der dauernde Verlust seines Rechts, wenn er hinsichtlich seiner Freistellungspflicht mit einem Jahresbetrag rückständig ist.

b) Zuordnung der Eigentümerrechte und Rückgewähransprüche

Verbleiben diese uneingeschränkt beim Veräußerer, trägt der Erwerber das **Risiko einer Valutierung** der bestehen bleibenden Grundschuld nicht nur für solche Verbindlichkeiten, die zur Finanzierung der Nießbrauchslasten anfallen und damit mittelbar dem Objekt selbst zugutekommen, sondern auch für andere, etwa private Kredite. Ist zusätzlich eine aufschiebend bedingte Schuldübernahme vereinbart, könnte der Veräußerer gar die Beendigung des Nießbrauchs mit Bedacht herbeiführen, um die ihm möglicherweise lästig gewordenen privaten Verbindlichkeiten „loszuwerden".

1751

> **Hinweis:**
> Auf diese Gefahren sollte der Erwerber durch den Notar hingewiesen werden. Zumindest aber wird es sich empfehlen, die Eigentümerrechte und Rückgewähransprüche aufschie-

1752

bend bedingt auf den Zeitpunkt des Erlöschens des Nießbrauchs an den Erwerber abzutreten (und diese Abtretung wegen § 407 BGB dem Gläubiger anzuzeigen), es sei denn, die freie Verwendbarkeit der Grundschuld für auch objektfremde Verbindlichkeiten ist offen gewollt. Besteht der Erwerber auf vertraglichen Vorkehrungen gegen die „freie Valutierbarkeit" des Grundpfandrechts, empfiehlt sich auch hier die vorstehend erläuterte Abtretung der Eigentümerrechte und Rückgewähransprüche an Veräußerer und Erwerber in GbR, aufschiebend bedingt auf den Zeitpunkt des Erlöschens des Nießbrauchs an den Erwerber allein. Auf Wunsch des Vorbehaltsnießbrauchers (Veräußerers) kann zusätzlich eine schuldrechtliche Verpflichtung des Erwerbers aufgenommen werden, die Zustimmung zur Neuvalutierung zu erteilen, sofern die dadurch abgesicherten Verbindlichkeiten nachgewiesenermaßen für objektbezogene Aufwendungen Verwendung finden und eine bestimmte Mindesttilgung vereinbart wird.

H. Vertragliche Rückforderungsrechte

I. Anwendungsbereich

Gesetzliche Rückforderungsrechte sind – wie oben bei Rdn. 150 bis 1214 dargestellt – auf wenige eng umgrenzte, hinsichtlich ihrer Tatbestandsvoraussetzungen mit Nachweisschwierigkeiten behaftete („grober Undank") Fälle beschränkt, deren Anwendbarkeit zudem nach der noch herrschenden (bestrittenen) Rechtsprechung davon abhängt, dass es sich zivilrechtlich entweder um eine reine Schenkung, um eine Schenkung unter Auflagen oder um eine gemischte Schenkung mit Überwiegen des unentgeltlichen Charakters handelt. Aus diesem Grund sind vertragliche Rückforderungsansprüche stets zu diskutieren. 1753

1. Rückforderungsrechte zur Sicherung der Vertragserfüllung?

Zu untersuchen sind zunächst die **gesetzlichen Folgen für Leistungsstörungen** des Erwerbers. Dabei ist zu differenzieren zwischen Schenkungsauflagen (Rdn. 1755 ff.) und gemischten Schenkungen mit überwiegendem Entgeltlichkeitscharakter (Rdn. 1763 ff.). Im Anschluss stellt sich die Frage nach kautelarjuristischer Vorsorge (Rdn. 1766 ff.). 1754

a) Auflagenschenkung

Handelt es sich bei den „Gegenleistungen" **zivilrechtlich um Schenkungsauflagen** (die also aus dem zugewendeten Gegenstand selbst erbracht werden können), gilt: 1755

- die (objektive oder subjektive, anfängliche oder nachträgliche) **Unmöglichkeit der Auflagenerfüllung** führt gem. § 275 Abs. 1 BGB zur Leistungsfreiheit des Beschenkten.

Beispiel:

Das gewährte Wohnungsrecht kann wegen Zerstörung des Anwesens nicht erfüllt werden; es wurde keine Wohnungsgewährungspflicht i.S.e. Reallast vereinbart.

- **Schadensersatz statt der Leistung** kann der Begünstigte nur verlangen, wenn die Unmöglichkeit zu vertreten ist (§ 283 BGB), z.B. weil das Haus infolge grober Unachtsamkeit des Erwerbers abgebrannt ist. Die Rückforderung der Zuwendung gem. § 527 BGB ist jedoch ausgeschlossen, wenn eine Verpflichtung zur Erfüllung der Auflage selbst nicht mehr besteht. Auch das Rücktrittsrecht aus § 326 Abs. 5 BGB kommt schließlich nicht in Betracht, da die Schenkung unter Auflage keinen gegenseitigen Vertrag darstellt. Soll die „Sanktion" einer Rückabwicklung dem Veräußerer zusätzlich zur Verfügung stehen, muss sie daher individualvertraglich vereinbart werden; es empfiehlt sich dann auch eine detaillierte Regelung der Tatbestandsseite (regelmäßig Beschränkung auf zu vertretendes Unmöglichwerden) und der Rechtsfolgen (z.B. keine Rückgewähr wechselseitig erlangter Nutzungen, keine wechselseitige Erstattung von Aufwendungen). 1756

- Gleiches gilt, wenn dem Erwerber bzgl. Schenkungsauflagen auf der Grundlage des § 275 Abs. 2 u. Abs. 3 BGB (**Unerreichbarkeit/Unzumutbarkeit**) ein Leistungsverweigerungsrecht zusteht. Einschlägig ist insb. § 275 Abs. 3 BGB bei persönlich zu erbringenden Wart- und Pflegeleistungen oder hauswirtschaftlichen Verrichtungen, an denen der Erwerber z.B. 1757

605

Kapitel 4: Absicherung des Veräußerers

wegen beruflicher Versetzung durch den Dienstherrn oder wegen eigener Erkrankung gehindert ist. (Voraussetzung für das Leistungsverweigerungsrecht ist allerdings stets die vorab zu treffende Feststellung, dass nicht etwa ein Ergebnis – Pflege der Person und Führung des Haushalts – geschuldet war, gleich ob selbst oder durch zu stellende Ersatzpersonen, sondern nur die persönliche Dienstleistung zur Erreichung dieses Ergebnisses.)

1758 • Nur im Bereich des Leibgedingsrechts sehen **landesrechtliche Vorschriften** auch beim unverschuldeten Freiwerden von Versorgungspflichten eine „billige Rente in Geld" vor, die sich regelmäßig an der Auszahlung der beim Verpflichteten durch das Freiwerden eingetretenen Bereicherung orientiert (nicht an der Höhe anderweitiger Ersatzbeschaffung, wie in den Fällen des vom Erwerber zu vertretenden Wegfalls ortsgebundener Leistungen, vgl. Art. 21, 22 BayAGBG). Umgekehrt ist aber in den meisten landesrechtlichen Leibgedingsbestimmungen das Rückforderungsrecht aus § 527 BGB ausgeschlossen, vgl. bspw. Art. 17 BayAGBG.[760]

1759 **Kautelarjuristisch** kann eine Erweiterung der Sanktionsmöglichkeiten des Veräußerers für den Fall, dass der Erwerber unverschuldet und demnach schadensersatzfrei von übernommenen Auflagen frei wird, in zweierlei Hinsicht erwogen werden:

• Denkbar ist die Vereinbarung einer vertraglichen Geldersatzrente in zu beziffernder Höhe, ggf. mit Wertsicherungsklausel (gesichert bspw. durch Reallast im Grundbuch und demnach mit dinglicher und persönlicher Vollstreckungsmöglichkeit ausgestattet) auch außerhalb des Leibgedingsrechts:

1760 **Formulierungsvorschlag: Vertragliche Geldersatzrente außerhalb des Leibgedingsrechts**

> Wird der Schuldner von der Erfüllung der Pflegeverpflichtung gem. § 275 Abs. 2 oder Abs. 3 BGB frei, hat er dem Veräußerer einen Betrag in Höhe dessen Pflegegeldstufe[761] gem. § 37 SGB XI (maximal jedoch für die vertraglich geschuldete Pflegestufe) zu entrichten. Auf dingliche Sicherung wird verzichtet.
>
> (*Formulierungsalternative:* „ ....., hat er dem Veräußerer einen Betrag von monatlich derzeit 250,00 € zu entrichten."
>
> [*Anm.:* Es folgen Vereinbarungen zur Wertsicherung und dinglichen Sicherung als Reallast sowie Vollstreckungsunterwerfungserklärungen].)

1761 • oder aber die Einräumung eines Rückforderungsrechts analog § 527 BGB auch für den Fall, dass der Erwerber kraft Gesetzes oder aufgrund Einrede von der Auflagenerfüllung frei wird, bzw. zur Überwindung der leibgedingsrechtlichen Rücktrittssperre in den insoweit dispositiven Landesgesetzen. Dieses vertraglich zu schaffende Rücktrittsrecht (ähnlich § 326 Abs. 5

---

760 Einen differenzierten Ansatz vertritt insoweit das Thüringer Zivilrechtsausführungsgesetz, indem es in § 13 ThürAGBGB den Rücktritt bei erheblichen, verschuldeten und trotz Abmahnung fortgesetzten Verstößen zwar eröffnet, ihn allerdings der notariellen Beurkundung unterwirft, um seine überlegte Ausübung und die eingehende Belehrung über die einschneidenden Rechtsfolgen (Erstattung von Aufwendungen des Erwerbers!) sicherzustellen; vgl. ThürGVBl. 2002, 424 ff.

761 Ein gesetzlicher Pflegegeldanspruch besteht in diesem Fall nicht, da ja gerade keine Pflege durch Angehörige erfolgt. Der gesetzliche „Aufwendungsersatz" von (derzeit) 205,00 €, 410,00 € bzw. 665,00 € monatlich bildet jedoch ein Indiz für die Bewertung der Pflegeleistung.

BGB) wird allerdings hinsichtlich der Rechtsfolgen vom Rückgewährschuldverhältnis eines Rücktritts gem. §§ 346 ff. BGB abweichen.

- Liegt kein Umstand vor, der (wegen Unmöglichkeit, Unerreichbarkeit, Unzumutbarkeit) gem. § 275 Abs. 1, Abs. 2 oder Abs. 3 BGB zum Freiwerden von der Erbringung der Auflagen führt, sondern hat der Erwerber seine als Auflage geschuldete Leistung lediglich **„schlecht" erbracht**, hat er gem. §§ 280 Abs. 1, 241 Abs. 2 BGB bei zumindest fahrlässig[762] verschuldeter Schlechtleistung (wobei das Verschulden gem. § 280 Abs. 1 Satz 2 BGB vermutet wird) dem Veräußerer den hieraus erwachsenden „schlichten Schaden" zu ersetzen. Unter den verschärfenden weiteren Voraussetzungen des § 281 BGB (Nachfristsetzung; Erheblichkeit gem. § 281 Abs. 1 Satz 3 BGB) kann er weiter „großen" Schadensersatz statt der Leistung fordern. Kautelarjuristische Ergänzungen sind insoweit regelmäßig nicht veranlasst. Gleiches gilt, wenn es sich bei der „schlecht" erbrachten Leistung um Verpflichtungen handelt, die eine gemischte Schenkung begründen, also aus dem sonstigen Vermögen des Erwerbers zu erbringen sind.

1762

b)   Gemischte Schenkung

Liegt eine **gemischte Schenkung** (also nicht eine Auflagenschenkung) vor, ist bzgl. des Schicksals der Gesamtzuwendung nach überwiegender Auffassung[763] dahin gehend zu differenzieren, ob der entgeltliche oder der unentgeltliche Charakter überwiegt. Die Differenzierung ist maßgebend für die Anwendbarkeit des Rücktrittsrechts gem. § 323 und § 326 Abs. 5 BGB,[764] das nur beim gegenseitigen Vertrag (also bei der gemischten Schenkung mit Überwiegen des entgeltlichen Teils) gilt, nicht aber bei dem insgesamt noch nach Schenkungsrecht (und demnach außerhalb des Synallagma) abzuwickelnden gemischten Schenkungsvertrag mit Überwiegen des unentgeltlichen Charakters. Für Letzteren gilt lediglich § 527 BGB mit der Modifizierung, dass bei Rückforderung des Zuwendungsgegenstands (Rechtsfolgenverweisung auf das Kondiktionsrecht) die Gegenleistung ihrerseits rückzuerstatten ist.

1763

Liegen neben gemischten Schenkungsleistungen mit überwiegend entgeltlichem (und damit insgesamt synallagmatischem) Charakter **zusätzliche Schenkungsauflagen** vor, besteht das gesetzliche Rücktrittsrecht gem. § 323 BGB (Pflichtverletzung) oder § 326 Abs. 5 BGB (Unmöglichkeit) auch bzgl. der Auflagen, da beide Bestimmungen nur das Bestehen eines insgesamt synallagmatischen Vertrags voraussetzen, nicht aber zusätzlich, dass die den Rücktritt auslösende Leistung selbst im Synallagma steht.

1764

Die **landesrechtlichen Ausführungsbestimmungen** zu Leibgedings-(„Altenteils")-Verträgen verweisen, soweit sie nicht bereits anpasst sind,[765] i.R.d. Ausschlusses der Rückforderungsrechte neben § 527 BGB (Auflagenschenkung und überwiegend unentgeltliche gemischte Schenkung) noch auf §§ 325 Abs. 2, 326 BGB (a.F.); auch ohne ausdrückliche Gesetzesänderung dürfte von

1765

---

762 Die Privilegierung des § 521 BGB bei leichter Fahrlässigkeit gilt für den Beschenkten nicht.
763 BGHZ 112, 53; 107, 158.
764 Der BGH hat dem Beschenkten in diesen Fällen die Möglichkeit eröffnet, den geschenkten Gegenstand zu behalten und lediglich den Mehrwert zu erstatten, der die von ihm erbrachte Gegenleistung übersteigt.
765 Wie etwa die bayerischen AGBGB, vgl. BayGVBl. 2002, 975: Anpassung des Art. 17 BayAGBGB.

der Rücktrittssperre nunmehr das im synallagmatischen Vertrag eröffnete Rücktrittsrecht gem. §§ 323, 324, 326 Abs. 5 BGB n.F. gemeint sein.[766]

c) Kautelarjuristische Vorsorge

1766 Die kautelarjuristische Vorsorge wird bestrebt sein, die nicht immer einfach zu treffende Unterscheidung zwischen Schenkung unter Auflage bzw. überwiegend unentgeltlich gemischter Schenkung einerseits (ohne Synallagma) und gemischter Schenkung mit überwiegend entgeltlichem Charakter (Synallagma) andererseits entbehrlich werden zu lassen. Im Vordergrund für die bei der Vertragsgestaltung einzuschlagenden Wege hat dann allerdings die Frage zu stehen, ob der Erwerber

- bei **„Schlechtleistung"** nicht nur dem (gerade bei höchstpersönlichen Verpflichtungen nur eingeschränkt durchsetzbaren) Erfüllungsanspruch und – bei Verschulden – der Schadensersatzpflicht (§§ 280 Abs. 1, 241 Abs. 2 BGB) ausgesetzt sein soll, sondern auch die Rückabwicklung zu befürchten hat (entgegen leibgedingsrechtlicher Sperre und unabhängig von den Voraussetzungen des § 527 BGB bzw., im Synallagma, des § 323 bzw. § 326 Abs. 5 BGB),

1767 - bei **Freiwerden von seiner Gegenleistungspflicht** (Fälle des § 275 Abs. 1 bis Abs. 3 BGB) allenfalls (bei zumindest fahrlässigem Verschulden) ebenfalls Schadensersatz zu befürchten hat oder auch (unabhängig davon, ob die Voraussetzungen des § 323, § 326 Abs. 5 BGB – Synallagma – vorliegen bzw. landesrechtliche Sperren greifen) ein Rücktritt ihm ggü. ausgeübt werden kann.

1768 Oft beruht die Lebensplanung des Erwerbers in nicht geringem Umfang auf der **Geschäftsgrundlage, das erworbene Anwesen/die erworbene Wirtschaftseinheit** außer in den gesetzlich unabweisbaren Fällen (z.B. innerhalb der 4-jährigen Anfechtungsfrist durch Gläubiger oder der 10-jährigen Rückforderungsmöglichkeit bei Verarmung des Schenkers durch den Sozialhilfeträger, § 528 BGB i.V.m. § 93 SGB XII) **behalten zu können**. Aus diesem Grund ist bei der Gewährung von Rücktrittsrechten im Fall der „Schlechtleistung", über deren Bestehen ja gerade bei betagten und zunehmend eigenwilligeren Veräußerern durchaus zu Recht unterschiedliche Auffassungen bestehen können, sowie in den Fällen des unverschuldeten Freiwerdens von der Gegenleistung außerordentliche Rücksicht geboten. Darüber hinaus können sich die Umstände ändern, unter denen die Leistungszusagen gemacht wurden (Pflicht zur Pflege vor Ort, obwohl der Erwerber beruflich bedingt wegziehen muss).[767] In aller Regel wird der Schadensersatzanspruch bei verschuldeter Schlechtleistung bzw. verschuldetem Freiwerden von der „Gegenleistung" eine ausreichende und genügend disziplinierende Sanktion darstellen. Die Rücknahme des Objekts insgesamt, insb. mit den kraft Gesetzes daran geknüpften Folgen (z.B. Aufwendungserstattung/Ersatz bereits erhaltener Gegenleistungen etc.), ist, auch angesichts der mit dem Eigentum verbundenen Pflichten, für den Veräußerer oft keine erstrebenswerte Alternative. Unmittelbare Sicherungsinstrumente zur Durchsetzung der Verpflichtung selbst (z.B. Reallasten) sind wirkungsvoller.

---

766 A.A. *Wegmann*, in: Amann/Brambring/Hertel, Vertragspraxis nach neuem Schuldrecht, S. 542.
767 OLG Köln, 05.06.2009, notar 2009, 483.

> **Hinweis:**
>
> Es dürfte sich eher empfehlen, weitere vertragliche Rückforderungsmöglichkeiten nur für bestimmte, enumerativ aufzuzählende Fälle der „Störung der Geschäftsgrundlage" (z.B. Verkauf, Belastung, Zwangsversteigerung, Vorversterben etc.) zu schaffen, unter genauer Regelung der damit verbundenen Rechtsfolgen. In aller Regel werden allerdings die gesetzlichen Rückforderungsmöglichkeiten des § 527 BGB (Nichterfüllung einer Auflage bzw. einer Gegenleistung bei überwiegend unentgeltlicher gemischter Schenkung), des § 326 Abs. 5 BGB (Rücktritt bei zu vertretender Unmöglichkeit im Synallagma) und des § 323 BGB (Rücktritt nach Nachfristsetzung bei erheblicher Pflichtverletzung im Synallagma) bestehen bleiben, zumal sie die Interessen des Erwerbers hinsichtlich der von ihm bereits erbrachten Leistungen und Dispositionen i.R.d. Rückabwicklung gem. §§ 346 ff. BGB mitberücksichtigen. Vereinzelt werden jedoch auch solche Rückforderungsrechte (analog der leibgedingsrechtlichen Bestimmungen) ausgeschlossen.

1769

2. Funktion und Wirkung vertraglicher Rückforderungsrechte

a) Ziele

Sind vertragliche Rückforderungsrechte zur Sicherung der Leistungserfüllung nicht unbedingt sachgerecht, so können sie doch gewährleisten, dass

1770

- bei **ehebedingten Zuwendungen im Fall einer Scheidung** nicht nur (bei gesetzlichem Güterstand) möglicherweise ein wertmäßiger Teilausgleich über § 1380 BGB (Anrechnung auf den Zugewinnausgleichsanspruch) stattfindet, sondern der Gegenstand selbst zurückerlangt werden kann; bei vereinbarter Gütertrennung oder ehevertraglich vereinbartem Ausschluss des Zugewinnausgleichs im Scheidungsfall stellt das vertragliche Rückforderungsrecht sogar den einzigen Behelf dar;

- bei **Zuwendungen zur Vermögensverschiebung und Haftungsvermeidung**, die z.B. auch als ehebedingte Zuwendung erfolgen können („der Ehegatte als Immobilienparkplatz"), der Veräußerer zumindest einen teilweisen Schutz vor eigenmächtigen Verfügungen des Erwerbers erhält und zudem das Vermögen vor Pfändungszugriffen durch Gläubiger des lediglich „formalen Eigentümers" (Erwerbers) geschützt wird;

- in den **sonstigen Fällen der vorweggenommenen Erbfolge** der Veräußerer sich bestimmte Kontrollbefugnisse, etwa hinsichtlich Veräußerung oder Belastung, des übertragenen Vermögens vorbehält, der Verbleib auch im Sterbefall innerhalb der Familie gesichert wird und – gerade bei jugendlichen Erwerbern – die Gefährdung des Vermögens bei unerwünschten Wendungen (Eintritt in eine Sekte oder in eine verfassungswidrige Organisation etc.) vermieden wird. Rückforderungsrechte lassen sich in diesem Fall auch zur Disziplinierung des Erwerbers hinsichtlich seiner künftigen Lebensplanung einsetzen (z.B. durch ein Rückforderungsrecht für den Fall, dass eine Ausbildung abgebrochen wird etc.). Häufig erleichtern sie dem Veräußerer den Entschluss, das Objekt seines lebenslangen Sorgens und Sparens überhaupt „zu übergeben". Jeder Berater kennt die spürbare Erleichterung des Veräußerers, wenn ihm die unausgesprochene Sorge vor dem Risikopotenzial insb. des Schwiegerkindes (Scheidung, letztwilliger Erwerb und Mitnahme in eine neue Familie; Drängen nach Belas-

1771

tung der Immobilie zur Absicherung seiner betrieblichen Engagements etc.) etwas genommen wird. Je weniger dem Veräußerer das weitere Schicksal des Vermögens am Herzen liegt, um so zurückhaltender wird der Umgang mit Rückforderungsvorbehalten sein (man denke etwa an eine fremdvermietete Eigentumswohnung, die ursprünglich als Steuersparmodell angeschafft wurde und eher von peripherem Interesse war).

1772
- Im Rahmen von **Betriebsübergaben** sind Rückforderungsvorbehalte eher wesensfremd: Der Erwerber als neuer Unternehmer muss nun eigenständige Störfallvorsorge (etwa für den Todes- oder Scheidungsfall) betreiben; ein „Hineinregieren" des Übergebers ist eher schädlich. Ferner stellt sich bei tatsächlicher Rückabwicklung das Problem, dass der Betrieb – einem lebenden Organismus gleich – mit zunehmendem Zeitabstand sich verändert hat (durch Entscheidungen des Erwerbers, Markteinflüsse, Änderung der Gesetzgebung etc.), sodass allenfalls näherungsweise eine Rückübertragung gelingen kann (vgl. unten Rdn. 1933).

- Auch bei **Ausstattungen** i.S.d. § 1624 BGB steht der dauerhafte Verbleib des zur Haushalts- oder Existenzgründung übertragenen Vermögens im Vordergrund, das seinerseits (zur Vermeidung der Unverhältnismäßigkeit) aus dem nicht versorgungswichtigen Bestand des Veräußerers stammen muss, sodass Rückforderungsvorbehalte eher selten anzutreffen sind. Ihre Umsetzung würde auch deutlich höhere Investitionsbereitschaft des Veräußerers erfordern, plant doch der Erwerber regelmäßig erhebliche Verwendungen auf das Objekt (Hausbau!) bis hin zur völligen Umgestaltung.

1773 Ein wesentliches Anwendungsgebiet von Rückforderungsvorbehalten des Veräußerers liegt in der Vermeidung (ggf. unerwartet hoher) Steuerbelastunge (sog. „**Steuerklauseln**"); vgl. Rdn. 1922 ff.[768]

b) Wirkungen

1774 Zivilrechtlich führt der Vorbehalt vertraglicher Rückforderungsrechte zu einer **Minderung der Unentgeltlichkeit** um ca. 10 % des Gesamtwerts der Zuwendung (entschieden jedenfalls bei der Berechnung des Pflichtteilsergänzungsanspruches);[769] teilweise wird gar ein Drittel des Verkehrswerts angesetzt.[770] Umgekehrt ist zu berücksichtigen, dass ein (allerdings selten gegebenes) vererbliches Rückforderungsrecht im Nachlass des Erstberechtigten einen Vermögenswert darstellt, der etwa in gleicher Höhe (10 % – 33 % des Verkehrswerts) auch zugunsten dessen Pflichtteilsberechtigten (§ 2311 BGB) zu aktivieren wäre.

1775 Noch **nicht vollständig geklärt** ist allerdings, ob der Vorbehalt eines Rückforderungsrechts den **Beginn der Frist des § 2325 Abs. 3 BGB** mangels wirtschaftlicher Ausgliederung hindert oder nicht. Überwiegend wird insoweit differenziert (vgl. unten Rdn. 3074): Für ein Nichtanlaufen der Frist spricht, dass der Wegfall der jedenfalls faktischen Verfügungsbefugnis das Eigentum noch stärker kennzeichnet als das Fehlen der Nutzungsmöglichkeit, sodass die Argumentation

---

[768] Vgl. *Wachter*, ZEV 2002, 180; *Kamps*, ErbStB 2003, 708. Als „Steuerklauseln" werden begrifflich auch Regelungen bezeichnet, die den Erwerber zur Übernahme solcher Steuermehrbelastungen verpflichten, die auf sein Verhalten (Verstoß gegen Behaltenspflichten etc.) zurückgehen, vgl. *Stümper/Walter*, GmbHR 2008, 31 ff. und z.B. Rdn. 4713 ff.
[769] Vgl. OLG Düsseldorf, MittRhNotK 2000, 208; OLG Koblenz, RNotZ 2002, 338.
[770] OLG München, MittBayNot 2001, 85 i.R.d. Anfangsvermögensermittlung beim Zugewinnausgleich.

des BGH zum Nießbrauchsvorbehalt erst recht hierfür greifen müsse;[771] dagegen spricht jedoch nach herrschender Meinung, dass während der Nichtausübung des Rückforderungsvorbehalts ein Genussverzicht gerade stattfindet, wenn es aber zur Rückforderung kommt, der Pflichtteilsberechtigte nicht mehr schutzbedürftig ist, da der zurückgeleistete Gegenstand nun dem unmittelbaren Pflichtteilsrecht unterliegt.[772] Für das enumerative Rückerwerbsrecht geht die ganz herrschende Meinung in der Literatur davon aus, dass es – jedenfalls sofern der Rückerwerbsfall nicht willkürlich herbeigeführt werden kann – kein Fristhindernis darstelle.[773] Möglicherweise bewirkt allerdings auch das bloß **enumerative Rückforderungsrecht** im Verein mit weiteren Vorbehalten (Wohnungsrecht an den bisher bewohnten Räumen), dass der Veräußerer sich auf keinen Genussverzicht einzurichten brauchte („Summationseffekt").[774]

Regelmäßig verbinden sich mit Rückforderungsklauseln auch **schenkungsteuerliche Erwägungen**, die an die Privilegierung des § 29 ErbStG anknüpfen (s.u. Rdn. 3957 ff.). Dieser stellt bei Ausübung eines gesetzlichen oder eines vertraglich ausbedungenen Rückforderungsrechts sowohl die historische Schenkung als auch die Rückübertragung schenkungsteuerfrei. 1776

> **Hinweis:** 1777
>
> Stellt sich heraus, dass der Veräußerer zu großzügig zugewendet hat, und wurde kein Rückforderungsrecht vereinbart oder liegen dessen Ausübungsvoraussetzungen nicht vor, sollte (anstelle der steuerungünstigen Rückschenkung in aufsteigender Linie) eine Darlehensgewährung, die dem Fremdvergleich standhält, erwogen werden. Dies gilt insb. dann, wenn der Darlehensgeber Erbe des Veräußerers (Darlehensnehmers) ist, sodass in seiner Person nach dem Erbfall Konfusion eintritt: Erbschaftsteuerlich werden sowohl die übergehende Valuta (soweit noch vorhanden) als Aktivum, als auch die Darlehensverpflichtung als Nachlassverbindlichkeit berücksichtigt mit der Folge einer Saldierung, wenn nicht gar einer „Steuergutschrift" beim Erben.[775]

c) Risiken

Andererseits ist zu berücksichtigen, dass der Erwerber durch allzu rigide Rückforderungsrechte möglicherweise davon abgehalten wird, sich auch mental mit „seinem" Eigentum zu identifizieren und sein Investitionsverhalten darauf auszurichten. Teilweise wird vor einem „Rückfall in Rektratrechte" gewarnt, die der BGB-Gesetzgeber durch § 137 BGB vermeiden wollte.[776] Da Rückforderungsrechte häufig auf Lebenszeit bestellt werden, beschränken sie den Erwerber an- 1778

---

771 So *J. Mayer*, in: *Mayer/Süß/Tanck/Bittler/Wälzholz*, Handbuch Pflichtteilsrecht, § 8 Rn. 133.
772 *Ellenbeck*, MittRhNotK 1997, 53.
773 *N. Mayer*, ZEV 1994, 329; *Kerscher/Riedel/Lenz*, Pflichtteilsrecht in der anwaltlichen Praxis, § 9 Rn. 109; differenzierend *Winkler*, ZEV 2005, 94. Nach *J. Mayer*, in: *Mayer/Süß/Tanck/Bittler/Wälzholz*, Handbuch Pflichtteilsrecht, § 8 Rn. 134, sei typologisch darauf abzustellen, ob der Schenker noch bis zu seinem Tod durch Rückerwerbsrechte „über die Schenkung weiterregiert", indem er dem Beschenkten weder die wesentliche Nutzung noch eine erhebliche Verfügungsmöglichkeit einräume.
774 OLG Düsseldorf, FamRZ 1999, 1547; ausführlich hierzu *J. Mayer*, in: Amann/Mayer, Intensivkurs Überlassungsvertrag (DAI-Skript Mai 2006), S. 241.
775 Vgl. zum Einsatz von Darlehen zwischen Angehörigen in der Nachfolgeplanung *Kirnberger/Werz*, ErbStB 2005, 14.
776 *Koch/Mayer*, ZEV 2007, 55.

gesichts der deutlich längeren Lebenserwartung stärker als früher; auch erfordert das Risiko des praemortalen Wegfalls der Geschäftsfähigkeit des Berechtigten (aufgrund seniler Demenz etc.) erhöhte Aufmerksamkeit.

1779 **Hinweis:**
Jedem Berechtigten aus einem solchen bedingten Recht sollte daher dringend angeraten werden, einer Person seines Vertrauens Vorsorgevollmacht zu erteilen, da ein Betreuer etwa erforderlich werdende Zustimmungserklärungen oder Rangrücktritte wegen der damit verbundenen abstrakten Gefährdung des Betreuten kaum wird abgeben können.

1780 Schließlich gefährden insb. vormerkungsgesicherte Rückforderungsvorbehalte die Kreditfähigkeit und damit die objektive Wirtschaftsfähigkeit des übertragenen Gutes, sodass bspw. bei derart eingeschränkten Hofübergaben (ähnlich wie bei zu hohen Altenteilslasten) die **Genehmigung gem. § 9 GrdStVeG** versagt werden kann[777] (zu diesbezüglichen notariellen Hinweisen vgl. Rdn. 1991). Nach (verfehlter) Ansicht soll ferner bereits das an enumerative Tatbestände anknüpfende Rückforderungsrecht das Anlaufen der Pflichtteilsergänzungsfrist (§ 2325 Abs. 3 BGB) hindern (vgl. Rdn. 3074).

3. Alternative Regelungsmöglichkeiten

1781 Der Wunsch des Veräußerers, zumindest in den ihm wichtigen Fällen weiterhin die Kontrolle über den Zuwendungsgegenstand zu behalten bzw. zurückerlangen zu können, kann durch **verschiedene Vertragskonstruktionen** verwirklicht werden:

- Denkbar ist bspw., dass alle schuldrechtlichen Zuwendungserklärungen bereits wirksam abgegeben werden, der **dingliche Vollzug** der Schenkung jedoch bis nach dem Tod des Veräußerers **aufgeschoben** bleibt (z.B. durch das Mittel der ausgesetzten Eintragungsbewilligung, die der Notar oder dessen Rechtsnachfolger im Amt nur gegen Vorlage einer Sterbeurkunde des Veräußerers auf den Erwerber oder dessen im Weg des § 35 GBO ausgewiesene Gesamtrechtsnachfolger vornehmen soll). Damit ist jedoch die Schenkung i.S.d. § 9 Abs. 1 Nr. 2 ErbStG (trotz Vormerkungseintragung) noch nicht ausgeführt,[778] sodass die Besteuerung erst mit Ableben des Veräußerers eintritt und die Zehn-Jahres-Frist für die Ausschöpfung der Freibeträge des § 14 Abs. 1 Satz 1 ErbStG noch nicht anläuft. Zivilrechtlich ist dieses Mittel jedoch angezeigt, wenn jedwedes in der Person des Erwerbers liegendes unliebsames Verhalten (Verschwendungssucht, Weiterübertragung an den unsympathischen Schwiegersohn etc.) ausgeschlossen werden soll. In **schenkungsteuerlicher Hinsicht** ist die Überlassung mit aufgeschobener Erfüllung die angezeigte Variante dann, wenn sich die für die Besteuerung maßgeblichen Verhältnisse beim Ableben des Veräußerers mutmaßlich günstiger darstellen als jetzt.

---

[777] OLG Celle, 21.02.2005 – 7W 85/04 (L), OLG-Report 2006, 102; *Wöhrmann*, Das Landwirtschaftserbrecht, 8. Aufl., § 6 Rn. 100.
[778] BFH, 02.02.2005 – II R 26/02, ZEV 2005, 218.

Beispiel:

Übertragung mit aufgeschobener Erfüllung an den neuen Lebensgefährten, der nach Abwicklung der derzeit betriebenen Scheidung vom bisherigen Ehegatten geheiratet werden soll.

- Zu erwägen ist ferner, die **Schenkung** zwar sofort zu vollziehen, jedoch **unter eine auflösende Bedingung zu stellen**. Hierdurch würde bei Eintritt der vereinbarten Tatbestände, die dem Bestimmtheitsgrundsatz genügen müssen, „automatisch" der schuldrechtliche Rechtsgrund der bereits erfolgten Auflassung wegfallen, sodass das Eigentum nach Bereicherungsgrundsätzen (ggf. Zug um Zug gegen gewährte Zuwendungen; Saldotheorie!) zurückzugewähren ist (schuldrechtliche Verpflichtung, sich so zu stellen, als wäre die Bedingung ex tunc ausgefallen, § 159 BGB). Der dadurch eintretende „Automatismus" hinsichtlich des Rückerwerbs wird jedoch häufig nicht gewollt sein. Zum einen kann die auflösende Bedingung zu einem Zeitpunkt eintreten, in dem der Rückerwerb durch den Veräußerer aus anderen Gründen nachteilig ist (bevorstehende Scheidung; Gefahr des Zugriffs von Eigengläubigern des Veräußerers etc.); zum anderen wird dem Veräußerer auf diese Weise die Möglichkeit genommen, nach den tatsächlichen Umständen des Einzelfalls zu urteilen. Es kann durchaus bspw. eine Veräußerung durch den Erwerber auf das wohlwollende Verständnis des Veräußerers stoßen; will dieser ihm nach Eintritt der auflösenden Bedingung den Gegenstand „belassen", liegt hierin eine neuerliche (steuerpflichtige!) Zuwendung. Der Eintritt einer auflösenden Bedingung führt jedoch jedenfalls zur „Stornierung" einer etwa entstandenen Schenkungsteuer.[779] 1782

- Auch ein (durch Vormerkung sicherbares) unwiderrufliches **Angebot des Erwerbers auf Rückerwerb** durch den Veräußerer, das i.Ü. dem aus anderen Gründen bedenklichen freien Widerrufsvorbehalt (nachstehend II, Rdn. 1805 ff.) gleichkäme, wird selten gewollt sein. Nimmt der Veräußerer das Angebot an, liegt hierin nämlich keine Rückgängigmachung des ursprünglichen Erwerbsvorgangs i.S.d. § 29 Abs. 1 Nr. 1 ErbStG, sodass die Schenkungsteuer für den ursprünglichen Schenkungsvorgang nicht storniert wird und der Rückerwerb einen neuerlichen (bei Rückübertragung an die Eltern mit schlechterem Freibetrag ausgestatteten) Zuwendungsvorgang darstellt. Außerdem löst es eine weitere 15/10-Gebühr aus dem Gegenstandswert der Übertragung aus. Allerdings vermag die Angebotslösung (jedenfalls sofern die Annahmebefugnis nicht übertragbar ist) den Pfändungszugriff auf die Position des Ausübungsberechtigten sicher auszuschließen[780] (nicht aber die Pfändung des durch Annahmefähigkeit und Annahmeerklärung bedingten, künftigen Rückübertragungsanspruchs mit blockierenden Effekten im Fall des Vermerks bei der Vormerkung, s.u. Rdn. 1788 ff.). 1783

- Zu erwägen ist weiterhin die vertragliche Vereinbarung von **Rücktrittstatbeständen** im eigentlichen Sinn, die zu einer gesetzlichen Umwandlung des (bereits erfüllten) schuldrechtlichen Geschäfts in ein Rückgewährschuldverhältnis gem. §§ 346 ff. BGB führt. Diese Lösung bietet zwar den Vorteil, dass eine Pfändung durch Eigen-Gläubiger oder Überleitung (gem. § 93 SGB XII durch den Sozialleistungsträger) unzweifelhaft ausscheidet, weil vorab ein Gestaltungsrechts auszuüben ist, allerdings wird das starre gesetzliche Rückabwicklungssystem, in dem insb. auch bereits gewährte Dienstleistungen zu vergüten sind, regelmäßig nicht gewollt sein.[781] Dies gilt bspw. für die strenge Haftung des Erwerbers ab Leistungser- 1784

---

779 FG Düsseldorf, EFG 1985, 183; *Carlé*, ErbStB 2006, 74.
780 Bei Berechtigung zur Benennung eines Dritten besteht allerdings Pfändbarkeit: RGZ 111, 47.
781 Vgl. *Weser*, ZEV 1995, 356; *Ellenbeck*, MittRhNotK 1997, 44.

halt (mit der Rückforderung musste er ja rechnen, also keine diligentia quam in suis § 347 Abs. 1 Satz 2 BGB) auf Schadensersatz, auch auf entgangenen Gewinn, oder (auch ohne Verschulden) Wertersatz gem. § 346 Abs. 2 BGB, die Pflicht zur Leistung von Wertersatz wegen pflichtwidrig nicht gezogener Nutzungen gem. § 347 Abs. 1 Satz 1 BGB und die Erstattung lediglich der notwendigen Verwendungen[782] (Rechtslage **vor dem 01.01.2002** = § 347 a.F. i.V.m. § 989: Schadensersatz wegen etwaiger Unmöglichkeit auch auf entgangenen Gewinn; § 987: Herausgabe auch der schuldhaft nicht gezogenen Nutzungen; § 994 Abs. 2: Erstattung nur der notwendigen Verwendungen; bei nützlichen besteht nur ein Wegnahmerecht).

1785 • Auch ein **Widerrufsrecht** bei Eintritt bestimmter Voraussetzungen führt zu Schwierigkeiten bei der Rückabwicklung, die zum bereicherungsrechtlichen Austausch der erhaltenen Leistungen ex tunc führt. Diese (auch die Wertherausgabe der gezogenen Nutzungen!) stehen nach der Saldotheorie auch im Konditionsrecht in gegenseitiger Abhängigkeit.

1786 • Zu differenzieren ist schließlich zwischen dem (lediglich an den Eintritt bestimmter Bedingungen geknüpften) **Rückforderungsanspruch** einerseits und dem zusätzlich die Geltendmachung durch den Veräußerer verlangenden, also an einen subjektiven Willensentschluss anknüpfenden, **Rückforderungsrecht** andererseits. Vorzuziehen ist unter dem Gesichtspunkt der erhöhten Flexibilität und des zumindest bedingten Schutzes vor Gläubigerzugriffen (s. nachstehend Rdn. 1788 ff.) stets das bloße Rückforderungsrecht, das dem Veräußerer die in jedem Einzelfall erneut auszuübende Entscheidung darüber belässt, ob die Rückforderung tatsächlich geltend gemacht wird oder nicht. Gegenstand der Rückforderungsvereinbarung ist in diesem Fall lediglich die Duldung der Folgen einer für sich selbst höchstpersönlichen, unvertretbaren Willensentscheidung. Die Ausübung des Rückforderungsrechts ihrerseits kann als Potestativbedingung[783] oder aber – so wohl auch die Einordnung des BGH[784] – als Gestaltungsrecht[785] erfolgen. Wird lediglich ein (an bestimmte objektive Umstände anknüpfender) Rückforderungsanspruch vereinbart, liegt im Stellen des Verlangens nicht die Herbeiführung der weiteren Bedingung, sondern die Geltendmachung des bereits entstandenen Anspruchs.[786]

1787 • Insb. die **einkommensteuerlichen Nachteile**, die sich bei der Übertragung von Betriebsvermögen unter freiem Rückforderungsvorbehalt des Veräußerers ergeben (kein Übergang der Einkunftsquelle, demnach auch keine schenkungsteuerliche Privilegierung gem. § 13a ErbStG), fördern Überlegungen, dem **Beschenkten** (anstelle des Schenkers) ein – ggf. freies – **Widerrufsrecht** einzuräumen. Der einkommensteuerliche Übertrag der Einkunftsquelle auf den Schenker dürfte gleichwohl erfolgt sein, allerdings kann die ggf. tatsächlich durchgeführte Rückübertragung nicht das Privileg des § 29 Abs. 1 Nr. 2 ErbStG (Steuerfreiheit der Rückübertragung, Stornierung der Steuerbelastung für die ursprüngliche Übertragung selbst) in Anspruch nehmen (vgl. Wortlaut: *„das Geschenk wegen eines Rückforderungsrechts* [nicht: Rückgaberechts!] *durch den Beschenkten herausgegeben werden musste"* – die

---

782 Für andere Verwendungen gilt Bereicherungsrecht.
783 So *Schippers*, MittRhNotK 1998, 70 f.
784 BGH, FamRZ 2003, 858 unter dem Aspekt der Pfändbarkeit.
785 *Weser*, ZEV 1995, 357; *Ellenbeck*, MittRhNotK 1997, 34.
786 *Weser*, ZEV 1995, 357.

formal bestehende Verpflichtung beruht auf einer freiwilligen Abrede).[787] Daher sind solche Widerrufsvorbehalte des Beschenkten eher ungebräuchlich.

4. Gläubigerzugriff

a) Gläubigerzugriff auf das Rückforderungsrecht

Eine **Pfändung des Rückforderungsrechts selbst** (im Unterschied zu dem nach Ausübung des Rückforderungsrechts wiedererlangten Gegenstand und zu dem künftigen bzw. bedingten Rückauflassungsanspruch!) kommt gem. § 851 Abs. 2 ZPO (gestaltungsrechtsähnlicher Charakter bzw. Unübertragbarkeit mit Rücksicht auf die Natur des Schuldverhältnisses)[788] bzw. analog § 852 Abs. 1 ZPO (Schutz der Entscheidungsfreiheit hinsichtlich des Pflichtteilsanspruchs) oder § 852 Abs. 2 ZPO (Nähe zum höchstpersönlichen Rückforderungsrecht bei Verarmung bzw. hinsichtlich des Zugewinnausgleichs) jedenfalls dann nicht in Betracht, sofern das Rückforderungsrecht (als nicht akzessorisches Gestaltungsrecht) lediglich die den Ehegatten vorbehaltene, auf Billigkeitsgesichtspunkten beruhende Vermögensverteilung und -auseinandersetzung zwischen ihnen sichern und gegen Änderungen der Geschäftsgrundlage verteidigen soll. Der Pfändungsgläubiger soll also nicht berechtigt sein, von außen in güter- oder pflichtteilsrechtliche Interna der Beteiligten einzugreifen.

1788

Hieraus folgt:

1789

- Ein jederzeit und voraussetzungslos ausübbares Rückforderungsrecht ist jedenfalls bei **Doppelpfändung** auch des dadurch entstehenden Rückübertragungsanspruchs pfändbar.[789] Der rechtsgeschäftliche Ausschluss der Übertragbarkeit und Vererblichkeit hindert die Pfändung nicht (§ 851 Abs. 2 ZPO: Unpfändbarkeit nur bei **gesetzlich** ausgeschlossener Abtretbarkeit). Die vereinbarte „Höchstpersönlichkeit" des Rückforderungsrechts vermeidet also lediglich dessen Ausübung durch Betreuer oder (Vorsorge-) Bevollmächtigte.

- Das im Fall der **Trennung/Scheidung** bzw. des **Vorversterbens** ausübbare Rückforderungsrecht dürfte vom Pfändungsschutz analog § 852 Abs. 1 (Pflichtteilsanspruch) bzw. Abs. 2 (Zugewinnausgleichsanspruch) ZPO erfasst sein.[790] Allerdings ist darauf hinzuweisen, dass § 852 ZPO nicht etwa als absolutes Pfändungshindernis wirkt, vielmehr die Pfändung stattfinden kann, jedoch zu einer (durch Eintritt des auslösenden Umstandes und eigene Geltendmachung) aufschiebend bedingten Verwertbarkeit führt.[791] Auch eine zur Sicherung des

1790

---

787 Vgl. *Schothöfer*, DB 2003, 1411.
788 *Schippers*, MittRhNotK 1998, 71; *Ellenbeck*, MittRhNotK 1997, 53; ZEV 2000, 395 m.w.N.; ausführlich *J. Mayer*, Der Übergabevertrag, Rn. 266 ff.; *Berringer*, DNotZ 2004, 245 ff.
789 BGH, 20.02.2003 – IX ZR 102/02, NotBZ 2003, 229 m. Anm. *Heinze*; ZEV 2003, 293 m. Anm. *Langenfeld*; FamRZ 2003, 858 m. Anm. *Münch*, FamRZ 2004, 1329; vgl. hierzu auch die weiteren Urteilsanmerkungen von *Oertel*, RNotZ 2003, 393; *Münch*, ZFE 2003, 269; *Baldringer/Jordans*, FÜR 2004, 1; *Berringer*, DNotZ 2004, 245; *Schuschke*, LMK 2003, 114. Ähnlich zuvor schon OLG Bamberg v. 25.05.1992 – 4 U 111/91 (n.v.).
790 *Langenfeld*, ZEV 2003, 295. Ganz vorsichtige Vertragsgestalter knüpfen die Rückforderung im Scheidungsfall allerdings an das gleichzeitige Verlangen der Durchführung des Zugewinnausgleichs, um den Pfändungsschutz des § 852 Abs. 2 ZPO zu erlangen.
791 BGH, NJW 1993, 2876; *Münch*, FamRZ 2004, 1333; *Goltzsche* DNotZ 2009, 868. Vor vertraglicher Anerkennung oder Rechtshängigkeit erfolgt die Pfändung des Pflichtteilsanspruchs wie bei einem aufschiebend bedingten Anspruch; die Überweisung zur Einziehung darf erst erfolgen, wenn die Voraussetzungen des § 852 Abs. 1 ZPO vorliegen, BGH, 26.02.2009 – VII ZB 30/08 ZEV 2009, 247 m. Anm. *Musielak*.

nach Geltendmachung ausgelösten Rückforderungsanspruchs eingetragene Vormerkung dürfte (§ 401 BGB) von der aufschiebend bedingten Pfändungswirkung erfasst sein (s.a. unten Rdn. 1796 zur Pfändung des künftigen, bedingten Rückforderungsanspruchs selbst). Unberührt bleibt allerdings das (gerade durch § 852 ZPO geschützte) Recht des Rückforderungsbefugten, das Gestaltungsrecht durch Untätigkeit nicht auszuüben oder hierauf sogar ausdrücklich dauerhaft zu verzichten.[792] Andere Verfügungen (wie etwa die Abtretung) unterliegen jedoch nach der (trotz § 852 ZPO dem Grunde nach möglichen) Pfändung dem Risiko einer Anfechtung nach dem AnfG.[793]

1791 • Das Rückforderungsrecht wegen **pflichtwidriger Verfügung** (Veräußerung, Belastung) wie auch jedes sonstige Rückforderungsrecht, das an ein „vorwerfbares Versäumnis" des Rückübertragungspflichtigen anknüpft, könnte in gleicher Weise pfändungsgeschützt sein, um es dem Berechtigten zu überlassen, ob er die Beziehung zum Erwerber in solchem Maße als „gescheitert" ansieht, dass er zu diesem stärksten Sanktionsmittel greift. Zudem dienen solche Rückforderungsrechte in erster Linie dem Schutz des „Familienvermögens" gegen die Weitergabe an Dritte, die nur bei unabweisbarem Bedarf erfolgen soll. Daher wird auch für diese Fallgruppe die Unpfändbarkeit vertreten.[794]

1792 • Der Rückforderungsvorbehalt wegen **Vermögensverfalls** (insb. Insolvenz) oder wegen **Vollstreckungszugriffs Dritter** könnte dagegen, da obigen Sachverhalten nur durch die Nähe zu § 528 BGB (§ 852 Abs. 2 ZPO) vergleichbar, allenfalls dann[795] pfändungsresistent sein, wenn dessen Ausübung (bei Zuwendungen an den Ehegatten) zugewinnausgleichsrechtliche oder (bei Zuwendung an Abkömmlinge) pflichtteilsrechtliche Folgen hat. Wo die Gefahr eines Pfändungszugriffs beim Veräußerer besteht und noch keine ehevertragliche Regelung getroffen wurde, könnte daher bei der Ehegattenzuwendung ergänzt werden:

1793 **Formulierungsvorschlag: Güterrechtliche Wirkungen der Durchführung der Rückübertragung**

> Die Durchführung der Rückübertragung aufgrund eines wirksam gestellten Verlangens ist aufschiebende Bedingung einer hiermit ehevertraglich vereinbarten Gütertrennung. I.R.d. Ausgleichs des bis zum Wechsel des Güterstandes entstandenen Zugewinnausgleichs haben sich die Beteiligten so zu stellen, als hätte die Übertragung an den Ehegatten in heutiger Urkunde nicht stattgefunden .....

Ein Pfändungsschutz aufgrund analoger Anwendung des § 852 Abs. 2 ZPO (Verbot des Eingriffs eines Dritten in güterrechtliche Belange) liegt zwar dann nahe, ist aber nicht uneingeschränkt gesichert (die Verknüpfung mit der güterrechtlichen Folge wurde ja durch die Beteiligten selbst vereinbart!).

---

792 *Hannich*, Die Pfändungsbeschränkung des § 852 ZPO, S. 85 und S. 181.
793 So der Sachverhalt in BGH, NJW 1993, 2876 (Abtretung des dem Grunde nach gepfändeten Pflichtteilsanspruchs).
794 Vgl. etwa *Meyer/Burrer*, NotBZ 2004, 385 m.w.N.; *Oertel*, RNotZ 2003, 395; *Baldringer/Jordans*, FPR 2004, 8.
795 *Heinze*, NotBZ 2003, 232; *Baldringer/Jordans*, FPR 2004, 8; *Berringer*, DNotZ 2004, 257, verneinen zu Recht, dass bei Verstoß gegen ein schuldrechtliches Verfügungsverbot und bei Vermögensverfall ohne zusätzliche Vorkehrungen Pfändungsschutz anzunehmen sei, zumal sonst „pfändungsfreies Vermögen" entstünde.

Bei Übertragung an Abkömmlinge liegen pflichtteilsrechtliche Konsequenzen einer Rückforderung nahe (Rechtsgedanke des § 852 Abs. 1 ZPO: kein Aufleben bereits erloschener Pflichtteilsansprüche infolge des Eingreifens eines Dritten). 1794

Formulierungsvorschlag: Wegfall der Pflichtteilswirkungen mit Durchführung der Rückübertragung 1795

> Mit Durchführung der Rückübertragung aufgrund wirksam gestellten Verlangens entfällt die Anrechnung der Zuwendung auf den Pflichtteilsanspruch des heutigen Erwerbers sowie ein etwa mit ihm in dieser Urkunde vereinbarter Pflichtteilsverzicht (auflösende Bedingung).

b) Gläubigerzugriff auf den Rückforderungsanspruch

Zu beachten ist jedoch die – stets,[796] auch im Anwendungsbereich des § 852 ZPO, mögliche – Pfändung des künftigen, mehrfach bedingten[797] **Anspruches auf Rückübertragung**, die bei einer zur Sicherung eingetragenen (und dann gem. § 401 BGB hiervon erfassten) Vormerkung[798] vermerkt werden kann und typischerweise (zur Vermeidung gutgläubigen Wegerwerbs, § 135 Abs. 2 BGB) vermerkt wird (ein daneben pfändbares Anwartschaftsrecht des Rückforderungsberechtigten ist mangels Erklärung der Auflassung regelmäßig noch nicht entstanden):[799] 1796

- Der **Rücktritt mit der Vormerkung** (bzw. Wirksamkeitserklärung) ggü. Finanzierungsgrundpfandrechten des Erwerbers, sofern kein Rangvorbehalt eingetragen wurde,
- die **Löschung der Vormerkung** im Rahmen eines Verkaufs,[800] und nach vorsichtiger Auffassung möglicherweise[801] auch
- der **Verzicht**[802] auf das bedingte vormerkungsgesicherte Recht

sind dann nicht mehr ohne Mitwirkung des Pfändungsberechtigten möglich.[803]

Dementsprechend ist auch in der **Insolvenz** des Rückforderungsberechtigten ein Verzicht auf das bedingte Recht samt Löschung der Vormerkung dem Gemeinschuldner verwehrt; es bedarf 1797

---

796 Vgl. *J. Mayer*, Der Übergabevertrag, Rn. 271.
797 BGHZ 123, 183. Ein unbedingtes Pfandrecht entsteht hieraus erst, wenn die Rückforderung wirksam geltend gemacht wurde.
798 BayObLG, DNotZ 1986, 496, zum Vermerk einer bedingten Abtretung.
799 Vgl. OLG Hamm, RNotZ 2008, 98.
800 OLG Düsseldorf, RNotZ 2008, 97: es sei denn, es stünde zweifelsfrei fest, dass der aufschiebend bedingte Eigentumsübertragungsanspruch durch den endgültigen Ausfall der Bedingung erloschen ist.
801 *Berringer*, DNotZ 2004, 255, und *Münch*, FamRZ 2004, 1333, sehen zu Recht das durch die Verstrickungswirkung der Pfändung entstehende Verfügungsverbot (§ 829 Abs. 1 Satz 2 ZPO) durch § 852 ZPO in den dort geregelten Fällen (Schutz ehe-/erbrechtlicher Entscheidung) überlagert: Die nach Ansicht des BGH NJW 1993, 2876, zwar auch dann mögliche „Vorauspfändung" könne hinsichtlich des dadurch geschaffenen Schwebezustandes durch Verzicht auf den bedingten Rückübertragungsanspruch beendet werden.
802 Aufgrund der Pfändung ist (vorbehaltlich der Sonderwertung des § 852 ZPO; vgl. vorgehende Fußnote) auch der Erlassvertrag der gepfändeten Forderung verboten, § 829 Abs. 1 Satz 2 ZPO, vgl. Zöller/*Stöber*, ZPO, § 829 Rn. 18; der Begünstigte kann die ihm ggü. bestehende Unwirksamkeit gem. §§ 772, 771 ZPO geltend machen; ebenso *Koch/Mayer*, ZEV 2007, 58.
803 *J. Mayer*, Der Übergabevertrag, Rn. 276.

der Mitwirkung des Insolvenzverwalters[804] (zu möglichen Gestaltungsüberlegungen vgl. unten Rdn. 1800 ff.) Dieser „Lästigkeitswert" kann zu hohen Ablösungszahlungen führen. Umgekehrt kann aber allein die Pfändung des bedingten Rückübertragungsanspruchs, auch wenn sie durch den Grundstückseigentümer (den Verpflichteten) erfolgt, nicht dazu führen, dass der Pfändungsberechtigte selbst die Vormerkung zur Löschung zu bewilligen vermag (vielmehr entsteht mit Erfüllung des Anspruchs auf Rückübertragung eine Sicherungshypothek am Grundstück für den Pfändenden gem. § 848 ZPO).[805]

1798 Die im Sicherungsinteresse unbedingt anzuratende Eintragung einer Vormerkung kann sich demnach faktisch als Sperre erweisen. Es wäre gleichwohl töricht, im Hinblick auf das Pfändungsrisiko auf den Vormerkungsschutz zu verzichten, zumal ein Pfändungsgläubiger des (mehrfach bedingten) Rückforderungsanspruchs eine Vormerkung auch im Wege der einstweiligen Verfügung erzwingen könnte.[806]

1799 Hiergegen dürfte auch nicht helfen, den künftigen Rückforderungsanspruch unter die **auflösende Bedingung** seiner Pfändung oder der Eröffnung der Insolvenz über seinen Gläubiger zu stellen. Diese Vereinbarung dürfte als Gläubigerbenachteiligung möglicherweise nichtig i.S.d. § 138 BGB,[807] jedenfalls aber gem. § 3 AnfG, §§ 129, 133 InsO anfechtbar sein.[808] Die Verfechter einer solchen Lösung führen allerdings ins Feld, auch der Anspruchsinhaber erleide dabei einen dauerhaften Rechtsverlust, sodass der Entzug des Zugriffs für den Gläubiger sich lediglich als dessen Reflex darstelle.[809]

1800 Unter dem Blickwinkel der Gläubigerbenachteiligung weniger gefährdet erscheint die **vollständige Beseitigung des Rückforderungsrechts** (und damit auch bedingter Rückforderungsansprüche samt ihrer Vormerkungssicherung) als Folge der „**Verschweigung**" (Nichtgeltendmachung) binnen bestimmter Frist nach Aufforderung durch den Eigentümer (potenziellen Rückübertragungsverpflichteten).[810] Im Unterschied zur (s.u. Rdn. 1933 ff.) diskutierten „einfachen Fristsetzungslösung" erlischt also nicht lediglich die Möglichkeit, zu einem die Rückforderung abstrakt eröffnenden Sachverhalt diese auszuüben, sondern die Rückforderungsabrede insgesamt, allerdings nicht – wie im Fall der durch Pfändung auflösenden Bedingtheit des zugleich mehrfach bedingten Rückforderungsanspruchs – auf der Grundlage eines Drittzugriffs-Sach-

---

804 OLG München, 13.05.2009 – 34 Wx 26/09, ZEV 2009, 352; OLG München, 11.03.2010 – 34 Wx 010/10 DNotZ 2010, 917 m. Anm. *Reul*, S. 902 ff.: der Schutz höchstpersönlicher Entscheidungen, § 852 ZPO, erfordere nicht auch die Möglichkeit des Verzichtes auf das Recht insgesamt, sondern nur die Option der Nichtausübung des Rückforderungsrechtes im Einzelfall; ablehnend *Kesseler*, MittBayNot 2010, 414 ff.: die generelle Nichtausübung „im Einzelfall" kann auch vorweggenommen für alle künftigen Fälle durch Aufgabe des Rechtes erfolgen.
805 OLG Hamm, RNotZ 2008, 98.
806 Staudinger/*Gursky*, BGB, § 883 Rn. 31 m.w.N.
807 *Nörr/Scheyhing*, Sukzessionen, S. 20; *Koch/Mayer*, ZEV 2007, 59.
808 BGHZ 124, 76 ff.; im Ergebnis offen allerdings BGH, MittBayNot 2004, 56. Die Rechtshandlung gilt gem. § 8 Abs. 1 AnfG, § 140 Abs. 1 InsO dann als vorgenommen, wenn ihre rechtlichen Wirkungen eintreten, also mit Pfändung/Insolvenzeröffnung, sodass die Zehn-Jahres-Fristen für die Absichtsanfechtung – die Absicht wird aus dem Wortlaut der Urkunde deutlich – nie ablaufen; vgl. hierzu auch *Berringer* DNotZ 2004, 252; *Münch*, FamRZ 2004, 1336 hält die Gestaltungsmöglichkeit jedenfalls für „nicht gesichert". Zweifelnd auch *Uhlenbruck*, in: FS Rheinisches Notariat, 1998, S. 141 bei Insolvenzeröffnung (Umgehung des § 119 InsO?).
809 MünchKomm-BGB/*Roth*, § 400 Rn. 3; ähnlich OLG Frankfurt am Main, JurBüro 1980, 1899 (zum Nießbrauch), RGZ 22, 281 (auflösend bedingtes Vermächtnis); KG, KGJ 40, 233 f. (zum Leibgedingsrecht).
810 *Koch/Mayer*, ZEV 2007, 60 ff.

verhalts, sondern auf Anstoß des Eigentümers, mag dieser auch die „Verschweigungsfrage" als Folge einer Pfändung stellen. Um die Vormerkung im Fall fruchtlosen Ablaufs der Frist durch notarielle Eigenurkunde löschen zu können, sind sowohl die Aufforderung des Eigentümers als auch die „Fortbestehenserklärung" des Begünstigten an die Beglaubigung durch dieselbe Notarstelle zu knüpfen.

Auch **Unterlassungen** (Nichtgeltendmachung des möglichen Rückerwerbs) können gem. § 129 Abs. 2 InsO **der Anfechtung unterliegen**. Der Verzicht auf den weit stärker geschützten Pflichtteilsanspruch ist allerdings – der Wertung des § 517 BGB entsprechend – nach herrschender Meinung nicht anfechtbar (vgl. Rdn. 99), sodass vertreten wird, dies müsse erst recht für das vertraglich geschaffene Rückforderungsrecht gelten[811] – hiergegen lässt sich einwenden, es gehe bei der Nichtgeltendmachung eines entstandenen Rückforderungsrechts nicht um einen nach Zeitpunkt und Höhe ungewissen Rechtserwerb (wie bei § 2346 BGB), sondern um reale Erwerbsmöglichkeiten. Außerdem unterscheiden sich die dargestellten Strategien (Verschweigungslösung, Ersetzungsbefugnis wie unten Rdn. 1957) von den bisher als unanfechtbar gewerteten Unterlassungen (Nichtannahme eines Schenkungsangebots vor Insolvenzeröffnung, sodass das Angebot gem. § 146 BGB erlischt)[812] dadurch, dass Veräußerer und Erwerber gemeinsam die Voraussetzungen dafür geschaffen haben, den Erwerb des rückforderbaren Objekts durch den Insolvenzverwalter zu vereiteln.[813] Die Rechtslage ist also im Hinblick auf die „Schenkungsunterlassens-Anfechtung" unsicher. Sie wäre sicherer, wenn der gesamte Rückforderungsvorbehalt nach Ablauf einer ereignislosen Frist nach Bekanntwerden des ersten Rückforderungstatbestandes von selbst (also ohne Anstoß des Eigentümers) erlöschen würde, was freilich nicht dem Gewollten entsprechen wird.[814] Zur „Verschweigung auf Aufforderung" folgenden

Formulierungsvorschlag: Erlöschen des Rückforderungsrechts bei Schweigen nach Aufforderung des Eigentümers

> Unabhängig von anderen Umständen erlischt das gesamte Rückforderungsrecht stets, sobald
> - der Eigentümer alle derzeit Rückforderungsberechtigten durch an dieser Amtsstelle zu beglaubigende und durch Einwurf-Einschreiben an die zuletzt bekanntgegebene Anschrift zu übermittelnde Erklärung aufgefordert hat, binnen eines Monats nach Beglaubigung der Aufforderung die Fortgeltung des Rückforderungsrechts zu erklären,
> - und nicht zumindest ein Rückforderungsberechtigter durch notariell beglaubigte Erklärung, die innerhalb der Frist an dieser Amtsstelle einzugehen hat, die Fortgeltung des Rechts wünscht.
>
> Der Inhaber dieser Notarstelle ist allseits und befreit von § 181 BGB bevollmächtigt, im Fall der Verschweigung gemäß vorstehenden Verfahrens ohne weitere Sachprüfung das Erlö-

---

811 Ausführlich *Koch/Mayer*, ZEV 2007, 60 f.
812 Vgl. MünchKomm-InsO/*Kirchhof*, § 129 Rn. 26.
813 *Amann*, in: Notarielle Gestaltungspraxis im Insolvenzrecht (Tagungsband DNotV) 2008, S. 15 zieht eine Parallele zu BGH, 22.12.2005 – IX ZR 190/02, ZInsO 2006, 140 (anfechtbares Unterlassen der Geltendmachung eines Erstattungsanspruchs einer GmbH gegen einen Gesellschafter, dessen Darlehensanspruch zuvor in der Krise getilgt wurde, durch Abtretung an einen „Firmenbestatter", der sich dem Zugriff durch Sitzverlegung ins Ausland entzieht).
814 *Reul* DNotZ 2010, 902, 909.

Kapitel 4: Absicherung des Veräußerers

schen auch des bedingten Rückforderungsanspruchs durch Eigenurkunde festzustellen und die Löschung der diesen sichernden Vormerkung wegen Unrichtigkeit des Grundbuchs zu beantragen.

1803 **Jederzeitige Pfändbarkeit** läge erst recht (wie beim beliebigen Rückforderungsrecht) vor, wenn unmittelbar mit dem Eintritt bestimmter Voraussetzungen ein schuldrechtlicher Rückübereignungsanspruch entstünde, der nicht mehr von der Ausübung eines Gestaltungsrechts abhängen würde. Der vertragliche Ausschluss der Abtretbarkeit eines solchen Rückübereignungsanspruchs (mit der Folge der Nichtverpfändbarkeit, § 1274 Abs. 1 Satz 1 BGB) schützt nicht gegen den Pfändungszugriff (§ 851 Abs. 2 ZPO), sofern nur ein für sich pfändbarer Gegenstand vorliegt.

c) Weitere Zugriffsmöglichkeiten

1804 In der Praxis werden Gläubiger des Veräußerers allerdings (jedenfalls während der 4-jährigen Frist des § 4 Abs. 1 AnfG bzw. § 134 Abs. 1 InsO) zunächst zur **Anfechtung des Übertragungsvorgangs selbst** greifen. Anfechtungsbegründend ist insoweit lediglich die Unentgeltlichkeit der Zuwendung, nicht etwa kann in der „vorsätzlichen" Vereinbarung eines Rückforderungsrechts z.B. für den Insolvenz- oder Pfändungsfall ein weiteres Anfechtungsmoment gesehen werden.[815] In der „freiwilligen" **vorzeitigen Rückgabe** vor dem (tatsächlich dann Folgenden) Eintritt eines Rückforderungstatbestands liegt zwar zivil- und schenkungsteuerrechtlich eine freigebige Zuwendung, die jedoch im Regelfall mangels Benachteiligung der Gläubiger des Erwerbers nicht anfechtbar sein dürfte, da der Zugriff ohnehin ins Leere gegangen wäre.[816] **Sozialhilferechtlich** ist zwar das Rückforderungsrecht als Gestaltungsrecht (anders als der Rückübertragungsanspruch!) nicht gem. § 93 SGB XII überleitbar,[817] der **Sozialhilfeträger** kann den Antragsteller jedoch auf die Wahrnehmung des Rückforderungsrechts verweisen, wenn dessen Ausübungsvoraussetzungen vorliegen.[818]

II. Risiken des jederzeitigen Rückerwerbsrechts

1805 Der Mühen einer enumerativen Aufzählung der Rückforderungstatbestände enthoben wäre der Veräußerer naturgemäß dann, wenn ein jederzeitiges, nicht an bestimmte objektive Ereignisse anknüpfendes Rückforderungsrecht vereinbart würde. Zivilrechtlich (nicht unbedingt auch gesellschaftsrechtlich)[819] ist dies ohne Weiteres möglich (vgl. § 346 BGB). I.R.d. § 2325 Abs. 3 BGB lässt jedoch der **freie Rückforderungsvorbehalt** die Zehn-Jahres-Frist nicht anlaufen, da noch kein „Verfügungsgenussverzicht" eingetreten ist (anders wenn der Schenker den Rückerwerb

---

815 Vgl. *Schumacher-Hey*, RNotZ 2004, 558; a.A. *Uhlenbrock*, in: FS Rheinisches Notariat, 1998, S. 142.
816 Vgl. *Schumacher-Hey*, RNotZ 2004, 559.
817 Beim gesetzlichen Rückforderungsrecht des § 528 BGB behilft sich die Rspr. bekanntlich damit, in der Inanspruchnahme nachrangiger staatlicher Leistungen liege dessen Geltendmachung.
818 Möglichkeit der Kürzung der Sozialhilfe auf das Unerlässliche, wenn ein bestehendes Rückforderungsrecht nicht geltend gemacht wird (§ 26 Abs. 1 Nr. SGB XII); vgl. auch *Mayer/Littig*, Sozialhilferegreß ggü. Erben und Beschenkten, Rn. 87; *v. Lanzenauer*, ZfSH 1966, 40, mit Blick auf die Subsidiaritätsregelung des § 2 Abs. 1 SGB XII.
819 Verbot willkürlicher Hinauskündigungsklauseln in Gesellschaftsverträgen, vgl. *Büttner/Tonner*, NZG 2003, 193. Allerdings ist eine „Probezeitklausel" bereits seit Langem bestehender Freiberufler-Sozietäten zulässig, BGH, NZG 2004, 569 = NJW-Spezial 2004, 127 m. Anm. *Grunewald*, DStR 2004, 1750.

H. Vertragliche Rückforderungsrechte

nicht willkürlich herbeiführen kann.[820] Der Rückübertragungsvorbehalt führt vielmehr zu einer ca. 10% bis 33%igen Reduzierung der Unentgeltlichkeit (Rdn. 40).[821] Zu bedenken sind jedoch neben der uneingeschränkten Pfändbarkeit des jederzeitigen Rückforderungsrechts (jedenfalls bei gleichzeitiger Pfändung des aufschiebend bedingten Rückübertragungsanspruchs)[822] schenkungsteuerliche (nachstehend Rdn. 1807 ff.) und ertragsteuerliche (nachstehend Rdn. 1809 ff.) Risiken. Hierzu

Formulierungsvorschlag: Rückforderungsrecht bei Berechtigten in Gütergemeinschaft 1806

> Jeder Erwerber und seine Gesamtrechtsnachfolger sind gegenüber dem Veräußerer verpflichtet, den jeweiligen Vertragsbesitz zurückzuübertragen, wenn und soweit dieser die Rückübereignung in notariell beglaubigter Form, aufgrund höchstpersönlicher Entscheidung ganz oder teilweise verlangt. Das Rückforderungsrecht ist nicht vererblich oder übertragbar. Es kann nicht durch einen rechtsgeschäftlichen oder einen gesetzlichen Vertreter oder einen sonstigen Sachwalter, der mit Wirkung für fremde Vermögen Erklärungen abzugeben berechtigt ist, abgegeben werden.
>
> Eines besonderen Rückforderungsgrundes bedarf es nicht. Den Beteiligten ist bewusst, dass demzufolge (wohl) der Schenkungsgegenstand zwar rechtlich, nicht aber wirtschaftlich ausgegliedert wurde, also die Zehn-Jahres-Frist des § 2325 Abs. 3 BGB – nach deren Ablauf die heutige Zuwendung bei der Berechnung von Pflichtteilsansprüchen dritter Personen nicht mehr zu berücksichtigen wäre – nicht zu laufen beginnt. Auch unterliegt das Rückforderungsrecht (wohl) auf Seiten des Veräußerers der uneingeschränkten Pfändung Dritter, über die Fristen zur Gläubigeranfechtung und Rückforderung wegen Verarmung hinaus. Ferner können ertragsteuerliche Nachteile entstehen (etwa weil die Einkunftsquelle weiterhin dem Veräußerer zugerechnet wird).
>
> Bei Ausübung des Rückforderungsrechtes gilt: Der Veräußerer hat die im Grundbuch eingetragenen Rechte und Grundpfandrechte dinglich zu übernehmen, soweit sie im Rang vor der nachstehend bestellten Auflassungsvormerkung eingetragen sind. Aufwendungen aus dem Vermögen des Rückübertragungsverpflichteten werden – maximal jedoch bis zur Höhe der noch vorhandenen Zeitwerterhöhung – gegen Rechnungsnachweis erstattet bzw. durch Schuldübernahme abgegolten, soweit sie nicht nur der Erhaltung des Anwesens im derzeitigen Zustand, sondern der Verbesserung oder Erweiterung des Anwesens gedient haben und mit schriftlicher Zustimmung des Berechtigten oder seines Vertreters durchgeführt wurden. Im übrigen erfolgt die Rückübertragung unentgeltlich, also insbesondere ohne Ausgleich für geleistete Dienste, wiederkehrende Leistungen, Tilgungen, geleistete Zinsen, Arbeitsleistungen, oder die gezogenen Nutzungen. Hilfsweise gelten die gesetzlichen Bestimmungen zum Rücktrittsrecht. Die Kosten der Rückübertragung hat der Anspruchsberechtigte zu tra-

---

820 Vgl. *Winkler*, ZEV 2005, 94; Gutachten, DNotI-Report 2002, 180; *J. Mayer*, Der Übergabevertrag, Rn. 304, *Heinrich*, MittRhNotK 1995, 165; *Ellerbeck*, MittRhNotK 1997, 53; hierfür spricht auch die Nähe des Sachverhaltes zu § 517 Fall 2 BGB; a.A. *Kerscher/Riedel/Lenz*, Pflichtteilsrecht in der anwaltlichen Praxis, § 7 Rn. 78, da möglicherweise noch keine wirtschaftliche Ausgliederung stattgefunden habe, sowie (ohne Begründung) *Burandt/Leplow*, Immobilien in Erbschaft und Schenkung, Rn. 268.
821 Vgl. OLG Düsseldorf, MittRhNotK 2000, 208; bestätigt durch OLG Koblenz, ZEV 2002, 460.
822 Vgl. BGH, NotBZ 2003, 229 m. Anm. *Heinze* = ZEV 2003, 293 m. Anm . *Langenfeld*.

gen. Mit Durchführung der Rückübertragung entfällt die ggf. angeordnete Anrechnung der Zuwendung auf den Pflichtteilsanspruch des heutigen Erwerbers sowie ein etwa mit ihm in dieser Urkunde vereinbarter Pflichtteilsverzicht (auflösende Bedingung).

Zur Sicherung des bedingten Rückübertragungsanspruchs nach wirksamer Ausübung des vorstehend eingeräumten Rückforderungsrechtes bestellt hiermit der Erwerber zugunsten des vorgenannten Veräußerers eine

Rückübertragungsvormerkung

am jeweiligen Vertragsbesitz und

bewilligt und beantragt

deren Eintragung im Grundbuch. Die Vormerkung ist als Sicherungsmittel auflösend befristet. Sie erlischt mit dem Tod des jeweiligen Veräußerers. Sie erhält nächstoffene Rangstelle.

1. Schenkungsteuerliche Folgen

1807 Jedenfalls mit dem dinglichen Vollzug ist eine Schenkung auch i.S.d. Schenkungsteuerrechts wirksam und vollzogen; vereinbarte Rückforderungsvorbehalte stehen dem nicht entgegen. Dies gilt auch bei **freiem Widerrufsvorbehalt**, unabhängig von dessen ertragsteuerlicher Anerkennung.[823] Auch eine **Kumulation** von Rückforderungsrechten und weiteren Vereinbarungen zugunsten des Veräußerers, z.B. ein Nießbrauchsvorbehalt, ändern hieran nichts. Entgegenstehende Andeutungen der Finanzverwaltungen im Spätherbst der Übergabewelle 1995 (vor Außerkrafttreten der Einheitswertbesteuerung) wurden noch im Oktober 1995 zurückgenommen.[824] Voraussetzung ist jedoch der Eintritt einer Bereicherung beim Erwerber.[825]

1808 In bestimmten Fällen kann allerdings die nachstehend (Rdn. 1809 ff.) zu erläuternde ertragsteuerliche Anerkennung bzw. Nichtanerkennung der Vermögensübertragung von Einfluss auf die Ermittlung der schenkungsteuerlichen Bemessungsgrundlage sein. Für die **Bewertung von Betriebsvermögen**, z.B. Schenkung von Anteilen an einer KG, verweist § 12 Abs. 5 ErbStG u.a. auf § 95 Abs. 1 Satz 1 BewG, der voraussetzt, dass das Vermögen bei der einkommensteuerrechtlichen Gewinnermittlung zu **Einkünften aus Mitunternehmerschaft** führt. Ist dies beim Erwerber nicht der Fall, weil im ertragsteuerlichen Sinn die Mitunternehmerschaft aufgrund der Rückforderungsrechte nicht übergegangen ist, gelten bspw. die Begünstigungen der §§ 13a, 19a ErbStG nicht.[826] Möglicherweise gelten Ausnahmen bei lediglich kurz befristeter Widerruflichkeit und/oder bereits bestehender, durch die Schenkung vergrößerter Mitunternehmerstellung

---

[823] BFH, BStBl. 1989 II, S. 1034 (betraf Verfügungsvollmacht); BStBl. 1983 II, S. 179.
[824] Vgl. z.B. diesbezügliche Erlasse v. 18.09.1995, DStR 1995, 713, einerseits und v. 11.10.1995, DStR 1995, 1714, andererseits.
[825] Daran fehlt es bei der Übertragung auf eine sog. kontrollierte liechtensteinische Familienstiftung, bei welcher der Stifter sich vorbehält, weiter über die Verwendung des Vermögens zu entscheiden, sogar sich dieses wieder zurück übertragen zu lassen: keine Schenkungsteuerpflicht gem. BFH, 28.06.2007 – II R 21/05, EStB 2007, 329, vgl. *Eisele*, NWB 2007, 3969 ff. = Fach 10 S. 1625 ff.
[826] Erlass v. 17.06.1997, BStBl. I, S. 674, Rn. 3; *Gebel*, Betriebsvermögen und Unternehmensnachfolge, 1996, S. 4; *Moench*, ZEV 1997, 269; a.A. *Hochheim/Wagenmann* ZEV 2010, 109, 113.

(Rdn. 2212).[827] Werden sog. **Weiterleitungsklauseln** vereinbart, wonach der Erwerber bei Eintritt bestimmter Ereignisse den zugewendeten Gegenstand nicht an den Schenker zurück-, sondern an einen Dritten weiterzugeben habe, soll nach (allerdings umstrittener)[828] Auffassung der Finanzverwaltung bereits aufgrund dieser Vereinbarung, ohne dass es auf deren tatsächliche Erfüllung ankomme,[829] der Ersterwerber („Zwischenerwerber") nicht in den Genuss der Betriebsvermögensprivilegien (Freibetrag, Bewertungsabschlag, Tarifermäßigung) kommen, sondern lediglich der ins Auge gefasste Enderwerber (arg. § 13a Abs. 3 ErbStG).

2. Ertragsteuerliche Erwägungen

Der Vermögenszu- bzw. -abfluss beim Erwerber bzw. beim Veräußerer stellt für sich natürlich keine einkommensteuerliche relevante Einnahme bzw. Ausgabe dar. Allerdings können Rückforderungsrechte u.U. dazu führen, dass die **Einkunftsquelle** und damit die Erträge **weiterhin dem Veräußerer zugerechnet** werden. Ergänzend und zur Wiederholung sei vorab darauf hingewiesen, dass Rückforderungsvereinbarungen, jedenfalls wenn sie über die gesetzlichen Vorbehalte hinsichtlich Voraussetzungen und Durchführung deutlich hinausgehen, insb. die **Haftung des Minderjährigen** nicht entsprechend § 531 Abs. 2 BGB beschränkt ist,[830] bei minderjährigen Beschenkten einen rechtlichen Nachteil darstellen, sodass die Einschaltung eines Ergänzungspflegers erforderlich ist. Fehlt dem Rechtsgeschäft die zivilrechtliche Wirksamkeit, wird es (abweichend von § 41 Abs. 1 Satz 1 AO!) auch dann ertragsteuerlich nicht berücksichtigt, wenn die Parteien es dennoch als rechtswirksam betrachten und tatsächlich durchführen (vgl. unten Rdn. 4332).

1809

a) Gewerbliche Einkünfte sowie land- und forstwirtschaftliche Einkünfte

Für die Erzielung gewerblicher Einkünfte sowie von Einkünften aus Land- und Forstwirtschaft müssen die **Voraussetzungen der Mitunternehmerschaft**, also Mitunternehmerrisiko und Mitunternehmerinitiative, gegeben sein. Bei Übertragung von Betriebsvermögen oder Gesellschaftsbeteiligungen unter freiem Widerrufsvorbehalt ist der Erwerber „praktisch bis zur Weisungsgebundenheit eingeschränkt", sodass er nicht Mitunternehmer sein kann.[831] Demnach werden die Gewinnanteile weiterhin dem Veräußerer zugerechnet;[832] die tatsächliche Auszahlung an den Erwerber stellt regelmäßig eine unbeachtliche Einkommensverwendung des Veräußerers i.S.d. § 12 Nr. 2 EStG dar,[833] und die Betriebsvermögensprivilegierungen der §§ 13a, 19a ErbStG werden nicht gewährt (vgl. Rdn. 1811, 2798 und Rdn. 4000).

1810

---

827 FG Münster, ZErb 2006, 207 m. Anm. *Jülicher*; hierzu ausführlich Wachter, ErbStB 2006, 239.
828 Krit. *Jülicher*, DStR 1998, 1980 m.w.N.
829 Erbschaftsteuerrichtlinien 61 Abs. 1 Satz 4 i.V.m. Satz 5 Nr. 4.
830 OLG Köln, MittBayNot 1998, 106.
831 BFH, BStBl. 1998 II, S. 878; krit. *Kirnberger/Werz*, ErbStB 2003, 292 ff.; ausführlich *Wachter*, ErbStB 2006, 236 ff. und 259 ff.
832 Gleiches gilt, wenn nach wirksamem Vollzug der Schenkung keine klare Trennung zwischen dem Vermögen des Schenkers und des Beschenkten besteht: BFH, ErbStB 2003, 75.
833 Die Voraussetzungen eines Abzugs als dauernde Last nach § 10 Abs. 1 Nr. 1a EStG mit der Folge der Besteuerung beim Erwerber nach § 22 Nr. 1 EStG werden in dieser Konstellation nur äußerst selten vorliegen.

1811 Unschädlich sind jedoch einzelne Widerrufsvorbehalte, etwa für den Fall abredewidriger Verfügung,[834] der Insolvenz, der Aufgabe des Betriebs,[835] der Scheidung und des Vorversterbens.[836] Dies gilt sogar dann, wenn solche enumerative Rückforderungsvorbehalte – jedenfalls sofern ihr Eintritt nicht wahrscheinlich ist – mit Nutzungsvorbehalten zusammentreffen (keine abweichende Behandlung aufgrund des **„Summationseffektes"**).[837]

1812 Auch bei **Anteilen an Kapitalgesellschaften**, die unter freiem Widerrufsvorbehalt übertragen werden, wird der Veräußerer weiterhin als wirtschaftlicher Inhaber der Anteile (§ 39 Abs. 2 Nr. 1 AO) betrachtet. Dadurch besteht die Gefahr, dass der Veräußerer mit den bei ihm verbliebenen Anteilen über die Maßgeblichkeitsgrenze, bei deren Überschreiten Veräußerungsgewinne von Anteilen aus Privatvermögen als Einkünfte aus Gewerbebetrieb gem. § 17 EStG steuerpflichtig werden, erfüllt (ab 01.01.2002 bei kalendergleichem Wirtschaftsjahr der Kapitalgesellschaft eins vom Hundert, vorher 10 %).

b) Einkünfte aus Kapitalvermögen

1813 Auch im Bereich des § 20 EStG genügt es grds. für die Übertragung einer Einkunftsquelle, dass der Veräußerer den **für die Bank erkennbaren Willen** zeigt, die Guthabenforderung endgültig und unwiderruflich auf den Erwerber zu übertragen. Ein freies Rückforderungsrecht dürfte auch hier die Zurechnung der Einkünfte beim Erwerber (die wegen der Ausnutzung dessen Freibetrags i.R.d. sog. „Familien-Splittings" besonders gewünscht wird) gefährden. Allerdings ist zusätzlich Voraussetzung, dass diese jederzeitige Rückforderungsmöglichkeit auch im Verhältnis **zur Bank offengelegt wird**.

c) Einkünfte aus Vermietung und Verpachtung

1814 Für den besonders praxisrelevanten Bereich des § 21 EStG ist die Rechtslage nicht so eindeutig wie für betriebliches Vermögen (s.o. Rdn. 1810 ff.). Entscheidend für die ertragsteuerliche Anerkennung der Vermögenszuwendung soll nämlich insoweit nicht die Zurechnung des Wirtschaftsguts, sondern die **Zurechnung der erhaltenen Leistung** sein.[838] Hierauf gestützt, vertritt ein beachtlicher Teil der Literatur, dass auch bei jederzeitiger freier Widerruflichkeit bzw. bei einem Vermieter ohne zeitlich gesicherte Rechtsposition die Einkünfte aus § 21 EStG dem Erwerber

---

834 BFH, BStBl. 1998 II, S. 542 = ZEV 1998, 235.
835 BFH, 17.06.1998, BFH/NV 1999, 9.
836 Vgl. BFH, BStBl. 1994 II, S. 635; *Carle*, KÖSDI 2002, 13319.
837 BFH, 26.11.1998, ZEV 1999, 200 m. Anm. *Daragan*; *Fabis*, MittRhNotK 1999, 146. Es handelte sich allerdings lediglich um ein Verfahren zur Aussetzung der Vollziehung, und die Begründung erfolgte eher ergebnisorientiert: Hätte der Nießbraucher noch wirtschaftliches Eigentum, müsste er bei Beendigung des Nießbrauches (etwa durch Tod) die darin verkörperten stillen Reserven versteuern, was schwer vorstellbar erscheint, da nichts mehr in den Nachlass fällt.
838 BFH, NV 1993, 227.

zugerechnet werden.⁸³⁹ Die Rechtsprechung ist insoweit strenger,⁸⁴⁰ sodass unter dem Gesichtspunkt der Wahl des sichersten Weges – jedenfalls unter ertragsteuerlichen Aspekten – auch bei vermieteten Immobilien von einer freien Widerruflichkeit abgeraten werden sollte. **Enumerative Rückforderungsrechte** sind jedoch wohl unproblematisch.⁸⁴¹

d) Selbstgenutzte Immobilien

Lediglich bei durch den Erwerber selbst genutzten Immobilien dürfte die Vereinbarung freier Rückforderungsrechte die **Gewährung der Eigenheimzulage** beim Erwerber, sofern er denn Anschaffungs- oder Herstellungskosten verwirklicht hat, **nicht gefährden**, da er ja zivilrechtlich wirksam Eigentümer wurde. Das Schrifttum plädiert jedoch teilweise dafür, bei einer Kombination aus Verbehaltsnießbrauch und freiem Rückforderungsrecht dem weiterhin selbstnutzenden Veräußerer das „wirtschaftliche Eigentum" gem. § 39 Abs. 2 Nr. 1 Satz 1 AO auch i.S.d. Eigenheimzulagengesetzes zu belassen (s. Rdn. 4563).

1815

III. Ausgestaltungsvarianten des Rückforderungsrechts

1. Rückforderungsberechtigte

Ein vertraglich begründetes Rückforderungsrecht ist, soweit nicht anderweit vereinbart, **abtretbar und vererblich**.⁸⁴² Daher sind Berechtigtenmehrheiten nicht nur i.S.d. Vorhandenseins mehrerer gleichstufig Begünstigter denkbar („Alternativberechtigung"),⁸⁴³ sondern auch i.S.d. Vorhandenseins zeitlich nacheinander gestaffelter Begünstigungen („**Sukzessiv-Berechtigung**"). Im Einzelnen ist zu unterscheiden:

1816

a) Mehrere gemeinsam Rückforderungsberechtigte

Typischerweise soll das Rückforderungsrecht in der Person des derzeitigen Eigentümers, Veräußerers, begründet werden. Sind mehrere Personen (z.B. Ehegatten) Eigentümer des Grundstücks, können mehrere, untereinander aufschiebend bedingte selbstständige Rechte und Vormerkungen bestehen.⁸⁴⁴ Stattdessen kann mehreren Berechtigen das Rückforderungsrecht **im bisherigen Rechtsverhältnis** eingeräumt werden, also bspw.

1817

---

839 Schmidt/*Drenseck*, EStG, 29. Aufl. 2010, § 21 Rn. 5, m.w.N.
840 BFH, BStBl. 1984 II, S. 371; ähnlich FG Niedersachsen, DStRE 2000, 1078: bei einem jederzeit widerruflichen Zuwendungsnießbrauch (also durch Widerruf auflösend bedingten Nießbrauch) werden die Mieteinnahmen nicht dem Nießbraucher, sondern dem Eigentümer zugerechnet. Vermittelnd BFH, 19.11.2003, ErbStB 2004, 206: Widerrufsvorbehalt kann Einkünfteerzielungsabsicht nur infrage stellen, wenn er als Eingriff in die Dispositionsbefugnis des begünstigten Nutzungsberechtigten anzusehen wäre.
841 Vgl. BFH, 26.11.1998, ZEV 1999, 200 m. Anm. *Daragan*: Veräußerer, der Nießbrauch und enumeratives Rückforderungsrecht innehat, ist nicht mehr „wirtschaftlicher Eigentümer", muss also die „stillen Reserven" bei Beendigung des Nießbrauches nicht versteuern.
842 Allerdings kann sich die Unvererblichkeit durch Auslegung ergeben, wenn die Rückforderung an ihrerseits wohl höchstpersönliche Pflichten anknüpft, vgl. OLG Hamm, 07.03.2006 – 15 W 99/05, DNotZ 2007, 122.
843 Die dann je durch eigene Vormerkungen gesichert werden; § 47 GBO gilt hierfür nicht, vgl. BGH, ZEV 2003, 30; ebenso BayObLG, DNotZ 2002, 784 (vier Vormerkungen bei zwei Veräußerern und zwei Erwerbern mit je getrennten Rechtsbeziehungen).
844 So das Auslegungsergebnis bei OLG Brandenburg, 18.01.2010 – 5 Wx 3/09 NotBZ 2011, 130.

- als **Miteigentümer** je zur Hälfte,[845] mithin als Teilgläubiger gem. § 420 BGB. Um – wie regelmäßig gewollt – dem überlebenden Bruchteilsinhaber auch das „anteilige" Rückforderungsrecht des Erstverstorbenen zukommen zu lassen, muss dieses bereits zuvor an den Überlebenden auf den Todesfall abgetreten werden (s.u. Rdn. 1830 f.) oder aber die Teilgläubigerschaft mit der Gesamtgläubigerschaft (§ 428 BGB) kombiniert werden dergestalt, dass Letztere erst mit dem Ableben des Erstverstorbenen ihre Wirkung zugunsten des Überlebenden entfaltet.[846]

1818
- zum Gesamtgut der zwischen ihnen bestehenden **Gütergemeinschaft** – mit der Maßgabe, dass die Berechtigung beiden für den Fall der lebzeitigen Beendigung der Gütergemeinschaft in Berechtigung nach § 428 BGB zustehen soll, die Gesamthand also nur für die Dauer ihrer Existenz[847] die sonst gewollte Gesamtberechtigung überlagert –, allerdings mit dem Nachteil, dass die Berechtigung des Verbleibenden nach der Beendigung der Gütergemeinschaft durch Tod im Wege je eigener Vormerkungen gesichert werden müsste (Kosten!).

1819 **Formulierungsvorschlag: Rückforderungsrecht bei Berechtigten in Gütergemeinschaft**

Das Rückforderungsrecht besteht für die Veräußerer als Berechtigte in Gütergemeinschaft zum Gesamtgut, für den Fall der Beendigung derselben durch Vertrag oder Urteil für beide Veräußerer als Gesamtgläubiger nach § 428 BGB. Beim Tod eines Veräußerers steht es dem Überlebenden ungeschmälert allein zu. Solange daher beide Rückforderungsberechtigten noch am Leben sind, können sie das Rückforderungsverlangen nur gemeinsam stellen. Sollte nur noch einer von ihnen leben, beziehen sich die nachstehenden Regelungen auf diesen allein.

Ein Rückforderungsgrund tritt jeweils ein, sobald und soweit ..... (*Anm.: Es folgt eine Detailregelung hinsichtlich Voraussetzung und Abwicklung der Rückforderung*).

Zur Sicherung des bedingten Rückübertragungsanspruchs nach wirksamer Ausübung eines vorstehend eingeräumten Rückforderungsrechts oder des gesetzlichen Widerrufs gem. § 530 BGB („grober Undank") bestellt hiermit der Erwerber zugunsten der vorgenannten Veräußerer – als Berechtigte in Gütergemeinschaft, bei Beendigung derselben durch Vertrag oder Urteil als Gesamtberechtigte nach § 428 BGB mit der Maßgabe, dass das Recht dem überlebenden Veräußerer allein und ungeschmälert zusteht – eine

Auflassungsvormerkung

am jeweiligen Vertragsbesitz und bewilligt und beantragt deren Eintragung im Grundbuch. Die Vormerkung ist als Sicherungsmittel auflösend befristet. Sie erlischt mit dem Ableben des ersten Veräußerers in Gütergemeinschaft, bei deren vorzeitiger Beendigung mit Ableben des letztversterbenden Veräußerers.

Die Vormerkung erhält die nächstoffene Rangstelle, jedoch den Rang nach dem Nießbrauch.

---

845 Vgl. *Schöner/Stöber*, Grundbuchrecht, 11. Aufl., Rn. 1498.
846 So wohl BayObLG, ZEV 1995, 294 m. Anm. *Lichtenberger*, allerdings ohne Offenlegung der dogmatischen Konstruktion: die Gesamtberechtigung nach § 428 BGB sei zunächst (auflösend bedingt) durch das Bruchteilsverhältnis überlagert, werde aber mit Ableben des Erstverstorbenen, rückwirkend wirksam.
847 Nicht erforderlich ist die tatsächliche Auseinandersetzung der beendeten Gesamthand.

> Rein vorsorglich bewilligt der Erwerber weiterhin für jeden Veräußerer als alleinigen Berechtigten jeweils eine Auflassungsvormerkung für dessen durch den Tod des jeweils anderen Veräußerers aufschiebend bedingten Rückforderungsanspruch. Die Eintragung wird jedoch zunächst nicht beantragt. Der amtierende Notar wird von sämtlichen Beteiligten bevollmächtigt, die Eintragung im Rang nach den bereits eingetragenen sowie den heute bestellten Rechten zu beantragen, wenn er hierzu von einem Vertragsteil schriftlich angewiesen wird.

- In Betracht kommt ferner die **Mitgläubigerschaft gem. § 432 BGB**, wenn die Beteiligten im Innenverhältnis vereinbaren, dass nur an alle Rückforderungsberechtigten gemeinsam erfüllt werden kann (und jeder Gläubiger nur Leistung an alle gemeinsam fordern kann), also eine kraft Abrede unteilbare Leistung vorliegt.[848] Unter dem Gesichtspunkt des gleichgewichteten Schutzes mehrerer auf gleicher Stufe vorhandener Rückforderungsberechtigter ist § 432 BGB sogar der regelmäßig gewählten Variante des § 428 BGB (Rdn. 1822 ff.) überlegen;[849] allerdings bedarf die Absicherung des Überlebenden, will man nicht zur weiteren Vormerkung greifen, der bedingten Vorausabtretung ähnlich Rdn. 1835, vgl. Rdn. 2034. 1820

- Denkbar ist schließlich weiter die analoge Anwendung des Mehrheitsverhältnisses beim **rechtsgeschäftlichen Vorkaufsrecht** (§§ 461, 472 BGB [vormals §§ 502, 513 BGB]), zumal der Rückforderungsvorbehalt einem Wiederkaufsrecht durchaus nahe kommen kann.[850] Eine Vormerkung genügt; es handelt sich jedoch um ein inhaltlich nicht einfaches Gemeinschaftsverhältnis.[851] 1821

Regelmäßig wird jedoch die **Gesamtgläubigerschaft nach § 428 BGB** gewählt. Es handelt sich dann um einen einheitlichen Anspruch (mit der Folge, dass eine einzige Vormerkung zur Grundbuchsicherung genügt), der jederzeit mit befreiender Wirkung durch Leistung an den einen oder den anderen Gläubiger erfüllt werden kann. Die Einzelforderungen der Gesamtgläubiger können unterschiedlich bedingt sein:[852] So kann das Recht des Nicht-Veräußerer-Ehegatten durch den Tod des Veräußerers aufschiebend bedingt und zugleich durch das Fortbestehen der Ehe zu diesem Zeitpunkt auflösend bedingt werden. 1822

Im **Innenverhältnis** steht gem. § 430 BGB[853] im Zweifel beiden Berechtigten der geschuldete Gegenstand je zur Hälfte zu, sofern beide den Anspruch geltend machen, anderenfalls ist an den Ausübenden allein aufzulassen; es empfiehlt sich, dies ggf. als Anspruchsinhalt (also auch mit Außenwirkung) klarzustellen, da es sich bei der Gesamtberechtigung gem. § 428 BGB nicht um eine Rechts- oder Vermögensgemeinschaft handelt, sondern um eine schuldrechtliche Vereinba- 1823

---

848 Vgl. OLG München, 29.05.2007 – 32 Wx 077/07, DNotZ 2008, 380, mit Hinweis auf den vorkaufsrechtsähnlichen Charakter des Rechtsverhältnisses; *Amann* plädiert in DNotZ 2008, 324 ff. für ein unbefangeneres Verhältnis zur Mitgläubigerschaft.
849 Dort bedürfte es, um dieses Ergebnis zu erreichen, einer Modifikation im Innenverhältnis, vgl. Rdn. 1823.
850 Vgl. BayObLG, NJW-RR 1993, 472; hierzu *Grziwotz*, MittBayNot 1993, 74; LG Potsdam, 24.07.2006 – 5 T 530/04, n.v.; LG Regensburg, 07.04.2008 – 5 T 534/07, MittBayNot 2008, 293.
851 Vgl. *Demharter*, MittBayNot 1998, 16.
852 Höchstrichterlich wohl noch nicht geklärt, vgl. *Wegmann*, Grundstücksüberlassung, Rn. 259.
853 Dieser gesetzliche „Verteilungsmodus" ermöglicht die Eintragung einer Vormerkung für mehrere Begünstigte „gem. § 428 BGB", obwohl das (vorgemerkte) Eigentum nicht in diesem Gemeinschaftsverhältnis erworben werden kann, vgl. Meikel/*Böhringer*, Grundbuchrecht, § 47 GBO Rn. 131.

rung über die Geltendmachung eines Anspruchs[854] (daher kann eine Vormerkung zur Sicherung eines Anspruchs für mehrere gem. § 428 BGB eingetragen werden, obwohl Eigentum nicht in diesem Verhältnis erworben werden kann!).[855] Der Anwendungsbereich des § 428 BGB wird dadurch nicht verlassen,[856] da zu den Wesensmerkmalen der Gesamtgläubigerschaft nur die Forderungsberechtigung jedes Gläubigers und die einmalige Leistungspflicht des Schuldners, nicht aber dessen Auswahlfreiheit gehören[857] (s.u. Rdn. 2028 ff. und den Formulierungsvorschlag bei Rdn. 2031). Diese zulässige[858] Modifizierung wird zum Inhalt des Rechts aufgrund Bezugnahme auf die notarielle Urkunde gem. § 874 BGB.

1824 **Formulierungsvorschlag: Rückforderungsberechtigung gem. § 428 BGB mit festgelegter Eigentumsstruktur**

> Macht zu Lebzeiten beider Veräußerer nur einer der Veräußerer das Rückforderungsrecht geltend oder ist der andere Veräußerer verstorben, ist nur an den verbleibenden Veräußerer aufzulassen, der auch die Verpflichtungen alleine übernimmt. Anderenfalls ist, sofern beide Berechtigten kein abweichendes Verlangen stellen, an beide zu je hälftigem Miteigentum unter gesamtschuldnerischer Übernahme der Verpflichtungen aufzulassen. Keiner der Veräußerer ist befugt, zulasten des anderen über das Rückforderungsrecht zu verfügen.

1825 Unabdingbar sind Regelungen im Innenverhältnis der Gesamtgläubiger dann, wenn deren bisheriges Miteigentum **in anderem Verhältnis zueinander** steht und nach Rückübertragung in gleicher Weise wieder hergestellt werden soll. Dadurch wird zugleich die Wahlfreiheit des Schuldners, an wen er mit Erfüllungswirkung leistet, ausgeschlossen.[859]

1826 Gleichwohl ist es i.R.d. § 428 BGB nicht wesensnotwendig, die nach der Rückforderung entstehende dingliche Rechtslage bereits i.R.d. Anspruchsinhalts oder gar des vorgemerkten Inhalts zu bezeichnen. Vielmehr erlaubt es die gesetzliche Struktur des § 428 BGB, die elastische Entscheidung darüber dem Berechtigten zu überantworten, da das Mehrheitsverhältnis des vorgemerkten Anspruchs und das Gemeinschaftsverhältnis bzgl. des künftigen Eigentums nichts miteinander zu tun haben, ja – wegen der Unmöglichkeit einer Eigentumszuordnung gem. § 428 BGB – sich nicht einmal decken können. Belässt man es bei der künftig zu treffenden Festlegung der Veräußerer, wird man jedoch zum Schutz beider typischerweise vorsehen, dass das Rückforderungsverlangen bis zum Ableben eines Beteiligten **auf gemeinsamer Entscheidung beruhen** muss.

---

854 Vgl. Meikel/*Böhringer*, Grundbuchrecht, § 47 GBO Rn. 108.
855 So ausdrücklich OLG Hamm, DNotZ 2006, 293.
856 LG Duisburg, Rpfleger 2005, 600 m. Anm. *Wicke* zu einer Vertragsformulierung, die dem hier geäußerten Vorschlag wörtlich nachempfunden war.
857 *Larenz*, Schuldrecht AT, S. 625: Nur die beiden erstgenannten Merkmale stehen als Begriffselemente vor der Legaldefinition „Gesamtgläubigerschaft"; die Auswahlfreiheit stellt sich als vertraglich abdingbare Folge der Gesamtgläubigerschaft dar.
858 Die Auswahlfreiheit des Schuldners kann abbedungen werden, vgl. Staudinger/*Noack*, BGB (2005), § 428 Rn. 7 ff.; LG Bayreuth, MittBayNot 2006, 147.
859 *J. Mayer*, Der Übergabevertrag, Rn. 260.

Formulierungsvorschlag: Rückforderungsberechtigung nach § 428 BGB mit freier Eigentumsstruktur

> Zu Lebzeiten beider Veräußerer kann das Rückforderungsrecht nur von ihnen gemeinsam ausgeübt werden, wobei es im Belieben der Veräußerer steht, ob sie zur gesamten Hand, zu beliebigen Miteigentumsquoten oder zum Alleineigentum eines Übergebers erwerben; treffen sie keine Festlegung, ist an beide zu je hälftigem Miteigentum aufzulassen. Nach dem Ableben eines Berechtigten steht das Rückforderungsrecht dem Verbleibenden allein zu. Keiner der Veräußerer ist befugt, zulasten des anderen über das Rückforderungsrecht zu verfügen.

b) Übergang auf den überlebenden Mitberechtigten

Regelmäßig ist gewollt, dass nach dem Ableben eines von mehreren Veräußerern (z.B. eines Ehegatten) der **Überlebende allein zur Geltendmachung** des Rückforderungsrechts **befugt** ist, gerichtet auf Übertragung an ihn selbst.

Bestand zuvor **Gesamtberechtigung** nach § 428 BGB, sodass jedem Beteiligten bereits von Anfang an ein eigenes Übereignungsrecht zustand, das lediglich seinem Inhalt nach auch durch Leistung an den anderen Beteiligten erfüllt werden konnte, ist die Weiterberechtigung des Überlebenden bereits direkte Folge dieser Gesamtgläubigerschaft, sodass allenfalls eine Klarstellung sich empfiehlt.

Stand jedoch das Rückerwerbsrecht den Berechtigten in Bruchteilsgemeinschaft (**Teilgläubigerschaft**) oder in Mitgläubigerschaft gem. § 432 BGB (Rdn. 1820) zu, und wird nicht zumindest andeutungsweise („sodann dem Längerlebenden allein") eine zunächst dahinter zurücktretende „Auffang-Gesamtberechtigung" nach § 428 BGB geschaffen,[860] muss

- entweder ein weiteres originäres, auflösend auf das Versterben des ersten Berechtigten bedingtes Recht (mit eigener Vormerkung für den dann entstehenden bedingten Anspruch) geschaffen
- oder aber das dem Erstversterbenden zustehende Recht bereits im Voraus mit Wirkung ab dessen Tod an den Überlebenden durch lebzeitige Erklärung[861] abgetreten werden,[862] sodass die akzessorische Vormerkung gegen Sterbenachweis lediglich zu berichtigen ist.[863] Etwaige Einreden oder Einwendungen gegen den abgetretenen Anspruch können auch dem neuen Inhaber entgegengehalten werden (§ 404 BGB). Die Löschung der Vormerkung selbst bedarf

---

[860] So die Lösung des BayObLG, ZEV 1995, 294 m. Anm. *Lichtenberger*: Die Gesamtberechtigung sei zunächst von der primär gewollten, jedoch auflösend bedingten Bruchteilsberechtigung überlagert, werde jedoch bei Vorversterben eines Ehegatten vor Ausübung des Rückübertragungsverlangens rückwirkend wirksam.

[861] Denkbar, wenngleich aufwendiger, ist auch der Übergang durch Verfügung von Todes wegen, vgl. unten Rdn. 1849 f. und *Langenfeld/Günther*, Grundstückszuwendungen zur lebzeitigen Vermögensnachfolge, Rn. 133. Allerdings muss dann sowohl die Vererblichkeit als auch die Abtretbarkeit zumindest insoweit zugelassen sein und eine entsprechende (Vermächtnis-) Anordnung letztwillig getroffen werden.

[862] Naturgemäß muss dann die Übertragbarkeit des Rückforderungsrechts zumindest in diesem eingeschränkten Sinn (an den verbleibenden Ehegatten oder an begünstigte Kinder) aufrechterhalten bleiben.

[863] Vgl. *Amann*, MittBayNot 1990, 226.

dann jedoch stets der Mitwirkung des aufschiebend bedingt vermerkten Zessionars.[864] (Formulierungsbeispiel in Rdn. 1838).

1831 Formulierungsvorschlag: Alleinige Rückforderungsberechtigung des überlebenden Miteigentümers kraft Abtretung

> Sollte einer der derzeitigen Mitinhaber des Rückforderungsrechts (Teilgläubiger) vor den anderen derzeitigen Berechtigten versterben, tritt er bereits hiermit aufschiebend bedingt und befristet seine Mitberechtigung am Rückforderungsrecht sowie seiner Rechte aus etwa bereits erklärter Rückforderung an die verbleibenden Mitinhaber ab in dem Quotenverhältnis, das diese bei seinem Ableben zueinander haben. I.Ü. ist das Rückforderungsrecht jedoch nicht abtretbar oder vererblich. Der jeweilige Abtretungsempfänger wird die Berichtigung der nachstehend bewilligten Vormerkung unter Vorlage der Sterbeurkunde des Veräußerers zu gegebener Zeit selbst beantragen.

1832 Denkbar ist schließlich,[865] das Rückerwerbsrecht **entsprechend §§ 461, 472 BGB** – ähnlich der Vorkaufsberechtigung bei mehreren Begünstigten als früher gemeinsamen Eigentümern (Rdn. 1821) – **auszugestalten**. Auch in diesem Fall genügt die Eintragung einer einzigen Rückerwerbsvormerkung. Dadurch kann im Verhältnis zu den sonst erforderlichen drei Vormerkungen eine deutliche Reduzierung der Grundbuchkosten (jeweils 5/10-Gebühr aus dem halben Wert des übertragenen Grundbesitzes, § 66 KostO) erreicht werden.

c) Übergang der Rückerwerbsberechtigung auf einen bisher nicht Beteiligten

1833 Insb. zur Sicherung des Verbleibs von Vermögenswerten im erweiterten Familienkreis wird häufig für die Zeit nach dem Ableben des/der ursprünglichen Eigentümer(s) bzw. nach dessen Verzicht auf dieses Recht oder nach einem sonstigen Ereignis (Scheidung) einer anderen Person als dem derzeitigen Veräußerer, z.B. dem nicht mitveräußernden Ehegatten oder aber Geschwistern des Erwerbers (Muster in Rdn. 1840), ein **analoges Rückerwerbsrecht** eingeräumt. Mit diesem Instrument sollte jedoch behutsam umgegangen werden: Führen mehrere Konsekutivberechtigungen insb. zugunsten von Personen, die ihrerseits nicht mehr (als frühere zivilrechtliche oder zumindest „wirtschaftliche" Eigentümer) eine „innere Beziehung" zum betroffenen Wirtschaftsgut und damit ein berechtigtes Interesse an dessen Sicherung haben, zu einer „überlangen Bindung", kann der Rückforderungsvorbehalt insgesamt nach § 138 BGB (Knebelung) gefährdet sein (Rdn. 1887).[866]

1834 Auch hier ist denkbar ein **weiteres originäres, aufschiebend bedingtes Recht** in der Person des Zweitbegünstigten zu begründen. Möglich ist dies auch, sofern der Bedachte nicht mitwirkt, im

---

864 OLG München, 10.02.2011 – 34 Wx 37/11 (in der Aufhebung der Vormerkung liegt eine Verfügung, die dem aufschiebend bedingt Begünstigten ggü. gem. § 161 Abs. 1 BGB unwirksam wäre, es droht gutgläubig vormerkungsfreier Wegerwerb), vgl. *Abicht*, notar 2011, 238.
865 So BayObLG, ZEV 1995, 294 m. Anm. *Lichtenberger*; *Schöner/Stöber*, Grundbuchrecht, Rn. 1498a; BGH, DNotZ 1998, 292; krit. *Demharter*, MittBayNot 1998, 16.
866 Vgl. *Schippers*, MittRhNotK 1998, 73.

Wege des § 328 BGB, da es sich um einen schuldrechtlichen Anspruch handelt.⁸⁶⁷ Ratsam (und kostenerhöhend) ist allerdings die Sicherung durch eine eigene Vormerkung.

Alternativ kommt auch hier die (oben Rdn. 1830 f.) geschilderte **Abtretungslösung** in Betracht. Die bestehen bleibende Vormerkung ist hinsichtlich des Inhabers zu berichtigen, da es sich weiter um denselben Anspruch handelt, sofern die Abtretung lediglich auf den Tod des Veräußerers aufschiebend bedingt und befristet ist. Steht sie unter zusätzlichen auflösenden Bedingungen, etwa der Rechtskraft einer Scheidung oder dem Fehlen eines diesbezüglichen Scheidungsantrags, kommt die Grundbuchberichtigung durch bloße Urkundsvorlage – Sterbeurkunde – zum Nachweis der Unrichtigkeit nicht in Betracht.

1835

§ 161 Abs. 1 und 2 BGB bannen die Gefahr treuwidrigen vorherigen Verzichtes auf den Anspruch durch den Erstbegünstigten mit Wirkung auch für den aufschiebend bedingten Zessionar.⁸⁶⁸ Damit kann der Erstberechtigte nur unter Mitwirkung des „Sukzessivberechtigten" seine Rechtsposition aufgeben; er hat sich also (anders als bei der schlichten Vererblichkeit des Rückforderungsrechtes) bereits gebunden.

1836

Insb. zur Vermeidung gutgläubig rückforderungsrechtsfreien Erwerbs kann die Vorausabtretung der Rückforderungsberechtigung auch sofort bei der zugunsten des Veräußerers bewilligten Vormerkung (als bedingte Abtretung des Rückforderungsanspruchs) eingetragen werden, und zwar bereits vor Eintritt der (Überlebens-) Bedingung.⁸⁶⁹ Bloße Bezugnahme auf die Bewilligung gem. § 874 BGB genügt insoweit nicht.⁸⁷⁰ Allerdings bedarf die Löschung der Vormerkung selbst dann stets der Mitwirkung des aufschiebend bedingt vermerkten Zessionars.⁸⁷¹

1837

Formulierungsvorschlag: Rückforderungsberechtigung des Ehegatten (Nichteigentümers) des Veräußerers kraft Abtretung

1838

> Sollte der Veräußerer vor seinem derzeitigen Ehegatten versterben, tritt der Veräußerer bereits hiermit aufschiebend bedingt und befristet das Rückforderungsrecht sowie die Rechte aus etwa bereits erklärter Rückforderung an den dies hiermit annehmenden Ehegatten ab. Im Übrigen ist das Rückforderungsrecht jedoch nicht abtretbar oder vererblich.
>
> Der Abtretungsempfänger wird die Berichtigung der nachstehend bewilligten Vormerkung unter Vorlage der Sterbeurkunde des Veräußerers zu gegebener Zeit selbst beantragen. (*Alt.: Die Beteiligten bewilligen und beantragen, zur Sicherung des mehrfach bedingten [Rück-] Übereignungsanspruchs eine Vormerkung für den Veräußerer, bedingt abgetreten an dessen überlebenden Ehegatten [unter der auflösenden Bedingung einer Scheidung der Ehe], in das Grundbuch einzutragen*).

---

867 Vgl. *Langenfeld/Günther*, Grundstückszuwendungen zur lebzeitigen Vermögensnachfolge, Rn. 133.
868 Vgl. BGHZ 20, 133.
869 BayObLG, DNotZ 1986, 496.; *Schöner/Stöber*, Grundbuchrecht, Rn. 261e, 1499, 1516, 3147 (mit abweichender Auffassung hinsichtlich der aufschiebenden Bedingung; hiergegen *Amann*, MittBayNot 2008, 367 und *Berringer* DNotZ 2009, 878).
870 *Schöner/Stöber*, Grundbuchrecht, Rn. 1499 a.E. und Rn. 261e.
871 OLG München, 10.02.2011 – 34 Wx 37/11, RNotZ 2011, 420 (in der Aufhebung der Vormerkung liegt eine Verfügung, die dem aufschiebend bedingt Begünstigten ggü. gem. § 161 Abs. 1 BGB unwirksam wäre, es droht gutgläubig vormerkungsfreier Wegerwerb).

1839 Die Stärken der „Abtretungslösung" liegen in der Verlängerung der „Asset-Protection"-Wirkung des Rückforderungsvorbehalts jedenfalls während der auf den Veräußerer folgenden Generation etwa dergestalt, dass i.R.d. Übertragung wertvollen Vermögens („Stammsitz der Familie seit Jahrhunderten") an mehrere Abkömmlinge die „Sperrposition" (Zustimmungs- und Rückforderungsbefugnis) hinsichtlich des jeweils erworbenen Miteigentumsanteils auf den Tod des Veräußerers dem/den anderen Abkömmlingen zugewendet wird. Gemeinsam können sie die „Verfügungsbeschränkungen" (durch wechselseitige Erteilung der Zustimmung, Rangrücktritt bzw. Löschung der Vormerkung) überwinden; tritt allerdings bei einem der Abkömmlinge ein abzuwehrender Tatbestand (Verfügung, Belastung, Gläubigerzugriff, Tod, Scheidung etc.) ein, haben es die anderen in der Hand, den Miteigentumsanteil an sich zu ziehen und damit zu schützen. Hierzu

1840 **Formulierungsvorschlag: „Über-Kreuz-Abtretung" des Rückforderungsrechtes unter mehreren Erwerbern zur Verlängerung des Schutzzeitraums**

> Der Veräußerer – ebenso dessen Ehegatte – tritt bereits heute aufschiebend bedingt und befristet auf seinen eigenen Tod, sofern er der Längerlebende ist, das Rückforderungsrecht sowie die Rechte aus etwa bereits erklärter Rückforderung an jeden dies annehmenden Erwerber ab, und zwar jeweils an Sohn A hinsichtlich des an Sohn B übertragenen Miteigentumsanteils und umgekehrt. Im übrigen ist das Rückforderungsrecht jedoch nicht abtretbar oder vererblich.
>
> Demnach ist nach dem Tod der Mutter bzw des Vaters – je nachdem wer der Längerlebende der beiden ist – jeder der Söhne berechtigt, die Übertragung des Halbanteils des Bruders auf sich zu verlangen, wenn einer der vorstehenden Rückforderungstatbestände (Veräußerung ohne Zustimmung, Belastung, Insolvenz/Pfändung, Scheidung etc) eintritt; an die Stelle des Veräußerers tritt also der Übertragungsberechtigte als derjenige, der die Zustimmung zu erteilen hat bzw. dem ggf. der Halbanteil zu übertragen ist. Hinsichtlich des Versterbens des anderen Bruders wird der Rückforderungstatbestand d) dahingehend modifiziert, dass eine Übertragung nur verlangt werden kann, wenn der Halbanteil nicht von Todes wegen an leibliche eheliche Abkömmlinge des Eigentümers oder seines Bruders fällt. Der Rückforderungstatbestand a) wird dahingehend modifiziert, dass es einer Zustimmung nicht bedarf und ein Rückforderungsrecht nicht ausgeübt werden kann, wenn der jeweilige Miteigentumsanteil an eigene oder seines Bruders leibliche eheliche Abkömmlinge nach Vollendung des 18. Lebensjahres übertragen wird.
>
> Die Beteiligten bewilligen und beantragen demnach, zur Sicherung des mehrfach bedingten (Rück-)Übereignungsanspruchs bei der Vormerkung für den Veräußerer und bei der Vormerkung zugunsten des Ehegatten des Erwerbers jeweils zu vermerken, dass sie bedingt abgetreten ist an Sohn A bzw. Sohn B, jeweils bezüglich des Halbanteils des anderen Bruders.

1841 Schließlich könnte auch von vornherein der Zweitberechtigte zusammen mit dem eigentlichen Erstinhaber des Rückforderungsrechts **als Gesamtgläubiger** nach § 428 BGB begünstigt sein. Erfolgt in diesem Fall die „Rück"übertragung unmittelbar an den Zweitberechtigten (z.B. den Ehegatten), ist fraglich, ob die „doppelte Stornowirkung" des § 29 Abs. 1 Nr. 1 ErbStG auch zu dessen Gunsten eingreift[872] oder nicht,[873] oder ob vielmehr (ähnlich wie in der Mitberechtigung des nicht besitzenden Ehegatten beim vorbehaltenen Nießbrauch, Rdn. 2033) hierin eine – mit ihrem Vollzug zu besteuernde – Schenkung des Veräußerers an den Zweitberechtigten liegt. Der vorsichtige Gestalter bedient sich einer (mit Außenwirkung ausgestatteten) Ausübungsregelung (zulässige Beschränkung der Auswahlfreiheit des Schuldners),[874] dass zu Lebzeiten des Veräußerers dieser allein zur Ausübung berechtigt ist und die Rückübertragung an ihn allein erfolgen muss.[875]

Formulierungsvorschlag: Rückforderungsberechtigung gem. § 428 BGB mit Vorrang des Veräußerers

1842

Das Rückforderungsrecht steht dem Veräußerer und dessen derzeitigem Ehegatten als Gesamtberechtigten gem. § 428 BGB mit folgenden Maßgaben zu: Zu Lebzeiten des Veräußerers ist nur dieser zur Geltendmachung befugt mit der Folge der Auflassung an ihn allein; nach dessen Ableben steht dieses Recht dem weiteren Berechtigten zu. Der Veräußerer, nicht jedoch der weitere Berechtigte, ist befugt, zulasten des anderen über das Rückforderungsrecht zu verfügen.

Hinweis:

1843

Vorsichtige Veräußerer stellen die Mitberechtigung des derzeitigen Ehegatten gem. § 428 BGB zusätzlich unter die **auflösende Bedingung einer Scheidung dieser Ehe**, sodass dessen „Miterwähnung" im Grundbuch gegen Vorlage des Scheidungsurteils gelöscht werden kann. Bis zu diesem Zeitpunkt erfordert jedoch die vorzeitige Löschung der Vormerkung die Bewilligung beider Begünstigter, sofern nicht der Veräußerer in grundbuchmäßiger Form das Recht aufgrund des vorstehend eingeräumten Vorbehalts mit Gesamtwirkung aufgibt und zur Löschung bewilligt.

Soll nach dem Ableben des einzigen Veräußerers (Rückforderungsberechtigten) dessen Position einer bestimmten anderen Person zustehen, sodass diesem ein aufschiebend bedingtes weiteres, getrennt vormerkungsgesichertes Recht zugewendet wird, kann dies etwa (sofern der Zweitbegünstigte an der Urkunde beteiligt ist) wie folgt formuliert werden:

1844

Formulierungsvorschlag: aufschiebend bedingte selbstständige Rückforderungsberechtigung des überlebenden Ehegatten

1845

Sollte der Veräußerer vor seinem derzeitigen Ehegatten versterben und die Ehe noch bestehen, ohne dass ein Scheidungsantrag gestellt wäre, so tritt dieser Ehegatte des Veräußerers hinsichtlich der in diesem Abschnitt vereinbarten Zustimmungserfordernisse und höchstpersönlichen Rückübertragungsberechtigungen sowie auslösenden Tatbestände an die Stelle

---

872 So *Meincke*, ErbStG, § 29 Rn. 6, gestützt auf ein obiter dictum in BFH/NV 2001, 39.
873 So die Rechtslage bei § 13 Abs. 1 Nr. 10 ErbStG, vgl. *Meincke*, ErbStG, § 13 Rn. 36 m.w.N.
874 LG Duisburg, Rpfleger 2005, 600 m. Anm. *Wicke*; s.u. Rdn. 2028 ff., und den Formulierungsvorschlag bei Rdn. 2031.
875 *Lichtenberger*, ZEV 1995, 296.

des Veräußerers als Berechtigter. Die Rückübertragung hat in diesem Fall an diesen Ehegatten des Veräußerers zu den vorstehend vereinbarten Bedingungen zu erfolgen. Auch zugunsten des vorgenannten Ehegatten wird zur Sicherung des bedingten Anspruchs die Eintragung einer

Auflassungsvormerkung

am Vertragsbesitz im Rang nach der Auflassungsvormerkung zugunsten des Veräußerers, bewilligt und beantragt.

Die Vormerkung ist als Sicherungsmittel auflösend befristet. Sie erlischt mit dem Tod des Berechtigten.

1846 Wirkt der Sekundärberechtigte nicht mit, ist **klarzustellen**, ob ihm aus der aufschiebend bedingten Zuwendung des Rechts ein **unentziehbares Recht** nach § 328 BGB zustehen soll (das er gem. § 333 BGB noch zurückweisen kann) oder nicht. Durch Vormerkung sicherbar ist sowohl der Anspruch des Versprechensempfängers auf Leistung an den Dritten als auch der (durch Zurückweisung auflösend bedingte) Anspruch des Dritten.

1847 Denkbar ist schließlich auch die „Zuwendung" eines bedingten Übertragungsanspruches an einen Begünstigten durch **Vermächtnis**, also nicht durch Vertrag, sondern in Form einer Verfügung von Todes wegen (wobei zwar nicht die Einräumung des bedingten Übertragungsanspruchs als Erfüllung des Vermächtnisses, jedoch die Übertragung des Gegenstandes selbst bei Geltendmachung des Übertragungsanspruchs Schenkungsteuer auslöst, da § 29 ErbStG nicht erfüllt ist). I.d.R. handelt es sich um mit Sanktionen versehene Zustimmungsvorbehalte zu Verfügungen über vererbten Grundbesitz, sofern der Erblasser eine Testamentsvollstreckung mit diesem Ziel scheut.

1848 **Formulierungsvorschlag: bedingter Übertragungsanspruch als Vermächtnisinhalt**

> Falls ich, der Ehemann, der Erstversterbende bin, beschwere ich meine Ehefrau, die Erbin, mit folgendem Vermächtnis zugunsten unseres Sohnes ..... – nachstehend auch „der Vermächtnisnehmer" genannt:
>
> Die Erbin ist zur Veräußerung und Belastung von Grundstücken nur mit Zustimmung des Vermächtnisnehmers berechtigt. Sie hat sich daher gegenüber dem Vermächtnisnehmer – auf dessen Lebenszeit – zu verpflichten, von mir ererbte Grundstücke oder grundstücksgleiche Rechte ganz oder in Teilen nicht ohne dessen Zustimmung zu veräußern und/oder zu belasten.
>
> Der Vermächtnisnehmer ist zur Erteilung der Zustimmung verpflichtet, wenn die Erbin die hierdurch erzielten Mittel zur Sicherung und Erhaltung ihres angemessenen Lebensstandards unabweisbar benötigt.
>
> Im Fall einer Zuwiderhandlung ist die Erbin auf Verlangen verpflichtet, den betreffenden Grundbesitz auf den Vermächtnisnehmer zu übertragen und aufzulassen. Dieser Übertragungsanspruch des Vermächtnisnehmers ist nur abtretbar und vererblich, wenn er zuvor vom Vermächtnisnehmer persönlich in notariell beglaubigter Form geltend gemacht wurde. Der

Übertragungsanspruch erlischt, wenn das Übertragungsverlangen nicht innerhalb von sechs Monaten nach Kenntnis der anspruchsbegründenden Tatsachen in der genannten Form gestellt wird. Kosten und Steuern der Übertragung trägt der Vermächtnisnehmer. Der Erbin sind nur von ihr getätigte wertsteigernde Aufwendungen bis zum Betrag der bei Übereignung bestehenden objektiven Werterhöhung zu ersetzen. Nutzungen, Zinsen und Tilgung sowie laufende Aufwendungen sind bis zur Ausübung des Übertragungsverlangens nicht zu erstatten. Grundpfandrechte und Verbindlichkeiten hat der Vermächtnisnehmer nur insoweit zu übernehmen, als sie zum Zeitpunkt meines Todes bereits bestanden haben.

Der Vermächtnisnehmer kann auf seine Kosten nach meinem Tode Sicherung des bedingten Übertragungsanspruchs durch Eintragung einer Auflassungsvormerkung im Grundbuch verlangen.

Ersatzvermächtnisnehmer werden nicht bestimmt. Kann oder will mein Sohn ..... demnach nicht Vermächtnisnehmer werden, entfällt das Vermächtnis ersatzlos.

d) Generelle Abtretbarkeit und Vererblichkeit des Rückforderungsrechts?

Das Rückforderungsrecht und der aus dessen Ausübung resultierende Rückforderungsanspruch sind – sofern keine abweichenden Regelungen getroffen werden, die sich auch konkludent aus der ausschließlichen Beziehung der dadurch gesicherten Umstände auf den konkreten Veräußerer ergeben können[876] – **abtretbar und vererblich**. Da dies zu einer (auch unter dem Blickwinkel des § 138 BGB – „Knebelung" – bedenklichen, Rdn. 1833 und Rdn. 1887) Entwertung des übertragenen Wirtschaftsgutes auf unabsehbare Zeit führen würde, wird, wenn überhaupt, die Übertragbarkeit des Rückforderungsrechts nur auf einen engen Personenkreis beschränkt bzw. durch antezipierte Abtretungserklärung an einen bestimmten „Sekundärberechtigten" abschließend geregelt; noch häufiger dürfte der vollständige Ausschluss sein, was jedoch gem. § 851 Abs. 2 ZPO für dessen Pfändbarkeit ohne Belang bleibt. In Betracht kommt auch die Einräumung eines eigenen bedingten Anspruchs eines oder mehrerer (zumindest dem Grunde nach bestimmten) Dritten/Dritter auf Übereignung, der erst nach dem Tod des derzeitigen Veräußerers (Versprechensempfängers) entstehen soll, vgl. Rdn. 2892 ff mit Formulierungsvorschlag in Rdn. 2895.

1849

Der **Rückforderungsanspruch**, der nach wirksamer Ausübung des Rückforderungsrechts entsteht, ist dagegen seinerseits **uneingeschränkt abtretbar**. Hinsichtlich der Vererblichkeit dieses Rückforderungsanspruchs wiederum sind zahlreiche Gestaltungsvarianten im Gebrauch (z.B. Vererblichkeit nur bei tatsächlichem Entstehen des Anspruchs noch vor dem Tod), die im Zuge der Löschungsfähigkeit der Sicherungsvormerkung diskutiert werden.

1850

Das Rückforderungsrecht also solches wird jedoch, wenn schon kaum abtretbar, erst recht nicht vererblich gestellt sein, zumal dieses zu einer wohl sittenwidrigen Aushöhlung des Eigentums führen würde, Rdn. 1849. Allenfalls praktikabel und anzutreffen ist die **„einmalige" Vererblichkeit**, wobei den Beteiligten auch insoweit bewusst sein sollte, dass eine etwa gewollte post-

1851

---

876 In diese Richtung OLG Hamm, 07.03.2006 – 15 W 99/05, DNotZ 2007, 122 m. Anm. *Fembacher*. Die vom OLG bemühte „Höchstpersönlichkeit" hat jedoch mit der Vererblichkeit nichts zu tun, sondern betrifft die Frage der Vertretungsfähigkeit, s. Rdn. 1853 und *Müller*, DNotZ 2007, 726.

Kapitel 4: Absicherung des Veräußerers

mortale Zuordnung an eine bestimmte Person eine flankierende Verfügung von Todes wegen voraussetzt.

1852 **Formulierungsvorschlag: Rückforderungsrecht mit einmaliger Vererblichkeit**

> Die Rechtsstellung des Veräußerers aus vorstehendem Rückforderungsrecht ist einmal vererblich. Die Ausübung des Rückforderungsrechts steht dabei der Person zu, die der Veräußerer letztwillig bestimmt hat, sonst dem oder den testamentarischen Erben bzw. dem oder den gesetzlichen Erben. Über die Ausübung des Rückforderungsrechts beschließen bei einer Mehrheit von Erben diese durch Stimmenmehrheit. Die Stimmenmehrheit ist nach Größe der Erbteile zu berechnen. Sofern der jeweilige Beschenkte bzw. seine Abkömmlinge Erben sind, vermittelt sein Erbteil kein Stimmrecht.
>
> Der Rückforderungsanspruch steht nach dem Tod des Veräußerers derjenigen Person zu, die der Veräußerer letztwillig bestimmt hat. Fehlt es an einer solchen Bestimmung, steht der Rückforderungsanspruch dem Inhaber des Rückforderungsrechts zu. Mit Ausübung des Rückforderungsrechts werden im Innenverhältnis die Vermögensgegenstände nur noch treuhänderisch für den Inhaber des Rückforderungsanspruches gehalten.

e) Höchstpersönlichkeit?

1853 Noch enger ist der Kreis der Ausübungsberechtigten gezogen, wenn das Rückforderungsrecht nicht nur unvererblich und nicht abtretbar, sondern „höchstpersönlich" ausgestaltet ist. Die Geltendmachung durch einen **Betreuer** bzw. **Vormund** oder einen **(Vorsorge-) Bevollmächtigten** scheiden dann aus (analog § 851 Abs. 2 ZPO, der unmittelbar nur den rechtsgeschäftlichen Abtretungsausschluss erfasst, ist jedoch die Pfändbarkeit des Rückforderungsrechts hierdurch ebenfalls nicht a priori gehindert, wohl ebenso wenig wie als Folge einer treuhandartigen Zweckgebundenheit der Rückforderungsposition).[877] Da ein Betreuer das Vermögen des Betreuten uneingeschränkt zu mehren hätte, wäre er zur Geltendmachung stets genötigt, wann immer ein Rückforderungstatbestand objektiv eintritt, selbst wenn dies nicht im Interesse des Veräußerers wäre. Andererseits würde bei Höchstpersönlichkeit im strengen Sinn die Rückabwicklung bei Geschäftsunfähigkeit des Veräußerers gänzlich unmöglich, da niemand für ihn handeln könnte. Sachgerecht erscheint daher, lediglich die gesetzliche, nicht aber die rechtsgeschäftliche Vertretung bei der Rückforderung auszuschließen.

1854 **Formulierungsvorschlag: Keine gesetzliche Vertretung bei Ausübung des Rückforderungsrechts (Einleitung)**

> Jeder Erwerber und seine Gesamtrechtsnachfolger verpflichten sich gegenüber dem Veräußerer, den jeweiligen Vertragsbesitz zurückzuübertragen, wenn und soweit ein Rückforderungsgrund eintritt und die Rückforderung vertragsgemäß, d.h. binnen zwölf Monaten nach Kenntnis vom Rückforderungstatbestand und in notariell beglaubigter Form, erklärt wird. Das Rückforderungsrecht ist nicht vererblich oder übertragbar und kann nicht durch einen

---

[877] Intensiv hierfür plädiert *Langenfeld/Günther*, Grundstückszuwendungen zur lebzeitigen Vermögensnachfolge, Rn. 153 ff.; der BGH geht in seiner Entscheidung zur Pfändbarkeit des Rückforderungsrechts (ZEV 2003, 293 m. Anm. *Langenfeld*) hierauf nicht ein.

gesetzlichen Vertreter oder Sachwalter, der mit Wirkung für fremde Vermögen Erklärungen abzugeben berechtigt ist, ausgeübt werden.

Hinweis:

Zur Vermeidung einer dauerhaften Verfügungs- und Investitionssperre sollte allerdings die Möglichkeit des Veräußerers, einer Verfügung zuzustimmen und sie damit der einzutragenden Vormerkung ggü. wirksam werden zu lassen (mit der Folge eines Rangrücktritts) nicht höchstpersönlich ausgestaltet sein. Der Bevollmächtigte oder Betreuer des Rückforderungsberechtigten soll z.B. bei Geschäftsunfähigkeit in der Lage sein, die Zustimmung und den Rangrücktritt für ihn zu erklären (vgl. unten Rdn. 1894).

1855

Zu beachten ist schließlich, dass nur ein rechtsgeschäftlicher Vertreter (Vorsorgebevollmächtigter)[878] auf das Rückforderungsrecht endgültig verzichten und die Löschung der Vormerkung bewilligen könnte, wenn es z.B. zu einem gebilligten Fremdverkauf des Objektes kommt (ein Betreuer wäre hieran durch das dingliche Schenkungsverbot gehindert, Rdn. 170). Soll auf die (ohnehin empfehlenswerte) Erteilung einer Vorsorgevollmacht verzichtet werden, ist hilfsweise zu erwägen,[879] den Rückforderungsvorbehalt insgesamt auflösend zu bedingen auf das (mit Mitteln des § 29 GBO nachweisbare) Bestehen einer nicht nur vorläufigen Betreuung in Vermögensangelegenheiten bzw. das Vorliegen eines amtsärztlichen Attestes.

1856

Formulierungsvorschlag: Erlöschen des Rückforderungsvorbehalts bei Betreuungsbedürftigkeit

1857

Das Rückforderungsrecht und die zu seiner Sicherung bewilligte Vormerkung erlöschen insgesamt, sobald ein Amtsarzt in der Form des § 29 GBO attestiert, dass für den (jeweiligen) Berechtigten ein Betreuer in Vermögensangelegenheiten zu bestellen wäre, ebenso wenn für ihn ein nicht nur vorläufiger Betreuer in Vermögensangelegenheiten bestellt ist.

2. Rückübertragungsverpflichteter

a) Gesamtrechtsnachfolge

Aufgrund der schuldrechtlichen (relativen) Natur des Rückforderungsrechts und des nach dessen Ausübung entstehenden Rückforderungsanspruchs ist originärer (erster) Schuldner stets der Erwerber. (Die eine Ausübung des Gestaltungsrechts ermöglichenden Tatbestände können allerdings an **Umstände** anknüpfen, die sich **in der Person Dritter** verwirklichen, vgl. Rdn. 1863 ff.). Die Sicherung durch Vormerkung erfordert aufgrund des Identitätsgebots, dass der Anspruchsschuldner zugleich Eigentümer des vormerkungsbetroffenen Grundstücks ist.[880] Die (ggf. latente) Rückübertragungspflicht geht als Erblasserschuld, sofern sie nicht ausdrücklich unvererblich ausgestaltet ist, auf Gesamtrechtsnachfolger des Erstverpflichteten über (vgl. Rdn. 1849 ff.). Hierdurch tritt ein Subjektswechsel, nicht jedoch eine Inhaltsänderung ein.

1858

---

878 Zweckmäßigerweise nicht der Erwerber selbst, der damit, wenn auch von § 181 BGB befreit, zum Richter in eigener Sache würde.
879 Vorschlag von *Albrecht*, in: Aktuelle Probleme der notariellen Vertragsgestaltung 2007/2008 (DAI-Skript), S. 101.
880 Vgl. ausführlich *Schippers*, MittRhNotK 1998, 74 ff.; *Amann*, DNotZ 1995, 254 f.

Kapitel 4: Absicherung des Veräußerers

1859

> **Hinweis:**
> Die Vereinbarung sollte daher deutlich machen, dass die Umstände, welche die Ausübung des Rückforderungsrechts ermöglichen (ebenso wie die Rückgabeverpflichtung) nicht allein auf die Person des derzeitigen Erwerbers beschränkt sind, sondern ggf. auch bei dessen Gesamtrechtsnachfolgern eintreten können. Die Vormerkungsfähigkeit als solche wird nicht dadurch infrage gestellt, dass der gesicherte Anspruch u.U. nicht mehr zu Lebzeiten des Begünstigten entstehen kann.[881] Einer Änderung bei der bereits eingetragenen Vormerkung bedarf es nach dem Eintritt der Rechtsnachfolge nicht, auch steht das Identitätsgebot, das sich lediglich auf den Zeitpunkt der Eintragung der Vormerkung bezieht, nicht entgegen.[882]

b) Einzelrechtsnachfolge

1860 Der „Übergang" der sich aus dem Rückforderungsrecht ergebenden Pflichten bei einem **rechtsgeschäftlichen Wechsel auf der Schuldnerseite** („Einzelrechtsnachfolge") ist deutlich differenzierter zu betrachten: Es ist selbstverständlich, dass wegen der Unmöglichkeit eines schuldrechtlichen Vertrags zulasten Dritter bereits in der ursprünglichen Überlassungsurkunde keine Übereignungsverpflichtung des „jeweiligen Eigentümers" begründet wird, gleichgültig ob mit oder ohne Vormerkungssicherung (deren lediglich akzessorische Natur überwindet nicht das Verbot des Vertrags zulasten Dritter). Die Rückübertragungspflicht könnte also lediglich originär von einem Nacherwerber übernommen werden, typischerweise i.S.e. befreienden (privativen) Übernahme unter Wahrung der Identität der Schuld und damit des Fortbestands der akzessorischen Sicherungswirkung der Vormerkung.[883]

1861 Allerdings muss der Übergang der vormerkungsgesicherten Schuld **zeitgleich mit dem Übergang des vormerkungsverstrickten Grundstücks** erfolgen (also aufschiebend bedingt auf den Eigentumserwerb), d.h. Schuldner- und Eigentümerwechsel müssen synchronisiert werden (Fortentwicklung des Identitätsgebots).[884] Vorsichtige Literaturstimmen empfehlen, die mit dem Schuldnerwechsel verbundene Änderung des Anspruchsinhalts berichtigend bei der Vormerkung zu vermerken.[885] Zur Fortgeltung der Vormerkung wird allerdings analog § 418 Abs. 1 Satz 3 BGB erforderlich sein, dass der Sicherungsgeber (also der vormerkungsbetroffene bisherige Rechtsinhaber) seine vorherige Zustimmung (Einwilligung) zur Schuldübernahme erteilt.[886]

1862 Die Rechtsprechung vertritt hinsichtlich der Vormerkungssicherung bei privativer Schuldübernahme im Rahmen einer Einzelrechtsnachfolge einen strengeren Standpunkt: Da der Verpflichtete sich ändert (und damit die Anspruchsidentität – definiert durch Schuldner, Gläubiger und Inhalt des Anspruchs – nicht mehr gewahrt ist), ist die bisherige Vormerkung zu löschen und eine neue Vormerkung zu bewilligen und einzutragen, wenn bspw. das Objekt vom Sohn auf den En-

---

881 Vgl. BGH, DNotZ 1997, 720 und DNotZ 2002, 775.
882 Vgl. BGH, DNotZ 1997, 724 und DNotZ 2002, 775 m. Anm. *Schippers*; OLG Düsseldorf, MittRhNotK 1996, 232.
883 DNotI-Report 1995, 174 f.; *Hoffmann*, MittBayNot 1997, 10 ff.; *Granderath*, NJW 1969, 463; *Schippers*, MittRhNotK 1998, 79.
884 *Schippers*, MittRhNotK 1998, 80; DNotI-Report 1995, 176.
885 Etwa *Rachuy*, MittRhNotK 1993, 88; *Hoffmann*, MittBayNot 1997, 12 f.
886 *Hoffmann*, MittBayNot 1997, 10 m.w.N.; DNotI-Report 1995, 176.

kel weiterübertragen wird und die Rückforderungspflichten gegen den Großvater übernommen werden.[887] Die Rechtsprechung des BGH zum „Recycling"[888] einer kraftlos gewordenen Vormerkung bzw. zur schlichten Inhaltserweiterung (Rdn. 1967) gelte nur bei Deckungsgleichheit hinsichtlich der Anspruchsmerkmale.

c) Tatbestandsverwirklichung durch den „jeweiligen Eigentümer"

Zu unterscheiden von der Erstreckung der Rückübertragungspflicht ist jedoch die **Reichweite der Rückübertragungsgründe**, also der das Gestaltungsrecht auslösenden Tatbestandsanknüpfungen, bereits in der Ursprungsurkunde auf den „jeweiligen Grundstückseigentümer".[889] Hiervon wird häufig Gebrauch gemacht. Tritt ein zur Rückforderung berechtigender Umstand in der Person eines Dritterwerbers ein, kann der ursprüngliche Veräußerer die Rückübertragung aufgrund der weiterhin nur inter partes wirkenden Vereinbarung nur vom Ursprungserwerber (oder dessen Gesamtrechtsnachfolgern, also Erben) verlangen. Die Dritterwerber sind dann verpflichtet, der Rückübertragung zuzustimmen (§ 888 BGB). Sie unterliegen also den „quasi-dinglichen" Wirkungen der Vormerkung, nicht aber unmittelbar der obligatorischen Verpflichtung aus dem Rückforderungsanspruch. 1863

Da sich der Rückforderungsanspruch und die Vormerkungswirkungen (s.a. oben Rdn. 1858, 1861)[890] gegen verschiedene Personen richten, entsteht ein **komplexes Dreiecksverhältnis**. Der ursprüngliche Übernehmer (bzw. dessen Gesamtrechtsnachfolger) ist im Verhältnis zum Übergeber weiterhin gemäß der anfänglich getroffenen Vereinbarungen zum Ausgleich von Werterhöhungen etc. verpflichtet, obwohl er nicht mehr Eigentümer ist. Der Dritterwerber ist im Verhältnis zum Rückforderungsberechtigten nur nach Gesetz (§§ 812 ff., 823 ff. BGB etc.), nicht aber aus dem Vertrag verpflichtet; vertragliche Einreden hat er lediglich ggü. seinem Veräußerer (dem Ersterwerber). Diese Schwierigkeiten[891] werden dazu führen, dass typischerweise bei einer (mit Billigung des Rückforderungsberechtigten) sich vollziehenden rechtsgeschäftlichen Weiterübertragung der Ersterwerber darauf drängen wird, dass eine **befreiende Übernahme** auch der Rückübertragungspflicht **durch den neuen Eigentümer** stattfindet (s. Rdn. 1862). 1864

Die bloße Zustimmung des Rückforderungsberechtigten zu einer Weiterübertragung stellt lediglich einen **Verzicht auf die Ausübung des Rückforderungsrechts** nach einem konkreten Anwendungsfall dar, nicht aber ein Angebot auf einen Erlassvertrag für alle künftigen Anwendungsfälle oder gar die Bewilligung der Löschung der Vormerkung (eine andere Auslegung kommt allenfalls in Betracht, wenn die zur Rückforderung berechtigenden Gründe allein auf die Person des Ersterwerbers beschränkt sind).[892] 1865

---

887 OLG Frankfurt am Main, 07.04.2008 – 20W 131/08, BauR 2008, 1672; vgl. *Michael*, notar 2008, 327.
888 Vgl. *Krauß*, Immobilienkaufverträge in der Praxis, Rn. 715 ff.
889 Vgl. BGH, ZEV 1997, 79 m. Anm. *Demharter*; BGH, DNotZ 2002, 775 m. Anm. *Schippers*; a.A. noch OLG Hamm, DNotZ 1995, 315.
890 Krit. zur Vormerkungsfähigkeit *Jung*, Rpfleger 1998, 53, geklärt durch BGH, DNotZ 2002, 775 m. Anm. *Schippers*: Vormerkung auch möglich für einen aufschiebend bedingten Anspruch, der erst nach dem Tod des belasteten Eigentümers eintreten kann.
891 Vgl. *Schippers*, MittRhNotK 1998, 104.
892 *Schippers*, MittRhNotK 1998, 76 m.w.N.

d) Mehrheit von Erwerbern (samt GbR)

1866 Nicht selten wird ein **einheitliches sachenrechtliches Objekt** (ein Grundstück im grundbuchlichen Sinn oder aber ein Miteigentumsanteil an einem solchen Grundstück) an eine Personenmehrheit zur gesamten Hand (also in Form der teilrechtsfähigen GbR) übertragen. Der Erwerb in GbR wird häufig gewünscht (s. im Einzelnen Rdn. 2053 ff.), um

- gerade unter Geschwistern selbstständige Verfügungen über die „Anteile" (die jedenfalls nach Erlöschen der „Verfügungssperre" denkbar wären) zu verhindern,
- die zumindest bis zur 95%-Grenze (§ 1 Abs. 2a GrEStG) grunderwerbsteuerfreie und formfreie Übertragung von Gesellschaftsanteilen zu ermöglichen und
- wegen der (abweichend von § 727 BGB i.d.R. vereinbarten) Anwachsungsfolge bei Ableben eines Gesellschafters, die sogar ohne Abfindung möglich ist (vgl. zur Frage, ob hierin eine Schenkung liegt, Rdn. 130 ff.).

1867 Tritt der die Rückforderungsberechtigung auslösende **Tatbestand** in der Person **aller Gesamthänder** ein (etwa weil sie in gemeinschaftlichem Zusammenwirken ohne Zustimmung des Veräußerers über das Gesellschaftsvermögen, das Grundstück oder den Miteigentumsanteil daran, verfügt haben), stellen sich keine weiteren Schwierigkeiten – Rückforderungsobjekt und vormerkungsbelasteter Gegenstand ist das gesamte Grundstück oder der Miteigentumsanteil hieran.

1868 Verwirklicht jedoch **nur einer der Gesamthänder** den die Rückübertragung auslösenden Gegenstand (etwa eine Scheidung ohne Zugewinnausgleichsausschluss, Vorversterben bei Vererblichkeit des GbR-Anteils, Insolvenzeröffnung über sein Vermögen, bei entsprechend erweiterter Formulierung auch Pfändungsmaßnahmen in seinen Gesellschaftsanteil),[893] ist zu klären, ob der Veräußerer in diesem Fall gleichwohl berechtigt sein soll, das Gesamtobjekt zurückzufordern (nachstehend aa, Rdn. 1869) oder aber lediglich einen bei Rückübertragung zu bildenden Miteigentumsanteil, welcher der Quote des betroffenen Gesamthänders entspricht (nachstehend bb, Rdn. 1870 ff.). Denkbar ist schließlich auch, dem Veräußerer die Möglichkeit einzuräumen, entweder die Übertragung des gesamten Grundbuchobjekts oder aber – nach seiner Wahl – lediglich eines quotenentsprechenden Miteigentumsanteils zu fordern (cc, Rdn. 1873 ff.).

aa) Rückübertragung des Gesamtobjektes

1869 Die **Rückübertragung des Gesamtobjekts** verpflichtet die GbR als teilrechtsfähigen Verband, für das „Fehlverhalten" eines ihrer Mitglieder „einzustehen".[894] Die in der Urkunde ggf. geregelte Ausgleichszahlung (für werterhöhende Aufwendungen etc., vgl. Rdn. 1941 ff.) steht ebenfalls ihrerseits der GbR zu, die sich im Anschluss an die Rückübertragung wegen Zweckwegfalls liquidiert und unter den Mitgliedern auseinandersetzt. Die dadurch ausgelösten Folgen sollten der erwerbenden GbR verdeutlicht werden; rechtskonstruktiv stellt diese Alternative jedoch keine Schwierigkeit dar.

---

[893] Die üblicherweise als Rückforderungstatbestand vereinbarten Zwangsvollstreckungsmaßnahmen in das Grundstück selbst würden diesen Sachverhalt sonst nicht erfassen.

[894] Beispiel: LG Düsseldorf, 03.02.2009 – 25 T 52/09, RNotZ 2009, 331.

bb) Übertragung eines quotenentsprechenden Miteigentumsanteils

Deutlich problematischer gestaltet sich jedoch die Abwicklung, wenn bei **„Fehlverhalten" eines GbR-Gesellschafters** nicht das gesamte Grundbuchobjekt, sondern **lediglich ein** seiner bisherigen gesamthänderischen Beteiligung am Gesamtobjekt entsprechender, nunmehr **zu bildender Miteigentumsanteil, rückübertragen** werden soll.

1870

Beispiel:

Eine Immobilie wird an A und B in GbR übertragen, an der sie zu gleichen Teilen beteiligt sind. Verwirklicht lediglich A oder lediglich B einen Rückforderungstatbestand und wird das Recht ausgeübt, hätte die GbR lediglich einen halben Miteigentumsanteil zu übertragen.

Mit der Übertragung scheidet zugleich der Betroffene aus der GbR aus; der verbleibende Miteigentumsanteil **wächst den übrigen Gesellschaftern an** (§ 738 Abs. 1 BGB).

> **Hinweis:**
>
> Es empfiehlt sich, zugleich als gesellschaftsvertragliche Vereinbarung unter den GbR-Gesellschaftern zu regeln, dass der Auseinandersetzungsanspruch des zwangsausscheidenden Gesellschafters bereits dadurch erfüllt ist, dass die GbR den betreffenden Miteigentumsanteil „für ihn" leistet und ihm etwa zu vereinnehmende Entschädigungen für seinen Anteil an geschaffenen Investitionen auskehrt. Eine grundbuchliche Maximalabsicherung würde in diesem Fall erfordern, dass nicht nur der gegen die GbR gerichtete Anspruch auf Übertragung des gesamten Gesellschaftsvermögens durch Vormerkung gesichert wird, sondern auch die bedingten Ansprüche auf Übertragung von Miteigentumsanteilen gemäß der Gesellschaftsquote (im vorliegenden Fall also bzgl. eines halben Miteigentumsanteils, bei drei vorhandenen Gesellschaftern bzgl. eines 1/3-Miteigentumsanteils etc. Auch ideelle Miteigentumsanteile können mit einer Vormerkung belastet sein (vgl. Rdn. 1933).

1871

Formulierungsvorschlag: Rückforderung eines quotenentsprechenden Miteigentumsanteils bei Erwerbern in GbR

1872

> Die Erwerber – und ihre Gesamtrechtsnachfolger – als GbR sind gegenüber dem Veräußerer verpflichtet, einen der seinerzeitigen Beteiligung des betroffenen Gesellschafters entsprechenden Miteigentumsanteil an dem jeweils betroffenen Vertragsbesitz zurückzuübertragen, wenn in der Person eines Gesellschafters ein Rückforderungsgrund eintritt und die Rückforderung vertragsgemäß, d.h. binnen zwölf Monaten nach Kenntnis vom Rückforderungstatbestand und in notariell beglaubigter Form, erklärt wird. Das Rückforderungsrecht ist nicht vererblich oder übertragbar und kann nicht durch einen gesetzlichen Vertreter ausgeübt werden.
>
> Ein Rückforderungsgrund tritt jeweils ein, sobald der betreffende Gesellschafter ..... (*Anm.: Es folgen die jeweils vereinbarten Sachverhalte, die ein Rückforderungsverlangen auslösen können*).
>
> Verwirklichen alle Gesellschfter den Rückübertragungstatbestand, ist der gesamte Vertragsbesitz auf Verlangen zurückzuübertragen.

Der Veräußerer hat die im Grundbuch eingetragenen Rechte und Grundpfandrechte anteilig betreffend den rückübertragenen Miteigentumsanteil dinglich zu übernehmen, soweit sie im Rang vor der nachstehend bestellten Auflassungsvormerkung eingetragen sind.

Aufwendungen aus dem Vermögen der GbR werden – maximal jedoch bis zur Höhe der noch vorhandenen Zeitwerterhöhung – hinsichtlich des betreffenden Miteigentumsanteils gegen Rechnungsnachweis erstattet bzw. durch Schuldübernahme abgegolten, soweit sie nicht nur der Erhaltung des Anwesens im derzeitigen Zustand, sondern der Verbesserung oder Erweiterung des Anwesens gedient haben und mit schriftlicher Zustimmung des Berechtigten oder seines Vertreters durchgeführt wurden. I.Ü. erfolgt die Rückübertragung unentgeltlich, also insbesondere ohne Ausgleich für geleistete Dienste, wiederkehrende Leistungen, Tilgungen, geleistete Zinsen, Arbeitsleistungen, oder die gezogenen Nutzungen. Hilfsweise gelten die gesetzlichen Bestimmungen zum Rücktrittsrecht.

Die Kosten der Rückübertragung hat der Anspruchsberechtigte zu tragen.

Der das Rückforderungsrecht auslösende Gesellschafter scheidet mit Vollzug der Rückübertragung „seines" Anteils aus der GbR aus; diese wird hinsichtlich des verbleibenden Miteigentumsanteils unter den verbleibenden Gesellschaftern nach Anwachsung fortgesetzt. Bereits jetzt wird unter den Gesellschaftern vereinbart, dass mit dem Zur-Verfügung-Stellen des zu übertragenden Miteigentumsanteils und der Auskehr der vorerwähnten Ersatzes von Aufwendungen, die der Ausscheidende tatsächlich selbst erbracht hat, sein Abfindungsanspruch erfüllt ist.

Zur Sicherung des bedingten Rückübertragungsanspruchs eines zu bildenden [bei zwei Gesellschaftern:] hälftigen [sonst: ein Drittel etc.] Miteigentumsanteils hieran nach wirksamer Ausübung eines vorstehend eingeräumten Rückforderungsrechts oder des gesetzlichen Widerrufs gem. § 530 BGB („grober Undank") bestellen hiermit die Erwerber als GbR zugunsten des vorgenannten Veräußerers

eine Eigentumsvormerkung, gerichtet auf Übertragung eines hälftigen Miteigentumsanteils hieran,

am Vertragsbesitz und

bewilligen und beantragen

deren Eintragung im Grundbuch. Die Vormerkung ist als Sicherungsmittel auflösend befristet. Sie erlischt mit dem Tod des Veräußerers.

Die Vormerkung erhält die nächstoffene Rangstelle (*Anm.: jedoch den Rang nach dem Nießbrauch*).

cc) **Wahlrecht**

1873 **Maximale Flexibilität** wird vermittelt, wenn es in das Belieben des Veräußerers gestellt wird, ob er bei Auslösung eines Rückforderungstatbestands auch nur durch einen Gesellschafter die Rückübertragung des gesamten Grundbesitzes oder nur eines zu bildenden entsprechenden Miteigentumsanteils wünscht. Diese **Optionseinräumung** muss jedoch in der Formulierung deutlich werden.

Hinsichtlich der Vormerkungssicherung gilt das oben (s. Rdn. 1871) Gesagte: Trotz der dadurch erhöhten Kosten sollten demnach sowohl der Gesamterwerbsanspruch als auch der Anspruch auf Miteigentumsanteil zur Übertragung jeweils vormerkungsgesichert werden. Die immer weiter ausladende Rechtsprechung zur Novation/Extension bestehender Ansprüche durch dieselbe Vormerkung lässt allerdings vermuten, dass auch lediglich eine Vormerkung[895] (*„zur Sicherung des Anspruchs auf Rückübertragung des gesamten Grundstücks oder daran zu bildender 1/3 Miteigentumsanteile"*)[896] genügen würde. 1874

Formulierungsvorschlag: Rückforderung wahlweise des Gesamtobjekts oder eines quoten- entsprechenden Miteigentumsanteils bei Erwerbern in GbR 1875

Die Erwerber – und ihre Gesamtrechtsnachfolger – als GbR sind gegenüber dem Veräußerer verpflichtet, nach dessen Wahl den gesamten Vertragsbesitz oder einen der seinerzeitigen Beteiligung des betroffenen Gesellschafters entsprechenden Miteigentumsanteil an dem jeweils betroffenen Vertragsbesitz zurückzuübertragen, wenn in der Person auch nur eines Gesellschafters ein Rückforderungsgrund eintritt und die Rückforderung vertragsgemäß, d.h. binnen zwölf Monaten nach Kenntnis vom Rückforderungstatbestand und in notariell beglaubigter Form erklärt wird. Das Rückforderungsrecht ist nicht vererblich oder übertragbar und kann nicht durch einen gesetzlichen Vertreter ausgeübt werden.

Ein Rückforderungsgrund tritt jeweils ein, sobald der betreffende Gesellschafter ...... (*Anm.: Es folgen die jeweils vereinbarten Sachverhalte, die ein Rückforderungsverlangen auslösen können*).

Der Veräußerer hat die im Grundbuch eingetragenen Rechte und Grundpfandrechte (sofern das Verlangen nur bzgl. eines Miteigentumsanteils gestellt wird: anteilig betreffend den rückübertragenen Miteigentumsanteil) dinglich zu übernehmen, soweit sie im Rang vor der nachstehend bestellten Auflassungsvormerkung eingetragen sind.

Aufwendungen aus dem Vermögen der GbR werden – maximal jedoch bis zur Höhe der noch vorhandenen Zeitwerterhöhung – (bei teilweiser Rückübertragung anteilig) gegen Rechnungsnachweis erstattet bzw. durch Schuldübernahme abgegolten, soweit sie nicht nur der Erhaltung des Anwesens im derzeitigen Zustand, sondern der Verbesserung oder Erweiterung des Anwesens gedient haben und mit schriftlicher Zustimmung des Berechtigten oder seines Vertreters durchgeführt wurden. I.Ü. erfolgt die Rückübertragung unentgeltlich, also insbesondere ohne Ausgleich für geleistete Dienste, wiederkehrende Leistungen, Tilgungen, geleistete Zinsen, Arbeitsleistungen, oder die gezogenen Nutzungen. Hilfsweise gelten die gesetzlichen Bestimmungen zum Rücktrittsrecht.

Die Kosten der Rückübertragung hat der Anspruchsberechtigte zu tragen.

Sofern das Rückübertragungsverlangen nur hinsichtlich eines quotenentsprechenden Miteigentumsanteils gestellt wird, gilt: Der das Rückforderungsrecht auslösende Gesellschafter scheidet mit Vollzug der Rückübertragung „seines" Anteils aus der GbR aus; diese wird hinsichtlich des verbleibenden Miteigentumsanteils unter den verbleibenden Gesellschaftern

---

895 *Krauß*, Immobilienkaufverträge in der Praxis, Rn. 715 ff.
896 So etwa das AG – Grundbuchamt – Bocholt, BT 291-14, v. 13.08.2009, n.v.

nach Anwachsung fortgesetzt. Bereits jetzt wird unter den Gesellschaftern vereinbart, dass mit dem Zur-Verfügung-Stellen des zu übertragenden Miteigentumsanteils und der Auskehr der vorerwähnten Ersatzes von Aufwendungen, die der Ausscheidende tatsächlich selbst erbracht hat, sein Abfindungsanspruch erfüllt ist.

Zur Sicherung des bedingten Rückübertragungsanspruchs hinsichtlich des Gesamtobjekts sowie hinsichtlich eines zu bildenden (*Anm.: bei zwei Gesellschaftern*) hälftigen (*Anm.: Ansonsten ein Drittel etc.*) Miteigentumsanteils hieran nach wirksamer Ausübung eines vorstehend eingeräumten Rückforderungsrechts oder des gesetzlichen Widerrufs gem. § 530 BGB („grober Undank") bestellen hiermit die Erwerber als GbR zugunsten des vorgenannten Veräußerers eine Eigentumsvormerkung, gerichtet auf die Übertragung des gesamten Grundstücks sowie eine Eigentumsvormerkung, gerichtet auf Übertragung eines hälftigen Miteigentumsanteils hieran, am Vertragsbesitz und bewilligen und beantragen deren Eintragung im Grundbuch im Gleichrang untereinander. Jede Vormerkung ist als Sicherungsmittel auflösend befristet. Sie erlischt mit dem Tod des Veräußerers.

Die Vormerkung erhält die nächstoffene Rangstelle (*Anm.: jedoch Rang nach dem Nießbrauch*).

1876   Von vorstehenden, grundstücksbezogenen Sachverhalten zu unterscheiden sind Gestaltungen, in denen sich Rückforderungsvorbehalte oder auflösende Bedingungen **auf den GbR-Anteil als solchen** beziehen, also ein gesellschaftsrechtlicher Vorgang bei Eintritt bestimmter Voraussetzungen rückabgewickelt werden soll. Solche (nicht vormerkungsfähige) Vorbehalte gehen mangels Substrat, auf das sie sich als Rückforderungsobjekt beziehen können, unter, wenn sich alle Gesellschaftsanteile in einer Hand vereinigt haben, da eine Ein-Mann-Personengesellschaft nicht existiert[897] (vgl. auch Rdn. 2231 – ausgenommen Sachverhalte, in denen die früher separaten Anteile mit unterschiedlichen Rechten Dritter belastet sind, analog § 1256 BGB). Ebenso wenig vormerkungsfähig sind Rückübereignungsverpflichtungen hinsichtlich beweglicher Sachen. Über § 161 Abs. 2 BGB (Schutz der unter einer aufschiebenden Bedingung vorgenommenen Verfügung gegen beeinträchtigende Verfügungen sowohl des Betroffenen selbst als auch gegen Verfügungen des Insolvenzverwalters und Vollstreckungsmaßnahmen Dritter, § 161 Abs. 1 Satz 2 BGB)[898] und damit erst recht bei schlichter Eröffnung des Insolvenzverfahrens über das Vermögen des Verfügenden während des Schwebezustands[899] kann gleichwohl durch aufschiebend bedingte dingliche Rückübereignungserklärung/Rückabtretungserklärung eine der Vormerkung nahekommende Wirkung erreicht werden, wobei allerdings (1) das Wahlrecht des Insolvenzverwalters, Nichterfüllung zu wählen, nur beim Verkauf unter Eigentumsvorbehalt ausgeschlossen ist (§ 107 InsO), der Schutz insoweit also hinter der durch § 106 InsO durch Eintragung einer Vormerkung vermittelten Insolvenzimmunität zurückbleibt (vgl. auch Rdn. 1998 ff.), und ferner (2) gem. § 161 Abs. 3 BGB möglicherweise (etwa gem. § 16 Abs. 3 GmbHG, vgl. Rdn. 2351) die

---

897   OLG Schleswig, 02.12.2005 – 2W 141/05, ZEV 2007, 40. Die Absicht einer Nießbrauchsbestellung berechtige nicht zu einer solchen Sonderzuordnung. War allerdings bereits zuvor an einem Anteil ein Vorbehaltsnießbrauch bestellt, besteht die GbR trotz Anteilsvereinigung fort, vgl. LG Hamburg, 13.06.2005 – 321 T 30/04, NZG 2005, 926.
898   BGH, 27.05.2003 – IX ZR 51/02, NJW 2003, 2744.
899   § 161 Abs. 1 Satz 2 BGB hat Vorrang vor § 91 Abs. 1 InsO (obwohl in § 91 Abs. 2 InsO nicht genannt): wenn schon die Verfügung des Insolvenzverwalters die Wirkung des Bedingungseintritts nicht vereiteln kann, dann erst recht nicht seine bloße Untätigkeit, vgl. MünchKomm–InsO/*Breuer*, § 91 Rn. 19, 21 m.w.N.

Gefahr eines gutgläubigen Wegerwerbs droht, anders als bei der Vormerkung, welche den guten Glauben gem. § 892 BGB zerstört.

Ein solcher auf einen übertragenen (GbR-) Gesellschaftsanteil, z.B. bei der Begründung eines Familienpools (s. Rdn. 2233), bezogener Rückforderungsvorbehalt könnte etwa wie folgt lauten: 1877

Formulierungsvorschlag: Rückübertragungsverpflichtung hinsichtlich eines übertragenen GbR-Anteils 1878

Die beschenkten Gesellschafter A und B sind gegenüber dem dies jeweils verlangenden Veräußerer verpflichtet, den überlassenen Gesellschaftsanteil zurückzuübertragen, wenn in der Person dieses Gesellschafters ein Rückforderungsgrund eintritt und die Rückforderung vertragsgemäß, d.h. binnen zwölf Monaten nach Kenntnis vom Rückforderungstatbestand und in notariell beglaubigter Form erklärt wird. Das Rückforderungsrecht kann nicht durch einen gesetzlichen Vertreter ausgeübt werden. Es steht nach dem Ableben eines Veräußerers dem verbleibenden Veräußerer zu, ist jedoch i.Ü. nicht übertragbar und nicht vererblich.

Ein Rückforderungsgrund tritt jeweils ein, sobald der betroffene Gesellschafter

1. seine Gesellschaftsbeteiligung ohne schriftliche Zustimmung des Veräußerers ganz oder teilweise veräußert oder belastet, gleichgültig, ob im Weg eines Rechtsgeschäfts oder im Weg der Zwangsvollstreckung,
2. in Insolvenz fällt, die Eröffnung des Verfahrens mangels Masse abgelehnt wird oder er die Vermögenserklärung abgibt,
3. vor dem Berechtigten verstirbt,
4. von seinem (künftigen) Ehegatten/Lebenspartner getrennt lebt i.S.d. § 1567 BGB, es sei denn, durch vertragliche Vereinbarung ist sichergestellt, dass der Gesellschaftsanteil i.R.d. Zugewinn- bzw. Vermögensausgleichs nicht berücksichtigt wird, sondern allenfalls tatsächlich getätigte Einlagen, die über die Entnahmen hinaus gehen, zu erstatten sind,
5. die Gesellschaft kündigt, gleich aus welchem Grunde, auch bei Erreichen der Volljährigkeit,
6. aus der Gesellschaft aus wichtigem Grund (analog § 133 Abs. 1 HGB) ausgeschlossen wird,
7. an einer Änderung des Gesellschaftsvertrages mitwirkt, die nicht mit schriftlicher Zustimmung des Veräußerers erfolgt,
8. der Drogen- oder Alkoholsucht verfällt,
9. Mitglied einer im Sektenbericht des Bundestages aufgeführten Sekte oder einer unter Beobachtung des Verfassungsschutzes stehenden Vereinigung ist oder
10. geschäftsunfähig wird.

Aufschiebend bedingt auf die Ausübung des berechtigten Rückübertragungsverlangens tritt der zur Rückübertragung verpflichtete Gesellschafter seinen Anteil an der Gesellschaft an den jeweiligen Veräußerer ab (§ 161 BGB). Der aufschiebend bedingten Abtretung wird allseits zugestimmt.

> Für die aufschiebend bedingte Übertragung ist keine Gegenleistung zu erbringen, es sei denn, der Gesellschafter hätte aus eigenem Vermögen über seine Entnahmen hinaus Einlagen in die Gesellschaft getätigt; in diesem Fall ist die Entschädigung begrenzt auf die anteilige noch vorhandene Erhöhung des Gesellschaftsvermögens als Folge dieser Übereinlagen. Der abtretende Gesellschafter ist allerdings auf den Zeitpunkt des Bedingungseintritts von der persönlichen Haftung für Verbindlichkeiten der Gesellschaft freizustellen.

3. Rückforderungsobjekt

1879 Im Regelfall wird das Rückforderungsobjekt identisch mit dem Zuwendungsgegenstand sein. Abweichungen können sich zum einen ergeben, wenn im Rahmen einer einheitlichen Zuwendung an mehrere Erwerber lediglich einer von ihnen den auslösenden Tatbestand verwirklicht, jedoch auch die Übertragung an die anderen Erwerber aus diesem Anlaß rückabgewickelt werden soll (hierzu nachstehend Rdn. 1880 ff.), zum anderen dann, wenn die Rückforderung sich nur auf einen Teil des Gesamtobjekts bezieht, auch wenn der auslösende Tatbestand als solcher uneingeschränkt verwirklicht ist. Letztere Möglichkeit steht dem Rückforderungsberechtigten ohnehin zu Gebote, als rechtliches, in der Option zur vollständigen Rückabwicklung enthaltenes Minus. Gleichwohl kann es sich empfehlen, diesen Umstand nochmals ausdrücklich zu betonen: „Das Rückforderungsverlangen kann sich auch lediglich auf **Teile des Vertragsbesitzes** erstrecken." Von dieser Möglichkeit wird bspw. in den Fällen Gebrauch gemacht werden, in denen das Entstehen von Schenkungsteuer als die Rückforderung auslösender Tatbestand vereinbart ist (vgl. nachstehend Rdn. 1922 ff.) und daher die Übertragung (mit steuerlicher Rückwirkung gem. § 29 ErbStG) lediglich in dem Umfang rückgängig gemacht werden soll, der notwendig ist, um unter dem steuerlichen Freibetrag zu bleiben.

1880 Ein wertungsmäßig der oben (s. Rdn. 1869) geschilderten Situation aus Rdn. 1658 (Gesamtübertragung durch eine GbR, wenn auch nur ein Gesellschafter den Tatbestand ausgelöst hat) vergleichbarer Sachverhalt ist gegeben, wenn **mehrere Erwerber je selbstständige Grundbuchobjekte** erhalten haben (z.B. Miteigentumsanteile an einem Grundstück) oder je eigene Grundbuchgrundstücke, und die Rückübertragung insgesamt stattfinden können soll, wenn auch nur bei einem der Erwerber der auslösende Tatbestand eingetreten ist.

1881 Bei einer **Mehrheit selbstständiger Grundstücke** wäre es außerordentlich ungewöhnlich (wenngleich rechtlich möglich), die Rückforderung auch der Grundstücke der anderen Erwerber zu ermöglichen, wenn – gleichgültig durch wen – ein Rückforderungstatbestand ausgelöst wurde (in Betracht kommt dies allenfalls, wenn die Gesamtheit aller Objekte im Verbund wirtschaftlich sinnvoll genutzt werden kann).

1882 Bei **mehreren Miteigentumsanteilen an demselben Grundstück** ist die Interessenlage jedoch differenzierter: Kommt es dem Veräußerer (wie wohl in der Mehrheit der Fälle) in erster Linie darauf an, individuellen Gefährdungen der Geschäftsgrundlage entgegenzuwirken, um sodann über eine Neuzuordnung hinsichtlich des „geretteten" Anteils (allerdings zu ggf. später schlechteren schenkungsteuerrechtlichen Bedingungen!) im Kreis der Prätendenten zu entscheiden, genügt die Rückforderung des betroffenen Miteigentumsanteils ohne Weiteres. Damit ist auch lediglich der entsprechende Investitionsanteil nach Maßgabe der vertraglichen Vereinbarungen zu vergüten. Wegen des „**Identitätsgebots**" muss die zur Sicherung des bedingten, nach Ausübung des Rückforderungsrechts entstehenden Rückübertragungsanspruchs, bewilligte Vormerkung an dem Objekt eingetragen sein, auf welches sich der Anspruch bezieht, und dessen Eigentümer zugleich Schuldner des Anspruchs ist, also am jeweiligen Miteigentumsanteil. Bei drei Drittelanteilen bedarf es also dann an jedem Miteigentumsanteil einer Vormerkung.

Formulierungsvorschlag: Rückforderung lediglich des betreffenden Miteigentumsanteils 1883

> Jeder Erwerber – und seine Gesamtrechtsnachfolger – ist gegenüber dem Veräußerer verpflichtet, seinen erworbenen Miteigentumsanteil am Vertragsbesitz zurückzuübertragen, wenn ein Rückforderungsgrund eintritt und die Rückforderung vertragsgemäß, d.h. binnen zwölf Monaten nach Kenntnis vom Rückforderungstatbestand und in notariell beglaubigter Form, erklärt wird. Das Rückforderungsrecht ist nicht vererblich oder übertragbar und kann nicht durch einen gesetzlichen Vertreter ausgeübt werden. Ein Rückforderungsgrund tritt jeweils ein, sobald einer der jeweiligen Eigentümer des betreffenden Miteigentumsanteils .....
> (*Anm.: Es folgen die jeweils vereinbarten Sachverhalte, die ein Rückforderungsverlangen auslösen können*).
>
> Der Veräußerer hat die im Grundbuch eingetragenen Rechte und Grundpfandrechte (sofern das Verlangen nur bzgl. einzelner Miteigentumsanteile gestellt wird: anteilig betreffend die rückübertragenen Miteigentumsanteile) dinglich zu übernehmen, soweit sie im Rang vor der nachstehend bestellten Auflassungsvormerkung eingetragen sind.
>
> Aufwendungen aus dem Vermögen des Rückübertragungsverpflichteten werden – maximal jedoch bis zur Höhe der anteiligen, noch vorhandenen Zeitwerterhöhung – gegen Rechnungsnachweis erstattet bzw. durch Schuldübernahme abgegolten, soweit sie nicht nur der Erhaltung des Anwesens im derzeitigen Zustand, sondern der Verbesserung oder Erweiterung des Anwesens gedient haben und mit schriftlicher Zustimmung des Berechtigten oder seines Vertreters durchgeführt wurden. I.Ü. erfolgt die Rückübertragung unentgeltlich, also insbesondere ohne Ausgleich für geleistete Dienste, wiederkehrende Leistungen, Tilgungen, geleistete Zinsen, Arbeitsleistungen oder die gezogenen Nutzungen. Hilfsweise gelten die gesetzlichen Bestimmungen zum Rücktrittsrecht.
>
> Die Kosten der Rückübertragung hat der Anspruchsberechtigte zu tragen.
>
> Zur Sicherung des bedingten Rückübertragungsanspruchs hinsichtlich des jeweiligen Miteigentumsanteils nach wirksamer Ausübung eines vorstehend eingeräumten Rückforderungsrechts oder des gesetzlichen Widerrufs gem. § 530 BGB („grober Undank") bestellt hiermit jeder Erwerber hinsichtlich seines Miteigentumsanteils zugunsten des vorgenannten Veräußerers je eine Eigentumsvormerkung am jeweiligen Miteigentumsanteil und bewilligt und Veräußerer und Erwerber beantragen deren Eintragung im Grundbuch. Jede Vormerkung ist als Sicherungsmittel auflösend befristet. Sie erlischt mit dem Tod des Veräußerers.
>
> Die Vormerkung erhält die nächstoffene Rangstelle (*Anm.: Jedoch den Rang nach dem Nießbrauch*).

Liegt dem Veräußerer jedoch in erster Linie daran, bei auch nur **Teilstörungen** wieder die uneingeschränkte Verfügungsmöglichkeit über das Gesamtobjekt zu erlangen, wird er sich vorbehal- 1884 ten, zumindest wahlweise auch die Rückübertragung der nicht unmittelbar betroffenen Miteigentumsanteile zu verlangen (Optionsmodell ähnlich oben Rdn. 1873 ff.). Da sich der Anspruch hier (auch) auf das Gesamtobjekt richtet, genügt eine Vormerkung am Grundstück selbst.

1885 **Formulierungsvorschlag: Rückforderung des betreffenden Miteigentumsanteils oder des Gesamtobjekts nach Wahl des Berechtigten**

> Jeder Erwerber – und seine Gesamtrechtsnachfolger – ist gegenüber dem Veräußerer verpflichtet, seinen erworbenen Miteigentumsanteil am Vertragsbesitz zurückzuübertragen, wenn ein Rückforderungsgrund eintritt und die Rückforderung vertragsgemäß, d.h. binnen zwölf Monaten nach Kenntnis vom Rückforderungstatbestand und in notariell beglaubigter Form, erklärt wird. Das Rückforderungsrecht ist nicht vererblich oder übertragbar und kann nicht durch einen gesetzlichen Vertreter ausgeübt werden.
>
> Ein Rückforderungsgrund tritt jeweils ein, sobald einer der jeweiligen Eigentümer des betreffenden oder eines anderen Miteigentumsanteils am Vertragsbesitz ..... (*Anm.: Es folgen die jeweils vereinbarten Sachverhalte, die ein Rückforderungsverlangen auslösen können*).
>
> Der Veräußerer kann in diesem Fall nach seiner Wahl die Rückforderung auf den betreffenden Miteigentumsanteil beschränken oder aber hinsichtlich des gesamten Vertragsbesitzes ausüben.
>
> Der Veräußerer hat die im Grundbuch eingetragenen Rechte und Grundpfandrechte anteilig betreffend den rückübertragenen Miteigentumsanteil dinglich zu übernehmen, soweit sie im Rang vor der nachstehend bestellten Auflassungsvormerkung eingetragen sind.
>
> Aufwendungen aus dem Vermögen des jeweilig zur Rückübertragung Verpflichteten – maximal jedoch bis zur Höhe der noch vorhandenen Zeitwerterhöhung – (bei teilweiser Rückübertragung anteilig) gegen Rechnungsnachweis erstattet bzw. durch Schuldübernahme abgegolten, soweit sie nicht nur der Erhaltung des Anwesens im derzeitigen Zustand, sondern der Verbesserung oder Erweiterung des Anwesens gedient haben und mit schriftlicher Zustimmung des Berechtigten oder seines Vertreters durchgeführt wurden. I.Ü. erfolgt die Rückübertragung unentgeltlich, also insbesondere ohne Ausgleich für geleistete Dienste, wiederkehrende Leistungen, Tilgungen, geleistete Zinsen, Arbeitsleistungen oder die gezogenen Nutzungen. Hilfsweise gelten die gesetzlichen Bestimmungen zum Rücktrittsrecht.
>
> Die Kosten der Rückübertragung hat der Anspruchsberechtigte zu tragen.
>
> Zur Sicherung des bedingten Rückübertragungsanspruchs nach wirksamer Ausübung eines vorstehend eingeräumten Rückforderungsrechts oder des gesetzlichen Widerrufs gem. § 530 BGB („grober Undank") bestellen hiermit die Erwerber zugunsten des vorgenannten Veräußerers eine Eigentumsvormerkung am gesamten Vertragsbesitz und bewilligen und Veräußerer und Erwerber beantragen deren Eintragung im Grundbuch. Die Vormerkung ist als Sicherungsmittel auflösend befristet. Sie erlischt mit dem Tod des Veräußerers.
>
> Die Vormerkung erhält die nächstoffene Rangstelle (*Anm.: jedoch den Rang nach dem Nießbrauch*).

4. Häufige Rückforderungstatbestände

Im Folgenden werden die in der Vertragspraxis **am häufigsten anzutreffenden Tatbestände** vorgestellt, deren Eintritt die Möglichkeit der Ausübung des Gestaltungsrechts zur Rückforderung auslöst. Im Regelfall unterliegt der Zeitraum, innerhalb welcher die Umstände sich verwirklichen können, keiner weiteren Einschränkung. Denkbar sind jedoch auch insoweit eine **Endbefristung** (z.B. Maßgeblichkeit eines Verstoßes gegen die schuldrechtliche Verfügungsbeschränkung nur binnen 10 Jahren ab Beurkundung) oder aber eine Beschränkung auf die Zeit, in welcher der Veräußerer noch seinen Lebensmittelpunkt im übergebenen Anwesen hat. Letzteres würde es einem etwa eingesetzten Betreuer erleichtern, im Fall der dauernden Heimunterbringung auf die potenziellen künftigen Rückforderungsmöglichkeiten gänzlich zu „verzichten" und die eingetragene Vormerkung zur Löschung zu bewilligen, ohne gegen das Schenkungsverbot der §§ 1804, 1915 BGB zu verstoßen (tatsächlich handelt es sich lediglich um eine Grundbuchberichtigung).[900] Hiervon wiederum zu unterscheiden ist die Frist zur Ausübung des Gestaltungsrechts nach Vorliegen des Tatbestandes (bzw. Kenntnis hiervon, s. Rdn. 1933).

1886

Die **Befristung des Zeitraums**, während dessen Rückforderungstatbestände eintreten können bspw. auf die Lebenszeit des Veräußerers und ggf. seines derzeitigen Ehegatten (also der Verzicht auf die Vererblichkeit, Rdn. 1849 ff., bzw. auf die Konsekutivberechtigung eines bisher nicht Beteiligten, Rdn. 1833 ff.) dient auch dazu, möglichen **Vorbehalten aus § 138 BGB** (Sittenwidrigkeit aufgrund überlanger Knebelung) zu begegnen, da jedenfalls beim Veräußerer ein anerkennenswertes Interesse an der Abwehr von Gefährdungen für seinen bisherigen Vermögensgegenstand stets anzuerkennen sein wird.[901]

1887

a) Schuldrechtliche Verfügungsbeschränkung

Häufig wird ein Rückerwerbsrecht an abredewidrige Weiterveräußerungen oder Belastungen seitens des Erwerbers bzw. seines Rechtsnachfolgers im Eigentum („Eigentümer") geknüpft, sodass bei entsprechender grundbuchlicher Sicherung ein Ergebnis erzielt werden kann, das der verbotenen dinglichen Verfügungsbeschränkung gem. § 137 Satz 1 BGB nahe kommt, gleichwohl jedoch keine verbotene Umgehung darstellt.[902] Ein (zumindest befristetes) „Verbot" des Weiterverkaufs kommt nicht nur **psychologischen Vorbehalten** während des weiteren Bewohnens durch den Veräußerer entgegen, sondern kann auch zur Vermeidung ihm sonst drohender **steuerlicher Nachteile** notwendig sein: So umfasst etwa i.R.d. gewerblichen Grundstückshandels die relevante Haltedauer bei unentgeltlich unter Lebenden (etwa in vorweggenommener Erbfolge) erworbenen Objekte auch die Eigentumszeit des Vorbesitzers. Dies hat zur Folge, dass ein Fremdverkauf während des „gefährlichen",[903] durch die Summe beider Besitzzeiten nicht

1888

---

900 Hierauf weist *Zimmer*, NotBZ 2006, 384, zu Recht hin. Kann der Betreuuer (anders als ein Vorsorge-Generalbevollmächtigter) den tatsächlichen Verzicht nur gegen Abfindung erklären, fällt diese wiederum in den Nachlass und stört damit häufig das im Familienkreis abgestimmte Gleichgewicht der lebzeitigen und letztwilligen Vermögensverteilung, etwa unter Geschwistern.
901 *Schippers*, MittRhNotK 1998, 69, 73.
902 BayObLG, NJW 1978, 700.
903 Der erforderliche enge zeitliche Zusammenhang ist grds. zu bejahen, wenn die Haltedauer bis zu 5 Jahren beträgt (kurzfristiger Bereich), liegt jedoch i.d.R. nicht vor bei einer Haltedauer über 10 Jahren (langfristiger Bereich). Im mittelfristigen Bereich entscheiden die Umstände des Einzelfalls.

ausgeschöpften Haltezeitraums sowohl zulasten des Vorbesitzers, als auch zulasten des unentgeltlichen Erwerbers als Objektverkauf gilt und damit eine „doppelte Zählung" eintritt.[904]

1889 Bis zur Besserung der Rechtslage in Gestalt des sog. Dritten Rentenerlasses[905] musste der Veräußerer auch deshalb ein Interesse an einer Weiterverkaufssperre haben, um zu vermeiden, dass eine (ertragsteuerlich unentgeltliche) Vermögensübergabe gegen Versorgungsleistungen zu einem **entgeltlichen Verkauf** – z.B. mit den Folgen des § 23 EStG – umqualifiziert würde (nunmehr führt die Weiterveräußerung wohl zum Entstehen steuerlich unbeachtlicher Unterhaltsleistungen,[906] vgl. Rdn. 5035, anders als bei der anfänglichen Nichteinhaltung der Voraussetzungen: Rdn. 5015). Im Bereich des Betriebsvermögens existieren jedoch weiterhin Nachversteuerungstatbestände (z.B. § 6 Abs. 5 Satz 4 EStG: 3 Jahre, § 6 Abs. 3 Satz 2 EStG: 5 Jahre; § 13b ErbStG: 7 Jahre), die zu ähnlichen Vorkehrungen nötigen (s.u. Rdn. 1932).

1890 **Hinweis:**

Um das **Risiko einer Zwangsversteigerung aus Grundpfandrechten** zu minimieren, empfiehlt es sich, nicht nur die Eintragung von Grundpfandrechten, sondern auch deren Revalutierung ohne Zustimmung des Veräußerers als Rückforderungstatbestand auszugestalten. Ist das betroffene Grundpfandrecht jedoch im Rang vor der Rückauflassungsvormerkung eingetragen, setzt sich der Gläubiger in der Zwangsversteigerung – jedenfalls bei dinglicher Vollstreckungsmöglichkeit gem. § 800 ZPO – auch gegen den Veräußerer als neuen Eigentümer durch.

1891 In aller Regel (vgl. aber Rdn. 1892) wird jedwede Veräußerung, auch die unentgeltliche, unter Rückforderungsvorbehalt gestellt, sofern sie nicht mit Zustimmung des Berechtigten erfolgt (daher sollte nicht von „Verkauf", sondern von „Veräußerung" gesprochen werden).[907] Um Umgehungsmöglichkeiten bzgl. einer etwa beabsichtigten Weiterveräußerung an den Schwiegerpartner des Erwerbers zu verhindern, sollte ggf. auch die **Vereinbarung einer Gütergemeinschaft**, sofern nicht das Zuwendungsobjekt zum Vorbehaltsgut i.S.d. § 1418 Abs. 2 Nr. 2 BGB erklärt wird, zum Rückforderungstatbestand erhoben werden. Auch die Stellung eines Antrags auf Teilungsversteigerung (§§ 180 ff. ZVG) wird wie eine „Veräußerung" zu werten sein, die das Rückforderungsrecht auslöst.[908]

1892 **Hinweis:**

Zu erwägen ist auch, ob „Bagatelltatbestände" von der schuldrechtlichen Veräußerungs-/Belastungssperre ausgenommen werden sollen, z.B. Veräußerungen an öffentliche Bedarfsträger für öffentliche Zwecke („Straßengrundabtretungen"), oder die Bestellung von Dienstbarkeiten für solche Berechtigte.

---

904 So ausdrücklich Tz. 9 Satz 3 des BMF-Schreibens v. 26.03.2004, DStR 2004, 632; krit. hierzu *Söffing*, DStR 2004, 795 und *Tiedtke/Wälzholz*, MittBayNot 2004, 329.
905 DStR 2004, 1696, ff., Tz. 28.
906 Vgl. etwa *Hipler*, ZEV 2004, 414.
907 Keine erweiternde Auslegung bei Wortlaut „Verkauf", vgl. OLG Brandenburg, 13.11.2008 – 5 U 53/07, notar 2009, 264 m. Anm. *Michael*.
908 *Gutachten*, DNotI-Report 2011, 121 f.; ebenso OLG Düsseldorf, 03.07.2000 – 9 U 233/99, RNotZ 2001, 209; auch i.R.d. § 1365 BGB wird die Beantragung einer Teilungsversteigerung einer „Verfügung" gleichgestellt.

Auch der Abschluss von **Verträgen ohne Verfügungscharakter**, aber mit faktisch einschneidender Wirkung (Vermietung), sowie die **Vornahme tatsächlicher Handlungen** (bauliche Umgestaltungen am Objekt) können als weiteres auslösendes Moment vereinbart sein.

1893

Die **Ausübung des Rückforderungsrechts** ist allerdings **ausgeschlossen**, wenn der Veräußerer – dessen Vetobefugnis diese Vereinbarung dient – der Verfügung zustimmt (sei es i.S.e. vorherigen Einwilligung oder einer nachträglichen Genehmigung), wobei aus Gründen der Rechtssicherheit Schriftform verlangt werden wird. Diese Zustimmungsposition sollte – anders als möglicherweise das Gestaltungsrecht der Ausübung des Rückforderungsrechts – nicht höchstpersönlich allein dem Veräußerer bzw. dem Rückforderungsberechtigten vorbehalten, sondern rechtsgeschäftlicher und gesetzlicher Vertretung zugänglich sein. Nur so lässt sich verhindern, dass bei Geschäftsunfähigkeit des Veräußerers dessen in vorweggenommener Erbfolge übertragener Besitz zu einer „res extra commercium" wird; (Vorsorge-) Bevollmächtigter bzw. Betreuer sollten in der Lage sein, die faktische Verfügungssperre zu „entriegeln".[909]

1894

Die Verpflichtung zur Unterlassung von Verfügungen ist auch bei **letztwilligen Gestaltungen** ein häufig gewünschter Regelungsinhalt. In Betracht kommen:

1895

- lebzeitige Verträge mit den schon jetzt lebenden Erben des künftig ihm zufallenden Vermögensgegenstands und
- die Anordnung einer Auflage zulasten des Erben samt Dauertestamentsvollstreckung zur Erfüllung (Überwachung) dieser Auflage bis zur zeitlichen Höchstgrenze des § 2210 Satz 2 BGB oder
- ein sog. „Verfügungsunterlassungsvermächtnis" (der Erbe ist mit einer Verfügungsunterlassungsverpflichtung belastet, gleichzeitig ist zugunsten der Schlusserben ein Vermächtnis ausgesetzt, das unter der aufschiebenden Bedingung des Verstoßes gegen die Verfügungsunterlassungsverpflichtung steht).[910] Die bedingten Ansprüche der Schlusserben sind (wohl) durch Vormerkung nach dem Tod des Erblassers sicherbar;[911] zur Eintragung der Vormerkung kann Testamentsvollstreckung angeordnet werden.

b) Vermögensverfall des Eigentümers

Der Schutz des Zuwendungsobjekts vor Eigentumsverlust aufgrund Eigenverbindlichkeiten des Eigentümers (**Zwangsvollstreckungsmaßnahmen, Insolvenzeröffnung** bzw. deren Ablehnung mangels Masse, Abgabe der sog. Vermögenserklärung gem. §§ 802c ff. ZPO,[912] früher sog. „ei-

1896

---

909 Ähnlich *Zimmer*, NotBZ 2006, 384, wobei noch deutlicher zwischen der Zustimmungserteilung zur Veräußerung einerseits und der (Nicht-) Ausübung des anderenfalls entstehenden Rückforderungsrechts andererseits differenziert werden könnte.

910 Vgl. *Langenfeld*, NJW 1987, 1581.

911 Vgl. DNotI-Gutachten, Faxabruf-Nr. 11486 v. 14.03.2006: Kein Verstoß gegen das Identitätsgebot auf der Passivseite, da der aus dem Vermächtnis Verpflichtete und der Inhaber des betroffenen Rechts dann identisch sein werden; kein Verstoß gegen den Bestimmtheitsgrundsatz, da auch die Vormerkung zugunsten noch nicht gezeugter Nachkommen einer lebenden Person möglich ist.

912 Vgl. Gesetz zur Reform der Sachaufklärung in der Zwangsversteigerung, BGBl. 2009 I, S. 2258, in Geltung ab 2013: auch ohne vorherigen erfolglosen Sachpfändungsversuch kann der Gerichtsvollzieher Fremdauskünfte bei den Rentenversicherungsträgern, dem Bundeszentralamt für Steuern und beim Kraftfahrtbundesamt einholen über Arbeitsverhältnisse, Konten und Kfz des Schuldners; die Verwaltung der Vermögenserklärungen wird in einem zentralen Schuldnerverzeichnis je Bundesland geführt (§§ 802k, 882bff. ZPO).

desstattliche Versicherung", vulgo „Offenbarungseid") liegt dem Veräußerer regelmäßig besonders am Herzen (zur parallelen Frage der Rückforderung bei Insolvenz des übertragenen Unternehmens selbst vgl. RN. 1859a). Die Rechtsprechung legt sogar einen Rückforderungsvorbehalt für den Fall der „Belastung" dahin gehend aus, er erfasse auch den Fall der Eintragung von Zwangssicherungshypotheken infolge Zwangsvollstreckung.[913]

1897 Hierbei sind angeordnete Zwangsvollstreckungsmaßnahmen (Zwangsverwaltung oder Zwangsversteigerung) regelmäßig erst dann ein Rückforderungsgrund, wenn sie **nicht binnen kurzer Frist** (z.B. max. 3 Monate) **wieder aufgehoben** werden. Zur Vermeidung einer Gläubigerbenachteiligung ist jedoch erforderlich, dass die Ausgestaltung der Rückabwicklung, insb. die Ausgleichsleistungspflichten des Rückforderungsberechtigten (vgl. Rdn. 1943), nicht schlechter sind als für andere Fälle des Rückerwerbs,[914] denn andernfalls würde die durch den Erwerber geschaffenen weiteren Investitionen dem Gläubigerzugriff entzogen. Lediglich für das Objekt in seinem bisherigen Zustand kann dem Vorwurf einer Gläubigerbenachteiligung mit dem Argument begegnet werden, es sei bereits mit der bedingten Rückgabepflicht belastet auf den Erwerber übergegangen.[915]

1898 Die **schlichte Vereinbarung der Rückforderungsmöglichkeit bei Vermögensverfall** verstößt weder gegen §138 BGB[916] noch liegt darin eine wegen §119 InsO unwirksame „Lösungsklausel":[917] §119 InsO soll das Wahlrecht des Insolvenzverwalters schützen, bei noch von keiner Seite vollständig erfüllten gegenseitigen Verträgen sich der Vertragserfüllung zu verweigern und stattdessen den anderen Vertragsteil auf die Insolvenzquote zu verweisen. Schon dem Grunde nach handelt es sich bei Überlassungen nicht um gegenseitige Verträge (vgl. Rdn. 1763, 1901 auch zu möglichen Ausnahmen bei gemischten Schenkungen mit Überwiegen des Gegenleistungselementes); jedenfalls aber sind diese mit Umschreibung auf den Erwerber vollständig erfüllt, mag auch noch ein bedingter Rückforderungsvorbehalt bestehen. Demgemäß steht §119 InsO dem Rückforderungsvorbehalt auch dann nicht entgegen, wenn er an die Insolvenzeröffnung beim Erwerber anknüpft.[918] Hierfür spricht auch die Entstehungsgeschichte des nunmehrigen §119 InsO[919] sowie die (sonst überflüssige) Existenz einer ausdrücklichen Kündigungssperre wegen Vermögensverschlechterung bei Mietverträgen (§112 InsO).[920] Weiterhin ist zu berücksichtigen, dass ohne die Zuwendung ein Zugriff des Gläubigers von vornherein nicht möglich gewesen wäre – das Objekt war demnach von vornherein mit dem Makel der „Vorläu-

---

[913] BGH, 01.04.2008 – XZR 150/05, notar 2008, 278 m. Anm. *Michael*; ebenso zuvor OLG Frankfurt am Main, NotBZ 2005, 219; a.A. zu Unrecht OLG München, 28.01.2009 – 20U 2673/08, RNotZ 2009, 339 m. abl. Anm. *Proff zu Irnich*.
[914] Vgl. *J. Mayer*, Der Übergabevertrag, Rn. 241 ff.
[915] Vgl. *Zimmer*, ZfIR 2008, 91, 93.
[916] Vgl. *Reul*, DNotZ 2007, 655.
[917] Vgl. *Berringer*, DNotZ 2004, 257; *Kesseler*, RNotZ 2004, 185 ff.; *Schwörer*, Lösungsklauseln für den Insolvenzfall, 2010.
[918] BGH, 07.12.2007 – V ZR 21/07, Tz. 10, ZNotP 2008, 81, der Urteilsgründe; zuvor zur Unbedenklichkeit insolvenzbedingter Kündigungsrechte i.R.d. KO BGH, NJW 1986, 255; NJW 1994, 449 und OLG Karlsruhe, NJW-RR 2002, 413.
[919] Streichung des Lösungsklauseln verbietenden §137 RegE zur InsO, vgl. *Reul*, DNotZ 2007, 663.
[920] Vgl. *Reul/Heckschen/Wienberg*, Insolvenzrecht in der Kautelarpraxis, S. 69 ff.

figkeit" behaftet.⁹²¹ Es ist also nicht mehr erforderlich, wie früher aus Gründen der Vorsicht z.T. empfohlen, an ein zeitlich vor der Insolvenzeröffnung liegendes Ereignis (Zahlungseinstellung, Stellung des Antrags, Bestellung eines vorläufigen Verwalters etc.) anzuknüpfen (vgl. hierzu jedoch Rdn. 1902).

Davon zu trennen ist die Frage der **Anfechtbarkeit** gem. §§ 132 ff. InsO bzw. gem. AnfG. Diese würde sich nicht auf den Gesamtvertrag beziehen (da damit schon wesensnotwendig keine Benachteiligung der Insolvenzgläubiger des Erwerbers verbunden sein kann), sondern allenfalls auf den Rückübereignungsvorbehalt als solchen (Einrede gem. § 146 Abs. 2 InsO, so gestellt zu werden, als ob kein Rückforderungsrecht bestünde) oder lediglich der Vormerkungssicherung dieses Anspruchs, womit jedoch das Rechtsgeschäft in einer durch die Beteiligten nicht gewollten Weise umgestaltet würde.⁹²² Demgemäß verneint der BGH auch im Normalfall die Anfechtbarkeit der Rückforderungsklausel, da es an einer objektiven Gläubigerbenachteiligung fehlt: der übertragene Grundbesitz war niemals einem unbeschränkten Zugriff der Gläubiger ausgesetzt. Allein der Umstand, dass der Veräußerer noch mehr hätte schenken können, benachteiligt Gläubiger nicht.⁹²³

1899

Anfechtbar dürfte jedoch die nachträgliche Vereinbarung eines Rückforderungsrechtes bei Vermögensverfall sein,⁹²⁴ ebenso wohl⁹²⁵ der vollständige Ausschluss der Investitionsabgeltung, Rdn. 1943⁹²⁶ (ausreichend ist jedoch der Ersatz eigener Aufwendungen jedenfalls nach den Grundsätzen der [ggf. aufgedrängten] Bereicherung in Bezug auf eingetretene und noch vorhandene Wertsteigerungen.⁹²⁷ Geleistete Versorgungsrenten brauchen nicht zurückbezahlt zu werden, wenn sie aus den Erträgen des übertragenen Objektes erwirtschaftet werden konnten, ebenso wenig Zahlungen an Dritte, die im Interesse des Erwerbers der Gleichstellung von Geschwistern dienten. Gefährlich sind allerdings Klauseln, die im Fall der insolvenzbedingten Rückforderung eine geringere Rückgewährpflicht als in den anderen Fällen vorsehen.)⁹²⁸ Die Frist für die Anfechtung des später vereinbarten Rückforderungsrechtes beginnt jedoch gem. § 140 Abs. 2 InsO

1900

---

921 So auch das Argument in BGH, NJW 2003, 2747, zur bedingten Abtretung vor Insolvenzeröffnung.
922 Die isolierte Anfechtung alleine der Heimfallklausel in BGH, 19.04.2007 – IX ZR 59/06, ZNotP 2007, 307; vgl. *Reul*, ZEV 2007, 649 ff. beruhte auf deren späterer Vereinbarung, nachdem zuvor ein nicht heimfallbehaftetes Gebäudeeigentum bestanden hatte.
923 BGH, 13.03.2008 – IX ZB 39/05, ZNotP 2008, 290 ff.
924 Vgl. BGH, 19.04.2007 – IX ZR 59/06, ZNotP 2007, 307 m. zust. Anm. *Kesseler*, ZNotP 2007, 303: Heimfallregelung beim Erbbaurecht, das an die Stelle eines DDR-Gebäudeeigentums ohne Heimfallbelastung tritt, vgl. *Reul*, ZEV 2007, 649 ff.
925 Zweifel könnten am (bedingten) Benachteiligungsvorsatz bestehen, da die „Lösungsklausel" regelmäßig nicht auf das Betreiben des Gemeinschuldners, sondern auf das Verlangen des Veräußerers zurückgeht.
926 BGH, 12.06.2008 – IX ZB 220/07, NotBZ 2008, 462: Dass der Vertrag in sich ausgewogen sei bzw. im Hinblick auf die Heimfallklausel möglicherweise andere Klauseln akzeptiert wurden, steht nicht entgegen – zumal auf diese Weise der Insolvenzschuldner sich einen Vorteil verschafft hätte, während der Nachteil die Insolvenzgläubiger trifft. Ähnlich bereits zuvor BGH (19.04.2007 – IX ZR 59/06, ZNotP 2007, 307) „Klausel, die zur Erreichung des Vertragszwecks unnötig und in ihren Auswirkungen unangemessen ist".
927 BGH, NJW 1994, 449.
928 *Kesseler*, in: Aktuelle Probleme der notariellen Vertragsgestaltung im Immobilienrecht 2008/2009 (DAI-Skript), S. 71.

bereits mit der Nachtragsvereinbarung, nicht erst mit dem Entstehen des Anspruchs selbst.[929] § 138 BGB wird demgegenüber durch das speziellere Anfechtungsrecht verdrängt.[930]

1901 Als ebenfalls geklärt anzusehen ist die unabhängig von § 119 InsO aufgeworfene Frage, ob sich **bedingungsabhängige Rückübertragungsrechte** auch im Insolvenzfall tatsächlich **gem. § 106 InsO durchsetzen**. Sofern – z.B. durch Rücktritt, Widerruf oder Kündigung – die Leistungspflicht der betroffenen Vertragspartei bereits vor Eröffnung des Insolvenzverfahrens zum Erlöschen gebracht worden wäre, ist das Wahlrecht des Insolvenzverwalters nach § 103 InsO (die Erfüllung gegenseitiger, noch nicht von beiden Seiten vollständig erfüllter Verträge zu verlangen) nicht mehr gegeben. Ist die „Vertragsauflösung" erst nach Eröffnung des Insolvenzverfahrens erfolgt, und handelt es sich um einen gegenseitigen Vertrag (liegt also eine gemischte Schenkung mit überwiegendem Gegenleistungselement vor, Rdn. 1763 ff.), der noch nicht zumindest von einer Seite vollständig erfüllt wurde,[931] ist die Durchsetzbarkeit der Rückübertragungspflicht fraglich,[932] es sei denn, es wurde – wie in aller Regel – eine Vormerkung zur Sicherung des künftigen und bedingten Anspruchs eingetragen, vgl. Rdn. 1964.[933] Daher gewährt das vormerkungsgesicherte Rückforderungsrecht in der Insolvenz des Erwerbers eine Aussonderungsbefugnis.[934]

1902 **Hinweis:**

Höchstvorsorglich könnte (um auch der oben geschilderten Mm. zu § 119 InsO Genüge zu tun) der das Rückerwerbsrecht auslösende Tatbestand im Insolvenzfall vorverlagert werden auf eine **wesentliche Verschlechterung der Vermögensverhältnisse** i.S.d. § 490 Abs. 1 BGB (vormals § 610 BGB).[935] Die hierzu ergangene Rechtsprechung ist jedoch sehr großzügig (Ablehnung eines beantragten Kredits genügt), sodass der Kreis der auslösenden Sachverhalte möglicherweise weiter gezogen wird als beabsichtigt.[936]

1903 Sittenwidrig dürfte jedoch die unmittelbare Vereinbarung des Bezugs **nachrangiger steuerfinanzierter Sozialleistungen** (SGB II und SGB XII) als Tatbestand sein, liegt darin doch eine Schlechterstellung des Sozialleistungsgläubigers (Rückforderung bereits bei abstrakter Gefährdung) ggü. zivilrechtlichen Gläubigern (Rückforderung lediglich bei konkreter Inanspruchnahme). Die Klausel hat gleichwohl kautelaren Reiz insoweit, als es andernfalls mit Erlöschen des

---

929 *Amann*, in: Notarielle Gestaltungspraxis im Insolvenzrecht (Tagungsband DNotV) 2008, S. 10.
930 BGH, NJW 1994, 449; auch der Ausschluss einer Erstattung getätigter Investitionen führt insoweit nicht zur Sittenwidrigkeit.
931 Zweifelnd allerdings *Uhlenbruck*, in: FS Rheinisches Notariat, 1998, S. 126 ff., zumindest Anfechtbarkeit nach §§ 129 ff. InsO; auch nach deren Verjährung kann der Insolvenzverwalter die Erfüllung des Rückübertragungsanspruchs verweigern (§ 146 Abs. 2 InsO).
932 Gemäß *Jülicher*, ZEV 1998, 372 (Ergänzung zu ZEV 1998, 289), gilt § 105 InsO, die Nachfolgenorm zu § 26 Satz 1 KO, nicht mehr für Einmalleistungen: die Vorschrift verneint nur bei teilbaren Leistungen eine Rückgabepflicht des Insolvenzverwalters für in das Vermögen des Veräußerers übergegangene Teilleistungen des Vertragspartners.
933 Geklärt jedenfalls seit BGH, 14.09.2001 – V ZR 231/00, DNotZ 2002, 275 m. Anm. *Preuß*, vgl. auch *Amann*, MittBayNot 2007, 14: Durch Vormerkung wurde ein Anspruch aus einem Verkäuferangebot gesichert, das erst nach Insolvenzeröffnung seitens des Angebotsempfängers angenommen wurde.
934 BGH, 13.03.2008 – IX ZB 39/05, ZNotP 2008, 290, Tz. 11 m.w.N.
935 Ähnlich dem bisher in Nr. 19 Abs. 3 AGB-Banken enthaltenen Kündigungsrecht.
936 Daher krit. *J. Mayer*, Der Übergabevertrag, Rn. 242; für diese Lösung jedoch *Spiegelberger*, MittBayNot 2000, 8.

Rückforderungsvorbehaltes (Ableben des Begünstigten) zur Verwertung des übertragenen, nunmehr verwertbaren (vgl. Rdn. 1904) Objektes kommt, sofern es nicht um ein vom Erwerber selbst genutztes angemessenes Eigenheim handelt (vgl. Rdn. 454, 652).

Davon zu trennen ist die Frage, ob möglicherweise die Geltendmachung eines allgemeinen, nicht für den tatsächlichen Sozialhilfefall vorbehaltenen Rückforderungsrechts vereitelt sein kann, wenn es auf Verlangen des Sozialhilfeträgers zu einer **Verwertung** (Belastung oder Veräußerung) **des übertragenen Grundbesitzes** kommt. Dies war aufgrund der Entscheidung des VG Gießen[937] zu befürchten, wonach auch ein unter Nießbrauchs- und Rückforderungsvorbehalt übertragenes Grundstück verwertbares Vermögen des Erwerbers i.S.d. § 90 Abs. 1 SGB XII darstelle, da das Rückauflassungsverlangen[938] zur Vereitelung der Sozialhilfeverwertung gegen § 138 BGB verstoße und sei daher unbeachtlich sei, sodass die akzessorische Vormerkung dann ihre Schutzwirkung gem. §§ 883, 888 BGB nicht entfalten könne. Die neuere Rechtsprechung der nunmehr zuständigen SG[939] hat diese Befürchtung faktisch zerstreut (vgl. Rdn. 433 ff.). 1904

c) Scheidung des Eigentümers

Im Fall der **Scheidung des Eigentümers** befürchtet der Veräußerer regelmäßig, dass der Schwiegerpartner zumindest an der Wertsteigerung der Immobilie, die über den Inflationsausgleich hinausgeht, beteiligt ist. Seitdem der BGH auch Nutzungsvorbehalte mit ihrem (durch Rückgang der Lebenserwartung) stetig abschmelzenden Kapitalisierungsbetrag im Anfangs- und im Endvermögen berücksichtigt, tritt auch hierdurch eine „Wertsteigerung" ein, sodass ehevertragliche Vorkehrungen noch dringender erscheinen (vgl. Rdn. 1220 zur diesbezüglichen ehevertraglichen Modifikation des Zugewinnausgleichs), oder – als Auffanglösung ohne Mitwirkung des derzeitigen oder künftigen Schwiegerkindes – ein an die Scheidung oder die Erhebung einer Klage auf vorzeitigen Zugewinnausgleich (§§ 1385 f. BGB) anknüpfendes Rückforderungsrecht. 1905

Vorsichtigerweise wird dieses häufig an den Tatbestand eines nicht nur geringfügigen (z.B. 6-monatigen) Getrenntlebens angeknüpft (auch ausgehend von der Überlegung, dass der Zugang des Scheidungsantrags als Zeitmoment möglicherweise zu spät sei, da das Endvermögen dann bereits feststeht, § 1384 BGB, und das Rückerwerbsrisiko nur mit einem, wenn auch sehr hohen, Abschlag berücksichtigt werden dürfte). Der BGH hat jedoch zwischenzeitlich für eine verwandte Sachverhaltskonstellation (Berücksichtigung des seit Anfang 2010 (Rdn. 2706) gerichtlich anerkannten „noch latenten" Rückforderungsrechtes der Schwiegereltern ggü. dem Schwiegerkind im Zugewinnausgleich in voller Höhe, da es sich nicht mehr um eine ungewissen 1906

---

937 DNotZ 2001, 784 m. Anm. *Mayer*; VG Karlsruhe, 14.01.2004 – 10 K 1353/03, BeckRS 2004, 20608; ebenso VGH Bayern, 25.04.2001 – 12 ZB 01/553 (n.v.); in dieselbe Richtung BGH, 07.11.2006 – X ZR 184/04, NJW 2007, 60: mit Rückforderungsvorbehalt und Nießbrauch belastetes Vermögen ist, da nur zeitweise in der Verwertung gehindert, geeignet, die Verarmung i.R.d. § 528 BGB zu beseitigen).

938 Die Vereinbarung des Rückforderungsrechts als solche wird nicht mit dem Verdikt des § 138 BGB belegt – anderenfalls könnte argumentiert werden, die Beteiligten hätten die Übertragung ohne die Rückforderungsklausel nicht gewollt, § 139 BGB, sodass die Übertragung insgesamt unwirksam sei. Das Versagen des Schutzes des § 888 BGB gegen die gem. § 91 SGB XII einzutragende Belastung dürfte jedoch universell aufzufassen sein, also auch im Fall der berechtigten späteren Rückforderung wegen eines anderen Sachverhalts dazu führen, dass Beseitigung dieser Belastung (als „nicht beeinträchtigend") nicht verlangt werden kann.

939 Insb. BSG, 06.12.2007 – B 14/7b AS 46/06 R, MittBayNot 2008, 239 = NotBZ 2008, 195 m. Anm. *Krauß*.

Forderung handelt)[940] diese Sorge zerstreut, sodass auch an die Stellung des Scheidungsantrags selbst angeknüpft werden kann.

1907 Häufig wird eine Ausnahme von der Rückerwerbsmöglichkeit nur dann gemacht, wenn durch (fortgeltende) **ehevertragliche Vereinbarung** sichergestellt ist oder binnen angemessener Zeit (z.B. 3 Monate) nach Aufforderung sichergestellt wird, dass nur tatsächliche Investitionen oder Tilgungsleistungen (wohl nicht Verzinsungsbeiträge oder laufende Aufwendungen) aus Eigenvermögen des Schwiegerpartners im Scheidungsfall ausgeglichen werden.[941] Seit Inkrafttreten des **Lebenspartnerschaftsgesetzes** sollten diese Regelungen auch für Verpartnerte gelten, sofern keine Vermögenstrennung oder Modifizierung der Ausgleichs-, nunmehr Zugewinngemeinschaft vereinbart wurde.[942] Teilweise wird die Befürchtung geäußert, solche „verlangten" Eheverträge (Modifikation des gesetzlichen Güterstandes) seien „erpresst" und könnten damit einer Abschlusskontrolle nicht standhalten[943] bzw. die daran anknüpfende Rückforderungsklausel stelle eine Bedrohung der Eheschließungsfreiheit (Art. 6 GG) dar.[944]

1908 Denkbar ist stattdessen auch, nicht auf einen bestimmten auslösenden Zeitpunkt abzustellen, sondern die Rückforderung vorzubehalten, „sobald der Wert des heute überlassenen Grundbesitzes in einen Zugewinnausgleich oder ähnlichen güterrechtlichen Ausgleich[945] einbezogen wird".[946] Da dieser Umstand jedoch nicht nur im Scheidungsfall eintreten kann, sondern auch beim Güterstandswechsel, ist besondere Vorsicht geboten etwa bei der bewussten Nutzung des Entgeltpotenzials, das im Zugewinn sich verkörpert („Güterstandsschaukel", s. Rdn. 69 ff.), da der Veräußerer auch insoweit zur Rückforderung berechtigt wäre.

1909 Sofern ein **Investitionsausgleich** im Fall der Rückforderung bei Scheidung des erwerbenden Eigentümers **gänzlich ausgeschlossen** wird, kann[947] hierin eine Schenkung des Erwerbers an den Veräußerer liegen. Dem anderen Ehegatten steht dann ein fiktiver Zugewinnausgleichsanspruch gem. § 1375 Abs. 2 Nr. 1 BGB zu, der nach § 1389 BGB auch ggü. dem begünstigten Rückerwerber (Schwiegereltern) als Drittem verfolgt werden kann (vgl. Rdn. 1944).

---

940 Berücksichtigung des potenziellen Rückforderungsanspruchs als Verbindlichkeit im Anfangs- und im Endvermögen (nach BGH v.03.02.2010 – XII ZR 189/06, FamRZ 2010, 958 in gleicher Höhe, samt Indexierung, ebenso BGH, 21.07.2010 – XII ZR 180/09, DNotZ 2011, 301: vollständige Neutralisierung) ändert daran nichts, *Hoppenz* FamRZ 2010, 1718.

941 Zur Zulässigkeit dieser Einschränkung und Vormerkungsfähigkeit des bedingten Rückübereignungsanspruches vgl. BayObLG, DNotZ 2002, 784. Der Vorbehalt ist nicht sittenwidrig und steht der vormundschaftsgerichtlichen Genehmigungsfähigkeit einer mit solchen Klauseln „belasteten" Schenkung an ein Kind nicht im Wege, LG München I, MittBayNot 2002, 404.

942 Vgl. DNotI-Report 2002, 33 ff.

943 *Gassen*, RhNotZ 2004, 423.

944 Vergleichbar dem Hohenzollern-Beschluss des BVerfG (DNotZ 2004, 798; krit. hiergegen *Isensee*, DNotZ 2004, 754).

945 Gedacht ist an etwaige ausländische Güterstände, die möglicherweise gem. Art. 15 EGBGB Anwendung finden werden.

946 *Amann*, in: Aktuelle Probleme der notariellen Vertragsgestaltung 2007/2008 (DAI-Skript), S. 93.

947 Wird das übergebene Objekt allerdings vom Erwerber eigengenutzt, kann im Verzicht auf Aufwendungsersatz- und Bereicherungsansprüche bzgl. der Erwerberinvestitionen auch ein Ausgleich für die Wohnvorteile liegen. Die „ersparte Miete" (Wohnen im eigenen Heim) wirkt sich i.R.d. nachehelichen Unterhalts (beim Getrenntlebensunterhalt nur i.H.d. sog. relativen Wohnvorteils) immerhin leistungsfähigkeitserhöhend aus.

Ist ein an die Scheidung anknüpfendes Rückforderungsrecht nicht vereinbart oder wird es nicht ausgeübt, muss i.R.d. **Zugewinnermittlung** die an andere Tatbestände anknüpfende, fortbestehende potenzielle Rückforderungsbelastung, sofern sie sich auch nach der Scheidung noch realisieren kann, durch einen **Wertabschlag** berücksichtigt werden. Das OLG München hat hierfür 1/3 des Verkehrswerts angesetzt;[948] in pflichtteilsrechtlichem Kontext wurden 10 % des Verkehrswerts anerkannt.[949]

1910

d) Ableben des Eigentümers

Sofern **keine erbvertraglichen Bindungen mit dem Veräußerer** als Bindungspartner vorliegen, ist der Erwerber, ebenso sein Nachfolger im Eigentum, frei hinsichtlich der Gestaltung seiner Rechtsnachfolge von Todes wegen. Auch vertragliche Verpflichtungen, in bestimmter Weise nicht zu testieren, schützen wegen § 2302 BGB nicht. Um das beabsichtigte Ziel, den Erhalt des Vermögens innerhalb der Familie, zu erreichen, wird häufig[950] das Rückerwerbsrecht auch für den Fall vorbehalten, dass der Zuwendungsgegenstand nicht von Todes wegen (also im Weg der Erbschaft oder des Vermächtnisses bzw. der Teilungsanordnung) an bestimmte privilegierte Zweiterwerber, z.B. die Abkömmlinge des Erwerbers, ggf. auch dessen Ehegatten, fällt.

1911

Formulierungsvorschlag: Nur begrenztes Rückforderungsrecht im Todesfall

1912

> Ein Rückforderungsgrund tritt jeweils ein, sobald der jeweilige Eigentümer vor dem Veräußerer verstirbt, sofern und solange sich der Vertragsbesitz sodann nicht im Eigentum ehelicher leiblicher Abkömmlinge des Erwerbers und/oder dessen derzeitigen Ehegatten befindet.

Aus **schenkungsteuerlichen Erwägungen** sollte allerdings das Rückforderungsrecht im Todesfall stets, nicht nur unter obigen Voraussetzungen, bestehen (sogar wenn der Veräußerer selbst Erbe würde: Gem. § 29 ErbStG wird bei Rückforderung die etwaige frühere Steuer storniert und neue Steuer fällt nicht an, sodass die erbschaftsteuerlichen Freibeträge geschont werden.

1913

---

948 OLG München, MittBayNot 2001, 85.
949 Vgl. OLG Düsseldorf, MittRhNotK 2000, 208; OLG Koblenz, RNotZ 2002, 338.
950 Eine Pflicht des Notars, ungefragt auf diese Möglichkeit hinzuweisen, besteht allerdings nicht: OLG Bamberg, NotBZ 2004, 238.

Kapitel 4: Absicherung des Veräußerers

Konfusion dürfte in diesem Fall weder zivilrechtlich,[951] insb. pflichtteilsrechtlich,[952] noch erbschaftsteuerlich[953] eintreten).

1914 **Formulierungsvorschlag: Jederzeitiges Rückforderungsrecht im Todesfall**

> Ein Rückforderungsgrund tritt jeweils ein, sobald der jeweilige Eigentümer vor dem Veräußerer verstirbt.

1915 Gem. § 13 Nr. 10 ErbStG wäre zwar der **Rückerwerb von Todes wegen** durch den Veräußerer bereits **per se steuerfrei**, sofern der frühere Veräußerer ein Elternteil ist; die etwaige Schenkungsteuer für den früheren Erwerb selbst wird jedoch nicht storniert). Unter Ehegatten erlaubt § 29 ErbStG die „gefahrlose" Ausnutzung des Privilegs der lebzeitigen steuerfreien Übertragung des Familienheims (Rdn. 2780 ff.) ohne Rücksicht auf die Zufälligkeiten der Versterbensreihenfolge (vgl. Rdn. 1770 und Rdn. 2712 ff.).

1916 Auch werden **keine Pflichtteilsansprüche** der kurzzeitigen „Erwerbsaspiranten" bzw. Dritter ausgelöst, da mit Geltendmachung des Rückforderungsrechts (bedingtes Recht i.S.d. § 2313 Abs. 1 Satz 1 BGB) der Rückübertragungsanspruch als Erblasserschuld in voller Höhe den Wert des zunächst in den Nachlass gefallenen Vermögensgegenstandes aufwiegt (§ 2311 BGB).[954]

1917 Teilweise wird vorgeschlagen, für den Fall der Ausübung des Rückforderungsrechts bei Vorversterben des Erwerbers dessen Ehegatten (dem Schwiegerkind) einen Anspruch auf **Einräumung eines Wohnungsrechts** zu gewähren, auflösend bedingt durch Wiederverheiratung oder Eingehung einer nichtehelichen Lebensgemeinschaft.[955] Damit wird jedoch die Intention der meisten Veräußerer, das Objekt anschließend einem anderen Abkömmling zur freien Nutzung zuwenden zu können, um es „in der Familie zu halten", erschwert. Sachgerechter erscheint es, dem überlebenden Erwerberehegatten einen zeitlich befristeten schuldrechtlichen Anspruch zur mietfreien Nutzung einzuräumen.

---

951 Vorsichtiger das Gutachten, DNotI-Report 2004, 12 f., wegen BGH, DNotZ 2001, 55 (Vorkaufsberechtigter wird Alleinerbe des Vorkaufsverpflichteten). Einer Auflassung bedarf es naturgemäß nicht mehr. Schwierig ist die Rechtslage, wenn der rückforderungsberechtigte Veräußerer lediglich zum alleinigen Vorerben eingesetzt ist: Sofern keine Nachlassverwaltung die anfängliche Konfusion zuverlässig verhindert (§ 1967 BGB), endet diese jedenfalls mit Eintritt des Nacherbfalls (§ 2143 BGB), sodass der Erbe vom Vorerben den Rückforderungsgegenstand herausfordern kann. Bereits zuvor wird man den Nacherben als verpflichtet ansehen, in Erfüllung der suspendierten Nachlassverbindlichkeit (§ 2120 BGB) dem Vorerben den freien Eigenerwerb zu ermöglichen durch Auseinandersetzungsvertrag (hierzu und zu Möglichkeiten der vorzeitigen Löschung des Nacherbenvermerks vgl. das Gutachten in DNotI-Report 2007, 59).

952 Jedenfalls bei der Pflichtteilsberechnung i.R.d. § 2311 BGB wird das Rückforderungsrecht nach seiner Geltendmachung (§ 2313 Abs. 1 Satz 3 BGB) auch bei Konfusion in voller Höhe den Wert des zunächst in den Nachlass gefallenen Gegenstandes aufzehren. Der Rückforderungsberechtigte und Erbe könnte ferner durch Beantragung der Nachlassverwaltung die etwaige Konfusion verhindern (§ 1976 BGB). *Hardt*, ZEV 2004, 412, rät dazu, das Rückforderungsrecht vorsichtshalber bereits zu Lebzeiten aufschiebend bedingt auf den Fall des Vorversterbens auszuüben.

953 Vom Fortbestehen des Schuldverhältnisses hängt ein Recht des Gläubigers ggü. einem Dritten, dem FA, ab: *Holland*, ZEV 2000, 356 ff.; vgl. auch § 10 Abs. 3 ErbStG.

954 Vgl. ausführlich das Gutachten in DNotI-Report 2004, 12.

955 *Weser*, ZEV 1995, 358.

e) Fehlverhalten des Eigentümers

Der Risikovorsorge und Fantasie der Beteiligten sind hier (bis zur weiten Grenze des § 138 BGB) kaum Grenzen gesetzt. So wird abgestellt auf: 1918

- (in Erweiterung des § 527 BGB über die Auflagenschenkung hinaus) die Nichterfüllung von Vertragsbestimmungen trotz Nachfristsetzung als Tatbestand vereinbart (s. hierzu Abwägung oben Rdn. 1925), auch wenn die Pflicht selbst durch ein eigenes dingliches Recht gesichert ist, liegt in der vormerkungsgesicherten Rückabwicklungsmöglichkeit kein Verstoß gegen § 1149 BGB (Verfallklausel);[956]
- teilweise pauschal auf ein Fehlverhalten, das auch zur Pflichtteilsentziehung gem. § 2333 BGB berechtigen würde;
- teilweise auf die Nichterfüllung von Auflagen analog § 527 BGB – insb., wenn zivilrechtlich eine gemischte Schenkung vorliegt – ;
- teilweise auf konkrete Tatbestände wie das Abbrechen einer Berufsausbildung oder des Studiums;
- den Beitritt zu einer Sekte oder verfassungswidrigen Organisationen;
- den Eintritt von Trunk- oder Verschwendungssucht etc. oder allgemein die Anordnung einer Betreuung bzw. den Eintritt der Geschäftsunfähigkeit;
- oder auch auf den Nichtabschluss eines gegenständlich beschränkten Pflichtteilsverzichtsvertrags mit den Ehegatten/Verpartnerten binnen angemessen kurzer Zeit hinsichtlich des zugewendeten Objekts bzw. dessen spätere Aufhebung gem. § 2351 BGB.

Auf möglichst **weitreichende Bestimmtheit** zur Vermeidung gerichtlicher Auseinandersetzungen und zur Wahrung der Vormerkungsfähigkeit (vgl. Rdn. 1961) ist zu achten. Letzterer soll die vorbehaltene Rückforderung für den Fall einer „Verletzung der Verkehrssicherungspflicht (Straßenreinigungs-, Mäh-, Streupflicht)" oder „wenn die Zwangsvollstreckung in den Vertragsbesitz droht"[957] noch genügen, allerdings nicht der Rückforderungsanspruch „für den Fall, dass der Erwerber das Grundstück bis zur Bebauung nicht in einem ordnungsgemäßen Zustand hält",[958] oder „wenn ein Berechtigter außerstande ist, den bisherigen Lebensstandard aufrechtzuerhalten, wobei eine etwaige Zehnjahresfrist des § 529 BGB ausgeschlossen wird",[959] ebenso wenig die Verwendung des Begriffes „Sympathisant" (einer Sekte).[960] Die Vormerkungsfähigkeit wird jedoch regelmäßig **bejaht** bei der Verwendung gesetzlicher Termini, zumal diese durch Rechtsprechung eine Konkretisierung erfahren haben bzw. werden, oder bei Verweisung auf öffentlich zugängliche Dokumente.[961] Falls gewollt, können solche Rückforderungstatbestände, welche 1919

---

956 Zwar gilt § 1149 BGB auch für die Reallast (§ 1107 BGB), aber nur zulasten eines Gläubigers, der nicht früher Eigentümer war.
957 OLG München, 12.03.2009 – 34 Wx 9/09 MittBayNot 2009, 464 m. Anm. *Wartenburger*.
958 OLG Zweibrücken, MittBayNot 2005, 146.
959 OLG Düsseldorf, ZfIR 2008, 764 m. Anm. *Heinze* ablehnend *Volmer*, DNotZ 2008, 622 f.
960 LG Düsseldorf, 20.07.2006 – 25 T 298/299/06, Rpfleger 2006, 648 und LG Freiburg, notar 2008, 137 (fraglich angesichts der Vormerkungsfähigkeit der Rückforderung „wegen groben Undanks", s. Rdn. 2010), vgl. auch *Schippers*, DNotZ 2001, 756; DNotZ 2002, 779.
961 Z.B. den Abschlussbericht der Enquete-Kommission „Sogenannte Sekten und Psychogruppen" des Deutschen Bundestages, BT-Drucks. 13/10950, S. 1998.

Kapitel 4: Absicherung des Veräußerers

nicht den für die Vormerkungsfähigkeit erforderlichen Grad an Bestimmtheit aufweisen, jedoch außerhalb des Vormerkungsschutzes vereinbart sein.

1920 **Formulierungsvorschlag: Weitere Rückforderungsrechte**

..... Der Eigentümer geschäftsunfähig, beschränkt geschäftsfähig oder für ihn ein Betreuer gem. § 1896 BGB, insbesondere wegen Drogenabhängigkeit (Heroin-, Haschisch-, Kokainsucht oder vergleichbare schwere Suchterkrankung) oder krankhafter Spielsucht bestellt wird.

..... Der Eigentümer Mitglied einer im Sektenbericht des Bundestages aufgeführten Sekte oder einer in einem Verfassungsschutzbericht aufgeführten verfassungsfeindlichen Vereinigung wird.

1921 Grundbuchrechtlich ist auch der vertraglich vorbehaltene Rückforderungsanspruch für den Fall, dass von Gesetzes wegen ein Widerruf wegen groben Undanks möglich ist, **durch Vormerkung sicherbar**.[962]

f) Steuerliche Tatbestände

1922 Der Veräußerer hat es aufgund der Stornowirkung des § 29 ErbStG (Rdn. 2770 ff.) (regelmäßig in Absprache mit dem Erwerber, insb. wenn dieser die Steuerlast zu tragen hätte)[963] in der Hand, anstelle einer möglicherweise lang währenden Auseinandersetzung mit dem Fiskus den Schenkungsvorgang als solchen – auch steuerlich – zu beseitigen, indem er sich hieran anknüpfende Rückforderungsrechte vorbehält und ausübt, wobei allerdings eine Rückwirkung bspw. für zwischenzeitlich gezogene einkommensteuerbare Nutzungen nicht eintritt. Vorsichtige Gestalter knüpfen im Hinblick auf § 42 AO die Rückforderung nicht an das Entstehen der Steuer an, sondern an damit lediglich mittelbar verbundene Umstände:

Beispiel:

Sofern die Steuerentrichtung durch einen Dritten über ein noch mit ihm abzuschließendes Darlehen finanziert werden soll, könnte die Rückforderung vorbehalten sein für den Fall, dass dieser Darlehensvertrag, etwa wegen der exorbitanten Höhe der zu finanzierenden Steuer, nicht zustande kommt.

In Betracht kommt eine solche Steuerklausel auch, wenn die rechtliche Qualifikation des Schenkungsgegenstandes selbst unklar ist (z.B. Vorliegen eines Familienheims i.S.d. § 13 Abs. 1 Nr. 4a ErbStG, vgl. Rdn. 2786).

1923 **Formulierungsvorschlag: Rückforderungsvorbehalt als „Steuerklausel"**

Jeder Erwerber und seine Gesamtrechtsnachfolger sind gegenüber dem Veräußerer verpflichtet, den erworbenen Vertragsbesitz (Immobilie/Geschäftsanteil etc.) zurückzuübertragen,

---

962 BGH, 13.06.2002 – V ZB 30/01, ZEV 2002, 364, auf Vorlage des BayObLG gegen OLG Hamm, Rpfleger 2000, 450; im Anschluss an den BGH auch OLG Düsseldorf, FGPrax 2002, 203.

963 Wobei der Veräußerer jedoch nicht verpflichtet ist, den Erwerber auf diese Weise zu entlasten; vielmehr könnte der die Steuerklausel auch als Vehikel für eine aus anderen Motiven gewollte „Rückholung" nutzen, vgl. *Geck*, ZEV 2007, 259.

wenn und soweit einer der nachfolgend genannten Tatbestände eintritt und die Rückforderung vertragsgemäß, d.h. binnen zwölf Monaten nach Kenntnis vom Rückforderungstatbestand und in notariell beglaubigter Form erklärt wird. Das Rückforderungsrecht ist nicht vererblich oder übertragbar und kann nicht durch einen gesetzlichen Vertreter oder sonstigen Sachwalter, der mit Wirkung für fremde Vermögen Erklärungen abzugeben berechtigt ist, ausgeübt werden. Die Rückforderung kann sich auch lediglich auf Teile des Vertragsbesitzes erstrecken.

Ein Rückforderungstatbestand tritt ein, wenn

- das zuständige Finanzamt für den heutigen Übertragungsvorgang Schenkungsteuer (*Alt.: Schenkungsteuer von mehr als ..... €*) festsetzt, unabhängig vom Zeitpunkt der Fälligkeit der Steuer, oder
- das zuständige Finanzamt den Vertragsgegenstand der heutigen Übertragung für schenkungsteuerliche Zwecke mit mehr als ..... € bewertet, oder
- das zuständige Finanzamt für die heutige Zuwendung die Begünstigung für Betriebsvermögen nach §§ 13a und 19a ErbStG nicht gewährt.

Von besonderem „Charme" sind solche Steuerklauseln auch zur Eröffnung des Widerrufs bei später eintretenden **Steuererleichterungen** bzw. für den Fall eines künftig etwa zu erhoffenden gänzlichen Entfallens der Schenkungsteuer, um die Chance einer erneuten Vornahme der Zuwendung unter den dann geltenden günstigeren Bedingungen zu eröffnen, unter gleichzeitiger Erstattung der bereits entrichteten Steuer gem. § 29 ErbStG, vgl. Rdn. 3957ff. Über letzterem Vorbehalt schwebt allerdings erkennbar das Damoklesschwert des § 42 AO (Missbrauch steuerlicher Gestaltungsmöglichkeiten), der auch im Erbschaftsteuerrecht – wenn auch wegen der Anknüpfung an das Zivilrecht in abgeschwächter Form – Anwendung findet;[964] § 37 Abs. 3 ErbStG n.F. hat immerhin solchen Gestaltungen nur für Betriebsvermögensübertragungen zwischen dem 11.11.2005 und dem 01.01.2007 die Gefolgschaft versagt (vgl. Rdn. 3962).

1924

Formulierungsvorschlag: Rückforderungsmöglichkeit bei künftigen Steuererleichterungen

1925

> Jeder Erwerber und seine Gesamtrechtsnachfolger sind gegenüber dem Veräußerer verpflichtet, den erworbenen Vertragsbesitz (Immobilie/Geschäftsanteil etc.) zurückzuübertragen, wenn und soweit einer der nachfolgend genannten Tatbestände eintritt und die Rückforderung vertragsgemäß, d.h. binnen zwölf Monaten nach Kenntnis vom Rückforderungstatbestand und in notariell beglaubigter Form, erklärt wird. Das Rückforderungsrecht ist nicht vererblich oder übertragbar und kann nicht durch einen gesetzlichen Vertreter oder sonstigen Sachwalter, der mit Wirkung für fremde Vermögen Erklärungen abzugeben berechtigt ist ausgeübt werden. Sie kann sich auch lediglich auf Teile des Vertragsbesitzes erstrecken.
>
> Ein Rückforderungstatbestand tritt ein, wenn sich das Schenkungsteuerrecht oder seine Anwendung nach dieser Zuwendung in einer Weise ändert, dass sich nach dieser Änderung für die heutige Übertragung im Vergleich zum geltenden Recht eine geringere Steuerbelastung, eine spätere Fälligkeit der Steuer, ihr gänzlicher Wegfall oder die Möglichkeit ihrer Ver-

---

964 Vgl. BFH/NV 2001, 162.

Kapitel 4: Absicherung des Veräußerers

meidung bei Eintritt zusätzlicher Bedingungen ergibt bzw zusätzliche Anforderungen zur Erreichung der Steuerfreiheit entfallen.

> **Hinweis:**
> Die letztgenannte Sachverhaltsalternative des vorstehenden Formulierungsvorschlags hebt ab auf Modelle wie etwa den Erlass von Betriebsschenkungsteuern nach 10-jähriger Fortführung des Unternehmens.

1926 Als Folge der Maßgeblichkeit des gemeinen Werts seit dem 01.01.2009 (§ 12 ErbStG) ist das Risiko des Veräußerers, als gesetzlicher Zweitschuldner gem. § 20 Abs. 1 Satz 1 ErbStG (vgl. Rdn. 4276) anstelle des Erwerbers, z.B. sofern Letzterer insolvent geworden ist, für die entstandene Schenkungsteuer in Anspruch genommen zu werden, deutlich wahrscheinlicher und zugleich brisanter geworden. Diese Gefahr besteht nicht nur bei der Übertragung von Betriebsvermögen, wenngleich dort die Diskrepanz zwischen bisherigem Steuerwert und künftigem gemeinem Wert am stärksten ausfallen wird. Wie vom BMF angekündigt,[965] will die Finanzverwaltung allerdings im Erlasswege[966] den Schenker von einer Inanspruchnahme freistellen, wenn eine Nachversteuerung infolge eines Verstoßes gegen die Behaltensregelung oder die Mindestlohnsumme droht, es sei denn der Veräußerer hätte den Betrag der Steuer gem. § 10 Abs. 2 ErbStG ebenfalls geschenkt.

1927 Vor diesem Hintergrund empfiehlt es sich durchaus für den Veräußerer, sich auch die Rückforderung für den Fall vorzubehalten, dass er als Zweitschuldner für die Schenkungsteuer in Anspruch genommen wird.

1928 **Formulierungsvorschlag: Rückforderungsvorbehalt bei Inanspruchnahme als Zweitschuldner für die Schenkungsteuer**

> *(Anm.: im Anschluss an die sonstigen Rückforderungstatbestände) ...*
>
> (...) der Veräußerer durch vollziehbare Entscheidung des Finanzamts auf Zahlung von Schenkungsteuer aus der heutigen Übertragung (auch im Fall der Inanspruchnahme aufgrund eines Nachbesteuerungstatbestands) in Anspruch genommen wird und der Erwerber ihn nicht binnen einer Frist von einem Monat nach Zugang einer entsprechenden Aufforderung von der Verpflichtung zur Zahlung gegenüber dem Finanzamt freistellt durch tatsächliche und vollständige Begleichung der Steuerschuld in Haupt- und Nebensache. Zur Einlegung von Rechtsmitteln ist der Veräußerer nicht verpflichtet.

1929 Mit Blick auf die besonderen Nachbesteuerungsrisiken im Betriebsvermögensbereich kann insoweit ein an den Eintritt solcher Besteuerungstatbestände anknüpfender Rückforderungsvorbehalt mit eingehender Ausgestaltung der Rückübertragung des Betriebsvermögens etwa wie folgt formuliert sein:

---

965 Vgl. *Geck*, ZEV 2008, 563.
966 Anwendungserlass zum ErbStG v. 25.06.2009, BStBl. 2009 I, S. 713, 719 (Abschnitt 5 Abs. 4).

Formulierungsvorschlag: Rückforderungsvorbehalt bei Nachbesteuerungstatbeständen gemäß §§ 13a, 13b ErbStG

Tritt innerhalb der Nachversteuerungfrist ein Umstand ein, der die Begünstigungen gemäß §§ 13a, 13b, 19a ErbStG mindestens in Höhe von ..... Prozent entfallen lässt, und wird der Schenker deshalb seinerseits aufgrund dieser Nachbesteuerung seitens der Finanzverwaltung gemäß § 20 ErbStG als Steuerschuldner in Anspruch genommen, steht ihm ebenfalls ein Rückforderungsrecht zu. Die Einigung über den dinglichen Übergang beweglicher Sachen sowie die Abtretung von Forderungen und Rechten ist auf die Ausübung dieses Rückforderungsrechts auflösend bedingt; zur Sicherung des mit Ausübung des Rückforderungsrechts entstehenden Rückübertragungsanspruchs wird an den zum Betriebsvermögen gehörenden Grundstücken, FlNr. ..... Gemarkung ..., die Eintragung einer Vormerkung bewilligt und beantragt. Ab dem Zeitpunkt der Rückforderung hält der Erwerber den übertragenen Betrieb in seiner Sachgesamtheit lediglich treuhänderisch für den Veräußerer. Die Rückforderung erfasst alle Gegenstände des Betriebsvermögens einschließlich der Verbindlichkeiten, letztere jedoch höchstens im derzeitigen Umfang. Umfasst sind weiterhin diejenigen Gegenstände des beweglichen und unbeweglichen seinerzeitigen Betriebsvermögens, einschließlich der Forderungen, die an die Stelle derzeit vorhandener Gegenstände des Betriebsvermögens als Surrogate getreten sind, also beispielsweise aus Mitteln des derzeitigen oder seinerzeitigen Betriebsvermögens angeschafft oder eingetauscht wurden. Umfasst sind schließlich solche Gegenstände des derzeitigen Betriebsvermögens, die im Zeitpunkt der Rückforderung in das Privatvermögen entnommen wurden bzw. die (etwa im Fall der Veräußerung) an deren Stelle getretenen Vermögenswerte als Surrogate. Umfasst sind schließlich die Gegenstände des Sonderbetriebsvermögens I und II des Erwerbers, auch soweit dieses nicht vom Veräußerer stammt; in letzterem Fall allerdings gegen Erstattung des vollen Verkehrswertes. Die Eintragung einer Vormerkung zugunsten des Veräußerers am derzeit erfassten Sonderbetriebsvermögen I (Grundstück .....) wird bewilligt und beantragt.

Mit Rückübertragung des Betriebsvermögens im vorstehend definierten Umfang hat der Veräußerer – Zug um Zug – die auf dem Betriebsvermögen lastenden derzeitigen Verbindlichkeiten zu übernehmen, wenn möglich in schuldbefreiender Weise, sonst als interne Schuldbefreiung des heutigen Erwerbers. Zu übernehmen sind zusätzlich solche Verbindlichkeiten, die für die Anschaffung derzeit nicht vorhandener Gegenstände des Anlagevermögens eingegangen worden sind, sofern diese Gegenstände des Anlagevermögens noch vorhanden sind und rückübertragen werden und die Anschaffung mit schriftlicher Zustimmung des Veräußerers erfolgt ist; andernfalls oder wenn das Rückforderungsrecht insoweit nicht geltend gemacht wird, verbleiben die neu angeschafften Gegenstände des Anlagevermögens ebenso wie die auf diese bezogenen Verbindlichkeiten beim Erwerber.

Ergänzend wird weiter klargestellt, dass das Rückforderungsrecht sich zwar auf die Liegenschaft und die gesamten vorstehend definierten Gegenstände des (gegebenenfalls ehemaligen) Betriebsvermögens bezieht, jedoch nicht zwingend für alle Gegenstände einheitlich ausgeübt werden muss, es vielmehr dem Veräußerer vorbehalten bleibt, die Rückforderung nur für Teile auszuüben.

Kapitel 4: Absicherung des Veräußerers

> (**Anm.:** *Ggf. Ergänzung, mit Blick auf § 29 Abs. 2 ErbStG: Erfasst vom Rückübertragungsanspruch sind auch zwischenzeitlich gezogene Nutzungen, soweit sie, abzüglich der auf den Schenkungsgegenstand gemachten Aufwendungen, zu einem Überschuss-Saldo zugunsten des Erwerbers geführt haben.*)
>
> Auf ertragsteuerliche Risiken sowohl im Rahmen der Übertragung als auch für den Fall der unvollständigen Rückübertragung hat der Notar hingewiesen, ebenso auf die mit dem umfassenden Rückforderungsrecht verbundene wirtschaftliche und psychologische Bindung des Erwerbers sowie auf die Schwierigkeit, bei Ausübung des Rückforderungsrechts die schenkungsteuerliche Freistellung gemäß § 29 ErbStG zu erlangen, sofern der Gegenstand nicht mehr in identischer Weise vorhanden ist.

1931 Bei der Übertragung von Betriebsvermögen bzw. Gesellschaftsanteilen finden sich zusätzlich häufig Rückforderungsvorbehalte zur **Wahrung gesellschaftsrechtlicher Pflichten** bzw. zur **Vermeidung von** Vorgängen, die **steuerschädliche Konsequenzen** haben könnten. Solche enumerativen Rückforderungstatbestände gefährden nicht den Übergang der Einkunftsquelle (Rdn. 1810 ff.) und damit die Gewährung der schenkungsteuerlichen Privilegien des § 13a ErbStG.[967]

1932 **Formulierungsvorschlag: Weitere Rückforderungsrechte bei Betriebsvermögen**

> 8. wenn der Inhaber nicht binnen drei Monaten ab heute, bei späterer Heirat oder Verpartnerung binnen drei Monaten ab Heirat/Verpartnerung, durch Ehevertrag/Partnerschaftsvertrag sicherstellt, dass der heute übertragene Vermögenswert im Rahmen eines Zugewinnausgleichs nicht berücksichtigt wird (Modifizierung des gesetzlichen Güterstands oder Gütertrennung), und ferner der Ehegatte/Lebenspartner gegenständlich beschränkt hinsichtlich des heute übertragenen Vermögens auf sein Pflichtteilsrecht verzichtet. Ein Rückforderungsrecht besteht auch, wenn dem Veräußerer bekannt wird, dass eine der vorstehenden Vereinbarungen wieder aufgehoben wurde.
> 9. wenn der Inhaber seine Tätigkeit für die Gesellschaft während eines Zeitraums von mind. drei Monaten durchschnittlich weniger als 15 Stunden pro Woche ausübt – ausgenommen Fälle der Krankheit, Berufsunfähigkeit oder des Ruhestands bei Erreichen des gesetzlichen Renteneintrittsalters sowie der ordentlichen Kündigung durch die Gesellschaft selbst.
> 10. wenn der Inhaber hinsichtlich des erworbenen Gegenstandes einen die (zumindest anteilige) Nachbesteuerung gem. §§ 13a, 13b ErbStG auslösenden Tatbestand verwirklicht.
> 11. wenn der Inhaber eine Veräußerung oder Aufgabe der Beteiligung vor Ablauf der 5-Jahres-Frist des § 6 Abs. 3 Satz 2 EStG vornimmt.
> 12. wenn der Inhaber eine Veräußerung oder Entnahme innerhalb der 3-jährigen Sperrfrist des § 6 Abs. 5 Satz 4 EStG vornimmt.

---

967 Vgl. *Korn/Carlé/Stahl*, Personengesellschaften, Rn. D17.

5. Durchführung der Rückabwicklung

a) Betroffene Gegenstände

I.d.R. ist das Rückforderungsobjekt identisch mit dem Zuwendungsobjekt bzw. bildet – etwa bei einer Mehrheit von übertragenen Objekten (Miteigentumsanteilen) – einen wesensgleichen Teil hiervon. Auch ideelle Miteigentumsanteile in der Hand des nunmehrigen Alleineigentümers (z.B. des Erwerbers, der zuvor bereits zur Hälfte Eigentümer war und die weitere Hälfte mit Rückforderungsvorbehalt belastet hinzuerwarb) können mit einer Vormerkung belastet werden; die gesetzlichen Verbote in Bezug auf Vorkaufsrecht, Reallast und Hypothek (§§ 1095, 1106, 1114 BGB) lassen sich nicht verallgemeinern; sie gelten insb. dann nicht, wenn niemals einheitliches unbelastetes Eigentum am Gesamtobjekt bestand, sondern die Anteile bereits unterschiedlich belastet waren oder bei der Übertragung wurden.[968] Darüber hinaus wird sich der Veräußerer ausbedingen, die Rückforderung im Ganzen oder nur **teilweise zu verlangen** (z.B. um für den Fall, dass Schenkungsteuer entsteht und dadurch das Rückforderungsrecht ausgelöst wird, nur so viel rückabzuwickeln, dass die verbleibende Schenkung den Freibetrag gerade noch unterschreitet). Die Formulierungsempfehlungen tragen dem Rechnung, indem sie zur Rückübertragung verpflichten, „wenn und soweit" sie verlangt wird.

1933

Besonderheiten können sich ergeben, wenn – was jedoch selten vorkommen wird, vgl. oben Rdn. 1772 – ein übergebener **Betrieb** als solcher, nicht nur der darin enthaltene Grundbesitz, rückforderungsbehaftet sein soll (sei es aus tatsächlichen Gründen, also um dem Veräußerer die Möglichkeit einer ungebrochenen Fortführung des Betriebs in wieder eigener Regie zu geben oder sei es aus Gründen steuerlicher Vorsorge, um die Auflösung stiller Reserven bei lediglich bruchstückhafter Rückübertragung zu vermeiden). In diesem Fall ist der Tatsache Rechnung zu tragen, dass der Betrieb – gleich einem lebenden Organismus – mit zunehmendem zeitlichen Abstand zur Übertragung sich verändert hat, und weiterhin, dass er sich als Gesamtheit aus beweglichen oder unbeweglichen Sachen, Forderungen, Rechten und sonstigen Anwartschaftspositionen, Anbahnungen, immateriellen Werten etc. darstellt. Als Versuch einer näherungsweisen Erfassung solcher Betriebsübertragungen könnte entsprechend dem folgenden Formulierungsvorschlag formuliert werden.

1934

Formulierungsvorschlag: Rückforderungsobjekt „Betrieb"

1935

(***Anm.:*** *Im Anschluss an den Rückforderungsvorbehalt in Bezug auf Grundbesitz des Betriebsvermögens und des Sonderbetriebsvermögens, durch Vormerkung gesichert:*) Vorstehendes, an die Verwirklichung der vorgenannten Rückforderungstatbestände anknüpfendes Rückforderungsrecht erstreckt sich auch auf die sonstigen, nicht in Grundbesitz bestehenden, mitübertragenen Gegenstände des Betriebsvermögens (also bewegliche Sachen des Anlage- und Umlaufvermögens, Forderungen, sonstige Rechte etc.), einschließlich der sich auf das Betriebsvermögen beziehenden Verbindlichkeiten, letztere jedoch begrenzt auf den derzeitigen Umfang. Umfasst sind weiterhin diejenigen Gegenstände des beweglichen und unbeweglichen seinerzeitigen Betriebsvermögens, einschließlich der Forderungen, die an die Stelle derzeit vorhandener Gegenstände des Betriebsvermögens als Surrogate getreten sind,

---

968 *Herrler*, ZNotP 2009, 188 ff., gegen OLG Düsseldorf, 30.12.1975, MittBayNot 1976, 137, 138.

also bspw. aus Mitteln des derzeitigen oder seinerzeitigen Betriebsvermögens angeschafft oder eingetauscht wurden. Umfasst sind schließlich solche Gegenstände des derzeitigen Betriebsvermögens, die im Zeitpunkt der Rückforderung in das Privatvermögen entnommen wurden bzw. die (etwa im Fall der Veräußerung) an deren Stelle getretenen Vermögenswerte als Surrogate.

Zur Sicherung der bedingten Rückübertragungs-, Rückabtretungs- bzw. Rückübereignungsverpflichtung sind sich die Beteiligten bereits heute über die bedingte Rückübereignung bzw. Rückabtretung einig, ebenso über die Wiederverschaffung des unmittelbaren Besitzes des Veräußerers an den erfassten Gegenständen. Bedingung ist jeweils die wirksame Ausübung des Rückforderungsrechts aufgrund eines der vorgenannten Rückforderungstatbestände, wie vorstehend definiert.

Mit Rückübertragung des Betriebsvermögens im vorstehend definierten Umfang hat der Veräußerer – Zug um Zug – die auf dem Betriebsvermögen lastenden derzeitigen Verbindlichkeiten zu übernehmen, wenn möglich in schuldbefreiender Weise, sonst als interne Schuldbefreiung des heutigen Erwerbers. Zu übernehmen sind zusätzlich solche Verbindlichkeiten, die für die Anschaffung derzeit nicht vorhandener Gegenstände des Anlagevermögens eingegangen worden sind, sofern diese Gegenstände des Anlagevermögens noch vorhanden sind und rückübertragen werden und die Anschaffung mit schriftlicher Zustimmung des Veräußerers erfolgt ist; andernfalls oder wenn das Rückforderungsrecht insoweit nicht geltend gemacht wird, verbleiben die neu angeschafften Gegenstände des Anlagevermögens ebenso wie die auf diese bezogenen Verbindlichkeiten beim Erwerber.

Ergänzend wird weiter klargestellt, dass das Rückforderungsrecht sich zwar auf die Liegenschaft und die gesamten vorstehend definierten Gegenstände des (gegebenenfalls ehemaligen) Betriebsvermögens bezieht, jedoch nicht zwingend für alle Gegenstände einheitlich ausgeübt werden muss, es vielmehr dem Veräußerer vorbehalten bleibt, die Rückforderung nur für Teile auszuüben.

Auf ertragsteuerliche Risiken sowohl im Rahmen der Übertragung als auch für den Fall der unvollständigen Rückübertragung hat der Notar hingewiesen, ebenso auf die mit dem umfassenden Rückforderungsrecht verbundene wirtschaftliche und psychologische Bindung des Erwerbers sowie auf die Schwierigkeit, bei Ausübung des Rückforderungsrechts die schenkungsteuerliche Freistellung gem. § 29 ErbStG zu erlangen, sofern der Gegenstand nicht mehr in identischer Weise vorhanden ist.

b) Ausübungsfrist

1936 Geregelt werden sollte, innerhalb welcher **Frist** nach Bekanntwerden eines das Rückerwerbsrecht auslösenden Tatbestands[969] (häufig vereinbart: 6 Monate) das Rückerwerbsverlangen ausgeübt werden muss. Wird keine Frist der Ausübung für den Einzelfall vereinbart, kann zwar der Veräußerer ohne Zeitdruck den Lauf der Ereignisse abwarten, andererseits besteht dann die Gefahr einer Pfändung unter den oben erläuterten Voraussetzungen bis zur Verjährungsgren-

---

969 Auch die Möglichkeit des Eintritts dieses Tatbestands kann auf einen bestimmten Zeitraum befristet sein (vgl. Rdn. 1886 ff.).

ze.⁹⁷⁰ Andererseits sollte die Frist dem Ausübungsberechtigten genügend Zeitraum lassen, die weitere Entwicklung abzuwarten (z.B. das Verhältnis zum Erben nach dem Tod des Erwerbers). Die Frist kann auch für einzelne Rückforderungssachverhalte unterschiedlich lange bemessen sein (bspw. für den Fall des Versterbens des Eigentümers gar gänzlich unbefristet sein, um dem Verhältnis zum Erben genügend „Bewährungszeit" zu geben); allerdings sollte (zur Vermeidung einer Gläubigerbenachteiligung) der Fall der Drittpfändung/Insolvenz nicht schlechter, also mit längerer Frist, behandelt werden als zumindest ein anderer Sachverhalt, der nicht mit Vermögensverfall einhergeht).

Um ungebührlich lange **Schwebezeiten zu vermeiden** und ein Verfahren zur objektiven Ermittlung der Rechtzeitigkeit der Ausübungserklärung zu schaffen, kann der Lauf einer Frist auch (ähnlich der Ausschlagung eines Vermächtnisses, § 2180 BGB) an die Aufforderung des Eigentümers, sich hinsichtlich der Geltendmachung des Rückforderungsrechts zu entscheiden, geknüpft werden.⁹⁷¹ Ein nach Ausübung solchermaßen dann entstandener Rückforderungsanspruch **verjährt**, sofern auf Grundbesitz gerichtet, gem. § 196 BGB in 10 Jahren (sofern vor dem 01.01.2002 entstanden, gem. Art. 299 § 6 Abs. 1 Satz 1 EGBGB demnach zum 31.12.2011).

1937

c) Form

Regelungsbedürftig ist auch die Frage, in welcher **Form** die Ausübung zu erfolgen hat (z.B. durch Übergabe-Einschreiben oder aber durch notariell beglaubigte oder gar beurkundete Erklärung). Zieht man die Parallele zur Ausübung eines Vor- oder Wiederkaufsrechts, bestehen keinerlei gesetzlichen Formerfordernisse (§§ 456 Abs. 1 Satz 2, 464 Abs. 1 Satz 2 BGB). Die Form der notariellen Beglaubigung vermeidet Nachweis- und Datierungsprobleme; ist der Lauf der Ausübungsfrist an eine Aufforderung des Eigentümers geknüpft, sollte allerdings auch diese demselben Formerfordernis unterworfen werden.

1938

d) Auflassung

Die Erfüllung des Rückerwerbsrechts muss stets durch direkte **Auflassung**⁹⁷² bei Anwesenheit beider vor einem deutschen Notar (§ 925 BGB) erfolgen; eine hierfür im Vorhinein erteilte Vollmacht an den Veräußerer kann leicht missbräuchlich verwendet werden. Auch durch den Notar lässt sich (abgesehen vom Vorversterben des Erwerbers sowie einer rechtskräftig gewordenen Scheidung oder der Ausübung eines freien Rückforderungsrechts) das Vorliegen eines Rückerwerbstatbestands kaum sicher nachprüfen, sodass bereits der Anschein einer notariellen Überwachung vermieden werden sollte. In Betracht kommt eine solche (dann postmortale) Vollmacht

1939

---

970 Fraglich ist, ob das Rückerwerbsrecht selbst (analog der Zeitbefristung für Wiederkaufsrechte gem. § 462 BGB) in dreißig Jahren oder aber gem. § 195 BGB in 3 Jahren verfristet ist, d.h. nicht mehr geltend gemacht werden könnte, wenn in dieser Zeit kein Rückforderungstatbestand eingetreten ist. Jedenfalls bei einem auf Lebenszeit des Veräußerers vereinbarten Rückforderungsrecht dürfte dies zu verneinen sein; vgl. ausführlicher *J. Mayer*, Der Übergabevertrag, Rn. 252.

971 Davon zu unterscheiden ist der oben bei Rdn. 1800 erwähnte Vorschlag, das Rückforderungsrecht bei „Verschweigung" auf eine entsprechende Aufforderung des Eigentümers hin gänzlich (also nicht nur hinsichtlich des konkret gegebenen Tatbestands) entfallen zu lassen und damit auch der etwa eingetragenen Vormerkung (samt Pfändung des Rückforderungsanspruchs) den Boden zu entziehen.

972 Der Begriff stammt aus dem germanischen Recht (Sachsenspiegel: Landrecht I 9 § 5): Offenlassen des Tores bzw. der Türe. Das österreichische ABGB spricht von „Aufsandung".

Kapitel 4: Absicherung des Veräußerers

jedoch bspw. für den Fall des Vorversterbens des Erwerbers (wo es häufig zur Rückforderung kommen wird), um den vorherigen Nachweis der „eigentlichen Erbfolge" in der Form des § 35 GBO entbehrlich zu machen:

1940 **Formulierungsvorschlag: Vollmacht zur Rückabwicklung bei Vorversterben des Erwerbers**

> Zur Erleichterung der Rückabwicklung bei Ausübung des Rückforderungsrechtes im Falle des Vorversterben des Erwerbers erteilt dieser hiermit dem Veräußerer, befreit von § 181 BGB und über den Tod hinaus,
>
> **Vollmacht**,
>
> gegen Vorlage einer Sterbeurkunde den heute übertragenen Grundbesitz an den Veräußerer aufzulassen und alle Erklärungen abzugeben, die zum Eigentums- und Besitzübergang auf den Veräußerer zweckmäßig sind.

e) Gegenleistungen

1941 Da regelmäßig kein Anwendungsfall des gesetzlichen Rücktrittsrechts vorliegen wird, greifen für das vertraglich geschaffene Rückerwerbsrecht die **§§ 346 ff. BGB nicht unmittelbar** ein; sie sind dafür auch nur bedingt geeignet (man denke etwa an die Pflicht zur Erstattung gezogener Nutzungen!). Es empfiehlt sich vielmehr, die Zug um Zug mit der Rückauflassung und der Wiederverschaffung des (ggf. mittelbaren) Eigenbesitzes geschuldeten Ausgleichsansprüche vertraglich abschließend zu regeln. Hat sich der Veräußerer kein Wohnungs- oder Nießbrauchsrecht vorbehalten, muss er allerdings hinnehmen, das Objekt in vermietetem Zustand zurückzuerhalten, was jedenfalls dann akzeptabel erscheint, solange das Recht des (neuen) Eigentümers zur Eigenbedarfskündigung sowie zur Anpassung der Miethöhe an die ortsübliche Vergleichsmiete nicht beschränkt wurden. Wird hiergegen Vorsorge gewünscht, ist eine entsprechende Freistellungsverpflichtung des Erwerbers zu schaffen, die angesichts der Schranken des sozialen Mietrechts regelmäßig nur Basis für entsprechende Schadensersatzleistungen in Geld sein wird:

1942 **Formulierungsvorschlag: Pflicht zur Freistellung von „unüblichen" Mietverhältnissen bei Rückforderung**

> Der Erwerber ist verpflichtet, den zurückzuübertragenden Grundbesitz auf seine Kosten freizustellen von solchen Nutzungsverhältnissen, die den Veräußerer in unüblicher Weise binden würden, weil
>
> (1) das Eigenbedarfskündigungsrecht oder das Recht zu Mieterhöhungen, und sei es auch nur befristet, ausgeschlossen ist oder
>
> (2) weil der Mietzins bereits bei Mietbeginn um mehr als 25 % unter der ortsüblichen Vergleichsmiete lag, es sei denn, die Überlassung an den Mieter erfolgte bereits vor mehr als zwei Jahren vor der Ausübung des Rückforderungsrechtes.
>
> Den Beteiligten ist bewusst, dass einseitige Möglichkeiten einer Beendigung solcher Nutzungsverhältnisse regelmäßig rechtlich nicht bestehen.

Ein **völliger Ausschluss jeglichen finanziellen Ausgleichs** wird allenfalls gewünscht sein, wenn das Rückerwerbsrecht ganz überwiegend poenalen Charakter hat. Hierin kann eine anfechtbare Gläubigerbenachteiligung liegen, und zwar jedenfalls dann, wenn der Ausschluss des Aufwendungsersatzes lediglich für die Fälle des Vermögensverfalls vorgesehen ist.[973] Die Entschädigungspflicht zumindest für einen weiteren Fall ebenfalls auszuschließen, reicht aber (wohl) nicht aus;[974] vielmehr prüft der IX. Senat des BGH, ob gerade die abfindungslose Rückforderung zur Erreichung des Vertragszwecks (Sicherung des elterlichen Familienvermögens) erforderlich ist, was zu verneinen ist (hier geht es allein um den Verwertungsschutz sonstiger Investitionen des Käufers aus seinem eigenen Vermögen, was mit den Worten des BGH[975] „zur Erreichung des Vertragszwecks unnötig und in ihren Auswirkungen unangemessen" ist). Daher dürfte der gänzliche Ausschluss der Erstattung von Aufwendungen stets der Gläubigeranfechtung gem. § 133 Abs. 1 InsO unterliegen.[976] Allein die Investition des Erwerbers selbst ist allerdings kein anfechtbarer Vorgang.[977]

1943

Sofern ein **Investitionsausgleich** im Fall der Rückforderung bei Scheidung des erwerbenden Eigentümers gänzlich ausgeschlossen wird, kann hierin eine Schenkung des Erwerbers an den Veräußerer liegen. Dem anderen Ehegatten steht dann ein fiktiver Zugewinnausgleichsanspruch gem. § 1375 Abs. 2 Nr. 1 BGB zu, der gem. § 1389 BGB auch ggü. dem begünstigten Rückerwerber (Schwiegereltern) als Drittem verfolgt werden kann (vgl. Rdn. 1909).

1944

Formulierungsvorschlag: Ausschluss jeglicher Erstattung bei Rückforderung

1945

> Der Veräußerer hat die im Grundbuch eingetragenen Rechte und Grundpfandrechte in lediglich dinglicher Weise zu übernehmen, soweit sie im Rang vor der nachstehend bestellten Auflassungsvormerkung eingetragen sind. Die Rückübertragung erfolgt auf Kosten des Verpflichteten und vollständig unentgeltlich, also insbesondere ohne Ausgleich für erbrachte Verwendungen, Aufwendungen und Investitionen, geleistete Dienste, wiederkehrende Dienst- oder Geldleistungen, Gleichstellungsgelder, Abstandszahlungen, planmäßige oder Sondertilgungen, geleistete Zinsen, Arbeitsleistungen, oder die gezogenen Nutzungen. Nur hilfsweise gelten die gesetzlichen Bestimmungen zum Rücktrittsrecht.

I.Ü. ist zu denken an den **Ausgleich wertverbessernder Investitionen** (im Unterschied zu bloßen Instandhaltungsaufwendungen und Schönheitsreparaturen), die durch den Erwerber, dessen Ehegatten oder dessen Rechtsnachfolger aus eigenem Vermögen[978] getätigt wurden, allerdings regelmäßig unter der 3-fachen Einschränkung, dass

1946

---

[973] So bereits *J. Mayer*, Der Übergabevertrag, Rn. 242; ebenso *Kesseler*, ZNotP 2007, 304 im Hinblick auf BGH, 19.04.2007 – IX ZR 59/06, ZNotP 2007, 307 sowie BGH, 12.06.2008 – IX ZB 220/07, DNotZ 2008, 838 m. Anm. *Reul*, S. 824 ff.

[974] So noch *Reul*, ZEV 2007, 665; vgl. zur Parallelfrage der Abfindungsreduzierung bei Kündigung einer Personengesellschaft, Rn. 2028.

[975] BGH, 19.04.2007 – IX ZR 59/06, ZNotP 2007, 307.

[976] *Kesseler*, ZNotP 2007, 303, 304; *Amann*, DNotZ 2008, 521 (Fn. 6), ähnlich *Zimmer*, ZfIR 2008, 93.

[977] Es wird lediglich Vermögen umgeschichtet; i.R.d. § 132 Abs. 2 InsO (anfechtbarer Realakt) ist die Drei-Monats-Frist regelmäßig abgelaufen, vgl. *Amann*, in: Notarielle Gestaltungspraxis im Insolvenzrecht (Tagungsband DNotV) 2008, S. 8.

[978] Also nicht unmittelbar aus den Erträgen des übergebenen Objekts selbst oder aus Erlösen für Verkäufe von Teilen dieses Objekts, vgl. *Ellenbeck*, MittRhNotK 1997, 48.

- zum einen die Investition – sofern es sich nicht um notwendige Verwendungen handelt – mit (schriftlicher, nicht höchstpersönlicher?) Zustimmung[979] des Veräußerers vorgenommen sein muss,
- zum Zweiten der auszugleichende Betrag auf die noch vorhandene Wertsteigerung des Objekts (Zeitwert) beschränkt ist oder aber der Betrag sich nach steuerlichen Abschreibungsgrundsätzen mindert
- und schließlich ein Ausgleich in Geld insoweit nicht stattfindet, als ihr objektbezogene Darlehensbeträge gegenüberstehen, die der Veräußerer wieder zu übernehmen hat.[980]

1947 Auch die **persönliche eigene Arbeitsleistung** wird, obwohl es sich um Verwendungen handeln kann,[981] regelmäßig nicht zu erstatten sein, was teilweise dadurch betont wird, dass in der Vertragsformulierung die „*Vorlage ordnungsgemäßer Rechnungen*" verlangt wird. Steht zu befürchten, dass zwischen den Beteiligten über den Betrag der noch vorhandenen Zeitwerterhöhung Streit entsteht, kann hierfür eine **Schiedsgutachterklausel** (Gebäudebewertungssachverständiger nach Bestimmung der örtlich zuständigen IHK) aufgenommen werden; seine Kosten werden dann in dem Verhältnis zwischen den Streitparteien geteilt, in welchem deren Beitragsvorschläge vom Schiedsergebnis entfernt lagen.

1948 Differenziert werden könnte insoweit auch nach Maßgabe der gesetzlichen Termini der §§ 994 ff. BGB zwischen „**notwendigen Verwendungen**", die zur Erhaltung einer ordnungsgemäßen Bewirtschaftung der Sache erforderlich sind, etwa Arbeiten am Dach, Drainage und Ver- und Entsorgungsanschlüssen,[982] und **nützlichen Verwendungen**, also wertsteigernden Aufwendungen ohne zwingende Notwendigkeit. Die Erstattungspflicht wird sich eher auf die notwendigen Verwendungen beziehen, soweit diese noch zu einer Wertsteigerung ggü. dem Zustand der Übergabe führen.

1949 Demgegenüber wird regelmäßig keine Pflicht bestehen zur Erstattung der gewöhnlich wiederkehrenden öffentlichen und privaten Lasten, die durch die Nutzungen aufgewogen sind oder zur Fruchtziehung erforderlich waren (vgl. die Wertung der §§ 1041, 1047 BGB).[983] Bei minderjährigen Erwerbern empfiehlt es sich, zur Beibehaltung des lediglich rechtlich vorteilhaften Charakters des Rechtsgeschäfts (Rdn. 4340) die Zahlungspflichten analog § 818 Abs. 3 BGB auf den Bestand des noch vorhandenen Erwerbs zu beschränken.

1950 Auch an die Rückzahlung etwaiger **Gutabstandsgelder** oder **Rentenzahlungen** des Erwerbers an den Veräußerer ist zu denken: Soweit der Erwerber die Nutzung des Zuwendungsobjekts i.Ü. unentgeltlich in Anspruch nehmen konnte, wird in den während dieser Zeit erbrachten wiederkehrenden Leistungen an den Veräußerer regelmäßig nachträglich eine Nutzungsentschädigung

---

979 *J. Mayer*, in: Amann/Mayer, Intensivkurs Überlassungsvertrag (DAI-Skript Mai 2006), S. 224, gibt zu bedenken, dass dieses Zustimmungserfordernis zu endlosen innerfamiliären Streitigkeiten führen kann, und rät daher, den Investitionsausgleich bei bestimmten Rückforderungsgründen gänzlich auszuschließen, i.Ü. aber zuzulassen.
980 Sind keine vertraglichen Regelungen getroffen, erkennt der BGH (ZNotP 2000, 360) dem Rückübertragungsverpflichteten nur einen Verwendungsersatzanspruch unter den Voraussetzungen der §§ 347 Satz 2 a.F., 994 Abs. 2 BGB zu.
981 BGH, DNotZ 1996, 443.
982 BGH, DNotZ 1996, 443.
983 *Langenfeld/Günther*, Grundstückszuwendungen zur lebzeitigen Vermögensnachfolge, Rn. 114.

liegen, die nicht zurückzugewähren ist. Gutabstandsgelder als Einmalzahlungen an den Veräußerer wären jedoch an sich zu erstatten, allerdings ohne Beilage von Zinsen (als Ausgleich für die mit Zeitablauf eintretende Wertreduzierung des Gebäudes).

Aufzuheben (bzw. eher aufgrund auflösender Bedingung aufgehoben) ist jedoch regelmäßig ein **Pflichtteilsverzicht des Erwerbers nach dem Veräußerer** (§ 2351 BGB), was u.U. auch das Risiko der Pfändbarkeit des Rückforderungsrechts verringert (Verbot des externen Eingriffs in die Pflichtteilsverhältnisse der Beteiligten, analog § 852 Abs. 1 ZPO, s. Rdn. 1794). Ist der Veräußerer bereits verstorben, geht die „Aufhebung" des erklärten Verzichts allerdings ins Leere, was die Praxis i.d.R. hinnimmt – es würde die vom Gesetz geschützte (§ 851 ZPO) Entscheidungsfreiheit des Pflichtteilsberechtigten missachten, den Rückforderungsberechtigten in diesem Fall dazu zu nötigen, dem Verpflichteten einen Betrag auszuzahlen, der dem gesetzlichen Pflichtteilsanspruch entspricht.[984]

1951

Schließlich sind Gleichstellungsgelder an Geschwister, auch wenn sie unmittelbar dem Veräußerer ggü. geschuldet sind zu berücksichtigen: Hier werden Rückzahlungsverpflichtungen – die zulasten der Geschwister ohnehin nur mit deren Zustimmung begründet werden könnten – kaum in Betracht kommen, zumal durch letztere erklärte Pflichtteilsverzichte regelmäßig bestehen bleiben.

1952

Hinsichtlich des **Schuldendienstes** für vom Erwerber übernommene Verbindlichkeiten wird allenfalls ein Ausgleich der geleisteten Tilgungsbeträge, nicht jedoch der Zinsaufwendungen in Betracht kommen; Letztere stellen ein Äquivalent für die Nutzungsüberlassung dar. Auch die regelmäßigen Tilgungsanteile werden jedoch häufig von der Erstattung ausgenommen, da sie nach der Rentabilitätsvermutung in den gezogenen Nutzungen ihr Äquivalent gefunden haben, sodass es bei der Rückzahlung außerplanmäßiger Sondertilgungen verbleibt.

1953

> **Hinweis:**
> Soweit die Rückübertragung Zug um Zug gegen Erbringung der näher definierten Ausgleichsleistung geschuldet ist, sollte klargestellt werden, dass Verbindlichkeiten, die der Veräußerer aufgrund von Grundpfandrechten, die vor seiner Rückauflassungsvormerkung bestellt wurden, wieder zu übernehmen hat, hinsichtlich ihres aktuellen Valutastands auf diese Ausgleichsleistung anzurechnen sind.

1954

Die Ausgleichsleistung ihrerseits wird wiederum nur geschuldet sein **nach Erklärung der Auflassung** (deren Vollzug jedoch bis zur Erbringung der Ausgleichsleistung ausgesetzt werden kann), ferner erst dann, wenn die Lastenfreistellung von den im Rang nach der Vormerkung bestellten Belastungen gesichert ist und sonstige zum Vollzug des Rückerwerbs notwendige Genehmigungen, Verzichtserklärungen etc. vorliegen. Es dürfte jedoch auch anfechtungsfest sein, die Fälligkeit des (einheitlich geschuldeten) Aufwendungsersatzes auf den Tod des Veräußerers hinauszuschieben, um zu verhindern, dass er sich wegen der drohenden Ersatzansprüche an der Rückforderung gehindert sieht.[985]

1955

---

984 In Rückforderungsfällen, die durch Vermögensverfall ausgelöst wurden, ist diese Lösung unter dem Gesichtspunkt der „asset protection" sogar kontraproduktiv.
985 Vgl. *Schumacher-Hey*, RNotZ 2004, 559.

1956 **Formulierungsvorschlag: Rückabwicklung bei Ausübung des Rückforderungsrechts**

> Verwendungen aus dem Vermögen des Rückübertragungsverpflichteten werden – maximal jedoch bis zur Höhe der noch vorhandenen Zeitwerterhöhung – gegen Rechnungsnachweis erstattet bzw. durch Schuldübernahme abgegolten, soweit sie nicht nur der Erhaltung des Anwesens im derzeitigen Zustand, sondern dessen Verbesserung oder Erweiterung gedient haben und mit schriftlicher Zustimmung des Berechtigten oder seines Vertreters durchgeführt wurden. Sondertilgungen auf übernommene Verbindlichkeiten sowie Gutabstandszahlungen an den Veräußerer sind ebenfalls Zug um Zug mit Vollzug der Rückauflassung, frei von nicht zu übernehmenden Belastungen, und ohne Beilage von Zinsen zu erstatten. I.Ü. erfolgt die Rückübertragung unentgeltlich, also insbesondere ohne Ausgleich für geleistete Dienste, wiederkehrende Leistungen, Gleichstellungsgelder – soweit sie, auch mittelbar, an weichende Geschwister geflossen sind –, planmäßige Tilgungen, geleistete Zinsen, Arbeitsleistungen oder die gezogenen Nutzungen. Nur hilfsweise gelten die gesetzlichen Bestimmungen zum Rücktrittsrecht.
>
> *(Zusatz bei minderjährigen Beschenkten: Alle etwaigen Zahlungspflichten des Erwerbers sind jedoch beschränkt auf den noch vorhandenen Bestand des übertragenen Vermögens).*
>
> Der Veräußerer hat die im Grundbuch eingetragenen Rechte und Grundpfandrechte in lediglich dinglicher Weise zu übernehmen, soweit sie im Rang vor der nachstehend bestellten Auflassungsvormerkung eingetragen sind.
>
> Die Kosten der Rückübertragung hat der Anspruchsberechtigte zu tragen. Mit Durchführung der Rückübertragung entfällt die ggf. angeordnete Anrechnung der Zuwendung auf den Pflichtteilsanspruch des heutigen Erwerbers sowie ein etwa mit ihm in dieser Urkunde vereinbarter Pflichtteilsverzicht (auflösende Bedingung).

f) Ersetzungsbefugnis

1957 Um den Vollstreckungszugriff etwaiger Gläubiger des Veräußerers bei Ausübung des Rückforderungsrechts zu erschweren, kann es sich empfehlen,[986] dem Erwerber (Rückübertragungsverpflichteten)[987] eine Ersetzungsbefugnis in Gestalt der Übertragung an ihm nahestehende Dritte (z.B. seine Abkömmlinge) einzuräumen. Diese subjektive Wahlschuld darf allerdings (da sonst evidente Gläubigerbenachteiligung vorläge) nicht lediglich im Fall der Pfändung des Rückerwerbsrechts bestehen. Noch offen ist, ob die „Konzentration" auf die Ersatzleistung erst mit der tatsächlichen Ausübung der Ersetzungsbefugnis eintritt[988] und ob – dies vorausgesetzt – eine frühere Pfändung des Rückforderungsrechts die Ersetzungsbefugnis des Drittschuldners unberührt lässt.[989]

---

986 Vgl. etwa *Wegmann*, Grundstücksüberlassung, Rn. 194; *Baldringer/Jordans*, FPR 2004, 9; skeptisch *Berringer*, DNotZ 2004, 249.

987 Eine Ersetzungsbefugnis des Rückforderungsberechtigten wäre nur dann gläubigerfest, wenn der vormerkungsgesicherte Anspruch einerseits in der Insolvenz des verpflichteten Erwerbers durchsetzbar ist, andererseits in der Insolvenz des Wahlberechtigten nicht in die Masse fallen würde, wovon nur HK-InsO/*Eickmann*, § 91 Rn. 33, ausgeht; dagegen *Kesseler*, MittBayNot 2006, 408.

988 So Staudinger/*Selb*, BGB (1995), § 262 Rn. 8.

989 So *Brehm*, in: Stein/Jonas, ZPO, 21. Aufl. 1995, § 851 Rn. 31.

H. Vertragliche Rückforderungsrechte

Formulierungsvorschlag: Subjektive Wahlschuld des Rückübertragungsverpflichteten 1958

> Wenn das Rückübertragungsverlangen durch den Veräußerer gestellt wird, ist der Erwerber nicht zur Rückübertragung verpflichtet, wenn er das Objekt einem Abkömmling durch einen binnen zwei Monaten geschlossenen Übertragungsvertrag zuwendet, vorausgesetzt in diesem Vertrag wird dem heutigen Veräußerer ein an Dritte nicht zur Ausübung übertragbares Wohnungsrecht auf Lebenszeit eingeräumt.

Allerdings ist zu bedenken, dass in der Zuwendung der potenziellen Begünstigungsposition an Abkömmlinge auch eine (anfechtbare bzw. § 528 BGB auslösende) Schenkung des heutigen Veräußerers an Letztere liegen kann.[990] Weiterhin bleibt stets die Pfändbarkeit des doppelt bedingten Rückforderungsanspruchs, jedenfalls bis zur Ausübung der subjektiven Ersetzungsbefugnis. Sind Veräußerer und Rückübertragungsverpflichteter im Konflikt (etwa im Fall der Rückforderung bei Trennung oder Scheidung), wird der Erwerber zudem gerne von dieser (zur Vermeidung einer Gläubigerbenachteiligung nicht nur den Fall des Vollstreckungszugriffs/der Insolvenz vereinbarten) Ersetzungsmöglichkeit Gebrauch machen: *„Wenn ich es schon nicht behalten darf, sollst du das Vermögen erst recht nicht zurückbekommen."* 1959

Zum benachbarten Fall eines Vertrages zugunsten Dritter (Übereignungsanspruch eines Dritten beim Eintritt bestimmter Voraussetzungen) vgl. Rdn. 1989 ff.

IV. Sicherung durch Vormerkung

1. Notwendigkeit/Rang

Die beabsichtigte Schutzwirkung kommt dem Rückerwerbsrecht nur dann zu, wenn es durch eine[991] **Eigentumsverschaffungsvormerkung**[992] (häufig untechnisch „Rückauflassungsvormerkung" genannt) an günstiger Rangstelle[993] im Grundbuch gesichert ist. Jeder Anspruch bedarf einer eigenen Vormerkung; **„ein" Anspruch** liegt jedoch auch vor, wenn er mehrere gleichartige dingliche Rechtsänderungen zum Inhalt hat,[994] wenn er auf mehrere alternative Voraussetzungen gestützt sein kann und wenn er mehreren Gläubigern gemeinschaftlich (§ 47 GBO) oder sukzessive[995] zusteht. Zu den möglichen Gemeinschaftsverhältnissen hinsichtlich des Rückforderungs- 1960

---

990 *Berringer*, DNotZ 2004, 250, weist darauf hin, dass zwar grds. treuhänderische Empfangszuständigkeiten nur unter Mitwirkung des (Rückübertragungs-) Berechtigten geändert werden können, wenn dessen Interessen schutzwürdig sind (wie bei der Zweckbindung des Kaufpreisanspruchs zur Lastenfreistellung); dies dürfte aber nicht zur Schaffung einer „res extra commercium" bzw. zu einem Katz-und-Maus-Spiel mit dem Gläubiger berechtigen.

991 Auch ein an mehrere alternative Bedingungen geknüpfter Rückforderungsanspruch kann durch eine einzige Vormerkung gesichert werden, vgl. BayObLG, ZEV 2003, 30.

992 Hinsichtlich der Bestimmtheitsanforderungen gelten die (weniger strengen) Maßstäbe des Schuldrechts, vgl. *Schippers*, DNotZ 2001, 756, in Auseinandersetzung mit OLG Hamm, Rpfleger 2000, 449, und BayObLG, (Vorlagebeschluss hiergegen: auch Vormerkung zur Sicherung des Rückforderungsrechts wegen groben Undanks möglich) DNotZ 2001, 803.

993 OLG München, MittBayNot 2006, 145 sieht bei Fehlen ausdrücklicher Rangbestimmungen eine stillschweigende Abrede dahin gehend, dass die im Überlassungsvertrag vorbehaltenen Rechte zugunsten des Veräußerers im Rang vor (Grundpfand-) Rechten zugunsten Dritter, die der Erwerber bestellt, eingetragen werden müssen.

994 BayObLG, MittBayNot 2002, 158 m. Anm. *Giehl*: Erbbaurechtsbestellungen an 35 zu bildenden Teilflächen durch eine Vormerkung sicherbar.

995 Hierzu Gutachten, DNotI-Report 1995, 121; DNotI-Report 2001, 113, und Fax-Abruf Nr. 11220.

rechts vgl. Rdn. 1610 ff.; im Grundbuch einzutragen ist nicht das künftige Eigentumsverhältnis, das nach Erfüllung des Rückforderungsanspruchs bestehen wird.[996]

1961 Die weiter erforderliche **Bestimmbarkeit des Anspruchs** ist auch bei Verwendung unbestimmter Rechtsbegriffe („grober Undank"[997] oder gesetzlicher Tatbestandsmerkmale wie „Verarmung",[998] „drohende Zwangsvollstreckung in den Vertragsbesitz",[999] ebenso „wesentliche Verschlechterung der Vermögensverhältnisse",[1000] „Beteiligung des Ehegatten am überlassenen Grundbesitz oder an dessen Wert oder güterstandsbezogene Ansprüche hieraus",[1001] „wenn der Erwerber seine übernommene Betreuungspflicht beharrlich nicht erfüllt oder sonstwie erheblich und nachhaltig gegen den Geist dieses Vertrages verstößt")[1002] gegeben, sodass auch rechtsgeschäftliche Vormerkungen zur Sicherung des bedingten Anspruchs auf Rückübertragung nach Widerruf gem. § 530 BGB oder Rückforderung gem. § 528 BGB denkbar und – insb. bzgl. des erstgenannten Sachverhalts – empfehlenswert sind.[1003] Die Grenzen der Bestimmbarkeit sind jedoch kontrovers („Sympathisant" etc., vgl. Rdn. 1919). Richtigerweise wäre zu differenzieren[1004] zwischen der vorgemerkten dinglichen Rechtsänderung (dem Anspruchsziel), das der sachenrechtlichen Bestimmbarkeit unterliegt, einerseits, und den Voraussetzungen des Rückforderungsrechtes, andererseits – Letztere unterliegen allein dem Schuldrecht, können also auch auf auslegungsbedürftigen Begriffen beruhen.

1962 Auch bei einem lediglich doppelt (durch Eintritt eines Umstandes und Ausübungserklärung) bedingten Anspruch ist jedoch der für die Vormerkungsfähigkeit (und damit Insolvenzfestigkeit, vgl. Rdn. 1963) erforderliche „**sichere Rechtsboden**" bereits gelegt,[1005] da der Schuldner es nicht mehr in der Hand hat, die Entstehung durch alleinige einseitige Willenserklärung (etwa einen vorbehaltenen freien Widerruf, voraussetzungslosen Rücktritt oder durch beliebige Kündigung) zu verhindern.[1006] Der „wirtschaftliche Wert" des Anspruchs ist für seine Vormerkbarkeit gleichgültig; auch braucht der Anspruch noch nicht dergestalt verfestigt zu sein, dass er nur mehr vom Willen des Begünstigten abhängt – der sichere Rechtsboden ist demnach auch gelegt, wenn eine Abhängigkeit von sonstigen externen Umständen (Eintritt der Insolvenz) besteht oder wenn

---

996 Vgl. OLG München, 29.05.2007 – 32 Wx 077/07, DNotI-Report 2007, 128.
997 BGH, NJW 2002, 2461 auf Divergenzvorlage des BayObLG; hierzu *Wacke*, JZ 2003, 179.
998 OLG Düsseldorf, DNotI-Report 2002, 133: vorbehaltener Anspruch auf Rückübertragung für den Fall, dass eine Schenkung von Gesetzes wegen rückgängig gemacht werden kann, z.B. also Verarmung, Undank etc.
999 OLG München MittBayNot 2009, 465 m. Anm. *Wartenburger* (der Begriff genügt auch in § 288 StGB dem strafrechtlichen Bestimmtheitsgebot des Art. 103 GG, vgl. *Böhringer* Rpfleger, 2010, 406, 410).
1000 OLG München, 10.04.2007 – 32 Wx 058/07, MittBayNot 2008, 50 m. Anm. *Wartenburger* unter Verweis auf § 321 BGB a.F., §§ 490, 648a Abs. 1 Satz 3, 775 Abs. 1 Nr. 1 BGB.
1001 BayObLG, 01.08.2002 - 2Z BR 72/01, DNotZ 2002, 784.
1002 OLG Düsseldorf, 04.01.2010 – I-3 Wx 227/09, JurionRS 2010, 10060.
1003 Auch wenn die Vormerkung nur auf den Fall des § 530 BGB (grober Undank) beschränkt ist, wirkt sie doch wie eine faktische Belastungssperre, denn kein Gläubiger wird sich auf die Ungewissheit einlassen, sein Recht zu verlieren, wenn nach einem Fehlverhalten seines Schuldners der Veräußerer den Widerruf erklärt: *Wacke*, JZ 2003, 183 ff.
1004 So zu Recht *Amann*, DNotZ 2007, 298 und *Wartenburger*, MittBayNot 2008, 52.
1005 BGH, 05.12.1996 – V ZB 27/96, DNotZ 1997, 720; es bedarf also der noch von BayObLG, DNotZ 1978, 39 entwickelten Differenzierung zwischen bedingten und künftigen Ansprüchen nicht mehr.
1006 Eingehend *Amann*, MittBayNot 2007, 17, gestützt auf BGH, 09.03.2006 – IX ZR 11/05, MittBayNot 2007, 45, vgl. auch *Krauß*, Immobilienkaufverträge in der Praxis, Rn. 718 ff.

der Verpflichtete nur im Zusammenwirken mit einer dritten Person sich vom Anspruch wieder befreien kann.[1007] Auch eine ohne „sicheren Rechtsboden" (noch als reines Buchrecht) eingetragene Vormerkung erstarkt eo ipso,[1008] sobald die Bindungsfreiheit des Schuldners entfallen ist. Zur parallelen Rechtslage beim Vertrag zugunsten Dritter vgl. Rdn. 1990.

Ohne Vormerkungsschutz wäre der Veräußerer bspw. für den Fall der abredewidrigen Weiterveräußerung **auf Schadensersatzansprüche gegen den Erwerber** (wegen verschuldeten Unmöglichwerdens der Rückübereignungspflicht) **beschränkt**. Die Eintragung der Vormerkung im Grundbuch zerstört den guten Glauben jedes anderen möglichen Beteiligten am Grundstücksverkehr und führt zur relativen Unwirksamkeit beeinträchtigender Verfügungen, auch Belastungen. Sie gewährleistet ferner, dass der gesicherte Anspruch auch in der Insolvenz des Verpflichteten durchsetzbar bleibt, auch wenn die auslösende letzte Bedingung (Ausübungserklärung) erst nach Insolvenzeröffnung eintritt,[1009] unabhängig davon ob anderenfalls der Insolvenzverwalter gem. § 106 InsO die Nichterfüllung hätte wählen können (vgl. Rdn. 1902). 1963

Ist abzusehen, dass der Erwerber das Zuwendungsobjekt wird beleihen müssen, kann entweder ein **Rangvorbehalt für künftige Grundpfandrechte** eingetragen werden (s. den Formulierungsvorschlag bei Rdn. 1965) oder aber (angesichts des Absicherungsbedürfnisses vieler Veräußerer häufiger) eine schuldrechtliche Verpflichtung zum Rangrücktritt unter bestimmten Voraussetzungen niedergelegt werden. 1964

Beispiel (typischer Bedingungskatalog):

Vorliegen einer Bestätigung des Gläubigers, dass die gesicherten Verbindlichkeiten ausschließlich zur Bezahlung von Handwerkerrechnungen für Renovierungsarbeiten verwendet werden, eine anderweitige Revalutierung nicht ohne Zustimmung des Veräußerers möglich ist, auf Verlangen Teillöschungsbewilligungen in bestimmten Mindest-Tranchen erstellt werden, und das Grundpfandrecht nicht abgetreten werde).

Die Verpflichtung zum Rangrücktritt kann (zur Durchsetzung auch in der Insolvenz des Vormerkungsberechtigten bzw. – sofern die Abtretbarkeit nicht ausgeschlossen wurde – mit Wirkung auch gegen Einzelrechtsnachfolger) durch Vormerkung zugunsten des Grundstückseigentümers, einzutragen bei der Rückauflassungsvormerkung, gesichert werden (s. den Formulierungsvorschlag bei Rdn. 1966).

Anstelle des Rangrücktrittes ist auch ein Wirksamkeitsvermerk denkbar.[1010]

[1007] So der Sachverhalt in BGH, 26.04.2007 – IX ZR 139/06, DNotZ 2007, 829 m. Anm. *Amann*: eine (mehrfach bedingte) Übereignungspflicht des Vaters zugunsten der Kinder konnte nur unter Mitwirkung der Mutter wieder aufgehoben werden.
[1008] Anders als in den Fällen des „Recycling" einer Vormerkung für einen Nachfolgevertrag (vgl. *Krauß*, Immobilienkaufverträge in der Praxis, Rn. 715 ff.) gibt es keinen neu geschaffenen Anspruch, der durch neue formlose Bewilligung (§ 885 BGB) zu sichern wäre.
[1009] BGH, 14.09.2001 – V ZR 231/00, DNotZ 2002, 275 m. Anm. *Preuß*.
[1010] LG Krefeld, Rpfleger 2002, 72.

1965 **Formulierungsvorschlag: Rangvorbehalt bei der Rückübertragungsvormerkung**

> Vereinbart und zur Eintragung bei dieser Rückübertragungsvormerkung bewilligt und beantragt wird ein mehrmalig ausnutzbarer **Rangvorbehalt** für Grundpfandrechte zugunsten beliebiger Gläubiger im Gesamtbetrag von bis zu ..... € mit bis zu ..... % jährlichen oder einmaligen Zinsen ab notarieller Bewilligung und Nebenleistungen von bis zu ..... %.

1966 **Formulierungsvorschlag: Vormerkungsgesicherte Pflicht zum Rangrücktritt mit der Rückübertragungsvormerkung**

> Die Rückübertragungsberechtigten verpflichten sich, mit der zu ihren Gunsten einzutragenden Vormerkung auf Verlangen des Eigentümers hinter durch diesen zu bestellende Grundpfandrechte zugunsten europäischer Kreditinstitute zurückzutreten, wenn folgende Voraussetzungen erfüllt sind:
> - Der Gesamtbetrag der vorrangigen Grundpfandrechte darf ..... € nicht übersteigen; die jährlichen Zinsen dürfen ..... % und die Nebenleistungen ..... % nicht übersteigen.
> - Der Gläubiger muss dem Vormerkungsberechtigten schriftlich bestätigen, dass das gesicherte Darlehen für Erhaltungs- und Investitionsmaßnahmen auf dem vormerkungsgesicherten Objekt gewährt wird.
> - Eine Änderung der Zweckvereinbarung, etwa die Sicherung anderer Darlehen, ist nur mit Zustimmung des Vormerkungsberechtigten möglich.
> - Der Gläubiger muss sich weiter verpflichten, vorstehende Verpflichtungen etwaigen Rechtsnachfolgern aufzuerlegen.
>
> Zur Sicherung dieser bedingten Pflicht zum Rangrücktritt bewilligt der Vormerkungsberechtigte bei seiner Vormerkung die Eintragung einer Vormerkung zugunsten des derzeitigen Grundstückseigentümers, Letzterer beantragt ihre Eintragung.

1967 Verändert sich der durch die Vormerkung gesicherte Anspruch auf dingliche Rechtsänderung (z.B. weil die Rückforderungsgründe, die zur vormerkungsgesicherten Rückübertragung führen können, sich erweitern), muss dies an sich als Inhaltsänderung bei der Vormerkung vermerkt werden,[1011] wozu die Zustimmung der im Rang nach der Vormerkung etwa zwischenzeitlich eingetragenen dinglich Berechtigten erforderlich ist.[1012] Der BGH erlaubt jedoch – im Erst-Recht-Schluss zum „Recycling" vollständig erloschener Vormerkungen[1013] – entgegen der Literatur[1014] – die Erweiterung der durch die Vormerkung gesicherten Ansprüche (Schaffung weiterer Rückforderungstatbestände, d.h. tatsächlich geht es um eine Anspruchsänderung, nicht die Schaffung weiterer Ansprüche) allein durch Bewilligung in der Nachtragsurkunde, die bei den

---

[1011] So noch BGH, 22.04.1959 – V ZR 193/57, LM BGB § 883 Nr. 6.
[1012] OLG Frankfurt am Main, DNotZ 1994, 247.
[1013] BGHZ 143, 175 ff. = MittBayNot 2000, 104 m. abl. Anm. Demharter = DNotZ 2000, 639 m. Anm. Wacke = ZfIR 2000, 121 m. abl. Anm. Volmer.
[1014] Z.B. Amann, MittBayNot 2000, 197, 200; *Zimmer*, ZfIR 2008, 91 ff.

Grundakten verwahrt wird, ohne Änderung des Grundbuchinhaltes selbst.[1015] Entscheidend sei, dass die „Zielrichtung" des gesicherten Anspruchs identisch bleibe, da Anspruchsziel, Gläubiger und Schuldner die drei Individualisierungsmerkmale einer Vormerkung definieren.[1016]

> **Hinweise:**
> Damit wird der Wert einer (Online-) Einsicht in das Grundbuch entscheidend herabgesetzt; die Vormerkung ist auf dem Weg zu einem lediglich abstrakten Sicherungsmittel.[1017]

Zu erklären wäre demnach in der Nachtragsurkunde über die Erweiterung oder Änderung der Rückforderungstatbestände entsprechend dem folgenden Formulierungsvorschlag.

Formulierungsvorschlag: Grundbuchliche Erklärungen bei späterer Änderung der Rückforderungstatbestände

1968

> Die Beteiligten sind einig, dass die bereits zugunsten des Veräußerers eingetragene Vormerkung künftig dessen Anspruch auf Rückübertragung schützt, wie er sich nach Maßgabe der vorstehend geänderten Rückforderungsrechte ergibt. Der Erwerber, als derzeitiger Eigentümer, bewilligt die Erweiterung des Sicherungsumfangs dieser Vormerkung. Der Notar wird beauftragt, die Nachtragsurkunde dem Grundbuchamt vorzulegen mit der Empfehlung, beim bereits dort verwahrten Übertragungsvertrag (Haupturkunde) einen Verweis auf den heutigen Nachtrag anzubringen.

2. „Löschungserleichterung"

Zur Löschung eines im Grundbuch eingetragenen Rechts ist gem. § 19 GBO grds. die **Bewilligung des Berechtigten in beglaubigter Form** erforderlich, **es sei denn**, die Unrichtigkeit kann gem. § 22 Abs. 2 GBO durch öffentliche Urkunde nachgewiesen werden oder ist „amtsbekannt" offenkundig.[1018] Von § 22 GBO (Vorlage einer Sterbeurkunde als öffentliche Urkunde) macht wiederum § 23 Abs. 1 GBO eine Gegenausnahme: Sofern bei auf Lebenszeit beschränkten Rechten **Rückstände möglich** sind, bedarf es wiederum der Bewilligung des Rechtsnachfolgers, sofern die Löschung bereits innerhalb eines Jahres nach dem Tod des Berechtigten durchgeführt werden soll. § 23 Abs. 2 GBO bildet wiederum eine Unterausnahme zu § 23 Abs. 1 GBO: Auch schon während der Jahresfrist genügt der bloße Unrichtigkeitsnachweis (z.B. durch Sterbeurkunde), wenn das Recht mit einer **Löschungserleichterungsklausel** versehen wurde. Häufige Fälle des § 23 Abs. 2 GBO sind bspw. Reallasten (hinsichtlich der Rückstände bei Lebenszeitrenten); Fälle des § 22 Abs. 1 GBO (Rückstände nicht denkbar, sodass stets der Unrichtigkeitsnachweis

1969

1015 BGH, 07.12.2007 – V ZR 21/07, RNotZ 2008, 222 m.krit. Anm. von *Heggen*, RNotZ 2008, 213 ff.; *Amann*, DNotZ 2008, 520 ff.; und *Demharter*, MittBayNot 2008, 214 ff. Der BGH weist darauf hin, es sei angezeigt, bei der ursprünglichen Urkunde, auf die im Vormerkungstext Bezug genommen wird, auf die Nachtragsurkunde z.B. durch einen Bleistiftvermerk (untechnisch) zu verweisen. Erzwungen werden kann dies jedoch nicht, zumal gem. § 10 Abs. 1 Satz 1 GBO nur solche Urkunden bei den Grundakten aufzubewahren sind, auf welche eine Eintragung gründet oder Bezug nimmt.
1016 *Heggen*, RNotZ 2008, 215.
1017 *Zimmer*, ZfIR 2008, 91.
1018 Seltener Beispielsfall: OLG Zweibrücken, FamRZ 2005, 2085 – bedingte Übereignungspflicht ist an ein Vermächtnis geknüpft, das wegen Vorversterbens nicht mehr eintreten kann.

genügt) sind z.B. Wohnungsrechte, jedenfalls dann, wenn keine Instandhaltungsverpflichtung des Eigentümers bestand.

1970 Im Zusammenhang mit Rückerwerbsrechten ist **zu differenzieren**:
- Ist das Recht, den Rückerwerb zu verlangen, uneingeschränkt vererblich, kommt eine Löschung der eingetragenen Vormerkung schon gem. § 22 GBO nicht in Betracht, weil der Anspruch (nunmehr in der Person des Rechtsnachfolgers) fortbesteht. Sind umgekehrt sowohl Rückforderungsrecht als auch Rückforderungsanspruch unvererblich (mit der Folge, dass ein noch nicht erfüllter Rückübereignungsanspruch mit dem Ableben des Begünstigten untergeht), genügt bereits gem. § 22 GBO der Todesnachweis, sodass für die Vereinbarung einer Löschungserleichterung kein Raum bleibt.[1019]

1971
- Ist zwar der Anspruch vererblich oder zumindest der Rückübereignungsanspruch nach Ausübung des Verlangens, die Vormerkung selbst jedoch durch den Tod des Berechtigten auflösend befristet (wenn auch der gesicherte Anspruch fortbestehen mag!), bedarf es einer Löschungserleichterung ebenfalls nicht, da in diesem Fall bereits gem. § 22 Abs. 1 GBO die Löschung des dinglichen Sicherungsmittels gegen Sterbeurkunde möglich ist.[1020] Eine solche auflösende Befristung muss freilich ausdrücklich vereinbart sein.[1021]

1972
- Denkbar ist schließlich, dass der Rückauflassungsanspruch selbst ohne Rücksicht auf das Eintreten des vereinbarten Erfolgs mit dem Tod des Berechtigten erlöschen soll, auch wenn das Verlangen bereits in diesem Fall gestellt wurde. In diesem Fall gilt an sich für den gesicherten Anspruch selbst (und damit auch für die akzessorische Vormerkung) ebenfalls unmittelbar § 22 GBO, da Rückstände über den Tod des Berechtigten hinaus nicht denkbar sind.[1022] Allerdings lässt sich nunmehr – mit Verweis auf die Rechtsprechung des BGH zur verdeckten Änderung des Inhalts der Rückforderungsrechte, Rdn. 1967 – nicht mehr ausschließen, dass z.B. nachträglich der Rückforderungsanspruch – ohne Kenntnis des Grundbuchamtes – vererblich gestellt wurde oder – aufgrund einer außerhalb des Grundbuchs vorgenommenen Ergänzung der Rückforderungstatbestände – der nach Geltendmachung entstandene Rückforderungsanspruch auch nach dem Tod weiterbesteht, sodass vorsichtige Grundbuchämter, gedeckt durch die OLG-Rechtsprechung,[1023] die Bewilligung der Erben verlangen, sofern nicht aus dem „Zusammenhang der Umstände hinreichend sicher festgestellt werden kann, dass die Vormerkung nicht durch Vereinbarung eines anderen Anspruchs auf dieselbe Leis-

---

[1019] LG Kleve, RNotZ 2005, 296.
[1020] BGH, DNotZ 1992, 569; OLG Hamm, 11.01.2011 – 15 W 629/10, NotBZ 2011, 294.
[1021] Sie kann vom Grundbuchamt nicht durch Auslegung aus der Formulierung, der Rückübertragungsanspruch bestehe „für den Fall der Unverträglichkeit, den der Übertragsgeber allein zu bestimmen hat", geschlossen werden: OLG Hamm, 08.04.2010 – 15 W 64/10, ZEV 2010, 594.
[1022] LG München II, MittBayNot 2002, 397; LG Bayreuth, MittBayNot 2007, 215.
[1023] OLG Köln, 25.11.2009 – 2 Wx 98/09, FGPrax 2010, 14 ff.; OLG Bremen, 03.11.2010 – 3 W 17/10, notar 2011, 169, OLG Schleswig, 09.07.2010 – 2 W 94/10, RNotZ 2011, 108; OLG Düsseldorf, 02.03.2011 – I-3 Wx 266/10, RNotZ 2011, 295; *Heggen*, RNotZ 2011, 329 ff. Krit. *Amann*, MittBayNot 2010, 451, 456: der ursprünglich zum Inhalt des Grundbuchs gewordene Vormerkungsinhalt gilt auch dem Grundbuchamt ggü. gem. § 891 BGB als fortbestehend; dies dürfte aber wohl nur gelten, soweit die für die Vormerkung notwendigen Elemente im Grundbuch zu verlautbaren sind, also in Bezug auf Gläubiger und Schuldner des Anspruchs sowie den Inhalt i.S.d. gewünschten Rechtsänderung.

tung wieder aufgeladen worden ist".[1024] Die bloße Abrede im Überlassungsvertrag, künftige Änderungen der Rückforderungstatbestände nur im Rahmen einer neuen Vormerkung vereinbaren zu wollen, reicht, da ihrerseits abänderbar, zur Aufrechterhaltung der Löschungserleichterung sicherlich nicht.[1025]

- Häufig wird allerdings gewollt sein, dass das Recht, den Rückerwerb zu verlangen, zwar mit dem Tod des Berechtigten erlöschen soll, ein aus diesem Verlangen tatsächlich resultierender Anspruch auf Rückerwerb jedoch vererblich ist, wenn er bereits geltend gemacht wurde. Für diesen Zwischenfall hatte die frühere Literatur noch die Möglichkeit einer Löschungserleichterungsklausel bejaht. Der BGH[1026] ist dem nicht gefolgt mit der dogmatisch richtigen, gleichwohl für die Praxis unerfreulichen Begründung, dass es sich bei dem auf den Erben übergegangenen Anspruch auf Rückauflassung (aus der bereits geltend gemachten Rückforderung) nicht um einen Rückstand eines seinerseits erloschenen Rechts handle, sondern um ein neues, seinerseits vererbliches Recht, sodass § 22 GBO bereits für sich nicht eingreifen könne (vergleichbar für ein von vornherein vererblichen Anspruch, die Rückübertragung geltend machen zu können). Um gleichwohl die in der Praxis häufig beklagte wirtschaftliche Sperrwirkung der Rückerwerbsvormerkung mit einfachen Mitteln beseitigen zu können, werden **verschiedene Lösungsmöglichkeiten** diskutiert:

1973

Hinweis:

Die Vormerkung sollte daher (anders als der gesicherte Anspruch, ähnlich oben bei Rdn. 1971) als Sicherungsmittel auf den Tod des Berechtigten auflösend befristet sein, sodass hinsichtlich der Vormerkung keine Rückstände möglich sind und demnach § 22 GBO unmittelbar gilt. Der gesicherte Anspruch kann allerdings weiter verfolgt und zu dessen Sicherung im Weg der einstweiligen Verfügung eine neue Vormerkung gem. § 885 Abs. 1, 1. Alt. BGB erzwungen werden (wenn auch mit ggf. verschlechtertem Rang).

1974

Formulierungsvorschlag: Auflösend befristete Vormerkung für Rückforderungsanspruch

1975

Zur Sicherung des bedingten Rückübertragungsanspruchs nach wirksamer Ausübung eines vorstehend eingeräumten Rückforderungsrechts oder des gesetzlichen Widerrufs gem. § 530 BGB („grober Undank") bestellt hiermit jeder Erwerber zugunsten des vorgenannten Veräußerers – sofern es sich um mehrere Personen handelt, als Gesamtberechtigte gem. § 428 BGB – eine **Eigentumsvormerkung** am jeweiligen Vertragsbesitz und bewilligt und beantragt deren Eintragung im Grundbuch. Die Vormerkung ist als Sicherungsmittel auflösend befristet. Sie erlischt mit dem Tod des jeweiligen Veräußerers.

- Denkbar ist auch,[1027] die **Befristung** des dinglichen Sicherungsmittels „Vormerkung" auf einen angemessenen Zeitraum (z.B. ein Jahr) nach dem Tod des Berechtigten festzulegen, um dessen Erben Gelegenheit zu geben, einen schon geltend gemachten, aber noch nicht

1976

1024 Löschung 9 Jahre nach Ableben des Vormerkungsberechtigten: OLG Hamm, 11.01.2011 – 15 W 629/10, NotBZ 2011, 294.
1025 Entgegen *Michael*, notar 2010, 407, 411.
1026 BGH, DNotZ 1996, 453, mit Besprechung *Wufka*, MittBayNot 1996, 156; vgl. auch OLG Hamm ZEV 2010, 594.
1027 *Hertel*, in: Lambert-Lang/Tropf/Frenz, Handbuch der Grundstückspraxis, Teil 2 Rn. 611.

erfüllten Anspruch auf tatsächlichen Rückerwerb durchzusetzen. Die Frist blockiert allerdings den Eigentümer faktisch bei Verfügungen über den Grundbesitz, sofern die Erben des Berechtigten nicht die Löschung bewilligen.

1977 • Verschiedentlich wird die **Erteilung von Löschungsvollmachten** empfohlen,[1028] wobei der Bevollmächtigte eine Sterbeurkunde des Berechtigten vorzulegen habe und ggf. eine bestimmte Zeit nach dem Tod vor deren Verwendung verstreichen müsse. Wegen des Erfordernisses einer zusätzlichen Bewilligung entstehen allerdings ggü. der unmittelbaren Vormerkungsbefristung höhere Kosten. Es ist weiter klarzustellen, dass die Vollmacht lediglich die grundbuchliche Löschung der Vormerkung erfasst, nicht auch den Abschluss eines Erlassvertrags für etwa bereits entstandene schuldrechtliche Ansprüche.

1978 **Formulierungsvorschlag: Vollmacht zur Löschung der Rückübertragungsvormerkung**

> Die Vormerkungsberechtigten bevollmächtigen hiermit den jeweiligen Grundstückseigentümer, die Vormerkung grundbuchlich zur Löschung zu bewilligen, sofern dem beglaubigenden Notar eine Sterbeurkunde des Berechtigten vorgelegt wird und seit dem Ableben mind. sechs Monate verstrichen sind.

1979 Eine ins Leere gehende Löschungserleichterungsklausel lässt sich möglicherweise **in eine Löschungsvollmacht umdeuten**.[1029]

Letzteres gilt auch für die sofortige Abgabe einer Löschungsbewilligung durch den Berechtigten als sog. „Schubladenlöschung", deren Verwendung vom Erwerber oder dessen Rechtsnachfolgern bei Präsentation einer Sterbeurkunde und ggf. Ablauf einer „Nachfrist" verlangt werden könne.[1030]

3. „Antezipierte Freigabe" und ihre Besicherung

1980 Steht bereits fest, dass eine Teilfläche aus dem übertragenen Besitz veräußert werden soll, und ist der Veräußerer als Inhaber des vormerkungsgesicherten Rückforderungsvorbehalts damit (ggf. gegen Zahlung eines Teilbetrages aus dem Weiterveräußerungsvertrag) einverstanden, kann entweder die Zustimmung zur künftigen Verfügung und grundbuchliche Freigabe der wegzumessenden Fläche bereits ex ante erklärt und „in der Schublade verwahrt" werden, oder aber der Rückforderungsberechtigte verpflichtet sich lediglich zur künftigen Freigabe. Bei sonstigen beschränkt dinglichen Rechten (etwa Grundpfandrechten) wird diese Verpflichtung i.d.R. durch eine Freigabevormerkung besichert.[1031] Solche Freigabevormerkungen können sich aber nicht auf die Vormerkung selbst beziehen, mag diese auch kraft ihrer Sicherungsfunktion gewisse dingliche Wirkungen haben.

1981 Die Absicherung der Freigabepflicht erfolgt in diesem Fall **nicht** über eine „**Freigabevormerkung an der Vormerkung**", sondern über die inhaltliche Umgestaltung des gesicherten, vorge-

---

[1028] So *Wufka*, MittBayNot 1996, 160.
[1029] *Amann*, DNotZ 1998, 6, gegen BayObLG, DNotZ 1998, 66.
[1030] Vgl. zum ganzen umfassend Gutachten, DNotI-Report 2000, 29 ff.
[1031] Vgl. *Krauß*, Immobilienkaufverträge in der Praxis, Rn. 633a ff., mit Formulierungsvorschlägen.

merkten Anspruchs selbst, wobei diese Vereinbarung unter der aufschiebenden Bedingung der Zahlung des beanspruchten Betrags steht (Letztere sichert gem. § 161 BGB gegen spätere Verfügungen des Berechtigten, Gläubigerzugriffe die Insolvenzeröffnung). Der Abwicklungsauftrag an den Notar könnte etwa wie folgt formuliert sein:

Formulierungsvorschlag: Vollzugsauftrag zur Reduzierung des vormerkungsgesicherten Rückforderungsanspruchs bei einem Teilflächenverkauf 1982

> Der Notar wird beauftragt und bevollmächtigt, zwischen dem Verkäufer und dem Berechtigten der in Abteilung II lfd. Nr. ...... eingetragenen *(z.B. Rückübertragungs-)* Vormerkung eine auch dem Käufer gegenüber wirkende Vereinbarung dahingehend zu treffen, dass sich der gesicherte Anspruch – gegebenenfalls aufschiebend bedingt auf die Zahlung einer aus dem Kaufpreis erfüllbaren Zahlungsauflage – nicht mehr auf die zu veräußernde Teilfläche bezieht, also die Rechtsfolge des § 883 Abs. 2 BGB nicht gegen den Übereignungsanspruch des Käufers und etwaige zugunsten der Finanzierungsgläubiger des Käufers einzutragende Grundpfandrechte geltend gemacht werden kann.

Um zu vermeiden, dass der von der Freigabepflicht betroffene Anspruch samt akzessorischer Vormerkungssicherung zwischenzeitlich an einen Dritten abgetreten wird, kann diese Inhaltsänderung – was jedoch dann eine entsprechende Bewilligung des Freigabeverpflichteten in der Form des § 29 GBO voraussetzt – bei der Vormerkung vermerkt werden, und zwar als auflösende Bedingung der Vormerkung (nicht des gesicherten Anspruchs selbst) in Bezug auf die freizugebende Fläche: 1983

Formulierungsvorschlag: Verlautbarung der Inhaltsreduzierung der Vormerkung durch auflösende Bedingung 1984

> *(Anm.: Im Anschluss an Formulierungsvorschlag Rdn. 1981):* Des weiteren wird der Notar beauftragt und bevollmächtigt, beim Berechtigten der in Abteilung II Nr. ...... eingetragenen Vormerkung unter Entwurfsfertigung eine Bewilligung dahingehend einzuholen, im Weg der Inhaltsänderung bei der Vormerkung im Grundbuch zu vermerken, dass die Vormerkung hinsichtlich der von der Freigabeverpflichtung erfassten Teilfläche von ca. ...... m² – wie vorstehend beschrieben – auf die Zahlung eines vom Berechtigten zu bestimmenden Geldbetrags auflösend bedingt ist.

1985 Stattdessen kann auch ein bedingter Wirksamkeitsvermerk[1032] eingetragen werden, insb. wenn es um die Verlautbarung der Unwirksamkeit der freizugebenden Vormerkung ggü. einzutragenden anderen Rechten, z.B. Dienstbarkeiten oder Grundpfandrechten, geht:

1986 **Formulierungsvorschlag: Verlautbarung der Inhaltsreduzierung der Vormerkung durch Wirksamkeitsvermerk**

> *(Anm.: Im Anschluss an Formulierungsvorschlag Rdn. 1981):* Ergänzend wird der Notar beauftragt und bevollmächtigt, beim Berechtigten der in Abteilung II lfd. Nr. ...... eingetragenen Vormerkung unter Entwurfsfertigung eine Bewilligung dahingehend einzuholen, sowohl bei seiner Vormerkung als auch bei der noch einzutragenden Eigentumsverschaffungsvormerkung des Käufers einen Vermerk einzutragen, wonach die freizugebende Vormerkung, Abteilung II lfd. Nr. ..., keine Wirkungen gegenüber dem Anspruch auf Grundstücksübereignung, wie in der heutigen Urkunde begründet, besitzt (Wirksamkeitsvermerk).

4. Vormerkung bei Weitergabeverpflichtung

1987 Jedem Gestalter von Testamenten ist der Wunsch vieler Erblasser geläufig, den Weg ihres Vermögens über **mehrere Generationen vorauszuzeichnen**, bspw. durch Einsatz der Vor- und Nacherbfolge. Soll diese Wirkung durch Gestaltung im Rechtsgeschäft unter Lebenden erreicht werden, kommt allenfalls die Beauflagung des Ersterwerbers zur Weitergabe des übertragenen Objekts an „Zweitbegünstigte" bei Eintritt bestimmter Voraussetzungen oder zu einem vereinbarten Zeitpunkt in Betracht, wobei allerdings diese lediglich schuldrechtliche Verpflichtung nicht, wie die Vor- und Nacherbfolge, zu einem Von-selbst-Erwerb führt. Sie kann allerdings gegen anderweitige, selbst veranlasste oder von dritter Seite ausgelöste (Pfändung!) störende Verfügungen durch Vormerkung gesichert werden.

1988 **Hinweis:**

Zu empfehlen ist eine solche Gestaltung gleichwohl nicht, führt sie doch im schlimmsten Fall zu einer völligen Entwertung des Grundstücks als Kreditgrundlage und dem Rechtsverkehr.[1033]

1989 Soll bspw. der Abkömmling bei Eintritt bestimmter Voraussetzungen (eigenmächtige Verfügung, Pfändung, Insolvenz etc.) das Grundstück an den Enkel übertragen, kann diese Berechtigung im Rahmen eines **echten Vertrags zugunsten Dritter** geschaffen werden, sodass nicht nur der Versprechensempfänger (der derzeitige Veräußerer oder, wenn keine Übertragung vorausgegangen ist, z.B. der derzeitige Ehegatte), sondern auch der Begünstigte Dritte (Enkel) forderungsberechtigt ist. Ist die Person des Dritten hinreichend bestimmt, kann nicht nur der (gem. § 335 BGB vermutete) eigene Anspruch des Versprechensempfängers, sondern auch der Anspruch des begünstigten Dritten (§ 328 Abs. 1 BGB) jeweils durch eine eigene Vormerkung gesichert werden.[1034] Beim lediglich unechten Vertrag zugunsten Dritter (wenn also den potenziellen Enkeln

---

[1032] Vgl. zum Wirksamkeitsvermerk i.R.d. Kaufpreisfinanzierung *Krauß*, Immobilienkaufverträge in der Praxis, insb. Rn. 1090 ff.).
[1033] Vgl. *Metzger*, MittBayNot 2004, 365.
[1034] Staudinger/*Gursky*, BGB (2002), § 883 Rn. 70 m.w.N.

kein eigenes Forderungsrecht zugewendet wird, sondern es bei der alleinigen Befugnis des Versprechensempfängers verbleibt, Leistung an die Dritten zu verlangen) kann zumindest der vermutete Anspruch des Versprechensempfängers gesichert werden.[1035] Sofern die Voraussetzungen erfüllt sind, ist die Doppelsicherung ratsam.[1036] Die Gestaltung des Vertrags zugunsten Dritter kann auch für **noch nicht geborene Enkel** gewählt werden, da § 331 Abs. 2 BGB dies (in Abweichung von § 1 BGB) zulässt. Auch zur Sicherung durch Vormerkung ist der Anspruch geeignet, sofern die Person des Dritten und das Anteilsverhältnis nach sachlichen Gesichtspunkten eindeutig bestimmbar sind.[1037] Formulierungsvorschlag einer solchen Regelung (in einer Gestaltung, in welcher der bedingte Übereignungsanspruch erst nach dem Tod des Versprechensempfängers entsteht) s. Rdn. 2895.

Auch ein bedingter oder künftiger Anspruch des Dritten auf Übereignung ist vormerkungsfähig, sofern nur der „sichere Rechtsboden" gelegt ist,[1038] es der Schuldner also nicht mehr in der Hand hat, die Entstehung durch alleinige einseitige Willenserklärung (etwa einen vorbehaltenen freien Widerruf, voraussetzungslosen Rücktritt oder durch beliebige Kündigung) zu verhindern.[1039] Vormerkungsfähigkeit (des Anspruchs des Versprechensempfängers und, bei echtem Vertrag zugunsten Dritter, auch des Dritten) besteht demnach auch, wenn der Verpflichtete nur im Zusammenwirken mit einem Anderen, z.B. mit Zustimmung des Versprechensempfängers, sich vom Anspruch wieder befreien kann.[1040] Zum Schutz vor zu früher Verjährung (Zehn-Jahres-Frist ab Entstehen des Anspruchs) sollte die Verlängerung auf die 30-Jahres-Grenze des § 202 Abs. 2 BGB erwogen werden. Für die Ausübung der Rechte der noch nicht gezeugten Abkömmlinge ist ein Pfleger gem. § 1913 BGB zu bestellen. 1990

5. Belehrungen

Den Beteiligten ist im Regelfall bewusst, welche Beschränkungen ein solcher Rückübertragungsvorbehalt dem Erwerber und dessen Gesamtrechtsnachfolgern[1041] auferlegt und welche Wertminderung des Objekts bis zur Erledigung dieses Rückforderungsvorbehalts damit verbunden ist. Diese Nachteile werden typischerweise in Kauf genommen, einerseits in der Erwägung, dass es sich aus Sicht des Veräußerers um eine unabdingbare Voraussetzung der Übertragung handelt, das Objekt also ohne diese Beschränkung nicht zu erlangen wäre, andererseits angesichts der Tatsache, dass – anders als bei einem freien Rückforderungsvorbehalt – die tatsächliche Geltend- 1991

1035 Vgl. hierzu im Einzelnen *Krauß*, Immobilienkaufverträge in der Praxis, Rn. 747a ff.
1036 Illustrativ der Sachverhalt in BGH, 26.04.2007 – IX R 139/06, DNotZ 2007, 829 m. Anm. *Amann*, wo der Dritte zwar Eigentümer wurde vor dem Zuschlag an einen Ersteigerer, gleichwohl damit jedoch nicht das Verfahren gem. § 28 Abs. 1 ZVG aufzuheben war, da diese Eintragung nicht aufgrund einer vorrangigen Vormerkung erfolgte (vormerkungsgesichert war nur der Anspruch des Versprechensempfängers).
1037 LG Passau, MittBayNot 2004, 362 (leibliche? eheliche? Abkömmlinge; nur solche, die bis zu einem bestimmten Stichtag geboren oder adoptiert wurden?).
1038 BGH, 05.12.1996 – V ZB 27/96, DNotZ 1997, 720; es bedarf also der noch von BayObLG, DNotZ 1978, 39, entwickelten Differenzierung zwischen bedingten und künftigen Ansprüchen nicht mehr.
1039 Eingehend *Amann*, MittBayNot 2007, 17, gestützt auf BGH, 09.03.2006 – IX ZR 11/05, MittBayNot 2007, 45, vgl. auch *Krauß*, Immobilienkaufverträge in der Praxis, Rn. 718 ff.
1040 So der Sachverhalt in BGH, 26.04.2007 – IX ZR 139/06, DNotZ 2007, 829 m. Anm. *Amann*: eine (mehrfach bedingte) Übereignungspflicht des Vaters zugunsten der Kinder konnte nur unter Mitwirkung der Mutter, der Versprechensempfängerin, wieder aufgehoben werden.
1041 Bei einer „genehmigten" rechtsgeschäftlichen Weiterübertragung auf den Einzelrechtsnachfolger.

machung nicht in das unkalkulierbare Belieben des Veräußerers gestellt ist, sondern beschränkt ist auf Sachverhalte, die auch aus Sicht des Erwerbers die Geschäftsgrundlage wesentlich verändern oder gar entfallen lassen. Will man diese rechtlichen und wirtschaftlichen Risiken den Beteiligten gleichwohl ausdrücklich verdeutlichen, könnte sich die nachfolgende Formulierung empfehlen.

1992 **Formulierungsvorschlag: Risikohinweise bei Rückforderungsvorbehalt**

> Der Notar hat mit dem Beteiligten erörtert, welche rechtlichen Auswirkungen der im Grundbuch gesicherte Rückforderungsvorbehalt des Veräußerers haben kann, auch im Fall seiner Ausübung. Dem Erwerber ist bewusst, dass bis zum Erlöschen des Rückforderungsvorbehalts eine Verfügung, auch Beleihung, nur mit Zustimmung des Berechtigten möglich ist, somit der Wert des Objekts zunächst noch wesentlich gemindert wird. Im Fall einer tatsächlich geschuldeten und durchzuführenden Rückübertragung werden nicht alle Aufwendungen, die auf das Objekt getätigt werden, und erst recht nicht die laufenden Kosten, rückerstattet. Dem Veräußerer ist seinerseits bekannt, dass die Ausübung vorbehaltener Rückforderungsrechte der Pfändung unterliegen und für den Fall, dass der Erwerber steuerfinanzierte Sozialleistungen bezieht (etwa Sozialhilfe oder Grundsicherung für Arbeit Suchende), sogar versagt sein kann. Er weiß auch, dass der Rückforderungsvorbehalt untergehen kann, wenn jetzt oder künftig auf Zahlung gerichtete Rechte (etwa Grundschulden, Hypotheken oder Reallasten) seiner Vormerkung im Rang vorgehen und aus diesen die Versteigerung des Objekts betrieben würde.

1993 Fraglich ist, ob der Notar von sich aus auf die Möglichkeit hinzuweisen hat, Rückforderungsvorbehalte zu vereinbaren. Insb. bei ehebedingten Zuwendungen könnte eine solche ungefragte Thematisierung die Unparteilichkeit des Notars infrage stellen, weshalb die Rechtsprechung jedenfalls bei Fehlen konkreter Gefahrenpotenziale solche Gestaltungsanregungen zur Haftungsvermeidung nicht verlangt hat.[1042]

1994 Will der Notar dokumentieren, dass er i.R.d. Sachverhaltsermittlung (Erforschung des Willens der Beteiligten) zumindest die Frage möglicher Vorbehalte und Gegenleistungen angesprochen hat, kann die nachfolgende Formulierung hilfreich sein.

1995 **Formulierungsvorschlag: Verzicht auf Rückforderungs- und sonstige Vorbehalte**

> Die Überlassung erfolgt vollständig unentgeltlich und schenkungsweise. Gegenleistungen sind also nicht geschuldet; auch eine Verrechnung mit Gegenansprüchen des Erwerbers findet nicht statt. Auch Vorbehalte etwa hinsichtlich der Nutzung des Vertragsobjekts oder Beschränkungen der Verfügungsbefugnis des Erwerbers – gesichert durch Rückübertragungsvormerkung – werden nicht gewünscht. Das Schicksal von Schenkungsvorgängen im Verhältnis zu Gläubigern oder Pflichtteilsberechtigten, i.R.d. Zugewinnausgleichs sowie die

---

[1042] Ausdrücklich OLG Düsseldorf, MittRhNotK 1966, 361, und OLG Bamberg, DNotZ 2004, 718 (bei einer Übertragung ohne Anrechnung auf den Pflichtteilsanspruch sei jedenfalls der endgültige Verlust gewollt); zweifelnd OLG Koblenz, DNotI-Report 1998, 410.

Rückforderungs- und Widerrufstatbestände des allgemeinen Schenkungsrechts wurden erläutert; auf die Schenkungsteuer wurde hingewiesen.

V. Vorschlag einer Gesamtformulierung

Die häufig gewählte Variantenkombination des höchstpersönlichen, nicht vererblichen, „pfändungsgeschützten" Rückforderungsrechts für enumerativ aufgezählte, gegen den jeweiligen Eigentümer gerichtete Tatbestände mit auf den Tod befristeter Vormerkungssicherung und begrenzter Erstattungspflicht, jedoch ohne Ersetzungsbefugnis, könnte etwa wie folgt formuliert werden.

Formulierungsvorschlag: Gesamtbaustein „Rückforderungsrecht"

> Jeder Erwerber und seine Gesamtrechtsnachfolger im Eigentum sind gegenüber dem Veräußerer verpflichtet, den jeweiligen Vertragsbesitz zurückzuübertragen, wenn und soweit ein Rückforderungsgrund eintritt und die Rückforderung vertragsgemäß, d.h. binnen zwölf Monaten nach Kenntnis vom Rückforderungstatbestand und in notariell beglaubigter Form, erklärt wird. Das Rückforderungsrecht ist nicht vererblich oder übertragbar und kann nicht durch einen gesetzlichen Vertreter oder sonstigen Sachwalter, der mit Wirkung für fremde Vermögen Erklärungen abzugeben berechtigt ist, ausgeübt werden. Es kann sich auch lediglich auf Teile des Vertragsbesitzes erstrecken.
>
> Macht zu Lebzeiten beider Veräußerer nur einer der Veräußerer das Rückforderungsrecht geltend oder ist der andere Veräußerer verstorben, ist nur an den verbleibenden Veräußerer aufzulassen, der auch die Verpflichtungen alleine übernimmt. Anderenfalls ist an beide zu je hälftigem Miteigentum unter gesamtschuldnerischer Übernahme der Verpflichtungen aufzulassen. Keiner der Veräußerer ist befugt, zulasten des anderen über das Rückforderungsrecht zu verfügen.
>
> Ein Rückforderungsgrund tritt jeweils ein, sobald der jeweilige Eigentümer
>
> 1. den Vertragsbesitz ganz oder teilweise ohne schriftliche Einwilligung des Veräußerers (bzw. seines gesetzlichen Vertreters oder Bevollmächtigten) veräußert oder sonst das Eigentum daran verliert, belastet oder eingetragene Belastungen revalutiert, oder vermietet,
> 2. von Zwangsvollstreckung oder Zwangsverwaltung in den Grundbesitz betroffen ist, sofern die Maßnahme nicht binnen zwei Monaten aufgehoben wird,
> 3. in Insolvenz fällt, die Eröffnung des Verfahrens mangels Masse abgelehnt wird oder er die Vermögenserklärung abgibt,
> 4. vor dem Berechtigten verstirbt,
> 5. von seinem (künftigen) Ehegatten/Lebenspartner getrennt lebt i.S.d. § 1567 BGB oder Klage auf vorzeitigen Zugewinnausgleich erhoben wird, es sei denn, durch vertragliche Vereinbarung ist sichergestellt, dass der Vertragsbesitz i.R.d. Zugewinn- bzw. Vermögensausgleiches nicht berücksichtigt wird, sondern allenfalls tatsächlich getätigte Investitionen oder Tilgungsleistungen zu erstatten sind,
> 6. der Drogen- oder Alkoholsucht verfällt,

7. Mitglied einer im Sektenbericht des Bundestages aufgeführten Sekte oder einer in einem Verfassungsschutzbericht aufgeführten verfassungsfeindlichen Vereinigung wird oder

8. geschäftsunfähig wird.

Bei mehreren Eigentümern desselben Miteigentumsanteils genügt der Eintritt bei einem von ihnen. Auch wenn nur ein Miteigentumsanteil betroffen ist, kann der Veräußerer nach seiner Wahl die Rückforderung hinsichtlich des gesamten Vertragsbesitzes ausüben.

Der Veräußerer hat die im Grundbuch eingetragenen Rechte und Grundpfandrechte dinglich zu übernehmen, soweit sie im Rang vor der nachstehend bestellten Auflassungsvormerkung eingetragen sind.

Verwendungen aus dem Vermögen des Rückübertragungsverpflichteten werden – maximal jedoch bis zur Höhe der noch vorhandenen Zeitwerterhöhung – gegen Rechnungsnachweis erstattet bzw. durch Schuldübernahme abgegolten, soweit sie nicht nur der Erhaltung des Anwesens im derzeitigen Zustand, sondern dessen Verbesserung oder Erweiterung gedient haben und mit schriftlicher Zustimmung des Berechtigten oder seines Vertreters durchgeführt wurden. Sondertilgungen auf übernommene Verbindlichkeiten sowie Gutabstandszahlungen an den Veräußerer sind ebenfalls Zug um Zug mit Vollzug der Rückauflassung, frei von nicht zu übernehmenden Belastungen, und ohne Beilage von Zinsen zu erstatten. I.Ü. erfolgt die Rückübertragung unentgeltlich, also insbesondere ohne Ausgleich für geleistete Dienste, wiederkehrende Leistungen, Gleichstellungsgelder – soweit sie, auch mittelbar, an weichende Geschwister geflossen sind –, planmäßige Tilgungen, geleistete Zinsen, Arbeitsleistungen oder die gezogenen Nutzungen. Nur hilfsweise gelten die gesetzlichen Bestimmungen zum Rücktrittsrecht.

Die Kosten der Rückübertragung hat der Anspruchsberechtigte zu tragen. Mit Durchführung der Rückübertragung entfällt die ggf. angeordnete Anrechnung der Zuwendung auf den Pflichtteilsanspruch des heutigen Erwerbers sowie ein etwa mit ihm in dieser Urkunde vereinbarter Pflichtteilsverzicht (auflösende Bedingung).

Zur Sicherung des bedingten Rückübertragungsanspruchs nach wirksamer Ausübung eines vorstehend eingeräumten Rückforderungsrechts oder des gesetzlichen Widerrufs gem. § 530 BGB („grober Undank") bestellt hiermit jeder Erwerber zugunsten des vorgenannten Veräußerers – sofern es sich um mehrere Personen handelt, als Gesamtberechtigte gem. § 428 BGB –

eine Eigentumsvormerkung

am jeweiligen Vertragsbesitz und

bewilligt und beantragt

deren Eintragung im Grundbuch. Die Vormerkung ist als Sicherungsmittel auflösend befristet. Sie erlischt mit dem Tod des jeweiligen Veräußerers.

Die Vormerkung erhält die nächstoffene Rangstelle, jedoch den Rang nach dem Nießbrauch.

VI. Rückforderungsrechte im Gesellschaftsrecht

1. Mögliche Rückforderungstatbestände

Auch Gesellschaftsanteile können im Weg vorweggenommener Erbfolge unter Rückforderungsvorbehalt übertragen werden. Der BGH[1043] hat zunächst entschieden, dass eine entschädigungslose Rückübertragung aufgrund gesetzlichen Rückforderungsrechts (grober Undank, § 530 BGB) auf schuldrechtlicher – schenkungsrechtlicher – Basis und damit außerhalb des Gesellschaftsrechts geschuldet sei. Ähnlich wurde ein vom Erwerber bei der Schenkung abzugebendes Angebot zur jederzeitigen unentgeltlichen Rückübertragung als zulässig angesehen, da wirtschaftlich einem Treuhandverhältnis vergleichbar.

1998

In den jüngeren, etwa seit 2000 ergangenen Entscheidungen hat der BGH diese „Trennungstheorie"[1044] aufgegeben.[1045] Es macht also keinen Unterschied mehr, welchen rechtstechnischen Weg der Vertragsgestalter wählt, um eine Hinauskündigungsklausel zu sichern.[1046] Getrennt wird nun stattdessen einerseits zwischen der Prüfung des Rückforderungsvorbehalts (vergleichbar der Prüfung der Zulässigkeit einer gesellschaftsrechtlichen Hinauskündigungsklausel, vgl. Rdn. 2231 ff.) und andererseits der Höhe der geschuldeten Abfindung; beide Themen beeinflussen sich wechselseitig nicht (demnach kann auch eine besonders hohe Abfindung bspw. nicht eine für sich genommene unzulässige Hinauskündigungsklausel rechtfertigen).

1999

Derzeit ist wohl folgendermaßen zu differenzieren:

- Der Vorbehalt eines freien, **voraussetzungslosen Rückforderungsrechts** ist auch bei unentgeltlich erworbenen Gesellschaftsanteilen grds. unzulässig; es gibt keine Gesellschafter „zweiter Klasse". Wie bei rein gesellschaftsrechtlichen Hinauskündigungsklauseln kann jedoch die freie Rückforderung nach der bisherigen Kasuistik des BGH (vgl. Rdn. 2231 ff.) zulässig sein in Mitarbeiter- und Managermodellen,[1047] bei Kooperationsverträgen, denen ggü. das Gesellschaftsverhältnis wirtschaftlich zurücktritt,[1048] bei Freiberufler-Gesellschaften während der Probezeit[1049] sowie bei einer im Testament angeordneten Hinauskündigungsklausel für eine durch Auflage neu zu gründende Gesellschaft,[1050] möglicherweise auch bei geschenkten Beteiligungen an rein vermögensverwaltenden Gesellschaften.[1051] Gegen freie Rückforderungsrechte sprechen unabhängig davon die bereits erörterten zivilrechtlichen

2000

[1043] BGH, 02.07.1990 – II ZR 243/89, DNotZ 1991, 819 ff. („Benteler-Urteil").

[1044] Dafür: *K. Schmidt*, BB 1990, 1997; *Bütter/Tonner*, ZGR 2003, 195 ff.; vermittelnd (Zulässigkeit bei geschenkter rein kapitalistischer Beteiligung) *Klumpp*, ZEV 1995, 388 f.

[1045] Deutlich etwa BGH, 19.09.2005 – II ZR 173/04, GmbHR 2005, 1558 (zum sog. „Managermodell").

[1046] Vgl. *Wälzholz*, GmbHR 2007, 1177 ff.

[1047] BGH, 19.09.2005 – II ZR 173/04, GmbHR 2005, 1558 („Managermodell"); BGH, 19.09.2005 – II ZR 342/03, GmbHR 2005, 1561 („Mitarbeitermodell").

[1048] BGH, 14.03.2005 – II ZR 153/03, GmbHR 2005, 620.

[1049] BGH, 07.05.2007 – II ZR 281/05, DNotI-Report 2007, 175: 3 Jahre lang.

[1050] BGH, 19.03.2007 – II ZR 300/05, GmbHR 2007, 644; allerdings existiert keine Bereichsausnahme für letztwillige Verfügungen, sodass auch die „Erben" eines Gesellschaftsanteils die Unzulässigkeit einer freien Hinauskündigungsklausel rügen können, die sie im Gesellschaftsvertrag bereits vorfinden.

[1051] So *Oppermann*, RNotZ 2005, 453, 469 und *Haberstroh*, BB 2010, 1745 („Erbe auf Probe") unter Berufung auf die BGH-Entscheidung der vorangehenden Fußnote.

(freie Pfändbarkeit!, Rdn. 1788; Nichtanlaufen der Frist des § 2325 BGB: Rdn. 1805), steuerrechtlichen (Mitunternehmerschaft!, Rdn. 1805 ff.) und praktisch-psychologischen Gründe.

2001 • **Enumerative Rückforderungsrechte**, die eine schuldrechtliche, ggf. auch dingliche Absicherung (durch bedingte Rückabtretung) auslösen, sind nach den bisher ergangenen Urteilen zum einen zulässig, wenn sie einen gesetzlich vorhandenen Rückforderungstatbestand (Nichterfüllung einer Auflage, Verarmung, grober Undank) abbilden.[1052] Darüber hinaus sind vertraglich vereinbarte enumerative Rückforderungstatbestände zulässig, wenn ein **sachlicher Grund** hierfür angeführt werden kann.[1053] Nicht erforderlich ist das Vorliegen eines wichtigen Grunds, wie er zur Auflösungsklage i.S.d. § 133 HGB oder zur Rechtfertigung des Ausschlusses eines GmbH-Gesellschafters notwendig wäre.

2002 Damit dürften auch die typischerweise vereinbarten Tatbestände gerechtfertigt sein,[1054] nämlich der Verstoß gegen ein Veräußerungs- oder Belastungsverbot, das Vorversterben des Beschenkten,[1055] die Zwangsvollstreckung Dritter in den Gesellschaftsanteil bzw. die Insolvenz des Anteilsinhabers, der Rückstand mit mehr als Bagatellbeträgen hinsichtlich versprochener Gegenleistungen (z.B. Raten der dauernden Last), wohl auch der Scheidung, jedenfalls der Scheidung vom Schenker.[1056]

2003 Hinsichtlich der **insolvenzbedingten Rückforderungsrechte** ist in Bezug auf Gesellschaftsanteile weiter zu differenzieren zwischen der Insolvenz des Erwerbers (als natürliche Person), einerseits, und der Insolvenz des „Unternehmens", also der Gesellschaft selbst, andererseits.[1057] Im Hinblick auf die Nachversteuerungstatbestände ist Letztere besonders bedeutsam, weil die Insolvenz der Kapitalgesellschaft oder haftungsbeschränkten Mitunternehmerschaft zu einer Aufgabe des Betriebs der Mitunternehmerschaft nach § 16 Abs. 3 EStG bzw. zur Auflösung der Gesellschaft nach § 60 Abs. 1 Nr. 5 GmbHG führt, wodurch die Nachversteuerungstatbestände des § 13a Abs. 5 Nr. 1 bzw. Nr. 4 Satz 2 ErbStG verwirklicht werden; Billigkeitsregelungen hat selbst der BFH insoweit bisher abgelehnt (vgl. Rdn. 4005, 4127). In solchen Konstellationen ist entscheidend, dass die Rückübertragung nicht automatisch stattfindet, sondern nur auf entsprechendes Verlangen, um dem Veräußerer die Abwägung zwischen der Vermeidung einer schenkungsteuerrechtlichen Nachbelastung des Erwerbers, einerseits, und der Gefahr eigener Inanspruchnahme, etwa aufgrund des Ausfallhaftungstatbestands des § 24 GmbHG oder aufgrund vorangegangener Rückzahlung der Haftsumme eines Kommanditisten nach § 172 Abs. 4 HGB zu ermöglichen. Gleiches gilt, wenn mitübertragene negative Privatkonten bestehen, die Darlehensansprüche der Gesellschaft gegen Gesellschafter repräsentieren, oder das Kapitalkonto aktivisch geworden ist, also Zahlungsansprüche der Gesellschaft gegen den Gesellschafter zur Folge hat.[1058]

1052 Hierzu ausführlich *Hermanns*, MittRhNotK 1997, 149, 161 ff.; Basis war die bereits erwähnte „Benteler-Entscheidung" BGH, 02.07.1990 – II ZR 243/89, NJW 1990, 2616.
1053 So auch ausdrücklich BGH, 19.09.2005 – II ZR 342/03, GmbHR 2005, 1561 („Mitarbeitermodell").
1054 Vgl. *Wälzholz*, GmbHR 2007, 1181 m.w.N.
1055 Zumal in diesem Fall auch die Abfindung gesellschaftsrechtlich vollständig ausgeschlossen werden kann, vgl. Rdn. 123.
1056 OLG Karlsruhe, 12.10.2006 – 9 U 34/06, ZEV 2007, 137 m. Anm. *Ivo* (Nichtzulassungsbeschwerde wurde zurückgenommen, BGH: II ZR 255/06); vgl. auch *Münch*, ZErb 2007, 410.
1057 Vgl. *Wälzholz*, ZEV 2010, 623 ff.
1058 Vgl. *Wälzholz*, ZEV 2010, 623, 625.

H. Vertragliche Rückforderungsrechte

Gestalterisch lässt sich in den Fällen, in denen zur Vollhaftung führende Gesellschaftsanteile übertragen wurden (bspw. Anteile an einer OHG, einer GbR oder der Komplementäruntergang einer KG), erwägen, ob der Schenker vor der Ausübung des Rückforderungsrechts verlangen könne, das Unternehmen in eine haftungsbeschränkte Form, bspw. eine GmbH & Co. KG, einzubringen; die Wohltat des § 29 Abs. 1 Nr. 1 ErbStG wird dadurch nicht gefährdet, da Identität des zurückübertragenen mit dem verschenkten Gegenstand dort nicht gefordert wird, vgl. Rdn. 3965. Hierzu[1059]

Formulierungsvorschlag: Haftungsbeschränkende „Umwandlung" des zurückzuübertragenden Unternehmens auf Verlangen des Schenkers

> Der Veräußerer kann jederzeit durch schriftliche Erklärung, die auch durch einen rechtsgeschäftlichen oder gesetzlichen Vertreter ausgeübt werden kann, vom Erwerber verlangen, dass dieser das übertragene Einzelunternehmen/den übertragenen vollhaftenden Gesellschaftsanteil mit allen Aktiva und Passiva unter Buchwertfortführung gemäß §§ 20 oder 24 UmwStG in eine GmbH oder in eine GmbH & Co. KG einbringt bzw. auf die Mitgesellschafter in diesem Sinn hinwirkt. Für den Fall einer anschließenden Rückforderung nach den Bestimmungen dieses Vertrags tritt das erlangte Surrogat an die Stelle des ursprünglich übertragenen Unternehmens/Gesellschaftsanteils.

Weiter wird empfohlen, den Rückforderungstatbestand bereits im Vorfeld einer drohenden Insolvenz anzusiedeln, um dem Veräußerer – neben der Vermeidung der Nachversteuerung – auch Gelegenheit zu geben, das Unternehmen durch Wiederübernahme des Managements und Eigentums zu sanieren. Hierzu[1060]

Formulierungsvorschlag: Rückforderungsrecht im Vorfeld einer Unternehmensinsolvenz

> Ein Rückforderungstatbestand tritt ferner ein, sobald
>
> (x) damit zu rechnen ist, dass bei unveränderter Entwicklung des Unternehmensergebnisses spätestens nach Ablauf von sechs Monaten mit dem Eintritt einer Überschuldung oder Zahlungsunfähigkeit i. S. d. §§ 17, 19 InsO zu rechnen ist, ferner, sobald Zahlungsunfähigkeit nach § 18 InsO droht.

Es dürfte auch zulässig sein, ein Rückforderungsrecht an die Erklärung der Kündigung (sogar die Kündigung binnen 3 Monaten nach Eintritt der Volljährigkeit gem. § 723 Abs. 1 Satz 3 Nr. 2 BGB) seitens des beschenkten Gesellschafters zu knüpfen; ein Verstoß gegen § 723 Abs. 3 BGB liegt hierin wohl nicht.[1061] Erforderlich ist dann aber eine Abstimmung mit dem Gesellschaftsvertrag, um zu vermeiden, dass bereits die Kündigung als solche (richtig wäre: erst eine solche Kündigung, die nicht zur Ausübung des vorbehaltenen befristeten Rückforderungsrechts führt, nach Ablauf dieser Ausübungsfrist) zum Ausscheiden aus der Gesellschaft führt mit der Folge, dass die gesellschaftsvertraglich geschuldete Abfindung zu zahlen ist und das Rückforderungs-

---

1059 In Anlehnung an *Wälzholz*, ZEV 2010, 623, 626.
1060 In Anlehnung an *Wälzholz*, ZEV 2010, 623, 625.
1061 Vgl. im Einzelnen *Mayer*, ZGR 1995, 93, 109 mit Formulierungsvorschlag; *Oppermann*, RNotZ 2005, 453, 471; *Wälzholz*, GmbHR 2007, 1177, 1183.

recht mangels vorhandenen Gesellschaftsanteils einschließlich der daran anknüpfenden Abfindungsregelung ins Leere geht.

2009 Diese Grundsätze gelten für Kapitalgesellschaften wie für Personengesellschaften gleichermaßen;[1062] bei Kapitalgesellschaften stellt sich allerdings das weitere Risiko des Wegfalls der Mitunternehmereigenschaft nicht. War Schenkungsgegenstand ein Mitunternehmeranteil, zu dem auch Sonderbetriebsvermögen zählte, ist zur Gewährleistung der Buchwertfortführung sicherzustellen, dass auch Letzteres (z.B. gesichert durch Vormerkung an Grundstücken) zurückgeholt werden kann, Rdn. 4466 ff.; Gleiches gilt bei Betriebsaufspaltungen in Bezug auf das Besitz- wie auch das Betriebsunternehmen, zur Vermeidung einer Auflösung der personellen Verflechtung, Rdn. 4449 ff.). Zu weiteren Fragestellungen i.R.d. § 29 ErbStG, insb. zur Art- und Funktionsgleichheit des zurückübertragenen mit dem hingegebenen Anteil, vgl. Rdn. 3965.

2. Abfindung und Schicksal von Gegenleistungen

2010 Von der Beurteilung der Zulässigkeit des Rückforderungsvorbehalts an sich zu trennen[1063] ist die Frage, ob eine Abfindung bei Geltendmachung des Vorbehalts beschränkt oder ausgeschlossen werden kann. Wurde für den Erwerb des Geschäftsanteils ein Beitrag gezahlt, hat es der BGH nicht beanstandet, lediglich diese Summe (unverzinst) rückzuerstatten (so etwa bei den Mitarbeitermodellen). Die gesellschaftsrechtlichen Grundsätze (vgl. hierzu 2024 ff.) sind nicht maßgeblich, selbst dann nicht, wenn die vereinbarte Abfindung weit unter dem Verkehrswert liegt. Wurde die Beteiligung unentgeltlich übertragen, kann auch eine Abfindung gänzlich ausgeschlossen werden.[1064]

2011 Der **vollständige Ausschluss einer Abfindung**[1065] ist allerdings nicht stets unbedenklich. Zu berücksichtigen sind (im Rahmen einer Ausübungskontrolle nach § 242 BGB) die Dauer der Beteiligung, die Bedeutung der Beiträge des Beschenkten an der Entwicklung der Gesellschaft, die Höhe bisher erhaltener Ausschüttungen (sodass bei thesaurierenden Gesellschaften eine höhere Abfindung geschuldet sein kann) sowie der Umstand, ob eine separate Tätigkeitsvergütung gewährt wird. Sind Anteile an rein vermögensverwaltenden Gesellschaften geschenkt worden und hat der Beschenkte keine weitere Initiative entwickelt, ist jedoch die abfindungslose Rückforderung sicherlich zulässig.

2012 In anderen Fällen mag es sich empfehlen, vorsorglich für den Fall, dass die entschädigungslose Rückforderung gerichtlich nicht standhält, eine hilfsweise geschuldete Abfindung (etwa i.H.v.

1062 Vgl. *Oppermann*, RNotZ 2005, 453, 463; ausdrücklich auch BGH, 19.09.2005 – II ZR 173/04, GmbHR 2005, 1558 („Managermodell").
1063 Ähnlich BGH, 07.04.2008 – II ZR 3/06, ZNotP 2008, 411: Die Zulässigkeit der Fortsetzungsklausel an sich ist separat zu beurteilen von der Höhe der Abgeltung.
1064 So BGH, 19.09.2005 – II ZR 342/03, GmbHR 2005, 1561 („Mitarbeitermodell"); OLG Karlsruhe, 12.10.2006 – ZEV 2007, 137 m. Anm. *Ivo*; BGH, 09.07.1990 – II ZR 194/89, GmbHR 1990, 449; häufig begründet mit der Parallelität zu Treuhandverhältnissen.
1065 Skeptisch insoweit *Wälzholz*, FamRB 2007, 90, mit Blick auf die einschränkende Rspr. zu Hinauskündigungsklauseln (Rdn. 2232 ff.), auch bei geschenkten Beteiligungen.

50 % des Verkehrswerts)[1066] aufzunehmen, um zu vermeiden, dass andernfalls die Abfindung nach dem vollen Verkehrswert geschuldet ist.[1067]

Davon zu trennen ist das Schicksal **erbrachter Gegenleistungen**, die – jedenfalls für die Zukunft – zurückzugewähren bzw. nicht mehr zu leisten sind (Gleiches dürfte gelten für die Aufhebung einer Pflichtteilsanrechnung oder eines Pflichtteilsverzichts). Vorbehaltene Nießbrauchsrechte, gewährte wiederkehrende Leistungen im Sinn vorbehaltener, jedoch nun vom Erwerber zu erwirtschaftender Nutzungen, sowie die Verzinsung und Tilgung von Verbindlichkeiten (Schuldübernahme) bleiben jedoch für die Vergangenheit erhalten. 2013

3. Durchführung und Sicherung

Um die Forderung pfändungs- und insolvenzfest zu gestalten, wird typischerweise das dingliche Geschäft unter die auflösende Bedingung des Eintritts des Rückforderungstatbestands und der Ausübung des Rückforderungsrechts gestellt, um in den Genuss der Unwirksamkeit zwischenzeitlicher beeinträchtigender Verfügungen oder der Unbeachtlichkeit zwischenzeitlicher Insolvenzeröffnung über das Vermögen des Rückübertragungsverpflichteten (§ 161 Abs. 1 Satz 2 BGB als ggü. § 91 Abs. 1 InsO vorrangige Norm)[1068] zu gelangen, wobei jedoch Zweifel geäußert werden hinsichtlich der Gläubigeranfechtbarkeit solcher Abreden, jedenfalls wenn sie nur auf Gläubigerzugriffe abstellen[1069] (Fomulierungsbeispiel s. Rdn. 1877). 2014

Die **auflösende Bedingung** hat zugleich den Vorteil, dass gesellschaftsvertraglich etwa vereinbarte, auf Anteilsübertragungen bezogene, Zustimmungsvorbehalte hierfür nicht gelten. (Bei einer noch rechtsgeschäftlich zu erfüllenden Rückübertragungspflicht sollte bereits i.R.d. Genehmigung der Übertragung selbst zugleich die Rückübertragung, sofern sie aufgrund des vereinbarten Vorbehalts erfolgt, mitgenehmigt werden, verbunden mit der Verpflichtung an austretende Gesellschafter, etwa eintretende Einzelrechtsnachfolger zur Erteilung derselben Zustimmung zu verpflichten).[1070] Im Vergleich zur aufschiebenden Bedingung (einer miterklärten Rückabtretung) hat die auflösende Bedingung (der Abtretung selbst) weiter den Vorteil, dass gem. § 158 Abs. 2 BGB der frühere Rechtszustand als wieder eingetreten fingiert wird, also bspw. die Gesamthandsgemeinschaft wieder auflebt wenn der vorletzte Anteil an den Verbleibenden übertragen wurde und demnach an sich die Gesellschaft liquidationslos vollbeendet wurde.[1071] 2015

Hierzu (in Bezug auf einen GmbH-Geschäftsanteil, zum Gesamtvertragsmuster Rdn. 5376) folgender 2016

1066 *Wälzholz*, GmbHR 2007, 1182.
1067 BGH, 19.09.2005 – II ZR 173/04, GmbHR 2005, 1558 („Managermodell").
1068 BGH, 27.05.2003 – IX ZR 51/02, NJW 2003, 2744; wenn schon die Verfügung des Insolvenzverwalters die Wirkung des Bedingungseintritts nicht vereiteln kann, dann erst recht nicht seine bloße Untätigkeit, vgl. Münch-Komm-InsO/*Breuer*, § 91 Rn. 19, 21 m.w.N.
1069 *Wälzholz*, FamRB 2007, 90.
1070 Vgl. *Wälzholz*, GmbHR 2007, 1182.
1071 BGH, 07.07.2008 – II ZR 37/07, MittBayNot 2009, 57.

2017 Formulierungsvorschlag: Rückforderungsvorbehalt (auflösende Bedingung) bei GmbH-Anteil

Die Abtretung ist auflösend bedingt. Auflösende Bedingung ist die Ausübung eines höchstpersönlichen Rückübertragungsverlangens des Veräußerers in notariell beglaubigter Form aufgrund eines der nachstehenden – vom beglaubigenden Notar nicht zu prüfenden – Rückforderungsgründe:

a) Abschluss eines schuldrechtlichen und/oder dinglichen Vertrags zur Weiterübertragung des Geschäftsanteiles ohne vorherige schriftliche Zustimmung des Veräußerers

b) Einleitung von Einzelvollstreckungsmaßnahmen in den Geschäftsanteil oder daraus sich ergebende schuldrechtliche Ansprüche, etwa auf Gewinnausschüttung,

c) Eröffnung des Insolvenzverfahrens über das Vermögen des Erwerbers; Ablehnung eines solchen Antrages wegen Massearmut, Versicherung der Vollständigkeit seines Vermögensverzeichnisses durch den Erwerber an Eides statt

d) Versterben des Erwerbers vor dem Veräußerer

e) Getrenntleben des Erwerber und seines (künftiger) Ehegatten/Lebenspartners im Sinne des § 1567 BGB, es sei denn, durch vertragliche Vereinbarung ist sichergestellt, dass der Geschäftsanteil im Rahmen des Zugewinn- bzw. Vermögensausgleiches nicht berücksichtigt wird

f) Ein Rückforderungstatbestand tritt ferner ein, wenn

– das zuständige Finanzamt für den heutigen Übertragungsvorgang Schenkungsteuer festsetzt, unabhängig vom Zeitpunkt der Fälligkeit der Steuer, oder

– wenn sich das Schenkungsteuerrecht oder seine Anwendung (etwa hinsichtlich der Rechtsvorschriften zum maßgeblichen Wertansatz bzw. hinsichtlich des konkreten Wertansatzes des Anteils selbst aufgrund der künftigen wirtschaftlichen Verhältnisse) nach dieser Zuwendung in einer Weise ändert, dass sich nach dieser Änderung für die heutige Übertragung im Vergleich zum geltenden Recht eine geringere Steuerbelastung, eine spätere Fälligkeit der Steuer oder die Möglichkeit ihrer Vermeidung bei Eintritt zusätzlicher Bedingungen ergibt.

g) ein Rückforderungsrecht tritt schließlich ein, wenn Anteile des Mehrheitsgesellschafters auf Dritte übergehen, es sei denn im Erbwege oder in vorweggenommener Erbfolge

h) *(weitere Tatbestände, z.B. vom Erwerber ausgehende Beendigung einer ganztägigen Tätigkeit für die Gesellschaft; Scheitern einer Berufsausbildung etc. zB: der Erwerber oder dessen Ehegatte nicht mehr für die Gesellschaft mindestens durchschnittlich gesamt drei Stunden pro Arbeitstag tätig ist, es sei denn, die Beteiligten sind in vollem Umfang erwerbsunfähig im Sinne der rentenrechtlichen Vorschriften)*

Wechselt die Inhaberschaft am Anteil, kommt es für den Eintritt der Rückforderungsgründe auf die Person, das Verhalten, oder die sonstigen Verhältnisse der Rechtsnachfolger bzw. Erben an; bei mehreren genügt der Eintritt bei einem von ihnen. Bei Vermischung des Anteiles mit anderen beziehen sich die Verpflichtungen und Bedingung schuldrechtlich auf den durch Teilung zu bildenden Anteil in übertragener Höhe.

> Die Rückübertragung erfolgt unentgeltlich, und ohne Ausgleich für die gezogenen Nutzungen. Die gesetzlichen Rücktrittsvorschriften gelten nicht. Ein Anspruch auf Befreiung von zusätzlich geleisteten Gesellschafterdarlehen besteht nicht.
>
> Mit dem Tod des Veräußerers fällt die auflösende Bedingung endgültig aus.

Trotz der (durch Eintritt eines Katalogtatbestandes und Ausübung des Rückforderungsrechtes) auflösenden Bedingtheit der Übertragung kann auch bei GmbH-Anteilen (zu deren Abtretung vgl. Rdn. 2320 ff.) die notarbescheinigte Liste sofort den Erwerber ausweisen, allerdings hat der Rückforderungsberechtigte nach Eintritt der auflösenden Bedingung sofort einen Widerspruch in die Liste eintragen zu lassen (Rdn. 2352 ff.), da ihm sonst die unrichtige Eintragung des Erwerbers i.S.d. § 16 Abs. 3 Satz 2 GmbHG zugerechnet werden würde, sodass ein Dritter den Anteil gutgläubig erwerben könnte.[1072] Der Schutz gegen Zwangsvollstreckungsmaßnahmen in das Vermögen des Erwerbers und gegen dessen Insolvenz ist identisch mit der Rechtslage bei aufschiebend bedingten Verfügungen, da § 161 Abs. 2 („dasselbe gilt") sich auf den gesamten Abs. 1 bezieht. 2018

Bei Kommanditanteilen sollte der Schenker allerdings vor Ausübung seines Rechtes prüfen, ob ihn eine Haftung nach §§ 171, 173 HGB treffen kann;[1073] bei Vollhafteranteilen sollten die Verbindlichkeiten der Gesellschaft einer kritischen Untersuchung unterzogen werden. Auf jeden Fall gehen Rückforderungsmöglichkeiten mit dem Bezugsobjekt unter, wenn sich alle Anteile in einer Hand vereinen (vgl. Rdn. 1911). 2019

Ebenso und daneben zulässig ist die Vereinbarung eines Rückforderungsvorbehalts in Bezug auf das in die Gesellschaft eingebrachte Vermögen anlässlich dieses Aktes,[1074] bei Immobilien durch Vormerkung gesichert (zu Problemen, wenn personenbezogene Rückforderungstatbestände nur durch einen Personengesellschafter verwirklicht werden, vgl. Rdn. 1866). 2020

1072 *D. Mayer*, DNotZ 2008, 403, 421.
1073 *Ostertun/Heidemann*, ZEV 2003, 267.
1074 *Oppermann*, RNotZ 2005, 472, zieht insoweit die Parallele zur leihweisen Überlassung von Gegenständen an eine GbR, wo im gesetzlichen jederzeitigen Rückforderungsrecht ebenso wenig ein Verstoß gegen das gesellschaftsrechtliche Hinauskündigungsverbot gesehen wird.

I. Verhältnis mehrerer Berechtigter bei Vorbehalten und Gegenleistungen

I. Überblick

2021 Gegenleistungen können **für mehrere Personen** bestellt werden. Das Berechtigungsverhältnis muss nach § 47 GBO klar angegeben werden,[1075] auch zur Vermeidung materiellrechtlicher Unwirksamkeit (und dadurch ausgelöster Berater-und Notarhaftung!).

2022 Grds. kommen in Betracht:
- **Mehrere gleichrangige Rechte** (die sich – solange sie nebeneinander bestehen – gegenseitig in der Ausübung beschränken, §§ 1024, 1060 BGB); § 47 GBO gilt hierfür nicht.[1076] Möglicherweise kann auch rechtsgeschäftlich eine einheitliche Dienstbarkeit zugunsten mehrerer gleichrangig Berechtigter „im Beteiligungsverhältnis der §§ 1025, 1024 BGB analog" vereinbart werden.[1077]
- **Sukzessivberechtigung** (das Recht steht erst dem einen, dann dem anderen Berechtigten zu). Zu unterscheiden sind dabei die:
„echte" Sukzessivberechtigung, bei der das Ergebnis durch eine (aufschiebend bedingte) Abtretung erreicht wird, was naturgemäß bei nicht abtretbaren Nutzungsrechten ausscheidet und die
„unechte" Sukzessivberechtigung, bei der mehrere Rechte bestellt werden, wobei ein Recht aufschiebend bedingt ist auf den Eintritt eines bestimmten Ereignisses, z.B. den Tod des zunächst Begünstigten. Während es sich bei der „echten" Sukzessivberechtigung um einen Anspruch handelt (der, wenn z.B. auf Übertragung gerichtet, demnach durch eine Vormerkung gesichert werden kann), liegen im Fall der „unechten" Sukzessivberechtigung zwei Ansprüche vor, die z.B. zwei Vormerkungen erfordern.

2023
- **Gesamtgläubigerschaft** nach § 428 BGB (beim Tod eines Berechtigten steht das Recht dem anderen grds. ungeschmälert zu, §§ 429 Abs. 3, 425 BGB; eine gewünschte Verringerung muss ausdrücklich geregelt werden);
- **Bruchteilsgemeinschaft** (beim Tod eines Berechtigten verringert sich das Recht automatisch);
- **Gesamthandsberechtigung** unter Begründung einer GbR;
- **Gütergemeinschaft** (die Eintragung eines Nießbrauchs oder Wohnungsrechts zum Gesamtgut ist möglich, ebenso die Eintragung des Rechts für einen als Sondergut).

2024 Die verschiedenen Formen des Gemeinschaftsverhältnisses unterscheiden sich hinsichtlich der Berechtigung zur Verfügung, zur Einziehung („Forderungszuständigkeit"), der Möglichkeit zu befreiender Erfüllung, der Verteilung im Innenverhältnis, der Verwaltungszuständigkeit, des Wil-

---

[1075] BGH, DNotZ 1981, 121; *Wegmann*, Grundstücksüberlassung, Rn. 238 ff.
[1076] BGH, ZEV 2003, 30; daher z.B. beim Rückforderungsrecht Sicherung durch mehrere Vormerkungen.
[1077] *Kesseler*, MittBayNot 2006, 470`, mit Hinweis auf BGH, 26.01.2006 – V ZB 143/05, MittBayNot 2006, 501, zur Möglichkeit variabler dinglicher Grundschuldzinsen („was gesetzlicher Inhalt eines dinglichen Rechts sein kann, kann auch rechtsgeschäftlich in dessen Inhalt aufgenommen werden").

I. Verhältnis mehrerer Berechtigter bei Vorbehalten und Gegenleistungen

lensbildungsmodus, des Vertretungsmodus, der Möglichkeit zur Geltendmachung von Abwehrrechten und des Nachfolgemodus.[1078]

II. Vorteile und Risiken

1. Bruchteilsberechtigung

Nicht alle Arten des Berechtigungsverhältnisses kommen für alle Vorbehalte/Gegenleistungen in Betracht.[1079] So ist die Bruchteilsgemeinschaft bei einem Wohnrecht wegen der Unteilbarkeit der Leistung nicht zulässig (Rdn. 1286), bei einem Nießbrauch (Quotennießbrauch, Rdn. 1105 ff.) oder sonstigen Dienstbarkeiten zwar zulässig, aber nicht unbedingt sinnvoll. Mit dem Tod eines Berechtigten erlischt bei der Bruchteilsberechtigung das anteilige Nutzungsrecht des Verstorbenen. Der Überlebende behält nur seinen bisherigen Bruchteil. Dies kann allenfalls bei Hypotheken, Grundschulden oder u.U. Reallasten gewollt sein.

2025

2. Gesamtgläubigerschaft (§ 428 BGB)

In der Praxis besonders beliebt ist die **Gesamtgläubigerschaft nach § 428 BGB**. Die Sonderfragen, die sich auch im Hinblick auf die künftige Eigentumszuordnung stellen, wenn Rückforderungsrechte in diesem Berechtigungsverhältnis eingeräumt werden, sind bei Rdn. 1823 f. dargestellt. Für den **unmittelbar schuldrechtlichen Bereich** gilt:

2026

a) Vorteile

Die Gesamtgläubigerschaft hat folgende Vorteile:

2027

- nur ein Recht muss bestellt werden, dies spart Kosten;
- bei Tod steht das Recht ungeschmälert dem Überlebenden zu;
- sie bietet gewisse Gestaltungsmöglichkeiten, etwa hinsichtlich der dingliche Zuordnung bei der Leistungserfüllung (z.B. Miteigentumsquoten abweichend von § 430 BGB).[1080]

b) Nachteile

Vereinigen sich Schuld und Forderung in der Person eines Gesamtberechtigten (wird bspw. der in Gesamtberechtigung mit der Mutter begünstigte Vater Alleinerbe des Sohnes, des Erwerbers), sollen gem. § 429 Abs. 2 BGB auch die Rechte der übrigen Gläubiger erlöschen. Dies gilt jedoch jedenfalls bei dinglichen Rechten (Wohnungsrecht, Nießbrauch, Reallast) gem. § 889 BGB nicht (keine Konfusion, sondern Konsolidation).[1081]

2028

Der Schuldner kann nach § 428 BGB nach seinem Belieben an **jeden der Gläubiger leisten**. Er kann daher bspw. bei einem Wohnrecht erklären, die Leistung nur ggü. einem Berechtigten erbringen zu wollen. § 430 BGB ordnet für diesen Fall zwar eine interne Ausgleichspflicht an,

2029

1078 Bahnbrechend *Amann*, in: FS für *Hagen*, 1999, S. 77 ff.
1079 Eine instruktive Übersicht bietet *J. Mayer*, Der Übergabevertrag, Rn. 133.
1080 *J. Mayer*, Der Übergabevertrag, Rn. 126: „Überspringen der Stufe des Erfüllungsmodus".
1081 BGH, 15.04.2010 – V ZR 182/09, NotBZ 2010, 341 zur Grundschuld; *Schippers*, MittRhNotK 1996, 208, für den Nießbrauch.

was aber in der praktischen Durchführung an Grenzen stößt, da die Ausübung des Wohnrechts regelmäßig Dritten nicht überlassen werden kann.[1082] Das subjektive Leistungswahlrecht des Schuldners ist allerdings (auch mit Außenwirkung) dispositiv; da es sich bei der Gesamtberechtigung gem. § 428 BGB nicht um eine Rechts- oder Vermögensgemeinschaft handelt, sondern um eine schuldrechtliche Vereinbarung über die Geltendmachung eines Anspruchs[1083] (daher kann eine Vormerkung zur Sicherung eines Anspruchs für mehrere gem. § 428 BGB eingetragen werden, obwohl Eigentum nicht in diesem Verhältnis erworben werden kann!).[1084] Der Anwendungsbereich des § 428 BGB wird dadurch nicht verlassen,[1085] da zu den Wesensmerkmalen der Gesamtgläubigerschaft nur die Forderungsberechtigung jedes Gläubigers und die einmalige Leistungspflicht des Schuldners, nicht aber dessen Auswahlfreiheit gehören.[1086] Die Rechtsprechung nimmt bei Leibgedingsleistungen sogar teilweise an, erst wenn alle Gläubiger die für sie bestimmten Leistungen erhalten hätten (bspw. Verpflegung), sei erfüllt.[1087] Bei vorsichtiger Formulierung kann daher zur Ausgestaltung der Gesamtgläubigerschaft nachstehende Vereinbarung (s. Rdn. 2031) getroffen werden.[1088]

2030 Zwar kann, wie bereits erwähnt, ein Gesamtgläubiger einen Erlass beschränkt auf sich erklären, er kann dies nach § 429 Abs. 3 i.V.m. § 423 BGB aber auch mit der Wirkung, dass das Recht vollständig erlischt. Folgt man dem Wortlaut des Gesetzes, könnte daher ein Berechtigter im Zusammenwirken mit dem Verpflichteten dem anderen Berechtigten schaden.[1089]

2031 **Formulierungsvorschlag: Modifizierung des § 428 BGB**

> Im Hinblick darauf, dass die den Veräußerern als Gesamtgläubiger eingeräumten Rechte der Versorgung und Absicherung beider dienen, wird vereinbart:
> - Kein Berechtigter ist befugt, zulasten des anderen über diese Rechte zu verfügen.
> - Nach dem Tod des einen stehen die Rechte dem anderen ungeschmälert zu.
> - Leistung allein an einen Berechtigten hat keine Erfüllungswirkung gegenüber dem anderen.

c) **Steuerliche und sozialrechtliche Folgen**

2032 Schließlich bleiben **steuerrechtliche Probleme**: Wird eine vermietete Immobilie gegen Vorbehaltsnießbrauch für den Veräußerer und gesamtgläubigerisch auch für dessen Ehegatten als

---

1082 Vgl. näher *Wegmann*, Grundstücksüberlassung, Rn. 258.
1083 Vgl. Meikel/*Böhringer*, Grundbuchrecht, § 47 GBO Rn. 108.
1084 So ausdrücklich OLG Hamm, DNotZ 2006, 293.
1085 LG Duisburg, Rpfleger 2005, 600 m. Anm. *Wicke* zu einer Vertragsformulierung, die dem hier geäußerten Vorschlag wörtlich nachempfunden war.
1086 *Larenz*, Schuldrecht AT, S. 625: Nur die beiden erstgenannten Merkmale stehen im Gesetz als Begriffselemente vor der Legaldefinition „Gesamtgläubigerschaft"; die Auswahlfreiheit stellt sich als vertraglich abdingbare Folge der Gesamtgläubigerschaft dar.
1087 BayObLG, DNotZ 1975, 620.
1088 *J. Mayer*, Der Übergabevertrag, Rn. 132; Zulässigkeit dieser Formulierung bestätigt durch OLG Rostock, 31.01.2006 – 7 W 74/05, n.v. (mit dem Vorschlag, zur Bezeichnung des Gemeinschaftsverhältnisses den Wortlaut im Grundbuch wiederzugeben).
1089 Teilweise a.A. BGH, NJW 1986, 1962.

Nicht-Veräußerer übertragen, handelt es sich ertragsteuerlich teilweise (im Zweifel zur Hälfte, § 430 BGB) um einen Vorbehaltsnießbrauch, sodass der Veräußerer die AfA nur noch zur Hälfte fortführen kann, der Ehegatte aber, der die andere Hälfte der Mieteinnahmen versteuern muss, hatte tatsächlich keine Anschaffungskosten (vgl. im Einzelnen Rdn. 4541). Andererseits kann die je hälftige Zurechnung von Einkommen an mehrere Empfänger auch tarifliche Degressionsvorteile bieten bzw. die mehrfache Inanspruchnahme des Altersentlastungsfreibetrags ermöglichen (vgl. Rdn. 1469).

Schenkung- bzw. erbschaftsteuerlich[1090] liegt in der Übertragung eines Vermögensgegenstandes gegen Renten- oder Nutzungsrechte auch für einen Dritten, mag er Ehegatte des Veräußerers sein oder nicht, als Mitberechtigten nach § 428 BGB eine Zuwendung des Veräußerers an den Dritten, wenn diesem Dritten im Verhältnis zum Erwerber ein eigenes Forderungsrecht zusteht und er ggü. dem Veräußerer (Schenker) nicht zum vollen Innenausgleich verpflichtet ist (vgl. unten Rdn. 3833 ff. mit (Berechnungs-) Beispiel Rdn. 3835). 2033

Auf die **sozialrechtlichen Folgen** der Zurechnung gemeinsam bezogenen Einkommens (Leistungen in Geld oder Geldeswert), etwa das Risiko des Wegfalls der kostenfreien Familienmitversicherung in der gesetzlichen Krankenversicherung, wurde bereits hingewiesen (bspw. Rdn. 989 ff., 1470). 2034

3. Mitgläubigerschaft (§ 432 BGB)

Auch bei der Mitgläubigerschaft[1091] gem. § 432 BGB besteht (wie bei § 428 BGB) lediglich ein materiell-rechtlicher Anspruch, dessen Erfüllung jeder Gläubiger einzeln verlangen kann. Die Leistung ist unteilbar (die Unteilbarkeit kann aus tatsächlichen Gründen bestehen – etwa bei Grundstücken oder beschränkt dinglichen Rechten sowie hinsichtlich der meisten Gegenleistungen in Überlassungsverträgen –, aber auch aus Rechtsgründen, nämlich aufgrund einer ausdrücklichen oder stillschweigenden Vereinbarung der Beteiligten, etwa wegen gemeinsamer Empfangszuständigkeit der Gläubiger). Die Leistung kann demgemäß nur zur Erfüllung an alle Gläubiger gemeinsam verlangt werden. Anders als bei § 428 BGB ist also die richtige Zuordnung der Leistung im Innenverhältnis zu den Gläubigern bereits mit der Erfüllung geschehen. 2035

Bei § 428 BGB muss der Schuldner nicht auf die richtige Zuordnung der Leistung unter den Gläubigern achten, sondern kann ihnen den „Verteilungsmodus" im Innenverhältnis (z.B. nach Maßgabe der abdingbaren Teilungsregel des § 430 BGB) überlassen. Hat der Schuldner keine anderen Informationen zur Hand, kann er sich i.R.d. Mitgläubigerschaft immerhin auf § 742 BGB verlassen, wonach im Zweifel der unteilbare Anspruch den Gläubigern zu gleichen Teilen zustehe. § 742 BGB ist – wie § 430 BGB – abdingbar, wobei erstere Abbedingung für den Schuldner von Bedeutung ist, die Abbedingung des § 430 BGB nicht. Als für den Gläubiger sichereres Mehrheitsverhältnis findet sich das Modell des § 432 BGB auch an anderer Stelle verwirklicht (z.B. bei der Geltendmachung von Nachlassforderungen durch einen Miterben, § 2039 BGB). 2036

1090 Vgl. zum Folgenden OFD Hamburg, 02.06.2003 – 51 – S 3810–001/03, ZEV 2003, 324 sowie FinMin Baden-Württemberg, Erlass v. 25.06.2003, DStR 2003, 1485, mit Ergänzung *Kirschstein*, ZEV 2003, Heft 9 S. VI; krit. hierzu *Gebel*, ZEV 2004, 98 ff.

1091 Hierzu instruktiv und umfassend *Amann*, DNotZ 2008, 324 ff.

Kapitel 4: Absicherung des Veräußerers

2037   Im Hinblick auf die Unzulänglichkeiten der traditionell in der Grundbuchpraxis häufig gewählten Gesamtgläubigerschaft (§ 428 BGB), vgl. oben Rdn. 2028, die Anlass sind für entsprechende vertragliche Modifikationen,[1092] ist zu erwägen, ob nicht die Mitgläubigerschaft eine bessere Ausgangsbasis für die Suche nach einer interessengerechten Gestaltung bietet, da sie durch das Erfordernis der Leistung an alle Gläubiger Letztere unmittelbar absichert.[1093]

2038   Um die i.d.R. gewollte „Sukzessivberechtigung" des überlebenden Gläubigers nach dem Ableben des Mitgläubigers zu erreichen, müssen allerdings die Gläubiger als Modifikation des § 432 BGB vereinbaren, dass der überlebende Berechtigte Leistung an sich allein verlangen kann und von der Ausgleichspflicht, die ihn gem. § 742 BGB im Zweifel ggü. den Erben des verstorbenen Mitgläubigers treffen würde, befreit ist. Während also bei der Gesamtgläubigerschaft (§ 428 BGB) der Erfüllungsmodus zu Lebzeiten sämtlicher Gläubiger modifiziert wird (dergestalt, dass nur Leistung an alle Erfüllungswirkung hat, vgl. Rdn. 1768), ist bei der Mitgläubigerschaft die Zeit nach dem Tod zu modifizieren, wenn eine echte Sukzessivberechtigung allein des Verbleibenden erreicht werden soll.

2039   **Formulierungsvorschlag: Sukzessivberechtigung bei Mitgläubigerschaft**

> Das Recht steht den Veräußerern als Mitberechtigten gemäß § 432 BGB zu mit der Maßgabe, dass der überlebende Berechtigte allein berechtigt sein soll.

2040   § 432 BGB eignet sich nicht nur bei auf aktive Leistungen gerichteten Ansprüchen und (beschränkt dinglichen) Rechten, sondern auch bei auf Duldung gerichteten (etwa Dienstbarkeiten, Wohnungsrechten, Nießbrauchsrechten): Die vom Verpflichteten geschuldete „Passivität" wird bereits der Natur der Sache nach ggü. jedermann erbracht, sodass jeder Begünstigte für sich allein davon Gebrauch machen kann. Ein Subsidiaritätsverhältnis der Mitgläubigerschaft ggü. § 428 BGB besteht trotz des irreführenden Wortlauts „sofern sie nicht Gesamtgläubiger sind" nicht, ebenso wenig kann die Rede davon sein, § 432 BGB sei nur im Ausnahmefall zulässig (vgl. Rdn. 1104).[1094]

[1092] Anders als bei Gesamthandsgemeinschaften besteht im Hinblick auf §§ 428, 432 ff. BGB keine Typenfixierung, vgl. Staudinger/*Noack*, BGB (2005), Vorbem. 30 zu §§ 420 bis 432.
[1093] Vgl. *Amann*, DNotZ 2008, 333 ff.
[1094] So aber OLG München, 29.05.2007 – 32 Wx 077/07, DNotZ 2008, 380 und OLG München, 25.06.2009 – 34 Wx 40/09, NotBZ 2009, 464 m. abl. Anm. *Amann* NotBZ 2009, 441 ff. (ausgehend von der ausnahmslosen"Teilbarkeit" des Nießbrauchs; tatsächlich unterliegt dies der Regelungsdisposition der Parteien).

Kapitel 5: Gesellschaftsrechtliche Lösungen

						Rn.
A.	Abwägung zum Bruchteilserwerb					2041
B.	Erwerb in GbR					2053
I.	„Grundbuchfähigkeit" der GbR					2053
	1.	Entscheidung des BGH				2053
	2.	Wege aus der Kalamität				2055
	3.	Mögliche weitere Konsequenzen				2069
II.	Gesetzliche Neuregelung					2070
	1.	Grundbuchrecht				2072
	2.	Grundbuchverfahrensrecht				2079
	3.	Materielles Recht				2080
		a)	GbR als Verfügende			2085
		b)	GbR als Verpflichtete			2094
		c)	GbR als Erwerbende			2103
			aa)	Aus Sicht des Notars		2103
			bb)	Aus Sicht des Grundbuchamtes		2109
				(1)	Im Bereich des § 19 GBO	2109
				(2)	Im Bereich des § 20 GBO	2110
					(a) Identität der GbR	2111
					(b) Existenz der GbR	2114
					(c) Vertretung der GbR	2118
		d)	Namens-GbR			2120
III.	Nachweise zur Berichtigung des Grundbuches					2126
	1.	Hinzutreten weiterer Gesellschafter				2130
	2.	Austritt oder Ausschluss eines Gesellschafters				2137
	3.	Tod eines Gesellschafters				2139
	4.	Insolvenz eines Gesellschafters; Verfügungsbeschränkungen				2145
	5.	Änderung sonstiger Identifikationsmerkmale				2148
C.	Gesellschaftslösungen unter Beteiligung der Veräußerer					2152
I.	Vor- und Nachteile					2153
II.	GbR, KG oder gewerblich geprägte KG?					2159
	1.	GbR				2159
	2.	Vermögensverwaltende KG				2168
	3.	Gewerblich geprägte GmbH & Co. KG				2182
		a)	Merkmale			2182
		b)	Gestaltungsinstrument zur Schaffung von Betriebsvermögen			2185
		c)	Gestaltungsmittel: tauschähnlich-entgeltliche Einbringung oder unentgeltliche verdeckte Einlage?			2188
			aa)	Gestaltungsvarianten		2188
			bb)	Privatvermögen, entgeltliche Einbringung		2190
			cc)	Privatvermögen, unentgeltliche Einlage		2193
			dd)	Exkurs: Privatvermögenseinbringung in eine Kapitalgesellschaft		2197
			ee)	Betriebsvermögenseinbringung in Personengesellschaft: § 6 Abs. 5 EStG		2198
			ff)	Exkurs: Betriebsvermögenseinbringung in Kapitalgesellschaft		2202
III.	Detailausgestaltung des Gesellschaftsvertrages					2206
	1.	Gestaltungsgrenze: Erhalt der steuerlichen Mitunternehmerschaft				2207
	2.	Einlageverpflichtung				2213
	3.	Gesellschafterkonten				2216
	4.	Verwaltung, Geschäftsführung, Vertretung				2222
	5.	Stimmrecht				2227
	6.	Vertragsänderung durch Mehrheitsbeschluss				2228
	7.	Tod von Gesellschaftern				2230
	8.	Hinauskündigungsmöglichkeit				2231
	9.	Rückforderungsvorbehalt				2233
	10.	Risiko eigener Kündigung				2234
	11.	Abfindungsanspruch bei Kündigung oder Ausschluss				2236
		a)	Berechnung			2236
		b)	Reduzierung			2240
	12.	Gewinn- und Verlustverteilung, Entnahmen				2246
		a)	Gewinnermittlung			2246
			aa)	Hauptbilanz		2247
			bb)	Ergänzungsbilanzen		2248
			cc)	„Sonderbilanzen"		2249
		b)	Gewinnverteilungsabrede			2250

				Rn.
	c)	Nießbrauch		2255
	d)	Sonderbetriebseinnahmen		2256
	e)	Entnahmeberechtigung		2258
13.	Haftungsrisiken			2259
14.	Beteiligung Minderjähriger			2261
	a)	Gründung der Gesellschaft		2261
	b)	Erwerb von Gesellschaftsanteilen		2262
	c)	Gesellschafterbeschlüsse		2264
	d)	Gerichtliche Genehmigung		2266
		aa)	Abschluss eines Gesellschaftsvertrages	2266
		bb)	Erwerb von Gesellschaftsanteilen	2267
		cc)	Veräußerung von Gesellschaftsanteilen	2269
		dd)	Veräußerung von Gesellschaftsimmobilien	2270
		ee)	Satzungsändernde Beschlüsse einer Kapitalgesellschaft	2271
15.	Eintrittsrecht und „Öffnungsklausel für Nachgeborene"			2272
16.	Vorkehrungen gegen „vorzeitige" Gesellschaftsbeendigung			2276
IV.	Misch- und Sonderformen			2279
1.	Stille Gesellschaften			2279
	a)	Arten		2279
	b)	Entstehung		2281
	c)	Rechte und Pflichten		2283
	d)	Steuerliche Anerkennung		2285
	e)	Steuerliche Konsequenzen		2287
	f)	GmbH & Still		2295
2.	Unterbeteiligungen			2299
3.	GmbH & Co. KG			2310
	a)	Varianten		2310
	b)	Haftung		2318
	c)	Steuer		2324
V.	Familien-Kapitalgesellschaften als Alternative?			2328
1.	Gesellschaftsrecht			2328
	a)	Körperschaftliche Struktur		2328
	b)	Haftung		2332
		aa)	Haftung der Geschäftsführer	2332
		bb)	Haftung der Gesellschafter	2336
	c)	Übertragung von Anteilen		2350
		aa)	Durchführung	2350
		bb)	Teilung von Anteilen	2358
		cc)	Vinkulierung	2360
	d)	Vererbung von Anteilen		2363
		aa)	Grundsatz	2363
		bb)	Einziehungs- und Abtretungsklauseln	2365
	e)	Gesellschafterrechte		2372
	f)	Rechnungslegung, Offenlegung		2377
2.	Die „Limited" als bessere Alternative?			2383
3.	Ertragsteuerrechtliche Grundzüge			2396
	a)	Körperschaftsteuer		2396
		aa)	Grundsatz	2396
		bb)	Verlustvorträge	2397
			(1) Grundsatz	2397
			(2) Einzelheiten	2399
			(3) Ausnahmen	2401
		cc)	Verdeckte Gewinnausschüttungen	2403
		dd)	Varianten des Gewinntransfers auf die Gesellschafterebene	2406
	b)	Gewerbesteuer		2412
	c)	Organschaft		2413
	d)	Einkommensteuer		2418
4.	Rechtsformwahl im Lichte der Unternehmensteuerreform 2008/2009			2420
	a)	Grundzüge der Unternehmensteuerreform 2008		2421
		aa)	Thesaurierungsbegünstigung	2421
		bb)	Kapitalgesellschaften	2422
		cc)	Abgeltungsteuer	2425
			(1) Erfasste Sachverhalte	2425
			(2) Ausgenommene Tatbestände	2427
			(3) Ausnahme für Veräußerungen gem. § 17 EStG	2431

				Rn.
		(4)	Werbungskosten- und Verlustabzug	2434
		(5)	Optionsmöglichkeiten	2437
		(6)	Erhebungsverfahren	2440
		(7)	Auswirkungen	2441
	dd)	Gewerbesteuer		2446
	ee)	Gegenfinanzierung		2450
b)	Besteuerungsvergleich			2453
	aa)	Regelbesteuerung von Personenunternehmen		2453
		(1)	Ohne Thesaurierungsbegünstigung	2453
		(2)	Mit Thesaurierungsbegünstigung	2455
	bb)	Besteuerung von Kapitalgesellschaftsausschüttungen		2459
		(1)	An Kapitalgesellschaften	2459
		(2)	In das Betriebsvermögen von Personenunternehmen	2460
		(3)	In Privatvermögen	2461
		(4)	Berechnungsbeispiel	2462
		(5)	Vergleich zu Personengesellschaftsausschüttungen	2466
	cc)	Fazit		2473
	dd)	Fortbestehende Strukturunterschiede		2475

A. Abwägung zum Bruchteilserwerb

Die Regelform des Erwerbs durch mehrere Personen (Ehegatten, Geschwister etc.) ist sicherlich weiterhin die **Bruchteilsgemeinschaft**, häufig – wie gesetzlich vermutet – zu gleichen Kopfanteilen (§§ 1008 ff. BGB, § 752 BGB). Ihr Vorteil liegt in der Teilhabe am öffentlichen Glauben des Grundbuches;[1] ihr Nachteil ggü. der gesellschaftsrechtlichen Lösung im Fehlen von Instrumenten zur Vinkulierung der Anteile und zum erbrechtlichen Von-Selbst-Erwerb (Anwachsung; Abfindungsausschluss).

2041

Gesichtspunkte der ausgewogenen Vermögensverteilung (etwa zur gleichmäßigen Inanspruchnahme künftiger Erbschaftsteuerfreibeträge) sowie der Pflichtteilsvermeidung[2] (etwa bei Vorhandensein nicht- oder erstehelicher Abkömmlinge) und schließlich der Haftungsvermeidung[3] legen jedoch nicht selten den **Alleinerwerb** durch einen Ehegatten nahe. Kreditinstitute, die i.R.d. Kaufpreisfinanzierung auch eine Bürgschaft oder Mitschuldnerschaft des Ehegatten verlangen, drängen andererseits zunehmend darauf, diesen zumindest zu einem geringen Anteil als Miteigentümer eintragen zu lassen, um die vermutete Sittenwidrigkeit ruinöser Bürgschafts- oder Mithaftungsversprechen nahe stehender Personen (sog. „**Nahbereichsbürgschaften**") zu

2042

---

1 Allerdings fehlt es bei Übertragungen unter Angehörigen i.d.R. am erforderlichen Fremdverkehrsgeschäft, vgl. MünchKomm-BGB/*Kohler*, § 892 Rn. 34 ff.

2 Wobei darauf hinzuweisen ist, dass in der Begleichung von Entgeltbestandteilen bzw. der Tilgung aufgenommener Verbindlichkeiten bzw. der Übernahme von Herstellungskosten für die im Alleineigentum des anderen Ehegatten stehenden Immobilie eine ehebedingte Zuwendung liegt, die zwar (bei Eigennutzung) gem. § 13 Abs. 1 Nr. 4a ErbStG steuerfrei bleibt, jedoch i.R.d. § 2325 BGB der unmittelbaren Schenkung, auch hinsichtlich des Nicht-Anlaufens der Zehnjahresfrist, gleichgestellt ist, BGH, FamRZ 1989, 732. Zum gem. § 1360a BGB geschuldeten Familienunterhalt zählen neben § 1357 BGB nur die Haushaltskosten im eigentlichen Sinn, also Anschaffung, Instandhaltung und Erneuerung des Hausrats, sowie die Tragung von Miete und Nebenkosten, im Eigentumsfall also die Unterhaltskosten und die Verzinsung bestehender Verbindlichkeiten. Der Eigentumserwerb bzw. die Tilgung dafür eingegangener Verbindlichkeiten zählen dagegen zur Vermögensbildung, bzgl. derer kein vorgesetzlicher Anspruch auf Teilhabegerechtigkeit bestehe (vgl. BGH, MittBayNot 2004, 279, m. Anm. *Brandt*).

3 Wobei die in vorstehender Fußnote erläuterten Tatbestände dadurch verdeckter ehebedingter Zuwendungen ebenso zur 4-jährigen Gläubigeranfechtung berechtigen (BGH, NJW 1991, 1610) und auch i.R.d. § 2287 BGB (böslische Schenkungen zulasten des Vertragserben) gleichgestellt sind (BGH, MittBayNot 1992, 150).

Kapitel 5: Gesellschaftsrechtliche Lösungen

entkräften.[4] Dieser (oft von den Beteiligten nicht gewollte) Miterwerb ist allerdings nicht unbedingt hinreichender Beleg dafür, dass die Haftungsübernahme – wie vom BGH gefordert – mit der tatsächlichen Interessenlage übereinstimmt.[5]

2043

Hinweis:

Der Notar sollte Bruchteilserwerber darauf hinweisen, dass

- jeder Miteigentumsanteil ein **selbstständiges Grundbuchobjekt** darstellt, also unabhängig vom anderen Miteigentumsanteil veräußert oder belastet werden kann
- keine gegenseitigen gesetzlichen Vorkaufsrechte oder sonstige Mitwirkungsmöglichkeiten bestehen, also jeder Miteigentümer über seinen Anteil frei verfügen, ihn auch teilen und an mehrere Erwerber übertragen kann;[6]
- jeder Miteigentümer die **Aufhebung der Gemeinschaft** im Weg der Teilungsversteigerung des gesamten Objekts verlangen kann, sofern dies nicht zumindest stillschweigend[7] ausgeschlossen ist, bzw. die Pfändung eines einzelnen Miteigentumsanteils zur Versteigerung des Gesamtobjekts führt;
- alle Entscheidungen über Verwaltung und Veräußerung des Objektes (ausgenommen Notgeschäftsführungsmaßnahmen und Maßnahmen der ordnungsgemäßen Verwaltung)[8] der Zustimmung bzw. der Mitwirkung aller Miteigentümer bedürfen.[9]

2044 Nicht selten werden Miteigentümer daher im Verhältnis zueinander Vereinbarungen treffen, die häufig nur **schuldrechtlicher – also bilateraler – Natur** sind (z.B. Abrede dahin gehend, dass der Erlös aus einem Verkauf nach Abzug der Verbindlichkeiten nicht im Verhältnis der Miteigentumsanteile, sondern der tatsächlichen Finanzierungsbeiträge zu teilen sei).[10] Auch der Anspruch auf die Nutzungen, z.B. Mieteinnahmen (diese zählen nicht zum wesentlichen Bestandteil des Eigentums) kann schuldrechtlich einem Miteigentümer allein zugewiesen werden, sodass bei der Veräußerung eines anderen Miteigentumsanteils diese Nutzungen nicht mit übertragen werden.[11]

---

4   Gestützt etwa auf BGH, 27.05.2003 – IX ZR 283/99, MittBayNot 2005, 221, m. Anm. *Leiß*, 199 ff.; so verfährt etwa die Landesbodenkreditanstalt gemäß Wohnraumförderungsbestimmungen 2003, Teil I Nr. 11,1, gemäß Bekanntmachung des Bayerischen StMI v. 11.11.1002 – II C 1-4700-003/02.
5   Vgl. Rundschreiben der Landesnotarkammer Bayern 5/2003, Nr. 8; *Leiß*, MittBayNot 2005, 202.
6   Gutachten, DNotI-Report 2004, 94 m.w.N.; a.A. nur *Hilbrandt*, AcP 2002, 643 ff.
7   So BGH, 12.11.2007 – II ZR 293/06, DNotI-Report 2008, 37 bei einem gemeinschaftlichen Privatweg.
8   Hierzu soll gem. BGH, 26.04.2010– II ZR 159/09, JurionRS 2010, 19505 auch die Kündigung eines Mietverhältnisses gehören, und zwar auch dann, wenn die Bruchteilsgemeinschaft aus Familienangehörigen besteht und die Kündigung ggü. einem Familienunternehmen erfolgt (fragwürdig).
9   Wobei ein Miteigentümer aufgrund seiner Gebrauchsbefugnis nach §§ 743 Abs. 2, 745 Abs. 3 BGB in bestimmten Grenzen die Miteigentümer zu einer Mitwirkung verpflichten kann (z.B. zur gemeinschaftlichen Bestellung einer Baulast zu seinen Gunsten in den Grenzen der Billigkeit und der bisherigen Nutzung: BGH, 08.03.2004 – II ZR 5/02, DNotI-Report 2004, 98).
10 Zweckmäßigerweise werden die Beteiligten festlegen, ob hierunter auch Beiträge zum Gebäudeunterhalt, nur Tilgungsanteile oder auch Verzinsung, nur Geldbeiträge oder auch Arbeitsleistungen etc. fallen, und eine Pflicht zur schriftlichen Aufzeichnung mit zeitnaher gemeinsamer Unterzeichnung vorsehen.
11 BGH, 20.10.2008 – II ZR 246/07, DNotZ 2009, 847.

A. Abwägung zum Bruchteilserwerb

Der Inhalt solcher Vereinbarungen kann auch „verdinglicht", und damit aufgrund Grundbucheintragung auch ggü. Einzelrechtsnachfolgern durchsetzbar sein. 2045

Beispiele:

- *Ankaufsrechte, gesichert durch Vormerkung;*
- *Anspruch auf Auszahlung investierter Arbeitsleistung bei Verkauf, Versteigerung oder Versterben, gesichert durch ein gegen den jeweiligen Miteigentümer gem. § 800 ZPO gerichtetes Grundpfandrecht;*
- *Verpflichtung zur Mitwirkung an einer Sondereigentumsbegründung nach § 3 WEG, gesichert durch Vormerkung.*[12]

Während bei der schlichten Bruchteilsgemeinschaft Verwaltungs- und Nutzungsregelungen unmittelbar für und gegen Sonderrechtsnachfolger gelten (§§ 746, 751 Satz 1 BGB), ist beim Grundstückseigentum für die dingliche Wirkung **gegen** (nicht für) den Sonderrechtsnachfolger die Eintragung der Miteigentümervereinbarung im Grundbuch als dingliche Belastung erforderlich, § 1010 BGB (Sicherung durch Vormerkung).[13] Zu denken ist an den Ausschluss des Rechts, die Aufhebung der Gemeinschaft aus einem anderen als einem wichtigen Grund zu verlangen (§ 749 BGB)[14] – allerdings ohne Wirkung in der Insolvenz (§ 84 Abs. 2 InsO) und ggü. Gläubigern (§ 753 BGB)[15] –, Regelungen zur Nutzung, und (str.) zur künftigen Teilung des Grundstücks etc. 2046

Beispiel:

Wird ein gemeinschaftlicher Garagenhof in Miteigentumsanteilen gehalten, hat eine solche Vereinbarung den Charakter einer „Gemeinschaftsordnung"; wollen Miteigentümer ihre Grundstücksbereiche ohne Vermessung separieren, lässt sich über § 1010 BGB ein der Realteilung wirtschaftlich vergleichbares Ergebnis erzielen. Weitere Anwendungsbereiche sind Zuordnungen von Einzelparkplätzen und Duplex-Parkern, ebenso Parzellenregelungen in Sport- oder Freizeitanlagen oder Nutzungsregelungen in losen Wohngemeinschaften, die nicht nach WEG „verfestigt" aufgeteilt werden sollen.[16]

Nach herrschender Meinung ist jedoch Voraussetzung, dass **zumindest zwei Eigentümer** vorhanden sind, sodass die Eintragung frühestens mit Umschreibung des ersten Miteigentumsanteils möglich ist.[17] Die besseren Gründe (und das praktische Bedürfnis – man denke etwa an die Rangsicherung im Verhältnis zur Käuferfinanzierung!) sprechen jedoch dafür, Vereinbarungen 2047

---

[12] Zur Bestimmbarkeit des Anspruches müssen die Grunddaten der Gemeinschaftsordnung zum Inhalt der Verpflichtung werden; i.Ü. wird die ausdrückliche Einräumung eines abgrenzbaren Leistungsbestimmungsrechtes unabdingbar sein, BGH, NJW 1986, 845.

[13] Und zwar auch am ungeteilten Eigentum; eine einheitliche Vormerkung zur Sicherung des Anspruchs auf Übertragung des Miteigentums und auf Eintragung einer Vereinbarung nach § 1010 BGB dürfte genügen, vgl. Gutachten, DNotI-Report 2007, 185 ff.

[14] Wobei der Notar darauf hinweisen wird, dass in mancher sonst ausweisloser Situation die Teilungsversteigerung das einzige Druckmittel zu vernünftigem Verhandeln darstellt. Der Tod eines Miteigentümers ist wohl immer ein wichtiger Grund. Haben Partner einer nichtehelichen Lebensgemeinschaft beim gemeinsamen Erwerb einer Immobilie die Teilungsversteigerung ausgeschlossen, liegt nach BGH, DStR 2004, 50 im Scheitern der Lebensgemeinschaft kein Wegfall der Geschäftsgrundlage!

[15] Zur Pfändung und Überweisung des Aufhebungsanspruchs BGH, 20.12.2005 – VII ZB 50/05, Rpfleger 2006, 204, m. krit. Anm. *Ruhwinkel*, MittBayNot 2006, 413 (Pfändbarkeit des Anspruchs auf Aufhebung der Gemeinschaft gem. § 857 Abs. 3 ZPO, jedenfalls wenn auch der künftige Anspruch auf den Anteil am Auseinandersetzungsguthaben gepfändet wurde).

[16] Beispiele (mit Formulierungsvorschlag) bei *Milzer*, ZNotP 2006, 290 ff.

[17] Vgl. im Einzelnen *Tschon*, RNotZ 2006, 225 m.w.N.

Kapitel 5: Gesellschaftsrechtliche Lösungen

und Eintragungen nach § 1010 BGB durch den Alleineigentümer jedenfalls dann zuzulassen, wenn bereits „fiktives Miteigentum" gem. § 3 Abs. 6 GBO durch Zubuchung im Eigenbesitz zu herrschenden Grundstücken entstanden ist.[18] Auch eine spätere (möglicherweise nur vorübergehende) Vereinigung von Miteigentumsanteilen in einer Hand würde dann nicht zum Untergang solcher Vereinbarung führen.[19]

2048 Miteigentümervereinbarungen bilden ferner einen (wegen der Gefahr der Versteigerung durch Belastungsgläubiger[20] nur unvollkommenen) Ersatz für WEG-Teilungen, wo diese – etwa wegen des Genehmigungsvorbehalts in Gebieten mit Fremdenverkehrsfunktion (§ 22 BauGB) – nicht zur Verfügung stehen.[21]

2049 **Formulierungsvorschlag: Ausschluss des Versteigerungsrechts unter Miteigentümern**

> Die beteiligten Erwerber wurden auf die gesetzlichen Regelungen hinsichtlich des Miteigentums hingewiesen. Vereinbarungen hierzu (z.B. Nutzungsregelung, teilweiser Ausschluss des Versteigerungsrechtes, gegenseitige Vorkaufsrechte) werden nur insoweit getroffen, als das Recht jedes Miteigentümers, die Aufhebung der Gemeinschaft aus einem anderen als einem wichtigen Grunde zu verlangen, für immer ausgeschlossen wird. Die Eintragung dieser Vereinbarung nach §§ 749, 1010 BGB an nächstoffener Rangstelle im Grundbuch als Belastung des jeweiligen Miteigentumsanteils zugunsten des jeweiligen Inhabers der anderen Miteigentumsanteile wird
>
> **bewilligt**
>
> und beantragt Zug um Zug mit Eigentumsumschreibung auf die Erwerber.

2050 Die besonders praxiswichtigen Kosten- und Lastenregelungen zählen, da nicht Gegenstand der „Verwaltung", nach herrschender Meinung[22] nicht zum verdinglichbaren Bereich der Vereinbarung gem. § 1010 BGB. Sie bedürfen also der ausdrücklichen Vertragsübernahme. Rechtsnachfolgeklauseln sorgen für eine Basisabsicherung; vorsichtigere Gestalter knüpfen die Ausübung der gem. § 1010 BGB gesicherten Nutzungsrechte an den Eintritt in die Verpflichtung zur Tragung der zugeordneten Kosten und Lasten.[23] Im Verhältnis zu Dritten (z.B. Erschließungsträgern) bleiben die Miteigentümer ohnehin stets Gesamtschuldner, anders als bei der Aufteilung nach WEG.

---

18 So auch LG Memmingen, MittBayNot 1999, 77; ausführlich *Tschon*, RNotZ 2006, 226 ff.
19 *Rehle*, MittBayNot 1999, 80, arg. § 1197 BGB. Jedenfalls wenn die früheren Miteigentumsanteile mit einem auf Zahlung gerichteten Recht (Grundpfandrecht, Reallast) belastet sind, ist die Fortgeltung der Miteigentümervereinbarung unstreitig.
20 Es droht das Auseinanderbrechen der Bruchteilsgemeinschaft bei Teilungsversteigerung aus wichtigem Grund (§ 749 BGB) und bei Fremdversteigerung, auch wenn nur ein Miteigentumsanteil belastet ist (§ 753 BGB).
21 OLG Schleswig, DNotZ 2000, 779. Das VG Augsburg, MittBayNot 2006, 172 bejaht allerdings einen Anspruch auf Erteilung der Genehmigung zur Bildung von Wohnungseigentum gem. § 22 BauGB, wenn auch das bisher in Bruchteile (mit Regelung nach § 1010 BGB) aufgeteilte Gebäude nach Maßgabe der Baugenehmigung als Zweitwohnung genutzt werden kann.
22 OLG Hamm, DNotZ 1973, 549; *Panz*, BWNotZ 1990, 67; *Schnorr*, Die Gemeinschaft nach Bruchteilen, S. 276 f.; a.A. BayObLG, DNotZ 1993, 391.
23 Vgl. *Tschon*, RNotZ 2006, 222.

Sollen demgemäß auch Nutzungs- und Lastentragungsbereiche separiert werden, kann die Regelung bspw. wie folgt erweitert werden: 2051

Formulierungsvorschlag: Miteigentümervereinbarung mit Separierung von Nutzungs- und Kostentragungsbereichen 2052

> Die beteiligten Erwerber wurden auf die gesetzlichen Regelungen hinsichtlich des Miteigentums hingewiesen. Vereinbarungen hierzu werden wie folgt getroffen:
> - Das Recht jedes Miteigentümers, die Aufhebung der Gemeinschaft aus einem anderen als einem wichtigen Grunde zu verlangen, ist für immer ausgeschlossen.
> - Der jeweilige Inhaber des Miteigentumsanteils, der in heutiger Urkunde durch Herrn A erworben wird („Anteil A") ist zur ausschließlichen Benutzung des im beigefügten Lageplan rot gekennzeichneten Grundstücksteils, der jeweilige Inhaber des heute von Herrn B erworbenen Anteils („B") zur ausschließlichen Benutzung des im Plan grün gekennzeichneten Grundstücksteils berechtigt. Die Ausübung dieser Berechtigung ist jedoch daran geknüpft, dass auch die Kosten und Lasten der Unterhaltung, Instandhaltung und Instandsetzung, Verkehrssicherung und Haftung für diese Flächen durch den jeweiligen Inhaber des Anteils A bzw. B getragen werden bzw. sich ein Rechtsnachfolger hierzu verpflichtet. Im Verhältnis zueinander gelten die Bestimmungen des öffentlich-rechtlichen und bürgerlich-rechtlichen Nachbarrechtes, wie wenn es sich um selbstständige Grundstücke handeln würde. Die nicht farblich gekennzeichnete Zugangsfläche steht zur gemeinschaftlichen Nutzung zur Verfügung; bauliche Veränderungen auf dieser Fläche sind nur einvernehmlich möglich. Deren Kosten und Lasten im obigen Sinne tragen – soweit sie nicht als Beschädigungen dem Verursacher zugeordnet werden können – die Anteilsinhaber A und B als Voraussetzung der Nutzungsausübung je hälftig.
> - Auf Verlangen eines jeden Anteilsinhabers ist auf je hälftige Kosten die Vermessung und Zerlegung in drei Grundstücke im je alleinigen Eigentum des Anteilsinhabers A und B bzw. in deren je hälftigem Miteigentum herbeizuführen.
>
> Die Eintragung dieser Vereinbarung nach §§ 749, 1010 BGB an nächstoffener Rangstelle im Grundbuch als Belastung des jeweiligen Miteigentumsanteils zugunsten des jeweiligen Inhabers der anderen Miteigentumsanteile wird
>
> **bewilligt**
>
> und beantragt Zug um Zug mit Eigentumsumschreibung auf den Erwerber. Wechselseitige Vorkaufs- oder Ankaufsrechte werden nicht gewünscht.

B. Erwerb in GbR

I. „Grundbuchfähigkeit" der GbR

1. Entscheidung des BGH

2053 Der Beschluss des BGH v. 04.12.2008[24] führte den mit der Anerkennung der materiellen (Teil-) Rechtsfähigkeit der GbR begonnenen Weg auch formellrechtlich konsequent weiter:[25] Aus der (Teil-) Rechtsfähigkeit der GbR ergebe sich ihre Grundstückserwerbsfähigkeit und daraus zwingend, da das Grundbuchrecht nur dienende Funktion habe, auch die formale **Grundbucheintragungsfähigkeit**. Die bisher in § 15 Abs. 3 GBV geregelte GbR (noch dem Leitbild des gesamthänderisch gebundenen Eigentums der Mitglieder folgend) sei demnach durch erweiternde Analogie zu § 15 Abs. 1 Buchst. b) GBV (also den registerfähigen Personenhandelsgesellschaften) Letzteren gleichzustellen.

2054 Diese entsprechende Anwendung hatte zur Folge, dass die GbR entweder „als solche" mit ihrem (selbstgewählten) Namen eingetragen werden kann („Namens-GbR") oder aber – im Fall der „namenlosen GbR" – als „Gesellschaft bürgerlichen Rechts" mit dem Zusatz „bestehend aus" und den Namen der Gesellschafter, die dann sämtlich – wie in § 15 Abs. 3 Satz 1 GBV bisher angeordnet – mit Name und Geburtsdatum aufzuführen sind, allerdings nur als Identifikationsbehelf, da ein selbstgewählter Name nicht zur Verfügung steht. Um bei der Namens-GbR eine **Verwechselung mit anderen, namensgleichen GbR** zu vermeiden, schlug der BGH vor (sozusagen als Ersatz für das Fehlen der bei natürlichen Personen zur Verfügung stehenden Unterscheidungsmöglichkeiten, etwa des Geburtsdatums), den „Sitz" der GbR und die Angabe des gesetzlichen Vertreters mit aufzunehmen. Der BGH versuchte auf diese Weise, der GbR eine im Gesetz nicht vorhandene „Identitätsausstattung"[26] beizugeben. Die Praxis lehrt allerdings, dass sogar bei eingetragenen Kaufleuten die Selbstbezeichnung im Wirtschaftsverkehr oft von der offiziellen Firmenbezeichnung abweicht.[27]

2. Wege aus der Kalamität

2055 Der BGH verkannte nicht, dass sein Beschluss die **zentralen Fragen**
- des Nachweises der Existenz einer GbR,
- des Nachweises ihrer wirksamen Vertretung und – damit impliziert –,
- der Möglichkeit des gutgläubigen Erwerbs vom Nichtberechtigten/Nichtexistenten bei Veräußerung durch eine GbR

unbeantwortet lässt, verwies jedoch insoweit auf den Gesetzgeber:[28] „Die aufgezeigten Schwierigkeiten ... sind zwangsläufige und hinzunehmende Folge der Anerkennung der Teilrechtsfä-

---

24 BGH, 04.12.2008 – V ZB 74/08, ZfIR 2009, 93, m. abl. Anm. *Volmer*.
25 *Krüger*, in: FS Brambring, (2010, S. 177, 182, wirft den Notaren vor, sie hätten die Zeichen der Zeit nicht wahrhaben wollen („die Notare sind auch nicht mehr das, was sie einmal waren").
26 Die Suche danach begann mit *Ulmer/Steffek*, NJW 2002, 330, 333.
27 *Volmer*, ZfIR 2009, 98.
28 So schon im vorangegangenen Senatsurteil NJW 2008, 1378, 1379.

higkeit der GbR." Bei Eintragungen aufgrund eines gerichtlichen Urteils – so der dem BGH vorliegende Sachverhalt – reiche dieser Titel als Nachweis aus, selbst wenn 2 Jahre ins Land gegangen sind.[29]

Ein vollwertiger Nachweis der Existenz, Zusammensetzung und Vertretung der GbR lässt sich nicht führen: Auch die Vorlage eines notariell unterschriftsbeglaubigten GbR-Vertrages sowie einer unterschriftsbeglaubigten Abtretungskette (wie sie selten möglich sein wird) kann nicht abhelfen, da GbR-Anteilsabtretungen per se nicht am guten Glauben des Grundbuchs teilhaben (und zudem die Existenz weiterer Satzungsänderungen oder Weiterabtretungen nicht ausschließbar ist). 2056

Immerhin galt mit Blick auf die **Vergangenheit**: Mit der Gleichstellung der GbR zu den in § 15 Abs. 1 Buchst. b) GBV aufgeführten Personengesellschaften betrieb der BGH richterliche Rechtsfortbildung, sodass die bisherigen Eintragungen (Nennung der Gesellschafter unter Angabe des Beteiligungsverhältnisses i.S.d. § 47 GBO) nicht rückwirkend unrichtig werden. Bei richtiger Interpretation[30] umschreiben sie das Eigentum der (teil-)rechtsfähigen GbR ohnehin nur auf andere, allerdings vom BGH für künftige Eintragungen nicht mehr akzeptierte Weise. 2057

Bis zur **Gesetzesnovelle v. 18.08.2009** vermittelte weder die vom BGH als Möglichkeit angesprochene informatorische Mitnennung eines Vertretungsberechtigten noch die ebenfalls nur zur Identifikationszwecken vorgenommene Nennung der Gesellschafter Schutz des guten Glaubens an die Existenz der GbR und deren Fähigkeit, Eigentum zu übertragen bei der Namens-GbR wie auch bei der namenlosen GbR. Das aufgezeigte Dilemma stellt sich gleichermaßen 2058

- bei der Beteiligung einer GbR auf Veräußerer- wie auf Erwerberseite,
- im Grundbuchverkehr ebenso wie im allgemeinen Rechtsverkehr,
- in sachenrechtlicher Hinsicht ebenso wie in Bezug auf das wirksame Zustandekommen schuldrechtlicher Verträge.

Als Nachweisverfahren ungeeignet waren 2059

a) die Abgabe eidesstattlicher Versicherungen bzw. schlichter Wissensbestätigungen ggü. dem Grundbuchamt. Sie ist im Grundbuchverfahren allerdings bisher nur in § 35 Abs. 3 GBO, § 18 GBMaßnG als gesetzliches Nachweismittel zugelassen, und wurde ferner richterrechtlich anerkannt zum Nachweis ergänzender (das notarielle Testament spricht nur von „den Kindern")[31] oder negativer Tatsachen (Scheidungs-[32] oder Pflichtteilsklausel[33] bei gemeinschaftlichem Testament, Rdn. 649) i.R.d. § 35 Abs. 1 Satz 2 GBO. Die für die Strafbarkeit gem. § 156 StGB erforderliche allgemeine Zuständigkeit des Grundbuchamtes als Behörde (§ 11 Abs. 1 Nr. 7 StGB) zur Abnahme von eidesstattlichen Versicherungen ergibt sich wohl bereits aus § 35 Abs. 2 Satz 2 GBO, fraglich ist allerdings die „besondere Zuständigkeit" ge-

---

29 Hiergegen zu Recht krit. *Bestelmeyer*, Rpfleger 2009, 145: dies könnte allenfalls gelten, wenn die erforderlichen Eintragungsvoraussetzungen einmal in strenger Form nachgewiesen waren, sodass nur bei konkreten Anhaltspunkten für deren Wegfall neuerliche Nachweise gefordert werden dürfen.
30 Vgl. *Bestelmeyer*, Rpfleger 2009, 144.
31 Gutachten, DNotI-Report 2006, 109, 111.
32 Gutachten, DNotI-Report 2006, 181.
33 OLG Köln, 14.12.2009 – 2 Wx 59/09, Rpfleger 2010, 263.

Kapitel 5: Gesellschaftsrechtliche Lösungen

rade in Bezug auf den Vorgang, auf den sie sich bezieht.[34] Jedenfalls verleiht sie – urkundsrechtlich – dem Dokument keine erhöhte Nachweiskraft;[35]

2060 b) notarielle Bestätigungen ähnlich einer Vertretungsbescheinigung nach § 21 BNotO, da die Erklärung des Notars nicht unsicheres Datenmaterial „hochwerten" kann. Der BGH schlug vor, im Gesellschaftsvertrag könne vereinbart werden, dass jede Veränderung des Gesellschaftsvertrages sowie jede Verfügung über Gesellschaftsanteile der notariellen Beglaubigung oder Beurkundung an einer bestimmten Notarstelle bedürfe, sodass dort eine vollständige Sammlung jedenfalls aller rechtsgeschäftlichen Veränderungen vorläge und der jeweilige Inhaber der Amtsstelle eine entsprechende Bescheinigung ausstellen könnte. Diese Lösung krankt jedoch daran, dass der geschaffene Formzwang trotz einer qualifizierten Formzwangklausel (wonach auch die Aufhebung des Paragrafen über den Formzwang nur in derselben Form erfolgen könne) wohl auch formlos geändert werden kann[36] (ähnlich der mündlichen Aufhebung einer auch qualifizierten Schriftformklausel).[37]

2061 Als Ausweg aus dem Dilemma konnte der Erwerber verlangen, dass die veräußernde GbR sich zunächst dergestalt auseinandersetzt, dass das Gesellschaftsvermögen den einzelnen (mutmaßlichen) Gesellschaftern in **Bruchteilseigentum** übertragen wird (bzw. der Gläubiger in Abteilung II bzw. III des Grundbuchs könnte verlangen, dass vor der Bestellung eines Grundpfandrechts oder einer Dienstbarkeit durch die bewilligende GbR diese sich als Bruchteilsgemeinschaft konstituiere). Die GbR-Gesellschafter sind hierfür, soweit nicht bereits im Gesellschaftsvertrag geschehen, durch Beschluss von § 181 BGB zu befreien. Sobald die (mutmaßlichen) Gesellschafter in Bruchteilsgemeinschaft eingetragen waren – also dem Grundbuchamt Existenz und Vertretung der GbR „nachgewiesen" wurden –, war auch vor dem 18.08.2009 gutgläubiger Erwerb möglich. Der Weg ist allerdings mit hohen Notar-[38] und Grundbuchkosten auf Veräußererseite belastet; Grunderwerbsteuer fällt bei (mutmaßlich) identischer Beteiligung auf GbR- und auf Bruchteilsseite nicht an, § 6 Abs. 1 Satz 1 GrEStG (beachte allerdings die 5-Jahres-Frist des § 6 Abs. 4 GrEStG). An der einkommensteuerlichen Qualifikation ändert sich nichts; die Übertragung stellt auch keinen Anschaffungsvorgang dar (§ 39 Abs. 2 Nr. 2 AO: wirtschaftliche Betrachtungsweise).[39]

2062 In ähnlicher Weise konnte versucht werden, den Gutglaubensschutz des Erwerbers nicht über das Grundbuch (§ 892 BGB) zu gewährleisten, sondern über das **Handelsregister** (§ 15 HGB), im Sinn eines nachträglichen untechnischen „Formwechsels" durch Änderung des Gesellschaftsvertrages und Einbuchung im Handelsregister aufgrund übereinstimmender Anmeldung der (mutmaßlichen) OHG-Gesellschafter bzw. Komplementäre/Kommanditisten. Das Handelsregister übernimmt lediglich eine Plausibilitätsprüfung, dem Grundbuchamt ggü. ist allerdings sodann

---

34 Für Statthaftigkeit *Heinze*, RNotZ 2010, 281, 303.
35 Andernfalls ist das Grundbuchamt nicht zur „Abnahme" der eidesstattlichen Versicherung i.S.d. § 156 StGB berufen, vgl. *Bestelmeyer*, Rpfleger 2010, 169, 181.
36 Ebenso *Schubert*, ZNotP 2009, 181 (dort auch Formulierungsvorschlag).
37 In AGB verstößt die „doppelte Schriftformklausel" gegen § 307 Abs. 1 BGB, da sie den Eindruck erweckt, den in § 305b BGB normierten Vorrang der Individualvereinbarung unterlaufen zu wollen: OLG Rostock, 19.05.2009 – 3 U 16/09, JurionRS 2009, 19810.
38 20/10 Gebühr aus dem vollen Grundstückswert, allerdings unter Zusammenrechnung gem. § 44 Abs. 2a KostO.
39 BFH, 02.04.2008 – IX R 18/06, NJW 2008, 3662.

der Inhalt des Handelsregisters maßgeblich, § 32 Abs. 1 GBO, sodass im Ergebnis die materiellen Beweisanforderungen des Grundbuchrechts (§ 29 GBO) durch das Handelsregisterrecht „umgangen" werden. Die Notar-,[40] Handelsregister- und Grundbuchkosten[41] sind überschaubar. Als unattraktiv empfunden wird (neben der Registerpublizität) allerdings die handelsrechtliche (trotz § 140 AO allerdings nicht sanktionierte)[42] Buchführungspflicht, § 238 Abs. 1 Satz 1 HGB[43] (die seit 2008 lediglich für bestimmte kleinere Einzelkaufleute gelockert wurde)[44] sowie die grds. dadurch begründete Anwendbarkeit der Handelskaufvorschriften (z.B. § 377 Abs. 2 HGB), „Formkaufmann".

Der Nachweis der „Identität" der OHG mit einer bisher gebuchten GbR konnte bis zum 18.08.2009 durch Bescheinigung des Handelsregisters gem. § 15 Abs. 3 GBV a.F. geführt werden; seit dessen Abschaffung bedarf es, da der „Formwechsel" sich nicht aus dem Handelsregister ergibt,[45] einer „berichtigenden Bewilligung" aller eingetragenen Gesellschafter,[46] die auch für diese Zwecke („in Ansehung des eingetragenen Rechtes") gem. § 899a BGB als bewilligungsberechtigt gelten:

Formulierungsvorschlag: Berichtigung bei identitätswahrendem Formwechsel einer eingetragenen GbR in OHG

> Im Grundbuch des AG ..... für ..... Blatt ..... ist eine Gesellschaft bürgerlichen Rechts, bestehend aus A, B und C als Gesellschaftern, eingetragen. Diese Gesellschaft ist zufolge der Anmeldung aller Gesellschafter vom ..... am ..... im Handelsregister des AG ..... unter HR A ..... als offene Handelsgesellschaft unter der Firma ..... eingetragen worden. Beglaubigte Abschrift der Registeranmeldung, in welcher A, B und C den identitätswahrenden Formwechsel der GbR in die OHG dargestellt und angemeldet haben, ist beigefügt. Der Notar bestätigt aufgrund Einsicht in das elektronische Handelsregister wie vorbezeichnet, dass die ..... OHG dort wie angegeben eingetragen wurde.
>
> A, B und C bewilligen und beantragen berichtigend einzutragen, dass die Bezeichnung des Eigentümers sich in ABC-OHG geändert hat. Es handelt sich um eine Richtigstellung i.S.d. § 67 KostO.

---

40 Handelsregisteranmeldung ca. 80,00 €, Berichtigungsbewilligung: 5/10 Gebühr gem. § 38 Abs. 2 Nr. 5a KostO aus ca. 10–30 % des Grundstückswerts (*Notarkasse*, Streifzug durch die Kostenordnung, Rn. 225 ff.).
41 OLG München, 03.07.2008 – 34 Wx 36/08, MittBayNot 2009, 64: 1/4 Gebühr gem. § 67 KostO aus 50 % des Grundstückswertes für die Richtigstellung der Eigentümerbezeichnung.
42 Unberührt bleibt jedoch die Möglichkeit der Strafbarkeit gem. § 283b StGB sowie eine mögliche Zwangsgeldfestsetzung im Besteuerungsverfahren.
43 Erzielt die OHG allerdings nur Einkünfte aus Vermietung und Verpachtung (oder aus Kapitalvermögen), werden diese – trotz Buchführungspflicht – durch Einnahmen-Überschuss-Rechnung ermittelt, vgl. *v. Oertzen/Herrmann*, ZEV 2003, 400.
44 § 241a Satz 1 HGB: an zwei aufeinanderfolgenden Abschlussstichtagen nicht mehr als 500.000,00 € Umsatzerlöse und 50.000,00 € Jahresüberschüsse, vgl. *Ritzrow*, EStB 2010, 464 ff.
45 Die GbR kann gem. § 191 Abs. 1 UmwG nicht formwechselnder Rechtsträger sein.
46 *Schöner/Stöber*, Grundbuchrecht, Rn. 985; KG, 01.10.2008 – 1 W 38/08, NotBZ 2010, 408 (nur LS): bloße Richtigstellung, keine Berichtigung i.S.d. § 22 GBO.

2065 Am Erfolg versprechendsten war und ist das Ausweichen auf eine **selbstständige, rechtsgeschäftliche Vollmachtsurkunde**, die – sofern in Urschrift (beglaubigte Vollmacht) oder Ausfertigung (beurkundete Vollmacht) vorgelegt[47] – im Rechtsverkehr ggü. jederman den Rechtsschein gem. §§ 171, 172 BGB erzeugt. Dieser Weg macht sich zunutze, dass die durch eine GbR einmal wirksam erteilte Vollmacht naturgemäß in ihrem Bestand von einem Wechsel in der Person der Gesellschafter unberührt bleibt, ebenso wenig wie die durch eine OHG oder eine GmbH erteilte Vollmacht davon beeinflusst wäre. Folgende Schwierigkeiten treten jedoch auf:

2066 • Ähnlich wie bei der Übertragung des Gesellschaftsvermögens in künftiges Bruchteilseigentum sowie beim untechnischen Formwechsel in eine registrierte Personen-Handelsgesellschaft müssen auch hier – jedenfalls im Zeitpunkt der Vollmachtserteilung – die Existenz der GbR und ihre wirksame Vertretung gesichert sein. Dies gelingt zweifelsfrei nur, wenn die Vollmacht im Zeitpunkt der Gründung – sozusagen als Bestandteil des ersten Gesellschaftsvertrages – erteilt wird (urkundlich davon gleichwohl getrennt, um eine selbstständige Vollmachtsurkunde i.S.d. § 172 BGB zu schaffen: „Geburtsvollmacht"[48]). Wird dieses Verfahren bei einer bereits lebenden GbR gewählt, erstreckt sich die Gutglaubenswirkung des § 172 HGB nicht auf die wirksame Vertretung der Vollmachtgeberin bei der Erteilung der rechtsgeschäftlichen Vollmacht.

2067 • Schwierig ist weiter die **Bestimmung des Bevollmächtigten**. Handelt es sich um einen oder mehrere Gründungsgesellschafter, die ggf. zusammenwirken müssen, wird die Abwicklung schwierig, wenn der Bevollmächtigte nicht mehr Mitglied der Gesellschaft ist (was naturgemäß den Bestand seiner Vollmacht davon – bis zu einem Widerruf – unberührt lässt). Das Vertrauen darin, der Bevollmächtigte werde das zugrunde liegende Auftragsverhältnis ordnungsgemäß und im Interesse der GbR erfüllen, wird dann nicht mehr gegeben sein. Denkbar ist daher auch, die Vollmacht von vornherein einer dritten Person (dem Steuerberater etc.) zu erteilen, wobei jedoch ggf. die sonstigen Beschränkungen, etwa aus dem Rechtsdienstleistungsgesetz, zu beachten sind. Bei grundbesitzenden GbR`s kann es sich empfehlen, die Vollmacht dergestalt auszustellen, dass je zwei (oder auch je einer) der im Grundbuch zur Zeit der Verwendung der Vollmacht als Gesellschafter eingetragenen Personen (im Sinne einer dynamischen Verweisung) handeln können. Besonderes Augenmerk ist auch der Verwahrung der Vollmacht zu widmen, damit im Fall eines Widerrufs die erteilte Ausfertigung/die Urschrift eingezogen werden kann, um den Rechtsscheinträger zu zerstören. Dies wird wohl nur gegeben sein, wenn die Gesellschaft in den Geschäftsakten der GbR körperlich verbleibt und lediglich im Einzelfall herausgegeben wird.

2068 • Schwierig ist die Rechtslage ferner dann, wenn die vollmachtserteilende GbR als solche (etwa aufgrund Anwachsung beim einzig verbleibenden Gesellschafter, Unmöglichkeit einer Ein-Mann-Personengesellschaft) endet. Die Vollmacht erlischt in diesem Fall im Zweifel materiell-rechtlich.[49]

---

47 Die Grundsätze der Anscheins- oder Duldungsvollmacht helfen wenig, da die Heilung des Vertretungsmangels durch die Verursachung des Rechtsscheines durch alle BGB-Gesellschafter herbeigeführt werden müsste (OLG Saarbrücken, 13.11.2008 – 8 U 444/07, NotBZ 2009, 192).
48 Vgl. ausführlich *Hartmann*, RNotZ 2011, 401, 410 ff.
49 BayObLG, 05.03.1998 – 2 Z BR 132/97, DNotZ 1998, 750.

3. Mögliche weitere Konsequenzen

Die vom BGH der GbR zuerkannte „nach außen bestehende beschränkte Rechtssubjektivität", quasi über die Gesamthand „gestülpt",[50] legt bei konsequenter Weiterführung auch Änderungen der bisherigen Rechtspraxis in anderen Gebieten, bspw. des Kosten- und Steuerrechts, nahe. Beispielhaft seien genannt[51]

- die Frage, ob Zuwendungen an mehrere Personen „in GbR" weiterhin[52] schenkungsteuerlich als Zuwendungen an diese Personen, und nicht an die GbR (Steuerklasse III!) zu klassifizieren sind;
- die Frage, ob die Übertragung des Familienheims aus einer Ehegatten-GbR an den verbleibenden Ehegatten durch Ausscheiden des anderen Ehegatten weiterhin als schenkungsteuerbegünstigter „Erwerb vom Ehegatten" i.S.d. § 13 Abs. 1 Nr. 4a ErbStG bzw. (beim Ausscheiden infolge Todes) § 13 Abs. 1 Nr. 4b ErbStG zählt, Rdn. 2793;
- die (bereits abschlägig verbeschiedene) Frage, ob bei der Übertragung von Grundbesitz an Kinder „in GbR" die ermäßigte Grundbuchumschreibungsgebühr des § 60 Abs. 2 KostO („Eintragung von Abkömmlingen") oder die volle Gebühr[53] zum Ansatz kommt;
- die (ebenfalls bereits abgelehnte) verwandte Frage, ob grundbuchkostenrechtlich bei der Einbringung eines Grundstücks in eine GbR[54] oder bei der umgekehrten Anwachsung eines Grundstücks in der Hand eines GbR-Gesellschafteres[55] die Freistellung gem. § 61 Abs. 1 KostO hinsichtlich des „Eigenanteils" noch gewährt wird;
- die (zwischenzeitlich gleichfalls abgelehnte) Frage, ob die Kappung gem. § 24 Abs. 3 KostO für Übernehmerleistungen unter Angehörigen auf den Fünf-Jahres-Betrag noch gilt, wenn auf der einen Seite eine GbR, auf der anderen Seite Gesellschafter oder deren Angehörige beteiligt sind;[56]
- die Frage, wie §§ 5 und 6 GrEStG künftig zur Anwendung kommen können, wenn es sich bei Vermögen der GbR gar nicht mehr um „gesamthänderisch gebundenes Vermögen" handelt;
- sowie die Frage, ob künftig Verträge zwischen der GbR und einem ihrer Gesellschafter auch ertragsteuerlich ebenso anzuerkennen sind wie zwischen der GmbH und einem ihrer Gesellschafter.

2069

---

50 *Hertel* spricht in DNotZ 2009, 121, Fn. 4, bildhaft von der „Handschuhtheorie".
51 Vgl. *Bachmayer*, NotBZ 2010, 161 ff.
52 BFH, 14.09.1994 – II R 95/92, BStBl. 1995 II 81; anders zuvor BFH, 07.12.1988 – II R 150/85, BStBl. 1989 II 237; *Viskorf* hat auf der 7. DAI-Jahresarbeitstagung September 2009 in Würzburg angedeutet, unter seiner Ägide werde es nicht zu einer neuerlichen Änderung der Rspr. kommen, vgl. *Bachmayer*, NotBZ 2010, 163.
53 OLG München, 24.10.2008 – 34 Wx 67/08, MittBayNot 2009, 163; ebenso OLG Schleswig, 24.04.2008 – 9 W 8/08, MDR 2008, 1186.
54 OLG München, 13.11.2009 – 34 Wx 089/09, MittBayNot 2010, 153, m. abl. Anm. *Weigl*, und zwar nicht begründet mit einer Analogie zu § 61 Abs. 3 KostO (also zur OHG), sondern mit Hinweis darauf, bei einer GbR gebe es gar kein gesamthänderisches Vermögen!
55 OLG München, 24.09.2010 – 34 Wx 2/10, ZfIR 2010, 769, m. Anm. *Fritzsche* = MittBayNot 2011, 344, m. Anm. *Weigl*.
56 OLG München, MittBayNot 2009, 163; *Notarkasse*, Streifzug durch die Kostenordnung, Rn. 1848 (ebenso bei OHG oder KG).

II. Gesetzliche Neuregelung

2070 I.R.d. Gesetzes zur Einführung des elektronischen Rechtsverkehrs und der elektronischen Akte im Grundbuchverfahren konnte glücklicherweise noch in der 16. Legislaturperiode eine zumindest teilweise Lösung zur Wiederherstellung der Grundbuchfähigkeit der GbR verabschiedet werden, die am Tag nach der Verkündung, also am 18.08.2009, in Kraft getreten ist.[57] Die Änderungen der Grundbuchordnung (§§ 47 Abs. 2, 82 GBO), des Grundbuchverfahrensrechts (§ 15 Abs. 3 GBV) und des materiellen Rechts (Einfügung des § 899a BGB) lösen allerdings die aufgeworfenen Fragen nur teilweise, nämlich

- beschränkt auf das Eigentum an Immobilien bzw. auf beschränkt dingliche Grundbuchrechte, also ohne Auswirkungen auf den Erwerb oder die Veräußerung von beweglichen Sachen oder Forderungen;
- weiterhin beschränkt auf Verfügungen (Eigentumsübertragungen/Übertragung beschränkt dinglicher Rechte) bereits eingetragener Gesellschaften bürgerlichen Rechts, also nicht mit Wirkung für die Erwerberseite;
- mit ungewissen Auswirkungen auf die zugrunde liegenden schuldrechtlichen Vereinbarungen;
- schließlich beschränkt auf solche GbR, die unter gleichzeitiger Nennung von Gesellschaftern eingetragen sind, also nicht mit Wirkung für Altfälle sog. „Namens-GbR".

2071 Im Grundkonzept erklärt die Gesetzesnovelle den mit anzugebenden Gesellschafterbestand wieder zum Inhalt des Grundbuchs (und nicht lediglich als Identifikationsbehelf zur Bezeichnung der namenlosen GbR), sodass sich die Gutglaubenswirkungen der Eintragung auch hierauf erstrecken und mittelbar (über die Vermutungsregelung der §§ 709, 714 BGB) damit auch das Vertrauen darauf geschützt wird, dass jedenfalls die eingetragenen Gesellschafter gemeinsam (bei Fehlen positiver Kenntnis von der Existenz anderer oder zusätzlicher Gesellschafter) die GbR wirksam vertreten können (nur über diese Brücke – die gesetzlich vermutete Identität der Vertretungsbefugnis mit der Gesamtheit aller Gesellschafter – wird die Erweiterung der Gutglaubensbasis auf der Seite verfügender GbRs für die Praxis nutzbar).

Im Einzelnen gilt:

1. Grundbuchrecht

2072 **Grundbuchrechtlich** ordnet § 47 Abs. 2 Satz 1 GBO (orientiert an § 162 Abs. 1 Satz 2 HGB) an, dass bei Eintragung einer GbR als Eigentümerin oder Berechtigte eines beschränkt dinglichen Rechts auch die Gesellschafter im Grundbuch mit einzutragen sind. Die Angaben zu ihrer Identität werden also wieder Inhalt des Grundbuchs und sind nicht lediglich Identifikationsbehelf zur Bezeichnung der selbst berechtigten GbR. Letztere Zusatzfunktion bleibt jedoch erhalten, was sich auch daraus ergibt, dass die GbR als solche als Eigentümerin/Berechtigte zu vermerken ist, ergänzt um die Angabe zu den Gesellschaftern (z.B. „Gesellschaft bürgerlichen Rechts, bestehend aus A, B, C"). Die zusätzliche Angabe eines Namens ist möglich, allein die Angabe des Namens ist jedoch für Neufälle (ab Inkrafttreten der Änderung) nicht mehr gestattet.

---

57 BT-Drucks. 16/13437, S. 26 ff.; BGBl. 2009 I, S. 2713 ff.; vgl. *Abicht*, notar 2009, 349.

> **Hinweis:**
> Dies führt zu voraussehbaren Friktionen, wenn – wie im allgemeinen Zivil- und Prozessrechtsverkehr zulässig – eine GbR bspw. unter ihrem (selbstgewählten) Namen verklagt wird und ein gegen diese Namens-GbR gerichteter Titel erwirkt wird; sollen sich hieran immobiliarvollstreckungsrechtliche Schritte (Eintragung einer Sicherungshypothek) anschließen, müsste mit grundbuchlichen Mitteln die Identität der im Rubrum genannten Namens-GbR mit der im Grundbuch aufgeführten GbR (§ 15 GBV) nachgewiesen werden. Es ist daher zu raten, bereits im Prozess die beklagte GbR so zu bezeichnen, dass sich Deckungsgleichheit zum Grundbuch ergibt. Anderenfalls bleibt ggf. allein die Zwangsversteigerung bzw. Zwangsverwaltung aus dem persönlichen Titel, ohne Eintragung einer Zwangssicherungshypothek.

2073

Auf den – daneben eintragungsfähigen – selbstgewählten Namen der GbR sind die Firmengrundsätze des HGB nicht anwendbar.[58] Auch das Grundbuchamt hat insoweit kein Überprüfungsrecht. Daher kommen auch reine Fantasiebezeichnungen oder schlichte Buchstabenfolgen in Betracht.

2074

Bei der nunmehr allein korrekten Buchungsform, die die Gesellschaft als solche voranstellt, kann neben der Vollbezeichnung „Gesellschaft bürgerlichen Rechts" auch die zwischenzeitlich verkehrsüblich gewordene Abkürzung „GbR"[59] verwendet werden, wohl auch die weniger gebräuchliche Kurzform „BGB-Gesellschaft". Die Rechtsformangabe „GbR" kollidiert weder phonetisch noch visuell mit anderen Bezeichnungen des Zivil- oder Gesellschaftsrechts.

2075

§ 47 Abs. 2 Satz 2 GBO bestimmt weiter, dass *„die für den Berechtigten (d. h.: die GbR selbst) geltenden Vorschriften entsprechend für die Gesellschafter gelten"*. Die GbR wird also grundbuchverfahrensrechtlich im Wesentlichen weiterhin so behandelt werden wie vor der Anerkennung ihrer Rechtsfähigkeit durch die Rechtsprechung. Für die Berichtigung des Grundbuchs hinsichtlich des Gesellschafterbestands (sei es durch Anteilsabtretung, Ausscheiden, Beitritt oder als Folge von Sterbefällen) behält demnach die bisherige Praxis und Rechtsprechung, insb. hinsichtlich der zur Unrichtigkeit des Grundbuchs notwendigen Nachweise, unmittelbare Anwendung. 8 Jahre nach der „Entdeckung" der (Teil-) Rechtsfähigkeit der GbR ist sie damit – jedenfalls in der Praxis des Grundbuchverkehrs – wieder in Teilen da angekommen, wo sie zuvor stand.

2076

Die entsprechende Anwendung der Vorschriften über den Berechtigten in Bezug auch auf die Gesellschafter selbst erfasst auch den **Voreintragungsgrundsatz** des § 39 Abs. 1 GBO, sodass – wie bisher – bei Verfügungen über das Vermögen (Eigentum oder Rechte) der GbR zunächst die bisherigen Gesellschafterwechsel durch Berichtigung nachzuvollziehen sind, will man am guten Glauben an den dann verlautbarten Gesellschafterbestand teilhaben; es gilt also hinsichtlich der notwendigen Nachweise bei rechtsgeschäftlichem Gesellschafterwechsel, Austritt, Eintritt, oder bei Versterben eines Gesellschafters die Rechtslage aus der Zeit vor der Entdeckung der Teilrechtsfähigkeit der GbR weiter, vgl. Rdn. 2126 ff. Der Voreintragungsgrundsatz gilt aller-

2077

---

58 *Schubert*, ZNotP 2009, 178 (185); a.A. *Langenfeld*, ZEV 2009, 95.
59 Vgl. Meikel/*Böhringer*, § 47 GBO Rn. 203; auch die Motive des Gesetzgebers (etwa BT-Drucks. 16/13437) sprechen wiederholt von der „GbR". Der BGH verwendet in seiner Entscheidung v. 04.12.2008 – V ZB 74/08, DNotZ 2009, 115 den Begriff „GbR" immerhin als Klammerzusatz.

dings (ebenso wenig wie bisher) nicht für den Gesellschaftsanteil als solchen (sondern nur für die Verfügung über Immobiliar-Gesellschaftsvermögen), sodass bei Abtretungsketten (ebenfalls wie bisher) nicht jedes Zwischenglied eingetragen werden muss, sondern der Nachweis und die Eintragung des Endbestands genügt.[60]

2078 § 82 Satz 3 GBO erstreckt konsequenterweise den **Grundbuchberichtigungszwang** auch auf Änderungen im Gesellschafterbestand, die naturgemäß außerhalb des Grundbuchs eingetreten sind. Diesem Berichtigungszwang nachzukommen empfiehlt sich für die wahren Gesellschafter auch aus eigenem Interesse, nämlich zur Vermeidung einer jedenfalls dinglich wirksamen Verfügung über das Gesellschaftsvermögen noch durch den im Grundbuch unzutreffend widergegebenen „alten" Gesellschafterbestand.

2. Grundbuchverfahrensrecht

2079 Auch **grundbuchverfahrensrechtlich** vollzieht § 15 GBV die neue Buchungsvorschrift des § 47 Abs. 2 GBO nach: So bestimmt § 15 Abs. 1 lit.c) GBV, dass bei der Wiedergabe der Gesellschafter die Merkmale des § 15 Abs. 1 lit.a) und lit.b) GBV (Vor- und Zuname sowie Geburtsdatum) anzugeben sind, zusätzlich kann der Name und Sitz[61] der Gesellschaft zur Bezeichnung angegeben werden (die Angabe allein des Namens und Sitzes genügt jedoch – wie oben ausgeführt – nicht mehr). Die dogmatisch überholte und praktisch überflüssig gewordene Bestimmung des § 15 Abs. 3 GBV a.F. (die zudem die Einreichung von Gesellschaftsverträgen bei der Neueintragung einer Personen-Handelsgesellschaft im Handelsregister vorgesehen hätte, wie sie tatsächlich nicht stattfindet) ist dementsprechend ersatzlos gestrichen.

3. Materielles Recht

2080 **Materiell-rechtliches** Kernstück der Reform ist § 899a BGB, der bei Eintragung einer GbR im Grundbuch *„in Ansehung des eingetragenen Rechts auch vermutet, dass diejenigen Personen Gesellschafter sind, die nach § 47 Abs. 2 Satz 1 GBO im Grundbuch eingetragen sind, und darüber hinaus keine weiteren Gesellschafter vorhanden sind. Die §§ 892 bis 899 BGB gelten bezüglich der Eintragung der Gesellschafter entsprechend"*. § 899a Satz 1 BGB begründet also eine dem § 891 BGB funktional entsprechende Vermutung im Hinblick auf die Eintragung der Gesellschafter, Satz 2 erklärt – hierauf aufbauend – die §§ 892 ff. BGB für entsprechend anwendbar.

2081 Die durch § 899a Satz 1 BGB i.S.d. § 891 BGB geschaffene Vermutung gilt ggü. jedermann, damit auch ggü. dem Grundbuchamt, sodass weitere Nachweise über Existenz, ordnungsgemäße Vertretung und Identität der eingetragenen, verfügenden GbR regelmäßig entbehrlich sind. Geben die im Grundbuch als Gesellschafter Eingetragenen im Grundbuchverfahren Erklärungen ab, ist dies als Handeln in Vertretung der GbR auszulegen.[62]

---

60   A.A. OLG München, 27.04.2006 – 32 Wx 67/06, MittBayNot 2006, 496, m. krit. Anm. *Krick*: sogar wenn lediglich die Grundbuchberichtigung aufgrund GbR-Anteilsveräußerung von A an B (im Grundbuch noch nicht verlautbart) und sodann von B an C beantragt wird, müsse zunächst B eingetragen werden.

61   Analog § 17 Abs. 1 Satz 2 ZPO wird dies der Ort sein, wo die Verwaltung geführt wird, i.d.R. handelt es sich also um die Adresse des geschäftsführenden Gesellschafters. Das Grundbuchamt hat dies nicht zu prüfen.

62   OLG Hamburg, 30.03.2010 – 13 W 17/10, n.v.

Die entsprechende Anwendung der §§ 892 bis 899 BGB, angeordnet durch § 899a Satz 2 BGB, führt zurück in den Rechtszustand vor der „Jahrhundertentdeckung" des II. BGH-Senats im Jahr 2001, als noch die Gesellschafter in ihrer gesamthänderischen Verbundenheit als Eigentümer angesehen wurden und demnach unmittelbar vom Gutglaubensschutz erfasst waren. 2082

Die entsprechende Anwendung des § 893 BGB wird bedeutsam, wenn eine Leistung an eine GbR zu Händen eines im Grundbuch eingetragenen Gesellschafters erbracht wurde, obwohl dieser selbst nicht mehr zum Empfang der Leistung berechtigt war, da er bspw. nicht mehr Gesellschafter ist. Für die Empfangnahme von Erklärungen und Leistungen ist jeder einzelne Gesellschafter „passiv" vertretungsbefugt; dies dürfte auch im Gesellschaftsvertrag nicht ausgeschlossen werden können.[63] 2083

Die analoge Anwendung der §§ 894 bis 899 BGB führt zur Anwendbarkeit der Regelungen zur Grundbuchberichtigung, wenn der Gesellschafterbestand im Grundbuch unrichtig verlautbart ist, sodass dem Abtretungsempfänger gegen den Zedenten ein Berichtigungsanspruch gem. § 894 i.V.m. § 899a Satz 2 BGB zusteht. Ferner kann gem. § 899a Satz 2 i.V.m. § 899 BGB ein Widerspruch in das Grundbuch eingetragen werden, wenn der Gesellschafterbestand der GbR dort unzutreffend verlautbart ist. 2084

a) GbR als Verfügende

§ 899a BGB schafft kein „GbR-Hilfsregister" in Gestalt des Grundbuchs, da die Vermutung der materiell rechtlichen Richtigkeit der Gesellschafterstellung ebenso wie die daran anknüpfenden Gutglaubenswirkungen (also § 899a Satz 1 u. Satz 2 BGB) nur „in Ansehung des eingetragenen Rechts" gelten. Hierin liegt zugleich die notwendige Begrenztheit der Hilfestellung, die die Neuregelung dem Rechtsverkehr angedeihen lassen will: Sie beschränkt sich auf den immobiliensachenrechtlichen Transfer, gilt also bspw. nicht für den parallelen Verkauf beweglicher Sachen, ebenso wenig für den Ankauf durch eine GbR. Unmittelbar geschützt ist allein 2085

(1) der Erwerb des Eigentums an einem Grundstück der GbR, ebenso

(2) der Erwerb eines beschränkt dinglichen Rechtes von der GbR (etwa einer zugunsten der GbR eingetragenen Grundschuld), ebenso erfasst ist

(3) die Verfügung der GbR über ihr Grundstück durch Bestellung eines beschränkt dinglichen Rechtes oder

(4) die sonstige Verfügung der GbR über ein ihr zustehendes beschränkt dingliches Recht, etwa die Löschung einer zu ihren Gunsten gebuchten Grundschuld, und schließlich

(5) die Bewilligung einer Vormerkung durch die GbR zur Sicherung eines unter § 883 BGB fallenden Anspruchs,[64] da i.R.d. § 899a BGB dieselbe Erweiterung der §§ 892, 893 BGB auf die Vormerkung gelten muss wie i.R.d. §§ 892, 893 BGB unmittelbar.

---

63 BGH DNotZ 2006, 777, 778 (obiter); vgl. auch § 170 Abs. 3 ZPO; *Heinze*, RNotZ 2010, 289, 296.
64 A.A. *Bestelmeyer*, Rpfleger 2010, 169, 175 (es bleibe dabei, dass es keinen gutgläubigen Forderungserwerb gibt), dort auch – Fn. 71 – Nachweise zur wohl herrschenden analogen Erstreckung des § 899a BGB auch auf den Vormerkungserwerb.

2086 Weiterhin abzugrenzen ist die Reichweite der gesetzlichen Neuregelung von zwei weiteren Sachverhalten, deren einer schon bisher von den Gutglaubensschutzvorschriften erfasst war (a), deren anderer weder nach altem noch nach neuem Recht davon erfasst wird (b):

(a) Die im Grundbuch als Eigentümerin eingetragene GbR existiert und kann auch durch die auftretenden Personen wirksam vertreten werden, sie ist jedoch tatsächlich nicht Eigentümer des Grundbesitzes geworden, da in der vorangegangenen Erwerbskette unerkannte Unwirksamkeitsgründe (Geschäftsunfähigkeit etc) vorlagen: dieser Sachverhalt war schon bisher durch §§ 892 ff. BGB in seiner unmittelbaren Anwendung geschützt.

2087 (b) Es existiert neben der im Grundbuch eingetragenen GbR eine weitere, namensgleiche, jedoch davon verschiedene GbR (z.B. mit demselben selbstgewählten Namen oder bestehend aus Personen mit gleichem natürlichem Namen): der Erwerber war und ist hier ebenso wenig geschützt wie wenn er von einer natürlichen Einzelperson kauft, die denselben Namen und dasselbe Geburtsdatum trägt wie der im Grundbuch eingetragene, jedoch nicht mit ihm identisch ist (anderer Geburtsort).[65] Haben allerdings dieselben natürlichen Personen zwei verschiedene GbRs gleicher Bezeichnung (der Grundsatz der Firmenausschließlichkeit gem. § 30 Abs. 1 HGB gilt insoweit ja nicht) gegründet, deren eine den zu veräußernden Grundbesitz innehat, dürfte ein geheimer Vorbehalt, für die andere zu handeln, schon gem. § 116 BGB unbeachtlich sein.

Weder vor noch nach der Novelle erfasst vom Gutglaubensschutz ist ferner der Erwerb eines GbR-Anteils selbst, da es nicht um „das eingetragene Recht" geht.

2088 Für den verbleibenden Anwendungsbereich ist die gesetzliche Vermutung des § 899a Satz 1 BGB negativ und positiv ausgestaltet, bezieht sich also auf die tatsächliche Gesellschafterstellung der im Grundbuch eingetragenen Gesellschafter wie auch auf den abschließenden Charakter der Nennungen im Grundbuch. Wer insoweit nicht positive Kenntnis (§ 892 BGB) vom Bestehen eines anderen Gesellschafterkreises hat, kann sich also darauf verlassen, dass die GbR tatsächlich aus den eingetragenen natürlichen Personen, juristischen Personen, und Handelsgesellschaften/ GbR besteht. Die gesetzliche Brücke der §§ 709, 714 BGB schützt demnach im Ergebnis den guten Glauben daran, dass die eingetragenen Mitglieder, alle gemeinschaftlich zusammenwirkend, die GbR auch tatsächlich und wirksam bei der geschilderten Verfügung vertreten können. Dieser gute Glaube ergänzt gewissermaßen § 172 BGB. Die Vertretung der GbR durch die tatsächlich hierzu bestellten vertretungsbefugten Gesellschafter bzw. durch rechtsgeschäftlich Bevollmächtigte bleibt unberührt, wobei jedoch insoweit keine Nachweiserleichterungen greifen.

2089 Demnach tritt durch die Novelle eine Erweiterung des bisherigen Gutglaubensschutzes in zweierlei Hinsicht ein:

(a) Abweichend von allgemeinen Rechtsregeln ist nun auch der gute Glaube an die **Vertretungsmacht** in Bezug auf eine tatsächlich bestehende, im Grundbuch eingetragene GbR geschützt, gleichgültig ob sie ihrerseits tatsächlich wirksam das Eigentum an der Immobilie erworben hatte (ausschließliche Anwendung des neuen Rechtes) oder nicht (kumulative Anwendung des neuen Rechtes und des § 892 BGB selbst).

---

65 *Reymann*, ZfIR 2009, 91, 93.

(b) Abweichend von allgemeinen Rechtsregeln ist nunmehr trotz des insoweit unklaren Wortlautes[66] jedenfalls nach herrschender Meinung[67] auch der gute Glaube daran geschützt, dass überhaupt eine GbR existiert, da die Existenz der GbR denknotwendig Voraussetzung für das Vorhandensein von Gesellschaftern ist, deren Gesellschafterstellung wiederum als Inhalt des Grundbuchs guten Glauben genießt.[68] Verhielte es sich anders, könnte nach (nicht gebuchter) Übertragung oder Anwachsung der Gesellschaftsanteile auf eine Person – mit der Folge des materiellrechtlichen Erlöschens der GbR – gutgläubiger Erwerb nicht mehr stattfinden.

Ungewiss ist jedoch, ob sich der Gutglaubensschutz auch auf Existenz und Vertretung einer Unter-GbR, die ihrerseits (laut Grundbuchvortrag, der auch die Gesellschafter der Unter-GbR anzugeben hat), an der Ober-GbR – der Eigentümerin – beteiligt ist, erstreckt. Das „eingetragene Recht" i.S.d. § 899a BGB ist an sich nur das Eigentum der Ober-GbR,[69] nicht aber die Beteiligung der Unter-GbR an der Ober-GbR (anders als im Fall der Beteiligung einer Unter-GbR an einer selbst nicht rechtsfähigen Erbengemeinschaft).[70] Die Grundwertung des Gesetzes, die GbR im Grundbuchverfahren über ihre Gesellschafter zu identifizieren, erfordert gleichwohl eine analoge Anwendung auf die Unter-GbR.[71]

Veräußert eine im Grundbuch eingetragene GbR zugleich Gegenstände, die nicht im Grundbuch gebucht sind, z.B. bewegliche Sachen oder Forderungen, auf deren sicheren Erwerb es dem Käufer erkennbar ankommt, wird der Notar allerdings insoweit warnen müssen:

Formulierungsvorschlag: Riskohinweis bei Veräußerung z.B. beweglicher Sachen durch eine GbR

> Der Notar hat die Beteiligten im Hinblick auf die mitübertragenen beweglichen Sachen und Forderungen darauf hingewiesen, dass ihm keine Möglichkeiten zur Verfügung stehen zur Überprüfung, ob die als Veräußerer auftretende Gesellschaft bürgerlichen Rechts tatsächlich existiert, welche Gesellschafter sie hat und von wem sie vertreten werden kann. Gesetzlich ist derzeit nur der gute Glaube an die Existenz und die wirksame Vertretung einer GbR im Hinblick auf das Grundstückseigentum und im Grundbuch eingetragene Rechte geschützt, nicht aber in Bezug auf sonstige Gegenstände. Ein etwa vorgelegter Gesellschaftsvertrag könnte später geändert worden sein. Möglicherweise erwirbt also der Käufer diese Vertragsobjekte nicht, obwohl er den Kaufpreis gezahlt hat. Die handelnden Personen würden allerdings ggf. auf Erfüllung oder Geldersatz haften (§ 179 BGB).

---

66 Wünschenswert wäre eine Formulierung dahin gehend gewesen „...*vermutet, dass die GbR existiert und dass diejenigen Personen Gesellschafter sind* ...".
67 Vgl. etwa BT-Drucks. 16/13437 v. 17.06.2009, S. 23, 27; dem Bericht des Rechtsausschusses folgend z.B. *Böhringer*, Rpfleger 2009, 537, 541; *Böttcher*, ZfIR 2009, 613, 623; *Lautner*, DNotZ 2009, 650, 667; *Langenfeld*, ZEV 2010, 17, 21; *Heinze*, ZfIR 2010, 713 ff.; a.A. z.B. *Bestelmeyer*, Rpfleger 2010, 169, 174 und *Steffek*, ZIP 2009, 1445, 1453.
68 Vgl. BT-Drucks. 16/13437 v. 17.06.2009, S. 31 (linke Spalte).
69 Daher gegen eine solche Erstreckung *Bestelmeyer*, Rpfleger 2010, 169, 176; dafür allerdings *Lautner*, DNotZ 2009, 650, 655 und KG, 08.03.2011 – 1 W 99/10, W 100/10, NotBZ 2011, 292 (nur LS).
70 Dort gilt § 899a BGB unmittelbar, vgl. OLG München, 09.09.2009 – 34 Wx 71/09, JurionRS 2009, 36996.
71 OLG Hamm, 15.07.2011 – I-15 W 97/11, DNotI-Report 2011, 138.

b) GbR als Verpflichtete

2094 Von entscheidender Bedeutung für die Praxis ist die Frage, ob die Neuregelung auch das zugrunde liegende schuldrechtliche Rechtsgeschäft erfasst. Ob der Veräußernde tatsächlich Eigentümer ist, bleibt angesichts des Trennungsprinzips im deutschen Recht für die Wirksamkeit der schuldrechtlichen Abrede ohne Relevanz; § 816 Abs. 1 Satz 1 BGB schützt sodann den entgeltlich gutgläubigen Erwerber davor, die Sache selbst wieder herausgeben zu müssen; an die Stelle einer Kondiktion tritt die Pflicht des Nichtberechtigten, dem Berechtigten das Erlangte herauszugeben. In den Fällen des unentgeltlich gutgläubigen Erwerbs ist jedoch der aus Sicht des BGB nicht schützenswerte gutgläubige sachenrechtliche Erwerber seinerseits der konditionsrechtlichen Herausgabepflicht ausgesetzt, § 816 Abs. 1 Satz 2 BGB. Offen ist allerdings die Frage, ob die oben erläuterte Erweiterung des Gutglaubensschutzes durch die Novelle auf

(a) das Bestehen der Vertretungsmacht, sowie

(b) das Bestehen einer GbR als solcher sich – wortlautgemäß – auf das eingetragene dingliche Recht beschränkt oder darüber hinaus auch die zugrunde liegende schuldrechtliche causa erfasst.

2095 Wäre dies nicht der Fall, könnte jeglicher sachenrechtlich wirksamer Erwerb sogleich wieder kondiziert werden,[72] wenn sich eine andere Gesellschafterzusammensetzung nachweisen lässt und die handelnden Personen auch nicht rechtsgeschäftlich wirksame Vollmacht hatten bzw. gesellschaftsrechtlich als Vertreter bestellt waren. Zwar haften in diesem Fall diejenigen Gesellschafter, welche die GbR nicht wirksam vertreten haben, gem. § 179 BGB persönlich, allerdings im Ergebnis (da sie selbst nicht erfüllen können) nur auf Geldersatz. Als Rechtsgrund zum Behaltendürfen reicht § 179 BGB nicht, jedenfalls nicht wenn der Mangel der Vertretungsmacht erst nach Vollzug der Eigentumsumschreibung festgestellt wird.[73] Auch § 816 Abs. 1 Satz 1 BGB sperrt die Kondiktion ggü. dem Erwerber nicht, da „Verfügender" bei der hier vorliegenden offenen Stellvertretung die „scheinbar vertretene" GbR ist, also die Berechtigte, nicht der Nichtberechtigte.[74] Nur wenn die GbR den Kaufpreis tatsächlich erlangt hat, erfolgt die Kondiktion Zug um Zug gegen dessen Rückzahlung (Saldotheorie).[75]

2096 Es würde das Problem auch nicht restlos beseitigen, wenn sich die auftretenden Gesellschafter ebenfalls persönlich zur Übereignung der Immobilie verpflichten (s. sogleich) und die Auflassung durch die GbR (insoweit wirksam, da der gute Glaube an die Vertretungsmacht der Eingetragenen in dinglicher Hinsicht ja geschützt ist) auch zur Erfüllung dieser Pflicht erklärt wird: zwar besteht in diesem Fall eine wirksame schuldrechtliche Verpflichtung (die Nichtberechtigung schadet im schuldrechtlichen Bereich nicht), allerdings bleibt die eingetragene **Vormerkung** weiterhin unwirksam, da sie aufgrund des strengen Identitätsgebotes eine wirksame Verpflichtung gerade des im Grundbuch eingetragenen, sie bewilligenden Eigentümers zu schützen hätte, was weiterhin nur der Fall wäre, wenn die GbR auch schuldrechtlich gutgläubig insoweit

---

[72] Vgl. *Kuckein/Jenn*, NZG 2009, 848, 851.
[73] Vgl. Würzburger Notarhandbuch/*Hertel*, Teil 2 Kap. 2 Rn. 539; Gutachten, DNotI-Report 2010, 15.
[74] BGH NJW 1999, 1393; für eine analoge Anwendung des § 816 Abs. 1 Satz 1 BGB jedoch *Rebhan*, NotBZ 2009, 445, 448, ebenso *Hartmann*, ZNotP 2011, 139, 142: der gesetzlich angeordnete gutgläubige entgeltliche Erwerb trage den Rechtsgrund auch i.R.d. Leistungskondiktion in sich.
[75] Vgl. im Einzelnen *Albers*, ZfIR 2010, 705, 711.

vertreten werden konnte. Wegen des strengen Identitätsgebots kann auch die Garantiehaftung der auftretenden (eingetragenen) Gesellschafter gem. § 179 BGB nicht hilfsweise gesicherter Anspruch der Vormerkung sein.[76]

Gegen[77] die Erstreckung des Gutglaubensschutzes hinsichtlich der Vertretungsbefugnis auch auf den Abschluss schuldrechtlicher Verpflichtungsgeschäfte spricht die systematische Stellung des § 899a BGB im Sachenrecht (und nicht in §§ 172 ff. oder §§ 705 ff. BGB) sowie der mehrfach vorgetragene Hinweis in den Materialien, kein allgemeines GbR-Register in Gestalt des Grundbuchs schaffen zu wollen. Dafür[78] spricht allerdings zum einen der Umstand, dass der Gesetzgeber ausweislich der Materialien den Rechtszustand vor der „Entdeckung" der Teilrechtsfähigkeit der GbR abbilden wollte, wo das Handeln der eingetragenen Gesellschafter in ihrer gesamthänderischen Verbundenheit sie auch bzgl. des GbR-Vermögens verpflichtete, die in der Gesetzesbegründung gezogene Parallele zu § 15 Abs. 3 HGB und § 162 Abs. 1 Satz 2 HGB,[79] ebenso die Überlegung, dass es eines Reformgesetzes kaum bedurft hätte, wenn ein dadurch ermöglichter Erwerb jederzeit kondizierbar wäre, sobald sich herausstellt, dass zuvor eine im Grundbuch nicht berücksichtigte Anteilsübertragung stattgefunden hatte – zumal bereits in den Stellungnahmen während des Gesetzgebungsprozesses auf diese Schwäche der Formulierung hingewiesen wurde.[80] § 1138 BGB zeigt, dass das Gesetz zur Ermöglichung gutgläubigen Erwerbs eines dinglichen Rechtes (einer Hypothek) durchaus auch entsprechende schuldrechtliche Ansprüche fingieren kann. Demnach spricht manches dafür, dass der Gesetzgeber zur Erreichung seiner Ziele auch die der jeweils erfassten Verfügung zugrunde liegende schuldrechtliche causa mit einbeziehen wollte.[81]

2097

Hinzu kommt in semantischer Hinsicht, dass die Formulierung „in Ansehung des eingetragenen Rechtes" z.B. in § 893, 2. Alt. BGB nicht gleichbedeutend mit „Verfügung" verwendet wird, sonst hätte es dort des Zusatzes „das eine Verfügung über das Recht enthält" nicht bedurft. Schließlich lässt sich vertreten, dass die GbR selbst, jedenfalls seitdem sie zur Richtigstellung ihres Gesellschafterbestandes angehalten werden kann (§ 82 Satz 3 GBO!) und sofern sie Kenntnis von den Vorgängen auf der Gesellschafterebene hatte (was im Fall eröffneter freier Abtretbarkeit der Anteile allerdings nicht selbstverständlich ist!), den unrichtigen Rechtsschein einer anderen Vertretungssituation (§§ 709, 714 BGB) gesetzt hat, sodass ein wirksamer schuldrechtlicher Vertrag möglicherweise über die allgemeine Rechtsscheinhaftung – sofern diese neben der Spezialregelung des § 899a BGB anwendbar bleibt – argumentativ begründet werden kann.

2098

---

76 Gutachten, DNotI-Report 2010, 13.
77 Gegen die Erstreckung etwa Palandt/*Bassenge*, BGB, § 899a Rn. 7; jurisPK/*Toussaint*, § 899a BGB Rn. 25; BeckOK/*Eckert*, § 899a Rn. 6; *Krüger*, NZG 2010, 801, 805.
78 Für die Erstreckung etwa *Lautner*, DNotZ 2009, 650, 671 f.; *Ruhwinkel*, MittBayNot 2009, 421, 423; *Rebhan*, NotBZ 2009, 445, 447; *Hertel*, DAI-Skript „Aktuelle Probleme der notariellen Vertragsgestaltung im Immobilienrecht 2009/2010", S. 12 und *Hartmann*, ZNotP 2011, 139, 145 (Analogie zu § 899a BGB).
79 Ähnlich wie das Handelsregister für die KG, ersetzt dann das Grundbuch für das betreffende Grundstück das fehlende GbR-Register.
80 Stellungnahme des Bundes Deutscher Rechtspfleger v. 18.05.2009, www.bdr-online.de, S. 16–19. Hieraus lässt sich aber kein „analogiezerstörender Hinweis" (*Bestelmeyer*, Rpfleger 2010, 169, 175) gewinnen, vgl. *Heinze*, RNotZ 2010, 289, 297: ein Interessenverband kann dem Gesetzgeber keine Auslegung vorschreiben.
81 *Heinze*, RNotZ 2010, 289, 298.

2099 Bis zu einer (gerichtlichen oder gesetzlichen) Klärung der Reichweite des Gutglaubensschutzes hinsichtlich der schuldrechtlichen Vertretungsmacht sollte jedoch zumindest eine teilweise Verbesserung der Situation des Erwerbers geschaffen werden, indem die Auflassung auch hilfsweise der Erfüllung einer daneben geschaffenen Übereignungsverpflichtung der handelnden Personen dient und damit kondiktionsfest ist. (War die GbR bei der dabei im Innenverhältnis getroffenen Abrede, mit der Auflassung die Verpflichtung der Gesellschafterpersonen zu erfüllen, nicht existent oder nicht wirksam vertreten, führt dies nur zu einem Bereicherungsausgleich zwischen der „Schein-GbR" und ihren „Schein-Gesellschaftern", wegen des Vorrangs der Leistungskondiktion aber nicht ggü. dem Erwerber, da aus dem Empfängerhorizont darin jedenfalls eine [mit Rechtsgrund erfolgte] Leistung der Schein-Gesellschafter liegt).[82]

2100 **Formulierungsvorschlag: Schuldrechtliche Doppelverpflichtung bei Veräußerung durch GbR**

> Die Erschienenen A und B (also die im Grundbuch eingetragenen Gesellschafter der veräußernden GbR) verpflichten sich zugleich persönlich, über ihre gesetzliche Haftung für die GbR hinaus, zur Übertragung des vorgenannten Grundbesitzes; die seitens der GbR nachstehend erklärte Auflassung dient zugleich der Erfüllung dieser Übertragungsverpflichtung, so dass darin eine Leistung der für die GbR auftretenden Personen liegt. Den Beteiligten ist bekannt, dass das Gesetz unmittelbar nur das Vertrauen darauf schützt, die GbR sei Eigentümer der Immobilie und könne diese wirksam übertragen, wenn sie dabei durch die im Grundbuch eingetragenen Gesellschafter vertreten wird. Um einen jedenfalls wirksamen Rechtsgrund zum Behaltendürfen dieses Eigentums zu schaffen, verpflichten sich die handelnden Gesellschafter auch selbst; der Notar hat jedoch darauf hingewiesen, dass die durch die GbR bewilligte Vormerkung wohl nur dann wirksam ist, wenn auch die GbR sich wirksam verpflichtet hat, was er nicht prüfen kann. Von einer vorherigen Übertragung des Eigentums an die auftretenden Gesellschafter als Bruchteilseigentümer oder einer „Umwandlung" in eine oHG oder einer Abwicklung über Anderkonto mit Auszahlung erst nach Umschreibung sehen die Beteiligten ab.

2101 Die Wirksamkeit der Vormerkung ist damit noch nicht gewährleistet; hierzu bedürfte es entweder der Gewissheit, dass die GbR tatsächlich durch die handelnden Personen vertreten werden konnte, oder aber der vorherigen Überführung in das Eigentum der Handelnden als Bruchteilseigentümer bzw. in das Eigentum einer OHG durch identitätswahrende Umwandlung, oder schließlich der Abwicklung über **Anderkonto** mit Auszahlung erst nach störungsfreier Umschreibung, also nachdem feststeht, dass die Vormerkung[83] sich nicht „bewähren" musste. Freilich sind die Hinterlegungsanweisungen wegen der Ungewissheit über Bestehen und Vertretung der GbR außerhalb des dinglichen Bereichs auch durch die Auftretenden selbst zu erteilen.

---

[82] *Hartmann*, ZNotP 2011, 139, 141. Dagegen mag eingewendet werden, der Erwerber könne sich nicht einerseits auf den Erwerb von der GbR berufen, andererseits aber den Standpunkt vertreten, er habe die Leistungsbestimmung der für die GbR auftretenden „Nichteigentümer" für vorrangig erachtet. Ein etwa entgegen der hier vertretenen Auffasssung bestehender Kondiktionsanspruch verjährt gem. § 196 BGB erst in 10 Jahren!

[83] Auf die bei dieser Gestaltung aus Kostengründen, jedenfalls bei rascher Abwicklung und Zweifeln an ihrer Wirksamkeit, ohnehin verzichtet werden wird. Der Fristlauf für Gläubigeranfechtungen läuft dann aber stets erst mit Antrag auf Eigentumsumschreibung (§ 140 Abs. 2 Satz 1 InsO), nicht ab Antrag auf Eintragung der Vormerkung (§ 140 Abs. 2 Satz 2 InsO).

Dem Grundsatz nach stellt sich dasselbe Risiko der Unwirksamkeit des schuldrechtlichen Geschäftes aufgrund unwirksamer Vertretung der GbR auch wenn die GbR auf Erwerberseite auftritt, allerdings wird hier i.d.R. bereits im Auftreten der Personen als Gesellschafter ggf. die stillschweigende „ad hoc" Gründung einer neuen GbR gesehen werden können (Rdn. 2103 ff.).

c) **GbR als Erwerbende**

aa) **Aus Sicht des Notars**

In zahlreichen Sachverhalten zu erwägen ist der Erwerb durch mehrere Personen in **neugegründeter GbR**. Sofern keine Verpflichtung zum Erwerb bestimmten Grundbesitzes im Gesellschaftsvertrag (sei es als Gesellschafterbeitrag oder als Abfindung bei Liquidation) enthalten ist, bedarf dieser selbst keiner Form, kann also auch bspw. mündlich vor oder anlässlich der Beurkundung geschlossen werden und weitgehend die gesetzlichen Regelungen der §§ 705 ff. BGB zugrunde legen (möglicherweise mit Ausnahme der Folgen bei Versterben des Gesellschafters [§ 727 BGB)] und des jederzeitigen Kündigungsrechtes [§ 723 BGB]). Besteht zwar (als Gesellschaftszweck) die Verpflichtung zum Erwerb eines bestimmten Grundstücks, ist dieser Erwerbswille jedoch für keinen Beteiligten davon abhängig, dass ein vom Gesetz abweichender GbR-Vertrag zustande kommt, genügt die Beurkundung der Gründungswillenserklärung als solcher:

Formulierungsvorschlag: Erwerb in GbR (schuldrechtliche Einigung)

..... veräußert hiermit an die hiermit gegründete Gesellschaft bürgerlichen Rechtes [unter der Bezeichnung ....., Anschrift: .....], bestehend aus A, B und C, an der die genannten Gesellschafter zu gleichen Teilen beteiligt sind (*ggf. Zusatz: – im Übrigen gelten §§ 705 ff. BGB mit der Maßgabe, dass bei Versterben eines Gesellschafters die Gesellschaft mit dessen Rechtsnachfolgern von Todes wegen fortgesetzt wird*).

Sofern die erwerbenden Gesellschafter bereits weiteres Vermögen in Gesamthand halten, sollte klargestellt werden, ob es sich (mitunter empfehlenswerterweise)[84] um eine neue GbR handelt, etwa durch Beifügung einer „Objektbezeichnung" zur Angabe der Gesellschafter. Aber auch der Erwerb einer Mehrzahl von Grundstücken in einer einzigen GbR ist durchaus häufig. Beide Varianten ersparen eine gegenständliche Zuordnung einzelner Immobilien, was frühzeitig Rivalitäten auslösen könnte.[85]

Auch wenn eine (behauptete) bereits existierende – dann allerdings genau zu bezeichnende, Rdn. 395 – GbR als Erwerberin auftritt, hat der Notar an sich gem. § 12 BeurkG ihre Existenz und ihre wirksame Vertretung zu prüfen. § 899a BGB kommt ihm dabei nicht zugute, da die Gesellschaft noch über keine Grundbucheintragung verfügt; selbst wenn sie bereits anderen Grundbesitz innehat, liegt kein Vorgang „in Ansehung des eingetragenen Rechtes" vor. Allerdings genügt die (auch nur mündliche) Behauptung der auftretenden Personen, sie bilde-

---

84 Anderenfalls besteht die Gefahr der „Infektion" des gesamten Gesellschaftsvermögens wegen einer gewerblichen Einzeltätigkeit, z.B. eines gewerblichen Grundstückshandels (§ 15 Abs. 3 Nr. 1 EStG); ferner kann objektbezogen übertragen werden.
85 Wobei die Variante der Einzel-GbR je Objekt den Vorteil leichterer Auseinandersetzung (etwa durch wechselseitige Austritte) bietet.

ten gemeinsam eine GbR, die als Erwerberin auftreten solle: Notfalls ist die GbR durch die entsprechende Erklärung – die allerdings dann nicht i.S.e. bloßen Wissenserklärung formuliert sein darf – im Kaufvertrag gegründet worden (ein anders lautender vorsätzlicher Vorbehalt trotz Vorliegens entsprechender Willenserklärungen wäre gem. § 116 BGB unbeachtlich).[86] War der frühere Gründungsakt (etwa wegen Verstoßes gegen die Notwendigkeit der notariellen Form, wenn eine Verpflichtung zum Erwerb von Grundbesitz eingegangen wurde) unwirksam, liegt in dieser Erklärung eine Bestätigung gem. § 141 BGB.[87] Ob die Aussage der Beteiligten wahr ist, kann der Notar nicht überprüfen; jedenfalls kommt ein wirksamer Vertrag – sei es mit der bereits bestehenden, sei es mit einer neu geschaffenen GbR – zustande.

2107 Für den Veräußerer bedeutsam ist ferner, ob die durch die erwerbende GbR eingegangenen Zahlungsverpflichtungen ggf. beigetrieben werden können. Für Verbindlichkeiten der GbR haften die (tatsächlichen) Gesellschafter analog § 128 HGB akzessorisch und gesamtschuldnerisch. Existiert die GbR tatsächlich nicht oder wurde sie nicht wirksam vertreten (§ 899a BGB steht auch bei Grundstückskaufverträgen dafür nicht zur Verfügung), haften die Handelnden jedenfalls gem. § 179 BGB. Beide Haftungsgrundlagen (§ 128 HGB analog und § 179 BGB) erfordern jedoch wegen des Bezeichnungsgrundsatzes des § 794 Abs. 1 Nr. 5 ZPO eine eigenständige Vollstreckungsunterwerfung der tatsächlich Handelnden, und zwar ausdrücklich nicht in ihrer Eigenschaft als „Gesellschafter":

2108 **Formulierungsvorschlag: Vollstreckungsunterwerfung bei erwerbender GbR**

> Die Erschienenen X, Y und Z treten den schuldrechtlichen Verpflichtungen der erwerbenden GbR in dieser Urkunde bei und übernehmen – zusätzlich zu den gegebenenfalls gesellschaftsrechtlich bestehenden Haftung und unabhängig von dieser – als Gesamtschuldner alle Verpflichtungen des Erwerbers auch persönlich. Die XYZ-GbR sowie die Herren X, Y, und Z persönlich unterwerfen sich wegen der in dieser Urkunde eingegangenen Verpflichtung zur Zahlung von ..... samt Verzugszinsen gemäß § 288 Abs. 1 (bzw. Abs. 2) BGB hieraus ab dem Datum der Erteilung der vollstreckbaren Ausfertigung der Zwangsvollstreckung in ihr jeweiliges Vermögen. X, Y und Z haften im Verhältnis zueinander als Gesamtschuldner; im Verhältnis zur XYZ-GbR (sofern diese existiert und wirksam vertreten ist) akzessorisch.

bb) Aus Sicht des Grundbuchamtes

(1) Im Bereich des § 19 GBO

2109 Eintragungen zugunsten einer GbR, die dem Bewilligungsgrundsatz des **§ 19 GBO** (formelles Konsensprinzip) unterfallen, oder aufgrund behördlichen Eintragungsersuchens (§ 38 GBO) ergehen,[88] sind unproblematisch: Das Grundbuchamt hat lediglich zu prüfen, ob der Rechtsträger

---

86 *Ruhwinkel*, MittBayNot 2009, 177, 179.
87 *Lautner*, MittBayNot 2010, 288 weist allerdings zu Recht darauf hin, dass es hierfür eines Bestätigungswillens, also des Bewusstseins möglicher Unwirksamkeit, bedarf.
88 Beispiel nach OLG Hamm, 17.03.2011 – I-15 W 706/10, ZfIR 2011, 432: Eintragungsersuchen des Vollstreckungsgerichts nach Zuschlag zugunsten einer GbR ist ohne weitere Prüfung zu vollziehen, wenn die gem. § 47 Abs. 2 GBO zu bezeichnenden Gesellschafter angegeben sind.

unter der behaupteten, genau anzugebenden[89] Bezeichnung bestehen kann, die Existenz und die wirksame Vertretung sind nicht zu verifizieren. Nur wenn das Grundbuchamt sicher wüsste, dass die Eintragung das Grundbuch dauernd unrichtig machen würde, könnte sie abgelehnt werden. Es genügt also eine abstrakte Plausibilitätskontrolle, ohne Vorlage des Gesellschaftsvertrages.[90] Dies gilt bspw. auch bei der Eintragung einer Vormerkung[91] oder beschränkt dinglicher Rechte zugunsten einer GbR. Wird sodann über diese ohne vertiefte Prüfung eingetragenen Rechte verfügt, helfen wieder § 899a BGB materiell- und § 47 Abs. 2 GBO verfahrensrechtlich. Die Einigung selbst muss allerdings die Beteiligten mit derselben Bestimmtheit definieren wie im Bereich des § 20 GBO.[92]

(2) Im Bereich des § 20 GBO

Anders liegt es im Bereich des **§ 20 GBO**, also bei der Auflassung bzw. der Einigung über Entstehung bzw. Übergang eines Erbbaurechtes, wo das materielle Konsensprinzip[93] zur vollumfänglichen Grundbuchprüfung nötigt: 2110

(a) Identität der GbR

Ist Erwerber eine (angeblich) **bereits bestehende** GbR, sind zunächst (zur Bestimmung des tatsächlichen Auflassungsempfängers) bereits in der Urkunde hinreichende Merkmale zur **Identität** dieser Gesellschaft vonnöten. Nach Auffassung des OLG München[94] genügt es bspw. den Anforderungen an den Inhalt der Einigung („was") nicht, lediglich an eine „zwischen den Beteiligten zu 2) und 3) bestehende GbR" aufzulassen, solange nicht erklärt wird, dass entweder zwischen ihnen keine weitere GbR existiere, oder aber die betreffende GbR näher bezeichnet ist (Gründungsdatum, Sitz, selbstgewählte Bezeichnung, Umsatzsteuernummer).[95] Richtigerweise kann eine etwa verbleibende Unbestimmtheit durch spätere „Bestätigungs- und Geständniserklärungen" der aufgetretenen Gesellschafter behoben werden,[96] zumal die Auflassung selbst als Willenserklärung der Auslegung zugänglich ist,[97] und hinsichtlich der (außerurkundlich nicht ergänzbaren) Bewilligung § 47 Abs. 2 GBO und § 15 Abs. 1 lit.c) GBV nur die dort genannten Angaben fordern. 2111

---

89 OLG München, 13.12.2010 – 34 Wx 153/10, JurionRS 2010, 33249: Bewilligung der Abtretung einer Buchgrundschuld an eine GbR.
90 Vgl. *Böhringer*, NotBZ 2009, 86, 88.
91 OLG Schleswig, 09.12.2009 – 2 W 168/09, Rpfleger 2010, 320.
92 Hierauf weist *Lautner*, MittBayNot 2010, 286, 289 zu Recht hin.
93 Allgemein *Peykan*, Die grundbuchrechtliche Prüfungskompetenz des Rechtspflegers bei notariell beurkundeten Rechtsgeschäften.
94 OLG München, 05.02.2010 – 34 Wx 116/09, RNotZ 2010, 328, m. Anm. *Rezori*; ebenso KG, 22.06.2010 – 1 W 277/10, NotBZ 2010, 316 und KG, 25.11.2010 – 1 W 417/10, NotBZ 2011, 54.
95 *Heinze*, RNotZ 2010, 281, 302.
96 OLG Saarbrücken, 26.02.2010 – 5 W 371/09-134, ZfIR 2010, 329, m. zust. Anm. *Zimmer*; zustimmend auch *Weimer*, NotBZ 2010, 195: die Frage des gemeinten Beteiligten sei außerhalb von Registern eine Frage des materiellen Rechtes (a.A. OLG München, vorvorangehende Fußnote: sofortige Zurückweisung, da nicht sichergestellt werden kann, dass der später vorgelegte Vertrag die zunächst nicht näher bezeichnete Gesellschaft betrifft).
97 Dabei kommt dem Wortlaut der Urkunde besonderes Gewicht zu; selbst naheliegende Zweifel haben außer Betracht zu bleiben, wenn zur Behebung dieser Zweifel nicht offenkundige, außerhalb der Urkunde liegende Umstände zu berücksichtigen sind, BayObLG, DNotZ 1974, 441, 442.

2112 Die großzügigere Sichtweise hat der BGH im Beschluss v. 28.04.2011[98] bestätigt: Im Hinblick auf die zur Eintragung erforderlichen Identitätsmerkmale, zur Wahrung des grundbuchlichen Bestimmtheitsgrundsatzes, hält der BGH (Tz. 12) die in § 47 Abs. 2 Satz 1 GBO geforderten Merkmale für ausreichend. Demnach bedarf es lediglich der Angabe der Gesellschafter, d.h. bei natürlichen Personen des Vor- und Familiennamens sowie des Geburtsdatums oder – anstelle des Geburtsdatums – des Berufs und Wohnorts (§ 15 Abs. 1 lit.. a) GBV), bei juristischen Personen, Handels- und Partnerschaftsgesellschaften, des Namens sowie der Firma und des Sitzes (§ 15 Abs. 1 lit. c) GBV). Darüber hinausgehende Angaben, etwa zu Gründungszeitpunkt, Gründungsort oder zum selbstgewählten Namen sind nicht erforderlich, jedoch möglich und angesichts der tatsächlichen Verwechslungsgefahren[99] uneingeschränkt sinnvoll; werden sie angegeben, hat sie das Grundbuchamt zusätzlich einzutragen (§ 15 Abs. 1 lit. c) Hs. 2 GBV).[100] Weitere Identitätsnachweise darf das Grundbuchamt zur Sicherstellung einer korrekten Bezeichnung der einzutragenen GbR nicht verlangen.

2113 Von besonderer Bedeutung ist die Identitätsprüfung, wenn dem bereits vorhandenen Grundstück einer GbR ein weiteres, hinzuerworbenes Grundstück als Bestandteil zugeschrieben soll oder Vereinigung gem. § 890 Abs. 1 BGB beantragt wird. Auch dann wird das Grundbuchamt jedoch die vom Notar vorgenommene Identitätsprüfung – ebenso wie bei natürlichen Personen[101] – als Nachweis i.S.d. § 415 ZPO genügen lassen müssen, wenn es keine Anhaltspunkte dafür hat, dass sie falsch sei.[102]

(b) Existenz der GbR

2114 Ist der Auflassungsbeteiligte sonach fixiert, bedarf es des Nachweises seiner **Existenz**. Ein „Vollbeweis" ist insoweit denknotwendig unmöglich. Auch wenn die erwerbende GbR bereits in einem anderen Grundbuch (etwa am Nachbargrundstück) eingetragen ist, macht der Rechtsgedanke des § 899a BGB weitere Nachweise zur Existenz nicht entbehrlich, da die Verfügung gerade nicht das eingetragene Eigentum betrifft[103] (und vor dem 04.12.2008 das Grundbuchamt die GbR-Verhältnisse auf Erwerberseite ohnehin nicht prüfte, da es sich lediglich um eine durch die Parteien zu wählende Berechtigungsform i.S.d. § 47 Abs. 1 GBO handelte). Lediglich im Hinblick auf die Vertretungsfrage – unten (c), Rdn. 2118 f. –, also die Prüfung des unveränderten Fortbestehens des Gesellschafterkreises, dürften (analog der Entscheidung des BGH v. 04.12.2008 zum Vollstreckungstitel) sich weitere „Beweise" erübrigen, solange keine auf Tatsachen begründeten weiteren Anhaltspunkte für eine abweichende Beurteilung vorliegen.[104]

---

98 V ZB 194/10, ZfIR 2011, 487, m. Anm. *Böttcher*, 461 ff.; vgl. auch *Zimmer*, NotBZ 2011, 260, sowie DNotI-Report 2011, 92.
99 *Hartmann*, RNotZ 2011, 401, 403 hält die Ansicht des BGH, verbleibende Identitätszweifel auszublenden, für eine Falschbewertung der Realität.
100 Das Wort „können" letzterer Vorschrift stellt lediglich klar, dass ohne entsprechende Antragstellung der Name und Sitz nicht mit eingetragen werden dürfen, werden sie jedoch genannt, reduziert sich das Eintragungsermessen des Grundbuchamts auf Null, vgl. *Heintze*, RNotZ 2010, 289, 294; *Lautner*, DNotZ 2009, 650, 655.
101 BGH, 29.09.2010 – XII ZR 41/09, NJW 2011, 778 m. Anm. *Wolfsteiner*.
102 *Böhringer*, NotBZ 2011, 317, 320.
103 *Bestelmeyer*, Rpfleger 2010, 169, 178.
104 So auch *Böhringer*, Rpfleger 2010, 406, 407.

B. Erwerb in GbR

Das Meinungsbild zum Existenznachweis bestehender GbRs war bis zur Entscheidung des BGH 2115
v. 28.04.2011, sehr uneinheitlich. Die Lähmung des Grundbuchverkehrs mit bereits bestehender GbR, die durch zahlreiche Rechtspfleger[105] und die strenge Linie einiger OLG entgegen der Intention des Gesetzgebers ins künstliche Koma versetzt und demnach folgerichtig für „klinisch tot"[106] erklärt wurde, wurde beendet durch den **Beschluss des BGH v. 28.04.2011**,[107] dem die OLG naturgemäß folgen.[108] Darin findet der BGH eine das sonstige Grundbuchrecht nicht beschädigende,[109] also § 29 GBO nicht unter Rückgriff auf die Grundsätze der Beweisnot[110] (Anwendung der subsidiären Beweisvorschriften der freiwilligen Gerichtsbarkeit in §§ 29 bis 31 FamFG,[111] wenn nämlich der formgerechte Ausschluss entfernter Möglichkeiten den geordneten Grundbuchverkehr unnötig erschweren würde)[112] aufweichende, Lösung, und zwar durch Rückgriff auf den Willen des Gesetzgebers, der sich in der systematischen Stellung der § 47 Abs. 2 GBO manifestiert:

Die Einfügung des § 899a BGB und des § 47 Abs. 2 GBO mit Wirkung ab 18.08.2009 durch 2116
das ERVGBG sollte wieder eine verlässliche Grundlage für den Rechtsverkehr mit einer GbR schaffen,[113] indem die GbR grundbuchverfahrensrechtlich wieder so behandelt wird wie vor der Anerkennung ihrer Rechtsfähigkeit. Mögen einzelne Richter des V. Senats die gesetzgeberische Leistung auch zuvor gescholten haben,[114] verhilft ihr der BGH nun zum Durchbruch, indem er darauf verweist, dass § 47 Abs. 2 Satz 1 GBO die Vorgabe zu entnehmen sei, bei der Eintragung einer erwerbenden GbR als Grundstückseigentümerin sei weder hinsichtlich der Existenz noch der Vertretung der GbR ein Richtigkeitsnachweis in der Form des § 29 Abs. 1 GBO zu erbringen. Wie auch i.R.d. § 47 Abs. 1 GBO, also beim Anteils- oder Gemeinschaftsverhältnis mehrerer Personen, die Auflassungsempfänger sind, werden die von den Beteiligten geäußerten Angaben vom Grundbuchamt nicht auf ihre materielle Richtigkeit geprüft, insb. kann kein Nachweis in der Form des § 29 Abs. 1 GBO verlangt werden, es sei denn, es bestünden Anhaltspunkte dafür,

---

105 In Form textidentischer, über das Intranet (www.rechtspflegerforum.de, Unterforum Grundbuch) verbreiteter, Zwischenverfügungen.
106 *Bestelmeyer*, Rpfleger 2010, 169–192.
107 BGH, 28.04.2011 – V ZB 194/10, ZfIR 2011, 487, m. Anm. *Böttcher*, 461 ff.; vgl. auch *Zimmer*, NotBZ 2011, 260, sowie DNotI-Report 2011, 92. Kritisch *Hartmann*, RNotZ 2011, 401, 404: „fehlt hinreichende normative Basis".
108 Z.B. OLG Zweibrücken, 30.05.2011 – 3 W 33/11 und 3 W 34/11, n.v.; OLG München, 15.06.2011 – 34 Wx 158/10, ZfIR 2011, 623 (nur LS).
109 Dies hatte *Demharter*, EWiR 2011, 277, noch befürchtet. Er kritisiert in Rpfleger 2011, 487 allerdings, die für § 47 Abs. 1 GBO geltenden Grundsätze könnten auf dessen Abs. 2 nicht übertragen werden, da es nicht um die Eintragung eines Gemeinschaftsverhältnisses, sondern des Berechtigten selbst gehe.
110 Vgl. Bauer/v. Oefele/*Knothe*, § 29 GBO Rn. 163 ff.; Meikel/*Hertel*, § 29 GBO Rn. 435 ff.; BeckOK-GBO/*Otto*, § 29 Rn. 30 ff.; zur dafür notwendigen „Unmöglichkeit" des formgerechten Nachweises *Heinze*, ZNotP 2010, 409, 415 ff. Beispiel aus der Rspr.: BayObLG, 22.05.2001 – 2 ZBR 49/01, BayObLGZ 2001, 132 zum Nachweis der Vertretung einer katholischen Pfarrpfründestiftung.
111 *Heinze*, RNotZ 2010, 281, 303.
112 BGH Rpfleger 1985, 234; KG NJW-RR 1998, 447, 2 (LS).
113 Vgl. Beschlussempfehlung und Bericht des Rechtsausschusses v. 17.06.2009, Drucksache 16/13437, S. 24.
114 Vgl. insb. *Krüger*, NZG 2010, 801.

dass das Grundbuch durch die Umsetzung der Angaben der Beteiligten unrichtig würde.[115] Dies gilt auch für eine anderswo bereits eingetragene GbR.[116]

2117 Auch wenn im konkreten Fall nicht zu thematisieren, dürfte es – wie schon bisher von den Vertretern der großzügigen Linie für richtig gehalten – genügen, dass die Bezeichnung der GbR und ihrer Gesellschafter inzidenter im Urkundseingang des notariellen Erwerbsvertrags enthalten ist, da sich die Beteiligten diese Erklärung zu eigen machen; weiterer, v.a. papiergebundener Nachweise oder gar gesteigerter Formen der Erklärungen wie eidestattlicher Versicherungen o. ä. bedarf es nicht.[117]

(c) Vertretung der GbR

2118 Ist der Nachweis der Existenz der auflassungsempfangenden GbR geführt, bedarf es im Bereich des § 20 GBO sodann des Nachweises ihrer wirksamen **Vertretung** bei der dinglichen Einigung:

(1) Handeln alle (angeblichen) Gesellschafter entsprechend der gesetzlichen Vermutung der §§ 709, 714 BGB, sind die Nachweisanforderungen identisch mit den in Bezug auf die Existenz der Gesellschaft selbst angelegten Kriterien, oben (b), Rdn. 2130 ff. – und waren damit bis zum Beschluss des BGH v. 28.04.2011 ebenso ungewiss.[118] Nachweise, dass die Zusammensetzung der Gründungsgesellschafter keine Änderung erfahren hat, kann das Grundbuchamt – wie stets bei negativen Tatsachen – nur verlangen, wenn es auf konkreten Anhaltspunkten basierende ernste Zweifel an der Fortgeltung hat;[119] eine öffentliche Urkunde verliert ihre Beweiskraft nicht durch bloßen Zeitablauf.

(2) Sind, abweichend von §§ 709, 714 BGB, im Gesellschaftsvertrag einzelne Gesellschafter mit Geschäftsführungs- und Vertretungsbefugnis ausgestattet worden, muss dieser auf jeden Fall in unterschriftsbeglaubigter Form (§ 29 Abs. 1 GBO)[120] vorgelegt werden; Nachweise zu seiner Nichtänderung wiederum nur im Ausnahmefall.

2119 (3) Hat dagegen die erwerbende GbR eine rechtsgeschäftliche Vollmacht erteilt, bedarf es des Nachweises der wirksamen Vertretung der GbR bei der Erteilung dieser Vollmacht.[121] Immer-

---

115 Vgl. § 47 Abs. 1 GBO, etwa im Hinblick auf Erwerber in ausländischem Güterstand, OLG München, 16.02.2009 – 34 Wx 95/08, DNotZ 2009, 683; OLG Schleswig, 19.08.2009 – 2 W 82/08, FGPrax 2010, 19.
116 *Zimmer*, NotBZ 2011, 261.
117 Vgl. *Böttcher*, AnwBl. 2011, 1, 5.
118 KG, 25.11.2010 – 1 W 417/10, NotBZ 2011, 54 lässt demnach weder Eigenerklärungen der Gesellschafter noch eidesstattliche Versicherungen zum Nachweis der Vertretungsverhältnisse (d.h. des Mitgliederbestandes) einer „Altgesellschaft" zu (Gründung 2008, Kaufvertrag 2010).
119 Vgl. etwa LG Oldenburg, NdsRPfl 2009, 216 („Alter des Gesellschaftsvertrages gleichgültig"), LG München II, 16.04.2009 – 8 T 1525/09, n.v. (Gesellschaftsvertrag aus dem Jahr 1973); LG Verden, 06.05.2009 – 3a T 60/09 (Vertrag aus dem Jahr 2007); a.A. *Bestelmeyer*, Rpfleger 2010, 169, 179, m.w.N. in Fn. 105.
120 KG, 08.03.2011 – 1 W 99/10, ZfIR 2011, 381 (nur LS).
121 Haben alle Gesellschafter die GbR gem. §§ 709, 714 BGB vertreten, bedarf es hierzu der Vorlage des unterschriftsbeglaubigten Gesellschaftsvertrages samt späterer Mitgliederänderungen, wie sie auch zur Berichtigung des Gesellschafterbestandes einer bereits eingetragenen GbR notwendig wären. Im Fall der Ernennung vertretungsberechtigter Gesellschafter in der „Satzung" muss diese gem. § 29 GBO vorgelegt werden. Im Fall der Ernennung vertretungsberechtigter Gesellschafter durch Mehrheitsbeschluss muss die Satzung in der Form des § 29 GBO vorgelegt werden (zum Nachweis, dass ein solcher Beschluss dort eröffnet ist), und der Beschluss selbst durch notarielles Tatsachenprotokoll oder Bestätigung aller mitwirkenden Gesellschafter belegt sein.

hin genügt es, dass alle Gesellschafter der GbR als natürliche Personen die Vollmacht einem Dritten erteilen, sie brauchen dabei nicht ausdrücklich „im Namen der GbR" zu handeln.

(4) Liegen schließlich weder eine rechtsgeschäftliche Vollmacht noch eine satzungsmäßige Vertretungsregelung vor, sondern wurde ein geschäftsführender Gesellschafter durch Beschluss der Gesellschafterversammlung gewählt, gibt es derzeit keine das Nachweisverfahren erleichternde Analogie zu §§ 24, 26 WEG. Es bedarf also einer notariellen Tatsachenbeurkundung bei einer Vollversammlung, im Fall von Mehrheitsbeschlüssen müssen sämtliche Gesellschafter in der Form des § 29 GBO feststellen, wer aufgrund des Mehrheitsbeschlusses die Gesellschaft vertreten kann, es sei denn die in der Form des § 29 GBO vorgelegte Satzung erlaubt ausdrücklich die Mehrheitswahl eines Vertreters.

d) Namens-GbR

Allerdings gilt § 47 Abs. 2 Satz 1 GBO nicht für Alt-Gesellschaften. Wurde also – bspw. als Folge der BGH-Entscheidung v. 04.12.2008 – eine Namens-GbR ohne Wiedergabe der Gesellschafter eingetragen, hat es dabei sein Bewenden, ein Zwang zur nachträglichen Eintragung der Gesellschafter (als bloße Ergänzung, Kostenfolge: § 67 KostO)[122] besteht nicht. Den Antrag auf Vervollständigung kann sowohl die GbR als auch – gem. § 14 GBO – ein an deren Grundstück eingetragener Grundpfandgläubiger stellen.[123] Für diese Altfälle stellt sich also nach wie vor das Problem, die Existenz und die Vertretung der verfügenden GbR nachzuweisen. Insoweit besteht weiterhin die Gefahr einer endgültigen faktischen Grundbuchblockade, wenn sich Praxis und Rechtsprechung nicht zu einer graduellen Absenkung des Nachweisniveaus hinsichtlich der Beweisintensität und der Beweismittelbeschränkung durchringen können, etwa unter dem Gesichtspunkt der Beweisnot.[124]

2120

Steht die GbR nur unter ihrem Namen im Grundbuch, wird demnach, wenn der Erwerb nach § 20 GBO stattgefunden hat, die Gesellschafterstellung durch den bei den Grundakten (§ 10 GBO) befindlichen Erwerbsvertrag nachgewiesen werden können, bei dem eine Prüfung der Existenz und Vertretung der GbR (z.B. als Auflassungsempfänger) bereits stattgefunden hat – anders in den Fällen der lediglich bewilligten Eintragung beschränkt dinglicher Rechte (§ 19 GBO). In ersterem Fall können wohl ohne konkrete Anhaltspunkte weitere Nachweise nicht verlangt werden (vergleichbar zur BGH-Entscheidung v. 04.12.2008, wo der 2 Jahre alte gerichtliche Titel als Grundlage genügte). Das OLG München[125] und das OLG Zweibrücken[126] lassen es als Nachweis jedenfalls genügen, wenn die **Namens-GbR** in der damaligen Erwerbsurkunde notariell gegründet wurde, solange keine tatsächlichen Anhaltspunkte für eine zwischenzeitliche Änderung

2121

---

122 1/4 Gebühr, aus 5 bis 10% des Grundstückswertes, vgl. die Nachweise bei *Heinze*, DNotZ 2010, 698 Fn. 12; OLG München, 24.09.2010 – 34 Wx 2/10, MittBayNot 2011, 344, m. Anm. *Weigl*, unter II.2.a der Entscheidungsgründe; a.A. (volle Gebühr nach § 60 KostO) OLG Frankfurt am Main, 19.11.2009 – 20 W 70/09, JurionRS 2009, 30039.

123 OLG Schleswig, 06.04.2011 – 2 W 60/10, JurionRS 2011, 19109 wo (allerdings noch vor der Entscheidung des BGH v. 28.04.2011 – V ZB 194/10, JurionRS 2011, 16452) eidesstattliche Versicherungen der Betroffenen über ihre Stellung als (alleinige) Gesellschafter und der historische Gesellschaftsvertrag mit notariell beglaubigten (nachträglich anerkannten) Unterschriften verlangt wird.

124 Vgl. Meikel/*Hertel*, GBO, § 29 Rn. 438 ff.; dagegen *Bestelmeyer*, Rpfleger 2010, 169, 187: „daraus folgt, dass die eingetragene Namens-GbR über ihr Eigentum nicht mehr verfügen kann".

125 OLG München, 27.04.2010 – 34 Wx 32/10, DNotZ 2010, 691, m. Anm. *Heinze*.

126 OLG Zweibrücken, 10.05.2011 – 3 W 47/11, RNotZ 2011, 421.

des Gesellschafterbestandes bestehen („Richtigstellung" dergestalt, wie die GbR bei hypothetisch früherer Geltung des § 47 Abs. 2 GBO hätte eingetragen werden müssen).

2122 Bei Namens-GbR, die nicht in der Erwerbsurkunde gegründet wurden, verlangt die grundbuchliche Praxis, soweit sie solche Verfügungen überhaupt vollzieht, eidesstattliche Versicherungen bzw. „lockert das Nachweisniveau des § 29 GBO nach den Umständen des Einzelfalls" gemäß den Grundsätzen des sog. Freibeweises;[127] das OLG Köln und Vertreter der „strengen Linie"[128] halten auch dies für ungeeignet.[129] Andernfalls droht die Gefahr, dass die GbR zwar (damals) als namensführende Gesellschaft ohne Schwierigkeiten in das Grundbuch hineinkam, jedoch jetzt nicht mehr herausgerät;[130] allenfalls wäre an die Bestellung eines Pflegers für unbekannte Beteiligte gem. § 1913 BGB zu denken.[131] Auch wenn für den Vollzug von Verfügungen (sofern sie überhaupt vorgenommen werden können) nicht erforderlich, sollte auf jeden Fall bei diesem Anlass die Buchung der Gesellschafter (als Richtigstellung) miterfolgen.

2123 Im Lichte des BGH-Beschlusses v. 28.04.2011 ist dieser großzügigen Linie beizupflichten: Der Grundbuchstand (Namens-GbR) gibt (entgegen OLG Köln)[132] den wahren Rechtszustand wieder. Die Nennung der Gesellschafter ist auch keine Richtigstellung der Berechtigten, da diese mit ihrem Namen richtig bezeichnet ist, sondern eher eine Vervollständigung, dahin gehend dass neben ihrem Namen auch die Gesellschafter eingetragen werden, sodass sie künftig – bei weiteren Verfügungen – sich auf § 899a Satz 2 BGB i.V.m. §§ 891 ff. BGB berufen können. Gem. **§ 47 Abs. 2 Satz 2 GBO** sind im Eintragungsverfahren die Vorschriften, die sich auf die Eintragung des Berechtigten beziehen, entsprechend für die Eintragung der Gesellschafter heranzuziehen, sodass die GbR verfahrensrechtlich im Wesentlichen auch insoweit weiter so behandelt wird wie vor der Anerkennung ihrer Rechtsfähigkeit durch die Rechtsprechung (etwa mit der Folge, dass gem. § 39 Abs. 1 GBO die Voreintragung des Mitgesellschafters notwendig ist, wobei auf Zwischenstufen verzichtet werden kann).[133]

2124 Im Rahmen dieser „Vervollständigung" hat das Grundbuchamt in freier Beweiswürdigung aller ihm bekannten Tatsachen seine Prüfung zu führen, also auch nichturkundliche Beweise und Erfahrungssätze heranzuziehen.[134] Wurde die GbR als Eigentümerin im Rahmen eines Verfahrens nach § 20 GBO eingetragen und wurde die Gesellschaft i.R.d. Erwerbsurkunde ad hoc gegründet,

---

127 OLG Schleswig, 23.02.2011 – 2 W 14/11, ZfIR 2011, 409 (spätere notariell beurkundete Bestätigung eines früheren privatschriftlichen Gesellschaftsvertrages).
128 *Bestelmeyer*, ZfIR 2011, 395 ff.: eintragungsbedürftige Verfügungen gesellschafterlos eingetragener Namens-GbRs sind aufgrund eines Versäumnisses des Gesetzesgebers derzeit nicht möglich. Als Vorfrage fehlt es zudem schon am Nachweis, dass die eingetragene GbR beim Erwerb überhaupt wirksam vertreten wurde und damit nun Eigentümer ist.
129 OLG Köln, 20.12.2010 – 2 Wx 118/10, RNotZ 2011, 166, m. Anm. *Heinze*.
130 *Kesseler*, NZM 2009, 190; er schlägt vor, dass die Gesellschafter, notariell beglaubigt, erklären, wie die zwischen ihnen begründete und betroffene Gesellschaft zusammengesetzt und vertreten sei, was jedoch als bloße Eigenbehauptung nicht ohne Weiteres ausreichen wird.
131 *Heinze*, RNotZ 2011, 173, 175, mit Hinweis auf LG Kaiserslautern, FamRZ 1995, 1382 (in einem Teilungsversteigerungsverfahren nach dem Tod eines BGB-Gesellschafters).
132 20.12.2010 – 2 Wx 118/10, RNotZ 2011, 166.
133 *Lautner*, DNotZ 2009, 650, 666; *Böhringer*, Rpfleger 2009, 537, 542; a.A. OLG München, 27.04.2006 – 32 Wx 67/06, MittBayNot 2006, 496, m. abl. Anm. *Lautner*.
134 Vgl. etwa OLG Schleswig, 23.02.2011 – 2 W 14/11, ZfIR 2011, 409, mit Besprechung *Bestelmeyer*; S. 395.

können daher die damaligen, aus der Erwerbsurkunde ersichtlichen Gesellschafter zu Recht ohne Weiteres nachträglich in das Grundbuch eingetragen werden.[135] Dies muss auch gelten, wenn die GbR bereits vor Abschluss der Erwerbsurkunde entstanden ist;[136] auch hier genügt die ursprüngliche Gründungsurkunde, selbst wenn sie nicht die Form des § 29 GBO wahrt (Grundsätze des Freibeweises, § 26 FamFG), wenn keine tatsächlichen Anhaltspunkte für eine zwischenzeitliche Änderung des Gesellschafterbestands bestehen.

Schwierig sind allerdings die Fälle, in denen eine Namens-GbR aufgrund schlichter Bewilligung des verlierenden Teils, also nach § 19 GBO, eingetragen wurde, ohne selbst beteiligt zu sein.[137] Hier könnte der Fall eintreten, dass aufgrund schlichter Behauptung nunmehr Gesellschafter eingetragen werden, die solche nicht sind, und diese sodann – an gutgläubige Dritte – über das zugunsten der GbR eingetragene Recht verfügen, sodass die wahre GbR materiell ihr Recht verlöre. I.R.d. Freibeweises wird das Grundbuchamt in diesen Fällen den ursprünglich Bewilligenden anzuhören haben, ebenso die von diesem benannten Gesellschafter;[138] das Grundbuchamt wird berechtigt sein, zumindest die Erklärung der Anzuhörenden in unterschriftsbeglaubigter Form zu verlangen.[139] Es mag sich weiter empfehlen, in diesen Fällen eine eidesstattliche Versicherung zu fordern, wie sie richterrechtlich anerkannt ist zum Nachweis ergänzender (das notarielle Testament spricht nur von „den Kindern")[140] oder negativer Tatsachen (Scheidungs-[141] oder Pflichtteilsklausel[142] bei gemeinschaftlichem Testament) i.R.d. § 35 Abs. 1 Satz 2 GBO. Die für die Strafbarkeit gem. § 156 StGB erforderliche allgemeine Zuständigkeit des Grundbuchamtes als Behörde (§ 11 Abs. 1 Nr. 7 StGB) zur Abnahme von eidesstattlichen Versicherungen ergibt sich wohl bereits aus § 35 Abs. 3 Satz 2 GBO, die „besondere Zuständigkeit" gerade in Bezug auf den Vorgang, auf den sie sich bezieht dürfte angesichts der Beweisnot zu bejahen sein.[143]

2125

III. Nachweise zur Berichtigung des Grundbuches

Durch den Gesellschafterwechsel außerhalb des Grundbuchs (Eintritt, Austritt, Versterben, Einzelrechtsnachfolge etc.) wird das Grundbuch zwar streng genommen nicht unrichtig i.S.d. § 22 GBO, § 894 BGB; das Grundbuch wird jedoch hinsichtlich der Gesellschafter als unrichtig behandelt, sodass die Vorschriften über den Unrichtigkeitsnachweis bzw. die Berichtigungsbewilligung entsprechend gelten. Die GbR ist zudem gem. § 82 Satz 3 GBO gehalten, die Angaben zum Gesellschafterbestand im Grundbuch richtig zu stellen. Daher wird auch kostenrechtlich, obwohl streng genommen kein „neuer Eigentümer" einzutragen ist, § 60 Abs. 1 KostO angewendet[144] (und nicht, wie unmittelbar nach dem BGH-Urt. v. 04.12.2008, als die Angabe der Gesellschafter

2126

---

135 OLG München 27.04.2010 – 34 Wx 32/10, DNotZ 2010, 691.
136 *Heinze*, DNotZ 2011, 695, 697.
137 Vgl. *Böttcher*, ZfIR 2011, 467.
138 *Heinze*, DNotZ 2010, 695, 698.
139 Vgl. *Böttcher*, ZfIR 2011, 461, 467.
140 Gutachten, DNotI-Report 2006, 109, 111.
141 Gutachten, DNotI-Report 2006, 181.
142 OLG Köln, 14.12.2009 – 2 Wx 59/09, Rpfleger 2010, 263.
143 Für Statthaftigkeit *Heinze*, RNotZ 2010, 281, 304; a.A. *Schubert*, ZNotP 2009, 179, 180; *Bestelmeyer*, Rpfleger 2010, 169, 182/183, *Lautner*, MittBayNot 2010, 286, 290.
144 OLG Frankfurt am Main, 19.11.2009 – 20 W 70/09, JurionRS 2009, 30039.

Kapitel 5: Gesellschaftsrechtliche Lösungen

nur der Erleichterung der Identifikation diente, § 67 KostO), wohl mit dem Wert des § 61 Abs. 2 Satz 1 KostO.[145]

2127 § 899a BGB betrifft zwar nach dem Wortlaut nur Verfügungen „in Ansehung des eingetragenen Rechts", also nicht in Bezug auf Rechtsgeschäfte über Gesellschaftsanteile, diese Einschränkung des Vermutungstatbetands hat aber keine Bedeutung für die grundbuchverfahrensrechtliche Behandlung von Rechtsgeschäften mit unmittelbarem Bezug zum Grundstück, also Anteilsveränderungen an grundbesitzhaltenden GbR. Im Ergebnis gilt demnach analog § 899a BGB auch für die Zwecke des Grundbuchrechts, dass die eingetragenen Gesellschafter bewilligungsberechtigt sind; diese Frage wird also – soweit es um grundbesitzhaltende GbR geht – nicht mitgliedschaftrechtlich, sondern grundbuchrechtlich angeknüpft.[146]

2128 Soweit als Folge von Änderungen im Gesellschafterbestand Berichtigungen im Grundbuch durchzuführen sind (§ 899a, 894 BGB, auch zur Wahrung des Voreintragungsgrundsatzes des § 39 GBO), gelten demnach auch ggü. dem Grundbuchamt die im Grundbuch eingetragenen Gesellschafter als **bewilligungsberechtigt**.[147] Von § 899a BGB geht dieselbe Vermutungswirkung (bezogen auf die Gesellschafterstellung) aus wie von § 891 BGB vor Anerkennung der Rechts- und Grundbuch-Buchungsfähigkeit der GbR.[148] Andernfalls würde § 899a BGB leerlaufen, sobald eine Mitgliedschaftsübertragung stattgefunden hat, und auch § 82 Satz 3 GBO (Berichtigungszwang) hätte keinen Anwendungsbereich.[149]

2129 Diese Vermutung gilt auch, wenn wegen Ausscheidens des vorletzten Gesellschafters einer GbR diese liquidationslos erlischt und das Grundbuch damit nicht nur hinsichtlich des Gesellschafterbestandes, sondern auch der Fortexistenz der Gesellschaft unrichtig wird.[150] Dieselben Grundsätze sind anwendbar, wenn bei einer grundbesitzhaltenden GbR sämtliche Gesellschaftsanteile auf einen Dritten übertragen werden, sodass selbst dann – entgegen OLG München[151] – kein Nachweis des Eigentumsübergangs in Form einer Auflassung, § 20 GBO, verlangt werden kann.

1. Hinzutreten weiterer Gesellschafter

2130 Tragen die „Buch-Gesellschafter" vor, sie seien nicht mehr oder nicht mehr in dieser Zusammensetzung Gesellschafter, sondern **weitere** seien **hinzugekommen**,[152] wird der Notar, auch wenn

---

145 *Heinze*, RNotZ 2010, 281, 308.
146 Vgl. OLG München, 01.12.2010 – 34 Wx 119/10, ZIP 2011, 466; OLG München, 14.01.2011 – 34 Wx 155/10, MittBayNot 2011, 224, m. zust. Anm. *Ruhwinkel*, S. 228; OLG Zweibrücken, 20.10.2009 – 3 W 116/09, NJW 2010, 384; OLG Zweibrücken, 08.09.2010 – 3 W 128/10, DNotZ 2011, 207.
147 OLG München, 07.09.2010 – 34 Wx 100/10, NotBZ 2010, 422; ebenso OLG Zweibrücken, 09.09.2010 – 3 W 128/10, DNotZ 2011, 207; a.A. *Bestelmeyer*, Rpfleger 2010, 169, 185 f. mit dem Argument, auch der Erwerb der Mitgliedschaft falle materiell-rechtlich nicht unter § 899a BGB. Tatsächlich handelt es sich aber bei der Berichtigung des Grundbuches als Folge der Änderung der Mitgliedschaft um eine immobilienbezogene, nicht eine gesellschaftsbezogene Maßnahme.
148 *Böhringer*, Rpfleger 2009, 537, 540 f.; *Heßeler/Kleinhenz*, WM 2010, 446, 449 f.; BT-Drucks. 16/13437 S. 24 li. Sp. Unten.
149 Vgl. im Einzelnen Gutachten, DNotI-Report 2010, 145 ff.
150 OLG München, 14.01.2011 – 34 Wx 155/10, ZfIR 2011, 303.
151 OLG München, 11.10.2010 – 27 Wx 52/10, MittBayNot 2011, 225, mit zu Recht abl. Anm. *Ruhwinkel*, S. 228.
152 Veränderungen der Anteilshöhe innerhalb der GbR sind ohnehin nicht eintragungsfähig, da sachenrechtlich unerheblich und damit unzulässig; OLG München, Rpfleger 2005, 530 m. Anm. *Demharter*.

er dadurch die Möglichkeit gutgläubigen Erwerbs vom Nichtberechtigten vereitelt, zunächst auf die **Berichtigung des Grundbuchs** hinwirken. Diese ist zur Wahrung des Voreintragungsgrundsatzes (§ 39 GBO) stets erforderlich, wenn ein anderer als der im Grundbuch noch Eingetragene mitwirkt.[153]

Zur Absicherung des Berichtigungsanspruchs des § 899a Satz 2 i.V.m. § 894 BGB ist die Eintragung des Widerspruchs nach § 899 BGB zulässig, wenn im Grundbuch der Gesellschafterbestand der GbR – aufgrund bereits erfolgter Abtretung eines Anteils – unzutreffend verlautbart ist. Wechseln Gesellschafter einer GbR, die Gläubiger eines Briefgrundpfandrechts ist, muss der Brief vorgelegt werden (§§ 41, 42 GBO) und ist amtswegig hinsichtlich des darin wiedergegebenen Gesellschafterbestands zu ergänzen, § 62 GBO. 2131

Zur Berichtigung als Folge einer **Gesellschaftsanteilsabtretung** sind erforderlich: 2132

- sofern der Gesellschaftsvertrag die Übertragung der Gesellschafterstellung ohne Beschränkungen erlaubt, lediglich die Berichtigungsbewilligung des veräußernden und des erwerbenden Alt- bzw. Neugesellschafters, ferner der Nachweis des Inhalts des Gesellschaftsvertrages, sei es auch nur in schriftlicher Form als Schlüssigkeitsnachweis zur Veräußerlichkeit der Mitgliedschaft;[154]

- einen Nachweis, dass der Gesellschaftsvertrag (der z.B. die Abtretung des Anteils erlaubt) zwischenzeitlich nicht abgeändert wurde, kann das Grundbuchamt nur verlangen, wenn es durch konkrete Tatsachen belegte Zweifel daran hat, dass solche Änderungen möglicherweise erfolgt sind;[155]

- anderenfalls, also sofern der Gesellschaftsvertrag die Übertragung der Mitgliedschaft als solcher nicht erlaubt, die Berichtigungsbewilligung aller eingetragenen Gesellschafter der GbR und des neuen Gesellschafters (§ 22 Abs. 2 GBO) in öffentlich beglaubigter Form, zusätzlich die schlüssige textliche Darlegung derjenigen materiellen Rechtsvorgänge, die einen Wechsel außerhalb des Grundbuchs bewirkt haben sollen,[156] und zwar in der Bewilligung, nicht lediglich im Antrag. Damit wird der besonderen Prüfungsverantwortung des Grundbuchamts bei Veränderungen in Abteilung I (vgl. § 20 GBO) Rechnung getragen. Die Vorlage des Abtretungsvertrages selbst kann jedoch nicht verlangt werden. 2133

- Die noch strengere neuere Rechtsprechung verlangt hingegen in allen Fällen der rechtsgeschäftlichen Einzelrechtsnachfolge, auch der Übertragung auf einen Mitgesellschafter, die **Mitwirkung aller Mitgesellschafter** als Beteiligter,[157] da nicht auszuschließen sei, dass nach dem Inhalt des (allenfalls in der Sekunde der Abfassung, jedoch nicht mehr später, feststehenden) Gesellschaftsvertrags Zustimmungserfordernisse etc einzuhalten wären. Immerhin begründet § 899a BGB i.V.m. § 47 Abs. 2 GBO auch für das Grundbuchamt insoweit die Ver- 2134

---

153 OLG München, 27.04.2006 – 32 Wx 67/06, MittBayNot 2006, 496, m. krit. Anm. *Krick*: sogar wenn lediglich die Grundbuchberichtigung aufgrund GbR-Anteilsveräußerung von A an B (im Grundbuch noch nicht verlautbart) und sodann von B an C beantragt wird, müsse zunächst B eingetragen werden.
154 Vgl. BayObLG, DNotZ 1998, 811; BayObLGZ 1991, 301; Gutachten, DNotI-Report 2001, 81.
155 Vgl. *Schöner/Stöber*, Grundbuchrecht, Rn. 982e; *Böttcher*, ZNotP 2009, 42, 44; ebenso schon zur Rechtslage vor der Anerkennung der Rechtsfähigkeit der GbR *Eickmann*, Rpfleger 1985, 85, 90.
156 Vgl. BayObLG, MittRhNotK 1990, 79; OLG Jena, FGPrax 2001, 12, m. Anm. *Demharter*, 54 ff.; LG Mainz, RNotZ 2008, 350.
157 So OLG Zweibrücken, NJW 2010, 384; OLG München, 01.12.2010 – 34 Wx 119/10, ZfIR 2011, 303.

mutung, dass alle eingetragenen Gesellschafter zur Verfügung über einen Gesellschaftsanteil befugt sind, soweit das eingetragene Recht betroffen ist.

2135 Beim **Eintritt eines Gesellschafters** ist die Bewilligung durch alle bisherigen Gesellschafter abzugeben, unter entsprechender textlicher schlüssiger Darlegung der Umstände des Beitritts; die Beitrittserklärung selbst (Änderung des Gesellschaftsvertrages) braucht nicht beigefügt zu werden. Der Eintretende muss gem. § 22 Abs. 2 GBO zustimmen.

2136 Gem. § 22 Abs. 1 Satz 1 GrEStG bedarf es weiter zur „Eintragung eines Erwerbers eines Grundstücks in das Grundbuch" stets der Vorlage der grunderwerbsteuerlichen **Unbedenklichkeitsbescheinigung**.[158] Die Norm erfasst sowohl konstitutive wie auch berichtigende Eintragungen, allerdings nicht allein bloße Richtigstellungen. Da ein Wechsel im Gesellschafterbestand nunmehr wieder wie eine Grundbuchberichtigung behandelt wird, steht außer Zweifel, dass – wie vor der Entscheidung des BGH v. 04.12.2008 – die Unbedenklichkeitsbescheinigung des FA vorgelegt werden muss.[159]

2. Austritt oder Ausschluss eines Gesellschafters

2137 Ist lediglich ein Gesellschafter (durch allseitige Vereinbarung) mit Anwachsungsfolge **ausgeschieden**, wird ebenfalls überwiegend[160] die Berichtigungsbewilligung des ausscheidenden und aller verbleibenden (durch die Anwachsung begünstigten) Gesellschafter gefordert. Richtigerweise ist die Mitwirkung Letzterer zwar materiell rechtlich, nicht aber grundbuchrechtlich erforderlich.[161] Etwas anderes ergibt sich auch nicht aus § 22 Abs. 2 GBO, der lediglich dann einschlägig wäre, wenn jemand neu als Eigentümer (Gesellschafter) einzutragen würde.

2138 Wurde ein Gesellschafter aus wichtigem Grund (§ 737 BGB) ausgeschlossen und wirkt er an der Berichtigung nicht mit, muss auch das Bestehen eines wichtigen Grundes in der Form des § 29 GBO (!) nachgewiesen werden.[162]

3. Tod eines Gesellschafters

2139 Ist ein Gesellschafter **verstorben**, sind die Anforderungen wegen der möglichen unterschiedlichen gesellschaftsvertraglichen Regelungen noch komplexer, vgl. Rdn. 123 ff.; zu den ertrag- und schenkungsteuerlichen Folgen Rdn. 4549 ff. Dies bedingt unterschiedliche Nachweisanforderungen, je nachdem welche der Alternativen des § 22 GBO zur Berichtigung nach dem Versterben eines Gesellschafters gewählt wird:

2140 • Soll die Berichtigung aufgrund Unrichtigkeitsnachweises (§ 22 Abs. 1 Satz 1 GBO) erfolgen – hierbei sind die Prüfungsanforderungen strenger als bei der Berichtigungsbewilligung –,[163]

---

158 Gemäß OLG Frankfurt am Main, DNotI-Report 2005, 14 auch, wenn erkennbar weniger als 95 % der Anteile übergehen (es könnte zwar kein Fall des § 1 Abs. 2a, sondern des § 1 Abs. 3 GrEStG oder des § 42 AO vorliegen).
159 Vgl. *Böttcher*, ZfIR 2009, 613, 623.
160 Vgl. *Schöner/Stöber*, Grundbuchrecht, Rn. 982b; *Wenz*, MittRhNotK 1996, 377, 383; *Schaal*, RNotZ 2008, 569, 579.
161 *Böttcher*, ZfIR 2009, 613, 621; ebenso OLG Jena, 23.06.2011 – 9 W 181/11, ZfIR 2011, 542 (nur LS).
162 OLG Hamm v. 24.05.2007, RNotZ 2007, 612.
163 Vgl. *Ertl*, MittBayNot 1992, 13.

genügt nicht allein die Vorlage der Sterbeurkunde und der Nachweis der Erbfolge (gem. § 35 GBO).[164] Erforderlich ist vielmehr auch der Nachweis des Inhalts des Gesellschaftsvertrages, und zwar in der Form des § 29 GBO,[165] auch wenn diese Beglaubigung nur unter erheblichen Erschwerungen erreicht werden kann oder überhaupt nicht möglich ist. Ausnahmen (Vorlage eines privatschriftlichen Vertrages) wurden insoweit nur vereinzelt geduldet.[166]

- Scheitert diese Nachweisvariante, ist Berichtigungsbewilligung all derjenigen, die durch die beantragte Eintragung auch nur möglicherweise in ihren Rechten betroffen sind, in öffentlich beglaubigter Form erforderlich. Auch insoweit genügen nicht nur die Bewilligungen der Erben des verstorbenen Gesellschafters und aller Mitgesellschafter, es bedarf weiterhin der Vorlage des Gesellschaftsvertrages zum Nachweis darüber, dass kein Eintrittsrecht an eine nicht zum vorgenannten Kreis gehörende Person darin enthalten ist.[167] 2141

- Liegt der Gesellschaftsvertrag nicht in der Form des § 29 GBO vor, würde demnach eine Berichtigung in beiden Varianten ausscheiden. Da in der Variante der Berichtigungsbewilligung geringere Anforderungen an den Prüfungsumfang des Grundbuchamtes zu stellen sind, lässt die Rechtsprechung insoweit jedoch die Vorlage des privatschriftlichen Gesellschaftsvertrages oder übereinstimmende Angaben der Beteiligten über dessen mündlich getroffenen Inhalt, soweit es um die Person externer Eintrittsberechtigter geht, genügen.[168] Nachweise, dass der Gesellschaftsvertrag nicht zwischenzeitlich geändert wurde, kann das Grundbuchamt nur dann verlangen, wenn es durch konkret belegte Tatsachen Zweifel an der Richtigkeit der Erklärung hat.[169] 2142

Auf Beweismittel außerhalb des § 29 GBO rekurrieren muss das Grundbuchamt naturgemäß stets in den Fällen, in denen außer dem Inhalt des Gesellschaftsvertrages weitere Kriterien über die Person des Eintrittsberechtigten nachzuweisen sind (z.B. wer von mehreren als erster die Befähigung zur Führung des Unternehmens erworben habe o.Ä.).[170] 2143

Enthält der (ggf. privatschriftlich vorgelegte) Gesellschaftsvertrag keine von § 727 BGB abweichende Bestimmung, wird die Gesellschaft zwar durch den Tod eines Gesellschafters aufgelöst, besteht jedoch als identische Wirkungseinheit in Form der Liquidationsgesellschaft fort. Anstelle des Verstorbenen ist dessen Erbe Mitglied geworden; als Folge der Auflösung hat sich der Gesellschaftszweck, nicht aber Vermögen oder Rechtsfähigkeit der Gesellschaft geändert. Es genügt also die Berichtigungsbewilligung des Erben (auch wegen § 22 Abs. 2 GBO) samt Nachweis der Erbenstellung (§ 35 GBO).[171] 2144

---

164 Die bloße Behauptung der Erbfolge durch den Testamentsvollstrecker genügt nicht OLG Köln, DNotZ 2005, 555.
165 BayObLG, DNotZ 1992, 159.
166 So etwa OLG Zweibrücken, MittBayNot 1995, 210; LG Mainz, ZErb 2007, 464.
167 BayObLG, MittBayNot 2001, 73.
168 BayObLG, DNotZ 1992, 160; OLG Schleswig, MittRhNotK 1992, 151.
169 *Schöner/Stöber*, Grundbuchrecht, Rn. 982e; *Kremer*, RNotZ 2004, 251.
170 Vgl. *Ertl*, MittBayNot 1992, 18 f.; *Kremer*, RNotZ 2004, 251.
171 OLG München, 07.09.2010 – 34 Wx 100/10, NotBZ 2010, 422 (dort bedurfte es zusätzlich der Berichtigungsbewilligung der verbleibenden Gesellschafter, da der Erbe den Liquidationsgesellschaftsanteil abgetreten hatte, ohne dass der schriftlich vorliegende Gesellschaftsvertrag die Übertragung der Mitgliedschaft erlaubt hätte, vgl. oben Rdn. 405); vgl. auch *Hügel/Wilsch*, GBO, § 35 Rn. 146.

Kapitel 5: Gesellschaftsrechtliche Lösungen

4. Insolvenz eines Gesellschafters; Verfügungsbeschränkungen

2145 Wird über das Vermögen eines BGB-Gesellschafters das Insolvenzverfahren eröffnet, führt dies gem. § 728 Abs. 2 BGB zur Auflösung der Gesellschaft, wobei die Rechte des betroffenen Gesellschafters i.R.d. dann vorzunehmenden Auseinandersetzung durch den Insolvenzverwalter gem. § 80 InsO wahrgenommen werden; die Insolvenzeröffnung hat also Einfluss auf die Vertretung.[172] Würde der insolvente Gesellschafter weiter mit den übrigen Gesellschaftern über das Vermögen der GbR (Grundstück) verfügen, dürfte insoweit nunmehr gutgläubiger Erwerb möglich sein (nach der bisherigen Rechtslage wäre er als Vertreter ohne Vertretungsmacht anzusehen gewesen, sodass ein gutgläubiger Erwerb i.R.d. §§ 81, 91 InsO i.V.m. § 892 BGB nicht in Betracht kam.)[173]

2146 § 32 Abs. 1 Nr. 1 InsO sieht die Eintragung eines Insolvenzvermerks bei Grundstücken vor, wenn der Insolvenzschuldner als Eigentümer eingetragen ist, was bei der Insolvenzeröffnung über das Vermögen eines BGB-Gesellschafters selbst nicht der Fall ist. Die bisher herrschende Meinung[174] lehnte nach der alten Rechtslage zu Recht die Eintragung eines Insolvenzvermerks im Grundbuch ab, wenn lediglich über das Vermögen des GbR-Gesellschafters das Insolvenzverfahren eröffnet wurde. Zur Vermeidung gutgläubigen Erwerbs unter Mitwirkung des insolventen, hinsichtlich der Ausübung seiner Gesellschafterrechte damit an sich nicht mehr verfügungsbefugten Gesellschafters nach neuem Recht wird jedoch wohl nunmehr die Eintragung eines solchen Insolvenzvermerks möglich sein müssen.[175]

2147 Anders verhält es sich bei Verfügungsbeschränkungen, welche die Mitgliedschaft als solche betreffen, nicht aber die Befugnis des Gesellschafters, namens der GbR zu handeln, beeinträchtigen. So dürfte – anders als vor der Anerkennung der Grundbuchfähigkeit der GbR[176] – die Eintragung eines Nießbrauchs,[177] einer Verpfändung, oder Pfändung eines GbR-Anteils nicht (mehr) eintragungsfähig sein,[178] ebensowenig die Testamentsvollstreckung über einen Gesellschafter[179] oder die Nacherbenbeschränkung,[180] ebenso wenig (wohl) Verfügungsbeschränkun-

---

172 KG, 28.12.2010 – 1 W 409/10, NotBZ 2011, 135.
173 Vgl. *Keller*, NotBZ 2001, 397; Meikel/*Böttcher*, anhand §§ 19, 20 GBO Rn. 46.
174 Z.B. OLG Rostock, Rpfleger 2004, 94; OLG Dresden, NotBZ 2003, 159; a.A. LG Duisburg, Rpfleger 2006, 465.
175 OLG München, 02.07.2010 – 34 Wx 62/10, JurionRS 2010, 33767; ebenso. *Böttcher*, ZfIR 2009, 613 (624); *Bestelmeyer*, Rpfleger 2010, 169, 189 und *Heinze*, RNotZ 2010, 281, 306.
176 Die Eintragungsfähigkeit einer Verpfändung nach altem Recht bejahend. OLG Düsseldorf, RNotZ 2004, 230; ebenso einer Nießbrauchsbestellung: OLG Hamm, DNotZ 1977, 376; gegen die Eintragungsfähigkeit einer Pfändung: OLG Düsseldorf, RNotZ 2004, 230; differenzierend *Lindemeier*, DNotZ 1999, 876, 910 ff.
177 OLG München, 25.01.2011 – 34 Wx 148/10, notar 2011, 95, m. Anm. *Abicht*: trotz Verfügung über den belasteten Gesellschaftsanteil bleibt der Nießbrauch unabhängig von der Eintragung in das Grundbuch bestehen; auf den Grundbesitz, der im Eigentum der GbR steht, hat der Anteilsnießbrauch ohnehin keinen Einfluss, ebenso OLG Celle, 25.05.2011 – 4 W 39/11, RNotZ 2011, 489.
178 *Lautner*, DNotZ 2009, 650, 670; *Bestelmeyer*, Rpfleger 2010, 169, 188 f.; *Heinze*, RNotZ 2010, 289, 307 zieht insoweit die Eintragung eines Widerspruchs in Betracht.
179 Da er nicht zur Vertretung der Gesellschaft bei der Veräußerung eines GbR-Vermögensgegenstandes berechtigt ist, vgl. *Heinze*, RNotZ 2010, 281, 307.
180 OLG München, 18.11.2010 – 34 Wx 096/10, n.v.

gen infolge aufschiebend bedingter (Sicherungs-)rückabtretung eines GbR-Anteils[181] (§ 161 BGB). Eintragungsfähig ist aber die Verfügungsbeschränkung des § 72 VAG (Mitwirkungspflicht des Treuhänders bei Zugehörigkeit eines GbR-Anteils zum Deckungsvermögen eines Versicherungsunternehmens)[182] sowie ein Widerspruch gegen die Richtigkeit des Grundbuchs aufgrund sofort wirksam gewordener, wenn auch u.U. auflösend bedingter, Anteilsabtretung.

5. Änderung sonstiger Identifikationsmerkmale

Vom Gesellschafterwechsel zu unterscheiden sind sonstige Änderungen der Identifikationsmerkmale, die nicht durch § 899a Satz 1 BGB zum positiven Inhalt des Grundbuchs erklärt wurden (z.B. die Bezeichnung bei einer namenstragenden GbR durch Vereinbarung aller Gesellschafter oder durch Mehrheitsbeschluss). Insoweit bedarf es der Vorlage des Beschlusses und – sofern lediglich eine Mehrheitsentscheidung vorliegt – des Gesellschaftsvertrages zum Nachweis, dass eine solche Mehrheitsentscheidung dort eröffnet ist, und zusätzlich der Nachweise, dass der Beschluss ordnungsgemäß zustande gekommen ist, insb. eine korrekte Ladung vorlag.[183]

2148

In gleicher Weise kann auch eine bisher namenlose GbR einen Namen annehmen, und zwar durch Änderung des Gesellschaftsvertrages. Grundbuchrechtlich handelt es sich hier lediglich um eine Richtigstellung (also die Änderung von tatsächlichen Angaben), sodass das Freibeweisverfahren gilt, ohne Beschränkung auf die Beweismittel des § 29 Abs. 1 GBO, unter Einschluss auch von amtswegigen Ermittlungen gem. § 26 FamFG.

2149

Die Verlegung des Sitzes schließlich ist ein lediglich tatsächlicher Akt der Begründung eines anderen Verwaltungsschwerpunktes (keine Satzungsänderung), sodass insoweit ebenfalls lediglich eine Richtigstellung tatsächlicher Angaben vorliegt – § 82 Satz 3 GBO (Berichtigungszwang) gilt insoweit nicht, ebenso wenig der Voreintragungsgrundsatz des § 39 GBO.

2150

Wird die GbR durch Beschluss aufgelöst, bleibt sie als Abwicklungsgesellschaft rechtsfähig; zur Liquidation sind gem. § 730 Abs. 2 Satz 2 BGB im Zweifel alle Gesellschafter gemeinschaftlich berechtigt und verpflichtet. Der Zusatz „i.L." stellt lediglich eine Richtigstellung tatsächlicher Angaben dar, für den der Freibeweis gilt.

2151

---

[181] OLG Köln, 20.12.2010 – 2 Wx 118/10, RNotZ 2011, 166, m. abl. Anm. *Heinze*; a.A. auch *Böttcher*, ZfIR 2009, 613, 621 f. und ZfIR 2011, 466, a.A. auch OLG Dresden, 04.01.2010 – 3 W 1242/09, Juris: mit Eintritt der Bedingung würde zwar der Übergang des Gesellschaftsanteils zurück an den bisherigen Berechtigten nicht vereitelt, aber doch beeinträchtigt, weil das Gesellschaftsvermögen durch den gutgläubigen Wegerwerb des Grundstücks seitens eines Dritten (unter Mitwirkung des Neugesellschafters, trotz der aufschiebend bedingten Rückabtretung) geschmälert wurde.

[182] Gutachten, DNotI-Report 2010, 131, 133.

[183] Vgl. *Ruhwinkel*, MittBayNot 2009, 177 (183).

Kapitel 5: Gesellschaftsrechtliche Lösungen

C. Gesellschaftslösungen unter Beteiligung der Veräußerer

2152 Gerade bei **hohen Grundstückswerten**, welche die schenkungsteuerlichen Freibeträge überschreiten, ferner in **psychologisch schwierigen Fällen**, in denen sich der Veräußerer nicht sofort vom gesamten Vermögen trennen möchte, kommt die Übertragung von **Grundbesitz an eine „Familien-"Gesellschaft** in Betracht, an der die Veräußerer mitbeteiligt bleiben. Im Regelfall handelt es sich – entsprechend der tatsächlichen Verteilung der Gesellschaftsformen[184] – um Personengesellschaften (des bürgerlichen Rechts oder in Form einer KG), aber auch Kapitalgesellschaften (Rdn. 2750 ff.) kommen in Betracht.

I. Vor- und Nachteile

2153 Der **Erwerb in Gesamthand** birgt ggü. dem Erwerb zu Miteigentumsanteilen den **Vorteil**, dass kein Gesellschafter seinen Anteil ohne Mitwirkung des anderen veräußern kann und dass Übertragungen der Gesellschaftsanteile bis zur Anwachsung bzw. zur Vereinigung von 95 % der Anteile in einer Hand (§ 1 Abs. 1 Nr. 3, Abs. 2a GrEStG),[185] ferner bis zur Grenze des Gestaltungsmissbrauchs (§ 42 AO) grunderwerbsteuerfrei sind (was bspw. beim Erwerb zwischen Geschwistern von Bedeutung ist, wo sonst – bei Direktübertragung von Grundstücksanteilen – Grunderwerbsteuer anfallen würde. Teilweise wird in diesem Fall empfohlen, den möglichen künftigen Miterwerber von Anfang an als Mitgesellschafter einer GbR mit im Grundbuch aufzuführen, an welcher er zu 0 % beteiligt ist).[186] Wegen der Möglichkeit formfreier Übertragung von GbR-Anteilen ist es für den pfändenden Gläubiger[187] oder den Insolvenzverwalter[188] kaum

---

[184] 84 % aller deutschen Unternehmen sind Personengesellschaften. Die Kapitalgesellschaft hat v.a. durch das zwischen 1976 und 2001 geltende körperschaftsteuerrechtliche Anrechnungsverfahren profitiert, da eine Doppelbelastung auf der Ebene der Gesellschaft und der Gesellschafter verhindert wurde.

[185] Und bei Beachtung der Fünf-Jahres-Frist des § 5 Abs. 3 GrErwStG, sofern Veräußerungen des Einbringenden an Nichtabkömmlinge betroffen wären.

[186] Vgl. *Carlé*, ErbStB 2004, 316. In der „Zuwendung" einer Gesellschafterstellung ohne Kapitalbeteiligung liegt keine Schenkung, BGH, BB 1959, 574. Der GbR-Vertrag ist allerdings beurkundungspflichtig und die vermittelt ein unabdingbares Mindestmaß an Bindungen (Veräußerung nur unter grundbuchlicher Mitwirkung des weiteren Beteiligten etc.), was den möglichen grunderwerbsteuerlichen Vorteil mehr als aufwiegen dürfte.

[187] Da die Pfändung des Anteils dem Gläubiger weder die Stellung noch die Rechte eines Gesellschafters vermittelt und demnach Verfügungen über Gegenstände des Gesellschaftsvermögens weiterhin möglich bleiben, wird sie nicht (berichtigend) im Grundbuch eingetragen, OLG Hamm, DNotZ 1987, 357 (anders bei der durch den Gesellschaftsvertrag oder alle anderen Gesellschafter erlaubten Verpfändung des Anteils, die zu einer Abspaltung der Gesellschafterbefugnisse führt und daher im Grundbuch zur Zerstörung guten Glaubens eingetragen werden kann, OLG Hamm, DNotZ 1977, 376; OLG Düsseldorf, RNotZ 2004, 230, str., ebenso wie im Fall des Nießbrauchs, der sogar bei Vereingung aller Anteile in einer Hand eintragungsfähig bleiben soll: LG Hamburg, Rpfleger 2005, 663).

[188] Mit Insolvenzeröffnung über das Vermögen des GbR-Gesellschafters ist die GbR im Zweifel (§ 728 Abs. 2 BGB) aufgelöst; die organschaftliche Vertretungsmacht anderer Gesellschafter erlischt zwar nicht nach § 117 InsO (der nur für rechtsgeschäftliche Vollmachten gilt), aber im Zweifel nach § 730 Abs. 2 Satz 2 BGB, sodass dann Verfügungen über Gesellschaftsvermögen nur unter Beteiligung des Insolvenzverwalters anstelle des Gesellschafters möglich sind. Dies spricht für die Eintragungsfähigkeit des Insolvenzvermerks an seinem Anteil, LG Neubrandenburg, NZI 2001, 325, vgl. auch OLG Zweibrücken, RNotZ 2001, 449; gegen die Eintragungsfähigkeit wegen der Verselbstständigung der GbR gem. § 11 Abs. 2 Nr. InsO jedoch OLG Dresden, NotBZ 2003, 159 und OLG Rostock, Rpfleger 2004, 94.

nachprüfbar, ob sein Schuldner noch Anteilsinhaber ist;[189] er ist ggf. auf Anfechtungsrechte beschränkt. Die Pfändung des Anteils führt typischerweise kraft Satzung zum Ausscheiden des Betroffenen, sodass das Gesellschaftsvermögen abgeschirmt ist. Fortsetzungsklauseln und qualifizierte Nachfolgeklauseln erlauben den transmortalen Erhalt der Gesellschaft und eine gezielte punktuelle Erbfolge. Bei beschränkt persönlichen Dienstbarkeiten erlaubt die Begünstigung einer GbR (mit Abtretbarkeit und Vererblichkeit der Gesellschafterstellung) faktisch die Unübertragbarkeit und Lebenszeitbeschränkung solcher Positionen (über § 1092 Abs. 2 und 3 BGB hinaus) außer Kraft zu setzen (vgl. Rdn. 1103).

Die „Gesellschaftslösung unter Beteiligung der Veräußerer" bietet mehrere Vorteile: 2154

- Aufgrund der gesamthänderischen Bindung ist die Verfügungsmöglichkeit des mitbeteiligten Erwerbers über den ihm bereits übertragenen Anteil ohne Zustimmung des Veräußerers vereitelt, und zwar auch über das 18. Lebensjahr bzw. die erbrechtlich maximale Befristungsperiode von 30 Jahren hinaus, und über die i.d.R. auf die Lebensdauer des Veräußerers befristeten Rückforderungsrechte (Rdn. 1849) hinaus.
- Weiterhin lassen sich im Gesellschaftsvertrag etwa hinsichtlich der Geschäftsführung und Vertretung Regelungen treffen, die über das bei einer schlichten Bruchteilsgemeinschaft oder durch Vorbehalt des Nießbrauches Mögliche hinausgehen
- und es sind individuelle Zuteilungen der Erträge (quotenabweichende Gewinnbeteiligungen) möglich.

Ist lediglich eine wertvolle Immobilie vorhanden, wird das Problem der „Aufteilung" vermieden.

- Gesellschaftsrechtliche Regelungen ermöglichen es bspw. dem „geschäftsführenden Gesellschafter", im „Fondsvermögen" befindliche Gegenstände zu veräußern oder gegen andere „auszutauschen".[190] 2155
- Nach Ablauf des 10-Jahres-Zeitraumes können (formfrei) weitere Gesellschaftsanteile unter erneuter Ausnutzung des persönlichen Freibetrages übertragen werden (nach den bis Ende 2008 geltenden Normen im Fall gewerblich tätiger bzw. geprägter Gesellschaften auch des Betriebsvermögens; der 35%ige Bewertungsabschlag des § 13a Abs. 2 ErbStG stand sogar zeitunabhängig mehrfach zur Verfügung bei gewerblich tätigen oder gewerblich geprägten Gesellschaften).
- Soweit Vermögenserträge den Kindern zustehen, werden dort bestehende Freibeträge ausgeschöpft bzw. die Ausschüttungen decken den Unterhaltsbedarf der Kinder, der andernfalls aus versteuertem Elterneinkommen bestritten werden müsste („Familiensplitting").
- Die Verlagerung der Substanz bestehender Einkunftsquellen lässt zu erwartende Wertsteigerungen unmittelbar in der Person der Kinder entstehen.
- Ebenso wenig wie die direkte unentgeltliche Zuwendung von Immobilien löst auch die unentgeltliche Übertragung von Anteilen an einer grundbesitzenden Personengesellschaft einen

---

189 § 892 BGB gilt nicht (anders § 15 Abs. 2 HGB: negative Publizität des Handelsregisters gilt auch für Vollstreckungsmaßnahmen). Die Pfändung in das Gesellschaftsvermögen bedarf eines Titels gegen alle Gesellschafter, § 736 ZPO (nicht wie bei KG oder OHG gegen die Gesellschaft).

190 Hätte sich der Veräußerer über einen Nießbrauch abgesichert, würde die Eintragung eines Nießbrauches am „Ersatzobjekt" mangels dinglicher Surrogation wohl nicht als Vorbehalts-, sondern als Zuwendungsnießbrauch klassifiziert, vgl. *Brambring*, DNotZ 2003, 565 ff.

gewerblichen Grundstückshandel (an so vielen Objekten wie sich im Gesamthandsvermögen befinden) aus.[191]

2156 Auch **bestehende Einzelunternehmen** können durch Einbringung in eine Personengesellschaft zu welcher der „Junior-Partner" seine Arbeitskraft als Einlage i.S.d. §§ 718 Abs. 1, 733 Abs. 2 Satz 4 BGB einbringt, gleitend zu Buchwerten übertragen werden (vgl. Rdn. 4681 ff.). Das Betriebsgrundstück bleibt i.d.R. zur Kostenreduzierung und Verkleinerung der Haftungsmasse bloßes Sonderbetriebsvermögen (Rdn. 4466 ff.), dessen Weg allerdings dann lebzeitig (Rdn. 4712) und von Todes wegen (Rdn. 4587, 4613) parallel zum Gesamthandsanteil zu verlaufen hat.

2157 Die Vorteile des Gesellschaftsrechts können auch genutzt werden, wenn nicht der Veräußerer selbst, sondern ein anderer, näher Verwandter die beherrschende Stellung etwa eines Komplementärs innehaben soll, etwa i.R.d. sog. **Enkelfondsmodelle**: Ein Großelternteil bringt Vermögen in eine (aus Gründen der Schenkungsteuerprivilegierung bis Ende 2008 regelmäßig gewerblich geprägte) KG ein und übernimmt die Stellung eines Kommanditisten. Sein Sohn wird – ohne eine Kapitaleinlage zu leisten – persönlich haftender und damit geschäftsführender Gesellschafter; der Gesellschaftsvertrag berücksichtigt die nachstehend in Rdn. 2206 ff. ausgeführten Besonderheiten (samt einer Öffnungsklausel für „Nachgeborene", Rdn. 2295). Sodann wird der KG-Anteil des Großvaters auf die Enkel übertragen.

2158 **Hinweis:**

Die Vorteile des Familien"pools" werden allerdings erkauft durch einen deutlich komplexeren Rechts- und Verwaltungsrahmen, der im Regelfall eine dauerhafte steuer- und gesellschaftsrechtliche Begleitung erfordert, sowie durch den Umstand, dass die Veräußerer nicht wirklich von den nervlichen und tatsächlichen Mühen des Grundbesitzes entlastet sind, gleichwohl aber bereits Werte und Einfluss aus der Hand gegeben haben. Aufseiten der Erwerber hindert die Einbindung in regelmäßig strikte Weisungsstrukturen die eigene Identifizierung mit dem übertragenen Vermögen und die rechtzeitige Entwicklung eigener Verantwortlichkeit, gepaart mit der Chance des Sammelns eigener Erfahrungen.

II. GbR, KG oder gewerblich geprägte KG?

1. GbR

2159 Seit dem Grundsatzurteil des BFH v. 14.09.1994[192] wird bei Einbringung in eine GbR nicht die Gesellschaft als solche als Erwerber angesehen (mit der Folge des Vorliegens der Steuerklasse III!), sondern der jeweilige Gesellschafter. Hieran hat die Teilrechtsfähigkeit der GbR bisher (zu den insoweit bestehenden Bedenken vgl. Rdn. 4225) nichts geändert. Schenkungsteuerlich ist seitdem der Erwerb etwa durch mehrere Geschwister in GbR möglich und durchaus üblich geworden.

---

191 OFD München, MittBayNot 2001, 338.
192 BFH, DStR 1995, 94.

C. Gesellschaftslösungen unter Beteiligung der Veräußerer

Die GbR bietet **gesellschaftsrechtlich** den **Vorteil** der höchsten Gestaltungsflexibilität und geringsten Kostenaufwandes.[193] In **zivilrechtlicher Hinsicht** wäre es allerdings vermessen anzunehmen, die Gewährung einer Mitbeteiligung an einer GbR stelle keine Schenkung dar und vermeide daher die damit verbundenen Erwerbsschwächen – die gegen die Tauglichkeit einer Vollhafterstellung als Schenkungsobjekt vorgebrachten Argumente (Tätigkeitspflicht und reale Haftungsgefahr, Rdn. 134) gelten bei der rein vermögensverwaltenden, insb. nicht investierenden GbR gerade nicht.[194] Ob wenigstens in „umgekehrter" Hinsicht beim Versterben eines GbR-Gesellschafters (durch Nichtvererblichkeit der Gesellschafterstellung und Ausschluss des Abfindungsanspruchs bei etwa gleich hoher Versterbenswahrscheinlichkeit) eine v.a. i.R.d. § 2325 BGB gefährliche Schenkung an die Anwachsungsempfänger ausgeschlossen werden kann, ist umstritten, jedoch bei rein vermögensverwaltenden GbRs eher fraglich (vgl. Rdn. 130), da die diesbezügliche Wertung der Rechtsprechung stärker den Fortbestand unternehmerisch tätiger Betriebe zu sichern bestrebt ist.

2160

Gesellschaftsrechtlich nachteilig ist insb. das jederzeitige **Kündigungsrecht der Gesellschafter** mit nur geringen Möglichkeiten der Abweichung von der Verkehrswertabfindung gem. §§ 723, 738 BGB (s.u. Rdn. 2234 ff., 2236 ff.). Bei **Beteiligung Minderjähriger** sorgt weiter das **Sonderkündigungsrecht** bei Erreichen der Volljährigkeit (§ 723 Abs. 1 Satz 3 Nr. 2 BGB) für Risiken. Ferner ist die **gesamtschuldnerische Haftung für Gesellschaftsschulden** riskant; sie kann Anlass sein, es entgegen der bisherigen Praxis bei der gesetzlichen Regelung der Vertretung durch alle Gesellschafter (§ 709 BGB) zu belassen (zur allseitigen Kenntnis des Verpflichtungsumfangs).[195] Von Nachteil ist schließlich, dass die Zulässigkeit der **Anordnung einer Testamentsvollstreckung** über GbR-Anteile nicht geklärt ist, Rdn. 2172. Schließlich ist der Gestaltungsaufwand zur **Erreichung ungleicher Machtverteilung** unter den Gesellschaftern höher als bei der KG, wo die „Minderposition" der Kommanditisten bereits gesetzlich angelegt ist.[196]

2161

Der BGH (ihm folgend nunmehr auch der BFH)[197] hat sich bekanntlich für die **Teilrechtsfähigkeit der Außen-GbR**[198] entschieden und hierbei, nachdem er sich bereits im Jahr 1999 von der Doppelverpflichtungslehre abgewendet hatte,[199] der Akzessorietätslehre[200] den Vorzug ge-

2162

---

193 Vgl. *Kirnberger*, ErbStB 2007, 56 ff.
194 Vgl. Mayer, J./Süß/Tanck/Bittler/Wälzholz, Handbuch Pflichtteilsrecht, § 8 Rn. 55.
195 Denkbar ist allerdings, dass alle Gesellschafter einem Dritten eine rechtsgeschäftliche (nicht gesellschaftsrechtliche) Vollmacht erteilen, die dann nach allgemeinen Grundsätzen betragsmäßig beschränkt werden kann. Zur konkludent erteilten rechtsgeschäftlichen Alleinvertretungsmacht (Gestattung für ca. 95% der Verträge der GbR), vgl. BGH, DNotZ 2005, 710.
196 *Wälzholz*, FamRB 2007, 86.
197 BFH, 18.05.2004 – IX R 83/00, NW 2004, 2773; BFH, 29.06.2004 – IX R 39/03, DStRE 2004, 1186 bejaht die Beteiligtenfähigkeit einer Vermietungs-GbR bei der einheitlichen und gesonderten Feststellung ihrer Einkünfte.
198 Also der GbR mit Gesamthandsvermögen und/oder Teilhabe am Rechtsverkehr (wird beides aufgegeben, sinkt sie zur Innengesellschaft herab); eine eigene „Identitätsausstattung" (Name, Sitz, Handlungsorganisation und Haftungssubstrat in Gestalt von Beiträgen) ist entgegen Ulmer, ZIP 2001, 592 nicht erforderlich (*Habersack*, BB 2001, 478), ebenso wenig die Mitunternehmergesellschaft (als Gegenstück zur zivilistischen oder Idealgesellschaft) – so früher *K. Schmidt*, in: FS für *Fleck*, S. 273.
199 BGH, DNotZ 2000, 135 (anders noch BGH, NJW 1992, 3037).
200 I.S.d. „abgeschwächten Haftungstheorie": Erfüllungsanspruch gegen die Gesellschafter persönlich nur bei Geldschulden (BGH, NJW 1987, 2369); allerdings unter Beachtung persönlicher Einwendungen und solcher der Gesellschaft (§ 129 Abs. 1 HGB analog: BGH, NJW 2001, 1056).

geben. Die BGB-Außengesellschaft und die OHG/KG sind strukturgleich;[201] sie ist demnach mitgliedsfähig,[202] GmbH-gesellschaftsanteilsfähig,[203] kommanditistenfähig (§ 162 Abs. 1 Satz 2 HGB), insolvenzfähig (§ 11 Abs. 2 InsO), scheckfähig,[204] markenrechtsfähig,[205] erschließungsbeitragspflichtig[206] und wohl auch wechselfähig,[207] besitzfähig,[208] grundrechtsfähig,[209] aktiv und passiv parteifähig[210] – und zwar auch in Verfahren zur Bestellung eines beschränkt dinglichen Rechtes[211] – sowie prozessfähig,[212] möglicherweise auch komplementärfähig[213] und erbfähig,[214] jedoch wohl nicht arbeitgeberfähig[215] und nicht WEG-verwalterfähig,[216] ebenso wenig als solche Gewerbetreibende.[217] Die GbR ist auch grundbuchfähig, Rdn. 2053 ff.

2163 Die mit der Akzessorietätslehre verbundene **gesamtschuldnerische Haftung des Gesellschafters** (nicht des bloßen Treugebers!)[218] für Verbindlichkeiten[219] der GbR, auch für deliktische Ansprüche,[220] ohne Ausschlussmöglichkeit außerhalb einer Individualvereinbarung[221] mit dem Dritten[222] (§ 128 Satz 2 HGB analog) wird gemeinhin als Nachteil der GbR moderner Prägung

---

201 Münchener Handbuch des Gesellschaftsrechts/*Gummert*, Bd. 1, § 17 Rn. 22.
202 BGHZ 116, 88 (vorbehaltlich sondergesetzlicher Ausnahmen z.B. § 52e Abs. 1 PatentanwaltsO).
203 BGH NJW 2002, 68; zur (offenen) Frage, ob auch in der Gesellschafterliste (§ 40 GmbHG) analog § 47 Abs. 2 Satz 1 GBO, § 162 Abs. 1 Satz 2 HGB alle Gesellschafter anzugeben sind, und Änderungen im Gesellschafterbestand durch neue Liste zu melden seien, vgl. Gutachten, DNotI-Report 2011, 73.
204 BGH, DStR 1997, 1501, m. Anm. *Goette*.
205 BPatG, 20.08.2004 – 25 W (pat) 232/03, DStR 2004, 1924.
206 VGH Baden-Württemberg, 20.09.2006 – 2 S 1755/06, NJW 2007, 105.
207 Entgegen OLG Düsseldorf, WM 1991, 1909.
208 *K. Schmidt*, Gesellschaftsrecht, § 60 Abs. 2 Satz 3, S. 1779.
209 BVerfG, NJW 2002, 3533.
210 BGH, DStR 2001, 311.
211 BGH, 25.01.2008 – V ZR 63/07, NotBZ 2008, 156: Klage auf Bestellung einer Dienstbarkeit muss gegen die GbR gerichtet sein, also (trotz § 128 HGB analog) nicht gegen die Gesellschafter.
212 Zu Praxisproblemen *Reinelt*, ZAP 2006, 1291 = Fach 13, S. 1387.
213 Jedenfalls wenn die Vertretungsverhältnisse der GbR insoweit als eintragungspflichtige Tatsache i.S.d. § 15 HGB anzusehen sind, LG Berlin, DStR 2003, 1585 m. Anm. *Wälzholz*.
214 Münchener Handbuch des Gesellschaftsrechts/*Gummert*, Bd. 1, § 17 Rn. 35.
215 BAG, NJW 1989, 3055 – anders im Sozialversicherungsrecht BSGE 55, 5.
216 BGH, 26.01.2006 – V ZB 132/05, DNotI-Report 2006, 58 gegen OLG Frankfurt am Main, DNotI-Report 2005, 190 (Divergenzvorlage) im Anschluss an BGH, DNotZ 1990, 34.
217 OVG Niedersachsen, 31.07.2008 – 7 LA 53/08, GewArch 2009, 32 (keine Gewerbeuntersagung an die GbR).
218 BGH, 11.11.2008 – XI ZR 468/07, DNotI-Report 2009, 13 (treuhänderische Beteiligung an einer Immobilienfonds-GbR über einer Steuerberatungs-GmbH.
219 Nicht erfasst ist z.B. die Abgabe einer Willenserklärung, welche die Gesellschaft schuldet, BGH, 25.01.2008 – V ZR 63/07, Rpfleger 2008, 365.
220 Angleichung an die Haftungsverfassung der OHG (§ 128 HGB, § 31 BGB) in BGH, 24.02.2003 – II ZR 385/99, DStR 2003, 749; entgegen der früheren Rspr.; verfassungsrechtliche Bedenken bei *Canaris*, ZGR 2004, 94; dagegen *Altmeppen*, NJW 2004, 1563.
221 Eine solche Individualvereinbarung liegt nicht schon in der von der anderen Partei hingenommenen Bezeichnung des Schuldners als „GbR mit beschränkter Haftung" im Rubrum des Vertrages; KG, 03.06.2004 – 12 U 51/03, NZG 2004, 714. Formularvertragliche Ausschlüsse verstoßen gegen das (neue) GbR-Leitbild, § 307 Abs. 2 Nr. 1 BGB.
222 BGH, DNotZ 2000, 135; hiergegen krit. *Wälzholz*, MittBayNot 2003, 35. Gem. BGH, DNotZ 2002, 805 verbleibt es jedoch bei der bisherigen Rspr. der nur anteiligen Haftung mit dem Gesellschaftsanteil für Immobilienfonds, Aufbauschulden bei Bauherrengemeinschaften und WEG-Gemeinschaften, auch wenn sie als Außengesellschaften auftreten (vgl. *Wälzholz*, NotBZ 2004, 438 zur möglichen Ausdehnung auf Familienpool-GbRs).

C. Gesellschaftslösungen unter Beteiligung der Veräußerer

aufgefasst. Die **Vertretungsmacht des „Geschäftsführers"** kann also allenfalls im Bereich einer rechtsgeschäftlichen Vollmacht an Dritte[223] auf das Gesellschaftsvermögen beschränkt werden,[224] wobei sich der Geschäftspartner hierauf nicht einlassen muss. Die organschaftliche Vertretungsregelung jedenfalls kann durch Gesellschaftsvertrag („GbR mbH") nicht auf das Gesellschaftsvermögen beschränkt werden, da dies dem analogen Haftungsregime der OHG, § 128 HGB, widerspräche (und rechtspolitisch mangels garantierten Mindestkapitals und Registerpublizität unerwünscht wäre). Die „Gmbh & Co. GbR mbH" steht infolgedessen als gewerblich geprägte Personengesellschaft i.S.d. § 15 Abs. 3 Nr. 2 Satz 1 EStG nicht mehr zur Verfügung.[225]

In Fortführung dieser Linie konstituiert der BGH nunmehr auch – analog § 130 bzw. § 28 HGB – die **Haftung eines** (aufgrund Vertrages mit dem Ausscheidenden oder aufgrund Vertrages mit allen Gesellschaftern) **eintretenden Gesellschafters** bei späterem tatsächlichem[226] rechtsgeschäftlichem (wohl nicht erbrechtlichem)[227] Beitritt auch für die bereits begründeten „Alt-"Verbindlichkeiten, gleich ob aus Vertrag, Quasivertrag oder Gesetz.[228] (Wegen der Besonderheiten des anwaltlichen Mandatsverhältnisses – und da Nichtkaufleute die Haftung bei Fortführung eines Geschäftes in Sozietät nicht gem. § 28 Abs. 2 HGB durch Handelsregistereintragung beschränken können – gilt dies allerdings nicht für Verbindlichkeiten aus beruflichen Haftungsfällen der Mitglieder einer freiberuflichen GbR)[229] Der ausscheidende Gesellschafter haftet gem. § 736 Abs. 2 BGB, § 160 Abs. 1 HGB 5 Jahre lang[230] für beim Ausscheiden begründete Verbindlichkeiten weiter.

2164

---

223 Der Beschränkung der organschaftlichen Vertretungsmacht wird § 126 HGB analog entgegenstehen, vgl. Münchener Handbuch des Gesellschaftsrechts/*Gummert*, Bd. 1, § 18 Rn. 83.

224 BGH, 20.06.2007 – IV ZR 288/06, MittBayNot 2008, 67.

225 An ihre Stelle tritt die seit 1998 mögliche vermögensverwaltende GmbH & Co. KG; zur „Umgründung" BMF-Schreiben, BStBl. 2000 I, S. 1198. Sie konserviert den Betriebsvermögensstatus und erlaubt Transfersteuererleichterungen (§§ 13a, 19a ErbStG) – Rdn. 2182 –; gewerbesteuerlich entstehen wegen der Kürzung in § 9 Abs. 1 Satz 2 GewStG keine Nachteile.

226 Keine Haftung des Scheingesellschafters analog § 130 HGB für Verbindlichkeiten, die vor der Setzung des Rechtsscheines seiner Gesellschafterstellung entstanden sind: OLG Saarbrücken, NZG 2006, 619, m. krit. Anm. *Lepczyk*, NJW 2006, 3391.

227 Zur Frage der Übertragbarkeit der BGH-Rspr. von § 130 HGB auf § 139 HGB analog (Recht des Erben zum Austritt oder zum Wechsel in eine Kommanditistenstellung) vgl. abl. *Hoppe*, ZEV 2004, 226 ff.; bejahend *Schäfer*, NJW 2005, 3665 ff. (Austrittsrecht nach fruchtlosem Antrag auf „Umwandlung" in eine KG oder eine Partnerschaftsgesellschaft, sofern die Haftung des Erbengesellschafters nicht individualvertraglich begrenzt wurde).

228 Änderung der Rspr. durch Urt. des BGH, 07.04.2003 – II ZR 56/02, DStR 2003, 1084; dies gilt jedenfalls für Beitritte nach Veröffentlichung des Urteils und für frühere Beitritte, wenn die Altverbindlichkeiten bekannt waren: BGH, 12.12.2005 – II ZR 283/03, NJW 2006, 765 m. Anm. *Segna*, 1566 sowie *Klerx*, NWB 2006, 3655 = Fach 18, S. 4353 (hier: aus Versorgungsverträgen bei Mietshäusern), sodass auch der Insolvernzverwalter der GbR als Prozessstandschafter der Gesellschaftsaltgläubiger deren Erkennbarkeit belegen muss, BGH, 09.10.2006 – II ZR 193/05, NotBZ 2007, 55.

229 BGH, 22.01.2004 – IX ZR 65/01, DStR 2004, 609, *K. Schmidt*, NJW 2005, 2801 ff. (a.A. LG Frankenthal/Pfalz, NJW 2004, 3190), jedoch für sonstige Verpflichtungen, etwa aus Mietvertrag: OLG Naumburg, NZG 2006, 711. Die analoge Anwendung des § 28 Abs. 1 Satz 1 HGB im kleingewerblichen Bereich ist noch offen (BGH, NJW 2004, 836; *Seibt*, NJW-Spezial 2004, 172). Sollten künftig §§ 28, 130 HGB analog auch auf die Freiberufler-GbR angewendet werden, wäre anstelle der schlichten Aufnahme des neuen Sozius die Gründung einer neuen GbR aus bisheriger Gesellschaft und „Beitretendem" samt Buchwerteinbringung der Altkanzlei nach § 24 UmwStG in die neue GbR oder Überführung in eine Partnerschaftsgesellschaft (§ 8 Abs. 2 PartGG) zu erwägen, *Wälzholz*, DStR 2004, 1709.

230 Mangels Registerpublizität ab sicherer Kenntnis des Gläubigers vom Ausscheiden (in gleicher Weise wie bei der OHG, wenn die Eintragung unterbleibt: BGH, 24.09.2007 – II ZR 284/05, ZNotP 2008, 34).

2165 Besonders günstig erscheint die **GbR-Lösung** als **Erwerbsform bei ungewissen künftigen Finanzierungsbeiträgen** (z.B. zweier Partner einer nichtehelichen Lebensgemeinschaft als Außengesellschaft, vgl. Rdn. 2865), da sie „bewegliche Beteiligungsquoten" ermöglicht. Würde die starre Bruchteilsgemeinschaft gewählt, könnten überobligationsmäßige Finanzierungsbeiträge eines Beteiligten nämlich Schenkungsteuer gem. § 7 Abs. 1 Nr. 1 ErbStG auslösen, sobald sie über den geringen Freibetrag hinausgehen (Rdn. 2840 f.);[231] ferner unterliegt die Quotenverschiebung unter bestehenden Gesellschaftern gem. § 1 Abs. 3 GrEStG erst der Grunderwerbsteuer, wenn mindestens 95 % in einer Hand vereinigt sind (dann bezogen auf die Zuerwerbe in den vorangehenden 5 Jahren.[232]

2166 Eine solche „Kurzregelung" einer GbR auf Erwerberseite mit der Vereinbarung „beweglicher Beteiligungsquoten" könnte etwa folgendermaßen formuliert sein:

2167 **Formulierungsvorschlag: GbR auf Erwerberseite mit Quotenanpassungsabrede nach Finanzierungsbeiträgen**

> Die Erwerber erklären, dass die jeweilige Beteiligung am Vermögen der erwerbenden Gesellschaft bürgerlichen Rechts sowie am Liquidationserlös und etwaigen laufenden Gewinnen, ebenso die für die Abfindung eines Gesellschafters beim Ausscheiden maßgebliche Höhe der Beteiligung, dem Anteil des Gesellschafters an den jeweils zum Ende eines Kalenderjahres insgesamt ab heute geleisteten Finanzierungs- und Investitionsbeiträgen zueinander entspricht.
>
> Als zu berücksichtigende Beiträge gelten dabei Eigenkapitalleistungen auf die vereinbarten Gegenleistungen und künftige Aufwendungen zur Instandhaltung des Objekts sowie Bestandserweiterungen (nicht jedoch bloße Unterhaltungsmaßnahmen) sowie Tilgungsleistungen auf objektbezogene Darlehen (nicht jedoch Zinszahlungen, ebenso wenig laufende Kosten wie Grundsteuer, Versicherung, Verbrauchskosten, Reparaturen etc.). Arbeitsleistungen werden zusätzlich berücksichtigt, wenn hierdurch Fremdhandwerkerleistungen erspart wurden, allerdings nur in Höhe eines Stundenwerts von 15,00 €. Dienstleistungen zugunsten des Veräußerers, die im Rahmen des Erwerbsvertrages eingegangen wurden (z.B. hauswirtschaftliche Verrichtungen oder Pflegeleistungen) werden mit 5,00 € Stundenwert angesetzt. Leistungen von Eltern oder Geschwistern eines Gesellschafters sind dem betreffenden Gesellschafter zuzurechnen. Die Beteiligten verpflichten sich, über die wechselseitigen Beiträge, auch der zuzurechnenden Angehörigen, Buch zu führen und den Jahresendstand jeweils als Prozentverhältnis auszudrücken sowie diesen zu unterzeichnen; dies gilt schuldrechtlich und dinglich als Übertragung der entsprechenden Anteile mit Wirkung auf das betreffende Jahresende. Sie geben die entsprechenden Übertragungserklärungen bereits heute dem Grunde nach ab und nehmen sie entgegen.
>
> Nutzungsentschädigungen wegen unterschiedlicher Beteiligungshöhe können erst ab einer Kündigung in Höhe der anteiligen ortsüblichen Kaltmiete verlangt werden, ebenso sind dann die hälftigen (bei Alleinnutzung ausschließlichen) Verbrauchs- und Nebenkosten zu tragen.

---

231 Vgl. *v. Proff zu Irnich*, RNotZ 2008, 325 und NotBZ 2010, 77 ff.; zur „Finanzierungs-GbR" auch *Milzer*, NJW 2008, 1621.

232 § 1 Abs. 2a GrEStG, wo die Beteiligungen nur „gezählt", nicht „gewogen" werden, ist demgegenüber verdrängt.

Die Gesellschaft kann vor dem ..... (*Anm.: Datum, z.B. 15 Jahre ab heute*) nur aus wichtigem Grund gekündigt werden; als solcher gilt

- die Beendigung der nichtehelichen Lebensgemeinschaft über länger als sechs Monate durch schriftliche Mitteilung an den anderen Gesellschafter oder behördliche Ummeldung;
- ebenso die Pfändung des Gesellschaftsanteils des anderen Gesellschafters oder die Insolvenzeröffnung bzw. dessen Ablehnung mangels Masse.

(**Anm.**: *sofern nicht für diesen Fall nachstehend die Anwachsungsregelung vereinbart ist*): sowie das Ableben des anderen Gesellschafters.

Mit Wirksamwerden einer Kündigung hat der Kündigende binnen drei Monaten, im Fall der Kündigung wegen Beendigung der Lebensgemeinschaft zunächst binnen sechs Wochen der Gesellschafter mit der aktuell höheren Beteiligung, sodann binnen sechs weiterer Wochen der andere Gesellschafter, das Recht, vom Mitgesellschafter (**Anm.**: *sofern nachstehend keine Anwachsungsklausel im Todesfalle bzw. dessen Erben*) anstelle einer Abfindung die Übernahme der im Gesellschaftsvermögen befindlichen Immobilie zu verlangen. Übernahmepreis ist die (auch im Außenverhältnis schuldbefreiende) Übernahme der für Erwerb, Umbau und Erhaltung des Objektes eingegangenen Verbindlichkeiten, gleich ob solche der Gesellschaft oder des ausscheidenden Gesellschafters, und der gegenüber dem Veräußerer ggf. noch zu erbringenden Pflichten (gleich ob auf Zahlen, Tun, oder Dulden gerichtet) mindestens jedoch – sofern der anteilige, hierauf anzurechnende Schuldübernahme- und Pflichtenerbringungsbetrag geringer ist – achtzig vom Hundert des anteiligen Verkehrswertes der im Gesellschaftsvermögen befindlichen Immobilie im Zeitpunkt des Übernahmeverlangens.

Kommt über den Verkehrswert binnen eines Monats ab Übernahmeverlangen keine Einigung zwischen den Beteiligten zustande, bestimmt ihn der örtlich zuständige Gutachterausschuss gem. § 315 BGB; hinsichtlich der Gutachtenskosten gilt § 92 ZPO. Wird ein Übernahmeverlangen nicht fristgerecht gestellt oder bereits zuvor darauf verzichtet, ist das Gesellschaftsvermögen zu räumen und bestmöglich zu verkaufen; nach Ablauf von sechs Monaten (*Alt.: eines Jahres etc.*) kann jeder Beteiligte den Verkauf zum dann bestehenden Meistgebot ohne weiteres Zuwarten verlangen. Nach Begleichung der Veräußerungsnebenkosten und Tilgung aller für Erwerb, Umbau, und Erhaltung eingegangenen Verbindlichkeiten ist der verbleibende Erlös im Verhältnis der dann bestehenden Beteiligungsquoten auszukehren.

Verfügungen über Gesellschaftsanteile bedürfen der Zustimmung beider; die Geschäftsführung und Vertretung wird ebenfalls durch beide gemeinschaftlich wahrgenommen.

Beim Tod eines Gesellschafters wird die Gesellschaft mit seinen Erben fortgesetzt.

(**Alt.**: *Beim Tod eines Gesellschafters wächst dessen Beteiligung, sofern nicht zuvor gekündigt, mit allen Aktiva und Passiva dem anderen Gesellschafter, der somit Alleineigentümer wird, an; die Beteiligung ist also nicht vererblich. Eine Abfindung erhalten die Erben bzw. Vermächtnisnehmer des Verstorbenen nicht; sie können jedoch vom verbleibenden Gesellschafter uneingeschränkte Freistellung aus der (Mit-)schuld oder (Mit-)haftung von Verbindlichkeiten verlangen, die zur Finanzierung des Erwerbs, Umbaus, und der Erhaltung des Gesellschaftsvermögens eingegangen wurden, gleich ob es sich um eine Gesellschafts-*

oder eine Gesellschafterschuld handelt, sowie Freistellung hinsichtlich aller etwa weiterhin noch an den Veräußerer zu erbringenden Leistungen verlangen, gleich ob auf Zahlung, Tun, oder Dulden gerichtet. Der wechselseitige Abfindungsausschluss beruht auf dem beiderseits etwa gleich hohen Risiko des Vorversterbens und ist im Interesse des jeweils Überlebenden vereinbart, stellt also nach Einschätzung der Beteiligten keine Schenkung dar.)

2. Vermögensverwaltende KG

2168 Die KG löst dieses Haftungsproblem[233] jedenfalls für Kommanditisten, deren Einlage geleistet (und später nicht zurückgewährt) wurde (§ 171 HGB). Beim **Erwerb von Kommanditanteilen** ist jedoch § 176 Abs. 2 HGB zu beachten: demnach haftet der (eintretende) Kommanditist für die zwischen seinem Beitritt und seiner Eintragung in das Handelsregister begründeten Verbindlichkeiten grds. wie ein Komplementär,[234] sodass die dingliche Übertragung des Gesellschaftsanteils aufschiebend bedingt auf den Registereintrag erfolgen sollte. Das schuldrechtliche Grundgeschäft (Schenkung) sollte seinerseits ausdrücklich ohne Bedingungen sofort wirksam werden; daneben wird typischerweise ein ausdrücklicher Termin für den Eintritt der schuldrechtlichen Wirkung bestimmt. Soll gleichwohl auch schenkungsteuerlich der Vorgang (entgegen Rdn. 3592) bereits als ausgeführt gelten, genügt es, den Veräußerer während der „Schwebephase" als Treuhänder des Erwerbers auftreten zu lassen.[235] Zur Vermeidung einer Rechtsscheinhaftung ist ferner der Umstand, dass dem ausscheidenden Kommanditisten keine Abfindung seitens der Gesellschaft geleistet oder versprochen wurde, aufgrund entsprechender (nicht zu beglaubigender, aber höchstpersönlich abzugebender)[236] „negativer Abfindungsversicherung" im Handelsregister einzutragen.

2169 **Formulierungsvorschlag: Wirksamwerden der Kommanditanteilsübertragung**

> Die Anteilsübertragung aufgrund dieses sofort wirksamen schuldrechtlichen Abtretungsvertrages wird im Innenverhältnis wirksam zum ..... (*Stichtag*); sie ist dinglich jedoch aufschiebend bedingt durch die Eintragung des Erwerbers als Kommanditist kraft Sonderrechtsnachfolge im Handelsregister. (*Anm. ggf. Ergänzung: Bis zu diesem Zeitpunkt wird dem Erwerber eine atypisch stille Beteiligung an der Gesellschaft eingeräumt, die dem Erwerber in größtmöglichem Umfang diejenigen Gesellschaftsrechte einräumen soll, die der später ihm zufallende Gesellschaftsanteil vermittelt.*)

2170 Zur dauerhaften Verwaltung umfangreicheren Grundvermögens, etwa im **Familienpool**, ist mit diesen Kautelen demzufolge regelmäßig die (seit dem Handelsrechtsreformgesetz 1998

---

[233] Zur zivilrechtlichen Haftung des Kommanditisten Überblick bei *Wollweber*, GmBH-StB 2010, 172 ff.

[234] Es sei denn, der Gläubiger kennt seine bloße Kommanditisteneigenschaft bzw. kennt alle Komplementäre.

[235] Treuhänderisch gehaltene Beteiligungen gewähren (jedenfalls nach nunmehriger, geläuterter) Auffassung der Finanzverwaltung auch die Betriebsvermögensprivilegien (Rn. 3237 der Vorauflage), wobei allerdings nicht eigenbetrieblich gehaltener Grundbesitz nicht förderungsfähiges Verwaltungsvermögen darstellt, Rdn. 4073 ff. Auch eine atypisch stille Beteiligung an der Gesellschaft ist möglich, wobei die Finanzverwaltung zeitweise auch dafür keine Betriebsvermögensprivilegien gewähren wollte (vgl. Rdn. 2294); der Verwaltungsvermögensvorbehalt gilt auch hier.

[236] KG, 28.04.2009 – 1 W 389/08, NotBZ 2009, 367.

auch ohne Handelsgewerbe i.S.d. § 1 Abs. 2 HGB a.F. zulässige,[237] jedoch nicht für freiberufliche Tätigkeiten eröffnete[238]) vermögensverwaltende KG geeigneter: sie besitzt neben der jetzt auch der GbR zuerkannten Rechtsfähigkeit diejenigen Attribute, die der GbR versagt bleiben werden – v.a. die Register- und Grundbuchfähigkeit sowie die Handelsregisterpublizität.[239] Die rein vermögensverwaltende (also weder gewerblich tätige, noch i.S.d. § 15 Abs. 3 Nr. 2 EStG[240] gewerblich geprägte – Rdn. 2182 ff. –, noch gem. § 15 Abs. 3 Nr. 1 EStG durch über 1 % hinausgehende[241] gewerbliche Tätigkeit oder Beteiligung an gewerblichen Unternehmen[242] gewerblich infizierte) KG bietet weiter den Vorteil, dass die Einbringung von Grundbesitz gegen Gewährung von Gesellschaftsrechten zur Buchwertfortführung berechtigt, also keinen Veräußerungsfall darstellt (anders lediglich bei disproportionaler Gegenleistung, z.B. aufgrund Übernahme privater Verbindlichkeiten[243] oder bei Erhöhung der Beteiligung des Gesellschafters ggü. der bisherigen Quote am Grundstück).[244] Andererseits erlaubt sie nicht, die Aufdeckung stiller Reserven etwa im Fall einer Betriebsaufgabe zu verhindern, indem dieses in die Gesellschaft eingebracht wird[245] – hierzu bedürfte es einer gewerblich geprägten und damit unabhängig von ihrer tatsächlichen Aktivität stets als gewerblich tätig zu qualifizierenden KG (hierzu Rdn. 2182 ff.).[246]

Vorteile der vermögensverwaltenden KG[247] ggü. der GbR liegen **gesellschaftsrechtlich** 2171

- in der **Konzentration der Geschäftsführung** beim persönlich haftenden Gesellschafter (sofern im Vertrag nicht abweichend geregelt § 114 HGB);[248]

---

237 Früher unzulässige Eintragungen vermögensverwaltender KGs (Schein-OHGs) wurden zum 01.07.1998 geheilt, vgl. Gutachten, DNotI-Report 2011, 18.
238 Es fehlt an einem Gewerbe i.S.d. § 1 Abs. 2 HGB, sofern eine nicht nur untergeordnete Treuhandtätigkeit vorliegt; vgl. *Tersteegen*, NZG 2010, 651; die berufsrechtliche Zulassung der GmbH & Co KG durch § 49 Abs. 2 StBerG bzw. § 27 WPO ändert daran nichts. BGH, 18.07.2011 – AnwZ (Bfrg) 18/10, GmbHR 2011, 1036 hält zwar die Rechtsanwalts-GmbH & Co. KG für unzulässig, für Steuerberater und Wirtschaftsprüfer aber offensichtlich für – wegen der berufsrechtlichen Anerkennung – auch handelsrechtlich erlaubt. Überblick bei *Heckschen*, DAI-Skript Aktuelle Brennpunkte der notariellen Praxis August 2011, S. 78 ff.
239 Vgl. *Langenfeld*, in: FS 50 Jahre Deutsches Anwaltsinstitut, S. 405.
240 Z.B. Gmbh & Co. KG, bei der auch eine natürliche Person persönlich haftender Gesellschafter oder zumindest geschäftsführungsbefugt ist.
241 BFH, 11.08.1999 – XI R 12/98 BStBl. 2000 II, S. 229: 1,25 % genügt nicht; bei 2,8 % ernstlich zweifelhaft; Schmidt/*Wacker*, EStG, 29. Aufl. 2010, § 15 Rn. 188 plädiert für 10 %. möglicherweise kann zur Konkretisierung auch die Geringfügigkeitsgrenze des Freibetrags aus § 11 Abs. 1 Satz 3 Nr. 1 GewStG i.H.v. 24.500,00 € herangezogen werden, vgl. BFH/NV 2004, 954.
242 § 15 Abs. 3 Nr. 1 EStG und OFD Frankfurt, 07.03.2007 – S 2241A – 65 – SZ 213; a.A. zuvor BFH, 06.10.2004 – IX R 53/01, BStBl. 2005 II, S. 383.
243 BMF, BStBl. 2000 I, S. 1383 Tz. 8; *Fleischer*, ZEV 2003, 190.
244 BFH, 02.04.2008 – IX R 18/06, EStB 2008, 235.
245 BFH, 02.04.2008 – IX R 18/06, EStB 2008, 235 – der Gesellschafter ist weiterhin gem. § 39 Abs. 2 Nr. 2 AO als Bruchteilseigentümer des Eingebrachten anzusehen; ebenso schon zuvor BMF v. 05.10.2000, BStBl. 2000 I, S. 383 Tz. 8.
246 Vgl. hierzu *Spiegelberger*, ZEV 2003, 392.
247 Vgl. hierzu auch im Überblick *v. Oertzen/Hermann*, ZEV 2003, 400 ff.; *Mayer/Geck*, Seminarskript „Die Gestaltung der vorweggenommenen Erbfolge in Privat- und Betriebsvermögen", S. 124 ff.
248 Entgegen § 164 HGB kann auch Kommanditisten Geschäftsführungsbefugnis verliehen werden, etwa zur Vermeidung einer gewerblichen Prägung gem. § 15 Abs. 3 Nr. 2 EStG.

Kapitel 5: Gesellschaftsrechtliche Lösungen

- ebenso in der gesetzlich vermuteten **Einzelvertretungsbefugnis** des Komplementärs im Außenverhältnis (§ 125 HGB);[249]
- auch die gesetzliche (dispositive) Rechtsfolge beim **Tod eines Gesellschafters** ist praxisnäher (GbR: Auflösung der Gesellschaft, § 727 BGB; KG: Tod des Kommanditisten, Vermutung der „einfachen Nachfolgeklausel", also Fortsetzung mit den Erben, § 170 HGB; beim Tod eines Komplementärs Vermutung der Fortsetzung mit den verbleibenden Gesellschaftern, sofern noch ein Komplementär vorhanden (§ 131 Abs. 3 Nr. 1 HGB);

2172
- weiterhin ist jedenfalls am Kommanditanteil eine **Testamentsvollstreckung** umfassend möglich, wenn der Gesellschaftsvertrag dies zulässt oder die Gesellschafter durch Beschluss dem zustimmen (bei der GbR-Beteiligung sowie am Komplementäranteil widerspricht die durch die Testamentsvollstreckung begründete beschränkte erbrechtliche Haftung, § 2214 BGB, der gesellschaftsrechtlichen (akzessorischen) Vollhaftung, sodass die Testamentsvollstreckung allenfalls an der „Außenseite" der Beteiligung möglich ist oder Ersatzlösungen (Vollmacht, Treuhandschaft)[250] erforderlich sind (vgl. Rdn. 310);

2173
- Vorteile bietet die KG auch insoweit, als nach einhelliger Ansicht[251] das Sonderkündigungsrecht des § 723 Abs. 1 Satz 3 Nr. 2 BGB bei Erreichen der Volljährigkeit von Kommanditisten, deren Einlage vollständig geleistet wurde, nicht besteht (vgl. Rdn. 2235);
- wegen der Haftungsbegrenzung ist die **familiengerichtliche Genehmigung** zur Übertragung von Kommanditanteilen an (Rdn. 2267 f.) oder durch (Rdn. 2270 f.) Minderjährige schließlich weit einfacher zu erlangen als in Bezug auf GbR-Beteiligungen.

2174 **Handelsrechtlich** ist jedoch die KG (genauer: ihr Komplementär) – anders als die GbR – zur Buchführung verpflichtet (§ 238 Abs. 1 Satz 1 HGB[252] – die seit 2008 lediglich für bestimmte kleinere Einzelkaufleute gelockert wurde),[253] da sie kraft Eintragung im Handelsregister die Kaufmannseigenschaft besitzt,[254] wobei freilich handelsrechtliche[255] Sanktionen – trotz § 140 AO – nur bei der GmbH & Co. KG drohen (§ 264a HGB). Die handelsrechtliche Buchführungspflicht allein führt allerdings bei der rein vermögensverwaltenden KG nicht notwendig auch zu einer steuerrechtlichen Buchführungs- und Bilanzierungspflicht. Weiter sind die Handelskaufvorschriften anwendbar. (z.B. § 377 Abs. 2 HGB), „Formkaufmann".

---

249 Der Ausschluss der Kommanditisten von der Vertretung, § 170 HGB, kann nicht abbedungen werden, jedoch können sie Prokura oder rechtsgeschäftliche Vollmacht erhalten.
250 Diese ist auch an einem Teil eines Geschäftsanteils möglich, BFH, 06.10.20099 – IX R 14/08, NotBZ 2010, 432; *Vossius*, NotBZ 2009, 227.
251 Vgl. *Glöckner*, ZEV 2001, 46; *Grunewald*, ZIP 1999, 600.
252 Erzielt die OHG allerdings nur Einkünfte aus Vermietung und Verpachtung (oder aus Kapitalvermögen), werden diese – trotz Buchführungspflicht – durch Einnahmen-Überschuss-Rechnung ermittelt, vgl. *v. Oertzen/Herrmann*, ZEV 2003, 400.
253 § 241a Satz 1 HGB: an zwei aufeinanderfolgenden Abschlussstichtagen nicht mehr als 500.000,00 € Umsatzerlöseund 50.000,00 € Jahresüberschüsse, vgl. *Ritzrow*, EStB 2010, 464 ff.
254 Vgl. §§ 161 Abs. 2, 105 Abs. 2 Satz 1, 6 Abs. 1 HGB.
255 Unberührt bleibt jedoch die Möglichkeit der Strafbarkeit gem. § 283b StGB sowie eine mögliche Zwangsgeldfestsetzung im Besteuerungsverfahren.

Die ausschließlich vermögensverwaltende Personengesellschaft hält **steuerlich** i.d.R.[256] „**Privatvermögen**", und weist daher den Gesellschaftern im Weg der gesonderten und einheitlichen Feststellung der Besteuerungsgrundlagen gem. § 180 Abs. 1 Nr. 2 lit.a) AO Einkünfte z.B. aus Kapitalvermögen oder aus Vermietung und Verpachtung zu. Schwierig ist in diesem Fall die Besteuerung, wenn einzelne Gesellschafter einer solchen vermögensverwaltenden Personengesellschaft ihre Beteiligung (Mitunternehmerschaft) im Privatvermögen, andere im Betriebsvermögen halten, sog. „**Zebragesellschaften**". Die Finanzverwaltung ermittelt Gewinne oder Verluste auf der Ebene der Gesellschaft nach Privatvermögensgrundsätzen, nimmt jedoch auf der Ebene des betrieblich oder gewerblich beteiligten Gesellschafters eine Umqualifizierung vor (sodass bspw. Veräußerungserlöse oder -verluste, die auf der Gesellschaftsebene außerhalb von § 23 EStG – private Veräußerungsgeschäfte – unbeachtlich geblieben sind, nunmehr erfasst werden).[257] Dem ist der Große Senat des BFH gefolgt.[258]

2175

Steuerrechtlich ist die **Verlustverrechnung** bei der KG für den Kommanditisten allerdings (über die allgemeinen Grenzen der §§ 2 Abs. 3, 10d, 23 Abs. 3 EStG hinaus) zusätzlich durch § 15a EStG[259] bei negativem Kommanditkapital eingeschränkt.

2176

Auch hinsichtlich des Fehlens einer **Gewerbesteuerpflicht** ist die vermögensverwaltende Personengesellschaft (GbR, KG ohne gewerbliche Prägung) privilegiert; es handelt sich einkommensteuerlich nicht um Einkünfte aus Gewerbebetrieb, sondern aus Vermietung und Verpachtung, Kapitalvermögen, oder sonstige Einkünfte. Liegen tatsächlich gewerbliche Einkünften vor (bei gewerblich tätigen oder geprägten KGs) führt immerhin § 9 Nr. 1 Satz 2 GewStG zur Kürzung hinsichtlich aller Umsätze aus der Verwaltung eigenen Vermögens.[260]

2177

Die schenkungs-/erbschaftsteuerlichen Vergünstigungen für die Übertragung von Gesellschaftsanteilen (§§ 13a, 19a ErbStG) werden sowohl bis 2008 (Rdn. 3993) als auch seit 2009 (Rdn. 4018) weder bei der GbR noch bei der vermögensverwaltenden KG gewährt.

2178

Werden Anteile an einer vermögensverwaltenden, nichtunternehmerischen[261] KG übertragen, die Verbindlichkeiten ggü. Dritten hat, sieht die Finanzverwaltung[262] und jedenfalls seit 01.01.2009 auch der Gesetzgeber (Rdn. 4053) hierin eine gemischte Schenkung, die **schenkungsteuerlich** zur sog. Verhältnisrechnung führt (d.h. Abzug der Verbindlichkeiten nur möglich im Verhältnis des Verkehrswerts der Aktiva zum Verkehrswert der Passiva, sog. Trennungstheorie statt Einheitstheorie, Rdn. 4670, 4860 – bei einer Vererbung wären jedoch die Verbindlichkeiten in voller Höhe mit dem Steuerwert des übertragenen Anteils zu saldieren, § 10 Abs. 1 Satz 2 ErbStG).[263] Der BFH lehnte zuvor diese schenkungsteuerlichen Differenzierung zwischen nicht gewerbli-

2179

---

256 Sofern nicht die Grenzen zum gewerblichen Grundstückshandel (*Krauß*, Immobilienkaufverträge in der Praxis, Rn. 2838 ff.) oder zur großgewerblichen Vewaltung außerordentlich umfangreichen Vermögens überschritten sind.
257 Vgl. BMF-Schreiben v. 08.06.1993, BStBl. 1999 I, S. 592.
258 BFH, 11.04.2005 – GrS 2/02, DStR 2005, 1274.
259 Vgl. hierzu OFD Frankfurt am Main, 04.04.2007 – S 2241a A-11-St213, ESt-Kartei § 15a Karte 8.
260 Vgl. im Einzelnen *Krauß*, Immobilienkaufverträge in der Praxis, Rn. 2863.
261 Eine gewerbliche Mitunternehmerschaft wird nur ausnahmsweise vorliegen, etwa bei (gewolltem oder ungewolltem) gewerblichem Grundstücks- oder Wertpapierhandel.
262 Gleich lautende Ländererlasse v. 09.09.1996, BStBl. 1996 I, S. 1172.
263 Hierauf weist *Fuhrmann/Demuth*, ErbStB 2006, 129 zu Recht hin.

chen tätigen und gewerblich tätigen Gesellschaften (bei denen stets der nach § 12 ErbStG zu ermittelnde Anteil am saldierten Gesamtsteuerwert der Gesellschaft maßgeblich ist) allerdings ab.[264] Mit der Angleichung der Steuerwerte an die Verkehrswerte seit der Erbschaftsteuerreform 2009 hat diese Unterscheidung freilich an Bedeutung verloren.

2180 Schließlich weist die KG auch in Bezug auf die **Kosten** geringfügige Nachteile auf (Notargebühren für die Handelsregisteranmeldung sowie Gebühren für die Eintragung nach der Handelsregistergebührenverordnung).[265] Werden KG-Anteilsübertragungen notariell beurkundet, sind bei der Berechnung des Geschäftswertes die anteiligen Schulden (entgegen der bisher herrschenden Meinung, die § 18 Abs. 3 KostO anwendete) abzugsfähig.[266]

2181 Für rein vermögensverwaltende Gesellschaften besteht keine IHK-Zwangsmitgliedschaft,[267] da sie nicht zur Gewerbesteuer veranlagt werden.

Muster[268] eines „KG-Familienpools" findet sich in der Anlage, Rdn. 5372.

3. Gewerblich geprägte GmbH & Co. KG

a) Merkmale

2182 Eine Personengesellschaft gilt gem. § 15 Abs. 3 Nr. 2 Satz 2 EStG als „gewerblich geprägt", wenn

- bei ihr ausschließlich eine oder mehrere (auch ausländische)[269] Kapitalgesellschaften persönlich haftende Gesellschafter sind
- und lediglich diese Kapitalgesellschaften oder dritte Personen, die ihrerseits nicht Gesellschafter sind, zur Geschäftsführung befugt sind.[270] Eine solche gewerbliche Prägung kann also bspw. entfallen, wenn auch eine natürliche Person, die zugleich Kommanditist ist, zum

---

264 BFH, 14.12.1995 – II R 79/94, BStBl. 1996 II, S. 456.
265 HRegGebV, BGBl. 2010 I, S. 1731: ab 2011 für bis zu drei Gesellschafter Eintragungskosten 100,00 € (zuvor: 70,00 €), für jeden weiteren Gesellschafter zusätzlich 40,00 € (zuvor: 20,00 €). Für die Änderung der Firma oder der inländischen Geschäftsanschrift einer KG fällt eine Gebühr von jeweils z.B. 60.00,00 € an.
266 BGH, 20.10.2009 – VIII ZB 13/08, MittBayNot 2010, 232, m. Anm. *Tiedtke/Hecht*. Der Beschluss ist nicht analog auf die Übertragung von Vollhafteranteilen (Komplementär-, OHG-, GbR-Anteilen) anwendbar.
267 Vgl. im Einzelnen *Spiegelberger*, ZEV 2003, 399. Eine vergleichende Übersicht zu zivilrechtlichen und steuerlichen Belangen der vermögensverwaltenden GbR einerseits und der vermögensverwaltenden (nicht gewerblich geprägten) KG andererseits findet sich bei *v. Oertzen/Hermann*, ZEV 2003, 400 ff.
268 Kurzmuster bei *Langenfeld*, ZEV 2010, 18 f.
269 Sofern nach rechtlichem Aufbau und wirtschaftlicher Gestaltung einer GmbH entsprechend (BFH, 14.03.2007 – XI R 15/05, EStB 2007, 199 zur liechtensteinischen GmbH). Zur (anzuerkennenden) gewerblichen Prägung einer ausländischen Personengesellschaft – z.B. UK Limited Partnership –, an der als persönlich haftender Gesellschafter lediglich eine inländische Kapitalgesellschaft beteiligt ist vgl. BFH, 09.12.2010 – I R 49/09, DB 2011, 564.
270 Vgl. BFH, BStBl. 1996 II, S. 93.

Geschäftsführer der KG,[271] § 170 HGB, bestellt ist oder wird – sog. **Entprägung**[272] – (zur organschaftlichen Vertretung kann ein Kommanditist ohnehin nicht berufen sein).

Die gewerbliche Prägung fingiert im steuerlichen Sinne die Gewerblichkeit der Personengesellschaft, sodass diese ebenfalls notwendig **gewerbliches Betriebsvermögen** hält. Grundstücke zählen dabei i.d.R. zum betrieblichen Anlagevermögen (Umlaufvermögen stellen sie nach Auffassung des BFH[273] nur dar, wenn bei der Gesellschaft auch die Voraussetzungen eines gewerblichen Grundstückshandels[274] erfüllt sind). Handelsrechtlich gelten jedoch keine Besonderheiten: auch die gewerblich geprägte GmbH & Co. entsteht nach herrschender Meinung erst mit der Eintragung der KG im Handelsregister, sofern sie der Sache nach lediglich Vermögensverwaltung betreibt.[275]

2183

Alle Personenhandelsgesellschaften, bei denen keine natürliche Person unbeschränkt haftet, unterliegen gem. Art. 48 EGHGB, § 264a i.V.m. §§ 325 ff. HGB, den Regeln für Kapitalgesellschaften im Hinblick auf Rechnungslegung, Prüfung und **Offenlegung** des Jahresabschlusses (vgl. im Einzelnen Rdn. 2377 ff.). Weitere Nachteile sind die Zwangszugehörigkeit zur IHK-Mitgliedschaft,[276] die zeitlich unbegrenzte Einkommensbesteuerung realisierter Wertzuwächse im Betriebsvermögen, sowie die Gewerbesteuerpflicht (Rdn. 4484 ff.), soweit keine Freistellungen (Ertragskürzungen) möglich sind (Rdn. 4487 ff.).

2184

b) Gestaltungsinstrument zur Schaffung von Betriebsvermögen

Die gewerblich geprägte (= mitunternehmerische) GmbH & Co. KG[277] (Rdn. 4480) hält demnach notwendigerweise Betriebsvermögen, auch wenn sie der Sache nach lediglich Vermögensverwaltung betreibt (und damit gem. § 9 Nr. 1 Satz 2 GewStG von der Gewerbesteuer befreit ist, vgl. Rdn. 4488 ff. – für die Komplementärin gilt diese Befreiung nur, wenn sie daneben nicht eigenen Grundbesitz verwaltet, Rdn. 4490). Aus diesem Grund ist die gewerblich geprägte GmbH & Co KG das Mittel der Wahl in allen Fällen, in denen es um die Erhaltung der Betriebsvermögenseigenschaft geht.

2185

---

271 Nicht ausreichend wäre es, einen Kommanditisten zum Organ des Komplementärs zu bestellen, da er dann in letzterer Funktion handelt. Die Geschäftsführungsbefugnis des Kommanditisten wird jedoch häufig im Außenverhältnis durch Verleihung und Registereintragung einer Prokura manifestiert.

272 Mit der Folge, dass es sich beim Gesellschaftsvermögen – unter Versteuerung der darin enthaltenen „stillen Reserven" – sodann um Privatvermögen handelt, wenn keine gewerbliche Tätigkeit oder zumindest gewerbliche Infektion vorliegt (Rdn. 4478 ff.). Die Entprägung kann wohl nicht erreicht werden, indem einer Kapitalgesellschaft, die Kommanditist ist, Geschäftsführungsbefugnis eingeräumt wird, ebenso wenig durch Geschäftsführerbestellung eines Kommanditisten der Mutter - GmbH & Co KG bei der Tochter - GmbH & Co KG, bei der er nicht Mitgesellschafter ist.

273 BFH, 14.12.2006 – IV R 3/05, GmbHR 2007, 269. Wertpapiere o.ä. zählen jedoch auch ohne Erfüllung dieser Voraussetzungen zum Umlaufvermögen, da es am Element des „dauernden Dienens" fehlt, *Heinz/Koetz*, GmbHR 2008, 341.

274 Vgl. hierzu *Krauß*, Immobilienkaufverträge in der Praxis, Rn. 2838 ff.

275 FG Köln, DStRE 2005, 747; a.A. *Pauli*, DB 2005, 1023 und *Stahl*, NJW 2000, 3100: mit Registeranmeldung, da das weitere Geschehen nicht beeinflussbar ist.

276 § 2 Abs. 1 IHK-Gesetz, da sie bereits aufgrund ihrer Rechtsform zur Gewerbesteuer veranlagt werden; Beitragspflicht demnach auch nach Abmeldung des Gewerbes, solange keine Löschung im Handelsregister erfolgt ist, VG Koblenz, 29.09.2008 – 3 K 393/08, JurionRS 2008, 27846.

277 Hierzu *Müller*, ErbStB 2003, 127; *Spiegelberger*, ZEV 2003, 391.

Kapitel 5: Gesellschaftsrechtliche Lösungen

Beispiele:

- *die Auflösung stiller Reserven, die bei einer sonst sich vollziehenden Entnahme (Rdn. 4511 ff.) oder Betriebsaufgabe droht, soll vermieden werden, durch steuerliche Einbringung (als Gesamthands- oder zumindest Sonderbetriebsvermögen) in eine gewerblich geprägte Personengesellschaft;*
- *die Gewährung von Investitionszulagen setzt Betriebsvermögen voraus;*
- *gem. § 6 Abs. 1 AStG[278] führt der Wohnsitzwechsel ins Ausland zu einem fiktiven Veräußerungsvorgang bei im Privatvermögen gehaltenen Kapitalgesellschaftsbeteiligungen i.S.d. § 17 EStG – ratsam ist daher die Einbringung in eine gewerblich geprägte Personengesellschaft zur Bildung von Betriebsvermögen[279] (und zwar – zur Vermeidung eines Veräußerungsvorgangs mit Besteuerungsfolge – als verdeckte Sacheinlage gem. Rdn. 2196, nicht gegen Gewährung von Gesellschaftsrechten);*
- *die bei Betriebsvermögen erhöhte Immobilienabschreibung (3% p.A.) soll genutzt werden.*

2186 **Schenkung-/erbschaftsteuerlich** ermöglichte die gewerblich geprägte Personengesellschaft bis zum Inkrafttreten der Erbschaftsteuerreform 2009 die Qualifizierung des Schenkungsobjekts als Betriebsvermögen, auch wenn der Sache nach lediglich Vermögensverwaltung vorlag (möglicherweise mit Ausnahme des selbst genutzten Familienheims, Rdn. 3987) mit der Folge der Privilegierungen nach §§ 13a, 19a ErbStG a.F. sowie des vollen Abzugs der Verbindlichkeiten (§ 10 Abs. 6 Satz 4 ErbStG, ohne Kürzung im Verhältnis zwischen Verkehrs- und Steuerwert). Allerdings wurde dieses Betriebsvermögensprivileg nicht gewährt, wenn Anteile bereits vor Eintragung der GmbH & Co. KG sowohl im Handelsregister[280] als auch (in Bezug auf eingebrachten Grundbesitz) im Grundbuch[281] übertragen wurden,[282] und geht wieder verloren, wenn die 5-jährige Haltefrist im Betriebsvermögen durch den Anteilserwerber nicht gewahrt ist (Rdn. 4005). Weiter war Voraussetzung, dass die der gewerblich geprägten (oder gewerblich tätigen) KG beigetretenen Kommanditisten (Übertragungsempfänger), auch wenn sie minderjährig sind, Mitunternehmer sind (vgl. auch Rdn. 1788 und Rdn. 3988); zu den insoweit gefährlichen Gestaltungen s. Rdn. 2207. Ferner sah die Rechtsprechung teilweise in der nicht durch außersteuerliche Motive

---

[278] Seit der Änderung durch das SEStEG (zinslose Stundung bei Umzug innerhalb der EU/des EWR) europarechtskonform, vgl. BFH, 23.09.2008 – I B 92/08, NWB 2008, 4797, Fach 2, S. 10101 = m. Anm. *Intemann* und BFH, 25.08.2009 – I R 88, 89/07, EStB 2009, 427.

[279] *Röhrig*, EStB 2008, 220; zu Zweifeln an der inländischen Zurechnung im Hinblick auf Art. 13 Abs. 2 OECD-MusterDBA vgl. *Loose/Wittkowski*, IStR 2011, 68 und *Schönfeld*, IStR 2011, 142.

[280] FG Münster, 16.08.2007 – 3 K 5382/04 Erb, ZErb 2008, 121, m. Anm. *Wachter*; OFD Münster v. 03.01.2008, ErbStB 2008, 74; FinMin Baden-Württemberg v. 11.07.2008, ZEV 2008, 404; ebenso zur Einheitsgesellschaft: *Pauli*, ZErb 2008, 218.

[281] Da sonst lediglich Sachleistungsansprüche übertragen werden, die ohnehin mit dem Verkehrswert anzusetzen wären, BFH, 28.03.2007 – II R 25/05, DStR 2007, 990.

[282] Vermögensverwaltende KGs entstehen erst mit der Eintragung im Handelsregister; auch i.Ü. besteht bis zur Eintragung eine Vollhaftung der Kommanditisten (§ 176 Abs. 2 HGB), sodass es an den Voraussetzungen einer gewerblich geprägten Personengesellschaft (Vollhafterstellung allein bei Kapitalgesellschaft oder einer weiteren Gmbh & Co. KG) fehlt. Die Schenkung des Kommanditanteils muss also, auch wenn bereits vorher beurkundet, aufschiebend bedingt auf z.B. einen Tag nach der Eintragung sein, (andernfalls können auch etwaige Verbindlichkeiten der Gesellschaft nicht in vollem Umfang abgezogen werden, da es sich noch nicht um Betriebsvermögen, sondern gem. § 10 Abs. 1 Satz 3 ErbStG um eine gemischte Schenkung anteiliger Wirtschaftsgüter handelt).

erklärlichen Wahl der gewerblich geprägten Vermögensverwaltungs-KG einen unbeachtlichen Gestaltungsmissbrauch.²⁸³

Die **Erbschaftsteuerreform 2009** qualifiziert zwar in § 13b Abs. 1 Nr. 2 ErbStG auch die gewerblich geprägte Personengesellschaft als taugliches Betriebsvermögen (Rdn. 4018), allerdings handelt es sich bei nicht betrieblich genutzten Immobilien um „Verwaltungsvermögen" i.S.d. § 13b Abs. 2 ErbStG, sodass die Betriebsvermögensprivilegierung insgesamt entfällt, wenn dessen Anteil mehr als 50% ausmacht, vgl. Rdn. 4065 ff. (zur ggf. weiter möglichen privilegierten Übertragung von Finanzvermögen vgl. allerdings Rdn. 4101).

2187

c) Gestaltungsmittel: tauschähnlich-entgeltliche Einbringung oder unentgeltliche verdeckte Einlage?

aa) Gestaltungsvarianten

Weiteres Motiv für die Attraktivität dieser Rechtsform ist die **Flexibilität hinsichtlich der steuerrechtlichen Gestaltung ihrer Vermögensausstattung**: Die „Einbringung" in eine gewerblich geprägte, eine gewerblich tätige oder gewerblich infizierte (Rdn. 4478) Personengesellschaft kann als „entgeltlicher" = „tauschähnlicher" Vorgang realisiert werden oder aber „unentgeltlich", als „verdeckte Sacheinlage", sich vollziehen:

2188

- Letzteres wird immer dann anzustreben sein, wenn die entgeltliche Veräußerung zu nachteiligen Steuerfolgen führen würde (etwa bei der Gewinnerzielung aus der „tauschähnlichen Einbringung" von steuerverhafteten Gegenständen des Privatvermögens (Kapitalgesellschaftsanteile nach § 17 EStG, nicht selbst genutzten Immobilien vor Ablauf der Zehn-Jahres-Frist des § 23 EStG, einbringungsgeborenen bzw. einbringungsverhafteten Anteilen nach § 21 UmwStG a.F. oder n.F.). Gleiches gilt, wenn wegen Erreichens der Drei-Objekt-Grenze das Vorliegen eines gewerblichen Grundstückshandels droht²⁸⁴ (Rdn. 4472 ff.). Ein Veräußerungsgewinn entstünde bei der entgeltlichen Variante allerdings nicht in dem Umfang, in dem der Gegenstand dem Einbringenden weiterhin zuzurechnen ist.²⁸⁵ Weiter ist darauf hinzuweisen, dass zwar bei der „unentgeltlichen" verdeckten Einlage derzeit kein „Spekulationsgeschäft" i.S.d. § 23 EStG vorliegt, allerdings dann, wenn die KG das Grundstück binnen zehn Jahren nach der Einlage veräußert, § 23 Abs. 1 Satz 5 Nr. 1 EStG, sodann beschränkt auf die außerhalb des Betriebsvermögens realisierte Wertsteigerung (§ 23 Abs. 3 Satz 7 EStG – damit wird der Einbringende belastet, obwohl die Personengesellschaft das eingebrachte Grundstück veräußert hat!).²⁸⁶

---

283 Das FG Düsseldorf, 06.09.2006 – 4 K 6867/04 Erb, ZErb 2007, 62 (nur LS) sieht z.B. § 42 AO verwirklicht, wenn die Verwaltung eines Wertpapierdepots vor dem Stichtag einer eigens hierfür gegründeten GmbH übertragen wird, damit das Depot dem Sonderbetriebsvermögen einer an dieser GmbH bestehenden atypisch stillen Beteiligung zugeordnet werden kann und damit unter § 13a ErbStG falle. Anders noch der BFH, 09.11.2005 – II B 163/04, BFH/NV 2006, 554, der von „gängiger Gestaltungspraxis" spricht.

284 Tz. 7 des BMF-Schreibens v. 26.03.2004, DStR 2004, 632 (fragwürdig, da eigentlich keine Teilnahme am allgemeinen Wirtschaftsverkehr vorliegt); vgl. *Krauß*, Immobilienkaufverträge in der Praxis, Rn. 2843.

285 Vgl. *Wacker*, BB 2000, 1980.

286 Vgl. *Krauß*, Immobilienkaufverträge in der Praxis, Rn. 2816.

Kapitel 5: Gesellschaftsrechtliche Lösungen

2189 • Die entgeltliche Einbringung ist dagegen attraktiver, wenn neues Abschreibungsvolumen geschaffen werden soll („Aufstockung"[287] „**Step up**",[288] etwa bei abgeschriebenen, aber noch werthaltigen Gebäuden des Privatvermögens) und kann (also steuerlich keine zwingende Buchwertfortführung angeordnet ist), oder wenn eine Veräußerung gewollt ist, um Verluste zu realisieren, die sonst ungenutzt blieben.

Beispiel:

Auf Kapitalgesellschaftsanteile i.S.d. § 17 EStG wurden nachträgliche Anschaffungskosten getätigt (etwa Ausfall eines Darlehens,[289] Inspruchnahme aus einer Bürgschaft). Um die daraus resultierenden Verluste (im Teileinkünfteverfahren) zu realisieren und den Zeitpunkt der Realisierung zu steuern, erfolgt Einbringung als tauschähnlicher Vorgang in eine gewerblich geprägte GmbH & Co. KG.

Bei der Einbringung von Grundbesitz besteht **Grunderwerbsteuerfreiheit** im Umfang des § 5 Abs. 2 GrEStG, allerdings belastet mit der möglichen Nachbesteuerung gem. § 5 Abs. 3 GrEStG bei Anteilsverschiebungen in den folgenden 5 Jahren (Rdn. 4441).

Demnach ist entsprechend der folgenden Ausführungen zu differenzieren.[290]

bb) Privatvermögen, entgeltliche Einbringung

2190 Die Einbringung von Gegenständen des **Privatvermögens** (z.B. im Privatvermögen gehaltene Kapitalgesellschaftsanteile) in eine gewerblich tätige oder geprägte (§ 15 Abs. 3 Nr. 2 EStG), also Betriebsvermögen haltende, Personengesellschaft gegen **Gewährung oder Erweiterung von Gesellschaftsrechten** also im Wege der „**offenen Sacheinlage**",[291] ist als **tauschähnlicher entgeltlicher Vorgang** zu werten.[292] Dies führt auf der Ebene des Übertragenden zu einem Veräußerungs- und auf der Ebene der aufnehmenden Gesellschaft zu einem Anschaffungsvorgang. Erforderlich ist die Gutschrift auf einem Festkapitalkonto des Einbringenden (Erhöhung des Kapitalkontos I oder II, sofern dort auch Verluste gebucht werden),[293] wobei es nicht schadet, wenn die Gutschrift nur z.T. auf einem solchen Festkapitalkonto, i.Ü. auf einem gesamthänderisch ge-

---

287 § 7 Abs. 1 Satz 5 EStG (Minderung der Anschaffungs- bzw. Herstellungskosten) gilt nur bei Einlagen, nicht – wie hier – bei Veräußerungen, vgl. BMF-Schreiben BStBl. 2000 I, S. 462.
288 Trotz des sonst bestehenden Verbotes der „Doppelabschreibung", vgl. *Tiedtke/Wälzholz*, DStR 2001, 1501.
289 Vgl. *Fuhrmann*, NWB 2009, 3990 ff.; vgl. auch unten Rdn. 2431.
290 Vgl. zum Folgenden *Frystatzki*, EStB 2007, 462 ff.; *Röhrig*, EStB 2008, 216 ff.; BMF-Schreiben v. 11.07.2011 – IV C 6 – S 2178/09/10001.
291 Diese liegt i.d.R. vor bei Buchung auf Kapitalkonto I, ebenso bei Buchung auf Kapitalkonto II des Kommanditisten, wenn dort auch Verluste gebucht werden (nicht jedoch bei Buchung auf einem gesamthänderischen Rücklagenkonto: dann verdeckte Einlage), vgl. BMF v. 11.07.2011, BStBl. 2011 I, S. 713 Tz. 1.
292 BFH, BStBl. 2000 II, S. 230; ebenso die Finanzverwaltung: BMF-Schreiben BStBl. 2000 I, S. 462 Tz. 8. Es findet nicht § 6 Abs. 1 Nr. 5 (Einlage – nur bei verdeckter Einlage ohne Gewährung von Gesellschafterrechten), sondern § 6 Abs. 6 EStG Anwendung (vgl. Rdn. 4765). A.A. *Reiß*, DB 2005, 362.
293 So die Ursprungsentscheidung BFH, 19.10.1998 – VIII R 69/95, BStBl. 2000 II, S. 230.

bundenen Rücklagenkonto[294] erfolgt. Auch in diesen sog. Mischfällen liegt demnach insgesamt ein Veräußerungsgeschäft (tauschähnlicher Vorgang) vor.[295]

Ebenso liegt Entgeltlichkeit vor, soweit (Trennungstheorie, Rdn. 4531) die Überführung von Privatvermögen 2191

- gegen Barentgelt (Teilentgeltlichkeit liegt vor, wenn bei der Übertragung ausdrücklich ein den gemeinen Wert unterschreitender Wertansatz vereinbart wird)[296]
- bzw. gegen die Übernahme von Verbindlichkeiten (gleich ob diese mit dem übertragenen Objekt im Zusammenhang stehen oder nicht) erfolgt,[297]
- oder wenn der Einlagewert dem Inferenten auf einem Privat- oder Verrechnungskonto gutgeschrieben wird, er also dafür eine schuldrechtliche (Darlehens-)[298] Forderung gegen die Gesellschaft erhält.

Die „Einbringung ohne Rechtsträgerwechsel" unter dem Gesichtspunkt des wirtschaftlichen Eigentums (quoad sortem) ist demgegenüber unsicher.[299] In Betracht kommt jedoch, wenn der Privatvermögensgegenstand aufgrund seines Bezugs zum Mitunternehmeranteil als **notwendiges** oder **gewillkürtes Sonderbetriebsvermögen** (Rdn. 4466 ff.) zu klassifizieren ist, die Einlage in ein solches Sonderbetriebsvermögen (gem. § 6 Abs. 1 Nr. 5 Satz 1 lit b EStG steuerneutral zu Anschaffungskosten) und anschließend die steuerneutrale Übernahme in das Gesamthandsvermögen desselben Mitunternehmers zum Buchwert gem. § 6 Abs. 5 Satz 3 Nr. 2 EStG (dies ist auch gegen Gewährung von Gesellschaftsrechten möglich!), freilich unter Beachtung der Sperrfristen des § 6 Abs. 5 Satz 3 ff. EStG. (vgl. Rdn. 4764 ff.). Sollen z.B. Kapitalgesellschaftsanteile auf diese Weise steuerneutral in eine Personengesellschaft eingebracht werden, kann die betreffende Kapitalgesellschaft zunächst die Stellung eines Komplementärs an Letzterer übernehmen; der Anteil an dieser Kapitalgesellschaft bildet damit Sonderbetriebsvermögen (Einbringung quoad usum) des an der Personengesellschaft beteiligten Mitunternehmers.[300] 2192

---

294 Also keine Aufspaltung des Vorgangs im Verhältnis zwischen Kapitalkonto I und variablem Konto (Parallelwertung zu § 24 UmwStG: BFH, 24.01.2008 – IV R 37/06, GmbHR 2008, 548, m. Anm. *Hoffman*; zweifelnd die Vorinstanz FG Hannover, DStRE 2006, 1441).

295 BFH, 17.07.2008 – I R 77/06, JurionRS 2008, 22448; die Verwaltung übernimmt diesen Grundsatz: BMF-Schreiben v. 20.05.2009 – S 2134, NWB 2009, 2040 f. sowie BMF-Schreiben v. 11.07.2011 – IV C 6 – S 2178/09/10001, hierzu *Krämer*, EStB 2011, 307 ff., unter Aufgabe der insoweit abweichenden Ansicht (Aufspaltung in entgeltlichen und unentgeltlichen Vorgang) aus BMF v. 26.11.2004, BStBl. 2004 I, S. 1190 und BMF v. 29.03.2000, BStBl. 2000 I, S. 462 Tz. II 1 c, mit Übergangsregelung bis zum 30.06.2009, vgl. *Siegmund/Ungemach*, NWB 2009, 2308 ff.

296 Jedenfalls für diesen Fall bleibt die Aufspaltung in einen entgeltlichen und einen unentgeltlichen Vorgang bestehen, BMF-Schreiben v. 11.07.2011 – IV C 6 – S 2178/09/10001, hierzu *Krämer*, EStB 2011, 307 ff.

297 Vgl. BMF-Schreiben BStBl. 2000 I, S. 1383 Tz. 30; *Fleischer*, ZEV 2003, 190.

298 Dies gilt unabhängig davon, ob die auf dem Verrechnungskonto gebuchte Darlehensforderung gesichert bzw. verzinslich gestellt ist und damit fremdüblichen Grundsätzen genügt; die Darlehen sind in der Gesellschaftsbilanz zu passivieren und in der Ergänzungsbilanz zu aktivieren (*Wacker*, NWB 2008, 3093 = Fach 3, S. 15183).

299 Unklar ist, wie wirtschaftliches Eigentum (wenn nicht durch Investition auf fremdem Grund und Boden: BFH, BStBl. 2002 II, S. 741) entstehen kann. Zur Einbringung quoad sortem vgl. BGH, 15.06.2009 – II ZR 242/08, ErbStB 2010, 97, m. Anm. *Hartmann*: Wird eine Sache dem Wert nach in eine GbR eingebracht, ist der „Einbringende" bei Ausscheiden aus der Gesellschaft verpflichtet, sie zugunsten der GbR zu verwerten.

300 Vgl. *Siegmund/Ungemach*, NWB 2009, 2308, 2311: *Kusterer/Rupp*, EStB 2002, 485 zur Einbringung eines Grundstücks.

cc) Privatvermögen, unentgeltliche Einlage

2193 Privatvermögen wird dagegen jedenfalls nach Ansicht der Finanzverwaltung[301] **unentgeltlich** eingebracht in eine Personengesellschaft im Fall der **verdeckten Sacheinlage**, also nicht gegen Gewährung von Gesellschaftsrechten und sonstige Gegenleistungen etwa die Einräumung eines Darlehens bzw. Übernahme von Verbindlichkeiten, sondern z.B. im Wege der Buchung auf ein gesamthänderisch gebundenes Rücklagenkonto[302] (§ 264c Abs. 2 Satz 1, Position II, und Satz 8 HGB).

2194 Die Einlage selbst ist bei der Gesellschaft grds.[303] mit dem Teilwert anzusetzen (§ 4 Abs. 1 Satz 5 i.V.m. § 6 Abs. 1 Nr. 5 EStG). Für den Inferenten ergeben sich keine unmittelbaren Steuerfolgen. Stets wird bei der Ermittlung der AfA-Grundlage nach verdeckter Einlage[304] in ein Betriebsvermögen gem. § 7 Abs. 1 Satz 5 (früher: Satz 4) EStG die bisher bei der Erzielung von Überschusseinkünften (etwa Vermietung und Verpachtung) gezogene AfA abgezogen, und zwar nach früherer Ansicht der Finanzverwaltung von der ursprünglichen Bemessungsgrundlage (als Fortführung des erreichten Standes),[305] nach Ansicht des BFH durch Abzug vom Einbringungs-,[306] d.h. Teilwert.[307] AfA-Bemessungsgrundlage und Einbringungswert sind also (zur Vermeidung nochmaliger Abschreibung) nach Ansicht der Finanzverwaltung entkoppelt; wenn der Teilwert, wie regelmäßig, höher ist als der Buchwert, verbleibt ein nicht abschreibungsfähiger „Sperrbetrag", der allerdings nicht völlig wirkungslos ist, da er im Fall späterer Veräußerung oder Entnahme den steuerpflichtigen Gewinn mindert.[308]

---

[301] BFH, 24.01.2008 – IV R 37/06, GmbHR 2008, 548, m. Anm. *Hoffmann* neigt dazu, auch den Fall der Gutschrift auf gesamthänderisch gebundener Rücklage ohne ausdrückliche Erhöhung des Kapitalkontos I dem tauschähnlichen Vorgang gleichzustellen, vgl. *Wacker*, NWB 2008, 3097 = Fach 3, S. 15187 (allerdings nur obiter, da im entschiedenen Fall wegen der Nachträglichkeit der Vereinbarung ohnehin nicht anzuerkennen).

[302] BMF v. 26.11.2004, BStBl. 2004 I, S. 1190; ebenso BMF v. 11.07.2011 – IV C 6 – S 2178/09/10001, hierzu *Krämer*, EStB 2011, 307 ff. (ein Vorbehalt des Wertes zugunsten einzelner Gesellschafter ist ausgeschlossen; bei Umbuchung auf andere Konten in zeitlichem Zusammenhang ist § 42 AO zu prüfen). Krit. zum Ganzen *Reiß*, DB 2005, 358 „freischwebender Nonsens".

[303] Bei Anschaffung oder Herstellung in den letzten 3 Jahren vor der Einlage jedoch höchstens mit den historischen Anschaffungs- bzw. Herstellungskosten abzgl. der zwischenzeitlich vorgenommenen AfA (§ 6 Abs. 1 Nr. 5 Satz 1 Halbs. 2 lit a) i.V.m. § 2 EStG), also quasi zum Buchwert, ebenso bei Beteiligungen i.S.d. § 17 EStG (zu Letzterem BFH, 05.06.2008 – IV R 73/05, GmbH-StB 2008, 353).

[304] § 7 Abs. 1 Satz 5 EStG gilt also nicht bei tauschähnlichen Vorgängen gemäß Rdn. 1809, vgl. BFH, 24.01.2008 – IV R 37/06, GmbHR 2008, 548 m. Anm. *Hoffmann*; *Wacker*, NWB 2008, 3091 = Fach 3, S. 15181.

[305] R 7.3 Abs. 6 EStR 2005, vgl. *Günther*, EStB 2007, 150. Bei historischen Anschaffungskosten von 400, bereits „gezogener" AfA von 80, und einem Einbringungswert von 600 werde also die erreichte Bemessungsgrundlage von 400 – 80 = 320 weiter (mit nun 3 %, § 7 Abs. 4 Satz 1 Nr. 1 EStG) abgeschrieben; am Ende verbleibe ein nicht abschreibbarer Restwert von 600 – 320 = 280, der sich erst bei Veräußerung oder Entnahme auswirke.

[306] BFH, 28.10.2009 – VIII R 46/07, EStB 2010, 126; BFH, 18.09.2009 – X R 40/06, EStB 2010, 7, ebenso FG Köln, 24.06.2009 – 4 K 102/06, ErbStB 2009, 340: Im Beispiel der vorgehenden Fußnote wird vom Einbringungswert von 600 die bereits gezogene AfA von 80 abgezogen, sodass 520 mit 3 % jährlich bis auf Null abgeschrieben würden. Die in der Privatvermögenszeit gebildeten stillen Reserven bleiben also als Abschreibungsvolumen erhalten.

[307] Bei der Einlage eines bisher i.R.d. Überschusseinkünfte genutzten Wirtschaftsgutes.

[308] Auch eine Teilwertabschreibung gem. § 6 Abs. 1 Nr. 1 Satz 2 EStG bleibt möglich, vgl. *Wartenburger*, MittBayNot 2009, 75.

Die Verwaltung[309] und ab 2011 auch der Gesetzgeber[310] haben sich dieser Sichtweise des BFH zu 2195
§ 7 Abs. 1 Satz 5 EStG zwischenzeitlich im Wesentlichen angeschlossen: Ist der Einlagewert höher als die historischen Anschaffungs-/Herstellungskosten (AK/HK), ist Bemessungsgrundlage der weiteren AfA nun (wie vom BFH vertreten) dieser Einlagewert abzgl. der zwischenzeitlich gezogenen AfA. Ist der Einlagewert geringer als die historischen Anschaffungs-/Herstellungskosten, aber noch höher als die fortgeführten Anschaffungs-/Herstellungskosten (also die historischen AK abzgl. der bereits gezogenen AfA), ist jedoch Bemessungsgrundlage der zuletzt erreichte Betrag der fortgeführten AK/HK (der übersteigende Betrag des Einlagewertes kann nicht abgeschrieben, aber bei einer späteren Veräußerung gewinnmindernd berücksichtigt werden). Ist der Einlagewert kleiner also sowohl die historischen als auch die fortgeschriebenen AK/HK, ist bei Einlagen ab dem 01.01.2011 der (ungeminderte) Einlagewert Bemessungsgrundlage, vor dem 31.12.2010 waren es immerhin noch die fortgeschriebenen AK/HK.

Die verdeckte Einlage in ein Betriebsvermögen erfüllt konsequenterweise ebenso wenig den 2196
Tatbestand einer Veräußerung i.S.d. § 23 EStG; ebenso wird bei unter § 17 EStG fallenden, eingelegten Kapitalgesellschaftsanteilen der Buchwert fortgeschrieben (§ 6 Abs. 1 Nr. 5 Satz 1 lit. b) EStG). Allerdings werden die im Privatvermögen erzielten Wertzuwächse nachträglich versteuert, wenn das Wirtschaftsgut binnen 10 Jahren nach der Anschaffung (nicht der Einlage) aus dem Betriebsvermögen veräußert wird, § 23 Abs. 1 Satz 5 Nr. 1 i.V.m. Abs. 3 Satz 2 EStG (vgl. Rdn. 4944).

> **Hinweis:**
> Zu bedenken ist allerdings, dass die unentgeltliche Einbringung zur Schenkungsteuer führen kann, soweit das eingebrachte Wirtschaftsgut den anderen Gesellschaftern über die gesamthänderisch gebundene Rücklage entsprechend ihrer Beteiligungsquoten zuzurechnen ist,[311] und zwar ohne Betriebsvermögensbegünstigung[312] (vgl. Rdn. 3530 ff.).

dd) Exkurs: Privatvermögenseinbringung in eine Kapitalgesellschaft

Die Einbringung einzelner Wirtschaftsgüter des Privatvermögens in das Vermögen einer Kapitalgesellschaft führt[313] entweder, soweit es sich um eine offene Sacheinlage handelt, zu einem tauschähnlichen (Veräußerungs-) Vorgang[314] oder, soweit der Wert die Einlageverpflichtung übersteigt, zu einer verdeckten Einlage. Die Gesellschaft hat auch im letzteren Fall, also bei der verdeckten Einlage, die eingebrachten Werte, z.B. Anteile, mit dem Teilwert, innerhalb der ersten 3 Jahre mit den Anschaffungskosten (§ 6 Abs. 6 Satz 3 EStG) anzusetzen. Beim Einbringenden entsteht somit bei steuerverhaftetem Privatvermögen (§§ 17, 23 EStG, einbringungsgeborene oder -verhaftete Anteile gem. § 21 UmwStG) ein Veräußerungsgewinn bzw. ein Gewinn 2197

---

309 BMF, 27.10.2010 BStBl. 2010 I 1204; vgl. *Jarosch/Rund/Gluth*, StB-Sonderheft 2010/2011, S. 5 f.
310 Neufassung des § 7 Abs. 1 Satz 5 EStG für alle Einlagevorgänge ab 01.01.2011 (§ 52 Abs. 21 Satz 4 EStG), vgl. *Hilbertz*, NWB 2011, 108 ff. und *Frystatzki*, EStB 2011, 336 ff.
311 BFH, 30.05.2001 – II R 6/98, GmbHR 2001, 1183.
312 Da die Einlage anteilig für Rechnung der anderen Gesellschafter erfolgt und damit sich noch auf privater Ebene vollzieht, *Mutscher*, DB 2005, 2096, 2097.
313 Vgl. BFH, 24.04.2007 – I R 35/05, BStBl. 2008 II 253.
314 BFH, 19.10.1998 – VIII R 69/95, BStBl. 2000 II 230, BMF BStBl. 2004 I S. 1190.

aus einer verdeckten Einlage, da auch bei Letzterer alle ertragsteuerlichen Varianten zwischenzeitlich durch Gesetz einer **Veräußerung gleichgestellt** sind (§§ 17 Abs. 1 Satz 2 EStG, 23 Abs. 1 Satz 5 Nr. 2 EStG, § 22 Abs. 1 Satz 6 Nr. 1 UmwStG)

ee) Betriebsvermögenseinbringung in Personengesellschaft: § 6 Abs. 5 EStG

2198 Für bereits vorhandenes **Betriebsvermögen** gilt: Wirtschaftsgüter des Betriebsvermögens sind gem. § 6 Abs. 5 Satz 3 Nr. 1, 2 EStG zwingend zu Buchwerten in das Betriebsvermögen einer gewerblich geprägten (oder gewerblich tätigen) Personengesellschaft einzubringen, soweit die Einbringung unentgeltlich (d.h. unter Buchung der Einlage auf ein gesamthänderisch gebundenes Rücklagenkonto) erfolgt.

2199 Rechtsdogmatisch läge allerdings eine Veräußerung i.S.e. tauschähnlichen Vorgangs vor, wenn als Gegenleistung für die Einbringung betrieblicher Einzelwirtschaftsgüter Gesellschaftsrechte gewährt werden (also das Festkapitalkonto, „Kapitalkonto I", zumindest teilweise angesprochen wird); dies gälte also in gleicher Weise wie bei eingebrachtem Privatvermögen[315] und auch hinsichtlich des die Festkapitalerhöhung übersteigenden Anteils.[316] Allerdings wird die gewinnrealisierende „Tauschähnlichkeit" durch den Gesetzgeber nicht mehr umgesetzt, da § 6 Abs. 5 Satz 3 EStG bei der Einbringung aus einem Betriebsvermögen in ein anderes Betriebsvermögen den **Buchwertansatz vorschreibt**,[317] also auch bei der offenen Sacheinlage (vgl. im Einzelnen Rdn. 4764 ff.).

2200 Eine Auflösung stiller Reserven bei der Betriebseinbringung wird ferner vermieden bei
- Verpachtung des gesamten Betriebes;
- Überführung eines einzelnen Wirtschaftsgutes von einem in ein weiteres Betriebsvermögen nach § 6 Abs. 5 Satz 2 EStG;
- Einbringung eines Betriebes oder Teilbetriebes gegen Gewährung von Gesellschaftsrechten (Buchung auf Kapitalkonto I oder II des Einbringenden) mit achtmonatiger Rückwirkung und Buchwertmöglichkeit gem. § 24 UmwStG. (§ 24 UmwStG umfasst alle Fälle der Einbringung in das Gesellschaftsvermögen gegen Gewährung von Mitunternehmeranteilen, also bspw. die Aufnahme eines Gesellschafters gegen Geld- oder Sacheinlage in ein Einzelunternehmen/eine bereits bestehende Personengesellschaft, ferner die Einbringung eines Betriebs/Teilbetriebs/Mitunternehmeranteils in ein Einzelunternehmen/eine bestehende Personengesellschaft, sowie der Zusammenschluss mehrerer Einzelunternehmer in einer neu gegründeten Personengesellschaft).[318]

2201 Eine **entgeltliche**, zu Veräußerungserlös/Anschaffungskosten führende **Einbringung** im eigentlichen Sinne liegt dagegen tatsächlich und im Rechtssinne vor, wenn dem Inferenten als Gegen-

---

315 BFH, 24.01.2008 – IV R 37/06, GmbHR 2008, 548, m. Anm. *Hoffmann*; vgl. ferner *Spiegelberger*, ZEV 2003, 392 f. auch zur früher teilweise abweichenden Ansicht.
316 So BFH, 17.07.2008 – I R 77/06, JurionRS 2008, 22448; die Verwaltung übernimmt diesen Grundsatz: BMF-Schreiben v. 20.05.2009 – S 2134, NWB 2009, 2040 f., unter Aufgabe der insoweit abweichenden Ansicht (Aufspaltung in entgeltlichen und unentgeltlichen Vorgang) aus BMF v. 26.11.2004, BStBl. 2004 I, S. 1190.
317 *Groh*, DB 2003, 1404; *Hoffmann*, GmbHR 2008, 554.
318 Nicht jedoch der bloße Eintritt einer GmbH in eine KG als Komplementär ohne Einlage, BFH, 20.09.2007 – IV R 70/05, GmbH-StB 2008, 3.

leistung eine Forderung gegen die Gesellschaft oder die Befreiung von einer Verbindlichkeit eingeräumt wird,[319] sowie bei einem echtem Verkauf zum Fremdverkaufspreis.[320] Bei der entgeltlichen Einbringung betrieblicher Einzelwirtschaftsgüter können § 6b-Rücklagen zur Neutralisierung gebildet werden (vgl. Rdn. 4497 f.).

ff) Exkurs: Betriebsvermögenseinbringung in Kapitalgesellschaft

Bei der Einbringung von Gütern des Betriebsvermögens in eine Kapitalgesellschaft gelten dagegen Besonderheiten im Hinblick darauf, mit welchem Wertansatz (Teilwert, bei Betrieben, Teilbetrieben, Mitunternehmeranteilen und mehrheitsvermittelnden Kapitalgesellschaftsanteilen auch Buchwerte oder Zwischenwerte) die aufnehmende Gesellschaft die Güter ansetzt; auch im Hinblick auf eine ggf. stattfindende Nachversteuerung der „stillen Reserven" beim Buch- oder Zwischenwertansatz (vgl. im Einzelnen Rdn. 4806 ff.): Bei der **offenen Einlage von Betrieben, Teilbetrieben, Mitunternehmeranteilen oder mehrheitsvermittelnden Kapitalgesellschaftsbeteiligungen** (auch wenn nur ein „Mini-Anteil" gewährt wird oder die Einlage als „Aufgeld" (Agio) zu einer Barkapitalerhöhung stattfindet)[321] kann demnach die Gesellschaft (mit achtmonatigem Rückbezug: § 20 Abs. 6 UmwStG) im Regelfall wählen, ob sie das eingesetzte Betriebsvermögen zum Buchwert, Zwischenwert oder (andernfalls) zum Teilwert ansetzt; dieser Wert gilt für den Gesellschafter als Veräußerungspreis und zugleich als Anschaffungskosten seiner Beteiligung. Der ggf. bestehende Eigenkapitalüberhang ist handelsrechtlich in die Kapitalrücklage (§ 272 Abs. 2 Nr. 4 HGB), steuerlich in das Einlagenkonto gem. § 27 KStG einzubuchen, oder er kann dem Gesellschafter als Darlehen gewährt werden. Gewerbesteuerliche Verlustvorträge können gem. § 23 Abs. 5 UmwStG nicht von der aufnehmenden Kapitalgesellschaft genutzt werden.[322]

2202

Der dabei häufig gewählte **Buchwertansatz** vermeidet (außer bei Objekten mit negativem Kapital)[323] Einbringungsgewinne, lässt jedoch bei der Gesellschaft weniger Abschreibungsvolumen entstehen. Veräußert der Gesellschafter seine Anteile binnen 7 Jahren, wird rückwirkend gem. § 22 Abs. 1 UmwStG („Einbringungsgewinn I", Rdn. 4807 ff.) eine steuerpflichtige Veräußerung des eingebrachten Betriebsvermögens fingiert (Überschuss des damaligen gemeinen Wertes über den gewählten Wertansatz, mit Abschmelzung); dieselbe rückwirkende Fiktion (Veräußerung des eingebrachten Betriebsvermögens durch den einbringenden Gesellschafter) gilt gem. § 22 Abs. 2 UmwStG, wenn die Gesellschaft ihrerseits das eingebrachte Vermögen binnen 7 Jahren veräußert (Einbringungsgewinn II, vgl. Rdn. 4801, auch zu kautelaren Vorkehrungen zugunsten des Einbringenden, da er auf die Entscheidung der Gesellschaft möglicherweise keinen Einfluss hat).

2203

Werden Betriebe, Teilbetriebe, Mitunternehmeranteile oder mehrheitsvermittelnde Kapitalgesellschaftsanteile nicht gegen Gewährung eines Gesellschaftsanteils, sondern **„verdeckt"**

2204

---

319 BMF v. 07.06.2001, BStBl. 2001 I, S. 367 Tz. 5.
320 *Hoffmann*, in: Littmann/Bitz/Pust, EStG, § 6 Rn. 1182.
321 BFH, 07.04.2010 – I R 55/09, DStR 2010, 1780; dem folgt das BMF im Entwurf des Umwandlungssteuererlasses (Stand: Mai 2011).
322 *Patt*, EStB 2010, 146 ff., auch zur Einbringung in eine Personengesellschaft.
323 Dann ist gem. § 20 Abs. 2 Satz 4 UmwStG zwingend eine (steuerpflichtige) Aufstockung zur Neutralisierung des Negativkapitals erforderlich.

eingebracht, entfällt das Bewertungswahlrecht. Nach Ansicht des BFH liegt eine steuerbare Betriebsaufgabe i.S.d. § 16 EStG vor.[324] Die Gesellschaft bucht die Einbringungsgegenstände handelsrechtlich in die Kapitalrücklage (§ 272 Abs. 2 Nr. 4 HGB), steuerlich in das Einlagenkonto gem. § 27 KStG ein, sodass Rückzahlungen nur eingeschränkt möglich sind (Rdn. 2410).

2205 Werden **einzelne Wirtschaftsgüter eines Betriebsvermögens** in eine Kapitalgesellschaft als offene Sacheinlage eingebracht, liegt ein tauschähnlicher Vorgang gem. § 6 Abs. 6 EStG vor – aus Sicht der Gesellschaft also ein Anschaffungsvorgang zum gemeinen Wert der gewährten Anteile, aus Sicht des Einbringenden bildet der gemeine Wert der hingegebenen Wirtschaftsgüter Anschaffungskosten der Beteiligung (liegen diese über dem Buchwert, entsteht bei ihm also ein laufender Gewinn, sonst ein laufender Verlust gem. § 15 Abs. 1 Satz 1 Nr. 1 EStG). Übersteigt der Wert der hingegebenen Wirtschaftsgüter den Wert der gewährten Anteile, liegt eine verdeckte Einlage gem. § 6 Abs. 6 Satz 2 EStG vor – aus Sicht des Gesellschafters liegen gem. § 6 Abs. 1 Nr. 5 EStG auch insoweit Anschaffungskosten vor. Die Gesellschaft erzielt in beiden Fällen kein steuerpflichtiges Einkommen, § 8 Abs. 3 Satz 3 KStG.[325]

III. Detailausgestaltung des Gesellschaftsvertrages

2206 Bzgl. der Detailausgestaltung des Vertrags der bei überschaubaren Vermögen i.d.R. gewählten „Familiengesellschaft des bürgerlichen Rechts" bzw. „Familien-GmbH & Co. KG" (kurz für beide: „Familienpool")[326] sind insb. die nachfolgend diskutierten Themen zu bedenken. Je ein Gesamtmuster einer vermögensverwaltenden KG sowie einer GbR samt Einbringung des Grundbesitzes und unterschiedlichen Vorbehalten (Nießbrauch; Rückforderungsrechte etc.) ist im Materialteil, Kap. 14, Rdn. 5371 und Rdn. 5372 abgedruckt.[327]

1. Gestaltungsgrenze: Erhalt der steuerlichen Mitunternehmerschaft

2207 Zu bedenken ist jedoch, dass eine allzu weitgehende Abbedingung des gesetzlichen Regelstatuts, insb. in Richtung auf eine Aushöhlung der Gesellschafterstellung der Kinder als Kommanditisten auch bei schenkweise übertragener Beteiligung, zur Gefährdung der steuerlichen Anerkennung einer Mitunternehmerschaft führen kann, da es am Mindestmaß der Mitunternehmerinitiative und des Mitunternehmerrisikos fehlt. Damit droht die weitere Zuordnung der Vermögensanteile zum Veräußerer, jedenfalls aber der Verlust der Betriebsvermögenseigenschaft (Rdn. 1808, § 95 Abs. 1 Satz 1 BewG) – und damit jedenfalls der daran anknüpfenden schenkungsteuerlichen Verschonungschancen, Rdn. 4011 ff. – bei gewerblich tätigen oder gewerblich geprägten Personengesellschaften (Rdn. 4478 ff.). Vollhaftende Gesellschafter, etwa Komplementäre,[328] sind stets Mitunternehmer. (Im Bereich der Land- und Forstwirtschaft kann, wegen der besonderen

---

[324] BFH, BStBl. 1991 II 512; *Neumayer*, GmbH-Handbuch, Abschnitt III Rn. 279.
[325] *Neumayer*, GmbH-Handbuch, Abschnitt III Rn. 269, 283.
[326] Vgl. die Übersichtsdarstellung bei *Söffing/Thoma*, ErbStB 2003, 399 ff.; auch zu Alternativen (Beteiligung an einer Kapitalgesellschaft, Familienstiftung, Managed Account, geschlossener Fonds mit Investoren nur aus dem Familienkreis). Gesellschaftsrechtlicher Überblick bei *Oppermann*, RNotZ 2005, 453 ff.
[327] In Fortentwicklung der grundlegenden Muster von *Limmer*, ZFE 2004, 40 ff. (zur GbR) und ZFE 2004, 198 ff. (zur KG).
[328] Dieser ist, ebenso wie ein GbR-Gesellschafter, selbst dann Mitunternehmer, wenn er weder an Gewinn und Verlust noch am Vermögen der Gesellschaft beteiligt ist, vgl. BFH, 25.04.2006 – VIII R 74/03, EStB 2006, 272.

Bedeutung des Grund und Bodens, auch ohne Gesellschaftsvertrag eine „faktische Ehegattenmitunternehmerschaft" begründet werden, wenn der Ehegatte mindestens 10 % der Nutzflächen aus Pacht oder Eigentum beisteuert).[329]

Daher darf die Personengesellschaftsbeteiligung nicht unter dem Vorbehalt eines jederzeitigen Widerrufes geschenkt werden, Rdn. 1808.[330] Enumerativ aufgezählte Widerrufstatbestände (Vermögensverfall, verbotswidrige Verfügungen etc.) sind jedenfalls dann unschädlich,[331] wenn keine in Betracht zu ziehende Möglichkeit des Schenkers besteht, den Widerrufsgrund selbst herbeizuführen. Dies gilt sogar für den Widerrufstatbestand einer Scheidung zwischen Schenker und Beschenktem.[332] Auch ein **Nießbrauchsvorbehalt**[333] dürfte die Anerkennung der Beschenkten als Mitunternehmer nicht hindern, da Erträge aus der Aufdeckung stiller Reserven im Anlagevermögen sowie im Rahmen einer Veräußerung oder Liquidation den Gesellschaftern (Beschenkten) anteilig zustehen[334] – anders, wenn der Anteilsinhaber zusätzlich dem Nießbraucher Stimmrechtsvollmacht erteilt.[335] Das Erfordernis gemeinschaftlicher Stimmabgabe bei grundlegenden Entscheidungen ist jedoch ungefährlich.[336] (Zur Mitunternehmereigenschaft des Nießbrauchers seinerseits vgl. Rdn. 1253).

2208

An der Mitunternehmerschaft könnte es jedoch fehlen, wenn die eingetretenen Kommanditisten gegen ihren Willen durch Kündigung zum Buchwert aus der Gesellschaft hinausgedrängt werden könnten,[337] ferner wenn durch abweichende Stimmrechtsregelungen deren Mitunternehmerinitiative (nicht nur in Fragen der alltäglichen Geschäftsführung, sondern bis hin zur Änderung des Gesellschaftsvertrages) eingeschränkt wurde[338] oder wenn der Nießbraucher Anspruch auch auf die Ausschüttung außerordentlicher Erträge erhält.[339] In Treuhandfällen ist der Treugeber Mitunternehmer.[340]

2209

---

329 BFH, 25.09.2008 – IV R 16/07, EStB 2009, 299.
330 BFH, BStBl. 1989 II, S. 878.
331 BFH, BStBl. 1994 II, S. 637.
332 BFH, BStBl. 1998 II, S. 542 ff.
333 Auch der Nießbraucher kann Mitunternehmer sein (*Schmidt*, EStG, 29. Aufl. 2010, § 15 Rn. 305 ff.), wenn er neben der laufenden Gewinnbeteiligung einen Teil der mit der Mitgliedschaft verbundenen Verwaltungsrechte, z.B. Stimmrechte hinsichtlich laufender Geschäfte, wahrnehmen kann: BFH, BStBl. 1973 II, S. 528 ff. Sie darf allerdings keinen garantierten Gewinnanteil erhalten, sonst trägt sie nicht das Mitunternehmerrisiko, vgl. *Mitsch*, INF 2003, 391.
334 BFH, BStBl. 1992 II, S. 607. Vorsichtigerweise wird oft ein Quotennießbrauch gewählt, *Spiegelberger*, ZEV 2003, 396.
335 BFH, 10.12.2008 – II R 34/07, ZEV 2009, 149, m. Anm. *Götz*.
336 FG Münster, 19.06.2008 – 3 K 4062/06 Erb, EFG 2008, 1734; anders im Sachverhalt FG Münster, 19.06.2008 – 3 K 1086/06 Erb, JurionRS 2008, 22159: alle Stimm- und sonstigen Verwaltungsrechte blieben beim Schenker.
337 BFH/NV 1990, 93: Damit werde gezeigt, dass durch den Eintritt der Minderjährigen gerade kein endgültiger Zustand geschaffen werden sollte.
338 *Steiner*, ErbStB 2005, 279, zu Stimmrechtsregelungen in der Familien-KG.
339 *Steiner*, ErbStB 2006, 36.
340 BFH, 21.07.2010 – IV R 63/07, JurionRS 2010, 26962. BayStMinFin, 16.09.2010 – 34 S 3811–035 – 38476/10, DStR 2010, 2084 behandelt den Herausgabeanspruch des Treuhänders (anders als noch Koordinierte Ländererlasse v. 28.06.2005 – S 3811-33 VA 2, ZEV 2005, 341) als Sachleistungsanspruch, sodass die steuerliche Behandlung sich nach der Vermögensart des herauszugebenden Gegenstandes richtet.

2210 Gefährliche Klauseln sind weiter:
- die Bindung des Entnahmerechts an die Zustimmung der Eltern;[341]
- der Ausschluss des Informations- und Widerspruchsrechts gem. §§ 164, 166 HGB;[342]
- einseitige Kündigungsrechte der „Senior"-Gesellschafter zulasten der Kinder;[343]
- Gewährung der Bareinlage als Darlehen, das aus den ersten Gewinnanteilen wieder zu tilgen sei;[344]
- Befristung der Gesellschafterstellung der Kinder.[345]

2211 Von der steuerlichen Anerkennung der Familiengesellschaft selbst zu unterscheiden ist die Anerkennung (Angemessenheit) der Gewinnverteilung; wird erstere versagt, erfolgt die Zuordnung allein beim bisherigen Inhaber – es sei denn, eine Umdeutung in eine typisch stille Unterbeteiligung ist möglich (Rdn. 2281 ff.)[346] –, wird Letztere versagt, erfolgt eine Korrektur der Gewinnzurechnung (zu den Anforderungen an die Gewinnverteilung Rdn. 2246).

2212 Basierend auf dem zivilrechtlichen Prinzip der Einheitlichkeit der Gesellschafterstellung[347] postuliert die Literatur, dass insgesamt Mitunternehmer sei, wer bereits vor der „beschwerten" Schenkung mit einem, sei es auch kleinen, uneingeschränkten Gesellschaftsanteil beteiligt war.[348] Dem widerspricht der BFH.[349] Der sicherere Weg liegt darin, einen **Quoten-** (nicht Bruchteils-) **Nießbrauch** zu bestellen, welcher den gesamten Gesellschaftsanteil belastet, sodass sich die Frage der Aufteilung in nießbrauchsbelasteten und nießbrauchsfreien Anteil nicht stellt.[350]

2. Einlageverpflichtung

2213 § 718 Abs. 1 BGB erlaubt als tauglichen Einlagegegenstand alles, das einen Vermögenswert besitzen kann, also anders als bei Kapitalgesellschaften (§ 27 Abs. 2 AktG, der für die GmbH entsprechend gilt)[351] auch bspw. allein die Arbeitskraft eines Gesellschafters (§ 733 Abs. 2 Satz 3 BGB). Hiervon wird bei „gleitenden Betriebsübergaben" Gebrauch gemacht, bei welchen der

---

341 BFH, BStBl. 1972 II, S. 10.
342 Vgl. BFH, BStBl. 1989 II, S. 758.
343 BFH, BStBl. 1974 II, S. 404.
344 BFH, BStBl. 1973 II, S. 526.
345 BFH, BStBl. 1976 II, S. 324; zulässig ist allerdings ein Kündigungsrecht der Eltern bei Volljährigkeit der Kinder, BFH, MittBayNot 1977, 81.
346 Dann gelten für die max. steuerlich anerkennungsfähige Rendite des still Beteiligten folgende Prozentgrenzen: bei geschenkter Beteiligung 15 % (falls Verlusttragung ausgeschlossen: 12 %), bei entgeltlich erworbener Beteiligung 35 % (falls Verlusttragung ausgeschlossen: 25 %) des Beteiligungswertes, vgl. BFH, BStBl. 1973 II, S. 395; BStBl. 1973 II, S. 650; BStBl. 1982 II, S. 387.
347 K. Schmidt Gesellschaftsrecht, § 45 I. 2b, der allerdings dazu tendiert, im Fall einer Nießbrauchsbelastung die Anteile unterschiedlich zu behandeln.
348 Vgl. im Einzelnen Hochheim/Wagenmann, ZEV 2010, 109, 11,1 m.w.N.; BFH, 13.02.1997 – IV R 15/96, BStBl. 1997 II 535; a.A. FG Münster, 19.06.2008 – 3 K 1086/06 Erb, EFG 2008, 1733.
349 BFH, 08.10.2008 – II B 107/08, ZEV 2008, 611.
350 Vgl. Hochheim/Wagenmann, ZEV 2010, 109, 114, die eine verbindliche Auskunft (Rdn. 4950) beim FA empfehlen.
351 BGH, 16.02.2009 – II ZR 120/07 „Qivive", notar 2009, 401, m. Anm. Weiler: Sie können auch nicht Gegenstand einer verdeckten Sacheinlage sein, vgl. BGH, 01.02.2010 – II ZR 173/08 „eurobike", DNotZ 2010, 456, m. Anm. Priester und umfassend Haack, NWB 2010, 841 ff.

"Seniorpartner" sein Einzelunternehmen, der "Juniorpartner" und beabsichtigte Nachfolger seine Arbeitskraft einbringt (vgl. Rdn. 4681, 2156).

Im Rahmen einer solchen Einbringung eines Unternehmens in eine "Verwandtschaftsgesellschaft" zur gleitenden unentgeltlichen Übergabe sollte klargestellt werden, dass eine wie auch immer geartete Gewährschaft für Umfang und Bonität des Unternehmens oder dessen sonstige Beschaffenheit nicht übernommen wird. Da es sich um den Fall der Einzelrechtsnachfolge handelt, sind die einzubringenden Gegenstände exakt zu bezeichnen und, je für sich, durch Einigung und Übergabe, Auflassung bzw. Abtretung bzw. hinsichtlich der Verbindlichkeiten durch Erfüllungs- oder gar befreiende Schuldübernahme in das Gesamthandseigentum zu überführen. 2214

Wird hingegen ein Unternehmen in eine mit fremden Personen gegründete Gesellschaft eingebracht, ist exakt abzugrenzen, welche Sollbeschaffenheit vereinbart ist bzw. für welche Umstände der Einbringende gar eine verschuldensunabhängige Garantie abzugeben bereit ist mit der Folge, dass an die Stelle der Sacheinlageverpflichtung, sofern deren Fehlerhaftigkeit nicht innerhalb einer angemessenen Frist behoben ist, eine vollwertige Bareinlageverpflichtung treten würde. Handhabbar sind solche Einstandspflichten, die sich näher am Unternehmenskauf bewegen, i.d.R. nur bei entsprechenden Schiedsgutachter- und/oder Schiedsgerichtsklauseln. 2215

3. Gesellschafterkonten

Handelsrechtlich sind Konten mit **Eigenkapital**charakter für die Beteiligung an dem Gesellschaftsvermögen und der Gewinnverteilung sowie die Stimmrechte maßgebend, während Gesellschafter**darlehens**konten einen schuldrechtlichen Anspruch des Gesellschafters ggü. der Gesellschaft ausweisen. Steuerrechtlich hat die Differenzierung zwischen Eigen- und Fremdkapital dagegen Bedeutung insb. für[352] die Abgrenzung von ausgleichsfähigen zu lediglich verrechenbaren Verlusten i.S.d. § 15a EStG, die Ermittlung des nicht entnommenen Gewinns bzw. der Überentnahmen im Bereich des § 34a EStG, die Ermittlung nicht abziehbarer Schuldzinsen nach § 4 Abs. 4a EStG, die Ermittlung der Eigenkapitalquote bei Anwendung der Zinsschranke nach § 4h EStG und die Behandlung der Verzinsung der Gesellschafterkonten. 2216

I.d.R. wird differenziert zwischen 2217

- einem festen „**Kapitalkonto I**", das mit der Höhe der Haftsumme des Kommanditisten identisch sein kann, jedoch nicht muss;
- sowie einem „**variablen Konto II**", das entweder – sofern auch Verluste dort gebucht werden[353] – ebenfalls Eigenkapitalcharakter hat, damit also (in Übereinstimmung mit dem Gesetz: § 120 HGB)[354] zusammen mit dem Kapitalkonto I die Höhe der Beteiligung des Gesellschafters, seinen Anteil beim Ausscheiden am Liquidationsguthaben, an den stillen Reserven, an Gewinnen und die Stimmkraft bestimmt oder aber – so i.d.R. – einem Darlehenskonto

---

352 Vgl. *Ley*, DStR 2009, 613; *Leitzen*, ZNotP 2009, 255.
353 Vgl. *Altendorf*, GmbH-StB 2009, 101, 102, m.w.N.; dies hat zur Folge, dass entgegen § 167 Abs. 2 HGB Gewinne aus den Vorjahren mit Verlusten nachfolgender Jahre verrechnet werden.
354 Wonach Kapitalanteile bis zur Grenze des § 167 Abs. 2 HGB beweglich sind.

gleicht, also – auch aus der steuerlichen Sicht der Gesellschaft[355] – wie Fremdkapital behandelt wird (bei Ausscheiden oder Liquidation wird der Saldo dieses Kontos als Forderung bewertet, sodass er insoweit nicht an den stillen Reserven teilnimmt). Die (allerdings seltene) Gestaltung des Kontos II als variabler Bestandteil des Eigenkapitals ermöglicht es, eine gleitende Übertragung der stillen Reserven dadurch zu erreichen, dass die Entnahmen des Senior-Gesellschafters die der Junior-Gesellschafter übersteigen. Um willkürliche, eigenbestimmte Veränderungen der Quoten zu vermeiden, wird in der Satzung in diesem Fall jedoch bestimmt, dass Einlagen aus Privatvermögen zur Erhöhung des Kapitalkontos II regelmäßig der Genehmigung der übrigen Gesellschafter bedürfen.

2218 • Da der Kommanditist bei einem als Eigenkapital geführten variablen Kapitalkonto II (entgegen § 167 Abs. 2 HGB) mit stehen gelassenen Vorjahresgewinnen für spätere Verluste haftet, wird häufiger auf einem **dritten Konto** („Kapitalkonto III"; „Verrechnungskonto") eine Verbuchung der entnahmefähigen Gewinnanteile sowie der sonstigen Entnahmen und Einlagen vorgenommen. Es handelt sich dabei um ein reines Gesellschafterdarlehenskonto, da es unentziehbare Forderungen des Kommanditisten ggü. der Gesellschaft ausweist. Auf dem Kapitalkonto II, das als Unterkonto des Kapitalkontos I Eigenkapitalcharakter[356] hat, werden dann nur die nichtentnahmefähigen Gewinnanteile sowie die Verlustanteile erfasst.

2219 • Daneben besteht bei KG typischerweise ein Kapitalverlustkonto („Verlustvortragskonto"), auf dem Verluste rechnerisch erfasst werden. Gewinne dürfen dann gem. § 172 Abs. 4 Satz 2 HGB erst entnommen werden, wenn nach Verlustjahren das Kapitalverlustkonto wieder ausgeglichen ist, um ein Aufleben der Kommanditistenhaftung durch Entnahme nicht verdienter Gewinne zu vermeiden (vgl. Rdn. 2260), und demnach, wie in § 167 Abs. 1 Satz 2 Halbs. 2 HGB vorgesehen, eine Verrechnung von Verlusten vorrangig mit künftigen Gewinnen zu erreichen.

2220 • Daneben bestehen **gesamthänderisch gebundene Rücklagenkonten**, ähnlich den Rücklagenkonten bei Kapitalgesellschaften, die wirtschaftlich allen Gesellschaftern „quotal" zustehen. Dort werden häufig auch nicht entnehmbare Gewinne (für die eigentlich das variable Kapitalkonto II vorgesehen ist) gebucht, was im Ergebnis keinen Unterschied macht, da jeder Gesellschafter am gesamthänderisch gebundenen Rücklagenkonto entsprechend seinem Gewinnverteilungsschlüssel beteiligt ist. Es hat dann Eigenkapitalcharakter, da die Rücklage zumindest im Fall des Ausscheidens zur Verlustabdeckung zur Verfügung steht.[357]

• In Ergänzungsbilanzen kann die Aufdeckung „überschießender" stiller Reserven durch den Einzelgesellschafter kompensiert werden, vgl. etwa § 24 Abs. 2 Satz 1 UmwStG.

Ein Gesellschafterkonto, das infolge von gesellschaftsvertraglich unzulässigen Auszahlungen negativ wird, also „aktivisch" geführt ist, weist eine Forderung der Gesellschaft gegen den Gesellschafter aus.[358] Zum Gesamtkomplex Folgender[359]

---

355 Finanzierungsaufwand, der im Zusammenhang mit der Tilgung einer solchen gegen die Gesellschaft gerichteten Forderung steht, ist als Betriebsausgabe abziehbar, BFH, 26.06.2007 – IV R 29/06, EStB 2008, 44.
356 Vgl. BFH, 16.10.2008 – IV R 98/06, GmbH-StB 2009, 37.
357 BFH, 16.10.2008 – IV R 98/06, GmbH-StB 2009, 37.
358 BFH, 16.10.2008 – IV R 98/06, GmbH-StB 2009, 37; a.A. teilweise zuvor die Lit., die zwischen zulässigen und unzulässigen Entnahmen differenzierte, vgl. *Altendorf*, GmbH-StB, 101, 104.
359 In Anlehnung an *Veltins*, Der Gesellschaftsvertrag der KG, S. 15; *Leitzen*, ZNotP 2009, 262 f.

Formulierungsvorschlag: Vierkontenmodell bei der Personengesellschaft

§ x
Gesellschafterkonten

(1) Für jeden Gesellschafter werden ein Festkapitalkonto, ein gesamthänderisch gebundenes Rücklagenkonto, ein Verlustvortragskonto, ein Privatkonto und ein Darlehenskonto geführt.

(2) Kapitalkonten

a) Auf dem **Festkapitalkonto** wird für jeden Gesellschafter der in §..... festgelegte Einlagebetrag gebucht. Die Festkapitalkonten werden als im Verhältnis zueinander unveränderliche Festkonten geführt, mit welchen die mitgliedschaftlichen Rechte und Pflichten der Gesellschafter, insbesondere der Anteil am Ergebnis und an den stillen Reserven verbunden sind. Das Kapitalkonto ist unverzinslich. Verlustanteile und Entnahmen verringern im Verhältnis der Kommanditisten untereinander nicht die Höhe der Kapitalkonten.

b) Auf dem **Rücklagenkonto** werden die dem Gesellschafter zustehenden, jedoch nicht entnahmefähigen Gewinne sowie über die Hafteinlage hinausgehende Zuzahlungen, die der Gesellschafter in das Eigenkapital leistet, gebucht. Sie dienen zur Stärkung des Eigenkapitals der Gesellschaft durch Pflichteinlagen und weisen keine Forderungen der Gesellschaft aus; sie werden nicht verzinst. Von dem Rücklagenkonto sind etwaige Verluste anteilig abzubuchen. Die Gesellschafterversammlung kann mit einer Mehrheit von 75% der gültig abgegebenen Stimmen beschließen, dass Guthaben auf den Rücklagenkonten um einen für alle einheitlichen Prozentsatz auf das Privatkonto umgebucht werden.

c) Stehen auf dem Rücklagenkonto keine Beträge mehr zur Verfügung, um einen Verlust voll abbuchen zu können, so ist ein weitergehender Verlust zunächst auf das **Verlustvortragskonto** zu buchen und durch Gewinngutschriften folgender Jahre vorab auszugleichen. Erst nach einem solchen Ausgleich können Gewinne wieder auf dem Privatkonto gutgeschrieben werden.

(3) Forderungskonten

a) Auf dem **Privatkonto** werden alle sonstigen Forderungen und Verbindlichkeiten zwischen Gesellschaft und Gesellschafter gebucht (mit Ausnahme von Darlehensverbindlichkeiten, nachstehend b). Dies gilt insbesondere für Gewinngutschriften, soweit diese nicht zum Ausgleich eines Verlustvortragskonto benötigt werden oder auf dem Rücklagenkonto zu verbuchen sind, Zinsen aus den Darlehenskonten sowie sonstige Einlagen, sofern es sich dabei nicht um Zuzahlungen auf das Rücklagenkonto oder Gewährung von Darlehen handelt, sowie für Steuerentnahmen und sonstige Entnahmen nach Maßgabe von §..... Das Privatkonto wird im Soll und Haben mit ..... Prozentpunkten über dem zu Beginn eines jeden Kalenderjahres geltenden Basiszinssatz (§ 247 BGB) p.a. verzinst. Bemessungsgrundlage für die Zinsen ist der Stand der Privatkonten zum Ende eines jeden Kalendermonats. Die Zinsen auf den Privatkonten stellen im Verhältnis zu den Gesellschaftern Aufwand bzw. Ertrag dar.

> Die Gesellschaft ist zur Rückzahlung von Guthaben auf den Privatkonten an die Gesellschafter jederzeit berechtigt; Forderungen der Gesellschaft oder der Gesellschafter sind vorbehaltlich abweichender Vereinbarung jederzeit fällig.
>
> b) Auf dem **Darlehenskonto** werden die von den Gesellschaftern gewährten Darlehen verbucht. Die Verzinsung der Gesellschafterdarlehen wird im Einzelfall durch einen mit einfacher Mehrheit zu fassenden Beschluss festgelegt. Die Zinsen werden unbeschadet der steuerlichen Behandlung wie Aufwand behandelt und dem Privatkonto gutgebracht. Guthaben auf dem Darlehenskonto sind unter Einhaltung einer Frist von ..... Monaten auf das Ende des Geschäftsjahres kündbar; die Gesellschaft kann, solange ihre finanzielle Lage es erfordert, die Tilgung sodann in gleichen Quartalsraten in einem Zeitraum von bis zu drei Jahren vornehmen.

4. Verwaltung, Geschäftsführung, Vertretung

2222 Die laufende **Verwaltung und Geschäftsführung sowie Vertretung** im Außenverhältnis sollte in der Hand des Veräußerers als Mitgesellschafter verbleiben. Dies ist sogar dann möglich, wenn er nur noch GbR-Gesellschafter ohne Vermögensbeteiligung i.S.d. § 718 BGB ist (ähnlich der Komplementärin einer GmbH & Co. KG)[360] Wegen des Verbotes der Fremdorganschaft können allerdings fremde Personen („family offices") nur durch Spezialvollmacht für die GbR tätig sein oder aber dadurch, dass sie als Gesellschafter ohne Kapitalanteil und mit erleichterter Hinauskündigungsmöglichkeit (zu den Grenzen Rdn. 2231) aufgenommen werden.[361]

2223 Bei der KG ist der Komplementär „geborener" Vertreter und Geschäftsführer (§§ 164, 170 HGB); der Kommanditist verfügt lediglich über Widerspruchsrechte, unterliegt dafür aber auch keinem gesetzlichen Wettbewerbsverbot analog § 112 HGB.[362] Auf **Beiräte**, die Kommanditisten repräsentieren, können Geschäftsführungs- und Weisungsbefugnisse, auch Vetorechte, in weitem Umfang übertragen werden, ohne allerdings Auskunfts- und sonstige zum Kernbereich gehörende Rechte des Kommanditisten dadurch auszuschließen.[363]

2224 Um die Jahresabschlusspublizität (§ 264a Abs. 1 Nr. 1 HGB, Rdn. 2380 ff.) zu vermeiden, wird mitunter – neben dem „eigentlichen Komplementär", z.B. einer GmbH, – eine weitere natürliche Person als Vollhafter aufgenommen, die jedoch von der Geschäftsführung und Vertretung ausgeschlossen werden soll:[364]

2225 **Formulierungsvorschlag: Natürliche Person als weiterer Vollhafter ohne Befugnisse (zur Vermeidung der Registerpublizität)**

> Weiterer persönlich haftender Gesellschafter ist ..... Er ist von der Geschäftsführung und der Vertretung der Gesellschaft jedoch ausgeschlossen. Er leistet keine Einlage und ist am Kapi-

---

360 Vgl. DNotI-Report 2000, 197.
361 Vgl. *Kirnberger*, ErbStB 2007, 57.
362 Es sei denn, er hätte maßgeblichen Einfluss auf die Geschäftsführung. Fehlt es daran, verstößt auch ein gesellschaftsvertragliches Wettbewerbsverbot gegen § 1 GWB; vgl. OLG Frankfurt am Main, 17.03.2009 – 11 U 61/08, RNotZ 2009, 610.
363 Vgl. *Grunewald*, ZEV 2011, 283 ff.
364 Vgl. *Kaya/Kaya*, NWB 2010, 2214.

tal, am Gewinn und Verlust sowie am Liquidationserlös der Gesellschaft nicht beteiligt. Sein Kontrollrecht gem. § 118 Abs. 1 HGB ist ausgeschlossen; unberührt bleiben jedoch seine Rechte gem. § 118 Abs. 2 HGB und §§ 713, 666 BGB. Er erhält eine jährliche Haftungsvergütung in Höhe von ..... Euro, deren Angemessenheit im Abstand von jeweils drei Jahren angesichts der finanziellen Lage der Gesellschaft und der Wahrscheinlichkeit einer möglichen Haftung durch den Steuerberater, welcher den Jahresabschluss aufstellt, zu überprüfen und anzupassen ist. Er kann durch Mehrheitsbeschluss der übrigen Gesellschafter ohne Abfindung ausgeschlossen werden, wenn in seiner Person ein wichtiger Grund i.S.d. §§ 133, 140 HGB vorliegt, insbesondere bei einem Verstoß gegen den Ausschluss von Geschäftsführung und Vertretung sowie das Wettbewerbsverbot.

Durch den Ausschluss der natürlichen Person jedenfalls von der Geschäftsführung wird zugleich erreicht, dass die gewerbliche Prägung der GmbH gewahrt bleibt (deren Erhalt jedoch der Befreiung von der Registerpublizität – Kriterium der Vollhafterstellung – nicht entgegensteht).

Wird die Geschäftsführungs- und Vertretungsleistung des Komplementärs nicht als bloßer Gesellschafterbeitrag, abgegolten durch die Beteiligung an Gewinn und Verlust, erbracht, sondern gegen (Sonder-) Entgelt, liegt entgegen früherer Auffassung[365] nach Ansicht des BFH[366] und seit 01.04.2004 auch der Finanzverwaltung[367] ein **umsatzsteuerpflichtiger** Vorgang vor, jedoch nicht hinsichtlich des Vergütungsanteils, der als Haftungsprämie entrichtet wird (§ 4 Nr. 8g UStG – str.; zur Vermeidung einer Vorsteueraufteilung sollte gem. § 9 Abs. 1 UStG auch insoweit optiert werden). Bei der sog. Einheits-GmbH & Co. KG sind jedoch aufgrund der entstehenden umsatzsteuerlichen Organschaft die Geschäftsführervergütungen des Komplementärs und der Kommanditisten in der Gesellschafterversammlung der GmbH nicht der USt unterworfen.[368]

2226

5. Stimmrecht

Denkbar ist sogar, das **Stimmrecht** der Abkömmlinge als Kommanditisten[369] (mit deren Zustimmung, § 53 Abs. 3 GmbHG analog) und wohl auch als Gesellschafter des bürgerlichen Rechtes[370] gänzlich auszuschließen. Weniger einschneidend kann dem Veräußerer, solange er Mitglied ist, ein „Veto-Recht" eingeräumt werden. Auch bei Ausschluss des Stimmrechtes sind die Gesellschafter jedoch zur Teilnahme an Versammlungen berechtigt, haben Rederecht und können gefasste Beschlüsse anfechten. Ebenso lassen Bevollmächtigungen der „Junior-Gesellschafter" zugunsten der Eltern (Schenker) zur Wahrnehmung sämtlicher Mitgliedschaftsrechte den Kernbereich dieser Rechte unberührt, jedenfalls sofern die Vollmacht aus wichtigem Grund widerruflich ist.[371]

2227

---

365 BFH, BStBl. 1980 II, S. 622.
366 BFH, 06.06.2002 – V R 43/01, BStBl. 2003 II, S. 34.
367 Nunmehr BMF-Schreiben v. 31.05.2007, BStBl. 2007 I, S. 503; vgl. *Korn/Strahl*, NWB 2007, 4506 = Fach 2 S. 9630.
368 Vgl. BMF, DB 2003, 19.
369 BGHZ 20, 363 ff., im Anschluss an das GmbH-Recht, BGHZ 14, 264 ff.
370 H.M., vgl. Münchener Handbuch des Gesellschaftsrechtes/*Weipert*, Bd. 2, § 14 Rn. 26 f. m.w.N., a.A. *Wiedemann*, Gesellschaftsrecht I, § 7 Abs. 2 Satz 1, S. 368: unbeschränkte persönliche Haftung erfordere zwingende Mitwirkungsmöglichkeit.
371 FG Köln, 19.01.2005 – 11 K 844/04, DStRE 2006, 760.

6. Vertragsänderung durch Mehrheitsbeschluss

2228 Häufig wird auch gewünscht, **Vertragsänderungen** durch Mehrheitsbeschluss herbeiführen zu können. Dies begegnet Schwierigkeiten, weil zum einen mögliche Vertragsänderungen nach dem **Bestimmtheitsgrundsatz** ausreichend genau „angekündigt" werden müssen und zum anderen nach der sog. „**Kernbereichslehre**" ein Mindestbestand von Gesellschafterrechten der Mehrheitsänderung nicht unterworfen werden kann. Bei der Vereinbarung von Mehrheitsabänderungsbefugnissen sollte daher auf diese rechtlichen Unsicherheiten hingewiesen werden. Die Rechtsprechung[372] verlangt zwar nicht eine Auflistung der betroffenen Beschlussgegenstände; Grund und Tragweite solcher Mehrheitsentscheidungen können sich also auch durch Auslegung ergeben. Allerdings genügt z.B. die Formulierung „Nachschusspflicht, soweit bei der laufenden Bewirtschaftung der Grundstücke Unterdeckungen eintreten" nicht diesen Anforderungen.[373]

2229 Erst recht genügt die schlichte Mehrheitsklausel nicht zur nachträglichen Einführung einer Nachschusspflicht,[374] sodass es der Zustimmung aller Gesellschafter bedürfte,[375] die allerdings auch in der Beitrittserklärung abgegeben werden kann.[376] Die Unwirksamkeit des Nachschussbeschlusses kann auch nach Ablauf der in der Satzung bestimmten Anfechtungsfrist als Einwendung der Zahlungsklage der Gesellschaft gegengehalten werden[377] (sonst ist die Nichtigkeit von Beschlüssen durch Feststellungsklage gegen die Mitgesellschafter geltend zu machen).[378] Auch wenn die Mehrheitsklausel wirksam ist, muss der auf seiner Grundlage gefasste Beschluss die **gesellschaftsrechtliche Treuepflicht** einhalten, was auf einer zweiten Stufe zu prüfen ist („OTTO-Entscheidung"),[379] und zwar nicht nur bei Beschlüssen, die in den Kernbereich der Mitgliedschaftsrechte der Minderheit eingreifen.[380]

7. Tod von Gesellschaftern

2230 Beim **Tod von Gesellschaftern** ist in der GbR abweichend von § 727 Abs. 1 BGB vorzusehen, dass die Gesellschaft entweder mit den übrigen Gesellschaftern (Fortsetzungsklausel) bzw. mit bestimmten, zugelassenen Erben (qualifizierte Nachfolgeklausel) fortgesetzt wird (vgl. zu gesellschaftsrechtlichen Nachfolgeklauseln umfassend Rdn. 123 ff. steuerlich: Rdn. 4594 ff.) Dadurch lässt sich erreichen, dass Schwiegerkinder oder Dritte nicht in die Gesellschaft eindringen können, ähnlich wie dies bei Direktübertragungen von Immobilien durch Rückforderungsrechte gewährleistet ist.

---

[372] BGH, 15.01.2007 – II ZR 245/05, ZNotP 2007, 184.
[373] BGH, 19.03.2007 – II ZR 73/06, ZNotP 2007, 232.
[374] BGH, 21.05.2007 – II ZR 96/06, ErbStB 2007, 266; allgemein zur Nachschusspflicht bei geschlossenen Immobilienfonds, *Carlé*, ErbStB 2008, 269.
[375] Wird diese erteilt, liegt allerdings kein Eingriff in „mitgliedschaftliche Grundrechte" vor, BGH, 03.12.2007 – II ZR 36/07, ZNotP 2008, 211.
[376] BGH, 05.11.2007 – II ZR 230/06, ErbStB 2008, 201.
[377] BGH, 09.02.2009 – II ZR 231/07, NotBZ 2009, 493.
[378] BGH, 01.03.2011 – II ZR 83/09, GmbHR 2011, 539, m. Anm. *Münnich* (es sei denn, der Gesellschaftsvertrag würde das kapitalistische System einer Klage gegen die Gesellschaft übernehmen; dafür reicht jedoch nicht die Vereinbarung einer „Anfechtungsfrist").
[379] BGH, DNotZ 2007, 629.
[380] BGH, 24.11.2008 – II ZR 116/08, DNotZ 2009, 392.

8. Hinauskündigungsmöglichkeit

Zivilrechtlich ist Voraussetzung einer Hinauskündigungsklausel sowohl im Rahmen einer GmbH,[381] einer KG[382] – auch einer Publikums-KG mit reinem Kapitalanlagecharakter[383] – als auch einer schlichten GbR, dass

- ein sachlicher Grund[384] vorliegt, mithin also eine objektive, von den Gesellschaftern nicht zu beeinflussende Tatsache – etwa das Ableben eines Gesellschafters oder die Beendigung eines bestehenden Kooperationsvertrages mit der Gesellschaft – ;[385]
- oder ein anzuerkennendes Motiv (Abgabe des Anteils bei Beendigung der Tätigkeit als Arbeitnehmer oder als Geschäftsführer für das Unternehmen[386] oder nach Ablauf einer „Probezeit" bei Freiberufler-Gesellschaften;[387] ebenso: Herausgabe des vom Ehegatten erworbenen „angeheirateten" Anteils bei Scheidung);[388]
- und die Hinauskündigung binnen einer bestimmten Frist erklärt wird;[389]
- und weiterhin dem Willkürverbot nicht widerspricht.

Der Umstand, dass der Gesellschaftsanteil geschenkt wurde, dürfte keine abweichende Betrachtung rechtfertigen;[390] ebenso wenig kann eine angemessene Entschädigung die Zulässigkeit willkürlicher Hinauskündigungsklauseln rechtfertigen.[391]

Aufgrund der Testierfreiheit steht es dem Erblasser frei, sein Unternehmen an die Kinder mit der Auflage zu vererben, dass ein Gesellschaftsvertrag mit freiem Hinauskündigungsrecht und Anwachsungsfolge geschlossen werde.[392]

Die gesellschaftsrechtlichen Grenzen freier Hinauskündigung haben auch Einfluss auf die Zulässigkeit schuldrechtlicher Rückforderungsvorbehalte (vgl. Rdn. 2233).

In der Krise können die Gesellschafter jedoch mehrheitlich beschließen, dass zur Rettung der Gesellschaft eine Kapitalerhöhung durchzuführen sei, und diejenigen Gesellschafter, die sich

---

381 BGHZ 112, 103.
382 BGHZ 81, 263; BGHZ 105, 213.
383 BGHZ 125, 74.
384 Ausreichend ist gem. BGH, 14.03.2005 – II ZR 153/03, DNotZ 2005, 792 die Anknüpfung an die Beendigung eines Kooperationsvertrages, dem ggü. die gesellschaftsrechtliche Bindung gänzlich untergeordnet ist.
385 BGH, 14.03.2005 – II ZR 153/03, DStR 2005, 798.
386 BGH, 19.09.2005 – II ZR 342/03, DStR 2005, 1910, i.R.d. sog. „Mitarbeitermodells" und gemäß BGH, 19.09.2005 – II ZR 173/04, DStR 2005, 1913, i.R.d. „Managermodells" die Rückübertragungspflicht von weitgehend unentgeltlich übertragenen Anteilen zulasten von Mitarbeitern bzw. Geschäftsführern bei deren Ausscheiden aus dem Unternehmen.
387 BGH, 07.05.2007 – II ZR 281/05, DNotI-Report 2007, 175: bis zu 3 Jahre.
388 Jedenfalls bei Familienvermögensverwaltungsgesellschaften, sofern der angeheiratete Ehegatte den Anteil unentgeltlich erworben hat: OLG Karlsruhe, 12.10.2006 – 9 U 34/06, ZEV 2007, 137, m. Anm. *Ivo*; vgl. auch *Münch*, ZErb 2007, 410.
389 Vgl. BGHZ 105, 213 ff.
390 *Heinemann*, ZHR 155 (1991), 464 ff.; in BGHZ 112, 109 ausdrücklich offengelassen.
391 Vgl. *Reul*, Grundrechte und Vertragsfreiheit im Gesellschaftsrecht (Vortrag 04.11.2006 Rheinisches Institut für Notarrecht Bonn, Umdruck S. 45).
392 BGH, 19.03.2007 – II ZR 300/05, ZNotP 2007, 230.

an der Erhöhung nicht beteiligen, aus der Gesellschaft ausscheiden. U.U. ergibt sich aus der Treuepflicht des Gesellschafters sogar die Pflicht, einem solchen Beschluss („Sanieren oder ausscheiden") zuzustimmen.[393]

9. Rückforderungsvorbehalt

2233 Zulässig ist jedoch – wie bei der Direktübertragung der Immobilie – die Vereinbarung eines Rückforderungsvorbehaltes i.R.d. Abtretung/Einräumung der Gesellschafterstellung als solcher (vgl. hierzu umfassend Rdn. 1998 ff., auch zur Ausstrahlungswirkung der gesellschaftsrechtlichen Hinauskündigungsverbote) mit Formulierungsvorschlag Rdn. 1877).

10. Risiko eigener Kündigung

2234 Nachteilig ggü. der sachenrechtlichen Direktübertragung mit Rückforderungsvorbehalt ist das zwingend gegebene Recht auch der „Junior-Gesellschafter", sich den gesellschaftsrechtlichen Bindungen durch **Kündigung aus wichtigem Grund** (§ 723 Abs. 1 und 3 BGB bei der GbR, i.Ü. § 314 BGB, im Zweifel mit Auflösungsfolge durch Gestaltungsurteil, § 133 HGB) zu entziehen. Daneben tritt das ordentliche Kündigungsrecht bei unbefristeten Gesellschaften (§ 723 Abs. 1 Satz 1, Abs. 3 BGB), das jedoch für eine angemessene Zeitdauer, möglicherweise gar 20 Jahre,[394] ausgeschlossen werden kann, sodass die aus Sicht der Eltern besonders „gefährdete" Zeit zwischen dem 15. und dem 25. Lebensjahr regelmäßig überbrückt wird.

2235 Der häufig gewünschte **Ausschluss des Rechtes zur ordentlichen Kündigung auf die Lebensdauer des Senior-Gesellschafters** (übertragenden Elternteils) kann gem. § 724 Satz 1 BGB, § 134 i.V.m. § 161 HGB nicht durch eine auf diese Zeit eingegangene Befristung erreicht werden.[395] Allerdings gewährt § 723 Abs. 1 Satz 3 Nr. 2 BGB dem volljährig gewordenen Gesellschafter einer GbR sowie dem volljährig gewordenen Komplementär ein Sonderkündigungsrecht binnen 3 Monaten ab Kenntnis seiner Mitgliedschaft – nicht notwendig des Kündigungsrechtes – (zur Vermeidung der Vermutungswirkung des § 1629a Abs. 4 BGB). Hierin liegt ein deutlicher Vorteil der KG, deren volljährig gewordene Kommanditisten allenfalls ausnahmsweise, bei nicht voll erbrachter Haft- oder Pflichteinlage,[396] zu dieser Kündigung berechtigt sind.

---

[393] BGH, 19.10.2009 – II ZR 240/08, GmbHR 2010, 32, m. Anm. *Ulrich* = NotBZ 2009, 486, m. Anm. *Vossius* (zu einem Publikums-Immobilienfonds in Form einer OHG, sogar mit der Folge, dass die ausgeschiedenen Gesellschafter aufgrund negativer Abfindungsbilanz nachzuzahlen haben), vgl. *Deutscher*, ZfIR 2010, 481. Eine Zustimmungspflicht besteht jedoch nicht, wenn der Gesellschaftsvertrag auch im Krisenfall Einstimmigkeit vorsieht und die zahlungsunwilligen Gesellschafter die Verringerung ihrer Beteiligung hinzunehmen haben, BGH, 25.01.2011 – II ZR 122/09, ZNotP 2011, 187 = NotBZ 2011, 288, m. Anm. *Vossius*.

[394] BGH, 18.09.2006 – II ZR 137/04, DStR 2007, 34: 30 Jahre unzulässig, selbst wenn zur Alterssicherung der Seniorpartner gedacht (großzügiger noch BGH, WM 1967, 316); noch strenger *Wiedemann*, WM 1992, Beilage 7, S. 51: 10 Jahre bei am Vermögen beteiligten Gesellschaftern, 5 Jahre (vgl. § 624 BGB) bei geschäftsführenden Gesellschaftern.

[395] § 724 BGB gilt (erst recht) für Ausschlussklauseln, wonach die Lebenszeit eines Gesellschafters als „Mindestzeit" vereinbart sei, vgl. MünchKomm-BGB/*Ulmer*, § 724 Rn. 7. Ergänzende Vertragsauslegung kann jedoch den untauglichen Versuch eines lebzeitigen Kündigungsausschlusses durch Befristung (wohl) auf das noch zulässige Maß beschränken, vgl. Gutachten, DNotI-Report 2006, 95.

[396] *Grunewald*, ZIP 1999, 599 f.; generell gegen das Minderjährigenkündigungsrecht von Kommanditisten *Reimann*, DNotZ 1999, 206.

11. Abfindungsanspruch bei Kündigung oder Ausschluss

a) Berechnung

Während bei der direkten Grundstücks- oder Betriebszuwendung die Rückforderung ggf. auch unentgeltlich (bzw. gegen Erstattung der investitionsbedingten Werterhöhung, Rdn. 1941 ff.) erfolgen kann, zieht die „Hinauskündigung" eines missliebigen Gesellschafters ebenso wie dessen Eigenkündigung grds. einen Abfindungsanspruch nach sich. Die zu gewährende Abfindung richtet sich bei Fehlen anderweitiger Vereinbarungen gem. § 738 BGB nach dem Verkehrswert auf der Basis des going concern, nicht der Zerschlagung;[397] mindestens ist jedoch der Liquidationswert anzusetzen.[398] Die schwierige Bestimmung dieser Werte wird erleichtert, wenn die Satzung das Ermittlungsverfahren bestimmt, etwa 2236

- durch entsprechende Anwendung des an sich für nicht börsennotierte Kapitalgesellschaftsanteile für schenkung-/erbschaftsteuerliche Fälle bis zum 31.12.2008 geschaffenen „**Stuttgarter Verfahrens**" (Rn. 3296 der Vorauflage) auch für Personengesellschaften. Legt man dabei nicht den Substanzwert, wie eigentlich beim Stuttgarter Verfahren vorgesehen, zugrunde (Buchwerte, für Grundstücke gemeindliche Richtwerte), sondern den Teilwert, lautet die vereinfachte Bewertungsformel:
Unternehmenswert = 0,68 x (Teilwert + 5-facher Durchschnittsertrag der letzten 3 Jahre); 2237
- oder nach den Richtlinien des Hauptfachausschusses des Instituts der Wirtschaftsprüfer in Deutschland zur Unternehmensbewertung, zuletzt Standard **IDW S1** (Stand 2008);[399]
- oder nach dem **Discounted-Cash-Flow**-Verfahren:
Betriebsergebnis vor Zinsen und Steuern abzgl. der Steuern, zuzüglich Abschreibungen und anderen kassenwirksamen Aufwands, abzgl. Investitionen im Anlagevermögen, abzgl. Erhöhung des working capital ergibt freien cash-flow (ohne Schulden), vgl. Rdn. 3772 2238
- oder nach dem **reinen Ertragswert** (Durchschnittsergebnis der drei letzten festgestellten Bilanzen ist nach der Formel für ewige Renten mit einem Zinsfuß von x % über dem Basiszinssatz zu kapitalisieren, zum ab 2009 als Regelverfahren in §§ 199 ff. BewG vorgesehenen vereinfachen Ertragswertverfahren s. im Einzelnen Rdn. 3745 ff.), vereinfacht ausgedrückt: durchschnittlicher Jahresüberschuss dividiert durch den anzuwendenden Jahreszins ergibt Ertragswert;

Beispiel:

Jahresüberschuss von 60.000,00 € bei einem anzuwendenden Zins von gesamt 6 % ergibt 60.000,00 : 0,06 = 1 Mio. € Unternehmenswert.

Denkbar ist auch 2239

- eine rein **umsatzbezogene** Abfindung, insb. bei Dienstleistungsunternehmen, oder

---

397 Vgl. BGH, DB 1967, 854.
398 MünchKomm-BGB/*Ulmer*, § 738 Rn. 24.
399 Die Wirtschaftsprüfung 2008, 271 = FN-IDW 7/2008, 271.; zuvor bspw. IDW Standard I 2005 sowie 2000 bzw. RL HFA II/1995 (zur Unternehmensbewertung im Familien- und Erbrecht) sowie HFA VI/1997 (zur Bewertung kleiner und mittlerer Unternehmen).

- eine Mischung aus Substanzwert und Jahresgewinn (so bestimmen etwa viele Handwerkskammern pauschal den Wert eines Handwerksbetriebs durch den Substanzwert zuzüglich des 2-fachen Jahresgewinns, sog. **„Praktikerformel"**) (vgl. im Einzelnen die Übersicht in Rdn. 3772).

b) Reduzierung

2240 Die Kautelarpraxis ist bestrebt, im Interesse der verbleibenden Gesellschafter die **Abfindung** möglichst zu reduzieren, muss sich allerdings des Umstandes bewusst sein, dass die Differenz zwischen dem Steuerwert des Anteils und einem etwa geringeren tatsächlichen Abfindungsbetrag gem. §§ 3 Abs. 1 Nr. 2 Satz 2, 7 Abs. 7 ErbStG zu versteuern ist (vgl. Rdn. 3548). Auch zivilrechtlich kann die Abfindung nicht beliebig niedrig vereinbart und beliebig lange zinsfrei gestundet[400] werden. Gefährlich sind zum einen **Abfindungen unter dem Buchwert**[401] (unangemessene Beeinträchtigung des Kündigungsrechts, § 723 Abs. 3 BGB,[402] oder Knebelung des Gesellschafters: § 138 BGB), möglicherweise auch bereits die Buchwertklausel als solche[403] (uneingeschränkt zulässig dürfte die Buchwertklausel jedenfalls bei ideellen Gesellschaften,[404] und Arbeitnehmerbeteiligungen[405] sein). Gefährlich ist es weiter, für den Fall der Kündigung durch Privatgläubiger eines Gesellschafters eine niedrigere Abfindung als in sonstigen Fällen der Ausschließung aus wichtigem Grund vorzusehen (Gläubigerbenachteiligung).[406]

2241 Möglicherweise lässt sich letztgenannter Gestaltungsgrenze dadurch genügen, dass – der allgemeinen Praxis entsprechend – lediglich ein weiterer Fall des wichtigen Grundes i.S.d. § 133 HGB mit dem Fall der Kündigung durch Privatgläubiger (§§ 135, 161 HGB) oder des Ausscheidens aufgrund Insolvenzeröffnung (§§ 131 Abs. 3 Nr. 2, 161 HGB)[407] gleich behandelt wird.[408]

2242 Sicherlich differenziert werden kann jedoch zwischen den Abfindungsfolgen bei Vorliegen eines wichtigen Grundes/bei Pfändung bzw. Insolvenz einerseits und sonstigen Fällen der Kündigung ohne Vorliegen eines wichtigen Grundes andererseits[409] (ähnlich unterschiedlichen Rückkaufpreisen für „bad leaver" und „good leaver" bei venture-capital-Beteiligungen).[410] Der Umstand allerdings, dass eine Gesellschaftsbeteiligung schenkweise erworben wurde, soll hingegen keine

---

400 Üblich sind ca. 3 bis 5 Jahre, ohne Anspruch auf Sicherheitsleistung, vgl. *Wälzholz*, FamRB 2007, 88. Die Abfindung in drei zinslosen Raten nach fünf, 8 und 10 Jahren soll nach OLG Dresden, DB 2000, 1221, m. krit. Anm. *Ziegler*, DB 2000, 2107 gegen § 723 Abs. 3 BGB verstoßen.
401 BGH, NJW 1989, 2686: Abfindung zum halben Buchwert ist regelmäßig auch bei geschenkter Beteiligung unwirksam; s.a. Rdn. 2243.
402 Wobei der BGH, 07.04.2008 – II ZR 3/06, ZNotP 2008, 411, die Zulässigkeit der schlichten Fortgeltungsklausel unabhängig davon beurteilt, ob die Abfindung nicht angemessen ist.
403 *Goette*, DStR 2001, 541: Buchwertklausel jedenfalls bei gewerblichem Vermögen noch zulässig; ebenso *Richter*, Die Abfindung ausscheidender Gesellschafter unter Beschränkung auf den Buchwert, S. 171.
404 BGH, 02.06.1997 – II ZR 81/96, NJW 1997, 2592.
405 BGH, 09.07.1990 – II ZR 194/89, NJW 1990, 2622.
406 BGHZ 144, 365.
407 Bei der GbR ist die Insolvenzeröffnung gem. § 728 Abs. 2 BGB Auflösungsgrund, was jedoch regelmäßig zugunsten des Ausscheidens des Betroffenen modifiziert wird.
408 Dies ist allerdings in BGH, 16.09.2000 – II ZR 73/99, NJW 2000, 2819 nur angedeutet.
409 Vgl. eingehend *Oppermann*, RNotZ 2005, 465; Formulierungsvorschlag bei *Wälzholz*, FamRB 2007, 89.
410 *Kästle/Heuterkes*, NZG 2005, 289, 290.

mildere Beurteilung rechtfertigen.⁴¹¹ Wird eine unzulässig niedrige Abfindung vereinbart, hält der BGH jedenfalls bei nachträglich eingetretener Wertdifferenz den gerade noch zulässigen Wert als vereinbart,⁴¹² bei möglicher anfänglicher Nichtigkeit (aufgrund ab initio bestehenden krassen Missverhältnisses) empfiehlt sich die vorsorgliche Verpflichtung zur Zahlung jenes „Auffangbetrages", da sonst die gesetzliche Vollabfindung geschuldet wäre.⁴¹³

Mögen sich auch schematische Festlegungen verbieten, wird überwiegend die Reduzierung auf zwei Drittel,⁴¹⁴ teilweise auch die Hälfte,⁴¹⁵ kaum jedoch weniger⁴¹⁶ des „echten Anteilswertes" für zulässig gehalten. Großzügigere Grundsätze können gelten bei Gesellschaften, die rein ideelle Zwecke verfolgen oder rein genossenschaftlichen Charakter haben, ferner für Gesellschafter ohne Kapitalanteil und bei einer Freiberuflersozietät, wenn weder eine Mandantenschutzklausel noch ein nachvertragliches Wettbewerbsverbot vorgesehen seien. Auch kann nach der Dauer der Mitgliedschaft differenziert werden.⁴¹⁷ Allein aus der Zulässigkeit einer Hinauskündigungsklausel folgt jedoch noch nicht die Möglichkeit, Abfindungsansprüche zu verringern oder gar gänzlich auszuschließen.⁴¹⁸

2243

Soweit Abfindungsansprüche wirksam reduziert werden, können weiterhin **Pflichtteilsergänzungsansprüche**, z.B. weichender Geschwister, im Raum stehen. In der gesellschaftsvertraglichen Reduzierungsklausel verbirgt sich dann eine Schenkung, wenn die Wahrscheinlichkeit ihres tatsächlichen Eintritts in der Person der Gesellschafter deutlich voneinander abweicht. Insoweit (Wahrscheinlichkeit der Kündigung/des Ausschlusses als Austausch gleichwertiger Risiken) dürfte Gleiches gelten wie beim vollständigen Abfindungsausschluss im Sterbefall (vgl. im Einzelnen Rdn. 130). Wenn die Altersstruktur der Gesellschafter es als nicht voraussehbar erscheinen lässt, welcher Beteiligter zuerst stirbt, sodass ein sog. „Wagnisgeschäft" (aleatorisches Rechtsgeschäft) vorliegt, dürften Pflichtteilsergänzungsansprüche nicht bestehen;⁴¹⁹ anders liegt dies jedoch, wenn die Altersstruktur eine einseitige Wirkung des Abfindungsausschlusses mit großer Wahrscheinlichkeit erwarten lässt.⁴²⁰

2244

Nicht höchstrichterlich geklärt ist bisher, inwieweit Reduzierungen des Abfindungsbetrages bei Ausschluss bzw. Kündigung (ebenso wie Beschränkungen der Abtretbarkeit) bei der Berechnung des „Wertes des Nachlasses" i.S.d. § 2311 BGB im Verhältnis zum Pflichtteilsberechtigten

2245

---

411 BGH, NJW 1989, 2685 ff. („keine Gesellschafter zweiter Klasse"); für vollständigen Ausschluss der Abfindung bei geschenkten Anteilen dagegen OLG Naumburg, NZG 1999, 111, m. abl. Anm. *Behnke* (obiter dictum).
412 BGH, DStR 1993, 1109; DStR 1995, 461; andererseits hat BGH, 07.04.2008 – II ZR 181/04, ZIP 2008, 1276 bei einer Freiberuflersozietät keine „geltungserhaltende Reduktion" vorgenommen.
413 Vgl. im Überblick *Olbing*, GmbH-StB 2008, 300 ff.
414 MünchKomm-BGB/*Ulmer*, § 738 Rn. 52.
415 *Mecklenbrauck*, BB 2000, 2006; *D. Mayer*, DB 1990, 1320; *Jorde/Stroot* Ubg 2010, 45.
416 Ein Drittel des wahren Wertes genügt nicht (BGH, LM HGB § 119 Nr. 9), erst recht nicht ein Fünftel (BGH, DB 1973, 611).
417 *Hülsmann*, GmbHR 2001, 409, 412; *Leitzen*, RNotZ 2009, 315, 317.
418 Auch wenn häufig dieselben Kriterien relevant sind, *Leitzen*, RNotZ 2009, 315, 317.
419 *Langenfeld*, ZEV 1995, 159; BGH, NJW 1970, 1638.
420 DNotI-Report 1996, 87.

eine Rolle spielen. Richtigerweise[421] wird wohl zu differenzieren sein, ob der Erbe schlicht Gesellschafter wurde, und lediglich abstrakt die Gefahr besteht, dass bei einem Ausscheiden in der Zukunft der Wert nur begrenzt realisiert werden kann (dann Wertansatz des Anteils mit dem vollen Wert) oder ob die Ausschließungsklausel mit Abfindungsbeschränkung an den letztwilligen Erwerb als solchen anknüpft (dann Wertansatz nur des Abfindungsbetrages).

12. Gewinn- und Verlustverteilung, Entnahmen

a) Gewinnermittlung

2246 Bei Mitunternehmerschaften (also insb. Personenhandelsgesellschaften, der GbR – auch als Innengesellschaft, z.B. Unterbeteiligung –, ferner bei der stillen Gesellschaft und der Partnerschaftsgesellschaft), erfolgt eine dreistufige Gewinnermittlung:

aa) Hauptbilanz

2247 Zunächst ist gem. § 15 Abs. 1 Satz 1 Nr. 2 Satz 1 Halbs. 1 EStG der steuerliche Gewinn des Unternehmens, abgeleitet aus der Handelsbilanz, in der sog. „**Hauptbilanz**" zu ermitteln. Darlehens-, Anstellungs- und Nutzungsüberlassungsverträge zwischen Gesellschaft und Gesellschaftern werden also auf dieser Ebene zunächst anerkannt; der Gewinn wird nach dem gesellschaftsrechtlichen Gewinnverteilungsschlüssel (vgl. Rdn. 2250 ff.) auf die Gesellschafter verteilt. Anders als bei der Kapitalgesellschaft kommt es also auf die tatsächliche Ausschüttung der Gewinne nicht an; infolge der steuerlichen „Transparenz" wird der Gewinn den Gesellschaftern sofort und direkt zugerechnet (Ausnahme: Thesaurierungsbesteuerung auf Antrag ab 2008, vgl. Rdn. 2420). Bei Gewerbebetrieben erfolgt die Gewinnermittlung i.d.R. durch Bestandsvergleich gem. § 4 Abs. 1, Abs. 5 EStG, bei freiberuflichen Unternehmerschaften durch Einnahmen-Überschuss-Rechnung gem. § 4 Abs. 3 EStG.

bb) Ergänzungsbilanzen

2248 Auf der Stufe der Hauptbilanz sind ggf. rechnerische Korrekturposten zu Wirtschaftsgütern für einzelne Gesellschafter in Form von **Ergänzungsbilanzen** zu berücksichtigen:

Beispiel einer positiven Ergänzungsbilanz:

Für den Erwerb eines Mitunternehmeranteils im Buchwert von 50.000,00 € zahlt ein eintretender Gesellschafter 100.000,00 € mit Rücksicht auf die stillen Reserven, die bspw. in einem Betriebsgebäude „stecken". Diese weiteren Anschaffungskosten von 50.000,00 € sind in einer Ergänzungsbilanz des neuen Gesellschafters zu aktivieren und in der Folgezeit abzuschreiben; diese Abschreibungen führen also zu Verlusten im Ergänzungsbereich.

Beispiel für eine negative Ergänzungsbilanz:

Bei Einbringung eines Einzelunternehmens zu Buchwerten gem. § 24 UmwStG werden die Wirtschaftsgüter seitens der Gesellschaft in der Gesamthandsbilanz zu Teilwerten angesetzt und abgeschrieben. Der einbringende Gesellschafter hat demnach eine negative Ergänzungsbilanz aufzustellen, um die zu hoch

---

[421] Vgl. *Iversen*, NJW 2010, 183 ff. Haben sich allerdings, wie von ihm als „Königsweg" empfohlen, alle Mitgesellschafter vorab verpflichtet, von der Ausschließungsmöglichkeit keinen Gebrauch zu machen, dürfte diese Privilegierung entgegen seiner Einschätzung nicht gelten.

ausgewiesenen Werte als negative Wirtschaftsgüter zu korrigieren. In seiner Ergänzungs-Gewinn- und Verlustrechnung sind die zu hohen Abschreibungen ebenfalls bei ihm wieder auszugleichen.

cc) „Sonderbilanzen"

In der dritten Stufe werden sodann die „Sondervergütungen" zwischen der Gesellschaft und einzelnen Gesellschaftern, bspw. aufgrund von Darlehens-, Anstellungs- und Nutzungsüberlassungsverträgen (Rdn. 2256), steuerlich neutralisiert, um eine Gleichstellung der Mitunternehmerschaft mit dem Einzelunternehmen zu erreichen. Der in der Hauptbilanz insoweit reduzierte Gewinn ist daher in sog. „**Sonderbilanzen**" bzw. „Sondergewinn- und Verlustrechnungen" beim jeweiligen Gesellschafter wieder auszugleichen. Die Sondervergütungen der Mitunternehmer (sogar Gewinne aus dem Verkauf von zum Sonderbetriebsvermögen II gehörenden GmbH-Anteilen)[422] unterliegen demnach der Gewerbesteuer und fließen in den einheitlich und gesondert festzustellenden steuerlichen Gesamtgewinn der Mitunternehmerschaft ein (zu möglichen Korrekturklauseln i.S.e. verursachungsgerechten Verteilung des Gewerbesteueraufwandes vgl. Rdn. 4484). Keine Sondervergütungen liegen jedoch vor bei Gegenleistungen aus Veräußerungsgeschäften, etwa der Lieferung von Waren eines Gesellschafters.[423]

2249

Beispiel:

Der Gesellschafter A vermietet einer KG, an der er hälftig beteiligt ist, ein Gebäude für monatlich 2.000,00 €; bei ihm fallen Werbungskosten (AfA, Zinsen und Nebenkosten) von monatlich 500,00 € an. Die Handelsbilanz der KG weist einen Gewinn von 100.000,00 € aus. Der auf A entfallende anteilige Gewinn von 50.000,00 € ist durch die Vergütung für die Grundstücksüberlassung (Sonderbetriebsentnahme) i.H.v. 24.000,00 € zu erhöhen, denen wiederum Sonderbetriebsausgaben i.H.v. 6.000,00 € gegenüberstehen. Der steuerliche Gesamtgewinn der Gesellschaft beträgt demnach 118.000,00 €, von denen 68.000,00 € dem A und der Rest den Mitgesellschaftern zuzuweisen sind.

b) Gewinnverteilungsabrede

Die **gesetzliche Regelung** des Gewinnbezugsrechts bei der OHG ist in der Praxis bedeutungslos, da stets durch vorrangige gesellschaftsvertragliche Regelungen abbedungen. Sie sieht gem. § 121 Abs. 3 HGB vor, dass 4 % des Betrags der Kapitalanteile vorab, der Rest nach Köpfen, verteilt werden. Bei der KG wird nach gesetzlicher Norm der über 4 % der Kapitalanteile hinausgehende Gewinne „in angemessenem Verhältnis" auf die Gesellschafter verteilt, § 168 Abs. 2 HGB. Die Konkretisierung bzw. Abbedingung auch dieser Vorschriften ist die Regel.

2250

Von der Anerkennung der Mitunternehmerschaft der Familienpersonengesellschaft zu unterscheiden ist die **Anerkennung der Gewinnverteilungsabrede**, die nicht in offensichtlichem Missverhältnis zu den Leistungen der Gesellschafter stehen darf. Dabei gelten die unmittelbaren Grundsätze des Fremdvergleichs nur für Kommanditisten, die ihren Anteil entgeltlich erworben haben oder zwar unentgeltlich erworben haben, aber wesentliche Mitarbeit leisten. Bei unwesentlicher Mitarbeit und geschenkter Beteiligung darf zusätzlich die durchschnittliche

2251

---

422 BFH, 03.04.2008 – IV R 54/04, GmbH-StB 2008, 223.
423 BFH, BStBl. 2000 I, S. 339, 341.

Rendite eine Obergrenze von 15 % des tatsächlichen Wertes der Beteiligung nicht überschreiten (Rdn. 2286).[424]

2252 Diese Grenzen gelten jedoch richtigerweise nur in Bezug auf die Ausschüttung zugunsten der (oft schenkungsweise) übertragenen Anteile, nicht hinsichtlich etwa zurückbehaltener Anteile des Veräußerers.[425] Auch ein Gestaltungsmissbrauch, § 42 AO, kann darin regelmäßig nicht gesehen werden, korrespondiert doch die überproportionale Gewinnberechtigung des Veräußerers mit einer typischerweise weiter überproportionalen Förderung des Unternehmens, durch Erfahrung und Netzwerke.[426]

2253 Der BFH[427] steht Abreden über eine inkongruente Gewinnausschüttung durchaus wohlmeinend ggü.; andernfalls erfolgt lediglich eine Korrektur der Gewinnzurechnung.[428] Die Finanzverwaltung hingegen[429] legt gegen den Widerstand der Literatur[430] strengere Maßstäbe an. Werden diese überschritten, erfolgt die Zuordnung allein beim bisherigen Inhaber des Anteils – es sei denn eine Umdeutung in eine typisch stille Unterbeteiligung ist möglich (Rdn. 2281 ff.).[431] Daneben bestehen schenkungsteuerliche Risiken bei disquotaler Gewinnbeteiligung.[432]

2254 **Gesellschaftsrechtlich** sind vom Gesetz abweichende Verteilungen des Gewinn oder Verlustes (z.B. zugunsten oder zulasten der in der Gesellschaft befindlichen Eltern) ohne Weiteres zulässig (bei der Personengesellschaft sieht z.B. § 121 HGB für die OHG bereits selbst eine von den Kapitalanteilen abweichende Gewinnverteilung vor; bei der GmbH erlaubt dies § 29 Abs. 3 Satz 2 GmbHG, bei der AG § 60 Abs. 3 AktG). Die „Junior-Gesellschafter" könnten sogar (auch als Mitglied einer GmbH,[433] als Kommanditist,[434] und als GbR-Gesellschafter)[435] vollständig vom Gewinn ausgeschlossen werden. Im Zweifel (§ 734 BGB) bestimmt die Gewinnverteilungsabrede zugleich den Liquidationsschlüssel.

---

[424] Seit BFH (Großer Senat), BStBl. 1973 II, S. 5, 7; vgl. R 15.9 Abs. 3 Satz 2 EStR 2005, H 15.9 Abs. 3 „Allgemeines" EStR 2005.
[425] Vgl. hierzu *Werz/Sager*, ErbStB 2010, 73, 74; *Tavakoli*, DB 2006, 1882, 1886.
[426] Vgl. *Mutter*, ZEV 2007, 512, 514.
[427] BFH, 19.08.1999 – I R 77/96, DStR 1999, 1849 und BFH, 28.06.2006 – I R 97/05, JurionRS 2006, 23234; vgl. *Geißelmeier/Kammeter*, NWB 2006, 4397 = Fach 4, S. 5133 ff.
[428] BFH, BStBl. 1970 II, S. 416.
[429] Nichtanwendungserlass gegen BFH, 19.08.1999 – I R 77/96, JurionRS 1999, 12851 sowie BMF-Schreiben v. 07.12.2000, BStBl. 2001 I, S. 47.
[430] Plädoyer für die ertragsteuerliche Anerkennung des „reziproken Familienpools": *Mutter*, ZEV 2007, 512 ff.
[431] Dann gelten für die max. steuerlich anerkennungsfähige Rendite des still Beteiligten folgende Prozentgrenzen: bei geschenkter Beteiligung 15 % (falls Verlusttragung ausgeschlossen: 12 %), bei entgeltlich erworbener Beteiligung 35 % (falls Verlusttragung ausgeschlossen: 25 %) des Beteiligungswertes, vgl. BFH, BStBl. 1973 II, S. 395, BStBl. 1973 II, S. 650, BStBl. 1982 II, S. 387.
[432] Insoweit abschwächend *Fuhrmann*, ErbStB 2003, 388 ff.
[433] BGHZ 14, 271 ff.
[434] Staub/*Ulmer*, HGB, § 121 Rn. 17.
[435] MünchKomm-BGB/*Ulmer*, § 705 Rn. 149 m.w.N.; BGH, NJW 1987, 3125.

c) Nießbrauch

Stattdessen oder daneben besteht die Möglichkeit, zugunsten der Veräußerer i.R.d. „Einbringung" am Grundbesitz selbst den sachenrechtlichen Nießbrauch vorzubehalten[436] bzw. an den Gesellschaftsanteilen der „Junior-Gesellschafter" Nießbrauchsrechte zu bestellen[437] (vgl. im Einzelnen oben Rdn. 1230 und zur – regelmäßig gewollten – Mitunternehmerstellung sowohl des Gesellschafters als auch des Nießbrauchers unten Rdn. 4520). Zum schenkungsteuerlichen Belastungsvergleich ggü. der disquotalen Gewinnverteilungsabrede (Rdn. 2250 ff.) s. Rdn. 4180 ff.

2255

d) Sonderbetriebseinnahmen

Denkbar sind des Weiteren Tätigkeitsvergütungen, z.B. für die Verwaltung seitens des „Senior-Gesellschafters". Geschäftsführungsvergütungen des Komplementärs einer KG und Tätigkeitsvergütungen für Kommanditisten werden als **Sonderbetriebseinnahmen** den Gewinnausschüttungen einkommensteuerlich hinzugerechnet[438] (nach Ermittlung der Einkünfte aus dem Gesamthandsvermögen werden aus den Sonderbilanzen, Rdn. 2249 die Ergebnisse der wirtschaftlichen Betätigung der Gesellschafter mit dem Sonderbetriebsvermögen ermittelt). Der BFH geht demgegenüber bei Kommanditisten im Zweifel von einer bloßen Gewinnverteilungsabrede aus, es sei denn, die Vergütung ist nach dem Gesellschaftsvertrag als Kosten zu behandeln und ausdrücklich auch dann zu bezahlen, wenn kein Gewinn erzielt wird.[439]

2256

Als Sonderbetriebseinnahmen – § 15 Abs. 1 Satz 1 Nr. 2 EStG – hinzugerechnet werden auch Vergütungen an den Geschäftsführer der Komplementär-GmbH, der zugleich Kommanditist ist,[440] jedenfalls sofern die GmbH nicht anderweit tätig ist (mit der Folge der Aufteilung der Vergütung) und der Geschäftsführungsaufwand durch die KG erstattet wird.[441] Im Fall späterer Insolvenz der Gesellschaft besteht das Risiko, dass solche „Sonderbetriebseinnahmen" rückzuzahlen sind, wenn sie nicht von einem entsprechenden Gewinnanteil getragen waren[442] (§ 169 Abs. 1 Satz 2 HGB: kein Gewinnauszahlungsanspruch bei Minderung unter die geleistete Einlage; § 172 Abs. 4 Satz 2 HGB: Erstattungspflicht bzgl. Überentnahmen des betreffenden Jahres, allerdings keine Pflicht zur Rückzahlung von Gewinnen bei Verlusten in späteren Jahren: § 169 Abs. 2 HGB).

2257

---

436 *Steiner*, ErbStB 2006, 31, bezweifelt allerdings ob dann noch Mitunternehmerschaft vermittelt werden kann.

437 Zu Letzterem *Kruse*, RNotZ 2002, 69 ff., auch zu den diesbezüglichen Stimmrechtsfragen, und *Steiner*, ErbStB 2006, 31 ff. (mit Gestaltungsvorschlägen). Die steuerliche Anerkennung der Familiengesellschaft wird dadurch nicht gefährdet, FG Köln, 19.01.2005 – 11 K 844/04, DStRE 2006, 760, auch nicht, wenn sich der Nießbrauch nach Auflösung der Gesellschaft/Ausscheiden eines Gesellschafters am Auseinandersetzungsguthaben fortsetzen soll.

438 Bzw. sind wegen des Saldierungsverbotes nicht mit Verlusten auf der Ebene der Gesellschaft verrechenbar.

439 BFH, BStBl. 1999 II, S. 720.

440 BFH, 16.05.1995 – VIII R 18/93, BStBl. 1995 II, S. 714.

441 Entgegen früherer Verwaltungsauffassung hat diese ertragsteuerliche Umqualifizierung allerdings nicht zur Folge, dass die Geschäftsführerleistung zwingend umsatzsteuerpflichtig wäre, vgl. BMF v. 31.05.2007, BStBl. 2007 I, S. 503 und *Korn/Strahl*, NWB 2007, 4506 = Fach 2, S. 9630.

442 Vgl. *Treffer*, DStR 2002, 22, i.S.e. „eigenkapitalersetzenden Tätigkeitshaftung".

e) Entnahmeberechtigung

2258 Regelungsbedürftig sind auch die **Entnahmeberechtigungen** in einer Personengesellschaft. Da aufgrund der „ertragsteuerlichen Transparenz" eine Besteuerung der zuzurechnenden Gewinnanteile unabhängig vom Entnahmeverhalten stattfindet, sollten diese Steuerbeträge entnommen werden dürfen,[443] i.Ü. jedoch nur aufgrund eines Beschlusses, dessen Zustandekommen der „Seniorpartner" mit seinem Stimmgewicht verhindern kann. Im Hinblick auf die Gefahr deutlich erhöhten Erbschaft- bzw. Schenkungsteueranfalls (§§ 3 Abs. 1 Satz 1 Nr. 2 Satz 2, 7 Abs. 7 ErbStG, Rdn. 4591) bei geringen Abfindungsbeträgen sollte das Entnahmerecht auch solche Steuerbeträge erfassen[444]

13. Haftungsrisiken

2259 Die Haftung von Kommanditisten ggü. Gesellschaftsgläubigern ist auf den Betrag der im Handelsregister eingetragenen Haftsumme (§ 162 HGB) beschränkt ab der Eintragung im Handelsregister; bei vorheriger Geschäftsaufnahme haften die Kommanditisten also voll.[445] Daher sollte die KG, auch wenn sie handelsrechtlich (wegen Betreibens eines Handelsgewerbes) früher beginnen kann, erst mit der Eintragung entstehen; falls dennoch die frühere Aufnahme riskanter Geschäfte unabdingbar ist, können künftige Kommanditisten als atypisch stille Gesellschafter (Rdn. 2280 ff.) beteiligt sein. Auch der spätere Erwerb eines Kommanditanteils sollte wegen § 176 Abs. 1 und 2 HGB aufschiebend bedingt auf den Zeitpunkt der Eintragung des neuen Kommanditisten im Handelsregister wirksam werden (vgl. Rdn. 2168). Ist die Haftsumme auf den abgetretenen Kommanditanteil noch nicht (vollständig) geleistet oder später zurückgewährt worden, haftet der Erwerber auch insoweit; auf dieses Risiko haben Steuerberater und Notar hinzuweisen.[446]

2260 Um ein späteres Wiederaufleben der Haftung gem. § 172 Abs. 4 Satz 2 HGB nach Leistung der Haftsumme zu vermeiden (diese Folge träte ein bei Entnahmen[447] trotz eines Gesamtverlusts), wird regelmäßig im Gesellschaftsvertrag (neben dem festen Kapitalkonto und dem Darlehenskonto, s. Rdn. 2216) ein separates **Verlustvortragskonto** geführt, und alle weiteren Geschäftsvorfälle werden auf gesondertem Kapitalkonto II erfasst. Gewinne dürfen diesem Kapitalkonto II erst gutgeschrieben werden, wenn das Verlustvortragskonto (das lediglich Kontrollfunktion hat, also nicht zu einer realen Zahlungspflicht ggü. der Gesellschaft führt) ausgeglichen ist. Auch bei späteren Verlusten brauchen die auf Kapitalkonto II gutgeschriebenen Gewinne dann nicht mehr zurückgezahlt werden.[448]

---

443 Der BGH, DStR 1996, 753 erkennt ein solches auf die Steuern beschränktes Entnahmerecht nicht „per se" an, a.A. die Lit.: *Priester*, DStR 2001, 799 f.
444 Vgl. *Milatz/Kämper*, GmbHR 2009, 476.
445 Dies gilt auch, wenn den Gläubigern bekannt ist, dass es sich nach der Eintragung um bloße Kommanditisten handeln wird, vgl. OLG Frankfurt am Main, NJW 1972, 880.
446 OLG Nürnberg, 04.02.2009 – 4 U 2181/07, NotBZ 2010, 385.
447 Keine Entnahme liegt vor, wenn die Auszahlung aufgrund eines fremdüblichen Verkehrsgeschäftes mit dem Kommanditisten (z.B. eines Darlehens) erfolgt, vgl. OLG Hamm, 07.07.2010 – I-8 U 106/09 (nur LS), JurionRS 2010, 23066.
448 Vgl. BGH, DB 1978, 877.

14. Beteiligung Minderjähriger

a) Gründung der Gesellschaft

Bei Beteiligung Minderjähriger[449] am Gesellschaftsvertrag bei der **Gründung** einer **GbR** mit zumindest einem Elternteil[450] ist ein Ergänzungspfleger zu bestellen, da das Rechtsgeschäft aufgrund der persönlichen Haftung für die Kinder nicht lediglich rechtlich vorteilhaft ist. Im Fall der originären Aufnahme (Bildung eines weiteren Gesellschaftsanteils) ist dabei unstreitig für jedes Kind ein eigener Ergänzungspfleger zu bestellen,[451] auch insoweit sind die Eltern also an der Vertretung gehindert (§ 181, 2. Alt. BGB). Auch die Beteiligung an der Gründung einer **AG oder GmbH, einer stillen Beteiligung oder Unterbeteiligung** mit einem Elternteil erfordert wegen der Verpflichtung zur Einlageleistung die Bestellung von Ergänzungspflegern. Nach Auffassung des BFH soll dies sogar dann gelten, wenn eine stille Beteiligung schenkweise eingeräumt wird[452] oder eine Unterbeteiligung nur am Gewinnbezugsrecht besteht.[453] Gleiches gilt für die Gründungsbeteiligung an einer KG, aufgrund der Beitragspflichten im Gesellschaftsvertrag, sowie der persönlichen Haftung im Gründungsstadium gem. § 176 Abs. 1 BGB.[454]

2261

b) Erwerb von Gesellschaftsanteilen

Hinsichtlich des **derivativen Erwerbs** von Gesellschaftsanteilen durch **Minderjährige** seitens Verwandter in gerader Linie ist hinsichtlich der Notwendigkeit einer Ergänzungspflegerbestellung zu differenzieren: Auch die Schenkung einer Beteiligung an einer **GbR** oder einer **OHG** bzw. der Komplementärstellung an einer KG führt wegen der Haftung für Alt- und Neuverbindlichkeiten (§§ 128, 130 HGB; bei der GbR in analoger Anwendung) zu rechtlichen Nachteilen; allerdings würde – entgegen der vielerorts noch herrschenden Praxis – bei einer Mehrheit von Minderjährigen ein gemeinsamer Ergänzungspfleger für die gesamte Erwerberseite genügen.[455] Wird eine Beteiligung an einer bestehenden stillen Gesellschaft geschenkt, bedarf es eines Ergänzungspflegers, wenn der minderjährige Erwerber auch am Verlust beteiligt würde oder sich einer Nachzahlungspflicht ausgesetzt sehen kann.

2262

Hingegen kann die Übertragung voll eingezahlter (auch nach § 55 AktG vinkulierter) **Aktien** wegen des lediglich rechtlichen Vorteils vom mindestens 7 Jahre alten Kind selbst (bzw. durch die Eltern ohne Ergänzungspfleger; teleologische Reduktion des Verbots der In-Sich-Vertretung gem. §§ 1795, 1629, 181 BGB) vorgenommen werden. Der Schenkungserwerb von **GmbH-Anteilen**, auch wenn sie voll eingezahlt sind, ist jedoch nicht lediglich rechtlich vorteilhaft wegen

2263

---

449 S. dazu Wachter/*Ivo*, Handbuch des Fachanwalts für Handels- und Gesellschaftsrecht, Teil 2, 11. Kap. Rn. 4 ff. (= ZNotP 2007, 210 ff.); auf Personengesellschaften beschränkte Übersicht: *Ivo*, NWB 2007, 2873 ff. = Fach 18, S. 4497 ff.

450 Bei einer Gmbh & Co. KG gilt dies auch, wenn ein Elternteil lediglich Geschäftsführer der Komplementär-GmbH ist, *Hohaus/Eickmann*, BB 2004, 1709.

451 BayObLG, 16.12.1958 – 1 Z 69/58, FamRZ 1959, 125: Rechtsgeschäft zugleich zwischen mehreren gleichzeitig beitretenden Kindern.

452 BFH, DB 1974, 365: „die langfristigen Bindungen des Gesellschaftsvertrages heben den vorteilhaften Charakter der Schenkung wieder auf".

453 BFH, BB 1975, 261.

454 Vgl. *Menzel/Wolf*, MittBayNot 2010, 186.

455 OLG München, 17.06.2010 – 31 Wx 70/10, ZEV 2010, 647; Eingehend *Ivo*, ZEV 2005, 195, m.w.N.

des damit verbundenen Risikos einer Ausfallhaftung für andere Gesellschafter (z.B. bei einer künftigen Kapitalerhöhung sowie für verbotene Rückzahlungen an andere Gesellschafter, §§ 24, 31 Abs. 3 GmbHG).[456] In der schenkweisen Übertragung voll eingezahlter **Kommanditanteile** sieht ein Teil der Rechtsprechung[457] sowie der Literatur[458] ebenfalls kein lediglich rechtlich vorteilhaftes Geschäft, bspw. wegen der Gefahr des Wiederauflebens der Haftung bei Einlagenrückgewähr (§ 172 Abs. 4 HGB) und der Haftung für Verbindlichkeiten in der Zeit zwischen dem „Eintritt" in die Gesellschaft und der Eintragung in das Handelsregister, § 176 Abs. 2 HGB. Der Berater sollte trotz beachtlicher Gegenstimmen[459] und großzügiger OLG-Rechtsprechung bei der unentgeltlichen Übertragung eingezahlter Kommanditanteile an rein vermögensverwaltenden Gesellschaften[460] vorsichtigerweise hiervon ausgehen. Der letztwillige Erwerb solcher Anteile, auch in Erfüllung eines Vermächtnisses zugunsten des Minderjährigen, bedarf nach herrschender Meinung allerdings keiner Ergänzungspflegschaft (§ 181 Halbs. 2 BGB: Erfüllung einer Verbindlichkeit).[461]

c) Gesellschafterbeschlüsse

2264 Bei Beschlüssen der Gesellschaft können Minderjährige durch ihre Eltern auch dann vertreten werden, wenn diese selbst Gesellschafter sind, § 181 BGB ist auf Maßnahmen der Geschäftsführung („**Sozialakte**") nicht analog anwendbar.[462] Anderes gilt wegen ihres auch rechtsgeschäftlichen Charakters bei Beschlüssen über **Änderungen des Gesellschaftsvertrages** einer Personengesellschaft[463] oder einer GmbH[464] und wohl auch für die Geschäftsführerbestellung einer GmbH,[465] nicht jedoch (wegen der Gestattung der Mehrfachvertretung in § 135 AktG) bei Satzungsänderungen einer AG, sowie für unmittelbare rechtsgeschäftliche Erklärungen im Rahmen solcher Beschlussvorgänge (etwa Zustimmungen bei Umwandlungen).

2265 Wollen die Eltern bei der Übertragung eines Geschäftsanteils an ihr Kind vermeiden, dass familienfremde Ergänzungspfleger Einblicke in Gesellschaftsinterna erhalten oder deren Geschicke mitbestimmen können, ist zu erwägen, die neue Gesellschafterliste noch nicht elektronisch im Handelsregister einzustellen, sodass gem. § 16 GmbHG noch die Eltern als legitimiert gelten (Rdn. 2350), oder zur Geschäftsführerbestellung und -abberufung einen Aufsichtsrat zu installieren.

---

[456] Die Übernahme eines durch Kapitalerhöhung geschaffenen Anteils vollzieht sich jedoch (trotz des Wortlautes § 55 Abs. 1 GmbHG: „durch Erklärung") durch Vertrag mit der GmbH selbst, sodass die weiteren GmbH-Gesellschafter, auch wenn sie gesetzliche Vertreter sind, hieran nicht beteiligt sind.

[457] LG Aachen, NJW-RR 1994, 1319; LG Köln, Rpfleger 1970, 245; ebenso OLG Frankfurt am Main, 27.05.2008 – 20W 123/08, ErbStB 2009, 41 jedenfalls wenn die KG ein Erwerbsgeschäft betreibt.

[458] Z.B. *Hohaus/Eickmann*, BB 2004, 1708; *Pieler/Schulte*, in: Münchener Handbuch zum Gesellschaftsrecht, Bd. 2, § 35 Rn. 14 m.w.N.

[459] *Maier-Reimer/Marx*, NJW 2005, 3026; *Rust*, DStR 2005, 1946 jeweils m.w.N.

[460] OLG Bremen, 16.06.2008 – 2W 38/08, GmbHR 2008, 1263 und OLG München, 06.11.2008 – 31Wx 76/08, GmbHR 2008, 1264, m. Anm. *Werner*; vgl. *Menzel/Wolf*, MittBayNot 2010, 186, 187.

[461] *Menzel/Wolf*, MittBayNot 2010, 186, 190.

[462] Vgl. Staudinger/*Schilken*, BGB (2004), § 181 Rn. 24, 26 m.w.N.

[463] *Röll*, NJW 1979, 627.

[464] BGHZ 65, 93; ausführlich *Bürger*, RNotZ 2006, 156–180.

[465] Vgl. *Bürger*, RNotZ 2006, 172 unter Hinweis auf BGH, NJW 1991, 692 zum Grundlagencharakter eines Geschäftsführerbestellungsbeschlusses.

d) Gerichtliche Genehmigung

aa) Abschluss eines Gesellschaftsvertrages

Der **Abschluss eines Gesellschaftsvertrages** durch Minderjährige bedarf ferner unter den Voraussetzungen des § 1822 Nr. 10 BGB (bei Übernahme einer fremden Verbindlichkeit) sowie des § 1822 Nr. 3 BGB (erwerbswirtschaftliche Tätigkeit,[466] auch bei auf längere Dauer eingegangenen Gesellschaften, die Immobilien von erheblichem Wert verwalten und vermieten)[467] der (bis 01.09.2009) **vormundschaftsgerichtlichen** bzw. (bei Vertretung durch die Eltern) **familiengerichtlichen Genehmigung**, ab 01.09.2009 allein der familiengerichtlichen Genehmigung. Dies gilt sowohl für die Gründung einer GbR als auch einer KG, einer AG,[468] einer GmbH,[469] wohl auch einer stillen Gesellschaft nach §§ 230 ff. HGB.[470]

2266

bb) Erwerb von Gesellschaftsanteilen

Für den **derivativen Erwerb** von Anteilen an einer **GbR** oder **Personengesellschaft** (auch Kommanditanteilen)[471] gilt dasselbe, gestützt auf § 1822 Nr. 10 BGB (§§ 128, 130 HGB in ggf. analoger Anwendung!) bzw. auf § 1822 Nr. 3, 2. Alt. BGB (da in der Zustimmung zum Eintritt eines weiteren Gesellschafters nach überwiegender Auffassung der Abschluss eines neuen Gesellschaftsvertrages liegt,[472] auch bei der schenkweisen Übertragung des Anteils,[473] sofern die Voraussetzungen eines „Erwerbsgeschäftes" nach obigen Kriterien bejaht werden). Bei rein vermögensverwaltenden Personengesellschaften ist die Rechtsprechung jedoch großzügig.[474] Die Beteiligung eines Minderjährigen an einer stillen Gesellschaft wiederum wird, obwohl das Handelsgewerbe gem. § 230 Abs. 1 HGB „ein anderer betreibt", jedenfalls dann für genehmigungsbedürftig gehalten, wenn er auch Verluste übernehmen müsste oder an der Betriebsführung beteiligt ist.[475] Der letztwillige Erwerb von KG-Anteilen ist niemals genehmigungspflichtig (vgl. die

2267

---

[466] Teilweise wird im Hinblick auf die Anwendung der §§ 128, 130 HGB analog auch allein auf die Tätigkeit als „Außengesellschaft des bürgerlichen Rechtes" abgestellt, vgl. *Wertenbruch*, FamRZ 2003, 1715 m.w.N.

[467] Die Rspr. hat die Grenzen der rein vermögensverwaltenden GbR in den letzten Jahren enger gezogen, vgl. Gutachten, DNotI-Report 2004, 31.

[468] § 1822 Nr. 3, 2. Alt. BGB: Handelndenhaftung nach § 41 Abs. 1 AktG.

[469] § 1822 Nr. 3, 2. Alt. BGB: Handelndenhaftung nach § 11 Abs. 2 GmbHG, § 1822 Nr. 10 BGB: Haftungsrisiken für andere Gesellschafter gem. §§ 16 Abs. 3, 24, 31 Abs. 3 GmbHG.

[470] *Rust*, DStR 2005, 1944. Nach BGH, FamRZ 1957, 121 ist eine Genehmigung dann entbehrlich, wenn der Minderjährige lediglich eine einmalige Einlage leistet, am Verlust und Geschäftsbetrieb nicht teilnimmt und an der Betriebsführung nicht mitwirkt (str.). Gleiches gelte für die Unterbeteiligung (BGB-Innengesellschaft an einer Gesellschaftsbeteiligung, auf die §§ 230 ff. HGB teilweise entsprechend anwendbar sind); a.A. BFH, BStBl. 1968 II, S. 67: Genehmigungserfordernis auch, wenn Verlustbeteiligung auf die Einlage beschränkt ist.

[471] *Damrau*, ZEV 2000, 210; das Registergericht kann (bei gewerblich tätiger KG) die Vorlage der Genehmigung verlangen: OLG Frankfurt am Main, 27.05.2008 – 20 W 123/08, Rpfleger 2008, 646.

[472] Vgl. im Einzelnen *Rust*, DStR 2005, 1946.

[473] Sodass § 1822 Nr. 3, 1. Alt. BGB („entgeltlich") nicht einschlägig ist.

[474] OLG Bremen, 16.06.2008 – 2 W 38/08, GmbHR 2008, 1263 und OLG München, 06.11.2008 – 31 Wx 76/08, GmbHR 2008, 1264, m. Anm. *Werner*.

[475] LG München II, NJW-RR 1999, 1018; für generelle Genehmigungsbedürftigkeit: Münch- Komm/*Wagenitz*, 4. Aufl. 2002, § 1822 Rn. 26 m.w.N.

Grundwertung des § 1643 Abs. 2 Satz 1 BGB: nicht die Annahme, sondern nur die Ausschlagung einer Erbschaft bedarf der gerichtlichen Genehmigung).[476]

2268 Der Erwerb von **Anteilen an einer GmbH** oder von **Aktien** ist dann genehmigungsbedürftig, wenn im konkreten Sachverhalt alle oder zumindest die unternehmerische Mehrheit[477] (jedenfalls ab 50 %)[478] der Anteile entgeltlich übertragen werden (Übernahme eines Erwerbsgeschäftes, § 1822 Nr. 3, 1. Alt.) oder aber wenn noch nicht alle Anteile an einer GmbH vollständig einbezahlt sind (§ 1822 Nr. 10 BGB: §§ 16 Abs. 3, 24 GmbHG). Hierbei sind – orientiert ausschließlich am Interesse des Mündels – die Vor- und Nachteile des Rechtsgeschäfts insgesamt zu würdigen. Möglicherweise ist als Folge des Minderjährigenhaftungsbeschränkungsgesetzes (Neufassung des § 723 und des § 1629a Abs. 1 Satz 1 BGB) eine großzügigere Beurteilung zu erwarten. Für den Fall, dass das volljährig gewordene Kind von der gesetzlich eingeräumten Sonderkündigungsmöglichkeit[479] Gebrauch macht, sollte u.U. eine Rückforderungsklausel in die Schenkung aufgenommen werden.[480]

cc) Veräußerung von Gesellschaftsanteilen

2269 In gleicher Weise erfordert die **Veräußerung** von Gesellschaftsanteilen Minderjähriger an einer Personengesellschaft unabhängig von der Beteiligungshöhe stets, bei Kapitalgesellschaften nur dann eine gerichtliche Genehmigung, wenn mehr als die Hälfte des Kapitals betroffen ist (§ 1822 Nr. 3, 1. Alt. BGB) oder wenn nur Minderjährige an der Gesellschaft beteiligt sind.[481] Die Kündigung einer Gesellschaft durch den Minderjährigen[482] bedarf keiner familiengerichtlichen Genehmigung (da § 1643 Abs. 1 BGB nicht auf § 1823 BGB verweist), ebenso wenig der Beschluss über die Auflösung einer Gesellschaft.

dd) Veräußerung von Gesellschaftsimmobilien

2270 Auch wenn der Beitritt des Minderjährigen (vertreten durch die Eltern bzw. je einen Ergänzungspfleger)[483] zu einer **Gesellschaft des bürgerlichen Rechts** oder seine Mitwirkung bei der Gründung (z.B. wegen § 1822 Nr. 10 BGB: Übernahme einer fremden Verbindlichkeit analog § 128 HGB bei Gründung oder analog § 130 HGB durch Beitritt bzgl. der Altschulden)[484] bereits

---

476 *Menzel/Wolf*, MittBayNot 2010, 186, 190.
477 KG, NJW 1962, 55: sofern nach Art und Struktur der GmbH sich die Beteiligung nicht mehr als Kapitalinvestition darstellt, sondern den Minderjährigen „unternehmerisches Risiko" trifft.
478 BGH, DNotZ 2004, 152.
479 Hierzu m.w.N. *Rust*, DStR 2005, 1994 ff. (auch zur Frage des Vorrangs der Handelsregisterpublizität nach § 15 HGB wenn das Geburtsdatum des minderjährigen Gesellschafters nicht eingetragen ist).
480 Empfehlung von *Spiegelberger*, DNotZ 1998, 505.
481 BGH, ZEV 2003, 375 („Berücksichtigung wirtschaftlicher Zusammenhänge"), m. krit. Anm. *Damrau*; vgl. Gutachten, DNotI-Report 2007, 13.
482 Auch hierzu ist bei Interessenkollision (wie bei der Veräußerung) ggf. die Mitwirkung eines gesetzlichen Vertreters erforderlich, vgl. *Rust*, DStR 2005, 1992.
483 Auch bei unentgeltlicher Übertragung der Gesellschafterstellung ist damit wegen der (in den Grenzen des § 1629a BGB bestehenden) Vollhaftung ein rechtlicher Nachteil verbunden. Ist auch nur ein Elternteil ebenfalls an der GbR beteiligt, bedarf es wegen der Wechselseitigkeit der Beitragspflichten je eines eigenen Ergänzungspflegers nach § 1909 Abs. 1 Nr. 1 BGB, vgl. *Hopt*, Gesellschaftsrecht, Rn. 53.
484 BGH, NJW 2003, 1803 ff.; vgl. *Wertenbruch*, FamRZ 2003, 1716.

gerichtlich genehmigt wurde, bedarf die Veräußerung von Grundstücken durch vermögensverwaltende Gesellschaften unter Beteiligung Minderjähriger nach überwiegender Rechtsprechung der neuerlichen familiengerichtlichen Genehmigung gem. § 1821 Abs. 1 Nr. 1 und Nr. 4 BGB[485] (was fragwürdig erscheint angesichts der Rechtsfähigkeit der GbR, vgl. Rdn. 2053 ff.).[486] Anders mag es liegen bei erwerbswirtschaftlich tätigen Gesellschaften, bei denen bereits i.R.d. § 1822 Nr. 3 BGB der Handel mit Grundstücken in die Genehmigung des Beitritts (oder einer diesbezüglichen Änderung des Gesellschaftsvertrags)[487] einbezogen wurde.[488] Die Lehre von der Teilrechtsfähigkeit der (Außen-) GbR würde allerdings auch i.Ü. eher dafür streiten, das Handeln des Organs „Vertreter" lediglich „der Gesellschaft", nicht dem Mündel zuzurechnen, sodass Rechtsgeschäfte der GbR (ebenso wenig wie solche der OHG)[489] keiner gerichtlichen Genehmigung bedürfen.[490]

ee) Satzungsändernde Beschlüsse einer Kapitalgesellschaft

Eine gerichtliche Genehmigung ist zu satzungsändernden **Beschlüssen** einer Kapitalgesellschaft nicht erforderlich,[491] sofern nicht eine Neugründung (etwa bei errichtenden Umwandlungen) damit verbunden ist.[492] Erst recht bedarf es keiner Genehmigung zu schlichten Beschlüssen, auch nicht zur Bestellung eines Geschäftsführers.[493] Bei Personengesellschaften reicht die Palette der vertretenen Ansichten von der generellen Entbehrlichkeit einer Genehmigung[494] über deren Erforderlichkeit nur bei „wesentlichen Änderungen"[495] bis zur jedesmaligen Notwendigkeit.[496]

2271

15. Eintrittsrecht und „Öffnungsklausel für Nachgeborene"

Ist ein Abkömmling z.Zt. der Gesellschaftserrichtung noch minderjährig und soll er im Hinblick auf die in Rdn. 2261 erläuterten Notwendigkeiten (Pflegerbestellung; familiengerichtliche Genehmigung) noch nicht aufgenommen werden, wird ihm regelmäßig für die Zeit nach Eintritt der Volljährigkeit ein Eintrittsrecht zugewendet, das entweder nur die Gesellschafterstellung als solche umfasst oder – darüber hinausgehend – auch die Befreiung von der Einlageverpflichtung:

2272

---

485 OLG Koblenz, NJW 2003, 1401.
486 Gegen das Genehmigungserfordernis daher OLG Schleswig, MittBayNot 2002, 294 und *Bestelmeyer*, Rpfleger 2010, 169, 190; vgl. auch *Lautner*, MittBayNot 2002, 256 und (krit. ggü. dem OLG Koblenz, vorstehende Fn.) *Wertenbruch*, FamRZ 2003, 1714: keine auch nur mittelbare Beteiligung des Minderjährigen am Grundstück aufgrund der Teilrechtsfähigkeit der Außengesellschaft.
487 Jedenfalls solche wesentliche Vertragsänderungen bedürfen der Genehmigung, vgl. MünchKomm-BGB/*Wagenitz*, § 1822 Rn. 28.
488 Vgl. im Einzelnen DNotI-Gutachten, DNotI-Report 2004, 31.
489 BGH, NJW 1971, 375.
490 *Czeguhn/Dickmann*, FamRZ 2004, 1536; JurisPK BGB/*Lafontaine*, § 1821 Rn. 20.
491 *Reimann*, DNotZ 1999, 199.
492 Soergel/*Zimmermann*, BGB, § 1822 Rn. 26.
493 OLG Düsseldorf, MittBayNot 2007, 327 (allerdings verstoße es gegen § 1795 Abs. 1 BGB analog, wenn der Betreuer in Ausübung des Stimmrechtes für den Betreuten einen mit ihm, dem Betreuer, Verwandten zum Geschäftsführer bestellt).
494 So der BGH, DNotZ 1976, 107: keine analoge Anwendung des § 1822 Nr. 3, 2. Alt. BGB.
495 *Merkel*, BB 1963, 456.
496 *Brüggemann*, FamRZ 1990, 127.

2273 Formulierungsvorschlag: Eintrittsrecht für Minderjährige nach Eintritt der Volljährigkeit

> Herr ..... erhält im Weg des Vertrags zugunsten Dritter das unentziehbare Recht, mit Erreichung seiner Volljährigkeit durch Erklärung gegenüber der persönlich haftenden Gesellschafterin als weiterer Kommanditist mit einer Haftsumme (Kommanditeinlage) von Euro ..... der Gesellschaft beizutreten. Zugleich wird ihm im Weg eines durch Ausübung des Eintrittsrechts bedingten Schenkungsversprechens durch ..... die Kapitaleinlage zugewendet, sodass ein Gesellschafterbeitrag durch ihn für den Eintritt nicht zu leisten ist und die Haftsumme durch den Zuwendenden für ihn endgültig erbracht wird. Die Beitrittserklärung kann nur binnen eines Jahres nach Eintritt der Volljährigkeit abgegeben werden.
>
> (*Alt., falls keine Zuwendung auch des Beitrags als solches: Macht ..... von seinem Eintrittsrecht Gebrauch, hat er Beiträge in der Höhe nachzuzahlen, welche die anderen Kommanditisten bereits geleistet haben.*)

2274 Gerade bei sehr jungen Kindern, die in Gesellschaft den Familienbesitz erwerben sollen, wird es den veräußernden Eltern ein Anliegen sein, etwaige **künftig hinzukommende weitere Abkömmlinge** nicht zu benachteiligen, sondern ihnen die Möglichkeit zu eröffnen, nachträglich der Gesellschaft „beizutreten". Aufgrund der „Abwachsungsfolge" sind nach einem solchen Beitritt alle Abkömmlinge gleich beteiligt. Konstruktiv wird dieses Ziel – lässt man die Sonderproblematik der regelmäßig gegebenen Beteiligung Minderjähriger zunächst außer Acht – am besten erreicht durch eine (in den Gesellschaftsvertrag aufzunehmende) Verpflichtung der Gesellschafter, später hinzutretende Abkömmlinge in die Gesellschaft aufzunehmen, verbunden mit der Zuwendung eines Anspruchs an den beitretenden künftigen Abkömmling[497] i.S.e. § 328 BGB von Beitrittsvergütungen freigestellt zu werden. Der Kreis der begünstigten Abkömmlinge ist genau zu bestimmen (lediglich leibliche? lediglich eheliche? oder lediglich ehelich geborene?)

2275 Sind die „verlierenden Gesellschafter" im Zeitpunkt des Beitritts weiterer minderjährig, sind die Eltern jedoch gehindert, in Erfüllung solcher Regelungen Gesellschaftsanteile „unentgeltlich" zulasten der bisherigen und zugunsten des hinzukommenden Abkömmlings zu übertragen (§ 1641 BGB, dingliches Schenkungsverbot). In diesem Fall müssen sich die Eltern bei der Übertragung der Gesellschaftsanteile an die derzeitigen Abkömmlinge die Rückforderung ganz oder in Teilen auch für den Fall vorbehalten, dass noch weitere Abkömmlinge hinzutreten, um sich auf diese Weise (steuerneutral, § 29 ErbStG) die Möglichkeit zu verschaffen, auch diesen Kindern den „wiederverschafften" Anteil zu übertragen.

16. Vorkehrungen gegen „vorzeitige" Gesellschaftsbeendigung

2276 Gründen Eltern eine GbR oder KG mit lediglich einem Kind, würde das Gesellschaftsvermögen mit dem Ausscheiden beider Eltern dem Kind zu Volleigentum anwachsen, sodass etwaige im Gesellschaftsvertrag enthaltene Beschränkungen und Kontrollen naturgemäß ihr Ende fänden. Misstrauen die Eltern der Einsichts- und Entschlusskraft oder dem Engagement ihres Kindes, werden sie bestrebt sein, die Fortdauer der Gesellschaft nach ihrem Ausscheiden oder

---

[497] Auch den noch nicht geborenen, vgl. § 331 Abs. 2 BGB.

Tod auch dann sicherzustellen, wenn keine anderen Personen vorhanden sind, denen sie ihre Gesellschaftsanteile hinterlassen wollen.

Dies geschieht am einfachsten durch Aufnahme einer **GmbH als weiteren Gesellschafter (ohne Kapitalanteil)**, wie bei der KG bereits weit verbreitet, jedoch auch im Rahmen einer GbR ohne Weiteres möglich. Wird der GmbH im Gesellschaftsvertrag die Geschäftsführung und Vertretung überantwortet und die Übertragung eines Gesellschaftsanteils an die Zustimmung des Mitgesellschafters (mithin der GmbH) geknüpft, ist die Einhaltung der Vorstellungen der Eltern jedenfalls dann gewährleistet, wenn die GmbH (und damit deren Geschäftsführung) in der Hand solcher zuverlässiger Personen verbleibt, die die Eltern bei letztwilliger Gestaltung auch als Testamentsvollstrecker eingesetzt hätten. 2277

Daher werden die Eltern diese GmbH 2278

- entweder selbst gründen und ihrem Kind letztwillig (mit Testamentsvollstreckung belastet) hinterlassen[498]
- oder aber unmittelbar mit der vorgesehenen Vertrauensperson als Erstgesellschafter bzw. als aufschiebend auf den Tod der Eltern eingesetztem Abtretungsempfänger gründen.

§ 15 Abs. 3 Nr. 2 EStG greift nicht ein; es handelt sich weiterhin um eine GbR, die Einkünfte aus Privatvermögen erzielt (damit allerdings auch nicht an den transfersteuerlichen Sondervergünstigungen für Betriebsvermögen teilhat, §§ 13a, 19a ErbStG).

IV. Misch- und Sonderformen

1. Stille Gesellschaften

a) Arten

Es handelt sich um eine Variante der **Innengesellschaft** (ohne Teilnahme am Rechtsverkehr und regelmäßig ohne Bildung von Gesamthandsvermögen), also eine Personengesellschaft, durch welche sich der „Stille" (z.B. ein Abkömmling) am Handelsgewerbe eines anderen (etwa dem elterlichen Betrieb) durch Vermögenseinlage gegen Anteil am Gewinn beteiligt. Sie bildet damit ein wichtiges Instrument der Nachfolgeplanung.[499] (Weitere häufige Anwendungsbereiche der Innengesellschaft sind die Unterbeteiligung, Rdn. 2299 ff., und die sog. „Ehegatten-Innengesellschaft", die nach Ansicht der Rechtsprechung konkludent abgeschlossen sein soll, um Leistungen unter Ehegatten bei Scheitern der Ehe und Fehlen einer ausdrücklichen vertraglichen Vereinbarung „rückabzuwickeln", vgl. Rdn. 2682 ff.) 2279

Unterschieden wird dabei zwischen der „**typischen stillen Gesellschaft**", die sich an §§ 230 ff. HGB orientiert und damit dem Stillen kein Unternehmerrisiko aufbürdet – geeignet daher etwa für Abkömmlinge, die dauerhaft nicht zur Unternehmensnachfolge geeignet oder willens sind – einerseits, und der **atypischen stillen Gesellschaft**, die dem stillen Gesellschafter auch eine zumindest rechnerische Beteiligung am Anlagevermögen samt der stillen Reserven des Unter- 2280

---

498 Allerdings auf die Gefahr hin, dass der Sohn die solchermaßen belastete Erbschaft ausschlägt, § 2306 Abs. 1 Satz 2 BGB.
499 Vgl. *Carlé*, ErbStB 2007, 276 ff.

nehmers und i.d.R. auch an der Geschäftsführung des Unternehmens zuweist andererseits.[500] Bilanziell handelt es sich stets um Fremdkapital.[501] Beide Formen unterscheiden sich schließlich vom **partiarischen Darlehen**, also einer erfolgsabhängigen Vergütung für eine Kreditgewährung, dadurch, dass bei der stillen Gesellschaft der Unternehmer wie auch der Stille einen gemeinsamen Erfolg anstreben.[502] Der Geschäftsinhaber muss Kaufmann (also Einzelkaufmann, Personenhandels- oder Kapitalgesellschaft) sein, während stiller Gesellschafter jede natürliche oder juristische Person bzw. Personenhandelsgesellschaft sein kann.

b) Entstehung

2281 Der Gesellschaftsvertrag ist formfrei, bedarf jedoch bei der im familiären Umfeld häufig gegebenen **schenkweisen Einräumung** der stillen Beteiligung der notariellen Beurkundung gem. § 518 Abs. 1 BGB. Die bloße Umbuchung vom Kapitalkonto des Inhabers auf das Einlagenkonto des stillen Gesellschafters führt noch nicht zum Vollzug der Schenkung i.S.d. § 518 Abs. 2 BGB, sondern lediglich zur Ersetzung der einen schuldrechtlichen Forderung (Anspruch auf Einräumung der stillen Gesellschaft) durch eine andere (Anspruch auf die Einlage als solche).[503] Anders dürfte es sich wohl verhalten, wenn nicht eine stille Gesellschaft zwischen Beschenktem und Schenker, sondern zwischen Beschenktem und einer Personengesellschaft, an der der Schenker seinerseits beteiligt ist, vorliegt: Die Umwandlung bspw. eines Gesellschafterdarlehens des Schenkers in eine stille Beteiligung bildet dann bereits den dinglichen Vollzug, ebenso die Umbuchung von seinem Kapitalkonto in die Einlage des neuen stillen Gesellschafters, sofern der Schenker gesellschaftsrechtlich zur Entnahme berechtigt war.

2282 Wegen der mit der Eingehung einer stillen Gesellschaft verbundenen Verpflichtung zur Leistung der Einlage liegt ein i.S.d. § 107 BGB nicht lediglich rechtlich vorteilhaftes Geschäft vor, sodass bei der Schenkung an das eigene Kind angesichts des Vertretungshindernisses jedes Elternteils (§ 1795 Abs. 2 BGB) ein **Ergänzungspfleger** zu bestellen ist, § 1909 BGB. Ist die Einlage bereits geleistet, sind die Eltern in der Vertretung bzw. der mindestens 7 Jahre alte Minderjährige am eigenen Abschluss des Schenkungsvertrages jedoch nicht gehindert. Zusätzlich bedarf es der familiengerichtlichen Genehmigung[504] gem. § 1822 Nr. 3 BGB (Betrieb eines Erwerbsgeschäfts, vgl. Rdn. 2266).

c) Rechte und Pflichten

2283 Die (üblicherweise in Geld bestehende) **Einlage** (und ggf. das Agio)[505] wird in das Eigentum des Geschäftsinhabers geleistet, der ggü. Dritten stets im eigenen Namen auftritt (§ 230 Abs. 2 HGB) und zur alleinigen Geschäftsführung berechtigt ist. Der Stille hat lediglich eingeschränkte

---

500 Vgl. *Horn*, GmbHR 2000, 711.
501 *Sterzenbach*, DStR 2000, 1669.
502 Vgl. BFH, BStBl. 1983 II, S. 563.
503 Vgl. BGHZ 7, 187, a.A. Baumbach/Hopt, HGB, § 230, Anm. 4 B.
504 Vgl. Rdn. 2266.
505 § 272 Abs. 2 Nr. 1 HGB gilt mangels Gesellschaftereigenschaft des Stillen nicht unmittelbar, jedenfalls bei der atypisch stillen Gesellschaft (Entstehen einer Mitunternehmerschaft) sind die Einlagefolgen jedoch steuerlich zu neutralisieren, vgl. BFH, 09.08.2010 – IV B 123/09, JurionRS 2010, 24929.

Kontrollrechte (§ 233 HGB), Anspruch auf Mitteilung des Jahresabschlusses und kann Bücher und Papiere zu dessen Überprüfung einsehen (§ 231 Abs. 2 HGB).[506]

Der Stille ist nach Maßgabe des Gesellschaftsvertrags am **Gewinn** und – sofern nicht ausgeschlossen, § 231 Abs. 2 Halbs. 1, HGB – auch am **Verlust** (dann allerdings im Zweifel nur bis zur Höhe seiner Einlage) beteiligt. Den auf ihn entfallenden Gewinn kann der stille Gesellschafter gem. § 232 Abs. 1 HGB entnehmen. Die stille Beteiligung ist gem. § 234 Abs. 2 HGB vererblich, beim Tod des Geschäftsinhabers ist jedoch die stille Gesellschaft gem. § 727 Abs. 1 BGB mangels abweichender Vereinbarung aufgelöst. Da kein Gesellschaftsvermögen vorhanden ist, findet bei Auflösung keine Auseinandersetzung statt; es besteht lediglich ein schuldrechtlicher Anspruch auf Rückzahlung nach Maßgabe des Gesellschaftsvertrags gegen den Geschäftsinhaber.

2284

d) Steuerliche Anerkennung

Die **steuerliche Anerkennung** einer stillen Gesellschaft unter Angehörigen (z.B. Eltern und Kindern) erfordert neben den allgemeinen Anforderungen bei Verwandtengeschäften (s. Rdn. 4331 ff.) insb.

2285

- das freie Verfügungsrecht des Stillen über Gewinnanteile,[507]
- das Bestehen von Kontrollrechten gem. § 233 HGB,
- die Gleichbehandlung aller Gesellschafter hinsichtlich der Kündigungsrechte,[508]
- die sofortige Fälligkeit des Rückzahlungsanspruchs bei Beendigung der Gesellschaft und
- die Angemessenheit der Gewinnbeteiligung.
  Bzgl. des letztgenannten Kriteriums bestehen Höchstgrenzen einer steuerlich noch anerkennungsfähigen Gewinnbeteiligung: Wurde die Kapitalbeteiligung des stillen Gesellschafters durch den Geschäftsinhaber geschenkt, darf im Zeitpunkt der Vereinbarung bei vernünftiger kaufmännischer Beurteilung eine Durchschnittsrendite von max. 15 % des Nominalbetrags der Einlage pro Jahr erwartet werden (ist die Beteiligung am Verlust ausgeschlossen,[509] von max. 12 %). Wurde die Kapitaleinlage aus eigenen Mitteln erbracht, liegen die Obergrenzen bei 25 % (ohne Verlustbeteiligung) bzw. 35 % (mit Verlustbeteiligung).[510] Werden diese Grenzen überschritten, gilt der übersteigende Anteil als steuerlich unbeachtliche Privatzuwendung, § 12 Nr. 2 EStG, des Geschäftsinhabers, dem der Betrag weiter zugerechnet wird. Der BFH lässt demgegenüber kurzzeitige Überschreitungen dieser Renditeprozentsätze zu,

2286

---

506 Nach Beendigung der stillen Gesellschaft hat er lediglich ein Einsichtsrecht gem. § 810 BGB, vgl. OLG Hamburg, ZIP 2004, 1099.
507 Daher schadet z.B. die Bindung des Entnahmerechts an die Zustimmung des Geschäftsinhabers, vgl. BFH, DStRE 1997, 18, sowie ein Auszahlungsverbot bis zur Volljährigkeit des stillen Gesellschafters, FG Baden-Württemberg, DStRE 2000, 2. Ein Darlehensvertrag, sofern zivilrechtlich wirksam begründet, kann jedoch gem. BFH, BStBl. 1990 II, S. 68 der Auszahlung gleichstehen.
508 Schädlich sind Ausschlüsse des Kündigungsrechtes, BFH, FR 1975, 2271, oder Verpflichtungen zu jederzeitiger unentgeltlicher Rückübertragung der Beteiligung, BFH, BStBl. 1974 II, S. 740.
509 Die Verlustausschlussklausel kann gem. BFH, DStR 1993, 431 möglicherweise bereits der steuerlichen Anerkennungsfähigkeit der stillen Gesellschaft überhaupt entgegen stehen.
510 Vgl. im Überblick OFD Rostock, DStR 2000, 591; *Sterzenbach*, DStR 2000, 1669, BFH, BStBl. 1973 II, S. 395, 1973 II, S. 650, 1982 II, S. 387.

verlangt jedoch dann eine Anpassung der Gewinnverteilungsabrede für die Zukunft nach dem Maßstab eines Fremdvergleichs.[511]

e) Steuerliche Konsequenzen

2287 Wird die stille Gesellschaft steuerlich anerkannt, mindern die Gewinnanteile des Stillen den Gewinn des Geschäftsinhabers (bei einer GmbH & Still handelt es sich bspw. um eine körperschaftsteuerrechtlich unbegrenzt[512] abziehbare Betriebsausgabe). **Gewerbesteuerlich** wird ab 2008 allerdings 25 % des Gewinnanteils des Stillen hinzugerechnet (§ 8 Nr. 1c GewStG – und zwar unabhängig davon, ob die stille Beteiligung im Privat- oder im Betriebsvermögen gehalten wird,[513] ähnlich zuvor § 8 Nr. 3 GewStG a.F.), wobei ein Freibetrag von 100.000,00 € gewährt wird. Bilanziell handelt es sich stets um Fremdverbindlichkeiten.

2288 Beim Stillen ist hinsichtlich der **Qualifikation der Einkünfte** zu differenzieren:

Beim **typisch stillen Gesellschafter** handelt es sich um gewerbliche Einkünfte zum regulären Steuertarif, wenn die Beteiligung im Betriebsvermögen gehalten wird,[514] hingegen um Einkünfte aus Kapitalvermögen (§ 20 Abs. 1 Nr. 4 EStG) bei stillen Beteiligungen im Privatvermögen (bis 2008 in voller Höhe – ohne Geltung des Halbeinkünfteverfahrens –, ab 2009 in Höhe nur mehr der Abgeltungsteuer[515] (Rdn. 2425) außer bei sog. „nahestehenden Personen",[516] mit allerdings auf 801,00/1602,00 € begrenztem Werbungskostenabzug, vgl. §§ 32d, 20 Abs. 9 EStG). Die Reduzierung des Steuersatzes ab 2009 wirkt sich bei eigenkapitalfinanzierten Beteiligungen positiv aus, die Begrenzung des Werbungskostenabzugs bei aus Fremdkapital finanzierten negativ. Unter den Voraussetzungen des § 32d Abs. 2 Satz 1 Nr. 1 EStG (nahe stehende Personen, mind. 10 %ige Beteiligung, Back-to-back-Finanzierung, vgl. im Einzelnen Rdn. 2427 ff.) werden allerdings sowohl laufende Einnahmen als auch Veräußerungsgewinne typisch stiller Kapitalanlagen nicht der Abgeltungsteuer, sondern dem normalen Einkommensteuertarif unterworfen, unterliegen dann aber auch nicht mehr dem Werbungskostenabzugsverbot des § 20 Abs. 9 EStG und dem Verlustabzugsverbot des § 20 Abs. 6 EStG.[517]

2289 Die **atypisch stille Gesellschaft** wird dagegen steuerlich als Mitunternehmerschaft behandelt. Sie verwirklicht demnach dieselbe Ertragsart wie der Geschäftsinhaber, also Einkünfte bspw. aus Gewerbebetrieb oder aus selbstständiger Tätigkeit, sodass eine einheitliche und gesonderte Gewinnfeststellung gem. § 180 Abs. 1 Nr. 2 AO stattfindet. Die Mitunternehmerschaft ist durch

---

511 BFH, 19.02.2009 – IV R 83/06, EStB 2009, 188; vgl. *Mensch*, ZNotP 2010, 97.
512 Anders nur, wenn der Stille zugleich GmbH-Gesellschafter ist und die Gewinnanteile überhöht sind (verdeckte Gewinnausschüttung).
513 Der frühere § 8 Nr. 3 GewStG a.F. sah bei Beteiligungen im Betriebsvermögen keine Hinzurechnung vor, und bei partiarischen Darlehen eine lediglich hälftige (i.Ü. ein volle Hinzurechnung). Aufgrund der Gleichstellung aller Varianten (i.H.v. nur mehr 25 %) ist die Wahl zwischen partiarischem Darlehen, stiller Beteiligung im Privat- bzw. im Betriebsvermögen nun gewerbesteuerlich gleichwertig.
514 Also bei einer GmbH oder GmbH & Co. KG als Stillem; ebenso beim Einzelunternehmer, der z.B. eine Beteiligung an einem Lieferanten als Stiller hält, vgl. *Wälzholz*, GmbH-StB 2008, 12.
515 Zuvor musste der Geschäftsinhaber die Kapitalertragsteuer einbehalten, die dem Stillen im Rahmen seiner Ertragsteuer angerechnet wird, vgl. OFD Rostock, DStR 2000, 592.
516 Rdn. 2425, vgl. hierzu *Wälzholz*, GmbH-StB 2008, 13.
517 Vgl. im Einzelnen *Worgulla*, NWB 2010, 3182, 3186 ff.

die Anrechnung der Gewerbesteuer (§ 35 EStG), den Freibetrag gem. § 11 Abs. 1 Nr. 1 GewStG und im Hinblick auf § 4a EStG privilegiert. Die Gründung der atypisch stillen Gesellschaft stellt **umwandlungsteuerrechtlich** nach überwiegender Meinung eine Einbringung des Unternehmens des Inhabers in eine neu gegründete Personengesellschaft dar. Nach dem hierfür geltenden **§ 24 UmwStG** kann somit anstelle der Aufstockung auf Teilwerte oder Zwischenwerte i.d.R. die Buchwertfortführung erfolgen; die steuerpflichtige Aufdeckung stiller Reserven wird durch Ergänzungsbilanzen vermieden.[518]

Gewinne aus der **Veräußerung**[519] einer stillen Gesellschaftsbeteiligung sind für alle ab 2009[520] angeschafften typisch stillen Beteiligungen stets steuerpflichtig (§§ 20 Abs. 2 Satz 1 Nr. 4 i.V.m. Satz 2 EStG), für davor angeschaffte nur bei Vorliegen der Voraussetzungen des § 23 EStG.[521] Bei der entgeltlichen Veräußerung einer atypisch stillen Beteiligung gelten die allgemeinen Regeln (Rdn. 4764 ff.), die Veräußerung des Mitunternehmeranteils ist gem. § 16 Abs. 1 Nr. 2 i.V.m. Abs. 3 EStG steuerbar. Anstelle einer etwa gewünschten Veräußerung an den Inhaber des Handelsgeschäfts selbst empfiehlt sich die steuerneutrale Einbringung in die Inhabergesellschaft gegen Gewährung von „Außen"Gesellschaftsanteilen, §§ 20 und 24 UmwStG.[522]

2290

In ähnlicher Weise ist hinsichtlich der zurechenbaren[523] **Verlustanteile** zu differenzieren: Beim **typisch stillen Gesellschafter** können sie – sofern er zu ihrer Mittragung überhaupt verpflichtet ist – nur bis zur Höhe der geleisteten[524] Einlage berücksichtigt werden. Ab 2009 (Abgeltungsteuer) sind allerdings Verluste aus Kapitalvermögen an sich nur mehr mit künftigen Gewinnen aus Kapitalvermögen verrechenbar (§ 20 Abs. 6 EStG). Eine Verlustverrechnung mit Einkünften aus anderen Einkunftsarten sowie ein Verlustrücktrag scheiden also aus. Das Werbungskostenabzugsverbot des § 20 Abs. 9 EStG wäre an sich ebenfalls anwendbar, allerdings sieht die Finanzverwaltung[525] großzügigerweise in solchen Verlustanteilen „negative Einnahmen" und nicht Werbungskosten, sodass sie weiterhin grds. bei den übrigen Einkünften aus Kapitalvermögen abzugsfähig bleiben. Diese Grundsätze gelten allerdings nicht, wenn die Abgeltungsbesteuerung selbst nicht stattfinden kann, etwa wegen des Vorhandenseins nahestehender Personen oder zu mehr als 10 % beteiligter Gesellschafter (Rdn. 2427).

2291

Beim atypisch stillen Gesellschafter sind Verluste im Einlagejahr bis zur Höhe der geleisteten Einlage auch bei einem negativen Kapitalkonto berücksichtigbar; ein für einen früheren Veranlagungszeitraum festgestellter verrechenbarer Verlust wird dadurch jedoch nicht ausgleichsfähig.[526] Bei einer Kommanditbeteiligung (anstelle einer atypisch stillen Gesellschaft) stünde

2292

---

518 *Blaurock*, Handbuch der stillen Gesellschaft Rn. 22.2.
519 Gleichgestellt sind sonstige Formen der Verwertung, wie Auflösung oder Auseinandersetzung einer im Privatvermögen gehaltenen stillen Beteiligung.
520 § 52a Abs. 10 Satz 4 EStG.
521 BFH, 18.10.2006 – IX R 7/04, BStBl. 2007 II, S. 258 ff.
522 Vgl. im Einzelnen *Stollenwerk/Piron* GmbH-StB 2011, 48 ff., auch zum bilanziellen Ansatz.
523 Erforderlich ist die Feststellung des Jahresabschlusses durch den Geschäftsinhaber und i.d.R. die Abbuchung von der geleisteten Einlage, vgl. BFH, 16.10.2007 – VIII R 21/06, MittBayNot 2009, 69, m. Erl. *Weigl*, S. 23 ff.
524 Wird die Einlage aus Schuldübernahme geleistet, muss die Gläubigergenehmigung hierfür vorliegen: BFH, 16.10.2007 – VIII R 21/06, EStB 2008, 43.
525 BMF-Erlass zur Abgeltungsteuer v. 22.12.2009, BStBl. 2010 I 94 ff., Tz. 4; *Blaurock*, Handbuch Stille Gesellschaft„ Rn. 22.222; so bereits *Weigl*, MittBayNot 2009, 22, 25.
526 BFH, DStRE 1998, 624.

daneben die im Handelsregister eingetragene Haftsumme (unabhängig von der Einlageleistung) als Verlustausgleichsrahmen zur Verfügung.

2293 **Verluste** des atypisch stillen Gesellschafters unterliegen, soweit es sich um eine natürliche Person/Personengesellschaft handelt, nicht den Verrechnungsbeschränkungen des § 15 Abs. 4 Satz 6–8 EStG,[527] sodass er die Minderung seiner Einlage als Verlust aus Gewerbebetrieb steuerlich geltend machen kann (die Sperre des § 15a EStG greift aber, sobald ihm Verluste, die nicht aus Privatvermögen auszugleichen sind, über seine Einlage[528] hinaus zugerechnet werden, allerdings nicht bei rechtsgeschäftlicher Schuldübernahme des Verlustes).[529]

2294 Auch **schenkungsteuerlich** wird die atypisch stille Beteiligung als Anteil am Betriebsvermögen gem. §§ 95 ff. BewG, die typisch stille Beteiligung dagegen als Kapitalforderung bewertet. Die Finanzverwaltung wollte jedoch die Privilegierungen der §§ 13a, 19a ErbStG nicht mehr gewähren,[530] was dem erklärten Willen des historischen Gesetzgebers widerspricht. Das Inkrafttreten der Erbschaftsteuerreform 2009 ändert hieran nichts.[531] Die Verwaltung hat ihre unrichtige abweichende Ansicht jedoch mit Erlass v. 23.03.2009[532] nunmehr aufgegeben, und zwar sowohl für die erstmalige Einräumung wie auch für die Übertragung einer atypisch stillen Beteiligung.[533] Voraussetzung für die Zugehörigkeit zum begünstigen Vermögen i.S.d. § 13b Abs. 1 Nr. 2 ErbStG ist freilich (wie bei jeder Mitunternehmerschaft), dass deren Vermögen einer Betriebsstätte in einem Mitgliedstaat der EU oder des EWR dient.[534]

f) GmbH & Still

2295 Begründet eine Kapitalgesellschaft (i.d.R. eine GmbH) mit Dritten, in der Praxis v.a. mit ihren Gesellschaftern oder deren Angehörigen, eine stille Gesellschaft, spricht man von einer „**GmbH & Still**".[535] Bezweckt wird damit zum einen die Kapitalbeschaffung mit gewinnabhängiger Beteiligung anstelle einer möglicherweise stärker belastenden festen Verzinsung, die auch in Verlustjahren fällig wurde, zum anderen die möglichst geringe Ausstattung des haftenden Eigenkapitals (wobei jedoch die stille Beteiligung eines GmbH-Gesellschafters gem. § 32a GmbHG a.F. bis zum Inkrafttreten des MoMiG[536] in der Krise kapitalersetzend werden kann; sogar ein außenstehender stiller Gesellschafter kann insoweit wie ein GmbH-Gesellschafter behandelt werden,

---

527 Diese greifen aber bei der Beteiligung an einer Kapitalgesellschaft (GmbH & Still, s.u. Rdn. 2298).
528 Hierzu zählen auch Einlagen, die vorzeitig zum Ausgleich eines negativen Kapitalkontos geleistet wurden, BGH, 30.09.2007 – IV R 10/07, EStB 2008, 6; ebenso nun BMF v. 19.11.2007, EStB 2008, 17.
529 BFH, 16.10.2007 – VIII R 21/06, GmbHR 2008, 157: kein erweiterter Verlustausgleich gem. § 15a Abs. 1 Satz 1 EStG.
530 OFD Rheinland v. 30.03.2007, ZEV 2007, 295; abl. *Wälzholz*, ZEV 2007, 369 ff.
531 *Wälzholz*, GmbH-StB 2008, 16; *Weigl*, MittBayNot 2009, 25.
532 BayStMinFin v. 23.03.2009, 34 – S 3811–035 – 11256/09, ZEV 2009, 264; ebenso FinMin Baden-Württemberg v. 09.04.2009, 3-S 3806/51, DB 2009, 878.
533 *Lasa*, ZEV 2011, 433, 439.
534 Gemäß Erlass des BayStMinFin v. 09.07.2010, 34 – S 3812a – 018–28363/10, DStR 2010, 1575 ist abzustellen auf die Tätigkeit des Inhabers des Handelsgeschäftes.
535 Vgl. hierzu etwa im Überblick *Flore*, GmbH-StB 2003, 102.
536 Die bisherigen „Novellen-" und „Rechtsprechungs"-Regeln (§§ 32a, 32b GmbHG; §§ 30, 31 GmbHG analog) finden gemäß BGH, 26.01.2009 – II ZR 260/07, GmbH-StB 2009, 96 jedenfalls Anwendung, wenn die Insolvenz vor dem 01.11.2008 eröffnet wurde (Art. 103d EGInsO).

wenn er nach dem Inhalt des stillen Gesellschaftsverhältnisses im Einfluss einem GmbH-Gesellschafter gleichsteht.[537] I.R.d. neuen § 39 Abs. 1 Nr. 5 InsO dürfte nur die Einlage eines atypisch, also auch an den stillen Reserven, still Beteiligten einem Gesellschafterdarlehen gleichzustellen und demnach hinsichtlich der Rückzahlungen im letzten Jahr vor der Insolvenzeröffnung gem. § 135 InsO erleichtert anfechtbar sein).[538] Als weiterer **Vorteil** wird die (allerdings gem. Rdn. 2297 fragliche) Anonymität der stillen Gesellschaft und die im gesetzlichen Modell angelegte beherrschende Stellung des Geschäftsinhabers (der GmbH) angesehen, die dennoch eine Einkunfts- und (bei der atypisch stillen Gesellschaft) auch Vermögensverlagerung eintreten lässt.

Die **GmbH & Still** eignet sich gut zur Versorgung ausgeschiedener Altgesellschafter und deren Angehörigen sowie sonstiger Personen, die von der Betriebsnachfolge ausgeschlossen sein sollen. In der Variante der atypischen stillen Gesellschaft kann ihnen auch eine Beteiligung an der Substanz des Unternehmens gewährt werden. Zugleich erlauben sowohl die GmbH als auch die stille Gesellschaft (§ 234 Abs. 2 HGB) die freie Vererblichkeit der Anteile bei gleichzeitiger Haftungsbegrenzung, sowie die Anordnung einer Testamentsvollstreckung. 2296

Für den **Abschluss eines stillen Gesellschaftsvertrags mit einer GmbH** soll nach allerdings bestrittener[539] Auffassung die organschaftliche Vertretungsmacht des Geschäftsführers nicht ausreichend sein, da es nicht um schuldrechtliche Austauschbeziehungen mit Dritten, sondern um die Verbandsorganisation der GmbH mit satzungsähnlichem Charakter handle. Analog §§ 53 ff. GmbHG sei daher ein satzungsändernder Beschluss mit notarieller Beurkundung und Eintragung in das Handelsregister erforderlich.[540] Begründet wird dies insb. mit der Parallelität zum Abschluss von Beherrschungs- und Gewinnabführungsverträgen, für die §§ 293 ff. AktG analog herangezogen werden (Teilgewinnabführungsvertrag i.S.d. § 292 Abs. 1 Nr. 2 AktG).[541] 2297

Ertragsteuerlich gelten die bereits oben Rdn. 2287 erläuterten Regeln, allerdings mit der Maßgabe, dass Verluste aus atypisch stillen Beteiligungen (oder Unterbeteiligungen) an einer Kapitalgesellschaft – sofern der atypisch Stille nicht eine natürliche Person ist – nur mit späteren Gewinnen aus derselben Beteiligung verrechnet werden können (§ 15 Abs. 4 Satz 6 bis 8 EStG).[542] Ist der atypische stille Gesellschafter zugleich auch GmbH-Gesellschafter („Doppelgesellschafter"), bildet sein GmbH-Geschäftsanteil notwendiges **Sonderbetriebsvermögen II** (Rdn. 4466) seiner Eigenschaft als stiller Gesellschafter mit der Folge, dass 2298

- Gewinne aus der Veräußerung dieses GmbH-Geschäftsanteils auch dann der ESt unterliegen, wenn die Voraussetzungen des §§ 17, 23 EStG nicht (mehr) gegeben sind.[543]
- Andererseits aber für Dividenden nicht die Abgeltungsteuer, sondern das Teileinkünfteverfahren (60 %, § 3 Nr. 40 EStG, Rdn. 2460) gilt, mit 60 %igem Abzug der Finanzierungskosten.

---

537 Vgl. BGH, 13.02.2006 – II ZR 62/04, DStR 2006, 860.
538 *Mock*, DStR 2008, 1645 (1646); *Manz/Lammel*, GmbHR 2009, 1121 (1125).
539 Vgl. *K. Schmidt*, ZGR 1983, 310.
540 Vgl. Gutachten, DNotI-Report 2004, 57, a.A. BayObLG, 18.02.2003 – 3Z BR 233/02, DStR 2003, 1218, m. Anm. *Wälzholz*.
541 Vgl. etwa BGH, 08.05.2006 – II ZR 123/05, ZIP 2006, 1201.
542 Vgl. BMF v. 19.11.2008, GmbHR 2009, 110; Zweifel an der Verfassungsmäßigkeit bei BFH, 20.10.2010 – I R 62/08, GmbH-StB 2011, 37.
543 Vgl. OFD Rostock, DStR 2000, 593.

- Ist der atypisch stille Gesellschafter zugleich GmbH-Geschäftsführer, wird zudem sein Geschäftsführer-Gehalt zur Sonderbetriebseinnahme gem. § 15 Abs. 1 Nr. 2 EStG „umqualifiziert", sodass es nicht mehr bei Körperschaftsteuer und Gewerbesteuer abzugsfähig ist, ebenso wenig die Pensionsrückstellungen. Hierin liegt ein erheblicher Nachteil der GmbH & atypisch Still (Durchbrechung des steuerlichen Trennungsprinzips).

2. Unterbeteiligungen

2299   Bei einer Unterbeteiligung handelt es sich auch insoweit um eine Innengesellschaft (ohne Gesellschaftsvermögen), die dem Unterbeteiligten eine Teilhabe zumindest am Gewinn aus dem **Gesellschaftsanteil des Hauptbeteiligten** vermittelt. Im Unterschied zur Treuhandschaft wird der Unterbeteiligte jedoch dadurch nicht wirtschaftlicher Inhaber der Gesellschaftsbeteiligung selbst, da er nicht die wesentlichen mit der Beteiligung verbundenen Vermögens- und Verwaltungsrechte im Konfliktfall effektiv nach seinem Willen durchsetzen kann. Die Unterbeteiligung unterscheidet sich von der stillen Beteiligung an der Hauptgesellschaft (dem Betrieb des Geschäftsinhabers selbst) dadurch, dass die weiteren Gesellschafter der Hauptgesellschaft von solchen Unterbeteiligungen keine Kenntnis zu haben brauchen, und auch an deren Entstehung nicht beteiligt sind, sofern der Gesellschaftsvertrag nicht Unterbeteiligungen an entsprechende Zustimmungen bindet.[544]

2300   Unterbeteiligungen kommen häufig bei **Familiengesellschaften** vor, deren Satzung die Anzahl der Gesellschafter (bzw. der Gesellschafterstämme) begrenzt. Des Weiteren wird sie als Zwischenstufe gewählt, um Nachkommen am Unternehmensertrag zu beteiligen und das Interesse für das Unternehmen und das Unternehmertum zu wecken. Die Praxis bietet schließlich häufig pflichtteilsberechtigten Personen die Vereinbarung einer Unterbeteiligung anstelle der Barauszahlung des Pflichtteilsanspruchs an, um Unternehmensliquidität zu erhalten.

2301   Bei der **schenkweisen Einräumung der Unterbeteiligung** (Muster: Rdn. 5377)[545] ist § 518 BGB (Beurkundung) zu wahren; Heilung tritt auch hier – wie bei der stillen Gesellschaft, oben Rdn. 2281 – jedenfalls bei der typischen Unterbeteiligung nicht durch bloße kapitalmäßige Umbuchung ein. Voraussetzung für den Vollzug i.S.d. § 518 Abs. 2 BGB wie auch i.S.d. § 9 ErbStG ist stets der Eintritt einer Bereicherung beim Erwerber,[546] sodass erst mit tatsächlicher Vereinnahmung der jeweils anteilig zugedachten Beteiligungserträge freigiebige Zuwendungen ausgeführt sind[547] (mithin tritt hinsichtlich dieser Erträge beim „Erwerber" eine Doppelbelastung mit Erbschaft- und [§ 20 Abs. 1 Nr. 4 EStG] ESt ein!).[548]

---

544   BGH, 10.05.2006 – II ZR 209/04, GmbHR 2006, 875, m. Anm. *Tebben*, GmbHR 2007, 63: andernfalls ist bei solcher Vinkulierung die Unterbeteiligung unwirksam.
545   Erläuterungen zu diesem Muster bei *Krauß*, in: Schultke-Nölke/Flohr, Formularbuch Vertragsrecht, Teil 5 Muster 2.
546   Daran fehlt es bei der Übertragung auf eine sog. kontrollierte liechtensteinische Familienstiftung, bei welcher der Stifter sich vorbehält, weiter über die Verwendung des Vermögens zu entscheiden, sogar sich dieses wieder zurück übertragen zu lassen (Rdn. 2553): keine Schenkungsteuerpflicht gem. BFH, 28.06.2007 – II R 21/05, EStB 2007, 329.
547   BFH, 16.01.2008 – II R 10/06, GmbH-StB 2008, 164.
548   *Thouet*, RNotZ 2008, 483. Krit. gegen den BFH auch *Hübner*, ZEV 2008, 254, da die typische Unterbeteiligung steuerrechtlich wie eine stille Beteiligung behandelt werden sollte, und *Ivens*, ZErb 2011, 76, 77.

> **Hinweis: Vermeidung einer Doppelbelastung (EStG/ErbStG) bei unentgeltlicher Einräumung einer typischen Unterbeteiligung an einem Gesellschaftsanteil**
>
> Um zu vermeiden, dass der Zufluss von Gewinnanteilen aus der Hauptbeteiligung sowohl ESt als auch (da die Schenkung nach Ansicht des BFH erst dann vollendet ist) Schenkungsteuer auslöst, empfiehlt es sich, dem Gesellschafter als Zuwendungsempfänger zunächst einen Geldbetrag ohne weitere Auflagen zu schenken; der Beschenkte verwendet diesen Betrag sodann als Einlage der typischen Unterbeteiligung und gewährt ihn damit dem Schenker (Hauptbeteiligten) zurück.

2302

Auch zur Notwendigkeit eines Ergänzungspflegers bei Familien-Unterbeteiligungen mit minderjährigen Kindern und die Notwendigkeit einer gerichtlichen Genehmigung gilt das oben Rdn. 2282 Gesagte (eine gerichtliche Genehmigung ist ausnahmsweise dann entbehrlich, wenn die Einlage bereits durch den Schenker voll eingezahlt ist und auch eine Ausfallhaftung, etwa gem. §§ 16 Abs. 3, 24 GmbHG, nicht in Betracht kommt.)[549]

2303

Bei der **inhaltlichen Ausgestaltung eines Unterbeteiligungsvertrags** müssen die Außengrenzen des eigentlichen Gesellschaftsvertrags beachtet werden. Kontroll- und Informationsrechte analog § 233 HGB hat der Unterbeteiligte jedoch stets nur ggü. dem Hauptbeteiligten, nicht unmittelbar in der Gesellschaftersammlung der Hauptgesellschaft selbst. Bei der Beteiligung am Gewinn hat der Unterbeteiligte die Entscheidungen der Hauptgesellschaft zur Bilanzgestaltung und ggf. Bildung stiller Reserven hinzunehmen.[550] Auch Entnahmebeschränkungen des Hauptbevollmächtigten gelten ebenso für den Gewinnanteil des Unterbeteiligten.

2304

Eine zusätzliche **Beteiligung an Tätigkeitsvergütungen** des Hauptbeteiligten wird regelmäßig nicht bestehen. Trägt der Unterbeteiligte jedoch das wirtschaftliche Risiko der Hauptbeteiligung mit, sollte er an der Haftungsvergütung des Hauptbevollmächtigten partizipieren. Der Verteilungsschlüssel ist vertraglich festzulegen (ergänzend gilt § 231 Abs. 1 HGB analog). Eine **Verlustbeteiligung** findet nur statt, wenn sie ausdrücklich vereinbart ist, und ist dann im Regelfall auf die Höhe der Einlage begrenzt.

2305

Mangels abweichender Regelung besteht ein ordentliches **Kündigungsrecht** jedes Beteiligten, mit allerdings strittiger Fristdauer (§ 723 Abs. 1 Satz 1 BGB: jederzeit; anders § 234 i.V.m. § 132 HGB analog: 6 Monate).

2306

Auch bei der Unterbeteiligung wird (wie bei der stillen Gesellschaft, Rdn. 2280) zwischen der **typischen** (die lediglich einen schuldrechtlichen Anspruch auf einen Ertragsanteil zum Inhalt hat) und der **atypischen Unterbeteiligung** unterschieden; Letztere berechtigt auch zur Teilhabe am Unternehmensvermögen und den darin verkörperten stillen Reserven samt Firmenwert, sodass bei Beendigung nicht nur die nominelle Einlage zurückzuzahlen ist.

2307

Diese Unterscheidung wirkt sich auch **ertragsteuerlich** aus (wie Rdn. 2287), sofern die Unterbeteiligung steuerlich anzuerkennen ist (also der Unterbeteiligte die Vermögens- und Verwaltungs-

2308

---

549 BGHZ 107, 28; *Damrau*, ZEV 2000, 212.
550 Eine andere Sichtweise liegt jedoch nahe, wenn der Hauptbevollmächtigte in der Hauptgesellschaft eine so beherrschende Stellung hat, dass er die Bilanzierung selbst gestalten kann.

rechte in Höhe seiner Quote im Konfliktfall mit dem Hauptbevollmächtigten effektiv durchsetzen kann):[551] die typische Unterbeteiligung schafft Einkünfte aus Kapitalvermögen, während die atypische Unterbeteiligung dieselbe Einkunftsart wie beim Hauptbeteiligten generiert, i.d.R.[552] also gewerbliche oder freiberufliche Einkünfte. Damit sind auch Tätigkeitsvergütungen des atypisch still Unterbeteiligten dem Gesamtgewinn gem. § 15 Abs. 1 Nr. 2 EStG hinzuzurechnen.[553] Um die Unterbeteiligung für die Mitgesellschafter der Hauptgesellschaft unerkannt zu lassen, findet eine gesonderte Feststellung der Einkünfte der Unterbeteiligungsgesellschaft statt,[554] bei Einverständnis aller kann dies jedoch auch i.R.d. Feststellungsverfahrens für die Hauptgesellschaft miterledigt werden.

2309 Auch **schenkungsteuerlich** wird die typische Unterbeteiligung als Kapitalforderung,[555] die atypische Unterbeteiligung als Anteil an Betriebsvermögen gem. §§ 95 ff. BewG bewertet, wobei die Finanzverwaltung (anders als der BFH) bei atypischen Unterbeteiligungen an Mitunternehmeranteilen die Privilegien der §§ 13a, 19a ErbStG nicht gewähren wollte (Rdn. 3986). Die Verwaltung hat diese unrichtige Ansicht jedoch mit Erlass v. 23.03.2009[556] nunmehr aufgegeben.

3. GmbH & Co. KG

a) Varianten

2310 Bei der **GmbH & Co. KG** bietet sich die Möglichkeit unterschiedlicher Beteiligung des Nachfolgers an der KG (damit an der Substanz des Unternehmens) und/oder an der GmbH (und damit am Management, aufgrund ihrer Komplementärfunktion), aber auch die Möglichkeit einer Fremdorganschaft bei fachlich oder persönlich ungeeigneten Nachkommen. Gehen Kommanditanteil und GmbH-Geschäftsanteil unterschiedliche Wege, wird aus dem bisherigen Sonderbetriebsvermögen II (GmbH-Anteil, Rdn. 2325, 4466) regelmäßig Privatvermögen, was jedoch mangels vorhandener stiller Reserven zu keinen schlimmen Folgen führt.

2311 Eine Variante bildet seit dem 01.11.2008 die **UG (haftungsbeschränkt) & Co KG**, die in noch stärkerem Maße der Reduzierung der Haftungsmasse des Komplementärs (ggf. auf lediglich einen Euro) dient. Ihre Verwendung ist auch dann unproblematisch, wenn sie (wie im Regelfall) nicht am Vermögen der KG beteiligt ist, und demnach nicht auf Gewinnerzielung hoffen darf, da die gesetzlich vorgeschriebene Teilrücklagenbildung nur bei entsprechenden Gewinnen stattzufinden hat.

---

551 Vgl. BFH, 28.05.2005 – VIII R 34/01, BStBl. 2005 II, S. 857; FG Mecklenburg-Vorpommern, NotBZ 2008, 130.

552 Die schenkweise Unterbeteiligung von Kindern am Anteil einer verwaltenden Grundstücks-GbR soll allerdings, wenn nur eine schuldrechtliche Beteiligung am Gewinn und Mitwirkungsrechte in wenigen Angelegenheiten eingeräumt sind, keine Einkünfte aus Vermietung und Verpachtung, sondern aus Kapitalvermögen generieren, BFH, BStBl. 1992 II, S. 459.

553 BFH, DStR 1998, 203.

554 BFH, BStBl. 1974 II, S. 414.

555 Die typische Unterbeteiligung an einem GmbH-Anteil ist also selbst kein tauglicher Schenkungsgegenstand, sondern die Weiterleitung der Gewinnanteile, vgl. *Blaurock*, Handbuch Stille Gesellschaft, Rn. 31.56; *Weigl*, MittBayNot 2010, 302.

556 BayStMinFin v. 23.03.2009, 34 – S 3811–035 – 11256/09, ZEV 2009, 264; ebenso FinMin Baden-Württemberg v. 09.04.2009, 3-S 3806/51, DB 2009, 878.

Diese personenverschiedene GmbH & Co. KG ist mitunter ertragsteuerlich und aus Gründen der Insolvenzvorsorge durchaus reizvoll: Der nur an der GmbH beteiligte Gesellschafter-Geschäftsführer erzielt Einkünfte aus unselbstständiger Tätigkeit (eine Umqualifizierung in gewerbliche Einkünfte der Mitunternehmerschaft unterbleibt, da er nicht zugleich an der KG beteiligt ist, vgl. Rdn. 2257), sodass ihm bspw. auch mit steuerlicher Wirkung Pensionszusagen zur Minderung des Gewerbesteueraufwands gemacht werden können. Seine angemessenen Geschäftsführervergütungen stellen ferner in keinem Fall eine Rückgewähr von Einlagen i.S.d. § 172 Abs. 4 Satz 1 HGB dar, da der Geschäftsführer nicht zugleich an der KG beteiligt ist (Vorsorge für den Insolvenzfall).

2312

Häufig ist jedoch der umgekehrte Wunsch, Inhaberschaft (also Kommanditistenstellung) und Führung (Bestellung und Überwachung des Geschäftsführers als Gesellschafter des Komplementärs) zu verzahnen. Für eine solche **personengleiche GmbH & Co. KG** müssen die Regelungen in der GmbH- und der KG-Satzung aufeinander abgestimmt sein. Bei divergierender Abtretung oder „Vererbung" muss ein Gleichlauf ggf. nachträglich, durch Einziehungs- und Zwangsabtretungsklauseln, hergestellt werden können (bzw. auch die Kommanditanteile werden uneingeschränkt vererblich gestellt).

2313

Sollen KG- und GmbH-Anteil einem zwingenden Gleichlauf unterworfen sein, bietet sich als extremste Form die **Einheits-GmbH & Co. KG** an, bei der die KG Alleingesellschafterin der Komplementär-GmbH ist. Ihre Zulässigkeit wird durch § 264c Abs. 4 und § 172 Abs. 6 HGB vorausgesetzt („Einlage eines Kommanditisten, soweit sie in Anteilen an den persönlich haftenden Gesellschaftern bewirkt ist"). Da der KG-Vertrag die Verpflichtung zum Erwerb der GmbH-Anteile enthält, ist er gem. § 15 Abs. 4 Satz 1 GmbHG beurkundungspflichtig.[557] Die Übertragung des sodann allein verbleibenden Kommanditanteils ist jedoch formfrei möglich; ferner ist damit eine „automatische Verzahnung" auch im Sterbefall gewährleistet. Die Gefahr des Auseinanderfallens der Gesamthandsbeteiligung und der sonst im Sonderbetriebsvermögen befindlichen Komplementäranteile besteht nicht, da Letztere ebenfalls zum Gesamthandsvermögen zählen. Etwaige Gewinne der GmbH stehen „automatisch" der KG zu; ein Auseinanderfallen der Beschlussfassungen in KG und GmbH kann nicht stattfinden. Durch umsatzsteuerliche Organschaft können ferner die Geschäftsführungs- und Vertretungsleistungen der Komplementärin zu umsatzsteuerfreien Innenumsätzen werden.[558]

2314

Zur Ermöglichung effektiver Kontrolle[559] und Vermeidung der Selbstbestellung und Selbstabberufung sollte[560] dann allerdings entweder

2315

- ein Beirat anstelle der Gesellschafterversammlung zur Beschlussfassung hierüber berufen sein,

---

557 Vgl. *Bahnsen*, GmbHR 2001, 186.
558 BMF-Schreiben v. 31.05.2007, DStR 2007, 1039 (Rn. 6); *Pauli*, ZErb 2008, 217.
559 Der Geschäftsführer der Komplementärin, handelnd für die KG als einzige GmbH-Gesellschafterin, wäre wohl bereits gem. § 47 Abs. 4 GmbHG von der Ausübung des Stimmrechtes hinsichtlich seiner Entlastung ausgeschlossen, vgl. zum Ganzen differenzierend Gutachten, DNotI-Report 2010, 154 (wo die Anwendbarkeit des § 47 Abs. 4 GmbHG auch auf der Ebene der Kommanditistenversammlung bejaht wird, allerdings mit teleologischer Reduktion, wenn dadurch alle Kommanditisten ausgeschlossen wären).
560 Andernfalls üben die anderen Geschäftsführer der Komplementär-GmbH diese Stimmrechte aus, BGH, 16.07.2007 – II ZR 109/06, MittBayNot 2008, 306, m. Anm. *Giehl*, 268.

Kapitel 5: Gesellschaftsrechtliche Lösungen

- oder aber die Stimmrechte in der Gesellschafterversammlung (§ 46 Nr. 5 GmbHG) des Komplementärs durch Rechtsgeschäft (§ 164 BGB) den Kommanditisten persönlich, und zwar als nur aus wichtigem Grund entziehbares Sonderrecht, übertragen werden.[561]

Oder schließlich die Geschäftsführungs- und Vertretungsbefugnis der Komplementär-GmbH im Gesellschaftsvertrag der KG so beschränkt werden, dass die Wahrnehmung der Stimmrechte „an ihr selbst" der Versammlung der Kommanditisten obliegt:[562]

2316 Zur letzteren, der am häufigsten gewählten Alternative, folgender

Formulierungsvorschlag: Einheits-GmbH & Co. KG, Wahrnehmung der Stimmrechte in der Komplementär-GmbH durch die Kommanditistenversammlung

> Soweit es um die Wahrnehmung der Gesellschafterrechte in der Komplementär-GmbH selbst geht, ist nicht die Komplementärin zur Geschäftsführung und Vertretung der Kommanditgesellschaft berechtigt und verpflichtet, sondern vielmehr die Kommanditisten selbst, denen hierfür Geschäftsführungs- und Vertretungsbefugnis eingeräumt wird. Sie entscheiden durch Beschluss in der Kommanditistenversammlung, für deren Einberufung und Durchführung die Bestimmungen dieses Vertrages zur Gesellschafterversammlung entsprechend gelten. Für die Beschlüsse genügt die einfache Mehrheit der gültig abgegebenen Stimmen, mit Ausnahme von Beschlüssen über die Auflösung der Komplementär-GmbH, die Abtretung des Anteils an dieser oder Änderungen der Satzung der Komplementär-GmbH, für die eine Mehrheit von 75 % der gültig abgegebenen Stimmen erforderlich ist. Je ..... € des festen Kapitalanteils eines Kommanditisten gewähren eine Stimme. Die Kommanditistenversammlung hat zugleich jeweils im Einzelfall oder allgemein einen oder mehrere Kommanditisten zu bestimmen, die den Beschluss ähnlich einem Geschäftsführer auszuführen haben.

Zu Haftungs- und Kapitalaufbringungsproblemen der Einheits – GmbH & Co KG vgl. Rdn. 2321.

2317 Zur „Umwandlung" einer GmbH & Co KG in eine Kapitalgesellschaft (durch Formwechsel – grunderwerbsteuerfrei, aber unter Fortbestand der Komplementärin – oder im „erweiterten Anwachsungsmodell" durch Einbringung der Kommanditanteile in die Komplementär-GmbH als Sacheinlage) vgl. Rdn. 4732 ff. Die „Umwandlung" der GmbH & Co KG allein auf ihren Kommanditisten erfolgt am einfachsten durch Verschmelzung der Komplementär-GmbH auf den Kommanditisten („upstream Anwachsung", da eine Ein-Personen – Personengesellschaft nicht existieren kann), während eine sog. „In-Sich-Anwachsung" (durch Verschmelzung der Komplementär-GmbH auf die KG selbst wohl nicht möglich ist, da § 20 Abs. 1 Nr. 3 UmwG den Fortbestand des aufnehmenden Rechtsträgers voraussetzt.[563]

---

561 Teilweise wird befürchtet, die Kommanditisten würden damit zu „faktischen Mitgeschäftsführern", sodass die gewerbliche Prägung i.S.d. § 15 Abs. 3 Nr. 2 Satz 2 EStG verloren ginge; hiergegen *Carlé/Carlé*, GmbHR 2001, 101 m.w.N.
562 *Werner*, GmbHR 2007, 1035; *Wachter*, ZNotP 2007, 412 (mit Formulierungsvorschlag); *Pröpper*, GmbH-StB 2010, 49 (mit Formulierungsvorschlägen auch zu den beiden anderen Varianten).
563 OLG Hamm, 24.06.2010 – I-15 Wx 360/09, GmbHR 2010, 985 (abzulehnen, weil die Auflösung der KG nicht auf Umwandlungsrecht beruht, sondern auf der Unzulässigkeit einer Ein-Personen-Personengesellschaft).

b) Haftung

Der Kommanditistenstellung immanent sind ebenfalls bestimmte, wenn auch begrenzte, **Haftungsrisiken**: Gem. § 176 Abs. 1 HGB umfasst sie zum einen Verbindlichkeiten, die bis zur Eintragung in das Handelsregister begründet wurden, es sei denn, seine bloße Kommanditistenstellung war den Gläubigern bekannt, was bei einer GmbH & Co. KG, sofern die künftige Firma verwendet wird, unterstellt wird.[564] Gefährlicher ist das Wiederaufleben der Kommanditistenhaftung gem. § 172 Abs. 4 Satz 2 HGB, wenn Ausschüttungen vorgenommen werden, obwohl sein Kapitalanteil durch Verluste unter die geleistete Hafteinlage herabgemindert ist oder wird („Einlagenrückgewähr"), wobei es auf die Buchwerte der Kapitalkonten, ohne Berücksichtigung stiller Reserven ankommt.[565] Gleiches gilt, wenn es sich bei solchen Ausschüttungen lediglich um konzeptbedingte Garantiezahlungen (etwa bei Fonds trotz Bilanzverlustes) handelt; in diesem Fall hilft nicht einmal § 172 Abs. 5 HGB (guter Glaube des Bilanzaufstellers und des Anlegers an die Richtigkeit der Bilanz), da keine Ausschüttung eines Bilanzgewinns vorliegt.[566]

2318

Darüber hinaus galten bis zum Inkrafttreten des MoMiG gem. § 172a HGB a.F., die gesetzlichen (§§ 32a, 32b GmbHG a.F.) und die durch den BGH zusätzlich entwickelten Haftungsregeln für **eigenkapitalersetzende Gesellschafterleistungen** auch für die GmbH & Co. KG entsprechend, allerdings aufgrund des Sanierungsprivilegs gem. § 32a Abs. 3 GmbHG nicht für Kommanditisten, die weder zur Geschäftsführung berufen noch zu mehr als 10 % beteiligt sind.

2319

Gleiches galt nach der Rechtsprechung des BGH (Lagergrundstückentscheidungen I bis IV)[567] auch für **Nutzungsüberlassungen** durch Gesellschafter (z.B. die Vermietung von Maschinen oder Grundstücken), die kapitalersetzenden Charakter haben, vgl. Rdn. 4454. Diese können in der Krise (z.B. Insolvenz) der Gesellschaft nicht beendet werden; dem Gesellschafter stand ferner für die Dauer der Überlassung während der Insolvenz ein Nutzungsentgelt nicht zu, sofern er die Überlassung auch der insolventen oder kreditunwürdigen („überlassungsunwürdigen") Gesellschaft weiter gewährt hat.[568] Das MoMiG hat die Rechtslage deutlich gebessert und in § 135 Abs. 3 InsO eine auf max. ein Jahr befristete „Kündigungssperre" eingeführt, vgl. Rdn. 4454 f.

2320

Unter Kapitalerhaltungsaspekten ist bei der **Einheits-GmbH & Co. KG** darauf zu achten, dass die GmbH-Anteile nicht zugleich Haftkapital der KG sein können (§ 172 Abs. 6 Satz 1 HGB); ferner darf der Erwerb der GmbH-Anteile nicht aus den an die KG erbrachten Hafteinlagen erfolgen, da dies einer haftungsschädlichen Einlagenrückgewähr gem. § 172 Abs. 4 Satz 1 HGB gleichkäme, sodass im Ergebnis die Kommanditisten den Gegenwert der GmbH-Geschäftsanteile zusätzlich zur Hafteinlage zu erbringen haben.[569] Dies geschieht am sichersten dadurch, dass das Stammkapital der GmbH durch die Gründer (die späteren Kommanditisten) voll einge-

2321

---

564 OLG Frankfurt am Main, 09.05.2007 – 13 U 195/06, RNotZ 2008, 170; BGH, NJW 1983, 2260; a.A. noch BGH, NJW 1980, 54.
565 Vgl. BGH, NJW 1990, 1109.
566 BGH, 20.04.2009 – II ZR 88/08, NotBZ 2009, 361.
567 BGH, DB 1989, 2470; 1993, 318; GmbH-R 1994, 612, DB 1994, 2017.
568 *Oppenländer*, GmbHR 1998, 519, plädiert mit Hinweis auf §§ 133, 134 UmwG auf eine Begrenzung des Zeitraums der entgeltlosen Überlassungspflicht auf 5 Jahre.
569 Nach Ansicht von *Esch*, BB 1991, 1133 zu buchen auf einem Sonderkonto des Kommanditisten.

zahlt wird[570] und sodann die Kommanditisten ihre Beteiligung an der GmbH ohne Zahlung eines Entgeltes auf die KG übertragen, wozu sie sich im Kommanditgesellschaftsvertrag verpflichten müssten (mit der bereits erwähnten Folge der Beurkundungspflicht des KG-Vertrags).[571]

2322 Die Komplementär-GmbH kann allerdings (wohl; str. wegen § 43a GmbHG)[572] ihr Stammkapital darlehensweise gegen angemessene Verzinsung der KG überlassen – erfolgt dies jedoch absprachegemäß umgehend[573] nach der Entgegennahme der Einzahlungsbeträge durch den Komplementär-Geschäftsführer, ist die GmbH-Einlage nicht erbracht und muss in der Insolvenz nachgeleistet werden.[574] Nach Inkrafttreten des MoMiG (01.11.2008) gilt hierfür gem. § 30 Abs. 1 Satz 2 GmbHG eine Ausnahme vom Auszahlungsverbot. In den Fokus tritt demnach gem. §§ 8 Abs. 2, 19 Abs. 5 GmbHG n.F. die Frage, ob die GmbH als Ersatz für die Stammeinlage einen vollständig[575] werthaltigen,[576] jederzeit fällig zu stellenden Darlehensanspruch gegen die KG erwirbt;[577] auf die Bonität des mittelbar begünstigten Kommanditisten kommt es dabei nicht an.[578] Die Vereinbarung der Weitergabe der Einlage als Darlehen an die KG muss freilich gem. § 19 Abs. 5 GmbHG dem Registergericht offengelegt werden,[579] ggf. auch vorsorglich, wenn die Person des genauen Darlehensnehmers noch nicht feststeht:

2323 **Formulierungsvorschlag: GmbH & Co KG, Offenlegung der Weitergabe der GmbH-Stammeinlage als Darlehen an die KG**

> Zur Offenlegung wird gem. § 19 Abs. 5 GmbHG angemeldet: Die an die ..... GmbH geleisteten Barstammeinlage werden als Darlehen bis zu einer Höhe von ..... Euro an die ..... GmbH & Co KG oder andere Kommanditgesellschaften, an denen die GmbH als persönlich haftende Gesellschafterin beteiligt ist, weitergereicht.

---

570 Bei Teileinzahlung würde die KG als Erwerberin die ausstehende Einlageschuld übernehmen, § 16 Abs. 3 GmbHG, mit der Folge, dass die GmbH als deren Komplementärin für diese Anlageschuld selbst haften müsste.

571 Würde die Übertragung gegen Entgelt erfolgen, läge hierin eine teilweise Rückgewähr der bereits gezahlten Kapitaleinlage aus dem Vermögen der KG, sodass die Haftung des Kommanditisten gem. § 172 Abs. 4 Satz 1 HGB wieder aufleben würde. Im umgekehrten Fall (die Hafteinlage des Kommanditisten wird durch Abtretung der Anteile an der Komplementär-GmbH erbracht) verneint bereits § 172 Abs. 6 HGB die Erfüllungswirkung.

572 § 43a GmbHG (betreffend Darlehensleistungen an Geschäftsführer) wurde allerdings i.R.d. MoMiG nicht an §§ 19 Abs. 5, 30 Abs. 2 Satz 2 GmbHG angepasst; für eine entsprechend einengende Anwendung z.B. *Michelfeit*, MittBayNot 2009, 435, 442.

573 Die Rspr. hat die Vermutung der Vorabsprache bei Darlehensgewährung nach 8 Monaten verneint, BGH, 16.09.2002 – II ZR 1/00, JurionRS 2002, 23590, *Schiemzik*, NWB 2011, 45, 50. Es gelten dann nur die geringeren Anforderungen des § 30 Abs. 1 Satz 2 GmbHG.

574 BGH, 10.12.2007 – II R 180/06, GmbHR 2008, 203, m. Anm. *Rohde*; Praxishinweise bei *Theiselmann*, GmbHR 2008, 521 ff.

575 „Alles-oder-Nichts-Prinzip", vgl. *Schiemzik*, NWB 2011, 45, 48.

576 Eine „positive Bewertung durch eine angesehene Ratingagentur" hält für ausreichend OLG München, 17.02.2011 – 31 Wx 246/10, MittBayNot 2011, 331.

577 Vgl. *Mohr*, GmbH-StB 2008, 118.

578 *Salzig*, NotBZ 2009, 148; allerdings kann von ihm gem. § 31 GmbHG die Auszahlung zurückverlangt werden, wenn die Voraussetzungen des § 30 Abs. 1 Satz 2 GmbHG nicht vorlagen, vgl. *Heckschen/Heidinger*, Die GmbH in der Gestaltungs- und Beratungspraxis, § 16 Rn. 45.

579 Vgl. *Michelfeit*, MittBayNot 2009, 435, 438. Fraglich ist, ob ein Versäumnis nachträglich durch Neuanmeldung „geheilt" werden kann (so *Herrler*, GmbHR 2010, 785, 789 ff. mit Formulierungsvorschlag) oder ob es dafür auch der tatsächlichen Rückzahlung bedarf (so *Roth*, NJW 2009, 3397, 3399). Die nachträgliche Offenlegung des Hin- und Herzahlens ist jedenfalls erforderlich, vgl. OLG Koblenz, 17.03.2011 – 6 U 879/10, MittBayNot 2011, 330.

c) Steuer

Einkommensteuerlich erzielt die gewerblich tätige Personengesellschaft (§ 15 Abs. 1 Satz 1 Nr. 2 EStG) als unmittelbare Inhaberin eines Gewerbebetriebs gewerbliche Einkünfte, ebenso jedoch die Gesellschafter einer lediglich gewerblich geprägten Personengesellschaft gem. § 15 Abs. 3 Nr. 2 Satz 2 EStG gem. Rdn. 2182 ff.

2324

Zur Mitunternehmerschaft eines Kommanditisten zählt neben dem Anteil am Gesamthandsvermögen auch als sog. „Sonderbetriebsvermögen II" sein Anteil an der Komplementär-GmbH, sofern Letztere keine eigenständige gewerbliche Tätigkeit von einiger Bedeutung entfaltet.[580] Allerdings wird die Komplementärbeteiligung – anders als in den Fällen einer Betriebsaufspaltung in Bezug auf die Anteile an der Betriebskapitalgesellschaft, Rdn. 4461 – nicht stets darüber hinaus sogar **wesentliche Betriebsgrundlage** des Mitunternehmeranteils sein.[581] In diesen Fällen sind die Möglichkeiten steuerneutraler Übertragung (§ 6 Abs. 3 EStG, Rdn. 4669) und Umstrukturierung (§§ 20, 24, 25 UmwStG)[582] stark eingeschränkt, da stets auch die Anteile an der Kapitalgesellschaft mit übertragen werden müssten.[583] Die Komplementärbeteiligung ist bspw. nach Verwaltungsauffassung[584] wesentliche Betriebsgrundlage der Kommanditistenstellung,

2325

- wenn der Kommanditist zwar zu 50 % oder weniger an der KG, aber zu mehr als 50 % an der Komplementär-GmbH beteiligt ist, da ihm letztere Mehrheit Einfluss auf die Geschäftsführung der KG vermittelt (ist er jedoch bereits zu mehr als 50 % an der KG beteiligt, tritt nur eine unwesentliche Erweiterung seiner Einflussmöglichkeiten ein);
- nach Verwaltungsauffassung aber auch im Fall des bereits zu 100 % an der KG Beteiligten, da er nur unter Mithilfe der GmbH eine KG bilden könne;
- wenn die Komplementär-GmbH am Vermögen sowie Gewinn und Verlust der KG beteiligt ist;
- wenn die Komplementär-GmbH einen eigenen Geschäftsbetrieb unterhält, dieser im Zusammenhang mit der KG steht und aus deren Sicht nicht nur untergeordnete Bedeutung hat.[585]

Der BFH ist insoweit schwankend.[586]

---

580 Vgl. BFH, 12.04.2000 – XI R 35/99, BStBl. 2001 II, S. 26, 27.
581 Vgl. im Einzelnen OFD Rheinland/OFD Münster v. 23.03.2011, DB 2011, 1302, zuvor OFD Münster v. 06.11.2008, GmbHR 2009, 108; sowie *Brandenberg*, NWB 2008, 4290 ff. = Fach 3, S. 15320 ff.; Beispiel einer nicht funktional wesentlichen Beteiligung an der Komplementär-GmbH: BFH, 25.11.2009 – I R 72/08 GmbHR 2010, 317, m. Anm. *Suchanek*: der Kommanditist kann demnach seine Kommanditistenstellung auch dann gem. § 20 UmwStG zu Buchwerten in eine andere GmbH einbringen, wenn er die Komplementärbeteiligung zurückbehält.
582 *Levedag*, GmbHR 2010, 633, auch zur Frage, ob die Komplementärbeteiligung i.r.d. § 20 UmwStG zur Erhaltung der Buchwertfortführung zwingend in eine Kapitalgesellschaft mit einzubringen ist.
583 Vgl. *Schulze zur Wiesche*, GmbHR 2008, 240 ff.
584 OFD Rheinland/OFD Münster v. 23.03.2011, S 2242–25 St 111, DB 2011, 1302.
585 Anders, wenn der eigene Geschäftsbetrieb nicht im Zusammenhang mit der KG steht: dann liegt nicht einmal SBV II vor: OFD München v. 02.04.2001, GmbHR 2001, 684, Tz. 1.
586 BFH, 25.11.2009 – I R 72/08, GmbHR 2010, 317 und BFH, 16.12.2009 – I R 97/08, GmbHR 2010, 600: nur wenn erst die Beteiligung an der Komplementär-GmbH den Kommanditisten in die Lage versetzt, über Fragen der laufenden Geschäftsführung der KG zu bestimmen; eher der Auffassung der Finanzverwaltung zuneigend BFH, 06.05.2010 – IV R 52/08, GmbHR 2010, 876 Rn. 19; vgl. *Honert/Obser*, EStB 2010, 432 ff.

Kapitel 5: Gesellschaftsrechtliche Lösungen

2326 Zum Detailvergleich zwischen gewerblich tätiger, gewerblich geprägter und Privatvermögen verwaltender „schlichter" GmbH & Co. KG s.o. Rdn. 2159 ff., ebenso zur Ausgestaltung eines Gesellschaftsvertrages für einen „Familienpool" Rdn. 2206.; Vertragsmuster s. Rdn. 5371.

2327 **Schenkungsteuerlich** waren bis 31.12.2008 sowohl Mitunternehmeranteile an gewerblich tätigen Unternehmen als auch an gewerblich geprägten Personengesellschaften (§ 13a Abs. 4 Nr. 1 ErbStG a.F.) privilegiert, was geradezu dazu einlädt, früheres Privatvermögen im Gewand einer GmbH & Co. KG zu übertragen (s. Rdn. 3986 ff.). Im Lichte des ErbStG 2009 handelt es sich i.d.R. um schädliches Verwaltungsvermögen i.S.d. § 13b Abs. 2 ErbStG (vgl. Rdn. 4065).

V. Familien-Kapitalgesellschaften als Alternative?

1. Gesellschaftsrecht

a) Körperschaftliche Struktur[587]

2328 Gerade bei größeren Grundstücksvermögen werden auch Familiengesellschaften in der Rechtsform einer Kapitalgesellschaft (insb. GmbH oder AG, auch Limited) in Betracht kommen. Gesellschaftsrechtlich bieten sie Dispens vom Problem der stets zu gewährleistenden Kündigungsmöglichkeit mit Abfindungsfolge (oben Rdn. 2234, 2236 ff.) und erlauben (ebenso wie die GmbH & Co. KG) die Installation einer dauerhaften Fremdgeschäftsführung, ebenso die umfassende Möglichkeit der Testamentsvollstreckung (sofern nicht in der Satzung ausgeschlossen).[588] Die Ausschließung unliebsamer Gesellschafter gestaltet sich jedoch, sofern die Satzung keine Einziehungs- oder Ausschließungs[589]möglichkeit vorsieht, deutlich schwieriger.[590]

2329 Zur Vermeidung von Pattsituationen, zur Begleitung der Unternehmensnachfolge und zur Installation einer dritten Ebene zwischen Gesellschaftern und Geschäftsführern wird häufig ein Beirat eingesetzt.

2330 **Formulierungsvorschlag: Beirat bei einer GmbH**

> Die Gesellschaft hat einen Beirat. Er besteht aus drei Mitgliedern, die durch die Gesellschafterversammlung mit einfacher Mehrheit bis zum Ende der Versammlung, die über ihre Entlastung über das dritte Geschäftsjahr beschließt, das auf die Wahl folgt, gewählt werden. Bis zur Wahl eines Nachfolgers bleibt ein Beirat auch darüber hinaus im Amt.
>
> Die Abberufung eines Beiratsmitglieds kann nur aus wichtigem Grund mit einer Mehrheit von mindestens 75 Prozent des stimmberechtigten Kapitals durch die Gesellschafterversammlung vorzeitig erfolgen; in diesem Fall ist für die restliche Amtsdauer ein Ersatzmitglied zu bestimmen.

---

587 Vgl. zum Folgenden *Scherer/Feick*, in: Der Fachanwalt für Erbrecht, Kap. 23, Rn. 65 ff.
588 OLG Frankfurt am Main, 16.09.2008 – 5 U 187/07, RNotZ 2009, 54 (hinsichtlich der Ausübung der Mitgliedschaftsrechte).
589 Zum Ausschluss von GmbH-Gesellschaftern durch Klage, bzw. aufgrund Satzungsbestimmung, aus wichtigem Grund s. *Battke*, GmbHR 2008, 850 ff.
590 Übersicht zu Kaduzierung, Ausschließung aus wichtigem Grund analog § 60 Abs. 1 Nr. 2 GmbHG, Einziehung: *Haack*, NWB 2008, 2261 ff. = Fach 18, S. 4665 ff.

Beiratsmitglieder sind nicht an Weisungen gebunden und haften nur für vorsätzliches und grobfahrlässiges Handeln.

Geschäftsführer oder Mitarbeiter der Gesellschaft sowie Abschlussprüfer können nicht Beiratsmitglieder sein.

Der Beirat hat die Geschäftsführung laufend zu beraten. Letztere ist verpflichtet, dem Beirat jede gewünschte Auskunft zu erteilen und uneingeschränkte Einsicht in Bücher und Schriften der Gesellschaft einzuräumen. Vor Beginn eines Wirtschaftsjahres hat der Beirat die von der Geschäftsführung erstellte Ertrags-, Investitions-, Kosten- und Finanz- sowie Personalplanung zu billigen, ebenso wesentliche unterjährige Änderungen dieser Pläne. Der Beirat hat auch die Vorschläge für die Gewinnverteilung zu prüfen.

Folgende Maßnahmen der Geschäftsführung bedürfen im Innenverhältnis der vorherigen Zustimmung des Beirats:

- Erwerb und Veräußerung von Gegenständen oder Rechten mit einem Wert von über ..... Euro im Einzelfall,
- Erwerb und Veräußerung anderer Unternehmen oder Unternehmensteile, Aufnahme neuer oder Aufgabe vorhandener Geschäftszweige, Errichtung und Aufhebung von Zweigniederlassungen, Errichtung und Auflösung oder Verlegung von Betriebsstätten,
- Abschluß, Änderung und Beendigung von Unternehmensverträgen i.S.d. §§ 291 ff. AktG, Eingehung von Unterbeteiligungen, stillen Gesellschaften oder sonstigen Kooperationsverträgen mit anderen Unternehmen,
- ....

Der Beirat wählt nach Änderung seiner Zusammensetzung aus seiner Mitte einen Vorsitzenden, der ihn nach außen vertritt, sowie einen Stellvertreter.

Der Vorsitzende, im Verhinderungsfall sein Stellvertreter hat den Beirat, sobald erforderlich, einzuberufen, mindestens jedoch viermal jährlich. Auf Verlangen eines Beiratsmitglieds, der Geschäftsführung oder eines Verlangens von 25 Prozent der Gesellschaftsanteile ist er zur Einberufung verpflichtet.

Schriftliche, fernmündliche und in Textform erfolgende Beschlussfassungen sind zulässig, sofern kein Beiratsmitglied diesem Verfahren widerspricht.

Der Beirat ist beschlussfähig, wenn alle Mitglieder anwesend oder vertreten sind, er entscheidet mit einfacher Mehrheit. Er kann sich im Übrigen eine Geschäftsordnung geben.

Die Mitglieder des Beirats haben Anspruch auf eine angemessene Vergütung und den Ersatz ihrer Auslagen sowie der hierauf entfallenden Umsatzsteuer; die Höhe der Vergütung wird bei ihrer Bestellung durch Beschluss der Gesellschafterversammlung auf die gesamte Bestellungsperiode bestimmt.

Auf den Beirat sind die Bestimmungen des Aktiengesetzes nicht entsprechend anzuwenden.

Die Abschaffung des Beirats oder eine Änderung seiner Zustimmungspflichten kann durch die Gesellschafter nur mit einer Mehrheit von ..... Prozent des gesamten vorhandenen Kapitals beschlossen werden.

Kapitel 5: Gesellschaftsrechtliche Lösungen

2331 Die **AG** bietet darüber hinaus den Vorteil, dass rivalisierende Aktionäre, in Ermangelung eines Weisungsrechtes ggü. dem Vorstand, die Gesellschaft nicht (wie bei der GmbH denkbar) lähmen können, also externe Führungspersönlichkeiten, sofern sie das Vertrauen des Aufsichtsrates genießen, freiere Entfaltungsmöglichkeiten vorfinden. Hinzu kommt die weitgehende Anonymität des Aktionärskreises und die erleichterte Abwicklung der Anteilsübertragung. Wegen des noch immer hohen Betreuungsaufwandes ist die Familien-AG allerdings noch wenig verbreitet.[591] Außerdem steht die Satzungsstrenge und der Grundsatz der Gleichbehandlung der Aktionäre einer Schlechterstellung von „Junior-Aktionären" entgegen (z.B. Verbot von Stimmrechtsbeschränkungen zulasten einzelner Aktionäre: § 134 Abs. 1 Satz 5 AktG, lediglich allgemein geltende Höchststimmrechte sind erlaubt, oder aber die Ausgabe stimmrechtsloser Vorzugsaktien, § 139 AktG).

b) Haftung

aa) Haftung der Geschäftsführer

2332 Die durch Rechtsform erzielte Haftungsbeschränkung wird freilich relativiert durch Risiken der **Geschäftsführerhaftung**, und zwar

- ggü. der **Gesellschaft** selbst[592] (§ 43 Abs. 2 GmbHG: solidarische Haftung trotz Ressortteilung, wenn die Sorgfaltspflichten eines ordentlichen verantwortlichen Leiters eines Unternehmens dieser Größe nicht eingehalten werden – z.B.[593] die Pflicht zur Nichtauszahlung von Vermögen, das zur Erhaltung des Stammkapitals erforderlich war, § 43 Abs. 3 GmbHG,[594] Pflicht zum Ersatz von Zahlungen, die nach Eintritt der Zahlungsunfähigkeit oder Feststellung der Überschuldung geleistet wurden, § 64 Satz 1 GmbHG,[595] Erstattung des Schadens aus der Vereitelung von Geschäftschancen, die der Geschäftsführer für ein anderes von ihm geführtes Unternehmen nutzt[596] –, allerdings mit Begrenzungsmöglichkeiten im Geschäftsführervertrag[597] und durch Entlastungsbeschluss[598] sowie faktisch durch eine D & O-Versicherung). Bei unternehmerischen Entscheidungen sind Risiken unvermeidbar; der Geschäftsführer hat

---

[591] Zur Satzungsgestaltung *Wälzholz*, DStR 2004, 779 ff. und 819 ff.

[592] Vgl. monografisch *Wellhöfer/Peltzer/Müller*, Die Haftung von Vorstand Aufsichtsrat Wirtschaftsprüfer und GmbH-Geschäftsführer, 2008; Überblick bei *Freund* GmbHR 2009, 1185 ff.

[593] Weitere Beispiele: Verjährenlassen von Forderungen der GmbH, Befolgung fehlerhafter Weisungen (auch der Gesellschafterversammlung), Überschreiten der im Anstellungsvertrag oder (mit Wirkung für das Innenverhältnis) in der Satzung beschränkten Vertretungsmacht, persönliche Bereicherung, Verletzung der Buchführungspflicht und der Pflicht zur Aufstellung sowie Vorlage von Jahresabschlüssen (§§ 41, 42a Abs. 1 Satz 1 GmbHG), Weitergabe von Geschäftsgeheimnissen entgegen § 85 GmbHG.

[594] Zur Verjährung: BGH, 29.09.2008 – II ZR 234/07, NotBZ 2009, 24, m. Anm. *Suppliet*.

[595] Ein bei der GmbH eingerichteter fakultativer Aufsichtsrat haftet dafür aber nicht, da der Gesellschaft (wegen der Befreiung von der Verbindlichkeit) kein Schaden entstanden sei, und § 52 Abs. 1 GmbHG nicht auf § 93 Abs. 3 Nr. 6 AktG (wo der Schaden fingiert wird) verweise, BGH, 20.09.2010 – II ZR 78/09 ZNotP 2010, 484.

[596] KG, 16.03.2010 – 14 U 45/09, GmbH-StB 2010, 259 (Rev. BGH: II ZR 67/10); hierzu *Theiselmann*, GmbH-StB 2010, 326 ff.

[597] Z.B. summenmäßige Begrenzung auf ein Jahresgehalt (vgl. *Heisse*, Die Beschränkung der Geschäftsführerhaftung ggü. der Gesellschaft, S. 152), möglicherweise auch hinsichtlich der leichten Fahrlässigkeit (krit. *Felix*, DStZ 1987, 457). Das Aktienrecht ist strenger, vgl. § 93 Abs. 4 Satz 3, Abs. 5 Satz 3, § 120 Abs. 2 Satz 2 AktG.

[598] Verzicht auf alle Ersatzansprüche, die der Gesellschafterversammlung bei sorgfältiger Prüfung aller Vorlagen und Berichte der Geschäftsführer erkennbar waren, § 46 Nr. 5 GmbHG.

jedoch die Tatsachengrundlagen, auf denen solche Risiken beruhen, in geschäftsüblicher Weise, etwa durch due diligence-Prüfungen vor Unternehmenskäufen,[599] aufzuklären. Dementsprechend kodifiziert § 93 Abs. 1 Satz 2 AktG die sog. „business judgment rule",[600] wonach eine Pflichtverletzung ausscheide, wenn der Vorstand einer AG ex ante vernünftigerweise annehmen durfte, auf der Grundlage angemessener Informationen[601] zum Wohle der Gesellschaft zu handeln. Der Anspruch verjährt in 5 Jahren ab Entstehung des Anspruchs, auch ohne Kenntnis der Gesellschafter von den anspruchsbegründenden Tatsachen;[602]

- ggü. den **Gesellschaftern** (z.B. bei Auszahlung von Gesellschaftsvermögen, das für die Erhaltung des Stammkapitals erforderlich war, i.R.d. §§ 30 Abs. 1, 31 Abs. 3 und Abs. 6 GmbHG; ebenso nach deliktischen Regeln: § 823 Abs. 1 bei Verletzung der Mitgliedschaft an der GmbH als absolutem Recht, ebenso gem. § 823 Abs. 2 BGB bei Verletzung eines Schutzgesetzes, allerdings nicht § 266 StGB.[603] Die Innenhaftung des § 64 Abs. 2 GmbHG a.F. für verbotene Zahlungen nach Eintritt der Zahlungsunfähigkeit oder Feststellung der Überschuldung[604] wurde i.R.d. MoMiG (rechtsformneutrale Insolvenzantragspflicht in § 15a InsO n.F.) in Gestalt des § 64 Satz 3 GmbHG n.F. zu einer umfassenden Insolvenzverursachungshaftung ausgebaut (Haftung auch, wenn die Zahlung an den Gesellschafter selbst ihrerseits zur Zahlungsunfähigkeit führt, sog. Ausplünderungsschutz).[605] Auch eine Verletzung der Pflicht zur unverzüglichen Einreichung einer neuen Gesellschafterliste führt zur Haftung (§ 40 Abs. 3 GmbHG). Zur finanziellen Einstandspflicht kommt häufig die fristlose Kündigung des Geschäftsführeranstellungsverhältnisses aus wichtigem Grund;[606]

2333

- ggü. den **Gesellschaftsgläubigern** (Handelndenhaftung gem. § 11 Abs. 2 GmbHG bis zur Eintragung,[607] sofern nicht im Namen der GmbH i.G. gehandelt wurde;[608] deliktische Haftung aus § 823 Abs. 1, Abs. 2 BGB i.V.m. Schutzgesetzen in- und außerhalb des GmbHG, § 826 BGB – insb. Ersatz des Quotenschadens bei Verletzung der Insolvenzantragspflicht des § 64 Abs. 1 GmbHG a.F.[609] sowie unbeschränkte Haftung für ungesicherte Vorleistungen[610] ggü. Neugläubigern, § 64 Abs. 2 GmbHG a.F. analog[611] – nunmehr jeweils § 15a InsO -;

2334

---

599 OLG Oldenburg, NZG 2007, 434 = BB 2007, 66, m. Anm. *Liese/Theusinger*.
600 Bereits anerkannt in BGH, NJW 1997, 1926 (ARAG/Garmenbeck).
601 Vgl. etwa BGH, 14.05.2007 – II ZR 48/06, NJW 2007, 2118: Beiziehung externer Berater zur Beurteilung der Insolvenzantragstellungspflicht.
602 BGH, DStR 2005, 659.
603 Nach BGH, ZIP 2006, 993, m. zust. Anm. *Marxen/Taschner* schützt der Untreuetatbestand nur die GmbH selbst, ggü. den Gesellschaftern bestehe keine Vermögensbetreuungspflicht (anders noch BGH, GmbHR 1969, 211).
604 Auch für Zahlungen des Geschäftsführers der Komplementär-GmbH an die KG; OLG Celle v. 20.06.2007, GmbHR 2007, 101.
605 Vgl. krit. *Poertzgen*, GmbHR 2007, 1260 ff.; *Rodewald*, GmbHR 2009, 1301, 1305.
606 Z.B. BGH, 10.12.2007 – II ZR 289/06, NotBZ 2008, 194: Nichteinholung eines Gesellschafterbeschlusses vor der Veräußerung wichtigen Betriebsvermögens.
607 Die Haftung erlischt mit der Handelsregistereintragung, BGHZ 80, 182.
608 OLG Hamm, WM 1985, 660.
609 BGH, NJW 1994, 198: insolvenzreife GmbH soll vom Geschäftsverkehr ferngehalten werden. Verjährung früher gem. § 852 BGB, nunmehr gem. §§ 195, 199 Abs. 1 BGB: OLG Saarbrücken v. 06.05.2008, GmbH-StB 2008, 294.
610 Schäden aus späteren Gewährleistungsansprüchen fallen jedoch nicht in den Schutzbereich, OLG Koblenz, 02.06.2010 – 6 U 1441/09, GmbH-StB 2011, 43.
611 Voller Ersatz des die Insolvenzquote übersteigenden Vertrauensschadens; Gleiches gilt bei der AG für die Haftung des Vorstands, BGH, NJW 2005, 3137: § 823 Abs. 2 BGB i.V.m. § 92 Abs. 2 AktG.

Störerhaftung im Wettbewerbsrecht,[612] Haftung bei unterlassener Aktualisierung der Gesellschafterliste gem. § 40 Abs. 3 GmbHG. Hinzu kommen spezifische Risiken für Gesellschafter-Geschäftsführer, etwa aufgrund persönlichen Verhandlungsverschuldens aus wirtschaftlichem Eigeninteresse, sowie wegen Vermögensvermischung mit dem Privatvermögen);

2335
- eine Sonderrolle spielt die Geschäftsführerhaftung ggü. dem **Steuerfiskus**[613] (§§ 69 Satz 1, 191 AO, wenn er in Verletzung der ihn gem. § 34 AO als Organ für die GmbH treffenden Pflichten die Umsatz-, Körperschaft- und Gewerbe- sowie Bauabzugs-Steuerschulden nicht zumindest in gleicher Weise wie Fremdschulden tilgt – mit strittiger Rechtslage, wenn die Zahlung durch den Insolvenzverwalter hätte angefochten werden können),[614] sowie in Bezug auf die Arbeitnehmeranteile ggü. **Sozialversicherungsträgern**, sofern der Nettolohn an die Arbeitnehmer ausbezahlt wurde (§ 823 Abs. 2 BGB i.V.m. § 266a Abs. 1 StGB).[615] Ggf. ist der Lohn so zu kürzen,[616] dass die hierauf entfallenden Lohnsteuern und Sozialabgaben vollständig abgeführt werden können.[617] Umstritten ist die Verantwortung des Geschäftsführers bei einer Kollision[618] mit dem Auszahlungsverbot des § 64 GmbHG.[619]

bb) Haftung der Gesellschafter

2336 Die **Gründerhaftung** folgt[620] einem einheitlichen Konzept: bis zur Eintragung der Gesellschaft gilt die **Verlustdeckungshaftung**, danach die Vorbelastungshaftung (auch **Unterbilanzhaftung** genannt). Beide Haftungsarten sind der Höhe nach unbeschränkt; die Gesellschafter haften anteilig im Verhältnis ihrer Kapitalanteile zueinander (wobei allerdings eine Ausfallhaftung analog § 24 GmbHG in Betracht kommt),[621] und zwar ggü. der Gesellschaft (Innenhaftung); für die Verjährung gilt § 9 Abs. 2 GmbHG entsprechend[622] (zehn Jahre, früher 5 Jahre). Ausnahmsweise haftet der mit der Geschäftsaufnahme einverstandene Gründer unmittelbar ggü. Dritten (Außenhaftung), wenn

(1) es sich um eine Ein-Personen-Gesellschaft handelt, oder

(2) die Vorgesellschaft vermögenslos ist, oder

(3) die Gesellschafter nach Aufgabe der Eintragungsabsicht die Vorgesellschaft nicht liquidieren; sie wandelt sich dann kraft Gesetzes in eine OHG oder GbR um („unechte Vorgesellschaft").

---

612 Der gesetzliche Vertreter einer GmbH haftet persönlich als Störer, sofern er die Möglichkeit hatte, Wettbewerbsverstöße zu verhindern, vgl. BGH, GmbHR 1986, 84.
613 Vgl. *Peetz*, GmbHR 2009, 186 ff.
614 Für eine Geschäftsführerhaftung FG Düsseldorf, ZIP 2006, 1447 (Az. BFH – VII R 18/06), dagegen FG Rheinland-Pfalz, DStRE 2006, 750 (Az. BFH: VII R 65/05, JurionRS 2007, 37242); Überblick bei *Stahlschmidt/Laws*, GmbHR 2006, 1425.
615 Vgl. *Schneider/Brouwer*, ZIP 2007, 1033. Zur Haftung bei illiquider GmbH BGH, NZG 2006, 904.
616 Daher sind Bankkreditzusagen, die sich nur auf den Nettolohn beziehen, abzulehnen.
617 BFH/NV 1990, 756.
618 Nach Ansicht des OLG Hamburg, ZIP 2007, 725 bestehe diese nicht, vorrangig sei stets die Pflicht zur Insolvenzantragstellung (Az. BGH: II ZA 17/06).
619 Für eine Haftung des Geschäftsführers OLG Hamburg, ZIP 2007, 725 (Az. BGH: II ZA 17/06, JurionRS 2007, 46019), dagegen OLG Brandenburg, ZIP 2007, 724 (Az. BGH: II ZR 27/07, JurionRS 2008, 16287).
620 Seit der Leitentscheidung BGH, 27.01.1997 – II ZR 123/94, DNotZ 1998, 142, unter Aufgabe der früheren Rspr. zum Vorbelastungsverbot der Vor-GmbH, BGHZ 80, 129.
621 Gutachten, DNotI-Report 2011, 49, 50.
622 BGH, DNotZ 1989, 516, 518 f.

Der Gesellschafter hat zum einen die bei der Gesellschaftsgründung oder der Übernahme neu 2337
im Rahmen einer Kapitalerhöhung geschaffener Anteile übernommene Pflicht zur Leistung
einer Bar- oder Sacheinlage zu erfüllen. Als gefährlich können sich insoweit sog. „**verdeckte
Sacheinlagen**" erweisen, bei denen (als Folge einer bei der Übernahme der Einlage getroffenen Absprache) die Gesellschaft letztendlich nicht die nach außen hin geleistete Bareinlage,
sondern einen Sachwert erhalten soll. Der BGH hatte in steter Erweiterung des Anwendungsbereichs zuletzt auch gewöhnliche Umsatzgeschäfte zwischen Gesellschafter und Gesellschaft als
Sacheinlage gewertet[623] und die Rechtsfigur der verdeckten Sacheinlage zugleich mit drastischen
Rechtsfolgen versehen: Sowohl das der Sacheinlage zugrunde liegende Verpflichtungsgeschäft
als auch das Verfügungsgeschäft waren (analog § 27 Abs. 3 Satz 1 AktG a.F.) nichtig.[624]

Mit Inkrafttreten des MoMiG (01.11.2008) schwenkt § 19 Abs. 4 GmbHG um auf die sog. „**An-** 2338
rechnungslösung" und heilt damit auch vergangene,[625] schuldrechtlich und dinglich nichtig
gebliebene Sacheinlageleistungen. Der tatsächliche Gegenstandswert, für dessen Nachweis der
Gesellschafter die Beweislast trägt, wird auf die Einlageschuld angerechnet. Allerdings muss
auch die verdeckte Sacheinlage an sich dem Handelsregister offengelegt werden; der (weisungs-
abhängige) Geschäftsführer sieht sich nach neuem Recht häufig dem Begehren der Gesellschafter ausgesetzt, sich der „Anrechnungslösung" zu bedienen und demnach eine an sich falsche Versicherung ggü. dem Handelsregister abzugeben, wonach die versprochene Bareinlage endgültig
zur freien Verfügung stehe. Dies führt gem. § 82 GmbHG zur Strafbarkeit des Geschäftsführers;
ferner hat das Registergericht, sofern der Umstand bekannt ist, die Eintragung der GmbH[626] abzulehnen, § 9c GmbHG.

Auf die Verwendung von Vorrats- oder Mantelgesellschaften sind nach gefestigter Rechtspre- 2339
chung des BGH[627] die Gründungsvorschriften des GmbHG entsprechend anwendbar („wirtschaftliche Neugründung"). In den Mantelgesellschafts-Fällen ist dabei darauf abzustellen, ob
die Gesellschaft zwischenzeitlich unternehmenslos geworden ist („leere Hülse"),[628] so dass nicht
die bloße Umorganisation, wohl aber die neuerliche Aufnahme der Geschäftstätigkeit (sogar
derselben Tätigkeit) die Haftung auslösen kann. Ist das Stammkapital[629] (abzüglich Gründungs-
aufwand) im Zeitpunkt der Offenlegung der wirtschaftlichen Neugründung durch den Geschäftsführer gegenüber dem Handelsregister nicht (ggf. als Folge neuerlicher Einzahlung) unversehrt
vorhanden, gelten die Grundsätze der Unterbilanzhaftung (§ 11 GmbHG analog), wonach die

---

623 So etwa BGH, 20.11.2006 – II ZR 176/05, DStR 2007, 263.
624 BGH, 07.07.2003 – II ZR 235/01, NJW 2003, 3127 ff.; der Gesellschafter blieb zudem verpflichtet, seine Einlage zu leisten.
625 Die Rückwirkung begegnet keinen Bedenken, BGH, 22.03.2010 – II ZR 12/08, (AdCoCom), DNotI-Report 2010, 135.
626 Erst recht der UG, wegen § 5a Abs. 2 Satz 2 GmbHG (da verdeckte Sacheinlagen nicht besser behandelt werden können als – bei der UG unzulässige – offene Sacheinlagen, gilt dort nicht die Anrechnungslösung, sondern die Bareinlageschuld besteht noch in voller Höhe).
627 BGH, 09.12.2002, DNotZ 2003, 443; BGH, 07.07.2003, DNotZ 2003, 951.
628 BGH, 18.01.2010 – II ZR 61/09 MittBayNot 2010, 324 m. Anm. Apfelbaum; Übersicht bei Apfelbaum, notar 2011, 285 ff.
629 Die Anmeldeversicherung muss sich demnach auch auf das gesamte Stammkapital beziehen (wobei das OLG Nürnberg, 18.04.2011 – 12 W 631/11 MittBayNot 2011, 417 genügen lässt, dass sich ein Viertel, mindestens jedoch 12.500 €, tatsächlich in der freien Verfügung der Geschäftsführung befindet, der Rest in Form eines wert-haltigen Zahlungsanspruchs der Gesellschaft gegen die Gesellschafter).

Gesellschafter für die zu diesem Zeitpunkt bestehenden Verbindlichkeiten der Vor-GmbH (hier: der bisherigen Mantelgesellschaft) anteilig der GmbH gegenüber haften, soweit diese Verluste nicht durch das Gesellschaftsvermögen gedeckt sind, bis zur Höhe des Stammkapitals (samt subsidiärer Haftung für Mitgesellschafter, § 24 GmbHG).[630]

2340 Unterbleibt die Offenlegung ggü. dem Handelsregister, führt dies zu einer zeitlich unbegrenzten Haftung der Gesellschafter für Altverluste und für die Geschäftstätigkeit nach der Re-Aktivierung, ebenso haftet der **Erwerber** eines von solcher Haftung betroffenen GmbH-Anteils gem. § 16 Abs. 2 GmbHG neben dem Veräußerer verschuldensunabhängig (!) für den Verpflichtungsumfang, der im Zeitpunkt der Aufnahme der Gesellschafterliste in das Handelsregister bestand (da die Unterbilanzhaftung wie eine rückständige Einlageverpflichtung behandelt wird).[631] Entlastungsmöglichkeiten bestehen (wohl) nicht; zeitlich kann eine Begrenzung durch die nachgeholte Offenlegung der wirtschaftlichen Neugründung erreicht werden; der Erwerber eines betroffenen GmbH-Anteils hat beim Veräußerer Rekurs zu nehmen, sofern für das Fehlen (bzw. die erfolgte Offenlegung) einer wirtschaftlichen Neugründung Garantie übernommen wurde.[632]

2341 Ohnehin sind mit dem **Erwerb von GmbH-Anteilen** erhebliche **Haftungsrisiken** verbunden: Der Veräußerer haftet auch nach der Geschäftsanteilsabtretung für die bereits fälligen Einzahlungs-, Nachschuss- und Erstattungsverpflichtungen, und zwar für die eigenen Rückstände uneingeschränkt und für die Rückstände anderer Gesellschafter gemäß den Bestimmungen der §§ 24, 28 und 31 GmbHG. Er haftet weiterhin als Rechtsvorgänger gem. § 22 GmbHG für künftig fällig werdende Einzahlungsverpflichtungen hinsichtlich des abgetretenen Geschäftsanteils. Der Erwerber haftet für alle auf das Stammkapital der Gesellschaft noch nicht geleisteten Einzahlungen, Nachschüsse und Erstattungen gemäß den Bestimmungen der §§ 16, 24, 28 und 31 GmbHG unabhängig davon, ob die Leistungen erst künftig fällig werden oder bereits fällig sind

2342 **Nachschusspflichten** sind dem Kapitalgesellschaftsrecht fremd und allenfalls zeitlich und der Höhe nach begrenzt als statuarische Nebenleistungspflichten anzutreffen.[633] In der Praxis übernimmt der schlichte Gesellschafter allerdings gerade bei mittelständischen Unternehmensstrukturen eine persönliche Haftung für Gesellschaftsverbindlichkeiten in Gestalt von **Bürgschaften**, Garantien, Patronatserklärungen bzw. comfort letters, Schuldbeitrittserklärungen etc.

2343 Daneben tritt das gesellschaftsrechtliche Haftungsrisiko aus der Gesellschaft gewährten **eigenkapitalersetzenden Darlehen**: In bewusster Abkehr von den bisher hierzu entwickelten sog. „Rechtsprechungsregeln" ordnet § 30 Abs. 1 Satz 3 GmbHG seit Inkrafttreten des MoMiG (01.11.2008) an, dass in der Rückzahlung eines Gesellschafterdarlehens keine Verletzung des Rückzahlungsverbots i.S.d. § 30 Abs. 1 Satz 1 GmbHG liegt. Dies gilt für alle Darlehen, auch solche, die erst in der Krise gewährt oder stehengelassen wurden. Allerdings unterfallen nun

---

630 Offen ist derzeit, ob die Ausfallhaftung auf die Höhe des Stammkapitals begrenzt ist, vgl. Lutter/Hommelhoff/Bayer GmbHG, 17. Aufl. 2009 § 24 Rn. 8.
631 OLG München, 11.03.2010 – 23 U 2814/09, MittBayNot 2010, 326, m. Anm. *Apfelbaum*.
632 Vgl. *Apfelbaum*, MittBayNot 2010, 330 f.
633 Nach BGH, 22.10.2007 – II ZR 101/06, ZNotP 2008, 212 wären sie, sofern nicht begrenzt, wegen Verstoßes gegen § 3 Abs. 2 GmbHG unwirksam.

alle Gesellschafterdarlehen[634] in der Insolvenz der Gesellschaft gem. § 39 Abs. 1 Nr. 5 InsO dem Nachrang, stehen also auf derselben Stufe wie Haftkapital mit der Folge, dass eine Befriedigung aus der Masse praktisch nie zu erlangen sein wird. Derselbe insolvenzrechtliche Nachrang wird in § 39 Abs. 1 Nr. 5 InsO ausgedehnt auf „Forderungen aus Rechtshandlungen, die einem solchen Darlehen wirtschaftlich entsprechen", bspw. die Stundung von Forderungen oder typisch stille Beteiligungen.[635]

Ergänzend bestimmt § 135 Abs. 1 Nr. 2 InsO, dass **Darlehensrückzahlungen** (ebenso bezogen auf sämtliche Gesellschafterdarlehen), die innerhalb eines Jahres vor dem Antrag auf Eröffnung des Insolvenzverfahrens erfolgt sind, anfechtbar sind. Privilegiert sind insoweit (vergleichbar § 32a Abs. 3 Satz 3 GmbHG a.F.) jedoch nichtgeschäftsführende Klein-Gesellschafter unter 10 % Beteiligung (§ 39 Abs. 5 InsO) sowie Darlehensforderungen von Gläubigern, die bei Zahlungsunfähigkeit zum Zweck der Sanierung Anteile an der Gesellschaft erwerben (§ 39 Abs. 4 Satz 2 InsO). 2344

Handels- und steuerrechtlich sind Gesellschafterdarlehen, auch wenn sie früher als eigenkapitalersetzend qualifiziert worden wären, als Verbindlichkeit auszuweisen (auch, wenn das Darlehen mit einfachen oder qualifizierten[636] **Rangrücktrittsvereinbarungen** versehen ist – sie sind dann nicht als Verbindlichkeit im Überschuldungsstatus zu berücksichtigen –.[637] Fraglich ist, wie sich das Entfallen des Typus „eigenkapitalersetzendes Gesellschafterdarlehen" auf die Möglichkeit auswirkt, den Verlust des Darlehens i.R.d. § 17 Abs. 4 EStG zu berücksichtigen, wo die Rechtsprechung des BFH bisher der gesellschaftsrechtlichen Sichtweise gefolgt ist, vgl. Rdn. 4814 ff. Ist Darlehensgeberin dagegen eine Mutter-Kapitalgesellschaft, konnte sie bis zur Änderung durch das JStG 2008 bei reduzierter Einbringlichkeit steuerlich wirksam **Teilwertabschreibungen** auf die Darlehen an die Tochter vornehmen.[638] 2345

Die sog. „**gesellschaftsrechtliche Durchgriffshaftung**", die zu einer direkten Haftung analog § 128 HGB, in teleologischer Reduktion des § 13 Abs. 2 GmbHG, führt, wird insb. in Bezug auf drei Fallgruppen diskutiert: 2346

- bei Vermögens- und Sphärenvermischung, also undurchsichtiger Buchführung und unzureichender Kennzeichnung des gesellschaftseigenen Vermögens;[639] diese Haftung kommt der Rechtsscheinhaftung nahe[640]

---

634 Darlehen von Verwandten (i.S.d. § 138 InsO) eines Gesellschafters zählen nicht dazu, BGH, 17.02.2011 – IX ZR 131/10, GmbH-StB 2011, 172.
635 Es handelt sich um den Anwendungsbereich des früheren § 32a Abs. 3 Satz 1 GmbHG.
636 Zur Formulierung (Ausschluss der Anwendbarkeit des § 5 Abs. 2a EStG) vgl. *Bäuml* GmbHR 2009, 632 und *Carlé*, NWB 2010, 2798, 2802: „Der Darlehensgeber tritt mit seinen Ansprüchen im Rang hinter die nachrangigen Ansprüche des § 39 Abs. 1 Nr. 1 bis 5 InsO zurück. Eine Darlehensrückzahlung kann erst erfolgen, wenn die Gesellschaft diese aus künftigen Gewinnen, aus einem künftigen Liquidationsüberschuss oder aus anderem freien Vermögen bestreiten kann.".
637 Vgl. *Hein/Suchan/Geeb*, DStR 2008, 2290; *Rund*, GmbHR 2009, 1149 ff.
638 BFH, 14.01.2009 – I R 52/08, GmbHR 2009, 490; es handelt sich nicht um (nicht steuerwirksame) „Gewinnminderungen, die im Zusammenhang mit dem in § 8b Abs. 2 KStG genannten Anteil stehen" i.S.d. § 8b Abs. 3 KStG a.F., sondern um ein eigenständiges Wirtschaftsgut neben der Beteiligung selbst, auch bei eigenkapitalersetzendem Charakter. Zu den verbleibenden Gestaltungsmöglichkeiten vgl. *Forst/Schaaf/Küpper*, EStB 2009, 442 ff.
639 BGH, 16.09.1985 – II ZR 275/84 „Autokran", BGHZ 95, 330 ff.
640 *Schiessl*, Münchener Handbuch des Gesellschaftsrechts, § 35 Rn. 8.

- als sog. „Institutsmissbrauch" (§ 826 BGB) mit dem Ziel, dass die Gesellschaft alle Risiken trägt, aber keine Gewinnchancen hat, bzw. eine Gesellschaft von ihrem Gesellschafter-Geschäftsführer zumindest objektiv dazu eingesetzt wird, Lieferanten rechtswidrig zu schädigen,[641] sowie

- unter dem Aspekt der sog. „materiellen Unterkapitalisierung" (Verbot unzureichender Kapitalausstattung), die aber von der Rechtsprechung bisher abgelehnt wird,[642] da nur in Einzelbranchen (etwa in § 10 KWG für den Bankensektor) eine gesetzliche Untergrenze für die Eigenkapitalausstattung geschaffen wurde.[643]

2347 Auf neuem Fundament steht der Schutz einer „abhängigen GmbH" gegen **„existenzvernichtende" Eingriffe** ihres bestimmenden Gesellschafters. Wurde diese Haftung zunächst als Verlustübernahmepflicht analog §§ 302, 303 AktG („qualifiziert faktischer GmbH-Konzern, beherrscht durch den Alleingesellschafter als Obergesellschaft") begründet, sodann durch teleologische Reduktion des § 13 Abs. 2 GmbHG („Verletzung der Treuepflicht des Gesellschafters") mit im Einzelnen unsicheren Anforderungen[644] und Rechtsfolgen[645] („existenzvernichtender Eingriff"), liegt die dogmatische Begründung seit 2007[646] in der vorsätzlichen sittenwidrigen Schädigung (Eingriff,[647] der kausal zur Insolvenzreife führt) gem. § 826 BGB, die allerdings nur zu einer (durch den Insolvenzverwalter geltend zu machenden) Innenhaftung für den daraus entstehenden Schaden[648] samt Verzugszinsen[649] ggü. der Gesellschaft führt. Auch der Geschäftsführer, welcher die durch den Gesellschafter veranlasste Auszahlung der Gesellschaftsmittel vornimmt, kann gem. § 830 Abs. 2 BGB mithaften.[650] Sofern der Eingriff eine Unterbilanz herbeigeführt oder vertieft hat, stehen §§ 31, 30 GmbHG neben § 826 BGB.

2348 Die Einführung einer „haftungsbeschränkten Unternehmergesellschaft" mit einem Stammkapital von nur 1,00 € wird die Bedeutung dieser Durchgriffsregelung wachsen lassen.[651] Hinzu kommt i.R.d. MoMiG die subsidiäre rechtsformunabhängige Insolvenzantragspflicht des Gesellschafters bei Fehlen eines Organs, § 15a Abs. 3 InsO n.F. (Schutzgesetz i.S.d. § 823 Abs. 2 BGB!).

---

641 OLG Naumburg, 09.04.2008 – 6 U 148/07, GmbHR 2008, 1149.
642 In der bloßen Unterkapitalisierung liegt auch kein existenzvernichtender Eingriff, BGH, 28.04.2008 – II ZR 264/06, ZNotP 2008, 321.
643 Vgl. *Ulrich*, GmbHR 2007, 1291.
644 Unklar insb., ob etablierte Methoden des Konzern- und Akquisitionsfinanzierung wie Cash Pooling oder Leveraged Buy-Out dadurch inkriminiert wurden.
645 Durchgriff gegen den Gesellschafter für alle gegen die insolvent gewordene GmbH gerichtete Forderungen, auch wenn der existenzvernichtende Eingriff nur eine von vielen Ursachen der Insolvenz war.
646 BGH, 16.07.2007 – II ZR 3/04, GmbHR 2007, 927, m. Anm. *Schröder* „TRIHOTEL", BGH, 28.04.2008 – II ZR 246/06 „GAMMA", GmbHR 2008, 805, m. Anm. *Ulrich*; auch im Stadium der Liquidation der Gesellschaft: BGH, 09.02.2009 – II ZR 292/07, DNotI-Report 2009, 85 „Sanitary"; vgl. hierzu *Weiler*, notar 2010, 147. Überblick hierzu bei *Strohn*, ZNotP 2008, 338 ff. und *Heeg/Manthey*, GmbHR 2008, 798 ff. auch in Abgrenzung zu schlichten Managementfehlern und zu „Aschenputtel-Gesellschaften" („die schlechten Erbsen").
647 Hieran fehlt es gem. BGH, 02.06.2008 – II ZR 104/07, GmbH-StB 2008, 295, wenn der Gesellschafter zwar Forderungen der GmbH auf einem eigenen Konto einzieht, davon jedoch Verbindlichkeiten der Gesellschaft begleicht.
648 Also nicht, soweit auf Missmanagement oder schlechten wirtschaftlichen Rahmenbedingungen beruhend.
649 BGH, 13.12.2007 – IX ZR 116/06, GmbH-StB 2008, 106.
650 Vgl. *Leuering/Rubner*, NJW-Spezial 2007, 363.
651 *Weller*, DStR 2007, 1166.

Hinzu treten die (bei der Familienkapitalgesellschaft freilich selteneren) **konzernspezifischen** **Gründe** einer Durchbrechung der Haftungsbeschränkung.[652] Sie beruhen auf Unternehmensverträgen analog §§ 293 ff. AktG, insb. Gewinnabführungsverträgen, die im Gegenzug eine Verpflichtung zum Ausgleich der Verluste der Tochtergesellschaft begründen (§ 302 AktG), und isolierten Beherrschungsverträgen mit gleicher Rechtsfolge.[653] Auch das konzerninterne **cash-pooling** birgt die Gefahr, dass die Aufrechterhaltung des Systems während der Krise eines Konzernunternehmens die Voraussetzungen des existenzvernichtenden Eingriffs erfüllen kann, (darüber hinaus bestand bis zur Einführung der §§ 30 Abs. 1 Satz 2, 19 Abs. 4 GmbHG durch das MoMiG die Gefahr, dass Kapitalaufbringungsleistungen (etwa aus Bar-Kapitalerhöhungen bei einer beteiligten Tochtergesellschaft) nicht tatsächlich erbracht wurden, da es eigentlich um eine verdeckte Sacheinlage, nämlich die Reduzierung eines Darlehenssaldos, ging.[654] Nicht durchgesetzt hat sich jedoch bisher die Figur einer erweiterten Haftung aufgrund in Anspruch genommenen „**Konzernvertrauens**", etwa aufgrund der Verwendung eines Konzern-Logos bei der Tochtergesellschaft.[655]

2349

c) Übertragung von Anteilen

aa) Durchführung

Die Übertragung von (genau bezeichneten[656]) GmbH-Geschäftsanteilen, auch im Rahmen einer rechtsgeschäftlichen Erbauseinandersetzung, bedarf in schuldrechtlicher und dinglicher Hinsicht der notariellen Beurkundung, wobei die wirksame Übertragung des Anteils die Nichtbeurkundung der schuldrechtlichen Regelungen (etwa im Hinblick auf die Gegenleistung) heilt, § 15 Abs. 4 GmbHG. Der Notar hat nach Wirksamwerden der Übertragung, also insb. nach dem Eintritt der etwa zur Sicherung der Zug-um-Zug-Leistung vereinbarter aufschiebender Bedingungen, eine von ihm bescheinigte neue Gesellschafterliste zu erstellen und dem Handelsregister einzureichen, § 40 Abs. 2 GmbHG,[657] wobei sich aus Gründen der Transparenz auch etwaige Zwischenschritte durch Fertigung je eigener Listen ergeben sollten.

2350

---

652 Vgl. *Ulrich*, GmbHR 2007, 1294 ff.; *Werner*, NWB 2008, 3599 = Fach 18, S. 4753 ff.

653 Isolierte Beherrschungsverträge suspendieren nach herrschender Auffassung analog § 291 Abs. 3 AktG die Eigenkapitalersatzvorschriften im GmbH-Vertragskonzern und sichern damit cash-pool-Strukturen gesellschaftsrechtlich ab, vgl. *Hentzen*, AG 2006, 133 ff.

654 So die Grundsatzentscheidung des BGH, 16.01.2006 – II ZR 76/04, GmbHR 2006, 477, m. Anm. *Langner*; hierzu *Hentzen*, DStR 2006, 948 ff.; vgl. auch die Stellungnahme des IdW v. 18.05./29.06.2006, FN-IdW Nr. 8/06, S. 545 f.

655 In diese Richtung etwa das Schweizerische Bundesgericht im SwissAir-Entscheid, BGE 120, II 331, aufgrund rechtlicher Sonderverbindung, wonach die Muttergesellschaft verpflichtet sei, mindestens in der Aufbauphase die Tochter mit ausreichenden Mitteln zu dotieren und für ein zuverlässiges und korrektes Geschäftsgebahren einzustehen („good corporate citizenship"). Ablehnend etwa OLG Düsseldorf, 15.07.2005 – I-4 U 114/04, GmbHR 2006, 144 „Deutscher Herold" und BGH, 18.12.2007 – X ZR 137/04, JurionRS 2007, 45720, bei Franchisesystemen.

656 Zu nennen ist auch der bisherige Geschäftsanteil, aus dem der zu übertragende Teilanteil gebildet wird, vgl. BGH, 19.04.2010 – II ZR 150/09, GmbH-StB 2010, 258.

657 Vgl. Überblick, auch zum Vorgehen bei fehlerhaften vorangehenden Gesellschafterlisten, Gutachten, DNotI-Report 2010, 53 ff.

Beispiel:

Vom Geschäftsführer erstellte Liste, die die Änderung aufgrund Erbfolge wiedergibt, vom Notar erstellte Liste als Folge der beurkundeten Erbauseinandersetzung.[658]

2351 Der Notar ist zur Einreichung der von ihm bescheinigten Liste auch berufen, wenn er nur mittelbar am Rechtsübergang beteiligt war (z.B. als Folge der Beurkundung eines Verschmelzungsbeschlusses),[659] im Zweifel sollten Notar und Geschäftsführer gemeinsam einreichen.[660]

2352 **Beschwerungen, Belastungen** oder **sonstige Eigenschaften der betroffenen Anteile** sind in die Gesellschafterliste nicht aufzunehmen, ebenso wenig eine etwa insoweit bestehende Testamentsvollstreckung. Die Gesellschafterliste ist zum einen Grundlage eines jedenfalls ab 01.05.2009 möglichen gutgläubigen Erwerbs vom Nichtberechtigten, § 16 Abs. 3 GmbHG[661] (nicht jedoch des gutgläubig lastenfreien Erwerbs bzw. des gutgläubigen Erwerbs eines nichtexistenten Anteils). Erfolgt die dingliche Übertragung des Anteils aufschiebend bedingt, besteht ferner über § 161 Abs. 1 BGB Schutz gegen beeinträchtigende „Zwischenverfügungen". § 161 Abs. 3 BGB ermöglicht keinen – diesen Schutz durchkreuzenden – gutgläubigen Zwischenerwerb Dritter vom bedingt gebundenen Veräußerer[662] (keine Anwendung des § 16 Abs. 3 GmbHG im Wege des Erst-Recht-Schlusses auf den Erwerb vom Noch-Berechtigten, zumal die Rechtslage im Vergleich zu Verfügungsbeschränkungen bei Immobilien, die der Eintragung in das Grundbuch bedürfen – § 892 Abs. 1 Satz 2 BGB –, nicht vergleichbar ist, str.[663]

2353 Die Rechtsprechung lehnt gutgläubigen Zwischenerwerb überwiegend ab; dem ist beizupflichten. Die Reichweite des Gutglaubensschutzes muss aber auf die Eintragungen begrenzt sein, die der Gesetzgeber als Inhalt der Gesellschafterliste i.S.d. § 16 Abs. 3 GmbHG vorgegeben hat; hierzu zählt nur die Inhaberschaft am Anteil, aber nicht die Verfügungsbeschränkung aufgrund aufschiebend bedingter Abtretung[664]).

2354 Vorkehrungen zum Schutz des aufschiebend bedingten Erstkäufers (Verlautbarung der Verfügungsbeschränkung, Eintragung eines Widerspruchs, Vorverlagerung des Bedingungseintritts auf die Unterzeichnung einer zweiten, widerstreitenden Verfügung) sind daher weder nötig noch möglich; der Rechtsverkehr kann sich jedoch entgegen § 16 Abs. 3 GmbHG nicht darauf verlassen, vom eingetragenen Inhaber zu erwerben.

---

658 Auch im Personengesellschaftsrecht wird der Verzicht auf Zwischeneintragungen als registerrechtlich unzulässig angesehen, vgl. *Krafka/Willer*, Registerrecht, 7. Aufl. 2007, Rn. 89, 751 u. 756.
659 OLG Hamm, 01.12.2009, DNotZ 2010, 214.
660 OLG Hamm, 16.02.2010 – I-15 W 322/09, MittBayNot 2010, 222.
661 Vgl. *Link*, RNotZ 2009, 193 ff.
662 BGH, 20.09.2011 – II ZB 17/10, zuvor bereits OLG Hamburg, 12.07.2010 – 11 W 51/10, notar 2010, 454 m. Anm. *Jeep* und OLG München, 11.03.2011 – 31 Wx 162/10, GmbHR 2011, 426 m. abl. Anm. *Heidinger*, S. 428.
663 Vgl. die Nachweise für beide Auffassungen in *Weiler*, notar 2010, 142 Fn. 12; eingehende Begründung der in der Literatur zuvor herrschenden Gegenauffassung bei *Frenzel*, NotBZ 2010, 129 ff.; der vom BGH bestätigten Auffassung bei *Begemann/Grunow*, DNotZ 2011, 403, 408 ff.
664 *D. Mayer/Färber*, GmbHR 2011, 785 ff.

C. Gesellschaftslösungen unter Beteiligung der Veräußerer

> **Hinweis:** 2355
> Daneben kommt der Gesellschafterliste eine weitere Funktion zu: Gemäß § 16 Abs. 1 Satz 1 GmbHG gilt zudem gem. § 16 Abs. 1 Satz 1 GmbHG seit 01.11.2008 gegenüber der Gesellschaft nur derjenige als zur Ausübung von Gesellschafterrechten legitimiert, der in die im Handelsregister aufgenommene Gesellschafterliste eingetragen ist, sodass auf zeitnahe Eintragung zu achten ist. Die Zwischenzeit bis zur Einstellung in die elektronisch abrufbare Registerakte durch das Registergericht wird durch die begrenzte Rückwirkung von in Bezug auf das Gesellschaftsverhältnis vorgenommene Rechtshandlungen bei „unverzüglich" nachfolgender Aufnahme der Liste, § 16 Abs. 1 Satz 2 GmbHG, sowie durch entsprechende Stimmrechts- und Ausübungsvollmachten, bspw. im Übertragungsvertrag überbrückt.

Nur eingeschränkt zulässig ist der Erwerb eigener Anteile durch die Kapitalgesellschaft; seit dem BilMoG dürfen diese bilanziell nicht mehr aktiviert, sondern müssen wie eine Kapitalherabsetzung behandelt werden. Der betreffende Nennbetrag ist vom Posten „Gezeichnetes Kapital" abzusetzen (§ 272 Abs. 1a HGB); die Verpflichtung zur Bildung einer Rücklage für eigene Anteile ist entfallen.[665] 2356

Bei der Übertragung von Aktien sind wegen der Satzungsstrenge des Aktienrechtes zahlreiche Gestaltungsgrenzen zu beachten, etwa das Stimmbindungsverbot des § 136 Abs. 2 AktG,[666] dessen Missachtung gar zur Gesamtnichtigkeit einer Nachfolgeregelung führen soll.[667] Bei börsennotierten Unternehmen kommen Pflichten nach dem WpÜG hinzu.[668] 2357

bb) Teilung von Anteilen

Die Teilung des Anteils, die häufig in Vorbereitung einer Abtretung erforderlich ist, bedarf nicht mehr kraft Gesetzes der Zustimmung der Gesellschaft, da § 17 GmbHG seit 01.11.2008 vollständig aufgehoben ist; diesbezügliche Zustimmungserfordernisse oder gar Teilungsverbote können jedoch in der Satzung geschaffen werden (bzw. worden sein, wobei die häufig anzutreffende Verweisung „§ 17 Abs. 1 GmbHG bleibt unberührt" zur Vermeidung des unzutreffenden Eindrucks, die Teilungszustimmung sei statutarisch gewünscht, aus der Satzung gestrichen werden sollte).[669] Erforderlich ist jedoch auch künftig, sofern nicht abbedungen, ein Gesellschafterbeschluss (§ 46 Nr. 4 GmbHG), jedoch (wohl) nicht die Zustimmung des betroffenen Gesellschafters.[670] 2358

Gem. § 5 Abs. 2 Satz 1 GmbHG genügt seit 01.11.2008 die Teilbarkeit der Anteile durch 1,00 € (was bei noch auf DM lautenden Alt-Gesellschaften eine vorherige Euro-Umstellung erfordert). 2359

---

665 Das diesbezügliche BMF-Schreiben vom 02.12.1998, BStBl 1998 I, S. 1509 ff. wurde durch BMF v. 10.08.2010 aufgehoben, GmbH-StB 2011, 46. Die neue steuerliche Rechtslage ist noch unsicher; vgl. *Breuninger/Müller*, GmbHR 2011, 10 ff.; *Köhler*, DB 2011, 15 ff.
666 Zu unterscheiden von schuldrechtlichen Aktionärsvereinbarungen, deren Einhaltung z.B. durch eine einstweilige Verfügung an den Vorstand, den gefassten Beschluss nicht anzumelden, gewahrt werden kann, vgl. OLG München, DStR 2006, 2271.
667 Vgl. OLG Oldenburg, 16.03.2006 – 1 U 12/05, NotBZ 2006, 403.
668 Vgl. *Wiesbrock/Zens*, ZEV 2006, 137 ff.
669 Vgl. *Heckschen*, ZErb 2008, 246; *Wachter*, DB 2009, 162.
670 BR-Drucks. 354/07, S. 102; *Wachter*, DB 2009, 163; *Förl*, RNotZ 2008, 410 f.; a.A. *Wälzholz*, MittBayNot 2008, 433.

Bisher deklaratorische Regelungen, wonach „je 50,00 € eines Geschäftsanteils eine Stimme gewähren", sind nunmehr also bei Gelegenheit einer Satzungsänderung zu streichen, da sie zum Verlust von Stimmrechten führen. Die genauere Stückelungsmöglichkeit (die dem Aktienrecht entspricht) ermöglicht quotengleiche Erbauseinandersetzungen sowie weitestgehend exakte Beteiligungsidentität zwischen der Kommandit- und der Komplementärbeteiligung im Rahmen einer beteiligungsidentischen GmbH & Co. KG (wenn nicht ohnehin das Modell der Einheits-GmbH & Co. KG gewählt wird, Rdn. 2315).

cc) Vinkulierung

2360 Die Abtretbarkeit von GmbH-Geschäftsanteilen kann[671] gem. § 15 Abs. 5 GmbHG durch Satzungsbestimmung von weiteren Voraussetzungen, insb. der Genehmigung

- der Gesellschaft,
- der Gesellschafterversammlung
- oder der Gesellschafter

abhängig sein. Diese Vinkulierung ist gerade bei der personalistisch strukturierten Familien-GmbH die Regel; sie ist (trotz § 9 Abs. 3 BewG) bei der steuerlichen Festsetzung des gemeinen Wertes mindernd zu berücksichtigen, wenn sie für alle Verfügungsberechtigte gilt.[672] Wird sie nachträglich durch Satzungsänderung (§ 53 GmbHG) geändert, betrifft sie allerdings nur die zustimmenden Gesellschafter. Sie kann auch auf Abtretungen an bisherige Nicht-Gesellschafter beschränkt sein.[673]

2361 Anstelle eines Genehmigungsvorbehalts kann auch die Wirksamkeit der Abtretung an bestimmte Eigenschaften des Erwerbers geknüpft sein (z.B. an die gleichzeitige Beteiligung an der KG) oder an die Übernahme bestimmter Verpflichtungen. Die Vinkulierung muss jedoch anfänglich in der Satzung vorgesehen sein, die spätere Einfügung bedarf der Zustimmung aller Gesellschafter.[674]

2362 Ist die Abtretung an die Zustimmung einzelner, aller oder einer Mehrheit von Gesellschaftern oder der Gesellschaft selbst (zu erteilen dann durch den Geschäftsführer) geknüpft, steht sie im Ermessen der betreffenden Person oder des Gesellschaftsorgans und kann daher auch ohne wichtigen Grund, jedoch nicht rechtsmissbräuchlich, also willkürlich oder aus sachfremden Erwägungen, verweigert werden.[675] (zur Verweigerung der Genehmigung bei drohendem Untergang eines Verlustvortrages vgl. z.B. Rdn. 4799). Ist die Abtretbarkeit völlig ausgeschlossen, steht dem betroffenen Gesellschafter ein Austritts- bzw. Kündigungsrecht aus wichtigem Grund zu.

---

671 Das vom Gesetzgeber gem. § 2 Abs. 1a GmbHG i.V.m. der Anlage 1 seit 01.11.2008 zur Verfügung gestellte Musterprotokoll enthält eine solche Beschränkung allerdings nicht.
672 BFH, 28.10.2008 – IX R 96/07, ErbStB 2009, 39.
673 Vgl. Baumbach/Hueck/*Fastrich*, GmbHG, § 15 Rn. 38.
674 Die 3/4-Mehrheit des § 53 GmbHG genügt also nicht, vgl. Beck'sches GmbH-Handbuch/*Schacht*, § 12 Rn. 57, m.w.N; OLG München, 23.01.2008 – 7 U 3292/07, GmbHR 2008, 541 ff. m. Anm. *Frenzel*, 983 ff. (gestützt auf § 180 Abs. 2 AktG analog; die Vinkulierung erfasst bei fehlender Einstimmigkeit auch nicht die Anteile der zustimmenden Gesellschafter).
675 Vgl. im Einzelnen Beck'sches GmbH-Handbuch/*Schacht*, § 12 Rn. 64.

d) Vererbung von Anteilen

aa) Grundsatz

Geschäftsanteile an einer GmbH sind gem. § 15 Abs. 1 GmbHG zwingend frei vererblich als normaler Nachlassbestandteil, also zur gemeinschaftlichen Ausübung (§ 18 Abs. 1 GmbHG) – vgl. hingegen zu Personengesellschaften unten Rdn. 4007 ff. Bis zum Inkrafttreten des MoMiG (01.11.2008) war eine „Anmeldung" der Gesellschaftererben bei der Gesellschaft gem. § 16 GmbHG als Voraussetzung der Ausübung neuer Gesellschafterrechte nicht erforderlich (diese Notwendigkeit ergab sich lediglich bei „Veräußerungen"); der Geschäftsführer hatte jedoch gem. § 40 Abs. 1 Satz 1 GmbHG eine revidierte Gesellschafterliste beim Handelsregister einzureichen, was allerdings häufig unterblieb. Seit dem 01.11.2008 ist die Gesellschafterliste neue Legitimations- und Rechtsscheinsgrundlage sowohl gegenüber der Gesellschaft selbst als auch gegenüber Dritten (§ 16 Abs. 1 Satz 1 GmbHG n.F.), und zwar auch in Fällen der Gesamtrechtsnachfolge. Daher haften Geschäftsführer nunmehr für etwaige Schäden, die aus der Verletzung der Pflicht zur Einreichung der neuen Gesellschafterliste sich ergeben, persönlich und gesamtschuldnerisch (§ 40 Abs. 3 GmbHG).

2363

Für den vom Gesellschafter-Erben gegenüber dem Geschäftsführer zu führenden Nachweis der Erbfolge stehen jedenfalls die in § 35 GBO anerkannten Mittel (Erbschein oder eröffnete notarielle Verfügung von Todes wegen) zur Verfügung. Stirbt der alleinige Gesellschafter-Geschäftsführer, könnte sich der Erbe allerdings nicht einmal selbst zum Geschäftsführer bestellen (um sodann die Liste einzureichen), da Gesellschafterrechte erst nach Hinterlegung der Liste ausübbar sind; diese Blockade wird durch § 16 Abs. 1 Satz 2 GmbHG dergestalt aufgelöst, dass eine vom Erwerber vorgenommene Rechtshandlung als von Anfang an wirksam gilt, wenn die neue Liste sodann „unverzüglich" in das Handelsregister aufgenommen wird. Erleichternd wirkt insoweit eine bereits im Testament aufgenommene post-(nicht trans-)mortale Vollmacht an den Gesellschaftsanteilserben, das Stimmrecht und sonstige Mitgliedschaftsrechte ab dem Tod umfassend auszuüben.[676]

2364

bb) Einziehungs- und Abtretungsklauseln

Häufig enthalten Satzungen zur Erleichterung der Ausübung der Gesellschafterrechte eine Bestimmung, wonach lediglich ein Miterbe, der möglicherweise bestimmte Qualifikationen erfüllen muss, diese ausüben darf, und die Rechte (mit Ausübung des Gewinnbezugsrechtes) daher ruhen, bis dieser (bei minderjährigen Miterben ggf. unter Mitwirkung des Familiengerichts) bestimmt ist (vgl. näher Rdn. 2360 ff.)

2365

Darüber hinaus[677] kann der Erblasser letztwillig oder kann die Satzung gesellschaftsrechtlich die Verpflichtung zur Abtretung an bestimmte Personen (Mitgesellschafter, Dritte, die Gesellschaft selbst) anordnen (Abtretungsklausel), ggf. zusätzlich dem Dritten ein klagbares Forderungsrecht auf Übertragung des Anteils einräumen (Eintrittsklausel). Das Stimmrecht der Erben ist dann aufgrund Satzungsregelung suspendiert, bis die Abtretung erfolgt ist; hilfsweise wird die Gesell-

2366

---

676 Vgl. *Wachter*, DB 2009, 162, wobei die Vollmacht erst nach dem Tod unwiderruflich sein sollte.
677 Vgl. *Ivo*, ZEV 2006, 252.

schaft bevollmächtigt, die Abtretung durchzuführen, sofern diese nicht „freiwillig" erfolgt. Die Höhe der Gegenleistung und die Art und Weise ihrer Ermittlung ist festzulegen. Denkbar wäre auch der sofortige Abschluss eines auf das Ableben aufschiebend bedingten Abtretungsvertrags nach § 15 Abs. 3 GmbHG mit dem vorgesehenen Erwerber[678] („rechtsgeschäftliche Nachfolgeklausel"). In diesem Fall werden etwaige spätere beeinträchtigende Verfügungen (Abtretungen an Dritte) mit Bedingungseintritt unwirksam (§ 161 BGB).

2367 Hinzu tritt aufgrund satzungsrechtlicher Bestimmung (§ 34 GmbHG) oder durch Ausschlussklage die Möglichkeit der Einziehung des Anteils,[679] welche den Geschäftsanteil „vernichtet" (und seit dem 01.11.2008, § 5 Abs. 3 Satz 2 GmbHG, auch zu einer entsprechenden Anpassung entweder des Stammkapitals [Herabsetzung nach § 58 GmbHG] oder der Summe der Nennbeträge der Geschäftsanteile [durch quotenwahrende Nennbetragsaufstockung im Wege qualifizierten Mehrheitsbeschlusses, und[680]/oder ordentliche Kapitalerhöhung] führen muss,[681] samt Einreichung neuer Gesellschafterlisten[682]). Die Einziehung setzt zum einen voraus, dass auf den einzuziehenden Anteil die Einlage voll geleistet ist (arg. § 19 Abs. 2 Satz 1 GmbHG); weiter muss die im Fall der Einziehung oder Abtretung vorgesehene Abfindung aus freiem Kapital geleistet werden können[683] (§§ 33, 34 Abs. 3 GmbHG).

2368 Die Einziehung wird mit Zugang des wirksamen Beschlusses beim betroffenen Gesellschafter[684] und – mangels anderer Satzungsregelung[685] – Leistung der Einziehungsvergütung wirksam. Denkbar ist auch, sofern in der Satzung klar bestimmt, eine Abfindung deutlich unter dem wahren Wert des betroffenen Anteils, in Ausnahmefällen sogar deren gänzlicher Ausschluss,[686] wobei bisherige Verweisungen auf z.B. das Stuttgarter Verfahren (R 96 ff. ErbStR) zu überprüfen sind.[687] Geringere Abfindungshöhen können auch in „satzungsdurchbrechenden"[688] schuldrechtlichen Nebenabreden vereinbart sein (so dass die GmbH sie als Dritter gem. § 328 BGB dem auf

---

678 Unmittelbar dinglicher Vertrag zugunsten Dritter ist nicht möglich, vgl. *Michalski/Ebbing*, GmbHG, § 15 Rn. 24.
679 Überblick zu Voraussetzungen und Folgen der Einziehung bei *Clevinghaus*, RNotZ 2011, 449 ff.
680 Insb. wenn das exakt quotenwahrende Aufstockung die Teilbarkeitserfordernisse des neuen Rechtes: volle Eurobeträge (§ 5 Abs. 2 Satz 1 GmbHG; anders nach altem Recht: Teilbarkeit durch fünfzig, § 5 Abs. 3 Satz 2 GmbHG a.F.) nicht erfüllt, vgl. Gutachten, DNotI-Report 2010, 29 ff.
681 Zur Vermeidung der Nichtigkeit des Beschlusses, LG Essen, 09.06.2010 – 42 O 100/09, RNotZ 2010, 547.
682 *Heckschen/Heidinger*, Die GmbH in der Gestaltungs- und Beratungspraxis, Rn. 408, empfehlen, den eingezogenen Anteil in einer ersten Liste mit einem Einziehungsvermerk aufzuführen, vgl. auch Gutachten, DNotI-Report 2010, 32.
683 Andernfalls ist der Einziehungsbeschluss nichtig, auch wenn nach der Satzung die Wirksamkeit des Ausscheidens unabhängig von der Erfüllung der Abfindungsforderung eintritt, vgl. BGH, 08.12.2008 – II ZR 263/07, ZNotP 2009, 205, und auch die Ausschließung selbst ist dann nichtig, BGH, 05.04.2011 – II ZR 263/08, MittBayNot 2011, 414.
684 Bei einer Erbengemeinschaft genügt entgegen § 2038 Abs 1 Satz 1 BGB der Zugang bei einem Miterben, § 18 Abs. 3 GmbHG, OLG Nürnberg, 11.06.2008 – 12 U 1646/07, ErbStB 2009, 144. Bei Teilnahme des Betroffenen an der Versammlung ist der Zugang bewirkt.
685 OLG Hamm, GmbHR 1993, 743; BGH, 08.12.2008 – II ZR 263/07, ZNotP 2009, 205; BGH, 28.01.2008 – II ZR 290/06, ErbStB 2009, 7.
686 Vgl. *Scholz/Winter*, GmbHG, § 15 Rn. 27, m.w.N; *Wälzholz*, NWB 2008, 4338 = Fach 19, S. 3980 m.w.N.
687 Sollten die Gesellschafter damit eine „dynamische Verweisung" auf die jeweiligen Bewertungsvorschriften verbunden haben wollen, um eine Besteuerung gem. §§ 3 Abs. 1 Nr. 2, 7 Abs. 7 ErbStG zu vermeiden, empfiehlt sich eine Anpassung der Verweisung, vgl. Rdn. 4855.
688 Lediglich organisationsrechtliche Bestandteile der Satzung können nicht durch schuldrechtliche Abreden überlagert werden, anders als Rechtsverhältnisse in oder zu der Gesellschaft (sog. Sozialverpflichtungen).

die Satzung gestützten höheren Abfindungsverlangen des Austretenden entgegen halten kann[689]). Dadurch wird (bei Einziehungsmöglichkeit zu Lasten der Erben) die freie Vererblichkeit faktisch deutlich eingeschränkt. Bei Kapitalgesellschaften von Berufsträgern (Wirtschaftsprüfer, Architekten, Anwälte) wird eine solche Regelung sogar gesetzlich gefordert. Zu den ertragsteuerlichen Folgen der Abtretungs- und Einziehungsklauseln s. Rdn. 4796, zu den schenkungsteuerlichen Aspekten (Nachteile der reinen Einziehungsklausel) Rdn. 4855. Trotz reduzierter Abfindung dürfte pflichtteilsrechtlich der volle Wert des (vererbten) Geschäftsanteils anzusetzen sein.[690]

Eine kombinierte Einziehungs- und Abtretungsklausel könnte etwa wie folgt formuliert sein: 2369

Formulierungsvorschlag: Kombinierte Einziehungs- und Abtretungsklausel bei Erbfall in GmbH

> Die Erben eines Gesellschafters sind verpflichtet, unverzüglich den Erbfall sowie ihre Erbenstellung unter Angabe des Vor- und Nachnamens, des Geburtsdatums und der Anschrift dem Geschäftsführer der Gesellschaft mitzuteilen, so dass ihm die Erstellung einer korrigierten Gesellschafterliste möglich ist. Der Geschäftsführer kann Nachweise über die Erbenstellung in entsprechender Anwendung des § 35 GBO verlangen.
>
> Zur Erfüllung von Vermächtnissen und zur Durchführung einer Erbauseinandersetzung ist für die Teilung und Abtretung eines Geschäftsanteils keine Zustimmung der Gesellschaft i. S. d. § ..... dieser Satzung erforderlich, soweit hierdurch ein Mitgesellschafter, ein Abkömmling oder der Ehegatte des Verstorbenen den Geschäftsanteil erwirbt.
>
> Soweit eine Mehrheit von Personen den Gesellschaftsanteil erwirbt, ruhen die Gesellschafterrechte mit Ausnahme des Gewinnbezugsrechts, solange und soweit kein gemeinsamer Vertreter schriftlich bestellt und bevollmächtigt wurde.
>
> Soweit andere Personen als Mitgesellschafter, der überlebende Ehegatte oder Abkömmlinge des Gesellschafters den Anteil von Todes wegen durch Erbschaft oder Vermächtnis erwerben, kann er eingezogen werden. Der Einziehungsbeschluss kann gefasst werden, sofern binnen drei Monaten nach Kenntnis der Gesellschaft vom Erbfall und der Erbenstellung der Anteil lediglich auf nachfolgeberechtigte Personen übertragen wurde.
>
> Anstelle einer Einziehung kann die Gesellschaft auch verlangen, dass der Geschäftsanteil ganz oder geteilt an die Gesellschaft selbst, an einen oder mehrere Gesellschafter oder an einen von ihr benannten Dritten gegen Entgelt abgetreten wird. Der Einziehungsbeschluss bzw. das Abtretungsverlangen bedürfen einer Mehrheit von ..... Prozent des stimmberechtigten Stammkapitals; der Anteil des Verstorbenen hat dabei kein Stimmrecht. Die Höhe der Abfindung bzw. des Abtretungsentgelts richtet sich nach § ..... dieser Satzung. Die Einziehung wird mit Zugang des Einziehungsbeschlusses wirksam, unabhängig von der Leistung der Vergütung.

Auch Aktien sind zwingend vererblich; Abtretungspflichten oder -verbote können (da verbotene Nebenpflicht, § 54 AktG) nicht gesellschaftsrechtlich begründet werden (allerdings kann der 2370

---
689 BGH, 15.03.2010 – II ZR 4/09, GmbHR 2010, 980; hierzu *Leitzen*, RNotZ 2010, 566 ff.
690 *Wälzholz*, NWB 2008, 4338 = Fach 19, S. 3980.

Erblasser z.B. einem Angehörigen einen Vermächtnisanspruch auf die Aktie zuwenden aufschiebend bedingt auf deren Übertragung an Dritte, § 2177 BGB, oder den Erben auflösend bedingt auf den Fall der Abtretung einsetzen, § 2075 BGB). Die Satzung kann die Zwangseinziehung durch den Vorstand (§ 237 Abs. 6 AktG) bei Tod vorsehen.[691]

2371 In der Satzung einer Kapitalgesellschaft kann auch ein ordentliches „Austrittsrecht" des Gesellschafters (im Sinne einer Kündigungsbefugnis mit ausreichender Ausübungsfrist) geschaffen werden. Bedarf es nach Maßgabe der Satzung zur Wirksamkeit des Ausscheidens einer Umsetzung (etwa der Einziehung oder Übernahme des Anteils),[692] darf der Gesellschafter nach der Kündigung seine Mitgliedsrechte nur noch insoweit ausüben, als sein Interesse am Erhalt der ihm zustehenden Abfindung betroffen ist.[693]

e) Gesellschafterrechte

2372 Im Grundsatz überlässt § 45 Abs. 2 GmbHG die Ausgestaltung der Rechte, die mit der Inhaberschaft an Gesellschaftsanteilen verbunden sind, der Satzungsautonomie. Ausgenommen hiervon ist nach herrschender Meinung der „Kernbereich der Mitgliedschaftsrechte", dessen Reichweite freilich umstritten ist. Unentziehbar sind wohl

- das Minderheitenrecht auf Einberufung einer Gesellschafterversammlung gem. § 50 Abs. 1 GmbHG,[694]
- das Recht auf Teilnahme an Gesellschafterversammlungen[695] – wobei jedoch die Satzung anordnen kann, dass mehrere Inhaber eines Gesellschaftsanteils nur einen gemeinsamen Teilnahmevertreter benennen können –,[696]
- das Recht auf Auskunft und Einsicht in die Gesellschaftsunterlagen, § 51a GmbHG,[697]
- das Recht, die Nichtigkeit oder Anfechtbarkeit rechtswidriger Beschlüsse durch Klage analog §§ 241 ff. AktG (innerhalb von 3 Jahren ab Eintragung, § 242 Abs. 2 Satz 1 AktG analog)[698] geltend zu machen,
- ebenso das Recht, aus der Gesellschaft bei Vorliegen eines wichtigen Grunds auszutreten.[699]

2373 Zulässig ist jedoch der Ausschluss des **Stimmrechts**, jedenfalls in einzelnen Angelegenheiten,[700] ohne dass es hierfür eines Gewinnausgleichs analog § 139 Abs. 1 AktG (Vorzugsaktien) bedarf,[701] zur Rechtslage bei der AG, vgl. Rdn. 2331, zu den flexibleren Möglichkeiten bei der Personen-

---

691 Muster bei *Schaub*, ZEV 1995, 84.
692 BGH, 30.06.2003 – II ZR 326/01 ZNotP 2004, 28.
693 BGH, 30.11.2009 – II ZR 208/08 ZNotP 2010, 113.
694 OLG Stuttgart, GmbHR 1974, 257, m. Anm. *Konow*.
695 OLG Frankfurt am Main, GmbHR 1984, 99.
696 BGH, 17.10.1988 – II ZR 18/88, GmbHR 1989, 120.
697 *Lange*, GmbHR 2006, 897, 899.
698 Eine richterliche Ausübungskontrolle wird dadurch jedoch nicht verhindert, vgl. *Leitzen*, RNotZ 2009, 315, 319.
699 BGH, 16.12.1991 – II ZR 58/91, GmbHR 1992, 257.
700 BGHZ 14, 264, 270 f.
701 Vgl. *Schäfer*, Der stimmrechtslose GmbH-Geschäftsanteil, S. 65 ff.; Michalski/*Ebbing*, GmbHG, § 14 Rn. 64.

gesellschaft Rdn. 2227. In der Insolvenz des GmbH-Gesellschafters übt der Insolvenzverwalter das Stimmrecht aus.[702]

Soll das Stimmrecht insb. von Junior-Gesellschaftern, z.B. bis zum Erreichen einer bestimmten Reife an Jahren,[703] generell beschränkt werden, sind gesellschaftsrechtliche Ausschlüsse nicht uneingeschränkt tauglich. Auch die zeitlich befristete Bestellung eines Nießbrauchsrechts beseitigt die Stimmrechte des Anteilsinhabers nicht bzw. nicht vollständig (vgl. Rdn. 4782 ff.). Zur Erreichung solcher Ziele sind eindeutig letztwillige Lösungen (befristete Testamentsvollstreckung am Kapitalgesellschaftsanteil) weit besser geeignet. 2374

Gem. § 29 Abs. 1 Satz 1 GmbHG haben Gesellschafter ferner Anspruch auf den Jahresüberschuss zuzüglich eines Gewinnvortrags (aus früheren Jahren) bzw. abzgl. eines solchen Verlustvortrags, soweit der Betrag nicht durch Beschluss über die Verwendung des Ergebnisses in die Gewinnrücklagen (§ 272 Abs. 3 HGB) eingestellt oder als Gewinn vorgetragen wird. Das Ergebnis ist der **Bilanzgewinn**, hinsichtlich dessen ein Anspruch auf Auszahlung besteht. Sofern Kapitalrücklagen (§ 272 Abs. 2 HGB) oder Gewinnrücklagen (§ 270 Abs. 2 HGB) aufgelöst werden, haben die Gesellschafter gem. § 29 Abs. 1 Satz 2 GmbHG auch Anspruch auf Auszahlung dieser Komponenten, sofern sie nicht als Gewinnvortrag bestehen bleiben. In letzterem Fall gilt also: 2375

- Jahresüberschuss
- plus Gewinnvortrag aus früheren Jahren bzw. abzgl. Verlustvortrag aus solchen Jahren,
- zuzüglich Entnahmen aus Kapital- oder Gewinnrücklage,
- abzgl. Einstellung in die Gewinnrücklagen ergibt den Bilanzgewinn (Anspruch auf Auszahlung), sofern dieser nicht als Gewinnvortrag bestehen bleibt.

Vom handelsrechtlichen Bilanzgewinn zu unterscheiden ist das **steuerliche Verfahren zur Einkommensermittlung** (R 29 KStR): Positive oder negative Korrekturen der Ergebnisverwendung ergeben den Jahresüberschuss bzw. -fehlbetrag laut Handelsbilanz, weitere Korrekturen nach § 60 Abs. 2 Satz 1 EStDV ergeben schließlich den Jahresüberschuss laut Steuerbilanz, dies ist der Unterschiedsbetrag i.S.d. § 4 Abs. 1 Satz 1 EStG. Weitere außerbilanzielle Korrekturen (bspw. nicht abziehbare Steuern, pauschalierte Abzugsverbote für Betriebsausgaben, gewährte verdeckte Gewinnausschüttungen etc.) ergeben sodann das zu versteuernde Einkommen der Körperschaft. 2376

f) Rechnungslegung, Offenlegung

Im Bereich der **Rechnungslegung** gelten für alle, auch kleine, Kapitalgesellschaften sowie solche Personengesellschaften, bei denen keine natürlichen Personen Vollhafter sind (vgl. Rdn. 2223), folgende Besonderheiten: 2377

- Pflicht zur Aufstellung eines Jahresabschlusses spätestens binnen 6 Monaten, mit gesetzlicher Gliederung für Bilanz und Gewinn- und Verlustrechnung gem. §§ 266, 275 HGB;

---

702 OLG München, 24.08.2010 – 31 Wx 154/10, NotBZ 2010, 381.
703 Vgl. *Illiou*, GmbHR 2009, 81, zum „Gesellschafter-Führerschein".

- planmäßige Abschreibungen auf Sacheinlagen nur bei dauernder Wertminderung gem. § 279 Abs. 1 HGB a.F., Wertaufholungsgebot nach außerplanmäßigen Abschreibungen gem. § 280 HGB a.F., keine Abschreibung zur Bildung stiller Reserven gem. § 253 Abs. 4 HGB;
- Erfordernis eines Anhangs gem. § 284 HGB mit Angaben zu Bilanzierungs- und Bewertungsmethoden, zu Beteiligungen ab 20 % und zur durchschnittlichen Arbeitnehmerzahl, nach Gruppen gegliedert.

2378 Für mittelgroße und große GmbH sowie GmbH & Co. KG kommen hinzu der Lagebericht gem. § 264 Abs. 1 Satz 3 HGB sowie ggf. die Konzernrechnungslegung gem. § 290 HGB, schließlich besondere Angaben im Anhang gem. § 274a HGB, etwa die Entwicklung des Anlagevermögens (§ 268 Abs. 2 HGB), die Gliederung von Forderungen und Verbindlichkeiten nach der Laufzeit (§ 268 Abs. 4, Abs. 5 HGB), die Gliederung der Umsatzerlöse nach Tätigkeitsbereichen und Märkten, die Angabe sonstiger finanzieller Verpflichtungen, etwa aus Leasing-Verträgen, sowie die Bezüge der Geschäftsführung und des Aufsichtsrats.

2379 Bei mittelgroßen und großen Kapitalgesellschaften oder GmbH & Co. KG besteht ferner eine **Prüfungspflicht** durch vereidigte Buchprüfer oder (bei großen Kapitalgesellschaften zwingend) Wirtschaftsprüfer gem. §§ 316 ff. HGB.

2380 Alle Kapitalgesellschaften (sowie GmbH & Co. KG ohne vollhaftende natürliche Person)[704] haben spätestens binnen 12 Monaten seit Ende des Geschäftsjahres die Bilanz in folgendem Umfang **offenzulegen**: Kleine Gesellschaften (vgl. § 267 Abs. 1 HGB)[705] haben lediglich eine verkürzte Bilanz (umfassend die römischen Zahlen gem. § 266 Abs. 1 HGB) sowie einen Anhang ohne Erläuterung zur Gewinn- und Verlustrechnung gem. § 326 HGB einzureichen. Sie können also durch Vorabausschüttungen (oder in der Satzung vorgesehene Gewinnverwendungen, etwa Einstellung in die Gewinnrücklagen)[706] dafür sorgen, dass statt des Jahresüberschusses nur noch der Bilanzgewinn ersichtlich ist. Mittelgroße Gesellschaften i.S.d. § 267 Abs. 2 HGB[707] haben gem. § 325 Abs. 1 HGB einzureichen den Jahresabschluss mit verkürzter Bilanz, die Gewinn- und Verlustrechnung samt verkürztem Anhang, den Bestätigungsvermerk des Abschlussprüfers, den Lagebericht, den Bericht des Aufsichtsrats sowie den Beschluss über die Ergebnisverwendung. Große Gesellschaften i.S.d. § 267 Abs. 3 HGB[708] haben dieselben Unterlagen wie mittelgroße Gesellschaften, jedoch ungekürzt, zu veröffentlichen.

2381 Die Erfüllung dieser Pflichten durch Einreichung beim elektronischen Bundesanzeiger bis zum Ablauf eines Jahres nach Bilanzstichtag wird ab 01.01.2007 („EHUG") durch das neu

---

704 Gleichgültig, ob daneben (wie im Regelfall) die Voraussetzungen der gewerblichen Prägung vorliegen, also auch keine natürliche Person zur Geschäftsführung berufen ist.
705 Ab 2010, also mit Inkrafttreten des BilMoG, müssen zwei der drei nachfolgenden Kriterien erfüllt sein: nicht mehr als 4,84 Mio. € Bilanzsumme, weniger als 9,68 Mio. € Umsatzerlöse, unter 50 Arbeitnehmer im Jahresdurchschnitt.
706 Vgl. im Einzelnen *Werner/Müller*, NWB 2008, 2359 ff. = Fach 18, S. 925 ff., mit Buchungserläuterungen.
707 Überschreiten von mindestens zwei der drei in § 267 Abs. 1 HGB genannten Kriterien (s. vorvorgehende Fußnote), Unterschreiten von mindestens zwei der drei folgenden Merkmale: 19,25 Mio. € Bilanzsumme, 38,5 Mio. € Umsatzerlöse, 250 Arbeitnehmer im Jahresdurchschnitt.
708 Überschreiten von mindestens zwei der in vorangehender Fußnote wiedergegebenen Grenzwerte.

eingerichtete „Bundesamt für Justiz"⁷⁰⁹ sehr viel strenger als bisher überwacht;⁷¹⁰ alle nach Handels-,⁷¹¹ Gesellschafts-, Bilanz- und Kapitalmarktrecht⁷¹² publizitätspflichtigen Daten sind (kostenpflichtig)⁷¹³ online unter www.unternehmensregister.de abrufbar (§ 9 Abs. 6 HGB). Die verschärfte Kontrolle der Offenlegungspflicht wird die weitere Verbreitung der schlichten KG oder einer GmbH & Co. KG mit einem weiteren persönlich haftenden Gesellschafter (ggf. auch ohne Geschäftsführungsbefugnis) fördern. Bei Kapitalgesellschaften wird die Tendenz zur Bildung kleiner Tochtergesellschaften und zur Aufstellung eines befreienden Konzernabschlusses zur Reduzierung deren Transparenz zunehmen.⁷¹⁴

Seit der Unternehmensteuerreform haben sich auch die Koordinaten eines ertragsteuerlichen (nachstehend 4, Rdn. 2420 ff.) **Belastungsvergleichs** neu formiert, während in schenkungsteuerlicher Hinsicht durch die Reform 2009 dieselben Bewertungs- (Rdn. 3742 ff.) und Freistellungsregelungen gelten. 2382

2. Die „Limited" als bessere Alternative?

Seit den Grundsatzentscheidungen des EuGH (Centros,⁷¹⁵ Überseering⁷¹⁶ und Inspire Art)⁷¹⁷ steht fest, dass britische Private Limited Companies by Shares (kurz „Limiteds"), sofern sie den Statuten des Gründungslands genügen, auch bei ihrer fürderhin ausschließlichen gewerblichen Tätigkeit in Deutschland nicht den rechtsformspezifischen Vorschriften ihres deutschen Äquivalents (hier: der GmbH) entsprechen müssen (Aufgabe der sog. „Sitztheorie" zugunsten der „Gründungstheorie"). Durch kommerzielle Anbieter gefördert, erlebte die Limited insb. in den Jahren 2004 bis 2007 einen wahren Boom als vermeintlich unproblematische, kostengünstige Alternative zur „klassischen" GmbH.⁷¹⁸ Diese Neugründungen unterliegen allerdings einer hohen „Frühsterblichkeit" (bspw. im Dezember 2006: 60 Limited-Abmeldungen pro 100 Anmeldungen). Immer häufiger werden zwischenzeitlich Limiteds auf nationale Kapitalgesellschaften gem. §§ 122a ff. UmwG verschmolzen.⁷¹⁹ 2383

---

709 Bundesamt für Justiz, Adenaueralle 99–103, 53133 Bonn, www.bundesjustizamt.de.
710 Durch elektronische Vollständigkeitskontrolle (die aber nicht angemeldete Zweigniederlassungen ausländischer Gesellschaften naturgemäß nicht erfasst: *Leuering*, ZRO 2006, 201) gem. § 329 Abs. 1 Satz 1 HGB; Ordnungsgeldandrohung zwischen 2.500,00 und 25.000,00 € mit sechswöchiger Nachfrist (§ 335 HGB), ferner zwingende Verfahrenskosten von 50,00 €; vgl. auch §§ 37v ff. WpHG in der Form des Transparenzrichtlinie-Umsetzungsgesetzes BGBl. 2007 I, S. 10.
711 Z.B. § 11 HGB: Bekanntmachungsblätter; ferner Bundesanzeiger in elektronischer und gedruckter Form.
712 Bisher z.B. § 25 Abs. 1 Satz 1 WpHG: Überregionales Börsenpflichtblatt; § 15a WpHG i.V.m. § 13 Abs. 1 WpAIV: Internetadresse des Emittenten.
713 Gebühr 4,50 € je Datei (gebührenfrei ist lediglich die Einsicht in den elektronischen Handelsregisterauszug beim Registergericht des Sitzes), vgl. *Suppliet*, NotBZ 2006, 391.
714 Vgl. *Strahl*, KÖSDI 2007, 15476; *Frystatzki*, EStB 2008, 450 ff.
715 NJW 1999, 2027.
716 EuGH, 05.11.2002 – C 208/00, NJW 2002, 3614: Verstoß gegen Art. 43 und 48 EGV. Hierzu *Döser*, in: Aktuelle Tendenzen und Entwicklungen im Gesellschaftsrecht, NotRV Würzburg 2004, S. 88 ff.
717 NJW 2003, 3331.
718 Vgl. die statistischen Auswertungen von *Niemeier*, ZIP 2006, 2237 ff.
719 Vgl. *Wälzholz*, GmbH-StB 2008, 177 ff.; monografisch *Herrler/Schneider*, Von der Limited zur GmbH, 2010.

Kapitel 5: Gesellschaftsrechtliche Lösungen

2384 Zur Gründung, die auch durch eine Einzelperson erfolgen kann, bedarf es eines „**Memorandum**"[720] (Gründungsurkunde zur Regelung der Beziehungen der Gesellschaft nach außen), einschließlich der zwingenden Angabe eines Registered Office (Unternehmensanschrift) in England oder Wales[721] – einerseits – und der „Articles", d.h. der Satzung zur Regelung der Rechtsverhältnisse innerhalb der Gesellschaft – andererseits.

2385 Das **Eintragungsverfahren** ist dadurch beschleunigt, dass z.B. für die Tätigkeit erforderliche staatliche Genehmigungen nicht vorgelegt zu werden brauchen; dies wird allerdings mit Inkrafttreten des MoMiG auch für die deutsche GmbH gelten. Für die Aufnahme einer genehmigungs- oder handwerksrollenpflichtigen Tätigkeit ist jedoch auch seitens einer Limited das vorherige Vorliegen der erforderlichen Genehmigungen bzw. die Eintragung in die Handwerksrolle erforderlich.

2386 Hinsichtlich der **Gründungskosten** war die Limited ggü. der GmbH noch bis zum 30.09.2009 deshalb im Nachteil, weil für die sehr umfangreichen Firmengegenstände hohe Bekanntmachungskosten in den Print-Medien als Auslagen gem. § 137 Nr. 5 KostO anfallen. Bei der in aller Regel zusätzlich erforderlichen **Anmeldung der deutschen Zweigniederlassung** wirkte sich dann allerdings der regelmäßig sehr umfangreiche Geschäftsgegenstand britischer Limiteds nachteilig aus (so verlangt das AG Charlottenburg bei langen Texten mittlerweile bis zu 3.000,00 € Bekanntmachungskosten-Vorschuss).[722]

2387 Während die „Eingangskontrolle" durch das Companies House bei der **Registrierung einer Limited** praktisch nicht stattfindet, unterliegen die Limiteds sodann einer strengeren staatlichen Aufsicht als deutsche GmbHs:

2388 Auch wenn die Limited ausschließlich in Deutschland geschäftliche Tätigkeit entfaltet und demnach hier eine Zweigniederlassung anzumelden ist,[723] müssen am Registered Office Dokumente empfangen und weitergeleitet werden können, ferner die **von der Limited zu führenden Verzeichnisse** (Protokolle der Geschäftsführerbeschlüsse, Vermögensverzeichnis, Verzeichnis der Anteilseigner, der Direktoren, Verzeichnis über Belastungen des Gesellschaftsvermögens, Verzeichnis der von den Direktoren gehaltenen Anteile, Verzeichnis über die Inhaber von Schuldverschreibungen) und die **Buchhaltungsunterlagen** einsehbar sein.

---

[720] Erforderlich ist – neben dem Registered Office – die Angabe des Gesellschaftsgegenstands, der auch als Catch-all-Klausel („to engage in any lawful acitvities") formuliert sein kann, die Angabe des Grundkapitals und dessen Aufteilung sowie die Verpflichtung zur Übernahme der Gesellschaftsanteile.

[721] Die Hinterlegung einer bloßen E-Mail-Adresse ist nicht zulässig. Gewerbliche Anbieter verlangen für die Service-Leistung der Unterhaltung eines Registered Office zwischen 500,00 € und 2.000,00 € im Jahr, zuzüglich der Portogebühren für die Weiterleitung.

[722] Der EuGH hat unter Rechtssache „C-453/04" v. 01.06.2006, GmbHR 2006, 78 ff., dieses Vorgehen als europarechtlich unbedenklich eingestuft. Ab 01.10.2009 genügt stets die Bekanntmachung im Elektronischen Bundesanzeiger, sodass insoweit kein nennenswerter Unterschied mehr zu verzeichnen sein wird; die durch die Einschaltung eines Notars bei der GmbH anfallenden Kosten entsprechen etwa dem Geschäftsbesorgungsaufwand des Limited-Dienstleisters.

[723] Da die bloße Komplementärgesellschaft einer Ltd. & Co. KG keine wirtschaftliche Tätigkeit ausübt, kann die Eintragung einer Zweigniederlassung der solchen Ltd. im Handelsregister allerdings nicht erzwungen werden: OLG Frankfurt am Main. 24.04.2008 – 20 W 425/07, GmbH-StB 2008, 201.

Notwendig sind daneben ein **jährlicher Bericht** (annual return), der **Jahresabschluss** (annual account) und der **Bericht der Geschäftsführung** (director's report), die jeweils dem Companies House in Cardiff vorzulegen sind, um eine Zwangslöschung zu vermeiden. Diese Dokumente, die in englischer Sprache zu übermitteln sind, können auf der Website des Companies House (www.companieshouse.co.uk.) öffentlich eingesehen werden.[724] Der Annual Return dokumentiert die Management- und Kapitalstruktur der Gesellschaft;[725] er umfasst auch die Angabe des Registered Office, der Hauptgeschäftsaktivitäten der Limited, Namen und Privatadressen der Directors und Secretaries (bei Directors einschließlich Geburtsdatum, Staatsangehörigkeit und Beruf), Nominalwerte und Anzahl der ausgegebenen Anteile und Anteilsgattungen sowie das Verzeichnis sämtlicher Gesellschafter mit Privatadresse und gehaltenen Anteilen.

2389

Die **Annual Accounts** wiederum umfassen **Bilanz** sowie **Gewinn- und Verlustrechnung**. Dieser Jahresabschluss dient sowohl dem Gläubigerschutz als auch der Kontrolle der Gesellschaftsorgane durch die Gesellschafter. **Kleine und mittelgroße Unternehmen**[726] sind insofern privilegiert, als sie nicht an die Rechnungslegungsgrundsätze des Accounting Standards Board gebunden sind. Der **Geschäftsführungsbericht** (director's report) hat die Entwicklung des Geschäfts des letzten Jahres und einen Vorschlag zur Höhe der Dividende zu enthalten.

2390

Eine **Verletzung der Vorlageverpflichtungen** wird durch die Verhängung von Bußgeldern geahndet, für welche directors und Company Secretary (sofern vorhanden) auch persönlich haften; ferner stellt die Nichterstellung eine Straftat dar.[727] Darüberhinaus führt die Nichterfüllung der Publizitätspflichten rasch zur Zwangslöschung im englischen bzw. schottischen companies' register;[728] in Deutschland belegenes Vermögen führt zum hiesigen Fortbestehen der Limited als „Restgesellschaft",[729] für die ein Liquidator zu bestellen ist.[730]

2391

Gemäß Sec. 221 Companies Act 1985 muss die Limited Bücher führen und diese Unterlagen in regelmäßigen Abständen zur Aufbewahrung an das Registered Office übersenden. Unterhält die Limited (wie in der Praxis stets) eine Zweigniederlassung in Deutschland, ist auch dort der Jahresabschluss gem. § 325a Abs. 1 HGB beim Elektronischen Bundesanzeiger einzureichen und unter www.unternehmensregister.de zu veröffentlichen. Insolvenzrechtlich galt schon vor der rechtsformunabhängigen Regelung des § 17 InsO für (das gem. Art. 4 EUInsVO dem deutschen Recht unterliegende) Verfahren § 64 Abs. 2 GmbHG a.F.[731]

2392

---

724 Vgl. im Überblick *Cadel*, MittBayNot 2006, 102 ff.; monografisch *Just*, Die englische Limited in der Praxis, 3. Aufl. 2008.
725 Das Companies House erstellt hierzu ein Formular anhand der Angaben des letzten Jahres, das durch den *Direktor eines Secretary* korrigiert und unterzeichnet zurückzusenden ist.
726 Vgl. *Rehm*, in: Eidenmüller, Ausländische Kapitalgesellschaften im deutschen Recht, § 10 Rn. 81 f.: Jahresumsatz unter 2,8 Mio. bzw. 11,2 Mio. Pfund (Angaben jeweils für kleine bzw. mittelgroße Gesellschaften), Bilanzsumme unter 1,4 Mio. bzw. 5,6 Mio. Pfund, Arbeitnehmer unter 50 bzw. 250. Werden zwei der drei genannten Kriterien unterschritten, liegt eine kleine bzw. mittelgroße Unternehmung vor.
727 Vgl. *Kasolowsky*, in: Hirte/Bücker, Grenzüberschreitende Gesellschaften, § 4 Rn. 121 ff.
728 Sec. 642A CA 1985; das englische Vermögen fällt an die britische Krone, sec 654 CA 1985.
729 Vgl. *Werner*, NWB 2011, 632 ff.
730 OLG Jena, 22.08.2007 – 6 W 244/07, DNotZ 2008, 298.
731 KG, 24.09.2009 – 8 U 250/08, GmbH-StB 2009, 328.

2393 Hat eine nach ausländischem Recht – mit statutarischem Sitz im Ausland – gegründete Kapitalgesellschaft im Inland den **Ort der Geschäftsleitung** i.S.d. § 10 AO, ist die Gesellschaft gem. § 1 Abs. 1 KStG unbeschränkt körperschaftsteuerpflichtig, sodass ihr Welteinkommen der Besteuerung im Inland unterliegt. Befinden sich sowohl **Sitz als auch Geschäftsleitung im Ausland**, ist die ausländische Kapitalgesellschaft nur mit ihren inländischen Einkünften i.S.d. § 49 EStG beschränkt körperschaftsteuerpflichtig (§ 2 Nr. 1 KStG). Dabei fingiert („beschränkte Steuerpflicht")

- § 49 Abs. 1 Nr. 2 lit. f) EStG Einkünfte aus der Veräußerung (und § 49 Abs. 1 Nr. 6 EStG aus der Vermietung) inländischer Grundstücke,
- Sowie aus dem Verkauf von Beteiligungen an deutschen Kapitalgesellschaften (§ 49 Abs. 1 Nr. 2 lit. e) EStG) und deren Ausschüttungen (§ 49 Abs. 1 Nr. 5 lit. a) EStG)
- sowie aus inländischen Betriebsstätten und aus Beteiligungen an deutschen Personengesellschaften (§ 49 Abs. 1 Nr. 2 lit. a) EStG),
- schließlich Einkünfte aus der Überlassung von Lizenzen an deutsche Lizenznehmer (§ 49 Abs. 1 Nr. 6, 9 EStG)

stets als inländische gewerbliche Einkünfte, soweit dieser Besteuerungswunsch nicht durch Doppelbesteuerungsabkommen eingeschränkt wir. (Nach dem OECD-Musterabkommen würden Einkünfte aus inländischen Betriebsstätten [Art. 7], Grundstücksvermietung [Art. 6] und -verkauf [Art. 13] in Deutschland besteuert, Lizenz- [Art. 12] und Beteiligungsverkaufseinkünfte [Art. 13] im Ausland, und inländische Beteiligungseinkünfte [Art. 10] unterliegen der deutschen Quellensteuer).

2394 Gleichwohl halten vermögensverwaltende ausländische Kapitalgesellschaften kein Betriebsvermögen, vgl. Rdn. 4475. Hinsichtlich der Sozialversicherungspflicht gelten keine Besonderheiten.[732] Für die Vererbung der von einem deutschen Staatsbürger gehaltenen Anteile an einer Limited gilt aus deutscher Sicht (Art. 25 EGBGB) und aus britischer Sicht (gewöhnlicher Aufenthalt) deutsches Recht, allerdings ist wegen des zwingend an den Satzungssitz anknüpfenden englischen Gesellschaftsstatuts ein (aufwendiges) Nachlassverfahren nach britischen Vorschriften (unter Anwendung materiellen deutschen Erbrechts) durchzuführen, was sich nur dadurch vermeiden lässt, dass die Limited-Anteile unmittelbar durch eine zwischengeschaltete deutsche Kapitalgesellschaft gehalten werden.

2395 Aufwand und Störanfälligkeit hinsichtlich der Erfüllung der laufenden Pflichten lassen demnach keinen Vorteil für die Limited erkennen. Allerdings bedarf es nicht der Aufbringung des Mindeststammkapitals der GmbH von (auch nach Inkrafttreten des MoMiG unverändert) 25.000,00 €, sodass die Haftungsbeschränkung mit geringerem Kapitaleinsatz erkauft werden kann. Hierfür steht jedoch seit Inkrafttreten des MoMiG die haftungsbeschränkte Unternehmergesellschaft (UG [haftungsbeschränkt], mit z.B. 1,00 € Stammkapital, kostensparendem „Musterprokoll"[733]

---

[732] Insb. keine Versicherungsfreiheit analog der Vorstandsmitglieder einer deutschen AG, BSG v. 27.02.2008, GmbHR 2008, 327.
[733] Vgl. z.B. *Heidinger/Blath*, ZNotp 2010, 376 ff. und ... („mehr Fluch als Segen?").

und beschränkter Thesaurierungspflicht)⁷³⁴ zur Verfügung. Die Regeln zur Kapitalerhaltung sind jedoch bei der Limited sehr streng (Ausschüttung nur aus erzielten Gewinnen; Kapitalherabsetzung nur unter Einschaltung eines Gerichts möglich).⁷³⁵

3. Ertragsteuerrechtliche Grundzüge

a) Körperschaftsteuer

aa) Grundsatz

Erträge der Kapitalgesellschaft unterliegen der **Körperschaftsteuer** mit einem Definitivsatz von (seit 2008) 15 %, davor 25 % (jeweils zuzüglich Solidaritätszuschlag,⁷³⁶ jedoch ohne Kirchensteuer); Gewinne aus der Veräußerung von Anteilen an anderen Kapitalgesellschaften (etwa dem Verkauf von Aktien oder GmbH-Anteilen) bleiben gem. § 8b KStG zu 95 % körperschaftsteuerfrei. Gleiches gilt für Dividenden-Einnahmen der Kapitalgesellschaft aus anderen Kapitalgesellschaftsbeteiligungen (z.B. Dividendenerträge aus Aktien, welche die vermögensverwaltende GmbH hält).

2396

bb) Verlustvorträge

(1) Grundsatz

Für die Einkommensermittlung gelten gem. § 8 Abs. 1 Satz 1 KStG die Regelungen des Einkommensteuerrechtes, damit auch die Möglichkeit des Verlustvortrages (steuermindernde Berücksichtigung in späteren Veranlagungszeiträumen), § 10d EStG. Um die (angesichts der „Unsterblichkeit" juristischer Personen)⁷³⁷ potenziell ewigen Verlustvortragsmöglichkeiten („**Mantelkauf**") zu begrenzen, ließ § 8 Abs. 4 KStG a.F., deren Fortbestand entfallen, wenn kumulativ mehr als 50 % der Anteile an der Kapitalgesellschaft übergehen⁷³⁸ und der Geschäftsbetrieb mit überwiegend neuem,⁷³⁹ zeitnah zugeführtem neuem Betriebsvermögen wieder aufgenommen oder fortgeführt wird. Nach Verwaltungsauffassung war es gleichgültig, ob es sich

2397

---

734 Zur Kapitalerhöhung zum Übergang in eine GmbH: *Lohr*, GmbHR 2009, 346 ff. (Registeranmeldung: Würzburger Notarhandbuch/*Wilke*, S. 2080 f.).
735 Vgl. *Zöllner*, GmbH-R 2006, 1 ff.
736 Von 5,5 % der Körperschaftsteuer.
737 Bei natürlichen Personen ist der Verlustabzug nicht vererblich, BFH, 17.12.2007 – GrS 2/04, BStBl. 2008 II, S. 608; vgl. *v. Proff zu Irnich*, RNotZ 2008, 563; *Eich*, ErbStB 2008, 182 ff.; *Fischer*, NWB 2008, 1551 = Fach 3, S. 15045; im Hinblick auf die 1962 begründete abweichende Rspr. wird Vertrauensschutz für Sterbefälle bis zur Veröffentlichung im BStBl. (18.08.2008 – der BFH gewährte diesen Schutz nur bis zur Bekanntgabe des Beschlusses am 12.03.2008) gewährt. Es empfiehlt sich daher, Verluste auf eine Kapitalgesellschaft oder eine gewerblich geprägte Personengesellschaft zu übertragen, *Wälzholz*, DStR 2008, 1769, 1772.
738 Gleichgestellt ist die Übernahme von mehr als 50 % des Stammkapitals durch Dritte anlässlich einer Kapitalerhöhung, BFH, 27.08.2008 – I R 78/01, GmbH-StB 2009, 31.
739 Allein ein Branchenwechsel genügte nicht, BFH, 28.05.2008 – I R 87/07, GmbH-StB 2008, 351; vgl. BMF v. 04.12.2008, GmbHR 2009, 107.

um einen entgeltlichen oder um einen unentgeltlichen, auch in vorweggenommener Erbfolge erfolgenden, Anteilserwerb handelt,[740] lediglich die Vererbung von Anteilen ist unschädlich.[741]

2398 Mit der Unternehmenssteuerreform 2008 knüpft § 8c KStG[742] die Verlustbeschränkung nunmehr allein an den Übergang von Geschäftsanteilen:[743] Anteils- und Stimmrechtsübertragungen (zusammengerechnet binnen 5 Jahren[744] – bei nahestehenden Erwerbern stets, sonst bei Vorliegen gleichgerichteter Interessen)[745] zwischen 25 und 50 % führen zur quotalen, solche über 50 % zum vollständigen Untergang der Verlustvorträge (einschließlich des laufenden Verlusts im aktuellen Zeitraum bis zur schädlichen Übertragung). Das gesetzliche Stufenmodell motiviert zu Ausweichgestaltungen,[746] welche die zweifelhafte Qualität der Vorschrift verdeutlichen,[747] und denen die Finanzverwaltung mit Hinweis auf einen schädlichen Gesamtplan (Rdn. 4437) zu begegnen sucht.[748]

(2) Einzelheiten

2399 Die Anteilsübertragung kann entgeltlich oder unentgeltlich erfolgen, lediglich die vollständig unentgeltliche Erbauseinandersetzung und die vollständig unentgeltliche vorweggenommene Erbfolge sind nach Verwaltungsauffassung[749] ausgenommen, ebenso (weiterhin) die Vererbung von Anteilen. Gleiches gilt gem. § 10a Satz 8 GewStG für die gewerbesteuerlichen Verlustvorträge.

> **Hinweis: Erhalt des Verlustvortrags bei vorweggenommener Erbfolge in Kapitalgesellschaftsanteile**
>
> Um körper- und gewerbesteuerliche Verlustvorträge bei der Übertragung von Kapitalgesellschaftsanteilen zu retten, sollte im Fall der vorweggenommenen Erbfolge darauf geachtet werden, dass keine Gegenleistungen vereinbart sind, die ertragsteuerlich als Entgelt zu wer-

---

740 BMF v. 16.04.1999, BStBl. 1999 I, S. 455 Rn. 4; während dagegen i.R.d. § 15 Abs. 3 Satz 2 bis 4 UmwStG die unentgeltliche Übertragung der Erbfolge gleichgestellt ist.
741 Krit. hiergegen *Koblenzer*, ZEV 2006, 402.
742 Mit BMF-Anwendungsschreiben hierzu v. 04.07.2008 GmbHR 2008, 883 ff.; hierzu *Dörr*, NWB 2008, 3099 = Fach 4 S. 5339; *Altrichter-Herzberg*, GmbHR 2008, 857 ff.; *Fleischer*, MittBayNot 2009, 456 ff.; zu Gestaltungsmöglichkeiten *Harle/Geiger*, GmbHR 2008, 873 ff. sowie monografisch *Neyer*, Der Mantelkauf, 2008.
743 Auch disquotale Kapitalerhöhungen gelten als Anteilsübergang, vgl. v. *Proff* ZNotP 2009, 423, 428. Als „ein Erwerber" zählt auch eine Gruppe von Erwerbern mit „gleichgerichteten Interessen" (zur Vermeidung der Umgehungsgestaltung der Veräußerung an ein „Erwerberquartett").
744 Und zwar selbst dann, wenn bei den ersten Erwerben noch kein Verlustvortrag bestand, Tz. 17 des BMF-Schreibens v. 04.07.2008, GmbHR 2008, 833 ff.; zum Fünf-Jahres-Zeitraum insgesamt *Altrichter-Herzberg*, GmbHR 2010, 799.
745 Hierzu krit. *Honert/Imschweiler*, EStB 2009, 32 ff.
746 Anstelle des Erwerbs von 49 % der Anteile werden zunächst 25,1 % erworben (dies führt zum Untergang von 25,1 % des Verlustvortrages), sodann 23,9 % (hierdurch wird, da 50 % binnen 5 Jahren nicht überschritten werden, lediglich eine neue Frist für diese 23,9 % in Gang gesetzt).
747 Vgl. *Roser*, DStR 2008, 1561, 1566; *Harle/Geiger*, GmbHR 2008, 873, 874; *Dötsch/Pung*, DB 2008, 1703, 1708. Sie ist von einer Missbrauchsnorm (§ 8 Abs. 4 KStG a.F.) zu einer Verlustvernichtungsvorschrift mutiert.
748 Tz. 19 des BMF-Schreibens v. 04.07.2008, GmbHR 2008, 883 ff., wird widerlegbar vermutet bei Erwerben innerhalb eines Jahres.
749 Tz. 4 des BMF-Schreibens v. 04.07.2008, GmbHR 2008, 883 ff.; das Gesetz selbst rechtfertigt diese Differenzierung nicht, *Riedel* ZErb 2008, 103 ff.

> ten sind (vgl. Rdn. 4869 ff.). Unschädlich ist bspw. die Übertragung unter Nießbrauchsvorbehalt oder gegen eine Versorgungsrente (vgl. Rdn. 4955 ff.).
>
> Bei einer (Erb-) Auseinandersetzung sollte kein Spitzenausgleich aus nachlassexternem Vermögen erfolgen (vgl. Rdn. 2279 ff.).

Abzustellen ist bei § 8c KStG trotz des insoweit ungenauen Wortlauts auf den **Übergang des „wirtschaftlichen Eigentums"**, sodass die rein treuhänderische Übertragung eines Anteils keinen Untergang des Verlustvortrags auslöst.[750] Um ggf. das Risiko des Untergangs vorhandener Verlustvorträge steuern zu können, empfehlen sich Vinkulierungsklauseln, ggf. auch eine Pflicht des abtretenden Gesellschafters zur Erstattung entstehender Schäden (Rdn. 4852 mit Formulierungsvorschlag). Die geplante Freistellung von Wagniskapitalbeteiligungsgesellschaften scheiterte am europarechtlichen Beihilfenverbot.[751] Im Einzelfall kann es gelingen, die Verlustvorträge durch Verrechnung mit Sanierungsgewinnen[752] oder „Zuführung" von Gewinnbetrieben in Verlustgesellschaften (Kapitalerhöhung ohne Anteilseignerwechsel) vor einer Geschäftsanteilsabtretung noch zu realisieren; seit 28.11.2008 jedoch nicht mehr dadurch, dass nach einem Gesellschafterwechsel die Kapitalgesellschaft unter Inanspruchnahme der achtmonatigen Rückwirkungsmöglichkeit auf eine andere Gesellschaft verschmolzen wird und der Übertragungsgewinn mit den damals (vor der Abtretung) noch vorhandenen Verlustvorträgen verrechnet werden soll.[753]

2400

(3) Ausnahmen

Ursprünglich befristet auf Anteilsübertragungen in den Jahren 2008 und 2009 wurde im Juli 2009 eine Ausnahme von § 8c KStG für **Sanierungsfälle** geschaffen:[754] Erforderlich ist gem. § 8c Abs. 1a KStG

2401

(1) die Verhinderung der Zahlungsunfähigkeit oder Überschuldung,

(2) Einhaltung einer Betriebsvereinbarung zum Erhalt von Arbeitsplätzen oder Wahrung von 400 % der Lohnsumme binnen 5 Jahren und

(3) Zuführung wesentlichen Betriebsvermögens binnen 12 Monaten nach Anteilserwerb und Verbleib dieser Werte im Unternehmen mindestens bis 31.12.2011.

Diese Ausnahme wurde zwar durch das Wachstumsbeschleunigungsgesetz 2010 auf unbestimmte Zeit verlängert;[755] sie verstößt allerdings gemäß Entscheidung der EU-Kommission v.

---

750 BMF v. 04.07.2008, BStBl. 2008 I, S. 736, Tz. 6; vgl. *Müller/Marchand*, ErbStB 2008, 312.
751 *Dörr* NWB 2009, 3499 ff.
752 Zur Möglichkeit, den Zeitpunkt des Entstehens eines Sanierungsgewinns im Insolvenzplanverfahren zu steuern, vgl. *Siebert/Frank*, GmbH-StB 2008, 243 ff.; dadurch lassen sich die Unwägbarkeiten der Stundung bzw. des Erlasses eines Sanierungsgewinns nach Maßgabe des Sanierungserlasses (BMF v. 27.03.2003, BStBl. 2003 I, S. 240) vermeiden.
753 Änderung der §§ 2 Abs. 4, 20 Abs. 6 Satz 4 UmwStG durch das JStG 2009, vgl. *Warnke*, EStG 2009, 70.
754 Vgl. *Dörr*, NWB 2009, 2050 ff.
755 Vgl. *Dörr*, NWB 2010, 184 ff.; *Warnke*, EStB 2010, 104 ff. Ab 2010 beträgt der wertmäßige Verbleibenszeitraum nur mehr 3 Jahre, und das Lohnsummenkriterium ist für Betriebe unter 20 (vormals 10) Mitarbeitern als erfüllt anzusehen.

26.01.2011 (IP/11/65) gegen das Beihilfeverbot, sodass die Vergünstigungen zurückzufordern sind.[756]

2402 Letzteres Gesetz hat ferner in § 8c Abs. 1 Satz 5 KStG eine praxiswichtige Ausnahme für „**Konzernsachverhalte**" eingeführt, derzufolge von der Verlustverrechnungsbeschränkung alle Umstrukturierungen ausgenommen werden, die innerhalb eines Konzerns stattfinden, an dessen Spitze zu 100 % eine einzelne Person oder Gesellschaft steht.[757] Schließlich bleiben nunmehr gem. § 8c Abs. 1 Satz 6, 7 KStG die nicht genutzten Verluste und ein Zinsvortrag erhalten, soweit sie die anteilig auf sie entfallenden steuerpflichtigen stillen Reserven[758] des inländischen Betriebsvermögens der Körperschaft nicht übersteigen.

cc) Verdeckte Gewinnausschüttungen

2403 **Verdeckte Gewinnausschüttungen (vGA)** sind gem. § 8 Abs. 3 Satz 2 KStG dem Einkommen der Kapitalgesellschaft wieder hinzuzurechnen. Sie liegen bspw. vor bei überhöhten Leistungsvergütungen an den Gesellschafter (Letztere unterlägen lediglich beim Gesellschafter der ESt, führen also zu Belastungsvorteilen bei der Gewerbesteuer und im Verhältnis zur sonst stattfindenden Doppelbesteuerung mit Körperschaftsteuer bei der GmbH und Abgeltungsteuer/Teileinkünfteermittlung beim Gesellschafter. Richtig veranlagt, stellen solche verdeckte Gewinnausschüttungen beim Gesellschafter ebenfalls Einnahmen i.S.d. § 20 Abs. 1 Nr. 1 EStG dar). Eine vGA ist gegeben, wenn

1. eine bei der Kapitalgesellschaft eingetretene Vermögensminderung oder verhinderte Vermögensmehrung
2. durch das Gesellschaftsverhältnis veranlasst ist,
3. jedoch ihr kein den gesellschaftsrechtlichen Vorschriften entsprechender Gewinnverteilungsbeschluss zugrunde liegt und dadurch ein Vorteil beim Gesellschafter oder einer ihm nahestehenden Person eintritt. Ist der **Gesellschafter zugleich beherrschend**, gilt zusätzlich
4. das Rückwirkungsverbot (Fehlen einer klaren und im Voraus abgeschlossenen Vereinbarung, ob und in welcher Höhe ein Entgelt für eine Leistung des Gesellschafters zu zahlen ist) sowie
5. das Klarheits- und das
6. Durchführungsgebot.

2404 Zur Ermittlung von vGA (vgl. Rdn. 4476) existiert eine überbordende Kasuistik (vgl. H 36 Abs. 5 KStR 2004), die insb. die Prüfung der Angemessenheit und Üblichkeit angesichts des Fremdvergleichs (Vergleich zum Verhalten ggü. einem Nicht-Gesellschafter) notwendig macht. Das Vorliegen einer vGA wird nicht dadurch ausgeschlossen, dass die Gesellschaft allen Beteiligten

---

756 Ankündigung bereits im BMF-Schreiben v. 30.04.2010 – IV C 2 – S 2745-a/08/10005:002; hierzu *Forst/Kofmann/Pittelkow*, EStB 2010, 309 ff. Die von der Bundesregierung angekündigte Klage zum EuGH hat keine aufschiebende Wirkung.

757 Vgl. *Busch/Spiekermann*, EStB 2010, 260 ff.; in „Altfällen" führen jedoch wohl Verkürzungen oder Verlängerungen der Beteiligungsketten in einem Konzern zum Untergang der Verlustvorträge, vgl. *Stümper*, GmbHR 2010, 132 f.

758 Ermittelt durch Gegenüberstellung des gemeinen Wertes und des steuerlichen Eigenkapitals der erworbenen Anteile, vgl. im Einzelnen *Dörr*, NWB 2010, 184, 194 und *Roser*, EStB 2010, 265 ff. („kaum handhabbares Gesetz"). Beratungshinweise bei *Stollenwerk/Scherff*, GmbH-StB 2011, 76 ff.

C. Gesellschaftslösungen unter Beteiligung der Veräußerer

dieselbe Vergünstigung gewährt.[759] Häufig verwirklichen sich verdeckte Gewinnausschüttungen in Gestalt von **Pensionszusagen** an beherrschende Gesellschafter-Geschäftsführer.[760] Ihre steuerliche Anerkennung setzt zum einen voraus, dass sie auf einer klaren, im Voraus getroffenen, zivilrechtlich wirksamen und tatsächlich durchgeführten Vereinbarung beruhen.[761] Darüber hinaus muss die Regelung üblich sein, d.h. unter Einhaltung der üblichen Wartezeit angemessen, finanzierbar, erdienbar und ernsthaft, und darf nicht zu einer Überversorgung führen.[762] Die Erdienungsdauer beträgt mindestens 10 Jahre ab dem Zeitpunkt der Versorgungszusage[763] bzw. der Versorgungserhöhung.[764] Bei langjährig tätigen Geschäftsführern ist auch die Zusage sofort unverfallbarer, aber zeitanteilig bemessener Rentenansprüche zugelassen.[765]

Der Pensionsanspruch kann, sofern im Vorhinein vereinbart, i.H.d. gem. § 6a EStG ermittelten Teilwertes bei Erreichen des vorgesehenen Rentenalters kapitalisiert ausbezahlt werden, allerdings sind dann weiter erhaltene Tätigkeitsvergütungen auf die Versorgungsleistung anzurechnen.[766] Beim Verzicht auf eine Pensionszusage (etwa im Vorfeld eines Unternehmensverkaufs)[767] wird wiederum dahin gehend differenziert, ob er (selten) betrieblich veranlasst ist (Besteuerung auf der Ebene der GmbH als gewinnerhöhende Auflösung) oder durch das Gesellschaftsverhältnis (dann Versteuerung als fiktiver Arbeitslohn beim Gesellschafter-Geschäftsführer, zugleich Erhöhung der Anschaffungskosten seiner Beteiligung, keine Auswirkung auf die Gesellschaft selbst).[768] Wird eine Abfindung gewährt (etwa in Gestalt der Abtretung der Ansprüche aus den rückdeckenden, noch nicht fälligen Lebensversicherungen), führt die Pensionsabfindung beim Geschäftsführer zu Arbeitslohn, bei der Gesellschaft führt die Ausbuchung der Rückstellung i.H.d. Unterdeckung ggü. den Pensionsansprüchen zu einer verdeckten Einlage.[769]

2405

---

759 Z.B. eigene Anteile vergünstigt an alle Gesellschafter abgibt, vgl. BFH, 03.03.2010 – I B 102/09 (die Steuerpflicht besteht unbeschadet des Umstandes, dass dasselbe Ergebnis ohne Entstehung einer Steuer durch Einziehung der eigenen Anteile und Ausgabe neuer Anteile zum Nominalwert im Rahmen einer Kapitalerhöhung hätte erzielt werden können, „keine Umkehrung des § 42 AO").

760 Vgl. im Überblick *Jeske*, NWB 2010, 694 ff.

761 Vgl. etwa BFH, 17.12.1997 – I R 70/97, BStBl. 1998 II, S. 545.

762 BFH, 28.04.2010 – I R 78/08, GmbH-StB 2010, 255: Kürzung der Pensionsrückstellung gem. § 6a EStG, wenn sie 75 % der letzten Aktivbezüge übersteigt.

763 BFH, 09.11.2005 – I R 94/04, BFH/NV 2006, 616, jedoch kann nach eine Zusage, die erst nach dem 60. Lebensjahr erfolgt, nicht mehr erdient werden (BFH, 24.01.1996 – I R 41/95, BStBl. 1997 II, S. 440).

764 BFH, 23.09.2008 – I R 62/07, GmbH-StB 2009, 33.

765 BFH, 20.08.2003 – I R 99/02, BFH/NV 2004, 373.

766 BFH, 05.03.2008 – I R 12/07, GmbHR 2008, 663; hierzu *Hoffmann*, GmbH-StB 2008, 313.

767 Vgl. *Wellisch*, NWB 2010, 2862 ff.

768 FinMin NRW, 17.12.2009 – S 2743 -10-V B 4, GmbHR 2010, 168; zuvor OFD Frankfurt am Main, 07.12.2006, EStB 2009, 150; *Briese*, GmbHR 2008, 568; *Heeg*, DStR 2009, 567. Zu den verschiedenen Möglichkeiten der Beseitigung von Pensionszusagen an Geesellschafter-Geschäftsführer (Verzicht, Widerruf durch die Gesellschaft aufgrund Notlagenvorbehalts, Abfindung gegen Einmalzahlung, Übertragung auf ein verbundenes Unternehmen, Übertragung auf externe Versorgungsträger, „Einfrieren" der Zusage vgl. auch Mitgliederrundbrief der Centrale für GmbH 3/2010 S. 2 – 7; zur rechtsgeschäftlichen Übertragung auf eine „Rentner-GmbH" bzw. Aspaltung der Versorgungszusage und Rückdeckungsmittel auf eine solche vgl. *Janssen*, NWB 2010, 1998 ff.).

769 *Binnewies/Wollweber*, GmbH-StB 2009, 307 ff. zu FG Münster, 23.03.2009 – 9 K 319/02; OFD Karlsruhe, 17.09.2010 – S 274.2/107 - St 221, GmbH-StB 2010, 325; zum Verzicht auf den „future service": OFD Magdeburg, 02.09.2010 – S 2176–57 - St 215, GmbH-StB 2010, 325.

dd) Varianten des Gewinntransfers auf die Gesellschafterebene

2406 Demnach stellt sich (unter Berücksichtigung der Unternehmensteuerreform, Rdn. 2420 ff.) das „Tableau" möglicher Varianten des Gewinntransfers von der GmbH auf die Gesellschafterebene[770] wie folgt dar:

1. **Gewinnausschüttungen** werden auf der Ebene der GmbH mit Körperschaft- und Gewerbesteuer belastet, auf der Ebene des Gesellschafters, sofern er die Beteiligung im Privatvermögen hält, mit Abgeltungsteuer (genauer: Kapitalertragsteuerabzug samt Solidaritätszuschlag und ggf. Kirchensteuer mit insgesamt abgeltender Wirkung, §§ 43a Abs. 1 Satz 3, 32d Abs. 1 Satz 3 und 5 EStG) ohne Werbungskostenabzug, bei Beteiligungen im Betriebsvermögen eines Einzelunternehmers/einer Personengesellschaft nach dem Teileinkünfteverfahren (60%) unter entsprechendem (60%igem) Abzug der Werbungskosten. Letzterer Effekt kann auch bei Anteilen im Privatvermögen auf Antrag erreicht werden, wenn die Voraussetzungen einer Option gem. § 32d Abs. 2 Satz 1 Nr. 3 EStG vorliegen, vgl. Rdn. 2438.

2407 2. Das **Geschäftsführergehalt** ist auf der Gesellschaftsebene, sofern nicht überhöht (verdeckte Gewinnausschüttung) bzw. beim beherrschenden Gesellschafter gegen das Rückwirkungsverbot, Klarheits- und Durchführungsgebot verstoßend, als Betriebsausgabe abzugsfähig, beim Geschäftsführer als Einkunft aus nicht selbstständiger Tätigkeit nach dem normalen Einkommensteuertarif zu versteuern (Lohnsteuerabzug durch die Gesellschaft). Die Aufdeckung verdeckter Gewinnausschüttungen führte bis Ende 2007 bei der Gesellschaft zu einer Mehrbelastung (zusätzliche Körperschaft- und Gewerbesteuer von ca. 38,6%), beim Gesellschafter zu einer Entlastung (anstelle voll besteuerter Einkünfte aus § 19 EStG lediglich Kapitaleinkünfte nach Halbeinkünfteverfahren). Ab 2009 erhöht sich die Gesamtsteuerbelastung der Kapitalgesellschaft um lediglich 29,80%, beim Gesellschafter kommt es regelmäßig zu einer Entlastung (Abgeltungsteuersatz statt Grenzsteuersatz).[771]

2408 3. **Zinsen für Gesellschafterdarlehen oder bei typisch stiller Gesellschaft** (Rdn. 2285, 2295) sind auf Gesellschaftsebene (soweit nicht als vGA zu klassifizieren) als Betriebsausgabe abzugsfähig, werden aber bei der Gewerbesteuer zu 25% hinzugerechnet (Rdn. 2447). Ferner ist bei hohen Zinsbeträgen die mögliche Abzugsbegrenzung durch die Zinsschranke (§ 4h EStG, § 8a KStG mit BMF-Anwendungsschreiben v. 04.07.2008,[772] Rdn. 2450) zu beachten. Der auf Gesellschaftsebene bei den Zinsen vorzunehmende Kapitalertragsteuerabzug hat nur dann abgeltende Wirkung, wenn es sich um Darlehen von Gesellschaftern mit weniger als 10% Beteiligung handelt, vgl. Rdn. 2427. Bei allen höher beteiligten Gesellschaftern unterliegen sie also dem individuellen Steuersatz und sind demnach ggü. der Eigenkapitalhingabe steuerlich nachteiliger, sodass sich allenfalls niedrig verzinsliche Darlehen (v.a. bei thesaurierenden, gering besteuerten Kapitalgesellschaften) anbieten.[773]

2409 4. **Miet- und Pachtentgelte** an den Gesellschafter sind ebenfalls, sofern keine vGA, als Betriebsausgabe abzugsfähig, werden jedoch bei der Gewerbesteuer zu 5% hinsichtlich beweglicher, zu 16,25% hinsichtlich unbeweglicher Wirtschaftsgüter hinzugerechnet (Rdn. 4492).

---

770 *Schiffers*, GmbH-StB 2008, 262 ff.
771 Vgl. *Binz*, DStR 2008, 1820 ff.
772 GmbHR, 2008, 887 ff.
773 Vgl. *Schiffers*, GmbH-StB 2008, 266.

Ein Quellenabzug findet nicht statt. Beim Gesellschafter sind sie als Einkünfte aus Vermietung und Verpachtung nach normalem Einkommensteuertarif zu erfassen, sofern nicht die Voraussetzungen einer Betriebsaufspaltung vorliegen (dann handelt es sich um gewerbliche Einkünfte).

Für den umgekehrten Sachverhalt, die **Finanzierung der Kapitalgesellschaft durch den Gesellschafter**, steht zum einen   2410

(1) die ertragsteuerlich neutrale Einzahlung auf den Nennbetrag der Gesellschaftsbeteiligung bzw. der Kapitalerhöhung (Pari-Emission) zur Verfügung, daneben

(2) die Entrichtung eines Aufgeldes[774] (Agio, „Über-Pari-Emission"), und

(3) schließlich die Gewährung eines Gesellschafterdarlehens.

Das Agio ist ebenso wie sonstige Einlagen, die nicht in das Nennkapital geleistet sind, auf dem steuerlichen Einlagekonto gem. § 27 KStG auszuweisen und durch jährliche Zu- und Abgänge fortzuschreiben. Deren (steuerneutrale) Rückgewähr ist allerdings nur möglich, soweit sie die übrigen Rücklagen übersteigen – es wird also fingiert, dass die Gesellschaft zunächst die steuerlichen Gewinnrücklagen zur Ausschüttung verwendet.

Demgegenüber ist die (ebenfalls steuerneutrale) Darlehenstilgung stets zulässig (allerdings im letzten Jahr vor der Insolvenzeröffnung möglicherweise anfechtbar, § 135 Abs. 1 Nr. 2 InsO, vgl. Rdn. 2344 f.). Die Darlehenslösung kann sich allerdings als nachteilig erweisen, wenn der Darlehensanspruch dem Gesellschafter als Gegenleistung für die Sacheinlage eines Betriebes, Teilbetriebes, Mitunternehmeranteils oder mehrheitsverschaffenden Kapitalgesellschaftsanteils gewährt wird, da sie der Buchwertfortführung (§§ 20 Abs. 2 Satz 2, 21 Abs. 1 Satz 2 UmwStG) entgegensteht: übersteigt der Darlehensnennbetrag den Buchwert des eingebrachten Betriebes, muss dieser Einbringungsgegenstand mindestens i.H.d. Darlehens (Zwischenwert) angesetzt werden (§ 20 Abs. 2 Satz 4, 21 Abs. 1 Satz 3 UmwStG) mit der Folge, dass der Einbringende einen steuerbaren Gewinn realisiert (§ 20 Abs. 3 Satz 1 UmwStG).[775]   2411

b) Gewerbesteuer

Zusätzlich kann jedoch **Gewerbesteuer**[776] (Rdn. 4484 ff.) anfallen, deren Höhe sich nach dem örtlichen Hebesatz richtet, so bspw. für Erträge aus festverzinslichen Wertpapieren und seit 2001 auch auf sog. Dividenden aus Streubesitz (= Erträge aus Beteiligungen an anderen Kapitalgesellschaften von weniger als 10 %, ab 2008: 15 %, also insb. bei vermögensverwaltenden GmbHs mit diversifizierten Portefeuilles).[777] Eine pauschalierte Anrechnung der Gewerbe- auf die ESt gem. § 35 EStG findet nur bei der Personengesellschaft und beim Einzelunternehmer statt. Sofern die Kapitalgesellschaft nur eigenen Grundbesitz verwaltet, also keinen gewerblichen Grundstücks-   2412

---

774 Es handelt sich um Anschaffungskosten der neu erworbenen Anteile, BFH, 27.05.2009 – I R 53/08, EStB 2010, 3.
775 *Patt*, in: *Dötsch/Patt/Pung/Möhlenbrock*, Umwandlungssteuerrecht, § 20 UmwStG Rn. 219; die Gewährung einer Kapitalrücklage (Agio) stellt demgegenüber keine Gegenleistung dar und gefährdet demnach nicht die Steuerneutralität der Einbringung.
776 Vgl. näher *Krauß*, Immobilienkaufverträge in der Praxis, Rn. 2861 ff.
777 Gewinne aus dem Verkauf solcher Beteiligungen sind jedoch – entgegen der Forderungen der Kommunen – weiterhin zu 95 % gewerbesteuerfrei.

handel betreibt, entsteht aufgrund der erweiterten Kürzung gem. §§ 9 Nr. 1 Satz 2 bis 5 GewStG auf die Mieteinnahmen und eventuellen Veräußerungsgewinne hinsichtlich des in eigener Verwaltung befindlichen Grundbesitzes keine Gewerbesteuer.

c) Organschaft

2413 Organschaftliche[778] Gewinnabführungen werden jedoch neutralisiert, also der „Obergesellschaft" zugerechnet, § 14 Abs. 1 Satz 1 KStG. Als **Organgesellschaft** („Untergesellschaft", verpflichtet zur Abführung ihres Gewinns, begünstigt durch den Anspruch auf Verlustübernahme) kommen bei der körperschaftsteuerlichen Organschaft die AG, KGaA und unter den weiteren Voraussetzungen des § 17 Nr. 1 und 2 KStG – z.B. Geschäftsleitung und Sitz im Inland – auch die GmbH in Betracht, als **Organträger** (begünstigte „Obergesellschaften") auch natürliche Personen, sonstige Personenvereinigungen oder Vermögensmassen mit inländischer Geschäftsleitung, sofern sie eine gewerbliche Tätigkeit i.S.d. § 15 Abs. 1 Nr. 1 EStG ausüben (nicht ausreichend ist also die freiberufliche Tätigkeit einer Einzelperson oder die schlichte gewerbliche Prägung einer lediglich vermögensverwaltenden GmbH & Co. KG); bei Personengesellschaften müssen ferner die Anteile an der Organgesellschaft im Gesamthandsvermögen gehalten werden.

2414 Der taugliche Organträger muss an der Organgesellschaft ab dem Beginn des betreffenden Wirtschaftsjahres ununterbrochen so beteiligt[779] sein, dass ihm die Mehrheit der Stimmrechte, ggf. als Treugeber,[780] zusteht (**finanzielle Eingliederung**, Abschnitt 53 Abs. 1 Satz 2 KStR). Die Stimmrechtsmehrheit an der Organgesellschaft errechnet sich seit 2001 aus den unmittelbaren und solchen mittelbaren Stimmrechten, die auf Beteiligungen des Organträgers an vermittelnden Gesellschaften beruhen, an denen der Organträger jeweils die Mehrheit der Stimmrechte hat. Damit erweitert sich der Anwendungsbereich der körperschaftsteuerlichen Organschaft, da auch reine Holdinggesellschaften und in einer Betriebsaufspaltung verbundene Unternehmen einbezogen werden. Sog. „Mehr-Mütter-Organschaften" sind allerdings aufgrund des Mehrheitserfordernisses ausgeschlossen und seit 2003 zwingend beendet.[781] Bloße Schwestergesellschaftsverhältnisse (dieselben Personen sind Kommanditisten einer KG und Gesellschafter ihrer GmbH-Komplementärin) reichen dafür nicht, mag auch die Komplementärbeteiligung Sonderbetriebsvermögen der KG-Mitunternehmerschaft sein.[782]

---

778 Vgl. zum Folgenden BMF-Schreiben v. 26.08.2003 zur körperschaftsteuerlichen und gewerbesteuerlichen Organschaft, BStBl. 2003 I, S. 437 ff., gute und knappe Übersicht bei *Wachter*, RNotZ 2010, 422 ff. Monografie: *Müller/Stöcker*, Die Organschaft, 8. Aufl. 2011.

779 Auch treuhänderische Beteiligungen (§ 39 Abs. 2 Nr. 1 AO) sind ausreichend, allerdings muss das Treuhandverhältnis wirksam, insb. notariell beurkundet, sein: BFH, 17.10.2007 – I R 39/06, GmbH-StB 2008, 95.

780 Vgl. *Forst/Schaaf/Reichhardt*, EStB 2010, 392.

781 Vgl. hierzu BMF-Schreiben v. 10.11.2005 – IV B 7-S2770-24/05, DB 2005, 2547, Tz. 6 (wichtiger Grund zur Beendigung des Gewinnabführungsvertrags i.S.d. § 14 Abs. 1 Satz 1 Nr. 3 Satz 2 KStG).

782 BFH, 22.04.2010 – V R 9/09, GmbHR 2010, 823.

C. Gesellschaftslösungen unter Beteiligung der Veräußerer

Ferner muss ein Gewinnabführungsvertrag (§ 291 Abs. 1 AktG, ggf. analog) auf mindestens 5 **Zeitjahre**[783] abgeschlossen und durchgeführt[784] werden, bezogen auf den handelsrechtlichen Bilanzgewinn, nicht den nach steuerlichen Gewinnermittlungsvorschriften ermittelten Gewinn. Dieser Gewinnabführungsvertrag muss zumindest vor Ende des Wirtschaftsjahres, in welchem die organschaftliche Zusammenrechnung erstmals erfolgen soll,[785] (durch Zustimmungsbeschlüsse und Registereintragung) wirksam geworden sein; der Fünf-Jahres-Zeitraum beginnt jedoch bereits mit dem Anfang des Geschäftsjahres, in dem die Wirksamkeit durch Eintragung im Handelsregister[786] erstmals eintrat (Abschn. 55 Abs. 2 KStR, § 14 Abs. 1 Satz 2 KStG).[787] Bereits die Einräumung eines ordentlichen Kündigungsrechtes während dieser Periode ist schädlich.[788] Eine vorzeitige Beendigung (außerordentliche Kündigung[789] oder Aufhebung) des Ergebnisabführungsvertrages ist nur bei Vorliegen eines wichtigen Grundes unschädlich,[790] wie er etwa bei einem Verkauf der Organgesellschaft durch den Organträger steuerrechtlich[791] vorliegt.[792] Ebenso wie aus einem Beherrschungsvertrag resultiert aus dem Gewinnabführungsvertrag die zwingende gesetzliche Pflicht zur Verlustübernahme gem. § 302 Abs. 1 und Abs. 3 AktG. Dies muss (obwohl deklaratorisch) ausdrücklich (einschließlich der Verjährungsregelung in § 302 Abs. 4

2415

---

783 Also nicht nur 5 Wirtschaftsjahre. Ein Rumpfgeschäftsjahr (bei der Vor-GmbH ab Aufnahme der Geschäfte, BFH, 03.09.2009 – IV R 38/07, MittBayNot 2010, 158) ist also nur mit seiner tatsächlichen Dauer zu berücksichtigen, BFH, 12.01.2011 – II R 3/10, DStR 2011, 717. Die Verlängerung eines zu kurz laufenden Organvertrages „rettet" diesen für das laufende Jahr nur, wenn die Gesellschafterversammlung der Organgesellschaft ihr im laufenden Jahr zugestimmt hat und die Änderung in das Handelsregister der Organgesellschaft bis zum Ablauf des Geschäftsjahres eingetragen wurde, vgl. *Ihle*, notar 2011, 209.

784 Bereits die vergessene Verrechnung mit einem vororganschaftlichen Verlustvortrag (§ 301 Satz 1 AktG, § 17 Abs. 2 Nr. 1 KStG) lässt (nicht heilbar) die Durchführung entfallen, BFH, 21.10.2010 – IV R 21/07, JurionRS 2010, 28323.

785 Beispiel nach BFH, 03.09.2009 – IV R 38/07, MittBayNot 2010, 158, m. Anm. *Suttmann*: ein am 27.11.1996 geschlossener Gewinnabführungsvertrag wird ab sofort durchgeführt (unbeschadet seines Wortlautes, wonach er erst zum 01.01.1997 beginne); es wird bereits in 1997 für 1996 eine Garantiedividende bezahlt. Er muss demnach bis Ende 1997 im Handelsregister eingetragen sein.

786 Ein Ergebnisabführungsvertrag mit einer beherrschten KG ist demgegenüber nicht eintragungsfähig (OLG München, 08.02.2011 – 31 Wx 2/11, DNotI-Report 2011, 38); im Gegensatz zu Kapitalgesellschaften wird weder der Unternehmensgegenstand eingetragen noch ist der Gesellschaftsvertrag gem. § 9 HGB allgemein zugänglich. Auch bei einer GmbH ist ein Teilgewinnabführungsvertrag nicht eintragungsfähig, OLG München, 17.01.2011 – 31 Wx 68/11, RNotZ 2011, 363.

787 Kommt es demnach zu Verzögerungen bei der Registereintragung, ist das Kriterium der Fünfjahresfrist nicht eingehalten – daher empfiehlt sich die vorsorgliche Vereinbarung einer 6-jährigen Mindestlaufzeit oder die Vereinbarung einer „Gleitklausel", wonach eine Kündigung erst 5 Jahre nach steuerlichem Wirksamwerden möglich sei.

788 BFH, 28.11.2007 – I R 94/06, notar 2008, 186, m. Anm. *Ihle*: selbst wenn die Einräumung versehentlich erfolgte und später eine diesbezügliche „Klarstellung" stattfand.

789 Analog § 297 AktG in Schriftform und nur binnen angemessener Frist nach Kenntnis des Rücktrittsgrundes (zehn Monate sind zu spät, OLG München, 21.03.2011 – 31 Wx 80/11, MittBayNot 2011, 324.

790 Vgl. § 14 Abs. 1 Satz 1 Nr. 3 Satz 2 KStG, bei unterjähriger Beendigung mit Wirkung auf den Beginn des Wirtschaftsjahres (§ 14 Abs. 1 Satz 1 Nr. 3, Satz 3 KStG). Eine Auflistung steuerlich wichtiger Kündigungsgründe findet sich bei *Lange*, GmbHR 2011, 80.

791 Nach Ansicht des OLG Düsseldorf, BB 1994, 2094 liege allein in der Veräußerung der Organgesellschaft jedoch kein Grund für eine außerordentliche Kündigung, sodass lediglich eine ordentliche Kündigung (sofern vorbehalten), oder eine einvernehmliche Aufhebung in Betracht kommt, unter Zustimmung der externen Gesellschafter der Organgesellschaft durch Sonderbeschluss, § 297 Abs. 2 AktG.

792 Abschnitt 60 Abs. 6 Satz 2 KStR.

AktG)[793] im Gewinnabführungsvertrag erwähnt sein, jedenfalls bei einer GmbH als Organgesellschaft, § 17 Satz 2 Nr. 2 KStG[794] („§ 302 AktG findet in seiner jeweils geltenden Fassung umfassend Anwendung").

2416 Daneben können auch die Voraussetzungen der **umsatzsteuerlichen, gewerbesteuerlichen und grunderwerbsteuerlichen Organschaft** erfüllt sein. Die gewerbesteuerliche Organschaft – deren Voraussetzungen mit denen der körperschaftsteuerlichen Organschaft identisch sind – führt dazu, dass die Organgesellschaft als bloße Betriebsstätte des Organträgers gewertet wird (§ 2 Abs. 2 Satz 2 GewStG), die umsatzsteuerliche Organschaft hat zur Folge, dass lediglich der Organträger, nicht jedoch die Organgesellschaft als Unternehmer i.S.d. § 2 Abs. 2 Nr. 2 Satz 3 UStG gilt,[795] die grunderwerbsteuerliche Organschaft erweitert schließlich den Tatbestand der Anteilsvereinigung mit der Folge, dass Grunderwerbsteuerpflicht des Organträgers auch in Bezug auf Grundstücke der Organgesellschaft entsteht. Die umsatzsteuerliche und die grunderwerbsteuerliche Organschaft erfordern neben der oben erwähnten finanziellen Eingliederung (die bis zur Änderung der BFH-Rechtsprechung im April 2010[796] auch durch Stimmrechtsmehrheiten derselben Personengruppen in Organträger und Organgesellschaft vermittelt werden konnte, R 21 Abs. 4 Satz 8 UStR 2008) ferner die wirtschaftliche Eingliederung und die organisatorische Eingliederung[797] (vgl. z.B. § 2 Abs. 2 Nr. 2 Satz 2 UStG).

2417 Der Formwechsel einer untauglichen Organgesellschaft (z.B. einer GmbH & Co. KG) mit Rückwirkung (§ 20 Abs. 8 Satz 1 UmwStG) auf den Beginn des Wirtschaftsjahrs in eine GmbH wird auch hinsichtlich der rückwirkenden Erfüllung der Eingliederungsvoraussetzungen anerkannt,[798] allerdings kann das Tatbestandsmerkmal der finanziellen Eingliederung nicht rückwirkend begründet werden in den Fällen der Abspaltung, Ausgliederung oder Einbringung eines Teilbetriebs des Organträgers unter Abschluss eines Gewinnabführungsvertrags mit dieser neu gegründeten Tochtergesellschaft.[799]

---

793 BFH, 28.07.2010 – I B 27/10 (Richtigstellung in BFH, 15.09.2010, selbes Az.), MittBayNot 2011, 257, m. Anm. *Stelzer*; BFH, 22.12.2010 – I B 83/10, GmbH-StB 2011, 68. Die Änderungsvereinbarung muss noch vor Ablauf des Wirtschaftsjahres rechtswirksam werden, dessen Einkommen dem Organträger erstmals i.S.d. Änderungsvereinbarung zuzurechnen ist.

794 Vgl. R 66 Abs. 3 f. KStR; BFH v. 03.03.2010 – I R 68/09, RNotZ 2010, 420, m. Anm. *Wachter*; BMF, DStR 2006, 40; *Jacobi*, ZIP 2006, 2346, 2351. BMF, 19.10.2010 – IV C 2–2 2270/08/10004, GmbHR 2010, 1232 lässt die pauschale Bezugnahme auf § 302 AktG genügen, wenn anschließende Erläuterungen bzw. Wiedergaben des Wortlautes nicht als Einschränkung zu interpretieren sind. Das JStG 2010 hat (entgegen der Prüfbitte des Bundesrates) keine Entschärfung gebracht, EStB 2011, 65.

795 Vgl. im Einzelnen BMF-Schreiben v. 31.05.2007 – IV A 5 – S 7100/07/0031, DStR 2007, 1039; *Küffner/Zugmaier*, DStR 2007, 1241.

796 BFH, 22.04.2010 – V R 9/09, GmbHR 2010, 823.

797 D.h. der Organträger muss eine von seinem Willen abweichende Willensbildung in der Organgesellschaft verhindern können, BFH, 05.12.2007 – V ZR 26/06, GmbHR 2008, 331, m. Anm. *Binnewies*. Die aktienrechtliche Abhängigkeitsvermutung des § 17 AktG hat insoweit keine Bedeutung. I.d.R. ist personelle Verflechtung des Organträgers und der Organgesellschaft erforderlich, BFH, 03.04.2008 – V R 76/05, GmbH-StB 2008, 228; ausführlich zur Organschaft ohne Personalunion *Hidien/Lohmann*, GmbHR 2008, 917 ff.

798 BFH, 17.09.2003 – I R 55/02, BStBl. 2004 II, S. 534, durch BMF-Schreiben v. 24.05.2004, BStBl. 2004 I, S. 549 anerkannt.

799 BMF-Schreiben v. 26.08.2003 – IV A 2 – S 2770–18/03 BStBl. 2003 I 437, Rn. 12; teilw. a.A. BFH, 28.07.2010 – I R 89/09, DStR 2010, 2182 zur Teilbetriebsausgliederung: Fußstapfentheorie gem. § 23 Abs. 1 i.V.m. § 4 Abs. 2 Satz 3, 12 Abs. 3 UmwStG; finanzielle Eingliederung sei kein personenbezogenes und damit nachfolgefeindliches Merkmal.

d) Einkommensteuer

Einkommensteuerlich kann die Verwendung von Familienkapitalgesellschaften im Licht des reduzierten Anwendungsbereichs der Vermögensübertragung gegen Versorgungsleistungen, § 10 Abs. 1a EStG, von Bedeutung sein: Werden i.R.d. Übertragung eines mindestens 50 % betragenden Anteils an einer GmbH (nicht an einer AG), an welcher der Übergeber als Geschäftsführer tätig war und der Übernehmer als Geschäftsführer tätig sein wird, Versorgungsleistungen vereinbart, handelt es sich nicht um „Kaufpreisrenten", die zu Veräußerungsgewinnen i.S.d. § 17 EStG führen, sondern weiterhin um Versorgungsrenten, die zum Abzug als Sonderausgaben berechtigen (allerdings den Bezieher der Leistung nach § 22 EStG zur Versteuerung der Bezüge nötigen), und zwar unabhängig davon, ob sie der Höhe nach abänderbar sind (sog. „dauernde Last") oder nicht (Leibrente).

2418

Dies ermöglicht es, auch Übertragungsgegenstände, die seit 2008 nicht mehr den Sonderausgabenabzug als Versorgungsleistung eröffnen würden, z.B. Immobilien, in eine Familien-GmbH einzubringen und sodann diese zu übertragen, allerdings behaftet mit dem Nachteil der Einbringung (Grunderwerbsteuer!) sowie der zwingenden betrieblichen Verhaftung des Grundbesitzes (Besteuerung von Werterhöhungen im Fall eines Verkaufs!). Eine Personengesellschaft wäre insoweit nur geeignet, wenn sie (zusätzlich zur Vermögensverwaltung) zugleich im eigentlichen Sinne gewerbliche Tätigkeit entfalten würde. Zum verbleibenden Anwendungsbereich des Sonderinstituts der Vermögensübergabe gegen Versorgungsleistungen vgl. Rdn. 5000 ff.

2419

4. Rechtsformwahl im Lichte der Unternehmensteuerreform 2008/2009

Ausweislich der Umsatzsteuerstatistik des Statistischen Bundesamtes für das Jahr 2001 sind einzelkaufmännische Unternehmen mit 70 % am weitesten verbreitet, erwirtschaften jedoch lediglich 12 % der Umsätze; gefolgt von GmbHs (15 % der Unternehmen, 34 % der Umsätze), OHGs (9 % der Unternehmen, 6 % der Umsätze), KGs (4 % der Unternehmen, 23 % der Umsätze), AGs (0,2 % der Unternehmen/20 % der Umsätze), und Genossenschaften (0,2 % der Unternehmen/1 % der Umsätze).

2420

a) Grundzüge der Unternehmensteuerreform 2008

aa) Thesaurierungsbegünstigung

Zu einer grundlegenden Neubewertung führt die **Unternehmensteuerreform 2008**.[800] Ab 2008 unterliegen (auf Antrag) nicht entnommene Gewinne aus Land- und Forstwirtschaft, Gewerbebetrieb oder selbstständiger Tätigkeit seitens bilanzierender Einzelunternehmer oder bei Mitunternehmern[801] mit mehr als 10 % Beteiligung bzw. mehr als 10.000,00 € Gewinnanteil einem ermäßigten Steuersatz von 28,25 %,[802] was der künftigen Belastung von Kapitalgesellschaften

2421

---

[800] BGBl. 2007 I, S. 1912 ff.
[801] Also nicht z.B. Einkünfte aus Vermietung und Verpachtung, wie sie von vermögensverwaltenden Personengesellschaften erzielt werden.
[802] Samt Solidaritätszuschlag also 29,8 %.

durch Körperschafts- und Gewerbesteuer entspricht[803] (sog. Thesaurierungsbegünstigung[804] gem. § 34a EStG; die aber Bilanzierung voraussetzt, also nicht bei Einnahmen-Überschuss-Rechnung zur Verfügung steht). Die spätere Entnahme solcher Beträge über den laufenden Gewinn (und getätigte Einlagen) hinaus, führt allerdings zu einer Nachbesteuerung, die mit der Thesaurierungsteuer zusammen sogar den „Reichensteuersatz" übersteigt.

bb) Kapitalgesellschaften

2422 Der **Steuersatz für Kapitalgesellschaften** (AG, GmbH, Limited) und für wirtschaftliche Tätigkeiten von Vereinen und öffentlich-rechtlichen Körperschaften wird für ab 2008 erzielte Einkommen von 25% auf 15% gesenkt. Hinzu kommen Solidaritätszuschlag und Gewerbesteuer, was bei einem gemeindlichen Hebesatz von 400%[805] zu einer weiteren Belastung von 14% führt, sodass insgesamt eine steuerliche **Gesamtbelastung des Gewinns** i.H.v. 29,8% resultiert ggü. zuvor 38,7%. Damit bildet Deutschland nicht mehr das „Schlusslicht" in Europa, wie noch im Jahr 2007 (zum Vergleich:[806] Estland 0%, Zypern 10%, Irland 12,5%, Lettland und Litauen 15%; Ungarn 16%, Polen und Slowakei 19%, Tschechien 24%, Österreich und Slowenien 25%, Niederlande 25,5%, Finnland 26%, Portugal 27,5%, Schweden und Dänemark 28%, Griechenland 29%, Luxemburg 29,6%, Großbritannien 30%, Frankreich 33,3%, Belgien 34%, Spanien und Malta 35%, Italien 37,3%). Die nominalen Tarifsätze haben ganz außerordentliche Signalwirkung für Standortentscheidungen[807] international ausgerichteter Investoren. Allerdings wirkt der ab 2009 noch niedrigere Abgeltungsteuersatz (Rdn. 2423) kontraproduktiv, da reine Investitionen in Kapitalmärkte privilegiert werden ggü. Produktivinvestitionen in Arbeitsplätzen (25% im Vergleich zu 29,8%).

Darüber können bestimmte unversteuerte Rücklagen gegen eine geringe Pauschalsteuer „entsperrt" werden, § 38 Abs. 4 bis 9 KStG.[808]

---

803 Zusammengesetzt aus 15% Körperschaftsteuer zuzüglich durchschnittlich 14% Gewerbesteuerbelastung bei einer einheitlich auf 3,5% abgesenkten Steuermesszahl und einem durchschnittlichen Hebesatz i.H.v. 400%. Die Gewerbesteuer ist künftig nicht mehr als Betriebsausgabe abzugsfähig (zu den insoweit geplanten Änderungen im Gewerbesteuerrecht *Bergemann/Markl/Althof*, DStR 2007, 693).

804 Vgl. im Einzelnen Anwendungsschreiben v. 11.08.2008, BStBl. 2008 I, S. 838; hierzu *Gragert/Wißborn*, NWB 2008, 3995 = Fach 3, S. 15251.

805 In ländlichen Regionen sind geringere Hebesätze anzutreffen, in Ballungszentren deutlich höhere. Insgesamt beträgt die Gesamtbelastung für Kapitalgesellschaften in München 33%, in Hamburg 32,3%, in Köln 31,6%.

806 FAZ, Nr. 29 v. 03.02.2007, S. 13, gestützt auf Ermittlungen des IdW Köln.

807 Nach Untersuchungen des Zentrums für Europäische Wirtschaftsforschung (ZEW) 2008, veröffentlicht im Länderindex der Stiftung Familienunternehmen 2. Aufl. 2008, belegt Deutschland innerhalb der 18 OECD-Staaten derzeit Rang 12, v.a. aufgrund der hohen Regelungsdichte (Rang 17), der hohen Arbeitsnebenkosten (Rang 16) und der Erbschaftsteuer (Rang 14).

808 Pauschalsteuer von 3%, bezogen auf die gesamt ca. 78 Mrd. € unversteuerten Rücklagen im EK02, die bei der Aufhebung der Gemeinnützigkeit kommunaler Wohnungsgesellschaften in Westdeutschland 1990 durch „Hochbilanzierung" der damals 3,8 Mio. Wohnungen auf Marktwerte, ferner als Folge der Altschuldenhilfe und steuerfreier Investitionszulagen für den Aufbau Ost gebildet wurden. Bisher mussten bis 2019 vor einer Ausschüttung von Gewinnen zunächst diese Rücklagen ausgekehrt und mit 45% nachversteuert werden, was den Verkauf von Wohnungs"paketen" an ausländische Finanzinvestoren erschwerte. Wohnungsunternehmen des öffentlichen Rechtes können jedoch auf Antrag die bisherige Praxis fortführen (§ 34 Abs. 16 KStG, überarbeitet durch das Jahressteuergesetz 2008, vgl. *Brockmann/Hörster*, NWB 2008, 38 f. = Fach 2. S. 9654 f.

C. Gesellschaftslösungen unter Beteiligung der Veräußerer

Diese Gesamtbelastung ist endgültig, es kommt also später zu keiner Steueranrechnung. Die **ausgeschütteten Gewinne** unterliegen sodann ab dem Jahr 2009 gemäß Rdn. 2425 ff. einer **Abgeltungsteuer** von 25 % zuzüglich Solidaritätszuschlag, wenn die Anteile im Privatvermögen gehalten werden, sodass die Belastung des Gewinns auf der Ebene der Kapitalgesellschaft und des Gesellschafters zusammen 48,3 % beträgt (bei einem Gewerbesteuer-Hebesatz von 400 %); derzeit beträgt dieser Wert 53,3 %. Hinzu kommt ggf. Kirchensteuer. (Zum Vergleich: Bei mit Fremdkapital arbeitenden Kapitalgesellschaften beträgt die Gesamtbelastung derzeit 46 %, künftig knapp 28 %, d.h. die Belastungsdifferenz zwischen Eigen- und Fremdkapital steigt von sechs auf fast 19 Prozentpunkte. Dadurch werden keine Signale für eine stärkere Eigenkapitalfinanzierung gesetzt!).

2423

Befinden sich die Anteile an der Kapitalgesellschaft in einem Betriebsvermögen, werden anstelle des bisherigen Halbeinkünfteverfahrens ab 2009 60 % der Ausschüttung in die Gewinnermittlung, und zwar zum individuellen Steuersatz als Einkünfte aus Gewerbebetrieb, einbezogen (§ 3 Nr. 40 Satz 1 EStG);[809] bei beteiligten Kapitalgesellschaften bleiben schließlich nach wie vor 95 % der Ausschüttungen steuerfrei, § 8b KStG (Rdn. 4800).

2424

cc)   Abgeltungsteuer

(1)   Erfasste Sachverhalte

Weiterhin unterliegen ab[810] 2009 fast (s. Rdn. 2427) alle Einkünfte aus Kapitalvermögen gem. § 20 Abs. 1 EStG im nunmehr erweiterten Sinne der 25 %igen **Abgeltungsteuer**[811] zuzüglich Solidaritätszuschlag, somit gesamt **26,375 %** (§ 32d EStG, also ohne Erhöhung der Progression für andere Einkünfte). Hinzu kommt ggf. die Kirchensteuer.[812] Als Kapitalerträge gelten – wie bisher – Nutzungsentgelte für die Kapitalüberlassung (Zinsen, Dividenden – Quellenbesteuerung in Form der Kapitalertragsteuer[813] –, Ausschüttungen; laufende Gewinne aus typisch stillen Gesellschaften in Privatvermögen: Rdn. 2288), ebenso aber – über die vor 2009 geltende Rechtslage

2425

---

809   Bis zu einem Grenzsteuersatz von 41,66 % ist es demnach vorteilhafter, Beteiligungen im Betriebsvermögen zu halten, vgl. *Gemmel/Hoffmann-Fölkersamb*, NWB 2007, 2938 = Fach 3. S. 14698.

810   Maßgeblich ist der Zufluss der Gewinnausschüttungen, bei beherrschenden Gesellschaftern (die den Zufluss steuern könnten) die Fälligkeit, vgl. *Schiffers*, GmbH-StB 2008, 142. Da das derzeitige Halbeinkünfteverfahren (max. 50 % von 45 % Reichensteuersatz) günstiger ist, empfehlen sich Vorabausschüttungen in 2008; sind diese allerdings zurückzugewähren, da vom endgültigen Jahresüberschuss nicht gedeckt, handelt es sich um Einlagen, sodass der steuerliche Vorgang nicht rückgängig gemacht werden kann, OFD Berlin v. 21.01.1996, DStR 1996, 585.

811   Vgl. hierzu monografisch *Harenberg/Zöller*, Abgeltungsteuer 2010, *Griesel/Mertes*, Die neue Abgeltungsteuer, 2008; ferner das BMF-Anwendungsschreiben v. 22.12.2009, BStBl. 2010 I 94 ff.; hierzu *Hensel*, NWB 2010, 966 ff. und *Harenberg* „Lexikon zur Abgeltungsteuer", Beilage zu NWB Heft 13/2010.

812   Der gesamte Abgeltungsteuersatz beträgt somit (bei einem Kirchensteuersatz von 9 %) 27,99 %, bei einem Kirchensteuersatz von 8 % – wie in Bayern – 27,83 %. Der Einbehalt erfolgt auf entsprechenden Auftrag durch das Kreditinstitut, sonst i.R.d. Einkommensteuerfestsetzung.

813   Am Tag der Auszahlung erfolgt Abzug durch die Gesellschaft für Rechnung des Gesellschafters, §§ 43 Abs. 1 Nr. 1, 44 Abs. 1 Sätze 2 und 3 EStG.

hinaus[814] – Gewinne aus der entgeltlichen[815] Veräußerung[816] solchen privaten Kapitalvermögens (Substanzverwertung, § 20 Abs. 2 EStG), und zwar (anders als in Österreich, der Schweiz und Frankreich) ohne Zeitbegrenzung.[817]

2426 Ausgenommen sind lediglich die praxiswichtigen Gewinne aus der Veräußerung von „wesentlichen" Kapitalgesellschaftsbeteiligungen ab 1% in Privatvermögen gem. § 17 EStG, denen gem. § 17 Abs. 6 EStG Anteile unter 1% gleichgestellt sind, sofern sie durch Sacheinlage gegen Gewährung neuer Anteile unter dem gemeinen Wert entstanden sind: Einkünfte aus Gewerbebetrieb, s. Rdn. 2431 ff. Sämtliche Gewinne aus der Veräußerung von Gesellschaftsanteilen unterliegen also künftig der Besteuerung, entweder nach § 17 EStG (Teileinkünfteverfahren), oder nach § 20 Abs. 2 EStG (Abgeltungsteuer). Von der Differenz zwischen Anschaffungskosten und Veräußerungserlös können die Transaktionskosten des Ankaufs und des Verkaufs abgezogen werden.

Gem. § 20 Abs. 2 Satz 3 EStG gilt die Anschaffung/Veräußerung einer unmittelbaren oder mittelbaren Beteiligung an einer Personengesellschaft als Anschaffung/Veräußerung der anteiligen Wirtschaftsgüter (ebenso wie hinsichtlich der „Spekulationssteuer", § 23 Abs. 1 Satz 4 EStG, Rdn. 3582).

(2) Ausgenommene Tatbestände

2427 Die **Abgeltungsteuer gilt** jedoch zur Vermeidung einer missbräuchlichen Ausnutzung des Steuersatzgefälles zwischen „niedrig" besteuerten Zinseinkünften und hoch abzugsfähigen Schuldzinsen gem. § 32d Abs. 2 Satz 1 EStG **nicht** für Erträge aus Kapitalforderungen bzw. typisch stillen Gesellschaften

- zwischen **nahestehenden Personen** (die Finanzverwaltung[818] verwendet den Begriff deckungsgleich mit „Angehörigen" gem. § 15 AO, schließt aber auch Darlehensverhältnisse zwischen anderen Personen ein, die einem Fremdvergleich nicht entsprechen),[819] ab 2011

---

814 § 20 Abs. 2 Nr. 4 EStG a.F. erfasste lediglich Gewinne aus der Veräußerung sog. Finanzinnovationen als Kapitaleinkünfte.

815 Ein Depotübertragung auf das Konto eines Anderen gilt ab 2009 als Verkauf und Ankauf der Wertpapiere (§ 43 Abs. 1 Satz 4 EStG), es sei denn, der Übertragung würde als Schenkung deklariert (mit dadurch ausgelöster Meldepflicht der Bank an die Schenkungsteuerstelle): in diesem Fall tritt der Erwerber uneingeschränkt in die bisherige Stellung ein, übernimmt also auch die Privilegierung von „Altanlagen" mit den historischen Anschaffungskosten, vgl. *Bieling/Liem*, ErbStB 2009, 23 ff.

816 Als Veräußerung gilt z.B. auch die verdeckte Einlage in eine Kapitalgesellschaft: Einnahme i.H.d. gemeinen Wertes, § 20 Abs. 4 Satz 2 EStG. Bei der Einlage in eine Personengesellschaft erfolgt der Ansatz zum Teilwert, höchstens mit den Anschaffungskosten, vgl. § 6 Abs. 1 Nr. 5 lit c) EStG. Die Veräußerung von Beteiligungen an einer vermögensverwaltenden Personengesellschaft gilt gem. § 20 Abs. 2 Satz 3 EStG als Veräußerung der anteiligen, in der Gesellschaft vorhandenen Wirtschaftsgüter, die Einkünfte aus Kapitalvermögen vermitteln.

817 § 23 EStG ist demnach im Wesentlichen auf Grundstücksveräußerungen reduziert; die einjährige Spekulationsfrist bleibt jedoch für andere Produkte als Kapitalanlagen und Termingeschäfte erhalten, etwa für Münzen, Oldtimer, Schmuck, Gemälde etc.

818 BMF v. 22.12.2009 BStBl. 2010 I, S. 94 Rn. 136; hierzu ausführlich *Worgulla*, ErbStB 2010, 151 ff., der für eine Differenzierung zwischen nahe stehenden natürlichen Personen und Gesellschaften plädiert und zusätzliche Kriterien (Gesamtbelastungsvorteil und Einkünfteverlagerung) fordert; teilweise anders die frühere Lit. (*Fischer*, DStR 2007, 1898, 1899; *Schiffer*, GmbH-StB 2008, 267).

819 Nach Maßgabe der Rn. 4 bis 6 des BMF-Schreibens v. 01.12.1992 BStBl. 1992 I, S. 729.

C. Gesellschaftslösungen unter Beteiligung der Veräußerer

allerdings nur noch, soweit die Zinsen beim Zahlungspflichtigen als Betriebsausgaben oder Werbungskosten abzugsfähig sind.

Beispiel:

Das verzinsliche Privatdarlehen des Vaters wird durch den Sohn zur Anschaffung einer vermieteten Immobilie genutzt: Versteuerung der Zinsen beim Vater in Höhe seines individuellen Steuersatzes. Hätte der Vater das Geld bei der Bank angelegt, unterlägen diese Zinsen nur der Abgeltungsteuer.[820]

- zwischen **Anteilseigner und einer Kapitalgesellschaft**, an der er zu mindestens 10% beteiligt ist („schädliche Gesellschafterfremd-finanzierung");
- im Rahmen sog. **Back-to-Back-Finanzierungen** (der Steuerpflichtige ist Mitunternehmer bzw. an einer Kapitalgesellschaft zu mindestens 10% beteiligt, unterhält bei einer Bank ein verzinstes Guthaben, und haftet [als Komplementär, als Bürge etc.] gleichzeitig für ein Darlehen, das dieselbe Bank „seiner" Gesellschaft gewährt hat). Um das bewährte Hausbankprinzip nicht zu gefährden, gilt dies nach Maßgabe des Jahressteuergesetzes 2008 nur, wenn Guthaben und Kapitalüberlassung auf einem einheitlichen Plan beruhen, was bei engem zeitlichen Zusammenhang oder bei einer Verknüpfung der Zinsvereinbarungen anzunehmen ist.[821]
- sowie für **Zinseinnahmen für zum Privatvermögen zählende Einlagen bei einer Bank**, die zugleich den Betrieb dieses Steuerpflichtigen durch Kredit finanziert (dies gilt auch für „Geschäftskredite" i.R.d. Vermietung und Verpachtung, also Hypothekendarlehen für ein Mietwohngrundstück: Einlagenzinsen bei dieser Bank unterliegen nicht der günstigeren Abgeltungsteuer (vgl. § 32d Abs. 2 Nr. 1 lit. c) EStG)!

2428

Nicht der Abgeltungsteuer unterliegen jedoch nicht ausgeschüttete Veräußerungsgewinne auf der Ebene von Fonds,[822] sowie Veräußerungsgewinne aus „Altanteilen", die vor 01.01.2009 angeschafft wurden[823] (für Finanzinnovationen, also z.B. Indexzertifikate ohne Kapitalgarantie,[824] und für Fonds mit solchen Zertifikaten, gilt jedoch eine Sonderregelung: Ihre Veräußerung ist auch dann steuerpflichtig, wenn sie zwischen dem 14.03.2007 und dem 31.12.2008 angeschafft

2429

---

820 Hiergegen Verfahren beim FG Niedersachsen anhängig: 15 K 417/10.
821 Anders, wenn die Zinsvereinbarungen marktüblich sind und kein Belastungsvorteil entsteht. Auch sog. Doppelbankenfälle können nun vom einheitlichen Plan erfasst sein, vgl. *Brockmann/Hörster*, NWB 2008, 30 = Fach 2, S. 9646.
822 Tabellarische Übersicht bei *Maier/Wengenroth*, ErbStB 2007, 281 ff. Es handelt sich nicht um „ausschüttungsgleiche Erträge", vgl. *Ebner*, NWB 2007, 2949 ff. = Fach 3, S. 14709 ff. Abgeltungsteuer fällt jedoch an bei Veräußerung der ab 2009 angeschafften Fondsanteile selbst, etwa bei Auszahlung von lang laufenden Fondssparplänen, und bei der Ausschüttung von durch den Fonds aus nach 2008 angeschafften Wertpapieren erzielten Veräußerungsgewinnen (anders das vor 2009 geltende „große Fondsprivileg", § 2 Abs. 3 Nr. 1 InvStG a.F.). Damit werden wohl ab 2009 nur noch thesaurierende Fonds angeboten werden.
823 Dies gilt bei Einzelwertpapieren, aber auch auf Fondsebene, d.h. auch ausgeschüttete Veräußerungsgewinne aus Wertpapieren, die der Fonds vor 2009 angeschafft hat, bleiben steuerfrei (stammen aber auch bei Altfonds Ausschüttungen untypischerweise nicht aus Dividenden und Zinserträgen, sondern aus Veräußerungsgewinnen von nach 2008 angeschafften Wertpapieren, fällt hierauf Abgeltungsteuer an. Vorzuziehen sind daher eher thesaurierende Fonds).
824 Garantie- oder Zinszertifikate sind wie bisher voll steuerpflichtig, auch hinsichtlich der Kursgewinne ohne Zeitbegrenzung, allerdings künftig nicht mehr mit dem individuellen Steuersatz, sondern nur i.H.d. Abgeltungsteuer, sodass sie eher profitieren.

und nach dem 30.06.2009[825] veräußert werden. Weiter ist zu beachten, dass der Bestandsschutz für Altpapiere sich auf Veräußerungsgewinne beschränkt, d.h. Dividendenausschüttungen und Zinszahlungen nach dem 01.01.2008 unterliegen auch insoweit uneingeschränkt der Abgeltungsteuer).

2430 Des weiteren bleiben steuerbegünstigte[826] Lebensversicherungen[827] ausgenommen (in einem solchen Mantel vorhandene Vermögenswerte erzielen also Erträge, die – sofern keine Entnahme stattfindet – steuerfrei bleiben: dies schafft Stundungsvorteile, hinzu kommt die Abzugsfähigkeit der Verwaltungskosten);[828] die Steuerfreiheit von „Altversicherungsverträgen"[829] aus der Zeit vor 2005 ist davon ohnehin gänzlich unberührt. Auch fondsgebundene Lebensversicherungen (FLV) kommen insoweit in Betracht; allerdings darf seit 2009 die Risikokomponente nicht zu gering ausfallen (§ 20 Abs. 1 Nr. 6 Satz 4 und 6 EStG),[830] und es darf sich nicht um vermögensverwaltende Fonds handeln, bei welchen dem Versicherungsnehmer schädliche Dispositionsrechte eingeräumt sind (Verbot sog. insurance wrappers,[831] § 20 Abs. 1 Nr. 6 Satz 5 EStG). Luxemburg lockte bis zur rückwirkend zum 09.11.2007 greifenden „Gegenreaktion" des deutschen Gesetzgebers[832] mit Specialised Investment Funds (SIF), sog. „Millionärsfonds", bei denen trotz eigenbestimmter Umschichtungen der „Bestandsschutz" nicht verloren geht,[833] sowie – allerdings nur bei Einhaltung der geschilderten neuen Vorgaben des § 20 Abs. 1 Nr. 6 EStG nach Maßgabe des Jahressteuergesetzes 2009 – mit der Einbringung in luxemburgische oder liechtensteinische

---

825 Bei einem Verkauf davor, aber nach Ablauf der Jahresfrist, bleibt der Veräußerungsgewinn steuerfrei.
826 Andernfalls unterliegt bei Verträgen seit 2005 auch hier die Differenz zwischen eingezahlten Beträgen und Versicherungsleistung der Abgeltungsteuer, § 20 Abs. 1 Nr. 6 EStG n.F.
827 Für Verträge ab 2005 genügt es für das verbleibende ertragsteuerliche Privileg (Besteuerung nur der hälftigen Differenz zwischen eingezahlten Beträgen und Rückkaufswert nach dem individuellen Steuersatz), dass die Auszahlung erst nach 12 Jahren und nach dem 60. Lebensjahr der begünstigten Person erfolgt, ausreichend ist jedoch auch eine Einmaleinzahlung. Diese Besteuerung ist stets günstiger als die Abgeltungsteuer (von 26,38 % zuzüglich Kirchensteuer).
828 Depotgebühren, Vermögensmanagement und Lebensversicherungsprämie mindern die steuerpflichtigen Erträge und damit die Steuerbelastung gemäß vorstehender Fußnote; die Abgeltungsteuer dagegen wäre auf den Bruttoertrag zu zahlen.
829 Voraussetzung: mindestens fünf gleiche Jahresbeiträge, 12 Jahre Laufzeit und 60 %igen Todesfallschutz.
830 Mindestens 50 % der über die gesamte Laufzeit einzuzahlenden Beiträge; bei Einmalzahlung mindestens 10 % über dem Deckungskapital; hierzu *Koblenzer*, ErbStB 2010, 174 und BMF-Schreiben v. 01.10.2009 – IV C 1 – S 2252/07/0001, BStBl. 2009 I, S. 1172.
831 Diese können dann nicht mehr den Anfall von Abgeltungsteuer auf Zinsen, Dividenden, und auf Veräußerungserlöse für nach 2008 angeschaffte Wertpapiere vermeiden, vgl. ausführlich Tz. 34a bis 34m des BMF-Schreibens v. 01.10.2009, BStBl. 2009 I, S. 1172 und *Koblenzer*, ErbStB 2010, 173 ff.
832 Einfügung des § 18 Abs. 2a InvestmentStG i.R.d. Jahressteuergesetzes 2008, BGBl. 2007 I, S. 3184: gesetzliche Umwidmung des steuerfreien Wertpapierhandels durch „Luxemburger Mäntel" in Ausschüttungen, die beim Gesamtverkauf anfallen und dann wie Zinsen besteuert werden. Hierzu Erlass BMF v. 03.11.2008: Mindestanlagesumme 100.000,00 € oder Erfordernis besonderer Sachkunde, ebenso bei Vorhandensein von lediglich zehn Anlegern.
833 Ab einem Mindestbetrag von 1.250.000,00 € erlaubt das Luxemburger Spezialfondsgesetz v. 18.02.2007 Privatfonds (auch als Zusammenschluss von bis zu zehn Sparern mit je 125.000,00 €), sodass das Wertpapierdepot in Form eines vor 01.01.2009 angeschafften Fondsanteils (bis zum Gesamtverkauf) frei von Abgeltungsteuer gehalten werden kann. In Luxemburg fällt lediglich auf 0,01 % des Fondsvermögens jährliche Vermögensteuer an, ferner Steuern auf Dividenden und Zinsen, gleichgültig ob ausgeschüttet oder nicht. Diese sind allerdings in der eigenen Steuererklärung anzugeben (und unterliegen der Abgeltungsteuer), ferner ist einmal jährlich eine „Bilanz" des Luxemburger Vermögens aufzustellen, und es bestehen Veröffentlichungspflichten nach dem deutschen InvestmentsteuerG.

Lebensversicherungsmäntel.[834] Auch die thesaurierende GmbH[835] oder (wegen der zusätzlichen Gewerbesteuerfreiheit) die thesaurierende Familienstiftung gewinnen an Attraktivität.

(3) Ausnahme für Veräußerungen gem. § 17 EStG

Veräußerungsgewinne, die dem **§ 17 EStG** (Rdn. 4796) – einer Gewinnermittlungsvorschrift eigener Art[836] – unterliegen (also für im Privatvermögen gehaltene Anteile oder Anwartschaften hierauf[837] über 1 %, sofern es sich nicht um dann § 21 UmwStG unterfallende einbringungsgeborene Anteile handelt),[838] werden jedoch nicht von der Abgeltungsteuer erfasst, § 20 Abs. 8 EStG – für diese gilt (wie für Ausschüttungen in das Betriebsvermögen) weiterhin das Halbeinkünfte –, für alle Veräußerungen ab 2009[839] das Teileinkünfteverfahren, d.h. sie werden hinsichtlich

2431

- 60 % des Veräußerungserlöses
- abzgl. 60 % der Anschaffungskosten einschließlich nachträglichen Anschaffungsaufwandes (etwa in Gestalt des Ausfalles eigenkapitalersetzender Gesellschafterdarlehen[840] und Bürgschaften,[841] Rdn. 4814, oder der Ablösung vorbehaltenen Nießbrauchsrechte durch Einmal- oder Rentenzahlungen)[842]

---

834 Auch bereits bestehende Depots können einen „Lebensversicherungsmantel" erhalten, vgl. *Groß*, ErbStB 2007, 240 und *Koblenzer*, ErbStB 2007, 352. Diese lösen jedenfalls in Luxemburg keine zusätzliche Besteuerung der Grundstockkapitalien oder der Auszahlungen aus.

835 Zinsen, Dividenden und Kursgewinne unterliegen zwar der Gewerbesteuer; Erträge aus Aktien werden aber nur i.H.v. 5 % besteuert, sodass die Körperschaftsteuer effektiv (15 % von 5 % =) 0,75 % beträgt.

836 Es gilt demnach z.B. nicht § 11 EStG (Zuflussprinzip): BFH, 01.04.2008 – IX B 257/07, JurionRS 2008, 15052, sondern der Übergang des wirtschaftlichen Eigentums. Letzteres erfordert kumulativ (i) das Innehaben einer rechtlichen geschützten auf Erwerb gerichteten Position, (ii) den Übergang der mit dem Anteil verbundenen Rechte und (iii) der Übergang der Wertminderungsrisiken – an Letzterem fehlt es, wenn der Kaufpreis bisher nur vorläufig bestimmt ist, BFH, 22.07.2008 – IX R 74/06, GmbHR 2008, 319.

837 Z.B. Ansprüche aus schuldrechtlichen Ansprüchen auf den Erwerb einer Beteiligung („call-option"), vgl. BFH, 19.12.2007 – VIII R 14/06, GmbH-StB 2008, 100.

838 Wurden solche Anteile jedoch auf Antrag entstrickt (§ 21 Abs. 2 Satz 1 Nr. 1 UmwStG), unterfallen sie wieder § 17 Abs. 1 EStG; Gewinn ist der Betrag, welcher den gemeinen Wert übersteigt (BFH, 24.06.2008 – IX R 58/05, EStB 2008, 44).

839 Maßgeblich ist der Veräußerungszeitpunkt, nicht der Zufluss des Veräußerungserlöses, OFD Hannover v. 20.05.2008 – S 2244 –96 – St 0243, EStB 2008, 278.

840 Sog. funktionaler Eigenkapitalbegriff: in der Krise gewährte oder stehengelassene Darlehen, vor der Krise auf Krisenfinanzierung angelegte oder von vornherein in die Finanzkonzeption der Gesellschaft eingebundene Darlehen.

841 Der VIII. und ihm folgend nun der IX. Senat des BFH orientiert sich an § 32a GmbHG und an den Rechtsprechungsgrundsätzen (*Roser*, EStB 2008, 333 ff.; krit. *Weber-Grellet*, NWB 2008, 3829 ff. = Fach 3, S. 15229 ff.). Unklar ist, wie die „Entschärfung" der eigenkapitalersetzenden Darlehen durch das MoMiG ab 01.11.2008 sich hierauf auswirken wird. Da nunmehr jedes Gesellschafterdarlehen gem. § 39 Abs. 1 Nr. 5 InsO mit Eintritt der Krise nachrangig wird, könnten insoweit auch bei Minderheitsgesellschaftern ohne Geschäftsführungsbefugnis künftig nachträgliche Anschaffungskosten entstehen, *Fuhrmann*, KÖSDI 2008, 16224 und NWB 2009, 3990 ff.; *Neumann*, GmbH-StB 2008, 361 ff. Lediglich Darlehen, die nach dem Sanierungs- oder nach dem Kleinstbeteiligungsprivileg begünstigt sind (§§ 39 Abs. 4 Satz 2, Abs. 5 InsO), sind i.R.d. § 17 EStG sicherlich nicht mehr als nachträgliche Anschaffungskosten zu berücksichtigen – zur Rechtslage vor dem MoMiG FG Köln, 25.06.2009 – 10 K 266/06, GmbH-StB 2009, 296 –, es sei denn, sie würden durch qualifizierten Rangrücktritt in den Rang eines „normalen" Gesellschafterdarlehens abgewertet, *Bode*, DStR 2009, 1781.

842 FG Düsseldorf, 06.08.2010 – 1 K 2690/09 E, ErbStB 2010, 328: jedenfalls wenn die nachträgliche Ablösung nicht von vornherein vereinbart war. Als Folge dieser Rspr. wird eine ursprünglich unentgeltliche Geschäftsanteilsabtretung (§ 17 Abs. 1 Satz 4 EStG) aufseiten des Erwerbers doch zur entgeltlichen, ohne dass der Veräußerer den Ablösebetrag für den bisherigen Nießbrauch zu versteuern hätte!

- und abzgl. 60 % der Transaktionskosten

mit dem persönlichen Einkommensteuertarif versteuert, vgl. § 3 Nr. 40c i.V.m. § 3c Abs. 2 Satz 1 EStG. Gem. § 17 Abs. 3 EStG wird (lediglich) ein Freibetrag von max. 10.200,00 € gewährt, je nach Größe des übertragenen Anteils.[843]

2432 Allerdings wurden **laufende (Zins-) Aufwendungen zur Finanzierung der Anschaffung** solcher Anteile bisher stets in Werbungskostenzusammenhang mit den möglichen Dividendeneinkünften (auch wenn solche konkret nicht erzielt wurden), nicht mit Veräußerungserlösen gesehen (§ 17 EStG selbst sieht keinen Abzug laufender Werbungskosten vor), sodass sie vor 2009 nach Halbeinkünfteverfahren bei den Kapitaleinkünften abgezogen werden konnten,[844] ab 2009 jedoch insoweit bei im Privatvermögen gehaltenen Anteilen dem Werbungskostenabzugsverbot des § 20 Abs. 9 EStG unterfallen, vgl. Rdn. 2435 und zu Vermeidungsstrategien Rdn. 2434. Der Veräußerung ist die Liquidation gleichgestellt (§ 17 Abs. 4 EStG).[845]

2433 Veräußerungsgewinne aus Anteilen an Kapitalgesellschaften, die nicht unter § 17 EStG fallen, d.h. aus Beteiligungen von **weniger als 1 %**, sind unabhängig von der bisher maßgeblichen einjährigen Spekulationsfrist stets steuerpflichtig gem. § 20 Abs. 2 Nr. 1 EStG. Sie unterliegen

- für Anteile, die nach dem 31.12.2008 angeschafft worden sind, der 25 %igen Abgeltungsteuer (§ 20 Abs. 4 Satz 1 i.V.m. § 32d Abs. 1 EStG).
- für Anteile, die vor dem 01.01.2009 angeschafft worden sind, gilt weiter die derzeitige Regelung (§ 23 Abs. 1 Nr. 2 i.V.m. § 3 Nr. 40j i.V.m. § 3c Abs. 2 EStG): nach Ablauf der einjährigen Spekulationsfrist bleiben sie steuerfrei; vor Ablauf dieser Frist unterliegen sie weiter dem Halbeinkünfteverfahren.

(4) Werbungskosten- und Verlustabzug

2434 Der weitere Werbungskostenabzug wird jedoch durch den (abschließenden) Sparerpauschbetrag[846] von 801,00 € ersetzt, sodass Fremdfinanzierungen (sowie Fahrten zur Hauptversammlung, Depotgebühren, Börsenliteratur, PC-Programme etc.) steuerlich nicht mehr geltend gemacht werden können (§ 20 Abs. 9 EStG). (Einschlägige Finanzierungen hätten daher vor 2009 getilgt bzw. umgeschuldet werden oder aber die Beteiligung in das Betriebsvermögen – Teileinkünfteverfahren – überführt werden sollen). Auch Beratungskosten im Zusammenhang mit Kapitalanlagen (die bei sog. family offices durchaus fünfstellige Jahresbeträge erreichen können) sind nicht mehr absetzbar, sodass sie voraussichtlich als sog. ticket-fees in Erwerbs- oder Veräußerungsnebenkosten umgewidmet werden.

---

843 Vgl. Abschnitt 140 EStR 2003 und § 57 EStDV.
844 Sogar wenn sie auf Zeiträume nach der Veräußerung der Beteiligung oder Auflösung der Gesellschaft entfallen (nachträgliche Betriebsausgaben), vgl. BFH, 16.03.2010 – VIII R 20/08, BStBl. 2010 II 787; vgl. *Hindersmann/Morich*, StuB 2010, 696 ff.
845 *Fichtelmann*, EStB 2008, 328 ff.
846 In dieser Höhe kann ein Freistellungsantrag bei der Bank gestellt werden, sodass keine Abgeltungsteuer einbehalten wird. Ferner bleiben Nichtveranlagungsbescheinigungen bedeutsam für Anleger mit Wohnsitz in Deutschland, bei denen anzunehmen ist, dass sie nicht zur ESt veranlagt werden.

C. Gesellschaftslösungen unter Beteiligung der Veräußerer

Künftig wird es günstiger sein, Finanzierungen auf der Ebene der Gesellschaft aufzunehmen, nicht auf der Ebene des Gesellschafters (Tilgung der Anschaffungskredite durch – allerdings abgeltungsteuerpflichtige – Ausschüttungen der GmbH, Ersetzung durch GmbH-Darlehen, oder Tilgung durch Entnahme in einem anderen Betrieb und Ersetzung durch dortige Kreditaufnahme). Sofern die Voraussetzungen vorliegen, kann der Kapitalgesellschafter zum Teileinkünfteverfahren gem. § 32d Abs. 2 Nr. 3 EStG optieren und die Anteile doch im Privatvermögen halten (Rdn. 2438). Andernfalls wird der Gesellschafter die tatsächliche Überführung der Beteiligung in ein Betriebsvermögen prüfen („Teileinkünfteverfahren"),[847] z.B. durch Einbringung in eine von ihm mit seiner GmbH gegründete GmbH & Co. KG (zu Buchwerten gem. Rdn. 2460 oder als Einlage gem. § 6 Abs. 1 Nr. 5lit.b) EStG) oder Begründung einer atypisch stillen Beteiligung am Betrieb der betreffenden GmbH,[848] oder durch Betriebsaufspaltung (Rdn. 4449 ff.; bedeutsame Investitionen werden durch die Gesellschafter als Besitzunternehmer getätigt und zur Nutzung überlassen; die Anteile an der Betriebskapitalgesellschaft bilden dann Sonderbetriebsvermögen II des Besitzunternehmens). Bei einer Beteiligung unter 15 % (Streubesitz) droht allerdings Gewerbesteuer auf die Gewinnausschüttungen der betreffenden GmbH.

2435

Verluste aus solchen Geschäften sind künftig nur mit anderen Kapitalerträgen, Verluste aus Aktienverkäufen[849] – als verkauft gelten aus demselben Depot[850] immer die zuerst erworbenen: first in, first out – zeitlich unbegrenzt[851] lediglich mit Abgeltungsteuern aus Aktienkursgewinnen (nicht aus Zinseinkünften!) verrechenbar[852] bzw. bleiben als Verlustvortrag hierfür konserviert; es existieren also „zwei Verlusttöpfe". (Der Gesetzgeber befürchtete Haushaltsrisiken im Fall eines Börsencrashs). Bei Kapitalerträgen, die der Kapitalertragsteuer gem. § 43 EStG unterliegen (Quellenbesteuerung), führt das jeweilige Kreditinstitut die Verlustverrechnung selbst durch.[853]

2436

(5) Optionsmöglichkeiten

Aufgrund des **Günstigervergleichs** ist bei auf Antrag[854] gem. § 32d Abs. 6 EStG durchzuführender unmittelbarer Veranlagung zur ESt der tatsächliche Grenzsteuersatz anzuwenden, wenn

2437

---

847 Vgl. *Schulze zur Wiesche*, GmbHR 2008, 652.
848 Es entsteht eine Mitunternehmerschaft mit der GmbH, an welcher der Gesellschafter zugleich atypisch still beteiligt ist; zum Sonderbetriebsvermögen der atypisch stillen Gesellschaft gehören die Anteile an der GmbH. Bei einer atypischen Unterbeteiligung am GmbH-Anteil müsste der Unterbeteiligte zudem als wirtschaftlicher Inhaber des Unterbeteiligungsbruchteils anzusehen sein.
849 Anders bei Verlusten, die aus Zertifikation oder American Depository Receipts (ADR) auf Aktientitel resultieren: diese sind auch mit Zinsen und Dividenden verrechenbar.
850 Daher kann sich empfehlen, die ab 2009 angeschafften Aktien in einem neuen Depot zu verwahren, um die Steuerfreiheit der vor 2009 angeschafften Aktien derselben Gesellschaft so lange zu erhalten, bis tatsächlich diese verkauft werden sollen.
851 Bisher waren nur Verluste aus Geschäften von weniger als einem Jahr Laufzeit relevant; alte Verlustvorträge müssen bis 2013 durch Verrechnung mit Spekulationsgewinnen „aufgebraucht" sein.
852 Wurden bereits Abgeltungsteuern für Aktiengewinne in diesem Kalenderjahr abgeführt, erhält der Anlieger durch die Bank eine „Gutschrift".
853 Nicht ausgeglichene Verluste werden grds. auf das nächste Kalenderjahr vorgetragen (§ 43a Abs. 3 Satz 4 EStG), auf bis zum 15.12. des Jahres zu stellenden Antrag hat aber das Kreditinstitut eine Bescheinigung auszustellen zur Verrechnung mit Verlusten außerhalb des Kreditinstituts.
854 Das Wahlrecht wird durch Ankreuzen des entsprechenden Kästchens im oberen Bereich der Anlage KAP ausgeübt.

dieser wegen geringer sonstiger Einkünfte unter dem Abgeltungsteuersatz bleibt[855] wobei anstelle einer individuellen Berücksichtigung der tatsächlichen Werbungskosten lediglich 60 % der Einnahmen angesetzt werden, ein Werbungskostenabzug findet demnach auch hier nicht statt.[856] Beträgt hypothetisch der individuelle Steuersatz 0 %, bleibt es demnach allein bei der Steuerbelastung auf der Ebene der Kapitalgesellschaft i.H.v. 29,83 % (bei einem Gewerbesteuer-Hebesatz von 400 %). Davon zu unterscheiden ist die **schlichte Wahlveranlagung** gem. § 32d Abs. 4 EStG, wenn der Abgeltungsteuereinbehalt z.B. deshalb unzutreffend war, weil der Sparer-Pauschbetrag gem. § 20 Abs. 9 EStG nicht ausgeschöpft wurde oder Verluste außerhalb der „Verlustverrechnungskreise" des § 20 Abs. 6 EStG unberücksichtigt blieben.[857]

2438   Außerdem eröffnet das **Jahressteuergesetz 2008** in § 32d Abs. 2 Satz 1 Nr. 3 EStG für bestimmte Fälle des § 17 EStG (berufsbedingte oder „unternehmerische", d.h. über 25 % hinausgehende Beteiligungen) eine **Optionsmöglichkeit** zur Abstandnahme von der Abgeltungsteuer und damit zur Besteuerung nach dem individuellen progressiven Steuersatz,[858] und zwar unter Anwendung des Teileinkünfteverfahrens (also auf 60 % der vollen Ausschüttung – die bereits auf der Ebene der Gesellschaft besteuert wurde –, jedoch unter Abzugsfähigkeit von 60 % aller Werbungskosten, § 3c Abs. 2 EStG).[859] Obwohl die Anteile also weiter im Privatvermögen gehalten werden, werden sie steuerlich „wie Betriebsvermögen" behandelt. Diese Optionsmöglichkeit[860] soll

- in den Fällen, in denen der Anteilserwerb nicht der bloßen Kapitalanlage dient, sondern ein wesentlicher Einfluss auf unternehmerische Entscheidungen ausgeübt werden soll (mindestens **25 % Beteiligung** zu irgendeinem Zeitpunkt im Veranlagungszeitraum)[861] – etwa beim kreditfinanzierten Management-Buy-Out;

---

855   Was i.d.R. bei einem zu versteuernden Einkommen unter 15.000,00 € (bei Zusammenveranlagung: 30.000,00 €)/ Jahr der Fall ist.
856   Es gilt also nicht das Teileinkünfteverfahren, § 3 Nr. 40d Satz 1 i.V.m. Satz 2 EStG.
857   Vgl. BMF v. 22.12.2009 BStBl. 2010 I 94 Rn. 118; *Günther*, EStB 2010, 113, 115, auch zur Verlustbescheinigung des Kreditinstituts gem. § 45a EStG.
858   Der häufig zu günstigeren Ergebnissen führt, sogar ohne Berücksichtigung der Werbungskosten (außer beim Reichensteuersatz von 45 % auf 60 % der Einnahmen = 27 % insgesamt).
859   Gleiches gilt bei Anteilen im Betriebsvermögen. Der BFH, 25.06.2009 – IX R 42/08, BStBl. 2010 II 220, hat die Anwendung des § 3c Abs. 2 EStG abgelehnt (mit der Folge des vollen Abzugs als Betriebsausgaben oder Werbungskosten), wenn auf Gesellschaftsebene gar keine Gewinne entstanden waren, gleiches gilt bei einem nur symbolischen Kaufpreis von 1,00 €: BFH, 06.04.2011 – IX R 61/10, DB 2011, 1667 (Nichtanwendungserlass: BMF, 15.02.2010, BStBl. 2010 I, S. 181: dessen Aufhebung: BMF, 28.06.2010, BStBl. 2010 I 599); der Gesetzgeber hat ab 01.01.2011 (JStG 2010) die Anwendbarkeit des § 3c Abs. 2 EStG gemäß dessen neuem Satz 2 bereits dann eröffnet, wenn lediglich die Absicht der Erzielung von Betriebseinnahmen bestand. Das BMF, 08.11.2010 – IV C 6 – S 2128/07/10001, BStBl. 2010 I, S. 1292 wendet § 3c Abs. 2 EStG auch auf Nutzungsüberlassungen im Rahmen einer Betriebsaufspaltung sowie auf Teilwertabschreibungen von Gesellschafterdarlehen an, und zwar beschränkt auf den unentgeltlichen, nicht fremdüblichen, Anteil sowie auf in der Krise stehen gelassene Darlehen, krit. zur Abzugsbeschränkung bei Darlehen *Förster*, GmbHR 2011, 393, 400 ff. sowie FG Berlin-Brandenburg, 20.01.2010 – 2 K 1424/06, GmbHR 2010, 665 (n.rk., Az. BFH: X R 5/10).
860   Zum (möglichen) Widerruf der Option (welcher allerdings eine erneute Option für diese Beteiligung ausschließt) sowie zum Fehlen eines neuerlichen isolierten Optionsrechtes bei späterem Hinzuerwerb einer weiteren Beteiligung vgl. *Gebhardt*, EStB 2010, 232 ff.
861   *Neumann/Stimpel*, GmbHR 2008, 57, 61.

- oder wenn es sich um einen Anteilserwerb an einer Berufsträgerkapitalgesellschaft handelt (mindestens **1 %ige Beteiligung** an der Gesellschaft, für die er **beruflich tätig ist** – reicht ein Minijob?[862] reicht eine gelegentliche freiberufliche Beratung?);

die Möglichkeit der Geltendmachung von Werbungskosten (auch Veräußerungsrenten, vgl. Rdn. 4910) bzw. Betriebsausgaben, die im Zusammenhang mit dem Anteilserwerb stehen, ermöglichen.[863]

Der Antrag gilt als für fünf Veranlagungszeiträume gestellt und kann nur einmal widerrufen werden (danach ist eine neuerliche Rückkehr zum progressiven Einkommensteuertarif nicht mehr möglich); er kann für alle Anteile des Steuerpflichtigen an der jeweiligen Beteiligung nur einheitlich gestellt werden. Wirtschaftlich kann diese Option zur „Vollversteuerung" führen. 2439

Beispiel:

Gewinn bei der GmbH von 100, abzgl. Steuern auf der Ebene der Gesellschaft ca. 30 ergibt Ausschüttung 70. Bei Werbungskosten von 70 – also nach dem Teileinkünfteverfahren Einnahmen und Ausgaben von 42 – fällt keine weitere private Steuer an, gleichwohl wurde der wirtschaftlich verbleibende Ertrag von 30 vollständig, nämlich i.H.v. 30, besteuert![864]

(6) Erhebungsverfahren

Die Erhebung der Abgeltungsteuer „an der Quelle" in anonymisierter Form (Meldung lediglich der Postleitzahl des Anlegers für statistische Zwecke) führt zum Entfallen der Anlagen KSO und SO, und zu Reduzierung der sonstigen Progression. Eine „Wahlveranlagung" ist jedoch durchzuführen zur „Günstigerprüfung" bei einem Grenzsteuersatz unter 25 %, bei der Berücksichtigung von Altverlusten oder von Verlusten über mehrere Depots hinweg (Antrag auf Verlustbescheinigung ist bei der Bank bis zum 15.12. eines Jahres zu stellen). Eine Pflichtveranlagung ist notwendig bei Auslandsfonds, sowie bei Geschäften unter Privaten (z.B. Darlehen unter Privatpersonen, Verkauf von GmbH-Anteilen unter 1 % etc). 2440

(7) Auswirkungen

Gegenüber dem bisherigen Halbeinkünfteverfahren führt die Abgeltungsteuer stets zu einer höheren Steuerbelastung auf Gesellschafterebene (bisherige Maximalsteuer: 45 % Reichensteuer aus der halben Dividende = 22,5 %). Eine Gesamtentlastung ergibt sich nur unter Berücksichtigung der niedrigeren Besteuerung auf Kapitalgesellschaftsebene, Rdn. 2462 ff.: Bisher betrug bei einer ausschüttenden Kapitalgesellschaft unter Ansatz eines persönlichen Steuersatzes von 42 % die Gesamtsteuerbelastung (bei Gesellschaft und Gesellschafter) 52,25 %, künftig – unter Geltung der Unternehmensteuerreform 2008 sowie der Abgeltungsteuer bei einem maximalen Einkommensteuersatz von 45 % („Reichensteuer", bei einem zu versteuernden Einkommen über 250.000,00 €, bei zusammen veranlagten Ehegatten über 500.000,00 €, ab 2008 unter Einschluss auch gewerblicher, land- und forstwirtschaftlicher und freiberuflicher Einkünfte) nur noch 48,33 %. 2441

---

862 Vgl. zu den Unsicherheiten *Schmidt/Wänger*, NWB Fach 3, S. 14939 ff.
863 Vgl. umfassend *Schulze zur Wiesche*, GmbHR 2008, 649 ff.
864 Vgl. *Paus*, NWB 2008, 639 = Fach 3, S. 14965.

2442 Die Abgeltungsteuer hat den angenehmen Nebeneffekt, dass „**verdeckte Gewinnausschüttungen**" (vGA) seit 2009 etwas von ihrer steuerlichen Gefährlichkeit verloren haben.[865] Dies soll ein kurzes Beispiel verdeutlichen.[866]

Beispiel:

Eine GmbH erzielt im Jahr 2006 einen vorläufigen Jahresüberschuss von 500.000,00 € vor Steuern; das an den Gesellschafter-Geschäftsführer ausgezahlte Gehalt von 300.000,00 € ist i.H.v. 100.000,00 € unangemessen. Diese vGA führte in 2006 zu einer Erhöhung des Jahresüberschusses auf 600.000,00 €, sodass sich bei der GmbH Mehrsteuern von (16.670,00 € für Gewerbesteuer, 20.833,00 € für 25 % Körperschaftsteuer nach Abzug der Gewerbesteuerbelastung, 1.146,00 € Solidaritätszuschlag =) 38.649,00 € ergaben. Beim Gesellschafter führte die Umqualifizierung von 100.000,00 € von Einkünften aus § 19 EStG in Einnahmen aus § 20 EStG unter Geltung des Halbeinkünfteverfahrens bei einem (angenommenen) maximalen persönlichen Steuersatz von 45 % zu einer Steuerersparnis von 25.086,00 €, sodass eine Gesamtsteuermehrbelastung von 13.563,00 € verbleibt.

Im Jahr 2009 reduziert sich bei i.Ü. gleichem Sachverhalt die steuerliche Mehrbelastung der GmbH auf 14.000,00 € Gewerbesteuer (bei einem Hebesatz von 400 %, Messzahl 3,5), 15.000,00 € Körperschaftsteuer, 825,00 € Solidaritätszuschlag (= gesamt 29.825,00 €), während die Mindersteuern des Gesellschafters (lediglich Abgeltungsteuer auf die nun als Ausschüttung zu qualifizierende vGA von 100.000,00 €) samt Solidaritätszuschlag noch 21.522,00 € betragen, sodass die Differenz (verbleibende Steuermehrbelastung) sich nur noch auf 8.303,00 €, also etwa zwei Drittel der Summe des Jahres 2006, beläuft.

2443 Teilweise kann die Abgeltungsteuer auch sich als **steuerlich günstig** erweisen, etwa bei Darlehen von Gesellschaftern an ihre Kapitalgesellschaft, sofern der Gesellschafter zu weniger als 10 % an der Gesellschaft beteiligt ist und damit die Abgeltungsteuer von 25 % anstelle des tatsächlichen individuellen Steuersatzes in Anspruch nehmen kann (§ 32d Abs. 2 Nr. 1b EStG). Gleiches gilt für Zinseinkünfte bei bisher höherem Grenzsteuersatz: es empfahl sich die Verschiebung solcher Einkünfte in den Zeitraum nach dem 01.01.2009.[867] Nischen- und Branchenfonds sollten vor 2009 in lang laufende „Marathonfonds" umgeschichtet werden, z.B. in Lebenszyklusfonds,[868] und Dachfonds[869] („reduziertes Fondsprivileg"), die zudem überwiegend thesaurieren, nicht ausschütten. Dies gilt auch für offene Immobilienfonds, die zwar der Sache nach Mieteinnahmen erzielen, deren Ausschüttungen jedoch ab 2009 als „Einkünfte aus Kapitalvermögen" qualifiziert werden und somit lediglich der Abgeltungsteuer unterliegen (während Immobilienaktien – wie Aktien generell – zu den Verlierern zählen).

2444 **Aktien** verlieren zwar wegen des Wegfalls der nach Jahresfrist steuerfreien Kursgewinne an Reiz, allerdings dürften Kurse und Dividenden durch die Reduzierung der Körperschaftsteuer steigen und der Handel in seiner Entscheidung freier werden, da keine Rücksicht mehr auf die „Spe-

---

865 Vgl. *Horst*, NWB 2010, 982 ff.
866 Nach *Harle/Kulemann*, GmbHR 2007, 1139.
867 Z.B. durch Finanzierungsschätze des Bundes mit 2-jähriger Laufzeit, Abzinsungspapiere und Zerobonds – vgl. www.bondboard.de –, Discountbonds, Stufenzinsanleihen mit überlangem erstem Zinskupon, Zinsaufschläge für spätere Zeiträume etc. Gezahlte Stückzinsen beim Anleiheerwerb sind dagegen 2007 und 2008 als negative Kapitaleinnahme absetzbar.
868 „Life Cycle", „Target"-Fonds, die auf ein bestimmtes Datum hin die Ausschüttung vorbereiten und auf weniger riskante Anlagen umschichten.
869 Keine Abgeltungsteuer auf Umschichtungen innerhalb der Zielfonds, sondern erst beim Verkauf des Dachfondsanteils selbst. Wurde der Dach- oder Zielsparfonds vor 2009 angeschafft, bleibt auch der Veräußerungserlös aus dem Fondsanteilsverkauf steuerfrei.

kulationsfrist" zu nehmen ist. Auch ausländische Aktien werden mit 25 % Abgeltungsteuer belegt, wobei jedoch ausländische Quellensteuern anzurechnen sind – Optimierungsmöglichkeiten ergeben sich bei lediglich fiktiv anzurechnenden Quellensteuern (Entwicklungshilfemaßnahme z.B. in Bezug auf China, Portugal, Uruguay). Real Estate Investment Trusts (REITs), die bisher ja nicht dem Halbeinkünfteverfahren unterfielen, unterliegen künftig hinsichtlich Ausschüttungen und Kursgewinnen ebenfalls lediglich der Abgeltungsteuer. Private Rentenversicherungen, bei denen lediglich der Ertragsanteil zum Zeitpunkt des erstmaligen Bezugs (i.H.d. persönlichen Steuersatzes) zu versteuern ist, werden eher profitieren, ebenso die von der Abgeltungsteuer weder in der Anspar- noch in der Auszahlungsphase erfassten Rürup- und Riester-Renten.

Auch **in ausländische Immobilien investierende Fonds** werden künftig attraktiver, da die erzielten Mieteinkünfte lediglich im Ausland zu versteuern sind (DBA), und der Progressionsvorbehalt ab 2009 entfällt. Wenn ab 2008 die seit 01.07.2005 in Belgien, Österreich, Luxemburg, der Schweiz und Liechtenstein erhobene Quellensteuer auf Zinsen von derzeit 15 % auf dann 20 % und ab 01.07.2011 auf 35 % ansteigen wird, ist auch die Verlagerung von Zinseinkünften in solche „Oasen" zur Abgabenreduzierung ohne jeglichen Reiz. Für Vermieter ist es häufig empfehlenswerter, Kredite nicht zu tilgen, da die durch höhere Werbungskosten erzielte Steuerersparnis (bei Progression über 26,375 %) höher ist als die vermiedene Abgeltungsteuer auf Eigenkapitaleinkünfte.

2445

dd) Gewerbesteuer

Die **Gewerbesteuer** (Rdn. 4484 ff.) ist demnach seit 2009 nicht mehr als Betriebsausgabe abzugsfähig. Damit hieraus keine zusätzliche steuerliche Belastung erwächst, wurde die Messzahl, die bestimmt, welcher Anteil des Ertrags der Gewerbesteuer unterliegt, für Kapitalgesellschaften von 5 % auf 3,5 % gesenkt. Dieser Satz gilt auch für gewerbliche Einzelunternehmen und Personengesellschaften, der dort bisher geltende Staffeltarif von 1 % bis 5 % ist also entfallen (mit der Folge einer tendenziell höheren Belastung kleinerer Betriebe!).[870] Erstmals für das Jahr 2008 wird ferner die ESt auf gewerbliche Einkünfte um das 3,8-fache (bisher lediglich um das 1,8-fache) des Gewerbesteuermessbetrags gemindert, der sich ergibt, wenn die Messzahl auf den Ertrag angewendet wird. Eine vollständige Entlastung von der Gewerbesteuer ergibt sich dadurch künftig bis zu einem Hebesatz von höchstens 380 % (bisher 341 %). Eine Anrechnung der Gewerbesteuer auf die ESt gem. § 35 EStG kann jedoch höchstens i.H.d. einkommensteuerlichen Gewinns erfolgen. aufgrund der Einbeziehung von Zinsen und sonstigen Belastungen in die Bemessungsgrundlage (s. nachstehende Rdn. 2447) können auch Betriebe ohne Gewinn gewerbesteuerpflichtig werden, sodass künftig vermehrt verlorene[871] Anrechnungsüberhänge eintreten werden.[872]

2446

Schließlich wird bei der Ermittlung der Bemessungsgrundlage der **Gewerbesteuer**, bei der bisher der Gewinn um die Hälfte der Fremdfinanzierungskosten für sog. „Dauerschulden" gem. § 8

2447

---

870 Krit. hierzu *Bergemann/Markl/Althof*, DStR 2007, 693 ff.
871 BFH, 23.03.2008 – X R 32/06, EStB 2008, 308: keine negative ESt.
872 Vgl. *Bergemann/Markl/Althof*, DStR 2007, 693 697.

Abs. 1 lit.a) bis lit.f) GewStG[873] erhöht wurde, ab 2008 anstelle dessen eine Gewinnerhöhung um folgende anteilige Entgelte vorgenommen, soweit ihre Gesamtsumme 100.000,00 € (Freibetrag) übersteigt: 25 % aller Entgelte für Schulden, aller Renten und dauernden Lasten, aller Gewinnanteile eines stillen Gesellschafters; 5 % der Miet- und Pachtzinsen für bewegliche Anlagegüter (z.B. Leasingraten), 12,5 % (vor 2010: 16,25 %) der Miet- und Pachtzinsen für unbewegliche Anlagegüter (v.a. Gebäude) und 6,25 % der Zahlungen für Überlassung von Konzessionen, Lizenzen etc. (Rdn. 4494). Aufgrund des Freibetrages werden Kleinbetriebe zwar verschont, der gehobene Mittelstand mit geringer Eigenfinanzierungsquote jedoch erheblich belastet. Dadurch verschlechtert sich die steuerliche Situation insb. für Kapitalgesellschaften in der (ohnehin margenschwachen) Bekleidungsbranchen mit zahlreichen Ladenlokalen in gehobenen Innenstadtlagen, sowie beim Bestehen von Haupt- und Untermietverhältnissen im Handelskonzern über dasselbe Objekt.[874] Ausweichlösungen liegen im Rechtsformwechsel zur Personengesellschaft (Anrechnung gem. § 35 EStG) und in der Begründung gewerbesteuerlicher Organschaften,[875] wo eine Hinzurechnung unterbleibt, soweit dies zu einer Doppelbelastung im Organkreis führen würde (Abschn. 41 Abs. 1 Satz 5 GewStR).

2448 Dies führt insb. in Fällen der **Betriebsaufspaltung** bei eigenkapitalfinanzierten Unternehmen mit hohe Mietzahlungen zu erheblichen Mehrbelastungen:[876] Der Gewerbeertrag des Betriebsunternehmens wurde bis Ende 2007 gem. § 8 Nr. 7 GewStG lediglich erhöht um die Hälfte derjenigen Pachtzinsen, die für die Überlassung nicht in Grundbesitz bestehender Wirtschaftsgüter (etwa von Maschinen) entrichtet wurde; in gleichem Maße trat beim Besitzunternehmen (Vermieter) eine Kürzung des Gewerbeertrags gem. § 9 Nr. 4 GewStG a.F. ein.[877] (Daher war im Pachtvertrag der Zins bspw. für Grundstück, Maschinen und Firmenwert [good will] getrennt auszuweisen). Ab 2008 erfasst die Hinzurechnung gem. § 8 Nr. 1 lit.a) bis lit.f) GewStG 16,25 %, ab 2010 12,5 % der über den Freibetrag hinausgehenden Mietentgelte für Grundstücke und Gebäude, Rdn. 2447, (sowie 5 % der Mietentgelte für bewegliche Sachen); die Kürzung beim Vermieter gem. § 9 Nr. 4 GewStG wurde gänzlich aufgehoben. Daher ist zu überlegen, dem Mieter auch Instandsetzungskosten an Dach und Fach aufzubürden (triple-net-Verträge) und dafür die Miete zu reduzieren,[878] ferner die Miete für bewegliche Sachen (Betriebsvorrichtungen) nicht zu knapp auszuweisen (Rdn. 4460).

2449 Die zusätzlichen Belastungen aus der Gewerbesteuer werden die steuerpolitisch unerwünschte Substanzbesteuerung verstärken; die Betriebsaufspaltung wird im Vergleich zur GmbH & Co. KG, wo es wegen der Transparenz nicht zur Hinzurechnung kommt, unattraktiver. Hin-

---

[873] Hierzu gleichlautender Erlass der obersten Finanzbehörden der Länder v. 04.07.2008, BStBl. 2008 I, S. 730, m. Anm. *Warnke*, EStB 2008, 439 ff.
[874] Gestaltungsempfehlungen bei *Eisolt/Götte*, NWB 2008, 1755 = Fach 5, S. 1659 ff.: stille Gesellschaften sowie Organschaftslösungen.
[875] *Forst/Ginsburg*, EStB 2008, 32.
[876] Vgl. mit Berechnungsbeispielen *Wesselbaum-Neugebauer*, GmbHR 2007, 1300 ff. sowie ausführlich *Levedag*, GmbHR 2008, 281 ff.
[877] Die Praxis zeigt aber, dass die Besitzunternehmung die permanent steigenden vortragsfähigen Gewerbesteuerverluste häufig nicht zur Steuerersparnis nutzen konnte.
[878] Allgemein zur Mietreduzierung bei der Betriebsaufspaltung *Forst/Ginsburg*, EStB 2008, 33.

zu kommen mögliche Auswirkungen der Zinsschranke (Rdn. 2450).[879] Die Folgen sind bereits jetzt spürbar: eine „innerdeutsche" Steuerflucht von Kapitalgesellschaften aus den Metropolen (Frankfurt, München) in die mit niedrigerem Steuersatz lockenden Umlandgemeinden (wobei keine Gemeinde eine Hebesatzgarantie zu geben bereit ist!) sowie verstärkter Wechsel in die Personengesellschaft. Hinzu kommt die zu beobachtende Tendenz aller Gemeinden, auf 380 % Hebesatz (bis zur Grenze voller Neutralisierung bei Personengesellschaften, also für den besonders umworbenen Mittelstand) anzuheben – dies schadet langfristig den Haushalten von Bund und Ländern, die durch die Verrechnung der höheren Gewerbesteuer Einkommensteuerausfälle erleiden werden.

ee) Gegenfinanzierung

Zur Gegenfinanzierung[880] wurde bspw. die **degressive AfA** für nach dem 01.01.2008 angeschaffte oder hergestellte Wirtschaftsgüter abgeschafft und der Sofortabzug von geringwertigen Wirtschaftsgütern von 410,00 € auf 150,00 € reduziert. Wirtschaftsgüter zwischen 150,00 € und 1.000,00 € sind in einem Sammelposten zusammenzufassen, der über 5 Jahre „poolabzuschreiben" ist[881] (ab 2010 wurde die alternative Möglichkeit der Sofortabschreibung bei Anschaffungs-/Herstellungskosten unter 410,00 € wieder eingeführt!). Ferner wird ab 2008 bei Konzernen[882] der Abzug von Zinsaufwendungen als Betriebsausgaben beschränkt durch eine **Zinsschranke** (§ 4h EStG, § 8a KStG mit BMF-Anwendungsschreiben v. 04.07.2008),[883] die zur Verschonung des Mittelstands erst bei Zinsaufwendungen von mehr als 3 Mio. €[884] jährlich gilt. Zur Vermeidung einer Verlagerung von Gewinnen in Niedrigsteuerländer wird Zinsaufwand zunächst von etwaigen Zinseinnahmen abgezogen, der Saldo wird nur bis zu 30 % des Rohgewinns vor Steuern, Zinsen und Abschreibungen (EBITDA) berücksichtigt (ab 2010 besteht zusätzlich die Möglichkeit eines 5-jährigen EBITDA-Vortrags).[885] Darüber hinaus werden sie als Zinsaufwendungen auf künftige Wirtschaftsjahre vorgetragen;[886] der Zinsvortrag geht jedoch bei einem Gesellschafterwechsel gem. § 4h Abs. 5 Satz 2 EStG anteilig unter.

2450

---

[879] Vgl. *Levedag*, GmbHR 2008, 281 ff.: nach Ansicht der Finanzverwaltung seien die Konzernvoraussetzungen in der Besitzgesellschaft nur dann nicht gegeben, wenn diese ausschließlich aufgrund der sachlichen und persönlichen Verflechtung gewerblich ist.

[880] Der Entlastungseffekt soll auf 5 Mrd. € begrenzt sein. Ziel ist neben der Verbesserung der Standortattraktivität auch die „langfristige Sicherung des deutschen Steuersubstrates".

[881] Bei gWG i.R.d. nicht selbstständigen Arbeit oder der Vermietung und Verpachtung bleibt es bei der bisherigen Grenze von 410,00 €. Zu Sammelposten gem. § 6 Abs. 2a EStG vgl. BMF-Schreiben v. 30.09.2010 – IV C 6 – S 2180/09/10001, EStB 2010, 414.

[882] Ein solcher kann bereits vorliegen, wenn eine Person an zwei Gesellschaften beteiligt ist. Vermeidend wirken rechtzeitige Verschmelzungen sowie die Begründung steuerlicher Organschaften (die allerdings nicht zur Integration von Auslandsbeteiligungen führen). Daneben existiert eine „escape-Klausel" (falls der Betrieb nachweist, dass seine Eigenkapitalquote zum vorangehenden Abschlussstichtag mindestens so hoch ist wie die des Konzerns).

[883] GmbHR 2008, 887 ff.; vgl. *Geimer*, EStB 2008, 407 ff. Zu möglichen gesellschaftsrechtlichen Vorkehrungen (Ausgleich für im Sonderbetriebsvermögen entstehende Zinsen etc.) vgl. *Müller/Marchand*, ErbStB 2008, 274.

[884] Dauerhaft angehoben (von zunächst 1 Mio. €) durch das Wachstumsbeschleunigungsgesetz 2010, § 4h Abs. 2 Satz 1 lit a EStG.

[885] Vgl. *v. Proff*, ZNotP 2010, 138 f.

[886] Vgl. im Einzelnen zu den neun Prüfungsschritten *Neumann*, EStB 2007, 292; zu Gestaltungsmöglichkeiten durch Unterschreiten der Freigrenze *Rupp*, EStB 2007, 419.

2451 Auch Zinsaufwendungen im Sonderbetriebsvermögen können bewirken, dass (ggf. in Zusammenrechnung mit den Zinsen im Gesamthandsbereich) der Zinsabzug versagt wird, sodass sich auf der Ebene der anderen Gesellschafter die Einkünfte nach Maßgabe des allgemeinen Gewinnverteilungsschlüssels „unverschuldet" erhöhen; kompensiert werden kann dies z.B. durch eine Anpassung des Gewinnverteilungsschlüssels oder durch die Verpflichtung zu Ausgleichszahlungen zwischen den Gesellschaftern.[887] Verschärfend wirken Gesellschafterdarlehen, deren Zinskosten 10 % des Gesamtzinssaldos der Gesellschaft übersteigen: in diesem Fall gilt die Zinsschranke insgesamt auch außerhalb von Konzernstrukturen.[888] Hierdurch und durch die (auf ein Viertel) erhöhte Hinzurechnung der Zinsen (auch kurzfristige Zinsen, Skonti, Zinsanteile aus Leasingraten,[889] Zins- und Diskontanteile beim Factoring) zur Gewerbesteuer werden die typischen Finanzierungsformen des Mittelstandes, einschließlich des Mezzanine-Kapitals, der typisch stillen Beteiligungen, des Nachrangdarlehens und darlehensähnlicher Genussrechte, weniger attraktiv. Es handelt sich um einen aggressiven Eingriff in die Dispositionsfreiheit des Steuerpflichtigen, der z.B. durch die „Vervielfachung" der Ein-Millionen-Freigrenze durch Nutzung mehrerer Zweckgesellschaften beim kreditfinanzierten Beteiligungserwerb („Atomisierung"),[890] Organstrukturen[891] etc. reagieren wird.[892] Gesellschaften mit hohem Umlaufvermögen (etwa Immobilienentwickler hinsichtlich der Bauzeitzinsen) sind davon nicht betroffen.

2452 Schließlich wird der **Untergang von Verlustvorträgen** bei Kapitalgesellschaften durch § 8c KStG n.F. bei Erwerben nach 2008 allein an den Übergang von Geschäftsanteilen[893] geknüpft (über 25 % binnen 5 Jahren: quotale Kürzung; mehr als 50 %: kompletter Entfall). Auf das zusätzliche Kriterium der Zuführung überwiegend neuen Betriebsvermögens (so früher in § 8 Abs. 4 KStG a.F.), kommt es dann nicht mehr an. Lediglich Wagniskapitalbeteiligungsgesellschaften, die Beteiligungen an jungen Unternehmen[894] mindestens 4 Jahre halten, sowie (ab 2010) Konzernsachverhalte und (ab 2009) bestimmte Sanierungserwerbe sind hiervon freigestellt (vgl. im Einzelnen Rdn. 2398 ff., 4850 ff.).

---

887 *Schaaf/Engler*, EStB 2009, 173, 174 ff.
888 Sodass auch die „escape-Klausel" nicht greifen kann; zum Konzernbegriff *Forst/Schaaf*, EStB 2008, 414.
889 Pauschalierter Zinsanteil von 20 % bei beweglichen Wirtschaftsgütern, 65 % bei Immobilien, § 8 Nr. 1e GewStG!
890 So z.B. die Entscheidung der Corpus-Immobilien-Gruppe, Handelsblatt v. 15. – 17.08.2008, S. 39.
891 Durch die Saldierung steigt die Chance, dass der Zinsaufwand 30 % des gesamten EBITDA nicht überschreitet.
892 Vgl. im Einzelnen *Kussmaul/Ruiner/Schappe*, GmbHR 2008, 505 ff.
893 Auch Kapitalerhöhungen gelten als Anteilsübergang; eine Gegenausnahme für Sanierungsfälle wird nicht mehr gewährt. Als „ein Erwerber" gilt auch eine Gruppe von Erwerbern mit „gleichgerichteten Interessen" (zur Vermeidung der Umgehungsgestaltung der Veräußerung an ein „Erwerberquartett").
894 Betroffen sind unter 10 Jahre alte Unternehmen, deren Eigenkapital nicht mehr als 20 Mio. € beträgt, vgl. den Entwurf des am 15.08.2007 vom Kabinett beschlossenen MoRaKG.

b) Besteuerungsvergleich

aa) Regelbesteuerung von Personenunternehmen

(1) Ohne Thesaurierungsbegünstigung

Die **Regelbesteuerung von Personenunternehmen** (**ohne** Option zur **Thesaurierungsbegünstigung**) bei einem Gewerbesteuerhebesatz von 400 %[895] stellt sich bei einem Einkommensteuersatz von 42 %[896] (also ohne Berücksichtigung der sog. „Reichensteuer" von 45 %)[897] wie folgt dar:

2453

- **Alte Rechtslage bis 2007:**

Gewinn 100 abzgl. Gewerbesteuer 16,67 ergibt gewerbliche Einkünfte von 83,33, hierauf Einkommensteuerbelastung 42 % ergibt ESt 35,00, abzgl. Gewerbesteueranrechnung von 7,50 verbleiben 27,50, samt Solidaritätszuschlag von 1,51 ergibt dies eine Gesamtsteuerbelastung von (16,67 Gewerbesteuer, 27,50 ESt, 1,51 Solidaritätszuschlag) = **45,68 %**.

- **Neue Rechtslage ab 2008:**

2454

Die Gewerbesteuer beträgt 14,00, mindert allerdings die gewerblichen Einkünfte nicht, sodass auf den Gewinn von 100 ESt von 42,00 anfällt, die durch verstärkte Gewerbesteueranrechnung i.H.v. 13,30 auf 28,70 gemindert wird. Mit dem Solidaritätszuschlag ergibt sich eine Gesamtsteuerbelastung von 14,00 Gewerbesteuer plus 28,70 ESt nach Anrechnung plus 1,58 Solidaritätszuschlag) = **44,28 %**.

- **Zum Vergleich:**

Bei der **Kapitalgesellschaft** beträgt (allerdings ohne Berücksichtigung der beim Gesellschafter anfallenden Steuer auf etwaige Ausschüttungen) die Gesamtbelastung (wiederum bei einem Gewerbesteuer-Hebesatz von 400 %) **29,83 %**.

(2) Mit Thesaurierungsbegünstigung

Selbst bei Inanspruchnahme der Thesaurierungsbegünstigung, die für jeden Betrieb, jeden Mitunternehmeranteil[898] und jeden Veranlagungszeitraum getrennt erfolgen und sich auch lediglich auf einen Teilbetrag der einbehaltenen Gewinne beziehen kann, sind Kapitalgesellschaften und Personenunternehmen entgegen der politischen Vorgabe nicht gleich gestellt:

2455

a) Begünstigend für Personenunternehmen wirkt eine Ausweitung der thesaurierungsfähigen Beträge: Eine die Thesaurierung ausschließende Entnahme liegt bei Sondervergütungen im Rahmen von Personengesellschaften, etwa Miete für Überlassung von Wirtschaftsgütern oder Zinsen für Darlehensgewährung, noch nicht vor, wenn die Gutschrift auf einem Privatkonto

---

895 Zahlenwerk nach *Weber*, NWB 2007, 3036 = Fach 18, S. 4514; vgl. auch den erweiterten „Musterfall Rechtsformwahl" bei *Weber*, NWB 2008, 3075 = Fach 2, S. 9847 ff.
896 Mit Solidaritätszuschlag von 5,5 % eigentlich 44,31 % (ohne Kirchensteuer).
897 Mit Solidaritätszuschlag von 5,5 % eigentlich 47,475 % (ohne Kirchensteuer).
898 Voraussetzung ist jedoch, dass der Gewinnanteil mindestens 10 % beträgt oder 10.000,00 € übersteigt. Zu möglichen gesellschaftsvertraglichen Vorkehrungen (Pflicht zur Antragstellung, Begrenzung des Steuerentnahmerechts etc) vgl. *Müller/Marchand*, ErbStB 2008, 272.

des Mitunternehmers bei der Gesellschaft erfolgt, § 34a EStG noch nicht verwirklicht.[899] Bei der Kapitalgesellschaft werden jedoch gutgeschriebene Zinsen bei Zufluss sofort vom Gesellschafter versteuert.

2456 b) Nachteilig wirkt sich allerdings für Personenunternehmen aus, dass nur der im Unternehmen verbleibende Gewinn in den Genuss der Thesaurierungsbegünstigung kommt. Tatsächlich erfolgte, jedoch nicht abzugsfähige, Betriebsausgaben erhöhen zwar aufgrund der außerbilanziellen Hinzurechnung den Gewinn, sind aber nicht mehr vorhanden, also nicht entnahmefähig und demnach auch nicht thesaurierungsbegünstigt

2457 *Beispiel:*

Bei einem Gewerbesteuerhebesatz von 400% beträgt daher die Thesaurierungsbelastung nicht – wie in der Modellrechnung des BMF angenommen – 29,77%, sondern 32,25%: Bei einem Gewinn der Personengesellschaft von 100 beträgt die Gewerbesteuer (Messzahl 3,5, Hebesatz 400%) 14,00, sodass max. thesaurierungsfähig 86,00 bleiben. Der Einkommensteuersatz von 28,25% hieraus ergibt 24,30 zuzüglich der ESt auf die nicht thesaurierungsfähige Gewerbesteuer, die ja als Gewinn zählt: 45% aus 14,0 = 6,30, abzgl. der Gewerbesteueranrechnung gem. § 35 EStG (Messbetrag 3,5x3,8 = 13,30), sodass die Gesamteinkommensteuerbelastung (24,30 + 6,30 – 13,30) = 17,30 beträgt zuzüglich des Solidaritätszuschlages, gesamt 18,25. Mit der tatsächlich gezahlten Gewerbesteuer von 14,00 ist die Gesamtsteuerbelastung 32,25.

Mit steigendem Hebesatz nähert sich auch die Thesaurierungsbelastung bei einer Personengesellschaft sogar auf fast 40%.[900]

2458 Die **spätere Entnahme thesaurierungsbegünstigter Beträge über den laufenden Gewinn** (und getätigte Einlagen sowie Zahlungen zur Begleichung der auf das Betriebsvermögen entfallenden Erbschaftsteuer)[901] hinaus, ebenso die Betriebsveräußerung oder -aufgabe, die Einbringung nach § 20 UmwStG und der Wechsel der Gewinnermittlungsart führen jedoch zu einer Nachversteuerung i.H.v. 25% (mit Solidaritätszuschlag 26,375%), also einer Gesamtbelastung von 48,3%[902] – höher als der Spitzensteuersatz der Regelbesteuerung von 45% („Reichensteuer")! Die Nachsteuer ist unabhängig von der Höhe des individuellen Steuersatzes zu entrichten. Ein einmal gebildeter Begünstigungsbetrag gilt bei späteren Überentnahmen stets als zuerst entnommen, auch wenn hoch besteuerte Altrücklagen im Eigenkapital vorhanden sind. Zur Vermeidung dieses „lock-in-Effektes" werden die Beteiligten – sofern ab 2008 eine Thesaurierungsbegünstigung wohl in Anspruch genommen werden wird – bestrebt sein, in Personengesellschaften

---

899 Vgl. *Gragert/Wissborn*, NWB Fach 3, S. 14621, 14627.
900 Beträgt der Gewerbesteuerhebesatz 490% (München) und der Einkommensteuersatz 45%, errechnet Weber, NWB 2007, 3041 = Fach 18, S. 4519 eine Gesamtthesaurierungsbelastung der Personengesellschaft von 39,99% (der Kapitalgesellschaft von 32,98%).
901 § 34a Abs. 4 Satz 1 EStG; Tz. 30-33 des Anwendungserlasses v. 11.08.2008 BGBl. 2008 I, S. 838 ff.; *Gragert/Wissborn*, NWB 2008, 4010 = Fach 3, S. 15266.
902 Gewinn vor Steuern 100, abzgl. Thesaurierungsbelastung (28,25% und Solidaritätszuschlag) 29,8 verbleibt Nachbesteuerungsbetrag von 70,2, hierauf 25% zuzüglich Soli verbleiben 51,7.

belassene Altgewinne noch im Jahr 2007 zu entnehmen, etwa unter Einsatz des Zwei-Konten-Modells.[903]

bb) Besteuerung von Kapitalgesellschaftsausschüttungen

(1) An Kapitalgesellschaften

Erhält eine Kapitalgesellschaft von einer anderen Kapitalgesellschaft Dividenden (bzw. erzielt sie Gewinne aus der Veräußerung anderer Kapitalgesellschaftsbeteiligungen), bleiben diese gem. § 8b Abs. 1 KStG zu 95 % steuerbefreit (steuertechnisch werden 5 % der steuerfreien Beteiligungserträge als nicht abziehbare Betriebsausgabe hinzugerechnet, ohne dass der Gegenbeweis niedrigerer Nettoerträge möglich wäre).[904] Hinzu kommt jedoch die Gewerbesteuer auf die Dividende, sofern nicht das gewerbesteuerliche Schachtelprivileg gem. § 8 Nr. 5 GewStG i.V.m. §§ 9 Nr. 2a, 7 und 8 GewStG greift.[905]

2459

(2) In das Betriebsvermögen von Personenunternehmen

Bei Ausschüttung der Dividende in das Betriebsvermögen von Personengesellschaften[906] bzw. natürlichen Personen[907] wird das bisherige Halbeinkünfteverfahren, § 3 Nr. 40 EStG, bei Zufluss ab 01.01.2009 durch die 40 %ige Freistellung (sog. „Teileinkünfteverfahren") ersetzt. 60 % der Bardividende werden also als Einkünfte aus Gewerbebetrieb (§ 20 Abs. 3 i.V.m. § 15 Abs. 3 i.V.m. § 3 Nr. 40 Satz 1a EStG) der individuellen Steuer unterworfen; technisch führt die GmbH des weiteren Kapitalertragsteuer von 25 % auf die Bardividende ab (§ 43a Abs. 1 Nr. 1 EStG),[908] die jedoch auf die ESt des Gesellschafters gem. § 36 Abs. 2 Nr. 2 EStG angerechnet wird. Spiegelbildlich sind auch die Refinanzierungskosten für Beteiligungen nur zu 50 %, ab 2009 zu 60 % abzugsfähig, § 3c Abs. 2 Satz 1 EStG. Für den steuerpflichtigen Teil der Dividende kann jedoch wiederum die Thesaurierungsvergünstigung in Anspruch genommen werden. Bei Thesaurierung der Dividende auf der Ebene des Unternehmens ist also die Kapitalgesellschaft klar im Vorteil.

2460

---

903 Denkbar ist auch eine Übertragung der Altgewinne auf eine vermögensverwaltende GbR (mit Abgeltungsbesteuerung ab 2009 i.H.v. 25 % bei Zugehörigkeit zum Privatvermögen, die jedoch aufgrund Sonderbetriebsvermögenseigenschaft verloren geht bei Rückgewähr als Gesellschafterdarlehen), oder aber die „Übertragung der Altrücklagen" auf eine neu eintretende, beteiligte GmbH, die sodann ein Gesellschafterdarlehen an ihre KG gewährt und für die Zinsen die geringe Thesaurierungsteuer für Kapitalgesellschaften (15 %) in Anspruch nimmt.

904 Sog. „Schachtelstrafe", dies ist verfassungskonform, BVerfG, 12.10.1 – 1 BvL 12/07, FR 2010, 1141.

905 Die Mindestbeteiligungsquote wurde durch die Unternehmensteuerreform auf 15 % erhöht.

906 Hierzu zählen beispielsweise Betriebsaufspaltungsfälle mit einem gewerblichen Besitzunternehmen und einer Betriebskapitalgesellschaft. Erforderlich ist gemäß BFH I R 63/06, dass die Anteile im geschäftlichen Interesse gehalten werden.

907 Nach BFH, 12.01.2010 – VIII R 34/07, GmbH-StB 2010, 156 bildet eine GmbH-Beteiligung (Bildagentur) selbst dann kein notwendiges Betriebsvermögen eines Freiberuflers (Bildjournalisten), wenn er 99 % der Umsätze über diese abwickelt, wenn es ihm angesichts der Geringheit seiner Beteiligung nicht um die Erschließung eines Vertriebsweges, sondern um die Kapitalanlage geht.

908 So dass die Ausschüttung (Nettodividende) tatsächlich bei einem zu versteuernden Einkommen der GmbH von 100 nur 63,75 beträgt: Nach Abzug von 15 % KStG bleiben 85 Bardividende, 25 % von 85 = 21,25 Kapitalertragsteuer, verbleiben 63,75. Im Jahr 2008 belief sich die Kapitalertragsteuer auf 20 % aus 85, also 17, sodass die Barauszahlung 68 betrug, beim Gesellschafter wurden 50 % von 85 als Einnahmen aus Gewerbebetrieb besteuert = 42,50; auf die hierauf zu zahlende ESt wurde die Kapitalertragsteuer von 17 angerechnet. Für Ausschüttungen auf Anteile im Privatvermögen galt im Jahr 2008 dasselbe – s. folgende Fußnote –, nur handelt es sich nicht um Einkünfte aus Gewerbebetrieb, sondern um Einnahmen aus Kapitalvermögen.

Kapitel 5: Gesellschaftsrechtliche Lösungen

Zudem kann sie bei Refinanzierung des Beteiligungserwerbs die Refinanzierungszinsen gem. § 8b Abs. 5 KStG in voller Höhe abziehen.

(3)   In Privatvermögen

2461   Halten Gesellschafter von Kapitalgesellschaften ihre Beteiligung im Privatvermögen, unterliegen die Dividenden ab 01.01.2009 der 25 %igen Abgeltungsteuer, § 32d EStG, Rdn. 2422 ff. Werbungskosten sind gem. § 20 Abs. 9 EStG nur mehr bis 801,00 €/1.602,00 (Einzel-/Zusammenveranlagung) €/Jahr abzugsfähig, Rdn. 2434 ff. Ggü. dem bisherigen Halbeinkünfteverfahren[909] führt die Abgeltungsteuer stets zu einer höheren Steuerbelastung auf Gesellschaftereben (bisherige Maximalsteuer: 45 % Reichensteuer aus der halben Dividende = 22,5 %), vgl. Rdn. 2441, die sich jedoch durch die Entlastung auf Kapitalgesellschaftsebene wieder relativiert, vgl. unten Rdn. 2462 ff. Technisch wird die Abgeltungsteuer weiterhin bereits auf der Ebene der ausschüttenden GmbH als Kapitalertragsteuer von 25 % gem. § 43a Abs. 1 Nr. 1 EStG einbehalten; der Gesellschafter erzielt (außer in Optionsfällen) keine steuerpflichtigen Einnahmen.

(4)   Berechnungsbeispiel

2462   Zur Erläuterung des Gesamtvergleichs folgende **Berechnungsbeispiele**, jeweils unter Zugrundelegung des Höchststeuersatzes („Reichensteuer") samt Solidaritätszuschlag:

- **Kapitalgesellschaftsanteile im Privatvermögen:**

Der Gewinn vor Steuern von 100 abzgl. der Steuern auf Gesellschaftsebene 29,83 ergibt eine Dividendenausschüttung von 70,18. Hierauf wird (ab 2009) Abgeltungsteuer von 25 % erhoben, also 17,54 samt Solidaritätszuschlag 0,96, also Steuern auf Gesellschafterebene von 18,51, sodass eine Gesamtsteuerbelastung von (29,83 + 18,51 =) **48,33** entsteht.

2463   • **Kapitalgesellschaftsanteile im Betriebsvermögen:**

Nach dem ab 2009 geltenden Teileinkünfteverfahren ist die Dividende von wiederum 70,18 i.H.v. 42,11 (d.h. 60 %) steuerpflichtig, hieraus 45 % ESt = 18,95 samt Solidaritätszuschlag 1,04 ergibt Steuern auf Gesellschafterebene von 19,99, also eine Gesamtbelastung von **49,81**.

2464   • **Zum Vergleich die Situation bis Ende 2008:**

Das bisherige Halbeinkünfteverfahren führte bei einem Gewinn vor Steuern v. 100 und Steuern auf der Gesellschaftsebene von 38,65 zu einer Ausschüttung von 61,35, wovon die Hälfte, 30,68, steuerpflichtig war. Bei einem Steuersatz von 45 % ergab dies 13,8 zuzüglich Solidaritätszuschlag von 0,76, sodass auf Gesellschafterebene 14,56 Steuer anfällt. Die Gesamtsteuerbelastung betrug also **53,21**.

2465   Es wurde errechnet, dass bei einem Einkommensteuersatz von weniger als 41,66 % das Teileinkünfteverfahren (Betriebsvermögen) zu einer geringeren Gesamtsteuerbelastung als die Abgeltungsteuer (Privatvermögen) führt.[910]

---

909   Bis Ende 2008; die bei der GmbH einzubehaltende Kapitalertragsteuer von 20 % auf die Bardividende (von 85 bei einem zu versteuernden Einkommen der GmbH von 100) wurde gem. § 36 Abs. 2 Nr. 2 EStG auf die ESt angerechnet, die der Gesellschafter auf die Hälfte der Bardividende (50 % von 85) zu zahlen hatte.

910   Vgl. *Knief/Nienaber*, BB 2007, 1309.

(5) Vergleich zu Personengesellschaftsausschüttungen

Bei einer Personengesellschaft mit Vollausschüttung beträgt die Gesamtbelastung (bei einem persönlichen Höchststeuersatz von 42%) bei Personenunternehmen bisher (Rdn. 2453) 45,68%, seit 2008 bei einem Reichensteuer-Einkommensteuersatz von 45% sogar 47,44% (bei anfänglicher Thesaurierungsbegünstigung mit anschließender Nachversteuerung, gem. § 34a Abs. 4 EStG also zwingender[911] 25%iger Nachbelastung) gar 48,17%, sodass die Kapitalgesellschaft auch bei höchster Einkommensteuerbelastung sich der Personengesellschaft deutlich angenähert hat, die bisherige Schlechterstellung sich also relativiert.

2466

Von besonderer Bedeutung beim Belastungsvergleich hinsichtlich **Erträgen aus Beteiligungen (Aktien etc.)**[912] ist zudem, ob es bei der GmbH zum zusätzlichen Anfall von Gewerbesteuer auf solche Erträge kommt. Handelt es sich um sog. „Streubesitz", d.h. liegt die Beteiligungsquote bei max. 15%, unterliegen die Erträge der Gewerbesteuer, allerdings kaum (nur i.H.v. 15% Steuersatz aus 5% des Betrags, § 8b Abs. 1 KStG, sofern kein Finanzunternehmen i.S.d. KWG vorliegt)[913] der Körperschaftsteuer.

2467

Beispiel:

Erzielt also eine GmbH Dividenden von 100 und zahlt sie hierauf Gewerbesteuer von z.B. 14 (je nach dem Hebesatz der Gemeinde), kann sie 86 an den Gesellschafter ausschütten, der hierauf Abgeltungsteuer von 25% zahlt, das sind 21,5% der von der GmbH insgesamt vereinnahmten Dividenden. Die Gesamtbelastung liegt bei 35,5% und ist damit deutlich höher, als wenn der Gesellschafter die Dividende unmittelbar (zum Abgeltungsteuersatz) bezogen hätte.[914]

Würde dagegen eine GmbH & Co. KG solche Dividenden vereinnahmen und ausschütten, neutralisiert sich die zu zahlende Gewerbesteuer weitgehend durch die Anrechnung auf die ESt, und die Gesamtsteuerbelastung richtet sich in erster Linie nach dem Grenzsteuersatz des Gesellschafters. Liegt dieser bei bspw. lediglich 30% (weil er i.Ü. überwiegend Einkünfte aus Kapitalerträgen erzielt, die der Abgeltungsteuer unterliegen und damit den Grenzsteuersatz nicht ansteigen lassen), beträgt die Belastung 30% von 60% = 18%, liegt also geringer als bei einer ausschüttenden GmbH mit gesamt 35,5% (21,5% auf der Ebene des Gesellschafters, 14% auf der Ebene der Gesellschaft) und geringer als der Abgeltungsteuersatz im Fall des unmittelbaren privaten Aktienbesitzes. Zahlt er jedoch den Reichensteuersatz von 45%, beläuft sich die Steuer auf 45% von 60% = 27%, liegt also über der Abgeltungsteuer im Fall des unmittelbaren privaten Aktienbesitzes, jedoch immer noch unter der Belastung bei einer ausschüttenden GmbH.

2468

Die Zwischenschaltung einer GmbH zur Vermögensverwaltung bei Erträgen im Streubesitz rechnet sich also insb. bei **Thesaurierung** innerhalb der Gesellschaft (Belastung wirtschaftlich lediglich mit der Gewerbesteuer; die Abgeltungsteuer wird zinslos und langfristig bis zur tatsächlichen Ausschüttung gestundet – es ergibt sich ein Bruttoanlageeffekt ähnlich einer thesau-

2469

---

911 Ohne Möglichkeit einer geringeren Antragsveranlagung.
912 Vgl. hierzu im Überblick *Stollenwerk*, GmbH-StB 2008, 48 ff.; *Paus*, NWB 2008, 635 = Fach 3, S. 14961.
913 Oder aber durch die Kapitalanlagepolitik wird ein kurzfristiger Handelserfolg vermieden, vgl. insgesamt *Stollenwerk/Kühnemund*, GmbH-StB 2009, 336 ff.
914 Hinzu kommt möglicherweise die Kirchensteuer beim Gesellschafter, sowie der Solidaritätszuschlag sowohl bei der GmbH als auch beim Gesellschafter.

Kapitel 5: Gesellschaftsrechtliche Lösungen

rierenden Fondsanlage).[915] Die Thesaurierung bei einer gewerblich geprägten GmbH & Co. KG führt demgegenüber zu schlechteren Resultaten: zwar entfällt faktisch die Gewerbesteuer auf die Streubesitzdividenden wegen der Anrechnung auf die ESt, allerdings liegt der pauschale Steuersatz im Thesaurierungsfall von 28,25 % (zuzüglich Solidaritätszuschlag und ggf. Kirchensteuer) aus 60 % der Dividenden (Teileinkünfteverfahren), mithin im Ergebnis bei etwa 17 % der Dividenden, und damit über dem einer GmbH, bei der wirtschaftlich lediglich Gewerbesteuer i.H.v. durchschnittlich 14 % anfallen würde. Bei späterer Entnahme (Ausschüttung) ist eine weitere Pauschalsteuer von 25 % auf den ausgeschütteten Restbetrag zu entrichten.

2470 Hält eine zwischengeschaltete Gesellschaft jedoch **Beteiligungen von über 15 %**, sodass es sich nicht mehr um Streubesitz handelt, entfällt die Belastung mit der Gewerbesteuer, sodass die GmbH „aufholt". Ggü. der unmittelbaren Belastung mit Abgeltungsteuer (in Privatbesitz) hat sie allerdings nur dann Vorteile, wenn die Dividenden langfristig thesauriert werden, weil dann Abgeltungsteuer erst bei der tatsächlichen späten Entnahme anfällt und in der Zwischenzeit diese unbesteuert akkumuliert werden können.[916]

2471 Stammen Gewinne aus der **Veräußerung von Beteiligungen**, werden diese bei der GmbH nur zum Steuersatz von 15 % aus 5 % (§ 8b Abs. 1 KStG) besteuert, sodass sich bei thesaurierenden Gesellschaften ein erheblicher Steuerstundungsvorteil ggü. der sofort sonst anfallenden Abgeltungsteuer erzielen lässt. Hält eine Personengesellschaft (z.B. GmbH & Co. KG) Beteiligungen, die sie veräußert, hängt die Gesamtsteuerbelastung ab vom individuellen Einkommensteuersatz des Gesellschafters. Beträgt dieser Grenzsteuersatz bspw. 42 %, fallen 42 % aus 60 % (Teileinkünfteverfahren), d.h. mit 25,2 % etwa genau die Belastung des Abgeltungsteuersatzes, an; bei niedrigerem Grenzsteuersatz liegt die Belastung jedoch darunter. Demnach kann sich bei ab 01.01.2009 erworbenen Wertpapieren der Erwerb durch eine Personengesellschaft lohnen; davor erworbene sollten wegen der Steuerfreiheit nach Ablauf eines Jahres (sofern nicht die Quote des § 17 EStG – 1 % – erreicht wird) stets im Privateigentum gehalten werden.

2472 Bei vorstehenden Vergleichen nicht berücksichtigt sind die Auswirkungen des **Abzugsverbots** bei Einkünften, die der Abgeltungsteuer unterliegen. Unter diesem Aspekt kann es unabhängig vom Gesamtbelastungsvergleich häufig günstiger sein, die Anteile in ein Betriebsvermögen (auch eines Einzelunternehmen oder einer GmbH & Still) einzubringen, um zumindest den 60 %igen Abzug der Werbungskosten zu erreichen, oder aber gar die Möglichkeit der Option zur Vollversteuerung mit vollem Abzug der Werbungskosten gem. § 32d Abs. 2 Nr. 3 EStG wahrzunehmen, Rdn. 4824. Ferner ermöglicht eine Gesellschaft die uneingeschränkte Verrechnung von Aktiengewinnen und -verlusten bereits bilanziell auf Gesellschaftsebene.

cc) **Fazit**

2473 Die Unternehmensteuerreform 2008 löst hinsichtlich der Wahl der steuergünstigsten Rechtsform folgende Trends aus:
- Bleibt der Grenzsteuersatz des Gesellschafters/Unternehmers (der Abgeltungsteuer unterliegende Einkünfte verschärfen ab 2009 die Progression nicht mehr!) unter 29,83 %, also

---

915 Vgl. *Stollenwerk*, GmbH-StB 2008, 48 ff.
916 Vgl. *Paus*, NWB 2008, 635 = Fach 3, S. 14961.

C. Gesellschaftslösungen unter Beteiligung der Veräußerer

der Belastungsquote der Kapitalgesellschaft im günstigen Fall der Thesaurierung und einem Gewerbesteuerhebesatz von 400 % (abweichende Hebesätze führen zu einer deutlichen Erhöhung oder Reduzierung dieses Schwellensteuersatzes), sind Personenunternehmen (Mitunternehmerschaften oder Einzelunternehmen) günstiger, zumal die Gewerbesteueranrechnung die ESt mindert, § 35 EStG, wobei allerdings „Anrechnungsüberhänge" verloren gehen.[917]

- Bei höherer Einkommensteuerprogression entscheidet der konkrete Belastungsvergleich, insb. im Hinblick auf das Thesaurierungsverhalten und die Höhe der Gewerbesteuerbelastung. Werden die Gewinne überwiegend thesauriert, insb. bei Mittel- oder Großbetrieben, ist die Kapitalgesellschaft regelmäßig günstiger. Gehen die Beteiligten bei einer Personengesellschaft fälschlich von der Thesaurierung aus, entnehmen sie diese begünstigten Gewinne jedoch später, führt dies zur höchsten denkbaren Belastung.

- Der Einfluss der Gewerbesteuer, damit auch die Bedeutung des Hebesatzes als Lockmittel für Investoren, wird deutlich steigen, v.a. in der Konkurrenz zwischen benachbarten Gemeinden (zum Vergleich: Hebesatz München 490, Hebesatz Grünwald 240 – die (bei Kapitalgesellschaften ja endgültige) Gewerbesteuerbelastung schwankt also effektiv zwischen 7 % und 17,15 %. 2474

- Aufgrund der verschärften Hinzurechnungsbestimmungen wirken Miet- und Pachtverträge innerhalb einer Personengruppe bzw. innerhalb eines Konzerns gewerbesteuererhöhend, jedenfalls sofern die Zins- und Mietbelastung 100.000,00 € jährlich übersteigt. Inbesondere Betriebsaufspaltungen sind daher zu überprüfen.

- Ein eindeutiger „Favorit" im ewigen Wettbewerb der Rechtsformen, der stets und unbesehen den Zuschlag erhalten sollte, ist allerdings nicht festzustellen.[918]

dd) Fortbestehende Strukturunterschiede

Obwohl die Unternehmensteuerreform 2008 auch die Belastungsneutralität der unterschiedlichen Gesellschaftsformen zum Ziel hatte und aus diesem Grund (sowie zur Erhöhung der Investitionsfähigkeit durch verbesserte Eigenkapitalausstattung) die Thesaurierungsbegünstigung für Personenunternehmen eingeführt hat, verbleiben ganz erhebliche **Besteuerungsunterschiede**: 2475

- Die **Abgeltungsteuer auf Dividenden für Kapitalgesellschaftsanteile im Privatvermögen** führt zu anderen Ergebnissen als Entnahmen aus Personenunternehmen bei Regelbesteuerung. Selbst bei Inanspruchnahme der Thesaurierungsvergünstigung ist die private Anlage von Finanzvermögen im Regelfall günstiger als die Ansparung in einer (vermögensverwaltenden) GmbH & Co KG.[919]

- Die Nichtabzugsfähigkeit der **Gewerbesteuer** als Betriebsausgabe (§ 4 Abs. 5 Nr. 5 lit.b) EStG) sowie erweiterte Hinzurechnungstatbestände wirken sich bei Personengesellschaften durch die weitgehenden Anrechnungsmöglichkeiten (§ 35 EStG) kaum nachteilig aus: Vielmehr reduziert die Gewerbesteuer auch den Solidaritätszuschlag, sodass bei einem Hebesatz 2476

---

917 BFH, 23.03.2008 – X R 32/06, EStB 2008, 308: keine negative ESt.
918 Ähnlich *Harle/Kulemann*, DStR 2007, 1138 ff.
919 Vgl. *Lothmann*, DStR 2008, 945 (bei Zinspapieren deutlich, bei Dividendenpapieren abgeschwächt); *Stollenwerk/Piron*, GmbH-StB 2010, 261 ff. zeigen, dass bei operativ tätigen, prosperierenden GmbH & Co KGs unter Inanspruchnahme der Thesaurierungsoption u.U. anderes gilt.

von unter 401 % die Gesamtsteuerbelastung sogar geringer ist als bei nicht gewerbesteuerpflichtigen Personen.[920] Anders bei Kapitalgesellschaften: Bei einem Hebesatz von 452 % und mehr übersteigt die Gewerbesteuer den Körperschaftsteuersatz von 15 % und wird damit zur bestimmenden Unternehmensteuer.[921] Insgesamt wird die Steuerlast von Kapitalgesellschaften nur bei gemeindlichen Hebesätzen von unter 420 % auf gesamt weniger als 30 % gesenkt. Der Steuerwettbewerb unter Kommunen wird daher zunehmen.

2477 • Während **Refinanzierungszinsen** im Zusammenhang mit dem Erwerb von Personenunternehmen voll abzugsfähig bleiben, ist beim Erwerb von Kapitalgesellschaftsanteilen nach Wegfall des Halbeinkünfteverfahrens für Anteile im Privatvermögen nicht einmal mehr die hälftige Abzugsfähigkeit aufrechterhalten geblieben, vielmehr entfallen Werbungskosten gänzlich. Die Abzugsfähigkeit bleibt jedoch für Refinanzierungszinsen von Kapitalgesellschaftsanteilen im Betriebsvermögen erhalten.

2478 • Belastungsverzerrend zugunsten der Personengesellschaft wirken sich auch die an die Stelle des missglückten § 8a KStG[922] tretende **Zinsschranke** (Rdn. 2450) bei großen Kapitalgesellschaften sowie umgekehrt die auf kleine und mittlere Personenunternehmen beschränkte Förderung durch Investitionsabzugsbeträge aus.[923] Letztere tritt bereits für das Wirtschaftsjahr 2007 an die Stelle der bisherigen Ansparabschreibung mit der Folge, dass begünstigte Unternehmen (Bilanzierende mit einem Eigenkapital inkl. Rücklagen bis zu 235.000,00 €; Einnahmen-Überschuss-Rechner mit einem Vorjahresgewinn von nicht mehr als 100.000,00 €) bis zu 40 % der Ausgaben für neue oder gebrauchte Wirtschaftsgüter, die in den kommenden 3 (bisher 2) Jahren angeschafft oder hergestellt und zu mindestens 90 % eigenbetrieblich genutzt werden sollen,[924] begrenzt auf 200.000,00 € (demnach also ein Investitionsvolumen von 500.000,00 €).

2479 Weitere bisherige **Vorteile der Personengesellschaft** sind unverändert geblieben:

- Demgegenüber bietet die Personengesellschaft aufgrund ihrer fehlenden Abschirmwirkung die Möglichkeit der Verrechnung zugewiesener Verluste mit positiven Einkünften aus anderen Einkommensquellen, allerdings beschränkt auf die Höhe der Einlage gem. § 15a EStG[925] und nach Maßgabe der §§ 2 Abs. 3, 2a EStG.
- Die volle Berücksichtigungsfähigkeit von Verlusten des Einzelunternehmers bzw. Mitunternehmers bei Veräußerung oder Aufgabe.
- Möglichkeit der Steuerförderung durch Investitionsabzugsbetrag und Sonderabschreibung.
- Fehlen steuerlicher Risiken in Gestalt „verdeckter Gewinnausschüttungen" – diese Problematik stellt sich bei der Personengesellschaft aufgrund ihrer „steuerlichen Transparenz" nicht.

---

920 Vgl. *Schiffers*, GmbHR 2007, 505, 511.
921 Vgl. *Herzig*, DB 2007, 1541.
922 Der im Ergebnis automatisch zu verdeckten Gewinnausschüttungen führte, wenn das Fremdkapital das Eigenkapital um das Eineinhalbfache überstieg.
923 Vgl. *Pitzke*, NWB Fach 3, S. 14671.
924 Unterbleibt die Anschaffung oder Herstellung, ist der Abzugsbetrag rückwirkend im Jahr der Bildung aufzulösen.
925 Vgl. hierzu OFD Frankfurt am Main, 04.04.2007 – S 2241a A-11-St213, ESt-Kartei § 15a Karte 8; Überblick bei *Paus*, EStB 2010, 428.

C. Gesellschaftslösungen unter Beteiligung der Veräußerer

- Überlegen ist schließlich die Personengesellschaft auch im Hinblick auf die Möglichkeit, Einzelwirtschaftsgüter und Mitunternehmeranteile zu Buchwerten zu übertragen bzw. Realteilungen steuerneutral vorzunehmen, seit § 6 Abs. 5 Satz 3 bis 5 EStG die Regelungen des früheren „**Mitunternehmererlasses**"[926] ab 01.01.2001 weitgehend wieder eingeführt hat, vgl. z.B. Rdn. 3043 ff. (Bei Kapitalgesellschaften ist z.B. bei der Überführung in Personengesellschaften eine steuerneutrale Buchwertübertragung nur beim Vorliegen eines Teilbetriebs möglich).
- Grunderwerbsteuerfreie Transfermöglichkeiten.

Auch die **Vorteile der Kapitalgesellschaft** blieben erhalten: 2480

- **Bildung steuerwirksamer Pensionsrückstellungen für Geschäftsführer**: nur die Kapitalgesellschaft ermöglicht aufgrund des Trennungsprinzips den steuerlichen Abzug (auch bei der Bemessungsgrundlage für die Gewerbesteuer) von angemessenen Aufwendungen zur Altersversorgung des Geschäftsführers (Pensionszusage).
- **95 %ige Steuerfreiheit von Dividenden** aus in- und ausländischen Kapitalgesellschaften.
- Möglichkeit der **körperschaftsteuerlichen** und **gewerbesteuerlichen Organschaft**.
- **Teilweise Steuerfreiheit** der **Veräußerung von Gesellschaftsanteilen durch natürliche Personen** zu 40 % – bis Ende 2008: 50 % – und durch Körperschaften zu 95 %, § 8b KStG.
- Andererseits droht bei der Personengesellschaft (oft unerkannt oder ungewollt) die Umqualifizierung von Privatvermögen in ertragsteuerliches Betriebsvermögen in Gestalt des sog. Sonderbetriebsvermögens (SBV), vgl. Rdn. 2799 ff., dessen Parallelführung zum eigentlichen Mitunternehmeranteil etwa bei Veräußerung oder Vererbung strenge Anforderungen stellt. Bei der Kapitalgesellschaft existiert aufgrund der ertragsteuerlichen Abschirmwirkung kein SBV, es können allerdings im Einzelfall die Voraussetzungen einer Betriebsaufspaltung mit ähnlichen Effekten vorliegen (vgl. Rdn. 2943 ff.).

Nachteilig bleibt bei **Kapitalgesellschaften** das einkommensteuerliche Risiko verdeckter Gewinnausschüttungen, sowie der Umstand, dass auch steuerfreie Erträge der Gesellschaft im Fall der Ausschüttung der zwingenden Besteuerung auf Gesellschafterebene unterliegen. Schließlich ist zu berücksichtigen, dass Gesellschaftergeschäftsführerbezüge auch in Verlustjahren lohnsteuerpflichtig bleiben. 2481

Verlustvorträge der GmbH bleiben „gefangen", und gehen unter bei der Umwandlung in eine Personengesellschaft (§ 4 Abs. 6 UmwStG[927] – allerdings können durch Ansatz eines Zwischen- oder des Teilwertes in der Schlussbilanz der übertragenden Kapitalgesellschaft gem. § 3 UmwStG Verlustvorträge i.S.d. § 10d EStG mit einem sonst steuerpflichtigen Übertragungsgewinn verrechnet werden) sowie beim Wechsel der Mehrheit der Anteile, § 8c KStG, Rdn. 2398. Der Weg in die Kapitalgesellschaft erweist sich also oft als **Einbahnstraße.** 2482

---

926 Vom 20.12.1977, BStBl. 1978 I, S. 8 ff.
927 Übernahmewert der übergehenden Wirtschaftsgüter abzgl. Buchwert der Anteile an der übertragenden Körperschaft = Übernahmegewinn/-verlust i.S.d. § 4 Abs. 4 Satz 1 UmwStG zuzüglich Sperrbetrag nach § 50c EStG = Übernahmegewinn/-verlust i.S.d. § 4 Abs. 4 Satz 5 UmwStG, der gem. § 4 Abs. 6 UmwStG außer Ansatz bleibt, soweit er auf Gesellschafter der übernehmenden Personengesellschaft entfällt.

Kapitel 6: Stiftungen

		Rn.
A.	**Übersicht**	2483
I.	Verbreitung	2483
II.	Anwendbares Recht	2485
III.	Merkmale	2489
	1. Stiftungszweck	2490
	2. Stiftungsvermögen	2494
	3. Stiftungsorganisation	2498
	a) Organe	2498
	b) Rechnungslegung	2505
	4. „Destinatäre"	2506
IV.	Erscheinungsformen	2507
	1. Öffentlich-rechtliche/kirchliche/kommunale Stiftungen	2507
	2. Öffentliche/private Stiftungen	2508
	3. Tätigkeitsformen	2509
	a) Operative Stiftungen/Förderstiftung	2509
	b) Unternehmensverbundene Stiftung	2510
	c) Stiftungsverbund	2517
	d) Familienstiftung	2518
	e) Bürger- oder Gemeinschaftsstiftung	2524
	4. Kombinationsmodelle	2525
	a) Doppelstiftung	2525
	b) Stiftung & Co. KG	2530
	c) Gemeinnützige Stiftung mit Familienbegünstigung	2534
	5. Ersatzformen der rechtsfähigen Stiftung	2536
	a) Unselbstständige Stiftung	2536
	b) Stiftungsverein und Stiftungskapitalgesellschaft	2542
	6. Ausländische Stiftungen und Trusts	2544
	a) Anstalten liechtensteinischen Rechts	2546
	b) Stiftungen des liechtensteinischen Rechts	2552
	c) Österreichische Privatstiftung	2557
	d) Trusts	2563
B.	**Errichtung, Ausstattung und Verwaltung einer selbstständigen Stiftung**	2569
I.	Stiftungsgeschäft	2569
	1. Stiftungsgeschäft unter Lebenden	2570
	2. Stiftung von Todes wegen	2574
II.	Anerkennung	2577
III.	Zustiftung	2579
IV.	Stiftungsaufsicht	2591
	1. Aufgaben	2591
	2. Satzungsänderung und Umwandlung von Stiftungen	2593
C.	**Steuerrecht**	2597
I.	Gemeinnützigkeit	2597
	1. Voraussetzungen	2597
	2. Beteiligung gemeinnütziger Stiftungen an anderen Gesellschaften	2609
II.	Steuerrechtliche Begünstigung bei Gemeinnützigkeit	2613
	1. Begünstigung der Stiftung	2613
	a) Erbschaftsteuer	2613
	b) Einkommensteuer	2614
	c) Grunderwerbsteuer	2615
	d) Körperschaft- und Gewerbesteuer	2616
	e) USt und Grundsteuer	2619
	2. Steuerliche Förderung des Stifters/Spenders	2620
	a) ESt	2620
	aa) Spendenabzug	2622
	bb) Dotation von Stiftungen	2624
	cc) Buchwertprivileg für Einbringung von Betriebsvermögen	2626
	b) Schenkung-/Erbschaftsteuer	2627
	3. Steuerliche Behandlung der Destinatäre	2629
III.	Besteuerung der nicht gemeinnützigen Stiftung	2630
	1. Besteuerung der Vermögensausstattung	2630
	2. Besteuerung der Stiftung	2634
	3. Besteuerung der Destinatäre	2636

		Rn.
D.	Eignung privatnütziger Stiftungen als Instrument der asset protection?	2639
I.	Anfechtbarkeit der Stiftungserrichtung und -ausstattung	2640
II.	Risiko der Rückforderung (§ 528 BGB)	2642
III.	Zugriff auf die Destinatärsrechte	2643

A. Übersicht

I. Verbreitung

2483   Ende 2009 existierten 16.400,[1] überwiegend gemeinnützige Stiftungen, sowie etwa 1.000 Familien-Stiftungen. Jährlich werden ca. 1.000 Stiftungen neu errichtet (dies bedeutet eine Versechsfachung ggü. der Zahl der Gründungen um 1985; die Hälfte der derzeitig errichteten Stiftungen ist noch keine 10 Jahre alt). Der „typische Stifter"[2] ist zwischen 50 und 70 Jahre alt und Unternehmer (44 %).[3] Stiftungsmotive sind v.a. die nachhaltige Förderung des Anliegens der Stiftung (70 %), die Verewigung des eigenen Namens und die Inanspruchnahme steuerlicher Vorteile (je etwa 25 %) und lediglich in 7 % der Fälle die Nachfolgeregelung im Unternehmen (Mehrfachnennungen waren möglich). Regional liegen die Schwerpunkte in Nordrhein-Westfalen, Bayern und Baden-Württemberg, bei den Städten in Frankfurt und Hamburg. Die größte Stiftung privaten Rechts (Robert Bosch) verfügt über ein Stiftungskapital von mehr als 5 Mrd. €.

2484   Die „Renaissance" der Stiftung erklärt sich aus dem ausgezeichneten Ruf dieser Rechtsform (Philanthropie, Tätigkeit öffentlicher Meinungsbildner und Kuratorien, Beständigkeit und Fehlen spektakulärer Insolvenzfälle), dem Wunsch nach posthumer Anerkennung und dem zunehmenden Rückzug des Staats aus der Erfüllung öffentlicher Aufgaben mithilfe von Steuergeldern.

II. Anwendbares Recht

2485   Ein dem GmbH- oder Aktiengesetz vergleichbares originäres Stiftungsgesetz auf Bundesebene existiert bisher nicht; §§ 80 bis 88 BGB regeln lediglich das Stiftungsgeschäft und die behördliche Anerkennung. Bzgl. einzelner Regelungskomplexe (Vorstand, Vertretungsmacht, Geschäftsführung, besondere Vertreter, Haftung, Insolvenz) verweist § 86 BGB auf die betreffenden Vorschriften des Vereinsrechts (§§ 26, 27 Abs. 3, 28 bis 31a und 42 BGB), ebenso § 88 BGB hinsichtlich des Liquidationsverfahrens auf §§ 46 bis 53 BGB. Bedeutsam ist die mittelbare Verweisung über § 27 Abs. 3 BGB auf die Regelungen des Auftragsrechts für das Innenverhältnis zwischen Stiftungsvorstand und Stiftung selbst.

2486   In den **§§ 80 ff. BGB** sind nunmehr die **Voraussetzungen für die Errichtung rechtsfähiger Stiftungen** bundeseinheitlich geregelt. Die Regelungen des BGB sind dabei abschließend. Die

---

[1]   Vgl. Stiftungsreport 2010, Bundesverband deutscher Stiftungen, www.stiftungen.org; Zahlen für 2005 bei *Werner*, ZEV 2006, 539.
[2]   Studie „Stiften in Deutschland" der BertelsmannStiftung v. April 2005, vgl. www.bertelsmann-stiftung.de/stifterstudie und *Feick*, BB-Special Heft 6 (2006), S. 13.
[3]   Angestellte 24 %, Beamte 16 %, Freiberufler 13 %.

Regelungen des Landesrechts[4] über Voraussetzungen der Anerkennung von Stiftungen und den notwendigen Inhalt des Stiftungsgeschäfts oder der Stiftungssatzung, die von den bundesrechtlichen Regelungen abweichen, sind überholt und wegen des Vorrangs des Bundesrechts (Art. 31 GG) nicht mehr anzuwenden.[5] Die Landesstiftungsgesetze werden sukzessive angepasst (z.B. das BayStG zum 01.08.2008).[6]

Zur Ausfüllung der verbleibenden Lücken berufen sind die **Landesstiftungsgesetze** jedoch im Hinblick auf die Stiftungsaufsicht (Fragen des Anerkennungsverfahrens, der Zustimmung bei beabsichtigter Nichterhaltung des Stiftungsvermögens, der Zuführung von Erträgen zum Grundstock, des Verzichts auf die Prüfung durch externe Wirtschaftsprüfer bei kleinen Stiftungen, Genehmigung von Satzungsänderungen, Auflösung und Zusammenschluss mehrerer Stiftungen, Zweckänderung, Genehmigung bestimmter Rechtsgeschäfte, die mit besonderen Risiken verbunden sind, Notbestellung von Gremienmitgliedern, Anordnungen zur Durchsetzung des Stifterwillens).

2487

Von großer praktischer Bedeutung sind dabei die Regelungen des Landesrechts zu **Stiftungsverzeichnissen** und zur **Erteilung von Vertretungsbescheinigungen**. Nur aufgrund eines beglaubigten Auszugs des Stiftungsverzeichnisses, sofern dieses öffentlichen Glauben genießt,[7] oder einer Vertretungsbescheinigung der Aufsichtsbehörde[8] lassen sich die Vertretungsbefugnisse des Stiftungsvorstandes gem. § 12 HGB oder § 29 GBO ggü. dem Handelsregister und dem Grundbuchamt nachweisen. Stiftungsverzeichnisse, welche die wesentlichen Informationen einer Stiftung wie Name, Sitz, Organe und ggf. eine Vertretungsregelung vergleichbar dem Vereinsregister enthalten und die öffentlich zugänglich sind, kennen nicht alle Bundesländer. Darüber hinaus wäre de lege ferenda zu fordern, dass die Eintragungen im Stiftungsverzeichnis oder in einem neu zu schaffenden Stiftungsregister wie die im Vereinsregister und Handelsregister öffentlichen Glauben haben.[9] Darüber hinaus existieren private Stiftungsdatenbanken.[10]

2488

Öffentlich-rechtliche Stiftungen unterliegen allein dem Rechtsregime des die Stiftung konstituierenden Gesetzes.

---

4 Jeweils als pdf-Datei über folgenden Link aufrufbar: www.stiftungen.org, Stichwort „Stifter & Stiftungen"; vgl. hierzu monografisch *Hüttemann/Richter/Weitemeyer*, Landesstiftungsrecht, 2011.
5 Vgl. dazu *Hüttemann/Rawert*, ZIP 2002, 2019.
6 GVBl. 2008 I, S. 473, vgl. www.stmi.bayern.de/buerger/staat/stiftungen unter der Rubrik „mehr zum Thema". Wesentliche Inhalte: Die Zahl der genehmigungs- bzw. anzeigepflichtigen Rechtsgeschäfte wurde von sechs auf nunmehr drei reduziert, die Rechnungsprüfung kann für jeweils höchstens 3 Jahre ausgesetzt werden, der Erlös für veräußerte Grundstücke muss nicht wieder in Grundstücken angelegt sein. Ehrenamtliche Organmitglieder genießen ein Haftungsprivileg; das Entstehen einer Stiftung muss nicht im Bayerischen Staatsanzeiger bekannt gemacht werden; eine Stiftung kann nunmehr gem. Art. 14 Abs. 4 BayStiftG auch in der Form der „Zulegung" zu einer funktionsfähigen Stiftung aufgehoben werden (keine Gesamtrechtsnachfolge!, Seifart/v. Campenhausen/ *Hof*, Stiftungsrechts-Handbuch, § 11 Rn. 54).
7 Was häufig nicht der Fall ist, vgl. § 5 Abs. 4 LStiftG LSA; zudem ist dort oft nur das Organ, nicht die zum Organ tatsächlich bestellte Person angegeben.
8 Die Vertretungsbescheinigung der Stiftungsaufsichtsbehörde nach § 9 Abs. 7 LStiftG-RP erfüllt die Voraussetzungen des § 29 GBO, OLG Zweibrücken, 30.11.2010 – 3 W 177/10, ZfIR 2011, 319 m. Anm. *Heinze*: „bestmögliche Nachweismöglichkeit angesichts bestehender Beweisnot".
9 Vgl. dazu *Mattheus*, DStR 2003, 254.
10 Etwa des Forschungsinstituts Maecenata, vgl. www.maecenata.de, sowie im Branchenbuch von „Social Net", www.socialnet.de/branchenbuch.

III. Merkmale

2489 Die Stiftung i.S.d. §§ 80 bis 88 BGB ist eine rechtsfähige Organisation, welche bestimmte durch ein **Stiftungsgeschäft festgelegte Zwecke** (vgl. Rdn. 2490 ff.) mithilfe eines **Vermögens** (vgl. Rdn. 2494 ff.) verfolgt, das diesen Zwecken dauerhaft in **Gestalt einer Stiftungsorganisation** (vgl. Rdn. 2498 ff.) gewidmet wird.[11]

1. Stiftungszweck

2490 Der oder die Stiftungszwecke bilden den Dreh- und Angelpunkt der Stiftungsverfassung. Eine Stiftung existiert lediglich um der Erfüllung dieses Zwecks willen, sodass auch die Organe der Stiftung sich diesem Zweck unterzuordnen haben. Ggf. hat die staatliche Stiftungsaufsicht bei Verletzung des Zwecks gegen die Organe, ja sogar gegen den Stifter selbst, einzuschreiten. Zur Zweckänderung vgl. unten Rdn. 2593 ff.

2491 Der Stiftungszweck kann von dem Stifter i.R.d. geltenden Rechtsordnung frei festgelegt werden (zu den weiteren Anforderungen i.R.d. Gemeinnützigkeit vgl. Rdn. 2597 ff.). Es gilt der Grundsatz der **gemeinwohlkonformen Allzweckstiftung**, der nunmehr in § 80 Abs. 2 BGB ausdrücklich normiert ist: Erlaubt sind alle Stiftungszwecke, die das Gemeinwohl nicht gefährden. Unzulässig sind nur solche Stiftungszwecke, die gegen die geltende Rechtsordnung verstoßen oder sich an der Grenze der Rechts-[12] oder Sittenwidrigkeit[13] bewegen.

2492 Nicht zulässig ist ferner die Stiftung für den Stifter und die Selbstzweckstiftung. Das Wesen der Stiftung setzt voraus, dass das Stiftungsvermögen nicht sich selbst, sondern einem außerhalb seiner selbst liegenden Zweck dient. Stiftungen allein für den Stifter sind daher nichtig; die etwa ausgesprochene behördliche Anerkennung heilt nicht. Die **Mit**begünstigung des Stifters selbst ist allerdings jedenfalls seit der Einführung der „gemeinwohlkonformen Allzweckstiftung" zulässig, wie auch in § 58 Nr. 5 AO erwähnt.

2493 Der Stiftungszweck muss schließlich nach § 80 Abs. 2 BGB **auf Dauer angelegt** sein. Ausreichend ist dabei auch ein zeitlich begrenzter Zweck, sodass auch sog. Verbrauchsstiftungen zulässig sind. An der Dauerhaftigkeit fehlt es lediglich dann, wenn der Stiftungszweck so angelegt ist, dass das Stiftungsvermögen durch einmalige Hingabe einem sofortigen Verbrauch zugeführt wird. Der Begriff der Stiftung setzt nämlich anders als die bloße einmalige Spende voraus, dass das ihr zugewendete Vermögen der Stiftung über einen gewissen Zeitraum erhalten bleibt. Berühmte Stiftungen (Fugger-Stiftung Augsburg und Julius-Spital-Stiftung Würzburg) bestehen schon seit Jahrhunderten.

---

11 Vgl. BayObLG, NJW 1973, 249.
12 Vgl. BVerwG, NVwZ 1998, 950 (Republikaner-Stiftung), dem sich ausdrücklich der Gesetzgeber in der Begründung des Gesetzes zur Modernisierung des Stiftungsrechts (BT-Drucks. 14/1877 v. 20.02.2002) angeschlossen hat; krit. dazu *Reuter*, Non Profit Law Yearbook 2001, S. 27 ff.
13 Z.B. eine durch den Kindsmörder *Gäfgen* geplante, auf seinen Namen lautende und von ihm zu leitende, Stiftung zur Förderung jugendlicher Gewaltopfer, *Büch*, ZEV 2010, 440 ff.

2. Stiftungsvermögen

Zur Verwirklichung ihres Zweckes bedarf die Stiftung als mitgliederlose Organisation eines Vermögens. Die **dauerhafte Vermögenslosigkeit einer Stiftung** führt nach § 87 BGB zu ihrer Auflösung.[14] Der **Begriff des Stiftungsvermögens** wird im Weiteren und im engeren Sinne verstanden. Im weiteren Sinne meint er die gesamten, verfügbaren Mittel einer Stiftung. Im engeren Sinne (insb. i.R.d. § 81 Abs. 1 BGB) bezieht sich der Begriff nur auf den Stiftungsgrundstock oder das sog. Stiftungskapital, das der Stifter i.R.d. Errichtung der Stiftung auf Dauer zur Erreichung ihres Zweckes widmet. Es kann durch sog. **Zustiftungen** (vgl. Rdn. 2579 ff.) später ergänzt werden. Ob bei späteren Vermögensübertragungen Dritter eine solche Zustiftung oder eine bloße Zuwendung (insb. Spende) vorliegt, die nicht der Stärkung des Grundstocks, sondern zum Verbrauch bestimmt ist, richtet sich nach dem Willen des Gebers.

2494

Die Stiftung wird nach § 80 Abs. 2 BGB nur anerkannt, wenn ihr **Vermögen zugewendet wurde** oder wird, das die **dauerhafte Verfolgung des Stiftungszwecks** ermöglicht. Bei der **Errichtung der Stiftung von Todes** wegen nach § 83 BGB muss die erforderliche Vermögensausstattung im Stiftungsgeschäft enthalten sein. Bei der Errichtung einer Stiftung durch Stiftungsgeschäft unter Lebenden genügt es dagegen, dass eine rechtlich gesicherte Aussicht auf Erhalt der erforderlichen Mittel besteht. Die erforderliche Vermögensausstattung ist abhängig von dem jeweiligen Zweck der Stiftung; ein gesetzlicher Mindestbetrag besteht nicht. Bei der **Prüfung des erforderlichen Kapitals** zur dauerhaften Verfolgung des Stiftungszwecks hat die Anerkennungsbehörde einen Beurteilungsspielraum. Im Regelfall werden für die Anerkennung zwischen 25.000,00 und 150.000,00 € gefordert.[15] Um den dauerhaften Bestand einer Stiftung und die Verfolgung ihres Zweckes sicherzustellen, ist die Errichtung einer rechtsfähigen Stiftung in der Praxis allerdings erst bei noch deutlich höherem Stiftungsvermögen zweckmäßig.

2495

Sinnvoll kann es ferner sein, zunächst eine sog. **Vorratsstiftung** zu gründen, die bei ihrer Errichtung nur mit geringem Kapital ausgestattet wird und deren Vermögen durch Zustiftungen Dritter oder des Stifters später ergänzt wird. Häufig erfolgt die Zustiftung dadurch, dass der Stifter die von ihm errichtete Stiftung durch Verfügung von Todes wegen als Erben oder Vermächtnisnehmer einsetzt. Die Vorratsstiftung muss allerdings auch dann laufend – wenn auch auf geringem Niveau – den vorgesehenen Zweck verwirklichen können. Eine „inaktive" Vorratsstiftung lassen weder das bürgerliche Recht noch das Gemeinnützigkeitsrecht zu.

2496

Wird die Stiftung durch behördliche Entscheidung oder aufgrund in der Satzung vorgesehenen Beschlusses eines Organs aufgehoben, fällt das noch vorhandene Vermögen an den Fiskus (§ 88 BGB), sofern die Satzung keinen Anfallberechtigten bezeichnet oder dessen Bezeichnung durch ein Organ ermöglicht. Bei gemeinnützigen Stiftungen muss insoweit ein steuerbegünstigter Anfallberechtigter bereits in der Satzung genannt werden (§ 61 AO).

2497

---

14 Staudinger/*Rawert*, BGB, Vorbem. zu §§ 80 ff. Rn. 15.
15 Vgl. Übersicht bei *Damrau/Wehinger*, ZEV 1998, 178.

3. Stiftungsorganisation

a) Organe

2498 Zur Umsetzung ihres Zweckes benötigt die Stiftung Organe, die ihr Handlungsfähigkeit verleihen. Die **Organisationsstruktur der Stiftung** bestimmt sich nach ihrer Satzung und subsidiär nach dem BGB. § 81 Abs. 1 Satz 3 Nr. 5 BGB fordert zumindest die **Einrichtung eines Vorstandes** als Vertretungsorgan. Dieser kann (z.B. bei kleinen Förderstiftungen) auch nur aus einer Person bestehen. Als **Organmitglied** (Vorstand, Kuratoriumsmitglied etc.) kann bei der Stiftung – anders als bei der Kapitalgesellschaft – auch eine juristische Person berufen werden. Der Vorstand kann vorbehaltlich landesrechtlicher Bestimmungen[16] in der Satzung (oder durch Beschluss des hierzu in der Satzung ermächtigten Organs) allgemein oder im Einzelfall von den Beschränkungen des § 181 BGB befreit werden.[17] Die **Haftung des Vorstands** ggü. der Stiftung (basierend auf §§ 86, 27 Abs. 3, 664 ff. BGB und ggf. Pflichtverletzung des Anstellungsvertrages (§ 280 Abs. 1 BGB); ferner nach deliktischen Normen und im Insolvenzfall gem. §§ 92 Abs. 2, 93 Abs. 3 Nr. 6 AktG analog)[18] ist der eines Vereinsvorstands vergleichbar (Hauptanwendungsfall: Verlust der Steuerbegünstigung als Folge von Organisationsmängeln). Letzteres Risiko ist besonders groß, wenn ein nebenberuflicher Vorstand die Führung der Geschäfte einem schlecht überwachten Geschäftsführer überlässt; einzelne Landesstiftungsgesetze (z.B. Art. 14 Satz 2 BayStiftG) stellten daher das unentgeltlich tätige Vorstandsmitglied schon bisher von leichter Fahrlässigkeit frei; § 31a Abs. 2 BGB gibt nun bundesrechtlich allen Vorstandsmitgliedern, die max. 500,00 €/Jahr Vergütung erhalten, einen Freistellungsanspruch ggü. der Stiftung, wenn Dritte infolge seiner leichten Fahrlässigkeit zu Schaden kommen, und stellt in § 31a Abs. 1 Satz 1 BGB solche Vorstände im Verhältnis zur Stiftung selbst[19] ebenfalls bei leichter Fahrlässigkeit frei.

2499 **Stiftungsaufsichtsbehörden** achten i.R.d. Anerkennungsprozesses besonders darauf, dass die Verfahren zur Besetzung der Organe exakt geregelt sind, um Notbestellungen durch das AG (§ 86 Satz 1 BGB i.V.m. § 29 BGB)[20] oder die Landesstiftungsbehörde zu vermeiden. Da von Gesetzes wegen kein Mitgliedschaftsorgan zur demokratischen Legitimation der Vorstands- bzw. Kuratoriumsmitglieder existiert, werden die ersten Mitglieder der Organe typischerweise vom Stifter im Stiftungsgeschäft berufen bzw. bei Errichtung von Todes wegen durch den hierfür eingesetzten Testamentsvollstrecker bestimmt. Neu- oder Nachbesetzungen können durch Kooptation (Eigenergänzung), Entsendungsrechte Dritter oder Besetzungsrechte anderer Stiftungsorgane oder eine Kombination dieser Modelle erfolgen. So wird etwa der Stifter bei Familienstiftungen zu seinen Lebzeiten sich selbst bzw. nach seinem Tod anderen Familienmitgliedern ein Besetzungsrecht einräumen.

---

16 Z.B. Art. 22 BayStiftG.
17 *Klepsch/Klepsch*, NotBZ 2008, 332.
18 Vgl. *Werner*, ZEV 2009, 366 ff.
19 Die in § 31a Abs. 1 Satz 2 BGB enthaltene identische Freistellung in Bezug auf die Mitglieder des „Vereins" geht bei der Stiftung – in Ermangelung von Mitgliedern – ins Leere.
20 Hierzu, insb. zum Vorrang vor den Landesstiftungsgesetzen, *Muscheler*, in: FS Dieter Reuter, 2010, S. 225, 235 ff.

A. Übersicht

Die **Organmitgliedschaft kann enden** durch zeitliche Befristung, Tod, Austritt und – soweit geregelt – Ausschließung (fehlt es an solchen Bestimmungen, ist eine Abberufung aus wichtigem Grund durch das Bestellungsorgan möglich). 2500

Hinsichtlich der **Beschlussfassung** sieht § 86 Satz 1 BGB mit seiner Verweisung auf §§ 28 Abs. 1, 32, 34 BGB den Mehrheitsbeschluss der erschienenen Organmitglieder bzw. die einstimmige schriftliche Beschlussfassung gem. § 32 Abs. 2 BGB vor. Diese Regelungen können jedoch durch die Satzung geändert werden. Geht es um die Vornahme eines Rechtsgeschäfts mit sich selbst oder die Einleitung und Erledigung eines Rechtsstreits mit der Stiftung, § 34 BGB, ist zwingend die Stimmberechtigung ausgeschlossen; eine Erweiterung solcher Vorkehrungen gegen Interessenkollisionen in der Satzung ist jedoch empfehlenswert. 2501

Ob die Stiftungssatzung neben dem Vorstand **weitere Organe** vorsieht, unterliegt dem Organisationsermessen des Stifters. Vernünftigerweise wird er sich insoweit von dem Zweck, der Funktion und der Höhe der Vermögensausstattung leiten lassen. Soweit die Satzung weitere Organe vorsieht, muss sie auch deren Kompetenzen festlegen und voneinander abgrenzen. Üblich ist es, dass neben dem Vorstand als Leitungsorgan ein Aufsichtsorgan (Beirat, Kuratorium) durch die Satzung vorgesehen wird, vgl. auch Rdn. 2522. Daneben wird teilweise als weiteres Vertretungsorgan für bestimmte Geschäfte ein besonderer Vertreter nach §§ 86, 30 BGB eingesetzt. 2502

Der **Schaffung von Mitbestimmungsrechten** zugunsten der **Destinatäre, Spender, Zustifter** oder **Mitarbeiter** durch die Satzung sind aufgrund des Prinzips des Numerus clausus der Rechtsformen im deutschen Zivilrecht enge Grenzen gesetzt.[21] Die Stiftung hat anders als eine Körperschaft keine Mitglieder, die als oberstes Verbandsorgan den Verbandswillen und die Verwirklichung des Verbandszweckes festlegen. Destinatären, Spendern und Zustiftern darf daher auch nicht durch die Stiftungssatzung eine mitgliedschaftsähnliche Rechtsposition eingeräumt werden, sodass die Stiftung zu einem körperschaftlichen Gebilde würde. Eine „Stifterversammlung" dient daher mehr als öffentlichkeitswirksames Forum zur Information und Meinungsbildung, auch zur Anwerbung weiterer Zustifter. Gerade bei Bürgerstiftungen ist die Berufung in die Stifterversammlung an die Vornahme einer Zustiftung in bestimmter Mindesthöhe geknüpft. Vereinzelt erhält sie zusätzliche Kompetenz in Gestalt der Entsendung einzelner Kuratoriums(Aufsichts)mitglieder oder der Ablehnung von Vergabeentscheidungen (z.B. durch Mehrheitsbeschluss). 2503

Hinweis: 2504

Aufgrund des statischen, nur schwer abänderbaren Charakters von Stiftungssatzungen (vgl. Rdn. 2593 ff.) empfiehlt es sich, weitere Details in Geschäftsordnungen festzulegen, die vom betreffenden Gremium selbst (häufig mit Genehmigung anderer Gremien) zu erlassen sind. Dadurch lässt sich die Form der Willensbildung und die Art der Koordination zwischen verschiedenen Gremien einfach an veränderte Verhältnisse anpassen.

---

21 Einzelheiten sind str., vgl. dazu BGHZ 99, 344.

b) Rechnungslegung

2505 § 86 i.V.m. § 27 Abs. 3 i.V.m. §§ 666, 259, 260 BGB regelt lediglich die **interne Rechenschaftspflicht** für rechtsfähige Stiftungen bürgerlichen Rechts. Ist eine **Stiftung** (Unternehmensträgerstiftung oder Stiftung & Co. KG) **als Kaufmann** tätig, unterliegt sie den handelsrechtlichen Rechnungslegungsvorschriften. Andernfalls gelten die Rechnungslegungsvorschriften der Landesstiftungsgesetze (z.B. Art. 25 BayStiftG), die i.d.R. zwar keine kaufmännische Buchführung, aber eine Einnahmen-Ausgaben-Rechnung, verbunden mit einer Vermögensübersicht und einem Bericht über die Erfüllung des Stiftungszwecks, zur Nachprüfung der Erhaltung des Stiftungsvermögens verlangen (vgl. Art. 24 BayStiftG). Das Institut der Wirtschaftsprüfer hat Empfehlungen zur Rechnungslegung von Stiftungen vorgelegt.[22]

4. „Destinatäre"

2506 Anders als Zweck, Vermögen und Organe ist das Vorhandensein Begünstigter kein notwendiges Element der Stiftung. Insb. Familienstiftungen (vgl. Rdn. 2613 ff.) regeln jedoch exakt, wer zum Kreis der möglichen Förderungsberechtigten zählt. Zur Vermeidung pfändbarer Leistungsverhältnisse („asset protection") legen vorsichtige Satzungen dabei besonderen Wert auf die Klarstellung, dass die potenziellen Destinatäre keinerlei Anspruch auf Förderung haben (vgl. Rdn. 2643 ff.), weder i.S.e. satzungsmäßigen Berechtigung noch als Ausfluss des allgemeinen Gleichheitsgrundsatzes noch aus wiederholter Übung. Letzteres verbietet sich regelmäßig auch deshalb, weil der Kreis der möglichen künftigen Destinatäre (insb. die Zahl der Abkömmlinge) starken Veränderungen unterliegen kann, sodass bei einklagbaren Leistungsansprüchen eine Verwässerung der Zuwendungsquantität zu befürchten ist. Verpflichtet sich eine Stiftung vertraglich zu Leistungen an „Destinatäre" zur Erfüllung ihres Zwecks, handelt es sich insoweit nicht um eine Schenkung, sodass es keiner notariellen Beurkundung bedarf.[23]

IV. Erscheinungsformen

1. Öffentlich-rechtliche/kirchliche/kommunale Stiftungen

2507 Die öffentlich-rechtliche Stiftung ist keine privatrechtliche, sondern eine aufgrund öffentlichen Rechts errichtete Verwaltungseinheit mit eigener Rechtspersönlichkeit, die mit einem Kapital- oder Sachbestand Aufgaben des öffentlichen Rechts erfüllt (vgl. Legaldefinition in § 46 Abs. 1 SchlHolLVwG). **Kirchliche** Stiftungen sind nach den Landesstiftungsgesetzen solche, deren Zweck ausschließlich oder vorwiegend kirchlichen Aufgaben dient und die eine besondere organisatorische Verbindung zu einer Kirche aufweisen. Kirchliche Stiftungen bedürfen neben der Anerkennung durch die staatliche Behörde der Anerkennung durch die zuständige kirchliche Behörde. **Kommunale** oder **örtliche** Stiftungen sind dadurch gekennzeichnet, dass sie einer kommunalen Gebietskörperschaft zugeordnet sind, ihre Zweckbestimmung i.R.d. öffentlichen Aufgaben dieser Körperschaft liegt und sie i.d.R. durch die Organe dieser Körperschaft verwaltet werden. Sie können rechtsfähige oder nicht rechtsfähige Stiftungen sein.

---

[22] WPg 2000, 398 ff.
[23] BGH, 07.10.2009 – XaZR 8/08, ZEV 2010, 100 mit teilw. krit. Anm. *Gantenbrink* (Schenkung liege vor, § 518 Abs. 1 BGB gelte aber wegen Analogie zu § 81 Abs. 1 Satz 1 BGB nicht).

2. Öffentliche/private Stiftungen

Im Hinblick auf die von ihnen verfolgten Zwecke wird zwischen öffentlichen und privaten (richtig: privatnützigen) Stiftungen unterschieden (vgl. etwa ausdrücklich Art. 1 Abs. 3 BayStG): **Private Stiftungen** sind solche, deren Zwecke nur einem durch Familien-, Vereins- oder Betriebszugehörigkeit oder in ähnlicher Weise abgegrenzten Personenkreis dient.

2508

- Begünstigter einer **öffentlichen Stiftung** ist dagegen die Allgemeinheit. Als öffentlichen Zwecken dienende Stiftungen gelten v.a. solche, die steuerbegünstigten Zwecken i.S.d. Abgabenordnung dienen (vgl. Rdn. 2597 ff.).
- Prototyp der privatnützigen Stiftung ist dagegen die **Familienstiftung** (vgl. Rdn. 2613 ff.).

3. Tätigkeitsformen

a) Operative Stiftungen/Förderstiftung

Förderstiftungen beschränken sich auf die **Anlage** bzw. den **Verbrauch vorhandenen Vermögens** und den Einsatz des Erlöses für einen eng umgrenzten Zuwendungszweck; die Stiftungsstruktur ist typischerweise einfach, insb. wenn die Vermögensverwaltung in fremde Hand gelegt wird. Auch große Kapitalsammlungen fallen jedoch in diese Kategorie (z.B. VolkswagenStiftung).

2509

Operative Stiftungen dagegen vereinen **ideelle** und **wirtschaftliche Tätigkeiten** unter einem Dach (z.B. Stiftung Warentest). Die ideelle, also nicht auf die Erzielung von Einnahmen gerichtete Leistung liegt z.B. in der Sensibilisierung der Öffentlichkeit für ein bestimmtes Anliegen (Deutsche Aids-Stiftung). Die operative Tätigkeit kann, je nach Maßgabe der §§ 55 bis 68 AO, steuerbegünstigt oder steuerpflichtig sein.

b) Unternehmensverbundene Stiftung

Sie[24] existiert in der Form der (selten gewordenen) **unmittelbaren Unternehmensträgerstiftung**, einerseits – etwa Stiftungen, die unmittelbar als Einzelkaufmann tätig und auch als solche im Handelsregister eingetragen sind (Unternehmensträgerstiftung i.e.S.) –, und der Beteiligungsstiftung (die als Gesellschafter Stimm-, Kontroll- und ggf. – Komplementär! – Vertretungsrechte ausübt), andererseits (vgl. Rdn. 2512); bei Letzterer dient die Beteiligung lediglich der Mittelbeschaffung, nicht der Zweckverwirklichung. Zweck darf jedoch nicht lediglich der Erhalt eines Unternehmens (also die Selbsterhaltung) sein (Verbot der sog. „Selbstzweckstiftung"), sodass ein darüber hinausgehender Zweck (Förderung von Familienmitgliedern oder gemeinnütziger Zweck bzw. Kombination beider) verfolgt werden muss. Daher kann der Stiftungsvorstand auch gehalten sein, die dauerhaft ertraglos gewordene Unternehmensbeteiligung zu veräußern.[25]

2510

I.R.d. **Reform des Stiftungszivilrechts** war vorgeschlagen worden, die Zulässigkeit unternehmensverbundener Stiftungen durch eine Verweisung auf die §§ 21, 22 BGB (so der Entwurf der Fraktion Bündnis 90/Die Grünen) bzw. durch ein Verbot bestimmter unternehmerischer Tätig-

2511

---

24 Instruktive Übersicht bei *Ihle*, RNotZ 2009, 557 ff. und 621 ff.
25 Formulierungsvorschlag für eine klarstellende Ermächtigung hierzu in der Satzung: *Ihle*, RNotZ 2009, 621, 624.

Kapitel 6: Stiftungen

keiten (so der Entwurf der FDP-Fraktion) gesetzlich einzuschränken. Der Gesetzgeber hat diese Vorschläge im Gesetz zur Modernisierung des Stiftungsrechts nicht berücksichtigt, sondern nur den Gemeinwohlvorbehalt des § 80 Abs. 2 BGB geregelt. Nach der herrschenden Meinung[26] bestehen darüber hinaus keine Zulässigkeitsschranken für unternehmensverbundene Tätigkeiten von Stiftungen; die Gegenauffassung[27] will dagegen auf solche Stiftungen § 22 BGB analog anwenden.[28]

2512 **Beteiligungsträgerstiftungen** treten v.a. als Stiftung & Co. KG auf, vgl. Rdn. 2530 ff. (z.B.: Lidl-Stiftung & Co. KG bzw. Kaufland Stiftung & Co. KG; Markus-Stiftung bzw. Siepmann-Stiftung für Aldi-Nord bzw. Aldi-Süd; häufig auch für Holding-Strukturen, also als stabilisierendes und perpetuierendes Element in der Funktion des persönlich haftenden Gesellschafters oder eines Kommanditisten: Schickedanz Holding Stiftung & Co. KG, Vorwerk Elektrowerke Stiftung & Co. KG). Bedeutsame Unternehmensstiftungen, die bisher – als solche im Handelsregister eingetragen – einzelkaufmännische Unternehmen betrieben (Fa. Carl Zeiss sowie Fa. Schott Glaswerke) sind aufgrund des Formwechsels dieser Unternehmen in AG nunmehr Beteiligungsträgerstiftungen geworden.[29] Einzelne Unternehmerfamilien (Reinhold Würth, größter Schraubenhändler der Welt) haben gar mehrere Familienstiftungen geschaffen.[30]

2513 Zum **Vermögen solcher Stiftungen** zählen nicht selten Unternehmen, die der Stifter seinen Angehörigen nicht, auch nicht als Gesellschaftern, anzuvertrauen bereit ist oder bzgl. derer er Liquiditätsabflüsse durch Abfindungszahlungen vermeiden möchte. (Alternative Sicherungsinstrumente, wie Vinkulierung der Veräußerlichkeit und Beschränkung der Vererblichkeit auf lediglich einen Nachfolger, setzen die Existenz genügend anderweitigen Vermögens zum Ausgleich voraus.)

2514 Familie und Unternehmen sind damit dauerhaft getrennt, die Früchte bleiben jedoch den Angehörigen erhalten.[31] Diese Effekte gehen deutlich hinaus über die Schutzwirkungen, welche die Anordnung einer Dauertestamentsvollstreckung bewirken kann (Dreißig-Jahres-Grenze des § 2210 BGB[32] auch mit Wirkung für Erbeserben;[33] Abhängigkeit von der Zuverlässigkeit und dem Leistungswillen des eingesetzten Vollstreckers; Gefahr der Ausschlagung und des Pflichtteilsverlangens gem. § 2306 Abs. 1 BGB). Hinzu kommt, dass die in der kraft Rechtsnatur „eigentümerlosen" Stiftung vorhandenen Werte nicht mehr der Gefahr „unzutreffender Vererbung"

---

26 Palandt/*Heinrichs*, BGB, Vor § 80 Rn. 11; Soergel/*Neuhoff*, BGB, Vor § 80 Rn. 65 ff.; *Burgard*, NZG 2002, 700.
27 MünchKomm-BGB/*Reuter*, Vorbem. zu § 80 Rn. 6; Staudinger/*Rawert*, BGB, Vorbem. zu §§ 80 ff. Rn. 94 ff.
28 Statthaft sind nach dieser Meinung nur Unternehmensverbindungen, die der Stiftung entsprechend den im Vereinsrecht entwickelten Grundsätzen des Nebenzweckprivilegs als Zweckbetrieb zur Verwirklichung ihrer Ziele dienen, und solche, die für sie eine reine Dotationsquelle darstellen.
29 Durch Einzelrechtsübertragung der Betriebsgegenstände oder (i.d.R.) durch Ausgliederung gem. §§ 123, 163 ff. UmwG, vgl. *Ihle*, RNotZ 2009, 557, 565.
30 Fünf Familienstiftungen (eine für Auslandsvermögen, ferner je eine für Ehefrau Carmen und Kinder Bettina, Marion und Markus, Wiedergabe des Stiftungszwecks bei *Ihle*, RNotZ 2009, 621, 632 Fn. 257).
31 Vgl. *Scherer/Kormann/Blanc/Groth/Wimmer*, Familienunternehmen, Kap. 1 H, Rn. 268; *Ihle*, RNotZ 2009, 557, 567 ff.
32 Die allerdings durch die Lebenszeitbefristung des § 2210 Satz 2 BGB verlängert werden kann; die Vollstreckung endet dann mit dem Tod des letzten Vollstreckers, der 30 Jahre nach dem Erbfall im Amt war, BGH, 05.12.2007 – IV ZR 275/06, MittBayNot 2008, 301 m. Anm. *Weidlich*, S. 263.
33 Vgl. Gutachten, DNotI-Report 2007, 3.

unterliegen (insb. im Hinblick auf Schwiegerkinder und das latente Erbrecht des geschiedenen Ehegatten) und i.R.d. Zugewinnausgleichs unberücksichtigt bleiben (bis zur Grenze der Hinzurechnung als Schenkung gem. § 1375 BGB). Stiftungen erlauben schließlich eine Perpetuierung erarbeiteten Vermögens zur Unterhalts- (und Ausbildungs-)sicherung künftiger Generationen.

Andererseits sehen die Vorstände von Beteiligungsträgerstiftungen die von ihnen gehaltene Unternehmen v.a. als Einkunftsquelle, handeln also nicht wie ein „interessierter Eigentümer". Auch die Anforderungen an corporate governance unternehmensnaher Stiftungen entwickeln sich erst allmählich.[34] Des Weiteren verfügen Unternehmensträgerstiftungen nur über begrenzte Möglichkeiten der Eigenkapitalbeschaffung (sind also daher auf Kreditaufnahmen, Begabe von Schuldverschreibungen etc angewiesen). Die Fokussierung auf ein Unternehmen kann sich schließlich als Fessel erweisen, selbst wenn sie in der Satzung auf eine „Kerngesellschaft" beschränkt ist:[35]

Formulierungsvorschlag: Begrenzte Flexibilität bei Unternehmensbeteiligungsstiftung 2516

> Das Vermögen der Stiftung besteht zum Zeitpunkt ihrer Errichtung aus der Beteiligung an ..... („Kerngesellschaft") sowie an ..... („Nebengesellschaften"). Der Vorstand ist ermächtigt, Kern- und Nebengesellschaften in andere Rechtsformen umzuwandeln oder in andere Gesellschaften einzubringen, sowie an Satzungsänderungen umfassend mitzuwirken, auch an Kapitalerhöhungen unter Ausschluss des eigenen Bezugsrechts. Eine Veräußerung der Beteiligung an der Kerngesellschaft bzw. an dem an ihre Stelle tretenden Rechtsträger ist jedoch unzulässig.

c) Stiftungsverbund

In den letzten Jahrzehnten nimmt ferner die Einbindung von Stiftungen in Verbandsstrukturen 2517
zu, etwa zur

- **Mittelbeschaffung** (die Stiftung als der Träger der wesentlichen Vermögenswerte betreibt das fund faising; sie ist personell verflochten mit einem Verein, der als Mitgliederverband insb. ein politisches Mandat wahrnimmt und ehrenamtliche Kräfte anwirbt, der Verein wiederum ist alleiniger Gesellschafter der wirtschaftlich operativ tätigen gemeinnützigen GmbH, die eine gemeinnützige Einrichtung betreibt und das Objekt hierfür von der Stiftung anpachtet;
- **Bündelung der Sponsoring-Aktivitäten** als sog. „corporate foundation", wobei die Kontrolle der Stiftung durch personelle Verflechtungen mit dem „dahinterstehenden" Unternehmen sichergestellt wird.

---

34 *Augsten/Jordan*, ZErb 2009, 167.
35 *Ihle*, RNotZ 2009, 557, 568.

d) Familienstiftung

2518 Sie wird primär zugunsten von Personen errichtet, die von gemeinsamen Stammeltern abstammen, und soll deren Versorgung sichern[36] (§ 1 Abs. 1 Nr. 4 ErbStG; abzustellen ist auf die satzungsmäßige[37] Bezugs- und Anfallberechtigung einerseits, die Einflussnahme auf die Nutzung des Stiftungsvermögens andererseits),[38] gleichzeitig aber eine Zersplitterung des Vermögens durch Erbteilung oder Veräußerung vermeiden. Sie wird im ErbStG einerseits gefördert (Steuerklasse des entferntest Berechtigten ist maßgeblich, nicht a priori Steuerklasse III), andererseits benachteiligt (Erbersatzsteuer im 30-Jahres-Turnus). Bei der „Kapitalstiftung" steht die Gewährung von Zuwendungen im Vordergrund – seit der Reform des Stiftungszivilrechtes am 01.09.2002 („gemeinwohlorientierte Allzweckstiftung") besteht kein Zweifel mehr an der Zulässigkeit solcher Stiftungen auch zur Sicherung des Privatvermögens[39] –, bei der „Anstaltsstiftung" die Aufrechterhaltung einer Sachgesamtheit, etwa eines Museums oder eines Unternehmens.

2519 Umstritten ist die Frage, ob der nicht kodifizierte Grundsatz „**Keine Stiftung für den Stifter selbst**" einer Gestaltung entgegensteht, wonach die Stiftungsorgane i.R.d. Förderung der Stifterfamilie auch oder möglicherweise vorrangig oder gar ausschließlich Leistungen an den Stifter erbringen können bzw. gar sollen. Die **Mit**begünstigung des Stifters selbst ist jedenfalls seit der Einführung der „gemeinwohlkonformen Allzweckstiftung" zulässig, wie auch in § 58 Nr. 5 AO erwähnt.[40] Ungesichert ist allerdings der Status von Stiftungen, die (offen oder verdeckt) ausschließlich den Stifter begünstigen sollen; vorsichtiger Weise ist hiervon abzuraten, da die eventuelle Nichtigkeit des Stiftungsakts nicht durch behördliche Anerkennung geheilt würde.[41]

Der Zweck einer solchen Familienstiftung könnte etwa i.R.d. Stiftungssatzung wie folgt formuliert werden:

2520 **Formulierungsvorschlag: Regelung des Zwecks einer Familienstiftung**

> Die Stiftung bezweckt als Familienstiftung die Förderung und Unterstützung der Ehefrau, der Abkömmlinge und des Stifters selbst in möglichst nachhaltiger Weise.
>
> Dieser Zweck wird beispielsweise erfüllt durch Absicherung des Lebensunterhalts und umfassende Versorgung der Begünstigten, durch Förderung ihrer Berufsausbildung und berufli-

---

36 Häufig erfolgt Anknüpfung an die Merkmale der außensteuerlichen Familienstiftung i.S.d. § 15 Abs. 2 AStG: 50%-Grenze der Familie an den laufenden Bezügen der Stiftung, oder aber Bezugs- und Anfallberechtigung der Familie lediglich zu einem Viertel, und zusätzliche Merkmale eines „wesentlichen Familieninteresses" (Einsatz von Stiftungspersonal oder Nutzung der stiftungseigenen Wohnung für eigene Zwecke etc.), vgl. *Carlé*, ErbStB 2008, 126; R 2 Abs. 2 ErbStR 2003. Überblick zur Familienstiftung bei *Heuser/Freye*, BB 2011, 983.
37 Nach BFH, 18.11.2009 – II R 46/07, ErbStB 2010, 92 selbst dann, wenn Leistungen unwahrscheinlich sind, da die Satzung bestimmte „Armutsschwellen" vorsieht, die aufgrund erheblichen Eigenvermögens der Destinatäre wohl nicht unterschritten werden.
38 FG Berlin-Brandenburg, 05.09.2007 – 14 K 5016/03, DStRE 2008, 487 (Rev. BFH – II R 46/07); *Thoma*, ErbStB 2009, 12.
39 Zuvor wurden Bedenken hergeleitet aus der Abschaffung der Fideikommisse in Art. 155 Abs. 2 Satz 2 Weimarer Reichsverfassung – die allerdings gem. § 18 FidKomAufhG gerade in Familienstiftungen übergeleitet wurden! – und aus einer Analogie zum verbotenen wirtschaftlichen Verein, § 22 BGB.
40 Vgl. *Burgard*, NZG 2002, 697 ff.
41 Vgl. im Einzelnen *von Oertzen*, Asset Protection im deutschen Recht, Rn. 86 ff.

chen Existenzgründung, durch finanzielle Unterstützung bei Heirat und Familiengründung, durch Finanzierung gemeinsamer Urlaubsreisen und Festlichkeiten sowie schließlich durch Pflege und Erhaltung des Familiengrabs.

Ein Anspruch auf solche Leistungen wird weder durch diese Satzung noch durch langjährige Übung noch durch Berufung auf den Gleichbehandlungsgrundsatz noch aus anderen Rechtsquellen vermittelt.

Nach den Regelungen einiger Bundesländer sind Familienstiftungen teilweise oder vollständig von der Stiftungsaufsicht ausgenommen (§ 13 BadWürtt-StiftG; § 10 Abs. 2 BerlStiftG; §§ 4, 13, 18 Brandenburg StiftG; § 17 BremStiftG; § 14 Abs. 2 HambAGBGB; § 21 Abs. 2 HessStiftG; §§ 14 Abs. 2, 27 Abs. 2 MecklVorPStiftG; §§ 10 Abs. 2, 23 Abs. 3 NdsStiftG; §§ 2 Abs. 5, 28 NW-StiftG; §§ 18 Abs. 3, 27, 52 RhPfStiftG; §§ 19, 22 Abs. 2 SchlHolStiftG), da bei ihnen das Eigeninteresse der Familienmitglieder die Gewähr für die Erfüllung des Stifterwillens biete. Mancher Stifter wird daher durch Einrichtung eines Stiftungsbeirates das interne Aufsichtselement stärken wollen:

Formulierungsvorschlag: „Starker" Beirat bei einer unternehmensverbundenen Familienstiftung

Es wird ein Stiftungsbeirat eingerichtet, der aus drei Personen besteht. Dem ersten Beirat gehören A, B und C an. Nachfolger für A und B werden durch Kooptation bestimmt, der Nachfolger für C wird durch diejenige Wirtschaftsprüfungsgesellschaft bestimmt, welche im Bestimmungsjahr mit der Abschlussprüfung des Unternehmens betraut ist, an dem die Stiftung die werthöchste Beteiligung hält. Mitglied des Stiftungsbeirats kann nicht sein, wer Vorstand der Stiftung ist oder in den drei vorangehenden Jahren war.

Aufgaben des Beirates sind

(1) die Überwachung der Geschäftsführung des Vorstands,

(2) die Aufstellung von Leitlinien für die unternehmerische Tätigkeit des Vorstands und die Kontrolle ihrer Umsetzung sowie

(3) der Erlass einer Geschäftsordnung, in welcher Maßnahmen bestimmt werden, welche der vorherigen Zustimmung des Beirats bedürfen. Dabei kann der Beirat dem Vorstand auch Weisungen erteilen, diesen jedoch nicht absetzen oder berufen.

Reizvoll ist die Möglichkeit, durch gemeinnützige Zwecke i.H.v. mindestens zwei Dritteln der Erträge insgesamt, auch hinsichtlich des zur Familienversorgung vorgesehenen Drittels, steuerbegünstigt zu sein (s.u. Rdn. 2534). In Betracht kommt sie v.a. bei sehr großen Familienbetrieben, wo die Erbschaftsteuer – auch unter Berücksichtigung der Privilegierungsmöglichkeiten von Betriebsvermögen – zu einer deutlichen Schmälerung der Substanz führen würde, andererseits jedoch ein Drittel der Erträge zur (ergänzenden) Versorgung der Familie nachhaltig genügt. Der statische Charakter einer Stiftung kann sich in einer immer rascheren Veränderungen ausgesetzten Welt als Nachteil erweisen, der Anpassungen an das Wirtschaftsleben erschwert, ferner auch das Fehlen unmittelbaren Engagements in Gestalt eines aus Eigeninteresse handelnden Eigentümers und schließlich der erschwerte Zugang von Stiftungsunternehmen zum Kapitalmarkt.[42]

e) Bürger- oder Gemeinschaftsstiftung

2524   Als Ausdruck bürgerschaftlichen Engagements schaffen sie regional begrenzt Kapitalsammelstellen zur Aufrechterhaltung vormals kommunaler Angebote, zur Entwicklung neuer Engagementformen für Bürger und zur Unterstützung Bedürftiger (sog. „community foundations"). Oft werden sie durch örtliche Unternehmen (Sparkassen) mit dem ersten Stiftungskapital ausgestattet. Ihre Struktur ist stark auf die Einwerbung von Zustiftungsmitteln ausgerichtet; als „Lockstoff" dient insoweit auch die Möglichkeit der treuhänderischen Verwaltung von Namensstiftungen für einzelne Zwecke (Motiv der Eitelkeit).[43]

4. Kombinationsmodelle

a) Doppelstiftung

2525   Eine Kombination der wirtschaftlichen Vorteile der Familienstiftung mit den steuerlichen Vorteilen der gemeinnützigen Stiftung versucht das Modell der „Doppelstiftung":[44] Gesellschafter der unternehmenstragenden GmbH sind sowohl eine Familienstiftung – diese hat zur Sicherung des unternehmerischen Einflusses der Familie den überwiegenden Anteil der Stimmrechte, sog. „Führungsstiftung" – als auch eine gemeinnützige Stiftung (ggf. mit Zwei-Drittelbegrenzung hinsichtlich der Erträge) – Letzterer gehört der überwiegende Anteil des Vermögens, zur Minimierung der Erbschaftsteuerbelastung.[45] Die gemeinnützige Stiftung kann dabei auch die Funktion einer „Familienbank" übernehmen, die aufgrund ihrer Gemeinnützigkeit steuerfrei Eigenkapital bildet und dem Familienunternehmen zinsgünstig zur Verfügung stellt. Problematisch ist allerdings, ob dem nicht § 42 AO (Vorwurf des Gestaltungsnießbrauchs) entgegensteht.[46] Ein Beispiel stellte der Verbund aus gemeinnütziger Hertie-Stiftung und Karg'scher-Familienstiftung dar.[47] Die Vorstände beider Stiftungen sollten nicht verflochten sein, da sonst die gemeinnützige Stiftung Teil eines wirtschaftlichen Geschäftsbetriebes werden („Personalunion") und damit ihre Gemeinnützigkeit verlieren kann.

---

42 Vgl. *Schiffer/von Schubert*, BB 2002, 266.
43 Muster bei Kersten/Bühling/*Krauß*, Formularbuch und Praxis der freiwilligen Gerichtsbarkeit, § 123 Rn. 115 M; vgl. ferner www.bertelsmann-stiftung.de (Arbeitsschwerpunkt: Beratung von Bürgerstiftungsgründungen, vgl. auch die von der Bertelsmannstiftung unterhaltene Homepage www.buergerstiftung.de.
44 Vgl. *Bayer/Koch*, Unternehmens- und Vermögensnachfolge (NotRV 2009), S. 154 ff.; *Ihle*, RNotZ 2009, 621, 634 ff.; Muster bei *Spiegelberger*, Unternehmensnachfolge, § 17 Rn. 45 ff., und (Doppelstiftung & Co. KG) bei Brambring/Mutter/*Mutter*, Formularbuch Erbrecht, Muster H II. 5.
45 Es verbleibt nur die Erbersatzsteuer auf die Familienstiftung. Die Beteiligung der Familienstiftung am Unternehmen sollte, um die Betriebsvermögensbegünstigung zu erhalten, unmittelbar oder aber durch Poolvereinbarung mindestens 25 % umfassen.
46 Vgl. *Schnitger*, ZEV 2001, 106; dagegen *Kirnberger/Werz*, ErbStG 2004, 147. Bedeutsamer Fall: Hertie („Der Spiegel", Heft 22/1999, S. 76 ff.).
47 Die Familienstiftung hielt lediglich 0,5 % der Anteile an der Hertie Waren- und Kaufhaus GmbH, ausgestattet mit Mehrstimmrecht.

A. Übersicht

Als Holding bzw. operativ tätige Gesellschaft eignet sich bei der Doppelstiftung in erster Linie die GmbH, da eine disquotale Gewinnverteilung gem. § 29 Abs. 3 Satz 2 GmbHG – jedenfalls gesellschaftsrechtlich – keinen Bedenken begegnet (anders als bei der satzungsstrengen AG, § 23 Abs. 5 AktG – bei Letzterer lässt sich ein ähnliches Modell jedoch erreichen durch die Verwendung stimmrechtsloser Vorzugsaktien anstelle von Stammaktien, oder durch Verwendung einer KGaA, bei welcher die Familienstiftung Komplementärin, die gemeinnützige Stiftung Kommanditaktionärin ist).[48] Auch bei einer lediglich symbolischen Kapitalbeteiligung des Mehrstimmberechtigten liegt im Konzept der Doppelstiftung nach herrschender Auffassung kein Verstoß gegen das Abspaltungsverbot des GmbH-Rechts, da § 47 GmbHG dispositiv ist, also sogar stimmrechtslose Anteile ermöglicht.[49]

2526

Wird das operativ tätige Unternehmen nicht als Kapitalgesellschaft, sondern bspw. als **GmbH & Co. KG** geführt, empfiehlt es sich, zwischen die gemeinnützige Stiftung und die Kommanditbeteiligung eine GmbH zu schalten, da die unmittelbare Beteiligung einer gemeinnützigen Stiftung an einer gewerblich tätigen Personengesellschaft stets zu einem wirtschaftlichen Gewerbebetrieb führt (vgl. Rdn. 2609). Stattdessen kann auch die GmbH ihrerseits einziger Kommanditist sein und die Anteile an der GmbH wiederum (in geringem Umfang) der Familien-Führungsstiftung und (ganz überwiegend) der gemeinnützigen Stiftung gehören.

2527

Da der Unternehmensgewinn, der – sofern keine abweichenden Gewinnbezugsrechte geschaffen werden[50] – ganz überwiegend der gemeinnützigen Stiftung zugute kommt, die auszuschüttenden Beträge bei Weitem übersteigt, muss die Familienstiftung mit ihrer Stimmenmehrheit eine Thesaurierung durchsetzen, die allerdings aufgrund der feststehenden Gewinnbeteiligungsverhältnisse auch zulasten der Familienstiftung geht. Wirtschaftlich tragfähig ist das Modell, etwa als Unternehmensnachfolgelösung,[51] daher nur bei außerordentlich hohen Unternehmensgewinnen oder wenn die Familienversorgung bereits durch Tätigkeitsvergütungen gesichert ist.

2528

Eine Spielart der Doppelstiftung liegt darin, an einer **Betriebsführungs-Kapitalgesellschaft** ganz überwiegend (z.B. zu 95 %) eine gemeinnützige Stiftung zu beteiligen, die jedoch lediglich 10 % der Stimmrechte innehat, während eine weitere „Führungs-GmbH" nur sehr gering am Kapital beteiligt ist, aber die beherrschende Stimmenmehrheit ausübt. Auf diese Weise kann der Initiator als Geschäftsführer der Führungs-GmbH die Geschicke der Betriebsführungsgesellschaft bestimmen, deren überwiegendes Vermögen jedoch über die gemeinnützige Stiftung steuerfrei übertragen werden kann. Die Versorgung mitarbeitender Familienangehöriger wird in diesem Fall durch Geschäftsführergehälter bzw. Anstellungsverträge gesichert.

2529

b) Stiftung & Co. KG

Die eigentümerlose Komplementärin ermöglicht eine vollständige Separierung von Geschäftsführung und Vertretung ggü. dem Gesellschafterkreis, der sonst in der Gesellschafterversammlung des Komplementärs, ggf. durch Auswechselung der Geschäftsführung, die Geschicke des

2530

---

48 Vgl. *Pauli*, ZErb 2010, 66 ff.; des Einsatzes disquotaler Gesellschafterrechte bedarf es wegen der bereits gesetzlich angelegten Trennung von Vermögen (Kommanditaktionär) und Herrschaft (Komplementär) nicht.
49 OLG Frankfurt am Main, GmbHR 1990, 79, 82.
50 *Muscheler*, ErbR 2008, 134, 136.
51 *Kirnberger/Werz*, ErbStB 2004, 145 ff.

Kapitel 6: Stiftungen

Gesamtunternehmens steuern könnte. Insb. starke Unternehmerpersönlichkeiten sehen daher in der Stiftung & Co. KG[52] die Lösung des Nachfolgeproblems in Familienunternehmen, wenn alle Familienmitglieder von der Mitsprache ferngehalten werden sollen. Die Stiftungssatzung und die Erstbesetzung der Gremien (durch einen Testamentsvollstrecker) braucht auf die Interessen der Erben keine Rücksicht zu nehmen. Als vorteilhaft empfunden wird weiter die Befreiung von der Unternehmensmitbestimmung.[53] Seit 2000 unterliegt auch die Stiftung & Co. KG der Abschlusspublizität (§ 264a HGB). Nachteilig ist jedoch die dadurch drohende Erstarrung der Unternehmensstruktur, die eine Kapitalaufnahme an der Börse oder ein Zusammengehen mit anderen Unternehmen nach dem UmwG praktisch ausschließt, sowie die Gefahr, dass Maßnahmen der Stiftungsaufsicht in die Unternehmensführung eingreifen (letzterer Aspekt spricht für eine Familienstiftung als Komplementärin).

2531 Da es eine **Vor-Stiftung** nicht gibt,[54] kann der Kommanditgesellschaftsvertrag erst nach Anerkennung der Stiftung geschlossen werden. Vereinzelt bestehen bei Anerkennungsbehörden Bedenken gegen die Konstruktion der Stiftung & Co. KG aufgrund der naturgegebenen Komplementärhaftung der Stiftung. Auch kann die bloße Übernahme der Geschäftsführung kein tauglicher Stiftungszweck sein.

2532 Für die **steuerliche Beurteilung der erzielten Einkünfte der Stiftung & Co. KG** ist allein auf die **tatsächlich ausgeübte Tätigkeit** abzustellen; eine gewerbliche Prägung i.S.d. § 15 Abs. 3 Nr. 2 EStG, die zur Fiktion gewerblicher Einkünfte führt, ist ausgeschlossen.[55] Erzielt die **KG Einkünfte aus Vermietung und Verpachtung oder Kapitalvermögen**, sind diese bei der Komplementär-Stiftung dem steuerbegünstigten Bereich der Vermögensverwaltung zuzurechnen; wegen des Fehlens der gewerblichen Prägung unterliegt die vermögensverwaltende Stiftung & Co. KG auch nicht der Gewerbesteuer. Als problematisch erweist sich, dass Gewinne aus dem wirtschaftlichen Geschäftsbetrieb bei der gemeinnützigen Komplementär-Stiftung nicht in die Rücklagen eingestellt werden dürfen; dies kann allenfalls aus Überschüssen aus der Vermögensverwaltung erfolgen (§ 58 Nr. 7 Buchst. a) AO). Daher sollte bereits der Personengesellschaftsvertrag eine Rücklagenbildung vorsehen.

2533 Ist die **KG dagegen genuin gewerblich** tätig, unterhält auch die (i.Ü. gemeinnützige) Komplementär-Stiftung als Mitunternehmer einen wirtschaftlichen Geschäftsbetrieb gem. § 64 Abs. 1 AO (vgl. Rdn. 2609; ist die Komplementär-Stiftung [z.B. als Familienstiftung] i.Ü. nicht gemeinnützig, unterliegen ohnehin alle Einkünfte der Besteuerung). Ist der Vorstand der Stiftung – wie häufig – zugleich Kommanditist der Stiftung & Co. KG und übt letztere KG gewerbliche Tätigkeit i.S.d. § 15 Abs. 2 EStG aus, sind die Vergütungen des Vorstands (ebenso wie Pensionsrückstellungen etc.) Sondervergütungen i.S.d. § 15 Abs. 1 Satz 1 Nr. 2 Satz 2 EStG, sodass im Ergebnis sie sich nicht steuermindernd auswirken.[56] Ist der Vorstand nicht zugleich Kommanditist,

---

52 Vgl. hierzu *Ihle*, RNotZ 2009, 621, 639 ff. Im Jahr 2009 dürften ca. 100 existiert haben, vgl. *Muscheler*, ErbR 2008, 134, 136.
53 Da die Stiftung & Co. (wie auch die Stiftung selbst) im abschließenden Katalog des § 1 Abs. 1 MitbestG nicht genannt ist.
54 Vgl. *Schiffer/Pruns*, NWB 2011, 1258 ff. (andernfalls wäre die Rückwirkungsfiktion des § 84 BGB entbehrlich); a.A. *Werner*, ZErb 2011, 237 ff.
55 Vgl. *Götz*, NWB Fach 2, S. 10116 = NWB 2008, 4812.
56 BMF-Schreiben v. 29.01.2008, BStBl. 2008 I, S. 317.

wird er als Arbeitnehmer angesehen, sodass die Tätigkeitsvergütungen Betriebsausgaben bei der Stiftung gem. § 4 Abs. 4 EStG sind.

c) Gemeinnützige Stiftung mit Familienbegünstigung

Eine Zwischenform bildet die „gemeinnützige Stiftung mit Familienbegünstigung": Gem. § 58 Nr. 5 AO wird die Gemeinnützigkeit nicht gefährdet, sofern die Stiftung nicht mehr als max. ein Drittel ihres Einkommens für den angemessenen Unterhalt des Stifters und seiner Angehörigen verwendet. Die Abgabe der verbleibenden mindestens 2/3 für Gemeinwohlzwecke bildet eine Art „Gegenleistung" für die Erlangung dauernder Steuerfreiheit. Ausschüttungen an die begünstigten Familienmitglieder sind jedoch gem. § 22 Nr. 1 Satz 2 Halbs. 3 Nr. a EStG einkommensteuerpflichtig („außerhalb der Erfüllung steuerbegünstigter Zwecke"), Rdn. 2629. Die Ein-Drittel-Grenze[57] des § 58 Nr. 5 AO kann auch nicht dadurch überschritten werden, dass „schuldrechtliche Vorabverpflichtungen", die im Stiftergeschäft zugunsten der Stifterfamilie oder Dritten auferlegt wurden oder die mit dem eingebrachten Vermögen als „Gegenleistung" zu übernehmen waren, nicht berücksichtigt würden[58] (anders als etwa dingliche Nießbrauchsvorbehalte, die i.R.d. Einbringung ausbedungen sind).[59]

2534

Die Finanzverwaltung interpretiert den **Begriff der Angehörigen** jedoch eng und begrenzt ihn auf Ehegatten, Eltern, Großeltern, Kinder, Enkel, Geschwister, Pflegeeltern und Pflegekinder.[60] Mit Erreichen der „dritten Generation" sind demnach Konflikte mit dem Gemeinnützigkeitsrecht „vorprogrammiert". Problematisch sind weiter Sachverhalte, in denen die „angemessene Versorgung" bereits anderweit sichergestellt ist,[61] aus der Stiftung jedoch Sonderbedarf gedeckt werden soll.

2535

5. Ersatzformen der rechtsfähigen Stiftung

a) Unselbstständige Stiftung

Wie bei einer selbstständigen Stiftung widmet der Stifter bei der Treuhandstiftung[62] ein bestimmtes Vermögen einem von ihm gewählten, gemeinnützigen Zweck auf Dauer, allerdings ohne hierfür einen rechtsfähigen Träger zu schaffen. Die unselbstständige Stiftung bedarf daher eines **Treuhänders**, der sie im Rechtsverkehr nach außen vertritt; sie erfordert keine staatliche Anerkennung und unterliegt keiner staatlichen Aufsicht. Da die §§ 81 bis 88 BGB und die landesrechtlichen Stiftungsgesetze nicht gelten, muss der Stifter im Zuwendungsakt Vorkehrungen

2536

---

57 Sollte (atypischerweise) im Stiftungsgeschäft den Destinatären eine feste Rentenzahlung ausgesetzt worden sein, muss diese daher auf die Drittel-Grenze gekappt werden, Formulierungsvorschlag bei *Ihle*, RNotZ 2009, 621, 630.
58 Für Berücksichtigung jedoch BFH, DB 1998, 659; Nichtanwendungserlass der Finanzverwaltung: BMF, BStBl. 1998 I, S. 1446.
59 *Kirchhain*, ZEV 2006, 534; *Ihle*, RNotZ 2009, 621, 630; dies ist auch Ansicht der Finanzverwaltung: AEAO Tz. 12 zu § 55 Abs. 1 Nr. 1 AO.
60 AEAO Tz. 6 zu § 58 AO.
61 Vgl. etwa Verfügung der OFD Magdeburg, ErbStB 2004, 247: „wenn die Angehörigen in Not geraten sind und sich den gewohnten Lebensstil nicht mehr leisten können", AEAO Tz. 7 Satz 3 zu § 58 Nr. 5 AO – dort wird abgestellt auf den Lebensstandard des Zuwendungsempfängers, während *Tipke/Kruse*, § 58 AO Rn. 6, auf den Lebensstandard des Stifters abstellen.
62 Muster: Kersten/Bühling/*Krauß*, Formularbuch und Praxis der freiwilligen Gerichtsbarkeit, § 123 Rn. 113 M.

gegen unerwünschte Entwicklungen treffen und bei der **Auswahl des Treuhänders** besondere Sorgfalt walten lassen. Als Rechtsträger einer unselbstständigen Stiftung bieten sich daher insb. juristische Personen des öffentlichen Rechts, Kirchengemeinden oder andere juristische Personen des Privatrechts an, die ähnliche Zwecke wie die unselbstständige Stiftung verfolgen. Natürliche Personen sind dagegen eher ungeeignet, da im Fall ihres Todes die unselbstständige Stiftung ihr Ende findet. Eine Eigenstiftung dergestalt, dass der Stifter selbst Rechtsträger des Vermögens der unselbstständigen Stiftung ist und dieses nur gesondert verwaltet, ist nach herrschender Meinung unzulässig.[63]

2537 Vonseiten des Stifters ist die Treuhandstiftung geeignet, die Verwaltungskosten zu senken und ermöglicht die allmähliche Ansammlung von Vermögen, bis die Schwelle für die Anerkennungsfähigkeit als rechtsfähige Stiftung erreicht wird. Vonseiten bereits bestehender selbstständiger Stiftungen bietet die Treuhandstiftung die Chance zur Vergrößerung und Individualisierung des Stiftungsvermögens, v.a. durch Ergänzung von Bürgerstiftungen.[64] Derzeit dürften (geschätzt) ca. 30.000 Treuhandstiftungen existieren.[65]

2538 Nicht selten sollen Treuhandstiftungen später in rechtsfähige Stiftungen „umgewandelt" werden, etwa um sie als Erbe oder Vermächtnisnehmer einsetzen zu können. Da weder das UmwG noch die landesrechtlichen Stiftungsgesetze hierfür Sonderbestimmungen vorsehen, bleibt allein die Einzelrechtsnachfolge durch Übertragung der Wirtschaftsgüter auf eine vorhandene rechtsfähige Stiftung. Zu prüfen ist allerdings, ob die Überführung in eine rechtsfähige Stiftung mit der Auflage bzw. dem Treuhandvertrag, welcher der Errichtung der unselbstständigen Stiftung zugrunde lag, vereinbar ist.

2539 Auch die **Vorgaben des Gemeinnützigkeitsrechts** sind einzuhalten: Die Mittelweitergabe muss dem ursprünglichen Satzungszweck der Treuhandstiftung entsprechen (§ 55 Abs. 1 Nr. 4 Satz 2 AO), die Anfallsberechtigung bei Auflösung der (nunmehr selbstständigen) Stiftung muss identisch sein. Sind diese Vorgaben eingehalten, führt die rechtliche Verselbstständigung des bisherigen Treuhandstiftungsvermögens zu keiner steuerlichen Zurechnung an ein neues Steuersubjekt.[66] Wird die Treuhandstiftung auf eine bestehende Stiftung übertragen, bedarf es jedoch einer Schlussbilanz und Vermögensübersicht zum Übertragungszeitpunkt, die den Erfordernissen der Mittelverwendungsrechnung genügt.[67]

2540 Anders als die Errichtung einer rechtlich selbstständigen Stiftung unter Lebenden ist die Errichtung einer unselbstständigen Stiftung unter Lebenden kein einseitiges Rechtsgeschäft, sondern ein **Vertrag**. Ist sie eine Schenkung, bedarf das Schenkungsversprechen der Form des § 518 Abs. 1 BGB. Allerdings wird ein Formmangel durch das Bewirken der versprochenen Leistung nach § 518 Abs. 2 BGB geheilt. Für die Übertragung von Grundstücken oder Gesellschaftsanteilen an einer GmbH vom Stifter i.R.d. Stiftungserrichtung gelten § 311b Abs. 1 BGB und § 15 Abs. 3 und 4 GmbHG. Da die treuhänderische Stiftung nicht auf einem unwiderruflichen Or-

---

63 Staudinger/*Rawert*, BGB (2011), Vorbem. zu §§ 80ff. Rn. 152; a.A. Soergel/*Neuhoff*, BGB, Vorbem. 21 zu § 80.
64 Vgl. monografisch *Turner*, Bürgerstiftung als Treuhänder, 2006, Bundesverband deutscher Stiftungen.
65 *Ihle*, RNotZ 2009, 558.
66 Vgl. *Schauhoff*, Handbuch der Gemeinnützigkeit, § 19 Rn. 59.
67 *Möller*, ZEV 2007, 569.

A. Übersicht

ganisationsakt, sondern auf schuldrechtlicher Grundlage beruht, kann der Vertrag später einvernehmlich aufgehoben werden, was allerdings bei bisher bestehender Gemeinnützigkeit zur rückwirkenden Besteuerung der Erträge für 10 Jahre führt, § 61 Abs. 3 AO.

Von Todes wegen kann eine unselbstständige Stiftung durch Testament oder Erbvertrag im Wege einer Erbeinsetzung oder eines Vermächtnisses unter Auflage errichtet werden. Sinnvoll ist es dabei, durch Einsetzung eines Testamentsvollstreckers die Auflagenerfüllung überwachen zu lassen. Körperschaftsteuerrechtlich ist die unselbstständige Stiftung bereits mit dem Erbfall zu veranlagen.[68]

2541

b) Stiftungsverein und Stiftungskapitalgesellschaft

Als Ersatzformen für die Errichtung einer rechtsfähigen Stiftung werden eingetragene Vereine oder Kapitalgesellschaften (insb. gemeinnützige GmbH[69] – firmenrechtlich unzulässige Verkürzung: gGmbH[70] – prominentes Beispiel: Robert Bosch Stiftung GmbH – ebenso gemeinnützige AG, wohl auch gemeinnützige UG)[71] in der Praxis errichtet. Als Vorteil wird der Wegfall der Stiftungsaufsicht und der Notwendigkeit eines Anerkennungsaktes empfunden. Da das GmbH-Gesetz kein zwingendes Kündigungsrecht kennt und die Rechtsprechung bei ideellen Gesellschaften auch die entschädigungslose Einziehung von Anteilen gestattet,[72] ist sie ebenfalls zur Vermögensperpetuierung geeignet. Allerdings ist das dort gebundene Vermögen nicht „eigentümerlos". Dies ermöglicht es dem Stifter, als Vereinsmitglied oder Gesellschafter weiterhin in mehr oder weniger großem Umfang – je nach Satzungsausgestaltung – Einfluss auf die von ihm errichtete Körperschaft zu nehmen. Dieser Vorteil kehrt sich spätestens beim Tode des Stifters um. Er muss bei einem Stiftungsverband darauf vertrauen, dass zukünftige Vereinsmitglieder oder Gesellschafter sein Vermögen weiterhin für den von ihm vorgegebenen Zweck einsetzen. Eine Änderung der Satzung des Vereins oder einer Kapitalgesellschaft ist jedenfalls durch einstimmigen Beschluss stets möglich.[73]

2542

Bei Stiftungsvereinen oder Stiftungsgesellschaften wird durch entsprechende Ausgestaltung erreicht, dass deren Mitglieder oder Gesellschafter von der Teilhabe an dem Vermögen der Körperschaft völlig ausgeschlossen sind und dieses allein dem Verbandszweck gewidmet wird. Letzteres ist insb. dann zwingend notwendig, wenn der Verein oder die Gesellschaft den Status einer

2543

---

68 FG Hessen, 08.03.2010 – 11 K 3768/05, ErbStB 2010, 235.
69 Muster z.B. Kersten/Bühling/*Krauß*, Formularbuch und Praxis der freiwilligen Gerichtsbarkeit, § 123 Rn. 114 M.
70 OLG München, NJW 2007, 1601; zustimmend *Rohde*, GmbHR 2007, 268; krit. *Wachter*, EwiR 2007, 181; *Paulick*, DNotZ 2008, 167 ff.; zulässig ist aber wohl weiterhin „gemeinnützige GmbH", vgl. *Kilian*, notar 2009, 23 m.w.N. Für die Bezeichnung der Firma im Grundbuch ist allerdings die registerrechtliche Zulässigkeit bedeutungslos, OLG München, 07.10.2008 – 34 Wx 063/08, DNotZ 2009, 222.
71 Bay. Landesamt für Steuern v. 31.03.2009 – S 0174.2.1-2/2 St 31; Bedenken bestehen, da das Gebot, ein Viertel des Jahresüberschusses anzusparen, mit dem gemeinnützigkeitsrechtlichen Gebot der zeitnahen Mittelverwendung kollidiert, vgl. *Oberbeck/Winheller*, DStR 2009, 516 ff.; *Ullrich*, GmbHR 2009, 750 ff., für Zulässigkeit *Patt*, GmbH-StB 2011, 21.
72 MünchKomm-BGB/*Reuter*, vor § 80 Rn. 40.
73 Vgl. im Einzelnen zur Rechtsformwahl bei Non-Profit-Organisationen *Stock*, NZG 2001, 440 ff.; *Werner*, GmbHR 2003, 331 ff.

Kapitel 6: Stiftungen

steuerbegünstigten Körperschaft i.S.d. §§ 51 ff. AO anstreben.[74] Stiftungskörperschaften können in ihrem Namen oder in ihrer Firma grds. neben dem Rechtsformzusatz die Bezeichnung Stiftung führen, wenn sie entweder über eine kapitalmäßige Vermögensausstattung verfügen oder eine gesicherte Anwartschaft auf eine solche Dotierung haben.[75]

6. Ausländische Stiftungen und Trusts

2544 Insb. als Instrument zur „asset protection"[76] wird auch die Errichtung und Vermögensausstattung ausländischer Stiftungen empfohlen. Es handelt sich dabei häufig um Anstalten des liechtensteinischen Rechts (nachstehend, s. Rdn. 2546), Stiftungen des liechtensteinischen Rechts (nachstehend, s. Rdn. 2552), Privatstiftungen nach österreichischem Recht, s. Rdn. 2557) sowie Trusts auf der Grundlage des Common Law (nachstehend, s. Rdn. 2563). Hinzuweisen ist des Weiteren auf Einzahlungen in angeblich pfändungssichere liechtensteinische Lebensversicherungen, die intensiv beworben werden.

2545 Im Hinblick auf die Anfechtung des Gläubigers oder in der Insolvenz erfolgt die kollisionsrechtliche Anknüpfung gem. § 19 AnfG und § 339 InsO bzw. nach Maßgabe der Europäischen Insolvenzverordnung (EuInsVO)[77] nach dem Recht des Staats, dem die Wirkung der Rechtshandlung unterliegt, bei der Insolvenz dem Recht der Konkurseröffnung (lex fori concursus).[78]

a) Anstalten liechtensteinischen Rechts

2546 Auch hier handelt es sich um verselbstständigtes Vermögen, das durch Eintragung im Öffentlichkeitsregister die Eigenschaft einer juristischen Person erwirbt, mit Haftungsbeschränkung auf das Vermögen. Sie kann ähnlich einer Kapitalgesellschaft (also mit Vermögensanteilen) oder ähnlich einer Stiftung (als sog. „gründerrechtslose Anstalt") eingerichtet werden. Aus der Sicht des deutschen Außensteuerrechts wird Letztere (wohl) wie eine Stiftung qualifiziert, § 15 AStG.

2547 **Schenkungsteuerlich** wird die Errichtung solcher ausländischer verselbstständigter eigentümerloser privatnutziger Rechtsträger (wie auch spätere Zustiftungen hierzu) – ebenso wie die spätere Auflösung – in der ungünstigsten Steuerklasse III besteuert, also nicht nach § 15 Abs. 2 Satz 1 ErbStG privilegiert, wenn es nicht ausnahmsweise schon am Übertragungsvorgang fehlt, vgl. Rdn. 2553. Die **Ersatzerbschaftsteuer** gem. § 1 Abs. 1 Nr. 4 ErbStG gilt allerdings nur für inländische Familienstiftungen.[79]

---

[74] S.a. für die Ausgestaltung der Satzung der gemeinnützigen GmbH: *Schlüter*, GmbHR 2002, 535 ff., 578 ff.; *Wochner*, MittRhNotK 1994, 89 ff.

[75] Vgl. dazu BayObLG, NJW 1973, 249; OLG Köln, MittRhNotK 1997, 233.

[76] Vgl. hierzu und zum Folgenden *von Oertzen*, Asset Protection im deutschen Recht, S. 50 ff.

[77] Vgl. hierzu im Überblick *Kienle*, NotBZ 2008, 245 ff.

[78] Es sei denn, der Anfechtungsgegner weist nach, dass für die Rechtshandlung das Recht eines anderen Staates maßgebend ist, und die Rechtshandlung nach diesem Recht in keiner Weise angreifbar ist, vgl. *von Oertzen*, Asset Protection im deutschen Recht, Rn. 147.

[79] Vgl. *Weber/Zürcher*, DStR 2008, 803; R 2 ErbStR 2003.

A. Übersicht

Schon aus diesem Grund ist die Verwendung solcher „Vermögensvehikel" für steuerehrliche[80] Gründer extrem nachteilhaft, es sei denn, nach Wegzug und Ablauf der 5-jährigen erweiterten unbeschränkten Erbschaftsteuerpflicht des § 2 Abs. 1 Satz 2b ErbStG (vgl. Rdn. 4256) unterliegt der Errichter nicht mehr dem deutschen Schenkungsteuerrecht. Nur in Einzelfällen (z.B. Ausstattung einer österreichischen Privatstiftung von Todes wegen vor dem 31.07.2008) sorgten Doppelbesteuerungsabkommen für eine Milderung. 2548

Einkommensteuerlich sind lediglich innerhalb der EU Übertragungen auf anteilseignerlose Rechtsträger i.R.d. neuen Wegzugsteuer des § 6a EStG buchwertneutral (bzw. mit aufgeschobener Entstrickung) möglich. Die Zuwendungen der ausländischen Stiftung an inländische Destinatäre unterliegen zwar nicht der deutschen ESt, werden aber gem. § 15 AStG zugerechnet: Vermögen und laufende Einkünfte einer ausländischen Familienstiftung[81] werden demnach dem unbeschränkt in Deutschland steuerpflichtigen deutschen Stifter ebenso wie nach dessen Wegfall dem unbegrenzt in Deutschland steuerpflichtigen Bezugs- und Anfallberechtigten zugerechnet[82] (vgl. Rdn. 2562). 2549

Körperschaftsteuerlich ist der tatsächliche Sitz der Stiftung maßgebend, sodass unbeschränkte deutsche Körperschaftsteuerpflicht bei faktischer Geschäftsleitung im Inland begründet werden kann. Nach liechtensteinischem Recht werden vermögensverwaltende Stiftungen (sog. Sitzgesellschaften ohne eigenen Geschäftsbetrieb) mit jährlich 0,1 %[83] des Stiftungskapitals, mindestens 1.000 sfr, besteuert. Doppelbesteuerungsabkommen bestehen nur mit der Schweiz, sodass für unbeschränkt steuerpflichtige deutsche Stifter daneben das deutsche Steuerrecht maßgeblich bleibt. 2550

Die **Auflösung der Anstalt** löst möglicherweise deutsche Körperschaftsteuer aus, wenn die faktische Geschäftsleitung sich im Inland befand. Der Erwerb eines inländischen Anteilsberechtigten bei der Auflösung unterliegt gem. § 7 Abs. 1 Nr. 9 ErbStG der deutschen Erbschaftsteuer (in der Steuerklasse nach dem Verwandtschaftsverhältnis zwischen Anteilsberechtigtem und Stifter; beim Rückfall an den Stifter selbst stets nach Maßgabe der Steuerklasse III).[84] Zusätzlich fällt jedoch nicht auch ESt an, da § 20 Abs. 1 Nr. 9 EStG für Auslandsstiftungen nicht gilt. 2551

b) Stiftungen des liechtensteinischen Rechts

In Betracht kommt insb. die Familienstiftung gem. Art. 552 § 2 Abs. 4 Nr. 1 PGR (Liechtensteinisches Privat- und Gesellschaftsrecht), deren Vermögen dauerhaft zur Versorgung einer oder mehrerer Familien, auch des Stifters selbst,[85] zu verwenden ist, ebenso die „gemischte Familien- 2552

---

80 Zudem besteht seit Mitte Juni 2007 die Pflicht zur schriftlichen Deklaration von Barbeträgen ab 10.000,00 € an der Schweizerischen/Liechtensteinischen Grenze; Verstöße werden mit Bußgeldern bis zu 1 Mio. € pro Einreise geahndet.
81 Diese liegt im außensteuerrechtlichen Sinne vor, wenn der Stifter oder seine Angehörigen zu mehr als der Hälfte bezugs- oder anfallberechtigt sind, § 15 Abs. 2 AStG.
82 Zur Abwehr werden häufig Auskehrberechtigungen vermieden, z.B. von einem Gremienbeschluss abhängig gemacht, *Carlé*, ErbStB 2008, 127.
83 Bei einem Stiftungskapital zwischen 2 und 10 Mio.: 0,075 %, über 10 Mio.: 0,05 %.
84 Vgl. BFH, BStBl. 1993 II, S. 238.
85 Insoweit gilt nicht der Grundsatz „Keine Stiftung für den Stifter", da das liechtensteinische Recht auch Fideikommisse erlaubt, vgl. *Wanger*, Liechtensteinisches Wirtschafts- und Gesellschaftsrecht, S. 146.

stiftung" (Art. 552 § 2 Abs. 4 Nr. 2 PGR), die daneben weitere, etwa gemeinnützige Zwecke verfolgt. Die Stiftungsdokumente werden nicht in das Öffentlichkeitsregister[86] eingetragen, sondern lediglich hinterlegt, seit 01.04.2009 gar lediglich angezeigt,[87] und sind der Allgemeinheit nicht zugänglich.[88] Die hinterlegten Papiere brauchen zudem nicht die Regelungen über die Begünstigten der Stiftung sowie zu deren Organisation zu enthalten (Letztere finden sich regelmäßig in gesonderten Dokumenten, den sog. „Beistatuten").[89] Handelt es sich bei diesen Beistatuten um erbrechtliche Verfügungen, müssen die Formerfordernisse einer Verfügung von Todes wegen gewahrt sein.[90]

2553 Für die **Besteuerung** der **Errichtung**, der **Einkünfte** und **Auflösung** liechtensteinischer Privatstiftungen und deren Ausschüttungen gilt Gleiches wie bei der liechtensteinischen Anstalt (s.o. Rdn. 2483). Ohne Vermögensschutzeffekt (allerdings auch ohne schenkungsteuerliche Belastung) bleibt die Übertragung auf eine sog. kontrollierte liechtensteinische Familienstiftung, bei welcher der Stifter sich vorbehält, weiter über die Verwendung des Vermögens zu entscheiden, sogar sich dieses wieder zurück übertragen zu lassen.[91] Der **Rückforderungsanspruch** bleibt pfändbar. **Schenkungsteuerlich** fehlt es (entgegen Rdn. 3592) an einer Bereicherung des Stiftungsvermögens, sodass (mangels Vollzuges) noch keine Schenkungsteuer anfällt;[92] vielmehr verschiebt sich der Besteuerungszeitpunkt auf den Moment des Erlöschens der Sonderrechte des Stifters, z.B. durch Verzicht nach ausreichend lange zurückliegendem Wegzug aus Deutschland,[93] bzw. auf den Zeitpunkt seines Ablebens, sofern die Einwirkungsbefugnisse dann erlöschen.[94] Vor diesem Zeitpunkt liegt lediglich eine steuerlich irrelevante „Umbuchung" von einem Konto

---

86 Verwaltet die Stiftung nur eigenes Vermögen, ist die Eintragung im Stiftungsregister ohnehin nicht zwingend, vgl. *Carlé*, ErbStB 2008, 125.

87 Die Richtigkeit der Anzeige ist durch einen RA oder Treuhänder zu bestätigen, Art. 552 § 20 PGR, und kann durch das Öffentlichkeitsregisteramt überprüft werden.

88 Nicht einmal die Existenz, geschweige denn der Name des Stifters oder der Mitglieder des Stiftungsrates, bzw. gar das Stiftungsvermögen können eingesehen werden. Hinzu kommt, dass i.d.R. der tatsächliche („wirtschaftliche") Stifter nicht in Erscheinung tritt, sondern einen Anwalt bzw. ein Treuhandbüro als rechtlichen Stifter mittels Treuhandvertrages „zwischenschaltet" und später zustiftet. Der Treuhänder hat gem. Art. 2 SPG (Sorgfaltspflichtgesetz) eine Identifizierung des Stifters nach Geldwäschegesetzregeln vorzunehmen. Das Mindestkapital beträgt 30.000,00 CHF.

89 Vgl. *Götzenberger*, in: Deininger/Götzenberger, Internationale Vermögensnachfolgeplanung mit Auslandsstiftungen und Trusts, S. 105.

90 In Liechtenstein werden solche Regelungen allerdings überwiegend als gesellschaftsrechtlich qualifiziert, vgl. *Unkrier*, RIW 1998, 205.

91 Dieser Widerrufsvorbehalt, Art. 552 § 30 Abs. 1 PGR (ähnlich nur das österreichische Recht in § 33 öPSG) ist weder übertragbar noch vererblich, allerdings pfändbar (Pläne, auch insoweit Vollstreckungsschutz zu gewähren, wurden i.R.d. am 01.04.2009 in Kraft tretenden Reform nicht umgesetzt, vgl. *Lennert/Blum*, ZEV 2009, 171, 175). Ca. 90% aller liechtensteinischen Stiftungen sind kontrollierte Stiftungen, lediglich 10% sind sog. Diskretionäre Stiftungen, in denen der Stiftungsrat die tatsächliche Kontrolle innehat.

92 BFH, 28.06.2007 – II R 21/05, EStB 2007, 329; vgl. *Eisele*, NWB 2007, 3969 ff. = Fach 10, S. 1625 ff. und *Schütz*, DB 2008, 603 ff.; *Weber/Zürcher*, DStR 2008, 803 ff.

93 Auf diese Gestaltungsmöglichkeit weist *Jülicher*, ZErb 2007, 365, hin.

94 Andernfalls fällt auch zivilrechtlich das „Stiftungsvermögen" (bzw. der Herausgabeanspruch des Erben gegen die Stiftung) in den Nachlass des Stifters, OLG Stuttgart, 22.06.2009 – 5 U 40/09, ZErb 2010, 1 ff. m. abl. Anm. *Daragan* (Nichtzulassungsbeschwerde; Az. BGH: III ZR 190/09). Das Urteil verkennt allerdings, dass nach Liechtensteiner Recht (Staatsgerichtshof, 16.09.2002 – StGH 2002/17, ZErb 2010, 22) solche Interventionsrechte allein den „Durchgriff" durch die Stiftung nicht erlauben, was zur Gewährung der Niederlassungsfreiheit des Art. 31, 34 EWR-Abkommen zu beachten ist.

auf ein anderes vor, sodass auch einkommensteuerlich die Erträge (direkt oder über § 15 AStG) weiter dem Stifter zuzurechnen sind. Diese einkommensteuerliche Transparenz widerruflicher Stiftungen vollzieht nun auch das liechtensteinische Steuerrecht nach.[95] Vereinzelt wird sogar zivilrechtlich ein Vermögensübergang verneint (sodass z.B. Stiftungskonten tatsächlich in den Nachlass des Stifters gefallen seien, „Scheingeschäft")[96] oder aber die Stiftungserrichtung wegen Verstoßes gegen den deutschen ordre public, Art. 6 EGBGB, nicht anerkannt, insb. wenn der Hauptzweck in der Steuerhinterziehung lag.[97]

Die am 01.04.2009 in Kraft getretene Reform des liechtensteinischen Siftungsrechts hat zwar moderate Formen der Stiftungsaufsicht[98] eingeführt, i.Ü. aber den Aspekt der „**asset protection**" weiter verstärkt: 2554

1. Gem. Art. 552 § 36 Abs. 1 Satz 1 PGR[99] kann der Stifter bei Familienstiftungen in die Statuten einen **Vollstreckungsschutz** aufnehmen hinsichtlich der Rechte, welche den Begünstigten zustehen.

2. **Pflichtteilsergänzungsansprüche** gegen die liechtensteinische Stiftung sind nach Art. 29 Abs. 5 IPRG n.F. nicht nur nach dem Recht der Rechtsnachfolge von Todes wegen zu beurteilen, sondern müssen auch nach dem „Recht des Erwerbsvorgangs", also nach liechtensteinischem Recht, zulässig sein. Gem. § 785 des liechtensteinischen ABGB umfasst der Pflichtteilsergänzungsanspruch lediglich Schenkungen während der letzten beiden Jahre vor dem Tod des Erblassers; Schenkungen an gemeinnützige Empfänger sind gänzlich ausgenommen. Der liechtensteinische ordre public-Vorbehalt schützt Pflichtteilsrechte nicht, sodass möglicherweise gar die Vereinbarung einer Jurisdiktion, die keine Pflichtteilsrechte kennt, i.R.d. Vermögensübergangs genügt![100] Aus Sicht des deutschen Rechts dürfte zwar eine typische liechtensteinische Familienstifung (mit umfassenden Vorbehaltsrechten des Stifters) als verdecktes Treuhandverhältnis zu klassifizieren sein, was die Unanwendbarkeit liechtensteinischen Stiftungsrechts zur Folge hat; etwaige in Deutschland titulierte Ansprüche gegen die liechtensteinische Stiftung bleiben jedoch undurchsetzbar, da derzeit lediglich Vollstreckungsabkommen mit der Schweiz und Österreich bestehen. Faktisch setzt sich also die Anwendbarkeit des liechtensteinischen Stiftungsrechts durch.[101] 2555

Hinzu kommt die Schwierigkeit, in Liechtenstein Auskunft über die Stiftungsvorgänge zu erlangen.[102] Allerdings wird wohl auch nach liechtensteinischem Recht die (2-jährige) Pflichtteilsergänzungsfrist nicht anlaufen, wenn sich der Stifter sämtliche Gestaltungsrech-

---

95 Art. 9 Abs. 4 Satz 1 SteG-Liechtenstein, seit 2010, vgl. zur dortigen Stiftungssteuerreform *Knörzer/Stöckl*, LJZ 2009, 62 ff.
96 OLG Stuttgart, 29.06.2009 – 5 U 40/09, ZEV 2010, 265 m. Anm. *Blum/Lennert*, krit. auch *Lange/Honzen*, ZEV 2010, 229.
97 OLG Düsseldorf, 30.04.2010 – I-22 U 126/06, ZErb 2010, 305 m. Anm. *Büch*; vgl. auch *Stucke/Remplik* und *Wachter*, ZEV 2010, 533 f. (Az. BGH: III ZR 106/10).
98 Gemeinnützige Stiftungen haben als Organ einen Revisor (z.B. Wirtschaftsprüfer) zu bestellen; daneben wird als Abteilung des Öffentlichkeitsregisteramts eine Stiftungsaufsichtsbehörde geschaffen, Art. 552 §§ 27 Abs. 4, 29 PGR.
99 Entspricht im Wesentlichen Art. 567 Abs. 3 PGR a.F.
100 Vgl. *Lennert/Blum*, ZEV 2009, 171, 175.
101 *Werner*, NWB 2011, 3462, 3469.
102 Zu Auskunftsansprüchen von Pflichtteilsberechtigten ggü. einer liechtensteinischen Stiftung vgl. *Becker*, ZEV 2009, 177 ff.

te vorbehalten hat und der Stiftungsrat über einen Mandatsvertrag von den Weisungen des Sifters abhängig ist.[103] Die Stiftungsgründung in der Absicht, Pflichtteilsberechtigte um ihren Pflichtteil zu bringen, kann immerhin aus deutscher Sicht eine Durchgriffshaftung gem. § 826 BGB gegen die Stiftungsbegünstigten auslösen, die – soweit Letztere dem deutschen Vollstreckungszugriff unterliegen – möglicherweise auch durchgesetzt werden kann.[104]

2556 3. In ähnlicher Weise bestimmt das **liechtensteinische Anfechtungsrecht**, dass Anfechtungsansprüche sich nicht allein nach dem Heimatrecht des Übertragenden richten, sondern zusätzlich auch den Anforderungen des liechtensteinischen Rechts genügen müssen (2-Schranken-Theorie, Art. 75 Abs. 1 der Liechtensteinischen Rechtssicherung-Ordnung, RSO). Aufgrund der Begrenzung in § 65 Abs. 1a RSO auf Rechtshandlungen im letzten Jahr vor der Bewilligung der Zwangsvollstreckung wird die Anfechtung faktisch auf Vorgänge in diesem Zeitraum begrenzt; weiter gehende Anfechtungen nach deutschem Recht (etwa bezogen auf den 4-Jahres-Zeitraum vor Anfechtung oder Insolvenzeröffnung, § 4 AnfG bzw. § 134 InsO) sind in Liechtenstein nicht vollstreckbar. Auch die Rechte der Begünstigten sind begrenzt: Zwar wird die Aufsicht bei Familienstiftungen im Wesentlichen[105] durch die Begünstigten ausgeübt, allerdings ist das Auskunftsrecht der „Anwartschaftsberechtigten" sowie der „Ermessensbegünstigten" auf Einsichtnahme in die Stiftungsurkunden und Geschäftsbücher begrenzt. So kann bspw. die Auskunft durch den Stiftungsrat wegen „Rechtsmißbrauchs" verweigert werden (Art. 552 § 9 Abs. 2 Satz 2 PGR n.F.), wenn die Anfrage bspw. dazu dienen soll, Vermögenswerte an Dritte mitzuteilen.[106]

c) Österreichische Privatstiftung

2557 Die österreichische Privatstiftung[107] weist ggü. der deutschen Stiftung Vor- und Nachteile auf. Das Fehlen des Erfordernisses einer staatlichen Anerkennung und einer laufenden Stiftungsaufsicht wird gerade von Privatpersonen als gewollt empfunden. Die **Erbschaft- und Schenkungsteuer in Österreich** ist zum 31.07.2008 ausgelaufen,[108] zuvor bestand ein ermäßigter Steuersatz von 5 % (bzw. 2,5 % bei gemeinnützigen Stiftungen).[109] Zur Kenntnissicherung für ertragsteuerliche Zwecke wurde zwischenzeitlich in § 121a östBundesabgabenordnung (BAO) eine strafbewehrte[110] Pflicht zur Meldung von Schenkungen eingeführt, die allerdings wohl deutsche Notare nicht verpflichtet.[111] Für die Schenkung oder Vererbung österreichischen Grundbesitzes wird

---

103 So das Urteil des liechtensteinischen OGH v. 07.05.1998, LES 1998, 332, 337; *Lennert/Blum*, ZEV 2009, 171, 176.
104 Vgl. *Becker*, ZEV 2009, 177, 179; *Werner*, NWB 2011, 3462, 3471.
105 Der Stifter hat jedoch die Möglichkeit, wie bei einer gemeinnützigen Stiftung die Aufsicht und Kontrolle der Stiftungsaufsichtsbehörde zu übertragen, Art. 552 § 12 PGR n.F., sodass die Informationsrechte der Begünstigten völlig ausgeschlossen sind, oder ein eigenes Kontrollorgan, z.B. durch einen RA, einzusetzen, Art. 552 § 11 PGR n.F.
106 OGH, 23.07.2004, LES 2005, 392, 404; *Lennert/Blum*, ZEV 2009, 171, 173.
107 Vgl. hierzu *Söffing*, ErbStB 2007, 219 ff.
108 Vgl. *Steiner*, ErbStB 2007, 48, und 2007, 147.
109 § 8 Abs. 3b Österreichisches ErbStG.
110 Geldstrafe i.H.v. 10 % des Verkehrswertes; Straffreiheit durch Selbstanzeige ist nur binnen 15 Monaten möglich (§§ 29, 49a Abs. 1 FinStrG).
111 *Steiner*, ErbStB 2008, 247; der Wortlaut ist insoweit jedoch offen; vgl. auch *Gahleitner/Fugger*, ZEV 2008, 405 ff.

A. Übersicht

jedoch ab 01.08.2008 **Grunderwerbsteuer**[112] von einheitlich 3,5 % erhoben, bezogen allerdings auf das 3-fache der seit Jahrzehnten nicht mehr fortgeschriebenen Einheitswerte (die Steuer ist wohl zudem auf die deutsche Erbschaftsteuer gem. § 21 ErbStG anrechenbar).[113] Für unbewegliches Betriebsvermögen existiert ein (an eine 5-jährige Behaltensfrist gekoppelter) Freibetrag von 365.000,00 €; freigestellt ist auch der lebzeitige unentgeltliche Erwerb einer Wohnstätte von bis zu 150 m² Wohnfläche (samt Grundstück) durch den Ehegatten[114] mit wiederum 5-jähriger Nutzungsfrist.

Trotz des Auslaufens der allgemeinen Schenkung- und Erbschaftsteuer wollte der österreichische Gesetzgeber auf eine Besteuerung der Vermögensübertragung auf Stiftungen allerdings nicht gänzlich verzichten und führte daher mit Wirkung ab 01.08.2008 eine „**Stiftungseingangssteuer**" i.H.v. 2,5 %[115] des Verkehrswertes ein (bei österreichischen Grundstücken erhöht um 3,5 % Grunderwerbsteuer aus dem 3-fachen Einheitswert), die auch für Zuwendungen an gemeinnützige[116] Stiftungen gilt und nur wenige Ausnahmen kennt.[117] Sie kommt zum Tragen, wenn entweder die Stiftung oder der Stifter seinen (Wohn-) Sitz bzw. gewöhnlichen Aufenthalt in Österreich hat, sodass häufig Doppelbesteuerungsprobleme bestehen (sogar wenn ein in Österreich wohnender Deutscher in „seine" deutsche Stiftung deutsches Vermögen einbringt!). Die in Österreich entrichtete Stiftungseingangsteuer wird auf die deutsche Steuer gem. § 21 ErbStG angerechnet, die deutsche auf die österreichische jedoch nur nach Ermessen des österreichischen Fiskus (§ 48 BAO). 2558

Die Privatstiftung ist in Österreich unbeschränkt körperschaftsteuerpflichtig, wobei jedoch Begünstigungen bestehen.[118]

Aus Sicht des **deutschen Schenkung-/Erbschaftsteuerrechtes** wird allerdings für die Vermögensübertragung i.S.e. Bewidmung der Privatstiftung sowohl von Todes wegen als auch zu Lebzeiten die ungünstige Steuerklasse III zugrunde gelegt, da § 15 Abs. 2 Satz 1 ErbStG für ausländische Stiftungen nicht gilt. Im Hinblick auf den zum 01.08.2008 eingetretenen Wegfall der Erbschaft- und Schenkungsteuer in Österreich[119] wurde das Doppelbesteuerungsabkommen Erbschaftsteuer v. 04.10.1954 gem. seinem Art. 12 Abs. 2 durch die BRD mit Wirkung zum 2559

---

112 *Fraberger/Petritz*, ZErb 2008, 148.
113 Ähnlich BayFinMin v. 01.06.2007 zur italienischen Registersteuer, DStR 2007, 1165.
114 § 3 Abs. 1 Nr. 2 bzw. Nr. 7 ÖstGrEStG.
115 Die Steuer verzehnfacht sich, wenn die Stiftung es versäumt, ihre Dokumente dem FA offenzulegen, oder mit dem Ansässigkeitsstaat der Stiftung keine umfassende Amtshilfe praktiziert wird.
116 Freigestellt sind jedoch Unternehmensträgerstiftungen und Stiftungen zur Unterstützung von Betriebsangehörigen.
117 Nicht erfasst werden z.B. Zuwendungen durch öffentlich-rechtliche Körperschaften sowie die Vererbung von „endbesteuertem Kapitalvermögen" und von in- oder ausländischen Kapitalgesellschaftsanteilen unter 1 %.
118 So sind Beteiligungserträge von österreichischen Kapitalgesellschaften steuerfrei; weite Teile der Erträge verzinslich angelegten Kapitalvermögens unterliegen lediglich einem Zwischensteuersatz von 12,5 % statt dem regulären Körperschaftsteuersatz von 25 %; diese Zwischensteuer wird wieder gutgeschrieben, sobald die Privatstiftung Ausschüttungen an die Begünstigten tätigt, für die eine 25 %ige Abgeltungs-Kapitalertragsteuer anfällt.
119 Gemäß Beschluss des österreichischen Verfassungsgerichtshofs v. 07.03.2007, ZEV 2007, 237, besteht eine Reparaturfrist bis 31.07.2008, die die Regierungskoalition in Wien auf Verlangen der ÖVP jedoch nicht genutzt hat. Zur Neuregelung vgl. Rdn. 2553 und Rdn. 2557.

Kapitel 6: Stiftungen

31.12.2007 gekündigt, mit übergangsweiser Anwendung bis 31.07.2008.[120] Da das Abkommen schon bisher nicht für Schenkungen galt, ändert sich insoweit nichts (etwaige bisherige Doppelbesteuerungsprobleme entfallen vielmehr wegen des Auslaufens der österreichischen Schenkungsteuer).

2560 In Erbfällen wird jedoch nunmehr der weite Anbindungsbereich des deutschen internationalen Erbschaftsteuerrechts (§ 2 ErbStG) nicht mehr abgeschirmt, was insb. deutsche Unternehmer mit Betriebsvermögen in Österreich und Erblasser mit endbesteuertem Kapitalvermögen[121] in Österreich spüren. Demnach gelten dieselben Anforderungen wie bspw. im Verhältnis zur Schweiz, wenn durch Wegzug nach Österreich die deutsche Erbschaftsteuer vermieden werden soll: Es darf in Deutschland kein Wohnsitz, auch kein Zweitwohnsitz,[122] unterhalten werden, auch sämtliche Erben müssen aus Deutschland wegziehen und alle Beteiligten müssen gem. § 2 Abs. 1 Nr. 1b ErbStG eine Fünfjahresfrist vor dem Erbfall wahren;[123] ferner darf es sich nicht um deutsches „Inlandsvermögen" i.S.d. § 121 Abs. 2 BewG[124] handeln. Denkbar ist, das Vermögen bis zum Ablauf der Fünfjahresfrist auch in der Person der Erben „zwischenzuparken", etwa in einer österreichischen Privatstiftung,[125] z.B. als Vorerben, und sodann den Nacherbfall nach Ablauf der Fünf-Jahres-Frist eintreten zu lassen (Steuerentstehung erst dann, § 9 Abs. 1 Nr. 1h ErbStG). Hat der Erblasser zwar seinen Wohnsitz vor mehr als 5 Jahren, aber vor weniger als 10 nach Österreich verlegt, und verfügt noch über bestimmtes Vermögen in Deutschland, bleibt insoweit das Besteuerungsrecht Deutschlands bestehen (sog. erweiterte beschränkte Steuerpflicht, vgl. auch § 4 AStG).[126] Insgesamt hat dadurch das „Erbschaftsteuerparadies" Österreich viel an Attraktivität verloren.[127]

2561 Die **Errichtung einer österreichischen Privatstiftung unter Lebenden** ist demnach nur dann sinnvoll, wenn der Stifter durch rechtzeitigen Wegzug eine unbeschränkte Steuerpflicht aufgrund des Inlandbezugs (§ 2 Abs. 1 Nr. 1 Satz 2a ErbStG) vermeiden kann. Bei einer Stiftungserrichtung oder Zustiftung zu Lebzeiten muss ferner die 5-jährige Nachwirkungsfrist abgelaufen sein.[128] In Deutschland darf dann keine Geschäftsleitung zurückbleiben (unschädlich wären jedoch wohl in Deutschland ansässige Beiratsmitglieder).

---

120 Gesetzesentwurf: BT-Drucks. 16/12236, vgl. ZEV 2009, Heft 4, S. VI.
121 Nach dem früheren DBA stand das Besteuerungsrecht für bestimmtes, in Österreich bereits mit Kapitalertragsteuer (KESt) belegtes Kapitalvermögen Österreich zu; dort war aber mit der KESt bereits die Erbschaftsteuer abgegolten.
122 Nach dem früheren DBA brauchte der „Wegzügler" in Deutschland nicht alle Brücken abbrechen; es genügte die Verlagerung des Schwerpunktes des Lebensinteressens nach Österreich, vgl. *Götzenberger*, BB 2008, 2439 ff.
123 Die Möglichkeit einer Abkürzung dieser Frist durch Wechsel der Staatsangehörigkeit ist angesichts der Laufzeit dieses Verfahrens nur theoretisch, vgl. *Steiner*, ErbStB 2008, 61.
124 Insb. inländisches land- und forstwirtschaftliches Vermögen, Grundvermögen, inländisches Betriebsvermögen, wesentliche Beteiligungen, Erfindungen, grundpfandrechtlich gesicherte Forderungen.
125 Allerdings wird derzeit diskutiert, die Einbringung von Vermögen in Privatstiftungen in Österreich zu besteuern, z.B. i.H.v. 5%, vgl. SWK 2007, 1156.
126 Allerdings sieht BMF v. 15.03.1996 – IV C 6 – S 1343 – 1/96 Österreich seit 1994 nicht mehr als niedrigbesteuerndes Land an.
127 Vgl. *Steiner*, ErbStB 2008, 60 ff.
128 Vgl. *von Oertzen*, Asset Protection im deutschen Recht, Rn. 148.

Ertragsteuerlich ist aus deutscher Sicht nachteilig, dass nicht nur bei der Übertragung von betrieblichen Einzelwirtschaftsgütern, sondern auch von Betrieben, Teilbetrieben oder Mitunternehmeranteilen eine Aufdeckung der stillen Reserven stattfindet, da Deutschland das Besteuerungsrecht an den Wirtschaftsgütern verliert (§ 4 Abs. 1 Satz 3, § 6 Abs. 1 Nr. 4 Satz 1 EStG, mit Fortgeltung durch das JStG 2009).[129] Ausschüttungen an inländische Bezugsberechtigte sind sonstige Einkünfte i.S.d. § 22 Nr. 1 Satz 1 EStG. Äußerst unangenehm ist die hinzukommende **Zurechnungsbesteuerung** gem. § 15 AStG, wonach das Einkommen einer ausländischen Familienstiftung dem unbeschränkt (oder nach § 2 Abs. 1 AStG erweitert beschränkt) steuerpflichtigen Stifter oder, in Ermangelung eines solchen, den unbeschränkt oder erweitert beschränkt steuerpflichtigen Destinatären zuzurechnen ist. Damit wird die Versteuerung der von der österreichischen Privatstiftung erzielten Einkünfte nach Deutschland verlagert und, da die Stiftung bereits in Österreich unbeschränkt körperschaftsteuerpflichtig ist, die Ausschüttung nochmals im Inland beim Stifter bzw. Destinatär versteuert. Die bei der Privatstiftung selbst angefallenen Steuern kann der Zurechnungsempfänger nur i.R.d. Höchstbetrags nach § 34c Abs. 1 EStG auf seine ESt anrechnen.[130] – Das Jahressteuergesetz 2009 lässt zur Vermeidung der Europarechtswidrigkeit[131] des § 15 AStG die Zurechnungsbesteuerung entfallen bei Familienstiftungen mit Sitz/Geschäftsleitung im EU-/EWR-Raum, sofern das Vermögen dem Einfluss inländischer Personen tatsächlich entzogen ist und der Auslandsstaat die Amtshilferichtlinie anwendet (§ 15 Abs. 6 AStG n.F.;[132] bilaterale Verhandlungen hierzu sind aufgenommen).[133]

2562

d) Trusts

Die Haager Konvention zur Anerkennung des Trusts von 1984,[134] welcher die BRD allerdings nicht beigetreten ist, **definiert** den Trust als ein Rechtsverhältnis, wodurch einer Person bestimmte Güter übertragen werden, welche diese für Dritte oder für einen allgemeinen Zweck verwalten soll. Der Errichter des Trusts (settlor bzw. grantor) steht also dem Verwalter (trustee, ähnlich einem Treuhänder) ggü. und kann zusätzlich einen Überwacher bestimmen, der ggf. auch den trustee auswechseln kann,[135] den protector. Die Aufgabe des trustee wird häufig von Tochtergesellschaften international tätiger Banken übernommen. Begünstigte sind die sog. „beneficiaries". Trusts können durch letztwillige Verfügung (testamentary trust) oder durch Rechtsgeschäft unter Lebenden begründet werden (intervivos trust). Eigenes Vermögen erwirbt der Trust nicht, Inhaber des Sondervermögens bleibt der trustee.

2563

Je nach dem Umfang der Einflussmöglichkeiten des settlor/grantor wird zwischen einem revocable trust und einem irrevocable trust unterschieden; bei weitgehender Entscheidungsmög-

2564

---

129 Liegt eine Betriebsstätte vor, könnte jedoch aufgrund der künftigen beschränkten Körperschaftsteuerpflicht der Betriebsstiftung in Deutschland, § 2 Nr. 1 KStG, eine Buchwertfortführung nach § 6 Abs. 3 EStG wie im Inlandsfall denkbar sein.
130 Zur Frage, ob § 22 Nr. 1 EStG durch § 15 Abs. 1 AStG verdrängt wird, vgl. BFH v. 02.02.1994, BStBl. 1994 II, S. 727, und *Söffing*, ErbStB 2007, 223. Die Finanzverwaltung geht vom Nebeneinander beider Vorschriften aus, vgl. BMF v. 14.05.1004, BStBl. 2004 I, Sondernummer 3, Nr. 15.01.2001.
131 Übergangslösung des BMF v. 14.05.2008, ZEV 2008, 304.
132 Hierzu *Schulz/Werz*, ErbStB 2008, 177.
133 Vgl. *Lennert/Blum*, ZEV 2009, 171, 177.
134 Vgl. IPRax 1987, 55.
135 Vgl. *Siemers/Müller*, ZEV 1998, 206.

lichkeit des trustee nach eigenem Ermessen, basierend auf einem schlichten „letter of wishes", spricht man von einem „discretionary trust". Bindet die Trust-Urkunde den trustee, können ihm z.B. die Thesaurierung der Gewinne (accumulation trust) oder gleichmäßige Ausschüttungen (fixed interest trust) vorgeschrieben sein.[136]

2565   Der Trust ist – da selbst nicht rechts- und parteifähig – einer Stiftung nach deutschem Recht nicht vergleichbar und – jedenfalls sofern unwiderruflich – auch nicht als Treuhandverhältnis ausgestaltet.[137]

Die meisten Rechtsordnungen des Common-Law-Rechtskreises verbieten die Einrichtung von Trusts auf ewige Zeit durch die sog. „rule against perpetuities", wonach i.d.R.[138] spätestens 21 Jahre nach dem Tod des Errichters bzw. nach dem Tod einer anderen, frei wählbaren Person, die am Tag der Trust-Errichtung bereits am Leben war, der Trust enden muss. Im Wettbewerb um Anlagegelder haben einzelne Rechtsordnungen diese rule allerdings aufgegeben.[139] Frankreich hat 2007 in Gestalt des „fiducie" ein auf 33 Jahre begrenztes trustähnliches Gebilde geschaffen, wobei als Begründer (constituant) nur juristische Personen und als Fiduziare (fiduciaire) nur Finanzinstitute zugelassen sind. Die Einbringung von Vermögen ist steuerfrei zu Buchwerten möglich; Hauptanwendungsfall ist die diskrete Versorgung entfernt oder nicht verwandter Personen aus dem „Trustvermögen", wobei jedoch eine vorzeitige Vertragskündigung nicht möglich ist.

2566   Während der unter Lebenden errichtete Trust dem Gründungsstatut unterliegt, beurteilt die Rechtsordnung der Objektbelegenheit die Rechtsfrage, ob eine entsprechende aufgespaltene Eigentümerstellung anerkannt werden kann. Der BGH sieht in der trust-immanenten Aufspaltung für in Deutschland belegenes Vermögen einen Verstoß gegen den hiesigen ordre public (Art. 6 EGBGB),[140] sodass sich deutsches Vermögen unmittelbar zur Einbringung in einen Trust nicht eignet. Es muss daher eine ausländische Kapital- oder Personengesellschaft als Eigentümerin zwischengeschaltet werden, die ihrerseits einer Rechtsordnung untersteht, welche das aufgespaltene Trust-Eigentum anerkennt.[141]

2567   Durch das Steuerentlastungsgesetz 1999/2000/2002 wurden § 3 Abs. 2 Nr. 1 sowie § 7 Abs. 1 Nr. 8 und Nr. 9 ErbStG textlich erweitert auf den Übergang von Vermögen auf eine „Vermögensmasse ausländischen Rechts, deren Zweck auf die Bindung von Vermögen gerichtet ist", also trusts.[142] Steuerschuldner ist (aufgrund Ergänzung des § 20 ErbStG) bei der Errichtung unter Lebenden auch der settlor, bei der Errichtung von Todes wegen ausschließlich der Trust, der zu

---

136 Vgl. *Siemers/Müller*, IStR 1998, 385/386.
137 Vgl. BFH, 02.02.1994 – I R 66/92, BStBl. 1994 II, S. 727, 729.
138 Vgl. aber für England und Wales den „Perpetuities and Accumulations Act" v. 06.04.2010: höchstzulässige Trustdauer 125 Jahre nach Gründung bzw. nach dem Tod des Erblassers.
139 So etwa die Cayman Islands bei den sog. „star trusts".
140 Vgl. BGH, IPRax 1985, 223; vgl. *Wienbracke*, ZEV 2007, 413 ff.; für eine liberalere Linie plädiert *Daragan*, ZEV 2007, 204, dagegen *Wittuhn*, ZEV 2007, 419.
141 Vgl. *von Oertzen*, Planning with Trusts in Germany, in: Journal of International Trust and Cooperate Planning, 2003, 197 ff.
142 Nicht erfasst sind sog. „Grantor's Trusts", bei denen der Errichter (settler) zugleich Begünstigter (beneficiary) ist; nach FG Baden-Württemberg, 15.07.2010 – 7 K 37/07, EFG 2011, 162, ZEV 2011, 154 ist das Vermögen von vornherein allein dem Begünstigten zuzurechnen, sodass es sich bei Auszahlungen um steuerfreie Vermögensumschichtungen handelt.

diesem Zweck bis zur Entrichtung der Steuer eine selbstständige Nachlassmasse bildet (§ 20 Abs. 3 ErbStG). Die Erbersatzsteuer in 30-jährigem Abstand gem. § 1 Abs. 1 Nr. 4 ErbStG wird jedoch nicht erhoben.

Damit ähnelt die Besteuerung[143] des Trust in einkommen- und erbschaftsteuerlicher Hinsicht der Rechtslage bei ausländischen Familienstiftungen, jedoch mit einer Verschlechterung: Satzungsmäßige Leistungen an Zwischenberechtigte sind voll steuerpflichtig in der Steuerklasse des Verhältnisses zwischen Berechtigtem und Errichter, während sie bei ausländischen Familienstiftungen schenkungsteuerfrei wären. Dem steuerpflichtigen Erwerb bei Auflösung eines Trust oder eines Vereins, dessen Zweck wesentlich im Interesse einer Familie auf die Bindung von Vermögen gerichtet ist, wird seit 2009 – entgegen der Rechtsprechung des BFH[144] – durch Änderung des § 7 Abs. 1 Nr. 9 ErbStG die formwechselnde Umwandlung in eine Kapitalgesellschaft gleichgestellt.

2568

---

143 Vgl. *von Oertzen/Stein*, ZEV 2010, 500 ff., auch zu den steuerrechtlichen Vorteilen eines Trust nach US-Erbschaftsteuerrecht („Qualified Domestic Trust" – QDOT – zu Gunsten des überlebenden Ehegatten zur Verlagerung der Besteuerung auf die Zeit nach auch dessen Ableben).

144 BFH, 14.02.2007 – II R 66/05, ErbStB 2007, 259, und BayLA für Finanzen v. 08.08.2007, EStB 2007, 408; es fällt nach bisheriger Auffassung auch keine Grunderwerbsteuer an.

Kapitel 6: Stiftungen

B. Errichtung, Ausstattung und Verwaltung einer selbstständigen Stiftung

I. Stiftungsgeschäft

2569 Eine Stiftung kann sowohl durch Rechtsgeschäft unter Lebenden (§ 81 BGB) als auch von Todes wegen (§ 83 BGB) errichtet werden.

1. Stiftungsgeschäft unter Lebenden

2570 Nach § 81 Abs. 1 Satz 1 BGB bedarf das Stiftungsgeschäft unter Lebenden[145] der Schriftform. Es muss die verbindliche Erklärung des Stifters bzw. der Stifter enthalten, Vermögen für die dauerhafte und nachhaltige Erfüllung eines von ihm/ihnen festgesetzten Zweckes zu widmen. Mindestinhalt der im Stiftungsgeschäft enthaltenen Satzung sind Bestimmungen über den Namen der Stiftung, ihren Sitz, ihren Zweck, ihr Vermögen und die Bildung des Vorstandes. Gem. § 81 Abs. 2 Satz 1 BGB kann der Stifter das Stiftungsgeschäft unter Lebenden durch einseitige Erklärung bis zur Anerkennung der Stiftung widerrufen (ein Widerruf durch die Erben des Stifters ist allerdings unter den Voraussetzungen des § 81 Abs. 2 Satz 3 BGB ausgeschlossen).

2571 Gehört zu dem der Stiftung gewidmeten Vermögen ein Grundstück, bedarf das Stiftungsgeschäft über § 81 Abs. 1 Satz 1 BGB hinaus der Beurkundung.[146] Kostenrechtlich ist darauf hinzuweisen, dass für eine Auflassung, bei der das zugrunde liegende Kausalgeschäft nicht beurkundet wurde, eine 20/10-Gebühr nach § 36 Abs. 2 KostO anfallen würde, sonst gem. § 38 Abs. 2 Nr. 6a KostO lediglich eine 5/10-Gebühr,[147] wobei das Stiftungsgeschäft selbst als einseitige Erklärung eine 10/10-Gebühr nach § 36 Abs. 1 KostO auslöst.

2572 Die herrschende Meinung qualifiziert die Vermögensausstattung i.R.d. Stiftungsgeschäfts unter Lebenden als Rechtsgeschäft sui generis und wendet hierauf das Schenkungsrecht entsprechend an. So bestimmt sich die Haftung des Stifters nach den §§ 521 ff. BGB, und es besteht im Fall der Verarmung ein Rückforderungsrecht des Stifters analog § 528 BGB. Zu pflichtteilsergänzungsrechtlichen Fragen (Schenkung durch Einbringung in eine Stiftung; Anlaufen der Zehn-Jahres-Frist trotz Begünstigung auch des Schenkers, Anrechnung von Stiftungsleistungen an den Pflichtteilsberechtigten analog § 2327 BGB?) vgl. Rdn. 3065 ff.

2573 Mit Anerkennung der Stiftung ist der Stifter beim Stiftungsgeschäft unter Lebenden verpflichtet, der Stiftung das ihr zugesagte Vermögen zu übertragen. Ein Rechtsübergang kraft Gesetzes findet nicht statt. Lediglich Rechte, zu deren Übertragung die Abtretung genügt, gehen mit der Anerkennung eo ipso auf die Stiftung über, soweit sich aus dem Stiftungsgeschäft nicht ein anderer Wille des Stifters ergibt (§ 82 Satz 2 BGB).

---

[145] Muster s. *Kersten/Bühling/Krauß*, Formularbuch und Praxis der freiwilligen Gerichtsbarkeit, § 123 Rn. 110 M für eine selbstständige Stiftung, Rn. 110 M für eine unselbstständige Stiftung.
[146] Vgl. Palandt/*Heinrichs*, BGB, § 311b Rn. 16; MünchKomm-BGB/*Kanzleiter*, 5. Aufl., § 311b Rn. 24; a.A. OLG Schleswig, DNotZ 1996, 770 ff. m. abl. Anm. *Wochner*.
[147] OLG Schleswig, DNotZ 1996, 770 m. Anm. *Wochner*; *Bengel/Tiedtke*, DNotZ 2010, 595, 604.

2. Stiftung von Todes wegen

Wird eine Stiftung durch Verfügung von Todes wegen (§ 83 BGB) errichtet, sind die jeweils dafür vom Erbrecht vorgesehenen Formen für das private oder öffentliche Testament bzw. den Erbvertrag zu beachten, dies gilt auch für die Grundlinien der Satzung.[148] Der Stifter muss die Stiftungserrichtung persönlich vornehmen, eine Vertretung ist unzulässig. Die Vermögensausstattung der von Todes wegen errichteten Stiftung kann durch Erbeinsetzung, Vermächtnisanordnung oder Auflage geschehen. Die Fiktion des § 84 BGB ermöglicht die Einsetzung einer Stiftung als Erben und nicht nur als Nacherben des Stifters nach § 2101 BGB, wenn sie erst nach dem Tod des Stifters anerkannt wird. Die Vorschrift des § 84 BGB gilt auch für ausländische Stiftungen.[149]

2574

Zur Sicherung der Errichtung einer Stiftung von Todes wegen empfiehlt sich die Anordnung der Testamentsvollstreckung: Der Testamentsvollstrecker wird damit betraut, die Anerkennung der Stiftung einzuholen und ihr das zugewandte Vermögen zu übertragen. Zusätzlich kann der Testamentsvollstrecker ermächtigt werden, der Stiftung eine Satzung zu geben oder die Stiftungssatzung entsprechend den Anforderungen der Anerkennungsbehörde anzupassen. Sofern der Erblasser nichts Abweichendes bestimmt, enden die Befugnisse des Testamentsvollstreckers im Zweifel mit der Anerkennung der Stiftung.[150] Fehlt eine derartige Regelung, kann nach § 83 Satz 2 BGB die Anerkennungsbehörde eine unvollständige Stiftungssatzung ergänzen. Soweit nicht der Erbe oder ein Testamentsvollstrecker die Stiftungserrichtung der Anerkennungsbehörde mitteilen, hat dies nach § 83 Satz 1 BGB das Nachlassgericht zu tun.

2575

Formulierungsvorschlag: Errichtung einer Stiftung von Todes wegen

2576

> Zu meiner Erbin setze ich hiermit die noch zu errichtende „.... Stiftung" als rechtsfähige gemeinnützige Stiftung des bürgerlichen Rechts mit dem Sitz in ..... ein.
>
> Zweck der Stiftung ist die Förderung der Kinder-, Jugend- und Altenhilfe.
>
> Die Stiftung erhält einen Stiftungsvorstand und einen Stiftungsrat nach Maßgabe der beigefügten Satzung. Diese ist Bestandteil der vorliegenden Verfügung von Todes wegen.
>
> Zu Mitgliedern des ersten Stiftungsvorstands bestimme ich:
> 1. .....
> 2. .....
> 3. Die dritte Person soll der Testamentsvollstrecker benennen, sofern ich nicht zu Lebzeiten noch durch letztwillige Verfügung die Person benennen werde. Gleiches gilt, falls von mir benannte Vorstandspersonen dieses Amt nicht annehmen sollten.

---

148 Die Ergänzungsbefugnisse der Stiftungsbehörden gem. § 83 Satz 2 BGB sind nur auf Beseitigung inhaltlicher Mängel und Lücken beschränkt, nicht aber auf die Heilung von Formmängeln, unrichtig daher OLG Stuttgart, 10.06.2009 – 8 W 501/08, ZEV 2010, 200 m. abl. Anm. *Wachter*.
149 BayObLG, NJW 1965, 1438; OLG München, 08.04.2009 – 31 Wx 121/08, ZEV 2009, 512 m. Anm. *Muscheler*; hierzu auch *Süß*, MittBayNot 2009, 485; vgl. *Lange/Honzen*, ZEV 2010, 231.
150 BGHZ 41, 23.

Als Mitglieder des ersten Stiftungsrats schlage ich vor:

1. den jeweiligen Leiter des Jugendamtes .....

.....

Klargestellt wird dazu, dass nicht der jeweilige Inhaber der vorstehenden Position im Stiftungsrat vertreten sein muss, sondern der Testamentsvollstrecker bei der Besetzung des ersten Stiftungsrats auch eine andere Auswahl treffen kann.

2.

Ich ordne Testamentsvollstreckung an.

Zum Testamentsvollstrecker bestimme ich .....

Sollte dieser das Amt nicht annehmen können oder wollen, wird das zuständige Nachlassgericht gebeten, einen geeigneten Testamentsvollstrecker zu bestimmen, der jedoch den rechts- oder steuerberatenden Berufen angehören muss.

Der Testamentsvollstrecker ist befugt, nach meinem Tod die beigefügte Satzung der Stiftung zu ändern, soweit dies erforderlich ist, um meinem Willen Geltung zu verschaffen, und die Stiftung wirksam zu errichten. Er ist auch befugt, weitere Mitglieder des ersten Stiftungsrats zu bestimmen, soweit ich dies nicht in einer weiteren letztwilligen Verfügung tun werde.

Der Testamentsvollstrecker hat auch die Aufgabe, meinen Grundbesitz zu veräußern und den Verkaufserlös der Stiftung zur Verfügung zu stellen. Der Verkaufserlös des Grundbesitzes braucht nicht in Grundvermögen angelegt zu werden, soweit dies gesetzlich möglich ist.

Es ist mein Wunsch, dass sich der Testamentsvollstrecker bzw. Stiftungsvorstand bei der Veräußerung der wertvollen Vermögensgegenstände (Schmuck, Teppiche, Möbel usw.) von fachkundigen Personen beraten lässt.

3.

Die Stiftung hat dafür zu sorgen, dass die Grabstätte der Stifter auf die längstmögliche Zeit angekauft und ordentlich gepflegt wird .....

II. Anerkennung

2577 Zur Entstehung einer Stiftung ist nach § 80 Abs. 1 BGB ihre **Anerkennung durch die zuständige Behörde des Landes** erforderlich. Es handelt sich um einen privatrechtsgestaltenden Verwaltungsakt, durch den die Stiftung ihre Rechtsfähigkeit als juristische Person erlangt. Nach § 80 Abs. 2 BGB ist eine Stiftung als rechtsfähig anzuerkennen, wenn das Stiftungsgeschäft den Anforderungen des § 81 BGB genügt, die nachhaltige Erfüllung des Stiftungszwecks gesichert erscheint und der Stiftungszweck das Gemeinwohl nicht gefährdet. Es besteht also ein subjektiv-öffentliches Recht auf Errichtung einer Stiftung, sofern die Voraussetzungen des § 80 Abs. 2 BGB vorliegen. Die Anerkennung der Stiftung steht nicht im Ermessen der Stiftungsbehörde. Auch kann das Landesrecht keine weiteren Voraussetzungen für die Anerkennung einer Stiftung regeln, da die Regelungen der §§ 80, 81 BGB abschließend sind (s.o.). Etwas anderes gilt nur nach § 80 Abs. 3 BGB für landesrechtliche Regelungen über kirchliche und ihnen gleichgestellte Stiftungen.

Zuständig für die Anerkennung der Stiftung ist das Land, in dem die Stiftung ihren Sitz haben soll. Welche Behörde innerhalb des einzelnen Landes zuständig ist, bestimmt sich nach den Landesstiftungsgesetzen und den dazu ergangenen Ausführungsbestimmungen.[151]

2578

III. Zustiftung

Seit 2007 können für Zuwendungen in den Vermögensstock einer bestehenden (selbstständigen oder unselbstständigen) Stiftung gem. § 10b Abs. 1a EStG, § 9 Nr. 5 Satz 3 GewStG bis zu 1 Mio. € als Sonderausgaben (einmal binnen 10 Jahren; bei zusammenveranlagten Ehegatten verdoppelt) in Anspruch genommen werden, wobei es im Gegensatz zur früheren Rechtslage nicht mehr darauf ankommt, dass die Zuwendung anlässlich einer Neugründung oder im Jahr danach erfolgt. Damit werden sog. „Zustiftungen" für die künftige Gestaltungspraxis weit bedeutsamer werden für solche Stifter, die den Aufwand zur Schaffung eigener Strukturen scheuen oder angesichts bereits bestehender Stiftungen für nicht mehr erforderlich halten dürfen.[152]

2579

Vertragstypologisch handelt es sich um eine **Schenkung mit** der **Auflage** (§ 525 BGB), die zugewendeten Vermögenswerte bzw. ihre Surrogate in dem nach jeweiligem Landesrecht zu erhaltenden „Vermögensstock" der Siftung zu erhalten; bei letztwilliger Zuwendung liegt ein Vermächtnis unter Auflage vor (§§ 2192 ff. BGB). Das Schenkungsversprechen unter Lebenden bedarf (auch wenn für das eigentliche Stiftungsgeschäft gem. §§ 81 Abs. 1 Satz 1, 126 BGB Schriftform genügt) der notariellen Beurkundung, deren Fehlen jedoch durch Vollzug geheilt wird, § 518 BGB. Verwaltungsbehördliche Genehmigungsverfahren sieht das Landesrecht für Zustiftungen nicht (mehr) vor.

2580

Die Annahme der Zuwendung ist für die Organe der aufnehmenden Stiftung ein Grundlagengeschäft, zu welchem sie nur bei ausdrücklicher Satzungsanordnung oder bei Übereinstimmung mit dem mutmaßlichen Stifterwillen berechtigt sind. Die Annahme ist abzulehnen, wenn die Erfüllung des „Auftrags" des Stifters dadurch ernsthaft gefährdet ist (§ 86 i.V.m. § 27 Abs. 3 BGB erklärt das Recht des Auftragsverhältnisses, §§ 664 bis 670 BGB, für entsprechend anwendbar). Je nach dem Zustifterwillen kann das zugestiftete Vermögen mit dem vorhandenen Grundstock „verschmolzen" werden oder ist als unselbstständige Zweckvermögensmasse unter Verwaltung der Stiftung zu separieren.

2581

Schwierigkeiten bereitet die Annahme insb. dann, wenn die Zustiftung nicht mit dem Stiftungszweck vereinbar ist, z.B. die Stiftung nicht (wie etwa Bürgerstiftungen) als Mehrzweckstiftung geschaffen ist; eine Änderung des Stiftungszwecks ist nur in engen Grenzen, etwa gem. § 87 Abs. 1 BGB (Unmöglichkeit oder Gemeinwohlgefährdung als Folge des ursprünglichen Zwecks) denkbar (vgl. Rdn. 2591). Diese behördliche Genehmigung kommt in der Praxis allenfalls in Betracht, wenn sonst die Stiftung wegen Vermögenslosigkeit aufgehoben werden müsste.

2582

---

151 Jeweils als pdf-Datei über folgenden Link aufrufbar: www.stiftungen.org, Stichwort „Stifter & Stiftungen", „Aufsichtsbehörden". Dort sind auch die Kontaktdaten der Stiftungsaufsichtsbehörden aller Bundesländer hinterlegt.
152 *Rawert*, DNotZ 2008, 5 ff.

2583 Verlangt der Zustifter – über allgemeine Informations- und Anhörungsrechte, die ihm lediglich einen faktischen Einfluss einräumen können, hinaus – die Schaffung einer eigenständigen Organposition (z.B. wenn einen förmlichen Zustimmungsvorbehalt zu seinen Gunsten bei der Verwendung von Erträgen aus der Zustiftung), bedarf dies einer Satzungsänderung. Sie kann gestützt werden auf § 86 Abs. 1 i.V.m. §§ 27 Abs. 3, 665 BGB (Anpassung eines Auftrags) oder – soweit das Bundesrecht insoweit nicht ebenfalls als vorrangig und abschließend angesehen wird – auf die betreffenden landesrechtlichen Regelungen, z.B. Art. 9 Abs. 3 BayStiftG, sofern die neue Sachlage von den Voraussetzungen, die bei der Festlegung der Stiftungsverfassung galten, deutlich abweicht und damit die unveränderte Befolgung der Stiftungsverfassung nicht mehr interessengerecht ist, und schließlich der Grundsatz der Verhältnismäßigkeit gewahrt wird (Änderungen der Statuten erfordern also eine ins Gewicht fallende Zustiftung).

2584 Zahlreiche Neugründungen, etwa Bürger- oder Gemeinschaftsstiftungen, sind von vornherein auf die Einwerbung weiterer Zustiftungen ausgerichtet. Solche Stiftungen enthalten[153] eine ausdrückliche Ermächtigungsgrundlage zur Annahme von Zustiftungen, zu deren getrennter Verwaltung und häufig auch zur Aufnahme in ein „Ehrengremium" („Stifterversammlung").

2585 **Formulierungsvorschlag: Regelung zu Zustiftungen in der Stiftungs-Satzung**

> Die Stiftung ist berechtigt, Zuwendungen entgegenzunehmen, die im Vermögensstock der Stiftung erhalten bleiben müssen (Zustiftungen). Soweit sie lediglich zur Verfolgung einzelner Stiftungszwecke erfolgen, ist die Zustiftung, einschließlich ihrer Surrogate und Erträge, in der Rechnungslegung der Stiftung gesondert auszuweisen und zu verwenden; einer tatsächlichen real getrennten Vermögensverwaltung bedarf es nicht. Sofern der Zustifter dies zur Auflage macht, unterliegt die Zustiftung einer eigenständigen Anfallberechtigung bei Aufhebung oder Zweckfortfall der Stiftung, § 88 BGB, § 61 Abs. 1 AO.
>
> Sofern Zustiftungen von mehr als ..... € pro Kalenderjahr in Geld oder Sachwerten (über deren Bewertung entscheidet auf Verlangen des Vorstands und Kosten der Stiftung ggf. ein Sachverständiger als Schiedsgutachter) erfolgen, hat der Zustifter Anspruch auf Aufnahme in die Stifterversammlung. Die Mitgliedschaft endet mit Austrittserklärung gegenüber dem Vorstand oder durch Tod. Die Versammlung wird vom Vorstand mindestens einmal jährlich einberufen und nimmt den Bericht des Vorstands entgegen. Sie entscheidet über folgende Maßnahmen: .....

2586 Stiftungssatzungen räumen teilweise auch Zustiftern Vorschlagsrechte ein, von denen der Vorstand nur abweichen darf, wenn sie die Stiftungssatzung verletzen würden. Hierdurch erhält der Zustifter eine formale Organstellung:

2587 **Formulierungsvorschlag: „Lenkungsrecht" des Zustifters**

> Jeder Zustifter ist berechtigt, bis zum 1. Februar eines jeden Jahres dem Vorstand schriftliche Vorschläge über die Verwendung der aus seiner Zustiftung erwirtschafteten Erträge für das

---

153 Vgl. *Rawert*, DNotZ 2008, 13 ff.

> laufende Kalenderjahr einzureichen. Der Vorstand ist an diese gebunden, sofern sie mit der Satzung, Stiftungs- und Steuerrecht vereinbar sind.

Eine generelle Befugnis zu **nachträglicher Satzungszweckänderung**, um abweichende Zustiftungen aufzunehmen, verstößt gegen den in § 85 BGB normierten Grundsatz, dass das Vermögen der Erfüllung eines „vom Stifter vorgegebenen Zwecks" zu widmen ist. In Betracht kommen daher allenfalls Regelungen, die unter bestimmten Voraussetzungen die Erweiterung des Zwecks um einen bestimmten, demnach bereits jetzt bedingt in den Willen des Stifters aufgenommenen, Gegenstand ermöglichen, etwa wie folgt:[154] 2588

Formulierungsvorschlag: Bedingte Zweckerweiterungskompetenz des Stiftungsvorstands 2589

> Der Stiftungsvorstand kann den Zweck der Stiftung um die „Förderung der Völkerverständigung" sowie die „Förderung des Denkmalschutzes" erweitern und alle hierzu erforderlichen Satzungsänderungen vornehmen, soweit dadurch die Steuerbegünstigung im Sinn der Abgabenordnung nicht gefährdet ist. Voraussetzung eines solchen Beschlusses ist die verbindliche Zusage von Stiftungen, die die nachhaltige Erfüllung des erweiterten Stiftungszwecks i.S.d. § 80 Abs. 2 BGB sichern.

Für **unselbstständige Stiftungen**, also Vermögenszuwendungen an eine bereits existierende natürliche oder juristische Person zur dauerhaften Nutzung für die vom Stifter festgelegten Zwecke, gelten die §§ 80 bis 88 BGB mangels verbandsmäßiger Struktur nicht. Daher kann dort eine Delegation von Befugnissen zur Satzungsänderung (Zweckerweiterung) ohne Weiteres erfolgen.[155] 2590

IV. Stiftungsaufsicht

1. Aufgaben

Die Aufsichtsbehörde überwacht die laufende Verwaltung; anzuzeigen sind ihr die Änderung der Organe, insb. des Vorstandes. Sie kann aus wichtigem Grunde Organmitglieder abberufen und für eine vorläufige Vertretung sorgen. Ferner erteilt sie Vertretungsbescheinigungen, mit denen sich die Organmitglieder im Rechtsverkehr, insb. beim Grundbuchamt, legitimieren können. In einigen Landesgesetzen bedürfen besonders wichtige Geschäfte der Genehmigung der Aufsichtsbehörde (Vorsicht bei Grundstücksgeschäften!). 2591

Die Aufsichtsbehörde kann aber auch der Stiftung eine andere Zweckbestimmung geben und dazu die Verfassung der Stiftung ändern oder sie aufheben, wenn die Erfüllung ihres Zweckes unmöglich geworden ist oder das Gemeinwohl gefährdet wird (§ 87 BGB und die Landesgesetze). Als spezielle Form der Aufhebung regeln einige Landesstiftungsgesetze die Zusammenlegung, Zulegung und Zerlegung von Stiftungen (nicht i.S.e. Gesamtrechtsnachfolge, vielmehr sind die aktiven und passiven Wirtschaftsgüter einzeln zu übertragen und die übertragende Stiftung sodann zu liquidieren).[156] Mit dem Erlöschen der Stiftung fällt ihr Vermögen an den in Sat- 2592

---

154 Vgl. *Rawert*, DNotZ 2008, 14.
155 Vgl. *Happ*, Stifterwille und Zweckänderung, S. 196.
156 *Seifart/von Campenhausen/Hof*, Stiftungsrechts-Handbuch, § 11 Rn. 54; monografisch *J. Hoffmann*, Zusammenlegung und Zulegung rechtsfähiger Stiftungen des Bürgerlichen Rechts, 2011.

zung bestimmten Anfallberechtigten, hilfsweise ist der Fiskus des Landes, in dem die Stiftung ihren Sitz hat, Anfallberechtigter (vgl. § 88 Satz 2 BGB).

2. Satzungsänderung und Umwandlung von Stiftungen

2593 **Zweckänderungen** auf satzungsrechtlicher Grundlage gehen solchen auf schlicht gesetzlicher Grundlage vor. Gem. § 85 BGB kann der Stifter bereits in der Stiftungsverfassung bestimmen, dass bei Nichterreichung (oder Wegfall) des zunächst vorgesehenen Zwecks (bzw. der zunächst vorgesehenen Zwecke) andere Zwecke gefördert werden, oder er kann dem jeweiligen Vorstand bzw. einem anderen Organ, ggf. auch im Zusammenwirken, die Entscheidung über die Förderung anderer Zwecke eröffnen (z.B. für den Fall des „Aussterbens" einer bestimmten Familie). Er muss allerdings dann die Kriterien für die Zweckänderung vorgeben, damit nicht der Vorstand seinen eigenen Willen an die Stelle des ursprünglichen Stifterwillens setzen kann.

2594 Hilfsweise sind Satzungszweckänderungen gestützt auf § 87 Abs. 1 BGB unter engen Voraussetzungen durch die Stiftungsaufsichtsbehörde möglich, wenn die Erfüllung des Stiftungszwecks unmöglich geworden oder das Gemeinwohl gefährdet ist. Nach traditioneller,[157] jedoch zunehmend bestrittener[158] Auffassung besteht trotz des Vorrangs des Bundesrechts daneben noch Raum für landesrechtliche Bestimmungen, die überwiegend die Zweckänderungen an weiter gefasste Voraussetzungen knüpfen, z.B. eine wesentliche Änderung der Verhältnisse. In jedem Fall ist die Zweckänderung ultima ratio ggü. anderen Satzungsänderungen, die durch Landesrecht unstreitig zugelassen werden können.

2595 Die Finanzverwaltung „bestraft" Zweckänderungen einer nicht gemeinnützigen Stiftung (z.B. auch die Erweiterung des Begünstigtenkreises bei einer reinen Familienstiftung) dadurch, dass sie darin die Auflösung der bisherigen und die Gründung einer „neuen" Stiftung sieht:[159] die „neue" Stiftung gilt als Erwerber des Vermögens der bisherigen Stiftung, § 7 Abs. 1 Nr. 9 ErbStG, und ist gem. § 15 Abs. 2 Satz 2 ErbStG zu besteuern. Die 30-Jahres-Frist gem. § 1 Abs. 1 Nr. 4 ErbStG (Erbersatzsteuer) beginnt für die „neue" Stiftung wieder zu laufen, ohne Anrechnung der bisher „voraus entrichteten" Steuer.

2596 Vorbehalte zur Änderung des **sonstigen Satzungsinhalts** müssen diesen strengen Anforderungen nicht genügen; die Satzung kann insoweit auch eine Änderung durch Beschluss eröffnen (§ 86 i.V.m. § 27 Abs. 3 i.V.m. § 665 BGB: Anpassung eines Auftrags). Das Landesrecht eröffnet häufig darüber hinausgehende Änderungsmöglichkeiten i.R.d. mutmaßlichen Stifterwillens (z.B. Art. 9 Abs. 3 BayStiftG), landesrechtlich ist weiter i.d.R. jede Satzungsänderung der Genehmigung durch die Stiftungsbehörde unterworfen.

---

157 RGZ 121, 168.
158 Vgl. im Einzelnen *Happ*, Stifterwille und Zweckänderung, S. 135 ff.
159 R 2 Abs. 4 Satz 3 ErbStR 2003.

C. Steuerrecht

I. Gemeinnützigkeit

1. Voraussetzungen

Steuerbegünstigt sind nach der Abgabenordnung (AO) nur Stiftungen, welche die Förderung der Allgemeinheit[160] auf materiellem, geistigem oder sittlichem Gebiet (also gemeinnützige, § 52 Abs. 1 Satz 1 AO), mildtätige (§ 53 AO) oder kirchliche Zwecke (§ 54 AO) selbstlos (§ 55 AO, vgl. Rdn. 2602), ausschließlich (§ 56 AO, vgl. Rdn. 2605) und unmittelbar (§ 57 AO, vgl. Rdn. 2606) verfolgen. Insb. genügt nicht bloße Gruppennützigkeit (z.B. eine Sozialstiftung für Angehörige einer Unternehmensgruppe).[161] Die Kataloge in § 52 Abs. 2 AO a.F. sowie in der „Anlage 1" zu § 48 Abs. 2 EStDV a.F. wurden nun in § 52 Abs. 2 AO n.F., und zwar abschließend[162] (Streichung des Wortes „insbesondere") zusammengeführt. 2597

Unschädlich ist es nach § 58 Nr. 5 AO dabei, wenn eine Stiftung max. ein Drittel ihres Einkommens dazu verwendet, um in angemessener Weise den Stifter oder seine nächsten Abkömmlinge zu unterhalten oder ihre Gräber zu pflegen und ihr Andenken zu ehren (Rdn. 2534 ff.).

Wird die Gemeinnützigkeit angestrebt, ist zusätzlich das Prinzip der sog. „**formellen Satzungsmäßigkeit**" zu beachten, d.h. die Satzung selbst muss belegen, dass die Stiftung alle Voraussetzungen der Gemeinnützigkeit erfüllt.[163] Die Art der Zweckverwirklichung muss daher in räumlicher, sachlicher und persönlicher Hinsicht so konkretisiert werden, dass eine Überprüfung durch die Finanzbehörde möglich ist, § 60 Abs. 1 Satz 1 AO. 2598

Seit 01.01.2009 bestimmt § 60 Abs. 1 Satz 2 AO ferner, dass die Satzung die in **Anlage 1 zur AO**[164] bezeichneten Festlegungen enthalten muss, eine wörtliche Übernahme ist nicht erforderlich.[165] Ältere Satzungen sind aus Anlass einer sonstigen Satzungsänderung anzupassen (Art. 97 § 1f Abs. 2 EGAO; zu ausländischen Körperschaften vgl. Rdn. 2622). 2599

---

160 Durch die Reform ist klargestellt, dass kulturelle Vereine (Opern-, Theaterverein) ihren Mitgliedern Vergünstigungen (Jahresgaben, verbilligter Eintritt etc.) gewähren können.
161 *Ebeling*, ZEV 1998, 93, errechnet in solchen Fällen eine Gesamtsteuerbelastung von bis zu 85 % aus Körperschafts-, Gewerbe- und Erbschaftsteuer!
162 Allerdings eröffnet § 52 Abs. 2 Satz 2 AO, Öffnungsklausel, die Möglichkeit der Gemeinnützigerklärung neuer, nicht im Katalog aufgeführter Zwecke.
163 Muster s. Kersten/Bühling/*Krauß*, Formularhandbuch und Praxis der freiwilligen Gerichtsbarkeit, § 123 Rn. 109 M; kommentiertes Muster bei *Zehentmeier*, NWB 2009, 3583, 3594 ff.
164 BGBl. 2008 I, S. 2794.
165 *Ullrich*, DStR 2009, 2471; Klein/*Gersch*, AO, § 60 Rn. 2; teilweise a.A. die Praxis der FA.

2600 Formulierungsvorschlag: Mustersatzung für Vereine, Stiftungen, Betriebe gewerblicher Art von juristischen Personen des öffentlichen Rechts, geistliche Genossenschaften und Kapitalgesellschaften (Anlage 1 zu § 60 AO) – enthält nur die aus steuerlichen Gründen notwendigen Bestimmungen –

§ 1

Der/Die ..... (Körperschaft) mit Sitz in ..... verfolgt ausschließlich und unmittelbar gemeinnützige/mildtätige/kirchliche Zwecke (*nicht verfolgte Zwecke streichen*) im Sinne des Abschnitts „Steuerbegünstigte Zwecke" der Abgabenordnung.

Zweck der Körperschaft ist ..... (*z.B. die Förderung von Wissenschaft und Forschung, Jugend- und Altenhilfe, Erziehung, Volks- und Berufsbildung, Kunst und Kultur, Landschaftspflege, Umweltschutz, des öffentlichen Gesundheitswesens, des Sports, Unterstützung hilfsbedürftiger Personen*).

Der Satzungszweck wird verwirklicht insbesondere durch ..... (*z.B. Durchführung wissenschaftlicher Veranstaltungen und Forschungsvorhaben, Vergabe von Forschungsaufträgen, Unterhaltung einer Schule, einer Erziehungsberatungsstelle, Pflege von Kunstsammlungen, Pflege des Liedgutes und des Chorgesanges, Errichtung von Naturschutzgebieten, Unterhaltung eines Kindergartens, Kinder-, Jugendheimes, Unterhaltung eines Altenheimes, eines Erholungsheimes, Bekämpfung des Drogenmissbrauchs, des Lärms, Förderung sportlicher Übungen und Leistungen*).

§ 2

Die Körperschaft ist selbstlos tätig; sie verfolgt nicht in erster Linie eigenwirtschaftliche Zwecke.

§ 3

Mittel der Körperschaft dürfen nur für die satzungsmäßigen Zwecke verwendet werden. Die Mitglieder erhalten keine Zuwendungen aus Mitteln der Körperschaft.

§ 4

Es darf keine Person durch Ausgaben, die dem Zweck der Körperschaft fremd sind, oder durch unverhältnismäßig hohe Vergütungen begünstigt werden.

§ 5

Bei Auflösung oder Aufhebung der Körperschaft oder bei Wegfall steuerbegünstigter Zwecke fällt das Vermögen der Körperschaft

1. an den//die/das ..... (Bezeichnung einer juristischen Person des öffentlichen Rechts oder einer anderen steuerbegünstigten Körperschaft), der//die/das es unmittelbar und ausschließlich für gemeinnützige, mildtätige oder kirchliche Zwecke zu verwenden hat,

oder

2. an eine juristische Person des öffentlichen Rechts oder eine andere steuerbegünstigte Körperschaft zwecks Verwendung für ..... (Angabe eines bestimmten gemeinnützigen, mildtätigen oder kirchlichen Zwecks, z.B. Förderung von Wissenschaft und Forschung, Erziehung, Volks- und Berufsbildung, der Unterstützung von Personen, die im Sinne von § 53 der Abgabenordnung wegen ..... bedürftig sind, Unterhaltung des Gotteshauses in .....).

Weitere Hinweise:

Bei Betrieben gewerblicher Art von juristischen Personen des öffentlichen Rechts, bei den von einer juristischen Person des öffentlichen Rechts verwalteten unselbständigen Stiftungen und bei geistlichen Genossenschaften (Orden, Kongregationen) ist folgende Bestimmung aufzunehmen:

§ 3 Abs. 2:

‚Der/Die/Das..... erhält bei Auflösung oder Aufhebung der Körperschaft oder bei Wegfall steuerbegünstigter Zwecke nicht mehr als seine/ihre eingezahlten Kapitalanteile und den gemeinen Wert seiner/ihrer geleisteten Sacheinlagen zurück.'

Bei Stiftungen ist diese Bestimmung nur erforderlich, wenn die Satzung dem Stifter einen Anspruch auf Rückgewähr von Vermögen einräumt. Fehlt die Regelung, wird das eingebrachte Vermögen wie das übrige Vermögen behandelt.

Bei Kapitalgesellschaften sind folgende ergänzende Bestimmungen in die Satzung aufzunehmen:

1. § 3 Abs. 1 Satz 2:

‚Die Gesellschafter dürfen keine Gewinnanteile und auch keine sonstigen Zuwendungen aus Mitteln der Körperschaft erhalten.'

2. § 3 Abs. 2:

‚Sie erhalten bei ihrem Ausscheiden oder bei Auflösung der Körperschaft oder bei Wegfall steuerbegünstigter Zwecke nicht mehr als ihre eingezahlten Kapitalanteile und den gemeinen Wert ihrer geleisteten Sacheinlagen zurück.'

3. § 5:

‚Bei Auflösung der Körperschaft oder bei Wegfall steuerbegünstigter Zwecke fällt das Vermögen der Körperschaft, soweit es die eingezahlten Kapitalanteile der Gesellschafter und den gemeinen Wert der von den Gesellschaftern geleisteten Sacheinlagen übersteigt, ...'.

§ 3 Abs. 2 und der Satzteil „soweit es die eingezahlten Kapitalanteile der Gesellschafter und den gemeinen Wert der von den Gesellschaftern geleisteten Sacheinlagen übersteigt," in § 5 sind nur erforderlich, wenn die Satzung einen Anspruch auf Rückgewähr von Vermögen einräumt.

Die Satzung muss ferner im Hinblick auf die Bindung des Stiftungsvermögens für steuerbegünstigte Zwecke regeln, wofür dieses bei Auflösung, Aufhebung oder Wegfall des bisherigen

Zweckes verwandt werden soll (vgl. §§ 61, 55 AO). Als Folge der Streichung des § 61 Abs. 2 AO a.F. sind die Anfallberechtigten im Fall der Liquidation nunmehr exakt zu benennen. Neben dieser formalen Satzungsausgestaltung ist es für den Erhalt der Steuerbegünstigung erforderlich, dass die tatsächliche Geschäftsführung der Stiftung diesen Satzungsbestimmungen entspricht (§§ 59, 63 AO).

2602 Die **Selbstlosigkeit** verlangt u.a. (§ 55 Abs. 1 Nr. 5 AO), dass freie wirtschaftliche Reserven **zeitnah**,[166] d.h. bis zum Ablauf des folgenden Jahres, für steuerbegünstigte Zwecke eingesetzt werden müssen. Vom Gebot zeitnaher Verwendung ausgenommen sind bspw. die vor 1977 erwirtschafteten sog. „Altrücklagen", ferner Betriebsmittelrücklagen, die zur Vermeidung wirtschaftlicher Risiken benötigt werden,[167] Abschreibungsrücklagen, die aus noch nicht reinvestierten Abschreibungen resultieren, zur konkreten Finanzierungsplanung vorgesehene Projekt-Investitionsrücklagen, Vermögensverwaltungsrücklagen i.H.e. Drittels der Überschüsse aus der Vermögensverwaltung und 10 % der übrigen (eigentlich zeitnah zu verwendenden) Überschüsse (§ 58 Nr. 7a AO), Zuführungen zum Gründungs- oder Kapitalstock, Zuführungen zur Ansparrücklage aus den Überschüssen der Vermögensverwaltung und wirtschaftlicher Geschäftsbetriebe (§ 14 AO) des Gründungsjahres und der beiden folgenden Kalenderjahre (§ 58 Nr. 12 AO) sowie gem. § 58 Nr. 7b AO solche Rücklagen, die zur Aufrechterhaltung der Beteiligungsquote an einer Gesellschaft, etwa zur Beteiligung an wirtschaftlich begründbaren[168] Kapitalerhöhungen, erforderlich sind (der kameralistische Begriff der Rücklage i.S.d. Abgabenordnung ist mit dem bilanziellen Begriff – etwa Gewinn- oder Kapitalrücklagen – nicht vergleichbar).

2603 Auch das Ausgabeverhalten der steuerbegünstigten Organisation unterliegt strengen Reglements, insb. dem Verbot unverhältnismäßig hoher Vergütungen (§ 55 Abs. 1 Nr. 3 AO), dem Verbot überhöhter Verwaltungskosten und dem Gebot der Vornahme von Zuwendungen nur i.R.d. Satzungszwecke (§ 55 Abs. 1 Nr. 1 AO). Selbst die steuerfreie Aufwandspauschale gem. § 3 Nr. 26a EStG (500,00 €/Jahr) sowie die pauschalierte Erstattung dem Grunde nach nachgewiesener Aufwendungen („30 ct pro gefahrenen km")[169] darf an Vorstandsmitglieder nur bei entsprechender satzungsmäßiger Erlaubnis bezahlt werden (das BMF[170] gewährt eine Übergangsfrist bis 31.12.2010 zur Satzungsanpassung).[171] Diese Satzungsregelung ist in mehreren Varianten denkbar:

2604 **Formulierungsvorschlag: Satzungsregelung zur Vorstandsvergütung bei Gemeinnützigkeit**

Die Mitglieder des Vorstandes erhalten eine angemessene Vergütung

(Oder [im Falle der Beschränkung auf pauschalen Aufwendungsersatz und Sitzungsgelder]): Die Mitglieder des Vorstands haben Anspruch auf Erstattung von Auslagen und Auf-

---

166 Vgl. *Plikat*, EStB 2010, 271 ff.
167 Anwendungserlass zur Abgabenordnung – AEAO – Nr. 10 zu § 58 Nr. 6 AO, BGBl. 2008 I, S. 26 ff.
168 BFH, 15.07.1998 – I R 156/94, DStR 1998, 1710.
169 *Weber*, NWB 2009, 2226, 2229.
170 BMF-Schreiben v. 14.10.2009, BStBl. 2009 S. 1318. Auch ein „Zurückspenden" der Vergütung heilt nicht. Das Postulat vom grundsätzlichen Verbot von Vergütungen wird Übrigens zu Unrecht mit § 662 BGB begründet, da § 27 Abs. 3 BGB (i.V.m. § 86 BGB) darauf gerade nicht verweist.
171 Alternativ kann der Vorstand beschließen, künftig auf Tätigkeitsvergütungen zu verzichten, dann sind die vor dem 14.10.2009 gewährten Zuwendungen nicht gemeinnützigkeitsschädlich, solange sie nicht „unangemessen hoch" i.S.d. § 55 Abs. 1 Nr. 3 AO waren.

wendungsentschädigung, die auch pauschaliert erfolgen kann, etwa in Form von Sitzungsgeldern, sowie Fahrt- und Verpflegungspauschalen.

Hinzu tritt der **Ausschließlichkeitsgrundsatz** mit der Folge, dass die Vermögensverwaltung oder gewerbliche Betätigung nicht Selbstzweck sein dürfen (§ 56 AO). 2605

Schließlich erfordert das Gemeinnützigkeitsrecht die **Unmittelbarkeit** der steuerbegünstigten Betätigung (§ 57 AO). Von letzterem Grundsatz bestehen zwei wichtige Ausnahmen: So kann sich zum einen die Stiftung Hilfspersonen bedienen, etwa durch Einschaltung einer sogar gewerblichen Tochtergesellschaft, sofern deren Handeln rechtlich und tatsächlich der Stiftung zugerechnet werden kann. Die Tochtergesellschaft darf aber dann nicht gleichzeitig eigene steuerbegünstigte Zwecke verfolgen (AE Nr. 2 zu § 57 AO). Darüber hinaus kann die Stiftungssatzung ausdrücklich die Sammlung von Mitteln zum Zweck der Weiterleitung an andere steuerbegünstigte Organisationen verfolgen, § 58 Nr. 1 und 2 AO). 2606

Als weitere Reformschritte diskutiert werden:[172] die Modifizierung der Grundsätze der Unmittelbarkeit (§ 57 AO) v.a. bei betriebswirtschaftlich sinnvollen Holdingstrukturen, eine zeitliche Streckung der Mittelverwendung durch Bildung unschädlicher Rücklagen, die Präzisierung des Merkmals der „Selbstlosigkeit" und der Verzicht auf das Merkmal der „Selbständigkeit" in § 14 AO sowie Erleichterungen für Grundstückserwerb und Umstrukturierungen sowie die Ermöglichung eines sog. „Endowments". 2607

Schüttet eine als gemeinnützig anerkannte Gesellschaft ihre Gewinne überwiegend abweichend, z.B. verdeckt an ihre Gesellschafter, aus, kann die Gemeinnützigkeit gem. § 61 Abs. 1 AO auch rückwirkend aufgehoben werden;[173] dies erfolgt durch Erlass entsprechender Körperschaftsteuer- und Gewerbesteuermessbescheide. 2608

2. Beteiligung gemeinnütziger Stiftungen an anderen Gesellschaften

Bei einer **Beteiligung an einer Personengesellschaft** erfolgt eine einheitliche und gesonderte Gewinnfeststellung im Steuerbescheid der Personengesellschaft. Handelt es sich dort nicht um vermögensverwaltende Tätigkeit (mit der Folge von Einkünften aus Kapitalvermögen, Vermietung und Verpachtung etc.), sondern liegt gewerbliche Tätigkeit[174] vor, begründet dies stets einen wirtschaftlichen Geschäftsbetrieb der Stiftung, auch wenn kein Einfluss auf die Geschäftsführung erfolgte oder möglich war (Folge des Transparenzprinzips).[175] Sofern aus diesem wirtschaftlichen Geschäftsbetrieb laufend Verluste erzielt werden, kann dies auch zum Wegfall der Steuerbefreiung bei der Stiftung selbst führen.[176] 2609

---

172 Vgl. *Hüttemann*, DB 2007, 21 f.
173 BFH, 12.10.10210 – I R 59/09, GmbH-StB 2011, 39.
174 Nicht ausreichend ist lediglich die Fiktion gewerblicher Einkünfte bei einer (gewerblich geprägten, § 15 Abs. 3 Nr. 2 EStG) GmbH & Co. KG, sofern der Sache nach lediglich Vermögensverwaltung stattfindet, BFH, 25.05.2011 – I R 60/10, ZEV 2011, 554.
175 *Arnold*, DStR 2005, 581, 583.
176 Nr. 2 AEO zu § 55a Abs. 1 Nr. 1; *Götz*, NWB, Fach 2, S. 10114 = NWB 2008, 4810.

2610 Schwierig ist dagegen die steuerrechtliche Einordnung der **Beteiligung gemeinnütziger Stiftungen an Kapitalgesellschaften**, die sowohl in der Form der Vermögensverwaltung als auch eines wirtschaftlichen Geschäftsbetriebs oder eines Zweckbetriebs stattfinden kann:

- Die **Anlage des Stiftungsvermögens** zählt im Regelfall zur steuerfreien Vermögensverwaltung, sowohl hinsichtlich der Dividenden als auch der Veräußerungsgewinne.

2611 - Nimmt die Stiftung als Inhaberin einer Beteiligung an einer Kapitalgesellschaft jedoch entscheidenden **Einfluss auf die laufende Geschäftsführung**, ist die Grenze zum steuerpflichtigen wirtschaftlichen Geschäftsbetrieb (§ 5 Nr. 9 KStG, § 14 AO) überschritten (AEAO Nr. 3 zu § 64 Abs. 1 AO). Gefährlich ist insoweit jede Einflussnahme, die über das gesetzliche Leitbild der Mitwirkung eines Gesellschafters (etwa gem. § 46 GmbHG) hinausgeht, also Kompetenzen der Geschäftsführung betrifft. Besteht Identität der Geschäftsführungsorgane bei der Tochter-Körpergesellschaft und der Stiftung, wird das Vorliegen der tatsächlichen entscheidenden Einflussnahme vermutet. Ohne Personalunion muss die Ausübung von Weisungsrechten in ursprüngliche Geschäftsführerrechte nachgewiesen sein, insb. durch direkte Weisungen im Hinblick auf den laufenden Geschäftsbetrieb, nicht nur die Gestaltung allgemeiner Strukturfragen. Auch die Ausübung einer Holding-Funktion legt das Vorliegen eines wirtschaftlichen Geschäftsbetriebs nahe.[177]

2612 - **Zweckbetriebe** zählen zum steuerlich begünstigten Bereich einer Stiftung. Sie liegen zum einen vor, wenn die engen gesetzlichen Voraussetzungen des § 65 Nr. 1 bis 3 AO (zur Verwirklichung der steuerbegünstigten Zwecke dienlich und erforderlich; kein vermeidbarer Wettbewerb zu freien Betrieben) kumulativ erfüllt sind, zum anderen aufgrund gesetzlicher Gleichstellung in den wichtigen Fällen der §§ 66 bis 68 AO (Betrieb von Krankenhäusern, Einrichtungen der Wohlfahrtspflege sowie im Rahmen sportlicher Veranstaltungen)

II. Steuerrechtliche Begünstigung bei Gemeinnützigkeit

1. Begünstigung der Stiftung

a) Erbschaftsteuer

2613 Gemeinnützige (auch mildtätige oder kirchliche) Stiftungen genießen, da sie zugleich den Staat von gemeinschaftswichtigen Aufgaben entlasten, im Verhältnis zu Familienstiftungen deutliche steuerliche Begünstigungen: Die **unentgeltliche Übertragung von Vermögen auf solche Stiftungen** ist nicht erbschaft-/schenkungsteuerpflichtig, § 13 Abs. 1 Nr. 16b ErbStG. Die Steuerfreiheit soll jedoch nach umstrittener[178] Verwaltungsauffassung[179] wegen Fehlens der „dauerhaften Bindung" i.S.d. § 55 Abs. 1 Nr. 1 AO nicht gewährt werden, wenn die gemeinnützige Stiftung lediglich als Vorerbe (und bspw. die Kinder des Erblassers beim Eintritt bestimmter Umstände als Nacherben) eingesetzt sind.

---

177 *Götz*, NWB, Fach 2, S. 10113 = NWB 2008, 4809.
178 *Söffing/Thoma*, BB 2004, 855: Die Stiftung bleibt mit ihrem gemeinnützigen Zweck auch nach Eintritt des Nacherbfalls bestehen; der in § 55 Abs. 1 Nr. 4 AO spezialnormierte Grundsatz der Vermögensbindung gilt nur bei Auflösung, Aufhebung oder Zweckfortfall; die Zuwendung eines befristeten Nießbrauchs an die Stiftung anstelle der Vorerbschaft wäre unstreitig steuerfrei gewesen.
179 Erlass des BayStMinFin v. 12.11.2003, ZEV 2004, 65.

b) Einkommensteuer

Einkommensteuerlich gelten für die **unentgeltliche Einbringung von Betrieben, Teilbetrieben und ganzen Mitunternehmeranteilen** keine Besonderheiten: Buchwertprivileg des § 6 Abs. 3 EStG (vgl. Rdn. 2631). Für Einzelwirtschaftsgüter (Betriebsgrundstück) gilt jedoch ebenfalls das Buchwertprivileg gem. § 6 Abs. 1 Nr. 4 Satz 5 EStG (vgl. Rdn. 2626), ebenso für steuerverstrickte Wirtschaftsgüter des Privatvermögens (Anteile nach § 17 EStG, Objekte in der Spekulationsfrist des § 23 EStG, altrechtliche einbringungsgeborene Anteile sowie einbringungsverstrickte Anteile nach §§ 20, 21 UmwStG).

2614

c) Grunderwerbsteuer

Grunderwerbsteuerfreiheit tritt nicht bereits aufgrund der Gemeinnützigkeit ein, aber bei unentgeltlichem Erwerb aufgrund der vorrangigen (in casu wegen § 13 Abs. 1 Nr. 16b ErbStG nicht eintretenden) Schenkungsteuerbarkeit, § 3 Nr. 2 GrEStG. Letztere Norm sperrt jedoch nicht, wenn anstelle des Grundstücks selbst z.B. alle Anteile des Stifters an einer ihm gehörenden Grundstücks-GmbH eingebracht werden: Besteuerung der, auch aufgrund unentgeltlicher Vorgänge, eintretenden Anteilsvereinigung gem. § 1 Abs. 3 GrEStG (vgl. Rdn. 4304 ff.).

2615

d) Körperschaft- und Gewerbesteuer

Des Weiteren sind diese Stiftungen gem. § 5 Abs. 1 Nr. 9 KStG von der Körperschaftsteuer befreit und es unterbleibt gem. § 44a Abs. 7 EStG auch der Kapitalertragsteuerabzug[180] bei Vorlage einer entsprechenden „NV-Bescheinigung", eines „Freistellungsbescheides GEM 2" bzw. einer vorläufigen Bescheinigung über die Gemeinnützigkeit („GEM 5").[181] Dies gilt aber nur für ihren ideellen Bereich, Zweckbetriebe oder den Bereich ihrer Vermögensverwaltung. Soweit eine solche Stiftung zulässigerweise einen wirtschaftlichen Geschäftsbetrieb (§§ 64 Abs. 1, 14 AO) („Betrieb gewerblicher Art", „BgA")[182] unterhält, sind dessen Erträge steuerpflichtig (§ 5 Abs. 1 Nr. 9 Satz 2 KStG).[183]

2616

Gleiches gilt für die Gewerbesteuer (§ 3 Nr. 6 GewStG). Ein solcher wirtschaftlicher Geschäftsbetrieb liegt regelmäßig vor, wenn gewerbliche Bruttoeinkünfte über 35.000,00 €/Jahr erzielt werden (de minimis Grenze in § 54 Abs. 3 AO) – auch bspw. aus der Anzeigenschaltung als Gegenleistung für das Sportvereinsponsoring,[184] ferner im Fall der Beteiligung an einer gewerblich tätigen Personengesellschaft.[185] Ist die Stiftung an einer Kapitalgesellschaft beteiligt, wird darauf abgestellt, ob sie entscheidenden Einfluss auf die Geschäftsleitung der Gesellschaft nimmt (vgl. Rdn. 2609).

2617

---

180 Die Beschränkung der Kapitalabzugsteuerfreiheit (bzw. bis VZ 2004 die Rückerstattung gem. § 44c Abs. 1 Nr. 1 EStG a.F.) auf inländische gemeinnützige Stiftungen verstößt gegen Europarecht, vgl. *Schulz/Augsten*, ErbStB 2008, 204 ff., auch zur notwendigen Erstattungspflicht bis zu einer Neuregelung.

181 Vgl. *Liem/Bieling*, ErbStB 2008, 368 ff.; auch zur Erstattung gem. § 44b Abs. 5 EStG.

182 Vgl. zur Bilanzierung beim BgA *Strahl*, NWB 2009, 2650 ff.

183 Vgl. *Liem/Bieling*, ErbStB 2008, 370 ff., zur Behandlung von Kapitalerträgen ab 2009.

184 BFH, 07.11.2007 – I R 42/06, EStB 2008, 201; hierzu *Thoma*, ErbStB 2009, 11. Das Anzeigengeschäft sollte daher besser an Werbeagenturen verpachtet werden; die daraus resultierenden Einnahmen zählen zur Vermögensverwaltung. Zur steuerlichen Behandlung des Sponsoring vgl. *Carlé*, ErbStB 2011, 296 ff.

185 BFH, 27.03.2001 – I R 78/99, BStBl. 2001 II, S. 449.

Kapitel 6: Stiftungen

2618 Werden **Zuwendungen nicht für die bescheinigten steuerbegünstigten Zwecke eingesetzt** (bzw. sind bereits die Spendenbescheinigungen zumindest grob fahrlässig fehlerhaft), haftet die gemeinnützige Körperschaft pauschal auf 30 %[186] der Spendensumme (zum Ausgleich der dem Zuwendenden damit ermöglichten Steuerersparnis); bei Spenden aus einem Gewerbebetrieb auf 45 %[187] der Spendensumme; gem. § 10b Abs. 4 Satz 2 EStG haftet hilfsweise die handelnde Person.

e) USt und Grundsteuer

2619 Für Umsätze steuerbegünstigter Stiftungen gilt nach § 12 Abs. 2 Nr. 8 UStG ein ermäßigter Umsatzsteuersatz bei vollem Vorsteuerabzug. Schließlich sind steuerbegünstigte Stiftungen i.S.d. §§ 51 ff. AO nach §§ 3 Abs. 1 Nr. 3, 4 Nr. 6 GrStG von der Grundsteuer befreit.

2. Steuerliche Förderung des Stifters/Spenders

a) ESt

2620 Nach Schätzung des Wissenschaftszentrums Berlin für Sozialforschung (WZB) werden in Deutschland jährlich mehr als 3 Mrd. € gespendet, die durchschnittliche Spendenhöhe liegt bei über 80,00 €. Das frühere[188] unübersichtliche und reformbedürftige[189] Recht zur steuerlichen Förderung von Spenden differenzierte zwischen der Grundförderung (5 % bzw. 10 % des Gesamtbetrags der Einkünfte), einer jährlichen Zusatzförderung i.H.v. 20.450,00 € (§ 10b Abs. 1 Satz 3 EStG), einer Großspendenregelung und der zusätzlichen Förderung bei der Neugründung von Stiftungen.

2621 Das rückwirkend zum 01.01.2007 in Kraft getretene „Gesetz zur weiteren Stärkung des bürgerschaftlichen Engagements" enthält zahlreiche Änderungen des Gemeinnützigkeits- und Spendenrechts, insb. die Vereinheitlichung des Spendenabzugs (vgl. nachstehend Rdn. 2622), und die Erweiterung der Abzugsfähigkeit bei Dotationen an Stiftungen (Rdn. 2624). Bedeutsam ist weiter die fortbestehende Möglichkeit der Einbringung von Betriebsvermögen in eine gemeinnützige Körperschaft zu Buchwerten (Rdn. 2626).[190]

---

186 Vor der Gemeinnützigkeitsreform 2007: 40 %.
187 Vor der Gemeinnützigkeitsreform 2007: 50 %.
188 Vgl. die Übersicht bei *von Oertzen*, ErbStB 2006, 218 sowie *Nolte*, NWB 2009, 2236 ff.
189 Zur Neuregelung i.R.d. „Gesetzes zur weiteren Stärkung des bürgerschaftlichen Engagements" vgl. monografisch *Hüttemann*, Gemeinnützigkeits- und Spendenrecht (2008) sowie *Augsten/Höreth/Franke*, ZErb 2007, 163 ff.; *Tiedtke/Möllmann*, DStR 2007, 511 ff.; *Fischer*, NWB 2007, 3515 = Fach 2, S. 9439 ff. Umfassender „Spendenerlass" der OFD Koblenz v. 16.02.2009 – S 2223/S2751 A – St 33 1, KSt-Kartei § 9 KStG Karte 7. Zur Verwendung der Muster von Zuwendungsbestätigungen i.S.d. § 50 Abs. 1 EStDV vgl. BMF, 04.05.2011 – IV C 4 – S 2223/07/0018:004, EStB 2011, 220.
190 Lediglich erwähnt sei ferner die Freistellung ehrenamtlicher Tätigkeitseinnahmen gem. § 3 Nr. 26a EStG (BMF v. 25.11.2008, EStB 2009, 20) und die durch § 3 Nr. 26 EStG vermittelte Steuerfreiheit für nebenberufliche Einkünfte bis zu 1.848,00 € (ab 01.01.2008: 2.100,00 €)/Jahr von Übungsleitern, Ausbildern, Erziehern oder Betreuern, die nebenberufliche künstlerische Tätigkeit sowie die nebenberufliche Pflege alter, kranker oder behinderter Menschen im Dienste einer gemeinnützigen Körperschaft (damit entfällt auch gem. § 14 Abs. 1 Satz 1 SGB IV die Pflicht zur Leistung von Sozialabgaben.). I.V.m. der Minijob-Regelung (400,00 €/Monat) kann ein Übungsleiter damit bis zu 575,00 €/Monat steuer- und sozialabgabefrei beziehen.

aa) Spendenabzug

Steuerbegünstigung und Spendenbegünstigung sind nun im Gleichlauf, sie richten sich ausschließlich nach §§ 52 bis 54 AO, da § 10b Abs. 1 EStG auch hierauf verweist. Die bisher in § 10b Abs. 1 EStG vorgesehene Differenzierung nach Zwecksetzungen hinsichtlich der Höchstgrenzen wurde aufgehoben, es gilt einheitlich ein Spenden- (und Mitgliedsbeitrag-)[191] Höchstbetrag von 20 % des Gesamtbetrags der Einkünfte (ab 2009 unter Einschluss der pauschal abgeltungsbesteuerten Kapitaleinkünfte, sofern nachgewiesen)[192] bzw. 0,4 % der gesamten Umsätze und der im Kalenderjahr aufgewendeten Löhne und Gehälter für die Förderung sämtlicher in §§ 52 bis 54 AO genannter Zwecke (und zwar zur Wahrung der Kapitalverkehrsfreiheit auch seit 2010 an gemeinnützige Empfänger im EU-/EWR-Ausland – „Als-ob-Betrachtung", Typenvergleich, strukturaler Inlandsbezug analog § 51 Abs. 2 AO –,[193] zuvor nur dann, wenn sie die materiellen Anforderungen des deutschen Rechtes erfüllen).[194] Aufgehoben wurde auch die bisherige „Großspendenregelung" des § 10b Abs. 1 Satz 4 EStG a.F. bei Überschreiten von 25.565,00 € für als besonders förderungswürdig anerkannte kulturelle, mildtätige und wissenschaftliche Zwecke.

2622

Nunmehr können Zuwendungen, welche die neuen Spendenhöchstgrenzen überschreiten, gem. § 10b Abs. 4 EStG unbegrenzt vorgetragen werden (ein Spendenrücktrag in das vorangehende Jahr ist dagegen nicht mehr möglich). Allerdings geht ein nicht genutzter Spendenvortrag beim Ableben nicht auf die Erben über.[195] Erforderlich ist ferner stets, dass die Stiftung bereits (durch behördliche Anerkennung) entstanden ist; eine „Vor-Stiftung" kann mangels Existenz nicht tauglicher Zuwendungsempfänger sein.[196] Bei Einzelzuwendungen bis 200,00 € (vor 2007: 100,00 €) besteht ein erleichtertes Nachweisverfahren durch Bareinzahlungsbeleg bzw. Buchungsbestätigung; Sachspenden unterliegen gem. § 10b Abs. 3 Satz 3, 4 EStG besonderen Bewertungsregeln. Ab 01.07.2008 sind neue Muster für Zuwendungsbestätigungen zu verwenden;[197] bei unrichtiger Ausstellung haftet der Zuwendungsbegünstigte, ersatzweise die handelnde Person (§ 10b Abs. 4 Satz 2 EStG, vgl. Rdn. 2618).

2623

---

[191] Wie bisher bleiben allerdings ausgeschlossen Mitgliedsbeiträge an Sport-, kulturelle oder nahe stehende (Hundezüchter-, Karneval-, Kleingärtnerei-) Vereine, die in erster Linie der Freizeitgestaltung der Mitglieder dienen.

[192] § 2 Abs. 5b Satz 2 Nr. 1 EStG (allerdings mindert der Spendenabzug nicht die Einkünfte aus Kapitalvermögen, vgl. *Schienke-Ohletz*, ErbStB 2010, 347. Der Gesetzgeber plant, durch Neufassung des § 2 Abs. 5b Satz 2 EStG den Spendenabzug in Bezug auf Kapitaleinkünfte weiter zu reduzieren, *Seidel*, ErbStB 2011, 117.

[193] „Gesetz zur Umsetzung steuerrechtlicher EU-Vorgaben", BGBl. 2010 I, S. 386; vgl. *Hüttemann*, IStR 2010, 230; *Seidel*, ErbStB 2010, 204, 213.

[194] EuGH, 27.01.2009 – Rs C-318/07 „Hein Persche", FR 2009, 230 (Sachspende an portugiesisches Seniorenheim), allerdings fehlt es häufig an der Einhaltung der strengen Nachweisregeln des deutschen Rechtes (*Lehr*, NWB 2009, 432; *Fischer*, FR 2009, 249); auch wurde der Inlandsbezug in § 51 Abs. 2 AO durch das JStG 2009 verschärft, vgl. *Nolte*, NWB 2009, 2236 ff. Zur Anwendung des EuGH-Urteils „Persche" vgl. BMF-Schreiben v. 06.04.2010 – IV C 4 – S 2223/07/0005, BeckVerw 237303.

[195] BFH, 21.10.2008 – X R 44/05, ErbStB 2009, 72 m. Anm. *Heinrichshofen*, der einen Billigkeitsantrag empfiehlt.

[196] FG Schleswig-Holstein, 04.06.2009 – 1 K 156/04, ErbStB 2009, 267; FG Baden-Württemberg, 08.02.2011 – 4 K 4080/09, ErbStB 2011, 271.

[197] BMF v. 13.12.2007 – IV C 4 S 2223/07/0018, DB 2008, 24 = ErbStB 2008, 44.

bb) Dotation von Stiftungen

2624 Auch der bisherige für Zuwendungen an Stiftungen (auch an unselbstständige Stiftungen)[198] geltende zusätzliche Abzugsbetrag von 20.450,00 € ist durch das neue Gesetz gestrichen worden. Stattdessen können **lebzeitige**[199] **Zuwendungen in den Kapitalstock von Stiftungen** gem. § 10b Abs. 1a EStG auf Antrag im Zuwendungsjahr – an eine bereits bestehende Stiftung – [200] und in den folgenden neun Veranlagungszeiträumen zusätzlich zu den § 10b Abs. 1 EStG genannten Höchstgrenzen bis zu einem Betrag von gesamt 1 Mio. € abgezogen werden. Dieser Höchstbetrag kann nur einmal binnen 10 Jahren genutzt werden, ist aber nicht mehr begrenzt auf Zuwendungen im Errichtungs- und Folgejahr. Für Ehegatten steht dieser Höchstbetrag zweifach zur Verfügung.[201] Bei zusammen veranlagten Ehegatten[202] kommt es zwar nicht auf die Herkunft der Mittel an, allerdings muss jeder Ehegatte selbstständig die Spende jeweils in der (maximalen) Höhe „als eigene" tätigen wollen.[203] Auch der Zehn-Jahres-Zeitraum läuft für jeden Ehegatten-Höchstbetrag getrennt.[204] Für Zuwendungen an sog. „Verbrauchsstiftungen", deren Grundstock nicht erhalten bleibt, dürfte diese Abzugsmöglichkeit jedoch nicht stehen.[205] Der allgemeine Spendenabzug von bis zu 20 % des Gesamtbetrages der Einkünfte (vgl. Rdn. 2622) und die Dotationsförderung von bis zu 1 Mio. € pro Ehegatte können, und zwar auch nach Ansicht der Finanzverwaltung,[206] kombiniert werden.[207]

2625 Die Einführung der **Abgeltungsteuer ab 2009** kann für Spender, die (etwa im Ruhestand) überwiegend Einkünfte aus Kapitalvermögen erzielen dazu führen, dass der Steuerreduzierungseffekt ins Leere geht, da die Spenden nicht die Bemessungsgrundlage für die Abgeltungsteuer mindern. Damit kann ein Sonderausgabenabzug der Spenden durch Vorziehen in das Jahr 2008 sinnvoll sein. Alternativ könnten Kapitalanlagen im betrieblichen Bereich überführt werden, da sie dort nicht der Abgeltungsteuer unterliegen.

---

198 Vgl. *Tiedtke/Möllmann*, DStR 2007, 511 Fn. 14 m.w.N.
199 Kein Sonderausgabenabzug, auch nicht im Todesjahr, für Stiftungsausstattungen von Todes wegen, BFH, 16.02.2011 – X R 46/09 EStB 2011, 180 – die zivilrechtliche Rückwirkung des § 84 BGB hat auf das steuerrechtliche Zuflussprinzip keinen Einfluss – (weder beim Erblasser noch beim Erben. Anders verhält es sich, wenn der Erblasser sein Vermögen dem Erben hinterlässt mit der bloßen „Empfehlung" der Zuwendung an gemeinnützige Empfänger: Spendenabzug zugunsten des Erben, da dennoch Freiwilligkeit gegeben ist, FG Düsseldorf, 02.06.2009 – 16 V 896/09 EFG 2009, 1931; *Günther*, ErbStB 2009, 340).
200 Dabei muss die Stiftung selbst bereits wirksam entstanden, also behördlich anerkannt sein; der Verwaltungsakt wirkt nicht auf das Stiftungsgeschäft zurück, FG Schleswig, 04.06.2009 – 1 K 156/04 ErbStB 2009, 267. *Wachter* DStR 2009, 2469 plädiert dafür, schon vor der Anerkennung ein „Zweckvermögen" als „sonstige Vermögensmasse" i.S.d. § 9 Abs. 1 Nr. 2 KStG anzuerkennen; vgl. auch *Seidel*, ErbStB 2010, 204, 212.
201 BFH, 03.08.2005 – XI R 76/03, BStBl. 2006 II, S. 121, zur alten Regelung, OFD Magdeburg v. 13.04.2006, ZEV 2006, 355; dies dürfte auch für die Neuregelung gelten, vgl. *Müller/Thoma*, ErbStB 2008, 49.
202 Anders als bei getrennter Veranlagung, wo die Mittelherkunft mit der Spendenvornahme übereinstimmen muss.
203 Vgl. *Thoma/Seidel*, ErbStB 2006, 358; *Schienke-Ohletz*, ErbStB 2010, 343.
204 Vgl. *Nickel/Robertz*, FR 2006, 74.
205 Vgl. *Gastl*, Stiftung & Sponsoring, 2008, S. 32.
206 BMF v. 18.12.2008, BStBl. 2009 I, S. 16 (freie Zuordnungsentscheidung des Steuerpflichtigen; unbefristeter Spendenvortrag). Dadurch sind die teilweise abweichenden Auffassungen der OFD Frankfurt am Main v. 13.10.2008, ZEV 2009, 52 und OFG Frankfurt am Main v. 13.06.2008, BeckVerw 126773 überholt.
207 *Hüttemann*, DB 2008, 2164; *Funke/Lachotzki*, EStB 2009, 75; *Fiala/Strobel*, NotBZ 2008, 225: Durch günstig verteilte Vermögensausstattung von 876.600,00 € binnen 5 Jahren wird eine Steuerersparnis von 539.093,00 € erzielt!

cc) Buchwertprivileg für Einbringung von Betriebsvermögen

Bei Sachspenden in Gestalt **einzelner Wirtschaftsgüter des Betriebsvermögens**, die erhebliche stille Reserven aufweisen, würde nach allgemeinen Grundsätzen eine Entnahme verwirklicht mit der unattraktiven Folge der Besteuerung der Differenz zwischen Teil- und Buchwert im abgebenden Betrieb. § 6 Abs. 1 Nr. 4 Satz 5 EStG erlaubt als (aufgrund des JStG 2009 fortgeltende) Ausnahme hiervon die unentgeltliche Überlassung von Gegenständen des Betriebsvermögens an eine gemeinnützige Körperschaft unter Fortführung der Buchwerte. Voraussetzung ist, dass das Wirtschaftsgut unmittelbar nach seiner Entnahme einer gem. § 5 Abs. 1 Nr. 9 KStG von der Körperschaftsteuer befreiten gemeinnützigen Körperschaft oder Vermögensmasse zur Verwendung für steuerbegünstigte Zwecke i.S.d. § 10b Abs. 1 Satz 1 EStG unentgeltlich überlassen wird. Die Sachspende kann dann steuerlich unbelastet zum Entnahmewert (Buchwert) i.R.d. Sonderausgabenhöchstbeträge abgezogen werden. Eine steuerbegünstigte Verwendung liegt (wohl) auch dann vor, wenn die aufnehmende Stiftung das ihr übertragene Wirtschaftsgut veräußert und sodann den Veräußerungserlös für ihre steuerbegünstigten Zwecke einsetzt.[208]

2626

b) Schenkung-/Erbschaftsteuer

Anstelle der einkommensteuerlichen Förderung kann der Zuwendende jedoch auch eine Möglichkeit zur Erbschaftsteuervermeidung wählen, vgl. § 29 Abs. 1 Nr. 4 ErbStG: Demnach erlischt die Steuer mit Wirkung für die Vergangenheit, soweit ererbte oder geschenkte Vermögensgegenstände (nicht jedoch deren Surrogate)[209] binnen 24 Monaten einer gemeinnützigen Körperschaft, insb. Stiftung,[210] nicht jedoch einem gemeinnützigen Verein,[211] zugeführt werden. Alternativ[212] hat der Erbe/Beschenkte jedoch auch die Möglichkeit, die vorstehend erläuterten einkommensteuerlichen Förderungen in Anspruch zu nehmen (Rdn. 2622 ff.); an der erforderlichen Freiwilligkeit der „Spende" oder „Dotation" fehlt es jedenfalls dann nicht, wenn der Erblasser lediglich „Empfehlungen" in Richtung auf eine gemeinnützige Verwendung der Erbschaft ausgesprochen hat.[213]

2627

> **Hinweis:**
>
> Bei Steuerpflichtigen mit hoher Einkommensteuerprogression wird es sich daher eher empfehlen, die einkommensteuerlichen Freistellungen in Anspruch zu nehmen und lediglich für den Restbetrag die Weitergabe gem. § 29 Abs. 1 Nr. 4 ErbStG zu wählen.

2628

Rechtspolitisch wird ferner darauf hingewiesen, dass bisher Unternehmen häufig gemeinnützige Stiftungen gegründet und gem. § 13 Abs. 1 Nr. 16b ErbStG steuerfrei ausgestattet haben; besteht künftig die Möglichkeit gänzlich steuerfreier Übertragung von „produktivem" Betriebsvermö-

---

208 Vgl. *Seer*, GmbHR 2008, 785; möglicherweise steht jedoch im Einzelfall § 42 AO entgegen, insb. bei abgestimmtem Verhalten.
209 Krit. hiergegen *Lüdicke*, ZEV 2007, 254.
210 Nicht erfasst sind allerdings Stiftungen, die Leistungen i.S.d. § 58 Nr. 5 AO an den Erwerber oder nahe Angehörige zu erbringen haben, vgl. § 29 Abs. 1 Nr. 4 Satz 2 ErbStG, hierzu *Kirchhain*, ZErb 2006, 413.
211 *Gluth*, ErbStB 2009, 225.
212 Keine doppelte Vergünstigung, vgl. *Troll*, DB 1991, 672.
213 FG Düsseldorf, 02.06.2009 – 16 V 896/09, EFG 2009, 1931; *Günther*, ErbStB 2009, 340.

Kapitel 6: Stiftungen

gen nach Ablauf der Abschmelzungsperiode auch an die Nachfolgegeneration, dürfte dieser Umstand an Reiz verlieren, sodass der Allgemeinheit weniger Mittel zur Verfügung stehen werden.

3. Steuerliche Behandlung der Destinatäre

2629 Erbringt eine gemeinnützige Stiftung angemessene Leistungen gem. § 58 Nr. 5 AO an den Stifter oder seine nächsten Angehörigen (Rdn. 2534 ff.), sind diese gem. § 22 Nr. 1 Satz 2 Halbs. 3 Nr. a EStG einkommensteuerpflichtig („außerhalb der Erfüllung steuerbegünstigter Zwecke"). Das Teil- (früher: Halb-)einkünfteverfahren findet insoweit keine Anwendung, § 3 Nr. 40 Buchst. i) EStG.

III. Besteuerung der nicht gemeinnützigen Stiftung

1. Besteuerung der Vermögensausstattung

2630 Steuerlich gilt eine (z.B. Familien-) Stiftung als nicht mehr gemeinnützig, wenn sie mehr als ein Drittel ihrer Einnahmen für die Versorgung der Stifterfamilie verwendet, § 58 Nr. 5 AO (vgl. Rdn. 2534). Für solche „normalen" Steuersubjekte gilt:

2631 Die Einbringung eines Unternehmens kann gem. § 6 Abs. 3 EStG zu Buchwerten erfolgen, wenn der ganze Betrieb, ein selbstständiger Betriebsteil oder ein ganzer Mitunternehmeranteil[214] betroffen ist. Auch steuerverstricktes Privatvermögen (also Anteile i.S.d. § 17 EStG oder Wirtschaftsgüter vor Ablauf der „Spekulationsfrist" des § 21 EStG können unentgeltlich ohne Gewinnrealisierung übertragen werden, die Grundsätze der verdeckten Sacheinlage gelten nicht.

2632 Gem. §§ 3 Abs. 2 Nr. 1, 7 Abs. 1 Nr. 1 i.V.m. Nr. 8 ErbStG fällt Erbschaft- bzw. Schenkungsteuer an.[215] Dies gilt auch, wenn der Zuwendende, etwa im Fall einer Zustiftung, zugleich (ggf. sogar einziger!) Begünstigter ist.[216] Die Steuerklasse richtet sich allerdings für alle nach dem Stiftungsgeschäft geschuldeten Zuwendungen[217] gem. § 15 Abs. 2 Satz 1 ErbStG nach dem Verwandtschaftsverhältnis, das zwischen dem Stifter und dem entferntesten nach der Stiftungsurkunde berechtigten Verwandten bestehen kann (bei Begünstigung also nur von Ehegatten, Kindern, Stiefkindern oder Abkömmlingen erfolgt Besteuerung nach Steuerklasse I).[218] Ist jedoch der Stif-

---

214 Nicht ein bloßer Mitunternehmer-Teilanteil, vgl. BMF v. 03.03.2005, BStBl. 2005 I, S. 458; diese werden gem. § 6 Abs. 3 Satz 1 Halbs. 2 EStG stets mit dem Teilwert übertragen. Als Ausweichlösung bietet sich die „Umwandlung" des Teilanteils in einen eigenen Mitunternehmeranteil an durch Einbringung dieses Teilanteils gem. § 24 UmwStG in eine neue Mitunternehmerschaft, vgl. *Feick*, BB-Special, Heft 6 (2006), S. 15.

215 Dies gilt auch, wenn Vermögen von einer Stiftung auf eine von ihr gegründete weitere Stiftung übertragen wird, BFH, 13.04.2011 – II R 45/09, ErbStB 2011, 213 (keine Übertragung der Rechtsprechung des BFH, 01.12.2004 – II R 46/02, BStBl. 2005 II, S. 311, dass unentgeltliche Vermögensübertragungen unter Trägern öffentlicher Verwaltung keine freigebigen Zuwendungen darstellten).

216 BFH, 09.12.2009 – II R 22/08, BStBl. 2010 II, S. 363 = ZEV 2010, 202 m. Anm. *Geck*; FG Hessen, 27.03.2008 – 1 K 486/05, ErbStB 2008, 229 (anders als bei Zuwendungen eines Gesellschafters an seine Kapitalgesellschaft „causa societatis": s. Rdn. 121).

217 Also nicht für spätere „freiwillige" Zustiftungen, vgl. FG Hessen, 27.03.2008 – 1 K 486/05, ErbStB 2008, 229; *Ihle* RNotZ 2009, 621, 632. Anderenfalls bleibt nur die Gründung einer weiteren Stiftung, oder die Gewährung eines angemessen verzinsten Darlehens an die Stiftung.

218 Nach Auffassung der Finanzverwaltung Nordrhein-Westfalen (DStR 1992, 582) jedoch in der Steuerklasse III, wenn die Begünstigung solchermaßen entfernter Personen nicht ausgeschlossen ist.

C. Steuerrecht

ter selbst der einzig (noch) vorhandene Begünstigte, bleibt es bei der Besteuerung geschuldeter Zuwendungen in Steuerklasse III, da es an der von § 15 Abs. 2 Satz 1 ErbStG für die Gewährung des Steuerklassenprivilegs vorausgesetzten Personenverschiedenheit fehlt.[219]

Wird jedoch **Betriebsvermögen** auf eine nicht gemeinnützige (z.B. Familien-) Stiftung unentgeltlich übertragen, kann die Schenkungsteuer ggf. gem. § 13a ErbStG zu 85%, ggf. gar zu 100%, vermieden werden, wenn die Voraussetzungen des Bewertungsabschlags und ggf. des Betriebsvermögensfreibetrags erfüllt sind. Die Tarifbegrenzung gem. § 19a ErbStG gilt allerdings für die Familienstiftung als juristische Person nicht. 2633

2. Besteuerung der Stiftung

Die **laufenden Erträge der Stiftung selbst** sind gem. § 1 Abs. 1 Nr. 5 KStG körperschaftsteuerpflichtig[220] und – falls die Stiftung einen wirtschaftlichen Geschäftsbetrieb i.S.d. § 14 AO unterhält, also nicht bei der reinen Vermögensverwaltung – gewerbesteuerpflichtig,[221] § 2 Abs. 3 GewStG. Anders als bei einer GmbH fällt demnach Gewerbesteuer nicht bereits aufgrund der Rechtsform an. 2634

Sofern den begünstigten Familienangehörigen[222] mindestens 75% der laufenden Bezüge und des bei Auflösung anfallenden Vermögens zustehen, fingiert § 1 Abs. 1 Nr. 4 ErbStG alle 30 Jahre ab erstmaligem Vermögenserwerb einen Erbfall, der sog. „**Erbersatzsteuer**" zulasten der Stiftung auslöst. Simuliert wird dabei ein Vermögensanfall an zwei Abkömmlinge (und damit später und an mehr Personen als es dem statistischen tatsächlichen Durchschnitt entspräche, ferner zu planbaren Zeitpunkten und Konditionen); – die Steuer ist nach dem Prozentsatz der Steuerklasse I zu berechnen, der für die Hälfte des steuerpflichtigen Vermögens gelten würde; sie kann mit einer Verzinsung von 5,5%, ohne Stellung von Sicherheiten, auf 30 Jahresraten gestundet werden (§ 24 ErbStG). Der nächste „planmäßige" Besteuerungszeitpunkt liegt, falls die Stiftung vor 1954 gegründet wurde, im Jahr 2014. 2635

> **Hinweis:**
> Zur Vermeidung von Streitigkeiten zwischen potentiellen Destinatären und zur mehrfachen Erlangung der Steuer"vergünstigungen" von Familienstiftungen im Rahmen der Erbersatzbesteuerung (doppelte Freibeträge; Steuerklasse I auf das halbe Vermögen) kann es sich empfehlen, mehrere Familienstiftungen zu gründen.[223]

---

219 Vgl. *Ihle*, notar 2008, 142.
220 Freibetrag gem. § 24 KStG: 3.835,00 €, Körperschaftsteuersatz: 25%, zuzüglich 5,5% dieser Steuer als Solidaritätszuschlag. Es sind grds. alle Einkunftsarten möglich, da die Gewerblichkeitsfiktion nicht auf § 1 Abs. 1 Nr. 5 KStG verweist. Körperschaftsteuerfrei sind jedoch die Fideikommissnachfolgestiftungen, R 3 Abs. 1 KStR.
221 Freibetrag max. 3.100,00 €, § 11 Abs. 1 Nr. 1 GewStG.
222 Der Kreis der relevanten Familienangehörigen ist in § 1 Abs. 1 Nr. 4 ErbStG weiter gefasst als in § 15 Abs. 2 AStG, vgl. im Einzelnen *Schulz/Werz*, ErbStB 2008, 177.
223 *Ihle*, notar 2011, 259.

3. Besteuerung der Destinatäre

2636 Die an Destinatäre einer nicht von der Körperschaftsteuer befreiten Stiftung ausgeschütteten Leistungen („Destinatszahlungen") sind seit 2001[224] ertragsteuerlich Einkünfte aus Kapitalvermögen i.S.d. § 20 Abs. 1 Nr. 9 EStG (nicht sonstige Bezüge i.S.d. § 22 Nr. 1 Satz 2 Halbs. 2 Buchst. a) EStG),[225] sodass die Stiftung Kapitalertragsteuer gem. § 43 Abs. 1 Nr. 7b EStG samt Solidaritätszuschlag einzubehalten und abzuführen hat.[226] Ab dem Veranlagungszeitraum 2009 gilt daher grds. (vorbehaltlich Günstigerprüfung) der Abgeltungsteuersatz, Rdn. 2425 ff. (abgeltende Wirkung der Kapitalertragsteuer).[227] Es ist geplant, § 20 Abs. 1 Nr. 9 EStG dergestalt zu ändern, dass auch Ausschüttungen ausländischer Familienstiftungen erfasst sind (sofern nicht die vorrangige Zurechnungsbesteuerung gem. § 15 AStG greift, Rdn. 2549, 2562).

2637 Daneben kann Erbschaftsteuer anfallen, und zwar im Fall der Auflagenbegünstigung von Nichtstiftern (die nicht mit einem Forderungsrecht verbundene Begünstigung des Stifters selbst bleibt also erbschaftsteuerfrei ebenso wie der [seltene, vgl. Rdn. 2528] Fall eines echten Leistungsanspruchs der Destinatäre, da dann auf satzungsmäßiger Rechtspflicht beruhend).

2638 Wird die **Stiftung aufgelöst**, gilt der Erwerb von Vermögensgegenständen gem. § 7 Abs. 1 Nr. 9 ErbStG (vgl. Rdn. 3546) als schenkungsteuerpflichtige Schenkung unter Lebenden (allerdings mit der Steuerklasse[228] des Verwandtschaftsverhältnisses zum Stifter, der gem. § 15 Abs. 2 Satz 2 ErbStG als Schenker fingiert wird;[229] erfolgt ein Rückfall an den Stifter selbst, „bestraft" dies die Rechtsprechung durch Anwendung der Steuerklasse III.[230] Die Umwandlung in eine gemeinnützige Stiftung (auch kurz vor dem Stichtag der Erbersatzsteuer)[231] ist jedoch gem. § 13 Abs. 1 Nr. 16b ErbStG steuerfrei, R 2 Abs. 5 ErbStR. Daneben kann bei entgeltlicher Veräußerung steuerverhafteter Wirtschaftsgüter (etwa Betriebsvermögen) Körperschaftsteuer anfallen, während bei der unentgeltlichen Übertragung keine Auflösung stiller Reserven eintritt. Nach Ansicht der Finanzverwaltung[232] tritt daneben bzgl. der thesaurierten Überschüsse Einkommensteuerpflicht der Anfallberechtigten, § 20 Abs. 1 Nr. 9 EStG ähnlich der laufenden Ausschüttungen (gesetzliche Klarstellung ist insoweit beabsichtigt).

---

224 BFH, 14.07.2010 – X R 62/08, EStB 2011, 53.
225 Zu dieser abweichenden Ansicht vgl. *Seidel* ErbStB 2010, 205. BFH, 03.11.2010 – I R 98/09 EStB 2011, 138 sieht § 20 Abs. 1 Nr. 9 EStG jedenfalls dann als verwirklicht an, wenn die Destinatäre mittelbar Einfluss auf das Ausschüttungsverhalten der Stiftung nehmen (vergleichbar einer Gewinnausschüttung an Anteilseigner). *Kästler/Müller*, DStR 2011, 614, empfehlen zur Vermeidung der Besteuerung nach § 20 Abs. 1 Nr. 9 EStG, der Destinatär solle gegenüber der Stiftung eine Gegenleistung erbringen.
226 BMF v. 27.06.2006, BStBl. 2006 I, S. 417; BFH, 03.11.2010 – I R 98/09, EStB 2011, 138.
227 Vgl. §§ 3 Nr. 40 lit a und d, 43 Abs. 1 Satz 3 und Abs. 5, 44 Abs. 5 EStG.
228 Auch bei mehreren Stiftern liegt aber nur eine einheitliche Zuwendung der Stiftung, und nicht etwa eine Mehrheit von Zuwendungen nach der Zahl der Stifter vor, da § 15 Abs. 2 Satz 2 ErbStG nur die Steuerklasse betrifft, aber keine Neubestimmung der am steuerpflichtigen Vermögensübergang beteiligten Personen enthält: BFH, 30.11.2009 – II R 6/07, ZEV 2010, 105, vgl. *Seidel*, ErbStB 2010, 204, 209.
229 Auch bei einer Mehrheit von Stiftern steht dabei jedoch jedem Anfallberechtigten der Steuerfreibetrag nur einmal zur Verfügung, vgl. FG Düsseldorf, 10.01.2007 – 4 K 1136/02 Erb, ErbStB 2007, 230.
230 BFH, BStBl. 1993 II, S. 238, wobei Erbersatzsteuer, sofern zeitnah zuvor angefallen, gem. § 26 ErbStG angerechnet werden kann.
231 FG Düsseldorf, ErbStB 2006, 66.
232 BMF-Schreiben v. 27.06.2006, DStR 2006, 1227.

D. Eignung privatnütziger Stiftungen als Instrument der asset protection?

Insb. Familienstiftungen haben Charme unter dem Gesichtspunkt der asset protection (vgl. Rdn. 188):[233] Das der Stiftung übertragene Vermögen gehört der Stiftung als juristischer Person selbst, also einem anteilslosen Rechtsträger, sodass die Verwertung weder unmittelbar noch mittelbar (im Weg einer „Anteilspfändung") droht, es sei denn aufgrund eigener Verbindlichkeiten der Stiftung. Bedeutsam im Hinblick auf die Vermeidung des Gläubigerzugriffs ist daher stattdessen zum einen die „Phase davor", d.h. die Übertragung in das Vermögen der Stiftung (nachstehend I), zum anderen die „Phase danach", d.h. der mögliche Zugriff auf die Destinatär-Rechte (nachstehend II).

2639

Zur Würdigung der Errichtung und Ausstattung von Stiftungen und des „Rückflusses" an den Stifter in **pflichtteilsrechtlicher** Hinsicht (§§ 2325, 2327 BGB) s. Rdn. 3065 ff.

I. Anfechtbarkeit der Stiftungserrichtung und -ausstattung[234]

Sowohl die anfängliche Errichtung als auch spätere Zustiftungen stellen eine dem Grunde nach gem. § 1 AnfG, § 129 InsO anfechtbare Rechtshandlung dar. Die 10-jährige **Vorsatzanfechtung** gem. § 3 Abs. 1 AnfG, § 133 Abs. 1 InsO ist eröffnet, wenn der Stifter mit dem Vorsatz, seinen Gläubiger zu benachteiligen, handelte, und der andere Teil (d.h. der juristische Vertreter der Stiftung) dies wusste. Unproblematisch nachzuweisen ist diese Kenntnis naturgemäß nur, wenn der Stifter auch sich selbst zum Stiftungsvorstand bestellt hat.

2640

Obwohl die Errichtung der Stiftung, als einseitiger Rechtsakt, erst zur Entstehung der Stiftung führt, also keinen Schenkungsvertrag im strengen Sinn darstellt, unterliegt sie dem Grunde nach (mittlerweile unstreitig)[235] der **Schenkungsanfechtung** gem. § 4 Abs. 1 AnfG bzw. § 134 InsO. Dem steht insb. nicht der stiftungsrechtliche Grundsatz der ungeschmälerten Bestandserhaltungspflicht des Stiftungsvermögens entgegen. Zu erwägen ist jedoch, ob gerade zum Schutz von Stiftungen die Anfechtungsberechtigung auf solche Personen beschränkt werden soll, die bereits bei Stiftungserrichtung Gläubiger waren, auch um einen Gleichlauf mit dem sog. „Grundsatz der Doppelberechtigung" (vgl. Rdn. 3079) im Pflichtteilsrecht herzustellen.[236]

2641

Auch die weiteren Anfechtungs- und Rückabwicklungstatbestände, insb. der inkongruenten Deckung, finden auf die Stiftung uneingeschränkt Anwendung; hinsichtlich der teilweise erforderlichen Kenntnis des Erwerbers kommt es auf diejenige des Stiftungsvorstands an.[237]

---

233 Vgl. zum Folgenden *Dutta*, Vermögenssicherung durch Stiftung, Tagungsband 11 des DNotV „Erbrecht und Vermögenssicherung", 2011, S. 70–94.
234 Vgl. hierzu *Jakob*, ZSt 2005, 99 ff., 221 ff.; *Werner*, ZErb 2010, 104 ff.; *von Oertzen/Hosser*, ZEV 2010, 168 ff.
235 Vgl. *Muscheler*, Stiftung und Schenkung, AcP 2003, 491 ff., sowohl LG Baden-Baden, ZSt 2005, 218 ff.
236 Vgl. *von Oertzen*, Asset Protection im deutschen Recht, Rn. 93 m.w.N.
237 *Von Oertzen/Hosser*, ZEV 2010, 173.

Kapitel 6: Stiftungen

II. Risiko der Rückforderung (§ 528 BGB)

2642 Neben das Risiko der Anfechtbarkeit (in der Praxis in erster Linie in Gestalt der Schenkungsanfechtung: 4 Jahre aufgrund des Näheverhältnisses zwischen Stifter und familienangehörigen Destinatären) tritt die Gefahr der **Rückforderung bei späterer Verarmung** des Schenkers, § 528 BGB,[238] innerhalb der Zehn-Jahres-Frist des § 529 BGB (vgl. hierzu umfassend oben Rdn. 866 ff.). Dieser Anspruch unterliegt der Pfändung durch Gläubiger jedoch gem. § 852 Abs. 2 ZPO erst dann, wenn er durch Vertrag anerkannt oder rechtsfähig gemacht worden ist. Der BGH sieht allerdings (vgl. Rdn. 889) eine Geltendmachung in der Inanspruchnahme „unterhaltsersetzender Leistungen Dritter", etwa bei Einmietung in ein Pflegeheim (auch ohne Inanspruchnahme von Sozialfürsorgeleistungen). Werden steuerfinanzierte Sozialfürsorgeleistungen bezogen, etwa gem. SGB II (Grundsicherung für Arbeitsuchende) oder gem. SGB XII (etwa Hilfe zur Pflege), kann eine Überleitung durch Sozialverwaltungsakt stattfinden, § 93 SGB XII, oder gar ein Übergang kraft Gesetzes, § 33 SGB II (vgl. oben Rdn. 551 ff. bzw. Rdn. 696 ff.).

III. Zugriff auf die Destinatärsrechte

2643 Eine Pfändung oder Insolvenzverwertung der Destinatärsberechtigungen einer Stiftung kommt nur in Betracht, wenn diesbezügliche Forderungsrechte (Ansprüche) der Begünstigten bestehen. Dies muss sich aus der Stiftungssatzung unmittelbar oder zumindest stillschweigend dadurch ergeben, dass der Kreis der infrage kommenden Destinatäre durch objektive Merkmale so beschränkt ist, dass den Stiftungsorganen kein Entscheidungsspielraum mehr bleibt.[239]

2644 In aller Regel erfolgt jedoch die Auswahl der Begünstigten durch das hierfür zuständige Organ aus einem breiteren Kreis abstrakt benannter Berechtigter, ohne dass diesen ein Anspruch auf die Leistung zustünde. Die meisten Stiftungssatzungen stellen sogar ausdrücklich klar, dass sich auch aus dem Gleichbehandlungsgrundsatz kein Anspruch auf Leistung herleiten lasse (vgl. die Formulierung in Rdn. 2521).[240]

2645 Ergibt sich demnach aber weder aus der Stiftungssatzung[241] noch aus den Umständen noch aus dem allgemeinen Gleichbehandlungsgrundsatz ein Anspruch auf die Leistung, kann auch keine Pfändung erfolgen.[242] Hinzu kommt, dass Rechtsgrund der Leistungen an den Destinatär selbst für den Fall, dass (wie selten) Zuwendungsverträge geschlossen würden, keine Schenkung ist,[243] sodass auch dann eine erleichterte Anfechtung jedenfalls gem. § 134 InsO, § 4 AnfG ausscheiden

---

238 Auch beim anfänglichen Ausstattungsversprechen, selbst wenn darin kein Schenkungs"vertrag" liegt, *von Oertzen/Hosser*, ZEV 2010, 171.
239 Vgl. BGH, NJW 1957, 708.
240 Vgl. etwa *Holler*, Satzungen, Rn. 182, 205.
241 Beispiel einer Herleitung eines solchen Anspruchs aus den Statuten bzw. dem Reglement einer liechtensteinischen Stiftung: FG Bremen, 16.06.2010 – 1 K 18/10 (5), ErbStB 2010, 301, hierzu *Piltz*, ZEV 2011, 236 ff., der befürchtet, dass nunmehr beim Todesfall eines Stifters die Nachbegünstigten als Erwerber des Stiftungsvermögens von Todes wegen gem. § 3 Abs. 1 Nr. 4 ErbStG anzusehen seien.
242 Vgl. ausführlich *Blydt-Hansen*, Die Rechtsstellung des Destinatäre der rechtsfähigen Stiftung bürgerlichen Rechts, S. 123; *von Oertzen*, Asset Protection im deutschen Recht, Rn. 96 ff.
243 BGH, 07.10.2009 – Xa ZR 8/08, ZEV 2010, 100 mit teilw. krit. Anm. *Gantenbrink* (Schenkung liege vor, § 518 Abs. 1 BGB gelte aber wegen Analogie zu § 81 Abs. 1 Satz 1 BGB nicht).

dürfte.²⁴⁴ Problematisch wäre es freilich, klagbare Destinatärsrechte zu gewähren, die jedoch bei Pfändung oder Insolvenz erlöschen.²⁴⁵

In der Praxis werden solche Leistungen nach Entscheidung des Stiftungsgremiums zur Vermeidung eines **Pfändungszugriffs** nicht auf den (nicht gegebenen) Anspruch, sondern **auf das Geleistete** selbst dergestalt erbracht, dass Zahlungsansprüche Dritter, die mit der Versorgung, Bildung etc. der Destinatäre zusammenhängen, unmittelbar befriedigt werden (etwa Überweisung der Miete an den Vermieter, Bezahlung der Urlaubsreise an das Reisebüro etc.) oder aber die Leistung selbst durch die Stiftung „angekauft" und dem Destinatär überlassen wird (Anmietung der Wohnung und Überlassung der Nutzung an den Destinatär).²⁴⁶   2646

In den seltenen Fällen, in denen tatsächlich ein Leistungsanspruch des Destinatärs besteht, kann bei wiederkehrenden Leistungen die Pfändungsschutzvorschrift des § 850b Abs. 1 Nr. 3 ZPO eingreifen. Die Pfändbarkeit in den verbleibenden Fällen durch „Ausschluss der Abtretbarkeit" abwehren zu wollen, scheitert jedoch wohl bereits daran, dass mangels Mitwirkung des Destinatärs kein vertraglich begründetes Abtretungsverbot vorliegt.   2647

---

244 *Seidel*, ErbStB 2010, 204, 210.
245 Für unproblematisch halten diese Gestaltung jedoch *Feick/Thon*, ZEV 2011, 406, wenn zumindest ein weiterer Erlöschenstatbestand vereinbart sei (z.B. Drogensucht, Beitritt zu einer Sekte).
246 Vgl. *von Oertzen*, Asset Protection im deutschen Recht, Rn. 99.

Kapitel 7: Besonderheiten bei Zuwendungen unter Ehegatten

		Rn.
A.	**Definition und Fallgruppen der ehebedingten Zuwendung**	2648
I.	Negative Abgrenzung: Fehlen einer Schenkung	2648
	1. Gesetzliches Unterhaltsrecht	2649
	2. Gesellschaftsvertrag	2658
	3. Treuhandabreden	2660
II.	Positive Abgrenzung: Varianten der ehebedingten Zuwendung	2663
III.	Motivationslagen	2668
IV.	Rechtliche Besonderheiten der ehebedingten Zuwendung	2671
V.	Die „reine Ehegattenschenkung"	2674
	1. Abgrenzung	2674
	2. Rückabwicklung	2676
	3. Behandlung im Zugewinnausgleich	2678
B.	**Schicksal ehebedingter Zuwendungen bei Scheitern der Ehe**	2679
I.	Rückforderungsrechte bei Fehlen einer vertraglichen Vereinbarung	2679
	1. Kondiktionsrecht	2681
	2. Gesellschaftsrecht	2682
	a) Innengesellschaft bürgerlichen Rechts	2682
	b) Gemeinschaft des bürgerlichen Rechtes, Gemeinschaftskonto	2687
	3. Besonderer familienrechtlicher Vertrag	2691
	4. Rückabwicklung gem. §§ 528 ff. BGB	2692
	a) Spätere Verarmung	2692
	b) Grober Undank	2693
	5. Rückforderung gem. § 313 BGB (Wegfall der Geschäftsgrundlage)	2694
	a) Fortbestand der Ehe als Geschäftsgrundlage	2694
	b) Einzelfälle	2696
	c) Verjährung	2701
	6. Auseinandersetzung von Miteigentümergemeinschaften	2702
	7. Besonderheiten bei Schwiegerelternzuwendungen	2704
	a) Zuwendungen durch Schwiegereltern	2704
	b) Zuwendungen an Schwiegereltern	2709
II.	Vertragliche Rückforderungsvorbehalte	2710
	1. Übertragung des Familienheims	2712
	2. Ausübungsfrist?	2715
	3. Abstimmung mit Zugewinnausgleichsregelungen	2717
	a) Nichtausübung des Rückforderungsrechtes	2718
	b) Ausübung des Rückforderungsrechtes	2723
III.	Berücksichtigung von Ehegattenzuwendungen im Zugewinnausgleich	2736
	1. Teleologische Reduktion des § 1374 Abs. 2 BGB	2736
	2. Zuwendungen durch Schwiegereltern	2738
	3. Anrechnung gem. § 1380 BGB	2740
	a) Anwendbarkeit des § 1380 BGB	2741
	b) Tatbestandsvoraussetzungen	2745
	c) Durchführung der Anrechnung	2746
	d) Relevanz des § 1380 BGB	2750
	e) Relevanz der Zuwendung?	2754
	f) Vertragliche Modifizierung des § 1380 BGB?	2760
IV.	Berücksichtigung im Unterhaltsrecht?	2763
	1. Wohnvorteil	2763
	2. Übertragung zur Unterhaltsabgeltung	2766
C.	**Privilegierte Wirkungen im Verhältnis zu Dritten?**	2770
I.	Grundsatz	2770
II.	Pflichtteilsergänzung	2773
III.	Ausnahmen	2775
IV.	Formulierung einer ehebedingten Zuwendung	2778
D.	**Steuerliche Überlegungen zur ehebedingten Zuwendung**	2780
I.	Schenkungsteuer (§ 13 Abs. 1 Nr. 4a ErbStG)	2780
	1. Rechtslage bis Ende 2008	2780
	2. Rechtslage ab 2009	2789
II.	Eigenheimzulage	2794
III.	Einkünfte aus Vermietung und Verpachtung	2796

Kapitel 7: Besonderheiten bei Zuwendungen unter Ehegatten

			Rn.
IV.	Betriebsvermögen		2801
E.	Kettenschenkungen		2802
I.	Weiterübertragung des Erworbenen an den Ehegatten		2804
	1.	Schenkungsteuer	2805
	2.	Zivilrecht	2810
	3.	Vorsorge für den Scheidungsfall	2814
	4.	Nebeneinander mehrerer Rückforderungsverhältnisse	2823
II.	Vorabübertragung des zu Übertragenden an den Ehegatten		2825
F.	Ausblick: Zuwendungen in nichtehelicher Lebensgemeinschaft		2833
I.	Zivilrichterliche Rückabwicklung		2834
	1.	Innengesellschaft	2835
	2.	Bereicherungsrecht	2837
	3.	Wegfall der Geschäftsgrundlage	2838
II.	Schenkungsteuer		2840
III.	Gestaltungsalternativen		2842
	1.	Ausdrücklicher Schenkungscharakter	2842
		a) Unter Lebenden	2842
		b) Auf den Todesfall	2843
	2.	Ehefiktion	2845
	3.	Darlehen	2846
	4.	Wohnungsleihe	2855
	5.	Miteigentümervereinbarungen	2857
	6.	Erwerbsrechte	2860
	7.	Innengesellschaft	2864
	8.	Außengesellschaft bürgerlichen Rechts	2865
IV.	Ansprüche Dritter aufgrund lebensgemeinschaftsbedingter Zuwendungen		2866
	1.	§§ 812, 138 BGB?	2868
	2.	§§ 2325 ff. BGB	2869
	3.	§§ 2287 f. BGB	2872

2652 ## A. Definition[1] und Fallgruppen der ehebedingten Zuwendung

I. Negative Abgrenzung: Fehlen einer Schenkung

2648 Zuwendungen stellen dann keine Schenkung dar, wenn sie geschuldet sind. Solche Leistungspflichten können sich bspw. aus dem gesetzlichen Unterhaltsrecht (vgl. nachstehend Rdn. 2649 ff.), aus Gesellschaftsvertrag (Rdn. 2658) oder aus Treuhandabreden (vgl. Rdn. 2660) ergeben:

1. Gesetzliches Unterhaltsrecht

2649 Ein geschuldeter (und demnach auch nicht schenkungsteuerbarer) Transfer liegt vor, wenn dadurch der gesetzliche (nicht der Parteidisposition unterliegende) **Unterhaltsanspruch** gem. §§ 1360, 1360a BGB erfüllt wird. Relevant wird diese Fragestellung

- zum einen bei der Prüfung, ob Tätigkeiten des nicht erwerbstätigen Ehegatten (wie Haushaltsführung, Kinderbetreuung oder Mithilfe im Unternehmen des zuwendenden Ehegatten) Leistungen darstellen, mit denen die Zuwendung des anderen Ehegatten i.S.e. (synallagmatischen oder kausalen) Gegenleistung verknüpft sein kann,[2]

---

[1] Angesichts der Unschärfe des Begriffes und der anknüpfenden Rechtsfolgen plädiert *Klepsch*, NotBZ 2003, 457, 466, gegen dessen Verwendung.

[2] Abl. BFH, BStBl. 1994 II, S. 367; *Gebel*, BB 2000, 2018 – die Vermögenszuwendung sei demnach lediglich Dankbarkeitserweis („remuneratorische Schenkung").

- zum anderen bei der (v.a. schenkungsteuerlichen)[3] Beurteilung von Geld- oder Gegenstandsübertragungen, die ihrerseits zu Zwecken des Familienunterhalts zur Verfügung zu stellen sind.

Dieser Familienunterhalt ist bei intakter Ehe nicht auf Gewährung einer frei verfügbaren Geldrente gerichtet, sondern auf die Übernahme der Aufwendungen nach den ehelichen Lebensverhältnissen (analog § 1578 BGB orientiert am objektiven Maßstab des Lebensstils gleicher Berufs- und Gesellschaftskreise). Die Gewährung von Familienunterhalt dient der Bedarfsdeckung im Unterschied zur Vermögensbildung, kann jedoch insb. bei besseren Einkommens- und Vermögensverhältnissen über die 3/7-Grenze der Unterhaltsdifferenz (Geldrente im Trennungs- bzw. Scheidungsfall) hinausgehen. 2650

In der Rechtsprechung[4] werden bspw. als Unterhaltskomponenten genannt: 2651
- Wohn- und Heizkosten[5] samt Garagenmiete,
- Lebensmittel,
- Haushaltsbedarf,
- Strom,
- GEZ-Gebühren,
- Hausrats-,
- Haftpflicht-,
- Krankenversicherung,
- Telefonkosten,
- Pkw-Kosten,
- Kosten für eine Haushaltshilfe,
- Kosten für Friseur,
- Kosten für Kosmetik und Kleidung,
- Kosten für Sport, Hobbys, Ballett, Klavier,
- Kosten für Restaurantbesuche,
- Kosten für Kunst, Kultur, Theater und Kino

Es handelt sich also um die Haushaltskosten im eigentlichen Sinn sowie Ausgaben i.S.d. § 1357 BGB („Schlüsselgewalt"), demnach
- Anschaffung,[6] Instandhaltung, Erneuerung des Hausrats;[7]

---

3   FG Baden-Württemberg, 25.09.2001 – 11 K 109/97, JurionRS 2001, 19882; FG Nürnberg, DStRE 2004, 1466.
4   OLG Koblenz, FuR 2003, 128.
5   Nach der Trennung hat der in der Wohnung Verbleibende die Miete alleine zu tragen, ausgenommen Fälle der „aufgedrängten Bereicherung", OLG Brandenburg, FamRZ 2007, 1172.
6   Allerdings nach OLG Brandenburg, NJW-RR 2007, 221, nicht die Anschaffung des gesamten Hausrats auf Kredit (30.000,00 €).
7   Hierzu zählt nach OLG Düsseldorf, FamRZ 2007, 1325, auch der (einzige, familiär genutzte) Pkw.

- Miete[8] und Nebenkosten;
- beim Eigenheim die Unterhaltungskosten und die Verzinsung.

2653 Die **Anschaffung eines Eigenheims** oder sonstiger, der Einkünfteerzielung dienender Immobilien sowie die Tilgung dafür eingegangener Verbindlichkeiten zählt jedoch nicht zum Unterhalt, sondern zur Vermögensbildung,[9] sind also Gegenstand ehebedingter Zuwendungen.[10] Als Unterhalt erfasst werden jedoch die Zinszahlungen für aufgenommenes Fremdkapital des eigengenutzten Familienheims.[11]

2654 Bestandteil des Unterhalts kann allerdings auch die **Altersvorsorge** sein.[12] Auf dieser Grundlage plädieren einzelne Autoren[13] dafür, Vermögenszuwendungen, die sich nach vorangehenden langjährigen Diensten im Rahmen einer angemessenen Alterssicherung halten, als pflichtteilsergänzungsfest zu werten, vergleichbar der ehevertraglichen Begründung der Gütergemeinschaft (Vorrang des „Teilhabegedankens"). Dies kommt z.B. in Betracht für die Zuwendung des Nießbrauchs an den Ehegatten, der nur über geringe Rentenansprüche verfügt,[14] vgl. Rdn. 3064.

2655 Vereinbaren die Eheleute (i.d.R. stillschweigend) während intakter Ehe (unabhängig von ihren Einkommens- und Vermögensverhältnissen) die **Tragung sämtlicher Immobilienlasten durch einen Beteiligten**, überlagert diese Abrede die allgemeinen Bestimmungen der §§ 426, 748 BGB (Gesamtschuldnerausgleich und Miteigentümerpflicht zur anteilsbezogenen Lastentragung), sodass die solchermaßen geleisteten Beiträge auch später nicht zurückgefordert oder in eine Verrechnungsabrede eingestellt werden können[15] (Beispiel: Einsatz einer allein von einem Ehegatten bespartern und getilgten Lebensversicherung als Finanzierungsbaustein für eine gemeinsam angeschaffte Immobilie).[16] Jedenfalls nach Stellung eines Scheidungsantrags,[17] möglicherweise auch bei anderen Zeichen des Scheiterns,[18] besteht jedoch keine Verpflichtung mehr, auf die-

---

8 Zur Freistellung des ausziehenden Ehegatten nach Trennung und Scheidung, ggf. aufgrund Zuweisung der Wohnung gem. § 5 HausratsVO mit entsprechender Sicherung der Ansprüche des Vermieters, vgl. *Langheim*, FamRZ 2007, 2030 ff.
9 Vgl. BGH, NJW 1966, 2401; BGH, FamRZ 1984, 980, und BGH, NJW 1992, 564.
10 Angesichts der Unschärfe des Begriffes und der anknüpfenden Rechtsfolgen plädiert *Klepsch*, NotBZ 2003, 457, 466, gegen dessen Verwendung.
11 *Schwedhelm/Olbing*, BB 1995, 1719.
12 BGH, NJW 1992, 564; ähnlich im Schenkungsteuerrecht: *Gebel*, BB 2000, 2017; a.A. jedoch für das Steuerrecht BFH, DStR 2002, 357, bzgl. Leistungen aus einer sog. „befreienden Lebensversicherung".
13 Insb. *Langenfeld*, ZEV 1994, 129, und NJW 1994, 2133; zurückhaltend *J. Mayer*, in: Bamberger/Roth, BGB, § 2325 Rn. 10 („bedarf einer methodisch gefestigteren Begründung").
14 OLG Schleswig, 16.02.2010 – 3 U 39/09, MittBayNot 2011, 148 m. Anm. *Herrler*: orientiert an den Pfändungsgrenzen des § 850c ZPO: drei Viertel des gemeinsamen Einkommens (Verhältnis 930,00 € Einpersonenhaushalt zu 1.280,00 € monatlich Zweipersonenhaushalt).
15 BGH, 17.05.1983 – IX ZR 14/82, NJW 1983, 1845: kein Ausgleichsanspruch, jedenfalls bei Leistungen zur Verwirklichung der ehelichen Lebensgemeinschaft, auch des gemeinsamen Hauserwerbs.
16 OLG Schleswig, 21.10.2009 – 10 UF 169/08, NotBZ 2011, 69.
17 OLG Düsseldorf, FamRZ 1998, 168. Im Rahmen eines Zugewinnausgleichsverfahrens ist der Innenausgleichsanspruch gem. § 426 BGB mi zu berücksichtigen in der Höhe, in der er realisierbar ist, wobei diese Realisierbarkeit auch gerade auf den Zahlungen beruhen kann, die durch den Zugewinnausgleich i.Ü. geschuldet sind, BGH, 06.10.2010 – XII ZR 10/09, DNotZ 2011, 303.
18 OLG Celle, NJW-RR 1990, 265: Erhebung einer Klage auf Unterhaltsleistung.

se Weise **Vermögensbildung für den anderen** zu betreiben;[19] dies gilt auch für gemeinsam eingegangene Verbindlichkeiten, die dann wieder grds.[20] von beiden zu tragen sind.[21] Ab einer Trennung[22] ist § 1361b Abs. 3 Satz 2 BGB[23] vorrangig,[24] soweit sein Anwendungsbereich eröffnet ist (also im Fall einer Verpflichtung zum Verlassen der Wohnung wegen unbilliger Härte). In den (regelmäßig gegebenen) anderen Sachverhalten besteht gem. § 745 Abs. 2 BGB ein Anspruch auf angemessene Neuregelung der Verwaltung und Benutzung ab Zugang eines entsprechenden Verlangens.[25]

Diese Neuregelung wird häufig so aussehen, dass der das Objekt allein nutzende Ehepartner (ähnlich wie bei der gemeinsamen Anmietung)[26] auch dessen Lasten ausschließlich trägt.[27] Andernfalls kann der nicht mehr nutzende Ehegatte einen Anspruch auf Nutzungsentschädigung (übergangsweise i.H.d. angemessenen,[28] dann der marktgerechten Miete) geltend machen,[29] wobei besondere Regelungen gelten, wenn zuvor eine ehebedingte Übertragung der Immobilie stattgefunden hat, vgl. unten Rdn. 2763 ff. Den Nutzungsentschädigungsanspruch gewährt der BGH auch, wenn der nach der Trennung ausgezogene Ehegatte nicht Miteigentümer der Ehewohnung, sondern durch ein dingliches Mitbenutzungsrecht gesichert war.[30]

2656

Während des Getrenntlebens sind bei der Unterhaltsberechnung üblicherweise Zins- und Tilgungsleistungen berücksichtigbar, sofern die Immobilie die ehelichen Lebensverhältnisse geprägt hat, nach einer Scheidung jedoch nicht mehr. Wurde jedoch bei der Berechnung des

2657

---

19 BGH, FamRZ 1997, 487.
20 Anders z.B. wenn die Anschaffungen allein einem Ehegatten zugutekommen, vgl. OLG Karlsruhe, FamRZ 2006, 488, und *Wever*, FamRZ 2007, 859; zum Freistellungsanspruch bei „im Auftrag" des anderen eingegangenen Schulden vgl. *Gerhards*, FamRZ 2006, 1793. Wurden die Schulden im Zugewinnausgleich allein bei einem Ehegatten abgezogen, dürfen bei der Unterhaltsbemessung lediglich die Darlehenszinsen berücksichtigt werden, sog. Verbot der Doppelverwertung: OLG München, FamRZ 2005, 459, und OLG Saarbrücken, NJW 2006, 1438; *Grziwotz*, FPR 2006, 485. Zur Vermeidung der Doppelverwertung bei Zugewinn und Unterhalt ist bspw. bei der Bewertung einer freiberuflichen Praxis der konkret gerechtfertigte – nicht der kalkulatorische pauschale – Unternehmerlohn bei der (in Ergänzung zum Substanzwert) notwendigen Bemessung des good will außer Acht zu lassen, BGH, 06.02.2008 – XII ZR 45/06, NJW 2008, 1221 m. Anm. *Münch*, NJW 2008, 1201; *Bergschneider*, MittBayNot 2008, 386.
21 Überblick bei *Schulz*, FPR 2006, 472.
22 Differenzierend KG, FamRZ 2007, 908: Hat ein Ehegatte die Wohnung verlassen und sich mit dem anderen über die weitere Nutzung geeinigt, liegt keine Ehewohnung i.S.d. § 1361b BGB mehr vor; für die h.M. OLG München, FamRZ 2007, 1655, das § 1361b Abs. 3 Satz 2 BGB sogar auf die Zeit nach der Scheidung anwendet (§§ 2, 3 HausratsVO analog).
23 Dieser ist nach h.M. analog auch bei Alleineigentum des weichenden Ehegatten an der Ehewohnung anwendbar, vgl. OLG Braunschweig, FamRZ 1996, 548; für „extensive Auslegung" BGH, FamRZ 2006, 930, und *Wever*, FamRZ 2007, 857.
24 *Huber*, FamRZ 2000, 130; *Brudermüller*, FamRZ 2006, 935.
25 OLG München, FamRZ 2007, 1658, billigt eine viermonatige Überlegungsfrist zu(!).
26 Nach OLG Brandenburg, 04.01.2007 – 9 U 18/06, NJW-RR 2007, 887, hat der in der Wohnung verbleibende Ehegatte keinen Gesamtschuldnerausgleich gegen den früheren Mitmieter-Ehegatten, wenn er nach einer zuzubilligenden Überlegungszeit nicht auszieht.
27 Diese Regelung liegt bspw. in der Stattgabe einer Zahlungsklage über den geltend gemachten Erstattungsanspruch des nicht mehr nutzenden Miteigentümers, BGH, FamRZ 1983, 795, FamRZ 1995, 216.
28 OLG Brandenburg, FamRZ 2002, 396; *Wever*, FamRZ 2000, 993.
29 Sogar rückwirkend, OLG Celle, NJW-RR 1990, 266.
30 BGH, 04.08.2010 – XII ZR 14/09, DNotZ 2011, 58.

nachehelichen Unterhalts der Schuldendienst berücksichtigt, liegt darin eine den Gesamtschuldnerausgleich bei gemeinsamen Verbindlichkeiten ausschließende vorrangige Regelung.[31]

2. Gesellschaftsvertrag

2658 Vermögenstransfers können sich auch als Gesellschaftsbeiträge zu einer zwischen Ehegatten geschlossenen GbR (ohne Bildung gesamthänderischen Eigentums: sog. **„Ehegatten-Innengesellschaft"**) darstellen.[32] Der BGH (vgl. nachstehend Rdn. 2682 ff.) greift auf diese Rechtsfigur zur Korrektur unbefriedigender güterrechtlicher Ergebnisse beim Scheitern der Ehe zurück, sie bewirkt jedoch auch aufgrund der gesellschaftsvertraglich geschaffenen Beitragspflicht das Fehlen der Schenkungselemente.

2659 Notwendig ist ein über den typischen Rahmen der ehelichen Lebensgemeinschaft hinausgehender Zweck (der auch im sukzessiven Aufbau von Vermögen liegen kann). Indizien hierfür sind Abreden über die Ergebnisverwendung, etwa die Wiederanlage erzielter Erlöse (z.B. Entschuldung der gemeinsamen Ehewohnung),[33] unter Einbeziehung des dinglich nicht berechtigten Ehegatten, ebenso das zielstrebige Zusammenwirken unter Einbringung besonderer fachlicher Qualifikationen, teilweise auch die Übertragung aufgrund haftungsrechtlicher Überlegungen.[34] Ohne entsprechenden Tatsachenvortrag und die Niederlegung solcher Indizien dürfte jedoch die Ermittlung solcher Ehegatten-Innengesellschaften rasch an praktische Grenzen stoßen.

Wird eine bestehende Ehegatten-Innengesellschaft durch den Tod des nach außen allein auftretenden Vermögensträgers beendet, kann der Auseinandersetzungsanspruch (§ 738 BGB) des anderen Ehegatten den Wert des Nachlasses gem. § 2311 BGB auch ggü. einem Pflichtteilsberechtigten mindern (vgl. Rdn. 3040).

3. Treuhandabreden

2660 Insb. wenn Ehegatten beruflich und wirtschaftlich eng verbunden sind, werden Vermögenswerte untereinander überlassen mit der Abrede, sie für den übertragenden **„treuhänderisch"** anzulegen und auf Verlangen nach Beendigung der Treuhandbeziehung herauszugeben (ähnlich der Verwaltung des Vermögens des anderen gem. § 1413 BGB). Solches „Auftragseigentum" ist unter den Voraussetzungen des § 39 Abs. 2 Nr. 1 Satz 2 AO,[35] §§ 662 ff. BGB[36] – auch ggf. bezogen auf lediglich ideelle Anteile[37] – anzuerkennen, wobei der Empfänger die objektive Beweislast

---

31 BGH, 09.01.2008 – XII ZR 184/05, FamRZ 2008, 602.
32 Vgl. *Gebel*, BB 2000, 2021.
33 OLG Bremen, 23.09.2008 – 4 W 6/08, ErbStB 2009, 44: Lebensversicherungsvertrag ist allein auf den Namen eines Partners abgeschlossen, soll jedoch der Entschuldung des gemeinsamen Eigenheims dienen.
34 Vgl. *Münch*, FamRZ 2004, 235; *Schlünder/Geißler*, ZEV 2005, 508.
35 Abzustellen ist insb. auf die Weisungsgebundenheit des Treuhänders und seine Pflicht zur jederzeitigen Rückgabe, BFH BStBl. 1998 II 152.
36 FG Hamburg, 28.04.2009 – 3 K 185/07, DStRE 2010, 360, *Geck/Messner*, ZEV 2010, 279.
37 BFH, 06.10.2009 – IX R 14/08, GmbH-StB 2010, 91 zum Treuhandverhältnis an einem Teil eines GmbH-Geschäftsanteils.

für das behauptete (verdeckte) Treuhandverhältnis[38] und seinen tatsächlichen Vollzug[39] trägt. Das ungleich größere Vermögen des „Treuhandverwalters" kann jedoch als Indiz für eine solche Abrede gelten.[40] Die Treuhandschaft kann sich auch lediglich auf Teilbeträge beziehen.[41] Besteht eine solche (stillschweigende) Verwaltungsvereinbarung, steht dies auch schenkungsteuerlich der Annahme einer Zuwendung entgegen.[42] Häufig liegt solchen Treuhandabreden die (versuchte) Vermeidung von Pfändungszugriffen, Pflichtteilsergänzungsansprüchen sowie die Erzielung besserer Anlagekonditionen etwa durch Addition der Geldwerte (Mengenvorteile) zugrunde. Endet die Treuhandschaft durch den Tod des Treuhänders, mindert der Herausgabeanspruch des Treugebers den „Wert des Nachlasses" i.S.d. § 2311 BGB auch ggü. dem Pflichtteilsberechtigten (vgl. Rdn. 3040).

Es kann sich durchaus empfehlen, das Bestehen einer solchen auftragsähnlichen Verwaltungsabrede i.S.d. § 1413 BGB bzw. einer entsprechenden Treuhandschaft schriftlich festzuhalten, um dem Eindruck[43] entgegenzuwirken, es handle sich um zivilrechtliche und steuerrechtliche Schenkungen,[44] zumal den Zuwendungsempfänger die Feststellungslast für die Behauptung einer verdeckten Treuhandschaft trifft.[45]

2661

Formulierungsvorschlag: Verwaltungsvereinbarung unter Ehegatten zur Schenkungsvermeidung

2662

> Wir führen mehrere Konten, auf die überwiegend Überschüsse aus der beruflichen Tätigkeit des Ehemanns fließen und die teilweise auf den Namen eines Ehegatten, teilweise auf beider Namen lauten. Zu keinem Zeitpunkt war es beabsichtigt, dass Geldbeträge, die aus dem Vermögen des Ehemanns stammen und die nicht zur Bestreitung des gemeinsamen Lebensunterhalts in Erfüllung der gesetzlichen Unterhaltspflicht eingesetzt werden, dem anderen Ehegatten zugewendet werden, etwa durch Gutschrift auf einem gemeinsamen Konto oder auf einem Konto des anderen Ehegatten. Vielmehr handelt es sich um eine im Auftrag des alleinverdienenden Ehegatten durchgeführte Vermögensverwaltung i.S.d. § 1413 BGB mit der Folge, dass die Erträge dem überlassenden Ehegatten zustehen und dieser die überlassene Vermögenssubstanz bzw. die dafür angeschafften Surrogate jederzeit zurückfordern kann.

---

38 BFH, 15.09.2004 – II B 63/03, BFH/NV 2005, 212. Zur noch strengeren Behandlung im Sozialrecht (BaföG – verschwiegene Zinseinkünfte sollen aus „geparktem" Geld des Vaters stammen: Verstoß gegen Offenlegungspflicht des § 46 Abs. 3 BAföG) VGH Bayern, 22.01.2007 – 12 BV 06.2105, FamRZ 2007, 1201; VG Chemnitz, FamRZ 2007, 1202.
39 FG Hessen, 23.10.2008 – 1 K 1923/05, ErbStB 2009, 143: Handeln des Treuhänders im fremden Interesse muss eindeutig erkennbar sein.
40 So im Fall BFH, ZEV 2001, 326.
41 BFH, 06.10.2009 – IX R 14/08, EStB 2010, 124 zu einer quotalen Treuhandschaft an einem Gesellschaftsanteil.
42 BFH, 25.01.2001 – II R 39/98, BFH/NV 2001, 908; vgl. *Carlé*, ErbStB 2008, 211, auch zum wohl fehlenden Bewusstsein der Unentgeltlichkeit „nach Laienart".
43 Dies ergibt sich für die Finanzverwaltung insb. dann, wenn in gemeinsamen Steuererklärungen eines Ehepaars der Ehegatte des Alleinverdieners Kapitaleinkünfte deklariert.
44 Vgl. *Carlé*, ErbStB 2008, 212.
45 FG Hamburg, 28.04.2009 – 3 K 185/07, ErbStB 2010, 9.

II. Positive Abgrenzung: Varianten der ehebedingten Zuwendung

2663 Zuwendungen eines Ehegatten an einen anderen, die nicht i.S.d. Rdn. 2483 ff. „geschuldet" sind und denen die Vorstellung oder Erwartung zugrunde liegt, die Ehe werde Bestand haben, lassen sich i.R.d. hier zu behandelnden mittelbaren oder unmittelbaren Übertragung von Grundbesitz folgenden typischen Sachverhaltsgestaltungen zuordnen:

- schlüsselfertige Errichtung eines Eigenheims auf gemeinsam erworbenem Bauplatz oder schlüsselfertiger Erwerb eines Eigenheims je zur Hälfte vom Bauträger aus Mitteln, die allein ein Ehegatte zur Verfügung stellt;[46]
- „Weitergabe" eines Miteigentumsanteils von letztwillig oder in vorweggenommener Erbfolge erworbenem Grundbesitz an den anderen Ehegatten;

2664
- Verwendung von Geld oder Arbeitskraft auf das im Alleineigentum des anderen Ehegatten stehenden Familienheim oder dessen Betrieb;
- Übertragung einer Immobilie bzw. eines Miteigentumsanteils daran auf den Ehegatten zur Vermeidung etwaiger Gläubigerzugriffe, und zwar zu Lebzeiten (Haftung für Verbindlichkeiten) oder nach dem Tod des finanzierenden Ehegatten (z.B. Pflichtteilsansprüche nicht- oder erstehelicher Kinder!);

2665
- Erwerb einer Immobilie durch den jüngeren Ehegatten mit Mitteln des älteren Ehegatten zur Altersversorgung des jüngeren Ehegatten;[47]
- Erwerb einer Immobilie allein durch einen Ehegatten mit Mitteln des anderen Ehegatten zur Ermöglichung steuergünstiger Verpachtung an den Betrieb des finanzierenden Ehegatten.

2666 Außerhalb des Immobilienbereichs sind die denkbaren Sachverhaltsgestaltungen noch vielgestaltiger (man denke etwa an die Einräumung eines unwiderruflichen oder auch widerruflichen Bezugsrechtes bei einer Lebensversicherung;[48] ebenso an die Errichtung von Oder-Konten i.H.d. hälftigen Einzahlung,[49] sofern der andere Ehegatte tatsächlich und rechtlich über das Geld verfügen kann,[50] wobei Unterhaltsbeiträge herauszurechnen und vorrangige abweichende Abreden denkbar sind[51] (vgl. Rdn. 2383 ff.).

2667 Eine Reihe **ausländischer Rechtsordnungen** verbietet übrigens Schenkungen unter Ehegatten, insb. um Gläubigerbenachteiligungen zu vermeiden und um die persönlichen Beziehungen der Ehegatten von vermögensrechtlichen Interessen freizuhalten. Soweit sie unabhängig vom Güterstand gelten, unterfallen sie dem allgemeinen Ehewirkungsstatut des Art. 14 EGBGB, sonst dem

---

46 Die vom Gesetzgeber in § 1606 Abs. 3 Satz 2 BGB angeordnete Gleichwertigkeit von Haushaltsleistungen (Pflege und Erziehung des Kindes) im Verhältnis zu Barleistungen des alleinverdienenden Ehegatten gilt nur für den Bereich des Unterhalts, nicht für den hier relevanten Bereich des Vermögenserwerbs!

47 BGH, NJW 1972, 580: Da gem. § 1360 BGB auch bei intakter Ehe Versorgungsunterhalt für den Fall des Alters geschuldet werde, könne es sich bei solchen Zuwendungen nicht um eine unentgeltliche Leistung handeln.

48 BGH, FamRZ 1995, 232.

49 OFD Koblenz, 19.02.2002 – S 3900 A-St 53 5, DStR 2002, 591, hierzu *Götz*, NWB 2004, 2437 = Fach 10, S. 1469 ff.; ebenso FG Nürnberg, 25.03.2010 – 4 K 654/2008, ErbStB 2010, 330.

50 Hieran kann es gem. FG Düsseldorf, ErbStB 2006, 306, fehlen, wenn dem Ehegatten Einzelheiten über das Konto nicht bekannt sind.

51 Freilich kommen (stillschweigende) abweichende Vereinbarungen nur in Betracht, wenn den Ehegatten bewusst ist, dass Einzahlungen zur Hälfte als Schenkungen gewertet werden können, vgl. *Götz*, ZEV 2011, 408.

Güterstandsstatut des Art. 15 EGBGB. Ehegattenschenkungsverbote enthalten bspw. die Rechtsordnungen[52] der Niederlande (Art. 1715 BW), Frankreichs (mit Einschränkungen, Art. 1099 CC) sowie einiger skandinavische Länder. Andere Staaten ermöglichen einen erleichterten Widerruf bzw. eine erleichterte Anfechtung solcher Verträge (z.B. Japan, Art. 784 BGB). Davon zu unterscheiden sind Verbote einer Schenkung an Dritte ohne Mitwirkung des Ehegatten, etwa nach belgischem Recht (vgl. Rdn. 3451).

III. Motivationslagen

Diese kurze Übersicht erhellt, dass Vermögensübertragungen unter Ehegatten häufig nicht oder nicht vordergründig vom Willen der Zuwendung (Bereicherung) getragen sind, sondern weiteren oder anderen Motiven dienen, insb. 2668

- der **Verwirklichung des Gemeinschaftsgedankens der Ehe als Schicksals- und Wirtschaftsgemeinschaft**, ähnlich dem Güterstand der ehelichen Vermögensgemeinschaft des FGB bzw. der Errungenschaftsgemeinschaft, als welche der gesetzliche Güterstand in der Vorstellung vieler Verheirateter fälschlich angesehen wird;
- der **Sicherung familienwichtigen Vermögens** vor dem Zugriff von Gläubigern, einschließlich der Insolvenzgefahr („der Ehegatte als Immobilienparkplatz"), sowie vor Pflichtteilsansprüchen;
- zur **privaten Altersvorsorge** für den begünstigten Elternteil; 2669
- zur **Ermöglichung steuergünstiger Vermögensverteilung**, und zwar sowohl in ertragsteuerlicher Hinsicht (z.B. Vermietung von Privatvermögen zur betrieblichen Nutzung des anderen Ehegatten; Ausnutzung des personenbezogenen Freibetrags nach § 16 Abs. 4 EStG bei anschließender Betriebsaufgabe) als auch in transfersteuerlicher Hinsicht (Ausnutzung von Übertragungsfreibeträgen bei der Schenkungs- oder späteren Erbschaftsteuer; Ausnutzung des personenbezogenen Freibetrags).

In der nunmehr gefestigten Rechtsprechung unterfallen alle diese Motivationslagen der Sondergruppe „**ehebedingter Zuwendungen**",[53] denen das subjektive Merkmal der Einigung über die schlichte Unentgeltlichkeit[54] – bzw. nach Auffassung der neueren Vertragstypenlehre – über die echte Freigebigkeit[55] fehlt. An ihre Stelle tritt als Vertragszweck die „Verwirklichung der ehelichen Lebensgemeinschaft", mithin die Leistung eines Beitrages zu ihrer Erhaltung oder Sicherung. Der Bestand der Ehe ist nicht „causa" der Zuwendung, sondern ihre Vertragsgrundlage. 2670

---

52   Vgl. hierzu *Fetsch*, RNotZ 2007, 475.
53   BGH, MittBayNot 1998, 157, stellt dies ausdrücklich klar und greift in der Entscheidung BGH, MittBayNot 1990, 178 m. Anm. *Frank*, die Unterscheidung nach den einzelnen Motivationstypen ausdrücklich auf.
54   So das Differenzierungskriterium des BGH, FamRZ 1982, 247.
55   Vgl. *Langenfeld/Günther*, Grundstückszuwendungen zur lebzeitigen Vermögensnachfolge, 8. Kap. Rn. 9 ff., der darüber hinaus auf die (der ehebdingten Zuwendung typische) Verwendung einer Rückforderungsklausel im Scheidungsfall abstellt. Letztere fehlt allerdings häufig bei ehebedingten Zuwendungen zur Versorgung des Partners.

IV. Rechtliche Besonderheiten der ehebedingten Zuwendung

2671 Das Hinzutreten weiterer Zwecke zum allgemeinen Schenkungstatbestand bei den ehebedingten Zuwendungen gibt Anlass zu folgenden Fragestellungen:
1. Wie wirkt sich die ehebedingte Zuwendung im Fall des Scheiterns der Ehe, also einer Ehescheidung, aus?
   Folgende Teilfragen sind dabei zu unterscheiden:
   a) Existieren Rückforderungsrechte des allgemeinen bürgerlichen Rechts?
   b) Wie wird die ehebedingte Zuwendung im Fall der Durchführung eines Zugewinnausgleichsverfahrens berücksichtigt, und zwar sowohl für den Fall des Bestands als auch für den Fall der Rückabwicklung?
2. Sofern mit der ehebedingten Zuwendung weitere Zwecke verfolgt werden, die Interessen Dritter tangieren (z.B. von anfechtungswilligen Gläubigern, Pflichtteilsberechtigten etc.): Werden diese Ziele erreicht? Ist dafür das Instrument der „ehebedingten Zuwendung" besser geeignet als dasjenige der „reinen Schenkung"?

2672 Die Fragestellungen zu 1. werden unten in Abschnitt B (Rdn. 2679 ff.) untersucht, die Fragestellungen zu 2. im Abschnitt C (Rdn. 2770 ff.).

2673 Schenkungsteuerlich unterliegt die „ehebedingte" Zuwendung keinen Besonderheiten (vgl. Rdn. 3521); allerdings ist häufig der Privilegierungstatbestand des § 13 Abs. 1 Nr. 4a ErbStG (Übertragung des Familienheims) verwirklicht (vgl. Rdn. 2780 ff.).

Höchstrichterlich noch nicht entschieden ist schließlich die Frage, ob auf das schuldrechtliche Geschäft einer ehebedingten Zuwendung (familienrechtlicher Vertrag eigener Art) § 518 BGB Anwendung findet[56] oder nicht.[57] § 311b Abs. 1 BGB ist bei Grundstückszuwendungen jedoch stets einschlägig.

V. Die „reine Ehegattenschenkung"

1. Abgrenzung

2674 Neben der ehebedingten (früher: „unbenannten") Zuwendung sind jedoch auch unter Ehegatten (wenngleich seltene oder selten gewordene) Ausnahmefälle reiner Schenkungen i.S.d. §§ 516 ff. BGB denkbar. Die Unterscheidung zu den vorgenannten Fallgruppen der sog. „ehebedingten Zuwendung" trifft der BGH nach dem Merkmal der „Unentgeltlichkeit", d.h. der Willensvorstellung, dass die Zuwendung von einer „Gegenleistung" im weitesten Sinn weder synallagmatisch noch konditional oder kausal abhänge[58] Wenn der Zuwendende die Vorstellung oder Erwartung hege, dass er innerhalb der weiter Bestand habenden ehelichen Lebensgemeinschaft am Vermögenswert und dessen Früchten weiter teilhaben werde, die Übertragung also einen Beitrag zur Verwirklichung und Ausgestaltung, Erhaltung oder Sicherung der ehelichen Lebensgemeinschaft sei, handle es sich (unabhängig von der Bezeichnung durch die Beteiligten) um eine ehe-

---
56 *Sandweg*, NJW 1989, 1965, 1969.
57 OLG Bremen, FamRZ 2000, 671; in diese Richtung auch *Wever*, FamRZ 2008, 1491.
58 BGH, FamRZ 1990, 600.

bedingte Zuwendung.⁵⁹ Bei der Übertragung größerer Vermögenswerte sei dies regelmäßig der Fall. Eine im Hinblick auf ein bevorstehendes Scheidungsverfahren erfolgende unentgeltliche Zuwendung sei stattdessen nicht (mehr) ehebedingt.⁶⁰

Die **Literatur** stellt demgegenüber mehr auf das objektivierte Merkmal des Vertragszwecks der Freigebigkeit ab. Demnach sind Zuwendungen unter Ehegatten dann reine Schenkungen, wenn sie vollständig und endgültig außerhalb des Zugewinnausgleichs stattfinden (also eine Nichtanrechnungsabrede i.S.d. § 1380 BGB getroffen wurde)⁶¹ und auch keine sonstigen über die freiwillige Vermögensmehrung hinausgehenden Zwecke im geschilderten Sinn (Haftungsvermeidung, Altersversorgung, steuerliche Vorteile) als Vertragszweck damit verbunden sind. Dies dürfte in der Tat die Ausnahme darstellen. 2675

2. Rückabwicklung

Gesetzliche Rückforderungstatbestände sind naturgemäß besonders restriktiv anzuwenden, erfolgt die reine Ehegattenschenkung doch gerade außerhalb des materiellen Rahmens ehelicher Vermögenszuordnung: 2676

- **Reine Ehegattenschenkungen** unterliegen daher insb. dem Schenkungswiderruf wegen groben Undanks gem. § 530 BGB. Dieses setzt ein objektiv schweres Maß der Verfehlung, subjektiv einen erkennbaren Mangel an Dankbarkeit voraus. Auch nach Wegfall des Verschuldensprinzips im Scheidungsrecht haben sich insoweit die Maßstäbe nicht verschärft.⁶²
- Liegen die Voraussetzungen des § 530 BGB nicht vor, kommt i.d.R. auch keine Rückforderung nach den Grundsätzen über den Wegfall der Geschäftsgrundlage gem. § 313 BGB in Betracht,⁶³ da definitionsgemäß der „reinen Ehegattenschenkung" der Fortbestand der Ehe gerade nicht als causa oder conditio zugrunde liegt, sodass durch eine Scheidung die Geschäftsgrundlage nicht entfällt.⁶⁴ 2677

3. Behandlung im Zugewinnausgleich

Im Anschluss an die ggf. erfolgreiche Rückgewähr der Zuwendung gem. § 530 BGB wird sodann – ausgehend von den dann erreichten Zugewinnbeträgen – das gesetzliche Zugewinnausgleichsverfahren bei anschließender Scheidung durchgeführt. Wird nicht widerrufen, stellt sich die Rechtslage wie folgt dar: § 1374 Abs. 2 BGB gilt nicht bei der reinen Ehegattenschenkung (wie auch bei der ehebedingten Zuwendung, s.u. Rdn. 2736 f.); der Wortlaut ist teleologisch zu reduzieren, da es sich bei Zuwendungen unter Ehegatten eben nicht um Vermögenserwerbe handelt, an denen der andere Ehegatte keinen Anteil hatte, sodass die Privilegierung der Zuwendung 2678

---

59 BGH, 28.03.2006 – X ZR 85/04, ZEV 2006, 319: tatrichtliche Feststellung erforderlich; gegen die Überbetonung der Wortwahl „Schenkung": *Wever*, FamRZ 2006, 1024.
60 OLG Schleswig, 04.10.2006 – 15 UF 50/06, RNotZ 2007, 350.
61 Vgl. *Schwab*, FamRZ 1984, 527; *Langenfeld/Günther*, Grundstückszuwendungen zur lebzeitigen Vermögensnachfolge, 5. Aufl. 2005, Rn. 677.
62 A.A. *Bosch*, in: FS für *Weitzke*, 1979, S. 211.
63 Wenn hierfür neben § 530 BGB überhaupt noch Raum ist und nicht etwa § 530 BGB als Sondervorschrift die allgemeinen Grundsätze über den Wegfall der Geschäftsgrundlage verdrängt, so etwa OLG Karlsruhe, NJW 1989, 2136.
64 So ausdrücklich OLG München, 28.01.2009 – 20 U 2673/08, MittBayNot 2009, 308 m. krit. Anm. *Bruch*.

als zugewinnausgleichsfrei, wie sie durch Hinzurechnung zum Anfangsvermögen eintreten würde, nicht gerechtfertigt ist.[65] Ein Abzug der Zuwendung, sofern ein Widerruf oder eine sonstige Rückabwicklung nicht stattfindet, vom sich dann errechnenden Zugewinnausgleichsanspruch gem. § 1380 BGB scheidet jedoch bei der echten Ehegattenzuwendung definitionsgemäß aus, wenn man diese von der ehebedingten Zuwendung durch die Abrede der Nichtanrechnung i.S.d. § 1380 BGB („Freigebigkeit") bestimmt.

---

65   BGH, FamRZ 1987, 791.

B. Schicksal ehebedingter Zuwendungen bei Scheitern der Ehe

I. Rückforderungsrechte bei Fehlen einer vertraglichen Vereinbarung?[66]

Mitunter treffen Ehegatten in privatschriftlicher Form, also nicht im Rahmen einer notariellen Übertragungsurkunde, Regelungen über den Ausgleich von Aufwendungen des einen Ehegatten für den Vermögensgegenstände des anderen (etwa den Umbau des Familienheims). Sofern solche Abreden über den bloßen Verzicht auf gesetzliche Verwendungsersatzansprüche bzw. deren Ersetzung durch schuldrechtliche Ansprüche (z.B. die Vereinbarung eines zinslosen Darlehens) hinausgehen, die ihrerseits in den unverändert durchzuführenden Zugewinnausgleich auf der Aktiv- bzw. Passivseite aufzunehmen sind, sondern vielmehr darauf gerichtet sind, den Mechanismus des Zugewinnausgleichs als solchen zu modifizieren (etwa i.S.e. Herausnahme des betreffenden Gegenstandes aus der Berechnung insgesamt unter Schließung dieser Lücke durch den privatschriftlich geschaffenen Anspruch), bedürften sie der notariellen Form gem. § 1410 BGB, sind also andernfalls nichtig. Die Rechtslage verhält sich dann so wie wenn keine Vereinbarung existierte; eine Umdeutung in formfreie Ehegatteninnengesellschaften lehnt die Rechtsprechung ab.[67]

2679

Nicht Gegenstand der nachfolgenden Darstellung sind Übernahmeansprüche eines Ehegatten aus Anlass der Teilung einer **beendeten Gütergemeinschaft**, § 1477 Abs. 2 Satz 2 BGB, gegen Ersatz des Wertes, bezogen auf die in die Gütergemeinschaft eingebrachten oder während deren Bestands durch Erbfolge oder vorweggenommene Erbfolge erworbenen Gegenstände. Auch wenn ein solcher Übernahmeanspruch vorzeitig (etwa während des Getrenntlebens) geltend gemacht wird, ist der Wertersatz regelmäßig nicht in Geld zu zahlen, sondern auf den künftigen Überschussanteil anzurechnen (§ 1476 Abs. 2 Satz 2 BGB). Lediglich dann, wenn der Wert des übernommenen Gegenstands den Wert des übrigen Überschusses übersteigt, bleibt der Übernehmende dem anderen Ehegatten unmittelbar zum Wertersatz, höchstens auf die Hälfte des Werts des übernommenen Gegenstands beschränkt, verpflichtet.[68] Ist diese Wertrelation noch nicht absehbar, kann der andere Ehegatte im Rahmen eines Zurückbehaltungsrechts Sicherheitsleistung bis zur Höhe des hälftigen Werts des übernommenen Gegenstands verlangen.

2680

1. Kondiktionsrecht

Der BGH lehnt im Regelfall eine **Rückabwicklung ehebedingter Zuwendungen bei Scheitern der Ehe nach Bereicherungsvorschriften** ab. Dem ist zuzustimmen.[69] § 812 Abs. 1 Satz 2, 1. Alt. BGB (condictio ob causam finitam) scheidet aus, da die Ehe als solche kein Rechtsgrund der Zuwendung sein kann, da das Eherecht zu solchen Zuwendungen nicht verpflichtet. § 812

2681

---

66 Vgl. hierzu die Rechtsprechungsübersichten von *Wever*, FamRZ 2004, 1073 ff., FamRZ 2005, 485 ff., FamRZ 2006, 365 ff., und FamRZ 2007, 857 ff., FamRZ 2008, 1485 ff.; FamRZ 2010, 237 ff.; FamRZ 2011, 413 ff.; sowie monografisch *Wever*, Vermögensauseinandersetzung der Ehegatten außerhalb des Güterrechts, und *Haußleiter/Schulz*, Vermögensauseinandersetzung bei Trennung und Scheidung.
67 OLG Karlsruhe, 19.01.2009 – 1 U 175/08, DNotZ 2010, 140 m. Anm. *Bruch*. Zur Differenzierung: OLG Saarbrücken, 09.07.2009 – 9 W 205/09, FamRZ 2010, 297 (mündlicher Darlehensvertrag unter Ehegatten, keine formbedürftige Zugewinnausgleichsabrede).
68 Vgl. BGH, 31.01.2007 – XII ZR 131/04, DNotZ 2007, 694.
69 Vgl. ausführlich *Rauscher*, AcP 186, 529 ff.

Abs. 1 Satz 2, 2. Alt. BGB (condictio ob rem) scheidet aus, da Zweck der Ehegattenzuwendung nicht der Fortbestand der Ehe als solcher ist, sondern ein einzelner Erfolg im Rahmen dieser Ehe, etwa die Verwirklichung der ehelichen Lebensgemeinschaft, die Schaffung eines Familienheims, die Erhaltung des Betriebs als Grundlage des Unterhalts beider Ehegatten etc. Auch dogmatische Bedenken werden geltend gemacht: Das Bereicherungsrecht enthalte lediglich technische Rückabwicklungsvorschriften ohne eigenen Wertungsgehalt; die erforderliche wertende Zumutbarkeitsprüfung könne allenfalls im Rahmen anderer Vorschriften, etwa des § 313 BGB (Wegfall der Geschäftsgrundlage) stattfinden.[70]

2. Gesellschaftsrecht

a) Innengesellschaft bürgerlichen Rechts

2682 Insb. in den Fällen, in denen etwa aus haftungsrechtlichen oder steuertechnischen Gründen gemeinsame Beiträge beider Ehegatten sich im Allein-Außeneigentum eines Ehegatten niederschlagen, ist eine teilweise Rückabwicklung der Zuwendung über die Auseinandersetzungsvorschriften einer Innengesellschaft (§§ 738 ff. BGB) zu diskutieren.[71] Während der BGH früher vom Vorrang des Familienrechts (insb. des Zugewinnausgleichsrechts) ausging,[72] sieht er nun beide Ansprüche nebeneinander (vgl. Rdn. 2685), räumt jedoch der Ehegatteninnengesellschaft ihrerseits den Vorrang ggü. der schlichten ehebedingten Zuwendung ein.[73] Wenn Ehegatten die Errichtung eines Eigenheims oder den Erhalt eines Betriebs als Verwirklichung ihrer Lebensgemeinschaft i.S.d. § 1353 BGB ansehen, liegt darin allerdings gerade kein über die Ehe hinausweisender gemeinschaftlicher Zweck, wie er für eine GbR erforderlich wäre. Ansprüche rund um das Familienheim werden daher außerhalb des Güterrechtes in erster Linie über den „besonderen familienrechtlichen Kooperationsvertrag" bzw. die Störung der Geschäftsgrundlage gelöst.[74]

2683 Der BGH stellt jedoch auch klar, dass es Ehegatten unbenommen ist, sich zur Gestaltung ihrer Vermögensverhältnisse aller Möglichkeiten des Zivilrechts zu bedienen, die auch nicht verheirateten Partnern zur Verfügung stehen (z.B. Abschluss von Arbeitsverträgen, Darlehensverträgen sowie Gesellschaftsverträgen). In diesem Fall ist bei Scheitern der Ehe zunächst das vorrangige Vertragsverhältnis zu erfüllen (Zahlung rückständigen Arbeitslohns, Rückgewähr des Darlehens etc.), anschließend findet der allgemeine Zugewinnausgleich statt.

2684 An die bloß stillschweigende[75] (konkludente) oder angebliche mündliche Vereinbarung einer **Ehegatten-Innengesellschaft** sind jedoch besondere Anforderungen zu stellen,[76] insb. hinsicht-

---

70 Grundlegend *von Caemmerer*, Gesammelte Schriften I, 1968, S. 222 f.
71 Vgl. umfassend *Münch*, Die Unternehmerehe, Rn. 176 ff.
72 BGH, FamRZ 1972, 362; FamRZ 1975, 35; FamRZ 1987, 907.
73 BGH, DNotZ 2000, 515 („in erster Linie").
74 Vgl. *Münch*, Ehebezogene Rechtsgeschäfte, Rn. 1112 ff., 1417 ff.
75 Muster eines ausdrücklichen Ehegatteninnengesellschaftsvertrages: *Münch*, FamRZ 2004, 238 f.
76 BGH, 20.10.2008 – II ZR 207/07, ZNotP 2009, 27 (die angeblichen Beteiligten bestritten jeglichen persönlichen Kontakt!).

lich des erforderlichen gemeinsamen Zwecks.[77] Der BGH hat wiederholt erhebliche Sach- oder Arbeitsleistungen für den Handwerks- oder Gewerbebetrieb des anderen als gesellschaftsrechtliche Leistungen qualifiziert, was ihm den Vorwurf einer nachträglichen richterlichen Fiktion eingehandelt hat.[78] Während in der früheren Rechtsprechung (bis etwa 1975) typischerweise der Zuwendende zur Verwirklichung eines über die Ehe hinausweisenden Zweckes im Betrieb des anderen mitgearbeitet haben musste, hat der BGH nunmehr dieses zusätzliche Kriterium fallenlassen,[79] verlangt allerdings die Erbringung eines „wesentlichen Beitrages" in der „Absicht gemeinschaftlicher Wertschöpfung".[80] Die Instanzrechtsprechung bleibt insoweit restriktiver.[81]

Nicht erforderlich ist jedoch, dass die schlichte Anwendung der Zugewinnausgleichsregeln zu einem nicht angemessenen Ergebnis führe;[82] dadurch gelangen sogar solche Sachverhalte in den Anwendungsbereich der Innen-GbR, bei denen die Beteiligten (etwa zur Haftungsvermeidung) eine solche gemeinsame Vermögensbildung vorab wohl gar nicht gewollt hätten.[83] Der Ausgleichsanspruch aufgrund Beendigung der Innen-GbR tritt vielmehr dann neben den Anspruch auf Zugewinn (mit der Folge, dass ein Verzicht auf Letzteren auch vorsichtshalber ausdrücklich den gesellschaftsrechtlichen Anspruch erfassen sollte):[84] zunächst ist die GbR aufzulösen (im Zweifel nach der Beweiserleichterung des § 722 Abs. 1 BGB je hälftig), das Ergebnis ist ggf. in das Endvermögen zur Zugewinnausgleichsberechnung einzustellen.[85] 2685

Die Figur der stillschweigend eingegangenen Ehegatteninnengesellschaft kann nach BGH[86] auch Rechtsquelle sein für die Verpflichtung zur Wahl der gemeinsamen **Steuerveranlagung** mit dem Ziel, die Verluste des einen Ehegatten (die überwiegend durch Investitionen des anderen entstanden sind) mit den Überschüssen des anderen zu verrechnen. Die Aufteilung einer nach Trennung fällig werdenden Steuerschuld (bzw. -erstattung) richet sich dann analog § 270 AO nach dem Verhältnis der fiktiven eigenen Steuerverpflichtungen (als anderweitiger Bestimmung i.S.d. § 426 Abs. 1 Halbs. 2 BGB).[87] Allerdings liegt nicht bereits in der gemeinsamen Anmietung einer 2686

---

77 Denkbar ist z.B., dass gezielt und dauerhaft das Privatvermögen des Eigentümer-Ehegatten gefördert werden sollte, vgl. *Münch*, FamRZ 2004, 234. Zu den Anforderungen an eine Innengesellschaft BGH, 12.11.2007 – II ZR 183/06, MittBayNot 2008, 233.
78 Vgl. *Frank*, FamRZ 1983, 541; *Jaeger*, in: FS für *Heinrich*, S. 334.
79 BGH, NJW 1999, 2962 m. Anm. *Kogel*, weitet den Anwendungsbereich der Ehegatteninnengesellschaft zulasten der ehebedingten Zuwendung aus (hierzu umfassend *Wever*, FamRZ 2000, 1000): Ein Ehemann hat bei Gütertrennung während 35-jähriger Ehe mit beträchtlichen Kapitalbeiträgen, Renovierungsleistungen und durch Hausverwaltung zum Aufbau des Immobilienvermögens der Frau beigetragen.
80 BGH, 21.07.2003 – II R 249/01, ZNotP 2004, 67 (zur Innen-GbR bei nichtehelicher Lebensgemeinschaft).
81 OLG München, 27.02.2009 – 3 U 2427/07 ErbR 2010, 59 m. Anm. *Rudy*: erforderlich sei ein eheüberschreitender Zweck, die bloße Herkunft der Mittel sei nicht entscheidend.
82 BGH, 28.09.2005 – XII ZR 189/02, FamRZ 2006, 607 m. zust. Anm. *Hoppenz*, 610, und krit. Anm. *Volmer*, 844 (hiergegen *Kogel*, FamRZ 2006, 1177) = MittBayNot 2006, 420 m. Anm. *Münch*.
83 So etwa im Sachverhalt des BGH-Urteils aus vorangehender Fußnote: Der Ehemann hatte die „eidesstattliche Versicherung" abgegeben und war im Unternehmen nur als Lagerarbeiter beschäftigt worden; die Lohnzahlung erfolgte in bar. *Volmer*, FamRZ 2006, 844, empfiehlt daher ausdrückliche „Abwehrklauseln", dass eine solche Innengesellschaft gerade nicht gewollt sei.
84 *Haußleiter*, NJW 2006, 2743.
85 Zur Vermeidung einer Doppelberücksichtigung *Münch*, MittBayNot 2006, 424.
86 Vom 25.06.2003, FamRZ 2003, 1454.
87 BGH, 11.05.2006 – XII R 111/03, ZNotP 2006, 344.

Kapitel 7: Besonderheiten bei Zuwendungen unter Ehegatten

Wohnung ein solcher stillschweigender Gesellschaftsvertrag, der nach Auszug eines Partners den anderen zur Mitwirkung an der Kündigung verpflichten würde.[88]

Wird eine bestehende Ehegatten-Innengesellschaft durch den Tod des nach außen allein auftretenden Vermögensträgers beendet, kann der Auseinandersetzungsanspruch (§ 738 BGB) des anderen Ehegatten den Wert des Nachlasses gem. § 2311 BGB auch ggü. einem Pflichtteilsberechtigten mindern (vgl. Rdn. 3040).

b) Gemeinschaft des bürgerlichen Rechtes, Gemeinschaftskonto

2687   In ähnlicher Weise sieht die Rechtsprechung beide Ehegatten als Mitinhaber in Bruchteils-Innengemeinschaft an einer **Kontoforderung**, auch wenn im Außenverhältnis nur ein Ehegatte Kontoinhaber ist, sodass der andere Ehegatte im Zweifel zur Hälfte (§ 742 BGB) am Guthaben beteiligt ist. Maßgeblich sind die Quellen der Einzahlungen[89] auf das Konto und der Bestimmungszweck[90] der verbleibenden Überschüsse.

2688   **Gemeinschaftskonten** können – dies ist die zu vermutende Regel[91] – als Oder-Konto[92] (Gesamtgläubiger, jedoch Verfügung durch jeden Ehegatten allein gem. § 428 BGB möglich) oder – wegen der mangelnden Praktikabilität weniger gebräuchlich[93] – als Und-Konto eingerichtet sein. Bei beiden nimmt die Rechtsprechung einen konkludenten Verzicht auf Ausgleichsansprüche (§§ 426, 430, 742 BGB: im Zweifel hälftige Inhaberschaft) an, die sich auf Kontoverfügungen während intakter Ehe beziehen, jedenfalls wenn es um ehedienliche Ausgaben geht (also nicht bei missbräuchlichen Großabhebungen unmittelbar vor[94] oder nach[95] der Trennung und bei Depots, die der Geldanlage dienen).[96]

---

[88]   OLG München, FamRZ 2004, 1875; vgl. *Wever*, FamRZ 2005, 486. Sicherster Weg zur Entlassung aus den gemeinsamen Verbindlichkeiten ist demnach die gerichtliche Wohnungszuweisung nach § 5 HausratsVO (bis 31.08.2009), § 1361b BGB (bei Getrenntlebend).

[89]   BGH, NJW 2000, 2347: Gehälter beider Ehegatten fließen auf das Konto des Mannes.

[90]   BGH, NJW 2002, 3702: Alle Einkünfte des Ehemannes flossen auf das Konto der Ehefrau, welche die nach Abzug der Kosten gemeinsamer Lebensführung verbleibenden Beträge auf eigene Sparkonten einzahlte, deren Bestand der gemeinsamen Altersvorsorge dienen sollte.

[91]   BGH, 31.03.2009 – XI ZR 288/08, NotBZ 2009, 323 m. Anm. *Krause*.

[92]   Zu steuerrechtlichen Konsequenzen (keine Anerkennung eines Ehegattenarbeitsverhältnisses bei Vergütung auf Oder-Konto etc.) vgl. *Fichtelmann*, EStB 2004, 452 ff.

[93]   Mit dem Tod eines der beiden Inhaber fällt seine Position in den Nachlass, vgl. *Dittmann/Reimann/Engel*, Testament und Erbvertrag, 4. Aufl. 2003, Teil E Rn. 258, sofern nicht im Einzelfall im Innenverhältnis eine GbR mit Anwachsung oder eine Bruchteilsberechtigung (die gem. § 747 Satz 1 BGB zumindest die Verfügung über den eigenen Anteil ermöglicht) zugrunde liegt, vgl. *Kornexl*, Nachlassplanung bei Problemkindern, Rn. 831 ff.

[94]   OLG Saarbrücken, OLG-Report 2003, 5.

[95]   Vgl. *Wever*, Vermögensauseinandersetzung der Ehegatten außerhalb des Güterrechts, Rn. 721 ff.

[96]   OLG Frankfurt am Main, FamRZ 2004, 1034: Eigentum des Anschaffenden; krit. *Wever*, FamRZ 2005, 489. Nach BGH, NJW 1997, 1434, ist die Eigentumsvermutung der §§ 1006, 742 BGB bei einem Oder-Depot nur schwach ausgeprägt; gleichwohl trifft nach OLG Karlsruhe, 04.07.2007 – 1 U 63/07, ErbStB 2008, 43 = ZErb 2007, 457 m. Anm. *Schuhmacher/Maurath*, ZErb 2007, 441, denjenigen, der sich auf eine abweichende Eigentumslage beruft, die Beweislast hierfür.

Wegen der Verfügungsberechtigung jeden Mitinhabers eines Oder-Kontos über das gesamte Guthaben kann dieses auch wegen eines nur gegen einen Kontoinhaber gerichteten Titels **gepfändet** werden.[97]

2689

Auch **erbschaftsteuerlich** geht die Finanzverwaltung von einer hälftigen steuerpflichtigen Bereicherung des nicht einzahlenden Partners aus;[98] die FG prüfen die wirtschaftliche Herkunft des Geldes[99] bzw. suchen nach konkludenten Vereinbarungen der Beteiligten,[100] etwa zur treuhänderischen Verwaltung des Vermögens durch den anderen Ehegatten;[101] so könne auch mit der Einrichtung eines Oder-Kontos lediglich die lebzeitige Verfügungsmöglichkeit ohne Schenkungswille hinsichtlich des Kapitals beabsichtigt sein.[102]

2690

3. Besonderer familienrechtlicher Vertrag

In ähnlicher Weise hat der BGH[103] einen konkludenten „besonderen familienrechtlichen Vertrag" als Vertragstyp sui generis dann angenommen, wenn etwa ein Gegenstand als Belohnung für gegenwärtige oder künftig zu leistenden Geld- und Arbeitsleistungen übereignet wurde, es jedoch wegen Scheidung der Ehe nicht zur Erbringung dieser Arbeitsleistungen kommen kann, oder bei Zuwendungen unmittelbar vor der Eheschließung.[104] Gleiches soll gelten bei Zuwendungen der Schwiegereltern, die nicht, auch nicht teilweise, über den Zugewinnausgleich berücksichtigt werden können.[105] Die Literatur mahnt bei der Annahme solcher konkludenten Vertragsverhältnisse zu Recht zur Vorsicht.

2691

4. Rückabwicklung gem. §§ 528 ff. BGB

a) Spätere Verarmung

Hinsichtlich der Rückforderung bei späterer Verarmung (§ 528 BGB) gelten keine Besonderheiten. Insb. ist zwischenzeitlich anerkannt, dass auch ehebedingte Zuwendungen den §§ 528 ff. BGB unterfallen; die Verfolgung weiterer, für verheiratete Beteiligte spezifischer Zwecke, die über die bloße Freigebigkeit hinausgehen, rechtfertigt es nicht, die objektiv unentgeltliche Zuwendung vom Anwendungsbereich der §§ 528 ff. BGB generell auszunehmen. Die Rückforderung ehebedingter Zuwendungen wegen Verarmung des Schenkers ist allerdings in der Praxis nur relevant, wenn Schenker und Beschenkte dauernd getrennt leben, da sie dann nicht mehr beide Mitglieder der sog. sozialhilferechtlichen Einsatz- und Bedarfsgemeinschaft (§ 19 SGB XII)

2692

---

97 OLG Dresden, FamRZ 2003, 1943.
98 OFD Koblenz, ZEV 1998, 21, und ZEV 2002, 289; FG Düsseldorf, EFG 1996, 2429: auch wenn der Guthabenbetrag überwiegend von einem Ehegatten erwirtschaftet wurde, es sei denn ein anderer Teilungsmaßstab ist ausdrücklich vereinbart.
99 Bsp. nach FG Nürnberg, 25.03.2010 – 4 K 654/2008: Schenkung, wenn Erlöse aus der Veräußerung einer Firmenbeteiligung des Mannes auf ein Oder-Konto beider Ehegatten einbezahlt werden.
100 Vgl. *Steiner*, ErbStB 2005, 77 m.w.N.
101 BFH, ZEV 2001, 326.
102 FG Münster, EFG 1993, 589.
103 Z.B. BGH, NJW 1982, 2236.
104 OLG Köln, FamRZ 2002, 1404: einen Tag vor der Heirat! Der Ausgleichsanspruch sei aber beschränkt auf den Betrag, um den sich der Zugewinnausgleich bei Schenkung nach der Eheschließung erhöht hätte.
105 OLG Brandenburg, FPR 2004, 708: hälftige Erstattung.

sind. Leben Zuwendender und Zuwendungsempfänger nicht dauernd getrennt (die Heimunterbringung eines Ehegatten führt bei Aufrechterhalten der emotionalen Bindung nicht zum Getrenntleben i.S.d. § 1567 BGB), unterliegt das an den Ehegatten übertragene Vermögen in gleicher Weise den Anrechnungs- und Überleitungsvorschriften des Sozialhilferechts, wie wenn es beim Zuwendenden verblieben wäre.

b) Grober Undank

2693 Die Rückforderung wegen groben Undanks (§ 530 BGB) kann grds.[106] ohne weitere Einschränkungen in den Fällen Anwendung finden, in denen eine Rückforderung unabhängig von einem Scheitern der Ehe geltend gemacht wird.[107] Liegt allerdings der „grobe Undank" in einer (behaupteten) Verantwortung für das Scheitern der Ehe, ist der Vorrang des für diesen Risikofall speziellen Normenwerks, insb. des Zugewinnausgleichs, zu beachten, wenn die Beteiligten im gesetzlichen Güterstand leben.[108] In diesem Fall kommen also nur objektiv besonders schwere Verfehlungen in Betracht, die subjektiv einen baren Mangel an Dankbarkeit ausdrücken.[109]

5. Rückforderung gem. § 313 BGB (Wegfall der Geschäftsgrundlage)

a) Fortbestand der Ehe als Geschäftsgrundlage

2694 Hält man mit der herrschenden Meinung[110] die allgemeinen Grundsätze über Änderung oder Wegfall der Geschäftsgrundlage neben §§ 528 ff. BGB, die eine spezialgesetzliche Ausprägung der clausula rebus sic stantibus darstellen, überhaupt für anwendbar, kann § 313 BGB als Folge einer Trennung nur bei ehebedingten Zuwendungen, bei denen der Fortbestand der Ehe überhaupt als Geschäftsgrundlage in Betracht kommt, und in besonders krassen Einzelfällen, in denen der gesetzliche Zugewinnausgleich zu einem „geradezu untragbaren Ergebnis"[111] führen würde, eine gegenständliche Rückabwicklung rechtfertigen.[112] Andernfalls würde der Vorrang des Güterrechts als Spezialregelung zu den Folgen einer Scheidung der Ehe verletzt.

2695 Dies gilt sowohl bei vertraglicher Vereinbarung einer **Gütertrennung**[113] (mit der Folge eines gemeinsamen Bekenntnisses zur grds. Bestandskraft sämtlicher Vermögensverschiebungen) als auch bei Scheidung im gesetzlichen Güterstand. Das Funktionieren des schematisch-rechneri-

---

106 Vgl. *Seif*, FamRZ 2000, 1196, gegen *Schotten*, NJW 1990, 2846.
107 BGH, NJW-RR 1993, 450.
108 BGH, FamRZ 2003, 234: insb. kein § 530 BGB bei ehebedingten Zuwendungen.
109 BGH, DNotZ 1983, 103 und 690; Beispiele: Die Schenkung wurde vom zur Trennung entschlossenen Partner erschlichen – hier kommt auch eine Anfechtung gem. § 123 BGB in Betracht –: OLG Hamm, OLG-Report 2000, 376. Auch wiederholte Beleidigungen, am Arbeitsplatz vorgetragen, können genügen: BGH, FamRZ 1999, 705.
110 St. Rspr., z.B. BGH, NJW-RR 1993, 773, 774; BGH, NJW 1991, 830, 831; MünchKomm-BGB/*Kollhosser*, § 530 Rn. 12.
111 Der in § 313 BGB kodifizierte Wortlaut der Grundsätze vom Wegfall/der Änderung der Geschäftsgrundlage stellt allerdings nur mehr auf eine „erhebliche Störung" der Geschäftsgrundlage ab; daher zweifelt *Löhnig*, FamRZ 2003, 1521, ob die bisherige strengere Rspr. nach der Schuldrechtsreform noch aufrechterhalten werden kann.
112 Vgl. etwa den Tenor des Urteils des OLG Karlsruhe, RNotZ 2001, 453.
113 Da ein korrigierendes güterrechtliches Ausgleichsinstrument hier nicht zur Verfügung steht, stellt die Rspr. geringere Anforderungen an die Unzumutbarkeit der Beibehaltung der bisherigen Vermögenssituation, BGH, NJW 1997, 2747 – krit. gegen insoweit erleichterte Anforderungen *Winklmair*, FamRZ 2006, 1650.

schen gesetzlichen Zugewinnausgleichs setzt geradezu voraus, dass die vielfältigen Zufälle und Motivationen von Vermögensübertragungen während der Ehezeit keine Rolle spielen.[114] Uneingeschränkt auf § 313 BGB stützen lassen sich dagegen Rückforderungsansprüche aus **vorehelichen Zuwendungen** nach Scheitern der Ehe.[115]

b) Einzelfälle

Zur Vermeidung eines schlechthin untragbaren Ergebnisses hat bspw. das OLG München[116] einen Rückforderungsanspruch aus § 242 BGB a.F. bejaht zugunsten einer mittellosen, drei gemeinsame Kinder betreuenden Ehefrau, die ihre Erbschaft in den Hausbau auf dem Grundstück des Mannes investiert hatte und davon nicht mehr profitieren konnte, weil die Ehegatten sich kurz nach dessen Fertigstellung trennten; ein Zugewinnausgleich stand ihr wegen anderweitiger Verluste des Mannes nicht zu.

2696

Ähnlich sah es das LG Aachen[117] als unangemessen an, den die Rückübertragung des Miteigentumsanteils verlangenden Ehemann auf die Teilungsversteigerung und den Zugewinnausgleich zu verweisen, nachdem er das Hausgrundstück alleine finanziert und das gemeinsame eheliche Leben nur wenige Monate gedauert hatte.

2697

Der **Anspruch auf Rückabwicklung der unbenannten Zuwendung** richtet sich grds. auf **Geldausgleich**.[118] Nur in Ausnahmefällen, etwa bei besonders schützenswertem Interesse am Gegenstand selbst,[119] kann die dingliche Rückgewähr von Zuwendungsobjekten auf § 313 BGB gestützt werden, allerdings nur Zug um Zug gegen Zahlung einer an den vom Rückgewährschuldner getätigten Investitionen und Arbeitsleistungen[120] orientierten Ausgleichssumme geschuldet.[121] Solche Ansprüche bzw. Verpflichtungen sind i.R.d. Zugewinnausgleichsberechnung im Endvermögen der Ehegatten als Aktiv- bzw. Passivposten zu erfassen.[122]

2698

Auch **teilweise Rückforderungen** lassen sich in Ausnahmefällen auf wertende Erwägungen gem. § 313 BGB stützen: Im Sachverhalt des OLG Bremen[123] hatte die Ehefrau kurz vor der Trennung im Vertrauen auf den Fortbestand der Ehe 30.000,00 DM Privatkredit aufgenommen und damit betriebliche Geschäftsverbindlichkeiten ihres Mannes zurückgezahlt. Zugewinn war beiderseits nicht vorhanden. § 242 BGB a.F. fordere zur Vermeidung schlechthin unangemessener Ergebnisse, dass die Ehefrau so gestellt werde, wie wenn der Geschäftskredit des Mannes von vornherein unter ihrer Mithaftung aufgenommen worden wäre, sodass ihr ein teilwei-

2699

---

114 Vgl. *Langenfeld*, Handbuch der Eheverträge und Scheidungsvereinbarungen, Rn. 210.
115 OLG Köln, ZEV 2002, 578: i.H.d. Zugewinnausgleichsanspruchs, der bei fiktiver Zuwendung erst nach Eheschließung bestehen würde.
116 OLG München, FamRZ 1999, 1663.
117 FamRZ 2000, 669; krit. hierzu *Wever*, FamRZ 2003, 572.
118 BGH, FamRZ 1998, 669.
119 Beispiel: BGH, FamRZ 1999, 365.
120 Soweit sie das nach §§ 1353 Abs. 1, 1360 BGB zu erwartende Maß unentgeltlicher Mitarbeit übersteigen.
121 BGH, FamRZ 2002, 949.
122 BGH, 28.02.2007 – XII ZR 156/04, FamRZ 2007, 877 m. Anm. *Schröder*.
123 OLG Bremen, NJW 2000, 82.

ser Ausgleichs- (Rückforderungs-) Anspruch gem. § 426 BGB zustehen müsse.[124] Ähnlich der Sachverhalt des OLG Oldenburg:[125] Die als Beifahrerin ihres späteren Ehemannes bei einem Verkehrsunfall schwer verletzte Klägerin verwendete die Versicherungsleistung, um auf dem Grundstück ihres Ehemannes ein Wohngebäude zu errichten. Die Ehe scheiterte nach kurzer Zeit; der Ehemann verblieb mit seiner neuen Lebensgefährtin im Haus. Ein Zugewinnausgleich schied wegen hoher Belastungen im Endvermögen des Ehemannes aus. Zur Vermeidung eines untragbaren Ergebnisses gestand das OLG der Ehefrau einen Ausgleichsanspruch i.H.v. 1/4 des zur Verfügung gestellten Betrages zu.

2700 Das OLG Karlsruhe[126] schließlich hatte einem in Gütertrennung verheirateten Ehemann, der das von den Eltern ererbte Hausgrundstück seiner Ehefrau ohne Rückholvorbehalt übertragen hatte, um es dem Zugriff von Gläubigern zu entziehen, nach 37-jähriger Ehe die Hälfte des Erlöses aus der Weiterveräußerung des Anwesens nach Scheidung zugesprochen.

c) Verjährung

2701 Die Bestimmung der Verjährungsfrist solcher Ansprüche auf Rückabwicklung ehebezogener Zuwendungen bereitete zwischen 2002 und der Aufhebung des § 197 Abs. 1 Nr. 2 BGB i.R.d. Erbrechtsreform Schwierigkeiten: Klassifizierte man sie als Ansprüche familienrechtlicher Natur i.S.d. § 197 Abs. 1 Nr. 2 BGB, verjährten sie weiterhin[127] erst in 30 Jahren.[128] Knüpfte man sie dagegen schuldrechtlich an, blieb es bei der allgemeinen kenntnisabhängigen 3-jährigen Verjährung des § 195 BGB[129] Stichtag für die Entstehung des Anspruchs auf Rückgewähr ist der Zeitpunkt der endgültigen Trennung der Eheleute.[130]

6. Auseinandersetzung von Miteigentümergemeinschaften

2702 Vermögensauseinandersetzungen zwischen Ehegatten außerhalb des Zugewinnausgleichs finden häufig aufgrund bestehenden Bruchteilseigentums gem. §§ 1008 ff. i.V.m. 741 ff. BGB statt. Der wirtschaftlich Stärkere ist am günstigen Erwerb des Miteigentumsanteils über die Teilungsversteigerung interessiert, der wirtschaftlich Schwächere an einem möglichst optimierten freihändigen Verkauf. Im Betreiben der Teilungsversteigerung nach Scheitern der Ehe – sofern § 1365

---

124 Anders jedoch BGH, 21.06.2010 – XII ZR 104/08 NotBZ 2011, 36 m. Anm. *Krause* bei der Aufnahme eines Kredites durch einen Ehegatten bei den eigenen Eltern zum Erwerb einer beiden Ehegatten je zur Hälfte gehörenden Immobilie: lediglich güterrechtlicher Ausgleich.
125 FamRZ 2008, 993; vgl. *Wever*, FamRZ 2008, 1491.
126 FamRZ 2001, 1075.
127 Wie gem. § 195 BGB a.F.: BGH, FamRZ 1994, 228.
128 So *Büttner*, FamRZ 2002, 361; Palandt/*Heinrichs*, BGB, § 197 Rn. 4. Zuständig ist allerdings das allgemeine Zivilgericht.
129 So *Kogel*, in: Münchener Anwaltshandbuch Familienrecht, § 19 Rn. 409.
130 BGH, FamRZ 2007, 877 m. Anm. *Schröder*; a.A. noch OLG Oldenburg, FamRZ 2008, 993, 994: Rechtskraft der Scheidung.

BGB[131] oder § 180 Abs. 3 ZVG[132] bzw. § 765a ZPO[133] nicht entgegensteht – liegt gleichwohl kein Schadensersatz auslösender Umstand,[134] wenn der wirtschaftliche stärkere Ehegatte zunächst zugesagt hatte, an einem freihändigen Verkauf mitzuwirken.[135] Ersteigert ein Ehegatte sodann den Grundbesitz gegen ein geringes Bargebot unter Übernahme und Anrechnung nicht mehr valutierender früher gemeinsamer Grundschulden, kann der andere Ehegatte vom Ersteher nicht etwa direkte Zahlung (auch aus dem sonstigen Vermögen) auf die freien Grundschuldteile verlangen, sondern muss – wie auch sonst – zunächst die Abtretung der Grundschuld an beide, sodann die gegenständliche Teilung durch Bildung gleichrangiger Teilgrundschulden (§ 1152 BGB) und schließlich die Zwangsversteigerung betreiben.[136]

Hinsichtlich etwaiger Vergütungen bei Alleinnutzung vor einem Ankauf/Verkauf konkurrieren §§ 745 Abs. 2 und 1361b Abs. 3 Satz 2 BGB (vgl. Rdn. 2655 ff.).

> **Hinweis:**
>
> Im Ergebnis[137] ist also festzuhalten: Sofern bei Zuwendungen unter Ehegatten – mögen sie ehebedingte Zuwendungen oder reine Schenkungen sein – keine vertraglichen Rückforderungsrechte vereinbart werden, bleibt in aller Regel[138] bei Scheitern der damit verfolgten Zwecke nur die Berücksichtigung der Zuwendung im Zugewinnausgleichsverfahren, also ohne tatsächliche Rückerwerbsmöglichkeit bzgl. des Gegenstands selbst.

2703

7. Besonderheiten bei Schwiegerelternzuwendungen

a) Zuwendungen durch Schwiegereltern

Bei Zuwendungen, die während intakter Ehe zugleich an das eigene Kind und das Schwiegerkind unentgeltlich erbracht werden – was allerdings wegen der schenkungsteuerlichen Diskriminierung, Rdn. 2707, selten vorkommt, differenzierte die Rechtsprechung bis Anfang 2010 wie folgt: Die Zuwendung an das eigene Kind sei Schenkung, die an das Schwiegerkind dagegen wie eine ehebedingte Zuwendung zu behandeln,[139] so als ob sie vom eigenen Kind erfolgt wäre (s.a. Rdn. 2738 f. zur Behandlung im Zugewinnausgleich, Rdn. 2805 ff. zur eigentlichen Weiterschenkung des Erlangten an den Ehegatten des Erwerbers). Eine frei disponible unmittelbare Berei-

2704

---

131 Analoge Anwendung, da auf eine Veräußerung mittelbar gerichtet, vgl. BGH, ZNotP 2007, 344 und *Weinreich*, FuR 2006, 403; a.A. *Gottwald*, FamRZ 2006, 1075 (Anm. zu BGH, Beschl. v. 14.06.2007 – V ZB 102/06). Selten kann auch § 765a ZPO einschlägig sein, vgl. *Wever*, FamRZ 2007, 858.
132 Vgl. *Wever*, FamRZ 2008, 1487.
133 BGH, FamRZ 2007, 1010.
134 OLG Brandenburg, FÜR 2003, 133; a.A. LG Münster, FamRZ 2003, 1666.
135 Vgl. *Wever*, FamRZ 2004, 1080.
136 BGH, 20.10.2010 – XII ZR 11/08 NotBZ 2011, 217 m. Anm. *Blaudeck*.
137 Zur Vermögensauseinandersetzung von Ehegatten außerhalb des Güterrechts vgl. die Rechtsprechungsübersichten von *Wever*, FamRZ 2000, 993 ff., FamRZ 2003, 565 ff., FamRZ 2007, 857 ff. und FamRZ 2008, 1485 ff.
138 Ausgenommen Ansprüche auf Hausratsteilung (§ 1361a BGB). Für Gegenstände des persönlichen oder beruflichen Gebrauchs gilt jedoch abweichend von der Miteigentumsvermutung des § 8 Abs. 2 HausratsVO § 1362 Abs. 2 BGB, also das Alleineigentum desjenigen Ehegatten, für dessen Gebrauch sie bestimmt sind. Wertvolle Schmuckstücke, die selten getragen werden, sind jedoch Kapitalanlagen: OLG Nürnberg, FamRZ 2000, 1220.
139 OLG Koblenz, NJW 2003, 1675; OLG Celle, FamRZ 2003, 1657 (anders OLG München, FamRZ 2004, 196, das nach Scheitern der Ehe eine gesamtschuldnerische Rückgewährpflicht annimmt).

cherung des Schwiegerkindes unabhängig vom Schicksal der Ehe war zwar denkbar,[140] aber eher die Ausnahme. Im Verhältnis zwischen den Schwiegereltern (bzw. -großeltern) einerseits und den Beschenkten andererseits hinderte die Annahme einer ehebezogenen Zuwendung eigener Art[141] allerdings nicht in allen Fällen die Anwendung der Grundsätze über die Rückabwicklung solcher zur Begünstigung des ehelichen Lebens gedachten Schenkungen bei Scheitern der Ehe und damit teilweisem Fortfall des verfolgten Zwecks[142] – sie konnten z.B. eingreifen, wenn aufgrund des zwischen den beiden Erwerbern aufgetretenen Zerwürfnisses die Erfüllung der den Schwiegereltern vorbehaltenen bzw. zugesagten Versorgungsleistungen (Wohnungsrecht, Pflegeverpflichtung) gefährdet erscheint.

2705 Die bis Anfang 2010 herrschende Judikatur gewährte – gestützt auf § 313 BGB – eine Rückgewähr der dem Schwiegerkind gemachten Zuwendung nach dem Scheitern der Ehe allerdings nur, wenn die Aufrechterhaltung der Vermögenslage schlicht unzumutbar wäre,[143] was bei hälftigem Rückfluss i.R.d. Zugewinnausgleichs nicht anzunehmen sei.[144] In Betracht kam jedoch die Rückgewähr des Erlangten gegen eine angemessene, auch am Umfang der bereits erbrachten Leistungen und der getätigten Verwendungen orientierte Ausgleichszahlung.[145] Noch schwieriger war der Ausgleich von Arbeitsleistungen, welche die Schwiegereltern (etwa für den Hausbau der jungen Familie) erbracht haben („stillschweigender Dienstvertrag"?,[146] Bereicherungsrecht?).[147]

2706 Im Urt. v. 03.02.2010[148] hat der XII. Senat des BGH diese Sonderbehandlung schwiegerelterlicher Zuwendungen als „Rechtsverhältnisse eigener Art", ähnlich ehebedingter Zuwendungen, aufgegeben. Er qualifiziert sie vielmehr, auch wenn sie um der Ehe der eigenen Kinder willen erfolgt sind, als Schenkungen i.S.d. §§ 516 ff. BGB, zumal sie – anders als ehebedingte Zuwendungen unter Ehegatten – im Bewusstsein dessen erfolgten, am Gegenstand künftig nicht mehr partizipieren zu können. Regelmäßig sei Geschäftsgrundlage, dass die eheliche Lebensgemeinschaft fortbestehe und das eigene Kind demnach in den dauernden Genuss der Schenkung (etwa in Gestalt einer schuldenfreien Wohnung) komme. Dies gelte auch, wenn Kind und Schwiegerkind in Zugewinngemeinschaft leben, zumal (a) die schwiegerelterliche Zuwendung

---

140 Beispielsfall: OLG Düsseldorf, FamRZ 2005, 1089.
141 BGH, 04.02.1998 – XII ZR 160/96, FamRZ 1998, 669 f.
142 A.A. OLG Celle, 27.03.2003 – 6 U 198/02, FamRZ 2003, 1657: Es entfalle die Möglichkeit, unmittelbar im Verhältnis zwischen Schwiegereltern und Schwiegerkind die Zuwendung gem. § 313 BGB (Wegfall der Geschäftsgrundlage wegen Scheiterns der Ehe) rückabzuwickeln, anders jedoch BGH, 07.09.2005 – XII ZR 316/02, FamRZ 2006, 394: Vertragsanpassung durch Ausgleichszahlung seitens des Schwiegerkindes nach Scheitern der Ehe wegen Gefährdung der den Schwiegereltern zugesagten „Gegenleistungen".
143 Verneint z.B. in OLG Brandenburg, 23.04.2008 – 13 U 52/07, FamRZ 2009, 117.
144 OLG Celle, FamRZ 2003, 1657, anders der Sachverhalt in OLG Celle, FamRZ 2003, 233: Schwiegersohn hatte als Anstifter die Ermordung der Ehefrau zu verantworten.
145 BGH, 07.09.2005 – XII ZR 316/02, FamRZ 2006, 394.
146 So LG Marburg, FamRZ 2004, 1099.
147 So OLG Frankfurt am Main, FamRZ 2005, 1833; krit. hierzu *Wever*, FamRZ 2006, 372.
148 BGH, 03.02.2010 – XII ZR 189/06 FamRZ 2010, 958 m. Anm. *Wever*, FamRZ 2010, 1047; *Koch*, DNotZ 2010, 861; *Bruch*, MittBayNot 2011, 144 f.

nunmehr gem. § 1374 Abs. 2 BGB ohnehin weitgehend neutralisiert werde,[149] sodass die Gefahr einer doppelten Inanspruchnahme nicht drohe, und (b) die Schwiegereltern nicht auf den zugewinnausgleichsrechtlichen Halbteilungsgrundsatz verwiesen werden können. Daneben kommen Rückforderungsansprüche aus § 530 BGB (grober Undank) und aus Bereicherungsrecht (Zweckverfehlung)[150] in Betracht, die sich allerdings wieder ihrerseits auf den Zugewinn auswirken.[151]

Schenkungsteuerlich wird diese Form der Direktzuwendung seit jeher nicht wie eine Kettenschenkung, also zwei selbstständige konsekutive Schenkungsvorgänge, behandelt; sie ist also im Verhältnis zum Schwiegerkind mit lediglich geringem Freibetrag versehen (Steuerklasse II, d.h. lediglich 20.000,00 €, vor 2009: 10.300,00 € Freibetrag! Nur bei der Grunderwerbsteuer sind Schwiegerkinder transfersteuerlich den Abkömmlingen gleichgestellt). Erst recht liegt kein schenkweiser Konsekutiverwerb vor, wenn Schwiegereltern unmittelbar auf den Schwiegersohn übertragen, auch wenn darin ein Zuwendung „auf Veranlassung des Kindes" bzw. eine „ehebedingte Zusendung des Kindes" liegen soll (vgl. Rdn. 2805 ff.); auch im möglichen zukünftigen Anrechnungsposten (§ 1380 BGB) liegt keine gegenwärtige Bereicherung.[152]

2707

Der automatische (und steuerschädliche) unmittelbarte Miterwerb des Schwiegerkinds kann sich bspw. dadurch verwirklichen, dass das Kind und dessen Ehegatte in einem ausländischen Güterstand verheiratet sind, der (etwa als Errungenschaftsgemeinschaft) den zwingenden Miterwerb des Ehegatten auch an Erwerben in vorweggenommener Erbfolge vorsieht. Um dies zu vermeiden, empfiehlt sich eine vorherige Güterrechtswahl der Erwerber gem. Art. 15 EGBGB oder aber zumindest die ausdrückliche Vereinbarung als „Sondergut" bzw. „Eigengut" des Kindes, sofern das dann weiter zuständige ausländische Güterrecht diese Vereinbarung erlaubt.[153]

2708

b)   Zuwendungen an Schwiegereltern

Der umgekehrte Fall einer „Zuwendung" an Schwiegereltern verwirklicht sich i.d.R. durch Investitionen in deren Grundstück bzw. Immobilie, unter der häufig stillschweigend getroffenen Abrede, dafür den geschaffenen bzw. aufgewerteten Wohnraum „mietfrei" als Familienwohnung nutzen zu dürfen. Letztere Vereinbarung – ein **Leihvertrag** – (ähnlich Rdn. 1265) bildet den Rechtsgrund der Investitionen, der demnach nicht bereits mit Scheitern der Ehe entfällt, sondern erst dann, wenn keiner der Ehegatten mehr die Räume unentgeltlich bewohnt.[154] Ist das Leihverhältnis mit beiden Ehegatten beendet, richtet sich der Bereicherungsanspruch aus §§ 812 Abs. 1

2709

---

149   Auch die Berücksichtigung des potenziellen Rückforderungsanspruchs als Verbindlichkeit im Anfangs- und im Endvermögen (nach BGH v. 03.02.2010 – XII ZR 189/06 FamRZ 2010, 958 in gleicher Höhe, allerdings indexiert, ebenso BGH, 21.07.2010 – XII ZR 180/09 DNotZ 2011, 301: vollständige Neutralisierung) ändert daran nichts, *Hoppenz* FamRZ 2010, 1718. Gegen die These von der Zugewinnausgleichsneutralität der Schwiegerelternschenkung *Kogel*, FamRZ 2011, 1121.

150   Für eine generelle Lösung über die Zweckverfehlungskondiktion plädiert *Schwab* FamRZ 2010, 1701 ff.

151   Vgl. *Schlecht* FamRZ 2010, 1021 ff.; *Hoppenz* FamRZ 2010, 1027 ff. und FamRZ 2010, 1718.

152   Vgl. BFH, DStR 2005, 864, gegen FG Rheinland-Pfalz, EFG 1999, 617. Die Charakterisierung als „ehebedingte Zuwendung" genügt also nicht; maßgeblich ist die Erlangung eigener Entscheidungsbefugnis des „Durchgangserwerbers", vgl. *Schlünder/Geißler*, FamRZ 2005, 1251.

153   Vgl. *Fetsch*, RNotZ 2007, 472.

154   Vorher kommt ein Bereicherungsausgleich nicht in Betracht, vgl. OLG Frankfurt am Main, 03.11.2006 – 25 U 30/06, FamRZ 2007, 641 m. Anm. *Wever*.

Satz 2, 1. Alt., 818 Abs. 2 BGB weder nach den investierten Kosten noch nach der geschaffenen Werterhöhung für das Grundstück, sondern nach dem durch die Investition geschaffenen Ertragswert bzw. der Ertragswertsteigerung. Der vorzeitige Rückerhalt der Nutzung in Form der Vermietung oder der Eigennutzung ist also durch eine Geldrente auszugleichen.[155] Ein einmaliger Kapitalbetrag kann nur dann beansprucht werden, wenn die Schwiegereltern die wertgesteigerte Immobilie alsbald verkaufen.[156] Die gleichen Grundsätze gelten auch bei der Investition in eine Immobilie der eigenen Eltern zur Ermöglichung der unentgeltlichen Selbstnutzung, wenn diese vorzeitig endet,[157] auch wenn die Investition nicht in Form von Geld, sondern durch Arbeitsleistung erbracht wird.

II. Vertragliche Rückforderungsvorbehalte

2710 Dieses Ergebnis – grundsätzlicher Fortbestand der Zuwendung auch nach Scheitern der Ehe – wird insb. dann als unbillig betrachtet, wenn
- die Ehe aus „Verschulden" des begünstigten Teils scheitert,
- die Zuwendung aus Anfangsvermögen oder privilegiertem Erwerb erfolgte,
- die Zuwendung die hälftige Zugewinnbeteiligung des anderen Ehegatten übersteigt oder
- schließlich der tatsächliche Verlust des Eigentums auch bei geldlichem Wertausgleich i.R.d. Zugewinnausgleichs nicht hingenommen werden soll.

2711 Aus diesem Grund enthalten Übertragungen unter Ehegatten jedenfalls dann, wenn sie in erster Linie motiviert sind vom Bestreben, Vermögen nach Ablauf der (4-jährigen) Anfechtungsfrist dem Zugriff von Fremdgläubigern oder des Insolvenzverwalters zu entziehen, also nicht primär der Herstellung einer aus Sicht der Ehegatten gerechten Miteigentumslage dienen, praktisch immer den Vorbehalt vertraglicher Rückforderungsrechte. Die Tatbestände, die zur Ausübung des höchstpersönlichen Rückübertragungsverlangens berechtigen, sind regelmäßig ähnlich denen einer Übertragung in vorweggenommener Erbfolge (schuldrechtliches Verfügungsverbot ggü. Veräußerung und Belastung, Vermögensverfall in Gestalt eines Zugriffs dritter Gläubiger oder der Insolvenz, Vorversterben, Getrenntleben, vgl. im Einzelnen Rdn. 1886 ff.), ergänzt um die Nichteinräumung des Mitbesitzes an den Veräußerer beim gemeinsam bewohnten Eigenheim (vgl. Anhang, Muster J Rdn. 5370). Dringend abzuraten ist von Versuchen, die Rückforderungsmöglichkeit im Fall des Getrenntlebens zu beschränken auf „durch den Erwerber verschuldete" Zerwürfnisse.[158]

---

155 Vgl. im Einzelnen *Wever*, Vermögensauseinandersetzung der Ehegatten außerhalb des Güterrechts, Rn. 544 ff.
156 OLG Oldenburg, FamRZ 2008, 1440.
157 Vgl. BGH, FamRZ 2002, 89.
158 OLG Brandenburg, 17.12.2008 – 13 U 20/08, notar 2009, 113: dann keine Rückforderung, wenn der Erwerber schlicht den ersten Schritt der Trennung vollzieht und die Hausratsgegenstände mitnimmt. Klarer bestimmt wäre der Rückforderungsfall bei einer Formulierung gewesen, die daran anknüpft, dass „der Erwerber aus dem derzeit gemeinsam genutzten Gebäude auszieht", vgl. *Michael*, notar 2009, 114.

Auf drei weitere Besonderheiten ist jedoch hinzuweisen:

1. Übertragung des Familienheims

Der Rückforderungstatbestand des Vorversterbens des Erwerbers vor dem Veräußerer (vgl. Rdn. 1911 ff.) gewinnt im Licht des **§ 13 Abs. 1 Nr. 4a ErbStG** besonderen Charme, erleichtert diese Vereinbarung doch gem. § 29 ErbStG (Rdn. 3957 ff.) die schenkungsteuerneutrale Übertragung des selbst genutzten Familienheims. Soll die Übertragung nur stattfinden, wenn sie steuerbefreit ist, kann sie auch unter den Vorbehalt der Rückforderung für den Fall gestellt werden, dass das Finanzamt wider Erwarten Schenkungsteuer festsetzen sollte,[159] vgl. das Vertragsmuster in Rdn. 5370.

2712

Die schenkungsteuerliche Freistellung (vgl. Rdn. 2780 ff.) wird bekanntlich nur für Übertragungen unter Lebenden uneingeschränkt gewährt. Es empfiehlt sich daher zur Vermeidung späterer Erbschaftsteuer, das (jeweilige) selbst genutzte Familienheim, unabhängig von seinem Wert, der Vorbesitzzeit und der anschließenden Nutzung, in das Eigentum desjenigen Ehegatten zu übertragen, der mutmaßlich der Längerlebende sein wird, um sich die (erst seit 2009 und nur eingeschränkt steuerfreie, Rdn. 3912 ff.) postmortale Übertragung an ihn zu ersparen. Sollte allerdings die Reihenfolge der Sterbefälle entgegen der statistischen oder persönlichen Erwartung der Beteiligten eintreten, ermöglicht das Rückforderungsrecht bei Vorversterben den steuerneutralen (§ 29 ErbStG) Storno dieser Übertragung außerhalb des Nachlasses; das Rückforderungsrecht geht auch bei Alleinerbenstellung des Berechtigten weder zivilrechtlich (Pflichtteilsansprüche!)[160] noch schenkungsteuerlich durch Konfusion unter, § 10 Abs. 3 ErbStG analog.[161] Wer letzte Zweifel an der schenkungsteuerlichen Stornowirkung dieser Rückforderung beseitigen möchte, kann die Familienheimzuwendung unter die auflösende Bedingung stellen, dass der Erwerber vor dem Veräußerer stirbt und von Letzterem alleine beerbt wird.[162]

2713

Formulierungsvorschlag: Ehegattenschenkung unter auflösender Bedingung der „Rückvererbung"

2714

> Die Zuwendung des Grundbesitzes steht unter der auflösenden Bedingung, dass (1) der Erwerber vor dem Veräußerer verstirbt und (2) vom Veräußerer alleine beerbt wird. Stirbt der Erwerber zwar vor dem Veräußerer, wird er jedoch nicht alleine von Letzterem beerbt, ist der Veräußerer berechtigt, die Rückübertragung des Grundbesitzes auf sich zu verlangen. ..... (folgt weitere Ausgestaltung des Rückforderungsrechtes, vgl. Rdn. 1933 ff.).

2. Ausübungsfrist?

Die Besonderheiten der Übertragung unter Ehegatten legen weiterhin nahe zu erwägen, ob nicht die Rückforderung aus anderen Gründen nicht mehr möglich sein soll, wenn sie in einem Schei-

2715

---

159 Vgl. *Ihle*, RNotZ 2011, 471, 477.
160 BGH, NJW 1987, 1260, 1262.
161 *Holland*, ZEV 2000, 356, 359, wohl auch *Ihle*, RNotZ 2011, 471, 477, der zu Recht empfiehlt, als Ersatzhandlung für die zivilrechtlich unmögliche Geltendmachung der Rückforderung selbst eine entsprechende Nachlassverbindlichkeit in die Erbschaftsteuererklärung einzustellen.
162 *Steiner*, ErbStB 2010, 179, 181; *Reimann*, ZEV 2010, 174, 176.

dungsverfahren nicht spätestens bis zur Rechtskraft der Scheidung geltend gemacht wurden. Denn damit gibt der Veräußerer regelmäßig zu erkennen, dass er den Gegenstand endgültig dem Vermögensbereich des beschenkten (dann ehemaligen) Ehegatten zuordnet.

2716 **Formulierungsvorschlag: Rückforderung unter Ehegatten ist spätestens bei Scheidung auszuüben**

> ..... auf Verlangen rückzuübertragen, wenn ..... (*Anm.: Es folgt die Aufzählung der zur Rückforderung berechtigenden Tatbestände*) ..... .
>
> – die Beteiligten länger als sechs Monate getrennt leben im Sinn des § 1567 BGB. Wird in diesem Fall das Rückübertragungsverlangen nicht spätestens bis zur Rechtskraft der Scheidung gestellt, entfällt die Rückforderungsmöglichkeit auch aus allen anderen Gründen; die etwa zur Sicherung des bedingten Rückforderungsanspruchs bewilligte Vormerkung ist auf Kosten des Erwerbers zu löschen.

3. Abstimmung mit Zugewinnausgleichsregelungen

2717 Im Hinblick auf das Zugewinnausgleichsrecht als gesetzliche „Auffangregelung" zum Ausgleich von Vermögensentwicklungen bei Scheitern der Ehe im gesetzlichen Güterstand stellen sich bei Vereinbarung eines gegenständlichen Rückforderungsvorbehalts mehrere Fragen:

a) Nichtausübung des Rückforderungsrechtes

2718 Zum einen ist festzulegen, in welcher Weise die (dann dauerhafte) Zuwendung berücksichtigt werden soll, wenn das Rückforderungsrecht im Fall der Trennung/Scheidung **nicht** ausgeübt wird – im Regelfall bleibt es bei den nachstehend bei Rdn. 2736 ff. erläuterten gesetzlichen Konsequenzen (Nichterfassung i.R.d. § 1374 Abs. 2 BGB, allenfalls Teilwertausgleich i.R.d. § 1380 BGB).

2719 **Formulierungsvorschlag: Berücksichtigung einer Ehegattenzuwendung bei Fehlen oder Nichtausübung eines Rückforderungsvorbehaltes lediglich i.R.d. § 1380 BGB**

> Im Sterbefall ist der Wert der Zuwendung auf einen etwaigen Pflichtteilsanspruch des Erwerbers gegenüber dem Veräußerer anzurechnen. Ferner bleibt § 530 BGB vorbehalten.
>
> Sofern bei Scheidung der Ehe die Zuwendung dem Erwerber verbleibt, ist ihr Wert gemäß § 1380 BGB auf einen etwaigen Zugewinnausgleichsanspruch des Empfängers der Schen-

kung anzurechnen bzw., soweit eine Anrechnung nicht möglich ist, dem Endvermögen des Beschenkten zuzurechnen. Den Beteiligten ist allerdings bekannt, dass eine – sei es auch nur hälftige – Wertbeteiligung des Veräußerers durch die Bestimmungen des gesetzlichen Zugewinnausgleichs nicht sicher gewährleistet ist, etwa bei einer Saldierung mit anderen Negativposten.

Wird diese Teilverrechnung auf eine etwaige Zugewinnausgleichschuld als unbefriedigend empfunden, ist über eine „Erweiterung" des § 1380 BGB zur Vollerstattungspflicht nachzudenken (vgl. die Formulierung in Rdn. 2760 f.). Denkbar ist auch, in Ausdehnung des gesetzlichen Schenkungsbegriffes z.B. **Arbeitsleistungen** wie ausgleichungspflichtige Vermögenszuwendungen zu behandeln, v.a. wenn sie zur Ersparnis von Fremdaufwendungen geführt haben (vgl. zur parallelen Thematik unter nichtehelichen Lebensgefährten Rdn. 2833) oder soweit es sich um über das sozialadäquate Maß hinausgehende Arbeitsleistung naher Angehöriger handelt, die im Scheidungsfall naturgemäß nur bei ihrem eigenen Kind wie Anfangsvermögen bewertet werden sollen. Dies erfordert eine entsprechende ehevertragliche Modifizierung der Zugewinnausgleichsregeln sowie eine begleitende Dokumentationspflicht unter gleichzeitiger Festlegung des „Stunden-Verrechnungssatzes". 2720

In Betracht kommen schließlich Modelle, welche die gemeinsame Investitionsverantwortung durch andere Modifikationen des gesetzlichen Zugewinnausgleichs umsetzen, etwa durch die grundsätzliche **Pflicht zur Erstattung von Anfangsvermögen** und die je hälftige Teilung von Zugewinn und Wertverlusten.[163] Eine Außengrenze für abweichende Gestaltungen enthält wohl **§ 1378 Abs. 2 BGB**, wonach die Ausgleichsforderung (zum Schutz anderer Gläubiger) begrenzt wird durch das Vermögen, das dem Pflichtigen nach Abzug der sonstigen Verbindlichkeiten beim Eheende verbleibt (seit der Reform des Zugewinnausgleichsrechts zum 01.09.2009 erhöht sich allerdings diese „Obergrenze" um solche Beträge, die der Ausgleichspflichtige illoyal an Dritte verschenkt hat i.S.d. § 1375 Abs. 2 BGB, sodass er ggf. in dieser Höhe ein Darlehen aufnehmen muss [§ 1378 Abs. 2 Satz 2 BGB n.F.]). 2721

Denkbar sind jedoch auch gänzlich verschiedene Gestaltungsmodelle, z.B. die Behandlung von Zuwendungen als zinsloses **Darlehen** außerhalb des Zugewinnausgleichs (zur vergleichbaren Regelungssituation unter nicht verheirateten Investitionspartnern s. Rdn. 2842 ff., auch zur Ausgestaltung im Einzelnen). Diese Lösung weist allerdings ggü. dem gesetzlichen Mechanismus des Zugewinnausgleichs gravierende Nachteile auf:[164] die Darlehensforderung ist, auch wenn unabtretbar gestellt, pfändbar (anders als die Zugewinnausgleichsforderung: § 1378 Abs. 3 Satz 1[165] und 3 BGB, § 852 Abs. 2 ZPO) und vererblich.[166] Werden Zinsen erhoben, sind diese 2722

---

163 So der Vorschlag von *Amann*, Vortragsskript „Erwerb und Bebauung von Immobilien durch nahestehende Personen", 34. Bielefelder Notarlehrgang, 09.08.2007, Umdruck S. 35 ff. mit Formulierungsvorschlag im Anhang.
164 Vgl. *Amann*, Vortragsskript „Erwerb und Bebauung von Immobilien durch nahestehende Personen", 34. Bielefelder Notarlehrgang, 09.08.2007, Umdruck S. 33 ff.
165 Das Abtretungsverbot des § 1378 Abs. 3 Satz 1 BGB steht auch einer auf die Rechtskraft des Scheidungsurteils aufschiebend bedingten Abtretung entgegen, vgl. BGH, 08.05.2008 – IX R 180/06, MittBayNot 2008, 387.
166 Selbst wenn sich die Ehegatten gegenseitig beerben, wird das Darlehen bei der Berechnung von Pflichtteilsansprüchen Dritter berücksichtigt.

als Einkünfte aus Kapitalvermögen steuerpflichtig, unterbleibt die Berechnung von Zinsen, kann darin eine Schenkung liegen.[167]

b) Ausübung des Rückforderungsrechtes

2723 In noch höherem Maße erläuterungs- und möglicherweise regelungsbedürftig ist jedoch das Schicksal der ehebedingten Zuwendung im Fall der Ausübung des gegenständlichen Rückforderungsvorbehalts:

- Bei Fehlen einer gesetzlichen Auffangregelung (also bei **Gütertrennung** oder Modifizierung des gesetzlichen Güterstands durch Ausschluss des Zugewinns im Scheidungsfall) ergeben sich keine weiteren Besonderheiten; bei eher (hier sicherlich seltener) poenaler Einordnung des Rückforderungsvorgangs kann auf jegliche Erstattung verzichtet werden (vgl. oben Rdn. 1943), andernfalls ist, etwa in dem oben bei Rdn. 1956 vorgeschlagenen Umfang, ein teilweiser Ausgleich für werterhöhende Verwendungen, Sondertilgungen etc. geschuldet. In Modifizierung des dortigen Bausteins kann jedoch der Hinweis auf „Gutabstandsgelder" und „Gleichstellungszahlungen an Geschwister" entfallen, sodass die vorgeschlagene Formulierung wie folgt lauten würde:

2724 **Formulierungsvorschlag: Rückabwicklung bei Ausübung des Rückforderungsrechtes unter Ehegatten bei Gütertrennung**

Verwendungen aus dem Vermögen des Rückübertragungsverpflichteten werden – maximal jedoch bis zur Höhe der noch vorhandenen Zeitwerterhöhung – gegen Rechnungsnachweis erstattet bzw. durch Schuldübernahme abgegolten, soweit sie nicht nur der Erhaltung des Anwesens im derzeitigen Zustand, sondern dessen Verbesserung oder Erweiterung gedient haben und mit schriftlicher Zustimmung des Berechtigten oder seines Vertreters durchgeführt wurden. Sondertilgungen auf übernommene Verbindlichkeiten sind ebenfalls Zug-um-Zug mit Vollzug der Rückauflassung, frei von nicht zu übernehmenden Belastungen, und ohne Beilage von Zinsen zu erstatten. Im Übrigen erfolgt die Rückübertragung unentgeltlich, also insbesondere ohne Ausgleich für geleistete Dienste, wiederkehrende Leistungen, planmäßige Tilgungen, geleistete Zinsen, Arbeitsleistungen, oder die gezogenen Nutzungen. Nur hilfsweise gelten die gesetzlichen Bestimmungen zum Rücktrittsrecht.

Der Veräußerer hat die im Grundbuch eingetragenen Rechte und Grundpfandrechte in lediglich dinglicher Weise zu übernehmen, soweit sie im Rang vor der nachstehend bestellten Auflassungsvormerkung eingetragen sind.

Die Kosten der Rückübertragung hat der Anspruchsberechtigte zu tragen. Mit Durchführung der Rückübertragung entfällt die ggf. angeordnete Anrechnung der Zuwendung auf den Pflichtteilsanspruch des heutigen Erwerbers sowie ein etwa mit ihm vereinbarter Pflichtteilsverzicht (auflösende Bedingung).

---

[167] *Schlünder/Geißler*, NJW 2007, 482. „Gefährlich" ist dies jedoch v.a. für Darlehen unter nicht Verheirateten, z.B. vor der Ehe.

B. Schicksal ehebedingter Zuwendungen bei Scheitern der Ehe

- Im **gesetzlichen Güterstand** stellen sich jedoch zusätzliche Regelungsthemen:

2725

Typischerweise werden die Beteiligten bei Ausübung des Rückforderungsvorbehalts sich zugewinnausgleichsrechtlich so gestellt wissen wollen, als hätte die Übertragung nicht stattgefunden, sodass etwaige Wertveränderungen des Objekts, auch soweit sie durch Investitionen des „Interimeigentümers" verursacht wurden, allein durch den Zugewinnausgleich potenziell erfasst werden. Der Zugewinnausgleich wird also durchgeführt nach Maßgabe der Verhältnisse, die nach Erfüllung des Rückforderungsverlangens eingetreten sein werden.[168]

> **Hinweis:**
>
> Ein Hinweis darauf, dass ein Direktausgleich von Verwendungen, Tilgungsbeiträgen und ähnlichen Aufwendungen aus dem Eigenvermögen des Erwerbers nicht stattfindet, ist wohl fairerweise deshalb angebracht, weil der Ehegatte sonst im Hinblick auf sein grundbuchliches Eigentum eher geneigt sein könnte, eigene Mittel einzusetzen, als wenn die wirtschaftliche Zuordnung zum Vermögen des Veräußerer-Ehegatten sowohl im Grundbuch als auch in seinem Bewusstsein manifest wäre. Zur Vermeidung von Fehlvorstellungen erscheint es weiter ratsam, der Auffassung entgegenzutreten, der gesetzliche Mechanismus des Zugewinnausgleichs gewährleiste stets einen hälftigen Geldausgleich für die zwischenzeitliche Wertsteigerung.
>
> - So kann es trotz Investitionen an einer Wertsteigerung fehlen, bspw. wegen des allgemeinen Rückgangs der Immobilienpreise,
> - auch kann eine tatsächlich vorhandene Werterhöhung im Endvermögen des Veräußerers, dem das Objekt wirtschaftlich verblieben ist, mit sonstigen „Negativposten" saldiert werden
> - oder lediglich zum Ausgleich eines negativen (erst seit 01.09.2009 berücksichtigten) Anfangsvermögens dienen.
> - Schließlich kann der Erwerber-Ehegatte aufgrund von Investitionen in das Objekt, die er aus seinem vorehelichen Vermögen oder aus Erbschaft/Schenkungen Dritter vorgenommen hat, tatsächlich einen Wertverlust erleiden, der jedoch i.R.d. Ausgleichs nicht berücksichtigt wird, da gem. § 1373 BGB der Zugewinn definitionsgemäß nicht unter Null sinken kann.

2726

Ein mit diesen Warnungen versehener Verweis auf das allgemeine Zugewinnausgleichsrecht kann daher etwa wie folgt lauten:

2727

Formulierungsvorschlag: Berücksichtigung der Ehegattenzuwendung bei Ausübung des Rückforderungsvorbehaltes im Scheidungsfall lediglich nach Zugewinnausgleichsrecht

2728

> Erwerber und Veräußerer haben sich, sofern das Rückforderungsrecht ausgeübt wird, im Zuge eines etwaigen Zugewinnausgleichsverfahrens bei Scheidung so zu stellen, als habe die Überlassung in dieser Urkunde nie stattgefunden, sodass eine etwa eingetretene Wer-

---

168 Ähnlich BGH, 28.02.2007 – XII ZR 156/04, FamRZ 2007, 877 m. Anm. *Schröder*, zur vorweg durchzuführenden Berücksichtigung von Ausgleichsansprüchen aufgrund ehebedingter Zuwendungen.

> terhöhung des Vertragsbesitzes während der Ehezeit, auch soweit diese durch die Tilgung von Verbindlichkeiten oder durch Investitionen – gleich von welcher Seite – eintritt, dem Endvermögen des Veräußerers zugerechnet wird. Eine direkte Erstattung etwaiger Investitionen oder Tilgungsbeiträge des Erwerbers ist daneben nicht geschuldet, und zwar auch dann nicht, wenn die Wertsteigerung im Vermögen des Veräußerers sich z.B. infolge Saldierung mit sonstigen Negativposten oder negativem Anfangsvermögen neutralisiert.

2729 Will man sich der Rechtsprechung des BGH zur (begrenzten) Unpfändbarkeit von Rückforderungsrechten „bedienen", kommen auch andere ehevertragliche Fernwirkungen der tatsächlich durchgeführten Rückabwicklung in Betracht (vgl. oben Rdn. 1793: Vereinbarung der Gütertrennung).

2730 Ausgehend von dieser nicht immer befriedigenden Rechtslage sind daher auch abweichende Lösungen denkbar. So kann bspw. der Zugewinnausgleichsmechanismus, dessen grundsätzliche Maßgeblichkeit unangetastet bleibt, dadurch korrigiert werden, dass eine bare Aufzahlung auf mindestens die Hälfte der aus Eigenvermögen des Erwerbers erbrachten Tilgungsleistungen und werterhöhenden Investitionen geschuldet ist. Eine solche Formulierung könnte etwa lauten:

2731 **Formulierungsvorschlag: Berücksichtigung der Ehegattenzuwendung bei Ausübung des Rückforderungsvorbehaltes im Scheidungsfall nach Zugewinnausgleichsrecht, aber mit Mindesterstattung der hälftigen Eigeninvestitionen**

> Erwerber und Veräußerer haben sich, sofern das Rückforderungsrecht ausgeübt wird, im Zuge eines etwaigen Zugewinnausgleichsverfahrens bei Scheidung so zu stellen, als habe die Überlassung in dieser Urkunde nie stattgefunden, sodass eine etwa eingetretene Werterhöhung des Vertragsbesitzes während der Ehezeit, auch soweit diese durch die Tilgung von Verbindlichkeiten oder durch Investitionen – gleich von welcher Seite – eintritt, dem Endvermögen des Veräußerers zugerechnet wird. Sollte der Erwerber auf diese Weise jedoch nicht mindestens die Hälfte der aus seinem Vermögen erbrachten Tilgungen sowie durch Verwendungen unmittelbar herbeigeführten Werterhöhung zurückerhalten, ist die Rückauflassung nur Zug zum Zug gegen bare Erstattung des an dieser Hälfte fehlenden Betrages geschuldet.

2732 Stattdessen können sich jedoch die Ehegatten angesichts der Unzulänglichkeiten des gesetzlichen Zugewinnausgleichsmechanismus auch dafür entscheiden, diesen ehevertraglich für das zugewendete Objekt und seine Rückabwicklung abzubedingen und an dessen Stelle eine ausschließlich vertraglich vereinbarte Erstattung zu setzen. Diese kann dann bspw. identisch formuliert sein wie bei der Rückforderungsklausel im Rahmen einer Gütertrennung:

2733 **Formulierungsvorschlag: Rückforderungsrecht mit Erstattung lediglich außerhalb des Zugewinnausgleichs**

> Verwendungen aus dem Vermögen des Rückübertragungsverpflichteten werden – maximal jedoch bis zur Höhe der noch vorhandenen Zeitwerterhöhung – gegen Rechnungsnachweis erstattet bzw. durch Schuldübernahme abgegolten, soweit sie nicht nur der Erhaltung des Anwesens im derzeitigen Zustand, sondern dessen Verbesserung oder Erweiterung gedient

haben und mit schriftlicher Zustimmung des Berechtigten oder seines Vertreters durchgeführt wurden. Sondertilgungen auf übernommene Verbindlichkeiten sind ebenfalls Zug um Zug mit Vollzug der Rückauflassung, frei von nicht zu übernehmenden Belastungen, und ohne Beilage von Zinsen zu erstatten. Im Übrigen erfolgt die Rückübertragung unentgeltlich, also insbesondere ohne Ausgleich für geleistete Dienste, wiederkehrende Leistungen, planmäßige Tilgungen, geleistete Zinsen, Arbeitsleistungen, laufende Aufwendungen oder die gezogenen Nutzungen. Nur hilfsweise gelten die gesetzlichen Bestimmungen zum Rücktrittsrecht.

Der Veräußerer hat die im Grundbuch eingetragenen Rechte und Grundpfandrechte in lediglich dinglicher Weise zu übernehmen, soweit sie im Rang vor der nachstehend bestellten Auflassungsvormerkung eingetragen sind.

Die Kosten der Rückübertragung hat der Anspruchsberechtigte zu tragen. Mit Durchführung der Rückübertragung entfällt die ggf. angeordnete Anrechnung der Zuwendung auf den Pflichtteilsanspruch des heutigen Erwerbers sowie ein etwa mit ihm vereinbarter Pflichtteilsverzicht (auflösende Bedingung).

Diese Vereinbarung tritt ehevertraglich an die Stelle eines dem Ausgleichsberechtigten nach Rückübertragung bezüglich des Anwesens etwa zustehenden Zugewinnausgleichsanspruchs. Das Anwesen und die diesbezüglichen Verbindlichkeiten sowie die zum Ausgleich der Aufwendungen zu leistende Zahlung des Veräußerers sollen demnach weder im Anfangs- noch im Endvermögen des Ehemannes noch der Ehefrau erfasst werden.

(**Anm.:** Sodann Absicherung durch Vormerkung, zumindest deren Bewilligung, oder aber Verzicht hierauf trotz ausdrücklicher Belehrung.)

Schließlich können Ehegatten (allerdings um den Preis außerordentlicher Komplexität) auch einem Kombinationsmodell den Vorzug geben, das den Ausgleich „schlichter Wertsteigerungen" (die also bspw. durch Entwicklung der Grundstückspreise eingetreten sind) i.R.d. Zugewinnausgleichs und die Erstattung eigener Verwendungen und Sondertilgungsleistungen durch direkte Zahlung vorsieht. Ein solcher Baustein könnte etwa wie folgt lauten:

Formulierungsvorschlag: Rückforderungsrecht mit direkter Erstattung werterhöhender Investitionen und Erfassung sonstiger Steigerungen i.R.d. Zugewinnausgleichs

Die vorstehende Überlassung erfolgt als ehebedingte Zuwendung zur Verwirklichung der ehelichen Lebens- und Wirtschaftsgemeinschaft. Sobald die Beteiligten länger als sechs Monate getrennt leben im Sinne des § 1567 BGB, kann jedoch der Veräußerer die Rückübertragung des Vertragsbesitzes unter schuldbefreiender Übernahme der eingetragenen Belastungen samt zugrunde liegender Verbindlichkeiten verlangen.

Verwendungen aus dem Vermögen des Rückübertragungsverpflichteten werden – maximal jedoch bis zur Höhe der noch vorhandenen Zeitwerterhöhung – gegen Rechnungsnachweis erstattet bzw. durch Schuldübernahme abgegolten, soweit sie nicht nur der Erhaltung des Anwesens im derzeitigen Zustand, sondern dessen Verbesserung oder Erweiterung gedient haben und mit schriftlicher Zustimmung des Berechtigten oder seines Vertreters durchgeführt wurden. Sondertilgungen auf übernommene Verbindlichkeiten sind ebenfalls Zug um Zug mit Vollzug der Rückauflassung, frei von nicht zu übernehmenden Belastungen, und ohne Beilage von Zinsen zu erstatten. Ein direkter weiterer Ausgleich, etwa für Dienst- und Arbeitsleistungen, Zins- und regelmäßige Tilgungsleistungen, laufende Aufwendungen etc. findet nicht statt.

Unabhängig von vorstehender Verpflichtung zum Aufwendungsersatz und über diese hinaus wird für den Fall der Rückforderung aufgrund Scheidung der Ehe der Vertragsteile klargestellt, dass die bei dem heutigen Vertragsgegenstand eingetretene Werterhöhung, die nicht auf Verwendungen oder Tilgungsleistungen des Rückübertragungspflichtigen zurückzuführen ist, im Rahmen eines Zugewinnausgleiches ebenfalls zum Ausgleich zu bringen ist; die Beteiligen haben sich insoweit so zu stellen, als hätte die Überlassung in heutiger Urkunde nicht stattgefunden. Die nach vorstehender Bestimmung dem Rückübertragungspflichtigen zu erstattenden Aufwendungen bzw. die dadurch herbeigeführte Werterhöhung sollen bei der Ermittlung des Zugewinnausgleichs jedoch in keiner Weise berücksichtigt werden, also weder im Anfangs- noch im Endvermögen eines Ehegatten einen Rechnungsposten bilden.

Soweit der Veräußerer von seinem Rückforderungsrecht für den Fall der Stellung eines Scheidungsantrags keinen Gebrauch macht, ist der Wert der Zuwendung gemäß § 1380 BGB auf einen etwaigen Zugewinnausgleichsanspruch des Empfängers der Schenkung anzurechnen bzw. soweit eine Verrechnung nicht möglich ist, dem Endvermögen des Beschenkten zuzurechnen, sodass die Ansprüche des Schenkers im Zugewinnausgleichsverfahrens geregelt werden. Auch in diesem Fall sind jedoch die Aufwendungen im vorstehenden Sinne, die der Beschenkte selbst auf den Grundbesitz getätigt hat, im Rahmen der Ermittlung des Zugewinnausgleichs nicht zu berücksichtigen, sondern sollen dem Beschenkten – wie im Fall der Rückforderung – wirtschaftlich ungeschmälert verbleiben.

(*Anm.:* *Sodann Absicherung durch Vormerkung, zumindest deren Bewilligung, oder aber Verzicht hierauf trotz ausdrücklicher Belehrung*).

III. Berücksichtigung von Ehegattenzuwendungen im Zugewinnausgleich

1. Teleologische Reduktion des § 1374 Abs. 2 BGB

2736   Bei wortlautorientierter Betrachtung könnte naheliegen, die Zuwendung des Ehegatten als „Schenkung" i.S.d. § 1374 Abs. 2 BGB dem Anfangsvermögen des Beschenkten zuzurechnen und sie damit im Ergebnis „zugewinnausgleichsfrei" zu stellen.[169] Die Privilegierung der dort genannten Vermögensteile (insb. also von Erbschaften oder Erwerb aus vorweggenommener Erbfolge) soll sicherstellen, dass die Vermögenssubstanz (nicht spätere Wertveränderungen!) solcher Gegenstände, an deren Schaffung oder Erwerb der andere Ehegatte schlechterdings un-

---

169   Dafür plädiert (gegen die h.M.) *Jeep*, Ehegattenzuwendungen im Zugewinnausgleich, S. 206 ff.; *ders.*, DNotZ 2011, 590 ff. – allerdings wird das Ergebnis (Irrelevanz der Schenkung) bei ihm dann durch das Eingreifen des § 1380 BGB korrigiert, der über den Wortlaut hinaus nicht nur i.S.e. Anrechnung auf bestehende Ansprüche, sondern i.S.e. Verrechnung ins Minus hinein wirkt.

beteiligt war, nicht nach den Regeln des Zugewinnausgleichs mit jenem anderen unbeteiligten Ehegatten geteilt werden soll.

Dieser Rechtsgedanke, der über die gesetzlich genannten Fälle auf andere Sachverhalte, z.B. Erwerb aus Lotto-Gewinn etc., nicht erweitert wird, gilt jedoch gerade nicht für den Fall, dass die Schenkung vom anderen Ehegatten herrührt; Letzterer ist für den Erwerb des Gegenstands geradezu in größtmöglicher Weise, nämlich als übertragender Veräußerer, verantwortlich! Der BGH hat daher § 1374 Abs. 2 BGB teleologisch dahin gehend reduziert, dass die Hinzurechnung zum Anfangsvermögen des Erwerbers bei reinen Schenkungen unter Ehegatten gerade nicht stattfindet,[170] auch dann nicht, wenn es sich um unentgeltliche Zuwendungen unter Ehegatten „mit Rücksicht auf ein künftiges Erbrecht" handelt.[171] Gleiches gilt – insoweit ist die herrschende Literatur dem BGH[172] gefolgt – auch bei ehebedingten Zuwendungen, in denen mit der Zuwendung über die bloße Freigebigkeit hinausgehende Zwecke verfolgt werden. Bei Ehegatteninvestitionen in das gemeinsame Familienheim liegen solche zugewinnausgleichsrelevante Zuwendungen allerdings naturgemäß nur vor, soweit sie über den eigenen Eigentumsanteil hinausgehen, also zur Wertsteigerung oder Entschuldung des Anteils des anderen Ehegatten geführt haben, ohne dass diesem eine gleichwertige gegenläufige Wertsteigerung entspräche.

2737

2. Zuwendungen durch Schwiegereltern

§ 1374 Abs. 2 BGB gilt im Ergebnis also nur bei Schenkungen von dritter Seite. Schwiegereltern gelten bei gleichzeitigen Zuwendungen an ihr Kind und das Schwiegerkind insoweit jedenfalls beim Vorliegen vorweggenommener Erbfolge an das eigene Kind[173] nicht als echte „Dritte": Der BGH[174] behandelt Zuwendungen der Schwiegereltern im Zugewinnausgleich der beschenkten Ehegatten so, als hätten sie zunächst ihr eigenes Kind beschenkt (vgl. Rdn. 2704; mit der Folge der Erhöhung des Anfangsvermögens dieses Kindes nach § 1374 Abs. 2 BGB) und als ob dieses Kind sodann an seinen Ehegatten weitergeschenkt hätte (mit der Folge, dass nur das Endvermögen des beschenkten Ehegatten, nicht aber dessen Anfangsvermögen erhöht würde).

2738

Mit dieser Anerkennung von „ehebedingten Zuwendungen seitens der Schwiegereltern" wird dem eigenen Kind bei Scheidung die Chance eröffnet, immerhin max. die Hälfte des Wertes der Zuwendung aus Zugewinnausgleichsgrundsätzen zurückzuerhalten (zur Rückabwicklung im Verhältnis zwischen den Schwiegereltern und den Erwebern s.o. Rdn. 2704 ff.). Hätte allerdings das eigene Kind bis zum Stichtag einen deutlich höheren Zugewinn erzielt als das Schwiegerkind, würde der wirtschaftlich weiterverschenkte Anteil vorweggenommenen Zugewinnausgleich i.S.d. § 1380 BGB (vgl. Rdn. 2740 ff.) darstellen, also nicht aus dem Anfangsvermögen des eigenen Kindes geleistet sein.

2739

---

170 BGH, FamRZ 1987, 791.
171 BGH, 22.09.2010 – XII ZR 69/09, mit Berichtigung des (zuerst gegenteilig formulierten) Tenors v. 24.11.2010, ZEV 2011, 37; fundamentalkritisch hierzu *Jeep*, DNotZ 2011, 590 ff.
172 BGH, NJW 1982, 1093.
173 Zu einem atypisch gestalteten Ausnahmefall OLG Nürnberg, MittBayNot 2006, 336 m. Anm. *Münch*, wo als Ergebnis der Beweisaufnahme wegen der Absicht unmittelbarer Bereicherung der Schwiegertochter (trotz alleiniger Übertragung an das eigene Kind!) kein Fall des § 1374 Abs. 2 BGB angenommen wurde.
174 BGH, NJW 1995, 1989; ihm folgend OLG Dresden, FamRZ 1997, 739; LG Landau, FamRZ 1997, 1476; OLG Hamm, FamRZ 2002, 1404 (nur LS).

3. Anrechnung gem. § 1380 BGB

2740 Soweit es sich bei den ehebedingten Zuwendungen nicht um bloße „Gelegenheitsgeschenke" i.S.d. § 1380 Abs. 1 Satz 2 BGB handelt und die Anrechnung nicht ausdrücklich ausgeschlossen ist, wirkt sich die Zuwendung im Zugewinnausgleichsmechanismus u.U. als „anzurechnende Vorausleistung" gem. § 1380 BGB aus.[175] Anders als etwa im Pflichtteilsrecht (§ 2315 BGB) findet die Anrechnung vorangegangener Zuwendungen im Zugewinnausgleichsrecht auch ohne ausdrückliche diesbezügliche Anordnung statt, und zwar sowohl bei der Beendigung des gesetzlichen Güterstandes durch Güterstandswechsel, als auch durch Scheidung oder Aufhebung der Ehe, als auch durch Tod. Ist der Ehegatte völlig enterbt, und erhält er demnach gem § 1371 Abs. 2 BGB zwingend den kleinen Pflichtteils und den güterrechtlichen Ausgleich, kommt diese Anrechnung demnach zum Tragen und kann mitunter den Zugewinnausgleich völlig neutralisieren; erhält er jedoch ein auch nur geringes (1-Euro-)Vermächtnis und nimmt er dieses an, verbleibt ihm der Restpflichtteil auf den großen Pflichtteil (§ 1371 Abs. 1 BGB), und zusätzlich das (anrechnungsfrei) Erlangte.

Beispiel:[176]

Beim Tod des Ehemannes ist Nachlass i.H.v. 5 Mio. € (in voller Höhe ZUgewinn) vorhanden, die Ehefrau ist unwiderruflich Berechtigte einer Lebensversicherung über 10 Mio. €. Ist die Ehefrau vollständig enterbt (und hat sie auch keinen Zugewinn erzielt), erhält sie gem. § 1371 Abs. 2 BGB den kleinen Pflichtteil (1/8 aus 5 Mio. = 625.000,00 €), zuzüglich des realen Zugewinns, auf den allerdings die Zuwendung von 10 Mio. anzurechnen ist, sodass kein Zugewinn verbleibt (5 + 10 = 15 Mio. dividiert durch zwei minus 10 Mio. €). Sie erhält also im Ergebnis 10,625 Mio. €. Hätte die Ehefrau ein (und sei es auch nur einen Euro umfassendes) Vermächtnis, erhält sie gem. § 1371 Abs. 1 BGB den großen Pflichtteil (also 1,25 Mio. € abzgl. eines Euro), und daneben die Lebensversicherung, also gesamt 11,25 Mio. €.

a) Anwendbarkeit des § 1380 BGB

2741 Bei echten, **uneingeschränkt freigebigen Direktschenkungen** unter Ehegatten ist hinsichtlich der Anwendbarkeit des § 1380 BGB Vorsicht geboten: Nach einer im Vordringen befindlichen Literaturmeinung zeichnet sich die echte Ehegattenschenkung im Unterschied zur ehebedingten Zuwendung gerade dadurch aus, dass eine Anrechnung auf den Zugewinnausgleichanspruch nicht erfolgen solle;[177] nach dem Differenzierungskriterium der Rechtsprechung ist die reine Ehegattenschenkung hinsichtlich Geschäftszweck und Vertragsgrundlage unabhängig von ehebedingten Motiven, sodass ein damit einhergehender vertraglicher Ausschluss der Anrechnung naheliegt.

2742 Eine etwaige **Vereinbarung über den Ausschluss der Anrechnung** ist nach herrschender Meinung[178] formfrei möglich, unterliegt also nicht den Formvorschriften für Eheverträge. Der darin zum Ausdruck kommende Wille der Ehegatten, dass die Zuwendung im Zugewinnausgleich nicht berücksichtigt werden soll, lässt sich am besten dadurch umsetzen, dass die Zuwendung

---

175 Einen erweiternden Ansatz zu § 1380 BGB verfolgt *Jeep* in seiner in DNotZ 2000, 556 besprochenen Dissertation.
176 Nach *Bonefeld*, ZErb 2002, 154, 155.
177 Vgl. *Langenfeld*, Handbuch der Eheverträge und Scheidungsvereinbarungen, Rn. 233.
178 Z.B. Palandt/*Diederichsen*, BGB, § 1380 Rn. 3; MünchKomm-BGB/*Koch*, § 1380 Rn. 6; a.A. z.B. Erman/*Häckelmann*, BGB, 12. Aufl. 2008, § 1380 Rn. 4.

lediglich vom Endvermögen des Empfängers abgezogen, i.Ü. der Zugewinnausgleich jedoch entsprechend den gesetzlichen Regelungen durchgeführt wird, also insb. nicht auch aus dem Anfangsvermögen des zuwendenden Ehegatten herausgenommen wird.[179]

Eine solche Nichtanrechnungsbestimmung, ergänzt um die Auswirkungen auf den Zugewinnausgleich,[180] könnte etwa folgenden Wortlaut haben:

Formulierungsvorschlag: Nichtanrechnungsbestimmung gemäß § 1380 BGB   2743

> Die heutige Zuwendung ist auf eine etwaige Zugewinnausgleichsverpflichtung des Zuwendenden nicht anzurechnen. Kommt es zur Berechnung des Zugewinnausgleichs, soll der Wert der Zuwendung vom Endvermögen des Zuwendungsempfängers abgezogen werden; weitere Korrekturen erfolgen nicht. Im Übrigen ist das Zugewinnausgleichsverfahren ohne Anpassung durchzuführen, insbesondere erfolgt kein Abzug der Zuwendung vom Anfangsvermögen des Zuwendenden oder eine Hinzurechnung zu dessen Endvermögen.

Auch umgekehrt ist die im Zweifel stets anzuratende ausdrückliche Anordnung einer Anrechnung eine einseitige, selbstständige und nicht formgebundene Erklärung, die vor oder zumindest zeitgleich mit der Zuwendung vorgenommen werden muss. Durch spätere formlose Vereinbarung können Ehegatten einen zunächst anrechnungspflichtigen Vorausempfang von der Anrechnung wieder freistellen.   2744

b) Tatbestandsvoraussetzungen

Ist der Anwendungsbereich des § 1380 BGB grds. eröffnet (also keine ausdrückliche oder stillschweigende Nichtanrechnungsvereinbarung, etwa durch Vereinbarung einer echten Ehegattenschenkung, gegeben), setzt die Anrechnung weiter tatbestandlich voraus, dass der Empfänger der Zuwendung tatsächlich nunmehr zugewinnausgleichsberechtigt ist bzw. genauer: seine Zugewinnausgleichsforderung höher ist als der Wert der damaligen Zuwendung.[181] Dies ergibt sich auch aus dem Wortlaut des § 1380 Abs. 1 Satz 1 BGB: *„Auf die Ausgleichsforderung eines Ehegatten wird angerechnet .....".*   2745

c) Durchführung der Anrechnung

Die Anrechnung findet in der Weise statt, dass der Wert der Zuwendung (im damaligen Zeitpunkt) dem Vermögen und damit dem Zugewinn des Ehegatten hinzugerechnet wird, der die Zuwendung gemacht hat (§ 1380 Abs. 2 Satz 1 BGB), und (was das Gesetz selbst nicht ausdrück-   2746

---

179 Anders möglicherweise, wenn die Zuwendung aus dessen Anfangsvermögen stammt, vgl. *Münch*, Ehebezogene Rechtsgeschäfte, Rn. 1160 ff. (dies bedarf dann stets der notariellen Beurkundung, da die Vereinbarung über eine formlose Nichtanrechnungsbestimmung hinausgeht).

180 Hierzu und zu den vertretenen Alternativen (Abzug zugleich vom Endvermögen des erwerbenden Ehegatten; keinerlei Abzug) vgl. *Bruch*, MittBayNot 2008, 178 f.

181 A.A. allerdings (gegen die h.M.) *Jeep*, Ehegattenzuwendungen im Zugewinnausgleich, S. 206 ff.; *ders.*, DNotZ 2011, 590 ff., der § 1380 BGB über den Wortlaut hinaus nicht nur i.S.e. Anrechnung auf bestehende Ansprüche, sondern i.S.e. Verrechnung ins Minus hinein einsetzt, um auf diese Weise die sonst drohende Irrelevanz der Ehegattenzuwendung (da er § 1374 Abs. 2 BGB entgegen der h.M. auch darauf anwendet, Rdn. 2736) abzuwenden.

lich anordnet) zugleich vom Vermögen des Zuwendungsempfängers abgezogen wird.[182] Auf den dann sich ergebenden Zugewinnausgleichsanspruch wird der Wert der Zuwendung angerechnet (aber nur, wenn der Zuwendungswert geringer ist als der Zugewinnausgleichsanspruch!). Nach überwiegender Auffassung ist auch bei § 1380 BGB, wie beim sonstigen Vergleich von Vermögenswerten auf der Zeitachse, die rein inflationsbedingte Wertsteigerung herauszurechnen.[183] Für die Hinzurechnung zum Zugewinn des Veräußerers und den Abzug vom Endvermögen des Erwerbers sowie schließlich für die Anrechnung auf den Zugewinnausgleichsanspruch sind jedoch die historischen Zuwendungswerte maßgeblich.

Den Grundtatbestand des § 1380 BGB erläutert folgendes Beispiel:

2747   *Beispiel:*[184]

Ehemann und Ehefrau hatten ein Anfangsvermögen von Null. Der Ehemann hat während der Ehe 30.000,00 € erwirtschaftet und der Ehefrau hiervon 10.000,00 € zugewendet, die das alleinige Endvermögen der Ehefrau ausmachen. § 1374 Abs. 2 BGB findet (s.o. Rdn. 2736 ff.) keine Anwendung. Gem. § 1380 Abs. 2 Satz 1 BGB in seiner erweiternden Auslegung durch den BGH wird die Zuwendung von 10.000,00 € dem Endvermögen des Ehemanns hinzugerechnet (Ergebnis: 30.000,00 € Endvermögen und Zugewinn), und vom Endvermögen der Ehefrau abgerechnet (Ergebnis: Null Endvermögen, Null Zugewinn). Vom sich so ergebenden Zugewinnausgleichsanspruch i.H.v. 15.000,00 € wird der damalige Wert der Zuwendung, 10.000,00 €, abgezogen, sodass noch ein Zugewinnausgleichsanspruch von 5.000,00 € verbleibt (§ 1380 Abs. 1 Satz 1 BGB). § 1380 BGB führt also in diesem Beispielsfall zu keiner Abweichung von dem rechnerischen Ergebnis, das sich bei Berücksichtigung der tatsächlichen Vermögenssalden ohne Zu- oder Abrechnung ergeben würde (Zugewinn des Mannes: 20.000,00 € Zugewinn der Ehefrau: 10.000,00 € also Ausgleichsforderung: 5.000,00 €).

2748   Ergibt die oben wiedergegebene Beispielsrechnung, dass der Wert der (damaligen) Zuwendung hinter dem nunmehrigen Zugewinnausgleichsanspruch zurückbleibt oder gar ein umgekehrtes Zugewinnausgleichsverhältnis besteht, ist der Zugewinnausgleich von vornherein ohne Anwendung des § 1380 BGB durchzuführen.[185] Dies ist bei „**Übermaßzuwendungen**" der Fall.

2749   Hierzu folgende Abweichung des o.g. Beispielfalls:

Beispiel:

Beiderseitiges Anfangsvermögen beträgt Null. Der Ehemann überträgt von seinem erarbeiteten Zugewinn i.H.v. 30.000,00 € einen Betrag von 20.000,00 € an die Ehefrau, die dies als Endvermögen noch besitzt. Gem. § 1380 BGB sind die 20.000,00 € dem Endvermögen des Ehemanns hinzurechnen und vom Endvermögen der Ehefrau abzurechnen, sodass ein Zugewinnausgleichsanspruch von 15.000,00 € zugunsten der Ehefrau bestünde. Die Zuwendung (20.000,00 €) übersteigt jedoch diesen Anspruch. Durchzuführen ist also der unmittelbare Zugewinnausgleich ohne Anwendung des § 1380 BGB unter Zugrundelegung der tatsächlich erreichten Zugewinnbeträge mit der Folge, dass der Ehemann von der Ehefrau 5.000,00 € als Zugewinnausgleich erhält. Im Ergebnis bleibt also jedem der beiden der gesamte ehelich erwirtschaftete Zugewinn (30.000,00 €) je zur Hälfte (Ehemann: 10.000,00 € Endvermögen + 5.000,00 € Zugewinnausgleichsanspruch; Ehefrau: 20.000,00 € Endvermögen minus 5.000,00 € Zugewinnausgleichsanspruch).

---

182 BGH, FamRZ 1982, 246; ebenso die herrschende Lit., z.B. *Rauscher*, AcP 186, 564; *Grünewald*, NJW 1988, 110.
183 OLG Frankfurt am Main, NJW 2006, 520, *Haussleiter/Schulz*, Vermögensauseinandersetzung, S. 89.
184 Nach *Langenfeld*, Handbuch der Eheverträge und Scheidungsvereinbarungen, Rn. 187.
185 Beispiel: OLG Frankfurt am Main, NJW 2006, 520.

d) Relevanz des § 1380 BGB

§ 1380 BGB führt zu einer Abweichung vom unmittelbaren Rechenergebnis, das sich (die Nichtanwendbarkeit des § 1374 Abs. 2 BGB mit der ganz überwiegenden Auffassung vorausgesetzt) nach allgemeinen Zugewinnausgleichsgrundsätzen ergäbe, in folgender Fallgruppe:

Die Zuwendung ist im **Endvermögen des Empfängers nicht mehr vorhanden**, z.B. weggefallen oder durch neue Verbindlichkeiten zumindest „wirtschaftlich" untergegangen:

Beispiel:

Anfangsvermögen beiderseits Null, Endvermögen des Ehemanns und Zugewinn 20.000,00 €, da er zuvor 10.000,00 € an die Ehefrau übertragen hat. Bei jener ist jedoch das Endvermögen tatsächlich Null, da sie bespw. die Zuwendung verbraucht oder durch aufgehäufte Verbindlichkeiten neutralisiert hat. § 1380 BGB führt zur Erhöhung des Endvermögens und Zugewinns des Ehemanns auf 30.000,00 €; der Zugewinn der Ehefrau kann trotz „Abzugs" der Zuwendung aus dem Endvermögen nicht unter Null sinken (gem. § 1373 BGB kann der Zugewinn definitionsgemäß nicht negativ werden; die Reform zum 01.09.2009 hat daran nichts geändert). Vom sich errechnenden Zugewinnausgleichsanspruch der Ehefrau i.H.v. 15.000,00 € wird die Zuwendung i.H.v. 10.000,00 € abgezogen, sodass 5.000,00 € Restzugewinnausgleich verbleiben. Bei Anwendung der allgemeinen Zugewinnausgleichsgrundsätze hätte der Ehemann jedoch tatsächlich 10.000,00 € entrichten müssen (sein Zugewinn: 20.000,00 €, der Zugewinn der Ehefrau: Null, hälftige Differenz also 10.000,00 €).

§ 1380 BGB bewirkt also in diesem Fall, dass sich der Ausgleichsanspruch um die Hälfte des Werts der Zuwendung verringert, und zwar gerade dann, wenn der Zuwendungsempfänger den Gegenstand durch unvorsichtiges Wirtschaften „verspielt". Hierin liegt die eigentliche sog. „Werterhaltungsfunktion" des § 1380 BGB: Durch die **„Versteinerung" des Zuwendungswertes** auf den Zeitpunkt der Zuwendung bleibt das künftige Schicksal der Zuwendung im Vermögen des Empfängers, das dieser gem. § 1364 BGB ja selbstständig verwaltet, unerheblich. Der Zuwendungsempfänger trägt also das Risiko der Entwertung oder des Verlustes der Zuwendung allein.

Die „Neutralisierung" der Zuwendung konnte nach der bis 01.09.2009 bestehenden Rechtslage auch dadurch eintreten, dass der Empfänger die Zuwendung zur Tilgung bestehender Anfangsverbindlichkeiten verwendet. Da ein negatives Anfangsvermögen gem. § 1374 Abs. 1 Halbs. 2, BGB (übrigens auch bei privilegiertem Erwerb gem. Abs. 2!) ausgeschlossen war, erzielte die Ehefrau, wenn sie die 10.000,00 €-Zuwendung ihres Mannes zur Tilgung von Anfangsverbindlichkeiten i.H.v. minus 10.000,00 € verwendet, keinen Zugewinn. Auch in diesem Fall wirkte sich die Anrechnung gem. § 1380 BGB zugunsten des Zuwendenden durch eine Reduzierung des Ausgleichsanspruchs um die Hälfte des historischen Zuwendungswerts aus. Ist der Zugewinn nach dem 01.09.2009 zu ermitteln, können aufgrund der Änderung der §§ 1374 Abs. 1 und 1375 Abs. 1 BGB Verbindlichkeiten im Anfangs- und im Endvermögen auch über den bestehenden Aktivbestand hinaus abgezogen werden, sodass § 1380 BGB insoweit an Relevanz eingebüßt hat. Weiterhin kann allerdings der Zugewinn selbst nicht negativ sein (§ 1373 BGB), d.h. beim Abzug des Zugewendeten vom Endvermögen des Beschenkten und damit dessen Zugewinn kann sich kein Wert niedriger als Null ergeben – daran verwirklicht sich weiter die „Versteinerungsfunktion" des § 1380 BGB.[186]

---

186 Vgl. *Büte*, FamFR 2010, 196 ff.

Kapitel 7: Besonderheiten bei Zuwendungen unter Ehegatten

e) Relevanz der Zuwendung?

2754 Besonderheiten ergeben sich dann, wenn die Zuwendung aus an sich ausgleichsfreiem (Anfangs-) Vermögen des Zuwendenden erfolgt:

Erzielt dieser trotz des Vermögensabflusses einen insgesamt höheren Zugewinn als sein Ehegatte, sodass § 1380 BGB anwendbar bleibt, wird ein Ergebnis erzielt, das ggü. der unmittelbaren Zugewinnausgleichsberechnung, wenn die Schenkung unterblieben wäre, zu keiner Besser- oder Schlechterstellung führt (durch den Rechenmechanismus des § 1380 Abs. 2 BGB wird ja die Zuwendung tatsächlich neutralisiert; der Restzugewinnausgleichsanspruch zuzüglich der Zuwendung entspricht immer dem Zugewinnausgleichsbetrag ohne die Zuwendung).

2755 *Beispiel:*

Der vom Ehemann übertragene Gegenstand im Wert von 10.000,00 € stammt aus dessen alleinigem Anfangsvermögen, z.B. einer Erbschaft. Er ist im Endvermögen der Ehefrau noch vorhanden. Der Ehemann erzielt jedoch aus sonstiger Tätigkeit einen Vermögenszuwachs von 30.000,00 €, die (nach Weggabe des Anfangsvermögens) zugleich sein Endvermögen bilden. Sein Zugewinn beträgt also 20.000,00 €, derjenige der Ehefrau 10.000,00 €. Wiederum ist der durch den Ehemann geschuldete Ausgleich 5.000,00 € (wobei die Rechenschritte des § 1380 BGB – Erhöhung des Mannes-Zugewinns auf 30.000,00 € und Verringerung des Zugewinns der Ehefrau auf Null, Abzug der 10.000,00 € Zuwendung vom Ausgleichsanspruch i.H.v. 15.000,00 €, verbleiben also 5.000,00 € – zum selben Ergebnis führen wie die unmittelbare Anwendung des Ausgleichsverfahrens). Wäre die Zuwendung unterblieben, hätte der Ehemann einen Zugewinn von 30.000,00 € erzielt, die Ehefrau von Null, sodass 15.000,00 € auszugleichen wären, die Ehefrau steht also gleich wie mit der Zuwendung (Saldo dann: 10.000,00 € Zuwendung, zuzüglich 5.000,00 € Zugewinnausgleich).

2756 Anders liegt es jedoch, wenn die Zuwendung aus Anfangsvermögen erfolgt und der Zuwendende nicht aus anderem Erwerb solche Vermögenszuwächse verzeichnet, dass er per Saldo noch ausgleichspflichtig ist:

2757 *Beispiel:*

Der Ehemann wendet sein alleiniges Anfangsvermögen von 10.000,00 € der Ehefrau zu, die es als alleiniges Endvermögen noch innehat. Der Ehemann erwirtschaftet keinen weiteren Zuwachs, erzielt also einen Gesamtzugewinn von Null (eigentlich minus 10.000,00 €, doch kann der Zugewinn – vor wie nach der Reform zum 01.09.2009 – definitionsgemäß nicht negativ sein, vgl. § 1373 BGB).

§ 1380 BGB ist hier tatbestandlich nicht anwendbar (bei Erhöhung des Ehemannzugewinns auf 10.000,00 € und Reduzierung des Ehefrauzugewinns auf Null würde sich ein Ausgleichsanspruch von 5.000,00 € zugunsten der Ehefrau ergeben, also ein geringerer Betrag als die Zuwendung i.H.v. 10.000,00 €). Es verbleibt also bei der nach allgemeinen Zugewinnausgleichsregeln sich ergebenden Anspruchsberechtigung des Ehemanns i.H.v. 5.000,00 € gegen die Ehefrau. Saldo der Gesamtoperation zugunsten der Ehefrau also: + 5.000,00 €. Hätte er die Zuwendung nicht getätigt, würde beim Ehemann ebenfalls ein Zugewinn von Null entstanden sein, bei der Ehefrau mangels Vermögensbewegung gleichfalls von Null, so das kein Ausgleich geschuldet wäre. Die Schenkung hat also zu einer Besserstellung um die Hälfte des Schenkungsobjektes ggü. dem Zustand ohne die Schenkung geführt.

2758 Ein Unterschied zwischen dem Sachverhalt ohne Zuwendung und bei Durchführung der Zuwendung ergibt sich weiter dann, wenn eine **(inflationsbereinigte) Wertsteigerung** des zugewendeten Gegenstands eingetreten ist. Ist also bspw. der Wert des Anfangsvermögensgegenstands während der Ehe auf 20.000,00 € gestiegen und hat der Ehemann sonst keine Vermögensmehrung erzielt, sodass wiederum § 1380 BGB keine Anwendung findet, beträgt sein Zugewinn 10.000,00 €, er müsste also an die Ehefrau einen Ausgleich von 5.000,00 € entrichten. Wird die Zuwendung durchgeführt, hat der Ehemann einen Zugewinn von Null (Anfangsvermögen: 10.000,00 €, Endvermögen Null), die Ehefrau einen Zugewinn von 20.000,00 €; sie muss also 10.000,00 € an den Ehemann entrichten. Ihr verbleiben also netto 10.000,00 €, während sie sonst, ohne die Zuwendung, als Zugewinnausgleich nur 5.000,00 € erhalten hätte.

Der begünstigte Ehegatte wird also durch die Zuwendung dann per Saldo besser gestellt als nach Zugewinnausgleichsregeln ohne die Zuwendung, wenn Letztere aus dem Anfangsvermögen des Veräußerers stammt und entweder eine tatsächliche Wertsteigerung erzielt hat oder der Veräußerer keinen sonstigen nennenswerten Zugewinn erzielt hat.

f) Vertragliche Modifizierung des § 1380 BGB?

Da § 1380 BGB – wie oben dargestellt – nur in bestimmten Sachverhaltskonstellationen und auch dann nur teilweise zu einer „Kompensation" der Zuwendung für den Fall einer Scheidung führt, wird der veräußernde Ehegatte erwägen, durch vertragliche Vorkehrung die „Wertanrechnung" seiner Zuwendung auf den vollen Grundstückswert zu erhöhen. Er erhält damit, gepaart mit dem Rückforderungsrecht für den Fall einer Scheidung, faktisch das Wahlrecht, ob er den zugewendeten Gegenstand bei Scheitern der Ehe als Objekt (dann allerdings belastet mit einer möglichen Zugewinnausgleichspflicht, je nach Gestaltung des Ehevertrags) oder dem Wert nach als volle „Gutschrift" auf seine Zugewinnausgleichsschuld bzw. als baren Aus- oder Aufzahlungsbetrag „rückerlangen" möchte.

Eine solche „Ergänzung" des § 1380 BGB könnte etwa wie folgt lauten:

Formulierungsvorschlag: Erweiterung der Zugewinnausgleichswirkung einer Ehegattenzuwendung über § 1380 BGB hinaus

> Soweit der heutige Wert der Zuwendung, den die Beteiligten übereinstimmend auf ..... € beziffern, bei einem Verbleiben des Gegenstands beim Erwerber nicht oder nicht in voller Höhe gemäß § 1380 BGB auf einen Ausgleichsanspruch des Zuwendungsempfängers anzurechnen ist, hat dieser die Differenz zwischen der tatsächlichen Minderung der Zugewinnausgleichslast und dem Wert in bar zu zahlen; die Zahlung ist fällig binnen zwei Monaten nach Rechtskraft der Scheidung. Der Anspruch und seine Erfüllung sind im Rahmen des Zugewinnausgleichs im Endvermögen keines der beiden Ehegatten zu berücksichtigen, was hiermit eheverträglich vereinbart wird.

IV. Berücksichtigung im Unterhaltsrecht?

1. Wohnvorteil

Bleibt die ehebedingte Übertragung insb. des Familienheims (bzw. eines Miteigentumsanteils hieran) auch für die Zeit der Trennung bzw. Scheidung aufrechterhalten, wirkt sich der Mietertrag bzw. (bei Eigennutzung) der Wohnwert[187] beim erwerbenden Ehegatten, gemindert um die laufenden verbrauchsunabhängigen Belastungen des Bewohnens (hinsichtlich der Finanzierungskosten einschließlich der Tilgung)[188] erhöhend aus und stärkt dessen potenzielle Leistungsfähigkeit i.R.d. Unterhaltsrechts. Dieser Wohnvorteil ist stets, also auch unabhängig von einer Eigentums(anteils)übertragung, zugunsten des allein nutzenden Ehegatten zu berücksichtigen, ein Nutzungsentgelt kann der nicht mehr selbst nutzende (Mit-)Eigentümer nicht verlangen, da er im gleichen Verhältnis eine Erhöhung seiner nachehelichen Unterhaltsverpflichtung in Kauf nehmen müsste.[189]

2764 Umstritten ist die Rechtslage jedoch insb. in den Fällen, in denen die **Übernahme des Miteigentumsanteils an der Ehewohnung entgeltlich** (etwa gegen Schuldübernahme bzw. zusätzliche Abfindungszahlungen) **erfolgte**. Zahlreiche OLG[190] vertreten die Ansicht, dass aufseiten des Erwerbers der um die Hauslasten geminderte Wohnwert, einerseits, aufseiten des Veräußerers die Kapitaleinkünfte aus dem „Erlös", andererseits, bei der Unterhaltsberechnung außer Acht zu lassen seien, damit der veräußernde Ehepartner nicht schlechter gestellt werde, als wenn das Haus an einen Dritten verkauft worden wäre: In Letzterem Fall wäre der Erlös nach Begleichung der Darlehenslasten hälftig aufgeteilt worden, sodass jeder Ehegatte Zinseinkünfte in gleicher Höhe gehabt hätte, die sich unterhaltsrechtlich neutralisiert hätten.

2765 Der BGH[191] folgt dieser pauschalierenden Betrachtung bei der entgeltlichen Ehegattenübertragung nicht: Vielmehr sei im Einzelfall zu prüfen, ob eine Obliegenheit zur Vermögensumschichtung und damit zur Veräußerung des Hauses bestünde, insb. wenn die weitere Nutzung durch den erwerbenden Ehegatten wirtschaftlich nicht angemessen sei und dessen Lebenszuschnitt eindeutig[192] übersteige. In diesem Fall seien dem veräußernden Ehegatten die konkreten, dem erwerbenden (jedoch zur Weiterveräußerung angehaltenen) Ehegatten die fiktiven Zinseinkünfte aus dem Netto-Erlös zuzurechnen. Im Fall einer gemeinsamen entgeltlichen Veräußerung des Eigenheims an einen Dritten wird bei der Bedarfsbemessung das jeweilige Surrogat des Wohnvorteils berücksichtigt, d.h. die Zinsen aus dem angelegten Erlös bzw. der Wohnwert des mit dem Erlös neu erworbenen Objekts.[193]

---

187 Während des Getrenntlebens jedoch nicht i.H.d. tatsächlichen Nutzungsvorteils, sondern gem. einer den Lebensverhältnissen entsprechenden kleineren Wohnung („Unbeachtlichkeit des toten Raumes", keine Obliegenheit zum vorzeitigen Umzug angesichts möglicher Wiederversöhnung), vgl. BGH, NJW 2000, 284, BGH, 28.03.2007 – XII ZR 21/05, NJW 2007, 1974; *Huhn*, RNotZ 2007, 179.

188 Jedenfalls bis zum Zeitpunkt des § 1384 BGB (BGH, 28.03.2007 – XII ZR 21/05, NJW 2007, 1974: sowohl eheprägend, ohne Beschränkung auf die Höhe des angemessenen Wohnvorteils, als auch Bedürftigkeit schaffend) danach nur die Zinsen – ein Teil der Tilgung kann jedoch u.U. als Altersvorsorgeaufwendung berücksichtigt werden, beim Ehegattenunterhalt 4% des monatlichen Bruttoeinkommens: BGH, 05.03.2008 – XII ZR 22/06, ZFE 2008, 268. Bei Miteigentum beider sollen Zins- und Tilgungsleistungen abziehbar sein und es findet kein Gesamtschuldnerausgleich nach § 426 Abs. 1 BGB statt (BGH, NJW 1990, 3274).

189 Allerdings steht die Berücksichtigung des Wohnvorteils i.R.d. Kindesunterhalts dem späteren Verlangen eines Nutzungsentgelts (etwa bei Miteigentum gestützt auf § 745 Abs. 2 BGB) nicht entgegen (OLG Karlsruhe, NJW-RR 2005, 1240).

190 Z.B. OLG Saarbrücken, NJW-RR 2005, 444.

191 BGH, 01.12.2004 – XII ZR 75/02, NJW 2005, 2077 = MittBayNot 2007, 51.

192 Die Tatsache, dass der Netto-Wohnwert nicht genau so hoch ist wie der aus dem Verkaufserlös erzielbare Ertrag, genügt als Nachweis also nicht.

193 BGH, 23.11.2005 – XII ZR 51/03, FamRZ 2006, 387 m. Anm. *Büttner*.

2. Übertragung zur Unterhaltsabgeltung

Es sind Fälle denkbar, in denen ein Ehegatte anstelle geschuldeter laufender Geldzahlungen eine Einmalzahlung als „Startkapital" bevorzugt oder – für die vorliegende Untersuchung relevant – den Zuerwerb der weiteren Eigentumshälfte des selbst genutzten Wohnobjekts/des Eigentums hieran verlangt, um künftig dauerhaft Mietaufwendungen zu sparen. Mit einer solchen Übertragung können die Eheleute nicht nur Zugewinnausgleichsansprüche „abgelten" (s.o. Rdn. 61 ff.), sondern auch Unterhaltsansprüche (Rdn. 83 f.). Eherechtlich problematisch ist eine solche Abgeltungsvereinbarung v.a. hinsichtlich des Trennungsunterhalts,[194] für den ein Verzicht mit Wirkung für die Zukunft nicht in Betracht kommt (§§ 1361 Abs. 4 Satz 4, 1360a i.V.m. § 1614 BGB), aber auch für den nachehelichen Unterhalt, soweit die Grenzen der Wirksamkeits- und Ausübungskontrolle verletzt sein sollten (vgl. im Einzelnen oben Rdn. 841 ff.).

2766

Um eine nicht gewollte Doppelbegünstigung zu vermeiden für den Fall, dass später gleichwohl mit Erfolg Ehegattenunterhalt (sei es Trennungs- oder nachehelicher Unterhalt) geltend gemacht wird, wird sich der Zuwendende dann die gegenständliche Rückforderung des übertragenen Halbanteils bzw. der übertragenen Immobilie wegen „Zweckverfehlung" vorbehalten. Die in der Vergangenheit bereits gezogenen Nutzungen verbleiben jedenfalls für die Zeiträume beim Erwerber, für die er (z.B. mangels Rechtshängigkeit) keinen Unterhalt nachfordern kann. Solche Rückforderungsrechte sind vergleichbar den Rückforderungsvorbehalten bei Weiterübertragung des Erworbenen an den Ehegatten (Vorsorge für den Scheidungsfall, s.u. Rdn. 2814 ff.) sowie allgemeinen Rückforderungsvorbehalten bei Übertragungen in gerader Linie (vgl. ausführlich Rdn. 1816 ff., auch zu den Rückabwicklungsverfahren und zur Sicherung durch Vormerkung).

2767

Die Rückforderungsklausel könnte etwa den folgenden Wortlaut haben:

2768

Formulierungsvorschlag: Rückforderungsvorbehalt bei Immobilienübertragung zur Unterhaltsabgeltung

2769

> Die Übertragung des Vertragsbesitzes, dessen Wert die Beteiligten mit ..... € angegeben haben, dient der Abgeltung gesetzlicher Ansprüche auf Trennungsunterhalt und gegebenenfalls nachehelichen Unterhalt des Erwerbers gegenüber dem Veräußerer (ggf. weitere ehevertragliche Ausführungen, z.B. Abfindungsvereinbarung, Verzicht im Übrigen etc.). Die Beteiligten erklären nach Hinweis des Notars auf die gesetzliche Unverzichtbarkeit des Trennungsunterhalts und auf die nur eingeschränkte Abänderbarkeit des nachehelichen Unterhalts, dass nach ihrer Überzeugung die durch die Nutzung des Vertragsbesitzes gewährten Gebrauchs- oder Mietvorteile einen angemessenen und weitgehend wertgleichen Ersatz für gesetzlich geschuldete Geldzahlungen darstellen; der Notar hat insoweit eine Prüfung weder übernommen noch durchgeführt. Zur Vermeidung einer Doppelbegünstigung vereinbaren die Beteiligten jedoch:

---

[194] Möglich ist allenfalls in Ausfüllung des zulässigen Ermessensspielraums eine Überschreitung des gesetzlich Geschuldeten um ca. 20 % noch i.R.d. Angemessenheit, vgl. OLG Düsseldorf, FamRZ 2001, 1448, sowie *Huhn*, RNotZ 2007, 177 ff. mit Formulierungsvorschlägen.

Für den Fall, dass der Erwerber als Unterhaltsberechtigter
- - die Zahlung von Trennungsunterhalt oder nachehelichem Unterhalt verlangt (wobei das Verlangen von Sonderbedarf kein Rückforderungsrecht auslösen soll) oder
- - den Unterhaltsverpflichteten zum Zweck der Geltendmachung des Unterhaltsanspruchs zur Auskunftserteilung über Einkünfte und Vermögen auffordert,

ist der Veräußerer zur Rückforderung des übertragenen Grundbesitzes berechtigt (*Anm.: folgt weitere Ausgestaltung gemäß Muster Rdn. 1996 f.*). Die bereits gezogenen Nutzungen sowie durch den Veräußerer etwa weiter erbrachten Zins- und Tilgungsleistungen auf Verbindlichkeiten, die auf dem Objekt abgesichert sind, sind nicht rückzugewähren hinsichtlich derjenigen Monate, für die kein Unterhalt geltend gemacht wurde, sondern bleiben als Unterhaltsersatz entschädigungslos dem Erwerber.

Der Anspruch auf Rückforderung erlischt, sobald nach dem Tod des Veräußerers der Unterhaltsberechtigte keine Ansprüche auf Trennungsunterhalt oder nachehelichen Unterhalt mehr gegen die Erben des Unterhaltsverpflichteten geltend machen kann, §§ 1615, 1586b BGB.

C. Privilegierte Wirkungen im Verhältnis zu Dritten?

I. Grundsatz

Soweit mit ehebedingten Zuwendungen günstigere Rechtsfolgen im Verhältnis zu Dritten (z.B. Gläubigern, Pflichtteilsberechtigten etc.) bezweckt werden, hat die frühere Literatur in der Tat versucht, ehebedingte Zuwendungen wegen des fehlenden Merkmals der Unentgeltlichkeit von den allgemeinen Erwerbsschwächen des Schenkungsrechts auszunehmen oder dies zumindest dann zu fordern, wenn der Vermögenstransfer einem angemessenen Zugewinnausgleich entspricht.[195]

2770

Der Schutzzweck der erbrechtlichen, gegen Schenkung gerichteten Normen (§§ 2213, 2205, 2287, 2315 BGB) fordert – so die Grundsatzentscheidung des BGH[196] –, dass allein das Fehlen des subjektiven Tatbestandsmerkmals der Schenkungsabsicht nicht genügen darf, die Anwendbarkeit jener Vorschriften zu verneinen. Daher unterfallen auch unbenannte oder **ehebezogene Zuwendungen** als „in der Regel unentgeltliche Leistungen" den Schenkungsvorschriften, sofern nicht ausnahmsweise eine adäquate Gegenleistung vorliegt, etwa

2771

- als nachträgliche Vergütung langjähriger Dienste[197]
- oder eine unterhaltsrechtliche Verpflichtung zu bejahen ist (vgl. Rdn. 2507 ff.)
- bzw. ein Anspruch auf die Zuwendung als Bestandteil angemessener Alterssicherung des Empfängers besteht[198] (vgl. Rdn. 2654).

Zwischenzeitliche Entscheidungen des BGH lassen keinen Zweifel daran, dass auch im Hinblick auf andere Schenkungsnormen allein die subjektive Verfolgung besonderer Zwecke durch die Ehegatten sich nicht zum Nachteil von Drittbeteiligten auswirken kann und somit die Rechtsfolgen der ehebedingten Zuwendung denen einer unmittelbarer Schenkung gleichen. Unbenannte Zuwendungen sind demnach unentgeltlichen Zuwendungen im Rahmen von § 2287 BGB (bösliche Schenkungen bei vertraglichen Testamentsbindungen) gleichgestellt[199] und waren anfechtbar i.S.d. § 3 Abs. 1 Nr. 4 AnfG a.F.[200] sowie des § 32 KO[201] („weitgehend objektive Anknüpfung", Einigkeit über die Unentgeltlichkeit also nicht erforderlich). Gleiches gilt bei § 822 BGB[202] und i.R.d. § 2325 BGB (s. nachstehend Rdn. 2773 ff.).

2772

---

195 Etwa *Morhard*, NJW 1987, 1734 f.
196 NJW 1992, 564 = BGHZ 116, 167 ff. (zu § 2287 BGB).
197 So etwa OLG Oldenburg, FamRZ 2000, 638 (30-jährige Tätigkeit als Sprechstundenhilfe).
198 Vgl. hierzu BGH, NJW 1972, 580.
199 BGH, MittBayNot 1992, 150.
200 BGH, NJW 1991, 1610.
201 BGH, 24.06.1993 – IX ZR 96/92, NJW-RR 1993, 1379.
202 BGH, ZNotP 2000, 27, gegen OLG Koblenz, NJW-RR 1991, 1218; wie der BGH zuvor schon *Sandweg*, NJW 1989, 1937.

II. Pflichtteilsergänzung

2773 Ehebedingte Zuwendungen stellen demnach auch Schenkungen i.S.d. § 2325 BGB dar.[203] Ebenso sind ehebedingte Zuwendungen zulasten des später die Pflichtteilsergänzung selbst fordernden Ehegatten auf dessen Anspruch gem. § 2327 BGB anzurechnen.[204]

Die Literatur tritt dem z.T. bei,[205] z.T. **kritisiert** sie diese Wertung mit Blick auf die abweichenden Vorstellungen der Beteiligten oder fordert einen erweiterten Anwendungsbereich der Pflicht- und Anstandsschenkung nach § 2330 BGB bzw. kommt zu anderen Ergebnissen mit Blick auf güterrechtliche Ansätze („legitimer Anspruch auf **Vermögensteilhabe des Ehegatten**", wobei jedoch übersehen wird, dass diese Teilhabe bereits durch den Zugewinnausgleich als solchen geleistet wird und keiner Ergänzung hinsichtlich des Familienheims bedarf).

2774 Als unbillig wird insb. angesehen, dass im Fall des **Berliner Testaments** die Kinder nach dem erstversterbenden Elternteil demnach den Pflichtteil auch aus der durch den zuerst versterbenden Alleinverdiener mitfinanzierten Eigentumshälfte des anderen Ehegatten geltend machen können und sodann erneut – wiederum bezogen auf die gesamte Immobilie – nach dem zweiten Sterbefall. Diese doppelte Pflichtteilsbelastung lässt sich bspw. durch rechtzeitige lebzeitige Übertragung an die Abkömmlinge unter Nießbrauchsvorbehalt für den überlebenden Ehegatten vermeiden.

III. Ausnahmen

2775 Die vom BGH in seinem Grundsatzurteil zur Gleichstellung der ehebedingten Zuwendung i.R.d. § 2287 BGB[206] genannten möglichen **Ausnahmetatbestände** (insb. das Vorliegen einer nachträglichen Vergütung für langjährige Dienste sowie unterhaltsrechtlich geschuldete Alterssicherung – s.a. Rdn. 2507ff.) sind bisher trotz verschiedener Bemühungen[207] konturenlos geblieben und können wohl nur im Einzelfall aufgrund wertender Prüfung, insb. mit Blick auf bisher nicht vorhandene anderweitigen Alterssicherung, bejaht werden

2776 Bei Schenkung an den Ehegatten beginnt der Fristlauf (verfassungsrechtlich bedenklich)[208] erst mit Auflösung der Ehe (anders als im Anfechtungsrecht, wo auch Ehegattenschenkungen 10 Jahre nach ihrer Vollziehung nicht mehr der Gläubigeranfechtung unterliegen). Dies gilt nicht für Schenkungen vor der Ehe. Die ehebedingte Zuwendung in allen Formen gilt im Sinne dieser Vorschrift als Schenkung. Durch teleologische Reduktion des § 2325 Abs. 3 Halbs. 2 BGB dürfte aber der für das Anlaufen der Frist notwendige **Genussverzicht** dann eintreten, wenn der erwerbende Ehegatte den Gegenstand weiterverschenkt (und damit das Schenkungsobjekt aus dem als Wirtschaftseinheit wahrgenommenen Ehevermögen ausscheidet).[209]

---

203 BGH, NJW 1992, 564.
204 LG Ellwangen, 22.08.2008 – 1 S 170/07, JurionRS 2008, 37428.
205 Vgl. etwa *Mayer*, Handbuch des Pflichtteilsrechts, § 8 Rn. 38 m.w.N.
206 BGHZ 116, 167 = NJW 1992, 564.
207 Etwa *Klingelhöffer*, NJW 1993, 1100f., mit Blick v.a. auf den Betrag des kapitalisierten Unterhaltsanspruchs.
208 Trotz des Kammerbeschlusses BVerfG v. 06.04.1990, NJW 1991, 217, vgl. *Daragan*, ZErb 2008, 2ff.
209 So mit beachtlichen Gründen *Kornexl*, ZEV 2003, 198.

Zur Vermeidung einer Besserstellung des Pflichtteilsergänzungsberechtigten sollte ferner richtiger Weise die **Rückschenkung** (oder Aufhebung der Erstschenkung) zugunsten des ursprünglichen Eigentümer-Ehegatten in teleologischer Gesetzesreduktion zu einer „Saldierung" und damit zur Neutralisierung des § 2325 BGB-Anspruchs führen, wenn der Gegenstand wieder im Nachlass des erstverschenkenden Ehegatten vom unmittelbaren Pflichtteilsanspruch erfasst wird.[210]

2777

IV. Formulierung einer ehebedingten Zuwendung

> **Hinweis:**
>
> Demnach muss die Bezeichnung einer Zuwendung als „ehebedingt" von erläuternden notariellen Hinweisen flankiert sein, um Fehlvorstellungen der Beteiligten hinsichtlich der dadurch erzielbaren Wirkungen vorzubeugen.

2778

Formulierungsvorschlag: Vorliegen einer ehebedingten Zuwendung (am Beispiel der Übertragung eines Halbanteils an einer Immobilie in das nunmehrige Alleineigentum des Ehegatten)

2779

> Die vorstehende Überlassung erfolgt als ehebedingte Zuwendung zur Verwirklichung der ehelichen Lebens- und Wirtschaftsgemeinschaft. Der Notar hat insbesondere auf Folgendes hingewiesen:
> - Die Zuwendung kann grundsätzlich auch im Fall der Ehescheidung nicht widerrufen werden, es sei denn, Rückforderungsrechte werden ausdrücklich vereinbart.
> - Etwaige Pflichtteils- und Pflichtteilsergänzungsansprüche – etwa von Kindern des weiterüberlassenden Ehegatten – berechnen sich im Fall dessen Vorversterbens aus dem Wert des gesamten Grundbesitzes, also auch aus der weiterüberlassenen Hälfte; die Zehn-Jahres-Frist des § 2325 Abs. 3 BGB, nach deren Ablauf eine Pflichtteilsergänzung ausgeschlossen ist, beginnt nicht vor Auflösung der Ehe.
> - Auch im Hinblick auf etwaige Anfechtungen der Übertragung durch Gläubiger oder im Fall der Insolvenz wird sie wie eine freie Schenkung behandelt.

---

210 So zu Recht *Kornexl*, ZEV 2003, 198, jedenfalls wenn die „Rückschenkung" in innerem Zusammenhang mit der ersten Schenkung steht, also nicht auf neuem Zuwendungswillen beruht; vgl. auch *Gehse*, RNotZ 2009, 361, 378.

D. Steuerliche Überlegungen zur ehebedingten Zuwendung

I. Schenkungsteuer (§ 13 Abs. 1 Nr. 4a ErbStG)

1. Rechtslage bis Ende 2008

2780 Der BFH hatte ursprünglich ehebedingte Zuwendungen nicht als freigebig i.S.d. § 7 Abs. 1 Nr. 1 ErbStG und damit nicht als Schenkung angesehen.[211] Die Finanzverwaltung schloss sich dieser Auffassung nur bei Zuwendungen im Zusammenhang mit einem Familienwohnheim an;[212] umfasst sind auch Zwei- oder Dreifamilienhäuser, solange sie nur von den Ehegatten mitbewohnt werden. Durch eine Rechtsprechungsänderung des BFH im Jahr 1994[213] ging der BFH noch hinter die Auffassung der Finanzverwaltung zurück und sah ehebedingte Zuwendungen grds. immer als freigebig i.S.d. Schenkungsteuerrechts an. Steuerpflichtig ist demnach die mittelbare Zuwendung von über den Unterhalt hinausgehenden Geldmitteln durch einseitige Einzahlungen auf ein Und- oder Oder-Konto, sofern keine von § 430 BGB (Gleichanteilsberechtigung) abweichenden Zuordnungsregeln im Innenverhältnis getroffen und durchgeführt werden.[214]

2781 Der Gesetzgeber korrigierte diese Auffassung durch Einfügung des § 13 Abs. 1 Nr. 4a ErbStG dahin gehend, dass nur noch der Erwerb von Eigentum oder Miteigentum an einem gemeinsam[215] **eigen genutzten Haus** oder einer eigen genutzten Eigentumswohnung bzw. die Freistellung von Verbindlichkeiten im Zusammenhang mit der Anschaffung oder Herstellung eines solchen privilegiert sind. Die Steuerbegünstigung erfasst auch das Grundstück, das mit dem Familienwohnheim bebaut ist, und mit dessen Nutzung eng zusammenhängende benachbarte Flächen; ferner Miteigentums- oder Gesamthandsanteile, mit denen (ggf. gem. § 1010 BGB) die Nutzung als Familienwohnheim verbunden ist.[216] Gleichgestellt ist die Übertragung des Familienheims aus dem Gesamtgut in das Vorbehaltsgut eines Ehegatten bei Gütergemeinschaft.[217] Ferien- und Wochenendwohnungen (die also in baurechtlich entsprechend ausgewiesenen Sondergebieten liegen) sind gem. R 43 Abs. 1 Satz 2 ErbStR 2003 ausgeschlossen,[218] ebenso Häuser mit mehr als drei Wohnungen, es sei denn, sie würden alle von der Familie genutzt, sowie Immobilien im Ausland.

2782 Die unentgeltliche Überlassung von Wohnräumen (nicht jedoch einer ganzen Wohnung) an Verwandte schadet gem. R 43 Abs. 1 Satz 7 ErbStR 2003 nicht, ebenso wenig die Aufnahme einer Haushälterin/Au-pair-Betreuerin in das Familienwohnheim, R 43 Abs. 1 Satz 3 ErbStR 2003.

---

211 BFH, BStBl. II 1985, S. 159, auch bei Gütertrennung!
212 Koordinierte Ländererlasse v. 10.01.1988, BStBl. I 1998, S. 513.
213 BFH, DStR 1994, 615.
214 OFD Koblenz, 19.02.2002 – S 3900 A – St 53 5, ZEV 2002, 189; *Götz*, ZEV 2003, 65 ff.; *Eich*, ErbStB 2003, 362; *Fischer* ErbStB 2004, 236; umfassend *Steiner*, ErbStB 2005, 76.
215 ErbStR 2003 R 43; nach abweichender Auffassung des FG Berlin, DStRE 2004, 217 m. Anm. *Schlünder/Geißler*, DStR 2006, 260, genügt auch die Nutzung durch einen (getrennt lebenden) Ehegatten samt mindestens einem Kind für den Charakter einer „Familienwohnung".
216 *Hardt*, ZEV 2004, 408.
217 DNotI-Gutachten, Faxabruf-Nr. 13216.
218 Feriendomizile sind nach FG Münster, 18.05.2011 – 3 K 375/09 Erb, ErbStB 2011, 246 (Az. BFH: II R 35/11) allgemein ausgeschlossen.

D. Steuerliche Überlegungen zur ehebedingten Zuwendung

> **Hinweis:** 2783
>
> Jegliche, auch völlig untergeordnete, Fremdvermietung beseitigte jedoch nach der bis Ende 2008 geltenden Rechtslage den Privilegierungstatbestand des § 13 Abs. 1 Nr. 4a ErbStG nach Ansicht der Finanzverwaltung (R 43 Abs. 1 Satz 6 ErbStR 2003) insgesamt[219] und sollte daher vorsichtshalber vor einer ehebedingten Schenkung beendet werden. Der BFH ist dieser Auffassung entgegengetreten;[220] die Reform 2009 hat sie – jedenfalls für Neufälle – ebenfalls verworfen (vgl. Rdn. 2790).

Der Privilegierungstatbestand kennt **keine Objektbeschränkung**,[221] kann also wiederholt – für 2784 das „jeweilige" Familienheim – in Anspruch genommen werden, und ist unabhängig vom Verkehrswert. Die Schenkungsteuerfreistellung tritt auch (anders als i.R.d. § 5 ErbStG) unabhängig vom Güterstand ein und erfordert weder eine vorherige Mindestbesitzzeit noch eine sich anschließende Mindestbehaltensdauer. Sie gilt auch bei lediglich beschränkter Schenkungsteuerpflicht, sofern nur das Familienwohnheim sich im Inland befindet. Auch die Zuwendung eines künftigen Familienheims während der Bauphase ist steuerfrei möglich, sofern die Selbstnutzung voraussichtlich binnen 6 Monaten beginnen wird. Allerdings ist nur die lebzeitige Übertragung des Familienwohnheimes freigestellt, nicht auch dessen Vererbung.

> **Hinweis:** 2785
>
> Es liegt also nahe, das (jeweilige) Familienheim an den mutmaßlich längerlebenden Ehegatten zu übertragen, kombiniert mit einem (vormerkungsgesicherten) Rückforderungsvorbehalt u.a. für den Fall, falls der Erwerber wider Erwarten doch vorversterben sollte (§ 29 Abs. 1 Nr. 1 ErbStG erlaubt dann eine steuerneutrale „Korrektur" durch Geltendmachung des Rückforderungsrechtes, sodass der Erbschaftsteuerfreibetrag nicht unnötig durch den „Rückerwerb" des Familienheims belastet wird), vgl. Rdn. 2712, 1911 ff., 3966.

Ist die Steuerfreiheit wesentliches Motiv der Übertragung, ist zu erwägen, sich vertraglich die 2786 Rückforderung vorzubehalten, falls die Veranlagungsstelle die Voraussetzungen des § 13 Abs. 1 Nr. 4a ErbStG verneint (mit der Folge der Steuerfreiheit der Rückübertragung und der Erstattung etwa bereits festgesetzter Steuer, § 29 Abs. 1 Nr. 1 ErbStG), sog. Steuerklausel[222] (vgl. näher Rdn. 1922 ff.).

§ 13 Abs. 1 Nr. 4a ErbStG kann durch Kombination mit einem Rückverkauf zu einem „**Fami-** 2787 **lienheim-Schaukelmodell**" erweitert werden, um wirtschaftlich durch mehrfache Übertragung desselben Familienheims auch Geldbeträge schenkungsteuerfrei zu transferieren, sofern dem kein Gesamtplan (vgl. Rdn. 4437 ff.) zugrunde liegt:

---

219 Beispiel: FG München, 11.04.2005 – 4 V 4452/04, ZErb 2006, 318.
220 BFH, 26.02.2009 – II R 69/06, ZEV 2009, 257 m. Anm. *Schlünder/Geißler*, ebenso zuvor FG Nürnberg, 05.10.2006 – IV 292/2003, EFG 2007, 207 (Az. BFH: II R 69/05): Vermietung von 9 m²-Büro an eine GmbH, deren Geschäftsführer der Ehemann ist, schade nicht.
221 *Götz*, FamRB 2005, 186.
222 Trotz FG Rheinland-Pfalz, FR 2001, 653 m. Anm. *Gräfe*, erscheint es riskant, allein auf die Rspr. zum Wegfall der Geschäftsgrundlage zu vertrauen.

> **Hinweis:**
> Wird zunächst das Familienheim (wegen § 13 Abs. 1 Nr. 4a ErbStG steuerfrei) an den Ehegatten übertragen und verkauft dieser es später an den früheren Eigentümer-Ehegatten vollentgeltlich zurück (gem. § 3 Nr. 4 GrEStG grunderwerbsteuerfrei; wegen § 23 Abs. 1 Nr. 1 Satz 3 EStG auch nicht „spekulationssteuerpflichtig"), sodass er nunmehr im Besitz des Geldbetrages ist, kann ihm aufgrund neuen Entschlusses das Familienheim erneut steuerfrei zugewendet werden, sodass ihm Geld und Eigenheim steuerfrei zustehen.

2788 Eine ähnliche Korrekturmöglichkeit zur Steuervermeidung als „Notlösung" eröffnet **§ 29 Abs. 1 Nr. 3 ErbStG** (s. Rdn. 3896, 3967), falls eine Übertragung unter Ehegatten wider Erwarten Schenkungsteuer auslöst und keine „Steuerklausel" im engeren Sinn vorbehalten wurde (vgl. hierzu oben Rdn. 2786). Nach dieser Vorschrift erlischt nämlich die Steuer mit Wirkung für die Vergangenheit, soweit unentgeltliche Zuwendungen **auf die Ausgleichsforderung** i.R.d. durchgeführten (güter- oder erbrechtlichen, § 5 Abs. 2 und Abs. 1 ErbStG)[223] Zugewinnausgleichs **angerechnet worden** sind.[224]

> **Hinweis:**
> Die Ehegatten könnten daher bei als steuerbelastend erkannten Schenkungen ihre bestehende Zugewinngemeinschaft durch Ehevertrag beenden, den tatsächlichen Zugewinnausgleich (§ 1378 BGB) ermitteln und die Vorschenkung auf die Zugewinnausgleichsforderung ausdrücklich anrechnen, auch über den gesetzlichen Mechanismus des § 1380 BGB hinaus. Dadurch lässt sich das „Entgeltpotenzial" von Zugewinnausgleichsverbindlichkeiten auch für bereits in der Vergangenheit erfolgte Schenkungen nutzen;[225] möglicherweise entfällt damit auch rückwirkend eine Strafbarkeit wegen unterlassener Anzeige der vorangegangenen Schenkung.[226]

2. Rechtslage ab 2009

2789 Da der Gesetzgeber in § 13 Abs. 1 Nr. 4a ErbStG n.F. sich teilweise wörtlich an die bisherige Konzeption des § 13 Abs. 1 Nr. 4a ErbStG a.F. angelehnt hat, sind die diesbezüglichen Auffassungen der Finanzverwaltungen insoweit auf die neuen Vorschriften übertragbar. So wird auch künftig ein bloßes Ferien- oder Wochenendhaus nicht freistellungsfähig sein,[227] da es sich um den Mittelpunkt des familiären Lebens handeln muss (R 43 Abs. 1 Satz 2 ErbStR). Wie bisher (R 43 Abs. 2 ErbStR) gilt für die Freistellung der Übertragung des Familienheims auf den Ehegatten (§ 13 Abs. 1 Nr. 4a ErbStG n.F.):

- Es existiert keine Wertgrenze, auch keine Begrenzung der Größe auf ein angemessenes Maß.
- Es findet kein Objektverbrauch statt, sodass mehrmals während der Ehe das jeweilige Familienheim übertragen werden kann.

---

[223] Klarstellung durch die Erbschaftsteuerreform 2009, vgl. *Wachter*, ZNotP 2007, 50.
[224] *Reich*, ZEV 2011, 59 ff.
[225] Vgl. *Th. Müller*, ErbStB 2007, 15.
[226] *Götz*, DStR 2001, 417.
[227] Vgl. *Esskandari/Bick*, ErbStB 2011, 247; FG Münster, 18.05.2001 – 3 K 375/09 Erb, BeckRS 2011, 96006.

D. Steuerliche Überlegungen zur ehebedingten Zuwendung

- Eine anschließende Behaltenspflicht besteht nicht, sodass die spätere Veräußerung nicht zu einer Nachversteuerung führt.[228]
- Es muss keine Mindestbesitzzeit zuvor verwirklicht sein.
- Der Güterstand der Eheleute spielt keine Rolle.
- Die Ehe muss z.Zt. der Anschaffung oder Herstellung des nunmehr übertragenen Objektes noch nicht bestanden haben,[229] sondern erst zum Zeitpunkt der Übertragung (ist Gegenstand der Übertragung ein Gebäude im errichteten oder sanierten Zustand, muss die Ehe bei Abschluss der Errichtung/Sanierung freilich noch bestanden haben![230]).
- Die mittelbare Familienheimschenkung (Rdn. 4205 ff.) – bspw. durch Zuwendung von Mitteln zweckgebunden zum Familienheimerwerb, Übernahme nachträglichen Herstellungs- oder Erhaltungsaufwands, Tilgung von objektbezogenen Verbindlichkeiten – ist in gleicher Weise steuerfrei gestellt wie die Schenkung eines vorhandenen Familienheims. Auch die Zuwendung eines Familienheims (oder von zweckgebundenen Geldmitteln für ein solches) als Abfindung für einen Pflichtteilsverzicht (§ 7 Abs. 1 Nr. 5 ErbStG) ist steuerfrei.[231]

Erweitert wurde § 13 Abs. 1 Nr. 4a ErbStG in dreierlei Hinsicht: 2790

- Neben dem Ehegatten ist nun auch der eingetragene Lebenspartner i.S.d. § 1 LPartG begünstigt.
- Die Freistellung erfasst nun auch selbst genutzte Eigenheime/Eigentumswohnungen im EU- oder EWR-Ausland. Dies kommt insb. in Betracht, wenn die Eheleute ausgewandert sind, jedoch – da noch nicht 5 Jahre verstrichen sind – der erweiterten unbeschränkten Steuerpflicht nach § 2 Abs. 1 Nr. 1b ErbStG (vgl. Rdn. 4256) unterliegen (klassischer Anwendungsfall: Alterswohnsitz in Spanien, nachdem der inländische Wohnsitz aufgegeben wurde).[232]
- Die teilweise Fremdnutzung ist – entgegen der bisherigen Auffassung der Finanzverwaltung (vgl. Rdn. 2783)[233] – nicht mehr insgesamt begünstigungsschädlich. Eine vorherige Aufteilung in WEG, um zumindest den eigengenutzten Anteil steuerfrei übertragen zu können, ist also nicht mehr notwendig, Rdn. 2791.

Die Begünstigung ist nun bezogen auf Objekte i.S.d. § 181 Abs. 1 Nr. 1 bis 5 BewG, „soweit" darin eine Wohnung zu eigenen Wohnzwecken genutzt wird. Die Aufteilung zwischen dem eigengenutzten Wohnteil und den verbleibenden Gebäudeteilen erfolgt, wie bisher, nach dem Verhältnis der (gemäß WohnflächenVO v. 25.11.2003 ermittelten) Wohn-/Nutzflächen, nicht nach Maßgabe der Mieterträge oder der Wertverhältnisse.[234] Zugehörige Garagen oder Nebengebäude 2791

---

[228] FG Rheinland-Pfalz, 18.02.1999 – IV K 2180/98, ZEV 1999, 244, fordert allerdings zur Vermeidung des § 42 AO, dass der erwerbende Ehegatte im Zuwendungszeitpunkt Fortnutzungsabsicht habe.
[229] BFH, 27.10.2010 – II R 37/09 ZEV 2011, 49.
[230] *Ihle*, RNotZ 2011, 471, 476.
[231] BFH, 27.10.2010 – II R 37/09 ZEV 2011, 49, Tz 24.
[232] Vgl. *Reimann* ZEV 2010, 175.
[233] Vgl. R 43 Abs. 1 Satz 6 ErbStR 2003, a.A. jedoch nun der BFH für Altfälle, BFH, 26.02.2009 – II R 69/06, ZEV 2009, 257 m. Anm. *Schlünder/Geißler*.
[234] Abschn. 3 Abs. 2 Satz 13 der Erlasse v. 25.06.2009, BStBl. 2009 I, S. 713; ebenso zum früheren Recht BFH, s. vorangehende Fußnote.

werden in die Privilegierung einbezogen.²³⁵ Es schadet nach h.M. nicht, dass sich der veräußernde Ehegatte ein Wohnungs- oder Nießbrauchsrecht zurückbehält.²³⁶

2792 Schulden und Lasten, die mit dem übertragenen Familienheim im Zusammenhang stehen, werden gem. § 10 Abs. 6 Satz 1 ErbStG naturgemäß nicht abgezogen, sodass sich unter Optimierungsaspekten empfiehlt, zunächst das Familienheim zu entschulden.

2793 Ungeklärt ist, ob die Privilegierung auch gewährt wird, wenn das Familienheim von einem Ehegatten unter Lebenden auf eine aus beiden Ehegatten bestehende **GbR** übertragen wird. Zivilrechtlich gilt die GbR als Erwerber (Rdn. 2053 ff.), schenkungsteuerrechtlich wird (noch? vgl. Rdn. 2159, Rdn. 4225) auf die Gesellschafter der GbR durchgegriffen (Transparenzprinzip, § 39 Abs. 2 AO). Wer alle Zweifel beseitigen will, überträgt zunächst einen Miteigentumsanteil auf den Ehegatten, und lässt beide sodann ihr Bruchteilseigentum in die GbR einbringen. Dieselbe Ungewissheit besteht beim **Anwachsungserwerb** gem. § 738 Abs. 1 Satz 1 BGB aufgrund Ausscheidens eines Ehegatten aus einer Ehegatten-Familienheim-GbR.²³⁷ Wächst der Anteil dem verbleibenden Ehegatten aufgrund Versterbens des anderen an, handelt es sich (anders als im Zivilrecht) um einen Erwerb von Todes wegen (§ 3 Abs. 1 Nr. 2 Satz 2 ErbStG), sodass zusätzlich die strengeren Voraussetzungen des § 13 Abs. 1 Nr. 4b ErbStG (10-Jahres-Nachbesitz-Frist) einzuhalten sind, vgl. Rdn. 3917 ff.

II. Eigenheimzulage

2794 Handelt es sich bei ehebedingten Zuwendungen um selbst genutztes Wohneigentum, das von beiden Ehegatten gemeinsam oder jedenfalls vom erwerbenden Ehegatten selbst weiterhin bewohnt wird, ändert sich für die weiterhin relevanten „Altfälle" an der Gewährung der Subventionen nach dem Eigenheimzulagegesetz nichts; insoweit tritt auch **kein Objektverbrauch** ein.²³⁸ Die bisherige „Subventionsreihe" wird nach Auffassung der Finanzverwaltung,²³⁹ die durch das Haushaltsbegleitgesetz 2004 bestätigt wurde, zu Ende geführt (ein Objektverbrauch aus einem früheren Objekt lebt also durch den Tod oder die Trennung nicht wieder auf), vgl. § 6 Abs. 2 EigZulG und im Einzelnen Rdn. 4553 ff.

2795 Der **Erwerb vom Ehegatten** stellt (selbst wenn es sich um eine entgeltliche Übertragung handeln würde, wie es bei der ehebedingten Zuwendung nicht der Fall ist) allerdings außerhalb dieser Sonderfälle für sich gem. § 2 Abs. 1 Satz 3 EigZulG **keinen begünstigten Anschaffungsfall** dar.²⁴⁰

---

235 Vgl. R 43 Abs. 1 Satz 9 ErbStR 2003.
236 *Kapp/Ebeling*, ErbStG, § 13 Rn. 38.4 (Stand: Dezember 2009).
237 Für eine Steuerfreistellung auch in diesem Fall *Ihle*, RNotZ 2011, 471, 474.
238 Vgl. *Hausen/Kohlrust-Schulz*, Die Eigenheimzulage, Rn. 139; dies gilt auch bei Hinzuerwerb einer Haushälfte im Scheidungsverfahren, NWB 2001, 2973.
239 BMF, BStBl. 1998 I, S. 190 Rn. 19 – jedenfalls solange die Voraussetzungen für eine Ehegattenbesteuerung vorliegen; der BFH ließ im Urt. v. 14.05.2003 – X R 35/99 (EStB 2003, 333) anklingen, dass er sich dieser Sicht möglicherweise nicht anschließen werde.
240 Erwirbt ein Ehegatte die Familienwohnung jedoch vom Insolvenzverwalter über das Vermögen des anderen Ehegatten, liegt kein „Erwerb vom Ehegatten" i.S.d. § 2 Abs. 1 Satz 3 EigZulG vor (BFH, DStRE 2004, 573).

III. Einkünfte aus Vermietung und Verpachtung

Ist Gegenstand der ehebedingten Zuwendung ein der Einkünfteerzielung dienendes Objekt des Privatvermögens, also eine vermietete Eigentumswohnung oder ein vermietetes Hausgrundstück, wird der Einkunftstatbestand, sofern der Veräußerer sich nicht den Nießbrauch vorbehält, künftig vom erwerbenden Ehegatten verwirklicht. Von praktischer Relevanz ist dies nur dann, wenn die Ehegatten nicht gemeinsam zur ESt veranlagt sind.

2796

Probleme können sich allerdings hinsichtlich der Anerkennung von Werbungskosten, insb. Schuldzinsen, ergeben, wenn diese nicht vom nunmehr vermietenden Ehegatten getragen werden (Problem der Anerkennung sog. „**Drittaufwands**"). Aufgrund zweier Beschlüsse des BFH v. 02.12.1999,[241] die an die grundlegenden Beschlüsse des Großen Senats des BFH zum Drittaufwand anschließen,[242] sowie eines BMF-Schreibens v. 09.08.2006[243] ergibt sich nunmehr folgendes Bild:

2797

- Bei der Zahlung laufender Aufwendungen, auch Schuldzinsen, **aus gemeinsamen Verbindlichkeiten** gelten die Beträge jeweils als für Rechnung desjenigen geleistet, der den Einkunftstatbestand verwirklicht. Handelt es sich also um ein gemeinsam aufgenommenes Darlehen (bloße Bürgschaft des Eigentümer-Ehegatten reicht nicht aus!), können die Schuldzinsen in vollem Umfang als Werbungskosten des Eigentümer-Ehegatten abgezogen werden, gleichgültig aus wessen Mitteln sie tatsächlich geleistet worden sind.

2798

- Ist allerdings der Nichteigentümer-Ehegatte alleiniger zivilrechtlicher Schuldner der Darlehensverbindlichkeiten, sind die von ihm auf seinen Darlehensvertrag bezahlten Schuldzinsen, auch wenn sie wirtschaftlich das vermietete Objekt entlasten, keine Werbungskosten des Eigentümer-Ehegatten. Eine Zurechnung der vom Nichteigentümer-Ehegatten bezahlten Schuldzinsen als für Rechnung des Vermieter-Ehegatten geleistet kann auch nicht über die sog. Theorie des **abgekürzten Zahlungs- bzw. Vertragswegs** erfolgen, da diese nur bei Bargeschäften des täglichen Lebens (z.B. Einkauf von Büromaterial) und (jedenfalls nach Ansicht des BFH) bei der mittelbaren Einzelgeldzuwendung durch Übernahme von Investitionsaufwand[244] anerkannt wird, nicht aber bei Dauerschuldverhältnissen.[245] Allerdings sind diejenigen Schuldzinsen als Werbungskosten anzuerkennen, die der **Eigentümer-Ehegatte**, obwohl er nicht Schuldner der Verbindlichkeit ist, **aus eigenen Mitteln** (z.B. aus den Mieteinnahmen) bezahlt.

2799

Davon zu trennen ist die schenkungsteuerliche Seite des „Drittaufwandes". Sie beurteilt sich danach, ob der Zuwendungsempfänger zur „Rückerstattung" verpflichtet ist oder nicht, etwa

2800

---

241 V. 02.12.1999, FR 2000, 659 und 661; hierzu *Schubert*, MittBayNot 2000, 203.
242 Urt. v. 23.08.1999, BStBl. II 1999, S. 778 u. 782.
243 IV C 3 – S 2211–21/06, BStBl. 2006 I, S. 492; hierzu *Biber*, EStB 2006, 464.
244 BFH, 15.11.2005 – IX R 25/03, DStR 2006, 26, und BFH, 15.01.2008 – IX R 45/07, ErbStB 2008, 101: Werbungskostenabzug für Erhaltungsaufwand, den ein Dritter (mit Schenkungswille) in Auftrag gegeben und bezahlt hat. Damit entsteht aber Schenkungsteuer für den betreffenden Geldbetrag, vgl. ErbStB 2006, 39. Das BFH-Urteil wird jedoch von der Finanzverwaltung nicht angewendet: Erl. v. 09.08.2006 – IV C 3 S 2211 21/06, BStBl. 2006 I, S. 492 (s. hierzu EStB 2006, 331) wegen der Kollision mit der Rechtsfigur der mittelbaren (z.B. Grundstücks) Schenkung.
245 BFH, 24.02.2000 – IV R 75/98, EStB 2000, 197.

als Folge eines Darlehens, eines Auftragsverhältnisses (§ 670 BGB) bzw. aus Geschäftsführung ohne Auftrag (§§ 677, 683, 670 BGB) oder aus ungerechtfertigter Bereicherung.[246]

IV. Betriebsvermögen

2801 Handelt es sich beim ehebedingt zugewendeten Vermögensgegenstand dagegen um Betriebsvermögen – z.B. einer gewerblichen und freiberuflichen Tätigkeit –, tritt mit der ehebedingten Zuwendung an den Ehegatten, der nicht Mitunternehmer ist, regelmäßig eine Entnahme ein (vgl. ausführlich Rdn. 4497 ff.), und zwar auch dann, wenn sich der Veräußerer die Nutzungen, z.B. in Gestalt des Nießbrauchs, vorbehalten hat. Es droht damit also das Entstehen eines Veräußerungsgewinns in Gestalt der stillen Reserven zwischen dem Teilwert und dem regelmäßig durch Abschreibungen geminderten Buchwert der Immobilie.

---

246 Vgl. im Einzelnen *Eich/Loy*, ErbStB 2007, 348.

E. Kettenschenkungen

Unter dem wenig treffenden Schlagwort der „Kettenschenkung" werden – zuvörderst im Hinblick auf die Aufrechterhaltung der getrennten schenkungsteuerlichen Betrachtung jedes Übertragungsvorgangs – zwei unterschiedliche Sachverhalte diskutiert: zum einen die häufig gewollte Weiterübertragung des erworbenen Gutes an den Ehegatten des Ersterwerbers (allerdings unter Vermeidung einer unmittelbaren Schwiegerkindbegünstigung) – nachstehend I, vgl. Rdn. 2805 ff. –, zum anderen die Vorabübertragung von Vermögenswerten an den Ehegatten vor dem anschließenden Transfer an den/die Abkömmling(e) zur Ausnutzung der Freibeträge, die im Verhältnis zu jedem Elternteil bestehen (Korrektur ungleichgewichtiger Vermögensverteilung) – nachstehend II., vgl. Rdn. 2825 ff. –. Beiden Sachverhalten ist gemein, dass sie eine unentgeltliche[247] Ehegattenübertragung in zeitlicher Nähe zur Übertragung in gerade Linie realisieren, in einem Fall nach dieser, im anderen Fall dieser vorausgehend.

2802

Beide Grundmodelle existieren auch in Abwandlungen:

2803

- An die **Vorabübertragung an den eigenen Ehegatten** (erste Alternative) kann sich die Weiterübertragung an dessen Geschwister oder Geschwisterkinder anschließen (Steuerklasse II, vom Ersterwerber aus gesehen, während sonst Steuerklasse III anzuwenden wäre),
- an die **Übertragung an das eigene Kind** (zweite Alternative) die Weiterübertragung an dessen Kind (Freibetrag 205.000,00 € statt 51.200,00 €, künftig 400.000,00 € statt 200.000,00 €).[248]

I. Weiterübertragung des Erworbenen an den Ehegatten

In diesen (von der unmittelbaren Zuwendung seitens der Schwiegereltern, vgl. Rdn. 2704, Rdn. 2738 ff., Rdn. 1946, zu differenzierenden) Fällen stellen sich eine Reihe (schenkung-)steuerlicher und zivilrechtlicher Fragen:

2804

1. Schenkungsteuer

Verschenkt der Ersterwerber den erhaltenen Gegenstand alsbald ganz oder teilweise an einen Zweiterwerber, handelt es sich grds. gleichwohl um zwei getrennte schenkungsteuerliche Vorgänge, eine bestimmte „Mindestbesitzzeit" wird nicht verlangt. Der Ersterwerber darf jedoch keinesfalls rechtlich oder auch nur „tatsächlich" verpflichtet sein, den Empfang weiterzuleiten, andernfalls würde der Letzterwerber im Rahmen einer Schenkung unter Auflage gem. § 7 Abs. 1 Nr. 2 ErbStG (vgl. Rdn. 3539 f.) den Erwerb als vom Schenker unmittelbar stammend zu versteuern haben (also bspw. das Schwiegerkind ggü. den Schwiegereltern,[249] wenn diese ihrem eigenen Kind die hälftige Weiterübertragung vorschreiben würden; außerdem steht die Stornowirkung des § 29 ErbStG im Fall der Rückforderung nur im betreffenden Schenkungsverhältnis zur Verfügung).

2805

---

247 Alternativ, und das „Kettenschenkungsproblem" vermeidend, könnte auch die vorangehende oder nachfolgende Übertragung an den Ehegatten in entgeltlicher Weise, etwa in Form der Güterstandsschaukel (vgl. Rdn. 61 ff.) erfolgen.
248 Berechnungsbeispiele bei *Wenhardt*, ErbStB 2007, 42.
249 Steuerklasse II Nr. 5, Freibetrag § 16 Abs. 1 Nr. 2 ErbStG: 10.300,00 €.

2806 Beruht jedoch die Weiterübertragung auf einer eigenen Entscheidung des Ersterwerbers und verwirklicht er damit auch eigene Ziele (z.B. Anrechnung auf mögliche künftige Zugewinnausgleichsansprüche, § 1380 BGB), verbleibt es bei zwei rechtlich selbstständigen Schenkungen; allerdings ist der Zweiterwerber gem. § 20 Abs. 5 ErbStG Haftungsschuldner für die durch den Ersterwerb ausgelöste Schenkungsteuer.

2807 Die **Finanzverwaltung** beurteilt das Vorliegen eines eigenen Entscheidungsspielraums zur Weitergabe i.d.R. nach äußeren Kriterien, etwa

- der Freiheit des Ersterwerbers von Zustimmungsvorbehalten oder sonstigen „Verfügungssperren" des Erstveräußerers, sodass er rechtlich in der Lage ist, frei zu verfügen,
- der Aufgliederung in zwei getrennte Urkundsvorgänge[250] – die Gesamtbelastung mit Notargebühren erhöht sich dadurch nur unwesentlich[251] – wobei diesem Kriterium keine ausschlaggebende Bedeutung zukommen sollte,[252]
- der Abweichung im Objekt zwischen der Erst- und Zweitzuwendung (Weiterübertragung lediglich der Hälfte) – gegen eine steuerlich beachtliche Kettenschenkung spricht insb. die vollständige inhaltliche Übereinstimmung beider Verträge aufeinander, also die Übernahme aller im ersten Vertrag geschaffenen Pflichten durch den Zweiterwerber[253] –,
- der sachenrechtlichen Trennung in zwei Auflassungen je mit Eintragungsbewilligung und der schuldrechtlichen Trennung der beiden Leistungsbeziehungen, auch hinsichtlich der causa (vorweggenommene Erbfolge bzw. Ausstattung einerseits; ehebedingte Zuwendung andererseits),[254]

2808
- dem zeitlichen Abstand zwischen beiden – also kein Abschluss „in einem Zuge",[255] etwa in zwei aufeinanderfolgenden Urkundsnummern,[256] (optimal ist die Verwirklichung in verschiedenen Veranlagungszeiträumen oder die Weiterübertragung zu einem Zeitpunkt, für den zugleich objektive Gründe sprechen – z.B. Geburtstag; Anrechnung auf künftige Zugewinn- oder Pflichtteilsansprüche etc.) und
- dem Vorliegen außersteuerlicher Gründe für die Weiterübertragung, etwa zur Ausstattung der Familie, zur Sicherung der Altersversorgung, der Reduzierung von Haftungsrisiken, der Herstellung ausgewogener Vermögensverhältnisse unter Ehegatten und die Vorwegnahme eines künftigen Zugewinnausgleichs, und
- der tatsächlichen zwischenzeitlichen Verfügung über das Erlangte zwischen Erst- und Zweitschenkung (z.B. durch ertragbringende Geldanlage).

---

250 BFH, ZEV 1994, 53, erwähnt die Beurkundung in „zwei aufeinanderfolgenden Urkundenrollennummern" als ein Indiz unter mehreren für das Vorliegen einer (steuerschädlichen) faktischen Weitergabeverpflichtung.
251 Degressionseffekt der gem. § 44 Abs. 2 KostO zusammenzurechnenden Gesamtgeschäftswerte ggü. der Einzelbewertung.
252 *Gebel*, ZEV 2005, 263, weist zu Recht darauf hin, dass die Aufnahme in ein einziges Dokument auch lediglich dokumentieren soll, dass der Schenker die Weiterschenkung, die jedoch aus eigener Entscheidung erfolgt, billige.
253 So im Fall des Hessischen FG, 24.10.2007 – 1 K 268/04, EFG 2008, 472 m. Anm. *Fumi*.
254 Vgl. BFH, BStBl. 1994 II, S. 128; Hessisches FG, 16.09.2003 – 1 K 1936/03, ErbStB 2004, 73, R 23 ErbStR 2003.
255 Wie im Urteil des Hessischen FG, 24.10.2007 – 1 K 268/04, EFG 2008, 472 m. Anm. *Fumi*.
256 Wie im Fall des FG München, 30.05.2011 – 4 V 548/11 ErbStB 2011, 215 (in einem AdV-Verfahren).

Erforderlich ist in schenkungsteuerlicher Hinsicht jedoch stets, dass das **Schenkungsobjekt tatsächlich** zu irgendeinem Zeitpunkt durch Auflassung **auf den Ersterwerber übergegangen**[257] ist, andernfalls liegt Direkterwerb vom Ursprungseigentümer vor, auch wenn dessen Direktübertragung an den „Zweiterwerber" nach dem Vortrag der Beteiligten „auf Veranlassung des Ersterwerbers als dessen ehebedingte Zuwendung" erfolgen sollte.[258] Ungewiss sind die Auswirkungen der neueren Gesamtplanrechtsprechung des BFH (vgl. Rdn. 4437 ff.) auf die Beurteilung von Kettenschenkungen;[259] die untergerichtliche Rechtsprechung rekurriert zur Abgrenzung zwischenzeitlich auf diese Rechtsfigur.[260]

2809

2. Zivilrecht

In eher seltenen Fällen allerdings kann die transfersteuerlich gewollte Zerlegung in zwei Zuwendungsvorgänge sich als **zivilrechtlich nachteilig** erweisen: So kann die Weiterübertragung der Hälfte des zunächst vollständig erworbenen Wirtschaftsguts Raum bieten[261]

2810

- für Anfechtungen durch Gläubiger des Ersterwerbers,
- für die Rückforderung bei späterer Verarmung des Ersterwerbers (§ 528 BGB; daneben tritt die Forthaftung des unentgeltlichen Zweiterwerbers gem. § 528 i.V.m. 822 BGB für Rückforderungsrisiken, die in der Person des Erstveräußerers sich verwirklichen – Duplizierung der Rückgriffsmöglichkeiten),
- für Ansprüche gem. §§ 2287, 2288 BGB bei erbvertraglicher Bindung des Ersterwerbers und schließlich

2811

- Pflichtteilsergänzungsansprüche begründen bei Personen, die allein ggü. dem Ersterwerber pflichtteilsberechtigt sind.

Kurz: Kurch das Vorliegen zweier Vorgänge (Verwandtenschenkung und ehebedingte Zuwendung), die zumindest objektiv beide als unentgeltlich einzustufen sind, verdoppeln sich die Bestandsrisiken aufgrund der immanenten Schwächen jedes Schenkungserwerbs.

Formulierungsvorschlag: Weiterübertragung eines Halbanteiles an den Ehegatten des Erwerbers

2812

> Der Erwerber überlässt von dem erworbenen Grundbesitz (in § 1 der Urkunde näher bezeichnet) mit allen Rechten und dem gesetzlichen Zubehör einen 1/2 Miteigentumsanteil an seinen Ehegatten,

---

257 Im Fall des Hessischen FG, 24.10.2007 – 1 K 268/04, EFG 2008, 472 m. Anm. *Fumi*, hierzu *Wachter*, ZErb 2008, 174 ff. war keine Zwischeneintragung auf den Ersterwerber erfolgt; eine schenkungsteuerlich beachtliche Kettenschenkung wurde nicht anerkannt. *Moench/Albrecht*, Erbschaftsteuer, Rn. 493 halten die Umschreibung für nicht erforderlich, da die erste Schenkung schenkungsteuerlich bereits mit Bewilligung und Antrag ausgeführt sei (s.u. Rdn. 3595 – allerdings nur wenn die Umschreibung nachfolgt!).
258 Vgl. BFH, 10.03.2005 – II R 54/03, ZEV 2005, 262, m. Anm. *Gebel* = NotBZ 2005, 376, m. Anm. *Otto*.
259 Das FG München, 12.11.2003 – 9 K 4811/01, EFG 2004, 496, sieht einen Gesamtplan noch bei der 6 Jahre auseinander liegenden Übertragung von Mitunternehmeranteilen!
260 Hessisches FG, 24.10.2007 – 1 K 268/04, EFG 2008, 472 m. Anm. *Fumi*, hierzu *Wachter*, ZErb 2008, 174 ff.
261 Hierauf weist *Reymann*, ZEV 2006, 59 ff., hin, der allerdings die ehebedingte Zuwendung zu Unrecht aus dem Anwendungsbereich des § 528 BGB ausnimmt.

......

zum Eigentum, sodass künftig der Erwerber und sein Ehegatte Miteigentümer je zur Hälfte sind.

Die Vertragsteile sind über den vereinbarten Eigentumsübergang einig und

bewilligen und beantragen

die Eintragung des Rechtsübergangs in das Grundbuch. Die Weiterübertragung erfolgt aufgrund freien Willensentschlusses des Erwerbers, den der Veräußerer jedoch nicht verhindert (Kettenschenkung).

Die aufgrund dieser Urkunde zur Eintragung gelangenden Rechte werden zur dinglichen Haftung übernommen. Im Übrigen gelten sämtliche Bestimmungen dieser Urkunde sinngemäß auch für die vorstehende Überlassung. Der Erwerber übernimmt insbesondere die Rückübertragungsverpflichtung gegenüber dem Erstveräußerer. Er hat also beispielsweise beim vorzeitigen Tod des Ehegatten das Anwesen gemäß den Bestimmungen in § ..... dieses Vertrages zurückzuübertragen.

Ausdrücklich wird festgestellt, dass der Erstveräußerer nicht die Absicht hat, den Ehegatten des Erwerbers zu bereichern, er jedoch nichts dagegen hat, dass der Erwerber einen Hälfteanteil an dem erworbenen Grundbesitz weiterschenkt.

Der Notar hat die Beteiligten über die rechtlichen Wirkungen dieser Kettenschenkung belehrt. Zivilrechtlich stellt sie eine **ehebedingte Zuwendung** dar, kann also grundsätzlich auch im Fall der Ehescheidung nicht widerrufen werden, es sei denn, Rückforderungsrechte werden ausdrücklich vereinbart. In erbrechtlicher Hinsicht wurde darauf hingewiesen, dass etwaige Pflichtteils- und Pflichtteilsergänzungsansprüche – etwa von Kindern des weiterüberlassenden Ehegatten – sich im Fall dessen Vorversterbens aus dem Wert des gesamten Grundbesitzes berechnen, also auch aus der weiterüberlassenen Hälfte; die Zehn-Jahres-Frist des § 2325 Abs. 3 BGB, nach deren Ablauf eine Pflichtteilsergänzung ausgeschlossen ist, beginnt nicht vor Auflösung der Ehe. Auch im Hinblick auf etwaige Anfechtungen der Weiterübertragung durch Gläubiger oder im Fall der Insolvenz wird sie wie eine freie Weiterschenkung behandelt.

2813   Kein Fall der „über Eck gestalteten Kettenschenkung", sondern mehrere parallele Schenkungen liegen jedoch zivilrechtlich vor, wenn der Dritte unmittelbar an den weiteren Beschenkten zu leisten verpflichtet ist, etwa weil die Beteiligten verabredet haben, dass die (z.B. als Dank für ein bestimmtes Verhalten gewährte) Zuwendung an Letzteren und an dessen Ehegatten je zur Hälfte zu gewähren sei, um Schenkungsteuerfreibeträge mehrfach auszunutzen. Hier steht auch der Ehegatte in einer unmittelbaren (anfechtbaren etc.) Schenkungsbeziehung zum Zuwendenden.[262]

3. Vorsorge für den Scheidungsfall

2814   Sodann ist das Rechtsverhältnis zwischen dem Ersterwerber und seinem Ehegatten zu regeln. Die Ehepartner können die Form einer Bestätigung, dass keine gegenständliche Rückforderung

---

262   Dies gilt gem. BGH, 20.07.2006 – IX ZR 226/03, MittBayNot 2007, 237 m. Anm. *Kesseler*, auch dann, wenn die beabsichtigten Schenkungsteuervorteile nicht eintraten, da der Vorgang einkommensteuerpflichtig war.

bei Scheidung stattfinde, sondern allenfalls eine Anrechnung auf etwaige Zugewinnausgleichspflichten des Veräußerers nach § 1380 BGB erfolge, wählen.

Formulierungsvorschlag: Weiterübertragung an den Ehegatten des Erwerbers – Verzicht auf gegenständliche Rückforderung bei Scheidung 2815

> Die vorstehende Überlassung erfolgt als ehebedingte Zuwendung zur Verwirklichung der ehelichen Lebens- und Wirtschaftsgemeinschaft.
>
> Im Sterbefall ist der Wert der Zuwendung auf einen etwaigen Pflichtteilsanspruch des Erwerbers gegenüber dem Veräußerer anzurechnen. Ferner bleibt § 530 BGB vorbehalten.
>
> Sofern bei Scheidung der Ehe die Zuwendung dem Erwerber verbleibt, ist ihr Wert gemäß § 1380 BGB auf einen etwaigen Zugewinnausgleichsanspruch des Empfängers der Schenkung anzurechnen bzw., soweit eine Anrechnung nicht möglich ist, dem Endvermögen des Beschenkten zuzurechnen. Den Beteiligten ist allerdings bekannt, dass eine – sei es auch nur hälftige – Wertbeteiligung des Veräußerers durch die Bestimmungen des gesetzlichen Zugewinnausgleichs nicht sicher gewährleistet ist, etwa bei einer Saldierung mit anderen Negativposten.
>
> Eine Rückübertragungsverpflichtung im Fall der Scheidung wird ausdrücklich nicht gewünscht, sodass die Eigentumsverhältnisse vorbehaltlich künftiger abweichender Regelungen auch dann unverändert bleiben.

Die Ehegatten können aber auch einen Rückforderungsanspruch bei Scheidung vereinbaren; die Ansprüche des zweiterwerbenden Ehegatten werden dann durch das Zugewinnausgleichsrecht erfasst. 2816

Formulierungsvorschlag: Rückforderungsrecht mit Berücksichtigung allein i.R.d. Zugewinnausgleichs 2817

> Die vorstehende Überlassung erfolgt als ehebedingte Zuwendung zur Verwirklichung der ehelichen Lebens- und Wirtschaftsgemeinschaft. Sobald die Beteiligten länger als sechs Monate getrennt leben im Sinne des § 1567 BGB, kann jedoch der Veräußerer die Rückübertragung des Vertragsbesitzes unter schuldbefreiender Übernahme der eingetragenen Belastungen samt zugrunde liegender Verbindlichkeiten verlangen.
>
> Erwerber und Veräußerer sind, sofern das Rückforderungsrecht ausgeübt wird, im Zuge eines etwaigen Zugewinnausgleichsverfahrens bei Scheidung so zu stellen, als habe die Überlassung in dieser Urkunde nie stattgefunden, sodass eine etwa eingetretene Werterhöhung des Vertragsbesitzes während der Ehezeit, auch soweit diese durch die Tilgung von Verbindlichkeiten oder durch Investitionen – gleich von welcher Seite – eintritt, dem Endvermögen des Veräußerers zugerechnet wird. Eine direkte Erstattung etwaiger Investitionen oder Tilgungsbeiträge des Erwerbers ist daneben nicht geschuldet, wenn die Wertsteigerung im Vermögen des Veräußerers sich z.B. infolge Saldierung mit sonstigen Negativposten oder negativem Anfangsvermögen neutralisiert.

Kapitel 7: Besonderheiten bei Zuwendungen unter Ehegatten

> (***Anm.:*** *Sodann Absicherung durch Vormerkung, zumindest deren Bewilligung, oder aber Verzicht hierauf trotz ausdrücklicher Belehrung.*)

2818 In Betracht käme auch eine Ergänzung des Zugewinnausgleichsmechanismus durch bare Aufzahlung auf die Hälfte der aus Eigenvermögen erbrachten Tilgungsleistungen und durch seine Verwendungen unmittelbar herbeigeführten Werterhöhung, wie oben bei Rdn. 2728 vorgeschlagen.

2819 Denkbar ist stattdessen ein konkreter Ausgleich der werterhöhenden Investitionen des Ehegatten bei gegenständlicher Rückforderung:

2820 **Formulierungsvorschlag: Rückforderungsrecht mit ausschließlicher Erstattung werterhöhender Investitionen**

> Die vorstehende Überlassung erfolgt als ehebedingte Zuwendung zur Verwirklichung der ehelichen Lebens- und Wirtschaftsgemeinschaft. Sobald die Beteiligten länger als sechs Monate getrennt leben im Sinne des § 1567 BGB, kann jedoch der Veräußerer die Rückübertragung des Vertragsbesitzes unter schuldbefreiender Übernahme der eingetragenen Belastungen samt zugrunde liegender Verbindlichkeiten verlangen.
>
> Verwendungen aus dem Vermögen des Rückübertragungsverpflichteten werden – maximal jedoch bis zur Höhe der noch vorhandenen Zeitwerterhöhung – gegen Rechnungsnachweis erstattet bzw. durch Schuldübernahme abgegolten, soweit sie nicht nur der Erhaltung des Anwesens im derzeitigen Zustand, sondern dessen Verbesserung oder Erweiterung gedient haben und mit schriftlicher Zustimmung des Berechtigten oder seines Vertreters durchgeführt wurden. Sondertilgungen auf übernommene Verbindlichkeiten sind ebenfalls Zug um Zug mit Vollzug der Rückauflassung, frei von nicht zu übernehmenden Belastungen, und ohne Beilage von Zinsen zu erstatten. Ein weiterer Ausgleich, etwa für Dienst- und Arbeitsleistungen, Zins- und regelmäßige Tilgungsleistungen, laufende Aufwendungen etc. findet nicht statt.
>
> Diese Vereinbarung tritt ehevertraglich an die Stelle eines dem Ausgleichsberechtigten nach Rückübertragung bezüglich des Anwesens etwa zustehenden Zugewinnausgleichsanspruchs. Das Anwesen und die diesbezüglichen Verbindlichkeiten sowie die zum Ausgleich der Aufwendungen zu leistende Zahlung des Veräußerers sollen demnach weder im Anfangs- noch im Endvermögen des Ehemannes noch der Ehefrau erfasst werden.
>
> (***Anm.:*** *Sodann Absicherung durch Vormerkung, zumindest deren Bewilligung, oder aber Verzicht hierauf trotz ausdrücklicher Belehrung.*)

Eine weitere Möglichkeit ist die Kombination aus konkreter Investitionsentschädigung und Zugewinnausgleich für sonstige Wertsteigerungen: 2821

Formulierungsvorschlag: Rückforderungsrecht mit Erstattung werterhöhender Investitionen und Erfassung sonstiger Steigerungen i.R.d. Zugewinnausgleichs 2822

> Die vorstehende Überlassung erfolgt als ehebedingte Zuwendung zur Verwirklichung der ehelichen Lebens- und Wirtschaftsgemeinschaft. Sobald die Beteiligten länger als sechs Monate getrennt leben im Sinne des § 1567 BGB, kann jedoch der Veräußerer die Rückübertragung des Vertragsbesitzes unter schuldbefreiender Übernahme der eingetragenen Belastungen samt zugrunde liegender Verbindlichkeiten verlangen.
>
> Verwendungen aus dem Vermögen des Rückübertragungsverpflichteten werden – maximal jedoch bis zur Höhe der noch vorhandenen Zeitwerterhöhung – gegen Rechnungsnachweis erstattet bzw. durch Schuldübernahme abgegolten, soweit sie nicht nur der Erhaltung des Anwesens im derzeitigen Zustand, sondern dessen Verbesserung oder Erweiterung gedient haben und mit schriftlicher Zustimmung des Berechtigten oder seines Vertreters durchgeführt wurden. Sondertilgungen auf übernommene Verbindlichkeiten sind ebenfalls Zug um Zug mit Vollzug der Rückauflassung, frei von nicht zu übernehmenden Belastungen, und ohne Beilage von Zinsen zu erstatten. Ein weiterer direkter Ausgleich, etwa für Dienst- und Arbeitsleistungen, Zins- und regelmäßige Tilgungsleistungen, laufende Aufwendungen etc. findet nicht statt.
>
> Unabhängig von vorstehender Verpflichtung zum Aufwendungsersatz und über diese hinaus wird für den Fall der Rückforderung aufgrund Scheidung der Ehe der Vertragsteile klargestellt, dass die bei dem heutigen Vertragsgegenstand eingetretene Werterhöhung, die nicht auf Verwendungen oder Tilgungsleistungen des Rückübertragungspflichtigen zurückzuführen ist, im Rahmen eines Zugewinnausgleiches ebenfalls zum Ausgleich zu bringen ist; die Beteiligen haben sich insoweit so zu stellen, als hätte die Überlassung in heutiger Urkunde nicht stattgefunden. Die nach vorstehender Bestimmung dem Rückübertragungspflichtigen zu erstattenden Aufwendungen bzw. die dadurch herbeigeführte Werterhöhung sollen bei der Ermittlung des Zugewinnausgleichs jedoch in keiner Weise berücksichtigt werden, also weder im Anfangs- noch im Endvermögen eines Ehegatten einen Rechnungsposten bilden.
>
> Soweit der Veräußerer von seinem Rückforderungsrecht für den Fall der Stellung eines Scheidungsantrags keinen Gebrauch macht, ist der Wert der Zuwendung gemäß § 1380 BGB auf einen etwaigen Zugewinnausgleichsanspruch des Empfängers der Schenkung anzurechnen bzw., soweit eine Verrechnung nicht möglich ist, dem Endvermögen des Beschenkten zuzurechnen, sodass die Ansprüche des Schenkers im Zugewinnausgleichsverfahrens geregelt werden. Auch in diesem Fall sind jedoch die Aufwendungen im vorstehenden Sinne, die der Beschenkte selbst auf den Grundbesitz getätigt hat, im Rahmen der Ermittlung des Zugewinnausgleichs nicht zu berücksichtigen, sondern sollen dem Beschenkten – wie im Fall der Rückforderung – wirtschaftlich ungeschmälert verbleiben.
>
> (*Anm.: Sodann Absicherung durch Vormerkung, zumindest deren Bewilligung, oder aber Verzicht hierauf trotz ausdrücklicher Belehrung*)

4. Nebeneinander mehrerer Rückforderungsverhältnisse

2823 Sofern bereits die Übertragung an das eigene Kind unter Rückforderungsvorbehalt der Zuwendenden (typischerweise der Eltern) stand, treffen demnach zwei Rückforderungsberechtigungen aufeinander mit teilweise abweichenden Voraussetzungen (der Katalog möglicher Störungen ist typischerweise im Verhältnis zu den Eltern länger) und Rechtsfolgen (wegen der regelmäßig notwendigen Berücksichtigung des Zugewinnausgleichsmechanismus im Ehegatteninnenverhältnis).

2824 Wirtschaftlich entscheidet die Rangfolge der Vormerkungen im Grundbuch über die Priorität; diese liegt bei der Stufenschenkung beim Erstveräußerer, da der Erwerber das erhaltene Objekt an seinen Ehegatten nur so (anteilig) weiterreichen kann, wie er es selbst erhalten hat, also belastet mit dem Rückforderungsvorbehalt. Die Entscheidung des Kindes, bspw. im Fall einer Scheidung den weiter übertragenen Anteil dem Ehegatten in Anrechnung auf den Zugewinnausgleich zu belassen, steht dann unter dem „ungeschriebenen" Vorbehalt des Stillhaltens der Eltern; machen sie von ihrem Rückforderungsrecht Gebrauch, scheidet das Objekt aus dem (Anfangs- und) Endvermögen beider Ehegatten aus. Der Veräußerer wird, zumal er an der Weiterschenkung zugunsten des Schwiegerkindes nicht rechtlich beteiligt ist, kaum bereit sein, seinen Entscheidungsspielraum etwa dadurch einzuengen, dass er sich verpflichtet, von der Rückforderung im Scheidungsfall nur im Einvernehmen mit dem Ersterwerber Gebrauch zu machen.[263]

II. Vorabübertragung des zu Übertragenden an den Ehegatten

2825 Zur Differenzierung sei darauf hingewiesen, dass (unter dem Aspekt des § 42 AO vorrangig) auch eine andere Gestaltung als „Kettenschenkung" bezeichnet wird, die der schenkungsteuerlichen Entlastung durch Duplizierung der Freibeträge dient, und zwar die vorherige Übertragung eines Miteigentumsanteils (bzw. überhaupt von Vermögenswerten) an den Ehegatten des Schenkers mit der Folge, dass beide sodann ihre Anteile dem (gemeinsamen oder Stief-)Kind (in seltenen Fällen auch einem Dritten, etwa einer Stiftung) übertragen. In diesem Kontext sind außersteuerliche Motive fernliegender als bei der Übertragung an ein eigenes Kind mit anschließendem Weitertransfer: In Letzterem Fall liegt es nahe, dass die Eltern die Zuwendung lediglich ihrem eigenen Kind zugutekommen lassen wollen, welches sodann aus eigener Entscheidung darüber verfügt.[264]

2826 **Hinweis:**

Bei einer Schenkung unter Auflage oder unter Bedingung gilt die „Weiterschenkung" des beauflagten Ersterwerbers an den Letzterwerber als eine Schenkung des ursprünglichen Zuwendenden (§ 7 Abs. 1 Nr. 2 ErbStG, vgl. Rdn. 3539 f.). Damit würde die beabsichtigte doppelte Ausnutzung der Freibeträge der Kinder (nämlich nach jedem Elternteil) vereitelt.

2827 Schwieriger sind die Sachverhalte, in denen (wegen der unmittelbaren Steuerschädlichkeit) keine ausdrückliche Auflage oder Bedingung enthalten ist, die jedoch tatsächlich so ausgestaltet

---

263 Dafür plädiert jedoch *Langenfeld/Günther*, Grundstückszuwendungen zur lebzeitigen Vermögensnachfolge, Kap. 9 Rn. 4.
264 *Otto*, NotBZ 2005, 378.

sind, dass sich der Zuwendungsempfänger einer Weitergabe faktisch nicht entziehen kann. Der BFH[265] sieht in diesem Fall einen „Durchgriff" dann als gerechtfertigt an, wenn dem Ersterwerber kein eigener Entscheidungsspielraum über den geschenkten Vermögensgegenstand bleibe. Für die Beurteilung eines eigenen Entscheidungsspielraums ist auf die erkennbare individuelle Vertragsgestaltung und die damit verbundene Zielsetzung der Parteien abzustellen; die subjektiven Vorstellungen müssen sich in den geschlossenen Verträgen niederschlagen.[266] Der erforderliche Entscheidungsspielraum fehle nicht bereits dann, wenn der Ersterwerber aufgrund der familiären Beziehungen, also der Ehe, einem gewissen Druck unterworfen sei.[267]

Nach einer früheren Entscheidung des BFH[268] soll jedoch die Durchführung der Schenkungen an einem Tag in **aufeinanderfolgenden Urkundennummern** schädlich sein (obwohl ein zeitlicher Mindestabstand nicht gefordert wird) – erst recht abzuraten ist demnach natürlich von der Regelung beider Rechtsverhältnisse in einer Urkunde. Hilfreich, wenngleich nicht allein ausreichend, ist sicherlich eine Klarstellung, dass weder eine rechtliche noch eine faktische Verpflichtung zur Weitergabe bestehe.[269] Zugunsten des Zwischenerwerbers muss die Auflassung erklärt und die Umschreibungsbewilligung abgegeben sein, um den ersten Teil der Kettenschenkung auch i.S.d. § 9 Abs. 1 Nr. 2 ErbStG zu vollziehen (vgl. Rdn. 3590 ff.); auch zivilrechtlich ist der tatsächliche Eigentumserwerb (durch Vollzug der Umschreibung) nicht zwingend erforderlich (jedoch als Beleg für die notwendige Dispositionsfreiheit hilfreich), vielmehr genügt die Rechtsmacht zur Weiterübertragung (aufgrund der Ermächtigung gem. § 185 BGB zur Verfügung über fremdes Eigentum im eigenen Namen, die in der zugunsten des Zwischenerwerbers erklärten Auflassung liegt).

2828

Zivilrechtlich ist das persönliche und wirtschaftliche Umfeld des „zwischenerwerbenden" Ehegatten auf mögliche Risikofaktoren zu „durchleuchten":

2829

- Bestehen einseitige Abkömmlinge, die aus der späteren Weiterschenkung Pflichtteilsergänzungsansprüche gewinnen könnten?
- Besteht die Gefahr des Vermögensverfalls, sodass die Weiterschenkung der (im Regelfall 4-jährigen, bei der Ausstattung 2-jährigen) Gläubiger- oder Insolvenzanfechtung oder aber der (10-jährigen) Rückforderung gem. § 528 BGB (SGB II/SGB XII!) unterliegen könnte?

In tatsächlicher Hinsicht ist zu bedenken, dass der „Zwischenbeschenkte" die Weiterübertragung entgegen vorheriger Ankündigung nicht (mehr) durchführen will oder (etwa wegen Vorversterbens) kann. Dies zum Anlass zu nehmen, vormerkungsgesichert die Rückforderung vorzubehalten, wenn die Weiterübertragung nicht bis zu einem bestimmten Zeitpunkt durchgeführt ist, wäre zwar zivilrechtlich ratsam, würde jedoch (als mittelbares Bekenntnis, dass faktisch doch keine Entscheidungsfreiheit besteht) das schenkungsteuerliche Ziel konterkarieren – denkbar ist jedoch wohl eine Rückforderungsmöglichkeit für den Fall, dass der erstbeschenkte Ehegatte (nicht etwa der jeweilige Eigentümer!) vor dem Veräußerer verstirbt.

2830

---

265 Z.B. BStBl. 1994 II, S. 128; BStBl. 2005 II, S. 412, ebenso FG Hessen, EFG 2004, 148.
266 FG Hessen, 15.01.2008 – 1 K 3128/05, ErbStB 2008, 165.
267 FG Münster, EFG 1999, 617.
268 BStBl. 1994 II, S. 128, ebenso FG München, 02.04.2008 – 4 K 1272/06, ErbStB 2008, 257.
269 Vgl. *Lehnen/Hanau*, ZErb 2006, 151.

2831 Eine häufig vorzuziehende Alternativgestaltung zur Erstschenkung in Vorbereitung einer anschließenden, jedoch der freien Entscheidung unterliegenden Weiterschenkung liegt in der **Übertragung zum Ausgleich entstandener Zugewinnausgleichsansprüche** (Gesamtvertragsmuster s. Rdn. 5371) etwa im Zusammenhang mit einem Güterstandswechsel, an den sich möglicherweise (jedenfalls schenkungsteuerlich unschädlich) eine Rückkehr zum gesetzlichen Güterstand anschließen kann (sog. „**Güterstandsschaukel**", vgl. Rdn. 66, 74, 115).

2832 Dadurch bleiben die Schenkungsteuerfreibeträge unter Ehegatten unangetastet (die sonst für einen Zeitraum von 10 Jahren blockiert wären!), allerdings wird ein Veräußerungsvorgang ausgelöst, der bei steuerverhaftetem Vermögen (Betriebsvermögen, in der Spekulationsfrist befindliches Privatvermögen, Anteile gem. § 17 EStG, altrechtliche einbringungsgeborene Anteile, einbringungsverstrickte Anteile nach SEStEG etc.) zu einer einkommensteuerlich nachteiligen Belastung führen kann. Zusätzlich bietet die Fälligstellung des Zugewinnausgleichs die Möglichkeit, frühere Schenkungen des vermögenderen an den vermögenslosen Ehegatten steuerbefreiend auf den Zugewinn anrechnen zu lassen, sodass rückwirkend etwa entstandene Schenkungsteuer entfällt, § 29 Abs. 1 Nr. 3 ErbStG. Der Vorwurf eines Gestaltungsmissbrauchs (§ 42 AO) stellt sich dann kaum, da für die Beendigung des gesetzlichen Güterstands häufig außersteuerliche Gründe und Konsequenzen auf der Hand liegen, also die Vorbereitung der beabsichtigten Schenkung an die Kinder kaum alleiniges Motiv sein wird.

F. Ausblick: Zuwendungen in nichtehelicher Lebensgemeinschaft

In der Praxis durchaus häufig sind Fälle, in denen nichteheliche oder lebenspartnerschaftsähnliche Lebensgefährten[270] gemeinsam Investitionen im Eigentum nur eines Beteiligten schaffen, z.B. die Errichtung eines Eigenheims auf Grundbesitz eines Partners (etwa auf dem von dessen Eltern überlassenen Bauplatz). Aufwendungen finanzieller Natur, die nicht für den Konsum oder die gemeinsame Lebensführung bestimmt sind, sondern zu einer dauerhaften Bereicherung des Partners führen, werden regelmäßig nicht als dauerhafte Schenkung gewollt sein, weder im zivilrechtlichen noch schenkungsteuerlichen Sinn (Freibetrag in Steuerklasse III gem. § 16 Abs. 1 Nr. 5 ErbStG lediglich 20.000,00 € [nach altem Recht gar nur 5.200,00 €], Mindeststeuersatz für den übersteigenden Betrag 30 [nach altem Recht: 17] bis max. 50 %!). Laufende Unterstützungsleistungen an einen Lebensgefährten, v.a. soweit dadurch Sozialleistungen vermieden werden, sind einkommensteuerlich als außergewöhnliche Belastungen abzugsfähig.[271]

2833

I. Zivilrichterliche Rückabwicklung

Die Rechtsprechung betont zunächst die rein tatsächliche und damit endgültige Natur von Zuwendungen – laufender oder einmaliger Art[272] – während intakter Beziehung. So sei es fernliegend, in der Einräumung der Mitnutzung der im Alleineigentum eines Partners stehenden Wohnung einen „Leihvertrag" zu sehen; vielmehr beruhe sie i.d.R. auf faktischer, also jederzeit beendbarer Grundlage[273] (sog. Abwicklungs-, Abrechnungs- und Verrechnungsverbot).[274] Haben die Lebensgefährten hinsichtlich der Tragung der gemeinschaftlichen Kosten (Miete einer gemeinsamen Wohnung) Absprachen getroffen, stehen diese demgemäß (als „anderweitige Bestimmung" i.S.d. § 426 Abs. 1 Satz 1 BGB) einem Ausgleichsanspruch entgegen.[275] Auch schlichte Schenkungen liegen (ebenso wenig wie unter Ehegatten) typischerweise nicht vor; der Sachverhalt ist vergleichbar den sog. „ehebedingten Zuwendungen" (vgl. Rdn. 2663 ff.): Hier wie dort dienen die Zuwendungen der Verwirklichung der Lebensgemeinschaft aufgrund der bestehenden persönlichen Beziehungen und Bindungen, führen jedoch regelmäßig nicht zu einer den Empfänger einseitig begünstigenden und frei disponiblen Bereicherung, sondern sollen der Lebensgemeinschaft und damit auch dem „Schenker" selbst zugutekommen.[276]

2834

---

270   2005 bestanden in Deutschland 2,4 Mio. nichteheliche Lebensgemeinschaften, davon im Westen 26 %, im Osten 48 % mit Kindern. Vgl. im Überblick *von Proff zu Irnich*, RNotZ 2008, 313 ff.
271   BFH, 29.05.2008 – III R 23/07, und zwar ohne Limitierung auf eine „Obergrenze".
272   Selbst in nennenswerter Höhe: 40.000,00 €, allerdings nach 17-jährigem Zusammenleben, davon 4 Jahre in Pflege: BGH, 31.10.2007 – XII ZR 261/04, ErbStB 2008, 230.
273   BGH, 30.04.2008 – XII ZR 110/06, ZNotP 2008, 325.
274   Den inneren Bindungen entsprechen bei der nichtehelichen Lebensgemeinschaft keine Pflichten i.S.d. § 1353 BGB, die im Trennungsfall hinsichtlich der Wohnung sich gem. § 1361b BGB auswirken können.
275   Auch, wenn die erfassten Zahlungspflichten aus der Zeit vor der Trennung erst danach erfüllt worden sind, vgl. BGH, 03.02.2010 – XII ZR 53/08 DNotZ 2010, 864.
276   Vgl. BGH, 09.07.2008 – XII ZR 179/05, FamRZ 2008, 1822, 1824; *Bruch*, MittBayNot 2009, 142. Allerdings kann die behauptete Zweckabrede nach BGH, 06.07.2011 – XII ZR 190/08 nicht allein mit der Begründung abgelehnt werden, die Möglichkeit des Scheiterns einer Beziehung könne nie ausgeschlossen werden.

Im Einzelfall kann jedoch eine „Rückabwicklung" von Zuwendungen nach Beendigung des nichtehelichen Zusammenlebens insb. auf folgenden Grundlagen beruhen:

1. Innengesellschaft

2835 Wenn keine vertraglichen Regelungen getroffen wurden, gewähren die Gerichte[277] teilweise einen Ausgleichsanspruch in entsprechender Anwendung der **§§ 730 ff. BGB**, sofern durch nicht nur unerhebliche Beiträge des „weichenden" Beteiligten eine über die Verwirklichung der Lebensgemeinschaft hinausgehende gemeinsame Wertschöpfung als Gesellschaftszweck festgestellt werden kann. Klare Kriterien fehlen, sodass eine Prognose für den Einzelfall nur schwer getroffen werden kann.[278] Aus Planung, Umfang und Dauer der Zusammenarbeit sollen sich jedoch Indizien für eine schlüssig zustande gekommene „Lebenspartner-Innengesellschaft" ergeben können.[279] Dies gilt auch für Arbeitsleistungen, die zu einer messbaren (mindestens 5 %igen)[280] Vermögensmehrung geführt haben. Erforderlich ist jedoch stets die Absicht, einen „gemeinschaftlichen Wert" zu schaffen, der nicht nur für die Dauer der Lebensgemeinschaft gemeinsam genutzt werden sollte, sondern beiden auch wirtschaftlich dauerhaft zugutekommen sollte.[281] Dies ist in erster Linie denkbar bei Vermögenswerten, die zur Einkünfteerzielung dienen (Mietobjekte, Unternehmen, Freiberuflerpraxen), während das Familienwohnhaus eher als Teil der Verwirklichung der nichtehelichen Lebensgemeinschaft als solchen gesehen werden wird.[282] Endet die Lebensgemeinschaft durch den Tod des Zuwendenden, sind allerdings Rückforderungsansprüche der Erben (ähnlich der Auflösung eines Verlöbnisses durch Tod: § 1301 Abs. 2 BGB) regelmäßig ausgeschlossen[283] (vgl. auch Rdn. 2839); die Erben sind lediglich durch §§ 2325, 2329 BGB geschützt.

2836 In keinem Fall ist jedoch ein solcher Ausgleichsanspruch auf Zahlung i.H.d. tatsächlich erbrachten Aufwendungen gerichtet, sondern auf **Ausgleich des geschaffenen Mehrwerts**, soweit er nach dem Verhältnis der wechselseitigen Beiträge auf den ausscheidenden Partner entfällt. Zugrunde zu legen ist also anders als bei Auflösung einer Ehe in Zugewinngemeinschaft nicht der Halbteilungsgrundsatz für die während des Zusammenlebens geschaffenen Werte. In entspre-

---

277 BGH, 28.09.2005 – XII ZR 189/02, FamRZ 2006, 607 m. zust. Anm. *Hoppenz*, 610, und krit. Anm. *Volmer*, 844, fordert jedoch einen zumindest schlüssig zustande gekommenen Vertrag (in Abweichung von BGH, NJW 1980, 1520); vgl. zum Ganzen auch *Schlünder/Geißler*, ZEV 2007, 64.

278 Ein Ersatz wurde bspw. abgelehnt von BGH, FamRZ 1965, 368 (Errichtung eines Wohnhauses in gemeinsamer Arbeit), BGHZ 77, 55 (Kaufpreiszahlung), BGH, NJW 1981, 1502 (Ratenzahlung zur Finanzierung eines Pkw), BGH, NJW 1983, 1055 (Zahlung von Handwerkerrechnungen), BGH, FamRZ 1983, 1213 (Hausumbau), BGH, DNotZ 1997, 404 (Zuwendung einer Lebensversicherung), OLG München, FamRZ 1988, 58 (Renovierung einer Werkstatt), OLG Köln, NJW-RR 1996, 518 (Geldbetrag für Geschäftsschulden), OLG Hamm, FamRZ 2002, 159 (Aufwendungen für Wohnung im Haus der „Schwiegereltern"). Bejaht wurde der Aufwendungsersatz in BGH, NJW 1986, 51 (Bebauung von zwei 3-Familien-Häusern als Renditeobjekt), OLG Köln, FamRZ 1992, 432 (Bau eines Doppelhauses in Eigenleistung), OLG Frankfurt am Main, ZEV 1999, 404 (Mitfinanzierung des Hauses), OLG Schleswig, MittBayNot 2003, 54; vgl. weitere Nachweise bei *Grziwotz*, Partnerschaftsvertrag für die nichteheliche und nicht eingetragene Lebensgemeinschaft, 4. Aufl. 2002, Fn. 135.

279 BGH, 28.09.2005 – XII ZR 189/02, FamRZ 2006, 607, 609; vgl. eingehend *Schulz*, FamRZ 2007, 595 ff.

280 So OLG Schleswig, MittBayNot 2003, 54.

281 BGH, 09.07.2008 – XII ZR 179/05, FamRZ 2008, 1822, und BGH, 09.07.2008 – XII ZR 39/06, FamRZ 2008, 1828 m. Anm. *Grziwotz*.

282 *Löhnig*, DNotZ 2009, 59, 60.

283 BGH, 31.10.2007 – XII ZR 261/04, FamRZ 2008, 247 m. Anm. *Grziwotz*.

chender Weise haben Gerichte in allerdings nicht einheitlicher Rechtsprechung[284] bei Aufnahme gemeinsamer Kreditverbindlichkeiten dem „scheidenden Partner" einen Anspruch auf Freistellung gegen den „begünstigten Partner" zuerkannt, wenn die Kreditaufnahme allein im Interesse des Letzteren erfolgte, also nicht zur Verwirklichung gemeinsamer Ziele der Lebensgemeinschaft (Möbel, Pkw etc.) diente.

2. Bereicherungsrecht

In Abkehr von der bisherigen Rechtsprechung des II. Senats[285] hat der nunmehr zuständige XII. (Familienrechts-)Senat mit Entscheidungen v. 09.07.2008[286] und 18.02.2009[287] ausgeführt, dass – sofern keine vorrangigen vertraglichen bzw. quasi vertraglichen Regelungen zur Innengesellschaft feststellbar sind (etwa wegen Fehlens eines über die Lebensgemeinschaft hinausgehenden Zwecks) – eine zumindest teilweise Rückabwicklung auch nach bereicherungsrechtlichen Vorschriften, gestützt auf eine Zweckverfehlung i.S.d. § 812 Abs. 1 Satz 2, 2. Alt. BGB, in Betracht kommt. Erforderlich ist dann jedoch eine konkrete Zweckabrede, wie sie etwa vorliegen kann, wenn die Partner zwar keinen gemeinsamen Vermögenswert schaffen wollten (wie es für die Innengesellschaft erforderlich wäre), der eine aber das Vermögen des anderen in der Erwartung vermehrt habe, an dem geschaffenen Gegenstand langfristig partizipieren zu können. Dies wird die Ausnahme bleiben;[288] eine über die Ausgestaltung des nichtehelichen Zusammenlebens hinausgehende Zweckbestimmung kommt ohnehin nur bei solchen Leistungen in Betracht, die deutlich über das hinausgehen, was die Gemeinschaft Tag für Tag benötigt.[289]

2837

3. Wegfall der Geschäftsgrundlage

Im Einzelfall können schließlich auch unter Lebensgefährten „unbenannte", sog. **„gemeinschaftsbezogene Zuwendungen"**[290] vorliegen, die wohl nicht der Form des § 518 Abs. 1 BGB unterliegen.[291] Sie können bei lebzeitigem Scheitern der Lebensgemeinschaft nach § 313 BGB anzupassen sein[292] – allerdings auch im Fall der direkten Zuwendung eines Grundstücks selten

2838

---

284 Vgl. etwa BGH, NJW 1983, 1055, OLG Hamm, FamRZ 2001, 95, OLG Karlsruhe, FamRZ 1994, 377. Der Freistellungsanspruch bezieht sich allerdings nur auf den Schuldsaldo bei Trennung (OLG Koblenz, FamRZ 1999, 790).
285 Etwa BGH, 06.10.2003 – II ZR 63/02, FamRZ 2004, 94, sowie BGH, 08.07.1996 – II ZR 193/95, NJW-RR 1996, 1473.
286 BGH, 09.07.2008 – XII ZR 179/05, FamRZ 2008, 1822, sowie BGH, 09.07.2008 – XII ZR 39/06, FamRZ 2008, 1828, m. Anm. *Grziwotz*.
287 BGH, 18.02.2009 – XII ZR 163/07, ZNotP 2009, 199.
288 *Bruch*, MittBayNot 2009, 142; *Langenfeld*, ZEV 2008, 494.
289 BGH, 18.02.2009 – XII ZR 163/07, ZNotP 2009, 199; beweispflichtig ist der Bereicherungsgläubiger.
290 Bei Arbeitsleistungen spricht BGH, 09.07.2008 – XII ZR 179/05, DNotZ 2009, 52 m. Anm. *Löhnig*, von einem „Kooperationsvertrag".
291 Die Frage stellt sich wegen § 518 Abs. 2 BGB praktisch nur bei der Zusage freiwilliger Unterhaltszahlungen; entgegen BGH NJW 1984, 797 (Anstandsschenkung gem. § 534 BGB), tendiert die neuere Rspr. (OLG Köln, 22.11.2000 – 11 U 84/00, FamRZ 2001, 1608 insoweit zur Formfreiheit, ebenso *Wever*, FamRZ 2008, 1485, 1491 (Fn. 78) für die ehebedingte Zuwendung, vgl. Rdn. 2673. Auch § 1585c Satz 2 BGB wird nicht analog gelten. Die Schriftform des § 761 BGB (Leibrentenversprechen) ist jedenfalls mit Leistungserbringung ebenfalls geheilt (BGH, NJW 1978, 1577).
292 So etwa OLG Naumburg, 14.02.2006 – 8 W 4/06, NJW 2006, 2418, OLG Düsseldorf, NJW-RR 1997, 1497; vgl. *Schulz*, FamRZ 2007, 598 ff.

durch dingliche Rückgewähr, sondern durch finanziellen Ausgleich.[293] Der BGH[294] bejaht (wiederum in Abkehr von der früheren Rechtsprechung) solche Ansprüche, soweit der gemeinschaftsbezogenen Zuwendung, die über alltägliche Beiträge hinaus gehen muss,[295] die Vorstellung und Erwartung zugrunde lag, die Lebensgemeinschaft, deren Ausgestaltung sie diente, werde Bestand haben (diese Vorstellung muss sich nicht zu einer Zweckabrede i.S.d. Bereicherungsrechts – vgl. oben Rdn. 2837 – verdichtet haben). Solche Ansprüche können sogar bestehen, wenn die Partner Miteigentümer einer Immobilie je zur Hälfte sind, der Eine aber erheblich höhere Beiträge hierzu geleistet hat als der Andere.[296] Ein korrigierender Eingriff sei allerdings nur gerechtfertigt, wenn dem Leistenden die Beibehaltung der geschaffenen Vermögensverhältnisse nach Treu und Glauben nicht zumutbar sei, insb. wenn die Vermögensmehrung beim Anderen noch dauerhaft vorhanden ist.[297] Es liegt nahe, insoweit auf die Maßstäbe zurückzugreifen, die für den Ausgleich von Zuwendungen unter Ehegatten im Güterstand der Gütertrennung gelten (s.o. Rdn. 2694 ff.). Die „faktische Lebensgemeinschaft" hat sich damit im Fall gemeinsamer Investitionen[298] zwischenzeitlich zu einer „**Zusammenlebens-Rechtsgemeinschaft**" fortentwickelt,[299] ohne dass diesem „Binnenrecht der Solidargemeinschaft" ein entsprechender Schutz nach außen korrespondiert (etwa hinsichtlich Haushaltsführungsschäden aus Delikt).[300]

2839 Anders verhält es sich nach herrschender Meinung, wenn die nichteheliche Lebensgemeinschaft durch den Tod eines Partners beendet wird (und zwar sowohl beim Tod des „spendablen Partners"[301] als auch beim Tod des „Zuwendungsempfängers":[302] i.d.R. wollen die Beteiligten dann gerade nicht, dass in der Person ihrer Erben Ausgleichsansprüche gegen den anderen entstehen.[303] Die Geschäftsgrundlage ist dadurch nicht entfallen; auch eine Zweckverfehlung i.S.d. § 812 Abs. 1 Satz 2, 2. Alt. BGB scheidet aus.[304] Dies entspricht der gesetzlichen Wertung des § 1301 Abs. 2 BGB (Auflösung eines Verlöbnisses durch Tod);[305] den Erben stehen allenfalls gesetzliche Ansprüche aus §§ 2325, 2329, 2287 BGB zu, wobei die „wirtschaftliche Ausgliede-

---

293 Vgl. *Haußleiter/Schulz*, Vermögensauseinandersetzung bei Trennung und Scheidung, Kap. 6 Rn. 122.
294 BGH, 09.07.2008 – XII ZR 179/05, MittBayNot 2009, 137 m. Anm. *Bruch*, sowie BGH, 09.07.2008 – XII ZR 39/06, FamRZ 2008, 1828, m. Anm. *Grziwotz*; ihm folgend KG, 08.10.2009 – 8 U 196/07 NJW-RR 2010, 295.
295 Auch in der nichtehelichen Lebensgemeinschaft ist davon auszugehen, dass solche, sich rasch verflüchtigende Beiträge endgültig unentgeltlich zugewendet sind.
296 BGH, 09.07.2008 – XII ZR 39/06, NJW 2008, 3282.
297 Dies hat, so BGH, 06.07.2011 – XII ZR 190/08, „wesentliche Bedeutung".
298 Haushaltsführung, und „Rückenfreihalten" werden jedoch nicht berücksichtigt, Kindererziehung nur i.R.d. Unterhalts nach § 1615l BGB.
299 So plakativ *Grziwotz*, FamRZ 2008, 1829, der die frühere Ablehnung des auf § 242 BGB gestützten Ansatzes durch den BGH schon zuvor heftig kritisiert hat: *Grziwotz*, Partnerschaftsvertrag für die nichteheliche und nicht eingetragene Lebensgemeinschaft, S. 70.
300 Vgl. *Löhnig* DNotZ 2009, 59.
301 BGH, 25.11.2009 – XII ZR 92/06 FamRZ 2010, 277 m. Anm. *Grziwotz*; hierzu *Muscheler* ZEV 2010, 147, *Schlögel*, MittBayNot 2010, 398.
302 Vgl. OLG Brandenburg, 27.05.2010 – 9 U 2/09 EE 2010, 167 m. zust. Anm. *Möller*; a.A. allerdings OLG Naumburg, 03.09.2009 – 1 W 23/09 NJW-RR 2010, 224 (in einem PKH-Verfahren) m. zust. Anm. *Ruby/Schindler* ZEV 2010, 188.
303 *Coester* JZ 2008, 315, 316, *Löhnig* DNotZ 2009, 59, 61.
304 BGH, 25.11.2009 – XII ZR 92/06 FamRZ 2010, 277 m. Anm. *Grziwotz*; hierzu *Muscheler* ZEV 2010, 147.
305 BGH, 31.10.2007 – XII ZR 261/04, FamRZ 2008, 247 m. Anm. *Grziwotz* (sog. „Umbuchungsfall": Ein krebskranker Partner überwies wenige Wochen vor seinem Tod 40.000,00 € an seine langjährige Lebensgefährtin als „Umbuchung").

rung" i.S.d. § 2325 Abs. 3 BGB wohl erst mit Beendigung der Mitnutzung i.R.d. nichtehelichen Lebensgemeinschaft eintrat.[306]

II. Schenkungsteuer

Die Übernahme von Zins- und Tilgungsleistungen auch bzgl. gemeinsamer Darlehen durch den Lebensgefährten über seine Miteigentumsquote hinaus kann[307] ferner **Schenkungsteuer** auslösen[308] (immaterielle Haushaltsführungsbeiträge sowie Kindererziehungsleistungen werden vom BFH nicht als „entgelttaugliche Gegenleistung" gewertet).[309] Zinszahlungen als Äquivalent der Nutzungsmöglichkeit (im Unterschied zum Tilgungsanteil) können jedoch bei gemeinsamem Bewohnen wohl unter die Befreiungsvorschrift des § 13 Abs. 1 Nr. 12 ErbStG („angemessener Unterhalt") subsumiert werden.[310] Einmalige (Vermögens-)zuwendungen, die über bloße Gelegenheitsgeschenke i.S.d. § 13 Abs. 1 Nr. 14 ErbStG hinausgehen, sind in keinem Fall privilegiert,[311] unterliegen also bei Überschreiten des Basisfreibetrages von 20.000,00 € der 30 %igen Besteuerung in Steuerklasse III.

2840

Gebrauchs- und Nutzungsüberlassungen (gleich ob vorübergehender oder dauernder Natur, gleich ob schuldrechtlich oder dinglich gewährt, auch in Form einer verbilligten Miete) können grds. – auch wenn zivilrechtlich mangels Vermögenssubstanzverlustes keine Schenkung i.S.d. §§ 516 ff. BGB vorliegt (vgl. Rdn. 26) – der Schenkungsteuer unterliegen.[312] Anders verhält es sich jedoch bspw., wenn der Eigentümer die Räume, hätte er sie nicht zur Mitbenutzung zur Verfügung gestellt, nicht vermietet,[313] sondern ausschließlich eigengenutzt hätte oder hätte leerstehen lassen,[314] da es dann an einer Entreicherung fehlt.[315] Wird das Mitbenutzungsrecht oder Nießbrauchsrecht dagegen aufschiebend befristet auf das Vorversterben des Eigentümers bestellt, liegt jedoch eine steuerbare Schenkung auf den Todesfall vor.[316]

2841

---

306 Vgl. *Schlögel* MittBayNot 2010, 400.
307 Entgegen früherer Verwaltungsauffassung (BMF v. 03.01.1984, DB 1984, 327), vgl. *Grziwotz*, FamRZ 2008, 1830. Überblick bei *Steiner*, ErbStB 2011, 252 ff.
308 In casu wegen Geringwertigkeit der Zuwendung durch FG München, 03.02.2006 – 4 V 2881/05, EFG 2006, 686 m. Anm. *Loose*, jedoch nicht besteuert (Zuwendungen i.H.d. üblichen Miete).
309 BFH, 02.03.1994 – II R 59/92, BStBl. 1994 II, S. 366; FG Hessen, 02.04.2009 – 1 K 2778/07, ErbStB 2009, 209.
310 Für analoge Anwendung *Schlünder/Geißler*, ZEV 2007, 67, für unmittelbare Geltung *Weimer*, ZEV 2007, 316, da die Norm für gesetzlich geschuldeten und damit nicht freiwilligen Unterhalt ohnehin nicht erforderlich sei. Hinsichtlich des Tilgungsanteils hilft – allerdings nur bei Ehegatten – § 13 Abs. 1 Nr. 4a ErbStG (vgl. Rdn. 1988 ff.).
311 *Von Proff zu Irnich*, RNotZ 2008, 463 m.w.N.
312 Vgl. FG München, EFG 2007, 779; *von Proff zu Irnich*, RNotZ 2008, 465; vgl. auch Rdn. 3516, 3524.
313 Dann liegt steuerpflichtige Zuwendung vor: FG Rheinland-Pfalz, 18.04.2002 – 4 K 1869/01, DStRE 2002, 1078.
314 *Gebel*, DStZ 1992, 577, 580.
315 Vgl. *Gebel*, in: Troll/Gebel/Jülicher, ErbStG, § 7 Rn. 28.
316 FG München, 22.03.2006 – 4 K 1631/04, EFG 2006, 1262 m. Anm. *Fumi*.

III. Gestaltungsalternativen

1. Ausdrücklicher Schenkungscharakter

a) Unter Lebenden

2842 Soweit solche Sachverhalte in das Gesichtsfeld notarieller Gestaltung gelangen, sollte daher – noch dringlicher als bei ehebedingten Zuwendungen – auf eine vertragliche Regelung gedrängt werden. Diese kann zum einen bestehen in der (mit Risikohinweis und der Verdeutlichung der wirtschaftlichen Folgen verbundenen) Klarstellung, dass es sich tatsächlich um eine Schenkung handle, die allenfalls unter den engen gesetzlichen Voraussetzungen der §§ 528, 530 BGB rückgefordert werden könne.

b) Auf den Todesfall

2843 Verträge zugunsten Dritter auf den Todesfall (Lebensversicherung, Wertpapierdepots, Bankkonto- oder Sparguthaben) bieten eine Möglichkeit der Zuwendung von Vermögen am Nachlass vorbei, ohne die Formvorschriften letztwilliger Verfügungen bzw. Schenkungsversprechen von Todes wegen unter Überlebensbedingung (§ 2301 BGB) einhalten zu müssen (vgl. Rdn. 2897 ff.). Die Bezugsberechtigung im Todesfall kann sogar in abstrakter Form zugunsten „der Lebensgefährtin, mit der die versicherte Person zum Eintritt des Versicherungsfalls in nichtehelicher Lebensgemeinschaft unter gleicher Meldeanschrift lebt" bestimmt sein.[317]

2844 Erfährt der Lebensgefährte vom Abschluss der Lebensversicherung bereits zu Lebzeiten und nimmt diesen Umstand zustimmend zur Kenntnis, ist ein (noch formnichtiger) Schenkungsvertrag geschlossen; Heilung tritt dann bei der (i.d.R. gegebenen) widerruflichen Bezugsberechtigung mit dem Zeitpunkt des Versicherungsfalls ein, bei der unwiderruflichen Bezugsberechtigung sofort.[318] Erfolgt noch keine Abgabe des Schenkungsversprechens dem Lebensgefährten ggü. zu Lebzeiten, kann es zum „Wettlauf" zwischen der Lebensversicherung als Erklärungsbotin des verstorbenen Partners, einerseits, und den Erben, die den Widerruf erklären werden, andererseits (vgl. Rdn. 2910 f.).

2. Ehefiktion

2845 In Betracht kommt weiter – wenngleich selten – die (wohl formfreie)[319] Vereinbarung, sich schuldrechtlich so zu stellen, als bestünde seit Beginn der gemeinsamen Investition eine Ehe mit gesetzlichem Güterstand („**Ehefiktion**"; an die Stelle der Zustellung eines Scheidungsantrags tritt dann z.B. die schriftliche Erklärung eines der beiden Beteiligten, die Lebensgemeinschaft nicht mehr fortsetzen zu wollen).[320] Dies kann auch für gemeinsame Investitionen vor tatsäch-

---

[317] Vgl. *von Proff zu Irnich*, RNotZ 2008, 478.
[318] Vgl. BGH, NJW 2004, 767, 768.
[319] A.A. MünchKomm-BGB/*Weilenhofer*, Nach § 1302 Rn. 54.
[320] Zur Zulässigkeit einer solchen schuldrechtlichen Regelung vgl. *Hausmann*, Nichteheliche Lebensgemeinschaft und Vermögensausgleich, S. 109.

licher nachfolgender Eheschließung erfolgen, also i.S.e. ehevertraglichen Vorverlagerung des Stichtags zur Bewertung des beiderseitigen Anfangsvermögens.[321]

3. Darlehen

Häufiger wird jedoch die Aufwendung den Charakter eines **Darlehens** gewinnen.[322] Die Darlehensgewährung umfasst nur solche Zuwendungen, die unmittelbar der Errichtung bzw. dem Ausbau oder der Ausstattung des genannten Anwesens dienen oder zum Zweck der Tilgung bestehender hauserrichtungsbedingter Verbindlichkeiten erbracht werden. Zuwendungen zur laufenden Unterhaltung und Verwaltung des Anwesens, die Beteiligung an den Kosten des Verbrauchs, der Grundsteuer, Versicherung etc. werden regelmäßig nicht davon erfasst, ebenso wenig i.d.R. die Beteiligung an Schuldzinsen, da diese ein Ausgleich für die durch das gemeinsame Bewohnen vermittelten Nutzungsvorteile darstellen.

2846

Ebenso wenig werden erfasst Zuwendungen für die Finanzierung anderer Gegenstände der gemeinsamen Lebensführung (Urlaub, Pkw etc.), auch wenn dadurch eine Entlastung des anderen Beteiligten und damit erhöhte Leistungsfähigkeit bei der Übernahme hausbezogener Lasten eintritt. **Arbeitsleistungen** werden mit einem zu vereinbarenden Stundensatz (i.d.R. 8,00 bis 10,00 €) in den Darlehensverbund einbezogen werden, soweit sie zu Ersparnis von Fremdleistungen i.R.d. Errichtung oder des Ausbaus geführt haben (also nicht bloße Reinigungs- oder Haushaltsführungsarbeiten). Es ist ratsam, die Beteiligten zur Führung eines „Wirtschaftsbuchs" mit periodischer gemeinsamer Abzeichnung als Obliegenheit zu verpflichten.

2847

Das Darlehen wird regelmäßig bis zur Rückzahlungsfälligkeit **unverzinslich** sein (die zinsfreie Gewährung bildet weiteren Ausgleich für das Bewohnen und die gemeinschaftliche Nutzung i.R.d. Lebensgemeinschaft). Rückzahlungsfälligkeit wird eintreten bei der Veräußerung des finanzierten Anwesens an einen Dritten, bei der Zwangsvollstreckung von dritter Seite oder Insolvenzeröffnung bzw. Ablehnung der Eröffnung mangels Masse, beim Versterben des Darlehensnehmers, beim Versterben des Darlehensgebers (sofern das Darlehen dann nicht als erlassen gelten soll)[323] sowie im Fall einer Kündigung nach mindestens sechsmonatigem Getrenntleben analog § 1567 BGB. Zur Sicherung der Darlehensansprüche und der ab Rückzahlungsfälligkeit geschuldeten Zinsen wird typischerweise eine Grundschuld im Rang nach Fremdfinanzierungsgrundpfandrechten bestellt werden; teilweise wird auch der bedingt rückzahlungspflichtige Partner zum Abschluss einer Risikolebensversicherung angehalten sein.

2848

Klärungsbedürftig ist auch das Schicksal solcher Aufwendungen im Fall einer künftigen Eheschließung. Folgende Lösungen sind denkbar:
- Das Darlehen soll in diesem Fall nur für Aufwendungen bis zur Heirat gelten, i.Ü. findet jedoch der Zugewinnausgleich statt; die Darlehensverpflichtung bzw. -berechtigung ist dann im Anfangsvermögen des Ehemannes bzw. der Ehefrau zu berücksichtigen.

2849

---

321 OLG Hamburg NJW 1964, 1076, 1077; MünchKomm-BGB/*Koch*, § 1374 Rn. 1, *Reetz* DNotZ 2009, 831.
322 Zur möglichen Darlehensvereinbarung unter Ehegatten s. Rdn. 2722, dort auch zu den Nachteilen ggü. der „gesetzlichen" Zugewinnausgleichslösung.
323 So der Vorschlag von *Schlögel*, MittBayNot 2009, 109.

- Denkbar ist natürlich der Fortbestand der Darlehensvereinbarung (dann regelmäßig gepaart mit einer Vereinbarung, dass i.Ü. das Hausanwesen beim Zugewinnausgleich nicht berücksichtigt werden soll, sodass allein das Darlehen zu einer teilweisen Rückvergütung führt).

2850
- Wird das Darlehen insgesamt aufgehoben, dürfte es sachgerecht sein, den Stichtag für die Bemessung des Anfangsvermögens rückzubeziehen auf den tatsächlichen Baubeginn, um die bereits in der Vergangenheit (bisher durch das Darlehen i.H.d. Aufwands abgegoltene) tatsächliche Wertsteigerung des Anwesens hälftig (also nicht notwendig i.H.d. Darlehenssumme!) zu erfassen.[324]

- Häufig werden jedoch solche tatsächlich gemeinschaftlich finanzierten Investitionen nach Heirat zur ehebedingten Zuwendung i.H.e. Halbanteils am Grundbesitz führen, im Rahmen dessen die bisherige Darlehensvereinbarung, möglicherweise auch die Rückbeziehung des Zugewinnausgleichsstichtags aufgehoben werden können.

2851 Eine solche Gesamtvereinbarung in Form einer Darlehensgewährung könnte bspw. wie folgt getroffen werden:

2852 **Formulierungsvorschlag: Darlehensvertrag zur Investitionsabsicherung unter Lebensgefährten**

I.

Grundbuch- und Sachstand

Das Grundbuch des Amtsgerichts München für ..... Blatt ..... wurde am ..... eingesehen. Dort ist im alleinigen Eigentum des Herrn ..... (nachstehend „Darlehensnehmer") folgender Grundbesitz eingetragen:

Flst.Nr. .....

Frau ..... – nachstehend „Darlehensgeber" genannt – trägt durch Zuwendungen aus ihrem Vermögen und Einkommen zur Errichtung und zur Tragung des Schuldendienstes für den geplanten Hausausbau und dessen Ausstattung bei. Diese Beiträge erfolgen insbesondere, jedoch nicht ausschließlich, durch Mitbeteiligung an der Finanzierung (Verzinsung und Tilgung), Verauslagung von Materialkosten und Handwerkerrechnungen bei der Errichtung des Anwesens sowie durch die Übernahme solcher Arbeiten, für die sonst Handwerkerleistungen zugekauft werden müssten.

(*Ggf.: Die Betreuung des gemeinsamen Kindes, mit welchem Frau ..... schwanger ist, wird bis zu dessen ..... Lebensjahr als gleichwertiger Beitrag zum Zins- und Tilgungsdienst des Herrn ..... bezüglich des gemeinsam aufgenommenen Darlehens bei der ..... Bank angesehen.*)

Da der Darlehensgeber nicht Miteigentümer des Grundstücks ist und dies – jedenfalls bis zu einer eventuellen Heirat zwischen beiden Beteiligten – nach dem übereinstimmenden Willen beider Beteiligten auch nicht werden soll, erfährt dadurch das Vermögen des Darlehensnehmers eine Mehrung, die ihm jedoch nicht schenkweise zugewendet werden soll.

---

324 Vgl. *Mayer*, ZEV 1999, 387 mit Formulierungsvorschlag.

Vielmehr ist der Darlehensnehmer bei Eintritt bestimmter Voraussetzungen zur Rückgewähr der erlangten Vorteile verpflichtet.

Zur Regelung dieser Rechtsverhältnisse treffen die genannten Beteiligten die folgende

II.

Darlehensvereinbarung

1.

Der Darlehensgeber gewährt dem Darlehensnehmer in Form eines Darlehens Geldzuwendungen zur Durchführung des oben bezeichneten Vorhabens. Hierzu regeln die Beteiligten:

a) Von dieser Darlehensvereinbarung umfasst und somit ausgleichspflichtig sind nur solche Zuwendungen, die unmittelbar der Errichtung bzw. Ausbau und Ausstattung des genannten Anwesens dienen oder zum Zweck der Verzinsung oder Tilgung bezüglich der hauserrichtungsbedingten Verbindlichkeiten erbracht werden. Zuwendungen, die lediglich der laufenden Unterhaltung und Verwaltung des Anwesens dienen (z.B. auch Beteiligung an den Kosten der Grundsteuer, der Brandversicherung etc.) werden hierbei nicht erfasst; sie bilden einen Ausgleich für die durch das gemeinsame Bewohnen vermittelten Nutzungsvorteile. Ebenso wenig werden erfasst Zuwendungen des Darlehensgebers für die Finanzierung anderer Gegenstände, etwa eines Pkw, auch wenn dadurch eine Entlastung des Darlehensnehmers und erhöhte Leistungsfähigkeit bei der Übernahme der hausbezogenen Lasten eintritt. Soweit die Beteiligten auch solche nicht unmittelbar hausbezogenen Zuwendungen als darlehensweise gewährt behandeln möchten, werden sie dies im nachstehend (b) genannten Wirtschaftsbuch vermerken.

b) Die Beteiligten sind verpflichtet, Aufzeichnungen über Art, Zeitpunkt und Höhe der jeweiligen Einzelzuwendung, die durch diese Darlehensvereinbarung erfasst werden soll, vorzunehmen. Diese können etwa in Form eines „Wirtschaftsbuchs" erfolgen. Den Eintragungen sind, sofern einschlägig, Belege beizufügen, die zumindest bis zur gemeinsamen Unterzeichnung und damit Genehmigung der Eintragungen aufzubewahren sind; eine solche abschnittsweise Genehmigung soll in regelmäßigen Abschnitten, mindestens jedoch auf Verlangen eines Partners, erfolgen.

Bei der Eintragung in das Wirtschaftsbuch haben sich die Beteiligten auch darüber ins Benehmen zu setzen, wie etwaige Zuwendungen, die nicht unmittelbar in Geld stattfinden, zu bewerten sind. Die Beteiligten gehen derzeit davon aus, dass die Ableistung von Arbeitsstunden im Zusammenhang mit der Errichtung des Anwesens nur dann zu berücksichtigen ist, wenn sonst hierfür Handwerkerleistungen in Anspruch zu nehmen gewesen wären, und dass – sofern keine Festlegung erfolgt – für jede solche Arbeitsstunde 8,00 € zu veranschlagen ist.

c) Ausdrücklich wird klargestellt, dass eine Verpflichtung des Darlehensgebers zur Leistung eines bestimmten Mindestaufwands in Geldzuwendungen oder geldwerten Zuwendungen ausdrücklich nicht vereinbart wird, auch nicht während der Dauer der zwischen den Beteiligten derzeit bestehenden eheähnlichen Lebensgemeinschaft.

2.

Bis zum Eintritt der Rückzahlungsfälligkeit des Darlehens ist dieses nicht zu verzinsen; die zinsfreie Gewährung bildet einen weiteren Ausgleich für die durch das gemeinschaftliche Bewohnen des Anwesens im Rahmen der Lebensgemeinschaft vermittelten Nutzungsvorteile. Ab Eintritt der Rückzahlungsfälligkeit ist der dann offene Betrag bis zur tatsächlichen Tilgung in Höhe von vier vom Hundert über dem jeweiligen Basiszinssatz zu verzinsen. Die Zinsen sind quartalsweise im nachhinein, spätestens jedoch mit der Hauptsache selbst, zur Zahlung fällig. Die Geltendmachung eines höheren Verzugsschadens bleibt vorbehalten.

3.

Die Rückzahlungsfälligkeit des dann gesamt geschuldeten Betrags tritt ein, wenn einer der nachstehenden Umstände verwirklicht wird, sofern die Beteiligten nicht einvernehmlich etwas anderes im konkreten Anwendungsfall bestimmen:

a) bei Veräußerung des finanzierten Anwesens (d.h. nicht lediglich unbebauter Grundstücksteile) an einen Dritten, und zwar unabhängig davon, ob es sich um eine entgeltliche, teilentgeltliche oder unentgeltliche Veräußerung handelt; die Fälligkeit tritt binnen eines Monats nach dem Zeitpunkt der Veräußerung (*Datum der notariellen Beurkundung*) ein;

b) wenn die Zwangsvollstreckung von dritter Seite in den Pfandgegenstand oder der Grundschuld verhaftetes Zubehör betrieben wird, es sei denn, sämtliche Maßnahmen werden binnen drei Monaten aufgehoben, oder wenn über das Vermögen des Schuldner das Insolvenzverfahren eröffnet oder die Eröffnung mangels Masse abgelehnt wird, oder wenn der Schuldner die Richtigkeit seines Vermögensverzeichnisses an Eides statt versichert – in jedem dieser Fälle tritt die Fälligkeit mit Eintritt des jeweiligen Umstandes ein;

c) bei Versterben des Darlehensnehmers oder bei Versterben des Darlehensgebers; die Fälligkeit tritt in jedem dieser Fälle binnen drei Monaten nach dem Ableben ein und wirkt zugunsten bzw zulasten der Erben (***Alt.:*** *bei Versterben des Darlehensnehmers; die Fälligkeit tritt drei Monate nach dem Ableben ein. Bei Versterben des Darlehensgebers gilt Ziffer 5*)

d) sofern die für das Darlehen nachstehend bestellte Grundschuld nicht die bedungene Rangstelle erhält, ihre Rechtswirksamkeit bestritten wird oder der vereinbarte Grundschuldrang nicht bis zur vollständigen Erfüllung aller Darlehensverpflichtungen bzw. dem Erwerb des Halbanteils erhalten bleibt; die Bestellung tritt binnen zwei Monaten nach Zurückweisung des Antrags auf Eintragung der Grundschuld am bedungenen Rang ein;

e) im Fall einer Kündigung des Darlehens im Ganzen oder in Teilen (in Höhe des gekündigten Betrags); die Fälligkeit tritt dann binnen drei Monaten nach Eingang der Kündigung (Übergabe-Einschreiben mit Rückschein oder öffentliche Zustellung) ein. Eine solche Kündigung kann jedoch durch den Darlehensgeber nur dann ausgesprochen werden, wenn die Beteiligten seit mindestens sechs Monaten getrennt leben, d. h. die zwischen den Beteiligten derzeit bestehende eheähnliche Lebensgemeinschaft in analoger Anwendung der eherechtlichen Getrenntlebensbestimmungen (§ 1567 BGB) seit mindestens sechs Monaten nicht mehr besteht. Ein sonstiges, freies Kündigungsrecht wird ausdrücklich nicht vereinbart.

Ausdrücklich wird klargestellt, dass eine frühere Tilgung – auch unabhängig von einem die Rückzahlungsfälligkeit bedingendem Umstand – dem Darlehensnehmer jederzeit möglich ist.

4.

Sollten wir heiraten, bleiben die Vereinbarungen dieses Darlehens unberührt für alle Aufwendungen, die bis zur Heirat getätigt wurden; erfasst jedoch keine künftigen Aufwendungen mehr. Die Rückzahlungsfälligkeit für den erreichten Schuldsaldo kann unter den oben genannten Voraussetzungen (wobei § 1567 BGB unmittelbar, nicht nur entsprechend, gilt) eintreten. Für nach Heirat getätigte Aufwendungen sollen die gesetzlichen Regelungen zum Zugewinnausgleich gelten bzw deren ehevertragliche Abänderung. Darlehensschuld bzw. -anspruch sind bei Durchführung eines Zugewinnausgleichs im Anfangsvermögen zu berücksichtigen. Wir wurden auf alternative Regelungsmöglichkeiten hingewiesen (z.B. die ehevertragliche Rückbeziehung des Anfangsvermögensstichtags auf den Beginn der Baumaßnahmen), wünschen diese jedoch derzeit nicht.

Sollte nach Eheschließung der zuwendende Partner Miteigentum am Objekt übertragen erhalten, werden wir im Rahmen der Zuwendungsurkunde festlegen, ob dadurch die bereits entstandenen Pflichten aus dem Darlehensverhältnis aufgehoben sind. Treffen wir keine andere Regelung, ist dies bei mindestens hälftiger Beteiligung am Objekt der Fall.

5.

Die Ansprüche aus dieser Darlehensvereinbarung sind auf Gläubigerseite nicht abtretbar oder verpfändbar.

(*Ggf.:* *Stirbt der Darlehensgeber, bevor die Fälligkeit des Darlehens gem. Ziffer 3 eingetreten ist, ist der nicht getilgte Darlehensbetrag erlassen; es handelt sich um eine auf den Todesfall aufgeschobene Schenkung.*)

Eine Anpassung oder Änderung dieser Vereinbarungen in einvernehmlicher Form behalten sich die Beteiligten ausdrücklich vor, vereinbaren jedoch hierfür das Erfordernis schriftlicher Niederlegung und Unterzeichnung durch beide Beteiligten.

Erfüllungsort ist der Wohnsitz der Gläubigerin. Sämtliche Zahlungen sind auf ein noch bekanntzugebendes Konto der Gläubigerin zu bewirken.

Die Überweisungen erfolgen auf Kosten und Gefahr des Schuldners.

6.

Zur Sicherung der Ansprüche aus dieser Darlehensvereinbarung vereinbaren die Beteiligten nachstehend die Bestellung eines Grundpfandrechts am finanzierten Anwesen im Rang nach den zur Fremdfinanzierung erforderlichen Eintragungen.

III.

Grundschuldbestellung und weitere Absicherung (*Anm.: sofern gewünscht*)

Zur Sicherung des Anspruchs der Gläubiger bestellt Herr ..... daher zugunsten des vorgenannten Gläubigers Frau ..... eine

Grundschuld ohne Brief in Höhe von ..... €

(in Worten Euro .....)

nebst 18 v.H. Jahreszinsen ab heute, die nachträglich jeweils am 31.12. eines Jahres fällig sind, und einer einmaligen, sofort fälligen Nebenleistung in Höhe von fünf v.H.

und bewilligt und beantragt

deren Eintragung am Vertragsobjekt im Grundbuch an zunächst nächstoffener Rangstelle mit der Maßgabe, dass

- der jeweilige Eigentümer der sofortigen Zwangsvollstreckung aus dieser Urkunde unterworfen ist (§ 800 ZPO),
- die Abtretung der Grundschuld der Zustimmung des jeweiligen Eigentümers bedarf,

was hiermit vereinbart ist.

Die Grundschuld wird hiermit gekündigt; der Zugang der Kündigung wird bestätigt.

Der Gläubiger wird an einer Abtretung der Grundschuld an etwaige Finanzierungsgläubiger mitwirken, sofern sichergestellt ist, dass die dadurch zu sichernden Darlehen der Tilgung der Darlehensrestschuld dienen. Aus diesem Grunde wurden Zinsen und Nebenleistungen der Grundschuld denen eines Grundpfandrechtes bei Fremdfinanzierung vergleichbar gestaltet.

Rangvorbehalt

Der Eigentümer behält sich die einmal ausübbare Befugnis vor, im Rang vor dem hier bestellten Grundpfandrecht für beliebige Gläubiger Grundpfandrechte bis zum Gesamtbetrag von ..... € nebst Zinsen bis zu 20 % jährlich und einmaligen Nebenleistungen bis zu 10 % des Hauptsachebetrages jeweils ab dem Tag der Bestellung eintragen zu lassen.

Die Eintragung des Rangvorbehaltes bei vorbestelltem Grundpfandrecht wird bewilligt und beantragt.

Eine Verpflichtung des Schuldners zum Abschluss einer Risikolebensversicherung mit Einsetzung des Gläubigers als Bezugsberechtigten besteht ausdrücklich nicht.

Auf Vollstreckungsunterwerfung in das sonstige Vermögen des Schuldners wegen eines abstrakt anzuerkennenden Betrages wird derzeit trotz notariellen Hinweises verzichtet.

IV.

Abschriften und Ausfertigungen

Die Kosten dieser Urkunde und ihres Vollzuges trägt der Schuldner.

Von dieser Urkunde erhalten die Beteiligten und das Grundbuchamt je eine Ausfertigung (***Anm.:*** *im Falle des Erlasses der Restschuld nach dem Tod des Darlehensgebers: ferner das Finanzamt – Schenkungsteuerstelle – eine beglaubigte Abschrift*).

2853 Mitunter wünschen die Beteiligten, dem „geldgebenden" Lebensgefährten für den Fall, dass der Darlehensschuldner (Eigentümer) vorher verstirbt, das Wahlrecht einzuräumen, anstelle der

Rückzahlung des dann fällig werdenden Darlehens die Einräumung eines Wohnungsrechtes auf seine fernere Lebenszeit zu verlangen, jedenfalls wenn das Anwesen zuletzt gemeinsam bewohnt wurde. Hierzu der folgende ergänzende

Formulierungsvorschlag: Wahlrecht zwischen Darlehensrückzahlung und Wohnungsrecht (Ergänzung)

Beim Versterben des Darlehensnehmers ist wahlweise – nach Maßgabe des vorstehenden Darlehensvertrages, § ..... Ziffer ..... – die Darlehenssumme zur Rückzahlung fällig oder aber der Darlehensgeber kann binnen drei Monaten nach Kenntnis vom Sterbefall und Feststehen der Rechtsnachfolge von Todes wegen anstelle der Rückzahlung die Bestellung eines lebenslangen Wohnungsrechts fordern, sofern das mit der nachstehend bewilligten Vormerkung belastete Anwesen beim Tod des Darlehensnehmers nicht vermietet ist. Mit Ausübung des Wahlrechtes hinsichtlich der Bestellung des Wohnungsrechtes durch schriftliche Erklärung gegenüber einem Erben erlischt der Anspruch auf Rückzahlung des Darlehens.

Macht der Darlehensgeber von diesem Wahlrecht Gebrauch, gilt:

Der Darlehensgeber erhält auf Lebensdauer ein Wohnungsrecht in dem vorgenannten Anwesen. Dieses besteht in dem Recht der ausschließlichen Benutzung der zuletzt vom Darlehensnehmer selbst genutzten Wohnung – unter Ausschluss des Eigentümers – und dem Recht auf Mitbenutzung der zum gemeinsamen Gebrauch der Hausbewohner bestimmten Anlagen, Einrichtungen und Räume, insbesondere von ..... (Keller, Speicher, Hof und Garten). Der Darlehensgeber trägt dann jedoch alle Verbrauchs- und Nebenkosten des Bewohnens, samt Grundsteuer und Versicherungen. Der Eigentümer ist zu Instandsetzungs- oder Instandhaltungsmaßnahmen nicht verpflichtet.

Eine Übertragung der Ausübung des Wohnungsrechts ist dem Berechtigten nicht gestattet, eine Vermietung oder Untervermietung somit nicht möglich.

Das dingliche Wohnungsrecht und die ihr zugrunde liegende Abrede erlöschen ferner, wenn
- ein amtsärztliches Attest des Inhalts vorgelegt wird, dass der Berechtigte aus gesundheitlichen Gründen voraussichtlich dauernd an der Ausübung gehindert ist,
- ferner wenn der Berechtigte bei der zuständigen Meldebehörde weder mit Haupt- noch mit Nebenwohnung gemeldet ist; der Berechtigte bevollmächtigt hiermit den Eigentümer, diese Abmeldung vorzunehmen, wenn die vom Wohnungsrecht erfassten Räume tatsächlich weder als Haupt- noch als Nebenwohnung mehr dienen.

Geldersatzansprüche für den Fall der Beendigung des Wohnungsrechtes werden aus jedem Rechtsgrund ausgeschlossen.

Zur Sicherung des bedingten Anspruches auf Eintragung eines Wohnungsrechtes nach wirksamer Ausübung des vorstehend eingeräumten Wahlrechtes bestellt hiermit der Eigentümer zugunsten des vorgenannten Darlehensgebers eine

Vormerkung zur Sicherung des Anspruchs auf Bestellung eines Wohnungsrechtes

am Vertragsobjekt

Kapitel 7: Besonderheiten bei Zuwendungen unter Ehegatten

und bewilligt und beantragt

deren Eintragung im Grundbuch.

Die Vormerkung ist als Sicherungsmittel auflösend befristet. Sie erlischt mit dem Tod der Berechtigten.

4. Wohnungsleihe

2855   Die unentgeltliche Überlassung einer Wohnung, auch aufschiebend befristet auf den eigenen Todesfall, an den Lebensgefährten, stellt nach überwiegender Auffassung (vgl. Rdn. 26) zivilrechtlich keine Schenkung dar, sodass insb. keine Pflichtteilsergänzungsansprüche (§ 2325 BGB) der Verwandten des verstorbenen Lebensgefährten ausgelöst werden und – sofern Letzterer hinsichtlich der Erbfolge gebunden war – auch keine „Verfolgungsrechte" zugunsten des Vertragserben i.S.d. § 2287 BGB bestehen.[325] Die Existenz der nichtehelichen Lebensgemeinschaft an sich genügt nicht als Nachweis des ausreichenden „lebzeitigen Eigeninteresses" zur Abwehr der §§ 2287 ff. BGB.[326]

2856   Die Vereinbarung einer Leihe ist nach der derzeitigen Rechtsprechung des IV. und V. Senats des BGH selbst dann formfrei zulässig, wenn das Kündigungsrecht auf Lebenszeit des Verleihers ausgeschlossen wird, der begünstigte Partner als Entleiher also auf den Tod des Leihers „fest" eingesetzt ist: Es sollen weder § 2301 BGB noch § 518 BGB gelten.[327] Der für die nichteheliche Lebensgemeinschaft zuständige XII. Senat des BGH hat jedoch diese Frage ausdrücklich offengelassen und tendiert demnach wohl dazu, dass die notarielle Beurkundung nach §§ 518, 2301 BGB Wirksamkeitserfordernis sei.[328] Werden keine vom Gesetz abweichenden Regelungen getroffen, kann der Verleiher jedoch das Dauerschuldverhältnis jederzeit kündigen; bei einer Veräußerung der verliehenen Sache gilt § 566 BGB nicht analog.[329] Wird zur Vermeidung solcher zivilrechtlicher Schwächen ein Wohnungsrechts bzw. Nießbrauchsrecht auf den Todesfall zugewendet, stellt dies jedoch eine Schenkung dar.[330] Erbschaftsteuerlich ist auch die Leihe auf den Todesfall als Erwerb von Todes wegen gem. § 3 Abs. 1 ErbStG steuerbar,[331] vgl. Rdn. 2841.

5. Miteigentümervereinbarungen

2857   Auch bei originärem **Miteigentum** beider Lebensgefährten können Regelungen erforderlich sein. Denkbar sind Erwerbsrechte eines Partners (regelmäßig zum anteiligen Verkehrswert, den im Dissensfall ein Sachverständiger als Schiedsgutachter zu ermitteln hat), v.a. aber Ausführungen zur Frage, ob Abweichungen von der quotenentsprechenden Tragung der Finanzierungslas-

---

325   Vgl. BGH, ZEV 2008, 192 m.w.N.; teilweise kritisiert durch die Lit., vgl. *J. Mayer*, ZEV 2008, 192; *Frieser*, ErbR 2008, 34, 37 ff., wonach ein langfristiger Leihvertrag einer Substanzverlagerung gleichkomme.
326   OLG Köln, NJW-RR 1992, 200.
327   Grundlegend BGH, 11.12.1981 – V ZR 247/80, BGHZ 82, 354, jüngst bestätigt durch BGH, 11.07.2007 – IV ZR 218/06, ZEV 2008, 192, m. Anm. *J. Mayer*; DNotI-Gutachten v. 19.12.1997, Nr. 1227, jedoch offengelassen in BGH, 30.04.2008 – XII ZR 110/06, BGHZ 176, 262.
328   BGH, 30.04.2008 – XII ZR 110/06, BGHZ 176, 262 Tz. 20.
329   BGH, 17.03.1994 – III ZR 10/93, BGHZ 125, 293, 301; OLG Köln, 23.04.1999 – 19 U 13/96, NJW-RR 2000, 152.
330   BGH, 27.09.1995 – IV ZR 21/93, NJW-RR 1996, 133; OLG Karlsruhe, 18.03.1999 – 17 U 19/97, ZEV 2000, 108, 109.
331   FG München, 24.01.2007 – 4 K 816/05, EFG 2007, 779.

ten bei Veräußerung gänzlich unbeachtlich bleiben sollen (analog der Situation beim gesetzlichen Güterstand), nur für bestimmte Zeiträume (Erziehung eines gemeinsamen Kindes) außer Betracht bleiben sollen oder aber zu einer entsprechenden disquotalen Beteiligung am Veräußerungsnettoerlös führen.[332]

Eher abzuraten ist von pauschalen Ausschlüssen des Versteigerungsrechtes – in mancher sonst ausweglosen Situation stellt die (Drohung mit der) Teilungsversteigerung das einzige Druckmittel zu vernünftigem Verhandeln dar. Haben Partner einer nichtehelichen Lebensgemeinschaft beim gemeinsamen Erwerb einer Immobilie die Teilungsversteigerung ausgeschlossen, liegt[333] im Scheitern der Lebensgemeinschaft kein Wegfall der Geschäftsgrundlage! Auch der Sterbefall ist kein wichtiger Grund, der gem. § 749 BGB zur Aufhebung der Gemeinschaft berechtigen würde.[334] Naheliegend ist jedoch, im Rahmen einer Nutzungsvereinbarung nach §§ 745, 1010 Abs. 1 BGB die Weiterbenutzung der gemeinsamen Wohnung nach dem Tod des Partners zu regeln:[335]

2858

Formulierungsvorschlag: Nutzungsabrede zur Sicherung des Lebensgefährten

2859

> Herr ..... und Frau ..... vereinbaren als Miteigentümer der gemeinsam genutzten Immobilie ..... (Grundbuch von ..... Blatt .....), dass ab dem Tod des Erstversterbenden der verbleibende Miteigentümer das Recht hat, den Grundbesitz zu eigenen Wohnzwecken auf Lebenszeit zu nutzen. Die Nutzungsvereinbarung ist auflösend bedingt für den Fall, dass die Miteigentümer zum Zeitpunkt des Ablebens des Erstversterbenden den Grundbesitz nicht mehr in nichtehelicher Lebensgemeinschaft (§ 20 SGB XII) gemeinsam beide bewohnen. Die Nutzung ist nur zu gewähren, wenn der Berechtigte die für das Objekt anfallenden laufenden Unkosten (Grundsteuer, Umlage an die Hausverwaltung, Versicherungskosten), die Schönheitsreparaturen sowie die Verbrauchskosten trägt. Im Übrigen gelten die Vorschriften über die Leihe (§§ 598 ff. BGB) entsprechend, mit Ausnahme der Bestimmungen über die Kündbarkeit.
>
> Die Beteiligten beantragen und bewilligen die Eintragung der aufschiebend befristeten und auflösend bedingten Nutzungsvereinbarung in das Grundbuch bei beiden Miteigentumsanteilen an nächstoffener Rangstelle.

6. Erwerbsrechte

In Betracht kommt weiterhin, bereits im Zeitpunkt der gemeinsamen Investition ein- oder gegenseitige Erwerbsrechte, gerichtet auf den Miteigentums- bzw. Gesamthandsanteil des anderen Partners, für den Fall des Scheiterns der Lebensgemeinschaft zu vereinbaren. Solche „Ankaufsrechte" dürften – vergleichbar Rückforderungsrechten bei Ehegattenzuwendungen

2860

---

332 Formulierungsvorschläge bei *Mayer*, ZEV 2003, 454 ff.
333 Nach BGH, DStR 2004, 50.
334 LG Konstanz, 12.12.2008 – 2 O 410/08 D, ZErb 2010, 247.
335 Angelehnt an *Grziwotz*, Nichteheliche Lebensgemeinschaft, § 15 Rn. 101.

Kapitel 7: Besonderheiten bei Zuwendungen unter Ehegatten

für den Fall des Scheiterns der Ehe, gestützt auf den Rechtsgedanken des § 852 Abs. 2 ZPO (Zugewinnausgleich)[336] – nicht pfändbar sein. Regelungsbedüftig ist:

1. zum einen, wer bei gegenseitigen Ankaufsrechten zunächst zur Ausübung befugt ist. Denkbar ist bspw., insoweit auf die Höhe der bisher erbrachten Tilgungsleistungen abzustellen (wobei zur Vermeidung von Missbräuchen Sondertilgungen nach Eintritt der Trennung oder auch in einem knappen Rückwirkungszeitraum zuvor nicht mehr berücksichtigt werden sollten)[337] oder aber demjenigen Partner, der gemeinsame Kinder bis zu einem bestimmten Lebensalter betreut, das Vorrecht zu gewähren[338] oder aber das Los entscheiden zu lassen.[339]

2861 2. Festzulegen ist weiterhin der Übernahmepreis (anteiliger Verkehrswert, der ggf. durch einen Sachverständigen als Schiedsgutachter festzusetzen ist, oder aber anteiliger Verkehrswert abzgl. eines „Lebensgefährtenabschlags" von bspw. 15 % oder aber die tatsächliche Höhe des eingebrachten Eigenkapitals zuzüglich einer geringen Verzinsung, wobei jedoch insoweit – vergleichbar der Darlehenslösung, s. Rdn. 2851 – Beiträge zu laufenden Aufwendungen und wohl auch die Tragung der Zinslasten, als Äquivalent zur ersparten Miete, nicht berücksichtigt werden können).

2862 3. Zu bestimmen ist weiter die Ausübungsfrist; nach deren fruchtlosem Ablauf wird dasselbe Erwerbsrecht dem anderen Partner zustehen; macht keiner der Partner hiervon Gebrauch, wird teilweise vereinbart, dass sodann jeder der Beteiligten die Mitwirkung beim Verkauf an Dritte verlangen kann, sofern mindestens 90 % des von einem Sachverständigen ermittelten Verkehrswerts erzielt werden. Besteht die Befürchtung, dass die Erfüllung der wechselseitigen Erwerbsrechte bei Miteigentumsanteilen durch (auch fraudulente) Belastung oder rasche Veräußerung vereitelt werden kann, sollten die bedingten Ansprüche durch wechselseitige Vormerkungen gesichert werden. Hierzu:

2863 **Formulierungsvorschlag: Wechselseitige Erwerbsrechte unter Lebensgefährten bei Scheitern der Beziehung**

> Herr und Frau ..... (nachstehend jeweils „Partner" genannt) erwerben die Eigentumswohnung ..... grundbuchlich zu je hälftigem Miteigentum. Im Fall einer Trennung – diese gilt als erfolgt, wenn ein Partner sie dem anderen per Einschreiben mitgeteilt hat – bestehen wechselseitige Erwerbsrechte hinsichtlich des Miteigentumsanteils des anderen Partners nach folgender Maßgabe:
>
> a) Zunächst ist binnen eines Monats nach Zugang des die Trennung herbeiführenden Einschreibens derjenige Partner zum Erwerb berechtigt, der bis zum Zeitpunkt der Trennung einen höheren Anteil an den Tilgungsaufwendungen des gemeinsam eingegangenen Darlehens sowie unmittelbar von ihm getragenen Anschaffungs- und Herstellungskosten

---

336 Vgl. BGH, 20.02.2003 – IX ZR 102/02, DNotZ 2004, 298; ebenso *Schlögel*, MittBayNot 2009, 102. Das LG Koblenz, RNotZ 2001, 391, bejaht allerdings die Pfändbarkeit der Annahmebefugnis aus einem Angebot des Vaters an den Sohn nach Übertragung eines GmbH-Geschäftsanteils.
337 Vgl. *Schlögel*, MittBayNot 2009, 108.
338 So etwa *Münch*, Ehebezogene Rechtsgeschäfte, Rn. 1715, im Rahmen einer Ehegattengesellschaft.
339 So *Münch*, Ehebezogene Rechtsgeschäfte, Rn. 1708 unter Bezugnahme auf *Langenfeld*, Handbuch der Eheverträge und Scheidungsvereinbarungen, 5. Aufl. 2005, Rn. 1217.

erbracht hat. Wird es in diesem Zeitraum nicht ausgeübt, steht es dem anderen Partner inhaltsgleich binnen eines weiteren Monats zu.

b) Dem zur Übertragung verpflichteten Partner ist die Summe der von ihm erbrachten Tilgungsleistungen sowie der von ihm in Geld erbrachten Anschaffungs- und Herstellungsaufwendungen zu erstatten, zuzüglich eines Aufschlags von fünf Prozent als pauschalem Zinsausgleich, fällig binnen sechs Wochen nach Beurkundung des notariellen Übertragungsvertrags, in dem das Ankaufsverlangen erfüllt werden soll. Darüber hinaus ist der zur Übertragung verpflichtete Partner von gemeinsam eingegangenen objektbezogenen Verbindlichkeiten auch im Außenverhältnis freizustellen (befreiende Schuldübernahme oder Ablösung durch ein neues Darlehen des Übernehmenden bzw. Sondertilgung des gesamten Darlehens). Die Umschreibung des zu übertragenden Miteigentumsanteils darf erst nach Erstattung des Eigenkapitalbeitrags und Befreiung von den objektbezogenen Verbindlichkeiten erfolgen.

c) Zur Sicherung der wechselseitigen Erwerbsrechte wird die Eintragung je einer Vormerkung am Miteigentumsanteil zugunsten des anderen Partners bewilligt und beantragt.

d) Macht keiner der Partner von seinem Erwerbsrecht Gebrauch, sind beide Partner auf Verlangen auch nur eines Partners verpflichtet, das gemeinsam gehaltene Objekt nach der Trennung an Dritte zu veräußern. Dem Verlangen muß nur Folge geleistet werden, wenn dabei mindestens 90 Prozent des Verkehrswerts des Objekts erzielt werden. Der Verkehrswert wird im Dissensfall durch den Gutachterausschuss – für beide Teile verbindlich als Schiedsgutachter – bestimmt. Aus dem Erlös des Drittverkaufs sind zunächst gemeinsame objektbezogene Verbindlichkeiten zu tilgen; der Restbetrag steht beiden Partnern im Verhältnis ihrer Eigenkapitalbeiträge zu.

7. Innengesellschaft

Auch die ausdrückliche Begründung einer **Innengesellschaft**[340] (zu deren richterlicher Schöpfung vgl. Rdn. 2834) kommt in Betracht, ggf. mit reduziertem Abfindungsanspruch bei Kündigung (vgl. Rdn. 2236 ff.) und gänzlichem Ausschluss von Ausgleichsansprüchen im Todesfall (vgl. Rdn. 129). Da kein Gesamthandsvermögen gebildet wird, ist der Vorgang grunderwerbsteuerlich irrelevant; andererseits unterliegt der Eigentümer uneingeschränkt dem Gläubigerzugriff Dritter. Zur partiellen[341] Investitionssicherung können schließlich wechselseitige Zuwendungen auf den Todesfall nach dem Muster oben bei Rdn. 213 vereinbart sein.

2864

8. Außengesellschaft bürgerlichen Rechtes

Besonders günstig erscheint die GbR-Lösung als Erwerbsform bei ungewissen künftigen Finanzierungsbeiträgen (z.B. zweier Partner einer nichtehelichen Lebensgemeinschaft), da sie „bewegliche Beteiligungsquoten" ermöglicht. Würde die starre Bruchteilsgemeinschaft gewählt, könnten überobligationsmäßige Finanzierungsbeiträge eines Beteiligten nämlich Schenkungsteuer gem. § 7 Abs. 1 Nr. 1 ErbStG auslösen, sobald sie über den geringen Freibetrag hinaus-

2865

---

340 Zu den Anforderungen an eine Innengesellschaft vgl. BGH, 12.11.2007 – II ZR 183/06, MittBayNot 2008, 233.
341 Nämlich auf den Todesfall begrenzten, also nicht z.B. den Fall der Trennung berücksichtigenden.

gehen (vgl. Rdn. 2840 f.).³⁴² Ein Formulierungsvorschlag einer solchen „Kurzregelung" einer GbR auf Erwerberseite mit der Vereinbarung „beweglicher Beteiligungsquoten" findet sich bei Rdn. 2167.

IV. Ansprüche Dritter aufgrund lebensgemeinschaftsbedingter Zuwendungen

2866 Zuwendungen unter nichtehelichen Lebensgefährten unterliegen nicht nur im internen Verhältnis zwischen den Partnern für den Fall der Beendigung der Lebensgemeinschaft der Rückforderung aufgrund gesetzlicher bzw. richterlicher Bestimmung (oben Rdn. 2834) bzw. vertraglicher Vereinbarung (oben I Rdn. 2842), sondern auch im Verhältnis zu Dritten. So wird der Lebensgefährte regelmäßig die Voraussetzungen einer nahestehenden Person i.S.d. § 138 Abs. 1 Nr. 3 InsO erfüllen („wer im letzten Jahr vor der Handlung in häuslicher Gemeinschaft mit dem Schuldner gelebt hat"), sodass entgeltliche Verträge unter Lebensgefährten binnen 2 Jahren, unentgeltliche binnen 4 Jahren vor der Pfändung/der Insolvenz der erleichterten Gläubiger- bzw. Insolvenzanfechtung unterliegen (vgl. im Einzelnen Rdn. 179 ff. sowie § 133 InsO, § 3 AnfG).

2867 Im Zusammenhang dieser Darstellung relevant sind insb. die Zugriffsmöglichkeiten Dritter, die sich bei einer **Beendigung der Lebensgemeinschaft durch Tod** aufgrund früherer Zuwendungen ergeben, seien sie gestützt auf das Kondiktionsrecht (mögliche Unwirksamkeit der Zuwendung wegen Verstoßes gegen die guten Sitten, § 138 BGB), das Pflichtteilsergänzungsrecht oder die Bestimmungen zum Schutz des Vertragserben:

1. §§ 812, 138 BGB?

2868 Ebenso wie letztwillige Verfügungen („Geliebten-Testament", vgl. Rdn. 847) verstoßen lebzeitige Zuwendungen in einer eheähnlichen bzw. lebenspartnerschaftsähnlichen Lebensgemeinschaft, die auf Dauer angelegt und von inneren Bindungen getragen ist, nicht gegen die guten Sitten, und zwar selbst dann nicht, wenn mindestens einer der Partner noch verheiratet ist.³⁴³ Nachteilige Auswirkungen für Dritte (Unterhaltsgefährdung etc.) können allenfalls in Ausnahmefällen, bei Hinzutreten besonders rücksichtsloser oder illoyaler Verhaltens, die Unwirksamkeit gem. § 138 BGB rechtfertigen, etwa wenn ein Ehemann während eines Scheidungsverfahrens seinen Miteigentumsanteil am gemeinsamen Hausgrundstück an seine Lebensgefährtin veräußert, um auf diesem Umweg die Teilungsversteigerung zu erleichtern.³⁴⁴ I.Ü. aber sind die (insb. erbrechtlichen) Instrumente eines Ausgleichs zugunsten Dritter (§§ 2325 ff., 2287 f. BGB) vorrangig.

2. §§ 2325 ff. BGB

2869 Ist der vom Erblasser beschenkte überlebende Lebensgefährte zugleich dessen Erbe, wird er häufig Pflichtteilsergänzungsansprüchen des „übergangenen" Ehegatten bzw. der „übergangenen" Kinder des Zuwendenden ausgesetzt sein (§ 2325 Abs. 1 BGB), gegen die er sich zudem nicht mit Blick auf die Verletzung seines eigenen (nicht vorhandenen) Pflichtteilsrechts wehren kann (§ 2318 BGB, vgl. Rdn. 2196). Wird er nicht Erbe, ist er möglicherweise dem Bereiche-

---

342 Vgl. *von Proff zu Irnich*, RNotZ 2008, 325 und NotBZ 2010, 77 ff.; zur „Finanzierungs-GbR" auch *Milzer*, NJW 2008, 1621.
343 Vgl. BGH, NJW 1991, 830, 831.
344 OLG Schleswig, FamRZ 1995, 735; BGH NJW 1981, 2184, 2185.

rungsanspruch des § 2329 Abs. 1 BGB ausgesetzt (vgl. Rdn. 3111). Auch wenn die „lebenspartnerschaftsbedingte Zuwendung" ebenso wie die ehebedingte Zuwendung keine Schenkung im strengen Sinn darstellen mögen, zumal es am subjektiven Tatbestandsmerkmal fehlt, ist sie im Verhältnis zu Dritten ebenso wenig privilegiert wie jene (vgl. Rdn. 2770) Sie ist demnach für Zwecke des Pflichtteilsrechts wie eine Schenkung zu behandeln.[345]

Auch sie ist regelmäßig objektiv unentgeltlich, da keine Leistungen in Erfüllung einer Rechtspflicht entgolten, sondern allenfalls im Sinn einer belohnenden Schenkung anerkannt werden. Gesetzliche Unterhaltspflichten sind allenfalls im Fall der Geburt eines gemeinsamen Kindes gem. § 1615l BGB denkbar. Auch § 2330 BGB (Pflichtschenkung) hilft, da richterlich zum Schutz des Pflichtteilsrechts weitgehend zurückgedrängt, selten (vgl. Rdn. 3133). Eine Schenkung i.R.d. §§ 2325 ff. BGB und des § 2287 BGB[346] liegt jedoch wohl nicht vor bei einer – objektiv unentgeltlichen – Leihe, auch einer auf den Tod aufschiebend bedingten Leihe (Rdn. 2855 f.). 2870

Immerhin sind nichteheliche Lebensgefährten ggü. Ehegatten insoweit „privilegiert", als der Anlaufhemmungstatbestand des § 2325 Abs. 3 Halbs. 2 BGB (Beginn der Frist nicht vor Auslösung der Ehe), der für § 2329 BGB analog gilt, nicht auf Zuwendungen in nichtehelicher Lebensgemeinschaft Anwendung findet, und zwar selbst dann nicht, wenn die Lebensgefährten nach der Zuwendung heiraten.[347] 2871

3. §§ 2287 f. BGB

Der Vertrags-/Schlusserbe (§ 2287 BGB) bzw. der bindend eingesetzte Vermächtnisnehmer (§ 2288 BGB) ist ggü. Zuwendungen unter nichtehelichen Lebensgefährten in gleicher Weise geschützt; auch insoweit (wie bei § 2325 BGB) gilt die lebensgemeinschaftsbedingte Zuwendung, auch wenn sie nicht subjektiv unentgeltlich ist, als auslösende „Schenkung". Die Anforderungen an die „Beeinträchtigungsabsicht" sind dabei eher gering, vgl. Rdn. 3333; das erforderliche lebzeitige Eigeninteresse ist bspw. nicht allein durch das Vorliegen einer nichtehelichen Lebensgemeinschaft zu bejahen.[348] Allenfalls eine Zuwendung, die als Gegenleistung für tatsächlich erbrachte Versorgung und Pflege durch den Lebensgefährten aufgrund nachträglich entstandener Pflegebedürftigkeit gewährt wird, kann ggü. dem „Verfolgungsrecht" des Vertragserben/-vermächtnisnehmers geschützt sein;[349] Gleiches gilt, wenn der Lebensgefährte die Kinder aus der Ehe des Zuwendenden mitbetreut hat. Altruistische Motive, wie etwa der Wunsch nach Versorgung und Besserstellung des Lebensgefährten, vermögen jedoch in keinem Fall vor §§ 2287 ff. BGB zu schützen.[350] 2872

---

345 Grundsatzentscheidung des BGH, 27.11.1991 – IV ZR 169/90, BGHZ 116, 167, 170; zur ausdrücklichen Anerkennung der unbenannten Zuwendung unter Lebensgefährten vgl. BGH, 09.07.2008 – XII ZR 39/06, NJW 2008, 3282, und 09.07.2008 – XII ZR 179/05, DNotZ 2009, 52 m. Anm. *Löhnig*.
346 So ausdrücklich BGH, 11.07.2007 – IV ZR 218/06, ZEV 2008 192, m.w.N.
347 DNotI-Gutachten v. 12.12.2001, Nr. 1255; OLG Düsseldorf, 31.05.1996 – 7 U 120/95, NJW 1996, 3156, a.A. nur OLG Zweibrücken, 22.02.1988 – 4 U 121/87, FamRZ 1994, 1492.
348 OLG Köln, 30.09.1991 – 2 W 140/91, NJW-RR 1992, 200.
349 OLG Köln, 30.04.1987 – 24 U 472/86, NJW-RR 1987, 1484.
350 OLG Celle, 15.06.2006 – 6 U 99/06, RNotZ 2006, 477.

Kapitel 8: Rechtsgeschäfte unter Lebenden auf den Tod

		Rn.
A.	Schenkungen auf den Todesfall	2873
I.	Handschenkungen auf den Todesfall (§ 516 BGB)	2878
II.	Auf den Tod befristete Versprechensschenkung ohne Überlebensbedingung des Beschenkten (§ 518 BGB)	2880
III.	Vollzogene Schenkungsversprechen auf den Tod mit echter Überlebensbedingung (§ 2301 Abs. 2 BGB)	2884
IV.	Vergleich mit erbrechtlichen Lösungen	2888
B.	Der Vertrag zugunsten Dritter auf den Todesfall (§§ 328, 331 BGB)	2892
C.	Insb.: der Lebensversicherungsvertrag	2897
I.	Rechtliche Konstruktion	2897
II.	Bezugsberechtigung	2903
	1. Fehlen einer Benennung	2903
	2. Art und Inhalt der Benennung	2904
	3. Widerrufliche Benennung	2907
	4. Unwiderrufliche Benennung	2908
	5. Valutaverhältnis: Rechtsgrund zum Behaltendürfen	2909
III.	Versicherungsanspruch als Nachlassbestandteil?	2915
	1. Regelfall: Übertragung außerhalb des Erbrechts	2915
	2. Ausnahme: Versicherungsanspruch im Nachlass	2916
	a) Fehlen eines Bezugsberechtigten	2917
	b) Lebensversicherung zur Kreditsicherung	2918
	c) Abweichende versicherte Person	2920
	d) Fehlerhaftes Valutaverhältnis	2921
IV.	Lebensversicherung und Pflichtteilsrecht	2922
	1. Beeinträchtigende Schenkungen (§ 2287 Abs. 1 BGB)	2924
	2. Pflichtteilsergänzungsanspruch bei Schenkungen (§ 2325 BGB)	2925
	3. Anrechnung von Zuwendungen auf den Pflichtteil (§ 2315 BGB)	2932
V.	Schenkung- und Erbschaftsteuer	2933
VI.	Lebensversicherungen als Mittel der „Asset Protection"?	2940
	1. Liechtensteinische Lebensversicherungen	2941
	2. Pfändungsschutz zur Altersvorsorge (§§ 851c, 851d ZPO)	2946
D.	Rechtsgeschäfte unter Lebenden auf den Tod eines Dritten (§ 311b Abs. 4 und 5 BGB)	2953
I.	Gem. § 311b Abs. 4 BGB verbotene Gestaltungen	2955
II.	Gem. § 311b Abs. 4 BGB erlaubte Rechtsgeschäfte	2960
III.	Gem. § 311b Abs. 5 BGB erlaubte Rechtsgeschäfte	2967

A. Schenkungen auf den Todesfall

„Auf halbem Wege" zwischen den im Vordergrund dieser Darstellung stehenden lebzeitigen Übertragungen einerseits, und letztwilligen Verfügungen andererseits, stehen Rechtsgeschäfte unter Lebenden auf den Tod. Eine mögliche Gestaltung lebzeitiger wechselseitiger **entgeltlicher** Übertragungen auf den Tod (Austausch gleichwertiger Risiken in Gestalt der jeweiligen Vorversterbenswahrscheinlichkeit) wurde bereits als mögliches Instrument zur Schenkungsvermeidung oben Rdn. 258 ff. vorgestellt. Dieses Kapitel widmet sich dem **unentgeltlichen Rechtsgeschäft unter Lebenden auf den Tod**, wobei die Verträge zugunsten Dritter, insb. Lebensversicherungsverträge, eine Sonderrolle spielen (nachstehend Rdn. 2897). Als Folge des Verbots lebzeitiger Verträge über den künftigen Nachlass einer noch lebenden Person (§ 311b Abs. 4 BGB, Rdn. 2955 ff.) können sich solche Verträge nur auf Einzelgegenstände beziehen, treten also in Konkurrenz mit Vermächtnissen.[1]

2873

Zum Schutz vor Umgehungen werden unentgeltliche Schenkungsversprechen (§ 518 BGB), die unter einer **echten Überlebensbedingung** stehen (also nur unter der Bedingung erteilt werden,

2874

---
1 Vgl. zum Folgenden umfassend *Nieder*, ZNotP 1998, 143 ff. und 192 ff.

dass der Beschenkte den Schenker überlebt – die Schenkung darf also nicht etwa dem Erben des ursprünglich zu Beschenkenden zugutekommen), durch § 2301 Abs. 1 BGB hinsichtlich Form, Voraussetzungen und Rechtsfolgen den Bestimmungen des Erbrechts unterstellt. Solche Versprechen gelten also bei Erfüllung der sonstigen Voraussetzungen (notarielle Beurkundung, gleichzeitige Anwesenheit) als erbvertragliches Vermächtnis und bieten damit keinen zusätzlichen kautelaren Reiz.

2875 Für die Gestaltung stehen jedoch
- Handschenkungen (§ 516 BGB) bei Forderungen und beweglichen Sachen, die hinsichtlich des Vollzuges auf den Tod des Schenkers aufschiebend befristet sind (nachstehend Rdn. 2878),
- auf den Tod befristete Schenkungsversprechen ohne echte Überlebensbedingung, § 518 BGB (nachstehend Rdn. 2880),
- bereits lebzeitig vollzogene Schenkungsversprechen auf den Tod mit echter Überlebensbedingung, § 2301 Abs. 2 BGB (nachstehend Rdn. 2884)
- zur Verfügung. Sie weisen teilweise gewichtige Vorteile ggü. rein erbrechtlichen Lösungen auf (nachstehend Rdn. 2888).

2876 Davon wiederum zu differenzieren sind lebzeitige **Angebote**, die erst nach dem Tod des Anbietenden angenommen werden können (mittelbar also, sofern die Angebotsposition nicht vererblich ist, ebenfalls unter einer Überlebensbedingung stehen); die bloße bedingte Verpflichtung aus dem Angebot selbst führt beim Tod des Anbietenden noch zu keiner Nachlassverbindlichkeit i.S.d. § 10 Abs. 5 Nr. 1 ErbStG. Die Besteuerung tritt erst ein mit der Annahme, und zwar als Zuwendung des ursprünglichen Anbietenden, auch wenn die ursprüngliche Angebotsposition zwischenzeitlich noch einmal vererbt wurde.[2]

2877 Verwandt sind schließlich Sachverhalte, in denen ein auf den Tod des erstversterbenden Ehegatten anfallendes, jedoch erst auf den Tod des längerlebenden Ehegatten fälliges (und demnach gem. § 6 Abs. 4 ErbStG nicht auf den ersten Sterbefall abzugsfähiges) Vermächtnis freiwillig bereits zuvor, nämlich zu Lebzeit des Längerlebenden, erfüllt wird: damit dürfte die Inanspruchnahme nach dem ersten Ehegatten möglich sein, vergleichbar der Ausschlagung des Vermächtnisses gegen Abfindung (§ 3 Abs. 2 Nr. 4, Nr. 5 ErbStG: die Zuwendung gilt als vom Erblasser stammend angeordnet).[3] Dies gilt auch, wenn der längerlebende Ehegatte als Vorerbe dem Nacherben (Kind) vorzeitig den vorsteuerverhafteten Gegenstand schenkt. Überträgt umgekehrt der Nacherbe seine Anwartschaft auf den Vorerben gegen Abfindung (etwa das verhaftete Grundstück), gilt auch diese Abfindung gem. § 3 Abs. 2 Nr. 6 ErbStG als vom ursprünglichen Erblasser stammend.

I. Handschenkungen auf den Todesfall (§ 516 BGB)

2878 Ein für den Realvertrag i.S.d. § 516 BGB erforderlicher sofortiger Schenkungsvollzug kann (ebenso wie das schuldrechtliche Geschäft) auch unter einer Bedingung oder Befristung erfolgen

---

[2] BFH, 28.10.2009 – II R 32/08 ErbStB 2010, 163, hierzu *Wälzholz*, NotBZ 2010, 252: Angebot des (erstverstorbenen) Vaters und der Mutter je bzgl. eigener Grundstücke auf Schenkung an den Sohn, das Letzterer erst nach dem Tod beider annehmen kann. Im konkreten Fall lag allerdings eine alleinige Schenkung der Mutter vor, da sie, ohne hierzu verpflichtet zu sein, nach dem Tod ihres Mannes das Gesamtvermögen eigenmächtig vorzeitig übertrug.
[3] *Wälzholz*, NotBZ 2010, 252, 255.

(ausgenommen sind naturgemäß Grundstücksgeschäfte aufgrund der Bedingungsfeindlichkeit der Auflassung, § 925 Abs. 2 BGB). Es ist aber denkbar, Forderungen oder bewegliche Sachen im Weg einer Handschenkung in der Weise zu übertragen, dass die Abtretung (§ 398 BGB) bzw. die Einigung und das Besitzmittlungsverhältnis (§§ 929, 930 BGB) aufschiebend auf den Tod des Schenkers befristet stattfindet. Erfolgen sie ohne echte Überlebensbedingung des Beschenkten, d.h. sollen sie auch zugunsten der Erben des Beschenkten bestehen bleiben, gelten §§ 516 ff. BGB uneingeschränkt, auch wenn das eingeleitete Schenkungs- und Übereignungsangebot erst nach dem Tod des Schenkers angenommen wird (erfolgt die Übermittlung durch einen Erklärungsboten, gelten §§ 130 Abs. 2, 153 BGB, bei Einschaltung eines Vertreters bleibt die Vollmacht über den Tod des Vollmachtgebers hinaus erhalten, §§ 168 Satz 1, 672 Satz 1, 675 BGB).

Steht die Handschenkung jedoch zusätzlich unter der „echten Überlebensbedingung" des Beschenkten, gilt § 2301 Abs. 1 BGB bereits dem Wortlaut nach (kein Schenkungsversprechen) nicht, und zwar selbst dann nicht, wenn ein bereits zu Lebzeiten angenommenes Schenkungs- und Übereignungsangebot seinerseits (in diesem Fall mehrfach) aufschiebend bedingt und befristet war. War das Zustandekommen der Handschenkung in diesem Fall (der echten Überlebensbedingung) jedoch lediglich noch zu Lebzeiten des Schenkers eingeleitet worden, gilt nach Ansicht des BGH sowohl beim Übermittlungsboten als auch beim Übermittlungsvertreter § 2301 Abs. 1 BGB jedenfalls analog, da ab Versterben des Schenkers eine noch nicht vollzogene Schenkung auf den Todesfall vorliege (Unterbrechung des Vollzugszusammenhangs).[4]

2879

II. Auf den Tod befristete Versprechensschenkung ohne Überlebensbedingung des Beschenkten (§ 518 BGB)

Handelt es sich nicht um eine Handschenkung i.S.d. § 516 BGB, sondern (wie bei Grundstücken als Folge des mehraktigen Vollzugs notwendigerweise) um eine Versprechensschenkung (§ 518 BGB), die zwar auf den eigenen Tod des Schenkers in ihrem Vollzug aufschiebend befristet ist, jedoch nicht unter der Bedingung des Überlebens des Beschenkten steht, also ggf. auch dessen Erben zugutekäme, gilt § 2301 Abs. 1 BGB (mangels „echter Überlebensbedingung") ebenfalls nicht.

2880

Wurde die notarielle Form nicht eingehalten, kann Heilung gem. § 518 Abs. 2 BGB durch Vollzug erfolgen, der auch auflösend oder aufschiebend bedingt oder befristet sein kann[5] und auch erst nach dem Tod des Schenkers möglich ist,[6] also auch durch postmortalen Übermittlungsauftrag zustande gebracht werden kann. In diesen Fällen entspannt sich ein **Wettlauf** zwischen dem Boten/Bevollmächtigen, mit dem Ziel des Zustandebringens des Schenkungsversprechens und den Erben, die das Auftragsverhältnis bzw. die Vollmacht, sobald sie davon Kenntnis erhalten, widerrufen werden.[7] Das Widerrufsrecht der Erben (§§ 671 Abs. 1, 168 Satz 1 BGB) kann möglicherweise im Auftrag/in der Vollmacht ausgeschlossen[8] oder durch eine testamentarische

2881

---

4 Vgl. BGH, NJW 1983, 1487; BGH, NJW 1987, 839.
5 BGH, NJW-RR 1989, 1282.
6 BGH, WM 1976, 1130.
7 Vgl. BGH, NJW 1975, 382.
8 So bspw., wenn der Auftrag überwiegend im Interesse des Beauftragten (Bevollmächtigten) erteilt ist, vgl. BGH, DNotZ 1972, 220, ebenso wenn das Widerrufsrecht bereits zu Lebzeiten des Veräußerers (wie allerdings selten) ausgeschlossen war, BGH, WM 1976, 1130.

Auflage an die Erben, den Widerruf nicht auszuüben, beseitigt werden. Eine Rückfragepflicht des Bevollmächtigten/Boten vor Erfüllung des Auftrags/Abgabe der Erklärung besteht nicht.[9]

2882 Bei **ohne Überlebensbedingung erfolgenden Grundstücksschenkungen**, die erst auf den **Tod des Schenkers vollzogen** werden sollen, kann entweder die Auflassung bereits in der Schenkungsversprechensurkunde miterklärt werden, verbunden mit einer Anweisung an den Notar, diese Auflassung zum Vollzug zu bringen, sobald der Versprechensempfänger eine Sterbeurkunde des Schenkers vorlegt, oder aber Erben[10] des Versprechensempfängers, die sich in der Form des § 35 GBO legitimiert haben, eine solche Sterbeurkunde des Schenkers vorlegen (1. Alt., s. nachstehender Formulierungsvorschlag, Rdn. 2883). Stattdessen kann auch dem Beschenkten bzw. seinen gem. § 35 GBO legitimierten Erben unwiderrufliche Auflassungsvollmacht erteilt werden, die erst nach Vorliegen einer Sterbeurkunde des Schenkers verwendet werden kann (2. Alt.). Typischerweise wird der aufschiebend befristete Erwerbsanspruch des Beschenkten durch eine Eigentumsvormerkung im Grundbuch gesichert; in dieser Abwehrkraft und in der weit über § 2288 BGB hinausgehenden, ohne Mitwirkung des Beschenkten nicht mehr beseitigbaren Bindung liegen die besonderen Vorteile des lebzeitigen, auf den Tod befristeten Schenkungsversprechens ggü. dem schlichten Vermächtnis.

2883 **Formulierungsvorschlag: Auf den Tod des Schenkers vollzugsbefristete Grundstücks-Versprechensschenkung ohne echte Überlebensbedingung mit sofortiger Erklärung der Auflassung**

> Der Veräußerer verspricht hiermit dem Erwerber gemäß § 518 Abs. 1 BGB die Schenkung des vorstehend genannten Grundstücks samt Gebäude und wesentlicher Bestandteile in dem Zustand, in dem es sich zum Zeitpunkt des Schenkungsvollzugs tatsächlich befinden wird, jedoch rechtlich lediglich belastet mit den im Rang vor der Erwerbsvormerkung eingetragenen Rechten. Dieses Schenkungsversprechen steht nicht unter der Überlebensbedingung des Erwerbers, wird also bei Vorversterben des Beschenkten zugunsten seiner (gesetzlichen oder testamentarischen) Erben vollzogen. Der Anspruch aus der Versprechensschenkung ist jedoch nicht übertragbar (Verbot der Einzelrechtsnachfolge).
>
> (**Anm.:** *Es folgt die Bewilligung der Eigentumsvormerkung für den Erwerber*)
>
> Veräußerer und Versprechensempfänger sind über den vereinbarten Eigentumsübergang einig und erklären, ohne Befristung oder Bedingung, die Auflassung. Sie beauftragen und bevollmächtigen jedoch den amtierenden Notar, seinen Vertreter oder Nachfolger im Amt, die Bewilligung zum Vollzug dieser Auflassung, die in jener nicht enthalten ist, durch Eigenurkunde erst dann zu erklären, wenn entweder der Versprechensempfänger eine Sterbeurkunde des Schenkers vorlegt oder Erben des Versprechensempfängers, die sich in der Form des § 35 GBO zu legitimieren haben, eine solche Sterbeurkunde vorlegen. In letzterem Fall ist die Auflassung zugunsten dieser Erben zum Vollzug zu bringen.

---

9 BGH, NJW 1995, 250.
10 Die erklärte Auflassung bindet auch die Erben, vgl. BayObIGZ 1990, 312 und *Krauß*, Immobilienkaufverträge in der Praxis, Rn. 774.

Besitz, Nutzungen und Lasten, Haftung, Verkehrssicherung und Gefahr gehen auf den Versprechensempfänger bzw. dessen Erben mit dem Tod des Schenkers über. (.....)

III. Vollzogene Schenkungsversprechen auf den Tod mit echter Überlebensbedingung (§ 2301 Abs. 2 BGB)

Steht eine Versprechensschenkung unter einer echten Überlebensbedingung (d.h. soll sie nur gelten, wenn der Versprechensempfänger den Schenker überlebt), gelten gem. § 2301 Abs. 2 BGB ausnahmsweise dann nicht die Anforderungen und Rechtsfolgen einer Verfügung von Todes wegen, wenn der Schenker bereits zu Lebzeiten die Schenkung vollzogen hat. Er muss also hinsichtlich der dinglichen Erfüllung bereits so viel veranlasst haben, dass diese bei seinem Tod ohne Weiteres Zutun eintreten kann. Ein lediglich bedingtes oder befristetes Erfüllungsgeschäft genügt, kommt aber bei Grundbesitz (aufgrund der Bedingungsfeindlichkeit der Auflassung) naturgemäß nicht in Betracht.

Bezieht sich also eine auf den Tod des Schenkers befristete Versprechensschenkung unter echter Überlebensbedingung auf Grundstücke, muss dem Versprechensempfänger (zu Lebzeiten des Schenkers) zumindest ein dingliches Anwartschaftsrecht zugewendet worden sein, wie es durch Erklärung der Auflassung und Umschreibungsantrag des Erwerbers oder zumindest Eintragung der Vormerkung zu seinen Gunsten entstehen kann.[11] Alternativ könnte auch der Versprechensempfänger bereits durch Vollzug der Auflassung zu Lebzeiten Eigentümer geworden sein, jedoch der bedingte Rückübertragungsanspruch des Schenkers (für den Fall, dass der Versprechensempfänger zuvor verstirbt: „echte Überlebensbedingung!") durch eine Vormerkung gesichert werden. Häufiger ist die erste Alternative:

Formulierungsvorschlag: Versprechensschenkung unter Lebenden auf den Tod des Schenkers unter echter Überlebensbedingung, jedoch lebzeitigem Vollzug i.S.d. § 2301 Abs. 2 BGB

> Der Veräußerer verspricht dem Erwerber (Versprechensempfänger) die Schenkung des vorstehend bezeichneten Grundbesitzes samt Gebäuden und wesentlichen Bestandteilen in dem tatsächlichen Zustand, in dem es sich beim Tod des Schenkers befinden wird, belastet jedoch lediglich mit den Rechten, die im Rang vor der nachstehend bewilligten Vormerkung eingetragen sein werden. Dieses Schenkungsversprechen steht unter der echten Überlebensbedingung, dass der Versprechensempfänger den Schenker überlebt, soll also nicht etwaigen Erben des Versprechensempfängers zugutekommen. Es handelt es sich also um ein Schenkungsversprechen i.S.d. § 2301 BGB, das jedoch gemäß dessen Absatz 2 bereits zu Lebzeiten soweit vollzogen werden soll, dass nicht mehr die Vorschriften über letztwillige Verfügungen gelten. Die Eigentumsumschreibung aufgrund der heute bereits erklärten Auflassung erfolgt jedoch erst mit dem Tod des Schenkers. Der Anspruch aus diesem Schenkungsversprechen ist nicht vererblich, er ist auch nicht übertragbar.
>
> (*Anm.:* Es folgt die Bewilligung der Eigentumsvormerkung)

---

11   Vgl. BGH, DNotZ 1981, 130.

> Veräußerer und Versprechensempfänger sind über den Eigentumsübergang einig. Sie bevollmächtigen den amtierenden Notar, seinen Vertreter und Nachfolger, befreit von § 181 BGB, unwiderruflich, die Bewilligung zum Vollzug dieser Auflassung, die hierin nicht enthalten ist, durch Eigenurkunde erst dann abzugeben, wenn der Versprechensempfänger eine Sterbeurkunde des Veräußerers vorlegt.
>
> Legt umgekehrt der Veräußerer eine Sterbeurkunde des Versprechensempfängers vor, ist nicht nur das Schenkungsversprechen selbst (die schuldrechtliche Erklärung) für diesen Fall auflösend bedingt, sondern auch die bewilligte Vormerkung; auflösende Bedingung ist eine gesiegelte Eigenurkunde des Notars, die dieser zu fertigen beauftragt und bevollmächtigt wird, sobald ihm der Veräußerer die Sterbeurkunde des Versprechensempfängers vorgelegt hat.

2887 Im Unterschied zu § 518 Abs. 2 BGB genügt für den lebzeitigen Vollzug i.S.d. § 2301 Abs. 2 BGB nicht, dass der Schenker einem Dritten – sei es als Bote oder Bevollmächtigten – lediglich eine erst nach seinem, des Schenkers, Tod zu verwendende Vollmacht bzw. einen Übermittlungsauftrag erteilt hat, da im Fall der echten Überlebensbedingung der Schenkungsgegenstand mit dem Tod des Schenkers dem Erbrecht unterworfen ist, § 2301 Abs. 1 BGB.[12]

IV. Vergleich mit erbrechtlichen Lösungen

2888 **Vorteile** von Rechtsgeschäften unter Lebenden auf den Tod ggü. rein erbrechtlichen Lösungen:
- Sie liegen zum einen in der umfassenden Möglichkeit lebzeitiger Bindung des Veräußerers und korrespondierender Sicherung des Erwerbers (Vormerkung!) – während ein erbvertragliches Vermächtnis durch lebzeitige Verfügung bis zur Grenze des § 2288 BGB, ein lediglich testamentarisches Vermächtnis auch durch neue Verfügung von Todes wegen, „ausgehebelt" werden kann.
- Schenkungsversprechen auf den Todesfall können auch durch Vertreter sowie durch Aufspaltung in Angebot und Annahme erfolgen, während Testamente nur persönlich (§ 2064 BGB), Erbverträge nur bei gleichzeitiger Anwesenheit beider (§ 2276 Abs. 1 Satz 1 BGB) errichtet werden können.
- Während der Zuwendungsempfänger bei der letztwilligen Verfügung durch den Erblasser selbst bestimmt werden muss, § 2065 Abs. 1 BGB, kann dessen Person bei lebzeitigen Rechtsgeschäften auch von Dritten benannt werden.

2889
- Lebzeitig können synallagmatische Verträge geschlossen werden (anders als im Fall der Verbindung eines Erbvertrags mit einem anderen Vertrag), sodass unmittelbar die Leistungsstörungsregeln der §§ 323 ff. BGB (Rücktrittsrecht!) gelten.
- Bei bestehender letztwilliger Bindung kann ein Schenkungsversprechen auf den Todesfall, sofern nicht §§ 2287, 2288 BGB (Verfolgungsrecht des enttäuschten Vertragserben, Rdn. 3328 ff.) entgegenstehen, einen lebzeitigen Ausweg ermöglichen, dessen Wirkungen zudem erst mit dem eigenen Tod eintreten (lediglich das nicht vollzogene, unter echter Überlebensbedingung stehende Schenkungsversprechen unterliegt gem. § 2301 Abs. 2 BGB den

---

12 BGH, NJW 1983, 1487; NJW 1995, 953.

Bestimmungen von Todes wegen, gilt also als gem. § 2289 Abs. 1 BGB vergeblicher Testamentsänderungsversuch).
- Die Abwicklung erfolgt am Nachlass vorbei, somit auch außerhalb etwaiger dort angeordneter Testamentsvollstreckungen oder sonstiger (Nacherben-) Bindungen.

Keine Vorteile verspricht die Versprechensschenkung auf den Todesfall jedoch im Hinblick auf Pflichtteilsrechte und Gläubigeranfechtungsmöglichkeiten: Da die Frist für den Ausschluss von Pflichtteilsergänzungsansprüchen erst mit wirtschaftlicher Ausgliederung zu laufen beginnt (Rdn. 3072 ff.), ist sie beim Tod des Schenkers naturgemäß noch nicht angelaufen.[13] Auch die Anfechtungsfrist von Nachlassgläubigern beginnt gem. § 5 AnfG erst mit dem Ableben. 2890

Zu beachten ist weiter, dass Versprechensschenkungen auf den Todesfall zugunsten des Ehegatten, anders als letztwillige Verfügungen (Auslegungsregel: § 2077 BGB) nicht etwa bei Scheitern der Ehe, etwa bei **Scheidung**, hinfällig werden, sofern nicht ausnahmsweise die Regelungen über den Wegfall der Geschäftsgrundlage helfen[14] oder eine entsprechende auflösende Bedingung vereinbart ist. 2891

---

13 Vgl. *Nieder*, ZNotP 1998, 199.
14 BGH, NJW 1987, 3131.

B. Der Vertrag zugunsten Dritter auf den Todesfall (§§ 328, 331 BGB)

2892 Der Versprechensempfänger (z.B. Vater) lässt sich vom Versprechenden (z.B. dem Sohn), etwa im Zusammenhang mit der Übertragung einer Immobilie von Vater an Sohn in vorweggenommener Erbfolge), versprechen, einen Vermögensgegenstand (z.B. die erworbene Immobilie) nach seinem, des Vaters, Tod an einen Dritten unentgeltlich zu übertragen. Im Regelfall wird dieses Versprechen an den Eintritt bestimmter Umstände (Tod des Erwerbers, Versuch der Belastung oder Veräußerung des Objektes, Vollstreckungszugriff Dritter etc., ähnlich der Tatbestände, die typischerweise die Rückforderung durch den Veräußerer selbst zu seinen Lebzeiten auslösen werden – Rdn. 1886 ff. –) geknüpft sein. Dadurch lassen sich Wirkungen erzeugen, die einer „lebzeitigen Vor- und Nacherbfolge" gleichkommen. Vergleichbar sind lebzeitige Angebote an bestimmte Begünstigte, die erst nach dem Tod des Anbietenden angenommen werden können (vgl. Rdn. 2876).

2893 Sofern nur der Versprechensempfänger, nicht auch der Dritte, ein Forderungsrecht gegen den Versprechenden auf Leistung an den Dritten erhält, also der Dritte lediglich empfangsberechtigt, nicht jedoch forderungsberechtigt hinsichtlich dieser Leistung ist, spricht man von einem **unechten oder ermächtigenden Vertrag zugunsten Dritter** (§§ 328 Abs. 2, 329 BGB). Sofern nach der Auslegung gem. § 328 Abs. 2, 330 BGB feststeht, dass der Dritte überhaupt ein eigenes Forderungsrecht gegen den Versprechenden erhalten soll, soll dieses gem. § 331 Abs. 1 BGB im Zweifel erst beim Tod des Versprechensempfängers (Gläubigers, Schenkers) entstehen. Vorher hat der Versprechensempfänger, wenn nicht anders geregelt, also lediglich eine Hoffnung oder Chance, ohne Sicherheit. Die Gestaltung des Vertrags zugunsten Dritter kann auch für noch nicht geborene Begünstigte gewählt werden, da § 331 Abs. 2 BGB dies (in Abweichung von § 1 BGB) zulässt.

2894 Der dinglichen Sicherung des bedingten Übereignungsanspruchs des Begünstigten sind dabei jedoch insoweit Grenzen gesetzt, als
(1) Anspruchsinhaber und Vormerkungsberechtigte jeweils identisch sein müssen und
(2) eine Vormerkungssicherung nicht für einen derzeit noch nicht bestimmten künftigen Berechtigten („die künftigen Abkömmlinge") in Betracht kommt.[15]

Demnach kann der **Anspruch des Versprechensempfängers** auch im Hinblick auf die bedingte Pflicht zur Übereignung an den bedachten Dritten gesichert werden. Zugunsten des Dritten selbst kann erst dann, wenn er feststeht oder wenn er benannt wurde (allerdings noch vor der Annahme!), eine eigene Vormerkung eingetragen werden, falls und sobald der Dritte einen eigenen (sei es auch durch den Tod und den Eintritt auslösender Umstände noch bedingten) Übereignungsanspruch erwerben soll, es sich also um einen echten Vertrag zugunsten Dritter gem. § 328 BGB handelt. S. zum Parallelproblem der Vormerkungssicherung bei lebzeitigen bedingten Übereignungspflichten zugunsten eines Dritten Rdn. 1987 ff.

---

15 A.A. bspw. *Assmann*, ZfIR 2009, 244, 249; *Treuß*, AcP 2001, 580, 606 f.; zur Begründung der h.M. vgl. BayObLG, DNotZ 1997, 153, 154.

B. Der Vertrag zugunsten Dritter auf den Todesfall (§§ 328, 331 BGB)

Eine solche Vereinbarung, z.B. als Bestandteil der Grundstücksübertragung und zur Verlängerung des eigenen Rückforderungsanspruchs, jedoch zugunsten bestimmter Begünstigter (im Beispielsfall: der – auch noch ungeborenen – Enkel, könnte etwa folgendermaßen formuliert sein: 2895

Formulierungsvorschlag: Bedingter, vormerkungsgesicherter, Übereignungsanspruch Dritter nach dem Tod des Versprechensempfängers 2896

> Die Veräußerer, die Eheleute A und B, sowie der Erwerber, ihr Sohn C, vereinbaren im Weg eines echten Vertrags zugunsten Dritter (§ 328 BGB) in bezug auf den heute übertragenen Grundbesitz eine bedingte Übertragungsverpflichtung beim Eintritt bestimmter Umstände, die allerdings erst dann gilt, wenn der Längerlebende der Eheleute A und B verstorben ist. Bis zu diesem Zeitpunkt besteht zugunsten beider Veräußerer, nach dem Tod des Erstversterbenden zugunsten des längerlebenden Veräußerers, das in § ..... geregelte, durch Vormerkung gesicherte bedingte Rückforderungsrecht.
>
> C bzw. seine Gesamtrechtsnachfolger sind demgemäß verpflichtet, den heute erworbenen Grundbesitz in seinem künftigen Zustand samt aller zugehörigen Bestandteile und Rechte zu übertragen an den Begünstigten D (Enkel der Veräußerer A und B) sowie alle etwaigen weiteren Enkel, die im Zeitpunkt des Eintritts der die Übertragungspflicht auslösenden Tatbestände vorhanden sein werden – nachstehend jeweils zusammenfassend „der Berechtigte" genannt –, und zwar an mehrere Berechtigte zu gleichen Miteigentumsanteilen.
>
> Die Übertragungsverpflichtung entsteht, wenn und sobald .....
>
> *(Anm.: Es folgt Nennung der die Übertragungsverpflichtung auslösenden Tatbestände, z.B. orientiert an den Tatbeständen zur Auslösung einer Übertragungsverpflichtung gemäß Rdn. 1886 ff., wie im Gesamt-Baustein Rdn. 1997 enthalten, also insb. Vollstreckungsmaßnahmen Dritter, Eröffnung des Insolvenzverfahrens, Versterben von C, nachdem A und B verstorben sind, es sei denn, der Vertragsbesitz fällt von Todes wegen ohnehin an die Berechtigten, Veräußerung oder Belastung, wobei die Veräußerung oder Belastung wohl nur dann auslösend wirken wird, wenn die zu diesem Zeitpunkt lebenden und geschäftsfähigen Kinder von C nicht zustimmen; sind keine geschäftsfähigen Kinder vorhanden, besteht eine Zustimmungspflicht einer benannten dritten Person, z.B. eines Geschwisters von C.)*
>
> Verstirbt C, nachdem A und B beide bereits verstorben sind, erlischt die bedingte Übertragungsverpflichtung insgesamt für den Fall, dass der betroffene Grundbesitz ausschließlich an Begünstigte im Sinn des vorstehend bedingten Übertragungsanspruchs von Todes wegen übergeht oder binnen sechs Monaten übertragen wird.
>
> Für die Begünstigten handelt es sich um einen echten Vertrag zugunsten Dritter, wobei der Anspruch allerdings erst mit Bedingungseintritt fällig wird.
>
> Sind bei Eintritt einer der vorstehenden, die Verpflichtung auslösenden Tatbestände keine Begünstigten vorhanden, da beispielsweise alle Enkel kinderlos vorverstorben sind, entfällt die Übertragungsverpflichtung insgesamt.

*(**Gegebenenfalls Zusatz:** Nach dem Ableben von A und B ist C berechtigt, ohne Zustimmung weiterer Personen zu Lebzeiten über den Vertragsbesitz zugunsten auch nur einzelner Begünstigter zu verfügen; in diesem Fall erlischt die Übertragungsverpflichtung insgesamt.)*

C. Insb.: der Lebensversicherungsvertrag

I. Rechtliche Konstruktion

Der spätere Erblasser (=Versprechensempfänger) lässt sich vom Versprechenden, z.B. einer Bank oder Versicherungsgesellschaft, im **Deckungsverhältnis** (Bank- oder Versicherungsvertrag) entgeltlich, also gegen Prämien, Leistungen versprechen, wobei vereinbart wird, dass ein Dritter, der mit dem Versprechensempfänger durch das **Valutaverhältnis** verbunden ist, mit dem Tod des Versprechensempfängers forderungsberechtigt sein soll. 2897

Sofern nur der Versprechensempfänger, nicht auch der Dritte, ein Forderungsrecht gegen den Versprechenden auf Leistung an den Dritten erhält, also der Dritte lediglich empfangsberechtigt, nicht jedoch forderungsberechtigt hinsichtlich dieser Leistung ist, spricht man von einem **unechten oder ermächtigenden Vertrag zugunsten Dritter** (§§ 328 Abs. 2, 329 BGB). Sofern nach der Auslegung gem. § 328 Abs. 2, 330 BGB feststeht, dass der Dritte überhaupt ein eigenes Forderungsrecht gegen den Versprechenden erhalten soll, soll dieses gem. § 331 Abs. 1 BGB im Zweifel erst beim Tod des Versprechensempfängers (Gläubigers, Schenkers) entstehen. Vorher hat der Versprechensempfänger also lediglich eine Hoffnung oder Chance, ohne Sicherheit. 2898

Das Valutaverhältnis wird regelmäßig ein Schenkungsvertrag sein, auf den die Vorschrift des § 2301 Abs. 1 BGB nicht anwendbar ist,[16] sodass allein die Regelungen der Schenkung unter Lebenden gem. §§ 516 ff. BGB zur Anwendung kommen, auch wenn der Dritte den Leistungsanspruch gegen den Versprechenden erst mit dem Tod des Versprechensempfängers erhalten soll, wie es § 331 BGB vorsieht.[17] 2899

Gegenstand einer solchen Zuwendung auf den Todesfall kann z.B. das Guthaben auf einem Sparkonto oder Bankdepot sein; wird zugleich an eine andere Person eine trans- oder postmortale Vollmacht erteilt, drohen allerdings Kollisionen.[18] Hat der später Verstorbene dagegen lediglich ein Sparbuch auf einen fremden Namen angelegt, dieses jedoch noch nicht aus der Hand gegeben, ist im Zweifel anzunehmen, dass noch keine Schenkung zustande gekommen ist, er sich vielmehr die Verfügungsbefugnis bis zu seinem Tod vorbehalten will.[19] 2900

---

16 H.M. (da der Gesetzgeber das Institut des Vertrages zugunsten Dritter als Übertragungsform außerhalb des Erbrechts geschaffen hat, was durch die Anwendung des § 2301 BGB konterkariert werden würde): Staudinger/*Kanzleiter*, BGB, § 2301 Rn. 42 f.; BeckOK/*Litzenburger*, BGB, § 2301 Rn. 16; Palandt/*Edenhofer*, BGB, § 2301 Rn. 17; Jauernig/*Stürner*, BGB, § 2301 Rn. 5; a.A. *Kipp/Coing*, Erbrecht § 81 V 1; 2c; *Medicus/Petersen*, Bürgerliches Recht, Rn. 396 und *Peters* ZErb 2010, 195 ff, der in der Einräumung eines Bezugsrechtes eine vermächtnisähnliche Zuwendung mortis causa sieht, ähnlich *Wall*, ZEV 2011, 3 ff. (der historische Grund, durch originären Anspruchserwerb des Dritten Schutz vor Nachlassgläubigern zu gewähren, ist zwischenzeitliche Entwicklungen im INsolvenz- und Zwangsvollstreckungsrecht entfallen).

17 St. Rspr., BGH, NJW 2004, 767; 1984, 480; 1976, 749; 1964, 1124.

18 Zahlreiche Bankformulare nehmen daher Konten i.S.d. § 331 BGB von solchen Vollmachten aus oder sehen das Erlöschen der Vollmacht beim Ableben des Vollmachtgebers vor. Wer aufgrund einer Bankvollmacht abhebt, muss (Beweislastumkehr) den Rechtsgrund zum Behaltendürfen beweisen (OLG Bamberg, ZEV 2004, 207 m. Anm. *Damrau*).

19 BGH, ZEV 2005, 259 m. Anm. *Bartsch/Bartsch*.

2901 Noch praxisrelevanter wird der Vertrag zugunsten Dritter auf den Todesfall i.d.R. bei **Lebensversicherungsverträgen**,[20] bei denen der spätere Erblasser einen bezugsberechtigten Dritten bestimmt, an den die Versicherungssumme bei seinem Ableben ausgezahlt werden soll. Im Folgenden wird deshalb die Problematik der Verträge zugunsten Dritter auf den Todesfall anhand des Lebensversicherungsvertrages mit dessen Besonderheiten dargestellt.[21] Bei kapitalbildenden Lebensversicherungen besteht auch ein Auszahlungsanspruch im Erlebensfall (Beiträge, Zinsen, Überschussbeteiligung) zugunsten des Versicherungsnehmers oder einer durch ihn bestimmten Person, sei es als Einmalbetrag oder durch Verrentung. Ende 2007 existierten knapp 94 Mio. Lebensversicherungsverträge, die knapp 681 Mrd. € verwalteten.[22]

	Versicherung (= Versprechender)	
Deckungsverhältnis		Vollzugsverhältnis
(Versicherungsvertrag)		
Erblasser (= Versprechens-		Bezugsberechtigter (= Dritter)
empfänger)		
	Valutaverhältnis	
	(Schenkungsvertrag)	

2902 Unter dem Gesichtspunkt des Schutzes vor dem Gläubigerzugriff („**asset protection**")[23] bieten Lebensversicherungen gewissen Reiz angesichts der durch § 177 VVG vermittelten Befugnisse: Begünstigte, subsidiär der Ehegatte und Abkömmlinge des Versicherungsnehmers können bei Insolvenz oder Pfändungszugriff binnen eines Monats den Eintritt in den Versicherungsvertrag erklären und diesen (samt den zu erwartenden Zuwächsen) für die Zukunft übernehmen, wenn sie den derzeitigen Rückkaufswert an den Gläubiger bzw. die Insolvenzmasse entrichten.[24] Hinzu tritt der Pfändungsschutz für Ansparbeträge und Alterseinkünfte von Selbstständigen durch Einführung von §§ 851c und 851d ZPO[25] bis zu einer Gesamtsumme von 238.000,00 €, allerdings unter deutlich einschränkenden Bedingungen (lediglich Rentenbezug, frühestens ab dem 60. Lebensjahr, keine Bezugsberechtigung Dritter außer im Todesfall, keine sonstige Verfügung), vgl. Rdn. 2946 ff.

---

20 Unter diesen Begriff (genauso wie unter den im VVG verwendeten Begriff „Kapitalversicherung") fallen alle Lebensversicherungen, bei denen einmalig ein Kapital gezahlt wird, d.h. Kapitallebensversicherungen, bei denen Kapital gebildet wird und bei Tod oder einem festgelegten Termin ausgezahlt wird, und Risikolebensversicherungen (*Kollhosser*, in: Prölss/Martin, VVG, vor §§ 159 bis 178 Rn. 1 ff.). Kapitallebensversicherungen und Rentenversicherungen, bei denen das Kapitalwahlrecht vor dem Stichtag der Endvermögensermittlung ausgeübt wurde, zählen zum Güterrecht (Zugewinnausgleich), „Riester-Verträge", reine Rentenversicherungen und solche Kapitallebensversicherungen, bei denen das Wahlrecht zugunsten des Rentenbezuges vor dem Stichtag ausgeübt wurde (Gestaltungsmöglichkeit! *Bergschneider* RNotZ 2009, 457, 459) zum Versorgungsausgleich (§ 2 Abs. 2 Nr. 3 VersAusglG), vgl. *Leitzen* notar 2009, 512 ff.
21 Vgl. hierzu umfassend und aktuell *Leitzen*, RNotZ 2009, 129 ff.
22 GDV e.V: Die deutsche Lebensversicherung in Zahlen (2007; download unter www.gdv.de).
23 Rechtlich zulässige Gestaltungsmaßnahmen als Vorsorge gegen Haftungszugriffe, vgl. *von Oertzen*, Asset Protection im deutschen Recht.
24 Vgl. *Ponath*, ZEV 2006, 247.
25 BT-Drucks. 16/886.

II. Bezugsberechtigung

1. Fehlen einer Benennung

Fehlt beim **Abschluss eines Lebensversicherungsvertrags** die Benennung eines Bezugsberechtigten für den Sterbefall – wobei die Bestimmbarkeit des Dritten genügt, konkrete Namensbezeichnung also nicht erforderlich ist[26] –, handelt es sich um einen Vertrag zu eigenen Gunsten mit der Folge, dass das Recht auf Leistung zum Nachlass des Versicherungsnehmers gehört und damit den Erben zusteht.[27] Anders verhält es sich naturgemäß, wenn im Todesfall gar keine Leistungen vorgesehen oder nur bestimmte Begünstigte zugelassen sind (etwa bei „Rürup-Renten" gem. § 10 Abs. 1 Nr. 2 Satz 1 Buchst. b), Abs. 3 EStG: lediglich der Ehegatte oder Kinder, für die Anspruch auf Kindergeld oder einen Freibetrag nach § 32 Abs. 6 EStG besteht; bei „Riester-Renten" führen Auszahlung an Hinterbliebene zu einer steuerschädlichen Verwendung i.S.d. § 93 Abs. 1 Satz 4 lit a, b EStG).[28]

2903

2. Art und Inhalt der Benennung

Regelmäßig aber wird im Deckungsverhältnis (also im Vertrag zwischen dem Versicherungsnehmer und dem Versicherer) ein Bezugsberechtigter benannt, dem das Recht auf die Versicherungsleistung gem. § 328 Abs. 1 BGB zugewendet wird, ohne dass er hieran mitzuwirken hätte (als Korrektiv wirkt sein Zurückweisungsrecht nach § 333 BGB, das zum rückwärtigen Entfall etwa entstandener Schenkungs- oder Erbschaftsteuern führt.[29] Erhält der Zurückweisende hierfür eine Abfindung, war diese bis zur Erbschaftsteuerreform 2009 (vgl. Rdn. 2934) nicht steuerbar (sodass die Zurückweisung gegen Abfindungszahlung steuerlich empfehlenswert war!).[30] Der Begünstigte erwirbt die Versicherungssumme dann mit Eintritt des Versicherungsfalls originär selbst (sodass bei Insolvenz des Versicherungsnehmers § 91 InsO keine Erwerbssperre darstellt!).[31]

2904

Das Verhältnis zwischen Versicherungsnehmer und dem Dritten wird „Valutaverhältnis" genannt (Rechtsgrund zum Behaltendürfen; i.d.R. Schenkung oder ehebedingte Zuwendung). Entgegen § 332 BGB kann die Benennung des Bezugsberechtigten gemäß den AGB der Versicherer nicht in einer Verfügung von Todes wegen erfolgen, sondern bedarf der schriftlichen Anzeige bei der Gesellschaft (§§ 12 Abs. 1, 13 Abs. 2 KbLVAB – Allgemeine Bedingungen für die kapitalbildende Lebensversicherung, 23.08.2010).

2905

Bei allgemeiner Bezeichnung des/der Bezugsberechtigten bereitet häufig die Auslegung Schwierigkeiten: Unter „Hinterbliebenen" werden sowohl Ehegatte als auch Kinder gemeinsam verstanden, während die Klausel „Ehefrau oder Kinder" zunächst allein den Ehegatten, ersatzweise die

2906

---

26 BGH, 16.11.2007 – V ZR 208/06, DNotI-Report 2008, 36 zu § 328 BGB.
27 BGHZ 81, 97.
28 Vgl. *Peters*, ZErb 2010, 165, 176.
29 Das Bezugsrecht fällt dann an den Ersatzbegünstigten, sonst an den Versicherungsnehmer zurück, § 168 VVG.
30 Vgl. *Gebel*, ZEV 2005, 241, *Fuhrmann/Demuth*, ErbStB 2005, 357 und ErbStB 2006, 15; *Berresheim*, RNotZ 2007, 510.
31 BGH, 27.04.2010 – IX ZR 245/09, ZEV 2010, 589.

Kinder begünstigt.³² Mit der **schlichten Benennung des „Ehegatten des Versicherten"** ist die im Zeitpunkt der Benennung vorhandene Ehefrau gemeint,³³ wobei die Benennung des Ehegatten nicht mit einer Scheidung wegfällt (§ 2077 BGB findet keine analoge Anwendung).³⁴ Sind mehrere Personen zu gleichen Teilen Bezugsberechtigte und verstirbt einer von ihnen vor/mit dem Versicherungsnehmer, steht sein Anteil dem überlebenden Bezugsberechtigten zu (Anwachsung gem. § 160 Abs. 1 Satz 2 VVG).³⁵

3. Widerrufliche Benennung

2907   Im Zweifel (§ 159 Abs. 1 2. Alt. VVG 2008) handelt es sich hierbei um eine stets widerrufliche Benennung, sodass das Recht auf Leistung dem Begünstigten erst mit dem Versicherungsfall zufällt (liegt dieser im Tod des Versicherungsnehmers, demnach erst nach dessen Ableben: § 331 BGB). Einem solchen Widerruf steht es gleich, wenn der Versicherungsnehmer seine Ansprüche aus der Lebensversicherung (etwa zum Zweck der Kreditsicherung) abtritt³⁶ oder wenn ein Gläubiger des Versicherungsnehmers neben dem Anspruch aus dem Versicherungsvertrag auch das (nicht höchstpersönliche) Widerrufsrecht pfänden und nach Überweisung ausüben lässt, § 857 Abs. 2 ZPO.³⁷ Auch der Widerruf erfolgt durch schriftliche Anzeige an den Versicherer; ob daneben die Zustimmung des Drittbegünstigten erforderlich ist, richtet sich nach dem Valutaverhältnis.³⁸ Das widerrufliche Bezugsrecht ist lediglich eine ungesicherte Hoffnung, und erstarkt auch nicht mit Eintritt des Versicherungsfalls zum unwiderruflichen Vollrecht, sondern verwirklicht sich durch Erwerb des Anspruchs gegen die Versicherungsgesellschaft.³⁹

4. Unwiderrufliche Benennung

2908   Die unwiderrufliche Bezugsberechtigung (aufgrund Verzichtes auf den Widerruf ggü. der Versicherungsgesellschaft oder anfänglichen Unterlassens eines Widerrufsvorbehalts nach § 159 VVG)⁴⁰ führt dagegen zum sofortigen lebzeitigen Erwerb des Leistungsanspruchs beim Begünstigten (§ 159 Abs. 3 VVG), sodass der Versicherungsnehmer über den Anspruch selbst nicht mehr verfügen kann, er aber auch keinem Pfändungszugriff mehr unterliegt.⁴¹ Der Begünstigte ist gegen den Widerruf, die Abtretung und die Verpfändung der Versicherungssumme geschützt, er kann ferner die Folgen der Nichtzahlung der Versicherungsprämien durch eigene Leistung abwenden (§ 35a VVG); allerdings kann der Versicherungsnehmer den Versicherungsvertrag

---

32   Vgl. MünchKomm - BGB/*Gottwald*, § 330 Rn. 8.
33   BGH, 14.02.2007 – IV ZR 150/05, DNotZ 2007, 762.
34   BGH, DNotZ 1987, 771; vgl. *Tappmeier*, DNotZ 1987, 715 ff. A.A. *Wall*, ZErb 2011, 184 ff, der das Valutaverhältnis (entgegen der ganz h.M.) als Vermächtnis sieht, so dass der Erbe gem. § 812 Abs. 1 Satz 1 i.V.m. § 2077 BGB die Abtretung des Anspruchs verlangen könne.
35   OLG Saarbrücken, ErbStB 2008, 138.
36   Vgl. BGH, DNotZ 1997, 421; Formulierungsvorschlag in Kersten/Bühling/*Basty*, Formularbuch und Praxis der freiwilligen Gerichtsbarkeit, § 29 Rn. 40 ff.
37   Vgl. *Klepsch/Klepsch*, NotBZ 2004, 366.
38   Vgl. *Geck*, ZEV 1995, 140.
39   BGH, 27.04.2010 – IX ZR 245/09, ZEV 2010, 589.
40   § 13 Abs. 2 Satz 1 KbLVAB 2010. Erforderlich ist lediglich die Einigung zwischen Versicherungsnehmer und Versicherer, weder notwendig noch ausreichend ist eine diesbezügliche Vereinbarung im Valutaverhältnis zwischen Versicherungsnehmer und Drittem.
41   BGH, 18.06.2003 – IV ZR 59/02, JurionRS 2003, 23607.

weiterhin kündigen (§§ 165, 178 Abs. 1 VVG),[42] sofern das Kündigungsrecht nicht abgetreten wurde,[43] oder in eine prämienfreie Versicherung umwandeln (§ 174 VVG).

5. Valutaverhältnis: Rechtsgrund zum Behaltendürfen

Ist das Valutaverhältnis zwischen Versicherungsnehmer (= Versprechensempfänger) und dem bezugsberechtigten Dritten fehlerhaft, hat der Dritte den Anspruch gegen die Versicherungsgesellschaft (= Versprechende) ohne Rechtsgrund erlangt, sodass die Erben diesen gem. § 812 Abs. 1 Satz 1 BGB kondizieren können. Dabei ist hinsichtlich des Valutaverhältnisses zu unterscheiden: 2909

- Wurde der **Bezugsberechtigte nicht zu Lebzeiten** unterrichtet, ist das an ihn durch den Versicherer übermittelte Schenkungsangebot[44] (§ 672 BGB) zusätzlich noch vor seiner Annahme (§§ 130 Abs. 2, 153, 151 BGB) seitens der Erben (oder im Rahmen einer Nachlassinsolvenz durch den Verwalter)[45] widerruflich, sodass es an einem Rechtsgrund für das Behaltendürfen fehlt und der ausbezahlte Betrag,[46] zuvor der Auszahlungsanspruch, bereicherungsrechtlich herauszugeben ist[47] („Wettlauf zwischen Erben und Begünstigtem"). Gleiches gilt, wenn der Versicherungsnehmer selbst das **Schenkungsangebot** noch durch ausdrückliche Nichtbeauftragung des Versicherers zu dessen Weiterleitung „**gestoppt**"[48] oder widerrufen haben sollte, was auch durch letztwillige Verfügung geschehen kann.[49] 2910

- Hat dagegen der Versprechensempfänger bereits zu seinen Lebzeiten **mit sich selbst als Vertreter des Begünstigten einen Schenkungsvertrag geschlossen** (ggf. unter Rücktrittsvorbehalt bis zu seinem Tod und demzufolge ohne den Vertrag dem Begünstigten zuvor zur Kenntnis zu bringen), kann der Beschenkte postmortal – und zwar mit Rückwirkung (§ 184 Abs. 1 BGB) genehmigen. Die Erben haben, da der Versprechensempfänger den Mangel seiner Vertretungsmacht kannte, gem. § 178 Satz 1 BGB keine Widerrufsmöglichkeit, sondern können allenfalls gem. § 177 Abs. 2 BGB die Entscheidung herbeiführen.[50] 2911

- Bestand ein lebzeitiges, aber mangels Beurkundung **formnichtiges Schenkungsversprechen,** wird dieser Formmangel durch den Anfall der Bezugsberechtigung mit Eintritt des 2912

---

42 Der Rückkaufswert ist allerdings auch in diesem Fall bereits dem Dritten zugewendet, steht also nicht zur Verfügung des Kündigenden, MünchKomm-BGB/*Gottwald*, Bd. 2, § 330 Rn. 16, 19.
43 *Lachner/Lexa*, NJW 2007, 1176, 1181 empfehlen dies daher beim Kauf eines Lebensversicherungsvertrages als Vorkehrung für den Fall der Insolvenz des Versicherungsnehmers.
44 Nach OLG Jena, NotBZ 2004, 110 (m. Anm. *Kornexl*, 111) liegt ein solches Angebot nicht zwingend in der Auszahlung der Versicherungssumme, da diese auch auf einem Irrtum beruhen könnte.
45 *Jünemann*, ZErb 2010, 342 ff.
46 Die Auszahlung durch die Versicherungsgesellschaft selbst kann dadurch nicht verhindert werden, sie verändert aber nur das Objekt des Bereicherungsanspruchs (Geld statt Anspruch), vgl. *Bredemeyer*, ZEV 2010, 291.
47 OLG Hamm, 03.12.2004 – 20 U 132/04, NJW-Spezial 2005, 110 = NotBZ 2005, 220. Dieser Bereicherungsanspruch fällt dann in den Nachlass, vgl. BGH, 21.05.2008 – IV ZR 238/06, ErbStB 2008, 327.
48 Dann genügt zufällige Kenntnisnahme des Dritten von seinem Inhalt nicht, Palandt/*Grüneberg*, BGB, § 331 BGB Rn. 5.
49 Analoge Anwendung des § 332 BGB auf das Valutaverhältnis. Dieser Widerruf muss allerdings dem Dritten zugehen, *Kornexl*, NotBZ 2004, 111 gegen OLG Jena, NotBZ 2004, 108.
50 *Bühler*, NJW 1976, 1728; hierzu ausführlich, auch in Auseinandersetzung mit Gegenargumenten, *Gubitz*, ZEV 2006, 336 ff.

Versicherungsfalls geheilt; die Rechtsprechung hält den bis dahin möglichen[51] Widerruf nach Eintritt des Versicherungsfalls für ausgeschlossen.[52]

2913 • Ist der Widerruf der Bezugsberechtigung allerdings bereits durch **Vereinbarung mit dem Versicherer ausgeschlossen**, liegt im Zweifel bereits eine gem. § 330 BGB zu Lebzeiten vollzogene Schenkung vor. Gleiches soll gelten, wenn der Verzicht auf den Widerruf zu Lebzeiten mit dem Dritten vereinbart war; dieser Verzicht schlägt auf das Valutaverhältnis durch und führt ebenfalls zum sofortigen Anfall,[53] sodass auch der Erbe dann i.S.d. § 328 Abs. 2 BGB nicht mehr widerrufen kann (allein der Ausschluss des Widerrufsrechts zulasten der Erben würde jedoch nicht ausreichen).[54] Fehlt es sowohl an einem Verzicht ggü. dem Versicherer als auch ggü. dem Dritten, kann der Versicherungsnehmer durch Anordnung eines Vermächtnisses zugunsten des Bezugsberechtigten oder einer Auflage in seiner letztwilligen Verfügung den Erben verpflichten, einen Widerruf zu unterlassen.[55]

2914 Das Valutaverhältnis (zwischen dem Versprechensempfänger und dem Dritten) ist auch in erbschaftsteuerlicher Sicht maßgebend dafür, inwieweit der Erwerb gem. § 3 Abs. 1 Nr. 4 ErbStG der Erbschaftsteuer unterliegt (vgl. Rdn. 3567).

III. Versicherungsanspruch als Nachlassbestandteil?

1. Regelfall: Übertragung außerhalb des Erbrechts

2915 Wird von der versicherten Person (=Versprechensempfänger) ein Bezugsberechtigter (=Dritter) benannt, dem der Anspruch auf die Versicherungssumme mit dessen Tod zusteht, fällt der Anspruch nicht in den Nachlass[56] und wird somit außerhalb des Erbrechts übertragen.[57] Daher hat gem. § 160 Abs. 2 Satz 2 VVG die Ausschlagung der Erbschaft keinen Einfluss auf die Bezugsberechtigung. Anordnungen wie Testamentsvollstreckung, Vor- und Nacherbfolge etc. erfassen den Anspruch gegen den Versicherer demnach ebenfalls nicht.

---

51 Ein solcher Widerruf stellt mangels (derzeit) formgerechter Verpflichtung keine Pflichtverletzung ggü. dem Dritten dar, vgl. *Bredemeyer*, ZEV 2010, 292.
52 BGH, NJW 1995, 1082.
53 BGH, VersR 1999, 831.
54 BGH, WM 1976, 1130, 1132.
55 *Krause*, NotBZ 2001, 88.
56 Vgl. umfassend zur Lebensversicherung im Erbrecht und Erbschaftsteuerrecht: *Eulberg/Ott-Eulberg/Halaczinsky*, Die Lebensversicherung.
57 OLG Düsseldorf, MittBayNot 1998, 354.

2. Ausnahme: Versicherungsanspruch im Nachlass

In folgenden Fällen fällt die Versicherung in den Nachlass und wird vererbt: 2916

a) Fehlen eines Bezugsberechtigten

Die Versicherungssumme fällt mangels Anspruchserwerbs des Dritten gem. § 331 BGB in den Nachlass, wenn der Versprechensempfänger keinen Bezugsberechtigten oder sich selbst als ausschließlich Bezugsberechtigten benannt hat.[58] 2917

Etwas anderes gilt selbstverständlich, wenn „die Erben" als Bezugsberechtigte benannt sind. Hier sind gem. § 167 Abs. 2 Satz 1 VVG die nur durch die Bezeichnung „Erben" individualisierten Personen die Dritten i.S.d. § 331 BGB und werden Anspruchsinhaber, sodass auch dieser Erwerb am Erbrecht vorbeigeht.[59] Gem. § 167 Abs. 2 Satz 2 VVG hat somit auch die Ausschlagung keinen Einfluss auf die am Erbrecht vorbeigehende Bezugsberechtigung.

b) Lebensversicherung zur Kreditsicherung

Bei dieser Art der Kreditsicherung[60] wird der darlehnsgebenden Bank der Anspruch aus der Lebensversicherung abgetreten. Konsequenz ist, dass die Bezugsberechtigung für die Dauer der Sicherungsabtretung widerrufen werden muss[61] bzw. erst nach Ablauf der Sicherung ein Bezugsberechtigter bestimmt werden kann. Allerdings geht der BGH[62] lediglich von einem beschränkten Widerruf des Bezugsberechtigten – i.H.d. jeweils noch valutierenden Kreditsumme – aus, sodass die Versicherungssumme lediglich i.H.d. noch abgesicherten Schuld in den Nachlass fällt, der Restbetrag hingegen außerhalb des Erbrechts übertragen wird. Begründet wird dies damit, dass der Versicherungsnehmer die Versicherungssumme nur i.H.d. Kreditsicherung seinem Vermögen und damit Nachlass zuordnet.[63] 2918

Werden **vor dem 31.12.2004 abgeschlossene Lebensversicherungen** zur Kreditsicherung abgetreten, entfallen ertragsteuerlich der Sonderausgabenabzug und die Steuerfreiheit der erwirtschafteten Zinserträge, es sei denn, die Darlehen[64] finanzieren ausschließlich und unmittelbar privatgenutzte Wirtschaftsgüter oder dienen ausschließlich und unmittelbar der Anschaffung oder Bebauung von Mietgrundstücken[65] bzw. die Abtretung ist nur für den Todesfall vorgesehen. Bei ab dem 01.01.2005 abgeschlossenen Lebensversicherungen sind die Prämien nicht abzugsfähig und die Erträge grds. steuerpflichtig (nach 12 Jahren Laufzeit und Auszahlung nach dem 2919

---

58 BGHZ 81, 95, 97.
59 Relevanz hat dies freilich erst für die Höhe evtl. Pflichtteilsansprüche und Pflichtteilsergänzungsansprüche.
60 Häufig wird die Lebensversicherung überhaupt erst zur Kreditsicherung abgeschlossen.
61 Dieser Widerruf der Bezugsberechtigung wird konkludent durch die Abtretung erklärt, ist jedoch der Versicherungsgesellschaft gem. § 12 Abs. 1 Satz 1 KbLVAB 2010 schriftlich anzuzeigen. Er ist nur möglich, wenn ihn sich der Versicherungsnehmer gem. § 166 VVG vorbehalten hat.
62 DNotZ 1997, 420, 421.
63 BGH, DNotZ 1997, 420, 421.
64 Nicht hierunter fällt die (demnach steuerunschädliche) Absicherung eines Avalkredits, BFH, 27.03.2007 – VIII R 27/05, DStRE 2007, 732.
65 Gemäß BFH, 13.07.2004 – VIII R 48/02, BStBl. 2004 II, S. 1060, infiziert die teilweise steuerschädliche Verwendung den gesamten Ertrag.

60. Lebensjahr allerdings nur zur Hälfte), unabhängig vom Einsatz der Versicherung zur Kreditabsicherung.

c) Abweichende versicherte Person

2920 In diesem Fall steht dem Versicherungsnehmer lediglich ein Anwartschaftsrecht auf Auszahlung der Versicherungssumme zu, wobei sein Tod den Versicherungsfall nicht auslöst, sondern der Tod der versicherten Person. Dieses Anwartschaftsrecht fällt in den Nachlass.

d) Fehlerhaftes Valutaverhältnis

2921 Ist das Valutaverhältnis zwischen Versicherungsnehmer (=Versprechensempfänger) und dem bezugsberechtigten Dritten fehlerhaft (nach Maßgabe der obigen Erläuterungen), hat der Dritte den Anspruch gegen die Versicherungsgesellschaft (=Versprechende) ohne Rechtsgrund erlangt, sodass die Erben diesen gem. § 812 Abs. 1 Satz 1 BGB kondizieren können.[66]

IV. Lebensversicherung und Pflichtteilsrecht

2922 Fällt die **Versicherungssumme** ausnahmsweise in den Nachlass, etwa weil sie zur Kreditsicherung herangezogen wurde (s.o. Rdn. 2917f.), fließt sie in dieser Nominalhöhe in die Pflichtteilsberechnung ein. War der verstorbene Versicherungsnehmer nicht zugleich versicherte Person (s.o. Rdn. 2920), findet sich das Anwartschaftsrecht im Nachlass, das wohl (wie beim Zugewinnausgleich)[67] mit einem ggf. durch den Tatrichter nach § 287 Abs. 2 ZPO festzusetzenden Zeitwert (nicht dem Rückkaufwert)[68] anzusetzen ist.

2923 Zählt (s.o. Rdn. 2915 ff.) der **Anspruch gegen die Versicherungsgesellschaft** (wie i.d.R.) **nicht zum Nachlass**, ist der Versicherungsvertrag ggü. dem Pflichtteilsberechtigten nicht gem. § 2311 Abs. 1 Satz 1 BGB (mangels Nachlasseigenschaft) zu berücksichtigen. Besteht das Vermögen des Erblassers im Wesentlichen nur aus der Lebensversicherung, kann er durch die Zuwendung an den Dritten die Erbenstellung weitgehend aushöhlen, sodass den Vertragserben nur der Anspruch gem. § 2287 Abs. 1 BGB gegen den Bezugsberechtigten (nachstehend Rdn. 2924) und den Pflichtteilsberechtigten nur der Pflichtteilsergänzungsanspruch gem. § 2325 BGB verbleibt (nachstehend Rdn. 2925 ff.). Maßgeblich sein kann der Lebensversicherungsvertrag ferner i.R.d. Anrechnung gem. § 2315 Abs. 1 BGB, soweit das Valutaverhältnis Schenkungscharakter hat[69] (nachstehend Rdn. 2932).

1. Beeinträchtigende Schenkungen (§ 2287 Abs. 1 BGB)

2924 § 2287 Abs. 1 BGB setzt allerdings eine **Beeinträchtigungsabsicht des Erblassers** voraus[70] (Rdn. 3328 ff.), die durch ein lebzeitiges Eigeninteresse des Erblassers an der Schenkung ausge-

---

66 BGHZ, 128, 125, 132.
67 BGH, NJW 1995, 2781.
68 Dafür jedoch *Klingelhöffer*, Pflichtteilsrecht, Rn. 244; in Analogie zur BGH-Rspr. i.R.d. Zugewinnausgleichs (vorstehende Fn.) dürfte dieser jedoch nur maßgeblich sein, wenn die Fortführung des Vertrages nicht zu erwarten ist (ähnlich § 1376 Abs. 2 BGB).
69 Vgl. hierzu ausführlich *Elfring*, ZEV 2004, 305.
70 Diese muss der Vertragserbe beweisen, Palandt/*Weidlichr*, BGB, § 2287 Rn. 9, sowie unten Rdn. 3343.

schlossen wird.⁷¹ Sind die Voraussetzungen erfüllt, ist Schenkungsgegenstand nicht die Versicherungsleistung, sondern die Summe der erbrachten Prämien.⁷²

2. Pflichtteilsergänzungsanspruch bei Schenkungen (§ 2325 BGB)

Hinsichtlich der noch praxiswichtigeren Berücksichtigung i.R.d. **Pflichtteilsergänzungsanspruchs Dritter** wurde überwiegend⁷³ im Anschluss an frühere Entscheidungen des BGH⁷⁴ vertreten, Schenkungsgegenstand seien lediglich die bereits an die Versicherung gezahlten Prämien, nicht hingegen die Versicherungssumme, da der Dritte diese von der Versicherung und nicht direkt von dem Erblasser erwerbe. Gem. § 2325 Abs. 3 BGB wären bei anderen Begünstigten als Ehegatten nur die Prämien der letzten 10 Jahre⁷⁵ (bei Sterbefällen ab dem 01.01.2010 aufgrund der „Abschmelzung", Rdn. 3084, sogar für einen entsprechend geringeren Zeitraum) zu berücksichtigen. Dadurch träte eine erhebliche Privilegierung des Bezugsberechtigten ein.

2925

Der für Insolvenzrecht zuständige IX. Zivilsenat⁷⁶ des BGH hat jedoch für die Frage der insolvenzrechtlichen Rückgewähr entschieden, dass dem Anfechtungsgegner jedenfalls mittelbar die Versicherungssumme zugewendet sei, weshalb diese vom Insolvenzverwalter geltend gemacht werden könne. *Elfring*⁷⁷ und *Hasse*⁷⁸ sowie untergerichtliche Entscheidungen⁷⁹ vertraten aufgrund dieses Urteils die Auffassung, dass – jedenfalls bei der widerruflichen Bezugsrechtseinräumung – auch im Pflichtteilsergänzungsrecht die Versicherungssumme der Schenkungsgegenstand sei.

2926

Der für das Erbrecht und das Versicherungsrecht zuständige **IV. Senat des BGH** vertritt nunmehr⁸⁰ bei **widerruflicher Bezugsberechtigung** hinsichtlich der Bemessung der Berechnungsgrundlage des Pflichtteilsergänzungsanspruchs eine dieser Sichtweise nahestehende, nuancierte Auffassung: Entreicherungsgegenstand – darauf kommt es zur Vermeidung einer Aushöhlung des Pflichtteilsrechtes im Gegensatz zum Insolvenzrecht an (wo die Vermeidung einseitiger Sondervorteile, also die Bereicherung des Empfängers maßgeblich ist) – ist die Summe, die der Erblasser bei einer Verwertung der Versicherung unmittelbar vor seinem Tod noch hätte liquidie-

2927

---

71 M. Bsp. Palandt/*Weidlich*, BGB, § 2287 Rn. 7.
72 OLG Köln, 26.11.2008 – 2 U 8/08, BeckRS 2008, 26316.
73 So OLG Stuttgart, 13.12.2007 – 19 U 140/07, RNotZ 2008, 168 und OLG Köln, 07.03.2008 – 2 U 13/08, ZErb 2008, 245; eingehend *Hilbig*, ZEV 2008, 262 ff.: „§ 331 BGB liefert nun einmal einen listigen Schleichweg am Erbrecht vorbei"; a.A. *Schindler*, ZErb 2008, 331 ff. und OLG Oldenburg, 23.02.2010 – 12 U 68/09, ZErb 2010, 119: ausgekehrte Versicherungsleistung.
74 RGZ 128, 190, BGH, NJW 1995, 3113 = BGHZ, 130, 377, 380 f.
75 *Klingelhöffer*, ZEV 1995, 182.
76 BGH, NJW 2004, 214.
77 NJW 2004, 483 ff.; *ders.*, ZEV 2004, 309, ebenso *Progl*, ZErb 2008, 288 (S. 291: geschenkt sei der Wert der – nicht ausgeübten – Möglichkeit, beim widerruflichen Bezugsrecht bis zuletzt die Erwerbserwartung zunichtezumachen).
78 *Hasse*, Lebensversicherung und erbrechtliche Ausgleichsansprüche.
79 Etwa LG Göttingen, 23.03.2007 – 4 S 6/06, ZErb 2007, 307, sowie LG Paderborn, 03.05.2007 – 4 O 595/06, ZErb 2007, 429; ebenso OLG Düsseldorf, 22.02.2008 – I-7 U 140/07, ZEV 2008, 292 (Rev. eingelegt, Az. BGH: IV ZR 73/08); hierfür auch *Schindler*, ZErb 2008, 331 ff.
80 BGH, 28.04.2010 – IV ZR 73/08 und 230/08, ZEV 2010, 305 m. abl. Anm. *Wall*; abl. auch *Frohn*, Rpfleger 2011, 185 und *Papenmeier*, ZErb 2011, 154 ff.; ausführlich zu den Konsequenzen *Rudy*, ZErb 2010, 351 ff. und *Mayer*, DNotZ 2011, 89 ff.; rechtfertigend *Wendt*, ZNotP 2011, 242 ff.

ren können („Wert des Verzichtes auf die Möglichkeit der Selbstverwertung in der juristischen Sekunde vor dem Tod"), also regelmäßig der Rückkaufswert gem. § 169 Abs. 3 Satz 1 VVG[81] als Folge einer Kündigung, ggf. auch ein vom Pflichtteilsberechtigten zu beweisender höherer Veräußerungswert, etwa auf dem Zweitmarkt. Dem BGH ist vorzuhalten, dass nicht einzusehen ist, weshalb bewertungstechnisch auf die Sekunde vor dem Tod abzustellen ist, wo doch beide in § 2325 Abs. 2 BGB genannten Zeitpunkte (Schenkung und Tod) beim widerruflichen Bezugsrecht zusammenfallen, und zwar in der Sekunde des Todes.

2928 Fraglich ist, welche Konsequenzen die Sichtweise des BGH für die anderen denkbaren Sachverhalte hat:[82] Insoweit ist wohl zu differenzieren:

(a) Liegt für den (tatsächliche eintretenden) **Erlebensfall** eine Bezugsberechtigung in widerruflicher Benennung vor, ist wohl (entsprechend dem vom BGH entschiedenen Fall der widerruflichen Todesfallberechtigung) der Bewertungszeitpunkt die letzte juristische Sekunde vor Eintritt des Erlebensfalls, sofern für den Todesfall keine oder nur eine widerrufliche Bezugsberechtigung vorliegt.

2929 (b) Ist für den jeweils eintretenden Versicherungsfall (Erlebens- oder Todesfall) ein **unwiderrufliches Bezugsrecht** eingeräumt, ist für die Berechnung des Pflichtteilsergänzungsanspruchs unerheblich, dass für den jeweils anderen, nicht eingetretenen Versicherungsfall eine widerrufliche oder gar keine Bezugsberechtigung steht. Bereits durch die unwiderrufliche Einräumung des Bezugsrechts dürfte die Frist in Gang gesetzt sein.[83] Nach früherer Sichtweise wurden (bei Abstellen auf die Prämien als Schenkungsgegenstand) die in den letzten 10 Jahren entrichteten Einzahlungen[84] oder aber die hieraus anteilig erzielte Versicherungsauszahlungssumme[85] für maßgeblich erachtet, würde man dagegen auch hier als Schenkungsgegenstand den Anspruch auf die Auszahlung selbst sehen, wäre nach Ablauf von 10 Jahren seit der unwiderruflichen Bezugsrechtseinräumung keine Pflichtteilsergänzung mehr geschuldet.[86] Versucht man die neue Sichtweise des BGH auf diese Konstellation zu übertragen, müsste man zunächst auf den Rückkaufswert im Zeitpunkt des Anspruchserwerbs des Bezugsberechtigten abstellen, sofern der Pflichtteilsergänzungsberechtigte keinen höheren Veräußerungswert nachweisen kann (bzw. gem. § 2325 Abs. 2 BGB auf einen etwaigen niedrigeren Wert im Todesfall). Entrichtet der Erblasser/Versicherungsnehmer nach der unwiderruflichen Zuwendung des Rechts weitere Prämien, ist der Anteil dieser Prämien, der zu einer Steigerung des Wertes der Ansprüche des Begünstigten führt, weiterer mittelbarer Schenkungsgegenstand (ausgenommen den seltenen Fall, dass der Gesamtwert der Ansprüche am Todestag doch geringer wäre als zum Zeitpunkt der Einräumung des unwiderruflichen Bezugsrechts: Niederstwertprinzip).

---

81 Also das nach anerkannten Regeln der Versicherungsmathematik mit den Rechnungsgrundlagen der Prämienkalkulation zum Schluss der laufenden Versicherungsperiode bezeichnete Deckungskapital (auszuzahlen, wenn der Versicherungsvertrag nicht sein planmäßiges Ende in dem den Versicherungsfall auslösenden Ereignis findet.
82 Vgl. *Rudy*, ZErb 2010, 355 ff.
83 Ebenso *Mayer*, DNotZ 2011, 89, 97.
84 So die wohl vor der BGH-Entscheidung v. 28.04.2010, h.M., MünchKomm-BGB/*Gottwald*, § 330 Rn. 21 m.w.N.
85 Vgl. hierzu *Elfring*, ZEV 2004, 309.
86 So *Armbrüster* am 28.01.2006 auf der ZEV-Jahrestagung in Berlin, S. 16 des Vortragsumdrucks; a.A. *Elfring*, ZEV 2004, 309: maßgeblich sei allerdings die Versicherungssumme zum Benennungszeitpunkt bei unwiderruflicher Berechtigung, nicht – wie sonst – die Versicherungssumme zum Zeitpunkt des Versicherungsfalls.

(c) Ist jedoch für den eintretenden Versicherungsfall ein Bezugsberechtigter widerruflich, für den **anderen Versicherungsfall** der Bezugsberechtigte unwiderruflich bestimmt, kann der Fall eintreten, dass der Erblasser im Bewertungszeitpunkt gar nicht mehr Inhaber aller Rechte aus dem Versicherungsvertrag war, da diese bereits dem unwiderruflich Bezugsberechtigten zustehen. 2930

(d) Bei einer reinen **Risikolebensversicherung** dürfte der Rückkaufswert wie auch der „Verkehrswert" eine logische Sekunde vor dem Leistungsfall (Tod) nahe Null liegen. Möglicherweise eröffnet dies interessante Chancen zur Pflichtteilsreduzierung?[87] 2931

3. Anrechnung von Zuwendungen auf den Pflichtteil (§ 2315 BGB)

Bei der **Anrechnung auf den Pflichtteil des Beschenkten** (§ 2315 BGB) wird überwiegend die Versicherungssumme als Gegenstand der Schenkung „aus dem Vermögen" des Versicherungsnehmers definiert.[88] Nach Ansicht des XII. Zivilsenats des BGH sind Schenkungsgegenstand dagegen die bezahlten Prämien.[89] Hinsichtlich der Bewertung ist – sofern man der überwiegenden Auffassung folgt – beim widerruflich Bezugsberechtigten auf die Auszahlungssumme z.Zt. des Erbfalls abzustimmen, beim unwiderruflich Bezugsberechtigten auf den Wert, den die Versicherungsforderung gehabt hätte, wenn unmittelbar nach der Einräumung des unwiderruflichen Bezugsrechts (in diesem Zeitpunkt ist das Recht übergegangen) der Versicherungsfall eingetreten wäre,[90] sodass die spätere Erhöhung durch weitere Prämieneinzahlung unberücksichtigt bleiben würde. Für die Rechtzeitigkeit der Anrechnungsanordnung (spätestens im Zeitpunkt der Zuwendung) ist ebenfalls streitig, ob auf die Benennung des Bezugsberechtigten[91] oder erst auf deren Auszahlung[92] abzustellen ist; richtigerweise dürfte auch insoweit zu differenzieren sein zwischen widerruflicher Benennung (Auszahlung) und unwiderruflicher, damit bereits maßgeblicher Benennung. 2932

V. Schenkung- und Erbschaftsteuer

In erbschaftsteuerlicher Hinsicht[93] eigneten sich Lebensversicherungen bis zur Erbschaftsteuerreform 2009 zur vorweggenommenen oder erbrechtlichen Übertragung ebenfalls, weil bei deren 2933

---

87 *Mayer*, DNotZ 2011, 89, 97; *Müller*, notar 2011, 315, 319.
88 So der IV. und der IX. Zivilsenat des BGH, z.B. BGHZ 91, 291; *Elfring*, NJW 2004, 485.
89 BGHZ 130, 380.
90 *Lorenz*, in: FS für Dieter Farny, S. 361.
91 So *Kerscher/Riedel/Lenz*, Pflichtteilsrecht, § 15 Rn. 22 (zur Parallelfrage bei der Ausgleichungsanordnung, § 2050 BGB, vgl. oben Rdn. 1621).
92 So *J. Mayer* in: Mayer/Süß/Tanck/Bittler/Wälzholz, Handbuch Pflichtteilsrecht, § 11 Rn. 42; *J. Mayer*, ZErb 2007, 133.
93 Hierzu *Lehmann*, ZEV 2004, 398 ff. und *Fuhrmann/Demuth*, ErbStB 2006, 13 ff. sowie *Halaczinsky*, NWB 2007, 3343 = Fach 10, S. 1611 ff.

schenkweiser[94] lebzeitiger[95] Übertragung gem. § 12 Abs. 1 ErbStG i.V.m. § 12 Abs. 4 BewG lediglich zwei Drittel der eingezahlten Prämien (bzw. der nachgewiesene niedrigere Rückkaufswert) als steuerliche Bemessungsgrundlage heranzuziehen sind, sofern die Lebensversicherungsansprüche noch nicht fällig sind.[96] Seit 2009[97] wird abweichend von § 9 Abs. 1 BewG immerhin noch eine Privilegierung dahin gehend gewährt, dass nicht fällige Ansprüche lediglich mit dem Rückkaufswert anzusetzen sind. Einigkeit besteht mittlerweile dahin gehend, dass die schenkweise Übertragung der Versicherungsnehmerstellung der sofortigen Besteuerung unterliegt,[98] auch wenn die Schenkung frei widerruflich ist[99] (dies kommt im Ergebnis der bloßen Einräumung eines widerruflichen Bezugsrechts gleich).

2934 Die bloße **Einräumung des Bezugsrechtes zugunsten eines Dritten**[100] oder die **Abtretung der Rechte aus dem Vertrag** an ihn ist, auch wenn sie unentgeltlich erfolgt, dagegen als aufschiebend bedingter Erwerb i.S.d. § 4 ErbStG noch schenkungsteuerlich irrelevant, ebenso wie die laufende Prämienzahlung durch den Versicherungsnehmer[101] auf einen solchen Vertrag. **Erwirbt ein Dritter** (der nicht Versicherungsnehmer ist)[102] **die Versicherungssumme** (als Folge der zivilrechtlichen Sichtweise des IV. BGH-Senates, Rdn. 2926, genauer: den Anspruch auf die Versicherungssumme)[103] selbst als Bezugsberechtigter (gleich ob im Erlebens- oder Sterbefall der versicherten Person) oder als Erbe des Versicherungsnehmers, der keinen Bezugsberechtigten benannt hat, ist dagegen die gesamte Versicherungsleistung steuerbar (§§ 7 Abs. 1 Nr. 1, 3 Abs. 1 Nr. 1 oder Nr. 4 ErbStG).[104] Maßgeblich dafür, ob beim Vertrag zugunsten Dritter eine

---

94 Ein Verkauf der „gebrauchten Versicherung" soll weder bei Altversicherungen (vor 31.12.2004 – BMF v. 22.08.2002, BStBl. 2002 I, S. 827 Rn. 32) noch in Neufällen zur Steuerpflicht des Veräußerungserlöses führen, auch eine Nachversteuerung der Sonderausgabenabzüge findet nicht statt. Dies soll auch bei (an sich einkommensteuerpflichtigen) Versicherungen gegen Einmalbetrag und Policendarlehen gelten, vgl. *Ronig*, NWB 2006, 109 ff. = Fach 3, S. 13799 ff.

95 Nach *Fromm*, DStR 2005, 1465 (krit. dagegen *Fiedler*, DStR 2005, 1966; Duplik durch *Fromm*, DStR 2005, 1969) gilt Gleiches beim Erwerb der noch nicht fälligen, da auf das Leben eines Dritten als versicherter Person abstellenden, Ansprüche beim Tod des Versicherungsnehmers durch dessen Erben.

96 *Fromm*, DStR 2005, 1465 ff. fordert zusätzlich, dass noch Prämien auf den Vertrag geleistet werden müssen, die nunmehr der Beschenkte trägt (sodass bei der Übertragung sog. 5+7-Verträge in der Prämienruhephase die Auszahlungssumme, und zwar erst bei Auszahlung, besteuert werde).

97 Zur zeitlichen Abgrenzung (Ansatz des 2/3-Wertes auch als Verkehrswert zur Verhältnisrechnung bei gemischten Schenkungen vor 2009) vgl. *Voßkuhl/Klemke*, ErbStB 2010, 147.

98 *Worgulla*, ErbStB 2008, 234, 239 f.

99 BFH, BStBl. 1989 II, S. 1034 (betraf Verfügungsvollmacht), BFH, BStBl. 1983 II, S. 179.

100 Auch bei der unwiderruflichen Benennung, BFH, BStBl. 1999 II, S. 742.

101 Zahlt der Bezugsberechtigte die Prämien auf den „fremden" Vertrag, handelt es sich entgegen R 10 Abs. 2 Satz 2 ErbStR 2003 i.d.R. nicht um eine zweite Schenkung, vielmehr führt dieser Umstand zu einer Reduzierung der Zuwendung des Versicherungsnehmers im Leistungsfall, vgl. *Fuhrmann/Demuth*, ErbStB 2006, 14. Umstritten ist dies, wenn der Bezugsberechtigte nur widerruflich eingesetzt ist, vgl. nachstehende Fußnote und *Halaczinsky*, NWB 2007, 3350 = Fach 10, S. 1618.

102 Ist der „Dritte" jedoch unwiderruflich zum Bezugsberechtigten eingesetzt und entrichtet er die Prämien selbst, wird er nach FG Hannover, DStRE 2006, 810 „wirtschaftlich" zum Versicherungsnehmer, sodass die Versicherungssumme nicht von Todes wegen erworben würde.

103 Vgl. *Hartmann*, ErbStB 2010, 237.

104 FG Niedersachsen, NotBZ 2006, 183; Anders in den Fällen, in denen die Versicherungssumme der Erfüllung eines Anspruchs des Bezugsberechtigten gegen den Erblasser dient (etwa aus Darlehen: BFH, 27.11.1985 – II R 148/82, BStBl. 1986 II, S. 265).

Schenkung i.S.d. § 3 Abs. 1 Nr. 4 ErbStG auf den Todesfall vorliegt, ist allein das Valutaverhältnis zwischen dem Versprechensempfänger und dem Dritten.[105]

Bei einer **„Versicherung auf verbundene Leben"** besteht die Steuerpflicht jedoch nur soweit die Versicherungsleistung nicht auf die Prämienleistungen des überlebenden Partners zurückzuführen sind.[106] Allgemein gilt, dass solche Versicherungsleistungen, die der Bezugsberechtigte durch eigene Beitragsleistungen auf den Vertrag des fremden Versicherungsnehmers „finanziert" hat, nicht der Erbschaftsteuer unterliegen; ggf. ist die Auszahlungssumme aufzuteilen.[107] 2935

Macht der Bezugsberechtigte von seinem Zurückweisungsrecht nach § 333 BGB Gebrauch[108] und erhält er vom Erben hierfür eine Abfindung, blieb diese bis zur Änderung des § 3 Abs. 2 Nr. 4 ErbStG i.R.d. Erbschaftsteuerreform 2009 unversteuert,[109] während sie der Erbe als Erwerbserlangungskosten gem. § 10 Abs. 5 Nr. 3 ErbStG in Abzug bringen durfte.

Wird die Versicherung auf die Person eines anderen genommen, sind also **Versicherungsnehmer und versicherte Person nicht identisch**, unterliegt die Auszahlung der Versicherungssumme an die dritte Person als Bezugsberechtigten zwar nicht der Erbschaft-,[110] allerdings in identischer Höhe der Schenkungsteuer (§ 7 Abs. 1 Nr. 1 ErbStG). Sind schließlich Versicherungsnehmer und Bezugsberechtigter identisch oder wird kein Bezugsberechtigter benannt, wird die beim Tod der versicherten Person auszuzahlende Summe nicht versteuert; Schenkungsgegenstand könnten allenfalls die Prämien sein, falls diese von der versicherten Person getragen wurden,[111] es sei denn dadurch wurde ein gesetzlicher Unterhaltsanspruch (Vorsorgeunterhalt, auch als Teil des Nachscheidungsunterhalts)[112] erfüllt[113] (Stirbt der Versicherungsnehmer jedoch vor der versicherten Person, fällt die Versicherung in den Nachlass, jedoch wohl privilegiert mit dem Rückkaufswert, bis Ende 2008 mit dem Zwei-Drittel-Wert, gem. § 12 Abs. 4 BewG, streitig).[114] 2936

---

105 Hessisches FG, 02.04.2009 – 1 K 2778/07, notar 2009, 355 m. Anm. *Ihle* (nichteheliche Lebensgefährten, auch wenn darin Ausgleich für höhere Beiträge zur gemeinsamen Lebensführung liefern soll); BFH, 17.10.2007 – II R 8/07, ZEV 2008, 402: war der Dritte verpflichtet, Teile des Erhaltenen weiterzugeben, hat er nur den verbleibenden Rest zu versteuern.

106 Bei Ehegatten legt die Finanzverwaltung gem. R 9 Abs. 3 ErbStR 2003 angelehnt an § 742 BGB typisierend eine je hälftige „Speisung" des Prämienaufkommens zugrunde, sodass faktisch 50 % der Versicherungsleistung steuerfrei wird, vgl. *Kottke*, DB 1990, 2447.

107 Gleichlautender Ländererlass v. 23.02.2010, BStBl 2010 II, S. 194 (anders noch R 10 Abs. 2 Satz 2 ff. ErbStR), gestützt auf den Rechtsgedanken des BFH v. 01.07.2008 – II R 38/07, BStBl 2008 II, S. 876: Aufwendungen, die ein späterer Erbe in Erwartung der Erbschaft auf ein nachlasszugehöriges Grundstück getätigt hat, führen zu keiner erbschaftsteuerpflichtigen Bereicherung.

108 Als „Gestaltungsfalle" erweist sich eine „bedingte Zurückweisung" (anknüpfend an die Auszahlung an einen bestimmten Ersatzberechtigten); es liegt dann ein steuerpflichtiger Erwerb der Versicherungssumme und deren ebenfalls steuerpflichtige Weiterschenkung vor, vgl. FG Hannover, EFG 2000, 387.

109 *Wachter*, MittBayNot 2000, 171; ebenso *Gebel*, ZEV 2005, 241; *Fuhrmann/Demuth*, ErbStB 2005, 357 und ErbStB 2006, 15; *Berresheim*, RNotZ 2007, 510.

110 Da § 3 Abs. 1 Nr. 4 ErbStG den Versicherungsfall mit der Person des Versicherungsnehmers verknüpft, vgl. *Gebel*, in: Troll/Gebel/Jülicher, ErbStG, § 3 Rn. 290.

111 Vgl. *Klepsch/Klepsch*, NotBZ 2004, 374.

112 *Fuhrmann/Demuth*, ErbStB 2006, 16.

113 BFH, BStBl. 1994 II, S. 366.

114 Vgl. *Fromm*, DStR 2005, 1465 [krit. dagegen *Fiedler*, DStR 2005, 1966; Duplik durch *Fromm*, DStR 2005, 1969].

2937 **Hinweis:**
Damit liegt in der Trennung zwischen Versicherungsnehmer und versicherter Person ein Gestaltungsmodell zur erbschaftsteuerfreien Absicherung des Versicherungsnehmers, z.B. auch um ihm die Zahlung der Erbschaftsteuer für den weiteren Erwerb zu erleichtern:[115] Die Unternehmerehefrau schließt eine hohe Lebensversicherung auf das Leben ihres Gatten ab, ist also Versicherungsnehmerin und Bezugsberechtigte. Allenfalls die vom Ehemann gezahlten Prämien sind, soweit nicht Unterhaltsleistungen, schenkungsteuerpflichtig.

2938 Einzelne Versicherungsgesellschaften erlauben das zeitliche „Hinausschieben" der Auskehr der Versicherungssumme an den Begünstigten dadurch, dass dessen Begünstigung beim Tod der versicherten Person unwiderruflich wird, die Versicherungssumme aber in den Deckungsstock der Lebensversicherung fällt und dort für eine bestimmte Zeit weiter verwaltet wird. Erst nach Ablauf dieser Zeit (mit der insb. schwierige Phasen bei jugendlichen Begünstigten überbrückt werden können) erfolgt die Auszahlung und damit die Versteuerung.[116]

2939 Erläuternd sei noch hinzugefügt, dass sich auch die **ertragsteuerliche** Behandlung einer **entgeltlichen Verfügung über Kapitalversicherungen** (bzw. Rentenversicherungen mit Kapitalwahlrecht), also deren Verkauf, ab 2009 ändert: Während bis zum 31.12.2008 die Veräußerung von (vor dem 31.12.2004 abgeschlossenen) Altverträgen wie auch von „Neuverträgen" nach Ablauf der einjährigen Spekulationsfrist steuerfrei ist, führt § 20 Abs. 2 Satz 1 Nr. 6 EStG seit 2009 zu einer Besteuerung des Veräußerungsgewinns[117] aller Versicherungen, einschließlich der „Altverträge", sofern bei diesen auch der Rückkauf im Zeitpunkt der Veräußerung steuerpflichtig wäre (§ 52a Abs. 10 Satz 5 EStG), also noch nicht die Mindestlaufzeit von 12 Jahren abgelaufen ist. Allerdings kommt im Vergleich zum Rückkauf eine andere Bemessungsgrundlage zum Tragen.[118]

VI. Lebensversicherungen als Mittel der „Asset Protection"?

2940 Hinzuweisen ist insoweit zum einen auf Einzahlungen in angeblich pfändungssichere liechtensteinische Lebensversicherungen (nachstehend Rdn. 2941). Sicherer, allerdings weniger weitgehend, ist der seit 31.03.2007 gewährte Pfändungsschutz für Altersvorsorge-Lebensversicherungen von Freiberuflern, Rdn. 2946. Zum **Konzept der „Asset Protection"** allgemein s.o. Rdn. 188 ff.

1. Liechtensteinische Lebensversicherungen[119]

2941 Motiv solcher Einzahlungen ist das durch Art. 78 des Liechtensteinischen Versicherungsvertragsgesetzes (VersVG) geschaffene Vollstreckungsprivileg: Sofern der Ehegatte oder die Nachkommen des Versicherungsnehmers als Begünstigte eingesetzt sind, unterliegt weder der Versiche-

---

115 Sog. „unechte Erbschaftsteuerversicherung".
116 Vgl. *Groß*, ErbStB 2007, 240, 241. Allgemein zum Zeitpunkt der Steuerentstehung bei Lebensversicherungen: *Worgulla*, ErbStB 2008, 234, 238.
117 Die unentgeltliche Übertragung der Versicherungsnehmerstellung bei Altverträgen lässt allerdings die Steuerfreiheit der späteren Auszahlung nicht entfallen, vgl. BFH, VIII B 48/08.
118 Vgl. im Einzelnen *Rengier*, NWB 2007, 4157 = Fach 3, S. 14859.
119 Vgl. *Worgulla/Thonemann*, ErbStB 2008, 171 ff.

rungsanspruch des Begünstigten selbst noch der des Versicherungsnehmers der Pfändung oder dem Insolvenzbeschlag. Den Ehegatten sind Partner in eheähnlicher Gemeinschaft gleichgestellt. Gem. Art. 79 des genannten Gesetzes werden Ehegatten bzw. Nachkommen, die bisher Begünstigte waren, zu Versicherungsnehmern und können demnach den Versicherungsvertrag selbst weiterführen, wenn gegen den Versicherungsnehmer Pfändungen ausgebracht oder über ihn die Insolvenz eröffnet wird.[120] Hat der Versicherungsnehmer auf das Recht des Widerrufs der Begünstigung verzichtet, unterliegt immerhin der Versicherungsanspruch des Versicherten (allerdings nicht der des Begünstigten) nicht mehr der Pfändung, Art. 77 Abs. 2 VersVG.

Nach deutschem Recht sind die Rechtshandlungen des Versicherungsnehmers regelmäßig gem. § 133 ff. InsO anfechtbar, sodass der Begünstigte das Erlangte gem. § 143 InsO der Insolvenzmasse zurückzugewähren hat. Der durch Art. 77 f. VersVG vermittelte „Pfändungsschutz" greift demnach nur, wenn die Anwendbarkeit des Liechtensteinischen Versicherungsvertragsrechts gem. Art. 9 Abs. 4 EGVVG (sog. Korrespondenzversicherungsprivileg) vereinbart werden kann. Letzteres setzt voraus, dass ein Versicherungsvertrag mit einem Unternehmen abgeschlossen wird, das in Deutschland weder selbst noch durch Mittelspersonen das Versicherungsgeschäft betreibt. An diesen Voraussetzungen wird es jedoch häufig fehlen, da das Vorhandensein eines inländischen Vermittlers, Maklers o.ä. die Anwendung deutschen Versicherungsvertragsrechts, nach allerdings bestrittener[121] Ansicht, auch dann zur Folge hat, wenn der konkrete Vertrag nicht unter Einschaltung eines oder gar dieses Maklers zustande kam. Nach noch strengerer Auffassung[122] sind die Voraussetzungen des Art. 9 Abs. 4 EGVVG schon dann nicht mehr gegeben, wenn der liechtensteinische Versicherer im Internet für seine Produkte wirbt und diese nicht ausdrücklich für Deutschland ausschließt. Hinzu kommt, dass gem. Art. 3 Abs. 3 der Europäischen VO über das auf Schuldverhältnisse anwendbare Recht (ROM I-VO) zwingende Normen des deutschen Rechts, zu denen wohl auch das Anfechtungsrecht zählt, nicht umgangen werden dürfen.[123]

2942

Der sonach eröffnete Vollstreckungszugriff nach deutschem Recht wird im deutschen Insolvenzverfahren durch die in § 97 Abs. 2 InsO statuierte Pflicht zur Erteilung einer Vollmacht an den Insolvenzverwalter, das im Ausland gelegene Vermögen zu verwerten, durchgesetzt. Zu dessen Erzwingung kann sogar Haftbefehl erlassen werden.[124] Damit dürfte der angestrebte „Pfändungsschutz" nur in den Fällen gewährleistet sein, in denen ein unmittelbarer Vertragsabschluss im Ausland mit einer Gesellschaft stattfindet, die im Inland keine werblichen Aktivitäten entfaltet.

2943

Einkommensteuerlich ist zu prüfen, ob die Ausgestaltung des ausländischen Versicherungsvertrags den Bedingungen entspricht, die an die Gewährung der seit 01.01.2005 bei Lebensversicherungen noch verbleibenden steuerlichen Privilegierungen geknüpft sind.[125] Hiernach bleiben

2944

---

120 Im „gesetzlichen Eintritt" liegt wohl (mangels Zuwendungsrechtsgeschäftes) kein schenkungsteuerpflichtiger Vorgang, jedoch in der späteren Auszahlung der Versicherungssumme, § 3 Abs. 1 Nr. 4 ErbStG; *Worgulla/Thonemann*, ErbStB 2008, 175 ff. mit Hinweisen auch zur Gegenansicht.
121 Vgl. im Einzelnen die Nachweise bei *Worgulla/Thonemann*, ErbStB 2008, 172.
122 Vgl. MünchKomm-BGB/*Martiny*, Art. 37 EGBGB Rn. 106; ebenso: *Prölss/Armbrüster*, VVG, Art. 9 Rn. 10.
123 Skeptisch daher *Trappe*, ErbR 2011, 76.
124 Vgl. LG Memmingen, ZIP 1993, 204.
125 Vgl. insgesamt BMF-Schreiben v. 01.10.2009 – IV C 1 – S 2252/07/0001 – DOK 2009/0637786, EStB 2009, 391. Übersicht über Renten aus eigenen Beitragszahlungen des Rentenberechtigten bei *Worgulla*, ErbStB 2007, 137.

Kapitalleistungen im Todesfall der versicherten Personen steuerfrei, im Erlebens- und Rückkaufsfall wird der Unterschied zwischen den eingezahlten Beiträgen und der Versicherungsleistung gem. § 20 Abs. 1 Nr. 6 EStG besteuert (bei Zahlungen nach dem 60. Lebensjahr und Ablauf von 12 Jahren zur Hälfte). Rentenleistungen werden bei sog. Rürup-Verträgen nachgelagert, also erst bei der Auszahlung, besteuert gem. § 22 Nr. 1 Satz 3a, aa EStG (allerdings wird ein begrenzter Sonderausgabenabzug auf die Prämien gewährt), während sonstige Rentenversicherungen hinsichtlich des Ertragsanteils nach § 22 Nr. 1 Satz 3a, bb EStG besteuert werden.

2945 Problematisch bei ausländischen Lebensversicherungen ist zum einen, ob tatsächlich ein Versicherungsvertrag gem. § 20 Abs. 1 Nr. 6 EStG (Übernahme des biometrischen Risikos) oder nicht vielmehr ein nicht förderfähiger atypischer Sparvertrag gem. § 20 Abs. 1 Nr. 7 EStG vorliegt. Es darf daher beim Risikoeintritt nicht lediglich die Rückzahlung der eingezahlten Beiträge zuzüglich einer Überschussbeteiligung vereinbart sein. Schädlich ist des Weiteren möglicherweise ein in ausländischen Lebensversicherungspolicen häufig eingeräumter, zu weitgehender Einfluss des Versicherungsnehmers auf die Art der Vermögensanlage, die über das bloße „Switchen"[126] oder „Shiften"[127] hinausgeht. Sofern die konkreten Vermögensanlagen nicht nur durch die Versicherungsgesellschaft selbst oder deren beauftragte Vermögensverwalter getroffen werden, könnte ein schädlicher steuerlicher Zufluss beim Versicherungsnehmer bereits zu Lebzeiten vorliegen.[128]

2. Pfändungsschutz zur Altersvorsorge (§§ 851c, 851d ZPO)

2946 Das am 31.03.2007 in Kraft getretene Gesetz zum **Pfändungsschutz der Altersvorsorge**[129] schafft einen begrenzten Schutz für Lebensversicherungen und private Rentenversicherungen, die der Alterssicherung Selbstständiger dienen, auch um eine teilweise Gleichstellung mit den unpfändbaren Anwartschaften der Leistungen aus der gesetzlichen oder betrieblichen Rentenversicherung zu erreichen.

Der bereits bestehende Pfändungsschutz abhängig Beschäftigter wird sozial(versicherungs)rechtlich und zivilrechtlich angeknüpft:

2947 **Sozialrechtlich** können gem. § 54 Abs. 1 SGB I Ansprüche auf Dienst- und Sachleistungen nicht gepfändet werden, Ansprüche auf einmalige Geldleistungen gem. § 54 Abs. 2 SGB I nur nach den Umständen des Einzelfalls (abhängig von Höhe und Zweckbestimmung der Geldleistung, der Art des beizutreibenden Anspruchs und den Einkommens- und Vermögensverhältnissen des Leistungsberechtigten). Gem. § 54 Abs. 3 SGB I existieren daneben völlig unpfändbare Sozialleistungen, wie etwa das Elterngeld und Teile des früheren Wohngelds. Laufende Geldleistungen, etwa Renten aus der gesetzlichen Altersversicherung gemäß SGB VI, können gem. § 54 Abs. 4 SGB I wie Arbeitseinkommen gepfändet werden. Diese Pfändungsgrenzen betragen der-

---

126 Änderung der Zusammensetzung künftiger Anlagen.
127 Umschichtung bereits investierter Sparanteile.
128 Vgl. *von Oertzen*, Asset Protection im deutschen Recht, Rn. 171.
129 BGBl. 2007 I, S. 368; vgl. z.B. *Meyerhoff*, NWB 2007, 1467 ff. = Fach 19, S. 3685 ff. und *Stöber*, NJW 2007, 1242 ff.; *Holzer*, DStR 2007, 767.

zeit bei einem alleinstehenden Arbeitnehmer ohne Unterhaltspflichten 989,99 €,[130] bei einer unterhaltsberechtigten Person 1.359,99 € und für jede weitere unterhaltsberechtigte Person weitere 200,00 € (also bei Unterhaltspflicht für fünf Personen: 2.199,99 €). Auch ein durch Rentenauszahlung entstehendes Bankguthaben ist gem. § 55 Abs. 4 SGB I in dieser Höhe geschützt. Leistungen aus berufsständischen Versorgungswerken (v.a. der verkammerten Berufe) sind hinsichtlich des Pfändungsschutzes gleichgestellt (sogar auch ohne die häufig enthaltene ausdrückliche landesrechtliche Verweisung auf § 54 SGB I).[131]

Zivilrechtlich wird der Pfändungsschutz durch §§ 850 ff. ZPO gewährleistet. Versorgungsleistungen, die unter § 850b ZPO fallen (z.B. Bezüge aus Witwen- und Hilfskassen etc.) unterliegen demnach nur einer bedingten Pfändbarkeit: Die Vollstreckung in das sonstige bewegliche Vermögen des Schuldners muss voraussichtlich ergebnislos bleiben, die Pfändung muss der Billigkeit entsprechen und hat die Pfändungsfreigrenzen zu beachten. 2948

I.R.d. § 850c ZPO gelten dagegen lediglich die alle 2 Jahre neu bekannt zu machenden Pfändungsfreigrenzen ohne zusätzliche Beschränkungen.

Personen außerhalb des Sozialversicherungssystems waren von diesem Pfändungsschutz bisher nicht erfasst.[132] 2949

Die demnach notwendige Gleichstellung Selbstständiger, aber auch Nichtberufstätiger oder von Arbeitnehmern mit privater Zusatzvorsorge,[133] wird durch das Gesetz zum Pfändungsschutz der Altersvorsorge in zweierlei Weise (zur Entlastung staatlicher Sozialsysteme auf Kosten privater Vollstreckungsgläubiger) gewährleistet:

Die nach **Eintritt des Versicherungsfalls zu zahlenden Renten**[134] sind in gleicher Weise geschützt wie Renten aus einer gesetzlichen Rentenversicherung, dürfen also nur unter Einhaltung der Pfändungsgrenzen für Arbeitseinkommen gepfändet werden (§ 851c Abs. 1 ZPO). Voraussetzung ist, dass die Leistungen in regelmäßigen Zeitabständen lebenslang und frühestens ab Vollendung des 60. Lebensjahres bzw. ab Berufsunfähigkeit gewährt werden, über die Ansprüche aus dem Vertrag nicht verfügt werden darf, als Bezugsberechtigte lediglich Hinterbliebene[135] benannt sind und die Zahlung einer Kapitalleistung, ausgenommen im Todesfall, nicht vereinbart wurde. Mehrere Leistungen sind dabei zusammenzurechnen; der unpfändbare Anteil soll auf die Leistung entfallen, die wesentliche Grundlage der Lebenshaltung des Schuldners bildet (§ 850e Nr. 2 ZPO).

---

130 Vgl. ab 01.07.2007 (bis zur Änderung jeweils zum 30. Juni im 2-Jahres-Zeitraum) die Pfändungsfreigrenzenbekanntmachung, BGBl. 2007 I, S. 64.
131 BGH, FamRZ 2005, 438.
132 Abgesehen von den strengen Voraussetzungen des § 765a Abs. 1 Satz 1 ZPO.
133 *Hasse*, VersR 2006, 147.
134 Etwa aus Kapitallebens- oder Rentenversicherungsverträgen, aus Bank- oder Fondssparplänen.
135 Ehegatten, Kinder und Pflegekinder, nicht aber Lebensgefährten, vgl. BGH, 25.11.2010 – VII ZB 5/08, ZEV 2011, 204.

2950 Auch der **Aufbau von Vorsorgekapital**[136] wird einem Pfändungsschutz unterstellt (§ 851c Abs. 2 ZPO). Zur Vermeidung von Missbräuchen ist dieser **Schutz allerdings der Höhe nach (altersabhängig) limitiert** und auf bestimmte Versicherungsvertragstypen begrenzt:

Erforderlich ist die unwiderrufliche Einzahlung in einen Vertrag, dessen angespartes Kapital erst mit Eintritt des Rentenfalls oder im Fall der Berufsunfähigkeit ausschließlich als lebenslange Rente (ohne Kapitalisierungsmöglichkeit) erbracht wird. Lediglich im Todesfall ist ein Kapitalwahlrecht möglich. Der Versicherungsnehmer muss weiter unwiderruflich darauf verzichtet haben, über seine Ansprüche aus dem Versicherungsvertrag zu verfügen. Auch Hinterbliebene werden in den Schutzumfang einbezogen; für lebzeitige Auszahlungen ist allerdings keine Benennung eines Dritten möglich. Bestehende Versicherungsverträge können gem. § 173 VVG in geschützte Verträge umgewandelt werden, sofern nicht Rechte Dritter (Abtretung, Verpfändung, Bezugsberechtigung) entgegenstehen.

2951 Jährlich können unpfändbar altersabhängig folgende Beträge angelegt werden:
- durch 18- bis 29-Jährige bis zu 2.000,00 € jährlich,
- durch 30- bis 39-Jährige bis zu 4.000,00 € jährlich,
- durch 40- bis 47-Jährige bis zu 4.500,00 € jährlich,
- durch 48- bis 53-Jährige bis zu 6.000,00 € jährlich,
- durch 54- bis 59-Jährige bis zu 8.000,00 € jährlich,
- durch 60- bis 65-Jährige bis zu 9.000,00 € jährlich
  (darüber bestehen keine Freibeträge mehr, § 851c Abs. 2 ZPO)
  Bei voller Ausnutzung kann demnach eine Gesamtsumme von 238.000,00 € angespart werden.

2952 In diesen Pfändungsschutz (Gleichstellung mit Arbeitseinkommen) werden gem. § 851d ZPO auch die Renten aus steuerlich gefördertem Altersvorsorgevermögen (Riester-Renten gem. §§ 10a, 79ff. EStG und Rürup-Renten gem. § 10 Abs. 1 Nr. 2b EStG) einbezogen. Das angesparte Vermögen selbst ist jedoch derzeit lediglich bei der „Riester-Rente" geschützt, da es gem. § 97 Abs. 1 EStG nicht übertragbar und demnach gem. § 851 Abs. 1 ZPO auch nicht pfändbar ist.[137]

---

136 Nicht jedoch die für die Einzahlung vorgesehenen Mittel des Schuldners, vgl. BGH, 12.05.2011 – IX ZB 181/10, RPfleger 2011, 534.
137 *Stöber*, Forderungspfändung, 14. Aufl. 2005, Rn. 70.

D. Rechtsgeschäfte unter Lebenden auf den Tod eines Dritten (§ 311b Abs. 4 und 5 BGB)

§ 311b Abs. 4 und 5 BGB verbietet, wie im römischen Recht, im Grundsatz Verträge über den Nachlass eines noch lebenden Dritten, auch wenn sie lediglich den Pflichtteil oder ein Vermächtnis aus dem Nachlass dieses noch lebenden Dritten betreffen.[138] Die Ratio dieses Verbots lag früher primär in der Pietätlosigkeit, mittelbar auf den raschen Tod eines Dritten zu hoffen, heute in der Gefahr, dass der künftige Erbe aus Unerfahrenheit oder einer Zwangslage heraus sein künftiges Erbe, dessen Umfang naturgemäß ungewiss ist, zu unangemessen niedrigen Konditionen verschleudern könnte.

2953

§ 311b Abs. 5 BGB steht zu Abs. 4 in einem Regel-Ausnahmeverhältnis: Was nach Abs. 4 verboten ist, kann ausnahmsweise nach Abs. 5 noch erlaubt sein; daneben gibt es jedoch Sachverhalte, die bereits nach Abs. 4 erlaubt sind und die demzufolge nicht zusätzlich auch die Voraussetzungen des Abs. 5 erfüllen müssen. Somit ist zunächst (nachstehend I, Rdn. 2955 ff.) zu prüfen, welche Erbschaftsverträge gem. § 311b Abs. 4 BGB verboten sind, sodann (II, Rdn. 2960 ff.) welche gem. Abs. 4 erlaubt sind, schließlich (III, Rdn. 2967 ff.) welche gem. Abs. 5 erlaubt sind.

2954

I. Gem. § 311b Abs. 4 BGB verbotene Gestaltungen

Rechtsprechung und Literatur[139] legen die Reichweite des Verbots von Erbschaftsverträgen in Abs. 4 sehr weit aus. Unwirksam ist bspw. auch das Versprechen, einen bestimmten Prozentsatz aus dem künftigen Nachlass eines Dritten dem Wert nach abzuführen.[140] Verboten ist demnach jede Verpflichtung in Bezug auf den Nachlass eines noch lebenden Dritten oder die erbrechtliche Beteiligung eines künftigen Erben, sofern nicht alle Parteien künftige gesetzliche Erben sind (Abs. 5, nachstehend III).

2955

Nichtig sind also Verpflichtungen,

2956

- die künftige Erbschaft oder einen Anteil daran, den Pflichtteil oder ein Vermächtnis zu übertragen oder (etwa mit einem Nießbrauch oder Pfandrecht) zu belasten;
- einen Prozentsatz oder eine sonstige Quote aus dem künftigen Nachlass des Dritten abzuführen, sei es in Natur oder dem Wert nach.
- Ebenso die einem anderen ggü. – sofern nicht (gemäß Abs. 5, nachstehend III, Rdn. 2967 ff.) ausschließlich künftige gesetzliche Erben beteiligt sind – eingegangene Verpflichtung

2957

  – mit dem künftigen Erblasser einen Erb-, Pflichtteils- oder Zuwendungsverzichtsvertrag abzuschließen oder wieder aufzuheben,
  – das künftige Pflichtteilsrecht nicht geltend zu machen oder den Pflichtteilsanspruch zu erlassen[141] (möglich sind insoweit nur Verfügungsverträge mit dem Erblasser unmittelbar, also z.B. der Pflichtteilsverzicht selbst),

---

138 Vgl. hierzu und zum Folgenden: *Henssler*, RNotZ 2010, 221 ff.
139 Vgl. *Limmer*, DNotZ 1998, 927 ff.
140 BGH, NJW 1958, 705.
141 Hierzu und zur Mm., die zwischen „Pflichtteilsrecht" und „Pflichtteilsanspruch" unterscheiden will, vgl. *Henssler*, RNotZ 2010, 221, 229.

– die Erbengemeinschaft nicht oder nur nach einem bestimmten Zeitraum auseinanderzusetzen,
– eine Testaments- oder Erbvertragsanfechtung zu unterlassen.

2958 Keine Rolle spielt es dabei, ob bereits unmittelbar ein Vertrag über den Nachlass des Dritten geschlossen wird oder ob lediglich ein Angebot insoweit abgegeben wird. Die Nichtigkeit umfasst auch die zugehörigen Erfüllungsgeschäfte, also die Vorauszession des künftigen Erbteils etc.

2959 „Dritter" i.S.d. Verbotsnorm kann nur ein betroffener, künftiger Erblasser sein, von dem die Beteiligten (und sei es auch nur irrigerweise) annehmen, dass er noch lebt. Von der Unwirksamkeit umfasst sind auch Sachverhalte, in denen der Dritte nicht bestimmt ist (ein Auswanderer verspricht, alle ihm künftig zufallenden Erbschaften auf den Vertragspartner zu übertragen), oder wenn der Dritte noch gar nicht geboren ist.

II. Gem. § 311b Abs. 4 BGB erlaubte Rechtsgeschäfte

2960 Eine Reihe von Gestaltungen sind bereits von Abs. 4 nicht erfasst, und bedürfen demnach zur Wirksamkeit nicht zusätzlich der Einhaltung der Voraussetzungen des Abs. 5:

2961 (1) Erlaubt sind Verpflichtungen, die sich nicht pauschal auf den Nachlass, sondern nur auf **einzelne**, zum künftigen Nachlass gehörende **Gegenstände** beziehen.[142] Auch antizipierte Verfügungen hierüber sind möglich, sie werden allerdings erst mit dem Erwerb des Gegenstands im Erbfall wirksam (§ 185 Abs. 2 Satz 1, 2. Alt., BGB).
Faktisch können sie nur durch den prospektiven Alleinerben geschlossen werden, da der bloße Miterbe kaum sicher sein kann, den bereits schuldrechtlich weiterveräußerten Gegenstand in der Erbbauseinandersetzung auch tatsächlich erhalten zu können. Auf jeden Fall sollte sich der Veräußerer ein Rücktrittsrecht vorbehalten, falls ihm die Erbschaft nicht oder nicht mit dem erwarteten Gegenstand versehen anfällt, und der Erwerber etwaige Gegenleistungen erst entrichten, wenn die Erfüllung des Versprechens gesichert ist. Die noch[143] herrschende Meinung sieht allerdings Verträge über solche Einzelgegenstände, die faktisch den gesamten Nachlass (85 % bei Gesamtnachlasswerten bis 150.000,00 €, 90 % bei darüberliegendem Gesamtwert) ausmachen, als ebenfalls vom Verbot erfasst an (sog. **„Erschöpfungstheorie"**,[144] zur Vermeidung von Umgehungen). Erlaubt sind sie allerdings gem. § 311b Abs. 5 BGB, nachstehend III, Rdn. 2967 ff., unter künftigen gesetzlichen Erben.[145]

2962 (2) Erlaubt sind ferner Verträge über **feste Summen oder Renten**, die also nicht – vgl. oben Rdn. 2955 – prozentual am Wert des Nachlasses bemessen sind.[146]

(3) In ähnlicher Weise sind zulässig sog. **„Abfindungs- und Wertfestsetzungsvereinbarungen"**, in denen bspw. derjenige, der künftig im Weg der Teilungsanordnung ein Unternehmen zu erben hofft, sich mit den ausgleichsberechtigten Personen über die Höhe der Abfindung bereits im Vorhinein einigt.[147]

---

142 Vgl. BGH, DNotZ 1960, 382, 383; *Kaufhold*, ZEV 1996, 454, 455.
143 Gegen die „Erschöpfungstheorie" bspw. *Damrau*, ZErb 2004, 206, 210; *Kaufhold*, ZEV 1996, 454, 456.
144 BGH, DNotZ 1960, 382; *Kulke*, ZEV 2000, 298, 302.
145 Vgl. *Henssler*, RNotZ 2010, 221, 227.
146 Vgl. BGH, NJW 1951, 268.
147 BGH, DNotZ 1960, 382.

(4) Zwar sind Vereinbarungen über Vermächtnisse aus dem Nachlass eines noch lebenden Dritten gemäß dem unmittelbaren Wortlaut des § 311b Abs. 4 BGB nichtig, davon nicht erfasst ist jedoch ein Vertrag über den Einzelgegenstand selbst, der in Erfüllung des Vermächtnisses dem Begünstigten nach dem Todesfall zugutekommen wird. Bei Stückvermächtnissen entscheidet also lediglich die exakte Wortwahl, ggf. kommt eine Umdeutung (§ 140 BGB) eines formal über den Vermächtnisanspruch geschlossenen – an sich nichtigen – Vertrags in einen wirksamen Vertrag über den Vermächtnisgegenstand selbst in Betracht. Keine „Umgehungsmöglichkeit" gibt es jedoch bei Quoten- oder Universalvermächtnissen.[148]

2963

(5) Erlaubt sind ferner **Erbverträge** über den künftigen Nachlass, Erbteil, Pflichtteil oder Vermächtnisanspruch in Bezug auf den Nachlass eines noch lebenden Dritten, z.B. eines Elternteils. Die Ratio des § 311b Abs. 4 BGB, den künftigen Erben davor zu schützen, seine im Umfang noch unbekannten Rechte aus dem künftigen Nachlass frühzeitig und möglicherweise unter Wert preiszugeben (Rdn. 2954), greift hier nicht, da mit dem Erbvertrag noch keine lebzeitige Verpflichtung verbunden ist (§ 2286 BGB).

2964

(6) Zulässig sind weiterhin Verpflichtungen, die sich nicht auf den Nachlass selbst beziehen, allerdings unter der **Bedingung** stehen, **dass man Erbe** nach einem bestimmten Erblasser **werde** (z.B. die Eingehung einer Bürgschaft, die nur dann gelten soll, wenn eine Erbschaft anfällt).[149] Dies gilt jedenfalls, solange die Verpflichtung nicht auch der Höhe nach prozentual am Nachlasswert orientiert ist, vgl. oben Rdn. 2955.

2965

(7) Nicht unter das Verbot des § 311b Abs. 4 BGB fallen schließlich Verträge, die der **Erblasser selbst** über seinen künftigen Nachlass schließt, da er nicht zugleich Vertragspartner und Dritter i.S.d. Abs. 4 sein kann.[150] Hierfür gelten die Regelungen über den Erb-, Pflichtteils-, Zuwendungsverzicht, den Erbvertrag, die Schenkung auf den Todesfall oder den Vertrag zugunsten Dritter auf den Todesfall.

2966

III. Gem. § 311b Abs. 5 BGB erlaubte Rechtsgeschäfte

Verträge, die an sich gem. Abs. 4 (oben I, Rdn. 2955 ff.) nichtig wären, sind gem. Abs. 5 ausnahmsweise zulässig, wenn zwei Voraussetzungen erfüllt sind:
- Sie sind zwischen ausschließlich künftigen gesetzlichen Erben geschlossen.
- Sie beziehen sich auf den gesetzlichen Erbteil oder den Pflichtteil.

2967

Im Einzelnen gilt:

(1) **Vertragspartner** dürfen nur künftige gesetzliche Erben sein, also der Ehepartner, eingetragene Lebenspartner, alle (auch die entferntesten) Verwandten und der Fiskus. Auch ein Angehöriger, der nicht mehr Erbe werden kann, weil er enterbt wurde oder weil er auf sein Erbrecht verzichtet hat, ist tauglicher Vertragspartner. Ausgeschlossen sind dagegen Stiefkinder, Stiefgeschwister, Stiefeltern, Schwiegerkinder, Schwiegereltern, der geschiedene Ehegatte und der Verlobte sowie der nichteheliche Lebensgefährte. Entscheidend ist die Verwandtschaft/Heirat zur Zeit des Vertragsschlusses, es schadet nicht, wenn sie später verloren

2968

---

148 Vgl. *Henssler*, RNotZ 2010, 221, 228.
149 BGH, NJW 1999, 58.
150 Vgl. BGH, NJW 1962, 1910.

geht. Ebenso wenig ist erforderlich, dass es sich um die **nächsten** gesetzlichen Erben handelt, Vertragspartner können also auch sehr entfernte Verwandte sein. Schließen gesetzliche Erben über den Nachlass des Dritten einen Vertrag zugunsten eines „Vierten" (§ 328 BGB), muss Letzterer ebenfalls zum Kreis der gesetzlichen Erben zählen, h. M.[151]

2969 (2) **Vertragsgegenstand** kann zum einen der „**gesetzliche Erbteil**" sein. Der BGH versteht dieses Merkmal als lediglich quantitative Grenze. Es wird also nicht vorausgesetzt, dass der Erbteil gerade kraft Gesetzes erlangt wird, vielmehr kann auch ein testamentarisch erlangter Erbteil Gegenstand des Erbschaftsvertrags sein, sofern und soweit er nicht der Höhe nach über den gesetzlichen Erbteil hinausgeht.[152] Wird der Erbschaftsvertrag über einen höheren testamentarischen Erbteil geschlossen, ist er nach richtiger Ansicht jedenfalls insoweit aufrechtzuerhalten (§ 139 BGB), als der gesetzliche Erbteil reichen würde,[153] soweit diese Beschränkung inhaltlich möglich ist.

2970 *Beispiel für unzulässigen Verpflichtungsvertrag bei höherem als gesetzlichem testamentarischem Erbteil:*[154]

Eine Mutter beruft testamentarisch ihren Sohn zu drei Vierteln, ihre Tochter zu einem Viertel zu Erben. Zu Lebzeiten und ohne Kenntnis der Kinder von diesem Testament hatte sich der Sohn ggü. der Tochter bereits gegen Erhalt einer Abfindung verpflichtet, die Erbschaft nach der Mutter auszuschlagen. Da der Sohn zu einer höheren als der gesetzlichen Erbfolge eingesetzt ist, überschreitet die Ausschlagungsverpflichtung die Begrenzung des § 311b Abs. 5 BGB und ist damit insgesamt nichtig, da eine Verringerung der Ausschlagungsverpflichtung auf die Höhe der gesetzlichen Erbquote ausscheidet (Unzulässigkeit der Teilausschlagung, § 1950 BGB). Möglicherweise kommt aber eine Umdeutung (§ 140 BGB) in Betracht in eine Verpflichtung des Sohnes, bis zur Höhe des gesetzlichen Erbteils (also zu 1/2) das Ererbte an die Tochter zu übertragen. Es ist unerheblich, dass die Kinder nichts vom Testament ihrer Mutter wussten.

2971 Das Beispiel zeigt, dass die Einhaltung dieser Obergrenze des gesetzlichen Erbteils schwierig ist, v.a. nicht allein vom Willen und den Erkenntnissen der Vertragsschließenden abhängt. Der gesetzliche Erbteil kann sich ferner „verschieben", wenn ausgleichungspflichtige Vorerwerbe (§ 2050 Abs. 3 BGB) vorausgegangen sind.[155] Als „Erbteil" gilt nach herrschender Meinung auch die Alleinerbenstellung des (gesetzlichen) Alleinerben.[156]

2972 Soweit die geschilderte Obergrenze des gesetzlichen Erbteils eingehalten wird, sind inhaltlich zahlreiche Regelungen denkbar, bspw.

- die Verpflichtung, den Erbteil oder einen Bruchteil davon auf einen anderen Erbanwärter entgeltlich oder unentgeltlich zu übertragen;
- die Verpflichtung, dem anderen Erbanwärter ein Recht, z.B. Pfandrecht oder Nießbrauchsrecht, hieran einzuräumen;

---

151 Vgl. *Henssler*, RNotZ 2010, 221, 233: Unwirksam wäre demnach ein Vertrag zwischen kinderlosen Brüdern, wonach der überlebende Bruder, sofern der andere vor der Mutter verstorben ist, die ihm dann nach der Mutter zufallende Erbschaft zur Hälfte an die Ehefrau des erstverstorbenen Bruders hinauszahlen müsste.
152 BGH, NJW 1988, 2276.
153 Vgl. *Damrau*, ZErb 2004, 206, 210.
154 Nach *Damrau*, ZErb 2004, 206, 211.
155 Vgl. *Henssler*, RNotZ 2010, 221, 235.
156 Vgl. JurisPK/*Ludwig*, § 311b BGB, Rn. 459, 461.

D. Rechtsgeschäfte unter Lebenden auf den Tod eines Dritten (§ 311b Abs. 4 und 5 BGB)

- das Versprechen, die Erbschaft auszuschlagen oder umgekehrt, sie anzunehmen;[157]
- die Verpflichtung des Erbanwärters ggü. einem gesetzlichen Miterben, vor dem Erbfall mit dem künftigen Erblasser einen Erb- oder Zuwendungsverzichtsvertrag abzuschließen;
- die Vereinbarung künftiger gesetzlicher Erben, untereinander Vorerwerbe zur Ausgleichung zu bringen, obwohl dies bei der Zuwendung nicht ausbedungen war. Veräußert der dadurch ausgleichungspflichtige Miterbe allerdings seinen Erbteil nach dem Erbfall an einen Dritten, geht die Verpflichtung (anders, als wenn die Ausgleichungsverpflichtung vom Schenker angeordnet worden wäre) nicht auf den Erbteilserwerber über;[158]

2973

- die Zusage des Erbanwärters, eine letztwillige Verfügung des künftigen Erblassers nicht anzufechten;

2974

- die Einigung aller Erbanwärter, die Erbengemeinschaft nach dem Tod des künftigen Erblassers nicht oder einige Zeit lang nicht auseinanderzusetzen;
- die Bestimmung durch die Erbanwärter untereinander, wer welche Nachlassgegenstände beim Tod des Erblassers erhalten soll.

Neben Verpflichtungen hinsichtlich des Erbteils bzw. der Alleinerbenstellung erlaubt § 311b Abs. 5 BGB auch Regelungen in Bezug auf den „**Pflichtteil**" unter künftigen gesetzlichen Erben. Die wertmäßige Beschränkung auf den gesetzlichen Erbteil gilt hier naturgemäß nicht, da der Pflichtteil nicht durch Testament erhöht werden kann.

2975

In Betracht kommen bspw.

2976

- die Verpflichtung, mit dem Erblasser einen Pflichtteilsverzichtsvertrag abzuschließen oder diesen nicht mehr aufzuheben;
- eine Verpflichtung des künftigen Pflichtteilsberechtigten, seinen Pflichtteilsanspruch ganz oder teilweise an einen anderen künftigen gesetzlichen Erben abzutreten, ihm den Wert auszuzahlen oder ihm ein Recht hieran einzuräumen oder aber ihm die Verpflichtung zu Zahlung des Pflichtteilsanspruchs zu erlassen;
- eine Bestimmung künftiger gesetzlicher Erben, einzelne Nachlassgegenstände bei der Berechnung der Höhe des Pflichtteilsanspruchs nicht zu berücksichtigen (ähnlich einem gegenständlich beschränkten Pflichtteilsverzicht mit dem Erblasser selbst);

2977

- eine Regelung künftiger gesetzlicher Erben über die Ausgleichungspflichten gem. § 2316 BGB der Höhe nach, der Fälligkeit nach oder über deren Aufhebung;
- die Festlegung künftiger Miterben, wer von ihnen im Innenverhältnis den Pflichtteilsanspruch zu erfüllen hat, ggf. abweichend von §§ 2318 bis 2322 BGB.

Der gem. Abs. 5 zulässige Erbschaftsvertrag wirkt aber stets **nur schuldrechtlich**; die geschuldeten Vollzugsgeschäfte selbst sind nur ausnahmsweise vor dem Tod des Erblassers durchführbar (naturgemäß ist die sofortige Erfüllung möglich – und vor dem Tod auch allein zulässig – in Bezug auf mit dem Erblasser abzuschließende, geschuldete Verträge wie Erb-, Pflichtteils- oder Zuwendungsverzichtsverträge). Eine Vorausverfügung über den künftigen Erbteil ist jedoch un-

2978

---

[157] Eine solche Verpflichtung ggü. dem künftigen Erblasser hingegen wird als unzulässiger Eingriff in seine Entschlussfreiheit gesehen, vgl. DNotI-Report 2007, 132, 133.
[158] Vgl. *Henssler*, RNotZ 2010, 221, 236.

wirksam, vgl. § 2033 BGB. Die herrschende Meinung lässt allerdings Vorausverfügungen über den künftigen Pflichtteilsanspruch (z.B. als Abtretung, § 398 BGB, oder Erlassvertrag, § 397 BGB) unter künftigen Miterben zu, sodass der Pflichtteilsanspruch unmittelbar in der Person des Abtretungsempfängers entsteht, während das sonstige Pflichtteilsrecht weiter beim Pflichtteilsberechtigten verbleibt.[159]

2979 In dieser Beschränkung auf den Verpflichtungscharakter liegt die große „Schwäche" des Erbschaftsvertrags, denn das Risiko, dass zwischen Vertragsschluss und Erbfall sich das Erb- oder Pflichtteilsrecht der Vertragsparteien verändert oder gänzlich wegfällt, kann nicht gebannt werden. Auch der Wert des Nachlasses kann sich bis zum Erbfall verändern, sodass der Erbschaftsvertrag sich dazu verhalten sollte, ob etwa vereinbarte Gegenleistungen anzupassen sind oder nicht. Die herrschende Meinung gewährt für den Fall, dass die Erbschaft oder der Pflichtteil gänzlich entfallen, ein Rückforderungsrecht gem. §§ 812 ff. BGB,[160] wohingegen § 313 BGB auf Spekulationsgeschäfte, wie sie beim Erbschaftsvertrag naturgemäß vorliegen, schon dem Grunde nach nicht anwendbar ist.[161]

2980 Der Erbschaftsvertrag bedarf der **notariellen Beurkundung**, § 311b Abs. 5 Satz 2 BGB, einschließlich aller Nebenabreden; Gleiches gilt für die vor dem Erbfall durchgeführten Erfüllungsgeschäfte, sofern sie ausnahmsweise zulässig sind. Eine Heilung nichtbeurkundeter Verpflichtungsverträge durch Vollzug tritt nicht ein.

2981 **Erbschaftsteuerrechtlich** behandelt der BFH[162] Ausgleichszahlungen im Zusammenhang mit bspw. der Verpflichtung, nach dem Tod des Erblassers keine Pflichtteilsansprüche geltend zu machen, als freigebige Zuwendung (da der Pflichtteilsanspruch selbst keine taugliche Gegenleistung darstellt), besteuert diese freigebige Zuwendung gem. § 7 Abs. 1 Nr. 1 ErbStG aber nicht nach der Steuerklasse der Vertragsparteien untereinander (bspw. als Geschwister), sondern im Verhältnis zum künftigen Erblasser (also Eltern/Kind), Rdn. 54. Der Zahlende darf den Betrag später als Nachlassverbindlichkeit von seinem Erwerb von Todes wegen abziehen, § 10 Abs. 5 Nr. 3 ErbStG, während der Empfänger die Zuwendung so zu versteuern hat, wie wenn sie vom Erblasser erlangt worden wäre.

2982 Wird als Abfindung ein Grundstück oder Betriebsvermögen übertragen, findet auch **einkommensteuerrechtlich** keine Besteuerung stiller Reserven statt, da es sich um einen Schenkungsvorgang handelt; die Grunderwerbsteuer wird ebenfalls gem. § 3 Nr. 2 GrEStG verdrängt. Der Erbschaftsvertrag ist dem FA gem. § 8 ErbStDV anzuzeigen, nicht jedoch dem Geburtstandesamt, da die gesetzliche Erbfolge hierdurch nicht verändert wird.

Ein **Muster** eines Erbschaftsvertrags unter künftigen gesetzlichen Miterben (Geschwistern) ist im Formularanhang, Kap. 14 Rdn. 5380, enthalten.[163]

---

159 Vgl. JurisPK/*Ludwig*, § 311b BGB, Rn. 483; *Henssler*, RNotZ 2010, 221, 238.
160 MünchKomm-BGB/*Kanzleiter/Krüger*, § 311b Rn. 123; *Henssler*, RNotZ 2010, 221, 239.
161 BGH, NJW 2004, 58.
162 BFH, 25.01.2001 – II R 22/98, BStBl. 2001 II, S. 456; ebenso FG Münster, 17.02.2011 – 3 K 4815/08, ErbStB 2011, 161; hierzu *Wälzholz*, MittBayNot 2001, 361.
163 Weitere Muster bspw. bei *Krause*, ZfE 2006, 185; Münchner Anwaltshandbuch Erbrecht/*Erker/Oppelt*, § 26 Rn. 123; *Henssler*, RNotZ 2010, 221, 240 ff.

Kapitel 9: Erb- und pflichtteilsrechtliche Problematik

		Rn.
A.	**Allgemeine Fragen zum Pflichtteils- und Pflichtteilsergänzungsanspruch**	2983
I.	Verfassungs- und Reformfragen	2983
II.	Grundwertungen	2989
III.	§§ 2303, 2305, 2306 BGB: pflichtteilsrechtliche Anknüpfung an letztwillige Verfügungen	2992
	1. § 2303 BGB	2992
	2. § 2305 BGB	2994
	3. § 2306 BGB	2995
	a) § 2306 Abs. 1 BGB a.F. (Sterbefälle bis zum 31.12.2009)	2995
	b) § 2306 Abs. 2 BGB a.F. (Sterbefälle bis zum 31.12.2009)	3001
	c) Größenvergleich zur „Hälfte des gesetzlichen Erbteils"	3005
	d) Neuregelung durch die Erbrechtsreform (Sterbefälle ab dem 01.01.2010)	3010
IV.	Auskunftsanspruch	3016
	1. Auskunftspflicht der Erben (§ 2314 BGB)	3016
	2. Weitere Auskunftsansprüche	3023
	3. Wertermittlungsanspruch	3026
V.	Bewertung von Aktiva und Passiva, § 2311 BGB	3028
VI.	Verjährung	3041
	1. Fristlauf	3041
	2. Abweichende Vereinbarungen	3048
VII.	Fälligkeit, Verzug	3050
VIII.	Verteilung der Pflichtteilslast	3053
B.	**Pflichtteilsergänzung**	3058
I.	Pflichtteilsergänzungsanpruch bei Schenkungen (§ 2325 BGB)	3058
	1. Grundlagen	3058
	2. Voraussetzungen	3061
	a) Schenkung	3061
	b) Zeitpunkt der Leistung	3069
	aa) Rechtlicher Leistungserfolg	3069
	bb) Wirtschaftliche Ausgliederung	3072
	3. Gläubigerstellung	3076
	a) Personenkreis	3076
	b) Zeitliches Kriterium	3079
	4. Ermittlungsschritte	3081
	5. Abzug von Eigengeschenken	3085
	a) Anrechnung nur gem. § 2327 BGB	3087
	b) Anrechnung nach § 2327 und § 2315 BGB	3089
	c) Anrechnung nach §§ 2327 und 2316 BGB	3094
	6. Ausschluss des Pflichtteilsergänzungsanspruchs	3097
	7. Bewertung der Schenkung	3098
	8. Schuldner	3103
	9. Einrede des Gesamtpflichtteils, § 2328 BGB	3106
	10. Haftung des Beschenkten gem. § 2329 BGB	3111
II.	„Schleichwege" am Pflichtteilsergänzungsanspruch vorbei	3116
	1. Konsum	3117
	2. Minderung des anzusetzenden Werts; Landgutprivileg und Höfeordnung	3118
	3. Flucht in ausländische Sachwerte	3130
	4. Ausstattung; Pflicht- und Anstandsschenkungen	3132
	5. Anderweitige Entleerung des Nachlasses	3134
	6. Reduzierung der Pflichtteilsquote	3135
III.	Konkurrenz zu § 2316 BGB	3136
C.	**Pflichtteilsanrechnung gem. § 2315 BGB**	3138
I.	Allgemeine Grundsätze/Abgrenzung	3138
II.	Voraussetzungen der Anrechnung auf den Pflichtteil	3144
	1. Lebzeitige, freigiebige Zuwendung des Erblassers	3144
	2. Anrechnungsbestimmung	3145
	3. Keine Änderung durch die Pflichtteilsreform	3146
III.	Berechnung des Pflichtteils unter Anrechnung	3153
	1. Grundsätze	3153
	2. Berechnungsbeispiele	3154
	3. Kombination von § 2315 und § 2325 BGB	3160
	4. Kombination von § 2315 BGB und § 2327 BGB	3162
	5. Kombination von § 2315 BGB und § 1380 BGB	3163

Kapitel 9: Erb- und pflichtteilsrechtliche Problematik

			Rn.
IV.	Problemfälle		3165
	1.	Streit beim Tod des nicht veräußernden Ehegatten	3165
	2.	Fehlgeschlagene „Gleichstellungszahlung"	3166
D.	**Der Ausgleichspflichtteil (§ 2316 BGB)**		**3168**
I.	Pflichtteilsfernwirkung der Ausgleichung (§ 2316 BGB)		3168
	1.	Allgemeine Grundsätze	3168
	2.	Voraussetzungen der Ausgleichung	3173
	3.	Bewertung und Berechnung	3174
II.	Kombination von Ausgleichung und Anrechnung		3178
E.	**Erb- und Pflichtteilsverzicht**		**3182**
I.	Erbverzicht		3182
	1.	Wirkung	3182
	2.	Varianten	3186
		a) Auflösende Bedingung	3186
		b) Beschränkungen	3187
		c) Wirkung für den Stamm	3189
		d) Zuwendungsverzicht, § 2352 BGB	3194
	3.	Form	3200
	4.	Zustandekommen	3204
	5.	Grundgeschäft	3210
	6.	Verzicht gegen Abfindung	3213
	7.	Sittenwidrigkeit?	3216
	8.	Störung der Geschäftsgrundlage (§ 313 BGB)	3218
	9.	Internationales Privatrecht	3226
	10.	Muster: Erbverzicht	3228
II.	Pflichtteilsverzicht		3232
	1.	Wirkungen	3232
	2.	Pflichtteilsverzicht gegen Abfindung	3241
		a) Gestaltungsalternativen	3241
		b) Bedingter Verzicht	3243
		c) Leistungserbringung durch den Erblasser	3253
		d) Leistungserbringung durch den Erwerber	3255
	3.	Pflichtteilsverzicht des Ehegatten	3257
	4.	Aufhebung bzw. Aufhebungssperre	3260
	5.	Inhaltskontrolle?	3268
III.	Beschränkter Pflichtteilsverzicht		3272
	1.	Beschränkung auf rechtliche Teile des Gesamtpflichtteils	3273
	2.	Beschränkung auf pflichtteilserhöhende Wirkung einer Zuwendung	3277
	3.	Neutralisierung von Einzelgegenständen	3281
	4.	Betragsbegrenzung; Bewertungsabschläge	3285
	5.	Erweiterungen der Wirkungen des § 2315 BGB	3292
	6.	Stundung	3296
	7.	Verzicht auf den ersten Sterbefall	3309
	8.	Verzicht „auf Wunsch des Beschwerten" (Naturalobligation)	3311
IV.	Verzicht auf Ansprüche nach der Höfeordnung		3315
V.	Exkurs: Die Pflichtteilsentziehung		3325
F.	**Den Vertragserben beeinträchtigende Schenkungen (§§ 2287 f. BGB)**		**3328**
I.	Schutz des Vertrags-/Schlusserben, § 2287 BGB		3328
	1.	Grundwertung	3328
	2.	Schenkung	3329
	3.	Eingriff in letztwillige Bindung	3330
	4.	Benachteiligungsabsicht	3333
	5.	Anspruchsgläubiger	3339
	6.	Anspruchsschuldner	3340
	7.	Anspruchsinhalt	3341
	8.	Zustimmung des Vertragserben	3345
	9.	Verjährung	3346
II.	Schutz des Vermächtnisnehmers (§ 2288 BGB)		3347
	1.	Grundsatz	3347
	2.	Tatsächliche Beeinträchtigungen (§ 2288 Abs. 1 BGB)	3349
	3.	Rechtsgeschäftliche Beeinträchtigungen (§ 2288 Abs. 2 BGB)	3351
	4.	Anwendung auf Geld- oder Gattungsvermächtnisse	3355
	5.	Beeinträchtigungsabsicht, Zustimmung, Ausschluss	3356
III.	Erbschaftsteuer		3357

A. Allgemeine Fragen zum Pflichtteils- und Pflichtteilsergänzungsanspruch

I. Verfassungs- und Reformfragen

Pflichtteilsansprüche dienen der Unterhaltssicherung, sollen der Konzentration großer Vermögen entgegenwirken, werden als Ausdruck (institutionell geprägter) familiärer Solidarität verstanden, enthalten einen Anreiz zu wirtschaftlichem Zusammenwirken und mindern durch Typisierung und Pauschalierung die Transaktionskosten.

2983

Das **BVerfG** hat mit Beschlüssen v. 19.04.2005[1] und v. 11.05.2005[2] das geltende Pflichtteilsrecht und die Bestimmungen zur Pflichtteilsentziehung[3] bestätigt. Nach Auffassung des BVerfG gehört zu den von der Erbrechtsgarantie des Art. 14 Abs. 1 Satz 1 GG i.V.m. Art. 6 Abs. 1 GG gewährleisteten traditionellen[4] Kernelementen des deutschen Erbrechts auch das Recht der Kinder auf eine grds. zwingende und bedarfsunabhängige Teilhabe am Nachlass. Ein tragfähiges Begründungskonzept für das Verhältnis zwischen unentziehbarer Nachlassteilhabe und Pflichtteilsentziehungsgründen liegt damit jedoch nicht vor;[5] auch ist fraglich, ob nicht ggü. der historisch gewählten Begründung ein verfassungsrechtlich bedeutsamer Wandel des Verständnisses von Erbrechtsgarantie und Pflichtteil stattgefunden hat.[6] Die Praxis muss sich jedenfalls mit der „Zementierung" der bestehenden Pflichtteilsbestimmungen abfinden.[7]

2984

Weiterhin erörtert wird jedoch eine Abschaffung des Elternpflichtteils, die Reduzierung der Pflichtteilsquote und eine Erweiterung der Stundungsmöglichkeiten, was sich noch i.R.d. (weiten) Spielraums des Gesetzgebers bewegen würde.[8] Die zum 01.01.2010 in Kraft tretende „kleine Reform" des Pflichtteilsrechtes hat immerhin die Pflichtteilsentziehungsgründe der §§ 2333 ff. BGB (Rdn. 3325 ff.) für alle Pflichtteilsberechtigten vereinheitlicht und um den Tatbestand der Unzumutbarkeit wegen Verurteilung wegen einer Vorsatztat zu einer Freiheitsstrafe von mehr als

2985

---

1 Beschl. v. 19.04.2005 – 1 BvR 1644/00; 1 BvR 188/03, FamRZ 2005, 872 ff.
2 Beschl. v. 11.05.2005 – 1 BvR 62/00, FamRZ 2005, 2051 f.; vgl. *Schöpflin*, FamRZ 2005, 2025 ff.
3 Allerdings mit der Maßgabe, dass nicht auf die Schuldfähigkeit im strafrechtlichen Sinne abgestellt werden dürfe, sondern auf das „wissentliche Verwirklichen der Tat", die zur Pflichtteilsentziehung bzw. -unwürdigkeit berechtige.
4 Krit. gegen die historische Argumentation des BVerfG *J. Mayer*, FamRZ 2005, 1443; *Kleensang*, DNotZ 2005, 517 ff.
5 Krit. *Lange*, ZErb 2005, 206, auch zum „natürlichen Vorsatz", den das BVerfG für § 2333 Nr. 1 BGB genügen lassen will.
6 Vgl. etwa die Gedanken und Diskussionen des 64. Deutschen Juristentags 2002, Bd. 1, A 61 ff. (Gutachten *Martiny*) und *Bengel*, MittBayNot 2003, 270 ff.
7 Zwischenzeitliche weitere Verfassungsbeschwerden zum Pflichtteilsrecht wurden nicht mehr zur Entscheidung angenommen, vgl. etwa BVerfG, ZEV 2005, 388.
8 Vgl. *Weiler*, MittBayNot 2006, 299 sowie den Tagungsbericht von *Tanck*, ZErb 2007, 63 und *Wiegand*, DNotZ 2007, 103 über den Beitrag von Justizstaatssekretär *Diwell* auf einem Symposium der Bucerius Law School v. 30.11. bis 02.12.2006.

einem Jahr ohne Bewährung[9] ergänzt – pflichtteilsentziehende Testamente müssen daher künftig nicht nur die Straftat des enterbten Angehörigen bezeichnen, sondern auch die Gründe der Unzumutbarkeit darlegen – ; die bisherige starre Ausschlussfrist in § 2325 BGB durch eine Pro-Rata-Regelung abgelöst (Rdn. 3084), und § 2306 Abs. 1 Satz 1 und Satz 2 BGB vereinheitlicht. Die weiteren Pläne, mit Einführung eines neuen § 2057b BGB eine bessere Honorierung von Pflegeleistungen durch gesetzliche Miterben zu erreichen sowie nachträgliche Anordnungen der Pflichtteilsanrechnung zu ermöglichen, wurden (noch) nicht umgesetzt

2986 Nach dem Entwurf der sog. „**Rom IV-Verordnung**" der europäischen Kommission (Inkrafttreten und Umsetzung frühestens im Jahr 2011) wird es – wenn der Entwurf Wirklichkeit wird – anstelle der bisherigen deutschen Anknüpfung an die Staatsangehörigkeit des Erblassers (Art. 25 EGBGB) auf den letzten gewöhnlichen Aufenthalt des Erblassers ankommen, und zwar mit Wirkung für sein gesamtes Vermögen. Damit könnten bspw. großzügigere Pflichtteilsnormen oder die durch Anwendung einer anderen Rechtsordnung eintretende Unwirksamkeit bindender Verfügungen in Ehegattentestamenten[10] Anlass sein für vermögende Privatpersonen, ihren Aufenthalt in das angrenzende Ausland zu verlegen und somit das dortige Erbrecht in Anspruch zu nehmen. Durch letztwillige Verfügung soll es dem Erblasser darüber hinaus – auch ohne Wohnsitzwechsel – möglich sein, seine gesamte Erbfolge (auch Auslandsvermögen) dem Recht des Staates unterstellen, dessen Angehörigkeit er hat (Art. 17 des Vorschlags).

2987 Im Vorgriff auf diese künftige Neuerung kann schon jetzt eine entsprechende umfassende Rechtswahl – die über Art. 25 Abs. 2 EGBGB (Wahl des deutschen Rechts für Inlandsgrundbesitz) hinausgeht – erwogen werden. Vermutlich kann diese Rechtswahl sogar – wenn der jetzige Entwurf Wirklichkeit wird – mit erbvertraglicher Wirkung geschlossen werden (die bisherige begrenzte Rechtswahlmöglichkeit nach Art. 25 Abs. 2 EGBGB ist nur testamentarisch möglich). Es wird wohl ausreichend sein, dass im Zeitpunkt der Rechtswahl die gewählte Staatsangehörigkeit vorhanden war.

2988 **Formulierungsvorschlag: Umfassende Rechtswahl zugunsten des deutschen Rechts nach Maßgabe des Entwurfes der ROM IV-Verordnung**

> Sollte – etwa gemäß Art. 17 des Vorschlages der Kommission der Europäischen Gemeinschaft vom 14. Oktober 2009 über die internationale Zuständigkeit, das anwendbare Recht, die Anerkennung und Vollstreckung von Entscheiden und öffentlichen Dokumenten auf dem Gebiet des Erbrechts („Rom IV-Verordnung") – zu einem künftigen Zeitpunkt eine solche umfassende Rechtswahl möglich sein, verfüge ich schon jetzt in testamentarischer Form, dass meine gesamte Erbfolge, auch soweit ausländischer Besitz betroffen ist, dem Recht der Bundesrepublik Deutschland, meiner jetzigen Staatsbürgerschaft, unterstellt sein soll.

---

9   RefE v. 16.03.2007 (www.bmj.bund.de; vgl. hierzu *Spall*, ZErb 2007, 272 und *Bonefeld/Lange/Tanck*, ZErb 2007, 292 ff.; das Abstellen auf die rechtskräftige Verurteilung (bzw. Unterbringung in einem psychiatrischen Krankenhaus) kommt jedoch möglicherweise zu spät. Der deutsche Notarverein schlug vor, in Anlehnung an die österreichische Regelung (§ 773a ABGB) eine Minderung des Pflichtteils auf die Hälfte vorzusehen, wenn zu keiner Zeit ein Eltern-Kind-artiges Näheverhältnis bestand, es sei denn, der Elternteil hat die Ausübung des Umgangsrechtes grundlos abgelehnt.

10   Etwa durch Wegzug des überlebenden Ehegatten nach Italien, vgl. *Lehmann/Schulz*, ZEV 2010, 29.

> Sollte nach der künftig in Kraft tretenden Rechtslage eine solche Rechtswahl mit erbvertraglicher Form, also nicht mehr einseitig abänderbar, möglich sein, wird sie bereits hiermit erbvertraglich bindend getroffen.

II. Grundwertungen

Die Höhe des Pflichtteilsanspruchs richtet sich nach dem **Wert und Bestand des Nachlasses beim Erbfall (§ 2311 BGB)**. Dieser umfasst den Aktivbestand abzgl. der bereits zum Zeitpunkt des Erbfalls in der Person des Erblassers begründeten Verbindlichkeiten (Erblasserschulden) und solcher Erbfallschulden, die auch vorliegen würden, wenn man allein die gesetzliche Erbfolge zugrunde legt (Ersatzfunktion des Pflichtteilsrechts): demnach bleiben **Verpflichtungen unberücksichtigt, die auf Verfügungen des Erblassers von Todes wegen beruhen**, insb. also Pflichtteilsansprüche selbst, ebenso Vermächtnisse[11] – soweit sie nicht, wie Nachvermächtnisse, bereits dem Erblasser als Vorvermächtnisnehmer auferlegt waren[12] – und Auflagen, zumal diese den Pflichtteilsansprüchen gem. § 327 Abs. 1 Nr. 2, 3 InsO nachgehen.[13]

2989

Abzugsfähig (vgl. Rdn. 3036) sind allerdings die **Beerdigungskosten**[14] (§ 1968 BGB – nicht jedoch die Kosten der laufenden Grabpflege), sowie Kosten der **Nachlasssicherung und Nachlassverwaltung** ebenso wie der Ermittlung der Nachlassgläubiger.[15] Es handelt sich insoweit um solche Erbfallschulden, deren Rechtsgrund bzw. Erfüllungsnotwendigkeit bereits auf den Todesfall zurückgeht oder deren Erfüllung den Pflichtteilsberechtigten auch getroffen hätte, wenn er gesetzlicher Erbe geworden wäre.[16] Aus diesem Grunde ebenfalls vorrangig abzugsfähig ist der Anspruch des überlebenden Ehegatten auf familienrechtlichen Zugewinn nach § 1371 Abs. 2 und Abs. 3 BGB

2990

Nicht abzugsfähig sind jedoch **Nachlasserbenschulden** (also etwa Verbindlichkeiten aus der Fortführung eines zum Nachlass gehörenden Unternehmens), und erst recht nicht **Eigenschulden des Erben**, ebenso wenig die allein dem Erben nützlichen Aufwendungen (wie etwa Kosten der Testamentseröffnung und der Erbscheinserteilung).[17]

2991

---

11 Auch gesetzliche Vermächtnisse, wie etwa § 1371 Abs. 4 BGB (Ausbildungsanspruch des Stiefkindes aus dem erhöhten Viertel).
12 § 2191 Abs. 1 Halbs. 2 BGB. Zu dieser Differenzierung *Watzek*, MittRhNotK 1999, 42; im Ergebnis ebenso Gutachten, DNotI-Report 1999, 149 ff.; eingehend und grundlegend *Damrau*, ZEV 1998, 3.
13 Der Umkehrschluss gilt allerdings nur bedingt: Nachlasserbenschulden aus der Nachlassverwaltung seitens des Erben sind nicht abzugsfähig, obwohl ebenfalls in der Nachlassinsolvenz vorrangig: Soergel/*Dieckmann*, BGB, § 2311 Rn. 11.
14 VGH Bayern, FamRZ 2004, 490.
15 VGH Bayern, FamRZ 2004, 489.
16 Vgl. *J. Mayer*, in: Bamberger/Roth, BGB, § 2311 Rn. 9.
17 OLG Stuttgart, JABl. B-W 1978, 76.

III. §§ 2303, 2305, 2306 BGB: pflichtteilsrechtliche Anknüpfung an letztwillige Verfügungen

1. § 2303 BGB

2992 Das „klassische" Hauptanwendungsgebiet des Pflichtteilsrechtes knüpft an letztwillige Verfügungen (Enterbungen; ungenügende Einsetzungen, Einsetzungen unter Beschwerungen und Beschränkungen) an. I.R.d. vorliegenden, der vorweggenommenen Erbfolge gewidmeten Darstellung sollen sie daher nur der Vollständigkeit halber erwähnt werden.

2993 Das Pflichtteilsrecht beschränkt die Testierfreiheit des Erblassers und gewährt Ehegatten, Abkömmlingen und (bei Fehlen von Erben 1. Ordnung) den Eltern, sofern sie von der gesetzlichen Erbfolge kraft letztwilliger Verfügung ausgeschlossen werden (§ 2303 BGB), entsprechende Pflichtteilsansprüche, die bis zu 50 % des Nachlasses betragen können. Lediglich dem Enterbten kommt der Pflichtteilsanspruch zu, nicht den entfernter Verwandten seines Stammes (§ 2309 BGB); anders, wenn zur Enterbung eine Pflichtteilsentziehung (Rdn. 3325 ff.) hinzukommt: die Pflichtteilsberechtigung überträgt sich dann auf die nächste Generation.[18]

2. § 2305 BGB

2994 Einer Umgehung durch eine geringfügige – unterhalb des Pflichtteilsanspruchs bzw. halben gesetzlichen Erbteils liegende – Erbeinsetzung begegnet das BGB mit dem Pflichtteilsrestanspruch gem. §§ 2305, 2306 BGB, indem der Erbteil aufzustocken ist bzw. Beschwerungen wegfallen: Gem. § 2305 BGB kann der Pflichtteilsberechtigte im Wege der Geltendmachung eines sog. **Pflichtteilsrestanspruchs** von den Miterben als Pflichtteil den Wert des an der Hälfte fehlenden Teils verlangen, wenn ihm ein Erbteil hinterlassen wird, der geringer ist als die Hälfte des gesetzlichen Erbteils. Bzgl. der hinterlassenen Erbquote bleiben allerdings angeordnete Beschwerungen und Belastungen bestehen (§ 2305 Satz 2 BGB); hiervon kann er sich nur durch Ausschlagung befreien mit der Folge, dass an die Stelle der Erbenstellung die schlichte Pflichtteilsberechtigung tritt, § 2306 BGB.

3. § 2306 BGB

a) § 2306 Abs. 1 BGB a.F. (Sterbefälle bis zum 31.12.2009)

2995 Ist der Pflichtteilsberechtigte zwar Erbe, aber **beschränkt bzw. beschwert** durch Einsetzung eines Nacherben, Testamentsvollstreckung,[19] Teilungsanordnung, Vermächtnis oder Auflage (§ 2306 Abs. 1 BGB) oder ist er als Nacherbe eingesetzt (§ 2306 Abs. 2 BGB) galt **für Sterbefälle bis zum 31.12.2009** Folgendes:
- Ist der hinterlassene Erbteil **kleiner** als die Hälfte des gesetzlichen Erbteils oder gleich, gilt die Beschwerung als nicht angeordnet (§ 2306 Abs. 1 Satz 1 BGB) Darüber hinaus kann er nach § 2305 BGB ggf. einen Pflichtteilsrestanspruch geltend machen.

---

[18] BGH, 13.04.2011 – IV ZR 204/09, ZEV 2011, 366 m. krit. Anm. *Haas/Hoßfeld*.
[19] Möglicherweise auch die Testamentsvollstreckung über den Erbteil eines anderen Miterben, jedenfalls wenn bei Einzelfallbetrachtung die Nachteile für die anderen Miterben überwiegen, vgl. *Klühs* RNotZ 2010, 43 ff.

> **Hinweis:**
> Schlägt der pflichtteilsberechtigte Erbe in Fall des § 2306 Abs. 1 Satz 1 BGB die (kraft Gesetzes bereits unbelastete) Erbschaft aus, erwirbt er nicht etwa den vollen Pflichtteilsanspruch, sondern behält lediglich den Pflichtteilsrestanspruch, er hat sich also um seinen Erbteil gebracht! Teile der Literatur[20] und Rechtsprechung[21] gestatten dem Betroffenen daher (trotz § 1947 BGB) die Ausschlagung unter der Rechtsbedingung, dass ihm dadurch der volle Pflichtteil offenstehe. Wähnt sich der Erbe umgekehrt im Anwendungsbereich des Satzes 1, befand er sich aber tatsächlich im Bereich des Satzes 2 und hätte demnach ausschlagen müssen, gestattet ihm die Rechtsprechung recht großzügig die Anfechtung (hier der durch Fristablauf eingetretenen Annahme) wegen Inhaltsirrtums.[22]

2996

- Ist der hinterlassene Erbteil **größer** als die Hälfte des gesetzlichen Erbteils kann der Pflichtteilsberechtigte den Pflichtteil verlangen, wenn er den Erbteil ausschlägt (§ 2306 Abs. 1 Satz 2 BGB).

2997

Beispiel:

Der Erblasser hat seine drei Kinder A, B und C zu Erben berufen, und zwar A zu 1/12, B zu 1/6 und den C zu 3/4. Weiterhin hat der Erblasser seinen Freund zum Testamentsvollstrecker bestimmt. Rechte von A, B und C?

Da A als Pflichtteil 1/6 zusteht kann er über § 2305 BGB ein weiteres Zwölftel geltend machen. Darüber hinaus gilt die Testamentsvollstreckung als nicht angeordnet, § 2306 Abs. 1 Satz 1 BGB.

B hat keinen weiteren Pflichtteilsanspruch, jedoch gilt auch bei ihm die Testamentsvollstreckung als nicht angeordnet, § 2306 Abs. 1 Satz 1 BGB.

C hat nach § 2306 Abs. 1 Satz 2 BGB ein Wahlrecht: Er kann den ihm zugewandten Erbteil mit Testamentsvollstreckung annehmen oder die Zuwendung ausschlagen und seinen Pflichtteil i.H.v. 1/6 verlangen.

Der Lauf der sechswöchigen bzw. sechsmonatigen Frist zur Ausschlagung setzt gem. § 2306 Abs. 1 Satz 2 Halbs. 2 BGB auch die Kenntnis des Pflichtteilsberechtigten von den Beschränkungen/Beschwerungen voraus, bei Anwendbarkeit der Werttheorie (Rdn. 3005, 3076, 5165 ff.) auch Kenntnis der Vorschenkungsbeträge, sodass ermittelt werden kann, ob der Wert des Erbteils den ihm unter Berücksichtigung der Ausgleichungspflicht zukommenden Pflichtteil übersteigt oder nicht.[23] Wird die Frist versäumt, hilft u.U. die Anfechtung der vom Irrtum getragenen Annahme (Rdn. 2996); der ggf. drohenden Haftung mit dem Eigenvermögen etwa für angeordnete Vermächtnisse begegnet die Überschwerungseinrede des § 1992 BGB.

Macht der beschwerte Erbe von der Möglichkeit der Ausschlagung keinen Gebrauch, bleibt er Erbe mit allen verfügten Beschränkungen, auch aus „übergroßen Vermächtnissen", die in vollem Umfang bestehen bleiben, selbst dann, wenn er infolge solcher Belastungen weniger als den Wert des Pflichtteils erhält (es findet also, da ja die Pflichtteilsquote überschritten ist, und

2998

---

20 MünchKomm-BGB/*Frank*, 4. Aufl. 2005, § 2305 Rn. 2; a.A. *J. Mayer*, in: *Bamberger/Roth*, BGB, § 2306 Rn. 18 (2003).
21 BayObLG, FamRZ 2005, 1127, 1128 (obiter).
22 BGH, 05.07.2006 – IV ZB 39/05, DNotZ 2006, 926. Dies wird wohl allgemein für die Korrektur „falscher" Entscheidungen i.R.d. § 2306 BGB gelten, vgl. *Keim*, NJW 2008, 2073 und ZErb 2006, 370.
23 OLG Zweibrücken, 03.08.2006 – 4 U 114/05, ZEV 2007, 97.

übergroße Vermächtnisse nicht die Anwendung der Werttheorie bedingen, keine Ausgleichung in Form eines Anspruchs auf den Zusatzpflichtteil, § 2305 BGB, statt).[24] Er muss also alle ihn treffenden Vermächtnisse und Auflagen auch auf Kosten seines eigenen Pflichtteils tragen.[25]

2999 Auch eine Pflichtteilsergänzung wegen sonstiger früherer Zuwendungen an Dritte ist allenfalls i.R.d. § 2326 Satz 2 BGB denkbar.[26] Dabei ist aber so zu verfahren, dass vom Gesamtpflichtteil (Pflichtteilsquote aus der Summe des tatsächlichen Nachlasses samt früherer Schenkungen) der Wert des **fiktiv unbelastet** erhaltenen Erbteils abgezogen wird, d.h. die (aufgrund der Nichtausschlagung) hinzunehmenden Belastungen werden rechnerisch nicht berücksichtigt. Demnach wird eine Pflichtteilsergänzung nur in Betracht kommen bei früheren Schenkungen, die den verbleibenden Nachlass übersteigen. Die Fehlentscheidung, nicht auszuschlagen, lässt sich nicht dadurch korrigieren, dass die Werttheorie (vgl. hierzu Rdn. 2120 ff., 3386 ff.) auf Fälle übergroßer Vermächtnisbelastungen angewendet wird, sondern allenfalls durch eine Anfechtung der Erbschaftsannahme wegen Inhaltsirrtums (§§ 119 Abs. 1, 1956 BGB).[27]

3000 Die geplante Änderung des § 2306 Abs. 1 BGB i.R.d. Erbrechtsreform, Rdn. 2124 ff., wird an diesem Ergebnis nichts Grundsätzliches ändern.[28] Insb. wird auch hier i.R.d. § 2326 Satz 2 BGB vom Gesamtpflichtteil (wobei die Aufstockung und die Pflichtteilsergänzung künftig nur pro rata stattfindet) der Wert des unbelasteten Erbteils in Abzug gebracht.

b) § 2306 Abs. 2 BGB a.F. (Sterbefälle bis zum 31.12.2009)

3001 Gleiches gilt für den zum Nacherben eingesetzten Pflichtteilsberechtigten (**§ 2306 Abs. 2 BGB**): ist er zu einer Quote oberhalb der „Hälfte des gesetzlichen Erbteils" eingesetzt, kann er durch Ausschlagung (vor, aber auch bis zum Ablauf der Ausschlagungsfrist nach Eintritt des Nacherbfalls) den unbelasteten Pflichtteil erlangen. Ist er zu einer geringeren Quote als Nacherbe eingesetzt, **galt für Sterbefälle bis zum 31.12.2009** die Nacherbenbeschränkung als nicht angeordnet, d.h. er ist Vollerbe. Bleibt die Beschränkung des Vorerben jedoch bestehen (da Letzterer oberhalb der Hälfte des gesetzlichen Erbteils eingesetzt ist und nicht ausschlägt), stellt sich die Frage nach der Auswirkung des § 2306 Abs. 2 BGB auf die Erbquoten:

3002 *Beispiel*[29]

Der überlebende Ehegatte ist zu 9/10 als Vollerbe, ein Kind zu 1/10 als Vorerbe eingesetzt, dessen zwei weitere Geschwister zu gleichen Teilen als Nacherben (eine beim sog. Behindertentestament durchaus in Betracht kommende Gestaltung, s.u. Rdn. 5179, Rdn. 5195 ff.). Da die beiden Geschwister mit je 1/20 unterhalb der Pflichtteilsquote zu Nacherben eingesetzt sind, wandelt sich ihre Nacherbenstellung zu einer unmittelbaren Vollerbenstellung i.H.v. je 1/20. Damit existieren Erbquoten von gesamt 11/10. Diese Problemsituation entsteht stets dann, wenn sowohl Vor- als auch Nacherben zum Kreis der Pflichtteilsberechtigten gehören, und die Quote des Vorerben über und die der (mehreren) Nacherben unter der Pflichtteilsgrenze liegen.

---

24 Vgl. OLG Celle, ZEV 2003, 356.
25 BGH, NJW 1985, 2828, 2829; unrichtig daher OLG Naumburg, 23.08.2007 – 1 U 28/07, ZEV 2008, 241 m. abl. Anm. *Schindler*.
26 Staudinger/*Olshausen*, BGB (2006), § 2326 Rn. 13; *Bartsch*, ZErb 2009, 72.
27 Vgl. *Keim*, ZEV 2003, 358 ff.
28 Vgl. *Bartsch*, ZErb 2009, 75 f.
29 Nach *Mundanjohl/Tanck*, ZErb 2006, 177.

Nach wohl richtiger Auffassung[30] werden die Quoten aller Miterben (nicht nur der Abkömmlinge[31] – damit würde auch Quote des Vorerben unter die kritische Schwelle des § 2301 Abs. 1 Satz 1 BGB absinken!) proportional gekürzt (rechnerisch am einfachsten so darzustellen, dass der Nenner aller Teile auf die Summe der Zähler angepasst wird – im Beispiel also 9/11 für den Ehegatten, 1/11 für den Vorerben, je 1/22 für jeden der nunmehr zum Vollerben aufgestiegenen bisherigen Nacherben [denen daneben ein Pflichtteilsrestanspruch zukommt]. Die Beschränkungen des Vorerben durch (Testamentsvollstreckung und) Nacherbfolge bleiben jedoch erhalten; da § 2306 Abs. 1 Satz 1 BGB im Beispielsfall den Vorerben nicht befreit und auch § 2306 Abs. 1 Satz 2 BGB a.F. nicht eingreift, solange der Vorerbe nicht ausschlägt. Allerdings treten an die Stelle der (zu Voll-Miterben aufgewerteten) bisherigen Nacherben-Geschwister die Ersatznacherben, deren Person sich durch Anordnung oder Auslegung ergibt.[32] Gravierend sind die Rechtsfolgen jedoch, wenn durch die Verwässerungswirkung des § 2306 Abs. 2 BGB (das Hinzutreten weiterer Voll-Miterben) der Vorerbe, der zuvor nur knapp über der Pflichtteilsquote eingesetzt war, unter diese sinkt, und damit „automatisch" zum unbelasteten Voll-Miterben wird (s. Rdn. 5179 ff. und Rdn. 5195 ff.).

3003

§ 2306 Abs. 2 BGB gilt (wohl) auch für aufschiebend befristet oder für aufschiebend und auflösend befristete angeordnete Nacherbfolgen und für solche Fälle, in denen eine aufschiebende Bedingung nur dazu führen kann, dass der Nacherbfall früher als ohnehin vorgesehen eintritt.[33] Nicht anwendbar ist § 2306 Abs. 2 BGB hingegen auf auflösend bedingte und die übrigen aufschiebend bedingten Nacherbschaften, sodass in diesen Fällen der Pflichtteilsanspruch ohne vorherige Ausschlagung geltend gemacht werden kann.

3004

c) Größenvergleich zur „Hälfte des gesetzlichen Erbteils"

Inwieweit unter Geltung des § 2306 BGB a.F. der „hinterlassene Erbteil" größer oder kleiner als die „Hälfte des gesetzlichen Erbteils" ist, entscheidet sich nach herrschender Meinung grds. anhand des Vergleichs der **arithmetischen Quote des zugewendeten Anteils am Gesamtnachlass**.[34] Ein Wertvergleich findet hingegen nur ausnahmsweise statt, und zwar insb. dann, wenn bei der Berechnung des Pflichtteils Anrechnungspflichten (§ 2315 BGB) oder Ausgleichungspflichten (§ 2316 BGB) zu berücksichtigen sind, vgl. ausführlich unten Rdn. 3386 ff. Durchzuführen ist nach dieser sog. „Werttheorie" dann ein betragsmäßiger Vergleich zwischen dem tatsächlich hinterlassenen Erbteil und dem in der Hälfte des Wertes des gesetzlichen Erbteils bestehenden Pflichtteilsbetrag, zuzüglich etwaiger Ausgleichspflichtteils- und ggf. (nach der Mm., Rdn. 5167) auch Pflichtteilsergänzungsansprüche[35] („**Quantum statt Quote**"). Im unstreitig gegebenen Kernbereich der Anwendung der Werttheorie, also bei ausgleichungspflichtigen Vorerwerben, ist also der tatsächlich hinterlassene Erbteil (unter Berücksichtigung dieser Aus-

3005

---

30 Geltungserhaltende Auslegung (§ 2090 BGB analog), vgl. *Mundanjohl/Tanck*, ZErb 2006, 179 unter Verweis auf *Staudenmaier*, BWNotZ 1966, 279.
31 So *Kessel*, MittRhNotK 1991, 137/141 unter Hinweis auf §§ 2093, 2091 BGB.
32 *Spall*, ZEV 2006, 345.
33 *Bestelmeyer*, Rpfleger 2007, 1, 11.
34 Staudinger/*Haas*, BGB, 13. Aufl., § 2306 Rn. 5.
35 *Klingelhöffer*, ZEV 1997, 299.

gleichspflichten) einerseits, mit dem Wert des Pflichtteils (ebenfalls unter Berücksichtigung der Ausgleichspflichten) andererseits, zu vergleichen.[36] Hierzu folgendes

3006 **Beispiel:**[37]

Ausgangsfall: Der nicht verheiratete Erblasser hinterlässt drei Kinder – A, B, C – als gleichteilige Erben eines Nachlasses von 180.000,00 €. Der Lebensgefährtin ist ein Vermächtnis i.H.v. 100.000,00 € ausgesetzt. A und B haben zu Lebzeiten ausgleichungspflichtige Vorempfänge von je 450.000,00 € erhalten. Wie ist die Position des C?

Der Wert des hinterlassenen Erbteils ist zunächst unter Berücksichtigung der Ausgleichungspflichten zu ermitteln: Der Ausgleichungsnachlass beträgt 180.000,00 € + 900.000,00 € = 1.080.000,00 €; A und B haben durch ihre Vorempfänge bereits mehr als ein Drittel hiervon (360.000,00 €) erhalten. Der gesamte verbleibende Nachlass von 180.000,00 € steht also (§ 2056 BGB) dem C zu, sodass sein ausgeglichener Pflichtteil (die Hälfte hiervon – 90.000,00 €) überschritten ist. Es liegt demnach ein Fall des § 2306 Abs. 1 Satz 2 BGB vor. Schlägt C nicht aus, bleibt er mit dem Vermächtnis für die Lebensgefährtin i.H.v. 100.000,00 € belastet, obwohl damit in seinen geschützten Ausgleichungserbteil eingegriffen wird (180.000,00 € abzgl. 100.000,00 € unterschreitet 90.000,00 €). Hinzu kommen allerdings möglicherweise Pflichtteilsergänzungsansprüche des C, soweit es sich um Schenkungen innerhalb der 10-Jahres-Frist gehandelt haben sollte, vgl. 2. Abwandlung.

3007 **1. Abwandlung:**

Angenommen, bei den vorangegangenen Zuwendungen an A und B handelte es sich um Ausstattungen, bei denen jedoch (entgegen der Vermutung des § 2050 Abs. 1 BGB) die Ausgleichung ausgeschlossen wurde:

Der hinterlassene Erbteil des C beträgt nun tatsächlich nur ein Drittel von 180.000,00 € = 60.000,00 €, sein Ausgleichungspflichtteil aber, da der Ausschluss der Ausgleichung bei Ausstattungen nicht auch den Pflichtteil erfasst (§ 2316 Abs. 3 BGB), beläuft sich weiter auf 90.000,00 €, sodass ein Fall des § 2306 Abs. 1 Satz 1 BGB gegeben ist: Die Belastung aus dem Vermächtnis fällt ggü. C kraft Gesetzes weg; C hat ferner einen Pflichtteilsrestanspruch gem. §§ 2305, 2316 Abs. 2 BGB von 30.000,00 € (Differenz zwischen 60.000,00 € unbelastetem Erbteil und 90.000,00 € Ausgleichungspflichtteil), Anspruchsgegner sind die Miterben A und B (sog. „Erbteilsverbindlichkeit").[38] Das nachrangige Vermächtnis richtet sich ebenfalls allein gegen A und B, die ihre Haftung analog § 1990 BGB auf das beschränken können, was ihnen vom Erbteil nach Abzug des Pflichtteilsrestanspruchs verbleibt.

Nach Inkrafttreten der Neufassung des § 2306 BGB (Rdn. 3010ff.) sollte C demgemäß ausschlagen, um seinen ausgeglichenen Pflichtteil zu erhalten. Schlägt er nicht aus, bleibt ihm lediglich sein Erbteil (gemindert durch das zu einem Drittel mitzutragende Vermächtnis), jedoch ergänzt um einen Pflichtteilsrestanspruch gem. §§ 2305, 2316 Abs. 2 BGB (i.H.d. Differenz zwischen dem rechnerischen, fiktiv unbelasteten Erbteil von 60.000,00 € und dem Ausgleichungspflichtteil von 90.000,00 €, d.h. 30.000,00 €). Ihm ist also die Ausschlagung auf jeden Fall anzuraten, um die Belastung durch das Vermächtnis zu vermeiden.

3008 **2. Abwandlung:**

Die Vorabzuwendungen an A und B stellen z.T. Ausstattung, i.Ü. ausgleichungspflichtige Schenkungen dar: C hat demnach sowohl einen Ausgleichungspflichtteil (§ 2316 BGB) als auch einen Ergän-

---

36 Schlitt, Der Schutz des Pflichtteilsberechtigten vor belastenden Anordnungen des Erblassers (Diss. Gießen 1990), S. 109; Bleifuß, Beschränkungen und Beschwerungen des pflichtteilsberechtigten Erben (Diss. Erlangen-Nürnberg 2000), S. 103; Schindler Pflichtteilsberechtigter Erbe und pflichtteilsberechtigter Beschenkter, Rn. 167 und Rn. 379.

37 In Anlehnung an Schindler, ZEV 2008, 125, mit Ergänzung S. 187; J. Mayer, in: Mayer/Süß/Tanck/Bittler/Wälzholz, Handbuch Pflichtteilsrecht, 2003, § 2 Rn. 54 ff.

38 Vgl. Schindler, Pflichtteilsberechtigter Erbe und pflichtteilsberechtigter Beschenkter, Rn. 378, Rn. 219 f.

zungspflichtteil (§ 2325 BGB), die in der Summe ein Sechstel der gesamten Ausgleichungsmasse von 1.080.000,00 € = 180.000,00 € erreichen. Eine Schenkung, die sowohl ausgleichungspflichtig ist als auch § 2325 BGB unterfällt, wird zunächst i.R.d. § 2316 BGB und sodann – soweit die Ausgleichung scheitert – i.R.d. Pflichtteilsergänzung berücksichtigt. Bei der Anwendung des § 2306 BGB, also beim Wertvergleich, wird jedoch nach herrschender Meinung (Rdn. 5166) der Pflichtteilsergänzungsanspruch nicht in den Vergleich einbezogen (sondern nur der ausgeglichene Pflichtteil).

> **Hinweis:** 3009
>
> Das Risiko des (unerkannten) Eingreifens der „Werttheorie" sollte in die Gestaltungsplanung durch Wahl einer höheren Quote einbezogen werden. Nötig ist allerdings eine exakte Ermittlung des Sachverhalts und der betreffenden Werte, die dennoch mit nicht beseitigbaren Unsicherheiten behaftet bleibt (man denke nur an die Indexierung der Vorschenkungswerte auf das bei Testamentserrichtung nicht bekannte Datum des Erbfalls): die Schenkungswerte und ihre Hochrechnung auf das Sterbedatum sind nicht genau bezifferbar; neue Schenkungen kommen hinzu, alte werden mit Erreichen des Zehnjahreszeitraumes des § 2325 Abs. 3 BGB – bei Versterben nach dem 01.01.2010 mit jedem abgelaufenen Zeitjahr immerhin um weitere 10 % – gegenstandslos (sofern die Frist angelaufen ist); schließlich kann auch das Vorliegen einer Schenkung in Abgrenzung zur Ausstattung fraglich sein. Die Lösung versagt schließlich bei weitgehend entleerten Nachlässen und hohen Vorschenkungen. Sichere Abhilfe schafft ein durch die Existenz von Vorschenkungen bedingtes Vorausvermächtnis, das in die Gesamtbetrachtung selbst dann einbezogen werden kann, wenn es der Testamentsvollstreckung unterworfen ist, da diese Belastung beim Wertvergleich gem. § 2307 Abs. 1 Satz 2 Halbs. 2 BGB nicht zu berücksichtigen ist (vgl. unten Rdn. 5172 ff. mit Formulierungsvorschlag Rdn. 5178).

Zur „Abbedingung des § 2306 BGB" durch beschränkten Pflichtteilsverzicht s. Rdn. 3275, Formulierungsvorschlag Rdn. 3276.

d) Neuregelung durch die Erbrechtsreform (Sterbefälle ab dem 01.01.2010)

In der für **Sterbefälle ab 01.01.2010** geltenden Neufassung wird § 2306 Abs. 1 (und damit auch Abs. 2) BGB dergestalt vereinheitlicht, dass die Belastung mit Nacherbschaft, Testamentsvollstreckung, Teilungsanordnung, Vermächtnis oder Auflage – und zwar unabhängig davon, ob der hinterlassene Erbteil die Hälfte des gesetzlichen Erbteils übersteigt oder nicht – zur Ausschlagung[39] berechtigt (binnen 6 Wochen ab Kenntnis von der Beschränkung/Beschwerung). Anders als bisher entfällt die Beschwerung/Beschränkung also in keinem Fall mehr „von selbst", sodass immer eine (fristgebundene) Aktivität des belasteten Erben erforderlich ist. Diese Aktivität führt des Weiteren – ebenfalls abweichend vom derzeitigen Recht – stets zum **unbelasteten Pflichtteil in Geld**, also niemals zum Anfall des unbelasteten Erbteils als solchem, wie es bei § 2306 Abs. 1

3010

---

39 *De Leve* ZEV 2010, 184 ff. rät vorsichtshalber dazu, eine wegen § 2306 BGB vorgenommene Ausschlagung auf die testamentarische Erbfolge zu begrenzen und mit dem Zusatz „um den Pflichtteil gem. § 2306 BGB geltend machen zu können" zu versehen – und nicht „aus jedem Rechtsgrund" auch auf die gesetzliche Erbfolge zu erstrecken, da der (in § 2306 BGB dann gewährte) Pflichtteil vom gesetzlichen Erbrecht abhänge. Das Gesetz verlangt dies nicht (ebenso *Odersky* notar 2010, 282 Fn. 2 und *Sachs* ZEV 2011, 556 f.: Ausschlagung allein der testamentarischen Erbfolge sei nur ratsam, wenn sich ausnahmsweise aus dem Testament ergebe, dass z.B. Vermächtnisse beim Eintritt gesetzlicher Erbfolge entfallen sollen).

Kapitel 9: Erb- und pflichtteilsrechtliche Problematik

Satz 1 BGB a.F. der Fall war. Die Entscheidung zwischen Quoten- und Werttheorie zur Differenzierung zwischen den Anwendungsbereichen der §§ 2306 Abs. 1 Satz 1 und Satz 2 BGB a.F. ist demnach für die Frage, ob es einer Ausschlagung bedarf, obsolet,[40] allerdings ist der belastete Erbe nunmehr vor neue, nicht minder schwierige Bewertungsfragen gestellt:

3011 Er hat sich nämlich zu entscheiden, ob er binnen kurzer Frist ausschlägt und damit auch die sonstigen, mit einer Erbenstellung verbundenen Vorteile aufgibt, zugunsten des schlichten Pflichtteils in Geld, oder ob er die Ausschlagung unterlässt (bzw. die Erbschaft ausdrücklich annimmt) mit der Folge, dass er den belasteten/beschwerten Erbteil behält, insb. die daraus sich ergebenden Verpflichtungen zu erfüllen hat, und ggf. – bei Einsetzung unter der Pflichtteilsquote – einen zusätzlichen Geldpflichtteil gem. § 2305 BGB erhält, allerdings ohne dass dieser Zusatzpflichtteil wegen der Belastung/Beschwerung erhöht würde (vgl. § 2305 Satz 2 BGB). In diesem Rahmen ist also die Prüfung, ob der belastete Erbteil nicht höher ist als die „Hälfte des gesetzlichen Erbteils" weiterhin durchzuführen, und zwar unter Anwendung der Quoten- bzw. Werttheorie. Der Erbe (bzw. sein Berater) hat nunmehr also in kurzer Frist abzuwägen, ob der tatsächliche (bzw. gefühlte) Wert des Erbteils abzgl. des Werts sämtlicher Belastungen insgesamt geringer ist als der Wert der Pflichtteilsforderung. Ist dies der Fall, ist die Ausschlagung anzuraten bzw. besteht – bei evident nachlassaushöhlenden Vermächtnissen – gar eine faktische Wahlpflicht zugunsten der Ausschlagung, was dem Gesetzgeber jedoch hinnehmbar erschien.[41]

3012 Damit trifft ihn die schwierige Prognose, gerade bei komplexen Nachlassstrukturen oder betrieblichem Vermögen den tatsächlichen, v.a. den nachhaltigen Wert der Aktiva des Nachlasses zu bewerten, aber auch die Passiva richtig einzuordnen. (Beispiel: Im Fall der Beschwerung mit einem Nießbrauchsvermächtnis kann sich die Kalkulation, die von der statistischen Restlebenserwartung ausgeht, als in beide Richtungen falsch erweisen, wenn der Nießbrauchsberechtigte früher oder später als erwartet verstirbt.)[42] In den Fällen des § 2306 Abs. 2 BGB, also bei der Ausschlagung durch den zum Nacherben eingesetzten Pflichtteilsberechtigten, ist zusätzlich die „Wertigkeit" dieser Anwartschaft ins Kalkül zu ziehen[43] (Vererblichkeit? Übertragbarkeit? Zeitpunkt des voraussichtlichen Eintritts? Gefahr des Nachlassschwundes?). Die sechswöchige bzw. sechsmonatige Ausschlagungsfrist läuft allerdings gem. § 2306 Abs. 1 Satz 2 BGB weiterhin (abweichend von § 1944 Abs. 2 BGB) erst an, wenn Kenntnis von den testamentarischen Beschwerungen (nicht notwendig allerdings von deren Wertigkeit) vorliegt. Versäumt er die Ausschlagungsfrist, verhilft ihm möglicherweise die Rechtsprechung zur Anfechtung dieser Säumnis, wenn er in Unkenntnis darüber war, dass er durch die Annahme seinen Pflichtteilsanspruch verliert.[44]

3013 Die Neufassung des § 2306 BGB erweitert den Anwendungsbereich der sog. **cautela socini**,[45] bei welcher der Ausschlagende sodann erneut zum unbelasteten Miterben i.H.d. Pflichtteiles

---

[40] Sie spielt aber nach wie vor bei der Bestimmung des Pflichtteilsrestanspruchs (§ 2305 BGB) eine Rolle, vgl. Rdn. 3011 und *J. Mayer*, in: Mayer/Süß/Tanck/Bittler/Wälzholz, Handbuch Pflichtteilsrecht, § 4 Rn. 9 f.
[41] BT-Drucks. 16/8954, S. 20 (zu Nr. 22).
[42] Vgl. *Bonefeld/Lange/Tanck*, ZErb 2008, 292, 293.
[43] Vgl. *de Leve*, ZEV 2010, 185.
[44] BGH, ZErb 2006, 378 m. Anm. *Keim*; die Anfechtung wegen Inhaltsirrtums (§§ 119, 1955, 1956 BGB) gilt gem. §§ 1956, 1957 BGB als Ausschlagung.
[45] Benannt nach Marianus Socinus, 1482 bis 1556 in Siena; vgl. hierzu *Keim*, NJW 2008, 2075.

oder knapp darüber eingesetzt ist (was beim Behinderten-/Bedürftigentestament wegen der Zugriffsmöglichkeit hierauf nicht gewollt ist, vgl. Rdn. 5186); schlägt er nunmehr, rechtlich nicht oder schlecht beraten, erneut aus – § 1951 Abs. 3 BGB analog –, erhält er gar nichts, v.a. nicht den Pflichtteil. Diese Sonderform der Verwirkungsklausel soll wertvolle Nachlassbestandteile (Unternehmen) vor der Liquiditätsbelastung aus abfließenden Pflichtteilen bewahren und daher auch „Problemkinder" in der Gemeinschaft halten.[46] Diese Klausel, „funktioniert" unter Geltung des § 2306 BGB n.F. nunmehr wohl[47] auch, wenn der Betroffene zunächst i.H.d. Pflichtteilsquote als beschwerter Miterbe eingesetzt ist (Fall Nr. 1: durch Nichtausschlagung bleiben die Beschwerungen bestehen), sodann – für den Fall der Ausschlagung aufschiebend bedingt – als unbelasteter Miterbe i.H.d. Pflichtteilsquote (Fall Nr. 2: durch Nichtausschlagung bleibt er den erbengemeinschaftlichen Bindungen unterworfen).[48]

Formulierungsvorschlag: Cautela socini (§ 2306 BGB n.F.)[49] 3014

> Ich setze hiermit A zum Erben in Höhe der Hälfte seines gesetzlichen Erbteils ein, B und C erhalten die verbleibende Quote zu unter sich gleichen Teilen. Auf den Erbteil des A wird Dauertestamentsvollstreckung bis zu seinem Ableben gemäß §§ 2209 ff. BGB angeordnet (*Anm.: ggf. weitere Bestimmungen, z.B. Anweisungen gemäß § 2218 BGB*). Unter der Bedingung, dass A gemäß § 2306 Abs. 1 BGB den belasteten Erbteil ausgeschlagen hat, berufe ich A nochmals als Erben für diesen Erbteil, jedoch ohne die vorstehend angeordneten Belastungen und Beschränkungen. Entsprechend § 1951 Abs. 3 BGB gestatte ich A hiermit, den belasteten Erbteil auszuschlagen und zugleich den unbelasteten Erbteil anzunehmen, der ihm unter dieser Bedingung zufällt.

Nicht eindeutig zu beantworten ist die Frage, wer als **Ersatzerbe** nach einer Ausschlagung gem. § 2306 Abs. 1 (oder Abs. 2) BGB nachrückt, wenn das Testament hierzu keine eindeutigen Aussagen trifft, insb. ob der gesamte Stamm des Ausschlagenden ausscheidet oder nicht. Die Literatur verneint teilweise das Nachrücken eines Abkömmlings in die Stellung des ausschlagenden Erben, weist aber auch darauf hin, dass § 2320 Abs. 2 BGB (wonach der nachrückende Abkömmling mit den weiteren Miterben anteilig die Pflichtteilslast zu tragen hat) die „Doppelbegünstigung" relativiere und weiter, dass bei Ausschlagung durch einen Vorerben der Nachrücker dann mit der Pflichtteilslast und zusätzlich der Nacherbschaft beschwert bleibe, also auch insoweit eine Doppelbegünstigung nur in abgemilderter Form stattfinde. Die Rechtsprechung hat überwiegend i.R.d. Ermittlung des hypothetischen Erblasserwillens das Nachrücken abgelehnt,[50] teilweise aber auch vor einem zu raschen Ausweichen auf andere Ersatzerben bzw. Nacherben gewarnt.[51] 3015

---

46 Vgl. *v. Dickhuth-Harrach*, DAI-Skript Testaments- und Erbvertragsgestaltung, 2007, S. 166 f.
47 Zweifelnd *Baumann/Karsten* RNotZ 2010, 95, 97, *Karsten* RNotZ 2010, 361, *Carlé* ErbStB 2010, 371 ff. und *J. Mayer* ZEV 2010, 1, 4: Durch Streichung des § 2306 Abs. 1 Satz 1 BGB a.F. habe der Gesetzgeber zeigen wollen, dass er den Pflichtteilsberechtigten nur noch, dafür aber immer, durch die Ausschlagungsmöglichkeit schützen wolle.
48 Vgl. *Keim*, NJW 2008, 2072, 2075.
49 Vgl. *Kornexl*, Nachlassplanung bei Problemkindern, Rn. 647.
50 BGH, NJW 1960, 1899; OLG Frankfurt am Main, Rpfleger 1970, 391; OLG Stuttgart, Rpfleger 1982, 106; OLG München, DNotZ 2007, 537.
51 BayObLG, ZEV 2000, 274; KG NJW-RR 2005, 592.

In der Tat dürfte es zutreffend sein,[52] zunächst unter Heranziehung der „Andeutungstheorie" des BGH gem. § 133 BGB zu untersuchen, ob sich nicht Anhaltspunkte dafür gewinnen lassen, dass der Erblasser die Ersatzerbeinsetzung auch für den Fall der Ausschlagung eines beschwerten Erbteils gelten lassen wolle und er bspw. über das Pflichtteilsrecht (notariell) belehrt worden ist.

IV. Auskunftsanspruch

1. Auskunftspflicht der Erben (§ 2314 BGB)

3016 § 2314 BGB gewährt dem **pflichtteilsberechtigten Nichterben** einen **Auskunftsanspruch**,[53] um ihm Kenntnisse über den Bestand und den Wert des Nachlasses zu verschaffen, welche ihm die Durchsetzung seiner Rechte erleichtern. Der Auskunftsanspruch geht unter, wenn der Pflichtteilsanspruch seinerseits (etwa wegen Erhebung der Verjährungseinrede) nicht mehr geltend gemacht werden kann oder das Pflichtteilsrecht wirksam entzogen wurde[54] und erstreckt sich nicht auf Sachverhalte in Bezug auf Vermögen, das (etwa infolge einer Nachlassspaltung) nicht dem deutschen Pflichtteilsrecht unterliegt.[55]

3017 Unmittelbar **auskunftsberechtigt** ist demnach
- der enterbte Pflichtteilsberechtigte (§ 2303 BGB),
- ferner der Erbe, der gem. §§ 2306, 2305, 1371 Abs. 3 BGB ausgeschlagen hat,
- sowie der Pflichtteilsberechtigte, der lediglich mit einem Vermächtnis nach § 2307 BGB bedacht ist.
- Über den Wortlaut hinaus wird derselbe Auskunftsanspruch auch dem Pflichtteilsergänzungsberechtigten, der nicht zugleich Inhaber eines Pflichtteilsanspruchs ist, also nicht enterbt wurde, zuerkannt.[56]

3018 **Auskunftsverpflichtet** sind die Erben als Gesamtschuldner, bis zum Eintritt der Nacherbfolge nur der Vorerbe. Über den Wortlaut hinaus ist auch der Beschenkte,[57] der selbst nicht Erbe ist, hinsichtlich dieser Schenkungen ausgleichspflichtig,[58] solange der Pflichtteilsergänzungsanspruch nicht verjährt ist;[59] der Beschenkte kann seinerseits vom Pflichtteilsberechtigten Auskunft über sog. „Eigengeschenke" gem. § 2327 BGB verlangen – und zwar ohne zeitliche rückwirkende Begrenzung.

3019 **Inhalt des Auskunftsanspruchs** sind
- die real zum Nachlass gehörenden Aktiva und Passiva in Form exakter Auflistung,

---

52 Vgl. *Günther*, ZEV 2011, 357 ff.
53 Monografisch *Sarres*, Erbrechtliche Auskunftsansprüche, 2. Aufl. 2011.
54 Vgl. BGHZ 28, 177; OLG Hamm, NJW 1983, 1067.
55 OLG Koblenz, 19.03.2009 – 2 U 1386/08, JurionRS 2009, 28881.
56 OLG Düsseldorf, FamRZ 2006, 512; a.A. OLG Celle, 06.07.2006 – 6 U 53/06, ZEV 2006, 557 m. krit. Anm. *Damrau*: § 2314 BGB soll nicht gelten, sofern durch Ausschlagung die Stellung eines (pflichtteilsergänzungsberechtigten) „Nicht-mehr-Erben" gewählt wurde.
57 BGHZ 55, 378, vgl. auch *Cornelius*, ZEV 2005, 287.
58 BGHZ 107, 204.
59 OLG München, 28.01.2009 – 20 U 4451/08, ZEV 2010, 193.

- ebenso die für die Pflichtteilsberechnung maßgebenden Umstände, etwa die Nennung des Güterstands des Erblassers und die Frage, ob der überlebende Ehegatte die Erbschaft oder das Vermächtnis angenommen oder ausgeschlagen hat,
- darüber hinaus jedoch auch die in der Vergangenheit erfolgten ausgleichspflichtigen Zuwendungen i.S.d. §§ 2316, 2052 BGB,
- sowie die pflichtteilsergänzungspflichtigen Schenkungen i.S.d. § 2325 BGB („fiktiver Nachlassbestand").[60]
- Umfasst sind schließlich ehebezogene Zuwendungen und Ehegattenschenkungen und zwar ohne zeitliche Begrenzung (§ 2325 Abs. 3 BGB).

Erkennt der Verpflichtete nicht das Bestehen des Auskunfts- und Nachweisanspruchs (außerprozessual) an, befindet er sich in Verzug.[61] Allein die schuldhafte Verletzung der Auskunftspflicht durch Abgabe eines lückenhaften Verzeichnisses führt aber noch nicht zu einer Umkehrung der Beweislast.[62] Die Auskunfts- kann mit der (noch unbezifferten) Pflichtteilsklage durch Stufenklage, 254 ZPO, verbunden werden, und so auch die Verjährung des letzteren Anspruchs hemmen (allerdings mit der möglichen Folge erhöhter Kosten bei sofortigem Anerkenntnis, § 93 ZPO).[63]

Hinsichtlich der **Form der Auskunftserteilung** kann der Pflichtteilsberechtigte 3020
- zum ersten ein privates Bestandsverzeichnis entsprechend § 260 BGB fordern,
- zum zweiten verlangen, dass er bei dieser Aufnahme zugezogen wird[64] (möglicherweise ergibt sich gar ein allgemeines Besichtigungsrecht aus §§ 809 ff. BGB[65] sowie ein Recht zur Vorlage von Kontoauszügen aus § 242 BGB).[66]

---

60 Vgl. Gutachten, DNotI-Report 2007, 105, auch zur Aufnahme strittiger Positionen mit entsprechendem Vorbehaltsvermerk in das Nachlassverzeichnis; ebenso OLG Düsseldorf, 25.08.2008 – I-7 W 100/07, ZErb 2009, 41.
61 Und schuldet demnach z.B. die Kosten der Einschaltung eines Anwalts, OLG Brandenburg, 20.02.2008 – 13 U 12/06, Erbrecht effektiv 2008, 72.
62 BGH, 10.03.2010 – IV ZR 264/08, ZErb 2010, 214.
63 Im Einzelnen *Trappe/Padberg*, ZErb 2011, 98 ff.
64 Zur Durchsetzung solcher Anwesenheitsrechte vgl. *Tegelkamp/Krüger*, ZErb 2011, 33 ff.
65 AG Rothenburg, 07.04.2009 – 2 C 490/08, ZEV 2009, 303: Recht auf Einsicht in Urkunden gem. § 810 BGB besteht neben § 2314 BGB.
66 So *van der Auwera*, ZEV 2008, 359, 360 ff.

- und zum dritten die Aufnahme eines solchen Verzeichnisses durch einen Notar (vgl. § 20 BNotO)[67] oder einen zuständigen Beamten[68] (§ 2314 Abs. 1 Satz 3 BGB).

Die drei Verlangen können auch kumulativ oder nacheinander gestellt werden. Eine ausdrückliche Pflicht zur Rechenschaftslegung oder zur Vorlage von Belegen (etwa Kontoauszügen)[69] besteht nicht, jedoch hat der Auskunftspflichtige i.R.d. § 2314 Abs. 1 Satz 2 BGB Unterlagen vorzulegen, die zur Wertbestimmung hilfreich sind, vgl. Rdn. 3026.[70]

3021 Das einzige **Zwangsmittel** zur Sicherstellung der Richtigkeit und Vollständigkeit der Auskunft ist das Verlangen der Abgabe einer eidesstattlichen Versicherung, § 260 Abs. 2 BGB vor dem AG,[71] wenn der Pflichtteilsberechtigte Anhaltspunkte dafür vorträgt, dass das Bestandsverzeichnis unsorgfältig erstellt und trotz Aufforderung nicht ergänzt wurde. Erfolgt eine solche Ergänzung hinsichtlich „vergessener" (bzw. bisher verschleierter, etwa bei einem Treuhänder geparkter) Vermögenswerte erst nach Ablauf der Dreijahresfrist des § 2332 BGB, kann der Pflichtteilsberechtigte der Verjährungseinrede den Einwand unzulässiger Rechtsausübung (§ 242 BGB) entgegenhalten; mit Änderung des § 2332 Abs. 1 BGB i.R.d. verabschiedeten Erbrechtsreform 2009 beginnt die allgemeine Verjährung (§§ 195, 199 BGB) hinsichtlich neu auftretender Objekte (anders als i.R.d. § 2329 BGB) ohnehin erst ab Kenntnis von ihrer Existenz (nicht ihres Wertes);[72] § 199 Abs. 3a BGB schafft eine dreißigjährige Höchstverjährungsfrist, gerechnet ab Entstehung des Anspruchs. Vollstreckt wird der Auskunftsanspruch nach herrschender Meinung gem. § 888 ZPO (unvertretbare Handlung).[73]

3022 Die **Kosten** der Erstellung eines privaten oder amtlichen Bestandsverzeichnisses sind als Nachlassverbindlichkeiten vom Aktivnachlass zu tragen (mit Ausnahme der Kosten der eidesstatt-

---

[67] Die Aufnahme setzt nach h.M. eigene Ermittlungstätigkeit (ggf. durch Hilfspersonen) voraus, vgl. *Roth*, ZErb 2007, 402 ff.; OLG Düsseldorf, RNotZ 2008, 105 (a.A. *Heidenreich*, ZErb 2011, 71: Beurkundung der Willenserklärung der Beteiligten, da sonst die Abgabe der eidesstattlichen Versicherung durch den Erben selbst unverständlich sei); bloße Unterschriftsbeglaubigung unter einem privatschriftlichen Verzeichnis des Erben reicht nicht, OLG Rostock, ZEV 2009, 396, ähnlich OLG Saarbrücken, 26.04.2010 – 5 W 81/10, ZEV 2010, 416: „eigenständige Ermittlung des Nachlassbestandes", „durch Bestätigung als von ihm aufgenommen zum Ausdruck bringen, für den Inhalt verantwortlich zu sein" und OLG Schleswig, 25.01.2011 – 3 U 36/10 ZEV 2011, 376, ebenso OLG Saarbrücken, 28.01.2011 – 5 W 312/10, notar 2011, 167 m. krit. Anm. *Odersky*; zum ganzen umfassend *Schreinert*, RNotZ 2008, 61 ff. und *Braun*, MittBayNot 2008, 351 mit Formulierungsvorschlag, S. 355 sowie *Kuhn/Trappe*, ZEV 2011, 347: Befragung des Erben, des Pflichtteilsberechtigten und Einsichtnahme in öffentliche Register. Miterben können sich bei der Aufnahme eines solchen Verzeichnisses (entgegen OLG Koblenz, 29.12.2006 – 1 W 662/06, DNotZ 2007, 772) gegenseitig aufgrund privatschriftlicher Vollmacht vertreten, Gutachten, DNotI-Report 2010, 153. Zur prozessualen Durchsetzung des Anspruchs auf ein notarielles Nachlassverzeichnis *Kuhn/Trappe*, ZEV 2011, 514 ff.
[68] Zur landesrechtlich angeordneten Zuständigkeit des AG bzw. des Richters vgl. Palandt/*Edenhofer*, BGB, § 2314 Rn. 11.
[69] Krit. hiergegen *Schlitt*, ZEV 2007, 515, der für eine Pflicht zur Vorlage von Zins- und Saldenbescheinigungen der Bank für 10 Jahre, unter Ehegatten auch darüber hinaus, plädiert.
[70] Vgl. etwa BGH, NJW 1975, 1774, zur Bewertung eines Unternehmensanteils.
[71] OLG Zweibrücken, MDR 1979, 492 (§§ 411 bis 414 FamFG); im Fall des § 2006 BGB das Nachlassgericht, § 361 FamFG.
[72] *Damrau*, ZEV 2009, 274, 277.
[73] OLG Nürnberg, 26.08.2009 – 12 W 1364/09, FamRZ 2010, 584 (auch wenn ein notarielles Nachlassverzeichnis verlangt wird), MünchKomm/*Lange* 5. Aufl. 2010 § 2314 BGB Rn. 47; a.A. OLG Hamm, 26.01.2010 – 25 W 10/10, zitiert bei *Ruby*, ZEV 2010, 187. Zur Abgrenzung zwischen Vollstreckung und Klage auf Ergänzung der Auskunft OLG Schleswig, 07.04.2011 – 3 W 81/10, ZErb 2011, 216.

lichen Versicherung, vgl. § 261 Abs. 1 BGB); ist kein solcher Aktivnachlass vorhanden, kann bereits gegen die – Kosten verursachende – Einholung eines Wertgutachtens oder eines notariellen Verzeichnisses (§ 2314 Abs. 1 Satz 2 und 3 BGB) die Dürftigkeitseinrede gem. § 1990 Abs. 1 Satz 1 BGB erhoben werden.[74]

2. Weitere Auskunftsansprüche

Dem **Nacherben** stehen gegen den Vorerben eigene Auskunftsansprüche hinsichtlich des gegenwärtigen Bestandes gem. §§ 2121, 2122, 2127 BGB zu, hinsichtlich früherer Schenkungen des Erblassers selbst aus § 242 BGB,[75] ebenso dem Miterben gegen die anderen Miterben gem. § 242 BGB.[76] 3023

Weiter relevant mit Blick auf lebzeitige Zuwendungen ist der **Auskunftsanspruch gem. § 2057 BGB**, der Abkömmlingen als Miterben untereinander (und im Hinblick auf § 2316 BGB auch pflichtteilsberechtigten, nicht erbenden Abkömmlingen) in Bezug auf alle Zuwendungen, die i.R.d. §§ 2050 ff. BGB auszugleichen sind, zusteht. Erfasst sind auch (wegen § 2051 BGB) Zuwendungen an den Vorgänger. Eine rechtliche Bewertung, ob die Voraussetzungen der einzelnen Alternativen des § 2050 BGB vorliegen, erfolgt i.R.d. Auskunftserteilung nicht, jedoch sind auch die Umstände mitzuteilen, die für die Prüfung der Ausgleichungspflicht von Bedeutung sind. 3024

Daneben steht dem Pflichtteilsberechtigten[77] (wie auch dem gesetzlichen Erben)[78] ein berechtigtes Interesse auf Einsicht in das **Grundbuch** und die Grundakten zur Seite, §§ 12, 12a GBO und § 46 Grundbuchverfügung. Gleiches gilt für den potenziellen Inhaber erbrechtlicher Ansprüche in Bezug auf frühere Grundbucheintragungen zugunsten des Erben.[79] 3025

3. Wertermittlungsanspruch

Neben den Auskunftsanspruch tritt als selbstständiger Anspruch der **Wertermittlungsanspruch gem. § 2314 Abs. 1 Satz 2 BGB**. Der Anspruch richtet sich, sofern die vorrangige Wertermittlungspflicht des Erben nicht zum Erfolg geführt hat, auch gegen den beschenkten Nichterben.[80] Der Pflichtteilsergänzungsberechtigte muss allerdings zuvor das Bestehen einer (ggf. gemischten) Schenkung beweisen.[81] 3026

---

74 OLG Schleswig, 30.07.2010 – 3 W 48/10, ZEV 2011, 33.
75 OLG Celle, ZEV 2006, 361.
76 BGHZ, 61, 183.
77 LG Stuttgart, ZEV 2005, 313 m. Anm. *Damrau*; des vorherigen Nachweises der Klageerhebung bedarf es naturgemäß nicht: OLG Frankfurt am Main, 17.02.2011 – 20 W 72/11, JurionRS 2011, 24361; allerdings kein Einsichtsrecht bei bloß voraussichtlichem künftigem Unterhaltsanspruch infolge Pflegebedürftigkeit, OLG Karlsruhe, 14.10.2008 – 11 Wx 46/08, ZEV 2009, 42 m. zust. Anm. *Böhringer*; ebenso wenig des Pflichtteilsergänzungsberechtigten in Bezug auf Abt. I des Grundbuches, da daraus kein Aufschluss über die Modalitäten der Übertragung gewonnen werden kann, OLG Düsseldorf, 06.10.2010 – 3 Wx 214/10 ZEV 2011, 45. Der Erbe eines Pflichtteilsberechtigten hat 70 Jahre nach dem Sterbefall kein Einsichtsrecht mehr, OLG München, 13.01.2011 – 34 Wx 132/10, ZEV 2011, 388.
78 OLG Düsseldorf, 08.10.2010 – I-3 Wx 209/10, ZEV 2011, 44.
79 OLG Düsseldorf, 08.10.2010 – I-3 Wx 209/10 (gesetzlicher Erbe), ZEV 2011, 44.
80 *J. Mayer*, in: Bamberger/Roth, BGB, § 2314 Rn. 19.
81 OLG Schleswig, 15.08.2006 – 3 U 63/05, ZErb 2006, 417.

3027 **Inhaltlich** ist der Wertermittlungsanspruch gerichtet auf die Vorlage von Unterlagen, Belegen und Verträgen und – sofern dies nicht ausreicht[82] – die Ausarbeitung und Vorlage eines[83] Wertgutachtens[84] durch einen unparteiischen Sachverständigen (der allerdings in einem etwaigen gerichtlichen Verfahren lediglich Parteigutachter ist) auch ggf. eines anerkannten Auktionshauses.[85] Auch die Kosten hierfür fallen dem Nachlass zur Last; sie können ggf. als notwendige Kosten i.S.d. § 91 ZPO gerichtlich erstattungsfähig sein. Vollstreckt wird der Anspruch auf Gutachtensvorlegung durch Ersatzvornahme (§ 887 ZPO), der Anspruch auf Weitergabe persönlichen Wissens und exklusiver Dokumente an den Gutachter durch Zwangsgeldfestsetzung, § 888 ZPO.[86]

V. Bewertung von Aktiva und Passiva, § 2311 BGB

3028 Die **Bewertung** der in den „Wert des Nachlasses" gem. § 2311 BGB einzubeziehenden Aktiva und Passiva bezieht sich auf die Verhältnisse im Zeitpunkt des Erbfalls (zu Besonderheiten beim Pflichtteilsergänzungsanspruch – Niederstwertprinzip – vgl. Rdn. 3098 ff.), wobei vom Erblasser einseitig getroffene Wertbestimmungen außer Acht bleiben (§ 2311 Abs. 2 Satz 2 BGB), also nur im Rahmen eines etwa vereinbarten beschränkten Pflichtteilsverzichts maßgeblich sind, Rdn. 3286 ff. Darlegungs- und beweispflichtig ist der Pflichtteilsberechtigte.

3029 Hinsichtlich der Aktiva sind **Forderungen** mit dem Nennbetrag anzusetzen, bei beschränkter Realisierbarkeit ggf. unter Abzug von Wertberichtigungen (Beispiel: Vermögensverfall des Schuldners bzw. Nachrangqualität etwa von Gesellschafterdarlehen). Für **Grundstücke** ist der Verkehrswert maßgebend, allerdings wohl unter Abzug einer latenten Einkommensteuerbelastung, sofern der Veräußerungsgewinn am Todestag (etwa aufgrund § 23 EStG: Besteuerung privater Veräußerungsgeschäfte, oder aufgrund Zugehörigkeit zu einem Betriebsvermögen) mit ESt belegt worden wäre. Der Pflichtteilsberechtigte ist wirtschaftlich so zu stellen, als wäre der Nachlass bei Tod des Erblassers zu verkehrsüblichen Bedingungen in Geld umgesetzt worden.[87] Die dann noch in der Person des Erblassers entstandene Steuerschuld wäre gem. § 45 AO[88] (Gesamtrechtsnachfolge) auf den Erben übergegangen und hätte den Wert des Nachlasses gemindert.[89]

3030 Wird ein Grundstück bald nach dem Erbfall veräußert, bildet der tatsächlich erzielte Verkaufserlös den wesentlichen Anhaltspunkt für die Schätzung des Verkehrswertes am Todestag gem.

---

82 Anspruch auf Gutachten besteht trotz bestehenden Verkaufsvertrages (da sonst der Nachweis abweichenden Verkehrswertes praktisch verwehrt wäre), OLG Frankfurt am Main, 02.05.2011 – 1 U 249/10, ZEV 2011, 379 m. Anm. *Schneider*.
83 LG Tübingen, 15.04.2011 – 7 O 338/10, ZEV 2011, 380 m. Anm. *Storz*: Anspruch auf ein zweites Gutachten besteht nur, wenn das erste erkennbar unseriös ist.
84 Der Pflichtteilsberechtigte selbst darf gem. OLG Karlsruhe, NJW-RR 1990, 341, selbst dann nicht ein Gutachten auf Kosten des Nachlasses in Auftrag geben, wenn der Erbe mit dieser Verpflichtung in Verzug ist.
85 OLG Köln, 05.10.2005 – 2 U 153/04, ZErb 2006, 169.
86 Vgl. im Einzelnen *Schneider* ZEV 2011, 353 ff. Die Rspr. ist uneinheitlich (z.B. OLG Oldenburg, 14.01.2010 – 12 W 233/09, ZEV 2011, 383: § 888 ZPO; OLG Hamm, 26.01.2010 – 25 W 10/10, ZEV 2011, 383: § 887 ZPO).
87 Vgl. BGH, 06.03.1991 – IV ZR 114/89, WM 1347, 1353.
88 Zur Geltendmachung der Dürftigkeitseinrede im Steuerrecht (Einwendung im Vollstreckungs-, nicht bereits im Steuerfestsetzungsverfahren), die nach vorsichtiger und wohl richtiger Auffassung einen Einspruch erfordert, *Hartmann*, ZEV 2009, 324 ff.
89 Für den Abzug latenter Steuern bspw. *Landsittel*, Gestaltungsmöglichkeiten von Erbfällen und Schenkungen, Rn. 130.

§ 287 ZPO, gleichgültig ob er höher oder niedriger liegt als das Ergebnis eines Schätzgutachtens. Beruft sich der Pflichtteilsberechtigte demgegenüber auf einen höheren Schätzwert am Todestag, trifft ihn die Beweislast dafür, dass sich die Marktverhältnisse seitdem negativ verändert haben bzw. das Objekt sich, z.B. durch unterlassene Instandhaltung, zwischen Todestag und Verkauf verschlechtert hat; findet stattdessen ein Verkauf über dem Schätzwert statt, muss der Pflichtteilsberechtigte, der sich nun auf den ihm günstigeren Verkaufserlös beruft, wiederum beweisen, dass sich die Marktverhältnisse seitdem nicht verändert haben bzw. dass keine wertverbessernden Maßnahmen am Objekt durchgeführt wurden (die Darlegungslast für solche späteren Maßnahmen trifft freilich die Erben).[90] Hinsichtlich des Zeitraums zwischen Erbfall und Verkauf legt die Rechtsprechung einen großzügigen Maßstab an: 5 Jahre seien unschädlich, sofern der Pflichtteilsberechtigte beweist, dass die Marktverhältnisse seitdem unverändert geblieben sind, und keine wesentliche Veränderung der Bausubstanz stattgefunden hat (darlegungspflichtig für etwaige werterhöhende Maßnahmen ist auch hier der Erbe).[91]

Börsengehandelte **Wertpapiere** sind mit dem Kurswert am Todestag anzusetzen, wobei die Literatur[92] in krassen Fällen starker Kursschwankungen (neuer Markt!) eine Korrektur über § 242 BGB fordert; andernfalls müsste der Erbe zum Schutz seines Eigenvermögens Nachlassverwaltung oder gar Nachlassinsolvenz anordnen lassen und den Nachlass rechtzeitig (§ 1994 BGB) inventarisieren. 3031

Soweit (etwa bei **GmbH-Geschäftsanteilen**) zulässigerweise eine Einziehungsmöglichkeit zulasten der Erben des Geschäftsanteils mit Abfindung unter dem Verkehrswert vorgesehen ist, dürfte nur letzterer Betrag anzusetzen sein.[93] Auch wenn der Erbe Gesellschafter bleibt, sind richtigerweise bei der Bewertung latente Veräußerungsteuern (bei steuerverstrickten Anteilen ab 1 % im Privatvermögen, § 17 Abs. 1 EStG) zu berücksichtigen;[94] die Rechtsprechung des BGH ist insoweit jedoch noch nicht eindeutig[95] (anders als im Bereich des Zugewinnausgleichs, wo die latente Steuerlast bei der Bewertung einer Steuerberaterkanzlei mit einem Abzug von 25 % berücksichtigt wurde,[96] und i.R.d. Bilanzansatzes nach dem BilMoG).[97] Gleiches gilt für latente Veräußerungsgewinnsteuern für Anteile an Personengesellschaften (§ 16 EStG). 3032

---

90 BGH, 25.11.2010 – IV ZR 124/09, NotBZ 2011, 90 m. Anm. *Krauß*.
91 BGH, 14.10.1992 – IV ZR 21/91, NJW-RR 1993, 131; ähnlich das BGH-Urteil der vorangehenden Fußnote (dreieinhalb Jahre).
92 Etwa Staudinger/*Ferid*/*Cieslar*, BGB, 12. Aufl., § 2311 Rn. 40.
93 Vgl. Staudinger/*Haas*, BGB, § 2311 Rn. 110.
94 Vgl. *Crezelius*, Erbschaft- und Schenkungsteuer in zivilrechtlicher Sicht, Rn. 95; *Landsittel*, Gestaltungsmöglichkeiten von Erbfällen und Schenkungen, Rn. 135.
95 Nach BGH, 22.10.1986 – IVa ZR 143/85, BGHZ, 98, 382/389, ist die latente Einkommensteuerlast der Erben zwar nicht als Nachlassverbindlichkeit anzusehen, aber i.R.d. Bewertung jedenfalls dann zu berücksichtigen, wenn der Wert nur durch Verkauf realisiert werden könnte. Bei Beendigung einer Gütergemeinschaft hat BGH, 07.05.1986 – IVb ZR 42/85, FamRZ 1986, 776, 779, den Abzug als Rechenposten einer fiktiven Gesamtliquidation anerkannt, ebenso BGH, 09.02.2011 – XII ZR 40/09, MittBayNot 2011, 401 m. Anm. *Bergschneider*, zur Bewertung des goodwill einer freiberuflichen Praxis: Abzug latenter Ertragsteuer, auch wenn eine Veräußerung tatsächlich nicht beabsichtigt ist.
96 BGH, 09.02.2011 – XII ZR 40/09, MittBayNot 2011, 401 m. Anm. *Bergschneider*; BGH, NJW 1999, 784.
97 *Rohler*, GmbH-StB 2008, 367.

3033 Wird eine **Personengesellschaft** durch den Tod des Erblassers aufgelöst, ist lediglich das eventuelle Auseinandersetzungs- oder Abfindungsguthaben Bestandteil des Nachlasses und demnach zu berücksichtigen.[98] Wird die Gesellschaft unter den verbleibenden Gesellschaftern fortgesetzt und ist für den Anteil des durch Tod Ausgeschiedenen eine Abfindung ausgeschlossen (vgl. Rdn. 129), fällt also kein weiterer Wert in den pflichtteilsrelevanten Nachlass; die Diskussion verlagert sich demnach auf die Frage, ob in dem in der Satzung enthaltenen wechselseitigen Ausschluss des Ausgleichsanspruchs eine § 2325 BGB auslösende Schenkung liegt (vgl. hierzu Rdn. 130).

3034 Wird die Gesellschaft mit den (oder einzelnen qualifizierten) Erben fortgesetzt und enthält die Satzung eine **Beschränkung des Abfindungsbetrags** für den Fall deren künftigen Ausscheidens, etwa als Folge einer Kündigung, ist umstritten, ob diese latente Wertreduzierung zulasten des Pflichtteilsberechtigten zu berücksichtigen sei. Vertreten wird[99] sowohl die Bemessung nach dem vollen Verkehrswert der Beteiligung als auch die Zugrundelegung lediglich des gesellschaftsvertraglichen Abfindungsanspruchs, zuzüglich einer Ertragswertkomponente, als auch die Berücksichtigung des Vollwerts mit Teilabschlag für die Abfindungsreduzierung je nach Wahrscheinlichkeit der Beendigung der Beteiligung, als auch die Berücksichtigung des vollen Werts mit nachträglicher Anpassung, sofern es aus nicht nur willkürlich gesetzten Gründen zum Ausscheiden kommt. Richtigerweise dürfte der gesellschaftsvertragliche Abfindungsanspruch als solcher, wegen des Vorrangs des Gesellschaftsrechts vor dem Erbrecht, zugrunde zu legen sein.[100]

3035 Besondere Schwierigkeiten schafft die Bewertung von **Unternehmen** eines Einzelkaufmanns, Handwerksbetriebs oder Freiberuflers, da der Unternehmenswert stark von der Person des Unternehmens abhängt. Die Obergrenze der Abfindung bildet der erzielbare Liquidationserlös abzgl. der Betriebsaufgabesteuern.[101]

3036 Hinsichtlich der **Passiva** sind sämtliche unverjährten[102] Erblasserverbindlichkeiten (§ 1967 Abs. 2 BGB) abzuziehen, einschließlich der (auf den fiktiven Pflichtteil begrenzten) Unterhaltsansprüche gem. § 1586b BGB etc. Auch (latente) Steuerverbindlichkeiten sind zu subtrahieren, nicht jedoch die den Erben selbst treffende eigene Erbschaftsteuerschuld. Hat der Erblasser Sicherheiten (etwa eine Grundschuld an einem Nachlassgegenstand) für fremde Verbindlichkeiten bestellt, bleibt diese als „zweifelhafte Verbindlichkeit" i.S.d. § 2313 Abs. 2 Satz 1 BGB außer Ansatz, wenn und solange ihre tatsächliche Verwertung unsicher ist.[103] Vom Wert des Nachlasses abgezogen werden hingegen auch die den Erben als solchen treffenden Verbindlichkeiten, also Erbfallschulden i.S.d. § 1967 Abs. 2 BGB, wie etwa Beerdigungskosten (§ 1968 BGB). Gleiches

---

98 MünchKomm-BGB/*Lange*, § 2311 Rn. 25.
99 Vgl. die Zusammenstellung bei *Esch/Baumann/Schulze zur Wiesche*, Handbuch der Vermögensnachfolge, Erstes Buch, Rn. 220.
100 Vgl. *Landsittel*, Gestaltungsmöglichkeiten von Erbfällen und Schenkungen, Rn. 145.
101 Vgl. BGH, 17.03.1982 – IVa ZR 27/81, NJW 1982, 2497, 2498.
102 Hinsichtlich verjährter Verbindlichkeiten ist er aber verpflichtet, die Verjährung einzuwenden, § 2313 Abs. 2 Satz 2 BGB.
103 BGH, 25.11.2010 – IV ZR 124/09 ZEV NotBZ 2011, 90 m. Anm. *Krauß* (bei späterer Verwertung kann der Erbe den Ausgleichsanspruch gem. § 2313 Abs. 1 Satz 3 BGB geltend machen), ebenso BGH, 10.11.2010 – IV ZR 51/09 MittBayNot 2011, 316.

A. Allgemeine Fragen zum Pflichtteils- und Pflichtteilsergänzungsanspruch

gilt für die Kosten der Nachlassverwaltung, Nachlasssicherung (§ 1960 BGB), Ermittlung der Nachlassgläubiger, Inventarerrichtung (§ 1993 BGB), Feststellung des Bestands und Werts des Nachlasses samt der dazu geführten Prozesse. Kosten der Testamentsvollstreckung sowie andere Pflichtteilsansprüche, Vermächtnisse und Auflagen (§ 327 InsO) sind jedoch nicht abzugsfähig. Zur Sondersituation des Vor- und Nachvermächtnisses s. Rdn. 5117 ff., zum Herausgabevermächtnis auch Rdn. 5248.

Auch die Wahl der „güterrechtlichen Lösung" gem. § 1371 Abs. 2 oder Abs. 3 BGB nach Ausschlagung des Erbteils und etwa zugewandter Vermächtnisse durch den in Zugewinngemeinschaft lebenden Ehegatten (seit 01.01.2005 auch den Verpartnerten)[104] führt zur nachhaltigen Reduzierung des (ordentlichen) Pflichtteils Dritter, da die **familienrechtliche Zugewinnausgleichsforderung** vor den Pflichtteilsansprüchen rangiert (§ 327 InsO), also der „Wert des Nachlasses" i.S.d. § 2311 BGB entsprechend reduziert wird. Dieser Zugewinnausgleichs-Zahlungsanspruch überkompensiert häufig die Reduzierung der gesetzlichen Erbquote und damit die Erhöhung der Pflichtteilsquoten anderer im Verhältnis zum erbrechtlichen Zugewinnausgleich im Todesfall (vgl. auch Rdn. 528). 3037

War der Verstorbene im **deutsch-französischen Wahlgüterstand** verheiratet, ergibt sich die Durchführung des (pflichtteilsmindernden) güterrechtlichen[105] Zugewinnausgleichs gem. Art. 12 Abs. 1 des Abkommens bereits kraft Gesetzes, ohne dass der Ehegatte dafür das ihm Zugewendete (wie in § 1371 Abs. 3 BGB) ausschlagen müsste, daneben erhält er den gesetzlichen Erbanteil von 1/4 neben den Kindern, 1/2 neben den Eltern, oder gar aufgrund testamentarischer Zuwendung den gesamten Rest, den er ja zur Erlangung des güterrechtlichen Ausgleich nicht auszuschlagen braucht (im deutschen Recht erhielte er daneben nur den kleinen Pflichtteil!).[106] Allerdings kennt der deutsch-französische Wahlgüterstand keine pauschale Erhöhung der gesetzlichen Ehegattenquote um ein Viertel, die Pflichtteilsquote der Kinder bezieht sich also stets (wie im deutschen Recht bei Wahl des güterrechtlichen Ausgleichs) auf deren 3/4-Quote. 3038

Damit lässt sich eine – im Vergleich zum BGB-Güterstand – höhere Nettobeteiligung des überlebenden Ehegatten am Gesamtnachlasss im Todesfall[107] nach Abzug der Pflichtteilsansprüche erreichen, wenn das Endvermögen des zuerst versterbenden Ehegatten überweigend aus Zugewinn geschaffen wurde und der überlebende, allein erbende, Ehegatte keinen oder nur geringen Zugewinn während der Ehe aufweist: 3039

---

104 LebenspartnerschaftsänderungsG v. 15.12.2004. BGBl. 2004 I, S. 3396. Allein dieser güterrechtliche Ausgleich ist, da gesetzlich geschuldet, mangels Freigiebigkeit kein Erwerb i.S.d. ErbStG; die lediglich fiktive Ausgleichsforderung ist gem. § 5 Abs. 1 Satz 1 ErbStG nur unter Ehegatten, nicht jedoch unter Verpartnerten freigestellt, vgl. Erlass FinMin Baden-Württemberg v. 15.09.2005, DStR 2005, 2052 und ErbStB 2005, 309.
105 Mit geringen Abweichungen zur Berechnungsweise des BGB (z.B. bleiben Schmerzensgeld und zufällige Wertsteigerungen des Grundstücks: Erklärung zu Bauland unberücksichtigt).
106 Vgl. *Süß*. ZErb 2010, 281, 285.
107 Wie beim BGB-Güterstand lässt sich der Zugewinnausgleich bei Beendigung der Ehe durch gerichtliche Entscheidung (Scheidung oder Aufhebung) und in Bezug auf den vorzeitigen Zugewinnausgleich durch notariellen Ehevertrag ausschließen oder begrenzen, während ratsamerweise der Zugewinnausgleich beim Wechsel des Güterstandes („Schaukel") aufrechterhalten werden sollte. Der Zugewinnausgleich bei Beendigung der Ehe durch Tod (Art. 12 des Abkommens) ist zwingendes Recht.

Kapitel 9: Erb- und pflichtteilsrechtliche Problematik

> **Hinweis:**
> Beim gesetzlichen BGB-Güterstand verbleiben dem allein erbenden Ehegatten neben dem/den seinen/ihren Pflichtteil verlangenden Kind/Kindern „netto" 75 % des Nachlasses (aufgrund des Abzugs des 25 %igen Pflichtteilsanspruchs); der deutsch-französische Wahlgüterstand erhöht diese Quote auf max. netto 81,25 %, wenn allein der erstversterbende Ehegatte Zugewinn erzielt hat und sein Endvermögen allein aus Zugewinn besteht: Pflichtteilsabzug i.H.v. 3/8 Quote aus dem halben Nachlass (die andere Hälfte wird als Zugewinnausgleich vorab ausgeschieden), also Abzug von lediglich 3/16 = 18,75 %. Eine Besserstellung tritt rechnerisch ein, sobald der Zugewinnausgleichsanspruch größer ist als 1/3 des Bruttonachlasses.[108] Dann ist auch die gesetzliche Erbfolge für den überlebenden Ehegatten günstiger (im Extremfall 50 % Zugewinnausgleich plus 1/4 des Restes als gesetzlicher Erbteil, also gesamt 62,5 %, im Vergleich zu 50 % beim BGB-Güterstand). Ggü. pflichtteilsberechtigten Eltern ist allerdings der BGB-Güterstand überlegen, ebenso im Verhältnis zu Kindern, wenn nur geringer Zugewinnausgleich entstanden ist.

3040 Der „Wert des Nachlasses" i.S.d. § 2311 BGB ist ggü. dem ordentlichen Pflichtteilsberechtigten ferner zu bereinigen um Herausgabeansprüche (§ 667 BGB), die fällig werden, wenn **Treuhandschaften** mit dem Tod des Treuhänders beendet werden (Bsp: Vermögen eines Ehegatten wurde zur Erzielung von Größenvorteilen etc. auf den Namen des anderen Ehegatten angelegt, vgl. Rdn. 2660 ff.). Gleiches gilt, wenn **Ehegatteninnengesellschaften** tatsächlich bestanden (zu deren Funktion i.R.d. Korrektur von Zuwendungen im Scheidungsfall außerhalb des Zugewinnausgleichsverfahrens Rdn. 2682 ff.) und durch den Tod des nach außen alleinbesitzenden Ehegatten aufgelöst werden mit der Folge des Entstehens von Ausgleichsansprüchen gem. § 738 Abs. 1 Satz 2 BGB[109] – letztere Ansprüche sind allerdings pflichtteilserhöhend Bestandteil des Nachlasses des nichtbesitzenden Ehegatten-Gesellschafters, sofern die Ehegatten-Innengesellschaft durch dessen Tod aufgelöst wird, und können durch Pfändungsgläubiger, welche die Gesellschaft kündigen (§ 735 BGB) verwertet werden

VI. Verjährung

1. Fristlauf

3041 Der 3-jährigen Verjährungsfrist des § 2332 Abs. 1 Halbs. 1 BGB a.F. (ab 2010 enthält §§ 195, 199 BGB die Regelung der Dreijahresfrist) unterliegen der ordentliche Pflichtteil (§ 2303 BGB), der Pflichtteilsrestanspruch (§§ 2305, 2307 Abs. 1 Satz 2 BGB), der Ausgleichspflichtteil („Vervollständigungsanspruch", § 2316 Abs. 1 BGB) und der Pflichtteilsergänzungsanspruch gegen den Erben (§§ 2325, 2326 BGB). Der Auskunftsanspruch gem. § 2314 BGB verjährte zwar gem. § 197 Abs. 1 Nr. 2 BGB in 30 Jahren, bei verjährtem Pflichtteilsanspruch bedarf es aber eines besonderen Informationsbedürfnisses für den Auskunftsberechtigten[110] (ab 2010 gilt auch insoweit

---

108 Nämlich sobald gilt: Nachlass minus 37,5 % x (Nachlass minus Zugewinnausgleich) > Nachlass minus 25 %.
109 Beispiel nach *Wall*, ZEV 2007, 249: da der Ehemann „aufgrund vorehelicher Schulden" nicht in Erscheinung treten will, gehört das Hotel de jure seiner Frau; er ist lediglich als Hotelpage beschäftigt, führt aber tatsächlich die „gemeinsamen Geschäfte".
110 BGH, NJW 1990, 180.

die 3-jährige Verjährung). Diese 3-jährige Frist beginnt ab doppelter[111] Kenntnis des Pflichtteilsberechtigten vom Sterbefall und der lebzeitigen Verfügung,[112] und zwar selbst dann, wenn es zur Entstehung des Anspruchs – wie in den Fällen des §§ 2306 Abs. 1 Satz 2 und 2307 BGB – zusätzlich der vorherigen Ausschlagung bedarf (sodass faktisch die Ausschlagungsfrist des § 1944 BGB maßgebend ist).

Ist der Miterbe im Fall des § 2306 BGB bspw. mit einer Teilungsanordnung oder einem Vermächtnis belastet, die – wie sich erst später herausstellt – für ihn wirtschaftlich so nachteilig sind, dass sie nicht einmal den Pflichtteil belassen, und hat er die Ausschlagungsfrist versäumt, verbleibt ihm nur der durch das Vermächtnis bzw. den Wertüberschuss weitgehend entwertete Erbteil, sodass sich im Ergebnis die Verjährungsfrist für den Pflichtteilsanspruch auf die sechswöchige Ausschlagungsfrist des § 1944 BGB verkürzt.[113] Die Ausschlagungsfrist beginnt gem. § 2306 Abs. 1 Satz 2 Halbs. 2 BGB zwar erst mit Kenntnis von der Beschwerung; diese muss sich aber nur auf die Anordnung als solche beziehen, unabhängig von den tatsächlichen Wertverhältnissen, die der pflichtteilsberechtigte Erbe selbst einschätzen muss.[114] Lediglich wenn der pflichtteilsberechtigte Erbe auf eine Summe oder einzelne Gegenstände eingesetzt ist, beginnt die Frist erst, wenn er Kenntnis von den Wertverhältnissen hat. In Betracht kommen sonst allenfalls Anfechtungen der Fristversäumnis bzw. der Verkennung der Rechtsfolgen der Annahme wegen Inhaltsirrtums). 3042

Hatte der Pflichtteilsergänzungsberechtigte bereits zu Lebzeiten dem Grunde nach (auch insoweit nicht notwendig hinsichtlich des Umfangs und der Wertverhältnisse)[115] **Kenntnis von Schenkungen**, beginnt die Verjährung demnach bereits mit Kenntnis vom Erbfall.[116] Droht die Verjährung des Pflichtteilsanspruchs bei unklarem Sachverhalt, hilft ein uneingeschränktes ausdrückliches Anerkenntnis des Pflichtteilsanspruchs dem Grunde nach (mit der Folge eines Verjährungsneubeginns),[117] oder, falls dieses nicht zu erlangen ist, die Stufenklage (§ 254 ZPO),[118] wobei deren „Einschlafen" zur Beendigung der Verjährungshemmung führt.[119] 3043

---

111   Der Subsidiäranspruch gegen den Beschenkten nach § 2329 BGB dagegen verjährt bereits in 3 Jahren ab Kenntnis nur vom Erbfall (§ 2332 Abs. 2 BGB).

112   Bei § 2316 BGB muss also Kenntnis vom ausgleichungspflichtigen Vorempfang vorhanden sein (beim Vervollständigungsanspruch des § 2316 Abs. 2 BGB also auch vom Ausgleichungsausschluss selbst), BGH, NJW 1972, 760 und OLG Karlsruhe, 21.08.2006 – 15 W 23/06, ZEV 2007, 329 m. Anm. *Schindler*, ZErb 2007, 327, nicht jedoch von den Wertverhältnissen der „Nachlassmasse".

113   OLG Celle, ZEV 2003, 365 m. Anm. *Keim*, 358 ff. § 2306 Abs. 1 Satz 1 BGB a.F. (der die Ausschlagung nicht erfordert) kann in diesem Fall nicht herangezogen werden, da es für die Frage der Größe des hinterlassenen Erbteils lediglich auf die Quote, nicht den wirtschaftlichen Wert ankommt (Quotentheorie, Palandt/*Edenhofer*, BGB, § 2306 Rn. 3). Auf einen Wertvergleich kommt es nur dann an, wenn bei Berechnung des Pflichtteils Anrechnungs- und Ausgleichungspflichten gem. §§ 2315, 2316 BGB bestehen, vgl. im Einzelnen auch zu abweichenden Spielarten Rdn. 3388 ff. Die Anwendung dieser Werttheorie auf die Fälle übergroßer Vermächtnisbelastung wird von der überwiegenden Meinung abgelehnt.

114   Palandt/*Edenhofer*, BGB, § 2306 Rn. 13.

115   BGH, NJW 1964, 297: es genügt Grundkenntnis, infolge derer ein verjährungshemmendes Handeln erwartet werden kann.

116   OLG Koblenz, NJOZ 2005, 935.

117   Vgl. *Ruby*, ZErb 2006, 86 ff.

118   Hierzu *Bartsch*, ZErb Beilage „Fachanwalt für Erbrecht" in Heft 2/2005, S. 3 ff.

119   Keine Beendigung während einer Vollstreckungsabwehrklage auch gegen lediglich einen Hilfsanspruch, BGH, 22.03.2006 – IV ZR 93/05, ZEV 2006, 263.

3044 Handelt es sich um den **Anspruch eines Minderjährigen gegen ein Elternteil**, beginnt die Verjährung nicht vor Eintritt der Volljährigkeit, ab 2010 nicht vor Vollendung des 21. Lebensjahres (Hemmung der Frist aus familiären Gründen nach § 207 Abs. 1 Nr. 2 BGB: Nichteinberechnung des Hemmungszeitraums in die Verjährungsfrist, § 209 BGB). I.Ü., also etwa bei Ansprüchen auf Pflichtteilsergänzung gegen Geschwister, gilt nach § 210 BGB eine Ablaufhemmung der Frist, solange der Minderjährige ohne gesetzlichen Vertreter ist.

3045 Das zwischenzeitlich verabschiedete **Gesetz zur Änderung des Erb- und Verjährungsrechts**[120] sieht eine Aufhebung der 30-jährigen Verjährungsfrist für erb- und familienrechtliche Ansprüche (§ 197 Abs. 1 Nr. 2 BGB) vor, sodass auch hierfür ab 2010 die 3-jährige Regelverjährung gilt, beginnend ab Sylvester des Jahres, in dem der Gläubiger Kenntnis erlangte oder hätte erlangen können von den anspruchsbegründenden Umständen und der Person des Schuldners, § 199 Abs. 1 Nr. 2 BGB. Unabhängig von einer Kenntnis tritt auf jeden Fall Verjährung gem. § 199 Abs. 3a BGB n.F. 30 Jahre nach Entstehen des Anspruchs ein. Die bisherigen Sonderverjährungsfristbestimmungen des Vertragserben gegen den Beschenkten (§ 2287 Abs. 2 BGB), sowie für die Ansprüche des Pflichtteilsberechtigten (§ 2332 Abs. 1 und 2 BGB), entfallen. Am 01.01.2010 unverjährte Ansprüche unterliegen neuen Regeln, sodass, sofern Kenntnis eingetreten ist, Verjährung jedenfalls am 31.12.2013 eintritt (Art. 229 § 21 Abs. 1 Satz 1 EGBGB).

3046 Allerdings beginnt die 3-jährige Regelverjährung – soweit sich der Anspruch gegen Beschenkte richtet, § 2287 Abs. 1 BGB oder § 2329 Abs. 1 BGB – bereits mit dem Erbfall zu laufen (Neufassung der §§ 2287 Abs. 2 und 2332 Abs. 1 BGB n.F., die i.Ü., da §§ 195, 199 BGB universell gelten, aufgehoben wurden). Wegen des unterschiedlichen Streitgegenstandes wird die objektiv anlaufende Verjährung des Anspruchs aus § 2329 BGB nicht durch eine Stufenklage zur Durchsetzung des Anspruchs aus § 2325 BGB gehemmt.[121]

3047 Die Reform beseitigt die bisher nur unbefriedigend lösbare Problematik, was als erbrechtlicher Anspruch zu qualifizieren ist.[122] Lediglich der Herausgabeanspruch des Erben gegen den Erbschaftsbesitzer (analog dem Herausgabeanspruch des Eigentümers) verjährt gem. § 2018 Abs. 2 BGB erst nach 30 Jahren, objektiv anknüpfend, in gleicher Weise wie der Anspruch des Nachgegen den Vorerben aus § 2130 BGB und der Herausgabeanspruch gegen den Besitzer eines unrichtigen Erbscheins, § 2362 BGB.

2. Abweichende Vereinbarungen

3048 Die Frist kann **durch Vertrag** (§ 202 Abs. 2 BGB) zwischen Erben und Pflichtteilsberechtigtem **verlängert werden**,[123] etwa zur Nutzung der erbschaftsteuermindernden Wirkung von Pflichtteilszahlungen, die dann erst nach dem Tod des zweiten Elternteils geltend gemacht zu werden brauchen, oder um „gutmütigen" Kindern, die den Pflichtteil nicht – wie ihr Geschwister – bereits nach dem Tod des erstverstorbenen Ehegatten gefordert haben, dieses Recht auch nach

---

120 Vgl. *Roland*, ZErb 2007, 429.
121 OLG Zweibrücken, 24.03.2009 – 8 U 29/08 ZEV 2010, 44 m. krit. Anm. *Klingelhöffer*.
122 Vgl. etwa die kontroversen Entscheidungen des BGH, ZErb 2002, 356, bestätigt im BGH, 18.04.2007 – IV ZR 279/05, ZErb 2007, 260 ff., wonach auch der Schadensersatzanspruch des Erben gegen den Testamentsvollstrecker aus § 2219 Abs. 1 BGB erbrechtlich zu qualifizieren sei, also erst nach 30 Jahren verjähre.
123 Vgl. *Keim*, ZEV 2004, 173 ff.; skeptischer *Lange*, ZEV 2003, 433.

dem Tod des länger lebenden Elternteils ohne Einrederisiko[124] aufrechtzuerhalten.[125] In einseitiger Weise kann der Erblasser durch letztwillige Verfügung dem Pflichtteilsberechtigten in Gestalt eines Vermächtnisses einen Anspruch auf Abschluss eines Vertrages nach § 202 Abs. 2 BGB mit dem Erben oder eine Einrede gegen die Geltendmachung der Verjährung zuwenden.

Fraglich ist allerdings, ob die Pflichtteilsverjährung (mit Wirkung zulasten des Erben) auch durch Vertrag zwischen dem Erblasser und dem künftigen Pflichtteilsberechtigten verlängert werden kann (Anwendung des § 2301 BGB d.h. der Voraussetzungen über Verfügungen von Todes wegen – Erbvertrag – ; lebzeitige Vollziehung i.S.d. § 2301 Abs. 2 BGB ist wohl noch nicht gegeben).[126] Möglich (und häufig) ist jedenfalls eine Stundungsvereinbarung (als partieller Pflichtteilsverzicht) sowie ein Hinausschieben des Entstehens des Pflichtteilsanspruchs auf einen späteren Zeitpunkt, etwa den Tod des längerlebenden Elternteils (vgl. Rdn. 3301 ff. mit Formulierungsvorschlägen). 3049

VII. Fälligkeit, Verzug

Der Pflichtteilsanspruch als Forderungsrecht des Berechtigten gegen den oder die Erben **entsteht mit dem Tod des Erblassers**, § 2317 Abs. 1 BGB, und ist ab diesem Zeitpunkt vererblich und übertragbar. Der Berechtigte kann den Pflichtteil gem. § 271 BGB sofort verlangen. In den Fällen, in denen der Pflichtteilsanspruch erst durch Ausschlagung (§§ 2306, 2307 BGB) entsteht, ist streitig, ob der Pflichtteilsanspruch bereits mit dem Erbfall entsteht, aber vor der Ausschlagung nicht geltend gemacht werden darf,[127] oder aber erst mit der Ausschlagung entsteht, aber wegen der Rückwirkung so behandelt wird, als wäre er z.Zt. des Erbfalls entstanden (so die herrschende Auffassung, arg. §§ 1953 Abs. 1, 2332 Abs. 3 BGB).[128] 3050

Die erforderliche **Mahnung**, § 286 Abs. 1 Satz 1 BGB, mit der Folge der Verzinsung des § 288 BGB kann mit der Geltendmachung der Auskunfts- und Wertermittlungsansprüche nach § 2314 BGB verbunden werden, da bereits der unbezifferte Zahlungsantrag im Rahmen einer solchen Stufenklage (§ 254 ZPO) verzugsetzende Wirkung hat.[129] Erforderlich ist die Klarstellung, dass in einer etwa gesetzten Frist zur Auskunftserteilung keine Stundung liege. 3051

Auch die in (seltenen) Härtefällen durch das Nachlassgericht[130] auf Antrag[131] auszusprechende **Stundung des Pflichtteilsanspruchs gem. § 2331a BGB**, deren Anwendungsbereich durch die 3052

---

124 Sofern die Verjährungseinrede allerdings ohnehin nicht erhoben wird, führt auch das (einvernehmlich) spätere Pflichtteilsverlangen zu einer Erbschaftsteuerminderung, § 16 Abs. 1 Nr. 2 ErbStG, da die Finanzverwaltung nicht die Geltendmachung der Einrede verlangen kann.
125 Ggü. Dritten, etwa dem Beschenkten gem. § 2329 BGB, wirkt diese Verlängerung jedoch nicht.
126 Vgl. *Keim*, ZEV 2004, 175.
127 So RG, JW 1931, 1354.
128 Staudinger/*Haas*, BGB, § 2317 Rn. 6 m.w.N.
129 BGH, NJW 1981, 1729; Formulierungsmuster bei *Monschau*, ZAP 2005, 569 f. = Fach 12, S. 155.
130 Ist der Pflichtteilsanspruch selbst nach Grund und/oder Höhe umstritten, entscheidet das Prozessgericht auch über die Stundung, § 2331a Abs. 2 Satz 2 i.V.m. § 1382 Abs. 5 BGB.
131 Muster bei *Sachs/Himmelreich*, ZErb 2011, 156, 158.

Reform 2010 erweitert wurde,[132] hat auf die bereits eingetretene Verzugsverzinsung keinen Einfluss. Allerdings kann es am erforderlichen Verschulden des zahlungspflichtigen Erben fehlen, wenn etwa ein notwendiges Sachverständigengutachten noch nicht vorliegt und ihm (den Erben) weder diesbezüglich ein Auswahlverschulden trifft noch ihm die Verletzung von Mitwirkungspflichten (gerichtet etwa auf die Vorlage von Dokumenten) vorzuwerfen ist.[133] Zur rechtsgeschäftlich vereinbarten Stundung (vor dem Erbfall als beschränkter Pflichtteilsverzicht mit dem Erblasser oder als Erbschaftsvertrag unter künftigen Pflichtteilsberechtigten nach § 311b Abs. 5 BGB, nach dem Erbfall als formfreier teilweiser Erlassvertrag mit dem Erben) vgl. Rdn. 3296 ff.

VIII. Verteilung der Pflichtteilslast

3053 Die Verteilung der Pflichtteilslast **im Innenverhältnis zwischen den Nachlassbeteiligten** ist in §§ 2318, 2320 bis 2324 BGB normiert. Schuldner des Pflichtteilsrechts ist im Außenverhältnis allein der Erbe bzw. die Gemeinschaft der Miterben. Da jedoch Vermächtnisse und Auflagen bei der Berechnung des Pflichtteils nicht abgesetzt werden können (§ 2311 BGB), kann der Erbe als Ausgleich diese im Innenverhältnis soweit kürzen, dass die Pflichtteilslast von ihm und den Vermächtnisnehmern und Auflagebegünstigten verhältnismäßig getragen wird. Diese dem mutmaßlichen Erblasserwillen entsprechende Bestimmung des § 2318 BGB ist jedoch abdingbar (§ 2324 BGB) mit der Folge, dass Vermächtnisnehmer oder Auflagenempfänger ohne Abzug in den Genuss der ihnen zustehenden Begünstigung gelangen werden.[134] Weitere Ausnahmetatbestände regeln §§ 2321 und 2322 BGB.

3054 *Beispiel:*[135]

Ist der Freund F1 des Erblassers zum Alleinerben bei einem Nachlassbestand von 45.000,00 € eingesetzt worden, und belastet mit einem Vermächtnis zugunsten des Freundes F2 i.H.v. 15.000,00 €, ist die Pflichtteilslast des enterbten Sohnes S von F1 zu zwei Teilen und von F2 zu einem Teil zu tragen (Verhältnis der Nettoerwerbe: 30.000,00 €: 15.000,00 €). F1 kann also den Vermächtnisanspruch des F2 um 7.500,00 € (ein Drittel des Pflichtteilsanspruchs von 22.500,00 €) kürzen bzw. – sofern er das Vermächtnis bereits vollständig geleistet hat – gem. § 813 Abs. 1 Satz 1 BGB i.H.v. 7.500,00 € kondizieren.

3055 Gem. § 2318 Abs. 2 BGB ist jedoch bei einem **pflichtteilsberechtigten Vermächtnisnehmer** nur der Betrag kürzungsfähig, der den eigenen Pflichtteil des Vermächtnisnehmers übersteigt (sog. „**Kürzungsgrenze**"). Bei einem pflichtteilsberechtigten Ehegatten, der mit dem Erblasser im gesetzlichen Güterstand gelebt hat, berechnet sich die Kürzungsgrenze nach dem gem. §§ 1371, 2303, 1931 BGB erhöhten („großen") Pflichtteil. § 2318 BGB will also vermeiden, dass ein selbst pflichtteilsberechtigter Miterbe nach der Teilung des Nachlasses seinen eigenen Pflichtteil dazu verwenden muss, Pflichtteilsansprüche anderer zu befriedigen. Gleiches gilt gem. § 2328 BGB für den Pflichtteilsergänzungsanspruch.

---

132 Jeder, nicht nur der selbst pflichtteilsberechtigte, Erbe kann den Stundungsantrag stellen, und zwar bereits dann, wenn die sofortige Zahlung eine „unbillige Härte", nicht mehr wie bisher „ungewöhnliche Härte", bedeuten (also etwa zur Veräußerung des Familienheims führen) würde. Der Deutsche Notarverein hatte noch weiter gehend eine Anlehnung an § 1382 BGB empfohlen (notar 2007, 148).
133 Vgl. *Rißmann*, ZErb 2002, 181 ff.
134 Z.B.: „§ 2318 Abs. 1 BGB kommt für das vorstehend angeordnete Vermächtnis nicht zur Anwendung, sodass eine etwaige Pflichtteilslast allein vom Erben zu tragen ist". Weitere Formulierungsbeispiele bei *Schlitt/Müller*, Handbuch Pflichtteilsrecht, § 10 Rn. 337 ff.
135 Vgl. MünchKomm-BGB/*Musielak*, § 2318 Rn. 5.

A. Allgemeine Fragen zum Pflichtteils- und Pflichtteilsergänzungsanspruch

Gem. § 2038 Abs. 2 BGB, § 748 BGB, haben **Miterben** die auf dem Nachlass ruhende Pflichtteilslast grds. um Verhältnis ihrer Erbteile zu tragen. Wer jedoch seinerseits anstelle des Pflichtteilsberechtigten gesetzlicher Erbe wurde, hat im Innenverhältnis diese Last bis zur Höhe des erlangten Vorteils zu tragen, § 2320 BGB (im Außenverhältnis bleibt es bei der gesamtschuldnerischen Haftung aller Miterben gem. §§ 2058 ff. BGB). 3056

Beispiel:

Wurde einer von zwei Söhnen des Erblassers enterbt, hat dieser enterbte Sohn jedoch seinerseits ein Kind, tritt dieser Enkel als gesetzlicher Erbe zu 1/2 an die Stelle seines enterbten Vaters. Der Enkel muss im Innenverhältnis allein für den Pflichtteilsanspruch des Vaters aufkommen.

Gleiches gilt gem. § 2321 BGB, wenn ein **mit einem Vermächtnis bedachter Pflichtteilsberechtigter** gem. § 2307 Abs. 1 Satz 1 BGB ausschlägt und den Pflichtteil verlangt. In diesem Fall trifft gem. § 2321 BGB die Pflichtteilslast i.H.d. erlangten Vorteils denjenigen, dem die Ausschlagung zustatten kommt. Auch diese (abdingbare, § 2324 BGB) Bestimmung betrifft lediglich die Verteilung der Pflichtteilslast im Innenverhältnis. Wird § 2307 Abs. 1 Satz 2 BGB dadurch „abbedungen", dass in der letztwilligen Verfügung die Anrechnung des Vermächtnisses auf den Pflichtteilsanspruch ausgeschlossen wird, handelt es sich bei diesem Pflichtteil um ein letztwilliges Pflichtteilsvermächtnis, sodass das Kürzungsrecht des Erben gem. § 2318 BGB auch den ungekürzt verbleiben sollenden „Pflichtteil" erfasst.[136] 3057

---

136 *Biebl*, ZErb 2010, 99 ff.

B. Pflichtteilsergänzung

I. Pflichtteilsergänzungsanpruch bei Schenkungen (§ 2325 BGB)

1. Grundlagen

3058 Das Ziel des Pflichtteilsrechts, nahen Angehörigen (Kindern, Ehegatten, ggf. Eltern) einen Mindestanteil zu sichern, könnte durch unentgeltliche Zuwendungen unter Lebenden vereitelt werden. Hiergegen soll der Pflichtteilsergänzungsanspruch (§§ 2325, 2330 BGB) als eigener, neben den ordentlichen Pflichtteil (§§ 2303, 2315, 2316 BGB, samt Pflichtteilsrest, § 2307 Abs. 1 Satz 2 BGB) tretender Anspruch Abhilfe schaffen. Da er nicht voraussetzt, dass ein Anspruch auf den ordentlichen Pflichtteil gem. § 2303 BGB besteht, kann er auch dem gesetzlichen oder gewillkürten Mit- oder Alleinerben zustehen (vgl. § 2326 BGB) und geht auch durch eine Ausschlagung der Erbschaft (die bekanntlich außerhalb der §§ 2306 Abs. 1 und 2, 1371 Abs. 3 BGB zum Verlust des ordentlichen Pflichtteilsanspruchs führt) nicht verloren.[137] Verzicht (§ 2346 Abs. 2 BGB), Erlass (§ 397 BGB), Abtretung (§§ 398, 2317 BGB) oder Pfändung bzw. Verpfändung (§ 852 Abs. 2 ZPO) sollten daher immer beide Ansprüche aufführen.

3059 In **interlokaler Hinsicht**[138] gelten für die Pflichtteilsergänzung bei einem nach dem 02.10.1990 verstorbenen Erblasser gem. Art. 235 § 1 EGBGB unmittelbar §§ 2325, 2329 BGB, auch zugunsten eines zu DDR-Zeit (mangels Unterhaltsberechtigung, § 396 ZGB) noch nicht Pflichtteilsberechtigten;[139] ob eine Schenkung vorlag, richtet sich nach den damaligen Wertverhältnissen bei Vollzug des Vertrags ohne Berücksichtigung späterer, v.a. vereinigungsbedingter Wertsteigerungen.[140]

3060 In **intertemporaler Hinsicht** gilt für alle nach Inkrafttreten des Erbrechtsreformgesetzes (01.01.2010) eintretenden Sterbefälle (Art. 229 § 21 Abs. 4 EGBGB) § 2325 BGB in neuer Fassung, also unter Berücksichtigung der jährlichen Reduzierung um 10 %, sofern die Frist überhaupt angelaufen ist (Rdn. 3084). Dies gilt insb. auch für in der Vergangenheit liegende Schenkungen. Damit wird die im internationalen Vergleich (Österreich: 2 Jahre,[141] Schweiz: 5 Jahre)[142] relativ lange „Nachverfolgungsfrist" des deutschen Pflichtteilsergänzungsrechtes etwas abgemildert

---

137 BGH, NJW 1973, 996.
138 Zum Erbrecht der neuen Bundesländer vgl. *Krauß*, Immobilienkaufverträge in der Praxis, Rn. 3072 ff.
139 Hierfür gilt allein § 2303 BGB: BGH, 07.03.2001 – IV ZR 258/00, NJW 2001, 2398; ebenso OLG Dresden, 15.09.2009 – 3 U 1341/09, ZErb 2010, 27 zum Pflichtteilsanspruch nichtehelicher Kinder aus dem Beitrittsgebiet.
140 Vgl. BGH, 17.04.2002 – IV ZR 259/01, ZEV 2002, 282.
141 § 785 Abs. 3 Satz 2 ÖsterreichABGB.
142 Art. 527 Nr. 3, 2. Alt. SchweizZGB.

B. Pflichtteilsergänzung

2. Voraussetzungen

a) Schenkung

Der Schenkungsbegriff i.S.d. § 2325 Abs. 1 BGB ist identisch mit dem des **§ 516 Abs. 1 BGB**, sowohl hinsichtlich des objektiven Tatbestandes (unentgeltliche Zuwendung aus dem gegenwärtigen Vermögen des Schuldners, das ihn entreichert und den Beschenkten bereichert) als auch hinsichtlich der erforderlichen subjektiven Einigung über die Unentgeltlichkeit.[143] Anders als bei § 2287 BGB ist eine Benachteiligungsabsicht nicht erforderlich. Der Berechtigte muss zunächst das Vorliegen einer Schenkung beweisen, bevor er gem. § 2314 Abs. 1 Satz 2 BGB einen Anspruch auf Wertermittlung auf Kosten des Nachlasses hat.[144] Gelingt ihm allerdings der Nachweis, dass ein auffallendes objektives Missverhältnis beider Leistungen (die ggf. richterlich gem. § 287 Abs. 2 ZPO zu ermitteln sind) besteht, hat der Anspruchsgegner aufgrund der damit eintretenden Beweiserleichterung seinerseits nachzuweisen, dass keine Einigkeit über die Unentgeltlichkeit bestand.[145]

3061

Die insb. in der Literatur im Vordringen befindliche Schule der „**objektiven Unentgeltlichkeit**" plädiert hingegen dafür, im Rahmen „drittschützender" Normen (etwa des § 528 BGB: zugunsten des Sozialleistungsträgers, ebenso des § 2325 BGB: zugunsten des Pflichtteilsberechtigten) subjektive Merkmale gänzlich unberücksichtigt zu lassen, um nicht den seitens der Beteiligen vorgetragenen Wertungen „subjektiver Äquivalenz" Gewicht einräumen zu müssen.[146] Die Rechtsprechung begegnet solchen Missbrauchsgefahren bisher lediglich durch die genannte Beweislasterleichterung: bei einem auffallend groben Missverhältnis wird vermutet, dass die Parteien dies erkannt haben, also Einigkeit über die teilweise Unentgeltlichkeit bestand.[147]

3062

Hinsichtlich des Begriffs der Schenkung kann daher auf Rdn. 21 ff. erwiesen werden.[148] Die unentgeltliche Überlassung von Wohnraum – eine Leihe i.S.d. §§ 598 ff. BGB, Rdn. 26 – soll demnach keine Pflichtteilsergänzung auslösen.[149] Eine Ausstattung (§ 1624 BGB) unterliegt lediglich hinsichtlich des Übermaßes der Pflichtteilsergänzung; Pflicht- und Anstandsschenkungen sind kraft Gesetzes (§ 2330 BGB, Rdn. 153) ausgeschlossen (eine generelle Freistellung von Schenkungen für gemeinnützige Zwecke besteht, anders als gem. § 785 österrABGB, nicht).[150] Die sog. **ehebedingte oder unbenannte Zuwendung** wird jedoch – wie stets, wenn Dritte vor nach-

3063

---

143 OLG Bamberg, 01.10.2007 – 6 U 44/07, ZEV 2008, 386 m.w.N.
144 OLG Schleswig, 15.08.2006 – 3 U 63/05, ZEV 2007, 277.
145 BGH, NJW 1982, 2497; MünchKomm-BGB/*Lange*, § 2325 Rn. 22. Ähnlich OLG Bamberg, ZEV 2004, 207: wer aufgrund Kontovollmacht abhebt, muss anders als bei § 812 BGB den behaupteten Rechtsgrund (Auftrag) beweisen. Allerdings ist der Auskunftsanspruch (§ 666 BGB) der Erben des Vollmachtgebers ggü. dem Bevollmächtigten hinsichtlich der Verwendung solcher Abhebungen deutlich eingeschränkt, wenn aufgrund des Näheverhältnisses (Ehegatte/Lebensgefährte) nicht von einem Auftrag ausgegangen werden kann, vgl. BGH, NJW 2000, 3199; OLG Düsseldorf, NJW-spezial 2007, 206.
146 Eingehend *J. Mayer*, in: Mayer/Süß/Tanck/Bittler/Wälzholz, Handbuch Pflichtteilsrecht, § 8 Rn. 25; krit., *Lange/Kuchinke*, Erbrecht, § 25 Abs. 5 Satz 5a, 37 Abs. 10 Satz 3.
147 Vgl. etwa BGHZ 59, 132, 136; BGHZ 116, 178, 183.
148 So ausdrücklich OLG Bamberg, 01.10.2007 – 6 U 44/07, ZEV 2008, 386: § 2325 BGB setzt eine Schenkung i.S.d. § 516 BGB voraus.
149 *Groll/Rösler*, Praxis-Handbuch Erbrechtsberatung, C VI Rn. 206; a.A. *Herrler*, notar 2010, 97.
150 Hierfür plädiert z.B. *Richter*, ZErb 2005, 139.

teiligen Auswirkungen einer Vermögensverschiebung zwischen Eheleuten geschützt werden sollen – auch in § 2325 Abs. 1 und 3 BGB (sowie in § 2327 BGB) der freigiebigen Schenkung gleichgestellt[151] (vgl. Rdn. 2773 ff.). Eine Schenkung unter Ehegatten liegt allerdings nicht vor, wenn die Zuwendung unterhaltsrechtlich geboten war[152] (vgl. Rdn. 2649 ff.).

3064 Nach der Rechtsprechung des BGH[153] kann ferner dann ausnahmsweise eine objektiv angemessene entgeltliche ehebezogene Zuwendung vorliegen, die den Pflichtteilsergänzungsanspruch ausschließt, wenn sich die Zuwendung nach den konkreten Verhältnissen als angemessene Alterssicherung des Empfängers (§§ 1360, 1360a BGB) oder aber als nachträgliche Vergütung langjähriger Dienste[154] (nicht allein im Haushalt,[155] sondern z.B. Tätigkeit als Sprechstundenhilfe über 30 Jahre) darstellt (s. Rdn. 2654, 2775 ff.). Dies kommt z.B. in Betracht für die Zuwendung des Nießbrauchs[156] oder von Einzahlungen in die Privatrentenversicherung[157] zugunsten des Ehegatten, der nur über geringe Rentenansprüche verfügt. Die insb. in der Literatur vorgetragenen Überlegungen, Ehegattenzuwendungen bis zur Höhe des rechnerischen Zugewinnausgleichs ergänzungsfrei zu stellen, hat der BGH im genannten Grundsatzurteil[158] demgegenüber verworfen.

3065 Daneben tritt die analoge Anwendung des § 2325 BGB auf freigiebige Transferleistungen, denen ein Element des Schenkungsbegriffs fehlt, z.B. bei der Einbringung von Vermögen in eine „eigene" noch nicht rechtsfähige **Stiftung** (kein Vertrag, sondern einseitige nicht empfangsbedürftige Willenserklärung in Gestalt des Stiftungsaktes;[159] anders bei der späteren Zustiftung: unmittelbare Anwendung des § 2325 BGB, Vertrag[160] – Sachverhalt „Dresdner Frauenkirche", Rdn. 24). Die 10-jährige Pflichtteilsergänzungsfrist läuft mit (nießbrauchsfreier) Einbringung des Vermögens in die Stiftung. Dies gilt auch, wenn die Anerkennung der Stiftung (und damit die Erlangung der Rechtsfähigkeit) erst nach dem Tod des Stifters erfolgt (§ 84 BGB fingiert einen lebzeitigen Übergang), sogar wenn der Antrag erst durch den Erben gestellt wurde (lediglich i.R.d. § 82 BGB – gesetzlicher Übergang von Rechten im Zeitpunkt der Anerkennung – kommt es auf letzteren Zeitpunkt an). Der Charakter der Unentgeltlichkeit wird nicht dadurch beseitigt, dass die Stiftung sich kraft ihrer Statuten zu einer bestimmten Verwendung der Erträge verpflichtet hat. Richtet sich der Anspruch gem. § 2329 BGB gegen die (Vor-)Stiftung als Beschenkte, droht allerdings die kurze, 3-jährige Verjährung ab dem Erbfall (§ 2332 Abs. 1 BGB n.F., ebenso vor 2009: § 2332 Abs. 2 BGB a.F.), die durch den Lauf des behördlichen Anerkennungsverfahrens nicht analog § 206 BGB („höhere Gewalt") gehemmt wird; zur Wahrnehmung verjährungsunter-

---

151 BGH, 27.11.1991 – IV ZR 164/90, NJW 1992, 564 – hierzu monografisch *Straub*, Die Rechtsfolge ehebezogener Zuwendungen im Erbrecht, 2009; ebenso zu § 2287 BGB, § 134 InsO, § 4 AnfG; a.A. die frühere Lit., z.B. *Morhard*, NJW 1987, 1734.
152 BGH, NJW 1992, 564.
153 BGHZ 116, 167, 173.
154 Bspw. OLG Oldenburg, FamRZ 2000, 638.
155 Vgl. im Einzelnen *J. Mayer*, in: *Mayer/Süß/Tanck/Bittler/Wälzholz*, Handbuch Pflichtteilsrecht, § 8 Rn. 45.
156 OLG Schleswig, 16.02.2010 – 3 U 39/09, MittBayNot 2011, 148 m. Anm. *Herrler*: orientiert an den Pfändungsgrenzen des § 850c ZPO: drei Viertel des gemeinsamen Einkommens (Verhältnis 930,00 € Einpersonenhaushalt zu 1.280,00 € monatlich Zweipersonenhaushalt).
157 I.H.v. 58.000,00 €; die Ehefrau war damals 64 Jahre alt und verfügte über eine geringe Rente: OLG Stuttgart, 26.01.2011 – 19 W 52/10, ZEV 2011, 384.
158 BGHZ 116, 167 ff.
159 OLG Karlsruhe, ZEV 2004, 470; *Rawert*, ZEV 1999, 153.
160 Vgl. *Röthel*, ZEV 2006, 9.

B. Pflichtteilsergänzung

brechender Maßnahmen ist die Vorstiftung durch einen Pfleger analog § 1912 BGB (Pfleger für die Leibesfrucht) zu vertreten.[161]

Ein „Sonderrecht" zur Freistellung von Zuwendungen an gemeinnützige Stiftungen in extensiver Auslegung des § 2330 BGB wird, wie oben Rdn. 34, Rdn. 153 ausgeführt, de lege lata abgelehnt,[162] und auch der Gesetzgeber hat sich ungeachtet der Reformvorschläge der Literatur[163] und ausländischer Vorbilder[164] bewusst dagegen entschieden. Handelt es sich bei der pflichtteilsergänzungsrechtlichen Zuwendung jedoch nur um eine Spende, kann die Stiftung, solange sie nicht wegen Kenntnis verschärft haftet, sich häufig auf § 818 Abs. 3 BGB berufen, z.B. wenn mit den Zuwendungen übermäßige Aufwendungen getätigt wurden, die sonst nicht notwendigerweise angefallen wären, oder wenn mit hohen Spenden spezielle Hilfsprogramme aufgelegt wurden, die sonst nicht realisiert worden wären.[165] Ist die Stiftung zugleich Erbe, kann sie in Sterbefällen ab 01.01.2010, obwohl ihrerseits nicht pflichtteilsberechtigt, Antrag auf Stundung der Pflichtteilsschuld gem. § 2331a BGB n.F. stellen.[166]

3066

Bei „**Familienstiftungen**" (Rdn. 2864) stellen sich zwei weitere Probleme:

3067

- Sind in der Zwischenzeit erfolgte Zuwendungen der Stiftung an den nunmehrigen Pflichtteilsergänzungsberechtigten zu behandeln wie Zuwendungen des ursprünglichen Stifters, sodass sie in (doppelt)[167] analoger Anwendung des § 2327 BGB auf den Anspruch (auch ohne ausdrückliche Anordnung) anzurechnen sind?[168]

- Verhindern Ausschüttungen an den Stifter das Anlaufen der Zehn-Jahres-Frist ähnlich einem vorbehaltenen Nutzungsrecht, da noch kein „wesentlicher Verzicht" vorlag (vgl. Rdn. 3074)? Maßgeblich wird darauf abzustellen sein, ob der Stifter die Eigenbegünstigung rechtlich oder faktisch steuern konnte; hinsichtlich der „Wesentlichkeit" wird eine Schwelle von 25 % der Ausschüttungen verlangt.[169] Richtiger dürfte sein, wie beim Vorbehaltsquotennießbrauch (Rdn. 1201) zusätzlich zu differenzieren nach der absoluten Höhe der Ausschüttung: gewährleistet sie den nachhaltigen Unterhalt trotz prozentual niedrigerer Quote, ist die Wesentlichkeit des „Vorbehalts" ebenfalls bereits gegeben. Ähnliches gilt wohl bei tatsächlich erfolgten wesentlichen Stiftungsausschüttungen an den Ehegatten des Stifters.[170]

3068

---

161 *Damrau*, ZEV 2010, 12, 15, auch zu abweichenden Ansichten.
162 *Rawert/Katschinski*, ZEV 1996, 162 ff.; *Werner*, ZEV 2007, 560 ff.; LG Baden-Baden, ZEV 1999, 152 m. Anm. *Rawert*; BGH, ZEV 2004, 115 m. Anm. *Kollhosser* gegen OLG Dresden, NJW 2002, 3181 m. krit. Anm. *Rawert*.
163 *Hüttemann/Rawert*, ZEV 2007, 107, 112 f.: Pflichtteilsfrei soll der Wert des Pflichtteils eines weiteren, hypothetischen Kindes, zugunsten gemeinnütziger Zwecke sein.
164 Art. 785 Abs. 3 Satz 1 Österreichisches ABGB: gänzliche Freistellung gemeinnütziger Zuwendungen; im norwegischen Recht begrenzt auf 1 Mio. Norwegische Kronen, vgl. *Röthel*, ZEV 2008, 113.
165 Vgl. Gutachten, DNotI-Report 2007, 195.
166 Vgl. *Speckbrock*, Rpfleger 2009, 604.
167 Weder liegt eine Leistung des Erblassers vor (sondern der Stiftung), noch handelt es sich (vgl. BGH, 07.10.2009 – Xa ZR 8/08, ZEV 2010, 100 mit teilw. krit. Anm. *Gantenbrink* – Schenkung liege vor, § 518 Abs. 1 BGB gelte aber wegen Analogie zu § 81 Abs. 1 Satz 1 BGB nicht) um eine Schenkung.
168 Bejahend RGZ 54, 401 und *Lange*, ZErb 2010, 137, 141; differenzierend *Rawert/Katschinski*, ZEV 1996, 165: nur, falls auf diese Leistungen ein klagbarer Destinatäranspruch bestand. Gänzlich ablehnend *Cornelius*, ZErb 2006, 233 und *Werner*, ZEV 2007, 563 (dort auch gegen eine Analogie zu § 2307 BGB: kein Vermächtnischarakter der Stiftungszuwendungen). Zum Ganzen *Medicus*, in: FS für Heinrichs, 1998, S. 381 ff.
169 Vgl. im Einzelnen *Cornelius*, Der Pflichtteilsergänzungsanspruch, Rn. 736.
170 *Werner*, ZEV 2007, 560 (564).

b) Zeitpunkt der Leistung

aa) Rechtlicher Leistungserfolg

3069 Außer bei Schenkungen unter Ehegatten und eingetragenen Lebenspartnern (§ 2325 Abs. 3 Halbs. 2 BGB, § 10 Abs. 6 Satz 2 LPartG) sind Schenkungen nur dann ergänzungspflichtig, wenn z.Zt. des Erbfalls 10 Jahre seit der „Leistung" des verschenkten Gegenstands noch nicht verstrichen sind. Der Begriff der Leistung ist nicht identisch mit demjenigen der §§ 518 Abs. 2, 2301 Abs. 2 BGB. Grds. ist abzustellen auf den Eintritt des **rechtlichen Leistungserfolgs**, also den auf Rechtsübertragung gerichtete Vollzug.[171] Entgegen früherer Auffassung reicht es also nicht, dass der Schenker lediglich alles getan hat, was von seiner Seite für den Erwerb des Leistungsgegenstands durch den Beschenkten erforderlich ist.[172]

3070 Je nach Schenkungsgegenstand ist daher hinsichtlich des Zeitpunkts des rechtlichen Leistungserfolgs zu differenzieren:[173]

> **Übersicht: Zeitpunkt des rechtlichen Leistungserfolgs**
>
> - Aufschiebend bedingte oder befristete Übertragungen sind erst mit Eintritt der Bedingung/der Frist geleistet.
> - Genügt zur Aufhebung eines Rechts der Verzicht durch Erlassvertrag (§ 397 Abs. 1 BGB), erfolgt die Leistung bereits dadurch; bedarf es zur Aufhebung eines Rechts zusätzlich der Löschung im Grundbuch (§ 875 Abs. 1 Satz 1 BGB), beginnt die Frist erst mit dieser Löschung.
> - Bei der schenkweisen Aufnahme eines Gesellschafters ist der Zeitpunkt des Eintritts maßgebend, sofern der neue Gesellschafter seine Rechte als Mitunternehmer tatsächlich wahrnehmen kann.[174] Ist (wie Kommanditbeteiligungen im Hinblick auf § 176 HGB üblich, Rdn. 2168) die Wirksamkeit der Abtretung an die (deklaratorische) Registereintragung geknüpft, ist dieser Zeitpunkt maßgeblich (ebenso für den schenkungsteuerlichen Vollzug: Rdn. 3592).
> - Bei der Schenkung von Grundstücken beginnt die Frist erst mit der Umschreibung im Grundbuch, nicht bereits mit Erwerb eines Anwartschaftsrechts.[175]
> - Die Zuwendung eines widerruflichen Bezugsrechts bei einer Lebensversicherung bedeutet die Schenkung der Versicherungssumme, die erst im Todeszeitpunkt als Leistung stattfindet.[176] Wird ein unwiderrufliches Bezugsrecht zugewendet, beginnt die Zehnjahresfrist bereits dann zu laufen (wobei streitig ist, ob bei bereits abgelaufener Frist wenigstens die im Zehnjahreszeitraum vor dem Tod entrichteten Prämien für die Pflichtteilsergänzung

---

[171] Vgl. zum Folgenden *J. Mayer* in: Mayer/Süß/Tanck/Bittler/Wälzholz, Handbuch Pflichtteilsrecht, § 8 Rn. 120.
[172] So noch BGH, NJW 1970, 1639; in BGHZ 98, 233, aufgegeben.
[173] Vgl. zum Folgenden *Schindler*, ZEV 2005, 290 ff.
[174] *U. Mayer*, ZEV 2003, 358; *Kerscher/Riedel/Lenz*, Pflichtteilsrecht, § 16 Rn. 7. Eine bloße, sei sie auch „unwiderrufliche", Stimmrechtsvollmacht hindert (unter dem Aspekt der „wirtschaftlichen Ausgliederung") wohl nicht, vgl. Gutachten, DNotI-Report 2010, 129.
[175] BGHZ 125, 398; a.A. *Behmer*, FamRZ 1999, 1254: § 8 Abs. 2 AnfG analog.
[176] Vgl. BGH, NJW 2004, 215 (zur Insolvenzanfechtung), *Elfring*, ZEV 2004, 310.

maßgeblich sind, oder der hieraus anteilig erzielte Gesamtausschüttungsbetrag[177] oder eine Berücksichtigung gänzlich unterbleibt, vgl. auch Rdn. 2926f.).
- Bei der Zuwendung an eine Stiftung tritt der Leistungserfolg mit behördlicher Anerkennung der Stiftung[178] (wegen der davor bestehenden Widerruflichkeit, § 81 Abs. 2 BGB) und deren Eigentumserwerb ein.
- Bei der schenkweisen Begründung einer Leibrente soll nicht das Rentenversprechen, sondern die Zahlung der jeweils monatlich fälligen Rate als Leistung gelten.[179]
- Sofern in Gesellschaftsverträgen das abfindungslose Ausscheiden (Fortsetzungsklausel mit Abfindungsausschluss) eine ergänzungspflichtige Zuwendung darstellt, tritt der Leistungserfolg erst mit dem Tod des Gesellschafters ein;[180] Gleiches gilt bei der rechtsgeschäftlichen Nachfolgeklausel sowie der rechtsgeschäftlichen Eintrittsklausel (sowohl in Gestalt der Abtretungslösung als auch der Treuhandlösung).[181]
- Wird einem Dritten eine sog. „Oder-Konto-Berechtigung" eingeräumt, beginnt die Frist erst mit dem Tod des Erblassers zu laufen, da er bis zu diesem Zeitpunkt noch mitverfügen konnte.[182]
- Bereits i.S.d. § 2301 Abs. 2 BGB vollzogene[183] Schenkungen auf den Todesfall setzen gleichwohl die Pflichtteilsergänzungsfrist nicht in Gang, da der Rechtserwerb erst mit dem Tod eintritt.[184]

Ist allerdings am Todestag bei wirksamem Schenkungsversprechen (§ 518 Abs. 1 BGB) der rechtliche Leistungserfolg noch nicht eingetreten, scheidet damit nicht etwa § 2325 BGB mangels Vorliegens einer vollzogenen Schenkung aus; vielmehr ist Gegenstand der bereits erfolgten Schenkung der Anspruch auf Übereignung der Sache.[185] Der Gegenstand selbst befindet sich zwar noch im Nachlass, wird aber durch die entsprechende Verbindlichkeit (Eigentumsverschaffungspflicht) saldiert, und zwar selbst dann, wenn der Erwerbsberechtigte selbst Erbe ist, sodass an sich Forderung und Schuld durch Konfusion untergegangen wären (§§ 1976, 2143, 2377 BGB analog).[186]

3071

bb) Wirtschaftliche Ausgliederung

Über den Eintritt des rechtlichen Leistungserfolgs hinaus fordert der BGH,[187] dass der Erblasser einen Zustand geschaffen hat, dessen Folgen er selbst noch 10 Jahre lang zu tragen hat und der

3072

---

177 Ablehnend *Elfring*, ZEV 2004, 310; vgl. auch Rdn. 2926f.
178 Vgl. *Röthel*, ZEV 2008, 113.
179 *Frank*, JR 1987, 245.
180 *Kohl*, MDR 1995, 873; BGH, NJW 1993, 2738, gegen BGH, NJW 1970, 1639.
181 Sudhoff/*Scherer*, Unternehmensnachfolge, § 17 Rn. 69.
182 Vgl. MünchKomm-BGB/*Lange*, BGB, § 2325, Rn. 36.
183 Andernfalls handelt es sich ohnehin um ein Vermächtnis oder eine Erbeinsetzung, sofern sie unter einer Überlebensbedingung stehen, § 2301 Abs. 1 BGB.
184 Vgl. *Worm*, RNotZ 2003, 544.
185 BGH, 10.11.1982 – IVa ZR/81, NJW 1983, 1485.
186 OLG Schleswig, 15.08.2006 – 3 U 63/05, ZEV 2007, 277.
187 BGHZ 98, 232; 125, 397.

ihn schon im Hinblick darauf von einer böslichen Schenkung zum Nachteil des Pflichtteilsberechtigten abhalten könne. Der Schenker muss also nicht nur seine Rechtsstellung als Eigentümer endgültig aufgeben, sondern auch darauf verzichten, den verschenkten Gegenstand aufgrund vorbehaltener dinglicher oder vereinbarter schuldrechtlicher Ansprüche im Wesentlichen weiterhin zu nutzen. Erforderlich ist demnach zusätzlich eine „**wirtschaftliche Ausgliederung**".[188]

3073 Typische Anwendungssachverhalte, in denen aufgrund dieses zusätzlichen Kriteriums die Frist nicht zu laufen beginnt, sind die bereits oben Rdn. 1199 ff. behandelten Fälle des **Nießbrauchs** (mit den bekannten Unterfragen, wie der Zuwendungsnießbrauch, der Bruchteils- und der Quotennießbrauch zu behandeln sind) sowie des vorbehaltenen **Wohnungsrechts** (oben Rdn. 1331 ff.) Liegt nach den dort diskutierten Kriterien eine wirtschaftliche Ausgliederung noch nicht vor, beginnt die Frist erst mit Erlöschen des dinglichen Rechts durch rechtsgeschäftliche Aufhebung (dann sowohl für die Grundstücksschenkung als auch die Schenkung der Nutzung) zu laufen, wohl nicht bereits dann, wenn der Nutzungsberechtigte von dem ihm eingeräumten Recht keinen Gebrauch mehr macht oder machen kann.[189]

3074 Aber auch außerhalb der vorbehaltenen Wohnungs- und Nießbrauchsrechte wird die Thematik der wirtschaftlichen Ausgliederung diskutiert:[190]

> **Übersicht: Wirtschaftliche Ausgliederung**
>
> - Bei bloßen Benutzungsdienstbarkeiten für Nebennutzungen dürfte die Frist gleichwohl beginnen, handelt es sich jedoch um die einzig sinnvolle, wenngleich spezifizierte Nutzung, liegt noch keine wirtschaftliche Ausgliederung vor.[191]
> - Die Übertragung eines Gegenstands gegen (abänderbare) dauernde Last oder (statische) Leibrente verwirklicht nach herrschender Meinung die wirtschaftliche Ausgliederung;[192] die Gegenauffassung betont, dass aus Sicht des Veräußerers noch kein faktischer Genussverzicht vorliege.[193] Folgt man der herrschenden Meinung, kann die nachträgliche Ersetzung eines vorbehaltenen Nießbrauchs/Wohnungsrechts durch einen Mietvertrag mit dauernder Last („Stuttgarter Modell") zu einem Anlaufen der Frist ab dem Zeitpunkt der Ersetzung führen, Rdn. 1552 f. Die vermittelnde Auffassung sieht im „Stuttgarter Modell" keine wirtschaftliche Ausgliederung, solange der Veräußerer (sei es auch als Mieter) noch das Objekt bewohne,[194] sodass lediglich die Ersetzung eines bisher durch Fremdvermietung genutzten Nießbrauchs durch eine schlichte dauernde Last/Leibrente für das Anlaufen der Frist günstig sei.

---

188 Krit. hiergegen wegen der Konturenlosigkeit des Kriteriums *Nieder*, DNotZ 1987, 320; als unzulässige Rechtsfortbildung contra legem abgelehnt von *Reiff*, ZEV 1998, 246, die Praxis wird sich gleichwohl darauf einzustellen haben.
189 A.A. *N. Mayer*, ZEV 1994, 330.
190 Vgl. zum Folgenden wiederum *Schindler*, ZEV 2005, 293 ff.; *Gehse*, RNotZ 2009, 361 ff.
191 Vgl. *Schippers*, MittRhNotK 1996, 211.
192 Vgl. *Wegmann*, MittBayNot 1994, 308; *Heinrich*, MittRhNotK 1995, 164; *Worm*, RNotZ 2003, 548.
193 *Pawlytta*, in: Mayer/Süß/Tanck/Bittler/Wälzholz, Handbuch Pflichtteilsrecht, § 7 Rn. 164 und 176; offenlassend DNotI-Gutachten, Faxabruf-Nr. 12146 v. 05.01.2007.
194 *N. Mayer*, ZEV 1994, 328.

- Auch die Übertragung einer Immobilie unter gleichzeitiger Vereinbarung eines Mietvertrags mit dem Veräußerer ist umstritten. Während überwiegend (wohl zutreffender weise) darauf abgestellt wird, es liege kein „Vorbehalt" der wesentlichen Nutzung vor,[195] stellen andere den Sachverhalt (obwohl entgeltlich) dem Rückbehalt des Wohnungsrechts gleich[196] (vgl. Rdn. 1552).

- Fraglich ist, ob ein **Rückforderungs-, Rücktritts- oder Widerrufsvorbehalt** der wirtschaftlichen Ausgliederung entgegensteht. Dafür spricht, dass der Wegfall der jedenfalls faktischen Verfügungsbefugnis das Eigentum noch stärker kennzeichnet als das Fehlen der Nutzungsmöglichkeit, sodass die Argumentation des BGH erst recht hierfür greifen müsse;[197] dagegen spricht, dass während der Nichtausübung des Rückforderungsvorbehalts ein Genussverzicht gerade stattfindet,[198] wenn es aber zur Rückforderung kommt, der Pflichtteilsberechtigte nicht mehr schutzbedürftig ist, da der zurückgeleistete Gegenstand nun dem unmittelbaren Pflichtteilsrecht unterliegt.[199] Für das enumerative Rückerwerbsrecht geht die ganz herrschende Meinung in der Literatur sowie die untergerichtliche Rechtsprechung[200] ohnehin davon aus, dass es – jedenfalls sofern der Rückerwerbsfall nicht willkürlich herbeigeführt werden kann – kein Fristhindernis darstelle.[201] Entscheidend ist stets, welche Rechtsmacht beim Veräußerer verblieben ist. Möglicherweise bewirkt demnach allerdings auch das bloß enumerative Rückforderungsrecht im Verein mit weiteren Vorbehalten (Wohnungsrecht an den bisher bewohnten Räumen), dass der Veräußerer sich auf keinen Genussverzicht einzurichten brauchte, „**Summationseffekt**".[202] Im Rahmen dieser Gesamtabwägung kann es sich empfehlen, die Tatbestände der „eigenmächtigen Veräußerung und Belastung" aus dem Katalog der zur Rückforderung berechtigenden Umstände herauszunehmen, da sie in stärkerem Maße als die „passiven Tatbestände" (Pfändung, Insolvenz, Tod, Scheidung etc) Herrschaftsinstrumente darstellen können.[203] Tatsächlich und rechtlich verfehlt ist jedenfalls die Ansicht des OLG Düsseldorf,[204] ein an verbotswidrige Weiterveräußerung anknüpfender Rückforderungsvorbehalt lasse die Zehn-Jahres-Frist nicht anlaufen, da „der Ver-

---

195 Vgl. *Cornelius*, Der Pflichtteilsergänzungsanspruch, Rn. 740 ff.
196 So etwa *N. Mayer*, ZEV 1994, 328; *Wegmann*, MittBayNot 1994, 308.
197 So *Mayer/Süß/Tanck/Bittler/Wälzholz*, Handbuch Pflichtteilsrecht, § 8 Rn. 133.
198 Vgl. monografisch *Böning*, Die Anwendung des § 2325 BGB auf Grundstücksschenkungen unter Widerrufs- und Nießbrauchsvorbehalt, Diss. 1991, S. 117 f.: der Schenker müsse sich in die veränderte Vermögenssituation eingewöhnen, da ihm die Nutzungen nicht mehr zur Verfügung stehen.
199 *Ellenbeck*, MittRhNotK 1997, 53; Staudinger/*Olshausen*, BGB, § 2325 Rn. 59.
200 LG München I, 11.02.2008 – 35 O 16744/06, BeckRS 2008, 24625.
201 Gutachten, DNotI-Report 2011, 65 ff. m.w.N.; *N. Mayer*, ZEV 1994, 329; *Kerscher/Riedel/Lenz*, Pflichtteilsrecht, § 9 Rn. 109; differenzierend *Winkler*, ZEV 2005, 94. *Pawlytta*, in: Mayer/Süß/Tanck/Bittler/Wälzholz, Handbuch Pflichtteilsrecht, § 7 Rn. 173, sei typologisch darauf abzustellen, ob der Schenker noch bis zu seinem Tod durch Rückerwerbsrechte „über die Schenkung weiterregiert", indem er dem Beschenkten weder die wesentliche Nutzung noch eine erhebliche Verfügungsmöglichkeit einräume.
202 OLG Düsseldorf, FamRZ 1999, 1547, ebenso OLG München, 25.06.2008 – 20 U 2205/08 ZEV 2008, 480 m. abl. Anm. *Herrler*, 461; s. Rdn. 1333.
203 *Gehse*, RNotZ 2009, 361, 370.
204 OLG Düsseldorf, 11.04.2008 – 7 U 70/07 DNotZ 2009, 67 m. abl. Anm. *Diehn*; ablehnend auch *Herrler* ZEV 2008, 526 f.: lediglich i.R.d. § 528 BGB kann durch das schuldrechtliche Verfügungsverbot gesichert werden, dass der Erwerber nicht entreichert ist.

- äußerer sich sicher sein könne, dass ihm das Grundstück zur wirtschaftlichen Verwertung stünde, wenn er es z.B. für die Heimunterbringung benötige".
- Die Vermögensausstattung einer **Stiftung** lässt die Frist wohl selbst dann anlaufen, wenn der Zuwendende zugleich zum Kreis der Begünstigten dieser Stiftung zählt. Möglicherweise liegt jedoch dann noch kein Genussverzicht vor, wenn der Zuwendende alleiniger Vorstand der Stiftung ist oder jedenfalls maßgeblichen Einfluss auf ihre Entscheidungen hat, vgl. Rdn. 3068. Werden Zuwendungen an ausländische Stiftungen unter Widerrufsvorbehalt getätigt, ist zusätzlich die Fragestellung des vorangehenden Spiegelstrichs relevant.[205]
- Die bloß tatsächliche Weiternutzung durch den Veräußerer auch ohne ausdrückliche vertragliche Absprache kann – jedenfalls bei verfestigten Sachverhalten – der wirtschaftlichen Ausgliederung entgegenstehen.

Beispiel:

Schenkung von Mobiliar an den Lebensgefährten bei Aufrechterhaltung der Haushaltsgemeinschaft.[206] *Gemeinsame Nutzung der durch den Lebensgefährten finanzierten Wohnung mit diesem Lebensgefährten.*[207]

- Bei der Zusammenfassung mehrerer Rechte – typisch für das Altenteil/Leibgeding – kann eine Kombinationsbetrachtung zur Überschreitung der Wesentlichkeit der noch nicht übergegangenen Nutzung führen.[208]

3075 Wird das fristschädliche vorbehaltene Recht jedoch endgültig aufgegeben (durch Erlassvertrag bei schuldrechtlichen Ansprüchen; materiell-rechtliche Erklärung gem. § 875 BGB und Löschung bei dinglichen Rechten), beginnt die (nunmehr abschmelzende) Zehn-Jahres-Frist des § 2325 Abs. 3 BGB ab diesem Zeitpunkt zu laufen (wobei allerdings zu berücksichtigen ist, dass die kompensationslose Aufgabe vorbehaltener Rechte wiederum eine Schenkung darstellt, die insoweit eine neue Zehn-Jahres-Frist auslöst, und mit den zusätzlichen zivilrechtlichen Schwächen einer Schenkung – § 528 BGB, Anfechtungsgefahren etc., Rdn. 182 ff. – behaftet ist; zu den schenkungsteuerlichen Folgen vgl. Rdn. 3836 ff. (Rechtslage für bis 2008 vorbehaltene Nutzungsrechte) bzw. Rdn. 3874 ff. (Rechtslage für ab 2009 vorbehaltene Nutzungsrechte). Interessanter erscheint daher der Austausch vorbehaltener Nutzungsrechte gegen „unschädliche" Gegenleistungen, etwa eine dauernde Last (vgl. Rdn. 1186 ff.)[209] Zur Diskussion über die „Reparaturwirkung" von Weiter- oder Rückschenkungen unter Ehegatten vgl. Rdn. 1753.

---

205 Vgl. zum Ganzen *Scherer/Pawlytta*, in: Jubliläumsschrift „10 Jahre DVEV", S. 127 ff.
206 So *v. Olshausen*, FamRZ 1995, 719; zust. auch OLG Düsseldorf, NJW 1996, 3156.
207 Vgl. *Schlögel* MittBayNot 2010, 398.
208 Vgl. etwa OLG Düsseldorf, FamRZ 1999, 1547.
209 *Gehse*, RNotZ 2009, 361, 377.

3. Gläubigerstellung

a) Personenkreis

Berechtigte des Pflichtteilsergänzungsanspruchs sind die abstrakt in § 2303 BGB genannten Berechtigten, sofern deren Recht nicht durch § 2309 BGB oder in anderer Weise (z.B. Pflichtteilsentziehung) ausgeschlossen ist. Ergänzungsberechtigt kann daher auch sein, wer zugleich gesetzlicher oder gewillkürter (Mit)Erbe oder Vermächtnisnehmer ist, § 2326 BGB – hierin zeigt sich die Selbstständigkeit der Pflichtteilsergänzung ggü. dem ordentlichen Pflichtteil (§§ 2303 ff. GB). Bleibt Erbschaft bzw. Vermächtnis hinter dem ordentlichen Pflichtteil zurück, erhält der Berechtigte bei dessen Annahme neben dem Erbteil/Vermächtnis zunächst den Pflichtteilsrestanspruch (§ 2307 Abs. 1 Satz 2 BGB), ferner den vollen Ergänzungsanspruch (vgl. § 2326 Satz 1 BGB). Übersteigt allerdings der Erbteils-/Vermächtniswert den ordentlichen Pflichtteil, mindert sich zwingend sein Ergänzungsanspruch gem. § 2326 Satz 2 BGB um den Betrag, um den der Wert des ihm Hinterlassenen (Erbteil oder Vermächtnis) den Wert des ordentlichen Pflichtteils ohne Hinzurechnung der Schenkung übersteigt. Diese Mehrhinterlassung wird ihm auch dann abgezogen, wenn er – z.B. wegen Ausschlagung gem. § 2306 Abs. 1 Satz 2 BGB – den ihm an sich zugedachten Nachlassbestand selbst nicht mehr erhält.[210] Der Vermächtniswert wird dabei ohne Rücksicht auf etwaige Beschränkungen oder Beschwerungen ermittelt, arg. § 2307 Abs. 1 Satz 2 BGB.

3076

Schwierig ist die Berechnung des Ergänzungspflichtteils bei **vorangegangenen ausgleichungspflichtigen Schenkungen**, da bei der Bemessung der „Hälfte des gesetzlichen Erbteils" i.S.d. § 2326 Satz 1 BGB dann die **Werttheorie** („Wert der Hälfte des gesetzlichen Erbteils hinterlassen") zu berücksichtigen ist (vgl. im Einzelnen Rdn. 3005, 5165). Der (Allein- oder Mit) Erbe soll den Wert der Differenz zwischen dem, was er als Erbe erhalten hat, und dem, was er bei Hinzurechnung der Schenkung zum Nachlass als Pflichtteil erhalten würde, verlangen können. Bei der Ausgleichung (unter Kindern als gesetzlichen Erben, § 2050 BGB, oder als testamen-

3077

---

210 Teleologische Reduktion des § 2326 Satz 2 BGB, vgl. *J. Mayer*, in: Mayer/Süß/Tanck/Bittler/Wälzholz, Handbuch Pflichtteilsrecht, § 8 Rn. 149, tlw. abweichend *Klinger/Mohr*, NJW-Spezial 2007, 13: nur der Wert eines ausgeschlagenen unbelasteten Erbteils ist abzuziehen, nicht jedoch der Wert einer gem. § 2306 Abs. 1 Satz 2 BGB ausgeschlagenen beschwerten Erbschaft. Eine a.A. (*Schindler*, ZErb 2006, 189) vermeidet dieses Problem, indem sie zur Anwendung des § 2306 Abs. 1 Satz 1 (nicht des Satz 2) BGB kommt, sodass daneben der unmittelbare Pflichtteilsergänzungsanspruch ohne Ausschlagung berechnet werden kann. Beispiel nach *Schindler*, ZErb 2006, 189: Der verwitwete Erblasser setzt seinen einzigen Sohn zum Miterben zu 3/4 des verbleibenden Nachlasses von 100.000,00 € ein und belastet ihn mit einem Vermächtnis zugunsten der Haushälterin i.H.v. 50.000,00 €. Ein Jahr vor seinem Tod hatte er einem Dritten 500.000,00 € verschenkt. Die h.M. wendet i.R.d. § 2306 BGB die Quotentheorie an (Werttheorie nur bei Veränderungen des ordentlichen Pflichtteils durch Vorgänge gem. §§ 2315, 2316 BGB, nicht bei Existenz eines Ergänzungspflichtteilsanspruchs), verbleibt also im Bereich des § 2306 Abs. 1 Satz 2 BGB. Der Sohn muss demnach, um sich vom Vermächtnis zu befreien, ausschlagen und erhält hierfür den ordentlichen Pflichtteil (50.000,00 €); daneben den Ergänzungspflichtteil i.H.v. 250.000,00 €. Schlägt er nicht aus, bliebe ihm als Ergänzungsanspruch wegen § 2326 Satz 2 BGB (Beschwerungen bleiben unberücksichtigt) lediglich 225.000,00 €, daneben der allerdings mit dem Vermächtnis belastete Erbteil, er erhält also 25.000,00 € weniger. *Schindler* wendet dagegen auch bei Pflichtteilsergänzungsansprüchen die Werttheorie an – vgl. unten Rdn. 5167 –, verbleibt daher aufgrund des Vergleichs des Hinterlassenen mit dem Gesamtpflichtteil im Bereich des § 2306 Abs. 1 Satz 1 BGB, sodass die Beschränkung aus dem Vermächtnis ohne Ausschlagung als nicht angeordnet gilt, und gewährt daneben gem. §§ 2325, 2326 Satz 2 BGB in unmittelbarer Anwendung den Ergänzungsanspruch i.H.v. 225.000,00 € gegen den Miterben (der sich i.d.R. gem. § 2329 BGB gegen den Beschenkten D richten wird).

Kapitel 9: Erb- und pflichtteilsrechtliche Problematik

tarischen Erben gemäß gesetzlicher Quote, § 2052 BGB) bestimmt sich demnach der Wert des „Hinterlassenen" i.S.d. § 2326 Satz 2 BGB nach demjenigen, was er als „Ausgleichsguthaben" erhält.[211]

3078 *Beispiel:*

Vater V setzt die Kinder K1 und K2 zu Miterben je zur Hälfte ein bei einem realen Nachlass von noch 20. K1 hat einen ausgleichungspflichtigen Vorempfang von 4, der Dritte D eine Schenkung von (ggf. noch verbleibenden) 40 erhalten. Zu ermitteln ist der Pflichtteilsergänzungsanspruch als Differenz zwischen dem Ausgleichungserbteil und dem Gesamtpflichtteil.

Der Ausgleichungserbteil von K1 beträgt 24 : 2 = 12 abzgl. 4 = 8. Der Gesamtpflichtteil von K1 setzt sich zusammen aus dem Ausgleichungspflichtteil gem. § 2316 BGB von 4 (Hälfte des Ausgleichungserbteils) und dem Ergänzungspflichtteil von 10 (ein Viertel vom Geschenkwert), also 14.

Der Pflichtteilsergänzungsanspruch des K1 gem. §§ 2325, 2326 Satz 2 BGB beläuft sich daher auf 14 − 8 = 6.

Der Pflichtteilsergänzungsanspruch des K2 berechnet sich wie folgt: Gesamtpflichtteil von 16 (Ausgleichungspflichtteil 6, Ergänzungspflichtteil 10) abzgl. seines Ausgleichserbteils von 12, also 4.

K1 erhält also insgesamt 18 (Vorempfang 4, Erbteil 8, Ergänzungsanspruch 6), K2 insgesamt lediglich 16 (Erbteil 12 plus Ergänzungsanspruch 4). Die Besserstellung des K1 liegt darin, dass bei K2 aufgrund der Ausgleichung die gesamte Zuwendung an K1 in die Pflichtteilsberechnung eingestellt wird, während K1 nur die Hälfte einzubüßen hat.

Im Fall der Enterbung hätte K1 einen ordentlichen Ausgleichungspflichtteil gem. §§ 2303, 2316 BGB von (24 : 2 = 12 − 4 = 8 × 1/2 =) 4 sowie einen Ergänzungspflichtteil gem. § 2325 BGB von 1/4 aus 40 = 10, gesamt also 14. K2 hat neben dem Ergänzungspflichtteil von 10 einen Ausgleichungspflichtteil von (24 : 12 = 12 × 1/2 =) 6, gesamt also 16.[212]

Die Pflichtteilsergänzungsansprüche gem. §§ 2325, 2326 Satz 2 BGB stellen Erbteilsverbindlichkeiten gegen den anderen Miterben dar, die K1 und K2 gem. § 2328 BGB abwehren müssen, sodass letztlich der Beschenkte D gem. § 2329 Abs. 1 Satz 1 BGB auf die K1 und K2 jeweils zustehenden Ansprüche von 6 und 4, gesamt also 10, haftet.

b) Zeitliches Kriterium

3079 Entgegen der überwiegenden Meinung in der Literatur[213] lösen nach BGH[214] nur solche Schenkungen Pflichtteilsergänzungsansprüche aus, bei deren Vollziehung das abstrakt zum Pflichtteil berechtigende Verwandtschaftsverhältnis bereits bestand (sog. **Doppelberechtigung**).[215]

---

211 *Schindler*, Pflichtteilsberechtigter Erbe und pflichtteilsberechtigter Beschenkter, Rn. 547; *Schindler*, ZEV 2005, 514; a.A. *Kerscher/Kerscher*, ZEV 2005, 295 ff., die eine „erweiterte Bemessungsgrundlage" bilden wollen durch Zurechnung des lebzeitigen Vorempfangs zum Hinterlassenen.

212 Vgl. zum Vorstehenden *Schindler*, ZEV 2005, 514; a.A. der Lösungsvorschlag von *Kerscher/Kerscher*, ZEV 2005, 295 ff.

213 Z.B. *Siebert*, NJW 2006, 2948; *Tiedtke*, DNotZ 1998, 5; *Faentz*, FamRZ 1999, 488; *Reimann*, MittBayNot 1997, 299 – der egalitäre Charakter des deutschen Erbrechts differenziert nicht danach, ob Vermögen z.B. vor oder nach Verehelichung erworben wurde –; zur Problematik der Auswirkung auf andere Pflichtteilsberechtigte *Tanck*, ZErb 2005, 2 ff.

214 BGH, DNotZ 1998, 135.

215 MünchKomm-BGB/*Lange*, § 2325 Rn. 6.

Schenkungen, die vor der Wiederheirat an die Kinder aus erster Ehe durchgeführt[216] wurden oder vor einer Adoption bzw. (besonders strittig)[217] der Zeugung (nicht lediglich: der Vaterschaftsanerkennung)[218] eines weiteren Kindes geschahen, lösen also keine Pflichtteilsergänzungsansprüche zugunsten der später hinzutretenden Berechtigten aus.

Nach LG Dortmund[219] soll in **„umgekehrter" Anwendung** dieses Grundsatzes der „Doppelberechtigung" der Pflichtteilsergänzungsanspruch auch dann wegfallen, wenn der Inhaber vor dem Erblasser stirbt, da dessen Abkömmlinge zum Zeitpunkt der Schenkung wegen des damals noch lebenden Elternteils gem. § 2309 BGB nicht pflichtteilsberechtigt waren (Allerdings beurteilt sich die Frage der [Verdrängung von der] Pflichtteilsberechtigung gem. § 2309 BGB nur nach dem Zeitpunkt des Erbfalls!). Erst recht müsste dies gelten für Abkömmlinge des potenziell Ergänzungsberechtigten, die zum Zeitpunkt der Schenkung noch gar nicht geboren/gezeugt waren.[220]

3080

4. Ermittlungsschritte

Bei Schenkungen an Dritte (die selbst pflichtteilsberechtigt sein können) berechnet sich der Ergänzungspflichtteil gem. § 2325 Abs. 1 BGB nach der bis Ende 2009 geltenden Gesetzeslage (vgl. aber Rdn. 3084) in vier Schritten, nach der ab 2010 geltenden Rechtslage in fünf Schritten (Rdn. 3084: Abschmelzungseffekt).

3081

- durch Bildung eines fiktiven, ergänzten Nachlasses durch Zurechnung der Schenkung,
- und durch anschließende Bildung des fiktiven Ergänzungserbteils aufgrund der gesetzlichen Erbquote des Berechtigten,
- schließlich durch Bildung des Ergänzungspflichtteils im Weg der Halbierung des fiktiven Ergänzungserbteils,
- und zuletzt durch Feststellung des Ergänzungsbetrags durch Subtraktion des ordentlichen Pflichtteils vom Ergänzungspflichtteil.

Berechnungsbeispiel:[221]

3082

Der verwitwete Erblasser enterbt seinen einzigen Sohn S (Pflichtteilsquote also 1/2) zugunsten des familienfremden X. Wert des Nachlasses = 40.000,00 €; Wert des verschenkten Gegenstandes = 40.000,00 €.

Der ordentliche Pflichtteil beträgt 1/2, somit 40.000,00 € : 2 = 20.000,00 €.

---

216 Nach BGH, 21.06.1972 – IV ZR 69/71, NJW 1973, 40 ist maßgeblich bei Grundstücksschenkungen die Auflassungserklärung samt Bewilligung der Umschreibung, nicht (wie für den Fristanlauf des § 2325 Abs. 3 BGB) der Vollzug.
217 *Pawlytta*, in: Mayer/Süß/Tanck/Bittler/Wälzholz, Handbuch Pflichtteilsrecht, § 7 Rn. 7: Der Grundsatz der Doppelberechtigung sei nicht gerechtfertigt, wenn der Pflichtteilsberechtigte diese Stellung ohne eigene Mitwirkung bzw. Disposition (Heirat, Adoption) erlangt habe.
218 OLG Köln, ZEV 2005, 398 m. Anm. *Reimann*, da mit Wirksamkeit der Vaterschaftsanerkennung der Anerkannte rechtlich bereits ab Geburt als Abkömmling gilt.
219 ZEV 1999, 30, m. abl. Anm. *Otte*.
220 *Bestelmeyer*, FamRZ 1998, 1155 f.; *Pluskat*, ZErb 2005, 173 belegt, dass diese Konsequenzen sich nicht notwendig aus der BGH-Rspr. ergeben.
221 Nach MünchKomm-BGB/*Lange*, § 2325 Rn. 27.

Der Ergänzungspflichtteil beträgt:

- *fiktiver Nachlass: 40.000,00 € + 40.000,00 € = 80.000,00 €*
- *fiktiver Ergänzungserbteil: demnach 80.000,00 €*
- *fiktiver Ergänzungspflichtteil: hiervon die Hälfte = 40.000,00 €*
- *Subtraktion ordentlicher Pflichtteil (20.000,00 €) vom Ergänzungspflichtteil (40.000,00 €) = 20.000,00 €*

Forderung des S gegen X: 2 mal 20.000,00 €, d.h. der gesamte (noch vorhandene) Nachlass

3083 Wurde dem Pflichtteilsberechtigten ein größerer Erbteil/Vermächtnis als sein Pflichtteil zugewandt, ist – wie bereits ausgeführt, Rdn. 3076 f. – der Mehrwert gem. § 2326 Satz 2 BGB abzuziehen.

3084 Für Sterbefälle ab dem 01.01.2010 reduziert sich (infolge Umsetzung desRegE v. 30.01.2008[222] in Gestalt der Stellungnahmen v. 24.04.2008)[223] das aus §§ 2325, 2329 BGB für den Erben, in zweiter Linie auch den Beschenkten, ergebende Pflichtteilsergänzungsrisiko künftig deutlich, allerdings nur sofern überhaupt die Frist gem. § 2325 Abs. 3 BGB durch rechtliche und wirtschaftliche Ausgliederung und bei Schenkung unter Ehegatten durch Beendigung der Ehe angelaufen ist (hierzu s.o. Rdn. 3069 ff.): Jedes volle Zeitjahr, das vom Erbfall zurückgerechnet seit der Leistung des verschenkten Gegenstands verstrichen ist, reduziert die Anrechnungshöhe (inflationsbereinigt) um jeweils ein Zehntel. Demnach werden auch lebzeitige Zuwendungen in Konstellationen, in denen – etwa wegen schwerer Erkrankung – das Erreichen der rettenden 10-Jahres-Frist nicht mehr erwartet werden darf, zu einer Minderung der Pflichtteilsergänzungshöhe führen, wenn nur ein Jahr noch verstreichen wird. Maßgeblich für die Geltung des neuen Rechts ist das Versterben des Schenkers nach Inkrafttreten der gesetzlichen Neuregelung (01.01.2010), sodass auch Schenkungen aus der Zeit vor Inkrafttreten der Reform erfasst werden.

5. Abzug von Eigengeschenken

3085 **Eigenschenkungen an den Ergänzungsberechtigten selbst** sind gem. § 2327 Abs. 1 Satz 1 BGB stets, auch ohne Anrechnungsbestimmung, von der Ergänzungsforderung abzuziehen, und zwar **ohne Rücksicht auf die Zehnjahresgrenze** des § 2325 Abs. 3 BGB, die nur bei Dritt-, nicht bei Eigenschenkungen gilt,[224] und selbst dann, wenn ein anzurechnender geschenkter Anspruch wegen Verjährung nicht mehr durchgesetzt werden kann.[225] Das Vorliegen von Schenkungen ist nach allgemeinen Grundsätzen (Rdn. 21 ff.) zu beurteilen; auch Abfindungszahlungen an weichende Geschwister fallen darunter.[226] Wie auch bei der angeordneten Pflichtteilsanrechnung nach § 2315 BGB müssen Schenker und Erblasser identisch sein, es gilt also nicht der „erweiter-

---

[222] BR-Drucks. 96/08, veröffentlicht z.B. unter www.zev.de, vgl. *Bonefeld*, ZErb 2008, 67; *Progl*, ZErb 2008, 78; *Keim*, ZEV 2008, 161 ff.; *Herrler/Schmied*, ZNotP 2008, 178; *Schindler*, ZEV 2008, 187; *Schaal/Grigas*, BW-NotZ 2008, 2 ff.
[223] BT-Drucks. 16/8954.
[224] BGH, NJW 1983, 2875; eingehend *Seibel*, Rpfleger 2006, 300, der de lege ferenda zu einer Angleichung an § 2325 Abs. 3 BGB rät (bzw. die Verweisung in § 2327 BGB „in gleicher Weise" auf alle Absätze des § 2325 BGB erstrecken will).
[225] LG Freiburg, 02.10.2009 – 8 O 90/08, JurionRS 2009, 36610.
[226] Dies gilt auch für Abfindungszahlungen aus der Übergabe eines Hofes nach Maßgabe der Höfeordnung, OLG Köln, 09.07.2008 – 2 U 100/07, ZErb 2009, 39.

te Erblasserbegriff" wie i.R.d. Erbteilsausgleichung diskutiert, wonach als Erblasser beim Berliner Testament auch der erstverstorbene Ehegatte anzusehen sei (vgl. Rdn. 1651).

§ 2327 Abs. 1 BGB trägt dem Ausschluss widersprüchlichen Verhaltens Rechnung: wer gem. § 2325 BGB verlangt, dass Zuwendungen an einen Dritten seinen eigenen Pflichtteil erhöhen, kann nicht im gleichen Zuge verweigern, dass sein Eigenschenk pflichtteilsrechtlich berücksichtigt wird. Wurde demnach eine rechtzeitige Anrechnungsbestimmung bei einer Direktzuwendung (§ 2315 BGB) versäumt, bleibt die **„Flucht in die Pflichtteilsergänzung"**, indem weitere lebzeitige Zuwendungen an Dritte einen (mit den Jahren gem. § 2325 Abs. 3 BGB abnehmenden) Pflichtteilsergänzungsanspruch des Erstbeschenkten auslösen,[227] der sodann durch seinen früheren Erwerb kompensiert wird; zugleich sinkt durch die weiteren Wegschenkungen der verbleibende ordentliche Pflichtteil. Scheut der Erblasser das mit den weiteren Wegschenkungen verbundene lebzeitige Vermögensopfer, kann er lebzeitige Verträge zugunsten Dritter auf den Todesfall aussetzen (z.B. durch widerrufliche Benennung Dritter als Bezugsberechtigte auf den Todesfall bei einer Lebensversicherung oder Anlegung eines Sparbuchs auf den Namen des Dritten, das jedoch der Erblasser noch im Besitz behält: der Erwerb findet zwar außerhalb des Nachlasses statt, die im Valutaverhältnis zugrunde liegende Schenkung wird jedoch gem. § 2325 BGB erfasst, die Frist ist naturgemäß noch nicht zu Lebzeiten angelaufen).[228]

3086

a) Anrechnung nur gem. § 2327 BGB

Wenn keine zusätzliche Pflicht zur Anrechnung oder Ausgleichung (§§ 2315, 2316 BGB) besteht, wird die **Berechnung** dergestalt vorgenommen, dass

3087

- sämtliche Eigengeschenke und sonstigen ergänzungspflichtigen Schenkungen an Dritte dem Nachlass hinzuzurechnen sind (inflationsbereinigt und mit den sich aus § 2325 Abs. 2 BGB ergebenden Wertansätzen, ggf. pro rata gekürzt gem. § 2325 Abs. 3 BGB),
- hieraus der Ergänzungspflichtteil zu ermitteln ist
- und davon (vom Ergänzungspflichtteil) sodann das Eigengeschenk abgezogen wird.

War das Eigengeschenk größer als der Ergänzungspflichtteil, ist keine Rückerstattung an den Nachlass geschuldet, andererseits findet jedoch auch keine Anrechnung auf den ordentlichen Pflichtteil statt. (Es kann jedoch bei unzureichendem Nachlass der solchermaßen Beschenkte wegen seines übergroßen Eigengeschenks von anderen Pflichtteilsberechtigten seinerseits nach § 2329 Abs. 1 Satz 2 BGB in Anspruch genommen werden.)

3088

b) Anrechnung nach § 2327 und § 2315 BGB

Ist das **Eigengeschenk zusätzlich** vom Veräußerer mit einer **Pflicht zur Anrechnung** gem. § 2315 BGB versehen worden, erfolgt diese auf den Gesamtbetrag von ordentlichem Pflichtteil und Ergänzung, § 2327 Abs. 1 Satz 2 BGB. Dabei ist umstritten, ob das Eigengeschenk zunächst vom ordentlichen Pflichtteil oder zunächst vom Ergänzungsanspruch abzuziehen ist (was des-

3089

---

227 Vgl. /*J. Mayer*, in: Mayer, J./Süß/Tanck/Bittler/Wälzholz, Handbuch des Pflichtteilsrechts, § 11 Rn. 63; *J. Mayer*, ZErb 2007, 130, 133.
228 *Wall* ZErb 2011, 10, 14.

Kapitel 9: Erb- und pflichtteilsrechtliche Problematik

halb von Bedeutung ist, weil nur beim Ergänzungsanspruch eine subsidiäre Inanspruchnahme des Beschenkten gem. § 2329 BGB in Betracht kommt).

3090 Hierzu werden in der Literatur vier Berechnungsmethoden vertreten.[229] Am gesetzeskonformsten, da an § 2327 Abs. 1 Satz 1 BGB angelehnt, dürfte der Vorschlag von *Dieckmann*[230] sein:
- Zunächst ist der Gesamtpflichtteil gem. § 2327 Abs. 1 Satz 1 BGB zu bereinigen,
- sodann der ordentliche Pflichtteil nach Maßgabe des § 2315 BGB zu berechnen (bei § 2327 Abs. 1 Satz 1 BGB wäre der ordentliche Pflichtteil unmittelbar gem. §§ 2303, 2311 BGB zu ermitteln gewesen)
- und sodann die Differenz zu bilden. Diese bezeichnet den verbleibenden Ergänzungspflichtteil.

3091 *Beispiel:*[231]

Der Restnachlass von 100.000,00 € wird an einen Freund vererbt; der einzige Pflichtteilsberechtigte (der Sohn) ist enterbt. Ein Dritter hat zuvor eine Schenkung von 80.000,00 €, der Sohn S eine anrechnungspflichtige Schenkung von 100.000,00 € erhalten.

Der Gesamtpflichtteil des Sohnes beläuft sich auf (100.000,00 € Nachlass + 80.000,00 € Drittschenkung + 100.000,00 € Eigenschenkung) : 2 = 140.000,00 €.

Sein bereinigter Gesamtpflichtteil beläuft sich daher noch (nach Abzug der 100.000,00 €) auf 40.000,00 €.

Der ordentliche Pflichtteil des S gem. § 2315 BGB (durch Hinzurechnung zum Nachlass des an ihn erbrachten anrechnungspflichtigen Geschenks, sodann Abzug) berechnet sich wie folgt:

(100.000,00 € Nachlass + 100.000,00 € anrechnungspflichtige Schenkung) : 2 – 100.000,00 € = 0

Der Ergänzungspflichtteil beläuft sich daher auf 40.000,00 € – 0 = 40.000,00 €.

3092 Die Anrechnung des Eigengeschenks erfolgt dabei nach herrschender Meinung bei gleichzeitig angeordneter Anrechnung auf den ordentlichen Pflichtteil gem. § 2315 Abs. 2 Satz 2 BGB mit dem Wert zum Zeitpunkt der Schenkung (also nicht nach dem Niederstwertprinzip des § 2325 Abs. 2 BGB).

3093 Umstritten ist auch die Anrechnungs"-reihenfolge" für den Fall, dass sich der Pflichtteilsergänzungsanspruch gem. § 2329 BGB gegen den Beschenkten richtet. Die überwiegende Literatur[232] nimmt die Anrechnung zunächst auf den ordentlichen Pflichtteil vor und sodann hinsichtlich des Restes auf die Pflichtteilsergänzung gegen den Beschenkten.

---

229 Vgl. ausführlich *Kasper*, Anrechnung und Ausgleichung, S. 33 ff., sowie *Pawlytta*, in: Mayer/Süß/Bittler/Wälzholz, Handbuch Pflichtteilsrecht, § 7 Rn. 132 ff.
230 Soergel/*Dieckmann*, BGB, § 2327 Rn. 13 ff.
231 Nach Mayer/Süß/Bittler/Wälzholz, Handbuch Pflichtteilsrecht, 1. Aufl. 2003, § 8 Rn. 170.
232 Bspw. RGRK/*Johannsen*, BGB, § 2327 Rn. 5, Soergel/*Dieckmann*, BGB, § 2327 Rn. 5; a.A. jedoch MünchKomm-BGB/*Frank*, § 2327 Rn. 8 (umgekehrte Reihenfolge).

c) Anrechnung nach §§ 2327 und 2316 BGB

Ist schließlich das **Eigengeschenk zugleich ausgleichungspflichtig** (§ 2050 BGB), ist § 2327 BGB nicht zu entnehmen, wie die Berücksichtigung dieser Anordnung und zugleich der Anrechnung des Eigengeschenks auf den Pflichtteilsergänzungsanspruch erfolgen soll.

3094

J. Mayer[233] schlägt folgendes Verfahren vor:

3095

- Zunächst ist der ordentliche Pflichtteil unter Berücksichtigung der Ausgleichung zu berechnen,
- sodann der Gesamtpflichtteil samt aller ergänzungspflichtigen Geschenke, des Eigengeschenks und der ausgleichspflichtigen Zuwendungen zu ermitteln,
- die Differenz ergibt sodann den Ergänzungspflichtteil.
- Von diesem wird im zweiten Schritt lediglich die Hälfte des Eigengeschenks abgezogen (die andere Hälfte wurde bereits i.R.d. Ausgleichsberechnung berücksichtigt):

Beispiel:[234]

3096

Ein Nachlass von 40.000,00 € geht allein an den Freund. Ein Dritter D hat eine ergänzungspflichtige Schenkung von 12.000,00 € erhalten. Pflichtteilsberechtigt sind nur die Kinder S und T, wobei T eine ausgleichspflichtige Zuwendung von 16.000,00 € erhielt, von der wiederum 4.000,00 € (als Übermaßausstattung) eine Schenkung darstellen.

Der ordentliche Pflichtteil gem. § 2316 BGB des S beläuft sich auf (40.000,00 € + 16.000,00 €) : 2 = 28.000,00 € – 16.000,00 € = 12.000,00 € : 2 = 6.000,00 €.

Der Gesamtpflichtteil würde sich nach der Berechnungsmethode des BGH[235] *wie folgt berechnen:*

Nachlass ergänzt um Schenkungen und Zuwendungen (68.000,00 €), multipliziert mit der Erbquote (1/2), abzgl. der ausgleichspflichtigen Vorempfänge (16.000,00 €), geteilt durch zwei, ergibt 9.000,00 €.

Der Ergänzungspflichtteil, noch ohne Anrechnung des Eigengeschenks, beliefe sich demnach auf den Gesamtpflichtteil abzgl. ordentlichen Pflichtteils, also auf 3.000,00 €. Von diesem würde das Eigengeschenk zur Hälfte, also i.H.v. 2.000,00 € (1/2 des Eigengeschenkwerts von 4.000,00 €), abgezogen, sodass noch ein effektiver Ergänzungsanspruch von 1.000,00 € verbliebe.

6. Ausschluss des Pflichtteilsergänzungsanspruchs

Der Pflichtteilsergänzungsanspruch ist ausgeschlossen, wenn das Aktivvermögen im Nachlass trotz der Hinzurechnung beim Erbfall diejenigen Nachlassverbindlichkeiten nicht übersteigt, die dem Pflichtteilsberechtigten auch in der Nachlassinsolvenz vorgehen würden (vgl. § 327 InsO) – es bleibt der Anspruch gem. § 2329 BGB, vgl. Rdn. 3111.[236] Ist der beschenkte Dritte zugleich Pflichtteilsberechtigter und wurde ihm ggü. eine Anrechnungsbestimmung gem. § 2315 BGB getroffen, ist die Schenkung sowohl in den fiktiven Ergänzungsnachlass des Ergänzungsberechtigten einzurechnen und gleichzeitig beim Dritten nach § 2315 BGB anzurechnen.

3097

---

233 *J. Mayer*, in: Bamberger/Roth, BGB, § 2327 Rn. 11.
234 Nach Soergel/*Dieckmann*, BGB, § 2327 Rn. 20.
235 NJW 1988, 821.
236 Vgl. im Einzelnen *Dieckmann*, in: FS für *Beitzke*, 1979, S. 417.

7. Bewertung der Schenkung

3098 Die Bewertung der Schenkung erfolgt (ausgenommen Landgüter)[237] nach dem gemeinen Wert (§ 2311 BGB)[238] – der gerade bei Unternehmen schwierig zu ermitteln ist[239] –, und zwar bei verbrauchbaren Sachen (§ 92 BGB)[240] zum Zeitpunkt der Schenkung, sonst nach dem **Niederstwertprinzip des § 2325 Abs. 2 Satz 2 BGB** (Rdn. 1209) im Vergleich des Aktivwertes bei Schenkung und beim Erbfall, inflationsbereinigt[241] durch Herausrechnen des Kaufkraftschwunds (Verbraucherpreisindex). Zeitpunkt der Schenkung ist (wie bei § 2325 Abs. 3 BGB) der Leistungserfolg, bei Grundstücksschenkungen also die Eintragung in das Grundbuch.[242] Ob der Gegenstand im Zeitpunkt des Erbfalls noch dem Beschenkten gehört, ist unerheblich; ist er allerdings dann insgesamt untergegangen und ist nicht ein (dann anzusetzendes) Surrogat (Versicherungssumme, Schadensersatzanspruch) an dessen Stelle getreten, entfällt ein Pflichtteilsergänzungsanspruch.[243] Ob die Wertveränderungen durch Investitionen (bzw. deren Unterlassen, also den „Zahn der Zeit") oder aber durch Änderungen am Markt eingetreten sind, ist ebenfalls nach herrschender Meinung gleichgültig, solange das Objekt keine Identitätsveränderung erfahren hat (Gegenbeispiel: aus Bauplatz wird Wohngebäude).

3099 Ist dieser Wert im Zeitpunkt des Erbfalls niedriger und somit der Erbfall als Ermittlungsstichtag maßgeblich, kommt ein Abzug der dann durch Ableben „erledigten" Vorbehalte, etwa des Nießbrauchs, nicht mehr in Betracht. **Stets abzuziehen** sind jedoch i.R.d. Schenkung übernommene Verpflichtungen, die auf **aktives Tun** gerichtet sind, da sie der Überlassung einen teilentgeltlichen Charakter geben, und zwar unabhängig davon, ob nach Maßgabe des Niederstwert-Prinzips auf den Zeitpunkt der Schenkung oder den Zeitpunkt des Erbfalls zur Bewertung des Gesamtobjekts abzustellen ist. Der Abzug erfolgt (wie bei der Berücksichtigung des Nießbrauchs, Rdn. 3100) grds. *abstrakt ex ante*, nach Maßgabe des kapitalisierten Werts unter Berücksichtigung der Lebenserwartung des Schenkers zum Zeitpunkt der Überlassung.[244]

3100 Ist dagegen auf den Zeitpunkt der Zuwendung abzustellen, wird der Pflichtteilsergänzungsberechtigte nicht nur (wie dem Niederstwertprinzip immanent) angesichts des damals niedrigeren Wertes benachteiligt, sondern auch durch den zusätzlichen Abzug der vorbehaltenen, mit dem Ableben erledigten Rechte, deren Wert im Normalfall abstrakt ex ante kapitalisiert wird (vgl. oben Rdn. 1212). Dies kann zu einer deutlichen Reduzierung des Pflichtteilsanspruchs führen:

---

237 Bei ausdrücklicher Anordnung Ertragswert bei einem vollerwerbsland- oder forstwirtschaftlichen Betrieb, vgl. § 2312 BGB (hierzu *Mayer*, MittBayNot 2004, 334).

238 Angaben der Vertragsteile „zum Zweck der Gebührenbewertung" sind im Regelfall unrealistische Wertansätze und daher nicht maßgeblich, vgl. z.B. OLG Oldenburg, NJW-RR 1992, 778.

239 Vgl. *Winkler*, ZEV 2005, 89 ff.: i.d.R. Ertragswertmethode, ggf. unter Abzug latenter Steuern, jedoch unabhängig von Abfindungsklauseln.

240 Gem. BGHZ 98, 226, zählt hierzu auch der schenkweise Erlass einer Geldforderung, da er wie die Hingabe von Geld behandelt wird, gem. OLG Schleswig, 10.10.2006 – 3 U 40/06, NotBZ 2007, 261 auch die Milchreferenzmenge.

241 Vgl. OLG Koblenz, 13.07.2006 – 7 U 1801/05, MittBayNot 2007, 135.

242 Vgl. BGH, NJW 1975, 1832.

243 Staudinger/*Ohlshausen*, BGB (2006), § 2325 Rn. 99.

244 Vgl. OLG Schleswig, 25.11.2008 – 3 U 11/08, ZEV 2009, 81; notar 2009, 70 m. Anm. *Odersky*.

Beispiel: 3101

Der Grundstückswert bei Vollzug der Schenkung beträgt 200.000,00 €, zum Todestag entspräche dies unter Berücksichtigung der zwischenzeitlichen Geldentwertung von (angenommen) 10 % 220.000,00 €; Wert bei Ableben des Veräußerers 300.000,00 €. Abzustellen ist somit auf den Zeitpunkt des Vollzugs der Schenkung, mithin unter Abzug des kapitalisierten Betrags der vorbehaltenen Nutzung.

Angenommener Jahresnettoertag der Nutzung (vor Steuern) 12 x 1.000,00 € = 12.000,00 €; Lebensalter des Nießbrauchsberechtigten bei Beginn 75 Jahre, weiblich. Gem. Anlage zu § 14 Abs. 1 Satz 4 BewG ergibt sich ein Kapitalisierungsfaktor (abstrakt, ex ante) von 7,879, also gesamt 94.548,00 €. Auch dieser ist inflationsbedingt um 10 % zu erhöhen auf (gerundet) 105.053,00 €, sodass ein ergänzungspflichtiger, inflationsbereinigter Restwert von 220.000,00 € minus 105.053,00 € = 114.947,00 € verbleibt.

Bei einer (angenommenen) Pflichtteilsquote von 1/4 (gesetzlicher Güterstand; ein Kind) hätte also der Pflichtteilsanspruch ohne die Schenkung 1/4 von 300.000,00 € = 75.000,00 € betragen; aufgrund der vorangegangenen Schenkung unter Nießbrauchsvorbehalt beläuft er sich jedoch nur mehr auf 1/4 von 114.947,00 € = 28.736,75 €! Trotz des dadurch bewirkten Nichtanlaufens der 10-Jahres-Frist des § 2325 Abs. 3 BGB führt also der Nießbrauch zu einer deutlichen Reduzierung, sofern nur eine inflationsbereinigte Wertsteigerung bis zum Todestag erreicht werden kann.

Hinweis: 3102

Ist mit dem „Überstehen" der 10-Jahres-Frist ohnehin nicht zu rechnen und verspricht auch die Reduzierung um jeweils 10 % pro Jahr bei Sterbefällen ab dem 01.01.2010 (§ 2325 BGB n.F.) keine ausreichende Besserung, kann der Vorbehaltsnießbrauch bei Schenkungen sogar die „pflichtteilsrechtlich optimierte" Lösung sein, wenn nur der Aktivwert des Geschenkes (inflationsbereinigt) bis zum Ableben nicht sinkt. Gegenüberzustellen ist allerdings die Alternative einer Übertragung ohne Nießbrauchsvorbehalt, z.B. gegen Versorgungsrente, die zum Anlaufen der Zehn-Jahres-Frist führt und seit der Erbrechtsreform 2009 die Chance auf ein „jährliches Abschmelzen" um je 10 % eröffnet.

8. Schuldner

Schuldner des Pflichtteilsergänzungsanspruchs ist/sind, auch wenn ein Dritter die Schenkung erhalten hat, grds. der/die Erben (Nachlassverbindlichkeit). Der nicht selbst pflichtteilsberechtigte Erbe muss also u.U. für Pflichtteil und Ergänzungspflichtteil den gesamten Nachlass opfern, ohne beim Beschenkten Regress nehmen zu können.[245] Zur **Vermeidung einer Haftung mit seinem Eigenvermögen** sollte er also rechtzeitig von den **Haftungsbeschränkungsmöglichkeiten** der §§ 1975, 1981 ff., 1990, 1991 Abs. 4 BGB Gebrauch machen. 3103

Insb. um zu vermeiden, dass ein selbst nicht pflichtteilsberechtigter Erbe den gesamten Nachlass zu opfern hat für Ausgleichsansprüche in Bezug auf Schenkungen, die Dritten zugutegekommen sind, ist zu erwägen, die **Pflichtteilsergänzungslast dem Beschenkten aufzubürden**, über das Vorliegen der Voraussetzungen des § 2329 BGB hinaus: 3104

---

245 BGH, NJW 1983, 1485.

3105 **Formulierungsvorschlag: Übernahme der Pflichtteilsergänzungslast durch den Beschenkten**

> Der Erwerber der heutigen Zuwendung verpflichtet sich, einen etwa hierdurch ausgelösten Pflichtteilsergänzungsanspruch (§ 2325 BGB), soweit sich dieser gegen den Erben richtet, anstelle des Erben zu übernehmen, also den Erben von dieser Inanspruchnahme freizustellen. Auf dingliche oder anderweitige Sicherung des Freistellungsanspruchs wird verzichtet. Den Beteiligten ist bewusst, dass der gesetzliche Pflichtteilsergänzungsanspruch sich zunächst weiter gegen den Erben richtet (sofern nicht die Voraussetzungen des § 2329 BGB erfüllt sind), dieser also lediglich einen schuldrechtlichen Freistellungsanspruch gegen den heutigen Beschenkten bzw. dessen Gesamtrechtsnachfolger erwirbt, dessen Einbringlichkeit sich nach den seinerzeitigen Verhältnissen richtet.

9. Einrede des Gesamtpflichtteils, § 2328 BGB

3106 Der selbst pflichtteilsberechtigte Erbe kann gem. § 2328 BGB durch Einrede[246] die Ergänzung des Pflichtteils soweit verweigern, dass ihm sein eigener Pflichtteil zuzüglich dessen verbleibt, was ihm selbst zur Ergänzung des Pflichtteils gebühren würde (ergänzter Pflichtteil als Mindestbestand). Der zu schützende (fiktive) konkrete Gesamtpflichtteil setzt sich zusammen aus dem fiktiven ordentlichen Pflichtteil (unter Berücksichtigung der Anrechnungs- und Ausgleichsregel nach §§ 2315, 2316 BGB) und dem fiktiven Ergänzungspflichtteil (unter Abzug der Eigengeschenke nach § 2327 BGB).[247] Wie §§ 2318 Abs. 3 und 2319 BGB (Rdn. 3055) soll die Einrede den verpflichteten Erben davor bewahren, dass er das erlangte Vermögen zunächst teilweise auszukehren hat und dann wegen seines eigenen Pflichtteils und Ergänzungspflichtteils bei anderen Ersatz suchen muss.

3107 Wie bei § 2325 BGB genügt für die Einrede des § 2328 BGB die abstrakte Pflichtteilsberechtigung (die bestünde, wenn er nicht tatsächlich [Mit-]Erbe geworden wäre), und zwar nach herrschender, wenngleich fragwürdiger Auffassung sowohl im Zeitpunkt der Schenkung als auch des Erbfalls (Doppelberechtigung).[248] § 2328 BGB beschränkt den Verpflichtungsumfang, also die Höhe des Klageanspruchs, nicht das Vollstreckungsobjekt. Mit der Beschränkung der Schuld geht aber nicht zwingend eine Beschränkung der Haftung auf den Nachlass einher, sodass der (Mit-)Erbe für den nach § 2328 BGB gekürzten Ergänzungsanspruch möglicherweise auch mit seinem Eigenvermögen haftet.[249]

3108 Gegenüber dem ordentlichen Pflichtteilsanspruch nach § 2303 oder nach § 2305 BGB (Restpflichtteil) kann die Einrede nicht erhoben werden, da diese Ansprüche stets nur am realen Nachlass ausgerichtet sind, während der aus einem fiktiven Nachlass berechnete Ergänzungsanspruch den gesamten realen Nachlass aufzehren oder gar überschreiten kann. Wirtschaftlich führt § 2328

---

246 OLG Koblenz, 04.09.2009 – 10 U 1443/08, ZEV 2010, 194 (Az. BGH: IV ZR 200/09): keine Berücksichtigung von Amts wegen. Die Einrede kann dazu führen, dass die übrigen Pflichtteilsberechtigten auf das Vorgehen gegen den Beschenkten verwiesen werden (§ 2329 BGB), auch wenn der Beschenkte zugleich Erbe ist.
247 Berechnungsbeispiele bei *Schindler*, ZEV 2010, 558, 559.
248 OLG Koblenz, 13.07.2006 – 7 U 1801/05, NJOZ 2006, 3869, 3875; vgl. *Ruby/Schindler*, ZEV 2007, 173, im Anschluss an BGHZ 59, 210 ff.
249 Vgl. *Schindler*, ZEV 2010, 558.

BGB zu einer Bevorzugung des pflichtteilsberechtigten Erben ggü. anderen Pflichtteilsberechtigten („beatus possidens").

Hat der Miterbe selbst einen Pflichtteils(ergänzungs)anspruch oder hat der Alleinerbe selbst einen Anspruch nach § 2329 Abs. 1 Satz 2 BGB, muss eine Doppelbegünstigung durch Gewährung der Einrede (§ 2328 BGB) und daneben das Bestehen eines Pflichtteils(ergänzungs)anspruchs verhindert werden, daher besteht der Schutz nur bis zum Wert des Erbteils bzw. Nachlasses im Zeitpunkt des Erbfalls (Obergrenze). Beläuft sich der Gesamtpflichtteil auf „null", ist § 2328 BGB nicht einschlägig.[250] Der Mit- oder Alleinerbe muss dann vielmehr seine Haftung nach allgemeinen Grundsätzen auf den Nachlass beschränken. Der Beschenkte selbst kann aber subsidiär aus § 2329 BGB haften. 3109

Ist der Beschenkte selbst pflichtteilsberechtigt, kann ihm in analoger Anwendung die Einrede des § 2328 BGB ebenfalls zustehen,[251] dem Umfang nach gerichtet auf den ohne Beachtung von § 2327 BGB ermittelten Ergänzungspflichtteil aus sämtlichen Schenkungen.[252] 3110

10. Haftung des Beschenkten gem. § 2329 BGB

Ist der Erbe zur Ergänzung des Pflichtteils nicht verpflichtet, weil ein Nachlass nicht vorhanden oder dieser überschuldet ist,[253] oder weil der Erbe in zulässigerweise seine Haftung beschränkt hat[254] bzw. der Nachlass zur Begleichung des Pflichtteilsanspruchs gem. § 327 Abs. 1 Nr. 1 InsO nicht ausreicht, weil er zulässigerweise die Einrede des § 2328 BGB erhoben hat[255] oder weil der Ergänzungspflichtteilsberechtigte selbst Alleinerbe geworden ist (§ 2329 Abs. 1 Satz 2 BGB), richtet sich der Ergänzungsanspruch aufgrund seiner „Richtungsbeweglichkeit" **subsidiär gegen den Beschenkten selbst (§ 2329 Abs. 1 Satz 1 BGB)**. Die bloße Zahlungsunfähigkeit oder Unerreichbarkeit des an sich unbeschränkt haftenden, verpflichteten Erben genügt hierfür jedoch nicht.[256] 3111

Der Beschenkte (ebenso der Zweitbeschenkte, § 822 BGB)[257] haftet lediglich nach Bereicherungsrecht – also nicht mehr im Fall der Entreicherung, § 818 Abs. 3 BGB[258] –, kann die Vollstreckung durch Zahlung des am Pflichtteil fehlenden Betrags abwenden (§ 2329 Abs. 2 BGB), ist jedoch bei Nichtausübung dieser Ersetzungsbefugnis nur zur Duldung der Zwangsvollstreckung 3112

---

250 Entgegen OLG Koblenz, 04.09.2009 – 10 U 1443/08, ZEV 2010, 194; vgl. *Schindler*, ZEV 2010, 558, 560.
251 BGH v. 10.11.1982 – IVa ZR 29/81, NJW 1983, 1485.
252 Vgl. ausführlich *Schindler*, Pflichtteilsberechtigter Erbe und pflichtteilsberechtigter Beschenkter, Rn. 995 ff.
253 BGH, NJW 1974, 1372.
254 Vgl. §§ 1975 ff., 1990, 1991, 2060 BGB, und der Nachlass genügt nicht auch zur Begleichung des Pflichtteilsergänzungsanspruchs.
255 D.h. er erhielte, wenn er die Pflichtteilsergänzung zu erfüllen hätte, weniger als den ihm gebührenden Gesamtpflichtteil (einschließlich einer ihm selbst gebührenden Pflichtteilsergänzung).
256 BGH, NJW 1983, 1485, 1486.
257 LG Berlin, 28.09.2010 – 2 O 287/10, JurionRS 2010, 34691; OLG Hamm, 08.06.2010 – 10 U 10/10, JurionRS 2010, 21093; *Ruby/Schindler*, ZEV 2011, 188.
258 Z.B. zu bejahen, wenn mit den Zuwendungen übermäßige Aufwendungen getätigt wurden, die sonst nicht notwendigerweise angefallen wären, oder wenn mit hohen Spenden spezielle Hilfsprogramme aufgelegt wurden, die sonst nicht stattgefunden hätten, vgl. Gutachten, DNotI-Report 2007, 195.

in das Geschenk zum Zweck der Befriedigung wegen des fehlenden Betrags verpflichtet.[259] Bei mehreren Beschenkten haftet gem. § 2329 Abs. 3 BGB zunächst (ähnlich § 528 Abs. 2 BGB) der **zuletzt Beschenkte** in voller Höhe des zur vollständigen Pflichtteilsergänzung fehlenden Betrages („den Letzten beißen die Hunde"). Soweit vorangegangene Schenkungen gem. § 2325 BGB n.F. bereits teilweise „abgeschmolzen" sind, also die Ausgleichspflicht des Erben reduziert hätten, kommt dies auch dem Letztbeschenkten zugute, selbst wenn seine Schenkung noch nicht abgeschmolzen ist (doppelte Haftungsbeschränkung auf den Betrag der eigenen Schenkung und die gedachte Ausgleichspflicht des Erben).

Beispiel:[260]

Schenkung i.H.v. 10 an A im Jahr 2008, von weiteren 10 an B im Jahr 2009, Ableben des Schenkers ohne weiteren Nachlass Anfang des Jahres 2010; Erbe ist die Lebensgefährtin; der Sohn als einziger gesetzlicher Erbe ist damit enterbt. Wäre der Nachlass nicht erschöpft gewesen, hätte der Erbe dem einzigen Pflichtteilsberechtigten (Sohn des Erblassers) 1/2 von (9 + 10), also 9,5 ausgleichen müssen (die erste Schenkung des Jahres 2008 ist bereits von 10 auf 9 abgeschmolzen). Demnach haftet auch der Zweitbeschenkte B nur auf 9,5, nicht auf 10.

3113 Allerdings kommt dem Letztbeschenkten nach herrschender Meinung[261] eine „Abschmelzung" seiner eigenen Schenkung nicht als weitere „Kappungsgrenze" zugute; es bleibt bei der Begrenzung auf das tatsächlich Empfangene (soweit nicht der Entreicherungseinwand des § 818 Abs. 3 BGB greift).

Beispiel:

Schenkung i.H.v. 9 an die Ehefrau vor langer Zeit (pflichtteilsergänzungsrechtlich wegen § 2325 Abs. 3 Halbs. 2 BGB immer noch in voller Höhe zu berücksichtigen), sowie i.H.v. 10 an den X im Jahr 2002, im Jahr 2010 stirbt der Erblasser, nachdem er kurz zuvor geschieden wurde, und hinterlässt seiner Freundin einen wertlosen Nachlass. Der Zweitbeschenkte, haftende X würde, wenn es nur um den Ausgleich seiner Schenkung ginge, nur mehr i.H.v. 1 (Abschmelzung seiner Schenkung um 80 % auf nur mehr 2, Pflichtteilsquote des einzigen Sohnes davon 1/2) zum Ausgleich verpflichtet sein. Da es aber um den Ausgleich beider Schenkungen geht, haftet er – bis zur hier nicht überschrittenen Grenze des Erhaltenen von 10, vorbehaltlich etwaiger Entreicherung gem. § 818 Abs. 3 BGB – auf 1/2 von (9 + [abgeschmolzenen] 2) = 5,5. Den Letzten beißen also auch nach der Pflichtteilsreform die Hunde.

3114 **Hinweis:**

Der Anspruch verjährt (anders als der unmittelbare Anspruch aus § 2325 auch ohne Kenntnis von Erbfall und/oder Schenkung!) in 3 Jahren nach dem Erbfall, § 2332 Abs. 2 BGB. Die Verjährungsfrist ggü. dem Beschenkten wird nicht gehemmt durch eine gegen den Erben gerichtete Klage, sodass vorsorglich Streitverkündung des Ergänzungsberechtigten gegen den Beschenkten analog § 72 Abs. 1 ZPO[262] oder Feststellungsklage gegen den Beschenkten[263] ratsam sind.

---

259 Der Klageantrag lautet somit auf Duldung der Zwangsvollstreckung in den geschenkten Gegenstand i.H.d. genau zu beziffernden Fehlbetrages, vgl. BGH, NJW 1990, 2064.
260 Nach *Trappe*, ZEV 2010, 388, 391.
261 Vgl. *Trappe*, ZEV 2010, 388, 391 (dem auch das Beispiel nachempfunden ist), *Schindler*, ErbR 2011, 130, 133; a.A. *van Eymeren*, ZEV 2011, 343 ff.: 2329 BGB könne nicht von § 2325 BGB entkoppelt werden.
262 Vgl. *Schindler*, Pflichtteilsberechtigter Erbe und pflichtteilsberechtigter Beschenkter, Rn. 345.
263 OLG Düsseldorf, FamRZ 1996, 445.

B. Pflichtteilsergänzung

Neben dem Anspruch aus § 2329 BGB kann der Beschenkte auch dem unabhängig davon bestehenden Anspruch aus § 2287 BGB ausgesetzt sein (s. hierzu Rdn. 3328 ff.).

Zur Erteilung von **Auskunft** über die Zuwendung (nicht allerdings zur kostenpflichtigen Wertermittlung oder zur Tragung von Auskunftskosten) ist der Beschenkte dem Pflichtteilsergänzungsberechtigten ggü. jedoch unabhängig von § 2329 BGB verpflichtet (vgl. auch Rdn. 3018);[264] ferner besteht gem. §§ 12, 12a GBO, § 46 GBV ein Recht auf Einsicht in das Grundbuch und die Grundakten.[265]   3115

II. „Schleichwege" am Pflichtteilsergänzungsanspruch vorbei?[266]

Nicht Gegenstand dieser Darstellung sind Mittel zur Reduzierung des unmittelbaren Pflichtteilsanspruchs[267] (etwa die Wahl des güterrechtlichen Zugewinnausgleichs, der Einsatz des Voraus gem. § 1932 BGB) sowie des Pflichtteilsanspruchs gegen den Nachlass des Erben (Vor- und Nacherbfolge, wohl auch ein Herausgabevermächtnis (Rdn. 5248),[268] möglicherweise auch das Vor- und Nachvermächtnis[269] etc), ggf. auch die Pflichtteilsentziehung, Rdn. 3325 ff. I.R.d. Vorsorge gegen den Pflichtteilsergänzungsanspruch sind neben den bereits am Schenkungsbegriff ansetzenden familienrechtlichen (vgl. Rdn. 109 ff.) und gesellschaftsrechtlichen Gestaltungen (oben Rdn. 121 ff.) sowie neben der (auch nachträglichen, zur Heilung etwa bei nicht angelaufener Frist! Rdn. 42) Vereinbarung von sonstigen synallagmatischen, konditionalen oder kausalen Gegenleistungen (vgl. Rdn. 28 ff.) folgende Erwägungen anzustellen: 3116

1. Konsum

Im Konsum für den **Eigenbedarf** bzw. in **Erfüllung gesetzlicher Unterhaltsansprüche** liegt keine Schenkung, die durch den Pflichtteilsergänzungsanspruch des § 2325 BGB aufgegriffen werden könnte. Ein Mittel zur „Umwandlung" des pflichtteilsbehafteten Vermögens in Einkommen, das ergänzungsfrei dem Konsum gewidmet werden kann, liegt bspw. im Verkauf auf Leibrentenbasis, bei dem es sich bei kaufmännisch abgewogener Kapitalisierung um ein aleatorisches, damit kein unentgeltliches, Rechtsgeschäft handelt.[270] Unabdingbar ist jedoch die Besicherung des Kaufpreisratenanspruchs durch Reallast oder Grundpfandrecht an erster Rangstelle.   3117

2. Minderung des anzusetzenden Werts; Landgutprivileg und Höfeordnung

Setzt der Erblasser widerruflich den zu begünstigenden Destinatär als Bezugsberechtigten einer Lebensversicherung ein, stellt der BGH (Rdn. 2925 ff.) bei der Berechnung des Pflichtteilsergän-   3118

---

264 BGHZ 55, 378, vgl. auch *Cornelius*, ZEV 2005, 287.
265 LG Stuttgart, ZEV 2005, 313 m. Anm. *Damrau*; *J. Bittler*, in: Mayer/Süß/Tanck/Bittler/Wälzholz, Handbuch Pflichtteilsrecht, § 9 Rn. 1.
266 Vgl. zum folgenden auch monografisch Zimmermann, Der Verlust der Erbschaft ? Enterbung, Pflichtteilsschmälerung, Erb- und Pflichtteilsunwürdigkeit, 2006.
267 Vgl. hierzu etwa *Keim*, NJW 2008, 2072 ff.; *Müller*, notar 2011, 315 ff.
268 *J. Mayer*, in: Mayer/Süß/Tanck/Bittler/Wälzholz, Handbuch Pflichtteilsrecht, § 12 Rn. 29; vgl. insgesamt *Klinger/Scheuber*, NJW-Spezial 2006, 445.
269 Hinsichtlich der Pflichtteilsfestigkeit unsicher: *J. Mayer*, in: Mayer/Süß/Tanck/Bittler/Wälzholz, Handbuch Pflichtteilsrecht, § 12 Rn. 30 ff.
270 Vgl. BGH, FamRZ 1981, 766 f.

zungsanspruchs auf den Rückkaufswert i.S.d. § 169 VVG ab, den der Erblasser in der letzten Sekunde seines Lebens hätte realisieren können. Jedenfalls in den ersten Jahren nach Abschluss ist dieser Betrag niedriger als die Summe der gezahlten Prämien. Bei unwiderruflicher Einsetzung dürfte auf den (regelmäßig sehr geringen) Wert der Versicherung zur Zeit der unwiderruflichen Benennung zuzüglich späterer Prämien abzustellen sein, vgl. Rdn. 2929. Bei Risikolebensversicherungen schließlich ist der Rückkaufswert gänzlich unbedeutend, Rdn. 2931. In allen Fällen ergeben sich jedenfalls Besserstellungen gegenüber dem Auszahlungsbetrag der Versicherung selbst.

3119 **§ 2312 BGB** eröffnet bei entsprechender Anordnung ein pflichtteilsrechtliches[271] Bewertungsprivileg (Ansatz des Ertragswertes gem. Art. 137 EGBGB i.V.m. den landesrechtlichen Ausführungsgesetzen,[272] sofern niedriger) für **Landgüter**, die nach den Verhältnissen z.Zt. des Erbfalles[273] ausreichend ertragbringend sind und in der Person des Erwerbers als solche fortgeführt werden sollen.[274] Die Norm gilt unmittelbar für die testamentarisch zugunsten eines abstrakt[275] zum Kreis der Pflichtteilsberechtigten[276] zählende Person geschaffene Übernahmeberechtigung bzw. dessen Einsetzung zum Alleinerben (nicht ausreichend ist daher wohl die Begünstigung aus einer fortgesetzten Gütergemeinschaft) zulasten anderer Pflichtteilsberechtigter (§ 2312 Abs. 2 BGB); jedoch nach herrschender Meinung auch bei lebzeitigen Zuwendungen: Die Rechtslage ist insoweit unstreitig, wenn gegen den Übernehmer Pflichtteilsergänzungsansprüche geltend gemacht werden[277] und im Zeitpunkt des Erbfalls die Landguteigenschaft noch besteht, d.h. die Vollerwerbslandwirtschaft noch betrieben wird.[278] Richtet sich der Pflichtteilsergänzungsanspruch aber gegen einen Erben, der nicht zugleich Hofübernehmer war, soll nach (wohl) herrschender Meinung auch diesem Erben die Begünstigung des § 2312 BGB zugutekommen,[279] zumal so bei geringem Restnachlass die Gefahr gemindert wird, dass schließlich doch der Beschenkte gem. § 2329 BGB herangezogen wird.[280]

---

271 Gilt auch für ein angeordnetes Geldvermächtnis i.H.d. Pflichtteils, OLG München, FamRZ 2007, 507, ebenso OLG München, 18.03.2009 – 20 U 2160/06, ZEV 2010, 415 (Geldvermächtnis zum Ausgleich des Pflichtteilsanspruchs).

272 Z.B. für Bayern: 18-facher Jahresreinertrag (Durchschnitt der letzten 3 Jahre zuzüglich Zinsen, abzgl. des Arbeitseinsatzes des Inhabers als Betriebsleiter [für 2005: 32.000,00 €/Jahr] und anteiliger Arbeitseinsatz mitarbeitender Familienangehöriger). Zur Ermittlung des Reinertrages (i.R.d. § 2049 Abs. 2 BGB) vgl. OLG Celle v. 10.10.2007, ZEV 2009, 141; ausführlich *Kempfler*, ZEV 2011, 337 ff.

273 OLG München, 18.03.2009 – 20 U 2160/06, ZEV 2010, 415; bei negativem Reinertrag kann dennoch ein positiver Ertragswert sich ergeben durch Korrektur der fiktiven Lohnansprüche des Inhabers (hier: auf jährlich 11.000,00 €), wenn Fremdarbeitskräfte weder erforderlich noch tatsächlich beschäftigt sind, vgl. *Kempfler*, ZEV 2010, 415.

274 Vgl. *J. Mayer*, MittBayNot 2004, 334 ff. m.w.N. (Pferdepension nicht geschützt: OLG München, MittBayNot 2004, 369).

275 Auch wenn derzeit nähere Verwandte (§ 2309 BGB) die Pflichtteilsberechtigung noch „blockieren".

276 Soll daher z.B. der Neffe Hofnachfolger sein und in den Genuss des § 2312 BGB kommen, bedarf es seiner vorherigen Adoption.

277 BGH, NJW 1995, 1352.

278 BGH, 04.12.1994 – IV ZR 113/94, DNotZ 1995, 708.

279 OLG Jena, 08.03.2006 – 2 U 762/05, ZEV 2007, 531 m. Anm. *Ruby*.

280 *Ruby*, ZEV 2007, 534, plädiert daher dafür, § 2312 BGB dem „Nichtübernehmer" als Erben nur insoweit zugutekommen zu lassen, als dies zur Vermeidung eines Anspruchs aus § 2329 BGB ggü. dem Hofübernehmer (z.B. dem Enkel) erforderlich ist.

Erforderlich ist jedoch eine diesbezügliche (ggf. konkludente)[281] Anordnung des Erblassers bzw. des Übergebers: 3120

Formulierungsvorschlag: Anordnung der Ertragswertklausel gem. § 2312 BGB 3121

> Der Veräußerer bestimmt, dass hinsichtlich der übertragenen Aktiva und Passiva des landwirtschaftlichen Anwesens ..... für Pflichtteils- und Pflichtteilsergänzungszwecke der Ertragswert gemäß § 2312 BGB zugrunde gelegt werden soll, wenn dieser niedriger als der Verkehrswert ist.

Liegen die Anordnungsvoraussetzungen nicht vor, können die Rechtsfolgen des § 2312 BGB allenfalls vertraglich vereinbart werden, vgl. das Muster in Rdn. 3287.

In ähnlicher Weise ermöglichen ggf. die Höfeordnung und kraft Art. 64 EGBGB vorrangig fortgeltenden **landesrechtlichen Anerbengesetze**[282] (Rheinland-Pfalz [6.681 in die Höferolle eingetragene Betriebe], Hessen [155 in die Landgüterrolle beim Grundbuchamt eingetragene Betriebe] und Bremen [159 in die Höferolle beim Grundbuchamt eingetragene Betriebe], Baden [4.409 gesetzlich im Jahr 1888 als geschlossene Hofgüter geschaffene Schwarzwaldhöfe], seit 01.01.2001 nicht mehr in Württemberg) einen Wertansatz deutlich unter dem Verkehrswert. 3122

Die weitere rechtspolitische Rechtfertigung des früher auch zur Sicherung der nationalen Ernährungsgrundlage hoch gehaltenen Anerbenrechts ist umstritten, verhindert doch die Versteinerung überkommener Zuschnitte familiärer Kleinbetriebe eher das Entstehen leistungsfähigerer Strukturen. Streitvermeidend wirkt jedoch das gerichtliche Zuweisungs- und Abfindungsverfahren der §§ 13 ff. GrdStVG, das über die gesetzlich geregelten Fälle (Landwirtschaftsbetrieb fällt in gesetzlicher Erbfolge an Erbengemeinschaft und ist weder Anerbenhof noch Landgut i.S.d. § 2312 BGB) hinaus erweitert werden sollte. 3123

Die **nordwestdeutsche Höfeordnung**[283] gilt als partielles Bundesrecht in den Ländern der früheren britischen Zone (Schleswig-Holstein, Hamburg, Niedersachsen und Nordrhein-Westfalen). Sie soll land- und forstwirtschaftliche Betriebe (Höfe samt Hofeszubehör)[284] beim Übergang auf die nachrückende Generation vor der Aufteilung und Überschuldung bewahren. 3124

Hof i.S.d. § 1 Abs. 1 Satz 1 HöfeO ist eine im Eigentum einer[285] natürlichen Person oder von Ehegatten stehende, zur Bewirtschaftung geeignete Hofstelle mit einem Wirtschaftswert von 3125

---

281 OLG München, 21.06.2006 – 20 U 2160/06, ZEV 2007, 276; sie kann sich bei lebzeitigen Zuwendungen aus § 2049 BGB ergeben, vgl. § 2312 Abs. 1 Satz 1 BGB.
282 Vgl. MünchKomm-BGB/*Frank*, § 2312 Rn. 4a; *Ruby*, ZEV 2006, 351 ff.
283 Ausführlich hierzu *Tropf*, in: Lambert-Lang/Tropf/Frenz, Handbuch der Grundstückspraxis, S. 1042 ff.; *Müller*, in: Würzburger Notarhandbuch, Teil 4 Rn. 393 ff. sowie *Söbbeke*, ZEV 2006, 395 ff.; aktuelle Rechtsprechung bei *Graß*, ZEV 2011, 516.
284 Hierzu kann gem. OLG Hamm, 16.06.2009 – 10 W 156/07, RNotZ 2010, 340 auch Geldvermögen zählen, soweit es zu den bis zur nächsten Ernte dienenden Betriebsmitteln zu rechnen ist (zuzüglich eines Betrages von 10.000,00 € für „Unvorhergesehenes").
285 Bereits die Begründung von Wohnungseigentum zugunsten eines Angehörigen beseitigt demnach die Hofeigenschaft, vgl. OLG Köln, 26.09.2006 – 23 WLw 3/06, NJW-spezial 2007, 291.

mindestens 10.000,00 €, es sei denn, der Eigentümer entscheidet sich gegen die Hofeigenschaft und der Vermerk im Grundbuch wird gem. § 1 Abs. 4 Satz 1 HöfeO gelöscht.

> **Hinweis:**
> Diese Aufgabe der Hofeigenschaft kann auch zeitlich beschränkt erfolgen, etwa um bei einer Übertragung die Anwendbarkeit der höferechtlichen Vorschriften [Prüfung der Wirtschaftsfähigkeit des Erwerbers/Nachabfindungsansprüche etc.!] zu vermeiden; hierin liegt keine „sittenwidrige Umgehung" des Höferechtes,[286] sofern sich der Eigentümer dadurch nicht bereits bestehenden höferechtlichen Verpflichtungen entzieht.

Liegt der Wirtschaftswert zwischen 5.000,00 € und 10.000,00 €, ist die ausdrückliche Wahl der Hofeigenschaft durch den Eigentümer (samt Vermerk im Grundbuch, § 1 Abs. 1 Satz 3 HöfeO) erforderlich. Die Eintragung des Hofvermerks begründet gem. § 5 HöfeVfO die Vermutung für die Hofeigenschaft des betreffenden Grundbesitzes (einheitlichen Grundstücks);[287] diese kann jedoch entfallen, wenn keine land- oder forstwirtschaftliche Betriebseinheit mehr vorhanden ist oder jedenfalls ohne Weiteres wieder hergestellt werden kann[288] Das Landwirtschaftsgericht entscheidet über entsprechende Feststellungsanträge der Beteiligten (§ 11 HöfeVfO).

3126 Ein Hof kann stets nur auf **einen Hoferben** übergehen (§§ 4 Satz 1, 16 Abs. 1 Satz 1 HöfeO). §§ 5, 6 HöfeO regeln die „gesetzliche Erbfolge" in den Hof (Abkömmlinge, in der 2. Ordnung der Ehegatte, sodann die Eltern sofern der Hof von ihnen stammt, schließlich die Geschwister).[289] Bei einem Ehegattenhof wird der überlebende Ehegatte gem. 8 Abs. 1 HöfeO Alleineigentümer.

3127 Die Bestimmung des Hofnachfolgers kann durch Testament oder durch Übergabevertrag erfolgen, dabei ist der Eigentümer nicht an die Reihenfolge der gesetzlichen Hoferbfolge gebunden. Es kann jedoch nur eine natürliche Person (bzw. Ehegatten) bestimmt werden, der Hofnachfolger muss gem. § 7 Abs. 1 Satz 2 HofeÖ **wirtschaftsfähig** sein (Ausnahme: überlebender Ehegatte), und das Bestimmungsrecht darf nicht gegen vorangegangene Übertragung zur Bewirtschaftung oder Beschäftigung eines anderen „Hoferben" bereits gebunden sein (§ 7 Abs. 2 HöfeO). Beschränkungen durch Dauertestamentsvollstreckung sind nur vorübergehend zulässig.[290]

3128 Wird ein Hof durch Übergabevertrag an einen hoferbenberechtigten Abkömmling veräußert, gilt gem. § 17 Abs. 2 HöfeO im Verhältnis zu anderen Abkömmlingen der Erbfall hinsichtlich des Hofes im Zeitpunkt der Übertragung als eingetreten. Pflichtteilsansprüche nach BGB und **Abfindungsansprüche gem. § 12 HöfeO** berechnen sich also auf diesen Zeitpunkt.[291] Der höferechtliche Abfindungsanspruch legt nicht den (gesetzlichen Erbteilsanteil des weichenden Geschwisters am) Verkehrswert zugrunde, vielmehr tritt an die Stelle des Hofes der sog. „Hofes-

---

286 BGH, 28.11.2008 – BLw 11/08, DNotI-Report 2009, 29.
287 Bei Überwiegen des landwirtschaftlich genutzten Teils, OLG Köln, 27.08.2007 – 5 T 120/07, RNotZ 2008, 100.
288 BGH, RdL 2000, 49; OLG Celle, RdL 2005, 180. Dabei genügt nach OLG Oldenburg, NdsRpfleger 2006, 155 ff. nicht die bloß abstrakt-theoretische Möglichkeit des „Wiederanspannens" eines landwirtschaftlichen Betriebes, v.a. wenn dieser mit dem bisheriger keine (Teil-)Identität mehr besäße. Je länger die Stilllegung währt, desto höher sind die Beweisanforderungen.
289 Auch insoweit gilt die Erbfolge nach Stämmen, BGH, 24.11.2006 – BLw 14/06, DNotZ 2007, 308.
290 *Gehse*, RNotZ 2009, 643.
291 OLG Schleswig, OLGR 2002, 138.

wert" (§ 4 Satz 2 HöfeO), orientiert am Eineinhalbfachen des zuletzt festgestellten steuerlichen Einheitswertes gem. § 48 BewG auf der Basis des Jahres 1964.[292] Veräußert der Hoferbe/Erwerber den Hof oder Hofgrundstücke während einer 20-Jahres-Frist (gleich ob entgeltlich oder unentgeltlich)[293] oder gibt er die Bewirtschaftung in diesem Zeitraum auf bzw. erzielt er aus dem Hof Einkünfte, die nicht mit der landwirtschaftlichen Nutzung im Zusammenhang stehen (etwa aus der Verpachtung für Windenergieanlagen),[294] erhalten weichende Erben/Geschwister nach Maßgabe des § 13 HöfeO eine Ergänzung ihrer Abfindung (sog. „**Nachabfindung**"),[295] wobei die auf den Entnahmegewinn entfallende Steuerbelastung abgezogen werden kann.[296]

Abfindungsansprüche können vom Hofübergeber bis zur Pflichtteilsgrenze (Hälfte des gesetzlichen Erbteils, ggf. berechnet nach Maßgabe des Hoferwertes gem. Rdn. 3128) reduziert werden (vgl. **§ 12 Abs. 10**, 16 Abs. 2 HöfeO). Auf Abfindungs- und Nachabfindungsansprüche kann ferner durch notariell beurkundeten Vertrag verzichtet werden (s. Rdn. 3315 ff.); ein umfasser Erb- und Pflichtteilsverzicht umfasst konkludent auch diese Ansprüche mit.[297] Zur ertragsteuerlichen Behandlung etwaiger Abfindungszahlungen und der Auseinandersetzung über Höfe i.S.d. Höfeordnung s. i.E. Rdn. 4892.   3129

3. Flucht in ausländische Sachwerte

Auch die Verlagerung des Vermögens in den Geltungsbereich von Rechtsordnungen, die das Pflichtteilsrecht nicht kennen (z.B. Florida,[298] Australien, Thailand oder Mexiko)[299] kommt wegen Art. 3a Abs. 2 EGBGB (Vorrang ggü. Art. 25 Abs. 1 EGBGB) beim Erwerb von Todes wegen bis zur Grenze des ordre-public-Vorbehaltes (Art. 6 EGBGB)[300] in Betracht.[301] Auch der Auskunftsanspruch gem. § 2314 BGB erstreckt sich nicht auf solches Auslandsvermögen (Grundbesitz in Belgien).[302]   3130

---

292 Hierzu BGH, NJW 2001, 1726.
293 Allerdings sollte die Übertragung eines Halbanteils an den Ehegatten ausgenommen sein (etwa gestützt auf § 13 Abs. 5 Satz 4 HöfeO: Unbilligkeit), da auch die Vereinbarung der Gütergemeinschaft keine Pflichtteilsansprüche auslösen würde, vgl. Rdn. 109 ff., vgl. *Gehse*, RNotZ 2007, 269.
294 BGH, 24.04.2009 – BLw 21/08, ZEV 2009, 568.
295 Über diese soll nach BGH, ZEV 2004, 334, der Notar zur Belehrung verpflichtet sein; vgl. *Peter/Roemer*, RNotZ 2005, 169.
296 OLG Oldenburg, 23.03.2006 – 10 W 33/04, OLG-Report 2007, 74 ff.; BGH, 13.10.2010 – BLw 4/10, ZEV 2011, 89.
297 BGH, ZEV 1997, 69 ff. m. Anm. *Edenfeld*.
298 *Böhmer*, ZEV 1998, 251: jedenfalls nicht für erwachsene Kinder; vgl. etwa OLG Celle, ZEV 2003, 509 und BGH, ZEV 2004, 374 m. Anm. *Bestelmeyer*, 359 (§ 2325 BGB allenfalls wenn im folgenden Erbfall keine oder eine den fiktiv verbliebenen Schenkungsgegenstand nicht erfassende Nachlassspaltung eingetreten sei). Ausführlich zu „Strategien zur Vermeidung von Pflichtteilsansprüchen in deutsch-amerikanischen Erbfällen" *Vorwold*, ErbStB 2004, 14 ff. Bei Erblasserdomizil in Deutschland droht allerdings u.U. die Rückverweisung auf deutsches Recht, *von Oertzen*, ErbStB 2005, 75.
299 *Süß*, in: Mayer/Süß/Tanck/Bittler/Wälzholz, Handbuch Pflichtteilsrecht, § 19 Rn. 269, 472 und 505; *Arlt*, ErbStB 2005, 293.
300 Der allerdings durch das Fehlen eines Pflichtteilsrechtes für US-Immobilien nach BGH, NJW 1993, 1920 nicht tangiert ist, *Große-Wilde*, Erbrecht effektiv 2008, 63; a.A. *Pentz*, ZEV 1998, 449.
301 Umfassend zum Thema „Auslandsvermögen und Pflichtteilsrecht": *Milzer*, BWNotZ 2002, 116.
302 OLG Koblenz, 19.03.2009 – 2 U 1386/08, JurionRS 2009, 28881.

Kapitel 9: Erb- und pflichtteilsrechtliche Problematik

Lebzeitige Schenkungen lösen allerdings § 2325 BGB aus, auch wenn es sich um Auslandsvermögen handelt.[303]

3131 Denkbar ist schließlich auch der dauerhafte Wechsel der Staatsangehörigkeit in eine Rechtsordnung, die kein Pflichtteilsrecht kennt und die Verweisung des Art. 25 Abs. 1 EGBGB auf sein IPR annimmt,[304] oder – sofern nach Maßgabe der ROM IV-Verordnung künftig auf den gewöhnlichen Aufenthalt zum Todeszeitpunkt abgestellt wird, der Wegzug in ein „pflichtteilsgünstigeres" Staatsgebiet, Rdn. 2986.

4. Ausstattung; Pflicht- und Anstandsschenkungen

3132 Keine ergänzungspflichtige Schenkung i.S.d. § 2325 BGB liegt vor bei einer Ausstattung nach § 1624 BGB – die allerdings, auch bei Ausschluss der Ausgleichung, gem. § 2316 Abs. 3 BGB zwingend und zeitlich unbegrenzt zu einer Erhöhung des Pflichtteilsanspruchs anderer Abkömmlinge führt (s. Rdn. 202 und Rdn. 3169; ferner bei Pflicht- oder Anstandsschenkungen nach § 2330 BGB, s.a. Rdn. 153).

3133 Schenkungen aus einer solchen sittlichen Pflicht setzen voraus, dass ihr Unterlassen – insb. in Interessenabwägung zum Verbot der Pflichtteilsaushöhlung – dem Erblasser als Pflichtverstoß zur Last gelegt würde. Die Rechtsprechung hat den Anwendungsbereich bisher eng gefasst: Schenkungen aus Dankbarkeit für gewährte Pflege, die nicht von vornherein in Verknüpfung mit einer Gegenleistung erbracht wurde, sind regelmäßig nicht erfasst;[305] allerdings z.B. Unterstützungszahlungen an Geschwister, Existenzsicherungsübertragungen an Partner einer langjährigen nichtehelichen Lebensgemeinschaft,[306] oder an die unversorgte Ehefrau nach langjähriger unbezahlter Mitarbeit im Geschäft,[307] ebenso an behinderte Abkömmlinge zu deren Versorgung[308] [wobei dieses Ziel allerdings wegen dessen Verwertung i.d.R. nicht erreicht wird].

5. Anderweitige Entleerung des Nachlasses

3134 Rechtzeitige, also vor der Ausschlussfrist des § 2325 Abs. 3 BGB vollzogene (Eigentumserwerb! Wirtschaftliche Ausgliederung! – vgl. Rdn. 3069 ff.) Schenkungen an Dritte führen zur dauerhaften (bei Sterbefällen ab 01.01.2010 zumindest graduellen) Entleerung des Nachlasses, ebenso Vorempfänge des Pflichtteilsergänzungsberechtigten selbst ohne zeitliche Grenze (Eigengeschenke, § 2327 Abs. 1 BGB).[309]

6. Reduzierung der Pflichtteilsquote

3135 Außer durch eherechtliche Gestaltungen (z.B. Wechsel von der Gütertrennung zum gesetzlichen Güterstand) kann die Pflichtteilsquote durch Erhöhung der Zahl der Pflichtteilsberech-

---

303 Vgl. *Eichinger*, ZEV 2003, 514.
304 Vgl. *Scherer*, in: Münchener Anwaltshandbuch Erbrecht, § 39 Rn. 44 ff. und 139 ff.
305 Ausnahmefall BGH, WM 1978, 905; ausführlich *Wagner*, ZErb 2003, 112; ZEV 2003, 281; *Keim*, FamRZ 2004, 1085.
306 OLG Düsseldorf, ZEV 1997, 516.
307 OLG Karlsruhe, OLGZ 1990, 456.
308 BGH, NJW-RR 1996, 705.
309 Vgl. OLG Koblenz, NJOZ 2005, 935 (LS in ZEV 2005, 312).

tigten reduziert werden, bspw. durch Annahme als Kind, Rdn. 4225 ff.[310] (etwa Adoption von Stiefkindern!), Geburt weiterer Kinder, Heirat oder Begründung einer gleichgeschlechtlichen Lebenspartnerschaft, bis zur Schließung der bisherigen Gesetzeslücke auch durch Heirat trotz Bestehens einer Lebenspartnerschaft.[311] Vor dem 01.07.1949 geborene nichteheliche Kinder in den alten Bundesländern können durch zu beurkundende Gleichstellungserklärung gem. § 10a Art. 12 Nichtehelichengesetz (mit Einwilligung des Ehegatten von Vater und Sohn) vereinbaren, dass es auch im Verhältnis zum Vater einem ehelichen Kind gleichgestellt sein soll;[312] in den neuen Bundesländern ist dies wegen Art. 235 § 2 EGBGB nicht erforderlich. Der ohne eine solche Gleichstellung bestehende Ausschluss der vor dem 01.07.1949 geborenen nichtehelichen Kinder in Art. 12 § 10 Abs. 2 NEhelG verstößt allerdings gegen das Diskriminierungsverbot der Art. 14 und 8 der Europäischen Menschenrechtskonvention;[313] durch Gesetz v. 12.04.2011[314] werden bei Erbfällen ab dem Urteil des EGMR, also ab dem 29.05.2009, alle vor dem 01.07.1949 geborenen nichtehelichen Kinder den ehelichen Kinder gleichgestellt, beerben also ihre Väter als gesetzliche Erben (für Erbfälle **vor dem 29.05.2009** gilt die alte Regelung weiter, es sei denn, der Staat ist gem. § 1936 BGB Erbe geworden).

Wurden mit anderen Pflichtteilsberechtigten Erbverzichte geschlossen (nur der bloß auf den Pflichtteil Verzichtende gilt gem. § 2310 Satz 2 BGB noch als Zählkandidat bei der Berechnung der Pflichtteilsquote), sollten diese aufgehoben werden (§ 2351 BGB).

III. Konkurrenz zu § 2316 BGB

Treffen bei ausgleichspflichtigen Zuwendungen (z.B. Ausstattungen oder Schenkungen mit Ausgleichungsanordnung, § 2050 BGB, s. hierzu Rdn. 1610 ff.) Pflichtteilswirkungen gem. § 2316 BGB („Verschiebungsfernwirkung" zugunsten des nicht bedachten Abkömmlings) zusammen mit der Pflichtteilsergänzungswirkung des § 2325 BGB (fiktive Erhöhung des Gesamtnachlasses), besteht Einigkeit, dass ein und dieselbe Schenkung nicht doppelt, im Rahmen beider Vorschriften, berücksichtigt werden kann. **Vorrang hat die weiter gehende Norm des § 2316 BGB**, zumal die Verschiebungswirkung nicht an die Einhaltung der 10-Jahres-Frist bis zum Erbfall, § 2325 Abs. 3 BGB, geknüpft ist. Nur in den Fällen, in denen die ausgleichspflichtige Zuwendung nicht oder nicht vollständig i.R.d. §§ 2050, 2316 BGB erfasst werden kann, etwa bei einer Übermaßzuwendung und ungenügendem Restnachlass (vgl. § 2056 Satz 1 BGB), wird der dabei unberücksichtigt gebliebene Teil der ausgleichspflichtigen Zuwendung als ausschließlich pflichtteilsergänzungspflichtige Schenkung gewertet.[315]

3136

---

310 Die Adoption ist als Mittel zur Reduzierung des Ehegattenpflichtteils jedoch ungeeignet, da sie dessen Einwilligung bedarf, § 1749 Abs. 1 BGB.
311 Zur hierdurch eintretenden weiteren Reduzierung vgl. *Eue*, FamRZ 2001, 1196 f.
312 Vgl. *Zimmermann*, DNotZ 1998, 429 ff.
313 EuGHMR, 5. Sektion, 28.05.2009 – Beschwerde 3545/04 Brauer/Deutschland FamRZ 2009, 1293 m. Anm. *Henrich*.; *Leipold* ZEV 2009, 488 ff.
314 BGBl. 2011 I, S. 615, vgl. etwa *Rebhan*, MittBayNot 2011, 285 ff. und *Krug*, ZEV 2011, 397 ff.
315 BGH, DNotZ 1988, 441; vgl. *Pawlytta*, in: Mayer/Süß/Tanck/Bittler/Wälzholz, Handbuch Pflichtteilsrecht, § 7 Rn. 143 ff. unter Hinweis auf RGZ 77, 282 (getrennte Berechnung von Ausgleichspflichtteil und Pflichtteilsergänzung) im Unterschied zur bisher h.M. (vgl. *Schanbacher*, ZEV 1997, 349, 351), die wegen § 2056 Satz 2 BGB zu einer wesentlichen Erhöhung der Pflichtteils(ergänzungs)quote der weichenden Geschwister kommt.

3137   **Beispiel:**[316]

Sohn S 1 errichtete auf dem Grundstück des späteren Erblassers E ein Bauwerk. E überlässt dieses Grundstück samt dem Gebäude an den anderen Sohn (S 2), den er auch zum Alleinerben einsetzt. Der Restnachlass ist allerdings wertlos.

Da S 1 durch Mitarbeit oder erhebliche Geldleistung in besonderem Maße zur Mehrung des Vermögens des Erblassers beigetragen hat, liegt hierin ein Ausgleichsbetrag i.S.d. § 2057a Abs. 1 BGB, sodass bei Eintritt gesetzlicher Erbfolge auch ohne ausdrückliche Anordnung eine entsprechende Pflicht zur Ausgleichung bestanden hätte. Diese wirkt sich auch auf die Pflichtteilsbemessung aus, § 2316 BGB, mit der Folge, dass S 1 – wirtschaftlich betrachtet – den Pflichtteil aus der noch vorhandenen Nachlassmasse (abzgl. des Ausgleichsbetrags) erhält, zuzüglich der Hälfte des Ausgleichsbetrags selbst. Da der Nachlass wertlos ist, geht die Pflichtteilsverschiebungswirkung des § 2316 BGB wirtschaftlich ins Leere, sobald S 2 als Erbe die Haftung, etwa durch Nachlassverwaltung oder Nachlassinsolvenz, auf den Nachlassbestand beschränkt. Aus diesem Grund ist die bei § 2316 BGB nicht oder nicht in voller Höhe zur Berücksichtigung gelangte ausgleichungspflichtige Zuwendung i.R.d. §§ 2325, 2329 BGB zu berücksichtigen, mit gleichem wirtschaftlichem Ergebnis: S 1 erhält ein Viertel des Grundstückwerts und die Hälfte des Gebäudewerts, soweit dieser auf seiner ausgleichungspflichtigen besonderen Leistung beruht, als Pflichtteilsergänzung vom Beschenkten (§ 2329 BGB).

---

316 Nach Gutachten, DNotI-Report 2008, 1 ff.

C. Pflichtteilsanrechnung gem. § 2315 BGB

I. Allgemeine Grundsätze/Abgrenzung

Während Vorauszuwendungen an den Pflichtteilsergänzungsberechtigten stets kraft Gesetzes und ohne zeitliche Beschränkung anzurechnen sind (§ 2327 Abs. 1 BGB) – dies kann bei unterbliebener Anrechnungs- oder Ausgleichsanordnung zur **Flucht in den Pflichtteilsergänzungsanspruch** führen, also zur bewussten Auslösung des § 2325 BGB durch lebzeitige Zuwendungen hinsichtlich des Restvermögens an andere Personen, Rdn. 3085 ff.[317] – erfordert die Reduzierung des ordentlichen Pflichtteils eine ausdrückliche, zumindest konkludent eindeutig getroffene[318] Anrechnungsbestimmung (§ 2315 BGB):

3138

Formulierungsvorschlag: Anrechnungsbestimmung nach § 2315 BGB

3139

> Die Zuwendung ist, soweit unentgeltlich, auf den Pflichtteil des Erwerbers anzurechnen.

Diese muss dem Erwerber spätestens mit der Zuwendung so bekannt gegeben werden, dass er die Möglichkeit hat, den Erwerb im Hinblick auf seine pflichtteilsmindernde Folge abzulehnen. Str. ist, ob sie ggü. Minderjährigen dem Geschäft den lediglich vorteilhaften Charakter belässt (s. Rdn. 1671) und ob (analog § 2347 Abs. 2 BGB, so die bisher h.M.) ggf. Ergänzungspflegschaft zu ihrer Entgegennahme und vormundschafts-/(ab 01.09.2009 familiengerichtliche, bei Volljährigen betreuungs-)gerichtliche Genehmigung erforderlich ist bzw. Letztere jedenfalls dann entbehrlich sei, wenn ein etwa zum Todestag gefallener Wert als Maximalanrechnung bestimmt wird.[319]

3140

Formulierungsvorschlag: Anrechnungsbestimmung nach § 2315 BGB mit „Niederstwertprinzip"

3141

> Die Zuwendung ist, soweit unentgeltlich, auf den Pflichtteil des Erwerbers anzurechnen, und zwar mit dem (inflationsbereinigt) niedrigeren Wert heute bzw. am Todestag des Veräußerers.

Nach der wohl[320] herrschenden Meinung führt die Anrechnungsbestimmung ggü. einem Minderjährigen zum Wegfall des lediglich rechtlich vorteilhaften Charakters des Rechtsgeschäft (analog § 2347 Abs. 2 BGB ist die vormundschaftsgerichtliche, ab 01.09.2009 familiengerichtliche, Genehmigung für die Mitwirkung des gesetzlichen Vertreters erforderlich). Wäre die geplante Neuregelung des § 2315 Abs. 1 BGB in Kraft getreten, hätte diese Auffassung jedenfalls nicht mehr aufrechterhalten werden können:[321] Eine nachträgliche Anrechnung der lebzeitigen Zu-

3142

---

317 Vgl. *Tanck*, ZErb 2000, 3; *J. Mayer*, Der Übergabevertrag, Rn. 59, *Wall*, ZErb 2011, 10 ff.
318 Auch bei höheren Zuwendungen besteht insoweit kein Anscheinsbeweis. Bloßes Stillschweigen reicht niemals aus, vgl. OLG Köln, 28.11.2007 – 2 W 88/07, ZEV 2008, 244.
319 BGH, NJW 1955, 1353; a.A. MünchKomm-BGB/*Lange*, § 2315 Rn. 9; vgl. hierzu *Fembacher/Franzmann*, MittBayNot 2002, 85; eine vorsorgliche Einholung der Genehmigung wäre empfehlenswert!
320 *Weigl*, MittBayNot 2008, 275 stellt infrage, ob es sich noch um die h.M. handelt; a.A. *Fembacher*, MittBayNot 2004, 24 und *Everts*, Rpfleger 2005, 180.
321 Zweifelnd insoweit auch *Keim*, ZEV 2008, 165.

wendung durch spätere Verfügung von Todes wegen hätte der Beschenkte, gleich ob minderjährig oder nicht, dann ohnehin nicht mehr verhindern können, sodass er wohl auch hinsichtlich der ursprünglichen Anrechnungsbestimmung bei einer Schenkung nicht schutzbedürftig wäre. Andererseits wären die Regelungen zur (weiterhin empfangsbedürftigen) unmittelbaren lebzeitigen Anrechnungsbestimmung nicht geändert worden, sodass vorsichtiger Weise insoweit weiterhin jedenfalls ein Ergänzungspfleger zu bestellen gewesen wäre, da das geschäftsunfähige (bis 7 Jahre alte) Kind gar keine und das beschränkt geschäftsfähige Kind nur rechtlich vorteilhafte bzw. neutrale Erklärungen entgegen nehmen kann.

3143 Die wirksam angeordnete Anrechnung nach § 2315 BGB schmälert den Pflichtteil des Anrechnungspflichtigen (wobei alle Pflichtteilsberechtigten erfasst werden, nicht nur – wie bei § 2316 BGB – die Abkömmlinge) um den erhaltenen Vorempfang und kommt dem Erben als Schuldner des Pflichtteilsanspruchs zugute. Auf die Pflichtteilsansprüche anderer Pflichtteilsberechtigter wirkt sie sich nicht aus.

II. Voraussetzungen der Anrechnung auf den Pflichtteil

1. Lebzeitige, freigiebige Zuwendung des Erblassers

3144 Durch die Zuwendung muss der Nachlass vermindert werden, sei es obligatorisch oder dinglich. Diese Zuwendung muss freigiebig erfolgt sein, d.h. ohne Bestehen einer Leistungspflicht erbracht worden sein, und ist somit weiter als der Schenkungsbegriff des § 516 BGB.[322] Weiter muss die Zuwendung lebzeitig erfolgt sein, wobei die Differenzierung des § 2301 Abs. 1 und 2 BGB vorzunehmen ist, und unmittelbar ggü. dem Pflichtteilsberechtigten.

2. Anrechnungsbestimmung

3145 Die Anrechnungsbestimmung stellt eine **einseitige empfangsbedürftige Willenserklärung** dar, die dem Empfänger vor oder mit der Zuwendung **zugehen muss**.[323] Sie ist nicht formgebunden und daher auch konkludent möglich,[324] soweit nicht das Kausalgeschäft einer Formvorschrift unterliegt, wie bei Grundstücken der Vorschrift des § 311b BGB. Die Formulierung „Anrechnung auf den Erbteil" bezieht sich allein auf die Ausgleichungsanordnung (Rdn. 1621 ff.), nicht auf die Pflichtteilsanrechnung;[325] die bloße Bezeichnung als Übertragung „im Wege vorweggenommener Erbfolge unentgeltlich" kann – je nach Auslegung – eine Anrechnung nach § 2315 BGB oder eine Ausgleichung nach § 2050 Abs. 3 BGB oder beides oder keines von beiden bedeuten.[326] Sie kann nicht nachträglich einseitig vom Schenker erklärt werden, bei Einverständnis des Pflichtteilsberechtigten läge ein Pflichtteilsverzichtsvertrag mit dem Formerfordernis des § 2348 BGB vor.[327]

---

322 MünchKomm-BGB/*Lange*, § 2315 Rn. 5.
323 OLG Koblenz, 21.11.2005 – 12 U 1151/04, ZErb 2006, 130: kein Anscheinsbeweis hinsichtlich individueller Verhaltensweisen von Menschen in bestimmten Lebenslagen.
324 Allerdings genügt nicht bloßes Stillschweigen, zumal auch bei hohen Zuwendungen kein Anscheinsbeweis für die Anrechnung streitet, OLG Köln, 28.11.2007 – 2 W 88/07, ZEV 2008, 244.
325 OLG Schleswig, 13.11.2007 – 3 U 54/07, ZEV 2008, 386.
326 BGH, 27.01.2010 – IV ZR 91/09, ZNotP 2010, 228; hierzu *Kühn*, ZErb 2010, 320 ff.
327 OLG München, 26.03.2008 – 15 U 4547/07, ZEV 2008, 344: kein formloser Vertrag „sui generis".

Ist der Pflichtteilsberechtigte bei der Zuwendung mit der Anrechnung nicht einverstanden, muss er die Zuwendung zurückweisen. Nimmt er die Zuwendung an, ist er an die Anrechnung gebunden.

3. Keine Änderung durch die Pflichtteilsreform

Die diskutierte **Änderung des Pflichtteilsrechts** nach Maßgabe des RefE v. 16.03.2007[328] und des RegE v. 30.01.2008[329] in Gestalt der Stellungnahmen v. 24.04.2008[330] hatte vorgesehen, dass künftig auch eine Anordnung der Pflichtteilsanrechnung oder die „Aufhebung" einer Anordnung über die Anrechnung durch Verfügung von Todes wegen[331] in Betracht käme, und zwar (nach Maßgabe der geplanten Fassung der Überleitungsbestimmungen, Art. 229 § 17 Abs. 5 a.E. EGBGB-E) auch für solche Zuwendungen, die bereits vor Inkrafttreten der Gesetzesänderung erfolgt wären[332] (zur parallelen, ebenfalls nicht umgesetzten, Regelung i.R.d. Ausgleichungspflicht s. Rdn. 1630). Da letztwillige Verfügungen nicht empfangsbedürftig sind, wäre diese Anordnung ohne Kenntnis des davon Betroffenen erfolgt. Der Anordnende hätte damit spätere Umstände (Undank; Veränderungen des Umfangs des verbleibenden Nachlasses) i.S.e. Korrektur berücksichtigen, und auf entsprechende Beratung reagieren können, wenn er bei der Schenkung selbst (mangels Einhaltung der notariellen Form) nicht kundig betreut worden war.

3146

Die Testierfreiheit wäre damit deutlich gestärkt worden, ebenso die Möglichkeit beständiger Zuwendungen z.B. an gemeinnützige Empfänger (Stiftungen):[333] zur Absicherung gegen Ansprüche aus § 2329 BGB ließen sich nachträglich alle an die Kinder bereits getätigten Zuwendungen pflichtteilsmindernd anrechenbar stellen, weit über die Zehn-Jahres-Grenze des § 2325 BGB hinaus. Von besonderem Reiz wären solche (i.d.R. pauschalen) nachträglichen Anrechnungsbestimmungen bei Kindern gewesen, deren andernfalls verbleibender Pflichtteilsanspruch nach sozialrechtlichen Überleitungsnormen (§ 93 Abs. 1 Satz 4 SGB XII, § 33 SGB II) möglicherweise später Gegenstand öffentlich-rechtlicher Verwertung sein wird.

3147

Rechtspolitisch überlegenswert wäre auch gewesen, in § 2315 BGB das Regel-Ausnahme-Verhältnis (wie in § 1380 BGB) umzukehren, der tatsächlichen Häufigkeit entsprechend.

§ 2278 Abs. 2 Nr. 4 BGB i.d.F. des RegE hätte ferner erlaubt, erbvertragsmäßige „Anordnungen nach §§ 2050, 2053 und 2315 BGB" zu treffen. Demnach wäre es z.B. möglich gewesen,

3148

- z.B. mit einem Dritten (etwa einem weichenden Geschwister) zu vereinbaren, dass eine ursprünglich, zeitlich vor oder spätestens mit der Schenkung formfrei getroffene Anrechnungsbestimmung oder auch eine nachträglich in letztwilliger Form getroffene Anrechnungsbe-

---

328 Abrufbar unter www.bmj.bund.de, vgl. hierzu *Spall*, ZErb 2007, 272 und *Bonefeld/Lange/Tanck*, ZErb 2007, 292 ff.
329 BR-Drucks. 96/08, veröffentlicht z.B. unter www.zev.de, vgl. *Bonefeld*, ZErb 2008, 67; *Progl*, ZErb 2008, 78; *Keim*, ZEV 2008, 161 ff.; *Herrler/Schmied*, ZNotP 2008, 178; *Schindler*, ZEV 2008, 187; *Schaal/Grigas*, BWNotZ 2008, 2 ff.
330 BT-Drucks. 16/8954.
331 Damit wären künftig Vereinbarungen, dass eine Anrechnung unterbleiben müsse, wegen Verstoßes gegen § 2302 BGB nicht möglich.
332 Maßgeblich ist, dass der Sterbefall nach Inkrafttreten der Neuregelung erfolgt, „unabhängig davon, ob an Ereignisse aus der Zeit vor Inkrafttreten dieser Vorschriften angeknüpft wird".
333 Hierauf weist *Röthel*, ZEV 2008, 113, 114 hin.

stimmung nicht mehr aufgehoben werden dürfen, es sei denn, der Erbvertragspartner wäre damit einverstanden („Versteinerung der Anrechnung").

3149 • Umgekehrt hätte auch dem Beschenkten selbst daran gelegen sein können, mit bindender Wirkung die nachträgliche Anordnung einer Anrechnung zu vermeiden.

Schließlich hätten auch Eltern (im Regelfall Ehegatten) untereinander ein Interesse daran gehabt haben, dass nach dem Tod des Ersten nicht nachträglich testamentarisch eine Anrechnungsbestimmung aufgehoben (oder getroffen) wird

3150 Wäre die Gesetzesreform umgesetzt worden, wäre zudifferenzieren gewesen, ob das Unterbleiben einer Anrechnungsbestimmung i.S.d. § 2315 Abs. 1 Satz 1 BGB lediglich darauf beruht, dass der Schenker die Anordnung unterlässt – ohne sich hinsichtlich seines künftigen Verhaltens zu binden, sodass eine nachträgliche letztwillige Anrechnungsanordnung jederzeit noch möglich wäre – oder ob das Unterbleiben auf einer erbvertraglichen bindend getroffenen Vereinbarung beruht (sodass eine Verbindung aus Überlassungs- und Erbvertrag vorliegt).

3151 Außerhalb solcher erbvertraglicher „Selbstbindung" hätte die Reform den Grundsatz der Testierfreiheit deutlich zulasten des Primats der lebzeitigen Vertragsgerechtigkeit erweitert und wäre damit weiterer Ausdruck für die gesetzgeberische Geringschätzung der Schenkung als solcher – die insoweit mit einem zusätzlichen mittelbaren „pflichtteilsrechtlichen Wertrückforderungsvorbehalt" behaftet wäre –, hätte aber andererseits eine versteckte Aushöhlung des Pflichtteilsrechts „durch die Hintertür" bewirkt. Sie wurde in der Regierungsbegründung dadurch gerechtfertigt, dass der Beschenkte seine Teilhabe am Schenker- (Erblasser-) Vermögen weiterhin erhalte, nur eben bereits früher. Schließlich behielten doch die Bedenken die Oberhand, sodass i.R.d. Pflichtteilsreform 2009 die Änderung des § 2315 BGB nicht umgesetzt wurde.

3152 Von der Anrechnung zu unterscheiden ist die unter den pflichtteilsberechtigten Abkömmlingen vorzunehmende **Ausgleichung gem. § 2316 BGB** (s. hierzu Rdn. 3168 ff.). Auch diese wirkt der Bevorzugung einzelner Pflichtteilsberechtigter durch lebzeitige Zuwendung entgegen. Sie führt allerdings nicht zu einer Reduzierung der Pflichtteilslast zugunsten des Erben, sondern soll erreichen, dass die nach §§ 2050 ff. BGB bei der gesetzlichen Erbfolge stattfindende Ausgleichung auch bei der Berechnung der Pflichtteilsansprüche berücksichtigt wird. Die „Fernwirkung" der Ausgleichungsanordnung auf Pflichtteilsansprüche gem. § 2316 BGB sollte (unverständlicherweise)[334] von der in Vorbereitung befindlichen Gesetzesreform des Pflichtteilsrechtes unberührt bleiben.

III. Berechnung des Pflichtteils unter Anrechnung

1. Grundsätze

3153 Die Berechnung ist wie folgt vorzunehmen:
- Bildung des fiktiven Nachlasses durch Addition des Realnachlasses und des Vorempfangs,
- Hieraus wird der fiktive Pflichtteil errechnet,
- Der zu zahlende Pflichtteil ergibt sich aus dem fiktiven Pflichtteil abzgl. des Vorempfangs.

---

334 Vgl. die Kritik bei *Spall*, ZErb 2007, 277.

2. Berechnungsbeispiele

Fall 1:

Frau Sauer (verwitwet) hat ihrem Sohn ein Anwesen im Wert von 500.000,00 € überlassen mit der Bestimmung, er müsse sich den Wert der Zuwendung auf seinen Pflichtteilsanspruch anrechnen lassen. Bei ihrem Tod erbt die Tochter (Schwester des S) als Alleinerbin ein Vermögen von 2.000.000,00 €. Hat S noch einen Pflichtteilsanspruch?

Lösung: JA!

Berechnung: (2 Mio. + 0,5 Mio.) : 4 = 625.000,00 €. Hiervon 500.000,00 € abgezogen, mithin bleibt ein Anspruch von 125.000,00 €.

3154

Mit welchem Wert wird die Zuwendung angerechnet?

Problem 1: Gem. § 2315 Abs. 2 Satz 2 BGB mit dem Wert zum Zeitpunkt der Zuwendung. Dies mag als unbillig empfunden werden, sofern der Wert bis zum Todestag gesunken ist, sodass obige Formulierung über eine „Kappung" des Anrechnungswertes zu erwägen ist (ähnlich dem Niederstwertprinzip der Pflichtteilsergänzung). Nach ganz überwiegender, mit dem Grundgesetz vereinbarer[335] Auffassung kann der Veräußerer einen abweichenden Zeitpunkt (z.B. den Erbfall selbst)[336] bestimmen; führt der dann maßgebliche Wert jedoch zu einer höheren Pflichtteilsanrechnung, müssen die Anforderungen an einen (beschränkten) Pflichtteilsverzicht (Vertragsform; höchstpersönliche Erklärung des Veräußerers, notarielle Beurkundung, bei Minderjährigen auch ggf. Ergänzungspflegschaft und jedenfalls vormundschaftsgerichtliche, ab 01.09.2009 familiengerichtliche Genehmigung analog § 2347 Abs. 2 BGB)[337] eingehalten sein.[338]

3155

Problem 2: Wird ein Inflationsausgleich vorgenommen? Ja!

3156

Beispiel:

Die Zuwendung im November 1995 hat einen damals in der Urkunde zutreffend angegebenen oder durch Gutachten festgestellten Wert von 500.000,00 DM. Der Erbfall ist im November 1998. Angerechnet werden ca. 520.000,00 (500.00,000,00 DM multipliziert mit der Preisindexzahl[339] für November 1998, also 119,7, dividiert durch die Preisindexzahl für November 1995, also 115,1, ist 519982,62 DM). Seit 01.01.2003 ist der Verbraucherpreisindex (VPI) zugrunde zu legen, der durch Verkettung mit den früheren Indices bis 01.07.1958 rückgerechnet werden kann (01.07.1958 bis 31.12.1961: Lebenshaltung eines 4-Personen-Arbeitnehmerhaushaltes mit mittlerem Einkommen; 01.01.1962 bis 31.12.1990: Lebenshaltung aller privaten Haushalte in den alten Bundesländern; 01.01.1991 bis 31.12.2002: Lebenshaltung aller privater Haushalte in Deutschland)[340]

---

335 BVerfG, FamRZ 2006, 927 (kein Verstoß gegen Willkürverbot).
336 OLG Nürnberg, ZEV 2006, 361 m. krit. Anm. *Keim*.
337 Hierzu *Keim*, ZEV 2006, 364.
338 *Damrau/Riedel/Lenz*, Praxiskommentar Erbrecht, § 2315 Rn. 10 m.w.N. Für Formfreiheit: *Ebenroth*, JZ 1991, 281 f.
339 Krit. gegen diese Rspr. (BGHZ 46, 343) *Kogel*, FamRZ 2003, 278, da die Baukosten im Immobilienbereich derzeit geringer steigen als die Lebenshaltungskosten.
340 Vgl. *Gutdeutsch*, FamRZ 2003, 1061 mit Tabellen (zur Inflationsbereinigung des Zugewinnausgleichs).

Kapitel 9: Erb- und pflichtteilsrechtliche Problematik

3157 **Problem 3**: Wie werden Gegenleistungen berücksichtigt?

Hierzu folgende **Abwandlung** zum Ausgangsfall:

Frau Sauer (65 Jahre) hat sich ein Wohnrecht vorbehalten (monatlicher Mietwert 500,00 €) und stirbt 2 Jahre später.

Wie wirkt sich das Wohnrecht aus? Es wird grds. nach der Lebenserwartung kapitalisiert und vom anzurechnenden Wert abgezogen (abstrakte ex ante-Berechnung ähnlich § 2325 BGB, vgl. zum Nießbrauch Rdn. 1210 ff.; zum Wohnungsrecht Rdn. 1334).

3158 Bei **mehreren Anrechnungspflichtigen** ist eine getrennte Berechnung vorzunehmen, d.h. es ist für jeden Anrechnungspflichtigen der fiktive Nachlass anhand seines Vorempfangs zu bestimmen. Hierzu Folgendes

Beispiel:

Frau Sauer (verwitwet) hat ihrem Sohn zu Lebzeiten einen Wert von 500.000,00 € überlassen, ihrer Tochter vor mehr als 10 Jahren einen Wert von 1 Mio. €. Bei ihrem Tod ist eine gemeinnützige Stiftung Alleinerbe eines Vermögens von 4 Mio. €. Wie wird der Pflichtteilsanspruch bei Sohn und Tochter berechnet?

Lösung: jeweils getrennt!

Der Sohn hat einen Anspruch von (4 Mio. € + 500.000,00 €) : 4 – 500.000,00 € = 625.000,00 €.

Die Tochter hat einen Anspruch von (4 Mio. € + 1 Mio.) : 4 – 1 Mio. € = 250.000,00 €

3159 An der Berechnung ändert sich nichts, wenn ein Kind vorverstorben ist und an dessen Stelle ein Enkelkind tritt, da sich auch das Enkelkind nach § 2315 Abs. 3 i.V.m. § 2051 Abs. 1 BGB die Zuwendung an den Elternteil anrechnen lassen muss, vgl. Rdn. 1639 zur Ausgleichungspflicht.

3. Kombination von § 2315 und § 2325 BGB

3160 Bei mehreren anrechnungspflichtig Beschenkten kommt auch eine Kombination von Anrechnung und Pflichtteilsergänzung wegen des an den jeweils anderen geschenkten Vermögensgegenstand in Betracht. Hat ein Pflichtteilsberechtigter keinen Vorempfang erhalten oder einen geringeren, steht ihm zusätzlich gegen die Erben ein Pflichtteilsergänzungsanspruch zu.[341] Hierzu

3161 *Beispiel:*

Frau Sauer (nunmehr verheiratet), hat wieder ihrem Sohn 500.000,00 überlassen, ebenso jedoch ihrem Ehemann 1 Mio. Beim Tod ist die Tochter Alleinerbin von 4 Mio., der Ehemann erhält einen Pkw als Vermächtnis. Was ändert sich?

Lösung:

1. Durch den überlebenden Ehemann ändert sich die Pflichtteilsquote des Sohnes auf ein Achtel (wegen des – sei es auch geringwertigen – Vermächtnisses bleibt es für die Pflichtteilsberechnung des Sohnes beim erhöhten väterlichen Erbteil, da § 1371 Abs. 2 BGB nicht eingreift).

2. Die Zuwendung i.H.v. 1 Mio. € an den Ehemann unterliegt der Pflichtteilsergänzung nach § 2325 BGB, da die 10-Jahresfrist bei Zuwendungen an den Ehegatten nicht zu laufen beginnt.

---

341 MünchKomm-BGB/*Lange*, § 2315 Rn. 12 a.E.

3. Berechnung des Pflichtteils(ergänzungs)anspruchs des Sohnes:
(4 Mio. € + 500.000,00 € + 1 Mio. €) : 8 – 500.000,00 € = 187.500,00 €

4. Kombination von § 2315 BGB und § 2327 BGB

Die Anrechnung gem. § 2315 BGB betrifft den ordentlichen Pflichtteil, § 2327 BGB die Anrechnung von Eigengeschenken auf den Pflichtteilsergänzungsanspruch. Während § 2315 BGB eine entsprechende Anordnung des Veräußerers voraussetzt, ist die Anrechnung von Eigengeschenken zulasten des Pflichtteilsergänzungsberechtigten in § 2327 BGB zwingend angeordnet. Insgesamt darf die Anrechnung jedoch, wie sich aus § 2327 Abs. 1 Satz 2 BGB ergibt, nur einmal erfolgen. Demnach ist zunächst der Nachlass zu erhöhen um alle anrechnungspflichtigen Zuwendungen zuzüglich des Eigengeschenks, und sodann von dem sich hieraus ergebenden Gesamtpflichtteil das anrechenbare Eigengeschenk in Abzug zu bringen (vgl. im Einzelnen Rdn. 3089 ff.).

3162

5. Kombination von § 2315 BGB und § 1380 BGB

Erfolgen lebzeitige Zuwendungen an einen Ehegatten im gesetzlichen Güterstand, statuiert § 1380 BGB im Zweifel (mangels anderweitiger Anordnung) bei Erheblichkeit des Geschenks eine (im Ergebnis allerdings nur begrenzt wirksame, vgl. Rdn. 2740 ff.) „Anrechnung" auf den Zugewinnausgleichsanspruch, und zusätzlich fordert § 2315 BGB die Anrechnung auf den Pflichtteil, sofern bei der Zuwendung angeordnet.

3163

Beide Ansprüche können, sofern der überlebende Ehegatte die Erbschaft ausschlägt und den kleinen Pflichtteil samt der konkreten familienrechtlichen Zugewinnausgleichsforderung geltend macht (güterrechtliche Lösung), nebeneinander entstehen. Eine Doppelberücksichtigung ist ausgeschlossen, allerdings kann der Zuwendende die Reihenfolge der Anrechnung bestimmen.[342] Während teilweise dafür plädiert wird, zunächst auf den Zugewinn und sodann einen etwa verbleibenden Rest auf den Pflichtteilsanspruch anzurechnen,[343] favorisieren andere im Zweifel zunächst die Anrechnung auf den Pflichtteil und sodann nur insoweit auf den Zugewinnausgleichsanspruch, dass der Zuwendungsempfänger nicht besser stehen darf, als wenn der Gegenstand als auszugleichender Zugewinn im Vermögen des Veräußerers verblieben wäre.[344] Die überwiegende Literatur nimmt **zunächst die Anrechnung auf den Pflichtteil** und sodann hinsichtlich des nicht verbrauchten Restes auf den Zugewinnausgleichsanspruch vor.[345] Diese Anrechnungsreihenfolge ist auch unter erbschaftsteuerlichen Aspekten günstig, mindert sie doch zunächst den erbschaftsteuerpflichtigen Pflichtteilsanspruch (§ 3 Abs. 1 Satz 1 ErbStG) und entfällt lediglich hinsichtlich des Restes auf den gem. § 5 Abs. 2 ErbStG ohnehin erbschaftsteuerfreien familienrechtlichen Zugewinnausgleichsanspruch.

3164

---

342 Vgl. *J. Mayer*, ZErb 2007, 135 m.w.N.
343 So *Kerscher/Riedel/Lenz*, Pflichtteilsrecht, § 8 Rn. 59: die Reduzierung des güterrechtlichen Ausgleichs entlastet die Erben des Zuwendenden unmittelbar.
344 *Bonefeld*, ZErb 2002, 190.
345 So etwa MünchKomm-BGB/*Gernhuber*, § 1371 Rn. 48.

IV. Problemfälle

1. Streit beim Tod des nicht veräußernden Ehegatten

3165 Die Pflichtteilsanrechnung gaukelt dann eine nicht vorhandene Sicherheit vor, wenn von beiden Ehegatten nur einer an ein Kind überschreibt, später aber ein Streit anlässlich des Todes des anderen Ehegatten entsteht (Zitat einer Betroffenen: Wie kann es denn sein, dass ich meinen Sohn nochmals mit einem Pflichtteil bedenken muss, wo er doch vor einigen Jahren von meinem verstorbenen Mann bereits das Haus bekommen hat!). Beide Sterbefälle sind in Bezug auf die Zuwendungen des jeweiligen Erblassers getrennt zu betrachten,[346] ebenso wie bei der Ausgleichungspflicht unter Miterben. Zur Gleichstellung beim „Berliner Testament" (unabhängig von der Reihenfolge des Versterbens) vgl. ausführlich Rdn. 1651 ff.; zur „Erweiterung der Wirkungen des § 2315 BGB" auch auf den Tod des anderen Ehegatten durch gegenständlich beschränkten Pflichtteilsverzicht s. Rdn. 3292 f.

2. Fehlgeschlagene „Gleichstellungszahlung"

3166 *Beispiel:*

Frau Sauer (verwitwet) überlässt ihr Haus mit einem Verkehrswert von 500.000,00 € ihrem Sohn. Die Tochter erhält vom Sohn eine Auszahlung i.H.v. 250.000,00 €, „schließlich sollen doch die Kinder gleichgestellt werden!". Der Notar sieht – wie in vergleichbaren Fällen bei ihm üblich – die Pflichtteilsanrechnung der Zuwendung beim Sohn sowie einen gegenständlich beschränkten Pflichtteilsverzicht der Tochter vor. Beim Tod der Frau Sauer erbt deren Restvermögen von 1 Mio. ihr Lebensgefährte. Bei der Berechnung der Pflichtteilsansprüche muss sich nun der Sohn die Zuwendung abzgl. der Auszahlung anrechnen lassen (dies ergibt einen Pflichtteilsanspruch von 62.500,00 €). Die Tochter hat dagegen unverändert einen Pflichtteilsanspruch von einem Viertel aus 1 Mio. €, also 250.000,00 €.

3167 Dieses missliche Ergebnis lässt sich vermeiden, indem man entweder vollständige Pflichtteilsverzichte der Kinder beurkundet, oder die Auszahlung an die Schwester ebenfalls der Pflichtteilsanrechnung am Nachlass des Veräußerers unterwirft, indem in der Urkunde ausdrücklich eine Zahlungspflicht des Veräußerers begründet wird, die der Erwerber anstelle des Veräußerers zu erfüllen hat (vgl. im Einzelnen mit Formulierungsvorschlägen Rdn. 1578 ff.).

---

346 OLG Koblenz, 14.06.2010 – 2 U 831/09, ZEV 2010, 473.

D. Der Ausgleichspflichtteil (§ 2316 BGB)

I. Pflichtteilsfernwirkung der Ausgleichung (§ 2316 BGB)

1. Allgemeine Grundsätze

§ 2316 BGB regelt die Frage, wie sich die Vorschriften der Ausgleichung gem. §§ 2050 bis 2060 BGB unter Abkömmlingen bei gesetzlicher Erbfolge (s. hierzu Rdn. 1610 ff.) auf die Pflichtteilsberechnung auswirken. Ohne Erhöhung der Pflichtteilslast zulasten der Erben werden hierdurch die Pflichtteile der Abkömmlinge untereinander verändert. Ein „Verzicht auf die pflichtteilserhöhenden Wirkungen einer Zuwendung" erfasst auch diesen Anspruch (Formulierungsvorschläge s. Rdn. 3277 ff.).

3168

Gem. § 2316 Abs. 3 BGB ist der nach § 2050 Abs. 1 und 2 BGB vor oder nach der Zuwendung zulässige Ausschluss der Ausgleichungspflicht, auch für Ausstattungen sowie übermäßige Zuschüsse und Ausbildungskosten, i.R.d. Pflichtteilsberechnung unbeachtlich. Auch eine vertragliche Regelung, dass keine Ausgleichungspflicht bestehe, hindert also nicht, dass die frühere **Ausstattung** zu einer Erhöhung des Pflichtteils anderer Geschwister führt, und zwar ohne zeitliche Befristung, da die Zehnjahresgrenze des § 2325 Abs. 3 BGB bei § 2316 BGB nicht gilt und eine Ausstattung ihrerseits (mangels Schenkungsqualität, § 1624 BGB) nicht § 2325 BGB unterliegt. In diesem Kontext ist also die Ausstattung der Schenkung ggü. **nachteilig**. Hat allerdings der Erblasser sein gesamtes Vermögen zu Lebzeiten übertragen, scheitert die ausstattungsbedingte Erhöhung des Pflichtteils der anderen Abkömmlinge an **§ 2056 Satz 1 BGB** (keine Herausgabe des „Mehrempfangs"; keine Korrektur über Direktkondiktion beim „Beschenkten" wie bei § 2329 BGB) – jedoch wird dadurch § 2325 BGB ausgelöst, wenn die „Wegschenkungen" zur Entleerung des Nachlasses nicht mehr rechtzeitig erfolgt sind.[347]

3169

Der „Verschiebungseffekt" zugunsten der abstrakt ausgleichungsbegünstigten Geschwister kann allenfalls durch einen notariell zu beurkundenden, ggf. gegenständlich auf den Erhöhungsanteil beschränkten, Pflichtteilsverzicht des Geschwisters (vgl. Rdn. 3277) behoben werden. Ist diese nicht zu erlangen, kommt bei sehr hohen Vorauszuwendungen möglicherweise ein notariell beurkundeter Erbverzicht (!) zwischen dem Zuwendungsempfänger und dem Erblasser in Betracht: dieser erhöht zwar die Quoten der übrigen Pflichtteilsberechtigten aufgrund des Wegfalls des Verzichtenden, führt aber andererseits dazu, dass gem. § 2316 Abs. 1 Satz 2 BGB die Zuwendung bei der Berechnung der Pflichtteilshöhe gänzlich außer Betracht bleibt.

3170

Die ohne Mitwirkung der Betroffenen nicht ausschließbare Fernwirkung der Ausstattung auf die Höhe des Pflichtteilsanspruchs des nicht ausgestatteten Geschwisters lädt dazu ein, dessen Schlechterstellung gerade nicht durch Enterbung (mit der Folge der Entstehung eines Pflichtteilsanspruchs) herbeizuführen, sondern das zu benachteiligende Geschwister als unbelasteten Miterben hinsichtlich des mageren verbleibenden Nachlasses zu einer Quote oberhalb der

3171

---

347 § 2325 BGB erfasst nur den Anspruchsteil, der nicht über den erhöhten Ausgleichserbteil dem weichenden Geschwister zugutekommt. Der zu viel Bedachte scheidet gem. § 2056 Satz 2 BGB aus der Ausgleichsberechnung unter Geschwistern aus. Nach BGH, NJW 1988, 821 soll sich demnach auch die Pflichtteilsquote der weichenden Geschwister erhöhen, str., vgl. *J. Mayer*, ZErb 2007, 138.

Pflichtteilsquote zu belassen: die von § 2050 Abs. 1 BGB vermutete Ausgleichungspflicht kann auf der Ebene der Erbschaft ausgeschlossen werden; schlägt das unzufriedene nicht ausgestattete Geschwister aus, erhält es (da § 2306 Abs. 1 Satz 2 BGB nicht einschlägig ist) nicht einmal den Pflichtteil, und auch Pflichtteilsergänzungsansprüche scheiden mangels Schenkung (§ 1624 BGB) aus.

3172 **Hinweis:**

Im Bereich des § 2050 Abs. 3 BGB, also bei der gekorenen (nicht geborenen) Ausgleichungsanordnung, bestehen einfachere Möglichkeiten der Vorsorge gegen die ungewollte pflichtteilsrechtliche Fernwirkung des § 2316 BGB: die Ausgleichungsanordnung ist lediglich für den Fall angeordnet, dass gesetzliche Erbfolge (oder eine diese abbildende testamentarische Erbfolge) eintritt, andernfalls – also bei **abweichender testamentarischer Anordnung** mit möglichen Pflichtteilsfolgen – ist sie **auflösend bedingt**.

2. Voraussetzungen der Ausgleichung

3173 Gem. § 2316 BGB müssen mehrere Abkömmlinge vorhanden sein. Neben dem Pflichtteilsberechtigten kann dies ein Erbe oder weiterer Pflichtteilsberechtigter sein. Einzige Voraussetzung ist, dass er im Fall der gesetzlichen Erbfolge zum Erben berufen wäre. Somit werden auch Ausschlagende, Erbunwürdige[348] und Pflichtteilsberechtigte, denen der Pflichtteil entzogen wurde, berücksichtigt. Lediglich im Fall des Erbverzichts bleibt der Verzichtende gem. § 2346 Abs. 1 Satz 2 BGB außer Betracht.

3. Bewertung und Berechnung

3174 Die Ausgleichsanordnung hat die meist unerwünschte Nebenwirkung, dass sich das Pflichtteilsrecht der anderen Abkömmlinge erhöht: nach § 2316 BGB wird auch für die Berechnung des Pflichtteils der auszugleichende Vermögensgegenstand dem Nachlass hinzugerechnet. Zur Ermittlung der Pflichtteilsfernwirkung des ausgleichspflichtigen Vorempfangs i.R.d. § 2316 BGB wird die **Ausgleichung hypothetisch durchgeführt**, da aufgrund der Enterbung des Pflichtteilsberechtigten eine „echte Ausgleichung" naturgemäß nicht stattfindet.[349] Die pflichtteilsrechtliche Veränderung tritt aber nicht nur zugunsten des enterbten Pflichtteilsberechtigten ein, sondern auch zu dessen Lasten, etwa wenn er selbst ausgleichspflichtige Zuwendungen empfangen hat.[350]

3175 **Übersicht: Berechnung des Ausgleichspflichtteils:**

(1) Vorab wird der Erbteil für andere Personen als Abkömmlinge abgerechnet.

(2) Anschließend werden alle zur Ausgleichung zu bringenden Zuwendungen dem Nachlassteil, der für die Abkömmlinge verbleibt, zugerechnet (fiktiver Nachlass) und

---

348 Zu aktuellen Problemen *Holtmeyer* ZErb 2010, 6 ff. Im Erbunwürdigkeitsprozess ist auch ein Anerkenntnis möglich, LG Karlsruhe, 02.11.2007 – 8 O 464/07, ZErb 2008, 1 m.w.N.
349 BGH, NJW 1993, 1197.
350 BGH, FamRZ 1993, 535.

D. Der Ausgleichspflichtteil (§ 2316 BGB)

(3) es wird für den einzelnen Abkömmling sein rechnerischer Anteil (fiktiver Erbteil) daran ermittelt.

(4) Abschließend wird von dem rechnerischen Teil beim Erwerber die Zuwendung abgezogen. Daraus ergibt sich der gesetzliche Erbanspruch (Ausgleichungserbteil).

(5) Die Hälfte hiervon ist der Ausgleichungspflichtteil.

Die Ausgleichung scheitert allerdings dann, wenn der verbliebene Nachlass geringer als die lebzeitige Zuwendung ist, da eine Auszahlung durch den Erwerber nicht erfolgen muss.

Beispiel:

Frau Sauer (verwitwet) hat ihrem Sohn ein Anwesen im Wert von 500.000,00 € überlassen mit der Bestimmung, er müsse es im Erbfall mit seiner Schwester zur Ausgleichung bringen. Bei ihrem Tod hinterlässt Frau Sauer noch ein Vermögen von 2 Mio. € Wie hoch ist der Erbanspruch des Sohnes bei gesetzlicher Erbfolge?

Wie hoch wäre der Pflichtteilsanspruch, falls Frau Sauer ihre Tochter zur Alleinerbin eingesetzt hätte?

Der Erbanspruch ist (2 Mio. € + 500.000,00 €) : 2 – 500.000,00 € = 750.000,00 €. (Das Ergebnis leuchtet ein, da Sohn und Tochter nunmehr effektiv jeweils 1,25 Mio. erhalten.)

Der Pflichtteilsanspruch des Sohnes bei der im Fall genannten Abwandlung beträgt gem. § 2316 Abs. 1 BGB 750.000,00 € (rechnerischer Erbanspruch) : 2 = 375.000,00 €.

Vergleicht man dies mit dem obigen Beispiel zur Auswirkung der Anordnung einer Pflichtteilsanrechnung erkennt man unschwer, dass die Pflichtteilsanrechnung regelmäßig zu einer stärkeren Pflichtteilsminimierung führt (dort hatte der Sohn nur noch einen Pflichtteilsanspruch von 125.000,00 €).

3176

Allgemein kann festgehalten werden, dass eine Pflichtteilsanrechnung insgesamt die Summe der Pflichtteilsansprüche der Abkömmlinge mindert, während die Anordnung der Erbausgleichung nur die **Verteilung des (gleich hohen) Pflichtteilsanspruchs verändert**. Selbstverständlich kann die Pflichtteilsanrechnung mit der Anordnung der Erbausgleichung auch kombiniert werden:

3177

II. Kombination von Ausgleichung und Anrechnung[351]

Als Berechnungsbeispiel soll wieder folgender, bereits bekannter Fall herangezogen werden:

3178

Beispiel:

Frau Sauer (verwitwet) hat ihrem Sohn ein Anwesen im Wert von 500.000,00 € überlassen mit der Bestimmung, er müsse es im Erbfall mit seiner Schwester zur Ausgleichung bringen und es sich auf seinen Pflichtteil anrechnen lassen. Bei ihrem Tod vererbt Frau Sauer ihrer Tochter als Alleinerbin ein Vermögen von 2 Mio. € Wie hoch ist der Pflichtteilsanspruch des Sohnes?

Die Lösung ergibt sich aus § 2316 Abs. 4 BGB. Diese Bestimmung kommt nur dann zum Tragen, wenn Ausgleichung (§§ 2050 ff., 2316 BGB) und Anrechnung (§ 2315 BGB) bei derselben Person zusammenfallen.

---

[351] Zum Zusammentreffen von Zuwendungen, die nur ausgleichungspflichtig sind, mit Zuwendungen, die nur anrechnungspflichtig sind vgl. MünchKomm-BGB/*Lange*, § 2316 Rn. 22.

Zunächst ist die Ausgleichung durchzuführen:

(2 Mio. € + 500.000,00 €) : 2 – 500.000,00 € = 750.000,00 € (Erbteil nach Ausgleichung)

und hieraus der Pflichtteil nach § 2316 Abs. 1 BGB zu errechnen:

750.000,00 € : 2 = 375.000,00 € (Pflichtteil nach Ausgleichung),

auf den nunmehr wiederum gem. § 2316 Abs. 4 BGB die Zuwendung zur Hälfte anzurechnen ist:

375.000,00 € – (500.000,00 € : 2) = 125.000,00 € (Pflichtteil nach Ausgleichung und Anrechnung)

3179 Die Kombinationslösung bewirkt demnach keine weitere Verringerung des Pflichtteils des Erwerbers ggü. der reinen Pflichtteilsanrechnung.

Umgekehrt kann die Kombinationslösung aber zu einer **geringeren Pflichtteilsminderung** führen.[352]

Beispiel:

A (verheiratet mit B) hat Vermögenswerte von gesamt 4 Mio. €. Dem Sohn will er eine Wohnung im Wert von 300.000,00 € übertragen. Vorhanden sind noch zwei Töchter „T1" und „T2". Er hat die Ausgleichung der Zuwendung gem. § 2050 Abs. 3 BGB angeordnet.

Hinterlässt A kein Testament, wird er also durch seine Ehefrau B zu einhalb und durch seine Kinder zu je einem Sechstel beerbt, ist zunächst gem. § 2055 Abs. 1 Satz 2 i.V.m. § 2050 BGB zu berücksichtigen, dass die Ausgleichung im Verhältnis zur Ehefrau keine Wirkung zeitigt. B erhält also 1.850.000,00 € (1/2 von 3.700.00,00 €). Im Verhältnis zwischen den drei Kindern wird zunächst gem. § 2055 Abs. 1 Satz 2 BGB der Wert der Zuwendung dem Nachlassrest hinzugerechnet (1.850.000,00 € + 300.000,00 € = 2.150.000,00 €); dieser steht allen zu einem Drittel, also i.H.v. 716.000,00 € zu. Der Sohn hat bereits 300.00,00 € erhalten, sodass ihm 416.000,00 € bleiben.

Hat A ein Testament zugunsten seiner Ehefrau errichtet, errechnet sich gem. § 2316 Abs. 1 Satz 1 BGB der Pflichtteil nach demjenigen, was auf den gesetzlichen Erbteil unter Berücksichtigung der Ausgleichung entfallen würde, beläuft sich also auf die Hälfte von 416.000,00 €, mithin 208.000,00 €. Bei einer Kombination von Pflichtteilsanrechnung und Ausgleichung muss gem. § 2316 Abs. 4 BGB in einem weiteren Schritt hiervon die Hälfte des Werts der Zuwendung (also 150.000,00 €) abgezogen werden, sodass ein Restanspruch des Sohnes i.H.v. 58.000,00 € verbleibt.

Wäre nur die Pflichtteilsanrechnung angeordnet worden, hätte der Sohn, wenn ein Testament z.B. zugunsten seiner Mutter B vorläge, einen geringeren Restpflichtteil geltend machen können: Gem. § 2315 Abs. 2 BGB ist zunächst der Wert der Zuwendung dem Nachlass hinzuzurechnen, sodass sich dieser wiederum auf 4.000.000,00 € erhöht. Der Pflichtteil des Sohnes beträgt hieraus 1/12, also 333.000,00 €. 300.000,00 € hat er bereits erhalten, sodass ihm nur noch ein Restanspruch von 33.000,00 € bleibt. Sein Pflichtteil ist also geringer, wenn nur die Pflichtteilsanrechnung angeordnet ist, als wenn sowohl Ausgleichung als auch Anrechnung angeordnet wurden.

3180 Da der Anteil des Ehepartners beim Ausgleich vorab auszuscheiden ist, jedoch der auf den Ausgleichserbteil angerechnete Vorempfang insgesamt nur hälftig berücksichtigt wird, führt also die Kombination aus der (um den Ehegattenanteil abgeschwächten) Ausgleichung und hälftigen Anrechnung des Vorempfangs auf den so ermittelten Pflichtteil zu einer geringeren Reduzierung als die unmittelbare Anrechnung des Folgebetrags auf den Pflichtteil nach § 2315 BGB.

---

352 Vgl. *Wegmann*, Grundstücksüberlassung, Rn. 568; ausführliche Berechnungsbeispiele bei *Nieder/Kössinger*, Handbuch der Testamentsgestaltung, Rn. 216 ff. und hier insb. Rn. 230; *Sostmann*, MittRhNotK 1976, 493 ff.

Diese ungewollte Folge der Kombination aus Ausgleich und Anrechnung tritt auch (wenngleich abgeschwächt) ein, wenn die Ehegatten in Gütertrennung oder in Gütergemeinschaft verheiratet sind.³⁵³ Soll gleichwohl die maximale pflichtteilsentlastende Wirkung erreicht werden, auch wenn im Zeitpunkt des Erbfalls der Ehegatte noch lebt, sollte bei Kombination von Ausgleichung und Anrechnung folgende Formulierung gewählt werden:

Formulierungsvorschlag: Kombination von Ausgleichung und Anrechnung mit Optimierung der Pflichtteilsreduzierung

3181

> Der Erwerber hat sich den Wert des unentgeltlichen Anteils der heutigen Zuwendung auf seinen Pflichtteil nach § 2315 BGB anrechnen zu lassen und nach §§ 2050 ff. BGB im Verhältnis zu Geschwistern zur Ausgleichung zu bringen [*Anm.: Es folgt Baustein zur Ausgleichungsanordnung, s. oben Rdn. 1645*].
>
> Sofern nach dem Tod des Veräußerers dessen Ehegatte oder Lebenspartner erbrechtlich zu berücksichtigen ist, findet bei einer etwa notwendigen Ermittlung des Pflichtteils des Erwerbers lediglich eine Anrechnung nach § 2315 BGB statt, nicht aber eine Ausgleichung nach §§ 2050, 2316 ff. BGB, falls wegen § 2316 Abs. 4 BGB sonst ein höherer Pflichtteilsanspruch bestünde.

Es handelt sich also um eine aus Rechtsgründen auflösend bedingte Ausgleichungsanordnung.

---

353 Berechnungsbeispiele bei *Pawlytta*, in: Mayer/Süß/Tanck/Bittler/Wälzholz, Handbuch Pflichtteilsrecht, § 6 Rn. 103 f.

E. Erb- und Pflichtteilsverzicht

I. Erbverzicht

1. Wirkung

3182 § 2346 Abs. 1 Satz 1 BGB erlaubt den Verzicht auf das gesetzliche Erbrecht durch Vertrag zwischen dem Erblasser einerseits, und dessen Ehegatten bzw. einer mit dem Erblasser verwandten Person andererseits. § 10 Abs. 7 LPartG eröffnet dieselbe Möglichkeit dem gleichgeschlechtlich Verpartnerten. Der wirksame **Erbverzicht** führt zur **Fiktion des Vorversterbens**, d.h. der Verzichtende ist von der gesetzlichen Erbfolge in gleicher Weise ausgeschlossen, wie wenn er beim Erbfall des Erblassers nicht mehr leben würde. Mangels „juristischer Existenz" ist er damit auch nicht mehr pflichtteilsberechtigt. Trotz des Erbverzichts kann jedoch die verzichtet habende Person letztwillig weiter als Vermächtnisnehmer oder Erbe gleich welcher Variante bedacht werden, da der Verzicht sich lediglich auf das **gesetzliche Erbrecht** bezieht.

3183 Die **Vorversterbensfiktion** führt notgedrungen zur Erhöhung der gesetzlichen Erbquote anderer Beteiligter und damit (für den Fall ihrer Enterbung bzw. der Ausschlagung in den gesetzlich solchermaßen geregelten Fällen) zur Erhöhung der Pflichtteilsquote dieser Personen, z.B. anderer, nicht verzichtet habender Abkömmlinge (vgl. § 2310 Satz 2 BGB), oder gar zum Entstehen des Pflichtteilsrechtes entfernterer Verwandter (z.B. der Eltern). Diese irreparable (bzw. nur durch flankierende Pflichtteilserhöhungsverzichte der Begünstigten reparable) **Pflichtteilserhöhungswirkung** lässt die Beurkundung eines Erbverzichts oft als geradezu kontraproduktiv erscheinen, wie folgendes Beispiel zeigt:

> *Beispiel:*
> *V hat vier Kinder. Bei seinem Tod soll seine Ehefrau alles erben. Er beauftragt daher den Notar, von K1 bis K4 „Erbverzichte" einzuholen. Der Notar tut wie ihm befohlen und erreicht „immerhin" einen Erbverzicht von K1, K2 und K3. Beim Tod von V macht K4 einen Pflichtteilsanspruch von ein Viertel geltend. K1 bis K3 gelten nach § 2346 Abs. 1 Satz 2 BGB als verstorben bzw. werden nach § 2310 Satz 2 BGB bei der Berechnung nicht mitgezählt. Im Ergebnis haben die drei Erbverzichte keine Verbesserung gebracht. Bei Beurkundung von drei Pflichtteilsverzichten hätte K4 lediglich ein Sechzehntel erhalten.*

3184 Nur wenn diese Veränderung der gesetzlichen Erb/Pflichtteilsquote nach dem Lebenssachverhalt unproblematisch ist (Beispiel: Das einzige Kind legt die Ewige Profess als Ordensschwester ab) bzw. es den Beteiligten darauf ankommt, sich die Notwendigkeit einer **flankierenden enterbenden Verfügung von Todes wegen** zu ersparen, mag der Erbverzicht in seiner gesetzlichen Grundform (§ 2346 Abs. 1 Satz 1 BGB) das Mittel der Wahl sein (vgl. Rdn. 3234).

3185 Der Erbverzicht wirkt als **abstrakter Vertrag** nur zwischen den beteiligten Vertragspartnern (allerdings im Zweifel auch mit Wirkung für die Abkömmlinge des Verzichtenden, s.u. Rdn. 3189 ff.) und bezieht sich ausschließlich auf den Erbfall der Person, mit welcher der Verzicht geschlossen wird. Ein „allgemeiner Verzicht" in Bezug auf alle künftigen Erbfälle, die in Bezug zu dem Verzichtenden stehen, ist nicht möglich.[354] Zur kontroversen Frage, ob der Erb- und Pflichtteils-

---

[354] Vgl. für den Erbverzicht BayObLG, Rpfleger 2005, 431.

E. Erb- und Pflichtteilsverzicht

verzicht Fernwirkungen hinsichtlich des nachehelichen Unterhaltsanspruchs beim Vorversterben des Verpflichteten zeitigt (§ 1586b BGB) vgl. schließlich Rdn. 3230.

2. Varianten

a) Auflösende Bedingung

In anderen Fällen ist zumindest zu erwägen, die Wirkung des Erbverzichts[355] gem. der Auslegungsregel[356] des **§ 2350 Abs. 2 BGB** auf Effekte zugunsten bestimmter Personen (anderer Abkömmlinge/des Ehegatten des Erblassers) zu beschränken (sodass der Verzicht auflösend bedingt für den Fall ist, dass nicht zumindest einer der Begünstigten – gleich aus welchem Grund – Erbe wird.[357] Tritt diese Umstand nicht ein, ist der Verzicht demnach aufgrund seiner auflösenden Bedingtheit beim Eintritt des Erbfalls wirkungslos).[358] 3186

b) Beschränkungen

Der Erbverzicht kann in zulässiger Weise auf den reinen Pflichtteil (§ 2346 Abs. 2 BGB, hierzu unten Rdn. 3232 ff.) beschränkt werden, oder umgekehrt sich lediglich auf das gesetzliche Erbrecht, jedoch unter Vorbehalt des Pflichtteilsrechts beziehen (etwa bei Testierunfähigkeit des Erblassers).[359] Denkbar ist auch der Verzicht auf einen Bruchteil des gesetzlichen Erbteils. Eine Beschränkung auf die durch die gesetzliche Erbfolge vermittelte gesamthänderische Mitbeteiligung an einem einzelnen künftigen Nachlassgegenstand (z.B. am künftig im Nachlass vorhandenen Grundbesitz) ist jedoch schon rechtslogisch ausgeschlossen, da die gesamthänderische Beteiligung an einem einzelnen Nachlassgegenstand nicht Inhalt eines Verfügungsgeschäfts sein kann (§ 20 BGB). Hierzu bedürfte es einer schuldrechtlichen Vereinbarung unter künftigen Miterben gem. § 311b Abs. 5 BGB. 3187

Spezialgesetzliche Ausnahmen (etwa das Ausscheiden aus der Erbengemeinschaft bzgl. eines Restitutionsanspruchs nach dem Vermögensgesetz gem. § 2a VermG sowie der Verzicht allein auf das Hoferbrecht bzw. auf das hoffreie Vermögen)[360] bestätigen diese Regel. Nach herrschender Meinung ist auch ein auf den gesetzlichen Voraus des Ehegatten (§ 1932 BGB), den Dreißigsten (§ 1969 BGB), und den Ausbildungsanspruch des Stiefkindes gem. § 1371 Abs. 4 BGB beschränkter Verzicht nicht möglich.[361] 3188

---

[355] Auf den Pflichtteilsverzicht findet § 2350 BGB naturgemäß keine Anwendung, da er nicht zu einer Veränderung der Erbfolge oder der Pflichtteilshöhe anderer Beteiligter führt. Allerdings kann der Pflichtteilsverzicht (außerhalb des § 2350 BGB) dergestalt bedingt erklärt werden, dass er nur zugunsten eines bestimmten Erben als Träger der Pflichtteilslast gilt, vgl. Staudinger/*Schotten*, BGB (2010), § 2350 Rn. 5.

[356] Sie greift erst, wenn der tatsächliche Wille beider Vertragsbeteiligter nicht ermittelt werden kann, BGH, 17.10.2007 – IV ZR 266/06, FamRZ 2008, 48.

[357] Bloße Vorerbfolge genügt, MünchKomm-BGB/*Musielak*, § 2350 Rn. 6. Entgegen KG, DNotZ 1942, 148 hat jedoch der zugunsten eines Geschwisters erklärte Erbverzicht keine „automatische" Anwachsungsfolge zugunsten des Begünstigten; hierzu bedarf es weiter flankierender Verfügungen von Todes wegen.

[358] OLG Düsseldorf, 25.07.2008 – 7 U 22/06, ZEV 2008, 523.

[359] Vgl. BayObLG, Rpfleger 1981, 305.

[360] OLG Oldenburg, FamRZ 1998, 645, 646.

[361] A.A. Staudinger/*Schotten*, BGB (2004), § 2346 Rn. 43 ff. m.w.N. auch zur h.M.

c) Wirkung für den Stamm

3189 Der Erb- (wie auch der Pflichtteils-) verzicht eines **Abkömmlings** oder eines **Seitenverwandten** wirkt (anders als sonstige Wegfallstatbestände, etwa die Ausschlagung oder die Erbunwürdigkeitserklärung) im Zweifel für den gesamten **Stamm, § 2349 BGB**. Die Vorversterbensfiktion erstreckt sich also, sofern keine abweichende Regelung getroffen wird, auf die Nachkommen, auch wenn nicht ausdrücklich in deren Vertretung gehandelt wurde. Diese Wirkung tritt unabhängig davon ein, ob für den Verzicht eine Abfindung geleistet wurde, die ihrerseits wertmäßig „als Ausgleich" diesen Nachkommen zumindest potenziell zur Verfügung steht.

3190 Bei gesetzlicher Erbfolge tritt demnach aufgrund des Erbverzichts keine Ersatzerbschaft der leiblichen oder adoptierten Abkömmlinge des Verzichtenden ein, sondern Ersatzerbschaft durch seine Geschwister bzw. den überlebenden Ehegatten. In gleicher Weise wirkt der Pflichtteilsverzicht gem. § 2349 BGB im Zweifel so, wie wenn er auch von den Abkömmlingen des Verzichtenden in eigener Person abgegeben worden wäre, insb. also von „lästigen Enkeln", deren Eltern nicht miteinander verheiratet sind. Das Gesetz verleiht dem Näherverwandten demnach die Rechtsmacht, seine eigene Rechtsposition so umfassend zu beseitigen, dass auch dem Ersatzberufenen keine solche Position mehr zufällt – im wirtschaftlichen Ergebnis stellt § 2349 BGB eine Ausnahme vom sonst geltenden „Verbot" des Vertrags zulasten Dritter dar.

3191 **§ 2349 BGB ist dispositiv**, sodass die Erstreckungswirkung insgesamt oder bzgl. einzelner[362] Nachkommen ausgeschlossen werden kann, nach herrschender Meinung allerdings nicht mehr nach dem vorzeitigen Tod des Verzichtenden mit Wirkung für seine Abkömmlinge.[363] Die Tatsache, dass allein der Erklärende als „Verzichtender" genannt wird, enthält jedoch noch kein Abbedingen der Norm.[364]

> **Hinweis:**
> Die Gestaltungspraxis sollte zur Verdeutlichung dieses Umstands und zur Vermeidung von Zweifeln sich ohnehin ausdrücklich zur Frage verhalten, ob die Erstreckung auf Abkömmlinge gewollt ist oder nicht.

3192 § 2349 BGB gilt jedoch nicht für den Verzicht eines Vorfahren (etwa des Vaters des Erblassers – keine Wirkung zulasten dessen Nachkommen, also der Geschwister), ebenso wenig für den Verzicht eines Ehegatten; diese Erstreckung kann auch nicht rechtsgeschäftlich vereinbart werden.[365]

3193 Ebenso wenig dürfte es möglich sein, einen Pflichtteilsverzicht allein mit Wirkung zulasten der (oder einzelner) eigener Kinder zu vereinbaren, also § 2349 BGB nicht nur i.S.e. Erstreckung des eigenen Verzichtes, sondern als Instrument ausschließlich gegen **lästig** gewordene (z.B. adoptierte) **Enkel** einzusetzen, sofern sie wegen Vorversterbens des Verzichtenden zum Zuge

---

362 J. Mayer, in: Bamberger/Roth, BGB, § 2349 Rn. 3.
363 BGH, NJW 1998, 3117, a.A. mit beachtlichen Gründen Staudinger/Schotten, BGB (2004), § 2346 Rn. 97d.
364 Vgl. MünchKomm-BGB/Musielak, § 2349 Rn. 6.
365 Regler, DNotZ 1970, 647.

kommen sollten.³⁶⁶ Der Pflichtteilsverzicht unter der Bedingung, dass der Verzichtende vor dem Erblasser verstirbt, dürfte gegen § 138 BGB verstoßen.³⁶⁷ Denkbar ist jedoch zur „Ausschaltung des lästigen Enkels" die Vor- und Nacherbfolge, verbunden mit einem (unbedingten) Pflichtteilsverzicht des eigenen Kindes (Vorerben) mit Wirkung auch für Abkömmlinge.³⁶⁸

d) Zuwendungsverzicht, § 2352 BGB

Zu unterscheiden ist weiter der (ebenfalls notariell zu beurkundende) **Zuwendungsverzicht** (§ 2352 BGB), also der Verzicht auf letztwillige Erbeinsetzungen³⁶⁹ oder Vermächtnisse, die bereits angeordnet sind,³⁷⁰ vor dem Erbfall. Hauptmotiv ist die Beseitigung bindender Verfügungen bei Fehlen des „Bindungspartners" (Änderung der Schlusserbfolge beim Berliner Testament) und die Änderung letztwilliger, auch nicht bindender, Verfügungen beim testierunfähig gewordenen Erblasser (§ 2352 Satz 3 i.V.m. § 2347 Abs. 2 Satz 2 BGB). Ist die Erbeinsetzung bzw. Vermächtnisanordnung in einem Erbvertrag enthalten, darf der Verzichtende allerdings nicht Vertragspartner dieses Erbvertrages gewesen sein (§ 2352 Satz 2 BGB: er ist dann an die strengeren Anforderungen der Aufhebung eines Erbvertrages gebunden, § 2290 Abs. 4 i.V.m. § 2276 Abs. 1 Satz 1 BGB). Auf die Pflichtteilsquote wirkt sich der Zuwendungsverzicht (anders als der Erbverzicht, § 2310 Satz 2 BGB) nicht aus.

3194

Ein Zuwendungsverzicht kann sich („erst recht") auf einen Ausschnitt der Erbenstellung beschränken, z.B. die Anordnung eines Vermächtnisses oder der Testamentsvollstreckung ermöglichen.³⁷¹ Hierzu³⁷²

3195

Formulierungsvorschlag: Beschränkter Zuwendungsverzicht (Anordnung der Testamentsvollstreckung und Vermächtnisse zugunsten der Enkel bei Berliner Testament)

3196

> Herr X hat mit seiner verstorbenen Ehefrau am ..... ein gemeinschaftliches Testament errichtet, in welchem sich die Ehegatten gegenseitig als Alleinerben, und die gemeinsamen Kinder A und B bindend als Vollschlusserben eingesetzt haben.
>
> Herr X beabsichtigt nun, über die Nachlassbeteiligung des A Dauertestamentsvollstreckung anzuordnen, und weiterhin, Vermächtnisse in Höhe von je 50.000,00 € zugunsten der Kinder von A und B auszusetzen, sieht sich hieran jedoch durch die eingetretene Bindung aus dem gemeinschaftlichen Testament gehindert.

---

366 Vgl. Staudinger/*Schotten*, BGB (2004), § 2349 Rn. 4: Sittenwidrigkeit des Erbverzichtes eines Sterbenden, der ausschließlich vereinbart wird, um das gesetzliche Erbrecht der eigenen Abkömmlinge auszuschalten.
367 Gutachten, DNotI-Report 2007, 73.
368 *J. Mayer*, in: *Mayer/Süß/Tanck/Bittler/Wälzholz*, Handbuch Pflichtteilsrecht, Rn. 483.
369 Ein Erbverzicht (Verzicht auf das gesetzliche Erbrecht) kann auch als Zuwendungsverzicht auszulegen sein wenn sich die testamentarische mit der gesetzlichen Erbfolge deckt, OLG Celle, 21.02.2011 – 6W 32/11, notar 2011, 167 m. Anm. *Odersky*.
370 Ein Verzicht auf künftig noch letztwillig anzuordnende Erbeinsetzungen oder Vermächtnisse ist nicht möglich, vgl. MünchKomm-BGB/*Wegerhoff*, § 2352 Rn 3.
371 BGH, 27.01.1982 – IVaZR 240/80, NJW 1982, 1100.
372 In Anlehnung an *Najdecki*, NWB 2011, 151 ff.

> A und B verzichten hiermit für sich und ihre Abkömmlinge gegenüber ihrem dies annehmenden Vater X auf das ihnen aus dem genannten gemeinschaftlichen Testament zustehende Erbrecht insoweit, als hierdurch die Wirksamkeit der durch ihren Vater beabsichtigten Vermächtnisanordnungen und Anordnung der Testamentsvollstreckung verhindert würde (Zuwendungsverzicht).
>
> Zugleich verzichten sie gegenüber für sich und ihre Abkömmlinge ihrem dies annehmenden Vater auf ihr gesetzliches Pflichtteilsrecht an dessen Nachlass, soweit ihnen solche Ansprüche aufgrund der beabsichtigten letztwilligen Anordnungen ihres Vaters zustehen würden, ebenso auf Pflichtteilsergänzungsansprüche und die Rechtsfolgen aus §§ 2287 f. BGB, soweit die beabsichtigten Vermächtnisse zugunsten der Enkel bereits durch lebzeitige Schenkungen erfolgen sollten. Zugleich verzichtet das Kind A für den Fall der Ausschlagung als Folge der Testamtsvollstreckungsanordnung auf Pflichtteilsansprüche, soweit sich diese aus § 2306 BGB ergeben, und zwar mit Wirkung für sich und seine Abkömmlinge.

3197 § 2349 BGB galt vor der Erbrechtsreform[373] (mangels Verweisung) nicht beim Zuwendungsverzicht (§ 2352 BGB, also dem Verzicht auf testamentarische Zuwendungen).[374] allerdings konnte der Erblasser dann die sich allein aus der Auslegungsregel des § 2069 BGB ergebende (also nicht die ausdrücklich als bindend angeordnete) Ersatzerbenberufung einseitig abändern,[375] ebenso konnten sich aus der Höhe der Abfindung Gesichtspunkte dafür ergeben, dass die – auch ausdrückliche – Ersatzerbenberufung seiner Abkömmlinge entfalle.[376] Für Sterbefälle[377] ab 01.01.2010 erstreckt sich der Zuwendungsverzicht jedenfalls auf Abkömmlinge als Ersatzberufene[378] eines verzichtenden Kindes oder Seitenverwandten.[379] Schließt der Vorerbe einen Zuwendungsverzicht, greift dieser allerdings wohl nicht in die in der Nacherbenstellung im Zweifel

---

[373] Krit. gegen dadurch ermöglichte „Verfügungen zulasten Dritter" *Kanzleiter*, DNotZ 2009, 805 ff., der de lege ferenda dafür plädiert, bindende Ersatzerbenberufungen nur im Erbvertrag zuzulassen; ähnlich *Klinck*, ZEV 2009, 533 ff. (§ 2349 BGB sei nur auf die gesetzliche Erbfolge zugeschnitten). Übersicht bei *Karsten*, RNotZ 2010, 369 ff.

[374] Hauptmotiv ist die Beseitigung bindender Verfügungen bei Fehlen des „Bindungspartners" (Änderung der Schlusserbfolge beim Berliner Testament) und die Änderung letztwilliger, auch nicht bindender, Verfügungen bei testierunfähig gewordenem Erblasser (§ 2352 Satz 3 i.V.m. § 2347 Abs. 2 Satz 2 BGB). Auf die Pflichtteilsquote wirkt sich der Zuwendungsverzicht (anders als der Erbverzicht, § 2310 Satz 2 BGB) nicht aus.

[375] OLG München, 21.12.2006 – 31 Wx 071/06, MittBayNot 2007, 226; *Weidlich*, MittBayNot 2007, 194 (Folge der Grundsatzentscheidung BGHZ 149, 363 über das Verbot einer Kumulation der Auslegungsregeln des § 2270 Abs. 2 und des § 2069 BGB).

[376] OLG Hamm, 16.06.2009 – I-15 Wx 312/08, RNotZ 2009, 600 (Prüfung, ob die lebzeitig gewährte Abfindung so werthaltig ist, dass sie wirtschaftlich das vom Erblasser angestrebte Verteilungskonzept schon vorzeitig realisiert).

[377] Art. 229 § 23 Abs. 4 Satz 2 EGBGB (bedenklich, weil Zuwendungsverzichten, die vor dem 01.01.2010 ohne Erstreckungswirkung abgeschlossen wurden, nachträglich erweiterte Konsequenzen zuteil werden, vgl. *Müller*, ZNotP 2011, 253, 266.

[378] *Odersky* notar 2009, 362, 365; Gutachten, DNotI-Report 2009, 175; a.A. *Schaal/Grigas*, BWNotZ 2008, 2, 24. Offen ist, ob nur Ersatzerben oder alle – etwa als Nacherben – begünstigten Abkömmlinge erfasst sind (wohl ersteres), weiter ob alle Ersatzerben oder nur die über § 2069 BGB im Zweifel Berufenen erfasst sind (wohl ebenfalls ersteres), vgl. Übersicht bei *Karsten*, RNotZ 2010, 370 ff. und *Müller*, ZNotP 2011, 256, 260.

[379] Für Erweiterung auf alle Personen außer Vorfahren, Ehegatten und Lebenspartner *Klinck*, ZEV 2009, 533, 536; *Weidlich*, FamRZ 2010, 166, 170, unter zutreffendem Hinweis darauf, es sei nicht nachzuvollziehen, dass z.B. die Kinder der eingesetzten, auf die Zuwendung verzichtenden Haushälterin besser geschützt seien als die eigenen Enkel. Allerdings wird bei Zuwendungen an nicht verwandte Personen selten eine bindende Verfügung auch in Bezug auf die Ersatzerben vorliegen. Für eine analoge Anwendung auch *Müller*, ZNotP 2011, 256, 263.

gem. § 2102 Abs. 2 BGB enthaltene Ersatzerbenstellung ein, sodass der Nacherbe direkter Erbe wird.[380]

Allerdings kann wohl aber die bindende Verfügung anordnen, dass die Ersatzberufung der Enkel ihrerseits auch gelten solle, wenn der „Vormann" durch Zuwendungsverzicht wegfällt.[381] Sofern die letztwillige Verfügung hierzu keine Klarstellung (in Richtung auf das regelmäßig gewollte Gegenteil) enthält, etwa[382] gemäß 3198

Formulierungsvorschlag: Ungültigkeit von Ersatzerbeinsetzungen bei Zuwendungsverzicht des „Vormannes" 3199

> Alle in dieser Verfügung von Todes wegen enthaltenen Ersatzerbeinsetzungen entfallen, wenn der vorrangig Bedachte einen wirksamen Zuwendungsverzicht mit dem Erblasser abschließt, und der Ersatzerbe zum in § 2349 BGB genannten Personenkreis zählt.

ist daher zu empfehlen, in einem zweistufigen Verfahren zunächst die bindende Verfügung durch den Zuwendungsverzicht zu beseitigen und sodann neu zu testieren, um etwa andere, nicht bindende, Ersatzberufungen, oder die gesetzliche Erbfolge auszuschließen.

3. Form

Der Erbverzicht bedarf gem. § 2348 BGB der **notariellen Beurkundung**; dies gilt auch für das zu seiner Abgabe verpflichtende, zugrunde liegende schuldrechtliche Geschäft;[383] im Interesse der allgemeinen Rechtssicherheit kann ein Formmangel des Verfügungsgeschäftes nicht durch Berufung auf Treuwidrigkeit o.ä. „geheilt" werden.[384] Der Abschluss ist wegen seiner statusverändernden Wirkung dem Geburtsstandesamt des Erblassers anzuzeigen. 3200

Aus dem Formerfordernis erfolgt zugleich das Gebot der **Ausdrücklichkeit**, das der Annahme „stillschweigender Verzichte", auch wenn diese nahe liegen mögen, an sich entgegensteht.[385] Im Rahmen von Billigkeitsentscheidungen hat der BGH in notariellen Erbverträgen teilweise konkludente Pflichtteilsverzichte gesehen. 3201

---

380 *Keim*, MittBayNot 2010, 85, 93; *Müller*, ZNotP 2011, 256, 261.
381 Konstruktiv lässt sich dies entweder erreichen, indem § 2352 i.V.m. § 2349 BGB lediglich als Vermutungsregel verstanden werden (*Schaal/Grigas*, BWNotZ 2008, 2, 8), oder indem „sofern nicht ein anderes bestimmt wird" im Wortlaut des § 2349 BGB nicht nur auf die Formulierung des Zuwendungsverzichtes selbst, sondern auch der erbrechtlichen Verfügung bezogen wird (*Weidlich*, FamRZ 2010, 166), oder indem in der Einsetzung der Enkel eine selbstständige, auf den Wegfall der ersten Verfügung aufschiebend bedingte, neue Verfügung gesehen wird (*Odersky*, notar 2010, 283), oder aber durch teleologische Reduktion des § 2352 Satz 3 BGB bei bindend gewollter ersatzweiser Zuwendung an Abkömmlinge des Zuwendungsverzichtenden (*Kanzleiter*, DNotZ 2010, 525).
382 Vgl. *Schaal*, notar 2010, 431, 439.
383 OLG Köln, 30.06.2010 – 2 U 154/09, DNotZ 2011, 344; differenzierend *Keller*, ZEV 2005, 229 ff.: Eine bloße Rechtsgrundabrede ist formlos wirksam (sofern nicht §§ 311b, 518 BGB eingreifen); eine Verpflichtung zur Abgabe des Erbverzichtes bedarf der notariellen Beurkundung analog § 2348 BGB, wobei jedoch Heilung durch wirksame Beurkundung des Verfügungsgeschäftes (Verzicht) eintritt.
384 OLG Köln, RNotZ 2006, 125.
385 Vgl. RGZ, 115, 391; *Kössinger*, in: Nieder/Kössinger, Handbuch der Testamentsgestaltung, § 19 Rn. 22 m.w.N.

Beispiel:

Beide Ehegatten setzen erbvertraglich eine dritte Person ein: stillschweigender gegenseitiger Verzicht;[386] dreiseitiger Erbvertrag zwischen Ehegatten und Kind, wonach das Kind – lediglich – zum alleinigen Schlusserben eingesetzt werde: konkludenter Pflichtteilsverzicht des Abkömmlings auf den ersten Sterbefall.[387]

3202 **Hinweis:**
Verantwortungsvolle Vertragsgestaltung wird sich jedoch nicht auf gerichtliche Auslegungshilfen verlassen, sondern ausdrückliche Verzichtsformulierungen aufnehmen.

3203 Dies gilt insb. im Rahmen von **Überlassungsverträgen**, wo die Rechtsprechung[388] jedenfalls bisher sogar in der Formulierung „der Übernehmer erklärt sich hinsichtlich seiner elterlichen Erb- und Pflichtteilsansprüche als abgefunden" keinen erbrechtlich-dinglich wirkenden Erb- oder Pflichtteilsverzicht sieht, sondern allenfalls schuldrechtlich wirkende Zusagen, solche Pflichtteilsansprüche nicht geltend zu machen bzw. (anstelle eines Erbverzichtes) an entsprechenden Erbauseinandersetzungsverträgen mitzuwirken. Von solchen schlichten **Erledigungserklärungen** ist daher aus Gründen der Rechtsklarheit abzuraten.

4. Zustandekommen

3204 Eine Aufspaltung des Erb- (oder Pflichtteils-)verzichts in Angebot und Annahme ist möglich (§ 128 BGB). Hinsichtlich des Erblassers ist **persönliche Anwesenheit** erforderlich, eine Vertretung durch Vollmacht oder im Weg der Nachgenehmigung also ausgeschlossen – ausgenommen Fälle der Geschäftsunfähigkeit, wo seine gesetzliche Vertretung durch Eltern, Vormund oder Betreuer eröffnet ist (§ 2347 Abs. 2 Satz 1 u. 2 BGB). Die aufseiten des Erblassers oder des Verzichtenden ebenfalls ggf. erforderliche **gerichtliche** (ab 01.09.2009 familiengerichtliche, bei Volljährigen betreuungsgerichtliche) **Genehmigung** regelt § 2347 Abs. 1 BGB.

3205 **Hinweis:**
Bestehen Zweifel, ob die betreffende Erklärung in eigener Geschäftsfähigkeit abgegeben werden kann oder nicht, sollte seit Abschaffung des „Entmündigungsstatus" zweigleisig verfahren werden, d.h. die Beurkundung zugleich mit dem Betroffenen selbst als auch mit seinem gesetzlichen Vertreter unter Vorbehalt vormundschaftsgerichtlicher (ab 01.09.2009 familiengerichtliche, bei Volljährigen betreuungsgerichtliche) Genehmigung abgegeben werden. Für Letzteres ist Eile geboten: Die Zustimmung eines gesetzlichen Vertreters (Eltern, Betreuer) und die gerichtliche Genehmigung müssen **bis zum Tod des Erblassers** erteilt sein.[389]

3206 Unter dem Gesichtspunkt der Belehrungsbedürftigkeit überraschend, ist rechtsgeschäftliche **Vertretung** bzw. Nachgenehmigung in der Person des Verzichtenden möglich, die Vollmacht

---

386 BGH, DNotZ 1977, 747.
387 BGH, NJW 1957, 422.
388 Vgl. etwa BayObLG, Rpfleger 1981, 305, und Rpfleger 1984, 191.
389 BGH, DNotZ 1978, 300.

gem. § 167 Abs. 2 BGB nicht formbedürftig. Erscheint also das „weichende Geschwister" wider Erwarten nicht,

- kann der Verzicht vorbehaltlich seiner Genehmigung beurkundet werden, da § 2347 Abs. 2 Satz 1 BGB nur die Genehmigung des Erblassers ausschließt. Hinsichtlich der Einholung der Nachgenehmigung ist (wegen der im Erbfall liegenden Zäsur, s. nachstehend Rdn. 3208) Eile geboten;
- ist in der Urkunde jedoch klarzustellen, dass das Grundstücksgeschäft (also die Überlassung als solche) unabhängig von der Genehmigung des weichenden Erben wirksam werden und bleiben soll;
- sollte hinsichtlich einer etwa vereinbarten „Abfindung" vereinbart sein, dass diese nur aufschiebend bedingt auf die Erteilung der Nachgenehmigung zum Pflichtteilsverzicht (evtl. innerhalb bestimmter Frist; vgl. aber ohnehin § 177 Abs. 2 BGB) geschuldet ist.

Erscheint der Veräußerer (und künftige Erblasser) überraschenderweise nicht zur Beurkundung, ist der vorbereitete Text eines Erb- (oder Pflichtteils-)verzichts umzugestalten in ein **Angebot des Verzichtenden** an den Erblasser, das dieser zu getrennter Urkunde annehmen kann (unter gleichzeitiger Nachgenehmigung der sonstigen im Überlassungsvertrag enthaltenen Erklärungen und Vollmachten), oder aber der Verzichtende erteilt dem künftigen Erblasser die zumindest für ausreichende Zeit unwiderrufliche **Vollmacht**, befreit von § 181 BGB, die in der Urkunde als Vollmachtsinhalt wiedergegebenen Erb- bzw. Pflichtteilsverzichtserklärungen später in getrennter Urkunde zugleich namens des Verzichtenden abzugeben. Wird dennoch (versehentlich) „vorbehaltlich Nachgenehmigung" des Veräußerers beurkundet und diese (formunwirksam) erteilt, erfasst die Formnichtigkeit im Zweifel (§ 139 BGB) auch die Überlassung selbst, in deren Zuge der Pflichtteilsverzicht erklärt werden sollte.[390]

3207

Hinsichtlich des **letztmöglichen Zeitpunkts** des Zustandekommens eines Pflichtteilsverzichts sieht der BGH[391] eine nicht überschreitbare Zäsur im Erbfall selbst: Sofern beispielsweise die Annahme eines auf Erb- (oder Pflichtteils-) verzicht gerichteten Angebots nicht mehr vor dem Erbfall erfolgt oder die Nachgenehmigung der Erklärung des vollmachtlos vertretenen Verzichtenden nicht mehr vor dem Erbfall abgegeben wird und zugeht, ist nach der sehr formalistischen Sichtweise des BGH der Vertrag gescheitert. Hinsichtlich des Pflichtteilsrechts kommt dann lediglich ein Erlassvertrag (§ 397 BGB) in Bezug auf den gem. § 2317 BGB entstandenen Pflichtteilsanspruch selbst in Betracht; die Wirkung des fehlgegangenen Erbvertrages ist durch „händische" Erbteilsübertragung herzustellen.

3208

> **Hinweis:**
> Wird der Verzichtende aufgrund **mündlicher Bevollmächtigung** durch einen anderen (bspw. sein Geschwister) i.R.d. Beurkundung vertreten, ist dies daher zur Beseitigung des

3209

---

[390] OLG Düsseldorf, 21.06.2011 – I-3 Wx 56/11, RNotZ 2011, 499 m. krit. Anm. *Kesseler*: nichtig ist allenfalls der schuldrechtliche Übertragungsvertrag, nicht die Auflassung (anders als in Fällen der Sittenwidrigkeit), sodass – entgegen der Ansicht des OLG – kein Amtswiderspruch hätte eingetragen werden dürfen. Auch ist das dem Pflichtteilsverzicht zugrundeliegende Kausalgeschäft wirksam, da insoweit eine Stellvertretung möglich ist, *Weidlich*, ZEV 2011, 531.

[391] BGH, DNotZ 1997, 422, m. krit. Anm. *Albrecht*.

> „Zäsur-Risikos" in der Urkunde zu vermerken, unter Inkaufnahme des Beweisnachteils; zur Vermeidung von Unsicherheiten (nicht jedoch als Wirksamkeitsbedingung) wird jedoch gleichwohl zumindest privatschriftliche, wenn nichtöffentlich beglaubigte Vollmachtsbestätigung durch den Notar eingeholt werden.

5. Grundgeschäft

3210 Rechtsdogmatisch stellt der Erbverzicht einen Vertrag mit **abstraktem Verfügungscharakter** dar. Während die frühere herrschende Meinung[392] das Vorliegen eines Rechtsgrunds für gänzlich entbehrlich hielt (der Erbverzicht trage diesen in sich), sieht die nunmehr überwiegende Auffassung[393] wie bei jedem Verfügungsgeschäft das Erfordernis einer zugrunde liegenden schuldrechtlichen Vereinbarung, die jedoch in der schlichten Abrede, einen Erb-/Pflichtteilsverzicht abzugeben, liegen könne und dann stillschweigend miterklärt sein wird; der Mangel der notariellen Form des Grundgeschäfts (§ 2348 BGB analog)[394] werde durch die Abgabe des Verzichts selbst **geheilt** (analog §§ 311b Abs. 1 Satz 2, 766 Satz 2, 518 Abs. 2, 2301 Abs. 2 BGB, § 15 Abs. 4 GmbHG etc.).[395] Beim Abschluss des Kausalgeschäfts kann der Erblasser vertreten werden, § 2347 Abs. 1 BGB gilt insoweit nicht.[396]

3211 Ist ein solcher **Verpflichtungsvertrag** jedoch aus anderen Gründen **nichtig oder fehlt er tatsächlich ganz**, ist er zu Lebzeiten des Erblassers nach herrschender Meinung[397] nach §§ 812 ff. BGB kondizierbar, ebenso gelten bei einem Verzichtsvertrag gegen Abfindung die schuldrechtlichen Leistungsstörungsregelungen (§§ 320 ff. BGB). Der Verzichtende kann dann die Aufhebung des Verzichts nach § 2351 BGB verlangen. Nach dem Erbfall hingegen wird eine Rückabwicklung wegen §§ 2351, 2347 BGB (persönliche Anwesenheit des Erblassers) nicht mehr für möglich gehalten.[398] Teile des Schrifttums plädieren jedoch dann für einen Anspruch des Verzichtenden auf Wertersatz gem. § 818 Abs. 2 BGB.[399] Der BGH[400] tendiert von den angebotenen Lösungen (Anfechtungsrecht analog § 2081 BGB, Rücktrittsrecht entsprechend § 2295 BGB, stillschweigende Bedingung, § 313 BGB, § 242 BGB, Schadensersatzansprüche etc.) allenfalls im Einzelfall zur Prüfung eines Schadensersatzanspruchs.

3212 Anders als das abstrakte Verfügungsgeschäft des § 2346 BGB, das allenfalls unter Bedingungen und/oder Befristungen stehen kann, ist beim zugrunde liegenden Kausalgeschäft auch ein Rücktrittsvorbehalt gem. §§ 346 ff. BGB möglich[401] (auf dessen Ausübung wiederum der Verzicht selbst auflösend bedingt sein kann).

---

392 Planck/*Greiff*, BGB, Vor § 2346 Anm. 4; *Strohal*, Das Deutsche Erbrecht, Bd. 1, S. 528, Fn. 6.
393 Im Anschluss an *Lange*, in: FS für *Nottarp*, 1961, S. 119 ff.
394 Z.B. Planck/*Greiff*, BGB, Vor § 2346 Anm. 4.
395 Vgl. *Kuchinke*, NJW 1983, 2354 (die dort in Fn. 5 Genannten), der jedoch selbst abweichender Auffassung ist.
396 Staudinger/*Schotten*, BGB (2010), § 2347 Rn. 26.
397 MünchKomm-BGB/*Strobel*, § 2346 Rn. 24; BeckOK/*Mayer*, BGB, § 2346 Rn. 30, 31; Jauernig/*Stürner*, BGB, § 2346 Nr. 2 b) bb.
398 MünchKomm-BGB/*Strobel*, § 2346 Rn. 24; BeckOK/*Mayer*, BGB, § 2346 Rn. 30.
399 So MünchKomm-BGB/*Strobel*, § 2346 Rn. 24; Staudinger/*Schotten*, BGB, § 2346 Rn. 184; *Weidlich*, NotBZ 2009, 149, 152.
400 ZEV 1999, 62, m. Anm. *Skibbe*, 106.
401 BayObLG, NJW 1958, 344, 345; Staudinger/*Schotten*, BGB (2004), § 2346 Rn. 112.

6. Verzicht gegen Abfindung

Das zugrunde liegende schuldrechtliche Verpflichtungsgeschäft regelt häufig nicht nur die Verpflichtung zur Abgabe des Erb-/Pflichtteilsverzichts selbst, sondern auch mögliche „Gegenleistungen", insb. **Abfindungen**. Auch dieses Kausalgeschäft bedarf der Form des § 2348 BGB (analog),[402] d.h. der notariellen Beurkundung; im Rahmen von Überlassungsverträgen besteht das weitere Formerfordernis des § 311b Abs. 1 BGB.

3213

Das Kausalgeschäft kann einen synallagmatischen oder auch lediglich einen konditionalen **Zusammenhang** zwischen der Verpflichtung zur Abgabe und Aufrechterhaltung des Erbverzichtsvertrags, einerseits, und der Abfindungsleistung, andererseits, schaffen mit der Folge, dass

3214

- entweder ein Zurückbehaltungsrecht bis zur Leistung der Abfindung besteht (§ 320 BGB) oder aber,

- bei diesbezüglicher Vorleistungspflicht, die Verpflichtung zur Abgabe und Aufrechterhaltung des Erbverzichts durch Rücktritt nach Nachfristsetzung erlischt, sodass eine Verpflichtung zur Aufhebung des Erbverzichts (Rückgewähr des Erlangten, § 346 BGB) besteht (§ 2351 BGB).

Andererseits kann jedoch auch der abstrakte Verfügungsvertrag (Verzicht) selbst durch den Erhalt der Abfindung **bedingt** sein, § 158 BGB (hierzu unten Rdn. 3243 ff. i.R.d. Pflichtteilsverzichts, wo diese Thematik jedenfalls bei Überlassungsverträgen höhere praktische Bedeutung gewinnt).

3215

7. Sittenwidrigkeit?

Da Erb- bzw. Pflichtteilsverzichte als aleatorische Rechtsgeschäfte nicht dem Äquivalenzgebot zu genügen haben, scheiden Wucher (§ 138 Abs. 2 BGB) oder die Anwendung der Rechtsprechung zu wucherähnlichen Geschäften von vornherein aus. In Betracht kommen jedoch Einzelfälle der Umstandssittenwidrigkeit (die freilich häufiger bereits unter § 123 BGB: Anfechtung wegen arglistiger Täuschung fallen werden), so etwa im (unter § 138 Abs. 1 BGB subsumierten)[403] Sachverhalt des OLG München:[404] Täuschung durch den Vater und dessen RA zulasten des gerade volljährig gewordenen nichtehelichen Sohnes hinsichtlich der Zusammensetzung des Nachlasses, um einen Erbverzicht zu erlangen – ab dem 21. Lebensjahr hätte auf Verlangen des Sohnes nach damaligem Recht ein vorzeitiger Erbausgleich i.H.d. lediglich 3-fachen Jahresunterhalts gem. § 1934d BGB durchgeführt werden können). Möglicherweise berechtigt die erfolgreiche Anfechtung des Pflichtteilsverzichts später, nach dem Tod des Erblassers, zur Testamentsanfechtung gem. § 2079 Satz 1 BGB (der Erblasser ging irrtümlich davon aus, der Betreffende sei nicht pflichtteilsberechtigt).[405]

3216

---

402 Vgl. *Schotten*, DNotZ 1998, 163 ff.; auch zur umstrittenen Möglichkeit einer Heilung.
403 Zu Recht gegen eine Verallgemeinerung i.S.d. gerichtlichen Inhaltskontrolle von Erb- oder Pflichtteilsverzichtsverträgen *Kapfer*, MittBayNot 2006, 385 m.w.N.
404 Urt. v. 25.01.2006 – 15 U 4751/04, ZEV 2006, 313 („Wildmoser-Entscheidung"), besprochen bei *Theiss/Boger*, ZErb 2006, 164 und *Kapfer*, MittBayNot 2006, 385.
405 Bejahend *Otte*, ZEV 2011, 233; verneinend *Keim*, NotBZ 1999, 1, 4 f.

3217 § 138 Abs. 1 BGB wird jedoch auf solche Einzelfälle der Umstandssittenwidrigkeit beschränkt bleiben: Der **BGH**[406] hat den (auf dem Sterbebett, also mit nur mehr geringem aleatorischem Element, ausgesprochenen) Pflichtteilsverzicht eines (geschäftsfähigen) Behinderten ggü. den Eltern, beschränkt auf den ersten Sterbefall, als wirksam erachtet: Darin liege kein unzulässiger Vertrag zulasten Dritter (sondern nur mit faktisch nachteiliger Wirkung für Dritte), und auch der Nachranggrundsatz des Sozialhilferechts sei bei Behinderten deutlich zurückgenommen und repräsentiere daher keine übergeordnete Wertung, zu deren Verteidigung die Nichtigkeit des Pflichtteilsverzichtes anzuordnen sei,[407] vgl. im Einzelnen Rdn. 91 ff.

8. Störung der Geschäftsgrundlage (§ 313 BGB)

3218 Umstritten ist, inwieweit der Erb- oder Pflichtteilsverzicht als abstrakter Verfügungsvertrag einem Anspruch aus § 313 BGB (Fehlen oder Wegfall der Geschäftsgrundlage) ausgesetzt sein kann. Nach einem Teil der Literatur[408] sowie der Rechtsprechung[409] bedarf es dazu stets eines Rückgriffs auf die schuldrechtliche Causa (hierzu nachstehend Rdn. 3219). Nach anderer Auffassung gilt § 313 BGB nicht nur für Zuwendungsverträge mit erbrechtlichen oder erbrechtsähnlichen Wirkungen[410] sowie für Abfindungsvereinbarungen, die Erbverzichte begleiten,[411] sondern auch für isolierte Pflichtteilsverzichte ohne Gegenleistung bzw. ohne Einbindung in einen schuldrechtlichen Austauschvertrag.[412] Allerdings scheidet auch nach dieser Ansicht eine auf § 313/242 BGB oder die Irrtumsanfechtung (§§ 2078, 2079 BGB)[413] gestützte Rückabwicklung eines Erbverzichtsvertrags nach dem Tod des Erblassers aus, sofern dadurch die Erbfolge geändert würde; gewichtige Belange der Rechtssicherheit gehen vor.[414]

3219 Enthält das Kausalgeschäft Abreden zur „Gegenleistung", ist im Hinblick auf den aleatorischen Charakter des Erb- bzw. des Pflichtteilsverzichts besonderes Augenmerk darauf zu legen, ob und in welchem Umfang diese Vereinbarung einer **Anpassung** wegen Änderung oder Wegfalls der **Geschäftsgrundlage** zugänglich ist (§ 313 BGB). Der Erb- und/oder Pflichtteilsverzicht gegen Abfindung enthält wegen der Ungewissheit über Bestand und Wert des künftigen Nachlasses, auf den sich die Verzichtserklärung bezieht, Elemente der Risikoübernahme, gewissermaßen von

---

406 BGH, 19.01.2011 – IV ZR 7/10, ZEV 2011, 258 m. Anm. *Zimmer* = NotBZ 2011, 168 m. Anm. *Krauß*, ebenso zuvor OLG Köln, 09.12.2009 – 2 U 46/09, ZEV 2010, 85 m. krit. Anm. *Armbrüster* einerseits und zu Recht zustimmender Anm. *Bengel/Spall*, ZEV 2010, 195 (Replik *Armbrüster*, ZEV 2010, 555) andererseits; zustimmend auch v. *Proff zu Irnich*, ZErb 2010, 206 ff. und *Vaupel*, RNotZ 2010, 141 ff. Ablehnend: *Dutta*, AcP 2009, 793; *ders.*, FamRZ 2010, 841, 843. Differenzierend *Klühs*, ZEV 2011, 15, 18 (bei Behinderten ja, bei Bedürftigen nein).
407 Vgl. § 94 Abs. 2 SGB XII: eingeschränkte Heranziehung der elterlichen Unterhaltspflicht ggü. behinderten Kindern, sowie § 92 Abs. 2 SGB XII: stark zurückgenommene Heranziehung eigenen Einkommens, völlig ausgeschlossene Heranziehung eigenen Vermögens für bestimmte, dort genannte Eingliederungsleistungen.
408 Staudinger/*Schotten*, BGB (2004), § 2346 Rn. 115; Soergel/*Damrau*, BGB, § 2346 Rn. 2.
409 OLG Hamm, ZEV 2000, 57.
410 Vgl. BGHZ, 113, 314.
411 BGHZ, 134, 156.
412 In diese Tendenz *Wendt* (RiBGH), in einem Tagungsbeitrag für die 3. Jahresarbeitstagung des Notariats in Bonn am 22.09.2005, ZNotP 2006, 6 ff.
413 Staudinger/*Schotten*, BGB (2004), § 2346 Rn. 106; BayObLG, 04.01.2006 – 1Z BR 97/03, MittBayNot 2006, 249 m. krit. Anm. *Damrau* = ZEV 2006, 209 m. krit. Anm. *Leipold*.
414 Vgl. BGH, ZEV 1999, 62 ff., BGHZ 134, 152 ff.

„Spiel und Wette".[415] Der Differenzeinwand, also die Berufung auf eine unzutreffende Einschätzung des künftigen Nachlasses, sollte daher in um so stärkerem Maße ausgeschlossen sein, als der Verzichtende (im Rahmen seines Einverständnisses mit der angebotenen Abfindungsleistung) dieses Risiko einer Fehleinschätzung übernommen hat: die Risikoübernahme wurde durch den (jedenfalls i.d.R.) früheren Erhalt einer der Höhe nach sicheren Summe „vergütet".

Dabei beruht ein Erbverzicht auf dem Sterbebett oder auch ein gegenständlich auf ein bestimmtes (jedenfalls nach jetzigen Verhältnissen eindeutig bewertbares) Objekt beschränkter Pflichtteilsverzicht auf einer deutlich stabileren, der Erb- oder Pflichtteilsverzicht in Bezug auf den gesamten, dynamischer Entwicklung zugänglichen Nachlass eher auf einer **schwankenden Tatsachengrundlage**. Jedoch kann auch „statischer", überwiegend aus Grundbesitz bestehender Vermögensbestand einer ungeahnten Umwertung unterliegen, wie das Beispiel der durch die Wiedervereinigung zurückgewonnenen Verfügbarkeit von Grundbesitz in den neuen Ländern zeigt.[416]

3220

Wünschen die Beteiligten, der Abfindungsvereinbarung einen **endgültigen Charakter** beizumessen, sollte daher vereinbart werden:

3221

Formulierungsvorschlag: Endgültiger Charakter einer Abfindungsvereinbarung bei Erb- oder Pflichtteilsverzicht

3222

> Die vorstehend getroffene Vereinbarung über eine Abfindung für die Abgabe und Aufrechterhaltung des Erb-/Pflichtteilsverzichts ist ihrer Art, Höhe und Fälligkeit nach unabhängig vom derzeitigen Bestand und Wert des Vermögens wie auch von Bestand und Wert des künftigen Nachlasses des beteiligten Erblassers; eine Anfechtung oder auch Anpassung, etwa in Fällen des Irrtums oder wegen einer Änderung oder des Wegfalls der Geschäftsgrundlage, ist daher ausgeschlossen. (**Ggf. Ergänzung:** *Vorbehalten bleibt jedoch die Anfechtung wegen arglistiger Täuschung*).

Eher selten sind wohl die Fälle, in denen umgekehrt die universale Anwendung der Grundsätze über die Änderung der Geschäftsgrundlage ausdrücklich vorbehalten bleibt oder eine vertragliche Konkretisierung des Anpassungsmechanismus – regelmäßig dann bezogen auf die Höhe der Gegenleistung, nicht auf die Möglichkeit der Aufhebung des Verzichtes – an deren Stelle tritt. Es bedarf dann einer eingehenden Schilderung der verwandtschaftlichen und wirtschaftlichen Verhältnisse zur Herleitung des zugrunde gelegten Erbteils- bzw. Pflichtteilswertes und der daran anknüpfenden Anpassungspflicht. Im Anschluss an *Wachter*[417] könnte etwa folgendermaßen formuliert werden:

3223

---

415 Hierzu ausführlich *Bengel*, ZEV 2006, 195.
416 Bei einem diesbezüglichen Irrtum hat OLG Hamm, ZEV 2000, 507, m. Anm. *Kuchinke*, mangels abweichenden vertraglichen Risikorahmens die Anwendbarkeit des (nunmehrigen) § 313 BGB eröffnet.
417 ZErb 2004, 314 f. (dort allerdings gedacht als Vorkehrung gegen die mögliche Sittenwidrigkeit eines Verzichtes, die jedoch wegen des aleatorischen Charakters sich allenfalls aus hinzutretenden anderen Umständen als der Werthaltigkeitsfrage, etwa bei arglistiger Täuschung, ergeben wird).

3224 Formulierungsvorschlag: Anpassungsvorbehalt beim Erb-/Pflichtteilsverzicht hinsichtlich der Abfindungshöhe (entsprechend § 313 BGB)

Der Verzichtserklärung und der Abfindungsvereinbarung in dieser Urkunde liegen nach Angabe der Beteiligten folgende Umstände zugrunde:

1. Erblasser

a) Familienverhältnisse

..... – nachfolgend auch kurz „Erblasser" genannt – ist in ..... Ehe mit ....., geb. am ....., wohnhaft: ....., verheiratet. Die Eheschließung ist am ..... vor dem Standesbeamten in ..... erfolgt (Heiratsurkunde des Standesamts ..... vom ....., Nr. .....). Einen Ehevertrag hat der Erblasser mit seinem Ehegatten nicht geschlossen.

Der Erblasser hat ..... eheliche Kinder, nämlich

....., geb. am ..... in ..... (Geburtsurkunde Nr. .....)

wohnhaft: .....

Sonstige Kinder, auch nichteheliche oder angenommene, hat und hatte der Erblasser nicht.

b) Vermögensverhältnisse

Zum Vermögen des Erblassers gehören folgende wesentlichen Vermögenswerte:

- ..... Wohnhaus in ..... (Baujahr .....), eingetragen im Grundbuch des Amtsgerichts ..... von ..... FlNr. ..... mit ..... m², das unter Berücksichtigung des Kaufpreises von ..... im Jahr ..... heute einen geschätzten Verkehrswert von ca. ..... € hat,
- ..... Beteiligung in Höhe von ..... % an dem ..... Unternehmen mit dem Sitz in ....., eingetragen im Handelsregister des Amtsgerichts ..... unter HR....., die laut Gutachten des Wirtschaftsprüfers der Gesellschaft ..... vom ..... einen Verkehrswert von ca. ..... € hat
- ..... verschiedene Wertpapiere, die nach dem Depotauszug der verwahrenden Bank vom ..... einen aktuellen Kurswert von ca. ..... € haben.

Auf eine weiter gehende Einzelaufführung des Vermögens sowie eine nähere Darlegung der Bewertungsunterlagen wird von allen Beteiligten verzichtet.

Es bestehen folgende wesentlichen Verbindlichkeiten:

- Hyothekenkredit bei der ..... bank, derzeit noch valutierend in Höhe von ..... €
- Negatives Gesellschafterkonto bei der ..... KG in Höhe von ..... € zum letzten Bilanzstichtag

Hinsichtlich des Reinwerts des gesamten Vermögens des Erblassers gehen die Beteiligten von derzeit. ..... € aus.

2. Anrechnung und Ausgleichung

Anrechnungs- oder ausgleichspflichtige Zuwendungen des Erblassers zu Lebzeiten sind nach Angabe der Beteiligten nicht erfolgt.

(Bzw., je nach Sachverhalt: Der Erblasser hat nach Angabe zu Lebzeiten folgende anrechnungspflichtige und/oder ausgleichspflichtige Zuwendungen an Dritte vorgenommen: .....)

3.   Höhe des Erb- bzw. Pflichtteils

..... (Erblasser) ist ausschließlich deutscher Staatsangehöriger.

Der Erblasser verfügt über keine Grundstücke oder sonstigen Vermögenswerte im Ausland.

Auf der Grundlage der vorstehenden Familien- und Vermögensverhältnisse würde der gesetzliche Erbteil/der Pflichtteil des Verzichtenden bei einem heute eintretenden Erbfall somit ..... € betragen.

4.   Anpassungsverpflichtung

Die nachstehend in dieser Urkunde vereinbarte Abfindung wurde auf der Grundlage des vorstehend 3. genannten Erbteils/Pflichtteilswertes des Verzichtenden ermittelt. Sofern einer der Beteiligten nachweist, dass der tatsächliche Erbteils-/Pflichtteilswert zum heutigen Zeitpunkt davon um mehr als ..... % (Schwellenwert) nach oben oder unten abweicht, kann eine prozentual entsprechende Herab- oder Heraufsetzung des Abfindungsbetrages verlangt werden, und zwar ohne Abzug des Schwellenwertes. Die Anwendung des § 313 BGB oder der Anfechtung wegen Irrtums oder Täuschung ist daneben ausgeschlossen.

Umgekehrt kann der Erbverzicht seinerseits die Geschäftsgrundlage entfallen lassen für Rechtsgeschäfte unter „vermeintlichen Miterben", bzw. das Verschweigen eines bestehenden Erbverzichtes zur Anfechtung wegen Täuschung berechtigen. 3225

Beispiel:[418]

Mit einem der Kinder wurde anlässlich einer Betriebsübertragung ein Erbverzicht abgeschlossen. Im Erbschein werden, da ein Geschwister den Antrag stellt und diesem der Erbverzicht nicht bekannt ist, gleichwohl alle Kinder als gesetzliche Miterben aufgeführt, die sodann in einem Erbauseinandersetzungsvertrag die Immobilien verteilen. Das OLG München sieht den Verzichtenden aufgrund des Informationsgefälles, hilfsweise aufgrund des verwandtschaftlichen Vertrauensverhältnisses, zur ungefragten Offenlegung des Erbverzichtes verpflichtet und erlaubt die Anfechtung wegen arglistiger Täuschung (Herausgabe der Immobilie und der gezogenen Nutzungen).

9.   Internationales Privatrecht

Ob ein Pflichtteilsverzicht oder erbrechtliche Anrechnungs- bzw. Ausgleichungsbestimmungen auch bei Auslandsbezug möglich sind, richtet sich nach dem **Erbstatut des Erblassers**. Inwieweit durch eine Übertragung Pflichtteilsergänzungsansprüche ausgelöst werden, bestimmt sich nach dem Erbstatut des Veräußerers,[419] und zwar im Zeitpunkt des Todes, nicht der Veräußerung.[420] Darüber hinaus akzeptiert das deutsche IPR Sonderanknüpfungen[421] ausländischer 3226

---

418 Nach OLG München, 24.06.2009 – 20 U 4882/08, ZEV 2010, 140.
419 Vgl. BGH, ZEV 2001, 238, 239.
420 *Haas*, in: Süß, Erbrecht in Europa, § 1 Rn. 40.
421 Nicht hierunter fallen abweichende Anknüpfungen des Personalstatuts des Erblassers, etwa ingesamt nach seinem letzten Wohnsitz, wie in Art. 90 Abs. 1 SchweizIPRG, vgl. OLG München, 08.04.2009 – 31 Wx 121/08, ZEV 2009, 512.

Rechtsordnungen, etwa an die Belegenheit des Grundbesitzes, wie im französischen, rumänischen oder in Common-Law-Erbrechten. Art. 3a Abs. 2 EGBGB. Aus diesem Grunde enthält der vorstehende Formulierungsvorschlag Rdn. 3224 unter Nr. 3 auch i.S.e. „Checkliste" Angaben zur Staatsangehörigkeit und zu Auslandsbesitz des nachmaligen Erblassers.

3227 Ein Pflichtteilsverzicht zu Lebzeiten des Erblassers ist nach zahlreichen ausländischen Rechtsordnungen **unzulässig**, insb. nach dem Recht von Belgien (Art. 791, 1130 CC), England, Frankreich (Art. 791, 1130 Abs. 2 CC), Griechenland (Art. 386 ZGB, möglicherweise jedoch Zulässigkeit unter Ehegatten!), Irland, Israel, Italien (Art. 458 CC), Luxemburg (Art. 791 CC), Portugal, Rumänien, Spanien (Art. 816 CC), Serbien und Montenegro, Slowakei, Tschechien. **Zulässig** ist er jedoch nach der Rechtsordnung in Dänemark (§ 31 ErbG), Finnland, Japan (§ 1043j ZGB), Norwegen (§ 45 ErbG), Österreich (§ 551 ABGB), Polen (Art. 1048 ZGB), Schottland, Schweden (Kap. 17 § 2 ErbG), der Schweiz (Art. 495 ZGB), Türkei (Art. 528 ZGB), Ungarn (§ 603 ZGB) sowie in den meisten Bundesstaaten in den USA (Verzicht des Ehegatten auf den sog. „elective share").[422]

10. Muster: Erbverzicht

3228 Das Grundmuster eines Erbverzichts ist demnach einfach:

3229 **Formulierungsvorschlag: Erbverzicht eines Abkömmlings**

> ...... (Verzichtender) verzichtet hiermit gegenüber dem dies annehmenden ...... (Erblasser) auf sein gesetzliches Erbrecht am dereinstigen Nachlass des Erblassers. Er gibt diese Erklärung mit Wirkung für sich und für seine – auch künftigen – Abkömmlinge ab, vgl. § 2349 BGB. Den Beteiligten ist bekannt, dass der Verzicht auch mögliche künftige Pflichtteilsansprüche des Verzichtenden nach dem Tod des Erblassers, auch soweit diese auf lebzeitigen anderweitigen Schenkungen beruhen, umfasst, dass jedoch der Verzichtende und/oder seine Abkömmlinge weiterhin durch Testament ausdrücklich bedacht werden können. Soweit der Verzichtende bereits jetzt testamentarisch oder erbvertraglich bedacht ist, wird diese Verfügung durch den Verzichtsvertrag nicht aufgehoben; hierfür bedürfte es einer Änderung der betreffenden letztwilligen Verfügung oder eines Zuwendungsverzichts (§ 2352 BGB).

3230 Der Erb- (und Pflichtteils-) verzicht des Ehegatten – häufig Bestandteil von Eheverträgen bzw. Scheidungsfolgenvereinbarungen – sollte zusätzlich auf die unterhaltsrechtliche Fernwirkung des § 1586b BGB hinweisen, wonach infolge des Verzichtes eine mögliche Unterhaltslast der Erben des geschiedenen Ehegatten entfällt (noch h.M.),[423] jedenfalls sofern keine gegenteilige Vereinbarung geschlossen wird.[424]

---

422 *Böhmer*, ZEV 1998, 251 ff.
423 Abwägend *Münch*, ZEV 2008, 574 m.w.N.; für die h.M. *Schindler*, FamRZ 2004, 1532 m.w.N.
424 Vgl. *Münch*, Ehebezogene Rechtsgeschäfte, Rn. 3443.

Formulierungsvorschlag: Erbverzicht unter Ehegatten 3231

> Die Vertragsteile verzichten hiermit gegenseitig auf ihr gesetzliches Erb- und Pflichtteilsrecht am Nachlass des jeweils anderen Ehegatten und nehmen diese Verzichte wechselseitig an.
>
> Der Notar hat auf die Wirkungen des Verzichts hingewiesen, insbesondere darauf, dass die Ehegatten dadurch gegenseitig von der gesetzlichen Erbfolge ausgeschlossen sind, wie wenn sie zur Zeit des Erbfalls des anderen nicht mehr lebten. Dadurch können sich die Erbquoten und (bei Enterbung der Kinder) auch die Pflichtteilsquoten der Kinder entsprechend erhöhen. Soweit sich die Ehegatten gegenseitig testamentarisch oder in einem Erbvertrag bedacht haben, wird diese Regelung durch den Erbverzicht nicht hinfällig, sondern im Zweifel erst bei Eintritt der Voraussetzungen der §§ 2077, 2268, 2279 BGB (Scheidungsreife und Antrag oder Zustimmung des Erblassers); vor diesem Zeitpunkt ist ein Widerruf des Testamentes erforderlich oder die gemeinsame Verfügung durch Aufhebung bzw. Rücktritt zu beseitigen; u.U. ist auch ein Zuwendungsverzicht gem. § 2352 BGB möglich. Diese sind nicht Gegenstand der heutigen Urkunde.
>
> Ein etwaiger nachehelicher Unterhaltsanspruch des Verzichtenden gegen die Erben des heutigen Ehegatten braucht nach dessen Ableben aufgrund des heutigen Verzichtes nicht mehr erfüllt zu werden (§ 1586b BGB), sofern die Beteiligten keine abweichende Regelung treffen.
>
> (*Ggf. Ergänzung, falls Begrenzung des postmortalen Unterhaltsanspruchs nicht gewünscht ist: Abweichend hiervon vereinbaren die Beteiligten jedoch: Der vorstehende Erb- und Pflichtteilsverzicht beinhaltet ausdrücklich keinen Verzicht auf nachehelichen Unterhalt gemäß §§ 1586b und 1933 Satz 3 BGB für den Fall des Vorversterbens des unterhaltspflichtigen Ehegatten. Der Überlebende von uns soll vielmehr zulasten der Erben des verstorbenen, geschiedenen Ehegatten so gestellt werden, als ob der Pflichtteilsverzicht nicht erklärt worden wäre.*)

II. Pflichtteilsverzicht

1. Wirkungen

Der Pflichtteilsverzicht, § 2346 Abs. 2 BGB, stellt eine zulässige Beschränkung und damit eine Variante des oben I erläuterten Erbverzichts dar; wegen der selten erwünschten dauerhaften Erb- und Pflichtteilserhöhungswirkung eines reinen Erbverzichtsvertrags bildet er sogar in der Praxis entgegen der gesetzlichen Regelung den Normalfall. 3232

Die Ausführungen oben Rdn. 3200 ff. und 3204 ff. zum Beurkundungszwang, zur Vertretung, und zum Zustandekommen eines Erbverzichts gelten demnach für den Pflichtteilsverzicht entsprechend.

Wird ein Verzicht ohne weitere Beschränkung auf das Pflichtteilsrecht als solches erklärt, umfasst er auch 3233

- den **Pflichtteilsrestanspruch** gem. §§ 2305, 2307 BGB,

- sowie den **Pflichtteilsergänzungsanspruch** nach §§ 2325 ff. BGB,
- einschließlich des **Verfolgungsanspruchs gegen den Beschenkten** selbst, § 2329 BGB,
- und die **Pflichtteilserhöhungswirkung ausgleichungspflichtiger Zuwendungen** an Geschwister, § 2316 BGB (Ausgleichungspflichtteil).
- Daneben beseitigt der universelle Pflichtteilsverzicht die Möglichkeit, sich auf die pflichtteilsschützende Vorschrift des § 2306 BGB zu berufen, sodass Beschränkungen und Beschwerungen der in § 2306 Abs. 1 Satz 1 BGB genannten Art auch bei Erbeinsetzung lediglich zur Pflichtteilsquote oder darunter aufrechterhalten bleiben und bei einer dergestalt beschränkten Einsetzung oberhalb der Pflichtteilsquote **kein Ausschlagungsrecht** mit Pflichtteilsfolge besteht (gezielte Formulierung hierfür s. Rdn. 3276).
- Auch auf die **Verteidigungsrechte** der §§ 2318 Abs. 2 BGB und § 2319 BGB (Kürzungsgrenze bei der Verteilung der Pflichtteilslast) und § 2328 BGB (Verweigerung der Pflichtteilsergänzung zur Wahrung des eigenen Pflichtteils) kann er sich nach einem Verzicht nicht mehr berufen.

Wer auf sein Pflichtteilsrecht verzichtet hat, kann zudem nicht mehr tauglicher Empfänger testamentarisch angeordneter Versorgungsrenten sein, da er keinen „eigenen Vermögenswert" (in Gestalt des nicht geltend gemachten Pflichtteilsanspruchs, anstelle des bei lebzeitiger Übertragung stattfindenden Vermögenstransfers) mehr aufwenden kann (vgl. Rdn. 5051).[425]

3234 Der Pflichtteilsverzicht ist grds. dem Erbverzicht vorzuziehen (Rdn. 3184). Zwar muss der Pflichtteilsverzicht durch eine Verfügung von Todes wegen (Enterbung) flankiert werden, er führt aber im Gegensatz zum Erbverzicht nicht zu einer Erhöhung des Pflichtteilsanspruchs anderer Pflichtteilsberechtigter, da auch der Pflichtteilsverzichtende – entgegen §§ 2346 Abs. 1 Satz 2, 2310 Satz 2 BGB – bei der Berechnung der Pflichtteilsansprüche gem. § 2310 Satz 1 BGB mitgerechnet wird.[426] Ferner wird der Pflichtteilsverzichtende – anders als der Erbverzichtende – auch bei der Ausgleichung gem. § 2316 BGB mitberücksichtigt.

3235 Die gesetzliche Erbfolge bleibt (ebenfalls anders als beim Erbverzicht) unberührt, sodass bei gewollter Enterbung eine flankierende letztwillige Verfügung erforderlich bleibt.

Diese Wirkungen eines allgemeinen Pflichtteilsverzichts könnten etwa durch folgende Formulierung verdeutlicht werden:

3236 **Formulierungsvorschlag: Allgemeiner Pflichtteilsverzicht eines Verwandten**

> ..... (Verzichtender) verzichtet hiermit mit Wirkung für sich und seine (auch künftigen) Abkömmlinge auf das Pflichtteilsrecht am künftigen Nachlass des ..... (Erblasser), der diesen Verzicht entgegen- und annimmt.

---

425 BFH, 07.03.2006 – X R 12/05, ZEV 2006, 327 m. krit. Anm. *Fleischer*.

426 Gleiches gilt für den durch letztwillige Verfügung Enterbten, selbst wenn ihm daneben noch der Pflichtteil entzogen wurde: der Pflichtteilsentzug kommt allein dem Erben zugute, nicht den anderen Pflichtteilsberechtigten durch Erhöhung ihrer Quote, vgl. Gutachten, DNotI-Report 2007, 173.

Den Beteiligten ist dabei Folgendes bewusst: Der Verzicht umfasst neben dem „ordentlichen Pflichtteilsanspruch", der etwa als Folge einer Enterbung entsteht, auch Pflichtteilsergänzungsansprüche und Ausgleichspflichtteilsansprüche als Folge unentgeltlicher lebzeitiger Zuwendungen an Dritte, und zwar gleichgültig, ob diese Ansprüche sich gegen die Erben oder gegen den Beschenkten richten würden. Umfasst ist weiter der Verzicht auf den Pflichtteilsrestanspruch bei Erb- oder Vermächtniszuwendung unterhalb der „Pflichtteilsquote" sowie die Möglichkeit, eine unter Beschränkungen oder Beschwerungen (z.B. Vor- und Nacherbfolge, Testamentsvollstreckung, Teilungsanordnung, Vermächtnisbelastung etc.) erfolgte Erbeinsetzung auszuschlagen und anstelle dessen den unbelasteten Pflichtteil in Geld zu verlangen (§ 2306 BGB). Der Pflichtteilsverzicht gilt unabhängig von den Vermögensverhältnissen der Beteiligten und ihrer künftigen Entwicklung.

Die gesetzliche Erbfolge bleibt jedoch durch diesen Pflichtteilsverzicht unberührt. Will also der Erblasser diese verändern, bedarf es eines Testaments oder Erbvertrags. Auch soweit der Verzichtende und/oder dessen Abkömmlinge jetzt oder künftig durch Testament oder Erbvertrag bedacht sind oder werden, hat der Pflichtteilsverzicht keine über § 2306 BGB hinausgehende Auswirkungen. Der Verzichtende hat also hinzunehmen, ob und in welchem Umfang er durch den Erblasser bedacht wird, sofern nicht zwischen beiden eine Bindung aufgrund eines Erbvertrags besteht.

Insb. in Ehe- und Erbverträgen aus früherer Zeit finden sich nicht selten „**Pflichtteilsvermächtnisse**", also Geld- und/oder Sachvermächtnisse, die an die Stelle des gesetzlichen Pflichtteils treten sollen bzw. ihn geringfügig übersteigen, aber in einer den Erben weniger belastenden Weise ausgestaltet, z.B. mit späterer Fälligkeit versehen, sind. Solche letztwilligen Ansprüche[427] (§ 2304 BGB) sind vom vorstehenden Pflichtteilsverzicht unberührt. Sollen auch sie erfasst sein, bedürfte es einer ausdrücklichen Ergänzung:

Formulierungsvorschlag: Zuwendungsverzicht auf Pflichtteilsvermächtnis

> Zugleich verzichtet ..... (Verzichtender) gem. § 2352 BGB hiermit mit Wirkung für sich und seine (auch künftigen) Abkömmlinge auf das Vermächtnis, das ihm in der letztwilligen Verfügung vom ..... durch ..... (Erblasser) an Stelle des gesetzlichen Pflichtteils eingeräumt wurde. Der Erblasser nimmt diesen Verzicht entgegen und an.

Der allgemeine **Pflichtteilsverzicht des Ehegatten** ist weitgehend ähnlich, enthält jedoch auch einen Hinweis auf § 1586b BGB (vgl. Rdn. 3230) und, sofern ein umfassender Verzicht von Todes wegen erzielt werden soll, auch einen Verzicht auf den güterrechtlichen Zugewinnausgleich gem. § 1371 Abs. 2 und 3 BGB, der dem Ehegatten bei völliger Enterbung oder im Fall der Ausschlagung neben dem „kleinen" (aus dem nicht gem. § 1371 Abs. 1 BGB erhöhten[428] Erbanteil berechneten) Pflichtteil, auf den sich der Verzicht bereits ausdrücklich bezieht, zustünde. Vorsichtige Gestalter beschränken den Verzicht auf den güterrechtlichen Zugewinnausgleich im Todesfall bei der Ausschlagung (also nicht bei der Enterbung) auf diejenigen Fälle, in denen die

---
427 Zur Auslegung vgl. BGH, 07.07.2004 – IV ZR 135/04, ZEV 2004, 374.
428 OLG Frankfurt am Main, 20.10.2009 – 20 W 80/07, notar 2010, 341: keine Erhöhung bei Anwendung ausländischen Erbrechts, aber deutschen Güterrechts, wenn das ausländische Erbrecht eine solche Quotenregelung nicht kennt.

Ausschlagung des Zugewandten und die Geltendmachung des güterrechtlichen Ausgleichs nicht im Einvernehmen mit allen (nunmehr berufenen) Erben erfolgen. Auf diese Weise können die Beteiligten in allseitigem Zusammenwirken die erbschaftsteuer-reduzierende Wirkung des Zugewinnausgleichs nutzen bzw. ihn als Mittel zur Reduzierung des Pflichtteils anderer Personen (z.B. nichtehelicher Kinder) einsetzen.

3240 **Formulierungsvorschlag: Allgemeiner Pflichtteilsverzicht eines Ehegatten sowie (bedingter) Verzicht auf den güterrechtlichen Ausgleich im Todesfall**

..... (Verzichtender) verzichtet auf das Pflichtteilsrecht am künftigen Nachlass des ..... (Erblasser), der diesen Verzicht entgegen- und annimmt.

Den Beteiligten ist dabei Folgendes bewusst: Der Verzicht umfasst neben dem „ordentlichen Pflichtteilsanspruch", der etwa als Folge einer Enterbung entsteht, auch Pflichtteilsergänzungsansprüche und Ausgleichspflichtteilsansprüche als Folge unentgeltlicher lebzeitiger Zuwendungen an Dritte, und zwar gleichgültig, ob diese Ansprüche sich gegen die Erben oder gegen den Beschenkten selbst richten würden. Umfasst ist weiter der Verzicht auf den Pflichtteilsrestanspruch bei Erb- oder Vermächtniszuwendung unterhalb der „Pflichtteilsquote" sowie die Möglichkeit, eine unter Beschränkungen oder Beschwerungen (z.B. Vor- und Nacherbfolge, Testamentsvollstreckung, Teilungsanordnung, Vermächtnisbelastung etc.) erfolgte Erbeinsetzung auszuschlagen und anstelle dessen den unbelasteten Pflichtteil zu verlangen (§ 2306 BGB). Der Pflichtteilsverzicht gilt unabhängig von den Vermögensverhältnissen der Beteiligten und ihrer künftigen Entwicklung.

Den Beteiligten ist weiter bewusst: Ein etwaiger nachehelicher Unterhaltsanspruch des Verzichtenden gegen die Erben des heutigen Ehegatten braucht nach dessen Ableben aufgrund des heutigen Verzichtes nicht mehr erfüllt zu werden (§ 1586b BGB), sofern die Beteiligten keine abweichende Regelung treffen.

(***Ggf. Ergänzung***, *falls Begrenzung des postmortalen Unterhaltsanspruchs nicht gewünscht ist: Abweichend hiervon vereinbaren die Beteiligten jedoch: Der vorstehende Erb- und Pflichtteilsverzicht beinhaltet ausdrücklich keinen Verzicht auf nachehelichen Unterhalt gemäß §§ 1586b und 1933 Satz 3 BGB für den Fall des Vorversterbens des unterhaltspflichtigen Ehegatten. Der Überlebende von uns soll vielmehr zulasten der Erben des verstorbenen, geschiedenen Ehegatten so gestellt werden, als ob der Pflichtteilsverzicht nicht erklärt worden wäre.*)

Die gesetzliche Erbfolge bleibt jedoch durch diesen Pflichtteilsverzicht unberührt. Will also der Erblasser diese verändern, bedarf es eines Testaments oder Erbvertrags. Auch soweit der Verzichtende durch Erbvertrag oder ein gemeinschaftliches Testament bedacht ist oder wird, hat der Pflichtteilsverzicht keine über § 2306 BGB hinausgehende Auswirkungen. Der Verzichtende hat also hinzunehmen, ob und in welchem Umfang er durch den Erblasser bedacht wird, sofern nicht zwischen beiden eine Bindung aufgrund eines Erbvertrags oder gemeinschaftlichen Testaments besteht.

Darüber hinaus verzichtet der Ehegatte weiter auf den güterrechtlichen Zugewinnausgleich, falls der gesetzliche Güterstand durch Tod beendet werden sollte, und der verzichtende

Ehegatte weder Erbe noch Vermächtnisnehmer wird. In gleicher Weise wird auf den güterrechtlichen Zugewinnausgleich für den Fall verzichtet, dass der verzichtende Ehegatte unter Ausschlagung des ihm Zugewandten den Zugewinn verlangt, sofern die Ausschlagung und Geltendmachung des güterrechtlichen Zugewinnausgleichs nicht mit vorheriger schriftlicher Einwilligung aller dann berufenen Erben erfolgt.

2. Pflichtteilsverzicht gegen Abfindung

a) Gestaltungsalternativen

Insb. der auf den Zuwendungsgegenstand beschränkte Verzicht eines weichenden Geschwisters ist, sofern die Ausgleichung zu seinen Gunsten nicht bereits in der Vergangenheit stattgefunden hat, häufig von einer „Abfindung" abhängig. Beim Pflichtteilsverzicht handelt es sich (wie beim Erbverzicht, oben Rdn. 3210) um einen abstrakten, keiner Causa bedürfenden Verfügungsvertrag, sodass die „Entgeltlichkeit" des Verzichts nicht Inhalt der Vereinbarung selbst ist. Die Verknüpfung zu einer „Gegenleistung" kann sich jedoch auch aus einer etwa daneben bestehenden Verpflichtungsabrede ergeben, in der bspw. die dort vereinbarte Leistung einer Geldabfindung (schuldrechtlicher Zahlungsanspruch)[429] in ein synallagmatisches Verhältnis zur Abgabe und Aufrechterhaltung des Pflichtteilsverzichts gestellt wird. Unterbleibt demnach die später fällige Abfindungsleistung, kann der Verzichtende nach Setzung einer angemessenen Nachfrist von diesem Verpflichtungsvertrag zurücktreten (§ 323 BGB) mit der Folge, dass der Erblasser das Erlangte, die Verzichtswirkung, durch Aufhebungsvertrag (§ 2351 BGB) „rückzuerstatten" hat (§ 346 BGB). Ist der Verzichtende bei einer solchen synallagmatischen Abrede jedoch nicht zur Vorleistung verpflichtet, kann er bereits die Abgabe des Verzichts vom Erhalt der Gegenleistung abhängig machen, § 320 BGB. 3241

Bei der Formulierung der geschuldeten Abfindung sind die üblichen **Inhalte** festzulegen (Art, Höhe und Fälligkeit der Leistung, Sicherung durch notarielle Vollstreckungsunterwerfung, Bürgschaft oder Bestellung dinglicher Sicherheiten, Festbetrag oder Wertsicherung, betagte oder zusätzlich bedingte Forderung etc.). Auch ist zu klären, ob Abfindungsgegenstand bspw. die Geldsumme als solche ist, oder aber der Anspruch auf deren Leistung, den der Veräußerer (Erblasser) i.R.d. Überlassung mit dem Erwerber vereinbart hat und nun dem Verzichtenden weiter abtritt. 3242

b) Bedingter Verzicht

Noch unmittelbarer verknüpft mit einer erst künftig zu erbringenden Gegenleistung ist die Verzichtsverfügung jedoch dann, wenn sie ihrerseits durch den Erhalt der Abfindung **bedingt (§ 158 BGB)** ist. Hierbei stellen sich folgende Regelungsthemen: 3243

- Auch wenn die Leistung des Veräußerers/Erblassers sich in der Abtretung des ihm selbst zustehenden Anspruchs auf Erbringung der Abfindungsleistung[430] erschöpft, er also keine eigene Zahlungspflicht übernimmt, ist es im Interesse des Verzichtenden regelmäßig erforderlich,

---

429 Verjährung gem. § 195 BGB, nicht nach (damaliger) erbrechtlicher Anknüpfung: OLG Celle, 26.07.2007 – 6 U 12/07, ZEV 2008, 485.
430 Als Bestandteil der vom Erwerber ihm, dem Veräußerer, ggü. geschuldeten Gegenleistung.

dass die Bedingung nicht bereits mit Erwerb des Anspruchs als eingetreten gilt, sondern erst **mit tatsächlichem Erhalt** der Leistung, auf deren Erbringung der Anspruch gerichtet ist.

- Dass ein Erb- und/oder Pflichtteilsverzicht überhaupt unter Bedingungen erklärt werden kann, also **nicht** kraft seiner Natur **bedingungsfeindlich** ist, ergibt sich bereits aus § 2350 Abs. 1 BGB, wonach der Erbverzicht zugunsten eines anderen (sog. „relativer Verzicht") im Zweifel dadurch als aufschiebend bedingt gilt, dass dieser andere gesetzlicher oder gewillkürter Erbe wird.

3244
- Damit ist jedoch noch nicht entschieden, ob auch Bedingungen oder Befristungen zulässig sind, die erst **nach dem Erbfall** eintreten. Beide Umstände wirken lediglich ex nunc (§ 159 BGB hat nur schuldrechtliche Wirkung), sodass im Zeitpunkt des Erbfalls noch nicht feststeht, ob und wann die Verfügungswirkungen eintreten oder außer Kraft treten. Mit der Begründung, mit dem Erbfall seien eindeutige Verhältnisse zu fordern, sowie unter Verweis auf die Rechtsprechung des BGH, dass ein Vertrag i.S.d. § 2346 BGB nur bis zum Erbfall angenommen[431] oder vormundschaftsgerichtlich (ab 01.09.2009 familiengerichtlich, bei Volljährigen betreuungsgerichtlich) genehmigt werden könne,[432] wird daher teilweise die Zulässigkeit solcher Bedingungen abgelehnt.[433]

3245 Anders als in der Entscheidung des BGH[434] geht es jedoch vorliegend nicht um das wirksame Zustandekommen des Verzichts als solchen, sondern um die Frage des Zeitpunkts des Eintritts seines Effekts. Aufgrund der Verpflichtung der Beteiligten, sich schuldrechtlich so zu stellen, als wäre die Bedingung bereits zum Zeitpunkt des Erbfalls eingetreten (§ 159 BGB), muss daher ein zunächst entstandener Pflichtteilsgeldanspruch erlassen werden (§ 397 BGB) bzw. ein bereits erfüllter Anspruch zurückgezahlt werden. Gleiches gilt für den späteren Eintritt einer auflösenden Bedingung. Sogar beim Erbverzicht sind die Folgen einer beim Erbfall noch schwebenden aufschiebenden oder auflösenden Bedingung lösbar durch sog. „konstruktive Nacherbfolge", §§ 2104, 2105 BGB: Bis zum Eintritt der **aufschiebenden** Bedingung ist der Verzichtende Vorerbe und die an seine Stelle tretenden Personen Nacherben; bis zum Eintritt einer **auflösenden** Bedingung sind die Ersatzerben Vorerben und der Verzichtende seinerseits Nacherbe.[435]

3246
> **Hinweis:**
> Zu beachten ist allerdings die 3-jährige Verjährung des Pflichtteils nach dem Tod des Erblassers[436] (bei einer auflösenden Bedingung würde jedoch wohl § 159 BGB – Rückbezüglich-

---

431 BGH, 13.11.1996 – IV ZR 62/96, NJW 1997, 521.
432 BGH, 07.12.1977 – IV ZR 20/76, NJW 1978, 1159.
433 Ausführlich *Lange*, in: FS für *Nottarp*, 1961, S. 123.
434 NJW 1997, 521.
435 Vgl. ausführlich hierzu *J. Mayer*, MittBayNot 1985, 101, und MittBayNot 1997, 85 ff. (mit dem Vorschlag, vorsichtshalber einen weiteren, lediglich schuldrechtlichen Verzicht auf die künftigen Pflichtteilsansprüche beizufügen).
436 *Frenz*, in: FS 50 Jahre Deutsches Anwaltsinstitut e.V., 2003, S. 387 ff.

keit – helfen,⁴³⁷ i.Ü. ist über eine vertragliche Verlängerung der Pflichtteilsverjährungsfrist nachzudenken, vgl. Rdn. 3048).⁴³⁸

- Auch aufschiebende oder auflösende Bedingungen (selbst wenn sie erst nach dem Erbfall eintreten) sind also zulässig, müssen jedoch hinreichend **bestimmt** sein. Dies gilt sowohl für den Inhalt als auch für den Zeitpunkt der Ausfalls einer aufschiebenden Bedingung (bereits am Tag nach unterbliebener, geschuldeter Zahlung? Nachfrist?). Hinsichtlich des Eintritts der Bedingung bedarf es bspw. einer Antwort auf die Frage, ob auch die Nebenleistungen (Verzugszinsen) davon erfasst sind oder nicht. 3247

- Dieses Bestimmtheitserfordernis gilt bereits auf vorgelagerter Ebene für die Frage, ob es sich überhaupt um Bedingungen i.S.e. § 158 BGB handelt oder ob schuldrechtliche Abfindungsregelung und abstrakter Verfügungsvertrag in ihrer Wirksamkeit lediglich i.S.e. **Rechtseinheit** gem. § 139 BGB „verschmolzen" werden sollen oder ob schließlich eine Verknüpfung nur i.S.e. **synallagmatischen Verpflichtungsverhältnisses** i.R.d. schuldrechtlichen Geschäfts erfolgt (Rücktrittsmöglichkeit und Rückgewährpflicht bei Nichtleistung der Abfindung trotz Nachfristsetzung, §§ 323, 346 BGB). Die Bedingung vermeidet einseitige Vorleistungen am unmittelbarsten. Die Wahl dieser Gestaltungsalternative kann jedoch nicht stillschweigend zugrunde gelegt werden.⁴³⁹ 3248

- **Tauglicher Bedingungsinhalt** kann (ohne Verstoß gegen § 2302 BGB, da keine Verpflichtung zur letztwilliger Verfügung geschaffen wird) auch sein, dass nach dem Erbfall dem Verzichtenden ein bestimmtes Vermächtnis eingeräumt sein wird.⁴⁴⁰ Auch bei Gleichstellungsgeldern braucht der Bedingungsinhalt nicht identisch zu sein mit dem Verpflichtungsinhalt (häufig tritt der Veräußerer lediglich den ihm gegen den Erwerber zustehenden Anspruch an das weichende Geschwister ab, ohne für dessen Erfüllung einzustehen, die Bedingung ihrerseits ist jedoch an den tatsächlichen künftigen Erhalt der versprochenen Geldsumme geknüpft). 3249

- In gleichem Maße, wie die exakte Formulierung des Bedingungsinhalts rechtlich erforderlich ist, ist der **Nachweis des Eintritts** der Bedingung praktisch entscheidend. Dies spricht gegen die Vereinbarung sog. „negativer Tatsachen" als Inhalt (v.a. auflösender) Bedingungen. 3250

Beispiel:
Verzicht unter der auflösenden Bedingung der Nichtzahlung eines bestimmten Geldbetrags bis zu einem bestimmten Zeitpunkt.

- Schwierigkeiten bereitet die spätere **Änderung der „Gegenleistung"**. Erklärt sich bspw. der Verzichtende nachträglich mit einer geringeren oder einer späteren Zahlung einverstanden, müssten sowohl die schuldrechtliche Abfindungsvereinbarung als auch (wegen seiner Bedingtheit) das Verfügungsgeschäft (in notariell beurkundeter Form) angepasst werden, was selten geschieht. Man mag sich zur praktischen Erleichterung mit einer doppelten (oder Al- 3251

---

437 Vgl. *Mayer*, ZEV 2004, 169.
438 Vgl. hierzu ausführlich *Keim*, ZEV 2004, 173 ff. Der Erblasser selbst könnte ferner einseitig die Frist durch Vermächtnis (Zuwendung eines Anspruchs auf Abschluss eines Vertrages nach § 202 Abs. 2 BGB bzw. einer Einrede gegen die Geltendmachung der Verjährung) oder Auflage „verlängern".
439 Vgl. *Damrau*, Der Erbverzicht, S. 93 ff.
440 Vgl. BayObLG, ZEV 1995, 228.

ternativ-) Bedingung behelfen, wonach nämlich die Bedingung als eingetreten gelte, wenn entweder die vereinbarte Abfindungsleistung erbracht sei oder der Verzichtende eine schriftliche Bestätigung über den Bedingungseintritt erteilt habe, zu der er sich nach Erhalt der ggf. modifizierten Gegenleistung verpflichtet.[441]

3252 • Da der Bedingungseintritt (oder -ausfall) dem Alles-oder-nichts-Prinzip folgt, sollten **Teilleistungen** wenigstens gem. § 2315 BGB auf den noch fortbestehenden Pflichtteilsanspruch angerechnet werden. Hierzu bedarf es entsprechender Anordnung durch den Verzichtsempfänger (Veräußerer) sowie eines Anerkenntnisses des Verzichtenden dahin gehend, dass nicht nur der Anspruch auf die Abfindungsleistung, sondern auch diese Abfindungsleistung selbst als vom Veräußerer (und künftigen Erblasser) geleistet gelte.

c) Leistungserbringung durch den Erblasser

3253 Ein solcher Textbaustein zur schuldrechtlichen Abfindungsvereinbarung und zur dinglichen Bedingungsabwicklung könnte etwa – im Fall einer vom Erblasser unmittelbar zu erbringenden Gegenleistung, analog der Regelung Rdn. 1575 hinsichtlich Gleichstellungszahlungen an Geschwister durch den Veräußerer selbst – wie folgt lauten:

3254 **Formulierungsvorschlag: Abfindung beim Pflichtteilsverzicht (unmittelbare Leistung des Erblassers)**

> (**Anm.:** *Regelung im Anschluss an den Pflichtteilsverzicht, z.B. gemäß Rdn. 3235*)
>
> Der Erblasser verpflichtet sich, an den Verzichtenden als Abfindung für die vorstehend erfolgte Abgabe des (***ggf.:*** *gegenständlich beschränkten*) Verzichts einen Betrag in Höhe von ..... € zu entrichten, fällig am ..... und bis zu diesem Zeitpunkt zinsfrei gestundet.
>
> (***Ggf. bei Befristung über länger als ein Jahr:*** *Den Beteiligten ist bekannt, dass aufgrund dieser zinslosen Befristung über länger als ein Jahr der Abfindungsbetrag einkommensteuerlich zerlegt wird in eine Kapitalsumme und [fiktive, in Höhe von 5,5 % jährlich angenommene], beim Empfänger steuerpflichtige Zinsen*).
>
> Auf Wertsicherung (also Anpassung dieses Betrags an die Geldentwertung) und dingliche Sicherung (durch Bestellung eines Pfandrechts oder eines Grundpfandrechts) wird verzichtet. Der Erblasser unterwirft sich wegen dieser Zahlungsverpflichtung der Zwangsvollstreckung aus dieser Urkunde in sein Vermögen mit der Maßgabe, dass vollstreckbare Ausfertigung auf Antrag ab Fälligkeitstermin ohne weitere Nachweise erteilt werden kann. Der Anspruch auf die Abfindungsleistung ist abtretbar und vererblich.
>
> Der eingangs geschlossene Pflichtteilsverzichtsvertrag ist aufschiebend bedingt. Aufschiebende Bedingung ist die Erfüllung der vorstehend eingegangenen Verpflichtung zur Abfindungsleistung in Haupt- und Nebensache, also einschließlich etwaiger Verzugszinsen ab Fälligkeitstermin in gesetzlicher Höhe (fünf Prozentpunkte über dem jeweiligen Basiszins), oder aber die Erteilung einer schriftlichen Bestätigung des Verzichtenden bzw. seiner Rechtsnachfolger, die jeweils geschuldete Leistung vollständig erhalten zu haben. Die Bedingung

---

441 Durch den Eintritt der dinglichen Wirksamkeit des Verfügungsgeschäfts wird zugleich der möglicherweise bestehende Formmangel des veränderten schuldrechtlichen Geschäfts geheilt.

ist ausgefallen, wenn die geschuldete Leistung in Haupt- und Nebensache trotz einer nach Eintritt der Fälligkeit schriftlich zu setzenden Nachfrist von mindestens zwei Monaten nicht vollständig erbracht wurde. Der Eintritt der Bedingung ist nicht auf den Tod des Erblassers endbefristet; bis zum Eintritt der Bedingung wird die Verjährung des Pflichtteilsanspruchs hiermit erbvertraglich verlängert (§§ 2301, 202 Abs. 2 BGB). Teilleistungen sind aufgrund hiermit getroffener und hingenommener Anordnung auf den noch fortbestehenden Pflichtteilsanspruch des Verzichtenden anzurechnen, § 2315 BGB.

d) Leistungserbringung durch den Erwerber

Erbringt (wie bei Überlassungsverträgen, etwa hinsichtlich der Gleichstellungszahlungen an Geschwister: Rdn. 1578 eher üblich) der Veräußerer = Erblasser = Verzichtsvertragspartner die Abfindungsleistung nicht aus eigenem Vermögen, sondern stellt deren Aufbringung eine (weitere) – zivilrechtliche und ertragsteuerliche – Entgeltverpflichtung des Erwerbers ggü. dem Veräußerer dar und reicht der Veräußerer diese (regelmäßig unter Beschränkung auf die bloße Abtretung des hierauf gerichteten Anspruchs) an das weichende Geschwister weiter, sind geringfügige Modifikationen erforderlich:

Formulierungsvorschlag: Abfindung beim Pflichtteilsverzicht (Leistungserbringung erfolgt wirtschaftlich durch den Erwerber)

(*Anm.*: *Regelung im Anschluss an den Pflichtteilsverzicht, z.B. gemäß Rdn. 3235*)

Der Erwerber verpflichtet sich gegenüber dem Veräußerer/Erblasser, als weitere Gegenleistung (bzw., sofern der Verzicht außerhalb der Überlassungsurkunde erklärt wird: ..... hat sich im Rahmen des Übertragungsvertrags gegenüber dem Veräußerer/Erblasser als weitere Gegenleistung dazu verpflichtet,) einen Abfindungsbetrag (Gleichstellungsgeld) in Höhe von ..... €, fällig am ..... und bis zu diesem Zeitpunkt zinslos gestundet, zu entrichten.

(*Anm.*: *ggf. bei Befristung über länger als ein Jahr: Den Beteiligten ist bekannt, dass aufgrund dieser zinslosen Befristung über länger als ein Jahr der Abfindungsbetrag einkommensteuerlich zerlegt wird in eine Kapitalsumme und [fiktive, in Höhe von 5,5 % jährlich angenommene], steuerpflichtige Zinsen. Der Verzichtende hat diesen Zinsanteil im Jahr des Erhalts als Einkünfte aus Kapitalvermögen zu versteuern; der Leistende [Erwerber] verwirklicht Anschaffungskosten lediglich in Höhe des Kapitalbetrags, kann jedoch bei Einkünfteerzielung ggf. den Zinsanteil als Werbungskosten geltend machen*).

Der Anspruch auf die Abfindungsleistung ist abtretbar und vererblich. Auf Wertsicherung (Anpassung an die Geldentwertung) und dingliche Sicherung (Bestellung eines Pfandrechts oder Grundpfandrechts) wird verzichtet.

(*Anm.*: *Falls der Verzicht im Rahmen des Überlassungsvertrags mitbeurkundet wird und sofern die Vollstreckungsunterwerfung gewünscht wird: Der Erwerber unterwirft sich wegen dieser Zahlungsverpflichtung der Zwangsvollstreckung aus dieser Urkunde in sein gesamtes Vermögen mit der Maßgabe, dass vollstreckbare Ausfertigung nach Fälligkeit auf Antrag dem Gläubiger [d.h. dem Abtretungsempfänger oder dessen Rechtsnachfolger] ohne weitere Nachweise erteilt werden kann.*)

Der Veräußerer/Erblasser tritt hiermit an den dies annehmenden Verzichtenden (weichendes Geschwister) den Anspruch auf Erbringung dieser Abfindungsleistung mit sofortiger Wirkung ab, ohne jedoch für dessen Erfüllung einzustehen.

Der vorstehend geschlossene Pflichtteilsverzichtsvertrag ist aufschiebend bedingt. Aufschiebende Bedingung ist die Erfüllung der vorstehend eingegangenen Verpflichtung zur Abfindungsleistung in Haupt- und Nebensache, also einschließlich etwaiger Verzugszinsen ab Fälligkeitstermin in gesetzlicher Höhe (fünf Prozentpunkte über dem jeweiligen Basiszins), oder aber die Erteilung einer schriftlichen Bestätigung des Verzichtenden bzw. seiner Rechtsnachfolger, die jeweils geschuldete Leistung vollständig erhalten zu haben. Die Bedingung ist ausgefallen, wenn die geschuldete Leistung in Haupt- und Nebensache trotz einer nach Eintritt der Fälligkeit schriftlich zu setzenden Nachfrist von mindestens zwei Monaten nicht vollständig erbracht wurde. Der Eintritt der Bedingung ist nicht auf den Tod des Erblassers endbefristet; bis zum Eintritt der Bedingung wird die Verjährung des Pflichtteilsanspruchs hiermit erbvertraglich verlängert (§§ 2301, 202 Abs. 2 BGB). Teilleistungen sind aufgrund hiermit getroffener und hingenommener Anordnung auf den noch fortbestehenden Pflichtteilsanspruch des Verzichtenden anzurechnen, § 2315 BGB. Veräußerer und weichendes Geschwister vereinbaren diese Anrechnung von Teilleistungen so, als ob die tatsächlich erhaltene Teilleistung (und nicht lediglich der Anspruch hierauf) unmittelbar vom Veräußerer gestammt hätte.

3. Pflichtteilsverzicht des Ehegatten

3257 Was ist zu bedenken, wenn der verheiratete Veräußerer den Großteil seines Vermögens auf ein Kind überschreiben will?
- Die Zustimmung des Ehegatten kann nach § 1365 BGB[442] erforderlich sein.
- Im Hinblick auf eine etwa künftig notwendig werdende Durchführung des gesetzlichen Zugewinnausgleichs sollte klargestellt sein, dass die Zuwendung nicht gem. § 1375 Abs. 2 Nr. 1 BGB dem Endvermögen des Schenkers hinzugerechnet wird und kein „Verfolgungsrecht" gem. § 1390 BGB ggü. dem Beschenkten besteht.
- Möglicherweise ist der Ehegatte außerhalb des Grundbuches am Eigentum beteiligt (etwa bei nicht vermerkter Zugehörigkeit zum Gesamtgut einer Gütergemeinschaft), sodass er vorsorglich auch insoweit mitwirken sollte.
- Vorsorglich sollte der Ehegatte, wenn er bindend zum Erben oder Vermächtnisnehmer eingesetzt ist (Berliner Testament!), auch gem. §§ 2287, 2288 BGB zustimmen (Rdn. 3328 ff.).
- Weiterhin sollte er ausdrücklich[443] auf Pflichtteilsergänzungsansprüche verzichten: das derzeitige gute Einvernehmen unter den Ehegatten braucht nicht bis zum Tod anzuhalten; ferner sind die Ergänzungsansprüche vererblich und könnten daher bei einem nicht seltenen Nachversterben des Ehegatten vor Ablauf der Verjährungsfrist durch dessen Erben eingefordert werden.

---

442 Vgl. hierzu ausführlich *Krauß*, Immobilienkaufverträge in der Praxis, Rn. 1345 ff.
443 Möglicherweise liegt bereits in der Zustimmung ein konkludenter Verzicht.

- Deutlich gemacht werden sollte weiter, dass mit einem solchen Verzicht auf Pflichtteilsergänzungsansprüche das Objekt auch gem. § 1586b BGB bei der Ermittlung des Grenzbetrages, bis zu dem die Erben des Veräußerers für etwa bei dessen Tod bestehende nacheheliche Unterhaltspflichten haften, ausscheidet.[444]

Der Verzicht des Ehegatten ist kostenrechtlich gegenstandsverschieden.[445] Er könnte etwa folgenden Wortlaut haben:

Formulierungsvorschlag: Umfassende Zustimmung des Ehegatten des Veräußerers mit gegenständlichem Pflichtteilsverzicht auch gem. § 1586b BGB

Der mit erschienene Ehegatte stimmt dieser Übertragung hiermit umfassend zu. Dies geschieht, ggf. vorsorglich,
- im Hinblick auf § 1365 BGB (Verfügung über das wesentliche Vermögen),
- als Einverständnis damit, dass diese Schenkung bei einem etwa künftig notwendig werdenden Zugewinnausgleich weder dem Endvermögen des Veräußerers hinzuzurechnen ist (§ 1375 BGB) noch beim Beschenkten wirtschaftlich herausverlangt werden kann (§ 1390 BGB),
- zur Mitwirkung bei der schuld- und sachenrechtlichen Übertragung, falls außerhalb des Grundbuches der Ehegatte am Eigentum mitbeteiligt sein sollte,
- als Zustimmung zu der Schenkung, auch wenn dadurch seine etwa bindend angeordnete Stellung als späterer Erbe oder Vermächtnisnehmer beeinträchtigt werden sollte (§§ 2287, 2288 BGB),
- im Wege eines hiermit vereinbarten Verzichtes auf Pflichtteilsergänzungsansprüche des Ehegatten bezüglich des übertragenen Objektes,
- im Bewusstsein, dass aufgrund des vorgenannten Verzichtes sich die Haftung der Erben des Veräußerers für dessen etwaige künftige nacheheliche Unterhaltspflichten reduzieren kann (§ 1586b BGB).

4. Aufhebung bzw. Aufhebungssperre

Der Verzicht auf den (möglichen) künftigen Pflichtteil kann gem. § 2351 BGB in notarieller Urkunde (§ 2348 BGB) zwischen Erblasser und Verzichtendem aufgehoben werden. Zur Neubegründung ist dann der neuerliche Abschluss erforderlich (keine „Aufhebung der Aufhebung").[446] Auch der Zuwendungsverzicht (§ 2352 BGB) kann (obwohl § 2352 BGB nicht auf § 2351 BGB verweist) durch notariellen Vertrag mit dem Erblasser wieder aufgehoben werden, jedenfalls

---

444 BGH, 18.07.2007 – XII ZR 64/04, MittBayNot 2008, 132. Ggü. den (nur fiktiven) Pflichtteilsergänzungsansprüchen als Berechnungselement kann sich ein pflichtteilsberechtigter Erbe nicht auf § 2328 BGB berufen.
445 LG Kassel, ZNotP 2005, 239.
446 Vgl. DNotI-Gutachten, Faxabruf-Nr. 12153, auch zu der (zu verneinenden) Frage, ob die Rücknahme eines notariellen Erbvertrages, der auch eine Aufhebung enthält, gem. § 2256 BGB auch zum „Widerruf der Aufhebung" führt.

wenn der Erblasser den ursprünglichen Rechtszustand nicht durch Testamentsänderung wieder herstellen kann (etwa aufgrund entgegenstehender Bindungswirkung).[447]

3261 **Hinweis:**
Empfehlenswert ist es, den Verzicht so zu formulieren, dass er nicht ohne Mitwirkung des Erwerbers wieder aufgehoben (§ 2351 BGB) werden kann. Dies gelingt bspw. dadurch, dass auch ggü. dem Erwerber (§ 2329 BGB!) auf Pflichtteilsergänzungsansprüche verzichtet wird.[448]

3262 **Formulierungsvorschlag: Verzicht auf Pflichtteilsergänzungsansprüche auch gem. § 2329 BGB gegenüber dem Beschenkten**

Darüber hinaus verzichtet ..... (*Anm.: Verzichtender, z.B. weichendes Geschwister oder Ehegatte*) auch gegenüber dem Beschenkten, dem Vertragsbeteiligten zu ....., auf etwaige unmittelbar gegen den Beschenkten gerichteten Pflichtteilsergänzungsansprüche gem. § 2329 BGB, also dessen bereicherungsrechtliche „Ausfallhaftung". Dieser Verzicht kann demnach nur unter Mitwirkung des Beschenkten wieder aufgehoben werden.

3263 Mit lediglich schuldrechtlicher Wirkung kann auch ein Erbschaftsvertrag gem. § 311b Abs. 5 BGB[449] zwischen dem Erwerber und dem Verzichtenden als künftigen gesetzlichen Erben[450] geschlossen werden.

3264 **Formulierungsvorschlag: Erbschaftsvertrag gem. § 311b Abs. 5 BGB zwischen Erwerber und weichendem Geschwister**

Darüberhinaus verpflichtet sich ..... (*Anm.: Verzichtender, z.B. weichendes Geschwister oder Ehegatte*) auch gegenüber dem Beschenkten, dem Vertragsbeteiligten zu ....., nach dem Ableben des Veräußerers gegenüber dem Beschenkten keine Pflichtteilsergänzungsansprüche gem. § 2329 BGB gelten zu machen und auf diese sodann unverzüglich zu verzichten. Die Beteiligten verpflichten sich unverzüglich nach dem Erbfall entsprechende Erlassverträge abzuschließen. Sie bevollmächtigen sich gegenseitig hierzu unter Befreiung von § 181 BGB.

3265 Ebenso kommt (ohne Verstoß gegen § 2302 BGB)[451] in Betracht eine Verpflichtung des Veräußerers (= späteren Erblassers) ggü. dem Erwerber, den Pflichtteilsverzicht nicht mehr aufzuheben. Sie führt (zumindest)[452] zu einem Anspruch auf Schadensersatz (zur Kompensation des wiederauflebenden Pflichtteilszahlungsanspruchs). Gleiches gilt für die schlichte schuldrechtliche Auf-

---

447 BGH, 20.02.2008 – IV ZR 32/06, DNotI-Report 2008, 61. Sie wirkt (jedenfalls) ex nunc; fraglich ist also, ob ein zwischenzeitliches, der wiederhergestellten Bindung zuwiderlaufendes Testament dadurch per se hinfällig würde.
448 *Mayer*, ZEV 1996, 445.
449 Zu § 312 BGB a.F. vgl. *Limmer*, DNotZ 1998, 927; ferner *J. Mayer*, ZEV 2000, 264.
450 Vgl. *Schindler*, DNotZ 2004, 836 f.
451 Der nicht auf Verträge unter Lebenden, wie hier vorliegend, anwendbar ist.
452 *J.Mayer* erwägt im DAI-Skript „Intensivkurs Überlassungsvertrag" (Mai 2007), S. 141, ob ein Verstoß hiergegen nicht sogar zur dinglichen Unwirksamkeit führen könne, da § 137 Satz 1 BGB dem Wortlaut nach nicht entgegensteht (es handelt sich beim künftigen Pflichtteilsanspruch um ein noch nicht veräußerliches Recht).

hebungsunterlassungsvereinbarung zwischen dem Verzichtenden und dem Erwerber, die zudem nicht den Grenzen des § 311b Abs. 5 BGB unterliegt.[453]

Weiter sollte bedacht werden, die dem Pflichtteilsverzicht zugrunde liegende **causa** unter Einbeziehung des Erwerbers so auszugestalten, dass deren Aufhebung nicht ohne Mitwirkung des Erwerbers als Dritten gem. § 328 BGB möglich ist. Unabhängig davon ist der Erwerber zumindest vorübergehend dadurch geschützt, dass die einer gleichwohl vereinbarten Aufhebung als causa zugrunde liegende Schenkung (des Veräußerers an das weichende Geschwister) wiederum Pflichtteilsergänzungsansprüche des Erwerbers gem. § 2325 BGB auslösen würde.[454]

Dieser Ansatz kann auch gegen die unabgesprochene Aufhebung einzelner Pflichtteilsverzichte beim Berliner Testament nutzbar gemacht werden (der überlebende Ehegatte hebt z.B. den Pflichtteilsverzicht mit seinen Kindern wieder auf zulasten der Kinder des Erstverstorbenen): Schutz des Vertragserben gem. § 2287 BGB,[455] sofern der Aufhebung eine unentgeltliche causa zugrunde liege.[456] Alternativ könnte auch der überlebende Ehegatte verpflichtet werden, die Aufhebung zu unterlassen, sodass bei einem Verstoß den beeinträchtigten anderen Schlusserben ein Schadensersatzanspruch zustünde, oder aber ein Vertrag zwischen den Schlusserben geschlossen werden, der durch Pflichtteilsverzichtsaufhebungen ausgelöste Verschiebungen für unbeachtlich erklärt.

5. Inhaltskontrolle?

Diskutiert wird schließlich, inwieweit die Rechtsprechung des BGH zur **Abschluss- (§ 138 BGB) und Ausübungskontrolle (§ 242 BGB, Rechtsmissbrauchseinwand)** bei Eheverträgen auf Pflichtteilsverzichtsverträge anwendbar ist.[457]

Dafür spricht,[458] dass auch das Pflichtteilsrecht zum verfassungsrechtlich geschützten Kernbereich des Erbrechts zählt[459] und gegen den Willen des Pflichtteilsberechtigten kaum entzogen werden kann (vgl. §§ 2333 ff. BGB), was Ähnlichkeiten zur Kernbereichslehre des BGH i.R.d. Inhaltskontrolle von Eheverträgen[460] heraufbeschwört. Dem Pflichtteilsrecht kommen weiterhin Unterhalts- und Versorgungsfunktionen zu (vgl. die Haftung der Erben für den vom Erblasser geschuldeten nachehelichen Unterhalt, § 1586b BGB, sowie die Abhängigkeit des Ehegattenerbrechts vom Güterstand, § 1931 Abs. 1 BGB, ferner den Zusammenhang zwischen Pflicht-

---

453 Staudinger/*Wufka*, BGB (2006), § 311b Abs. 4 und 5 Rn. 4; a.A. möglicherweise *Damrau*, ZErb 2004, 206, 209.
454 Vgl. *J. Mayer*, ZEV 2005, 177.
455 Vgl. *J. Mayer*, ZEV 2005, 176 weiter gehend *Schindler*, DNotZ 2004, 824, der entgegen der h.M. den Aufhebungsvertrag als Verfügung von Todes wegen qualifizieren möchte und somit § 2289 Abs. 1 BGB anwendet.
456 Wobei darauf hinzuweisen ist, dass im (auch ohne Gegenleistung erfolgenden) Pflichtteilsverzicht keine Schenkung liegt, arg. § 517 BGB, vgl. *Schindler*, ZEV 2005, 300; gegen jede Beeinträchtigung des bindend eingesetzten Erben als Folge der Pflichtteilsverzichtsaufhebung daher *Kanzleiter*, DNotZ 2009, 86 (anders nur, wenn auf die Rückgabe der für den früheren Pflichtteilsverzicht gewährten Abfindung verzichtet werde).
457 Vgl. hierzu *Wachter*, ZErb 2004, 238 ff.; *Wendt*, ZNotP 2006, 6; *Bengel*, ZEV 2006, 192 ff.; *Ludyga*, Inhaltskontrolle von Pflichtteilsverzichtsverträgen, 2008, S. 36 ff.; *Münch*, ZEV 2008, 576 ff.
458 Vgl. *Wachter*, ZErb 2004, 238 ff. u. 306 ff.
459 Vgl. zuletzt BVerG, FamRZ 2005, 872 ff.
460 BGH, NJW 2004, 930, mit der Rangfolge Kindesbetreuungsunterhalt – Unterhalt wegen Alters oder Krankheit – Versorgungsausgleich – Unterhalt wegen Erwerbslosigkeit – Krankenvorsorge- und Altersvorsorgeunterhalt – Aufstockungsunterhalt und Ausbildungsunterhalt, zuletzt Zugewinnausgleich.

teilsrecht und Unterhaltsansprüchen bei der Pflichtteilsentziehung (§§ 2333 Nr. 4,[461] 2335 Nr. 4, 2334 BGB).[462] Schließlich werden häufig Pflichtteilsverzichtsverträge im Rahmen von ehevertraglichen Vereinbarungen, auch Scheidungsfolgenvereinbarungen, geschlossen, ohne dass der Vermutung des § 139 BGB hinreichend deutlich widersprochen wird.[463] Auch ist der Kreis der pflichtteilsberechtigten Personen typischerweise mit dem Kreis der unterhaltsberechtigten Personen (§§ 1360, 1360a, 1601 ff. BGB) deckungsgleich.

3269 Gegen eine Übertragung der im Familienrecht praktizierten richterlichen Inhaltskontrolle auf den Pflichtteilsverzichtsvertrag spricht allerdings[464] bereits der Umstand, dass der Pflichtteilsverzicht gesetzlich uneingeschränkt zugelassen ist (anders als der Unterhaltsverzicht: § 1614 Abs. 1, § 1360a Abs. 3, § 1361 Abs. 4 Satz 3 BGB), ferner dass es sich dem Grundtypus nach um ein **aleatorisches Rechtsgeschäft** handelt, bei dem sich – anders als beim Erlassvertrag hinsichtlich eines bereits entstandenen Pflichtteilsanspruchs – nicht Leistung und Gegenleistung in kaufmännisch abgewogener Weise gegenüberstehen, vielmehr die Ungewissheit über den künftigen Nachlassbestand und die Höhe der Pflichtteilsquote (etwa im Fall des Hinzutretens weiterer Personen) eine maßgebliche Rolle spielen. Auch zeigt § 2349 BGB, dass ein Abkömmling seinen Pflichtteil ohne eigenes Zutun verlieren kann – Gesichtspunkte „gerechter Kompensation" sind dem Pflichtteilsrecht nicht immanent.[465] Demnach bleibt auch regelmäßig kein Raum für eine richterliche Anpassung oder die Anwendung des § 313 BGB (ausgenommen Berechnungsfehler bzw. der gemeinsame Irrtum über wertbildende Merkmale, etwa über die Bedeutungslosigkeit von Grundbesitz in der „DDR" vor der Wiedervereinigung[466] etc. Solche Irrtümer, allerdings nur bezogen auf die Zusammensetzung des gegenwärtigen Vermögens, können ggf. auch die einseitige Anfechtung gem. § 119 Abs. 2 BGB begründen).[467]

3270 **Hinweis:**

Vorsichtige Gestalter raten gleichwohl dazu, sich gegen eine künftige Inhaltskontrolle von Pflichtteilsverzichtsverträgen zu wappnen.[468] Dies hat Einfluss auf

- die Verfahrensgestaltung (vorherige Besprechung mit dem Notar, Dokumentation dieses Umstands in der Urkunde selbst, nicht lediglich in den auf 7 Jahre aufzubewahrenden Nebenakten),

---

461 Hierzu Gutachten, DNotI-Report 2007, 27 (keine Entziehung bei nachträglicher Unterhaltsleistung).
462 Daher wird häufig in den Rechtsordnungen, die keine Pflichtteilsberechtigung als Mindestteilhabe am Nachlass kennen, eine Art Unterhaltsanspruch gegen die Erben zuerkannt, so etwa in Australien, Großbritannien, Irland, Israel, den meisten Staaten der USA, Thailand, Kanada, Mexiko, Südafrika und Neuseeland.
463 Vgl. *Wachter*, ZErb 2004, 244.
464 Vgl. *Mayer*, ZEV 2004, 436; *Bengel*, ZEV 2006, 192 ff.; *Oppermann*, RNotZ 2006, 483 in krit. Anm. zu OLG Oldenburg, v. 16.03.2006 (Verbotene Stimmbindung gem. § 136 Abs. 2 AktG führe zur Nichtigkeit des Gesamtvertrages einer vorweggenommenen Erbfolge und damit gem. § 139 BGB eines aus diesem Anlass geschlossenen Pflichtteilsverzichtsvertrages).
465 Vgl. *Weidlich*, NotBZ 2009, 149, 159.
466 OLG Hamm, ZEV 2000, 508.
467 Vgl. *Horn* ZEV 2010, 295; allerdings nicht, wenn sich der Verzichtende über das Vermögen des Erblassers keine Gedanken gemacht hat, vgl. *Schotten*, DNotZ 1998, 163, 171.
468 Vgl. *Wachter*, ZErb 2004, 306 ff.

- die Durchführung des Vertragsabschlusses (keine Vertretung des Pflichtteilsberechtigten, obwohl diese gem. § 2347 Abs. 2 Satz 1 Halbs. 1 BGB zulässig wäre),
- die Ermittlung und Wiedergabe der persönlichen Verhältnisse (hinsichtlich Lebensalter, Familiensituation, Wohnort, persönliche Not- und Zwangssituationen, Schwangerschaft, Beruf, Staatsangehörigkeit),
- möglicherweise auch hinsichtlich der Ermittlung der Vermögensverhältnisse (Altersversorgung, Einkommens- und Vermögensverhältnisse des Verzichtenden und des Erblassers, Vermögen im Ausland),[469]
- des Weiteren besondere Rücksichtnahme auf sprachunkundige oder nicht ausreichend der Rechtsprache kundige Beteiligte (Beiziehung öffentlich vereidigter Übersetzer), ggf. die Hinzuziehung von Zeugen und
- die Formulierung durch eine klare Vertragssprache. Erläuterungen und Hinweise sollten auf jeden Fall in die Urkunde selbst aufgenommen werden,
- ggf. sollte die Sachkompetenz eines Schiedsrichters, auch in Bewertungsfragen, und die Vertraulichkeit eines Schiedsverfahrens die Aufnahme einer Schiedsklausel nahelegen.[470] In Betracht kommt etwa der Schlichtungs- und Schiedsgerichtshof des Deutschen Notarvereins (SGH) oder der Deutsche Schiedsgerichtsbarkeit für Erbstreitigkeiten e.V., Angelbachtal.

In weit höherem Maße gefährdet ist jedoch der Erb- oder Pflichtteilsverzicht, wenn er mit anderen Vereinbarungen, etwa einem Ehevertrag oder einer Scheidungsvereinbarung in Verbindung steht und Letztere wegen Verstoßes gegen § 138 BGB in Fragen des Kernbereichs unwirksam ist[471] (obwohl sich bspw. ein unangemessener Unterhaltsverzicht nach dem Tod nicht mehr auswirkt!). Eine allgemein gehaltene **salvatorische Klausel** führt allenfalls zu einer **Beweislastumkehr** i.R.d. Prüfung der Voraussetzungen des § 139 BGB.[472] Soll der Pflichtteilsverzicht unabhängig davon Bestand haben, empfiehlt sich daher ein ausdrückliches Bekenntnis hierzu, möglicherweise auch äußerlich dokumentiert durch Niederlegung in getrennten Urkunden. 3271

---

[469] Allerdings unter Klarstellung, dass es sich dabei nicht um die Geschäftsgrundlage des Abschlusses handelt, sondern lediglich als Nachweis dafür, dass Ermittlungen angestellt wurden, um eine unlautere Durcksituation auszuschließen. Gänzlich gegen eine solche Angabe von „Motiven" *Bengel*, ZEV 2006, 197.
[470] Vgl. *Parolytta*, ZEV 2003, 89.
[471] So etwa LG Ravensburg, 31.01.2008 – 2 O 338/07, FamRZ 2008, 1289 m. abl. Anm. *Bergschneider*; ablehnend auch *Münch* ZEV 2008, 571 ff. und *Muscheler*, FS Spiegelberger (2009) S. 1079, 1085, 1092.
[472] BGH, NJW 2003, 347; vgl. *Langenfeld*, ZEV 2004, 315.

III. Beschränkter Pflichtteilsverzicht

3272 Da es sich beim Pflichtteilsanspruch um einen Geldanspruch handelt, kann er wie jeder Geldanspruch in vielfältiger Weise begrenzt werden. Nachstehend werden die wichtigsten Beschränkungsformen dargestellt:[473]

1. Beschränkung auf rechtliche Teile des Gesamtpflichtteils

3273 Insoweit sind insb. zu nennen
- der Verzicht auf lediglich einen Bruchteil des ideellen Pflichtteils,
- der Verzicht auf lediglich den Pflichtteilsrestanspruch gem. §§ 2305, 2307 BGB,
- der Verzicht auf lediglich den Pflichtteilsergänzungsanspruch gem. § 2325 BGB, der auch dessen „richtungsbewegliche" Alternative (§ 2329 BGB, gegen den Beschenkten gerichtet) erfasst, nicht aber die pflichtteilserhöhende „Fernwirkung" einer lebzeitigen Zuwendung zugunsten weichender Geschwister bei Ausstattungen oder ausgleichspflichtigen Vorempfängen (§ 2316 BGB),

3274 **Hinweis:**

In der Literatur[474] wird darauf hingewiesen, dass die Zulässigkeit eines Verzichts auf den künftigen Pflichtteilsergänzungsanspruch noch nicht höchstrichterlich gesichert sei. Folgt man dieser vorsichtigen Auffassung, müsste ein schuldrechtlicher Vertrag gem. § 311b Abs. 5 (vor der Schuldrechtsreform: § 312) BGB zwischen dem Verzichtenden (z.B. weichende Geschwister) und dem Erwerber der Zuwendung geschlossen werden, der den Verzichtenden dazu verpflichtet, nach dem Erbfall auf den entstandenen Pflichtteilsergänzungsanspruch gem. § 397 BGB vertraglich zu verzichten. *Bengel*[475] formuliert: „*Als künftige Pflichtteilsberechtigte an den dereinstigen Nachlässen unseres Vaters ... und unserer Mutter ... verpflichten wir uns hiermit heute schon gegenüber unserer Schwester, der Erwerberin und bei deren Vorableben ihren Kindern gegenüber als künftige gesetzliche Erben nach unseren Eltern unsere Pflichtteilsansprüche an den beiden elterlichen Nachlässen gegenüber der Erwerberin dereinst nicht geltend zu machen.*"

3275
- die „Abbedingung" des § 2306 BGB (also Hinnahme der dort genannten Beschränkungen und Beschwerungen durch den Erben, sodass sie auch [bei Erbfällen bis 31.12.2009: bei Erbeinsetzung bis zur Pflichtteilsquote noch als angeordnet gelten und] im Fall der Ausschlagung bei Erbeinsetzung oberhalb dieser Quote kein Pflichtteilsanspruch entsteht).[476]

---

473 Vgl. *J. Mayer*, ZEV 2000, 263.
474 *J. Mayer*, ZEV 1996, 441, 445.
475 In *Reimann/Bengel/Mayer*, Testament und Erbvertrag, Formularteil B, Rn. 83.
476 Vgl. OLG Dresden, OLGE 34, 315.

- Häufig finden sich solche Pflichtteilsverzichte im urkundlichen Zusammenhang mit der erbrechtlichen Verfügung, die solche Belastungen/Beschränkungen anordnet, sofern der Verzichtende selbst Testamentsbeteiligter ist:

Formulierungsvorschlag: „Abbedingung des § 2306 BGB"

3276

> Ich nehme als Vertragserbe die vorstehend angeordneten Beschränkungen und Beschwerungen (*Alt.: alle in § 2306 BGB genannten Beschränkungen und Beschwerungen, auch wenn sie erst künftig angeordnet werden sollten*) als wirksam hin. Zugleich verzichte ich für den Fall der Ausschlagung auf Pflichtteilsansprüche, soweit sich diese aus § 2306 BGB ergeben, und zwar mit Wirkung für mich und meine Abkömmlinge. Der andere Beteiligte als Erblasser nimmt diesen Verzicht hiermit entgegen und an.

2. Beschränkung auf pflichtteilserhöhende Wirkung einer Zuwendung

Zu dieser Fallgruppe zählt insb.

3277

- der Verzicht auf die pflichtteilserhöhende Wirkung anderweitiger Ausstattungen oder ausgleichspflichtiger Zuwendungen (Abbedingung des Ausgleichspflichtteils, § 2316 BGB)

Formulierungsvorschlag: Gegenständlich beschränkter Verzicht auf den Ausgleichspflichtteil (§ 2316 BGB)

3278

> ..... (Verzichtender)
>
> **verzichtet**
>
> hiermit für sich und seine Abkömmlinge auf sein Pflichtteilsrecht am Nachlass des Veräußerers in der Weise, dass der Vertragsgegenstand gemäß gegenwärtiger Urkunde und die darauf derzeit lastenden Verbindlichkeiten[477] aus der Berechnungsgrundlage für den Ausgleichspflichtteil (§ 2316 BGB) ausgeschieden werden, so als ob eine Ausgleichung weder rechtsgeschäftlich noch gesetzlich angeordnet wäre. Im Rahmen einer etwaigen Pflichtteilsergänzung (§§ 2325, 2329 BGB) ist die Zuwendung jedoch bei Vorliegen der gesetzlichen Voraussetzungen zu berücksichtigen.
>
> Der Veräußerer nimmt diesen **gegenständlich beschränkten Pflichtteilsverzicht** entgegen und an. Er kann nur unter Mitwirkung des Erwerbers wieder aufgehoben werden (Vereinbarung gem. § 328 BGB).
>
> Die Vertragsbeteiligten wurden darauf hingewiesen, dass der gegenständlich beschränkte Pflichtteilsverzicht die gesetzliche Erbfolge den Pflichtteil am Restvermögen des Veräußerers, und sonstige Pflichtteilswirkungen der heutigen Zuwendung außerhalb der „Fernwirkung" einer Ausgleichung unberührt lässt.

---

[477] Die Verbindlichkeiten des herausgenommenen Vermögens dürfen nicht das restliche Vermögen vermindern, vgl. *Wegmann*, Eheverträge, Rn. 249.

Kapitel 9: Erb- und pflichtteilsrechtliche Problematik

3279 • Oder, darüber hinausgehend, der Verzicht auf jegliche pflichtteilsbegründende oder – erhöhende Wirkung einer Zuwendung (also sowohl § 2325 als auch § 2316 BGB umfassend):

3280 **Formulierungsvorschlag: Gegenständlich beschränkter Pflichtteilsverzicht (§ 2325 und § 2316 BGB)**

..... (Verzichtender)

verzichtet

hiermit für sich und seine Abkömmlinge auf sein Pflichtteilsrecht am Nachlass des Veräußerers in der Weise, dass der Vertragsgegenstand gemäß gegenwärtiger Urkunde und die darauf derzeit lastenden Verbindlichkeiten[478] bei der Berechnung seines Pflichtteilsanspruchs als nicht zum Vermögen oder Nachlass des Veräußerers gehörend angesehen und aus der Berechnungsgrundlage für den Pflichtteilsanspruch, den Ausgleichspflichtteil (§ 2316 BGB), den Pflichtteilsrestanspruch und den Pflichtteilsergänzungsanspruch ausgeschieden werden.

Der Veräußerer nimmt diesen gegenständlich beschränkten Pflichtteilsverzicht entgegen und an. Er kann nur unter Mitwirkung des Erwerbers wieder aufgehoben werden (Vereinbarung gem. § 328 BGB).

Die Vertragsbeteiligten wurden darauf hingewiesen, dass der gegenständlich beschränkte Pflichtteilsverzicht die gesetzliche Erbfolge und den Pflichtteil am Restvermögen des Veräußerers unberührt lässt.

3. Neutralisierung von Einzelgegenständen

3281 Hauptanwendungsfälle sind

• die gegenständliche Beschränkung dergestalt, dass ein bestimmter Nachlassgegenstand oder eine Gesamtheit von Nachlassgegenständen (etwa ein Unternehmen mit Aktiva und Passiva) bei jedweder Pflichtteilsberechnung wertmäßig ausgeschieden wird.
Die kautelar-juristische Herausforderung liegt in diesem Fall in der **exakten Beschreibung** der vom Verzicht erfassten Sachgesamtheit (beim Betriebsvermögen also einschließlich der variablen Konten, Verbindlichkeiten und Sonderbetriebsvermögen, nicht entnommener Gewinne, etwaiger Surrogate etc., jedoch ohne Berücksichtigung getätigter Ausschüttungen und unabhängig vom Einlage/Entnahmeverhalten, trotz der dadurch heraufbeschworenen Missbrauchsgefahr).[479]

3282 **Formulierungsvorschlag: Hinsichtlich Betriebsvermögens gegenständlich beschränkter Pflichtteilsverzicht**

..... (Verzichtender)

verzichtet

---

478 Die Verbindlichkeiten des herausgenommenen Vermögens dürfen nicht das restliche Vermögen vermindern, vgl. *Wegmann*, Eheverträge, Rn. 249.
479 Vgl. für die parallele Regelungsthematik bei der Modifizierung des Zugewinnausgleichs ausführlich und mit Formulierungsvorschlag (Rdn. 966) *Münch*, Die Unternehmerehe, Rn. 785 ff., auch zu den Manipulationsgefahren.

hiermit für sich und seine Abkömmlinge auf sein Pflichtteilsrecht am Nachlass des ..... (Erblassers) in der Weise, dass die Aktiva und Passiva des nachstehend definierten Betriebsvermögens bei der Berechnung seines Pflichtteilsanspruchs als nicht zum Vermögen bzw. Nachlass des Erblassers gehörend angesehen und aus der Berechnungsgrundlage für den Pflichtteilsanspruch, den Ausgleichspflichtteil (§ 2316 BGB), den Pflichtteilsrestanspruch und den Pflichtteilsergänzungsanspruch ausgeschieden wird.

Der Erblasser nimmt diesen gegenständlich beschränkten Pflichtteilsverzicht entgegen und an.

Die Vertragsbeteiligten wurden darauf hingewiesen, dass der gegenständlich beschränkte Pflichtteilsverzicht die gesetzliche Erbfolge und den Pflichtteil am Restvermögen des Erblassers unberührt lässt.

Betriebsvermögen im Sinne dieser Vereinbarung umfasst:

a) alle Gegenstände des notwendigen, gewillkürten, oder Sonderbetriebsvermögens, die beruflichen bzw. gewerblichen Zielen dienen (Aktiva und Passiva), die aufgrund beruflicher/gewerblicher Tätigkeit gehaltenen Gesellschaftsanteile, sowie gepachtete Unternehmen. Im Zweifel entscheidet die steuerliche Zuordnung zu Beginn des Veranlagungszeitraums, in welchem Antrag auf Scheidung der Ehe gestellt wird,

b) ferner dasjenige Vermögen, das an den Betrieb im obigen Sinn langfristig zur Nutzung überlassen ist und wesentliche Betriebsgrundlage bildet.

c) Zum Betriebsvermögen in diesem Sinn gehören auch steuerlich im Privatvermögen gehaltene Kapitalanteile, soweit sie nicht der reinen Kapitalanlage dienen. Letzteres ist jedenfalls immer dann der Fall, wenn die Gesellschaft, mag sie auch durch Rechtsform oder gewerbliche Prägung gewerbliche Einkünfte erzielen, lediglich eigenes Vermögen verwaltet oder wenn die Beteiligungsquote des Ehegatten nicht größer als 1 % ist.

d) Dies gilt in gleicher Weise für jedes Nachfolgeunternehmen oder jede Nachfolgebeteiligung und jedes Tochterunternehmen, unabhängig von der verwendeten Rechtsform, auch bei Aufnahme weiterer Gesellschafter.

Solche gegenständlich hinsichtlich des Betriebsvermögens beschränkten Pflichtteilsverzichte finden sich häufig als „Annex" zu Eheverträgen, in denen die Regelungen zum Zugewinnausgleich bzgl. solcher Gegenstände modifiziert werden (Beispiel: Ausschluss in Bezug auf Gegenstände gem. § 1374 Abs. 2 BGB: Rdn. 1220). Eine derartige Doppelregelung könnte etwa wie folgt lauten:

Formulierungsvorschlag: Modifizierung des Zugewinnausgleichs und des Pflichtteilsrechts, gegenständlich beschränkt auf Betriebsvermögen

1. Grundsatz

Bei der Berechnung des Zugewinnausgleichs infolge Beendigung der Ehe zu Lebzeiten und bei der Berechnung des vorzeitigen Zugewinnausgleichs ist die Wertentwicklung der folgenden Gegenstände („ausgleichsfreies Vermögen") außer acht zu lassen, und zwar auch soweit diese bereits vor Eheschließung erworben wurden. Im Bereich des güterrechtlichen

Ausgleiches von Todes wegen gem. § 1371 Abs. 2 und 3 BGB bleiben diese Gegenstände ebenfalls unberücksichtigt (im Falle der Ausschlagung, § 1371 Abs. 3 BGB werden sie jedoch berücksichtigt, wenn die Ausschlagung des Zugewandten und Geltendmachung des güterrechtlichen Ausgleichs mit vorheriger schriftlicher Einwilligung aller dann berufenen Erben erfolgt).

„Ausgleichsfreies Vermögen" ist das gesamte derzeitige oder künftige Betriebsvermögen eines Ehegatten. Hierzu zählen jeweils:

a) alle Gegenstände des notwendigen, gewillkürten, oder Sonderbetriebsvermögens, die beruflichen bzw. gewerblichen Zielen dienen (Aktiva und Passiva), die aufgrund beruflicher/gewerblicher Tätigkeit gehaltenen Gesellschaftsanteile, sowie gepachtete Unternehmen. Im Zweifel entscheidet die steuerliche Zuordnung zu Beginn des Veranlagungszeitraums, in welchem Antrag auf Scheidung der Ehe gestellt wird,

b) ferner dasjenige Vermögen, das an den Betrieb im obigen Sinn langfristig zur Nutzung überlassen ist und wesentliche Betriebsgrundlage bildet.

c) Zum Betriebsvermögen in diesem Sinn gehören auch steuerlich im Privatvermögen gehaltene Kapitalanteile, soweit sie nicht der reinen Kapitalanlage dienen. Letzteres ist jedenfalls immer dann der Fall, wenn die Gesellschaft, mag sie auch durch Rechtsform oder gewerbliche Prägung gewerbliche Einkünfte erzielen, lediglich eigenes Vermögen verwaltet oder wenn die Beteiligungsquote des Ehegatten nicht größer als 1 % ist.

d) Dies gilt in gleicher Weise für jedes Nachfolgeunternehmen oder jede Nachfolgebeteiligung und jedes Tochterunternehmen, unabhängig von der verwendeten Rechtsform, auch bei Aufnahme weiterer Gesellschafter.

e) Die fiktive Einbeziehung eines kalkulatorischen Unternehmerlohns in den Zugewinnausgleich wünschen wir nicht Wir sind uns darüber einig, dass hinsichtlich des vorgenannten betrieblichen Vermögens auch bei Mitarbeit des Anderen keine Ehegatten-Innengesellschaft vorliegt, sondern eine rein arbeitsrechtliche Gestaltung.

Wird über einen solchen Gegenstand verfügt, so tritt das Surrogat an die Stelle des ursprünglichen Gegenstandes, unabhängig davon in welcher Form das Surrogat gehalten bzw. investiert wird. Wir verpflichten uns, die jetzt und in Zukunft zum ausgleichsfreien Vermögen gehörende Gegenstände in einem privatschriftlichen Verzeichnis gesondert zu erfassen.

Der entsprechende Wert ist weder beim Anfangs- noch beim Endvermögen in Ansatz zu bringen, und zwar auch dann nicht, wenn sich ein negativer Betrag ergibt. Ein mit dem ausgleichsfreien Vermögen eventuell erzielter Zugewinn verbleibt allein dem Berechtigten und ist nicht auszugleichen.

Sollte aufgrund dieser Vereinbarung einer der beiden Ehegatten gegen den anderen Ehegatten einen Zugewinnausgleichsanspruch haben, der ihm ohne diese Vereinbarung nicht zustünde, so wird dieser Anspruch hiermit wechselseitig ausdrücklich ausgeschlossen (Wäre also z.B. unter Berücksichtigung aller Vermögensentwicklungen der Ehemann aufgrund seines tatsächlich höheren Zugewinns ausgleichspflichtig, führt jedoch die Neutralisierung des privilegierten Vermögens dazu, dass die Ehefrau nun ihrerseits dem Ehemann Zugewinnausgleich schuldet, da ihr nicht priviliegiertes Vermögen stärker gewachsen ist, soll letztere Umkehr des Zugewinnausgleichs nicht stattfinden).

2. Verfügungsbeschränkung

Die güterrechtlichen Verfügungsbeschränkungen sollen bei diesen Gegenständen nicht gelten. Über die vorgenannten, nicht dem Zugewinnausgleich unterliegenden Vermögenswerte kann daher der Eigentümer ohne Einwilligung seines Ehegatten verfügen, auch wenn er damit über sein Vermögen im Ganzen oder den überwiegenden Teil seines Vermögens verfügt. § 1365 BGB wird insoweit ausgeschlossen.

Ist für einen Dritten nicht erkennbar, ob aufgrund dieser Vereinbarung eine Zustimmung des anderen Ehegatten erforderlich ist, so ist der andere Ehegatte verpflichtet, einer entsprechenden Verfügung des anderen Ehegatten zuzustimmen.

3. Erträge

Erträge aus diesem vom Zugewinn ausgeschlossenen Vermögen sind gleichfalls vom Zugewinn ausgeschlossen, sofern sie entweder.

a) den vom Zugewinn ausgenommenen Bereich noch nicht verlassen haben; insofern sind insbesondere ausgenommen Guthaben auf Kapital-, Darlehens-, Verrechnungs- oder Privatkonten sowie stehen gelassene Gewinne, Gewinnvorträge oder -rücklagen bzw. unmittelbar als Gesellschafterdarlehen rückgewährte Beträge oder

b) zulässigerweise wieder auf die ausgeschlossenen Vermögenswerte verwendet wurden.

4. Verwendungen und Schuldentilgung

4.1. Verwendungen und Schuldentilgung aus eigenem Vermögen

Eine Einschränkung der getroffenen Vereinbarung dahin gehend, dass Verwendungen aus dem ausgleichspflichtigen Vermögen auf das privilegierte Vermögen (z.B. die Tilgung von Schulden mit Mitteln des sonstigen Privatvermögens) beim Ausgleich des Zugewinns dennoch berücksichtigt werden sollen, wünschen die Beteiligten zur Erhaltung möglichst umfassender Handlungsmöglichkeiten ausdrücklich nicht. Ihnen ist bekannt, dass auf diese Weise Missbräuche möglich sind (z.B. erhebliche Investitionen in den privilegierten Bereich kurz vor dem Stichtag der Endvermögensermittlung aus dem ausgleichspflichtigen Bereich, mit der Folge, dass sich das zu ermittelnde Endvermögen verringert, die Mehrung im privilegierten Vermögensbereich aber nicht zugunsten des anderen Ehegatten berücksichtigt werden kann). Allerdings wird vereinbart:

Nicht mehr zu berücksichtigen sind solche Verwendungen, die nach der Trennung erfolgt sind und über den Durchschnitt der drei vorangehenden Jahre hinausgehen, wenn diese Trennung durch eine Mitteilung per Einschreiben an den anderen Vertragsteil dokumentiert war.

Oder (*Anm.: zurückhaltend zu gebrauchen*):

Zur Vermeidung von Missbräuchen vereinbaren die Beteiligten noch Folgendes: Verwendungen auf die betroffenen Gegenstände und die Tilgung etwaiger damit verbundener Verbindlichkeiten sind zunächst aus den Erträgen zu finanzieren. Macht jedoch ein Ehegatte aus seinem sonstigen Vermögen Verwendungen auf seine vom Zugewinnausgleich ausgenommenen Gegenstände oder erbringt er daraus Tilgungsleistungen für etwa damit zusammenhängende Verbindlichkeiten, so werden diese Verwendungen oder Tilgungsleistungen mit ihrem Wert zum Zeitpunkt der Verwendung dem Endvermögen des Eigentümers zugerechnet. Sie unterliegen also, gegebenenfalls um den Geldwertverfall berichtigt, dem Zugewinnausgleich. Entsprechendes gilt für Verwendungen des anderen Ehegatten, zur Befriedigung der sich hieraus etwa ergebenden Zugewinnausgleichsforderung gilt das vom Zugewinnausgleich ausgenommene Vermögen im Sinne von § 1378 Abs. 2 BGB als vorhandenes Vermögen.

4.2. Aufwendungen des anderen Ehegatten auf zugewinnausgleichsfreies Vermögen

Macht der andere Ehegatte aus seinem Vermögen Aufwendungen auf die vom Zugewinnausgleich ausgenommenen Vermögensgegenstände seines Ehegatten, so wird vereinbart, dass die hierfür mit Einverständnis des Eigentümers des ausgleichsfreien Vermögens aufgewandten Mittel ihm vom anderen Ehegatten als Darlehen zur Verfügung gestellt werden. Das Darlehen wird zur Rückzahlung fällig, wenn die Ehe der Vertragsteile in anderer Weise als durch ihren Tod aufgelöst wird oder die Voraussetzungen für ein außerordentliches Kündigungsrecht nach § 490 BGB vorliegen oder bei Veräußerung des ausgleichsfreien Vermögens; bis zur Fälligkeit ist es nicht zu tilgen und nicht zu verzinsen. Dingliche Sicherung im Grundbuch kann für die Rückzahlung verlangt werden.

5. Geltung gesetzlicher Bestimmungen

Im Übrigen bleiben sämtliche Bestimmungen des gesetzlichen Güterstandes der Zugewinngemeinschaft aufrechterhalten, insbesondere die Bestimmungen über den Zugewinnausgleich hinsichtlich des sonstigen während der Ehezeit erworbenen Vermögens und den Zugewinnausgleich im Todesfall.

6. Güterrechtsregister

Die Eintragung der Modifizierung des gesetzlichen Güterstandes im Güterrechtsregister und die Veröffentlichung wird vorerst nicht gewünscht. Jeder Vertragsteil ist jedoch berechtigt, diese Eintragung jederzeit einseitig zu beantragen.

7. Gegenständlich beschränkter Pflichtteilsverzicht

Jeder Ehegatte verzichtet hiermit gegenständlich beschränkt hinsichtlich der vom Ausschluss des Zugewinnausgleichs betroffenen Gegenstände und der darauf lastenden Verbindlichkeiten auf sein Pflichtteilsrecht am dereinstigen Nachlass des anderen Ehegatten; die Beteiligten nimmt diesen beschränkten Pflichtteilsverzicht hiermit an. Der auf die zugewinnausgleichsfreien Gegenstände beschränkte Verzicht gilt auch, wenn der Ehegatte ausschlagen und den Pflichtteil verlangen sollte.

8. Vollstreckungsschutzvereinbarung

Eine Zwangsvollstreckung in das privilegierte Vermögen zur Beitreibung von (auch abgetretenen) Forderungen des anderen Ehegatten gleichwelcher Art wird ausgeschlossen. Dem anderen Ehegatten ist bekannt, dass Ansprüche bei Erschöpfung des sonstigen pfändbaren Vermögens damit faktisch nicht durchsetzbar sind.

9. Belehrung

Über Bedeutung und Tragweite dieser Bestimmungen wurden wir belehrt. Uns ist bekannt, dass uns erhöhte Aufzeichnungsobliegenheiten treffen, um den Weg des ausgleichsfreien Vermögens im Streitfall nachvollziehen zu können.

4. Betragsbegrenzung; Bewertungsabschläge

Hauptanwendungsfälle solcher beschränkter Verzichte auf das Pflichtteilsrecht sind

- die Kappung des Pflichtteilszahlungsanspruchs auf einen bestimmten **Höchstbetrag**, der möglicherweise indexiert werden müsste/sollte sowie
- die Bestimmung eines abweichenden **Bewertungsverfahrens** (z.B. Buchwert für Gesellschaftsbeteiligungen) oder eines abweichenden Ermittlungsverfahrens (z.B. 30 %iger Abschlag vom Verkehrswert).[480]

In diesem Kontext sind zahlreiche Regelungsinhalte denkbar.[481] So käme z.B. in Betracht, für die lebzeitige Übertragung (bzw. Vererbung) eines landwirtschaftlichen Anwesens, bei dem das Vorliegen der Landguteigenschaften (§ 2312 BGB) umstritten sein kann[482] oder ungewiss ist, ob diese Voraussetzungen noch zum Zeitpunkt des Erbfalls vorliegen werden,[483] Letzteres für Pflichtteilszwecke ausdrücklich zu vereinbaren:

Formulierungsvorschlag: Vereinbarung der Ertragswertklausel unabhängig von § 2312 BGB

Der Veräußerer bestimmt, dass hinsichtlich der übertragenen Aktiva und Passiva des landwirtschaftlichen Anwesens ..... für Pflichtteilszwecke der Ertragswert gemäß § 2312 BGB zugrunde gelegt werden soll, wenn dieser niedriger als der Verkehrswert ist. Die Verzichtenden (Ehegatte des Veräußerers, weichende Geschwister des Erwerbers) erklären sich hiermit ausdrücklich einverstanden, unabhängig davon, ob die gesetzlichen Voraussetzungen die Ertragswertbewertung vorliegen oder nicht, und verzichten, soweit hierdurch in ihr gesetzliches Pflichtteilsrecht eingegriffen wird, auch im Rahmen der Berechnung von Pflichtteilsergänzungs-, Pflichtteilsrest- und Ausgleichsansprüchen auf ihr gesetzliches Pflichtteilsrecht am dereinstigen Nachlass des Veräußerers, der diesen beschränkten Verzicht annimmt.

Denkbar ist weiter, im Verhältnis zum Pflichtteilsberechtigten bestimmte **Bewertungsmethoden**[484] zur Ermittlung des gesetzlich zugrunde gelegten (§ 2311 Abs. 2 Satz 2 BGB) Verkehrs-

---

[480] Die Verkehrswertfestlegung des § 2311 Abs. 2 Satz 2 BGB steht dem nicht entgegen, da sie lediglich einseitige Festlegungen durch den Erblasser zulasten des Pflichtteilsberechtigten verhindert.
[481] Vgl. *J.Mayer*, ZEV 2000, 267.
[482] Das Gesetz kennt bekanntlich keine exakten Kriterien hinsichtlich der „Untergrenze", vgl. *Weber*, BWNotZ 1992, 14.
[483] Dies ist gem. BGH, ZEV 1995, 74, erforderlich.
[484] Vgl. etwa zur Bewertung von Unternehmen und Freiberuflerpraxen i.R.d. Zugewinnausgleichs *Münch*, Die Unternehmerehe, Rn. 81 ff. und Rn. 129 ff.

Kapitel 9: Erb- und pflichtteilsrechtliche Problematik

werts „festzuschreiben". Bei nicht börsennotierten Kapitalgesellschaftsanteilen könnte dies etwa durch Verweisung auf das ehemalige „Stuttgarter Verfahren" gem. R 96 bis 108 der Erbschaftsteuerrichtlinien 2003 erfolgen.[485] Wörtliche Wiederholung dieser Richtlinien ist im Hinblick auf das Beurkundungsgebot des § 2348 BGB wohl nicht erforderlich, ebenso wenig wie bei DIN-Normen, der VOB oder den Indexzahlen des Verbraucherpreisindex. Sollen andere, vom Institut der Wirtschaftsprüfer entwickelte Verfahren (etwa das „discounted cash flow"-Verfahren) zugrunde gelegt werden, bedarf es jedoch wohl deren ausdrücklicher Wiedergabe oder aber der Einsetzung eines Schiedsgutachters auf der Basis einer entsprechenden Schiedsgutachterklausel, dem die Beachtung dieses Verfahrens vorgegeben wird:

3289 **Formulierungsvorschlag: Schiedsgutachterklausel und Bewertungsfestlegung für Betriebsvermögenswertermittlung**

> Hinsichtlich aller Wertermittlungsfragen, die den Pflichtteil bezüglich des Unternehmens ..... betreffen, entscheidet mit abschließender Wirkung ein Schiedsgutachter. Die Beteiligten benennen hierzu Herrn .....; hilfsweise ist ein Sachverständiger durch die örtlich zuständige Industrie- und Handelskammer zu benennen. Die Ermittlung soll nach dem Standard des Instituts der Wirtschaftsprüfer zur Durchführung von Unternehmensbewertungen in ihrer dann geltend Fassung (derzeit IDW S1) erfolgen; der Schiedsgutachter entscheidet auch über die Tragung der durch seine Einschaltung ausgelösten Kosten nach dem Verhältnis, in dem die Bewertungsvorschläge vom ermittelten Ergebnis entfernt lagen. Soweit hierdurch in das gesetzliche Pflichtteilsrecht des Begünstigten eingegriffen wird, verzichtet er hierauf mit Wirkung für sich und seine Abkömmlinge; der Erblasser nimmt diesen Verzicht an.

3290 Gerade bei Mitunternehmensanteilen finden sich häufig im Gesellschaftsvertrag **Abfindungsregelungen** für den Fall der Kündigung oder des Ausschlusses. Da diese den Pflichtteilsberechtigten nicht binden,[486] ist zu erwägen, ob ihm deren Geltung (regelmäßig allerdings nur i.S.e. statischen, auf den derzeitigen Vertragsstand vorgenommenen, nicht einer dynamischen Verweisung) nicht durch Vertrag auferlegt werden mag:

3291 **Formulierungsvorschlag: Pflichtteilsrechtliche Vereinbarung der Gleichstellung mit gesellschaftsvertraglichen Abfindungsbestimmungen**

> Der Gesellschaftsvertrag der ..... OHG/KG/GbR enthält derzeit für die Bemessung der Abfindung im Fall einer Kündigung folgende Vereinbarung:
>
> – Folgt wörtliche Wiedergabe der derzeitigen Regelung –
>
> ..... (Verzichtender) vereinbart mit dem Erblasser/Veräußerer, dass auch für die Bewertung des Mitunternehmeranteils für Pflichtteilszwecke dieselben Regelung gelten. Soweit hierdurch in das gesetzliche Pflichtteilsrecht des Verzichtenden eingegriffen wird, verzichtet er mit Wirkung für sich und seine Abkömmlinge auf darüber hinausgehende Ansprüche; der andere Vertragsbeteiligte nimmt diesen Verzicht entgegen und an.

---

485   Vgl. *Keidel/Winkler*, BeurkG, § 9 Rn. 80 ff.
486   Vgl. *Bratke*, ZEV 2000, 16.

5. Erweiterungen der Wirkungen des § 2315 BGB

Pflichtteilsreduzierung kann auch erreicht werden

3292

- durch die nachträgliche Hinnahme der Anrechnung einer Zuwendung auf den Pflichtteil („Nachholung der Anrechnungsbestimmung des § 2315 BGB durch Vertrag", zur Problemsituation s. Rdn. 3165),[487]
- durch das Abstellen auf einen höheren Objektwert am Todestag (Abweichung von § 2315 Abs. 2 Satz 2 BGB) – relevant bspw., falls aus geschenktem Ackerland Bauland wird![488] sowie
- durch die Hinnahme einer Pflichtteilsanrechnung für Zuwendungen, die nicht vom Erblasser stammen, sodass § 2315 BGB unmittelbar nicht anwendbar ist.

Formulierungsvorschlag: Vertragliche Pflichtteilsanrechnungsvereinbarung analog § 2315 BGB bei Zuwendung eines Dritten[489]

3293

> Der Erwerber als Verzichtender und sein heute anwesender Vater/seine Mutter vereinbaren, dass sich der Erwerber den Wert des unentgeltlichen Teils der heutigen Zuwendung, der übereinstimmend mit ..... € beziffert wird, auf seinen Pflichtteil am Nachlass seines Vaters/seiner Mutter so anzurechnen lassen hat, als wäre die Zuwendung der heutigen Urkunde unmittelbar von diesem als Erblasser an ihn erfolgt. Er verzichtet gegenüber dem genannten Erblasser mit Wirkung für sich und seine Abkömmlinge in dieser Höhe auf sein künftiges Pflichtteilsrecht; der Erblasser nimmt diesen Verzicht entgegen und an.

- Letzteres kommt insb. in Betracht, wenn der Erwerber von beiden Eltern (etwa aus deren gemeinsamem Eigentum) eine Zuwendung erhält, die Beteiligten jedoch davon ausgehen, dass (etwa aus Loyalität oder aufgrund entsprechenden Verzichtes) der Pflichtteil nach dem Tod des ersten Elternteils nicht geltend gemacht werden wird:

3294

Formulierungsvorschlag: Sicherstellung der vollständigen Anrechnung auf den Pflichtteil nach dem Ableben beider Veräußerer

3295

> Der Erwerber hat sich die Zuwendung auf seinen etwaigen Pflichtteil nach jedem Elternteil mit der Hälfte des Werts gemäß § 2315 BGB anrechnen zu lassen. Sollte jedoch der überlebende Elternteil den erstversterbenden Elternteil allein beerben und der Erwerber vor Ablauf der Verjährung keinen Pflichtteil nach dem erstversterbenden Elternteil verlangen, soll die Zuwendung als vom überlebenden Elternteil allein erfolgt gelten und demnach beim Tod des überlebenden Elternteils mit dem vollen Wert auf den Pflichtteil angerechnet werden. Soweit dabei die Zuwendung tatsächlich nicht aus dem Vermögen des überlebenden Elternteils stammte, verzichtet der Erwerber für sich und seine Abkömmlinge insoweit auf seine Pflichtteilsansprüche nach dem überlebenden Elternteil, als dies für diese Rechtswirkung notwendig ist. Jeder Elternteil nimmt diesen hiermit vereinbarten, unter keiner weiteren Bedingungen stehenden, Verzicht an. Der Zuwendungsbetrag ist dem Kaufkraftschwund nach

---

[487] Vgl. *Damrau*, Der Erbverzicht, S. 56.
[488] Davon zu differenzieren ist die umgekehrte Begrenzung des Anrechnungswertes auf einen niedrigeren Wert am Todestag, etwa zum Schutz des Minderjährigen, vgl. Rdn. 3141.
[489] Vgl. *Mohr*, ZEV 1999, 257 ff.

Maßgabe der Entwicklung des Verbraucherpreisindex auf den Zeitpunkt desjenigen Erbfalls, bei dem er zur Anrechnung gelangt, anzupassen.

6. Stundung

3296 Weitverbreitet sind Vereinbarungen über die Stundung oder ratenweise Begleichung eines späteren Pflichtteilsanspruchs zwischen Erblasser und Pflichtteilsberechtigtem.[490]

Solche Regelungen werden im primär erbrechtlichen Kontext häufig gewünscht, um die Risiken des Berliner Testaments (Enterbung der Abkömmlinge auf den ersten Sterbefall), wenn schon kein vollständiger Verzicht hierauf (vgl. unten Rdn. 3303 f.) erreicht werden kann, zumindest wirtschaftlich abzumildern, möglicherweise gar die Erfüllung bis zum eigenen Sterbefall „hinauszuschieben".

3297 **Erbschaftsteuerlich reduziert** diese Lösung die **Nachteile des Berliner Testaments**, da die Pflichtteilslast ab dem Zeitpunkt ihrer Geltendmachung gem. § 10 Abs. 5 Nr. 2 ErbStG in Abzug gebracht werden kann – allerdings in gem. § 12 Abs. 3 BewG abgezinster Höhe, sodass der gewünschte erbschaftsteuerliche Entlastungseffekt geschmälert wird;[491] ferner liegt in der zinslosen[492] Stundung selbst schenkungsteuerlich eine freigiebige Zuwendung i.S.d. § 7 Abs. 1 Nr. 1 ErbStG;[493] beim Pflichtteilsberechtigten führt der diesbezügliche Erwerb gem. §§ 3 Abs. 1 Nr. 1, 9 Abs. 1 Nr. 1a ErbStG häufig nicht zu einer Zahllast, da seine Freibeträge nicht oder nur geringfügig überschritten werden. Allerdings dürfte die Abzugsfähigkeit nach dem ersten Sterbefall mangels wirtschaftlicher Belastung entfallen, wenn die Stundung auf den Tod des belasteten Erben vereinbart ist.[494]

3298 **Ertragsteuerlich** ist allerdings zu berücksichtigen, dass die (regelmäßig vereinbarte) zinslose Stundung über länger als ein Jahr zur Aufspaltung des Zahlbetrags in einen Kapitalanteil und einen (auf der Basis von 5,5 % p.a. ermittelten) Zinsanteil führt, welch Letzterer als „Einkünfte aus Kapitalvermögen" einkommensteuerpflichtig ist, was aufgrund des „Zusammenballungseffekts" im Jahr des Erhalts zu einer beklagenswerten[495] Zusatzbelastung führt.[496]

3299 Rein tatsächlich[497] muss den Beteiligten schließlich vor Augen geführt werden, dass keine Gewähr dafür besteht, im Zeitpunkt der Fälligkeit des Pflichtteilsanspruchs (etwa zum Zeitpunkt

---

490 Vgl. *Weirich*, DNotZ 1986, 11.
491 Berechnungsbeispiele bei *Ebeling*, NJW 1998, 358.
492 D.h. nicht i.H.v. mindestens 3 % verzinslichen, Nr. 1.2.2. des Ländererlasses v. 07.12.2001, BStBl. 2002 I 112.
493 FG Münster, 08.12.2008 – 3 K 2849/06 Erb, ZErb 2009, 213; hierzu *Litzenburger* FD-ErbR 2009, 282952; ebenso FG Köln, 30.09.2009 – 9 K 2697/08 ErbStB 2010, 34 (trotz der daneben stattfindenden einkommensteuerrechtlichen Abzinsung).
494 BFH, 27.06.2007 – II R 30/05 (zu § 10 Abs. 5 Nr. 1 ErbStG), ErbStB 2007, 291 m. krit. Anm. *Heinrichshofen*, ablehnend auch *Everts* NJW 2008, 557 (gestützt auf eine Reduktion des § 10 Abs. 5 Satz 1 ErbStG: keine Nachlassverbindlichkeit; ähnlich zuvor FG Düsseldorf, DStRE 2005, 1344 jedoch gestützt auf § 42 AO): Abfindungsvereinbarung nach dem ersten Sterbefall, die erst nach dem zweiten Sterbefall zu einer Zahlung führen, dann jedoch wegen Konfusion (erbvertraglich bindende Schlusserbeinsetzung des Pflichtteilsberechtigten) nicht mehr zu erfüllen sein wird.
495 Vgl. *Wohlschlegel* in der Anmerkung zu BFH, ZEV 1997, 84.
496 Vgl. *Hartmann*, DNotZ 2007, 813.
497 Vgl. *J. Mayer*, ZEV 2000, 266.

des Ablebens des längerlebenden Elternteils) noch entsprechende Nachlasswerte vorzufinden. Diese Gefahr kann durch dingliche Sicherung des gestundeten Pflichtteilsanspruchs abgemildert werden, wodurch jedoch das Ziel, die „Lästigkeit" des Pflichtteils zu reduzieren, verfehlt werden mag. Schließlich ist ein Hinweis auf die schleichende Entwertung des nach dem Nominalbetrag gestundeten Pflichtteilsanspruchs ratsam, die durch eine Wertsicherungsvereinbarung (Anpassung nach Maßgabe des Verbraucherpreisindex) aufgefangen werden könnte.

Die Stundung hemmt zugleich die kurze Verjährung des Pflichtteilsanspruchs, § 2332 BGB a.F. bzw. (ab 2010: §§ 195, 199 BGB), was sich jedoch in der Praxis kaum auswirkt, da die für den erbschaftsteuerlichen Abzug ohnehin notwendige Geltendmachung des Pflichtteilsanspruchs rasch nach dem Sterbefall stattfinden wird. Zu unmittelbaren Verjährungsvereinbarungen im Bereich des Pflichtteilsrechts vgl. Rdn. 3048 ff.; zum gesetzlichen Stundungsanspruch gem. § 2331a BGB (der durch die Erbrechtsreform erweitert wird), vgl. Rdn. 3052. 3300

In Betracht kommt eine solche Stundungsvereinbarung jedoch auch, wenn lebzeitige Übertragungen stattgefunden haben und der Erbe, etwa der überlebende Elternteil, die ihn gem. § 2325 BGB treffende Pflichtteilsergänzungslast „entschärfen" möchte. 3301

Formulierungsvorschlag: Stundung des Pflichtteils bis zum Ableben des länger lebenden Elternteils 3302

Aufgrund der heutigen Überlassung könnten mir, dem Verzichtenden, nach dem Tod des Veräußerers möglicherweise Pflichtteilsergänzungs- bzw. Ausgleichspflichtteilsansprüche (§§ 2325, 2316 BGB) zustehen. Ich erkläre mich bereits jetzt damit einverstanden, dass ein solcher Anspruch, sofern ich ihn geltend mache und soweit er sich gegen den Erben richtet, zinslos bis zum Ableben des Erben gestundet wird. Der Notar hat mich darauf hingewiesen, dass aufgrund dieser zinslosen Stundung Einkommensteuer hinsichtlich des „rechnerischen Zinsanteils" im Jahr des Erhalts anfallen kann, weiterhin, dass keine tatsächliche Gewähr dafür besteht, dass der gestundete Pflichtteilsanspruch beim Ableben des Erben noch erfüllbar ist, und schließlich, dass der tatsächliche Wert des Pflichtteilsanspruchs aufgrund der Geldentwertung sich verringern wird. Gleichwohl werden weder Wertsicherung noch dingliche oder anderweitige Absicherungen vereinbart. Soweit durch diese Stundung mein gesetzliches Pflichtteilsrecht eingeschränkt wird, verzichte ich mit Wirkung für mich und meine Abkömmlinge insoweit auf weiter gehende Ansprüche am dereinstigen Nachlass des Veräußerers; der Verzicht wird hiermit entgegen- und angenommen.

Dieselbe Stundungsvereinbarung kann naturgemäß in primär erbrechtlichem Kontext auch bezogen auf den gesamten Pflichtteil nach dem Erstversterbenden, unabhängig von vorangegangenen Veräußerungen, erklärt werden: 3303

Formulierungsvorschlag: Stundung des gesamten Pflichtteilsanspruchs nach dem ersten Elternteil 3304

Ich, der Verzichtende, erkläre mich bereits jetzt damit einverstanden, dass mein dereinstiger Pflichtteilsanspruch am Nachlass des Erstversterbenden meiner Eltern nicht bereits mit dessen Tod fällig wird, sondern, sofern ich ihn rechtzeitig geltend mache, bis zum Tod des Erben zinslos gestundet wird. Der Notar hat mich darauf hingewiesen, dass aufgrund dieser zinslosen Stundung Einkommensteuer hinsichtlich des „rechnerischen Zinsanteils" im Jahr des Erhalts anfallen kann, weiterhin, dass keine tatsächliche Gewähr dafür besteht, dass der gestundete Pflichtteilsanspruch beim Eintritt des Schlusserbfalls noch erfüllbar ist und schließlich, dass der tatsächliche Wert des Pflichtteilsanspruchs aufgrund der Geldentwertung sich verringern wird. Gleichwohl werden weder Wertsicherung noch dingliche oder anderweitige Absicherungen vereinbart. Soweit durch diese Stundung mein gesetzliches Pflichtteilsrecht eingeschränkt wird, verzichte ich mit Wirkung für mich und meine Abkömmlinge insoweit auf weiter gehende Ansprüche am dereinstigen Nachlass des Veräußerers; der Verzicht wird hiermit entgegen- und angenommen.

3305 Denkbar ist schließlich, die „Verschiebungswirkung" hinsichtlich des gesamten Pflichtteilsrechts nach dem Erstversterbenden in der Weise eintreten zu lassen, dass der auf die Verhältnisse nach dem Tod des erstversterbenden Elternteils ermittelte Betrag, auch ohne dass es einer Geltendmachung bedarf, geschuldet wird nach dem Tod des Längerlebenden, aber auch erst dann entsteht, quasi als weitere Erbfallschuld. Das Ziel einer Nutzung der Freibeträge nach beiden Eltern kann dadurch jedoch wohl nicht erreicht werden[498] (weite Anwendung des §6 Abs.4 ErbStG nicht nur auf Vermächtnisse, sondern auch auf die Stundung von Pflichtteilsansprüchen bis zum Tod des Beschwerten), v.a. (trotz §10 Abs.3 ErbStG) dann nicht, wenn der Verzichtende Alleinerbe des Längerlebenden wird, sodass sich Forderung und Schuld in einer Person vereinigen. Ebenso dürfte die oben geschilderte ertragsteuerliche Abzinsung auch bei solchen betagten Pflichten (bei denen die Fälligkeit von einem bestimmten, zeitlich ungewissen, der Art nach jedoch gewissen Ereignis abhängt) eintreten (vgl. Rdn. 4874).

3306 **Formulierungsvorschlag: Hinausschieben des Entstehens des gesamten Pflichtteilsanspruchs nach dem ersten Elternteil**

Ich, der Verzichtende, verzichte mit Wirkung für mich und meine Abkömmling auf meinen dereinstigen Pflichtteilsanspruch am Nachlass des Erstversterbenden meiner Eltern in der Weise, dass dieser Pflichtteilsanspruch in der Höhe, den er rechnerisch (unter Einschluss des Pflichtteilsrest-, Ergänzungspflichtteils- und Ausgleichspflichtteils) nach dem Tod des Erstversterbenden gehabt hätte, erst mit dem Tod des längerlebenden Elternteils entsteht und drei Monate danach fällig wird. Wertanpassung und Sicherung vor Entstehung des aufgeschobenen Pflichtteilsanspruchs können nicht verlangt werden; eine Verzinsung findet bis zur Fälligkeit nicht statt. Der Notar hat mich darauf hingewiesen, dass möglicherweise Einkommensteuer hinsichtlich des „rechnerischen Zinsanteils" im Jahr des Erhalts anfallen kann und die Ausnutzung des erbschaftsteuerlichen Freibetrags nach beiden Eltern insbesondere nicht gesichert ist, soweit der Verzichtende Erbe nach dem Längerlebenden wird; weiterhin, dass keine tatsächliche Gewähr dafür besteht, dass der aufgeschobene Pflichtteilsanspruch beim Eintritt des Schlusserbfalls noch erfüllbar ist, und schließlich, dass der tat-

---

[498] BFH, 27.06.2007 – II R 30/05, ErbStB 2007, 291 m. krit. Anm. *Heinrichshofen*, ablehnend auch *Everts*, NJW 2008, 557 (gestützt auf eine Reduktion des §10 Abs.5 Satz1 ErbStG: keine Nachlassverbindlichkeit; ähnlich zuvor FG Düsseldorf, DStRE 2005, 1344 jedoch gestützt auf §42 AO): Abfindungsvereinbarung nach dem ersten Sterbefall, die erst nach dem zweiten Sterbefall zu einer Zahlung führen, dann jedoch wegen Konfusion (erbvertraglich bindende Schlusserbeinsetzung des Pflichtteilsberechtigten) nicht mehr zu erfüllen sein wird.

sächliche Wert des Pflichtteilsanspruchs aufgrund der Geldentwertung sich verringern wird. Der Verzicht wird hiermit entgegen- und angenommen.

Da § 2331a BGB n.F. i.d.F. der Erbrechtsreform (RegE v. 30.01.2008[499] in Gestalt der Stellungnahmen v. 24.04.2008)[500] die Möglichkeiten einer Stundung des Pflichtteilsanspruchs in persönlicher und sachlicher Hinsicht vereinfacht, insb. falls der Auszahlungspflichtige sonst zur Aufgabe des Familienheims oder Veräußerung eines Wirtschaftsguts gezwungen wäre, das für ihn und seine Familie die wirtschaftliche Lebensgrundlage bildet, werden künftig unter dem Eindruck dieser Vorschrift privatschriftliche **Pflichtteilsstundungsvereinbarungen nach dem Sterbefall** (ggf. kombiniert mit der Absicherung des gestundeten Pflichtteilsanspruchs durch Grundpfandrecht, Bürgschaft o.ä.) häufiger stattfinden. Zu beachten ist hierbei jedoch, dass[501]

- die Stundungsvereinbarung erlassvertraglichen Charakter gem. § 397 BGB enthält, sodass ggf. (ab 01.09.2009 familien-, bei Volljährigen betreuungs-) gerichtliche Genehmigungen gem. §§ 1643 Abs. 2 Satz 1, 1822 Nr. 2 BGB erforderlich sind,
- bei einer Pflichtteilsstrafklausel üblicher Formulierung bereits die Stundung des Pflichtteilsanspruchs, verbunden mit einer Verzinsung, als Geltendmachung des Pflichtteils gilt und demnach die Enterbungswirkung auslöst[502]
- und auch erbschaftsteuerlich in der Stundungsvereinbarung eine Geltendmachung des Pflichtteilsanspruchs liegt, sodass sofortige Erbschaftsteuer entsteht, § 3 Abs. 1 Nr. 1, 4. Alt. ErbStG, Rdn. 3557.[503]

3307

Formulierungsvorschlag: Stundungsvereinbarung nach Entstehung des Pflichtteilsanspruchs

3308

Zwischen den Beteiligten A („Erbe") und B („Pflichtteilsberechtigter") wird vereinbart:

Der auf den Sterbefall des ..... entstandene Pflichtteilsanspruch, den ich geltend gemacht habe, und der nach Grund und Höhe im Betrag von ..... € beiderseits anerkannt wird, wird hiermit bis zum Ablauf von drei Monaten nach dem Tod des Erben gestundet. Er ist bis zur Fälligkeit in Höhe von drei vH jährlich zu verzinsen, für Teiljahre anteilig; die Zinsen sind jeweils als Jahresende, spätestens mit Fälligkeit der Hauptsache fällig. Vorzeitige Fälligkeit, etwa bei Vollstreckungsmaßnahmen Dritter oder Insolvenzeröffnung, ebenso bei Nichtentrichtung der Zinsen, ist nicht vereinbart. Zur Sicherung des Zahlungsanspruchs in Haupt- und Nebensache bewilligt der Erbe und beantragen beide Beteiligten die Eintragung einer Sicherungshypothek in Höhe von ..... € samt drei vH Jahreszinsen ab heute im Grundbuch des AG ..... für ..... Blatt ..... zu Lasten des Grundstücks ..... im Rang nach ..... Der Erbe unterwirft sich in Ansehung der Forderung nebst Zinsen der Zwangsvollstreckung aus dieser Urkunde in sein Vermögen und in Ansehung der Hypothek samt Zinsen der Vollstreckung

---

499 BR-Drucks. 96/08, veröffentlicht z.B. unter www.zev.de, vgl. *Bonefeld*, ZErb 2008, 67; *Progl*, ZErb 2008, 78; *Keim*, ZEV 2008, 161 ff.; *Herrler/Schmied*, ZNotP 2008, 178; *Schindler*, ZEV 2008, 187; *Schaal/Grigas*, BWNotZ 2008, 2 ff.
500 BT-Drucks. 16/8954.
501 Vgl. *Keim*, ZEV 2008, 161, 167.
502 Vgl. OLG München, 29.03.2006 – 31 Wx 7/06 u. 8/06, ZEV 2006, 411.
503 Vgl. *Muscheler*, ZEV 2001, 370, 379.

in den belasteten Grundbesitz mit Wirkung gegen den jeweiligen Eigentümer gem. § 800 ZPO und bewilligt und beantragt deren Eintragung im Grundbuch bei der Hypothek, jeweils mit der Maßgabe, dass vollstreckbare Ausfertigung in der Hauptsache durch den Notar erst nach Vorlage einer Sterbeurkunde des Erben erteilt werden darf, gegen die durch Erbschein oder notarielle Verfügung von Todes wegen mit Eröffnungsvermerk legitimierten Erben des A hinsichtlich der persönlichen Forderung, gegen den seinerzeitigen Eigentümer hinsichtlich der dinglichen Forderung. Hinsichtlich der Zinsen kann vollstreckbare Ausfertigung auf Antrag ohne weitere Nachweise jeweils nach Ablauf des Kalenderjahres erteilt werden. Wertsicherung (Anpassung an die Geldentwertung) ist nicht vereinbart.

7. Verzicht auf den ersten Sterbefall

3309 In primär erbrechtlichem Kontext (insb. beim sog. „Berliner Testament" – „Einheitslösung") findet sich ferner der Pflichtteilsverzicht mit Wirkung nur ggü. dem erstversterbenden Elternteil; da die Reihenfolge des Ablebens nicht gewiss ist, wirken beide Elternteile als potenzielle Erblasser mit.[504] Vorsichtige Verzichtende werden hierzu nur bereit sein, wenn der überlebende Elternteil Erbe wird, möglicherweise gar unter der weiteren Voraussetzung (auch bei erbvertraglich bindender Schlusserbfolge, sofern sie nicht selbst als weitere Erbvertragsbeteiligte in die Bindungswirkung einbezogen sind) dass sie selbst zum Schluss (Allein- oder Mit)erben berufen sind, sodass der Verzicht dann unter einer Bedingung steht:

3310 **Formulierungsvorschlag: Bedingter Pflichtteilsverzicht für den ersten Sterbefall der Eltern**

..... verzichtet hiermit für sich und seine Abkömmlinge auf sein gesetzliches Pflichtteilsrecht gegenüber dem zuerst Versterbenden seiner Eltern, welche diesen Pflichtteilsverzicht entgegen- und annehmen.

Ggf. Ergänzung: Dieser Pflichtteilsverzicht erfolgt nur zugunsten des überlebenden Elternteils, ist also auflösend bedingt dadurch, dass der überlebende Elternteil tatsächlich nicht Alleinerbe wird (***Anm.:*** *gleichgültig ob diese Rechtsfolge durch Enterbung, Ausschlagung, oder aus anderen Gründen eintritt*).

Ggf. weitere Ergänzung: Der Verzicht ist weiter auflösend bedingt für den Fall erklärt, dass der Verzichtende nach dem Tod beider Elternteile nicht zum Erben des Längerlebenden mindestens zur gesetzlichen Quote berufen ist; die Verjährung des Pflichtteilsanspruchs tritt nicht vor Ablauf von drei Monaten nach Feststehen der Schlusserbfolge ein.

8. Verzicht „auf Wunsch des Beschwerten" (Naturalobligation)

3311 Wird auch das Pflichtteilsrisiko gemeinhin durch den längerlebenden Ehegatten als Beschränkung seiner wirtschaftlichen Bewegungsfreiheit empfunden, sind doch auch andererseits Konstellationen denkbar (und angesichts der am gemeinen Wert orientierten Bewertung und gestiege-

---

[504] Andernfalls müsste der nur mit einem Elternteil geschlossene Verzicht auflösend bedingt dadurch sein, dass der derzeitige Ehegatte vor dem Erblasser verstirbt (und wohl auch dadurch, dass beim Ableben die Ehe geschieden oder deren Scheidung beantragt ist).

ner Freibeträge möglicherweise künftig häufiger zu erwarten), in welchen die Geltendmachung des Pflichtteilsanspruchs zur Erbschaftsteuerreduzierung sowie zur Ausnutzung der Freibeträge der Kinder nach dem Tod des Erstversterbenden im Rahmen eines Berliner Testaments, durchaus wünschenswert ist (Rdn. 3557 ff.) Um beide Regelungsziele zu verknüpfen, ist nach Wegen zu suchen, die eine steuerlich anzuerkennende Realisierung des Pflichtteilsanspruchs doch erlauben, wenn dies „einvernehmlich" angezeigt erscheint.

Rechtskonstruktiv könnte dies erreicht werden durch einen Pflichtteilsverzicht, der unter einer auflösenden Bedingung steht (diese Bedingung könnte in einem aktiven Tun, nämlich der Aufforderung des Erben an den Pflichtteilsberechtigten, seinen Anspruch geltend zu machen, bestehen oder in einem Unterlassen, nämlich im Unterbleiben eines Widerspruchs gegen einen dennoch angemeldeten Pflichtteilsanspruch). Beide Varianten sind zwar zivilrechtlich möglich, dürften aber erbschaftsteuerlich dazu führen, dass der ja aufgrund einer vom Erben gesetzten Bedingung wieder entstehende Pflichtteilsanspruch als vom Erben selbst (und nicht vom Erblasser) zugewendet gilt, sodass er nicht als Nachlassverbindlichkeit gem. § 10 Abs. 5 Nr. 2 ErbStG abzuziehen ist, sondern zur neuerlichen Versteuerung gem. § 7 Abs. 1 Nr. 1 ErbStG führt.[505]

3312

Bedenkenswert erscheint jedoch der von *Hartmann*[506] vorgeschlagene Weg, einvernehmlich den Pflichtteilsanspruch durch insoweit beschränkten Verzicht herabzustufen auf eine schlichte Naturalobligation, also eine nicht durchsetzbare Verbindlichkeit. Ähnlich der unter Rdn. 3296 ff. diskutierten Stundung handelt es sich um einen qualitativ (nicht quantitativ) beschränkten Pflichtteilsverzicht, sodass der Pflichtteilsanspruch zwar als Causa (Rechtsgrund zum Behalten-Dürfen) entsteht und eingezogen werden kann („Verlangen-Dürfen"), die klageweise Geltendmachung jedoch fehlt. Die formell verbleibende isolierte Leistungsverpflichtung des Erben dürfte für die erbschaftsteuerliche Anerkennung genügen, sofern der Pflichtteilsanspruch tatsächlich auf das Verlangen hin erfüllt wird (vergleichbar der Rechtslage bei der Geltendmachung eines verjährten Pflichtteilsanspruchs, der erst nach Verzicht auf die Einrede der Verjährung als wirksam i.S.d. § 3 Abs. 1 Nr. 1 ErbStG „geltend gemacht" gilt.)[507] Hierzu

3313

Formulierungsvorschlag: Qualitativer Pflichtteilsverzicht (Herabstufung zur Naturalobligation) zur Erhaltung der erbschaftsteuerlichen Entlastungswirkung

3314

> ..... verzichtet hiermit für sich und seine Abkömmlinge auf sein gesetzliches Pflichtteilsrecht gegenüber dem zuerst Versterbenden seiner Eltern insoweit, als der Anspruch zwar mit dem Tod des Erstversterbenden als Verpflichtung entsteht, jedoch gegen den Willen des Beschwerten nicht gerichtlich (etwa durch Klage) oder außergerichtlich (etwa durch Aufrechnung) durchgesetzt werden kann (sog. Naturalobligation oder unvollkommene Verbindlichkeit).
>
> Die Eltern nehmen diesen qualitativen Pflichtteilsverzicht entgegen und an, sodass der Pflichtteilsanspruch nicht gegen ihren Willen durchgesetzt werden kann.

---

505 So zu Recht die Befürchtung von *Hartmann*, DNotZ 2007, 816.
506 DNotZ 2007, 817 ff.
507 *Wälzholz*, ZEV 2007, 165.

IV. Verzicht auf Ansprüche nach der Höfeordnung

3315 Besonderheiten ergeben sich beim Übergang eines Hofes i.S.d. **Höfeordnung** (Hamburg, Schleswig-Holstein, Niedersachsen, Nordrhein-Westfalen) in (vorweggenommener oder tatsächlicher) Erbfolge. Anwendungsbereich, Übertragungswege und Abfindungs- sowie Nachabfindungsansprüche weichender Geschwister sind oben Rdn. 3119 erläutert.

3316 Der **Abfindungsanspruch** (und wegen der Bezugnahme auf § 12 HöfeO auch der Nachabfindungsanspruch = Abfindungsergänzungsanspruch des § 13 HöfeO)[508] entfällt durch einen Erbverzicht gem. § 2346 BGB.[509] **Denkbar** ist aber auch ein **isolierter** Verzicht auf die Abfindungsansprüche des § 12 HöfeO – sowohl auf den bereits entstandenen Abfindungsanspruch (als Erlassvertrag gem. § 397 BGB) als auch auf einen möglichen künftigen Abfindungsanspruch (als beschränktem Erbverzicht zwischen dem Erblasser und den weichenden Geschwistern).[510]

3317 So könnte etwa formuliert werden:[511]

3318 **Formulierungsvorschlag: Verzicht auf einen bereits entstandenen höferechtlichen Abfindungsanspruch**

> Wir, B und C, erklären, mit der Zahlung i. H. von jeweils ..... hinsichtlich der Ansprüche gemäß § 12 HöfeO abgefunden zu sein, auf etwaige weiter gehende Ansprüche gemäß § 12 HöfeO verzichten wir vorsorglich. A nimmt diesen Verzicht an. Etwaige Nachabfindungsansprüche gemäß § 13 HöfeO bleiben unberührt.

3319 **Formulierungsvorschlag: Verzicht auf künftige höferechtliche Abfindungsansprüche**

> Wir, B und C, verzichten hiermit für uns und unsere Abkömmlinge hinsichtlich des Hofes ..... auf etwaige Abfindungsansprüche gemäß § 12 HöfeO einschließlich etwaiger diesbezüglicher Pflichtteilsansprüche. H nimmt diesen Verzicht an. Etwaige Nachabfindungsansprüche gemäß § 13 HöfeO bleiben unberührt.

3320 Denkbar ist schließlich auch ein isolierter Verzicht auf die Nachabfindungsansprüche des § 13 HöfeO[512] unter Aufrechterhaltung der unmittelbaren Ausgleichsansprüche nach § 12 HöfeO. Ist der Nachabfindungsanspruch (z.B. durch Veräußerung des Hofes) bereits entstanden, handelt es sich wiederum um einen (ggf. entgeltlichen) Erlassvertrag gem. § 397 BGB, der nicht der notariellen Beurkundung bedarf.[513] Im Zeitraum zwischen Erbfall/Hofübergabe einerseits und Entstehen des Nachabfindungsanspruchs andererseits handelt es sich ebenfalls um einen Erlassvertrag auf eine bedingte, dem Rechtsgrund nach jedoch bereits angelegte Forderung. Vor der Übergabe/

---

508 Vgl. hierzu *Söbbeke*, ZEV 2006, 398.
509 BGH, ZEV 1997, 69.
510 Vgl. *Ivo*, ZEV 2004, 317; *Wöhrmann/Stöcker*, § 4 HöfeO Rn. 17.
511 Nach *Ivo*, ZEV 2004, 318.
512 Davon erfasst sind auch Ansprüche wegen Übertragungen an Dritte i.S.d. § 13 Abs. 5 Satz 3 HöfeO, z.B. die Ehefrau zur Abgeltung des Zugewinnausgleichs (OLG Hamm, 03.05.2005 – 10 W 88/04, JurionRS 2005, 21732).
513 OLG Hamm, AgrarR 1988, 197.

dem Erbfall schließlich kann auf künftige Nachabfindungsansprüche nach den Grundsätzen eines beschränkten Erbverzichts verzichtet werden.

So könnte etwa formuliert werden:[514]

Formulierungsvorschlag: Verzicht auf höferechtliche Nachabfindungsansprüche nach der Veräußerung einzelner Hofgrundstücke

Wir, B und C, erklären, mit der vereinbarten Zahlung i.H. von jeweils ..... hinsichtlich der Ansprüche gemäß § 13 HöfeO, die durch die Veräußerung der Grundstücke ..... begründet wurden, abgefunden zu sein. Auf etwaige weiter gehende Ansprüche gemäß § 13 HöfeO anlässlich der Veräußerung der vorgenannten Grundstücke verzichten wir vorsorglich. A nimmt diesen Verzicht an.

Formulierungsvorschlag: Verzicht auf künftige höferechtliche Nachabfindungsansprüche nach dem Zeitpunkt der Übergabe/dem Erbfall

Wir, B und C, erklären, mit der vereinbarten Zahlung i.H.v. jeweils ..... hinsichtlich sämtlicher etwaiger Ansprüche gemäß § 13 HöfeO abgefunden zu sein. Auf etwaige weiter gehende Ansprüche gemäß § 13 HöfeO verzichten wir vorsorglich. A nimmt diesen Verzicht an.

Formulierungsvorschlag: Verzicht auf künftige höferechtliche Nachabfindungsansprüche vor der Übergabe/dem Erbfall

Wir, B und C, verzichten hiermit für uns und unsere Abkömmlinge hinsichtlich des Hofes ..... auf etwaige Nachabfindungsansprüche gemäß § 13 HöfeO einschließlich etwaiger diesbezüglicher Pflichtteilsansprüche. H nimmt diesen Verzicht an. Abfindungsansprüche gemäß § 12 HöfeO bleiben unberührt.

V. Exkurs: Die Pflichtteilsentziehung

Die Erbrechtsreform hat für Sterbefälle ab 01.01.2010 die Pflichtteilsentziehungsgründe (§ 2333 BGB) modernisiert.[515] Der Sache nach handelt es sich nicht mehr um reine Strafvorschriften;[516] auch sind die Tatbestände im Verhältnis zu Abkömmlingen, Eltern, Ehegatten und eingetragenen Lebenspartnern (als Folge der Aufhebung der §§ 2334 und 2335 BGB a.F.) nunmehr einheitlich. Die bisher separat aufgeführte „vorsätzliche körperliche Misshandlung" ist nun in § 2333 Abs. 1 Nr. 2 BGB („schweres vorsätzliches Vergehen") erfasst, sodass das sog. „Erziehungsprivileg" (das sich aus dem mangelnden Verweis in § 2334 BGB a.F. auf § 2333 Nr. 2 BGB a.F. ergab) und das „Stiefkindprivileg" abgeschafft sind.

---

514 Wiederum nach *Ivo*, ZEV 2004, 319.
515 Vgl. hierzu ausführlich *Muscheler*, in Bayer/Koch, Aktuelle Fragen des Erbrechts (Schriften zum NotarR Bd. 21), 2010, S. 39 ff.
516 Das BVerG, NJW 2005, 1561, hat bspw. bei der Lebensnachstellung den Vorsatz im natürlichen Sinn ausreichen lassen.

3326 Der vor Lebensnachstellungen und schweren vorsätzlichen Vergehen und Verbrechen geschützte Personenkreis[517] wird erweitert und umfasst nun neben dem Erblasser, dessen Ehegatten und anderen Abkömmlingen auch sonstige, dem Erblasser ähnlich nahestehende Personen (Stief- und Pflegekinder sowie den nichtehelichen Lebensgefährten). Lediglich i.R.d. Unterhaltspflichtverletzungen bleibt es beim bisherigen Schutzumfang. Die nicht mehr zeitgemäße Pflichtteilsentziehungsmöglichkeit aufgrund des weit gefassten „ehrlosen und unsittlichen Lebenswandels" wird ersetzt durch die Verurteilung[518] zu einer Freiheitsstrafe von mindestens einem Jahr ohne Bewährung bzw. die Anordnung der Unterbringung in einem psychatrischen Krankenhaus, und – der Tatbestand bleibt also streitträchtig – daraus folgender Unzumutbarkeit der Teilhabe am Nachlass.

3327 Unverändert geblieben sind die strengen **formellen Anforderungen**, § 2336 Abs. 1 bis 3 BGB: Der Erblasser muss einen konkreten Kernsachverhalt angeben; die Erben trifft später die Darlegungs- und Beweislast. Es empfiehlt sich daher, so exakt wie möglich die begangene Straftat, ggf. auch das verurteilende Gericht und das Aktenzeichen zu nennen (Akteneinsichtsrecht besteht gem. § 475 StPO), und – insoweit hat sich der Begründungszwang erweitert – auch die subjektiven Umstände darzulegen, die zur Unzumutbarkeit der Nachlassteilhabe führen. Bisherige Pflichtteilsentziehungsverfügen sind ggf. nachzubessern, den vormals beurkundenden Notar trifft aber insoweit keine „Produktüberwachungspflicht".[519] – Zur sog. Pflichtteilsbeschränkung in wohlmeinender Absicht nach § 2338 BGB vgl. Rdn. 5157 ff.

---

517 Straftaten (Unterschlagungen) zum Nachteil juristischer Personen oder von Handelsgesellschaften werden wohl nur erfasst, wenn alle Gesellschafter zum geschützten Personenkreis gehören, vgl. Gutachten, DNotI-Report 2010, 167.

518 Die Verurteilung kann auch noch nach dem Tod des Erblassers erfolgen. Das Verhalten muss aber z.Zt. der Tat strafbar gewesen sein (Beispiel: daran fehlt es bei Stasi-Denunziationen zu DDR-Zeit).

519 *J. Mayer*, ZEV 2010, 1, 5.

F. Den Vertragserben beeinträchtigende Schenkungen (§§ 2287 f. BGB)

I. Schutz des Vertrags-/Schlusserben, § 2287 BGB

1. Grundwertung

Der Gesetzgeber des BGB hat sich in bewusster Entscheidung[520] i.R.d. § 2286 BGB dazu bekannt, die **Freiheit des Erblassers** zur Vornahme von Rechtsgeschäften unter Lebenden in weitem Umfang anzuerkennen, auch wenn er erbvertraglich oder durch gemeinschaftliches Testament[521] mit Wechselbezüglichkeit gebunden ist. Dieser Wertung ist auch Geltung durch weitgehende Zurückhaltung im Anerkennen von Schadensersatzansprüchen gem. § 826 BGB gegen den Beschenkten sowie in der Annahme der Nichtigkeit beeinträchtigender Schenkungen als sog. „Aushöhlungsgeschäfte" zu verschaffen.[522] Bei Übergabeverträgen nach der Höfeordnung durch einen erbvertraglich gebundenen Hofeigentümer gelten strengere Grundsätze (analoge Anwendung des § 2289 Abs. 1 Satz 2 BGB), sodass allenfalls eine negative Hoferklärung gem. § 1 Abs. 4 Satz 1 HöfeO in Betracht kommt.[523] Ferner tendiert die Rechtsprechung dazu, bei Hinzutreten weiterer Umstände einen begleitenden konkludenten lebzeitigen „Verfügungsunterlassungsvertrag" zu konstruieren, dessen Verletzung zur Schadensersatzpflicht im Wege der Naturalrestitution führe.[524]

3328

2. Schenkung

Der **Begriff der Schenkung** in § 2287 BGB[525] ist identisch mit §§ 516 ff. BGB. Auch nicht vollzogene lebzeitige Versprechensschenkungen (§ 518 BGB) unterfallen § 2287 BGB (genauer: dem Anspruch auf Leistung des Geschenks steht die dolo-petit-Einrede entgegen, da das Geschenk gem. § 2287 BGB sofort wieder an den Erben zurückzugeben wäre). In gleicher Weise sind ehebedingte Zuwendungen Schenkungen i.S.d. § 2287 BGB, wenn sie nur objektiv unentgeltlich sind.[526] Liegt ein Schenkungsversprechen unter einer echten Überlebensbedingung vor, das noch nicht vollzogen ist, gelten gem. § 2301 Abs. 1 BGB die erbrechtlichen Vorschriften, sodass dieses Schenkungsversprechen, wenn es im Widerspruch zum Erbvertrag steht, gem. § 2289 Abs. 1 Satz 2 BGB unwirksam ist, vgl. Rdn. 2889. Für das bereits vollzogene Schenkungsversprechen auf den Todesfall gilt § 2287 BGB unmittelbar. Ehebedingte Zuwendungen stehen auch i.R.d.

3329

---

520 Vgl. Protokolle Bd. V, S. 390 bis 393. Der erste Kommissionsentwurf hatte den Bereicherungsherausgabeanspruch noch bei allen Schenkungen, auch ohne Benachteiligungsabsicht, gewährt.
521 Analoge Anwendung, BGHZ 82, 274, 276, allerdings nur für bindend gewordene Verfügungen nach dem Tod des erstverstorbenen Ehegatten (zu Lebzeiten hat die Vermögensdispositionen des anderen Ehegatten zu beobachten, und z.B. mit einem Widerruf des gemeinschaftlichen Testaments zu reagieren. U.U. ist er auch durch § 1365 BGB geschützt.
522 Vgl. MünchKomm-BGB/*Musielak*, § 2271 Rn. 47 f.
523 Vgl. *Gehse*, RNotZ 2008, 218 ff.
524 OLG München, 28.12.2007 – 8 U 3077/07, ErbR 2009, 385 m. Anm. *Rudy* (zeitgleich abgeschlossener Auseinandersetzungsvertrag unter Geschwistern über den väterlichen Nachlass).
525 Vgl. hierzu umfassend *Sticherling*, Schenkungen in fraudem testamenti, 2005.
526 Grundsatzentscheidung BGH, NJW 1992, 564; BGH, NJW-RR 1996, 133; ebenso OLG Karlsruhe, ZEV 2000, 108, 110.

§ 2287 BGB der Schenkung gleich.[527] Auch ist unerheblich, ob die Schenkung aus dem Vermögen oder aus Erträgen erfolgt, ferner ob damit einer sittlichen „Pflicht" Genüge getan wird oder nicht (§ 534 BGB).

3. Eingriff in letztwillige Bindung

3330 Ein Anspruch aus § 2287 Abs. 1 BGB besteht nur in dem Maße, in dem in **erbvertragliche Bindungen eingegriffen** wird. So tritt z.B. durch Schenkungen des Erblassers an einen konkret Pflichtteilsberechtigten keine Beeinträchtigung der Vertragserben ein, sofern die Schenkungen den Pflichtteil nicht übersteigen (der pflichtteilsberechtigte Beschenkte kann sozusagen gegen den Bereicherungsanspruch des Vertragserben „aufrechnen", sogar ohne eine entsprechende Einrede zu erheben, Rdn. 3342).[528] Dies soll sogar gelten, wenn der Beschenkte bereits auf sein gesetzliches Erbrecht verzichtet hat, da ein solcher Erbverzicht ja gem. § 2351 BGB wieder aufgehoben werden könnte, ohne dass dies zu einer Beeinträchtigung des Vertragserben führen würde.[529]

3331 Ebenso wenig bestehen Ansprüche aus § 2287 BGB, wenn der überlebende Ehegatte, z.B. durch eine mit dem „Berliner Testament" verbundene postmortale Generalvollmacht, oder durch im Erbvertrag enthaltene Abänderungsvorbehalte, zum Verbrauch des Nachlassvermögens befugt ist.[530] Alles, was z.B. als Vermächtnis hätte angeordnet werden können, kann auch durch lebzeitige Schenkung erfolgen. Wegen des ungeschriebenen Tatbestandsmerkmals des „Eingriffs in eine letztwillige Bindung" lösen ferner nur solche Schenkungen den Anspruch aus § 2287 BGB aus, die nach Abschluss des Erbvertrages getätigt werden.

3332 Naturgemäß entsteht der Anspruch nach § 2287 BGB von vornherein nicht, wenn der Erbvertrag oder die wechselbezügliche Erbeinsetzung kraftlos geworden ist, etwa als Folge einer Anfechtung (§§ 2281 ff. BGB), Aufhebung (§§ 2290 bis 2292 BGB), eines Rücktritts (§§ 2293 ff., 2298 Abs. 2 BGB), oder von Anfang an wegen Geschäftsunfähigkeit, Formmangels, oder Widerspruchs gegen frühere Bindungen (§ 2289 Abs. 1 Satz 2 BGB bzw. § 2298 Abs. 1 BGB) unwirksam war.

4. Benachteiligungsabsicht

3333 Erforderlich ist weiter die **Absicht**, den **Vertragserben zu beeinträchtigen**. Entscheidendes Kriterium ist nicht die wirtschaftliche Schmälerung des Erblasservermögens, die mit jeder Schenkung notwendig einhergeht, sondern die subjektive Einstellung des Erblassers, d.h. bei der regelmäßig gegebenen Gemengelage der ausschlaggebende Beweggrund, das leitende Motiv des Erblassers. Die unüberwindlichen Beweisschwierigkeiten dieses gesetzlichen Ausforschungsauftrags[531] haben den BGH seit 1972 dazu bestimmt, anstelle einer Abwägung und Gewichtung verschiedener Motive (- „Aushöhlungsnichtigkeit": der Wunsch, den Gegenstand dem Vertrags-

---

527 Staudinger/*Kanzleiter*, BGB (2006), § 2287 Rn. 3a.
528 BGH, NJW 1984, 121; BGH, ZEV 1996, 25, 26.
529 BGH, NJW 1980, 2307; LG Aachen, FamRZ 1996, 61, 62; differenzierend OLG Karlsruhe, ZEV 2000, 108/110 f., zu einem Erbverzicht, der auch ggü. dem in Anspruch genommenen Erben erklärt wurde.
530 OLG Frankfurt am Main, 29.04.2009 – 21 U 57/08 ZEV 2009, 393 m. Anm. *Kummer*.
531 BGH, WM 1969, 1056; BGH, FamRZ 1961, 74.

erben zu entziehen, müsse stärker gewesen sein als der Wunsch, dem Beschenkten den Gegenstand zu verschaffen) entscheidend darauf abzustellen, ob ein **lebzeitiges Eigeninteresse** des Erblassers an der Vermögensdisposition anzuerkennen ist.[532] Es geht also um einen Missbrauch des in § 2286 BGB dem Grunde nach gewährten Rechts zu lebzeitigen Verfügungen. Die „Absicht" der Benachteiligung ihrerseits wurde reduziert auf das (praktisch immer gegebene) Wissen um die Schmälerung des Erbes, welche durch die unentgeltliche Weggabe eintrete.[533]

Ausschlaggebende Bedeutung kommt demnach den Gründen zu, die den Erblasser zu seiner Verfügung bestimmt haben. Wenn diese auch unter Berücksichtigung der erbvertraglichen Bindung als billigenswert und gerecht erscheinen, behält der Aspekt der lebzeitigen Verfügungsfreiheit des Erblassers die Oberhand. Unbeschadet der jeweils zu berücksichtigenden Besonderheiten des Einzelfalls liegt ein lebzeitiges Eigeninteresse regelmäßig bei **Pflicht- und Anstandsschenkungen** vor (vgl. § 534 BGB), z.B. auch Geschenken zu Geburtstagen, Hochzeiten etc., möglicherweise auch bei Schenkungen zu ideellen Zwecken oder aus persönlichen Rücksichten, auf jeden Fall aber bei **Schenkungen zu materiellen Zwecken**, etwa zur Sicherung der eigenen Altersversorgung[534] oder um die jüngere Ehefrau für zu erwartende Phasen der Betreuungsbedürftigkeit „an sich zu binden".[535] Eine Schenkung als Ausgleich für Pflegeleistungen ist demnach regelmäßig privilegiert, es sei denn, der Vertragserbe war seinerseits zur Pflege vertraglich verpflichtet und bereit und der Schenker wünschte dessen Leistungen lediglich nicht mehr.[536]

3334

Vorbeugend lässt sich das lebzeitige Eigeninteresse des Veräußerers in der Urkunde wiedergeben:

3335

Formulierungsvorschlag: Lebzeitiges Eigeninteresse

3336

> Die Übertragung erfolgt nicht als freigebige Zuwendung, sondern zur Abgeltung umfangreicher bisher erbrachter hauswirtschaftlicher Dienstleistungen und Besorgungen, die seitens des Erwerbers seinerseits nicht mit Schenkungswillen erbracht worden sind, sondern hätten vergütet werden sollen, wobei eine solche Vergütung bisher nicht finanziell stattfand. Sie dient weiter dem Zweck, den Lebensabend des Veräußerers wie folgt nachhaltig zu sichern: *(folgt Vereinbarung der Pflegeverpflichtung und Verpflichtung zur hauswirtschaftlichen Versorgung).*

Die **Anforderungen** an das „Eigen"-interesse sind **streng**: der Wunsch, durch lebzeitige Verfügung für eine Gleichbehandlung der Abkömmlinge zu sorgen, soll bspw. nicht ausreichen,[537] ebenso wenig der Wunsch, die Zuneigung zum zweiten Ehegatten zu dokumentieren und diesen zu versorgen.[538] Ebenso wenig genügt das bloße Bestehen einer nichtehelichen Lebensgemein-

3337

---

532 Grundlegend BGHZ, 59, 350; BGH, NJW 1992, 2630/2631; BGH, ZEV 1996, 25, 26.
533 Vgl. *Schindler*, ZEV 2005, 334, 335, *Spanke*, ZEV 2006, 485, 486.
534 Vgl. OLG Köln, ZEV 2000, 317; OLG Hamm, NJW-RR 2000, 1389.
535 BGH NJW 1992, 2630, 2631.
536 OLG Koblenz, NJW-RR 2005, 883.
537 BGH, 29.06.2005 – IV ZR 56/04, ZEV 2005, 479; ebenso BGH, 25.01.2006 – IV ZR 153/04, ZEV 2006, 312: jedenfalls dann, wenn die Begünstigung des anderen Abkömmlings bereits beim Abschluss des Erbvertrages gegeben war.
538 OLG Celle, 15.06.2006 – 6 U 99/06, RNotZ 2006, 477.

schaft als Recht-fertigung einer Zuwendung an diesen Partner.[539] Auch eine schwere Verfehlung des Vertragserben kann die lebzeitige Eigenschenkung nicht rechtfertigen; der Erblasser müsste vielmehr den in solchen Fällen gem. § 2294 BGB eröffneten Rücktritt vom Erbvertrag zur Befreiung aus diesen Bindungen erklären.[540] Ein von § 2287 BGB inkriminierter Missbrauch der lebzeitigen Verfügungsmacht liegt auch vor, wenn die Schenkung nur der nachträglichen Korrektur einer erbvertraglichen Verteilung zugunsten einer nunmehr genehmeren Person dienen soll,[541] oder aufgrund der Erkenntnis vorgenommen wird, den (nun beschenkten) Ehegatten zu gering bedacht zu haben, bzw. erfolgt, weil nachträglich unerwartet ein erheblicher Vermögenszuwachs stattfand, den man bei der Abfassung des Erbvertrages gar nicht habe berücksichtigen können.[542]

3338 Erfolgt die Schenkung nicht an nahestehende Privatpersonen, sondern z.B. an mildtätige Organisationen, passt das Kriterium des lebzeitiges Eigeninteresses jedoch nicht. Will der Schenker lediglich „Gutes tun",[543] ist nach überwiegender Ansicht abzustellen darauf, ob sich die Schenkungen in angemessenem Umfang halten (was sicherlich zu bejahen ist, wenn sie den Vermögensstamm unangetastet lassen oder dem vor Erbvertragsschluss Üblichen entsprachen). Je näher solche Zuwendungen jedoch zum „herannahenden Todeszeitpunkt" liegen, um so eher ist von Missbräuchlichkeit auszugehen, da die Vermögensminderung wirtschaftlich nicht mehr den Schenker, sondern die Erben trifft.

5. Anspruchsgläubiger

3339 **Gläubiger des Anspruchs** ist der Vertragserbe, jedoch erst, nachdem ihm die Erbschaft angefallen ist (Rdn. 3344). Der Anspruch entsteht originär in der Person des Vertragserben, fällt also nicht in den Nachlass und unterliegt daher auch keiner Testamentsvollstreckung. Bis zum Eintritt des Nacherbfalls steht der Anspruch dem Vorerben, sodann dem Nacherben zu. Sind mehrere vertraglich begünstigte Erben vorhanden, ist bei Teilbarkeit[544] jeder Miterbe berechtigt, den Anspruch in Höhe seiner Quote geltend zu machen, bei Unteilbarkeit gilt § 432 BGB.

6. Anspruchsschuldner

3340 Schuldner des Anspruchs ist allein der Beschenkte. Liegen mehrere benachteiligende Schenkungen vor, dürfte analog § 2329 Abs. 3, 528 Abs. 2 BGB zunächst der später Beschenkte heranzuziehen sein.

7. Anspruchsinhalt

3341 Hinsichtlich des **Umfangs des Anspruchs** verweist § 2287 BGB auf die Rechtsfolgen der §§ 812 ff. BGB, also bspw. auch die Vorschrift über Wertersatz (§ 818 Abs. 2 BGB), den Wegfall

---

539 OLG Köln, 30.09.1991 – 2 W 140/91, NJW-RR 1992, 200.
540 Vgl. OLG Koblenz, OLGZ 1991, 235/237.
541 BGH, WM 1977, 201.
542 BGH, NJW 1982, 1100.
543 Nachweise im Gutachten, DNotI-Report 2007, 194.
544 Diese soll nach BGH, NJW 1989, 2389/2391 auch bei Grundstücken gegeben sein, sodass der Antrag auf Übertragung eines quotenentsprechenden Miteigentumsanteils zu richten ist.

der Bereicherung im Stadium der Gutgläubigkeit (§ 818 Abs. 3 BGB)⁵⁴⁵ einerseits, § 818 Abs. 4 bzw. 819 BGB, andererseits. (Letztere verschärfte Haftung tritt ein, sobald der Beschenkte von der Bindung des Erblassers an den Erbvertrag und von den Tatsachen, aus denen nach der Lebenserfahrung auf eine Beeinträchtigungsabsicht zu schließen ist, Kenntnis erlangt). Bei unentgeltlicher Weitergabe des herausgabebehafteten Gegenstands ist die entsprechende Anwendung des § 822 BGB, obwohl es sich um einen eigenständigen Anspruch handelt, auch i.R.d. § 2287 BGB gerechtfertigt. Ist ein unter Verstoß gegen § 2287 BGB gemachtes Schenkungsversprechen beim Eintritt des Erbfalls noch nicht erfüllt, ist dieses Versprechen als Erlangtes herauszugeben, also Befreiung von der Verbindlichkeit zu gewähren, und zwar auch nach Eintritt der Verjährung des § 2287 Abs. 2 BGB, vgl. § 821 BGB.

Ist der Beschenkte zugleich pflichtteilsberechtigt, muss ihm allerdings der Pflichtteil belassen werden;⁵⁴⁶ verlangt der Vertrags-/Schlusserbe also die Herausgabe des Geschenkes selbst, muss er den fiktiven Pflichtteil⁵⁴⁷ des Beschenkten auch ohne Einrede auskehren.⁵⁴⁸ Ein daneben bestehender, durch das Geschenk ausgelöster realer Pflichtteilsergänzungsanspruch ist jedoch selbstständig geltend zu machen.⁵⁴⁹ Wurde bei der Schenkung die Anrechnung auf den Pflichtteil (§ 2315 BGB) angeordnet, entfällt diese aufgrund stillschweigend angeordneter auflösender Bedingung mit Geschenkrückgabe.⁵⁵⁰ Die Herausgabe des (ggf. mittelbar)⁵⁵¹ geschenkten Gegenstandes selbst (§ 812 Abs. 1 BGB) kann gemäß der Grundsätze zur gemischten Schenkung (und zwar Zug um Zug gegen Erstattung der Gegenleistungen) nicht verlangt werden, wenn der (als Pflichtteil oder Entgelt) hinzunehmende Teil der Zuwendung überwiegt.⁵⁵² Die neuere Literatur legt diese Zug-um-Zug-Beschränkung stets, unabhängig vom Überwiegen des „entgeltlichen" Elementes, zugrunde.⁵⁵³ 3342

Die Rechsprechung erkennt auch, beruhend auf § 242 BGB, einen Anspruch des Vertragserben auf Auskunftserteilung an,⁵⁵⁴ sofern er in entschuldbarer Weise von den tatsächlichen Voraussetzungen des Anspruchs keine Kenntnis hat, diese aber beim Beschenkten vorliegt und durch ihn unschwer erteilt werden kann. Der Vertragserbe hat den **Beweis zu führen**, dass (1) die ihn einsetzende letztwillige Verfügung bindend war, (2) es sich um eine Schenkung handelte, und (3) dieser kein lebzeitiges Eigeninteresse zugrunde lag; sind die Motive des Erblassers jedoch nicht 3343

---

545 Z.B. zu bejahen, wenn mit den Zuwendungen übermäßige Aufwendungen getätigt wurden, die sonst nicht notwendigerweise angefallen wären, oder wenn mit hohen Spenden spezielle Hilfsprogramme aufgelegt wurden, die sonst nicht stattgefunden hätten, vgl. Gutachten, DNotI-Report 2007, 195.
546 BGHZ 88, 269 ff.; OLG Karlsruhe, 30.06.2005 – 11 U 21/05, ZErb 2006, 172; BGH, 03.05.2006 – IV ZR 72/05, FamRZ 2006, 1186.
547 Ist der pflichtteilsberechtigte Beschenkte seinerseits Miterbe, ist der Erbteil zu berücksichtigen, *Schindler*, ZErb 2007, 41.
548 Andernfalls würde weder das Geschenk noch der Anspruch aus § 2287 BGB in den berechnungserheblichen Nachlass gem. § 2311 BGB fallen.
549 *Schindler*, ZErb 2007, 39, a.A. die h.M. (etwa BGHZ 88, 273), die den dem Beschenkten zu belassenden Pflichtteil sowohl aus dem Nachlass als auch aus der herauszugebenden Schenkung berechnet.
550 *Schindler*, ZErb 2007, 40; Gleiches gilt für Ausgleichungspflichten, § 2316 BGB. Auch die „automatische" Anrechnung des Eigengeschenkes auf den Pflichtteilsergänzungsanspruch (§ 2327 BGB) entfällt mit der Rückgabe.
551 Schenkungsobjekt ist das „finanzierte Objekt", vgl. Rdn. 25.
552 BGHZ 77, 264/271; OLG Karlsruhe, 30.06.2005 – 11 U 21/05, ZErb 2006, 172.
553 *Schindler*, ZErb 2007, 41 f.
554 Vgl. MünchKomm-BGB/*Musielak*, § 2287 Rn. 23, BGH, NJW 1974, 1876, 1877; BGH, NJW 1986, 1755.

bekannt, müsse der Beschenkte zunächst die Umstände darlegen, die nach seiner Auffassung den Erblasser bewogen haben können.[555] Unterlässt er dies oder sind die vorgetragenen Gründe nicht schlüssig, ist vom Fehlen des lebzeitigen Eigeninteresses auszugehen. Ist dagegen der Beklagte seiner Substantiierungspflicht nachgekommen, muss der Kläger entweder diese Darstellung widerlegen oder nachweisen, dass die vorgetragenen Gründe nicht kausal waren; ein „non liquet" geht zulasten des Klägers (Vertragserben).[556]

3344 Demgegenüber stehen dem „Erbanwärter" Möglichkeiten, nachlassschmälernde Handlungen des künftigen Erlassers, die nach dessen Tod ggf. Gegenstand eines Anspruchs aus § 2287 f. BGB sein können, bereits **zu Lebzeiten zu verhindern**, kaum zu Gebote. In Betracht kommt allenfalls eine Anregung an das Betreuungsgericht, die Einleitung eines Betreuungsverfahrens zu prüfen, wenn keine Vorsorgevollmacht erteilt wurde; einem dann eingesetzten Betreuer sind Schenkungen aufgrund des gesetzlichen Schenkungsverbots (§ 1804 BGB) verwehrt. Gelingt allerdings der Nachweis der Betreuungsbedürftigkeit nicht, ist die persönliche Beziehung zum Erblasser so nachhaltig gestört, dass weitere „Benachteiligungen" die Folge sein werden. Eine bereits zu Lebzeiten erhobene Feststellungsklage des Erbanwärters dürfte unzulässig sein, da es an einem derzeit feststellungsfähigen Rechtsverhältnis fehlt;[557] möglicherweise kann aber in einem selbstständigen Beweisverfahren die Geschäftsfähigkeit des künftigen Erblassers geklärt werden.[558] Dementsprechend stehen auch Verfahren des einstweiligen Rechtsschutzes (Arrest oder einstweilige Verfügung) nicht zur Verfügung, da kein sicherungsfähiger Anspruch besteht,[559] es sei denn, im Erbvertrag liegt eine (gemäß § 137 Satz 2 BGB naturgemäß nur schuldrechtlich wirkende) Verfügungsunterlassungsverpflichtung, die durch ein einstweiliges Veräußerungs- und Belastungsverbot durchgesetzt werden kann.[560]

8. Zustimmung des Vertragserben

3345 Ein **Anspruch ist ausgeschlossen**, wenn sich der Erblasser bspw. im Erbvertrag das Recht vorbehalten hat, beliebige Schenkungen vorzunehmen,[561] was ihm (ebenso wie ein freier Rücktrittsvorbehalt) offensteht.[562] Gleiches gilt, wenn der Vertragserbe der Schenkung des Erblassers (vor oder nach ihrer Vornahme) zustimmt.[563] Die Rechtsprechung verlangt hierfür – wegen der

---

555 BGHZ 66, 8, 16 f.; OLG Köln, ZErb 2003, 21.
556 Zur Beweislast bei § 2287 BGB vgl. *Schmitz* ErbR 2010, 45.
557 OLG Koblenz, ZEV 2003, 242.
558 Vgl. *Klinger*, NJW-Spezial 2004, 13.
559 BayObLGZ 1952, 289.
560 OLG Stuttgart, BWNotZ 1959, 70.
561 Vgl. OLG Köln, ZEV 2003, 76, m. zust. Anm. *J. Mayer* (es fehlt gleichwohl nicht an einer erbvertraglichen Bindung, da keine abweichende Verfügung von Todes wegen getroffen werden kann), ebenso OLG München, ZEV 2005, 61.
562 Gleiches soll nach BGH, 03.05.2006 – IV ZR 72/05, ZEV 2006, 505 gelten, wenn der Schenker (überlebender Ehegatte) das bindend gewordene gemeinschaftliche Testament nach dem Tod des Erstversterbenden (z.B. wegen Drohung, §§ 123 Abs. 1, 2078 Abs. 2, 2281 BGB) anfechten könnte, und innerhalb der Anfechtungsfrist „stattdessen" eine Schenkung an Dritte vornimmt, ohne anzufechten.
563 Vgl. *Keim*, ZEV 2002, 93/95, *Ivo*, ZEV 2003, 101.

Sachnähe zum **Zuwendungsverzichtsvertrag, § 2352 BGB** – die notarielle Beurkundung.[564] Da für Sterbefälle ab 01.01.2010 – aufgrund der nunmehrigen allgemeinen Verweisung in § 2352 BGB auch auf § 2349 BGB – erklärte Zuwendungsverzichte sich auch auf Abkömmlinge des Verzichtenden auswirken (und zwar dem Wortlaut nach gleichgültig, ob diese ausdrücklich als Ersatzerben berufen sind oder ob sich ihre Ersatzberufung nur aus § 2069 BGB ergibt[565] – Rdn. 3192 –, und gleichgültig, ob es sich um einen vollständigen oder lediglich einen teilweisen Zuwendungsverzicht, z.B. in Gestalt des nachträglichen Akzeptierens einer Beschwerung durch Vermächtnis oder Auflage,[566] handelt), spricht vieles dafür, dass jedenfalls für „Neufälle", also bei Sterbefällen nach dem 01.01.2010, auch die vom Schlusserben wirksam erteilte Zustimmung zu einer beeinträchtigenden Verfügung sich gesetzlich auf Abkömmlinge erstreckt,[567] wenn diese als Ersatzerben nachrücken. Der Schutzumfang des § 2287 BGB kann nicht weiter reichen als die letztwillige Bindungswirkung selbst, zu deren Verteidigung § 2287 BGB geschaffen wurde.

Sicherlich formfrei ist der **Erlassvertrag** zwischen Beschenktem und Vertragserben nach Eintritt des Erbfalls (§ 397 BGB).

9. Verjährung

Der Anspruch **verjährt** gem. § 2287 Abs. 2 BGB a.F. binnen 3 Jahren nach dem Anfall der Erbschaft an den Vertragserben ohne Rücksicht darauf, ob der Vertragserbe Kenntnis von der Schenkung, von seiner Berufung zum Erben und von der Beeinträchtigungsabsicht des Erblassers hatte. Die Neuregelung der Verjährungsvorschriften i.R.d. „kleinen Erbrechtsreform" 2009 ändert mit Inkrafttreten (am 01.01.2010) hieran nichts: die 3-jährige Frist (§§ 195, 199 BGB) beginnt weiterhin mit dem Erbfall zu laufen, § 2287 Abs. 2 BGB n.F., also nicht erst am Schluss des Jahres, in dem Kenntnis von den anspruchsbegründenden Umständen erlangt wurde.

3346

II. Schutz des Vermächtnisnehmers (§ 2288 BGB)

1. Grundsatz

Wer durch Erbvertrag oder gemeinschaftliches Testament bindend als **Sachvermächtnisnehmer** eingesetzt ist, bedarf eines weiter gehenden Schutzes als der Vertragserbe. Sein Anspruch könnte nämlich durch bloßes Wegschaffen des vermachten Gegenstands (Verkauf, Verschenken, Zerstörung) vereitelt werden, §§ 2279, 2169, 2171 BGB. Der Vertragsvermächtnisnehmer wird daher in § 2288 BGB in stärkerem Maße gegen arglistige Beeinträchtigung geschützt – auch soweit diese durch **tatsächliche Maßnahmen** (Zerstörung, Beschädigung etc. – § 2288 Abs. 1 BGB) oder durch Veräußerung oder Belastung, sei es **gegen Entgelt** oder unentgeltlich, erfolgt, § 2288 Abs. 2 BGB. Auch auf Rechtsfolgenseite gewährt § 2288 BGB nicht nur – wie § 2287 BGB –

3347

---

564 BGH, DNotZ 1990, 803 (ggf. begründe jedoch die bloß privatschriftliche Zustimmung den Arglisteinwand); ebenso *Ivo*, ZEV 2003, 103; a.A. *Kanzleiter*, DNotZ 1990, 776, *Spanke*, ZEV 2006, 488 („Verzicht auf eine künftige Forderung").
565 *Odersky* notar 2009, 362, 365; Gutachten, DNotI-Report 2009, 175; a.A. *Schaal/Grigas*, BWNotZ 2008, 2, 24.
566 Bsp: BGH, NJW 1982, 1100.
567 Vgl. *Keim*, 7. DAI-Jahresarbeitstagung 2009, S. 354 f.; Gutachten, DNotI-Report 2009, 175. Andernfalls müsste der Vertragserbe – unstrittig mit Wirkung für seine Abkömmlinge – gem. § 2352 BGB einen Verzicht erklären (was allerdings nicht in Bezug auf einen Einzelgegenstand aus einer allgemeinen Erbschaft möglich ist, sondern z.B. bezogen auf ein Vermächtnis), und sodann erneut eingesetzt werden.

einen (schwachen) Bereicherungsanspruch, sondern darüber hinaus einen Wertersatz- oder Verschaffungsanspruch vermächtnisrechtlicher Art gegen den Erben. Auf die rechtsgeschäftliche oder tatsächliche Vereitelung einer erbvertraglichen **Auflage** dürfte § 2288 BGB analog Anwendung finden.

3348 Wie i.R.d. § 2287 BGB (s. Rdn. 3344) ist eine **lebzeitige Sicherung** des Anspruchs des Vermächtnisnehmers, etwa durch Vormerkung bei Grundstücken, nicht möglich, da Schuldner des Anspruchs nicht der Erblasser selbst ist (anders liegt es bei einer vereinbarten bedingten Herausgabepflicht für den Fall eines Verstoßes gegen eine neben dem Erbvertrag parallel vereinbarte Vertragspflicht, lebzeitige Verfügungen zu unterlassen).

Im Einzelnen umfasst § 2288 BGB folgende Sachverhalte:

2. Tatsächliche Beeinträchtigungen (§ 2288 Abs. 1 BGB)

3349 Im Fall der in Beeinträchtigungsabsicht vorgenommenen Zerstörung, Beschädigung oder des sonstigen Beseiteschaffens eines Sachvermächtnisgegenstands ist der Erbe zunächst verpflichtet zu versuchen, den vertragsmäßig vermachten Gegenstand wieder zurückzuholen oder herzustellen (vgl. den Wortlaut „soweit der Erbe dadurch außerstande gesetzt ist, die Leistung zu bewirken").[568] Gelingt dies nicht, ist der Erbe dem Vertragsvermächtnisnehmer zum Wertersatz verpflichtet, und zwar selbst dann, wenn er nicht der ursprünglich Beschwerte war (der Erbe muss als Gesamtrechtsnachfolger für die Folgen der Maßnahmen des Erblassers einstehen). Mehrere Miterben sind gemeinsam verpflichtet, auch wenn nur einer der Erben mit dem Vermächtnis belastet war.[569] Im Fall einer Beschädigung des (noch vorhandenen) Sachvermächtnisses ist der Beschwerte verpflichtet, den Gegenstand selbst herauszugeben, und zusätzlich der Erbe, den duch die Beschädigung eingetretenen Minderwert zu ersetzen. Gelingt die Wiederbeschaffung des bereits abhanden gekommenen Gegenstands, ist dieser aber beschädigt, muss ebenfalls der Wertverlust ausgeglichen werden, bemessen nach dem Verkehrswert des Vermächtnisgegenstands im Zeitpunkt des Erbfalls (§ 2176 BGB).[570]

3350 Streitig ist, ob eine Beschädigung des Sachvermächtnisguts auch durch **Unterlassen** geschehen kann. Nach Ansicht des BGH[571] ist der durch ein Vermächtnis beschwerte Erblasser nicht verpflichtet, den vermachten Gegenstand ordnungsgemäß zu verwalten bzw. zu erhalten, geschweige denn gar an gestiegene Anforderungen des Geschäftsverkehrs anzupassen. Die Literatur plädiert allerdings dafür, beim Unterlassen jedenfalls solcher Maßnahmen, die zu einer erheblichen Beschädigung des Vertragsgegenstands führen (Nichtreparatur eines undichten Daches), eine „Beschädigung durch Unterlassen" anzunehmen.[572]

---

[568] Darunter fallen bspw. auch die Verbindung, Vermischung oder der sonstige Verbrauch mit Beeinträchtigungsabsicht.
[569] Vgl. BGHZ 26, 279 f.
[570] Vgl. *Litzenburger*, in: Bamberger/Roth, BGB, § 2288 Rn. 7.
[571] BGH, NJW 1994, 317.
[572] VGl. MünchKomm-BGB/*Musielak*, § 2288 Rn. 2.

3. Rechtsgeschäftliche Beeinträchtigungen (§ 2288 Abs. 2 BGB)

Wurde der vertragsmäßig vermachte Gegenstand in Beeinträchtigungsabsicht veräußert (und zwar gleichgültig ob entgeltlich, teilentgeltlich oder unentgeltlich) oder belastet, ist wiederum der Erbe (als Gesamtrechtsnachfolger des Erblassers, auch wenn er mit dem ursprünglichen Vermächtnis nicht beschwert war) verpflichtet, den Gegenstand wieder zurückzuverschaffen bzw. die Belastung zu beseitigen (§ 2288 Abs. 2 Satz 1 BGB). Diese Rechtsfolge tritt auch bei schenkweiser Veräußerung ein; der Erbe ist also selbst dann verpflichtet, wenn eine Gegenleistung, die den Nachlass potenziell hätte vermehren können, nicht zugeflossen ist. 3351

In Abs. 2 wird also das Vermächtnis abweichend von § 2169 Abs. 1 BGB stets wie ein Verschaffungsvermächtnis behandelt (§ 2170 BGB) und dem Bedachten anders als in § 2165 BGB stets ein Anspruch auf Beseitigung solcher Rechte eingeräumt, mit denen der Gegenstand belastet ist. Folgerichtig verweist § 2288 Abs. 2 BGB auf § 2170 Abs. 2 BGB: Danach hat er den Wert des Gegenstands zu entrichten, wenn er zur Wiederverschaffung der Sache selbst bzw. Beseitung der Belastung außerstande ist; er kann sich von dieser Verpflichtung durch Entrichtung des Werts zu befreien, wenn die Verschaffung oder Beseitigung nur mit unverhältnismäßigen Aufwendungen möglich ist. 3352

Nur im Fall einer **schenkweisen Veräußerung** des Sachvermächtnisgegenstands erhält der Vertragsvermächtnisnehmer, und zwar in zweiter Linie, gem. § 2288 Abs. 2 Satz 2 BGB einen Anspruch gegen den Beschenkten nach bereicherungsrechtlichen Grundsätzen, wenn er vom Erben den Gegenstand selbst oder den an dessen Stelle tretenden Wertersatz nicht erlangen kann. Letzteres mag z.B. darauf beruhen, dass der Erbe die Beschränkung seiner Haftung geltend macht und der Nachlass erschöpft ist. Damit trägt der Gesetzgeber zum einen dem Umstand Rechnung, dass der beschenkte Dritte von den bösen Absichten des schenkenden Erblassers nichts zu wissen braucht (infolgedessen haftet er nur subsidiär), andererseits wird aber die allgemeine gesetzliche Wertung umgesetzt, dass der unentgeltliche Erwerb in geringerem Maß schutzwürdig ist als der entgeltliche. Die (subsidiäre und nur bereicherungsrechtliche) Herausgabe kann allerdings nur der „geprellte" Vertragsvermächtnisnehmer fordern, nicht der Erbe selbst, und zwar auch dann nicht, wenn er den Vertragsvermächtnisnehmer durch Leistung von Wertersatz entschädigt hat.[573] 3353

§ 2288 Abs. 2 BGB ist die allgemeine Wertung zu entnehmen, dass die Veräußerung oder Belastung, selbst wenn sie in Beeinträchtigungsabsicht geschieht, grds. wirksam ist, also nur im Extremfall, etwa gem. § 138 BGB bzw. § 826 BGB, bereits per se nichtig wäre. 3354

4. Anwendung auf Geld- oder Gattungsvermächtnisse

§ 2288 BGB kann auch dann verwirklicht sein, wenn ein vertragsmäßig oder wechselbezüglich auf einen bestimmten Geldbetrag oder eine bestimmte Anzahl (lediglich der Gattung nach bestimmter) Gegenstände eingesetzter Vermächtnisnehmer durch rechtsgeschäftliches oder tatsächliches „Beiseiteschaffen" eine Kürzung oder gar den vollständigen Wegfall dieses Vermächtnisses zu erleiden hat (jedoch nicht, wenn lediglich der Gattung nach bestimmte Gegenstände ohne Zusage einer bestimmten Mindestanzahl vermacht sind oder wenn lediglich das beim To- 3355

---

573 OLG Frankfurt am Main, NJW-RR 1991, 1157.

destag noch vorhandene Bar- und Sparvermögen als Vermächtnis ausgesetzt ist). Liegt ein Verschaffungsvermächtnis vor, wurde also ein bestimmter Gegenstand ohne Rücksicht darauf vermacht, ob er z.Zt. des Erbfalls zur Erbschaft gehören wird oder nicht, schützen bereits §§ 2170, 2182 Abs. 2 i.V.m. 435 BGB im Fall der Veräußerung oder Belastung den Verschaffungsvermächtnisnehmer. Im Fall der Zerstörung oder Beschädigung des verschaffungsvermächtnisweise vermachten Gegenstands verhilft jedoch § 2170 BGB zu keinem Schutz, sodass § 2288 Abs. 1 BGB zur Begründung einer Ersatzpflicht des Erben notwendig ist.

5. Beeinträchtigungsabsicht, Zustimmung, Ausschluss

3356 I.Ü., also in Bezug auf das den Anspruch entfallen lassende lebzeitige Eigeninteresse, die Möglichkeit der Zustimmung des Vertragsvermächtnisnehmers, die Verjährung und den Ausschluss der Ansprüche bei Unwirksamkeit der Bindung bzw. für den Fall, dass der Erbvertrag/das gemeinschaftliche Testament abweichende tatsächliche oder rechtsgeschäftliche Verfügungen zulässt, vgl. oben Rdn. 3330 ff.

III. Erbschaftsteuer

3357 Was der Vertragserbe vom Beschenkten gem. § 2287 BGB erhält, unterliegt gem. § 3 Abs. 2 Nr. 7 ErbStG der **Erbschaftsteuerpflicht**. Die Erbschaftsteuerreform 2009 hat insoweit klargestellt,[574] dass dies sowohl für den Herausgabeanspruch des Vertragserben eines Erbvertrags (§ 2287 BGB) als auch des Schlusserben eines gemeinschaftlichen Testaments als auch eines bindend eingesetzten Vermächtnisnehmers (§ 2288 Abs. 2 BGB) gilt. Das vom Beschenkten nach der Geltendmachung (§ 9 Abs. 1 Buchst. j) ErbStG) des gesetzlichen Anspruchs Herausgegebene gilt als vom Erblasser zugewandt.

---

[574] So bereits BFH, 08.08.2000 – II R 40/98, BStBl. 2000 II, S. 587.

Kapitel 10: Vollzug; Kosten

		Rn.
A.	**Vollzug**	3358
I.	Auftrag und Vollmacht	3358
II.	Vollzugstätigkeit	3366
	1. Einholung von Genehmigungen	3366
	a) Rechtsgeschäftliche Genehmigungen	3366
	b) Behördliche Genehmigungen	3372
	2. Eigenurkunden	3374
	3. Vollzugsnachricht	3379
III.	Wichtige Genehmigungserfordernisse	3380
	1. Grundstücksverkehrsgesetz	3382
	a) Genehmigungssachverhalt	3382
	b) Genehmigungsfreistellung	3384
	c) Genehmigungsvoraussetzungen	3389
	d) Verfahren	3392
	2. Grundstücksverkehrsordnung	3398
	3. Genehmigungen nach BauGB	3400
	a) Teilungsgenehmigung	3400
	b) Weitere Genehmigungen nach BauGB	3409
	aa) Sanierungsverfahren	3410
	bb) Umlegungsverfahren	3413
	cc) Flurbereinigungsverfahren	3419
	4. Verwalterzustimmung gem. § 12 WEG	3426
	a) Anordnung	3426
	b) Verfahren	3429
	c) Versagung	3436
	5. Nacherbenzustimmung	3439
	6. Zustimmung des Ehegatten (§ 1365 BGB)	3444
IV.	Schieds- und Schlichtungsverfahren	3452
B.	**Notarkosten**	3454
I.	Geschäftswert	3455
	1. Grundsatz: Verkehrswert	3455
	2. Vierfacher Einheitswert bei land- oder forstwirtschaftlichen Betrieben	3458
II.	Bewertung der Erwerberleistungen	3463
III.	Steuerliche Abzugsfähigkeit	3475
C.	**Grundbuchgebühren**	3477

A. Vollzug

I. Auftrag und Vollmacht

In aller Regel übernimmt der Notar auch die zur grundbuchlichen Durchführung des Vertrages und zur Einhaltung der Zug-um-Zug-Abwicklung erforderlichen Vollzugsschritte und deren Überwachung. Die auf das Grundbuchverfahren beschränkte gesetzliche Vermutung des **§ 15 GBO** gilt für die Einholung der in diesem Kap. skizzierten Genehmigungen und Zeugnisse nicht, sodass der Notar hierzu einer ausdrücklichen Vollmacht bedarf.[1] Deren Beendigung durch Widerruf oder kraft Gesetzes, etwa mit Insolvenzeröffnung (§ 117 Abs. 1 InsO), ist allerdings besonderes Augenmerk zu schenken.[2]

3358

---

[1] Einzelgesetze, etwa das Grundstücksverkehrsgesetz, enthalten jedoch ebenfalls eine gesetzliche Vermutung für eine solche Vollmacht.

[2] Vgl. BayObLG, Rpfleger 2004, 36 f. (auch zur seltenen Ausnahme der Notgeschäftsführungsmaßnahme bei Gefahr im Verzug, §§ 115 Abs. 2, 116 Satz 1 InsO). Ist die Insolvenzeröffnung dem Grundbuchamt bekannt, besteht auch kein Raum mehr für die Vollmachtsvermutung des § 15 GBO.

3359 > **Hinweis:**
> Hinsichtlich des Inhalts der Vollmacht sollte weiter klar dahin gehend differenziert werden, dass der Notar zwar zur Einholung der Erklärungen unbeschränkt berechtigt und verpflichtet ist, für die Entgegennahme jedoch nur dann als zustellungsbevollmächtigt gilt, wenn diese ohne Auflagen oder Bedingungen ergehen und die für den Vollzug des Überlassungsvertrags notwendigen Umstände erfüllen. Ablehnende oder mit Nebenbestimmungen versehene oder privatrechtsgestaltende Verwaltungsakte – kurz: anfechtbare – Bescheide, oder Bescheide zur Fristverlängerung sollten den Beteiligten unmittelbar zugestellt werden, damit diese ohne Zeitverzögerung prüfen können, ob sie hiergegen Rechtsmittel einlegen möchten.

3360 Eine allgemeine Vollzugsvollmacht auch für den Bereich der Genehmigungen – allerdings bzgl. der Vorkaufsrechte begrenzt auf solche mit Grundbuchsperrwirkung, und auch insoweit ohne Befugnis zur Entgegennahme einer Ausübungserklärung – könnte etwa folgenden Wortlaut haben:

3361 **Formulierungsvorschlag: Allgemeine Vollzugsvollmacht**

> Alle Beteiligten beauftragen und bevollmächtigen den amtierenden Notar, seinen amtlichen Vertreter[3] oder Nachfolger im Amt,
> - sie im Grundbuchverfahren uneingeschränkt zu vertreten,
> - die zur Wirksamkeit und für den Vollzug dieser Urkunde erforderlichen Genehmigungen und Erklärungen anzufordern, (auch gemäß § 875 Abs. 2 BGB) entgegenzunehmen und (auch als Eigenurkunde) abzugeben.
>
> Anfechtbare Bescheide und Zwischenbescheide zur Fristverlängerung sind jedoch den Beteiligten selbst zuzustellen; Abschrift an den Notar wird erbeten.

3362 Die umfassende Vollmacht zur Vertretung im Grundbuchverfahren – auch über die vermutete eigene Berechtigung gem. § 15 GBO hinaus – verschafft dem Notar die notwendige Verfahrensherrschaft zur Rücknahme etwaiger seitens der Beteiligten selbst gestellter, u.U. konfligierender, Anträge (jedenfalls bis zu einem etwaigen Widerruf dieser Vollmacht).[4] § 24 Abs. 3 BNotO genügt als Rechtsgrundlage hierfür nicht.

3363 Sollen darüber hinaus auch inhaltliche Anpassungen des Beurkundeten an das Gewollte sowie Ergänzungen zur Behebung gerichtlicher Beanstandungen (Zwischenverfügungen) vorgenommen werden können („**Heilungsvollmacht**", mit der allerdings sehr behutsam und nur nach schriftlicher Einverständniserklärung der Beteiligten im Einzelfall beurkundet werden sollte),[5] kann ergänzt werden:

---

3 Für Notarvertreter und wohl auch Notariatsverwalter (str.; *Reithmann*, MittBayNot 2002, 527) würde die Vollzugsvollmacht gem. § 39 BNotO ohnehin gelten (LG Düsseldorf, MittBayNot 2002, 526).
4 Vgl. *Grein*, RNotZ 2004, 121.
5 Ihre Reichweite ist gem. BGH, ZNotP 2002, 310 begrenzt; sie ermächtigt bspw. nicht dazu, ein vereinbartes dinglich wirkendes Sondernutzungsrecht durch ein lediglich schuldrechtliches zu ersetzen (Änderung einer Hauptleistungspflicht), ebenso wenig nach OLG Naumburg, NotBZ 2004, 283, anstelle des Grundstücks den Anteil an einem Nachlass bzw. das Auseinandersetzungsguthaben (einer „Gespenstergemeinschaft" des aufgelösten FGB-Güterstandes) zum Vertragsgegenstand zu erklären.

Formulierungsvorschlag: Angestelltenvollmacht zur Behebung von Zwischenverfügungen

3364

Die Beteilgen bevollmächtigen weiterhin die Angestellten an der Notarstelle – welche der Amtsinhaber seinerseits zu bezeichnen bevollmächtigt wird – je einzeln und befreit von § 181 BGB, Erklärungen, Bewilligungen und Anträge materiell- oder formell-rechtlicher Art zur Ergänzung oder Änderung des Vertrages abzugeben, soweit diese zur Behebung behördlicher oder gerichtlicher Beanstandungen zweckdienlich sind.

Hinweis:

3365

Außerhalb dieses umgrenzten Anwendungsbereiches ist im Umgang mit sog. „**Angestelltenvollmachten**" jedoch Zurückhaltung geboten. Sie begegnet insb. arbeits- und haftungsrechtlichen Bedenken (persönliche Schadensersatzpflicht des Mitarbeiters bei Schlechterfüllung des Auftrags;[6] Freistellungsanspruch gegen den Notar nach den Grundsätzen der betrieblich veranlassten Tätigkeit[7] und ohne Exkulpationswirkung ggü. Dritten[8] mit zudem unklarem Versicherungsschutz)[9] und verstößt bei Verträgen mit Verbrauchern gegen § 17 Abs. 2a BeurkG, jedenfalls sofern sie systematisch aufgenommen wird.[10] Aufgrund seiner unparteilichen Stellung ist der Angestellte des Notars nicht eo ipso Vertrauensperson des Verbrauchers im Sinne jener Bestimmung.[11]

---

6 Der BGH, RNotZ 2003, 62, lehnt einen stillschweigenden Haftungsverzicht ab. Einen formularmäßigen Haftungsverzicht, vom Notar entworfen, würde sich der Angestellte als „Verwender" zunutze machen und damit wohl gegen § 307 Abs. 2 Nr. 2 BGB, § 309 Nr. 7 BGB verstoßen (Kardinalpflichten). Allenfalls eine Beschränkung auf grobe Fahrlässigkeit ist denkbar.

7 Großer Senat des BAG, NJW 1995, 210 (in Fortentwicklung der früheren Grundsätze der gefahrgeneigten Arbeit): bei vorsätzlicher oder grob fahrlässiger Schadensverursachung haftet der Arbeitnehmer voll, bei mittlerer tritt Haftungsteilung ein, und nur bei leichtester Fahrlässigkeit ist der Arbeitnehmer vollständig freizustellen.

8 Die Haftung des Angestellten selbst stellt daher keine anderweitige Ersatzmöglichkeit i.S.d. § 19 Abs. 1 Satz 2 BNotO dar, vgl. BGH, RNotZ 2003, 62.

9 Nach Auffassung der BNotK ist in der Berufshaftpflichtversicherung des Notars gem. § 19a Abs. 1 Satz 1 BNotO allenfalls die Haftung nach § 179 BGB mitversichert, DNotZ 1998, 522.

10 Die Richtlinienempfehlungen der BNotK, DNotZ 1999, 258, und der meisten Landesnotarkammern (z.B. Abschnitt II Nr. 1c) der Richtlinien der LNotK Bayern gem. § 67 Abs. 2 BNotO) untersagen die systematische Beurkundung mit Mitarbeitern des Notars als Vertreter der Beteiligten, sofern es sich nicht um Erfüllungs- und Vollzugsgeschäfte handelt. Zu den Vollzugsgeschäften zählen nicht die Finanzierungsgrundpfandrechte des Käufers (vgl. die folgende Fn.).

11 *Hertel*, ZNotP 2002, 288; *Sorge*, DNotZ 2002, 603; *Schmucker*, ZNotP 2003, 243; *Brambring*, ZfIR 2002, 597, ebenso der Berufsrechtsausschuss der BNotK, vgl. BNotK-Intern 2003, 3: das dem Mitarbeiter entgegengebrachte Vertrauen beruht auf der Unabhängigkeit des Notars, nicht auf dessen Rolle als Interessenvertreter des Verbrauchers; a.A. *Litzenburger*, NotBZ 2002, 281, *Maaß*, ZNotP 2004, 216; *Helms*, ZNotP 2005, 18 und (für die Kammer Stuttgart) *Grigas*, BWNotZ 2003, 104 sowie die Richtlinien der Kammern Frankfurt und Hamburg bei ausreichender vorheriger Belehrung, vgl. www.bnotk.de/Richtlinienempfehlungen/Synopse. Vermittelnd BNotK-Rundschreiben 20/2003 v. 28.04.2003, S. 5 = ZNotP 2003, 257 ff.: Notarangestellter kann Vertrauensperson sein, wenn die Initiative zu dessen Einschaltung vom Verbraucher ausgeht.

II. Vollzugstätigkeit

1. Einholung von Genehmigungen

a) Rechtsgeschäftliche Genehmigungen

3366 Immer seltener lässt sich (selbst unter Hinzunahme des Wochenendes) erreichen, dass alle Beteiligte eines Überlassungsvertrages, auch die weichenden Geschwister, gleichzeitig im Beurkundungstermin anwesend sind. Ist keine (wirksame bzw. ausreichende) Vollmacht erteilt oder will der Bevollmächtigte hiervon keinen Gebrauch machen (etwa weil eine im Innenverhältnis erforderliche Abstimmung noch nicht erfolgt ist), kommt ein Handeln durch einen vollmachtlosen Vertreter vorbehaltlich nachträglicher Genehmigung des Vertretenen in Betracht (§§ 177 ff. BGB). Der „falsus procurator" kann ein Dritter, ein an der Urkunde selbst Beteiligter (dann i.R.d. Nachgenehmigung Befreiung von § 181 BGB erforderlich, sofern der vollmachtlose Vertreter „auf anderer Seite" beteiligt ist!) oder ein Mitarbeiter des Notars sein (wobei in letzterem Fall nur Privatangestellte in Betracht kommen, eine Eigenhaftung des vollmachtlosen Vertreters jedenfalls für leichte Fahrlässigkeit ausgeschlossen werden sollte[12] und der [ggf. nach Verschuldensstufen anteilige] Haftungsfreistellungsanspruch gegen den Arbeitgeber entsprechend den Grundsätzen der betrieblich veranlassten Tätigkeit[13] zu beachten ist!).

3367 Das Rechtsgeschäft ist bis zur Erteilung der Genehmigung **schwebend unwirksam** und wird sodann rückwirkend mit dem beurkundeten Inhalt gültig (§ 184 Abs. 2 BGB); über die mit der ausstehenden Genehmigung verbundenen Unsicherheitsfolgen ist zu belehren.[14] Gerade bei Überlassungsverträgen entspricht es jedoch nicht selten dem Willen von Veräußerer und Erwerber, die Übertragung als solche unabhängig davon durchzuführen, ob ein **weichendes Geschwister** die (regelmäßig für den gegenständlich beschränkten Pflichtteilsverzicht notwendige) Genehmigung erteilt oder nicht; allerdings wird die vereinbarte „Abfindung" auch nur für den Fall der Nachgenehmigung geschuldet sein, ist also nicht etwa Ausfluss eines unbedingten Vertrages zugunsten Dritter (vgl. Rdn. 1569). Materiell-rechtlich bedarf die Genehmigung keiner Form;[15] nur wenn dadurch Erklärungen für das Grundbuchamt „in Kraft gesetzt" werden, ist öffentliche Beglaubigung gem. § 29 GBO nötig.

3368 Da es sich bei der Genehmigung um eine einseitige, empfangsbedürftige Willenserklärung handelt, die erst mit Zugang des Originals[16] wirksam wird, sollte der Notar in der Urkunde be-

---

[12] In einem unveröffentlichten Beschl. des OLG Oldenburg, Kammerreport, NotK Oldenburg Nr. 1/2002, S. 16, wurde ein stillschweigender Haftungsausschluss im Verhältnis des Beteiligten zur Mitarbeiterin angenommen, da diese kein besonderes Vertrauen in Anspruch genommen habe. Der BGH, RNotZ 2003, 62, sieht für einen solchen stillschweigenden Haftungsverzicht jedoch keinen Raum, sodass er vertraglich vereinbart werden muss. Die berufsrechtliche Haftung des Notars selbst und seine arbeitsrechtliche Verpflichtung zur Freistellung des Angestellten (betrieblich veranlasste Tätigkeit; vgl. nachstehende Fn.) bleiben hiervon unberührt.

[13] Großer Senat des BAG, NJW 1995, 210 (in Fortentwicklung der früheren Grundsätze der gefahrgeneigten Arbeit): bei vorsätzlicher oder grob fahrlässiger Schadensverursachung haftet der Arbeitnehmer voll, bei mittlerer tritt Haftungsteilung ein, und nur bei leichtester Fahrlässigkeit ist der Arbeitnehmer vollständig freizustellen.

[14] BGH, DNotZ 1997, 62.

[15] BGH, NJW 1994, 1344; § 182 Abs. 2 BGB.

[16] Beglaubigte Abschrift reicht nicht (a.A. nur BAG, NJW 1999, 596 für einen Sonderfall), es sei denn, im Vertrag ist ein Verzicht auf den Zugang des Originals vereinbart, *Wendtland*, in: Bamberger/Roth, BGB, § 130 Rn. 11.

vollmächtigt werden, die Genehmigung für alle Beteiligten entgegenzunehmen. Zur **Setzung der Frist** des § 177 Abs. 2 BGB kann der Notar (ohne Verstoß gegen seine Unparteilichkeit)[17] beauftragt werden; im Zweifel liegt dieser Auftrag jedoch nicht bereits in dem an ihn gerichteten Ersuchen, die Nachgenehmigung einzuholen.[18] Sind mehrere Beteiligte Vertragspartner des vollmachtlosen Vertreters, müssen an sich alle an der Aufforderung (bzw. dem diesbezüglichen Auftrag an den Notar) mitwirken,[19] sofern sich nicht aus dem Innenverhältnis etwas anderes ergibt (es empfiehlt sich in der Praxis, die diesbezügliche Weisung **eines** Beteiligten genügen zu lassen).

Die Genehmigung erfasst das Rechtsgeschäft im Ganzen. Nur wenn der zu genehmigende Vertrag nach dem Willen der Beteiligten teilbar ist, kann auch die Genehmigung „in Teilen" erfolgen.[20] Die mit einer Auflage versehene Genehmigung gilt als nicht erteilt, sodass der Vertrag nicht wirksam wird.[21] Eine „nachträgliche Vollmachtserteilung" ist dagegen als Genehmigung auszulegen.[22]   3369

Die Eingangsformulierung bei Beurkundung mit einem vollmachtlosen Vertreter (verbunden mit einem Hinweis auf die schwebende Unwirksamkeit des Geschäftes bis zu deren Erteilung zur Vermeidung ungesicherter Dispositionen der Beteiligten) könnte bspw. lauten: 3370

Formulierungsvorschlag: Beurkundung mit vollmachtlosem Vertreter mit Hinweis auf die Folge   3371

..... hier handelnd nicht eigenen Namens,

sondern vorbehaltlich nachträglicher Genehmigung in öffentlich beglaubigter Form für

.....

Der Notar wird auf Kosten des nicht Erschienenen beauftragt und allseits bevollmächtigt, den Entwurf der Nachgenehmigung zu fertigen, diese anzufordern, für alle Beteiligten entgegenzunehmen und den dann zu erteilenden Ausfertigungen beizufügen. Eine Frist gemäß § 177 Abs. 2 BGB soll er jedoch erst auf schriftliche Weisung eines Erschienenen stellen. Den Beteiligten ist bekannt, dass bis zur Erteilung der Genehmigung der Vertrag noch schwebend unwirksam ist.

Ein Formulierungsvorschlag für die Nachgenehmigung durch ein weichendes Geschwister, dessen Genehmigungsverweigerung jedoch nicht zum Scheitern des Vertrages i.Ü. führen soll (sondern lediglich zum Entfallen der für ihn ausgesetzten Gleichstellungszahlungen) ist bereits in Rdn. 1570 vorgestellt worden.

---

17 BGH, referiert bei *Brambring*, DNotI-Report 1995, 26, ebenso BGH, MittBayNot 2001, 407.
18 So richtig OLG Naumburg, DNotI-Report 1995, 26 gegen OLG Köln, NJW 1995, 1499.
19 BGH, 02.04.2004 – V ZR 107/03, NotBZ 2004, 229.
20 OLG Hamm, DNotZ 2002, 266 für einen Unternehmenskaufvertrag (asset deal), bei welchem eines von zahlreichen Grundstücken (mit Einzelausweis des Kaufpreisanteiles) ausgenommen werden sollte.
21 BGH, DNotZ 1983, 624.
22 LG Potsdam, NotBZ 2004, 38.

b) Behördliche Genehmigungen

3372 I.R.d. Vollzugsschreiben ist darauf zu achten, dass in den Fällen, in denen durch den Zugang von Mitteilungen oder Anzeigen gesetzliche **Fristen** in Gang gesetzt werden (Genehmigungsfiktionen nach Grundstücksverkehrsgesetz etc.), der Zugang des Schreibens dokumentiert werden kann. Dies geschieht, sofern es sich bei den Adressaten um Ämter handelt, durch Beifügung einer Zweitschrift des Schreibens, die unterzeichnet zurück zu übermitteln ist, soweit es sich um Private handelt (etwa bei Vorkaufsrechten) durch Übersendung per Übergabe-Einschreiben mit Rückschein.

3373 Ein jeweils aktuelles Orts- und Gerichtsverzeichnis zur Ermittlung der zuständigen Grundbuchämter findet sich auf der Homepage www.justiz.de/Onlinedienste/index.php – Justizportal des Bundes und der Länder.

2. Eigenurkunden

3374 Beim Vollzug notarieller Urkunden treten nicht selten unverhoffte Hindernisse auf, die erneute Willenserklärungen der Beteiligten notwendig machen. Hierzu können zum einen Angestellte des Notars im Rahmen einer „Heilungsvollmacht" bevollmächtigt werden, jedoch auch der Notar selbst. Es handelt sich bei diesen Erklärungen nicht um eigene Angelegenheiten des Notars, sodass § 3 Abs. 1 Nr. 1 BeurkG nicht entgegensteht;[23] ebenso wenig verstößt eine Beurkundung mit Sozien des Notars, die aufgrund einer solchen Vollzugsvollmacht tätig werden, gegen § 3 Abs. 1 Nr. 4 BeurkG.[24] Der Notar bedarf bei solchen **Eigenurkunden** auch nicht der Beglaubigung seiner Unterschrift durch einen anderen Notar.[25]

3375 Gesiegelte Eigenerklärungen sind (gestützt auf § 24 Abs. 3 Satz 2 BNotO) öffentliche Urkunden i.S.d. § 415 ZPO und des § 29 GBO unter folgenden Voraussetzungen:
- Der Notar hat zuvor eine Beurkundung oder Beglaubigung in der betreffenden Sache vorgenommen.
- In dieser wurde dem Notar ausdrücklich ein diesbezüglicher Auftrag nebst Ermächtigung erteilt.
- Die Eigenurkunde ist vom Notar unterzeichnet und gesiegelt.
- Gegenstand der Eigenurkunde können alle materiell- oder formell-rechtlichen Erklärungen sein, die nicht beurkundungsbedürftig sind.

3376 Denkbar sind also
- Grundbuchanträge,
- Eintragungsbewilligungen aller Art,
- Rangbestimmungen,
- aber auch die dingliche Einigung (§ 873 BGB) bzgl. beschränkt dinglicher Rechte,

---

[23] BeckOK-BeurkG/Litzenburger, § 3 Rn. 14 (Stand: 01.03.2011).
[24] OLG Celle, 04.10.2005 – Not 10/05, RNotZ 2005, 618.
[25] Grundlegend *Reithmann*, Allgemeines Urkundenrecht, 27 ff.; BGH, DNotZ 1981, 118; BayObLG, Rpfleger 1988, 60.

- Bewilligungen der Rangänderung, des Rangvorbehalts oder der Rangbeilegung (§§ 880, 881 BGB).

Untauglicher Gegenstand ist jedoch

- Änderungen des notariellen Vertrags selbst (§ 311b BGB),
- die Unterwerfung unter die sofortige Zwangsvollstreckung (§ 800 ZPO),
- sowie die Erklärung der Auflassung, die ihrerseits vor einem Notar stattzufinden hätte,
- Urkunden des Inhalts, dass er selbst in seiner Gegenwart eine Willenserklärung in Vollmacht der Beteiligten abgegeben habe, kann er nicht errichten (§ 6 BeurkG).

3377

> **Hinweis:**
>
> In **kostenrechtlicher Hinsicht** ist darauf hinzuweisen, dass weder die gesetzlich vermutete Vollmacht nach § 15 GBO noch der allgemeine Vollzugsauftrag in der Urkunde ausreichende Grundlage dafür sind, die für die Beschaffung von Nebenerklärungen (Genehmigungen, Löschungen etc.) erforderlichen **Entwürfe** zu fertigen und zulasten der Vertragsbeteiligten (typischerweise des Erwerbers) abzurechnen. Hierzu bedarf es eines Auftrages, von dessen stillschweigendem Vorliegen nur dann ausgegangen werden darf, wenn der die Erklärung Abgebende diese nach Vorkenntnis oder Gepflogenheit nicht selbst wird formulieren können.[26]

3378

3. Vollzugsnachricht

Stellt der Notar den Grundbuchantrag aufgrund ausdrücklicher oder gem. § 15 GBO vermuteter Vollmacht, übermittelt er also nicht nur fremde Anträge als Bote, er erhält er auch – neben den, i.d.R. jedoch anstelle[27] der Beteiligten – die **Vollzugsnachricht** gem. § 55 Abs. 1 GBO. In aller Regel ist er zu deren Überprüfung (und zur ergänzenden Sachverhaltsaufklärung, etwa bzgl. vorrangig noch eingetragener Belastungen)[28] ohnehin im Rahmen übernommener Abwicklungsaufgaben (Fälligstellung des Kaufpreises etc.) verpflichtet. Rechtsprechung[29] und Literatur[30] werten jedoch auch ohne ausdrückliche Betreuungstätigkeit die Nichtüberprüfung zugegangener Vollzugsmitteilungen als haftungsbegründenden Umstand. Es ist umstritten, ob – auch zur Vermeidung eigener Haftung und der Lasten der Weiterversendung[31] – die Vollmachtsvermutung des § 15 GBO für einzelne Bereiche (etwa die Empfangnahme der Vollzugsmitteilung) durch Verein-

3379

---

26 OLG Köln, RNotZ 2003, 528 (dort auch zur etwaigen Belehrungspflicht), sonst unrichtige Sachbehandlung nach § 16 KostO.
27 OLG Köln, MittBayNot 2001, 319.
28 Gem. § 55 Abs. 6 GBO enthält die Vollzugsmitteilung nur die Stelle der Eintragung in derselben Abteilung des Grundbuches.
29 BGH, DNotZ 1964, 434, ebenso im Erbscheinsverfahren: BGH, DNotZ 1988, 371; anders bei Botentätigkeit: BGH, DNotZ 1958, 557.
30 Vgl. auch *Reithmann*, NotBZ 2004, 101.
31 Vgl. *Hügel*, NotBZ 2004, 164.

barung mit Wirkung auch ggü. dem Grundbuchamt ausgeschlossen werden kann.[32] Andernfalls treten Staats- und Notarhaftung nebeneinander.[33]

III. Wichtige Genehmigungserfordernisse

3380 Gem. § 18 BeurkG muss der Notar auf die erforderlichen Genehmigungen – und zwar konkret[34] – hinweisen. Soweit Genehmigungserfordernisse das dingliche Rechtsgeschäft betreffen, erfordert auch der herbeizuführende grundbuchliche Vollzug die rechtzeitige Einholung der Genehmigung, regelmäßig durch den Notar. Ein sog. **Negativattest** (also eine durch Verwaltungsakt getroffene Entscheidung der zuständigen Behörde, dass das ihr mitgeteilte Rechtsgeschäft keiner Genehmigung bedürfe) steht dabei einer erteilten Genehmigung nur dann gleich, wenn der gesetzliche Genehmigungsvorbehalt allein dem Schutz öffentlicher, nicht auch dem Schutz privater Interessen dient. Ersteres ist z.B. der Fall bei landesrechtlichen Genehmigungsvorbehalten für kommunale Rechtsgeschäfte. Allerdings darf es sich nicht nur um eine schriftliche Rechtsauskunft handeln, sondern um einen Verwaltungsakt, was i.d.R. einen hervorgehobenen Entscheidungssatz, eine Begründung, und eine Rechtsmittelbelehrung erfordert.[35]

3381 Im unmittelbaren Sachzusammenhang wird die bei der befreienden Schuldübernahme notwendig werdende Genehmigung des Gläubigers nach § 415 BGB dargestellt (Rdn. 1679 ff.); zur familien-/vormundschafts-/betreuungsgerichtliche Genehmigung vgl. Rdn. 4347 ff. Nachfolgend stehen die wichtigsten, den Grundstückstransfer als solchen betreffenden Genehmigungsvorbehalte im Vordergrund:

1. Grundstücksverkehrsgesetz

a) Genehmigungssachverhalt

3382 Zur Abwehr von Gefahren für die Agrarstruktur sowie zur Sicherung selbstständiger und lebensfähiger Betriebe schafft das (auf der Grundstücksverkehrsbekanntmachung v. 26.01.1937 beruhende) **Grundstücksverkehrsgesetz** Vorkehrungen zur staatlichen Kontrolle des Verkehrs mit landwirtschaftlichen Flächen.[36] Es gilt auch nach der Förderalismusreform[37] bis zu einer Ersetzung durch neues Landesrecht (wie etwa in Baden-Württemberg ab 01.07.2010)[38] zunächst fort (Art. 125a GG). Für Grundstücke, die land- oder forstwirtschaftlich oder zur berufsmäßigen

---

32 Dagegen: OLG Düsseldorf, DNotZ 2001, 704; OLG Köln, NotBZ 2001, 153; OLG Frankfurt am Main, NotBZ 2005, 366 dafür: LG Schwerin, NotBZ 2003, 401, m. zust. Anm. *Biermann-Ratjen*; vermittelnd *Ganter*, in Zugehör/Ganter/Hertel, Handbuch der Notarhaftung, 2004, Rn. 1519: nur bei ausdrücklichem Hinweis an das Grundbuchamt; unentschieden Gutachten, DNotI-Report 2003, 173.
33 Vgl. *Reithmann*, NotBZ 2004, 101 auch zu den Privilegien des § 839 Abs. 1 Satz 2 BGB, § 19 Abs. 1 Satz 2 BNotO.
34 OLG Frankfurt am Main, 17.12.2002 – 14 U 60/00, OLGR 2004, 35: Hinweis auf kommunalaufsichtliche Genehmigung nach § 67 Abs. 2 ThürKommO (und zwar durch einen hessischen Notar!).
35 Vgl. BGH, 22.09.2009 – XI ZR 286/08, DNotZ 2010, 289.
36 Vgl. im Überblick *Raebel*, in: *Lambert-Lang/Tropf/Frenz*, Handbuch der Grundstückspraxis, Abschnitt K II, Rn. 343; ferner *Gehse*, RNotZ 2007, 77 ff.
37 Neufassung des Art. 74 Abs. 1 Nr. 18 GG: lediglich städtebaulicher Grundstücksverkehr zählt zur konkurrierenden Gesetzgebungskompetenz des Bundes.
38 Agrarstrukturverbesserungsgesetz v. 10.11.2009, BaWüGBl. 2010, 645 ff. (ersetzt das GrdStVeG und das RSG).

Fischerei³⁹ genutzt sind, sowie Moor- und Ödländereien, die in solche Kultur gebracht werden können,⁴⁰ bedarf die Veräußerung – gleich ob entgeltlicher oder unentgeltlicher Natur – einer Genehmigung der nach Landesrecht bestimmten Behörde. Genehmigungsbedürftig ist auch der schuldrechtliche Vertrag (§ 2 Abs. 1 Satz 1 GrdstVG); ist dieser genehmigt, schließt dies die später erklärte Auflassung ein (§ 2 Abs. 1 Satz 2 GrdStVG). Die Realteilung, Veräußerung eines Grundstücksmiteigentumsanteils sowie die Bestellung eines Nießbrauchs stehen gem. §§ 1 Abs. 3, 2 Abs. 2 Nr. 1 und 2 Abs. 2 Nr. 3 GrdstVG der Veräußerung gleich. Gleiches gilt für die Erbteilsveräußerung, wenn im Nachlass sich landwirtschaftliche Grundstücke der geschilderten Art befinden, sofern der Erwerber nicht Miterbe ist (§ 2 Abs. 2 Nr. 2 GrdstVG).

Eine Erbbaurechtsbestellung bedarf jedoch keiner Genehmigung,⁴¹ ebenso wenig die Einräumung eines zeitlich befristeten Ankaufsrechtes,⁴² oder eines Vorkaufsrechtes,⁴³ sowie der Auftrag zur Beschaffung eines Grundstücks.⁴⁴ Anteilsübertragungen an einer Gesellschaft (bürgerlichen Rechtes, Handels- oder Kapitalgesellschaft), die landwirtschaftlichen Grundbesitz hält, sind ebenfalls genehmigungsfrei; die Genehmigungsbehörde soll die Gefahr des auf diese Weise möglichen Eindringens von Nichtlandwirten bei der Erteilung der Genehmigung zum Einbringungsvorgang mitberücksichtigen.⁴⁵

3383

b) Genehmigungsfreistellung

Genehmigungsfrei ist gem. § 4 GrstVG die Veräußerung von Grundstücken im beplanten Innenbereich (sofern die Grundstücke nicht ausnahmsweise als Wirtschaftsstelle eines Betriebs dienen oder im Bebauungsplan als landwirtschaftliche Grundstücke ausgewiesen sind) sowie⁴⁶ die Veräußerung von Almgrundstücken in Bayern (§ 4 Nr. 4 und 5 GrdstVG; da sich diese Voraussetzungen aus der Spalte 3c des Bestandsverzeichnisses regelmäßig nicht zuverlässig feststellen lassen, bedarf es regelmäßig eines **Negativattestes** gem. § 5 GrdstVG). Praktisch bedeutsam ist die Freistellung von Grundstücksgeschäften unter Beteiligung des Bundes⁴⁷ oder eines Landes sowie der ehemaligen Treuhandanstalt.⁴⁸

3384

Zur Verringerung des angesichts der geringen Versagensquote hohen Verwaltungsaufwands haben sämtliche Länder von den in § 2 Abs. 3 Nr. 3 GrstVG eingeräumten Möglichkeiten Gebrauch gemacht, die Veräußerung von Grundstücken bis zu einer bestimmten Größe **freizustellen**,

3385

---

39 Dies liegt nicht vor bei der Ausgabe von Angelkarten an Sportfischer, OLG Stuttgart, 15.07.2010 – 101 W 2/09, NotBZ 2010, 390.
40 Mehr als normale landwirtschaftliche Bearbeitungsmaßnahmen dürfen hierfür nicht notwendig sein, vgl. BGH, NJW 1989, 1223.
41 BGHZ 65, 345; der Landesgesetzgeber kann jedoch anderes gem. § 2 Abs. 3 Nr. GrdstVG anordnen.
42 BGH, NJW 1984, 122.
43 BGH, NJW 1952, 1055.
44 BGH, NJW 1982, 881.
45 Allerdings unter Abwägung der Vorteile des gesellschaftsrechtlichen Zusammenschlusses für den Betrieb, vgl. *Pikalo/Bendel*, GrdstVG, § 2 Anm. F III 12b, *Gehse*, RNotZ 2007, 80.
46 Wegen des dort bestehenden Genehmigungsvorbehalts der Kreisverwaltungsbehörde gem. Art. 1 und 19 des Bayer. Almgesetzes v. 28.04.1932.
47 Privilegiert ist nur der Bund oder seine rechtsfähigen Sondervermögen als solcher, nicht die BImA, die BvS oder die BVVG, vgl. BGH, DNotZ 2010, 219.
48 Zu Letzterem: § 3 Abs. 11 Ausgleichsleistungsgesetz.

- bspw. in Bayern: max. 2 Hektar binnen jeweils 3 Jahren,
- in Berlin: bis ein Hektar,
- in Baden-Württemberg bis 1 ha [im Wein- oder Gartenbau bis 0,5 ha],
- in Brandenburg, Hamburg, Nordrhein-Westfalen und seit 01.01.2005 auch Niedersachsen bis 1 ha,
- in Bremen, Hessen, Thüringen bis 2.500 m^2,
- in Mecklenburg-Vorpommern bis 2 ha,
- in Rheinland-Pfalz bis 0,5 ha [bei weinbaulicher Nutzung nur bis 1.000 m^2],
- im Saarland bis 1.500 m^2,
- in Sachsen bis 0,5 ha [bei Veräußerung an Gemeinden oder Landkreise bis 1 ha],
- in Sachsen-Anhalt und Schleswig-Holstein bis 2 ha.[49]

3386 An sich bezieht sich die Flächengröße auf die tatsächliche Fläche, nicht auf die im Grundbuch angegebene, die oft bei historisch weit zurückliegender Ermittlung eine beträchtliche Maßtoleranz aufweist. Vorsichtige Grundbuchämter verlangen daher bei nahe am Grenzwert liegenden Flächenangaben dennoch ein Negativattest gem. § 5 GrdstVG. Die Größe der freigestellten Flächen bezieht sich nicht das Stammgrundstück, sondern auf die bei Abveräußerung entstehenden Trennstücke.[50]

3387 Grundstück i.S.d. GrdStVeG ist dabei nach herrschender Meinung das „Grundstück im Rechtssinn" (unter einer laufenden Nummer im Bestandsverzeichnis vorgetragene Fläche);[51] in Ausführungsgesetzen der Länder kann jedoch abweichend davon der „wirtschaftliche Grundstücksbegriff" – der einheitlich genutzte, zu einer „gewachsenen landwirtschaftlichen Bewirtschaftungseinheit" gehörende Flurstücke zusammenfasst – verwendet werden. Auch bei schlichter Verwendung des Begriffes „Grundstück" kann der wirtschaftliche Grundstücksbegriff gemeint sein.[52] Darunter leidet der grundbuchsichere Nachweis der Genehmigungsfreiheit, da die einheitliche Bewirtschaftung nicht mit Beweismitteln des § 29 GBO dokumentierbar ist – lediglich wenn die Gesamtheit der übergehenden Fläche unter den landesrechtlich bestimmten Bagatellgrenzen liegt, bedarf es keines Negativattestes.[53]

3388 Trotz Unterschreitens der Flächengröße genehmigungsbedürftig sind nach Landesrecht regelmäßig Rechtsgeschäfte über Grundstücke im Erwerbsgartenbau, die Hofstelle oder anderweitig mit Wirtschaftsgebäuden bebaute Grundstücken, in Baden-Württemberg, Rheinland-Pfalz und Sachsen auch für Weinbauflächen.

---

49 Vgl. dazu die Zusammenstellung bei:, Beck'sches Notarhandbuch/*Hagemann*, A I Rn. 63.
50 *Stavorinus*, NotBZ 2010, 210 mit Zitaten in Fn. 28.
51 BGH, AgrarR 1986, 211; OLG Jena, 08.03.2010 – 9 W 23/10, DNotI-Report 2010, 91.
52 OLG Brandenburg, 26.02.2009 – 5 W (LW) 9/08, ZfIR 2009, 528.
53 *Stavorinus*, NotBZ 2010, 208, 213. Es steht zu hoffen, dass die seit der Föderalismusreform 2006 allein zuständigen Bundesländer bei einer Neufassung ihrer Grundstücksverkehrsgesetze zum rechtlichen Grundstücksbegriff zurückkehren.

c) Genehmigungsvoraussetzungen

I.R.d. **vorweggenommenen Erbfolge** bedeutsam ist die in § 8 Nr. 2 GrdstVG[54] normierte Pflicht zur Erteilung der Genehmigung, wenn ein land- oder forstwirtschaftlicher Betrieb geschlossen veräußert oder im Weg vorweggenommener Erbfolge übertragen wird und der Erwerber entweder der Ehegatte oder ein in gerader Linie Verwandter bzw. bis zum dritten Grad in der Seitenlinie Verwandter oder im zweiten Grad Verschwägerter ist. Voraussetzung ist jedoch, dass alle in Bewirtschaftung genommenen Grundstücke „beieinander bleiben", wobei wohl analog § 13 Abs. 1 Satz 2 GrdstVG Bauerwartungslandflächen, die in absehbarer Zeit anderen Zwecken dienen werden, ausgenommen sein können.

3389

Außerhalb des Anwendungsbereichs des § 8 GrdstVG darf die Genehmigung nur dann versagt oder durch Auflagen bzw. Bedingungen (§§ 10, 11 GrdstVG) eingeschränkt werden, wenn die Veräußerung eine „ungesunde Verteilung des Grund und Bodens bedeuten" oder zu einer unwirtschaftlichen Verkleinerung[55] oder Aufsplitterung[56] führen würde oder der Gegenwert in einem groben Missverhältnis zum Wert des Grundstücks steht, vgl. § 9 Abs. 1 GrdstVG. Bei sachlicher und personeller Verflechtung zwischen Besitzunternehmen und Betriebsgesellschaft ist insoweit, in Bezug auf den Willen zum Betreiben der Landwirtschaft auf die Betriebsgesellschaft (z.B. GbR) abzustellen.[57] Die objektive Wirtschaftsfähigkeit des übertragenen Gutes kann auch im Rahmen vorweggenommener Erbfolgen etwa dadurch gefährdet sein, dass übermäßig **hohe Altenteilslasten** vereinbart sind oder dass die Kreditfähigkeit des landwirtschaftlichen Anwesens aufgrund vormerkungsgesicherter Rückforderungsvorbehalte des Veräußerers nicht mehr besteht.[58] Der Nießbrauchsvorbehalt allein schadet jedoch nicht, wenn der Nießbraucher den Hof an den Erwerber weiterhin verpachtet, sodass die ordnungsgemäße Bewirtschaftung gesichert ist.[59]

3390

Durchaus belastend sind auch die **Auflagen**, die bspw. § 10 GrdstVG zur Vermeidung der Unwirtschaftlichkeit oder ungesunden Bodenverteilung erlaubt (allerdings mit der Möglichkeit des dadurch belasteten Erwerbers, binnen eines Monats vom Vertrag zurückzutreten, § 10 Abs. 2 Satz 1 GrdstVG): Verpachtung des Grundstücks an einen Landwirt, Pflicht zur Veräußerung an einen Landwirt oder ein Siedlungsunternehmen oder Abschluss eines Bewirtschaftungsvertrags mit einem Sachverständigen. Denkbar ist auch die Genehmigungserteilung unter der **Bedingung** einer Abänderung bestimmter Vertragsregelungen oder der Verpachtung auf bestimmte Zeit an einen Landwirt mit der Folge, dass erst nach Eintritt der Bedingung und Erteilung der diesbezüglichen Bescheinigung (§ 11 Abs. 2 GrdstVG) die Genehmigung als wirksam gilt.

3391

---

54 Bzw. § 6 Nr. 1 BaWüAgrarstrukturverbesserungsgesetz, BaWüGVBl. 2010, 647.
55 Diese liegt gem. § 9 Abs. 3 Nr. 2 und 3 GrdstVG im Zweifel dann vor, wenn ein landwirtschaftliches Grundstück kleiner als 1 ha bzw. ein forstwirtschaftliches Grundstück kleiner als 3,5 ha wird.
56 Beispiel: 13 ha Ackerland (von gesamt 83 ha) werden nicht mit übertragen, OLG Schleswig, 28.04.2009 – 3 WLw 53/08, JurionRS 2009, 22698.
57 BGH, 26.11.2010 – BLw 14/09, MittBayNot 2011, 393.
58 Vgl. OLG Celle, 21.02.2005 – 7 W 85/04 (L), OLG-Report 2006, 102; *Wöhrmann*, Das Landwirtschaftserbrecht, § 6 Rn. 100.
59 OLG Hamm, 27.05.2008 – 10 W 9/08, ZEV 2009, 146.

d) Verfahren

3392 Die sachliche Genehmigungszuständigkeit richtet sich nach **Landesrecht** bspw.

- in Bayern: Kreisverwaltungsbehörde,
- Nordrhein-Westfalen: Geschäftsführer der Landwirtschaftskammer,
- Baden-Württemberg: Landwirtschaftsamt,
- in Berlin: der Senator für Wirtschaft und Kredit,
- in Bremen: die Abteilung „Ernährung und Landwirtschaft" des Senators für Wirtschaft, Technologie und Außenhandel,
- in Hamburg: die Wirtschaftsbehörde,
- in Hessen: das Amt für Regionalentwicklung, Landschaftspflege und Landwirtschaft,
- in Brandenburg: die Landkreise und kreisfreien Städte,
- in Mecklenburg-Vorpommern: die Ämter für Landwirtschaft,
- in Niedersachsen: die Landkreise bzw. kreisfreien Städte,
- in Rheinland-Pfalz: Kreisverwaltung bzw. in kreisfreien Städten die Stadtverwaltung,
- im Saarland: die Landkreise, der Stadtverband Saarbrücken, die Landeshauptstadt Saarbrücken und die kreisfreien Städte,
- in Sachsen: Landkreise und kreisfreie Städte als untere Landwirtschaftsbehörden; (bei Beteiligung von Gemeinde oder Landkreis das Landesamt für Umwelt, Landwirtschaft und Geologie),
- in Sachsen-Anhalt: Landkreise und kreisfreie Städte,
- in Schleswig-Holstein: das Amt für Land- und Wasserwirtschaft,
- in Thüringen: die Ämter für Landwirtschaft.[60]

3393 § 2 Abs. 1 Satz 3 GrstVG erlaubt die **Vorabgenehmigung** für landwirtschaftliche Grundstücksveräußerungen bereits vor Beurkundung des Vertrags. Dies empfiehlt sich insb. bei Kaufverträgen, um das erst mit Vertragsschluss entstehende siedlungsrechtliche Vorkaufsrecht, § 4 Abs. 1 Reichssiedlungsgesetz, zu vermeiden.[61]

3394 Bis zur Erteilung (oder Versagung) der Genehmigung ist der Vertrag **schwebend unwirksam**,[62] jedoch durch Vormerkung sicherbar. § 7 Abs. 1 GrdstVG schafft eine formelle Grundbuchsperre des Inhalts, dass die Auflassung erst vollzogen werden darf, wenn die Unanfechtbarkeit der Genehmigung dem Grundbuchamt nachgewiesen ist, es sei denn, die Genehmigung wäre uneingeschränkt erteilt.[63] Wurde gleichwohl umgeschrieben, gilt die Rechtsänderung nach Ablauf eines Jahres als genehmigt, sofern nicht zuvor ein Widerspruch i.S.d. § 7 Abs. 3 GrdstVG eingetragen oder beantragt wurde. Damit werden die – historisch gerade im landwirtschaftlichen Bereich

---

60 Vgl. die Zusammenstellung Beck'sches Notarhandbuch/*Hagemann*, A I Rn. 61.
61 Vgl. Gutachten, DNotI-Report 2001, 156.
62 Vgl. *Wenzel*, AgrarR 1995, 37, im Rahmen einer Übersicht zur Rspr. des BGH zur Grundstücksverkehrsgesetzgenehmigung.
63 Dann bedarf es gemäß BGH, NJW 1985, 1902, keines gesonderten Nachweises der Unanfechtbarkeit mehr.

häufigen – Schwarzkäufe geheilt, da die Genehmigung des beurkundeten Scheinvertrags die tatsächlich erklärte Auflassung zum verdeckten Vertrag nicht erfassen würde.[64]

Die Entscheidung über die Genehmigung ist binnen eines Monats nach Eingang des Antrags und der Urkunde zu treffen, wobei diese **Frist** durch Zwischenbescheid auf 2 bzw. (sofern eine Entscheidung über das Vorkaufsrecht nach Reichssiedlungsgesetz zu treffen ist, § 12 GrdStVG) 3 Monate verlängert werden kann. Mit Fristablauf gilt die Genehmigung als erteilt, § 6 Abs. 2 GrdstVG, worüber die Behörde nach Unanfechtbarkeit ein Zeugnis gem. § 6 Abs. 3 GrstVG zu erteilen hat. Der den Vertrag beurkundende Notar gilt gem. § 3 Abs. 2 Satz 2 GrdstVG stets als ermächtigt, die Genehmigung namens der Beteiligten zu beantragen; diese ergeht gem. § 23 GrdstVG gebühren- und auslagenfrei. 3395

Gegen eine ablehnende oder mit Nebenbestimmungen (Auflage, Bedingung oder Befristung) versehene Genehmigung kann jeder Beteiligte gem. § 22 LwVG Antrag auf gerichtliche Entscheidung beim Landwirtschaftsgericht stellen; gegen dessen Beschlüsse findet die sofortige Beschwerde zum OLG und ggf. die weitere Beschwerde zum BGH gem. § 24 LwVG statt. Wollen die Beteiligten die mit solchen Rechtsbehelfsverfahren einhergehende lange Schwebedauer beenden können, schon bevor die in der Literatur geforderte Zeitschwelle zur Treuwidrigkeit eines Festhaltens am Vertrag (§ 242 BGB) überschritten ist,[65] könnten sie vereinbaren: 3396

Formulierungsvorschlag: Rücktrittsrecht statt gerichtlicher Verfahren bei ablehnenden Bescheiden nach GrdStVG 3397

> Dieser Vertrag bedarf der Genehmigung nach dem Grundstücksverkehrsgesetz, die der Notar einholen und, sofern ohne Nebenbestimmungen (Auflagen, Bedingungen, Befristungen) erteilt, für alle Beteiligten entgegen nehmen soll. Wird die Genehmigung nicht bis zum ..... erteilt, oder zuvor verweigert bzw. nur mit Nebenbestimmungen erteilt, kann jeder Beteiligte binnen eines Monats ab dem genannten Datum bzw. ab Zugang der ablehnenden oder mit Nebenbestimmungen versehenen Entscheidung von diesem Vertrag durch Einschreibebrief zurücktreten. Er trägt die Kosten dieses Vertrages, seiner Finanzierung und seiner Rückabwicklung jeweils bei Notar und Grundbuchamt; im Übrigen sind wechselseitige Ansprüche ausgeschlossen, soweit nicht auf Arglist, Vorsatz oder Garantie beruhend.

2. Grundstücksverkehrsordnung

Genehmigungsgegenstand ist gem. § 2 Abs. 1 Satz 1 Nr. 1 GVO der schuldrechtliche und der dingliche Vertrag bzgl. eines Grundstücks oder Erbbaurechts mit Belegenheit in den neuen Bundesländern. Zentrales Abgrenzungskriterium für die Erforderlichkeit einer GVO-Genehmigung ist seit der Neufassung der Begriff der „Auflassung". Einer GVO-Genehmigung bedürfen daher 3398

- neben Kaufverträgen insb.
- Überlassungsverträge,
- Erbauseinandersetzungsverträge,

---

64 Vgl. BGH, NJW 1981, 1957.
65 Vgl. *Wenzel*, AgrarR 1995, 37; *Vorwerk/Spreckelsen*, GrdStVG, § 2 Rn. 54.

- nach überwiegender (richtiger) Auffassung auch die vertragliche Begründung von Wohnungseigentum gem. § 3 WEG (infolge des Eigentumstausches an den Raumeinheiten ändert sich der Inhalt des Restitutionsanspruchs),
- die Auseinandersetzung einer Gütergemeinschaft,
- die Einbringung eines Grundstücks als Sacheinlage in eine Kapitalgesellschaft oder Personengesellschaft etc.,
- ebenso Nachträge zu solchen Verträgen, die (etwa wegen des Beitritts eines Beteiligten) mit neuerlicher Auflassung verbunden sind.[66]

3399 Angesichts der zurückgehenden Bedeutung dieses Genehmigungstatbestandes wird hinsichtlich der Einzelheiten - auch der genehmigungsfreien Tatbestände, des Genehmigungsverfahrens und der Rechtsmittel hiergegen - auf die ausführlicheren Erläuterungen hierzu in der 2. Auflage dieses Werkes, Rn. 3035 ff., verwiesen.

3. Genehmigungen nach BauGB

a) Teilungsgenehmigung

3400 Der Bundesgesetzgeber hat die Verpflichtung, die europäische sog. „Plan-UP-Richtlinie" (Einführung einer Umweltprüfung für alle Bauleitpläne) in nationales Recht umzusetzen, zum Anlass genommen, weitere Vorschriften des BauGB zu novellieren.[67] Mit Inkrafttreten am 20.07.2004 ist die bundesrechtliche Teilungsgenehmigung nach § 19 BauGB a.F. entfallen, ebenso deren grundbuchverfahrensrechtliche Durchsetzung, also die Vollzugssperre des § 20 Abs. 2 Satz 2 BauGB a.F. Zuvor hatten zahlreiche Grundbuchämter unabhängig davon, ob die Gemeinde von der in § 19 Abs. 1 BauGB a.F. eingeräumten Möglichkeit eines Satzungserlasses Gebrauch gemacht hatte, ein Negativattest verlangt,[68] sofern nicht durch Landesverordnung die Satzungsoption gesperrt war, § 19 Abs. 5 BauGB a.F. In anderen Fällen „verabredete" die Kommune mit dem Grundbuchamt „praeter legem", jenes vom Erlass einer Satzung zu verständigen, um es so von der Prüfung untergesetzlichen Rechts zu entbinden.

Mangels einer Überleitungsvorschrift sind Genehmigungserfordernis und Grundbuchsperre auch in laufenden Verfahren entfallen.

3401 § 19 Abs. 2 BauGB untersagt das teilungsbedingte Entstehen von Verhältnissen, die den Festsetzungen des Bebauungsplans widersprechen („dürfen nicht ..... entstehen"). Gleichwohl handelt es sich dabei nicht um ein gesetzliches Verbot i.S.d. § 134 BGB,[69] sodass weder die Mitwirkung

---

66 Vgl. LG Magdeburg, NotBZ 2002, 35, m. zust. Anm. *Bleisteiner*, S. 36 ff.
67 Vgl. *Grziwotz*, ZfIR 2003, 929; *Schliepkorte*, ZfIR 2004, 128.
68 Gegen diese Praxis *Schmidt-Eichstaedt/Reitzig*, NJW 1999, 387 ff.
69 Ebenso LG Traunstein, MittBayNot 2005, 229; anders als etwa die landesrechtliche Vorschrift des § 19 Abs. 1 Satz 1 Rheinland-Pfälzisches AGBGB, wonach unterschiedlich belastete Grundstücke nicht vereinigt werden dürfen, vgl. *Dünig*, Rpfleger 2004, 461.

A. Vollzug

des Notars noch die Eintragung beim Grundbuchamt von der Prüfung der Baurechtswidrigkeit abhängig zu machen ist.[70]

Hinweis: 3402

Der Notar sollte allerdings darauf hinweisen, dass entstehende Verstöße durch baurechtliche Maßnahmen, bspw. Nutzungsunterlassungsverfügungen,[71] geahndet werden können, und rechtzeitige Erkundigungen[72] bei den Unteren Bauaufsichtsbehörden empfehlen. Eine Pflicht zur Warnung trifft ihn jedoch nur unter dem Gesichtspunkt der erweiterten Belehrungspflicht (§ 14 Abs. 1 Satz 2 BNotO analog), wenn eine besondere Gefahrenlage für einen Beteiligten besteht, deren sich der Betroffene nicht bewusst ist, und der Notar beides erkennt.[73]

Formulierungsvorschlag: Belehrungshinweis beim Teilflächenerwerb 3403

Den Beteiligten ist bekannt, dass die geplante Teilung des Grundstücks keiner bauplanungsrechtlichen Genehmigung mehr bedarf, gleichwohl durch die Teilung kein baurechtswidriger Zustand entstehen darf (etwa hinsichtlich der Einhaltung der Bauabstände). Der Notar hat zu Erkundigungen bei der unteren Bauaufsichtsbehörde (Stadt bzw. Landratsamt) geraten, um spätere Sanktionen zu vermeiden.

Die baurechtswidrige Teilung „zerstört" bei noch nicht verwirklichten Bauvorhaben das eigene Baurecht; bei bestehenden Gebäuden macht sie eine Abstandsflächenübernahme in Form einer Dienstbarkeit bzw. eine Vereinigungsbaulast[74] erforderlich; ggf. gelten Überbauvorschriften.[75] Werden Ausbau oder Nutzungsänderung beantragt, wird die Bauaufsichtsbehörde diese ablehnen; repressive Maßnahmen hinsichtlich des Bestandes sind wohl kaum möglich.[76] Einzelne Landesbauordnungen erlauben zumindest nach Ansicht der hierzu ergangenen Entscheidungen[77] auch, die Rückgängigmachung der Grundstücksteilung selbst zu verlangen. 3404

Nicht übersehen werden darf allerdings, dass das Genehmigungserfordernis für Teilungen in der Umlegung (§ 51 Abs. 1 Nr. 1 BauGB), im Enteignungsverfahren (§ 109 Abs. 1 BauGB), im förmlich festgelegten Sanierungs- (§ 144 Abs. 2 Nr. 5 BauGB) und städtebaulichen Entwicklungsbe- 3405

---

70 Vgl. Gutachten, DNotI-Report 2004, 174; *Eckert/Höfinghoff*, NotBZ 2004, 405 ff.; *Dümig*, Rpfleger 2004, 462, mit Blick auf die ratio legis (ausschließliche Verwaltungsvereinfachung); das diesbezüglich in der Stellungnahme des Bundesrats, BT-Drucks. 15/2250, S. 80, bemühte Argument e contrario zu § 172 Abs. 1 Satz 5 BauGB greift nicht, da es dort um die Fiktion eines relativen Verfügungsverbots nach § 135 BGB zum Schutz bestimmter Personen mit Gutglaubensschutzmöglichkeit geht, nicht aber um § 134 BGB.
71 Allerdings nur bzgl. des Teilstückes, auf dem baurechtswidrige Zustände bestehen: zu dichte Bebauung auf dem vorderen Grundstücksteil *(Voß/Steinkemper*, ZfIR 2004, 802).
72 Es besteht allerdings kein Anspruch auf Erteilung einer „verbindlichen Auskunft", *Ekkert/Höfinghoff*, NotBZ 2004, 413.
73 „Wochenendhausfall": BGH, DNotZ 1996, 118.
74 Vgl. *Wenzel*, Baulasten in der Praxis, Rn. 108 ff.
75 Vgl. *Grziwotz/Lüke/Saller*, Nachbarrecht, 2004, Teil 2, Kap. C I.
76 Vgl. Gutachten, DNotI-Report 2004, 173.
77 OVG Berlin-Brandenburg, ZMR 2002, 628 (noch zur alten Fassung der §§ 70, 77 Abs. 3 BauOBln; nach *Hahn/Radeisen*, Bauordnung für Berlin, 3. Aufl. 2006, § 7 Rn. 6 bis 8 gilt dies auch für die seit 27.09.2005 geltende Neufassung).

reich (§ 169 Abs. 1 Nr. 1 BauGB) bestehen bleibt. Die Genehmigung bezieht sich auf die Teilung des Grundstücks, nicht auf den Übertragungsvertrag selbst, der sofort rechtswirksam wird (sodass auch die Grunderwerbsteuer sofort anfällt), sofern nicht vertraglich die Erteilung der Teilungsgenehmigung zur aufschiebenden Bedingung erhoben wird. Dies empfiehlt sich insb. auch deshalb, weil sonst die Gefahr besteht, dass der Veräußerer wegen der unmöglich gewordenen „Lieferung" der Teilfläche gem. § 311a Abs. 2 BGB auf Schadensersatz haftet bzw. beide Beteiligten den Schaden gem. § 254 BGB zu teilen haben, da beide die Nichtgenehmigungsfähigkeit hätten kennen können.[78]

3406 Eine genehmigungspflichtige Teilung i.S.d. §§ 51, 109, 144, 169 BauGB liegt auch dann vor, wenn ein Grundbuchgrundstück, das aus mehreren unter einer gemeinsamen laufenden Nummer gebuchten Flurstücken besteht, im Grundbuchsinn geteilt wird, d.h. eines der Flurstücke unter einer laufenden Nummer vorgetragen und damit zu einem eigenen Grundbuchgrundstück wird, das separat veräußert und belastet werden kann. (Getrennt belastbar ist das einzelne Flurstück auch vor Abschreibung, da es sich nur um einfache, nicht um wesentliche Bestandteile des Gesamtgrundbuchgrundstücks handelt, sofern nach Ansicht des Grundbuchamts keine Verwirrung i.S.d. §§ 5, 6 GBO zu besorgen ist.)

3407 Zu berücksichtigen ist ferner das teilweise noch geltende landesrechtliche (**bauordnungsrechtliche**) **Teilungserfordernis**, derzeit in Hamburg (§ 8 HBauO), Niedersachsen (§ 94 NBauO) und Nordrhein-Westfalen (§ 8 BauONRW). Es umfasst bebaute oder (mit Ausnahme von NRW) bebaubare Grundstücke; zuständig ist die Kreisverwaltungsbehörde (kreisfreie Stadt bzw. Landkreis). Die Behörde prüft die Einhaltung bauordnungsrechtlicher Vorschriften (z.B. Grenzabstände, Brandschutz etc.).[79] Letztere sind natürlich auch einzuhalten, wenn die Teilung keiner landesrechtlichen Genehmigung mehr bedarf; einzelne Landesgesetze (etwa § 8 Abs. 3 ThürBO)[80] gewähren zur Absicherung des gesetzestreuen Bürgers (und seiner Rechtsnachfolger) einen Anspruch auf eine diesbezügliche Bescheinigung („Positivzeugnis" als feststellender Verwaltungsakt, deren Vorlage beim Grundbuchamt jedoch nicht verlangt werden kann).[81] Das Grundbuchamt darf die Eintragung der Teilung auch von solchen landesrechtlichen Teilungsgenehmigungserfordernissen abhängig machen.[82]

3408 Daneben treten schließlich landesrechtliche Genehmigungserfordernisse zur Teilung von Waldgrundstücken in Hessen, Mecklenburg-Vorpommern, Schleswig-Holstein und Thüringen.[83] Sie sollen das Entstehen von Splitterflächen unter einem Hektar vermeiden; teilweise gelten sie daher nur, wenn durch die Teilung bestimmte Aufgriffsschwellen unterschritten werden (§ 27 LandesWaldG M-V: 3,5 ha).

---

78 Formulierungsvorschlag s. *Krauß*, Immobilienkaufverträge in der Praxis, Rn. 632.
79 Zur Nachweispflicht ggü. dem Grundbuchamt vgl. Gutachten, DNotI-Report 2001, 129ff. und LG Köln, RNotZ 2005, 609.
80 Hierzu (mit Formulierungshilfen) *Watoro*, NotBZ 2004, 416, der zu Recht darauf hinweist, dass es nur in seltenen Fällen interessengerecht sein dürfte, diese zur Fälligkeitsvoraussetzung zu erheben.
81 A.A. LG Meiningen, NotBZ 2006, 145, m. abl. Anm. *Watoro*.
82 Vgl. DNotI-Report 2004, 173; *Grziwotz*, DNotZ 2004, 681.
83 Übersicht samt Gesetzestexten unter www.dnoti.de/Arbeitshilfen.

b) Weitere Genehmigungen nach BauGB

Das Baugesetzbuch enthält neben den nachstehend zu erläuternden, veräußerungsbezogenen Genehmigungsvorbehalten auch Sachverhalte, die an sonstige dingliche Vorgänge anknüpfen, etwa die in § 22 BauGB verankerte Satzungskompetenz der Gemeinde, in **Fremdenverkehrsgebieten** die **Aufteilung nach dem WEG** unter Genehmigungsvorbehalt zu stellen. Gem. § 22 Abs. 2 BauGB ist das Grundbuchamt unmittelbar durch die Gemeinde über den Satzungsbeschluss zu unterrichten. Wurde noch vor Wirksamwerden der Satzung eine Vormerkung zur Sicherung des Anspruchs auf Begründung von Sondereigentum im Grundbuch eingetragen, ist die Genehmigung stets zu erteilen (§ 22 Abs. 4 Satz 2 Halbs. 1 BauGB).[84]

3409

aa) Sanierungsverfahren

§§ 136 ff. BauGB enthalten Vorschriften zu städtebaulichen Sanierungsmaßnahmen und unterscheiden dabei Untersuchungsgebiete, Ersatz- und Ergänzungsgebiete und förmlich festgelegte **Sanierungsgebiete**. Der Umfang Letzterer wird durch Sanierungssatzung bestimmt (§ 143 BauGB) und informatorisch durch Vermerk im Grundbuch verlautbart (sog. „Sanierungsvermerk", § 143 Abs. 2 Satz 2 BauGB, der allerdings nicht konstitutiver Natur ist).

3410

In solchen förmlich festgelegten Sanierungsgebieten bedürfen u.a. die rechtsgeschäftliche Veräußerung eines Grundstücks sowie die Bestellung und Veräußerung eines Erbbaurechts der **schriftlichen Genehmigung** der Gemeinde (§ 144 Abs. 2 Nr. 1 BauGB), ebenso wie die Bestellung eines das Grundstück belastenden Rechts (§ 144 Abs. 2 Nr. 2), die zugrunde liegenden schuldrechtlichen Verträge (§ 144 Abs. 2 Nr. 3), die Begründung, Änderung oder Aufhebung einer Baulast (§ 144 Abs. 2 Nr. 4) und die Teilung eines Grundstücks (§ 144 Abs. 2 Nr. 5). Die Erteilung durch Allgemeinverfügung für bestimmte Teile des Sanierungsgebiets oder bestimmte Fälle ist gem. § 144 Abs. 3 BauGB möglich. Über die Genehmigung ist binnen eines Monats nach Eingang des Antrags bei der Gemeinde zu entscheiden, wobei die Frist um max. zwei Monate verlängert werden kann (§ 145 Abs. 1 i.V.m. § 22 Abs. 5 Satz 3 bis 5 BauGB).

3411

Für die vorliegende Darstellung bedeutsam ist allerdings die **Genehmigungsfreiheit** von Grundstücksveräußerungen und -belastungen, die „zum Zwecke der Vorwegnahme der gesetzlichen Erbfolge" durchgeführt werden (§ 144 Abs. 4 Nr. 2 BauGB).

3412

bb) Umlegungsverfahren

Gem. § 51 BauGB bedürfen im Umlegungsgebiet Grundstücksverfügungen aller Art (also auch Belastungen, auch Verfügungen im Wege vorweggenommener Erbfolge) und die zugrunde liegenden Rechtsgeschäfte der Genehmigung der Umlegungsstelle (regelmäßig „Umlegungsausschuss").[85] Das Umlegungsverfahren kann zu Veränderungen der grundbuchlichen Bezeichnung und Flächengröße der Einlagegrundstücke führen: mit Bekanntmachung der Unanfechtbarkeit des Umlegungsplans (§ 72 Abs. 1 Satz 1 BauGB) ändert sich außerhalb des

3413

---

[84] Zu den Neuerungen i.R.d. EAG Bau, vgl. DNotI-Report 2004, 115 ff.
[85] Diesem kann die Gemeinde ihr gesetzliches Vorkaufsrecht gem. § 24 Abs. 1 Nr. 2 BauGB übertragen, vgl. § 46 Abs. 5 BauGB.

Grundbuches der Eigentumsgegenstand (nicht die Eigentumsposition); es handelt sich also um eine „ununterbrochene Fortsetzung des Eigentumsrechts an einem verwandelten Grundstück".[86]

3414 Bei der **Vertragsgestaltung**[87] ist daher zu ermitteln, ob Erwerbsobjekt das Einlage- oder das Zuteilungsobjekt ist. Ferner ist der aktuelle Stand des Umlegungsverfahrens von Bedeutung: ab Eintritt des neuen Rechtszustandes (auch wenn er im Grundbuch noch zu keiner Berichtigung geführt hat) sind Verfügungen über das Einlagegrundstück nicht mehr möglich.[88] Bis zur Beschlussfassung über den Umlegungsplan (§ 66 Abs. 1 BauGB) kann der Erwerber (durch Anmeldung seines Rechtes bei der Umlegungsstelle) Verfahrensbeteiligter werden (§ 49 BauGB) und damit außerhalb des Grundbuches Eigentum erwerben, wodurch die schuldrechtliche Eigentumsverschaffungspflicht des Verkäufers ebenfalls erfüllt werden kann. Wegen des zwingenden Surrogationsprinzips ist eine Abtretung des Zuteilungsanspruchs selbst (§ 59 Abs. 1 BauGB) wohl nicht möglich.[89]

3415 Erwerbe im Rahmen eines Umlegungs- oder Flurbereinigungsverfahrens sind gem. § 1 Abs. 1 Nr. 3 GrEStG von der Grunderwerbsteuer befreit.[90]

3416 **Hinweis:**

Erwerbsverträge über umlegungsverhaftete Grundstücke erfordern deutliche Hinweise des Notars und Regelungen zur Verteilung des Risikos, dass die erwarteten „Ausgabegrundstücke" nicht entstehen.

3417 **Formulierungsvorschlag: Umlegungsverhaftetes Grundstück**

Der Erwerber wird aufgrund dieses Vertrages mit dem Vertragsbesitz Teilnehmer des Umlegungsverfahrens. Die Vertragsteile wurden auf die Vorschriften des Baugesetzbuches bezüglich der Umlegung hingewiesen. Ihnen ist bekannt, dass an die Stelle der in die Umlegung einbezogenen Einlagegrundstücke die Ersatzflächen treten. Der Erwerber unterliegt als Teilnehmer des Umlegungsverfahrens den gleichen Pflichten und hat die gleichen Rechte wie die übrigen Teilnehmer der Umlegung. Er hat insbesondere den gleichen Flächenabzug zu dulden, wie alle anderen Teilnehmer und hat etwa sich ergebende Mehr- oder Minderzuteilungen zum Umlegungspreis auszugleichen. Den Beteiligten ist bekannt, dass vor Rechtskraft der Umlegung nicht feststeht, ob die Ersatzfläche die angenommene Größe hat.

Der Veräußerer erteilt hiermit dem Erwerber bis zur Eigentumsumschreibung des Vertragsbesitzes Vollmacht zur Vertretung im Umlegungsverfahren hinsichtlich des erworbenen Grundbesitzes.

---

86 BGH, NJW 1987, 3260.
87 Vgl. hierzu *Knöfel*, ZfIR 2002, 773; *Seikel*, NotBZ 1997, 189; *Amann/Hertel*, Aktuelle Probleme der notariellen Vertragsgestaltung, (DAI-Skript Februar 2005), S. 160 ff.; *Hertel*, in: Würzburger Notarhandbuch, Teil 6 Rn. 25 ff.
88 Denkbar ist allerdings eine Auslegung als Auflassung des Zuteilungsgrundstückes, vgl. *Schöner/Stöber*, Grundbuchrecht, Rn. 3872 a.E.
89 A.A. OLG Hamm, MittBayNot 1996, 452, m. abl. Anm. *Grziwotz*.
90 Dies gilt seit BFH, BStBl. 2000 II, S. 206 auch für Zuteilungsgrundstücke, für die der neue Eigentümer eine Geldleistung erbringt – vgl. auch § 52 Abs. 3 FlurbereinigungsG zur Möglichkeit eines Verzichts zugunsten Dritter, auch Nichtteilnehmern, hierzu *Tönnies*, MittRhNotK 1997, 117 ff.

> Im Innenverhältnis der Vertragsteile, also ohne Auswirkungen für das Verhältnis des Erwerbers gegenüber dem Umlegungsausschuss und als Teilnehmer der Umlegung, vereinbaren die Vertragsteile: Der Veräußerer übernimmt keine Gewähr, ob und in welcher Größe in der Umlegung für den Vertragsbesitz ein Ersatzgrundstück zugeteilt wird. Der Erwerber verpflichtet sich, die Kosten der Umlegung hinsichtlich des Vertragsbesitzes zu tragen, soweit diese noch nicht beglichen sind und einen etwaigen Flächenabzug zu dulden. Dem Erwerber steht auch ein etwaiger Ausgleichsbetrag für den Vertragsbesitz zu.

Das Europarechtsanpassungsgesetz-Bau hat die bisherigen Bestimmungen des BauGB zu **Grenzregelungen** durch das Verfahren der sog. „vereinfachten Umlegung" (§§ 80 ff. BauGB) ersetzt.[91] Dieses kann nunmehr auch in enger Nachbarschaft liegende, allerdings nicht selbstständig bebaubare Grundstücke erfassen und gestattet (§ 80 Abs. 3 Satz 3 BauGB) mit Zustimmung der Eigentümer auch „abweichende Regelungen", die über den schlichten Eigentumstransfer hinausgehen.

3418

Gleiches gilt für Veräußerungen in städtebaulichen Entwicklungsgebieten (§§ 165 ff. BauGB).

cc) Flurbereinigungsverfahren

Das Flurbereinigungsgesetz bezweckt die Neuordnung ländlichen Grundbesitzes, wobei der Gegenstand der Rechte neu geordnet wird, die Inhaberschaft an diesen aber unberührt bleibt. Zu unterscheiden sind das Regelverfahren (§§ 1 bis 85 FlurbG), das vereinfachte Flurbereinigungsverfahren (§ 86), die sog. „Unternehmensflurbereinigung" (§§ 87 bis 90 FlurbG), die beschleunigte Zusammenlegung (§ 91 FlurbG) und der freiwillige Landtausch (§ 103a FlurbG), wobei Letzterer nur auf Antrag, nicht von Amts wegen stattfindet. Die Flurbereinigung bewirkt weder eine Grundbuchsperre noch ein Verfügungsverbot. Die tatsächliche und rechtliche Neugestaltung des Gebiets wird im **Flurbereinigungsplan** (§ 58 FlurbG) geregelt, einem privatrechtsgestaltenden Verwaltungsakt.

3419

Zu unterscheiden ist die (ggf. vorzeitige) Ausführung des Flurbereinigungsplans (als Bestimmung des Zeitpunkts, zu dem der vorgesehene neue Rechtszustand an die Stelle des bisherigen tritt, §§ 61, 63 FlurbG) vom Vollzug der **Ausführungsanordnung** durch tatsächliche Ausführung des Wege- und Gewässerplans und Regelung des Übergangs von Besitz und Nutzung der neuen Grundstücke sowie Berichtigung der Grundbücher (§§ 79 ff. FlurbG). Die öffentlichen und gemeinschaftlichen Anlagen (Wege, Drainagen etc.) werden allerdings in der Praxis schon viele Jahre (wenn nicht Jahrzehnte!)[92] vor der Ausführung des Flurbereinigungsplans errichtet (Vorweg-Ausbau nach § 42 Abs. 2 Satz 2 FlurbG) und die Beteiligten gem. § 65 FlurbG durch **vorläufige Besitzeinweisung** tatsächlich in den Besitz der neuen Grundstücke eingewiesen. Damit sind die alten Grundstücke in der Örtlichkeit verschwunden, jedoch noch immer – bis zum Eintritt des neuen Rechtszustands – Gegenstand des Grundbuchverkehrs.

3420

Für Grundstücke, über die ein Flurbereinigungsverfahren eingeleitet wurde, besteht wider Erwarten **keine Genehmigungsbedürftigkeit**. Der Erwerb ist jedoch bei der Flurbereinigungsbehörde anzuzeigen Das über dieses Grundstück bisher durchführte Verfahren muss der Erwerber

3421

---
91 Vgl. hierzu *Grziwotz*, DNotZ 2004, 683.
92 *Haselhoff*, RdL 1999, 1.

gegen sich gelten lassen (§ 15 FlurbG). Die Teilnehmergemeinschaft erteilt Auskunft über die zu erwartende **Landabfindung**; diese richtet sich nach dem Wertermittlungsverfahren der §§ 72 ff. FlurbG gemäß der jeweiligen Qualitätseinstufung („Wertzahl"), kann also zu einer stark abweichenden Flächenzuteilung führen. Weiterhin werden in Wert umgerechnete Flächenabzüge für **Gemeinschaftsflächen** vorgenommen. Flächenabhängige Gegenleistungen bei flurbereinigungsbefangenen Grundstücken sollten also deutlich zu erkennen geben, ob sich der Quadratmeterpreis auf die Einlage oder auf die Abfindung bezieht.[93] Weiter ist zu beachten, dass Flurbereinigungskosten erhoben werden; insoweit geleistete Vorschüsse mindern die künftige Beitragsschuld, sind jedoch nicht an den Veräußerer rückerstattbar.[94]

3422   Der Erwerber erwirbt zunächst Eigentum am bisherigen „Einlagegrundstück", mit Ausführung des Flurbereinigungsplans wird er Eigentümer des zugewiesenen Ersatzgrundstücks, was durch **Grundbuchberichtigung** dokumentiert wird (§ 79 Abs. 1 FlurbG i.V.m. § 38 GBO). Bis zum Vollzug der Grundbuchberichtigung dient der Flurbereinigungsplan als amtliches Verzeichnis der Grundstücke i.S.d. § 2 Abs. 2 GBO. Der Flurbereinigungsteilnehmer hat die Möglichkeit, bei der Behörde eine vorzeitige Teilberichtigung des Grundbuchs zu beantragen (§ 82 FlurbG).[95]

3423   Sofern eine **vorläufige Besitzeinweisung** erfolgt, kann er bereits vor Ausführung des Flurbereinigungsplans, also dem in der Ausführungsanordnung bestimmten Zeitpunkt (§§ 61, 63 FlurbG) Besitz, Verwaltung und Nutzung des neuen Grundstücks erhalten (§§ 55 ff. FlurbG).

3424   Im Überlassungsvertrag empfehlen sich bei Flurbereinigungsverfahren notarielle Hinweise etwa folgenden Inhalts:

3425   **Formulierungsvorschlag: Grundstück im Flurbereinigungsverfahren**

> Die Vertragsteile wurden darauf hingewiesen, dass der Vertragsbesitz in das Flurbereinigungsverfahren einbezogen ist. Der Erwerber wird darauf hingewiesen, dass er das bis zur Eigentumsumschreibung oder bis zur Anmeldung des Erwerbs durchgeführte Flurbereinigungsverfahren gegen sich gelten lassen muss und die Beitrags- und Vorschusspflicht als öffentliche Last auf den Grundstücken ruht und dass davon abweichende Vereinbarungen nur im Verhältnis zwischen den Vertragspartnern Bedeutung zukommt.
>
> Auf Verlangen gibt der Vorsitzende der Teilnehmergemeinschaft Auskunft über den Stand der Beitragsleistungen.
>
> Von der vorläufigen Besitzeinweisung bis zum Eintritt des neuen Rechtszustandes können Teilnehmer rechtswirksam nur über die alten Flurstücke, nicht aber über die Abfindungsflurstücke verfügen; beim Erwerb von Flurstücken wird das Eigentum an den alten Flurstücken, der Besitz aber an den Abfindungsflurstücken des Veräußerers erworben. Nach Eintritt des neuen Rechtszustands sind Verfügungen nur mehr über die neuen Flurstücke möglich.

---

93 Vgl. *Mannel*, MittBayNot 2004, 399.
94 Vgl. *Fink*, RdL 1974, 309 ff.; teilweise a.A. *Haselhoff*, RdL 1995, 256.
95 Vgl. BayObLG, MittBayNot 1983, 64.

Sofern die Abfindungsflurstücke bekannt sind:

Die Abfindungsflurstücke beschreiben sich wie folgt und sind im beigefügten, zur Durchsicht vorgelegten Lageplan rot gekennzeichnet:

Flst.Nr.

*(**Andernfalls**: Dem Notar war es aus Zeitgründen nicht mehr möglich, von der Flurbereinigungsbehörde die Abfindungsflurstücke zu erfragen. Trotz Hinweis auf die damit verbundenen Gefahren bestanden die Erschienenen dennoch auf Beurkundung.)*

4. Verwalterzustimmung gem. § 12 WEG

a) Anordnung

Sofern durch die Gemeinschaftsordnung gem. §§ 8, 12 WEG die (schuldrechtliche und dingliche) Veräußerung[96] des Sondereigentums an eine Zustimmung des WEG-Verwalters gebunden wurde, soll dies im **Bestandsverzeichnis des Grundbuchblatts** vermerkt werden;[97] der Vermerk hat jedoch lediglich deklaratorische Natur,[98] sodass sich bei unbekannten WEG-Objekten stets die Einsichtnahme in die gem. § 874 Abs. 1 BGB in Bezug genommene Gemeinschaftsordnung bei den Grundakten empfiehlt (zwar kann i.R.d. Fälligkeitsregelung darauf abgestellt werden, dass nur eine nach Grundbuchvortrag erforderliche Verwalterzustimmung als Fälligkeitsvoraussetzung einzuholen sei, bei einer unerkannt dennoch bestehenden Zustimmungsbedürftigkeit bleibt es jedoch dann bei der Unwirksamkeit der dinglichen Einigung ohne Heilungswirkung). 3426

Ein etwa bestehendes Zustimmungserfordernis erfasst alle Fälle der Veräußerung, auch durch den teilenden Eigentümer selbst, unter Angehörigen, unter Miteigentümern,[99] im Konzernbereich bzw. zwischen Gesellschaft und Gesellschafter,[100] nicht jedoch Wechsel im Kreise der Gesellschafter,[101] ebenso wenig die Rückübertragung nach wirksamer Anfechtung des Erstgeschäftes.[102] Regelmäßig sind jedoch bestimmte **Veräußerungsfallgruppen** (durch den Bauträger, den Insolvenzverwalter, Veräußerungen zur Vermeidung einer Zwangsvollstreckung, an Ver- 3427

---

96   Kein Zustimmungserfordernis bei Ausgliederung oder Verschmelzung (§§ 20, 131 UmwG), LG Darmstadt, RPfleger 2008, 21.
97   § 3 Abs. 2 der Wohnungseigentums-Grundbuchverfügung.
98   LG München I, MittBayNot 1993, 137; *Schöner/Stöber*, Grundbuchrecht, Rn. 2901; a.A. (Wirksamkeitsvoraussetzung): MünchKomm-BGB/*Commichau*, § 12 WEG Rn. 10 m.w.N., sodass der Erwerb wirksam wäre, der Erwerber jedoch der Eintragung der Verfügungsbeschränkung im Grundbuch zustimmen müsste. Vgl. zum Ganzen Gutachten, DNotI-Report 2005, 20.
99   Gutachten, DNotI-Report 2009, 182; auch wenn dies zur Erfüllung eines Vermächtnisses geschieht, ebenso KG, 01.03.2011 – 1 W 57/11, ZfIR 2011, 381 (nur LS), auch wenn dadurch keine neue Person Mitglied des WEG-Verbandes wird.
100 OLG Hamm, 28.08.2006 – 15 W 15/06, Rpfleger 2007, 139: von der GmbH & Co. KG auf ihre beiden alleinigen Kommanditisten.
101 Auch nicht bei einer GbR, OLG Celle, 29.03.2011 – 4 W 23/11, NotBZ 2011, 294 (obiter wird dort ausgeführt, dass wegen der Risiken freier Übertragbarkeit der Anteile an einer GbR die Zustimmung zu deren Erwerb verweigert werden könne).
102 OLG Hamm, ZMR 2011, 147 (fragwürdig; die Zuverlässigkeit des früheren Eigentümers kann sich jetzt anders darstellen!).

wandte[103] und Ehegattengeschäfte, unentgeltliche Übertragungen[104]) ausgenommen. Wegen der Unübertragbarkeit der Verwalterposition als solcher darf der Verwalter keine Generalvollmacht erteilen, schon gar nicht an Personen außerhalb seines Einflussbereichs (Notarangestellte!),[105] sondern allenfalls Spezialvollmachten für den Einzelfall. Die Verwalterzustimmung kann durch Zustimmung aller Wohnungseigentümer ersetzt werden, gleichgültig ob ein Verwalter bestellt ist oder nicht.[106]

3428 Ab 01.07.2007 erweitert § 12 Abs. 4 WEG die Möglichkeiten, Angelegenheiten der Gemeinschaft durch Mehrheitsbeschluss zu regeln: Mit einfacher Mehrheit kann die Veräußerungsbeschränkung des § 12 WEG (insb. also die Zustimmung des Verwalters) aufgehoben werden; dem Grundbuchamt muss (zum Zwecke der möglichst umgehend vorzunehmenden[107] kostenpflichtigen[108] Berichtigung, § 12 Abs. 4 Satz 5 WEG, an die sich auch der Gutglaubensschutz knüpft)[109] der Beschluss durch ein Protokoll gem. §§ 26 Abs. 3, 24 Abs. 6 WEG (Beglaubigung der Unterschriften des Vorsitzenden, eines Wohnungseigentümers und des (ggf. stellvertretenden) Vorsitzenden des Verwaltungsbeirats,[110] sofern vorhanden) nachgewiesen werden, vgl. Rdn. 1225. Die Neubegründung der Veräußerungsbeschränkung erfordert jedoch wiederum eine Vereinbarung aller Wohnungseigentümer samt Grundbucheintragung,[111] allerdings (wegen § 5 Abs. 4 WEG) nicht mehr die Zustimmung der Grundpfandgläubiger.

b) Verfahren

3429 Die Zustimmung zum schuldrechtlichen Vertrag ist mit ihrem Zugang wegen ihrer Gestaltungswirkung (Beendigung der schwebenden Unwirksamkeit) unwiderruflich, die (zugleich erteilte) Einwilligung zum dinglichen Geschäft, also zum Vollzug der Auflassung, könnte allerdings gem. § 183 Satz 1 BGB bis zur Endvollzugsvorlage (§§ 878, 873 Abs. 2 BGB) widerrufen werden, sofern sich nicht zumindest aus den Sicherungsinteressen der Beteiligten etwas anderes ergibt.[112] Vorsorglich sollte der dem Verwalter übersandte Genehmigungsentwurf insgesamt die **Unwiderruflichkeit** (also Widerruflichkeit nur aus wichtigem Grunde) vorsehen. Die Zustimmung

---

103 Dann ist jedoch gem. OLG München, 12.04.2007 – 32 Wx 64/07, NJW 2007, 1536, nur die direkte Veräußerung an den Verwandten, nicht an eine aus Verwandten bestehende (teilrechtsfähige!) GbR, freigestellt. Frei ist jedoch die Auseinandersetzung einer Erbengemeinschaft aus Personen des freigestellten Verwandtschaftsgrades, LG Dortmund, MittBayNot 2009, 43.
104 So z.B. wenn nur von „Verkauf" die Rede ist, KG, 17.08.2010 – 1 W 97/10, DNotZ 2011, 377.
105 Gutachten, DNotI-Report 1995, 148; Staudinger/*Bub*, BGB, § 26 WEG Rn. 368 f.
106 OLG Saarbrücken, DNotZ 1989, 439; OLG Zweibrücken, NJW-RR 1987, 269.
107 *Drasdo*, RNotZ 2007, 266 (Unmöglichkeit nachträglicher Beglaubigung der Unterschriften mitwirkender Eigentümer nach deren Versterben oder bei Unerreichbarkeit).
108 §§ 76 Abs. 2, 64 KostO: Halbe Gebühr aus ca. 10 % des Werts der Anlage (NotBZ 2007, 309).
109 Vgl. *Wilsch*, NotBZ 2007, 309 bei Anfechtung des Beschlusses (§ 23 Abs. 4 WEG), der allein noch keinen Gutglaubensschutz vermittelt. Zu den Folgen späterer Aufhebung des „Verwalterzustimmungs-Abschaffungsbeschlusses" auf zwischenzeitliche Eintragungen Riecke/Schmid/*Schneider*, § 12 WEG Rn. 68d ff.; *Langhein*, notar 2010, 199, plädiert de lege ferenda dafür, stets mit Vollzug der Auflassung Heilung eintreten zu lassen.
110 Nachweise über die Gewährspersoneneigenschaft der Unterzeichner darf das Grundbuchamt jedoch nicht verlangen, *Röll*, RPfleger 1986, 5.
111 *Hügel*, DNotZ 2007, 353, und zwar auch, wenn der Aufhebungsbeschluss noch nicht im Grundbuch deklaratorisch vermerkt ist (Verbot der Umgehung des § 12 Abs. 1 WEG, *Drasdo*, RNotZ 2007, 268).
112 So *Kössinger*, in: Bauer/v. Oefele, GBO, § 19 Rn. 200; vgl. Gutachten, DNotI-Report 2004, 165.

zur Veräußerung „gilt" auch für die Rückübereignung, etwa als Folge einer Anfechtung oder des Schadensersatzes statt der ganzen Leistung.[113]

Wird der Beschluss über die Bestellung eines Verwalters erfolgreich[114] angefochten, verlieren nach Auffassung der Rechtsprechung mit dem Wegfall der Verwalterfunktion rückwirkend auch die bereits durch ihn erteilten § 12-WEG-Genehmigungen ihre Wirksamkeit; bereits umgeschriebene Grundbücher werden unrichtig.[115] § 45 FamFG, wonach die Aufhebung einer gerichtlichen Verwalterbestellung die bereits durch diesen Verwalter vorgenommenen Rechtshandlungen unberührt lässt, gilt für den gewählten Verwalter nicht. Auch die Grundsätze der Anscheins- oder Duldungsvollmacht finden auf die Verwalterzustimmung keine Anwendung. Erhöhte Aufmerksamkeit ist also geboten, wenn sich aus dem vorgelegten Protokoll ergibt, dass die Verwalterbestellung weniger als einen Monat zurückliegt (§ 46 Abs. 1 Satz 2 WEG: Einlegungsfrist ein Monat, Begründungsfrist zwei Monate). Ist ein laufendes Anfechtungsverfahren bekannt, wird der Notar bspw. empfehlen, einen Teilbetrag auf Anderkonto zurückzubehalten, um die Kosten einer etwaigen Erzwingung der Genehmigung gegen einen neu bestellten Verwalter abzusichern. 3430

Davon zu trennen ist die Frage, ob im Fall eines **Wechsels der Miteigentümer** bzw. **des Verwalters** vor Stellung des Antrags auf Endvollzug (§ 878 BGB analog)[116] die Zustimmung des neuen Miteigentümers/Verwalters erforderlich ist[117] (sodass Anderkontoauszahlung erst nach Endvollzugsvorlage vorzusehen wäre)[118] oder nicht.[119] Richtig ist wohl Letzteres,[120] sodass die Verwaltereigenschaft bei Zugang der Genehmigung maßgeblich ist, wegen der überwiegend anderslautenden OLG-Rechtsprechung sollte aber vorsorglich die Zustimmung des neuen Verwalters eingeholt werden, zumal der Grundbuchvollzug einen etwaigen Verstoß nicht heilt.[121] 3431

---

113 OLG Hamm, 06.07.2010 – I-15 Wx 355/09, DNotZ 2011, 129.

114 Allein auf die Einberufung der Wahlversammlung durch eine dazu nicht befugte Person lässt sich die Anfechtung nicht stützen, wenn sich alle Anwesenden auf die Wahl eingelassen haben und die Abwesenheit der anderen Eigentümer auf anderen Gründen (Verhinderung) beruht, OLG München, 06.04.2009 – 32 Wx 3/09, MittBayNot 2009, 462.

115 KG, 31.03.2009 – 1 W 209/05, RNotZ 2009, 479; krit. hierzu Gutachten, DNotI-Report 2011, 113, 115 m.w.N.

116 Vgl. Gutachten, DNotI-Report 2010, 210 ff.; OLG Celle, RNotZ 2005, 542; a.A. Staudinger/*Gursky*, BGB, § 878 Rn. 28: Fungibilitätsbeschränkung ist aus dem Grundbuch selbst ersichtlich, daher keine analoge Anwendung – maßgeblich ist dann der Eigentumswechsel selbst.

117 So OLG Celle, RNotZ 2005, 542: § 183 BGB analog, ferner gestützt auf das Interesse der „künftigen" Eigentümer an der Vermeidung gemeinschaftswidriger Zustände, ebenso OLG Hamm, 12.05.2010 – I-15 W 139/10, RNotZ 2010, 578; OLG Hamburg, 15.03.2011 – 13 W 15/11, ZfIR 2011, 528.

118 Allerdings besteht auch hier die Gefahr, dass der Verwalterwechsel zwar bereits zuvor eingetreten ist, aber nicht mehr rechtzeitig bekannt wurde – Fehlen eines „Verwalterregisters" mit Gutglaubenswirkung.

119 „Entsperrung der Fungibilitätsbeschränkung" erfolge mit Zustimmung des derzeit Berechtigten endgültig, vgl. *Kössinger*, in: Bauer/v. Oefele, GBO, § 19 Rn. 202 f.; Bärmann/*Klein* (BGH-Richter!), WEG, § 12 Rn 33; OLG Düsseldorf, 11.05.2011 – I-3 Wx 70/11, ZfIR 2011, 529 m. zust. Anm. *Schneider*; zust. auch *Hügel*, DNotZ 2011, 628 ff. (keine Verfügungsbeschränkung als Ausnahme zu § 137 BGB, sondern Beschränkung des Rechtsinhalts des Wohnungseigentums; der Eigentümergemeinschaft dürfe durch die Verzögerung im Vollzug keine „zweite Chance" entstehen); LG Wuppertal, MittRhNotK 1982, 207; *Kesseler*, RNotZ 2005, 547 und RNotZ 2011, 419; maßgeblich sei dann gem. § 12 Abs. 3 WEG bereits das Wirksamwerden des schuldrechtlichen Vertrags.

120 § 876 Satz 3 BGB analog: für Zustimmung eines dinglichen Berechtigten zur Änderung des belasteten Rechts genügt Befugnis bei Zugang der Zustimmung; auch § 12 WEG regelt die Zustimmung eines Dritten zu einem dinglichen Rechtsgeschäft über ein Grundstück.

121 *Hertel*, in: Amann/Hertel/Everts, Aktuelle Probleme der notariellen Vertragsgestaltung im Immobilienrecht 2006/2007 (DAI-Skript), S. 186.

Kapitel 10: Vollzug; Kosten

Wird versehentlich ohne Genehmigung umgeschrieben, hat der Veräußerer[122] einen **Grundbuchberichtigungsanspruch** (§ 894 BGB), zu dessen Durchsetzung ihn die Eigentümergemeinschaft durch Beschluss anhalten kann.[123]

3432   Ergibt sich die Verwalterbestellung nicht (mehr – Bestellung auf max. fünf Jahre bzw. für den ersten Verwalter drei Jahre, § 26 Abs. 1 Satz 2 WEG) aus der Gemeinschaftsordnung,[124] die i.d.R. Bestandteil der Teilungserklärung ist, kann die rechtzeitig erfolgte Mehrheits[125]-Wahl (keine Rückwirkung!)[126] – an welcher auch er selbst als Eigentümer oder aufgrund Vollmachten der Wohnungseigentümer mitwirken kann[127] – durch Protokoll gem. § 26 Abs. 3 WEG (Niederschrift über den Bestellungsbeschluss mit beglaubigten[128] Unterschriften des Versammlungsleiters, eines Wohnungseigentümers und[129] – falls ein Verwaltungsbeirat[130] besteht – dessen Vorsitzenden[131] bzw. Vertreters) nachgewiesen werden.[132] Zur Beibringung des **Nachweises seiner Verwaltereigenschaft** ist der Verwalter verpflichtet (und haftet bei schuldhafter Pflichtverletzung

---

122   Der selbst zu Unrecht Eingetragene kann sich nicht auf § 894 BGB stützen, sondern muss Feststellungsklage hinsichtlich der Unwirksamkeit seines Geschäfts erheben, BGH, 17.06.2005 – V ZR 78/04, NotBZ 2005, 324. Ein lediglich Vormerkungsberechtigter hat nicht einmal ein Antragsrecht auf Grundbuchberichtigung, OLG Düsseldorf, 04.10.2006 – I-3 Wx 165/06, RNotZ 2006, 613.

123   OLG Hamm, Rpfleger 2002, 20.

124   Wobei umstritten ist, ob es sich um einen Beschluss i.S.d. § 23 Abs. 3 WEG der „werdenden" Gemeinschaft, oder einen „Entschluss" sui generis (Staudinger/*Bub*, § 26 WEG Bearbeitung 2005 Rn. 122) handelt. Nach a.A. (*Drasdo*, RNotZ 2008, 87 ff.) kann die Gemeinschaftsordnung allenfalls eine Ermächtigung enthalten, dass nach Entstehung der Eigentümergemeinschaft (also Vorhandensein von mindestens zwei werdenden Eigentümern) jeder berechtigt sei, eine Versammlung zum Zweck der Verwalterwahl einzuberufen.

125   § 26 Abs. 1 Satz 1 WEG; nicht ausreichend ist die relative Mehrheit bei gleichzeitiger Abstimmung über mehrere Bewerber, BayObLG, NZM 2003, 444.

126   Jedenfalls nicht im Außenverhältnis, vgl. Gutachten, DNotI-Report 2006, 63. Nach der neuerlichen Wahl muss also eine versehentlich bereits erteilte Genehmigung erneut erteilt werden.

127   OLG Hamm, RNotZ 2007, 32: weder gehindert durch § 181 BGB noch durch § 25 Abs. 5 WEG, sogar wenn zugleich über den Verwaltervertrag abgestimmt wird. Nach OLG München, 15.09.2010 – 32 Wx 16/10, NotBZ 2010, 425, gilt dies auch bei der Beschlussfassung über die eigene Abberufung, wenn der WEG-Verwalter Stimmrechtsvollmachten hat.

128   Geschäftswert gem. § 30 Abs. 2 KostO nach Ansicht des BGH, DNotZ 2009, 315, im Regelfall 3.000,00 Euro, bei größeren Wohnanlagen jedoch 300,00 bis 500,00 € je Wohneinheit.

129   OLG Düsseldorf, 22.02.2010 – 3 Wx 263/09, RNotZ 2010, 258 mit tlw. krit. Anm. *Heggen*, RNotZ 2010, 455 ff., lässt es jedenfalls bei gleichzeitiger Wahrnehmung der Versammlungsleitung und des Beiratsvorsitzes genügen, dass mit einer Unterschrift beiden Erfordernissen Genüge getan wird. Fraglich ist, ob dies auch bei (in aller Regel gegebener) Funktionsidentität von „Eigentümer" und „Beiratsvorsitz" der Fall ist (ablehnend: LG Wuppertal, 13.11.1990 – 6 T 894/90), oder gar bei Identität aller drei Funktionen. Entgegen OLG Düsseldorf können Unterschriften nachgeholt werden und schadet es auch nicht, dass ein Eigentümer seiner Unterschrift die Bezeichnung „Beiratsmitglied" beifügt.

130   Wird ein solcher bestellt, muss er aus drei Mitgliedern bestehen (BGH, 05.02.2010 – V ZR 126/09, ZMR 2010, 545 m. Anm. *Elzer*), es sei denn die Eigentümer vereinbaren eine andere Zusammensetzung gem. § 10 Abs. 2 WEG.

131   Das Grundbuchamt kann keine Nachweise verlangen, dass es sich beim Unterzeichner tatsächlich um den Vorsitzenden bzw. stellvertretenden Vorsitzenden des Verwaltungsbeirats handelt, vgl. LG Aachen, 09.11.1984, MittRhNotK 1985, 13; *Heggen*, NotBZ 2009, 401, 402 (Erleichterungsfunktion des Gesetzes; Beweisnot). Die Eigentümereigenschaft kann das Grundbuchamt ggf. selbst feststellen.

132   Sofern die Verwalterbestellung außerhalb einer Versammlung im Weg des Zirkularbeschlusses erfolgte, müssen jedoch alle Wohnungseigentümer unterschreiben und deren Unterschriften beglaubigt werden, BayObLG, NJW-RR 1986, 565.

gegenüber dem Verkäufer auf den Verzögerungsschaden),[133] zur formellen Prüfung der Nachweisanforderungen der Notar i.R.d. Fälligkeitsüberwachung. Mit Vereinigung aller Sondereigentumseinheiten in einer Hand (auch ohne Schließung der Sondereigentumsgrundbücher) dürfte die Verwaltereigenschaft eo ipso enden.[134]

Trotz ihrer Teilrechtsfähigkeit kann eine **GbR** weiterhin nicht WEG-Verwalter sein.[135] Auch bei Mehrhausanlagen, die Unterversammlungen zur Regelung der Gemeinschaftsbelange einzelner Abschnitte abhalten,[136] kann lediglich ein WEG-Verwalter, und zwar für die Gesamteigentümergemeinschaft, bestellt werden.[137] Ist eine Kapitalgesellschaft zum Verwalter bestellt, besteht diese Eigenschaft nach einer Übertragung von Gesellschaftsanteilen oder Umwandlungsvorgängen[138] nur bei „Identität" fort,[139] sofern der Verwaltervertrag keine ausdrückliche[140] oder durch Auslegung (analog § 168 BGB)[141] zu gewinnende Regelung enthält.

3433

Auch zur **Veräußerung**[142] und zum **Erwerb**[143] seines eigenen Sondereigentums kann der WEG-Verwalter die Zustimmung selbst erteilen (§ 181 BGB steht nicht entgegen, da der Verwalter als Treuhänder aller Wohnungseigentümer in verdeckter, mittelbarer Stellvertretung handelt, also nicht auf beiden Seiten eines Rechtsgeschäfts steht).[144]

3434

> **Hinweis:**
>
> Die Anweisung zur Erteilung einer beglaubigten Abschrift an den WEG-Verwalter bei Anforderung der Genehmigung durch den Notar sollte, sofern die Beteiligten einverstanden sind, gem. § 51 Abs. 2 BeurkG in der Urkunde (Verteiler) vermerkt werden. Anderenfalls ist fraglich, ob die Mitteilung anderer Daten als des Vertragsobjekts, der Personalien des Käufers und des Datums des Besitzübergangs sowie der Formulierungen über den Eintritt in die Gemeinschaftsordnung angesichts der Pflicht zur Verschwiegenheit (§ 18 BNotO) in Betracht kommt.[145]

3435

---

133 OLG Düsseldorf, ZNotP 2004, 201.
134 OLG Düsseldorf, NZM 2005, 743 = NJW-Spezial 2005, 531.
135 BGH, 18.05.1989 – V ZB 4/89, DNotZ 1990, 34; bestätigt durch BGH, 26.01.2006 – V ZB 132/05, NotBZ 2006, 171; a.A. zuvor LG Hamburg, DNotI-Report 2004, 162. Nach BGH, 28.05.2009 – VII ZR 206/07, ZfIR 2009, 751, kann eine GbR als „Scheinverwalter" aber ermächtigt werden, Ansprüche der Wohnungseigentümergemeinschaft geltend zu machen (für Sachverhalte seit der WEG-Reform fraglich, da § 10 Abs. 6 Satz 3 WEG diese Maßnahmen allein dem Verband überantwortet, vgl. *Becker*, ZfIR 2009, 753.)
136 BayObLG, MittBayNot 1994, 430; *Häublein*, NZM 2003, 785, 791 f.
137 Vgl. Gutachten, DNotI-Report 2007, 113.
138 Großzügiger *Zajonz/Nachtwey*, ZfIR 2008, 701 ff.: bei Verschmelzung einer zum Verwalter bestellten Kapitalgesellschaft gehen Verwalteramt und Verwaltervertrag über (§ 20 Abs. 1 Nr. 1 UmwG); besonderes Vertrauen i.S.d. § 673 BGB werde einer Kapitalgesellschaft nicht entgegengebracht (anders bei der Einmann-Gesellschaft); zum ganzen umfassend *Wickel/Menzel*, MittBayNot 2009, 203 ff.
139 OLG Köln, 09.02.2006 – 2 Wx 5/06, Rpfleger 2006, 395.
140 *Wickel/Menzel*, MittBayNot 2009, 203, 208 mit Formulierungsvorschlag.
141 BayObLG, NZM 2002, 346, 348: Koppelung des Verwalteramts an das zugrundeliegende Geschäftsbesorgungsmandat.
142 BayObLG, NJW-RR 1980, 1077: § 25 Abs. 5 WEG ist auf das Stimmrecht des Wohnungseigentümers beschränkt.
143 KG, DNotZ 2004, 391, a.A. LG Hagen, RPfleger 2007, 196 m. zust. Anm. *Jurksch*: anders als beim Verkauf, bei dem ein Interessengleichlauf (Suche nach einem leistungsfähigen Käufer) bestehe.
144 A.A. (§ 181 BGB analog) LG Hagen, RNotZ 2007, 349.
145 Dagegen *Rapp*, in: Beck'sches Notarhandbuch, A III Rn. 180; dafür *Liessem*, NJW 1988, 1306.

c) Versagung

3436 Die Verwalterzustimmung gem. § 12 Abs. 2 WEG darf (unabdingbar) **nur aus wichtigem Grund** versagt werden, also bei Bestehen konkreter Anhaltspunkte für eine gemeinschaftswidrige Gefahr aus der Person des Erwerbers[146] bzw. seines Umfeldes[147] oder dessen fehlender konkreter[148] wirtschaftlicher Leistungsfähigkeit[149] bzw. bei WEG-Modellen mit besonderer Zweckbindung (Ärztehaus; „Betreutes Wohnen";[150] Mehrhausanlage mit abschnittsweiser Errichtung)[151] im Fall des Nichteintritts in schuldrechtliche Begleitverträge bzw. der Nichterteilung erforderlicher Vollmachten. Auskunftsansprüche hat der Verwalter dabei nur gegen den Verkäufer, der einerseits die Informationen ggf. beim Käufer zu beschaffen hat.[152] Erteilt der Verwalter seine Zustimmung ohne hinreichenden Grund nicht oder verspätet, haftet er auf Schadensersatz.[153] Haben die Wohnungseigentümer die Entscheidung über die Zustimmung an sich gezogen und verweigert, ist die Klage auf Erteilung gegen sie zu richten.[154]

3437 Entgegen landläufiger Auffassung besteht kein **Zurückbehaltungsrecht** wegen rückständiger Hausgeldforderungen des Veräußerers, da das Erfordernis der Verwalterzustimmung nicht den Erwerber schützen soll,[155] ebenso wenig den Veräußerer.[156] Die Genehmigung kann selbst dann nicht verweigert werden, wenn der Erwerber Pflichten des Veräußerers nicht erfüllt, obwohl ihn diese (rückständige Hausgeldforderungen) nach der Gemeinschaftsordnung treffen würden.[157] Eine „**Bearbeitungsgebühr**" steht dem Verwalter nur zu, wenn sie im Verwaltervertrag oder der

---

146 Beispiel aus BayObLG, MittBayNot 2003, 54: der Erwerber hat bereits in der Vergangenheit durch provozierendes und beleidigendes Verhalten für Streit mit anderen Wohnungseigentümern gesorgt.
147 OLG Zweibrücken, DNotZ 2006, 295.
148 Allein auf den Umstand, dass der Käufer eine GmbH ist, kann die Verweigerung nicht gestützt werden: BayObLG, NJW-RR 1988, 1425.
149 *Drasdo*, NJW-Spezial 2007, 193, empfiehlt die Einholung von SCHUFA-Auskünften; hierin muss der Erwerbsinteressent jedoch einwilligen. In Betracht kommt weiter die Vorlage von Gehaltsbescheinigungen (*Elsing*, ZNotP 2008, 236). Allgemein zugänglich sind die Veröffentlichungen auf www.insolvenzbekanntmachungen.de.
150 Hierzu umfassend *Heinemann*, MittBayNot 2002, 69 ff. (mit Formulierungsvorschlägen für Teilungserklärung, Kauf- und Bauträgervertrag) und *Forst*, RNotZ 2003, 292 ff. (auch zur Frage der Anwendbarkeit des Heimgesetzes, § 1 Abs. 2 HeimG in der seit 01.01.2002 geltenden Fassung); Überblick bei *Drasdo*, NJW-Spezial 2007, 193; Zertifizierungsanforderungen bei www.stiftung-betreutes-wohnen.de. Wird zugleich eine Verpflichtung zum Abschluss eines Betreuungsvertrags festgeschrieben, muss letzterer wegen § 309 Nr. 9 Buchst. a) BGB nach Ablauf von zwei Jahren ordentlich kündbar sein, BGH, 13.10.2006 – V ZR 289/05, NJW 2007, 213.
151 Hierzu *Hügel*, DNotZ 2003, 517. Die alternative Gestaltung über einen überdimensionalen Miteigentumsanteil mit „verdinglichter" Ermächtigung wurde durch BayObLG, DNotZ 1998, 383 m. Anm. *Röll*; BayObLG, DNotZ 1998, 345; DNotZ 1998, 379; DNotZ 2000, 162; DNotZ 2002, 149 verworfen; denkbar ist noch die Begründung eines Anspruchs des Bauträgers auf Schaffung weiterer Sondereigentumseinheiten in den Erwerbsverträgen mit Sicherung durch Vormerkung, vgl. – auch zu den praktischen Schwierigkeiten – *Häublein*, DNotZ 2000, 442; *Roellenbleg*, MittBayNot 2000, 555.
152 Gutachten, DNotI-Report 2009, 105 ff.; von der Erteilung solcher Auskünfte kann der Verwalter die Genehmigung abhängig machen, vgl. OLG Hamburg, 28.07.2004, ZMR 2004, 850; *Liessem*, NJW 1988, 1306.
153 OLG Düsseldorf, MittBayNot 2006, 232.
154 BGH, 13.05.2011 – V ZR 166/10, ZfIR 2011, 615 m. Anm. *Hogenschurz*.
155 BayObLG, MittBayNot 1981, 190.
156 *Sandkühler* in seiner zutreffenden Anm., MittBayNot 2007, 242, gegen OLG Zweibrücken, 27.07.2006 – 4 U 111/05, MittBayNot 2007, 240 (zu einem Hinterlegungs-Haftpflichtfall: vorzeitige Auszahlung vor Erteilung der Genehmigung).
157 KG, DNotZ 1998, 390: erst mit Eigentumswechsel rückt der Käufer in diese Pflichten ein.

Gemeinschaftsordnung in angemessener Höhe[158] vereinbart wurde; Schuldner ist dann aber die Eigentümergemeinschaft oder, bei entsprechender Festlegung, der Veräußerer.

Macht der Verwalter die Verwendung der Zustimmung von der Zahlung der Beglaubigungskosten und/oder einer Bearbeitungsgebühr abhängig, können die Beteiligten dies also wegen Verstoßes gegen § 12 Abs. 2 WEG ablehnen; auch der die Verwalterzustimmung beglaubigende Notar selbst sollte sie nicht unter **Auflage** oder gar per Nachnahme versenden, sondern allenfalls mit der Bitte um kollegiale Kostenvermittlung.[159] Schuldner der Beglaubigungskosten ist allein der Verwalter selbst gem. § 2 Nr. 1 KostO[160] (in der pauschalen Klausel der Urkunde, „sämtliche Kosten des Vertrags" träfen den Käufer, liegt nicht bereits eine unmittelbare Kostenübernahmeerklärung ggü. dem Notar gem. § 3 Nr. 2 KostO[161]). Der Verwalter hat einen **Kostenerstattungsanspruch** (§ 670 BGB) gegen die Eigentümergemeinschaft. Die Gemeinschaftsordnung kann freilich diese Kosten auf den veräußernden Eigentümer abwälzen.[162]

3438

5. Nacherbenzustimmung

Eine vom Vorerben vorgenommene unentgeltliche Verfügung wird ab dem Zeitpunkt der Nacherbfolge unwirksam, soweit sie den Nacherben beeinträchtigen würde, allerdings mit absoluter Wirkung (§ 2113 Abs. 2 BGB). Eine vom ursprünglichen Erblasser dem Vorerben erteilte post- oder transmortale Generalvollmacht kann diese Verfügungsbeschränkungen nach herrschender Meinung nicht überwinden.[163] An einer künftigen Beeinträchtigung i.S.d. § 2113 Abs. 2 BGB fehlt es hingegen, wenn alle[164] Nacherben **zustimmen**, um den Erwerber davor zu bewahren, dass der Nacherbe bei Eintritt der Nacherbfolge seine Rechte ihm ggü. durchsetzt.[165] Sind mehrere Nacherben bestimmt, bedarf es der Zustimmung aller; es ist wohl nicht wirksam, bei Zustimmung lediglich einzelner den Quoten „Anteil" des verbleibenden Nacherben gegen Kaufpreiszahlung, die für ihn zu hinterlegen ist, die anderen „Quoten" jedoch unentgeltlich, zu übertragen.[166] Einer Zustimmung von **Ersatznacherben** bedarf es nicht,[167] da ihnen vor Eintritt des Ersatzfalls keine Erbrechte irgendwelcher Art eingeräumt sind.[168] Anders liegt es jedoch, wenn

3439

---

158 Das KG, NJW-RR 1989, 975, hält eine Vergütung von 600,00 DM zzgl. USt. noch für vertretbar!
159 Rundschreiben der BNotK, vgl. DNotI-Report 1997, 212, 213; *Schneider/Karsten*, RNotZ 2010, 238, 241, Kammerreport der Westfälischen Notarkammer Nr. 4/2010.
160 OLG Hamm, NJW-RR 1989, 974, 975.
161 OLG Brandenburg, 04.07.2007 – 13 Wx 5/07, notar 2008, 32 m. Anm. *Wudy*.
162 Vgl. *Schneider/Karsten*, RNotZ 2010, 238 ff.
163 Staudinger/*Avenarius*, BGB, § 2112 Rn. 34, m.w.N.; a.A. KG, KGJ 36, A 166; abwägend *Keim*, DNotZ 2008, 175 ff. (tauglich zur Erweiterung des § 2222 BGB, sofern auch die Vertretung des Nacherben darin erfasst ist).
164 Problematisch, wenn die Nacherben nur „der Art nach" bekannt sind („Abkömmlinge"), sodass ggf. ein Pfleger für die noch unbekannten Nacherben bestellt werden muss, *Keim*, RNotZ 2005, 368.
165 Allenfalls bei bedingter Nacherbfolge mit sehr fernliegendem Bedingungseintritt mag ein risikofreudiger Käufer von der vorsorglichen Einholung der Zustimmung des Nacherben absehen.
166 Gutachten, DNotI-Report 2010, 165 ff. (Beeinträchtigung des nicht zustimmenden Nacherben jedenfalls wegen des Unterschieds zwischen Beteiligung an einem gesamthänderisch gebundenem Grundstück – Chance auf weitere Gewinne durch Teilungsversteigerung – und Kontobestand).
167 Für die Übertragung der gesamten Nacherbenanwartschaft auf den Vorerben bedarf es allerdings der Zustimmung aller Ersatznacherben (samt Pflegschaft für etwa noch hinzutretende Ersatznacherben und – i.d.R. nicht zu erlangender – betreuungsgerichtlicher Genehmigung), sofern die Ersatznacherbeneinsetzung nicht im Testament durch die Übertragung der Nacherbenanwartschaft auf den Vorerben auflösend bedingt ausgestaltet ist.
168 Vgl. RGZ 145, 316; BayObLG, NJW-RR 2005, 956; *Dumoulin*, DNotZ 2003, 571.

weitere Nacherben (Nach-Nacherben) berufen sind, also der Nacherbe seinerseits im Verhältnis zum **Nach-Nacherben** lediglich als Vorerbe eingesetzt ist, da in diesem Fall auch den weiteren Nacherben der Nachlass ungeschmälert zukommen soll. Hat der Nach-Nacherbe der unentgeltlichen Verfügung nicht zugestimmt,[169] ist die Verfügung beim Eintritt der weiteren Nacherbfolge insoweit unwirksam, als sie das Recht des Nach-Nacherben vereiteln würde, der Beschenkte müsste also den Gegenstand herausgeben.[170]

3440 Der Nacherbenvermerk ist zu löschen, wenn die Grundbuchunrichtigkeit (§ 22 Abs. 1 GBO) aufgrund endgültigen Ausscheidens des mit Zustimmung unentgeltlich übertragenen Grundstücks aus dem Nachlass nachgewiesen ist. Hierzu bedarf es, materiell rechtlich ausreichend (s. Rdn. 3439) der Zustimmung des Nacherben sowie des Nach-Nacherben, nicht jedoch des Ersatznacherben. Denkbar ist aber auch der Nachweis, dass in der Verfügung des Vorerben keine Beeinträchtigung der Rechte des Nacherben liegen kann, etwa da allein die Erfüllung einer Nachlassverbindlichkeit, eines Vermächtnisses oder einer Teilungsanordnung stattfindet.[171] Würde jedoch die Berichtigung aufgrund Bewilligung des Betroffenen veranlasst werden (§ 19 GBO), wäre hierfür formell-rechtlich auch die Bewilligung der Ersatznacherben notwendig,[172] sodass letzterer Weg in der Praxis keine Verwendung findet.

3441 Auch **Testamentsvollstrecker** unterliegen dem dinglichen Schenkungsverbot des § 2205 Satz 3 BGB (Rdn. 170). Die unentgeltliche Verfügung wird jedoch in vollem Umfang wirksam, wenn alle Erben (d.h. Vorerbe und Nacherbe) sowie etwaige Vermächtnisnehmer zustimmen. Möglicherweise verletzt der Vollstrecker dadurch jedoch Verpflichtungen, die ihm ggü. Ersatznacherben obliegen (§ 2219 BGB).[173]

3442 Schwierig umzusetzen ist allerdings der häufig anzutreffende Wunsch der Beteiligten, bei einer (etwa zur Schenkungsteuerersparnis) **vorgezogenen lebzeitigen Übertragung** des unter Nacherbfolge (ggf. und Testamentsvollstreckung) stehenden Gegenstandes an den Nacherben die weiteren „Bindungen" ähnlich einer Vollstreckung bzw. einer Nach-Nacherbfolgeanordnung durch lebzeitiges Rechtsgeschäft aufrechtzuerhalten. Dingliche Wirkung kann solchen Regelungen wegen § 137 BGB nicht zukommen. In Betracht kommen z.B. „Rückholrechte" zugunsten des Übergebers (Vorerben) für den Fall, dass das übertragene Vermögen beim Eintritt des Nacherbfalls, also beim Ableben des Übernehmers, nicht in der Weise weiterübertragen wird, wie es nach der ursprünglich angeordneten Nach-Nacherbfolge hätte erfolgen müssen. Bei dessen Ausübung wird das Objekt dann jedoch Bestandteil des freien Eigenvermögens des ursprünglichen Vorerben, erweitert also dort möglicherweise Pflichtteilsansprüche Dritter.

3443 Vielleicht kann in diesem Fall ein Rückerwerb unter „wiederauflebender" Nacherbschaftsbindung aufgrund der Surrogationsvorschrift des § 2111 BGB erreicht werden, falls die Übertragung vom Vorerben auf den Nacherben unter der auflösenden Bedingung des „Nichtanfalls" an den Nachnacherben steht. Der Nacherbenvermerk könnte dann jedoch grundbuchlich zunächst

---

169 Vgl. *Heider*, ZEV 1995, 1, 4; OLG Zweibrücken, 12.01.2011 – 3 W 195/10, ZEV 2011, 321.
170 Vgl. *Reimann*, DNotZ 2007, 582.
171 BayObLG, DNotZ 2001, 808.
172 BayObLG, DNotZ 1970, 686.
173 Vgl. *Reimann*, DNotZ 2007, 587 f. (ablehnend, da selbst der Nacherbe gegen den Vollstrecker Haftungsansprüche nur bei Vorliegen der Voraussetzungen des § 2127 BGB hat).

nicht gelöscht werden.¹⁷⁴ Unproblematisch ist jedoch der Vorbehalt eines Nießbrauchs aus Anlass der „vorzeitigen Übertragung" an den Nacherben, da die Erträge auch gem. § 2111 Abs. 1 Satz 1, letzter Halbs. BGB allein dem Vorerben zustehen und bei Eintritt des Nacherbfalls, auch wenn sie angesammelt wurden, nicht herauszugeben wären.

6. Zustimmung des Ehegatten (§ 1365 BGB)

Eine besonders praxiswichtige privatrechtliche Zustimmung ist die Einwilligung/Genehmigung des **Nichteigentümer-Ehegatten** gem. § 1365 BGB, sofern nicht ehevertraglich Gütertrennung oder im Wege der Modifikation eine Abdingung des § 1365 BGB zumindest für das betreffende Grundstück vereinbart wurde. Gleiches gilt bei Verfügungen des eingetragenen Lebenspartners sofern der nun auch dort geltende gesetzliche Güterstand der Zugewinngemeinschaft nicht durch notariellen Lebenspartnerschaftsvertrag (§ 7 LPartG) verändert wurde.¹⁷⁵ Dieses absolute Veräußerungsverbot ist für die Sicherheit des Rechtsverkehrs besonders tückisch, da es weder aus dem Grundbuch ersichtlich ist noch durch guten Glauben überwunden werden kann (vorbehaltlich der subjektiven Theorie bei Einzelverfügungen) und damit die Nichtigkeit des Rechtsgeschäfts durch den „übergangenen Ehegatten" (sogar nach Scheidung),¹⁷⁶ aber auch durch den verfügenden Ehegatten selbst, auch nach Eigentumsumschreibung auf den Käufer geltend gemacht werden kann (§ 1368 BGB), ohne dass jenem ein Zurückbehaltungsrecht gegen den Grundbuchberichtigungsanspruch wegen des bereits gezahlten Kaufpreises zustünde.¹⁷⁷ Sie erfasst auch verfügungsähnliche Änderungen des zustimmungspflichtigen Vertrages, nicht jedoch Aufhebungen.¹⁷⁸ Seit 01.09.2009 rechtfertigt ferner bereits der Versuch, ein unter § 1365 BGB fallendes Rechtsgeschäft zu schließen (z.B. der beim Notar in Auftrag gegebene Entwurf hierfür),¹⁷⁹ den vorzeitigen Zugewinnausgleich zu verlangen (§ 1385 Nr. 2 BGB).

3444

Das ohne Zustimmung abgeschlossene Rechtsgeschäft wird allerdings gültig, wenn der andere Ehegatte verstirbt, gleichgültig ob der Zugewinn erb- oder güterrechtlich durchgeführt wird (§ 1371 Abs. 1 bzw. Abs. 2 BGB).¹⁸⁰ Ist der Ehegatte, dessen Zustimmung es bedarf, nicht geschäftsfähig, kann die Zustimmung auch durch einen Bevollmächtigten oder Betreuer erteilt werden (ist der Betreuer zugleich der verfügende Ehegatte, allerdings mangels Befreiung von § 181 BGB nur ggü. dem anderen Vertragspartner); einer vormundschafts- (ab 01.09.2009 familien-)gerichtlichen Genehmigung bedarf es hierzu auch bei Betreuung nicht.¹⁸¹

3445

---

174 Gem. Bauer/v. Oefele/*Schaub*, GBO, § 51 Rn. 66, kann auch bei der Rückauflassungsvormerkung zugunsten des Vorerben ein Nacherbenvermerk eingetragen werden.

175 Anders nach dem bis Ende 2004 geltenden Recht, das § 1365 BGB bei allen „Vermögensständen" vorsah: *Böhringer*, Rpfleger 2002, 299.

176 BGH, NJW 1984, 609.

177 MünchKomm-BGB/*Koch*, § 1368 Rn. 19 m.w.N. Auch die Einwendung der unzulässigen Rechtsausübung (venire contra factum proprium) oder des § 817 Satz 2 BGB kommen nur in Betracht, wenn beide Ehegatten treuwidrig gehandelt haben sollten.

178 *Schmidt-Troschke*, NotBZ 2002, 160 f.

179 *Steer*, notar 2009, 330.

180 Vgl. BGH, NJW 1982, 1099. Hat allerdings der nachverstorbene Ehegatte seine Zustimmung vor dem Tod verweigert, wird das Rechtsgeschäft durch dessen Ableben nur wirksam, wenn die Parteien zuvor durch Aufforderung nach § 1366 Abs. 3 Satz 1 BGB oder durch Anrufung des Gerichtes nach § 1365 Abs. 2 BGB den Schwebezustand wiederhergestellt haben, BGHZ 125, 355.

181 Keine Verfügung über ein Grundstück, *Müller*, ZNotP 2005, 420 ff.

3446 § 1365 BGB ist nicht nur bei den seltenen (gem. § 311b Abs. 3 BGB beurkundungspflichtigen) Verträgen über das gesamte Vermögen als Sach- und Rechtsgesamtheit einschlägig, sondern auch bei Veräußerung oder Belastung von Einzelgegenständen, die das „nahezu gesamte" Vermögen darstellen. Verbleiben bei einem Netto-Vermögen von bis zu 150.000,00 € weniger als 15 %, bei über 150.000,00 € weniger als 10 %, sind die Voraussetzungen des § 1365 BGB objektiv erfüllt.[182] Verglichen wird – wirtschaftlich betrachtet – das Netto-Vermögen vor der Veräußerung (unter Abzug aller Verbindlichkeiten) mit dem Restvermögen nach der Veräußerung (wobei entrichtete und erhaltene Gegenleistungen außer Betracht bleiben).[183]

3447 Zum Schutz des Rechtsverkehrs hat der BGH[184] bei Einzelobjektübertragungen sich der sog. **subjektiven Theorie** angeschlossen, wonach § 1365 BGB dann nicht anzuwenden sei, wenn im Zeitpunkt der Beurkundung der Erwerber die Umstände nicht kannte, aus denen sich die oben erläuterten Wertverhältnisse ergeben. Damit wird der „gutgläubige" Erwerber geschützt; das Grundbuchamt kann also die Nachreichung der Zustimmung des Nichteigentümer-Ehegatten im Wege der Zwischenverfügung nur dann aufgeben, wenn konkrete Anhaltspunkte dafür vorliegen, dass es sich um das überwiegende Vermögen handelt[185] und der Käufer bei Abschluss des Vertrages „bösgläubig" war. Allein der hohe Wert des Übertragungsobjektes genügt nicht als „Anhaltspunkt".[186] Bei Veräußerungen an Dritte mögen deshalb Versicherungen des Verkäufers über die Wertverhältnisse bzw. Versicherungen des Käufers hinsichtlich seiner Unkenntnis der Wertverhältnisse hilfreich sein;[187] bei Übertragungen in der Familie wird kaum je Unkenntnis vorliegen, welche die subjektige Theorie zum Wirken bringen kann.

3448 Sofern feststeht, dass die Genehmigung einzuholen ist (diese ist materiell-rechtlich formlos gültig, bedarf jedoch gem. § 29 GBO der Beglaubigung der Unterschrift), könnte etwa folgende Formulierung aufgenommen werden:

3449 **Formulierungsvorschlag: Zustimmungserfordernis gem. § 1365 BGB**

> Der Veräußerer erklärt, dass es sich bei dem von den Verfügungen der heutigen Urkunde erfassten Besitz um sein ganzes oder überwiegendes Vermögen i.S.d. § 1365 BGB handelt. Die Zustimmung seines Ehegatten, ..., wohnhaft in ..... ist daher zu der heutigen Urkunde erforderlich.
>
> Die Beteiligten beauftragen und bevollmächtigen den amtierenden Notar, die Zustimmung des Ehegatten zu dem heutigen Vertrag einzuholen. Der Erwerber weist den amtierenden Notar an, den Ehegatten des Veräußerers gemäß § 1366 Abs. 3 BGB in ihrem Namen zur Abgabe der Genehmigungserklärung unter Übersendung einer Ausfertigung der heutigen

---

182 BGH, DNotZ 1981, 43; BGH, DNotZ 1992, 239.
183 Vgl. *Krauß*, Immobilienkaufverträge in der Praxis, Rn. 1348.
184 NJW 1989, 1609.
185 Vgl. OLG Zweibrücken, NotBZ 2004, 73; OLG Celle, NJW-RR 2000, 384; OLG Hamm, MittBayNot 2006, 41; OLG Schleswig, MittBayNot 2006, 38, m. Anm. *Bauer*. Solche konkreten Anhaltspunkte ergeben sich nicht allein aus dem Wert des Grundbesitzes, vgl. OLG München, 07.01.2007 – 32 Wx 176/06, RNotZ 2007, 105.
186 OLG München, 09.01.2007 – 32 WX 64/07, NotBZ 2007, 184.
187 Muster bei *Krauß*, Immobilienkaufverträge in der Praxis, Rn. 1350 ff.

Verhandlung aufzufordern. Die Beteiligten verlängern die mit dem Empfang der Aufforderung beginnende Frist des § 1366 Abs. 3 Satz 2, 1. Halbs. BGB auf vier Wochen.

Die Vertragsteile beauftragen und bevollmächtigen den Notar, die Zustimmungserklärung des Ehegatten des Veräußerers mit Wirkung für alle Beteiligten entgegenzunehmen.

Für den Fall, dass die Zustimmung des anderen Ehegatten verweigert wird oder gemäß § 1366 Abs. 3 Satz 2, 2. Halbs. BGB als verweigert gilt, werden die Beteiligten selbst die Ersetzung der Zustimmung durch familiengerichtliche Genehmigung beantragen. Sie bevollmächtigen den Notar insoweit, für sie die gerichtliche Genehmigung entgegenzunehmen, sie dem anderen Vertragsteil mitzuteilen und für diesen die Mitteilung in Empfang zu nehmen.

Ist der Ehepartner, der nicht Eigentümer ist, bei der Beurkundung mit erschienen, kann er vorsorglich als Urkundsbeteiligter herangezogen werden, nicht nur wegen der Zustimmung gem. § 1365 BGB, sondern auch weil möglicherweise außerhalb des Grundbuchs Mitberechtigung am Eigentum gegeben ist (etwa bei Bodenreformland gem. Art. 233 § 11 Abs. 5 EGBGB oder wegen Vorliegens eines ausländischen Güterstands, der Errungenschaftsgemeinschaft vorsieht), sowie um gegenständlich beschränkte Pflichtteilsverzichte und Erklärungen im Hinblick auf § 1586b BGB mit aufzunehmen (vgl. den Formulierungsvorschlag in Rdn. 2338).

In seltenen Fällen enthält ein etwaiger ausländischer Güterstand, in dem der Veräußerer verheiratet ist, auch (§ 1365 BGB vergleichbare) Verbote von Schenkungen, sofern nicht der Ehepartner zustimmt. Zu nennen sind etwa Belgien (Art. 224 § 1 Nr. 3 und 4 ZGB: Nichtigerklärung durch das Gericht bei Gefährdung der Familieninteresssen), die Niederlande (Art. 1: 88 BW) sowie Portugal (Art. 968-2A CC: hinsichtlich der Veräußerung unbeweglichen Vermögens).[188] Solche Verfügungsbeschränkungen unterliegen dem Statut der allgemeinen Ehewirkungen gem. Art. 14 EGBGB, es sei denn, sie gelten nur bei einem bestimmten Güterstand, sodass Art. 15 EGBGB (güterrechtliches Ehewirkungsstatut) maßgebend ist.

IV. Schieds- und Schlichtungsverfahren

Eine Schiedsgerichtsvereinbarung zugunsten des Schiedsgerichtshofs der deutschen Notare könnte etwa wie folgt formuliert sein:

Formulierungsvorschlag: Schiedsgerichtsvereinbarung

Über alle vermögensrechtlichen Streitigkeiten im Zusammenhang mit dieser Urkunde zwischen den an der Urkunde beteiligten Personen – auch solchen, die ohne unmittelbar an der Urkunde beteiligt zu sein durch diese begünstigt werden (z.B. Dritte, die im Weg des Vertrags zugunsten Dritter durch die Urkunde begünstigt werden) –, gleichgültig aus welchem Rechtsgrund, entscheidet unter Ausschluss des Rechtswegs zu den staatlichen Gerichten ein Schiedsgericht nach dem **Statut des Schlichtungs- und Schiedsgerichtshofs deutscher Notare – SGH –**. Dies gilt auch für Streitigkeiten über die Wirksamkeit der Vereinbarungen, deren Auslegung oder Ergänzung, deren Vollzug, Vertragsstörungen und dergleichen. Das Schiedsgericht entscheidet auch über alle nicht vermögensrechtlichen Streitigkeiten, sofern

---

188 Vgl. *Fetsch*, RNotZ 2007, 472.

> die Parteien berechtigt sind, über den Gegenstand des Streits einen Vergleich zu schließen, mit Ausnahme der Streitigkeiten, die nach dem Gesetz nicht schiedsfähig sind. Dieses ist auch für einstweilige Maßnahmen zuständig.
>
> Die Schlichtungs- und Schiedsordnung ist in der Urkunde des Notars Dr. Hans Wolfsteiner in München vom 19.01.2000, URNr. 82/2000, enthalten. Deren Inhalt ist den Beteiligten bekannt. Eine beglaubigte Abschrift dieser Urkunde lag bei der heutigen Beurkundung vor. Auf diese wird verwiesen. Auf Beiheftung und Verlesung wird verzichtet.

Auch in letztwilligen Verfügungen sind Schiedsgerichtsvereinbarungen zulässig,[189] die Formulierung „alle Streitigkeiten, die durch dieses Testament hervorgerufen sind und ihren Grund in dem Erbfall haben" ist ausreichend bestimmt. Sogar die Überwachung und Entlassung eines Testamentsvollstreckers kann einem Schiedsgericht zugewiesen werden.[190]

---

189 Vgl. im Einzelnen Werner, ZEV 2011, 506 ff.
190 OLG Karlsruhe, 26.11.2007 – 10 Sch 6/07, gegen RGZ 133, 135.

B. Notarkosten

Für die Bemessung des Geschäftswertes ist der gem. § 19 KostO zu ermittelnde Wert des übertragenen Wirtschaftsguts maßgebend, sofern keine Gegenleistungen des Erwerbers ausbedungen sind (nachstehend Rdn. 3455 ff.). Andernfalls handelt es sich um einen Austauschvertrag i.S.d. § 39 Abs. 2 KostO, bei dem die Leistungen der Vertragsbeteiligten gegenüberzustellen sind; der höhere Wert ist sodann maßgebend (nachstehend Rdn. 3463 ff.). Mit diesem Geschäftswert des Hauptgeschäftes sind auch bspw. Belastungsvollmachten als gegenstandsgleich[191] abgegolten, die den Erwerber bereits vorzeitig in die Lage versetzen sollen, über den zu übereignenden Gegenstand zu verfügen, selbst wenn der Nennwert der Belastungsvollmacht den Wert des Objektes übersteigt,[192] ebenso die Löschungszustimmung der Veräußerers, die der Erfüllung der Pflicht zur Lieferung unbelasteten Eigentums dient, auch wenn der Nominalbetrag des Grundpfandrechtes über dem Wert des Austauschvertrages liegen sollte.[193]

3454

I. Geschäftswert

1. Grundsatz: Verkehrswert

Gem. § 19 Abs. 2 KostO ist (vorbehaltlich der nachstehend 2, Rdn. 2501 ff. zu erläuternden Sonderbestimmungen bei land- oder forstwirtschaftlichen Betrieben) der im gewöhnlichen Geschäftsverkehr nach der Beschaffenheit der Sache unter Berücksichtigung aller den Preis beeinflussenden Umstände bei einer Veräußerung zu erzielende Betrag zu ermitteln, wobei der Notar gem. § 140 KostO gehalten ist, alle in Betracht kommenden Anhaltspunkte zu verwenden und zu nutzen.[194] Ein bereits vorhandenes Gutachten kann verwertet, nicht jedoch die Erstellung eines eigens hierfür vorzulegenden Gutachtens verlangt werden.[195] Ggf. ist der Notar zur Wertschätzung berechtigt.[196]

3455

Zur Ermittlung des Gebäudewerts kann auch die Brandversicherungssumme dienen: Die Stammversicherungssumme 1914 (die ggf. aus der aktuellen Versicherungssumme nach Maßgabe der derzeitigen Teuerungszahl [ab 01.10.2010: 15,2] rückgerechnet werden kann) wird mit dem maßgeblichen Vervielfältiger (z.B. Einfamilienhäusern mit einem Alter von 30 Jahren derzeit 7,448)[197] multipliziert. In Betracht kommen auch die Preisindizes für Wohngebäude des Statisti-

3456

---

191 *Ländernotarkasse*, NotBZ 2004, 426.
192 Vgl. für Kaufverträge BGH, 09.02.2006 – V ZB 152/05, NotBZ 2006, 200 und BGH, 23.03.2006 – V ZB 156/05, NotBZ 2006, 201, m. sehr krit. Anm. *Lappe* = MittBayNot 2006, 528, m. Anm. *Prüfungsabteilung der Notarkasse* gegen die ganz herschende früherer Praxis (vgl. etwa OLG Hamm, MittBayNot 2006, 75; *Klein*, RNotZ 2002, 499 ff. mit Differenzierung nach dem Zweck der Höherbeleihung – Gegenstandsverschiedenheit bei Sanierungsabsicht; zur Nachbewertung bei späterer Beleihung über den Kaufpreis hinaus: *Lappe*, NotBZ 2003, 347).
193 BGH, 09.02.2006 – V ZB 172/05, DNotZ 2006, 715; dies gilt auch für Überlassungsverträge. Erfasst allerdings die Löschungszustimmung auch anderen, nicht mitveräußerten Grundbesitz, liegt Gegenstandsverschiedenheit vor, sodass ein Vergleich gem. § 44 Abs. 2b KostO durchzuführen ist, vgl. *Ländernotarkasse*, NotBZ 2009, 451.
194 BayObLG, JurBüro 1982, 1548.
195 BayObLG, MittBayNot 2000, 57.
196 BayObLG, MittBayNot 1993, 230.
197 Umrechnungstabelle in: MittBayNot 2010, 513 (zuvor in: MittBayNot 2009, 80; diese galt auch nach dem 01.10.2009 weiter, vgl. *Notarkasse*, MittBayNot 2010, 81).

schen Bundesamtes Fachserie 17 Reihe 4[198] sowie Kaufpreise in Vorurkunden.[199] Hinzuzurechnen ist der Grund- und Bodenwert (nach Maßgabe der Bodenrichtwertkarte des Gutachterausschusses[200] mit einem Abschlag von 25 %).[201]

3457 Wird ein Handelsgeschäft oder ein Gewerbebetrieb übergeben, ist der Aktivwert nach Maßgabe der Bilanz (ohne Abzug von Verbindlichkeiten) heranzuziehen (vgl. § 18 Abs. 3 KostO). Von den Buchwerten abweichende Verkehrswerte mitübertragener Grundstücke sind jedoch durch Zu- oder Abschläge zu erfassen.

2. Vierfacher Einheitswert bei land- oder forstwirtschaftlichen Betrieben

3458 Für die Bemessung der Übergeberleistungen (nicht der ggf. vorhandenen Gegenleistungen des Erwerbers, hierzu nachstehend Rdn. 3463 ff.) ist zur Erhaltung und Fortführung landwirtschaftlicher Betriebe in der Hand bäuerlicher Familien[202] bei land- und forstwirtschaftlichen Betrieben anstelle des Verkehrswerts der 4-fache zuletzt vor der Gebührenfälligkeit festgestellte Einheitswert[203] maßgebend (dies gilt auch für Testament, Erbverträge, Auseinandersetzungsverträge, Eheverträge, Erbscheinsanträge oder Gesellschaftsverträge mit Nachfolgeregelungen, sofern das betreffende Rechtsgeschäft die Fortführung eines solchen Betriebs mit Hofstelle betrifft).

3459 Existenz und Umfang eines land- oder forstwirtschaftlichen Betriebs sind nach dem Bewertungsgesetz zu beurteilen. Hierzu zählen gem. § 33 Abs. 1 BewG alle Wirtschaftsgüter, die ihm dauernd zu dienen bestimmt sind, als Grund und Boden, Wohn- und Wirtschaftsgebäude, umlaufende und stationäre Betriebsmittel, die von einer gemeinsamen Hofstelle aus bewirtschaftet werden, die daher mitübergeben werden muss.[204] Nicht hierzu zählen jedoch Grundstücke, die nach ihrer Lage und den Umständen in absehbarer Zeit als Bauland, Industrieland oder Land für Verkehrszwecke dienen werden (§ 69 Abs. 1 BewG), ebenso wenig Bauerwartungsland, ebenso wenig Ferienwohnungen mit Bewirtschaftung nach Art einer Pension. Sie sind aus dem Einheitswert herauszurechnen und mit dem Verkehrswert anzusetzen.[205]

3460 Als landwirtschaftliche Betriebe zählen auch Gartenbaubetriebe,[206] wenn die Zucht und der Verkauf eigenproduzierter Pflanzen im Vordergrund stehen, Fischteichwirtschaften sowie Pensionstierhaltung (Aufzucht und Haltung fremder Tiere)[207] bei Bodenbewirtschaftung mit eigener Futtergrundlage.

---

198 Hinweise und Beispiele als Anhang III in: Streifzug durch die Kostenordnung sowie in: MittBayNot 2006, 89 ff.
199 BayObLG, JurBüro 1997, 378.
200 Diese stehen teilweise bereits kostenlos online zur Verfügung, etwa in Thüringen (www.bodenrichtwerte-th.de) oder in Sachsen-Anhalt (www.lvermgeo.sachsen-anhalt.de).
201 BayObLG, MittBayNot 1988, 92.
202 Daher ist der Erwerb durch juristische Gesellschaften nicht privilegiert – vgl. Korintenberg, KostO, § 19 Rn. 92 ff.; anders jedoch beim Erwerb durch eine GbR mit Regelungen über die Fortführung beim Ausscheiden von Gesellschaftern, BayObLG, MittBayNot 1999, 496.
203 Sofern die Beteiligten einen Einheitswertbescheid nicht vorlegen (können), ist das FA um Auskunft zu ersuchen, § 19 Abs. 3 Satz 2 KostO.
204 Vgl. *Reimann*, MittBayNot 1989, 117; BayObLG, MittBayNot 1996, 232.
205 Vgl. BayObLG, MittBayNot 1997, 312.
206 BayObLG, MittBayNot 1994, 358.
207 *Notarkasse*, Streifzug durch die Kostenordnung, Rn. 1818.

Zur Wahrung des Gesetzeszwecks (Erhaltung leistungsfähiger Betriebe) ist jedoch eine gewisse Mindestgröße erforderlich,[208] die sich angesichts der vergleichbaren Zweckbestimmung an den Voraussetzungen für die Altershilfe für Landwirte (ALG-Fähigkeit) orientieren kann. Hierzu bieten die Merkblätter der landwirtschaftlichen Alterskasse regional abgestufte Anhaltspunkte (bspw. für Bayern: reine Landwirtschaftsbetriebe nördlich der Donau 6 ha, südlich der Donau 4 ha, Forstwirtschaft 60 ha; abweichende Größen für Sonderkulturen wie Spargel, Weinanbau, Gärtnereien). An Dritte verpachtete Flächen sind abzuziehen.[209] In Grenzfällen soll auf den (nachzuweisenden) angemessenen Rohertrag abzustellen sein.[210] 3461

Die notwendig mitzuübertragende Hofstelle i.S.d. § 19 Abs. 4 KostO muss auch ein ausreichendes Wohngebäude umfassen, das dem Betriebsinhaber und seiner Familie zu Wohnzwecken dient,[211] und das nicht nur angemietet sein darf.[212] Von dieser aus muss die Bewirtschaftung erfolgen, auch wenn der Betrieb selbst in eine GbR eingebracht ist.[213]

Die ratio legis erfordert weiter eine Übergabe dergestalt, dass der Betrieb einheitlich fortführbar ist und diese Fortführung auch beabsichtigt ist,[214] unabhängig ob Letztere sofort oder erst nach Wegfall eines etwa vorbehaltenen Nießbrauchs erfolgt.[215] Die Privilegierung des § 19 Abs. 4 KostO scheidet also aus bei stillgelegten Betrieben, insgesamt verpachteten Betrieben – sofern der Pachtvertrag nicht aufgelöst und eine Bewirtschaftung durch den Erwerber erfolgen soll – und bei Betrieben, die lediglich an staatlich subventionierten Kulturlandwirtschaftsprogrammen teilnehmen.[216] 3462

II. Bewertung der Erwerberleistungen

Zum Vergleich mit dem vorstehend in Rdn. 3455 erläuterten (Verkehrs- oder 4-fachen Einheits)Wert der Veräußererleistung und Ermittlung des dann maßgebenden höheren Werts sind die ggf. durch den Erwerber zu erbringende oder ihm auferlegte „Gegenleistungen" zu bewerten („Austauschvertrag" i.S.d. § 39 Abs. 2 KostO, ohne Rücksicht auf die zivilrechtliche Einordnung als Schenkung unter Auflage, gemischte Schenkung oder kaufähnliches Rechtsgeschäft). Dies gilt auch bei landwirtschaftlichen Übergaben.[217] Hierbei gilt: 3463

- **Wiederkehrende Nutzungen** und **Leistungen** sind gem. § 24 KostO, bei Begünstigungen zugunsten naher Angehöriger also mit dem max. 5-fachen Jahreswert (§ 24 Abs. 3 KostO), zu berücksichtigen. Ist das Recht auf die Lebensdauer des Längerlebenden von mehreren Be- 3464

---

208 PfälzOLG Zweibrücken, MittBayNot 1996, 401; *Böhringer*, BWNotZ 1992, 57.
209 OLG München, RNotZ 2005, 622.
210 BayObLG, MittBayNot 2003, 239.
211 BayObLG, MittBayNot 2002, 127.
212 OLG Frankfurt am Main, 22.07.2009 – 20 W 328/07, ZNotP 2010, 119.
213 OLG München, 28.01.2010 – 31 Wx 59/09, ZNotP 2011, 358, m. Anm. *Tiedtke*.
214 BayObLG, MittBayNot 1997, 311; ggf. ist bei Beurkundung oder durch das Gericht im Beschwerdeverfahren nachzufragen: OLG München, 06.06.2006 – 32 Wx 74/06, ZNotP 2007, 158.
215 BayObLG, MittBayNot 1997, 382.
216 BayObLG, RdL 1997, 130.
217 BayObLG, MittBayNot 1999, 203; OLG Köln, ZNotP 2000, 287, m. Anm. *Tiedtke*; anders jedoch bei den Grundbuchgebühren: BayObLG, DNotZ 1990, 668.

rechtigten befristet, zählt der höchste Vervielfacher.[218] Aufgrund der eigenen Rechtssubjektivität der GbR findet allerdings die Kappung auf den Fünf-Jahres-Betrag keine Anwendung mehr, wenn auf der einen Seite eine GbR, auf der anderen Seite Gesellschafter oder deren Angehörige beteiligt sind.[219]

3465 • Ein **vorbehaltenes** oder **gewährtes Wohnungsrecht** ist i.H.d. ortsüblichen Miete, hilfsweise nach Maßgabe der Sachbezugsverordnung, anzusetzen, ggf. erhöht um die Kosten für Strom, Heizung und sonstige Nebenkosten, sofern diese vom Erwerber zu tragen sind. Gleiches gilt für den Nießbrauch. Etwa vereinbarte Wertsicherungsklauseln führen zu einem Zuschlag von 10 % des kapitalisierten Betrags. Bei bedingten Übernehmerleistungen ist nach dem Grad der Wahrscheinlichkeit des Eintritts gem. § 30 Abs. 1 KostO ein Abschlag vorzunehmen,[220] bspw. bei einem auf das Ableben des Erstberechtigten bedingten Wohnungsrecht von dem Bezugswert gem. § 24 Abs. 3 KostO (vgl. § 24 Abs. 5 Satz 3 KostO).[221]

3466 • **Hinauszahlungen an Geschwister** sind i.H.d. vereinbarten Beträge (ohne Abzinsung bei späterer Fälligkeit) anzusetzen; etwaige Gleichstellungserklärungen dieser Geschwister werden nicht zusätzlich erfasst.

3467 • **Ausgleichs- oder Anrechnungspflichten**, die der Veräußerer anordnet, bilden keine kostenrechtliche „Gegenleistung" des Erwerbers, ebenso wenig ein vorsorglich mitbeurkundeter Verzicht auf entstandene Bereicherungsansprüche wegen früherer Aufwendungen auf dem Objekt, sofern solche bereits zivilrechtlich mit dem Erwerb des Anwesens weggefallen sind.[222]

3468 • **Dienstleistungspflichten** (wie Verköstigung) sind ebenfalls nach der SachBezV (s. Rdn. 470), Wart und Pflege nach den Pflegegeldleistungen gem. § 37 SGB XI (s. Rdn. 1056) für die betreffende Pflegestufe hinsichtlich ihres Jahreswerts zu ermitteln und zu kapitalisieren.

3469 • Die Übernahme von **Beerdigungskosten** und **Grabpflege** dürfte gem. § 30 Abs. 1 KostO je nach den Umständen des Einzelfalls mit ca. 5.000,00 bis 10.000,00 € anzusetzen sein.

3470 • **Schuldrechtliche Veräußerungsverbote mit Vormerkungssicherung** sind je nach dem Umfang des Sicherungsinteresses der Beteiligten als weitere Gegenleistung zu schätzen,[223] angemessen dürften 10 % bis 20 % des Werts der Veräußererleistung sein.

3471 • **Bedingte Aufzahlungsverpflichtungen** des Erwerbers für den Fall des Verstoßes gegen Obliegenheiten sind je nach dem Grad der Wahrscheinlichkeit ebenfalls mit ca. 10 % des maßgeblichen Wertes der Veräußererleistung anzusetzen.[224]

3472 • Enthält der Übertragungsvertrag zugleich **Verträge mit Dritten** (also anderen Personen als dem Übernehmer),[225] etwa **Erb-** oder (gegenständlich beschränkte) **Pflichtteilsverzichte** mit weichenden Geschwistern, sind diese wegen Gegenstandsverschiedenheit getrennt zu

---

218 Beispiel: *Prüfungsabteilung der Ländernotarkasse*, NotBZ 2010, 179.
219 OLG München, MittBayNot 2009, 163; *Notarkasse*, Streifzug durch die Kostenordnung, Rn. 1848 (ebenso bei OHG oder KG).
220 BayObLG, MittBayNot 1967, 73.
221 *Prüfungsabteilung der Ländernotarkasse*, NotBZ 2008, 107.
222 Vgl. zum Kostenrecht *Notarkasse*, Streifzug durch die Kostenordnung, Rn. 1853.
223 Vgl. BayObLG, MittBayNot 1999, 492.
224 Prüfungsabteilung der *Notarkasse*, MittBayNot 1998, 474.
225 *Ländernotarkasse*, NotBZ 2008, 265.

bewerten, unter Beachtung des § 44 Abs. 2 lit.a) KostO. Bei der Wertermittlung ist auch die Wahrscheinlichkeit des Bestehens solcher Pflichtteilsergänzungsansprüche (voraussichtliches Erreichen der Zehnjahresfrist des § 2325 Abs. 3 BGB?) und deren geschätzte Höhe zu berücksichtigen;[226] erhält das Geschwister ein „Gleichstellungsgeld", dürfte dessen Betrag anzusetzen sein.[227]

Zur Verdeutlichung der vorstehenden Grundsätze mag das nachfolgende[228] **Beispiel** dienen: 3473

Der 61-jährige Landwirt A übergibt seinen landwirtschaftlichen Betrieb samt Hofstelle zur Fortführung an den Sohn B (Einheitswert 30.000,00 €). B übernimmt die Darlehensverbindlichkeiten i.H.v. 40.000,00 €, räumt ein Wohnungsrecht (Mietwert 180,00 €, zuzüglich 40,00 € für vom Übernehmer zu tragende Nebenkosten) ein, gewährt Verköstigung (Ansatz gem. § 2 Abs. 1 Sozialversicherungsentgelt VO, vgl. Rdn. 470 ff.) i.H.v. monatlich 210 € pro Person, Wart und Pflege für Pflegestufe I (225,00 € pro Person und Monat) und Entrichtung eines Taschengeldes von monatlich 200,00 € mit Wertsicherungsklausel. Die Schwester C erhält einen Betrag von 20.000,00 €. Der Erwerber B ist mit einem schuldrechtlichen Verfügungsverbot, vormerkungsgesichert, belastet und hat die Begräbnis- und Grabpflegekosten zu übernehmen. C verzichtet gegenständlich beschränkt auf ihren Pflichtteilsanspruch. Die Genehmigung nach dem Grundstücksverkehrsgesetz ist auftragsgemäß durch den Notar einzuholen. Die Anrechnung auf den Pflichtteil ist angeordnet, vorsorglich gibt der Erwerber einen Pflichtteilsverzicht ab.

Bewertung:

Übergeberleistung gem. § 19 Abs. 4 KostO mit 4-fachem Einheitswert	*120.000,00 €*

Übernehmerleistung:

Schuldübernahme (nicht i.H.d. Grundschuld-, sondern des tatsächlichen Betrags)	*40.000,00 €*
Wohnungsrecht samt Nebenkosten, § 24 Abs. 3: 220 x 12 x 5 =	*13.200,00 €*
Verköstigung: 210 x 12 x 5 =	*12.600,00 €*
Wart und Pflege (sofort erforderlich) für Pflegestufe I: 225 x 12 x 5 =	*13.500,00 €*
Taschengeld: 200 x 12 x 5 =	*12.000,00 €*
zuzüglich Wertsicherungsklausel, hieraus 10 %	*1.200,00 €*
Hinauszahlungsbetrag an Schwester	*20.000,00 €*
Veräußerungsverbot mit Vormerkungssicherung: 10 % des Grundstückswerts (hier 4-fachen Einheitswerts)	*12.000,00 €*
Begräbniskosten	*5.000,00 €*
Pflichtteilsverzicht des Erwerbers (gering geschätzt wegen bereits angeordneter Anrechnung auf den Pflichtteil)	*3.000,00 €*
Gesamtwert der Erwerberleistungen	*132.500,00 €;*

dieser ist ggü. den Übergeberleistungen höherwertig und daher maßgeblich.

Geschäftswert:

Hinzurechnung gem. § 44 Abs. 2 lit.a) KostO des Pflichtteilsverzichts der Tochter C, Wertansatz 20.000,00 € – gesamt also 152.500,00 €, hieraus 20/10-Gebühr nach § 36 Abs. 2 KostO

---

226 OLG München, NotBZ 2006, 181.
227 BayObLG, ZNotP 1998, 166.
228 Dem *Notarkasse* „Streifzug durch die Kostenordnung", Rn. 1870, entnommen.

Vollzugstätigkeit gem. § 146 Abs. 1 KostO:

5/10-Gebühr aus 132.500,00 €

3474 Fallen Notar- und Beraterkosten im Zusammenhang mit der vorweggenommenen Erbfolge steuerlichen Betriebsvermögens an, sind diese Aufwendungen, da sie objektiv-kausal getätigt wurden, um die Einkunftsquelle zu erlangen, nach allgemeinen Grundsätzen als Werbungskosten **steuerlich abzugsfähig**.[229] Wird jedoch eine Familiengesellschaft errichtet, in die bisheriges steuerliches Privatvermögen eingebracht wird, handelt es sich nach überwiegender Auffassung um Anschaffungsnebenkosten, also keine sofort abzugsfähigen Werbungskosten.

III. Steuerliche Abzugsfähigkeit

3475 Beratungs- und Notarkosten im Zusammenhang mit der unentgeltlichen Übertragung von Gesellschaftsanteilen einer vermögensverwaltenden Personengesellschaft können (entgegen untergerichtlicher Auffassung)[230] i.R.d. **ESt** als Aufwendungen zur Erlangung einer Erwerbsquelle sofort abzugsfähige Werbungskosten darstellen;[231] Beratungs- bzw. Notarkosten im Zusammenhang mit der Neuerrichtung einer Familiengesellschaft mit steuerlichem Privatvermögen sind Anschaffungsnebenkosten. Beratungs- und Notargebühren im Zusammenhang mit der Errichtung einer Verfügung von Todes wegen sind jedoch, da der Erbfall stets dem privaten Bereich zuzuordnen ist, nicht einkommensteuerrelevant,[232] selbst dann nicht, wenn der Nachlass überwiegend aus Betriebsvermögen besteht.[233] Erwerbssichernde Aufwendungen nach dem Erbfall, etwa Kosten einer entgeltlichen Erbauseinandersetzung oder Kosten einer Streitigkeit um die Inhaberschaft an einem Unternehmen, können jedoch Betriebsausgaben sein.[234]

3476 Bei der **Erbschaftsteuer** sind Kosten der „Erlangung des Erwerbs" in der Pauschale von 10.300,00 € gem. § 10 Abs. 5 Nr. 3 ErbStG (neben den Kosten der Bestattung, des angemessenen Grabdenkmals und der üblichen Grabpflege) eingeschlossen; gegen Nachweis sind auch höhere Kosten abziehbar. Dies gilt insb. für Aufwendungen für einen Rechtsstreit über das Erbrecht, Kosten einer Testamentsanfechtung, Kosten einer Auseinandersetzungklage oder eines Rechtsstreits zwischen Miterben über die Erbquoten, wohl auch die Kosten einer Mediation und die Kosten von Sachverständigengutachten zur Vorbereitung einer Erbauseinandersetzung. Auch Steuerberatungskosten für die Erstellung der Erbschaftsteuererklärung sind insoweit abzugsfähig,[235] ebenso Kosten eines Gutachters zum Nachweis eines von der Ermittlung durch das FA abweichenden Verkehrswerts („Escape-Klausel", § 198 BewG).[236]

---

229 Vgl. im Einzelnen *Götz*, DStR 2006, 545 ff.; a.A. jedoch FG Köln, 17.11.2004 – 13 K 3695/04, EFG 2005, 433 = Zerb 2005, 227: Anschaffungsnebenkosten.
230 Vgl. FG Köln, 17.11.2004 – 13 K 3695/04, JurionRS 2004, 25762.
231 Vgl. *Götz*, DStR 2006, 545.
232 Vgl. FG Saarland, 13.02.2007 – I V 1336/06, BeckRS 2007, 26022713.
233 Vgl. FG Niedersachsen, 19.07.2000 – 12 K 153/96, JurionRS 2000, 21900.
234 Vgl. BFH, 02.03.1993 – VIII R 47/90, JurionRS 1993, 10976.
235 H 29 ErbStR 2003; jedoch nicht mehr die Kosten im anschließenden Rechtsbehelfs- oder finanzgerichtlichen Verfahren, vgl. BFH, 20.06.2007 – II R 29/06, JurionRS 2007, 36464.
236 Vgl. BFH, 09.12.2009 – II R 37/08, JurionRS 2009, 33696; a.A. noch FG Nürnberg, 21.11.2002 – IV 350/01, JurionRS 2002, 14160.

C. Grundbuchgebühren

Beim Grundbuchamt fallen für die Umschreibung des Eigentums an sich 10/10 (§ 60 Abs. 1 KostO), für die Eintragung einer (Rückübertragungs)Vormerkung 5/10 aus dem Geschäftswert an. Sofern nicht § 19 Abs. 4 KostO einschlägig ist, ist hierfür der Verkehrswert zu ermitteln. Sofern jedoch der Ehegatte, Lebenspartner oder Abkömmlinge des Veräußerers (aufgrund unmittelbarer Übertragung oder als Ergebnis einer Erbauseinandersetzung) eingetragen wird, ermäßigt sich die Gebühr auf 5/10 gem. § 60 Abs. 2 KostO (infolge der Rechtsfähigkeit der GbR wird dieses Privileg allerdings nicht gewährt, wenn Abkömmlinge als Gesellschafter einer namenlosen Gesellschaft des bürgerlichen Rechts lediglich zu Identifikationszwecken eingetragen werden).[237] Hinzu kommen bei Eigentumswechsel landesrechtlich geregelte Katastergebühren, die häufig mit den Grundbuchkosten erhoben werden (z.B. in Bayern 30 % der Umschreibungsgebühr gem. § 60 KostO). Für die Grundbuchkosten besteht wie für die Notarkosten gesetzliche Mithaftung der Beteiligten untereinander.

3477

Gem. § 60 Abs. 4 KostO wird eine Grundbuchgebühr jedoch nicht erhoben, wenn binnen zwei Jahren nach dem Sterbefall die (dann lediglich berichtigende) Eintragung der Erben oder (dann konstitutiv) einer Erbauseinandersetzung erfolgt. Letzteres gilt unabhängig davon, ob die Auseinandersetzung durch Übertragung einzelner (hier immobiler) Nachlassgegenstände erfolgt oder aber durch Erbteilsabtretung,[238] bzw. ob der Einzutragende das Grundstück als Ausgleich für eine Erbteilsübertragung erhält[239] und die rechtsgeschäftlichen Erklärungen hierfür in mehreren Verträgen niedergelegt sind. Auch Grundbuchberichtigungen infolge einer gesellschaftsrechtlichen Verschmelzung müssen aus europarechtlichen Gründen gebührenfrei sein.[240]

3478

Erfolgt eine Namensberichtigung bei einer GbR als Folge eines Gesellschafterwechsels, fällt lediglich eine 1/4-Gebühr nach § 67 KostO, nicht die volle Gebühr nach § 60 Abs. 1 KostO an.[241]

3479

Für die Eintragung von Belastungen (Grundpfandrechte, Nießbrauch, Dienstbarkeiten) fällt eine 10/10, bei einer Eintragung aufgrund eines „Gutsüberlassungsvertrages",[242] einer Gesamtguts- oder Erbauseinandersetzung jedoch nur eine 5/10-Gebühr an, wenn die Eintragung gleichzeitig mit der Eigentumsumschreibung erfolgt (§ 62 Abs. 1 und 2 KostO). Für den Wert des Nießbrauchs- bzw. Wohnrechts gilt auch hier § 24 KostO (i.d.R. 5-facher Wert gem. § 24 Abs. 3 KostO), für die Kosten bei Eintragung mehrerer Rechte oder eines Rechts an mehreren Grundstücken § 63 KostO.

3480

---

237 OLG München, 24.10.2008-34 – Wx 67/08, MittBayNot 2009, 163; a.A. zu vor *Fenbacher*, MittBayNot 2004, 470.
238 BayObLG, MittBayNot 1993, 310.
239 OLG München, 02.02.2006 – 32 Wx 142/05, MittBayNot 2007, 75; a.A. OLG Düsseldorf, MittBayNot 2007, 245.
240 EuGH, 15.06.2006 – C 264/04, NJW-Spezial 2007, 99.
241 So bereits OLG München, 03.07.2008 – 34 Wx 36/08, MittBayNot 2009, 64; OLG Hamm, FGPrax 2008, 84; LG Nürnberg-Fürth, Rpfleger 2008, 392.
242 Nach OLG München, RNotZ 2006, 252 ist hierfür (wegen der Strukturvergleichbarkeit der vorweggenommenen Erbfolge mit dem Erwerb von Todes wegen) Voraussetzung, dass der Erwerber eine gewisse Nutzungsmöglichkeit und Sachherrschaft erlangt; hieran fehlt es beim Totalvorbehaltsnießbrauch.

3481 Werden mehrere Rechte als ein Recht im Grundbuch eingetragen (§ 49 GBO, Leibgeding, Altenteil), fällt die Gebühr aus § 62 KostO nur einmal an. Als Geschäftswert ist die Summe der Werte der zusammengefassten Einzelrechte zugrunde zu legen.[243]

3482 Bei der Eintragung mehrerer Rechte ist die Rangbestimmung der Rechte untereinander sowie die Eintragung eines Rangvorbehaltes gebührenfreies Nebengeschäft (§ 62 Abs. 3 KostO). Spätere Rangänderungen führen zu einer 5/10-Gebühr aus dem Wert des vor- oder zurücktretenden Rechts, je nachdem welcher Wert geringer ist, jeweils bemessen nach §§ 18 ff. KostO.

Für die Löschung der Rechte wird die Hälfte der für die Eintragung bestimmten Gebühr erhoben, mindestens jedoch eine 1/4-Gebühr (§ 68 KostO).

---

243 *Korintenberg*, KostO, § 62 Rn. 10.

Kapitel 11: Verkehrsteuern

						Rn.
A.	Schenkungsteuerrecht					3483
I.	Einleitung					3483
	1.	Bedeutung der Schenkungsteuer				3483
	2.	Rechtsgrundlagen				3484
	3.	Rechtsprechung des BVerfG				3486
	4.	Reform 2009				3491
		a)	Entwicklung			3491
		b)	Gestaltungen in der Übergangsphase			3494
		c)	Rechtspolitische Bedenken			3500
	5.	Inkrafttreten, Wahlrechte				3504
	6.	Position des Notars				3510
II.	Grundsätze					3513
III.	Steuerbare Vorgänge gem. § 7 ErbStG					3516
	1.	Freigebige Zuwendungen (§ 7 Abs. 1 Nr. 1 ErbStG)				3516
		a)	Tatbestandsvoraussetzungen			3516
		b)	Beispielsfälle			3521
		c)	Gesellschaftsrechtliche Vorgänge			3526
			aa)	Personengesellschaften		3526
			bb)	Kapitalgesellschaften		3527
				(1) Leistungen des Gesellschafters an „seine" Gesellschaft		3528
				(2) Leistungen unter Kapitalgesellschaftern		3532
				(3) Leistungen der Gesellschaft an ihren Gesellschafter		3535
				(4) Leistungsverkehr zwischen Gesellschaft und „Angehörigen" des Gesellschafters		3536
				(5) Leistungsverkehr zwischen Gesellschaft und Nichtgesellschaftern		3538
	2.	Erwerb infolge Vollziehung einer Auflage/Bedingung (§ 7 Abs. 1 Nr. 2 ErbStG)				3539
	3.	§ 7 Abs. 1 Nr. 4 ErbStG: Bereicherung durch Gütergemeinschaft				3541
	4.	Abfindungserwerb und vorzeitiger Nacherbenerwerb (§ 7 Abs. 1 Nr. 5, 7 und 10 ErbStG)				3544
	5.	Stiftungserwerb (§ 7 Abs. 1 Nr. 8 und 9 ErbStG)				3546
	6.	Gesellschaftsrechtliche Vorgänge (§ 7 Abs. 5 bis 7 ErbStG)				3547
		a)	Nachträgliche Steuerherabsetzung bei Buchwertabfindung (§ 7 Abs. 5 ErbStR)			3547
		b)	Zuerwerb beim Ausscheiden eines Gesellschafters (§ 7 Abs. 7 ErbStG)			3548
		c)	Übermäßige Gewinnbeteiligung (§ 7 Abs. 6 ErbStG)			3549
	7.	Pflichtteilsrecht, Ausschlagung und Erbschaftsteuer				3552
		a)	Pflichtteilsrecht			3552
			aa)	Verzicht auf den Pflichtteil vor dem Erbfall		3553
			bb)	Unterlassen der Geltendmachung des Pflichtteilsanspruchs		3556
			cc)	Geltendmachung des Pflichtteilsanspruchs		3557
			dd)	Verzicht auf entstandenen, jedoch nicht geltend gemachten Pflichtteilsanspruch		3560
			ee)	Verzicht auf bereits geltend gemachten Pflichtteilsanspruch		3564
			ff)	Optimierung des Berliner Testamentes		3565
		b)	Ausschlagung			3570
			aa)	Erbschaftsteuerliche Aspekte		3572
			bb)	Einsatzmöglichkeiten		3574
			cc)	Ertragsteuerrecht		3580
	8.	Vermächtnis, Ausschlagung und Erbschaftsteuer				3583
IV.	Entstehung der Schenkungsteuer (§ 9 ErbStG)					3590
V.	Wertermittlung (§ 10 ErbStG)					3601
	1.	Stichtag				3602
	2.	Übernahme der Schenkungsteuer durch den Schenker				3605
VI.	Bewertung nach altem Recht					3608
VII.	Bewertung nach neuem Recht (Rechtslage ab 2009)					3609
	1.	Grundvermögen				3610
		a)	Begriff des Grundvermögens (§ 176 BewG)			3611
		b)	Bewertungsgrundsatz			3614
		c)	Unbebaute Grundstücke			3616
			aa)	Grundsatz		3616
			bb)	Ermittlung der Bodenrichtwerte		3619
			cc)	Anpassung der Bodenrichtwerte		3623
				(1) Abweichende Geschossflächenzahl		3624
				(2) Übergröße/Grundstückstiefe		3626
				(3) Abweichender Erschließungszustand		3627
		d)	Grundstücke im Zustand der Bebauung			3628

				Rn.
	e)	Bebaute Grundstücke (§§ 182 ff. BewG)		3630
		aa) Vergleichswertverfahren		3632
			(1) Vergleichspreisverfahren	3633
			(2) Vergleichsfaktorverfahren	3636
		bb) Ertragswertverfahren		3638
			(1) Rohertrag	3642
			(a) Vertragliche Jahresmiete	3643
			(b) Übliche Miete	3645
			(2) Bewirtschaftungskosten	3648
			(3) Bodenverzinsung	3650
			(4) Vervielfältiger	3655
			(5) Mindestwert: Bodenwert	3662
			(6) Berechnungsbeispiel Ertragswertverfahren	3665
		cc) Sachwertverfahren		3666
			(1) Grundsatz	3666
			(2) Bodenwert	3668
			(3) Gebäudesachwert	3669
			(a) Gebäuderegelherstellungswert	3670
			(b) Alterswertminderung	3676
			(4) Marktanpassung durch Wertzahl	3679
			(5) Berechnungsbeispiel	3682
	f)	Bewertung des Erbbaurechts (§ 193 BewG)		3683
		aa) Vergleichswertverfahren		3684
		bb) Finanzmathematisches Verfahren		3685
			(1) Bodenwertanteil	3686
			(2) Gebäudewertanteil	3689
		cc) Berechnungsbeispiel		3691
	g)	Bewertung des Erbbaugrundstücks (§ 194 BewG)		3692
		aa) Bodenwertanteil		3694
		bb) Gebäudewertanteil		3695
		cc) Berechnungsbeispiel		3696
	h)	Gebäude auf fremdem Grund und Boden (§ 195 BewG)		3697
	i)	„Escape-Klausel" (Verkehrswertnachweis, § 198 BewG)		3700
		aa) Verfahren		3700
		bb) Anwendungsfälle		3708
2.	Bewertung land- und forstwirtschaftlicher Betriebe (§§ 158 ff. BewG)			3715
	a)	Begriff des „LuF-Vermögens"		3717
	b)	Umfang des Betriebsvermögens der LuF		3719
	c)	Bewertung des Wohnteils und der Betriebswohnungen		3722
	d)	Bewertung des Wirtschaftsteils		3723
		aa) Fortführungswert		3726
		bb) Mindestwirtschaftswert		3730
		cc) Obergrenze Verkehrswert		3735
		dd) Ersatzweise: Liquidationswert		3736
		ee) Erste Wertung		3739
3.	Bewertung des Betriebsvermögens			3742
	a)	Grundsatz		3742
	b)	Ableitung aus Verkäufen		3744
	c)	Vereinfachtes Ertragswertverfahren (§§ 199 ff. BewG)		3745
		aa) Nachhaltig erzielbarer Jahresertrag		3748
		bb) Kapitalisierungsfaktor		3753
		cc) Hinzurechnungen gemeiner Werte		3756
			(1) Nicht betriebsnotwendiges Vermögen	3757
			(2) Gesellschaftsbeteiligungen	3758
			(3) „Junge Wirtschaftsgüter"	3759
			(4) Sonderbetriebsvermögen	3760
		dd) Mindestwert: Substanzwert		3765
		ee) Ausnahme: Untergrenze Liquidationswert		3771
	d)	Andere Bewertungsverfahren		3772
		aa) Einzelbewertungsverfahren		3777
		bb) Mischbewertungsverfahren		3778
		cc) Gesamtbewertungsverfahren		3779
			(1) „Discounted-cash-flow"-Verfahren (DCF-Verfahren)	3780
			(2) Multiplikatorenverfahren	3782
			(3) AWH-Standard	3783

							Rn.
			(4)	Leitfaden der OFD Rheinland und Münster.			3784
			(5)	IDW S 1 (2008)			3786
		e)	Feststellungsverfahren				3788
		f)	Erste Wertung				3789
	4.	Nutzungs- und Duldungsrechte, wiederkehrende Leistungen					3794
		a)	Bewertung des Rechtes selbst				3794
		b)	Berücksichtigung des Rechtes als „Gegenleistung".				3802
	5.	Bewertung sonstigen Inlandsvermögens					3805
	6.	Auslandsvermögen					3807
VIII.	Berücksichtigung von Gegenleistungen und Auflagen.						3809
	1.	Gemischte Schenkungen (Alte Rechtslage bis Ende 2008)					3810
		a)	Privatvermögen.				3810
		b)	Betriebsvermögen.				3817
	2.	Schenkung unter Auflage					3821
		a)	Nutzungs- oder Duldungsauflage				3822
			aa)	Zugunsten anderer Personen als des Veräußerers und dessen Ehegatten.			3822
			bb)	Zugunsten des Veräußerers und/oder dessen Ehegatten (§ 25 ErbStG a.F.)			3826
				(1)	Anwendbarkeit des § 25 ErbStG a.F.		3826
				(2)	Ermittlung des Stundungsbetrages.		3828
				(3)	Beendigung der Stundung.		3831
				(4)	Weitere Schenkung an den Mitberechtigten (§ 428 BGB).		3833
				(5)	Unentgeltlicher Verzicht auf das vorbehaltene Nutzungsrecht		3836
				(6)	Entgeltlicher Verzicht.		3840
			cc)	Zusammenfassendes Berechnungsbeispiel.			3842
		b)	Leistungsauflage				3852
	3.	Gemischte Schenkung/Leistungsauflagen neben Duldungsauflagen					3859
	4.	Gemischte Schenkung (neue Rechtslage ab 2009)					3862
	5.	Schenkung unter Auflage (neue Rechtslage ab 2009)					3870
		a)	Abschaffung des § 25 ErbStG.				3870
		b)	nachträglicher Verzicht auf den Nießbrauch				3874
		c)	Abzugsbeschränkungen				3876
		d)	Berechnungsbeispiele				3879
		e)	Berücksichtigung auf der Bewertungsebene				3881
		f)	Nießbrauchsvermächtnis				3884
		g)	Grunderwerbsteuer				3886
	6.	Rückforderungsvorbehalte					3887
IX.	Steuerbefreiungen und -begünstigungen						3888
	1.	Zugewinnausgleich (§ 5 ErbStG)					3888
		a)	Erbrechtlicher Zugewinnausgleich (§ 5 Abs. 1 ErbStG).				3889
		b)	Güterrechtlicher Zugewinnausgleich (§ 5 Abs. 2 ErbStG)				3897
	2.	Sachliche Steuerbefreiungen (§ 13 Abs. 1 Nr. 1 bis 18 ErbStG)					3908
		a)	Hausrat, Kunstgegenstände etc. (§ 13 Abs. 1 Nr. 1 u. Nr. 2 ErbStG)				3908
		b)	Ehebedingte Zuwendung des selbst genutzten Familienheims (§ 13 Abs. 1 Nr. 4a ErbStG)				3911
		c)	Vererbung des Familienheims an den Ehegatten (§ 13 Abs. 1 Nr. 4b ErbStG) (ab 2009).				3912
			aa)	Umfang des begünstigten Erwerbs.			3915
			bb)	Begünstigte Immobilie			3923
			cc)	Selbstnutzung durch den Erblasser			3924
			dd)	Selbstnutzung durch den Erwerber			3925
			ee)	Nachversteuerung.			3926
		d)	Vererbung des Familienheims an Abkömmlinge (§ 13 Abs. 1 Nr. 4c ErbStG) (ab 2009)				3932
			aa)	Erwerbstatbestand			3932
			bb)	Angemessenheit			3936
			cc)	Begünstigungstransfer			3938
		e)	Erwerb durch erwerbsunfähige oder erwerbsgehinderte Personen (§ 13 Abs. 1 Nr. 6 ErbStG).				3943
		f)	Leistungen für Pflege (§ 13 Abs. 1 Nr. 9, 9a ErbStG)				3944
		g)	Rückvererbung geschenkten Vermögens (§ 13 Abs. 1 Nr. 10 ErbStG)				3945
		h)	Sonstige Steuerbefreiungen (§ 13 Abs. 1 Nr. 12, 14, 16 u. 17, Abs. 2 ErbStG)				3946
	3.	Verschonung bei Grundvermögen ab 2009 (§ 13c ErbStG)					3949
	4.	Persönliche Steuerbefreiungen (Freibeträge) (§ 16 ErbStG)					3952
		a)	Rechtslage bis 31.12.2008				3952
		b)	Rechtslage ab 2009.				3955
	5.	„Steuerstorno" (§ 29 ErbStG).					3957
		a)	Gesetzliche Rückforderungsrechte.				3957
		b)	Vertragliche Rückforderungsrechte				3960
		c)	Weitere Tatbestände				3967

Kapitel 11: Verkehrsteuern

				Rn.
	6.	Jahressteuer bei Nutzungen und wiederkehrenden Leistungen (§ 23 ErbStG)		3969
X.	Privilegierung des Erwerbs von Betriebsvermögen nach altem Recht (§§ 13a, 19a ErbStG, R 51 ff. ErbStR 2003)			3974
	1.	Überblick		3974
	2.	Begünstigtes Betriebsvermögen		3981
		a) Begriff des Betriebsvermögens		3981
		b) Anteile an einer Personengesellschaft		3986
		c) Land- und forstwirtschaftliches Vermögen		3993
		d) Anteile an Kapitalgesellschaften		3995
	3.	Erfasste Vorgänge		3996
		a) Erwerb von Todes wegen		3997
		b) Lebzeitiger Erwerb		4000
	4.	Zuordnung des Freibetrages		4002
	5.	Nachversteuerung		4005
	6.	Abzugsbeschränkung; Verzicht auf die Vergünstigung		4010
XI.	Begünstigung von Betriebsvermögen nach neuem Recht			4011
	1.	Grundkonzept		4012
	2.	Begünstigtes Vermögen (§ 13b Abs. 1 ErbStG)		4016
		a) Land- und forstwirtschaftliches Vermögen (§ 13b Abs. 1 Nr. 1 ErbStG)		4017
		b) Betriebsvermögen i.S.d. § 13b Abs. 1 Nr. 2 ErbStG (Betrieb, Teilbetrieb, Mitunternehmeranteil)		4018
		c) Kapitalgesellschaftsanteil (§ 13b Abs. 1 Nr. 3 ErbStG)		4024
			aa) Grundsatz	4024
			bb) Insb.: Poolvereinbarung	4026
			(1) Verfügungsbeschränkung	4030
			(2) Einheitliche Stimmrechtsausübung	4039
			(3) Mindestbeteiligung	4044
			(4) Muster einer Gesamtvereinbarung	4048
	3.	Mögliche Vergünstigungen		4053
		a) Verschonungsabschlag und Abzugsbetrag (§ 13a Abs. 1 u. 2 ErbStG)		4053
		b) Tarifbegrenzung (§ 19a ErbStG)		4059
		c) Ambitioniertes Modell: volle Steuerbefreiung		4061
	4.	Ausschluss der Betriebsvermögensbegünstigung bei Verwaltungsvermögen (§ 13b Abs. 2 ErbStG)		4065
		a) Testverfahren		4065
		b) Verwaltungsvermögen im Einzelnen (§ 13b Abs. 2 Satz 2 ErbStG)		4072
			aa) Dritten zur Nutzung überlassene Grundstücke (§ 13b Abs. 2 Satz 2 Nr. 1 ErbStG)	4073
			(1) Ausnahme Sonderbetriebsvermögen und Betriebsaufspaltung (lit. a)	4077
			(2) Ausnahme Betriebsverpachtung (lit. b)	4081
			(3) Ausnahme Konzernfälle (lit. c)	4084
			(4) Wohnungsunternehmen (lit. d)	4085
			bb) Minderheitsanteile an Kapitalgesellschaften (§ 13b Abs. 2 Satz 2 Nr. 2 ErbStG)	4089
			cc) Anteile an Gesellschaften mit überwiegendem Verwaltungsvermögen (§ 13b Abs. 2 Satz 2 Nr. 3 ErbStG)	4093
			dd) Wertpapiere und vergleichbare Forderungen (§ 13b Abs. 2 Satz 2 Nr. 4 ErbStG)	4098
			ee) Kunstgegenstände etc. (§ 13b Abs. 2 Satz 2 Nr. 5 ErbStG)	4102
		c) Junges Verwaltungsvermögen (§ 13b Abs. 2 Satz 3 ErbStG)		4104
	5.	Lohnsummenkriterium (§ 13a Abs. 1 Satz 2 i.V.m. Abs. 4 ErbStG)		4109
		a) Ausnahmen		4110
		b) Zeiträume		4113
		c) Ermittlung		4115
		d) Tochtergesellschaften		4117
		e) Folgen des Unterschreitens		4120
		f) Erste Wertung		4125
	6.	Behaltensregelungen (§ 13a Abs. 5 ErbStG)		4126
		a) Grundsatz		4126
		b) Schädliche Vorgänge im Einzelnen		4127
			aa) § 13a Abs. 5 Satz 1 Nr. 1 ErbStG (Veräußerung)	4127
			bb) § 13a Abs. 5 Satz 1 Nr. 4 ErbStG (Kapitalgesellschaftsvorgänge)	4134
			cc) § 13a Abs. 5 Satz 1 Nr. 3 ErbStG (Überentnahmen)	4135
			dd) § 13a Abs. 5 Satz 1 Nr. 5 ErbStG (Aufhebung einer Pool-Vereinbarung)	4138
		c) Folge: Nachversteuerung		4143
		d) Verfahrensrecht		4147
	7.	Gestaltungsmöglichkeiten bei Betriebsvermögen ab 2009		4148
		a) Gestaltung i.R.d. Bewertung		4149
		b) Gestaltung zur Sicherung der Verschonung		4153
			aa) Schaffung begünstigten Vermögens	4154
			bb) Bestehen des Verwaltungsvermögenstests	4156
			(1) Derzeit schädliche Verwaltungsvermögensquote	4157

				Rn.
		(2)	Derzeit unschädliche Verwaltungsvermögensquote	4166
		cc)	Bestehen der Lohnsummenkontrolle	4170
		(1)	Maßnahmen vor dem Stichtag	4170
		(2)	Maßnahmen nach dem Stichtag	4175
		dd)	Einhaltung der Behaltensfristen	4178
	c)	Gestaltungsvergleich Sondergewinnbezugsrechte/Vorbehaltsnießbrauch		4180
8.	Erbauseinandersetzung unter Geltung des neuen Rechtes			4183
	a)	Bisherige Rechtslage		4183
	b)	Grundzüge der Neuregelung		4185
	c)	§ 13b Abs. 3 Satz 1 ErbStG: positive Allokation		4189
	d)	§ 13a Abs. 3 ErbStG: negative Allokation		4193
	e)	Anwendungsbereich im Einzelnen		4194
	f)	Verfahren		4201
	g)	Wertung		4202
9.	Milderung der Doppelbelastung aus Einkommen- und Schenkungsteuer (§ 35b EStG)			4203

XII.	Mittelbare Grundstücksschenkung	4205
1.	Begriff; Tatbestandsvoraussetzungen	4205
2.	Zivilrechtliche Aspekte	4210
3.	Schenkungsteuer	4216
4.	Ertragsteuern; Eigenheimzulage	4219
XIII.	Steuertarif	4222
1.	Steuerklassen (§ 15 ErbStG)	4222
	a) Einteilung	4222
	b) Gestaltung durch Adoption	4226
2.	Steuersätze (§ 19 ErbStG)	4232
3.	Berücksichtigung früherer Erwerbe (§ 14 ErbStG)	4240
XIV.	Persönliche Steuerpflicht; Besteuerungsverfahren	4254
1.	Auslandssachverhalte	4254
2.	Besteuerungsverfahren	4262
	a) Anzeigepflichten	4262
	b) Erhebungsverfahren	4275
	c) Steuerschuldnerschaft, § 20 ErbStG	4276
XV.	Übersicht: Gestaltungshinweise zur Steuerreduzierung	4280
1.	Gestaltungsoptionen nach der Erbschaftsteuerreform	4281
2.	Gestaltungsoptionen bis Ende 2008	4289
B.	**Grunderwerbsteuer**	**4293**
I.	Vorrang der Schenkungsteuer	4293
II.	Gesellschafterwechsel	4298
1.	§ 1 Abs. 2a GrEStG	4299
2.	§ 1 Abs. 3 GrEStG	4304
3.	Freistellung und Nachbesteuerung	4310
III.	Bemessung	4316
IV.	Anzeigepflichten	4320
C.	**Umsatzsteuer**	**4322**

A. Schenkungsteuerrecht

I. Einleitung

1. Bedeutung der Schenkungsteuer

Der Anteil der Erbschaft- und Schenkungsteuer an den gesamten eigenen Steuereinnahmen der Bundesländer[1] betrug 2009 27,8 % (4,5 Mrd € in Relation zu 16,4 Mrd €). Dies verdeutlicht die besondere fiskalische und politische Bedeutung dieser Verkehrsteuer, mit besonderem Augenmerk auf der Erbschaftsteuer: Fast 80 % aller Erbschaften erfassen einen steuerpflichtigen Erwerb von weniger als 100.000,00 €; diese tragen lediglich 20 % zum gesamten Steueraufkommen bei. In 5 % aller Erbschafts- und Schenkungsfälle liegt der Erwerb über 500.000,00 € (50 % des

3483

---

[1] Der Anteil am deutschen Gesamtsteueraufkommen des Jahres 2009 (ca. 415 Mrd. €) betrug ca 0,75 %.

gesamten Steueraufkommens); in 0,1 % aller Fälle übersteigt der Erwerbswert 5 Mio. € (18 % des gesamten Steueraufkommens).[2] Bei gesamt 850.000 Sterbefällen des Jahres 2002 (letzte steuerstatistische Untersuchung des BMF) wurden 60.108 Nachlässe veranlagt, die zu 129.943 Steuerfällen führten. Der Gesamtwert der Nachlassgegenstände belief sich auf 18,8 Mrd. € abzgl. knapp 4 Mrd. € Schulden. Betriebsvermögen machte lediglich 10 % des Gesamtwerts der übergegangenen Vermögen aus und trug 8,6 % zum Steueraufkommen bei. 65 % des gesamten Erbschaftsteueraufkommens entfallen auf die Bundesländer Bayern, Baden-Württemberg und Nordrhein-Westfalen, während Berlin und die neuen Bundesländer gesamt 8 % beitragen.[3]

2. Rechtsgrundlagen

3484 Gesetzliche Grundlage ist das ErbStG, insb. § 7: die dort abschließend genannten lebzeitigen unentgeltlichen Erwerbsvorgänge unterliegen der Schenkungsteuer (§ 1 Abs. 1 Nr. 2 ErbStG). Für diese gelten zusätzlich die Vorschriften über die Erbschaftsteuer, soweit nicht anderes bestimmt ist, während umgekehrt die Schenkungsteuervorschriften auf Erwerbsvorgänge von Todes wegen keine Anwendung finden.

3485 Die Bundesregierung hat am 21.12.1998 **Richtlinien** herausgegeben, die einer bundeseinheitlichen Anwendung des Schenkungsteuerrechts dienen sollen (vgl. Art. 108 Abs. 7 GG), ergänzt durch Hinweise der obersten Finanzbehörde der Länder, die neben Verweisen auf die BFH-Rechtsprechung auch zahlreiche Beispielsberechnungen enthalten. Für alle Erwerbsvorgänge mit Steuerentstehung ab 01.01.2003 gelten die Erbschaftsteuerrichtlinien 2003 (ErbStR 2003) und die zugehörigen Hinweise. Die Richtlinien 91 bis 192 der ErbStR 2003 betreffen dabei das Bewertungsgesetz. Für Winter 2011 wird die Veröffentlichung der auf die Reform des ErbStG und des BewG abgestimmten neuen Richtlinien erwartet, derer die Praxis im Hinblick auf die zahlreichen Unstimmigkeiten des Gesetzestextes dringend bedarf.[4] Der Entwurf sieht eine faktische Rückwirkung für alle unter Geltung des neuen Rechtes verwirklichten Tatbestände vor.

3. Rechtsprechung des BVerfG

3486 Insb. das Urteil des BVerfG v. 22.06.1995[5] hat in Gestalt des Jahressteuergesetzes 1995 zu neuen Bewertungsvorschriften für Grundbesitz geführt, um die zuvor bestehende Verfassungswidrigkeit aufgrund der ungleichen Bewertung von Grundbesitz einerseits und Kapitalvermögen andererseits zu beseitigen. Der österreichische Verfassungsgerichtshof hat am 07.03.2007[6] Ähnliches zur Einheitsbewertung für Immobilien im österreichischen ErbStG entschieden. Auch die verbleibende „Besserstellung" von Betriebsvermögen, Grundvermögen, Anteilen an Kapitalgesellschaften und land-/forstwirtschaftlichem Vermögen) genügt jedoch nicht den Anforderungen

---

2 Etymologisch stammt der Begriff „Erbe" übrigens ab vom indogermanischen „orbho" = beraubt, verwaist.
3 Vgl. *Wachter*, ZNotP 2007, 46.
4 Zum Entwurf der ErbStR 2011 (Stand: 01.08.2011) vgl. *Schmidt/Schwind*, NWB 2011, 3512 ff.; *Korezkij*, DStR 2011, 1733 ff.
5 BStBl. 1995 II, S. 655, sowie BStBl. 1995 II, S. 671.
6 Vgl. www.vfgh.gv.at; hierzu *Steiner*, ErbStB 2007, 147.

des Gleichheitssatzes, wie das BVerfG durch Beschl. v. 07.11.2006[7] nach intensiver Diskussion im Schrifttum[8] auf Vorlagebeschluss des BFH[9] zur allgemeinen Überraschung[10] festgestellt hat. Erwartungsgemäß hat das BVerfG nicht die Nichtigkeit des ErbStG ab dem entscheidungserheblichen Datum (23.07.1997) feststellt mit der Folge, dass ab Juli 1997 Steuern mangels eines Steuertarifs nicht mehr erhoben werden könnten, sondern die weitere Anwendung bis zur Neuregelung, die bis zum 31.12.2008 zu erfolgen habe und erfolgt ist, verfügt (vgl. auch Rdn. 3504). Erbschaft- und Schenkungsteuerbescheide ergingen schon bisher aufgrund der gleichlautenden Ländererlasse v. 06.12.2001[11] nur mehr vorläufig, was fortgalt.[12]

Das BVerfG rügt insb. folgende willkürlichen Privilegierungen im Bewertungsrecht, die eine ausreichend belastungsgleiche und folgerichtig ausgestaltete Besteuerung strukturell verhindern. Ein einheitlicher Tarif setzt Bewertungsgleichheit voraus. 3487

- Die Nichtberücksichtigung nichtbilanzierter Vermögenswerte (etwa des selbst geschaffenen good will) sowie stiller Reserven, die durch erhöhte Abschreibungen oder durch Wertsteigerungen entstanden sind, bei Einzelunternehmen oder Personengesellschaften. Die Maßgeblichkeit der Steuerbilanzwerte (§ 109 Abs. 1 BewG) erlaubt „bilanzpolitische Maßnahmen" und ist nicht geeignet, den tatsächlichen Wert der Wirtschaftsgüter abzubilden.[13] Die Ungleichbehandlung wird verstärkt durch den vollen Abzug bestehender Schulden. Das BVerfG zitiert Ermittlungen, wonach nach damaligem Recht lediglich 58 % des wahren Werts von Betriebsvermögen erfasst werde.

- Gleiches gelte in abgeschwächter Form auch für Kapitalgesellschaften, da in das Stuttgarter Verfahren auch Steuerbilanzwerte einfließen. Eine Differenzierung zwischen Kleinbeteiligungen und solchen von 25 % oder mehr hält das BVerfG allerdings nicht für zwingend geboten.

- Die Anwendung eines einheitlichen Vervielfältigers auf den Mietertrag bei der Immobilienbewertung führe schließlich nach Ermittlung des BVerfG[14] zu Werten, die zwischen 50 % und über 100 % des Verkehrswerts liegen. Verfassungsrechtlich akzeptabel sei jedoch lediglich 3488

---

7   1 BvL 10/02, veröffentlicht am 31.01.2007: ZEV 2007, 76, m. Anm. *Seer*, S. 101 ff.; NJW 2007, 573; DStR 2007, 235; FamRZ 2007, 340, m. Anm. *Schlünder/Geißler*, ergangen auf Vorlagebeschluss des BFH v. 22.05.2002, II R 61/99, BStBl. 2002 II, S. 598.

8   Zur Gleichmäßigkeit der erbschaftsteuerlichen Behandlung von Grund- und Betriebsvermögen vgl. *Bach/Broekelschen/Maithert*, DStR 2006, 1961 ff. m.w.N.

9   Beschl. v. 22.05.2002 – II R 61/99, BStBl. 2002 II, S. 598: gestützt v.a. auf die Anwendung eines einheitlichen Tarifs trotz unterschiedlicher Bewertung, den ungekürzten Schuldenabzug auch bei unterbewertetem Vermögen, die Rechtsformabhängigkeit der Bewertung, die Möglichkeit der willkürlichen Schaffung von Betriebsvermögen in Gestalt der gewerblich geprägten GmbH & Co KG.

10 Die i.R.d. Verfahrens abgegebenen Stellungnahmen gingen alle von der Unzulässigkeit, jedenfalls aber der Unbegründetheit der Vorlage aus.

11 BStBl. 2001 I, S. 985, bestätigt durch gleichlautende Erlasse v. 22.11.2005, BStBl. 2005 I, S. 1006.

12 Gleichlautende Erlasse der obersten Finanzbehörden der Länder v. 10.03.2008 sowie Schreiben des BMF v. 09.01.2008, vgl. *Wachter*, ZErb 2008, 105 ff.; aufgehoben durch Erlass v. 02.01.2009, BStBl. 2009 I, S. 13: Ausdrückliche Erklärung, dass die vorläufigen Steuerfestsetzungen endgültig seien, erfolgt nur auf Antrag des Steuerpflichtigen oder bei notwendiger Änderung der Festsetzung (§ 165 Abs. 2 Satz 4 AO).

13 Entgegen der Stellungnahmen des Bundes der Steuerzahler, des DIHT, des Zentralverbandes des deutsches Handwerkes, des BDI, des Deutschen Instituts für Wirtschaftsforschung etc.

14 Gestützt auf die Kaufpreisuntersuchung der Finanzverwaltung aus dem Jahr 1998: 7.000 Fälle, vgl. *Eisele*, NWB 2007, 505.

eine Streubreite von allenfalls „plus/minus 20 % der Verkaufspreise" (Prinzip der Binnengleichheit).

- In noch viel stärkerem Maße gelte dies für land- und forstwirtschaftliche Grundstücke (für Wohnteil und Betriebswohnungen gelten die Grundsätze zu Grundvermögen; der Ertragswert für den Betriebsteil verfehlt eine Erfassung der im Vermögenszuwachs liegenden Steigerung der Leistungsfähigkeit des Erben/Beschenkten völlig (ca. 10 % des Verkehrswerts).

3489 Für die **Verfolgung außerfiskalischer Förderungs- und Lenkungsziele** sei das Bewertungsrecht schon im Ansatz ungeeignet.[15] Dies erfordert die einheitliche Orientierung am Verkehrswert, im Steuerrecht also am gemeinen Wert i.S.d. § 9 Abs. 2 BewG, wobei der Gesetzgeber in der Wahl der Ermittlungsmethode grds. frei ist. Der Auftrag an den Gesetzgeber war von kaum lösbarer Komplexität.[16]

3490 Auf der Basis dieser Bewertung könne der Gesetzgeber sodann, so das BVerfG, zu Lenkungszwecken zielgenaue und normenklare **Verschonungsregelungen** aufbauen. Dabei dürfen allerdings (vgl. Abs. 157 der Urteilsgründe) Umstände, die sich bereits im Marktpreis niedergeschlagen haben (etwa bei Immobilien: geringe Fungibilität, höhere Sozialbindung, Mieterschutz, Grundsteuerbelastung etc.; bei land- und forstwirtschaftlichem Vermögen die beschränkte Nutzbarkeit), nicht als Rechtfertigungsgründe herangezogen werden. In Betracht kommen können jedoch (Abs. 158 der Urteilsgründe) Gemeinwohlgründe der Bau- und Wohnungswirtschaft (deren „zielgenaue Förderung" jedoch durch pauschale Privilegierungen schwer fallen dürfte).[17] Im Extremfall kann auch eine vollständige Freistellung, etwa des Familienwohnheims, in Betracht kommen.[18] Für land- und forstwirtschaftlichen Grundbesitz werden bspw. der Klimaschutz, Trinkwasserschutz, die Belange des Kyoto-Protokolls etc. als Rechtfertigungsgründe für Verschonungsregelungen geltend gemacht.[19]

4. Reform 2009

a) Entwicklung

3491 Die vollständige Abschaffung der Erbschaftsteuer (nach dem Vorbild Schwedens und Portugals, Maltas, Zyperns, Sloweniens und der Slowakei) oder gar der Erbschaft- und Schenkungsteuer (nach dem Vorbild der drei baltischen Staaten und Hongkongs, ab 01.08.2008 Österreichs, bisher auch Italiens)[20] – ggf. beschränkt auf Erwerber der Steuerklasse I (wie in Polen, Tschechien, Dänemark [Ehegatten] und in einigen Kantonen der Schweiz; ähnlich in Luxemburg)[21] – war

---

15 *Crezelius*, DStR 2007, 419.
16 *Riedel/von Hutten*, ZErb 2007, 104: „Und so sehen wir betroffen den Vorhang zu und alle Fragen offen".
17 § 155 BewG-E i.d.F. der BR-Drucks. 390/96 sah einen gestaffelten Bewertungsabschlag von 30 %, 35 % bzw. 40 % vor.
18 Tz. 98 a.E des BVerfG-Beschl. v. 07.11.2006 – 1 BvL 10/02, DStR 2007, 235.
19 *Landsittel*, ZErb 2007, 180 ff.
20 Wiedereinführung ab 03.10.2006 (Erbschafts-) bzw. ab 01.01.2007 (Schenkungsteuer), vgl. *Reiß*, ZErb 2007, 145. Zusätzlich werden (wie beim entgeltlichen Erwerb) eine Hypothekarsteuer von 2 % und eine Katastersteuer von 1 % des Katasterwertes erhoben – bei Erstwohnsitzimmobilien pauschal jeweils 168,00 € –, die (anders als die Erbschaft- und Schenkungsteuer) nicht gem. § 21 ErbStG auf den deutschen Steuerbetrag anrechenbar ist.
21 Keine Steuer für Ehegatten, wenn es ein gemeinsames Kind mit dem Erblasser gibt, und für Kinder.

A. Schenkungsteuerrecht

unrealistisch. Auch der aus Unionskreisen stammende Vorschlag, den Ländern nicht nur das Steueraufkommen, sondern auch die Gesetzgebungshoheit für die Erbschaft- und Schenkungsteuer zuzuweisen,[22] wurde (bisher) nicht umgesetzt.

Im August 2007 wurden in der Kommission der Steuerexperten der Großen Koalition aus Bund und Ländern noch vier Modelle diskutiert („Niedrigsatzmodell" der Länder Baden-Württemberg und Rheinland-Pfalz; „Viskorf"-Modell mit geringen Freibeträgen von max. 50.000,00 € und dafür geringen Steuersätzen von 2 bis max. 20 %; „Schedulenmodell" des Landes Hessen mit je nach Vermögensart unterschiedlichen Freibeträgen und Steuersätzen; „Abschmelzungsmodell" des Landes Bayern nach dem Vorbild des früheren Entwurfes eines Unternehmensfortführungserleichterungsgesetzes jedenfalls für Betriebsvermögen). 3492

Die am Abend des 05.11.2007 bekannt gegebenen **Eckpunkte der Koch/Steinbrück-Arbeitsgruppe** enthielten bereits die später umgesetzten Grundkoordinaten. Der am 11.12.2007 verabschiedete"Regierungsentwurf"[23] bewegte sich auf der Linie des gemeinsamen Entschließungsantrags der Fraktionen der CDU/CSU und der SPD i.R.d. Beratungen zur Unternehmensteuerreform 2008 v. 23.05.2007,[24] wonach das gegenwärtige Steueraufkommen der Länder (ca. 4 Mrd. € pro Jahr), allerdings unter abweichender Belastung der einzelnen Steuerpflichtigen, erhalten bleiben solle, ebenso die absolute Prozentzahl der zu besteuernden Erb- und Schenkungsfälle (ca. 10 %). Das Jahr 2008 war geprägt von intensiven Bemühungen (auch innerhalb der Unionsfraktion insb. auf Betreiben Bayerns nach dem dortigen Regierungswechsel), die Verschonungsregelungen zum Betriebsvermögen hinsichtlich ihrer zeitlichen Dauer und der Wirkungsweise (Abschmelzung statt Fallbeileffekt) abzumildern und im Bereich des Privatvermögens das selbst genutzte Eigenheim durch sächliche Steuerbefreiungen jedenfalls in der Kernfamilie zu schonen. Erst am 25.11.2008 nahm der Bundestag die angepasste Beschlussempfehlung des Finanzausschusses in Gestalt der Drucks. 16/11075 an. Deshalb enthielt erst die am 31.12.2008 ausgelieferte Ausgabe des Bundesgesetzblattes (2008 I, S. 3018 ff.) den Text des am folgenden Tag in Kraft tretenden Erbschaftsteuerreformgesetzes. 3493

b) Gestaltungen in der Übergangsphase

Die Gestaltungspraxis musste sich darauf einzustellen haben, dass die Bewertung von Betriebsvermögen für ertragstarke, aber substanzschwache Einzelunternehmen sowie gewerbliche und freiberufliche Mitunternehmerschaften durch zwingende Mitberücksichtigung der Erträge künftig deutlich verschärft werde. Die Einbringung von Vermögen in gewerblich geprägte GmbH & Co. KGs sowie die „Umwandlung" von Geld in niedriger bewertete Grundstücke würde künftig nicht mehr zur Verfügung stehen. Für all diese Sachverhalte, die über das kleine selbst genutzte Eigenheim hinausgehen, war die rasche Durchführung einer vorweggenommenen Erbfolge ratsam, sofern die sonstigen Rahmendaten „stimmen". Ideal war es, wenn bereits der damalige Personenfreibetrag nicht überschritten wurde, kann er doch auf den nunmehrigen Freibetrag, etwa durch Geldschenkungen, „aufgefüllt" werden. 3494

---

22 Vgl. ErbStB 2007, 195.
23 Vgl. hierzu ausführlich *Kesseler/Hutmacher/Thouet*, ZNotP 2008, 45 ff.
24 BT-Drucks. 16/548.

3495 Gleiches gilt für Gestaltungen, die auf dem Bewertungsunterschied zwischen „Immobilie" und „Geldbetrag" aufbauen, also etwa mittelbare Grundstücks-, Gebäude- oder Betriebsschenkungen, wobei jedoch in Errichtungsfällen das Objekt bis zum Inkrafttreten bezugsfertig werden musste. Empfehlenswert konnte es auch sein, die Nacherbfolge „vorwegzunehmen" durch lebzeitige Übertragung auf den Nacherben etwa unter Rückbehalt eines Nutzungsrechtes und bedingten Rückforderungsvorbehaltes.[25]

3496 Die seit 2009 höhere Bewertung von Grundbesitz hat auch mittelbare Auswirkungen, z.B. auf die maximale Bewertung des **Nießbrauchs-Jahreswerts**, wo die Kappung auf den 18,6-ten Teil des Steuerwerts des Grundstücks (§ 16 BewG) zu höheren Werten führt. Dann kann aber der Verzicht auf den Nießbrauch als freigiebige Zuwendung (neben der Beendigung der bisherigen Stundung gem. § 25 Abs. 1 ErbStG) zu einer neuerlichen Schenkungsteuer führen, da der verbleibende Wert des Nießbrauchs aufgrund des höheren Jahreswerts den (wegen der gesunkenen Lebensresterwartung) geringeren Kapitalisierungsfaktor überkompensiert. Es war daher zu empfehlen, entsprechende Aufgabeerklärungen hinsichtlich eines vorbehaltenen Nießbrauchs vorher abzugeben,[26] wobei schon vor der Erbschaftsteuerreform im Vergleich zu den sehr geringen Steuerwerten (1,4-facher Einheitswert) aus der Zeit vor 1996 ein Erhöhungseffekt eintreten kann. Ist der Kapitalwert gestiegen, sodass neuerliche Schenkungsteuer anfällt – und sind seit der Schenkung des Grundstücks noch keine 10 Jahre vergangen, ist außerdem die Zusammenrechnung gem. § 14 ErbStG zu berücksichtigen.[27]

3497 **Betriebsvermögen** wird seit 2009 insb. bei **ertragstarken Personengesellschaften des Mittelstands** um ein Vielfaches höher angesetzt, auch die Anforderungen, die für die Wohltaten des Abschmelzungsmodell einzuhalten sind (Lohnsummenparameter, gesamt 17-jährige Nachverhaftungsregelung, 15 %ige zwingende Sofortbesteuerung, Kriterium des max. 50 %igen Vermögensverwaltungsanteils), sind um ein Vielfaches strenger als nach bisherigem Recht. Häufig war daher die Übertragung nach altem Recht empfehlenswert. Auch die Steuerpflicht des **Ausscheidens gegen gesellschaftsvertraglich bedingte Abfindung unterhalb des Steuerwerts** (bei Personengesellschaften derzeit also noch des Buchwerts, künftig des gemeinen Werts) gem. § 3 Abs. 2 Nr. 2 Satz 2 ErbStG für Erwerbe von Todes wegen bzw. gem. § 7 Abs. 7 ErbStG (Rdn. 3548) für lebzeitige Zuwendungen kann sich künftig als „Mühlstein" erweisen (Rdn. 4591), und zwar in verschärftem Umfang, wenn der durch Anwachsung „beschenkte" Mitgesellschafter den Anteil in der vorgesehenen Nachsteuerfrist z.B. weiterverkauft, sodass die gewährte 85 %ige Verschonung rückwirkend entfällt.

3498 Dies galt auch für das „kleine Betriebsvermögen" in Gestalt von Anteilen an (transparenten) Fonds, die Betriebsvermögen halten, z.B. Schiffsfonds. Liegt der nach bisherigem Recht maßgebliche Buchwert angesichts der 12-jährigen Schiffsabschreibung weit unter dem Verkehrswert (und wurde das Kapitalkonto durch Einlagerückzahlungen weiter gemindert), sodass sogar negative Werte denkbar waren, ist seit 2009 der gemeine Wert ohne Minderungen zu besteuern, zumal die 7- bzw. 10-jährige Frist zur weiteren Innehabung des Anteils nach der Übertragung, sowie

---

25 Vgl. *Reimann*, ZEV 2007, 262 f.
26 Vgl. *Moench*, ZEV 2008, 227.
27 Vgl. die Beispiele in H 85 Abs. 4 Erbschaftsteuer-Hinweise, BStBl. 2004 I, S. 939, 942.

das ebenso lange laufende Verbot an den Fonds, das Schiff zu verkaufen oder hohe Einlageausschüttungen vorzunehmen, häufig verletzt werden.

> **Hinweis:**
>
> Schließlich war zu berücksichtigen, dass bestimmte Gestaltungen nach neuem Recht überhaupt nicht mehr möglich sind, so z.b. die Einbringung von Privatvermögen in eine gewerblich geprägte Personengesellschaft mit anschließender unentgeltlicher Übertragung des Mitunternehmeranteils gem. § 6 Abs. 3 EStG. Sollten solche Maßnahmen noch vor Inkrafttreten des neuen Rechtes durchgeführt werden, musste zunächst die KG im Handelsregister eingetragen sein[28] (da sie als vermögensverwaltende Gesellschaft nicht bereits mit der Aufnahme der Geschäfte entstehen konnte), zum anderen muss die KG auch Eigentümerin der Immobilie geworden sein, da sonst lediglich Sachleistungsansprüche übertragen werden, die ohnehin mit dem Verkehrswert anzusetzen wären.[29] Auch die Übertragung noch nicht fälliger Lebens-Kapital- oder Rentenversicherungen wurde im Hinblick auf die Änderung des § 12 Abs. 4 BewG häufig in das Jahr 2008 vorgezogen.

3499

c) Rechtspolitische Bedenken

Die am 01.01.2009 in Kraft getretene Reform der Erbschaftsteuer begegnet ihrerseits wiederum erheblichen **verfassungsrechtlichen Bedenken**. So wirken sich Abmilderungen in den Bewertungsnormen, etwa zum land- und forstwirtschaftlichen Vermögen, wie eine (nach dem BVerfG verbotene) versteckte Verschonungsmaßnahme aus.[30] „Ausnahmen von der Ausnahme" (z.B. die Beschränkung der Freistellung auf gewerbliche Wohnungsunternehmen, nicht auch Gewerbevermietungsunternehmen) sind im Hinblick auf Art. 3 GG zusätzlich bedenklich[31] (führen allerdings nicht zu einer verfassungswidrigen Beschränkung der Testierfreiheit).[32] Europarechtlich ist zu prüfen, ob in der potenziell vollständigen Freistellung eine Beihilfe i.S.d. Art. 107 ff. AEUV (zuvor 87 ff. EGV) liegen könnte. Stimmen, die angesichts des geringen Anteils am Gesamtsteueraufkommen (ca. 0,8 % – also weniger als die ohnehin zu verkraftende jährliche Schwankung) eine gänzliche Abschaffung der Steuer fordern, bleiben daher deutlich vernehmbar. Auch ideologisch lässt sich die weitere Erhebung der Erbschaftsteuer nicht mit Blick auf die dadurch angeblich verbesserte Chancengerechtigkeit rechtfertigen, zumal üblicherweise im Alter von über 50 Jahren geerbt wird, also zu einem Zeitpunkt, in dem über die Lebenschancen längst entschieden ist.

3500

Zudem weisen Länder wie Kanada, Neuseeland und Australien, die schon lange auf Erbschaft- und Vermögensteuer verzichten, keine höhere Staatsverschuldung auf als Länder mit solchen

3501

---

28 FG Münster, 16.08.2007 – 3 K 5382/04 Erb, ErbStB 2008, 71; OFD Münster v. 03.01.2008, ErbStB 2008, 74; FinMin Baden-Württemberg v. 11.07.2008, ZEV 2008, 404; ebenso zur Einheitsgesellschaft: *Pauli*, ZErb 2008, 218.
29 BFH, 28.03.2007 – II R 25/05, DStR 2007, 990.
30 Vgl. etwa *Viskorf*, FR 2007, 626 f.; umfassende verfassungsrechtliche Kritik bei *Spiegelberger/Wartenburger*, ErbStB 2009, 98 ff.
31 Gutachten von *Joachim Lang* im Auftrag des Bundesverbandes Freier Immobilien- und Wohnungsunternehmen, vgl. FAZ v. 18.11.2009, S. 10.
32 BVerfG, 30.10.2010 – 1 BvR 3196/09, ZEV 2011, 46.

Kapitel 11: Verkehrsteuern

Steuern (Deutschland, Frankreich). Kritisch zu bewerten ist auch der Versuch, zugleich Verteilungs-, Familien-, Arbeitsmarkt- und Standortpolitik zu betreiben in Gestalt der Fortführungs- und Erhaltungsauflagen bei Betriebsvermögen. Die Partei „Die Linke" verfolgt das Ziel, in Verschärfung dieser Auflagen künftig auch eine Mindestbeteiligung von Arbeitnehmern am Kapital zu verlangen (wobei die entsprechenden Erfahrungen im früheren Jugoslawien allerdings zeigen, dass hierdurch wenig erreicht wird: können die erworbenen Anteile veräußert werden, wandeln sie sich in kurzfristigen Konsum, sind sie zu halten, bestimmen Gewerkschaftsvertreter und Politiker maßgebend über Unternehmensschicksale mit). Schließlich ist jede Stärkung der Staatsquote kritisch zu hinterfragen, investiert doch der Staat lediglich 3 % seiner Einnahmen, während es im privaten Sektor 20 % sind.

3502 Der Haushaltsausschuss[33] nennt in seiner Stellungnahme zur Beschlussempfehlung des Finanzausschusses (die im Wesentlichen Gesetz wurde) Mindereinnahmen der Länder aus der Erbschaftsteuer als Folge der Reform i.H.v. 410 Mio. € allein für das Jahr 2009 (allein in Bayern beliefen sich die Mindereinnahmen 2010 auf 160 Mio €!). Aufgrund der Neuregelung der Bewertung und der angeführten Überwachungsfristen werde sich – so der Haushaltsausschuss – der Verwaltungsaufwand „geringfügig" erhöhen. Die Stellungnahme des nationalen Normenkontrollrats führt insoweit treffend aus: „Der Rat hat den Eindruck gewonnen, dass bei der Konzeption des Gesetzentwurfs die Auswirkungen auf bürokratische Belastung von Bürgern und Unternehmen keine Rolle gespielt haben." Angesichts des Umstands, dass etwa 250 Mrd. € jährlich in Deutschland vererbt werden und hieraus lediglich ca. 4 Mrd. € Steuer eingenommen werden, was einem Anteil von weniger als 2 % entspricht, hätte es vernünftigerweise nähergelegen, die Schenkung-/Erbschaftsteuer gänzlich abzuschaffen.

3503 Es ist demnach nicht unwahrscheinlich, dass das neue Schenkung- und Erbschaftsteuergesetz schon bald wieder auf dem Prüfstand des Verfassungsrechtes[34] steht und die Politik sodann, dem Beispiel Österreichs folgend, von einem nochmaligen Reformversuch (z.B. zugunsten einer geringfügigen Erhöhung der USt) absieht oder zumindest den Ländern einen Verzicht auf die Erhebung der Steuer ermöglicht. Um in einem solchen Fall etwa bereits entrichtete Schenkungsteuern wieder erstattet erhalten zu können, muss in der Übertragung i.S.e. **Steuerklausel** dem Veräußerer bzw. seinen Gesamtrechtsnachfolgern die Rückforderung für diesen Fall vorbehalten sein (§ 29 ErbStG, vgl. Rdn. 3957 ff.) – durch § 37 Abs. 3 Satz 2 ErbStG jedenfalls für Sachverhalte nach dem 01.01.2007 nicht gesperrt (vgl. Rdn. 3962; Formulierungsvorschlag hierzu s. Rdn. 1932).

5. Inkrafttreten, Wahlrechte

3504 Die Neuregelungen finden gem. § 37 Abs. 1 ErbStG auf Erwerbsvorgänge unter Lebenden oder von Todes wegen Anwendung, für welche die Steuer nach dem 01.01.2009 (eigentlich richtig: nach dem 31.12.2008) entstanden ist; zum Entstehenszeitpunkt gem. § 9 Abs. 1 ErbStG (vgl. Rdn. 3590 ff.). Unmittelbare Rückwirkung zulasten des Steuerbürgers kommt dem Gesetz

---

33 BT-Drucks. 16/11085 v. 26.11.2008.
34 Z.B. Az. BFH: II B 168/09, BFHE 228, 149 (zur bis Ende 2009 geltenden Gleichstellung der Steuerklasse II und III); zum neuen Rechtszustand – allerdings wohl verfrüht, ohne Rechtswegerschöpfung – BVerfG, 30.10.2010 – 1 BvR 3196 bis 3198/09, ZEV 2011, 46, hierzu *Wachter*, BB 2010, 667.

demnach zu Recht nicht zu: Eine rückwirkende Verschärfung für bereits vor dem 31.01.2007 durchgeführte Veranlagungen (auch wenn sie den nun auf Antrag[35] gem. § 165 Abs. 2 Satz 3 AO aufzuhebenden Vorläufigkeitsvermerk tragen)[36] war wegen des verfahrensrechtlichen Vertrauensschutzes des § 176 AO und der tenorierten Anwendbarkeit des bisherigen Rechtes ohnehin ausgeschlossen. Gleiches galt für bis zum 31.01.2007 realisierte Sachverhalte, mag auch die Veranlagung noch nicht erfolgt sein.[37] Ab dem 01.02.2007 entstehende (§ 9 ErbStG) Steuern konnten, sofern der Pflichtige nicht anders optiert, nicht „rückwirkend" dem neuen Gesetz unterstellt werden – zwar können verfassungswidrige Gesetze keinen Vertrauenstatbestand begründen,[38] andererseits ist (anders als im BVerfG-Beschl. v. 22.06.1995: 31.12.1995) die Anwendbarkeit des bisherigen Rechtes nicht durch das BVerfG auf einen früheren Zeitpunkt als den der Neuregelung begrenzt,[39] was (wohl)[40] auch an der Gesetzeskraft des Tenors, § 31 Abs. 2 Satz 1 BVerfGG, teilhat.

Mittelbar kann sich **ein Eingreifen in „vergangene Sachverhalte"** allerdings ergeben, wenn bisher errichtete Testamente, etwa wegen Testierunfähigkeit, nicht mehr an die neue Rechtslage angepasst werden können (Stichworte: Anpassung von Freibetragsvermächtnissen, sog. Daragan'schen Klauseln, Vermächtnisse hinsichtlich des Familienheims zur Ermöglichung der Freistellung des § 13 Abs. 1 Nr. 4b oder c ErbStG).

3505

Bei **Erwerbsvorgängen unter Lebenden** ist die temporale Abgrenzung des § 37 Abs. 1 ErbStG zwingend. In einem engen zeitlichen, bis zum 01.07.2009 befristeten, Korridor bot Art. 3 ErbStRG jedoch die Möglichkeit, Erwerbe von Todes wegen aus dem Zeitraum v. 01.01.2007 bis 31.12.2008 nach neuem Recht besteuern zu lassen (**Wahlrecht** gem. Art. 3 Abs. 1 ErbStRG).[41] Der diesbezügliche Antrag konnte bereits vor der Abgabe der eigentlichen Erbschaftsteuererklärung fristwahrend gestellt werden.

3506

> **Hinweis:**
>
> Auch nach Ablauf der Optionsfrist kann – sofern nicht Wiedereinsetzung in den vorigen Stand gewährt wird[42] – in seltenen Konstellationen auch durch eine Ausweichgestaltung in Fällen letztwilligen Erwerbs mitunter die Anwendbarkeit neuen Rechtes erreicht werden: wurde z.B. ein Unternehmen als Vermächtnis im Rahmen eines Sterbefalls vor dem

3507

---

35 Andernfalls entfällt der Vorläufigkeitsvermerk gem. § 171 Abs. 8 AO mit Ablauf der Festsetzungsfrist.
36 Gleichlautende Erlasse v. 02.01.2009, BStBl. 2009 I, S. 13; frühere Vorläufigkeitsvermerke: BStBl. 2008 I, S. 465 = ZEV 2008, 212.
37 *Steiner*, ErbStB 2007, 78: sonst echte Rückwirkung; außerdem darf der Steuerpflichtige nicht zum Spielball der Bearbeitungsgeschwindigkeit des FA werden, ebenso *Wachter*, ZErb 2007, 121.
38 Tipke/Kruse/*Drüen*, AO/FGO, § 4 AO Rn. 19, 22 (Nov. 2006); daher ergingen Steuerbescheide weiterhin in vollem Umfang vorläufig gem. § 165 Abs. 1 Satz 2 Nr. 2 AO: Gleichlautender Ländererlass v. 19.03.2007, DStR 2007, 627; krit. hiergegen *Wachter*, DB 2007, 821 (nicht durch § 165 AO gedeckt, da im Widerspruch zur BVerfG-Entscheidung) – der Erlass soll Bescheide wohl lediglich mit dem Ziel offenhalten, rückwirkende Vergünstigungen (etwa in Gestalt des Unternehmensnachfolgeerleichterungsgesetzes) zu erhalten, vgl. *Geck*, ZEV 2007, 257.
39 *Geck*, DStR 2007, 428, ebenso *Wachter*, ZErb 2007, 122; *Theiss/Ahlhaus*, ZErb 2007, 200.
40 Str., vgl. *Steiner*, ZEV 2007, 120.
41 Vgl. hierzu gleichlautenden Erlass der Obersten Finanzbehörden der Länder v. 23.02.2009, ZEV 2009, 152, m. Anm. *Eisele*, sowie *Theissen*, ZEV 2009, 227 ff. und *Hartmann*, ErbStB 2010, 140 („Rosinenpicken"); Erlass FinMin Schleswig-Holstein v. 01.02.2010 – VI 353 – S 3715-012, ZEV 2010, 160.
42 *Pilz-Hönig*, ZErb 2011, 9, zu einer Entscheidung des BayMin der Finanzen.

> 01.01.2009, also nach altem Rechtszustand, zugewendet, das Vermächtnis jedoch noch nicht angenommen, könnte der Begünstigte dieses Vermächtnis, wenn die neue Rechtslage für ihn günstiger ist, ausschlagen und sich vereinbarungsgemäß das Unternehmen als Abfindung übertragen lassen: maßgeblich für die Entstehung der Steuer ist nun der Ausschlagungszeitpunkt, § 9 Abs. 1 Nr. 1 f.) ErbStG, und besteuert wird der Unternehmenserwerb (§ 3 Abs. 2 Nr. 4 ErbStG) nach neuem Recht.

3508 Da der „Vorausoptierende" nicht in den Genuss der gestiegenen Freibeträge nach § 16 ErbStG kommt, Art. 3 Abs. 1 ErbStRG, empfiehlt sich die Option bspw. bei der Vererbung eines **Familienheimes** durch den Ehegatten, für die erstmals das neue Recht auch eine sachliche Freistellung von Todes wegen in § 13 Abs. 1 Nr. 4b ErbStG ermöglicht, auch bei im EU- oder EWR-Ausland gelegenen selbst genutzten Grundbesitz. Gleiches gilt gem. § 13 Abs. 1 Nr. 4c ErbStG für die erstmals ermöglichte sachliche Freistellung selbst genutzter Eigenheime bei entsprechender Fortnutzung durch Kinder, unter zusätzlicher Geltung des Größenkriteriums (200 m² Wohnfläche). Positiv auswirken kann sich auch, dass mit **Streichung des § 25 ErbStG a.F.** das Abzugsverbot bei Nutzungslasten auch von Todes wegen entfallen ist; der zusätzliche Rückgriff auf die jeweils aktuelle Sterbetafel nach Maßgabe des § 14 Abs. 1 BewG (auch für die Jahre 2007 und 2008, Rdn. 3797) kann ferner zu einer Erhöhung des Abzugsbetrags zu kapitalisierender Lasten führen (während bei zu kapitalisierenden Ansprüchen regelmäßig das frühere Recht mit dem geringeren Multiplikationsfaktor vorzuziehen ist).

3509 In **Betriebsvermögensfällen** kann sich die Anwendungsoption zugunsten des neuen Rechts lohnen, wenn z.B. erhebliches EU-Betriebsvermögen vorhanden ist, das bisher nicht privilegiert war, und/oder die Chance besteht, 85% oder gar 100% Entlastungswirkung zu erzielen, zuzüglich des Abzugsbetrags von 150.000,00 €, §§ 13a ff. ErbStG. Die Anrechnungsvorschrift des § 35b EStG ist jedoch durch Rückanwendungsoption nicht wählbar, sodass eine Abmilderung der Doppelbelastung bei Erwerben von Todes wegen aus Erbschaft- und ESt nicht möglich ist.

6. Position des Notars

3510 Von der allgemeinen Belehrungspflicht des Notars gem. § 17 Abs. 1 Satz 1 BeurkG sind die steuerlichen Folgen eines Rechtsgeschäftes nicht erfasst (s.o. Rdn. 16). Erst recht trifft den Notar demnach keine aktive „Gestaltungsberatung" zur Steuerreduzierung (etwa in Gestalt der vorherigen Teilübertragung an den Ehegatten zur Vermehrung der Freibeträge).[43] Berührt jedoch das Rechtsgeschäft unmittelbar Steuerfragen (wie etwa bei der Haftung für Steuerverbindlichkeiten nach § 25 HGB oder §§ 75 AO)[44] oder erkennt der Notar, dass ein Beteiligter naheliegende steuerliche Gefahren nicht sieht, die sich dem Notar aufdrängen, trifft ihn eine aus der Pflicht zur Warnung (§ 14 Abs. 1 Satz 2 BNotO analog) hergeleitete erweiterte Belehrungspflicht.

3511 Eine solche Warnpflicht kann sich z.B. aus einer von den Beteiligten gewünschten Änderung des vom Steuerberater bereits gutgeheißenen Entwurfes in der Beurkundungssituation ergeben,

---

[43] OLG Oldenburg, MittBayNot 2000, 56; unrichtig daher LG Neuruppin, NotBZ 2000, 67: Notarhaftung, da nicht anstelle der Erbteilsübertragung an den Ersatzerben die steuervermeidende Ausschlagung empfohlen wurde.

[44] Jedenfalls bei einem Unternehmenskauf, bei dem § 25 Abs. 1 (durch Vermerk gem. Abs. 2) HGB ausdrücklich ausgeschlossen ist, BGH, 20.09.2007 – III ZR 33/07, DNotI-Report 2007, 181.

deren steuerliche Unbedenklichkeit der Notar nicht beurteilen kann – er hat in diesem Fall die erneute vorherige Konsultation des Steuerberaters zu empfehlen (Bsp: Rückbehalt von Bauplatzgrundstücken bei der Hofübergabe).[45] Korrigiert der Notar einen Teilaspekt der durch die Beteiligten vorgegebenen steuerlichen Gestaltung, beschränkt sich jedoch seine Prüfungspflicht regelmäßig hierauf.[46] Übernimmt er weiterhin – ohne hierzu verpflichtet zu sein – steuerliche Beratung durch unmittelbare Beantwortung entsprechender Fragen, haftet er hierfür gem. §§ 24 Abs. 1, 19 BNotO. Die dann geltenden Anforderungen sind streng; so müsse der (Steuer-)Berater auch künftige Gesetzesänderungen durch Lektüre der „informierten Tagespresse (Handelsblatt)" beobachten.[47]

§ 8 Abs. 4 i.V.m. Abs. 1 Satz 6 ErbStDV statuiert eine spezialgesetzliche Pflicht des Notars, bei der Beurkundung von Schenkungen und Zweckzuwendungen die Beteiligten auf ihre mögliche **Steuerpflicht hinzuweisen**. Ausführungen zur Höhe oder Vermeidung der Steuer sind nicht gefordert; auch entfällt die Verpflichtung, wenn die Beteiligten (wie aus ihren Fragen ersichtlich) bereits selbst von der Möglichkeit des Entstehens einer Schenkungsteuer ausgehen. Ist ihnen dies jedoch nicht bewusst (Beispiel in einem Sachverhalt des OLG Schleswig:[48] im Rahmen einer Scheidungsfolgenvereinbarung wird ein Grundstück zur Abgeltung des Zugewinns nicht an den Ehegatten, sondern an dessen Mutter übertragen), führt das Unterlassen eines solchen Hinweises zur Notarhaftung,[49] auch wenn die Schenkungsteuerstelle des FA im „Verteiler" am Ende der Urkunde als Abschriftenempfänger genannt ist. Das Wissen des Schenkers über die Schenkungsteuerpflicht wird dabei nicht „haftungsentlastend" dem Beschenkten zugerechnet.[50]

3512

Der pflichtgemäß durch den Notar erteilte Hinweis seinerseits schneidet den Beteiligten – naturgemäß – eine Rückabwicklung der Schenkung gem. § 313 BGB (in der Hoffnung auf eine Stornierung der Steuer gem. § 29 Abs. 1 Nr. 1 ErbStG) ab,[51] Rdn. 3957.

Zu den Anzeigepflichten des Notars im Schenkungsteuerrecht (§§ 7, 8 ErbStDV) s.u. Rdn. 4263 ff., im Grunderwerbsteuerrecht Rdn. 4303.

II. Grundsätze

Die in der abschließenden Aufzählung des § 7 ErbStG genannten lebzeitigen unentgeltlichen Erwerbsvorgänge unterliegen der Schenkungsteuer (§ 1 Abs. 1 Nr. 2 ErbStG). Für diese gelten zusätzlich die Vorschriften über die Erbschaftsteuer, soweit nicht anderes bestimmt ist, während umgekehrt die Schenkungsteuervorschriften auf Erwerbsvorgänge von Todes wegen keine Anwendung finden. Besteuert wird stets die Bereicherung des jeweiligen Erwerbers (Bereicherungsprinzip, vgl. § 10 Abs. 1 Satz 1 ErbStG), nicht die Vermögensmasse (z.B. bei der Erbschaft-

3513

---

45 BGH, 22.05.2003 – IX ZR 201/01, DNotZ 2003, 845.
46 BGH, 20.09.2007 – III ZR 33/07, DNotI-Report 2007, 181: Korrektur des Umstatzsteuersatzes verpflichtet nicht zum Hinweis auf § 75 AO, falls wider Erwarten doch eine Geschäftsveräußerung gem. § 1 Abs. 1a UStG vorliege.
47 BGH, 15.07.2004 – IX ZR 472/00, DStR 2004, 1677.
48 ZEV 2006, 221.
49 Krit. hiergegen *Stelzer*, MittBayNot 2005, 517, 519: § 8 ErbStDV dient allein dem Schutz der Finanzverwaltung, nicht der Vertragsbeteiligten.
50 OLG Oldenburg, 12.06.2009 – 6 U 58/09, RNotZ 2009, 669.
51 BFH, 11.11.2009 – II R 54/08, notar 2010, 243, m. Anm. *Ihle*.

steuer: der Nachlass) als solche. Die Vorgänge des Zivilrechts bilden den maßgeblichen Anknüpfungspunkt für das Erbschaftsteuerrecht („**bürgerlich-rechtliche Prägung**").

3514 Dies gilt auch im Rahmen sog. „**Erbschafts- bzw. Erbvergleiche**"[52] oder „Auslegungsverträge" (Ungewissheit über ein erbrechtliches Rechtsverhältnis, die durch gemeinsame Feststellung der am Nachlass Beteiligten,[53] die jedoch ihren letzten Rechtsgrund im Erbrecht haben muss, behoben wird, auch ohne gegenseitiges Nachgeben. Notarielle Beurkundung ist im Regelfall erforderlich),[54] jedenfalls wenn das Nachlassgericht dieser übereinstimmenden Auslegung folgt.[55] Der Besteuerung wird dann die übereinstimmend festgestellte Erbfolge zugrunde gelegt, Abfindungen an „weichende Prätendenten" gelten jedoch als vom dann festgestellten Erben, nicht vom Erblasser zugewandt.[56] Auch **zivilrechtlich unwirksame Sachverhalte** (z.B. maschinenschriftliche oder mündliche[57] Vermächtnisanordnungen) werden jedoch besteuert, wenn sie (zumindest teilweise)[58] tatsächlich so durchgeführt werden, allerdings entsteht die Steuer erst mit der Durchführung, § 41 AO.[59] Korrespondierend können auch Beträge, die ein Erbe zur Erfüllung eines formunwirksam (z.B. mündlich) abgegebenen Schenkungsversprechens aufgewendet hat, als Nachlassverbindlichkeiten gem. § 10 Abs. 5 Nr. 1 ErbStG abgezogen werden.[60]

3515 **Hinweis:**

Wollen die Beteiligten ein zivilrechtlich unwirksam (z.B. lediglich maschinenschriftlich) angeordnetes Vermächtnis tatsächlich nur dann erfüllen, wenn das FA gemäß der in vorstehender Randnummer wiedergegebenen Rechtsprechung die Übertragung als Vermächtniserfüllung besteuert (also nicht zweimal Steuer anfällt – einmal in Gestalt der nichtgekürzten Erbschaftsteuer beim Veräußerer, zum anderen in Gestalt der Schenkungsteuer für die dann freiwillige Weiterübertragung beim Erwerber, dabei einen lebzeitigen Erwerb vom Veräußerer und nicht einen letztwilligen Erwerb vom Erblasser zugrunde legend), ist zu empfehlen, in die Übertragung ein Rückforderungsrecht aufzunehmen für den Fall, dass ein Steuerbescheid ergeht, der die Übertragung nicht als erbschaftsteuerrechtlich beachtliche Erfüllung

---

52 *Selbherr*, ZErb 2005, 10 und *Berresheim*, RNotZ 2007, 525 ff.; z.B. FG München, 20.09.2006 – 4 K 755/04, ZErb 2007, 61 (LS).
53 BFH, 26.02.2008 – II R 82/05, ErbStB 2008, 166: die Grundsätze des „Erbvergleichs" sind nicht auf einen Vergleich zwischen Miterben und einem am nicht am Nachlass beteiligten Dritten anwendbar; vgl. auch *Storz*, ZEV 2008, 353 ff. Es genügt jedoch für die Besteuerung (z.B. einer Abfindungsleistung), dass der Erbvergleichspartner möglicher Erbe, etwa aufgrung einer früheren Verfügung von Todes wegen, ist, FG Münster, 28.05.2009 – 3 K 2617/07, JurionRS 2009, 15954, m. Anm. *Erb*, ErbStB 2009, 265.
54 Sofern die Erbenstellung betroffen ist, §§ 2371, 2385 BGB – Erbschaftskauf –; anders u.U. bei Auslegung eines Vermächtnisses über Mobilien, vgl. *Berresheim*, RNotZ 2007, 527.
55 Es ist daran jedoch nicht gebunden, OLG München, 08.06.2010, 31 –Wx 048/10e, RNotZ 2011, 50. *Baumann* RNotZ 2011, 33 sieht darin den „Abschied vom erbrechtlichen Auslegungsvertrag".
56 BFH, 04.05.2011 – II R 34/09, ZEV 2011, 438, m. Anm. *Fischer*.
57 Dies gilt auch dann, wenn sich der spätere Erblasser der Unwirksamkeit der lediglich mündlichen Anordnung bewusst war, vgl. *Gebel* in *Troll/Gebel/Jülicher*, ErbStG, § 3 Rn. 57 m.w.N. (Stand: 31.07.2011).
58 Dies genügt, vgl. BFH, 22.09.2010 – II R 46/09, notar 2011, 128 m. Anm. *Ihle*.
59 BFH, 28.03.2007 – II R 25/05, ErbStB 2007, 196, m. Anm. *Halaczinsky*; BFH, 15.03.2000 – II R 15/98, ZEV 2000, 335; *Wachter*, MittBayNot 2006, 10. Zum bewussten Einsatz von Testamenten, die im „Zielstaat" zugelassen, im Errichtungsstaat aber unbekannt sind, bei Spaltnachlässen vgl. *Lehmann/Scherer*, FS Spiegelberger (2009) S. 1045 ff.
60 Hessisches FG, 09.12.2008 – 1 K 1709/06, ZErb 2009, 249.

A. Schenkungsteuerrecht

> der letztwilligen Anordnung durch die Beteiligten wertet (mit der Folge des § 29 Abs. 1 Nr. 1 ErbStG, Rdn. 3957 ff.).

III. Steuerbare Vorgänge gem. § 7 ErbStG

1. Freigebige Zuwendungen (§ 7 Abs. 1 Nr. 1 ErbStG)

a) Tatbestandsvoraussetzungen

Grundtatbestand ist die Besteuerung **freigebiger Zuwendungen unter Lebenden** (§ 7 Abs. 1 Nr. 1 ErbStG). Sie setzt voraus 3516

- eine dauerhafte Bereicherung des Empfängers, R 14 Abs. 2 Sätze 1 und 2 ErbStR, die auf Kosten des Zuwendenden erfolgt ist (Erfordernis der tatsächlichen Vermögensmehrung auf der einen, der tatsächlichen Vermögensbelastung auf der anderen Seite,[61] wobei beides nicht identisch sein, also keine Vermögenssubstanz übergehen muss: Zinslosigkeit eines Darlehens,[62] Löschung eines noch ausübbaren Wohnungsrechtes).[63] Auch ist ohne Belang, ob es sich zivilrechtlich um eine Ausstattung handelt (§ 1624 BGB). Eine Vermögensmehrung muss jedoch vorliegen, sodass die reflexartige Werterhöhung eines Gesellschaftsanteils durch Verzicht auf ein Mehrheitsstimmrecht nicht besteuert wird.[64]

- Demnach sind **aufschiebend bedingte Gegenleistungspflichten** (wie etwa Nießbrauch,[65] Leibrente,[66] Schuldübernahme,[67] bedingte Weiterübertragungspflicht)[68] erst mit Bedingungseintritt zu beachten (§ 12 Abs. 1 ErbStG i.V.m. § 6 BewG); Gleiches gilt für Gegenleistungen mit unbestimmter Fälligkeit (§ 9 Abs. 1 Nr. 1lit.a) i.V.m. § 1 Abs. 2 ErbStG).[69] Die Schenkungsteuer ist gem. §§ 6 Abs. 2 i.V.m. 5 Abs. 2 BewG herabzusetzen (wobei der Betrag der erst künftig entstehenden Gegenleistung, z.B. der Schuldübernahme), auf den Zeitpunkt des Entstehens der Steuer, also den Schenkungszeitpunkt, abzuzinsen ist;[70] vgl. auch Rdn. 3593 zur Ermittlung des Steuerwertes selbst erst im Zeitpunkt des Eintritts der aufschiebenden Bedingung. 3517

- Erforderlich ist weiter die Unentgeltlichkeit der Zuwendung (R 14 Abs. 2 Sätze 3 und 4 ErbStR), wie sie bspw. auch bei symbolischen „Ein-Euro-Kaufpreisen" unter Nahestehen- 3518

---

61 BFH, 11.04.2006 – II R 13/04, ErbStB 2006, 243 weicht dieses Prinzip allerdings insoweit auf, als er in der Einräumung eines Ankaufs- oder Vorkaufsrechtes (ohne Bestehen eines Vorkaufsfalles) bereits eine Entreicherung (damit beim Begünstigten auch eine steuerpflichtige Bereicherung!) sieht.
62 BFH, 12.07.1979 – II R 26/78, BStBl. 1979 II, S. 631; zum zinslosen Darlehen vgl. auch Rdn. 3524.
63 FG Niedersachsen, 19.02.2010 – 3 K 293/09, JurionRS 2010, 12623.
64 FG Baden-Württemberg, 25.05.2011 – 7 K 1475/09, ErbStB 2011, 243.
65 BFH, ZEV 2001, 167.
66 BFH, BStBl. 2002 II, S. 25.
67 BFH, BStBl. 2002 II, S. 165; H 17 Abs. 2 ErbStH „Bestehenbleiben der Grundpfandrechte bei Zuwendung eines Grundstücks".
68 FG Köln, 06.05.2009 – 9 K 4279/07, ErbStB 2011, 211.
69 BFH, BStBl. 2003 II, S. 921.
70 Gemäß Tabelle I der gleichlautenden Ländererlasse v. 07.12.2001 – BStBl. 2001 I, S. 1041 und BStBl. 2002 I, S. 112; vgl. *Theissen/Steger*, ErbStB 2009, 158, 166.

den besteht.[71] Auch in der Vergangenheit erbrachte Dienstleistungen können (wie im Zivilrecht, Rdn. 42) die Unentgeltlichkeit mindern, aber – anders als im Zivilrecht – nur, wenn sie auf einer zuvor getroffenen Entgeltabrede beruhen,[72] anderenfalls liegen zwei gegenläufige Schenkungen vor.

3519 In der **Eingehung einer Bürgschaft für fremde Schuld** liegt demnach allenfalls dann ein schenkungsteuerpflichtiger Vorgang, wenn der Hauptschuldner nach den objektiven Umständen dadurch von seiner Pflicht endgültig befreit werden sollte, da ein Rückgriffsanspruch gegen ihn kaum realisierbar erscheint[73] oder nicht verfolgt wird.[74] Auch bei Zuwendungen aus öffentlichem Vermögen (Zuschüssen, Subventionen etc.) fehlt der Wille zur Freigebigkeit.[75] Dies gilt insb. für Übertragungsvorgänge zwischen Trägern öffentlicher Verwaltung[76] sowie zwischen einer Gebietskörperschaft einerseits und ihrer Tochter-GmbH[77] bzw. einem Träger der freien Wohlfahrtspflege[78] andererseits: Anstelle von Schenkungsteuer fällt Grunderwerbsteuer an, wegen der allenfalls symbolischen Gegenleistung aus dem Bedarfswert.[79] Bei anderen Institutionen, etwa Kirchengemeinden oder gemeinnützige Vereine, kommen jedoch – nicht durch staatliches (Haushalts-) Recht gehindert – Schenkungen in Betracht,[80] ebenso bei Zuwendungen unter Stiftungen.[81]

3520 Die Unentgeltlichkeit muss seitens des Zuwendenden **subjektiv gewollt** sein. Diese Kriterien bleiben jedoch hinter dem Zivilrecht zurück: Weder ist die Absicht der Bereicherung (animus donandi) erforderlich, noch eine beiderseitige Einigung über die Unentgeltlichkeit, wie es § 516 BGB im Zivilrecht fordert. Auch bedarf es keiner Kenntnis des genauen Ausmaßes des Wertunterschieds, es genügt vielmehr die Kenntnis des Zuwendenden[82] von den Umständen, aus denen sich die Bereicherung des Zuwendungsempfängers ergibt. Diese Kenntnis wird bei persönlichem Näheverhältnis und erheblichem Leistungsungleichgewicht vermutet;[83] teilweise sind subjektive Tatbestandsmerkmale gar gänzlich unerheblich.[84] Allerdings spricht nach Ansicht der Rechtspre-

---

71 Vgl. *Hoffmann*, GmbH-StB 2010, 52.
72 FG Hessen, 25.10.2010 – 1 K 2123/08, ErbStB 2011, 127 = ZEV 2011, 443.
73 BFH, BStBl. 2000 II, S. 596.
74 *Thonemann/Mudasch*, ErbStB 2009, 280 ff.; die Nichterhebung einer Vergütung für die Sicherheitengestellung ist allerdings (anders als bei zinslosen Darlehen) nicht schenkungsteuerbar.
75 FinMin Hamburg v. 28.12.2004, ErbStB 2005, 89, m. Anm. *Hartmann*.
76 BFH, BStBl. 2005 II, S. 311.
77 BFH, 29.03.2006 – II R 15/04, ErbStB 2006, 176.
78 Bestellung eines Erbbaurechtes ohne Zins für einen freien Träger der Wohlfahrtspflege: BFH, 29.03.2006 – II R 68/04, ErbStB 2006, 212.
79 *Halaczinsky*, ErbStB 2005, 100 ff., 129 ff.; *Hartmann*, ErbStB 2006, 274 auch zur späteren Änderung der Bemessungsgrundlage.
80 BFH, 17.05.2006 – II R 46/04, ErbStB 2006, 273: Erbbaurechtsverleihung durch Kirchengemende an karitativ tätigen Verein ohne Erbbauzinsen gegen Umbau- und Altenheimbetriebsverpflichtung: grds. schenkungsteuerbar (Betriebsverpflichtung kommt dem Verein selbst zugute und ist daher nicht bereicherungsmindernd, § 10 Abs. 9 ErbStG). Zustimmend OFD Rheinland v. 18.08.2006, ErbStB 2006, 280.
81 Rdn. 2635; vgl. BFH, 13.04.2011 – II R 45/09, ErbStB 2011, 213.
82 BFH, BStBl. II 1997, S. 832.
83 Anscheinsbeweis: BFH, BStBl. 1994 II, S. 366.
84 Beispiel: die vorzeitige Herausgabe des „gebundenen Vermögens" vom Vorerben an den Nacherben („Vorwegnahme der Nacherbschaft") gilt gem. § 7 Abs. 1 Nr. 7 ErbStG als Schenkung (im Verhältnis Vorerbe – Nacherbe, nicht im erbrechtlichen Verhältnis) auch ohne Bereicherungswillen des Vorerben, FG Nürnberg, ErbStB 2003, 213.

chung im Leistungsaustausch unter Kaufleuten die Vermutung gegen den Willen zur Freigebigkeit, da „Kaufleute sich nichts zu schenken pflegen".[85]

b) Beispielsfälle

Schenkungsteuerpflichtige Vorgänge verwirklichen sich demgemäß häufig in nicht unmittelbar offensichtlicher Form: 3521

- Wer durch Los einen Sachgewinn erzielt, erwirbt ihn unentgeltlich i.S.d. § 7 Abs. 1 Nr. 1 ErbStG (und i.S.d. Ertragsteuerrechtes; anders beim investierten Geldgewinn).[86]
- Wird ein Dienstleistungsempfänger durch bewusst gewollte Vereinbarung unangemessen niedriger Entlohnung (etwa für einen in Insolvenz befindlichen Arbeitnehmer – Einhaltung der Pfändungsgrenze) begünstigt, kann die Differenz zur ortsüblichen Entlohnung der Schenkungsteuer unterliegen.[87]
- Auch die Gewährung einer sittenwidrigen Zuwendung (Brautgeld zur Entschädigung für den Verlust der Arbeitskraft der Braut an den Brautvater) ist schenkungsteuerpflichtig.[88]
- Der spätere Verzicht auf eine vereinbarte Gegenleistung (Erlassvertrag) ist schenkungsteuerpflichtig, ebenso die Nichtgeltendmachung eines Anspruchs. Wird anstelle des durch Erlass untergegangenen Anspruchs ein anderer Gegenstand geschenkt, soll nur eine Schenkung, und zwar nach dem Steuerwert der nunmehrigen Zuwendung vorliegen.[89] 3522
- Außerordentliche, also weder durch Satzung, Beschluss, oder Sponsoringinteressen abgedeckte Beiträge an einen **Verein**, der einer satzungsmäßigen Vermögensbindung unterliegt und seinen Mitgliedern keine Gewinnanteile zahlen darf, sind schenkungsteuerpflichtig.[90] Steuerbefreiung kann gem. § 13 Nr. 16 lit. b) ErbStG bei Gemeinnützigkeit bestehen, allerdings nicht beim Sponsoring, wo eine Gegenleistung des Vereins erwartet wird. Besteht für Schenkungen keine Steuerbefreiung, sollten wenigstens die Freibeträge potenziert werden durch Zuwendung an zahlreiche einzelne Vereinsmitglieder mit der Auflage, das Erhaltene dem Verein zur Verfügung zu stellen.[91]
- Auch sog. „ehebedingte" oder **„unbenannte" Zuwendungen** unterliegen unabhängig von ihrer zivilrechtlichen Qualifikation der Schenkungsteuer (R 15 Satz 1 ErbStR 2003); ausreichend ist die objektive Unentgeltlichkeit und das Wissen um diese (daran fehlt es jedoch bspw. bei der Erfüllung einer gesetzlichen Unterhaltspflicht oder der Auseinandersetzung einer Ehegatteninnengemeinschaft, die etwa als Folge der Mitarbeit des Ehegatten begründet wurde). 3523

---

85 BFH, 29.10.1997 – II R 60/94, BStBl. 1997 II, S. 832. So wird das „unentgeltliche" Ausleihen einer Maschine unter Kaufleuten in der Erwartung der „Revanche" durch Gewährung eines gleichwertigen Gefallens bei sich bietender Gelegenheit erfolgen, vgl. *Steiner*, ErbStB 2007, 111.
86 BFH, 26.04.2006 – IX R 24/04, EStB 2006, 316.
87 BAG, 12.03.2008 – 10 AZR 148/07, ErbStB 2008, 292; der „Arbeitgeber" schuldet ferner Zahlung des Differenzbetrages.
88 OLG Hamm, 13.01.2011 – 18 U 88/10, ErbStB 2011, 190.
89 Vgl. im Überblick *Hartmann*, ErbStB 2008, 15 ff.
90 BFH, 15.03.2007 – II R 5/04, ErbStB 2007, 159 m. krit. Anm. *Steiner*, ErbStB 2007, 204 („Schenkungsteuerfalle für Sponsoren"); zuvor großzügiger BFH, 24.08.2005 – II R 28/02, BFH/NV 2006, 63: Zuwendung, die in rechtlichem Zusammenhang mit einem Gemeinschaftszweck steht, ist nicht unentgeltlich.
91 Vgl. *Geck/Messner*, ZEV 2007, 373, 377.

Kapitel 11: Verkehrsteuern

3524 • Auch **unentgeltliche Nutzungsüberlassungen** können (bei Überschreiten der Freibeträge) Schenkungsteuer auslösen,[92] sofern beim Schenker tatsächlich eine Entreicherung in Gestalt des Verzichts auf eine objektiv vorhandene und subjektiv mutmaßlich sonst wahrgenommene Erwerbschance vorliegt. Vermögenssubstanz muss im Schenkungsteuerrecht nicht übergehen (Rdn. 3516).

Beispiel:

Gewährung eines unverzinslichen Darlehens, da Geld üblicherweise angelegt wird. Überlassung einer Wohnung, die nach der subjektiven Verwendungsplanung sonst vermietet worden wäre, oder Einräumung eines gar dinglich gesicherten Wohnungsrechtes.[93] Nutzt der Überlassende die Wohnung allerdings noch selbst (partiell) mit, fehlt es an einer Entreicherung.[94] Ebenso wenig liegt eine Entreicherung in der unentgeltlichen Überlassung eines Pkw, da private Pkw gemeinhin nicht vermietet zu werden pflegen.[95]

3525 Besteuert wird grds. der beim Begünstigten eintretende Nutzen, also die Bereicherung. Die Zinslosigkeit gewährter Darlehen besteuert die Finanzverwaltung jedoch abweichend nach dem marktüblichen Zinssatz vergleichbar lange laufender Kapitalanlagen,[96] bei Fehlen anderer Nachweise mit 5,5 % (§ 12 Abs. 1 ErbStG i.V.m. § 15 Abs. 1 BewG) bzw. i.H.d. Differenz zwischen einem reduzierten Zins und 5,5 %;[97] wird später das zinslose Darlehen erlassen, tritt zur Besteuerung des Zinsvorteils noch die volle Steuer auf den Nominalbetrag hinzu.[98] Die „Zinsschenkungsbesteuerung" entfällt jedoch, wenn ein Zins vereinbart und gezahlt wird, der jedenfalls nicht wesentlich unter dem Marktüblichen liegt.[99]

c) Gesellschaftsrechtliche Vorgänge

aa) Personengesellschaften

3526 Auch in der Schenkung einer Beteiligung am Nominalkapital einer **Personengesellschaft** in Form eines Komplementäranteils liegt ein schenkungsteuerpflichtiger Vorgang, unbeschadet der zivilrechtlichen Betrachtung, wonach eine Vollhafterstellung wegen des Einsatzes der vollen Arbeitskraft für die Gesellschaft und des Verlustrisiko kein taugliches Schenkungsobjekt sei.[100] Bei Zuwendungen an Personengesellschaften sind Empfänger jedoch stets die einzelnen Gesellschafter, nicht die Gesellschaft selbst.[101]

---

92 Vgl. hierzu *Steiner*, ErbStB 2007, 110.
93 Für Schenkungsteuerbarkeit *Fumi*, EFG 2006, 1264; vgl. auch Rdn. 2841 zur Situation unter nichtehelichen Lebenspartnern.
94 FG München, 22.03.2006 – 4 K 1631/04, ErbStB 2006, 275 m. Anm. *Halaczinsky*: weder Vermögensminderung beim Zuwendenden noch -mehrung beim Empfänger.
95 *Steiner*, ErbStB 2007, 113.
96 FinMin Baden-Württemberg, DStR 2000, 204.
97 FG Rheinland-Pfalz, 18.12.2008 – 4K 1859/06, ErbStB 2009, 296.
98 BFH, 21.05.2001 – II R 48/99, ZErb 2001, 215 m. Anm. *Jülicher*.
99 *Steiner*, ErbStB 2007, 112 verweist in diesem Zusammenhang auf R 109 Abs. 2, ErbStR 2003, wonach die Abzinsung einer Geldforderung mangels Unverzinslichkeit unterbleibt, wenn sie mit 3 % oder mehr verzinst wird.
100 Vgl. BFH, BStBl. 1992 II, S. 923.
101 BFH, 14.09.1994 – II R 95/92, BStBl. 1995 II 81 = DStR 1995, 94.

bb) Kapitalgesellschaften

Bei **Kapitalgesellschaften** hingegen hatte die Finanzverwaltung (in Gestalt der Richtlinie 18 ErbStR 2003 und der hierzu ergangenen Hinweise) früher im Regelfall eine steuerbare Leistung zwischen den Gesellschaftern zugrunde gelegt, während der BFH solche steuerbaren Leistungen auf Gesellschafterebene nur in wenigen Fällen bejahte. Durch gleichlautende **Erlasse v. 20.10.2010**[102] ist die Finanzverwaltung nunmehr im Wesentlichen auf die Linie des BFH eingeschwenkt, woraus sich erweiterte Möglichkeiten der Gestaltung ergeben: 3527

(1) Leistungen des Gesellschafters an „seine" Gesellschaft

Beispiel: 3528

Solche Leistungen können sich bspw. vollziehen in Form einer „disquotalen Einlage". (Einer von mehreren Gesellschaftern überträgt zur Deckung deren Kapitalbedarfs einen Vermögenswert an die GmbH im Weg der verdeckten Einlage, also nicht gegen Kapitalerhöhung, sodass wirtschaftlich auch der Wert der Beteiligung der Mitgesellschafter an der GmbH erhöht wird.)

Der BFH[103] sah hierin keine Schenkung im Verhältnis zu den mittelbar begünstigten Mitgesellschaftern, da es sich lediglich um Reflexwirkungen der bei der GmbH eintretenden Bereicherung handle, jedoch keine Vermögenssubstanz auf den anderen Gesellschafter übergehe. Die Finanzverwaltung (Tz. 1.1 der in Rdn. 3527 erwähnten Erlasse) hat sich dieser Sichtweise nun im Grundsatz angeschlossen und geht von einer Zuwendung auf Gesellschafterebene nur dann aus, wenn im zeitlichen Zusammenhang mit der Einlage eine offene oder verdeckte Ausschüttung erfolgt, also das eingelegte Vermögen weitergeleitet werde und demnach der an den Mitgesellschafter ausgeschüttete Betrag Gegenstand der Zuwendung des Einlegenden an den Mitgesellschafter i.S.d. § 7 Abs. 1 Nr. 1 ErbStG sei.

Übernimmt ein Gesellschafter im Rahmen einer **Kapitalerhöhung** einen neu geschaffenen Anteil gegen ein „**zu hohes**" **Aufgeld**, sieht der BFH (und nunmehr auch die Finanzverwaltung) in der mittelbaren Werterhöhung der Anteile der Altgesellschafter ebenfalls keinen Gegenstand einer an diese erbrachten Zuwendung i.S.d. § 7 Abs. 1 Nr. 1 ErbStG, da es wiederum an einer Vermögensverschiebung zwischen den Gesellschaftern fehlt (Tz. 1.3 der in Rdn. 3527 erwähnten Erlasse). 3529

Der erforderliche Substanzübergang findet zwar im Verhältnis zwischen einbringendem Gesellschafter und der Gesellschaft statt, wobei es insoweit an der Unentgeltlichkeit fehlt, wenn die Zuwendung im rechtlichen Zusammenhang mit einem Gesellschaftszweck steht, also der Stärkung der Beteiligung dient (Leistung societatis causa), Rdn. 121 ff., sodass auch insoweit 3530

---

102 Gleichlautende Erlasse v. 20.10.2010, 3 S 3806/75, BStBl. 2010 I, 1207; hierzu *Christ,* ZEV 2011, 63 ff. und *Binnewies,* GmbHR 2011, 1022 ff.
103 BFH, 09.12.2009 – II R 28/08, ZEV 2010, 319. (keine freigiebige Zuwendung an die anderen Gesellschafter, wenn ein Gesellschafter Sacheinlage erbringt, die mehr wert ist als die übernommene neue Stammeinlage); vgl. *v. Proff,* ZNotP 2009, 423, 427 ff.; anders früher R 18 Abs. 3 Satz 4 Nr. 2 ErbStR 2003.

keine Schenkungsteuer anfällt.[104] Demnach fällt für die Übertragung eines Grundstücks auf eine Kapitalgesellschaft auf gesellschaftsrechtlicher Grundlage zur Verstärkung der Beteiligung des Einbringenden zwar Grunderwerbsteuer,[105] nicht aber Schenkungsteuer an (anders verhält es sich naturgemäß bei der Einbringung von Vermögen in nicht gemeinnützige Stiftungen, da es an einer zu verstärkenden „Beteiligung" fehlt, Rdn. 2630ff.!). Da der BFH insoweit nicht zwischen ein- und mehrgliedrigen Gesellschaften differenziert und auch eine spätere Reduzierung bzw. ein Wegfall der Gesellschaftsbeteiligung des Einbringenden ohne Folge bleibt, ist damit u.U. ein genereller Weg zur Vermeidung der Schenkungsteuerbarkeit eröffnet, möglicherweise auch bei der Vererbung.[106] Teilweise wird bereits von einem **Gestaltungsmodell** gesprochen.[107]

3531

Hinweis:

Allerdings können Maßnahmen eines Gesellschafters bei der von ihm beherrschten Gesellschaft, die zu einer Werterhöhung bei Mitgesellschaftern führen, ertragsteuerliche Relevanz erhalten, z.B. als „verdeckte Einlage" (§ 17 Abs. 1 Satz 2 EStG) einer Teilsubstanz bisheriger Anteile im Wege der Mitwirkung an einer nicht verhältniswahrenden Verschmelzung.

Beispiel:[108]

Die A- GmbH im Wert von 200 (Nominalkapital 200) wird auf die B- GmbH im Wert von 5.500 (Nominalkapital 100) nicht verhältniswahrend verschmolzen, unter Gewährung neuer Anteile im Nominalbetrag von 200 an die Gesellschafter der A-GmbH, an beiden GmbHs ist eine Person[109] *(an der A-GmbH unmittelbar, an der B-GmbH mittelbar über eine Beteiligungsgesellschaft) beherrschend beteiligt: Diese Person erzielt einen gem. § 17 Abs. 1 Satz 2 EStG zu versteuernden Veräußerungsgewinn durch verdeckte Einlage eines Teils ihrer Beteiligung an der A-GmbH in seine Beteiligungsgesellschaft an der B-GmbH.*

(2) Leistungen unter Kapitalgesellschaften

3532 Leistungen im steuerrechtlichen Sinn an Mitgesellschafter können sich allerdings verwirklichen i.R.d. Neugründung einer GmbH bzw. des Beitritts zu einer bestehenden GmbH (unmittelbar sich anschließender[110] zweiter Schritt einer Stufengründung) unter dem Gesichtspunkt des „**Überspringens stiller Reserven**":

---

104 BFH, 17.10.2007 – II R 63/05, MittBayNot 2008, 327 m. Anm. *Gottwald* = ErbStB 2008, 35 m. Anm. *Hartmann*; ebenso R 18 Abs. 2, 3, 5, 6 ErbStR 2003; FG Düsseldorf, EFG 2006, 757; *Gottschalk*, Leistungen in das Gesellschaftsvermögen einer GmbH als freigebige Zuwendung gem. § 7 Abs. 1 ErbStG, 2001; *Nagelschmitz*, Einlagen in Kapitalgesellschaften im Schenkungsteuerrecht, 2010.

105 Erfolgt die Einbringung darüber hinaus auf vertraglicher Grundlage gegen vereinbartes Entgelt, ist dieses für die Grunderwerbsteuerbemessung maßgebend, sofern nicht lediglich symbolisch (BFH, 05.01.2007 – II B 31/06, BFH/NV 2007, 972), andernfalls der Grundbesitzwert nach § 8 Abs. 2 GrEStG, §§ 138ff. BewG.

106 Vgl. *Hartmann*, ErbStB 2008, 37.

107 *Ihle*, notar 2010, 299; *Hübner* MittBayNot 2010, 242. Der Gesetzgeber plant durch § 7 Abs. 8 ErbStG n.F. gegenzusteuern, vgl. *Crezelius*, ZEV 2011, 393ff. und *Geck/Messner*, ZEV 2011, 417f.

108 Nach BFH, 09.11.2010 – IX R 24/09, GmbHR 2011, 266.

109 Wäre der Gesellschafter keine natürliche Person, sondern eine GmbH gewesen, wäre § 8b Abs. 2 Satz 6 KStG (vorbehaltlich § 8b Abs. 7 KStG) einschlägig gewesen.

110 Demnach wohl keine Schenkung, wenn es an einem einheitlichen Gründungs- und Einbringungsvorgang fehlt: *Wälzholz*, MittBayNot 2006, 275.

Beispiel:

I.R.d. Neugründung einer GmbH erbringt ein Gesellschafter eine Bareinlage in Höhe seines Nominalanteils, der andere bringt als Sacheinlage ein Unternehmen ein und erhält i.H.d. Betrags, um den der Buchwert die gezeichnete Stammeinlage übersteigt, einen Darlehensanspruch gegen die Gesellschaft. Im eingebrachten Unternehmen sind erhebliche stille Reserven, der tatsächliche Verkehrswert ist also deutlich höher.

Festzusetzen ist hierbei Steuer auf die Differenz zwischen dem (bis 31.12.2008 gemäß Rn. 3294 ff. der Vorauflage, seit 01.01.2009 gemäß Rdn. 3742 ff. ermittelten) gemeinen Wert des Geschäftsanteils des anderen Gesellschafters an der GmbH nach der Einbringung des Einzelunternehmens einerseits und seiner Stammeinlage andererseits.[111] Möglicherweise lässt sich diese Wirkung vermeiden, wenn die Einbringung handelsrechtlich zu Verkehrswerten erfolgt und die Satzung der GmbH sicherstellt, dass der in die Kapitalrücklage eingestellte Teil des Verkehrswertes beim Ausscheiden des Einbringenden in der Berechnung der Abfindung erfasst wird[112] – fraglich ist ferner ob § 13b ErbStG zum Zuge kommen kann.[113] Gleiches gilt bei einer „Spaltung zu Null", also der Übertragung von Vermögensteilen auf eine andere Gesellschaft, an der jedoch nicht alle Mitglieder der übertragenden Gesellschaft beteiligt sind, etwa bei einer Trennung nach Gesellschafterstämmen.[114]

Erfolgt die Übernahme des in einer Kapitalerhöhung geschaffenen Geschäftsanteils gegen ein **zu niedriges Aufgeld** oder lediglich zum Nennwert trotz deutlich höheren Wertes des Unternehmens, tritt in gleicher Weise eine Verbesserung des Wertes der Altanteile ein („Überspringen stiller Reserven"), die sowohl BFH[115] als auch Finanzverwaltung (Tz. 1.4 der in Rdn. 3527 erwähnten Erlasse) nunmehr als Bereicherung des eintretenden Gesellschafters auf Kosten der Altgesellschafter ansehen. Es liege sogar eine reine Schenkung vor; die tatsächlich geleistete (geringerwertige) Bareinlage sei keine Gegenleistung an den Altgesellschafter, sondern bilde Erwerbsaufwand an einen Dritten, die GmbH, der allerdings gem. § 10 Abs. 5 Nr. 3 ErbStG abzugsfähig ist. Erfasst wird auf diese Weise wirtschaftlich eine Zuwendung, die im Verzicht auf bzw. der Übertragung des Bezugsrechts (§ 55 Abs. 2 GmbHG) zugunsten eines Dritten zu begünstigten Konditionen liegt.

3533

---

111 Vgl. BFH, 12.07.2005 – II R 8/04, ZEV 2005, 494 = MittBayNot 2006, 272, m. Anm. *Wälzholz*; vgl. H 18 Nr. 3 ErbStR 2003, „Kapitalerhöhung gegen zu geringes Aufgeld", Beispiel: FG Nürnberg v. 28.02.2008, ErbStB 2008, 195. Dies gilt unabhängig davon, ob das Aufgeld statutarisch oder schuldrechtlich festgesetzt ist; zu letzterer Unterscheidung BGH, 15.10.2007 – II ZR 216/06, ZNotP 2008, 130.

112 *Perwein*, GmbHR 2010, 133 ff.

113 Finanzverwaltung: R 56 Abs. 2 Satz 2 ErbStR und Rspr. (BFH, 16.02.2005 – II R 6/02, ZEV 2005, 264 m. krit. Anm. *Ziegler*) lehnen bisher ab – besser sollte also der bisherige Gesellschafter den Anteil selbst übernehmen und sodann schenken.

114 *Perwein*, DStR 2009, 1892 ff., auch zur (grds. zu bejahenden) Gewährung der Betriebsvermögensprivilegien beim „begünstigten" Gesellschafter.

115 BFH, 30.05.2001 – II R 6/98, MittBayNot 2001, 497, allerdings nur, wenn bei den Altgesellschaftern wegen der Kenntnis der wahren Wertverhältnisse ein Wille zur Unentgeltlichkeit angenommen werden kann. Gegen das Vorliegen einer schenkungsteuerlichen Bereicherung ggü. nur mittelbar an der GmbH beteiligten Personen in solchen Fällen eines zu geringen Aufgeldes BFH, 09.07.2009 – II R 47/07, ZEV 2010, 103 m. Anm. *Wachter*, *Geck/Messner*, ZEV 2010, 81; *Hübner*, MittBayNot 2010, 240 ff.

3534 Schenkungen zwischen Gesellschaftern können weiterhin vorliegen bei der Übertragung von Gewinnansprüchen (Tz. 6.3 des Erlasses) sowie bei der Übernahme der werthaltigen Einlageverpflichtung eines Gesellschafters durch einen Mitgesellschafter (Tz. 1.5)

(3) Leistungen der Gesellschaft an ihren Gesellschafter

3535 Auch in **Übermaßzuwendungen der Gesellschaft an ihre Gesellschafter** („disquotale Gewinnausschüttung") oder nahestehende Dritte kann – unabhängig von der Wertung als ertragsteuerliche verdeckte Gewinnausschüttung i.S.d. § 8 Abs. 3 KStG (Rdn. 4476) – eine Schenkung liegen (Tz. 6.2 des Erlasses). Dies ist insoweit inkonsequent, als es sich um das Gegenstück der verdeckten Einlage handelt, wo die gesellschaftsrechtliche Veranlassung (die auch bei der verdeckten Gewinnausschüttung vorliegt) als Argument dafür verwendet wird, dass keine Unentgeltlichkeit vorliege. Auch bei einer „disquotalen verdeckten Gewinnausschüttung", die einem Gesellschafter stärker als es seinem Geschäftsanteil entspricht zugute kommt, dürfte (ebenso wie bei der disquotalen Einlage) an sich keine Schenkung vorliegen.[116]

(4) Leistungsverkehr zwischen Gesellschaft und „Angehörigen" des Gesellschafters

3536 Der BFH sieht (spiegelbildlich zur Rechtsprechung in Einlagefällen [Rdn. 3528], wo die reflexhafte Wertsteigerung des Anteils anderer Gesellschafter schenkungsteuerlich außer Acht gelassen wird) in der Wertzuwendung zugunsten nahestehender Personen eines Gesellschafters keine Zuwendung dieses Gesellschafters, allerdings hält der BFH eine Zuwendung der Kapitalgesellschaft zugunsten der nahestehenden Person für denkbar![117] Dem hat sich die Finanzverwaltung (Tz. 6.1 des Erlasses) angeschlossen. Richtigerweise darf sie dann aber nicht daneben noch als verdeckte Gewinnausschüttung des Gesellschafters selbst erfasst werden (sonst Verstoß gegen § 174 Abs. 1 AO wegen „Subjektkollision").[118] Fraglich ist, ob solche Zuwendungen auch in Konzernsachverhalten, z.B. zugunsten „nahestehender" Schwestergesellschaften, sich verwirklichen können.[119]

3537 **Hinweis: Vermeidung von Schenkungsteuer auf verdeckte Gewinnausschüttungen**

Da der BFH in einer Übermaßzuwendung an einen dem GmbH-Gesellschafter nahestehenden Dritten eine Schenkung der GmbH an den Dritten (Steuerklasse III) sieht, empfiehlt es sich, zunächst eine (offene oder verdeckte) Ausschüttung an den Gesellschafter vorzunehmen, der sodann seinerseits aufgrund eigenen Entschlusses das Objekt weiterüberträgt.[120] Soll eine Bereicherung eigentlich nicht stattfinden, kann eine Rückforderungsklausel[121] (z.B.

---

116 Ebenso *Wälzholz*, ZEV 2008, 273.
117 BFH, 07.11.2007 – II R 28/06, BStBl. 2008 II, S. 258 = MittBayNot 2008, 244; *Hartmann*, ErbStB 2009, 178; *Gluth*, ErbStB 2008, 107; *Roser*, EStB 2008, 144; *Kamps*, Stbg 2006, 107 ff. und 324 ff.; *Crezelius*, ZEV 2008, 268. Teilweise abweichend die Sicht der Verwaltung (R/H 18 ErbStR/H), welche *Hübner*, DStR 2008, 1357 ff., vehement gegen den BFH verteidigt; krit. auch *Kesseler*, ZNotP 2008, 481: Überbetonung der zivilrechtlichen Betrachtungsweise. Gänzlich ablehnend *Birnbaum*, ZEV 2009, 125 („nicht aus dem Gesetzeswortlaut ableitbar").
118 Vgl. *Christ*, ZEV 2011, 10, 14, *Tolksdorf*, DStR 2010, 423.
119 Ablehnend *Benz/Böing*, DStR 2010, 1157 ff.
120 Vgl. hierzu auch *Wälzholz*, ZEV 2008, 276.
121 Formulierungsempfehlung bei *Ihle*, notar 2009, 66.

im Anstellungsvertrag des dem Gesellschafter nahestehenden Geschäftsführers, von der sodann Gebrauch gemacht wird), die Besteuerung gem. § 29 Abs. 1 Nr. 1 ErbStG vermeiden.[122]

(5) Leistungsverkehr zwischen Gesellschaft und Nichtgesellschaftern

Unentgeltliche Leistungen eines **Nichtgesellschafters** an eine Kapitalgesellschaft jedoch stellen Schenkungen an die Gesellschaft selbst, nicht an die Gesellschafter dar.[123] Gleiches gilt für außerordentliche Leistungen oder Beiträge eines Mitglieds an einen Verein, soweit diesen keine Gegenleistung ggü. steht („Sponsoring") – maßgebend ist die satzungsmäßige Vermögensbindung und der Ausschluss von Gewinnanteilen, sodass ein endgültiger Vermögenstransfer stattfindet.[124] Erfolgt die Schenkung durch eine Personengesellschaft, sind im Wege des Durchgriffs ihre Gesellschafter als Schenker zu behandeln.[125]

3538

2. Erwerb infolge Vollziehung einer Auflage/Bedingung (§ 7 Abs. 1 Nr. 2 ErbStG)

Neben den Haupttatbestand der freigebigen Zuwendung gem. § 7 Abs. 1 Nr. 1 ErbStG tritt der **Erwerb infolge Vollziehung einer Auflage oder Bedingung (§ 7 Abs. 1 Nr. 2 ErbStG)**: Hierdurch wird die Leistung besteuert, die ein Dritter von dem Ersterwerber, der durch die Auflage oder Bedingung belastet ist, erhält. Sie wird allerdings behandelt wie eine Schenkung seitens des Erstveräußerers, also desjenigen, der die Auflage angeordnet hat, nicht als Erwerb aus der Hand dessen, der sie tatsächlich zu erfüllen hat und erfüllt. Damit richten sich die Steuerklasse und der Zuwendungsgegenstand nach dem Verhältnis zwischen dem Dritten (Letztbegünstigten) und dem ursprünglichen Schenker (Überträgt also bspw. der Ehemann der Ehefrau in einer Scheidungsvereinbarung Grundbesitz mit der Maßgabe, dass diese auf eine noch zu gründende Stiftung zu übertragen sei, besteuert die Rechtsprechung den Direkterwerb eines Sachleistungsanspruchs – Anspruch auf Übertragung des Grundbesitzes – durch die Stiftung).[126]

3539

Bei den Erwerben in Vollziehung einer Auflage handelt es sich häufig um Leistungen an weichende Geschwister, die dem Ersterwerber auferlegt wurden.

3540

> *Beispiel:*[127]
>
> *Eltern übertragen landwirtschaftlichen Grundbesitz an ihre Tochter mit der Verpflichtung, ihrem Bruder K „die Hälfte des landwirtschaftlich genutzten Grundbesitzes unentgeltlich zu übereignen, soweit dieser es wünscht". Auch solle sie im Fall eines Verkaufs den Erlös mit dem Bruder teilen. Die Grundstücke wurden in den Jahren nach der Schenkung an Dritte veräußert und der Erlös zwischen der Erwerberin und ihrem Bruder geteilt. Der BFH sah als Erwerbsgegenstand die dem Bruder als Drittem gem. § 328 BGB zugewendete Forderung gegen den Verpflichteten, sodass die Steuer bereits mit der Begründung des Forderungsrechts und nicht erst mit dessen Ausübung entstand und bewertungsrechtlich nicht das Grundstück, sondern der Sachleistungsanspruch zum gemeinen Wert zugrunde zu legen sei – der BFH hielt demnach nicht § 7 Abs. 1 Nr. 2 ErbStG, sondern Nr. 1 für einschlägig, da der Dritte (der Bruder) ei-*

---

122 Vgl. *Janssen*, BB 2008, 928.
123 FG Hessen, 10.06.2008 – 1 K 4127/04, ErbStB 2008, 289.
124 BFH, 15.03.2007 – II R 5/04, BStBl. 2007 II, S. 472.
125 BFH, 15.07.1998 – II R 82/96, BStBl. 1998 II, S. 630.
126 BFH, 11.06.2008 – II R 60/06, ErbStB 2008, 324.
127 Gemäß BFH, 20.01.2005 – II R 20/03, ZEV 2005, 216.

nen frei verfügbaren Anspruch auf die Leistung gegen den Erwerber als Versprechenden erhielt. Hätte jedoch der Dritte aufgrund des Vertrags zwischen Veräußerer und Erwerber (Versprechensempfänger und Versprechendem) keinen frei verfügbaren, sondern nur einen aufschiebend bedingten Anspruch erlangt, läge § 7 Abs. 1 Nr. 2 ErbStG vor, sodass Erwerbsgegenstand dasjenige ist, was infolge der Vollziehung der Auflage tatsächlich erworben wird, und die Steuerpflicht erst mit dem Vollzug der Auflage eintritt. Der Zusatz „soweit dieser es wünscht" wurde also nicht als aufschiebende Bedingung eines entsprechenden Wunsches interpretiert, sondern als Hinweis auf das Zurückweisungsrecht gem. § 333 BGB.

Vgl. i.Ü. ausführlich zur Problematik der **Kettenschenkungen** oben Rdn. 2802 ff.

3. § 7 Abs. 1 Nr. 4 ErbStG: Bereicherung durch Gütergemeinschaft

3541 Auch wenn die Vereinbarung des Güterstands der Gütergemeinschaft zivilrechtlich nicht als Schenkung, auch nicht i.S.d. §§ 2325 oder 2287 BGB gilt, wird die Bereicherung, die ein Ehegatte dadurch erfährt, als Schenkung unter Lebenden unabhängig vom Motiv[128] besteuert, sodass die Vereinbarung der Gütergemeinschaft dem Schenkungsteuerfinanzamt gem. § 34 Abs. 1 ErbStG anzuzeigen ist. Die Besteuerung wird vermieden, soweit Vermögensgegenstände zum Vorbehaltsgut (§ 1418 BGB) erklärt werden. Die Bemessungsgrundlage wird dabei nach Steuerwerten ermittelt, sodass eine möglicherweise tatsächlich bestehende Bereicherung gleichwohl steuerfrei bleibt:

3542 *Beispiel:*[129]

Die Ehefrau verfügt über Barvermögen i.H.v. 250.000,00 €, der Ehemann über eine Immobilie (Verkehrswert: 500.000,00 €, Steuerwert: 250.000,00 €). Durch Vereinbarung der Gütergemeinschaft erfährt die Frau eine objektive Bereicherung von 125.000,00 € (rechnerisch hälftiger Anteil am Gesamtgut: 375.000,00 € abzgl. bisherigen Vermögens), der jedoch steuerfrei bleibt, da schenkungsteuerlich das Gesamtgut nur einen Wert von 500.000,00 € aufweist (Steuerwert der Immobilie zuzüglich Barvermögen), dessen Hälfte also nicht höher ist als ihr bisheriges Barvermögen.

3543 Endet die Gütergemeinschaft durch Tod, zählen das Sonder- und Vorbehaltsgut sowie der Anteil am Gesamtgut des Verstorbenen auch erbschaftsteuerlich zum Nachlass. Wird die Gütergemeinschaft jedoch mit den gemeinschaftlichen Abkömmlingen fortgesetzt, wird der Anteil des verstorbenen Ehegatten am Gesamtgut so behandelt, als wäre ausschließlich den anteilsberechtigten Abkömmlingen angefallen (§ 4 Abs. 1 ErbStG), und auch beim Tod des anteilsberechtigten Abkömmlings gehört dessen Anteil am Gesamtgut erbschaftsteuerlich zu seinem Nachlass (§ 4 Abs. 2 Satz 1 ErbStG), also abweichend vom Zivilrecht (§ 1490 Satz 1 BGB).

4. Abfindungserwerb und vorzeitiger Nacherbenerwerb (§ 7 Abs. 1 Nr. 5, 7 und 10 ErbStG)

3544 Die **lebzeitige Abfindung für einen Erb- oder Pflichtteilsverzicht, § 7 Abs. 1 Nr. 5 ErbStG** wird ebenfalls wie eine freigebige Zuwendung besteuert, sodass auch solche Vereinbarungen durch den Notar dem zuständigen FA gem. § 34 Abs. 1 ErbStG anzuzeigen sind. Wird die Abfindung erst nach dem Tod des Erblassers geleistet, handelt es sich um einen ebenfalls steuerpflichtigen Erwerb von Todes wegen, § 3 Abs. 2 Nr. 4 ErbStG. Auch der **Erwerb des Nacherben**

---

[128] Ein Bereicherungswille des vermögenderen Ehegatten ist nicht erforderlich, vgl. R 19 Abs. 1 Satz 2 ErbStR.
[129] Nach *Wachter*, Erbschaft- und Schenkungsteuerrecht (DAI-Skript Februar 2006), S. 196.

A. Schenkungsteuerrecht

aufgrund vorzeitiger Herausgabe durch den Vorerben wird gem. § 7 Abs. 1 Nr. 7 ErbStG als steuerbare Zuwendung unter Lebenden behandelt, allerdings mit der Besonderheit, dass der Nacherbe (wie beim Von-selbst-Erwerb mit Eintritt des Nacherbfalls) beantragen kann, für die Berechnung der Steuer auf sein Verhältnis nicht zum Vorerben, sondern zum Erblasser abzustellen (§ 7 Abs. 2 ErbStG).

Der Erwerb eines **aufschiebend bedingten oder befristeten Anspruchs** löst gem. § 9 Abs. 1 Nr. 1 lit. a ErbStG noch keine Steuer aus. Erhält der Inhaber des bedingten Anspruchs jedoch vor Eintritt der Bedingung/Befristung eine Abfindung dafür, dass er auf die Forderung verzichte, unterliegt diese Abfindung gem. § 7 Abs. 1 Nr. 10 ErbStG der Besteuerung (ähnlich wie beim Erwerb von Todes wegen, § 3 Abs. 2 Nr. 5 ErbStG). 3545

5. Stiftungserwerb (§ 7 Abs. 1 Nr. 8 und 9 ErbStG)

Übertragungen an eine Stiftung oder einen Trust bzw. der Erwerb bei Auflösung eines Trust oder eines Vereins (nicht jedoch als Folge einer formwechselnden Umwandlung)[130] sind schließlich gem. § 7 Abs. 1 Nr. 8 und 9 ErbStG steuerpflichtig, wobei bei der Steuerberechnung des Anfallsberechtigten kraft gesetzlicher Fiktion nicht auf den eigentlichen Schenker, die Stiftung (als dritte Person), sondern auf den Stifter abzustellen ist, § 15 Abs. 2 Satz 2 ErbStG. Auch bei einer Mehrheit von Stiftern steht dabei jedoch jedem Anfallsberechtigten der Steuerfreibetrag nur einmal zur Verfügung.[131] 3546

6. Gesellschaftsrechtliche Vorgänge (§ 7 Abs. 5 bis 7 ErbStG)

a) Nachträgliche Steuerherabsetzung bei Buchwertabfindung (§ 7 Abs. 5 ErbStR)

Wird der Anteil an einer Personengesellschaft verschenkt, die bei Ausscheiden oder Auflösung lediglich den Buchwert des Kapitalanteils gewährt, bleibt diese Klausel bei der Ermittlung der Schenkungsteuer zunächst unberücksichtigt. Besteuert wird also der Steuerwert des Anteils, abzgl. ggf. des Betriebsvermögensfreibetrags und des Bewertungsabschlags gem. § 13a ErbStG und des persönlichen Freibetrags. Scheidet der solchermaßen Beschenkte jedoch später aus der Gesellschaft aus und erhält er dafür lediglich den Buchwert, ist auf dann binnen Jahresfrist zu stellenden Antrag (§ 5 Abs. 2 BewG) die Steuer neu zu berechnen und dabei als berichtigter Vermögensanfall lediglich der erhaltene Buchwert zugrunde zu legen. Die „zuviel" gezahlte Steuer wird erstattet. 3547

b) Zuerwerb beim Ausscheiden eines Gesellschafters (§ 7 Abs. 7 ErbStG)

Sofern – wie in Rdn. 3545 erläutert – aus einer Personengesellschaft den verbleibenden Gesellschaftern Vermögenswerte anwachsen gegen eine Abfindung, die unter dem Steuerwert des früheren Anteils liegt, wird dieser Hinzuerwerb ohne Rücksicht das Vorliegen eines Bereicherungswillens (und ohne Rücksicht darauf, ob das Ausscheiden freiwillig oder zwangsweise geschieht) gem. § 7 Abs. 7 ErbStG besteuert (ähnlich beim Erwerb von Todes wegen, § 3 Abs. 1 3548

---

130 Auch nicht beim Formwechsel eines Vereins in eine GmbH gem. §§ 272 ff. UmwG; ebenso wenig fällt Grunderwerbsteuer an (vgl. BFH, 01.02.207 – II R 66/05, ErbStB 2007, 259).
131 Vgl. FG Düsseldorf, 10.01.2007 – 4 K 1136/02 Erb, ErbStB 2007, 230.

Nr. 2 Satz 2 ErbStG, Rdn. 220). Gleiches gilt bei der Kapitalgesellschaft, wenn der Anteil des Ausscheidenden unter Lebenden auf die übrigen Gesellschafter oder die Gesellschaft übergeht bzw. eingezogen wird. Die Bereicherung ergibt sich aus dem Saldo zwischen dem Steuerwert des Anteils (also seit 01.01.2009 dem gemeinen Wert) und dem geringeren Abfindungsbetrag; die Grundsätze der gemischten Schenkung finden keine Anwendung. Auf den Saldo kann §§ 13a, 19a ErbStG Anwendung finden, allerdings nicht bei der bloßen Einziehung in einer GmbH (nicht AG!), da kein Anteilsübergang (sondern nur ein Wertzuwachs) stattfindet[132] (vgl. Rdn. 4856).

c) Übermäßige Gewinnbeteiligung (§ 7 Abs. 6 ErbStG)

3549   Wird eine Beteiligung an einer Personengesellschaft mit überhöhter Gewinnbeteiligung übertragen, liegt im **Übermaß der Gewinnbeteiligung** eine selbstständige Schenkung gem. **§ 7 Abs. 6 ErbStG**.[133] Ein Übermaß wird dabei ähnlich ertragsteuerlichen Grundsätzen angenommen, wenn der übertragene Geschäftsanteil auf längere Sicht zu einer Verzinsung von mehr als 15 % des Verkehrswerts des Anteils führt.[134] Der über 15 % hinausgehende Gewinn wird als selbstständige Schenkung fingiert, die dem Bedachten auf unbestimmte Zeit in gleichbleibender Höhe zufließt, also mit dem Faktor 9,3 (vgl. § 13 Abs. 2 Halbs. 2 BewG) zu multiplizieren ist.

3550   *Beispiel:*[135]

Der Vater bringt sein Einzelunternehmen (durchschnittlicher Jahresüberschuss 200.000,00 €) in eine KG ein, in die der Sohn eine Bareinlage von 50.000,00 € leistet und an Gewinn und Verlust mit 20 % beteiligt ist. Der vereinbarte Gewinn (20 % von 200.000,00 € = 40.000,00 €) übersteigt den „unbedenklichen" Gewinn (15 % von 50.000,00 € = 7.500,00 €) um 32.500,00 €, sodass nach Kapitalisierung mit dem Faktor 9,3 eine steuerpflichtige Zuwendung i.H.d. übermäßigen Gewinnbeteiligung von 302.250,00 € tritt. Wurde zusätzlich die Einlage i.H.v. 50.000,00 € vom Kapitalkonto des Vaters abgebucht, tritt neben die Besteuerung der überhöhten Gewinnbeteiligung noch die Schenkung des KG-Anteils (50.000,00 € abzgl. Bewertungsabschlag von 35 % (s. § 13a Abs. 2 ErbStG), also 32.500,00 €, ggf. weiter abzgl. des Betriebsvermögensfreibetrags, falls dieser in Anspruch genommen werden soll).

3551   Ob es sich um eine gewerblich tätige, eine gewerblich geprägte oder eine Privatvermögen verwaltende Personengesellschaft handelt, ist gleichgültig, sodass auch stille Beteiligungen ohne Mitunternehmerschaft genügen.[136] Keine an die Übermaßgewinnbeteiligung anknüpfende selbstständige Bereicherung des Erwerbers wird jedoch angenommen bei der Übertragung der Beteiligung von Todes wegen.

---

132   Vgl. *Schwind/Schmidt*, NWB 2009, 303 f.
133   Der Übergewinn ist aus dem durchschnittlichen Gewinn der letzten 3 Wirtschaftsjahre abzuleiten, R 21 Abs. 1 Satz 3 ErbStR 2003.
134   Vgl. Hinweis H 138a Abs. 3 ErbStR.
135   In Anlehnung an *Wachter*, Erbschaft- und Schenkungsteuerrecht (DAI-Skript Februar 2006), S. 203.
136   *Gebel*, in: Troll/Gebel/Jülicher, ErbStG, § 7 Rn. 386 (Stand: 31.07.2011); a.A. *Kapp/Ebeling*, § 7 Rn. 190.10.

7. Pflichtteilsrecht, Ausschlagung und Erbschaftsteuer

a) Pflichtteilsrecht

Bei der transfersteuerlichen Bewertung des Pflichtteilsanspruchs (bzw. Pflichtteilsergänzungsanspruchs)[137] sind folgende wesentliche Fallgruppen zu unterscheiden:[138]

3552

aa) Verzicht auf den Pflichtteil vor dem Erbfall

Dieser kann erfolgen durch Erbverzicht (§ 2346 Abs. 1 BGB) Pflichtteilsverzicht (§ 2346 Abs. 2 BGB) oder Erbschaftsvertrag unter künftigen gesetzlichen Erben, § 311b Abs. 5 BGB:[139]

3553

Erfolgt der Verzicht **ohne Abfindungszahlung**, bleibt er ohne steuerliche Konsequenzen; vor dem Erbfall hat der Pflichtteilsberechtigte lediglich eine Erwerbschance, deren Aufgabe keine Vermögensminderung und bei dem durch den Verzicht Begünstigten keine Bereicherung darstellt;[140] dies entspricht der zivilrechtlichen Wertung des § 517 BGB.

Erfolgt der Verzicht **gegen Abfindungszahlung**, liegt in der Abfindung – jedenfalls für einen Erbverzichtsvertrag gem. § 7 Abs. 1 Nr. 5 ErbStG – eine Schenkung unter Lebenden, die nach der Steuerklasse im Verhältnis zwischen dem künftigen Erblasser und dem Verzichtenden besteuert wird. Dies gilt unabhängig davon, ob die Leistung vom künftigen Erblasser selbst oder von dem durch den Verzicht Begünstigten geleistet wird;[141] schenkungsteuerlich wird sie immer vom künftigen Erblasser erbracht. Wiederkehrende Leistungen unterliegen ebenfalls allein der Schenkungs-, nicht der ESt (Unterhaltsrenten, § 12 EStG, somit weder Besteuerung beim Bezieher noch Abzugsfähigkeit beim Zahlungspflichtigen).[142] Die Steuer für die Abfindung fällt bereits bei deren Erwerb, nicht erst mit dem Erbfall an. Ähnliches dürfte gelten für die Abfindung im Rahmen eines isolierten Pflichtteilsverzichtsvertrags, wobei streitig ist, ob § 7 Abs. 1 Nr. 5 ErbStG entsprechend gilt[143] oder ob es sich um eine freigiebige Zuwendung nach § 7 Abs. 1 Nr. 1 ErbStG[144] handelt. Bei der Abfindung im Rahmen eines Erbschaftsvertrags gem. § 311b Abs. 5 BGB gilt auf jeden Fall § 7 Abs. 1 Nr. 1 ErbStG für die Abfindung, für die Besteuerung ist auch hier das Verhältnis des Verzichtenden zum künftigen Erblasser maßgebend.[145]

3554

---

137 Auch dieser gilt als Pflichtteilsanspruch i.S.d. § 3 Abs. 1 Nr. 1, 3. Alt. ErbStG, vgl. *Wälzholz*, in: Mayer/Süß/Tanck/Bittler/Wälzholz, Handbuch Pflichtteilsrechtes, § 17 Rn. 32; a.A. *Fischer*, in: Fischer/Jüptner/Pahlke/Wachter, ErbStG, § 3 Rn. 424.
138 Vgl. *Söffing/Thoma*, ErbStB 2003, 257 ff.; v. *Oertzen/Cornelius*, ErbStB 2006, 49 ff.; *Wälzholz*, ZEV 2007, 162 ff.
139 Analog § 2348 BGB beurkundungspflichtig; vgl. *Damrau*, Der Erbverzicht, S. 50.
140 BFH, BStBl. 1976 II, S. 17; *Hartmann*, EStB 2001, 307.
141 BFH, BStBl. 1977 II, S. 733.
142 BFH, 09.02.2010 – VIII R 43/06, ZEV 2010, 425, m. zust. Anm. *Seifried* = MittBayNot 2010, 509, m. Anm. *Crezelius*; a.A. FG München, 15.07.2010 – 15 K 1825/07, ErbStB 2010, 300: pauschalierter Zinsanteil i.H.d. Ertragsanteils ist nach § 22 EStG zu besteuern.
143 So *Gebel*, in: Troll/Gebel/Jülicher, ErbStG, § 7 Rn. 316 (Stand: 31.07.2011).
144 So wohl BFH, BStBl. 2001 II, S. 456, 458.
145 BFH, 25.01.2001 – II R 22/98, BStBl. 2001 II, S. 456; ebenso FG Münster, 17.02.2011 – 3 K 4815/08, ErbStB 2011, 161.

3555 Der spätere Erbe kann die erbrachte Abfindung im Erbfall von seinem Erwerb als Kosten zu dessen Erlangung abziehen, § 10 Abs. 5 Nr. 3 ErbStG,[146] wobei dieser Erbfallkostenpauschbetrag nur einmal pro Nachlass, unabhängig von der Zahl der Erwerber von Todes wegen, zur Verfügung steht.[147]

bb) Unterlassen der Geltendmachung des Pflichtteilsanspruchs

3556 Der Pflichtteil entsteht zivilrechtlich zwar mit dem Erbfall (§ 2317 Abs. 1 BGB), der steuerbare Tatbestand ist jedoch gem. § 3 Abs. 1 Nr. 1, 4. Alt. ErbStG erst mit dessen Geltendmachung erfüllt (§ 9 Abs. 1 Nr. 1 lit.b) ErbStG). Dadurch soll verhindert werden, dass der Berechtigte den Pflichtteil zu versteuern habe, obwohl er nicht beabsichtigt, ihn geltend zu machen.[148] Gleichgestellt ist die zinslose „Stundung" des noch nicht geltend gemachten Pflichtteilsanspruchs – vor dem Zeitpunkt seiner Geltendmachung löst der Pflichtteilsanspruch unter keinen Umständen, auch nicht in Bezug auf die Zinsfreiheit der Stundung, Erbschaftsteuer aus.[149] Die beim Erben mittelbar eintretende Bereicherung, die im **Unterlassen der Geltendmachung des Pflichtteilsanspruchs** liegt, ist demgemäß ebenfalls stets von der Steuer befreit, § 13 Abs. 1 Nr. 11 ErbStG.[150]

cc) Geltendmachung des Pflichtteilsanspruchs

3557 Die Geltendmachung des Pflichtteilsanspruchs[151] nach dem Ableben des Erblassers führt zu einem Erwerb von Todes wegen gem. § 3 Abs. 1 Nr. 1, 4. Alt. ErbStG vom früheren Erblasser und damit zum Entstehen der Steuer im Moment der Geltendmachung des Anspruchs (§ 9 Abs. 1 Nr. 1b ErbStG), auch wenn dessen Einforderung später nicht mehr erfolgt[152] oder nicht mehr erfolgen kann, etwa wegen Verjährung[153] – ein Verzicht auf den geltend gemachten Anspruch löst dann eine zweite Besteuerung nach § 7 Abs. 1 Nr. 1 ErbStG vom Kind an den Erben, den überlebenden Elternteil, aus (Rdn. 3564)![154] Ein Geltendmachen in diesem Sinne liegt nicht bereits im bloßen Verlangen nach Auskunft gem. § 2314 BGB,[155] setzt andererseits aber keine Bezifferung voraus[156] und ist wohl durch Erhebung einer Stufenklage (§ 254 ZPO) verwirklicht, ebenso durch

---

146 BFH, BStBl. 2001 II, S. 456; allgemein zu § 10 Abs. 5 Nr. 3 ErbStG: *Götz*, ZEV 2010, 561 ff.
147 BFH, 24.02.2010 – II R 31/08, JurionRS 2010, 12495.
148 Zur Rechtfertigung des Prinzipienbruchs im Vergleich zum Vermächtnisnehmer, der bis zur Ausschlagung als erbschaftsteuerlich bereichert gilt, vgl. *Seer/Krumm*, ZEV 2010, 57 ff. (Pflichtteilserwerb vollzieht sich gesetzlich, ggf. sogar gegen den Willen des Begünstigten).
149 BFH, 31.30.2010 – II R 22/09, ErbStB 2010, 231.
150 Vgl. *Crezelius*, BB 2000, 2334.
151 Hierzu als Steuerreduzierungsmodell *J. Mayer*, DStR 2004, 1545 ff.
152 FG München, ErbStR 2006, 8 – Haftungsfalle, falls der Anwalt im Rahmen eines Auskunftsbegehrens zugleich die Geltendmachung erklärt, obwohl diese noch nicht sicher ist. Formulierung für einen entsprechenden Vorbehalt beim Auskunftsersuchen: *v. Oertzen/Cornelius*, ErbStB 2006, 49; vgl. auch *Geck*, DNotZ 2007, 272.
153 *Hartmann*, ErbStB 2008, 261.
154 Keine Steuerfreiheit nach § 13 Abs. 1 Nr. 10 oder § 13 Abs. 1 Nr. 11 ErbStG (da Letzterer nur für den noch nicht geltend gemachten Pflichtteil gilt), vgl. *Wälzholz*, ZEV 2007, 163.
155 BFH, 19.07.2006 – II R 1/05, ZEV 2006, 514 m. Anm. *Messner* = MittBayNot 2007, 347 m. Anm. *Kreilinger*; ebenso zuvor *v. Oertzen/Cornelius*, ErbStB 2006, 49.
156 BFH, 19.07.2006 – II R 1/05, ZEV 2006, 514 (Haftungsfalle zu Jahreswechsel 1995/1996, wo die Geltendmachung wegen des von 90.000,00 DM auf 400.000,00 DM gestiegenen Freibetrages erst 1996 erfolgen sollte!).

Gewährung einer Stundung auf den dem Grunde nach geforderten Pflichtteil.[157] Auch eine teilweise, betragsmäßig begrenzte, Geltendmachung ist möglich.[158] Die Geltendmachung kann auch noch nach Eintritt der Verjährung erfolgen,[159] allerdings nicht ggü. sich selbst als Rechtsnachfolger des damit beschwerten Erblassers.[160]

Die Bewertung erfolgt stets mit dem Nennwert der Geldforderung, § 12 Abs. 1 ErbStG, auch wenn an Erfüllungs Statt ein Grundstück übertragen wird,[161] abweichend von möglichen Privilegierungen bei der Abfindung für einen Verzicht auf den entstandenen, aber noch nicht geltend gemachten Pflichtteilsanspruch (vgl. Rdn. 3563). Dementsprechend kann auch der Erbe nach Geltendmachung den Pflichtteilsanspruch als Nachlassverbindlichkeit i.H.d. Geldschuld (auch bei Hingabe eines anderen Gegenstands an Erfüllungs Statt, § 364 Abs. 1 BGB) abziehen, § 10 Abs. 5 Nr. 2 ErbStG,[162] was beim Gesamtsteuervergleich Erbe/Pflichtteilsberechtigter i.d.R. wegen der höheren Erbschaftsteuerbelastung des Erben von Vorteil ist.[163] Wird der Zahlungsanspruch zinslos gestundet (Rdn. 3297), soll im Zinsverzicht eine Schenkung liegen;[164] richtigerweise ist der Pflichtteilsanspruch nur in der abgezinsten Höhe geltend gemacht worden.[165] 3558

Grunderwerbsteuerlich kommt es (entgegen § 3 Nr. 2 Satz 1 GrEStG und anders als bei der Grundstücksabfindung für den Verzicht auf den entstandenen Pflichtteil) zu einer Doppelbelastung auch mit Grunderwerbsteuer bei Übertragungen im Verhältnis zwischen Geschwistern.[166] 3559

dd) Verzicht auf entstandenen, jedoch nicht geltend gemachten Pflichtteilsanspruch

Die Abfindung für den Verzicht auf einen zwar zivilrechtlich entstandenen, aber noch nicht[167] im steuerrechtlichen Sinn geltend gemachten Pflichtteilsanspruch gilt gem. § 3 Abs. 2 Nr. 4 ErbStG ebenfalls als Erwerb von Todes wegen. Wird die Abfindung allerdings nicht in Geld, sondern durch Übertragung anderer Vermögensgegenstände erbracht, ist der erbschaftsteuerliche Wert jenes Gegenstands (z.B. Bedarfswert bei Grundbesitz) maßgebend[168] (während bei einer Sachleis- 3560

---

157 *Muscheler*, ZEV 2001, 377/379; *Stahl*, KÖSDI 2001, 12749; krit. *Wälzholz*, ZEV 2007, 164, da es an der klaren Willensäußerung zur Durchsetzung fehle.
158 A.A. *Seer/Krumm*, ZEV 2010, 57, 62, mit Hinweisen zur herrschenden Gegenansicht in Fn. 40.
159 *Wälzholz*, ZEV 2007, 164 m.w.N.
160 FG München, 30.11.2006 – 4 V 4323/06, ZErb 2007, 194 (trotz § 10 Abs. 3 ErbStG).
161 BFH, BStBl. 1999 II, S. 23 in Abweichung von der früheren Rspr. BFH, BStBl. 1982 II, S. 350. Grunderwerbsteuerlich soll dabei allerdings nach BFH, ZEV 2002, 425 m. Anm. *Daragan*, die Befreiung nach § 3 Nr. 2 Satz 1 GrEStG nicht eintreten, sodass es zu einer transfersteuerlichen Doppelbelastung kommt, vgl. auch *v. Oertzen/Cornelius*, ErbStB 2006, 52.
162 Berechnungsbeispiel: *Gottwald*, ZErb 2005, 317. Hierbei ist str., ob § 10 Abs. 6 ErbStG zu einer teilweisen Einschränkung der Abzugsfähigkeit als Nachlassverbindlichkeit führt, wenn auch steuerfreies oder nicht steuerbares Vermögen erworben wurde, vgl. *Söffing/Thoma*, ErbStB 2003, 259.
163 Hierauf weist *Noll*, DStR 2004, 261 hin.
164 FG Münster, 08.12.2008 – 3 K 2849/06 Erb, ZErb 2009, 213.
165 Vgl. *J. Mayer*, DStR 2004, 1547 f.; krit. gegen FG Münster auch *Jehle*, notar 2010, 66.
166 BFH, 10.07.2002 – II R 11/01, MittBayNot 2003, 73.
167 Allein *Moench*, ErbStG, § 3 Rn. 211 (Stand: Dezember 2005) vertritt die Auffassung, im Aushandeln einer Abfindung liege stets ein „Geltendmachen", hiergegen überzeugend *Müller/Grund*, ZErb 2007, 209.
168 BFH, BStBl. 1996 II, S. 97, FG Köln, EFG 2001, 765; vgl. *Wälzholz*, ZEV 2007, 163. Allerdings gelten bei der Abfindungsleistung von Betriebsvermögen nicht die Vergünstigungen des § 13a ErbStG, vgl. FG Nürnberg, 07.12.2006 – IV 240/2004, ErbStB 2007, 227.

tung an Erfüllungs Statt für den im steuerlichen Sinne geltend gemachten Pflichtteilsanspruch der Ansatz des Nominalwerts gilt, Rdn. 3311; die Abgrenzung kann schwierig sein).[169] Der Erbe kann also die Abfindungsleistung wie den Pflichtteilsanspruch als Erbfallschuld abziehen[170] – sofern nicht im Einzelfall, etwa bei Fälligkeit[171] erst nach dem Tod des Erben selbst wie bei der ursprünglichen „**Jastrow'schen Sanktionsklausel**" (hierzu R 13 S. 3 ErbStR 1998), § 42 AO[172] bzw. eine Reduktion des § 10 Abs. 5 Nr. 1 ErbStG[173] entgegensteht – und zwar korrespondierend mit dem Bewertungsansatz der Abfindung beim Berechtigten.

3561 Wird also die Fälligkeit der Abfindungsleistung (wie auch der Pflichtteilsleistung) selbst gestundet bis zum Tod des Längerlebenden, ist sie hinsichtlich des Erbfalls des Erstverstorbenen niemals abziehbar, und hinsichtlich des Erbfalls des Längerlebenden jedenfalls dann nicht, wenn Anspruch und Verpflichtung durch Konfusion vollständig erloschen sind (trotz § 10 Abs. 3 ErbStG, da es an einer wirtschaftlichen Belastung fehlt).[174] Als Ausweichgestaltung ist zu denken an die sofortige Übertragung eines Ersatzgegenstandes (Immobilie) unter Rückbehalt des Nießbrauchs und möglicherweise einer schuldrechtlichen (vormerkungsgesicherten) „Verfügungssperre", ähnlich der vorweggenommenen Erbfolge.

3562 Das (nicht umgesetzte) obiter dictum des II. BFH-Senats zur möglichen Änderung der Bewertung von Sachvermächtnissen[175] hat nicht dazu geführt, dass die Finanzverwaltung beim Erwerber den Verkehrswert des Grundstücks, beim Erben aber den Steuerwert sowohl bei der Bereicherung als auch beim Abzug als Nachlassverbindlichkeit zu dessen Neutralisierung ansetzen würde. Auch ertragsteuerliche Risiken (entgeltliches Geschäft – Auflösung stiller Reserven bzw. Besteuerung privater Veräußerungsgewinne) sind bei der Sachwertabfindung zu berücksichtigen,[176] zumal der Anspruch auf Erwerb des Übertragungsgegenstandes nicht auf dem Erbfall, sondern auf einer gesonderten Vereinbarung zwischen Erbe und Pflichtteilsgläubiger beruht.

3563 Obiges gilt auch, wenn die Abfindung für den Verzicht auf den noch nicht geltend gemachten Anspruch (Erlassvertrag gem. § 397 BGB auf den gem. § 2317 BGB bürgerlich rechtlich entstandenen, aber noch nicht erbschaftsteuerrechtlich geltend gemachten Anspruch) erst nach

---

169 Beispiele: FG Köln, 28.11.2000 – 9 K 4299/98, DStRE 2001, 814; FG Nürnberg, 07.12.2006 – IV 240/2004, ErbStB 2007, 227; vgl. *Berresheim*, ZNotP 2007, 524.
170 BFH, BStBl. 1981 II, S. 473.
171 Das Forderungsrecht entsteht zwar bereits zuvor, die Verjährung ist aber bis zum Tod des Längerlebenden gem. § 205 BGB gehemmt.
172 So FG Düsseldorf, DStRE 2005, 1344.
173 BFH, 27.06.2007 – II R 30/05, MittBayNot 2008, 324 m. Anm. *Ivo*.
174 BFH, 27.06.2007 – II R 30/05, MittBayNot 2008, 324 m. Anm. *Ivo*; vgl. hierzu *Berresheim*, ZNotP 2007, 520 und ZErb 2007, 439, auch zur (vom BFH offengelassenen, jedoch zu bejahenden) Frage der Abzugsfähigkeit bei fehlender Konfusion, etwa da nicht alle Mitglieder der Schlusserbengemeinschaft den Pflichtteilsanspruch/die Abfindung geltend gemacht haben.
175 BFH, 02.07.2004 – II R 9/02, BStBl. 2004 II, S. 1039.
176 BFH, 06.12.2004 – III R 38/00, BStBl. 2005 II, S. 554, *Berresheim*, ZErb 2007, 441, sowie oben Rdn. 59: entgeltliches Rechtsgeschäft bei Übertragung in Abgeltung eines Pflichtteilsanspruchs (§ 21 EStG!); dies dürfte wohl auch gelten bei der Übertragung als Abfindung für den Verzicht auf die Geltendmachung des lediglich zivilrechtlich entstandenen Anspruchs, vgl. *Müller/Grund*, ZErb 2007, 211.

Verjährungseintritt erfolgt.[177] Darin liegt ein rückwirkendes Ereignis i.S.d. § 175 Abs. 1 Nr. 2 AO, sodass die nach dem Tod des ersten Ehegatten festgesetzte Steuer zu korrigieren ist.[178]

ee) Verzicht auf bereits geltend gemachten Pflichtteilsanspruch

Der Verzicht auf einen bereits im erbschaftsteuerrechtlichen Sinn geltend gemachten Pflichtteilsanspruch stellt eine Schenkung unter Lebenden des Pflichtteilsberechtigten an den Erben dar, § 7 Abs. 1 Nr. 1 ErbStG.[179] Die Freistellung in § 13 Abs. 1 Nr. 11 ErbStG gilt hierfür nicht, da sie nur den Verzicht auf die Geltendmachung eines im steuerrechtlichen Sinn noch nicht entstandenen Pflichtteilsanspruchs umfasst. Die als „Gegenleistung" etwa gewährte Abfindung ihrerseits ist allenfalls steuerbar, soweit sie den Pflichtteilsanspruch übersteigt (als Schenkung des Erben an den Berechtigten gem. § 7 Abs. 1 Nr. 1 ErbStG); i.Ü. wurde jedoch die Geltendmachung des Pflichtteilsanspruchs bereits als Erwerb von Todes wegen gem. § 3 Abs. 1 Nr. 1, 4. Alt. ErbStG erfasst.[180] Grunderwerbsteuerlich bleibt es im Fall der Abfindung für den Verzicht auf den geltend gemachten Pflichtteilsanspruch (anders als bei der Zuwendung an Erfüllungs statt) bei der verdrängenden Wirkung der Erbschaftsteuer (§ 3 Nr. 2 S. 1 GrEStG).[181]

3564

ff) Optimierung des Berliner Testamentes

Die Geltendmachung des Pflichtteilsanspruchs (bzw. – unter Bewertungsaspekten günstiger – der Verzicht auf die Geltendmachung des Anspruchs gegen Immobilienabfindung)[182] kann die **erbschaftsteuerlichen Nachteile des Berliner Testamentes** etwas mildern, jedenfalls sofern die häufig verfügte „**Pflichtteilsstrafklausel**"[183] nur fakultativ wirken soll (Berechtigung zur Änderung der sonst bindenden Schlusserbeinsetzung) oder aber bei der automatischen Pflichtteilsklausel[184] die Enterbungswirkung für den zweiten Sterbefall nur an die Geltendmachung „gegen den Willen des Erben" geknüpft wird[185] bzw. eine spätere Korrektur durch Wiedereinsetzung zum Schlusserben erlaubt ist (zur sachgerechten Formulierung einer solchen Pflichtteilsstrafklausel, auch mit Blick auf die Gefahr der Überleitung des Pflichtteilsanspruchs durch den Sozialleistungsträger, s.u. Rdn. 5193 f.).

3565

---

177 *Wälzholz*, ZEV 2007, 164; *Berresheim*, RNotZ 2007, 519.
178 *Messner*, ZEV 2006, 516.
179 FG München, ErbStR 2006, 8 – Haftungsfalle, falls der Anwalt im Rahmen eines Auskunftsbegehrens zugleich die Geltendmachung erklärt, obwohl diese noch nicht sicher ist. Formulierung für einen entsprechenden Vorbehalt beim Auskunftsersuchen: *v. Oertzen/Cornelius*, ErbStB 2006, 49; vgl. auch *Geck*, DNotZ 2007, 272; *Viskorf*, FR 1999, 663.
180 Vgl. *Moench*, ErbStG, § 3 Rn. 211 (Stand: Oktober 2002).
181 Vgl. *Gottwald*, ZErb 2005, 319; *Gottwald*, MittBayNot 2003, 75.
182 Vergleichsberechnung bei *T. Müller*, ErbStB 2006, 54 ff.
183 *Gluth*, ErbStB 2006, 52.
184 Zu den verschiedenen Arten von Pflichtteilsklauseln (fakultative, automatische, schlichte Anrechnungsklausel) vgl. *Zimmer*, NotBZ 2007, 10 ff.
185 Andernfalls würde die Pflichtteilsstrafklausel auch bei „einvernehmlichem" Verlangen, sogar aller Kinder, greifen: OLG Frankfurt am Main, 02.08.2010 – 20 W 49/09, MittBayNot 2011, 409 m. Anm. *Reymann*; hierzu *Gemmer*, Erbrecht Effektiv 2011, 88 ff.

3566 Prominentes Gestaltungsmittel zur Reduzierung der erbschaftsteuerlichen Belastung des längerlebenden Ehegatten beim Berliner Testament sind ferner die sog. **Freibetragsvermächtnisse**,[186] bei denen durch den Erblasser lediglich der Vermächtnisnehmer und der Zweck des Vermächtnisses bestimmt werden. Der Beschwerte, also der überlebende Ehegatte, kann bei diesem Zweckvermächtnis[187] (§ 2156 BGB) dann nach billigem Ermessen Gegenstand, Bedingungen und Zeitpunkt der Leistung festlegen, auch unter mehreren bedachten Abkömmlingen gem. § 2151 BGB bestimmen, wer das Vermächtnis erhalten soll und zu welchen Anteilen (§ 2153 BGB). Optimierend wirkt die Bestimmung eines Sachleistungsanspruchs mit Ersetzungsbefugnis, das Verbot des Verlangens einstweiliger Sicherung und die Bestimmung eines (nicht mit dem Tod des Längerlebenden in Zusammenhang stehenden) Endtermins.[188]

3567 In erbschaftsteuerlicher Hinsicht ist stets zu empfehlen, einen Endtermin für die Fälligkeit aufzunehmen, da anderenfalls gem. § 2181 BGB im Zweifel der Tod des Beschwerten die Fälligkeit bestimmt und demnach gem. § 6 Abs. 4 ErbStG ein Abzug mit Wirkung für die Besteuerung des erstverstorbenen Ehegatten nicht möglich ist[189] (dies war etwa der Fall der bei „klassischen" Jastrow'schen Strafklausel, wonach das Ausgleichsvermächtnis erst mit dem Tod des Längerlebenden fällig werden solle).[190] Im Licht des § 42 AO dürfte es auch nicht hilfreich sein, den Endtermin unrealistisch spät zu legen („spätestens 30 Jahre nach dem Tod des Erstversterbenden").[191] Relevant sind die Gestaltungsvarianten auch für die Frage, ob der Abzug nach dem Erstverstorbenen sofort oder erst zu einem späteren Zeitpunkt möglich ist:[192] Aufschiebend bedingte (incertus an, incertus quando) oder aufschiebend befristete (certus an, incertus quando) Vermächtnisse lassen die Erbschaftsteuer erst mit dem Eintritt der Bedingung bzw. des Ereignisses entstehen (§ 9 Abs. 1 Nr. 1 lit a ErbStG); betagte Vermächtnisse (mit sicherer, hinausgeschobener Fälligkeit: certus an, certus quando) dagegen bereits mit dem Erbfall, allerdings unter Berücksichtigung der Abzinsung des § 12 Abs. 3 BewG, vgl. § 12 Abs. 1 ErbStG). Als Barvermächtnis mit Ersetzungsbefugnis könnte es etwa (in Anlehnung an ähnliche „Supervermächtnisse" i.R.d. Unternehmensnachfolge und anstelle des Pflichtteils, Rdn. 270) folgenden Wortlaut haben:[193]

---

186 Vgl. *J. Mayer*, DStR 2004, 1409 ff.; *Everts*, ZErb 2004, 373; *Everts*, NJW 2008, 558.
187 Als Zweck genügt „zur Ausnutzung der steuerlichen Freibeträge", vgl. AnwK-BGB/*J. Mayer*, § 2156 Rn 4, jedoch z.B. nicht „um ihm eine Freude zu machen".
188 Vgl. *J. Mayer*, DStR 2004, 1412 ff.
189 Vgl. Gutachten, DNotI-Report 2010, 5.
190 Die „erweiterte" Jastrow'sche Klausel (etwa Münchner Vertragshandbuch/*Nieder/Otto*, Bd. 6/2, XVI.28 § 5) lässt daher das Vermächtnis von vornherein bereits erst mit dem Tod des Längstlebenden anfallen, sodass es zum Ausgleich der erbschaftsteuerlichen Nachteile des Berliner Testaments nicht geeignet ist (auch ist fraglich, ob es, ähnlich dem Nachvermächtnis, den Pflichtteil der illoyalen Kinder für den zweiten Sterbefall reduzieren kann). Formulierung: „Verlangt ein Schlusserbe beim Tod des Erstversterbenden den Pflichtteil gegen den Willen des Längerlebenden, werden er und seine Abkömmlinge nicht Erben des Letztversterbenden. Die anderen Schlusserben, die den Pflichtteil nicht verlangt haben, erhalten aus dem Nachlass des Erstversterbenden Geldvermächtnisse in Höhe ihres gesetzlichen Erbteils auf das Ableben des Erstversterbenden, wie wenn dieser beim Tod des Längstlebenden verstorben wäre. Sie berechnen sich aus dem beim Tod des Längstlebenden noch vorhandenen Nachlass des Erstversterbenden und fallen mit dem Tod des Längstlebenden an, und zwar nur an zu diesem Zeitpunkt noch lebende Bedachte. Der Überlebende kann diese Enterbung widerrufen, womit dann auch die Vermächtnisse für die anderen Schlusserben entfallen.".
191 Vgl. *J. Mayer*, ZEV 1998, 50, 55.
192 Gutachten, DNotI-Report 2010, 4.
193 In Anlehnung an *Wälzholz*, Tagungsunterlage „Erbschaftsteuerreform 2008/2009", 41. Bielefelder Notarlehrgang 09.03.2009, S. 63 ff.

Formulierungsvorschlag: Vermächtnis zur Reduzierung der Erbschaftsteuerbelastung beim Berliner Testament

3568

Der Erstversterbende beschwert seinen Erben mit folgendem Barvermächtnis: Jedes Kind erhält vermächtnisweise einen Geldbetrag in der Höhe seines am Todestag des Erstversterbenden Ehegatten noch nicht ausgeschöpften Schenkungsteuerfreibetrages gegenüber dem Erblasser. Das Vermächtnis fällt mit dem Tod des Erstversterbenden an; es ist fällig spätestens nach Ablauf von ..... Jahren ab dem Tode des Erstversterbenden und bis dahin mit 1,5 % p.a. (jeweils zum Jahresende) zu verzinsen. Die Verzinsung entfällt ab Ausübung der Ersetzungsbefugnis.

Sollte dem Längerlebenden von uns am Tage des Todes nur ein Gesamtvermögen von weniger als ..... € verbleiben, so kürzen sich die nach den vorstehenden Bestimmungen zu errechnenden Vermächtnisse anteilig so, dass dem Längerlebendem von uns mindestens das vorstehende Vermögen verbleibt. Ggf. entfällt das Vermächtnis dann nach den vorstehenden Bestimmungen ganz. Unter Gesamtvermögen sind die gesamten Aktiva des Erblassers und des längerlebenden Ehegatten abzüglich der Passiva und Sterbefallkosten des Erblassers und der Passiva des längerlebenden Ehegatten zu verstehen. Die Barvermächtnisse sind noch nicht vorab vom genannten Mindestbetrag des Gesamtvermögens in Abzug zu bringen.

Der Längerlebende ist befugt (Ersetzungsbefugnis), sich von der vorstehenden Zahlungspflicht eines Barbetrages nach eigner Bestimmung gegenüber dem jeweiligen Vermächtnisnehmer zu lösen durch Übereignung von Sachen, Rechten oder Forderungen mit mindestens gleichem Wert. Er darf sich an dem Ersatzgegenstand – unter Anrechnung auf den Wert – den (auf Verlangen im Grundbuch zu sichernden) Nießbrauch vorbehalten, bei dem er alle Kosten zu tragen hat. Weiterhin kann er sich (ohne Anrechnung auf den Wert) einen bedingten Anspruch auf Rückübertragung vorbehalten für den Fall

- der Verfügung des Vermächtnisnehmers über den Vermächtnisgegenstand ohne vorherige Zustimmung des Längerlebenden von uns,
- des Vorversterbens eines Vermächtnisnehmers vor dem Tode des Längerlebenden von uns,
- der Zwangsvollstreckung in den Vermächtnisgegenstand, ohne dass die Maßnahme innerhalb von drei Monate wieder aufgehoben worden ist,
- der Insolvenz des Vermächtnisnehmers oder der Ablehnung mangels Masse,
- und diesen im Grundbuch durch Vormerkung sichern. Kommt es aufgrund eines solchen Vorbehaltes zur Rückübereignung, ist das Vermächtnis dennoch erfüllt, also kein neuerlicher Gegenstand oder Geldbetrag geschuldet.

Ersatzvermächtnisnehmer sind jeweils die Abkömmlinge eines Vermächtnisnehmers nach den Regeln und im Verhältnis der gesetzlichen Erbfolge, es sei denn der Wegfall eines Abkömmlings beruht auf Ausschlagung. Sind solche nicht vorhanden, so entfällt das Vermächtnis für den Stamm vollständig.

Die Kosten der Vermächtniserfüllung und eine ggfs. darauf anfallende Steuer hat der jeweilige Vermächtnisnehmer zu tragen.

3569 Seit der Erbschaftsteuerreform 2009 gilt § 6 Abs. 4 ErbStG – wie schon bereits zuvor in der Rechtsprechung des BFH angelegt[194] – auch für **Auflagen**, die erst beim Tod des Beschwerten zu vollziehen sind („Daragan'sche Klauseln");[195] möglicherweise bleibt als Ausweg eine Auflage, über deren Vollziehungszeitpunkt der Testamentsvollstrecker nach freiem Ermessen entscheidet.

b) Ausschlagung

3570 Die Erbschaft geht gem. §§ 1922, 1942 Abs. 1 BGB im Zeitpunkt des Erbfalls auf den Erben über, ohne dass es dessen Kenntnis, geschweige denn einer Handlung, bedarf. Von ungewolltem Nachlassanfall kann sich der Erbe durch die innerhalb kurzer Frist ab Kenntniserlangung[196] (bei letztwilligen Verfügungen nicht vor deren gerichtlicher Bekanntmachung, § 1944 Abs. 2 Satz 2 BGB)[197] mögliche Ausschlagung (Erklärung in öffentlicher oder öffentlich beglaubigter Urkunde ggü. dem Nachlassgericht) mit Rückwirkung lösen. Bereits die zivilrechtliche Wirksamkeit[198] stellt gewisse Anforderungen; häufig unterliegen die Beteiligten auch Fehlvorstellungen hinsichtlich der Ersatzerben, die aufgrund der Ausschlagung nachrücken (§ 1953 BGB – Beispiel: Ausschlagung durch das einzige Kind im Glauben, damit werde der überlebende Elternteil Alleinerbe, obwohl der Verstorbene noch Eltern oder Geschwister hatte, § 1931 Abs. 2 BGB).

3571 Auch der Ersatz-Erbschaftsanfall bei den eigenen Kindern (§ 1924 Abs. 3 BGB) wird gelegentlich übersehen oder die Reichweite der Vermutungsregelung des § 2069 BGB verkannt (die Tante setzt ihre beiden Neffen ein: Ausschlagung durch einen Neffen führt jedenfalls nicht via § 2069 BGB zum Anfall bei dessen Kind).[199] Gleiches gilt bei Ausschlagung durch einen Nacherben im Glauben, dem Vorerben komme damit die Vollerbschaft zu, obwohl Ersatznacherbfolge angeordnet ist (§ 2142 Abs. 2 BGB). Auch Rechtsirrtümer über das Vorliegen einer (zur Ersatzerbfolge berechtigenden) Verwandtschaft sind denkbar.[200] Besonders schwierig war schließlich bei Sterbefällen vor dem 01.10.2010 die Differenzierung i.R.d. § 2306 BGB, ob die Ausschlagung zur Erlangung eines Pflichtteilsanspruchs nötig ist, also ein Fall des § 2306 Abs. 1 Satz 2 oder des Satz 1 BGB a.F. vorlag (zur Ausweichlösung der Ausschlagung unter einer Rechtsbedingung s. Rdn. 2996). Bei ausländischen Erblassern oder Auslandsvermögen sind schießlich kollisionsrechtliche Fragen zu lösen (anwendbares Erbstatut; taugliche Empfängerstellung des inländischen Nachlassgerichts; Nachlassspaltung etc.).[201]

---

194 BFH, 27.06.2007 – II R 30/05, MittBayNot 2008, 325 m. Anm. *Ivo*.
195 DStR 1999, 393; krit. dagegen *J. Mayer*, DStR 2004, 1413 f.
196 Zurechnung der Kenntnis eines Bevollmächtigten, dessen Vollmacht auch die Regelung des Erbfalls umfasst: OLG Rostock, 10.11.2009 – 3 W 53/08, RNotZ 2010, 474; § 166 BGB gilt jedoch nicht.
197 (früher: „Verkündung"); die Bekanntmachung hat an den Erben in dieser Eigenschaft, nicht als gesetzlichen Vertreter eines Miterben, gerichtet zu sein, OLG München, 02.12.2010 – 31 Wx 067/10 ZErb 2011, 45.
198 Hierzu *Wachter*, ErbStB 2004, 218.
199 § 2069 BGB gilt nur, wenn ein Abkömmling des Erblassers als Erbe eingesetzt wurde, vgl. OLG München, DNotZ 2006, 138.
200 Beispiel nach *Specks*, ZErb 2007, 240: Bei vor dem 01.01.1977 erfolgten Adoptionen gelten gem. Art. 12 § 1 Abs. 1 AdopG 1976 für Kinder, die am 01.01.1977 bereits volljährig waren, die Volljährigkeitsadoptionsnormen, somit auch § 1770 BGB, wonach die Wirkungen sich nicht auf die Verwandten des Annehmenden (etwa den verstorbenen Bruder des Annehmenden und nun Ausschlagenden) erstrecken. Das adoptierte Kind rückt demnach jedenfalls nicht kraft Gesetzes nach.
201 Vgl. *Fetsch*, MittBayNot 2007, 285 (mit Formulierungsvorschlägen).

A. Schenkungsteuerrecht

Die Wirksamkeit einer Ausschlagung wird incidenter im Erbscheins-[202] oder einem sonstigen gerichtlichen Erbschaftsfeststellungsverfahren überprüft. Im vorliegenden Kontext interessieren v.a. die erbschaft- und ertragsteuerlichen Aspekte (Rdn. 3572, 3580) sowie das in einer Ausschlagung schlummernde Gestaltungspotenzial (Rdn. 3574).

aa) Erbschaftsteuerliche Aspekte

Praxisrelevant sind die erbschaftsteuerlichen Aspekte der Ausschlagung, die häufig eine **Korrektur ungenügender Erbschaftsteuerplanung** erlaubt. Sie kann durch den Ehegatten etwa zur Inanspruchnahme der güterrechtlichen Lösung (Rdn. 3897 ff.) erfolgen oder zur Erlangung des gesetzlichen Erbteils (sofern nicht – wie allerdings i.d.R. – eine Ersatzerbeinsetzung vorliegt oder durch Auslegung zu gewinnen ist); ferner kann sie bereits im Testament durch Einsetzung auf mehrere Erbteile zur teilweisen Geltendmachung angelegt sein (§ 1951 Abs. 3 BGB).[203] War der überlebende Ehegatte nur Vermächtnisnehmer und verstarb sodann auch er, ohne das Vermächtnis angenommen zu haben, zeitnah, können die Schlusserben (z.B. Kinder) das Vermächtnis (auch i.R.d. § 1371 Abs. 2 BGB) noch ausschlagen, sodass, neben dem kleinen Pflichtteil, der güterrechtliche Ausgleich als abzugsfähige Forderung entsteht (§ 10 Abs. 5 Nr. 1 ErbStG).[204]

3572

Häufig ist schließlich die **Ausschlagung gegen Abfindung**: Diese ist als „sekundärer Erwerb" anstelle der Erbschaft zu besteuern (§ 3 Abs. 2 Nr. 4 ErbStG – sofern nicht das Abzugsverbot des § 25 ErbStG a.F. etwa bei bis zum 31.12.2008 vorbehaltenem Nießbrauch greift), und zwar als Erwerb vom Erblasser, nicht von demjenigen, der die Abfindung erbringt. Maßgebend für die Besteuerung ist der Gegenstand der Abfindung.[205] Hat der nächstberufene Erbe die Abfindung erbracht (gleich ob aus Nachlass- oder aus eigenem Vermögen), kann er sie als Nachlassverbindlichkeit abziehen (§ 10 Abs. 5 Nr. 3 ErbStG). Nach überwiegender Auffassung soll dies auch dann möglich sein, wenn nicht der nächstbegünstigte Erbe, sondern ein Dritter zu seinen Gunsten die Abfindung geleistet hat (in der Leistung der Abfindung kann wiederum eine selbstständige freigiebige Zuwendung des Dritten zu seinen Gunsten liegen).[206] Grunderwerbsteuerlich bleibt es auch hier bei der Befreiung des § 3 Nr. 2 Satz 1 GrEStG.[207]

3573

bb) Einsatzmöglichkeiten

Die Einsatzmöglichkeiten der Ausschlagung – ggf. auch einer „beschränkten Ausschlagung" (bei Nachlassspaltung, bei Sondervererbung nach § 11 HöfeO, bei der getrennten letztwilligen Zuwendung mehrerer Erbteile gem. § 1951 Abs. 3 BGB bzw. einer Erbschaft und eines Vorausvermächtnisses) – sind vielfältig:[208]

3574

---

202 OLG München, 25.02.2010 – 31 Wx 20/10, MittBayNot 2010, 486 m. Anm. *Kroiß*.
203 Vgl. *Ivo*, ZEV 2002, 147.
204 *Von Oertzen/Reich* ZEV 2010, 281.
205 Bei Übertragung von Betriebsvermögen soll dies allerdings nicht erbschaftsteuerlich begünstigt sein, R 55 Abs. 4 Satz 4 ErbStR 2003, a.A. *Wachter*, ErbStB 2004, 257.
206 *Viskorf/Glier/Hübner/Knobel/Schuck*, ErbStG, § 3 Rn. 318.
207 *Halaczinsky*, ZEV 2003, 97; *Gottwald*, ZErb 2005, 319.
208 Zur „taktischen Ausschlagung" vgl. *Siebert* ZEV 2010, 454 ff.

- Im Vordergrund steht regelmäßig die Vermeidung des Anfalls eines überschuldeten oder mutmaßlich überschuldeten[209] Nachlasses.
- Häufig dient sie der Beseitigung erbschaftsteuerlicher Nachteile des Berliner Testaments[210] – der überlebende Ehegatte schlägt aus und verlangt den steuerfreien (§ 5 Abs. 2 ErbStG) güterrechtlichen Zugewinn[211] und den kleinen Pflichtteil bzw. schließt eine diesbezügliche Abfindungsvereinbarung (Steuerpflicht gem. § 3 Abs. 2 Nr. 4 ErbStG als Erwerb vom Erblasser – Rdn. 3573 –, jedoch nicht für die Abfindung für einen bestehenden Zugewinnausgleichsanspruch: R 12 Abs. 1 Satz 3 ErbStR). Zivilrechtlich muss allerdings gesichert sein, dass die Kinder (Schlusserben) zugleich Ersatzerben sind.[212] Auch ist darauf hinzuweisen, dass nach Versäumung der Anfechtungsfrist allein die Erbschaftsteuergestaltung keinen Anfechtungsgrund i.S.d. §§ 1954 ff. BGB darstellt.[213]
- Weiteres Ziel kann die Erhaltung mehrfacher Freibeträge und Progressionsmilderung bei zwei rasch aufeinanderfolgenden Vermögenserwerben sein (Eltern, die sich gegenseitig eingesetzt haben, sterben wenige Tage nacheinander).[214]
- Beim Gemeinschaftlichen Testament, das nach dem Tod eines Ehegatten nicht mehr widerrufen werden kann (§ 2271 Abs. 2 Satz 1 Halbs. 1 BGB) erlaubt die Ausschlagung des ihm Zugewendeten dem überlebenden Ehegatten gem. § 2271 Abs. 2 Satz 1 Halbs. 2 BGB, seine Verfügung aufzuheben.[215]

3575
- Gleiches gilt, wenn die Erbschaftsteuerfreibeträge des Erben bereits durch lebzeitige Schenkungen ausgeschöpft worden sind, die Ersatzerben (z.B. Enkel) aber noch über Freibeträge verfügen.
- Ist der Vermögensanfall beim Erben (etwa wegen Insolvenz oder der Gefahr sonstigen Gläubigerzugriffs) nicht opportun, dient die Ausschlagung, die zivilrechtlich keine Schenkung darstellt (Rdn. 94 ff.), der unmittelbaren „Durchleitung" an die Ersatzerben. Sollen Letztere anders als angeordnet (bzw. abweichend von der gesetzlichen Stammanteilsvermutung) er-

---

209 Keine spätere Anfechtung der „vorsorglichen" Ausschlagung bei lediglich befürchteter Überschuldung des Nachlasses, vgl. OLG Düsseldorf, 31.01.2011 – 3 Wx 21/11, ZEV 2011, 317.
210 Vgl. etwa hierzu *J. Mayer*, ZEV 1998, 50 sowie *Berresheim*, RNotZ 2007, 503 ff.
211 Nach Berechnungen von *Nieder*, Handbuch der Testamentsgestaltung, 2. Aufl. 2000, Rn. 14 und *Tischer*, BB 1999, 562 f. ist die güterrechtliche Lösung (neben Erben erster Ordnung) wirtschaftlich vorzugswürdig, wenn der Zugewinn des verstorbenen Ehegatten am Gesamtnachlass mindestens 85,71 % beträgt. Auch auf Kürzungen des Zugewinnausgleichsanspruchs gem. § 1380 BGB ist zu achten.
212 Ggf. hilft ein Auslegungsvertrag, vgl. *Berresheim*, RNotZ 2007, 513.
213 OLG Frankfurt am Main, 08.12.2009 – 20 W 325/09 ErbStB 2010, 332.
214 Das Ausschlagungsrecht ist vererblich, § 1952 BGB, sodass der Schlusserbe als Erbe des Letztverstorbenen die Ausschlagung nach dem Erstverstorbenen erklären kann, wenn beide Sterbefälle innerhalb von 6 Wochen erfolgt sind, vgl. *Berresheim*, RNotZ 2007, 504. Die Tarifermäßigung nach § 27 ErbStG führt zu geringeren Steuerreduzierungen, vgl. *Wachter*, ErbStB 2004, 258.
215 Voraussetzung ist allerdings, dass der gesetzliche Erbteil erheblich hinter dem Zugewendeten zurückbleibt, vgl. *Siebert*, ZEV 2010, 455.

werben, muss die Ausschlagung kombiniert werden mit einem Erbteilskauf-²¹⁶ und Übertragungsvertrag unter den Ersatzerben.²¹⁷

- Häufig soll (regelmäßig dann durch eine Mehrheit bzw. Kette von Ausschlagungen aller Erben I. und II. Ordnung) erreicht werden, dass der überlebende Ehegatte trotz abweichender gesetzlicher Erbfolge Alleinerbe wird. Scheitert dieses Vorhaben, etwa wegen der Unwirksamkeit der Erklärung eines der Miterben, sind bereits erklärte Ausschlagungen allerdings nicht anfechtbar.²¹⁸
- Weiterhin kann die Ausschlagung dazu dienen, Wertschwankungen zwischen dem Sterbezeitpunkt und dem Ausschlagungszeitpunkt (auf den hinsichtlich der Besteuerung der Abfindung abzustellen ist) auszunutzen.²¹⁹ 3576
- Stirbt ein lebzeitig Beschenkter, ohne dass ein Rückforderungsrecht zur Neutralisierung gem. § 29 Abs. 1 Nr. 1 ErbStG vereinbart wurde, kann die Ausschlagung dazu dienen, den Schenker zum Alleinerben werden zu lassen, sodass er bei Identität des Schenkungsgegenstands die Steuerfreiheit gem. § 13 Abs. 1 Nr. 10 ErbStG in Anspruch nehmen kann.²²⁰
- Schließlich kann die Ausschlagung dazu dienen, bei einem Widerspruch zwischen Testament und Gesellschaftsvertrag (eingeschränkte Nachfolgeklausel) den gesellschaftsrechtlich zugelassenen Nachfolger zum Erben zu bestimmen (mit der Folge der Inanspruchnahme der betrieblichen Vergünstigungen der §§ 13a, 19a ErbStG, die für Barabfindungen anstelle des Betriebsvermögens nicht gewährt werden).²²¹ 3577

Eine weitere Möglichkeit zur Erbschaftsteuervermeidung bietet § 29 Abs. 1 Nr. 4 ErbStG. Demnach erlischt die Steuer mit Wirkung für die Vergangenheit, soweit ererbte oder geschenkte Vermögensgegenstände binnen 24 Monaten einer gemeinnützigen Körperschaft, insb. Stiftung, zugeführt werden. 3578

Bestehen gemeinschaftliche Testamente oder Erbverträge, sollten diese bereits zu Lebzeiten beider überprüft werden, sofern keine einvernehmliche Änderung erfolgt bzw. (mangels Testierfähigkeit) erfolgen kann, sind wechselbezügliche Verfügungen in gemeinschaftlichen Testamenten ggf. gem. § 2271 BGB (durch notariell zu beurkundende, zugangsbedürftige Erklärung) zu **widerrufen**, auch ggü. dem Betreuer oder (falls der Widerrufende selbst Betreuer ist) Ergänzungs- 3579

---

216 Hierzu *Muscheler*, RNotZ 2009, 65 ff.
217 Vgl. *Müller*, ErbStB 2006, 200 (mit Formulierungsvorschlägen zu einer Sonderkonstruktion, die auf Lebenszeit des Ausschlagenden die volle Erbschaft einem der beiden Ersatzerben ohne Liquiditätsbelastung zur Verfügung stellen soll: der ausschlagende Vater schließt mit dem „übernehmenden" Kind (Ersatzerbe 1) zum Ausgleich von Vorschenkungen an das andere Kind einen Schenkungsvertrag über den Wert der halben Erbschaft, dessen Vollzug auf seines, des Vaters, Tod, aufschiebend bedingt ist. Sodann schließt dieses Kind mit seinem Geschwister (Ersatzerbe 2) einen Kaufvertrag über den hälftigen Erbteil; als Gegenleistung tritt er den Anspruch aus dem Schenkungsversprechen gegen den ausschlagenden Vater ab. Zu beachten ist aber, dass der veräußernde Ersatzerbe trotz des Erbteilsverkaufs Schuldner der sofort fälligen Erbschaftsteuer bleibt; der übernehmende Ersatzerbe zahlt mit Ausführung des väterlichen Schenkungsversprechens die betreffende Schenkungsteuer zusätzlich zur ihn ebenfalls treffenden Erbschaftsteuer für seine hälftige Eigenersatzerbschaft).
218 OLG München, 04.08.2009 – 31 Wx 60/09, Rpfleger 2009, 682.
219 *Wachter*, ErbStB 2004, 259, verweist zudem auf Gestaltungsmöglichkeiten bei Auslandserbfällen, etwa bei Vererbung von in Italien gelegenem Vermögen und unverzüglicher Verlegung des Wohnsitzes nach Italien zwischen Sterbefall und Ausschlagung: Seit 25.10.2001 ist die Erbschaftsteuer in Italien abgeschafft.
220 Beispiel bei *Wachter*, ErbStG 2004, 259.
221 Beispielsfall: BGH, ZEV 2002, 322; *Wachter*, ErbStB 2004, 260.

betreuer (§ 1899 Abs. 4 BGB) des anderen Ehegatten.[222] Gleiches gilt beim Erbvertrag, sofern der **Rücktritt** vorbehalten wurde, § 2296 BGB, oder einer der Rücktrittsgründe gem. §§ 2294, 2295 BGB vorliegt. Andernfalls bleibt nur die **Anfechtung** gem. §§ 2279 Abs. 1, 2281 Abs. 1 i.V.m. §§ 2078 ff. BGB, auch wegen eines Irrtums über steuerliche Folgen (§ 2078 Abs. 2 BGB), binnen eines Jahres ab Kenntnis[223] des Anfechtungsgrundes (§ 2283 BGB), durch notarielle Erklärung (§ 2282 Abs. 3 BGB) ggü. dem Vertragspartner (§ 143 Abs. 2 BGB, nach dem Tod des Partners ggü. dem Nachlassgericht, § 2081 Abs. 1 BGB). Der eintretende Steuervorteil ggü. dem „Berliner Testament" kann beträchtlich sein.[224]

cc) Ertragsteuerrecht

3580 Zu beachten ist aber, dass die Finanzverwaltung[225] und nunmehr auch die Rechtsprechung[226] ertragsteuerlich in der Erbschaftsausschlagung gegen Abfindung ein entgeltliches Rechtsgeschäft sieht, sodass ein steuerpflichtiger Veräußerungsgewinn ausgelöst werden kann. Die **Ausschlagung gegen Abfindung** wird also **ertragsteuerlich** so behandelt, als hätte der Nachlass zunächst dem „vorläufigen" Erben gehört, der ihn sodann gegen Entgelt (Abfindung) auf den Ersatzerben „übertragen" hat. Befindet sich im Nachlass Betriebsvermögen oder solches Privatvermögen, dessen Veräußerung Steuerbelastungen auslöst (z.B. gem. § 17 EStG oder § 23 EStG: Besteuerung privater Veräußerungsgewinne), führt die Abfindung hinsichtlich des Anteils, der auf solche Gegenstände entfällt, zu einem Veräußerungsgeschäft. Dabei ist der Aufteilung der Anschaffungskosten, welche die Beteiligten auf die einzelnen Wirtschaftsgüter der Gesamthand vornehmen, im Zweifel zu folgen.[227]

3581 Nicht als Ausschlagungs-"Entgelt", das Anschaffungskosten bzw. Veräußerungserlöse generiert, zählen allerdings Versorgungsrenten, die im Gegenzug für eine Ausschlagung gewährt werden, sofern ihre Höhe hinter dem erzielbaren Ertrag aus dem an den Ersatzerben fallenden Nachlass zurückbleibt (vgl. Rdn. 4869 ff. zum „Numerus Clausus" derjenigen Gegenleistungen, die ertragsteuerlichen Entgeltcharakter aufweisen).

3582 Die Folgen bspw. des § 23 EStG können möglicherweise vermieden werden durch unmittelbare Veräußerung des Erbanteils selbst:[228] Der BFH hat[229] die Veräußerung einer gesamthänderischen Beteiligung deutlich von der Veräußerung des Wirtschaftsguts selbst differenziert (Ablehnung eines „wirtschaftlichen Durchgriffs"), worauf der Gesetzgeber in § 23 Abs. 1 Satz 4 EStG die Anschaffung oder Veräußerung einer Beteiligung an einer Personengesellschaft (nicht allerdings

---

222 Vgl. *Thonemann/Kanders*, ErbStB 2010, 316, 317. Bei Zweifeln über die Geschäftsfähigkeit sollte vorsichtshalber ggü. dem Ehegatten und dem Betreuer widerrufen werden.
223 Die Frist beginnt auch zu laufen, wenn der Anfechtungstatbestand rechtsirrtümlich falsch beurteilt wird, BGH, 09.03.2011 – IV ZB 16/10, DNotI-Report 2011, 102.
224 *Thonemann/Kanders*, ErbStB 2010, 316 ff. (im Beispielsfall: „Berliner Testament": 532.494,00 € Steuer, „Berliner Testament mit Pflichtteilsverlangen der Kinder": 344.710,00 €, „gesetzliches Erbrecht": 202.000,00 €, „Kinder Alleinerben, Ehegatte macht Pflichtteilsrecht geltend": 192.000,00 €).
225 BMF v. 14.03.2006, BStBl. 2006 I, S. 253, Tz. 37; *Tiedtke/Wälzholz*, BB 2001, 237; a.A. *Zimmermann*, ZEV 2001, 7.
226 BFH v. 20.04.2004, BStBl. 2004 II, S. 987.
227 Vgl. Tz 37 und 42 des BMF-Erlasses v. 14.03.2006, BStBl. 2006 I, S. 253 ff.
228 Vgl. *Tiedtke/Wälzholz*, BB 2001, 234 ff.
229 Im Urt. v. 04.10.1990 – XR 148/88, BStBl. 1992 II, S. 211.

an einer Erbengemeinschaft!) der Steuer unterworfen hat. Teilweise wird jedoch vertreten, die Regelung zu Personengesellschaftsanteilen müsse erst recht für die stärker vom Zufall geprägte Erbengemeinschaft gelten.[230]

8. Vermächtnis, Ausschlagung und Erbschaftsteuer

Zur Vervollständigung sei die erbschaftsteuerliche Bewertung des Vermächtnisanfalls, der Vermächtniserfüllung sowie etwaiger Surrogatleistungen skizziert, obwohl auch sie (wie die pflichtteilsrechtliche Parallelthematik) eher erbschaft- als schenkungsteuerliche Relevanz aufweist. Zivilrechtlich erwirbt der Vermächtnisnehmer seinen Anspruch unmittelbar, nicht erst mit der „Annahme" (Letztere beseitigt allerdings das Recht zur Ausschlagung, das – anders als bei der Erbschaft – nicht bereits durch Fristablauf verloren geht, § 2180 Abs. 1 BGB).[231]

3583

Erbschaftsteuerlich führt die „schlichte" Ausschlagung dazu, dass endgültig kein steuerpflichtiger Vermögensanfall (mehr)[232] vorliegt.[233] Werden zur Abfindung einer solchen Ausschlagung Vermögensgegenstände übertragen, liegt ein gem. § 3 Abs. 2 Nr. 4 ErbStG steuerbarer Erwerb von Todes wegen vom Erblasser vor (sodass der Steuerwert des betreffenden Objektes anzusetzen ist und Grunderwerbsteuer wegen § 3 Nr. 2 GrEStG verdrängt ist). Würde dagegen ein anderes Grundstück anstelle des vermächtnisweise geschuldeten, „an Erfüllung statt", geleistet werden, ist das tatsächlich Geleistete nicht Gegenstand eines erbrechtlichen Erwerbs, sodass § 3 Nr. 2 GrEStG nicht sperrt.[234]

3584

Nimmt der Begünstigte dagegen das Vermächtnis (i.d.R. konkludent) an, entsteht Erbschaftsteuer gem. § 1 Abs. 1 Nr. 1, § 3 Abs. 1 Nr. 1 ErbStG im Zeitpunkt des Ablebens des Erblassers (§ 9 Abs. 1 Nr. 1 ErbStG), also des Vermächtnisanfalls[235] (§§ 2174, 2176 BGB), sodass auch der Abzug beim Erben sofort möglich ist (lediglich bei völlig unbestimmter Fälligkeit des Vermächtnisses tendiert der BFH dazu, dieses erst mit seiner Geltendmachung steuerlich zu berücksichtigen).[236] Für die Besteuerung ist es grds.[237] unerheblich, ob und in welcher Höhe der Anspruch tatsächlich erfüllt wird[238] (ein Verzicht nach der Annahme löst sogar neuerliche Schenkungsteuer aus!).[239] Hinsichtlich des **Wertansatzes** für die Besteuerung (§ 3 Abs. 1 Nr. 1 ErbStG) ist zu differenzieren:

3585

- Das **Stückvermächtnis** eines Einzelgrundstücks wird (trotz zwischenzeitlicher Bedenken, vgl. den nachfolgenden Absatz) zum **Steuerwert** angesetzt (ErbStR: 92 Abs. 2, 124 Abs. 3

---

230 So etwa *Geck/Messner*, ZEV 2001, 148.
231 BGH, 12.01.2011 – IV ZR 230/09, NotBZ 2011, 170 (§ 2180 Abs. 3 BGB verweist nicht auf § 1944 BGB).
232 Ein etwa bereits ergangener Bescheid ist wegen der Rückwirkung der Anfechtung gem. § 175 Abs. 1 Satz 1 Nr. 2 AO aufzuheben.
233 BFH, 08.06.1977 – II R 76/69, BStBl. 1979 II, S. 562.
234 BFH, 10.07.2002 – II R 11/01, MittBayNot 2003, 73; *Berresheim*, RNotZ 2007, 517.
235 Entsteht der Vermächtnisanspruch bürgerlich-rechtlich nicht, z.B. wegen Unmöglichkeit (§§ 275, 2169 ff. BGB), unterbleibt auch eine Besteuerung, *Kamps*, ErbStB 2008, 267.
236 BFH, BStBl. 2003 II, S. 921; hierzu *Everts*, ZErb 2004, 373.
237 Billigkeitserlass gem. § 163 AO, wenn die an sich festzusetzende Erbschaftsteuer den tatsächlich erhaltenen und erlangbaren Wert übersteigt, FG Düsseldorf, 10.03.2010 – 4 K 3000/09 Erb, BeckRS 2010, 07702.
238 BFH v. 18.10.2000 – II R 46/98, ZEV 2001, 208.
239 RFH, 31.07.1931 – I e A 279/31, RStBl. 1931, 678; *Fliedner*, ErbStB 2010, 374, 375.

Satz 2);²⁴⁰ der Steuerwert wird nunmehr unmittelbar dem Vermächtnisnehmer ggü. festgestellt.²⁴¹ Anders dagegen beim **Gattungsvermächtnis** (§ 2155 BGB, unabhängig davon, ob die Auswahl dem Beschwerten obliegt, § 243 Abs. 2 BGB, oder einem Dritten, z.B. Testamentsvollstrecker bzw. dem Bedachten): **Nominalbetrag** (Verkehrswert), egal ob sich das Einzelstück im Nachlass befindet oder extern beschafft wird.

Der BFH²⁴² hat obiter dictum im Sommer 2004 wegen der Stichtagsbetrachtung (am Todestag nur Sachleistungsanspruch!) hinsichtlich des Stück-Grundstücksvermächtnisses eine Wende zum Verkehrswertansatz angedeutet, diese Ankündigung jedoch in späteren Urteilen²⁴³ nicht umgesetzt und im April 2008²⁴⁴ jedenfalls für die Geltungsdauer des ErbStG 1974 (also bis Ende 2008) davon endgültig Abstand genommen (ist jedoch für Kaufrechtsvermächtnisse bereits im Juni 2008 diesem Grundsatz untreu geworden, Rn. 3236 der Vorauflage).²⁴⁵ Damit sind i.Ü. die insoweit bestehenden Befürchtungen der Kautelargestaltung (Rn. 3236 ff. der Vorauflage) obsolet.

3586 • **Wahlvermächtnis** zwischen mehreren, genau bestimmten Einzelobjekten (egal, ob der Vermächtnisnehmer, der beschwerte Erbe oder ein Dritter auswählen darf): Maßgeblich ist der **Steuerwert** derjenigen Leistung, zugunsten derer das Wahlrecht ausgeübt wird,²⁴⁶ und zwar erst im Zeitpunkt der Ausübung, § 9 Abs. 1 Nr. 1 lit a ErbStG (Behandlung wie eine aufschiebende Bedingung). Gleiches gilt beim Bestimmungsvermächtnis, § 2151 BGB, und beim Zweckvermächtnis, § 2156 BGB.²⁴⁷

3587 • **Verschaffungsvermächtnis** (Gegenstand von außerhalb des Nachlasses ist mit Mitteln des Nachlasses zu erwerben): Nach herrschender Meinung beim Erben Abzug der Geldsumme, die er zur Erfüllung des Vermächtnisses benötigt, beim Vermächtnisnehmer ebenfalls (Korrespondenzprinzip!) Ansatz mit dem gemeinen Wert.²⁴⁸

3588 • Das Vermächtnis ist auf Geld gerichtet und wird nach „Annahme" **an Erfüllungs Statt** durch Lieferung eines Grundstücks erfüllt (Verrechnung Kaufpreis gegen Vermächtnisanspruch – ertragsteuerlich liegt eine Veräußerung durch den Erben vor²⁴⁹): maßgebend ist der ursprüngliche Inhalt des Vermächtnisses, hier also der auf Geld gerichtete **Nominalbe-**

---

240 Daran hält die Finanzverwaltung weiter fest, OFD Düsseldorf und OFD Münster v. 30.06.2005, DB 2005, 1490: Behandlung des Sachvermächtnisnehmers so, als wäre der Grundbesitz dinglich auf ihn übergegangen.
241 FinMin Bayern v. 21.12.2010 – 34 – S 3715–009 – 50519/10 ZEV 2011, 104 (anders noch Ländererlasse v. 30.03.2009, BStBl. 2009 I 546 Abschn. 2 Abs. 2 Nr. 4, 4 Abs. 1, 5 Abs. 1, 6 Abs. 1 Satz 3: Bedarfsbewertung ggü. dem Erben). Krit. *Hartmann* ErbStB 2011, 98: Bewertungsgegenstand sollte der Sachleistungsanspruch sein.
242 BFH, 02.07.2004 – II R 9/02, BStBl. 2004 II, S. 1039.
243 BFH, 02.03.2006 – II R 57/04, vgl. *Götz*, NWB 2007, 1464 = Fach 10, S. 1596.
244 BFH, 09.04.2008 – II R 24/06, ZEV 2008, 351; *Thouet*, RNotZ 2008, 489.
245 Mit dem bemerkenswerten Argument, bisher seien solche Kaufrechtsvermächtnisse als Zuwendung von Gestaltungsrechten klassifiziert worden, sodass der ausgesprochene Vertrauensschutz dafür nicht gelte, allerdings seien sie tatsächlich den Sachvermächtnissen gleichzustellen.
246 Nach *Piltz*, ZEV 2005, 471 f. soll dies auch dann gelten, wenn mehrere Vermächtnisnehmer gemeinsam (hilfsweise ein Dritter oder der Testamentsvollstrecker) untereinander gem. § 2151 BGB bestimmen sollen, wer welches Vermächtnis erhält (Bestimmungs- und Verteilungsvermächtnis).
247 *Steiner*, ErbStB 2011, 144 ff.
248 BFH, 28.03.2007 – II R 25/05, ErbStB 2007, 196 m. Anm. *Halaczinsky*; zur identischen Entscheidung der Vorinstanz (FG Köln) krit. *Wachter*, MittBayNot 2006, 10.
249 *Stein*, ZEV 2011, 520 ff. Vorzuziehen ist daher das Wahlvermächtnis, § 2154 BGB, das eine einheitliche Forderung mit alternativem Inhalt vorsieht, nach Wahl des Erben oder eines Testamentsvollstreckers.

A. Schenkungsteuerrecht

trag[250] (war es dagegen ursprünglich auf eine Grundstückslieferung gerichtet und wird nach Annahme an Erfüllungs Statt durch Geldleistung erfüllt, bliebe es dementsprechend beim Grundstückswertansatz).[251] Teile der Literatur stellen auf den ursprünglichen Gegenstand auch bei Ausübung einer von vornherein eingeräumten **Ersetzungsbefugnis** ab.[252] Anders liegt es, wenn das (z.B. auf Geld gerichtete) Vermächtnis ausgeschlagen und als Abfindung (§ 3 Abs. 2 Nr. 4 ErbStG) ein Grundstück übertragen wird: in diesem Fall zählt lediglich der Steuerwert des Abfindungsobjektes, das zudem – wie der ursprüngliche Anspruch aus dem Vermächtnis – als vom Erblasser, nicht vom Erben, zugewendet gilt.

- **Kaufrechtsvermächtnis** (Anspruch auf Abschluss eines Kaufvertrags über einen Nachlassgegenstand gegen den Erben, d.h. der Anspruch entsteht nicht schon mit Erbfall und damit Anfall des Vermächtnisses, sondern erst nach Ausübung des Kaufrechts): Soweit der Kaufpreis hinter dem Vermächtniswert zurückbleibt, muss der Vermächtnisnehmer die **Differenz zum Verkehrswert** (nicht zum Steuerwert)[253] versteuern, und zwar mit Geltendmachung des Kaufrechts (dies bedeutet für den Erben: Der Anfall des Hauses im Nachlass wird mit dem ggf. günstigeren Steuerwert berücksichtigt, als Nachlassverbindlichkeit wird der Verkehrswert, abzgl. des Kaufpreises, zugrunde gelegt). Soll also der Erbe erbschaftsteuerlich entlastet werden, empfiehlt sich das Kaufrechtsvermächtnis – büßen dafür muss allerdings der Vermächtnisnehmer, zumal der BFH auch Übernahmerechte mit geringer Gegenleistung (Versorgung der Witwe; Übernahme der Beerdigungskosten) als „Kaufrechtsvermächtnis" klassifiziert.[254]

3589

Der entgeltliche Anteil bei Ausübung des Kaufrechtsvermächtnisses stellt einen Anschaffungsvorgang dar, der bei späterem Verkauf ggf. „Spekulationssteuer" (§ 23 Abs. 1 Satz 1 Nr. 1 EStG) auslösen kann;[255] Grunderwerbsteuer fällt daneben wohl nicht an[256] (anders bei der letztwilligen Zuwendung eines Vorkaufsrechtes: der nach Ausübung des Vorkaufsrechts zustande kommende Kaufvertrag unterliegt der Grunderwerbsteuer).[257] Ist Gegenstand des Vermächtnisses die Zuwendung eines Wahl- bzw. Gestaltungsrechtes zum Abschluss eines Schenkungsvertrages oder einer Schenkung unter Auflage (sog. **Übernahmevermächtnis**),[258] ist demnach der Verkehrswert des Objektes insgesamt (als gemeiner Wert der zugewendeten aufschiebend bedingten Forderung gegen den Beschwerten)[259] maßgebend.

---

250 BFH, 25.10.1995 – II R 5/92, BStBl. 1996 II, S. 97 (keine analoge Anwendung des § 3 Abs. 2 Nr. 4 ErbStG).
251 *Carlé/Loy*, ErbStB 2007, 271.
252 *J. Mayer* DStR 2004, 1409, 1411; a.A. *Daragan* ZErb 2004, 8, 13; vermittelnd *Steiner*, ErbStB 2011, 144, 146 (zunächst Besteuerung des Ursprungsgegenstandes, Neufestsetzung gem. § 175 Abs. 1 Satz 1 Nr. 2 AO bei Ausübung der Ersetzung).
253 BFH, 06.06.2001 – II R 14/00, BStBl. 2001 I, S. 725 = ZNotP 2001, 397; BFH, 13.08.2008 – II R 7/07, ZErb 2008, 351 m. Anm. *Daragan*; zu Letzterem auch *Kirnberger*, ErbStB 2009, 15. Der BFH bejaht allerdings (eher obiter) die Anwendbarkeit des § 13a ErbStG bei auf Betriebsvermögen bezogenen Kaufrechtsvermächtnissen. Dem folgt nun die Finanzverwaltung (FinMin Baden-Württemberg v. 22.12.2009, 3 – S 3812a/20 ZEV 2010, 108).
254 Im Urteil BFH, 13.08.2008 – II R 7/07, ZErb 2008, 351 m. Anm. *Daragan*; näher gelegen hätte die Auslegung als bedingte Erbeinsetzung oder Erbeinsetzung unter Auflage.
255 BFH, 29.06.2011 – IX R 63/10, ZEV 2011, 551 m. Anm. *Seifried*; vgl. *Geck/Messner*, ZEV 2011, 420.
256 DStR 2003, 1383; *Gottwald* ZEV 2009, 51 (daher ist die letztwillige Zuwendung eines Ankaufsrechtes der eines Vorkaufsrechtes, s. folgende Fußnote, überlegen. Möglicherweise wird allerdings das derzeitige „alles oder nichts Prinzip" künftig zugunsten der GrEStG-Belastung des nicht verbilligten Anteils aufgegeben, vgl. *Gottwald*, DNotZ 2006, 818 f.
257 BFH, 08.10.2008 – II R 15/07, ZEV 2009, 49 m. Anm. *Gottwald*; *Ihle* DNotZ 2010, 725, 737.
258 Beispielsfall: FG Baden-Württemberg, 08.12.2006 – 9 K 23/05, ErbStB 2007, 100.
259 Nach früherer Sichtweise war das Gestaltungsrecht selbst Erwerbsgegenstand.

IV. Entstehung der Schenkungsteuer (§ 9 ErbStG)

3590 Der Entstehenszeitpunkt – der vom Zeitpunkt der Fälligkeit (§ 220 AO), zu unterscheiden ist – ist maßgeblich

- für den Stichtag der Wertermittlung (§ 11 ErbStG),
- die Feststellung des Verwandtschaftsverhältnisses und der Steuerklasse (§ 15 ErbStG),
- die Gewährung der Steuerermäßigung bei mehrfachem Erwerb desselben Vermögens (§ 27 ErbStG),
- die Zusammenrechnung innerhalb eines „einheitlichen Erwerbs", insb. aber mit früheren Erwerben (§ 14 ErbStG),
- ebenso zur Abgrenzung des zeitlichen Anwendungsbereichs bei Gesetzesänderungen.

Der Ausführungszeitpunkt ist ferner entscheidend, wenn kurz nach Erwerb das verschenkte Grundstück durch den Erwerber **weiterverkauft** wird: bei „aneinandergereihten" Auflassungen ohne Bewilligung der Eintragung des Ersterwerbers liegt eine Geldschenkung vor: der zuerst Beschenkte hat keine wirtschaftliche Verfügungsbefugnis erlangt, die er hätte ausnutzen können.[260]

3591 Der gesetzliche Tatbestand, an dessen Verwirklichung das Steuerschuldverhältnis anknüpft, ist in § 9 Abs. 1 Nr. 1 bis 4 ErbStG geregelt. Während bei Erwerben von Todes wegen die Steuer grds. mit dem Tod entsteht[261] – auch zulasten des Vermächtnisnehmers[262] (unterbleibt die Erfüllung des Vermächtnisses, ist der Steuerbescheid aufgrund eines Ereignisses mit Rückwirkung zu ändern, § 175 Abs. 1 Nr. 2 AO – wobei der BFH zwischenzeitlich zu erkennen gibt, bei völlig unbestimmter Fälligkeit des Vermächtnisses dieses erst mit seiner Geltendmachung steuerlich zu berücksichtigen,[263] vgl. auch Rdn. 3567 zu betagten, bedingten und befristeten Vermächtnissen) –, ist bei Pflichtteilsansprüchen auf den Zeitpunkt der Geltendmachung abzustellen (§ 9 Abs. 1 Nr. 1b ErbStG – vgl. hierzu Rdn. 3556, Rdn. 3560).

3592 Schenkungsteuer dagegen entsteht mit dem Zeitpunkt der „**Ausführung der Schenkung**" (§ 9 Abs. 1 Nr. 2 ErbStG).[264] Erforderlich ist hierfür nicht allein die Erlangung „wirtschaftlichen Eigentums" i.S.d. § 39 Abs. 2 AO, sondern wegen der Maßgeblichkeit des bürgerlich-rechtlichen Vorgangs die zivilrechtliche Wirksamkeit[265] und Endgültigkeit der Zuwendung. Ein freier Widerrufsvorbehalt oder eine Schenkung unter Vorbehaltsnießbrauch stehen dem Entstehen der Schenkungsteuerpflicht dabei nicht entgegen.[266] Auch eine Kumulation von Rückforderungsrechten

---

[260] FG Hessen, NotBZ 2003, 319; anders bei Verkauf 4 Tage nach eigenem Erwerb: BFH, BStBl. 1991 II, S. 320 ff. Differenzierend *Schuck*, DStR 2004, 1951.

[261] Anders allerdings bei der Erfüllung unwirksamer, z.B. maschinenschriftlicher oder mündlicher, letztwilliger Verfügungen: Entstehung erst mit der Erfüllungshandlung, vgl. BFH, 28.03.2007 – II R 25/05 BStBl. 2007 II, S. 461; BFH, BStBl. 1997 II, S. 11; anders auch bei Betagungen, Befristungen, Bedingungen – vgl. *Halaczinsky*, ErbStB 2007, 386 ff.

[262] Vgl. hierzu *Halaczinsky*, ErbStB 2007, 385, auch zum Sonderfall des § 6 Abs. 4 ErbStG: beim Tod des Beschwerten fällige Vermächtnisse sind als vom Beschwerten stammend zu versteuern, sodass die Steuer erst dann entsteht.

[263] BFH, BStBl. 2003 II, S. 921; hierzu *Everts*, ZErb 2004, 373.

[264] Eingehend hierzu *Halaczinsky*, ErbStB 2008, 20 ff.

[265] Die mündliche Schenkung von GbR-Anteilen genügt daher nicht, wenn im GbR-Vertrag Schriftform vereinbart ist, vgl. FG Niedersachen, 27.02.2007 – 3 K 34/06, ErbStB 2007, 263.

[266] BFH, BStBl. 1989 II, S. 1034 (betraf Verfügungsvollmacht), BFH, BStBl. 1983 II, S. 179.

A. Schenkungsteuerrecht

und weiteren Vereinbarungen zugunsten des Veräußerers, z.B. ein Nießbrauchsvorbehalt, ändern hieran nichts (Rdn. 1807).

Voraussetzung ist jedoch der Eintritt einer Bereicherung beim Erwerber,[267] sodass **aufschiebend bedingte Erwerbe** erst mit Eintritt der Bedingung besteuert werden (ebenso wie aufschiebend bedingte Beschwerungen erst dann abgezogen werden können, Rdn. 3517); 3593

Beispiel:

Die (wegen § 176 HGB) auf den Zeitpunkt der Eintragung der Rechtsnachfolge im Handelsregister aufschiebend bedingte Schenkung eines Kommanditanteils ist auch steuerlich erst mit der Eintragung ausgeführt[268] *(zu möglichen Ausweichgestaltungen s. Rdn. 2168).*

Die unentgeltliche Einräumung einer typischen Unterbeteiligung hat bspw. lediglich den Charakter eines Schenkungsversprechens, sodass erst mit tatsächlicher Vereinnahmung der jeweils anteilig zugedachten Beteiligungserträge freigiebige Zuwendungen ausgeführt sind (Rdn. 2301).[269] Ähnlich ist bei Schenkung einer zunächst wertlosen, nachrangigen, Forderung, die jedoch mit einem „Besserungsschein" versehen ist, die Schenkung mit Eintritt des Besserungsfalles ausgeführt.[270]

> **Hinweis:**
>
> Werden daher aufschiebend bedingte Ansprüche (z.B. auf Nachzahlung gegen den Käufer einer Immobilie, wenn er diese für andere als die derzeitigen Zwecke verwendet)[271] verschenkt, entsteht die Steuer erst mit dem Eintritt der Bedingung, führt aber dann zur Besteuerung in voller Höhe. Vorzuziehen ist der sofortige Verkauf gegen Entrichtung des geringen, derzeitigen Wahrscheinlichkeitswerts.[272]

Bei Grundstücksschenkungen ist demnach an sich zur Prüfung des „Zeitpunkts der Ausführung der Schenkung" auf den zivilrechtlichen Eigentumserwerb durch Umschreibung im Grundbuch abzustellen. Damit wären jedoch die Beteiligten den Zufälligkeiten des Geschäftsgangs beim Grundbuchamt unterworfen – eine nicht zu rechtfertigende Ungleichbehandlung. 3594

Demzufolge ist die Schenkung eines Grundstücks bereits dann ausgeführt, wenn die Auflassung erklärt ist (bloße Vollmacht hierzu genügt noch nicht) und die Eintragungsbewilligung formgerecht abgegeben wurde, R 23 Abs. 1 Sätze 1 bis 4 ErbStR 2003.[273] Der Antrag auf Eigentumsumschreibung braucht beim Grundbuchamt noch nicht gestellt worden zu sein (R 23 Abs. 1 Satz 5 3595

---

267 Daran fehlt es bei der Übertragung auf eine sog. kontrollierte liechtensteinische Familienstiftung, bei welcher der Stifter sich vorbehält, weiter über die Verwendung des Vermögens zu entscheiden, sogar sich dieses wieder zurück übertragen zu lassen (Rdn. 2553): keine Schenkungsteuerpflicht gem. BFH, 28.06.2007 – II R 21/05, EStB 2007, 329.
268 BFH, 30.11.2009 – II R 70/06 EStB 2010, 173.
269 BFH, 16.01.2008 – II R 10/06, GmbH-StB 2008, 164; *Thouet*, RNotZ 2008, 483; die „Weitergabe" der Erträge führt demnach zugleich zu Erbschaft- und Einkommensteuerbelastung beim Erwerber!
270 BFH, 21.04.2009 – II R 57/07, ZEV 2009, 414 m. krit. Anm. *Ebeling*.
271 So FG Hannover, 23.02.2011 – 3 K 544/08, n.v.
272 *Daragan*, ZErb 2011, 203 ff.
273 FG Hamburg, ErbStB 2006, 278.

Kapitel 11: Verkehrsteuern

ErbStR 2003), allerdings muss der Beschenkte berechtigt sein, von der Eintragungsbewilligung Gebrauch zu machen.[274] Auf den Besitzerwerb (Übergang von Besitz, Nutzungen und Lasten) kommt es grds. nicht an.[275] Dies gilt auch für die mittelbare Grundstücksschenkung (Rdn. 4208).

3596 Grundstücksübertragungen[276] sind demnach – sofern die Umschreibung nachfolgt (Rdn. 3599) – jedenfalls bereits mit Erklärung der Auflassung und Abgabe der Eintragungsbewilligung[277] ausgeführt; bei **Teilflächenschenkungen** wohl dann, wenn der Erwerber durch Stellung des Vermessungsantrages und Auflassungsvollmacht in die Lage versetzt wird, die Umschreibung zeitnah[278] herbeizuführen.

> **Hinweis:**
> Nach Verwaltungsauffassung (H 23 ErbStR 2003) soll jedoch auch für Teilflächen Gleiches wie für bereits vermessene Grundstücke gelten, sodass zur raschen Steuerentstehung die Auflassung samt Eintragungsbewilligung schon dann erklärt werden sollten, wenn sie grundbuchrechtlich mangels ausreichender Bestimmtheit noch nicht vollzogen werden können, verbunden mit einer unwiderruflichen Vollmacht an den Erwerber zur Durchführung der Vermessung. Zusätzlich sollte (vgl. Rdn. 3600) eine Vereinbarung dahin gehend aufgenommen werden, dass die Beteiligten die Schenkung als bereits derzeit ausgeführt ansehen. Der ganz sichere, jedoch zu höheren Transaktionskosten führende Weg besteht allerdings in der Sofortübertragung des Gesamtgrundstücks mit Rückforderungsvereinbarung gem. § 29 Abs. 1 Nr. 1 ErbStG hinsichtlich der „überschießenden" Fläche.

3597 Anders als im bürgerlichen Recht (§ 184 Abs. 1 BGB) wirken behördliche oder privatrechtliche Genehmigungen nicht auf den Tag des Vertragsschlusses zurück,[279] sodass die Schenkung erst mit deren Erteilung ausgeführt sein kann (R 23 Abs. 3 Satz 1 ErbStR 2003). Anstelle des Auftretens vollmachtloser Vertreter empfiehlt sich deren ggf. auch nur mündliche Bevollmächtigung mit späterer Vollmachtsbestätigung in grundbuchtauglicher Form. Haben die Beteiligten jedoch

---

274 BFH, 02.02.2005 – II R 26/02, DStR 2005, 18: daher ist es nicht ausreichend, wenn der Beschenkte von der Eintragungsbewilligung erst nach dem Ableben des Schenkers Gebrauch machen darf, unabhängig von der Eintragung der Vormerkung.

275 BFH, BStBl. 1979 II, S. 642. Anders soll es jedoch dann liegen, wenn die Vertragsbeteiligten einen Dritten zur Bewilligung der Eigentumsumschreibung bevollmächtigt haben: In diesem Fall sei neben der Erklärung der Auflassung auch die Besitzverschaffung auf den Beschenkten erforderlich.

276 Anders liegt es bei der Schenkung eines grundstücksbezogenen Anspruchs, etwa eines Restitutionsanspruchs nach dem VermG: die Schenkung ist bereits mit der Beurkundung steuerlich ausgeführt, vgl. BFH, 24.08.2005 – II R 16/02, ErbStB 2006, 41 (die Bewertung erfolgt übrigens mit dem Steuerwert des Grundstücks, nicht als Sachleistungsanspruch mit dem gemeinen Wert).

277 FG Kassel, NotBZ 2003, 319; anders dann, wenn sich der Erwerber schuldrechtlich verpflichtet hat, von der Eintragungsbewilligung keinen Gebrauch zu machen: FG Niedersachsen, DStRE 2000, 479, OFD Rostock, ZEV 2001, 357.

278 Es schadet also eine Zeitbestimmung, gleich ob diese das schuldrechtliche Geschäft, oder den Vollzug des dinglichen Geschäftes betrifft: BFH, DStRE 2000, 870; OFD Rostock, ZEV 2001, 357.

279 FG Rheinland-Pfalz, ZEV 2003, 40 m. Anm. *Fumi*, EFG 2002, 1623; BFH, 27.04.2005 – II R 52/02, DNotI-Report 2005, 199, BFH, 26.10.2005 – II R 53/02, ErbStB 2006, 42 – ebenso i.R.d. § 23 EStG: BFH, MittBayNot 2002, 233; anders bei Auftreten eines mündlich bzw. privatschriftlich Bevollmächtigten!

A. Schenkungsteuerrecht

den Antrag auf behördliche Genehmigung[280] gestellt und alles zu deren Erteilung Erforderliche getan, genügt bereits dies nach Ansicht der Finanzverwaltung[281] für die Ausführung (identischer Rechtsgedanke zur Unabhängigkeit von den Zufälligkeiten des Grundbuchvollzugs).[282]

Ist allerdings (einheitlicher) Gegenstand der Schenkung das Grundstück in einem erst noch durch den Schenker herzustellenden (z.B. sanierten) Zustand, tritt die endgültige Vermögensmehrung, das Erlangen der freien Verfügung über den tatsächlichen Schenkungsgegenstand, erst mit Herstellung dieses Zustandes (Abschluss der Sanierungsarbeiten) ein.[283] Dies gilt auch für die mittelbare Schenkung eines Grundstücks mit noch zu errichtendem Bauwerk (Rdn. 4208). 3598

> **Hinweis:** 3599
>
> Der Zeitpunkt der Ausführung der Grundstücksschenkung ist bspw. bedeutsam, wenn die Beteiligten noch vor Umschreibung die unerwartet hohe Steuerlast erkennen und daher den Eigentumsübergang steuerneutral „**stornieren**" wollen, sich jedoch kein Rückforderungsrecht i.S.d. § 29 Abs. 1 Nr. 1 ErbStG vorbehalten haben (Steuerklausel, Rdn. 1922 ff.): da Auflassung und Bewilligung gem. Rdn. 3596 nur dann als Ausführung der Schenkung genügen, wenn die Grundbuchumschreibung nachfolgt, kann durch rechtzeitige übereinstimmende Anweisung an den Notar zur Rücknahme des Umschreibungsantrags die erste Schenkung vermieden werden und es wird keine zweite (Rück-) Schenkung ausgelöst.[284] Das gleiche Ergebnis wird möglicherweise erreicht, wenn der bereits gestellte Antrag auf Erteilung einer behördlichen Genehmigung (Rdn. 3597 am Ende) wieder zurückgenommen wird.

Die Beteiligten haben es jedoch nach Ansicht der Finanzverwaltung in der Hand, durch ausdrückliche Vereinbarung einen späteren Zeitpunkt der Steuerentstehung zu vereinbaren, obwohl die Auflassung und die Eintragungsbewilligung bereits erklärt wurden (R 23 Abs. 1 Sätze 7 und 8 ErbStR 2003). 3600

V. Wertermittlung (§ 10 ErbStG)

§ 10 Abs. 1 Satz ErbStG (Ermittlung der Bereicherung des Erwerbers) gilt unmittelbar lediglich für Erwerbsvorgänge von Todes wegen, aufgrund der allgemeinen Verweisung in § 1 Abs. 2 ErbStG jedoch auch entsprechend für Schenkungen unter Lebenden (mit Ausnahme der gemischten Schenkungen und Schenkungen unter Leistungsauflagen, s.o. Rdn. 3539 f.). Ein negativer steuerpflichtiger Erwerb ist lediglich bei Zuwendungen unter Lebenden denkbar (etwa 3601

---

280 Die Abgrenzung ist teilweise schwierig: muss z.B. ein Ergänzungspfleger mitwirken, wird dessen Erklärung wohl als privatrechtliche Genehmigung (Ersetzung der Mitwirkung der Eltern) anzusehen sein, nach a.A. sollen wegen der Notwendigkeit einer gerichtlichen Bestellung des Pflegers die Grundsätze für behördliche Genehmigungen gelten.
281 R 23 Abs. 3 Satz 2 und 4 ErbStR 2003; *Weinmann*, DStZ 2003, 848 und *Söffing/Thoma*, ErbStB 2004, 21.
282 *Schuck*, DStR 2004, 1948.
283 BFH, 22.09.2004 – II R 88/00, ZEV 2005, 34; *Billig*, ZEV 2003, 407. Es wäre – da die Schenkung damit erst nach Wegfall der Einheitswerte Ende 1995 erfolgt ist – günstiger gewesen, zunächst eine Schenkung der Immobilie im unsanierten Zustand vorzunehmen, und sodann eine mittelbare Schenkung der Kosten der Sanierung.
284 BFH, 24.07.2002 – II R 33/01, BStBl. 2002 II 781, sowie BFH, 27.04.2005 – II R 52/02, ZEV 2005, 530 m. Anm. *Everts*; *Reich*, ZNotP 2002, 454; OFD Frankfurt am Main, 06.08.2010 ErbStB 2010, 334. Krit. zur Rspr. des BFH *Gebel*, DStR 2004, 165 ff. (Unterbleiben der Eigentumsumschreibung sei lediglich Erlöschungsgrund; die Steuer entstehe, wenn die Auflassung erklärt und die Umschreibung bewilligt und beantragt sei.).

Kapitel 11: Verkehrsteuern

Zuwendung eines Personengesellschaftsanteils mit negativem Betriebsvermögen), nicht jedoch beim Erwerb von Todes wegen.[285]

1. Stichtag

3602 Maßgeblicher Stichtag für die Wertermittlung ist der Zeitpunkt der Entstehung der Steuer (§§ 11, 9 ErbStG). Spätere Wertveränderungen, bspw. durch Kursverluste, bleiben daher ohne Einfluss, was zu Zufälligkeiten (Erblasser verstirbt während des Brandes seines Wohnhauses: exakter Beschädigungszustand im Todeszeitpunkt),[286] ja gerade zu Unbilligkeiten führen kann (Besteuerung eines Vermächtnisses mit dem Nominalwert, auch wenn sich der Kurswert des zu übertragenden Depots bis zur tatsächlichen Erfüllung deutlich verringert hat).

3603 **Hinweis:**
Um zu erreichen, dass bei Kurswertverlusten des geerbten Depots wenigstens die Erbschaftsteuer nur aus dem tatsächlich zur Auszahlung kommenden Betrag erhoben wird, wäre dem Vermächtnisnehmer daher zu raten, das noch nicht angenommene Vermächtnis auszuschlagen und hierfür eine Abfindung i.H.d. verbleibenden Kurswerts zu vereinbaren, sodass nur diese der Besteuerung unterliegt).

3604 Abweichend von diesem Stichtagsprinzip wurden jedoch Grundbesitz und Betriebsgrundstücke bis zum 31.12.2006 zum Stichtag 01.01.1996 bewertet (§ 138 Abs. 4 BewG a.F.; vgl. Rn. 3234 der Vorauflage).

2. Übernahme der Schenkungsteuer durch den Schenker

3605 Übernimmt der Schenker als Teil der Zuwendung auch die Schenkungsteuer – bei Betriebsvermögen allerdings empfehlenswerter Weise nicht in Bezug auf ewige Nachbesteuerungsbeträge (Rdn. 4277)! –, gilt nach § 10 Abs. 2 ErbStG als steuerpflichtiger Erwerb der Betrag, der sich aus der Zusammenrechnung des Steuerwerts der Zuwendung mit der aus ihr errechneten Steuer ergibt.[287] Die Übernahme der Schenkungsteuer durch den Veräußerer wirkt sich bei hoher Steuerprogression deshalb u.U. günstig aus, weil der Veräußerer die durch die Übernahme der Schenkungsteuer zusätzlich anfallende Schenkungsteuer wiederum dem Erwerber erstatten kann, ohne dass für diese Zusatzleistung eine weitere Erhöhung der Steuer stattfände, da § 10 Abs. 2 ErbStG insoweit abschließend ist.

---

285 Mittelbar kann zumindest derzeit ein negativer Erwerb sich dadurch vollziehen, dass Grundstücke, die zwar verkauft, aber noch nicht im Eigentum übertragen sind, als noch zum Nachlass gehörend (i.H.d. Steuerwerts) anzusetzen sind, während der Sachleistungsanspruch mit dem Verkehrswert abgezogen werden kann.

286 BFH, 02.03.2006 – II R 57/04, ZEV 2006, 373 (Erbschaftsteuer für die Versicherungsansprüche entsteht dagegen erst mit deren Fälligkeit).

287 Dies gilt gem. H 27 und H 85 Abs. 3 (2. Beispiel) der Erbschaftsteuerrichtlinien auch dann, wenn im Fall des § 25 ErbStG Antrag auf sofortige Ablösung des gestundeten Steueranteils gestellt wird, BFH, BStBl. 2002 II, S. 314: Anzusetzen ist der nach § 25 Abs. 1 Satz 1 und 2 sofort zu zahlende Steuerbetrag und der nach dessen Satz 3 sich ergebende Ablösungsbetrag.

Beispiel:

V schenkt seinem Neffen E – Steuerklasse II, Freibetrag 10.300,00 € – einen Geldbetrag von 200.000,00 €. Ohne Übernahme der Schenkungsteuer ergäbe sich hieraus eine Steuerlast von 17% aus 189.700,00 €, also 32.249,00 €. Übernimmt V auch diese Steuer, erhöht sich der Wert des steuerbaren Erwerbs auf 232.249,00 € abzgl. 10.300,00 € Freibetrag; hierauf fällt eine GesamtSchenkungsteuer i.H.v. 17%, also 37.723,00 € an. Wenn nun V dem E, um ihn vollständig steuerfrei zu stellen, auch diese Zusatzschenkungsteuer von 5.474,00 € „schenkt", muss auf letzteren Betrag, obwohl er ebenfalls zugewendet wurde, wegen des abschließenden Charakters von § 10 Abs. 2 ErbStG keine weitere Steuer entrichtet werden.

Formulierungsvorschlag: Übernahme der Schenkungsteuer und Nebenkosten durch den Schenker

> Der Schenker trägt auch die für die Übertragung unmittelbar anfallende Schenkungsteuer (§ 10 Abs. 2 ErbStG), ebenso die weiteren Vollzugsnebenkosten, insbesondere bei Notar und Grundbuchamt. Die Beschenkten wiederum treten den Anspruch auf etwaige künftige Rückerstattung der Schenkungsteuer (§ 29 ErbStG) an den dies annehmenden Schenker ab, der diese Abtretung dem Finanzamt selbst anzuzeigen bevollmächtigt wird.

VI. Bewertung nach altem Recht

Maßgeblich sind für Bewertungsfälle, die noch dem alten Recht (Steuerverwirklichung bis 31.12.2008) unterfallen, die früheren Bestimmungen des Bewertungsgesetzes, auf die § 12 ErbStG verweist (vgl. hierzu R 91 ff. ErbStR 2003 sowie die Erlasse der obersten Finanzbehörden der Länder v. 02.04.2007).[288] Diese Berechnungen können durchaus auch heute noch bedeutsam sein, etwa um zu ermitteln, welche Anrechnungswerte auf die derzeitigen Schenkungsteuerfreibeträge durch frühere Zuwendungen zu veranschlagen sind. Angesichts der gesunkenen Bedeutung der Bestimmungen wird auf die ausführlichen Erläuterungen in Rn. 3233 bis 3313 der 2. Aufl. dieses Buches verwiesen.

VII. Bewertung nach neuem Recht (Rechtslage ab 2009)

Die bisherigen Vorschriften über die Bewertung von Grundbesitz (§§ 138 ff. BewG) wurden nicht aufgehoben, sie bleiben also bedeutsam für die Zwecke der Grunderwerbsteuer, da § 8 Abs. 2 GrEStG weiterhin hierauf verweist. Für die Erbschaft- und Schenkungsteuer ist gem. § 12 ErbStG der neu eingefügte 6. Abschnitt, §§ 157 ff. BewG, maßgebend. Demnach gelten die auf den Einheitswert abzielenden Bewertungsvorschriften für die Grundsteuer, die zum Bedarfswert ergangenen Vorschriften für die Grunderwerbsteuer und die auf den gemeinen Wert gerichteten Bewertungsnormen für die Schenkung- und Erbschaftsteuer – ein Spiegelbild der Zersplitterung des deutschen Steuerrechts!

1. Grundvermögen

Die Finanzverwaltung geht davon aus, dass die Bewertung von Grundstücken nach neuem Recht (gem. §§ 176 ff. BewG, erläutert durch gleichlautende Ländererlasse v. 05.05.2009,

---

[288] BStBl. 2007 I, S. 314 ff. (Stand nach dem Jahressteuergesetz 2007).

AEBewGrV)[289] eine durchschnittliche Anhebung der steuerlichen Bemessungsgrundlage um 66 % zur Folgen haben wird (bei Eigentumswohnungen plus 59 %, für Mietwohngrundstücke plus 71 %, für Geschäftsgrundstücke und gemischt genutzte Grundstücke plus 78 %, bei Geschäftsgrundstücken plus 27 %). Besonders deutlich wird der Anstieg ausfallen für Objekte mit hohem Grund- und Bodenwert, jedoch relativ geringem bisherigem Mietertrag, sowie in Ballungsgebieten mit hohen Grundstückspreisen.

a) Begriff des Grundvermögens (§ 176 BewG)

3611 Die Definition und Abgrenzung der Vermögensart „Grundvermögen" in § 176 BewG folgt weitgehend den §§ 68, 69 BewG a.F. Demnach gehören zum Grundvermögen

- Grund und Boden, Gebäude, sonstige Bestandteile und Zubehör (Letztere im bürgerlich rechtlichen Sinn verstanden) (§ 176 Abs. 1 Satz 1 Nr. 1 BewG),
- Erbbaurechte (§ 176 Abs. 1 Satz 1 Nr. 2),
- Wohnungs- und Teileigentum (§ 176 Abs. 1 Satz 1 Nr. 3).

Ausgenommen ist das land- und forstwirtschaftliche Vermögen (§ 159 Abs. 1 BewG, vgl. hierzu Rdn. 3717 ff.); wobei im Bebauungsplan als Bauland ausgewiesene Flächen wiederum stets zum Grundvermögen zählen (§ 159 Abs. 2 BewG).

3612 Die **Abgrenzung** zwischen Grundvermögen und **Betriebsvermögen** ergibt sich aus § 99 Abs. 1 BewG, sie folgt allein ertragsteuerlichen Grundsätzen (§ 95 BewG). Die bisherige Sonderregelung in § 99 Abs. 2 BewG (kein Miteigentum Dritter, betriebliche Nutzung zu mehr als 50 % etc.) wurden aufgehoben.

3613 Nicht einzubeziehen in das Grundvermögen sind gem. § 176 Abs. 2 Nr. 2 BewG die sog. „Betriebsvorrichtungen", selbst wenn sie wesentliche Bestandteile des Gebäudes oder Grundstücks sind. Es handelt sich insb. um Maschinen und sonstige Vorrichtungen, die zu einer Betriebsanlage gehören. Für die Abgrenzung zu Gebäudebestandteilen gibt der Erlass v. 15.03.2006 näher Aufschluss.[290]

b) Bewertungsgrundsatz

3614 Bewertungsmaßstab ist entsprechend der Vorgabe des BVerfG für alle Grundstücksarten der gemeine Wert, also gem. § 9 BewG der Preis, der bei gewöhnlichem Geschäftsverkehr nach der Beschaffenheit des Wirtschaftsguts bei einer Veräußerung zu erzielen wäre, wobei ungewöhnliche und persönliche Verhältnisse nicht zu berücksichtigen sind. Materiell ist diese Definition identisch mit dem Verkehrswert i.S.d. § 194 BauGB, sodass das Konzept der Neubewertung auf den Grundsätzen für die Ermittlung von Verkehrswerten für Grundstücke (Wertermittlungsver-

---

[289] BStBl. 2009 I, S. 590 ff.; vgl. hierzu ausführlich *Tremel*, ZEV 2009, 445 ff.; *Eisele*, ZEV 2009, 451 ff. und *Eisele* NWB 2011, 127 ff. Zur Bewertung von Grundvermögen instruktive Übersicht bei *Kempen/Roscher* ZNotP 2010, 455–478; monografisch *Handzik*, Die Bewertung des Grundvermögens für die Erbschaft- und Schenkungsteuer, 2. Aufl. 2011.

[290] Gleichlautende Ländererlasse v. 15.03.2006, BStBl. 2006 I, S. 314.

ordnung – WertV, seit 01.07.2010: Immobilienwertermittlungsverordnung – **ImmoWertV**)²⁹¹ basiert. Ergänzend hat das Bundesministerium für Verkehr, Bau und Wohnungswesen Wertermittlungsrichtlinien (aktuell i.d.F. „WertR 2006") herausgegeben (Rdn. 3706).

Zur Erleichterung der Bewertung und zur Sicherstellung einheitlicher Rechtsanwendung gelten jedoch die WertV und die WertR nicht unmittelbar, sondern standen Pate bei der Einführung des neuen, gesonderten 6. Abschnitts des Bewertungsgesetzes (§§ 176 bis 198 BewG). Die Erbschaftsteuerrichtlinien werden derzeit überarbeitet.²⁹² 3615

Im Einzelnen gilt:

c) Unbebaute Grundstücke

aa) Grundsatz

Als unbebaut gelten gem. § 178 BewG Grundstücke, auf denen sich keine benutzbaren oder nur solche Gebäude, die auf Dauer keiner Nutzung zugeführt werden können, befinden. Nur vorübergehende Nutzungseinschränkungen wegen Bauschäden, Instandhaltungsstaus o.ä. genügen nicht (R 159 Abs. 4, 5 ErbStR 2005). Anders als nach bisherigem Recht führt eine auch nur untergeordnet mögliche Nutzung des Gebäudes stets zu einem bebauten Grundstück. 3616

Das Bewertungsschema ist einfach: Grundbesitzwert ist die Grundstücksfläche in Quadratmetern multipliziert mit dem Bodenrichtwert, der vom Gutachterausschuss zuletzt zu ermitteln war (§ 179 Satz 3 BewG). Dies gilt auch, wenn der bereits ermittelte Bodenrichtwert noch gar nicht veröffentlicht wurde.²⁹³ 3617

Fehlt ein Bodenrichtwert für das betreffende Grundstück, kann das FA die Ermittlung eines Bodenrichtwerts durch den Gutachterausschuss verlangen. Ist dies nicht möglich, ist der Bodenrichtwert durch das FA aus den Werten vergleichbarer Flächen abzuleiten. Solche Sachverhalte dürften v.a. gegeben sein für Bauerwartungs- oder Rohbauland, für die Gutacherausschüsse nur selten Richtwerte liefern können.²⁹⁴ 3618

bb) Ermittlung der Bodenrichtwerte

Bodenrichtwerte werden gem. § 196 BauGB als durchschnittliche Lagewerte für jedes Gemeindegebiet ermittelt auf der Grundlage der Kaufpreissammlung durch die gem. § 192 BauGB zu bildenden Gutachterausschüsse. Maßgeblich für den Bodenrichtwert ist die Entwicklungsstufe des Grundstücks (§ 5 ImmoWertV). Ausgehend vom schlichten Agrarland ergeben sich folgende Steigerungen: 3619

---

291 BGBl. 2010 I 639, vgl. *Eisele/Schmitt* NWB 2010, 2232 ff. Monografisch: *Sommer/Kröll*, Lehrbuch zur Immobilienbewertung, 3. Aufl. 2010.
292 Erste Entwürfe sind für Juni 2009 angekündigt, vgl. ZEV 2009, 235.
293 *Mönch*, ZEV 2008, 12, 13.
294 Vgl. *Pauli/Maßbaum/Reiser*, Erbschaftsteuerreform 2009, S. 362.

- **Bauerwartungsland** liegt jedenfalls vor, wenn es in einen Flächennutzungsplan aufgenommen ist, nach den bisherigen Erbschaftsteuerrichtlinien und Ansicht des FG München[295] auch dann, wenn eine Bebauung innerhalb von 6 Jahren wahrscheinlich ist.

3620 - **Rohbauland** liegt jedenfalls vor, wenn die Fläche in einen Bebauungsplan aufgenommen wurde, jedoch noch nicht erschlossen und nach Lage, Form und Größe noch nicht für eine bauliche Nutzung geeignet ist (vgl. § 5 Abs. 3 ImmoWertV).

3621 - **Erschließungsbeitragspflichtiges Bauland** liegt stets so lange vor, bis keine Beitragspflichten mehr bestehen (unabhängig vom tatsächlichen Erschließungszustand ist also der abgabenrechtliche Zustand maßgebend).

- Mit Erlöschen aller Beitragspflichten liegt schließlich **erschließungsbeitragsfreies Bauland** als oberste Entwicklungsstufe vor.

3622 Art. 4 Nr. 2 des Erbschaftsteuerreformgesetzes erweitert die Pflichten der Gutachterausschüsse, die bisher gem. § 196 BauGB nur zwischen erschließungsbeitragspflichtigem und erschließungsbeitragsfreiem Bauland zu differenzieren hatten. Künftig sind auch die oben erwähnten Zwischenstufen zu ermitteln, ferner müssen beeinflussende Merkmale des Bodenrichtwert-Grundstücks und Umrechnungskoeffizienten, etwa bei unterschiedlichem Maß der baulichen Nutzung, angegeben werden. Bodenrichtwerte sind zumindest zum Ende jeden zweiten Kalenderjahres zu ermitteln.

cc) Anpassung der Bodenrichtwerte[296]

3623 Wenn die lagetypischen Merkmale des zu bewertenden unbebauten Grundstücks vom „Standard-Bodenrichtwert-Grundstück" abweichen, sind Zu- oder Abschläge vorzunehmen. Andere wertbeeinflussende Merkmale, wie etwa Lage, Zuschnitt, Oberflächenbeschaffenheit, Außenanlagen, Lärm, Staub oder Geruchsbelästigung, Altlasten etc., bleiben wie bisher (R 161 Abs. 8, R 162 Satz 2 ErbStR) außer Ansatz.

Ausgangspunkt ist dabei – zumindest nach der BFH-Rechtsprechung – sofern die Karte eine Preisspanne angibt, der unterste Wert.

(1) Abweichende Geschossflächenzahl

3624 Hauptanwendungsfall einer Anpassung ist eine abweichende Geschossenflächenzahl (GFZ), also ein abweichendes Verhältnis der Gesamtmenge der zulässigen Quadratmetergeschossfläche pro Quadratmeter Grundstücksfläche. Umrechnungskoeffizienten sind, sofern durch den Gutachterausschuss keine spezifischen Werte aufgestellt wurden, die als Anlage 11 der WertR 2006 angegebenen, die in die bisherigen ErbStR übernommen wurden.[297] Der Umrechnungskoeffizient ist dabei nicht linear zur Geschossflächenzahl.

---

295 FG München, 22.01.2004 – 4 K 2812/02, EFG 2004, 631; a.A. FG Düsseldorf, 07.10.2004 – 11 K 757/02 BG, EFG 2005, 94: 8 Jahre.
296 Vgl. *Pauli/Maßbaum/Reiser*, Erbschaftsteuerreform 2009, S. 365.
297 Diese beruhen nach BFH, 12.07.2006 – II R 1/04, BStBl. 2006 II, S. 742, auf gesicherten Erfahrungswerten.

Beispiel:[298]

Beträgt der Bodenrichtwert eines Grundstücks 200,00 € je Quadratmeter bei einer Geschossfläche von 0,8, hat jedoch das zu bewertende Grundstück eine zulässige Geschossflächenzahl von 1,5 (bei 500 m² Grundstücksfläche würde dies 750 m² Geschossfläche bedeuten), ist der Bodenrichtwert von 200,00 € je Quadratmeter zu multiplizieren mit dem Verhältnis der Umrechnungskoeffizienten bei einer Geschossflächenzahl von 1,5 (das sind 1,24) und einer Geschossflächenzahl von 0,8 (das ist ein Umrechnungskoeffizient von 0,9, d.h. 200 x 1,24: 0,9 = 275,55 € je Quadratmeter).

3625

(2) Übergröße/Grundstückstiefe

Ein Abschlag wegen Übergröße darf nach BFH[299] nur vorgenommen werden, wenn der Gutachterausschuss Umrechnungskoeffizienten hierfür zur Verfügung gestellt hat. Gleiches gilt für eine Aufteilung der Grundstücksfläche in Vorder- und Hinterland, also für die Bebauung unmittelbar geeigneten und lediglich eingeschränkt baulich nutzbaren Lands.

3626

(3) Abweichender Erschließungszustand

Gem. § 179 Satz 4 BewG kann der Bodenrichtwert aus den Werten vergleichbarer Flächen abgeleitet werden, wenn der Gutachterausschuss für den Entwicklungszustand selbst keinen Bodenrichtwert ermittelt hat. Dabei ist – anders als nach bisheriger Rechtslage[300] – die Möglichkeit eröffnet, Prozentsätze zum vergleichbaren Bauland zu bilden (25 % bei Bauerwartungsland, 50 % bei Brutto-Rohbauland und 75 % bei Netto-Rohbauland),[301] jedenfalls bis die Gutachterausschüsse gem. ihrer erweiterten gesetzlichen Verpflichtung für alle Entwicklungsstufen Bodenrichtwerte bereitgestellt haben.

3627

d) Grundstücke im Zustand der Bebauung

Ab dem technischen Baubeginn bis zur Bezugsfertigkeit handelt es sich um „Grundstücke im Zustand der Bebauung". Dies gilt auch bei Raumerweiterungen durch Aus- oder Umbauten eines bereits vorhandenen Gebäudes, nicht aber bei bloßen Modernisierungen (R 187 Abs. 1 Satz 4 u. 5 ErbStR 2005). Die Bezugsfertigkeit muss bei mehrgeschossigen Wohn- oder Bürogebäuden für alle Einheiten gegeben sein (R 159 Abs. 3 ErbStR 2005), es sei denn, das Objekt würde in Bauabschnitten erstellt, sodass die bereits fertiggestellten Teile als bebautes Grundstück zu bewerten sind.

3628

Anders als bisher werden Grundstücke im Zustand der Bebauung einheitlich bewertet in der Weise, dass der Wert des unbebauten (bzw. bei Raumerweiterung des bereits bebauten) Grundstücks und die bis zum Bewertungsstichtag entstandenen Herstellungskosten addiert werden. Die Herstellungskosten müssen noch nicht bezahlt sein (offene Kosten sind allerdings in Erbfällen durch entsprechende Verbindlichkeit zu saldieren). Auch insoweit ist der gutachterliche Nachweis eines niedrigeren Verkehrswerts (Escape-Klausel § 198 BewG) möglich.

3629

---

298 Nach *Pauli/Maßbach/Reiser*, Erbschaftsteuerreform 2009, S. 366.
299 11.05.2005 – II R 21/02, BFH/NV 2005, 1908.
300 BFH, 26.04.2006 – II R 58/04, BStBl. 2006 II, S. 793: Verbot einer Schätzung, die mit der gesetzlichen Verteilung der Zuständigkeiten zwischen Gutachterausschuss und FA nicht vereinbar wäre.
301 *Drosdzol*, ZEV 2008, 10, 12.

e) Bebaute Grundstücke (§§ 182 ff. BewG)

3630 Für die einzelnen Grundstücksarten stellt § 182 BewG drei Bewertungsverfahren zur Verfügung: das Vergleichsverfahren (nachstehend Rdn. 3632, § 182 Abs. 2 BewG, vgl. auch §§ 15, 16 ImmoWertV), das Ertragswertverfahren (nachstehend Rdn. 3638, § 182 Abs. 3 BewG, vgl. auch §§ 17 ff. ImmoWertV) und das Sachwertverfahren (nachstehend Rdn. 3666, § 182 Abs. 4 BewG, vgl. §§ 21 ff. ImmoWertV).

3631 **Hinweis:**
Das Vergleichsverfahren gilt für Wohn- oder Teileigentum sowie 1- und 2-Familien-Häuser, soweit ein Vergleichswert vorliegt (andernfalls gilt hierfür das Sachwertverfahren), das Ertragswertverfahren gilt für Mietwohngrundstücke, Geschäftsgrundstücke und gemischt genutzte Grundstücke, für die sich auf dem örtlichen Grundstücksmarkt eine übliche Miete ermitteln lässt (andernfalls gilt für Geschäftsgrundstücke und gemischt genutzte Grundstücke das Sachwertverfahren).

aa) Vergleichswertverfahren

3632 Es ist grds. bei Wohnungs- oder Teileigentum sowie Ein- oder Zwei-Familien-Häusern anzuwenden, wobei ein Ein- oder Zwei-Familien-Haus auch dann vorliegt, wenn das Objekt zu weniger als 50 % (nach Wohn- oder Nutzfläche) zu anderen als Wohnzwecken mitbenutzt wird, es sei denn, die andere Nutung beeinträchtigt wesentlich die Eigenart des Gebäudes.

Im Einzelnen ist zu unterscheiden das Vergleichspreisverfahren (nachstehend Rdn. 3633) und das Vergleichsfaktorverfahren (nachstehend Rdn. 3636):

(1) Vergleichspreisverfahren

3633 Die Ableitung erfolgt aus tatsächlich erzielten Kaufpreisen für Objekte, die hinsichtlich der wertbeeinflussenden Merkmale übereinstimmen. Besonderheiten, etwa Belastungen privater oder öffentlich-rechtlicher Natur bleiben dabei gem. § 183 Abs. 3 BewG unberücksichtigt. Spätere Minderungen des Kaufpreises, die auf am Stichtag bereits objektiv bestehenden Gründen beruhen, sind allerdings einzubeziehen.[302]

3634 Die Schwierigkeit besteht naturgemäß darin, festzulegen, wie viele vergleichbare Fälle vorliegen müssen, andererseits wie weitreichend die Übereinstimmung gegeben sein muss; Tz. 2.3.2 der WertR 2006 stellt hinsichtlich Grund und Boden insb. auf Lage, Größe und Grundstücksgestalt ab. In der Bewertungspraxis von Sachverständigen fand das Vergleichspreisverfahren bisher v.a. bei Reihenhäusern in geschlossenen Wohnanlagen Anwendung.[303]

3635 Heranzuziehen sind vorrangig (§ 183 Abs. 1 Satz 2 BewG) die von Gutachterausschüssen ermittelten Vergleichswerte; die Benennung von Vergleichsobjekten durch den Steuerpflichtigen oder

---

[302] BFH, 22.01.2009 – II R 43/07, ErbStB 2009, 176.
[303] *Tremmel*, DStR 2008, 753, 755.

die Heranziehung anderer Fälle aus den Akten des FA dürfte regelmäßig daran scheitern, dass eine hinreichende Anzahl von Kauffällen nicht erreicht wird.[304]

(2) Vergleichsfaktorverfahren

Da Vergleichspreise häufig nicht zur Verfügung stehen, haben Gutachterausschüsse künftig (wie bereits bisher teilweise geschehen) gem. § 193 Abs. 5 Nr. 4 BauGB Vergleichsfaktoren für bebaute Grundstücke flächendeckend zu ermitteln. Dabei handelt es sich um Multiplikatoren, die auf wertrelevante Ausgangsdaten des Bewertungsobjekts bezogen werden, im Wesentlichen wohl Ertrags- und Gebäudefaktoren (bei ersteren werden die Preise aus jährlichen Reinerträgen ermittelt, bei Letzteren aus Raum- oder Flächeneinheiten). Für Wohnungs- oder Teileigentum sowie Ein- und Zwei-Familien-Häuser sind demnach v.a. Gebäudefaktoren, die am Sachwert orientiert sind, maßgebend. Diese werden in Abhängigkeit vom Baujahr ermittelt. 3636

Privatrechtliche und öffentlich-rechtliche Belastungen bleiben auch hier unberücksichtigt, ebenso Abweichungen, die sich aus anderer Ausstattung, Lage oder anderem Zustand des zu bewertenden Gebäudes (über oder unter dem Durchschnitt) ergeben. Der Steuerpflichtige wird regelmäßig mit Hinweis auf fehlende Vergleichbarkeit bestrebt sein, den niedrigeren Sachwert (nachstehend Rdn. 3666) als Bemessungsgrundlage durchzusetzen oder unter Inanspruchnahme der Escape-Möglichkeit des § 198 BewG ein Gutachten anfertigen zu lassen. 3637

bb) Ertragswertverfahren

Diese sind maßgebend für Mietwohngrundstücke, Geschäftsgrundstücke und gemischt genutzte Grundstücke, für die sich am örtlichen Grundstücksmarkt eine übliche Miete ermitteln lässt. Es handelt sich also um „Rendite-Objekte". Als Mietwohngrundstücke gelten Objekte, die zu mehr als 80 % Wohnzwecken dienen, als Geschäftsgrundstücke solche, die zu mehr als 80 % eigenen oder fremden betrieblichen oder öffentlichen Zwecken dienen, während gemischt genutzte Grundstücke teils Wohnzwecken, teils eigenen oder fremden betrieblichen oder öffentlichen Zwecken zu dienen bestimmt sind. 3638

Das in §§ 184 ff. BewG bestimmte Verfahren entspricht vereinfachend der Wertermittlungsverordnung (abweichend von § 17 Abs. 1 Satz 2, Abs. 3 ImmoWertV allerdings ohne Berücksichtigung periodisch unterschiedlicher Erträge, sog. Discounted Cash Flow – Verfahren, DCF). Im Kern geht es um die Addition aus Bodenwert, einerseits und Gebäudeertragswert, andererseits Letzterer verstanden als der Barwert der für die gesamte Nutzungsdauer aus den Gebäuden erzielbaren Reinerträge (Kapitalisierung des nachhaltig erzielbaren Reinertrags mit einem Vervielfältiger). Der reine Bodenwert ist jedoch stets Mindestwert, sodass ein negativer Gebäudeertragswert (etwa aufgrund Abzugs hoher Bodenverzinsung) sich nicht auswirken kann, § 184 Abs. 3 Satz 2 BewG. Außenanlagen und sonstige bauliche Anlagen sind durch den Ertragswert abgegolten und nicht gesondert anzusetzen (§ 184 Abs. 3 Satz 3 BewG). 3639

---

304 Vgl. *Pauli/Maßbach/Reiser*, Erbschaftsteuerreform 2009, S. 369.

3640 Dies ergibt folgende **Übersicht**:

```
                    ┌─────────────────────────────┐
                    │          Rohertrag          │
                    │ (Jahresmiete bzw. übliche   │
                    │          Miete)             │
                    └─────────────────────────────┘
                                 ./.
                    ┌─────────────────────────────┐
                    │     Bewirtschaftungskosten  │
                    └─────────────────────────────┘
                                  =
                    ┌─────────────────────────────┐
                    │   Reinertrag des Grundstücks│
                    └─────────────────────────────┘
                                 ./.
                    ┌─────────────────────────────┐
                    │      Bodenwertverzinsung    │
                    └─────────────────────────────┘
                                  =
  ┌──────────────────┐           ┌─────────────────────────┐
  │  Bodenrichtwert  │           │    Gebäudereinertrag    │
  └──────────────────┘           └─────────────────────────┘
          x                                  x
  ┌──────────────────┐           ┌─────────────────────────┐
  │ Grundstücksfläche│           │      Vervielfältiger    │
  └──────────────────┘           └─────────────────────────┘
          =                                  =
  ┌──────────────────┐           ┌─────────────────────────┐
  │Bodenwert (§ 179  │           │   Gebäudeertragswert    │
  │     BewG)        │           │      (≥ 0 Euro)         │
  └──────────────────┘           └─────────────────────────┘
           ▼                                 ▼
                    ┌─────────────────────────────┐
                    │ Ertragswert = Grundbesitzwert│
                    └─────────────────────────────┘
```

3641 Der Bodenwert bemisst sich – vgl. oben Rdn. 3616 ff. – als Bodenrichtwert multipliziert mit der Grundstücksfläche.

A. Schenkungsteuerrecht

Komplex ist die Ermittlung des Gebäudeertragswerts. Ausgangspunkt ist der Rohertrag (nachstehend Rdn. 3642), der um die Bewirtschaftungskosten (nachstehend Rdn. 3648) zu mindern ist und damit den Reinertrag des Grundstücks ergibt. Dieser ist um die Bodenverzinsung (nachstehend Rdn. 3650) zu reduzieren und ergibt den Gebäudereinertrag, der mit einem Vervielfältiger (nachstehend Rdn. 3655) zu multiplizieren ist und den Gebäudeertragswert ergibt.

(1) Rohertrag

Grds. ist die vertraglich vereinbarte Jahresmiete (nachstehend Rdn. 3643) maßgebend, in Ausnahmefällen die tatsächliche Miete (nachstehend Rdn. 3645). 3642

(a) Vertragliche Jahresmiete

Grds. ist maßgebend die für das Gebäude nach den am Bewertungsstichtag geltenden vertraglichen Vereinbarungen für einen Zeitraum von 12 Monaten zu zahlende Miete (unabhängig davon, ob diese auch tatsächlich entrichtet wird) in Übereinstimmung mit dem derzeitigen Recht (R 167 ErbStR 2005). Wertsicherungsklauseln und künftige Staffelmieterhöhungen bleiben außer Betracht, umsatzabhängige Mieten sind zu schätzen. Miete für Garagen und Stellplätze sind einzubeziehen.[305] 3643

Nicht einzubeziehen sind die umgelegten Betriebskosten, § 186 Abs. 1 BewG,[306] ebenso der Mietzins, der auf Überlassung von Inventar, Maschinen oder Betriebsvorrichtungen entfällt (ggf. in geschätzter Höhe),[307] ebenso bleibt die USt unberücksichtigt. 3644

Hat der Mieter auch die Instandhaltungskosten und Lasten umfassend zu tragen (sog. „Triplenet-Verträge"), wurde bisher ein pauschaler Zuschlag von 15 % zur Netto-Kaltmiete vorgenommen.[308]

(b) Übliche Miete

Diese ist zu ermitteln, wenn das Gebäude teilweise eigengenutzt, ungenutzt, unentgeltlich überlassen oder zum vorübergehenden Gebrauch (als Ferienwohnungen) überlassen wird, oder wenn die tatsächliche Miete um mehr als **20 %** von der üblichen Miete (nach oben oder nach unten) abweicht. Es ist zu erwarten, dass die Finanzverwaltung grds. die tatsächliche Miete ansetzen wird, außer bei Wohnungsüberlassungen unter Angehörigen (wo die Gefahr eines im Hinblick auf § 21 Abs. 2 EStG niedrigeren Mietzinses besteht) und bei Betriebsaufspaltungsfällen (mit eher überhöhter Miete). 3645

Als übliche Miete ist diejenige zu schätzen, die für Räume gleicher oder ähnlicher Art, Lage und Ausstattung regelmäßig gezahlt wird (§ 186 Abs. 2 Satz 2 BewG). Die Größe und das Alter 3646

---

[305] Erlass FinMin Baden-Württemberg v. 17.07.2000, DB 2000, 1493.
[306] Nach bisherigem Recht waren auch solche Betriebskosten, die nicht gesondert umgelegt wurden, herauszurechnen, vgl. R 168 Abs. 1 ErbStR 2003.
[307] Gewerbemietverträge enthalten regelmäßig – wegen der seit 2008 geltenden unterschiedlichen gewerbesteuerlichen Hinzurechnungen bei Mieten, vgl. Rdn. 4492, eine diesbezügliche klare Aufteilung des Mietzinses im Vertrag.
[308] Ländereinheitlicher Erlass v. 28.03.2006, DB 2006, 870.

der Wohnung sind (anders als bis Ende 2008) nicht mehr als Kriterium angesprochen, da ältere, umfassend renovierte Gebäude annähernd dieselben Mieten erzielen wie Neubauten. Trotz des abweichenden Wortlauts ggü. § 21 Abs. 2 EStG („ortsübliche Marktmiete") dürfte lediglich auf den regionalen engeren Vermietungsmarkt abzustellen sein.

3647 Die übliche Miete kann – wie bisher (R 172 ErbStR 2005) – ermittelt werden durch Vergleichsmieten, Mietspiegel,[309] Mietpreisdatenbank oder ein Mietpreisgutachten eines Sachverständigen. Preisgebundene Grundstücke oder Mieten, die auf ungewöhnlichen oder persönlichen Verhältnissen beruhen, sind als Vergleichsmaßstab – wie bisher – ungeeignet (R 171 Abs. 3 ErbStR 2005).

(2) Bewirtschaftungskosten

3648 Zu diesen vom Rohertrag abzuziehenden Kosten zählen:
- **Verwaltungskosten** (erforderliche Arbeitskräfte und Einrichtungen und Kosten der Aufsicht),
- **Betriebskosten** (die durch Eigentum oder Gebrauch des Grundstücks laufend entstehenden Kosten, soweit sie nicht auf den Mieter umgelegt werden),
- **Instandhaltungskosten** (infolge Abnutzung, Alterung oder Witterung zur Erhaltung des Gebrauchs der baulichen Anlagen während ihrer Nutzungsdauer erforderliche Aufwendungen) und
- das **Mietausfallwagnis** (Ertragsminderung durch uneinbringliche Mietrückstände oder den Leerstand von Räumen).

3649 **Maßgebend** sind jedoch nicht die tatsächlichen Bewirtschaftungskosten, sondern die **Erfahrungssätze der Gutachterausschüsse**. Solche fehlen jedoch i.d.R., sodass hilfsweise Anlage 23 des Bewertungsgesetzes maßgebend ist, wo – differenziert nach vier Restnutzungsdauerintervallen und bezogen auf die Jahresmiete bzw. übliche Miete – je nach Grundstücksart bestimmte Prozentsätze (zwischen 18 und 29 %) festgelegt wurden. Je kleiner die Restnutzungsdauer, umso höher der Prozentsatz, bei Mietwohngrundstücken sind die Bewirtschaftungskosten ebenfalls höher als bei Geschäftsgrundstücken.

(3) Bodenverzinsung

3650 Nach **Abzug der Bewirtschaftungskosten vom Rohertrag** ergibt sich der sog. „Reinertrag", der sodann um die Bodenwertverzinsung zu kürzen ist, um den Gebäudereinertrag zu ermitteln. Diese Subtraktion trägt dem Umstand Rechnung, dass das in Grund und Boden investierte Kapital nicht anderweitig angelegt werden kann und somit fiktiven Aufwand bildet.

3651 Der **Bodenwertverzinsungsbetrag** ist die Multiplikation des Bodenwerts mit dem Liegenschaftszins. Die exakte Ermittlung des Liegenschaftszinses ist bei der Berechnung des Ertragswerts an zwei Stellen bedeutsam: zum einen (für die hier zu behandelnde) Berechnung der Bodenwertverzinsung, nach deren Abzug vom Reinertrag des Grundstücks sich der Gebäudereinertrag ergibt, zum anderen für den Vervielfältiger (s.u. Rdn. 3655), mit dem dieser Ge-

---

[309] Vergleichbar § 558c, d u. e BGB ist Voraussetzung, dass *sie* von der Gemeinde oder Interessenvertretern der Vermieter und Mieter gemeinsam erstellt und anerkannt worden sind.

A. Schenkungsteuerrecht

bäudereinertrag multipliziert schließlich den Gebäudeertragswert generiert. Je höher dabei die Restnutzungsdauer ist, umso bedeutsamer wird der Liegenschaftszins für die Bestimmung des Vervielfältigers, da dieser mit zunehmender Nutzungsdauer ansteigt.

Als **Liegenschaftszins** verstanden wird der Zinssatz, mit dem der Marktwert von Grundstücken üblicherweise im Durchschnitt verzinst wird. Er spiegelt also die Renditeerwartung eines Immobilienkäufers wider, insb. die erhoffte Ertrags- und Wertentwicklung. Wegen der höheren Wertbeständigkeit von Immobilien ist der Liegenschaftszins geringer als der Zins für langfristige Kapitalmarktanlagen und unterliegt geringeren Schwankungen. Je besser Lage, Bauausführung und Vermietbarkeit der Immobilie sind, umso niedriger ist der Liegenschaftszins (der niedrigere Zins führt zu einem geringeren Abzug der Bodenwertverzinsung und damit zu einem höheren Gebäudereinertrag, also insgesamt auch einem höheren Gebäudeertragswert der Immobilie). Bei Wohnimmobilien ist der Liegenschaftszins in der Tendenz niedriger als bei Gewerbeimmobilien. 3652

Gem. § 193 Abs. 5 Satz 1 Nr. 1 BauGB sollen Gutachterausschüsse künftig flächendeckend Liegenschaftszinssätze für verschiedene Grundstücksarten, zumindest differenziert nach Mietwohngrundstücken, Geschäftsgrundstücken und gemischt genutzten Grundstücken ermitteln. Solche durch den jeweils örtlichen Gutachterausschuss ermittelten Zahlen sind dann für die Ermittlung nach dem ErbStG vorrangig. Fehlen solche Liegenschaftszinssätze, bestimmt § 188 Abs. 2 BewG hilfsweise als Liegenschaftszinssatz: 3653

- 5 % für Mietwohngrundstücke,
- 5,5 % für gemischt genutzte Grundstücke mit gewerblichem Anteil (nach Wohn- und Nutzfläche) von bis zu 50 %,
- 6 % für gemischt genutzte Grundstücke mit gewerblichem Anteil von über 50 %,
- 6,5 % für Geschäftsgrundstücke.

Der (konkret, hilfsweise pauschal ermittelte) Liegenschaftszins ist mit dem Bodenwert zu multiplizieren und ergibt den Bodenwertverzinsungsbetrag, der vom Reinertrag des Gesamtobjekts abzuziehen ist; das Ergebnis ist der Gebäudereinertrag. Übergroße Grundstücke (d.h. Grundstücke, die wesentlich größer sind als für eine angemessene Nutzungs des Gebäudes erforderlich und bei denen die zusätzliche Fläche nicht selbstständig genutzt oder verwertet werden kann) bleiben gem. § 185 Abs. 3 Satz 3 BewG bei der Bodenwertverzinsung außer Betracht, d.h. lediglich die unmittelbar zurechenbare Grundstücksfläche wird beim Bodenwert berücksichtigt, der mit dem Liegenschaftszins zu multiplizieren ist. 3654

(4) Vervielfältiger

Als Ergebnis der vorangegangenen Operationen steht der **Gebäudereinertrag** fest. Aus diesem ist nun der eigentliche Gebäudeertragswert abzuleiten. Dies geschieht dadurch, dass der Gebäudereinertrag mit einem „Vervielfältiger" multipliziert wird, der finanzmathematisch den Barwertfaktor für eine nachschüssige jährliche endliche Rente darstellt (Tz. 3.5.7 WertR 2006). Der Vervielfältiger ist abhängig einerseits von: 3655

- der Restnutzungsdauer des Gebäudes in Jahren,
- sowie vom Liegenschaftszins.

1253

3656 Je geringer die **Restnutzungsdauer** ist, umso geringer der Multiplikator; je geringer der Liegenschaftszinssatz (Verzinsung des reinen Grund und Bodens) ist, um so höher der Multiplikator. Ein höherer Multiplikator bedeutet unmittelbar einen höheren Ertragswert als Gesamtergebnis der Ermittlungsoperation.

Anlage 21 zum Bewertungsgesetz enthält die anzuwendenden Vervielfältiger in einer Tabelle, die identisch ist mit der bisherigen Tabelle des § 16 Abs. 3 WertV, nunmehrigen Anlage 1 zu § 20 ImmoWertV.

3657 Die **Restnutzungsdauer** (also der Zeitraum, für den die Immobilie voraussichtlich wirtschaftlich genutzt werden kann) ermittelt sich aus der wirtschaftlichen Gesamtnutzungsdauer und dem bisherigen Alter des Gebäudes. Hierbei wird die Gesamtnutzungsdauer gem. § 185 BewG vorgegeben durch die Anlage 22 zum Bewertungsgesetz, differenziert wiederum nach verschiedenen **Gebäudearten**:
- bei Mietwohngrundstücken 80 Jahre,
- bei Geschäftsgrundstücken in Form von Verwaltungsgebäuden 60 Jahre,
- bei Geschäftsgrundstücken in Form von Industrie-, Lager- und Ausstellungsgebäuden 50 Jahre,
- für Einkaufs- und Großmärkte, Tennishallen und Reitsporthallen 40 Jahre etc.

3658 Allerdings ist gem. § 185 Abs. 3 Satz 4 BewG mindestens eine Restnutzungsdauer von 30 % der Gesamtnutzungsdauer anzusetzen (d.h. für Mietwohngrundstücke 24 Jahre, für Verwaltungsgebäude mindestens 18 Jahre, für Industrie-, Lager-, Ausstellungsgebäude mindestens 15 Jahre). Diese Mindest-Nutzungsdauer führt bei älteren Gebäuden zu tendenziell überhöhten Bewertungsergebnissen.

3659 Befinden sich auf einem Grundstück **Gebäude unterschiedlichen Baujahres**, ist die Nutzungsdauer für jedes Gebäude separat zu ermitteln (R 174 Abs. 4 ErbStR 2005), es sei denn, es handelt sich um untergeordnete Nebengebäude wie Garagen oder Anbauten. Wie bisher (R 174 Abs. 1 Satz 2 ErbStR 2005) wird wohl zur Vereinfachung stets der 01.01. des Bezugsfertigkeitsjahres als rechnerischer Beginn angenommen werden.

3660 Gem. § 185 Abs. 3 Satz 5 BewG ist eine längere oder kürzere Nutzungsdauer als pauschal ermittelt zugrunde zu legen, wenn nach Bezugsfertigkeit entsprechende Veränderungen eingetreten sind. Fiktiv ist also dann ein späteres oder früheres Fertigstellungsjahr anzusetzen.

3661 Eine **Verlängerung der Nutzungsdauer**, also ein späteres Fertigstellungsjahr, kann (unter Übernahme der Grundsätze des bisherigen Rechts, R 174 Abs. 2 ErbStR 2005) sich nur ergeben bei einer durchgreifenden Erneuerung oder Verbesserung der Teile, die für die Nutzungsdauer bestimmend sind, also Fundamente, tragende Außen- und Innenwände, Geschossdecken und Dachaufbau. Eine Verkürzung der Nutzungsdauer, also ein früheres Fertigstellungsdatum, ist nach der Gesetzesbegründung anzunehmen, wenn das Gebäude nicht mehr den Anforderungen entspricht, die die gesetzlichen Bestimmungen und Verhältnisse auf dem Grundstücks- und Mietenmarkt verlangen. Dies kann auf baulichen Mängeln beruhen, aber auch auf einer Veränderung der Produktionsanforderungen, bspw. bei Gewerbeimmobilien (unzureichende Tragfähigkeit,

Höhe, verschachtelte Bauweise etc.). Untergrenze bleibt aber stets – auch in den Verkürzungsfällen – die 30%-Grenze der wirtschaftlichen Gesamtnutzungsdauer, es sei denn, das Gebäude wäre nicht mehr nutzbar (§ 185 Abs. 3 Satz 5 BewG).

(5) Mindestwert: Bodenwert

Selbst wenn sich ein negativer Gebäudeertragswert ergeben sollte (etwa wegen des Abzugs einer sehr hohen Bodenwertverzinsung), stellt der Bodenwert (Bodenrichtwert mal Grundstücksfläche, s.o. Rdn. 3616) den Mindestwert dar, d.h. der Endwert (Grundbesitzwert) entspricht in diesem Fall dem Wert des fiktiv unbebauten Grundstücks.

3662

Auch i.R.d. Ermittlung des Gebäudewerts selbst spielt – wie dargestellt – der Bodenwert eine maßgebliche Rolle als Minderung des Gebäudewerts (durch Abzug der Bodenwertverzinsung, s.o. Rdn. 3650 ff.). Bei einer sehr langen Restnutzungsdauer des Gebäudes hat der Bodenwert eine um so geringere Bedeutung, da sich der Kapitalwert der Bodenwertverzinsung dem gesamten Bodenwert annähert (der Betrag also bei der Ermittlung des Gebäudewerts zwar abgezogen wird, durch die Addition des Bodenwerts sich dies jedoch wieder ausgleicht und somit letztendlich der reine ungeschmälerte Gebäudewert maßgeblich ist).[310]

3663

I.Ü. beeinflusst in umgekehrter Richtung die Tatsache der Bebauung den Bodenwert selbst nicht. Es tritt also **keine** Wertminderung (**Dämpfung**) des Werts des Grund und Bodens aufgrund der durch die Bebauung eingeschränkten Verwertbarkeit ein. Die zum alten Recht ergangenen Richtlinien haben (R 176 Abs. 2 ErbStR) allerdings einen Abschlag erlaubt, wenn die tatsächliche Bebauung hinter der rechtlich zulässigen Nutzungsmöglichkeit zurückgeblieben ist und aus rechtlichen Gründen (etwa wegen Denkmalschutzes, wegen bestehender Grunddienstbarkeiten oder öffentlich-rechtlicher Baulasten) keine Möglichkeit bestand, das bauplanungsrechtlich zulässige Maß der Nutzung durch eine Erweiterung oder einen Neubau auszuschöpfen.

3664

(6) Berechnungsbeispiel Ertragswertverfahren

Fall:[311] *Mietwohngrundstück (vermietetes Mehrfamilienhaus) – Schenkungszeitpunkt 2009*

3665

Auf einer Grundstücksfläche von 900 m² (Bodenrichtwert 200,00 € je m²) wurde im Jahr 1979 ein Gebäude mit acht Wohnungen vermietet, die jeweils eine Netto-Kaltmiete von 640,00 € monatlich erbringen. Der Gutachterausschuss hat keine Bewirtschaftungskosten und keinen Liegenschaftszins ermittelt.

Der Bodenwert errechnet sich (Grundstücksfläche mal Bodenrichtwert) als 900 m² x 200,00 € = 180.000,00 €.

Zur Ermittlung des Gebäudewerts ist der Rohertrag (640,00 € x 8 [Wohnungen] x 12 [Monate] = 61.440,00 €) zu schmälern um die Bewirtschaftungskosten. Gem. Anlage 23 zum Bewertungsgesetz betragen diese bei einer Restnutzungsdauer von 50 Jahren (80 Jahre Gesamtnutzungsdauer laut Anlage 22, abzgl. bisherigen Gebäudealters 30 Jahre = 50 Jahre) 23%, sodass eine Minderung um 61.440,00 € x 23% = 14.131,00 € eintritt.

---

310 Eine Untersuchung von *Broekelschen/Maiterth*, FR 2008, 698, 701, weist nach, dass bei einer theoretisch unendlichen Nutzungsdauer des Gebäudes der Bodenwert ohne Bedeutung bleibt.
311 Nach *Pauli/Maßbaum/Reiser*, Erbschaftsteuerreform 2009, S. 382.

Weiter abzuziehen ist die Bodenwertverzinsung (180.000,00 € x 5 % = 9.000,00 €), sodass ein Gebäudereinertrag von 38.309,00 € verbleibt. Dieser ist bei einer Restnutzungsdauer von 50 Jahren gem. Anlage 21 mit dem Vervielfältiger 18,26 zu multiplizieren, der Gebäudeertragswert beläuft sich also auf 38.309,00 € x 18,26 = 699.522,00 €, der gesamte Grundbesitzwert (addiert zum Bodenwert) auf 879.522,00 €.

cc) Sachwertverfahren

(1) Grundsatz

3666 Gem. § 182 Abs. 4 BewG ist das Sachwertverfahren anzuwenden:
- bei Wohnungs- oder Teileigentum sowie Ein- und Zwei-Familienhäusern, sofern kein Vergleichswert vorliegt. Dies dürfte insb. in ländlichen Regionen der Fall sein, da die Gutachterausschüsse keine Vergleichswerte liefern können.
- bei Geschäftsgrundstücken und gemischt genutzten Grundstücken (nicht bei Mietwohngrundstücken!), für die sich am örtlichen Grundstücksmarkt keine übliche Miete ermitteln lässt (insb. selbst genutzte Produktionsgebäude, Werkstätten, Lager, Saalbauten etc., vgl. schon bisher R 178 Abs. 1 Satz 3 ErbStR 2003, wohl auch in Fällen der Betriebsaufspaltung, wenn sich keine übliche Miete zur Prüfung der vereinbarten Miete feststellen lässt, da es an Vergleichsobjekten fehlt)[312],
- bei sonstigen bebauten Grundstücken (die also weder Wohnzwecken noch betrieblichen oder öffentlichen Zwecken dienen, bspw. Vereins- oder Clubhäuser, Jagdhütten etc.)[313]

3667 Das in §§ 189 ff. BewG geregelte Verfahren folgt weitgehend dem Muster der Wertermittlungsverordnung durch separate Ermittlung des Grund und Bodens einerseits, und des Gebäudes andererseits (§§ 21 ff. WertV, nnmehr §§ 21 ff. ImmoWertV). Damit sind Außenanlagen mitabgegolten, sofern sie nicht wertmäßig selbstständig ins Gewicht fallen (Beispiel: teuere Kunstobjekte vor Bürogebäuden).

---

312 Vgl. *Brüggemann*, Erbfolgebesteuerung 2008, 311, 313; *Grootens*, BBEV 2008, 361, 362.
313 *Krause/Grootens*, BBEV 2008, 80, 83.

Im Bericht des Finanzausschusses[314] findet sich folgende instruktive **Übersicht**:

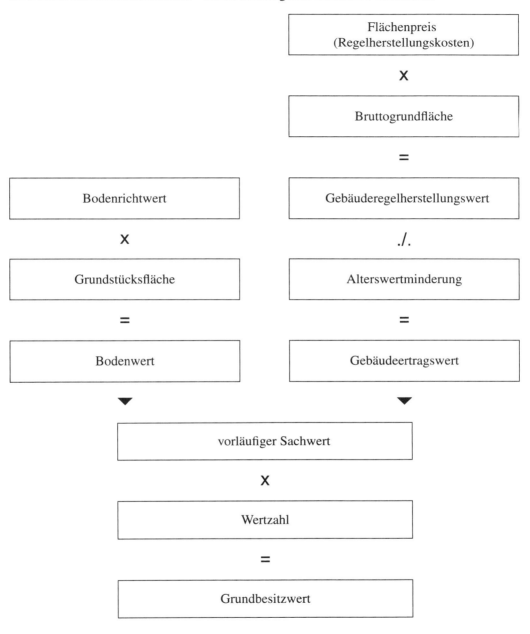

---
314 BT-Drucks. 16/11107 v. 26.11.2008.

Kapitel 11: Verkehrsteuern

(2) Bodenwert

3668 Der Bodenwert wird nach allgemeinen Grundsätzen (Rdn. 3595 ff.) aus der Fläche und dem Bodenrichtwert ermittelt; möglicherweise kommt es auch hier – wie in der bisherigen Praxis (R 176 Abs. 2 ErbStR) – zu einem Abschlag, wenn die tatsächliche Bebauung hinter der rechtlich zulässigen Bebauung zurückbleibt und eine Erweiterung oder ein Neubau aus rechtlichen Gründen (Grunddienstbarkeiten, Baulasten, Denkmalschutzvorschriften) nicht möglich ist, sodass dauerhaft die bauplanungsrechtlichen Möglichkeiten nicht ausgeschöpft werden können (vgl. Rdn. 3662 beim Ertragswertverfahren).

(3) Gebäudesachwert

3669 Schwerpunkt des Sachwertverfahrens ist die Ermittlung des Gebäudesachwerts, der zum Bodenwert addiert den vorläufigen Sachwert ergibt und sodann unter Berücksichtigung der Wertzahl den endgültigen Grundbesitzwert generiert. Der Gebäudesachwert, einerseits, ermittelt sich aus dem Gebäuderegelherstellungswert (dies sind die Regelherstellungskosten multipliziert mit der Brutto-Grundfläche, nachstehend Rdn. 3670), der um eine Alterswertminderung (nachstehend Rdn. 3676) reduziert wird und den Gebäudesachwert ergibt.

(a) Gebäuderegelherstellungswert

3670 Zugrunde gelegt werden nicht die tatsächlichen Herstellungskosten des konkreten Gebäudes, sondern **typisiert Regelherstellungskosten pro Quadratmeter Brutto-Grundfläche**. Sie sind in Teil II der Anlage 24 zum Bewertungsgesetz für die einzelnen Gebäudearten, abhängig nach Ausstattung („einfach", „mittel", „gehoben") und Baujahr („bis 1945", „1946 bis 1959", „1960 bis 1969", „1970 bis 1984", „1985 bis 1999", „ab 2000") getrennt aufgeführt. Hinsichtlich des **Gebäudetypus** wird differenziert bspw. zwischen 1- und 2-Familien-Häusern „mit Keller, Dachgeschoss nicht ausgebaut", „mit Keller, Dachgeschoss ausgebaut", „mit Keller, Flachdach" sowie „ohne Keller, Dachgeschoss ausgebaut", „ohne Keller, Dachgeschoss nicht ausgebaut", „ohne Keller, Flachdach". Dabei sind die Regelherstellungskosten bei den Gebäuden mit Keller deutlich geringer, da die Grundrissebene Keller in die Brutto-Grundfläche miteinfließt. Die Regelherstellungskosten variieren zwischen 520,00 € und 3.780,00 € je Quadratmeter.

3671 Die Werte aus Teil II der Anlage 24 zum Bewertungsgesetz wurden aus den Normalherstellungskosten des Jahres 2000 (Anlage 7 der Wertermittlungsrichtlinien 2006) abgeleitet. Sie enthalten auch die Baunebenkosten und sind Deutschland weit ermittelt worden, ohne regionale Differenzierung. Ggü. der Wertermittlungsverordnung wurden vereinfachend Gebäudetypen zusammengefasst und die Werte des Jahres 2000 aufgrund des Baupreisindex, den das Statistische Bundesamt ermittelt, auf den 01.01.2007 fortgeschrieben. Das Finanzministerium ist gem. § 190 Abs. 1 Satz 4 BewG ermächtigt, durch Rechtsverordnung die Regelherstellungskosten künftig zu aktualisieren.

3672 Die **Differenzierung zwischen den Ausstattungsstandards** „einfach", „mittel" und „gehoben" ist in Teil III der Anlage 24 für einzelne Gebäudearten und Kostengruppen (Fenster, Sanitär, Heizung usw.) differenziert.

Die in den Wertermittlungsrichtlinien (Tz. 3.6.1.1.1 WertR 2006) verlangte Gewichtung der einzelnen Kostengruppen (da z.B. die Elektroinstallation einen geringeren Anteil an den Gesamtkosten ausmacht als die Bedachung) ist in das Bewertungsgesetz nicht übernommen worden, sodass insoweit mit Diskussionen mit der Finanzverwaltung zu rechnen ist, wie ohnehin die Einordnung des Ausstattungstyps der subjektiven Einschätzung, möglicherweise auch dem Neidfaktor, Spielraum eröffnet. 3673

Regelherstellungskosten sind Brutto-Werte, die USt wird – auch bei Vorsteuerabzugsberechtigung des Gebäudeeigentümers nicht herausgerechnet, da es sich insoweit um persönliche, außer Betracht bleibende Verhältnisse handelt. 3674

Die Regelherstellungskosten sind mit der **Brutto-Grundfläche**, also der Summe aller nutzbaren Grundrissebenen, zu multiplizieren. Die Ermittlung der Brutto-Grundfläche ist in Teil I der Anlage 24 zum Bewertungsgesetz eingehend definiert (zugrunde zu legen sind die Nutzungen nach DIN 277, Tabelle 1, Nr. 1 bis 9). Sie erfasst auch die konstruktiven Umschließungen. Dabei bildet die Brutto-Grundfläche die Summe aus der Netto-Grundfläche und der Konstruktionsgrundfläche, sodass die äußeren Maße der Bauteile samt Verkleidung, Putz, Außenschalen etc. i.H.d. Boden- bzw. Deckenbelagsoberkanten anzusetzen sind. Gestalterische Vor- und Rücksprünge, Sockelleisten etc. Überstände, Teile von Fenster- und Türverkleidungen bleiben unberücksichtigt, ebenso Flächen, die lediglich zur Wartung oder Inspektion dienen (fest installierte Dachleitern etc.). Nutzbare Dachflächen (Dachterrassen) zählen jedoch zur Brutto-Grundfläche. 3675

(b) Alterswertminderung

Der **Gebäuderegelherstellungswert** ist bezogen auf ein neu errichtetes Gebäude, sodass im nächsten Schritt die Alterswertminderung zu berücksichtigen ist. Das Gesetz geht von einer linearen (gleichmäßigen) Wertminderung im Verhältnis des bisherigen Gebäudealters zur wirtschaftlichen Gesamtnutzungsdauer aus. 3676

Während beim Ertragswertverfahren das Alter des Gebäudes (identisch mit der Abschreibung) im Vervielfältiger berücksichtigt ist und dort dem Gedanken Rechnung trägt, dass der Gebäudeeigentümer eine Erneuerungsrücklage in Höhe dieser Abschreibung zu bilden hat, soll beim Sachwertverfahren der tatsächliche, durch das Alter bedingte Wertverzehr berücksichtigt werden. 3677

Die **wirtschaftliche Gesamtnutzungsdauer** ist (wie beim Ertragswertverfahren) für einzelne Gebäudearten in Anlage 22 zum Bewertungsgesetz verbindlich festgelegt (1- und 2-Familien-Häuser 80 Jahre, Verwaltungsgebäude 60 Jahre, Industrielager, Ausstellungsgebäude 50 Jahre). Wie beim Ertragswertverfahren ist auch hier eine **Mindestrestnutzungsdauer** anzusetzen, die jedoch nicht (wie dort) 30% der Gesamtnutzungsdauer, sondern 40% der Gesamtnutzungsdauer umfasst, sodass sie bei 1- und 2-Familien-Häusern 32 Jahre, bei Verwaltungsgebäuden 24 Jahre und bei Industrie/Lager/Ausstellungsgebäuden 20 Jahre umfasst. Der Gesetzgeber unterstellt offensichtlich, dass ältere Gebäude ohnehin laufend instand gehalten werden. Wie beim Ertragswertverfahren kann die wirtschaftliche Gesamtnutzungsdauer verlängert oder verkürzt werden, wobei der Mindestansatz von 40% der gesetzlichen Gesamtnutzungsdauer nicht unterschritten 3678 werden darf, sodass zumindest Verkürzungen (aber auch Verlängerungen bei alten Gebäuden) selten eintreten werden.

(4) Marktanpassung durch Wertzahl

3679 Die **Addition** des nach allgemeinen Grundsätzen ermittelten **Bodenwerts** (Rdn. 3668) und des **Gebäudesachwerts** (Gebäuderegelherstellungswert abzgl. Alterswertminderung, Rdn. 3669 ff.) ergibt den **vorläufigen Sachwert**. Dieser berücksichtigt jedoch noch nicht die Lage auf dem örtlichen Grundstücksmarkt, muss daher durch Marktanpassungsab- oder -zuschläge angepasst werden, um den Grundbesitzwert als Verkehrswert nach Sachwertsgesichtspunkten zu ermitteln. Erforderlich ist also, die für bestimmte Objekte ermittelten Sachwerte in Relation mit bekannten Kaufpreisen zu setzen.

3680 Durch die Neufassung des § 193 BauGB sind Gutachterausschüsse künftig verpflichtet, Sachwertfaktoren (insb. für 1- und 2-Familien-Häuser) zu ermitteln. Solange diese nicht zur Verfügung stehen, enthält **Anlage 25 zum BewG** typisierte Wertzahlen, die ausweislich der Gesetzesbegründung aus bundesweiten Untersuchungen bei Gutachterausschüssen ermittelt wurden. Diese Wertzahlen stehen in Abhängigkeit vom vorläufigen Sachwert und dem Bodenrichtwert für das Grundstück, und zwar dergestalt, dass die Wertzahl um so geringer ist, je höher der vorläufige Sachwert ist und umgekehrt, um so höher ist, je höher der Wert des Grund und Bodens ist.

3681 **Hinweis:**

Unverständlicherweise ist die Wertzahl bei Geschäftsgrundstücken nur abhängig vom vorläufigen Sachwert des Gebäudes, nicht vom Bodenrichtwert, sodass ein altes Gebäude in bester Innenstadtlage (etwa ein Kaufhaus) dieselbe Wertzahl aufweist wie ein neues Fabrikgebäude in einer billigen Stadtrandlage; es findet also eine extreme Pauschalierung statt.

3682 Die Tabelle weist Wertzahlen zwischen 0,3 (hoher vorläufiger Sachwert über 500.000,00 €, geringer Bodenrichtwert bis 15,00 €) und 1,4 (geringer vorläufiger Sachwert bis 50.000,00 €, Bodenrichtwert über 500,00 €) aus. Sie sind differenziert zwischen 1- und 2-Familien-Häusern sowie Wohnungseigentum einerseits, und Teileigentum, Geschäftsgrundstücken, gemischt genutzten Grundstücken und sonstigen bebauten Grundstücken andererseits (bei Letzteren lediglich abhängig vom vorläufigen Sachwert, nicht vom Bodenrichtwert, differierend zwischen 0,7 und 0,9).

Beim Ertragswertverfahren entfällt eine solche Marktanpassung, da die Miete und der Liegenschaftszins bereits die Marktkomponenten des konkreten Umfelds berücksichtigen.

(5) Berechnungsbeispiel

Fall:[315]

Ein 1-Familien-Haus mit Keller, ohne Dachgeschossausbau, mittlerer Ausstattungsstandard, für das kein Vergleichswert vorliegt, verfügt über eine Brutto-Grundfläche von 200 m^2, Baujahr 1978. Es ist auf

---

315 Nach *Pauli/Maßbaum/Reiser*, Erbschaftsteuerreform 2009, S. 390.

einem Grundstück von 800 m², Bodenrichtwert 300,00 €, errichtet. Zum Bewertungsstichtag des Jahres 2009 ist der Sachwert zu ermitteln:

Der Bodenwert ergibt sich aus der Multiplikation von Grundstücksfläche mal Bodenrichtwert, 800 m² x 300,00 € = 240.000,00 €.

Der Gebäudesachwert ermittelt sich aus dem Gebäuderegelherstellungswert (Regelherstellungkosten) nach Anlage 24 zum Bewertungsgesetz: 690,00 € je Quadratmeter mal 200 m² Brutto – Geschossfläche = 138.000,00 €, abzgl. einer Wertminderung von 31/80 (bisheriges Gebäudealter in Relation zur Gesamtnutzungsdauer gem. Anlage 22 zum Bewertungsgesetz, also Minderung um 38,75 %, demnach um 53.475,00 €, sodass ein Gebäudesachwert von 84.525,00 € verbleibt und sich in der Addition zum Bodenwert ein vorläufiger Sachwert von 324.525,00 € ergibt. Die anzuwendende Wertzahl zur Anpassung an den Markt beträgt gem. Anlage 25 zum Bewertungsgesetz 0,9, sodass der Grundbesitzwert 292.073,00 € umfasst. Damit sind auch etwaige Außenanlagen abgegolten.

f) Bewertung des Erbbaurechts (§ 193 BewG)[316]

Während nach bisherigem Recht der Gesamtwert des bebauten Grundstücks ermittelt und in einem zweiten Schritt auf das belastete Grundstück und das Erbbaurecht aufgeteilt wurde, sehen § 193 BewG (für das Erbbaurecht) und § 194 BewG (für das Erbbaugrundstück) nunmehr jeweils eine getrennte Ermittlung vor, die im Wesentlichen die Grundsätze der Wertermittlungsrichtlinen 2006 (Tz. 4.3.2 für das Erbbaurecht, 4.3.3 für das Erbbaugrundstück) übernehmen.

aa) Vergleichswertverfahren

Vorrangig ist gem. §§ 193 Abs. 1, 183 BewG zu ermitteln, ob Kaufpreise für entsprechende Vergleichsobjekte vorliegen, was (ausweislich der Gesetzesbegründung) Objekte innerhalb derselben Grundstücksart mit annähernd gleichhohen Erbbauzinsen und Gebieten mit annähernd gleichem Bodenwertniveau, mit annähernd gleicher Restlaufzeit und annähernd gleichen Möglichkeiten der Anpassung des Erbbauzinses voraussetzt. Dies wird allenfalls gegeben sein bei Wohngebieten, die zur gleichen Zeit nach einheitlichem Vertragsmuster für vergleichbare Zwecke als Erbbaurecht ausgegeben wurden.

bb) Finanzmathematisches Verfahren

In allen anderen (sicherlich in der Praxis überwiegenden) Fällen ist das finanzmathematische Verfahren anzuwenden, das 4.3.2.1 WertR 2006 entspricht. Der Wert des Erbbaurechts wird hier aus dem Bodenwertanteil und dem Gebäudewertanteil durch Additon ermittelt.

---

316 Vgl. Überblick bei *Mannek/Roscher*, ZNotP 2011, 162 ff.

Der Bericht des Finanzausschusses[317] enthält folgenden schematischen **Verfahrensüberblick**:

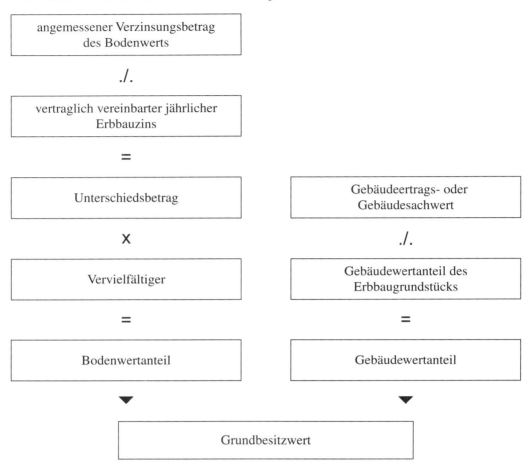

(1) Bodenwertanteil

3686 Der Bodenwertanteil repräsentiert den wirtschaftlichen Vorteil des Erbbauberechtigten aus einem vergünstigten, also unter der angemessenen Bodenwertverzinsung liegenden, Erbbauzins. Er ist also positiv bei einem „zu geringen", negativ bei einem überhöhten Erbbauzins, wobei Letzteres sich bspw. auch daraus ergeben kann, dass die Bodenpreise seit der Bestellung des Erbbaurechts stark gefallen sind, sodass die ursprünglich angemessene Verzinsung sich nun als über dem Marktniveau liegend darstellt. Diese Bewertung erfolgt unabhängig davon, dass § 9a ErbbauRG für Wohnzwecken dienenden Erbbaurechten die Anpassung des Erbbauzinses an die Bodenwertentwicklung eng begrenzt, nämlich auf das Mittel des Anstiegs der Löhne und der Preise.

---

317 BT-Drucks. 16/11107 v. 26.11.2008.

Der **„angemessene" Liegenschaftszins** ist vorrangig durch den Gutachterausschuss zu ermitteln. Fehlen solche Werte, bestimmt § 193 Abs. 4 BewG als angemessene Verzinsung (zugleich als Anhaltspunkt für einen grundstückswertabhängigen fairen Erbbauzins): 3 % für 1- und 2-Familien-Häuser (auch Wohnungseigentum i.S.d. unechten Realteilung, das wie ein 1- oder 2-Familien-Haus ausgestaltet ist), 5 % für Mietwohngrundstücke und sonstiges Wohnungseigentum, 5,5 % für gemischt genutzte Grundstücke mit einem gewerblichen Anteil (nach Wohn-Nutzfläche) bis zu 50 % und sonstige bebaute Grundstücke, 6 % für gemischt genutzte Grundstücke mit gewerblichem Anteil über 50 % und 6,5 % für Geschäftsgrundstücke und Teileigentum.

3687

Der **Unterschiedsbetrag** zwischen dem vertraglich vereinbarten Erbbauzins (ohne Dynamisierungskomponente) und der angemessenen Bodenwertverzinsung ist zu **kapitalisieren** mit einem Vervielfältiger, der sich aus Anlage 21 ergibt. Er ist abhängig vom Liegenschaftszins und der Restlaufzeit des Erbbaurechts zum Stichtag der Versteuerung. Je höher die Restlaufzeit des Erbbaurechts und je geringer die zu vergleichende Bodenwertverzinsung, umso höher ist der Multiplikator (max. 31,6).

3688

(2) Gebäudewertanteil

Sofern aufgrund des Erbbaurechts das Gebäude zum Stichtag der Besteuerung bereits errichtet wurde, bzw. das Erbbaurecht ein solches schon voher bestehendes Gebäude erfasst hat, ist naturgemäß ebenfalls dieses Gebäude mit einzubeziehen. Der Gebäudewert ist nach dem **Ertragswert-** (Rdn. 3638 ff.) bzw. dem **Sachwertverfahren** (Rdn. 3666 ff.) zu ermitteln in gleicher Weise wie dies für ein bebautes Grundstück der Fall wäre. Der Gebäudewert reflektiert die Regelung des § 27 ErbbauRG, wonach beim Ablauf des Erbbaurechtsvertrags eine Entschädigung i.H.d. Verkehrswerts des Gebäudes beansprucht werden kann, sofern nicht (wie allerdings in der Praxis die Regel) eine abweichende Vereinbarung getroffen wurde. Bei Erbbaurechten zu Wohnzwecken für „minderbemittelte Bevölkerungskreise" darf diese Entschädigung nicht unter zwei Dritteln des seinerzeitigen Verkehrswerts liegen.

3689

Hat demgemäß aufgrund des Erbbaurechtsvertrags der Grundstückseigentümer beim Zeitablauf nur eine teilweise **Entschädigung für das Erbbaurecht** zu gewähren, ist der Gebäudewertanteil entsprechend zu reduzieren; technisch handelt es sich um den Abzug desjenigen Anteils am Gebäudewert, der dem Grundstückseigentümer zufällt. Dieser dem Grundstück zuzurechnende Anteil ist auf den Bewertungsstichtag abzuzinsen nach Maßgabe der als Anlage 26 des Bewertungsgesetzes aufgeführten Abzinsungsfaktoren. Für die Feststellung des Gebäudewertanteils des Erbbaugrundstücks sind die künftigen Verhältnisse im Zeitpunkt des Ablaufs des Erbbaurechts maßgebend, sodass im Ergebnis der Gebäude-Sach- bzw. Gebäude-Ertragswert sowohl auf den Bewertungsstichtag als auch auf den Zeitpunkt des Ablaufs des Erbbaurechts zu ermitteln ist. Aus Vereinfachungsgründen sieht das Bewertungsgesetz bei Erbbaurechtsgebäuden keine Marktanpassungsfaktoren vor.

3690

cc) Berechnungsbeispiel

3691 *Fall:*[318]

Auf einem Grundstück (Bodenwert gem. § 179 BewG 100.000,00 €) wurde ein Erbbaurecht ausgegeben, auf dessen Grundlage im Jahr 1980 ein 1-Familien-Haus errichtet wurde. Sein Gebäuderegelherstellungswert i.S.d. § 190 BewG belaufe sich auf 250.000,00 €. Jährlich ist ein Erbbauzins von 2.000,00 € zu entrichten; bei Fristablauf sind zwei Drittel des Gebäudewerts zu entschädigen. Zum Bewertungsstichtag (2009) hat das Erbbaurecht noch eine Restlaufzeit von 30 Jahren.

Bodenwertanteil des Erbbaurechts:

Die angemessene Bodenwertverzinsung würde sich auf 100.000,00 € mal 3 % (vgl. § 193 Abs. 4 BewG: 1-Familien-Haus) = 3.000,00 € im Jahr belaufen; der Erbbauzins beträgt lediglich 2.000,00 €, sodass der Unterschiedsbetrag von 1.000,00 € gem. Anlage 21 bei einer Restlaufzeit von 30 Jahren mit 19,6 also auf 19.600,00 € zu kapitalisieren ist.

Hinzu kommt der Gebäudewertanteil:

Der Gebäudesachwert zum Bewertungsstichtag beläuft sich auf 250.000,00 € abzgl. Alterswertminderung von 29 (bisheriges Alter)/80tel (wirtschaftliche Gesamtnutzungsdauer), also 36,25 %, sodass nach Abzug von 90.625,00 € 159.375,00 € verbleiben.

Dieser aktuelle Gebäudesachwert ist vermindert um den Gebäudewertanteil des Erbbaugrundstücks. Zu diesem Zweck ist der voraussichtliche Gebäudesachwert am Ende des Erbbaurechts zu ermitteln: Eigentlich wäre hierfür der Gebäuderegelherstellungswert von 250.000,00 € um 59/80tel = 73,25 % zu mindern (59 Jahre wird das Alter des Gebäudes betragen beim Ablauf des Erbbaurechts), mindestens muss jedoch nach Abzug der Alterswertminderung ein Gebäuderegelherstellungwert von 40 % verbleiben, § 190 Abs. 2 Satz 4 BewG, sodass der Abzug bei 60 % gekappt ist und zum Ablauf des Erbbaurechts ein Gebäudesachwert von 100.000,00 € verbleibt.

Dieser künftige Gebäudesachwert zum Ablauf des Erbbaurechts (100.000,00 €) ist gem. Anlage 26 zum Bewertungsgesetz abzuzinsen auf den Wertermittlungsstichtag, also den Gegenwartswert. Bei einer Restlaufzeit des Erbbaurechts von 30 Jahren und einem Liegenschaftszins von 3 % beträgt der Faktor 0,4120, sodass der auf den Wertermittlungsstichtag abgezinste Sachwert 41.200,00 € beträgt. Der Grundstückseigentümer hat ein Drittel des seinerzeitigen Werts nicht zu entschädigen, dies entspricht 33,33 % von 41.200,00 €; also beträgt der Gebäudewertanteil des Erbbaugrundstücks 13.733,00 €.

Insgesamt ist also finanzmathematisch das Erbbaurecht zu bewerten als Addition des Bodenwertanteils des Erbbaurechts (19.600,00 €) zuzüglich des Gebäudesachwerts zum Bewertungsstichtag (159.357,00 €) abzgl. desjenigen Gebäudewertanteils, der auf das Erbbaugrundstück entfällt (13.733,00 €), sodass 165.242,00 € verbleiben.

g) Bewertung des Erbbaugrundstücks (§ 194 BewG)

3692 § 194 BewG bestimmt spiegelbildlich das Bewertungsverfahren als Addition des Bodenwertanteils (Summe des abgezinsten Bodenwerts des unbelasteten Grundstücks zuzüglich der während der Restlaufzeit kapitalisierten Erbbauzinsen) und des abgezinsten Gebäudewertanteils nach folgendem Schema:[319]

---

318 *Pauli/Maßbaum/Reiser*, Erbschaftsteuerreform 2009, S. 396.
319 Bericht des Finanzausschusses, BT-Drucks. 16/11107 v. 26.01.2008.

A. Schenkungsteuerrecht

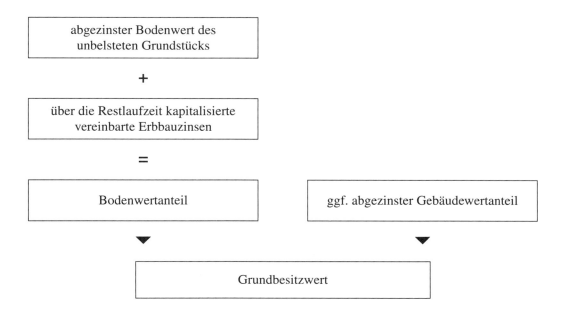

Die Bewertung folgt im Wesentlichen den Grundsätzen der Wertermittlungsrichtlinie 2006 (Tz. 4.3.3). Vorrangig vor dem vorstehend skizzierten und nachstehend erläuterten finanzmathematischen Verfahren ist allerdings auch hier gem. § 194 Abs. 1 BewG das Vergleichswertverfahren (§ 183 BewG) zugrunde zu legen, wobei hinsichtlich der Vergleichbarkeit der Grundstücke dieselben Anforderungen wie beim Erbbaurecht selbst gelten (oben Rdn. 3684 ff.). Es wird daher i.d.R. am ausreichend berücksichtigungsfähigen Vergleichssachverhalten fehlen.[320]

3693

aa) Bodenwertanteil

Zur **Ermittlung des Bodenwertanteils** ist zunächst der Bodenwert als solcher (Grundstücksgröße multipliziert mit den Bodenrichtwerten) abzuzinsen auf die Restlaufzeit des Erbbaurechts (angesichts des Umstands, dass jedenfalls auf diese Zeit eine selbstständige Nutzung des Erbbaugrundstücks ausscheidet). Die Abzinsung ergibt sich aus dem Faktor in Anlage 26 in Abhängigkeit von der Restnutzungsdauer und dem zugrunde zu legenden Liegenschaftszins (welch Letzterer bei einem Erbbaurecht für ein Ein-Familien-Haus bspw. 3 % beträgt). Dieser Betrag wird erhöht um den kapitalisierten Erbbauzins selbst, gemessen am derzeitigen Jahreserbbauzinsbetrag und dem Multiplikator nach Anlage 21 (wiederum abhängig von der Restlaufdauer und dem Liegenschaftszinssatz). Die Summe beider ergibt den Bodenwertanteil.

3694

bb) Gebäudewertanteil

Sofern der Grundstückseigentümer bei Fristablauf des Erbbaurechts nicht den vollen Wert des seinerzeitigen Gebäudes zu entschädigen hat, kommt dem Erbbaugrundstück auch ein Gebäudewertanteil zu (spiegelbildlich zum entsprechenden Abzug des Gebäudewertanteils des Erbbau-

3695

---

320 Vgl. *Drosdzol* ZEV 2008, 177, 181.

grundstücks bei der Bemessung des Erbbaurechts selbst, vgl. oben Rdn. 3689 ff.) Für die Praxis problematisch wird allerdings sein, dass der Grundstückseigentümer regelmäßig nicht über die Daten zur Bewertung des Gebäudes verfügt, die zur Ermittlung dieses Gebäudewertanteils des Erbbaugrundstücks erforderlich sind.[321]

cc) Berechnungsbeispiel

3696 *Fall:*[322]

Gem. den Sachverhaltsdaten des obigen Beispiels Rdn. 3691 (dort Berechnung des Erbbaurechts) ist der Grundbesitzwert des Erbbaugrundstücks zu ermitteln:

Unmittelbarer Bodenwert 100.000,00 €, abzuzinsen mit dem Faktor laut Anlage 26 (bei 30 Jahren Restnutzungsdauer: 0,412) ergibt einen abgezinsten Bodenwert des unbebauten Grundstücks von 41.200,00 €.

Der Jahreserbbauzins von 2.000,00 € ist gem. Anlage 21 (30 Jahre Restlaufzeit, Liegenschaftszins 3 % für 1-Familien-Häuser) mit 19,6 zu multiplizieren, dies ergibt einen kapitalisierten Erbbauzins von 39.20,00 €, gesamter Bodenwertanteil also (addiert) 80.400,00 €.

Hinzu kommt der abgezinste Gebäudewertanteil bei einer Entschädigungsquote von 2/3 (also 33,33 % aus dem abgezinsten künftigen Sachwert) beim Ablauf des Erbbaurechts von 41.200,00 €, das sind 13.733,00 €, sodass der gesamte Grundbesitzwert des Erbbaugrundstücks auf 94.133,00 € beläuft.

h) Gebäude auf fremdem Grund und Boden (§ 195 BewG)

3697 Handelt es sich bei dem Gebäude um einen zivilrechtlichen Scheinbestandteil i.S.d. § 95 BGB oder um eine Gebäude, bzgl. dessen der Grundstückseigentümer bei Beendigung der Nutzungsberechtigung zur Erstattung des Verkehrswerts des Gebäudes verpflichtet ist (auch wenn sachenrechtlich kein Scheinbestandteil vorliegt), liegt steuerrechtlich ein „Gebäude auf fremdem Grund und Boden" vor. Gem. § 195 BewG sind hier die Grundsätze zur Bewertung eines Erbbaurechts bzw. eines erbbaubelasteten Grundstücks entsprechend anzuwenden, wobei jedoch auf die vorgängige Vergleichsrechnung verzichtet wird, da Vergleichswerte hierfür kaum zur Verfügung stehen werden.

3698 Als **Gebäudewert** ist lediglich der Ertrags- bzw. Sachwert des Gebäudes anzusetzen, allenfalls mit der Besonderheit, dass die Mindestrestnutzungsdauer von 30 % (beim Ertragswertverfahren) bzw. 40 % der wirtschaftlichen Gesamtnutzungsdauer (beim Sachwertverfahren) entfällt, wenn der Gebäudebesitzer beim Ablauf des Nutzungsrechts dieses beseitigen muss. Die Vorteile aus der Nutzung des Grund und Bodens bleiben vereinfachend unberücksichtigt.

3699 Der Wert des belasteten **Grund und Bodens** selbst entspricht dem Bodenwert, abgezinst auf den Bewertungsstichtag nach Anlage 26, zuzüglich des auf die Restlaufzeit des Nutzungsrechts kapitalisierten Entgelts (Vervielfältiger gem. Anlage 21), ebenso wie beim erbbaurechtsbelasteten Grundstück. Der Gebäudewertanteil bleibt hierbei ebenfalls vereinfachend unberücksichtigt.

---

321 *Krause/Grootens*, BBEV 2008, 132, 135.
322 Gemäß *Pauli/Maßbaum/Reiser*, Erbschaftsteuerreform 2009, S. 398.

i) „Escape-Klausel" (Verkehrswertnachweis, § 198 BewG)

aa) Verfahren

Die vorstehend erläuterten Bewertungsverfahren enthalten typisierende Vereinfachungen, um Massenbewertungen durchführen zu können. § 198 Satz 1 BewG eröffnet daher dem Steuerpflichtigen die Möglichkeit, den niedrigeren gemeinen Wert der wirtschaftlichen Einheit am Bewertungsstichtag in anderer Weise nachzuweisen, wobei hierfür grds. die gem. § 199 Abs. 1 BauGB erlassenen Vorschriften, also die Wertermittlungsverordnung – seit 01.07.2010 die Immobilienwertermittlungsverordnung,[323] **ImmoWertV**, und die Wertermittlungsrichtlinien, heranzuziehen sind (§ 198 Satz 2 BewG). 3700

Da Letztere jedoch nur „grundsätzlich" gelten, dürfte – wie bisher[324] – ein **zeitnaher Verkauf** des konkret zu bewertenden Objekts zum Nachweis des gemeinen Werts ausreichen, sofern er im gewöhnlichen Geschäftsverkehr zustande kam. Ein Verkauf des Objektes im Jahr vor oder nach dem Bewertungsstichtag genügt jedenfalls (R 163 Abs. 2, 177 Abs. 23 ErbStR 2003). Liegt der Verkauf länger zurück, muss nach Ansicht des BFH[325] zusätzlich der Gutachterausschuss bestätigen, dass Bodenwert und maßgebliche Miete seitdem unverändert geblieben sind. 3701

Abgesehen von diesen Fällen kann der Nachweis eines niedrigeren gemeinen Werts praktisch nur durch ein **Gutachten**[326] des Gutachterausschusses oder eines Sachverständigen[327] erfolgen.[328] Es unterliegt der freien Beweiswürdigung (R 177 Abs. 1 Satz 3 ErbStR 2003); bei inhaltlichen Mängeln kann das FA es schlicht zurückweisen, ohne ein Gegengutachten zu erstellen (vgl. hierzu auch zur bisherigen Escape-Klausel des § 138 Abs. 4 BewG und zur Vorgängernorm des § 146 Abs. 7 BewG Rn. 3238 der Vorauflage).[329] 3702

Die **Kosten** des Gutachtens trägt der Steuerpflichtige, auch wenn er im Rahmen eines Finanzgerichtsverfahrens obsiegt (erstattungsfähige Verfahrenskosten liegen nur dann vor, wenn das Gericht selbst zur Feststellung der üblichen Miete ein Mietgutachten angefordert hat).[330] 3703

Ob sich die Erstellung des Sachverständigengutachtes empfiehlt, hängt insb. davon ab, welche **wertmindernden Bewertungsparameter** zusätzlich eingeführt werden können, die bei den typisierten gesetzlichen Verfahren unberücksichtigt geblieben sind – dabei ist jedoch zu bedenken, 3704

---

323 BGBl. 2010 I, S. 639; vgl. hierzu ausführlich *Eisele/Schmitt*, NWB 2010, 2232 ff.
324 BFH, 02.07.2004 – II R 55/01, BStBl. 2004 II, S. 703; ebenso *Eisele*, NWB 2008, 4679, unter II 3a. Nach FG Brandenburg, 15.09.2010 – 3 K 3232/07, ErbStB 2011, 40 ist ein zeitnaher Fremdverkauf dem Gutachten stets vorzuziehen.
325 BFH, 02.07.2004 – II R 55/01, BStBl. 2004 II, S. 703; FG Nürnberg, 29.03.2001, EFG 2001, 960.
326 Vgl. insgesamt *Eisele*, ZEV 2007, 170, *Bruschke*, ErbStB 2011, 147 ff. Im Gutachten sind alle plausiblen lagetypischen Merkmale des Grundstücks zu erfassen und durch Zu- und Abschläge vom Vergleichswert zu berücksichtigen, BFH, 02.07.2004 – II R 55/01, ErbStB 2004, 27. Dieses Gutachten ist jedoch für das FA nicht bindend, sondern auf inhaltliche Richtigkeit und Schlüssigkeit zu prüfen, R 161 Abs. 1 Satz 4 ErbStR.
327 Im Hinblick auf einen späteren Finanzgerichtsprozess ist zu empfehlen, einen öffentlich bestellten und vereidigten Sachverständigen zu wählen, vgl. § 404 Abs. 2 ZPO. Ein Wirtschaftsprüfer genügt gem. BFH, 10.11.2004 – II R 69/01, ZEV 2005, 129 m. Anm. *Götz*.
328 BFH, 10.11.2004 – II R 69/01, BStBl. 2005 II, S. 259.
329 Gleichlautende Erlasse der Länder v. 24.08.1998, DB 1998, 1840.
330 Hessisches FG, 10.01.2008, DATEV-Dokument 5006420.

dass i.R.d. Wertermittlungsverordnung möglicherweise auch werterhöhende Faktoren zusätzlich zu erfassen sind, die bei der gesetzlichen Betrachtung außer Ansatz geblieben wären. Soweit Jahresabschlüsse von Unternehmen nach IFRS (International Financial Reporting Standards) erstellt sind und Betriebsgrundstücke dabei in der Bilanz mit dem Marktwert angesetzt werden, dürften die dafür vorliegenden Sachverständigenbewertungen regelmäßig herangezogen werden (auch unmittelbar durch das FA).

3705 Der Nachweis des Marktwerts ist jeweils für eine gesamte wirtschaftliche Einheit zu führen, also bspw. nicht isoliert auf den Wert des Grund und Bodens bei einem bebauten Grundstück. Der Umfang der wirtschaftlichen Einheit kann jedoch geringer sein als beim Grundbuchgrundstück, etwa wenn unbebaute Grundstücksflächen selbstständig bebaut werden können, oder bei Fabrikanlagen (vgl. R 178 Abs. 3 Satz 2, Abs. 6 ErbStR 2003 zu Fabrikationsnebengebäuden).

3706 Die Methodik der Wertermittlung ist (verbindlich allerdings nur für Gutachterausschüsse, §§ 192 ff. BauGB) in der Wertermittlungsverordnung (WertV), seit 01.07.2010 in der Immobilienwertermittlungsverordnung **(ImmoWertV)**,[331] ergänzt durch die in den **Wertermittlungsrichtlinien** (WertR 2006 v. 01.03.2006 – BAnz. 2006, 4325 ff.) enthaltenen Verwaltungsanweisungen, niedergelegt. Demnach wird der Verkehrswert (= Marktwert), § 194 BauGB, (= gemeiner Wert, § 9 BewG) bestimmt:

- hinsichtlich unbebauter Grundstücke nach dem Vergleichswertverfahren (§§ 13 bis 14 WertV, §§ 15 bis 16 ImmoWertV),
- hinsichtlich Geschäfts- und Fabrikgrundstücken und Büroobjekten nach dem Ertragswertverfahren (§§ 15 bis 20 WertV, §§ 17 bis 20 ImmoWertV),
- für eigengenutzte Ein- oder Zweifamilienhäuser, eigenbetrieblich genutzte Objekte nach dem Sachwertverfahren (§§ 21 bis 25 WertV, §§ 21 bis 23 ImmoWertV),
- für Eigentumswohnungen und Mietwohnungen nach derm Vergleichs-, hilfsweise dem Ertrags- oder Sachwertverfahren.

3707 In der Praxis gewinnen **internationale Wertermittlungsstandards**[332] an Bedeutung, insb. zusammengefasst im sog.
- White Book des IVSC (International Valuation Standards Committee),
- Blue Book der TEGoVA (The European Group of Valuers' Association),
- Red Book der RICS (Royal Institution of Chartered Surveyors).

bb) Anwendungsfälle

3708 Interessant ist der gutachterliche Wertnachweis insb. in folgenden Sachverhaltskonstellatione:[333]
1. bei unbebauten Grundstücken, wenn nachteilige Abweichungen in Bezug auf Ecklage, Zuschnitt, Oberflächenbeschaffenheit, Beschaffenheit des Baugrunds, Lärm-, Staub- oder Geruchsbelästigung, Altlasten, abbruchreife Gebäude, langfristige Miet- und Pachtverträge, Lasten aufgrund Planungsbauordnungs- und Abgabenrecht sowie aufgrund Denkmal-, Na-

---
[331] BGBl. 2010 I, S. 639; vgl. *Eisele/Schmitt*, NWB 2010, 2232 ff.
[332] Vgl. hierzu *Eisele*, NWB 2007, 183 = Fach 9, S. 2869 ff.
[333] Vgl. *Eisele*, NWB 2008, 3447 ff.

tur- und Gewässerschutzrecht sowie privatrechtliche oder öffentlich-rechtliche Belastungen wie etwa Vorkaufsrechte oder Leibrenten bestehen, die gem. § 5 Abs. 2 WertV bzw. § 6 Abs. 2 ImmoWertV, Tz. 2.2.3, 2.2.6 und 2.2.7 WertR 2006 berücksichtigt werden, in die Bodenrichtwerte des Gutachterausschusses jedoch nicht einfließen. Solche Umstände waren früher durch den Pauschalabschlag von 20 % abgegolten worden.

2. Dies mag auch gelten, wenn solche Beeinträchtigungen auf Nachbargrundstücken vorhanden sind (Mülldeponie, Sportplatz, Starkstromleitungen) und auf das zu bewertende Grundstück ausstrahlen. 3709

3. Selbst wenn Altlasten bereits beseitigt sind, verbleibt ein merkantiler Minderwert, da eine Abneigung besteht, ehemals kontaminierte Grundstücke zu erwerben (anders nur, wenn alle Grundstücke einer Zone von diesem merkantilen Minderwert erfasst sind, sodass sie in die Bodenrichtwerte eingegangen sind).

4. Ein allgemeiner Rückgang der Kaufpreise findet erst allmählich Eingang in die Bodenrichtwerte, sodass auch insoweit ein Sachverständigengutachten zu Abweichungen führen kann. 3710

5. Befindet sich auf dem Grundstück ein nicht mehr benutzbares Gebäude, werden die Abbruchkosten bei der Regelbewertung nicht berücksichtigt (zugrunde zu legen ist danach § 178 Abs. 2 Satz 2 BewG der Wert eines unbebauten Grundstücks), sie können jedoch über ein Sachverständigengutachten berücksichtigt werden (§ 16 Abs. 3 ImmoWertV).[334]

6. Bei bebauten Grundstücken lässt das **Vergleichswertverfahren** Belastungen privatrechtlicher und öffentlich-rechtlicher Art unberücksichtigt; gleichwohl sind diese verkehrswertbestimmend. Solche Lasten öffentlich-rechtlicher Art können sich aus Planungs-, Bauordnungs- und Abgabenrecht sowie aus Denkmal-, Landschafts- und Gewässerschutzrecht ergeben. Privatrechtliche Belastungen sind insb. langfristige nachteilige Miet- und Pachtverträge, dinglich gesicherte Nutzungsrechte, **Nießbrauchs- oder Wohnungsrechte**[335] sowie Leibrenten, da diese im Gegensatz zu Grundpfandrechten, bei denen ein außerordentliches Kündigungsrecht des Darlehensnehmers bei Veräußerung gem. § 490 Abs. 2 BGB besteht, nicht ohne Zustimmung des Berechtigten enthaftet werden können. 3711
Die zur früheren Rechtslage ergangene einschränkende Rechtsprechung des BFH (Rn. 3239 der Vorauflage), wonach die Belastung mit einen (teil-)unentgeltlichen Nutzungsrecht nicht mehr zur wirtschaftlichen Einheit „Grundvermögen" zähle, wird vom Reformgesetzgeber offensichtlich nicht geteilt, da § 10 Abs. 6 Satz 6 ErbStG jedenfalls wahlweise auch die Berücksichtigung solcher Belastungen auf der Bewertungsebene vorsieht (freilich dann einen erneuten Abzug i.R.d. § 10 Abs. 5 ErbStG ausschließt, vgl. Rdn. 3882). Der Abzug auf der Bewertungsebene hat z.B. den Vorteil, dass die Kappung des Jahreswerts auf den 18,6ten Teil des Steuerwerts des belasteten Objektes (§ 16 BewG) nicht greift.

7. I.R.d. **Ertragswertverfahrens** kann der Verkehrswertnachweis bspw. ansetzen an signifikanten Abweichungen der nachhaltig erzielbaren Mieteinnahmen (§ 17 Abs. 1 WertV) bzw. marktüblich erzielbaren Erträgen (§ 18 Abs. 2 Satz 1 ImmoWertV) von den aktuell erzielten Erträgen, höheren nachgewiesenen Bewirtschaftungskosten als in Anlage 23 zum BewG pauschaliert vorgegeben (etwa bei denkmalgeschützten Objekten) – § 19 ImmoWertV –, höheren 3712

---

334 *Ihle*, notar 2011, 12, 14.
335 Vgl. § 5 Abs. 2 und 5 WertV; *Eisele*, DStR 2001, 696; zur Kontroverse zwischen BFH und Finanzverwaltung vgl. Rn. 3239 der Vorauflage.

konkreten örtlichen Liegenschaftszinssätze ggü. den Pauschalsätzen des § 188 Abs. 2 BewG, abweichende Restnutzungsdauer ggü. der durch § 184 Abs. 3 Satz 5 BewG unterstellten 30%igen Mindestrestnutzungsdauer, etwa bei unterbliebener laufender Instandhaltung.

3713 8. Auch beim Sachwertverfahren kann der Verkehrswertnachweis eine Überbewertung vermeiden, die etwa durch den mindestens 40%igen Gebäuderegelherstellungswert (§ 190 Abs. 2 Satz 4 BewG) entstehen kann, etwa bei besonderen Bauschäden, Reparaturstau und ähnlichem, sowie regional abweichenden Marktanpassungsfaktoren, die in der Pauschalierung der Anlage 25 zum BewG keinen Niederschlag gefunden haben.

9. Bei der Bewertung des Erbbaurechts (finanzmathematische Methode) wird aus Vereinfachungsgründen (entgegen Abschnitt 4.3.2.2 WertR 2006) gänzlich auf Marktanpassungsfaktoren verzichtet, sodass diese wiederum im Verkehrswertnachweisverfahren einzuführen sind; Gleiches gilt für sonstige Besonderheiten (wie etwa fehlende Wertsicherungsklauseln beim Erbbauzins).

3714 10. Auch bei **landwirtschaftlichen Wohngebäuden** entfällt der bisher in § 143 Abs. 3 BewG enthaltende Pauschalabschlag von 15%, mit dem der eingeschränkten Fungibilität solcher Bauten Rechnung getragen werden sollte; diese landwirtschaftstypische Beeinträchtigung ist ebenfalls nur im Verkehrswertnachweis berücksichtigbar, ebenso wie wirtschaftliche Überalterung, Baumängel, Denkmalschutzauflagen etc. § 167 Abs. 4 BewG enthält insoweit eine eigenständige Öffnungsklausel, die dem Steuerpflichtigen den Verkehrswertnachweis entweder für den gesamten Wohnteil oder lediglich für die Betriebswohnungen ermöglicht.

2. Bewertung land- und forstwirtschaftlicher Betriebe (§§ 158 ff. BewG)

3715 Rechtsgrundlagen[336] sind die Begriffsbestimmungen in §§ 158 bis 161 BewG sowie die Bewertungsvorschriften in §§ 162 ff. BewG samt der dazu ergangenen Anlagen 14 bis 20 zum BewG. Die Qualität des in diesen Anlagen enthaltenen Zahlenmaterials bestimmt letztendlich über die Geeignetheit des neuen Bewertungsverfahrens. Gleichlautende Erlasse v. 01.04.2009 der obersten Länderfinanzbehörden haben zur Konkretisierung beigetragen.[337]

3716 Das Gesetz definiert auf der ersten Bearbeitungsebene den am Bewertungsstichtag zum land- und forstwirtschaftlichen Vermögen (im Folgenden „LuF-Vermögen") zählenden Bestand; auf der zweiten (Verschonungs-) Ebene steht die Untersuchung der Voraussetzungen der §§ 13a, 13b, 19a ErbStG im Vordergrund, wobei auch auf dieser zweiten Ebene die begriffliche Umgrenzung des LuF-Vermögens bedeutsam ist (gem. § 158 Abs. 4 BewG werden z.B. Geschäftsguthaben, über den normalen Bestand hinausgehende umlaufende Betriebsmittel, Geldforderungen etc. dem übrigen Vermögen bzw. dem Grundvermögen zugeordnet, sodass sie nicht an den Betriebsvermögensverschonungen teilhaben können). Gleiches gilt für den Wohnteil und die Betriebswohnungen.

---

336 Vgl. zum folgenden *Halaczinsky*, ErbStB 2009, 130 ff.; ferner *Hutmacher*, ZEV 2008, 22 ff., *ders.*, ZEV 2008, 182 ff.; *ders.*, ZEV 2009, 22 ff. (zum Wirtschaftsteil); *ders.*, ZNotP 2010, 282 ff.; *Eisele* NWB 2009, 3997 ff.; *von Cölln* ZEV 2011, 182 ff. (für forstwirtschaftliches Vermögen). Allgemein zu Bilanz des Landwirts *Hutmacher*, ZNotP 2011, 211 ff.

337 BStBl. 2009 I, S. 552 ff.; vgl. *Bruschke*, ErbStB 2009, 320 ff.

A. Schenkungsteuerrecht

> **Hinweis:**
> Auch wenn ganz überwiegend mit einer Verschonung gem. §§ 13a, 13b ErbStG (Rdn. 4011 ff.) zu rechnen ist, soll die Bewertung des übertragenen Vermögens kritisch begleitet werden, da sie im Fall einer Nachversteuerung Bedeutung gewinnt.

a) Begriff des „LuF-Vermögens"

§ 158 BewG definiert erstmals den Begriff des „LuF-Vermögens" unter Rückgriff auf ertragsteuerliche Abgrenzungskriterien (vgl. R 15.5 EStR). Kapitalgesellschaften und Genossenschaften, die Land- und/oder Forstwirtschaft betreiben, sind Gewerbebetriebe, sodass für sie die Verfahren gem. §§ 199 ff. BewG (im Zweifel also das vereinfachte Ertragswertverfahren) Anwendung finden. 3717

Als wirtschaftliche Einheiten des LuF-Vermögens gelten demnach das land- und/oder forstwirtschaftliche Einzelunternehmen gem. § 158 Abs. 2 BewG, die Beteiligung an einer land- und/oder forstwirtschaftlich tätigen Personengesellschaft,[338] daneben der Wohnteil, Betriebswohnungen sowie Stückländereien. In fremdem Eigentum stehende Wirtschaftsgüter werden (anders als bisher)[339] nicht mehr in die wirtschaftliche Einheit einbezogen. 3718

b) Umfang des Betriebsvermögens der LuF

Anders als im bisherigen Recht werden Schulden und Lasten durch Abzug in die wirtschaftliche Einheit einbezogen, soweit das korrespondierende Wirtschaftsgut erfasst ist (§ 158 Abs. 5 BewG). Geldforderungen aus Verkäufen sowie auf betrieblichen Konten bereits eingegangene Zahlungsmittel zählen aber zum „übrigen Vermögen", sodass sie auch auf der Verschonungsebene nicht in den Bereich der §§ 13a, 13b, 19a ErbStG einbezogen werden können. 3719

Welche Grundstücke zum LuF-Vermögen oder zum allgemeinen „Grundvermögen" zählen, ist ähnlich wie im bisherigen Recht, in § 159 BewG geregelt. Nur solcher Grund und Boden, der zum LuF-Vermögen gehört, kann nach dem Reinertragsverfahren bewertet werden; die Abgrenzung ist insb. bei Bauland, Bauerwartungsland und Abbauland mitunter schwierig. 3720

Auch das LuF-Vermögen in anderen EU-/EWR-Staaten wird einbezogen, wobei der individuelle Verkehrswert, nicht der nach §§ 162 ff. BewG ermittelte Wert anzusetzen ist (§ 31 BewG); der Wirtschaftsteil und andere selbstbewirtschaftete Flächen sind jedoch ebenfalls begünstigungsfähig (§ 13b Abs. 1 Nr. 1 ErbStG). 3721

c) Bewertung des Wohnteils und der Betriebswohnungen

Maßgeblich für die Bewertung des Wohnteils (§ 160 Abs. 9 BewG) und die Betriebswohnungen (§ 160 Abs. 8 BewG) sind die Vorschriften über die Bewertung von Grundvermögen. Miterfasst ist der zugehörige Grund und Boden, max. jedoch das 5-fache der jeweils bebauten Fläche. Vom Grundstückswert (der gem. §§ 182 ff. BewG zu ermitteln ist, vgl. Rdn. 3630 ff.) wird wegen der 3722

---

338 § 97 Abs. 1 Nr. 45 BewG; es findet eine einheitliche Ermittlung des Vermögens statt, wobei die wirtschaftliche Einheit auch Sonderbetriebsvermögen umfasst, vgl. § 158 Abs. 2 Satz 2 BewG.
339 Zur früheren Rechtslage etwa R 129 ErbStR 2003.

räumlichen Nähe zum Betrieb ein Abschlag von 15 % vorgenommen. Bei Nachweis ist der niedrigere individuelle Wert anzusetzen, § 167 Abs. 4 BewG. Verschonungsfähig sind der Wohnteil und die Betriebswohnungen nicht, § 13b Nr. 1 ErbStG, allerdings können die Voraussetzungen des § 13 Abs. 1 Nr. 4a ErbStG (Übertragung des selbst genutzten Wohneigentums an den Ehegatten zu Lebzeiten, Rdn. 2780 ff.) oder Nr. 4b, 4c ErbStG (Vererbung des selbst genutzten Wohneigentums an Ehegatten bzw. Abkömmlinge zur Selbstnutzung für 10 Jahre, vgl. Rdn. 3912 ff., 3932 ff.) vorliegen.

d) Bewertung des Wirtschaftsteils

3723 Der Wirtschaftsteil umfasst die landwirtschaftliche Nutzung, der Weinbau, Gartenbau, Forstwirtschaft, Nebenbetriebe etc., vgl. § 160 Abs. 2 bis 7 BewG, §§ 169 ff. BewG. Dabei gehören „normale" Tierbestände zur landwirtschaftlichen Nutzung (vgl. Anlagen 19, 20 zum BewG zur Umrechnung in Vieheinheiten); darüber hinausgehende Tierbestände zählen zur gewerblichen Tierzucht. Landwirtschaftliche Nebenbetriebe sind von gewerblichen Nebenbetrieben (etwa Bio-Gas-Anlagen)[340] abzugrenzen. Jeder Bestandteil des Wirtschaftsteils wird gesondert bewertet, wobei ein Mindestwert nicht unterschritten werden darf, die Summe ergibt den Wirtschaftswert des LuF-Betriebs. Stichtag ist dabei der Tag der Steuerentstehung i.S.d. § 9 ErbStG, hinsichtlich der umlaufenden Betriebsmittel der Stand am Ende des dem Stichtag vorangehenden Wirtschaftsjahres (§ 161 Abs. 2 BewG).

3724 Maßgebendes Prinzip ist grds. der sog. „**Fortführungswert**", Untergrenze ist der Mindestwirtschaftswert des §§ 162 Abs. 1 Satz 4, 164 BewG, Obergrenze der – nur auf entsprechenden Nachweis anzusetzende – individuelle gemeine Wert, § 165 Abs. 3 BewG. Werden der Betrieb oder ein Anteil hieran oder wesentliche Wirtschaftsgüter binnen 15 Jahren nach dem Stichtag veräußert oder dienen sie nicht mehr dem LuF-Betrieb, ist stattdessen der Liquidationswert rückwirkend anzusetzen, es sei denn, der Veräußerungserlös wird binnen 6 Monaten zum Erwerb eines anderen Betriebs verwendet (Reinvestitionsklausel).

3725 Die **Stückländerei**, also einzelne, verpachtete landwirtschaftlich genutzte Flächen, werden stets mit dem Mindestwirtschaftswert bewertet (§ 162 Abs. 2 BewG).

aa) Fortführungswert

3726 Der Fortführungswert bemisst sich nach dem Ertragswertverfahren, wobei nicht der individuelle Reingewinn, sondern ein steuerlich **pauschaliert ermittelter Reingewinnbetrag** mit einem Kapitalisierungsfaktor von **18,6** (vgl. § 164 Abs. 11 BewG) multipliziert wird (dieser Faktor entspricht einem Kapitalisierungszins von 5,5 %)[341] Zugrunde zu legen ist der „gemeinhin und nachhaltig" (§ 163 Abs. 2 Satz 3 BewG: nach dem Durchschnitt der letzten 5 Jahre) „erzielbare Reingewinn", also das ordentliche Ergebnis abzgl. eines angemessenen Lohnanteils für die Arbeitsleistung des Betriebsinhabers und abzgl. der Zinsaufwendungen. Der steuerlich pauschal anzusetzende Reingewinn beurteilt sich nach der regionalen **Belegenheit** des Betriebs (36 Regionen), der **Nutzungsart** und der **Betriebsgröße**.

---

340 Vgl. BMF-Schreiben v. 29.06.2006 – IV C 2-S 2236-10/06, BStBl. 2006 I, S. 417.
341 Basiszinssatz von 4,5 % zuzüglich Risikozuschlag von einem Prozentpunkt.

A. Schenkungsteuerrecht

Dabei wird die Betriebsgröße nach **EGE** (europäische Größeneinheiten) kategorisiert. Zur Ermittlung der EGE pro Hektar wird der sog. „Standarddeckungsbeitrag", der vom Statistischen Bundesamt[342] veröffentlicht wird, durch 1.200,00 € geteilt.

3727

Beispiel:[343] *Zuckerrübenanbau 60 Hektar in der Kölner Region*

Der Standarddeckungsbeitrag, gem. Veröffentlichung des Statistischen Bundesamts, beträgt 2.267,00 € je Hektar, auf einen Hektar entfallen also 1,89 EGE (2267: 1200). Bei 60 Hektar ergeben sich also 113,4 EGE, sodass (über 100 EGE) ein Großbetrieb vorliegt.

Je nach Nutzungsart, Betriebsgröße und regionaler Belegenheit enthält die Anlage zum Bewertungsgesetz pauschalierte Reingewinnbeträge pro Hektar landwirtschaftlicher Nutzung (Spalte 4). Für Betriebe der Forstwirtschaft, Weinbau, Gärtnereien, Hopfen/Spargel/Tabak (§ 163 Abs. 4 bis 7 BewG) etc. existieren vergleichbare Anlagen 15 bis 18 zum BewG, die den Reingewinn in €/Hektar nach unterschiedlichen Differenzierungskriterien (Baumart etc.) ausweisen. Die Anlagen 14 bis 18 können durch das BMF turnusmäßig im Verordnungswege an die Erhebungen nach § 2 LandwirtschaftsG angepasst werden.

3728

Der Reingewinn für sonstige LuF-Nutzungen i.S.d. § 175 BewG und für Nebenbetrieb und Abbauland ist im Einzelertragswertverfahren zu ermitteln,[344] soweit nicht auf regionale statistische Werte, etwa der Landwirtschaftskammern, zurückgegriffen werden kann. Der Reingewinn für Umland beträgt 0,00 €, für Geringstland pauschal 5,40 € je Hektar.

3729

Beispiel:

Im vorerwähnten (Rdn. 3727) Zuckerrübenanbaubetrieb beträgt der Reingewinnbetrag (Anlage 14, „Köln", „Ackerbau", „Großbetrieb") 127,00 € je Hektar, somit bei 60 Hektar 7.620,00 €, mit einem Kapitalisierungsfaktor von 18,6 ergibt dies einen Wirtschaftswert von 141.732,00 €.

bb)   Mindestwirtschaftswert

Die Summe der einzelnen Fortführungswerte aller Wirtschaftsteile darf jedoch nicht geringer sein als der Gesamt-Mindestwirtschaftswert i.S.d. § 164 BewG (kapitalisierter Pachtpreis des Grund und Bodens zuzüglich kapitalisiertem Wert des Besatzkapitals abzgl. der Verbindlichkeiten).

3730

Für Klein- und Mittelbetriebe enthält die Anlage 14 Spalte 4 überwiegend negative Reingewinne pro Hektar. Da sich für diese demnach ein negativer Ertragswert ergäbe, ist faktisch für solche Betriebe stets der Mindestwert maßgebend. Für die Stückländerei, also die Verpachtung einzelner landwirtschaftlich genutzter Flächen, ist kraft Gesetzes der Mindestwert stets entscheidend (§ 162 Abs. 2 BewG).

---

342   Betriebswirtschaftliche Ausrichtung und Standarddeckungsbeiträge, Fachserie 3, Reihe 2.1.4, www.ec.statis.de: die Standarddeckungsbeiträge werden demnächst auch im Bundessteuerblatt Teil I veröffentlicht; vgl. BMF v. 18.03.2009 – IV C 2 – S 3015/0, ZEV 2009, 263, beruhend auf den Ermittlungen des Kuratoriums für Technik und Bauwesen in der Landwirtschaft e.V. (KTBL) für die Wirtschaftsjahre 2002/2007. Nach *Halaczinsky*, ErbStB 2009, 133.
343   Nach *Halaczinsky*, ErbStB 2009, 133.
344   Vgl. R 134 Abs. 2 ErbStR 2003.

3731 Dieser Mindestwert ermittelt sich gem. § 164 BewG **zweistufig**, nämlich durch Addition des Werts des Grund und Bodens, einerseits, und des Werts der übrigen Wirtschaftsgüter des Betriebs, andererseits, wobei die jeweiligen Werte um die im Zusammenhang damit stehenden Verbindlichkeiten zu mindern sind. Mindestens ergeben sich jedoch als Ergebnis stets 0,00 €, d.h. der Mindestwert kann nicht negativ sein.

3732 Der Wert des **Grund und Bodens** ermittelt sich aus den Pachtpreisen pro Hektar; Letztere sind in Abhängigkeit von der Nutzung, dem Nutzungsteil und der Nutzungsart aus Anlagen 14 bis 18 zu entnehmen.

Beispiel:

Im oben erwähnten Zuckerrübenanbaubetrieb in der Kölner Region ergibt sich aus Anlage 14, Spalte 5, ein Pachtpreis von 239,00 €, bei 60 Hektar also 14.340,00 €, kapitalisiert mit 18,6, demnach 266.724,00 € (unter der Prämisse, dass keine Verbindlichkeiten vorhanden sind).

3733 Die hinzuzurechnenden übrigen Wirtschaftsgüter umfassen bspw. Wirtschaftsgebäude, stehende Betriebsmittel (Erntemaschinen, Melkanlage), einen normaler Bestand an umlaufenden Betriebsmitteln (Saatgut, Düngemittel) sowie immaterielle Wirtschaftsgüter (Anlieferungs- und Brennrechte). Das Gesetz fasst diese übrigen Wirtschaftsgüter als „Besatzkapital" zusammen. Es enthält in den Tabellen 14 bis 18 zum BewG in Spalte 6 bzw. 5 wiederum in Abhängigkeit von Betriebsgröße, Nutzung, Nutzungsteil und Nutzungsart Hektarwerte, die aber nur für die selbstbewirtschafteten Flächen gelten, d.h. verpachtete Flächen scheiden insoweit aus, während hinzugepachtete Flächen berücksichtigt werden. Das Produkt aus Besatzkapitalwert und der Größe der bewirtschafteten Flächen ist wiederum mit 18,6 (§ 164 Abs. 3 bzw. 5 BewG) zu kapitalisieren.

Beispiel:

Für den vorerwähnten Zuckerrübenbetrieb in der Kölner Region (Großbetrieb) ist gem. Anlage 14 Spalte 6 ein Besatzkapitalwert von 127,00 € pro Hektar anzusetzen; das Ergebnis (7.620,00 €) mit 18,6 kapitalisiert ergibt 141.732,00 €.

3734 Vom Ergebnis sind die Verbindlichkeiten abzuziehen, hinzu kommt ggf. noch der Wert des Wohnteils und der Betriebswohnungen, jeweils abzgl. der darauf entfallenden offenen Verbindlichkeiten. Die Verbindlichkeiten können bei hoch verschuldeten Betrieben mitunter den kapitalisierten Pacht- und Besatzkapitalpreis vollständig neutralisieren; das Mindestergebnis ist allerdings Null (§ 164 Abs. 6 Satz 2 BewG).

cc) Obergrenze Verkehrswert

3735 Gegenüber dem Gesamtergebnis kann ein individueller Nachweis eines niedrigeren Verkehrswerts, § 165 Abs. 3 BewG, sich durchsetzen, ähnlich der „Escape-Klausel" des § 198 BewG (vgl. im Einzelnen Rdn. 3700 ff.).

dd) Ersatzweise: Liquidationswert

3736 Der vorerwähnte Fortführungs- bzw. (wie im Regelfall) Mindestwert wird zwingend und mit Rückwirkung durch den Liquidationswert ersetzt, wenn der Betrieb, der Betriebsteil oder wesentliche Grundlagen entnommen (z.B. veräußert) oder in eine andere Vermögensart, etwa in

Grundvermögen – Bauplätze! –, überführt werden (vgl. § 162 Abs. 3, Abs. 4 BewG). Der Beobachtungszeitraum währt hierfür 15 Jahre. Hat der Erwerber allerdings die 10-jährigen Behaltensvoraussetzungen der 100%igen Verschonung eingehalten, geht der Nachversteuerungsvorbehalt ins Leere; hat er binnen 7 Jahren die Voraussetzungen für die 85%igen Verschonung eingehalten, erfasst die Nachversteuerung lediglich die verbleibenden 15% des betreffenden LuF-Vermögens. Tritt das den Liquidationswert auslösende Ereignis jedoch während des 7- bzw. 10-Jahres-Zeitraums der Verschonungsbeobachtung ein, wirkt es sich doppelt aus, d.h. die zeitanteilige Nachversteuerung des § 13a Abs. 7 ErbStG findet auf der Basis des höheren Liquidationswerts statt.

Der **Liquidationswert** berechnet sich gem. § 166 BewG aus der Summe des Werts des Grund und Bodens (ermittelt aus Bodenrichtwert mal Fläche abzgl. 10% pauschaler Liquidationskosten) und dem Wert der übrigen Wirtschaftsgüter (des Besatzkapitals) – anzusetzen mit der Summe der gemeinen Werte der einzelnen Wirtschaftsgüter, abzgl. 10% für Liquidationskosten; von der Summe dieser Werte sind die wirtschaftlich im Zusammenhang hiermit stehenden Verbindlichkeiten abzuziehen (§ 158 Abs. 5 BewG). 3737

Der **Verkaufserlös**, der als Ergebnis des „schädlichen Ereignisses" erzielt wird, zählt erbschaftsteuerlich ohnehin zum übrigen Vermögen. Die bloße Verpachtung ohne Aufgabe des Betriebs löst noch nicht den Liquidationswert aus. Im Fall des Verkaufs kann der Erlös zur Vermeidung des Ansatzes des Liquidationswerts binnen 6 Monaten an einen anderen LuF-Betrieb oder im betrieblichen Interesse im eigenen LuF-Betrieb reinvestiert werden (§ 162 Abs. 3 und 4 BewG). 3738

ee) Erste Wertung

Der **Fortführungswert** berücksichtigt, dass in der Landwirtschaft typischerweise ein Betrieb nicht verkauft, sondern verpachtet wird, spiegelt also die kapitalisierten Pachterträge, nicht den gemeinen Wert des Verkaufserlöses wider. Hinzu kommt, dass mit der pauschalierten Hektar-Bewertung des Besatzkapitals auch wertvolle Wirtschaftsgebäude, Maschinen u.Ä. miterfasst sind – eine deutliche Besserstellung ggü. der Bewertung von gewerblichem oder freiberuflichem Betriebsvermögen, wo die individuellen, nicht die typisierten Reinerträge zugrunde zu legen sind. 3739

Erste Vergleichsberechnungen[345] ergeben, dass häufig der zusammengesetzte Mindestwert aus Einzelertragswert des Grund und Bodens und Einzelertragswert des Besatzkapitals, sofern er nicht durch Verbindlichkeiten überstiegen wird, maßgeblich ist. Allenfalls bei land- und forstwirtschaftlichen Großbetrieben (mit mehr als 100 europäischen Größeneinheiten), die mit hohem Fremdkapitaleinsatz arbeiten, wird demnach der kapitalisierte Reingewinn noch maßgeblich bleiben. Ggü. der bisherigen Bewertung nach der Summe der Ertragsmesszahlen, multipliziert mit im Regelfall 0,35 € (§ 142 Abs. 1 Nr. 1a BewG),[346] ergibt sich zwar eine deutliche Anhebung, die jedoch noch immer spürbar unter dem Verkehrswert bleibt. Es werden bereits erste verfassungsrechtliche Bedenken (versteckte Verschonungsmaßnahme) laut.[347] 3740

---

345 Etwa durch *Hutmacher*, ZEV 2008, 182 ff.
346 Das Ergebnis belief sich nach Erhebungen des BVerfG häufig auf lediglich 10% des Verkehrswertes.
347 Vgl. etwa *Viskorf*, FR 2007, 626 f.; umfassende verfassungsrechtliche Kritik bei *Spiegelberger/Wartenburger*, ErbStB 2009, 98 ff.

3741 Insgesamt strebt der Gesetzgeber offensichtlich nicht eine Bewertung mit dem vollen Verkehrswert, sondern mit einem modifizierten Verkehrswert an, was sich auch aus dem Nachsteuervorbehalt für den Wirtschaftsteil auf der Bewertungsebene ergibt, der bei sonstigen Vermögensarten, insb. dem Grundbesitz, nicht vorkommt (zu differenzieren vom Nachsteuervorbehalt auf der Verschonungsebene). Auch europarechtlich sind die Bewertungsvorschriften fragwürdig, da für ausländisches land- und forstwirtschaftliches Vermögen gem. § 12 Abs. 7 ErbStG i.V.m. § 31 BewG der gemeine Wert ohne Ausnahmen anzuwenden ist, also nicht die günstigeren Bestimmungen der §§ 158 ff. BewG. Dies widerspricht diametral dem Urteil des EuGH v. 17.01.2008 in der Rechtssache „Jäger",[348] (vgl. Rn. 3286 der Vorauflage).

3. Bewertung des Betriebsvermögens

a) Grundsatz

3742 **Einzelunternehmen sowie** personengesellschaftsrechtliche Beteiligungen (**Mitunternehmerschaften**) wurden bis Ende 2008 gem. § 12 Abs. 5 ErbStG, § 109 Abs. 1 BewG a.F. nach den Steuerbilanzwerten, unter vollem Abzug der Verbindlichkeiten, taxiert. Auch insoweit ist nunmehr der gemeine Wert maßgeblich, § 109 Abs. 1 BewG und die hierzu ergangenen gleichlautenden Erlasse der Länderfinanzbehörden (**AEBewAntBV**).[349] Stille Reserven, Firmenwerte usw. werden also in die Bewertung einbezogen. Die Ermittlung des gemeinen Werts soll zuvörderst aus Verkäufen unter Fremden, die im Jahr vor dem steuerlichen Stichtag durchgeführt wurden, erfolgen, hilfsweise (und dies wird die Regel sein) „aufgrund der Ertragsaussichten oder einer anderen anerkannten, auch im gewöhnlichen Geschäftsverkehr für nichtsteuerliche Zwecke üblichen Methode" (§ 11 Abs. 2 BewG, auf den § 109 Abs. 1 Satz 2 BewG verweist), also auf der Basis von Vergangenheitserträgen, oder nach vergleichsorientierten Methoden bzw. nach der Multiplikatorenmethode, mindestens jedoch nach dem Substanzwert i.S.d. §§ 98a, 103 BewG (§ 11 Abs. 2 Satz 3 BewG). Soll die Gesellschaft nicht weiter betrieben werden, bildet der Liquidationswert (als besondere Ausprägung des Substanzwerts) die Untergrenze (richtig wäre gewesen, stets den Liquidationswert, also die fiktiven Nettoerlöse der Liquidation abzgl. der Liquidationskosten, als Untergrenze anzusetzen).[350]

3743 Gleiches gilt für **Kapitalgesellschaftsanteile**: Auch insoweit ist gem. § 109 Abs. 2 BewG (wie bisher, § 11 Abs. 2 Satz 1 BewG, auf den verwiesen wird) der gemeine Wert zugrunde zu legen, sodass es rechtsformbezogene Unterschiede zwischen Personen- und Kapitalgesellschaften nicht mehr geben wird. Maßgeblich ist die Ableitung aus Verkäufen unter fremden Dritten im vorangehenden Jahr, hilfsweise (wie i.d.R.) „aufgrund der Ertragsaussichten oder einer anderen anerkannten, auch im gewöhnlichen Geschäftsverkehr für nichtsteuerliche Zwecke üblichen Methode". Maßgeblich ist jedoch stets mindestens der Substanzwert. Die Ermittlung „aufgrund

---

348 EuGH, 17.01.2008 – C 256/06, ZEV 2008, 87.
349 Zunächst gleichlautende Erlasse v. 25.06.2009, BStBl. 2009 I 698; neu bekannt gemacht in Gestalt der gleichlautenden Erlasse v. 17.05.2011, BStBl. 2011 I 606, für Bewertungsvorgänge ab 30.06.2011 (mit weitgehend redaktionellen Änderungen, jedoch einer Klarstellung zum Wahlrecht des Steuerpflichtigen hinsichtlich des Bewertungsverfahrens, vgl. Rdn. 3745.
350 Vgl. *Landsittel*, ZErb 2009, 14.

A. Schenkungsteuerrecht

der Ertragsaussichten" soll auch insoweit nach der unten dargestellten „vereinfachten Ertragswertmethode" erfolgen, sofern diese nicht zu offensichtlich unzutreffenden Ergebnissen führt.

b) Ableitung aus Verkäufen

Nur selten wird eine Ableitung des gemeinen Werts gelingen aus Verkäufen unter fremden Dritten, die weniger als ein Jahr zurück[351] liegen (§ 12 Abs. 2 Satz 2 BewG) und nicht nur „Zwerganteile" betreffen.[352] Solche Verkäufe begründen an sich eine unwiderlegliche Vermutung für den zutreffenden Marktwert (§ 11 Abs. 2 Satz 1 BewG). Stellt sich der innerhalb des vorangehenden Jahres durchgeführte Kauf des Unternehmens oder einer Beteiligung als Fehlinvestition heraus, sodass ertragsteuerlich eine Teilwertabschreibung notwendig ist, dürfte freilich dieser Kaufpreis nicht als Grundlage für die Ermittlung des gemeinen Werts dienen können;[353] Gleiches gilt, wenn nach den Veräußerungen sonstige Umstände hinzutreten, die dafür sprechen, dass sie nicht mehr dem gemeinen Wert (z.B. der nicht börsennotierten Aktien) entsprechen.[354]

3744

c) Vereinfachtes Ertragswertverfahren (§§ 199 ff. BewG)

Mangels Vergleichskaufpreisen im vorangehenden Jahr und bei Fehlen „anerkannter üblicher Methoden" der betroffenen Verkehrskreise (z.B. Multiplikatorenverfahren, Rdn. 3772, 3774) wird regelmäßig allein die „Wertermittlung unter Berücksichtigung der Ertragsaussichten" in Betracht kommen (§ 11 Abs. 2 Satz 2 BewG). Als Standardbewertung, in der Praxis aber insb. für kleinere Betriebe[355] und Freiberuflerpraxen, sehen §§ 199 bis 203 BewG ein sog. „**vereinfachtes Ertragswertverfahren**" vor, „sofern diese nicht zu offensichtlich unzutreffenden Ergebnissen führt". Der Steuerpflichtige hat insoweit – jedenfalls nach Ansicht der Finanzverwaltung[356] – ein Wahlrecht; das FA hat ggf. substantiiert darzulegen, weshalb das gewählte vereinfachte Ertragswertverfahren (z.B. bei komplexen Strukturen von verbundenen Unternehmen) zu „offensichtlich unzutreffenden Ergebnissen" führt.

3745

---

351 Gleichgestellt sind nach BFH, 22.06.2010 – II R 40/08, ErbStB 2010, 298 Verkäufe, die zwar knapp nach dem Bewertungsstichtag zustande kommen, aber auf einer davor getroffenen Einigung über einen Mindestverkaufspreis beruhen; ähnlich FG Nürnberg, 12.02.2011 – 4 K 715/09, BeckRS 2011, 95015: maßgeblich für die Jahresfrist ist der Stichtag, auf den die Bemessung des Kaufpreises abstellt.

352 Nach FG Nürnberg, 12.02.2011 – 4 K 715/09, BeckRS 2011, 95015 sind 6 % des Stammkapitals kein Zwerganteil mehr.

353 Ebenso *Halaczinsky*, ErbStB 2009, 82; vgl. *Schiffers* GmbH-StB 2010, 38.

354 BFH, 29.07.2010 – VI R 30/07, DStR 2010, 2231.

355 § 1 Abs. 3 des Entwurfes einer Betriebsanteilsbewertungsverordnung sah insoweit noch vor, dass das vereinfachte Ertragswertverfahren keine Anwendung finde bei Großbetrieben der Klasse G1 gem. § 3 Betriebsprüfungsordnung v. 15.03.2000 (BStBl. 2000 I, S. 368), also bei einem Jahresumsatz von über 32 Mio. €. Das Gesetz hat diese Abgrenzung nicht übernommen.

356 Abschnitt A 19 Abs. 4 der gleichlautenden Erlasse v. 17.05.2011, BStBl. 2011 I, S. 606, vgl. *Hannes/Onderka/von Oertzen*, ZEV 2011, 496.

3746 Der dabei zugrunde gelegte Kapitalisierungszins (für 2011: 7,93 %; für 2010: 8,48 %, für 2009: 8,11 %,[357] vgl. Rdn. 3754) wurde schon früh als unter Marktaspekten zu gering kritisiert;[358] er führt zu einer Bewertung i.H.d. ca. 12,61 fachen (2010: 11,79-fachen; 2009: 12,33-fachen – 100 dividiert durch 7,93 bzw. 8,48 bzw. 8,11) der erzielbaren Zukunftserträge, was in vielen Branchen überhöht ist.[359] Mitunter mag eine überhöhte Bewertung dann erwünscht sein, wenn dadurch die 10 % – bzw. 50 % – Schwelle des Verwaltungsvermögens in Relation zum Gesamtbetriebsvermögen unterschritten wird (Rdn. 4065 ff.).[360]

3747 Gem. § 200 BewG gilt folgendes **Grundschema**:[361]

Der gemeine Wert des Unternehmens ist die Summe aus dem Ertragswert (Jahresertrag mal Kapitalisierungsfaktor), zuzüglich des gemeinen Werts des nichtbetriebsnotwendigen Vermögens (§ 200 Abs. 2 BewG), des gemeinen Werts von Beteiligungsgesellschaften (§ 200 Abs. 3 BewG) und des gemeinen Werts „junger Wirtschaftsgüter" (§ 200 Abs. 4 BewG), wobei die im Zusammenhang mit den Positionen des Abs. 2 bis 4 stehenden Schulden subtrahiert werden. Bei Personenunternehmen ist vom Jahresertrag jedoch der angemessene Unternehmerlohn abzusetzen, der bei Kapitalgesellschaften als Betriebsausgabe berücksichtigt würde.

aa) Nachhaltig erzielbarer Jahresertrag

3748 Bewertungsgrundlage ist gem. § 201 Abs. 1 BewG der in der Vergangenheit tatsächlich erzielte Durchschnittsertrag. Er wird hergeleitet regelmäßig aus den Betriebsergebnissen der letzten 3 vor dem Bewertungsstichtag abgelaufenen Wirtschaftsjahre; ein am Bewertungsstichtag bereits weitgehend abgelaufenes Wirtschaftsjahr kann jedoch ausnahmsweise berücksichtigt werden (anstelle des drittletzten Jahres, § 201 Abs. 2 BewG). Hat sich im 3-Jahres-Zeitraum der Charakter des Unternehmens nachhaltig geändert oder es in dieser Zeit erst gegründet worden, verkürzt sich der Ermittlungszeitraum, § 201 Abs. 3 BewG. Auch bei einer Änderung der Rechtsform, die sich auf den Jahresertrag auswirkt, sind die früheren Betriebsergebnisse zu korrigieren (§ 201 Abs. 2 BewG). Der nachhaltig zu erzielende Jahresertrag ist der – nicht gewichtete – Durchschnittsertrag.

3749 Zugrunde gelegt werden die steuerlichen Betriebsergebnisse der Vergangenheit, wobei der Gewinn i.S.d. § 4 Abs. 1 Satz 1 EStG nach Maßgabe des § 202 Abs. 1 BewG – für jedes Geschäfts-

---

[357] Basiszins gem. § 203 Abs. 2 BewG gem. BMF-Schreiben v. 07.01.2009, BStBl. 2009 I, S. 14: 3,61 % (errechnet durch die Bundesbank anhand der Zinsstrukturdaten als langfristig erzielbare Rendite öffentlicher Anleihen). Im Fall der Option nach Art. 3 ErbStRG beträgt der Zins für 2007: 4,02 % – Kapitalisierungsfaktor also 11,74 –, für 2008: 4,58 % – Kapitalisierungsfaktor also 11,01 – (BMF-Schreiben v. 17.03.2009 – IV C 2 S 3102/07/0001, ErbStB 2009, 146 m. Anm. *Mühlhaus*). Dies führte zwischen 2008 und 2009 zu einer Erhöhung um 12 %!

[358] Je nach Branche sind am deutschen Bewertungsmarkt zwischen 13 und 15 % realistisch (als Maßstab der Renditeerwartung eines Investors), sodass sich das ca. 6 bis 8-fache des Jahresertrages ergeben würde. Damit würden schon Unternehmen mit Jahresträgen von ca. 40.000,00 € den persönlichen Freibetrag eines Kindes übersteigen.

[359] Berechnungsbeispiele bei *Flöter/Matern*, NWB 2008, 1727 ff.: ursächlich für das überhöhte Ergebnis ist zum einen die Nichtberücksichtigung der Kapitalstruktur des Bewertungsobjekts, zum anderen die fehlende Branchendifferenzierung.

[360] Hierauf weisen *Hecht/von Cölln*, DB 2010, 1084 ff. hin.

[361] Vgl. die (kritische) Darstellung von *Ramb*, NWB 2010, 3390 ff. sowie NWB 2010, 3482 ff.

A. Schenkungsteuerrecht

jahr gesondert – zu korrigieren ist. Die im Gesetz aufgeführten **Hinzurechnungen und Kürzungen** sind nicht abschließend, wie sich aus § 202 Abs. 1 Nr. 3 BewG ergibt.

Demnach ist der steuerliche Bilanzgewinn bspw. zu erhöhen um Sonderabschreibungen, Absetzungen auf den Geschäfts- und Firmenwert, einmalige Veräußerungsverluste, außerordentliche Aufwendungen, und zu reduzieren um gewinnerhöhende Auflösungsbeträge auf steuerfreie Rücklagen, einmalige Veräußerungsgewinne, den angemessenen Unternehmerlohn,[362] soweit er in der bisherigen Ergebnisrechnung nicht berücksichtigt ist, sowie einmalige Investitionszulagen etc. 3750

Die sodann sich ergebende Zwischensumme ist um 30 % zu kürzen zur pauschalen Abgeltung des Ertragsteueraufwands („**latente Steuerlast**", vgl. § 202 Abs. 3 BewG); die Differenz bildet das „bereinigte Betriebsergebnis". 3751

Erfolgt eine Gewinnermittlung nach § 4 Abs. 3 EStG, ist anstelle des steuerlichen Bilanzgewinns vom Überschuss der Betriebseinnahmen über die Betriebsausgaben auszugehen, die Korrekturregelungen gelten hier entsprechend (§ 202 Abs. 2 BewG). 3752

bb) Kapitalisierungsfaktor

Die finanziellen Überschüsse aus dem Unternehmen sind auf den Bewertungsstichtag abzuzinsen; Faktor ist der Kehrwert des Kapitalisierungszinssatzes. Letzterer setzt sich gem. § 203 Abs. 1 BewG aus dem variablen Basiszinssatz und einem pauschalen Zuschlag von 4,5 Prozentpunkten zusammen. 3753

Der Basiszinssatz bildet den „risikofreien Anteil", gleicht also der langfristig erzielbaren Rendite öffentlicher Anleihen und ist demnach gem. § 203 Abs. 2 BewG aus den Zinsstrukturdaten für öffentliche Anleihen der Deutschen Bundesbank abzuleiten, ermittelt auf den ersten Börsentag des Jahres. Dieser Zinssatz ist jeweils im Bundessteuerblatt zu veröffentlichen, er beträgt für das Jahr 2009 3,61,[363] für 2010 3,98[364] und für 2011 3,43 %.[365] (Der Fachausschuss Unternehmensbewertung und Betriebswirtschaft, FAUB, des IDW hat per 31.12.2008 den Basiszinssatz i.R.d. Verfahrens IDW S1 mit 4,25 % ermittelt, sodass der Basiszinssatz des BMF zu einem höheren Ertragswert führt.) 3754

Der Risikozuschlag wird üblicherweise markt- und branchenbezogen unter Einbeziehung individueller Risikosituationen des zu bewertenden Unternehmens (sog. „Beta-Faktor") bemessen; der Fachausschuss Unternehmensbewertung und Betriebswirtschaft, FAUB, des IDW empfiehlt eine Marktrisikoprämie (vor persönlichen Steuern) von 5,0 Prozentpunkten, die unternehmensindividuell anzupassen ist. Das Gesetz legt in § 203 Abs. 1 BewG den Zuschlag mit 4,5 Prozentpunkten fest. Dadurch sollen – unabhängig von Branche und Marktlage – pauschal auch alle anderen Korrekturposten, wie etwa Fungibilitätszuschlag, Wachstumsabschlag, inhaberabhängige Fak- 3755

---

362 Dieser ist nach BGH, 02.02.2011 – XII ZR 185/08, NJW 2011, 2572 auch bei der Bewertung einer freiberuflichen Praxis im Zugewinnausgleich abzusetzen, nach den Verhältnissen des Einzelfalls (Steuerberaterpraxis).
363 BMF-Schreiben v. 07.01.2009, BStBl. 2009 I, S. 14.
364 BMF-Schreiben v. 05.01.2010, BStBl. 2010 I, S. 14.
365 BMF-Schreiben v. 05.01.2011, EStB 2011, 150.

toren usw. berücksichtigt werden. Demgemäß beträgt für die Besteuerungsfälle des Jahres 2011 der Kapitalisierungszinssatz insgesamt 7,93% (für 2010: 8,48%, 2009: 8,11%), der Kapitalisierungsfaktor also 100: 7,93 = 12,61 (für 2010: [100: 8,48 =] 11,79; für 2009: [100: 8,11 =] 12,33). Im Ergebnis ist also das bereinigte steuerliche Betriebsergebnis mit **12,61** zu multiplizieren.

cc) Hinzurechnungen gemeiner Werte

3756 Gem. § 203 Abs. 2 bis 4 BewG sind in drei Fällen eigenständige Wertansätze für Vermögensbestandteile zu ermitteln, die dem Ertragswert hinzu addiert werden (Rdn. 3757–3759), und dann z.B. für Grundstücke nach dem Regelbewertungsverfahren der §§ 176 ff. BewG erfolgen.[366] Separat zu bewerten ist auch das SBV, Rdn. 3760:

(1) Nicht betriebsnotwendiges Vermögen

3757 Das nicht betriebsnotwendige Vermögen einschließlich der damit im Zusammenhang stehenden Schulden, also solche Wirtschaftsgüter, die aus dem Gewerbebetrieb bzw. der Gesellschaft herausgelöst werden können, ohne dass die eigentliche Unternehmenstätigkeit beeinträchtigt wird, bspw. betrieblich nicht genutzte Grundstücke. Da sich ihr gemeiner Wert nicht in Ertragssteigerung des Unternehmens niederschlägt, sind die Erträge und damit zusammenhängenden Aufwendungen bei der Ermittlung des Jahresertrags zu neutralisieren und dafür der gemeine Wert (also der gem. § 9 Abs. 2 BewG im gewöhnlichen Geschäftsverkehr bei einer Veräußerung zu erzielende Betrag) zu ermitteln und hinzu zu addieren.

(2) Gesellschaftsbeteiligungen

3758 Gleiches gilt für Beteiligungen an anderen Gesellschaften, gleichgültig ob diese zu nicht betriebsnotwendigem Vermögen (§ 200 Abs. 2 BewG) oder zum betriebsnotwendigen Vermögen zählen (§ 200 Abs. 3 BewG). Die mit solchen Beteiligungen im Zusammenhang stehenden Erträge sind bei der Ermittlung des Ertragswerts aus dem Jahresertrag herauszurechnen, allerdings nach dem Wortlaut des § 200 Abs. 3 BewG nicht die damit im Zusammenhang stehenden Aufwendungen (etwa Finanzierungskosten). Unmittelbar berücksichtigt werden nur Verlustübernahmen der Mutter-Gesellschaft für Tochter-Gesellschaften, da sie den steuerlichen Gewinn der Mutter-Gesellschaft mindern.

(3) „Junge Wirtschaftsgüter"

3759 Ähnlich der Bereichsausnahme für sog. „junges Verwaltungsvermögen" i.R.d. Verschonung für Betriebsvermögensübertragungen, § 13b Abs. 2 Satz 3 ErbStG (Rdn. 4104 ff.), sind gem. § 200 Abs. 4 BewG Wirtschaftsgüter (gleichgültig ob es sich um „Verwaltungsvermögen" oder „produktives Vermögen" handelt), die innerhalb von 2 Jahren vor dem Bewertungsstichtag eingelegt wurden, mit dem gesondert zu ermittelnden gemeinen Wert anzusetzen, aber auch die damit im Zusammenhang stehenden Schulden sind bei der Ermittlung des Ertragswerts herauszurechnen. Die gesonderte Behandlung erklärt sich daraus, dass junges Vermögen noch nicht nachhaltig zum Jahresergebnis beitragen konnte.

---

366 Hierzu *Pauli*, ZEV 2011, 277 ff. (dort auch zur separaten Ermittlung der Grundstückswerte zur Feststellung des Mindest- [Substanz-] wertes).

(4) Sonderbetriebsvermögen

Beim Betriebsvermögen einer Personengesellschaft ist weiter zu berücksichtigen, dass das vereinfachte Ertragswertverfahren lediglich den Gesamthandsanteil erfasst, nicht das zivilrechtlich den Gesellschaftern gehörende SBV. Hinzu zu rechnen ist das SBV des einzelnen betroffenen Gesellschafters, dessen gemeiner Wert gesondert zu ermitteln ist (§ 97 Abs. 1a Nr. 2 BewG). Die SBV der anderen Gesellschafter können also unberücksichtigt bleiben.

3760

Der gemeine Wert des Gesamthandsvermögens wird auf die Gesellschafter dergestalt aufgeteilt, dass jedem Gesellschafter vorweg die Kapitalkonten aus der Gesamthandsbilanz zuzurechnen sind (§ 97 Abs. 1a Nr. 1 Buchst. a) BewG); das Kapital etwaiger Ergänzungsbilanzen ist dabei nicht zu berücksichtigen; der verbleibende Wert ist sodann nach dem Gewinnverteilungsschlüssel (nicht nach der Höhe der Beteiligung!) auf die Gesellschafter aufzuteilen (§ 97 Abs. 1a Nr. 1 Buchst. b) BewG). Damit wird dem Auftrag des § 9 Abs. 2 Satz 2 BewG Genüge getan, alle Umstände zu berücksichtigen, die den Preis beeinflussen, insb. also auch die individuelle Ertragskraft eines Gesellschaftsanteils.[367]

3761

Beispiel:[368]

3762

Der Veräußerer ist an einer KG, steuerlicher Wert des Gesamthandsvermögens 1 Mio. €, zu 30% beteiligt. Die Summe der Kapitalkonten beträgt 500.000,00 €. Überträgt er von seinen gesamt 30% Anteilen 29% an seinen Sohn und behält sich 1% zurück, entspricht dies Kapitalanteilen von 145.000,00 € bzw. 5.000,00 €. Der überschießende Wert der Gesellschafterrechte (das sind insgesamt weitere 150.000,00 €, die auf den Gesamtwert von 30% aus 1 Mio. € = 300.000,00 € fehlen, wird sodann im Verhältnis der Gewinn- und Stimmrechtsanteile aufgeteilt. Wird bspw. mit dem 1%igen, dem Veräußerer verbleibenden Anteil ein insgesamt 25%iges Gewinnbezugsrecht verknüpft, während die 29% übertragener Anteile lediglich 5% Gewinnbeteiligung vermitteln, wird ein Sechstel (5/30) des Restwertanteils dem übertragenen Anteil, 5/6 dem zurückbehaltenen Anteil „zugeschlagen". Demnach beträgt der Steuerwert des verschenkten Anteils mit geringerer Bezugsberechtigung 170.000,00 (145.000 und 25.000) €, der Wert des zurückbehaltenen Anteils mit höherer Gewinnberechtigung dagegen 130.000,00 (5.000,00 und 125.000,00) €.

Nach altem, bis zum 31.12.2008 geltenden, Recht wurde der Wert einer Beteiligung lediglich quotal nach Kapitalanteilen ermittelt, ohne individuelle Besonderheiten wie etwa die Gewinnbeteiligung und Stimmberechtigung zu berücksichtigen. Der Ausgleich wurde sodann über § 7 Abs. 6 ErbStG („Übermaßschenkung") geschaffen, der jedoch unter Geltung des neuen Rechts insoweit keine Bedeutung mehr hat.[369]

3763

Bei der Übertragung eines auch nur geringen Anteils an einer Personengesellschaft ist stets das gesamte Unternehmen zu bewerten, was naturgemäß die Frage aufwirft, ob die Gesellschaft dabei ihr entstehende Kosten von ihrem Gesellschafter erstattet verlangen kann. Unklar ist auch, inwieweit Informationsverweigerungsrechte der Gesellschaft verhindern können, dass die erforderlichen Daten erhoben werden.

3764

---

367 Zur (unbefriedigend gelösten) Berücksichtigung gesellschaftsvertraglicher Sonderrechte im Bewertungsrecht vgl. *Koblenzer/Seker*, ErbStB 2011, 282 ff.
368 Nach *Werz/Sager*, ErbStB 2010, 73 ff.
369 Vgl. *Fischer*, in: Fischer/Jüptner/Pahlke/Wachter, ErbStG, § 7 Rn. 521; *Werz/Sager*, ErbStB 2010, 75.

dd) Mindestwert: Substanzwert

3765 Die **Untergrenze der Bewertung von Betriebsvermögen** bildet jedoch der **Substanzwert**, d.h. gem. § 11 Abs. 2 Satz 3 BewG die Summe der gemeinen Werte der zum Betriebsvermögen gehörenden Wirtschaftsgüter und sonstigen aktiven Ansätze abzgl. der zum Betriebsvermögen gehörenden Schulden und sonstigen Abzüge. Es handelt sich also um den Gebrauchswert der betrieblichen Substanz unter der Annahme der Fortführung des Unternehmens. Aufgrund dieser Fortführungsprämisse sind beispielsweise Steuern auf Buchgewinne nicht berücksichtigungsfähig, vielmehr ist die Summe der Rekonstruktions- und Wiederbeschaffungswerte aller vorhandenen immateriellen und materiellen Werte zu berücksichtigen, abzgl. der Schulden.

3766 Der **Gesamt-Rekonstruktionswert** setzt sich dabei zusammen aus den Einzelwerten der bilanzierungsfähigen Vermögensgegenstände, zuzüglich der geschätzten Ausgaben für den Neuaufbau der Organisation (originärer Firmenwert), selbst geschaffener Marken und Patente usw.[370]

Die Gesetzesbegründung verweist bzgl. der Ermittlung des Substanzwerts auf die „Grundsätze" der bisherigen §§ 98a und 103 BewG.

3767 Im Einzelnen gilt:
- **Anlagevermögen** ist nach seiner qualitativen Eignung für Leistungsprozess, Restnutzungsdauer etc. zu bewerten. Soweit sie aufgrund von Überkapazitäten oder Änderungen der Betriebsleistung nicht mehr zu verwenden sind, ist der Veräußerungspreis anzusetzen, bei technisch überholten Anlagen sind Wertabschläge vorzunehmen unter Berücksichtigung der künftigen Mehrausgaben bzw. Mindereinnahmen im Vergleich zum Einsatz moderner Anlagen.

3768
- **Immaterielle Vermögenswerte**, die originär erworben wurden (gekaufte Patente) sind mit den Wiederbeschaffungskosten anzusetzen, selbstgeschaffene Vermögenswerte (eigene Patente) sind zu schätzen.
- **Umlaufvermögen**: Vorräte sind nach den Reproduktionskosten zu bewerten, wobei technische oder modische Entwertungen, Qualitätsmängel, Veräußerungsrisiken usw. i.d.R. bereits bilanziell durch entsprechende Abschläge berücksichtigt sind. Überbestände an Forderungen gelten als nichtbetriebsnotwendiges Vermögen.

3769
- **Beteiligungen**: Unternehmen, die wirtschaftlich eng mit der Mutter-Gesellschaft verbunden sind, werden i.d.R. unmittelbar mit ihrem anteiligen Substanzwert in die Mutter-Gesellschaft einbezogen; nichtbetriebsnotwendige Beteiligungen werden mit dem mutmaßlichen Veräußerungspreis bewertet. Letzteres gilt i.d.R. auch für eigene Anteile des Unternehmens an sich selbst.

3770
- **Rückstellungen für künftige Aufwendungen und Verluste** sind grds. abzuziehen, der Höhe nach aber nicht an einer vorsichtigen Bewertung, sondern an der wahrscheinlichsten künftigen Inanspruchnahme zu orientieren. Pensionsrückstellungen, die dagegen in der Handelsbilanz nicht gebildet oder nach steuerrechtlichen Restriktionen ermittelt wurden, müssen jedoch i.R.d. Substanzbewertung mit ihrer tatsächlichen künftigen wirtschaftlichen Belastung angesetzt werden.

---

[370] Vgl. im Einzelnen *IDW*, Wirtschaftsprüfer-Handbuch, Bd. II, 2008, Abschn. A, Tz. 436 ff.

ee) Ausnahme: Untergrenze Liquidationswert

Ist am Stichtag nicht von einer Fortführung des Unternehmens auszugehen, bildet anstelle des Substanzwerts der Liquidationswert die Untergrenze. Dies sind die Werte, die sich bei Abwicklungsveräußerung der einzelnen Vermögensgegenstände nach Tilgung von Schulden ergeben werden, abhängig von Zerschlagungsgeschwindigkeit, Zerschlagungsintensität und dem Grad der Aufsplittung der Vermögensgegenstände. Der Barwert der Netto-Erlöse abzgl. der Schulden und Liquidationskosten ist also zu ermitteln. Zu diesen Liquidationskosten zählen bspw. auch Vorfälligkeitsentschädigungen bei Kreditinstituten, Sozialpläne etc. Abzuziehen sind neben den Unternehmensschulden auch verpflichtende Rückstellungen, wie etwa Rückbaupflichten, zu erfüllende Pensionsansprüche usw. 3771

d) Andere Bewertungsverfahren

Falls eine Ableitung des gemeinen Werts aus Verkäufen unter fremden Dritten, die weniger als ein Jahr zurückliegen und demnach eine unwiderlegliche Vermutung für den zutreffenden Marktwert begründen, ausscheidet (Rdn. 3744), eröffnet § 11 Abs. 2 BewG einen „**Methodenpluralismus**":[371] der gemeine Wert ist unter Berücksichtigung der Ertragsaussichten (nicht des Vermögens!) oder einer anderen anerkannten, auch im gewöhnlichen Geschäftsverkehr für nichtsteuerliche Zwecke üblichen Methode zu ermitteln. 3772

Nach dem klaren Wortlaut des § 199 Abs. 1 BewG kann das **vereinfachte Ertragswertverfahren** vom Steuerpflichtigen angewendet werden; es besteht jedoch kein Zwang hierzu. Erscheint dem Steuerpflichtigen das Verfahren nicht als sachgerecht, kann er die Bewertung nach einem anderen Ertragswertverfahren vornehmen. Das Wahlrecht steht insb. nicht der Finanzverwaltung zu. Wird das vereinfachte Ertragswertverfahren gewählt, ist es so lange maßgebend, bis feststeht, dass es „zu offensichtlich unzutreffenden Ergebnissen führt". Es ist derzeit noch völlig offen, welche Prozentrelation als „offensichtlich unzutreffend" angesehen wird. Eine Abweichung von bspw. 20 % dürfte diesem Kriterium noch nicht genügen, sodass das vereinfachte Ertragswertverfahren auch dann verwendet werden kann, wenn es um eine vergleichbare Marge hinter vollwertigen Ertragswertverfahren, etwa nach IdW S1, zurückbleibt. 3773

Die Ertragswertmethode beruht im Grunde auf der Fragestellung, welches Kapital ein gedachter Investor einsetzen würde, um eine angemessene Rendite zu erzielen. Sie ist jedoch nicht für jedes Unternehmen geeignet; die Gesetzesbegründung verweist daher auch auf vergleichsorientierte Verfahren und „Multiplikatormethoden". Solche umsatz- oder produktmengenorientierte Verfahren sind etwa bei der Kaufpreisermittlung von freiberuflichen Praxen und Kanzleien,[372] Brauereien und Verlagsbetrieben üblich (Letztere gemessen am Hektoliterausstoß, der Abonnentenzahl etc.). Die Feststellungslast dafür, ob eine derartige Methode anstelle der Ertragswertmethode einschlägig ist, trägt derjenige, der sich darauf beruft. 3774

Als Wertuntergrenze (Mindestwertregelung) normiert § 11 Abs. 2 Satz 2 BewG den **Substanzwert** (Rdn. 3765 ff.), also die Summe der gemeinen Werte der zum Betriebsvermögen gehörenden Wirtschaftsgüter und sonstigen aktiven Ansätze abzgl. der zum Betriebsvermögen ge- 3775

---
371 Hierzu und zum folgenden *Eisele*, Erbschaftsteuerreform 2009, S. 178 ff.
372 Vgl. *Wehmeier*, StBG 2008, S. 19.

Kapitel 11: Verkehrsteuern

hörenden Schulden und sonstigen Abzüge, vergleichbar den bisherigen §§ 98a und 103 BewG. Steht fest, dass das Unternehmen nicht weiter betrieben werden soll, ist der **Liquidationswert** (Rdn. 3771 ff.) die Untergrenze der Bewertung. Für solche Sachverhalte ist insb. das vereinfachte Ertragswertverfahren nicht anwendbar, da es vom Vorhandensein künftig nachhaltig erzielbarer Jahreserträge ausgeht.

3776 Bewertungsmethoden lassen sich grob in drei Kategorien einteilen, nämlich in (Rdn. 3777) Einzelbewertungsverfahren, (Rn. 3778) Mischbewertungsverfahren und (Rdn. 3779) Gesamtbewertungsverfahren.

aa) Einzelbewertungsverfahren

3777 Der Unternehmenswert wird stichtagsbezogen aus der Summe der einzelnen Bestandteile (Aktive und Passiva) ermittelt, und zwar unter der Annahme der Unternehmensfortführung (Reproduktionswert), alternativ der Liquidation (Liquidationswert). Reproduktionswerte legen die Wiederbeschaffungswerte zugrunde, also den Betrag, der veranschlagt werden müsste, um die gleiche Substanz im gleichen Zustand zu erhalten. Rückschlüsse auf künftige Erträge oder Ertragspotenziale lässt dieses Verfahren nicht zu; auch taugt es nicht für Dienstleistungsunternehmen, die nur über geringe Sachanlagen verfügen.

Einzelbewertungsverfahren sind für fortzuführende Unternehmen wenig geeignet; in Betracht kommen sie jedoch bei ertragsschwachen und insolventen Betrieben.

bb) Mischbewertungsverfahren

3778 Sie vereinen Elemente der Einzelbewertung mit solchen der Gesamtbewertung, bspw. i.S.d. Mittelwertverfahrens (arithmetisches Mittel zwischen Substanz- und Ertragswert), auch ggf. in unterschiedlicher Gewichtung oder i.S.d. „Übergewinnmethode", die die über das Zinsniveau langfristiger inländischer Anleihen hinausgehende Rendite (als Indikator überdurchschnittlicher unternehmerischer Fähigkeiten) mit einem höheren Zinssatz kapitalisiert und daraus den Firmenwert (good will) ermittelt, der dem allgemeinen Unternehmenswert zuzuschlagen ist. Hierzu zählt auch das von der Finanzverwaltung als Schätzverfahren entwickelte sog. „Stuttgarter Verfahren" (s. Rd. 3296 ff. der Vorauflage dieses Buches).

cc) Gesamtbewertungsverfahren

3779 Diese stellen allein auf die künftig zu erwartende Ertragskraft des Unternehmens ab, sehen also den Betrieb als Gesamtkomplex. Hauptsächliche Anwendungsfälle sind:

(1) „Discounted-cash-flow"-Verfahren (DCF-Verfahren)

3780 Der Unternehmenswert wird durch Vergleich der künftigen cash flows (zu erwartenden Zahlungen des Unternehmens an die Kapitalgeber), einerseits, mit der Rendite einer Alternativanlage (Diskontierungszinssatz), andererseits, abgeleitet. Zur Ermittlung der Vergleichbarkeit (Äquivalenz) der finanziellen Vorteile aus dem Unternehmen mit alternativen Geldanlagen müssen

A. Schenkungsteuerrecht

ähnliche Laufzeitstrukturen, Verfügbarkeiten, Kaufkraft und Unsicherheitsannahmen zugrunde liegen.

Dabei wird häufig auf das „capital-asset-pricing"-Modell (CAPM) zurückgegriffen zur Ermittlung eines Zinses, der sowohl die Renditeerwartung der Eigenkapitalgeber berücksichtigt als auch eine angemessene Risikoprämie enthält. Der Unternehmenswert ergibt sich nach dem DCF-Verfahren aus dem Barwert der künftigen cash flows zuzüglich des Werts der nichtbetriebsnotwendigen Vermögensteile, die veräußert werden könnten, ohne die Leistungsfähigkeit des Unternehmens einzuschränken. Daneben existieren der WACC-Ansatz, der sog. APV-Ansatz, sowie der equity-Ansatz.[373] Die DCF-Verfahren gelten im Vergleich zu reinen Ertragswertverfahren als weniger anfällig für eine bestimmte Bilanzpolitik; sie zielen verstärkt auf die Liquidität des Unternehmens und blenden Abschreibungen und Fremdkapitalkosten aus.[374]

3781

(2) Multiplikatorenverfahren

Dieses findet insb. auf kleine und mittlere Unternehmen Anwendung, wobei auf das operative Betriebsergebnis (Gewinn vor Zinsen und Steuern), den Umsatz oder sonstige branchenübliche Faktoren abgestellt wird. Solche Maßstäbe werden bspw. durch die Bundesärztekammer, die Bundesrechtsanwaltskammer und die Bundessteuerberaterkammer ihren Mitgliedern zur Verfügung gestellt.

3782

(3) AWH-Standard

Der Zentralverband des deutschen Handwerks stellt ein vereinfachtes Ertragswertverfahren, das die steuerlichen Jahresabschlüsse der letzten 3–5 Jahre zugrunde legt, zur Verfügung; die Ergebnisse sind um betriebsfremde und außerordentliche Erträge bzw. Aufwendungen sowie familiär motivierte Wertansätze zu bereinigen. Diese bereinigten Vergangenheitsergebnisse werden sodann unter Anwendung eines Kapitalisierungszinssatzes, der sich aus Basiszins, Immobilitätszuschlag, standardisiertem Risikozuschlag und dem Grad der Inhaberabhängigkeit ermittelt, in die Zukunft projiziert.

3783

(4) Leitfaden der OFD Rheinland und Münster

Beschränkt auf die Bewertung von Kapitalgesellschaftsanteilen für ertragsteuerliche (nicht schenkungsteuerliche) Zwecke haben die OFD Rheinland und Münster als Arbeitshilfe für die Finanzverwaltung einen Leitfaden veröffentlicht (www.fm.nrw.de), der auf dem Ertragswertverfahren beruht, wobei der Substanzwert die Wertuntergrenze bildet. Auch hier werden (in Anlehnung an das Stuttgarter Verfahren) die künftigen Durchschnittserträge vergangenheitsorientiert durch Heranziehung der Betriebsergebnisse der letzten 3 – (max.) 5 Jahre ermittelt, wobei außergewöhnliche betriebliche Vorgänge eliminiert werden müssen.

3784

Der Kapitalisierungszinssatz entspricht der Summe aus Basiszinssatz (Umlaufrendite für festverzinsliche öffentliche Anleihen mit einer Restlaufzeit von ca. 10 Jahren) und einem Sicherheitszuschlag, welcher das allgemeine Unternehmerrisiko, die Unbeweglichkeit betrieblich gebundenen

3785

---

373 *Großfeld*, Recht der Unternehmensbewertung, Rn. 1012 ff.
374 *Leitzen*, RNotZ 2009, 315, 316.

Vermögens und die Inflationsgefahr abbildet und mit ca. drei Prozentpunkten veranschlagt wird. Anschließend erfolgt eine pauschale Minderung um die immanente Ertragsteuerbelastung.

(5) IDW S 1 (2008)

3786 In Fortführung des früheren IDW S 1-Standards des Instituts der Wirtschaftsprüfer liegt diesem Verfahren die Abzinsung der einem (gedachten neuen) Eigentümer des Unternehmens künftig zufließenden Überschüsse nach den Verhältnissen eines konkreten Berwertungsstichtags zugrunde. Wertbestimmend ist auch hier der Kapitalisierungszinssatz, der die Rendite aus einer zur Investition in das zu bewertende Unternehmen vergleichbaren alternativen Anlage repräsentiert. Vergleichsmaßstab ist regelmäßig eine Anlage in Unternehmensbeteiligungen, da diese in Bezug auf Fristigkeit, Risiko und Steuerbelastung etwa vergleichbar ist. Wie bei anderen Ertragswertmethoden üblich, setzt sich der Kapitalisierungszinssatz aus dem Basiszinssatz (in Anlehnung an langfristige Anleihen der öffentlichen Hand) und einem branchen- und unternehmensspezifischen Risikozuschlag zusammen.

3787 Für Bewertungsfälle nach dem 07.07.2007 hat der Fachausschuss Unternehmensbewertung und Betriebswirtschaft (FAUB) des IDW unter Berücksichtigung der Unternehmensteuerreform die Grundsätze angepasst.[375] Da die Netto-Zuflüsse den Unternehmenswert bestimmen, sind sowohl die Ertragsteuerbelastung des Unternehmens (rechtsformabhängig) als auch die persönliche Ertragsteuer des Anteilseigners zu berücksichtigen. Das nicht betriebsnotwendige Vermögen ist wiederum gesondert zu bewerten.

e) Feststellungsverfahren

3788 Die einzelnen wirtschaftlichen Einheiten sind gesondert festzustellen durch Erklärungen bei den für die Betriebsstätten örtlich zuständigen FA (§§ 151 ff. BewG); diese Bescheide sind sodann Grundlagenbescheide in Bezug auf den Erbschaftsteuerbescheid (§ 175 Abs. 1 Nr. 1 AO). Gehören zur Wirtschaftseinheit Beteiligungen oder Grundbesitz, sind Feststellungen der Belegenheitsfinanzämter einzuholen. Angesichts der zu erwartenden Verfahrensdauer bleiben unter bestimmten Voraussetzungen einmal festgestellte Werte ein Jahr gültig (§ 151 Abs. 3 BewG).

f) Erste Wertung

3789 Nach internen Berechnungen der Finanzverwaltung führen die neuen Bewertungsvorschriften – jedenfalls bei Anteilen an Kapitalgesellschaften – zu einer durchschnittlichen Erhöhung der Bemessungsgrundlage um ca. 64 %, bei Personengesellschaften zu einer durchschnittlichen Erhöhung der Bemessungsgrundlage um ca. 117 %, Letztere werden also mehr als verdoppelt.

Nach Schätzungen des Deutschen Industrie- und Handelstags beträgt der gemeine Wert durchschnittlich das 3,61-fache des Steuerbilanzwerts. Besonders krass wird die Anstieg bei ertragsstarken, jedoch substanzschwachen Mittelstandsbetrieben ausfallen.

3790 Als mittelbare Konsequenz aus dem deutlich höheren Steuerwert werden **gesellschaftsrechtliche Anwachsungsklauseln**, die hinter dem Verkehrswert zurückbleiben, über § 3 Abs. 1 Nr. 2 Satz 2

---

[375] Vgl. FN-IDW 2008, 271 ff. (Stand: 02.04.2008).

und § 7 Abs. 7 ErbStG sehr viel stärkere Steuerrelevanz erhalten[376] (Rdn. 4590 ff., Rdn. 4602 ff., Rdn. 4616 ff., Rdn. 4633 ff.). Dies gilt umso mehr, als die Vinkulierung von Anteilen an Familiengesellschaften nach Ansicht des BFH nicht zu einer Minderung des Steuerwerts führt, da „persönliche Umstände" unberücksichtigt bleiben müssen (§ 9 Abs. 2 Satz 3, Abs. 3 Satz 1 BewG). Immerhin ist durch § 13a Abs. 3 Satz 2 ErbStG (Rdn. 4183 ff.) nun sichergestellt, dass bei qualifizierten Nachfolgeklauseln bzw. entsprechender Erbauseinandersetzung stets nur derjenige Miterbe (und zwar vollständig) in den Genuss der Betriebsvermögensprivilegien kommt, der den Anteil erhält.

Auch bei Kapitalgesellschaftsanteilen wird die Besteuerung des Einziehungserwerbs spürbarer werden; um insoweit wenigstens in den Genuss der Betriebsvermögensfreistellungen zu kommen, sind Abtretungsklauseln der schlichten Einziehung vorzuziehen (privilegiert ist nämlich nur der Anteilserwerb, nicht der schlichte relative Wertzuwachs). 3791

Hinweis: 3792

Die Neuregelungen zeitigen zugleich **Anpassungsbedarf in Gesellschaftsverträgen**:

1. In Personengesellschaftsverträgen sollte das Entnahmerecht auch auf entsprechende Erbschaft- oder Schenkungsteuerbeträge, nicht nur für die ESt auf die Ausschüttungen, erweitert werden.
2. In Kapitalgesellschaften ist die Einziehungsklausel mit einer Abtretungsklausel zu kombinieren.
3. Bewertungen nach dem Stuttgarter Verfahren sind zu überprüfen, zumal die Verfassungswidrigkeit für Steuerzwecke möglicherweise auch auf die zivilrechtliche Zulässigkeit ausstrahlt und da andernfalls unklar ist, ob die Beteiligten mit dem Verweis auf das Stuttgarter Verfahren die jeweiligen steuerlichen Grundsätze ins Auge gefasst hatten oder nur die damaligen Regelungen (also ob eine statische oder eine dynamische Verweisung vorliegt).[377]

Die politisch als Ziel propagierte **Rechtsformneutralität** der Unternehmensbewertung wird insb. bei gesellschafterfremd finanzierten Unternehmungen deutlich **verfehlt**:[378] Während die Darlehensforderung des Personengesellschafters gegen „seine" Gesellschaft als Sonderbetriebsvermögen ebenfalls begünstigt ist und demnach zumindest dem Grunde nach an der Verschonung teilnimmt (also kein Verwaltungsvermögen bildet), handelt es sich bei der Gesellschafterforderung eines GmbH-Mitglieds gegen seine Gesellschaft um nichtbegünstigtes Privatvermögen, selbst wenn wirtschaftlich „verdecktes Eigenkapital" vorliegt. Diese Darlehensforderung kann daher weder an der Vergünstigung noch an der Gewährung der Steuerklasse I (§ 19a Abs. 1 ErbStG) teilnehmen. Darüber hinaus wird durch die Fremdfinanzierung einer GmbH die Verwaltungsvermögensquote verschlechtert, weil die Fremdfinanzierung den Gesamtwert der GmbH 3793

---

376 *Schmidt/Schwind*, NWB 2007, 4469 forderten daher eine Änderung dieser Bestimmungen.
377 Zur differenzierenden Auslegung (und zum Abstellen auf IDW S 1 bei „dynamischer Verweisung") vgl. *Moog/Schweizer*, GmbHR 2009, 1198 ff.
378 Vgl. *Piltz/Stalleiken*, ZEV 2011, 67 ff.

senkt, sodass möglicherweise gar wegen Überschreitens der Höchstquote an zulässigem Verwaltungsvermögen die Begünstigung insgesamt entfällt.

4. Nutzungs- und Duldungsrechte, wiederkehrende Leistungen

a) Bewertung des Rechtes selbst

3794 Auch Nutzungs- und Duldungsrechte (z.B. Nießbrauch oder Wohnungsrecht) sowie wiederkehrende Leistungen (Rentenansprüche) können Gegenstand einer Schenkung sein (z.B. beim Zuwendungsnießbrauch, Muster Rdn. 1096 und 1107). Der Wert solcher Rechte wird ermittelt aus der Multiplikation von Jahreswert – unter Berücksichtigung einer Kappung – und Vervielfältiger:[379]

- als **Jahreswert** ist anzusetzen der nach den „üblichen Mittelpreisen des Verbrauchsortes" (§ 15 Abs. 2 BewG), regelmäßig[380] also der SachbezugsVO, zu ermittelnde Wert der Wohnungsnutzung, Gewährung von Verpflegung oder sonstiger Sachbezüge, beim Unternehmensnießbrauch der durchschnittliche entnahmefähige Handelsbilanzgewinn der letzten 3 Jahre[381] (allerdings unter Berücksichtigung von in nicht allzu ferner Zukunft nach dem Stichtagsprinzip liegenden Ereignissen).[382] Bei vermieten Immobilien ist anzusetzen der durchschnittliche jährlicher Kaltmietertrag, § 15 Abs. 2 BewG, bei Nießbrauchsrechten an Gesellschaftsanteilen gem- § 15 Abs. 3 BewG der Durchschnittsertrag der vorangehenden 3 Jahre)[383] jeweils ohne Abzug von Zinsen für zu bedienende Verbindlichkeiten oder sonstige Werbungskosten,[384] ebenso wenig der AfA.

3795 - Max. anzusetzen ist jedoch[385] gem. **§ 16 BewG** der 18,6te Teil des Steuerwerts des nießbrauchsbelasteten Objektes (ohne Abzug von Schulden und Lasten) – bezieht sich das Wohnungsrecht nur auf einen Teil eines Gebäudes, ist Bezugswert 1/18,6tel dieses Gebäudeteil-Steuerwerts. Ab 2009 ist der „nach den Vorschriften des BewG ermittelte Wert des genutzten Wirtschaftsgutes" der gemeine Wert (ohne Anwendung des § 13c ErbStG, also ohne 10%igen Abzug für vermietete Immobilien, und ohne Abzug sonstiger Schulden und Lasten).[386]

---

379 Umfassend zur Bewertung von Nießbrauchsrechten an Privat- und an Betriebsvermögen: *Gebel*, ZErb 2006, 122 und 2006, 142 ff. Aus Sicht der Verwaltung umfassend FinMin Baden-Württemberg, 10.10.2010, 3 – S 3103/08, BStBl. 2010 I 805 ff.

380 Vgl. Tz 1.1.2 des gemeinsamen Ländererlasses v. 07.12.2001, RNotZ 2002, 122.

381 Ohne Gewinnanteile, die auf realisierten stillen Reserven beruhen, und ohne Beträge, die für höhere Investitionen im Interesse der Substanzerhaltung des Betriebes erforderlich sind, vgl. im Einzelnen *Halaczinsky*, NWB 2006, 2595 = Fach 10, S. 1559.

382 Koordinierter Ländererlass v. 10.10.2010, BStBl. 2010 I, S. 805 ff., Ziff. III.1.1.3.

383 Sind Gewinnausschüttungen aus unternehmerischen Gründen unterblieben, ist dies hinzunehmen, anders wenn der Einbehalt im Hinblick auf eine beabsichtigte geringere Bewertung des Steuerwertes des Nießbrauches erfolgte: § 42 AO, vgl. *Esskandari*, NWB 2009, 930 ff.

384 FinMin Schleswig-Holstein v. 30.01.2004 – VI 353 – S 3808–014, DStR 2004, 1129; *Theissen/Steger*, ErbStB 2009, 158, 163).

385 Ausnahme: die Zuwendung des reinen Nießbrauches am Gewinn eines Unternehmens (Ertragsnießbrauch) gilt als Zuwendung einer wiederkehrenden Leistung ohne Höchstwertbegrenzung nach § 16 BewG (*Troll/Gebel/Jülicher*, ErbStG, § 12 Rz. 911); beim Unternehmensnießbrauch ist der Jahreswert jedoch auf 1/18,6tel des Steuerwertes begrenzt.

386 Abschnitt III.1.1.4 des koordinierten Ländererlasses v. 10.10.2010, BStBl. 2010 I, S. 805 ff.

A. Schenkungsteuerrecht

- Als **Multiplikator** ist für Besteuerungszeitpunkte nach dem 31.12.2001[387] anzusetzen: 3796
  - Bei **Rechten von bestimmter Dauer**: der Wert gem. Tabelle 6 des Ländererlasses v. 10.10.2010.[388] Die Tabelle, die von Mittelwerten zwischen jährlich vorschüssigen und jährlich nachschüssigen Zahlungen ausgeht, ist aus Vereinfachungsgründen unabhängig davon anzuwenden, ob es sich um monatliche oder jährliche Zahlungen handelt und wann diese fällig werden.
  - Bei **immerwährenden Rechten** (Ende hängt ab von Ereignissen, deren Eintritt hinsichtlich ob und wann ungewiss ist): Faktor 18,6 gem. § 13 Abs. 2 Halbs. 1 BewG.
  - **Rechte von unbestimmter Dauer** (Ende in absehbarer Zeit ist sicher, Zeitpunkt noch ungewiss): Faktor 9,3.
  - Bei **auf Lebenszeit befristeten Rechten**: ab 2009 ist maßgeblich der jeweils gem. § 14 Abs. 1 Satz 4 BewG veröffentlichte Vervielfältiger, der durch Abzinsung i.H.v. 5,5 % auf der jeweils aktuellen Sterbetafel ermittelt ist. Die am 20.01.2009[389] veröffentlichten Werte beruhen auf der am 22.08.2008 ermittelten Sterbetafel 2005/2007; die Werte für 2011 wurden am 08.11.2010 veröffentlicht.[390] Auch künftig werden die sich aus der dazugehörigen Absterbeordnung ergebenden Kapitalwerte vom BMF im Bundessteuerblatt veröffentlicht werden.

Für Bewertungsfälle bis Ende 2008 war dagegen maßgeblich die Aufstellung in Tabelle 8 des o.g. Erlasses v. 07.12.2001 (= Anlage 9 zu § 14 Abs. 1 BewG), die noch auf der Sterbetafel 1986/1988 nach dem Gebietsstand seit dem 03.10.1990 beruhte und demnach zu um etwa 10 % geringeren Beträgen führte. Lediglich im Fall der Option gem. Art. 3 ErbStG zur rückwirkenden Anwendung neuen Rechts auf Erbfälle der Jahre 2007 und 2008 gelten andere Werte, beruhend auf den Sterbetafeln 2003/2005 (für das Jahr 2007) und 2004/2006 (für das Jahr 2008).[391] 3797

Hinweis:

Unverändert wird allerdings ein Abzinsungszinsatz von 5,5 % (der versicherungsmathematisch jedenfalls derzeit zu hoch erscheint, sodass die Kapitalisierungsfaktoren zu gering sind) und der Mittelwert zwischen dem Kapitalwert vorschüssiger und nachschüssiger Zahlungsweise zugrunde gelegt. Für steuerliche Bewertungszwecke ist dies zwingend, da der Nachweis eines höheren oder geringeren Wertes der Nutzungen/Leistungen gem. § 13 Abs. 3 Satz 2, 14 Abs. 4 Satz 2 BewG nicht darauf gestützt werden kann, dass mit einer kürzeren

---

[387] Vor dem gemeinsamen Ländererlass v. 07.12.2001 differenzierte der BFH und ihm folgend R 17 ErbStR 1999 zwischen lebenszeitabhängigen Leistungsauflagen (z.B. Rentenzahlungen), bei denen der Abzug von der Schenkungsteuer wegen des Gegenleistungscharakters nach Maßgabe der allgemeinen Sterbetafel aus der Sicht „ex ante" vorzunehmen ist, einerseits, und lebenszeitabhängigen Duldungsauflagen (z.B. Wohnungsrecht), bei denen wegen des fehlenden Gegenleistungscharakters die Festsetzung nach Maßgabe der tatsächlichen Bezugsdauer zu erfolgen habe bzw. nachträglich gem. § 14 Abs. 2 BewG anzupassen sei, vgl. BFH v. 17.10.2001 – II R 72/99, EStB 2002, 11.
[388] BStBl. 2010 I, S. 805 ff. (zuvor Anlage 7a zum Erlass v. 07.12.2001, BStBl. 2001 I, S. 1041).
[389] BMF-Schreiben v. 20.01.2009 – IV C 2 – S 3104/09/10001, MittBayNot 2009, 173 (abrufbar etwa unter www.zev.de, unter „Aktuelles: Finanzverwaltung".
[390] BMF-Schreiben v. 08.11.2010 – IV D – S 3104/09/10001, BStBl. 2010 I 1288.
[391] BMF v. 17.03.2009 – IV C 2 – S 3104/09/10001, ZEV 2009, 263, www.zev.de („Aktuelles: Finanzverwaltung").

oder längeren Lebensdauer, mit einem anderen Zinssatz als 5,5% oder mit einer anderen als der mittelschüssigen Zahlungsweise zu rechnen sei.

3798 Später eintretende Umstände (z.B. ein „unerwartet früher" Tod des Berechtigten) können nur dann berücksichtigt werden, wenn sie bereits im Besteuerungszeitpunkt voraussehbar waren,[392] ferner in den Fällen des § 14 Abs. 2 BewG (z.B. wenn die Rente vor dem 30. Lebensjahr beginnt und nicht mehr als 10 Jahre zu entrichten ist, vgl. auch Rdn. 3871 zum vorbehaltenen lebenslangen Nießbrauch, auf den diese Norm nun ebenfalls anwendbar ist).[393]

3799 • Steht eine **Rente zu Lebzeiten** beiden Ehegatten gemeinsam zu und **vermindert sich** diese nach dem Ableben eines Begünstigten, sind zunächst die derzeitigen (im Zweifel hälftigen) Anteile nach dem Lebenszeitvervielfältiger gem. § 14 Abs. 1 Satz 4 BewG zu bewerten; der Gesamtjahresbetrag ist multipliziert mit dem niedrigeren der beiden Vervielfältiger anzusetzen. Die dem überlebenden Ehegatten allein zustehende verbleibende (z.B. hälftige) Rente wird sodann mit der Differenz der beiden Vervielfältiger multipliziert, die Summe beider ergibt den gesamten Steuerwert. **Vermindert sich** die gemeinsame[394] Rente nach dem Ableben des Erstversterbenden **nicht**, ist von vornherein der Lebenszeitvervielfältiger des statistisch länger lebenden Ehegatten zugrunde zu legen. Zu Problemen im Zusammenhang mit der Zuwendung an dritte „Mitberechtigte" vgl. Rdn. 3833 ff.

3800 • Bezieht jedoch **ein Ehegatte seine Rente nur aufschiebend bedingt** für den Fall des Überlebens, ist diese Rente nach § 4 BewG zunächst noch nicht zu berücksichtigen,[395] sondern erst im Zeitpunkt des Ablebens des ersten Beziehers, sofern der Ehegatte dann noch lebt.

• **Abgekürzte** oder **verlängerte Leibrenten** (also Höchstzeitrenten oder Mindestlaufzeitrenten) werden ebenfalls durch eine Kombination der Werte aus Tabelle 6 (bestimmte Dauer) und der Tabelle gem. § 14 Abs. 1 Satz 4 BewG (lebenslängliche Laufzeit) ermittelt: Bei Höchstzeitrenten bestimmt der Multiplikator der Tabelle 6 den maximalen Vervielfacher, bei Mindestzeitrenten den geringstmöglichen Vervielfacher.

3801 Der Zuwendungsnießbraucher kann nach § 23 ErbStG wählen, ob er die Steuer in einem Betrag vom Kapitalwert entrichtet oder aber jährlich im Voraus vom Jahreswert des Nießbrauchs (s. Rdn. 3969 ff.).[396]

b) Berücksichtigung des Rechtes als „Gegenleistung"

3802 Wird ein Wirtschaftsgut gegen eine Verpflichtung zu wiederkehrender Leistung übertragen (gleich ob es sich dabei ertragsteuerlich um Anschaffungskosten = Kaufpreisrenten, Sonderausgaben = Versorgungsrenten, oder einkommensteuerlich unbeachtliche Unterhaltsrenten handelt), ist zur Ermittlung des „**Entgeltlichkeitsanteils**" der dadurch verwirklichten gemischten Schen-

---

[392] BFH, 09.09.1960 – III U 277/57 U, BStBl. 1961 III, S. 18.
[393] Koordinierter Ländererlass v. 25.06.2009, BStBl. 2009 I, S. 713 ff., Abschnitt 42 Abs. 5, gegen R 85 Abs. 6 Satz 8 und 9 ErbStR 2003.
[394] Koordinierter Ländererlass v. 10.10.2010, BStBl. 2010 I, S. 805 ff.; Abschnitt III.1.2.6.
[395] Vgl. BFH, 31.01.1964 – III 199/61 U, BStBl. 1964 III, S. 179.
[396] Letztere kann nach § 10 Abs. 1 Nr. 1a EStG die ESt mindern (*Schmidt/Drenseck*, EStG, 29. Aufl. 2010, § 12 Rn. 52). Zum „fiskalischen Roulette" des § 23 ErbStG vgl. *Moench*, ZEV 2001, 303 ff.; *Jülicher*, in: Jubiläumsschrift „10 Jahre DVEV", S. 37 ff.; *Esskandari*, ZEV 2008, 324 ff.

A. Schenkungsteuerrecht

kung selbst (Rdn. 3809 ff.) jedoch der **Verkehrswert der Rentenverpflichtung** zu ermitteln, mithin der Betrag, zu dem der Rentenanspruch bei einem Lebensversicherungsunternehmen zu erkaufen wäre. Zugrunde zu legen ist demnach die jüngste zur Verfügung stehende Sterbetafel[397] des Statistischen Bundesamtes.[398] Aus Vereinfachungsgründen erlaubt die Finanzverwaltung, auch hier nach Anlage 9 zu § 14 Abs. 1 BewG vorzugehen.[399]

Eine noch **aufschiebend bedingte Rentenverpflichtung** (etwa zugunsten des Hinterbliebenen nach dem Ableben des ersten Rentenberechtigten) wird auch in diesem Zusammenhang noch nicht berücksichtigt, sondern führt zur nachträglichen Minderung der Entgeltlichkeit erst im Zeitpunkt des Bedingungseintritts (Ereignis i.S.d. § 175 Abs. 1 Satz 1 Nr. 2 AO), der dem FA bis zum Ablauf des auf den Eintritt folgenden Kalenderjahres anzuzeigen ist,[400] sodass eine gemeinsame Bezugsberechtigung etwa gem. § 428 BGB ggf. mit Reduzierung bei Vorhandensein nur eines Berechtigten vorzuziehen ist. 3803

> **Hinweis:** 3804
>
> Es existiert kein Rechtssatz des Inhalts, dass der durch die Finanzverwaltung zur Besteuerung des Erwerbers festgestellte Jahreswert des Nießbrauchs (zur Ermöglichung eines hohen Abzugs bzw. Stundungsanteils wird der Beschenkte diesen Jahreswert möglichst hoch anzusetzen bestrebt sein) identisch sein muss mit dem zur Einkommensbesteuerung des Nießbrauchers ermittelten tatsächlichen Betrag.[401]

5. Bewertung sonstigen Inlandsvermögens

In Fällen nicht speziell geregelter Sachverhalte, etwa Schmuck, Hausrat, Kleidung, Kunstgegenstände, Sammlungen und Edelmetalle, Urheberrechte,[402] Patente, sonstige bewegliche körperliche Sachen etc. gilt der allgemeine Grundsatz des § 9 BewG (Ansatz mit dem gemeinen Wert). Insoweit ergeben sich nur geringe Änderungen ggü. der früheren Rechtslage. Gleiches gilt für Kapitalforderungen und Schulden, die grds. mit dem Nennwert anzusetzen sind, außer es handelt sich um besonders hochverzinsliche Forderungen (über 9 % Zins), oder die Forderung ist zweifelhaft oder uneinbringlich bzw. nur sehr gering zu verzinsen (unter 3 %). 3805

Lebens-, Kapital- und Rentenversicherungen werden gem. § 12 Abs. 4 BewG ab 2009 mit dem Rückkaufswert angesetzt, also dem Betrag, den das Versicherungsunternehmen im Fall einer vorzeitigen Aufhebung des Vertragsverhältnisses zu erstatten hätte (§ 176 VVG). Die bis Ende 2008 wahlweise geltende Möglichkeit, noch nicht fällig Ansprüche aus Lebens-, Kapital- oder 3806

---

[397] Derzeit Sterbetafel 2008/2010 des Statistischen Bundesamtes, kostenfrei zu beziehen unter www.destatis.de unter dem Menüpunkt Bevölkerung/Geburten und Sterbefälle/Periodensterbetafeln und Lebenserwartung/aktuelle Sterbetafeln für Deutschland.
[398] FG Köln, DStRE 2004, 39; BFH v. 08.02.2006 – II R 38/04, ZEV 2006, 277 m. Anm. *Seifried*.
[399] Vgl. Ländererlasse v. 07.12.2001 BStBl. 2001 I, S. 1041, unter III. Daraus resultiert ein geringerer Entgeltlichkeitsanteil, mithin eine tendenziell höhere Steuer!
[400] Entsprechend §§ 5 Abs. 2, 6 Abs. 2 BewG; vgl. BFH v. 08.02.2006 – II R 38/04, ErbStB 2006, 143.
[401] Letzterer ist ohnehin bspw. dann niedriger, wenn der Nießbraucher die Zinszahlungen übernommen hat, vgl. insgesamt Erlass FinMin Schleswig-Holstein v. 30.01.2004, DStR 2004, 1129.
[402] Hierzu *Halaczinsky*, ErbStB 2010, 309 ff.

Rentenversicherungen mit zwei Dritteln der eingezahlten Prämie oder Kapitalbeiträge zu bewerten, ist entfallen.

6. Auslandsvermögen

3807 Für im Ausland belegenes Vermögen[403] veweist § 12 Abs. 7 ErbStG (entspricht § 12 Abs. 6 ErbStG a.F.) in Bezug auf Grundbesitz und Betriebsvermögen auf § 31 Abs. 1 BewG, sodass auch hierfür der gemeine Wert i.S.d. § 9 BewG zu ermitteln ist. Zwar sind für ausländische Grundstücke im Inland keine gesonderten Feststellungen durchzuführen, jedoch entspräche es der Rechtsprechung des EuGH,[404] welche die Finanzverwaltung übernommen hat,[405] einheitliche Grundsätze anzuwenden, d.h. §§ 176 ff. BewG zugrunde zu legen und die Datenlage so ähnlich wie möglich nach der Vergleichs-, Sachwert- oder Ertragswertmethode aufzuarbeiten. Den Steuerpflichtigen treffen gem. § 90 Abs. 2 AO[406] gesteigerte Mitwirkungs- (z.B. Vollmachtserteilungs-) und gem. § 90 Abs. 3 AO erweiterte Dokumentationspflichten;[407] ggf. kommt eine Schätzung nach § 162 AO in Betracht. Teilweise helfen auch Werte, die im Ausland für dortige erbschaftsteuerliche Zwecke ermittelt wurden (insb. Ertragswerte, sog. „Katastral-Werte" in den Beneluxstaaten, Frankreich, Italien und Spanien).

3808 Gleiches gilt im Grundsatz für ausländisches Betriebsvermögen; auch insoweit darf die Bewertung von Auslandssachverhalten nicht zu Nachteilen für den Steuerbürger führen (Verstoß gegen Niederlassungsfreiheit, Art. 43, 48 EG-Vertrag).[408]

VIII. Berücksichtigung von Gegenleistungen und Auflagen

3809 Zu prüfen ist insoweit, ob Gegenleistungen und Auflagen im Zusammenhang mit der Zuwendung dem Grunde nach überhaupt abzugsfähig sind; sodann in welcher Höhe sie zum Abzug berechtigen.

Unter Berücksichtigung des Rechtsgedanken des § 7 Abs. 1 Nr. 1 ErbStG („Bereicherung auf Kosten des Zuwendenden") differenzierte der BFH und ihm folgend die Finanzverwaltung[409] für die Zeit bis Ende 2008 zwischen gemischten Schenkungen einerseits (nachfolgend unter Rdn. 3810 ff.), und Schenkungen unter Auflagen andererseits (nachfolgend Rdn. 3821 ff.), dort wiederum unterteilt in Nutzungs- und Duldungsauflagen ggü. Leistungsauflagen.

---

403 Hierzu umfassend *Gottschalk*, ZEV 2009, 157 ff.
404 EuGH, 17.01.2008 – Rs C-256/06, *Jäger*, DStRE 2008, 174.
405 Finanzministerium Baden-Württemberg, 16.07.2008, DStR 2008, 1537.
406 BFH, 19.02.2009 – II B 120/08, ZEV 2009, 521, auch bei grenzüberschreitenden Sachverhalten.
407 Vgl. zu den i.R.d. Steuerhinterziehungsbekämpfungsgesetzes 2009 geschaffenen Erweiterungen *Worgulla*, ErbStB 2009, 255 ff.
408 EuGH, 02.10.2008 – Rs C-360/06, IStR 2008, 773.
409 BFH, BStBl. 1989 II, S. 524; koordinierter Ländererlass v. 09.11.1989, BStBl. 1989 I, S. 445 ff.; geändert durch Erlass v. 06.12.1993, BStBl. 1993 I, S. 1002, s. z.B. BeckVerw075179.

A. Schenkungsteuerrecht

1. Gemischte Schenkungen (Alte Rechtslage bis Ende 2008)

a) Privatvermögen

Sofern Leistung und Gegenleistung nicht den gleichen Wert haben und die Parteien übereinstimmend davon ausgehen, der überschießende Wert der Leistung sei unentgeltlich gewährt, ist zunächst im ersten Schritt der quotale Anteil dieser freigebigen Zuwendung zu ermitteln (vgl. § 7 Abs. 1 Nr. 1 ErbStG: „**soweit** der Bedachte durch sie auf Kosten des Zuwendenden bereichert wird"). Bei dieser Aufspaltung in einen entgeltlichen und einen unentgeltlichen Anteil ist mangels steuerrechtlicher Sondernormen die bürgerlich-rechtliche Bereicherung zugrunde zu legen, also der Unterschied zwischen dem Verkehrswert der Leistung und dem Verkehrswert der Gegenleistung.

3810

Als Verkehrswerte gelten dabei die gemeinen Werte (§ 9 BewG, R 17 Abs. 5 Sätze 1 u. 2 ErbStR) – bei der gemischten Schenkung eines Lebensversicherungsvertrages also bspw. der Rückkaufswert, nicht der frühere privilegierte Steuerwert von zwei Dritteln der gezahlten Beiträge gem. § 12 Abs. 4 BewG.[410] Zur Verwaltungsvereinfachung ordnet R 17 Abs. 6 ErbStR 2003 an, dass die vom Steuerpflichtigen genannten Verkehrswerte zu übernehmen seien, sofern sie bei unbebauten Grundstücken mindestens das 1,2-fache, bei bebauten Grundstücken das 2-fache des schenkungsteuerlichen Immobilienwerts betragen und kein höherer Verkehrswert bekannt ist. Gibt der Steuerpflichtige einen hinter dem doppelten Bedarfswert zurückbleibenden Verkehrswert an, darf freilich das FA nicht ohne Weiteres pauschal den doppelten Bedarfswert ansetzen, sondern muss den nach seiner Ansicht maßgeblichen Verkehrswert nachweisen.[411]

3811

Auch für sonstige Wirtschaftsgüter, etwa Einzelunternehmen, Anteile an Personengesellschaften, nichtnotierte Anteile an Kapitalgesellschaften sowie Nutzungen und wiederkehrende Leistungen (ohne Begrenzung des Jahreswerts nach § 16 BewG) enthält R 17 Abs. 6 ErbStR 2003 Vereinfachungsregelungen. Persönliche Umstände sind dabei unbeachtlich (§ 9 Abs. 2 Satz 3 BewG), allerdings kann bei einem kleinen Unternehmen, dessen Wahrnehmung am Markt maßgeblich von den geschäftsführenden Gesellschaftern geprägt wurde, deren Ausscheiden deutliche Wertabschläge rechtfertigen.[412]

3812

Im zweiten Schritt ist sodann der **Steuerwert der Bereicherung** und damit die Bemessungsgrundlage zu ermitteln. Hierfür wird gem. R 17 Abs. 2 ErbStR 2003 der Steuerwert der Gesamtleistung quotal in gleicher Weise aufgeteilt, wie der Verkehrswert der Gesamtleistung zum Verkehrswert der Gegenleistung steht. Wirtschaftlich wird also der Abzugsbetrag, der durch die Gegenleistungen vermittelt wird, in gleichem Maße gekürzt, wie der Verkehrswert der Leistung im Verhältnis zu dessen Steuerwert steht. Diese quotale Kürzung schließt zugleich Schenkungen mit negativem Steuerwert aus, die sonst entstehen könnten, wenn beispielsweise Bankverbindlichkeiten vom niedrigeren Steuerwert der Immobilie im vollen Umfang abgezogen werden könnten.

3813

---

410 FG Düsseldorf, 24.02.2010 – 4 K 2304/09 Erb, ErbStB 2010, 357.
411 BFH, 24.11.2005 – II R 11/04, ErbStB 2006, 91.
412 BFH, 19.12.2007 – II R 22/06, ZEV 2008, 300.

3814 Es gilt also die Formel:[413]

$$\frac{\text{Steuerwert der Leistung} \times \text{Verkehrswert der Bereicherung}}{\text{Verkehrswert der Leistung}} = \text{Steuerwert der Schenkung}$$

Beispiel:[414]

V überträgt ein Grundstück im Verkehrswert von 375.000,00 €, Steuerwert nach Bewertungsgesetz 213.000,00 €, an E. E übernimmt auf dem Grundbesitz ruhende Verbindlichkeiten zur weiteren Verzinsung und Tilgung i.H.v. 75.000,00 €. Der bürgerlich-rechtliche Wert der Bereicherung beträgt also 375.000,00 € abzgl. 75.000,00 €, somit 300.000,00 €. Der Steuerwert der Bereicherung beträgt 213.000,00 € mal 300.000,00 € dividiert durch 375.000,00 €, also 170.400,00 €.

3815 Jedenfalls nach bisheriger Auffassung und einhelliger Rechtspraxis gelten diese Grundsätze zur **Aufspaltung der gemischten Schenkung** *nicht* **für Erwerbe von Todes wegen** – bei der Ermittlung der Erbschaftsteuer werden also bspw. Verbindlichkeiten bisher ungekürzt zum Abzug zugelassen, auch soweit sie bewertungsrechtlich privilegiertes Vermögen, etwa Grundbesitz oder Betriebsvermögen, betreffen. Bei hoch belasteten Immobilien/Betrieben ist also die Vererbung transfersteuerlich günstiger – es wird gar der Hinzuerwerb weiterer Immobilien mit Vollfinanzierung erörtert zur Reduzierung der Erbschaftsteuer –;[415] noch stärker optimiert ist die Einbringung in eine gewerblich geprägte Personengesellschaft, sodass Betriebsvermögen entsteht: Vergünstigungen der §§ 13a, 19a ErbStG und dennoch voller Schuldenabzug gem. § 10 Abs. 6 Satz 4 ErbStG.[416]

3816 Allerdings ist zu befürchten, dass die durch den BFH in einem obiter dictum angekündigte Rechtsprechungsänderung zur Bewertung von Grundstücksvermächtnissen (vom Bedarfswert zum Sachleistungsanspruch mit Verkehrswertansatz)[417] auch den vollen Abzug der Verbindlichkeiten bei belasteten Grundstücken im Erbfall „außer Vollzug setzen" wird, versteht doch der BFH die niedrigere Grundstücksbewertung als teilweise Steuerbefreiung i.S.d. § 10 Abs. 6 Satz 3 ErbStG. Fraglich ist, ob die Abzugsbeschränkung nur der Höhe nach (auf den Steuerwert der Grundstücke zuzüglich sonstiger Nachlasswerte) oder aber verhältnismäßig (gekürzt im Verhältnis Steuerwert zu Verkehrswert, wie bei gemischten Schenkungen)[418] erfolgt.

b) Betriebsvermögen

3817 Die geschilderten Grundsätze finden weiterhin keine Anwendung bei der Übertragung von Betrieben und Betriebsvermögen, für die sowohl ertragsteuerlich als auch schenkungsteuerlich nicht das sog. „Trennungsprinzip", sondern das **Einheitsprinzip** gilt.

3818 Nicht als Betriebsvermögen im schenkungsteuerrechtlichen Sinn gewertet, sondern nur zum quotal gekürzten Schuldenabzug zugelassen werden **Anteilsübertragungen an schlicht ver-**

---

413 Vgl. R 17 ErbStR; BFH, BStBl. 1989 II, S. 526, grundlegend war BFH, BStBl. 1982 II, S. 83.
414 Nach Hinweis 17 Abs. 2 der Erbschaftsteuerrichtlinien, Sonderheft 2 zu BStBl. I 1998.
415 Vgl. *Vorwold*, ErbStB 2005, 25.
416 Der entgegenstehende § 10 Abs. 1 Satz 3 ErbStG gilt nur bei der rein vermögensverwaltenden Personengesellschaft.
417 BFH, 02.07.2004 – II R 9/02, BStBl. 2004 II, S. 1039, ausführlich hierzu Rn. 3236 der Vorauflage.
418 Dafür *Viskorf*, FR 2004, 1338.

mögensverwaltenden Personengesellschaften, die also weder gewerblich tätig noch gewerblich geprägt sind (d.h. gem. § 15 Abs. 3 Nr. 2 EStG: Kapitalgesellschaft als Komplementärin, der die ausschließliche Geschäftsführung obliegt). Der Erwerb von Anteilen an solchen vermögensverwaltenden Personengesellschaften gilt vielmehr gem. § 10 Abs. 1 Satz 3 ErbStG (entgegen früherer Rechtsprechung)[419] als Erwerb der anteiligen Wirtschaftsgüter der Personengesellschaft (§ 10 Abs. 1 Satz 3 ErbStG, R 26 Abs. 1 ErbStR). Damit sind auch Negativschenkungen ausgeschlossen.

Beispiel:

Wird also ein Kommanditanteil an einer vermögensverwaltenden KG, die Grundbesitz im Verkehrswert von 400.000,00 € mit einem Steuerwert von 300.000,00 € hält, aber Gesellschaftsverbindlichkeiten von 200.000,00 € aufweist, übertragen, gilt dies nach dem Trennungsprinzip als zur Hälfte entgeltlicher, zur weiteren Hälfte unentgeltlicher Erwerb, sodass vom Steuerwert der Grundstücke lediglich drei Viertel der Verbindlichkeiten, also 150.000,00 €, abgezogen werden können. Hätte es sich um eine GmbH & Co. KG mit ausschließlicher Geschäftsführung durch die Komplementärin (gewerblich geprägte Personengesellschaft) gehandelt, wären die Verbindlichkeiten vom Steuerwert des Gesellschaftsvermögens in voller Höhe abzugsfähig gewesen, zusätzlich stünde (nach derzeitiger Rechtslage: noch) der Betriebsvermögensfreibetrag des § 13a ErbStG zur Verfügung.

3819

Neben der anteiligen Abzugsverkürzung für Verbindlichkeiten, die als Folge des Trennungsgrundsatzes bei hinter den Verkehrswerten zurückbleibenden steuerlichen Werten (etwa Bedarfswerten bei Grundbesitz) eintreten, sieht § 10 Abs. 6 ErbStG ein Abzugsverbot für Schulden und Lasten vor, die in wirtschaftlichem Zusammenhang mit Vermögensgegenständen stehen, die ihrerseits nicht der Besteuerung unterliegen (vergleichbar dem einkommensteuerlichen Abzugsverbot des § 3c EStG). Relevant ist dies in erster Linie für Verbindlichkeiten, die mit begünstigtem land- und forstwirtschaftlichen Vermögen und begünstigten Anteilen an Kapitalgesellschaften in wirtschaftlichem Zusammenhang stehen (§ 13a Abs. 4 Nr. 2 u. 3 ErbStG), vgl. § 10 Abs. 6 Satz 5 ErbStG. Bei unmittelbarem Betriebsvermögen wurden die Schulden bereits bei der Ermittlung des Steuerwerts des Betriebsvermögens selbst berücksichtigt, § 12 Abs. 5 ErbStG, sodass dort der volle Abzug greift, § 10 Abs. 6 Satz 4 ErbStG.

3820

2. Schenkung unter Auflage

Die von der vorgenannten gemischten Schenkung zu differenzierende Schenkung unter Auflage wird – in Anlehnung an das Zivilrecht – auch schenkungsteuerlich als einheitlicher unentgeltlicher Vorgang angesehen. Zu differenzieren ist jedoch für den Bereich der Schenkungsteuer zwischen **Nutzungs-** (z.B. Nießbrauch) und **Duldungsauflagen** (z.B. Wohnungsrecht, lediglich dingliche Übernahme einer Grundschuld), einerseits – nachstehend Rdn. 3822 ff. –, und sog. **Leistungsauflagen**, andererseits (z.B. Zahlung wiederkehrender Leistungen, einmalige Zahlungen an Veräußerer oder Geschwister, Übernahme einer Grundschuld samt zugrunde liegender Verbindlichkeiten) – nachstehend Rdn. 3852 ff. –. Ob es sich ertragsteuerlich bei den wiederkehrenden Leistungen um (nach dem EStG irrelevante) Unterhaltsrenten, um (Anschaffungs- oder Herstellungskosten generierende) Kaufpreis- oder um (ggf. zum Sonderausgabenabzug führende) Versorgungsrenten handelt, ist für die schenkungsteuerliche Beurteilung gleichgültig.

3821

---

419 Vgl. BFH, BStBl. 1996 II, S. 546.

a) Nutzungs- oder Duldungsauflage

aa) Zugunsten anderer Personen als des Veräußerers und dessen Ehegatten

3822 Ist Berechtiger der Nutzungs- und Duldungsauflage nicht der Schenker oder dessen Ehegatte, mindert die Auflage hingegen den Wert der Schenkung, sodass insoweit die gleichen Grundsätze gelten wie bei der Schenkung unter Leistungsauflage – sogar mit der Besserstellung, dass der kapitalisierte Wert der zugewendeten Nutzung vom Steuerwert der Zuwendung in voller Höhe, nicht nur im Verhältnis des Steuer- zum Verkehrswerts, abgezogen wird.[420] Sind Schenker und ein Dritter zugleich (etwa gem. § 428 BGB) Begünstigte, ist der Kapitalwert zu quoteln (im Zweifel nach Köpfen, § 430 BGB).

3823 Bei einer Schenkung unter einer Nutzungs- oder einer Duldungsauflage ist zur Ermittlung der schenkungsteuerlichen Bemessungsgrundlage zunächst die Nutzungsauflage nach ihrem Kapitalwert (§§ 13 ff. BewG) vom Steuerwert der Zuwendung abzuziehen (soweit es sich nicht um eine Auflage zugunsten des Veräußerers oder dessen Ehegatten handelt, sodass das Abzugsverbot des § 25 ErbStG a.F. greift, s. nachstehend Rdn. 3826 ff.). Zur Ermittlung des Kapitalwerts, bspw. eines Nießbrauchs als Nutzungsauflage (gleichgültig ob es sich um einen dinglichen oder einen schuldrechtlichen Nießbrauch handelt), ist gem. Rdn. 3794 der Jahreswert der Nutzung, und ggf. gem. § 16 BewG zu begrenzen auf höchstens ein 1/18,6tel des Steuerwerts der Zuwendung selbst, Rdn. 3795. Dieser (ggf. gekappte) Betrag wird sodann mit dem Vervielfältiger (bis 31.12.2008: gem. Anlage 9 zu § 14 Abs. 1 BewG) multipliziert und in voller Höhe vom Steuerwert der Zuwendung abgezogen.

3824 *Beispiel:*[421]

Der Veräußerer überträgt seiner Nichte im Jahr 2008 ein Grundstück (Verkehrswert: 2.000.000,00 €, Steuerwert: 1.000.000,00 €) gegen Einräumung eines Nießbrauchs zugunsten der 56-jährigen Schwester der Erwerberin (durchschnittlicher monatlicher Mietertrag. 6.000,00 €):

Der Kapitalwert des Nießbrauchs (das Abzugsverbot des § 25 ErbStG a.F. greift nicht) beläuft sich auf 72.000,00 €, wird allerdings gem. § 16 BewG auf 53.763,44 € „gekappt" (1.000.000,00 € Steuerwert: 18,6). Der Vervielfältiger gem. Anlage 9 zu § 14 Abs. 1 BewG, nämlich 13,040 (für weibliche Personen, Alter bei Erstbezug 56 Jahre), ergibt mit dem vorgenannten gekappten Wert einen Steuerwert des Nießbrauchs von 701.075,25 €. Dieser wird vom Steuerwert (nicht Verkehrswert) der Zuwendung selbst, nämlich 1.000.000,00 €, abgezogen, sodass 298.924,75 € verbleiben, nach Abzug des persönlichen Freibetrags (Steuerklasse II) von 10.300,00 € also ein steuerpflichtiger Erwerb von (abgerundet) 288.600,00 €. Die Steuer hierauf beträgt 63.492,00 € (nach Anwendung des Härteausgleichs gem. § 19 Abs. 3 ErbStG).

I.R.d. Besteuerung der nießbrauchsberechtigten Schwester selbst wird das Nutzungsrecht – wie oben ermittelt – seinerseits mit 701.075,25 € angesetzt, sodass der steuerpflichtige, abgerundete Erwerb nach Abzug des auch dort zu gewährenden persönlichen Freibetrags der Steuerklasse II 690.700,00 € beträgt, die Steuer also 186.489,00 €. Anstelle der Versteuerung des Kapitalwerts könnte die Schwester der Erwerberin die Steuer auch jährlich im Voraus vom Jahreswert entrichten, § 23 Abs. 1 Satz 2 ErbStG, d.h. jährlich 27% von 53.763,44 € = 11.827,00 €.

---

[420] R 17 Abs. 3 ErbStR, vgl. *Kapp/Oltmanns*, DB 1989, 2352.
[421] Nach *Wachter*, Erbschaft- und Schenkungsteuerrecht (DAI-Skript Februar 2006), S. 175.

A. Schenkungsteuerrecht

Dasselbe Berechnungsschema gilt für die Besteuerung einer Zuwendung unter einer Duldungsauflage, bspw. einem Wohnungsrecht.   3825

bb) Zugunsten des Veräußerers und/oder dessen Ehegatten (§ 25 ErbStG a.F.)

(1) Anwendbarkeit des § 25 ErbStG a.F.

Nutzungs- bzw. Duldungsauflagen zugunsten des Schenkers oder seines Ehegatten[422] mindern hingegen, sofern die Steuer **vor dem 01.01.2009** entsteht nicht den Steuerwert der Schenkung,[423] führen aber zu einer Stundung der anteilig auf die Belastung entfallenden Steuer bis zum Wegfall des Nutzungsrechts (regelmäßig also bis zum Tod) nach der Erstveranlagung.[424] Das Abzugsverbot, mit dem die Besteuerung nach dem Bereicherungsprinzip durchbrochen wird, gilt für alle Nutzungen, und sonstigen wiederkehrenden Leistungen, die unmittelbar im Zusammenhang mit einer Schenkung unter Lebenden[425] begründet worden sind (R 85 Abs. 1 Satz 1 Nr. 2 ErbStR). Rentenzahlungen („Leistungsauflagen") unterliegen trotz des zu weit geratenen Wortlauts bei lebzeitiger Übertragung nicht dem Abzugsverbot (Rdn. 4963), sondern nur bei letztwilliger Begründung[426] (sodass Versorgungsleistungen für den Ehegatten des Erblassers lediglich eine anteilige Stundung der Erbschaftsteuer bewirken).[427] Nicht umfasst von § 25 ErbStG a.F. sind wortlautgemäß ferner Absicherungen zugunsten dritter Personen, etwa Lebensgefährten, der eigenen Kinder bei Übertragung unmittelbar an die Enkel etc.   3826

Ebenfalls nicht vom Abzugsverbot umfasst ist die Vereinbarung einer Kapitalforderung, bei welcher dem Berechtigten das Recht eingeräumt wird, anstelle der Einmalzahlung nachträglich eine dem Kapitalisierungsbetrag entsprechende Rentenzahlung zu verlangen (sog. **Kapitalforderung mit Rentenwahlrecht**). Für die Anwendbarkeit des § 25 ErbStG a.F. kommt es nämlich auf die Verhältnisse zum Zeitpunkt der Steuerentstehung an.   3827

Der Stundungsbetrag i.R.d. § 25 ErbStG a.F. selbst wird sodann in einem dreistufigen Verfahren ermittelt:
- Ermittlung der festzusetzenden Steuer für den Bruttoerwerb,
- Ermittlung der fiktiven Steuer für den Nettoerwerb, R 85 Abs. 3 Satz 2 ErbStR,

---

422 Eine Erweiterung auf eingetragene Lebenspartner gilt mangels Verabschiedung des Lebenspartnerergänzungsgesetzes noch nicht. Unterbleibt dies endgültig, könnte § 25 ErbStG gegen Art. 6 Abs. 1 GG verstoßen; vgl. *Wälzholz*, MittBayNot Sonderheft 2001, 56.
423 Wurde jedoch für die Ermittlung des Bedarfswertes des Grundstücks der niedrigere Verkehrswert angesetzt, wurde hierbei die Nießbrauchsbelastung bereits abgezogen (Ländererlasse v. 01.03.2004, BStBl. 2004 I, S. 272), sodass keine zusätzliche Stundung mehr stattfindet, H 17 Abs. 3, H 177 ErbStH.
424 Erlischt der Nießbrauch durch Versterben vor der Erstveranlagung, unterbleibt die anteilige Stundung (und damit die Ablösungsmöglichkeit), jedenfalls wenn die zögerliche Veranlagung nicht durch Nachlässigkeit der Finanzbehörde verursacht wurde, FG Hessen, 16.02.2006 – 1 K 2526/03.
425 FG Köln v. 05.04.2005 – 9 K 6814/01, DStR 2006, 480: Stundung gem. § 25 Abs. 1 Satz 2 ErbStG auch dann, wenn lediglich der Vorerwerb und nicht der dann folgende Erwerb von Todes wegen mit einem Nießbrauchsrecht zugunsten des Ehegatten des Erblassers belastet ist (anders H 83 Abs. 3 ErbStR 2003).
426 Vgl. *Michael*, RNotZ 2007, 261.
427 Der Erwerber des Versorgungsanspruchs wird hingegen regelmäßig die Jahresversteuerung gem. § 23 ErbStG wählen (Rdn. 3969), zumal diese Zahlungen als Sonderausgaben abzugsfähig sind, vgl. *Jüptner*, in: Fischer/Jüptner/Pahlke/Wachter, ErbStG, § 23 Rn. 91.

Kapitel 11: Verkehrsteuern

- der Stundungsbetrag ergibt sich im dritten Schritt als Differenz der Steuer für Bruttoerwerb und Nettoerwerb.

(2) Ermittlung des Stundungsbetrages

3828 Der Stundungsbetrag ergibt sich also durch Vergleich der Steuern für den „Brutto-Erwerb" und für den „Netto-Erwerb".[428] Der dabei zugrunde zu legende Kapitalwert des vorbehaltenen Nießbrauchs ist zwar bei nach § 13a ErbStG privilegiertem (Betriebs-)Vermögen anteilig zu kürzen (§ 10 Abs. 6 Satz 5 ErbStG),[429] allerdings findet (anders als bei Leistungsauflagen) keine Kürzung statt im Verhältnis zwischen Steuerwert und Verkehrswert.

3829 **Hinweis:**

Wird ein Nutzungsrecht letztwillig durch Vermächtnis zugewendet, können die Beteiligten das Abzugsverbot des § 25 ErbStG a.F. dadurch „umgehen", dass der Vermächtnisnehmer das Nutzungsvermächtnis gegen Abfindungszahlung ausschlägt, die beim Erben erbschaftsteuerlich abzugsfähig ist[430].

3830 Der Steueranteil, der dadurch entsteht, dass der Nießbrauch nicht abgezogen wird, kann auf Antrag des Erwerbers jederzeit mit dem Barwert[431] **vorzeitig abgelöst** werden (§ 25 Abs. 1 Satz 3 ErbStG a.F.),[432] und zwar ausgehend von der nunmehr aktuellen Sterbetafel,[433] sodass sich der Abzinsungseffekt weiter verstärkt. Dies kann zu einer geringeren Gesamtsteuerbelastung führen als bei Vereinbarung von Leistungsauflagen, die nur gekürzt im Verhältnis Steuerwert/Verkehrswert abgezogen werden können.[434] Die Ablösung der gestundeten Steuerschuld ist angesichts des hohen gesetzlichen Abzinsungsfaktors von 5,5 % (§ 12 Abs. 3 BewG) in aller Regel anzuraten, da aus Eigenkapital derzeit keine entsprechende Nachsteuerrendite erzielt werden kann – anders mag es sich verhalten, wenn der Nießbraucher erwartet, deutlich länger als statistisch prognostiziert zu leben. Die vorzeitige Ablösung mit Abzinsungseffekt wird allerdings nicht mehr gewährt, wenn der Nießbrauch vor Erhalt des Ablösungsbescheides ohnehin endet, etwa

---

428 Beispiel gem. H 85 Abs. 3 der Erbschaftsteuerrichtlinien: Geschenkt sei ein Mehrfamilienhaus mit einem Steuerwert von 350.000,00 €, belastet mit einem Nießbrauchsrecht zugunsten des Veräußerers im Kapitalwert von 100.000,00 € (dieser wird errechnet durch Vervielfältigung des Jahresreinertrages, max. jedoch 1/18,6tel des steuerlichen Bedarfswertes, mit dem Faktor gem. Anlage 9 des Bewertungsgesetzes). Die Steuer für den Brutto-Erwerb (350.000,00 €, abzgl. Freibetrag 205.000,00 €), mithin also auf 145.000,00 €, beträgt 11 %, also 15.095,00 €. Die Steuer auf den Netto-Erwerb (350.000,00 €, abzgl. 100.000,00 € Nießbrauchsrecht, abzgl. 205.000,00 € Freibetrag) beträgt 7 % auf den steuerpflichtigen Restbetrag von 45.000,00 €, also 3.150,00 €. Zinslos zu stunden ist die Differenz zwischen beiden, also 12.800,00 €.
429 R 17 Abs. 7 ErbStR, BFH, 06.07.2005 – II R 34/03, ZEV 2005, 496 m. Anm. *Scharfenberg*.
430 *Meincke*, ErbStG, 14. Aufl. 2004, § 25 Rn. 9; *Wachter*, MittBayNot 2000, 194.
431 Zu dessen Berechnung (in Abhängigkeit von der Tragung der Grundstückslasten etc) vgl. *Moench*, in: Jubiläumsschrift „10 Jahre DVEV", S. 102 ff.; zum Abzinsungsfaktor vgl. Anhang 7a zu § 25 ErbStG.
432 Zur Abwägung, welche Variante betriebswirtschaftlich sinnvoller ist, vgl. *Korezkij*, DStR 2002, 2205 ff. mit Fortschreibung aufgrund der neuen Rspr. des BFH, übernommen in H 85 Abs. 4 ErbStH: ZEV 2005, 242: kommt später vorzeitiger Verzicht in Betracht, ist die Ablösung regelmäßig vorteilhafter.
433 Einheitliche Ländererlasse v. 05.06.2007, EStB 2007, 332; FG München, DStRE 2004, 712; hierzu ausführlich *Scharfenberg*, ZEV 2005, 246.
434 Berechnungsbeispiel bei *Geck/Reimann*, Unternehmensnachfolge in der Kautelarpraxis (DAI-Skript November 2005), S. 170 ff.

wegen Versterbens des Nießbrauchers[435] oder infolge Löschungsbewilligung im Rahmen eines Verkaufs. Daher empfiehlt sich, die Ablösung vollständig abzuwickeln, bevor das FA (über die Grunderwerbsteuerstelle) Nachricht von der Veräußerung erhält.

Im Rahmen einer Zusammenrechnung mehrerer Erwerbe binnen 10 Jahren wird für die Übertragung unter Nießbrauchsvorbehalt nicht der durch vorzeitige Ablösung reduzierte Schenkungsteuerbetrag, sondern der ursprüngliche Bruttobetrag angesetzt, sodass dem Steuerpflichtige der Ablösungsvorteil auch i.R.d. § 14 ErbStG verbleibt.[436] Dem folgt nunmehr auch die Finanzverwaltung.[437]

(3) Beendigung der Stundung

Die Stundung endet bei vorzeitiger **Ablösung der Steuer durch den Verpflichteten** (auf Antrag i.H.d. Barwerts, solange die gestundete Steuer[438] noch nicht fällig geworden ist: § 25 Abs. 1 Satz 3 ErbStG a.F.: Rdn. 3830), bei vorzeitigem Verzicht, Erlöschen durch Tod, ferner bei entgeltlicher Veräußerung des belasteten Vermögens (§ 25 Abs. 2 ErbStG a.F., R 85 Abs. 4 Sätze 3 bis 6 ErbStR). Eine solche „entgeltliche Veräußerung" soll auch vorliegen, wenn bei einer Veräußerung ein Nießbrauch oder sonstiges Nutzungsrecht an einem **Surrogat** bestellt wird. Anders verhält es sich allerdings, wenn bereits bei der ursprünglichen Nießbrauchsbestellung die Fortsetzung des Nießbrauchs am Erlös ausbedungen wurde.[439]

3831

Entfällt einer von mehreren Gesamtberechtigten, soll der auf ihn entfallende Anteil vorzeitig fällig werden, auch wenn dem Ehegatten der Nießbrauch weiter ungeschmälert zusteht (vgl. allerdings zur Gefahr des Erlasses mit Gesamtwirkung Rdn. 2030).[440] Günstiger ist daher unter schenkungsteuerlichem Blickwinkel jedenfalls unter Ehegatten, den mutmaßlich Längerlebenden zum alleinig Berechtigten zu erklären (mit aufschiebend bedingtem Nießbrauch sodann für den etwa wider Erwarten doch längerlebenden anderen Ehegatten).

3832

(4) Weitere Schenkung an den Mitberechtigten (§ 428 BGB)

Schenkung- bzw. erbschaftsteuerlich[441] liegt in der Übertragung eines Vermögensgegenstandes gegen Renten- oder Nutzungsrechte auch für einen Dritten, mag er Ehegatte des Veräußerers sein oder nicht, als Mitberechtigten nach § 428 BGB eine Zuwendung des Veräußerers an den Dritten, wenn diesem Dritten im Verhältnis zum Erwerber ein eigenes Forderungsrecht zusteht bzw. er

3833

---

435 FG Hannover, 13.08.2004 – 3 K 404/03, EFG 2005, 642.
436 BFH, 19.11.2008 – II R 22/07, BFH/NV 2009, 587.
437 FinMin Bayern, Erlass v. 21.04.2010, 34 – S 3820–009 -16632/10, ZEV 2010, 331.
438 Offen ist, ob die Ablösung möglich ist, wenn die Nießbrauchslast vor der Steuerfestsetzung (durch Tod) erlischt. Nach BFH v. 23.03.1998 – II B 97/97, BFH/NV 1998, 1224 ist dann eine Stundung jedenfalls nicht mehr möglich, nach Ansicht von *Troll/Gebel/Jülicher*, ErbStG, § 25 Rn. 57 jedoch eine Ablösung, a.A. FG Hessen, 24.09.2009 – 1 K 1340/07 ErbStB 2010, 95: weder Stundung noch Ablösung, auch nicht im Billigkeitswege.
439 BFH, 11.11.2009 – II R 31/07 ZEV 2010, 208; dem folgt nun auch die Finanzverwaltung: FinMin Baden-Württemberg, Erlass v. 10.05.2010, 3 – S 3837/7, ZEV 2010, 332, gegen R 85 Abs. 4 Satz 4 ErbStR; vgl. *Götz/Hülsmann*, DStR 2010, 2377 ff.
440 Vgl. OFD Koblenz, ErbStB 2003, 283, a.A. *Wälzholz*, ZErb 2003, 340.
441 Vgl. zum folgenden OFD Hamburg v. 02.06.2003, ZEV 2003, 324 sowie FinMin Baden-Württemberg Erlass v. 25.06.2003, DStR 2003, 1485, m. Ergänzung *Kirschstein*, ZEV 2003, Heft 9 Seite VI; krit. hierzu *Gebel*, ZEV 2004, 98 ff.

über die eingehenden Zahlungen im Innenverhältnis tatsächlich frei verfügen kann[442] und er ggü. dem Veräußerer (Schenker) nicht zum vollen Innenausgleich verpflichtet ist bzw. die Zuwendung an den dritten, Mitberechtigten, sich nicht als geschuldete (Unterhalts-) Leistung darstellt.[443] Bei sofortiger Berechtigung mehrerer ist im Zweifel von gleichen Kopfanteilen auszugehen (§ 430 BGB).[444] Steht dem Dritten nach den Regelungen des Innenverhältnisses dieses Forderungsrecht erst aufschiebend bedingt z.B. nach dem Ableben des Erstbegünstigten zu, ist die Schenkung an den Dritten erst dann ausgeführt (§ 9 ErbStG) und zu berücksichtigen, also zuvor nicht einmal durch Stundung des kapitalisierten Werts zu erfassen.[445] Steht dem Dritten dann jedoch lediglich ein Anspruch auf Einräumung des Rechtes zu, ist die Zuwendung sogar doppelt bedingt, und wird schenkungsteuerlich erst bei Ausübung des Anspruchs erfasst (vgl. Rdn. 1112 zum vormerkungsgesicherten Anspruch auf Einräumung des Zuwendungsnießbrauchs für den Ehegatten).

3834 Diese Grundsätze gelten nach herrschender Meinung[446] auch für die Berechnung des Stundungsanteils nach § 25 ErbStG a.F. und des Vervielfältigers bei vorzeitiger Ablösung nach § 25 Abs. 1 Satz 3 ErbStG a.F.[447]

3835 *Beispiel:*

Schenkung eines Mietwohngrundstückes, Jahreswert der Nutzung 36.000,00 €, unter Vorbehalt des Nießbrauchs für den Veräußerer (62 J) und dessen Ehefrau (58 J) nach § 428 BGB. Vervielfältiger des Ehemannes lt. Anlage 9: 9,889 x 18.000,00 € (hälftiger Wert, § 430 BGB) ergibt 178.002,00 € = 39,39 %; Vervielfältiger der Ehefrau 12,553 x 18.000 = 225.954 und, für den mutmaßlichen Überlebenszeitraum, weitere 12,553 minus 9,889 = 2,664 x 18.000 (ihr zuwachsender weiterer Mietertrag, da ja keine Bruchteils-, sondern Gesamtgläubigerschaft) = 47.952,00 €, gesamt also 273.906,00 € = 60,61 %. Bei einem angenommenen Steuersatz von 19 % aus (gesamt, abgerundet) 451.900,00 € entfällt auf den Ehemann ein Stundungsbetrag von 39,39 % aus 85.861,00 € = 33.820,00 €, auf den Gesamtgläubigeranspruch der Ehefrau 52.041,00 €. Bei vorzeitiger Ablösung betrüge der auf den Ehemann entfallende Anteil 0,425 x 33.820,00 € = 14.373,50 €; auf die Ehefrau entfällt bei einem Vervielfältiger von 0,292: 15.195,97 €, gesamt also 29.569,47 €.

---

442 BFH, 22.08.2007 – II R 33/06, MittBayNot 2008, 158 (*Thouet*, RNotZ 2008, 486). Maßgeblich ist dabei auch, ob die Rentenzahlungen bzw. Nießbrauchsleistungen auf ein gemeinsames (Und- bzw. Oder-) oder ein Einzelkonto überwiesen werden, ferner ob der mitbegünstigte Ehegatte, der über eine Kontovollmacht verfügt, kraft dieser Vollmacht nicht zur gemeinsamen Lebensführung bestimmte Beträge endgültig für eigene Zwecke verwenden konnte.

443 Das FG Münster, 16.02.2006 – 3 K 3639/03 Erb, ErbStB 2006, 148 = DStRE 2007, 307 weist jedoch darauf hin, dass die Zuwendung eines Stammrechtes nicht als Unterhaltsleistung unter Ehegatten in Betracht komme, sondern nur laufende Zuwendungen zum Verbrauch in einem überschaubaren Zeitraum.

444 In gleicher Weise werden geldwerte Versorgungsansprüche, die zwei Begünstigten als Gesamtberechtigten nach § 428 BGB zustehen, auch sozialrechtlich im Zweifel beiden je zur Hälfte zugerechnet, sodass bspw. die beitragsfreie Familienversicherung bei der gesetzlichen Krankenversicherung unerkannt entfallen kann, vgl. hierzu ausführlich (allerdings noch zum alten Recht) *Gitter*, DNotZ 1984, 607 ff.

445 FG Hamburg, 29.11.2004 – III 257/02, ErbStB 2005, 175 (dort wurde zugleich die Zuwendung als Vertrag zugunsten Dritter auf den Todesfall i.S.d. § 3 Abs. 1 Nr. 4 ErbStG, nicht als Schenkung auf den Todesfall i.S.d. § 3 Abs. 1 Nr. 2 ErbStG oder als (aufschiebend bedingte und befristete) Schenkung zu Lebzeiten nach § 7 ErbStG qualifiziert).

446 A.A. bei zwei Gesamtgläubigern: Ermittlung insgesamt nach den Verhältnissen des statistisch länger lebenden Ehegatten: FG Brandenburg, 05.05.1 – 14 K 14168/08 ErbStB 2010, 259 = BeckRS 2010, 26029339.

447 Sterbetafel = Tab. 6 und Vervielfältiger = Tab. 1 der Ländererlasse v. 07.12.2001, BStBl. 2001 I, S. 1041, berichtigt BStBl. 2002 I, S. 112.

(5) Unentgeltlicher Verzicht auf das vorbehaltene Nutzungsrecht

Sofern der Nutzungsberechtigte **vorzeitig** auf das Nutzungsrecht ohne Gegenleistung **verzichtet** (s. Rdn. 1088 ff.), haben Teile der untergerichtlichen Rechtsprechung[448] schon dem Grunde nach keine neuerliche Zuwendung gesehen; lediglich die Stundungswirkung erlösche vorzeitig. Die Finanzverwaltung sah im Verzicht eine neuerliche steuerpflichtige Zuwendung, allerdings wurde aus Billigkeitsgründen gem. § 163 AO zur Vermeidung einer Doppelbesteuerung (hinausgeschobener Steueranteil, der auf den Nutzungsvorbehalt entfällt, zuzüglich der Steuer auf den Verzicht als solchen, die eine weitere Schenkung darstellt)[449] gemäß bisheriger Verwaltungsanweisung[450] die Steuer auf den Verzicht nur insoweit erhoben, als sie den Betrag der gestundeten Steuer übersteigt. 3836

Der BFH[451] hat nunmehr den **vorzeitigen Nießbrauchsverzicht** sowie den unentgeltlichen Verzicht auf das dingliche Wohnungsrecht[452] ebenfalls als Schenkung mit der Folge einer objektiven Bereicherung gewertet (§ 7 Abs. 1 Satz 1 Nr. 1 ErbStG); die sonst eintretende Doppelbelastung solle jedoch nicht (wie nach bisheriger Ansicht der Finanzverwaltung) durch Anrechnung bei der Steuerfestsetzung, sondern auf der Ebene der Bereicherungsbemessung, also durch Anrechnung des historischen Nießbrauchswerts auf die Bemessungsgrundlage des nunmehrigen Schenkungsverzichtes, behoben werden. Nachversteuert würde also etwa eine Wertsteigerung des Nießbrauchsanteils zwischen Vorbehalt und Verzicht (aufgrund Änderung des Steuer- oder Bewertungsrechtes,[453] des Jahreswerts etc., sofern diese über das Absinken des Vervielfältigers in Anlage 9 hinausgehen). Der durch eine vorzeitige Ablösung der gestundeten Steuer in Anspruch genommene Abzinsungsvorteil würde andererseits (entgegen der bisherige Auffassung der Finanzverwaltung, die nur den Zahlbetrag angerechnet hätte) erhalten bleiben[454] Die Finanzverwaltung hat sich dieser Sichtweise nun angeschlossen.[455] 3837

> **Hinweis:** 3838
>
> Es empfiehlt sich daher, vor einem unentgeltlichen Verzicht auf den vorbehaltenen Nießbrauch die gestundete Steuer mit Abzinsung abzulösen; andernfalls wird mit dem Verzicht die Steuer in voller Höhe fällig. Durch die vorzeitige Ablösung des gestundeten Teils und dessen anschließende (bei unveränderten Wertverhältnissen nicht zu einer weiteren steuerpflichtigen Bereicherung führende) Aufgabe lässt sich ein Gegenstand steuergünstiger verschenken als im Fall seiner direkten Zuwendung ohne Nießbrauchsbelastung.

---

448 FG Hamburg, MittBayNot 2002, 224, Rev. BFH, II R 65/01; a.A. FG Nürnberg, EFG 2001, 148; FG München, EFG 2001, 147.
449 *Moench*, ZEV 2001, 143.
450 Hinweis H 85 Abs. 4 ErbStR 2003.
451 BFH, 17.03.2004 – II R 3/01, ZEV 2004, 211 m. Anm. *Rödl/Seifried*, ZEV 2004, 238 ff.; *Viskorf*, FR 2004, 604 ff.
452 BFH, 23.06.2010 – II B 32/10; hierzu *Michael*, notar 2010, 413 (wohl anders bei schuldrechtlichen Wohnungsrecht, also der Leihe, deren Einräumung – und demnach auch Löschung – auch zivilrechtlich nicht als Schenkung anzusehen ist, vgl. Rdn. 1265).
453 Gefährlich ist demnach v.a. der Verzicht auf den Vorbehaltsniebrauch bei vor 1996 durchgeführten Übertragungen, vgl. *Wachter*, DNotZ 2005, 539.
454 Zu Gestaltungsmöglichkeiten vgl. *Rödl/Seifried*, ZEV 2004, 238 ff.
455 Koordinierter Ländererlass v. 23.09.2004, BStBl. 2004 I, S. 939.

3839   *Beispiel:*[456]

Der 69-jährige Vater schenkt dem Sohn ein Grundstück mit einem Steuerwert von 500.000,00 € (jährliche Mieterträge 25.000,00 €). Die „Direktsteuer" beträgt nach Abzug des Freibetrages von 205.000,00 € 15% auf 295.000,00 € = 44.250,00 €.

Würde die Immobilie stattdessen unter Nießbrauchsvorbehalt übertragen, beträgt dessen Kapitalwert im Jahr 2008 gem. Anlage 9 zu § 14 BewG 25.000 x 8,12 = 203.000,00 €. Der sofort fällige Steuerbetrag beläuft sich demnach auf 500.000 – 203.000 – 205.000 [Freibetrag] = 92.000,00 €, hieraus 11% = 10.120,00 €. Wird die gestundete Steuer von 44.250,00 € – 10.120,00 € = 34.130,00 € sofort abgelöst, beläuft sich der Zahlbetrag gem. Anl 14 zu § 12 Abs. 3 BewG auf 0,526 x 34.130 = 17.953,00 €. Der anschließende unentgeltliche Verzicht auf den Nießbrauch führt im Regelfall gem. Rdn. 3837 zu keiner neuerlichen Steuer. Die Gesamtsteuerbelastung unter Inanspruchnahme des Abzinsungseffektes, den der Nießbrauchsvorbehalt eröffnet, beläuft sich also auf 10.120 + 17.953 = 28.073,00 € im Vergleich zu 44.250,00 €.

Zur **Vermeidung der Annahme eines Gesamtplanes** (Rdn. 4437) bzw. des § 42 AO (Rdn. 4437) sollten außersteuerliche Motive für die ursprünglich nicht beabsichtigte vorzeitige Aufgabe des Nießbrauchs dokumentiert werden.

(6)   Entgeltlicher Verzicht

3840   Schenkungsteuerlich führt die **entgeltliche Ablösung eines Vorbehaltsnießbrauchs** nicht etwa dazu, dass rückwirkend (jedenfalls insoweit) die Schenkung als solche entfalle, da § 29 Abs. 1 Nr. 1 ErbStG nicht erfüllt ist. Zwar können ertragsteuerlich in solchen Fällen nachträgliche Anschaffungskosten vorliegen, § 255 Abs. 1 HGB,[457] erbschaftsteuerlich bleibt es jedoch bei selbstständigen Vereinbarungen, sodass keine nachträgliche bereicherungsmindernde Gegenleistung anzuerkennen ist,[458] vielmehr entfällt sogar noch die Stundungswirkung (§ 25 Abs. 1 Satz 2 ErbStG) für die insgesamt unentgeltlich bleibende Zuwendung.[459] Dies führt zu extrem unberechtigten Ergebnissen, wenn sich zumindest ein Teil der gezahlten Abfindungssumme noch im Nachlass des später verstorbenen Veräußerers/zwischenzeitlichen Vorbehaltsnießbrauchers findet und der Erwerber diesen beerbt: Die frühere Schenkung, die Schenkung bleibt, ist gem. § 14 Abs. 1 ErbStG als Vorerwerb zu berücksichtigen;[460] zugleich versteuert der Erbe den ihm zugefallenen Nachlass, der die von ihm selbst gewährten Zahlungen enthält.[461]

3841   Ertragsteuerlich interessant ist (seit 2008 allerdings beschränkt auf Betriebsvermögen, Rdn. 5000 ff.) in erster Linie die Ablösung eines vorbehaltenen Nießbrauchs gegen Versorgungsleistungen (der Nießbrauch als Vermögensgegenstand einer Vermögensübergabe gegen Versorgungsleistungen, sog. „**gestreckter Übergabetatbestand**") außerhalb eines Gesamtplanes – Rdn. 4437 ff. – (vgl. Rdn. 4977 ff. nach altem Recht und 4588d ff. nach neuem Recht). Schenkungsteuerlich ist auch dabei der kapitalisierte Nießbrauchswert im Ablösungszeitpunk

---

456   Zahlen nach einer Seminarunterlage von *Wachter*, Erbschaft- und Schenkungsteuerrecht (DAI-Skript 2006), S. 128 ff.
457   Etwa BFH, 16.06.2004 – X R 50/01, BStBl. 2005 II, S. 130.
458   BFH, 14.06.2005 – VIII R 14/04, BStBl. 2006 II, S. 15; FG Köln, 14.03.2006 – 9 K 4735/05, ErbStB 2006, 146.
459   BFH, 19.12.2007 – II R 34/06, ErbStB 2008, 100; *Thouet*, RNotZ 2008, 487.
460   Und zwar mit dem Bruttowert, ohne Abzug der Nießbrauchsbelastung: BFH v. 19.12.2007 – II R 34/06, ErbStB 2008, 100.
461   *Hartmann* spricht in ErbStG 2006, 147, vom „worst case" einer missglückten vorweggenommenen Erbfolge.

A. Schenkungsteuerrecht

mit dem kapitalisierten Wert der wiederkehrenden Leistungen zu vergleichen; ein etwaiger „Überhang" führt zu einer gemischten Schenkung.[462]

cc) Zusammenfassendes Berechnungsbeispiel

Die Besteuerung vorbehaltener bzw. zugewendeter Nutzungsrechte i.R.d. ErbStG wird verdeutlicht an folgendem Beispiel:[463] 3842

Beispiel zur Rechtslage bis Ende 2008:

Der 80-jährige Onkel O schenkt im Jahr 2007 seinem Neffen N ein Mietwohngrundstück (steuerlicher Grundbesitzwert – Bedarfswert – 320.000,00 €, jährlicher Reinertrag 15.000,00 €). Er behält für sich und seine 20 Jahre jüngere Ehefrau, Tante T, den Nießbrauch als Gesamtberechtigte nach § 428 BGB zurück.

(a) Besteuerung des Neffen N: 3843

*Der Jahreswert von 15.000,00 € liegt unter 1/18,6 des Bedarfswerts, sodass die Kappung des § 16 BewG nicht eingreift. Das Abzugsverbot des § 25 Abs. 1 ErbStG erfasst sowohl den Nießbrauchs"anteil" des Onkels wie auch der Tante; maßgeblich ist allein der höhere Vervielfältiger der Tante (60 Jahre: 12,034), sodass der **Kapitalwert des Nießbrauchs** sich auf 15.000 x 12,034 = 180.510,00 € beläuft.*

Berechnung demnach:

*Steuer auf den **Bruttoerwerb**:*

Bruttoerwerb als Bedarfswert	*320.000,00 €*
abzgl. Freibetrag Steuerklasse II	*10.300,00 €*
verbleibt als steuerpflichtiger Erwerb	*309.700,00 €*
Steuersatz 22 %	*68.134,00 €*

*Steuer auf den **Nettoerwerb**:*

Bruttowert des Erwerbs wie oben	*320.000,00 €*
abzgl. Kapitalwert des Nießbrauchs, wie oben berechnet	*180.510,00 €*
abzgl. Freibetrag Steuerklasse II	*10.300,00 €*
ergibt Nettowert des Erwerbs (abgerundet)	*129.100,00 €*
Steuersatz 17 %	*21.947,00 €*

***Zinslos zu stundende Steuer** demnach:*

68.134,00 € – 21.947,00 € =	*46.187,00 €,*
***sofort zu zahlende Steuer**:*	*21.947,00 €*

*(b) Wünscht der beschenkte Neffe die **Ablösung der gestundeten Steuer** nach dem Barwert gem. § 25 Abs. 1 Satz 3 ErbStG, nimmt das FA (was für den Steuerpflichtigen ungünstiger ist) jeweils eine getrennte Berechnung nach dem Lebensalter jedes Nießbrauchers vor, also nicht allein nach Maßgabe der höhe-* 3844

---

462 FG München, 23.01.2009 – 4 K 4101/05, BeckRS 2008, 26026547.
463 Sachverhalt und Rechenwerk sind entnommen dem illustrativen Aufsatz von *Moench*, ErbStB 2006, 97 ff.; vgl. auch zusammenfassend *Esskandari*, NWB 2008, 3493 ff. = Fach 10, S. 1645 ff.

ren, für den Abzugsbetrag selbst ausschließlich maßgeblichen Lebenserwartung der Tante.[464] *Zur Ermittlung des Ablösebetrags legt die Finanzverwaltung die jeweilige mittlere Lebenserwartung zugrunde und ermittelt hieraus die Abzinsungsfaktoren.*[465] *Demnach würde folgende Berechnung stattfinden:*

Der Anteil des Onkels O am Kapitalwert des Gesamtnießbrauchs beträgt:

7.500,00 € (hälftiger Jahreswert) x 4,693 (seinem Vervielfältiger nach Anlage 9 zum Bewertungsgesetz)	= 35.197,00 €,
dies entspricht 19,5 % des gesamten Kapitalwerts von	180.510,00 €.

Von der gestundeten Steuer entfallen demnach

auf O	9.006,00 €
auf dessen Ehefrau T	37.181,00 €.

*Der **Abzinsungsfaktor** beträgt unter Berücksichtigung der Lebenserwartung von 6 Jahren (O) bzw. 21 Jahren (T)*

bei O 0,725 – Ablösungsbetrag also	6.529,00 €
bei T jedoch 0,325 – also	12.083,00 €
sodass die **Gesamtablösungssumme** sich addiert auf	18.612,00 €.

3845 **(c) Besteuerung der Ehefrau hinsichtlich des Zuwendungsnießbrauchs:**

Wie in Rdn. 3833 ausgeführt, liegt in der anteiligen (und nach dem Ableben des Ehemanns alleinigen) Zuwendung des Nießbrauchs an den Ehegatten des Veräußerers eine Schenkung des Onkels (Veräußerers) an seine Ehefrau, Tante T, die getrennt für die Zeit bis zum Tod des O und sodann für ihre anschließende Überlebenszeit berechnet werden muss:

Kapitalwert des Anteils am gemeinsamen Nießbrauch:

hälftiger Jahreswert (7.500,00 €) x Kapitalisierungsfaktor des Ehemanns O gem. Anlage 9 zum Bewertungsgesetz (4,693) =	35.197,00 €

Kapitalwert in der Überlebenszeit:

voller Jahresertrag (15.000,00 €) x Differenz aus ihrem eigenen Kapitalisierungsfaktor und dem Faktor ihres verstorbenen Mannes (12,034 abzgl. 4,693) =	110.115,00 €,
daher **Kapitalwert des Zuwendungsnießbrauchs:**	145.312,00 €

Dieser Betrag würde bspw. mit einem erbschaftsteuerpflichtigen Erwerb der Tante nach dem Tod des O binnen 10 Jahren nach der Schenkung zusammengerechnet (§ 14 ErbStG).

3846 **(d) Vorzeitiger unentgeltlicher Verzicht auf den Nießbrauch durch beide Berechtigten:**

Ein vorzeitiger Verzicht ohne Entgelt (z.B. ein Jahr nach Bestellung des Nießbrauchs) stellt eine weitere freigebige Zuwendung dar;[466] *zur Vermeidung einer doppelten Erfassung des Nießbrauchs ist jedoch nach*

---

464 Vgl. R 85 Abs. 6 Satz 8 u. 9 ErbStR 2003 sowie Erlass FinMin Stuttgart v. 25.06.2003 und 09.01.2004, DStR 2003, 1485, und DStR 2004, 138.

465 Entgegen dem Ländererlass v. 07.12.2001, BStBl. 2001 I, S. 1041 ist die jeweils akutelle Sterbetafel zugrunde zu legen, die dem Bewertungsstichtag vorausgeht, vgl. Erlass des FinMin Baden-Württemberg v. 09.06.2008, ZEV 2008, 352; also bei Bewertungsstichtagen im Jahr 2008 die Sterbetafel 2005/2007, vgl. Verfügung der OFD Karlsruhe v. 22.04.2009, ZEV 2009, 264.

466 Vgl. ausführlich Rdn. 3833 ff. sowie BFH, 17.03.2004 – II R 31/01, BStBl. 2004 II, S. 429.

A. Schenkungsteuerrecht

der Rechtsprechung des BFH die Grundstückszuwendung auf die Verzichtszuwendung anzurechnen; lediglich die Differenz löst eine zusätzliche Steuer aus (vgl. Rdn. 3837).[467] *Daher kommt es vorliegend zu keiner weiteren Besteuerung:*

*maßgeblicher **Vervielfältiger der Tante** (ihr höherer Faktor entscheidet) ein Jahr nach der Schenkung: 11,763,*

*daher **Kapitalwert beim Verzicht** im Jahr 1 nach der Schenkung: 15.000 x 11,763 =*	*176.445,00 €,*
***Kapitalwert bei Grundstücksschenkung** jedoch*	*180.510,00 €,*

es wird also keine zusätzliche Bereicherung durch den Verzicht eintreten.

Selbst wenn die Grundstückserträge zum Zeitpunkt des unentgeltlichen Verzichts gestiegen sein sollten, wirkt die Kappung auf den max. 1/18,6ten Anteil gem. § 16 BewG dämpfend. Diese Dämpfung versagt allerdings, falls künftig gesetzlich höhere Grundstückswerte eingeführt werden sollten.

(e) Tod eines Nießbrauchers: 3847

Ohne vorherigen Verzicht stirbt O 3 Jahre nach der Schenkung, T bleibt alleinige Nießbrauchsberechtigte.

Wegen der Gesamtberechtigung (§ 428 BGB) tritt kein neuer schenkungsteuerpflichtiger Erwerb ein, die gestundete Steuer wird jedoch anteilig hinsichtlich des Anteils des O fällig:[468]

Ermittlung des Anteils des Onkels O am Kapitalwert des Nießbrauchs:

7.500,00 € (hälftiger Jahreswert) x 4,693 (sein Multiplikator z.Zt. der Schenkung) =	*35.197,00 €,*

dies entspricht im Verhältnis zum gesamten Kapitalwert von 180.510,00 € einem Anteil von 19,5 %.

Demnach wird von der gestundeten Steuer i.H.v. 46.187,00 € ein Anteil von 19,5 % fällig, das sind	*9.006,00 €,*

der Rest (37.181,00 €) bleibt weiterhin gestundet.

(f) In Abwandlung zum Ausgangsbeispiel wird der Nießbrauch zunächst allein dem Veräußerer (Onkel O), nach dessen Ableben (aufschiebend bedingt) seiner Ehefrau T zugewendet: 3848

Da der Nießbrauch für die Tante derzeit nur aufschiebend bedingt bestellt ist, bleibt er bei der Besteuerung der Grundstücksschenkung zunächst außer Betracht.

*Der **Kapitalwert des Nießbrauchs** beläuft sich daher auf lediglich 15.000,00 € x 5,693 (Faktor für O, Alter 80 Jahre) =*	*70.395,00 €,*
*sodass die **Steuer auf den Nettoerwerb** 320.000,00 € beträgt abzgl. 70.395,00 € (Kapitalwert des Nießbrauchs) abzgl. 10.300,00 € Freibetrag = 239.305,00 € x Steuersatz 17 % =*	*40.681,00 €.*

Dieser Betrag ist sofort zu entrichten, lediglich die Differenz zu 68.134,00 € (oben a ermittelte Steuer auf den Bruttoerwerb), also 27.453,00 €, wird gestundet.

---

[467] So auch nun die Finanzverwaltung in gleichlautenden Erlassen v. 23.09.2004, BStBl. 2004 I, S. 939.
[468] Erlass FinMin Stuttgart v. 25.06.2003 und 09.01.2004, BStR 2003, 1485, und BStR 2004, 638; a.A. die Lit., da sich an der Lage des beschenkten Neffen nichts geändert hat, vgl. Wälzholz, ZErb 2003, 340; Ebelin, ZEV 2004, 501.

3849 **(g) Stirbt der Veräußerer „vorzeitig"**, bspw. 3 Jahre später, sodass der Nießbrauch zugunsten der Tante zum Tragen kommt, wird auf Antrag (§§ 6 Abs. 2, 5 Abs. 2 BewG) des Beschenkten N eine **Neubewertung** vorgenommen, so wie wenn die Tante T bereits bei der Grundstücksschenkung Nießbrauchsberechtigte geworden wäre. Es erfolgen also folgende Rechenschritte:

Vervielfältiger der T bei erstmaliger Nießbrauchsberechtigung, Alter 63 Jahre: 11,197,

ergibt **Kapitalwert** (x 15.000,00 €) von 167.955,00 €. Dieser ist auf den Zeitpunkt der Grundstücksschenkung, also 3 Jahre zuvor, **abzuzinsen**:[469]

167.955,00 € x 0,852 = 143.098,00 € als **maßgeblicher Kapitalwert**

Demnach ist der **Nettowert des Erwerbs** wie folgt zu ermitteln:

	320.000,00 €
abzgl. Kapitalwert des abgezinsten Nießbrauchs der Tante	143.089,00 €
abzgl. Freibetrag	10.300,00 €
ergibt Nettowert des Erwerbs	166.602,00 €,
Steuer bei 17 % demnach	28.322,00 €.
Diese ist sofort fällig, gestundet werden dagegen (68.134,00 € – 28.322,00 € =)	39.812,00 €.

Da der Neffe bereits „zuviel" Sofortsteuer entrichtet hat, erhält er die Differenz (ursprünglich 40.681,00 € abzgl. 28.322,00 €) von 12.359,00 € erstattet, gestundet bleiben nunmehr 39.812,00 €.[470]

3850 **(h)** In der letzten Abwandlung sei schließlich der **Nießbrauch für den Veräußerer und eine andere Person als seinen Ehegatten** (z.B. die 20 Jahre jüngere Lebensgefährtin) als Gesamtberechtigten nach § 428 BGB vorbehalten:

Das Abzugsverbot des § 25 Abs. 1 ErbStG betrifft lediglich die Berechtigung des früheren Schenkers O. Demnach ist zunächst der anteilige Kapitalwert des Nießbrauchs des Onkels und der Lebensgefährtin je getrennt zu ermitteln:

Gesamtkapitalwert des Nießbrauchs: 15.000,00 € x 12,034 (höherer Vervielfältiger der Lebensgefährtin, 60 Jahre) =	180.510,00 €;
Kapitalwert des Nießbrauchs allein für den Onkel: 7.500,00 € (hälftiger Anteil) x 4,693 (sein Faktor) =	35.197,00 €,
demnach **Nettoanteil der Lebensgefährtin:**	145.312,00 €.

Bei der Ermittlung der Steuer auf den Bruttoerwerb wird nun (da das Abzugsverbot des § 25 ErbStG a.F. hinsichtlich der Lebensgefährtin nicht greift) der Kapitalwert des Nießbrauchs der Lebensgefährtin abgezogen, also:

Bedarfswert des Grundstücks:	320.000,00 €
abzgl. Kapitalwert des Nießbrauchs der Lebensgefährtin:	145.312,00 €
abzgl. Freibetrag von 10.200,00 € ergibt (abgerundet)	164.300,00 €
bei 17 % Steuersatz beträgt die Steuer also	27.931,00 €.

---

[469] Faktor ist zu entnehmen aus dem Ländererlass v. 07.12.2001 (220/3) zur Bewertung von Kapitalforderungen und Kapitalschulden sowie von Ansprüchen/Lasten bei wiederkehrenden Nutzungen und Leistungen nach dem 31.12.2001 für Zwecke der Erbschaft- und Schenkungsteuer.

[470] Quelle: Ländererlass gemäß vorstehender Fußnote.

Der Steuersatz auf den Nettoerwerb geht aus vom Bruttowert des Erwerbs nach Abzug des Kapitalwerts des Nießbrauchs der Lebensgefährtin, also 320.000,00 € – 145.312,00 € =	*174.688,00 €,*
abzgl. des anteiligen Kapitalwerts des Onkels (35.197,00 €) und des Freibetrags (10.300,00 €), verbleibt ein Nettowert von	*129.191,00 €,*
abgerundet	*129.100,00 €,*
*bei **17% Steuersatz** also*	*21.947,00 €.*

Diese Steuer wäre sofort zu entrichten, die Differenz (5.984,00 €) wäre gestundet und erst nach dem Tod des O fällig.

Der Tod der Lebensgefährtin hätte in diesem Fall keine Relevanz, da der Nießbrauch bereits vom Bruttoerwerb abgezogen war und daher keine Stundung mehr eintrat. Würde jedoch die Lebensgefährtin vorzeitig unentgeltlich verzichten, läge darin eine Zuwendung an den Neffen, die ohne Anrechnung besteuert wird, da der Wert ihres Nießbrauchsanteils bei der Grundstücksschenkung bereits vollständig abgezogen worden war! 3851

b) Leistungsauflage

Bei der Schenkung unter einer Leistungsauflage liegt schenkungsteuerlich derselbe Sachverhalt vor **wie bei einer gemischten Schenkung**, d.h. der Steuerwert der Leistung des Schenkers wird in dem Verhältnis aufgeteilt, in dem der Verkehrswert der Bereicherung zum Verkehrswert des geschenkten Vermögens steht. Auch hier wird also der Steuerwert der Leistungsauflage anteilig „gekürzt" im Verhältnis zwischen Verkehrswert und Steuerwert der Zuwendung selbst. Eine weitere Abzugsbeschränkung, wie etwa in § 25 ErbStG a.F. für die Nutzungs- oder Duldungsauflagen enthalten, besteht jedoch nicht.[471] 3852

Zu den Leistungsauflagen zählen auf Zahlung von Geld, Übernahme von Verbindlichkeiten[472] oder auf Erbringung von Dienstleistungen gerichtete Vereinbarungen,[473] die der Verpflichtete unabhängig vom Innehaben des auf ihn übergegangenen Vermögens erbringen kann.[474] Wiederkehrende Leistungen, gleich wie ertragsteuerlich einzustufen (Rdn. 3837), werden mit ihrem kapitalisierten Jahreswert abgezogen (der sich bei **Pflegeverpflichtungen** an den beim Eintritt der Verpflichtung geltenden[475] Pauschalvergütungen für Pflegesachleistungen gem. § 36 Abs. 3 3853

---

471 Vgl. R 17 Abs. 7 Satz 5 ErbStR. § 25 ErbStG gilt (entgegen seinem Wortlaut) nicht für Leistungsauflagen.
472 Wird nur das Grundpfandrecht ohne zugrunde liegende Verbindlichkeit übernehmen, bleibt das dingliche Haftungsrisiko zunächst außer Betracht; muss jedoch der Erwerber später Zins- und Tilgungszahlungen zur Vermeidung einer Zwangsvollstreckung übernehmen oder erleidet er den zwangsweisen Zugriff, handelt es sich um den Eintritt der aufschiebenden Bedingung einer gemischten Schenkung, die auf nachträglichen Antrag zu einer Minderung der Erbschaftsteuer führt (BFH, BStBl. 2002 II, S. 165; H 17 Abs. 2 ErbStR 2003).
473 Trotz fehlender Beurkundung können vorab erbrachte Dienstleistungen als Gegenleistung anzuerkennen sein, wenn die Dienstleistung an sich gegen Entgelt zu erbringen und die Grundstücksübertragung als eine mögliche Vergütungsform in Aussicht genommen war: FG Rheinland-Pfalz, DStRE 2003, 551.
474 Nach BFH, 13.04.2011 – II R 27/09 ZEV 2011, 390 m. Anm. *Daragan* = ErbStB 2011, 183 liegt eine Leistungsauflage in einem schuldrechtlichen Gewinnbezugsrecht, das zugunsten Dritter bei der Übertragung eines Gesellschaftsanteils vereinbart wurde.
475 FinBeh Hamburg v. 25.08.2008 – 53 S 3806–012/06, NWB 2008, 3551: also keine Berücksichtigung künftiger Pflegesachleistungserhöhungen.

SGB XI orientiert (Rdn. 1058 f.),[476] abzgl. etwa[477] weitergereichten Pflegegeldes und bezogener externer Pflegekrafteinsätze, multipliziert mit dem Vervielfältiger der Anlage zu § 14 Abs. 1 Satz 4 BewG, darin bereits abgezinst auf den Zeitpunkt der Schenkung gemäß Faktor aus Tabelle 1 zu § 12 Abs. 3 BewG).[478] Eine Begrenzung des Jahreswerts auf 1/18,6-tel des Steuerwerts des übertragenen Objektes findet, anders als bei Nutzungen (§ 16 BewG), nicht statt. Allerdings erfolgt der Abzug erst, wenn und sobald die Verpflichtung tatsächlich zu erfüllen ist (Rdn. 1169, 1673, 3803, also z.B. erst mit Eintritt der Pflegebedürftigkeit[479] – Gleiches gilt in ertragsteuerlicher Hinsicht, Rdn. 4900). Die i.R.d. Erstbearbeitung endgültig festgesetzte Schenkungsteuer ist auch nach Bestandskraft gem. § 175 Abs. 1 Satz 1 AO zu berichtigen; der Antrag ist bis zum Ablauf des Jahres nach Eintritt der Bedingung zu stellen, § 5 Abs. 2 Satz 2 BewG.[480] Sofern keine Freistellung wegen der Verwandtschaft von Veräußerer und Erwerber (Ehegatten/gerade Linie, § 3 Nr. 6 GrEStG) vorliegt, ist bei Berücksichtigung der erbrachten Pflege als Gegenleistung der angesetzte Wert der Grunderwerbsteuerstelle mitzuteilen.

3854 Hierzu folgendes

Beispiel:

Der am 05.05.1924 geborene Veräußerer überträgt am 01.10.1996 eine Immobilie gegen die Verpflichtung zur Pflege gemäß Stufe I im Bedarfsfall. Dieser tritt am 25.06.2002 ein. Auf Antrag wird daher berücksichtigt: Jahreswert der Pflegeleistung (Pauschalvergütung für Pflegesachleistungen der Stufe I) 384,00 € x 12 = 4.608,00 €, Vervielfältiger gem. § 14 Abs. 1 BewG i.V.m. Anlage 9 zum BewG bei 78 Jahren, männlich: 5,198, also 23.952,00 € (46.846,00 DM). Dieser Betrag ist auf den Zeitpunkt der Schenkung, den 01.10.1996 abzuzinsen durch Multiplikation mit dem Faktor gemäß Tabelle 1 zu § 12 Abs. 3 BewG (bei einer bisherigen Laufzeit von 5 Jahren 265 Tagen also 0,736, demnach auf 34.479,00 DM).

3855 Oft führt der Vorbehaltsnießbrauch (sodass der Veräußerer die Erträge weiter selbst erwirtschaftet) – jedenfalls in der Variante der sofortigen Steuerablösung mit Abzinsungseffekt – und die Alternative der vorbehaltenen Versorgungsrente, bei welcher also die Erträge durch den Erwerber zu erwirtschaften sind, zu schenkungsteuerlich vergleichbaren Ergebnissen. (Ertragsteuerlich weichen sie jedoch deutlich voneinander ab, zu erwähnen ist etwa die Möglichkeit des Sonderausgabenabzugs der Versorgungsrentenzahlungen beim Erwerber, Rdn. 4955 ff.)

3856 Zum schenkungsteuerlichen Vergleich Vorbehaltsnießbrauch und Versorgungsrente folgendes **Beispiel:**[481]

---

476 Vgl. OFD Hamburg v. 01.08.2002 – S 3806–10/01 – St 41, ZNotP 2002, 431; FinMin Baden-Württemberg v. 09.09.2008 – 3 S 3806/37, ZEV 2008, 503.

477 Schenkungsteuerfrei, § 13 Abs. 1 Nr. 9a ErbStG.

478 Im Einzelnen Erlass des Bay. Staatsministeriums der Finanzen v. 06.12.2002 – 34 S 3806 45/4 – 54702, RNotZ 2003, 206 ff., dem das Beispiel entnommen ist; ähnlich OFD Koblenz, ErbStB 2003, 80. Die genannte Tabelle ist veröffentlicht als Anlage 1 zum gleichlautenden Ländererlass v. 07.12.2001 (Bewertung von Kapitalforderungen und Kapitalschulden sowie von Ansprüchen/Lasten bei wiederkehrenden Nutzungen und Leistungen nach dem 31.12.1995 für Zwecke der Erbschaft- und Schenkungsteuer) BStBl. 2001 I, S. 1041, beck online, Beck-Verw033092.

479 FG Hannover, DStRE 2005, 456.

480 BFH, ZEV 2002, 121 ff.: § 12 ErbStG i.V.m. §§ 8, 6 Abs. 1 und 2 BewG, § 5 Abs. 2 BewG m. Anm. *Daragan*; FG München, 25.10.2006 – 4 K 1395/04, BeckRS 2006, 26022285.

481 Nach *Korezkej*, DStR 2002, 2205.

Der 70-jährige Veräußerer will sein vermietetes Objekt (Verkehrswert 1 Mio. €), aus dem er nachhaltige jährliche Mieteinnahmen von 30.000,00 € erzielt, auf seine Tochter übertragen, entweder unter Vorbehaltsnießbrauch oder gegen Versorgungsrente in dieser Höhe:

Der Steuerwert der Immobilie (3-Familien-Haus, Baujahr 1994) beträgt 30.000,00 € x 12,5 (§ 146 Abs. 2 BewG), abzgl. Altersabschlag von 6,5 %, zuzüglich des 20 %igen Zuschlags für 1- oder 2-Familien-Objekte, insgesamt 420.500,00 €.

Variante „Vorbehaltsnießbrauch":

Der Kapitalwert des Nießbrauchs beläuft sich auf einen Jahreswert von (gem. § 16 BewG begrenzt) ein 18,6stel von 420.500,00 €, also 22.607,00 € (nicht 30.000,00 €!) mal Vervielfältiger im Jahr 2008 gem. Anlage 9 zu § 14 BewG: 7,51, also 169.801,00 €.

Der Brutto-Erwerb beläuft sich auf 420.500,00 € minus 205.000,00 € Freibetrag = 215.500,00 €, hieraus 11 % = 23.705,00 €.

Der Netto-Erwerb beträgt: 420.500,00 € minus 169.801,00 € = 250.699,00 €, abzgl. Freibetrag von 205.000,00 € verbleiben (abgerundet) 45.600,00 €, hierauf 7 % = 3.192,00 € Sofortsteuer.

Die gestundete Differenz von 20.513,00 € kann gemäß den Tabellen zu H 85 Abs. 6 ErbStR (Restlebenserwartungsdauer 11 Jahre, Vervielfältiger demnach 0,555) durch Zahlung von 11.384,00 € abgelöst werden, sodass eine Gesamtsteuerbelastung zuzüglich der Sofortsteuer von 14.576,00 € entsteht.

Variante „Versorgungsrente":

Bei der Rentenlösung beläuft sich der Steuerwert der Gegenleistung des Beschenkten auf 30.000,00 € Jahreswert (ohne Kürzung gem. § 16 BewG, da letztere Begrenzung nur bei Nutzungen gilt!) mal Vervielfältiger 7,511 = 225.330,00 €. Der Steuwert der freigebigen Zuwendung ist nach den Grundsätzen der gemischten Schenkung (Rdn. 3809 ff.) durch eine Dreisatzberechnung wie folgt zu ermitteln: 420.500,00 € mal (1 Mio. € – 225.330,00 €) dividiert durch 1 Mio. €, also 325.748,00 €. Nach Abzug des Freibetrags von 205.000,00 € verbleibt ein steuerpflichtiger Erwerb von (abgerundet) 120.700,00 €, hierauf 11 % Schenkungsteuer ergibt 13.277,00 €. Dieser Betrag liegt mithin nur geringfügig unter der sofort abgelösten Nießbrauchsteuer von 14.576,00 €.

Würde die Übertragung nicht an Verwandte in gerader Linie stattfinden, wäre allerdings zu berücksichtigen, dass bei der Rentenlösung ggf. 3,5 % Grunderwerbsteuer aus 225.330,00 €, also 7.886,00 €, anfallen würde.

3. Gemischte Schenkung/Leistungsauflagen neben Duldungsauflagen

Sofern Schenkungen sowohl Elemente der gemischten Schenkung bzw. Schenkung unter Leistungsauflage, einerseits, als auch der Schenkung unter Nutzungs- oder Duldungsauflage, andererseits, enthalten, ist ein dreistufiges Ermittlungsverfahren anzuwenden (vgl. R 17 Abs. 4 ErbStR 2003):

- Zunächst ist die Bemessungsgrundlage hinsichtlich der gemischten Schenkung bzw. Schenkung unter Leistungsauflage zu ermitteln (also der quotale Anteil der Entgeltlichkeit zu finden).
- Sodann ist der freigebige Teil der Zuwendung zu ermitteln, auf den die Nutzungs- oder Duldungsauflage entfällt (also das Verhältnis des Steuerwerts der Schenkung zum Steuerwert der freigebigen Zuwendung).
- Schließlich ist der auf den freigebigen Zuwendung entfallende Kapitalwert der Nutzungs- oder Duldungsauflage abzuziehen, sofern nicht § 25 ErbStG a.F. entgegenstand.

3860 *Berechnungsbeispiel:*[482]

Das von A an B übertragene Grundstück hat einen Verkehrswert von 750.000,00 € und einen schenkungsteuerlichen Bedarfswert von 426.000,00 €. B übernimmt objektbezogene Darlehen i.H.v. 150.000,00 € und gewährt der Schwester des Veräußerers ein lebenslanges Wohnrecht, dessen Kapitalwert 96.000,00 € beträgt:

Der Steuerwert der freigiebigen Zuwendung ist durch proportionale Kürzung des Bedarfswerts von 426.000,00 € zu ermitteln (Grundstückswert 750.000,00 € minus gemischte Schenkung/Leistungsauflage: Schuldübernahme 150.000,00 € = 600.000,00 € im Verhältnis zu 750.000,00 € = Faktor 0,8, sodass der Steuerwert sich auf 0,8 x 426.000,00 € = 340.800,00 € berechnet). Der Steuerwert der Bereicherung ergibt sich durch Abzug des ebenfalls anteilig gekürzten Kapitalwerts des (hier abzuziehenden, da das Recht nicht für den Veräußerer oder dessen Ehegatten gewährt wird) Wohnungsrechts, d.h. durch Abzug von 0,8 x 96.000 = 76.800,00 €, sodass im Ergebnis die Bereicherung mit 264.000,00 € anzusetzen ist.

3861 Diese Vorgehensweise ist seit Abschaffung des § 25 ErbStG fragwürdig; sie führt dazu, dass vorbehaltene Nutzungsrechte nicht vollständig abgezogen werden können, wenn daneben weitere Gegenleistungen (mögen sie auch im Zusammenhang mit dem Nutzungsrecht stehen, z.B. die Übernahme der Heizungs-, Strom- und Instandhaltungskosten für die vom Wohnrecht des Veräußerers umfassten Räume) übernommen werden. Richtiger wäre es, den vollen Abzug des Nutzungsrechtes wie auch der übernommenen Leistungsauflagen kumuliert zuzulassen.[483]

4. Gemischte Schenkung (neue Rechtslage ab 2009)

3862 Da das neue Bewertungsrecht in der Konzeption Verkehrswerte und Steuerwerte gleichsetzt, ist der Anwendungsbereich der (weiterhin nicht kodifizierten) Grundsätze der gemischten Schenkung deutlich zurückgedrängt (wobei der Gesetzgeber in § 198 BewG in Gestalt der escape-Klausel zugesteht, dass der Verkehrswert vom nach BewG ermittelten Wert abweichen kann!). Demnach gilt im Grundsatz, auch nach Ansicht der Finanzverwaltung:[484]

> **Hinweis:**
>
> Schulden sind – sowohl im Erbfall wie auch bei Schenkungen – in voller Höhe abzugsfähig, sodass sich auch negative Steuerwerte ergeben können (ist ein Grundstück im Steuerwert von 100.000,00 € belastet mit Schulden i.H.v. 130.000,00 €, ist der Steuerwert – 30.000,00 €). Im Betriebsvermögen werden die Schulden i.R.d. Ertragswertverfahrens nur mittelbar (gewinnsenkende Wirkung des Zinsaufwands) berücksichtigt; bei der Ermittlung des Mindestwerts (Substanzwert) werden sie dagegen in voller Höhe abgezogen. Im Zusammenhang mit der lebzeitigen Betriebsübertragung übernommene Gegeleistungen (z.B. Übernahme privater Schulden; Zusagen einer Versorgungsrente) werden allerdings – wie vor 2009 – nur anteilig im Verhältnis des Verkehrswertes zum Steuerwert, der sich nach Anwendung des § 13a ErbStG (Verschonungsabschlag) ergibt, abgezogen.[485]

---

482 Nach H 17 Abs. 4 ErbStR 2003.
483 Vgl. *Milatz/Bockhoff*, ZEV 2011, 410, 414, mit Berechnungsbeispiel.
484 Gleichlautende Ländererlasse v. 20.05.2011, BStBl. 2011 I, S. 562; vgl. *Geck/Messner*, ZEV 2011, 418.
485 Abschnitt 1 Abs. 1 Satz 1 der gleichlautenden Ländererlasse v. 25.06.2009 zur Erbschaftsteuerreform, BStBl. 2009 I, S. 713 (AEErbSt); *Wälzholz*, ZEV 2009, 435, 437; *Milatz/Bockhoff*, ZEV 2011, 410 ff.

A. Schenkungsteuerrecht

Obwohl i.Ü. nicht kodifiziert, enthielt immerhin § 10 Abs. 1 Satz 3 ErbStG eine Ausschnittregelung zu vermögensverwaltenden Personengesellschaften, wonach (entgegen der Rechtsprechung des BFH)[486] auch insoweit von einem Erwerb der anteiligen Wirtschaftsgüter des Gesamthandsvermögens auszugehen sei, sodass die Grundsätze der gemischten Schenkung (wie für Privatvermögen) gelten. Dies normiert nun § 10 Abs. 1 Satz 4 ErbStG. Während jedoch bis Ende 2008 Schulden vollständig als Nachlassverbindlichkeiten abgezogen werden konnten und bei Schenkungen umstritten war, ob sie vollständig oder (nach den Grundsätzen der gemischten Schenkung) nur anteilig (so die Finanzverwaltung: R 26 Abs. 2 Sätze 5 bis 8 ErbStR) abgezogen werden konnten, ist nunmehr in § 10 Abs. 1 Satz 4 am Ende ErbStG bestimmt, dass Schulden im Zusammenhang mit Anteilen an vermögensverwaltenden Personengesellschaften[487] stets als Gegenleistung (also als Schuldübernahme, nicht als Schuldübergang) zu behandeln sind, und demnach sowohl von Todes wegen als auch zu Lebzeiten nach den Grundsätzen der gemischten Schenkung (Verhältnisrechnung) abzuziehen sind.

3863

Schulden und Lasten im Zusammenhang mit **dem letztwilligen Erwerb** begünstigtem **Betriebsvermögen** waren früher stets in voller Höhe abzugsfähig (§ 10 Abs. 6 Satz 4 ErbStG), im Zusammenhang mit begünstigten Anteilen an Kapitalgesellschaften oder mit land- und forstwirtschaftlichem Vermögen jedoch nur anteilig (§ 10 Abs. 6 Satz 5 ErbStG a.F.). Nunmehr sind Schulden und Lasten in allen Fällen des letztwilligen Erwerbs unternehmerischen Vermögens nur noch anteilig im Verhältnis zwischen dem einerseits vor, andererseits nach der Anwendung des § 13a ErbStG anzusetzenden Werts abzugsfähig (§ 10 Abs. 6 Satz 4 ErbStG); Gleiches gilt für Schulden und Lasten im Zusammenhang mit begünstigten Mietwohnimmobilien (§ 10 Abs. 6 Satz 5 ErbStG i.V.m. § 13c ErbStG). Dies gilt nun, nach Streichung des § 25 ErbStG a.F., auch für den vorbehaltenen Nießbrauch.[488]

3864

Schwierig ist die Feststellung, welche „Schulden und Lasten mit dem nach § 13a befreiten Vermögen im wirtschaftlichen Zusammenhang stehen" (so der Wortlaut des § 10 Abs. 6 Satz 4 u. 5 ErbStG). Bei betrieblichen Schulden im eigentlichen Sinn spielt diese Vorschrift keine Rolle (ausgenommen Anteile an Kapitalgesellschaften), da sie bereits bei der Bewertung der wirtschaftlichen Einheit selbst berücksichtigt wurden, indem die damit in Zusammenhang stehenden Zinsen den Ertrag gemindert haben. Fraglich ist also lediglich die Zuordnung **allgemeiner Nachlassverbindlichkeiten**, also beispielsweise von Barvermächtnissen. Die Finanzverwaltung vertritt[489] eine enge Auslegung, ähnlich wie im bisherigen Recht (H 31 ErbStH 2003), sodass allgemeine Nachlassverbindlichkeiten wie etwa Vermächtnisse ungekürzt abgezogen werden. Fraglich ist, ob dasselbe gilt für **Versorgungsleistungen**, die im Zusammenhang mit der Vererbung eines Betriebs als Vermächtnis angeordnet sind. Vieles spricht jedoch dafür, dass auch diese ungekürzt abgezogen werden können, da dinglich und schuldrechtlich nicht nur der Betrieb, sondern der gesamte Nachlass für diese Verbindlichkeiten haftet, auch wenn sie ertragsteuerlich (als Voraussetzung des Sonderausgabenabzugs) allein aus dem vererbten Betriebsvermögen erwirschaftet werden können müssen (§ 10 Abs. 1 Nr. 1a EStG). Damit erweist sich das „Versor-

3865

---

486 BFH, BStBl. 1996 II, S. 546; BFH, BStBl. 1999 II, S. 476.
487 A.A. *Wälzholz*, ZEV 2009, 435, 438: nur für den Erwerb unter Lebenden (Wortlaut zu weit geraten).
488 *Landsittel*, ZErb 2009, 17.
489 Koordinierte Ländererlasse zur Erbschaftsteuer v. 25.06.2009, Abschn. 1 Abs. 2 Satz 2, BStBl. 2009 I, S. 713; vgl. hierzu *Wälzholz*, ZEV 2009, 435 ff.

gungsleistungsmodell" dem „Nießbrauchsmodell" – bei dem eine Kürzung z.B. um 85 % bei der Regelverschonung von Betriebsvermögen vorzunehmen ist – als überlegen.[490]

3866 **Pflichtteilsansprüche** wurden jedoch – jedenfalls nach bisherigem Recht (R 31 ErbStR) – als im wirtschaftlichen Zusammenhang mit allen erworbenen Vermögensgegenständen stehend gesehen, sodass sie anteilig (nach Verkehrswerten) auf die Gegenstände des Nachlasses zu verteilen sind und demnach – soweit sie auf begünstigtes Vermögen entfallen – nicht abzugsfähig wären. Die Finanzverwaltung vertritt auch für das neue Recht diese Auffassung.[491]

3867 Die bis Ende 2008 (in § 13a Abs. 6 ErbStG a.F.) gegebene Möglichkeit des **Verzichts auf § 13a, 13b ErbStG** ist im neuen Recht nicht mehr vorgesehen. Dies ist dann von Nachteil, wenn tatsächlich ein Schuldenüberhang besteht.

Beispiel:

Ein GmbH-Anteil im Wert von 1 Mio. € wird vererbt; ebenso eine Darlehensschuld, die mit dem Erwerb des Anteils im wirtschaftlichen Zusammenhang steht, i.H.v. 1,3 Mio. €. Die Darlehensschuld sowie etwaige weitere letztwillige damit im Zusammenhang stehende Verpflichtungen (Pflichtteilslast) sind insgesamt lediglich mit Null anzusetzen, da der Wert des Betriebsvermögens seinerseits außer Betracht bleibt.

3868 Wird später (etwa aufgrund eines Verstoßes gegen die Haltefristen) die Anwendung der §§ 13a, b, 19a ErbStG teilweise beseitigt, fällt auch die Anwendung des § 10 Abs. 6 Satz 4 ErbStG entsprechend weg. Diesen Umstand kann sich der Steuerpflichtige zunutze machen, indem er den erworbenen Betrieb bzw. (im genannten Beispiel) den Kapitalgesellschaftsanteil möglichst rasch unter Verstoß gegen die Haltefrist veräußert, sodass die Anwendung der §§ 13a, 13b ErbStG vollständig entfällt und damit der Schuldenüberhang uneingeschränkt geltend gemacht werden kann. Diese Veräußerung kann bspw. auch erfolgen als ertragsteuerlich unentgeltliche Übertragung an ein Kind gegen Versorgungsleistungen i.S.d. § 10 Abs. 1 Nr. 1a EStG (vgl. Rdn. 5000), die jedenfalls nach Ansicht des BFH ebenfalls eine schädliche Veräußerung i.S.d. § 13a Abs. 5 ErbStG a.F. darstellt (vgl. Rdn. 4132).

3869 Für **lebzeitige Übertragungen** gilt § 10 Abs. 6 Satz 4 u. 5 ErbStG nicht, da hierfür vorrangig die Grundsätze der gemischten Schenkung, Rdn. 3863, Anwendung finden; die lebzeitige Übertragung ist daher insoweit ggü. letztwilligen (hinsichtlich der allgemeinen Abzugsfähigkeit von Vermächtnissen und Nachlassverbindlichkeiten) im Nachteil.[492]

5. Schenkung unter Auflage (neue Rechtslage ab 2009)

a) Abschaffung des § 25 ErbStG

3870 I.R.d. Erbschaftsteuerreform 2009 wurde § 25 ErbStG a.F., der durch die Kombination von Abzugsverbot, zinsloser Stundung und abgezinster Ablösung bisher nur eine Teilberücksichtigung von Nutzungsvorbehalten zugunsten des Veräußerers und seines Ehegatten ermöglicht

---

490 Vgl. *Milatz/Bockhoff*, ZEV 2011, 410, 414.
491 Vgl. Abschn. 1 Abs. 2 Satz 1 der koordinierte Ländererlasse zur Erbschaftsteuer v. 25.06.2009 (BStBl. 2009 I, S. 713).
492 So auch Abschn. 1 Abs. 1 Satz 1 des Entwurfs (Stand 01.04.2009) der koordinierten Ländererlasse zur Erbschaftsteuer v. 25.06.2009, BStBl. 2009 I, S. 713.

A. Schenkungsteuerrecht

hat, gestrichen. Demnach werden solche Duldungsauflagen (im praktischen Hauptanwendungsfall also der Vorbehaltsnießbrauch oder das Vorbehaltswohnungsrecht) den Leistungsauflagen (z.B. Rentenzahlungspflichten) gleichgestellt; beide „Gegenleistungen" ermöglichen somit grds. den Vollzug. Dies führt häufig trotz erhöhter Bewertung zu einer **steuerlichen Entlastung**, s. Rdn. 3879,[493] und zwar gilt jedenfalls dann, wenn der Nießbrauch bis zum Tod aufrechterhalten bleibt und sodann durch das Ableben des Nießbrauchers kraft Gesetzes, also nicht durch vorzeitigen unentgeltlichen Verzicht (Schenkung!) erlischt. Maßgeblich hierbei ist auch der durch § 14 Abs. 1 Satz 4 BewG geschaffene höhere Vervielfältiger im Vergleich zu den bisher maßgeblichen Sterbetafeln der Jahre 1986/88, vgl. Rdn. 3796; zur Ermittlung des Jahreswertes selbst s. Rdn. 3794 ff.

Zudem wird bei hohen Erträgen die Kappung, die durch die Anknüpfung an den steuerlichen Substanzwert in § 16 BewG erreicht wird (Jahreswert des Nießbrauchs beträgt max. 1/18,6 des Steuerwerts des Gesamtobjekts, Rdn. 3795), weniger bedeutsam sein, da der Steuerwert nunmehr grds. mit dem gemeinen Wert identisch ist. Gerade bei jüngeren oder im mittleren Alter stehenden Nießbrauchern bewirkt demnach die Übertragung unter Nießbrauchsvorbehalt eine deutliche und sofortige Steuerentlastung. 3871

Diese Entlastung ist allenfalls dann teilweise zurückzuerstatten, wenn der Nießbraucher innerhalb der Aufgreifgrenzen des **§ 14 Abs. 2 BewG**[494] deutlich vor dem statistisch zu erwartenden Zeitpunkt verstirbt (vgl. auch Rdn. 3798): 3872

> **Hinweis:**
>
> Verstirbt z.B. ein 30-jähriger Nießbraucher binnen weniger als 10 Jahren nach dem Erwerb der Nutzung, ist beim Verpflichteten der frühere (Schenkungs- und ggf. korrespondierende Grunderwerb-) Steuerbescheid von Amts wegen zu ändern – die Nutzungs- oder Rentenlast wird mit dem Kapitalwert angesetzt, der sich nach der bei der Übertragung maßgeblichen Sterbetafel unter Berücksichtigung der tatsächlichen Dauer ergibt.[495] Dieses (erst seit der Streichung des § 25 ErbStG, also für Übertragungen ab 2009, bestehende) Risiko in Form einer latenten Schenkungsteuer muss dem Erwerber bewusst sein. Zugleich erhöht sich dadurch im Nachhinein der Umfang der steuerpflichtigen Schenkung, sodass – im Verein mit späteren Zuwendungen unter Lebenden oder von Todes wegen – gem. § 14 ErbStG die Gesamtsteuerprogression steigt bzw. der noch zur Verfügung stehende Restfreibetrag sinkt. Eine Neubewertung (Steuererhöhung) findet allerdings nicht statt, wenn das Nutzungsrecht bereits im Rahmen eines Verkehrswertgutachtens gem. § 198 BewG (endgültig) berücksichtigt wurde, vgl. Rdn. 3883.

Damit wird der Rechtszustand, der vor dem 01.01.1974 (Einführung des § 25 ErbStG) herrschte, wiederhergestellt. In der Gesamtabwägung ist allerdings zu berücksichtigen, dass sich beim Nießbraucher, zumal wenn er bereits anderweit gut versorgt ist, erhebliche Erträge ansammeln können, die dann ihrerseits potenziell der Erbschaftsbesteuerung unterliegen. 3873

---

493 Berechnungsbeispiele auch bei *Söffing*, ErbStB 2009, 48, 57 f.
494 Vgl. *Götz*, DStR 2009, 2233 ff.
495 Abschnitt 42 Abs. 5 Koordinierter Ländererlass v. 25.06.2009 BStBl. 2009 I, S. 713; Berechnungsbeispiel bei *Ihle*, notar 2010, 61.

b) nachträglicher Verzicht auf den Nießbrauch

3874 Wird auf den ab dem 01.01.2009, also nach „neuem Recht", vorbehaltenen Nießbrauch vorzeitig (z.B. auch im Rahmen eines Verkaufs des nießbrauchsbelasteten Objekts) **unentgeltlich verzichtet**, entfällt naturgemäß die nach bisheriger Rechtslage (Rdn. 3836 ff.)[496] gewährte Anrechnung des ursprünglichen (nun ja nicht mehr gewährten) Stundungsbetrags auf die Schenkungsteuer, die durch den freigebigen Verzicht auf den Nießbrauch zugunsten des (nunmehrigen) Eigentümers ausgelöst wird. Der Verzicht löst also in vollem Umfang Schenkungsteuer aus (bei einem Verzicht gegen eine nicht vollwertige Abfindung gelten die Grundsätze der gemischten Schenkung).[497] Die durch den Verzicht auf das Nießbrauchs- oder dingliche Wohnungsrecht[498] ausgelöste Steuer kann sogar höher sein als der Steuerbetrag, der bei der Übertragung des Objekts selbst aufgrund des Nießbrauchsabzugs erspart blieb, so bspw. bei einer zwischenzeitlichen Erhöhung der jährlichen Rendite, bei einer Erhöhung des Kapitalisierungsfaktors trotz geringerer Lebenserwartung (infolge genauer, neuerer jährlich zu akutalisierender Sterbetafeln des BMF) oder infolge einer Erhöhung der Kappungsgrenze auf 1/18,6 des Substanzwerts, falls der maßgebliche gemeine Wert des Gesamtobjekts gestiegen ist.

3875 Auch insoweit können sich allerdings Überhänge erheben, die auf eine Doppelbesteuerung hinauslaufen, da die Restlebenserwartung mit zunehmendem Alter steigt (während ein 50-jähriger bspw. eine noch 29,06 Jahre währende Erwartung hat, beträgt sie bei einem 70-jährigen nicht nur 9,06 sondern 13,38 Jahre, sodass bei einem Verzicht nach 20 Jahren die „Nutzungen der Jahre 79 bis 83", obwohl sie bereits bei der Schenkung des Objektes selbst als nicht vom Nießbrauch überlagert versteuert wurden, erneut als Teil des Nießbrauchsstammrechtes, das durch Verzicht untergeht, erfasst werden). Das Bereicherungsprinzip[499] erfordert insoweit eine Reduzierung des Schenkungswerts des Restnießbrauchs auf den Multiplikator, der bei der ursprünglichen Restlebenserwartung verbliebe.

c) Abzugsbeschränkungen

3876 Nachteilig wirkt sich allerdings aus, dass künftig der Abzug des Nießbrauchs bei betrieblichem Vermögen nicht mehr ungeschmälert stattfinden kann, da § 10 Abs. 6 Satz 4 ErbStG, der diesbezügliche eine Sonderbehandlung für Duldungsauflagen anordnete, entfällt. Für alle „Schulden", also abzugsfähige Lasten wie auch den vorbehaltenen Nießbrauch, gilt künftig der Grundsatz des § 10 Abs. 6 Satz 5 ErbStG mit der Folge, dass der Schuldenabzug gekürzt wird im Verhältnis zwischen Verkehrswert und steuerlich anzusetzendem Wert. Wird also bspw. der Verschonungsabschlag von 85 % gem. § 13a ErbStG-E gewährt, ist auch der Nießbrauchswert um 85 % zu kürzen. Wird jedoch ein Nachsteuertatbestand im unternehmerischen Bereich (der Wohnimmobilienbereich kennt einen solchen nicht) i.S.d. § 13a Abs. 5 ErbStG verwirklicht, führt dies wohl

---

[496] Instruktive Berechnungsbeispiele für den Verzicht nach altem und neuem Recht bei *Götz* ZEV 2009, 609 ff.
[497] BFH, 15.12.2010 – II R 41/08, ZEV 2011, 211 = EStB 2011, 146.
[498] BFH, 23.06.2010 – II B 32/10, BFH/NV 2010, 2075; hierzu *Michael*, notar 2010, 413 (wohl anders bei schuldrechtlichen Wohnungsrecht, also der Leihe, deren Einräumung – und demnach auch Löschung – auch zivilrechtlich nicht als Schenkung anzusehen ist, vgl. Rdn. 1265).
[499] Auf das auch der BFH, 17.03.2004 – II R 3/01, BStBl. 2004 II, S. 429 seine Anrechnungslösung bei § 25 ErbStG gestützt hatte.

dazu, dass nun der Nießbrauch i.R.d. Nachversteuerung in entsprechend höherem Maße, also im Maß des anteiligen Wegfalls des Verschonungsabschlags, berücksichtigt werden muss.[500]

Nach der bis Ende 2008 geltenden Rechtslage war zwar der steuerliche Wert des Betriebsvermögens um 35 % zu reduzieren, der kapitalisierte Nießbrauchswert selbst wurde jedoch in voller Höhe ermittelt mit der Folge, dass teilweise – v.a. bei jüngeren Nießbrauchern – eine gänzliche Stundung der Steuer erreicht wurde, da die Nießbrauchslast zu 100 %, das Betriebsvermögen jedoch nur zu 65 % angesetzt wurden. Solche „Bewertungsüberhänge", die beim Effektivabzug des Nießbrauchs künftig zu einem vollständigen Steuererlass führen würden, sind nun ausgeschlossen. In solchen Konstellationen kann die Besteuerung bei nießbrauchsbelastetem Betriebsvermögen nach altem Recht sogar günstiger sein als nach neuem Recht, v.a. wenn von der Möglichkeit der abgezinsten Ablösung Gebrauch gemacht wird.

3877

Bei Wohn-Mietimmobilien sind wegen § 13c ErbStG lediglich 90 % des Nießbrauchswerts abzugsfähig (vgl. § 10 Abs. 6 Satz 5 ErbStG). Für Übertragungen ab 2009 lässt sich folgende vereinfachende „Daumenregel" aufstellen: Der Jahreswert, der bei der Bewertung des Nießbrauchs zu vervielfachen ist, darf gem. § 16 BewG nicht höher sein als der Steuerwert des nießbrauchsbelasteten Vermögens dividiert durch 18,6. Diese Begrenzung greift also bei Immobilien dann, wenn der Ertragswert auf der Multiplikation eines Reinertrags (dieser ist allerdings nicht genau identisch mit dem Jahreswert des Nießbrauchs, vgl. Rdn. 3642 ff.) mit einem Vervielfältiger von weniger als 18,6 beruht, demnach bei Wohnimmobilien stets dann, wenn die Restnutzungsdauer 54 Jahre nicht übersteigt, d.h. die Wohnimmobilie nicht jünger als 26 Jahre ist. In diesem Fall gilt für die Bewertung der Übertragung von vermieteten Wohnimmobilien unter Nießbrauchsvorbehalt:

3878

Steuerlich anzusetzender Wert ist „90 vom Hundert des Immobilienwerts" abzgl. „90 vom Hundert mal ein 18,6stel des Immobiliensteuerwerts mal Vervielfältiger", d.h. bei entsprechender Auflösung der Gleichung:

> **Hinweis:**
> Der max. steuerfrei übertragbare Immobilienwert beläuft sich auf den persönlichen Schenkungsteuerfreibetrag mal 18,6 dividiert durch 0,9-mal (18,6 minus Vervielfältiger).

d) Berechnungsbeispiele

Unter Ausnutzung des vollen Kinderfreibetrags von 400.000,00 € kann demnach bspw. durch eine 35-jährige Frau (Vervielfältiger 17,248) ein Immobilienwert von 6,114 Mio. € (vermietet) steuerfrei übertragen werden.[501]

3879

---

500 Vgl. *Hannes/Steger*, ErbStB 2009, 122.
501 Vgl. NWB 2009, 1113.

Steuerfrei zu übertragende Immobilien (Wert nach BewG)

Alter	Mann		Frau	
	Vervielfältiger	Immobilienwert	Vervielfältiger	Immobilienwert
35	16,812	4.623.415,36 €	17,248	6.114.398,42 €
40	16,265	3.540.328,34 €	16,821	4.646.805,32 €
45	15,581	2.738.213,54 €	16,276	3.557.085,48 €
50	14,74	2.141.623,49 €	15,591	2.747.313,61 €
55	13,73	1.697.467,49 €	14,736	2.139.406,49 €
60	12,531	1.362.113,47 €	13,679	1.679.875,36 €
65	11,135	1.107.390,04 €	12,384	1.329.901,33 €
70	9,555	913.948,77 €	10,813	1.061.598,39 €
75	7,879	771.072,35 €	9,017	862.638,70 €
80	6,219	667.689,74 €	7,094	718.465,73 €
85	4,683	593.997,75 €	5,256	619.504,40 €
90	3,382	543.216,37 €	3,706	555.033,35 €

3880 Unter **Einschaltung eines Familien-Pools**, bei dem alle 10 Jahre erneut Anteile an einer vermögensverwaltenden Gesellschaft übertragen werden, lassen sich so auch hohe Immobilienvermögen steuerfrei transferieren, sofern nur früh genug damit begonnen wird und die Freibeträge nach beiden Eltern ausgenutzt werden, bspw. zuvor in Verrechnung mit Zugewinnausgleichsansprüchen durch Wechseln des Güterstands ein nennenswerter Anteil auf den Ehegatten übertragen wurde.

e) **Berücksichtigung auf der Bewertungsebene**

3881 Während der BFH den Nießbrauch nicht schon bei der Ermittlung des gemeinen Werts, sondern erst bei der Ermittlung der steuerpflichtigen Bereicherung berücksichtigen will (a.A. die Finanzverwaltung, vgl. im Einzelnen Rn. 3239 der Vorauflage), hat der Gesetzgeber diese Streitfrage nicht ausdrücklich entschieden, jedoch klargestellt, dass eine doppelte Berücksichtigung nicht in Betracht kommt (§ 10 Abs. 6 Satz 6 ErbStG). Dieser Grundgedanke dürfte wohl auch für den Nießbrauch an Gesellschaftsanteilen gelten (trotz des einschränkenden Wortlauts „Grundstücksbelastungen"). Demnach gilt: Jedenfalls künftig steht ein Wahlrecht zur Verfügung, auf welche Weise der Steuerpflichtige den Nießbrauchsabzug bewerkstelligen möchte: Entweder, wie vorerläutert, unter Anwendung der pauschalierenden Ansätze des Bewertungsgesetzes samt der Tabelle gem. § 14 Abs. 1 Satz 4 BewG, oder nach seinem tatsächlich wertreduzierenden Effekt i.R.d. Ermittlung des Verkehrswerts (gemeinen Werts), etwa als Ergebnis eines Gutachtens gem. § 198 BewG, vgl. Rdn. 3711.

3882 Letzteres ist bspw. dann interessant, wenn der Nießbraucher bereits recht betagt ist, sodass der Abzug nach Bewertungsgesetz nur gering ausfällt, tatsächlich am Immobilienmarkt jedoch bereits aufgrund der Nießbrauchsbelastung als solcher, ohne exakte versicherungsmathematische Berücksichtigung des Lebensalters, ein deutlich höherer Abschlag zu gewähren ist. Ähnliche

Unterschiede können sich ergeben, wenn die Jahreswertbegrenzung auf 1/18,6 des Steuersubstanzwerts gem. § 16 BewG zu einer deutlichen Kappung führt, die bei der Berücksichtigung i.R.d. Verkehrswertermittlung naturgemäß ebenfalls nicht gilt. Letztere legt den Versicherungsbarwert mithilfe von Leibrentenbarwertfaktoren unter Berücksichtigung des Liegenschaftszinses des belasteten Objektes zugrunde. Für die Besteuerung des Nutzungsrechtes selbst (etwa bei einem vermächtnisweise zugewendeten Nießbrauch) ist dann – nach geltender Rechtslage – der Jahreswert der Nutzung gem. § 16 BewG ihrerseits auf den 18,6ten Teil des (bereits unter Abzug des Nutzungsrechtes ermittelten!) gutachterlich festgestellten, deutlich geringen Steuergrundbesitzwertes zu begrenzen.[502]

> **Hinweis zur Vermeidung der Begrenzung nach § 16 BewG und der Nachbewertung nach § 14 BewG:**
>
> Wird der gemeine Wert des Vermögensgegenstands durch ein Gutachten nachgewiesen, in dem die Nutzungsbelastung berücksichtigt ist, was jedenfalls nach Auffassung der Finanzverwaltung zulässig ist,[503] gilt die Begrenzung des Abzugs nach § 16 BewG (Kappung des Jahreswerts der Nutzung) nicht. Zu erwägen ist ferner, anstelle der Vermögensübertragung unter Nießbrauchsvorbehalt eine Übertragung gegen Versorgungsleistungen zu vollziehen, da § 16 BewG in diesem Fall ebenfalls nicht greift. Auch eine Nachbewertung gem. § 14 Abs. 2 BewG bei „vorzeitigem" Ableben des Nutzungsberechtigten findet nicht mehr statt, wenn das Nutzungsrecht bereits endgültig i.R.d. Gutachtens nach § 198 BewG berücksichtigt wurde.[504]

3883

f) Nießbrauchsvermächtnis

Gerade bei vermögenden Eltern sind häufig **testamentarische Lösungen** anzutreffen, wonach die gemeinsamen Kinder sofort die Vermögenssubstanz erben, der überlebende Ehegatte jedoch als Dauertestamentsvollstrecker die Verwaltungs- und Verfügungsbefugnis (d.h. die Kontrolle) über den gesamten Nachlass behält und zum anderen durch Vermächtnis einen Nießbrauch am Nachlass oder einen Nießbrauch an den Erbteilen bzw. an den Nachlassgegenständen erhält. Dieses sog. „**württembergische Modell**" wird durch den ersatzlosen Wegfall des § 25 ErbStG a.F. und damit durch die Rückkehr zum Korrespondenzprinzip auch für Nießbrauchsrechte deutlich attraktiver, da jedermann nur seine tatsächliche Bereicherung zu versteuern hat. Es ist allerdings kontraproduktiv im Hinblick auf das zu vererbende Eigenheim, da weder der Erbe – z.B. das Kind – (der Nießbrauch des überlebenden Elternteils schließt die Eigennutzung i.S.d. § 13 Abs. 1 Nr. 4c ErbStG aus), noch der Nieß-braucher (mangels Eigentum i.S.d. § 13 Abs. 1 Nr. 4b ErbStG) in den Genuss der erbschaftsteuerlichen Privilegierung kommt, vgl. Rdn. 3925 ff.

3884

> **Hinweis: Verjährungsfalle beim „Württembergischen Modell":**
>
> In der Vergangenheit hat allerdings häufig der überlebende Ehegatte im Vertrauen auf seine Dauertestamentsvollstreckung und die bisherige 30-jährige Verjährung des Vermächtnisanspruchs die Erfüllung des Nießbrauchsvermächtnisses durch dingliche Bestellung sol-

3885

---

502 Hierauf weisen *Krause/Grootens*, NWB 2011, 1142, 1146 hin.
503 BStBl. 2004 I, S. 272.
504 Vgl. *Krause/Grootens*, NWB 2011, 1142, 1147.

cher Rechte sehr nachlässig betrieben. Daher sollte im Testament, im Hinblick auf die zum 01.01.2010 eintretende Verkürzung der Verjährungsfrist, gem. § 202 Abs. 2 BGB wiederum eine Verlängerung auf 30 Jahre angeordnet werden.[505] Zu Bedenken ist auch, dass das Amt des (Ehegatten-)Vollstreckers gem. § 2225 BGB erlischt, wenn er geschäftsunfähig oder in Vermögensangelegenheiten betreut ist.[506]

g) Grunderwerbsteuer

3886 Schenkungen an Verwandte in der Seitenlinie oder an nicht verwandte Dritte (Steuerklasse II und III) unter Nießbrauchsvorbehalt lösen ab 2009 **Grunderwerbsteuer** i.H.d. kapitalisierten Nießbrauchswerts aus, der bei der Bemessung der Schenkungsteuer abgezogen wurde, da § 3 Nr. 2 GrEStG insoweit nicht mehr sperrt[507] (vgl. Rdn. 4293 ff.). Ist der Erwerber zudem verpflichtet, ab Erlöschen des Nießbrauchs die dann noch bestehenden Verbindlichkeiten zu übernehmen, erhöht sich ab diesem Zeitpunkt die Gegenleistung und damit die Grunderwerbsteuer um 3,5 % (bzw., in Hamburg und Berlin, 4,5 %) des noch bestehenden Schuldsaldos (nachträgliche Leistung gem. § 9 Abs. 2 Nr. 1 GrEStG; Steuerentstehung mit Eintritt der Bedingung, § 14 GrEStG);[508] die Schenkungsteuer ist herabzusetzen (wobei der Schuldübernahmebetrag auf den Zeitpunkt des Entstehens der Steuer, also den Schenkungszeitpunkt, abzuzinsen ist.[509] Unproblematisch ist demnach allein die Übertragung unter Nieß-brauchsvorbehalt an Kinder/Stiefkinder, Ehegatten der Kinder/Stiefkinder, sowie an den eigenen Ehegatten.

6. Rückforderungsvorbehalte

3887 Vertragliche Rückforderungsvorbehalte bleiben hingegen gänzlich unberücksichtigt; sie führen nur für den Fall ihrer Ausübung bei Rückabwicklung der Schenkung zum Erlöschen der festgesetzten Steuer gem. § 29 ErbStG (s.u. Rdn. 3957 ff.). Bei der zivilrechtlichen Vermögensbewertung, etwa hinsichtlich der Wertansätze im Zugewinnausgleich, wird jedoch das Rückforderungsrisiko je nach dem Grad der Eintrittswahrscheinlichkeit durch einen Abschlag von etwa einem Drittel,[510] in pflichtteilsergänzungsrechtlichem Kontext teilweise von 10 %,[511] berücksichtigt (s. Rdn. 1774).

IX. Steuerbefreiungen und -begünstigungen

1. Zugewinnausgleich (§ 5 ErbStG)

3888 Wird der gesetzliche Güterstand der **Zugewinngemeinschaft durch** den **Tod** eines Ehegatten **beendet**, ist in erbschaftsteuerlicher Hinsicht zwischen der erbrechtlichen Durchführung des

---

505 Vgl. *Schaal/Griegas*, BWNotZ 2008, 2, 23; *Kein*, ZEV 2008, 162, 169.
506 Hierauf weist *Schaal*, notar 2010, 431, 440 hin.
507 OFD Münster v. 11.02.2009 – Kurzinformation Nr. 002/2009 GrEStG, ZEV 2009, 648; BayStMinFin v. 17.04.2009 (36 S 4505-026-16 097/09); *Theissen/Steger*, ErbStB 2009, 158, 165.
508 *Theissen/Steger*, ErbStB 2009, 158, 166.
509 Gemäß Tabelle I der gleichlautenden Ländererlasse v. 07.12.2001 – BStBl. 2001 I, S. 1041 und BStBl. 2002 I, S. 112; vgl. *Theissen/Steger*, ErbStB 2009, 158, 166.
510 OLG München, MittBayNot 2001, 85.
511 Vgl. OLG Düsseldorf, MittRhNotK 2000, 208; OLG Koblenz, RNotZ 2002, 338.

A. Schenkungsteuerrecht

Zugewinns (pauschale Erhöhung des gesetzlichen Erbteils des überlebenden Ehegatten um ein Viertel, § 1371 Abs. 3 BGB), einerseits, und der güterrechtlichen Lösung (Ehegatte wird weder Erbe noch Vermächtnisnehmer oder schlägt die Erbschaft aus, dafür erhält er den tatsächlichen Zugewinnausgleich sowie den kleinen Pflichtteil, § 1371 Abs. 2 BGB), andererseits, zu differenzieren. Seit der Erbschaftsteuerreform 2008 gilt die Norm auch für Verpartnerte, die im gesetzlichen Güterstand der Zugewinngemeinschaft leben, § 6 LPartG. Die „erbrechtliche Abwicklung" ist dabei jeweils in § 5 Abs. 1 ErbStG, die güterrechtliche Lösung, auch beim Entstehen des Zugewinnausgleichs unter Lebenden, in § 5 Abs. 2 ErbStG erfasst.

a) Erbrechtlicher Zugewinnausgleich (§ 5 Abs. 1 ErbStG)

Während sich zivilrechtlich der erbrechtliche Ausgleich stets pauschal durch die Erhöhung der Erbquote um ein Viertel vollzieht, unabhängig davon, ob tatsächlich ein Zugewinn entstanden ist oder nicht, stellt **§ 5 Abs. 1 ErbStG** unter Ehegatten (nicht Lebenspartnern)[512] im gesetzlichen Güterstand des deutschen Rechtes[513] lediglich den **fiktiven Zugewinnausgleichsanspruch**, der demnach für Steuerzwecke zu ermitteln ist, frei. Die Berechnung folgt dabei grds. den gesetzlichen Vorgaben des Eheegüterrechts, §§ 1373 ff. BGB, jedoch mit folgenden Abweichungen: 3889

- Die gesetzliche Vermutung, wonach das Endvermögen eines Ehegatten mit seinem Zugewinn identisch sei, § 1377 Abs. 3 BGB, findet gem. § 5 Abs. 1 Satz 3 ErbStG keine Anwendung. 3890

- Güterrechtliche Vereinbarungen, die vom gesetzlichen Zugewinnausgleichsmechanismus abweichen (gleichgültig, ob es sich um eine Erweiterung oder eine Reduzierung handelt,[514] etwa hinsichtlich der Berücksichtigung abweichenden Anfangs- oder Endvermögens, der gegenständlichen Herausnahme einzelner Gegenstände aus dem Zugewinnausgleich, einer Änderung der Ausgleichsquote, der Fälligkeit oder Durchsetzbarkeit der Forderung) bleiben gem. § 5 Abs. 1 Satz 2 ErbStG, R 11 Abs. 2 Satz 1 Halbs. 2, ErbStR 2003, ebenfalls außer Betracht. Dies gilt nach herrschender Meinung selbst dann, wenn ehevertraglich auch der Zugewinnausgleich im Todesfall (§ 1371 Abs. 2 und 3 BGB) abbedungen ist, da die gesetzliche Bezugnahme in § 5 Abs. 1 ErbStG auf § 1371 Abs. 2 BGB nur der Definition der Berechnungsgrundlage dient[515] (vorsichtige Gestalter sehen jedoch vor, den güterrechtlichen Ausgleich im Todesfall gem. § 1371 Abs. 2 und 3 BGB aufrechtzuerhalten, jedoch für den Fall, dass der längerlebende Ehegatte ihn gegen den Willen auch nur eines Abkömmlings geltend macht, auf das dem Ehegatten letztwillig Hinterlassene zu beschränken).[516]

- Erhält der hinterbliebene Ehegatte steuerpflichtige Hinterbliebenenbezüge i.S.d. § 3 Abs. 1 Nr. 4 ErbStG, sind diese dem Endvermögen des verstorbenen Ehegatten zuzurechnen, da sie 3891

---

512 Keine Analogie zu § 5 Abs. 1 Satz 1 ErbStG mangels planwidriger Lücke: Schreiben des BayStMinF v. 15.07.2005, MittBayNot 2006, 277/278. Vgl. auch OFD Magdeburg, S 3800-14-St 272 v. 15.08.2003 (DStR 2003, 1486). Anders verhält es sich, wenn der überlebende Partner nicht Erbe wird oder ausschlägt und den (dann schenkungsteuerfreien) Anspruch nach § 6 Abs. 2 LPartG geltend macht.

513 Möglicherweise wegen der europarechtlich verbürgten Personenverkehrsfreiheit (Art. 18, 39 ff., 43 ff. EG) auch im Fall eines der deutschen Zugewinngemeinschaft vergleichbaren ausländischen Güterstandes hinsichtlich der in Deutschland zu entrichtenden Erbschaftsteuer, vgl. *Jeremias*, ZEV 2005, 414.

514 Vgl. *Münch*, NotBZ 2009, 348, 351.

515 *Grund*, MittBayNot 2008, 19 ff. m.w.N.; keine Koppelung der steuerlichen Vergünstigung an die zivilrechtliche Ausgleichsforderung. Da zumindest §§ 1365, 1369 BGB aufrechterhalten bleiben, kann auch nicht von faktischer Gütertrennung („Denaturierung des gesetzlichen Güterstandes") gesprochen werden.

516 Vgl. *Jülicher*, ZEV 2006, 342; *Grund*, MittBayNot 2008, 22.

Kapitel 11: Verkehrsteuern

aus dessen Vermögen „stammen". Damit erhöht sich die fiktive steuerfreie Ausgleichsforderung um die Hälfte des Kapitalwerts dieser Hinterbliebenenbezüge, die auf diese Weise steuerfrei übergehen.

3892 Auch eine (zivilrechtlich durchaus mögliche, Rdn. 117) rückwirkende Wiedervereinbarung der Zugewinngemeinschaft ist gem. § 5 Abs. 1 Satz 4 ErbStG[517] nicht maßgeblich; ermittelt wird lediglich der Zugewinn ab tatsächlichem Ehevertragsdatum. Anders liegt es beim tatsächlichen güterrechtlichen Ausgleich des § 5 Abs. 2 ErbStG (vgl. Rdn. 3905).

3893 Sofern die Verkehrswerte des Nachlassvermögens höher sind als die steuerlichen Bewertungsergebnisse (etwa bei Immobilienvermögen), wird die fiktive Zugewinnausgleichsforderung **quotal** entsprechend **gekürzt**, § 5 Abs. 1 Satz 5 ErbStG[518] (wiederum anders als beim güterrechtlichen Ausgleich des § 5 Abs. 2 ErbStG, vgl. Rdn. 3900). Die Kürzung erfolgt seit 01.01.2009 bezogen auf den Steuerwert des Endvermögens;[519] also ohne Rücksicht auf die steuerlichen Verschonungen, sodass im Ergebnis der volle Abzug der fiktiven Zugewinnausgleichsforderung erst nach Abzug etwaiger (vorläufiger) Verschonungsabschläge zum Tragen kommt. Zu diesem Zweck wird die fiktive Zugewinnausgleichsforderung, wie sie auf der Grundlage der Verkehrswerte zunächst ermittelt wurde, mit dem Endvermögen des ausgleichspflichtigen Ehegatten zu Steuerwerten multipliziert und durch das Endvermögen des ausgleichspflichtigen Ehegatten zu Verkehrswerten dividiert. Dabei bleiben aber fiktive Rechnungspositionen, die im Nachlass nicht real vorhanden sind (z.B. § 1375 Abs. 2 BGB: nicht gebilligte Schenkungen zulasten des Zugewinnausgleichsempfängers) unberücksichtigt[520] Da Wirtschaftsgüter i.R.d. Erbschaftsteuerreform mit dem gemeinen Wert erfasst werden, ist für eine Kürzung i.S.d. § 5 Abs. 1 Satz 5 ErbStG an sich kein Raum mehr.[521]

3894 I.Ü. gelten jedoch die zivilrechtlichen Bestimmungen entsprechend,[522] so auch der Mindestansatz von Null als Anfangsvermögen auch bei überschuldeten Ehegatten vor dem 01.09.2009; seitdem werden Schulden sowohl beim Anfangs- wie auch beim Endvermögen abgezogen (allerdings[523]

---

517 Gilt gem. § 37 Abs. 10 ErbStG für alle Erwerbe, für welche die Steuer ab 01.01.2004 entstanden ist (verfassungskonforme unechte Rückwirkung gem. BFH v. 13.04.2005 – II R 46/03, FamRZ 2006, 1667).

518 Diese Umrechnung von Verkehrs- auf Steuer(Bedarfs-)werte erfasst jedoch nach BFH, 29.06.2005 – II R 7/01, ZEV 2005, 488 m. Anm. *Gebel* entgegen R 11 Abs. 5 ErbStR 2003 nur solche Positionen des gesetzlichen (fiktiven) Zugewinnausgleichsanspruchs, die auch tatsächlich in den Nachlass fallen, nicht also z.B. die Hinzurechnungen von getätigten Schenkungen zum Endvermögen gem. § 1375 Abs. 2 Nr. 1 BGB, vgl. *Schlünder/Geißler*, FamRZ 2006, 1658.

519 Zuvor auf den Steuerwert des Nachlasses, vgl. FinMin Baden-Württemberg v. 26.02.2009, ZEV 2009, 154.

520 Gem. § 1375 Abs. 2 BGB dem Endvermögen zuzurechnende Vorschenkungen an Dritte sind nach BFH, 29.06.2005 – II R 7/01, ZEV 2005, 488 m. Anm. *Gebel* nur Rechengrößen bei der Zugewinnausgleichsforderung und daher i.R.d. § 5 Abs. 1 Satz 5 ErbStG bei der proportionalen Herabsetzung im Verhältnis Verkehrswert zum Steuerwert mangels Zugehörigkeit zum Nachlass nicht zu berücksichtigen, vgl. *Schlünder/Geißler*, FamRZ 2006, 1658. Dem folgt die Finanzverwaltung (Bay. StMinF Erlass v. 25.09.2006 – 34 – S 3804–012 – 37 030/06, ZEV 2007, 48 mit Berechnungsbeispiel).

521 *Schlünder/Geißler*, NWB 2008, 1540 plädierten daher für dessen Streichung; vgl. auch *Bardenhewer*, RNotZ 2009, 313.

522 Umfassend hierzu *Ebeling*, ZEV 2006, 19 ff., auch zur angeordneten Anrechnung von Vorausempfängen nach § 1380 BGB bzw. zu deren Fehlen, sowie bei negativem Anfangsvermögen (diese Sachverhalte bleiben von der neuen BFH-Rspr. unberührt).

523 Zur Maßgeblichkeit der Neuregelung des Zugewinnausgleichsrechtes: FinMin Schleswig-Holstein, 19.02.2010 – VI 353 S 3804-002, ZEV 2010, 220.

A. Schenkungsteuerrecht

kann der Zugewinn selbst weiterhin nicht negativ sein). Wie im Zivilrecht, wo inflationsbedingte Wertsteigerungen bekanntlich nicht auszugleichen sind, wird seit 01.01.1999 auch für das Erbschaftsteuerrecht i.R.d. § 5 Abs. 1 die **Geldentwertung** neutralisiert.[524] Hierzu wird der Wert des Anfangsvermögens mit dem Preisindex bei Beendigung des Güterstands multipliziert und durch den Preisindex bei Beginn des Güterstands dividiert.[525]

> **Hinweis:** 3895
>
> Bei sehr lange dauernden Ehen mit hohem Anfangsvermögen kann sich daher erbschaftsteuerlich empfehlen, anstelle der erbrechtlichen Abwicklung den güterrechtlichen Zugewinnausgleich (samt kleinem Pflichtteil) zu wählen, da in § 5 Abs. 2 ErbStG keine Indexierung stattfindet.[526] Dies lässt sich bspw. durch rechtzeitige Ausschlagung erreichen (§ 1371 Abs. 3 BGB).
>
> I.R.d. erbrechtlichen Zugewinnausgleichs (§ 5 Abs. 1 ErbStG) ist naturgemäß ein Anfangsvermögen von 0,00 € am günstigsten, da dann eine Indexierung[527] mathematisch zwingend entfällt. Allerdings gilt gem. § 5 Abs. 1 Satz 3 ErbStG die Vermutung des § 1377 Abs. 3 BGB (Endvermögen ist identisch mit dem Zugewinn) nicht, Rdn. 3890.

Zuwendungen zwischen Ehegatten werden bei der Beendigung des Güterstands auf die Ausgleichsforderung angerechnet, **§ 1380 BGB** (vgl. Rdn. 2740). Wie dort ausgeführt, führt die Anwendung des § 1380 BGB (Hinzurechnung des Vorausempfangs beim schenkenden Ehegatten, Abzug beim beschenkten, sodann Abzug des Geschenks vom Zugewinnbetrag) nur dann zu einer Abweichung ggü. der unmittelbaren Zugewinnausgleichsberechnung, wenn der Vorausempfang beim Berechtigten nicht oder nicht mehr in voller Höhe im Endvermögen vorhanden ist. Wurde für die ursprüngliche Schenkung Schenkungsteuer entrichtet, ist diese nachträglich zu erstatten (§ 29 Abs. 1 Nr. 3 ErbStG; Rdn. 2788), und zwar sowohl bei der fiktiven erbrechtlichen Berechnung als auch bei der güterrechtlichen Ermittlung.[528] Die Erstattung erfolgt durch nachträgliche Änderung des historischen Steuerbescheids, § 175 Abs. 1 Satz 1 Nr. 2 u. Satz 2 AO (ohne Zinsen).

3896

---

524 BMF-Schreiben v. 22.10.2003, DB 2003, 2626 (Änderung der Verwaltungspraxis ab dem Jahr 1998, vgl. R 11 Abs. 3 Satz 2 ErbStR 1998. Dies begegnet gem. BFH, 27.06.2007 – II R 39/05, ErbStB 2007, 331 keinen Bedenken, obwohl nicht recht einzusehen ist, weshalb der Kaufkraftschwund bei der Höhe des Anfangsvermögens, nicht jedoch bei während der Ehe erworbenem Vermögen berücksichtigt wird). Zur neuen Praxis vgl. H 11 Abs. 3 ErbStR 2003 und BMF-Schreiben v. 30.03.2005, ZEV 2005, 203. Jahreswertindizes ab 1958 in ZEV 2005, 525.

525 Die Hinweise H 11 Abs. 3 zu den Erbschaftsteuerrichtlinien enthalten Preisindizes für die Lebenshaltung aller privaten Haushalte zurück bis zum Jahr 1958; aktuell etwa BMF v. 17.02.2006, ZEV 2006, 402.

526 Für Indexierung auch i.R.d. § 5 Abs. 2 ErbStG allerdings FG Düsseldorf, EFG 2005, 1548.

527 Zur Ermittlung des Kaufkraftschwundes hat die Finanzverwaltung Tabellen veröffentlicht, zuletzt am 15.10.2010 (BStBl. 2010 I, S. 835).

528 Vgl. R 11 Abs. 6 Satz 1 u. 2 ErbStR – gesetzliche Klarstellung erfolgte durch die Erbschaftsteuerreform 2009, vgl. *Wachter*, ZNotP 2007, 50.

b) Güterrechtlicher Zugewinnausgleich (§ 5 Abs. 2 ErbStG)

3897 Die güterrechtliche Ausgleichung des Zugewinns[529] ist beim überlebenden Ehegatten gem. § 5 Abs. 2 ErbStG in vollem Umfang **steuerfrei**; der Erbe kann sie als Nachlassverbindlichkeit mit dem Nennwert gem. § 10 Abs. 5 Nr. 1 ErbStG abziehen.[530] In gleicher Weise ist die **Abfindung** schenkungsteuerfrei, die für einen **Verzicht auf entstandene Zugewinnausgleichsansprüche** gewährt wird (R 12 Abs. 1 Satz 3 ErbStR). Eine Umrechnung auf den Steuerwert (Kürzung gem. § 5 Abs. 1 Satz 5 ErbStG) erfolgt jeweils nicht (Rdn. 3900); vielmehr wird der **real geleistete Gegenstand** zugrunde gelegt. Wird daher einvernehmlich anstelle der Geldforderung ein Grundstück übereignet, ist dessen Steuerwert maßgebend. Beim ausgleichsverpflichteten Erben verbleibt es jedoch gem. § 10 Abs. 5 Nr. 1 ErbStG beim vollen Abzug der Zugewinnausgleichsschuld mit ihrem Nennwert (Rdn. 3900).

3898 **Verzichtet** dagegen ein Ehegatte ohne Abfindung auf einen bereits geltend gemachten und damit entstandenen Zugewinnausgleichsanspruch, kann hierin eine Schenkung unter Lebenden liegen, R 12 Abs. 1 Satz 2 ErbStR 2003.

3899 Der kraft Gesetzes (§ 1378 Abs. 3 Satz 1 BGB) – sofern nicht ehevertraglich ausgeschlossen[531] – mit Beendigung des gesetzlichen Güterstandes **unter Lebenden** entstehende Zahlungsanspruch auf Ausgleich des bisherigen Zugewinns ist nicht rechtsgeschäftlich zugewendet und somit nicht schenkungsteuerbar (§ 5 Abs. 2 ErbStG) – Rdn. 63 ff. – führt allerdings zu ertragsteuerlich entgeltlichen Erwerben, wenn Gegenstände „an Erfüllungs statt" bzw. „zur Verrechnung" übertragen werden (s. Rdn. 76 ff.). Gleiches gilt für die Forderung bei lebzeitiger Beendigung der Ausgleichsgemeinschaft nach § 6 Abs. 2 LPartG.[532]

3900 Dies gilt für den Anspruch in seiner vollen gesetzlich entstehenden[533] Höhe, also (anders als i.R.d. § 5 Abs. 1 Satz 5 ErbStG) ohne Kürzung im Verhältnis zwischen Verkehrs- und Steuerwert, sodass die konkrete güterrechtliche Ausgleichung des Zugewinns schenkungsteuerlich eine höhere Vergünstigung als die pauschal-letztwillige (§ 5 Abs. 1 ErbStG) verschafft. Ist die Ausgleichsforderung beim Tod noch nicht erfüllt, kann sie in voller Höhe gem. § 10 Abs. 5 Nr. 1 ErbStG als Nachlassverbindlichkeit abgezogen werden.[534]

---

[529] Trotz der inhaltlichen Nähe dürfte dies nicht gelten für den deutsch-französischen Wahlgüterstand, vgl. *Schaal*, ZNotP 2010, 162, 172 – allerdings ist eine entsprechende Ergänzung in § 5 Abs. 3 ErbStG n.F. geplant, *Jäger*, DNotZ 2010, 804, 822; zu den pflichtteilsrechtlichen Reduzierungsmöglichkeiten insoweit vgl. Rdn. 3038.

[530] Ausnahmsweise mit einem geringeren Betrag, wenn der Verpflichtete damit rechnen kann, der überlebende Ehegatte werde die Ausgleichsschuld nicht oder nicht in voller Höhe geltend machen, BFH, 01.07.2008 – II R 71/06, ErbStB 2008, 322 = ZErb 2009, 98.

[531] Daher sollte die Modifizierung des gesetzlichen Güterstandes durch Ausschluss oder betragsmäßige Begrenzung des Zugewinnausgleichs ausdrücklich nur den Fall der Scheidung oder der Eheaufhebung, nicht den Fall eines Güterstandswechsels erfassen, vgl. mit Formulierungsvorschlägen *Jülicher*, ZEV 2006, 338 ff.

[532] OFD Magdeburg, 15.08.2003 – S 3800-14-St 272 (DStR 2003, 1486): keine freigiebige Zuwendung.

[533] R 12 Abs. 2 Satz 2 ff. ErbStR 2003 (in der ehevertraglich abweichenden Regelung der Zugewinnausgleichsforderung gem. § 1378 BGB liege ihrerseits eine aufschiebend bedingte Schenkung). Allerdings enthält § 5 Abs. 2 ErbStG keine ausdrückliche Bestimmung (wie § 5 Abs. 1 Satz 2 ErbStG hinsichtlich des erbrechtlichen Zugewinns), dass vertragliche Modifikationen unbeachtlich seien, sodass *Geck*, ZEV 2006, 62 ff. für eine weitgehende Berücksichtigung solcher ehevertraglicher Abreden eintritt, auch wenn sie die Ausgleichsforderung erhöhen.

[534] BFH, 01.07.2008 – II R 71/06, ZEV 2008, 549 (falls Ehegatte weder Erbe noch Vermächtnisnehmer wird, § 1371 Abs. 2 BGB).

Beispiel:[535]

Gesamter Nachlass des Verstorbenen (in voller Höhe ehelicher Zugewinn) 22 Mio. €, Steuerwert 14,5 Mio. €. Im Fall des § 5 Abs. 1 ErbStG wird der Zugewinnausgleich von 11 Mio. € im Verhältnis 14,5/22 gekürzt, bei lebzeitigem Wechsel in die Gütertrennung entsteht gem. § 5 Abs. 2 ErbStG eine steuerfreie Ausgleichsforderung von 11 Mio. €, die, sofern beim Tod noch nicht erfüllt, in voller Höhe als Nachlassverbindlichkeit abzugsfähig ist.

Erforderlich ist also auch hier ein **Wechsel des Güterstandes** (kein bloßer „fliegender Ausgleich" durch bloße „Zwischenabrechnung" i.R.d. fortbestehenden gesetzlichen Güterstandes, Rdn. 3907). Auch die Erbringung einer Ausgleichsleistung („Abfindung", Rdn. 3897) für die bloße **Modifizierung** des bisherigen gesetzlichen Güterstandes (Ausschluss des Zugewinnausgleichs im Scheidungsfall) ist demgemäß als freigiebige, schenkungsteuerpflichtige Zuwendung zu werten,[536] also nicht dem zum tatsächlichen Ausgleich des bisherigen Zugewinns Geleisteten gleichzustellen.[537] Gleiches gilt für „Abfindungen" im Zusammenhang mit einem „Verzicht" auf **künftig möglicherweise entstehende** Zugewinnausgleichsansprüche (also für eine Modifizierung oder einen Ausschluss des Zugewinns bzw. die Vereinbarung der Gütertrennung zu Beginn der Ehe).

3901

Schenkungsteuerpflichtig, da nicht von § 5 Abs. 2 ErbStG erfasst, sind schließlich in gleicher Weise wohl Abfindungszahlungen, die anlässlich des Abschlusses von Eheverträgen oder Scheidungsvereinbarungen entrichtet werden, um die Angemessenheit im Lichte richterlicher Wirksamkeits- oder Ausübungskontrolle zu wahren (vgl. Rdn. 844 f.). Dafür spricht,[538] dass solche Zahlungen gerade nicht der Erfüllung entstandener gesetzlicher Zugewinnausgleichsansprüche dienen; auch liegt in der ehevertraglich geschaffenen Änderung (Modifizierung des Zugewinnausgleichs etc) keine selbstständig bewertbare, als Gegenleistung taugliche Vermögensposition.[539]

3902

Die anschließende[540] sofortige Neubegründung des gesetzlichen Güterstandes („**Güterstandsschaukel**" oder auch „Gütertrennung für einen Abend") gefährdet allerdings die Schenkungsteu-

3903

---

535 Nach *Scherer/von Sothen*, Münchener Anwaltshandbuch Erbrecht, 1. Aufl. 2002, § 43 Rn. 238.
536 So BFH, 28.06.2007 – II R 12/06, ErbStR 2007, 328 = ZErb 2008, 90 ff.; Gutachten, DNotI-Report 2005, 40 ff.
537 So die Vorinstanz FG Nürnberg, 09.06.2005 – IV 446/2004, DStRE 2005, 1154: keine Freigebigkeit; ebenso *Everts*, ZErb 2005, 422: auch das für einen Erbverzicht Geleistete wäre an sich nicht freigebig, und muss daher durch § 7 Abs. 1 Nr. 5 ErbStG im Wege der Fiktion der Erbschaftsteuer unterworfen werden; für die Anhänger der herrschenden Ansicht wäre diese Norm überflüssig.
538 Auch die Abfindung für einen Erbverzicht ist gem. § 7 Abs. 1 Nr. 5 ErbStG steuerpflichtig, allerdings ist dort auch der dadurch untergehende bzw. nicht entstehende erbrechtliche Erwerbsanspruch steuerbar.
539 Ähnlich *Th. Müller*, ErbStB 2007, 15; a.A. *Jülicher*, ZEV 2006, 343, der doch von einer „Gegenleistung" für den Verzicht auf Zugewinn-Erwerbsaussichten ausgeht; die Sachlage ist der Entscheidung des FG Nürnberg zur Schenkungsteuerpflicht der Abfindung für einen Unterhaltsverzicht vergleichbar, s. Rdn. 83.
540 Beurkundungsrechtlich setzt dies allerdings zwei separate Eheverträge voraus, da die beurkundungspflichtigen Güterstandswechselerklärungen erst mit Abschluss der Urkunde durch Unterzeichnung seitens des Notars als abgegeben gelten!

erfreiheit[541] der Zugewinnausgleichsforderung nicht (da es für § 5 Abs. 2 ErbStG lediglich auf das gesetzeskonforme Entstehen des Ausgleichsanspruchs ankommt).[542]

> **Hinweis:**
> Der Güterstandswechsel (optimiert durch zeitnahe Rückkehr zum gesetzlichen Güterstand zur Ermöglichung des Anwachsens neuen Verrechnungspotenzials und zur Vermeidung der sonst verbleibenden Erb-/Pflichtteilsquotenverschlechterung des Ehegatten, § 1931 Abs. 4 BGB)[543] erlaubt also zwischen Ehegatten die Aufstockung des „Basisfreibetrages" von 307.000,00 €/500.000,00 € bzw. (vor Inkrafttreten der Erbschaftsteuerreform 2009) innerhalb einer eingetragenen Lebenspartnerschaft überhaupt erstmals „Übertragungsfreibeträge".[544]

3904 Kann die Zugewinnausgleichsschuld nicht in voller Höhe in Geld beglichen werden und sollen keine Sachwerte an Erfüllung statt übertragen werden, da hierdurch bei steuerverstrickten Objekten ertragsteuerlich ein Veräußerungs-/Anschaffungsfall ausgelöst wird (Rdn. 76 ff.), könnte die noch nicht getilgte Schuld (fremdüblich verzinst) gestundet werden zur Begleichung durch künftig zur Verfügung stehende Vermögenswerte (auch diese Leistungen stellen weder zivilrechtlich noch i.S.d. ErbStG eine Schenkung dar).

> **Hinweis:**
> Soll die Tilgung der Zugewinnausgleichsschuld durch steuerverstrickte Vermögensgegenstände erfolgen, ohne ertragsteuerlich eine entgeltliche Veräußerung/Anschaffung auszulösen, muss der künftig ausgleichspflichtige Ehegatte zunächst den steuerverstrickten Gegenstand (Betriebsvermögen; vermietete Immobilien vor Ablauf der Zehn-Jahres-Frist des § 23 EStG, Kapitalgesellschaftsanteile i.S.d. § 17 EStG; altrechtliche einbringungsgeborene Anteile, einbringungsverstrickte Anteile nach SEStEG gem. §§ 20, 21 UmwStG etc.) an den künftig ausgleichsberechtigten Ehegatten schenken unter Vereinbarung der Anrechnung auf künftige Zugewinnforderungen gem. § 1380 BGB (keine Entgeltlichkeit im ertragsteuerlichen Sinn, Schenkungsteuer entsteht jedoch zunächst in voller Höhe). Wird später durch Güterstandsbeendigung der Zugewinnausgleich ausgelöst, erlischt die Schenkungsteuer mit

---

541 Auf das Zivilrecht ist diese Rspr. nicht ohne Weiteres übertragbar, vgl. RGZ 87, 301; *von Oertzen/Cornelius*, ErbStB 2005, 350.
542 BFH, 12.07.2005 – II R 29/02, ZEV 2005, 490 m. Anm. *Münch*: die sofortige Neuvereinbarung des gesetzlichen Güterstandes auch im selben Ehevertrag sei regelmäßig nicht rechtsmissbräuchlich (ihm folgend FG Düsseldorf, EFG 2006, 1447), ebenso zuvor FG Köln, ErbStB 2003, 5 = RNotZ 2003, 65: kein Gestaltungsmissbrauch (§ 42 AO) oder Scheingeschäft (§ 41 Abs. 2 AO) bei „alsbaldiger" Neubegründung des gesetzlichen Güterstandes. Dem ist insoweit zuzustimmen als es keinen Unterschied machen kann ob der Zugewinn insgesamt am Ende der Ehe (bei Scheidung oder Tod) steuerfrei gestellt wird oder in sich addierenden Teilen bei zwischenzeitlichen Güterstandswechseln – abgesehen von Zinsvorteilen und der abweichenden steuerlichen Berechnung der Zugewinnausgleichsforderung in § 5 Abs. 1 ErbStG, vgl. *Münch*, Ehebezogene Rechtsgeschäfte, 2004, Rn. 253 ff. *Münch*, ZEV 2005, 491 rät gleichwohl dazu, die Gütertrennung für einen kurzen Zeitraum eintreten zu lassen.
543 § 1931 Abs. 4 BGB gilt auch bei vergleichbaren Gütertrennungen ausländischen Güterrechtes (strenger Maßstab: OLG Düsseldorf, 03.09.2009 – 3 Wx 8/09 RNotZ 2010, 59).
544 Vgl. Erlass des BayStMinFin v. 15.07.2005, ZEV 2005, 477, Nr. 2.3.a). Im Todesfall bestand jedoch vor der Erbschaftsteuerreform 2008 mangels Geltung des § 5 ErbStG für Lebenspartnerschaften keine Freistellung i.H.e. fiktiven Ausgleichsforderung.

> Wirkung für die Vergangenheit gem. § 29 Abs. 1 Nr. 3 ErbStG (Rdn. 3967), ohne dass rückwirkend aus der ersten Schenkung ein Verkauf würde (vgl. Rdn. 91, auch zur möglichen Gegenansicht Rdn. 82).

§ 5 Abs. 2 ErbStG (güterrechtlicher Ausgleich) erwähnt schlicht „die Ausgleichsforderung (§ 1378 BGB)" und kennt keine ausdrückliche Verweisung auf das **Rückwirkungsverbot** des § 5 Abs. 1 Satz 4 ErbStG, das bei der fiktiven Berechnung des **erbrechtlichen** Zugewinnausgleichs gilt. Daher besteht (Schenkung-) Steuerfreiheit auch des „rückwirkend" auf den Beginn der Ehe **„wiedervereinbarten"** Zugewinns, aber nur beim (lebzeitig durch Güterstandswechsel oder letztwillig durch Enterbung/Ausschlagung herbeigeführten) güterrechtlichen Ausgleich,[545] nunmehr auch nach Ansicht der Finanzverwaltung.[546] Leben also bspw. Ehegatten in Gütertrennung und vereinbaren sie ehevertraglich den gesetzlichen Güterstand ab Beginn ihrer Ehe, können sie bei späterem erneutem Wechsel in die Gütertrennung den gesamten Zugewinnausgleichsbetrag als nicht steuerpflichtigen gesetzlichen Anspruch zur Entgeltverrechnung einsetzen[547] bzw. bei der Wahl der güterrechtlichen Abwicklung im Sterbefall den gesamten während der Ehe erzielten Zugewinnausgleich erbschaftsteuerfrei stellen. Dies dürfte sogar gelten, wenn nach der (zur „Hebung" des geschaffenen Zugewinnausgleichsvolumens erfolgten) Beendigung des neu gewählten gesetzlichen Güterstandes durch Gütertrennung wiederum der gesetzliche Güterstand (nunmehr aber ex nunc) begründet wird (drei Eheverträge!).[548]

3905

Gleichwohl gilt weiterhin[549] die Steuerfreiheit jedoch nicht für den Forderungsteil, der aufgrund ehevertraglicher Vereinbarung eines vor Ehebeginn liegenden Anfangsvermögensstichtages oder abweichenden Anfangsvermögens geschaffen wurde. Der BFH[550] sieht die Grenze erst, wo „einem Ehepartner eine überhöhte Ausgleichsforderung[551] dergestalt verschafft wird, dass der Rahmen einer güterrechtlichen Vereinbarung überschritten wird" (eine tautologische Formulierung!),[552] sodass die Literatur[553] dafür plädiert, ehevertraglich geschaffene Modifikationen (Erhöhungen) der Zugewinnausgleichsforderung anzuerkennen (z.B. Vereinbarung eines 80%igen statt 50%igen Ausgleichs). Letzteres Ergebnis, das der ratio des § 5 Abs. 2 ErbStG

3906

---

545 FG Düsseldorf, 14.06.2006 – 4 K 7107/02 Erb, EFG 2006, 1447 = ErbStB 2006, 305, rk. Das FA hatte in der rückwirkenden Wiedervereinbarung des gesetzlichen Güterstandes eine Schenkung des Erblassers auf den Todesfall gesehen.
546 Bay. Landesamt für Steuern Erlass v. 05.10.2006 – S 3804-4 St35N, ZEV 2007, 48; OFD Karlsruhe v. 29.12.2006 – S 3804/4 – St 432 entgegen R 12 Abs. 2 Satz 3 ErbStR 2003; vgl. auch *Th. Müller*, ErbStB 2007, 14; *Wälzholz*, MittBayNot 2007, 250 ff.
547 Wurde jedoch der Zugewinn der Vergangenheit bereits (anlässlich des Wechsels in die Gütertrennung) insoweit „genutzt", steht er freilich nicht erneut zur Verfügung.
548 Vgl. Gutachten, DNotI-Report 2007, 149 (unter Hinweis auf die verbleibende Unsicherheit v.a. auch im Hinblick auf die zivilrechtliche Schenkungsvermeidung).
549 Vgl. R 12 Abs. 2 Satz 2 und 3 ErbStR.
550 V. 12.07.2005 – II R 29/02, ZEV 2005 490 m. Anm. *Münch* und BFH, 24.08.2005 – II R 28/02, ZEV 2006, 41 m. Anm. *Münch*.
551 Es sind also wohl außersteuerliche Gesamtumstände anzuführen, die den schlichten Zuwendungswillen verdrängen. In Betracht kommen bspw. überobligationsmäßige Mitarbeit oder ähnliche Hilfeleistungen bzw. Investitionsleistungen des nun begünstigten Ehegatten, die durch die rückwirkende Vereinbarung der Zugewinngemeinschaft erfasst werden sollen.
552 *Schlünder/Geißler*, NJW 2007, 485.
553 *Geck*, ZEV 2006, 62 ff.

(Freistellung dessen, was bei hälftiger Teilung des beiderseitigen Vermögenszuwachses während der Ehe verlangt werden kann) widerspricht, sollte jedoch wohl nicht zum Gegenstand belastbarer Konstruktionen gewählt werden.

3907 § 5 Abs. 1 u. 2 ErbStG verlangt seinem klaren Wortlaut nach in beiden Alternativen die Beendigung des Güterstands der Zugewinngemeinschaft. Führen die Ehegatten daher (notarkostenrechtlich häufig günstiger!)[554] einen „**Zwischenausgleich**" auf freiwilliger Basis oder bei Vorliegen der gesetzlichen Voraussetzungen der §§ 1385, 1386 BGB (mindestens 3-jähriges Getrenntleben oder Nichterfüllung wirtschaftlicher Pflichten durch einen Ehegatten) durch, ist das zum Ausgleich dieser „Zwischenberechnung" Geleistete seinerseits eine steuerpflichtige Schenkung.[555] Würde es jedoch später auf einen endgültigen Zugewinnausgleich, der bei Beendigung des Güterstands (durch Güterstandswechsel oder im Fall des Versterbens) eintritt, angerechnet, erlischt die festgesetzte Steuer mit Wirkung für die Vergangenheit gem. § 29 Abs. 1 Nr. 3 ErbStG.

2. Sachliche Steuerbefreiungen (§ 13 Abs. 1 Nr. 1 bis 18 ErbStG)

a) Hausrat, Kunstgegenstände etc. (§ 13 Abs. 1 Nr. 1 u. Nr. 2 ErbStG)

3908 Zum Hausrat zählen alle beweglichen Sachen, die in der Wohnung von der Familie genutzt werden, also das gesamte Mobiliar, Wäsche, Geschirr, Bücher, Lebensmittel (Weinkeller!) und elektronische Geräte. Auch Kunstgegenstände können hierunter fallen, nicht jedoch Zahlungsmittel, Wertpapiere, Münzen, Edelmetalle, Edelsteine oder Perlen. Bis zu einem Freibetrag (nicht Freigrenze!) von 41.000,00 € ist solcher Erwerb durch Personen der Steuerklasse I frei. Der Freibetrag steht jedem Erwerber in voller Höhe zu, kann also bei wertvollem Hausrat unter mehreren Kindern und dem Ehegatten vervielfältigt werden. Daneben steht für andere bewegliche Gegenstände (etwa Pkw) für Personen der Steuerklasse I ein zusätzlicher Freibetrag von je 10.300,00 € zur Verfügung.

Für Erwerber der Steuerklassen II und III gilt ein einheitlicher Freibetrag (für Hausrat einschließlich sonstiger beweglicher Gegenstände) von insgesamt je 10.300,00 €.

3909 Liegt die Erhaltung von Kunstgegenständen, insb. Kunstsammlungen, oder von Baudenkmalen, deren jährliche Kosten die Einnahmen übersteigen, im öffentlichen Interesse,[556] werden sie nur zu 15 % (vor dem 01.01.2009: zu 40 %), teilweise (bei national wertvollem Kulturgut und Denkmalobjekten) zu 0 % ihres gemeinen Werts (sog. Adelsprivileg),[557] angesetzt. Die (Schenkung- und Erbschaft-) Steuerbefreiung entfällt rückwirkend, soweit der Gegenstand binnen 10 Jahren

---

554 Es wird der volle Geschäftswertansatz des Reinvermögens vermieden, der bei Vereinbarung der Gütertrennung zwingend ist.

555 BFH, 24.08.2005 – II R 28/02, ZEV 2006, 41 m. Anm. *Münch*; FG Köln, EFG 2002, 1254; ErbStR 12 Abs. 3; *Schlünder/Geißler*, FamRZ 2006, 1655.

556 An den Nachweis hierfür werden keine allzu hohen Anforderungen gestellt, insb. wenn sich die Kunstwerke bereits als Leihgaben im Besitz der öffentlichen Hand befinden. Ferner müssen die jährlichen Kosten die erzielten Einnahmen übersteigen. Schießlich müssen die Kunstwerke in gewissem Umfang Forschungs- und Bildungszwecken zur Verfügung gestellt werden, wozu auch ein Kooperationsvertrag mit einem Museum (Verwahrung daheim; auf Verlangen temporäre Leihgabe) genügt.

557 Maßgeblich ist nicht die Versicherungssumme, sondern der „Wiederbeschaffungswert", von dem in Verhandlungen ggü. der Finanzverwaltung regelmäßig Abschläge von 50 bis 80 % durchgesetzt werden können.

veräußert oder sonst bestimmungswidrig benutzt wird (§ 13 Abs. 1 Nr. 2 Satz 2 ErbStG). Ferner müssen z.T. lange Vorbesitzzeiträume gewahrt sein (z.B. gem. § 13 Abs. 1 Nr. 2 Buchst. b) bb): 20 Jahre zuvor in Familienbesitz).[558]

Diese Vergünstigungen sind im internationalen Vergleich großzügig.[559] Daneben werden Kunstwerke, deren Erwerb im Besonderen öffentlichen Interesse liegt, zum Verkehrswert an Erfüllungs statt in Zahlung genommen, was jedoch die Liquidität des erwerbenden Landes belastet, da der Länderfinanzausgleich lediglich in Geld geleistet werden kann. Schließlich besteht für Kunstwerke wie für alle anderen Objekte die Möglichkeit, bereits entstandene Schenkungs-/Erbschaftsteuern gem. § 13 Abs. 1 Nr. 16, 17 ErbStG (Rdn. 3947 f.) durch Zuwendungen an eine Körperschaft des öffentlichen Rechtes oder eine gemeinnützige Stiftung binnen 2 Jahren nach Anfall zu „neutralisieren", wobei häufig die alternativ wählbare ertragsteuerliche Förderung (Rdn. 2860) günstiger sein wird.

3910

b) Ehebedingte Zuwendung des selbst genutzten Familienheims (§ 13 Abs. 1 Nr. 4a ErbStG)

Diese besonders praxiswichtige Steuerbefreiung, die – wenn auch begrenzt auf lebzeitige Übertragungen – beliebig oft und ohne Rücksicht auf den Wert der selbst genutzten Immobilien zur Verfügung steht, wurde bereits in Rdn. 2780 ff. i.R.d. ehebedingten Zuwendungen, welche sie zivilrechtlich i.d.R. bilden, erläutert. Die Erbschaftsteuerreform hat dieses Privileg für Sachverhalte ab 2009 sogar noch erweitert (Rdn. 2789 ff.).

3911

c) Vererbung des Familienheims an den Ehegatten (§ 13 Abs. 1 Nr. 4b ErbStG) (ab 2009)

Die objektbezogene Freistellung des Familienheims für letztwillige Übertragungen an Abkömmlinge (Rdn. 3911) oder Ehegatten zur anschließenden Selbstnutzung (in Ergänzung der bereits zuvor bestehenden Privilegierung der lebzeitigen Übertragung des Familienheims an den Ehegatten, Rdn. 3911) führt zu erheblichen Verwerfungen, die die Gesetzesbegründung mit dem „Schutz des gemeinsamen familiären Lebensraums", einerseits, sowie der „Lenkung im Grundvermögen schon zu Lebzeiten des Erblassers", andererseits, zu rechtfertigen versucht.[560]

3912

Dabei ist zu berücksichtigen, dass

3913

- die Gefahr eines **Verkaufs des Eigenheims** zur Zahlung hoher Erbschaftsteuerbelastungen eine durch den Gesetzgeber selbst geschaffene Gefahr ist (ein niedriger Steuersatz auf einer breiten Bemessungsgrundlage würde das Problem einfacher lösen),
- das **Einhalten der 10-jährigen Selbstnutzungsbindung** von privaten und beruflichen Zufällen abhängt, d.h. äußerlich gleiche Sachverhalte steuerrechtlich sehr ungleich behandelt werden.

---

558 Vgl. im Einzelnen *Viskorf*, DStZ 2002, 881; *von Oertzen*, ZEV 1999, 422.
559 Nach dem Tod Pablo Picassos gingen im Jahr 1973 4.000 Kunstwerke zur Begleichung der auf 100 Mio. € geschätzten Erbschaftsteuer in das Eigentum des französischen Staates über, Grundstock des Musée Picasso in Paris.
560 BT-Drucks. 16/11107, S. 10.

Schließlich führt das 10-jährige (nicht abschmelzende) **Nachversteuerungsrisiko** zu einer unsympathischen Durchleuchtung der Privatsphäre des Steuerbürgers, der belegen muss, ob das Abbrechen der Selbstnutzung aus „zwingendem Grund" geschah oder nicht.

3914 Schulden und Lasten im wirtschaftlichen Zusammenhang mit steuerbefreiten Familienheimen sind naturgemäß nicht abzugsfähig, § 10 Abs. 6 Satz 1 ErbStG. Kommt es allerdings zur Nachversteuerung wegen eines Verstoßes gegen die 10-jährige Nutzungsfrist, sind die Verbindlichkeiten nachträglich zu berücksichtigen.[561]

aa) Umfang des begünstigten Erwerbs

3915 Wird der überlebende Ehepartner lediglich **Miterbe**, steht ihm zunächst die Freistellungschance nur hinsichtlich seines Bruchteils zu. Allerdings erlaubt § 13 Abs. 1 Nr. 4b ErbStG (ebenso wie Nr. 4c, s. Rdn. 3938 ff.) einen Begünstigungstransfer auf den Ehegatten allein, wenn ihm das/weiteres Eigentum übertragen wird, gleichgültig ob dies aufgrund letztwilliger Vermächtnis- oder Teilungsanordnung geschieht oder aus freien Stücken. Auch zeitlich besteht keine Grenze.

3916 Auf jeden Fall ist es ausreichend, dem Ehegatten ein Vorausvermächtnis hinsichtlich der Gesamtimmobilie zuzuwenden, da Nr. 4b mit der Anknüpfung an den „Erwerb von Todes wegen" auf die Erwerbstatbestände in § 3 ErbStG Bezug nimmt und damit beispielsweise auch den Vermächtniserwerb oder den Erwerb des Familienheims als Abfindung für einen anderen Vermächtnisanspruch oder als Abfindung für den Verzicht auf einen entstandenen Pflichtteilsanspruch (§ 3 Abs. 2 Nr. 4 ErbStG) mit umfasst (Letzteres zu unterscheiden von der Übertragung des Familienheims an Erfüllungs statt für den geltend gemachten Pflichtteilsanspruch, Rdn. 3918).

3917 Als „Erwerb von Todes wegen" gilt auch[562]

(1) die Schenkung auf den Todesfall gem. § 2301 BGB (§ 3 Abs. 1 Nr. 2 ErbStG) oder der Erwerb als Abfindung für die Zurückweisung eines Rechtes aus einem Vertrag des Erblassers zugunsten Dritter auf den Todesfall, § 331 BGB (§ 3 Abs. 2 Nr. 4 ErbstG),

(2) der Erwerb als Abfindung für die Ausschlagung einer Erbschaft oder eines Vermächtnisses oder als Abfindung für den Verzicht auf den entstandenen Pflichtteilsanspruch (§ 3 Abs. 2 Nr. 4 ErbStG),

(3) der Erwerb als Abfindung für ein aufschiebend bedingtes, betagtes, befristetes Vermächtnis, für das die Ausschlagungsfrist abgelaufen ist, noch vor Bedingungs- oder Ereigniseintritt (§ 3 Abs. 2 Nr. 5 ErbStG),

(4) der Erwerb als Entgelt für die Übertragung der Anwartschaft eines Nacherben (§ 3 Abs. 2 Nr. 6 ErbStG),

(5) der Erwerb als Abfindung eines gem. §§ 2287, 2288 Abs. 2 BGB „geschädigten" Vertragserben eines Erbvertrages bzw. Schlusserben eines gemeinschaftlichen Testamentes (§ 3 Abs. 2 Nr. 7 ErbStG), sowie

(6) – abweichend vom Zivilrecht – der Anwachsungserwerb in einer Personengesellschaft mit unvererblich gestellten Anteilen beim Ableben des Mitgesellschafter-Ehegatten (§ 3 Abs. 1 Nr. 2

---

561 Vgl. *Steiner*, ErbStB 2009, 124.
562 Vgl. *Reimann*, ZEV 2010, 177.

Satz 2 ErbStG), sofern der dabei sich vollziehende Übergang von der GbR auf eine natürliche Person überhaupt als letztwilliger Erwerb „vom Ehegatten" qualifiziert werden kann, vgl. Rdn. 2793.

Dies erlaubt eine **„Korrektur" steuerlich unvernünftiger letztwilliger Eigenheimzuordnungen** auch nach dem Erbfall. Wird allerdings das Eigenheim an Erfüllungs statt für geltend gemachte Pflichtteils- oder Vermächtnisansprüche übertragen, liegt ein entgeltlicher Erwerb unter Lebenden vor,[563] Rdn. 58 ff.

3918

Mangels klaren Anhaltspunkts im Wortlaut wird man wohl davon ausgehen müssen, dass die letztwillige Einräumung eines bloßen **Nießbrauchs- oder Wohnungsrechts** an einer dadurch selbst genutzten Immobilie allein nicht ausreicht, da das Gesetz an das Eigentum oder Miteigentum anknüpft.[564] Der (an sich naheliegende) Schluss „a maiore ad minus" dürfte nicht zulässig sein.

3919

> **Hinweis:**
>
> Testamente, in denen der Ehegatte lediglich den Nießbrauch oder das Wohnungsrecht erhält, sollten daher geprüft werden, da auf diese Weise weder der Erbe (typischerweise die Kinder) noch der Ehegatte für das Familienheim die Steuerbefreiung erlangen können.[565]

Vorsorgende **Testamentsgestaltung** kann die Risiken einer nachträglichen Versteuerung des Familienwohnheims mindern. In Betracht kommt zunächst,[566] dem überlebenden Ehegatten durch Wahlvermächtnis (§ 2154 BGB) die Möglichkeit einzuräumen, anstelle des zunächst zu seinen Gunsten ausgesetzten Eigenheimvermächtnisses einen gleichwertigen Geldbetrag zu verlangen, sodass der Lebensabend bspw. durch Erwerb einer kleineren Immobilie an einem anderen Ort gesichert werden kann. Entscheidet sich der überlebende Ehegatte für das Geldvermächtnis, steht das Eigenheim ersatzvermächtnisweise demjenigen Kind zu, das voraussichtlich die 10-Jahres-Frist des § 13 Abs. 1 Nr. 4c ErbStG wird verwirklichen können.

3920

Hat der überlebende Ehegatte statt dessen das Eigenheimvermächtnis gewählt, beendet er jedoch binnen 10 Jahren die Selbstnutzung ohne zwingenden Grund, hilft möglicherweise ein für diesen Fall angeordnetes Herausgabevermächtnis wiederum zugunsten desjenigen Kindes, das voraussichtlich die 10-Jahres-Frist des § 13 Abs. 1 Nr. 4c ErbStG am ehesten verwirklichen kann und wird: Der Enderwerber erhält in diesem Fall das Eigenheim von Todes wegen vom ursprünglichen Eigentümer aufgrund einer – wenn auch auf einen späteren Zeitpunkt bedingten – Vermächtnisanordnung des ursprünglichen Erblassers; der Zwischenerwerber wird – da das **Herausgabevermächtnis** nicht i.S.d. § 6 Abs. 4 ErbStG an den Tod des Zwischenerwerbers anknüpft – wie ein Nießbraucher, beschränkt auf die Jahre seines „Zwischeneigentums", also bezogen auf seinen tatsächlichen Erwerb gem. § 5 Abs. 2 BewG, besteuert.[567] (Ein für diesen Fall

3921

---

563 BFH, 07.10.1998 – II R 52/96, ZEV 1999, 34 m. Anm. *Daragan*.
564 So auch Abschnitt 4 Abs. 6 Satz 2 der Erlasse v. 25.06.2009, BStBl. 2009 I, S. 713; vgl. *Reimann*, FamRZ 2009, 1785, 1789.
565 *N. Mayer*, ZEV 2009, 439, 442.
566 Vgl. *Jülicher*, ZErb 2009, 222, 225.
567 Vgl. *Jülicher*, ZErb 1009, 222, 227, der diese Konstruktion gegen eine analoge Anwendung des in §§ 13a Abs. 3, 13b Abs. 3 ErbStG geregelten unmittelbaren Übergangs der Privilegierung auf den Enderwerber abgrenzt.

Kapitel 11: Verkehrsteuern

angeordnetes Nachvermächtnis würde nicht helfen: Beim Vorvermächtnisnehmer tritt die Nachversteuerung ein, und die von ihm zu entrichtende Steuer wird lediglich auf die Steuerbelastung des Nachvermächtnisnehmers angerechnet, § 6 Abs. 4 i.V.m. Abs. 3 Satz 1 ErbStG.)[568]

3922 **Formulierungsvorschlag: Wahl- und Herausgabevermächtnis zur steuerfreien Vererbung des Eigenheims**

> Vermächtnisweise wende ich meinem Ehegatten, sofern zum Zeitpunkt meines Ablebens die Ehe noch besteht und auch ihre Scheidung nicht beantragt ist, das zuletzt gemeinsam bewohnte Eigenheim zu. Der überlebende Ehegatte kann jedoch wahlweise (§ 2154 BGB) binnen drei Monaten nach meinem Tod als alternatives Vermächtnis die Zuwendung eines Geldbetrags in Höhe des Verkehrswerts dieses Eigenheims verlangen; im Dissensfall wird dieser Verkehrswert durch den örtlich zuständigen Gutachterausschuss bestimmt. Ersatzvermächtnisnehmer hinsichtlich des Eigenheims ist in diesem Fall unser Kind …..
>
> Wählt und erhält der überlebende Ehegatte das selbstgenutzte Eigenheim, belaste ich ihn mit einem Herausgabevermächtnis hinsichtlich dieses Eigenheims für den Fall, dass in seiner, des Ehegatten, Person innerhalb der 10-Jahres-Frist des § 13 Abs. 1 Nr. 4b ErbStG ein Umstand eintritt, der nachträglich zur Erbschaftsbesteuerung des Eigenheims führen würde, insbesondere also das Eigenheim ohne zwingenden Grund verlassen wird. Herausgabevermächtnisnehmer ist unser Kind …..
>
> Auf dem Objekt lastende Verbindlichkeiten sind maximal in dem Umfang zu übernehmen, den sie bei meinem Ableben hatten; eine Sicherung durch Vormerkung kann nicht verlangt werden.

bb) Begünstigte Immobilie

3923 Es gelten dieselben Kriterien wie in § 13 Abs. 1 Nr. 4a ErbStG (vgl. Rdn. 2780 ff.). Es muss sich also um den Lebensmittelpunkt der Familie handeln (demnach unter Ausschluss von Ferien- oder Zweitwohnungen), der im Inland, in der EU oder im EWR[569] gelegen ist. Eine teilweise Fremdvermietung ist – ebenfalls wie nun in Nr. 4a – unschädlich (s.o. Rdn. 2790); die Begünstigung wird allerdings nur für den eigengenutzten Teil gewährt, wobei die zugrunde zu legenden Kriterien im Einzelnen noch unklar sind. Dass neben der eigengenutzten, den Lebensmittelpunkt bildenden Wohnung/dem diesbezüglichen Eigenheim ein Zweitwohnsitz, etwa bei Berufspendlern, gegeben sein mag, schadet nicht.[570] Allerdings ist (anders als bei der lebzeitigen Ehegattenzuwendung gem. § 13 Abs. 1 Nr. 4a ErbStG) die bloße Vererbung von Geldmitteln mit der Auflage, davon ein selbst zu nutzendes Eigenheim anzuschaffen, nicht begünstigt.

---

568 Vgl. *Steiner*, ErbStB 2010, 183. Ausführliches Muster eines solchen Zweckvermächtnisses bei *Ihle*, RNotZ 2011, 471, 483 f.

569 Der Hauptwohnsitz muss sich demnach am Auslandseigenheim befinden; die zur Erreichung des § 13 Abs. 1 Nr. 4b und 4c erforderliche unbeschränkte Steuerpflicht in Deutschland muss demnach durch einen Nebenwohnsitz in Deutschland, oder durch Erwerberansässigkeit in Deutschland, bzw. durch Versterben eines Deutschen binnen 5 Jahren nach Aufgabe des letzten Wohnsitzes in Deutschland (§ 2 Abs. 1 Nr. 1 Satz 2 Buchst. b) ErbStG) erreicht werden, vgl. *Jülicher* ZErb 2009, 222, 223.

570 Vgl. Gesetzesbegründung, BT-Drucks. 16/11107, S. 11.

cc) Selbstnutzung durch den Erblasser

Der Erblasser muss das Eigenheim/die Wohnung vor dem Erbfall zu eigenen Wohnzwecken genutzt haben, es sei denn, er wäre hieran aus zwingenden Gründen gehindert gewesen. Medizinische Gründe, die eine Übersiedlung in ein Altenheim notwendig gemacht haben, fallen sicherlich darunter, möglicherweise aber schon nicht mehr der Wunsch, aus Gründen der einfacheren Lebensgestaltung oder des Komforts in eine Anlage des „Betreuten Wohnens" zu ziehen. Fraglich ist, ob auch wirtschaftliche Gründe (Beispiel: Die Nebenkosten des Objekts können aus laufenden sonstigen Einnahmen nicht mehr getilgt werden, sodass es vermietet werden musste) oder persönliche Gründe zwingend sein können (Trennung der Ehegatten, sodass das gemeinsame Objekt leergezogen wird und zum Verkauf steht). Eindeutig ist lediglich, dass bei Ehegatten, deren einer zum Erblasser wird, zuvor keine gemeinsame Nutzung des Familienheims vorliegen muss, solange nur bspw. infolge des Getrenntlebens lediglich der Erblasser im Objekt verblieben ist.[571] Frühere BFH-Rechtsprechung gewährte die Privilegierung (für die Eigenheimübertragung unter Lebenden) allerdings auch, wenn in Trennungsfällen lediglich der Erwerber (Erbe) zuvor im Eigenheim lebte.[572]

3924

dd) Selbstnutzung durch den Erwerber

Der erbende Ehegatte muss – sofern er nicht bereits zuvor das Objekt zur Eigennutzung mitbewohnt hat – unverzüglich nach dem Erbfall (z.B. bei getrenntlebenden Ehegatten) in dem Anwesen wohnen. War das Objekt zuvor, da der Erblasser aus zwingenden Gründen (Pflegeheimaufenthalt) es nicht selbst bewohnen musste, vermietet, müsste es allerdings genügen, dass er sofort nach dem Erbfall die Eigenbedarfskündigung ausspricht. In allen Fällen ist es nicht erforderlich, dass die Selbstnutzung bei der Schenkung oder der letztwilligen Zuwendung (als Auflage) angeordnet ist; sie kann auch aus freien Stücken erfolgen. Nach Verwaltungsauffassung[573] steht es der Selbstnutzung ferner nicht entgegen, dass einzelne Räume an andere Verwandte überlassen werden, z.B. an die Eltern. Demzufolge dürften auch Wohnungsrechte zugunsten solcher Verwandter, bezogen auf einzelne Zimmer, unschädlich sein.[574]

3925

ee) Nachversteuerung

Die zunächst nur vorläufig gewährte Steuerfreistellung entfällt insgesamt und vollständig (also **ohne Abschmelzung** während des 10-Jahres-Zeitraums), wenn binnen 10 Jahren nach dem Erwerb die Selbstnutzung aufgegeben wird, es sei denn, dies geschah wiederum aus zwingenden Gründen. Immerhin bleibt aber – selbst für den Fall der Nachversteuerung – der Zins(Liquiditäts)vorteil erhalten, da die wiederauflebende Erbschaftsteuer nominal nach den Verhältnissen am Todestag, ohne Verzinsung, berechnet wird.

3926

Der Gesetzeswortlaut stellt allein auf die Selbstnutzung ab, nicht auf den Fortbestand des Eigentums. Ein Verkauf, bei dem zugleich ein Nießbrauch vorbehalten oder ein Mietvertrag mit dem

3927

---

571 Vgl. *Schumann*, DStR 2009, 197, 199, ebenso schon zuvor zu § 13 Abs. 1 Nr. 4a ErbStG: FG Berlin, 28.01.2003 – V K 5267/01, DStR 2004, 214.
572 BFH, 26.02.2009 – II R 69/06 ZEV 2009, 257 m. Anm. *Schlünder/Geißler*; vgl. *Reimann* ZEV 2010, 177.
573 Abschn. 4 Abs. 3 i.V.m. Abschn. 3 Abs. 2 Satz 6 Ausführungserlass ErbSt, ebenso zu § 13 Abs. 1 Nr. 4a ErbStG a.F. Abschn. 43 Abs. 1 Satz 7 ErbStR.
574 *Reimann* ZEV 2010, 178.

Verkäufer (Erben) abgeschlossen wird, wäre also unschädlich.[575] Die Gesetzesbegründung[576] erwähnt dagegen auch den Verkauf des Familienheims als befreiungsschädlich; die Literatur differenziert teilweise dahin gehend, ob die Weiterübertragung unter Nutzungsvorbehalt unentgeltlich erfolgt (dann keine Nachversteuerung) oder im Rahmen einer entgeltlichen, dann schädlichen, Veräußerung.[577] Die bloße Rückanmietung nach Verkauf oder Überlassung dürfte allerdings nicht genügen, da nur die Nutzung aus eigenem Recht geschützt werden soll.[578]

3928 Fraglich ist des Weiteren, ob die Fortführung der Selbstnutzung sich auf das gesamte Familienheim beziehen muss, also „ausschließliche Selbstnutzung" verlangt wird, oder ob eine (zumindest untergeordnete) Fremdvermietung unschädlich wäre. Auch hier erwähnt die Gesetzesbegründung, über den Wortlaut hinaus, jegliche, auch untergeordnete, Vermietung als Beispiel eines die Befreiung entfallen lassenden Verstoßes.[579]

3929 Offen ist schließlich, ebenso wie hinsichtlich der notwendigen Eigennutzung durch den Erblasser vor dem Sterbefall, aus welchen zwingenden Gründen beim Erwerber von der Eigennutzung abgesehen werden kann. Unproblematisch ist insoweit nur ein Sachverhalt, nämlich der Tod des Erben (mit der Folge, dass die Erbeserben ihrerseits keine Nachversteuerung zu befürchten haben, die auf den ersten Sterbefall zurückgeht, ihrerseits aber wiederum möglicherweise eine zweite 10-Jahres-Frist der Eigennutzung verwirklichen müssen, falls sie selbst steuerfrei vom Verstorbenen erben möchten).

3930 Offen ist jedoch – jedenfalls bis zum Erlass der diesbezüglichen Erbschaftsteuerrichtlinien und bis zur Herausbildung gefestigter Rechtsprechung –, ob auch folgende Tatbestände ausreichen:
- **gesundheitliche Gründe** (Umzug in ein Pflegeheim): Genügt die Verwirklichung der Pflegestufe I, ist auf eine höhere Pflegestufe abzustellen oder sind die Umstände des Einzelfalls maßgebend (konkreter Pflegebedarf, Vorhandensein eines Liftes im Haus, einer behindertengerechten Dusche etc.)? Die Gesetzesbegründung stellt beispielhaft auf die Voraussetzungen der Pflegestufe III ab.[580]
- **wirtschaftliche Gründe** (insb. Schwierigkeit, die Nebenkosten des Wohnens ohne Einschränkung der sonstigen Lebensführung aufzubringen):
  Genügt der Umstand, dass an anderer Stelle ein besser bezahlter Arbeitsplatz zur Verfügung steht oder muss am bisherigen Wohnort länger dauernde Arbeitslosigkeit drohen? Liegt in der Inhaftierung ein „zwingender Grund"?
- **persönliche Gründe**: z.B. der Umzug zu einem neuen Ehepartner?[581]

---

575 Ebenso *Geck*, ZEV 2008, 559; *Steiner*, ErbStB 2009, 127.
576 BT-Drucks. 16/11107, S. 10.
577 *Jülicher*, ZErb 2009, 222, 224.
578 *Geck*, ZEV 2008, 559.
579 BT-Drucks. 16/11107, S. 10.
580 *Bauer/Wartenburger*, MittBayNot 2009, 86 weisen zu Recht darauf hin, dass demnach auch bei Pflegebedürftigkeit der Stufe II (Bedarf an fremder Hilfe mindestens dreimal am Tag) eine Umsiedlung zur Nachbesteuerung führt.
581 Für eine verfassungskonforme Auslegung im Licht des Art. 6 Abs. 1 GG plädiert insoweit *Schumann*, DStR 2009, 197, 200.

Nach dem Wortlaut des Gesetzes darf allerdings der zwingende Grund nicht von vornherein vorliegen, er muss also später eine unverzüglich aufgenommene Selbstnutzung beenden. War demnach der pflegebedürftige Erbe von vornherein an der Eigennutzung gehindert, kann die Freistellung nicht erlangt werden. 3931

In verfahrensrechtlicher Hinsicht sieht übrigens das Gesetz keine Pflicht zur Anzeige des Auszugs ggü. dem FA vor.[582]

d) Vererbung des Familienheims an Abkömmlinge (§ 13 Abs. 1 Nr. 4c ErbStG) (ab 2009)

aa) Erwerbstatbestand

§ 13 Abs. 1 Nr. 4c ErbStG schließlich erweitert ab 2009 die Freistellung des Familienheims auf den **letztwilligen (allerdings nicht den lebzeitigen!) Erwerb durch ein Kind** oder durch Kinder (bzw. Enkel, sofern das unmittelbare Kind bereits verstorben ist), soweit der Erblasser darin bis zum Erbfall eine Wohnung zu eigenen Wohnzwecken genutzt hat (Rdn. 3925) oder aus zwingenden Gründen an der Selbstnutzung gehindert war und sie vom erbenden bzw. vermächtnisbegünstigten Kind unverzüglich zur Selbstnutzung zu eigenen Wohnzwecken bezogen wird, allerdings unter noch stärker einschränkenden Voraussetzungen: Die Freistellung wird nämlich nur gewährt, soweit die Wohnfläche 200 m^2 nicht übersteigt („Angemessenheit", nachstehend Rdn. 3936). Wie beim letztwilligen Ehegattenerwerb sind Vererbung, Vermächtniszuwendung, Teilungsanordnung und freiwillige Teilung des Nachlasses gleichgestellt, allerdings erlaubt das Gesetz einen Begünstigungstransfer zum final Berechtigten (nachstehend Rdn. 3938). Der Umfang des „letztwilligen Erwerbs" erfasst (wie beim Ehegatten, Rdn. 3917) nicht nur die unmittelbare Erbschafts- bzw. Vermächtnisbegünstigung. 3932

Problematisch sind allerdings Vor- und Nachvermächtnisse bzw. die **Vor- und Nacherbfolge**, die auf den Tod des Vorerben/Vorvermächtnisnehmers abstellt, da der Nacherbe – abweichend von der zivilrechtlichen Lage – erbschaftsteuerlich vom Vorerben erbt.[583] Ist z.B. ein Kind als Vorerbe, das andere als dessen Nacherbe eingesetzt, läge an sich ein nicht privilegierter Erwerb unter Geschwistern vor; es ist nicht gesichert, ob die Optionsmöglichkeit gem. § 6 Abs. 2 Satz 2 ErbStG, auf Antrag das Verhältnis des Nacherben zum Erblasser zugrunde zu legen, auch Befreiungsvorschriften einschließt.[584] Ungefährlich ist lediglich die Einsetzung eines Kindes als Nacherben des Vorerben-Ehegatten, und zwar selbst wenn das Nacherben-Kind nur Abkömmling des Erblassers, nicht aber des Vorerben ist, da begünstigte Kinder i.S.d. § 13 Abs. 1 Nr. 4c ErbStG auch Stiefkinder sind („Kinder i.S.d. Steuerklasse Abs. 1 Nr. 2". 3933

Weiterhin ist – wie beim letztwilligen Erwerb durch den Ehegatten (Rdn. 3926 ff.) – die Selbstnutzung innerhalb von 10 Jahren nach dem Erwerb erforderlich, es sei denn, aus zwingenden Gründen ist der Erwerber an der Selbstnutzung gehindert (wie oben). Die Privilegierung wird demnach durch eine deutliche Beschränkung der Handlungsmöglichkeiten, also erhöhte Im- 3934

---

582 Vgl. *Steiner*, ErbStB 2009, 127.
583 *Reimann*, FamRZ 2009, 1786, 1791; *ders.*, ZEV 2010, 177.
584 Bejahend aufgrund teleologischer Auslegung *Reimann*, ZEV 2010, 174, 177.

mobilität bzw. die faktische Vereitelung der Wahrnehmung von Marktchancen vor Ablauf der 10-Jahres-Frist, erkauft. Möglicherweise wird unter Kindern der „Kampf ums Haus" anbrechen, was Anlass sein kann, einem Außenstehenden (z.B. Testamentsvollstrecker) unter mehreren Kindern die Zuordnung zu überantworten (§ 2154 BGB):

3935 **Formulierungsvorschlag: Zuordnung des Eigenheims unter mehreren Kindern durch Testamentsvollstrecker**

> Die zuletzt von mir bewohnte Immobilie vermache ich demjenigen meiner Kinder, dem der Testamentsvollstrecker gemäß § 2154 BGB binnen drei Monaten nach meinem Tod bestimmt. Den anderen Kindern wende ich andere, ebenso wertvolle Gegenstände bzw. Finanzwerte zu, die ebenfalls der Testamentsvollstrecker bestimmt und zuordnet; kommt es zum Dissens hinsichtlich der anzusetzenden Werte, entscheidet hinsichtlich der Immobilie der örtlich zuständige Gutachterausschuß, im Übrigen ein durch die örtlich zuständige Industrie- und Handelskammer bestellter Sachverständiger als Schiedsgutachter.
>
> Der Testamentsvollstrecker soll sich bei der Zuordnung der Immobilie zuvörderst davon leiten lassen, welches der Kinder voraussichtlich am ehesten Gewähr bietet, das Eigenheim zehn Jahre lang selbst zu nutzen, hilfsweise die persönlichen Lebensumstände (Zahl der haushaltsangehörigen Personen, Entfernung zum Arbeitsplatz etc.) berücksichtigen.

Soweit lediglich eine Immobilie zur Verfügung steht, wird künftig bei der Bemessung der Abfindung derjenige Miterbe, der nicht privilegiertes Vermögen (Barvermögen oder vermietete Immobilien) erhält, auf eine höhere Abfindung pochen, sodass die Steuerfreistellung sich als Malus i.R.d. Erbauseinandersetzung auswirkt.

bb) Angemessenheit

3936 Anders als beim lebzeitigen oder letztwilligen Erwerb durch den Ehegatten (§ 13 Abs. 1 Nr. 4a und b ErbStG) existiert insoweit eine Angemessenheitsgrenze i.H.v. 200 m² Wohnfläche. Ein Übersteigen dieser Grenze führt zur anteiligen Versagung der Steuerbefreiung (bei 300 m² Wohnfläche wären also zwei Drittel des Werts der Immobilie steuerbefreit, ein Drittel wird sofort versteuert).

Nach der für maßgeblich erklärten Wohnflächenverordnung zählen Neben- und Nutzflächen wie Keller, Garagen usw. nicht mit. Auch sonstige Nutzflächen bleiben außer Betracht.[585]

3937 Der Wortlaut des Gesetzes stellt auf die Wohnungsgröße ab, gewährt also nicht etwa 200 m² pro Erwerber. Allerdings müsste, wenn ein Objekt zwei Wohnungen enthält und bei mehreren Erben (Ehegatten und/oder Abkömmlinge) jeder eine Wohnung selbst nutzt, die Angemessenheitsgrenze mehrfach zur Anwendung gelangen (beschränkt auf Abkömmlinge, da Ehegatten in der Wohnungsgröße insoweit keiner Begrenzung unterliegen).

---

585 Umkehrschluss zu § 181 Abs. 2 BewG, wo auf die Wohn- und Nutzfläche abgestellt wird.

cc) Begünstigungstransfer

§ 13 Abs. 1 Nr. 4c Sätze 2 bis 4 ErbStG wollen (ebenso wie §§ 13b Abs. 3, 13c Abs. 2 ErbStG) sicherstellen, dass die Begünstigung dem Letzterwerber ungeschmälert zugutekommt (dieselbe Transfervorschrift gilt für den Erbschaftserwerb des Ehegatten, Nr. 4b Sätze 2 bis 4).

3938

Erfasst sind folgende Tatbestände:

- § 13 Abs. 1 Nr. 4c Satz 2 ErbStG: **Weitergabeverpflichtung** aufgrund letztwilliger oder rechtsgeschäftlicher Verfügung des Erblassers

Dieser Sachverhalt dürfte auch ohne gesetzliche Erwähnung zu einem privilegierten Erwerb des – z.B. – Vermächtnisnehmers führen, da auch der Vermächtniserwerb ein Erwerb von Todes wegen i.S.d. § 3 ErbStG ist, der bereits gem. Nr. 4c Satz 1 begünstigungsfähig ist. Der Erbe, der das Vermächtnis zu erfüllen hat, bedarf der Freistellung ohnehin nicht, da er das Vermächtnis als Nachlassverbindlichkeit, § 10 Abs. 5 Nr. 2 ErbStG, abziehen kann.

- § 13 Abs. 1 Nr. 4c Satz 3 und 4 ErbStG: **Nachlassteilung**

3939

In diesen Fällen erhält der Enderwerber mehr als seiner Erbquote entspricht, sei es aufgrund einer letztwilligen Teilungsanordnung oder aufgrund einer freihändig vereinbarten Erbauseinandersetzung mit den weiteren Miterben. Ausweislich der Gesetzesbegründung[586] soll der Letzterwerber in diesem Fall die Steuerbegünstigung voll in Anspruch nehmen können. Die Gesetz gewordene Formulierung (Nr. 4c Satz 4) ist nicht gerade ein Ruhmesblatt der Kunst verständlicher Gesetzgebung:

„Überträgt ein Erbe erworbenes begünstigtes Vermögen im Rahmen der Teilung des Nachlasses auf einen Dritten und gibt der Dritte dabei diesem Erwerber nichtbegünstigtes Vermögen hin, das er vom Erblasser erworben hat, erhöht sich insoweit der Wert des begünstigten Vermögens des Dritten um den Wert des hingegebenen Vermögens, höchstens jedoch um den Wert des übertragenen Vermögens."

„Dritter" im Sinn dieser Norm dürfte jeder sein, der an der Abwicklung des Nachlasses beteiligt ist, also ein Miterbe, ein Vermächtnisnehmer, ein Pflichtteilsberechtigter oder ein Auflagenbegünstigter.[587]

> **Hinweis:**
>
> Die „Teilung des Nachlasses" unterliegt nach dem Gesetz keiner Zeitgrenze. Sie kann also – solange die Erbauseinandersetzung nicht stattgefunden hat – jederzeit – auch nach mehreren Jahren – stattfinden. Während zunächst die Steuerbefreiung nur i.H.d. Erbquote gewährt wird, die das jeweilige Kind bei Selbstnutzung der Immobilie hat, führt die Auseinandersetzung als rückwirkendes Ereignis i.S.d. § 175 Abs. 1 Nr. 2 AO zu einer Änderung der einzelnen Erbschaftsteuerbescheide. Die faktische Selbstnutzung von 10 Jahren wird hinsichtlich des geerbten Anteils ab dem Erbfall, hinsichtlich des hinzuerworbenen Anteils ab Vollzug der Erbauseinandersetzung rechnen (str.).[588]

---

586 BT-Drucks. 16/11107, S. 11.
587 Vgl. *Steiner*, Das neue Erbschaftsteuerrecht, Teil C, Rn. 48 f.
588 Für Fristlauf insgesamt ab Erbfall: *N. Mayer*, ZEV 2009, 439, 444; für Fristlauf insgesamt ab Erbauseinandersetzung: *Reimann*, ZEV 2010, 174, 179; differenzierend: *Steiner*, ErbStB 2010, 184.

3941 **„Erwerb vom Erblasser":** Dieses Kriterium dürfte so auszulegen sein, dass Ausgleichsleistungen, die der Immobilien-Enderwerber für den Hinzuerwerb erbringt, aus dem Nachlass erfolgen müssen. Ausgleichsleistungen aus eigenem Vermögen – seien sie kreditfinanziert oder aus dem eigenen Aktivbestand entnommen – sind daher ebenso irrelevant wie die Hingabe von Gegenständen, die der Immobilien-Enderwerber bereits zu Lebzeiten, in vorweggenommener Erbfolge, vom späteren Erblasser erhalten hat.

> *Beispiel:*[589]
>
> *Zwei Kinder (A und B) erben einen aus einer Immobilie (3 Mio. €) und sonstigem Vermögen von 1 Mio. € bestehenden Nachlass je zur Hälfte. Kind A übernimmt i.R.d. Erbauseinandersetzung die Immobilie zum Alleineigentum und zu künftiger Selbstnutzung, B erhält das volle sonstige Nachlassvermögen (1 Mio. €) zuzüglich einer (z.B. von A kreditfinanzierten) Ausgleichszahlung von einer weiteren Mio., sodass wirtschaftlich beide einen Wert von je 2 Mio. € erhalten haben. In dieser Weise findet auch die Besteuerung statt: Der durch Erbfall erfolgende Erwerb der selbst genutzten Immobilie von 1/2 = 1,5 Mio. € des A erhöht sich um 500.000,00 € (den Wert der von ihm hingegebenen Hälfte am weiteren Nachlassvermögen) auf 2 Mio. €; die Ausgleichsleistung ist, da sie nicht dem Nachlass entnommen ist, insoweit irrelevant. B versteuert ebenfalls die ihm verbleibende Ausgleichsmasse von gesamt 2 Mio. €. Gelingt A, 10 Jahre lang die Selbstnutzung zu verwirklichen, bleibt sein Erwerb allerdings endgültig steuerbefreit, während B den Erwerb von 2 Mio. € sofort zu versteuern hat.*

3942 **„Höchstens um den Wert des übertragenen Vermögens":** Ist die Ausgleichsleistung höher als der steuerliche Wert des übergehenden privilegierten Vermögens, begrenzt Letztere die zur Verfügung stehende Freistellungsmasse.

> *Beispiel:*[590]
>
> *Im Sachverhalt wie vor (Kinder A und B erben je zur Hälfte) setzt sich der Nachlass aus einem Familienheim im Verkehrswert von 1 Mio. € und sonstigem Vermögen von 3 Mio. € zusammen. I.R.d. Erbauseinandersetzung setzen die Beteiligten jedoch den Wert des Familienheims höher – bspw. mit 1,4 Mio. € – an, etwa um die potenzielle Steuerfreistellung mitzuberücksichtigen. Demgemäß leistet A aus dem sonstigen Nachlass eine Ausgleichszahlung von 700.000,00 €, sodass vom sonstigen Vermögen von 3 Mio. € der Immobilienerwerber A noch 0,8 Mio. € (3 Mio. dividiert durch zwei, minus 700.000) erhält, B 2,2 Mio. €.*
>
> *Der steuerbefreite Erwerb des A beläuft sich gleichwohl auf lediglich max. 1 Mio. € (sein unmittelbarer Erwerb von 500.000,00 € wird lediglich um den Wert des hinzuerworbenen privilegierten Gegenstands, also der weiteren Hälfte von 500.000,00 €, auf 1 Mio. € aufgestockt), sodass er insgesamt 2 Mio. € zu versteuern hat (obwohl ihm lediglich 1,8 Mio. € – Immobilien im Wert von 1 Mio. € und 800.000,00 € aus dem sonstigen Vermögen – verbleiben!), während B ebenfalls 2 Mio. € versteuert, wenngleich ohne Chance auf Freistellung.*

e) Erwerb durch erwerbsunfähige oder erwerbsgehinderte Personen (§ 13 Abs. 1 Nr. 6 ErbStG)

3943 Erwerben infolge geistiger oder körperlicher Gebrechen erwerbsunfähige Eltern (auch Stiefeltern oder Großeltern) Vermögensgegenstände und übersteigt deren Wert zusammen mit dem eigenen Vermögen des Erwerbers 41.000,00 € nicht, ist diese Zuwendung steuerfrei. Gleiches gilt für den Erwerb durch Personen, die wegen der Betreuung Erwerbsunfähiger oder in Ausbildung

---

[589] Nach *Steiner*, ErbStB 2009, 129.
[590] Nach *Steiner*, ErbStB 2009, 129.

befindlicher Kinder selbst an der Erwerbstätigkeit gehindert sind (etwa alleinerziehende Mütter). Werden zum Zweck des angemessenen Unterhalts laufende Zahlungen zu Lebzeiten erbracht, sind diese gem. § 13 Abs. 1 Nr. 12 ErbStG schenkungsteuerfrei.

f) Leistungen für Pflege (§ 13 Abs. 1 Nr. 9, 9a ErbStG)

Lebzeitige oder letztwillige Zuwendungen an Personen, die den Zuwendenden/Erblasser gepflegt oder unterhalten haben, ohne hierzu gesetzlich verpflichtet gewesen zu sein (Pflegeverpflichtung unter Ehegatten: § 1353 BGB; Unterhaltsverpflichtung zwischen Verwandten: § 1601 BGB; unter getrennt Lebenden: § 1360 BGB) sind bis zu 5.200,00 € (ab 2009: bis zur 20.000,00 €) je Person steuerbefreit (**Pflegepauschbetrag**). Voraussetzung ist jedoch stets die unentgeltliche Pflege/Unterhaltsgewährung, an der es bspw. fehlt bei der Erbringung der Pflege im Rahmen eines vergüteten Dienstleistungsverhältnisses, § 611 BGB, oder als vertraglich ausbedungene Gegenleistung für eine Immobilienübertragung.[591]

3944

Die Weitergabe des staatlichen Pflegegeldes (vgl. § 37 SGB XI) an die tatsächlich pflegende Person ist zu Lebzeiten steuerfrei (§ 13 Abs. 1 Nr. 9a ErbStG) um die Motivationswirkung nicht zu gefährden.

g) Rückvererbung geschenkten Vermögens (§ 13 Abs. 1 Nr. 10 ErbStG)

Die Rückvererbung eines zuvor von Eltern an Abkömmlinge zugewendeten Gegenstands an eben diese Eltern ist gem. § 13 Abs. 1 Nr. 10 ErbStG steuerbefreit, soweit der zugewendete und der zurückfallende Vermögensgegenstand bei objektiver Betrachtung art- und funktionsgleich[592] sind (also nicht im Fall von Surrogaten, ebenso wenig hinsichtlich gezogener Früchte).[593] Die lebzeitige Rückübertragung hingegen wird allein von § 29 Abs. 1 Nr. 1 ErbStG erfasst, sofern auf der Basis eines gesetzlich oder vertraglich ausbedungenen Rückforderungsrechts erfolgend (vgl. hierzu unten Rdn. 3957 ff.).

3945

h) Sonstige Steuerbefreiungen (§ 13 Abs. 1 Nr. 12, 14, 16 u. 17, Abs. 2 ErbStG)

Laufende Zuwendungen[594] zum Zweck des Unterhalts, sofern sie der Höhe nach angemessen sind, sowie zum Zweck der Ausbildungsförderung (ohne Rücksicht auf die Angemessenheit, jedoch nicht für Fort- oder Weiterbildung) sind gem. § 13 Abs. 1 Nr. 12, Abs. 2 ErbStG steuerbefreit.

3946

Übliche Gelegenheitsgeschenke (zur Hochzeit, zu Geburtstagen, Weihnachten etc.) sind, sofern angemessen, ebenfalls steuerbefreit (§ 13 Abs. 1 Nr. 14 ErbStG).

Gleiches gilt für Zuwendungen an steuerbegünstigte Körperschaften und für Zuwendungen zu gemeinnützigen, mildtätigen und kirchlichen Zwecken (§ 13 Abs. 1 Nr. 16, 17 ErbStG). Eine be-

3947

---

591 Es genügt gem. FG Nürnberg, 01.03.2007 – IV 23/2005, ErbStB 2007, 231, dass die Beteiligten eine Grundbesitzübertragung als angemessene Gegenleistung für spätere Pflege angesehen haben.
592 Lediglich für die Tarifermäßigung gem. § 27 Abs. 1 u. 2 ErbStG ist eine solche Identität des Vermögens nicht erforderlich.
593 Vgl. mit Beispielen *Wenhardt*, ErbStB 2007, 25.
594 Die Befreiung gilt also nicht für einmalige Zuwendungen, vgl. BFH, BStBl. 1985 II, S. 333.

reits entstandene Erbschaft- oder Schenkungsteuer erlischt rückwirkend, wenn die erworbenen Gegenstände binnen 24 Monaten nach der Entstehung der Steuer einer inländischen Stiftung zur Verwendung für gemeinnützige[595] steuerbegünstigte Zwecke zugewendet werden, wobei jedoch keine Leistung an den Stifter oder dessen Angehörige erbracht werden darf und für die Zuwendung selbst kein einkommensteuerlicher Spendenabzug gem. § 10b EStG/§ 9 Abs. 1 Nr. 2 KStG/§ 9 Nr. 5 GewStG geltend gemacht werden darf.

3948 | **Hinweis:**
Der Erbe als Stifter hat also die Wahl zwischen der einkommensteuerlichen Förderung des § 10b EStG (Rdn. 2624) oder der nachträglichen entsprechenden Stornierung entstandener Schenkungsteuer (Letztere durch fiktive Besteuerung so, als ob der Gegenstand unmittelbar steuerfrei vom Erstschenker auf die steuerbegünstigte Einrichtung übertragen worden wäre).

3. Verschonung bei Grundvermögen ab 2009 (§ 13c ErbStG)

3949 Selbstgenutzte Immobilien sind (bei der lebzeitigen Übertragung an Ehegatten uneingeschränkt, im Fall der Vererbung an den Ehegatten bzw. der Vererbung an Kinder mit Einschränkungen – s. o. Rdn. 2780, 3912, 3911 ff.) durch sachliche Befreiungsvorschriften privilegiert.

3950 Für vermietete (bzw. zur Vermietung bestimmte, wenngleich derzeit ungewollt leerstehende)[596] Wohnimmobilien in der EU/dem EWR, die nicht zu einem Betriebsvermögen gehören, wird ein Abschlag von 10 % der betroffenen[597] Bemessungsgrundlage gewährt (§ 13c ErbStG), zumal das BVerfG die Belange der Bau- und Wohnungswirtschaft als gewichtige Gemeinwohlgründe akzeptiert hat. Auch damit zusammen hängende Schulden – seit 2009 zählt hierzu auch der Nießbrauchsvorbehalt – sind dann nur zu 90 % abziehbar (§ 10 Abs. 6 Satz 5 ErbStG). Eine Nachversteuerung bei vorzeitiger Beendigung der Vermietung während eines Beobachtungszeitraums findet nicht statt. Nicht von der Privilegierung erfasst ist die bloße Zuwendung eines Nießbrauchsrechts, das zur Wohnvermietung genutzt wird.[598]

3951 Ferner wird die **Stundungsregelung** des § 28 ErbStG beim Erwerb von Betriebs- oder land- und forstwirtschaftlichem Vermögen (Abs. 1), und Familienstiftungen (Abs. 2) auf vermietetes (Abs. 3 Satz 1) und eigengenutztes (Abs. 3 Satz 2) Grundvermögen ausgedehnt: sofern der Erwerber die Steuer nur durch die Veräußerung dieses Vermögens aufbringen könnte, wird sie ihm auf Antrag auf die Dauer von 10 Jahren verzinslich (0,5 % pro Monat) gestundet.[599] Im Vergleich zur Stundung nch § 222 AO ist weder zu prüfen, ob der Antragsteller „stundungswürdig" ist (also seine mangelnde Leistungsfähigkeit nicht selbst herbeigeführt hat) noch ob der Steueranspruch gefährdet erscheint.

---

595 Mit Ausnahme jedoch der Freizeitzwecke des § 52 Abs. 2 Nr. 4 AO.
596 Vgl. *Ramb*, NWB 2011, 2145, 2147.
597 Ist ein Haus zur Hälfte eigengenutzt, zur anderen Hälfte vermietet, wird im Ergebnis demnach nur ein Abschlag von 5 % gewährt.
598 Vgl. Abschn. 36 Abs. 6 der Ausführungserlasse zum ErbStG v. 25.06.2009, BStBl. 2009 I, S. 713 ff.
599 *Eich*, ErbStB 2011, 114 ff.; *Höne*, ZEV 2010, 565 ff.

A. Schenkungsteuerrecht

4. Persönliche Steuerbefreiungen (Freibeträge) (§ 16 ErbStG)

a) Rechtslage bis 31.12.2008

Die nachstehend aufgeführten persönlichen Freibeträge stehen jedem Erwerber ohne Rücksicht auf die Zusammensetzung seines Erwerbs zu, abhängig von der Steuerklasse des Erwerbers und dem Verwandtschaftsverhältnis. Bei beschränkter Steuerpflicht wird lediglich ein Freibetrag von 1.100,00 € gewährt, § 16 Abs. 2 ErbStG.[600]

3952

Ehegatte:	307.000,00 €
Kinder sowie Kinder verstorbener Kinder:	205.000,00 €
alle übrigen Personen der Steuerklasse I (z.B. Enkel bei noch lebenden Kindern, Eltern bei Erwerb von Todes wegen):	51.200,00 €
Steuerklasse II:	10.300,00 €
Steuerklasse III:	5.200,00 €

Die Ungleichbehandlung von Ehe und eingetragener Lebenspartnerschaft jedenfalls bis 31.12.2008 verstieß gegen das Grundgesetz;[601] daher hat das Jahressteuergesetz 2010 rückwirkend ab dem 01.08.2001 die Gleichstellung mit Ehegatten herbeigeführt.

Im Todesfall, also nicht bei lebzeitiger Zuwendung, wird ferner ein Versorgungsfreibetrag von 256.000,00 € bei Ehegatten, zwischen 10.300,00 € und 52.000,00 € bei Kindern bis max. zur Vollendung des 27. Lebensjahres gewährt. Der Versorgungsfreibetrag ist jedoch zu mindern um den Kapitalwert erbschaftsteuerfreier Hinterbliebenenbezüge, z.B. bei gesetzlichen Renten, Pensionen, berufsständischen Pflichtversicherungen. Bei Bezugsbeginn mit 60 Jahren wird der Kapitalwert von 256.000,00 € erreicht bei jährlichen Bezügen von 24.400,00 € bei Männern, 21.200,00 € bei Frauen.

3953

Ferner werden, wie in Rdn. 3908 f. ausgeführt, sachliche Befreiungen gewährt: Hausrat bis 41.000,00 € bei Steuerklasse I, weitere Gegenstände, z.B. Pkw, sind hier bis zu 10.300,00 € steuerfrei. In den Steuerklassen II und III sind für Hausrat und Pkw nur gesamt je 10.300,00 € pro Erwerber frei.

3954

b) Rechtslage ab 2009

Nachstehende Tabelle verdeutlicht (im Vergleich zum früheren Rechtszustand) die für Erwerbe ab 01.01.2009 geltenden Freibeträge:

3955

---

[600] Dies verstößt jedoch nach EuGH, 22.04.2010 – Rs. C-510/08, ZEV 2010, 270 m. Anm. *Jochum* gegen Artt. 56, 58 EG (Schenkung eines in Deutschland belegenen Grundstücks von Mutter und Tochter, die beide deutscher Nationalität, jedoch in Holland ansässig sind). Die Europäische Kommission hat am 14.03.2011 Deutschland aufgefordert, § 16 Abs. 2 ErbStG zu ändern, vgl. hierzu *Esskandari/Bick*, ErbStB 2011, 133 ff.
[601] BVerfG, 21.07.2010 – 1 BvR 611/07, FamRZ 2010, 1525 m. Anm. *Grziwotz*.

Verhältnis zum Erblasser/Schenker	Steuerklasse	Neu	Bisher	Differenz in,00 €
Ehegatte (falls nicht geschieden)	I Nr. 1	500.000	307.000	+193.000
Kinder, Stiefkinder	I Nr. 2	400.000	205.000	+ 195.000
Kinder, Kinder verstorbener Kinder und Stiefkinder	I Nr. 2	400.000	205.000	+ 195.000
Kinder, nicht verstorbener Kinder und Stiefkinder	I Nr. 3	200.000	51.200	+ 148.800
Eltern, Großeltern usw. bei Erwerben von Todes wegen	I Nr. 4	100.000	51.200	+ 148.800
Eltern, Großeltern usw. bei Schenkung unter Lebenden	II Nr. 1	20.000	10.300	+ 9.700
Geschwister	II Nr. 2	20.000	10.300	+ 9.700
Nichte/Neffe	II Nr. 3	20.000	10.300	+ 9.700
Stiefeltern	II Nr. 4	20.000	10.300	+ 9.700
Schwiegerkinder (= Schwiegersohn, -tochter)	II Nr. 5	20.000	10.300	+ 9.700
Schwiegereltern (= Schwiegervater, -mutter)	II Nr. 6	20.000	10.300	+ 9.700
Geschiedener Ehegatte, Ehegatte bei einer für nichtig erklärten Ehe	II Nr. 7	20.000	10.300	+ 9.700
Eingetragener Lebenspartner	I Nr. 1	500.000	5.200 (vor JStG 2010!)	+ 494.800
Alle übrigen Erwerber	III	20.000	5.200	+ 14.800
Zweckzuwendungen	III	20.000	5.200	+ 14.800

Hinweis:

Das JStG 2010 (BGBl. 2010 I, S. 1768) hat – und zwar rückwirkend ab 01.08.2001, § 37 Abs. 5 ErbStG – die Freibeträge eingetragener gleichgeschlechtlicher Lebenspartnern den unter Ehegatten geltenden gleichgestellt, zur Umsetzung des BVerfG-Urteils v. 21.07.2010 – 1 BvR 611/07, NJW 2010, 2783.

Der Versorgungsfreibetrag des § 17 ErbStG des Ehegatten bleibt unverändert bei 256.000,00 €; er wird jedoch erstmals auch für eingetragene gleichgeschlechtliche Lebenspartner gewährt.

A. Schenkungsteuerrecht

Ins Auge fällt die „Vervierfachung" des Freibetrags, den Enkelkinder genießen – dies wird nach Inkrafttreten des neuen Rechts sicherlich Anlass für vermehrte Direktzuwendungen unter Überspringung einer Generation sein, insb. bei wirtschaftlich prekären Verhältnissen der unmittelbaren Kinder (Verbraucherinsolvenz, Sozialleistungsbezug etc.). Auch die nun – jedenfalls im Erbschaft- und Schenkungsteuerrecht – sich vollziehende Gleichstellung eingetragener Lebenspartner (wohl auch bei solcher Verpartnerung im Ausland, jedenfalls sofern unbeschränkte Steuerpflicht im Inland besteht), die wirtschaftlich eine Verhundertfachung des Freibetrags bedeutet, wird die „offizielle Registrierung" dauerhafter gleichgeschlechtlicher Beziehungen beflügeln, zumal den gesteigerten zivilrechtlichen Pflichten nun auch entsprechende Begünstigungen gegenüberstehen. Insoweit verliert, unter Lebenspartnern wie auch unter Ehegatten, das Güterstandsschaukel-Modell als Verfahren zur Vermeidung unentgeltlicher Übertragungen (und damit der Schenkungsbesteuerung) etwas an Gewicht, wobei jedoch die Privilegierung in § 5 ErbStG, einschließlich der besonders attraktiven, auch rückwirkende Gestaltungen ermöglichenden, Freistellung des güterrechtlichen Zugewinnausgleichs in § 5 Abs. 2 ErbStG, erhalten bleibt.

3956

5. „Steuerstorno" (§ 29 ErbStG)

a) Gesetzliche Rückforderungsrechte

Als spezialgesetzliche Erstattungsvorschrift (vgl. auch § 47 AO) regelt § 29 ErbStG in den hier interessierenden Tatbeständen des Abs. 1 Nr. 1 (Herausgabe aufgrund Rückforderungsrecht) und Nr. 2 (Abwendung der Herausgabe aufgrund Ersetzungsbefugnis gem. § 528 Abs. 1 Satz 2 BGB) die Rückabwicklung des früheren Steuerfalls und stellt zugleich die Rückgabe des Geschenks schenkungsteuerfrei. Wertersatzzahlungen, die gem. § 528 BGB erbracht werden, führen allerdings ertragsteuerlich zu nachträglichen Anschaffungskosten.[602]

3957

Voraussetzung ist allerdings, dass die gesetzlichen Rückforderungsrechte, z.B.

3958

- gem. § 527 BGB wegen Nichtvollziehung einer Auflage,
- gem. § 528 BGB wegen Verarmung des Schenkers ohne Vorliegen der Tatbestände des § 529 BGB,
- Rückforderung wegen groben Undanks nach § 530 BGB,
- Rückforderung des Verlobungsgeschenks bei Unterbleiben der Eheschließung gem. § 1301 BGB,
- Kondiktion durch den beeinträchtigten Vertragserben gem. §§ 2287 ff. BGB,
- Herausgabe an den Pflichtteilsergänzungsberechtigten gem. § 2329 BGB,[603]
- Herausgabe aufgrund Gläubigeranfechtung nach § 134 InsO und §§ 3, 4 AnfG,

---

[602] Vgl. BFH, 17.04.2007 – IX R 56/06, EStB 2008, 444 (zu Abgeltungszahlungen gem. § 11 AnfG); es liegen keine sofort abzugsfähigen Werbungskosten vor, vgl. BFH, 19.12.2000 – IX R 66/97, BFH/NV 2001, 769.

[603] Zahlungen zur Abwendung des Herausgabeanspruchs gem. § 2329 Abs. 2 BGB führen nicht zum Erlöschen der Erbschaftsteuer gem. § 29 ErbStG, sind allerdings gem. § 10 Abs. 5 Nr. 2 ErbStG erwerbsmindernd zu berücksichtigen, BFH, 08.10.2003 – II R 46/01, DStRE 2004, 278 = ErbStB 2004, 105, a.A. wohl R 1 Abs. 1 Satz 3 Nr. 1 ErbStR 2003.

- Kondiktion nach Anfechtung der Schenkung wegen Irrtums oder arglistiger Täuschung oder wegen Verstoßes gegen ein gesetzliches Verbot[604] etc.,
- Rückabwicklung aufgrund Wegfalls der Geschäftsgrundlage gem. § 313 BGB etc.

tatsächlich bestehen. Eine Rückabwicklung gem. § 313 BGB scheidet jedoch angesichts vom Notar pflichtgemäß (§ 8 Abs. 1 Satz 6 und Abs. 4 EStDV) erteilten Hinweises bspw. nicht darauf gestützt werden, man habe nicht mit der Entstehung von Schenkungsteuer gerechnet.[605]

3959 Es genügt also in keinem Fall, durch „freiwillige Rückschenkung" einem Widerruf „zuvorzukommen".[606] Erst recht genügt es nicht, die Schenkung „schlicht aufzuheben", ohne dass einer der in § 29 ErbStG geregelten Tatbestände vorliegt: ist die erste Schenkung bereits vollzogen (andernfalls: Rdn. 3599), liegt in der „Aufhebung" eine neuerliche Schenkung, die wiederum Schenkungsteuer auslöst;[607] zu Recht wird plastisch die verunglückte Rückabwicklung einer Schenkung als „größter anzunehmender Unfall" bezeichnet.[608]

b) Vertragliche Rückforderungsrechte

3960 Gleichgestellt i.R.d. § 29 ErbStG sind **vertragliche Rückforderungsrechte**, seien es vertragliche Rücktrittsvereinbarungen, Widerrufsvorbehalte mit Rechtsfolgen analog § 531 Abs. 2 BGB, auflösende Bedingungen oder Rückforderungsrechte sui generis als Gestaltungsrechte. Erforderlich ist, dass das Rückforderungsrecht bereits im ursprünglichen Schenkungsvertrag vorbehalten wurde; die nachträgliche Einräumung eines Widerrufsrechts verkörpert demnach eine selbstständige Rückschenkung (aufschiebend bedingt auf den Zeitpunkt der Ausübung des zugewendeten Gestaltungsrechts).[609]

3961 **Hinweis:**

Der „**Stornoeffekt**" des § 29 ErbStG eröffnet nicht nur die Möglichkeit zur steuerneutralen Rückabwicklung, sondern auch zur ungefährdeten Ausnutzung lebzeitiger Übertragungsprivilegierungen, wie sie etwa § 13 Abs. 1 Nr. 4a ErbStG (vgl. Rdn. 2780 ff.) bei Schenkungen des **Eigenheims** an den Ehegatten einräumt: da die Vererbung des Familienheims an den Ehegatten nicht in gleicher Weise (nämlich ohne Nutzungsfristen etc.) freigestellt ist, wird dieses bereits zu Lebzeiten an ihn übertragen, allerdings unter Rückforderungsvorbehalt bei Vorversterben des erwerbenden Partners (und bei Scheidung etc.): stirbt der erwerbende Ehegatte demnach entgegen der Annahme zuerst, gelangt die Immobilie gem. § 29 ErbStG ohne Belastung des erbschaftsteuerlichen Kontos an den ursprünglichen zuwendenden, überlebenden Ehegatten zurück. Rückforderungsrechte können sich auch bei **Betriebsvermögen** empfehlen, um eine Schenkungsnachbesteuerung zulasten des Veräußerers (gesamtschuld-

---

[604] Z.B. bei Rückforderung einer gegen das europarechtliche Beihilfeverbot verstoßenden Subvention (vgl. BFH, 30.01.2009 – VII B 180/08 EStB 2009, 175 m. Anm. *Hartmann*).
[605] BFH, 11.11.2009 – II R 54/08 notar 2010, 243 m. Anm. *Ihle*.
[606] FG Hessen, 10.01.2006 – 1 K 4104/04, ErbStB 2006, 244.
[607] Plastischer Beispielsfall: FG Berlin-Brandenburg, 22.04.2008 – 14 V 14016/08, DStRE 2008, 1339; hierzu *Piltz*, ZEV 2009, 70 ff.
[608] *Piltz*, ZEV 2009, 70.
[609] Vgl. *Jülicher*, ZEV 1998, 201, 285; DStR 1998, 1977; ZEV 2003, 350 ff.

nerische Haftung, § 20 ErbStG!) zu vermeiden, wenn der Erweber gegen Behaltensfristen (§§ 13a, 19a ErbStG) verstößt.

Wegen **§ 37 Abs. 3 Satz 2 ErbStG** greift der Stornoeffekt solcher vertraglicher Rückforderungsklauseln jedoch uneingeschränkt nur für Privatvermögen, und für solches Betriebsvermögen, das nach dem 01.01.2007 durch Schenkung übertragen wird: vor dem 01.01.2007 geschenktes Betriebsvermögen, das aufgrund eines nach dem 11.11.2005[610] vereinbarten Rückforderungsrechts herausgegeben wurden muss, genießt bis zum 01.01.2011 bei der neuerlichen Übertragung nicht die schenkungsteuerlichen Bewertungsprivilegierungen. § 37 Abs. 3 Satz 1 ErbStG umfasst dem Wortlaut nach (entgegen der verfolgten Sanktion der Vermeidung darin gesehenen Missbrauchs)[611] auch die Rückforderung wegen anderer, durchaus sinnvoller Rückfallgründe, etwa den Fall der Scheidung, des Vermögensverfalls oder Ähnliches (ausgenommen ist lediglich der Fall der Vorversterbens des Erwerbers). Fraglich ist, ob die Ausweichgestaltung einer auflösenden Bedingung hilft. 3962

Wurden allerdings Betriebsvermögensschenkungen nach dem 01.01.2007 durchgeführt und mit einer Steuerklausel versehen, die auch ausgeübt wird, ist die neuerliche Betriebsübertragung unter Geltung der §§ 13a ff. ErbStG n.F. möglich! Wurde nach bisherigem Recht der Freibetrag von 225.000,00 € in Anspruch genommen, endet die dadurch in Gang gesetzte 10-jährige Sperrfrist für die nochmalige Inanspruchnahme dieses Freibetrages wegen Außerkrafttretens des Gesetzes vorzeitig; der Abzugsbetrag nach neuem Recht (§ 13a Abs. 2 ErbStG) steht unabhängig davon zur Verfügung.[612] Dies eröffnete noch ein kurzes Zeitfenster bis 31.12.2008 für Teilübertragungen nach altem Recht unter Inanspruchnahme des § 13a Abs. 1 Satz 1 Nr. 2 ErbStG a.F. 3963

§ 29 ErbStG findet bei vorbehaltener Rückforderung auch Anwendung, wenn die Rückgabe nicht an den Schenker, sondern aufgrund einer „**Weiterleitungsklausel** unter Lebenden" an einen Dritten erfolgt.[613] Ausschlaggebend ist allein, dass der Erstbeschenkte das Geschenk nicht behalten darf – daher ist § 29 ErbStG nicht erfüllt, wenn der Erwerber trotz „Rückabwicklung" des Schenkungsvertrages aufgrund eines anderen Rechtsgeschäftes weiterhin Eigentümer der geschenkten Immobilie bleibt.[614] Der Erwerb des Dritten aufgrund der Weiterleitungsbestimmung ist allerdings selbstständig steuerpflichtig, und zwar nach dem Verhältnis zum ursprünglichen Schenker, nicht zum Ersterwerber.[615] 3964

Zwischen dem hingegebenen und dem zurückübertragenen Vermögensgegenstand muss Identität, also „**Art- und Funktionsgleichheit**" bestehen.[616] Teilweise wird bezweifelt, ob diese noch gegeben ist, wenn die Rückforderung geschenkter Gesellschaftsanteile an die Eröffnung der In- 3965

---

610 Datum der Regierungserklärung, in der die Begünstigungen zur Unternehmensnachfolge angekündigt wurden.
611 Deren Gefahr sich relativiert angesichts der frustrierten Transaktionskosten und möglicherweise auch Grunderwerbsteuer (sofern nicht § 16 GrEStG erfüllt ist), ebenso der ertragsteuerlichen Folgen: *Wachter*, ErbStB 2006, 315.
612 *Perwein*, DStR 2008, 1080 ff.
613 BFH, ZEV 2001, 77 m. Anm. *Wachter*.
614 FG Düsseldorf, 06.08.2008 – 4 K 3936/07, Erb, DStRE 2008, 1512; BFH, II R 54/08, BFH/NV 2010, 896; *Geck/Messner*, ZEV 2009, 74.
615 BFH, BStBl. 1993 II, S. 523.
616 BFH, II R 13/90 und II R 1/92, jeweils v. 22.06.1994, BStBl. 1994 II 656 und 760.

solvenz über das Vermögen dieser Gesellschaft anknüpft, die ja kraft Gesetzes ab diesem Zeitpunkt als aufgelöst gilt und nicht mehr werbend tätig ist (§ 60 Abs. 1 Nr. 4 GmbHG, §§ 131 Abs. 1 Nr. 3, 161 Abs. 2 HGB).[617] Dem ist zu widersprechen, da steuerlich erst mit der tatsächlichen Betriebsaufgabe oder Betriebsveräußerung die Betriebsvermögenseigenschaft endet.[618]

3966 Muss der Ersterwerber die von ihm zuvor gezogenen Nutzungen nicht (z.B. aufgrund Kondiktionsrechts oder vertraglicher Rückabwicklungsvereinbarung) ebenfalls herausgeben, werden diese allerdings bei ihm gem. **§ 29 Abs. 2 ErbStG** selbstständig (wie bei einem Nießbrauch) besteuert. Erfolgt die Rückabwicklung nach den Grundsätzen des Bereicherungsrechts, würden zwischenzeitlich gezogene Nutzungen nach der grds. anwendbaren „Saldo-Theorie" miterfasst sein; allerdings wären im Gegenzug auch Aufwendungen des Rückübertragungsverpflichteten zu erstatten. Gerade bei komplexen Übertragungsgegenständen, die sich über einen längeren Zeitraum dynamisch verändert haben (z.B. übertragenen Betrieben), ist dies nicht sachgerecht. Hinzu kommt, dass die zivilrechtliche Rückübertragung auf verwirklichte ertragsteuerliche Tatbestände (z.B. die Versteuerung bereits gezogener Nutzungen, also Gewinnausschüttungen) regelmäßig keine Auswirkungen hat,[619] sodass allenfalls der nach Versteuerung verbleibende Betrag rückzugewähren sein sollte. Daher wird regelmäßig vereinbart, dass gezogene Nutzungen nicht zu erstatten sind, wie umgekehrt getätigte Aufwendungen nicht geltend gemacht werden können, obwohl sich dadurch der „Stornoeffekt" der Rückabwicklung wegen § 29 Abs. 2 ErbStG bei längeren Zwischenzeiträumen erheblich reduzieren kann. Bei Schenkungen an Minderjährige, bei denen die Saldo-Theorie keine Anwendung findet, muss jedoch möglicherweise zur Erlangung der vormundschafts- (ab 01.09.2009 betreuungs- bzw. familien-) gerichtlichen Genehmigung der Fall geregelt werden, dass ein Überhang an Aufwendungen ggü. den gezogenen Nutzungen besteht; dieser sollte dann zumindest erstattet werden. Nach überwiegender Auffassung handelt es sich bei § 29 Abs. 2 ErbStG um einen selbstständigen Steuertatbestand,[620] nicht lediglich um die Reduzierung der früheren Schenkung auf den verbleibenden Nutzungsvorteil, sodass bei Insolvenz des zurückzuübertragenden Betriebs kein solcher Nutzungsvorteil verbliebe.

c) **Weitere Tatbestände**

3967 § 29 Abs. 1 Nr. 3 ErbStG führt zur **Erstattung bereits entrichteter Steuer** für eine Zuwendung, die im Rahmen eines später durchgeführten Zugewinnausgleichs auf diesen (ggf. teilweise) gem. § 1380 BGB verrechnet wurde,[621] vgl. Rdn. 3896, ggf. auch zum Wegfall der Strafbarkeit einer bisher nicht angezeigten Schenkung (Rdn. 2788). Wurde die Schenkung bei Bestehen einer Gütertrennung vorgenommen, die später (rückwirkend) ehevertraglich durch den gesetzlichen Güterstand ersetzt wurde, kann bei einem sodann durchzuführenden Zugewinnausgleich (durch neuerlichen lebzeitigen Güterstandswechsel, oder Wahl der güterrechtlichen Lösung im Todesfall – beides § 5 Abs. 2 ErbStG,[622] Rdn. 3897 ff.)

---

617 In diesem Sinne *Carlé*, ErbStB 2010, 21, 23.
618 Vgl. *Demuth/Schreiner*, ErbStB 2010, 77 ff.
619 Vgl. *Jülicher*, ZErb 2008, 349.
620 *Meinke*, § 29 ErbStG Anm. 3; *Troll/Gebel/Jülicher*, ErbStG, § 29 Rz. 48.
621 *Reich*, ZEV 2011, 59 ff.
622 Die rein erbrechtliche Lösung, § 5 Abs. 1 ErbStG, auf die § 29 Abs. 1 Nr. 3 Satz 2 ErbStG nun ebenfalls verweist, hilft wegen des Rückwirkungsverbots, § 5 Abs. 1 Satz 4 ErbStG, nicht.

A. Schenkungsteuerrecht

Damit steht möglicherweise auch ein Instrument zur Vermeidung eines ertragsteuerlich entgeltlichen Veräußerungsgeschäftes i.R.d. Güterstandsschaukel zur Verfügung (Rdn. 3903), jedenfalls aber, auch nach vorsichtiger Auffassung, zur Bestimmung des Zeitpunktes einer solchen, wenn schon unvermeidbaren, Veräußerung.

Eine weitere Möglichkeit zur Erbschaftsteuervermeidung bietet § 29 Abs. 1 Nr. 4 ErbStG: Demnach erlischt die Steuer mit Wirkung für die Vergangenheit, soweit ererbte oder geschenkte Vermögensgegenstände binnen 24 Monaten einer gemeinnützigen Körperschaft, insb. Stiftung, zugeführt werden, vgl. Rdn. 2627 f. 3968

6. Jahressteuer bei Nutzungen und wiederkehrenden Leistungen (§ 23 ErbStG)

Nach normalen Grundsätzen würde der Erwerb eines Rechts auf wiederkehrende Leistungen oder wiederkehrende Nutzungen durch Einmalzahlung aus dem kapitalisierten Gesamtwert des „Stammrechts" besteuert. Der Kapitalisierungsfaktor ergibt sich dabei aus Anlage 9 zu § 14 Abs. 1 BewG und enthält bereits die Abzinsung auf den Gegenwartswert. Damit würde jedoch der Erwerber eines solchen Nutzungsrechts oder einer Rente gezwungen, im Jahr der Steuerentrichtung eigenes Vermögen heranzuziehen. Um ihm die Möglichkeit zu eröffnen, die Steuer „ratierlich" aus den jährlich erzielten Renteneinnahmen bzw. Nutzungserträgen zu finanzieren, gewährt § 23 Abs. 1 Satz 1 Halbs. 2 ErbStG auf Antrag die alternative Entrichtung im Weg der sog. **Jahressteuer**.[623] Hierfür wird der Steuersatz aus dem kapitalisierten Gesamtbetrag der Rente/Nutzung (abzgl. persönlicher Freibeträge) nach den Verhältnissen z.Zt. des Erwerbs des Stammrechtes ermittelt und dieser Steuersatz sodann auf den Jahreswert des Ertrags angewendet.[624] 3969

Fließen neben der Rente/dauernden Nutzung weitere, sofort zu versteuernde Vermögensgegenstände in die Schenkungsteuer ein (bspw. die Übernahme der Schenkungsteuer selbst durch den Veräußerer, § 10 Abs. 2 ErbStG),[625] sind persönliche Freibeträge zunächst auf die anderen Vermögenswerte, sodann auf die Jahressteuerbeträge der Nutzungen/wiederkehrenden Leistungen zu verrechnen (H 84 ErbStR). Nach dieser „**Aufzehrungsmethode**" wird also die Jahressteuer erst (und dann in voller Höhe) erhoben, sobald der Freibetrag durch Addition der bisherigen Jahressteuern sowie ggf. den Einmalerwerb aufgebraucht ist. Alternativ kann auch die Berücksichtigung der Freibeträge nach der sog. „Kürzungsmethode" (also durch jährliche anteilige Herabsetzung im Verhältnis der Minderung des Kapitalwerts durch den Freibetrag) beantragt werden.[626] 3970

Hat der Erwerber der Nutzung/Rente die Regelform der Einmalzahlung aus dem kapitalisierten Betrag gewählt und entrichtet,[627] stirbt jedoch innerhalb einer bestimmten Zeit nach dem Erwerb (vorzeitig), ist die bereits festgesetzte und entrichtete Schenkungsteuer auf Antrag nach der wirklichen Dauer der Nutzung zu **berichtigen** (§ 14 Abs. 2 BewG). Hat er umgekehrt die Jahressteuer (jeweils jährlich im Vorhinein zu entrichten aufgrund eines Dauerverwaltungsaktes) gewählt, 3971

---

623 Vgl. hierzu im Überblick *Esskandari*, ZEV 2008, 324 ff.
624 Zu Besonderheiten der Berechnung bei Zusammenrechnung mit Vorerwerben gem. § 14 ErbStG (Notwendigkeit einer Verhältnisrechnung) vgl. *Götz*, DStR 2006, 260.
625 FinMin Baden-Württemberg v. 09.09.2008 – 3 – S 3834/2, ZEV 2008, 503.
626 H 84 ErbStH, ebenso BFH, 17.09.1997 – II R 8/96, ZEV 1998, 195.
627 Es ist umstritten (wird jedoch überwiegend bejaht), ob diese Berichtigung des Gesamtkapitalwertes auch bei der Wahl der Jahressteuer möglich ist, vgl. im Einzelnen *Esskandari*, ZEV 2008, 325.

kann er diese nachträglich durch eine Einmalzahlung nach dem Kapitalwert **ablösen** (§ 23 Abs. 2 ErbStG). Dies führt jedoch nicht dazu, dass nunmehr nachträglich der Kapitalwert des Stammrechts besteuert wird, sondern zur Kapitalisierung der Jahressteuer (durch Multiplikation mit dem Vervielfältiger gem. Anlage 9 zum Bewertungsgesetz).

3972

> **Hinweis:**
> Die Sofortversteuerung ist vorteilhaft, wenn der Erwerber der Nutzung/Rente davon ausgeht, länger zu leben als nach der statistischen Erwartung, die der Anlage 9 zu § 14 Abs. 1 BewG zugrunde liegt. Rechnet der Erwerber der Nutzung/wiederkehrenden Leistung mit seinem früheren Ableben, wird er die Jahresversteuerung wählen. Ein Nachteil der Jahressteuer liegt allerdings darin, dass sie auf der Grundlage der im Zeitpunkt des Erwerbs bestehenden Verhältnisse festgesetzt wird, also bei später zurückgehenden Erträgen (etwa im Fall des Nießbrauchs an Gesellschaftsanteilen) keine Reduzierung erfolgt.

3973 Einkommensteuerlich konnte die nach § 23 ErbStG laufend zu entrichtende Jahreserbschaftsteuer bisher als dauernde Last nach § 10 Abs. 1 Nr. 1a EStG a.F. abgezogen werden[628] (str.),[629] soweit die Bereicherung wertgleich in die Bewertungsgrundlage der ESt einging,[630] wie später vom Gesetzgeber in § 35 Satz 3 EStG a.F. bestätigt. Mit Streichung des § 35 Satz 3 EStG geriet dieser Sonderausgabenabzug in Streit; die überwiegende Literatur sowie die Finanzverwaltung (H 87 EStH) ging nach wie vor von der Abzugsmöglichkeit aus.[631]

Als Folge der gesetzlichen Beschränkung des Sonderausgabenabzugs auf „lebenslange, wiederkehrende Versorgungsleistungen", zudem begrenzt auf den Übergang von Betriebsvermögen, in § 10 Abs. 1 Nr. 1a EStG n.F. seit 2008 (Rdn. 5000 ff.) ist der Sonderausgabenabzug für die Jahressteuer nach § 23 ErbStG jedenfalls für Neufälle[632] entfallen, soweit nicht Betriebsvermögen betroffen ist.

X. Privilegierung des Erwerbs von Betriebsvermögen nach altem Recht (§§ 13a, 19a ErbStG, R 51 ff. ErbStR 2003)

1. Überblick[633]

3974 Bereits „systemimmanent" wird Betriebsvermögen dadurch faktisch begünstigt, dass es lediglich mit dem Steuerbilanzwert (also bei Immobilien unter Berücksichtigung der oft über die tatsächlichen Wertverluste hinausgehenden bisherigen AfA-Beträge) angesetzt wird (Kapitalgesellschaften allerdings unter Mitberücksichtigung des Ertragswerts), jedoch die Verbindlichkei-

---

628 Vgl. *Meincke*, ErbStG, 14. Aufl. 2004, § 23 Rn. 15; *Schmidt/Drenseck*, EStG, 27. Aufl. 2008, § 12 Rn. 52; *Fuhrmann*, ErbStB 2008, 244 ff.
629 A.A. bspw. FG Niedersachsen v. 12.06.2008 – 11 K 312/06, n.rk., mit Blick auf die Abschaffung des § 35 Satz 3 EStG.
630 BFH, 23.02.1994 – X R 123/92, BStBl. 1994 II, S. 690.
631 A.A. FG München, EFG 2005, 370.
632 Nach Auffassung des BFH, 18.01.2011 – X R 63/08, ZEV 2011, 329 m. Anm. *Seifried* auch für Altfälle, jedenfalls im VZ 2004 (Indizwirkung der Abschaffung der Anrechnungsnorm des § 35 EStG a.F., der ab VZ 2009 als § 35b EStG wieder eingeführt wurde).
633 Vgl. hierzu auch *Lang*, NWB 2004, 2867 ff. = Fach 10, S. 1475 ff.

A. Schenkungsteuerrecht

ten (anders als bei lediglich vermögensverwaltenden Personengesellschaften [§ 10 Abs. 1 Nr. 3 ErbStG]: Rdn. 3818) in vollem Umfang, also nicht nur im Verhältnis der Buch- zu den Verkehrswerten, abgezogen werden.[634] Auch deshalb werden häufig Immobilien zur Reduzierung der Schenkungsteuer in Betriebsvermögen eingebracht, etwa in eine gewerblich geprägte GmbH & Co. KG (§ 15 Abs. 3 Nr. 2 EStG), die als vermögensverwaltende Personengesellschaft durch die nunmehr mögliche Eintragung in das Handelsregister entsteht (vgl. Rdn. 2182 ff.).

Ferner ist gem. § 28 ErbStG eine **Stundung** der auf Betriebs- oder LuF-Vermögen (allerdings nicht auf Kapitalgesellschaften) entfallenden Steuer auf bis zu 10 Jahre bei sonst drohender Existenzgefährdung möglich (bei Schenkungen gegen einen Stundungszins von 6 % jährlich, bei Todesfall zinsfrei). Nach Auffassung der Verwaltung liegt allerdings Existenzgefährdung nur vor, wenn der Erwerber weder aus dem erworbenen noch aus seinem Eigenvermögen die Steuer entrichten kann.

3975

V.a. zum **Schutz mittelständischer Betriebe** werden darüber hinaus drei Vergünstigungen gewährt:

3976

a) ein Freibetrag von 225.000,00 €[635] (bis 31.12.2003: 256.000,00 €) alle 10 Jahre;

b) ein (ggf. nach Abzug des vorgenannten Freibetrages für den etwaigen Rest) stets zu gewährender Bewertungsabschlag von 35 % (bis 31.12.2003: 40 %)

Hinweis:

3977

Um den Bewertungsabschlag von 35 % möglichst vollwertig zur Geltung zu bringen, ist daher zu erwägen, zunächst aus vorhandenem Privatvermögen betriebliche Verbindlichkeiten zu tilgen und damit den Wert des Betriebsvermögens zu erhöhen.

c) sowie die Besteuerung stets nach Steuerklasse I zuzüglich – seit 01.01.2004 – 12 % der Differenz zur eigentlichen Verwandtschaftssteuerklasse II bzw. III (§ 19a Abs. 4 ErbStG; die persönlichen Freibeträge ändern sich allerdings dadurch nicht). Die Einordnung in Steuerklasse I – allerdings ohne den persönlichen Freibetrag der Steuerklasse I, sofern dessen Voraussetzungen nicht per se erfüllt sind – ermöglicht bspw. die (teil-)unentgeltliche Übertragung an nicht verwandte Personen, die sich zu diesem Zweck nicht mehr in jedem Fall einer „Volljährigenadoption" unterziehen müssen (vgl. Rdn. 4237 f.).

3978

Beispiel:

Verbleibt nach Abzug des Betriebsvermögensfreibetrages, des Bewertungsabschlags und des persönlichen Freibetrages noch eine Bereicherung von 100.000,00 €, sind 88 % hiervon, also 88.000,00 €, in Steuerklasse I, der Rest in der individuell zutreffenen Steuerklasse zu versteuern.

---

634 Gem. § 10 Abs. 6 Satz 5 ErbStG werden lediglich Privatschulden, die mit übertragenen Kapitalgesellschaftsanteilen oder Anteilen an land- und forstwirtschaftlichem Vermögen (z.B. als Finanzierungsaufwand zur früheren Anschaffung) in wirtschaftlichem Zusammenhang stehen, nur gekürzt (im Verhältnis des Steuerwertes vor und nach Anwendung des § 13a ErbStG) in Abzug gebracht, vgl. Rdn. 4010.

635 Die Änderung erfolgte durch das (u.U. verfassungswidrig zustande gekommene) Haushaltsbegleitgesetz 2004, vgl. *Wachter*, DB 2004, 31 und *Korezkij*, ZEV 2004, 58.

Kapitel 11: Verkehrsteuern

> **Hinweis:**
> Bei der Veranlagung wird vom Vermögensanfall zunächst der Betriebsvermögensfreibetrag abgezogen, sodann der 35 %ige Bewertungsabschlag vorgenommen, und vom verbleibenden Betrag der Bereicherung der persönliche Freibetrag subtrahiert; dies ergibt den steuerpflichtigen Erwerb.

3979 Weitere Optimierungen können sich aus der generationenüberspringenden Betriebsnachfolge an Enkel ergeben, die der „übersprungenen" Mittelgeneration, z.B. dem eigenen Vater, einen (nicht dem Abzugsverbot des § 25 ErbStG a.F. unterliegenden) Quotennießbrauch oder Versorgungsleistungen zuwenden.[636] Damit ist allerdings die übersprungene Generation kaum mehr zu großem unternehmerischem Engagement, etwa als angestellter Geschäftsführer, zu bewegen.

3980 > **Hinweis:**
> Die Privilegierung des Betriebsvermögens muss infolge des BVerfG-Beschl. v. 07.11.2006 (Rdn. 3486 ff.) neu geregelt werden; sie kann, wenn überhaupt, nur als unmittelbare Verschonungsnorm außerhalb des Bewertungsrechtes aufrechterhalten werden. Schon bisher ergingen daher Erbschaft- und Schenkungsteuerfestsetzungen nur vorläufig[637] und es wurde empfohlen, zur Vermeidung einer Verböserung auch in Fällen, in denen (etwa wegen Unterschreitens der Freibeträge) derzeit keine Steuer entsteht, eine förmliche Null- oder Nichtveranlagungsbescheinigung zu beantragen.[638] Gestaltungen auf der Grundlage des hier dargestellten Rechtes sind nur bis zum Inkrafttreten der Neuregelung – hierfür hat das BVerfG eine Frist spätestens für Ende 2008 gesetzt – möglich und häufig auch ratsam.

2. Begünstigtes Betriebsvermögen

a) Begriff des Betriebsvermögens

3981 Begünstigt war – ein Verstoß gegen Europarecht![639] – nach altem Recht nur inländisches Betriebsvermögen, das auch in der Hand des Erwerbers Betriebsvermögen bleibt.[640] Nicht hierzu zählen Verpflichtungen, die nur mittelbar im Zusammenhang mit der Übertragung von Betriebsvermögen übernommen werden[641] oder Wertzuwächse ohne Anteilserwerb;[642] ebenso wenig

---

636 Vgl. mit Berechnungsbeispiel *Vorwold*, ErbStB 2003, 352.
637 Ländererlasse v. 22.11.2005, BStBl. 2005 I, S. 1006; Aussetzung der Vollziehung wird nicht gewährt (BFH v. 17.07.2003, BStBl. 2003 II, S. 807), ebenso Ländererlasse v. 10.03.2008, ZEV 2008, 212.
638 *Halaczinsky*, NWB 2006, 2583 = Fach 10, S. 1547 vermutet allerdings, dass die Finanzverwaltung vergangene NV-Fälle auch ohne solche förmliche Veranlagung kaum mehr aufgreifen würde.
639 EuGH v. 17.01.2008 – Rs C-256/06 „Jaeger", vgl. *Eisele*, NWB 2008, 1869 = Fach 10, S. 1637 ff.; a.A. zuvor BFH, ZEV 2004, 382 m. Anm. *Jochum*; BFH, ZEV 2005, 447 m. Anm. *Meincke/Piske*; a.A. für Anteile an drittstaatenansässigen Kapitalgesellschaften FG Bremen, 24.10.2009 – 3 K 34/09 (1) ErbStB 2010, 60.
640 Vgl. BFH, 14.02.2007 – II R 69/05, DStR 2007, 669; krit. hiergegen *Meincke*, ZEV 2007, 295: es müsse genügen, dass die Betriebsvermögenseigenschaft bei § 13 Abs. 1 Nr. 1a ErbStG mit dem Transfer entsteht.
641 Z.B. die Übernahme der Schenkungsteuer bei Betriebsübertragungen, vgl. *Müller*, ErbStB 2003, 127.
642 Z.B. die (gem. § 3 Abs. 2 Nr. 2 ErbStG) steuerpflichtige Vermögensmehrung der verbleibenden Gesellschafter, wenn die Erben eines verstorbenen GmbH-Gesellschafters aufgrund Satzungsklausel ausgeschlossen werden (§ 34 GmbHG) gegen eine Abfindung, die geringer ist als der nach § 12 Abs. 1 und 2 ErbStG sich ergebende Wert des Anteils, vgl. R 7 Abs. 3 Sätze 7 bis 9 ErbStR 2003.

A. Schenkungsteuerrecht

Anteile an schlicht vermögensverwaltenden Personengesellschaften – sofern nicht gewerblich geprägte GmbH & Co. KGs –, und ebenso wenig einbringungsgeborene oder einbringungsverstrickte Anteile an Kapitalgesellschaften, sofern es sich nicht um wesentliche Beteiligungen i.S.d. § 13a Abs. 4 Nr. 3 ErbStG handelt. Auch die bloße Übertragung der **Treugeberstellung** (etwa bei Treuhandkommanditistenbeteiligungen an Fonds) fällt nicht (mehr) unter die Begünstigung.[643] Grundbesitz ist von der Privilegierung nur erfasst, wenn er bewertungsrechtlich als Betriebs-, nicht als Grundvermögen einzuordnen ist,[644] dann jedoch auch wenn die Betriebsvermögenseigenschaft sich allein aufgrund des Bestehens eines gewerblichen Grundstückshandels (als Umlaufvermögen) ergibt.[645]

Die **Zuwendung eines Nießbrauchs** an einem Unternehmen, einer Personen- oder Kapitalgesellschaftsbeteiligung ist ihrerseits kein begünstigtes Betriebsvermögen, obwohl bspw. der Nießbraucher eines Einzelunternehmens Einkünfte aus Gewerbebetrieb erzielt und nach § 1067 BGB Eigentümer des Umlaufvermögens wird.[646] Ob für den umgekehrten Fall der unentgeltlichen Übertragung eines Einzelunternehmens unter vorbehaltenem Nießbrauch des Veräußerers die Vergünstigungen der §§ 13a, 19a ErbStG Anwendung finden können, ist umstritten[647] und wohl zu bejahen (Rdn. 4782); der bloße Hinzuerwerb der Guthaben auf den Kapitalkonten mit Erlöschen des vorbehaltenen Nießbrauchs reicht allerdings nicht aus.[648]

3982

Notwendiges und gewillkürtes Betriebsvermögen[649] werden gleichermaßen privilegiert, wobei Letzteres aufgrund einer Änderung der Rechtsprechung[650] nicht mehr nur bei bilanzierender Gewinnermittlung denkbar ist.

3983

Betriebsvermögen kann beim Erwerb eines ganzen Gewerbebetriebes, eines Teilbetriebes oder einer Beteiligung bzw. eines Teils einer Beteiligung an einer Personengesellschaft (hierzu Rdn. 3986ff.) übergehen. Die bloße Übertragung eines Einzelgegenstandes (etwa eines Betriebsgrundstücks) führt daher nicht zur Transfersteuerentlastung; ertragsteuerlich stellt sie eine Entnahme dar (allenfalls unter den Voraussetzungen des § 6 Abs. 5 EStG ist Buchwertfortführung möglich).

3984

Die Rechtsprechung räumt dem **Verpächter** (Rdn. 4784ff.) bisherigen Betriebsvermögens das **Wahlrecht**[651] ein, entweder die Betriebsaufgabe zu erklären (mit der Folge der Versteuerung

3985

---

643 BayStMinFin, Erlass v. 14.06.2005, ZEV 2005, 341: bloßer Sachleistungsanspruch (Übergangsfrist für vor 01.07.2005 begründete Treuhandverhältnisse bis 30.06.2006), vgl. *Lüdicke/Kaiser*, DStR 2005, 1926 und *Hannes/Otto*, ZEV 2005, 464 („contra legem"). Zu erwägen ist das Ausweichen auf die atypisch stille Beteiligung oder die atypische Unterbeteiligung, da Betriebsvermögen gem. §§ 13a, 19a ErbStG privilegiert sind.
644 Vgl. BFH, 14.02.2007 – II R 69/05, DStR 2007, 669: Daher keine Privilegierung für betrieblich genutztes Grundstück, wenn der Ehegatte des Betriebsinhabers Miteigentümer ist.
645 Vgl. *Landsittel*, Gestaltungsmöglichkeiten von Erbfällen und Schenkungen, 3. Aufl. 2006, Rn. 328.
646 Vgl. im Einzelnen *Halaczinsky*, NWB 2006, 2584ff. = Fach 10, S. 1548ff.
647 Vgl. *Halaczinsky*, UVR 2006, 31.
648 BFH, 15.03.2006 – II R 74/04, ErbStB 2006, 246.
649 Allerdings werden Gesellschafterdarlehen mit dem Nennbetrag bewertet, sodass schenkungsteuerrechtlich eine Finanzierung über Eigenkapital günstiger ist als eine Finanzierung über Fremdkapital.
650 BFH, 02.10.2003 – IV R 13/03, DStR 2003, 2156 (anders noch BFH, BStBl. 1983 II, S. 101). Voraussetzung ist, dass das gemischt genutzte Wirtschaftsgut zu mindestens 10% betrieblich genutzt wird und unmissverständliche, zeitnahe Aufzeichnungen die Zuordnung zum gewillkürten Betriebsvermögen ausweisen.
651 Vgl. Überblick bei *Stinn*, NWB 2011, 440, 444ff.

Kapitel 11: Verkehrsteuern

sämtlicher stiller Reserven als ggf. begünstigtem Aufgabegewinn; die künftigen Pachtzahlungen führen dann zu Einnahmen aus Vermietung und Verpachtung) oder aber die verpachteten Wirtschaftsgüter weiterhin als Betriebsvermögen zu behandeln, sodass die Versteuerung der stillen Reserven auf einen künftigen Zeitpunkt, etwa nach Vollendung des 55. Lebensjahres wegen § 34 EStG, verschoben wird. In diesem Fall zählen die Pachteinnahmen weiter zu gewerblichen – allerdings gewerbesteuerfreien[652] – Betriebseinnahmen, es handelt sich um Betriebsvermögen. Für dieses gelten auch die erbschaftsteuerlichen Vergünstigungen (§§ 13a, 19a ErbStG). Eine zeitliche Höchstgrenze für die Fortführung der Betriebsverpachtung im Ganzen nach Beendigung der werbenden Tätigkeit besteht nicht,[653] auch ein Branchenwechsel und eine Verkleinerung auf Pächterseite sind unschädlich. Wird andererseits die Betriebsaufgabe erklärt, kann dies für einen bis zu 3 Monate zurückliegenden Stichtag erfolgen[654] (sog. „Verpächterwahlrecht").

b) Anteile an einer Personengesellschaft

3986 Betriebsvermögen liegt auch vor beim Übergang einer Beteiligung bzw. eines Teils einer Beteiligung an einer gewerblich tätigen oder gewerblich geprägten Personengesellschaft[655] ebenso bei der Aufnahme einer Person in ein bestehendes Einzelunternehmen.[656] Dagegen liegt kein Betriebsvermögen vor bei Übertragung einzelner Wirtschaftsgüter,[657] ferner wenn wesentliche Betriebsgrundlagen zurückbehalten[658] oder auf einen anderen Erwerber übertragen werden,[659] ebenso wenig wenn der Erlös aus der Veräußerung einer mitunternehmerischen Beteiligung[660] oder aber wenn ein Gesellschafterdarlehen[661] übertragen wird. Bei der Nicht-Mitübertragung einer wesentlichen Betriebsgrundlage kann sogar eine Betriebsaufgabe stattfinden mit der Folge der (ggf. einkommensteuerlich nach § 34 EStG tarifbegünstigten) Auflösung aller stiller Reserven und der grundsätzlichen Aberkennung des künftigen Schuldzinsabzugs.[662] Nach früherer,

---

652 R 2.2 GewStR; beim Pächter wird bei der Ermittlung des Gewerbeertrags 5 % der auf die beweglichen, 12,5 % (ab 2010) der auf die unbeweglichen Wirtschaftsgüter entfallenden Pachtzinsen hinzugerechnet, soweit sie den Freibetrag von 100.000,00 € (§ 8 Nr. 1 GewStG) übersteigen, vgl. Rdn. 2447.
653 BFH, 19.03.2009 – IV R 45/06, FR 2010, 35 m. Anm. *Kanzler*: 38 bzw. 43 Jahre!
654 Vgl. R 16 Abs. 5 Satz 6 EStR 2005.
655 Ausführlich zu den erbschaftsteuerlichen Folgen von Fortsetzungs-, Nachfolge- und Eintrittsklauseln in Personengesellschaftsverträgen vgl. *Gluth*, ErbStB 2003, 169 ff.
656 R 51 Abs. 3 Satz 3 ErbStR 2003. Es schadet also nicht, dass die Beteiligung erst mit Gründung der Personengesellschaft übertragen wird. Die Anwendbarkeit des § 24 UmwStG und/oder des § 6 Abs. 3 EStG ist für §§ 13a, 19a ErbStG ohne Bedeutung.
657 R 51 Abs. 3 Satz 6 Halbs. 2 ErbStR. Nicht privilegiert ist demnach auch die Übertragung eines Bankguthabens, das aus der Veräußerung einer mitunternehmerischen Beteiligung stammt, selbst wenn der Veräußerungsgewinn in eine Rücklage nach § 6b EStG eingestellt wurde: BFH, 10.03.2005 – II R 49/03, ZEV 2005, 356.
658 FG Münster, ErbStB 2003, 348; hierzu krit. *Geck/Messner*, ZEV 2004, 91.
659 R 51 Abs. 3 Satz 7 ErbStR.
660 Auch wenn der Veräußerungsgewinn durch eine Rücklage nach § 6b EStG neutralisiert wurde, BFH v. 10.03.2005 – II R 49/03, ZEV 2005, 356.
661 FG Düsseldorf, 28.10.2009 – 4 K 169/09 Erb, BeckRS 2009, 26028160.
662 Nachträglicher Schuldzinsabzug wird gem. BFH, 28.03.2007 – X R 15/04, EStB 2007, 275 gewährt, soweit die bisherigen Verbindlichkeiten nicht durch eine Verwertung von Aktivvermögen beglichen werden können (bzw. ein Verwertungshindernis entfallen ist).

heftig bestrittener⁶⁶³ und nun nicht mehr aufrechterhaltener⁶⁶⁴ Ansicht der Finanzverwaltung⁶⁶⁵ sollte ferner die Betriebsvermögensprivilegierung nicht gewährt werden für atypisch stille Unterbeteiligungen an Personengesellschaftsanteilen und für atypisch stille Beteiligungen an Personengesellschaften, da es sich nicht um eine Gesellschaftsbeteiligung, sondern um eine Beteiligung an einem Anteil von Vermögenswert handele; die Rechtsprechung bemühte insoweit teilweise § 42 AO.⁶⁶⁶

Betriebsvermögen liegt ferner nicht vor bei Anteilen an einer **schlichten, rein vermögensverwaltenden** (d.h. nicht oder – vor Eintragung im Handelsregister – noch nicht⁶⁶⁷ gewerblich geprägten) und somit über steuerliches Privatvermögen verfügenden Personengesellschaft, vgl. zu dieser Unterscheidung Rdn. 2168 ff. einerseits, Rdn. 2182 ff. andererseits. Nach Ansicht der Finanzverwaltung soll ferner ein selbst genutztes Familienwohnheim, auch wenn es in eine gewerblich geprägte GmbH & Co. KG eingebracht wurde, nicht an den Betriebsvermögensprivilegierungen teilhaben.⁶⁶⁸ Zu Ausweichgestaltungen im Hinblick auf den Wegfall der Privilegierung für lediglich gewerblich geprägte Personengesellschaften mit Verwaltungsvermögen ab 2009 (z.B. geringfügige weitere echte gewerbliche Tätigkeit, Flucht in die Betriebsaufspaltung oder Beteiligung an gewerblichen Unternehmen um die Abfärbewirkung des § 15 Abs. 3 Nr. 1 EStG auszulösen), vgl. Rdn. 3492.

3987

Der Beschenkte muss hinsichtlich des übertragenen Anteils⁶⁶⁹ **Mitunternehmer** geworden sein, also (nach ertragsteuerlichen Kriterien) Mitunternehmerrisiko tragen und Mitunternehmerinitia-

3988

---

663 *Wälzholz*, ZEV 2007, 369: fiskalische Auslegung contra legem; § 13a Abs. 4 Nr. 1 ErbStG verlangt keinen Anteil am Gesamthandsvermögen.

664 Erlass BayStMinFinanzen v. 23.03.2009, 34 S-3811 – 035 -11256/09, ZEV 2009, 264; ebenso FinMin Baden-Württemberg v. 09.04.2009 – 3-S 3806/51, DB 2009, 878; vgl. auch unten Rdn. 4018 zur neuen Rechtslage.

665 Verfügung der OFD Rheinland und Münster v. 30.03.2007, ZEV 2007, 295; Bay. StMinFin v. 11.01.2008, ZEV 2008, 254 m. abl. Anm. *Hübner*. Als Ausweichgestaltung musste der Stille bzw. der Unterbeteiligte Hauptgesellschafter werden oder aber die Haupt- und die Unterbeteiligung sind in eine Personengesellschaft gegen Gewährung von Gesellschaftsrechten nach § 24 UmwStG einzubringen, sodass bzgl. der betroffenen Gesellschaft eine gewerbliche Holdingbeteiligung besteht, vgl. *Korn/Strahl*, NWB 2007, 4508 = Fach 2, S. 9632.

666 FG Düsseldorf, 06.09.2006 – 4 K 6867/04 Erb, ZErb 2007, 62 (nur LS): Gestaltungsmissbrauch, wenn die Verwaltung eines Wertpapierdepots vor dem Stichtag einer eigens hierfür gegründeten GmbH übertragen wird, damit das Depot dem Sonderbetriebsvermögen einer an dieser GmbH bestehenden atypisch stillen Beteiligung zugeordnet werden kann und damit unter § 13a ErbStG falle.

667 Bis zur Eintragung besteht eine Vollhaftung der Kommanditisten (§ 176 Abs. 2 HGB), sodass es an den Voraussetzungen einer gewerblich geprägten Personengesellschaft (Vollhafterstellung allein bei Kapitalgesellschaft oder einer weiteren GmbH & Co. KG) fehlt, vgl. auch BFH, 04.02.2009 – II R 41/07, ZEV 2009, 356 m. krit. Anm. *Wachter*: ungerechtfertigte Schlechterstellung der vermögensverwaltenden KG ggü. der gewerblich tätigen, sofort entstehenden KG. Die Schenkung des Kommanditanteils muss also, auch wenn bereits vorher beurkundet, aufschiebend bedingt auf z.B. einen Tag nach der Eintragung sein, (andernfalls können auch etwaige Verbindlichkeiten der Gesellschaft nicht in vollem Umfang abgezogen werden, da es sich noch nicht um Betriebsvermögen, sondern gem. § 10 Abs. 1 Satz 3 ErbStG um eine gemischte Schenkung anteiliger Wirtschaftsgüter handelt).

668 R 51 Abs. 1 Satz 2 ErbStR i.V.m. R 4.2. Abs. 9 und H 4.2. Abs. 11 ErbStH; a.A. *Daragan*, DStR 2000, 273 und *Pauli*, DB 2005, 1024: Grundstücke einer KG sind nach § 99 Abs. 2 Satz 4 BewG stets Betriebsvermögen, vgl. auch § 97 Abs. 1 Nr. 5 BewG.

669 BFH, 23.02.2010 – II R 42/08 GmbHR 2010, 669: keine Privilegierung also für den Erwerb eines mit Nießbrauchs-, Stimmrechts- und Verwaltungsrechtsvorbehalt beschwerten Anteils, der dem Erwerber nur wegen der Unteilbarkeit der Gesellschafterstellung als Folge bereits bestehender Kommanditistenstellung Mitunternehmereigenschaft vermittelt.

tive verwirklichen.[670] Hieran fehlt es bei Übertragung unter jederzeitigem, beliebigem Rückforderungsrecht des Veräußerers[671] (vgl. Rdn. 1810, Rdn. 4000); vgl. i.Ü. zu den Mitunternehmerschaftsvoraussetzungen und -gefährdungen in der Familiengesellschaft Rdn. 2202 f. Behält sich der Veräußerer den **Nießbrauch am Gesellschaftsanteil** zurück, ist auf dessen Ausgestaltung abzustellen:[672] bezieht sich der Nießbrauch nur auf den gesellschaftsrechtlich entnahmefähigen Gewinn (also nicht auf stille Reserven, Auseinandersetzungsguthaben), ist der Nießbraucher nicht zur Mittragung von Gesellschaftsverbindlichkeiten im Außenverhältnis verpflichtet, und behält der Gesellschafter die Kontroll- und Informationsrechte zumindest eines Kommanditisten (§ 164 HGB) sowie das Stimmrecht in zentralen Fragen (etwa eine Änderung der Gewinnverteilung und des Auseinandersetzungsguthabens), ist er Mitunternehmer geworden, sodass § 13a ErbStG auf den Erwerb des Gesellschaftsanteils[673] anwendbar ist – anders dagegen, wenn sich der Nießbraucher sämtliche Mitwirkungs- und Kontrollrechte vorbehalten hat und auch außergewöhnliche Geschäfte ohne Mitwirkung des Gesellschafters tätigen kann[674] (keine Mitunternehmerinitiative) oder wenn der Nießbraucher auch an den stillen Reserven bei Veräußerung des Gesellschaftsanteils beteiligt ist und die Verluste zu tragen hat (kein Mitunternehmerrisiko).[675]

3989 Zum Mitunternehmeranteil (an einer Personengesellschaft) gehört auch das sog. SBV des Gesellschafters (Rdn. 4466 ff.). **SBV** liegt etwa vor bei Grundbesitz, der im Privateigentum steht, aber dauerhaft an den Betrieb der Personengesellschaft (entgeltlich oder unentgeltlich, schuldrechtlich oder dinglich)[676] zur Nutzung überlassen ist, oder aber hinsichtlich der Gesellschaftsanteile an der Komplementärin bei einer GmbH & Co. KG (sog. „Sonderbetriebsvermögen II" in der Person des Kommanditisten). Insoweit ist zu differenzieren:

3990
- Wird das SBV mit dem vollen Mitunternehmeranteil gemeinsam übertragen, erfassen die Vergünstigungen der §§ 13a, 19a ErbStG auch das SBV.
- Wird ausschließlich SBV übertragen, gelten die Vergünstigungen nicht, da SBV allein keine Mitunternehmerinitiative ermöglicht.[677]
- Wird der volle Mitunternehmeranteil übertragen, jedoch nicht das SBV, und handelt es sich dabei um „wesentliche Betriebsgrundlagen", ist § 13a Abs. 4 Nr. 3 ErbStG nicht erfüllt, sodass die Privilegierungen ebenfalls versagt bleiben (R 51 Abs. 3 Satz 7 ErbStR 2003). Es

---

670 BFH, BStBl. 1982 II, S. 342.
671 H 51 Abs. 1 ErbStR 2003, BFH, BStBl. 1989 II, S. 877.
672 Vgl. im Einzelnen *Söffing/Thoma*, ErbStB 2006, 198 und *Halaczinsky*, NWB 2006, 2588 = Fach 10, S. 1552, auch zum Vorbehaltsnießbrauch an Kapitalgesellschaftsanteilen und am Einzelunternehmen; BFH, 08.10.2008 – II B 107/08, ErbStB 2009, 3 (erhebliche Zweifel im einstweiligen Rechtsschutz).
673 Allerdings nicht auf den späteren Hinzuerwerb etwaiger Guthaben auf den Kapitalkonten, wenn diese weiter für den Nießbraucher geführt werden und erst mit dessen Erlöschen auf den Gesellschafter übergehen: BFH, 15.03.2006 – II R 74/04, ErbStB 2006, 246 und oben Rdn. 3982. Es wäre günstiger gewesen, noch einen Zwerggesellschaftsanteil des Nießbrauchers zurückzubehalten, der erst mit dessen Tod einschließlich der gesamten Kapitalkonten übergeht.
674 FG Hannover, 22.12.2004 – 3 K 277/03, EFG 2005, 639 m. Anm. *Braun*: der Beschenkte ist zwar an den stillen Reserven beteiligt und hat damit Mitunternehmerrisiko, aber keine Mitunternehmerinitiative.
675 Vgl. FG Hessen, 28.11.2006 – 1 K 3292/05, ErbStB 2007, 128.
676 FG Berlin, 21.03.2006 – 7 K 4230/01, DStRE 2006, 1377 (auch Erbbaurechtsvertrag genügt als Nutzungsüberlassung).
677 BFH, EStB 2002, 266; R 51 Abs. 3 Satz 6 ErbStR, FG München, EFG 2003, 475 und FG Hannover, ErbStB 2005, 176; a.A. jedoch *Götz*, ZEV 2003, 346 ff.

- Wird SBV **überquotal oder unterquotal** mit übertragen, wird die Vergünstigung allerdings gewährt, soweit die ertragsteuerliche Buchwertfortführung (hierzu unten Rdn. 4702 ff.) ebenfalls möglich ist.[678] Dies folgt aus der ertragsteuerlich durch § 6 Abs. 3 Satz 2 EStG (unentgeltliche[679] Übertragung betrieblicher Einheiten) vollzogenen Lockerung der engen Verbindung zwischen SBV und Mitunternehmeranteil;[680] auch erstrecken sich die Vergünstigungen auf die mitübertragenen Wirtschaftsgüter des SBV (nicht aber auf die isolierte Übertragung solcher Wirtschaftsgüter!).

3991

- Wird also nur ein Teil eines Mitunternehmeranteils übertragen, ist es für die schenkungsteuerliche Privilegierung nicht mehr erforderlich, dass SBV in selber Quote (bzw. überhaupt) mitübertragen wird[681] (Grundsatz der Zulassung unterquotaler Übertragung des SBV: bleibt der Veräußerer mit einem auch geringen Mitunternehmeranteil beteiligt, kann er das SBV vollständig oder auch zu einer unterproportionalen Quote zurückbehalten, R 51 Abs. 3 Satz 5 ErbStR 2003). Bei überquotaler Übertragung findet eine Aufteilung in eine Übertragung nach § 6 Abs. 3 Satz 1 EStG i.H.d. quotalen Anteils und eine weitere, nicht nach § 13a ErbStG begünstigte, Übertragung nach § 6 Abs. 5 Satz 3 EStG für den überquotalen Teil statt, Letztere unter dem Vorbehalt der dafür geltenden 3-jährigen Behaltensfrist.[682] War der Erwerber des überproportionalen SBV-Anteils allerdings bereits vor der Übertragung Mitunternehmer, ist die Übertragung insgesamt begünstigt.

3992

c) Land- und forstwirtschaftliches Vermögen

Land- und Forstwirtschaftliches Vermögen ist hinsichtlich des Betriebsteiles einschließlich der Betriebswohnungen sowie vermieteter Grundstücke und sonstigen Grundvermögens (Bauerwartungsland) privilegiert, nicht aber hinsichtlich der Altenteilerwohnungen[683] und des Wohnteiles des Betriebsinhabers.[684] Verpachtete Stückländereien oder ein verpachteter Betrieb, bei welchem der Verpächter die Betriebsaufgabe erklärt hat, zählen nicht mehr zum land- und forstwirtschaftlichen Vermögen. Stellt der Landwirt jedoch die aktive Bewirtschaftung ein, ohne eine Betriebs-

3993

---

678 OFD Berlin, III B 15 S 3812a – 3/01, ErbStB 2003, 10, auch zur abweichenden Literaturmeinung *Wendt*, FR 2002, 133 f., R 51 Abs. 3 ErbStR 2003 wurde entsprechend angepasst.

679 Die erforderliche Übertragung ohne jegliche Gegenleistung liegt etwa vor bei der verdeckten Einlage in eine Personengesellschaft, bei der Erbfolge oder vorweggenommenen Erbfolge, nicht aber im Fall der Einbringung – für Letztere gelten §§ 20, 24, 25 UmwStG.

680 Vgl. hierzu BMF v. 03.03.2005, DStR 2005, 475 ff. m. krit. Erläuterungen *Rogall/Stangl*, DStR 2005, 1073 ff.; *Neumann*, EStB 2005, 140 ff.; *Geck*, ZEV 2005, 196 ff.; *Wendt*, FR 2005, 468; *Geck/Messner*, ZEV 2005, 360; *Klein*, NWB 2005, 4461 = Fach 3, S. 13771; Kurzübersicht bei *Kusterer*, EStB 2006, 345.

681 Allerdings müssen die zurückgebliebenen Gegenstände weiterhin zum Betriebsvermögen derselben Personengesellschaft gehören, vgl. R 51 Abs. 3 Satz 5 ErbStR 2003, z.B. weil der Veräußerer mit einem Zwerganteil noch Gesellschafter ist. Andernfalls wird das Grundstück entnommen und die stillen Reserven aufgelöst.

682 BMF-Schreiben v. 03.03.2005, BStBl. 2005 I, S. 458; vgl. hierzu *Boeddinghaus*, NWB 2005, 2709 = Fach 3, S. 13621 und *Wälzholz*, MittBayNot 2006, 113.

683 Es handelt sich um (gem. § 52 Abs. 15 Satz 10 EStG a.F., § 13 Abs. 5 EStG n.F. steuerfrei) entnommene Wirtschaftsgüter, sofern die Wohnung nach ihrer Fertigstellung tatsächlich von einem Altenteiler oder aber vom Betriebsinhaber genutzt wird, vgl. BFH v. 13.10.2005 – IV R 33/04, EStB 2006, 11.

684 Außer es handelt sich um ein Baudenkmal, § 13a Abs. 4 Nr. 2 ErbStG, R 52 Abs. 3 Sätze 1,5,6 ErbStR 2003.

aufgabeerklärung abzugeben, besteht im Zweifel der Betrieb noch fort, sogar wenn einzelne Grundstücke bereits in vorweggenommener Erbfolge übertragen wurden.[685]

3994 Auch in der Land- und Forstwirtschaft können Wirtschaftsgüter aus dem Privatbereich, die dem Wirtschaftsteil/den Betriebswohnungen zuzuordnen sind, gewillkürtes Betriebs- oder Sonderbetriebsvermögen[686] bilden. In Betracht kommen etwa ein in der Nähe der Hofstelle gelegenes Wohnhaus, das Betriebsangehörigen überlassen wird,[687] oder Grundstücke, die von einem Dritten für land- und forstwirtschaftliche Zwecke genutzt werden, sowie verpachtete Teilbetriebe, wenn dadurch das Bild des land- und forstwirtschaftlichen Betriebs nicht wesentlich verändert wird (R 4.2 Abs. 9 Satz 4 EStR 2005). Auch die Bebauung eines land- und forstwirtschaftlichen Grundstücks mit einem Mietwohngebäude ist lediglich eine Nutzungsänderung, die zu geduldetem Betriebsvermögen führt, sofern nicht die Vermögensverwaltung die landwirtschaftliche Betätigung verdrängt[688] (anders bei Bebauung zu eigenen Wohnzwecken: Zwangsentnahme). Gewillkürtes SBV in Form von Finanzanlagen ist jedoch ausgeschlossen (§ 33 Abs. 3 BewG). Von der schenkungsteuerlichen Privilegierung der §§ 13a, 19a ErbStG sind damit als gewillkürtes oder geduldetes Betriebsvermögen in erster Linie vermietete Grundstücke, Grundvermögen i.S.d. § 69 BewG und die in § 13 Abs. 2 Nr. 2 EStG genannten Gebäude oder Gebäudeteile (insb. Baudenkmäler) umfasst.[689]

d) Anteile an Kapitalgesellschaften

3995 Anteile an Kapitalgesellschaften[690] sind begünstigt, wenn sie in einem Betriebsvermögen gehalten werden[691] oder – sofern sie zum Privatvermögen zählen – wenn der Schenker im Zeitpunkt des Entstehens der Steuerschuld zu mehr als 25 % beteiligt war (also keine gem. § 13a ErbStG privilegierte[692] mittelbare Schenkung von Anteilen Dritter durch zweckgebundene Zuwendung von Geldmitteln; vielmehr muss der Schenker die Anteile zunächst selbst erwerben, vgl.

---

685 FG Baden-Württemberg, 10.11.2005 – 3 K 293/01, ErbStB 2006, 119.
686 Vgl. zu Letzterem BFH, BStBl. 1993 II, S. 21. Auch Anteile an Genossenschaften, mit denen Geschäftsbeziehungen unterhalten werden, können gewillkürtes Betriebsvermögen der LuF sein, BFH, 23.09.2009 – IV R 14/07, EStB 2009, 419.
687 BFH, IV R 12/98, BFH/NV 2000, 317.
688 Vgl. BFH, 05.12.2004 – IV R 51/03, BFH/NV 2005, 547.
689 Vgl. R 52 Abs. 3 ErbStR; die „Aufstockung" des Betriebsvermögens um solche Grundstücke ist auch deshalb überlegenswert, weil deren Veräußerung bzgl. der Behaltensfrist des § 13a Abs. 5 Nr. 2 ErbStG unschädlich ist, solange das Objekt keine wesentliche Grundlage des Betriebs bildet, vgl. R 64 Abs. 3 Satz 2 ErbStR.
690 Zur mittelbaren Zuwendung von Anteilen an Kapitalgesellschaften i.R.d. § 13a ErbStG vgl. *Götz*, ErbStB 2004, 84 ff.
691 Hierzu gehören auch die zum Sonderbetriebsvermögen zählenden Anteile an einer Komplementär-GmbH sowie im Fall der Betriebsaufspaltung Anteile an der Betriebs-GmbH. Einbringungsgeborene (durch Sacheinlage unter Teilwert erworbene) Anteile, deren Veräußerung § 21 UmwStG wie eine Betriebsveräußerung i.S.d. § 16 EStG behandelt, sind bereits deshalb Betriebsvermögen und damit begünstigt, vgl. BFH, 13.01.2005 – II R 37/03, ZEV 2005, 220.
692 Es bleibt allerdings der Vorteil der möglicherweise günstigeren Bewertung des Gesellschaftsanteils in Relation zum Geldnominalbetrag!

Rdn. 4206,[693] und wohl auch keine Privilegierung lediglich treuhänderisch gehaltener Anteile).[694] Die Quote kann auch erst unmittelbar vor dem Übertragungsakt überschritten worden sein (keine Mindestbehaltensfrist), wird jedoch formal-gesellschaftsrechtlich, nicht „wirtschaftlich" (unter Wegrechnung eigener Anteile der Gesellschaft) ermittelt.[695] Hält der Schenker eine Beteiligung von mindestens 1v.H. im Privatvermögen, kann er diese steuerneutral in eine GmbH & Co. KG und damit ein Betriebsvermögen einlegen.[696]

3. Erfasste Vorgänge

Erfasst ist sowohl die Schenkung unter Lebenden als auch der Erwerb von Todes wegen (unter Einschluss des fiktiven Erwerbs durch Familienstiftungen und Vereine i.R.d. Ersatzerbschaftsteuer des § 1 Abs. 1 Nr. 4 ErbStG). 3996

a) Erwerb von Todes wegen

Voraussetzung ist jedoch beim letztwilligen Erwerb, dass dieser als vom Erblasser zugewiesen gewertet werden kann. Dies ist bspw. nach Auffassung der Finanzverwaltung nicht gegeben beim sog. „Abfindungserwerb" (Zuwendung durch den Erben an einen Pflichtteilsgläubiger für den Verzicht auf den entstandenen Pflichtteil oder an einen Erben bzw. Vermächtnisnehmer für die Ausschlagung der Erbschaft/des Vermächtnisses), ebenso wenig beim Erwerb im Rahmen eines Verschaffungsvermächtnisses, also außerhalb des Nachlassbestands.[697] Die Voraussetzung ist jedoch erfüllt beim Anwachsungserwerb in einer Personengesellschaft (aufgrund schlichter Fortsetzungsklausel) oder beim Erwerb aufgrund Nachfolge-[698] oder Eintrittsklausel. 3997

Die Entlastung gilt stets für denjenigen Letzterwerber, dessen Erwerb „unmittelbar" vom Erblasser stammt, sofern die Betriebsvermögenseigenschaft durchgehend gegeben war, z.B. für den Vermächtnisnehmer etwa im Rahmen eines Übernahme- oder Kaufrechtsvermächtnisses,[699] sodass die Vermächtniseinsetzung eine „punktgenaue" Zuordnung erlaubt (das durch ein obiter dictum des BFH[700] geschaffene Risiko, dass Betriebsvermächtnisse als Sachleistungsansprüche künftig mit dem gemeinen Wert zu besteuern sind, ist nun entschärft).[701] 3998

---

693 BFH, 16.02.2005 – II R 6/02, ZEV 2005, 264 m. Anm. *Ziegler*. In der Weiterschenkung liegt kein Verstoß gegen die Behaltenspflicht, R 62 Abs. 2 Nr. 1 ErbStR. Allerdings erfolgt dann die Bewertung nicht nach dem Stuttgarter Verfahren, sondern nach dem weniger als ein Jahr zurückliegenden Kaufpreis (R 95 Abs. 3 ErbStR). Denkbar wäre auch die Einlegung des Geldes in eine neue GmbH und die Schenkung der Anteile an dieser Gesellschaft anstelle des Geldes.
694 *Wälzholz*, ZEV 2007, 372 m.w.N.
695 FG Hessen, 16.02.2006 – 1 K 2756/03, ErbStB 2006, 246.
696 § 6 Abs. 1 Nr. 5 Satz 1 Buchst. b) EStG.
697 Vgl. R 55 Abs. 4 Satz 3 und 4 ErbStR 2003, krit. *Meincke*, ErbStG, 14. Aufl. 2004, § 13a Rn. 7.
698 Sind mehrere Miterben vorhanden, die jedoch wegen der qualifizierten Nachfolgeklausel nicht alle Erben werden können, soll jedoch nach R 55 Abs. 2 Satz 2 ErbStR 2003 der Freibetrag gleichwohl auf alle Miterben anteilig aufgeteilt werden.
699 Freibetrag und Bewertungsabschlag kann also nicht in Anspruch nehmen, wer aufgrund Testamentes oder rechtsgeschäftlicher Anordnung das privilegierte Vermögen auf einen Dritten übertragen muss, § 13a Abs. 3 Satz 1 ErbStG, R 61 Abs. 1 ErbStR. Bei einer Teilungsanordnung versteuert allerdings jeder Erbe den seiner Quote entsprechenden Anteil am privilegierten Vermögen.
700 V. 02.07.2004, BStBl. 2004 II, S. 1039; ausführlich Rdn. 3585 ff.
701 Vgl. BFH, 13.08.2008 – II R 7/07, ZEV 2008, 550 m. Anm. *Fischer; Ihle*, notar 2008, 333.

3999 Die Erbschaftsteuerreform 2009 hat in § 13b Abs. 3 ErbStG eine neue Regelung geschaffen, deren Ziel es ist, denjenigen Erwerber, der den Betrieb tatsächlich fortführt, so zu stellen, als habe er von Anfang an (also ohne Zwischenerwerb eines Erben oder einer Erbengemeinschaft) begünstigtes Betriebsvermögen erhalten (vgl. Rdn. 4185 ff.).

b) Lebzeitiger Erwerb

4000 Durch das Steueränderungsgesetz 2001 v. 20.12.2001[702] wurde der notwendige lebzeitige Übertragungsakt mit Rückwirkung für alle noch nicht abgeschlossenen Steuerfälle definiert als „Schenkung unter Lebenden". Damit sollte folgende Kontroverse beendet werden: Der frühere Gesetzeswortlaut „vorweggenommene Erbfolge" war in Literatur und Finanzverwaltung so verstanden worden, dass die übliche „Schenkung" (d.h. eine Übertragung, wobei diejenigen Gegenleistungen, die auch im steuerlichen Sinn als Veräußerungsentgelt bzw. Anschaffungskosten zu werten sind, geringer sind als der Buchwert des Unternehmens) an Abkömmlinge zwar ausreiche, ein Nießbrauchsvorbehalt sei allerdings schädlich.[703] Der BFH hatte ähnlich restriktiv[704] entschieden, unter vorweggenommener Erbfolge i.S.d. § 13a ErbStG (a.F.) sei nur eine solche zu verstehen, die dem Erwerb im Erbgang gleichgestellt ist, also sich „endgültig" vollziehe. Dies bedeutete, dass z.B. Rückforderungsrechte des Veräußerers bei Eintritt bestimmter Voraussetzungen (Insolvenz, Weiterveräußerung, Scheidung, Vorversterben etc.) u.U. zum Wegfall des Freibetrags gem. § 13a ErbStG führen könnten. Die Finanzverwaltung hatte bereits im Nichtanwendungserlass v. 15.05.2001[705] sich zur früheren, nunmehr gesetzlich festgeschriebenen Rechtslage bekannt, wonach nämlich **weder vorbehaltene Nutzungen noch enumerative Rückforderungsrechte die Anwendung der §§ 13a, 19a ErbStG hindern**. Schädlich dürfte allerdings weiterhin der freie Widerrufsvorbehalt sein, da er den Erwerber nicht Mitunternehmer werden lässt[706] (Rdn. 1810 ff. und Rdn. 2202).

4001 Erfolgt die Anteilsübertragung, wie häufig im Hinblick auf das mögliche[707] Haftungsrisiko gem. § 176 Abs. 2 HGB, aufschiebend bedingt auf den Zeitpunkt der Handelsregistereintragung des Neukommanditisten, entsteht auch erst dann die Schenkungsteuer gem. § 9 Abs. 1 Nr. 2 ErbStG. Wird im Hinblick auf das geringe Haftungsrisiko bei rein vermögensverwaltenden gewerblich geprägten Gesellschaften die Übertragung mit sofortiger Wirkung vorgenommen, dürfte die mögliche vorübergehende Haftung einer natürlichen Person die gewerbliche Prägung nicht entfallen lassen, da diese nicht „persönlich haftender Gesellschafter" i.S.d. § 15 Abs. 3 Nr. 2 EStG ist. Denkbar wäre auch ein „Stufenmodell"[708] dahin gehend, dass zunächst eine atypisch stille Unterbeteiligung am Kommanditanteil (und damit Betriebsvermögen) eingeräumt wird, die so-

---

702 BStBl. 2001 I, S. 3810.
703 H 51 Abs. 1 Satz 1 ErbStH (a.A. *Ebeling*, DStR 1999, 611). FG Rheinland-Pfalz wendet mutigerweise bei in Unkenntnis dieser Regelung durchgeführten Schenkungen auf deren Rückabwicklung § 29 ErbStG an (FR 2001, 653).
704 BFH, II R 52/98, DB 2001, 796.
705 DStR 2001, 896.
706 H 51 Abs. 1 ErbStH 2003.
707 Gegen die Anwendung des § 176 Abs. 2 HGB auf die GmbH & Co. KG: *Baumbach/Hopt*, HGB, Anh. § 177a Rn. 19 m.w.N.
708 Dazu *Hecht*, ZEV 2004, 105.

dann steuerneutral und ohne die Nachversteuerung i.S.d. § 13 Abs. 5 ErbStG auszulösen mit der Übertragung des betreffenden KG-Anteils aufgelöst wird.

4. Zuordnung des Freibetrages

Anders als die persönlichen Freibeträge (etwa des § 16 ErbStG) wird der Freibetrag des § 13a ErbStG nicht für alle Zuwendungen an einen bestimmten Erwerber binnen 10 Jahren gewährt, sondern erfasst alle begünstigungsfähigen Zuwendungen des Veräußerers im Zeitraum, unabhängig an welchen Erwerber. Schriftliche Bestimmung des Erblassers/Schenkers[709] über die Verteilung des Freibetrags von gesamt 225.000,00 € unter mehreren Erwerbern ist zulässig und bis zur endgültigen Schenkungsteuerfestsetzung möglich;[710] sonst erfolgt die Verteilung unter mehreren Erwerbern zu gleichen Teilen – verbleibt nach dem ersten Schritt noch ein unverbrauchter Restfreibetrag, steht dieser dem Miterwerber zu, der nach dem ersten Schritt noch Betriebsvermögen zu versteuern hätte.[711]

4002

Bei dieser Verteilung bleibt kein Freibetragsrest unausgeschöpft. Hat also der Schenker bspw. den Freibetrag zwei Kindern je hälftig (je 112.500,00 €) zugewendet, erwirbt einer von ihnen jedoch nur begünstigtes Betriebsvermögen i.H.v. 100.000,00 €, stehen die verbleibenden 12.500,00 € dem anderen Kind zusätzlich zur Verfügung, sofern dieser einen insgesamt höheren Erwerb hat.[712] Wird jedoch der Freibetrag seinerseits nicht voll ausgeschöpft, ist der nicht in Anspruch genommene Rest verfallen.[713]

4003

Nach Inanspruchnahme des Freibetrages besteht eine 10-jährige Sperrfrist hinsichtlich der Übertragung von Betriebsvermögen durch denselben Veräußerer. Der 35 %ige Bewertungsabschlag des § 13a Abs. 2 ErbStG kann jedoch nicht durch Rechtsgeschäft einzelnen Erben/Erwerbern zugeordnet werden; insoweit gilt auch keine 10-jährige Sperrfrist.

4004

5. Nachversteuerung

Die Entlastung entfällt mit Wirkung für die Vergangenheit, wenn der Erwerber (oder dessen Rechtsnachfolger kraft Erbrechtes bzw. in vorweggenommener Erbfolge!)[714] innerhalb von

4005

---

709 Nach Auffassung der Finanzverwaltung handelt es sich dabei um eine (bis zur Bestandskraft des Schenkungsteuerbescheides für den betreffenden Betriebsvermögensübergang auszuübende) höchstpersönliche Erklärung, die nach dem Tod des Schenkers von den Erben nicht mehr abgegeben werden kann, ebenso BFH v. 20.01.2005 – II R 56/02, DStR 2005, 1003.

710 BFH, 10.11.2004 – II R 24/03, ZEV 2005, 82 entgegen R 58 Abs. 1 Satz 2 ErbStR 2003: rückwirkendes Ereignis auch dann, wenn der Schenkungsteuerbescheid formal bestandskräftig ist, aber die Wertansätze des Betriebsvermögens noch unter Vorbehalt einer Änderung nach § 165 Abs. 2 Satz 2 AO stehen.

711 BFH, 15.12.2004 – II R 75/01, ZEV 2005, 219 m. Anm. *Geck/Messner*, 225 ff.; ihm folgend OFD Münster v. 28.06.2005, ZEV 2005, 342 und Oberste Finanzbehörden der Länder v. 30.11.2005, ZEV 2006, 71 gegen R 57 Abs. 6 Satz 5 ErbStR 2003.

712 BFH, 25.01.2006 – II R 56/04, ZErb 206, 244 m. Anm. *Jülicher* zur Verteilung des Freibetragsrestes zugunsten der inländischen Erwerber, bei denen er sich auswirkt (Abkehr von BFH, 15.12.2004 – II R 75/01, BStBl. 2005 II, S. 295, dem sich die Finanzverwaltung kurz zuvor angeschlossen hatte: BStBl. 2005 I, S. 1031).

713 FG Hessen, 18.05.2009 – 1 K 1131/08, ErbStB 2009, 339; vgl. *Geck/Messner* ZEV 2010, 82.

714 Die Veräußerung des Nacherwerbers ist dem ursprünglichen Erwerber zuzurechnen und führt zur höheren Besteuerung seines Erwerbs, FG Berlin, RNotZ 2003, 70, sodass er sich gegen steuerschädliche Weiterveräußerung vertraglich schützen sollte (auflösende Bedingungen bei Anteilsabtretungen; schuldrechtliche Verfügungssperre mit Vormerkung bei Grundstücken; bedingte, besicherte Nachzahlungsverpflichtung bei Verstoß etc.).

Kapitel 11: Verkehrsteuern

5 Jahren nach dem Entstehungszeitpunkt der Steuer die erworbene Beteiligung veräußert oder (sei es auch infolge Insolvenz[715] oder Insolvenzeröffnung[716] bzw. wegen des Fehlens berufsrechtlicher Qualifikationen beim Erben/Beschenkten)[717] entnimmt, oder wesentliche Betriebsgrundlagen[718] bzw. wesentliches SBV veräußert/[719] entnimmt (§ 13a Abs. 5 Nr. 1 ErbStG). Grund der Steuerbelastung ist ausschließlich der ursprüngliche Vermögenstransfer, sodass eine Steigerung der Leistungsfähigkeit des Erwerbers infolge seiner schädlichen Verfügung nicht vorausgesetzt wird. Auch der Schenker kann für die nachzuzahlende Steuer als Gesamtschuldner (§ 20 Abs. 1 ErbStG) in Anspruch genommen werden![720] Es empfehlen sich an solche Nachbesteuerungstatbestände anknüpfende Rückforderungsvorbehalte, § 29 ErbStG[721] (vgl. Formulierungsvorschlag in Rdn. 1921 f.).

4006 Kein Verstoß[722] gegen die Behaltensregelung liegt in der **Übertragung im Schenkwege** (Nachbesteuerung findet also statt hinsichtlich der Leistungsauflagen oder gemischter Schenkungen, auch wenn sie – als Vermögensübergabe gegen Versorgungsleistungen – im ertragsteuerlichen Sinn als unentgeltlich einzustufen wäre!)[723] sowie in der **Erbauseinandersetzung** (auch gegen Abfindung)[724] – allerdings führt der Erwerber den Behaltenszeitraum mit Wirkung auch für die ausscheidenden Miterben fort![725] Ebenso wenig liegt ein Verstoß gegen die 5-jährige Behaltenspflicht in der Übertragung als Abfindung für den Verzicht auf einen entstandenen Pflichtteilsanspruch oder für die Ausschlagung einer Erbschaft, in Formwechsel, oder Spaltung, sowie in

---

715 BFH, 04.02.2010 – II 25/08 ZEV 2010, 322 (auch kein Erlass gem. § 227 AO); a.A. *Kuhsel*, DB 2002, 2458; *Heidemann/Ostertun*, ZEV 2003, 267 ff. und *Krumm*, ZEV 2005, 46: teleologische Reduktion; gegen eine Besserstellung bei Betriebsaufgabe in Zwangslagen und Insolvenz auch BFH, 16.02.2005 – II R 39/03, DStR 2005, 1136 m. Anm. *Perwein*, DStR 2005, 1758 ff. (sogar der Einwand, der Betroffene sei von seinen Mitgesellschaftern überstimmt worden, wurde nicht gehört). Auch ein Billigkeitserlass kommt nach FG Nürnberg, ErbStB 2006, 180 nicht in Betracht. Das Nachsteuerbegehren ist allerdings in der Insolvenz auch des Erben regelmäßig nicht realisierbar, vgl. *Troll/Gebel/Jülicher*, ErbStG, § 13a Tz. 271 (Stand: März 2005).

716 BFH, 21.03.2007 – II R 19/06, ErbStB 2007, 195: die Auflösung einer Kapitalgesellschaft durch Insolvenzeröffnung führt bereits zur Nachbesteuerung (fraglich, da das Unternehmen zunächst als Handelsgesellschaft noch werbend tätig bleibt).

717 BFH, 17.03.2010 – II R 3/09 ErbStB 2010, 232.

718 FG Saarland, 26.04.2005 – 2 K 270/01, ZErb 2005, 261: es genügt die Übertragung einer einzigen wesentlichen Betriebsgrundlage.

719 Eine solche Veräußerung wesentlicher Betriebsgrundlagen liegt auch in der Übertragung des Betriebsgrundstücks auf eine Besitzgesellschaft, welche es an die Betriebsgesellschaft verpachtet (Betriebsaufspaltung; keine wirtschaftliche Betrachtungsweise im ErbStG: FG Düsseldorf, ErbStB 2005, 236).

720 FG Münster, 19.06.2008 – 3 K 3145/06 Erb, ErbStB 2008, 288; gegen *Crezelius*, FR 2002, 805 (verfassungswidrige Besteuerung von Drittverhalten).

721 *Wachter*, ErbStB 2006, 236; 2006, 259.

722 Vgl. R 62 Abs. 2 Nr. 1 bis 4 ErbStR.

723 Vgl. BFH, 02.03.2005 – II R 11/02, ZEV 2005, 353 m. Anm. *Hübner*: hinsichtlich des dem kapitalisierten Wert der Versorgungsrente entsprechenden Wertanteils entfallen Bewertungsabschlag und Freibetrag anteilig. Die Nachbesteuerung wäre jedoch vermieden worden beim Vorbehalt eines Nießbrauchsrechtes.

724 FG Münster, EFG 2004, 1309; allerdings liegt eine schädliche Betriebsaufgabe dann vor, wenn durch Realteilung jedem Miterben einzelne Wirtschaftsgüter zugewiesen werden, auch wenn sie beim Miterben in bestehende Betriebe eingelegt werden (FG Rheinland-Pfalz, ErbStB 2005, 235; a.A. wohl R 63 Abs. 3 ErbStR 2003).

725 Sind also A und B Miterben des Einzelunternehmers E – und damit beide gem. §§ 13a, 19a ErbStG begünstigt – und übernimmt A sodann das Unternehmen allein (gleichgültig ob gegen Abfindung oder nicht, ob aus freier Vereinbarung oder in Befolgung einer Teilungsanordnung) und veräußert es weiter vor Ablauf der 5-Jahres-Frist, verliert auch B die Erbschaftsteuervergünstigung „rückwirkend". Die Folgen sollten durch eine „Steuerklausel" i.R.d. Erbbauseinandersetzung dem A aufgebürdet werden.

der Einbringung eines Betriebs, Teilbetriebs oder Mitunternehmeranteils in eine Personen-[726] oder Kapitalgesellschaft gegen Gewährung von Gesellschaftsrechten (gleich ob zu Buchwerten, Zwischenrechten oder Teilwerten, §§ 20, 24 UmwStG, auch bei mehreren Vorgängen dieser Art in der Fünf-Jahres-Periode).[727]

Wurden Anteile an Kapitalgesellschaften privilegiert übertragen, schaden gem. § 13a Abs. 5 Nr. 4 ErbStG nicht nur die Veräußerung[728] dieser Anteile innerhalb der Fünf-Jahres-Frist, sondern auch die Auflösung der Kapitalgesellschaft selbst, ebenso deren Kapitalherabsetzung, und deren „Untergang" als Folge eines **Formwechsels**/einer **Verschmelzung**[729] auf eine Personengesellschaft – nicht jedoch im Fall der Verschmelzung bzw. des Formwechsels in eine Kapitalgesellschaft.[730] Die Übertragung von Anteilen an einer Personengesellschaft ist also unter dem Gesichtspunkt des Risikos einer Nachbesteuerung unschädlicher. 4007

Noch ungeklärt ist, wie die latente „Nachsteuerbelastung" sich auf die Bewertung des erworbenen Betriebsvermögens, etwa bei einem zwischenzeitlichen Erbfall oder einer unentgeltlichen Weiterübertragung, oder i.R.d. Zugewinnausgleichsbewertung (vgl. Rdn. 3032 zur Berücksichtigung der latenten Einkommensteuerbelastung) auswirkt. Ist bereits bei der Betriebsübergabe absehbar, dass der Erwerber die Mindestfortführungsfrist nicht wird einhalten können, empfiehlt sich der sofortige Unternehmensverkauf an einen Dritten, um in den Genuss der Betriebsaufgabebegünstigung (§ 34 EStG, Rdn. 4514 ff.) zu gelangen. 4008

Ferner ist zu berücksichtigen ein **rückwirkender Wegfall der Vergünstigung**, wenn bis zum Ende des fünften Jahres Entnahmen getätigt wurden, die die Summen der Einlagen und der zuzurechnenden Gewinnanteile um mehr als 52.000,00 € übersteigen (Sinn: Vermeidung einer Steuerumgehung durch Einlage und anschließende Entnahme von hohen Geldbeträgen). Dies gilt auch, wenn die Überentnahmen allein zur Zahlung der Erbschaftsteuer verwendet werden.[731] 4009

6. Abzugsbeschränkung; Verzicht auf die Vergünstigung

Schulden in wirtschaftlichem Zusammenhang mit begünstigten Anteilen an Kapitalgesellschaften oder begünstigten Anteilen an land- und forstwirtschaftlichen Vermögen sind bei Inanspruchnahme der Vergünstigung gem. § 10 Abs. 6 Satz 5 ErbStG nur anteilig in dem Verhältnis abzugsfähig, das dem Wertverhältnis zwischen Steuerwert des Anteils einerseits und dem nach Abzug des Freibetrags und des 35 %igen Abschlags verbleibenden Restwert (Steuerwert minus Begüns- 4010

---

[726] Zur Frage der Entgeltlichkeit der Einbringung steuerverstrickten Privatvermögens, z.B. von Kapitalgesellschaftsanteilen über 1 %, in Personengesellschaften vgl. BMF v. 26.11.2004, BStBl. 2004 I, S. 1190 und Rdn. 1809.

[727] BFH, 16.02.2011 – II R 60/09 ZEV 2011, 209; hierzu *Ihle*, notar 2011, 165 und *Riedel*, ZErb 0211, 195.

[728] Auch im Wege eines Anteilstausches (Einbringung gegen Gesellschaftsanteile im Rahmen einer Sachkapitalerhöhung), selbst wenn diese nach § 20 UmwStG erfolgt: FG Münster, 08.07.2009 – 3 K 754/07 Erb, ErbStB 2010, 8.

[729] BFH, 10.05.2006 – II R 71/04, ZEV 2006, 368 m. krit. Anm. *Hübner*; einhellig a.A. die Lit. unter Hinweis auf die Wertung des UmwStG, ertragsteuerneutrale Umwandlungen zu gestatten, und auf das zwingend notwendige Abfindungsangebot gem. § 29 UmwG - nur wenn dieses angenommen wird liege eine nachsteuerschädliche Veräußerung vor, vgl. etwa *Kapp/Ebeling*, ErbStG, § 13a Rn. 167.1 (Okt. 2005); *Meincke*, ErbStG, 14. Aufl. 2004, § 13a Rn. 25.

[730] Da eine Sacheinlage aus dem Betriebsvermögen in eine Kapitalgesellschaft gem. § 13a Abs. 5 Nr. 1 Satz 2 ErbStG noch nicht zur Nachversteuerung führt, vgl. *Viskorf*, INF 2006, 567.

[731] BFH, 11.11.2009 – II R 63/08, ZEV 2010, 156 m. Anm. *Schütte*.

tigung nach § 13a ErbStG) entspricht.[732] Insb. bei hohen Schulden lohnt sich daher ein Verzicht auf § 13a ErbStG gemäß dessen Abs. 6:

Beispiel:[733]

Vererbt bzw. übertragen wird eine GmbH-Beteiligung (Steuerwert 100.000,00 €), die kreditfinanziert angeschafft wurde (Restdarlehen 150.000,00 €), sowie ein Bankguthaben von 100.000,00 €.

Unter Anwendung des § 13a ErbStG wird das Betriebsvermögen vollständig auf Null herabgesetzt, sodass die Schulden zu 0/100, also gar nicht, abgezogen werden können (Gesamtbereicherung demnach 100.000,00 € Bankguthaben). Bei Verzicht auf § 13a ErbStG betragen die Gesamtaktiva 200.000,00 € minus 150.000,00 € nunmehr abzugsfähiger Verbindlichkeiten, sodass nur noch 50.000,00 € Restbereicherung verbleibt.

XI. Begünstigung von Betriebsvermögen nach neuem Recht

4011 Die Nachfolgefrage ist nach Ermittlungen des Instituts für Mittelstandsforschung, Bonn in jährlich ca. 71.000 Unternehmen mit ca. 680.000 Beschäftigten zu lösen. Die erbschaftsteuerliche Belastung hat für Unternehmensnachfolger naturgemäß in Familienunternehmen einen weit höheren Stellenwert als für Kapitalgesellschaften im Streubesitz. In der Gesamtstatistik spielt das inländische Betriebsvermögen (jedenfalls im Jahr 2002) mit einem Anteil von 11,7 % am Gesamtwert der übergehenden Vermögenswerte und von 8,7 % am Gesamtsteueraufkommen der Erbschaft- und Schenkungsteuer lediglich eine untergeordnete Rolle (zum Vergleich: Immobilienvermögen 32 %).[734]

1. Grundkonzept

4012 Um die Ausgestaltung der erbschaftsteuerlichen Belastung (und insb. Verschonung) von Betriebsvermögen wurde bis zuletzt erbittert gerungen; erst Anfang November 2008 hatte sich die Regierungskoalition auf einen einheitlichen Kompromiss geeinigt, dem der Bundesrat am 05.12.2008 zustimmte. Ggü. dem bisherigen Recht (oben Rdn. 3974 ff.) bietet die ab 2009 geltende Regelung deutliche **Vorteile**: An die Stelle des Freibetrags von 225.000,00 € und eines Bewertungsabschlags von 35 % tritt ein Verschonungsabschlag von 85 % sowie ein gleitender Abzugsbetrag von bis zu 150.000,00 €, im alternativen, „ambitionierten" Modell gar ein Verschonungsabschlag von 100 %, sodass das gesamte begünstigte Vermögen ohne Steuerbelastung übertragen werden kann.

4013 Allerdings zeigt sich bei näherem Hinsehen, dass Einschränkungen sowohl hinsichtlich des Umfangs des begünstigungsfähigen Vermögens als auch der einzuhaltenden Anforderungen die Betriebsnachfolge ggü. der bisherigen Handhabung deutlich erschweren. Die Politik entfernt sich immer weiter vom Leitmotiv des Art. 164 der Weimarer Reichsverfassung: *„Der selbständige*

---

732 Vgl. gleichlautender Ländererlass v. 17.06.1997, BStBl. 1997 I, S. 673 ff., Rn 70.
733 Nach *Vorwold*, Auswirkungen der Reform des Erbschaftsteuerrechts auf die notarielle Gestaltung der Unternehmensnachfolge, Seminarskript Auditorium Celle, 24.03.2007, S. 19 f.
734 Studie des Institut für Unternehmensrecht der Universität Mannheim, des Zentrum für Unternehmensnachfolge an der Universität Mannheim (zentUma) e.V. und der Kanzlei Shearman & Sterling LL.P, erstellt für das Jahr 2002, in Wirtschaft und Statistik 2006, 952 (Hrsg.: Statistisches Bundesamt), sowie monografisch bei *Lehmann/Treptow*, Zusammensetzung und Diskrepanz der Erbschaft- und Schenkungsteuer, 2006.

Mittelstand in Landwirtschaft, Gewerbe und Handel ist in Gesetzgebung und Verwaltung zu fördern und gegen Überlastung und Aufsaugung zu schützen."

Die **Ermittlung des begünstigungsfähigen Betriebsvermögens** (zu den möglichen Vergünstigungen s.u. Rdn. 4053 ff.) erfolgt in drei Schritten: 4014

- Zunächst ist zu prüfen, ob dem Grunde nach **begünstigungsfähiges Vermögen** vorliegt (nachstehend Rdn. 4016 ff.)
- sodann ist dieses dem sog. „**Verwaltungsvermögenstest**" zu unterwerfen (nachstehend Rdn. 4065 ff.)
- und schließlich ist – sofern das Verwaltungsvermögen nicht überwiegt (bzw. im ambitionierten Modell 10 % nicht übersteigt) – das sog. „**junge Verwaltungsvermögen**", das noch nicht mindestens 2 Jahre dem Betriebsvermögen zuzurechnen ist, auszunehmen, also normal zu versteuern (nachstehend Rdn. 4104 ff.).

Begünstigt sind – wie bisher – Schenkungen sowie Erwerbe von Todes wegen (dies ergibt sich aus der Nennung der „Erblasser" und „Schenker" in § 13a Abs. 3 ErbStG); Gleiches gilt für die Bemessung der Erbersatzsteuer bei Familienstiftungen, § 1 Abs. 1 Nr. 4 ErbStG (vgl. § 13a Abs. 9 ErbStG); für Letztere gilt allerdings der Entlastungsbetrag nach § 19a ErbStG nicht, da er nur Erwerbe durch natürliche Personen in den Steuerklassen II und III erfasst. 4015

Die Erbschaftsteuerreform ermöglicht bei Erbauseinandersetzungen bzw. Teilungsanordnungen eine zielgenauere Allokation der Vergünstigung beim tatsächlichen Betriebsinhaber (vgl. § 13a Abs. 3 ErbStG).

2. Begünstigtes Vermögen (§ 13b Abs. 1 ErbStG)

§ 13b Abs. 1 ErbStG definiert das begünstigte Betriebsvermögen ähnlich der bisherigen Gesetzeslage (§ 13a Abs. 4 ErbStG a.F.), jedoch räumlich bezogen auf Belegenheiten (Nr. 1), Betriebsstätten (Nr. 2) bzw. Sitz (Nr. 3, also unabhängig von der Belegenheit) in allen Mitgliedstaaten der EU (EU) oder des Europäischen Wirtschaftsraumes (EWR). 4016

Im Einzelnen handelt es sich um:

a) Land- und forstwirtschaftliches Vermögen (§ 13b Abs. 1 Nr. 1 ErbStG)

(Vgl. hierzu umfassend Rdn. 3715 ff.) 4017

b) Betriebsvermögen i.S.d. § 13b Abs. 1 Nr. 2 ErbStG (Betrieb, Teilbetrieb, Mitunternehmeranteil)

Begünstigt ist inländisches Betriebsvermögen i.S.d. §§ 95 bis 97 BewG, d.h. ertragsteuerliches Betriebsvermögen für freiberufliche oder gewerbliche Tätigkeit, sofern der ganze Betrieb, ein Teilbetrieb, ein Mitunternehmeranteil, ein Komplementäranteil an der KGaA oder ein Anteil hieran erworben werden. Erfasst sind demnach auch Kommanditanteile an gewerblich tätigen, gewerblich infizierten (Rdn. 4478) und gewerblich geprägten (Rdn. 4480), im Handelsregister 4018 eingetragenen,[735] Personengesellschaften, nicht jedoch an privatvermögensverwaltenden Personengesellschaften.[736] Atypisch stille Beteiligungen und Unterbeteiligungen an tauglichen Personengesellschaften zählen ebenfalls dazu,[737] und mittlerweile auch die bloße Treugeberstellung (gem. § 39 Abs. 2 Nr. 1 Satz 2 AO);[738] nach früherer Verwaltungspraxis wurde sie nur als Übergang eines Herausgabeanspruchs behandelt (Rdn. 4604). Neu ist die Hereinnahme entsprechenden Betriebsvermögens, das einer Betriebsstätte in einem EU- bzw. EWR-Mitgliedsstaat dient. Damit wird europarechtlichen Bedenken vorgebeugt,[739] ohne dass diese gänzlich ausgeräumt wären.[740]

4019 Überträgt der Schenker seinen gesamten Mitunternehmeranteil, behält jedoch **SBV** ganz oder teilweise zurück (oder vererbt der Erblasser das SBV ganz oder teilweise an andere Personen als den künftigen Inhaber des gesamthänderischen Personengesellschaftsanteils), findet ertragsteuerlich zwangsweise insoweit eine Überführung in das **Privatvermögen** statt. Sofern das SBV mindestens eine wesentliche Betriebsgrundlage beinhaltet, liegt gar die Aufgabe des gesamten Mitunternehmeranteils vor (vgl. Rdn. 4503), sodass dieser auch erbschaftsteuerlich insgesamt nicht mehr begünstigungsfähig ist.

4020 Die **Einzelübertragung** von Gegenständen des Betriebsvermögens, auch des SBVs, ist (wie bisher)[741] ohnehin nicht begünstigungsfähig, ebenso wenig die Abtretung eines Gesellschafterdarlehens bzw. die Übertragung eines „variablen Kapitalkontos" an einer Personengesellschaft[742] oder die Überlassung zur Ausübung eines Nießbrauchs an einem Gesellschaftsanteil.[743] Unschädlich dürfte jedoch – ebenfalls wie bisher – sein, das SBV über- oder unterquotal (§ 6 Abs. 3 Satz 2 EStG, vgl. Rdn. 4712) zu übertragen oder es insgesamt zurückzubehalten, wenn noch ein Teilgesellschaftsanteil beim Inhaber des SBV verbleibt, sodass es weiterhin zum steuerlichen Betriebsvermögen dieser Personengesellschaft zählt.[744]

4021 Liegen inländische oder **EU/EWR-ausländische Betriebsstätten** vor, kann dieses Vermögen auch einer Gesellschaft oder einem Betrieb außerhalb der EU/EWR gehören, d.h. der Sitz oder die Rechtsform des Unternehmens ist insoweit gleichgültig.

---

735 BFH, 04.02.2009 – II R 41/07 ZEV 2009, 356 (m. abl. Anm. *Wachter*): gewerbliche Prägung sei wegen der Vollhaftung des Kommanditisten noch nicht eingetreten; erforderlich ist die Eintragung der GmbH und der KG.
736 Erfasst das Lagefinanzamt irrtümlicherweise das Vermögen einer vermögensverwaltenden GbR als Betriebsvermögen, ist das Erbschaftsteuerfinanzamt daran nicht gebunden, FG Schleswig-Holstein, 03.03.2011 – 3 K 142/09, ErbStB 2011, 188 (n.rk., AZ BFH: II R 11/10).
737 FinMin Baden-Württemberg v. 09.04.2009 DB 2009, 878; ebenso FinMin Bayern v. 23.03.2009 DStR 2009, 908; vgl. bereits zur bisherigen Rechtslage Rdn. 3986. Für atypisch stille Beteiligungen im Unternehmensvermögen vgl. FinMin Baden-Württemberg, 02.11.2010 – 3 S 3806/51.
738 Vgl. FinMin Baden-Württemberg v. 02.11.2010 – 3 S 3806/51, hierzu *Schmidt/Leyh*, NWB 2011, 1071.
739 Vgl. EuGH, 17.01.2008, C-256/06; *Jäger*, DStRE 2008, 174 (Verstoß der bis Ende 2008 geltenden Begünstigungsbeschränkung auf inländisches und forstwirtschaftliches Vermögen gegen das Gemeinschaftsrecht); hierzu OFD Karlsruhe v. 16.07.2008, DB 2008, 1660, und FinMin Baden-Württemberg, Erlass v. 16.07.1 – 3 – S 3831/4, DStR 2008, 1537 – Bewertung nach den für inländisches Betriebsvermögen anwendbaren Vorschriften.
740 Krit. z.B. *Gottschalk*, ZEV 2010, 493 ff.
741 R 51 Abs. 3 Sätze 6 bis 8 ErbStR.
742 FG München, 22.10.2010 – 4 K 1790/10, ErbStB 2011, 68 (n.rk.: BFH II B 157/10); vgl. *Geck/Messner*, ZEV 2011, 246.
743 FG Düsseldorf, 28.10.2009 – 4 K 169/09 Erb, BeckRS 2009, 26028160.
744 Vgl. *Scholten/Korezkij*, DStR 2009, 75.

A. Schenkungsteuerrecht

Werden Beteiligungen an in- oder ausländischen Kapitalgesellschaften in einem Betriebsvermögen oder SBV einer inländischen oder EU/EWR-ausländischen Betriebsstätte gehalten, zählen sie ebenfalls zum begünstigungsfähigen Vermögen (auf den Sitz oder die Geschäftsleitung oder die Belegenheit des Vermögens der Kapitalgesellschaft kommt es insoweit nicht an, auch nicht auf die Beteiligungsquote – anders bei der unmittelbaren Übertragung von Kapitalgesellschaftsanteilen gem. § 13b Abs. 1 Nr. 3 ErbStG: 25 %!). 4022

Demzufolge unterliegt die Übertragung der Beteiligung an der Komplementär-GmbH (SBV der GmbH & Co. KG) sowie der Beteiligung an einer Betriebs-GmbH im Rahmen einer Betriebsaufspaltung (SBV des Besitzunternehmens) allein § 13b Abs. 1 Nr. 2, nicht den verschärften Anforderungen der Nr. 3 ErbStG. 4023

c) Kapitalgesellschaftsanteil (§ 13b Abs. 1 Nr. 3 ErbStG)

aa) Grundsatz

Begünstigungsfähig sind weiter (im Privatvermögen gehaltene) unmittelbare Beteiligungen an Kapitalgesellschaften, allerdings nur wenn Letztere z.Zt. der Steuerentstehung **Sitz oder Geschäftsleitung** im Inland oder (Neuregelung!) im EU- bzw. EWR-Ausland haben. Da lediglich auf Sitz oder Geschäftsleitung abgestellt wird, kann sich das Vermögen der Kapitalgesellschaft auch (sogar überwiegend) in Drittstaaten befinden, ebenso können Tochter- oder Enkelgesellschaften in solchen Drittstaaten sein. Demnach kann die Zwischenschaltung einer inländischen oder EU/EWR-ausländischen Kapitalgesellschaft als Gestaltungsmittel in Betracht kommen. 4024

Voraussetzung ist allerdings weiter, dass der Erblasser bzw. Schenker zu **mehr als 25 %** an dem Kapital dieser Gesellschaft unmittelbar beteiligt ist. Dies dient als „Indiz" dafür, dass der Anteilseigner unternehmerisch in die Gesellschaft eingebunden ist und nicht nur als Kapitalanleger auftritt. Die Beteiligungshöhe ermittelt sich, wie bisher, nur anhand der unmittelbaren Quote, wobei eigene Anteile der Gesellschaft (entgegen der bisherigen Auffassung: R 53 Abs. 2 Satz 1 u. 2 ErbStR) künftig wohl herausgerechnet werden. **Nicht** zählen jedoch (wie im bisherigen Recht: R 53 Abs. 2 Satz 3 ErbStR) **mittelbare** Beteiligungen, ebenso wenig stille Beteiligungen oder Unterbeteiligungen an einer Kapitalgesellschaft;[745] auch eine Zusammenrechnung mit im Betriebs- oder Sonderbetriebsvermögen gehaltenen Beteiligungen findet nicht statt.[746] Wird die Quote nicht erreicht und will der Gesellschafter die mit einer Poolvereinbarung (Rdn. 4026 ff.) verbundenen Restriktionen vermeiden, kann er die Anteile in eine gewerblich geprägte Personengesellschaft einlegen und sodann Anteile an dieser (§ 13b Abs. 1 Nr. 2 ErbStG) übertragen,[747] oder aber – oft nur die zweitbeste Lösung[748] – eine Poolvereinbarung (Rdn. 4026 ff.) schließen. Unerheblich ist, in welcher Höhe tatsächlich Anteile an den Erwerber übertragen werden (auch die Abtretung/Vererbung von 1 % der Anteile ist bspw. grds. begünstigt, sofern der Veräußerer/ Erblasser zum Stichtag mehr als 25 % der Anteile hatte). 4025

---

745 Abschnitt 21 Abs. 2 Satz 3 ErbSt-Erlass v. 25.06.2009, BStBl. 2009 I, S. 713, ebenso zuvor R 53 Abs. 2 Satz 3 ErbStR 2003.
746 Vgl. *Hannes/Onderka*, ZEV 2008, 16, 19.
747 Abschnitt 20 Abs. 1 Satz 3, Abs. 3 Satz 4 ErbSt-Erlass v. 25.06.2009, BStBl. 2009 I, S. 713 ff.; *Ihle*, notar 2010, 63.
748 *Wartenburger*, MittBayNot 2011, 197, 199.

bb) Insb.: Poolvereinbarung

4026 Die Mindestbeteiligung von 25% kann gem. § 13b Abs. 1 Nr. 3 Satz 2 ErbStG auch durch eine **Poolung** erreicht werden. Dadurch sollen auch Splitteranteile an (i.d.R. familiengeführten) Kapitalgesellschaften von den Begünstigungen der §§ 13a und 13b ErbStG profitieren können. Die Poolregelung gilt stets, wenn in Privatvermögen gehaltene Anteile übertragen werden, die an sich die Mindestbeteiligungsquote von 25% nicht erreichen. (Solche Anteile des Privatvermögens können auch vorliegen, wenn sie sich im SBV befanden, jedoch ohne den Anteil am Gesamthandsvermögen übertragen werden und damit in das Privatvermögen entnommen sind.) Mittelbar gehaltene Anteile (z.B. solche, die über eine vermögensverwaltende GbR gehalten sind) können wohl nicht in den Pool einbezogen werden.[749]

4027 In gleicher Weise stellt § 13b Abs. 2 Satz 1 Nr. 2 Satz 2 ErbStG (Rdn. 4089 ff.) auf diese Pool-Vereinbarung ab zur Prüfung, ob es sich um (schädliches) Verwaltungsvermögen handelt oder nicht (lezteres ist nur der Fall, wenn durch eine „Poolung" die unmittelbare Beteiligungsquote von mindestens 25% überschritten ist, wobei es hier nicht darauf ankommt, ob die Anteile im Privat- oder im Betriebsvermögen gehalten werden).

4028 **Hinweis:**
Ein solcher Pool-Vertrag ist sofort zu schließen, um insb. für den unerwarteten Erbfall vorbereitet zu sein. Der ErbSt-Erlass verlangt hierfür (allerdings ohne Anknüpfung im Gesetz) die Schriftform.[750] Das Recht der Kündigung aus wichtigem Grund (§ 723 Abs. 3 BGB) kann zwar nicht ausgeschlossen werden, wegen der Gefahr einer Nachversteuerung bei vorzeitiger Beendigung (Rdn. 4138 ff.) sollte jedoch das ordentliche Kündigungsrecht auf die Dauer von 5 bzw. (bei der ambitionierten Variante) 7[751] Jahren ausgeschlossen sein.

4029 Im Poolvertrag sollte **auf keinen Fall Gesamthandsvermögen** gebildet werden, da nach dem eindeutigen Gesetzeswortlaut[752] nur unmittelbare Beteiligungen an Kapitalgesellschaften begünstigt sind. Dies dürfte auch gelten für Anteile, die bei einer nur vermögensverwaltend tätigen Gesellschaft gehalten werden, trotz der Transparenzregelung in § 10 Abs. 1 Satz 4 ErbStG, so jedenfalls die bisherige Verwaltungsauffassung in R 53 Abs. 2 Satz 3 ErbStR 2003. Demnach empfiehlt sich die Klarstellung: „Die Aktien/Gesellschaftsanteile verbleiben im alleinigen Eigentum der Pool-Mitglieder, Gesamthandseigentum wird also nicht gebildet."

---

749 Wie bisher: R 53 Abs. 2 Satz 3 ErbStR; vgl. *von Oertzen*, Ubg 2008, 59, 61.
750 Abschnitt 21 Abs. 5 Anwendungserlass zum ErbStG.
751 Ursprünglich: 7 bzw. 10 Jahre; durch das Wachstumsbeschleunigungsgesetz mit Rückwirkung ab 2009 verkürzt (§ 37 Abs. 3 Satz 1 ErbStG).
752 Aufweichend BayLfSt v. 10.01.2011, S 3812.b.1.1-1 St 34, DStR 2011, 413: es genüge, wenn ein Teil der Anteile unmittelbar durch die Personengesellschaft im Gesamthandsvermögen, ein weiterer Teil unmittelbar durch einen oder mehrere Gesellschafter im Sonderbetriebsvermögen gehalten werde und zwischen der Personengesellschaft und den betreffenden Gesellschaftern eine entsprechende Poolvereinbarung bestehe.

Die Anforderungen an die Pool-Vereinbarung sind im Einzelnen – bis zu einer Konkretisierung durch die Finanzverwaltung[753] oder Klärung durch die Rechtsprechung – in vielerlei Hinsicht unklar:[754]

(1) Verfügungsbeschränkung

Durch die Pool-Vereinbarung[755] müssen der Erblasser/Schenker, einerseits, und die weiteren, dem Pool angehörigen Mitgesellschafter, andererseits, untereinander verpflichtet sein, über die Anteile nur einheitlich zu verfügen oder diese ausschließlich auf andere derselben Verpflichtung unterliegende Anteilseigner zu übertragen („**Verfügungsbeschränkung**"). Die Verpflichtung kann schuldrechtlich im Rahmen eines gesonderten Pool-Vertrags getroffen sein, der gem. § 15 Abs. 3 GmbHG notarieller Beurkundung bedarf.[756]   4030

Das Element der **Verpflichtung** ist stets notwendig, selbst dann, wenn ein Gesellschafter die andere (100-%ige, ihm gehörende GmbH oder KG) beherrscht. Eindeutig kann diese geschaffen werden durch Regelung im Gesellschaftsvertrag (Rdn. 4048) oder durch eine gesonderte schuldrechtliche Vereinbarung (die nicht über das Handelsregister publik werden soll). Fraglich ist jedoch, ob z.B. durch einseitige Anordnung einer Testamentsvollstreckung über den an mehrere Miterben vererbten Anteil eine identische „Verpflichtung untereinander" erreicht werden kann. Gegen Letzteres spricht, dass durch Veräußerung des Erbteils, die dem Erben trotz Vollstreckung stets möglich bleibt, eine jederzeitige Lösung aus den Beschränkungen erreicht werden könnte.   4031

Die **erste Alternative** der Verfügungsbeschränkung zielt auf eine „einheitliche Verfügung" ab. Vom Begriff der „Verfügung" erfasst ist sowohl die entgeltliche wie auch die unentgeltliche Abtretung von Gesellschaftsanteilen unter Lebenden (in der, 1b Alt.) als Hauptanwendungsfall, wenn auch pars pro toto,[757] genannt), ebenso die Bestellung eines Nießbrauchs oder die Verpfändung. Die Einräumung einer atypischen Unterbeteiligung dürfte ebenfalls dazu zählen, da sie dem Unterbeteiligten mittelbar Verwaltungsrechte und hierdurch wirtschaftliches Eigentum i.S.d. § 39 Abs. 2 Nr. 1 AO verschafft,[758] anderes wird jedoch bei einer typischen Unterbeteiligung (lediglich schuldrechtlicher Anspruch auf Teilhabe am Jahresergebnis) gelten. Gerade für Familiengesellschaften unangenehm ist die Einbeziehung von Verpfändungsvorgängen.[759] Der Erwerb von Todes wegen stellt als gesetzlicher Eigentumserwerb keine Verfügung dar; eine   4032

---

753 Erste Klärungen brachten die gleichlautenden Erlasse v. 29.10.2010 BStBl. 2010 I 1210ff. = ZEV 2010, 658 m. Anm. *Hannes/Onderka/von Oertzen* sowie die Verfügung des BayLfSt v. 11.08.2010, S 3812b.1.1-1 St 34, ZEV 2010, 659; hierzu *Weber/Schwind* DStR 2011, 13ff. und *Felten*, ZEV 2010, 627ff.
754 Vgl. *Weber/Schwind*, ZEV 2009, 16ff. sowie *Groß* ErbStB 2009, 396ff. und 2010, 24ff.
755 Hierzu *Schwind/Schmidt*, NWB 2009, 614ff.
756 Vgl. *Stahl/Fuhrmann*, KÖSDI 2008, 16056, 16066.
757 *Wehage*, ErbStB 2009, 148, 149.
758 Vgl. BFH, 18.05.2005 – VIII R 34/01, BStBl. 2005 II, S. 857; zum Ganzen *Felten* ZEV 2010, 627, 628.
759 Die Wirtschaftsverbände hatten in einer Stellungnahme v. 25.01.2008 gefordert, die Verpfändung auszunehmen, was jedoch nicht Gesetz wurde.

Verpflichtung zur einheitlichen Gestaltung letztwilliger Verfügungen wäre wegen § 2302 BGB ohnehin nichtig.[760]

4033 Offen ist die Bedeutung des Merkmals der **Einheitlichkeit** der Verfügung. Die gesetzliche Anforderung könnte (1) i.S.e. zeitlichen Miteinanders, also einer gleichzeitigen Verfügung aller Gesellschafter, zu verstehen sein; sie könnte (2) weiter so auszulegen sein, dass die Einheitlichkeit nur über ein gemeinschaftliches Halten in GbR erfüllt werden könnte – was allerdings kontraproduktiv wäre, da es dann – trotz der steuerlichen Transparenz nach § 39 Abs. 2 Nr. 2 AO – an der unmittelbaren Beteilung an einer Kapitalgesellschaft fehlt, R 53 Abs. 2 Satz 3 ErbStR;[761] die Einheitlichkeit könnte (3) ferner so verstanden werden, dass sie personell auszulegen ist, also nur an einen Erwerber oder eine Erwerbergruppe erfolgen könne; schließlich (4) kann sie sich auf das Übertragungsobjekt beziehen, also fordern, dass die Übertragung stets in quotentsprechendem Umfang erfolgen müsse.

4034 Für vorstehende enge Auslegung könnte sprechen, dass die zweite Unter-Alternative („Übertragung auf andere derselben Verpflichtung unterliegende Anteilseigner") sonst keinen eigenen Anwendungsbereich mehr behielte. Legt man die Gesetzesbegründung zugrunde, der die bisherigen Stellungnahmen in der Literatur[762] und der Finanzverwaltung[763] folgen, ist jedoch lediglich die Existenz einheitlicher Regularien in Bezug auf Verfügungen zu fordern. Es müssen also **einheitliche Grundsätze**[764] gelten. Zugrunde zu legen ist also ein weiter Begriff der „einheitlichen Verfügung", der sicherstellen soll, dass der Einfluss der Familie erhalten bleibt. Demnach würde es genügen, dass Verfügungen über Geschäftsanteile nur mit Genehmigung der Pool-Versammlung (die auch aufgrund Mehrheitsentscheidung gefasst werden könnte) möglich sind, es sei denn die Übertragung erfolgt an andere Pool-Mitglieder oder an Abkömmlinge des verfügenden Gesellschafters (ggf. auch an den Ehegatten des Gesellschafters). Dasselbe Ergebnis könnte auch durch eine „Erlaubnis mit Verbotsvorbehalt", also das Veto-Recht eines Gesellschafters (Sprecher der Familienversammlung) erreicht werden.

4035 Die bloße Aufnahme von Vorerwerbsrechten bzw. Vorkaufsrechten sowie die für alle Gesellschafter geltende (z.B. qualifizierte) Nachfolgeklausel[765] sichert jedoch keine gleichzeitige Verfügung, auch nicht i.S.d. erweiterten Interpretation. Möglicherweise genügt also (in Anlehnung an das Gesetz) die Formulierung: „Die Pool-Mitglieder sind untereinander verpflichtet, über die Anteile nur einheitlich zu verfügen."

4036 Die **zweite Alternative** der Verfügungsbeschränkung, nämlich die Verpflichtung zur Übertragung an andere derselben Verpflichtung unterliegende Anteilseigner, setzt dem Wortlaut nach

---

760 § 13b Abs. 1 Nr. 3 ErbStG bezieht sich daher zutreffenderweise nur auf Verfügungen unter Lebenden, vgl. *Leitzen* ZEV 2010, 401 ff., auch zur abweichenden Auffassung; vgl. auch *Kramer* GmbHR 2011, 1023, 1025, der aus Vorsicht Regelungen zur beschränkten Vererblichkeit der Poolbeteiligung selbst [z.B. einfache Nachfolgeklausel mit Kündigungsmöglichkeit bei Vererbung an andere als Ehegatten oder Abkömmlinge] vorschlägt, verbunden mit einem Ankaufsrecht der anderen Poolmitglieder hinsichtlich der Kapitalgesellschaftsanteile selbst bei Ausübung des Hinauskündigungsrechts.
761 Krit. zu dieser Verwaltungsauffassung *Götz*, NWB Fach 10, S. 1353; *Weber/Schwind*, ZEV 2009, 18.
762 Vgl. etwa *Hannes/Onderka*, ZEV 2008, 17, 20; *von Oertzen*, Ubg 2008, 57, 62; *Weber/Schwind*, ZEV 2009, 18.
763 Gleichlautende Erlasse v. 29.10.2010, ZEV 2010, 658, Abschnitt 5.
764 *Wachter* in: *Fischer/Jüptner/Pahlke* § 13b ErbStG Rn. 77 m.w.N.
765 *Wehage*, ErbStB 2009, 148, 152.

voraus, dass der Ewerber bereits Pool-Mitglied ist, sodass er zunächst aufzunehmen wäre (noch ohne dass ihm ein Gesellschaftsanteil zustünde, bzgl. dessen die Bindung tatsächlich einzuhalten wäre) und sodann erst die Anteile erwerben dürfte. Sinnvoller wäre allerdings, es (mit der Finanzverwaltung)[766] genügen zu lassen, dass der Erwerber etwa auf gesellschaftsvertraglicher Basis unmittelbar in die bestehende Regelung zur Verfügungsbeschränkung eintritt.[767]

Hierzu[768] folgender   4037

Formulierungsvorschlag: Gebot einheitlicher Verfügung/Vererbung beim Poolvertrag   4038

> Eine Übertragung von Geschäftsanteilen auf Dritte, einschließlich der Einräumung von atypischen Unterbeteiligungen an Dritte, die nicht Poolmitglieder oder Abkömmlinge (bzw. Ehegatten/eingetragene Lebenspartner) eines Poolmitglieds sind, ist nur zulässig, wenn die Poolversammlung mit einfacher Mehrheit zustimmt. Von Todes wegen dürfen gebundene Geschäftsanteile ganz oder teilweise ausschließlich auf Personen übergehen, welche selbst Poolmitglieder oder Abkömmlinge eines Poolmitglieds sind (fortsetzungsberechtigte Personen). Nicht fortsetzungsberechtigte Personen sind verpflichtet, die erworbenen Geschäftsanteile an den/die von der Poolversammlung benannten fortsetzungsberechtigten Person(en) oder die Gesellschaft selbst gegen Entgelt in Höhe der im Gesellschaftsvertrag der Gesellschaft festgelegten Abfindung abzutreten, es sei denn, die Poolversammlung stimmt deren Verbleib in der Gesellschaft mit einfacher Mehrheit sämtlicher Stimmen der Poolmitglieder zu. Die nicht fortsetzungsberechtigten Personen haben bei dieser Beschlussfassung keine Stimme.

(2)   Einheitliche Stimmrechtsausübung

Auch in Bezug auf die daneben notwendige zweite Voraussetzung der „einheitlichen Stimmrechtsausübung" ist der Umfang der „Einheitlichkeit" unklar. Die Gesetzesbegründung stellt lediglich darauf ab, dass die Einflussnahme einzelner Anteilseigner zum Zweck einer einheitlichen Willensbildung zurücktreten muss, sodass auch die Bestimmung eines gemeinsamen Sprechers, die Installation eines Aufsichts- oder Leitungsgremiums, der Stimmrechtsverzicht einzelner Anteilseigner oder die von vornherein vorhandene Stimmrechtslosigkeit[769] von Anteilen ausreichend sind. Die Einflussnahme familienexterner Personen ist ebenfalls nicht von vornherein schädlich. Bei der Installation eines Leitungsgremiums wird jedoch verlangt werden müssen, dass die Gesellschafterversammlung zumindest alle wesentlichen Entscheidungen auf das Gremium übertragen hat, Letzteres also nicht nur beratende oder überwachende Funktion hat.   4039

Bestehen stimmrechtslose Anteile (was bei der AG gesetzlich in § 12 Abs. 1 Satz 2 AktG für Vorzugsaktien vorgesehen ist und auch bei der GmbH möglich ist und den Anforderungen der „einheitlichen Stimmrechtsausübung" genügt), muss zumindest ein Anteil noch Stimmrechte   4040

---

766 Gemeinsame Erlasse v. 29.10.2010, ZEV 2010, 658, Abschnitt 21 Abs. 4 Satz 5 AEErbSt.
767 *Hannes/Onderka*, ZEV 2008, 17, 20; *Weber/Schwind*, ZEV 2009, 16, 20.
768 Im Anschluss an *Weber/Schwind*, DStR 2011, 13 ff.
769 R 13b.6 Abs 5 Satz 1 des Entwurfs der ErbStR 2011 will dagegen stimmrechtslose Anteile (entgegen der Intention des Gesetzgebers) von der Möglichkeit der Einbeziehung in einen Pool gänzlich ausnehmen; hierzu krit. *Schmidt/Schwind*, NWB 2011, 3512, 3524.

vermitteln;⁷⁷⁰ ein ähnliches Ergebnis könnte auch durch gesellschaftsvertragliche Mehrstimmrechte für den Sprecher der Familie erreicht werden. Nicht notwendig ist jedoch, dass die Einflussnahme auf die Gesellschaft ausschließlich durch Pool-Mitglieder erfolgt.

4041 Die Stimmrechtsbindung muss – um steuerlich akzeptiert zu sein – auch zivilrechtlich wirksam sein, insb. nicht gegen § 134 BGB, § 1 GWB und § 136 Abs. 2 AktG⁷⁷¹ (Letzteres z.B. bei Poolmitgliedschaft eines alleinigen oder bestimmenden Vorstands)⁷⁷² verstoßen. Häufigster Anwendungsfall ist sicherlich die Stimmrechtsbindung dadurch, dass zuvor in einer Pool-Versammlung eine Abstimmung durchzuführen ist und das Abstimmungsergebnis durch alle Pool-Mitglieder im Rahmen ihrer eigenen Stimmabgabe umzusetzen ist bzw. aufgrund entsprechender Stimmrechtsvollmacht durch einen einheitlichen Sprecher umgesetzt wird. Dabei kann der Poolvertrag für die Entscheidung über das Abstimmungsverhalten die einfache Mehrheit vorsehen, auch wenn in der nachfolgenden Gesellschafterversammlung eine qualifizierte Mehrheit erforderlich ist.⁷⁷³ Hierzu folgender Formulierungsvorschlag, wobei die Vertragsstrafenregelung nicht durch das ErbStG gefordert ist und auch die Stimmrechtsvollmacht nicht zwingend notwendig wäre:

4042 **Formulierungsvorschlag: Stimmrechtsbindung beim Poolvertrag**

> Vor jeder Abstimmung in der Gesellschaft haben die Mitglieder des Pools vorab in einer Pool-Versammlung über die Ausübung ihrer Stimmrechte bei den Abstimmungen in der Gesellschaft zu beschließen; je ein Euro Beteiligung an der GmbH gewährt dabei eine Stimme. Die Abstimmungen erfolgen mit der Mehrheit, die nach dem Gesellschaftsvertrag der GmbH für die Beschlussfassung dort erforderlich ist. Ist ein Pool-Mitglied aufgrund gesetzlicher oder satzungsmäßiger Bestimmung an der Ausübung des Stimmrechts bei der Beschlussfassung in der GmbH gehindert, kann es auch in der Pool-Versammlung nicht abstimmen. Jedes Pool-Mitglied verpflichtet sich, bei den Beschlussfassungen in der Gesellschaft das Stimmrecht so auszuüben, wie es die Versammlung beschlossen hat. Findet kein Vorschlag die gegebenenfalls erforderliche qualifizierte Mehrheit in der Pool-Versammlung, haben sich die Mitglieder der Pool-Versammlung der Stimmabgabe zu enthalten.
>
> Das Stimmrecht aus gebundenen Anteilen wird ausschließlich durch den Vorsitzenden, bei dessen Fehlen durch den Stellvertreter der Pool-Versammlung, ausgeübt. Jedes Pool-Mitglied hat diesem je einzeln entsprechende Stimmrechtsvollmacht zu erteilen und hierüber eine schriftliche, gegebenenfalls in notariell beglaubigter Form errichtete, Urkunde auszuhändigen. Verstößt ein Pool-Mitglied gegen die Verpflichtung zur einheitlichen Umsetzung des Ergebnisses der Pool-Versammlungsentscheidung oder erteilt es die erforderliche Vollmacht nicht bzw. widerruft es sie ohne Vorliegen eines wichtigen Grunds, hat es in jedem Fall eine Vertragsstrafe i.H.v. ..... € an die Gesamtheit der weiteren Pool-Mitglieder zu entrichten.

---

770 A.A. *von Oertzen*, Ubg 2008, 59, 62.

771 Vgl. zu Letzteren OLG Oldenburg, 16.03.2006 – 1 U 12/05, ZEV 2007, 35, m. Anm. *Reimann*.

772 Nach *Kramer*, GmbHR 2011, 1023, 1026, steht § 136 Abs. 2 AktG jedoch der Wirksamkeit nicht entgegen, wenn die Einflussmöglichkeiten der Poolmitglieder nur ihre Beteiligungsumfänge widerspiegeln. Stimmausübungsschranken im Einzelfall (§ 47 Abs. 4 GmbHG) schaden nicht.

773 *Kramer*, GmbHR 2011, 1023, 1027.

Noch ungeklärt ist, ob Stimmrechtsvereinbarungen, Bindungen oder Verzichte i.R.d. § 8c KStG (Wegfall des Verlustvortrags) schädlich sind.[774] Unabhängig davon gilt: Minderheitsgesellschafter, die unter Missachtung gewachsener gesellschaftsrechtlicher Strukturen aus Gründen der Erbschaftsteuerersparnis auf solche Stimmrechtsbindungsverträge angewiesen sind, werden erpressbar![775]

4043

(3) Mindestbeteiligung

Die Rechtsfolge (grundsätzliche Begünstigungsfähigkeit der gepoolten Anteile) tritt ein mit Überschreiten der Mindestbeteiligungsgrenze von 25 % durch die im Pool gebündelten Anteile. Unklar ist ferner, ob die Mindestbeteiligung lediglich anteilsbezogen oder gesellschafterbezogen zu prüfen ist; die Finanzverwaltung hat hierzu bisher nicht Stellung bezogen.

4044

Beispiel:

Fünf Gesellschafter halten je 20 % Beteiligung an einer GmbH, jeder Gesellschafter bringt 4 % in einen Pool ein, der den Anforderungen des ErbStG i.Ü. entspricht. Überträgt ein Gesellschafter nun die ihm selbst gehörenden 16 % sowie seinen Anteil an den Pool-Anteilen, würde – wenn anteilsbezogen auszulegen ist – die Quote nicht überschritten sein (weder die 16 % Eigenanteil noch die 5 x 4 = 20 % gepoolter Anteile überschreiten die 25 Prozentgrenze). Würde jedoch die Mindestbeteiligung gesellschafterbezogen ermittelt werden, könnten seinen privat gehaltenen 16 % Anteilen weitere 4 x 4 = 16 % gepoolter Anteile hinzugerechnet werden, sodass insgesamt 32 % überschritten wären. Die Literatur plädiert für eine gesellschafterbezogene Betrachtungsweise.[776]

Sicherlich nicht erfüllt sind die gesetzlichen Voraussetzungen jedoch wohl dann, wenn der Pool selbst weniger als 25 % der Anteile erfasst, ein anderes Pool-Mitglied (aber nicht der Schenker/Erblasser selbst) außerhalb der Pool-Vereinbarung weitere Anteile erhält, sodass insgesamt die Mindestbeteiligung unterschritten wäre. Ebenso wenig genügt es, dass der Pool lediglich genau 25 % repräsentiert und ein Pool-Mitglied selbst weitere 25 % hält, da dann keine der beiden Beteiligungsgruppen die 25-%-Grenze – wie gefordert – überschreitet.

4045

Die gesellschafterbezogene Betrachtungsweise kann sich nur auf den Schenker/Erblasser selbst beziehen, da nach dem Wortlaut die Gesellschafter über „die" Anteile, die zum Überschreiten der Mindestbeteiligung führen, nur einheitlich verfügen können müssen, was bei nicht-pool-gebundenen Fremdanteilen nicht der Fall ist, zumal für letztere Anteile auch keine Haltefrist gem. § 13a Abs. 5 Nr. 5 ErbStG existiert.

4046

Offen ist auch, ob eine „Pool-Vereinbarung" voraussetzt, dass es zumindest einen nicht poolangehörigen Gesellschafter gibt, mithin ob auch ein Hundert-Prozent-Pool, wie er bei Familiengesellschaften oft anzutreffen ist, zulässig ist.[777]

4047

---

774 Das BMF, 04.07.2008, BStBl. 2008 I, S. 736, Rn. 7, 2. Spiegelstrich, zählt solche Regelungen zu den „vergleichbaren Sachverhalten" i.S.d. § 8c KStG; abl. *Felten*, DStR 2010, 1261 ff. und *Elicker/Zillmer*, BB 2009, 2620 ff.
775 Empfehlenswerter wäre gewesen, die Anteile Verwandter oder Verheirateter zusammenzurechnen („Familienstämme").
776 *Weber/Schwind*, ZEV 2009, 16, 22; die Frage ist noch immer offen, *Weber/Schwind*, DStR 2011, 13 ff.
777 Vgl. zur Diskussion *Weber/Schwind*, ZEV 2009, 16; *Lahme/Zikesch*, DB 2009, 527.

Kapitel 11: Verkehrsteuern

Zu den Folgen einer Poolaufhebung vor Ablauf der Fünf- bzw. Sieben-Jahresfrist des § 13a Abs. 5 Satz 1 Nr. 5 ErbStG vgl. Rdn. 4138 ff.; die schädliche Verfügung hat nicht zur Folge, dass die bis dahin gepoolten Anteile rückwirkend zum Verwaltungsvermögen gehören.[778] Es mag sich empfehlen, das „Ausscheren" aus der Poolvereinbarung dadurch zu erschweren, dass die betreffende Abrede dem Grunde nach satzungsrechtlich verankert wird (vgl. Rdn. 4048).[779] Schadensersatz- oder Vertragsstrafenregelungen als Sanktion für das Ausscheiden verlangt die Finanzverwaltung nicht.[780] Der bloße Verstoß gegen die schuldrechtliche Poolabrede (z.B. die Stimmrechtsbindung) stellt keine die Nachversteuerung auslösende Aufhebung der Poolvereinbarung selbst dar,[781] was möglichst auch ausdrücklich in der Poolabrede klargestellt werden sollte.

(4) Muster einer Gesamtvereinbarung

4048 **Formulierungsvorschlag: Poolvereinbarung als Satzungsbestandteil**

> Das Stimmrecht aus den in der Gesellschafterliste mit Nr. 4 und 5 versehenen Geschäftsanteilen kann nur einheitlich ausgeübt werden; unterschiedliche Stimmabgabe wird als Enthaltung gewertet. Über diese Anteile oder Teile von ihnen kann nur mit Zustimmung der Inhaber aller Anteile Nr. 4 und 5 verfügt werden. Die Aufhebung dieser Abrede durch Satzungsänderung bedarf der Zustimmung der Inhaber der Anteile Nr. 4 und 5. Auf deren gemeinsames Verlangen sind jedoch die übrigen Mitgesellschafter verpflichtet, der Aufhebung dieser Satzungsbestimmung durch Satzungsänderung zuzustimmen.

4049 Eine (wegen der bedingten Anteilsübertragungspflicht, § 15 GmbHG, zu beurkundende) schuldrechtliche Poolabrede (ggf. auch als Anlage zur Satzung, sofern insgesamt die Poolvereinbarung nur satzungsrechtlich installiert werden soll, zur satzungsrechtlichen Verankerung Rdn. 4051)[782] könnte etwa entsprechend dem folgenden Formulierungsbeispiel formuliert sein.

4050 **Formulierungsvorschlag: Umfangreiche schuldrechtliche Poolvereinbarung (shareholder agreement)**

> **§ 1**
>
> Die Beteiligten schließen sich hiermit zu einem Stimmrechts- und Verfügungspool zusammen, um gemeinsam ihre Interessen in der ..... GmbH mit dem Sitz in ..... („Gesellschaft") wahrzunehmen. Die Gesellschaftsanteile verbleiben im alleinigen Eigentum der Pool-Mitglieder, Gesamthands- oder Miteigentum wird also nicht gebildet.

---

778 BayLfSt v. 10.01.2011, S 3812.b.1.1-1 St 34, DStR 2011, 413.
779 In Anlehnung an *Wälzholz*, Tagungsunterlage „Erbschaftsteuerreform 2008/2009", 41. Bielefelder Notarlehrgang 09.03.2009, S. 121 ff.; *Langenfeld*, ZEV 2009, 596 ff.
780 BayLfSt v. 10.01.2011, S 3812.b.1.1-1 St 34, DStR 2011, 413.
781 *Hübner*, Erbschaftsteuerreform 2009, S. 424; *Wehage*, ErbStB 2009, 148, 153.
782 Dafür plädiert *Langenfeld*, ZEV 2009, 600, mit Formulierungsvorschlag.

§ 2

Bevor die Poolmitglieder in Versammlungen der genannten Gesellschaft ihre Stimme abgeben, haben sie – unabhängig vom Beschlussgegenstand – eine Vorversammlung abhalten, in der sie mit einfacher Mehrheit über die Stimmabgabe entscheiden, und zwar auch, wenn für die Beschlussfassung in der Gesellschaft selbst eine qualifizierte Mehrheit erforderlich ist. Jedes Poolmitglied hat sodann so zu stimmen, wie es die einfache Mehrheit der Poolmitglieder (gewichtet nach dem Stimmrecht in der Gesellschaft selbst) beschließt. Bei Stimmengleichheit haben sich die Poolmitglieder zu enthalten. Uneinheitliche Stimmabgabe der Poolmitglieder in der Gesellschaft gilt ebenfalls als Enthaltung aller. Die Stimmabgabe erfolgt sodann einheitlich durch das an Lebensjahren älteste Mitglied des Pools.

(Alt.: Die Poolmitglieder sind sich einig, dass für alle gebundenen Gesellschafter nur Herr/Frau ..... mit Wirkung für alle das Stimmrecht einheitlich ausübt. Er/Sie wird hiermit entsprechend für die Dauer dieser Vereinbarung unwiderruflich bevollmächtigt. Von § 181 BGB wird Befreiung erteilt. Ihm ist eine Stimmrechtsvollmachtsurkunde gem. § 172 BGB auszuhändigen; er verpflichtet sich, diese bei Beendigung des Poolvertrages zu vernichten.)

§ 3

Für jeden Fall der Zuwiderhandlung ist das betreffende Poolmitglied zur Zahlung einer Vertragsstrafe in Höhe von 20 Prozent des Gegenstandswerts der Beschlussfassung (bei Beschlussfassung ohne Geldwertung in Höhe von 20 Prozent seiner Nominalbeteiligung an der Gesellschaft) zugunsten der übrigen Poolmitglieder verpflichtet.

§ 4

Vor Verfügungen gleich welcher Art über ihre Anteile oder Teile hiervon an der Gesellschaft haben sich die Poolmitglieder zu verständigen. Jedes Poolmitglied ist verpflichtet, Verfügungen über Anteile an der Gesellschaft nur einheitlich mit Zustimmung aller Unterzeichner dieser Vereinbarung vorzunehmen, es sei denn die Verfügung erfolgte zugunsten eines anderen Unterzeichners dieser Vereinbarung (oder einer Person, die im Zuge der Verfügung dieser Poolvereinbarung beitritt).

§ 5

Die heutige Vereinbarung gilt auf unbestimmte Zeit und ist einseitig unkündbar auf die Dauer von 5 (bzw: 7) Jahren und einen Monat ab dem Zeitpunkt einer Steuerentstehung nach § 9 ErbStG – auch wenn keine Steuer festgesetzt wird – bei einem Poolmitglied. Außerhalb einer solchen Fünf- (bzw: Sieben-) Jahresfrist ist die Vereinbarung stets kündbar mit einer Frist von 6 Monaten zum nächsten Jahresende. Der Kündigende scheidet mit Wirksamwerden der Kündigung aus der Gesellschaft aus, die mit den übrigen Mitgliedern der Poolvereinbarung fortgesetzt wird. Er erhält keine Abfindung.

Ein Poolmitglied scheidet aus der Poolvereinbarung aus, wenn es als Gesellschafter aus der GmbH ausscheidet, oder die an die Stelle einer Einziehung tretende tretende Abtretung verlangt wird. Die Poolvereinbarung wird mit einem evtl. Nachfolger in dessen Geschäftsanteil fortgesetzt.

Die Verpflichtungen und Rechte aus dieser Poolvereinbarung sind uneingeschränkt vererblich; die Poolvereinbarung wird mit den Rechtsnachfolgern von Todes wegen fortgesetzt.

§ 6

Änderungen und Ergänzungen dieses Vertrages bedürfen der Schriftform. Durch abweichendes Verhalten, auch im Wiederholungsfall, kommt keine Änderung dieses Vertrages, insbesondere keine Aufhebung, zustande.

4051 Soll nur die Mitgliedschaft im Pool satzungsrechtlich angeordnet werden, kann dies bspw. wie folgt erfolgen[783] (die Regelung aus Rdn. 4049 bildet dann Anlage zur Satzung):

4052 **Formulierungsvorschlag: Poolmitgliedschaft als Satzungsbestandteil**

(1) Diejenigen Gesellschafter, deren jeweils zusammengerechneten eigenen Anteile keine Beteiligung am Nennkapital der Gesellschaft von mehr als 25 % (§ 13b Abs. 1 Nr. 3 Satz 1 ErbStG) erreichen, bilden einen Verfügungs- und Stimmrechtspool i.S. von § 13b Abs. 1 Nr. 3 Satz 2 ErbStG nach Maßgabe der in der Anlage beigefügten Poolvereinbarung. Wird von solchen Gesellschaftern durch Zusammenrechnung ihrer unmittelbaren eigenen Beteiligungen nicht mehr als 25 % erreicht, gilt die Poolvereinbarung auch für denjenigen weiteren Gesellschafter, der seinerseits mehr als 25 % hält – sind mehrere solche Gesellschafter vorhanden, für denjenigen, der die 25 % – Quote selbst am geringsten übersteigt. Gesellschafter, bei denen ein Schenkung- oder Erbschaftsteuerfall eingetreten ist und die wegen des Pooling in den Genuss der Verschonung gekommen sind, bleiben unabhängig von der Höhe ihrer Beteiligung Mitglied der Poolvereinbarung, bis die Behaltensfrist für ihren Erwerb abgelaufen ist.

(2) Geschäftsanteile, die unter Verstoß gegen diese Poolvereinbarung erworben werden, unterliegen den Einziehungsregelungen gemäß § ..... der Satzung.

(3) Eine Abänderung dieser Satzungsbestimmung und/oder der Anlage bedarf der Zustimmung aller Gesellschafter, die Mitglieder des Pools sind.

3. Mögliche Vergünstigungen

a) Verschonungsabschlag und Abzugsbetrag (§ 13a Abs. 1 u. 2 ErbStG)

4053 Im Grundmodell beträgt der „Verschonungsabschlag" 85 % des insgesamt begünstigten Vermögens, vgl. § 13a Abs. 1 i.V.m. § 13b Abs. 4 ErbStG; die verbleibenden 15 % werden als „nicht betriebsnotwendiges Vermögen" fingiert, sodass sie wie Privatvermögen besteuert werden. Diese gesetzlich zwingende Abgrenzung tritt an die Stelle der im Entwurf des nicht realisierten Unternehmensfortführungserleichterungsgesetzes geplanten Differenzierung nach „produktivem" und „unproduktivem" Vermögen. Wählt allerdings der Steuerpflichtige gem. § 13a Abs. 8 ErbStG unwiderruflich die „ambitioniertere" Variante der Freistellung, Rdn. 4061 ff. (mit verschärften Anforderungen und Fortführungsauflagen), entfällt die 15 %ige Sofortbesteuerung – werden alle gesetzlichen Auflagen auf die Dauer von 7 (ursprünglich, vor dem Wachstumsbeschleunigungsgesetz: zehn) Jahren eingehalten, winkt am Ende die 100 %ige Freistellung.

---
783 Angelehnt an *Langenfeld*, ZEV 2009, 596; *Stahl*, KÖSDI 2010, 16822.

A. Schenkungsteuerrecht

Für die verbleibenden 15 % wird ein sog. Abzugsbetrag von max. 150.000,00 € gewährt, der sich jedoch um die Hälfte des übersteigenden Betrags verringert, soweit verbleibendes begünstigtes Vermögen (15 %) die Grenze von 150.000,00 € übersteigt. Ab 450.000,00 € oder mehr begünstigungsfähigem verbleibendem Vermögen entfällt also der Abzugsbetrag komplett. (Bei einem Wert des Betriebsvermögens von 3 Mio. €, also einem Verschonungsabschlag von 85 % = 2.550.000,00 €, wird also kein Abzugsbetrag gewährt; beträgt das Betriebsvermögen 2 Mio. €, der Verschonungsabschlag also rund 1.700.000,00 € [85 % davon], verbleiben 300.000,00 €, was einem Abzugsbetrag von 75.000,00 € entspricht [150.000,00 € abzgl. der Hälfte des diesen übersteigenden Betrags, also der Hälfte von 350.000,00 € = 75.000,00 €].) 4054

Der Abzugsbetrag von max. 150.000,00 € kann innerhalb von 10 Jahren für von derselben Person angefallene Erwerbe nur einmal berücksichtigt werden (vgl. § 13a Abs. 2 ErbStG) dadurch soll eine Aufspaltung in mehrere Einzelzuwendungen unterhalb der 150.000,00 €-Grenze verhindert werden. 4055

Für die **Inanspruchnahme des Abzugsbetrags** ist es gleichgültig, ob der frühere Freibetrag des § 13a Abs. 1 ErbStG a.F. (dieser betrug bis zum Jahr 2001 500.000,00 DM, in den Jahren 2002 und 2003 256.000,00 €, von 2004 bis 2009 225.000,00 €) während der vorangehenden 10 Jahre bereits einmal in Anspruch genommen wurde, da der Freibetrag des alten Rechts ggü. dem Abzugsbetrag des neuen Rechts keine Sperrfrist in Gang setzte, zumal beide unterschiedlich ausgestaltet sind. (Der Abzugsbetrag des neuen Rechts ist erwerberbezogen, der Freibetrag des alten Rechts war schenkerbezogen.)[784] 4056

Eines Antrags für die Gewährung des Abzugsbetrag bedarf es nicht; demgemäß besteht auch keine Möglichkeit, auf diesen zu verzichten, um ihn für einen anderen künftigen Erwerb in Anspruch nehmen zu können. 4057

Die Inanspruchnahme des Abzugsbetrags durch einen Erwerber – und sei sie auch nur teilweise – sperrt für die folgenden 10 Jahre, sodass ein Auffüllen der nicht benutzten Betragsanteile auf 150.000,00 € nicht in Betracht kommt. Anders dürfte es sich verhalten, wenn der Abzugsbetrag nachträglich vollständig wegfällt, z.B. weil nach einer Kürzung des Verschonungsabschlags infolge Verstoßes gegen Behaltensfristen o.ä., der nichtbegünstigte Anteil über 450.000,00 € gestiegen ist. Dann dürfte für spätere Übertragungen von derselben Person der Abzugsbetrag erneut zur Verfügung stehen (wie auch im alten Recht: R 67 Abs. 3 Satz 4 ErbStR). Der Abzugsbetrag kann allerdings für andere Erwerbe vom selben Schenker zugunsten anderer Personen erneut in Anspruch genommen werden (anders als der bisherige Freibetrag i.H.v. 225.000,00 €, der schenker-, nicht erwerberbezogen war). 4058

b) Tarifbegrenzung (§ 19a ErbStG)

Zugunsten natürlicher Personen der Steuerklassen II und III wird durch § 19a Abs. 1 bis 4 ErbStG erreicht, dass die Steuerbelastung auf das Niveau der Steuerklasse I reduziert wird. Adoptionen des Betriebsnachfolgers, die allein der Erzielung des geringeren Steuersatzes in Steuerklasse I dienen, sind also insoweit entbehrlich (allerdings wird der personenbezogene Freibetrag nach 4059

---

[784] Vgl. ausführlich *Perlwein*, DStR 2008, 1080 ff.; so nun auch ausdrücklich Abschnitt 6 Abs. 2 Satz 4 der Ausführungserlasse zum ErbStG v. 25.06.2009, BStBl. 2009 I, S. 713, 719.

§ 16 ErbStG – 400.000,00 € statt 20.000,00 € – nur durch eine Adoption erreicht!). Technisch wird die Tarifbegrenzung dadurch erreicht, dass für den steuerpflichtigen Erwerb die Steuer nach der tatsächlichen Steuerklasse des Erwerbers und alternativ nach Steuerklasse I ermittelt wird; der Differenzbetrag ist mit dem zuvor ermittelten Anteil (Wert des begünstigten Vermögens nach Abzug aller Verschonungsabschläge und des Abzugsbetrags sowie ggf.[785] der mit dem Vermögen wirtschaftlich im Zusammenhang stehenden abzugsfähigen Schulden und Lasten, einerseits, zum Wert des gesamten Vermögensanfalls, andererseits) zu multiplizieren; dieser Entlastungsbetrag ist dann bei der Ermittlung der festzusetzenden Steuer abzuziehen.

4060 Die Tarifbegrenzung unterliegt demselben Vorbehalt der Behaltensregelung (§ 13a Abs. 5 ErbStG) wie der Verschonungsabschlag, allerdings hat das Ergebnis der Lohnsummenprüfung nach § 13a Abs. 1 ErbStG auf die Gewährung des Tarifabschlags keinen Einfluss. Sinkt – aufgrund Verstoßes gegen die Behaltensregelungen – der Verschonungsbetrag, ist auch der Abzugsbetrag neu zu berechnen (regelmäßig mit der Folge einer Reduzierung, sofern der nichtbegünstigungsfähige Anteil über 150.000,00 € steigt), sodass der steuerpflichtige Teil des Betriebsvermögens höher wird und demnach auch der Entlastungsbetrag des § 19a ErbStG sich erhöht.

c) Ambitioniertes Modell: volle Steuerbefreiung

4061 Gem. § 13a Abs. 8 Nr. 4 i.V.m. § 13b Abs. 4 ErbStG winkt dem Steuerpflichtigen ein Verschonungsabschlag von 100 %, wenn zusätzliche Voraussetzungen erfüllt sind und ein diesbezüglicher Antrag gestellt wird. Der Abzugsbetrag nach § 13a Abs. 2 ErbStG fällt naturgemäß dann, da kein begünstigtes Vermögen nach Abzug der 100 % mehr verbleiben kann, fort, ebenso der Entlastungsbetrag nach § 19a ErbStG.

4062 Die Option zum Alternativ-Modell kommt nur in Betracht, wenn der verschärfte Verwaltungsvermögenstest (10 %-Quote statt 50 %-Quote) bestanden wird. Scheitert dieser Test, ist die Option unbeachtlich, es kann also – sofern die weiteren Voraussetzungen eingehalten werden – noch die Regelverschonung greifen.[786]

> **Hinweis:**
>
> Votiert der Erwerber jedoch für das ambitionierte Modell und verstößt er später gegen die insoweit verschärften Auflagen (Lohnsummenprüfung auf 7 Jahre verlängert und auf 100 % verschärft, ebenso die Behaltensregelungen auf 7 Jahre verlängert),[787] kann er sich nicht mehr „auffangweise" auf die Grundregelung berufen, selbst wenn diese für ihn günstiger gewesen wäre.

---

[785] Sofern nicht bereits bei der Wertermittlung mittelbar berücksichtigt, z.B. durch Abzug der damit im Zusammenhang stehenden Zinsausgaben.

[786] Abschn. 17 Abs. 3 der einheitlichen Anwendungserlasse v. 25.06.2009 BStBl. 2009 I, S. 713 ff.; vgl. *Wälzholz*, DStR 2009, 1605 ff.

[787] Vor der Änderung durch das Wachstumsbeschleunigungsgesetz 2010: jeweils auf 10 Jahre verlängert. Die Änderung gilt gem. § 37 Abs. 3 Satz 1 ErbStG bereits ab 01.01.2009 und erfasst auch diejenigen Sachverhalte, in denen bis zum 01.07.2009 gem. Art. 3 ErbStRefG für Erbfälle der Jahre 2007/2008 zugunsten des neuen Rechtes optiert wurde.

Nach der Gesetzesbegründung kann der (unwiderrufliche!) Optionsantrag bis zur formellen Bestandskraft der Steuerfestsetzung erklärt werden. Obwohl die Lohnsummenprüfung und der Verwaltungsvermögenstest für jede Einheit gesondert erfolgen, erlaubt die Finanzverwaltung[788] nicht, den Antrag bei mehreren zu übertragenden Betrieben oder Teilbetrieben lediglich auf einen Betrieb oder Teilbetrieb zu beschränken, sofern sie aufgrund einheitlichen Zuwendungsaktes übergehen. Es empfiehlt sich, Schenkungen zu „entzerren" (Rdn. 4153).[789]

4063

§ 19a Abs. 5 ErbStG sieht eine nachträgliche Anwendung der Tarifbegrenzung auch beim ambitionierten Modell vor, was naturgemäß aber nur in Betracht kommt, wenn der Entlastungsbetrag im Nachhinein wegen Teilverstoßes gegen die Behaltensfristen oder die Lohnsummenprüfung anteilig gekürzt wird.

4064

4. Ausschluss der Betriebsvermögensbegünstigung bei Verwaltungsvermögen (§ 13b Abs. 2 ErbStG)

a) Testverfahren

Sofern im ersten Prüfungsschritt dem Grunde nach begünstigungsfähiges Betriebsvermögen abgegrenzt ist, ist dieses in einem zweiten Schritt dem „**Verwaltungsvermögenstest**" zu unterziehen, indem festgestellt wird, ob es wertmäßig mehr als 50% (Basisvariante) bzw. zu mehr als 10% (ambitioniertes Alternativmodell) aus „Verwaltungsvermögen" besteht. Wird dieser Test nicht bestanden, ist das Vermögen insgesamt, auch hinsichtlich der neben dem Verwaltungsvermögen vorhandenen „produktiven Vermögensteile", nicht begünstigungsfähig. Wird er bestanden, ist es (bis auf das junge Verwaltungsvermögen, Rdn. 4104 ff.) insgesamt begünstigungsfähig.

4065

Testobjekt ist bei der Übertragung eines Anteils an einer Kapitalgesellschaft das gesamte Vermögen der Kapitalgesellschaft (unabhängig von der Höhe des übertragenen Anteils),[790] bei Übertragung eines Betriebs oder Teilbetriebs ist lediglich der Teilbetrieb bzw. das Betriebsvermögen dem Test zu unterwerfen, bei der Übertragung eines Anteils an einer Personengesellschaft erfolgt der Test bzgl. dieses übertragenen Gesamthandsanteils zuzüglich des mitübertragenen SBV (bzw. des mitübertragenen SBV-Anteils).[791] Rechnerisch ist also der Gesamtbetrag aus Verwaltungsvermögen im SBV und anteiligem Verwaltungsvermögen im Gesamthandsanteil durch den Gesamtwert des übertragenen Anteils – inklusive des mitübertragenen SBV – zu dividieren. Bei mehreren begünstigten Einheiten hat der Test für jede Einheit separat zu erfolgen.[792]

4066

Der Test ist lediglich zum **Besteuerungszeitpunkt** (Entstehen der Steuer) durchzuführen, sodass es gleichgültig ist, ob er auch zuvor bestanden worden wäre oder danach noch bestanden werden kann. Allenfalls über § 42 AO (Gestaltungsmissbrauch) könnten Umstrukturierungen, die knapp

4067

---

788 Abschn. 17 Abs. 1 der einheitlichen Anwendungserlasse v. 25.06.2009, BStBl. 2009 I, S. 713 ff.; a.A. *Scholten/Korezkij*, DStR 2009, 78 (einheitliche Wahl nur bei einer Mehrhetit von geerbten Betrieben).
789 *Ihle*, notar 2010, 62 empfiehlt einen Abstand von 6 Monaten.
790 Vgl. *Rödder*, DStR 2008, 997, 990.
791 Vgl. *Viskorf/Philipp*, ZEV 2009, 230 ff., mit Berechnungsbeispielen auch bei negativem SBV.
792 Vgl. Abschnitt 5 Abs. 3 Satz 2 Nr. 1 der Ausführungserlasse zum ErbStG v. 25.06.2009, BStBl. 2009, I, S. 713, 719.

vor dem Stichtag erfolgen, geahndet werden (Verkauf schädlichen Verwaltungsvermögens: Bargeld ist als nicht verbriefte Forderung unschädlich).[793]

4068 Rechnerisch erfolgt der Verwaltungsvermögenstest gem. § 13b Abs. 2 Satz 4 ErbStG dergestalt, dass die Summe der gemeinen Werte der Einzelwirtschaftsgüter des Verwaltungsvermögens zum gemeinen Wert des Gesamtbetriebs ins Verhältnis gesetzt wird. Gleiches gilt gem. § 13b Abs. 2 Satz 6 ErbStG (i.d.F. des JStG 2010) klarstellend bei Anteilen an Kapitalgesellschaften. Der **gemeine Wert des Gesamtbetriebs** ist dabei **netto**, also unter Berücksichtigung der Zinsbelastung aufgrund Fremdfinanzierung, zu ermitteln. Das **Verwaltungsvermögen** wird dagegen zu gemeinen Werten, **brutto** – also ohne Abzug der mit diesem Verwaltungsvermögen zusammenhängenden Schulden – angesetzt. Diese inkohärente Berechnungsweise führt zu einer rechnerischen „Überbetonung" des Verwaltungsvermögens, bis zu dem fast absurden Ergebnis, dass das Verwaltungsvermögen mehr als 100 % des gemeinen Werts des Betriebs ausmacht.

4069 *Beispiel:*[794]

Ein Betrieb verfügt über Verwaltungsvermögen von 300.000,00 € und sonstige Aktiva im Wert von 700.000,00 €, denen Passiva i.H.v. 800.000,00 € gegenüberstehen (Eigenkapitalquote also 200.000,00 €). Der Unternehmenswert beträgt wegen schlechter Ertragslage und hoher Fremdfinanzierung beispielsweise lediglich 250.000,00 €, also knapp mehr als das steuerliche Eigenkapital. Das Verwaltungsvermögen (300.000,00 € ohne Schuldenabzug) beträgt also 120 % des Unternehmenswerts.

4070 Umgekehrt können rein rechnerisch tatsächlich die Aktiva eines Unternehmens fast ausschließlich aus Verwaltungsvermögen bestehen und dennoch ist die 50-%-Grenze nicht überschritten, insb. sofern der Unternehmenswert aufgrund sehr hoher Erträge weit über den Aktiva-Bestand des Unternehmens angewachsen ist.

4071 Vorstehende Regelungen enthalten eine **deutliche Verschärfung** ggü. dem bis Ende 2008 geltenden Rechtszustand, der bspw. dadurch gekennzeichnet war, dass es auf die Zusammensetzung des Vermögens an einer Kapitalgesellschaft, an der 25 % oder mehr übertragen wurden, nicht ankam. Personengesellschaften, die nicht gewerblich tätig sind, sondern lediglich kraft ihrer gewerblichen Prägung (GmbH & Co KG) Betriebsvermögen halten, sind daher ab 2009 nicht mehr taugliche Vehikel zur Inanspruchnahme der Betriebsvermögensbegünstigung.

b) Verwaltungsvermögen im Einzelnen (§ 13b Abs. 2 Satz 2 ErbStG)

4072 Das Gesetz zählt abschließend folgende Positionen zum „Verwaltungsvermögen" (der in Vorgänger-Entwürfen, etwa zum Unternehmensnachfolge-Erleichterungsgesetz, verwendete Begriff des „unproduktiven Vermögens" wurde nicht weitergeführt).

aa) Dritten zur Nutzung überlassene Grundstücke (§ 13b Abs. 2 Satz 2 Nr. 1 ErbStG)

4073 Betroffen sind nur **unbewegliche Sachen** (Grundstücke, Grundstücksteile, Bauten, grundstücksgleiche Rechte), nicht aber Fahrzeuge, Konzessionen-Rechte oder Lizenzen, die an Dritte vermietet oder verpachtet sind.

---

793 Vgl. *Scholten/Korezkij*, DStR 2009, 148.
794 Nach *Scholten/Korezkij*, DStR 2009, 148.

Der Begriff des „**Dritten**" ist evident weitgefasst: Es kann sich auch um Angehörige des Schenkers handeln, um Arbeitnehmer der Firma, um vom Schenker beherrschte Kapitalgesellschaften. Dem Grunde nach schafft also die Nutzungsüberlassung im Konzern Verwaltungsvermögen, sofern keine der nachstehend genannten Ausnahmen (wie allerdings häufig) eingreifen.[795]

Gleichgültig ist die Art und Dauer der Nutzungsüberlassung, es muss also kein Entgelt für die Gebrauchsgewährung geschuldet sein. Bei strenger Betrachtung würde daher auch ein Hotelbetrieb (tägliche Nutzungsüberlassung) ein Camping-, Haus- oder Parkhaus-Verwaltungsvermögen darstellen,[796] was (auch angesichts der Bereichsausnahme für Wohnungsunternehmen, Buchst. d) wenig nachvollziehbar ist. Die Finanzverwaltung[797] behilft sich damit, nicht von einer Überlassung von Grundbesitz auszugehen, wenn weitere gewerbliche Tätigkeiten einheitlich angeboten werden, sodass die gesamte Tätigkeit als originär gewerblicher Vorgang einzustufen ist, etwa im Beherbungsgewerbe (Hotels) oder bei der Verpachtung brauereieigener Gaststätten im Zusammenhang mit Getränkelieferungsverträgen. 4074

Gänzlich ungenutzte Grundstücke und Gebäude (z.B. leerstehende Räume) zählen nicht zum Verwaltungsvermögen, das Gesetz verlangt insoweit nicht eine aktive eigenbetriebliche Nutzung zur Vermeidung der Verwaltungsvermögenseigenschaft von Immobilien. 4075

Aufgrund des sehr weiten grundsätzlichen Anwendungsbereichs des § 13b Abs. 2 Satz 2 Nr. 1 ErbStG (Dritten zur Nutzung überlassene Grundstücke) sind bedeutsame Einschränkungen erforderlich geworden, um dem Missbrauchszweck der Ausgrenzung „unproduktiven Vermögens" gerecht zu werden: 4076

(1) Ausnahme Sonderbetriebsvermögen und Betriebsaufspaltung (lit. a)

Beide sind nur dann unschädlich (stellen also kein Verwaltungsvermögen dar), wenn die Rechtsstellung des Erblassers/Schenkers auf den Erwerber übergeht und die an die Gesellschaft zur Nutzung überlassenen Grundstücke (zum Sonderbetriebsvermögen vgl. Rdn. 4466 ff.) von der Gesellschaft nicht an einen weiteren Dritten zur Nutzung überlassen werden. Auf Art und Dauer der „weiteren Nutzungsüberlassung" kommt es auch hier nicht an. Zum begünstigten Sonderbetriebsvermögen eines Personengesellschafters zählen auch Ansprüche aus Pensionszusagen.[798] 4077

Der Sachverhalt der Betriebsaufspaltung (s. hierzu Rdn. 4449 ff.) wird im Gesetz dahin gehend beschrieben, dass der Erblasser/Schenker sowohl im überlassenden Betrieb als auch im nutzenden Betrieb allein oder zusammen mit anderen Gesellschaftern („**Gruppentheorie**")[799] einen einheitlichen geschäftlichen Betätigungswillen durchsetzen konnte. Diese Beschreibung geht jedoch über den eigentlichen Sachverhalt der Betriebsaufspaltung hinaus. 4078

---

795 Vgl. *Piltz*, ZEV 2008, 229, 230.
796 So ausdrücklich *Griesel/Mertes*, ErbBstg 2008, 202, 203.
797 BayLfSt v. 11.08.2010, S 3812a.2.1 – 3 St 34, ZEV 2010, 660; hierzu *Brüggemann*, ErbBstg 2010, 278 ff.
798 *Halaczinsky/Schumann*, ErbStB 2011, 106 ff.
799 Diese Erweiterung war im RegE noch nicht enthalten.

4079 *Beispiel:*
Eine Obergesellschaft vermietet ihren Grundbesitz an eine hundertprozentige Tochter-Gesellschaft: Sofern der Erblasser/Schenker an der Obergesellschaft mehrheitlich beteiligt ist, kann er seinen Willen auf beiden Ebenen durchsetzen, sodass gem. § 13b Abs. 2 Satz 2 Nr. 1 Satz 2 Buchst. a) kein Verwaltungsvermögen vorliegt; eine Betriebsaufspaltung im ertragsteuerlichen Sinne liegt gleichwohl an sich nicht vor. Gemeint war die Ausnahme des Buchst. a) für solche Konzernsachverhalte ersichtlich nicht, sonst hätte es der Konzernausnahme des Buchst. c) (s. Rdn. 4083) nicht bedurft.

4080 Die Eigenschaft des Schenkers/Erblassers als „Doppelgesellschafter" (also als Mitglied der Gruppe, die sowohl das Besitz- als auch das Betriebsunternehmen beherrscht) muss auf den Erwerber übergehen, was wohl (über den Wortlaut hinaus) auch dann gegeben ist, wenn der Erwerber bereits Mitglied bei beiden Gruppen war bzw. nur bei einer der beiden Gruppen ein Übergang auf den schon in dieser Gruppe vorhandenen Erwerber stattfindet.[800]

(2) Ausnahme Betriebsverpachtung (lit. b)

4081 Ausgenommen ist ferner die Vertriebsverpachtung im Ganzen, solange der Erblasser/Schenker keine Betriebsaufgabe erklärt hat (zum diesbezüglichen Wahlrecht vgl. Rdn. 4469) und aus der Pacht Gewinneinkünfte erzielte (§ 13b Abs. 2 Satz 2 Nr. 1 Satz 2 Buchst. b) Satz 1 ErbStG). Das Gesetz regelt zwei Verpachtungsfälle:

- Der **bisherige Pächter** wird durch eine letztwillige Verfügung oder eine „rechtsgeschäftliche Verfügung" **als Erbe eingesetzt**. Dem Wortlaut nach kann dann allerdings das Unternehmen zu Lebzeiten dennoch einem anderen zugewendet werden?![801]

4082 - Die (auf max. 10 Jahre befristete) **Verpachtung erfolgt deshalb an einen Dritten**, „weil der Beschenkte zur Zeit der Steuerentstehung den Betrieb noch nicht führen kann"; die 10-Jahres-Frist beginnt bei Minderjährigen erst mit Vollendung des 18. Lebensjahres. Offen ist demnach die Rechtslage, wenn er zwar geeignet, aber noch nicht willens ist! Ob er die Qualifikation dann erlangt, ist nach dem Wortlaut ebenfalls gleichgültig.[802]

4083 Von beiden Verpachtungsausnahmen profitieren können naturgemäß nur solche verpachteten Betriebe, die vor der Verpachtung begünstigtes Vermögen i.S.d. § 13b Abs. 1 ErbStG darstellten und den Verwaltungsvermögenstest (50 %) bestanden haben, also z.B. nicht verpachtete Betriebe, deren Hauptzweck die Überlassung von Grundstücken ist, es sei denn, es handelte sich um Wohnungsunternehmen gemäß nachstehend Rdn. 4085). Trotz des missverständlichen Wortlautes (der lediglich auf die Einkunftsarten des § 2 Abs. 1 Nr. 2 und 3, nicht der Nr. 1, EStG Bezug nimmt) ist auch die Verpachtung landwirtschaftlicher Betriebe und Flächen (lit. e) erfasst, sofern es sich nicht um Stückländerei (§ 13a Abs. 5 Nr. 2 ErbStG) handelt.[803]

(3) Ausnahme Konzernfälle (lit. c)

4084 **Nutzungsüberlassungen im Konzern** sind ebenfalls ausgenommen, führen also nicht zur Entstehung von Verwaltungsvermögen. Der Konzernbegriff ist wie bei der Beurteilung der Zins-

---

800 Vgl. *Bauer/Wartenburger*, MittBayNot 2009, 95.
801 *Hannes/Onderka*, ZEV 2009, 13; *Schwind/Schmidt*, NWB 2009, 612.
802 Vgl. *Bauer/Wartenburger*, MittBayNot 2009, 96.
803 Vgl. *Wellmann*, ZErb 2010, 12, 17.

schranke (§ 4h EStG) abzugrenzen[804] (womit internationale Rechnungslegungsvorschriften mittelbar Eingang in das ErbStG gefunden haben). Es darf aber auch hier keine Nutzungsüberlassung an einen konzernfremden Dritten erfolgen.

(4) Wohnungsunternehmen (lit. d)

Verwaltungsvermögen liegt ferner nicht in Bezug auf Gebäude oder Grundstücke vor, die zum Betriebsvermögen eines Einzelunternehmens, zum Gesamthandsvermögen einer (nicht lediglich vermögensverwaltenden,[805] sondern gewerblich tätigen, infizierten oder geprägten) Personengesellschaft, oder zum Vermögen einer Kapitalgesellschaft gehören, sofern Hauptzweck des Betriebes die Vermietung von Wohnungen ist und dessen Erfüllung einen wirtschaftlichen Geschäftsbetrieb (§ 14 AO) erfordert. Da die Vermietung von Wohnungen i.S.d. § 181 Abs. 9 BewG lediglich „Hauptzweck" des Betriebes sein muss, fragt sich, bis zu welchem Umfang auch andere Tätigkeiten als Nebenzweck unproblematisch sind (Beispiel: Gewerbeimmobilien, Büros, Supermärkte). Der Bericht des Finanzausschusses v. 26.11.2008 plädiert dafür, insoweit auf das Verhältnis der Grundbesitzwerte abzustellen,[806] ohne jedoch insoweit einen kritischen Prozentsatz zu nennen.[807] Wird diese Hürde genommen, ist auch das sonstige Vermögen dieses Unternehmens begünstigt, selbst wenn es sich sonst um „junges", erst in den letzten 2 Jahren zugeführtes Verwaltungsvermögen handeln würde.[808]

4085

Das weiter erforderliche **Kriterium des wirtschaftlichen Geschäftsbetriebs** (§ 14 AO) ist problematisch, da § 14 Satz 3 AO just die (hier ungünstige) Regelvermutung aufstellt, dass bei Vermietung von unbeweglichem Vermögen eine reine Vermögensverwaltung vorliege. Eine solche wird zum einen überschritten, wenn der Vermieter wesentliche über die typische Vermietertätigkeit hinausgehende Zusatzleistungen erbringt (z.B. Frühstücksdienst, Hausmeister-Service o.ä.) oder aber wenn es sich um kurzfristige Vermietung mit häufigem Benutzerwechsel handelt, sodass eine geschäftliche Betätigung in den Vordergrund rückt[809] oder aber bei häufigen Vermögensumschichtungen.

4086

Tatsächlich ist jedoch wohl der gesetzgeberische Gedanke dahin gehend zu interpretieren, ob ein in kaufmännischer Weise eingerichteter, also wirtschaftlicher Geschäftsbetrieb vorliegt.[810] Dieses § 1 Abs. 2 HGB entnommene Merkmal stellt in wesentlicher Hinsicht darauf ab, ob die Vermietung der Immobilie in einer Größenordnung erreicht wird, die den Einsatz von Arbeitnehmern erfordert. Nur dadurch lässt sich auch das sonst sinnwidrige Ergebnis vermeiden, dass wegen Überschreitens der Grenze der Vermögensverwaltung hin zur gewerblichen Tätigkeit (also

4087

---

804 Abschnitt 27 des Entwurfes (Stand: 01.04.2009) der koordinierten Ländererlasse zur Erbschaftsteuer verweist auf Rn. 59 bis 68 des BMF-Schreibens v. 04.07.2008, BStBl. 2008 I, S. 718.
805 Wird allerdings die Beteiligung an einer solchen, niemals geprägten oder zwischenzeitlich entprägten, Personengesellschaft in einer gewerblichen oder kapitalgesellschaftlichen Holding gehalten, wird auch diese Beteiligung vertikal in den „Wohnungsbegünstigungstest" einbezogen, vgl. *Müller/Fröhlich*, ErbStB 2010, 14, 16.
806 BT-Drucks. 16/11107, S. 14.
807 *Müller/Fröhlich*, ErbStB 2010, 14, 19 plädiert für das Verhältnis der vermieteten Flächen zueinander.
808 *Ostermayer/Riedel*, BB 2009, 1395, 1397.
809 BFH, BStBl. 1969 II, S. 441, 442.
810 Bericht des Finanzausschusses v. 26.11.2008, BT-Drucks. 16/11107, S. 14; vgl. im Einzelnen *Möhrle/Gerber*, DB 2011, 903 ff.

bei Zugrundeliegen des Kriteriums des § 14 AO) die erweiterte gewerbesteuerliche Kürzung des § 9 Nr. 1 Sätze 2 ff. GewStG entfällt.

4088 Im Ergebnis besteht insoweit erhebliche Rechtsunsicherheit. Die Literatur sieht jedenfalls einen kaufmännischen Geschäftsbetrieb bei mehr als 500.000,00 € Jahresumsatz als erforderlich an, sofern sich nicht die Geschäftsentwicklung im Einzelfall als einfach und gleichförmig darstellt.[811] Der Entwurf der ErbStR 2011 (R 13b.13)[812] zieht die Vermutungsgrenze bei mehr als 300 Wohnungen. Es spielt dann keine Rolle, ob das Eigentumsunternehmen diese – einen kaufmännischen Geschäftsbetrieb erfordernde Verwaltung – selbst durchführt oder durch verbundene Unternehmen (Betriebsaufspaltung) bzw. gar durch externe Dienstleister durchführen lässt.[813] Hinzuweisen ist weiter darauf, dass das Vorliegen der Voraussetzungen eines Wohnungsbauunternehmens nur zum Stichtag gegeben sein muss, spätere Änderungen, bspw. die Rückkehr zur reinen Vermögensverwaltung, also keine Nachversteuerung i.S.d. § 13a Abs. 5 ErbStG auslöst.[814]

bb) Minderheitsanteile an Kapitalgesellschaften (§ 13b Abs. 2 Satz 2 Nr. 2 ErbStG)

4089 Verwaltungsvermögen bilden weiter Anteile an (in- und ausländischen) Kapitalgesellschaften, sofern die unmittelbare Beteiligung am Nennkapital dieser Gesellschaften 25 % nicht überschreitet (§ 13b Abs. 2 Satz 2 Nr. 2 ErbStG; ausgenommen sind jedoch naturgemäß solche Kleinbeteiligungen in der Hand von Kredit- oder Finanzdienstleistungsinstituten). Auch hier ist die (bereits auf der ersten Ebene, der Prüfung begünstigungsfähigen Vermögens in § 13b Abs. 1 Nr. 3 Satz 2 ErbStG, enthaltene) **Pool-Regelung** entsprechend zur Prüfung, ob die 25 %-Quote erreicht wird, anzuwenden.

4090 Anteile, die z.T. im Gesamthandsvermögen einer Personengesellschaft und i.Ü. im SBV eines Gesellschafters (der nicht der Übertragende sein muss!) gehalten werden, sind zusammenzurechnen.

4091 Maßgeblich ist stets die Höhe der im Betriebsvermögen der Gesellschaft insgesamt gehaltenen Beteiligung an der Kapitalgesellschaft, nicht etwa die durchgerechnete mittelbare Beteiligungsquote des Obergesellschafters, dessen Anteil soeben übertragen wird.[815]

4092 Wird die 25 %-Schwelle nicht erreicht, zählt der Beteiligungswert voll zum Verwaltungsvermögen, selbst dann, wenn die betreffende Kapitalgesellschaft ausschließlich produktives Vermögen innehat. Dies kann im Einzelfall absurde Folgen haben.

Beispiel:[816]

Im Betriebsvermögen eines Einzelunternehmens befindet sich eine 20 %ige Beteiligung an einer Tochter-GmbH. Das Einzelunternehmen wie auch die GmbH sind in vollem Umfang operativ tätig. Das Einzelunternehmen hat einen Wert von 5 Mio. € (ohne Berücksichtigung der Erträge der GmbH), die Beteiligung

---

811 *Ivens*, DStR 2010, 2168.
812 Hierzu *Schmidt/Schwind*, NWB 2011, 3512, 3525.
813 FinMinBayern, Erlass v. 12.07.2010, 34 – S 3812b – 001–27200/01 ZEV 2010, 432; *Hannes/Onderka/v. Oertzen*, ZEV 2010, 466; *Ivens*, DStR 2010, 2168.
814 Vgl. *Hannes/Steger*, ErbStB 2009, 119.
815 Vgl. *Piltz*, ZEV 2008, 229, 230.
816 Nach *Scholten/Korezkij*, DStR 2009, 151.

selbst einen Wert von 6 Mio. €. Da die Beteiligung aufgrund der zu geringen Quote als Verwaltungsvermögen gilt, überwiegt das Verwaltungsvermögen (Relation 6 Mio. € zu 11 Mio. €), sodass der Test nicht bestanden wird, wenn jede Begünstigung ausscheidet, obwohl sowohl beim Einzelbetrieb als auch bei der Beteiligung lediglich produktives Vermögen vorhanden ist.

cc) Anteile an Gesellschaften mit überwiegendem Verwaltungsvermögen (§ 13b Abs. 2 Satz 2 Nr. 3 ErbStG)

Verwaltungsvermögen bilden auch unmittelbare Beteiligungen an in- und ausländischen Personengesellschaften, ebenso unmittelbare Beteiligungen an in- und ausländischen Kapitalgesellschaften mit einer Quote von mehr als 25 % bzw. wenn die Kapitalgesellschaftsbeteiligung zu einem Pool gehört und die Summe aller pool-gebundenen unmittelbaren Anteile 25 % überschreitet, jeweils sofern die (Personen- bzw. Kapital-) Gesellschaft ihrerseits zu mindestens 50 % aus Verwaltungsvermögen besteht. 4093

Die Prüfung des Verwaltungsvermögens auf der Ebene des Tochter-Unternehmens wird nach den gleichen Regelungen wie beim Mutter-Unternehmen durchgeführt, obwohl eine unmittelbare gesetzliche Regelung hierzu fehlt.[817] Auch hier ist also die Summe der gemeinen Werte der Einzelwirtschaftsgüter des Verwaltungsvermögens (als Brutto-Wert, ohne Schuldenabzug) zum gemeinen Wert des Gesamtbetriebs der Tochter-Gesellschaft (als Netto-Wert) ins Verhältnis zu setzen. Bei Anteilen an einer Personengesellschaft ist auch das SBV in den Verwaltungsvermögenstest miteinzubeziehen. 4094

Eine Durchrechnung „des Gesellschaftsvermögens in Relation zum Mutter-Unternehmen", also eine transparente Gewichtung, erfolgt nicht, es gilt vielmehr das „Alles-oder-Nichts-Prinzip". Die Tochter-Gesellschaft, die den Verwaltungsvermögenstest nicht bestanden hat, zählt bei der Mutter-Gesellschaft komplett als Verwaltungsvermögen und infiziert demnach Letztere („**negativer Kaskadeneffekt**"). 4095

Beispiel:[818]

Übertragen wird die gesamte Beteiligung an der Großmutter-GmbH (Wert 35 Mio. €). Deren 100 %ige Beteiligung, die Mutter-GmbH, hat einen Wert von 18 Mio. €, deren 100 %ige Beteiligung wiederum, die Tochter-GmbH, einen Wert von 7 Mio. €. Die Tochter-GmbH, hält ihrerseits zwei je 100 %ige Beteiligungen, nämlich an der Enkel-1-GmbH (2 Mio. €) und der Enkel-2-GmbH (10 Mio. €)

Alle Gesellschaften, die Großmutter-, Mutter- und Tochter-GmbH sowie die Enkel-1-GmbH, haben ausschließlich „produktives" Vermögen, lediglich bei der Enkel-2-GmbH besteht Verwaltungsvermögen i.H.v. 6 Mio. €.

Bei der Enkel-2-GmbH überwiegt also das Verwaltungsvermögen, sodass die gesamte Beteiligung an der Enkel-2-GmbH im Wert von 10 Mio. € bei der Tochter-GmbH als Verwaltungsvermögen gilt. Die Tochter-GmbH hat einen eigenen Wert von 7 Mio. € zuzüglich Beteiligungen von gesamt 12 Mio. € (Enkel-1- und Enkel-2-GmbH), sodass das Verwaltungsvermögen (10 Mio. €) mehr als 50 % des Unternehmenswert der Tochter-GmbH ausmacht. Dann ist die gesamte Beteiligung an der Tochter-GmbH im Wert von 19 Mio. € bei der Mutter-GmbH wiederum Verwaltungsvermögen, sodass auf der Ebene der Mutter-GmbH das Verwaltungsvermögen (19 Mio. €) mehr als 50 % des gesamten Unternehmenswerts (18 Mio. € Ei-

---

817 Vgl. *Scholten/Korezkij*, DStR 2009, 151.
818 Nach *Scholten/Korezkij*, DStR 2009, 152.

genwert zuzüglich 19 Mio. € Beteiligung = 37 Mio. €) ausmacht. Folglich zählt auch die Beteiligung an der Mutter-GmbH bei der Großmutter-GmbH zum Verwaltungsvermögen und führt insgesamt dazu, dass auch dort der Verwaltungsvermögenstest nicht bestanden wird, da das Verwaltungsvermögen (Summe der Vermögen aus Mutter, Tochter, Enkel-1- und Enkel-2-GmbH, d.h. 37 Mio. €) 50 % des gesamten Unternehmenswerts (35 Mio. € Eigenwert plus 37 Mio. € = 72 Mio. €) überwiegt. Im Ergebnis führt also ein Anteil von 6 Mio. € bei der Enkel-2-GmbH dazu, dass die gesamte Untermehmensgruppe im Wert von 72 Mio. € nicht begünstigungsfähig ist.

4096 Positiv zu vermerken ist allerdings, dass auf der Ebene der Tochter-Gesellschaften keine Sonderregelung für „junges Verwaltungsvermögen" (Rdn. 4104 ff.) existiert (die diesbezüglich vom Bundesrat angeregte Ergänzung ist vom Gesetzgeber nicht aufgegriffen worden). Es kann also unschädlich bei der Tochter-GmbH bis zur 50 %-Grenze „aufgefüllt" werden.[819]

4097 Interessant ist weiter, dass auf der Ebene der Tochter-Gesellschaft stets lediglich die **50 %-Grenze** gilt, selbst wenn bei der Ober-Gesellschaft bzw. beim zu prüfenden Betrieb das ambitionierte Modell (10 %-Grenze) gewählt wurde. Letztere bezieht sich stets nur auf die oberste Ebene, auf den nachgelagerten Ebenen gilt weiter die 50 %-Grenze. Dies folgt eindeutig aus dem Gesetzeswortlaut, da die 10 %-Grenze sich lediglich auf § 13b Abs. 2 Satz 1 ErbStG bezieht, also für Satz 2 nicht relevant ist, vgl. § 13a Abs. 8 Nr. 3 ErbStG. Demnach ergeben sich beim ambitionierten Modell steuerliche Planungsmöglichkeiten durch Verlagerung des Verwaltungsvermögens von der Mutter- auf die Tochter- oder Enkel-Gesellschaft. Das Jahressteuergesetz 2010 hat diese Gestaltungsmöglichkeit entgegen erster Ankündigungen nicht abgeschafft (**„positiver Kaskadeneffekt"**, Rdn. 4161 ff. mit Berechnungsbeispiel).

dd) Wertpapiere und vergleichbare Forderungen (§ 13b Abs. 2 Satz 2 Nr. 4 ErbStG)

4098 Die Definition des „Wertpapiers" bleibt im Gesetz offen – möglicherweise nimmt sie Bezug auf das Gliederungsschema des § 266 Abs. 2a HGB (Abschnitt III Finanzanlagen Nr. 5). Die Finanzverwaltung vertritt eine engere (für den Steuerpflichtigen also günstigere) Auslegung unter Beschränkung auf am Markt gehandelte Wertpapiere i.S.d. § 2 Abs. 1 des Wertpapierhandelsgesetzes (WpHG), sodass die zivilrechtlich als Wertpapier einzustufenden kaufmännischen Orderpapiere i.S.d. §§ 363 bis 365 HGB, Wechsel und Schecks sowie auf Order lautende Anweisungen und Rektapapiere nicht darunter zählen.[820] Unklar ist, ob auch solche Wertpapiere zum Verwaltungsvermögen zählen, die als Rückdeckung für eine Pensionszusage dienen, bzw. Ansprüche gegen Rückdeckungsversicherungen selbst.[821]

4099 Besonders streitträchtig ist der Umfang der „vergleichbaren Forderungen". Denkbar wäre, dass damit die Finanz-Innovationen gemeint sind, die gesetzestechnisch nicht unter den Begriff der Wertpapiere fallen; die strengere Linie der Finanzverwaltung subsumiert darunter nur solche Produkte, die nach § 2 Abs. 1 WpHG als Wertpapiere gelten, obwohl über sie keine Urkunden ausgegeben werden, z.B. Schuldbuchforderungen, Geldmarkt- und Festgeldfonds.[822]

---

819 Vgl. *Scholten/Korezkij*, DStR 2009, 152.
820 In diese Richtung Abschnitt 32 Abs. 1 des koordinierten Ländererlasses zur Erbschaftsteuer v. 25.06.2009 BStBl. 2009 I, S. 737, sodass allenfalls Pfandbriefe und Wechsel im internationalen Warenverkehr darunter zählen.
821 Dagegen *Milatz/Bockhoff*, ErbStB 2011, 13 ff. (hilfsweise seien sie entgegen § 13b Abs. 2 Satz 4 ErbStG mit den Versorgungsverpflichtungen zu saldieren).
822 Hinweis 32 des koordinierten Ländererlasses zur Erbschaftsteuer v. 25.06.2009, BStBl. 2009 I, S. 737.

Ganz überwiegend wird angenommen, dass jedenfalls Kundenforderungen aus Lieferungen und Leistungen,[823] Forderungen aus konzerninternen Darlehen[824] sowie Geldbestände (Bar- und Buchgeld, also Sicht- oder Sparanlagen)[825] nicht zu den vergleichbaren Forderungen zählen.[826] Auch (z.B. fondsgebundene) Lebensversicherungen im Betriebsvermögen – jedenfalls solange der Versicherungsnehmer nicht in schädlicher Weise „vermögensverwaltend" Einfluss nehmen kann, § 20 Abs. 1 Nr. 6 Satz 5 EStG, Rn 2193 – gehören wohl nicht zum Verwaltungsvermögen.[827]

Auch Festgeldkonten zählen jedenfalls nach Ansicht der Finanzverwaltung[828] nicht zum Verwaltungsvermögen, ebensowenig Darlehensansprüche gegen fremden Dritte oder Forderungen aus Lieferungen und Leistungen, z.B. geschuldete Kaufpreisforderungen aus dem Verkauf betrieblichen Vermögens,[829] ebenso wenig Forderungen an verbundene Unternehmen. 4100

Dennoch sind insoweit Zweifel angebracht: 4101

> **Hinweis:**
>
> Sofern es (wortlautgemäß, zur abweichenden Verwaltungsauffassung vgl. Rdn. 4099) zutrifft, dass Bar- und Buchgeld sowie Festgeld nicht zum Verwaltungsvermögen zählt, könnten solche Mittel in eine gewerblich geprägte GmbH & Co KG eingebracht werden (die Zweijahresfrist ist hierfür, da Betriebsvermögen vorläge, nicht einzuhalten), sodann steuerfrei übertragen und 7 Jahre gehalten werden, wonach die Gesellschaft liquidiert wird. Ggf. kann sogar (unter Einhaltung der Zwei-Jahres-Frist) schädliches Verwaltungsvermögen (z.B. Wertpapiere) bis zur 10% bzw. 50% Grenze „beigepackt" werden. Da beim „Verwaltungsvermögenstest" nur auf die Verhältnisse zum Bewertungsstichtag abgestellt werden, schaden spätere Umschichtungen in Wertpapiere nicht. Allerdings dürfen über den Fünf- bzw. Siebenjahreszeitraum keine Überentnahmen i.S.d. § 13a Abs. 5 Satz 1 Nr. 3 ErbStG stattfinden. Auch ist zu bedenken, dass die Erträge nicht der Abgeltungsteuer unterliegen, sondern in einer Kapitalgesellschaft der Körperschaft- und Gewerbesteuer (was in etwa dem Niveau der Abgeltung- und Kirchensteuer entspricht), in einer gewerblich geprägten Personengesellschaft der individuellen Progression (aber unter Abzugsmöglichkeit von Betriebsausgaben, unter Verrechnung von Kursverlusten mit sonstigem Einkommen, und unter Berücksichtigung von Dividenden nur zu 60%).

---

823 *Stahl/Fuhrmann*, KÖSDI 2008, 16056, 16058; *Hannes/Onderka*, ZEV 2008, 16, 21; *Schulz/Althof/Markl*, BB 2008, 528.
824 *Rödder*, DStR 2008, 997, 999.
825 *Herbach/Kühnold*, DStZ 2008, 20, 25; *Piltz*, ZEV 2008, 229, 231; *Griesel/Mertes*, ErbBstG 2008, 202, 204. Die koordinierten Ländererlasse vom 25.06.2009, BStBl 2009 I, S. 698 ff., Abschnitt 9 Abs. 3 Satz 5 sehen Bargeld nur dann als begünstigt, wenn es aus gewerblicher Tätigkeit stammt.
826 Anders noch der RegE v. 26.10.2006 (Unternehmensnachfolgeerleichterungsgesetz), der von „Geldforderungen ggü. Kreditinstituten und vergleichbaren Forderungen" sprach, vgl. zur insoweit bestehenden Ungewissheit *Hannes/Onderka*, ZEV 2008, 16, 21; *Geck*, ZEV 2008, 557, 562.
827 *Koblenzer*, ErbStB 2010, 178; ausführlich Werz, ErbStB 2011, 100 ff.
828 Hinweis 32 des koordinierten Erlasses zur Erbschaftsteuer v. 25.06.2009, BStBl. 2009 I, S. 737; a.A. *Piltz*, ZEV 2008, 229, 231; *Griesel/Mertes*, ErbBstG 2008, 202, 205; *Stahl/Fuhrmann*, KÖSDI 2008, 16056, 16057.
829 A.A. *Piltz*, ZEV 2008, 229, 231.

ee) Kunstgegenstände etc. (§ 13b Abs. 2 Satz 2 Nr. 5 ErbStG)

4102 Kunstgegenstände, Kunstsammlungen, wissenschaftliche Sammlungen, Bibliotheken, Archive, Münzen, Edelmetall und Edelsteine zählen zum Verwaltungsvermögen,[830] sofern der Handel mit solchen Gegenständen nicht Hauptzweck des Gewerbetriebs ist. Unklar ist das zur Bemessung des Hauptzwecks anzuwendende Kriterium (Umsatz, Gewinn, Anzahl der beschäftigten Mitarbeiter).

4103 Die Bibliothek des Steuerberaters oder RA ist demnach wohl Verwaltungsvermögen (anders das Kunstvermögen eines Galeristen). Verwaltungsvermögen ist auch das beim Zahnarzt vorhandene Zahngold, da die Verarbeitung oder der Handel damit nicht Hauptzweck der Praxis sein wird.

c) Junges Verwaltungsvermögen (§ 13b Abs. 2 Satz 3 ErbStG)

4104 Nach „Absolvierung" des Verwaltungsvermögenstests (oben Rdn. 4065, 4072) ist sodann zu untersuchen, inwieweit „**junges Verwaltungsvermögen**" vorliegt, § 13b Abs. 2 Satz 3 ErbStG (bei Personengesellschaften) bzw. § 13b Abs. 2 Satz 7 ErbStG (bei Kapitalgesellschaften, seit dem JStG 2010). „Jung" ist das Verwaltungsvermögen, solange es dem Betrieb im Besteuerungszeitpunkt weniger als 2 Jahre zuzurechnen ist. Damit soll ein kurzfristiges Auffüllen von Betriebsvermögen durch Verwaltungsvermögen bis zur 50%-Grenze, um sodann die steuerbegünstigte Übertragung in Anspruch zu nehmen, verhindert werden.

4105 Solch „junges Vermögen" wird aus der Begünstigung ausgeschieden, wobei dies rechnerisch wiederum so geschieht, dass der Wert des „jungen Verwaltungsvermögens" direkt vom Unternehmenswert, also einem Netto-Wert, abgezogen wird. Da zuvor der 50%-Test bestanden worden sein muss, könnten auf diese Weise bis zu 50% des Unternehmenswerts als „junges Vermögen" ohne Begünstigung bleiben. Sachgerechter wäre es gewesen, die Nichtberücksichtigung des „jungen Verwaltungsvermögens" dergestalt zu bewerkstelligen, dass der anteilige Prozentanteil am Aktiv-Vermögen (nicht am Netto-Wert) unberücksichtigt bleibt.

4106 Nach dem Wortlaut der Norm umfasst der Ausschluss jungen Verwaltungsvermögens nicht nur solche Gegenstände, die tatsächlich durch Einlage zugeführt wurden (dem Missbrauchsvermeidungscharakter der Norm entsprechend), sondern auch solche, die mit Mitteln des Betriebsvermögens angeschafft wurden, also im Wege des „Aktiv-Tausches".[831] Dies führt zu unverständlichen Ergebnissen, die jedoch (entgegen eines aus dem Bundesrat geäußerten Vorschlags) i.R.d. Jahressteuergesetzes 2010 nicht korrigiert wurden.

4107 *Beispiel:*[832]

Im Betriebsvermögen befindet sich ein Wertpapierdepot, also Verwaltungsvermögen. Wird der 50%-Test bestanden, kann dieses begünstigt besteuert werden. Wurde es jedoch innerhalb des 2-Jahres-Zeitraums vor dem Besteuerungszeitraum umgeschichtet, gehören die neuen Wertpapiere nicht in den erforderlichen Zeitraum zum Verwaltungsvermögen, wären also nicht begünstigungsfähig, sodass dieser „Aktiv-Tausch" schädlich wäre. Werden Wertpapiere dagegen (anstelle der Umschichtung) verkauft, sodass

---

830 Krit. hiergegen *Hoheisel/Nesselrode*, DStR 2011, 441.
831 Vgl. hierzu *Rödder*, DStR 2008, 997, 999; *Scholten/Korezkij*, DStR 2009, 148. Der Entwurf der ErbStR 2011 (R 13b.19) enthält hierzu keine gegenteilige Aussage, vgl. *Schmidt/Schwind*, NWB 2011, 3512, 3526.
832 Nach *Scholten/Korezkij*, DStR 2009, 148.

Bar- oder Buchgeld vorhanden ist, würde bereits dem Grunde nach kein Verwaltungsvermögen mehr vorliegen, sodass dieser „Aktiv-Tausch" unschädlich wäre.

Ähnliche Probleme ergeben sich bei **konzerninternen Umstrukturierungen**, z.B. Übertragungen von Beteiligungen, die als Verwaltungsvermögen zu qualifizieren sind (Verkürzung oder Verlängerung der Beteiligungskette), Formwechsel bei Personen- in eine Kapitalgesellschaft und umgekehrt. Sinn und Zweck der Vorschrift rechtfertigt nicht die vom Wortlaut her jedoch naheliegende Qualifizierung des Ergebnisses solcher Vorgänge als „junge Verwaltungsvermögen", wenn diese konzerninternen Änderungen innerhalb des 2-Jahres-Zeitraums stattfinden. 4108

Richtigerweise ist bei mehrstöckigen Konzernstrukturen junges Verwaltungsvermögen lediglich auf der obersten Konzernebene zu eliminieren;[833] unklar ist hierzu die Auffasssung der Finanzverwaltung.[834]

5. Lohnsummenkriterium (§ 13a Abs. 1 Satz 2 i.V.m. Abs. 4 ErbStG)

Die Gewährung des vollen Verschonungsabschlags für die max. freigestellten 85 % (bei Wahl der „ambitionierten Variante" gem. oben Rdn. 4053 ff.: 100 %) des unternehmerischen Vermögens setzt voraus, dass über einen Beobachtungszeitraum (sog. Lohnsummenfrist) von 5 (bei der ambitionierten Variante: sieben) Jahren nach dem Erwerb die Summe der maßgeblichen jährlichen Lohnsummen des Betriebs (bei Personen- oder Kapitalgesellschaftsbeteiligungen des Betriebs, den die Gesellschaft führt), 400 % der Ausgangslohnsumme (also durchschnittlich 80 vH/Jahr) nicht unterschreitet (bei der ambitionierten Variante 700 % auf den Sieben-Jahres-Zeitraum).[835] Vor der Änderung durch das Wachstumsbeschleunigungsgesetz 2010 hatten die Lohnsummenfristen 7 bzw. 10 Jahre, die Prozentsätze 650 % (entspricht im Jahresdurchschnitt ca. 93 %) bzw. 1000 % betragen.[836] 4109

a) Ausnahmen

Die Lohnsummenprüfung **unterbleibt**, wenn der „Betrieb" zum Besteuerungszeitpunkt max. zwanzig[837] „Beschäftigte" hat, § 13a Abs. 1 Satz 4 ErbStG. Unklar ist, ob als Beschäftigte nur Vollzeit- oder auch Teilzeit-Beschäftigte zählen, ggf. sogar auf 400,00 €-Basis beschäftigte Mitarbeiter, Praktikanten, Familienangehörige, Auszubildende usw. Die Gesetzesbegründung verweist insoweit auf § 23 Abs. 1 Satz 3 KSchG, die jedoch diese Fragen nicht abschließend beantwortet. Nach Maßgabe des Ausführungserlasses[838] bleiben Leih- und Saisonarbeiter unbe- 4110

---

833 Vgl. *Wälzholz* DStR 2009, 1605, 1611 (zur Vorgängerregelung des § 13b Abs. 2 Satz 3 ErbStG), ebenso *Ihle*, notar 2011, 13 m.w.N. in Fn. 8.
834 Abschn. 34 Abs. 3 der gleichlautenden Ländererlasse v. 25.06.2009, BStBl. 2009 I, S. 713; BT-Drucks. 17/2249 S. 92 zu § 13b Abs. 2 Satz 7 ErbStG n.F.
835 Vgl. zum folgenden *Schmidt/Schwind*, NWB 2009, 2410 ff.
836 Rückwirkende Änderung ab 01.01.2009, § 37 Abs. 3 Satz 1 ErbStG. Sie erfasst auch diejenigen Sachverhalte, in denen bis zum 01.07.2009 gem. Art. 3 ErbStRefG für Erbfälle der Jahre 2007/2008 zugunsten des neuen Rechtes optiert wurde.
837 Vor der Änderung durch das Wachstumsbeschleunigungsgesetz 2010: zehn Mitarbeiter.
838 Vom 25.06.2009, BStBl. 2009 I, S. 713, 721 (Abschnitt 8 Abs. 2 Satz 2). Der dort enthaltene Verweis auf Anhang I der VO (EG) 1503/2006 führt jedoch zu Widersprüchen, da Zeit- und Saisonarbeitskräfte zu berücksichtigen seien, nicht aber Leiharbeitnehmer, vgl. *Esskandari*, ErbStB 2011, 194.

rücksichtigt, eine Umrechnung auf der Grundlage der regelmäßigen wöchentlichen Arbeitszeit erfolgt nicht.

4111 Hinsichtlich des Begriffs „Betrieb" ist ebenfalls unklar, ob lediglich die Beschäftigtenzahl des Mutter-Unternehmens in einer Holding-Struktur zugrunde zu legen ist oder ob auch die nachgeordneten Tochtergesellschaften einbezogen werden. (Lediglich hinsichtlich der Ausgangslohnsumme, aber nicht hinsichtlich der Arbeitnehmerzahl, findet sich insoweit eine Regelung im Gesetz.) Nach a.A. könnten zum Betrieb auch Organ-Töchter zählen oder aber alle nachgeordneten Gesellschaften, wobei deren Arbeitnehmer nur anteilig im Verhältnis der gehaltenen Beteiligung[839] berücksichtigt werden würden. Andernfalls könnte das Lohnsummenkriterium durch Gründung einer Holding-Gesellschaft mit weniger als zwanzig Arbeitnehmern insgesamt ausgehebelt werden.[840] Die Finanzverwaltung[841] will das „Zwanzig-Beschäftigten-Kriterium" für jede wirtschaftliche Einheit (Gewerbebetrieb bzw. unterschiedliche Art begünstigten Vermögens) getrennt ermitteln, wobei (rechtlich bedenklich)[842] auch die Arbeitnehmerzahlen nachgeordneter Gesellschaften einzubeziehen sind. Soweit eine wirtschaftliche Einheit weniger als zehn Arbeitnehmer hat, bleibt sie bei der Ausgangs- und der Mindestlohnsumme unberücksichtigt.

4112 Daneben entfällt die Lohnsummenregelung, wenn die Ausgangslohnsumme null Euro beträgt, was jedoch neben dem Kriterium der Zahl der Beschäftigten (abgesehen von Fällen der Sklaverei) keine Bedeutung haben dürfte. Die Finanzverwaltung[843] sieht von einer Lohnsummenprüfung ferner „*in Fällen von geringer Bedeutung, z.B. bei einem gemeinen Wert des erworbenen begünstigten Vermögens von bis zu 150.000 Euro*" ab.

b) Zeiträume

4113 Der 5-Jahres-Zeitraum zur Ermittlung der Ausgangslohnsumme bezieht sich auf die „fünf vor dem Besteuerungszeitpunkt endenden Wirtschaftsjahre". Erfolgt also eine Übertragung zum 31.12.2009, 24 Uhr, dürfte auch das Jahr 2009 mit zählen, bei einer Übertragung am 30.12.2009 dagegen lediglich die Jahre 2004 mit 2008.[844]

4114 Die **Lohnsummenprüfung** erfolgt nach Ablauf von 5 bzw. 7 „Jahren seit der Übertragung". Abzustellen ist wohl auf die Wirtschaftsjahre (ähnlich § 13a Abs. 1 Satz 3 ErbStG), die innerhalb eines Zeitraums von 5 bzw. 7 Kalenderjahren nach der Übertragung enden. Erfolgt also die Übertragung unterjährig, ist das laufende Wirtschaftsjahr nicht bei der Ermittlung der Ausgangslohnsumme, aber bei den kumulierten Lohnsummen des 5-, bzw. 7-Jahres-Zeitraums zu berücksichtigen, selbst dann, wenn die Übertragung kurz vor Ende des Wirtschaftsjahres erfolgt, sodass der Übernehmer auf die Lohnsumme in den verbleibenden wenigen Tagen kaum noch Einfluss nehmen kann.

---

839 Analog § 15 Abs. 1 Nr. 3 Satz 3 KStG, der i.R.d. Zinsschranke anzuwenden ist.
840 So aber *Ammenwerth*, ErbBStG 2009, 37; vgl. auch *Esskandari*, ErbStB 2011, 194, 196.
841 Anwendungserlass zum ErbStG v. 25.06.2009, BStBl. 2009 I, S. 713, 721 (Abschnitt 8 Abs. 2 Satz 5 bis 8).
842 *Söffing/Thonemann*, DB 2009, 1836, 1837, werten dies als unzulässige Analogie, ebenso *Ihle*, notar 2010, 62.
843 Anwendungserlass zum ErbStG v. 25.06.2009, BStBl. 2009 I, S. 713, 721 (Abschnitt 8 Abs. 1 Satz 6).
844 Vgl. *Scholten/Korezkij*, DStR 2009, 254.

A. Schenkungsteuerrecht

c) Ermittlung

Die **relevante Lohnsumme** wird gem. § 13a Abs. 4 ErbStG[845] sehr ausführlich (in 239 Worten) definiert. **Freie Mitarbeiter** und der Inhaber eines einzelkaufmännischen Unternehmens[846] sind bspw. nicht zu berücksichtigen, jedoch das **Gehalt eines Gesellschafter-Geschäftsführers** (wohl selbst dann, wenn es sich wegen Überhöhung um eine verdeckte Gewinnausschüttung handelt).[847] Die für erbschaftsteuerliche Zwecke eingeführte eigenständige Definition des Lohnes (anstelle einer Verweisung auf § 19 EStG bzw. § 2 LStDV) macht möglicherweise[848] umfangreiche rückwirkende Parallelrechnungen in der Buchhaltung notwendig.

4115

Die **Löhne von Teilzeit-Beschäftigten** bleiben außer Ansatz, wenn sie nicht ausschließlich oder überwiegend im Betrieb tätig sind. Ausweislich der Gesetzesbegründung soll diese Norm für Leih- und Saison-Arbeitsverhältnisse gelten. Sie führt jedoch dazu, dass bei jeder Teilzeitkraft über einen Zeitraum von gesamt (ab 2010) 10 (5+5) bzw. 12 (5 + 7) Jahren zu prüfen ist, wann andere Beschäftigungsverhältnisse vorlagen und in welchem Umfang, insb. ob diese Tätigkeiten im zu prüfenden Betrieb überwogen haben.[849] Es ist kaum einzusehen, weshalb der Umstand, dass eine Teilzeitkraft eine andere, überwiegende Zusatzbeschäftigung findet oder wieder verliert, auf die Lohnsumme des Betriebs von Einfluss sein soll. Nach Verwaltungsauffassung[850] zählt hingegen (für den Unternehmer günstig) das Kurzarbeitergeld (obwohl es ihn wirtschaftlich nicht belastet) zur maßgeblichen Lohnsumme dazu.

4116

d) Tochtergesellschaften

Lohnsummen der Tochter-Kapitalgesellschaften sind erst ab einer unmittelbaren oder mittelbaren Beteiligung von mehr als 25 % (dann anteilig) zu berücksichtigen,[851] ferner nur dann, wenn die jeweilige Gesellschaft ihren Sitz oder ihre Geschäftsleitung im Inland oder im EU/EWR-Ausland hat (gleichgültig wo sich das Unternehmensvermögen befindet!).[852] Auf eine Zusammenrechnung kleinerer Beteiligungen durch Pool-Verträge kommt es in diesem Zusammenhang nicht an; bei mittelbaren Beteiligungen ist die wirtschaftliche Quote zugrunde zu legen. Insb. die Zurechnung von Lohnsummen der Auslandsgesellschaften außerhalb des Euro-Raums macht zudem Währungsumrechnungen notwendig (nach Tageskurs, jährlichem Durchschnittskurs?)

4117

---

845 Vgl. weiter Erlass FinMinBaden-Württemberg v. 02.11.2010 – 3 S 3812 a/24 (auch zur Begünstigungsfähigkeit von Drittlandgesellschaften).

846 Abschn. 8 Abs. 8 des Anwendungserlasses zum ErbStG, BStBl. 2009 I, S. 713, 721; *Esskandari*, ErbStB 2011, 195. Auch das „Gehalt" eines Gesellschafter-Geschäftsführers einer Personengesellschaft zählt als Einkunft aus Gewerbebetrieb.

847 Der sozialversicherungsrechtliche Beschäftigungsstatus ist gleichgültig, vgl. R 13a.4 Abs. 2 Satz 3, 5, 9 des Entwurfs der ErbStR 2011, *Schmidt/Schwind*, NWB 2011, 3512, 3518.

848 Nach Auffassung der Finanzverwaltung (Anwendungserlass zum ErbStG v. 25.06.2009, BStBl. 2009 I, S. 713, 721, Abschnitt 8 Abs. 4) ist es *„im Allgemeinen nicht zu beanstanden"*, vom Aufwand für Löhne und Gehälter in der GuV (§ 275 Abs. 2 Nr. 6 HGB) ohne Berücksichtigung des Arbeitgeberanteils zu den Sozialabgaben auszugehen.

849 Vgl. *Schulz/Althof/Markl*, BB 2008, 528, 530.

850 FinMinBaWü v. 24.09.2009, 3 – S 3812a/24, ZEV 2009, 584, hierzu *Stiller*, ZErb 2010, 133 ff. und *Koblenzer*, ErbStB 2010, 43 ff.

851 *Stiller*, ZErb 2011, 2 ff. hält diese Differenzierung für europarechtlich bedenklich.

852 Gemeinsamer Ländererlass v. 12.07.2010, BayStMinFin 34 – S 3812a-018-28 364/10, DStR 2010, 1626 m. Anm. *Weber/Schwind*.

Außerdem ist zu berücksichtigen, dass die Lohnbuchhaltung in anderen Nationen noch viel weniger als solche in deutschen Betrieben den Kriterien des § 13a Abs. 4 ErbStG genügt, sodass umfangreiche Parallelrechnungen sich erforderlich machen.

4118 Erhebliche Verzerrungen können sich durch den Zu- oder Verkauf von Unternehmensteilen im 5-jährigen Zeitraum vor dem Stichtag ergeben.[853]

Beispiele:

Wird eine Tochter-Gesellschaft, in der die meisten Arbeitnehmer tätig waren, im letzten Jahr des Ausgangslohnsummen-Ermittlungszeitraums veräußert, geht die hohe, nicht mehr zu realisierende Lohnsumme zu vier Fünftel in die Ausgangslohnsumme ein. Umgekehrt wird bei Start-up-Unternehmen, die in den Anfangsjahren sehr geringe Löhne gezahlt haben, es dem Erwerber leicht gemacht, trotz einer Reduzierung der Arbeitnehmerzahl das Lohnsummenkriterium zu erfüllen.

4119 Falls die hinzuerworbenen Tochter-Gesellschaften als sog. „junges Verwaltungsvermögen" nicht den Begünstigungen des § 13a ErbStG unterfallen können, bleiben sie bei der Ermittlung der Ausgangslohnsumme und der Summe des innerhalb des Referenzzeitraums gezahlten Löhne unberücksichtigt.[854]

e) Folgen des Unterschreitens

4120 Wird die Mindestlohnsumme nach Ablauf der 5 bzw. 7 Jahre unterschritten, entfällt der Verschonungsabschlag nachträglich in dem prozentualen Umfang, in den die Mindestlohnsumme unterschritten wurde. Der Abzugsbetrag gem. § 13a Abs. 2 ErbStG bleibt dagegen erhalten; er erhöht sich ggf. wegen des nicht mehr gewährten Verschonungsabschlags. Ein Liquiditätsvorteil bleibt dem Steuerpflichtigen jedoch auf jeden Fall, da eine Verzinsung der nacherhobenen Steuer nicht stattfindet.

4121 *Beispiel:*

Unterschreitet – über die gesamte Lohnsummenfrist betrachtet – die Summe der Lohnsummen den Mindestwert von 400 %, entfällt die zunächst vorläufig gewährte Verschonung mit Wirkung für die Vergangenheit im Verhältnis des Zurückbleibens (Beispiel: beträgt die Gesamtlohnsumme über 5 Jahre lediglich 320 %, also zwanzig v.H. weniger als die geschuldeten 400 %), entfällt die Freistellung rückwirkend für 20 % der zunächst freigestellten 85 % des Betriebsvermögens, sodass zusätzlich zum Sofortbesteuerungsanteil von 15 % weitere 20 % von 85 %, also weitere 17 % besteuert werden, und demnach insgesamt 32 % des Betriebsvermögens zu gemeinen Werten versteuert werden.

4122 Die deutlich schärfere Fassung des früheren Regierungsentwurfes wurde demgemäß in dreierlei Hinsicht abgemildert:

1. zum einen genügt es bereits, im Durchschnitt 80 % (vor der Änderung durch das WachstumsbeschleunigungsG: ca. 92 %, 7 x 93 = 651 %) der Ausgangslohnsumme zu halten, zum weiteren
2. wird die Ausgangslohnsumme nicht indexiert, und schließlich

---

[853] Vgl. *Schulte/Korezkij*, DStR 2009, 255 f.
[854] Gemeinsamer Ländererlass v. 09.07.2010, BayStMinFin 34 – S 3812a-018-28 363/10, ZEV 2010, 543 f.; *Esskandari*, ErbStB 2011, 194, 197.

3. erlaubt die Gesamtbetrachtung, einzelne Jahre unterdurchschnittlicher Lohnsumme später wieder zu kompensieren. Ferner erfolgt die Prüfung der Mindestlohnsumme nur insgesamt für alle erworbenen begünstigten wirtschaftlichen Einheiten.[855]

Auch die entschärfte Lohnsummenklausel wird jedoch dazu führen, dass bereits lange im Vorfeld der Übertragung die Stammbelegschaft durch Entlassung, durch Outsourcing bzw. durch den Einsatz von Leih- und Zeitarbeitnehmern oder durch Verlagerung der Produktion ins außereuropäische Ausland bzw. durch Beschäftigung von Arbeitnehmern bei außerhalb der EU angesiedelten Tochterunternehmen reduziert wird.

Wählt der Erwerber die „ambitionierte Variante" (oben Rdn. 4061 ff.), muss er strengeren Anforderungen hinsichtlich der Lohnsumme genügen: Die Beobachtungsfrist verlängert sich auf 7 (vor der Änderung durch das WachstumsbeschleunigungsG 2010:[856] zehn) Jahre, und die Gesamtlohnsumme erhöht sich auf 700% (zuvor 1.000%). Vollständige Freistellung ist also nur dann zu erlangen, wenn im Durchschnitt die Ausgangslohnsumme permanent gehalten wird. 4123

Das Unterschreiten der Lohnsumme ist durch den Erwerber anzuzeigen, eine Neuberechnung der fälligen Nachsteuer ist jedoch nicht mehr vorgesehen. In der Praxis wird sich als Problem herauskristallisieren, auf welche Weise bspw. der Erwerber eines Anteils die Beteiligungsgesellschaft selbst dazu bringen kann, die Lohnsumme jährlich festzustellen und ihm mitzuteilen, sodass er seiner Anzeigepflicht nachkommt. Neben der Frage der Kostentragung stellt sich auch die der Zuordnung des Risikos, falls die Feststellung fehlerhaft war. 4124

f) Erste Wertung

Es fällt nicht schwer vorauszusagen, dass die Lohnsummenregelung Konflikte zwischen dem Management, das auf Kostensenkung bedacht ist, und beschenkten bzw. geerbt habenden Gesellschaftern, welche auf die Einhaltung der Schwellenwerte bedacht sind, heraufbeschwört. Andererseits treten die steuerverschärfenden Folgen einer Lohnsummenunterschreitung ein, auch wenn der (Minderheits-)Gesellschafter sie rechtlich gar nicht verhindern konnte! 4125

6. Behaltensregelungen (§ 13a Abs. 5 ErbStG)

a) Grundsatz

Der Abzugsbetrag gem. § 13a Abs. 1 ErbStG und die Tarifbegrenzung (Entlastungsbetrag) des § 19a Abs. 1 ErbStG entfallen rückwirkend, soweit der Erwerber innerhalb der Behaltensfrist von 5 Jahren bzw. (beim „ambitionierten Modell", Rdn. 4061 ff.) von 7 Jahren (vor 2010: 7 bzw. 10 Jahren) gegen die Regelungen in § 13a Abs. 5 ErbStG verstößt.[857] Die Anforderungen, die großteils an § 13a Abs. 5 ErbStG a.F. anknüpfen, umfassen insb. Normen zum Ausschluss schädlicher Verwendung (§ 13a Abs. 5 Satz 1 Nr. 1, 2, 4 u. 5) während der gesamten Dauer der Be- 4126

---

855 Abschnitt 5 Abs. 3 Satz 5 der Anwendungserlasse zum ErbStG v. 25.06.2009, BStBl. 2009 I, S. 713, 719.
856 Rückwirkende Änderung ab 01.01.2009, § 37 Abs. 3 Satz 1 ErbStG. Sie erfasst auch diejenigen Sachverhalte, in denen bis zum 01.07.2009 gem. Art. 3 ErbStRefG für Erbfälle der Jahre 2007/2008 zugunsten des neuen Rechtes optiert wurde.
857 Vgl. zum folgenden die Übersicht von *Schmidt/Leyh*, NWB 2009, 2557 ff.

haltensfrist sowie von Überentnahmen (§ 13a Abs. 5 Satz 1 Nr. 3, dessen Kontrolle jedoch nur einmalig nach Ablauf der Gesamtfrist stattfindet). Die Fristenberechnung richtet sich nach § 108 AO.[858]

b) Schädliche Vorgänge im Einzelnen

aa) § 13a Abs. 5 Satz 1 Nr. 1 ErbStG (Veräußerung)

4127 Erfasst ist in erster Linie die **Veräußerung**[859] **oder Aufgabe des begünstigt erworbenen Vermögens** (Betriebs, Teilbetriebs, Mitunternehmeranteils oder Anteils daran), auch soweit diese aufgrund Insolvenz erfolgt (Rdn. 4005; zur kautelaren Vorsorge für letzteren Fall vgl. Rdn. 2003). Die Nachversteuerung droht auch, soweit wesentliche Betriebsgrundlagen veräußert oder in das Privatvermögen überführt[860] oder anderen betriebsfremden Zwecken zugeführt werden. Dabei ist es gleichgültig, ob es sich um Verwaltungsvermögen handelt oder nicht, lediglich sog. „junges Verwaltungsvermögen" i.S.d. § 13b Abs. 2 Satz 3 ErbStG, das schon auf der Begünstigungsebene nicht berücksichtigt wurde (Rdn. 4104 ff.), bleibt außer Betracht.[861]

4128 Obwohl der Wortlaut hierzu schweigt, sollte allerdings die Überführung wesentlicher Betriebsgrundlagen in ein anderes Betriebsvermögen desselben Steuerpflichtigen (§ 6 Abs. 5 EStG), unschädlich sein, da der politisch gewollte Sanktionszweck hier keine Nachversteuerung notwendig macht. Auch die bloße Verpachtung, selbst wenn dem Verpächter eine Put-Option (Andienungsrecht, sodass der Pächter zum Erwerb verpflichtet ist) eingeräumt ist, die erst nach der Behaltensfrist ausgeübt wird, stellt keinen Verstoß dar, solange der Verpächter einen ruhenden Betrieb weiterführt (und damit die Betriebsaufgabe vermeidet).[862]

4129 Anders als der RegE enthält § 13a Abs. 5 Satz 3 ErbStG nun eine **Reinvestitionsklausel** für die Veräußerungs- und der Veräußerung gleichstellten Fälle (Nr. 1, 2 u. 4), falls der Veräußerungserlös innerhalb der begünstigten Vermögensart verbleibt. Von Letzterem ist nach der gesetzlichen Regelung auszugehen, wenn der Veräußerungserlös innerhalb von 6 Monaten in ein entsprechendes Vermögen investiert wird, das nicht Verwaltungsvermögen i.S.d. § 13b Abs. 2 ErbStG ist.[863] Der Anwendungsbereich dieser Reinvestitionsklausel ist deutlich weiter als im bisherigen Recht, insb. ist keine Betriebsbezogenheit mehr notwendig. Auch neue Betriebe, Teilbetriebe oder Anlagegüter kommen in Betracht, ebenso die Tilgung betrieblicher Schulden oder die Erhöhung von Liquidationsreserven. Allerdings soll nur die Reinvestition in derselben Vermögensart (Land- und Forstwirtschaft / Betriebsvermögen/Anteile an Kapitalgesellschaften) zulässg sein.[864]

---

858 Vgl. *Söffing*, ErbStB 2010, 268–270.
859 Maßgeblicher Zeitpunkt ist (wohl) der ertragsteuerliche Übergang des „wirtschaftlichen Eigentums" (Besitzübergang), *Philipp* in: *Viskorf/Knobel/Schuck* ErbStG 3. Aufl. 2010 § 13a Rn. 74, nach a.A. das schuldrechtliche Rechtsgeschäft (*Meincke* ErbStG, 15. Aufk. 2009 § 13a Rn. 27).
860 Beispiel: Bilder eines verstorbenen freiberuflichen Künstlers, BFH, 27.05.2009 – II R 53/07, ErbStB 2009, 373.
861 Anwendungserlass zum ErbStG v. 25.06.2009, BStBl. 2009 I, S. 713, 723 (Abschnitt 10 Abs. 2 Satz 2).
862 *Söffing*, ErbStB 2010, 271.
863 Krit. hierzu, v.a. zur Verbindung zwischen Veräußerungs- und Anschaffungsvorgang, *Korezkij* DStR 2009, 2412 ff.
864 Entwurf der ErbStR 2011, R 13a.11 Satz 1, vgl. *Schmidt/Schwind*, NWB 2011, 3512, 3522.

A. Schenkungsteuerrecht

Unschädlich ist die **Veräußerung nicht wesentlicher Betriebsgrundlagen** (bei der Entnahme des daraus erzielten Erlöses ist allerdings die Überentnahmensperre, nachstehend Rdn. 4135 ff., zu beachten). Die Wesentlichkeit ist nach den Grundsätzen des Ertragsteuerrechtes (funktionale Betriebsnotwendigkeit, vgl. Rdn. 4702 f.) zu beurteilen.[865] 4130

Unschädlich ist ferner die **Sacheinlage bzw. die Einbringung des erworbenen Einzelunternehmens** oder der erworbenen Anteile an einer Personengesellschaft in eine Kapital- oder Personengesellschaft, §§ 20 Abs. 1, 24 Abs. 1 UmwStG, auch wenn mehrere solcher Vorgänge nacheinander stattfinden.[866] (Werden jedoch die im Zug der Einbringung gewährten Anteile innerhalb der Behaltensfrist veräußert, löst dies die Nachversteuerung aus, nach dem Wortlaut gilt dies allerdings nicht für die Entnahme eines einzelnen Wirtschaftsgutes, etwa eines Grundstücks, aus dem eingebrachten Betriebsvermögen.)[867] 4131

Ähnlich der bisherigen Regelung (Rdn. 4006) dürfte die **unentgeltliche Weitergabe** des begünstigt erworbenen Vermögens im Weg der vorweggenommenen Erbfolge oder durch Tod unschädlich sein,[868] wobei jedoch wohl[869] – wie bisher – jegliche Gegenleistung, auch wenn sie ertragsteuerlich nicht als Entgelt zählt (§ 10 Abs. 1 Nr. 1a EStG: Versorgungsleistungen, vgl. Rdn. 5033) hinsichtlich dieses Anteils einen Verstoß gegen die Behaltensregelungen zur Folge hat. Allerdings werden durch die erneute Übertragung des begünstigten Vermögens neue Behaltensfristen in Gang gesetzt, parallel zur fortlaufenden ersten Frist (sodass auch der Ersterwerber seine Verschonung verliert, wenn der Zweitbeschenkte vor Ablauf der ursprünglichen Behaltensfrist einen Nachbesteuerungstatbestand verwirklicht[870] – der Zweitbeschenkte sollte die dadurch eintretende Steuerbelastung übernehmen und besichern!). Die Übertragung von Betriebsvermögen als Abfindung für eine Ausschlagung (§ 3 Abs. 2 Nr. 4 ErbStG) soll jedoch nach nunmehriger Verwaltungsauffassung (anders als bisher: R 62 Abs. 2 Nr. 4 ErbStR 2003) bereits per se einen Verstoß gegen die Haltefrist darstellen;[871] in diesem Fall muss jedoch dem Letzterwerber die Betriebsvermögensbegünstigung zugutekommen.[872] 4132

Noch gänzlich ungewiss ist, inwieweit Umstrukturierungen auf der Ebene von **Tochter-Gesellschaften** schädlich sind oder nicht (denkbar wäre auch, dass die Zwischenschaltung zumindest einer Kapitalgesellschaft Abschirmwirkung entfaltet, sodass die Veräußerung wesentlicher Betriebsgrundlagen, eines Teilbetriebs oder von Beteiligungen bei der Tochter-Gesellschaft unschädlich wäre).[873] 4133

---

865 Anwendungserlass zum ErbStG v. 25.06.2009, BStBl. 2009 I, S. 713, 723 (Abschnitt 10 Abs. 2 Satz 3).
866 BFH, 16.02.2011 – II R 60/09, notar 2011, 164 m. Anm. *Ihle*.
867 Vgl. *Ihle* notar 2011, 165; zu beachten ist jedoch die Entnahmebegrenzung des § 13a Abs. 5 Satz 1 Nr. 3 Satz 3 ErbStG von 150.000,00 € auf die fünf- bzw. 7-jährige Nachversteuerungsfrist.
868 Anwendungserlass zum ErbStG v. 25.06.2009, BStBl. 2009 I, S. 713, 723 (Abschnitt 10 Abs. 2 Satz 1 Nr. 2 Satz 2); vgl. zum bisherigen Recht R 62 Abs. 2 Satz 1 Nr. 1 Satz 1 ErbStR für Schenkungen; ebenso *Schulze zur Wische*, UVR 2008, 79, 84.
869 Vgl. *Fürwtsches/Schulz*, NWB 2010, 3563, 3574 f.
870 Abschn. 16 Abs. 5 ErbSt-Erlass v. 25.06.2009, BStBl. 2009 I, S. 713.
871 Abschnitt 9 Abs. 3 Satz 1 des Anwendungserlasses v. 25.06.2009, BStBl. 2009 I, S. 713, 722.
872 *Wälzholz*, 2. Jahresarbeitstagung Erbrecht (DAI-Skript, Mai 2009), S. 278.
873 So *Rödder*, DStR 2008, 997, 1000.

bb) § 13a Abs. 5 Satz 1 Nr. 4 ErbStG (Kapitalgesellschaftsvorgänge)

4134 Bei der **Nachversteuerung des Erwerbs begünstigter Anteile an Kapitalgesellschaften** schadet v.a. die ganze oder teilweise Veräußerung der Anteile während der Behaltensfrist. Gleiches gilt jedoch bei einer verdeckten Einlage der Anteile, bei einer Auflösung der Gesellschaft, einer Kapitalherabsetzung und bei der Veräußerung wesentlicher Betriebsgrundlagen samt Verteilung des entsprechenden Vermögens an die Gesellschafter. Anders als bisher ist die Umwandlung der Kapitalgesellschaft nach §§ 3 bis 16 UmwStG nicht mehr schädlich, sondern erst dann (ähnlich der Regelung betreffend Personenunternehmen), wenn die im Weg der Umwandlung erworbenen Anteile nach der Behaltensfrist veräußert werden. Schließlich kann ein Dritter durch eine Kapitalerhöhung mit ungenügendem Aufgeld aufgenommen werden: auch dies löst Schenkungsteuer aus, die jedoch der Erwerber zu tragen hat; v.a. aber liegt in einer Kapitalerhöhung keine begünstigungsschädliche Verfügung i.S.d. § 13a Abs. 5 Nr. 4 ErbStG n.F.[874]

cc) § 13a Abs. 5 Satz 1 Nr. 3 ErbStG (Überentnahmen)

4135 Ähnlich der bisherigen Regelung sind Überentnahmen – auch wenn sie nicht auf Missbrauchsabsicht beruhen[875] – schädlich, sie führen zu einer Nachversteuerung des Überentnahmebetrags als solchem. Überentnahmen liegen vor, wenn der Erwerber bis zum Ende des letzten in die Behaltensfrist fallenden Wirtschaftsjahres Entnahmen tätigt, die die Summe seiner Einlagen und der ihm zuzurechnenden Gewinne (Gewinnanteile) um mehr als 150.000,00 € übersteigen (Verluste bleiben dabei unberücksichtigt). Es handelt sich um einen pauschalen Betrag, der unabhängig von der Größe des Unternehmens oder der Höhe der Beteiligungsquote gewährt wird. Gem. § 13a Abs. 5 Satz 1 Nr. 3 Satz 3 ErbStG gilt die Regelung „sinngemäß" bei Ausschüttungen an Gesellschafter einer Kapitalgesellschaft, etwa als Folge offener oder verdeckter Gewinnausschüttungen über die tatsächlich erzielten Gewinne und die offenen oder verdeckten Einlagen hinaus.[876] (Bisher konnte eine Ausschüttung des Gewinnvortrags sowie von Kapital- und Gewinnrücklagen ohne Nachversteuerung gem. § 13a Abs. 5 ErbStG a.F. erfolgen.)

4136 Nach dem Wortlaut wird nicht differenziert danach, ob die Überentnahme aus Erlösen stammt, die aus begünstigungsfähigem oder aus nicht begünstigungsfähigem Vermögen (z.B. jungem Verwaltungsvermögen, das veräußert wurde) herrühren.[877]

4137 Bei **Holding- oder Konzernstrukturen** sind Entnahmen aus nachgeordneten Tochter-Gesellschaften nach dem Wortlaut (unabhängig von der Höhe) unschädlich; gewollt war jedoch wohl die (bei nachgeordneten Tochtergesellschaften anteilig, im Verhältnis der Beteiligungsquote) Berücksichtigung auf der Ebene der Mutter-Gesellschaft.

---

874 *Riedel*, ZErb 2009, 113, 119.
875 Krit. hierzu *Kleinmanns* DStR 2009, 2359 ff.
876 Abschnitt 12 Abs. 6 des Anwendungserlasses zum ErbStG v. 25.06.2009, BStBl. 2009 I, S. 713, 724.
877 *Schulte/Kortezkij*, EStR 2009, 304, will insoweit nach Sinn und Zweck keine Berücksichtigung i.R.d. Entnahmebegrenzung.

A. Schenkungsteuerrecht

dd) § 13a Abs. 5 Satz 1 Nr. 5 ErbStG (Aufhebung einer Pool-Vereinbarung)

Waren Kapitalgesellschaftsanteile nur deshalb begünstigungsfähig, weil sie über die Schwelle von 25 % „gepoolt" wurden, führt eine „Aufhebung" der Verfügungsbeschränkung oder Stimmrechtsbindung binnen 5 Jahren (bei der „ambitionierten Variante" binnen 7 Jahren, § 13a Abs. 8 Nr. 2 i.V.m. Abs. 5 Satz 1 Nr. 5 ErbStG) zur Nachversteuerung. Unzweifelhaft davon erfasst ist also die rechtsgeschäftliche, einvernehmliche Beendigung des Pools insgesamt oder zumindest die einvernehmliche Änderung der notwendigen einschränkenden Klauseln der Pool-Vereinbarung. 4138

Endet der Pool zwingend dadurch, dass sich alle Anteile in einer Hand vereinigen, dürfte dies – trotz des abweichenden Wortlauts der Gesetzesbegründung („Wegfall") – unproblematisch sein, da ein einheitlicher Anteil von über 25 % ohnehin „höherwertig ist" als mehrere durch Pool verbundene Minderheitsquoten.[878] Auch eine Verpfändung eines pool-gebundenen Anteils dürfte keinen Verstoß darstellen, zumal auch ein unmittelbar zu mehr als 25 % beteiligter Gesellschafter durch die bloße Verpfändung (anders als durch eine Veräußerung) keine Nachversteuerung auslösen würde;[879] es ist schwer vorstellbar, dass solche Anteile nicht mehr als Kreditsicherheit dienen können sollen. Offen ist die Rechtslage bei Einräumung eines Nießbrauchs oder einer Unterbeteiligung.[880] Der bloße Verstoß gegen die schuldrechtliche Poolabrede stellt (paradoxerweise) ebenfalls keine die Nachversteuerung auslösende Aufhebung der Poolvereinbarung selbst dar.[881] 4139

Kündigt ein bisher gebundener Gesellschafter seine Mitgliedschaft in der Vereinigung, dürfte dies bei **ihm selbst** zur Nachversteuerung führen, i.Ü. jedoch jedenfalls dann nicht, wenn die Quote der verbleibenden Anteile immer noch über 25 % beträgt. Auch bei einem Unterschreiten der 25 % Schwelle hinsichtlich der verbleibenden Poolmitglieder ist die Nachbesteuerung jedoch fraglich, aus Gründen der Gleichbehandlung mit dem nichtgepoolten umittelbaren Anteilseigner, der während der Nachsteuerfrist nicht die bei der Stichtagsprüfung gewahrte 25 %-Quote halten müsste.[882] 4140

Die gleiche Frage stellt sich, wenn zulässigerweise (also im Rahmen einer „einheitlichen Verfügung") ein Anteil an einen Erwerber veräußert wird, der dem Pool jedoch nicht beitritt, sodass die Quote der pool-gebundenen Anteile nachträglich sinkt. Die Veräußerung selbst wird gem. § 13a Abs. 5 Satz 1 Nr. 4 ErbStG zur Nachversteuerung führen, aufgrund § 13a Abs. 5 Satz 1 Nr. 5 ErbStG werden möglicherweise (s. vorstehende Rdn. 4140) die im Pool verbleibenden Anteile ebenfalls nachbesteuert, wenn deren Quote unter 25 % sinkt.[883] 4141

Im Gesetz nicht geregelt ist schließlich der Sachverhalt, dass eine Pool-Vereinbarung in Bezug auf eine Tochter-Gesellschaft aufgehoben wird, wenn allein aufgrund dieser Pool-Vereinbarung 4142

---

878 Vgl. die Reihenfolge der in § 13b Abs. 1 Nr. 3 ErbStG genannten Tatbestände; ebenso *Scholten/Korezkij*, DStR 2009, 307.
879 Vgl. *Schulz/Althof/Markl*, BB 2008, 528, 534.
880 *Felten*, ZEV 2010, 627, 628.
881 *Hübner*, Erbschaftsteuerreform 2009, S. 424; *Wehage*, ErbStB 2009, 148, 153.
882 Vgl. hierzu *Hannes/Steger*, ErbStB 2009, 116.
883 Vgl. m.w.N. *Scholten/Korezkij*, DStR 2009, 308; *Hannes/Onderka/v. Oertzen*, ZEV 2010, 631; für eine Beschränkung auf den Ausscheidenden dagegen *Felten*, ZEV 2010, 627, 630.

die 25%-Grenze des § 13b Abs. 2 Satz 2 Nr. 2 Satz 2 ErbStG überschritten wurde, derzufolge die Minderheitsbeteiligung nicht mehr als Verwaltungsvermögen zählt. Gegen eine analoge Anwendung des Nachversteuerungstatbestands in § 13a Abs. 5 Satz 1 Nr. 5 ErbStG spricht jedoch in diesem Fall, dass der Verwaltungsvermögenstest nur zum Besteuerungsstichtag durchgeführt wird, also spätere unmittelbare Umschichtungen zwischen dem Verwaltungsvermögen und dem sonstigen Vermögen keine Rolle mehr spielen, sodass dies erst recht für die mittelbare Verwaltungsvermögenseigenschaft bei Tochter-Gesellschaften gelten muss.

c) Folge: Nachversteuerung

4143   Bei der in § 13a Abs. 5 Satz 1 Nr. 1, 2, 4 und 5 ErbStG genannten Gruppe von Anforderungen (Ausschluss schädlicher Verwendungen) entfällt der Verschonungsabschlag zeitanteilig, je nachdem wie viele volle Jahre nach dem Übertragungszeitpunkt bereits beanstandungsfrei „durchgehalten" wurden und in der Relation des wertmäßigen Anteils der schädlichen Verwendung in Bezug auf das gesamte begünstigt erworbene Vermögen. Bzgl. der Überentnahmen (§ 13a Abs. 5 Satz 1 Nr. 3) erfolgt die Nachversteuerung in Bezug auf den Überentnahmebetrag insgesamt.

Beispiel:

Wird die Hälfte des begünstigt erworbenen Vermögens im dritten Jahr während des 5-Jahres-Zeitraums veräußert, wird die Hälfte von 3/5, also 3/10, nachversteuert.

4144   Ein **Verstoß gegen die Behaltensregelungen** führt nachträglich zu einer Reduzierung des begünstigten Vermögens und damit der Bemessungsgrundlage für den Verschonungsabschlag, aber auch den Entlastungsbetrag (Tarifbegrenzung gem. § 19a ErbStG). Entfällt also der Verschonungsabschlag vollständig, da gleich im ersten Jahr eine schädliche Verfügung stattfindet, gibt es auch keinen Entlastungsbetrag (Relation des verbleibenden begünstigten Vermögens, Null, zum Gesamterwerb ergibt Null). Beim ambitionierten Modell, bei dem die Bemessungsgrundlage des Entlastungsbetrags die verbleibenden „0 % des begünstigten Vermögens" sind, könnte es demnach ebenfalls keinen Entlastungsbetrag geben. Da jedoch § 19a Abs. 5 Satz 2 ErbStG für die Nachbesteuerung i.R.d. Alternativmodells eine Sonderregelung enthält (Behaltensfrist beträgt 7 Jahre statt 5 Jahre), ist wohl der Wille des Gesetzgebers zu vermuten, dass bei einem Verstoß gegen die Behaltensregelung doch ein Entlastungsbetrag gewährt werden soll (allerdings würde dieser wachsen, wenn der Verschonungabschlag sich reduziert, was ein Widerspruch zur Situation beim Grundmodell ist).[884]

4145   Unklar ist weiterhin, wie die Nachversteuerung bei einem später sich zusätzlich ergebenden Verstoß gegen die Lohnsummenklausel durchgeführt wird.

Beispiel:[885]

Der ursprüngliche Betrieb besteht aus zwei Teilbetrieben mit einem konstanten Wert von 6 bzw. 4 Mio. € und konstanten Lohnsummen von 600.000,00 bzw. 400.000,00 € jährlich. Der zweite Teilbetrieb (4 Mio. € Wert) wird nach Ablauf eines Jahres verkauft, sodass 4/5 in Bezug auf 40 %, also 32 % des Verschonungsabschlags nachträglich entfallen. Die kumulierte Lohnsumme erreicht – wegen des Verkaufs des

---

[884] Ebenso *Scholten/Korezkij*, DStR 2009, 305.
[885] Nach *Scholten/Korezkij*, DStR 2009, 305, angepasst an die Verhältnis nach dem WachstumsbeschleunigungsG 2010.

Betriebs – über die gesamten 5 Jahre 600.000,00 x 5 plus 400.000,00 x 1 = 3.400,00 €, sodass die Mindestlohnsumme von 400 % (4.000.000,00 €) ebenfalls um 15 % unterschritten wird.

Denkbar sind verschiedene Lösungen:

a) *Ist lediglich der höhere der beiden Verstöße (die an dasselbe auslösende Ereignis anknüpfen), d.h. 32 %, zugrunde zu legen? Hierfür spricht die Pragmatik, ebenso die derzeitige Auffassung der Finanzverwaltung.*[886]

b) *Oder sind die 32 % deshalb maßgeblich, weil der Verstoß gegen die Behaltensregelung notwendigerweise vor der Lohnsummenprüfung feststeht?*

c) *Oder werden beide Nachversteuerungstatbestände kumuliert, sodass 47 % des Abschlags entfallen?*

d) *Oder wird der Lohnsummenverstoß (15 %) gekürzt um das Verhältnis, um das sich das begünstigte Vermögen wegen des vorzeitigen Verkaufs reduziert hat, sodass 15 % x (100 % – 32 %), also ca. 10 % zum Basisverstoß von 32 % zu addieren sind?*[887]

e) *Oder wird allein der Behaltensregelungsverstoß sanktioniert*[888] *(was wenig plausibel erscheint, da auf diese Weise bei einem sich abzeichnenden krassen Verstoß gegen die Lohnsummenklausel sich eine mutwillige Veräußerung im letzten Behaltensjahr empfiehlt, um die Nachbesteuerung auf ein fünftel bzw. ein siebtel zu begrenzen!).*

4146

d) Verfahrensrecht

Die **allgemeinen Anzeigepflichten** in Bezug auf den **nachträglichen oder teilweisen Wegfall der Voraussetzungen für eine Steuervergünstigung** (§ 153 Abs. 2 AO) werden durch § 13a Abs. 6 und 7 ErbStG ergänzt: § 13a Abs. 6 ErbStG[889] sieht eine Anzeigepflicht des Steuerpflichtigen (jedoch nicht mehr, wie im RegE noch enthalten, die Selbstberechnung der Steuer) binnen 6 Monaten nach Ablauf der Lohnsummenfrist bzw. binnen eines Monats nach dem Verstoß gegen die Fortführungspflicht vor, sodass der bürokratische Aufwand für Unternehmer während des Nachverhaftungs- und Lohnsummenprüfungszeitraums erhöht wird.[890] Für begünstigtes Auslandsvermögen ist die Mitwirkungs- und Nachweispflicht verschärft, § 13a Abs. 7 ErbStG. Die Festsetzungsverjährung tritt frühestens 4 Jahre nach Kenntniserlangung durch die Behörde ein.

4147

7. Gestaltungsmöglichkeiten bei Betriebsvermögen ab 2009

Eine ganze Reihe von Verfahren, deren sich die Praxis bis 31.12.2008 bediente, um die lebzeitige Vermögensnachfolge möglichst schenkungsgünstig zu gestalten, sind mit der Erbschaftsteuerreform 2009 weggefallen, bspw.:

- der Rechtsformwechsel von der Kapital- in die Personengesellschaft,
- die Umqualifizierung von Privatvermögen in steuerliches Betriebsvermögen mithilfe der GmbH & Co. KG, sofern es sich dort um „Verwaltungsvermögen" handelt – Spareinlagen,

4148

---

886 Abschnitt 16 Abs. 3 des Anwendungserlasses v. 25.06.2009, BStBl. 2009 I 713 ff.: Die entfallenden Verschonungsabschläge wegen der Verfügung über das begünstigte Vermögen (§ 13a Abs. 5 ErbStG) und wegen Unterschreitens der Mindestlohnsumme (§ 13a Abs. 1 Satz 5 ErbStG) sind gesondert zu berechnen; der höhere der sich hierbei ergebenden Beträge wird bei der Kürzung angesetzt. Vgl. hierzu (krit. zur Ermittlung der Nachsteuer bei Inanspruchnahme des Steuerklassenprivilegsnach § 19a ErbStG) *Siegmund/Zipfel*, BB 2010, 1695.
887 So *Hannes/Onderka*, ZEV 2009, 10, 14.
888 So *Klümpen-Neusel*, ErbBstG 2009, 54.
889 *Spatscheck/Engler*, StbG 2010, 74.
890 Hierzu *Mannek/Höne*, ZEV 2009, 329 (mit Muster S. 332).

Sichteinlagen und Festgeldkonten sowie Bargeld sollen allerdings kein Verwaltungsvermögen darstellen, bilden also tauglichen Einbringungsgegenstand (Rdn. 4101)! -
- die Übertragung werthaltiger Gegenstände zusammen mit Personengesellschaften, die durch Saldierung der Verbindlichkeiten einen negativen Steuerwert aufweisen.

An deren Stelle treten jedoch andere Gestaltungsmöglichkeiten:

a) Gestaltung i.R.d. Bewertung

4149 Ein Teilanteil eines nach Ertragswertgesichtspunkten zu hoch bewerteten Unternehmens, kann innerhalb eines Jahres vor dem Stichtag an einen außenstehenden Dritten zu fremdüblichen Konditionen veräußert werden, sodass allenfalls durch die Finanzverwaltung ein angeblich höherer Substanzwert als Mindestwert angeführt werden kann.

4150 Überhöhte Ertragswerte, die sich etwa bei Besitzgesellschaften im Rahmen von Betriebsaufspaltungen wegen der dort anzutreffenden hohen „Mieten" ergeben, sollten vermieden werden.

4151 Unterschreitet der Ertragswert des Gesamthandsvermögens den (als Mindestwert anzusetzenden) Substanzwert, erzielt jedoch das Sonderbetriebsvermögen (SBV) deutliche Erträge, ist daran zu denken, die Ertragssituation des Gesamthandsvermögens durch Reduzierung der Pacht zu erhöhen (allerdings nicht über den Substanzwert hinaus), und dadurch eine geringere Addition des Ertragswerts des SBVs zu erreichen.

4152 Hinzuweisen ist allerdings darauf, dass ein niedrigerer Unternehmenswert dazu führen kann, dass der Verwaltungsvermögenstest nicht bestanden wird, sodass die Steuer zwar auf einer niedrigeren Bemessungsgrundlage, aber ohne Verschonungsabschlag im Ergebnis höher ist!

b) Gestaltung zur Sicherung der Verschonung

4153 Im Vordergrund steht das Bestreben, die Voraussetzungen für die Inanspruchnahme der 85 %igen oder gar 100 %igen Vergünstigung nach § 13a ErbStG herbeizuführen. Bei einer Mehrheit von zu übertragenden Betrieben empfiehlt sich eine zeitliche „Entzerrung",[891] um für jede Einheit eine eigene Optionswahl treffen zu können (Rdn. 4063). Zur Vorbereitung auf den „Verwaltungsvermögenstest" können dienen:

aa) Schaffung begünstigten Vermögens

4154 Zu nennen ist bspw. der rechtzeitige Abschluss von Poolverträgen, vgl. Rdn. 4026. **Auslandsvermögen** kann dadurch zu begünstigtem Unternehmensvermögen werden, dass es in Strukturen eingebracht wird, die ihrerseits die Voraussetzungen erfüllen (bei Kapitalgesellschaften muss also Sitz oder Geschäftsleitung im Inland oder in einem Mitgliedstaat der EU/des EWR sein, bei Einzelunternehmen oder Personengesellschaften muss das Vermögen einer Betriebsstätte im Inland oder einem Mitgliedstaat der EU/des EWR zuzurechnen sein bzw. dienen). Dies bedeutet z.B.:

---

[891] *Ihle*, notar 2010, 62, empfiehlt einen Zeitraum von 6 Monaten.

A. Schenkungsteuerrecht

- Kapitalgesellschaften in Drittländern sollten in Holding-Strukturen eingegliedert werden, sodass die Drittlands-Kapitalgesellschaft, mittelbar gehalten, nicht mehr zum schädlichen Verwaltungsvermögen zählt. 4155
- sonstige Vermögensgegenstände außerhalb der EU oder des EWR sind entweder in eine Kapitalgesellschaft mit Sitz oder Geschäftsleitung im Inland/der EU/der EWR einzubringen oder einer Betriebsstätte eines Einzelunternehmens/Personengesellschafts-betriebsvermögens im Inland/der EU/dem EWR zuzuordnen (vgl. R 51 Abs. 4 ErbStR: entscheidend ist nicht die steuerliche, sondern die eigentumsmäßige Zuordnung).

Zu beachten sind allerdings ertragsteuerliche Schwierigkeiten, auch im jeweiligen Drittstaat.

bb) Bestehen des Verwaltungsvermögenstests

Entscheidend ist das Unterschreiten der 50%- (bzw. 10%-) Verwaltungsvermögensquote, je nachdem, welche Schonungsoption angestrebt wird. Angesichts der Bewertungsuntersicherheiten sollte eine gewisse „Sicherheitsmarge" eingeplant werden; Nachweise zur späteren Beweisführung sollten gut dokumentiert sein. 4156

(1) Derzeit schädliche Verwaltungsvermögensquote

Ziel muss die Reduzierung unter die zulässige (50- oder 10%ige Quote) sein, entweder durch Entfernung schädlichen Verwaltungsvermögens oder durch Beimischung eines ausreichenden Quantums aktiven Betriebsvermögens oder schließlich durch die „Umwandlung" von Verwaltungsvermögen in unschädliches Betriebsvermögen. 4157

Die **Entfernung schädlichen Vermögens** kann geschehen durch schlichte Entnahme, v.a. von Verwaltungsvermögen mit geringen stillen Reserven, die Veräußerung (möglichst mit Wiederanlagemöglichkeit gem. § 6b EStG), die Übertragung in ein anderes Betriebsvermögen oder in das SBV einer anderen Mitunternehmerschaft (§ 6 Abs. 5 EStG) oder die Realteilung von Personengesellschaften bzw. Spaltung von Kapitalgesellschaften zur Schaffung neuer, günstigerer Mischverhältnisse. Für die Entfernung (anders als für die Einbringung) schädlichen Verwaltungsvermögens gilt die Zwei-Jahres-Frist des § 13b Abs. 2 Satz 3 ErbStG nicht, sodass diese Maßnahmen auch kurz vor dem Stichtag erfolgen können. 4158

Die **„Beimischung" von aktivem Betriebsvermögen** kann durch deren Einlage als Einzelgegenstand oder durch die Einbringung von Mitunternehmeranteilen, Betrieben oder Teilbetrieben bzw. die Hineinverschmelzung erfolgen, sofern die eingebrachten betrieblichen Einheiten eine günstigere (geringere) Verwaltungsvermögensquote als die Zielgesellschaft aufweisen und dadurch insgesamt das ausreichende Mischverhältnis hergestellt ist. Die Übertragung betrieblicher Wirtschaftsgüter (z.B. gem. § 6 Abs. 5 EStG, Rdn. 2198) kann dabei sogar kurz vor dem Stichtag erfolgen, da die Zweijahresfrist des § 13b Abs. 2 Satz 3 ErbStG nur für junges Verwaltungsvermögen gilt. 4159

Die **„Umwandlung" schädlichen Verwaltungsvermögens** in verschonungsfähiges Betriebsvermögen kann schließlich erfolgen zum einen durch den Abschluss von Pool-Verträgen (s.o. 4160

Rdn. 4016 ff.) bzw. durch den Formwechsel von der Kapital- in die Personengesellschaft,[892] aber auch durch Herstellung der Voraussetzungen der Privilegierung für Wohnungsunternehmen bei fremdvermieteten Wohnimmobilien, § 13b Abs. 2 Satz 2 Nr. 1 Buchst. d) ErbStG (s. Rdn. 4085), sowie durch die Umschichtung von Verwaltungsvermögen aus dem Gesamthandsvermögen der Personengesellschaft in SBV, wo es schenkungsteuerlich nicht mehr zum schädlichen Verwaltungsvermögen zählt (Rdn. 4077). Geeignet ist auch die Aufstockung von Kapitalgesellschaftsbeteiligungen von derzeit unter 25% auf mehr als 25%, selbst kurz vor dem Stichtag (es handelt sich dann zwar um „junges Vermögen", nicht aber um „junges Verwaltungsvermögen" i.S.d. § 13b Abs. 2 Satz 3 ErbStG).[893] Gleiches gilt für die Umschichtung von Anleihen oder anderen Wertpapieren vor dem Stichtag in schlichte Kontobestände (Rdn. 4098 ff.).

4161 Hilfreich sind ferner **Holdingstrukturen**: Durch geschickte Verteilung von operativen Einheiten und Verwaltungsvermögen auf Tochter- und Enkelgesellschaften („Verlängerung der Beteiligungsstruktur") lässt sich ein erheblicher „**positiver Kaskadeneffekt**" erzielen, der sich zunutze macht, dass

- Verwaltungsvermögen auf nachgeordneter Ebene unter 50% unschädlich ist, d.h. die gesamte Beteiligung auf der Ebene der übergeordneten Einheit zum „unschädlichen" Vermögen zählt,
- selbst dann, wenn auf oberster Ebene der 10%ige Verwaltungsvermögenstest angestrebt ist, auf unteren Ebenen die 50%-Schwelle gilt, Rdn. 4097.[894]

4162 Durch diesen Kaskadeneffekt lassen sich (allerdings um den Preis hoher einmaliger Transaktions- und laufender Verwaltungskosten) hohe Vermögensverwaltungsquoten steuerfrei übertragen, noch über das bis Ende 2008 praktizierte Modell der gewerblich geprägten Personengesellschaft, die der Sache nach Privatvermögen hält, hinaus. Verfassungsrechtlich ist dieser „Begünstigungsüberhang" fragwürdig.[895]

4163 *Beispiel für eine günstigere Verteilung überwiegenden Verwaltungsvermögens:*[896]

Eine GmbH (Gesamtwert 20 Mio. €) hat Verwaltungsvermögen von 12 Mio. € und zwei Teilbetriebe zu je 4 Mio. € gemeinen Werts. Die GmbH wäre in dieser Struktur insgesamt nicht begünstigungsfähig. Gliedert sie nun die Teilbetriebe in selbstständige Tochter-GmbHs aus (aufgrund der Teilbetriebseigenschaft ertragsteuerneutral zu Buchwerten möglich) und überträgt sie jeweils 3 Mio. € Verwaltungsvermögen auf die Tochtergesellschaft, besteht jede der beiden Tochtergesellschaft den Verwaltungsvermögenstest (da das aktive Vermögen von 4 Mio. € jeweils überwiegt). Auf der Ebene der Muttergesellschaft zählen demnach die beiden Beteiligungen von gesamt je 7 Mio. € als unschädliches Vermögen, sodass das bei der Mutter verbleibende Verwaltunsvermögen von 6 Mio. € ebenfalls unschädlich ist, da insgesamt der 50%-Test auf der Ebene der Holding-GmbH bestanden wird.

---

892 Vgl. *Felten*, DStR 2010, 1261, 1266; damit wird auch die Möglichkeit der Übertragung gegen Versorgungsleistungen gem. § 10 Abs. 1 Nr. 1a Buchst. c) EStG erleichtert, da nicht 50% der Anteile übergehen müssen.
893 *Scharfenberg/Müller*, DB 2009, 2681; a.A. *Rödl/Preißer*, ErbStG, § 13b Rn. 4.2.7.1.
894 Vgl. *Hannes/Onderka*, ZEV 2009, 10, 12 f.
895 Der BFH hatte in seinem Vorlagebeschl. v. 22.05.2002, BStBl. 2002 II, S. 598, 611 den Begünstigungsübergang aufgrund des mit Fiktionen arbeitenden ertragsteuerrechtlichen Betriebsvermögensbegriffs ausdrücklich gerügt.
896 Nach *Hannes/Steger*, ErbStB 2009, 119.

Zu knappe Quoten können allerdings den gesamten Erfolg gefährden, da bei Überschreiten der 50%-Grenze auch nur um einen Zehntel-Prozentpunkt die gesamte Vermögensmasse zu einem schädlichen Verwaltungsvermögen mutiert.

Ist das Verwaltungsvermögen hoch belastet, empfiehlt sich gar darüber hinaus, dieses mitsamt der darauf lastenden Verbindlichkeiten möglichst vollständig auszugliedern: die „Verwaltungsvermögensgesellschaft" ist dann zwar nicht privilegiert, wird aber aufgrund der hohen Verbindlichkeiten nur mit geringen Ertrags-, mindestens aber Substanzwerten veranschlagt.

(2) Derzeit unschädliche Verwaltungsvermögensquote

Da in diesem Fall das gesamte Vermögen, einschließlich der an sich schädlichen Bestandteile, verschonungsfähig ist, kann erwogen werden, den Verwaltungsvermögensanteil bis zur unschädlichen Grenze „aufzustocken", um möglichst viele Vermögenswerte steuergünstig oder gar ganz steuerfrei zu übertragen. Die oben genannten Ansätze gelten also in „umgekehrter" Richtung. Zu beachten sind jedoch folgende Besonderheiten:

- "**Junges Verwaltungsvermögen**" nimmt an der Vergünstigung nicht teil, gefährdet jedoch, sofern der Gesamttest bestanden wird, nicht die Verschonung des übrigen Vermögens. Bei der Einbringung von Einzelgegenständen des Verwaltungsvermögens bedarf es also einer 2-jährigen Vorlaufzeit. Umstrukturierungen im Konzern (z.B. zwischen Tochter- und Enkelgesellschaft oder zwischen Mutter- und Tochtergesellschaft) dürften allerdings nicht unter diesen Nießbrauchstatbestand des § 13b Abs. 2 Satz 3 ErbStG fallen, da mit „dem Betrieb" i.S.d. Norm die Gesamteinheit gemeint ist. (Die Aussonderung „jungen Verwaltungsvermögens" findet gesetzessystematisch erst statt, nachdem die betriebliche Gesamteinheit den „Verwaltungsvermögenstest" bestanden hat, also feststeht, dass „Satz 1 nicht zur Anwendung kommt".) Ein dieser Auslegung widersprechender Änderungswunsch des Bundesrats wurde nicht in das Gesetz übernommen.[897]

- Hinzuweisen ist schließlich darauf, dass der Verwaltungsvermögenstest stets nur zu einem bestimmten **Stichtag** erfüllt werden muss. Spätere Veränderungen der Verwaltungsvermögensquote, auch ein Überschreiten der maßgeblichen Schwelle, löst also keine Nachsteuer aus. Umgekehrt können Vermögensübertragungen während eines Jahres für den Fall, dass es zu Beginn und zu Ende erneut zu einem Test kommt (etwa da wiederum Anteile an der Gesellschaft übertragen werden), das Ergebnis unterschiedlich beeinflussen. Es dürfte jedoch zu weit gehen, im Gesellschaftsvertrag Beschränkungen dergestalt vorzusehen, dass Schenkungen von Anteilen bspw. stets nur zum Jahresende oder zur Jahresmitte zulässig seien.[898]

- Auch führt die Stichtagsbezogenheit des Verwaltungsvermögenstests dazu, dass sowohl aktive Werte, wie etwa Aktien, sich kurz vor dem Stichtag ungünstig (nach oben) entwickeln können, sodass rechtzeitige Reaktion not tut.

---

897 BR-Drucks. 4/1/08 v. 04.02.2008, S. 20 f.
898 So die Anregung von *Hannes/Steger*, ErbStB 2009, 117.

cc) Bestehen der Lohnsummenkontrolle

(1) Maßnahmen vor dem Stichtag

4170 Im Vordergrund steht die **Reduzierung der Lohnsumme vor der Schenkung/dem Erbanfall** (bei Letzterem naturgemäß mit geringerer Planungssicherheit) durch rechtzeitige – 5-Jahres-Zeitraum! – Reduzierung der in die Berechnung einfließenden Bestandteile:

Gem. § 13a Abs. 4 ErbStG bleiben bei der Berechnung der Ausgangslohnsumme solche Beschäftigte außer Betracht, die nicht ausschließlich oder überwiegend im Betrieb tätig sind. Demnach ist zu erwägen

4171
- der vermehrte Einsatz von Teilzeit-Arbeitskräften,
- der Einsatz von Leih- und Saison-Arbeitern (die zumindest laut Gesetzesbegründung nicht erfasst werden).
- die Reduzierung variabler Gehaltskomponenten,
- die Auflösung von Mitarbeiterverhältnissen mit Familienangehörigen,
- als „Beschäftigter" i.S.d. § 13a Abs. 4 ErbStG gilt (wohl) auch der Gesellschafter-Geschäftsführer, sodass er durch Reduzierung oder gar Verzicht auf Gehalt vor dem Stichtag die Referenzsumme drücken kann,

4172
- da die Lohnsummen nachgeordneter Gesellschaften nur dann relevant sind, wenn Letztere ihren Sitz in Deutschland, der EU oder einem EWR-Staat haben und zugleich die Obergesellschaft eine Beteiligung von mehr als 25 % an der nachgeordneten Gesellschaft (gleich ob es sich um eine Kapital- oder Personengesellschaft handelt)[899] hält, kann es sich empfehlen, i.R.d. arbeitsrechtlich zulässigen Arbeitsplätze in Gesellschaften zu verlagern, an denen eine unter fünfundzwanzigprozentige Beteiligung besteht oder die ihren Sitz in Drittländern außerhalb der EU/des EWR-Raumes haben,
- die Beteiligungshöhe an Tochtergesellschaften kann (mindestens 5 Jahre vor dem Stichtag) auf unter 25 % gesenkt werden, sodass die dort beschäftlichen Arbeitnehmer nicht gezählt werden,

4173
- zu bedenken ist schließlich, dass Gesellschaften, die unmittelbar durch den Schenker/Erblasser gehalten werden, bei der Berechnung der Lohnsumme als selbstständiges Übertragungsobjekt gänzlich außer Betracht bleiben. Daher könnte erwogen werden, eine reine Arbeitnehmergesellschaft zu gründen (die naturgemäß ausschließliches Verwaltungsvermögen, wenn auch in geringem Umfang, hält, sodass das Scheitern der Verschonung nicht ins Gewicht fällt), die ihrerseits Arbeitnehmer den anderen, operativen Gesellschaften zur Verfügung stellt. Die operativ tätigen Gesellschaften ihrerseits sind dann, da sie weniger als zehn Arbeitnehmer haben (bspw. lediglich über eine eigenständige Geschäftsführung verfügen) vom Lohnsummenkriterium gänzlich ausgenommen.

---

[899] Vgl. *Hannes/Steger*, ErbStB 2009, 120: Das maßgebliche Kriterium ist die Einflussnahmemöglichkeit der Obergesellschaft auf die Lohnpolitik der Untergesellschaft, die bei Kapital- und Personengesellschaften vergleichbar ist.

> **Hinweis:**
> Angesichts des 5-jährigen Referenzzeitraums für die Beurteilung der Ausgangs-Lohnsumme schwebt über diesen Gestaltungen stets das „**Damoklesschwert**" eines „zu frühen Sterbefalls": Da die Reduzierung der Lohnsumme durch Auslagerung auf Gesellschaften in Drittländern oder reine Arbeitnehmergesellschaften noch nicht lange genug zurückliegt, startet die operativ tätige Gesellschaft in den Beobachtungszeitraum mit einer relativ hohen Ausgangslohnsumme (weil bspw. nur eines von 5 Vergangenheitsjahren durch die getroffenen Maßnahmen abgedeckt ist), aber einer sehr geringen Zahl aktueller Arbeitnehmer!

4174

(2) Maßnahmen nach dem Stichtag

Nach dem Erbfall/der Schenkung sind die vorstehenden Maßnahmen in umgekehrter Richtung zu befolgen. Ziel ist also

4175

- die Schaffung neuer Arbeitsplätze,
- die Verlagerung von Arbeitsplätzen aus Ländern außerhalb der EU/des EWR in das relevante Gebiet,
- die Schaffung von Vollzeit-Arbeitsplätzen anstelle von Teilzeit-Arbeitsplätzen,
- die Reduzierung von Leih-Arbeitsverhältnissen zugunsten ordentlicher Arbeitsverhältnisse,
- die Rückübertragung von Arbeitnehmern der Arbeitnehmergesellschaft in die operativ tätige Gesellschaft,
- die Erhöhung der Gehälter der Geschäftsführung,
- die Erhöhung der Beteiligungsquote an Tochtergesellschaften auf über 25 %, sodass die dortigen Arbeitnehmer anteilig mit berücksichtigt werden,
- die Vorwegnahme von Lohnerhöhungen noch vor das Ende des Vergleichszeitraums.

4176

Zur Einhaltung der Verschonungsregelung ist ein „Erbschaftsteuer-Monitoring" erforderlich, insb. die fortlaufende Beobachtung der Lohnsummenentwicklung. Überhaupt schaffen die Bindungsfristen nach neuem Erbschaftsteuerrecht besondere Herausforderungen für Rechnungswesen und Controlling in Familienunternehmen.[900]

4177

dd) Einhaltung der Behaltensfristen

Um sich vor dem gesamtschuldnerischen Risiko (§ 20 ErbStG) einer **Nachversteuerung** aufgrund eines Verstoßes während des 5- bzw. 7-jährigen Überwachungszeitraums zu schützen, sollte der Schenker bei der lebzeitigen Übertragung entweder die Vornahme von Maßnahmen, die gegen die Behaltensregeln verstoßen, an seine Zustimmung knüpfen (schuldrechtliche Zustimmungsvorbehalte, ggf. gesichert durch Rückübertragungsvormerkungen oder durch dingliche Sicherung eines daraus resultierenden Schadensersatzanspruches) oder aber zumindest sich ein Rückforderungsrecht gem. § 29 ErbStG, anknüpfend an die Verwirklichung eines Nachversteuerungstatbestandes, vorbehalten (Rdn. 1929). Bei der erbrechtlichen Gestaltung kann sich die zeitlich befristete Einsetzung eines Testamentsvollstreckers empfehlen, um die Einhaltung

4178

---

900 *Seifried*, ZEV 2009, 614 ff.; *Gräfe*, ZEV 2010, 601 ff.

der Behaltensfristen und die steuergerechte Verwendung des Unternehmensvermögens sicherzustellen, wenn insoweit Zweifel an der Zuverlässigkeit des Unternehmenserben bestehen.

4179 Der Beschenkte selbst kann eine Nachversteuerung als Folge der Veräußerung eines Betriebes, Teilbetriebes oder wesentlicher Betriebsgrundlagen durch rechtzeitige (binnen 6 Monaten erfolgende) Reinvestition gem. § 13a Abs. 5 ErbStG vermeiden; eine Nachversteuerung als Folge einer (über den gesamten Zeitraum kumuliert festzustellenden) Überentnahme durch rechtzeitige – auch gegen Fristende erfolgende[901] – Einlage in ausreichender Höhe, auch wenn diese Einlage durch Kredit finanziert wird (allerdings liegt keine taugliche Einlage vor, wenn dieser Kredit als Betriebsvermögen, z.B. als negatives Sonderbetriebsvermögen, des Erwerbers zu behandeln ist).[902]

c) Gestaltungsvergleich Sondergewinnbezugsrechte/Vorbehaltsnießbrauch

4180 Bei der Übertragung von Gesellschaftsanteilen in vorweggenommener Erbfolge konkurriert das Ziel frühzeitiger Übertragung größerer Vermögenswerte, auch zum Heranführen der nachrückenden Generationen in unternehmerische Verantwortung, einerseits, mit der Notwendigkeit weiterer Versorgung der übertragenden Generation, anderseits. Dieser Regelungskonflikt kann entweder durch Vereinbarung eines Vorbehaltsnießbrauchs oder aber durch Vereinbarung eines „disquotalen" Gewinnbezugsrechts (zur gesellschaftsrechtlichen Seite Rdn. vgl. 2041 ff.) erreicht werden.

4181 Schenkungsteuerlich ermöglicht auch die disquotale Gewinnbezugsregelung die Inanspruchnahme von Vergünstigungen, und zwar zum einen auf der Bewertungsebene (vgl. im Einzelnen Rdn. 3761 f.), zum anderen in Bezug auf die Betriebsvermögensverschonung: vermittelt der übertragene Anteil ein – sei es auch geringes – Stimmrecht und sind mit ihm zumindest die Widerspruchs- und Kontrollrechte verbunden, die einem Kommanditisten nach §§ 164, 166 HGB zustehen, und bedürfen zumindest wesentliche Entscheidungen, wie Auflösung und Änderung des Gesellschaftsvertrags, der Einstimmigkeit (wie dies gem. § 161 Abs. 2 i.V.m. § 119 Abs. 1 HGB an sich für alle Beschlüsse gelten würde), ist bei Personengesellschaften die Mitunternehmerstellung des Beschenkten i.S.d. § 15 Abs. 1 Satz 1 Nr. 2 EStG nicht gefährdet (vgl. zu den Anforderungen hierfür im Einzelnen Rdn. 2207 ff.). Damit kann für den verschenkten Anteil die Betriebsvermögensprivilegierung nach § 13a ErbStG (Rn 3707 ff.) zumindest dem Grunde nach gewährt werden. Auch der verbleibende, mit überdimensionalem Gewinnbezugsrecht ausgestattete Zwerg-Mitunternehmeranteil bleibt steuerlich in Mitunternehmerschaft, sodass bei der anschließender Vererbung dieser Restanteile die Voraussetzungen des § 13a ErbStG wiederum in Anspruch genommen werden können, soweit sie i.Ü. erfüllt sind (es genügt nicht, dass der Erwerber als bisheriger Mitgesellschafter bereits Mitunternehmer war, der Grundsatz der Einheitlichkeit der Gesellschafterstellung gilt für § 13a ErbStG nicht.)[903]

4182 Wird statt dessen die gesamte Mitunternehmerstellung übertragen und behält sich der Veräußerer den Nießbrauch vor, führt dies – seit der Abschaffung des § 25 ErbStG i.R.d. Erbschaftsteuerre-

---

[901] Berechnungsbeispiel bei *Jarosch/Rund/Gluth*, StB-Sonderheft 2010/2011 S. 25.
[902] Abschnitt 12 Abs. 4 Satz 3 des Anwendungserlasses zum ErbStG v. 25.06.2009, BStBl. 2009 I, S. 713, 724.
[903] Vgl. *Götz/Jorde*, ZErb 2005, 365, 373.

form 2009, vgl. Rdn. 3870 ff. – zu einer deutlich **stärkeren Reduzierung** der Erbschaftsteuer.[904] Dies gilt sogar dann, wenn es wegen „vorzeitigen" Ablebens des Nießbrauchers zu einer Neuberechnung der Steuer gem. § 14 Abs. 2 ErbStG kommt, vgl. Rdn. 3872. Die lediglich überwiegende Übertragung des Anteils unter Rückbehalt disquotaler, übermäßiger Gewinnbezugsrechte wird daher nur dann das Mittel der Wahl sein, wenn sich der Veräußerer bestimmenden Einfluss auf die Geschicke der Gesellschaft vorbehalten will, also dem unternehmerischen Talent des Erwerbers zunächst noch in solchem Maße misstraut, dass ihm die bloßen Einflussmöglichkeiten, die mit dem Nießbrauch verbunden sind bzw. max. verbunden sein dürfen, um dem Erwerber seinerseits Mitunternehmerschaft zukommen zu lassen (vgl. Rdn. 2207 ff.), nicht genügen.

8. Erbauseinandersetzung unter Geltung des neuen Rechtes

a) Bisherige Rechtslage

Nach der bis 31.12.2008 geltenden Rechtslage war eine **Teilungsanordnung** erbschaftsteuerlich unbeachtlich (d.h. es blieb bei der allgemeinen Besteuerung jeden Mitglieds der Erbengemeinschaft nach dem zunächst erworbenen Gesamtvermögen ohne Rücksicht darauf, wer im Rahmen einer – angeordneten oder freiwillig vollzogenen – Teilungsanordnung welchen Gegenstand erhielt, während Vermächtnisse, auch Vorausvermächtnisse, zu einer eigenständigen steuerpflichtigen Bereicherung allein des Begünstigten führten).[905] Erbschaftsteuerlich (anders als ertragsteuerlich, hierzu Rdn. 4637 ff.) war also die Erbauseinandersetzung, selbst wenn Ausgleichszahlungen erbracht wurden, ohne Relevanz. Wurde bspw. ein Betrieb vererbt, kamen die Betriebsvermögensprivilegien grds. allen Miterben zugute, auch wenn letztendlich aufgrund der Erbauseinandersetzung lediglich eine Person den Betrieb übernahm; erfüllte dieser die 5-jährige Haltefrist des § 13a Abs. 5 ErbStG a.F. nicht, führte dies zur Nachbesteuerung bei allen ursprünglichen Miterben.[906]

4183

Nach bisherigem Recht wurde also bei Nachlässen, die sich z.T. aus privilegiertem (z.B. Betriebs- oder Grundbesitz-), z.T. aus nicht privilegiertem Vermögen zusammensetzten („Mischnachlässen"), in der ersten Stufe die steuerliche Gesamtsumme der Nachlassgegenstände ermittelt und sodann auf eine Mehrheit von Erben quotal aufgeteilt. Bewertungsvorteile (z.B. der Buchwertansatz bei Personengesellschaften) kamen damit allen Miterben in gleicher Weise zugute. Auch machte es nach bisherigem Recht einen Unterschied, ob bspw. zwei Erben zu gleichen Teilen miteinander eingesetzt waren (gleichgültig ob mit Teilungsanordnung belastet oder nicht) oder ob einer von beiden zum Alleinerben, belastet mit einem Sachvermächtnis zugunsten des anderen, bestimmt war: Nur im letzterem Fall neutralisierte das Sachvermächtnis den Ansatz des Betriebsvermögens im Nachlass und kam demnach allein dem Betriebs-Vermächtnisnehmer zugute.[907]

4184

---

904 Vgl. im Einzelnen *Werz/Sager*, ErbStB 2010, 101 ff. mit Berechnungsbeispielen.
905 Vgl. R 5 Abs. 1 ErbStR 2003; *Pach-Hanssenheimb*, DStR 2008, 957.
906 H 67 ErbStH 2003; daher wurden in Erbauseinandersetzungen typischerweise Freistellungspflichten von entsprechenden Steuerlasten vereinbart.
907 Vgl. Berechnungsbeispiel bei *Pach-Hanssenheimb*, DStR 2008, 957, 960.

b) Grundzüge der Neuregelung

4185 Das neue Recht hingegen bewertet in der ersten Stufe alle Vermögenswerte mit dem gemeinen Wert und weist sodann in der zweiten Stufe („zu Lenkungszwecken") die Verschonungsabschläge bei vermieteten Immobilien (10 %) und bei Betriebsvermögen (85 %) sowie den diesbezüglichen Freibetrag (150.000,00 €) allein demjenigen zu, der dieses begünstigte Vermögen entweder aufgrund einer Anordnung des Erblassers oder im Austausch gegen gesetzliche Ansprüche gegen den Erben erhält. Begünstigt ist demnach der Vermächtnisnehmer, der durch eine Auflage Begünstigte, der Pflichtteilsberechtigte und alle anderen, die als Abfindung ihrer Ansprüche gegen den Erben begünstigtes Vermögen erhalten. Die Gesetzesbegündung zählt bei Betriebsvermögen hierzu auch etwa qualifizierte Nachfolgeklauseln in Gesellschaftsverträgen, landwirtschaftliche Sondererbfolgeregelungen, umgesetzte Teilungsanordnungen etc.

4186 Abweichend von der bisherigen Rechtslage macht es nunmehr auch keinen Unterschied mehr, ob bei **Mischnachlässen** mehrere Personen zu Miterben (mit oder ohne Belastung im Rahmen einer Teilungsanordnung) eingesetzt sind oder ob der **Betriebsübernehmer als Alleinerbe** oder umgekehrt als bloßer **Vermächtnisnehmer** eingesetzt ist: Die Vergünstigungen kommen allein ihm zugute, allerdings hat auch allein er die Nachteile zu tragen, wenn es zu einer Nachversteuerung kommt (diese Nachversteuerung hatte nach bisheriger Rechtslage beide ursprünglichen Miterben getroffen, beim Vermächtnis jedoch allein den Vermächtnisnehmer). Im Rahmen von Erbauseinandersetzungen wird daher künftig nicht nur die unterschiedliche latente einkommensteuerliche Belastung des übernommenen Vermögens[908] zu berücksichtigen sein, sondern auch die stark auseinanderfallende erbschaftsteuerliche Sofortbelastung, bei Betriebsübernehmern allerdings unter dem Vorbehalt späterer Nachbesteuerung.

4187 Die Neuregelung dient also der Umsetzung des verfassungsgerichtlichen Auftrags, Begünstigungswirkungen „ausreichend zielgenau eintreten zu lassen".[909] Dies hat Einfluss auf die „Wertigkeit" der zugeordneten Wirtschaftsgüter, sofern es bei einzelnen Miterben zu einem Steuerabzug kommt, bei anderen nicht. War dies nicht bereits bei der Anordnung bzw. Vereinbarung der Auseinandersetzung selbst berücksichtigt worden, kann eine Ausgleichsklausel dazu führen, dass die steuerlichen Vergünstigungen, sobald ihre endgültige Höhe feststeht, ebenfalls geteilt werden:

4188 **Formulierungsvorschlag: Ausgleichsklausel zur nachträglichen Teilung der Erbschaftsteuerprivilegien bei Erbauseinandersetzung**

> Sollte der Sohn ..... das ihm im Rahmen der Erbauseinandersetzung übertragene Vermögen (vermietete Immobilie/selbstgenutzte Immobilie/Betrieb) dauerhaft unter vollständiger oder teilweiser Verschonung von der sonst anfallenden Erbschaftsteuer erhalten, hat er nach Ablauf der Nachversteuerungsfristen den Geschwistern denjenigen Betrag auszukehren, der dem Anteil der Geschwister (nach Stämmen) an der Steuerreduzierung entspricht, maximal jedoch den Betrag der von jenen tatsächlich entrichteten Erbschaftsteuer. Auf Verlangen

---

908 I.R.d. Erbschaftsteuer wird die auf geerbtem Vermögen, z.B. geerbten Forderungen, ruhende latente Einkommensteuerlast nicht abgezogen, vgl. BFH, 17.02.2010 – II R 23/09, ErbStB 2010, 198.

909 Rdn. 209 der Entscheidungsgründe, BVerfG, 07.11.2006 – 1 BvL 10/02, ZEV 2007, 76 m. Anm. *Piltz*.

ist wechselseitig Rechnung zu legen. Dadurch soll gewährleistet sein, dass alle Miterben gleichmäßig steuerlich belastet werden, wie dies bei der Verteilung des Nachlasses zugrunde gelegt wurde, trotz des Umstandes, dass die dauerhafte Erfüllung der steuerlichen Verschonungsvoraussetzungen unter Umständen mit einem Verlust an Handlungsoptionen erkauft wird.

Außerhalb des (auf einzelne Verschonungsregelungen begrenzten) Anwendungsbereichs der positiven und negativen Zuordnung von erbschaftsteuerlichen Privilegierungen bleibt es aber beim Grundsatz des bisherigen Rechts, wonach die Erbauseinandersetzung auf die bereits mit dem Sterbefall eingetretenen Steuerfolgen keinen Einfluss hat.

c) § 13b Abs. 3 Satz 1 ErbStG: positive Allokation

Die Erbschaftsteuerreform 2009 hat in **§ 13b Abs. 3 ErbStG** eine neue Regelung geschaffen, deren Ziel es ist, denjenigen Miterben,[910] der den Betrieb nach entsprechender Auseinandersetzung tatsächlich fortführt, so zu stellen, als habe er von Anfang an (also ohne Zwischenerwerb eines Erben oder einer Erbengemeinschaft) begünstigtes Betriebsvermögen erhalten. Er wird also einem Vermächtnisnehmer, der privilegiertes Betriebsvermögen i.S.d. § 13b Abs. 4 ErbStG erworben hat und demnach gem. § 3 Abs. 1 Nr. 1 ErbStG einen eigenständigen und umfassenden Erwerb von Todes wegen verwirklicht hat, gleichgestellt.

4189

Dabei ist es gleichgültig, ob die Erbauseinandersetzung freiwillig oder aufgrund letztwilliger Anordnung erfolgt. Analog zu behandeln ist wohl der Fall des Abfindungserwerbs durch einen ausschlagenden (Mit-) erben, § 3 Abs. 2 Nr. 4 ErbStG. Das gesetzgeberische Ziel (Gleichbehandlung der Erbauseinandersetzung mit einer unmittelbaren Vermächtniseinsetzung) ist im Wortlaut des § 13b Abs. 3 Satz 1[911] ErbStG (wonach sich der Wert des begünstigten Vermögens um den Wert des im Austausch dafür hingegebenen Vermögens, höchstens jedoch um den Wert des übertragenen Vermögens erhöht) nur unvollkommen zum Ausdruck gebracht. Fraglich ist z.B. auch, inwieweit die Übernahme von im Nachlass befindlichen Schulden sich als solche Hingabe vom Erblasser erworbenen Vermögens darstellt.[912]

4190

Beispiele:[913]

4191

Der Erblasser hat begünstigtes Produktivvermögen mit einem erbschaftsteuerlich maßgeblichen Wert von 10 Mio. €, sonstiges Vermögen i.H.v. 11 Mio. €, Sohn und Tochter werden je zur Hälfte Miterben. Beide setzen sich dergestalt auseinander, dass der Sohn den Betrieb, die Tochter das gesamte Privatvermögen erhalten, ohne sonstigen Ausgleich (dabei ist es gleichgültig, ob die Auseinandersetzung einer entsprechenden Teilungsanordnung folgt oder „freiwillig" erfolgte). Rechnerisch hat die Tochter für die Hingabe des Betriebsanteils i.H.v. 5 Mio. € Privatvermögen i.H.v. 5,5 Mio. € erhalten. Demgemäß erhöht sich gem. § 13b Abs. 3 ErbStG der Wert des privilegierten Vermögens des Sohnes um den Wert des

---

910 Nur dieser ist wohl „Dritter" i.S.d. § 13b Abs. 3 ErbStG, vgl. *Wälzholz*, ZEV 2009, 115; a.A. *Pach-Hanssenheimb*, DStR 2008, 957, 959: auch eine sonstige am Nachlass nicht beteiligte Person.
911 Satz 2 ist wohl als Redaktionsversehen unbeachtlich, vgl. *Hannes/Steger/Stalleiken*, DStR 2009, 2029 ff.
912 Nach Abschnitt 4 Abs. 5 Satz 7 und Abschnitt 7 Abs. 2 Satz 2 des Entwurfs (Stand 01.04.2009) der koordinierten Ländererlasse zur Erbschaftsteuer dann nicht, wenn es sich um Verbindlichkeiten handelt, die in wirtschaftlichem Zusammenhang mit dem übernommenen Betriebsvermögen stammen, vgl. *Wälzholz*, 2. Jahresarbeitstagung Erbrecht (DAI-Skript Mai 2009, S. 269 ff.).
913 Nach *Riedel*, ZErb 2009, 8.

hingegebenen Vermögens (5,5 Mio. €), höchstens jedoch um den Wert des übertragenen Vermögens (also des im Gegenzug dafür erlangten Betriebsvermögens, d.h. um 5 Mio. €). Im Ergebnis wird also der Sohn so behandelt, als ob er das gesamte privilegierte Betriebsvermögen (10 Mio. €) unmittelbar von Todes wegen erworben hätte. Zu versteuern ist gleichwohl durch den Sohn das tatsächlich geerbte Vermögen, in diesem Beispielsfall also 10,5 Mio. €, wovon allerdings 10 Mio. € als privilegiertes Vermögen gelten, als Folge des § 13b Abs. 3 ErbStG. Der ursprüngliche Steuerbescheid der Miterben ist also nach der Erbauseinandersetzung zu ändern. Verstößt der Sohn gegen die Haltefristen, trifft die Nachversteuerung allein ihn.

4192 *Umgekehrter Sachverhalt:*

Es sei Betriebsvermögen von 10 Mio. €, Privatvermögen von lediglich 8 Mio. € vorhanden, die Auseinandersetzung erfolgt wiederum ohne Spitzenausgleich durch vollständige Zuordnung des Betriebsvermögens an den Sohn, des sonstigen Vermögens an die Tochter (um der besonderen Risikolage des Betriebsvermögens Rechnung zu tragen). Bei direkter Wortlautanwendung wäre beim Sohn begünstigt der unmittelbar erworbene Halbanteil i.H.v. 5 Mio. € sowie der Wert des zum Erwerb der weiteren Betriebshälfte hingegebenen hälftigen Privatvermögens von 4 Mio. €, also gesamt nur noch 9 Mio. €, obwohl insgesamt Betriebsvermögen i.H.v. 10 Mio. € bei ihm verbleibt. Beide haben demnach 9 Mio. € zu versteuern (d.h. die Tochter mehr als sie letztlich behält; beim Sohn geht 1 Mio. € „Befreiungspotential" verloren. Dies entspricht zwar nicht der Intention der Norm, die sich aus der Gesetzesbegründung[914] *ergibt, aber dem Wortlaut. Eine vollständig zutreffende Allokation lässt sich nur durch ein Vermächtnis, bezogen auf das Betriebsvermögen, erreichen.*[915]

d) § 13a Abs. 3 ErbStG: negative Allokation

4193 Der oben erläuterten „positiven Komponente" der Zuweisung der Betriebsvermögensprivilegien an den übernehmenden Miterben entspricht die in **§§ 13a Abs. 3 ErbStG**, 19a Abs. 2 Satz 2 ErbStG n.F. normierte „negative Komponente". Demnach stehen gem. § 13a Abs. 3 Satz 1 ErbStG ab 2009 demjenigen (Mit-)Erben, der i.R.d. Teilung des Nachlasses privilegiertes (Betriebs-) Vermögen auf einen anderen Miterben überträgt, weder der Verschonungsabschlag, noch der Abzugsbetrag, noch der Entlassungsbetrag zu. Gleiches gilt, wenn er privilegiertes Vermögen aufgrund einer letztwilligen Verfügung des Erblassers oder einer rechtsgeschäftlichen Verfügung des Erblassers oder Schenkers auf einen Dritten übertragen muss.[916] Dies wirkt sich (und zwar zugunsten desjenigen, der letztendlich den Mitunternehmeranteil behält) unmittelbar bei der qualifizierten und der rechtsgeschäftlichen Nachfolgeklausel, aber auch bei der einfachen Nachfolgeklausel mit anschließender Erbauseinandersetzung aus (vgl. Rdn. 4193).[917]

e) Anwendungsbereich im Einzelnen

4194 Die durch § 13a Abs. 3 Satz 2 ErbStG (negative Komponente) bzw. § 13b Abs. 3 Satz 1 ErbStG (positive Komponente) gewährleistete Zuordnung der Betriebsvermögensprivilegien allein beim den Betrieb übernehmenden Miterben (so wie wenn er Vermächtnisnehmer wäre) setzt allerdings voraus, dass die Erbauseinandersetzung allein aus **Nachlassmitteln** erfolgt, also für den Betrieb das geerbte Vermögen i.S.d. § 13b Abs. 3 ErbStG „hingegeben" wird. Zahlt also der künftige Betriebsinhaber an den ausscheidenden Miterben für den „Hinzuerwerb" des Betriebsanteils eine

---

914 Abrufbar im Internet unter: http://dip21.bundestag.de/dip21/btd/16/079/1607918.pdf, S. 60.
915 *Wälzholz*, NWB 2009, 2803, 2808; *Wartenburger*, MittBayNot 2011, 197, 202.
916 Zum Kausalitätsbegriff vgl. *Koblenzer*, ErbStB 2011, 227 ff.
917 Vgl. *Riedel*, ZErb 2009, 8 sowie *Softing*, ErbStB 2009, 271 ff.

Abfindung (in Geld oder Sachwerten) aus seinem eigenen, nicht dem geerbten, Vermögen, gibt er also kein Nachlassvermögen hin, sondern kauft sich den zusätzlichen Anteil, gilt § 13b Abs. 3 Satz 1 ErbStG nicht, sodass die Vergünstigung nur für den unmittelbar geerbten Betriebsanteil gewährt wird und der andere Miterbe, der den Betriebsvermögensanteil „verkauft", mangels Erfüllung der Privilegierungsvoraussetzungen den Betriebsanteil vollständig zu versteuern hat.[918]

Als noch begünstigte Nachlassmittel, die für den Betriebserwerb „hingegeben" werden, dürften allerdings solche Beträge gelten, welche die Erbengemeinschaft aus dem geerbten Nachlass erwirtschaftet hat, bspw. indem sie den Betrieb einige Zeit fortführte und hieraus zusätzliche Erträge generiert hat, die zur Abgeltung „hingegeben" werden. Unklar ist jedoch, ob § 13b Abs. 3 Satz 1 ErbStG auch dann greift, wenn die „Hingabe" von Nachlassvermögen durch den Betriebserwerber sich ihrerseits auf begünstigtes (Betriebs-)Vermögen bezieht, nicht auf – wie vom Wortlaut des Gesetzes verlangt – „nicht begünstigtes Vermögen".

4195

Bleiben die Miterben zunächst gemeinsam Miteigentümer des Betriebs und setzen sich erst **nach Ablauf der** (7- oder 10-jährigen) **Haltefrist** dergestalt auseinander, dass einer der ihren den Betrieb entgeltlich übernimmt, sind an sich die Betriebsvermögensprivilegien hinsichtlich ihrer „positiven Komponente" erfüllt. Anderseits tritt dem Wortlaut nach dadurch gem. § 13a Abs. 3 ErbStG (negative Komponente) der Verlust der Betriebsvermögensprivilegien bei dem Miterben ein, der seinen Anteil überträgt, da eine Haltefrist in § 13a Abs. 3 Satz 2 ErbStG nicht vorgesehen ist.

4196

Dieses gesetzgeberische Versehen kann wohl nur durch eine teleologische Reduktion des § 13a Abs. 3 Satz 2 ErbStG behoben werden, da kein nachvollziehbarer Grund ersichtlich ist, weshalb die Erbauseinandersetzung schlechter gestellt werden soll als ein Verkauf an einen Außenstehenden. Bis diese Lösung durch Rechtsprechung oder Finanzverwaltung anerkannt ist, empfiehlt sich allerdings,[919] nach Ablauf der Haltefrist ein formaler Verkauf bspw. an den Ehegatten des Miterben, nicht an diesen selbst. Die teleologische Reduktion kann allerdings wohl nicht so weit gehen, dass auch der Abschmelzungsgedanke des § 13a Abs. 5 Satz 2 ErbStG auf die negative Zuweisungskomponente des § 13a Abs. 3 Satz 2 ErbStG übertragen wird, also mit jedem weiteren Jahr der Haltefristerfüllung auch die Sanktionswirkung der Erbauseinandersetzung sich reduziert.

4197

Beispiel:[920]

4198

Der Erblasser hinterlässt zwei gleichgroße Teilbetriebe im Wert von je 5 Mio. € und kein sonstiges Vermögen. Sohn und Tochter (Miterben je zur Hälfte) setzen sich dergestalt auseinander, dass der Sohn den einen Teilbetrieb, die Tochter den anderen allein erhält. Die Allokationsregelungen zur Betriebsvermögensprivilegierung finden an sich dem Wortlaut nach keine Anwendung, da keine Verschiebung begünstigten Vermögens gegen nichtbegünstigtes Vermögen stattgefunden hat. Lediglich die negative Komponente (Verlust der Privilegien aufgrund der Weggabe von Betriebsvermögen) gem. § 13a Abs. 2 ErbStG wäre erfüllt. Demnach würde weiterhin – wie bisher – die Verletzung der Haltefrist durch einen

---

918 Vgl. *Wälzholz*, ZEV 2009, 116; zu späten Betriebsvermögensauseinandersetzungen auch *Pach-Hanssenheimb*, DStR 2008, 957, 961.
919 Mit *Wälzholz*, ZEV 2009, 116; *ders.*, NWB 2009, 2803, 2809. Abschnitt 7 des Ländererlasses v. 25.06.2009, BStBl. 2009 I, S. 713 geht auf das Problem nicht ein.
920 Vgl. *Wälzholz*, ZEV 2009, 117.

der beiden Teilbetriebsübernehmer zur Nachversteuerung bei beiden führen, was jedoch evident nicht gewollt ist. Dem Ziel des Gesetzgebers gemäß sollte daher der Sachverhalt der Auseinandersetzung mit ausschließlich begünstigtem Vermögen dem gesetzlich geregelten Sachverhalt (der Hingabe nichtbegünstigten Vermögens) i.S.e. Erst-recht-Schlusses gleichgestellt werden.

4199 Ebenfalls einem Redaktionsversehen geschuldet ist wohl der Umstand, dass i.R.d. **§ 19a Abs. 2 ErbStG** (hinsichtlich der Zuordnung des Entlastungsbetrags) zwar der Verlust der Privilegierung bei Übertragung begünstigten Vermögens auf einen Miterben i.R.d. Nachlassteilung erfasst ist, jedoch die positive Komponente (vgl. § 13b Abs. 3 ErbStG), wonach der erwerbende Miterbe auch für das zusätzlich erworbene begünstigte Vermögen in den Genuss des Entlastungsbetrags kommt, unterblieben ist. In Gesamtanalogie zu §§ 13c Abs. 2 Satz 3, 13 Abs. 1 Nr. 4b u. c ErbStG ist dieses notwendige Korrelat daher zu ergänzen.[921]

4200 Dieselben Regelungen gelten auch für die Privilegierungen von Mietwohnimmobilien und bei der Vererbung des Familienheims an Abkömmlinge, §§ 13 Abs. 1 Nr. 4c (Rdn. 3938 ff.), 13c Abs. 2 ErbStG,[922] allerdings unverständlicher Weise nicht bei der Vererbung des Familienheims an den Ehegatten (§ 13 Abs. 1 Nr. 4b ErbStG).

f) Verfahren

4201 Verfahrensrechtlich stellt jede Auseinandersetzung unter Verteilung privilegierten Vermögens demnach ein rückwirkendes Ereignis i.S.d. § 175 Abs. 1 Nr. 2 AO dar, das zur Änderung der ursprünglichen Erbschaftsteuerbescheide führt (die Festsetzungsverjährungsfrist ist entsprechend hinausgeschoben).

g) Wertung

4202 Auch wenn sich Teilungsanordnung und Vermächtnis erbschaftsteuerrechtlich, soweit Privilegierungen in Rede stehen, weitgehend angenähert haben, ist weiterhin das Vermächtnis die zielsicherere und damit vorzugswürdige Regelungsalternative. Dies gilt insb. im Hinblick auf die gesetzgeberischen Unsicherheiten, etwa bei einem Wertüberhang des Betriebsvermögens ggü. dem „eingetauschten" nicht privilegierten Vermögen (vgl. Rdn. 4183). Zudem erspart das (Voraus-) Vermächtnis die Notwendigkeit einer Bewertung der Nachlassgegenstände unter den Miterben.

9. Milderung der Doppelbelastung aus Einkommen- und Schenkungsteuer (§ 35b EStG)

4203 Zu nennen ist schließlich die „auf der Zielgeraden der Erbschaftsteuerreform" auf Vorschlag des Finanzausschusses aufgenommene Bestimmung des § 35b EStG[923] (Renaissance des bis 1998 geltenden § 35 EStG a.F.), um die **doppelte Belastung mit Erb- und ESt** zu mildern, sofern infolge Veräußerung, Entnahme oder Aufgabe die erbschaftsteuerlichen Vorteile entfallen und zugleich die enthaltenen stillen Reserven einkommensteuerlich erfasst werden. Gleiches gilt, wenn dem Erben Überschusseinkünfte oder i.R.d. § 4 Abs. 3 EStG (etwa bei verstorbenen Freibe-

---

921 Ebenso *Hübner*, Erbschaftsteuerreform 2009, S. 448.
922 Vgl. *Schumann*, DStR 2009, 197; *Halachinsky*, ZErb 2009, 21; *Geck*, ZEV 2008, 557.
923 Übersicht bei *Bron/Seidel*, ErbStB 2010, 48 ff. und (in Bezug auf Kapitalanlagen) ErbStB 2010, 81 ff.

ruflern) nachträglich Zahlungen zufließen, die (als Teil des Unternehmens) in die Erbschaftsteuerberechnung eingeflossen sind, jedoch zusätzlich der ESt unterliegen.[924] Die tariflich festgesetzte ESt soll dann um Teilbeträge der geleisteten Erbschaftsteuer ermäßigt werden, allerdings nur begrenzt (1) auf vorangegangene nach dem 31.12.2008 erfolgte Erbfälle, nicht Schenkungen, die (2) im laufenden oder den vier vorangehenden Veranlagungszeiträumen stattgefunden haben und nur sofern (3) die Gewinne einkommensteuerlich beim Erben erfasst werden (beim entgeltlichen Ausscheiden aus einer Personengesellschaft aufgrund einer Fortsetzungsklausel handelt es sich hingegen um einen noch vom Erblasser „auf dem Sterbebett" realisierten Geschäftsvorfall i.S.d. § 16 EStG).

Aufgrund seiner Wirkungsweise kann § 35b EStG die Doppelbelastung mit Einkommen- und Erbschaftsteuer nicht vollständig beseitigen, da (1) sich der Ermäßigungsprozentsatz nach der durchschnittlichen und nicht der Erbschaftsteuergrenzbelastung richtet, (2) der Ermäßigungsprozentsatz auf die anteilige und nicht auf die Einkommensteuergrenzbelastung angewendet wird und (3) Solidaritätszuschlag und Kirchensteuer nicht berücksichtigt werden. Die Anrechnungsmöglichkeit des § 35b EStG ist allerdings auf 5 Jahre begrenzt, obwohl die Nachsteuerfristen 7 bzw. 10 Jahre betragen. Unklar ist auch, wie die Anrechnung bei Gewinnen bewerkstelligt wird, die nicht unter die „tarifliche Einkommensteuer" i.S.d. § 35b EStG fallen (sondern etwa der Abgeltungsteuer, dem Teileinkünfteverfahren oder dem ermäßigten Steuersatz des § 34 Abs. 3 EStG – 56% des durchschnittlichen Steuersatzes – unterliegen) bzw. ob auch latente Einkommensteuerbelastungen[925] gemindert werden können (etwa bei der Vererbung einer „Spardosen-GmbH" mit hohen akkumulierten liquiden Reserven, die als nicht betriebsnotwendiges Vermögen i.S.d. § 200 Abs. 2 BewG mit dem gemeinen Wert den erbschaftsteuerlichen Wert erhöht haben und im Fall ihrer Ausschüttung an den Erben zusätzlich der Abgeltungsteuer unterliegen.[926] Steuerlich empfehlenswerter ist stets die Veräußerung steuerbelasteten Vermögens noch durch den Erblasser bzw. der Zufluss zu versteuernder Einkünfte noch bei ihm, da dann die konkrete Einkommensteuerschuld den Nachlass mindert (sei es durch vorherigen Abfluss von Aktiva, sei es als noch zu erfüllende Zahlungspflicht).

4204

XII. Mittelbare Grundstücksschenkung

1. Begriff; Tatbestandsvoraussetzungen

Nach der Rechtsprechung des BGH besteht keine zwingende Identität zwischen dem Vermögensopfer des Schenkenden und dem Zuwendungsgegenstand beim Beschenkten.[927] Dies ermöglicht, dass der Schenkende als Vermögensopfer nicht ein ihm gehörendes Grundstück erbringt, sondern Geld aufwendet, während der Beschenkte damit Grundbesitz erwirbt. Auch das Steuerrecht erfordert keine Identität des Entreicherungs- und Bereicherungsgegenstands, da gem. § 7 Abs. 1 Nr. 1 ErbStG nur eine Bereicherung des Bedachten „auf Kosten des Zuwendenden" notwendig ist. Im Fall der sog. „mittelbaren Grundstücksschenkung" erfolgt die schenkungsteu-

4205

---

924 *Seifried*, ZEV 2009, 285, 286.
925 Kein bereicherungsmindernder Abzug der latenten Einkommensteuerbelastung als Nachlassverbindlichkeit bei der Erbschaftsteuer, vgl. FG München, 18.02.2009 – 4 K 1131/07, ZErb 2009, 215.
926 *Seifried*, ZEV 2009, 285, 288.
927 BGHZ 112, 40 ff.

Kapitel 11: Verkehrsteuern

erliche Beurteilung so, wie wenn der Veräußerer dem Erwerber unter Lebenden[928] unmittelbar das Grundstück zugewendet hätte.[929]

4206 Begrifflich sind solche mittelbaren Schenkungen auch in Bezug auf andere Objekte als Grundstücke denkbar, etwa in Bezug auf **Betriebsvermögen**. Sie haben insoweit freilich wenig Verbreitung gefunden, weil die schenkung-/erbschaftsteuerlichen Betriebsvermögensprivilegien jedenfalls nach Ansicht der Finanzverwaltung,[930] möglicherweise auch des BFH[931] nur gewährt werden, wenn das Betriebsvermögen bereits beim Veräußerer/Erblasser vorhanden war. Die „mittelbare Betriebsschenkung" wird bisher nur in den Fällen anerkannt, in denen Geld zweckgebunden zur Beteiligung am Betriebsvermögen des Schenkers (nicht eines Dritten) zugewendet wird.[932]

4207 Für die Anerkennung einer mittelbaren Grundstücksschenkung im steuerrechtlichen Sinn ist erforderlich, dass der Schenker einen nicht ganz unerheblichen Teil (mehr als 10 %) des Kaufpreises eines **genau bestimmten** Grundstücks oder eines zu erwerbenden Anspruchs auf Übereignung eines genau bestimmten Grundstücks[933] schenkweise zur Verfügung stellt oder zu mehr als 10 %[934] die Kosten für die Errichtung eines konkreten Bauvorhabens trägt („mittelbare Baukostenschenkung"). Auch die Übernahme der Kosten für konkrete Um-, Aus- oder Anbauten genügt, nicht aber die Zuwendung von Mitteln für Reparaturmaßnahmen oder bloße Erhaltensaufwendungen. Obergrenze sind jedoch stets die tatsächlich entstandenen Erwerbs- bzw. Errichtungskosten samt Nebenkosten. Die Geldzuwendung durch einen steuerlich nicht anzuerkennenden „Scheindarlehensvertrag" steht gem. § 42 AO der Schenkung gleich.[935] Ist das zu erwerbende Grundstück bzw. die durchzuführende Baumaßnahme nicht im Zeitpunkt der Geldschenkung bereits bestimmt (bloße Bestimmbarkeit genügt auch bei Vorliegen nur weniger Auswahlexemplare nicht), handelt es sich schenkungsteuerlich dagegen um eine Geldschenkung.

---

[928] Die Grundsätze sind auf den Erwerb von Todes wegen (Wunsch des Erblassers, mit Geldmitteln des Nachlasses ein bestimmtes Grundstück zu erwerben) nicht anwendbar, vgl. BFH, 03.07.2003 – II B 90/02, ErbStB 2003, 377. Auch eine „mittelbare Schenkung auf den Todesfall" wird durch FG Rheinland-Pfalz, ZEV 1996, 276 nicht anerkannt, a.A. *Söffing/Worgula*, ErbStB 2005, 326: es handle sich um einen aufschiebend bedingten Vermächtnisanspruch, der erst mit Erfüllung = Bedingungseintritt (und zwar in Gestalt des Bereicherungssachgegenstandes) besteuert und als Vermächtnislast abgezogen werde.

[929] Vgl. Koordinierter Ländererlass v. 02.11.1989, BStBl. 1989 I, S. 443, geändert durch Erlass v. 10.09.1996, BStBl. 1996 I, S. 1173, s. z.B. beck online, BeckVerw075178, sowie R 16 ErbStR 2003.

[930] Art. 20 Abs. 3 Satz 3 des koordinierten Ländererlasses zur ErbSt-Reform, BStBl. 2009 I 713, ebenso zuvor R 55 Abs. 4 ErbStR 2003.

[931] BFH, 16.02.2005 – II R 6/02 BStBl. 2005 II 411 (bei Kapitalgesellschaftsanteilen, vgl. Rdn. 3995).

[932] Vgl. R 56 Abs. 3 ErbStR 2003.

[933] BFH, 10.11.2004 – II R 44/02, ZEV 2005, 126.

[934] FG München, DStRE 2003, 1462. Sofern der Bedachte zum Vorsteuerabzug berechtigt ist, genügen 10 v.H. des Nettoaufwandes: BFH, DStR 2003, 367. Vgl. hierzu R 16 Abs. 3 Satz 2 ErbStR 2003.

[935] BFH, 07.11.2006 – IX R 4/06, DStRE 2007, 301.

Zwischen dem Zeitpunkt der Geldzuwendung bzw. der Zuwendungszusage einerseits[936] und dem Erwerb des Grundstücks andererseits sollte kein größerer zeitlicher Abstand liegen[937] (R 16 Abs. 1 Satz 6 ErbStR 2003; max. etwa ein Jahr); auf jeden Fall aber muss die Schenkungszusage (sei sie auch entgegen § 518 Abs. 1 BGB lediglich privatschriftlich) vor dem Abschluss des Kaufvertrages[938] bzw. vor der Eingehung der Kaufpreisschuld,[939] in Herstellungsfällen vor Fertigstellung des Gebäudes/Abschluss der Sanierungsmaßnahmen[940] erfolgen. Es ist daher darauf zu achten, dass spätestens beim Abschluss des Grundstückskauf- bzw. -werkvertrages eine zumindest privatschriftliche Zuwendungszusage mit genauer Bezeichnung des „geförderten" Objektes vorliegt. I.S.d. § 9 Abs. 1 Nr. 2 ErbStG ist die mittelbare Schenkung schließlich ausgeführt mit Erklärung der Auflassung und Abgabe der Eintragungsbewilligung, bei zu errichtenden Gebäuden muss auch die Fertigstellung erfolgt sein.[941]

4208

Eine bloße **Geldschenkung unter Auflage** liegt vor, wenn der Schenkende ggü. dem Beschenkten nur zum Ausdruck bringt, dass jener den Geldbetrag für ein (noch nicht konkret feststehendes)[942] Grundstück verwenden solle, oder aber er dem Beschenkten auferlegt, auf einem jenem gehörenden Grundstück nach eigenen Vorstellungen ein Gebäude zu errichten, bzgl. dessen keine konkreten Pläne bestehen; schließlich auch dann, wenn dem Erwerber ein (sei es auch zinsloses)[943] Darlehen gewährt wird, auf dessen Rückzahlung der Darlehensgeber später verzichtet,[944] oder wenn der Erwerber durch eigenes Darlehen vorfinanziert, und dieses durch die zugesagte Geld-

4209

---

936 BFH, 10.11.2004 – II R 44/02, ZEV 2005, 126: es genügt, dass die Kaufpreisschuld (trotz vorzeitigen Eigentumsübergangs) aufgrund vor dem Erwerb (maßgeblich wohl der schuldrechtlicher Vertrag bzw. Beginn der Baumaßnahme) getätigter Zusage unmittelbar durch den Schenker getilgt wird; hierzu *Münch*, RNotZ 2005, 165 und *van de Loo*, DStR 2005, 723. Nach früherer Rspr. war nicht auf den Zeitpunkt des Zuwendungsversprechens, sondern der Zuwendung selbst abzustellen.

937 BFH, BStBl. 1985 II, S. 160. Stellt der Schenker dem Bedachten den Betrag im Voraus zinslos zur Verfügung, liegt hierin eine weitere Schenkung (Gewährung der Möglichkeit zur Kapitalnutzung), die gem. § 15 Abs. 1 BewG mit 5,5 % p.a. des Kapitals zu bewerten ist: BFH, DStR 2003, 367. Gegenstand der Schenkung sind jedoch nicht die tatsächlich erzielten Zinsen, da diese vom Beschenkten selbst erwirtschaftet wurden. Daher kann auch die auf die Zinsen bezahlte ESt bei der Ermittlung der schenkungsteuerlichen Bereicherung nicht abgezogen werden.

938 BFH, 02.02.2005 – II R 31/03, DStRE 2005, 833.

939 BFH, 01.06.2004 – IX R 61/03, ZEV 2005, 29; ausreichend ist die Zusage und Überweisung des zugesagten Teilbetrages für die Restzahlung auch nach Entrichtung der ersten Raten: FG Köln, 08.10.2006 – 18 K 2888/04 F, ErbStB 2006, 341.

940 BFH, BStBl. 2003 II, S. 273, R 23 Abs. 2 Sätze 3 bis 5 ErbStR 2003; *Hartmann*, ErbStB 2005, 225.

941 BFH, 23.08.2006 – II R 16/06, ZEV 2006, 516 m. Anm. *Götz*, S. 518 und Anm. *Klein*, NWB 2007, 453 = Fach 10, S. 1569.

942 Es genügt nicht, lediglich die politische Gemeinde festzulegen, FG Köln, 04.11.2008 – 9 K 4186/07, ErbStB 2009, 5 m. Anm. *Wefers* auch zur etwas großzügigeren Lit. (Bestimmbarkeit müsse genügen).

943 Hierin liegt zusätzlich eine mit 5,5 % (vgl. § 15 Abs. 1 BewG) des Kapitals p.a. (bei unbefristeten Darlehen mal Multiplikator 9,3: § 13 Abs. 2 BewG) zu versteuernde Zuwendung der unentgeltlichen Kapitalnutzung, BFH, 21.02.2006 – II R 70/04, ZEV 2006, 324, ebenso FG Baden-Württemberg v. 24.09.2003, DStRE 2004, 474 = ErbStB 2004, 106, a.A. die frühere Lit., die auch auf den Zinsvorteil die Grundsätze der mittelbaren Grundstücksschenkung anwendete.

944 BFH, 29.06.2005 – II R 52/03, ZEV 2005, 492 m. Anm. *Meincke*: die Zinsersparnis wird erst nach Kaufpreistilgung erzielt, also nicht zur Kaufpreistilgung eingesetzt; ebenso bereits zuvor FG Baden-Württemberg v. 24.09.2003, DStRE 2004, 474: die Zinslosigkeit wird gem. § 12 Abs. 1 ErbStG i.V.m. § 15 Abs. 1 BewG mit jährlich 5,5 % i.R.d. Schenkungsteuer bewertet. Der BFH (Urt. v. 02.02.2005 – II R 31/03, DStRE 2005, 833) sieht allerdings eine mittelbare Grundstücksschenkung als noch gegeben an, wenn die „Umwandlung" des Darlehens in eine Schenkung noch vor dem Grundstückserwerb zugesagt und vor Bezahlung des Kaufpreises tatsächlich vorgenommen wird.

zuwendung abgelöst wird[945] – ebenso in Herstellungsfällen, wenn der „Beschenkte" die Handwerkerrechnungen zunächst selbst bezahlt und den Betrag sodann durch Geldzuwendung erstattet erhält. Solche Geldschenkungen unter Auflage sind bereits mit der Geldhingabe vollzogen. Da die Auflage dem Beschenkten selbst zugutekommt (Erwerb seines Grundstücks bzw. Errichtung seines Gebäudes), ist sie nicht abzugsfähig.[946] Ebenso liegt eine bloße Geldschenkung vor, wenn der Schenker schon vor der Schenkung das Grundstück an einen Dritten veräußert hat und den Erlös dem Beschenkten „als Surrogat" zukommen lässt.[947]

2. Zivilrechtliche Aspekte

4210 Eine mittelbare Grundstücksschenkung kann sich durch
- Hingabe von Geldmitteln zum Erwerb eines bestimmten Grundstücks (oder Errichtung einer bestimmten Immobilie),
- Verschaffung eines Anspruchs auf Erwerb eines bestimmten Grundstücks/Errichtung eines bestimmten Gebäudes oder
- durch Hingabe von Geldmitteln zum Erwerb eines Anspruchs auf Verschaffung eines bestimmten Grundstücks/Errichtung eines bestimmten Gebäudes vollziehen.

4211 Dementsprechend kann die tatsächliche Umsetzung der mittelbaren Grundstücksschenkung dadurch geschehen, dass der Schenker dem Beschenkten das Geld zum Erwerb des Grundstücks/ zur Errichtung eines Gebäudes zweckgebunden zur Verfügung stellt oder aber unmittelbar die diesbezüglichen Verbindlichkeiten des Beschenkten begleicht oder aber in den Erwerbsvertrag als weiterer Schuldner einbezogen wird und im Innenverhältnis als Folge der Schenkung die Erfüllung im Verhältnis zum Beschenkten allein übernimmt oder aber mit einem Dritten einen Vertrag schließt, wonach dieser zugunsten des Beschenkten als Dritten gem. § 328 BGB diesem ein Grundstück zu übereignen habe.

4212 Eine **bestimmte Mindestbehaltensfrist** ist zur Anerkennung der mittelbaren Schenkung nicht erforderlich; wäre jedoch der Erwerber zur Weiterveräußerung des Grundstücks verpflichtet, läge wohl lediglich die mittelbare Schenkung des aus der Weiterveräußerung zu erzielenden Erlöses vor.[948]

4213 Die mittelbare Grundstücksschenkung bedarf **zivilrechtlich** der **Form des § 518 BGB** (nicht des § 311b Abs. 1 Satz 1 BGB, da keine Verpflichtung zum Erwerb eines bestimmten Grundstücks besteht!) Ein etwaiger Formmangel wird geheilt durch die Bewirkung der Leistung (§ 518 Abs. 2 BGB); die Finanzverwaltung verlangt regelmäßig lediglich den schriftlichen Nachweis der Schenkungszusage.[949] Da (mittelbar) der Grundbesitz Schenkungsgegenstand ist, beziehen

---

945 Steuerunschädlich wäre es gewesen, wenn der Zuwendende selbst das „Überbrückungsdarlehen" (etwa bis zum Freiwerden der zugesagten Mittel) aufgenommen hätte.
946 § 10 Abs. 9 ErbStG, R 16 Abs. 2 Satz 4 ErbStR 2003.
947 BFH, 10.10.2008 – II B 85/08, notar 2009, 483.
948 Vgl. *Wachter*, Erbschaft- und Schenkungsteuerrecht (DAI-Skript Februar 2006), S. 150.
949 R 16 Abs. 1 Satz 5 ErbStR 2003.

sich Rückforderungsrechte und Widerrufsrechte (§§ 527, 528, 530 BGB) auf Grundbesitz, nicht auf den geschenkten Geldbetrag.⁹⁵⁰

Am unmittelbarsten lässt sich die Verknüpfung des Schenkungsversprechen mit dem Immobilienerwerb des Beschenkten herstellen, wenn beide in derselben Urkunde (also i.R.d. Kaufvertrages) enthalten sind; kostenrechtlich handelt es sich freilich um gegenstandsverschiedene Regelungen, sodass beide Geschäftswerte im Ergebnis zu addieren sind. Auch im Rahmen solcher mittelbarer Schenkungen kann sich der Schenker bspw. den Nießbrauch vorbehalten (kein Zuwendungsnießbrauch!), so etwa im Folgenden

Formulierungsvorschlag: Mittelbare Grundstücksschenkung mit Nießbrauchsvorbehalt (als Teil eines Kaufvertrages)

§ .....

Zuwendung durch die Eltern; Nießbrauchsvorbehalt

Herr ..... und Frau ....., die Eltern des Käufers, versprechen dem Käufer, ihrer Tochter ....., ... € – in Worten: Euro ..... (im Innenverhältnis je hälftig) – zuzüglich der für den Erwerb anfallenden Erwerbsnebenkosten (Notar, Grundbuch, Grunderwerbsteuer) – zum Erwerb des in § 1 genannten Kaufobjektes zu

schenken,

mit der Auflage, dass der geschenkte Betrag zum Erwerb des Vertragsgegenstandes zu verwenden ist. Eltern und Tochter sind einig, dass Gegenstand der Schenkung nicht das Geld sondern der vertragsgegenständliche Grundbesitz ist (mittelbare Grundstücksschenkung).

Der beurkundende Notar wies darauf hin, dass geschenkte Beträge ausschließlich auf das in der Kaufurkunde angegebene Konto des Verkäufers bzw. des Grundpfandrechtsgläubigers zur Lastenfreistellung einzuzahlen sind. Eigene Verfügungsgewalt erhält der Beschenkte über den Geldbetrag daher nicht.

Wirtschaftlich und steuerrechtlich handelt es sich also bei der heutigen Zuwendung um einen Erwerb der Immobilie durch die Eltern mit anschließender Übertragung auf ihre Tochter, auch wenn der Grundbuchvollzug unmittelbar auf ihre Tochter erfolgt. Die Schenker – nachstehend „die Berechtigten" genannt – behalten sich jedoch am gesamten übertragenen Vertragsbesitz ein

Nießbrauchsrecht

(also ein Recht zur Eigennutzung oder Vermietung) vor, das jedoch nicht an Dritte überlassen werden kann. Abweichend vom Gesetz trägt der Nießbraucher auch die Tilgung bestehender Verbindlichkeiten sowie außerordentliche Lasten, Ausbesserungen und Erneuerungen, auch wenn sie über die gewöhnliche Unterhaltung der Sache hinausgehen. Dem Nießbraucher stehen keine Verwendungsersatzansprüche und Wegnahmerechte zu, während umgekehrt der Eigentümer keine Sicherheitsleistung (§ 1051 BGB) verlangen kann. Die gesamten Las-

---

950 BGHZ 112, 40 ff., für die Zuwendung von Geldmitteln zum Erwerb von Kommanditgesellschaftsbeteiligungen.

ten und Kosten des Vertragsbesitzes sowie die Verkehrssicherungspflicht verbleiben demnach beim Nießbraucher. Dieser ist zur vorzeitigen Aufgabe des Nießbrauchs berechtigt.

Eine Vollmacht zur Wiederbeleihung bestehender oder zur Bestellung neuer Grundpfandrechte wünscht der Nießbraucher nicht.

Die Eintragung des Nießbrauchsrechts – für beide als Berechtigte gemäß § 428 BGB – am Vertragsbesitz wird bewilligt und beantragt, wobei zur Löschung der Nachweis des Todes des Berechtigten genügen soll. Das Recht erhält nächstoffene Rangstelle.

Die Beteiligten wurden darauf hingewiesen, dass die Eintragung des vorgenannten Nießbrauchsrechtes jedoch erst mit Umschreibung des Eigentums auf ihre Tochter im Grundbuch beantragt werden kann.

Der Nießbrauchsvorbehalt mindert den derzeitigen Schenkungswert sowohl zivilrechtlich als auch steuerrechtlich. Der verbleibende Schenkungsbetrag ist auf den Pflichtteil des Erwerbers nach jedem Elternteil je zur Hälfte anzurechnen; eine Anrechnung auf den Erbteil ist jedoch derzeit nicht angeordnet.

3. Schenkungsteuer

4216 Bedeutung hat die mittelbare Zuwendung eines Gegenstands im Schenkungsteuerrecht nicht nur hinsichtlich der Bewertung, die nicht auf den Gegenstand der Entreicherung (Abfluss beim Schenker in Geld), sondern der Bereicherung (Erwerb des Grundstücks durch den Beschenkten) abstellt, soweit dieser als Folge der mittelbaren Grundstücksschenkung erfolgt (also ggf. anteilig). Vom Steuerwert der „geschenkten" Immobilie können die Kosten des Eigentumserwerbs (Notar und Grundbuch), soweit vom Beschenkten getragen, und die Steuerberatungskosten für die Schenkungsteuererklärung abgezogen werden.[951] Auch der Zeitpunkt der Steuerentstehung (R 16 Abs. 1 Satz 7 ErbStR 2003) richtet sich nach den Kriterien der Ausführung einer Grundstücksschenkung, d.h. der Abgabe der für die Grundbucheintragung erforderlichen Erklärungen: Auflassung und Bewilligung; im Fall einer Gebäudeerrichtung mit Bezugsfertigkeit des Gebäudes (R 23 Abs. 2 Sätze 2 ff. ErbStR 2003). Der BFH sieht in der mittelbaren Schenkung eines Grundstücks im Zustand der Bebauung regelmäßig einen einheitlichen, auf das Gesamtgebäude gerichteten (teils unmittelbaren, teils mittelbaren) Schenkungsvorgang.[952]

4217 Erfolgt die mittelbare Zuwendung zum Zweck der **Durchführung von Baumaßnahmen**, ist schenkungsteuerlich maßgeblich die dadurch eintretende Erhöhung des Steuerwerts des Grundstücks. An einer solchen Erhöhung konnte es unter Geltung des früheren Bewertungsrechtes bspw. fehlen, wenn

- nachträgliche Reparaturen, Modernisierungen und Renovierungen nicht zu einer Erhöhung der erzielbaren Miete führen, oder
- eine dritte Wohnung hinzuerrichtet wird, sodass es zum Wegfall des 20%igen Zuschlags bei Ein- oder Zweifamilienhäusern kommt (§ 146 Abs. 5 BewG), oder

---

[951] BFH, 04.12.2002 – II R 75/00, BStBl. 2003 II, S. 273.
[952] BFH, 27.08.2008 – II R 19/07, MittBayNot 2010, 243 m. Anm. *Grund*; a.A. die Vorinstanz FG München, die von zwei Schenkungen ausging (was gerade an zeitlichen Nahtstellen schlechterer Bewertung, wie 1995/1996 und 2008/2009, von Vorteil gewesen wäre).

- bei Baumaßnahmen in hochpreisigen Gebieten auch nach der Gebäudeerrichtung bzw. Gebäudeerweiterung als Mindestwert nach wie vor der Wert des unbebauten Grundstücks (80 % des jeweils aktuellen Bodenrichtwerts) anzusetzen ist (§ 146 Abs. 6 BewG).

Unter Geltung des am 01.01.2009 in Kraft getretenen Bewertungsrechtes bleibt die mittelbare Grundstücksschenkung uneingeschränkt attraktiv in Bezug auf das selbst genutzte Eigenheim (§ 13 Abs. 1 Nr. 4a ErbStG, vgl. Rdn. 2789), aber auch in Bezug auf vermietete Immobilien zur Erzielung des 10 %igen Bewertungsabschlags gem. § 13c ErbStG, vgl. Rdn. 3949 ff. 4218

4. Ertragsteuern; Eigenheimzulage

Die für Neufälle seit 2006 nicht mehr gewährte Eigenheimzulage setzte voraus, dass der Steuerpflichtige die geförderten Beträge selbst aufgewendet hat. Wenn Schenkungsgegenstand – gleich ob aufgrund eines vor oder nach[953] Kaufvertragsabschluss zustande kommenden Schenkungsversprechens – der Geldbetrag selbst ist, sodass der Erwerber diesen aus eigenen Stücken zur Gebäudeerrichtung oder zum Gebäudeerwerb verwendet, trägt den Aufwand der Beschenkte, sonst trägt ihn der Schenkende. § 11d EStDV gilt jedoch für § 10 EStG und die Eigenheimzulage nicht (vgl. hierzu auch die Ausführungen im ertragsteuerlichen Teil, Rdn. 4561 f.).[954] Sofern jedoch der Eigennutzer einen Anteil von 125.000,00 € (maximale Bemessungsgrundlage) aus eigenen Mitteln, ggf. auch aus auflagenfrei zugewendeten Geldmitteln, trägt, steht ihm die Eigenheimzulage ungeschmälert zur Verfügung. 4219

Werden durch die mittelbare Grundstücksschenkung vermietete oder verpachtete Objekte mittelbar zugewendet (also angeschafft oder errichtet), entstehen beim Beschenkten jedoch keine Nachteile; insb. ist er auch befugt, die AfA geltend zu machen. Gem. § 11d EStDV setzt er nämlich die AfA des Vorgängers fort, auch wenn er die Anschaffungs- oder Herstellungskosten nicht selbst getragen hat[955] und der Schenker rechtlich nie Eigentümer des Objekts war.[956] Im Bilanzsteuerrecht ist dagegen wiederum die Art der Finanzierung des Erwerbs von Bedeutung (etwa bei der Anschaffung von Betriebsgütern aus mittelbaren Schenkungen, sodass Reinvestitionsrücklagen nach §§ 6b, 6c EStG nicht auf Güter übertragen werden können, deren „Anschaffungskosten" auf diese Weise getragen wurden,[957] ebenso wenig wie auf Wirtschaftsgüter, die durch Surrogtion erworben wurden).[958] 4220

> **Hinweis:** 4221
> Ferner ist zu bedenken, dass die Anwendung der Grundsätze der mittelbaren Grundstücksschenkung nur bis zur Höhe der effektiv zu tragenden Anschaffungs- bzw. Herstellungs-

---

953 FG Köln, 10.07.2002 – 10 K 5325/99, DStRE 2004, 264.
954 Beispiel: BFH, 10.05.2005 – IX R 65/04, ErbStB 2005, 273; gegen die h.M. allerdings FG München, DStRE 2005, 393: Direktzahlung des Vaters sei als Abkürzung des Zahlungsweges der Tochter als Anschaffungsaufwand zuzurechnen.
955 Vgl. *Wegmann*, Grundstücksüberlassung, Rn. 110; *van de Loo*, DStR 2005, 724.
956 FG Düsseldorf, 13.11.2002 – 16 K 4405/98 E, n.v., rk.
957 BFH, 23.04.2009 – IV R 9/06, ErbStB 2009, 238 m. Anm. *Geck* gegen FG Hannover, 08.12.2005, ErbStB 2006, 178.
958 Etwa im Flurbereinigungsverfahren zugeteilte Waldflächen, BFH, 01.07.2010 – IV R 7/08 EStB 2010, 413.

> kosten reicht. Bei Vorsteuerabzugsberechtigung des Beschenkten liegt demnach i.H.d. geschenkten abziehbaren Vorsteuer eine Geldschenkung vor.[959]

Die schenkungsteuerlichen Vorzüge der mittelbaren Grundstücksschenkung können jedoch mit der ertragsteuerlichen Wohltat des Sonderausgabenabzugs für Versorgungsleistungen kombiniert werden (vgl. Rdn. 4984); für Sachverhalte ab 2008 allerdings nur mehr im Zusammenhang mit der Übertragung von Betriebsvermögen.

XIII. Steuertarif

1. Steuerklassen (§ 15 ErbStG)

a) Einteilung

4222 Seit der Neufassung durch das Jahressteuergesetz 1997[960] gelten folgende Grundsätze:

Nach Maßgabe der formalen familiären Nähebeziehung zum Erblasser/Schenker sieht § 15 ErbStG eine Einteilung in drei Steuerklassen vor, die maßgeblich sind u.a. für

- die Höhe der Freibeträge (§ 16 ErbStG),
- den Steuersatz (§ 19 ErbStG),
- Vergünstigungen beim Mehrfacherwerb (§ 27 ErbStG)
- und bestimmte sachliche Steuerbefreiungen hinsichtlich des Hausrats (§ 13 Abs. 1 Nr. 1 ErbStG).

4223 Wegen des Abstellens auf das lediglich formale Kriterium des Verheiratetseins sind **Verlobte** wie fremde Personen in Steuerklasse III eingestuft,[961] während **Getrenntlebende** bis zur Rechtskraft der Scheidung noch von Steuerklasse I profitieren. **Kinder** und **Stiefkinder** sowie **Adoptivkinder** (gleich ob als Volljährige oder Minderjährige adoptiert, gleich ob mit schwacher oder mit starker zivilrechtlicher Wirkung) sind untereinander gleichgestellt. Adoptivkinder profitieren von Steuerklasse I sowohl im Verhältnis zu ihren „nunmehrigen" Eltern als auch ggü. ihren leiblichen Eltern (§ 15 Abs. 1a ErbStG) (allerdings nicht mehr nach Aufhebung der Adoption).[962] Pflegekinder (i.S.d. § 32 Abs. 1 Nr. 2 EStG) gehören dagegen zur Steuerklasse III. Schwiegerkinder zählen zur Steuerklasse II, und zwar auch dann, wenn die Ehe im Zeitpunkt des Erwerbs bereits aufgelöst war, vgl. § 1590 Abs. 2 BGB.

---

959 BFH, 04.12.2002 – II R 75/00, DStR 2003, 367.
960 Zur Problematik der Entlastungsfreibeträge des § 16 ErbStG bei Zusammenrechnung von Erwerben vor dem 31.12.1995: *Dobroschke*, ZEV 2004, 62; FG Köln, ZEV 2004, 87.
961 Selbst bei einem Versterben nach Bestellung des Aufgebots bleibt es bei Steuerklasse III, vgl. BFH, BStBl. 1998 II, S. 396.
962 BFH, 17.03.2010 – II R 46/08, ZEV 2010, 323.

Es zählen demnach zur 4224

Steuerklasse I	Ehegatten und (aufgrund des JStG 2010) eingetragene Lebenspartner¹, Kinder und Stiefkinder, Enkel, Eltern und Großeltern bei Erwerb von Todes wegen
Steuerklasse II	Eltern und Großeltern bei Schenkungen, Geschwister und deren Abkömmlinge, Stiefeltern, Schwiegerkinder, Schwiegereltern, geschiedener Ehegatte
Steuerklasse III	Alle übrigen Erwerber.

Hinweis zu 1):
Das BVerfG, 21.07.2010 - 1 BvR 611/07, NJW 2010, 2783, hat die bisherige Diskriminierung (Einordnung in Steuerklasse I) für verfassungswidrig erklärt (gegen BFH, 20.06.2007 - II R 56/05, ErbStB 2007, 292); daher erfolgte die Gleichstellung durch das JStG 2010 (BGBl. 2010 I, S. 1768) gem. § 37 Abs. 5 ErbStG rückwirkend ab dem 01.01.2001, auch hinsichtlich der Freibeträge.

Der II. Senat des BFH hat – abweichend von seiner früheren Auffassung[963] – seit 1994 vertreten, das Vermögen einer Personengesellschaft sei gemeinschaftliches Vermögen der Gesellschafter, sodass für Schenkungen an **Gesellschafter in GbR** nicht die GbR Beschenkte sei (in Steuerklasse III), sondern die einzelnen Gesellschafter.[964] Folgt das Schenkung/Erbschaftsteuerrecht – wie sonst – der Zivilrechtslage, wäre infolge der Teilrechtsfähigkeit der GbR,[965] die mittlerweile auch als formale Grundbuchfähigkeit durch den V. Senat anerkannt wurde,[966] dass entweder der gemeinsame Senat der obersten Gerichtshöfe des Bundes anzurufen wäre oder aber eine Rückkehr zur früheren Rechtsprechung erfolgen müsste (mit der desaströsen Folge, dass Übertragungen auf eine GbR stets in Steuerklasse III zu besteuern wären). Möglicherweise wird der BFH bald Gelegenheit haben, sich hierzu zu äußern, vgl. Rdn. 2095.[967] 4225

b) Gestaltung durch Adoption

Der enorme Belastungsunterschied zwischen Steuerklasse I, einerseits, und den Steuerklassen II und III, andererseits (Eingangssteuersatz bei Letzterer nunmehr 30 %!) wird die Adoption, auch die Adoption Volljähriger, und mit Auslandsberührung,[968] insb. in einer zunehmend kinderlosen Gesellschaft, als Mittel zur Ersparnis von Erbschaftsteuer noch attraktiver als bisher scheinen lassen. Reizvoll ist dabei die **Volljährigenadoption** mit schwacher Wirkung, da hierzu die Verwandtschaftsverhältnisse mit den leiblichen Eltern nicht beendet werden (§ 1770 Abs. 2 BGB). Bei Stiefkindadoptionen steht dagegen die emotionale Betonung des Näheverhältnisses im Vordergrund, 4226

---

963 BFH, 07.12.1988 – II R 150/85, BStBl. 1989 II, S. 237; zu den mehrfachen Kehrtwendungen des RFH und BFH vgl. *Hartmann*, DB 1996, 2250.
964 BFH, 14.09.1994 – II R 95/92, BStBl. 1995 II, S. 81; BFH, 15.07.1998 – II R 82/96, BStBl. 1998 II, S. 630.
965 BGH, 29.01.2001 – II ZR 331/00, NJW 2001, 1056.
966 BGH, 04.12.2008 – V ZB 74/08, DNotZ 2009, 115.
967 Etwa in der Rechtssache II R 57/07 (Vorinstanz FG Saarland, 13.11.2007, EFG 2008, 393).
968 *Emmerling de Oliveira*, MittBayNot 2010, 429 ff.

da schenkung-/erbschaftsteuerrechtlich auch das Stiefkind zur Steuerklasse I zählt (§ 15 Abs. 1 Nr. 1 Nr. 2 ErbStG). Die (nacheheliche) Adoption eines Kindes kann ferner (ebenso wie eine spätere Heirat) die Höhe des Unterhalts reduzieren, der dem geschiedenen Ehegatten geschuldet ist.[969] Auch wer als Minderjähriger adoptiert wurde,[970] kann als Volljähriger erneut anderweit adoptiert werden (das Verbot der **Mehrfachadoption** – § 1742 BGB[971] – gilt insoweit nicht, § 1768 Abs. 1 Satz 2 BGB). Der Adoptierende selbst muss bis zur Entscheidung über den Antrag geschäftsfähig sein.[972] Kinderlosigkeit ist nicht erforderlich, wobei jedoch die Interessen der bereits vorhandenen Kinder zu prüfen sind[973] (§ 1769 BGB), was zu einer Anhörung durch das Vormundschafts-, ab 01.09.2009 das FamG führt.[974] Eingetragene Lebenspartner können können das Stiefkind ihres Partners (§ 9 Abs. 7 LPArtG),[975] nicht aber gemeinsam ein fremdes Kind, annehmen.

4227 Bei Volljährigen müssen die leiblichen Eltern nicht einwilligen (allerdings werden bei einer Adoption mit starker Wirkung die Eltern zur Prüfung angehört, ob deren überwiegende Interessen entgegenstehen, § 1772 Abs. 1 Satz 2 BGB).[976] Ist der Adoptierende verheiratet, muss das Ehepaar das Kind grds. gemeinsam annehmen (§ 1741 Abs. 2 Satz 1 BGB), es sei denn, der Ehegatte wäre geschäftsunfähig oder unter 21 Jahre alt. Der durch das FamG (bis 01.09.2009 Vormundschaftsgericht) bei Vorliegen und Nachweis[977] des dauerhaften[978] Vorliegens der Voraussetzungen, insb. der sittlichen Rechtfertigung[979] – dabei darf die Steuerersparnis[980] bzw. finanzielle Absicherung beim Adoptivkind[981] oder die Erlangung künftig von ihm zu erbringender Pflegeleistungen,[982] also der „Nutzen" für den Adoptierenden oder den Anzunehmenden, allenfalls Neben-, nicht aber Hauptzweck sein –, und des Fehlens entgegenstehender überwiegender Interessen Drit-

---

969 BGH, 01.10.1008 – XII ZR 62/07; ebenso kann eine spätere Heirat die ehelichen Lebensverhältnisse noch prägen: BGH, 30.07.2008 – XII ZR 177/06 („Dreiteilungsgrundsatz").

970 Krit. zum damit einhergehenden Verlust des Erbrechts nach den leiblichen Eltern unter dem Aspekt des Minderjährigenschutzes *Wetzel*, ZEV 2011, 401 ff.

971 Demzufolge ist auch die erneute Annahme eines bereits adoptierten Kindes durch den eingetragenen Lebenspartner des Annehmenden nicht möglich, OLG Hamm, 01.12.2009 – 15 Wx 236/09, RNotZ 2010, 204.

972 OLG München, 07.04.2010 – 31 Wx 3/10, ZErb 2010, 181.

973 Nach AG Rüdesheim, MittBayNot 2008, 57 ist die Adoption auszusprechen bei gleicher Gewichtung der jeweiligen Interessen; ein Überwiegen der Interessen des zu adoptierenden volljährigen Kindes oder ein Fehlverhalten der leiblichen Kinder ist also nicht erforderlich. Ein naturgegebener Vorrang der Interessen schon vorhandener Kinder besteht nicht, OLG München, 10.01.2011 – 33 UF 988/10, BeckRS 2011, 04914.

974 Unterbleibt diese, ist die Adoption unwirksam, BVerfG, 20.10.2008 – 1 BvR 291/06, ZEV 2009, 44.

975 Allerdings nicht, wenn das Kind bereits adoptiert worden war (Verbot der Sukzessivadoption), vgl. OLG Hamm, 01.12.2009 – I-15 Wx 236/09, DNotZ 2010, 698 m. Anm. *Müller*.

976 Beispielsfall: OLG München, 08.05.2009 – 31 Wx 147/08, NotBZ 2009, 498 (Gefahr, dass der leibliche Vater, der Unterhalt gezahlt hat, seinerseits keine Unterhaltsansprüche gegen das „wegadoptierte" Kind mehr hat).

977 Zu den Anforderungen LG Saarbrücken, 26.09.2008 – 5 T 187/08, n.v.: Ablehnung der Adoption, wenn die Beteiligten in der mündlichen Anhörung sich mit „Sie" anreden und zur Häufigkeit der Kontakte angeben, „das komme darauf an". Ähnlich OLG München, 08.06.2009 – 31 Wx 22/09, ZEV 2009, 355: lediglich einzelne Telefonate und Besuche; der Anzunehmende stimmt der Adoption durch seinen begüterten Paten nur zu, „da man sechs Richtige im Lotto nicht ausschlagen dürfe".

978 Daran fehlt es i.d.R. bei der Adoption des Schwiegersohns, da das familiäre Band vom Fortbestand der Ehe abhängt, vgl. Gutachten, DNotI-Report 2009, 75.

979 Vgl. *Becker*, ZEV 2009, 25 ff.

980 OLG München, 19.12.2008 – 31 Wx 49/08, ZEV 2009, 83.

981 OLG München, 08.06.2009 – 31 Wx 22/09, ZEV 2009, 355.

982 OLG München, 05.05.2009 – 31 Wx 17/09, ZEV 2009, 354.

ter⁹⁸³ zwingend auszusprechende Adoptionsbeschluss ist weder nach früherer (§ 56e Satz 2, 3 FGG) noch nach neuer Rechtslage (§ 197 Abs. 3 FamFG) anfechtbar, sofern nicht ausnahmsweise Nichtigkeit gegeben ist, oder aber z.B. die weiterhin beantragten starken Adoptionswirkungen abgelehnt wurden.⁹⁸⁴

Die Volljährigenadoption führt⁹⁸⁵ weder (bei der Adoption durch einen ausländischen Staatsangehörigen) zum Verlust⁹⁸⁶ noch (bei der Adoption eines Ausländers) zum Erwerb der deutschen Staatsangehörigkeit.⁹⁸⁷ Genuine Auslandsadoptionen können über das Umwandlungsverfahren nach dem Adoptionswirkungsgesetz und die Gleichstellungsverfügung nach Art. 22 Abs. 3 EGBGB auch im Inland erb- und erbschaftsteuerlich nutzbar gemacht werden.⁹⁸⁸ **Unterhaltsrechtlich** werden die Beteiligten einander unterhaltspflichtig. Auch ggü. den leiblichen Eltern bleibt (außer bei der Adoption mit starken Wirkungen und der Minderjährigenadoption) das gegenseitige Unterhaltsverhältnis bestehen, wobei jedoch die Unterhaltspflicht der Adoptiveltern vorrangig ist (§ 1770 Abs. 3 BGB). 4228

Erbrechtlich bleiben im Fall der (regelmäßig gewählten) schwachen Volljährigenadoption die **Verwandtschaftsverhältnisse zu den leiblichen Eltern** bestehen, sodass sowohl die leiblichen als auch die Adoptiveltern Erben Zweiter Ordnung sind. Die Kinder des Angenommenen werden dann zwar rechtlich Enkel des Annehmenden, eine Erstreckung auf andere Beteiligte tritt allerdings nicht mehr ein. Namensrechtlich erhält auch der mit schwachen Wirkungen adoptierte Volljährige den Familiennamen des Annehmenden als Geburtsnamen (§ 1757 BGB), wobei auf Antrag der bisherige Familienname vorangestellt oder angefügt werden kann.⁹⁸⁹ Ist das Adoptivkind verheiratet, kann es jedoch seinen bisherigen Ehenamen behalten, sofern sich der Ehegatte/Verpartnerte der Namensänderung nicht anschließt (§ 1757 Abs. 3 BGB);⁹⁹⁰ darüber hinaus ist möglicherweise verfassungsrechtlich die Beibehaltung des bisherigen Geburtsnamens auch aus sonstigen „schwerwiegenden Gründen" möglich.⁹⁹¹ 4229

Wegen dieser starken und überwiegend zwingenden außersteuerlichen Wirkungen liegt in der Adoption kein Gestaltungsmissbrauch i.S.d. § 42 AO. 4230

Ist die Adoption vor dem Zeitpunkt der Steuerentstehung durch Zustellung des Beschlusses wirksam geworden (oder wird die Annahme nach dem Tod des Annehmenden mit Rückwirkung

---

983 Z.B. auch Interessen des leiblichen, potenziell unterhaltsberechtigten Vaters, wenn eine Volljährigenadoption mit den starken Wirkungen der Minderjährigenadoption beantragt ist, OLG München, 08.05.2009 – 31 Wx 147/08, ZEV 2009, 355.
984 OLG München, 08.04.2010 – 31 Wx 30/10, ZErb 2010, 183.
985 Vgl. hierzu und zum folgenden *Steiner*, ErbStB 2008, 83 ff.
986 § 27 StAG.
987 § 6 StAG, vgl. BVerwG, 21.11.2006 – BVerwG 5 C 19.05, NJW 2007, 937.
988 Vgl. monografisch *Hölscher*, Die Adoption mit schwacher Wirkung in der erbrechtlichen Gestaltung, 2010.
989 LG Regensburg, 05.08.2008 – 7 T 320/08, MittBayNot 2008, 481. Lediglich AG Leverkusen, 16.04.2009 – 14 XVI 01/09 gestattet praeter legem die Beibehaltung des Geburtsnamens bei Vorliegen „schwerwiegender Gründe".
990 Vgl. *Wartenburger*, MittBayNot 2008, 504 f.
991 AG Leverkusen, 16.04.2009 – 14 XVI 01/09, RNotZ 2009, 544.

gem. § 1753 Abs. 2 BGB ausgesprochen),[992] zählt das Adoptivkind gem. §§ 15 Abs. 1 Nr. 2, 16 Abs. 1 Nr. 2 ErbStG zur Steuerklasse I und erhält den Freibetrag eines leiblichen Kindes. Die leiblichen Eltern bleiben – selbst bei der Volladoption (§ 15 Abs. 1a ErbStG) in Steuerklasse I, ebenso wie die Stiefeltern in den Genuss der Steuerklasse I kommen. Gleiches gilt im Verhältnis der Kinder des Adoptivkindes zu den Annehmenden (Enkelverhältnis, § 15 Abs. 1 Nr. 3 ErbStG), auch im Verhältnis zu den Eltern der leiblichen Eltern und zwar auch bei der Volladoption (§ 15 Abs. 1a ErbStG).

4231 Im **Verhältnis zu sonstigen Verwandten** (Onkel, Tanten etc.) gilt: Bei der Erwachsenenadoption mit starken Wirkungen entsteht auch insoweit ein Verwandtschaftsverhältnis, das steuerlich nachvollzogen wird – die steuerliche (nicht die zivilrechtliche!) Verwandtschaft zu den bisherigen leiblichen Verwandten bleibt jedoch auch bei der Adoption mit starken Wirkungen aufrechterhalten (§ 15 Abs. 1a ErbStG). Findet eine Volljährigenadoption mit schwachen Wirkungen statt, gewährt die Rechtsprechung im Verhältnis zu Geschwistern der Adoptiveltern ebenfalls die Steuerklasse II (§ 15 Abs. 1 Teil II Nr. 3 ErbStG),[993] obwohl insoweit eine zivilrechtliche Verwandtschaft nicht entsteht.

2. Steuersätze (§ 19 ErbStG)

4232 Je nach Steuerklasse und Wert des steuerpflichtigen Erwerbs beträgt der Steuersatz für Erwerbe im Jahr **2009** zwischen 7 % und 50 %:

Wert des steuerpflichtigen Erwerbs bis einschließlich ... €	Prozentsatz in der Steuerklasse		
	I	II	III
75.000	7	30	30
300.000	11	30	30
600.000	15	30	30
6.000.000	19	30	30
13.000.000	23	50	50
26.000.000	27	50	50
Über 26.000.000	30	50	50

4233 Die Steuerklassen II und III hätten demnach eigentlich zusammengefasst werden können, sie sollten allein aus optischen Gründen (getrennte Erwähnung der Geschwister) beibehalten werden. Dies kann allerdings nicht darüber hinwegtäuschen, dass gerade Geschwister, Neffen und Nichten zu den großen Verlierern der Reform zählen; dies ist im Hinblick auf heutige Familien-

---

992 Hierzu muss der Antrag zu Lebzeiten eingereicht oder der Notar unwiderruflich mit der sofortigen Einreichung beauftragt worden sein; es genügt also nicht die Anweisung zur Einreichung erst nach dem Tod des Annehmenden, OLG München, 02.02.2010 – 31 Wx 157/09, NotBZ 2010, 231.
993 BFH, 14.05.1986 – II R 37/84, BStBl. 1986 II, S. 613.

verhältnisse rechtspolitisch wenig sinnvoll, mag es auch nicht unmittelbar gegen Art. 6 Abs. 1 GG verstoßen, der nach herrschender Meinung nur die Kleinfamilie (Eltern und Kinder) schützt.[994]

Das Wachstumsbeschleunigungsgesetz 2010 hat für alle Erwerbe ab 01.01.2010 (§ 37 Abs. 1 ErbStG) eine Differenzierung zwischen den Steuerklassen II und III eingeführt, mit einem niedrigeren Eingangs- und Endsteuersatz (15 % bzw. 43 %); für Erwerbe zwischen 600.000 und 6 Mio. € bleibt es beim Steuersatz von 30 %. Die Freibeträge bleiben unverändert. Demgemäß lauten die maßgeblichen Prozentsätze des § 19 Abs. 1 ErbStG für alle Erwerbe **ab 2010**:

4234

Wert des steuerpflichtigen Erwerbs bis einschließlich ... €	Prozentsatz in der Steuerklasse		
	I	II	III
75.000	7	15	30
300.000	11	20	30
600.000	15	25	30
6.000.000	19	30	30
13.000.000	23	35	50
26.000.000	27	40	50
Über 26.000.000	30	43	50

Bis 31.12.2008 schließlich galten folgende Steuersätze:

4235

Wert des steuerpflichtigen Erwerbs (§ 10 ErbStG) bis einschließlich ... €	Vom Hundertsatz in der Steuerklasse		
	I	II	III
52.000	7	12	17
256.000	11	17	23
512.000	15	22	29
5.113.000	19	27	35
12.783.000	23	32	41
25.565.000	27	37	47
über 25.565.000	30	40	50

Der „Halbteilungsgrundsatz" als verfassungsrechtliche Schranke ist auf das ErbStG nicht anwendbar.[995]

Es handelt sich um einen sog. „Stufentarif", sodass die Steuerbelastung an der Grenze der jeweiligen Wertstufen sprunghaft ansteigt. Daher mildert der **Härteausgleich** des § 19 Abs. 3 ErbStG

4236

---

[994] Gegen Verfassungswidrigkeit FG Düsseldorf, 12.01.2011 – 4 K 574/10 Erb, EFG 2011, 1079.
[995] BFH, 27.03.2006 – II B 161/05, ZEV 2006, 323.

diesen Tarifsprung ab. Er findet bspw. seit 2010 hinsichtlich der ersten Wertgrenze des § 19 Abs. 1 ErbStG (75.000,00 €) bis zu einem Betrag von 82.600,00 € in Steuerklasse I, bzw. 87.400,00 € in Steuerklasse II Anwendung.[996]

4237 Bei **Betriebsvermögen**, das durch Personen der Steuerklasse II oder III erworben wird, gewährt **§ 19a ErbStG** eine Tarifermäßigung, Rdn. 4059 ff. (bis 31.12.2008 lediglich i.H.v. 88 % des Differenzbetrags zum Steuerbetrag in Steuerklasse I, und zwar sowohl beim Erwerb von Todes wegen als auch unter Lebenden in vorweggenommener Erbfolge, vgl. § 13a Abs. 1 Nr. 2 ErbStG a.F., Rdn. 3974 ff.). Bis Ende 2008 war daher v.a. für Zuwendungen zwischen nicht verwandten Personen die Gründung einer gewerblich geprägten Personengesellschaft und Übertragung von Anteilen hieran von besonderem Interesse; seit 2009 steht diese Möglichkeit nur für „echt gewerbliche Unternehmen" zur Verfügung.

4238 **Hinweis:**
Zu beachten ist allerdings, dass dadurch nicht zusätzlich der persönliche Freibetrag der Steuerklasse I gewährt wird; dieser richtet sich vielmehr nach der tatsächlichen Steuerklasse. Um Letzteres zu erlangen, müsste der Erwerber adoptiert werden.

4239 § 19 Abs. 2 ErbStG regelt schließlich den sog. „**Progressionsvorbehalt**" bei Erwerben in Ländern, die aufgrund bestehender Doppelbesteuerungsabkommen von der deutschen Schenkung/ Erbschaftsteuer freigestellt sind – derzeit also der Schweiz und den USA (bis 31.07.2008 auch Österreich) sowie seit 27.02.2009[997] auch Frankreich[998] – und führt zum Ansatz des höheren Steuersatzes aus dem fiktiven Gesamterwerb auf den tatsächlich in Deutschland zu versteuernden Erwerb.

3. Berücksichtigung früherer Erwerbe (§ 14 ErbStG)

4240 Grundsätzlich werden alle auf einem einheitlichen, vor der Ausführung bestehenden Schenkungswillen beruhenden und auch „in einem Zug" vollzogenen Schenkungen als „Einzelvorgang" zusammengerechnet, also hinsichtlich der Werte ggf. saldiert, insb. wenn sie (z.B. als Schenkugn eines GbR-Anteils und eines Grundstücks) in einem Vertrag[999] oder in zwei Verträgen beim selben Notartermin[1000] zusammengefasst sind, allenfalls aber aus technischen Gründen binnen weniger Tage[1001] erfüllt werden.

4241 § 14 ErbStG[1002] (R 70, 71 ErbStR 2003) dient mehreren, teilweise nicht völlig kompatiblen Zwecken, nämlich

---

996 Vgl. im Einzelnen Erlass FinMin Baden-Württemberg v. 18.01.2010, 3–3825/2, ZEV 2010, 108.
997 ZEV 2009, 185; zum französischen Loi des Finances 2009: *Gottschalk*, ZEV 2009, 185.
998 Hierzu *Kirnberger*, ErbStB 2008, 300 ff.
999 FG Münster, 22.12.1970, EFG 1971, 491.
1000 FG Brandenburg, 04.04.2001, EFG 2001, 985.
1001 BFH, 10.02.1982 – II R 3/80, BStBl. 1982 II, S. 351; Gegenbeispiel: FG Hamburg, 07.04.2009 – 3 K 218/07, ErbStB 2010, 6: zwei Schenkungen zwar binnen dreier Tage, aber ohne gegenseitige Bezugnahme, genügen nicht.
1002 Vgl. hierzu und zum folgenden *Meincke*, ZEV 2009, 604 ff.; *ders.*, DStR 2007, 273 ff.

A. Schenkungsteuerrecht

- einerseits der Vermeidung mehrfacher Ausnutzung der Freibeträge innerhalb der 10-Jahres-Grenze und des „Unterlaufens" der Steuersatzprogression bei höheren Erwerben durch Zerlegung in mehrfache Teilzuwendungen (dies führt in der Tendenz zur höheren Belastung des zweiten Erwerbs aufgrund des vorangegangenen),
- andererseits der Milderung der Steuer für den Letzterwerb durch Verrechnung der hohen Steuerlast aus einem früheren Erwerb, § 14 Abs. 1 Satz 3 ErbStG (mit der Folge eines Entlastungseffektes für die nunmehrige Zuwendung – im Anschluss an hoch besteuerte Zuwendungen zu DDR-Zeit konnten nach der Wende Folgeschenkungen sogar gänzlich steuerfrei bleiben!).[1003]

Erfasst sind Erwerbe, für die die Steuer innerhalb des zurückliegenden Zehn-Jahres-Zeitraums entstanden ist (zum Entstehenszeitpunkt und diesbezüglichen Steuerungsmöglichkeiten vgl. oben Rdn. 3590 ff.), und zwar nur zwischen exakt demselben Veräußerer (lebzeitig oder letztwillig) und demselben Erwerber (auch im Verhältnis Vorerbe – Nacherbe),[1004] d.h. eine Zuwendung durch den Erben selbst wird mit früheren Zuwendungen des Erblassers nicht zusammengerechnet.[1005] Schenkungen und Erbschaften werden gleich behandelt, auch wenn der Erbfall keine natürliche Ursache hat.[1006] Bezahlte ausländische Schenkungsteuern bleiben bei § 14 ErbStG unberücksichtigt.[1007]

4242

I.R.d. § 14 ErbStG wird im **ersten Schritt** die Steuer nach jetziger Rechtslage auf die Gesamtheit aller Erwerbe in diesem Zeitraum ermittelt, wobei alle einzelnen Erwerbe mit ihrer jeweils historischen individuellen Bewertung in diese Summe einfließen (also bspw. Grundbesitz, der vor dem 31.12.1995 übertragen wurde, lediglich mit dem 1,4-fachen Einheitswert), und von der Summe der Einzelwerte der persönliche Freibetrag abgezogen wird.

4243

Zuwendungen, die ihrer Art nach, unabhängig vom Wert, gänzlich freigestellt sind („qualitative Steuerbefreiungen" wie etwa die Freistellung des Familienheims, § 13 Abs. 1 Nr. 4a ErbStG), werden bei der Zusammenrechnung nicht berücksichtigt. Quantitative Steuerbefreiungen, die der Höhe nach begrenzt sind (etwa hinsichtlich des Hausrats, § 13 Abs. 1 Nr. 1 ErbStG), werden jedoch erfasst und entfallen demnach nachträglich, wenn weitere Zuwendungen erfolgen. Freibeträge, die nur bei Erwerben von Todes wegen zur Anwendung kommen (etwa der Zugewinnausgleichsfreibetrag, § 5 ErbStG, bzw. der Versorgungsfreibetrag) oder die (wie der Betriebsvermögensfreibetrag) nur einmal im Zehn-Jahres-Zeitraum gewährt werden, können schon immanent nicht zu aufteilungsbedingten Vorteilen führen, sind also unmittelbar dort abzuziehen, wo sie anfallen (zu §§ 13a, 19a ErbStG vgl. R 71 ErbStR).

4244

1003 Erl. v. 22.01.1991, BStBl. 1991 I, S. 142, 143.
1004 Gem. BFH, 03.11.2010 – II R 65/09, ZEV 2011, 95 m. Anm. *Kobor* gilt dies für die Zusammenrechnung einer lebzeitigen, vorweggenommenen Übertragungen vom Vor- auf den Nacherben mit dem restlichen Nacherbanfall auch dann, wenn der Nacherbe gem. § 7 Abs. 2 Satz 1 ErbStG beantragt, der Versteuerung sein Verhältnis zum Ersterblasser zugrunde zu legen.
1005 Vgl. *Halaczinsky*, ErbStB 2006, 187, auch zu Besonderheiten bei der Vor- und Nacherbfolge sowie (wegen § 15 Abs. 3 ErbStG) der Schlusserbschaft beim Berliner Testament, zu Letzterem: FG Köln, DStRE 2006, 1281 und *Hülsmann*, NWB 2007, 789 = Fach 10, S. 1585 ff.
1006 FG Hamburg, 30.04.2008 – 3 K 17/07, ErbStG 2008, 349: Ermordung (durch einen Dritten).
1007 FG Köln, 23.04.2009 – 9 K 47/07, ErbStB 2010, 63 m. Anm. *Kirschstein*, krit. *Werz/Sager*, ErbStB 2010, 304 ff. in Bezug auf nicht gem. § 21 ErbStG „verbrauchte" Anrechnungsbeträge.

Kapitel 11: Verkehrsteuern

4245
> **Hinweis:**
> Negative Vorerwerbe (etwa Personengesellschaftsanteile mit negativem Steuerwert) bleiben gem. § 14 Abs. 1 Satz 4 ErbStG unberücksichtigt; sie können daher nur nutzbar gemacht werden, indem sie i.V.m. anderen Vermögensgegenständen im Rahmen eines einheitlichen Erwerbs andere positive Steuerwerte unmittelbar neutralisieren, nicht im Weg der Zusammenrechnung.

4246 Im **zweiten Schritt** wird lediglich die Summe der vorangegangenen Erwerbe (also ohne den nunmehrigen Nacherwerb) gebildet und die Steuer ermittelt, die auf die Summe der früheren Erwerbe nach dem derzeit geltenden Steuersatz und den derzeitigen persönlichen Verhältnissen,[1008] jedoch nach Maßgabe des damaligen Freibetrages[1009] (vor 1996: 90.000,00 statt 400.000,00 DM) zu entrichten wäre. Unterliegt der Vorerwerb[1010] der teilweisen Stundung gem. § 25 ErbStG a.F. (vorbehaltene Nutzungsrecht für den Schenker bzw. seinen Ehegatten), ist er nach Ansicht des BFH mit dem Steuerbetrag für den Bruttowert, also ohne Abzug der Belastung anzusetzen,[1011] nach Ansicht der Finanzverwaltung jedoch mit dem tatsächlich sofort fälligen Steueranteil zuzüglich des Ablösebetrages für den zu stundenden Anteil (§ 25 Abs. 1 Satz 2 und 3 ErbStG a.F.).[1012]

4247 Die im zweiten Schritt errechnete fiktive Abzugssteuer wird mit der Summe der tatsächlich historisch entrichteten Steuern für die früheren Erwerbe verglichen und sodann im **dritten Schritt** von der im ersten Schritt ermittelten derzeitigen Gesamtsteuer auf den Gesamtbetrag die historisch tatsächlich zu entrichtende[1013] oder die fiktiv nach derzeitigen Tarifnormen ermittelte Steuer auf die Vorerwerbe abgezogen, je nachdem welcher der beiden zum Abzug anstehenden Beträge höher ist (§ 14 Abs. 1 Satz 3 ErbStG).[1014]

1008 Z.B. unter Berücksichtigung der Tatsache, dass Schenker und Beschenkter jetzt verheiratet sind, § 14 Abs. 1 Satz 2 ErbStG.

1009 Rechtsprechungsänderung durch BFH, 02.03.2005 – II R 43/03, BStBl. 2005 II, S. 728; bestätigt durch BFH, 31.05.2006 – II R 20/05, EStB 2006, 336. Dem ist die Finanzverwaltung durch Erlass v. 01.12.2005 gefolgt, BStBl. 2005 I, S. 1032. Der Widerspruch zum Gesetzeswortlaut wird sprachlich dadurch vermieden, dass der BFH den aktuell geltenden Freibetrag berücksichtigt, aber nur in dem Umfang, in dem er beim Vorerwerb verbraucht werden konnte, also limitiert auf den damaligen Höchstbetrag.

1010 Ist der Nacherwerb mit dem Duldungsrecht belastet, stellen sich diese Probleme nicht – da es um die Besteuerung dieses Nacherwerbs geht, ist die Steuer ggf. anteilig zu stunden. Gleiches gilt bei Duldungsbelastung beider Erwerbe, vgl. *Halaczinsky*, ErbStB 2006, 193. Ruht der Duldungsvorbehalt lediglich auf dem Vorerwerb, liegt dieser aber insgesamt unter dem Freibetrag, sodass keine Stundung gewährt werden konnte, ist bei Überschreiten des Freibetrages durch die hinzutretende zweite (vorbehaltlose) Schenkung die Steuer sofort festzusetzen, also nicht die Stundung „nachzuholen" (auch insoweit gilt also die „Bruttowertmethode" = Steuer auf den gesamten verbleibenden Bruttoerwerb, BFH, 08.03.2006 – II R 10/05, ZErb 2006, 312 m. krit. Anm *Korezkij*; ebenso H 85 Abs. 4 ErbStH 2003.

1011 BFH, 08.03.2006 – II R 10/05, ZEV 2006, 371 m. krit. Anm. *Dobroschke* = ZErb 2006, 312 m. krit. Anm. *Korezkij*; weitere Nachweise bei *Halaczinsky*, ErbStB 2006, 192. Dies gilt für die Berechnung der fiktiven sowie der ggf. höheren tatsächlichen Steuer auf den Vorerwerb (wurde die Stundung tatsächlich abgezinst abgelöst, bleibt dies jedoch unberücksichtigt!).

1012 Gleichlautende OFD-Erlasse v. 26.04.2005, ErbStB 2005, 149; auch wenn der Erwerber die Ablösung nicht beantragt hat, vgl. Nachweise bei *Korezkij*, ZEV 2005, 242.

1013 Eine objektiv fehlerhafte Steuerfestsetzung ist fiktiv neu zu berechnen, BFH, 09.07.2009 – II R 55/08, ErbStB 2009, 371.

1014 Krit. hierzu *Meincke*, DStR 2007, 276.

A. Schenkungsteuerrecht

Eine reale Erstattung „überhöhter" Steuern auf die Vorerwerbe (im Vergleich zu der nunmehr fiktiv zu entrichtenden Gesamtsteuer) findet zwar nicht statt, allerdings konnte sich nach der bis Ende 2008 geltenden Rechtslage wirtschaftlich ein „Abrechnungsguthaben" ergeben, wenn seit der ersten, noch nicht 10 Jahre zurückliegenden Schenkung, sich Status- oder Gesetzesänderungen ergeben haben, die zu einer günstigeren Situation führen (der damals und nun erneut Beschenkte ist zwischenzeitlich adoptiert worden: die damals bezahlte Steuer mindert die nunmehrige und erlaubt damit höhere Übertragungen).

4248

Daher wurde i.R.d. Erbschaftsteuerreform § 14 Abs. 1 Satz 3 ErbStG geändert: Bei der Zusammenrechnung mehrerer Erwerbe binnen 10 Jahren wird eine **Mindestbesteuerung** eingeführt (i.H.d. Steuer, die für den letzten Erwerb ohne Zusammenrechnung mit früheren Erwerben anfallen würde). Damit wird hinsichtlich der beiden von § 14 ErbStG verfolgten Ziele (zum einen Konservierung niedriger Steuern auf Vorerwerbe; zum anderen Absenkung höherer früherer Steuern auf das niedrigere Gegenwartsniveau) das zweite Ziel insoweit eingeschränkt, als das Gegenwartsniveau durch Anrechnung nicht mehr unterschritten werden kann. Dies wird im Hinblick auf die Neuregelungen zur Betriebsnachfolge notwendig, die bei Erfüllung der Voraussetzungen im Endergebnis steuerfreie Übertragungen erlauben. Wurde im Zehn-Jahres-Zeitraum des § 14 ErbStG zuvor für andere Vorgänge Steuer bezahlt, führt die Mindestanrechnung der gezahlten Steuer dazu, dass später auch an sich steuerpflichtige (nicht produktive) Betriebsschenkungen ggf. „neutralisiert" werden könnten i.S.e. „negativen Steuer". Dies ist nicht gewollt.

4249

Auch Erwerbe, die aufgrund einer bis zum 01.04.2005 möglichen strafbefreienden Erklärung nach dem StraBEG[1015] besteuert wurden,[1016] werden in den Zehnjahreszeitraum einbezogen;[1017] abzuziehen ist nach Verwaltungsauffassung die fiktive Steuer i.S.d. § 14 Abs. 1 Satz 2 ErbStG, nicht die (i.d.R. allerdings niedrigere) tatsächlich gezahlte StraBEG-Steuer gem. § 14 Abs. 1 Satz 3 ErbStG.[1018]

4250

Primärer Gesetzeszweck des § 14 ErbStG bleibt jedoch das Interesse des Fiskus an einer Umgehung der Steuerprogression, nicht der Schutz des Steuerpflichtigen vor übermäßiger Belastung. Daher existiert kein Rechtssatz des Inhalts, dass der sukzessive, aufgeteilte Erwerb eines Gegenstands (zunächst Erwerb eines Nutzungsrechts hieran, sodann Erwerb des Eigentums) zu keiner höheren Steuer führen dürfe als der Direkterwerb des Gesamtobjekts durch einheitlichen Rechtsakt.[1019]

4251

Verteilen sich drei oder mehr Erwerbe über einen Zeitraum von **mehr als 10 Jahren**, existieren mehrere Zusammenrechnungszeiträume, jeweils ausgehend von der ersten Schenkung in die Zukunft und von der letzten Schenkung in die Vergangenheit zurückgerechnet. Dies kann, da jeweils zumindest ein „zu früher" oder „zu später" Erwerb herausfällt, zu einer Überprogression führen, also einer höheren Steuer, als wenn alle Erwerbe insgesamt während eines einzigen 10-Jahres-

4252

[1015] BGBl. 2003 I, S. 2928.
[1016] I.H.v. 25 % bzw. 35 % der „Einnahmen", die bei hinterzogener Erbschaft- und Schenkungsteuer mit 20 % des ursprünglich unversteuert gebliebenen steuerpflichtigen Erwerbe aus den Jahren 1993 bis 2002 pauschaliert werden.
[1017] BFH, 12.10.2006 – II R 40/05, ErbStB 2007, 130 m. Anm. *Kirschstein*.
[1018] Vgl. BMF v. 20.07.2004, DStR 2004, 1390 (Frage 20), *Halaczinsky*, ErbStB 2005, 239; a.A. (Abzug der StraBEG-Steuer, wenn sie höher sein sollte) *Korezkij/Thomer*, ZErb 2006, 24 ff.
[1019] Vgl. BFH, MittBayNot 1999, 412, m. Anm. *Geck*.

Zeitraums stattgefunden hätten – ein nicht nachvollziehbares Ergebnis. Die neuere BFH-Rechtsprechung[1020] fordert insoweit, die Steuer für den letzten Erwerb so zu berechnen, dass sich der dem Steuerpflichtigen z.Zt. dieses Erwerbs zustehende Freibetrag tatsächlich auswirkt, soweit er nicht innerhalb von 10 Jahren vor diesem Erwerb verbraucht worden ist. Bei Schenkungsketten, die über 10 Jahre hinausreichen, ist demnach ein „wiederauflebender Freibetrag" nicht mehr hinzuzurechnen.[1021] Die Finanzverwaltung ist dem zunächst gefolgt.[1022] Aufgrund der Neufassung des § 14 Abs. 1 Satz 3 ErbStG ab 2009 ist diese (für den Steuerpflichtigen günstigere) Rechtsprechung zur Beseitigung einer Überprogression nicht mehr aufrechtzuerhalten.[1023]

4253 Wird dasselbe Vermögen innerhalb von 10 Jahren durch Personen der Steuerklasse I nacheinander von Todes wegen erworben, wird je nach dem zeitlichen Abstand der Erbfälle durch § 27 ErbStG eine **Tarifermäßigung** gewährt. Bei Vererbungen nach Maßgabe des Berliner Testaments führt § 15 Abs. 3 ErbStG[1024] auf Antrag zu einer Steuerreduzierung beim bindend eingesetzten[1025] Schlusserben, sofern dieser mit dem Erstverstorbenen näher verwandt ist und soweit das Vermögen des Erstverstorbenen sich noch im Nachlass des Zweitverstorbenen befand: der Schlusserbe[1026] gilt insoweit steuerrechtlich als unmittelbarer Erbe des Erstverstorbenen. Nimmt der überlebende Ehegatte jedoch durch lebzeitige Übertragung des vom Erstverstorbenen ererbten Vermögensgegenstandes an den Schlusserben diese Wirkung vorweg, findet § 15 Abs. 3 ErbStG, da auf Erbschaften beschränkt, keine Anwendung.[1027] Infolge der Gleichstellung der Steuerklassen II und III durch die Erbschaftsteuerreform hat § 15 Abs. 3 ErbStG seinen Sinn weitgehend verloren.[1028]

1020 Im Urt. v. 02.03.2005 – II R 43/03, ZEV 2005, 405 m. Anm. *Dobroschke*; bestätigt durch BFH v. 31.05.2006 – II R 20/05, EStB 2006, 336.
1021 Krit. zum Ansatz des BFH *Meincke*, DStR 2007, 279, auch zu den Korrekturschritten bei der Steuersatzberechnung: BFH, 30.01.2002 – II R 78/99, ZEV 2002, 201 m. Anm. *Jülicher*.
1022 Gleichlautende Erlasse der obersten Finanzbehörden der Länder v. 01.12.2005, BStBl. 2005 I, 1032 m. Anm. *Dobroschke*, ZEV 2006, 72 zu den entsprechenden Änderungen der Berechnungsbeispiele in den Hinweisen H 70 und H 71 zu den ErbStR 2003.
1023 BFH, 14.01.2009 – II R 48/07, ErbStB 2009, 207.
1024 Vgl. ausführlich *Hülsmann*, NWB 2007, 789 = Fach 10, S. 1585 ff.; zu Einzelfragen Erlass FinMin Baden-Württemberg v. 09.09.2008, ZEV 2008, 504 (maßgebend ist der Wert am Todestag; Erträge nach dem Tod des Erstverstorbenen sind nicht privilegiert).
1025 Gleiches gilt gem. BFH, 16.06.1999 – II R 57/96, BStBl. 1999 II, S. 789, wenn zwar eine Abänderungsbefugnis bestand, von dieser jedoch kein Gebrauch gemacht wurde.
1026 Sind mehrere Personen als Schlusserben eingesetzt, wird das beim Tod des Längerlebenden noch vorhandene Vermögen des Erstverstorbenen den mit dem Erstverstorbenen näher verwandten Schlusserben zugeordnet, BFH v. 27.08.2008 – II R 23/06, FamRZ 2009, 113 und BFH v. 09.07.2009 – II R 42/07 notar 2009, 533 m. Anm. *Ihle*.
1027 FG Hamburg, EFG 1995, 369.
1028 *Götz*, ZEV 2009, 49; relevant ist das Wahlrecht z.B. noch in Bezug auf Eltern/Voreltern eines Ehegatten als Schlusserben (Steuerklasse I Nr. 4 bzw. II Nr. 5) sowie wenn eingetragene Lebenspartner das Kind eines von ihnen im gemeinschaftlichen Testament bindend zum Schlusserben einsetzen (kein Stiefkindverhältnis – trotz § 11 Abs. 2 LPartG –, da sonst Zuwendungen an Kinder des eingetragenen Lebenspartners in eine günstigere Steuerklasse fallen würden als Zuwendungen an den Lebenspartner selbst: Steuerklasse III), vgl. *Ihle*, notar 2009, 186 und notar 2009, 533.

XIV. Persönliche Steuerpflicht; Besteuerungsverfahren

1. Auslandssachverhalte

§ 2 ErbStG differenziert zwischen der unbeschränkten Schenkung- und Erbschaftsteuerpflicht aller Inländer, die sodann allen Erwerb („**Weltvermögen**") umfasst einerseits, und der beschränkten Steuerpflicht für im Inland gelegenes, vererbtes oder verschenktes Vermögen andererseits. Dabei genügt es für die unbeschränkte Steuerpflicht, wenn entweder der Schenker/Erblasser oder der Beschenkte/Erbe Inländer ist, also im Fall natürlicher Personen diese ihren Wohnsitz[1029] oder ihren gewöhnlichen Aufenthalt im Inland haben bzw. im Fall juristischer Personen oder sonstiger Vermögensmassen diese ihren Sitz bzw. ihre Geschäftsleitung in Deutschland haben. Dieser weite Anwendungsbereich des deutschen Erbschaft- und Schenkungsteuerrechtes beschwört die erhöhte Gefahr von Doppelbesteuerungen herauf (s. Rdn. 4258).

4254

Um der deutschen Steuerpflicht „endgültig" zu entfliehen,[1030] sind insgesamt vier Hürden zu nehmen, nämlich

4255

- die unbeschränkte Erbschaft- und Schenkungsteuerpflicht nach § 2 Abs. 1 Nr. 1 Buchst. a) ErbStG,
- die erweitert unbeschränkte Steuerpflicht nach § 2 Abs. 1 Nr. 1 Buchst. b) ErbStG,
- die beschränkte Steuerpflicht für Inlandsvermögen i.S.d. § 121 BewG nach § 2 Abs. 1 Nr. 3 ErbStG,
- die erweitert beschränkte Erbschaftsteuerpflicht nach § 4 AStG i.V.m. § 2 AStG, die bis zu 11 Jahren nach Wegzug greifen kann.

Hinzuweisen ist weiter auf umfangreiche ertragsteuerliche Probleme, etwa die Wegzugbesteuerung i.S.d. § 6 AStG.[1031]

Im Einzelnen: Deutsche Staatsangehörige, die zwar keinen inländischen Wohnsitz mehr haben, sich jedoch noch nicht 5 Jahre lang im Ausland dauernd aufhalten („Wegzügler"), unterliegen gem. § 2 Abs. 1 Nr. 1 Satz 2 Buchst. b) ErbStG einer (grds. europarechtskonformen)[1032] **erweiterten unbeschränkten Steuerpflicht**, sofern nicht Doppelbesteuerungsabkommen vorrangige Regelungen treffen.[1033] Diese „nachwirkende" Erbschaftsteuerpflicht,[1034] die neben die Gewinnrealisierung (ab 01.01.2007: bei Wegzug in das EU- oder EWR-Ausland die Steuerstundung)[1035] aufgrund der Wegzugsbesteuerung gem. § 6 AStG tritt, führt bei einem Erbfall oder einer Schen-

4256

1029 Gem. § 8 AO genügt auch jeder Zweit- oder Nebenwohnsitz, sogar sog. „stand-by"-Wohnungen für Flugpersonal, die nur einmal im Monat genutzt werden, vgl. FG Hessen, 13.12.2010 – 3 K 1060/09, EStB 2011, 269 m. krit. Anm. *Eich*.
1030 Überblick bei *Watrin/Kappenberg*, ZEV 2011, 105 ff.
1031 Vgl. mit Blick auf die Unternehmensnachfolge *Baßler*, FR 2008, 851; bei Anteilen an in- oder ausländischen Kapitalgesellschaften i.S.d. § 17 EStG führt § 6 AStG zu einer fiktiven Veräußerungsgewinnbesteuerung.
1032 EuGH, 23.02.2006 – C 513/03, ZErb 2006, 166 zur vergleichbaren niederländischen Regelung.
1033 Beispiel: Nach dem DBA mit den USA beträgt die Wegzugsfrist für den Beschenkten 5 Jahre, jedoch für den Schenker 10 Jahre.
1034 Vgl. hierzu z.B. *Deininger/Götzenberger*, Internationale Vermögensnachfolgeplanung mit Auslandsstiftungen und Trusts, 2006.
1035 *Gebhardt*, EStB 2007, 148.

kung während der 5-jährigen Wegzugsfrist (für Schenker und Beschenkten!) regelmäßig zur doppelten Steuer, sowohl im neuen Wohnsitzstaat als auch nach dem deutschen ErbStG. Dies könnte nur durch Verlust der deutschen Staatsangehörigkeit (§ 17 StAG) vermieden werden. Die tatsächliche dauerhafte Aufgabe eines inländischen Wohnsitzes wird durch die Finanzverwaltung streng und regelmäßig kontrolliert (bereits das Freihalten eines Zimmers für gelegentliche Besuche von Verwandten, eine inländische Krankenversicherung oder Kontoverbindung können schädlich sein).[1036]

4257 Als **Inlandsvermögen**, dessen Vererbung oder Verschenkung begrenzte Steuerpflicht begründet, zählt im Wesentlichen Grundvermögen, land- und forstwirtschaftlicher Besitz, inländisches Betriebsvermögen, eine mindestens 10%ige Beteiligung an inländischen Kapitalgesellschaften, nicht jedoch inländische Bankkonten, hier verwahrte Wertpapiere oder Forderungen gegen inländische Schuldner (Pflichtteilsansprüche, Geldvermächtnisansprüche etc.)[1037] § 4 AStG kennt schließlich auch eine erweitert beschränkte Steuerpflicht, wenn ein deutscher Staatsangehöriger in ein „niedrig besteuertes Gebiet" i.S.d. § 2 Abs. 2 AStG verzogen ist, jedoch in den letzten 10 Jahren vor dem Wegzug mindestens 5 Jahre lang in Deutschland unbeschränkt einkommensteuerpflichtig war und im Inland wesentliche wirtschaftliche Interessen hat.

4258 Durch die in verschiedenen Nationen differierenden Anknüpfungen (Staatsangehörigkeit, Wohnsitz, Belegenheit des Vermögens etc.) kann es zu Doppelbesteuerung kommen. Deren Abmilderung dienen die (noch wenigen) **Doppelbesteuerungsabkommen**,[1038] die für Erbschaften (Schweiz,[1039] Österreich bis 31.07.2008 – Rdn. 2560, Israel, Griechenland, ab 27.02.2009 auch Frankreich)[1040] bzw. Erbschaften und Schenkungen (Dänemark, Frankreich,[1041] Schweden und USA) existieren. Sie folgen entweder der sog. „Freistellungsmethode" (Besteuerung in einem Staat führt zur Nichtbesteuerung im anderen), wobei Deutschland dann den Progressionsvorbehalt erhebt (§ 19 Abs. 2 ErbStG, s.o. Rdn. 4239), oder aber der Anrechnungsmethode (Anrechnung des tatsächlich entrichteten Betrags auf die Steuer im anderen Staat (§ 21 Abs. 4 ErbStG). Aus Sorge vor der Vermeidung deutscher Erbschaftsteuer durch „kurzfristigen" Wegzug enthält das DBA-Erb Schweiz in Art 4 Abs. 3 und 4 eine sog. „überdachende Besteuerung" bei Ableben binnen 5 Jahren nach Aufgabe der deutschen Wohnstätte.[1042]

1036 Vgl. umfassend *Deininger/Lang*, Wegzug aus steuerlichen Gründen, 2. Aufl. 2009 (betreffend Österreich und Schweiz).
1037 Der Erbe kann die Pflichtteilsschuld bzw. Geldvermächtnisschuld gleichwohl gem. §§ 10 Abs. 5 Nr. 2, 10 Abs. 6 Nr. 2 ErbStG abziehen, soweit sie auf inländisches Vermögen entfällt.
1038 Vgl. hierzu BMF-Schreiben v. 11.01.2006, BStBl. 2006 I, S. 85.
1039 Vgl. *Bürgin/Ludwig/Schmidt/Schwind*, ZErb 2009, 49 ff.
1040 Hierzu *Kirnberger*, ErbStB 2008, 300.
1041 Jedoch beschränkt auf das Saarland bis 27.02.2009.
1042 *Carlé*, ErbStB 2011, 178.

A. Schenkungsteuerrecht

Fehlen solche Abkommen, kann § 21 ErbStG zur (zumindest teilweisen)[1043] **Anrechnung** einer im Ausland auf dort gelegenes Vermögen entrichteten,[1044] der Art nach gleichartigen[1045] Steuer führen.[1046] Gem. § 21 Abs. 1 ErbStG wird dabei angeknüpft an das Vorhandensein von Auslandsvermögen, wobei § 21 Abs. 2 ErbStG zwei Sachverhalte unterscheidet:

- war der Erblasser Inländer (Wohnsitz/gewöhnlicher Aufenthalt in Deutschland), gilt ein „enger Auslandsvermögensbegriff" d.h. lediglich Vermögensgegenstände i.S.d. § 121 BewG und Nutzungsrechte an diesen zählen als Auslandsvermögen (nicht alle aus ausländischer Sicht als Auslandsvermögen qualifizierten Gegenstände berechtigen also aus deutscher Sicht zur Anrechnung)[1047]
- War der Erblasser kein Inländer, gelten alle erworbenen Gegenstände bis auf das reine Inlandsvermögen i.S.d. § 121 BewG als „Auslandsvermögen".

4259

Ist die ausländische Steuerbelastung höher als die deutsche, verbleibt allerdings ein Anrechnungsüberhang. Vorzugswürdig sind daher Gestaltungen, welche die Entstehung einer ausländischen parallelen Erbschaftsteuerpflicht verhindern.[1048]

4260

Hinweis:

Dies gelingt häufig durch Einbringung in deutsche Gesellschaften, die aus Sicht des ausländischen Erbschaftsteuerrechts intransparent sind, i.d.R.[1049] also Kapitalgesellschaften mit inländischem Sitz und inländischer Geschäftsleitung. Ggf. können dann in Deutschland hierfür zusätzlich noch die Betriebsvermögensprivilegien genutzt werden.

Unterliegen Personen umgekehrt in Deutschland nur der beschränkten Steuerpflicht, bietet sich für diese – zur gänzlichen Vermeidung der deutschen Steuerpflicht – die Gründung einer ausländischen Kapitalgesellschaft an, auf die das „Inlandsvermögen" i.S.d. § 121 BewG übertragen wird. Bis zum Jahr 2000 war auch ein ausländischer Trust hierfür geeignet (seither löst sowohl die Errichtung des Trusts – und zwar zwingend in Steuerklasse III – gem. § 7 Abs. 1 Nr. 8 bzw.

4261

1043 Eine vollständige Anrechnung ist europarechtlich nicht geboten, EuGH, 12.02.2009 – C-67/08 „Margarete Block/ FA Kaufbeuren", ZEV 2009, 203 m. Anm. *Hamdan/Hamdan; Hellwege* ErbStB 2009, 252 ff.: spanische Erbschaftsteuer knüpft an den Sitz des Schuldners (Bank bei entsprechenden Guthaben), deutsches an den Wohnsitz des Gläubigers an; keine Anwendung des § 21 ErbStG, da Kapitalvermögen aus deutscher Sicht nicht als Auslandsvermögen gilt (vgl. auch FG Düsseldorf, 13.05.2009 – 4 K 155/08 Erb, ErbStB 2009, 241). Allerdings bildet die spanische Erbschaftsteuer eine abzugsfähige Nachlassverbindlichkeit.
1044 Erfolgt die Zahlung nach Bestandskraft des deutschen ErbSt-Bescheides, liegt ein rückwirkendes Ereignis i.S.d. § 175 Abs. 1 Satz 1 Nr. 2 AO vor, BFH, 22.09.2010 – II R 54/09 ZEV 2011, 150 m. Anm. *Jülicher*. Zur Fünf-Jahres-Frist des § 21 Abs. 1 Satz 4 ErbStG vgl. FG Köln, 29.06.2011 – 9 K 2690/09, ErbStB 2011, 211.
1045 Schwierig ist die Vergleichbarkeit bei Wertzuwachssteuern, die zum Todeszeitpunkt erhoben werden. Für die kanadische capital gains tax hat BFH, DStR 1995, 1227 die Vergleichbarkeit abgelehnt, aber den Abzug als Nachlassverbindlichkeit i.S.d. § 10 Abs. 1 Satz 2 ErbStG zugelassen.
1046 Berechnungsbeispiele für deutsch-spanische Erbfälle: *Hellwege*, ZEV 2009, 499.
1047 *Meincke*, ErbStG, Stand: Mai 2011, § 21 Tz 30; dies ist häufig der Fall bei Kapitalgesellschaftsbeteiligungen unter 10 % oder privaten Kapitalforderungen, vgl. *Thonemann*, ErbStB 2011, 177.
1048 Vgl. *Watrin/Kappenberg*, ZEV 2011, 105, 109.
1049 Dies ist jedoch z.B. nicht der Fall für eine inländische Kapitalgesellschaft mit Grundbesitz in Frankreich, die aus französischer Sicht als transparent betrachtet wird: *Dehmer*, IStR 2009, 457 Fn. 26; die also dennoch entstehende französische Erbschaftsteuer wird zudem nicht gem. § 21 ErbStG angerechnet, da es sich aus deutscher Sicht um Inlandsvermögen handelt.

3 Abs. 2 Nr. 1 Satz 2 ErbStG, als auch die Zuwendung an Zwischenberechtigte deutsche Erbschaftsteuer aus, § 7 bs. 1 Nr. 9 ErbStG). Gleiches gilt für die ausländische Familienstiftung (§ 15 Abs. 2 Satz 1 ErbStG, der die Steuerklasse des am entferntest verwandten Begünstigten maßgeblich sein lässt, gilt auch hier nicht, Rdn. 2547).

2. Besteuerungsverfahren[1050]

a) Anzeigepflichten

4262 Das Erbschaft- und Schenkungsteuerrecht kennt (außer für Testamentsvollstrecker,[1051] Nachlassverwalter und Nachlasspfleger) – anders als das Einkommensteuerrecht – keine allgemeine Pflicht zur Abgabe einer Steuererklärung, sondern ein differenziertes System von **Anzeigepflichten**, um der Finanzverwaltung diejenigen Informationen zu verschaffen, in deren Folge zur Abgabe einer Steuererklärung gem. § 31 Abs. 1 Satz 1 ErbStG aufgefordert wird (zweistufiges Verfahren).[1052]

4263 Anzeigepflichtig sind der Erwerber, bei Schenkungen auch der Veräußerer (§ 30 ErbStG), ebenso private Einrichtungen, die an der Abwicklung der Vermögensnachfolge beteiligt sind (etwa Banken und Versicherungen: § 33 ErbStG),[1053] sowie Amtspersonen (Notare, Gerichte, Landesämter und die deutschen Auslandskonsulate und -botschaften, § 34 ErbStG).

4264 Die Anzeige durch die Beteiligten selbst (bei Schenkungen also Veräußerer und Erwerber) ist nicht formgebunden, sie ist binnen einer Frist von 3 Monaten ab Kenntnis vom Anfall des Vermögens zu erbringen und entfällt gem. § 30 Abs. 3 ErbStG, wenn die Kenntnis des FA auf andere Weise (etwa durch Anzeige des Notars) sichergestellt ist. Die **Erbschaftsteuerreform** hat ab 2009 die Anzeigepflichten zulasten der Beteiligten bei Erwerb von Grundbesitz, Betriebsvermögen, Gesellschaftsanteilen und Auslandsvermögen erweitert und (ab 2011) in Bezug auf die zu liefernden Daten konkretisiert:[1054] sie gelten auch dann, wenn am Erwerb von Todes wegen ein Gericht[1055] durch Eröffnung einer Verfügung von Todes wegen mitgewirkt hat (im Vordergrund stehen die erwarteten Angaben des Erwerbers, § 30 Abs. 1 ErbStG, über die Zusammensetzung des Nachlasses und seines Werts, § 30 Abs. 4 Nr. 3 ErbStG, da dem Gericht die genaue Zusam-

---

1050 Vgl. zum folgenden auch die Übersicht von *Eich*, ErbStB 2006, 158.

1051 Vgl. hierzu *Tolksdorf/Simon*, ErbStB 2008, 336 ff. und 360 ff.; zur Steuerhaftung des Testamentsvollstreckers *Steiner* ErbStB 2011, 201 ff. (insb. zu § 32 Abs. 1 Satz 2 ErbStG: Bewirkung der Entrichtung der Steuer; § 20 Abs. 6 Satz 2 ErbStG: Verbringung ins Ausland) und 235 ff. (insb. zu Steuern vor und nach dem Erbfall). Der Dauertestamentsvollstrecker muss auch Nachsteuertatbestände mit berücksichtigen, *Piltz*, in: *Bengel/Reimann*, Handbuch der Testamentsvollstreckung, S. 439; *Purrucker*, ZErb 2011, 265 ff.

1052 Überblick über die Anzeigepflichten und die sich daraus ergebenden Folgen für die Festsetzungsfrist zum 01.01.2011 bei *Gohlisch*, ZErb 2011, 102 ff. sowie 133 ff.

1053 Ergeht kein Steuerbescheid (wegen Unterschreitens der Freibeträge), besteht kein Anspruch auf Herausgabe dieser Meldungen (etwa für einen privaten Erbschaftsstreit), vgl. BFH, 23.02.2010 – VII R 19/09, EStB 2010, 213.

1054 *Müller*, ErbStB 2011, 29 und *Halaczinsky*, ZErb 2011, 31 (BGBl. 2010 I, S. 1544); z.B. Angabe des Verwandtschaftsverhältnisses, der Ehe oder Lebenspartnerschaft. Gem. § 7 Abs. 4 Nr. 1 ErbStDV kann die Anzeige unterbleiben, wenn offensichtlich lediglich Vermögen im Wert von 20.000,00 € (zuvor 5.200,00 €) und Hausrat im Wert von höchstens 12.000,00 € (zuvor 5.200,00 €) übergehen. Bei Vermögensverwaltern und Versicherungen wurde die Bagatellgrenze von 2.500 auf 5.000,00 € erhöht.

1055 Also das Nachlassgericht, § 34 Abs. 2 Nr. 3 ErbStG.

mensetzung des Nachlasses häufig nicht bekannt ist). Eine Pflicht des Notars, die Beteiligten auf diese eigene Anzeigepflicht hinzuweisen, besteht nicht.

Bei notariell beurkundeten Schenkungen beginnt die steuerliche Festsetzungsfrist (von i.d.R. 4 Jahren, bei leichtfertiger Steuerverkürzung 5 Jahren, bei Steuerhinterziehung 10 Jahren: § 169 AO) gem. § 170 Abs. 1 AO mit Ablauf des Kalenderjahres der Steuerentstehung, es sei denn eine Anlaufhemmung[1056] tritt ein (z.B. gem. § 31 Abs. 1 ErbStG durch Aufforderung zur Abgabe einer Steuererklärung; Hemmung dann allerdings nur ggü. diesem Adressaten;[1057] spätestens mit Ablauf des dritten Kalenderjahres, das auf das Entstehungsjahr der Steuer folgt: § 170 Abs. 2 Nr. 1 AO. Bei Schenkungen allerdings beginnt die Festsetzungsverjährung gem. § 170 Abs. 5 Nr. 2 AO nicht vor Ablauf des Kalenderjahrs, in dem der Schenker gestorben ist oder die Finanzbehörde von der vollzogenen Schenkung Kenntnis erlangt hat). Ist infolge Unterlassens der durch den Notar geschuldeten Anzeige Festsetzungsverjährung eingetreten, hat das FA ggf. zu prüfen, ob der Notar gem. § 19 Abs. 1 BNotO in Anspruch zu nehmen ist; ggf. steht ihm das Haftungsprivileg des § 32 AO zur Seite.[1058]

4265

Die in § 33 ErbStG geregelte Anzeige durch Vermögensverwahrer, -verwalter und Versicherer ist formgebunden und hat innerhalb eines Monats zu erfolgen. Banken haben auch das Bestehen eines Schließfaches mitzuteilen (§ 1 Abs. 3 ErbStV). Zur Anzeige verpflichtet sind auch AG, die Namensaktien ausgegeben haben; die Anzeige hat vor der Umschreibung im Aktienregister zu erfolgen (§ 2 ErbStDV).

4266

Die in § 34 ErbStG geregelte Anzeige durch **Amtspersonen** (v.a. Notare und Gerichte) ist ebenfalls formulargebunden, sie hat unverzüglich an das zuständige FA (gem. § 35 Abs. 1 Satz 1 ErbStG regelmäßig das FA am Wohnsitz des Erblassers bzw. des Schenkers) zu erfolgen, das den Internetseiten des Bundeszentralamtes für Steuern entnommen werden kann[1059] Sie erfasst nur Beurkundungen, nicht jedoch bloße Unterschriftsbeglaubigungen,[1060] und ist damit enger als im Grunderwerbsteuer- und Ertragsteuerrecht (§§ 18 GrEStG, 54 EStDV).

4267

Nach § 34 ErbStG und § 8 ErbStDV (die auf § 36 Abs. 1 Nr. 1 Buchst. e) ErbStG beruht) sind alle Beurkundungen anzuzeigen, die für die Festsetzung von Schenkungsteuer von Bedeutung sein **können**, also auch Vereinbarungen der Gütergemeinschaft, Erbauseinandersetzungen, Zweckzuwendungen, Änderungen eines Gesellschaftsvertrages mit Auswirkung auf die Gewinnverwendung, Übertragung von GmbH-Anteilen unter Angehörigen zum Nominalwert.[1061] Die Anzeige erfolgt gem. § 8 Abs. 1 und 4 ErbStDV durch Übersendung einer beglaubigten Abschrift der Ur-

4268

1056 Hierzu *Gohlisch*, ZErb 2011, 102, 105.
1057 BFH, 26.10.2006 – II R 16/05, ErbStB 2007, 129: Verjährung ggü. dem Schenker, wenn nur der Beschenkte aufgefordert wurde.
1058 *Hartmann*, ErbStB 2009, 378.
1059 www.bzst.bund.de. Ein weiteres, nach Bundesländern sortiertes, Verzeichnis mit allerdings weniger komfortabler Suchfunktion findet sich unter www.finanzamt.de.
1060 *Küperkoch*, RNotZ 2002, 298, 304; a.A. *Klöckner*, ZEV 2011, 299, 301 für den Fall der Entwurfsfertigung durch den Notar.
1061 *Klöckner*, ZEV 2011, 299, 300; vgl. im Einzelnen die hierzu veröffentlichten „Merkblätter über die steuerlichen Beistandspflichten der Notare", z.B. des Bay. Landesamtes für Steuern (Stand: Juni 2011), S 4540.1.1-4/3 (Teil C zur Erbschaft-/Schenkungsteuer).

kunde und Ausfüllen des amtlich vorgeschriebenen Vordruckes (Muster 6 zu § 8 ErbStDV), der jedoch selbst zu generieren ist; die Absendung ist auf der Urschrift zu vermerken.

4269 Dort sind folgende Angaben und Informationen aufzunehmen:
- Angaben zum Schenker und Beschenkten,
- Informationen zum Verwandtschaftsverhältnis,
- zum Verkehrswert des übertragenen Vermögens,
- zum letzten festgestellten Einheitswert,
- zum Wert welcher der Kostenberechnung zugrunde gelegt wird
- und, sofern einschlägig, der Valutastand der übernommenen Verbindlichkeiten am Tag der Schenkung,
- der Jahreswert gewährter Gegenleistungen, z.B. des Nießbrauchs,
- sowie die Höhe der Notargebühren.

4270 Der für die Kostenberechnung maßgebliche Wert und die Höhe der Notargebühren werden in der Praxis durch Übersendung einer Kopie der Kostenrechnung nachgewiesen. Eine elektronische Übermittlung der Anzeige ist (noch) ausgeschlossen (§§ 7 Abs. 1 Satz 2, 8 Abs. 1 Satz 2 ErbStDV). Die Anzeigepflicht schützt lediglich den Fiskus,[1062] sodass Haftungsansprüche der Beteiligten gegen die anzeigepflichtige Person aus ihrer Verletzung nicht erwachsen können.[1063] Besondere Übermittlungsformen, welche den Zugang nachweisen, sind nicht vorgeschrieben, allerdings obliegt dem Steuerpflichtigen ggf. die Feststellungslast, dass die Anzeige der Dienststelle gem. § 170 Abs. 5 Nr. 2, 2. Alt. AO zugegangen ist.[1064]

4271 Eine Verletzung der Anzeigepflicht kann als (versuchte) **Ordnungswidrigkeit** oder sogar Steuerstraftat geahndet werden (§§ 378 Abs. 1 AO, 370 Abs. 1 Nr. 2 AO). Das Unterbleiben einer vorgeschriebenen Anzeige hat ferner zur Folge, dass die 4-jährige Festsetzungsverjährung (Rdn. 4275) nicht vor Ablauf des Jahres beginnt, in dem der Schenker gestorben ist (§ 170 Abs. 5 Nr. 2 AO). Die i.d.R. 5-jährige[1065] strafrechtliche Verfolgungsverjährung beginnt mit der Beendigung der Tat (bei einem Erfolgsdelikt wie der leichtfertigen Steuerverkürzung bzw. der Steuerhinterziehung im Rahmen einer Veranlagungssteuer also mit Bekanntgabe des unrichtigen Steuerbescheides im Fall aktiven Tuns, der frühestmöglichen fiktiven Steuerfestsetzung bei Hinterziehung durch Unterlassen).[1066]

4272 Die für die Festsetzung der Erbschaft- und Schenkungsteuer zuständigen FA versenden ab bestimmten Wertgrenzen[1067] Kontrollmitteilungen[1068] an die ESt-FA des Schenkers und des Erwer-

---

1062 Allerdings keine Amtshaftung ggü. dem Fiskus mangels Schutzvorschrift zugunsten der Vermögensinteressen des Staates, vgl. OLG München, 10.04.1997 – 1 U 5533/96, ZNotP 1997, 73; *Klöckner*, ZEV 2011, 302.
1063 *Stelzer*, MittBayNot 2005, 519.
1064 FG Köln, 16.12.2009 – 9 K 2580/07, ErbStB 2010, 65.
1065 § 78 Abs. 3 Nr. 4 StGB i.V.m. § 369 Abs. 2, 384 AO.
1066 Vgl. *Eich*, ErbStB 2008, 76; eingehend auch *Stahl/Durst*, ZEV 2008, 469 f.
1067 Kapitalvermögen ab 50.000,00 €, ferner bei Nachlassreinwert ab 250.000,00 €, vgl. *Stahl/Durst*, ZEV 2008, 469.
1068 Vgl. etwa gleichlautende Erlasse der Obersten Finanzbehörden der Länder v. 18.06.2003, BStBl. 2003 I, S. 392, zu früheren verfassungsrechtlichen Bedenken *Schwedhelm*, FR 2007, 939.

bers, welche die daraus gewonnenen Erkenntnisse („neue Tatsachen") jedenfalls innerhalb der 4-jährigen Festsetzungsverjährungsfrist, bei nachgewiesener leichtfertiger Steuerverkürzung bis zu 10 Jahre rückwirkend auswerten können. Bereits seit 01.04.2005 kann jedes FA über die Bundesanstalt für Finanzdienstleistungsaufsicht die Kontenstammdaten (nicht jedoch Kontenbewegungen) jedes inländischen Kreditinstitutes abfragen (§§ 93 Abs. 7 und 8, 93b AO); seit 01.07.2005 müssen EU-Banken und -Fondsgesellschaften ferner Informationen über Zinserträge[1069] von EU-Ausländern (natürlichen Personen)[1070] an den Fiskus des Wohnsitzstaates melden oder,[1071] sofern der Anlieger nicht hierfür optiert, anonymisiert Quellensteuer (gem. § 45e EStG an das Bundeszentralamt für Steuern, Bonn) abführen. Für Zwecke der Schenkungsbesteuerung verwertbar sind ferner die ab 2009 (Abgeltungsteuer) zwingenden Mitteilungen depotführender Banken an den Fiskus[1072] zu Depotübertragungen an andere Personen sowie die bereits bisher häufigen Meldungen der Zollbehörden über beim Grenzübertritt mitgeführte[1073] Barmittel von mehr als 10.000,00 € (§ 12a Abs. 5 ZollVG). Hinzu kommen zwischenstaatliche Abkommen über die Zusammenarbeit in Steuersachen, so ab 01.01.2010 auch mit Liechtenstein,[1074] sowie nationale Normen zur Umsetzung der sog. OECD-Grundsätze der internationalen abgabenrechtlichen Amtshilfe,[1075] mit der Folge bspw. einer Lockerung des Bankgeheimnisses ab 01.09.2009 auch in Österreich.[1076]

1069 Die Zinsinformationsverordnung (ZIV) erfasst derzeit nicht Dividenden, Veräußerungsgewinne, ebenso wenig Lebensversicherungen (sog. Versicherungsmantel, insurance wrapper), vgl. *Schwedhelm*, FR 2007, 941. Allerdings müssen inländische Versicherungsvertreter nach Maßgabe des Jahressteuergesetzes 2009 ab 2009 die erfolgreiche Vermittlung einer Auslandspolice an den Fiskus melden, und ab 2010 inländische Niederlassungen einer ausländischen Versicherung Abgeltungsteuer an das FA abführen, auch wenn die Auszahlung der Leistung im Ausland abgewickelt wird.
1070 Nicht erfasst von der EU-Zinsrichtlinie (d.h. weder melde- noch alternativ quellensteuerpflichtig) sind demnach Erträge von Kapitalgesellschaften, Stiftungen, Trusts etc.
1071 Luxemburg, Österreich, Belgien, die Schweiz und Liechtenstein, Monaco, Andorra und San Marino erheben lediglich Quellensteuer von (ab 2008) 25 %, ab 2011 35 %.
1072 Daneben sind bei einem Depotübertrag auf eine andere Bank die Anschaffungskosten der Wertpapiere mitzuteilen, um die sonst pauschalierend angenommene Abgeltungsteuer auf 30 % des Verkaufspreises zu vermeiden. Bei Depotübertrag aus dem Ausland außerhalb des EU- und EWR-Raumes wird stets zunächst 30 % des Verkaufspreises zugrundegelegt; überhöhte Steuern können gegen Einzelnachweis durch durch Veranlagung rückgefordert werden.
1073 Bei der Ein- und Ausreise in nicht der EU angehörige Drittländer (Schweiz) müssen solche Barmittelbestände ungefragt gemeldet werden, § 12a Abs. 1 ZollVG i.V.m. Art. 3 EU-Verordnung Nr. 1889/05 v. 26.10.2005, andernfalls sind sie auf Verlangen vorzuzeigen.
1074 *Lennert* ZEV 2009, 504.
1075 Gemäß Mitteilung des BMF v. 05.01.2010 BStBl. 2010 I 19 existiert derzeit kein Staat, der keine DBA-Auskunftsklausel nach Standard Art. 26 OECD-MA hat bzw. keine Auskünfte in vergleichbarem Umfang zu erteilen bereit ist.
1076 *Fugger*, ZEv 2009, 507.

Kapitel 11: Verkehrsteuern

4273   Entdeckt ein Erbe[1077] bzw. der für ihn handelnde Verfügungsberechtigte,[1078] z.B. im Bankschließfach oder auf Auslandskonten,[1079] vom Erblasser erkennbar nicht deklarierte Vermögenswerte („**Schwarzgeld**"),[1080] trifft ihn gem. § 153 AO die Pflicht zur Korrektur fehlerhafter Erklärungen der Vergangenheit, andernfalls erfüllt er selbst den Tatbestand der Steuerhinterziehung gem. § 370 Abs. 1 Nr. 2 AO (mit künftig[1081] ebenfalls 10-jähriger Verjährung!). Hinzu käme eine eigene Hinterziehung[1082] von Erbschaftsteuer, wenn der Nachlass nicht vollständig angegeben wird. Ergeben sich jedoch keine Anhaltspunkte für unzutreffende ertragsteuerliche Erklärungen des Erblassers, genügt es, wenn der Erbe nun seinerseits die Zinserträge aus dem geerbten Vermögen zutreffend angibt; das FA wird dann jedoch von sich aus die Einkommensteuererklärungen des Erblassers einer Prüfung unterziehen.[1083] Steuerverbindlichkeiten des Erblassers, auch sofern sie aus Hinterziehung stammen und erst nach dem Tod festgesetzt werden, zählen samt der Zinsen gem. §§ 233a, 235 AO bis zum Todestag zu den abzugsfähigen Nachlassverbindlichkeiten gem. § 10 Abs. 5 Nr. 1 ErbStG[1084] (ebenso wie umgekehrt Steuererstattungsansprüche aufgrund von Überzahlungen der Vergangenheit zum erbschaftsteuerpflichtigen Erwerb zählen).[1085] Entdeckt der Erbe in seiner Eigenschaft als Organ einer „geerbten" Gesellschaft die Verkürzung betrieblicher Steuern (Lohn-, Gewerbe-, Umsatz-, Körperschaftsteuer) und führt er diese fort, haftet er für die weitere Steuerverkürzung auch persönlich gem. § 71 AO.

4274   Vereinbaren mehrere Miterben, zur „Deckung" der Steuerhinterziehung des Erblassers die geerbten Werte nicht anzugeben (und begehen damit gemeinschaftlich eine vollendete Erbschaftsteuer-Hinterziehung, sog. „Hinterziehungsgemeinschaft"), kann bei Streitigkeiten oder der Ge-

---

1077   Vgl. zur „Rückkehr in eigene Steuerehrlichkeit nach ererbtem Steuervakuum" *Müller/Korthals* ErbStB 2010, 282 ff.

1078   Testamentsvollstrecker, Nachlassverwalter (§§ 34, 35 AO), wobei diese nicht verpflichtet sind, aktiv nach Unrichtigkeiten zu suchen, vgl. *Siebert*, EE 2011, 123, 125. Unterlässt er die Meldung erkannter „Schwarzgeldkonten", haftet er gem. § 71 AO. Ferner muss er genügend Nachlassmittel zur Steuerentrichtung zurückbehalten, § 34 AO.

1079   Im Ausland (je etwa ein Drittel in Liechtenstein/Luxemburg, in der Karibik und in Singapur) werden ca. 1–400 Mrd. € Schwarzgeld vermutet, dorthin verbracht v.a. in den 70er-Jahren (als Früchte des Wirtschaftswunders) und Mitte der 90er vor Einführung der Kapitalertragsteuer.

1080   Illustrativ zu einem Beispielsfall *Steiner*, ErbStB 2008, 152; vgl. auch *Bron/Seidel*, ErbStB 2010, 111 ff. zu „Informationsaustausch und Selbstanzeige bei Stiftungsstrukturen", *Schaub*, ZEV 2011, 501 ff. zu präventiven Gestaltungsüberlegungen des Erblassers (keine Erbengemeinschaft, keine minderjährigen Erben, keine Testamentsvollstreckung, keine Einsetzung von Berufsträgern).

1081   § 376 Abs. 1 AO i.d.F. des Jahressteuergesetzes 2009; derzeit (§ 78 Abs. 3 Nr. 4 StGB) 5 Jahre; die steuerliche Festsetzungsfrist für hinterzogene Steuern betrug schon bisher gem. § 169 Abs. 2 Satz 2 AO 10 Jahre.

1082   Abschwächend insoweit *Stahl/Durst*, ZEV 2008, 467.

1083   Eine Pflicht zur Durchsicht alter Steuererklärungen des Erblassers, falls dem Erben überhaupt solche vorliegen, besteht (wohl) nicht. Wird Geld im Schließfach gefunden, spricht allerdings bereits die erste Vermutung dafür, dass der Erblasser seine Erklärungspflichten nicht erfüllt hat, sodass der Erbe sich zumindest der leichtfertigen Steuerverkürzung schuldig macht. Allerdings wird den Erben kaum bekannt sein, aus welchem Veranlagungszeitraum die Schwarzgeldbestände stammen, ob also die Festsetzungsfrist bereits abgelaufen ist. Er muss jedoch zur Vermeidung einer Steuerordnungswidrigkeit zumindest den Inhalt des Schließfachs deklarieren und mitteilen, dass ihm weiteres hierzu nicht bekannt sind. Unproblematisch ist der Sachverhalt, wenn dem Erben der Nachweis gelingt, dass das Vermögen aus einem festsetzungsverjährten Jahr stammen muss.

1084   Vgl. FinMin NRW v. 14.11.2002 – S 3810-13-V A 2, *Siebert*, Erbrecht effektiv 2008, 59; *Kämper/Milatz*, ZEV 2011, 70 ff.; a.A. FG Düsseldorf, DStRE 2002, 1253.

1085   Vgl. im Einzelnen FinMin Baden-Württemberg, 18.01.2010, 3–3810/28, ZEV 2010, 107.

fahr der Entdeckung („CD-Daten-Ankauf")[1086] ein „Wettlauf" zwischen den Miterben darüber eintreten, wer als erster eine (für ihn[1087] hinsichtlich des gemeldeten Tatbestandes[1088] strafbefreiende) umfassende, also alle infrage kommenden Steuerarten einschließende[1089] Selbstanzeige[1090] rechtzeitig[1091] durchführt. Spätere Anzeigen haben auf die Strafbarkeit keinen Einfluss mehr.

b) Erhebungsverfahren

Auf der Grundlage der durch die Anzeige erlangten Informationen fordert das FA die an der Schenkung Beteiligten (unabhängig vom Bestehen einer tatsächlichen Steuerpflicht) zur Abgabe einer Steuererklärung[1092] binnen einer zu setzenden Frist auf (§ 31 ErbStG). Die Festsetzung der Steuer erfolgt sodann durch Steuerbescheid innerhalb der (4-jährigen, § 169 Abs. 2 Nr. 2 AO) Festsetzungsfrist, die allerdings nicht vor der Kenntniserlangung der zuständigen Schenkungsteuerstelle[1093] von der vollzogenen Schenkung einschließlich der Namen und Anschriften aller Beschenkten zu laufen beginnt. (Anlaufhemmung gem. § 170 Abs. 2 Satz 1 Nr. 1 AO sowohl durch Anzeige gem. § 30 ErbStG als auch nochmals durch Abgabe einer Steuererklärung nach Aufforderung, § 31 ErbStG, selbst in derselben Sache).[1094] Gegen den Steuerbescheid ist nach Einspruch (§§ 347 ff. AO)[1095] der Finanzgerichtsweg (§ 33 FGO) eröffnet.[1096]

4275

c) Steuerschuldnerschaft, § 20 ErbStG

Steuerschuldner ist beim Erwerb von Todes wegen der jeweilige Erwerber, bei Schenkungen unter Lebenden sowohl der Erwerber als auch der Schenker als **Gesamtschuldner**, § 20 Abs. 1 Halbs. 1 ErbStG.[1097] Wegen des Charakters der Schenkungsteuer als Bereicherungsteuer hat sich

4276

1086 Zur Strafbarkeit des Ankaufs und zur Verwertbarkeit der Daten vgl. *Koblenzer*, ErbStB 2010, 116 ff., für Verwertbarkeit FG Köln, 15.12.2010 – 14 V 2484/10, ErbStB 2011, 184.

1087 Anders bei einem „steuerkontaminierten Unternehmen": meldet einer von zwei Geschäftsführern die (z.B.) Lohnsteuerhinterziehung durch Selbstanzeige, befreit dies beide, vgl. *Schwedhelm*, FR 2007, 942.

1088 Wird also lediglich eine (in 5 Jahren verjährende) leichtfertige Steuerverkürzung gemeldet, während tatsächlich vorsätzliche Steuerhinterziehung (nunmehr 10 Jahre Verjährung: § 169 Abs. 2 Satz 2 AO) festgestellt wird, besteht keine Straffreiheit für die zurückliegenden Jahre 6 – 10.

1089 Neuregelung des § 371 Abs. 2 Nr. 3 AO durch das Schwarzgeldbekämpfungsgesetz v. 28.04.2011, BGBl. I 2011, S. 676. Erforderlich ist seitdem weiter, dass alle Tatbestände derselben Steuerart (z.B. Zinseinkünfte und Einkünfte aus Vermietung und Verpachtung nach dem EStG) nachdeklariert werden.

1090 Nach BGH, 20.05.2010 – 1 StR 577/09, DStR 2010, 1133 wirkt sie nur strafbefreiend, wenn sämtliche hinterzogenen Beträge der jeweiligen Steuerart des jeweiligen Steuerjahres aufgedeckt werden. Ferner muss die Anzeige so aufbereitet sein, dass das FA die Veranlagung ohne weitere Ermittlungsarbeiten vornehmen kann (also keine Abgabe mehrerer Aktenordner von Bankunterlagen, vgl. Pressemitteilung der OFD Koblenz v. 25.05.2010).

1091 D.h. (seit dem SchwarzgeldbekämpfungsG v. 08.12.2010) vor Bekanntgabe einer Prüfungsanordnung erfolgte.

1092 Hilfestellung zum Ausfüllen der amtlichen Vordrucke bietet *Halaczinsky*, Die Erbschaft- und Schenkungsteuererklärung.

1093 BFH, 05.02.2003 – II R 22/01, BStBl. 2003 II, S. 502 = ErbStB 2003, 247 m. Anm. *Schlüssel*.

1094 BFH, 27.08.2008 – II R 36/06, ZEV 2008, 555, vgl. zur Festsetzungsverjährung auch *Demme*, ZEV 2008, 222; a.A. BFH, 06.06.2007 – II R 54/05 und 55/05, DStRE 2007, 1525; *Alvermann/Fraedrich*, DStR 2008, 393.

1095 Übersicht zu den außergerichtlichen Rechtsbehelfen (im Feststellungs-, Festsetzungs- und Vollziehungsverfahren) vgl. *Halaczinsky/Volquardsen*, ErbStB 2010, 240 ff.

1096 Zur Rechtsbehelfsbefugnis, auch im Hinblick auf Erbengemeinschaften, Testamentsvollstreckung, Nachlasspfleger etc. *Halaczinsky/Volquardsen*, ErbStB 2010, 274 ff.

1097 So bleibt der Erwerber auch dann Mitschuldner, wenn der Schenker selbst vertraglich die Schenkungsteuer übernommen hat. Überblick bei *Bruschke*, ErbStB 2011, 257 ff.

dabei das FA zunächst an den Beschenkten zu halten, es sei denn der Schenker hätte sich vertraglich zur Tragung der Schenkungsteuer verpflichtet[1098] oder die Einziehung der Steuer beim Beschenkten wäre unmöglich (etwa im Fall der Nachversteuerung nach insolvenzbedingter Betriebsaufgabe beim Erwerber).[1099] Wird die bereits entrichtete Steuer dem Beschenkten teilweise rückerstattet, und erhöht sich der Steuerbescheid anschließend wegen nachträglich bekannt gewordener Tatsachen (§ 173 Abs. 1 Nr. 1 AO) oder wegen eines rückwirkenden Ereignisses (§ 175 Abs. 1 Satz 1 Nr. 2 AO), kann der Schenker für die neue Steuer in Anspruch genommen werden.[1100]

4277 Erfolgt eine Nachversteuerung begünstigten Betriebsvermögens wegen eines Verstoßes gegen die Behaltensregelung oder die Mindestlohnsumme, will die Finanzverwaltung allerdings im Erlasswege[1101] den Schenker von einer Inanspruchnahme gänzlich freistellen, es sei denn er hätte den Betrag der Steuer gem. § 10 Abs. 2 ErbStG ebenfalls geschenkt. Daher sollten solche Übernahmeerklärungen (Rdn. 3605, Muster Rdn. 3607) nur begrenzt, nicht in Bezug auf die Nachbesteuerungsbeträge, abgegeben werden.

4278 **Formulierungsvorschlag: Begrenzte Übernahme der Schenkungsteuerschuld durch den Betriebsveräußerer**

> Der Schenker trägt auch die für die Übertragung des Betriebs unmittelbar anfallende Schenkungsteuer (§ 10 Abs. 2 ErbStG), allerdings nicht diejenigen Steuerbeträge, die infolge einer Nachversteuerung, etwa als Folge des Verstoßes gegen Behaltens- oder Lohnsummenregelungen, anfallen.

4279 Daneben bestehen zur Sicherstellung des Steuereingangs verschiedene **Haftungstatbestände** (§ 20 Abs. 3 bis 7 ErbStG).[1102] So haftet bspw. der Nachlass bis zur vollständigen Erbauseinandersetzung für die Steuer der am Erbfall Beteiligten und im Fall der Weiterschenkung eines Erwerbs der Letzterwerber auch für die Steuer der vorangegangenen Schenkung. Gem. § 20 Abs. 6 ErbStG haften ferner (verschuldensunabhängig) Versicherungsunternehmen sowie (nur bei grober Fahrlässigkeit) Vermögensverwalter – dies können auch kontoführende Kreditinstitute sein[1103] – bei ins Ausland ausgezahlten Beträgen. Daneben treten die allgemeinen Haftungstatbestände für Testamentsvollstrecker,[1104] Nachlassverwalter und -pfleger, Erbschaftsbesitzer und Bevollmächtigte der Erben gem. §§ 69 ff. AO.

[1098] BFH, 01.07.2008 – II R 2/07, ZEV 2008, 554.
[1099] Anwendungserlass zum ErbStG v. 25.06.2009, BStBl. 2009 I, S. 713, 719 (Abschnitt 5 Abs. 4).
[1100] FG Köln, 10.03.2010 – 9 K 1550/09, ErbStB 2010, 196.
[1101] FG Münster, 19.06.2008 – 3 K 3145/06, n.v.
[1102] Vgl. hierzu die Übersicht von *Halaczinsky*, ErbStB 2007, 208.
[1103] BFH, 12.03.2009 – II R 51/07, ErbStB 2009, 266; FinMin Schleswig-Holstein, 11.08.2009 – VI 353 – S 3830-013, ZEV 2009, 528; FG Rheinland-Pfalz, 07.10.2010 – 4 K 1663/07, ErbStB 2011, 96 (Unbedenklichkeitsbescheinigung des Erbschaftsteuerfinanzamtes erforderlich).
[1104] Guter Überblick zu den steuerrechtlichen Pflichten des Testamentsvollstreckers bei *Siebert*, ZEV 2010, 121 ff.

A. Schenkungsteuerrecht

XV. Übersicht: Gestaltungshinweise zur Steuerreduzierung

Gewissermaßen „hinter die Klammer gezogen", soll nachstehende Übersicht im Wege der Verweisung nochmals das Augenmerk auf einige bereits erläuterte Gestaltungsempfehlungen lenken, die eine Reduzierung der schenkungsteuerlichen Belastung herbeizuführen geeignet sind: 4280

1. Gestaltungsoptionen nach der Erbschaftsteuerreform

In Bezug auf Betriebsvermögen ist zunächst auf die oben Rdn. 4148 ff. aufgeführten Gestaltungsmöglichkeiten zu verweisen. 4281

Vermögenstypusunabhängig stehen insb. folgende Optionen zur Verfügung: 4282

- Nachweis geringeren Verkehrswerts, etwa durch Gutachten oder zeitnahen Vergleichswert aus einem Verkauf im vorangegangenen Jahr (vgl. Rdn. 3700 ff.), auch zu den im Einzelnen zusätzlich berücksichtigungsfähigen wertbelastenden Faktoren. Der Abzug von Nutzungsrechten auf der Bewertungsebene (§ 10 Abs. 6 Satz 6 ErbStG, Rdn. 3711) bietet bspw. den Vorteil, dass die Betragskappung des § 16 BewG nicht greift,
- Nutzung des (infolge Entfallens des § 25 ErbStG a.F. gegebenen) Abzugspotenzials durch vorbehaltene Nutzungs-, v.a. Nießbrauchsrechte, deren allmähliche Wertreduzierung nicht der Steuer unterworfen ist (Rdn. 3870 ff., mit Tabelle),
- Verbesserung der Steuerklasse durch (Erwachsenen-)Adoption (Rdn. 4226 f.),
- Möglichst gleichmäßige Verteilung des Vermögens in der Elterngeneration, z.B. durch vorangehende Schenkungen (Rdn. 2825 ff., oder entgeltliche Übertragungen anstelle des Zugewinnausgleichs, Rdn. 61 ff.), 4283
- Sinnvolle Aneinanderreihung nicht verknüpfter („verketteter") Schenkungen zur Erreichung eines näheren Verwandtschaftsgrades, inbesondere seitdem (für Erwerbe ab 01.01.2010) die Steuersätze für Erwerbe der Steuerklassen II und III wieder differieren (Beispiel: Anstelle einer Direktschenkung an die Nichte der Ehefrau – Steuerklasse III – Zerlegung in eine Schenkung an die Ehefrau – Steuerklasse I –, welche sodann, aus getrenntem Entschluss, an ihre Nichte weiterschenkt – Steuerklasse II –).
- Schenkungen im Zehn-Jahres-Takt zur neuerlichen Ausnutzung der Freibeträge (§ 14 ErbStG),
- Vervielfältigung der Zahl der Erwerber (und Freibeträge) durch Hereinnahme der Enkel, ggf. in Gestalt eines mehrere Generationen umfassenden Familienpools (Rdn. 2041 ff.) – wenngleich ohne die zusätzlichen Betriebsvermögensprivilegien, wegen des über 50 % hinausgehenden Anteils an Verwaltungsvermögen,
- Generationensprung durch Übertragung an Enkel mit gleichzeitiger Absicherung der Zwischengeneration durch letztwillige Vermächtnisse bzw. durch lebzeitige Zuwendung von Versorgungs- oder Nießbrauchsrechten,
- Nutzung der (durch die Reform erweiterten) Freistellungsmöglichkeiten bei lebzeitiger Übertragung des Familienheims an den Ehegatten, § 13 Abs. 1 Nr. 4a ErbStG (Rdn. 2780, 2789 ff.). Zur Vermeidung steuerungünstiger Rückvererbung ist ein Rückforderungsrecht im Vorversterbensfall vorzubehalten, Rdn. 1993. Durch mehrfache, nicht auf einem Gesamtplan 4284

beruhende Übertragung desselben Familienheims, das zwischenzeitlich an den Erstschenker zurückverkauft wurde („Familienheim-Schaukel") kann sogar zusätzlich der Kaufpreis steuerfrei transferiert werden (Rdn. 2788),

- Nutzung der Freistellungsmöglichkeit bei letztwilliger Übertragung des Familienheims an Ehegatten bzw. Abkömmlinge, § 13 Abs. 1 Nr. 4b und 4c ErbStG (Rdn. 3912, 3932 ff.),
- Mittelbare Schenkung vermieteten Grundbesitzes (wegen des dort bestehenden 10 %igen Verschonungsabschlages gem. § 13c ErbStG ohne Nachversteuerungsfrist; vgl. Rdn. 2824 ff.),

4285
- Vermeidung steuerbarer Schenkungen durch Einbringung von Vermögenswerten in Gesellschaften „societatis causa" (Rdn. 3528), ggf. auch im Erbwege oder mit anschließender Reduzierung der Beteiligung des Einbringenden,

- Nutzung der „Güterstandsschaukel", also des Entgeltlichkeitspotenzials, das in der Zugewinnausgleichsschuld aufgrund Wechsels des Güterstandes schlummert, unter späterer Neubegründung des gesetzlichen Güterstandes (vgl. Rdn. 3902 und Rdn. 66, 74, 115), auch zur zivilrechtlichen Schenkungsvermeidung. Sollen steuerverstrickte Gegenstände an Erfüllung statt übertragen werden, ohne eine ertragsteuerliche Veräußerung/Anschaffung auszulösen, hilft möglicherweise eine Kombination mit § 1380 BGB (§ 29 Abs. 1 Nr. 3 ErbStG, Rdn. 3903).

4286
- Nutzung insb. der Gestaltungsmöglichkeiten des güterrechtlichen Zugewinnausgleichs bei Güterstandswechsel gem. § 5 Abs. 2 ErbStG (z.B. kein Rückwirkungsverbot, Rdn. 3905; keine Kürzung im Verhältnis Steuer- zu Verkehrswert, Rdn. 2753), ggf. auch durch Ehevertrag kurz vor dem Tod (Schaffung von Nachlassverbindlichkeiten, vgl. das Beispiel in Rdn. 3900). I.R.d. (weniger attraktiven) erbrechtlichen Zugewinnausgleichs, § 5 Abs. 1 ErbStG, ist ein Anfangsvermögen von NULL zur Vermeidung der Indexierung „erstrebenswert" (Rdn. 3895). Auf jeden Fall verbietet sich die anfänglich Wahl des Güterstandes der Gütertrennung.

4287
- Auch bereits erfolgte, nachträglich als hoch besteuert erkannte Schenkungen unter Ehegatten können nachträglich durch Beendigung des gesetzlichen Güterstands und Anrechnung der Vorschenkung auf den Zugewinn gem. § 1380 BGB „neutralisiert" werden (§ 29 Abs. 1 Nr. 3 ErbStG, Rdn. 1996).

- Empfehlenswert ist weiter die Verwendung von „Steuerklauseln" als Reparaturmöglichkeit gem. § 29 Abs. 1 Nr. 1 ErbStG (s. Rdn. 1922, 3957).

4288
- Erbschaftsteuerlich ist besonders hinzuweisen auf die Möglichkeit, Pflichtteilsansprüche (sogar nach Eintritt der Verjährung) geltend zu machen (Rdn. 3560), wobei sich im Hinblick auf die Erhöhung der persönlichen Freibeträge ab 01.01.2009 empfiehlt, diese Geltendmachung i.S.d. § 9 Abs. 1 Nr. 1b ErbStG erst danach vorzunehmen, sofern die bisherigen Freibeträge überschritten oder ausgeschöpft sind.

2. Gestaltungsoptionen bis Ende 2008

4289 Bis zum Inkrafttreten der Erbschaftsteuerreform standen der Praxis weitere Gestaltungen zur Steuerreduzierung zu Gebote, z.B.:

- Nutzung der Betriebsvermögensprivilegierungen der §§ 13a, 19a ErbStG (Rdn. 3974) durch Einbringung von Privatvermögen in gewerblich geprägte GmbH & Co. KG (vgl. Rdn. 1808 ff.), mit vollem Schuldzinsabzug (Rdn. 2694).

A. Schenkungsteuerrecht

- Wahl der jeweils unter Bewertungsaspekten (bis zu einer Neuregelung durch Erfassung des gemeinen Werts) günstigeren Gesellschaftsform, d.h. bei ertragstarken aber substanzschwachen Unternehmen eher der Personengesellschaft (Rn. 3292 der Vorauflage).   4290

- Jedenfalls nach bis 31.12.2008 vorherrschender Auffassung (Rn. 3810 ff.) galten die Grundsätze zur Aufspaltung der gemischten Schenkung von Privatvermögen nicht für Erwerbe von Todes wegen – bei der Ermittlung der Erbschaftsteuer wurden also bspw. Verbindlichkeiten ungekürzt zum Abzug zugelassen, auch soweit sie bewertungsrechtlich privilegiertes Vermögen, etwa Grundbesitz, betreffen. Bei hoch belasteten Immobilien war also die Vererbung transfersteuerlich günstiger (Rdn. 3815); teilweise empfahl sich gar der Hinzuerwerb hoch belasteter weiterer Immobilien zur „Neutralisierung" der Erbschaft.   4291

- Übertragung unter Nießbrauchsvorbehalt nach altem Recht mit Sofortablösung des Steuerstundungsbetrages und anschließendem Nießbrauchsverzicht: Reduzierung aufgrund des Abzinsungseffektes der Sofortablösung, die durch den Nießbrauchsvorbehalt eröffnet wird (Rdn. 3811 mit Berechnungsbeispiel).   4292

- Mittelbare Schenkungen (Rdn. 4205) konnten nach altem Recht gar in Extremfällen zum Zuwendungswert „Null" erfolgen (Bsp. in Rdn. 4217: Erweiterung eines Zweifamilienhauses um eine weitere Wohnung: Erhöhung des Mietwerts wird kompensiert durch Wegfall des 20%igen Bewertungszuschlages; Bsp. in Rn. 3264 der Vorauflage: die zweckgebundene „mittelbare" Schenkung eines unbebauten Erbaurechtes durch Zuwendung der hierfür – etwa als Einmalbetrag – erforderlichen Geldmittel wird also ebenfalls mit „Null" bewertet).

B. Grunderwerbsteuer

I. Vorrang der Schenkungsteuer

4293 Häufig wird übersehen, dass gem. § 3 Nr. 2 Satz 2 GrEStG Schenkungen unter einer Auflage oder gemischte Schenkungen der Grunderwerbsteuer bzgl. des Anteils unterliegen, der bei der Schenkungsteuer abziehbar ist. Es soll also eine Doppelbesteuerung mit Grunderwerbsteuer und Schenkungsteuer verhindert werden, wobei ein Vorrang der Schenkungsteuer besteht[1105] (vgl. allerdings Rdn. 4296). Demnach ergibt sich: Bei **gemischten Schenkungen**[1106] und **Schenkungen unter Leistungsauflagen** unterliegen die „Gegenleistungen" der Grunderwerbsteuer; Gleiches gilt für **Nutzungsauflagen**, wenn diese nicht an den Schenker oder dessen Ehegatten erbracht wurden.[1107] Nutzungsauflagen zugunsten des Schenkers oder seines Ehegatten selbst unterlagen jedoch bis Ende 2008 nicht der Grunderwerbsteuer, da sie nicht zu einer Reduzierung der Schenkungsteuer geführt haben[1108] – anders jedoch in ab 01.01.2009 (§ 37 ErbStG) verwirklichten Sachverhalten, in denen die Streichung des § 25 ErbStG a.F. dazu geführt hat, dass auch Nutzungsvorbehalte für den Veräußerer bzw. dessen Ehegatten die Schenkungsteuer mindern.

4294 Der **kapitalisierte Wert des Nießbrauchs** ist demnach (wie eine auf Leistung gerichtete Gegenleistung) für solche „Neufälle" grunderwerbsteuerpflichtig[1109] (Rdn. 3886). Ist der Erwerber zudem verpflichtet, ab Erlöschen des Nießbrauchs die dann noch bestehenden Verbindlichkeiten zu übernehmen, erhöht sich ab diesem Zeipunkt die Gegenleistung und damit die Grunderwerbsteuer um 3,5 % (bzw. in Hamburg und Berlin, 4,5 %) des noch bestehenden Schuldsaldos (nachträgliche Leistung gem. § 9 Abs. 2 Nr. 1 GrEStG; Steuerentstehung mit Eintritt der Bedingung, § 14 GrEStG);[1110] die Schenkungsteuer ist herabzusetzen (wobei der Schuldübernahmebetrag auf den Zeitpunkt des Entstehens der Steuer, also den Schenkungszeitpunkt, abzuzinsen ist.[1111]

4295 I.d.R. liegt dann jedoch der **Befreiungstatbestand** des § 3 Nr. 4 (Erwerb unter Ehegatten bzw. – seit 14.12.2010 – unter eingetragenen Lebenspartnern) bzw. Nr. 5 (Erwerb durch den ehemaligen[1112] Ehegatten[1113] bzw. – wiederum seit 14.12.2010[1114] – durch den ehemaligen eingetragenen

---

1105 BVerfG, BStBl. 1984 II, S. 608.
1106 So z.B. auch beim Erwerb von Anteilen einer grundbesitzenden Gesellschaft in gemischter Schenkung: BFH, 13.09.2006 – II R 37/05, DStR 2006, 2253; vgl. *Franz*, NWB 2007, 3151 = Fach 8, S. 1575 ff.
1107 *Geck*, ZEV 1997, 285.
1108 Sondern lediglich zu einer Stundung gem. § 25 ErbStG a.F., sodass die Grunderwerbsteuer weiter vollständig verdrängt bleibt, vgl. BFH, 12.10.2006 – II R 79/05, RNotZ 2007, 495 m. Anm. *von Proff zu Irnich*; *Heine*, GmbHR 2008, 925.
1109 OFD Münster v. 11.02.2009, NWB 2009, 598; FinMin Baden-Württemberg v. 15.04.2009, ZEV 2009, 264.
1110 *Theissen/Steger*, ErbStB 2009, 158, 166.
1111 Gemäß Tabelle I der gleichlautenden Ländererlasse v. 07.12.2001, BStBl. 2001 I, S. 1041 und BStBl. 2002 I, S. 112; vgl. *Theissen/Steger*, ErbStB 2009, 158, 166.
1112 Die Finanzverwaltung sieht den Zusammenhang zur Scheidung lediglich 2 Jahre nach deren Rechtskraft als erfüllt an, hiergegen *Kesseler*, DStR 2010, 2173. Ohne feste Zeitgrenze BFH, 23.03.2011 – II R 33/09, DStRE 2011, 976: Spätere Ausübung eines Ankaufsrechtes, das bei der Scheidung eingeräumt wurde, ist steuerfrei.
1113 § 3 Nr. 5 GrEStG begünstigt nicht den Erwerb vom Erben des geschiedenen Ehegatten, BFH, 23.03.2011 – II R 33/09, notar 2011, 336 m. Anm. *Ihle*.
1114 Nach FG Niedersachsen v. 06.01.2011 – 7 V 66/10, ErbStB 2011, 123 verstieß die Erhebung von Grunderwerbsteuer unter eingetragenen Lebenspartnern vor dem 14.12.2010 gegen Art. 3 GG.

B. Grunderwerbsteuer

Lebenspartner – zur Vermögensauseinandersetzung aus Anlass[1115] einer Scheidung/Trennung) oder Nr. 6 (Erwerb unter Verwandten in gerader Linie bzw. Stiefkindern, und deren jeweilige Ehegatten) GrEStG vor. Auch Grundstücksgeschäfte aus Anlass der Teilung des Nachlasses sind steuerfrei gestellt (erstmalige Auseinandersetzung einer Erbengemeinschaft, auch mittelbar z.B. auch in Gestalt wechselseitiger Anwachsung aller Anteile an grundbesitzhaltenden Personengesellschaften bei Ausführung einer erbrechtlichen Teilungsanordnung,[1116] § 3 Nr. 3 GrEStG. Als Miterbe zählt gem. § 3 Nr. 3 Satz 2 GrEStG auch der Ehegatte/Lebenspartner bei der Teilung gütergemeinschaftlichen Vermögens mit den Erben des verstorbenen Ehegatten/Lebenspartners sowie bei der Übertragung eines Grundstücks zur Abgeltung einer Zugewinnausgleichsforderung gegen den Nachlass des verstorbenen Ehegatten/Lebenspartners. „Miterbe" ist gem. § 3 Nr. 3 Satz 3 GrEStG auch der Ehegatte/Lebenspartner eines Miterben).

Bei Übertragung an entferntere Verwandte, etwa an den Neffen, können jedoch durchaus erhebliche Grunderwerbsteuerbeträge fällig werden.

Gem. § 3 Nr. 2 Satz 1 GrEStG schließen sich also **Grunderwerbsteuer**, einerseits, und **Schenkungsteuer**, andererseits, dergestalt aus, dass die Anwendbarkeit des Schenkungsteuergesetzes grds. die Erhebung der Grunderwerbsteuer verdrängt (selbst dann, wenn wegen Unterschreitens der Freibeträge keine Schenkungsteuer anfällt). Dies gilt entgegen der früheren Verwaltungspraxis[1117] sogar dann, wenn das Schenkungsteuerrecht an einen anderen Teilumstand des Gesamtsachverhalts anknüpft: 4296

Beispiel:
An nicht steuerbefreite Personen (z.B. die Neffen A, B, C) werden Anteile an einer Personengesellschaft (Gesamthand) übertragen, in die der Schenker (D) innerhalb des 5-jährigen Referenzzeitraums (§ 5 Abs. 3 GrEStG) Grundbesitz eingebracht hatte: grunderwerbsteuerlich wird gem. § 1 Abs. 2a GrEStG (Übergang von mehr als 95%) ein Erwerb der A,B,C seitens der Gesamthand fingiert, worauf die nachzuerhebende Steuer auf den Einbringungsvorgang (§ 5 Abs. 3 GrEStG) anzurechnen ist. Daneben tritt die (u.U. privilegierte, § 13a ErbStG) Schenkungsteuer für die Übertragung der Anteile, also anders anknüpfend an die Grunderwerbsteuer, und diese gleichwohl auch hinsichtlich der Anteilsvereinigung sperrend,[1118] sodass im Ergebnis zunächst nur Schenkungsteuer anfällt.[1119] Eine Nacherhebung der (zunächst gem. § 5 Abs. 2 GrEStG anteilig noch nicht erhobenen) Grunderwerbsteuer auf die Einbringung des Grundstücks durch D in die GbR, die noch nicht 5 Jahre zurücklag, gem. § 5 Abs. 3 GrEStG, unterbleibt ebenso, da der Anteilserwerber das Grundstück auch vom Einbringenden unmittelbar hätte grunderwerbsteuer-

---

1115 Nach BFH, 23.03.2011 – II R 33/09, notar 2011, 336 m. Anm. *Ihle*, ist auch die spätere Ausübung eines Ankaufsrechtes, das bei der Scheidung eingeräumt wurde, steuerfrei. Der Konnex wird jedoch unterbrochen sein, wenn die Scheidungsfolgenvereinbarung eine pauschale Abgeltungsvereinbarung enthält.
1116 FG Hamburg, 21.07.2006 – 3 K 14/06, DStRE 2007, 111.
1117 Ländererlass v. 28.04.2005, ZEV 2005, 254.
1118 So BFH, 12.10.2006 – II R 79/05, RNotZ 2007, 495, m. Anm. *von Proff zu Irnich*; Heine, GmbHR 2008, 925; ebenso nun die Finanzverwaltung: FinMin Nordrhein-Westfalen v. 11.10.2007 bzw. 19.11.2007, GmbH-StB 2008, 10; BayStMinF v. 12.10.2007, ZEV 2007, 548 (teilweise Aufhebung des Erlasses v. 02.06.2005 über die Nichtanwendbarkeit des § 3 Nr. 2 GrEStG in den Fällen des § 1 Abs. 3 Nr. 3 und 4 GrEStG).
1119 Vgl. FG Nürnberg v. 01.04.2008, notar 2008, 280 m. Anm. *Ihle*; FG Saarland, 12.08.2008 – 2 K 2417/04, BB 2009, 816 m. Anm. *Behrens/Schmitt*.

frei erwerben können (im Wege einer Schenkung oder aufgrund Verwandtschaft in gerader Linie/Heirat); § 5 Abs. 3 GrEStG ist insoweit als Missbrauchsverhinderungsvorschrift einschränkend auszulegen.[1120]

4297 Trotz § 3 Nr. 2 Satz 1 GrEStG sind **wirtschaftliche Doppelbelastungen** mit Schenkung- und zugleich Grunderwerbsteuer nicht ausgeschlossen.[1121] In Betracht kommen sie z.B., wenn anstelle eines Geldvermächtnisses[1122] oder eines Pflichtteilsanspruchs[1123] ein Grundstück an Erfüllungs statt übertragen wird[1124] – günstiger erscheint die Ausschlagung des Vermächtnisses gegen Grundstücksabfindung, die sicherlich lediglich gem. § 3 Abs. 2 Nr. 4 ErbStG erbschaftsteuerpflichtig ist. Unproblematisch sind jedoch Wahlvermächtnisse gem. § 2154 BGB, die von vornherein auch die Grundstücksübertragung erlauben. Besonderheiten ergeben sich bei Kaufrechtsvermächtnissen je nachdem, ob ein ggü. dem Verkehrswert begünstigter und damit schenkungsteuerpflichtiger Erwerb ermöglicht wird oder nicht (s. Rdn. 3589).

II. Gesellschafterwechsel

4298 Von besonderer Bedeutung sind die in § 1 Abs. 2a[1125] und Abs. 3 GrEStG geregelten **Tatbestände eines Gesellschafterwechsels bei Personen- bzw. Kapitalgesellschaften**:

1120 BFH, 07.10.2009 – II R 58/08, GmbH-StB 2010, 5 (teilweise abweichend noch Erlass des FinMin NRW v. 03.11.2008 DB 2008, 2569; die Finanzverwaltung folgt dem Urteil nun: Erlass FinMin Baden-Württemberg v. 14.01.2010, 3 – S 451.4/25, DStR 2010, 283, vgl. *Gottwald*, MittBayNot 2011, 98).
1121 Vgl. *Halaczinsky*, ErbStB 2005, 100.
1122 Vgl. *Reich*, MittBayNot 2007, 283.
1123 Vgl. *Gottwald*, DNotZ 2006, 820.
1124 BFH, 10.07.2002, MittBayNot 2003, 73 m. Anm. *Gottwald*; OFD Münster v. 07.06.2006, ZEV 2006, 311; s. bereits *Viskorf*, FR 1999, 664: Die Abfindung für eine Erbbausschlagung sowie die Abfindung für den Verzicht auf einen zwar entstandenen, aber noch nicht geltend gemachten Pflichtteils (-ergänzungs-) Anspruch werden gem. § 3 Abs. 2 Nr. 4 ErbStG der Erbschaftsteuer unterworfen (der Erbe kann die geleistete Abfindung von seinem erbschaftsteuerlichen Erwerb in Abzug bringen). Erhält der Pflichtteilsberechtigte aber eine Abfindung für den Verzicht nach Geltendmachung des Anspruchs, also z.B. ein Grundstück an Erfüllungs statt für den bereits entstandenen Geldanspruch, ist die Abfindung/Hingabe des Grundstücks ohne Relevanz: besteuert wird der geltend gemachte und damit entstandene Vermächtnis-/Pflichtteilsanspruch in Geld. Die Grundstückshingabe ihrerseits, die erbschaftsteuerlich außer Betracht bleibt, ist demnach von der Sperrwirkung des § 3 Nr. 2 GrEStG nicht erfasst und unterliegt ihrerseits der Grunderwerbsteuer, sodass im Ergebnis nach der „Geltendmachung" des Pflichtteils- (oder Vermächtnis-)Anspruchs eine Doppelbesteuerung für einen wirtschaftlich einheitlichen Vorgang stattfindet.
1125 Vgl. hierzu umfassend gleichlautende Erlasse der Obersten Finanzbehörden der Länder v. 25.02.2010, BStBl. 2010 I, S. 245 = DStR 2010, 697 m. Anm. *Behrens* DStR 2010, 777; *Gottwald*, MittBayNot 2011, 99, die an die Stelle der Erlasse v. 26.02.2003, RNotZ 2003, 407, treten (systematischer Vergleich beider Erlasse: *Lustig*, NWB 2010, 4185 ff.).

B. Grunderwerbsteuer

1.   § 1 Abs. 2a GrEStG

Gehen mindestens 95 % der Anteile[1126] am Gesellschaftsvermögen[1127] einer immobilienbesitzenden[1128] **Personengesellschaft** (OHG, KG, GbR) auf **neue Gesellschafter** über, führt dies gem. **§ 1 Abs. 2a GrEStG** zu einer Grunderwerbsteuerpflicht hinsichtlich jedes betroffenen Grundstücks.[1129] Dabei werden alle Erwerbe während eines Fünf-Jahres-Zeitraums zusammengerechnet;[1130] der Beginn des Fünf-Jahres-Zeitraums kann jedoch nicht vor Inkrafttreten der Normn (01.01.1997) liegen.[1131] Wegen des Erfordernisses „neuer Gesellschafter" sind Verschiebungen unter den bisherigen i.R.d. § 1 Abs. 2a GrEStG ohne Belang, können allerdings die subsidiäre Besteuerung nach § 1 Abs. 3 GrEStG auslösen (Rdn. 4304).

4299

„Altgesellschafter", in deren Kreis Verschiebungen ohne Auswirkungen auf § 1 Abs. 2a GrEStG stattfinden können, sind (i) jedenfalls alle, die unmittelbar Gründungsgesellschafter waren ebenso (ii) alle, die vor Beginn des Fünf-Jahres-Zeitraums unmittelbar oder mittelbar an der grundbesitzenden Gesellschaft beteiligt waren, ferner (iii) diejenigen Gesellschafter, die im Zeitpunkt des Erwerbs des jeweiligen Grundstücks durch die Personengesellschaft unmittelbar oder mittelbar an dieser beteiligt waren, ebenso (iv) solche, deren Beitritt oder Anteilserwerb – auch auf der Ebene einer Personen-Obergesellschaft, nachstehend (v) – bereits in der Vergangenheit zur Erfüllung des Tatbestandes des § 1 Abs. 2a GrEStG beigetragen hat, und schließlich (v) sofern Gesellschafterin der Personengesellschaft ihrerseits eine Personengesellschaft ist, auch diejenigen Mitglieder der „Obergesellschaft", die ihrerseits an der Obergesellschaft beteiligt waren, als einer der in (i) bis (iv) genannten Umstände eintrat (also z.Zt. der Gründung der grundbesitzenden Personengesellschaft, vor Beginn des Fünf-Jahres-Zeitraums, beim Erwerb des Grundstücks selbst). Der neue Treugeber oder der neue Treuhänder bei einem diesbezüglichen Wechsel zählt als „Neugesellschafter".

4300

- Diese Regelung in § 1 Abs. 2a GrEStG wurde mit Wirkung ab 01.01.2000 um folgende Klarstellungen ergänzt: Es ist nunmehr eindeutig, dass mit dem Wechsel von 95 % immer eine

4301

1126 Der Anteilsübergang kann sich auch durch „Kapitalerhöhung" im Zuge des Beitritts neuer Gesellschafter vollziehen (bei Erhöhungen nach vorgefasstem Plan, etwa im Rahmen von Immobilienfonds, werden die 95 % ermittelt auf der Basis der von Anfang an geplanten Gesamtkapitalziffer), vgl. Anm. 3 der Ländererlasse v. 25.02.1010, BStBl. 2010 I, S. 245.

1127 Gemeint ist in § 1 Abs. 2a GrEStG die quotale vermögensmäßige Beteiligung am Gesamthandsvermögen, nicht die gesamthänderische Mitberechtigung als solche, vgl. *Teiche*, DStR 2005, 49. Nach Ansicht der Finanzverwaltung sind wohl die Kapitalkonten I und II maßgebend, richtigerweise aber nur das feste Kapitalkonto I, vgl. *Gottwald*, Grunderwerbsteuer, Rn. 230 m.w.N.

1128 Gemäß Anm. 1.2 des Erlasses v. 25.02.2010, BStBl. 2010 I, S. 245 genügt es (auch i.R.d. § 1 Abs. 3 GrEStG), dass ein Grundstück der Gesellschaft grunderwerbsteuerlich zuzurechnen ist, etwa da Steuerbarkeit bereits aufgrund eines noch nicht erfüllten Ankaufvertrages oder aufgrund einer Verwertungsmöglichkeit i.S.d. § 1 Abs. 2 GrEStG eingetreten ist; inkonsequenterweise soll aber auch ein Grundstück, für welches die Gesellschaft bereits einem Dritten eine Verwertungsbefugnis i.S.d. § 1 Abs. 2 GrEStG eingeräumt hat, noch zum Vermögen der Gesellschaft zählen.

1129 Es handelt sich um je einzelne Steuervorgänge, sodass eine gesonderte Feststellung der Besteuerungsgrundlagen gem. § 17 Abs. 2, 2. Alt. GrEStG stattfindet, BFH, 26.10.2006 – II R 32/05, ErbStB 2007, 69 m. Anm. *Hartmann*.

1130 Zur Übertragung in mehreren Teilakten und zur Befreiung nach § 6 Abs. 3 GrEStG bei sukzessivem Rückerwerb (durch Vergleich vor dem nicht nach dem letzten Akt) vgl. BFH, 27.04.2005 – II R 61/03, DStR 2005, 1438 m. Anm. *Stoschek/Mies*, DStR 2006, 221.

1131 BFH, 20.10.2004 – II R 54/02, BStBl. 2005 II, S. 299; auch der „faktische Beitritt" wird dabei steuerlich berücksichtigt (Grundsätze der fehlerhaften Gesellschaft).

Besteuerung stattfindet (nach dem früheren Gesetzeswortlaut war noch zusätzlich erforderlich, dass bei „wirtschaftlicher Betrachtungsweise" die Vorgänge wie Übertragung des Grundstücks auf eine neue Gesellschaft zu werten seien).

4302
- Erfasst sind auch mittelbare Änderungen[1132] des Gesellschaftsbestands, z.B. Wechsel des Treugebers oder Änderungen bei einer Gesellschaft, die ihrerseits wiederum einen Anteil an der Grund besitzenden Gesellschaft hat. Dies kann z.B. gegeben sein bei „doppelstöckigen Personengesellschaften" (Veränderungen im Personenbestand einer Personengesellschaft, die ihrerseits an einer grundbesitzenden Personengesellschaft beteiligt ist: die 95% – Grenze ist auf jeder Beteiligungsstufe gesondert zu prüfen);[1133] ebenso wenn die Anteile an einer zu mehr als 95% an der grundbesitzhaltenden Personengesellschaft beteiligten Kapitalgesellschaft übergehen[1134] oder wenn mehr als 95% der Anteile an der Kapitalgesellschaft selbst übergehen, die ihrerseits an der grundbesitzenden Personengesellschaft beteiligt ist – dann zählt der Kapitalgesellschaftsanteil als insgesamt übergegangen.[1135]

Gesellschafterwechsel durch Tod fallen nicht unter die Erwerbsvorgänge.

4303 Zur (zu bejahenden) Sperrwirkung des § 3 Nr. 2 GrEStG bei unentgeltlichen Übertragungen vgl. Rdn. 4308; auch die Steuerbefreiungen gem. § 3 Nr. 4 und Nr. 6 sowie gem. § 6 Abs. 3 sind zu gewähren.[1136] Steuerschuldner in den Fällen des § 1 Abs. 2a Satz 1 GrEStG ist die Personengesellschaft selbst in ihrer jeweiligen Zusammensetzung, vgl. § 13 Nr. 6 GrEStG,

2. § 1 Abs. 3 GrEStG

4304 Bei **Kapitalgesellschaften** (GmbH, Genossenschaft, AG etc.) wie auch (subsidiär) bei **Personengesellschaften** führt ferner die sog. Anteilsvereinigung in einer Hand gem. **§ 1 Abs. 3 GrEStG** (auch im Erbwege!) zu einer Besteuerung (die allerdings einkommensteuerlich immerhin sofort abziehbaren Aufwand darstellt[1137]). Vor dem 01.01.2000 konnte diese Anteilsvereinigung schon dadurch verhindert werden, dass ein Zwerganteil beim Veräußerer zurückblieb. Ab 01.01.2000 wurde die Anteilsvereinigung dahin gehend neu gefasst, dass sie schon bei der Vereinigung von mindestens 95% der Anteile in einer Hand stattfindet, wobei (1) die mittelbare Anteilsvereinigung der unmittelbaren gleichgestellt ist (Rdn. 4305), (2) auch die Vereinigung in der Hand

---

[1132] Zur Frage, ob eine wechselseitige (Überkreuz-)Beteiligung als mittelbar eigene Beteiligung angesehen werden kann, abl. *Wischott/Schönweiß/Fröhlich*, DStR 2007, 833 ff.

[1133] Verfügung der OFD Rheinland und Münster v. 21.05.2008 – 001/2008, BB 2008, 1552. Anders liegt es bei einer zwischengeschalteten Kapitalgesellschaft, welche die Objekt-KG hält: Grunderwerbsteuer erst, wenn 95% oder mehr der Anteile an der Kapitalgesellschaft übergehen.

[1134] Allerdings gilt nach OFD Koblenz v. 29.09.2009 § 6 Abs. 3 Satz 1 GrEStG (anteilige Nichterhebung der Steuer bei wirtschaftlicher Beteiligungsidentität) entsprechend. Beispiel: Y überträgt seinen 100%igen Geschäftsanteil an einer GmbH, die an einer grundbesitzhaltenden Personengesellschaft (A-GbR) zu 96% beteiligt ist, an eine B-OHG, an der wiederum zur Hälfte beteiligt ist: Gem. § 1 Abs. 2a GrEStG gilt der Vorgang als Übertragung des Grundbesitzes der A-GbR auf die B-OHG, wird aber i.H.v. 4% (§ 6 Abs. 3 Satz 1 GrEStG in unmittelbarer Anwendung) und weiterer 48% (in analoger Anwendung, Durchgriff durch die GmbH) nicht erhoben.

[1135] Vgl. Beispiel Tz 3.3. der koordinierten Ländererlasse v. 25.02.2010, BStBl. 2010 I, S. 245.

[1136] Vgl. Beispiel Tz 7.2 und 8 der koordinierten Ländererlasse v. 25.02.2010, BStBl. 2010 I, S. 245.

[1137] BFH, 20.04.2011 – I R 2/10, EStB 2011, 247; BFH, 14.03.2011 – I R 40/10, EStB 2011, 320, hierzu *Hutmacher*, ZNotP 2011, 298 ff.; nach Ansicht der Finanzverwaltung, BMF-Schreiben v. 18.01.2010, BStBl. 2010 I, S. 70, 3. Absatz, sollen hingegen Anschaffungsnebenkosten der erworbenen Anteile vorliegen.

B. Grunderwerbsteuer

eines Organkreises – finanzielle, wirtschaftliche und organisatorische Eingliederung – [1138] genügt, ebenso (3) der Erwerb durch einen Treuhänder dem Treugeber zugerechnet wird;[1139] was auch mit EU-Recht vereinbar ist.[1140] Bei unentgeltlichen Anteilserwerben ist zwischen den Fällen des § 1 Abs. 3 Nr. 1 und 2 einerseits und der Nr. 3 und 4 andererseits zu differenzieren (vgl. Rdn. 4308).

Die „mittelbare Vereinigung" i.S.d. § 1 Abs. 3 Nr. 1 GrEStG setzt allerdings voraus, dass Erwerber die „Muttergesellschaft" ist (auch wenn es sich dabei um eine ausländische Gesellschaft handelt).[1141] Demnach gewinnt die Reihenfolge der Erwerbsschritte Bedeutung: 4305

Beispiel:[1142]

Eine Mutter-GmbH hält 100 % der Anteile an der Tochter-GmbH, ohne dass Organschaft (oben (2)) bestünde. Erwirbt zunächst (ohne Gesamtplan) die Mutter-GmbH 10 % an einer grundbesitzenden dritten GmbH, und später die Tochter-GmbH die verbleibenden 90 % der Anteile, werden zwar diese Anteile nun (mittelbar) der Mutter zugerechnet, die Mutter war jedoch nicht Erwerberin bei dem zur Anteilsvereinigung führenden Geschäft (dies war die Tochter-Gesellschaft).

Würde der Vorgang in umgekehrter Reihenfolge vollzogen, d.h. erwirbt zunächst die Tochter-GmbH 10 % der Anteile an der grundbesitzenden Gesellschaft und sodann die Mutter-GmbH die verbleibenden 90 %, vereinigen sich nun (teils unmittelbar, teils mittelbar) alle Anteile an der grundbesitzenden Gesellschaft in der Person der Mutter-Gesellschaft, der Erwerberin, sodass Steuerpflicht besteht.

Erwerben Mutter und Tochter gleichzeitig bspw. je 50 % der Anteile an der grundbesitzenden GmbH, ist zwar de jure noch keine mittelbare Anteilsvereinigung eingetreten, allerdings lässt die Gleichzeitigkeit auf ein zumindest stillschweigendes Auftrags- oder Treuhandverhältnis (oben (3)) schließen.

Einen 5-Jahre-Zeitraum kennt § 1 Abs. 3 GrEStG (anders als Abs. 2a) nicht. Fingiert wird durch das Gesetz die Übertragung des Grundstücks an den zu mindestens 95 % beteiligten Erwerber als Steuerschuldner[1143] (§ 13 Nr. 5 Buchst. a) GrEStG), wobei im Fall einer Kapitalgesellschaft keine Kürzung um die bisherige Erwerbsquote stattfindet („**Alles-oder-Nichts-Prinzip**").[1144] Bei der Ermittlung der 95 %-Quote werden eigene Anteile, welche die grundstücksbesitzende GmbH „an sich selbst" hält, als „wertlos"[1145] nicht berücksichtigt. Fraglich ist, ob dies auch gilt für 4306

1138 Vgl. § 1 Abs. 3 Nr. 1 und 2 i.V.m. Abs. 4 Nr. 2 GrEStG sowie gleichlautende Ländererlasse v. 21.03.2007, BStBl. 2007 I, S. 422 sowie *Adolf*, GmbHR 2007, 1309 ff. und zuvor *Forst/Ruppel*, EStB 2006, 223 ff. Allerdings ersetzt ein bestehendes und fortgeführtes Organverhältnis nicht das Erfordernis des 95 %-Übergangs, vgl. BFH, 20.07.2005 – II R 30/04, BStBl. 2005 II, S. 839 m. Anm. *Wischott/Schönweiß*, DStR 2006, 172 (entgegen OFD Münster, UVR 2001, 366), während umgekehrt Anteile, die zu mindestens 95 % bei der Organgesellschaft vereinigt wurden, nicht zusätzlich dem Organträger zugerechnet werden können.

1139 *Gottwald*, MittBayNot 2009, 11; *Boruttau/Fischer*, GrEStG, § 1 Rn. 880 bis 881. Der Treugeber erwirbt damit gleichzeitig einen Anspruch auf Rückübertragung sämtlicher Anteile (§ 667 BGB), der ebenfalls an sich gem. § 1 Abs. 3 Nr. 3 GrEStG steuerpflichtig wäre, jedoch analog § 3 Nr. 8 GrEStG freigestellt ist, vgl. Gleichlautende Ländererlasse v. 25.05.1984, BStBl. 1984 I, S. 380, BeckVerw 027316.

1140 BFH, 19.12.2007 – II R 65/06, GmbH-StB 2008, 96.

1141 BFH, 09.04.2008 – II R 39/06, MittBayNot 2009, 168 m. Anm. *Gottwald*.

1142 Nach *Heine*, GmbHR 2009, 364.

1143 BFH, 02.08.2006 – II R 23/05, DStRE 2007, 110.

1144 Vgl. *Boruttau/Viskorf*, GrEStG, § 8 Rn. 83 f.

1145 BFH, 23.02.2005 – I R 44/04, GmbHR 2005, 783, m. Anm. *Mildner*.

„mittelbar" gehaltene eigene Anteile, d.h. solche, die eine 100%ige Tochter-Gesellschaft der grundbesitzenden GmbH an letzterer GmbH selbst hält.[1146]

4307 Deutlich eingeschränkt wird die – ggü. § 1 Abs. 2a GrEStG subsidiäre – Anwendung des § 1 Abs. 3 GrEStG auf **Personengesellschaften** dadurch, dass dort (anders als in Abs. 2a „Anteil am Gesellschaftsvermögen") gem. dem Wortlaut „Anteil an der Gesellschaft" lediglich auf die Mitgliedschaft als solche, nicht auf die vermögensmäßige Beteiligung abgestellt wird.[1147] Die Beteiligung wird insoweit also nicht (wie bei § 1 Abs. 2a GrEStG) „gewogen", sondern nur „gezählt". Überträgt daher einer von zwei Mitgesellschaftern Anteile auf den anderen Mitgesellschafter, sind beide nach wie vor (wegen der Unteilbarkeit der Gesellschafterstellung) zu je „50%" gesamthänderisch beteiligt (jeder hält einen der beiden Anteile). Weiter einschränkend wirkt, dass es eine unmittelbare Vereinigung aller Anteile in einer Hand (durch Ausscheiden des zweiten Mitgesellschafters oder Übertragung seines Anteils) nicht geben kann, da die Anteile in diesem Fall mangels Gesellschaft untergehen.[1148] Verwirklichen kann sich allenfalls die mittelbare Vereinigung, indem z.B. der letzte verbleibende Gesellschafter einer GmbH & Co. KG auch die Anteile an der Komplementär-GmbH erwirbt.

4308 Zu differenzieren ist in den Fällen der unentgeltlichen (mehr als 95%igen) Anteilsvereinigung gem. **§ 1 Abs. 3 GrEStG**:[1149] bei Kapitalgesellschaften[1150] und bei Personengesellschaften[1151] greift bei § 1 Abs. 3 Nr. 1 und 2 GrEStG die Befreiungsvorschrift des § 3 Nr. 2 GrEStG nicht ein, da der „Erwerb" des Grundstücks auf einer durch § 1 Abs. 3 GrEStG angeordneten Fiktion und damit nicht auf einer Schenkung beruht. In den Fällen des § 1 Abs. 3 Nr. 3 und 4 GrEStG allerdings erwirbt der neue Gesellschafter die Grundstücke vom früheren Gesellschafter, nicht von der Gesellschaft, sodass § 3 Nr. 2 GrEStG greift.

4309 Auch die **personenbezogenen Freistellungen** des § 3 Nr. 3 bis Nr. 7 GrEStG gelten i.R.d. Anteilsvereinigungen des § 1 Abs. 3 Nr. 1 und Nr. 2 GrEStG demnach nur bei Personengesellschaften (da Eigentümer die Gesellschafter als natürliche Personen in ihrer gesamthänderischen Verbundenheit sind),[1152] nicht bei Kapitalgesellschaften (Fiktion des Grundstückserwerbs von der Gesellschaft selbst). Bei den Weiterübertragungen vereinigter Anteile auf neue Erwerber (Tatbestände des § 1 Abs. 3 Nr. 3 und Nr. 4 GrEStG) sind die personenbezogenen Freistellungen dagegen auf alle Gesellschaften anwendbar, da stets ein Grundstückserwerb vom Gesellschafter fingiert wird.[1153] Dasselbe gilt für die Befreiungsvorschrift des § 3 Nr. 2 GrEStG.[1154]

1146 Dagegen *Heine*, GmbHR 2009, 366 f., allerdings wohl gegen die ratio des § 1 Abs. 3 GrEStG.
1147 BFH, 08.08.2001 – II R 66/98, DStR 2001, 1793; *Salzmann/Loose*, DStR 2005, 53. Gleichlautende Ländererlasse v. 26.02.2003, Tz. 7.1.2, DStR 2003, 982.
1148 BFH, 13.09.1995 – II R 80/92, BStBl. 1995 II, S. 903; *Gottwald*, DNotZ 2006, 814.
1149 Vgl. hierzu FinMin NRW v. 19.11.2007 – S 4505 -3-V A 2 – neu, GmbHR 2008, 392.
1150 *Ruhwinkel*, DStR 2007, 1755 (krit. zu BFH v. 08.06.1988 – I R 143/86, BStBl. 1988 II, S. 785).
1151 Bei denen allerdings § 1 Abs. 2a GrEStG vorrangig ist, vgl. § 1 Abs. 3 Satz 1 GrEStG.
1152 Vgl. *Gottwald*, DNotZ 2006, 810 f.
1153 Vgl. FinMin Baden-Württemberg v. 28.04.2005, DStR 2005, 1012; *Gottwald*, Grunderwerbsteuer, S. 90 f. m.w.N.; *Gottwald*, DNotZ 2006, 811 f. mit Beispielen.
1154 Vgl. FinMin Baden-Württemberg v. 18.12.2009, DStR 2010, 114, der in Bezug auf die personenbezogenen Befreiungsvorschriften die Ausführungen des Erlasses v. 28.04.2005 (vorangehende Fn) bestätigt, vgl. *Gottwald*, MittBayNot 2011, 98.

3. Freistellung und Nachbesteuerung

Allerdings wird insoweit gem. § 6 Abs. 2 GrEStG die Steuer i.H.d. Anteils nicht erhoben, zu dem der Erwerber am Vermögen der Gesamthand bereits beteiligt war. Gem. § 6 Abs. 4 GrEStG wird die Freistellung bzgl. des vorher gehaltenen Anteils jedoch insoweit versagt, als ein Gesamthänder bzw. bei Erbfolge sein Rechtsvorgänger innerhalb von 5 Jahren vor dem Erwerbsvorgang seinen Anteil an der Gesamthand durch Rechtsgeschäft unter Lebenden[1155] erworben hat oder innerhalb dieser Frist eine abweichende Auseinandersetzungsquote vereinbart wurde, ohne dass der Vorerwerb seinerseits der Grunderwerbsteuer unterlag.[1156]

4310

Beispiel:

Sind der Vater und seine beiden Söhne an einer Grundstücks-GbR zu drei gleichen Teilen beteiligt und tritt ein Bruder an den anderen seine GbR-Beteiligung ab, ist dieser Vorgang für sich genommen nicht grunderwerbsteuerbar.

Scheidet nun der Vater aus, sodass das gesamte Gesellschaftsvermögen (Grundstück) dem verbleibenden Sohn anwächst, würde hierfür (Übergang in gerader Linie, § 3 Nr. 6 GrEStG) an sich ebenfalls keine Grunderwerbsteuer anfallen.

Fand jedoch der Hinzuerwerb vom Bruder während des 5-jährigen Referenzzeitraums statt, führt § 6 Abs. 4 GrEStG dazu, dass der Hinzuerwerb des einen Drittels außer Betracht bleibt, sodass der Vorgang besteuert wird wie eine Anteilsvereinigung aus der Hand aller drei Gesellschafter, die nur für den bisher schon gehaltenen Anteil (1/3) und den Hinzuerwerb vom Vater als Verwandten in gerader Linie (weiteres Drittel) freigestellt ist (§§ 6 Abs. 2, 3 Nr. 6 GrEStG).

4311

In ähnlicher Weise wird gem. § 5 Abs. 2 GrEStG beim Übergang eines Grundstücks von einem Alleineigentümer oder mehreren Miteigentümern auf eine Gesamthand (OHG, KG, GbR, auch eine vergleichbare Gesamthandsgemeinschaft ausländischen Rechtes)[1157] die Grunderwerbsteuer nicht erhoben auf den Anteil, an dem der Einbringende selbst an der Gesamthand beteiligt ist.

4312

Beispiel:

A ist Alleineigentümer eines Grundstücks und bringt dieses in die ABC-OHG ein, an der er zur Hälfte beteiligt ist. Grunderwerbsteuer wird nur auf die andere Hälfte erhoben.

Gem. § 5 Abs. 3 GrEStG entfällt jedoch (wie bei § 6 Abs. 4 GrEStG, oben Rdn. 4310) die Vergünstigung für den Anteil, um den sich der Anteil des Einbringenden am Vermögen der Gesamthand binnen 5 Jahren nach dem Übergang des Grundstücks auf die Gesamthand vermindert.

4313

Beispiel:

Tritt der Einbringende A im vorgenannten Beispiel (s. Rdn. 3001) 45 % der Geschäftsanteile an einen Dritten vor Ablauf der 5 Jahre ab, werden weitere 45 % Grunderwerbsteuer nachbelastet, sodass insgesamt nur 5 % des Einbringungswerts steuerfrei geblieben sind.

1155 Nach BFH, 14.12.2002 – II R 31/01, RNotZ 2003, 336 liegt ein „Rechtsgeschäft unter Lebenden" auch in der Kündigung der Gesellschaft durch einen Gesellschafter mit daraus folgender Anwachsung (§ 738 BGB).
1156 Diese Einschränkung folgt aus dem Charakter des § 6 Abs. 4 GrEStG als Missbrauchsverhinderungsvorschrift, FG Düsseldorf, 14.07.2004 – 7 K 792/02 GE, DStRE 2004, 1363.
1157 FinMin Baden-Württemberg, 30.10.2008 – 3 S 451.4/21, ZEV 2009, 209, unter Verweis auf die in BStBl. 1999 I, S. 1076 enthaltene Aufstellung.

Weiterhin ist die Begünstigung zu versagen, wenn die spätere (auch nach der 5-jährigen Verfolgungsfrist liegende) Veränderung der Gesellschafterstellung des Übertragenden bereits zum Zeitpunkt der Grundstückseinbringung zwischen den Gesamthändern „abgesprochen" war.[1158]

4314 Die Nachbesteuerung des § 5 Abs. 3 GrEStG unterbleibt aber, wenn die Anteilsübertragung an Verwandte oder Ehegatten (§ 3 Nr. 6 GrEStG)[1159] oder aber, gleichgültig an wen, unentgeltlich erfolgt, Letzteres aufgrund des Vorrangs des § 3 Nr. 2 Satz 1 GrEStG[1160] (Rdn. 4308). Kommt es bei entgeltlicher Anteilsveräußerung zu einer teilweisen Nachversteuerung und anschließend während des Fünf-Jahres-Zeitraums zur Verwirklichung des § 1 Abs. 2a GrEStG (95%-Grenze), vermeidet § 1 Abs. 2a Satz 3 GrEStG eine Doppelbesteuerung durch Anrechnung.[1161] I.R.d. § 5 Abs. 3 (ebenso des § 6 Abs. 3) GrEStG gänzlich ohne Relevanz ist die Veräußerung des Grundstücks selbst (nicht des Anteils) binnen 5 Jahren, nachdem es gem. §§ 5 Abs. 1 oder 2 GrEStG begünstigt eingebracht wurde, da hierfür die volle Grunderwerbsteuer beim Käufer anfällt und demnach eine Missbrauchsgestaltung objektiv ausgeschlossen ist.[1162]

4315 Bei **Anteilsübertragungen an GbR, OHG, KG oder GmbH & Co. KG** ist also in grunderwerbsteuerlicher Hinsicht zweierlei zu beachten, wenn Grundbesitz vorhanden ist:
- Sind innerhalb von 5 Jahren mindestens 95% der Anteile an der GmbH & Co. KG, OHG etc. auf neue Gesellschafter übergegangen, kann Grunderwerbsteuer nach § 1 Abs. 2a bzw. § 1 Abs. 3 GrEStG anfallen.
- Sind innerhalb von 5 Jahren vor der Anteilsabtretung vom nunmehr veräußernden Gesellschafter Grundstücke eingebracht worden, wird nachträglich die damalige Steuerbefreiung anteilig versagt (§ 5 Abs. 3 GrEStG), es sei denn, es liegt ein Freistellungsfall (nahestehender/ unentgeltlicher Erwerb) vor.

III. Bemessung

4316 Die **Bemessungsgrundlage** ist gem. § 8 Abs. 1 GrEStG regelmäßig[1163] der Wert der grunderwerbsteuerlich relevanten Gegenleistung,[1164] soweit er auf Grundstück und Gebäude entfällt, also nicht bspw. auf mitverkaufte bewegliche Gegenstände und Rechte. Der Begriff der Gegenleistung ist im Grunderwerbsteuerrecht teils enger (§ 9 Abs. 2 GrEStG: Übernahme auf dem Grundbesitz ruhender dauernder Lasten zählt nicht dazu – allerdings müssen sie z.B. Kiesabbaurecht

---

[1158] BFH, 15.12.2004 – II R 37/01, BStBl. 2005 II, S. 203 (geringere Anforderungen als an den Nachweis eines „Gesamtplans"); ebenso FG Nürnberg, DStRE 2005, 1160.
[1159] Vgl. Ländererlasse zu § 1 Abs. 2a GrEStG v. 26.02.2003, BStBl. 2003 I, S. 271 Tz. 10.
[1160] *Gottwald*, ZErb 2007, 256; *Steger*, ZEV 2008, 509.
[1161] Beim subsidiär auch für Personengesellschaften (allerdings ohne Fünf-Jahres-Frist) geltenden § 1 Abs. 3 GrEStG (Rdn. 2995) fehlt eine solche Anrechnungsnorm; *Viskorf*, DStR 2001, 1104 plädiert für eine teleologische Reduktion des § 5 Abs. 3 GrEStG (vgl. *Gottwald*, ZErb 2007, 257).
[1162] Erlass des FinMin Baden-Württemberg v. 05.06.2009, 3 – S 451.4/24, ZEV 2009, 360.
[1163] Zu Sonderfällen (Übertragung zur Vermeidung einer Enteignung, § 9 Abs. 1 Nr. 1 oder 7 GrEStG) vgl. Erlass FinMin Baden-Württemberg v. 27.07.2004, DStR 2004, 1609 und BFH, 02.06.2005 – II R 6/04, BStBl. 2005 II, S. 651: Auch Entschädigung für provisorische Betriebsverlagerung zählt zur Bemessungsgrundlage.
[1164] Dies ist regelmäßig der Kaufpreis (die Ratenzahlung nach der MaBV stellt keine weitere Vorleistung des Käufers dar, BFH, DStR 2002, 142 f.). Übernimmt der Käufer eine den Verkäufer treffende Maklerprovision, erhöht dies die Gegenleistung, auch wenn dem Makler ein eigener Anspruch nach § 328 BGB zusteht, so FG Brandenburg, 19.04.2005 – 3 K 1105/02, DStRE 2006, 945.

im Zeitpunkt des Erwerbsvorgangs auf dem Grundstück ruhen),[1165] teils weiter (umfasst auch vorbehaltene Nutzungen, § 9 Abs. 1 Nr. 1 GrEStG) als im bürgerlichen und im Ertragsteuerrecht. Auch Leistungen an Dritte, um diese zu einem Erwerbsverzicht zu bewegen, erhöhen die Gegenleistung (§ 9 Abs. 2 Nr. 3 GrEStG).[1166]

Bei den gesellschaftsrechtlichen Ersatztatbeständen ohne Gegenleistung[1167] (Anteilsvereinigung in einer Hand, Einbringung als Sacheinlage, Erwerbsvorgang auf gesellschaftsvertraglicher Grundlage mit rechtlicher Veränderung der Gesellschafterstellung,[1168] Umwandlung) und sonstigen Fällen ohne messbare Gegenleistung (Erwerb als Lotteriegewinn, symbolischer Ein-Euro-Kaufpreis)[1169] ist gem. § 8 Abs. 2 GrEStG der schenkungsteuerliche Bedarfswert gem. § 138 BewG zugrunde zu legen (bei Ein- oder Zweifamilienhäusern also derzeit der 12,5-fache Jahresnettomietwert, zuzüglich 20 % Aufschlag, abzgl. 0,5 % Alterungsabschlag pro Jahr für max. 50 Jahre, mindestens jedoch 80 % des reinen Grundstückswerts gemäß aktueller Bodenrichtwertkarte; bei Betriebsgebäuden gilt der Ansatz in der Bilanz des Veräußerers).[1170] Der seit 2009 i.R.d. Schenkung-/Erbschaftsteuer geltende Ansatz des gemeinen Werts gilt nicht für Grunderwerbsteuer, sodass es insoweit bei der bis Ende 2008 geltenden Rechtslage verbleibt, was verfassungsrechtlichen Bedenken unterliegt.[1171]

4317

Der Steuersatz beträgt 3,5 % vorbehaltlich landesrechtlicher Abweichungen, die durch die Föderalismusreform eröffnet sind (Art. 105 Abs. 2a Satz 2 GG).

4318

Hinweis:

Bisher haben von dieser Änderungsbefugnis Gebrauch gemacht:

- Berlin[1172] mit Wirkung ab 01.01.2007[1173] auf 4,5 %
- Hamburg[1174] mit Wirkung ab 01.01.2009 auf 4,5 %

1165 BFH, 08.06.2005 – II R 26/03, BStBl. 2005 II, S. 633.
1166 Z.B. BFH, 25.06.2003 – II R 39/01, DStRE 2004, 282: Zahlungen, um einen zahlungsfähigen und bietwilligen Mitbieter bei der Zwangsversteigerung von weiteren Geboten abzuhalten.
1167 Sofern eine Gegenleistung vereinbart ist – Übertragung gegen Gewährung eines Darlehens –, bleibt diese auch dann maßgeblich, wenn sie unter dem Verkehrswert liegt (da i.Ü. eine Zufuhr zur Kapitalrücklage erfolgen soll), vgl. BFH, DStR 2003, 778 (dort zugleich zur Definition der Erwerbsvorgänge auf gesellschaftsvertraglicher Grundlage).
1168 Daher genügt die bloße Zuweisung des Vermögenszuwachses bei den Gesellschaftsrücklagen nicht, vgl. zu Gestaltungsmöglichkeiten *Gottwald*, MittBayNot 2004, 100; allerdings ist § 8 Abs. 2 Nr. 2 GrEStG verwirklicht, wenn im Zuge des Grundstücksgeschäftes die Gesellschafterstellung in rechtlicher Hinsicht berührt wird, z.B. bei Kapitalerhöhung gegen Sacheinlage, vgl. BFH v. 11.06.2008 – II R 58/06, EStB 2008, 358.
1169 FG Brandenburg, 10.05.2005 – 3 K 1500/02, DStRE 2005, 1359, jedenfalls bei noch vorhandenem Substanzwert.
1170 FinMin Schleswig-Holstein v. 07.07.2008 – VI 353 – S 3014b – 037, ZEV 2008, 504.
1171 Der BFH, 27.05.2009 – II R 64/08, ZEV 2009, 413 hat das BMF zum Verfahrensbeitritt im Hinblick auf die mögliche Verfassungswidrigkeit aufgefordert. Seit 01.04.2010 erfolgen Steuerfestsetzungen insoweit nur vorläufig (Gleichlautende Ländererlasse v. 01.04.2010, 3 – S 0338/58, DB 2010, 816. Vorlage an das BVerfG durch BFH, 02.03.2011 – II R 23/10, ZfIR 2011, 420 m. Anm. *Wagner/Köhler*; vgl. auch *Pahlke*, NWB 2011, 2126 ff.
1172 GVBl. Berlin 2006, 1172.
1173 Zur Abgrenzung kann wohl auf die Rspr. zu § 23 GrEStG zurückgegriffen werden (spätere behördliche Genehmigungen sind unschädlich, nicht aber spätere Genehmigung des vollmachtlos Vertretenen oder des Vormundschaftsgerichts), vgl. Gutachten, DNotI-Report 2007, 6.
1174 HmbGVBl. 2008, 433.

- Sachsen-Anhalt mit Wirkung ab 01.03.2010 auf 4,5 %, ab 01.03.2012 auf 5 %
- Niedersachsen und Bremen mit Wirkung ab 01.01.2011 auf 4,5 %
- das Saarland mit Wirkung ab 01.01.2011 auf 4,0 %
- Brandenburg mit Wirkung ab 01.01.2011 auf 5,0 %
- Thüringen mit Wirkung ab 07.04.2011auf 5,0 %[1175]
- Nordrhein-Westfalen mit Wirkung ab 01.10.2011 auf 5,0 %[1176]
- Schleswig-Holstein mit Wirkung ab 01.01.2012 auf 5,0 %.[1177]
- Baden-Württemberg mit Wirkung ab voraussichtlich Anfang November 2011 auf 5,0 %

4319 **Steuerschuldner** bei der Änderung des Gesellschafterbestands einer Personengesellschaft gem. § 1 Abs. 2a GrEStG ist die (neue) Personengesellschaft selbst in ihrer neuen Zusammensetzung; bei der Anteilsvereinigung nach § 1 Abs. 3 GrEStG ist es der Erwerber selbst. Der Veräußerer haftet stets gesamtschuldnerisch mit.

IV. Anzeigepflichten

4320 Der Vollständigkeit halber sei schließlich hingewiesen auf die (als Durchbrechung der Berufsverschwiegenheitspflichten) angeordneten Anzeigepflichten in § 18 Abs. 1 Nr. 1 GrErwStG (Anzeige an die Grunderwerbsteuerstelle auf amtlich vorgeschriebenem Vordruck samt einfacher Abschrift der Urkunde; diese muss Vorname, Zuname und Anschrift des Veräußerers und des Erwerbers enthalten und – seit 14.12.2010 – auch die steuerliche Identifikationsnummer gem. § 139b AO bei natürlichen Pwersonen AO bzw. des Ortes der Geschäftsführung und der Wirtschaftsidentifikationsnummer gem. § 139c AO bei Unternehmen für Veräußerer und Erwerber). Für den Vollzug der Umschreibung an Ehegatten oder Abkömmlinge ist die Unbedenklichkeitsbescheinigung nach landesrechtlichen Vorschriften i.d.R. jedoch nicht erforderlich).

4321 Gem. § 18 Abs. 2 und 5 GrEStG sind die Notare darüber hinaus verpflichtet, dem zuständigen[1178] FA[1179] alle Vorgänge anzuzeigen, die die Übertragung von Anteilen an einer Kapitalgesellschaft oder Personengesellschaft betreffen (also unabhängig von der Höhe der abgetretenen Beteiligung!), wenn zum Vermögen der Gesellschaft ein im Inland gelegenes Grundstück gehört. Unabhängig davon sind die Beteiligten selbst gem. § 19 GrEStG ab 01.01.2000 auch verpflichtet, die Vereinigung von mehr als 95 % der Anteile in einer Hand anzuzeigen (i.d.R. wird es sich bei Personengesellschaften nicht um notariell beurkundete oder beglaubigte Vorgänge handeln, außer beim notariell entworfenen Antrag auf dadurch ausgelöste Grundbuchberichtigung). Die Rechtsprechung wertet das Unterlassen einer solchen von den Beteiligten zu erstattenden An-

---

1175 GVBl. Thür 2011, 6.
1176 GV-NRW 2011, 389.
1177 GVBl. SchlH 2010, 811.
1178 Der Pflicht des § 18 Abs. 5 GrEStG ist nicht genügt, wenn die Urkunde an ein nicht zuständiges FA, etwa die Körperschaftsteuerstelle, versandt wird, BFH, 11.06.2008 – II R 55/06, notar 2008, 376.
1179 Die Zuständigkeiten werden zunehmend konzentriert, so z.B. in Thüringen seit 01.01.2009 allein beim Zentralfinanzamt für Grunderwerbsteuer, Postfach 100153, 98490 Suhl. Zu § 18 GrEStG vgl. *Haßelbeck*, MittBayNot 2009, 415.

zeige als leichtfertige Steuerverkürzung i.S.d. § 370 Abs. 4 AO, mit der Folge einer auf 5 Jahre verlängerten Festsetzungsfrist gem. § 169 Abs. 2 Satz 1 AO.[1180]

[1180] BFH, 19.02.2009 – II R 49/07, ErbStB 2009, 263.

C. Umsatzsteuer

4322 Handelt es sich um eine Unternehmensübertragung im Ganzen, liegt ein nicht steuerbarer Umsatz i.S.d. § 1 Abs. 1a UStG vor,[1181] sodass der Erwerber den Vorsteuerberichtigungszeitraum des Vorgängers weiterführt. Auch die Übertragung eines Mitunternehmeranteils oder Kapitalgesellschaftsanteils ist gem. § 4 Nr. 8 Buchst. f) UStG steuerfrei (darüber hinaus fehlt es i.d.R. an der Unternehmereigenschaft des Veräußerers).

4323 Die unentgeltliche Lieferung von Einzelgegenständen aus dem Unternehmen an Angehörige zu unternehmensfremden Zwecken führt hingegen zu einem steuerpflichtigen Eigenverbrauch durch Gegenstandsentnahme. Die Entnahme eines Grundstücks allerdings als grds. grunderwerbsteuerlicher Vorgang ist gem. § 4 Nr. 9a UStG steuerfrei, ein Verzicht hierauf („Option") ist mangels Lieferung an einen anderen Unternehmer nicht möglich, sodass es zur Vorsteuerberichtigung kommt (Abschn. 215 Abs. 8 Nr. 3a UStR 2005).

4324 Hat sich der Unternehmer bei der unentgeltlichen Übertragung eines unternehmerisch genutzten Grundstücks den umfassenden Nießbrauch **vorbehalten**, liegt[1182] wegen des Fehlens einer „gleichgestellten Lieferung" i.S.d. § 3 Abs. 1b Nr. 1 UStG kein steuerbarer Umsatz i.S.d. § 1 Abs. 1 Nr. 1 UStG (bis zum 01.04.1999: kein Entnahmeeigenverbrauch i.S.d. § 1 Abs. 1 Nr. 2 Satz 1 Buchst. a) UStG) vor, sodass auch keine Vorsteuerberichtigung gem. § 15a UStG in Betracht kommt. Eine solche gleichgestellte Lieferung (bis 01.04.1999: Eigenverbrauch) verwirklicht sich jedoch bei vorzeitiger Aufgabe des Nießbrauchs bzw. Ablauf einer etwa bedungenen Befristung, sodass bei vor dem 30.06.2004 angeschafften Grundstücken eine nach § 4 Nr. 9a UStG steuerfreie Lieferung vorliegt, die beim Schenker zur Vorsteuerberichtigung führt, bei nach dem 01.07.2004 erworbenen Grundstücken/Gebäuden eine steuerpflichtige Lieferung i.S.d. § 3 Abs. 1b UStG gegeben ist, sofern das Grundstück/Gebäude zum vollen oder teilweisen Vorsteuerabzug berechtigt hatte.[1183]

4325 Erfolgt im Anschluss an eine auflagenfreie unentgeltliche Übertragung an Nichtunternehmer (i.d.R. Angehörige) eine **Rückverpachtung** an den Veräußerer, verwirklicht der Erwerber damit eine gem. § 4 Nr. 12a UStG steuerfreie sonstige Leistung, auf deren Steuerfreiheit gem. § 9 UStG verzichtet werden kann. Davon zu differenzieren ist der Sachverhalt, dass der Unternehmer einen Miteigentumsanteil an seinen Ehegatten unentgeltlich überträgt (steuerfreie, nicht optionsfähige Abgabe ggf. mit der Folge der Vorsteuerberichtigung, s.o. Rdn. 4322) und sodann beide ihre Anteile wiederum unentgeltlich an eine „**Ehegattengemeinschaft**" (GbR oder Bruchteilsgemeinschaft) überlassen, welche sie sodann steuerpflichtig vermietet. Aufgrund der „**Seeling**"-Rechtsprechung des EuGH[1184] und des BFH[1185] und deren (vor 30.09.2008 nur abgeschwächter)

1181 Überträgt allerdings der Erwerber das Unternehmen sofort weiter an eine GmbH, scheidet § 1 Abs. 1a UStG mangels nachhaltiger unternehmerischer Tätigkeit des Erwerbers aus: FG Düsseldorf, DStRE 2004, 775.
1182 Gemäß Verfügung der OFD Koblenz v. 05.10.2005, ZEV 2006, 23; ebenso OFD Hannover v. 15.08.2006, DStR 2006, 1652, Sachverhalt 7.
1183 Vgl. BMF v. 13.04.2004, DStR 2004, 774.
1184 V. 08.05.2003 – C 269/00, BStBl. 2004 II, S. 378 = DStR 2003, 873.
1185 V. 24.07.2003, BStBl. 2004 II, S. 371 = DStR 2003, 1791.

Übernahme durch die Finanzverwaltung[1186] ist die unentgeltliche Nutzungsüberlassung durch den Unternehmer an die Ehegattengemeinschaft steuerpflichtig (wobei zur Ermittlung der Bemessungsgrundlage die Anschaffungs-oder Herstellungskosten des Gebäudes auf den Zehn-Jahres-Berichtigungszeitraum des § 15a UStG verteilt werden) – der Ehegatte wird hingegen durch die unentgeltliche Überlassung des erworbenen Miteigentumsanteils nicht unternehmerisch tätig, kann also keine Vorsteuer geltend machen).[1187] Eine zum 01.02.2011 umzusetzende Änderung der EU-Mehrwertsteuersystemrichtlinie (Art. 168a) wird allerdings für die Zukunft den Vorsteuerabzug nur mehr für den unternehmerisch genutzten Anteil erlauben.

Überträgt der Unternehmer ein Betriebsgrundstück (oder einen Miteigentumsanteil hieran) **entgeltlich i.S.d. § 1 Abs. 1 Nr. 1 UStG**[1188] an einen Nichtunternehmer (z.B. Angehörigen), welcher es wiederum (aufgrund Option) steuerpflichtig verpachtet, kann er auf die Umsatzsteuerfreiheit des § 4 Nr. 9a UStG in notarieller Urkunde verzichten;[1189] zur Vermeidung einer Vorsteuerberichtigung gem. § 15a UStG ist ihm dies zu raten. Allerdings liegt eine (ggf. kraft Option) steuerpflichtige Verpachtung und damit Unternehmereigenschaft des Erwerbers nicht vor, wenn keine direkte unternehmerische Verpachtung erfolgt, sondern eine unentgeltliche Überlassung an die Ehegattengemeinschaft zwischengeschaltet ist (Rdn. 4325), sodass der entgeltlich Übertragende dann nicht für die Steuerpflicht der entgeltlichen Übertragung optieren kann.[1190]

4326

1186 BMF v. 13.04.2004, BStBl. 2004 I, S. 469 = BeckVerw 050028; vgl. *Küffner/Zugmaier*, NWB 2008, 1771 = Fach 7, S. 7055 ff.
1187 Vgl. OFD Hannover v. 15.08.2006, DStR 2006, 1652, Sachverhalt 3.
1188 Der Charakter eines Entgeltes ist im Umsatzsteuerrecht weiter als im Ertragsteuerrecht, vgl. *Kieser*, ZEV 2006, 551: auch Versorgungsleistungen zählen z.B. hierzu. Ferner ist die Höhe der Gegenleistung zur Verwirklichung des Merkmals „gegen Entgelt" i.S.d. § 1 Abs. 1 Nr. 1 UStG irrelevant (kein Fremdvergleichserfordernis, BFH, BStBl. 1994 II, S. 826); der Wert der Gegenleistung ist eine Frage der Bemessungsgrundlage.
1189 Vgl. im Einzelnen *Krauß*, Immobilienkaufverträge in der notariellen Praxis, Rn. 2930 ff.
1190 Vgl. OFD Hannover v. 15.08.2006, DStR 2006, 1652, Sachverhalt 5.

Kapitel 12: Einkommensteuerrecht

			Rn.
A.	**Voraussetzung der steuerlichen Anerkennung von Verwandtengeschäften**		4331
I.	Zivilrechtliche Wirksamkeit bei Beteiligung Minderjähriger		4332
	1. Vertretung Minderjähriger		4332
		a) Vertretung durch die Eltern	4332
		b) Handeln des Kindes mit Genehmigung der Eltern	4335
		c) Vormundschaft	4338
		d) Lediglich rechtlich vorteilhaftes Geschäft	4340
		e) Ausschluss der elterlichen Vertretungsmacht	4349
		f) Pflegschaft	4354
	2. Gerichtliche Genehmigungen		4360
		a) Genehmigungsbedürftige Sachverhalte	4360
		aa) Immobilientransaktionen	4361
		bb) Grundpfandrechtsbestellung	4371
		b) Verfahren nach altem Recht (FGG)	4377
		c) Verfahren nach neuem Recht (FamFG)	4379
		aa) Zuständigkeiten	4379
		bb) Entscheidungskriterien	4383
		cc) Rechtskraft des Genehmigungsbeschlusses	4386
		(1) Beginn der Beschwerdefrist: Bekanntgabe bzw. Erlass	4387
		(2) Beschwerdeverzicht	4396
		(3) Rechtskraftzeugnis	4397
		dd) Weitergehende Mitwirkung des Notars?	4399
		d) „Doppelvollmacht"	4404
	3. Exkurs: Ausschluss der elterlichen Vertretung durch Anordnung		4415
II.	Ernsthaftigkeit der Vereinbarung und ihrer Durchführung		4420
III.	Fremdvergleich		4424
	1. Grundsatz		4424
	2. Darlehen		4426
	3. Mietverträge		4428
	4. Arbeitsverträge		4433
IV.	Exkurs: Gestaltungsmissbrauch/Gesamtplanrechtsprechung		4436
B.	**Unterscheidung Privat-/Betriebsvermögen**		4439
I.	Selbstständige Wirtschaftsgüter		4439
	1. Nutzungsbereiche		4443
	2. „Verdecktes Betriebsvermögen"		4448
		a) Betriebsaufspaltung	4449
		aa) Anforderungen	4449
		bb) Erscheinungsformen	4452
		cc) Folgen	4453
		dd) Konkurrenzen	4463
		ee) Beendigung	4465
		b) Sonderbetriebsvermögen	4466
		c) Verpächterwahlrecht	4469
		d) Gewerblicher Grundstückshandel	4472
	3. „Geborenes Betriebsvermögen" bei Gesellschaften		4473
		a) Kapitalgesellschaften	4474
		b) Gewerbliche Personengesellschaft	4478
		aa) Gewerblich tätige Personengesellschaft	4478
		bb) Gewerblich geprägte Personengesellschaft	4480
		c) Vermögensverwaltende Personengesellschaft	4482
II.	Gewerbesteuer		4484
	1. Steuerobjekt und -subjekt		4484
	2. Bemessungsgrundlage		4486
	3. Berechnung der Gewerbesteuer		4493
	4. Unternehmensteuerreform 2008		4495
C.	**Steuerliche Folgen der Übertragung des Wirtschaftsguts selbst**		4497
I.	Gefahr der Entnahme		4500
	1. Entnahmetatbestand		4501
		a) Grundfall	4501
		b) „Verdecktes Betriebsvermögen"	4502
		c) Nießbrauchsvorbehalt	4507
		d) Vermeidungsstrategien	4511

Kapitel 12: Einkommensteuerrecht

					Rn.
		e)	Betriebsaufgabe		4514
			aa)	Tatbestand	4514
			bb)	Privilegierungen	4515
			cc)	Abgrenzung zur Betriebsabwicklung und Betriebsunterbrechung	4519
	2.	Nießbrauchsbedingte Mehrheit von Betrieben			4520
II.	Zurechnung des Wirtschaftsguts, AfA-Berechtigung				4523
	1.	Zurechnung beim Erwerber			4523
		a)	Übergang der AfA-Befugnis		4524
			aa)	Zeitpunkt der Anschaffung	4524
			bb)	Durchführung (Besitzübergabe)	4527
			cc)	Wirkungen	4531
		b)	Anerkennung von Fremdwerbungskosten		4533
	2.	Besonderheiten beim Nießbrauch			4534
		a)	Unentgeltlich bestellter Nießbrauch		4536
			aa)	Die Zuordnung der steuerbaren Einnahmen	4537
			bb)	Die Zuordnung der steuerbaren Einnahmen	4538
			cc)	Die Zuordnung der steuerbaren Einnahmen	4539
		b)	Entgeltlich bestellter Nießbrauch		4544
		c)	Vermächtnisnießbrauch		4546
III.	Eigenheimzulage/Eigenheimriesterförderung				4548
	1.	Grundsätzliches			4548
	2.	Keine Fortführung der Zulage durch den unentgeltlichen Erwerber			4550
	3.	Ausnahme beim Erwerb vom Ehegatten			4553
	4.	Verwirklichung eines eigenen Anschaffungstatbestands durch den Erwerber			4556
	5.	Auswirkungen vorbehaltener Nutzung			4563
	6.	Investitionen auf fremdem Grund und Boden?			4567
	7.	„Wohnriester"			4571
IV.	Ertragsteuerliche Folgen des Erbfalles und der Erbauseinandersetzung~Vermächtniserfüllung				4580
	1.	Ertragsteuerliche Folgen des Erbfalls selbst: Grundsatz			4580
	2.	Besonderheiten bei der „Vererbung" von Anteilen an einer Personengesellschaft			4582
		a)	Auflösung (§ 727 BGB)		4583
		b)	Fortsetzungsklausel		4584
			aa)	Zivilrecht	4584
			bb)	Ertragsteuerrecht	4586
			cc)	Erbschaftsteuerrecht	4590
		c)	Einfache Nachfolgeklausel		4594
			aa)	Zivilrecht	4594
			bb)	Ertragsteuerrecht	4598
			cc)	Erbschaftsteuerrecht	4602
		d)	Qualifizierte Nachfolgeklausel		4607
			aa)	Zivilrecht	4607
			bb)	Ertragsteuerrecht	4612
			cc)	Erbschaftsteuerrecht	4619
		e)	Eintrittsklausel		4623
			aa)	Zivilrecht	4623
			bb)	Ertragsteuerrecht	4630
			cc)	Erbschaftsteuerrecht	4633
		f)	Einlage anlässlich des Erbfalls		4634
	3.	Veräußerung von Nachlassgegenständen			4635
	4.	Auseinandersetzung durch gegenständliche Zuordnung („Realteilung")			4637
		a)	Anschaffungsvorgang?		4637
		b)	Zurechnung laufender Einkünfte und Schuldzinsen		4646
		c)	Buchwertfortführung/Entnahme bei Betriebsvermögen (Realteilungsgrundsätze)		4652
	5.	Erbteilsveräußerung			4661
	6.	Ausscheiden durch Abschichtung			4662
V.	Ertragsteuerliche Fragen der Betriebsübergabe				4663
	1.	Haftung für Betriebsteuern (§ 75 AO)			4664
	2.	Übertragung eines Betriebes oder Teilbetriebes			4666
		a)	„Einheitstheorie" zur Feststellung der Unentgeltlichkeit		4670
		b)	(Teil-)betriebsübertragung gem. § 6 Abs. 3 EStG		4672
			aa)	Betrieb, Teilbetrieb	4673
			bb)	Unentgeltlichkeit	4677
			cc)	Ausnahme: Aufstockung der Buchwerte	4680
	3.	Unentgeltliche Aufnahme einer natürlichen Person in ein Einzelunternehmen			4681
	4.	Entgeltliche Aufnahme einer natürlichen Person in ein Einzelunternehmen			4688

Kapitel 12: Einkommensteuerrecht

					Rn.
	a)	Bargründung einer Personengesellschaft			4689
	b)	Einbringungsvorgang gem. § 24 UmwStG			4690
	c)	Einbringung außerhalb des § 24 UmwStG			4699
5.	Unentgeltliche Übertragung eines Mitunternehmeranteils				4702
6.	Unentgeltliche Übertragung eines Teils eines Mitunternehmeranteils				4712
7.	Entgeltliche Veräußerung eines Einzelunternehmens oder Mitunternehmeranteils				4716
	a)	Einkommensteuerbelastung des Veräußerers			4716
		aa)	Veräußerungsgewinn		4716
			(1)	Kapitalgesellschaft als Verkäufer	4721
			(2)	Natürliche Person/Personengesellschaft als Verkäufer	4726
			(3)	Konsequenz aus Verkäufersicht: Formwechsel von der Personen- in die Kapitalgesellschaft	4732
		bb)	Verschonungen (§§ 16, 34 EStG)		4735
	b)	Einkommensbesteuerung des Erwerbers			4739
		aa)	Nutzung der Anschaffungskosten		4739
		bb)	Abzugsfähigkeit der Finanzierungsaufwendungen		4743
	c)	Gewerbesteuer			4744
	d)	Umsatz- und Grunderwerbsteuer			4751
8.	Übertragung eines einzelnen Wirtschaftsguts des Betriebsvermögens				4752
	a)	„Überführung" ohne Rechtsträgerwechsel			4753
	b)	Mit Rechtsträgerwechsel			4754
		aa)	Unentgeltlich		4755
		bb)	Teilentgeltlich: Trennungstheorie		4756
		cc)	Vollentgeltlich		4758
	c)	Besonderheiten bei Kapitalgesellschaften			4759
	d)	Besonderheiten bei Personengesellschaften			4761
		aa)	„Mitunternehmererlass"		4762
			(1)	Rechtslage bis 31.12.1998	4762
			(2)	Rechtslage in den Jahren 1999 und 2000	4763
			(3)	Rechtslage seit 2001	4764
		bb)	Ausscheiden gegen Sachabfindung		4773
		cc)	Realteilung im engeren Sinne		4775
9.	Übertragung eines Unternehmens/Mitunternehmeranteils unter Nießbrauchsvorbehalt				4782
10.	Betriebsverpachtung				4784
11.	Übertragung von Kapitalgesellschaftsanteilen unter Lebenden und von Todes wegen				4791
	a)	Einkommensteuer			4792
		aa)	Trennungstheorie bei Teilentgeltlichkeit		4792
		bb)	Entgeltliche Übertragung: Überblick		4799
		cc)	Einzelheiten: Besteuerung beim Verkäufer		4800
			(1)	Kapitalgesellschaft als Verkäufer	4800
			(2)	Natürliche Person/Personengesellschaft als Verkäufer	4804
		dd)	Einzelheiten: Besteuerung beim Käufer		4814
			(1)	Nutzung der Anschaffungskosten	4814
			(2)	Abzugsfähigkeit der Finanzierungsaufwendungen	4823
				(a) Privatvermögen	4823
				(b) Betriebsvermögen einer natürlichen Person/Personengesellschaft	4826
				(c) Betriebsvermögen einer erwerbenden Kapitalgesellschaft	4836
			(3)	Konsequenz aus Käufersicht: Formwechsel von der Kapital- in die Personengesellschaft	4838
		ee)	Verrentung		4845
	b)	Körperschaftsteuer			4850
	c)	Erbschaftsteuer			4853
D.	**Überlassungsvereinbarungen mit Entgeltcharakter**				**4858**
I.	Steuerliche Vorfragen				4858
1.	Teilentgeltlichkeit (Einheits- versus Trennungsmethode)				4859
2.	Steuerliche Bedeutung der Entgeltlichkeitsfrage				4862
3.	Entgeltverteilung bei Mehrheit von Wirtschaftsgütern				4867
II.	Gegenleistungen mit Entgeltcharakter im Einzelnen				4869
1.	Abstandsgelder an den Veräußerer				4871
2.	Verrechnung mit Geldersatzansprüchen ggü. dem Veräußerer				4877
3.	Gleichstellungsgelder an Geschwister				4886
4.	Schuldübernahme				4900
5.	„Austauschrenten" (wiederkehrende Leistungen mit Gegenleistungscharakter)				4906
	a)	Vollentgeltliche Übertragung bei kaufmännisch abgewogener Rente			4908
	b)	Teilentgeltliche Übertragung			4912
	c)	„Überentgeltliche" Rente			4913
	d)	Zeitrenten			4915

1457

Kapitel 12: Einkommensteuerrecht

				Rn.
		e)	„Ungewollte Austauschrenten".	4919
		f)	Kaufpreisrenten bei Betriebsvermögen	4922
III.	„Spekulationsbesteuerung" i.R.d. vorweggenommenen Erbfolge			4929
	1.	Betroffene Objekte		4929
	2.	Steuerfreiheit bei fehlender Identität		4933
	3.	Anschaffungs- und Veräußerungsvorgänge		4934
		a)	Betroffene Vorgänge	4934
		b)	Entgeltlichkeit.	4939
		c)	Die „Spekulationsfalle": Immobilien zum Ausgleich des Zugewinns	4947
	4.	Ermittlung des Veräußerungsgewinns		4951
	5.	Entstehung und Entfallen der Steuer		4953
E.	**Versorgungsrenten**			**4955**
I.	Sonderinstitut der Vermögensübergabe gegen Versorgungsleistungen.			4955
	1.	Entwicklung		4955
		a)	Wesen der Versorgungsleistung	4955
		b)	Reform 2008.	4957
			aa) Ziele	4957
			bb) Übergangsregelung.	4961
	2.	Ertragsteuerliche Differenzierung (Rententypen)		4963
		a)	Austauschrenten	4964
		b)	Unterhaltsrenten	4965
		c)	Betriebliche Renten	4968
		d)	Letztwillige Renten	4970
		e)	Beitragserkaufte Renten	4972
II.	„Unentgeltlichkeit".			4975
III.	„Vermögen"			4976
	1.	Rechtslage für Altfälle bis 31.12.2007		4976
		a)	Existenzsicherndes Vermögen	4976
			aa) Geeignete Wirtschaftsgüter	4976
			bb) Nachträgliche Umschichtung in geeignete Objekte	4981
			cc) Sonderbehandlung von Betriebsvermögen?	4986
		b)	„Ausreichend ertragbringend"	4987
			aa) Ertragsprognose	4987
			bb) Teilentgeltliche Übertragungen	4991
			cc) Unternehmensübertragung	4993
			dd) Unzureichende Erträge: der frühere „Typus 2"	4996
	2.	Rechtslage für Neufälle ab 2008		5000
		a)	Beschränkung auf „Betriebsvermögen"	5000
			aa) Betriebe oder Teilbetriebe	5001
			bb) Mitunternehmeranteile	5003
			cc) GmbH-Anteile	5006
			dd) „Versorgungsrenten" bei „ungeeignetem" Vermögen	5014
			ee) Umschichtung in „geeignetes Vermögen"	5018
			ff) Gestaltungsalternativen für „nunmehr ungeeignetes" Vermögen.	5019
		b)	Ausreichende Ertragsprognose.	5021
IV.	„Behaltensdauer"; Umschichtungen innerhalb geeigneten Vermögens			5024
	1.	Erster Rentenerlass		5026
	2.	Zweiter Rentenerlass		5028
	3.	Dritter Rentenerlass		5030
	4.	Vierter Rentenerlass		5033
		a)	Umschichtungsfälle	5033
		b)	Gleitende Vermögensübergabe	5038
V.	„Lebenszeit"			5043
VI.	Destinatäre			5046
	1.	Vermögensempfänger		5046
	2.	Versorgungsleistungsempfänger		5047
VII.	Korrespondenzprinzip.			5053
VIII.	Formale Anforderungen			5055
IX.	Umfang der absetzbaren Sonderausgaben/der zu besteuernden wiederkehrenden Bezüge			5057
	1.	Nichtgeldleistungen		5060
	2.	Insb. Nutzungsüberlassung		5062
	3.	Geldleistungen		5066
	4.	Sonderausgabenabzug bei vorbehaltenem Wohnrecht des Veräußerers nach altem Recht?		5073
	5.	Sonderausgabenabzug bei Selbstnutzung durch Erwerber nach altem Recht?		5074

Jedem Praktiker ist allgegenwärtig, welche Rolle das Ertragsteuerrecht bei der Gestaltung der Vermögensnachfolge eingenommen hat, sowohl der entgeltlichen wie auch der unentgeltlichen oder teilentgeltlichen. Dies ist gerade für die finanziellen Dauerwirkungen, welche die Rechtsbeziehung zwischen Veräußerer und Erwerber im Rahmen ihrer alljährlichen einkommensteuerlichen Be- oder Entlastung zeitigt, menschlich nur allzu verständlich. Gleichwohl ist davor zu warnen, der Steueroptimierung das Primat vor einer menschlich-psychologisch passenden und zivilrechtlich klaren und sicheren Gestaltung einzuräumen – dies umso mehr, als das Ertragsteuerrecht bei jährlich durchschnittlich fünf gewichtigen Änderungsgesetzen die geringste Konstanz und Verlässlichkeit aller in diesem Buch behandelten Berücksichtigungsfelder (einschließlich des Sozialrechtes) aufweist.

Wer also (jedenfalls ertrag-)steuerlich nicht zurückfallen möchte, muss in Kauf nehmen, seinen Vertrag und damit seinen Rechte- und Pflichtenkatalog regelmäßig anzupassen, mit allen damit verbundenen Beratungskosten und Konflikten mit (älter werdenden und damit weniger flexiblen) Vertragspartnern. Er muss sich (und seine Vertragspartner) weiterhin wappnen auf langwierige und nervenaufreibende Auseinandersetzungen mit der Finanzverwaltung, wenn er (wie es gerade viele jung-dynamische, akademisch gebildete Erwerber wie selbstverständlich voraussetzen) den ihm durch Gesetze, Rechtsprechung und Richtlinien sowie Erlasse eingeräumten Spielraum durch sog. borderline-Konstruktionen bis zum Limit „ausreizen" möchte. Und er sollte sich schließlich (ggf. auf Vorhalt eines verantwortungsbewussten Beraters) vor Augen führen, dass das Leben selbst beim Drehbuch Regie führen kann in gänzlich unerwartete Richtungen, sodass anfänglich optimale Steuergestaltungen sich als kontraproduktiv erweisen.

Beispiel:
Der Erwerber, der sich durch den Sonderausgabenabzug der Versorgungsleistungen hohe Entlastung versprach, wird arbeitslos – der Veräußerer hat die Rentenbezüge gleichwohl weiter zu versteuern etc.

Steuerliche Grundkenntnisse sind daher Voraussetzung jeder anspruchsvollen Beratung auf dem Gebiet der vorweggenommenen Erbfolge, das Steuerrecht bildet jedoch nur eine von mehreren Determinanten der Gestaltung. Eine gesetzliche Pflicht zum Hinweis auf mögliche Steuerpflichten trifft den Notar nur hinsichtlich der Schenkungsteuer (§ 8 Abs. 1 Satz 6 ErbStDV); unterbleibt dieser, kann Amtshaftung drohen.[1] I.Ü., v.a. in ertragsteuerlicher Hinsicht, können sich Hinweispflichten

- aus sog. „erweiterter Belehrungspflicht" ergeben (**Warnpflicht** analog § 14 Abs. 1 Satz 2 BNotO, die aus generellen Besonderheiten des beurkundeten Rechtsgeschäfts herrührt, die dem Notar bekannt sind oder bekannt sein müssen, jedoch demjenigen unbekannt sind, dessen Interessen gefährdet sind),
- sowie in den Fallgruppen der sog. „**außerordentlichen Belehrungspflicht**" (bei erkennbaren Gefährdungen aufgrund dem Notar bekannten Besonderheiten des Einzelgeschäftes),
- schließlich wenn der Notar **auf gezielte Nachfrage** eine steuerliche Beratung übernimmt, wozu er jedoch nicht verpflichtet ist.

---

[1] OLG Schleswig, MittBayNot 2005, 516 m. Anm. *Stelzer*: allerdings richtigerweise nicht allein aufgrund einer Verletzung von Anzeigepflichten, die lediglich den Fiskus schützen, s. Rdn. 4270.

A. Voraussetzung der steuerlichen Anerkennung von Verwandtengeschäften

4331 Gerade bei Verträgen der vorweggenommenen Erbfolge werden die allgemeinen Voraussetzungen einer steuerlichen Anerkennung[2] zivilrechtlicher Gestaltungen besonders bedeutsam. Sie sollen nachstehend kurz in Erinnerung gerufen werden – mit naturgegebenem Schwerpunkt auf den Aspekten der Vertragsgestaltung unter **nahen Angehörigen**, d.h. unter Ehegatten, zwischen Eltern und Kindern,[3] zwischen Großeltern und Enkeln[4] und zwischen Onkel/Tante und Neffe/Nichte[5] –, mithin in einem engeren Kreis als unter „Angehörigen i.S.d § 15 AO". Verlobte, Geschwister und Lebensgefährten zählen nicht dazu. Die Konsequenzen aus der Beteiligung Minderjähriger an **Gesellschaften** (GbR, Handels- und Kapitalgesellschaften) wurden bereits oben Rdn. 2261 ff. (zum Erfordernis familien-/vormundschafts-/betreuungsgerichtlicher Genehmigung s. Rdn. 2266 ff.) behandelt.

I. Zivilrechtliche Wirksamkeit bei Beteiligung Minderjähriger

1. Vertretung Minderjähriger

a) Vertretung durch die Eltern

4332 **Minderjährige Kinder** stehen unter der Personen- und Vermögenssorge **beider Eltern** und werden daher durch diese gemeinschaftlich vertreten (§ 1629 Abs. 1 Satz 2 BGB). Bei der Prüfung der wirksamen gesetzlichen Vertretung des Kindes durch die Eltern treffen den Notar an sich die gleichen Prüfungspflichten wie in anderen Fällen der gesetzlichen Vertretung (§§ 12, 17 BeurkG). Im vorgenannten Normalfall kann er sich auf eine Plausibilitätsprüfung dahin gehend beschränken, ob die erschienenen Personen tatsächlich Eltern des betreffenden Kindes sein können; die Vorlage entsprechender Auszüge aus dem Familien-Stammbuch dürfte allenfalls bei Namensverschiedenheit angezeigt sein.[6]

4333 **Erscheint nur ein Elternteil** und erklärt, gesetzlich zur alleinigen Vertretung des Kindes berechtigt zu sein, wird der Notar hierzu weitere Nachweise verlangen (z.B. Sterbeurkunde des anderen Elternteils, Scheidungsurteil, Nachweis über ein Ruhen des elterlichen Sorgerechtes des anderen Teils gem. §§ 1673 bis 1675 BGB, Urteil zur Übertragung des Sorgerechtes bei getrennt lebenden Eltern gem. § 620 Abs. 1 Nr. 1 ZPO, Nachweis über die Übertragung des Sorgerechtes auf einen Elternteil durch das FamG, § 1628 BGB, Anordnungen gem. § 1638 BGB durch das Gericht, angeordneter Ausschluss eines Elternteils bzgl. geerbten oder geschenkten Vermögens nach § 1638 Abs. 3 BGB).[7] Fehlt es nämlich tatsächlich an der Vertretungsmacht, ist auch kein

---

[2] Beispiel: NiedersächsFG, DStRE 2004, 1193 (Darlehen). Gemäß OFD Berlin, FR 2000, 949 = ZEV 2000, 445 führt die fehlende Bestellung eines Ergänzungspflegers jedoch ausnahmsweise dann nicht zur Aberkennung der steuerlichen Wirksamkeit, wenn das FamG selbst dem Steuerpflichtigen (fehlerhafterweise) mitgeteilt habe, es bedürfe ihrer nicht, anders noch Rn. 5 Satz 1 des Nießbrauchserlasses v. 24.07.1998, BStBl. I 1998, S. 914.
[3] BFH, BStBl. 1992 II, S. 391.
[4] BFH/NV 1988, 628.
[5] Dafür *Authenrieth*, DStZ 1992, 86.
[6] Möglicherweise strenger *Kölmel*, RNotZ 2010, 1, 10.
[7] Beispiel: OLG Karlsruhe, RNotZ 2004, 267.

gutgläubiger Erwerb möglich, da § 892 BGB nur den guten Glauben an das Eigentum, teilweise auch das Fehlen von Verfügungsbeschränkungen, nicht aber an die Vertretungsmacht schützt.

Das **nichteheliche minderjährige Kind** wird regelmäßig durch die Mutter allein vertreten (§ 1705 Satz 1 BGB), sofern diese nicht minderjährig ist (dann Amtsvormundschaft des Jugendamtes, § 1673 Abs. 2 BGB). Ein Nachweis darüber, dass nicht ausnahmsweise durch Sorgerechtserklärung der Mutter **gemeinsames Sorgerecht** mit dem Vater begründet wurde, § 1626a BGB, wird regelmäßig nicht verlangt werden können; ggf. ist hierzu eine Auskunft des Jugendamtes nach § 58a SGB VIII erforderlich, bei dem diese (ebenfalls notariell zu beurkundenden!) Sorgerechtserklärungen anzuzeigen sind.

4334

b) Handeln des Kindes mit Genehmigung der Eltern

Handelt das beschränkt geschäftsfähige, also mindestens 7 Jahre alte, Kind selbst, ohne dass ein lediglich rechtlich vorteilhaftes Geschäft (s. nachstehend Rdn. 486 ff.) vorliegt, bedarf es hierfür der vorherigen oder nachträglichen Zustimmung der Eltern bzw. des sorgeberechtigten Elternteils (nach h.M.[8] ist auch rechtsgeschäftliche Spezialvollmacht, jedoch keine Generalvollmacht, zur Wahrnehmung von Sorgerechtsangelegenheiten möglich). Die vorherige Zustimmung (= Einwilligung) des gesetzlichen Vertreters, eine empfangsbedürftige Willenserklärung, kann bis zur Vornahme des Rechtsgeschäfts selbst frei widerrufen werden. Die Einwilligung kann sowohl dem Minderjährigen ggü. als auch dem Dritten ggü. widerrufen werden, § 183 BGB.

4335

Gem. § 108 Abs. 2 BGB kann, sofern keine vorherige Einwilligung vorliegt, der andere Vertragsteil den Schwebezustand (vergleichbar § 1829 Abs. 2 BGB, vgl. Rdn. 4378) beenden, indem er den Vertreter des Minderjährigen zur Erklärung über die Genehmigung auffordert. In diesem Fall wird die bereits dem Minderjährigen ggü. erteilte oder verweigerte Genehmigung unwirksam, sodass auch ein eigentlich bereits beendeter Schwebezustand rückwirkend wieder auflebt. Zugleich wird hierdurch eine (durch Erklärung des Vertragspartners verlängerbare) 2-Wochen-Frist in Gang gesetzt, nach deren fruchtlosem Ablauf die Genehmigung als verweigert gilt. Eine Notwendigkeit, diese Frist kautelarjuristisch zu verlängern (vgl. Rdn. 4409 für die Frist zur Erklärung der familiengerichtlichen Genehmigung), besteht nicht.

4336

Wird ein einseitiges Rechtsgeschäft ohne vorherige Einwilligung des gesetzlichen Vertreters vorgenommen, ist es gem. § 111 Satz 1 BGB endgültig unwirksam. Bei empfangsbedürftigen Willenserklärungen wendet die herrschende Meinung allerdings § 180 Satz 2, 2. Alt., BGB analog an, sofern der Geschäftsgegner mit der Vornahme des Geschäfts ohne die erforderliche Einwilligung einverstanden ist, sodass die §§ 108, 109 BGB unmittelbar gelten und das einseitige Rechtsgeschäft mithin lediglich schwebend unwirksam ist bis zur Erteilung der Genehmigung durch den gesetzlichen Vertreter, möglicherweise auch des Gerichts.

4337

c) Vormundschaft

Minderjährige, die **nicht unter elterlicher Sorge** stehen, werden durch einen **Vormund** vertreten (der wohl auch – analog § 1776 BGB – durch Benennung für den Fall des lebzeitigen Ausfalls,

4338

---

8 Gutachten, DNotI-Report 2010, 203, 204.

nicht nur durch Testament für den Fall des Versterbens, bestimmt werden kann);[9] hinsichtlich des Ausschlusses gelten gem. §§ 1795, 181 BGB die obigen Grundsätze. Ein **Ergänzungspfleger** (Rdn. 4354 ff.) ist für einen Minderjährigen zu bestellen, wenn die gesetzlich sorgeberechtigten Eltern an der Vertretung des Minderjährigen (z.B. wegen eigener Befassung) verhindert sind. Für Volljährige, die aufgrund einer psychischen Krankheit oder körperlicher, geistiger oder seelischer Behinderung an der Besorgung ihrer Angelegenheiten gehindert sind, kann auf Antrag oder von Amts wegen ein Betreuer bestellt werden, sofern nicht durch eine Vorsorgevollmacht (§ 1896 Abs. 2 BGB) Hilfe sichergestellt ist.

4339 | **Hinweis:**

Alle vorgenannten Personen (Vormund, Gegenvormund, Pfleger, Betreuer sowie Ergänzungsbetreuer für den Fall, dass es um ein Rechtsgeschäft zwischen Betreuer und Betreutem geht) haben sich durch ihre **Bestellungsurkunde** auszuweisen, die in beglaubigter Abschrift beizufügen ist, und aus der sich auch der Umfang ihres Wirkungs- bzw. Aufgabenkreises ergibt.[10] Sofern das Jugendamt als Amtsvormund handelt, erstellt es hierüber selbst eine Amtsbescheinigung.

d) Lediglich rechtlich vorteilhaftes Geschäft

4340 Das beschränkt geschäftsfähige Kind kann selbst handeln bei allen Vorgängen, die ihm einen lediglich rechtlichen Vorteil i.S.d. § 107 BGB vermitteln.[11] Dies hat der Notar nach den bekannten Grundsätzen des allgemeinen Teils des BGB zu prüfen:

Übersicht: lediglich rechtlich vorteilhafte Natur einer Zuwendung[12]
- der Vorbehalt[13] eines Nießbrauchs oder Wohnungsrechts, sofern der Eigentümer nicht zum Aufwendungs- und Kostenersatz gem. §§ 1049, 667 ff. BGB verpflichtet ist;[14] rechtlich nachteilhaft ist der Nießbrauch auch, wenn der Nießbraucher abweichend von §§ 1042 Satz 2, 1047 BGB auch die außerordentlichen Ausbesserungen und Grundstückslasten trägt („Nettonießbrauch", Rdn. 1124),
- der Vorbehalt der Beleihungsmöglichkeit durch den Veräußerer,

---

9 Gutachten, DNotI-Report 2010, 203, 206.
10 Vgl. etwa für den Betreuer § 290 FamFG.
11 Ausführlich *Kölmel*, RNotZ 2010, 618 ff. Tabellarische Übersicht, auch zum Erfordernis familiengerichtlicher Genehmigung, bei *Rupp*, notar 2011, 300 ff.
12 Vgl. BayObLGZ 1979, 54; OLG Köln, MittBayNot 1998, 106; Übersicht bei *Böhringer*, BWNotZ 2006, 119 ff.
13 Vgl. BGHZ 161, 70; jeweils gleichgültig ob der Nießbrauch noch vom Veräußerer bestellt wird oder ob der Erwerber sich im Erwerbsvertrag zu dessen Bestellung verpflichtet, vgl. *Krüger*, ZNotP 2006, 205 und *Kölmel* RNotZ 2010, 618, 642 f.
14 Großzügiger *Böttcher*, Rpfleger 2006, 296: da der Eigentümer nur nach GoA-Vorschriften (§§ 1049, 677 ff. BGB) hafte, müsse er nur für objektiv gebotene Verwendungen aufkommen; zum Streitstand insgesamt *Kölmel*, RNotZ 2010, 618, 638 ff. Bei dinglichem Ausschluss der Verwendungsersatzpflicht bleibt die rechtliche Vorteilhaftigkeit erhalten.

- die Übernahme dinglicher Belastungen ohne Verbindlichkeiten[15] (s. aber Rdn. 4371 zur Neuvalutierung) – anders also im Fall einer Reallast wegen der persönlichen Haftung während der eigenen Eigentumszeit aus § 1108 BGB
- die Übernahme von Dienstbarkeiten, sofern nicht dem Grundstückseigentümer die Unterhaltung einer Anlage unterliegt mit der reallastähnlichen Haftung des §§ 1021 Abs. 3, 1108 Abs. 1 BGB,[16]
- die Übernahme dinglicher Vorkaufsrechte oder vorgemerkter Wiederkaufsrechte,[17]
- die Anordnung der Ausgleichspflicht nach § 2050 Abs. 3 BGB[18] (s. Rdn. 1670) sowie
- nach (vereinzelt bestrittener)[19] überwiegender Auffassung auch die Vereinbarung eines Rückforderungsvorbehalts bei Beschränkung der Haftung des Minderjährigen auf das Objekt analog § 818 Abs. 3 BGB („Bereicherung"),[20] Rdn. 1949 und 1956, sowie
- die allgemeine, durch das Innehaben des Eigentums begründete Verpflichtung zur Tragung jedenfalls der wiederkehrenden[21] öffentlich-rechtlichen Grundstückslasten[22]
- die durch das Rechtsgeschäft als solche ausgelöste Pflicht zur Tragung der Notar- und Gerichtskosten sowie der Grunderwerb- bzw. Schenkungsteuer[23] stehen der lediglich rechtlich vorteilhaften Natur einer Zuwendung nicht entgegen.[24]

---

15 Jedenfalls wenn die Zwangsvollstreckungsunterwerfung bereits in der Grundpfandrechtsurkunde enthalten war, vgl. BGH, DNotZ 2005, 549; in der Übernahme des lediglich dinglichen (wenngleich valutierten) Rechtes liegt auch kein familiengerichtlich genehmigungspflichtiger „entgeltlicher Erwerb", vgl. Gutachten, DNotI-Report 2005, 195.

16 Es sei denn die persönliche Haftung wäre durch Vereinbarung ausgeschlossen und diese Inhaltsänderung im Grundbuch eingetragen, vgl. *Böhringer*, BWNotZ 2006, 120.

17 *Rastätter*, BWNotZ 2006, 6; *Klüsener*, Rpfleger 1981, 261.

18 BGHZ 15, 168.

19 *Böttcher*, Rpfleger 2006, 297: jede schuldrechtliche Rückübereignungspflicht bedarf als per se nachteiliges Geschäft der Genehmigung; die bewilligte Vormerkung kann mangels hinreichender Grundlage nicht einmal zur Sicherung eines möglichen künftigen (nach Genehmigung entstehenden, bedingten) Anspruchs aufrechterhalten werden.

20 BayObLG, ZEV 2004, 340: Schädlich sind also insb. vertragliche Regelungen zu den Rückforderungsfolgen, die zu einer Wertersatz- oder Schadensersatzzahlung oder auch nur zur Tragung der Rückauflassungskosten aus dem sonstigen Vermögen führen können.

21 Für Erschließungslasten noch offen; die latente allgemeine Beitragspflichtigkeit führt jedenfalls nicht zum rechtlichen Nachteil, sondern nur bei konkret erkennbaren Beitragslasten; Gleiches dürfte gelten für die allgemeine „Polizeipflichtigkeit" sowie die allgemeine Verkehrssicherungspflicht, vgl. *Kölmel*, RNotZ 2010, 618, 633 ff.

22 Die Lit. argumentiert, diese Lasten träfen den Minderjährigen nicht aufgrund des Rechtsgeschäftes, sondern kraft öffentlichen Rechtes; der BGH, 25.11.2004, NJW 2005, 415 und BGH, 03.02.2005, NJW 2005, 1430 reduziert § 107 BGB teleologisch, da diese typischerweise aus den Erträgen zu deckenden Leistungen gemeinhin nicht als Rechtsnachteil angesehen würden; vgl. *Führ/Menzel*, JR 2005, 418. vgl. im Einzelnen *Kölmel*, RNotZ 2010, 618, 627 ff.

23 Vgl. *Kölmel*, RNotZ 2010, 618, 630 ff.

24 Vgl. BayObLGZ 1979, 54; OLG Köln, MittBayNot 1998, 106.

Kapitel 12: Einkommensteuerrecht

4341 | **Übersicht: rechtlich nachteilhafte Gestaltungen**
- die Überlassung eines vermieteten Objekts,[25] auch wenn Vermieter zunächst der Veräußerer bleibt, aufgrund vorbehaltenen Nießbrauches,[26]
- und die Übertragung einer Eigentumswohnung, und zwar jedenfalls seit 01.07.2007 in jedem Fall[27] (als Folge der in § 10 Abs. 8 WEG geschaffenen, im Außenverhältnis unbeschränkbaren, primären, akzessorischen, anteiligen Haftung für die Verbindlichkeiten eines Dritten, des Verbandes der Wohnungseigentümer sowie möglicherweise auch als Folge der Wirkung nicht im Grundbuch eingetragener Beschlüsse gegen den Rechtsnachfolger gem. § 10 Abs. 4 WEG, v.a. wenn eine Öffnungsklausel vereinbarungs- und gesetzesändernde Beschlüsse ermöglicht) – zuvor jedenfalls wenn die Gemeinschaftsordnung vom dispositiven Recht des WEG nachteilig abweicht[28] bzw. beim Eintritt in einen Verwaltervertrag[29]
- die Übernahme einer Reallast wegen der in § 1108 BGB enthaltenen persönlichen Haftung des jeweiligen Eigentümers, sofern diese nicht dinglich abbedungen wurde,
- auch die vom Veräußerer rechtzeitig angeordnete Anrechnung auf den künftigen Pflichtteil (§ 2315 BGB) soll – wegen ihrer Vergleichbarkeit zum beschränkten Pflichtteilsverzicht – nach herrschender,[30] allerdings bestrittener[31] Ansicht ebenfalls die lediglich rechtliche Vorteilhaftigkeit beseitigen (s. Rdn. 1475),
- das tatsächliche Bestehen rückständiger Grundstückslasten (etwa bereits veranlagter Erschließungskosten) dürfte ebenfalls die rechtliche Nachteilhaftigkeit bedingen, sofern keine Ablösungsvereinbarung geschlossen wird und andere (etwa die Eltern) die Zahlungsverpflichtungen unter Freistellung des Minderjährigen übernehmen,
- rechtlich nachteilhaft wäre auch die nachträgliche[32] Eintragung solcher Rechte, die bei Vorbehalt i.R.d. Übertragung selbst lediglich den Umfang der Schenkung mindern würden (etwa des für den Eigentümer leistungsfreien Nießbrauchs). Daher sollten Umschreibungsantrag und Antrag auf Eintragung beschränkt dinglicher Rechte zugunsten des Veräußerers gem. § 16 Abs. 2 GBO verbunden sein (die Rechtsprechung nimmt eine

---

25 OLG Oldenburg, NJW-RR 1988, 839.
26 BayObLG, ZNotP 2003, 307 und BGH, 03.02.2005 – V ZB 44/04, ZNotP 2005, 227 m. insoweit zust. Anm. *Feller*, MittBayNot 2005, 415 (wegen des bei Beendigung des Nießbrauches potenziell stattfindenden Übergangs des Mietverhältnisses auf den Erwerber. Zu Recht krit. hierzu *Fembacher*, DNotZ 2005, 629: es handelt sich um die lediglich theoretische Möglichkeit einer künftigen Belastung, außerdem könnte auch bei der – nach BGH unentgeltlich bleibenden – Überlassung eines grundpfandrechtlich belasteten Grundstücks dem minderjährigen Erwerber durch die Zwangsverwaltung (§ 866 Abs. 1 ZPO) die „Vermietung wider Willen" drohen (§ 152 Abs. 1 ZVG).
27 BGH, 30.09.2010 – V ZB 206/10, NotBZ 2011, 94 m. Anm. *Krauß* = ZEV 2011, 40 m. Anm. *Schaub*; zuvor schon OLG München, 06.03.2008 – 34 Wx 14/08, NotBZ 2008, 161.
28 BGHZ 78, 32.
29 OLG Hamm, Rpfleger 2000, 449, BayObLG 2003, 473.
30 *Mayer*, Übergabevertrag, 2. Aufl., Rn. 145 m.w.N.; Staudinger/*Haas*, BGB (1998), § 2315 Rn. 31.
31 OLG Dresden, MittBayNot 1996, 291; zustimmend *Everts*, Rpfleger 2005, 180f.: keine Vergleichbarkeit mit dem vertraglichen Pflichtteilsverzicht; Bedeutungslosigkeit bloßer „Pflichtteilserwartungen".
32 *Krüger*, ZNotP 2006, 205 plädiert dagegen dafür, der „logischen Sekunde" des abstrakt unbelasteten Eigentums kein rechtliches Gewicht beizumessen, also den vorbehaltenen und den eingeräumten Nießbrauch gleich zu behandeln.

A. Voraussetzung der steuerlichen Anerkennung von Verwandtengeschäften

> solche Verbindung, allerdings zum Schutz des Veräußerers vor der Eintragung störender „Zwischenrechte", ohnehin an).[33]

Bei der Bestellung oder Übertragung eines **Erbbaurechtes** zugunsten eines Minderjährigen ist zu differenzieren: der notwendige („gesetzliche") dingliche Inhalt beeinträchtigt die rechtliche Vorteilhaftigkeit einer Schenkung nicht. Hinsichtlich des fakultativen dinglichen Rechtsinhalts (§ 2 ErbbauRG) führen Errichtungspflichten (Nr. 1), Unterhaltungs- und Wiederaufbaupflichten (Nr. 2) und Vertragsstrafen (Nr. 5) zu einer Nachteilhaftigkeit des Erfüllungsgeschäftes,[34] die auch für das Grundbuchamt relevant ist, während lediglich schuldrechtliche Pflichten von vornherein lediglich das Verpflichtungsgeschäft betreffen (dort also ebenfalls § 107 BGB ausschließen, aber außerhalb des Prüfungsumfangs des Grundbuchamtes). 4342

Wird ein **Nießbrauch** zugunsten eines Minderjährigen mit dem gesetzlichen Inhalt bestellt, enthalten bereits §§ 1036 Abs. 2, 1041 BGB (Unterhaltungspflicht), § 1045 BGB (Versicherungspflicht) und § 1047 BGB (Pflicht zur Tragung der laufenden Lasten und Kosten) für rechtliche Nachteile des Erfüllungsgeschäftes. Mit dinglicher Wirkung („Bruttonießbrauch", Rdn. 1160) können zwar letztere Pflichten abbedungen werden, von der Unterhaltungspflicht, die dem Nießbrauch wesensimmanent ist, kann aber nur schuldrechtliche Freistellung erfolgen, sodass die herrschende Meinung die Zuwendung eines Nießbrauchs stets als dinglich rechtlich nachteilhaft wertet.[35] Gleiches gilt für die Zuwendung eines **Wohnungsrechtes** aufgrund der dinglich nicht ausschließbaren Unterhaltungspflicht, § 1093 Satz 2 i.V.m. § 1041 BGB. Einer gerichtlichen Genehmigung bedarf jedoch allenfalls das schuldrechtliche Geschäft, also nicht der grundbuchliche dingliche Vollzug,[36] Rdn. 4365. 4343

Die Bestellung einer **Grunddienstbarkeit** zugunsten eines Minderjährigen kann zu einem rechtlichen Nachteil führen, wenn den Berechtigten eine Pflicht zur Unterhaltung der Anlage auf dem fremden Grundstück trifft (§ 1021 Abs. 1 Satz 2 BGB mit Verweisung auf die Reallastvorschriften), ebenso aus der Unterhaltungspflicht gem. § 1020 Satz 2 BGB. Gleiches gilt für beschränkt persönliche Dienstbarkeiten aufgrund der Verweisung in § 1090 Satz 2 BGB. Lediglich rechtlich vorteilhaft sind dagegen die Bestellung eines Vorkaufrechtes sowie von Grundpfandrechten zugunsten eines Minderjährigen.[37] 4344

Bei lediglich **dinglich nachteilhaften**[38] Schenkungen des gesetzlichen Vertreters – etwa bei der Schenkung einer Kommanditbeteiligung oder von Wohnungs- oder vermietetem Eigentum – [39] legte der BGH bisher eine **Gesamtbetrachtung** aus schuldrechtlichem und dinglichem Ver- 4345

---

33 Vgl. BayObLG, DNotZ 1977, 367; OLG Hamm, DNotZ 1973, 615; OLG München, Rpfleger 2006, 68; krit. hierzu *Bestelmeyer*, Rpfleger 2006, 318: Verwechslung von materiellrechtlicher Rangeinigung gem. § 879 Abs. 3 BGB und verfahrensrechtlicher Rangbestimmung gem. § 45 Abs. 3 GBO.
34 Vgl. im Einzelnen *Kölmel* RNotZ 2011, 332, 336 f.
35 Vgl. *Kölmel*, RNotZ 2011, 332, 338.
36 OLG München, 08.02.2011 – 34 Wx 40/11, ZEV 2011, 267 (für den Nießbrauch).
37 Vgl. *Kölmel*, RNotZ 2011, 332, 340; die Pflicht zur späteren Abgabe einer Löschungsbewilligung etc bleiben als wirtschaftlich unbedeutend außer Betracht.
38 Für die anderen Sachverhaltsalternativen (beide Geschäfte sind nachteilhaft oder sind vorteilhaft, oder lediglich das dingliche Geschäft ist vorteilhaft) bleibt es beim TrennungsPrinzip, vgl. *Wojcik*, DNotZ 2005, 655 ff.
39 Vgl. den Überblick bei *Everts*, ZEV 2004, 232; krit. *Feller*, MittBayNot 2005, 416.

trag zugrunde,[40] um dem Dilemma zu entgehen, dass die schlichte Erfüllung eines wirksamen Verpflichtungsgeschäfts, möge sie auch für sich gesehen rechtlich nachteilig sein, sonst gem. §§ 1629 Abs. 2 Satz 1, 1795 Abs. 1 Nr. 1 Halbs. 2, Abs. 2, 181 Halbs. 2 BGB keinen Vertretungsausschluss zur Folge hätte. Bei der **Erfüllung einer Verbindlichkeit** kann es sich sowohl um eine solche handeln, die der Minderjährige zu erfüllen hat, als auch um solche, die ggü. dem Minderjährigen zu erfüllen sind[41] (z.B. die Annahme und Erfüllung[42] eines zu seinen Gunsten angeordneten Vermächtnisses).[43]

4346 Dogmatisch sauberer wäre es, wie bereits früh in der Literatur gefordert[44] und möglicherweise nun auch vom BGH geteilt,[45] unter Wahrung des Trennungsprinzips die in § 1795 Abs. 1 Nr. 1, letzter Halbs. BGB geregelte Ausnahme vom Vertretungsverbot teleologisch zu reduzieren auf solche Fälle, in denen das in der Erfüllung einer Verbindlichkeit bestehende Rechtsgeschäft über den Erfüllungserfolg hinaus nicht zu weiteren rechtlichen Nachteilen für den Vertretenen führt. Solange der BGH die Gesamtbetrachtungslehre nicht insgesamt aufgegeben hat, sollte der Notar vorsichtigerweise hinsichtlich der Einholung von Genehmigungen und bei der Regelung der Fälligkeitsvoraussetzungen davon ausgehen, dass die rechtliche Nachteilhaftigkeit des Verfügungsgeschäfts auch die Nachteilhaftigkeit des Verpflichtungsgeschäfts zur Folge hat.

4347 Ist hingegen – wie häufig – bereits das schuldrechtliche Grundgeschäft rechtlich nachteilhaft (etwa wegen darin enthaltener Rücktrittsregelungen, die nicht lediglich bereicherungsrechtlichen Abwicklungscharakter haben) und mangels Genehmigung durch Pfleger und Gericht noch schwebend unwirksam, allerdings das dingliche Geschäft unter Beachtung des Abstraktionsprinzips lediglich rechtlich vorteilhaft und demnach genehmigungsfrei wirksam, könnte der Grundbuchvollzug (sofern nicht § 139 BGB eingreift) ohne Weiteres erfolgen.[46] Jedenfalls für diese Alternative wurde die Gesamtbetrachtung ausdrücklich aufgegeben.[47] Der Minderjährige wäre jedoch, falls später das schuldrechtliche Grundgeschäft mangels Genehmigungsfähigkeit endgültig unwirksam wird, einem (wegen § 818 Abs. 3 BGB nicht zur rechtlichen Nachteilhaftigkeit führenden) gesetzlichen Rückforderungsanspruch des Übergebers aus § 812 Abs. 1 Satz 1, 1. Alt. BGB ausgesetzt.

4348 **Hinweis:**
Daher sollte in der Praxis der Notar stets übereinstimmend angewiesen werden, gem. § 53 BeurkG den Vollzug erst nach Pflegerbestellung und vormundschafts- (ab 01.09.2009 fa-

---

40 BGH, NJW 1981, 111, a.A. noch BGHZ 15, 168.
41 BayObLG, 08.02.2004 - 2Z BR 068/04, DNotZ 2004, 925.
42 Daher können Eltern (als Erben) ihr minderjähriges Kind (als Vermächtnisnehmer) bei der Entgegennahme eines auf der Verfügungsebene (vermietetes Objekt) nachteilhaften Vermächtnisses nicht vertreten, OLG München, 08.02.2011 - 34 Wx 18/11, NotBZ 2011, 186 (Ergänzungspfleger nötig).
43 Gutachten, DNotI-Report 2008, 133, auch zu den Problemen des Nachweises ggü. dem Grundbuchamt, § 29 GBO.
44 *Feller*, DNotZ 1989, 75 ff.
45 BGH, 03.02.2005 – V ZB 44/04, DNotZ 2005, 625; vgl. *Böttcher*, Rpfleger 2006, 293.
46 So der Sachverhalt bei BGH, 25.11.2004 – V ZB 13/04, ZEV 2005, 66, m. Anm. *Everts* und *Schmitt*, NJW 2005, 1090 sowie *Feiler*, MittBayNot 2005, 412.
47 Vgl. vorstehende Fußnote. Der BGH erwägt im Urt. v. 03.02.2005 – V ZB 44/04, NJW 2005, 1430 die teleologische Reduktion des § 181 BGB a.E. („Erfüllung einer Verbindlichkeit") auf solche Sachverhalte, in denen eine wirksame Verpflichtung des Vertretenen (Minderjährigen), nicht des Vertreters, besteht.

milien- oder, bei Volljährigen, betreuungs-)gerichtlicher Genehmigung, mag diese auch lediglich zum schuldrechtlichen Grundgeschäft erforderlich sein, vorzunehmen. Bei Überlassungsverträgen[48] mit Minderjährigen, in denen der Veräußerer sich z.B. vormerkungsgesicherte Rückforderungsrechte vorbehalten will, bestünde zusätzlich auch für den Veräußerer die Gefahr, das Eigentum zunächst zu verlieren ohne eine Vormerkungssicherung zu erwerben, da der schuldrechtliche (bedingte) Rückforderungsanspruch mangels Genehmigung noch nicht entstanden ist.[49]

e) Ausschluss der elterlichen Vertretungsmacht

Besonderes Augenmerk ist dem möglichen Ausschluss der Eltern von der gesetzlichen Vertretung (sei es im Hinblick auf die Genehmigung der Kindeserklärung, sei es i.R.d. Vertretererklärung im Namen des Kindes) zu widmen, zumal solche Vertretungsdefekte nicht – auch nicht durch gerichtliche Genehmigung oder durch späteren Vollzug im Grundbuch – geheilt werden können; der Notar erfüllt damit zugleich seine Pflicht gem. §§ 12, 17 BeurkG. 4349

§ 1629 Abs. 2 BGB verweist hinsichtlich des Vertretungsausschlusses auf die Sachverhalte des § 1795 BGB, in denen ein Vormund das Mündel nicht vertreten kann. Umfasst hiervon sind insb. 4350

- gem. §§ 1795 Abs. 2, 181, 1. Alt., BGB Rechtsgeschäfte zwischen dem Minderjährigen und einem oder beiden Elternteilen im eigenen Namen (bei dem also Eltern und Kind auf „verschiedenen Seiten"[50] stehen, etwa bei der Verteilung des Erlöses aus der Veräußerung eines [z.B. erben-] gemeinschaftlich gehaltenen Gegenstands),[51] [52] sowie

- gem. §§ 1795 Abs. 2, 181, 2. Alt., BGB Geschäfte zwischen dem Minderjährigen, einerseits, und einem oder beiden Elternteile als Vertreter eines Dritten, andererseits.

- In beiden Alternativen ist der Vertretungsausschluss aufgrund teleologischer Reduktion des § 181 BGB dann nicht anwendbar, wenn das in Rede stehende Rechtsgeschäft für den Minderjährigen rechtlich lediglich vorteilhaft i.S.d. § 107 BGB ist (Rdn. 4340 ff.), da in diesen Fällen ein Schutzbedürfnis nicht besteht (Annahme einer von den Eltern stammenden Schenkung für den minderjährigen Erwerber). –

- gem. § 1795 Abs. 1 Nr. 1 BGB Rechtsgeschäfte zwischen dem Minderjährigen, einerseits, und dem Ehegatten, eingetragenen Lebenspartner oder in gerader Linie Verwandten des ver- 4351

---

48 Bei Kaufverträgen ist die „Vorlagesperre" i.d.R. bereits „eingebaut": das Vorliegen der vormundschaftsgerichtlichen Genehmigung ist Fälligkeitsvoraussetzung und die Umschreibungsvorlage an den Zahlungsnachweis geknüpft.
49 *Reiß*, RNotZ 2005, 226.
50 Also keine Ergänzungspflegschaft beim Verkauf eines Grundstücks durch eine Erbengemeinschaft aus Eltern und minderjährigem Kind, OLG Frankfurt am Main, 23.02.2007 – 1 UF 371/06, NotBZ 2007, 371.
51 Vgl. *Mahlmann*, ZEV 2009, 320 ff., der ergänzend dafür plädiert, dem minderjährigen Miterben auch beim „Innenbeschluss" über den geplanten Verkauf (auch ohne Erlösverteilungsabrede) einen Ergänzungspfleger beizuordnen, jedenfalls wenn der Verkauf keine notwendige Maßnahme i.S.d. § 2038 Abs. 1 Satz 2 BGB (Alleinvertretungsrecht, kein Beschluss erforderlich) und keine ordnungsgemäße Verwaltungsmaßnahme i.S.d. § 2038 Abs. 2, 745 Abs. 1 BGB darstellt (Mehrheitsbeschluss genügt). Für die Wirksamkeit des anschließenden Veräußerungsvorgangs ggü. dem Erwerber selbst ist diese Frage jedoch ohne Bedeutung.
52 An der Gegenüberstellung Eltern/Kind soll es nach OLG Hamm, DNotZ 2003, 635 fehlen, wenn die Vorerbin als gesetzliche Vertreter/in des Nacherben einer Grundschuldbestellung zustimmt: Erklärungsadressat sei der Grundschuldgläubiger.

tretenden Elternteils, andererseits. Dadurch wird § 181 BGB „personell ausgeweitet", sodass – wie bei § 181 BGB unmittelbar – der Vertretungsausschluss nicht greift, wenn ein rechtlich lediglich vorteilhaftes Geschäft betroffen ist. Die betreffende Verwandtschaftsbeziehung muss zum Zeitpunkt der Vornahme des Rechtsgeschäfts gegeben sein. Es genügt, wenn eine der in § 1795 Abs. 1 Nr. 1 BGB genannten Personen begünstigter Dritter eines Vertrags i.S.d. § 328 BGB ist, ohne selbst Vertragspartner zu sein, oder wenn Erklärungen gem. §§ 873 Abs. 2, 875 BGB zu einer Rechtsänderung zugunsten einer der genannten Personen führen sollen.[53]

4352
- gem. § 1795 Abs. 1 Nr. 2 BGB die Übertragung einer durch Pfandrecht, Hypothek oder Bürgschaft gesicherten Forderung des Kindes gegen einen Elternteil oder die Aufhebung/Minderung einer solchen Sicherheit bzw. einer Verpflichtung des Kindes hierzu. Da das Verfügungsgeschäft in solchen Fällen allein zwischen Zedent und Zessionar stattfände (§ 398 BGB), wären die gesetzlichen Vertreter als Schuldner hieran selbst nicht beteiligt, sodass es dieser Ausweitung bedürfte.

- ferner gem. § 1796 BGB (i.V.m. § 1629 Abs. 2 Satz 3 BGB) Rechtsgeschäfte, wenn das FamG bei Vorliegen eines erheblichen Interessengegensatzes den Eltern die Vertretung für einzelne Angelegenheit entzogen hat. Die Vertretungsmacht entfällt mit der Bekanntmachung des Beschlusses, § 40 Abs. 1 FamFG.

4353 Demselben Vertretungsausschluss beim In-Sich-Geschäft, das für den Vertretenen nicht ausschließlich rechtlich vorteilhaft ist, unterliegen alle gesetzlichen Vertreter (z.B. gem. § 1908i Abs. 1 Satz 1 BGB i.V.m. §§ 1795 Abs. 2, 181 BGB der Betreuer, der ein für den Betreuten bestelltes Grundpfandrecht an seinem, des Betreuers, Grundstück löschen lassen möchte).[54]

f) Pflegschaft

4354 In allen diesen Fällen des Vertretungsausschlusses bedarf es einer **Ergänzungspflegschaft, § 1909 BGB**, die – ggf. auf Anregung der Beteiligten – durch das FamG angeordnet wird. Zuständig ist dabei das AG, in dessen Bezirk das betreffende Kind seinen gewöhnlichen Aufenthalt hat, § 152 Abs. 2 FamFG. Es handelt sich um eine Rechtspflegersache, § 3 Nr. 2a RPflG sowohl hinsichtlich der Anordnung der Pflegschaft als auch hinsichtlich der Auswahl und Bestellung des Pflegers, §§ 151 Nr. 5, 111 Nr. 2 FamFG.

4355 Auch wenn nur Zweifel an einem möglicherweise nicht ausschließlich rechtlich vorteilhaften Geschäft bestehen, sollte[55] diese Ergänzungspflegschaft gem. § 1909 BGB (bzw. Ergänzungsbetreuung nach § 1899 Abs. 4 BGB) eingeleitet werden, zumal die sonst möglicherweise gegebene Unwirksamkeit der Auflassung nicht durch den Grundbuchvollzug geheilt wird und auch die steuerliche Anerkennungsfähigkeit infrage stellen kann.[56] Für mehrere minderjährige Erwerber

---

53 *Staudinger/Engler*, 2004, § 1795, Rz. 14.
54 Und zwar auch, wenn die Aufgabeerklärung gem. § 875 Abs. 1 Satz 2 BGB ggü. dem Grundbuchamt abgegeben wird, da dieses im Interesse des Eigentümers eingeschaltet wird Gutachten, DNotI-Report 2004, 199; BGH, DNotZ 1981, 22.
55 Wegen der Unüberschaubarkeit der Fallgruppen zur „lediglich rechtlichen Vorteilhaftigkeit" empfiehlt dies *Wilhelm*, NJW 2006, 2353 generell, trotz der dadurch ausgelösten Gerichtskosten (10/10 Gebühr aus dem vollen Wert).
56 LG Würzburg, MittBayNot 1978, 14.

genügt ein Pfleger, sofern nicht zugleich ein Rechtsverhältnis im Innenverhältnis der Erwerber, z.B. eine GbR, zu gestalten ist. Stehen Eltern und Kind jedoch auf derselben Seite (beide verkaufen ein gemeinschaftliches Grundstück an Dritte), bedarf es keines Ergänzungspflegers, auch nicht beim Verkauf aus einer Erbengemeinschaft aus Elternteil und minderjährigem Kind, da sich diese am Verkaufserlös fortsetzt und demnach keine Auseinandersetzung damit verbunden ist.[57] Die Auseinandersetzung des Erlöses erfordert jedoch auf der Seite eines jeden minderjährigen Mitgliedes der Erbengemeinschaft einen Ergänzungspfleger.[58]

Über die Notwendigkeit einer Ergänzungspflegschaft für Eltern hatte bei vor dem 01.09.2009 eingeleiteten Verfahren in jedem Fall das FamG zu entscheiden, für die Bestellung und Beaufsichtigung des Ergänzungspflegers und die Genehmigung seiner Erklärungen ist jedoch das Vormundschaftsgericht zuständig,[59] wobei allerdings auch das FamG die Bestellung an sich ziehen kann.[60] Für die Anordnung, Bestellung und Überwachung eines Betreuers oder Ergänzungsbetreuers war nach alter Rechtslage stets das Vormundschaftsgericht zuständig. In Verfahren ab dem 01.09.2009 liegt die Zuständigkeit für Minderjährige beim FamG, i.Ü. beim Betreuungsgericht.

4356

Ist der **Pfleger** bereits bestellt und „verpflichtet", weist er sich aus durch seinen **Pflegerausweis** (Bestallungsurkunde) aus, die der Niederschrift in beglaubigter Abschrift beigefügt wird. Soll er erst durch das Gericht bestellt werden (sodass seine in der Urkunde abgegebenen Erklärungen an sich nach Bestellung zum Pfleger in dieser Eigenschaft zu wiederholen wären), erleichtert folgendes Verfahren, das schlüssiges Handeln[61] mit Erklärungswert belegt, den Vollzug:

4357

Formulierungsvorschlag: Noch vorzunehmende Bestellung eines Pflegers

4358

> Die Vertragsteile bevollmächtigen den Notar ferner, für sie die Bestellung eines Pflegers zu beantragen, den Bestallungsausweis von ihm entgegenzunehmen, und hierüber befreit von § 181 BGB eine Eigenurkunde zu errichten. In der Aushändigung des Bestallungsausweises an den Notar liegt die Nachgenehmigung des als Pfleger vorgesehenen Beteiligten zu den heute von ihm abgegebenen Erklärungen in seiner künftigen Eigenschaft als Pfleger.

Über die Aushändigung der Bestallungsurkunde (wie auch über die Entgegennahme der familiengerichtlichen Genehmigung) ist sodann eine Eigenurkunde zu fertigen und in gesiegelter Form der Kaufvertragsurkunde beizufügen, etwa mit folgendem Wortlaut:

---

57 OLG Frankfurt am Main, 23.02.2007 – 1 UF 371/06, MittBayNot 2008, 56.
58 Vgl. *Mahlmann*, ZEV 2009, 320 ff., der dafür plädiert, dem minderjährigen Miterben auch beim „Innenbeschluss" über den geplanten Verkauf (auch ohne Erlösverteilungsabrede) einen Ergänzungspfleger beizuordnen, jedenfalls wenn der Verkauf keine notwendige Maßnahme i.S.d. § 2038 Abs. 1 Satz 2 BGB (Alleinvertretungsrecht, kein Beschluss erforderlich) und keine ordnungsgemäße Verwaltungsmaßnahme i.S.d. § 2038 Abs. 2, 745 Abs. 1 BGB darstellt (Mehrheitsbeschluss genügt). Für die Wirksamkeit des anschließenden Veräußerungsvorgangs ggü. dem Erwerber selbst ist diese Frage jedoch ohne Bedeutung.
59 Vgl. BayObLG, FamRZ 2000, 568; OLG Hamm, NJW-RR 2001, 437; Gutachten, DNotI-Report 2003, 25 ff.; BayObLG, ZEV 2004, 341; *Everts*, ZEV 2005, 70; a.A. *Servatius*, NJW 2006, 334 (FamG wegen Vorrangs des § 1643 Abs. 1 BGB).
60 Palandt/*Diederichsen*, BGB, § 1697 Rn. 1. Dann soll nach bestrittener Auffassung des OLG Hamm, FamRZ 2001, 717 das FamG auch zur Genehmigung der Handlungen des Ergänzungspflegers zuständig sein.
61 LG Aachen, MittRhNotK 1963, 1.

4359 Formulierungsvorschlag: Eigenurkunde über die Aushändigung der Bestellungsurkunde/Bestallungsurkunde des Pflegers

> **Feststellung**
>
> Am heutigen Tage habe ich, Notar, aufgrund der in §..... der diesamtlichen Urkunde URNr...... vom ..... erteilten Vollmacht, die Genehmigung des durch das AG – Familiengericht – bestellten Ergänzungspflegers für alle Beteiligten in Empfang genommen.
>
> Die Genehmigung des Ergänzungspflegers erfolgte konkludent durch Übergabe der Bestallungsurkunde, Geschäftszeichen des Amtsgerichtes vom ..... (oder: Übergabe einer Ausfertigung des amtsgerichtlichen Beschlusses über die Anordnung der Ergänzungspflegschaft und die Auswahl des Ergänzungspflegers) zum Zwecke der Anfertigung einer beglaubigten Abschrift, die beigefügt ist Hierüber errichte ich eine Eigenurkunde.
>
> Die Erklärungen des Ergänzungspflegers bedürfen zu ihrer Wirksamkeit noch der familiengerichtlichen Genehmigung, die bereits beantragt ist.

2. Gerichtliche Genehmigungen

a) Genehmigungsbedürftige Sachverhalte

4360 Jedes Rechtsverhältnis ist sowohl hinsichtlich des Vertretungshindernisses der Eltern (teleologische Reduktion der §§ 1629 Abs. 2 Satz 1 i.V.m. 1795 Abs. 2, 181 BGB: kein Hindernis bei lediglich rechtlich vorteilhaftem Geschäft i.S.d. § 107 BGB) als auch hinsichtlich der **familiengerichtlichen Genehmigungsbedürftigkeit** getrennt zu beurteilen. Die Konsequenzen aus der Beteiligung Minderjähriger an **Gesellschaften** (GbR, Handels- und Kapitalgesellschaften) wurden bereits oben Rdn. 2261 ff. (zum Erfordernis familien-/vormundschafts-/betreuungsgerichtlicher Genehmigung s. Rdn. 2266 ff.) behandelt.

aa) Immobilientransaktionen

4361 Für die in §§ 1821, 1822 BGB genannten Rechtsgeschäfte bedürfen Vormund, Pfleger und Betreuer einer gerichtlichen Genehmigung. Zuständig für die vorherige Erlaubnis[62] oder nachträgliche Zustimmung ist das Betreuungsgericht (in vor dem 01.09.2009 eingeleiteten Verfahren: das Vormundschaftsgericht).[63] Eltern bzw. Ergänzungspfleger gem. § 1909 BGB benötigen für den in § 1643 Abs. 1 BGB erwähnten Ausschnitt hieraus der Genehmigung des FamG[64] (in Verfahren vor dem 01.09.2009 war auch für Ergänzungsbetreuer das VormG zuständig).[65] Nachlasspfleger bedürfen gem. § 1962 BGB (nach wie vor: § 368 Abs. 3 FamFG) der nachlassgerichtlichen Ge-

---

[62] Sofern der Inhalt des zu genehmigenden Rechtsgeschäftes im Wesentlichen feststeht: BayObLG, RNotZ 2003, 127.

[63] BayObLG, ZEV 2004, 340 (Divergenzvorlage an den BGH wegen Abweichung von OLG Köln, Rpfleger 2003, 570: FamG auch bei Pflegergeschäften). Hierzu ausführlich *Fiala/Müller/Braun*, Rpfleger 2002, 389.

[64] Hat versehentlich das Vormundschaftsgericht diese Genehmigung erteilt, dürfte sie gleichwohl wirksam sein (vgl. OLG Düsseldorf, FamRZ 1978, 198 für den umgekehrten Fall), DNotI-Report 2003, 97.

[65] Vereinfacht gesprochen, wird i.R.d. FamFG differenziert nach der Person dessen, für den gehandelt wird (Kinder: FamG; Erwachsener: Betreuungsgericht); nach altem Recht jedoch nach der Person des handelnden Vertreters (Eltern: FamG, sonst: VormG).

nehmigung.⁶⁶ Hält das Gericht eine Genehmigung nicht für erforderlich, erteilt es ein Negativattest.⁶⁷ Ist der Veräußerer minderjährig, erstreckt sich die Genehmigung auch auf das dingliche Geschäft, ist der Erwerber minderjährig, nur auf das schuldrechtliche (mit der Folge, dass sie vom Grundbuchamt gem. § 20 GBO an sich nicht verlangt werden kann, vom Notar jedoch gleichwohl einzuholen ist, vgl. Rdn. 4347 a.E.). Das Genehmigungserfordernis kann auch bei ausländischen Betreuungsverhältnissen mit Inlandsbezug bestehen, insb. gem. Art. 14 des Haager Erwachsenenschutzübereinkommens (ESÜ).

Genehmigungsbedürftig sind gem. §§ 1643 Abs. 1, 1821 Abs. 1 Nr. 1 BGB **Verfügungen über ein dem Minderjährigen gehörendes Grundstück** oder über seine Rechte an einem Grundstück, gem. § 1821 Abs. 1 Nr. 4 BGB auch Verpflichtungen hierzu (wobei jedoch gem. § 1821 Abs. 2 BGB Hypotheken, Grund- oder Rentenschulden nicht zu den Rechten an einem Grundstück im Sinn dieser Norm zählen). Bei den Immobiliarverfügungen i.S.d. § 1821 Abs. 1 Nr. 1 BGB handelt es sich insb. um folgende Vorgänge:⁶⁸   4362

- Erklärung der Auflassung, auch wenn sie in Erfüllung einer Rückübertragungspflicht des Kindes erfolgt,
- Erteilung einer unwiderruflichen Vollmacht zur Auflassung,
- Begründung von Wohnungs- oder Teileigentum durch das minderjährige Kind,
- Belastung des dem Kind gehörenden Grundbesitzes mit einer Hypothek, Grundschuld oder Rentenschuld (auch wenn dies in Ausübung der im genehmigten Verkaufsvertrag enthaltenen Belastungsvollmacht erfolgt),
- Belastung des Grundbesitzes des Kindes mit Rechten in Abteilung II (Nießbrauchsrecht, Dienstbarkeit, Erbbaurecht, Vorkaufsrecht, Reallast etc.),
- Inhaltsänderung eines der vorgenannten, am Grundbesitz des Kindes lastenden Rechte, soweit dies zu einer Erweiterung oder Erschwerung der Haftung führt,
- Bewilligung einer (Eigentums- oder Löschungs-) Vormerkung,
- Änderung der sachenrechtlichen Grundlagen, aber auch der Gemeinschaftsordnung einer WEG-Eigentümergemeinschaft, an welcher der Minderjährige beteiligt ist.⁶⁹

Weiter zählen hierzu Verfügungen über **Rechte des Minderjährigen an einem fremden Grundstück**, bspw.   4363

- die Inhaltsänderung eines dem Kind zustehenden Rechts in Abteilung II (Erbbaurecht, Grunddienstbarkeit, Nießbrauch, Vorkaufsrecht, Reallast etc.), sofern dieses nicht für das Kind ausschließlich rechtlich vorteilhaft ist,
- der Rangrücktritt mit einem der vorgenannten Rechte,

---

66   Für die unbekannten Erben wird regelmäßig ein Verfahrenspfleger bestellt werden müssen (§ 276 Abs. 1 Satz 1 FamFG), um so alle Beteiligten auch hinsichtlich der Bekanntgabe der Genehmigung zu erfassen.
67   Es handelt sich dabei lediglich um eine Zulässigkeitsentscheidung; der Vertrag bliebe bei unrichtiger Einschätzung unwirksam, sodass eine „vorsorgliche Genehmigung" vorzuziehen ist (Staudinger/*Engler*, BGB, § 1828 Rn. 47).
68   Vgl. *Kölmel*, RNotZ 2010, 1, 17.
69   Vgl. Gutachten, DNotI-Report 2011, 244. Solche beschlossenen Änderungen wären auch vormerkungsfähig, sind also auf Änderung des dinglichen Rechtsinhalts des Sondereigentums gerichtet, vgl. Staudinger/*Kreuzer*, § 10 WEG Rn. 66.

- die Aufhebung (Löschung) eines der vorgenannten Rechte,
- die Übertragung, Pfändung oder sonstige Belastung eines der vorgenannten Rechte.

4364 Gem. §§ 1643 Abs. 1, 1821 Abs. 1 Nr. 2 BGB sind auch **Verfügungen über grundstücksbezogene Forderungen** genehmigungsbedürftig (Abtretung eines Übereignungsanspruchs etc., jeweils einschließlich der entsprechenden Verpflichtung hierzu – § 1821 Abs. 1 Nr. 4 BGB –, jedoch jeweils nicht in Bezug auf Hypotheken, Grund- und Rentenschulden, § 1821 Abs. 2 BGB). Die bloße Erfüllung des Anspruchs eines Minderjährigen auf Übereignung einer Immobilie durch Bewirkung der Auflassung wird von der Norm jedoch nicht erfasst.[70]

4365 Gem. §§ 1643 Abs. 1, 1821 Abs. 1 Nr. 5 BGB ist ferner genehmigungsbedürftig der **entgeltliche Erwerb eines Grundstücks** oder eines Rechts an einem Grundstück (mit Ausnahme der vorgenannten Verwertungsrechte, § 1821 Abs. 2 BGB). Dieser Genehmigungsvorbehalt bezieht sich lediglich auf das **schuldrechtliche Geschäft**, ist also vom Grundbuchamt nicht zu prüfen. Die erforderliche Abhängigkeit von einer Gegenleistung ist bei Schenkungen unter Auflagen, auch der Auflage der Rückforderung oder Bestellung eines Rechts für den Veräußerer, nicht gegeben, sodass der Vorbehalt des Nießbrauchs und Rückforderungsrechte unschädlich sind.[71] Aber auch darüber hinaus gilt: Nicht jede „nicht mehr lediglich rechtlich vorteilhafte" Vereinbarung, die zur Bestellung eines Ergänzungspflegers wegen rechtlicher Verhinderung der Eltern führt, stellt zugleich die „Unentgeltlichkeit" infrage oder führt aus anderem Grund zur Genehmigungsbedürftigkeit: der bloße Eintritt in einen Verwaltervertrag – auf den vor dem 01.07.2007 beim Erwerb einer Eigentumswohnung i.R.d. Prüfung des § 107 BGB abzustellen war – bzw. der (kraft Gesetzes sich vollziehende) Eintritt in einen Mietvertrag verwirklichen z.B. §§ 1821 Abs. 1 Nr. 5, 1822 Nr. 5 und Nr. 10 BGB nicht.[72] Auch die Bestellung eines Nießbrauchs (mit Pflichten versehen und damit nicht lediglich rechtlich vorteilhaft) für das Kind am Grundstück der Eltern ist nicht „entgeltlich" und damit nicht genehmigungsbedürftig[73] (zu § 107 BGB vgl. Rdn. 4343)

4366 Die in allen vorgenannten Fällen gegebene Genehmigungsfreiheit in Bezug auf Hypotheken, Grund- und Rentenschulden, § 1821 Abs. 2 BGB, rechtfertigt sich aus Sicht des Gesetzgebers daraus, dass solche Verfügungen typischerweise nicht über die Grenzen der gewöhnlichen Vermögensverwaltung hinausgehen. Daher bedarf es für die Bestellung eines der vorgenannten Vewertungsrechte zugunsten des Kindes als Gläubiger keiner Genehmigung, ebenso wenig bei der Abtretung solcher Rechte, beim Rangrücktritt oder bei der Abgabe der Löschungsbewilligung für den Minderjährigen. Unberührt bleiben jedoch Genehmigungserfordernisse (bzw. Vertretungsverbote) aus anderen Gründen, bspw. wenn in der Abgabe einer löschungsfähigen Quittung bzw. der Löschung eine Schenkung zulasten des Kindes läge (§ 1804 BGB: Mitwirkungsverbot).

4367 Praxisbedeutsam ist schließlich das Genehmigungserfordernis der §§ 1643 Abs. 1, 1822 Nr. 5 BGB bei schuldrechtlichen Verträgen, durch die der Minderjährige **zu wiederkehrenden Leistungen verpflichtet** wird, sofern das Vertragsverhältnis über das 19. Lebensjahr hinaus fortdau-

---

70 RGZ 108, 356, 364.
71 BGH, 30.09.2010 – V ZB 206/10, NotBZ 2011, 94 m. Anm. *Krauß*.
72 *Everts*, ZEV 2004, 234 ff. und LG München II, MittBayNot 2005, 234; a.A. teilweise undifferenziert die Instanzgerichte: LG Heidelberg, BWNotZ 2000, 145.
73 Konnte in OLG München, 08.02.2011 – 34 Wx 40/11, ZEV 2011, 267 offenbleiben, da das Grundbuchamt die schuldrechtliche Seite nicht zu prüfen hat.

ern soll. In Betracht kommt dies bspw. für Mietverträge, die den Minderjährigen als Mieter oder als Vermieter betreffen und die nicht vor Vollendung seines 19. Lebensjahres kündbar sind, aber auch Sparverträge etc.

Schließlich bedarf es gem. § 1643 Abs. 1 i.V.m. § 1822 Nr. 8 BGB der familiengerichtlichen Genehmigung bei der **Aufnahme von Geld auf Kredit des Minderjährigen**, und zwar auch wenn dieser Kredit unverzinslich und ungesichert ist. Nicht erfasst ist jedoch die bloße Stundung eines Kaufpreises durch den Verkäufer,[74] sofern dieser nicht durch Dritte finanziert ist. 4368

Die §§ 1643 Abs. 1, 1822 Nr. 10 BGB sollen schließlich den Minderjährigen davor schützen, eine Verbindlichkeit in der falschen Hoffnung zu übernehmen, dass tatsächlich ein anderer leisten werde. Genehmigungsbedürftig sind daher alle Fälle der „Haftungsübernahme", in denen für den Fall der Inanspruchnahme dem Minderjährigen ein Regressanspruch gegen den Primär-Schuldner zusteht, also bspw. die **Übernahme einer Bürgschaft**, die Schuldübernahme oder Erfüllungsübernahme, der Schuldbeitritt, der Erstattungsanspruch des Gesamtschuldners aus § 426 BGB etc. Die Übernahme der auf einem Grundstück ruhenden Lasten, ebenso der kraft Gesetzes sich vollziehende Eintritt in einen Mietvertrag beim Erwerb eines Grundstücks durch einen Minderjährigen lösen jedoch das Genehmigungserfordernis des § 1822 Nr. 10 BGB nicht aus. Allerdings wird § 1822 Nr. 10 BGB verwirklicht, wenn lediglich ein Bruchteil eines Sondereigentums an einen Minderjährigen aufgelassen wird, da er gesamtschuldnerisch mit dem Eigentümer des verbleibenden Bruchteils auf den vollen Betrag der Gemeinschaftslasten (§§ 10 Abs. 8, 16 Abs. 2 WEG) haftet.[75] 4369

Einseitige Rechtsgeschäfte (mit Ausnahme amtsempfangsbedürftiger Willenserklärungen) bedürfen der vorherigen Genehmigung nach § 1831 BGB.[76] 4370

bb) Grundpfandrechtsbestellung

Zu berücksichtigen ist, dass auch **Grundpfandrechtsbestellungen**[77] der Genehmigung bedürfen (§ 1821 Abs. 1 Nr. 1 BGB; auch durch Eltern: § 1643 Abs. 1 BGB); Gleiches gilt für den Darlehensabschluss eines Minderjährigen und die Besicherung fremder Verbindlichkeiten (Zweckvereinbarung).[78] Ist bspw. die Übernahme eines mit einem Grundpfandrecht belasteten Grundstücks, solange der Minderjährige keine persönliche Haftung für die noch valutierende Schuld übernimmt, lediglich rechtlich vorteilhaft und genehmigungsfrei (s. o. Rdn. 4333), liegt in der **Abrede zur künftigen Neuvalutierung** durch die Eltern im Verhältnis zwischen Grundstückseigentümer (Erwerber) und persönlichem Schuldner (z. B. den Eltern) entweder eine (dann zwingend nichtige, § 1641 Satz 1 BGB) Schenkung oder aber (richtigerweise) ein Auftrag, dessen Vereinbarung mangels lediglich rechtlichen Vorteils einen Ergänzungspfleger erforderlich 4371

---

74 Vgl. Praxis-Kommentar BGB/*Lafontaine*, 4. Aufl. 2009, § 1822 Rz. 145.
75 KG, 15.07.2010 – 1 W 312/10, BeckRS 2010, 28459 = FD-MietR 2010, 311706.
76 Vgl. *Sonnenfeld/Zorn*, Rpfleger 2004, 535 f.
77 Dies gilt auch für Eigentümergrundschulden, nicht erst für deren (für Eltern genehmigungsfreie, da auf § 1821 Abs. 2 BGB nicht verwiesen wird) Abtretung, vgl. *Ivo*, ZNotP 2004, 18.
78 § 1822 Nr. 8 (Darlehen) bzw. Nr. 10 BGB, Nr. 10 dürfte immanent in der Genehmigung des Grundpfandrechts enthalten sein, jedenfalls wenn das Gericht den Beleihungszweck kennt: *Gaberdiel*, Kreditsicherung durch Grundschulden, Rn. 649.

macht, jedoch keiner gerichtlichen Genehmigung unterliegt. Beim **Sicherungsvertrag** selbst zwischen Grundpfandrechtsgläubiger und Sicherungsgeber (Eigentümer = Erwerber) sind die Eltern mangels Kollision nicht an der Vertretung gehindert,[79] allerdings bedarf es wohl einer familiengerichtlichen Genehmigung gem. § 1822 Nr. 10 BGB („Übernahme einer fremden Verbindlichkeit"),[80] weil im Fall der Inanspruchnahme aufgrund der gesicherten Forderungen dem Sicherungsgeber ein Ersatzanspruch gegen den persönlichen Schuldner zustünde.

4372 Wurde die Veräußerung durch einen minderjährigen Verkäufer genehmigt, muss für das Finanzierungsgrundpfandrecht des Erwerbers erneut die familiengerichtliche Genehmigung eingeholt werden, auch wenn im Kaufvertrag eine sog. **Finanzierungsvollmacht** enthalten war.[81] Streng genommen kann dies für den Käufer zur Folge haben, dass zwar sein Ankauf, nicht aber seine Finanzierungsgrundschuld genehmigt wird, und demnach der Kaufpreis zwar fällig, das Finanzierungsdarlehen aber anderweit besichert werden muss (vergleichbar dem Risiko der „gespaltenen Zustimmung" eines Grundstückseigentümers zum Verkauf, nicht aber zur Beleihung eines Erbbaurechtes, Rdn. 2624). Der vorsichtige Käufer wird darauf drängen, die Fälligkeit des Kaufpreises auch an die gerichtliche Genehmigung der Bestellung der Finanzierungsgrundschuld zu knüpfen, was dem Verkäufer aber nur dann zuzumuten ist, wenn diese im selben Termin beurkundet wird.

4373 Der Genehmigungsfähigkeit des Finanzierungsgrundpfandrechtes steht dabei nicht entgegen, dass der Grundschuldbetrag den Kaufpreis übersteigt, sofern nur der Sicherungszweck der Grundschuld zunächst auf die Kaufpreiszahlung beschränkt ist.[82] Ist hingegen der **Erwerber** minderjährig, soll die Genehmigung zu einem Kaufvertrag mit Beleihungsvollmacht auch die Grundschuldbestellung zur Kaufpreisfinanzierung erfassen.[83]

4374 Sofern eine gerichtliche Genehmigung zum Grundpfandrecht erforderlich ist, kann der Notar (entsprechende Vollzugsanweisung vorausgesetzt) bereits i.R.d. Genehmigung des Kaufvertrags eine (dann ohne Mitteilung an den prospektiven anderen Vertragsteil, also mit Rechtskraft sofort wirksame) „**Vorwegerlaubnis**" zur Beleihung einholen;[84] außerdem heilt der spätere Eigentumserwerb des Käufers die ggf. ohne gerichtliche Genehmigung, also (noch) als Nichtberechtigter,

---

79 Es sei denn, das FamG würde gem. §§ 1629 Abs. 2 Satz 3 Halbs. 1, 1796 BGB im Einzelfall wegen eines konkreten Interessenwiderstreits die Vertretung entziehen.

80 A.A. BayObLG, FamRZ 1986, 597, a.A. *Senft*, MittBayNot 1986, 231, sowie *Gaberdiel*, Kreditsicherung durch Grundschulden, 7. Aufl. 2004, Rn. 647; Gutachten, DNotI-Report 2005, 197.

81 OLG Zweibrücken, MittBayNot 2005, 313; LG Berlin, Rpfleger 1994, 355; *Labuhn*, Vormundschaftsgerichtliche Genehmigung, Rn. 167; differenzierend LG Schwerin, MittBayNot 1997, 297 (Genehmigungsfreiheit, wenn in der Vollmacht bereits Höhe, Verzinsung und Fälligkeit des Grundpfandrechts enthalten sind). Vgl. zum Ganzen umfassend Gutachten, DNotI-Report 2003, 129 f. und *Braun*, DNotZ 2005, 730 ff.

82 LG Nürnberg-Fürth, MittBayNot 2007, 218 m. Anm. *Fahl* (es verbleibt allerdings das Risiko der Zweitschuldnerschaft für dadurch erhöhte Grundbuchkosten).

83 BGH, DNotZ 1998, 490 (auch wenn dadurch Mittel für andere Zwecke als die Kaufpreisfinanzierung beschafft werden sollen, krit. hierzu *Gschoßmann*, MittBayNot 1998, 236).

84 Erforderlich sind Angaben zur maximalen Höhe samt Zinsen und Nebenleistungen und deren Fälligkeit sowie die Vorlage der Sicherungsvereinbarung i.S.d. § 1822 Nr. 10 BGB; ggf. auch die Möglichkeit einer mehrfachen Ausnutzung der Vorwegbeleihungsvollmacht *Braun*, DNotZ 2005, 730 ff.

getroffene Verfügung, sofern der Käufer (wie regelmäßig wegen § 800 ZPO) auch im eigenen Namen als künftiger Eigentümer gehandelt hat (§ 185 Abs. 2 Satz 1, 2. Alt. BGB).[85]

Liegt keine vorherige familien-/betreuungs-/ (in Verfahren bis 31.08.2009: vormundschafts-)gerichtliche Erlaubnis vor, muss die nachträglich diesbezüglich erteilte Genehmigung nicht nur dem gesetzlichen Vertreter **zugegangen**, sondern auch dem anderen Vertragsteil (Bank) mitgeteilt und von diesem in Empfang genommen worden sein (§ 1829 Abs. 1 Satz 2 BGB). Dies kann bspw. durch Mitübersendung als Urkundsbestandteil der dem Gläubiger zu erteilenden Ausfertigung (§ 873 Abs. 2 BGB) erfolgen; nach deren Zugang (Rückfax) kann vollstreckbare Ausfertigung erteilt werden. Dem Grundbuchamt ggü. ist wegen des hier geltenden lediglich formellen Konsens-Prinzips (§ 19 GBO) jedoch als Bestandteil der Wirksamkeit der Bewilligung nur nachzuweisen, dass die Genehmigung erteilt wurde und dem gesetzlichen Vertreter zuging (etwa durch Vorlage der an diesen gerichteten Ausfertigung mit dem Eintragungsantrag). Des Nachweises der Mitteilung an den Gläubiger (und der dafür üblichen sog. Doppelvollmacht) bedarf es also nicht, allerdings ist diese Mitteilung materiell-rechtlich erforderlich (und erfolgt i.d.R. infolge entsprechender, stets widerruflicher, Vollmacht durch den Notar).[86]

4375

Die **Eigentümerzustimmung zur Löschung eines Grundpfandrechtes** (§ 27 GBO) bedarf zwar (wegen § 1821 Abs. 2 BGB) nicht gem. § 1821 Abs. 1 Nr. 1 BGB der gerichtlichen Genehmigung, sie stellt jedoch i.S.d. § 1812 BGB eine „Verfügung über ein Recht, kraft dessen der Betreute eine Leistung verlangen kann", dar, und bedarf daher (bei Fehlen eines Gegenvormunds/Gegenbetreuers) der Genehmigung. Dies gilt unabhängig davon, ob die Eigentümerzustimmung materiell-rechtlich eine Aufhebungserklärung i.S.d. § 875 BGB darstellt (z.B. wenn eine Hypothek nach Befriedigung der persönlichen Forderung zur verdeckten Eigentümergrundschuld wurde) oder eine Erklärung i.S.d. § 1183 BGB;[87] und zwar wohl auch, wenn es sich um das rangletzte Grundpfandrecht handelt.[88]

4376

b) Verfahren nach altem Recht (FGG)

Gegen die Versagung oder eingeschränkte Erteilung einer Genehmigung konnten die Beteiligten[89] nach der für vor dem 01.09.2009, also unter Geltung des FGG, eingeleiteten Verfahren, **Beschwerde zum LG** erheben. Wurde die Genehmigung jedoch erteilt, da aus Sicht des Gerichts der Vertrag in seiner Gesamtbetrachtung sich als vorteilhaft darstellt,[90] war sie an sich gem. §§ 55, 62 FGG unanfechtbar. Dies verstieß nach der **Rechtsprechung des BVerfG**[91] gegen die **Rechtsweggarantie des Grundgesetzes** (Art. 19 Abs. 4 GG), wenn nicht zumindest zuvor die Absicht der Genehmigungserteilung durch einen selbstständig beschwerdefähigen Vorbescheid (ähnlich

4377

---

85 RGZ 89, 158, allerdings erst mit Wirkung ab Eigentumserwerb!
86 *Ivo*, ZNotP 2004, 20.
87 OLG Hamm, 25.10.2010 – I-15 W 334/10, MittBayNot 2011, 242.
88 So jedenfalls BayObLG DNotZ 1985, 161; *Schöner/Stöber*, Grundbuchrecht, 14. Aufl., Rn. 3711, 3723.
89 Nicht jedoch der (prospektierte) Erwerber, da in seine Rechte nicht eingegriffen wurde (berechtigtes Interesse an der Entscheidung genügt nicht für das Beschwerderecht), OLG Rostock, 17.05.2006 – 3 W 137/05, NJW-RR 2006, 1229.
90 OLG Koblenz, RPfleger 2005, 665: durch den Genehmigungsvorbehalt soll nicht jedes Risiko vom „Geschützten" ferngehalten werden; entscheidend ist die Abwägung aller Vor- und Nachteile.
91 BVerfG, ZEV 2000, 148/195.

Kapitel 12: Einkommensteuerrecht

dem damaligen Vorbescheid bei Erbscheinen) angekündigt worden sei. Die OLG haben[92] hierzu entschieden, dass demnach gegen Genehmigungen des Vormundschaftsgerichts die Beschwerde zulässig bleibe, wenn kein selbstständig beschwerdefähiger Vorbescheid vorausgegangen sei.

> **Hinweis:**
>
> Für die Vertragsabwicklung hatte dies – jedenfalls bis zur Neufassung des FGG per 01.09.2009 (vgl. Rdn. 4379 ff.) – den Nachteil, dass man nicht mehr zwingend von der dauernden Wirksamkeit einer einmal erteilten vormundschaftsgerichtlichen Genehmigung ausgehen konnte. Für Genehmigungen des FamG (bei Handeln der Eltern selbst) galt nichts anderes.

4378 Viele Vormundschaftsgerichte gingen vor Inkrafttreten des FamFG demnach dazu über, prinzipiell bei allen Genehmigungen von Grundstücksgeschäften einen zusätzlichen **Verfahrenspfleger**[93] zu bestellen, der im Innenverhältnis die Rechte des Betreuten ggü. seinem Betreuer wahrnahm, und die beabsichtigte Entscheidung (i.d.R. die Genehmigung) den Beteiligten des Rechtsgeschäfts (Verkäufer, Betreuer, Verfahrenspfleger) vorab mitzuteilen mit der Aufforderung, binnen 14 Tagen etwaige Bedenken zu äußern. Die Abwicklung bei notwendigen familien- oder vormundschaftsgerichtlichen Genehmigungen verzögerte sich dadurch um etwa 6 weitere Wochen. Zudem könnte der andere Vertragsteil das Rechtsgeschäft angesichts dieser langen Vollzugsdauer dadurch zu Fall bringen, dass er den Betreuer/Vormund zur Erklärung über die Genehmigung auffordert;[94] die 4-Wochen-Frist, (vor dem 01.09.2009: 2-Wochen-Frist), nach deren Ablauf die Genehmigung als verweigert gilt (§ 1829 Abs. 2 BGB), wird unter heutigen Bedingungen kaum mehr ausreichen, zur kautelaren Vorsorge vgl. Rdn. 4409

c) **Verfahren nach neuem Recht (FamFG)**

aa) **Zuständigkeiten**

4379 Mit Inkrafttreten des neuen **FamFG** am 01.09.2009[95] wurden für ab diesem Zeitpunkt neu eingeleitete Verfahren (Art. 111 FGG-ReformG) die bisherigen Aufgaben der Vormundschaftsgerichte von den **Familiengerichten**, soweit sie Angelegenheiten von Kindern betreffen (etwa Vormundschaft, Pflegschaft für Minderjährige, Adoption – auch Volljähriger –), i.Ü. von den neu geschaffenen **Betreuungsgerichten** übernommen.

4380 Die Genehmigung für Maßnahmen des **Nachlasspflegers** wird auch nach dem 01.09.2009 vom Nachlassgericht erteilt, vgl. § 368 Abs. 3 FamFG. Für die unbekannten Erben wird regelmäßig ein Verfahrenspfleger bestellt werden müssen, § 276 Abs. 1 Satz 1 FamFG, um so alle Beteiligten auch hinsichtlich der Bekanntgabe der Genehmigung zu erfassen.

---

92 Z.B. ZEV 2000, 457.
93 Nach BayObLG, MittBayNot 2005, 504 ist dessen Bestellung zur Wahrung rechtlichen Gehörs zwingend; die Vergütung des Pflegers (auch bei Bestellung eines RA allerdings nicht zwingend nach dem RVG) trägt der Minderjährige. Als verfahrensleitende Verfügung ist die Entscheidung über die Bestellung nicht anfechtbar, OLG Köln, FamRZ 2006, 282 m. abl. Anm. *Bienwald*.
94 Nach OLG Düsseldorf, DNotZ 2003, 863 muss die Aufforderung allerdings so gefasst sein, dass sie sich aus Sicht des gesetzlichen Vertreters deutlich von einer bloßen Sachstandsanfrage unterscheidet.
95 Vgl. hierzu *Heinemann*, DNotZ 2009, 6 ff.; *Gutachten* DNotI-Report 2009, 145 ff.

Gegen die Erteilung oder Nichterteilung der betreuungsgerichtlichen Genehmigung ist die Beschwerde zum LG (§ 72 Abs. 1 Satz 2 GVG) eröffnet; gegen familien- und nachlassgerichtliche Genehmigungen bzw. deren Nichterteilung findet die Beschwerde zum OLG statt. 4381

Vor dem 01.09.2009 eingeleitete Verfahren werden, auch in der Beschwerdeinstanz, noch unter Fortgeltung des FGG abgewickelt. 4382

bb) Entscheidungskriterien

Der Familienrichter trifft bei der Erteilung der Genehmigung eine **Ermessungsentscheidung**.[96] Revisibler Ermessensnicht- oder Ermessensfehlgebrauch kann insb. vorliegen, wenn der Richter bereits aus der Genehmigungsbedürftigkeit (also der „nicht lediglich rechtlichen Vorteilhaftigkeit") auf die Versagung der Genehmigung schließt oder bei der Bewertung relevanter Umstände unrichtige Maßstäbe zugrunde legt. So können allein die Anordnung der Anrechnung auf den Pflichtteil gem. § 2315 BGB (selbst wenn zugunsten des minderjährigen Empfängers keine Begrenzung auf den Wert zum Zeitpunkt des Todes des Übergebers aufgenommen ist, vgl. Rdn. 2878), der Vorbehalt eines Nießbrauchsrechts, der dinglichen Beleihung sowie eines Rückforderungsrechts (selbst dann, wenn Erwerberinvestitionen nur zu ersetzen sind, soweit sie noch zu einer Wertsteigerung des Vertragsobjekts führen) der Genehmigungsfähigkeit nicht entgegenstehen.[97] 4383

Reichen die Mietüberschüsse einer dem Minderjährigen übertragenen Eigentumswohnung aus, um den Kreditbelastungen nachzukommen, bestehen keine Mietstreitigkeiten oder -rückstände, ist eine Sanierung in den nächsten Jahren nicht erforderlich und verpflichtet sich der Veräußerer, bis zum Eintritt der Volljährigkeit des Erwerbers Fehlbeträge aus eigenen Mitteln auszugleichen, besteht ebenfalls Genehmigungsfähigkeit; dies gilt sogar dann, wenn der Veräußerer sich bevollmächtigen lässt, Mietüberschüsse in eine Rücklage einzustellen, die zur Instandhaltung und Darlehensverpflichtung zu verwenden sind, sofern diese Vollmacht nach der Tilgung der Darlehensverpflichtung widerrufen werden kann.[98] 4384

Die Genehmigung dispensiert den gesetzlichen Vertreter nicht von etwaiger Haftung bei pflichtwidrigem Vertragsabschluss.[99] 4385

cc) Rechtskraft des Genehmigungsbeschlusses

An die Stelle der bisherigen „Hilfskonstruktion" des „Vorbescheids" tritt die sog. „**Rechtskraftlösung**" (bzw. „Suspensivlösung"), wonach der Beschluss über die Genehmigung eines Rechtsgeschäfts erst mit formeller Rechtskraft wirksam wird, §§ 40 Abs. 2, 45 FamFG. 4386

---

96 BayObLG, NJW-RR 2003, 649/652.
97 Vgl. OLG München, 17.07.2007 – 31 Wx 18/07, RNotZ 2008, 27.
98 OLG Brandenburg, 23.09.2008 – 10 UF 70/08, MittBayNot 2009, 155, m. Anm. *Fenbacher*.
99 BGH, 18.09.2003 – XII R 13/01, DNotI-Report 2003, 189.

(1) Beginn der Beschwerdefrist: Bekanntgabe bzw. Erlass

4387 Die Beschwerdefrist beträgt 2 Wochen und beginnt mit schriftlicher Bekanntgabe des Beschlusses an die „Beteiligten" (§ 63 Abs. 2 Nr. 2, Abs. 3 Satz 1 FamFG). Jedem Beteiligten ggü. läuft eine eigene Beschwerdefrist, übrigens unabhängig davon, ob die gem. § 39 FamFG vorgeschriebene Rechtsbehelfsbelehrung beigefügt war oder nicht.[100]

4388 Zu diesen Beteiligten zählt jedenfalls der gesetzliche Vertreter (Eltern, Vormund, Betreuer), ebenso durch das Gericht für den Betroffenen bestellte Unterstützungspersonen (nachstehend untechnisch zusammenfassend als „**Verfahrensvertreter**" bezeichnet), d.h.

- Für den Betreuten und bei Nachlasspflegschaften und Nachlassverwaltungen[101] ein etwa gem. § 276 Abs. 1 FamFG bestellter **Verfahrenspfleger** (insb. in den Fällen, in denen eine Verständigung mit dem Betreuten schwierig ist, § 299 Satz 1 FamFG,[102] oder Zweifel daran bestehen, ob der Betreuer tatsächlich im Interesse des Mündels handelt; bei unbekannten Erben stets); seine Beteiligteneigenschaft ergibt sich sodann aus § 274 Abs. 2 FamFG mit der Folge, dass er selbst beschwerdebefugt ist.[103]
- Ein etwa für ein minderjähriges Kind bestellter **Verfahrensbeistand** gem. § 158 FamFG (der auch gem. § 158 Abs. 4 Satz 5 für das Kind Beschwerde einlegen kann). Der Schwerpunkt solcher Beistandsbestellung liegt freilich in der Personensorge (§ 158 Abs. 1 FamFG), sodass eine analoge Anwendung im Raum steht.[104]

4389 Der Beschluss über die Bestellung eines solchen „Verfahrensvertreters" ist (wohl gegen die Intention des Gesetzgebers) mit der einmonatigen Rechtspflegererinnerung gem. § 11 Abs. 2 RPflG anfechtbar (durch Eltern/Betreuer, sowie Betreuten und das mindestens 14 Jahre alte Kind), sodass sich das Verfahren möglicherweise bis zum Ablauf dieser Frist weiter verzögert.

4390 Ein etwa vom Betreuten daneben eingesetzter Vorsorgebevollmächtigter ist demgegenüber gem. § 274 Abs. 1 Nr. 3 FamFG nur dann zu beteiligen, wenn „sein Aufgabenkreis betroffen ist", z.B. in hier nicht einschlägigen Verfahren zur Bestellung eines Kontrollbetreuers gem. § 1896 Abs. 3 BGB.

4391 Der Genehmigungsbeschluss ist jedoch stets auch[105] demjenigen bekannt zu geben (zum Verfahren: § 15 FamFG), für den das Rechtsgeschäft genehmigt wird (also dem betroffenen Kind,

---

100 Gem. § 17 Abs. 2 FamFG wird dann jedoch bei Wiedereinsetzung in den vorigen Stand fehlendes Verschulden vermutet.
101 § 342 Abs. 1 Nr. 2 und Nr. 8 FamFG; gem. § 340 Nr. 1 FamFG gelten die Vorschriften des 3. Buches des FamFG für solche „betreuungsrechtlichen Zuweisungssachen" entsprechend.
102 Trotz § 275 FamFG, vgl. *Schaal* notar 2010, 268, 275, auch zur Gegenansicht.
103 *Rausch*, in: Schulte-Bunert/Weinreich, FamFG-Kommentar, § 276 Rn. 17.
104 Vgl. *Heggen* NotBZ 2010, 394; der Verfahrensbeistand ist dabei kein Superrevisor des eingesetzten Betreuers, sondern soll die verfahrensrechtliche Beteiligung des Mindejährigen sicherstellen, BGH, 22.07.2009 – XII ZR 77/06, NotBZ 2009, 452 m. Anm. *Krause*.
105 Dadurch wird ein Widerspruch zum unverändert gebliebenen § 1828 BGB, wonach das Gericht die Genehmigung allein dem Vormund ggü. erklären könne, vermieden.

dem Mündel, Pflegling, dem Betreuten etc., vgl. § 41 Abs. 3 FamFG).[106] Dadurch soll verhindert werden, dass das Rechtsgeschäft ohne Einbeziehung des Rechtsinhabers zustande kommt; das dem Betroffenen zu gewährende rechtliche Gehör kann – so die hiermit umgesetzte Vorgabe des BVerfG in der Entscheidung v. 18.01.2000[107] – nicht durch den gesetzlichen Vertreter vermittelt werden, dessen Handeln im Genehmigungsverfahren gerade überprüft werden soll.

Soweit der Betroffene selbst verfahrensfähig ist, ist ihm also der Beschluss i.S.d. § 41 Abs. 3 FamFG unmittelbar bekannt zu geben. Verfahrensfähigkeit liegt vor 4392

- bei **Betreuten**, ohne Rücksicht auf ihre Geschäftsfähigkeit, gem. § 275 FamFG in allen Betreuungssachen (dazu zählen gem. § 271 Nr. 3 FamFG auch vermögensrechtliche Genehmigungsverfahren);
- bei mindestens **14 Jahre alten** und nicht geschäftsunfähigen **Kindern**, da sie ab diesem Alter durch das Gericht gem. § 159 Abs. 1 FamFG anzuhören sind, und damit gem. § 60 Satz 2 FamFG selbst Beschwerde einlegen können (auch wenn die Anhörung im Einzelfall tatsächlich nicht stattgefunden hat).[108]

Liegt solche Verfahrensfähigkeit nicht vor, also bei Kindern unter 14 Jahren oder bei geschäftsunfähigen Kindern, ist – sofern nicht bereits ein Verfahrenspfleger oder Verfahrensbeistand bestellt wurde, streitig[109] – zum Zwecke der wirksamen Bekanntgabe und ggf. zur Einlegung der Beschwerde durch das Gericht ein Ergänzungspfleger (§ 1909 BGB)[110] – streitig, nach a.A. ein Verfahrensbeistand i.S.d. § 158 FamFG[111] oder gem. § 158 FamFG analog[112] – zu bestellen (eine Vertretung durch den gesetzlichen Vertreter selbst, der das zu genehmigende Rechtsgeschäft zustande gebracht hat, ist wie vorstehend erläutert ausgeschlossen).[113] Der nicht berufsmäßige 4393

---

106 Nach Mm. (z.B. *Bumiller/Harders* FamFG 9. Aufl. 2009 § 41 Rn. 8) ist in § 41 Abs. 3 FamFG der andere Vertragsteil (Adressat der Bekanntmachung gem. § 1829 BGB) gemeint. Dagegen spricht jedoch der Umstand, dass dieser nur ausnahmsweise ein Beschwerderecht haben kann, etwa wenn die Genehmigung zurückgenommen wird, nachdem sie ihm ggü. schon wirksam geworden war (BayObLG 60, 276; OLG Stuttgart, Rpfleger 59, 158) oder bei Versagung der Genehmigung, wenn er vorbringt, das Rechtsgeschäft sei nicht genehmigungsbedürftig (BayObLG, FamRZ 77, 141; OLG Hamm, OLG 84, 327).
107 BVerfGE 101, 397 (407).
108 *Unger*, in: Schulte-Bunert/Weinreich, FamFG-Kommentar, § 60 Rn. 3; vgl. auch § 164 FamFG.
109 Bedenken bestehen, da gem. § 9 Abs. 2 FamFG verfahrensunfähige Beteiligte (also z.B. unter 14-jährige Kinder) durch die „nach bürgerlichem Recht dazu befugten Personen" vertreten werden, und gem. § 158 Abs. 4 Satz 6 FamFG der Verfahrensbeistand ausdrücklich nicht als gesetzlicher Vertreter fungiert.
110 So OLG Oldenburg, 26.11.2009 – 14 UF 149/09; OLG Celle, 04.05.2011 – 10 UF 78/11, ZErb 2011, 198 und KG, 04.03.2010 – 17 UF 5/10, RNotZ 2010, 463 m. krit. Anm. *Kölmel*; ebenso *Sonnenfeld*, NotBZ 2009, 295, 299 und *Damrau*, ZErb 2011, 176 ff., da § 158 Abs. 1 FamFG nur für Angelegenheiten in Bezug auf die „Person des Kindes" gelte; lediglich die (wortgleiche) Vorgängernorm des § 50 FGG wurde zur Schließung der vom BVerfG aufgedeckten Rechtsschutzlücke erweiternd ausgelegt; vgl. Überblick zu den vertretenen Auffassungen bei *Heggen* NotBZ 2010, 395 ff.
111 *Heinemann*, DNotZ 2009, 6, 17, *Litzenburger*, RNotZ 2009, 380, 381; dagegen spricht jedoch, dass gem. § 158 Abs. 4 Satz 6 FamFG der Verfahrensbeistand ausdrücklich nicht als gesetzlicher Vertreter des Kindes fungiert.
112 *Kölmel* NotBZ 2010, 2, 5; *ders.*, MittBayNot 2011, 190 ff.
113 A.A. OLG Brandenburg, 06.12.2010 – 9 UF 61/10, MittBayNot 2011, 240: Prüfung im Einzelfall, worin der konkrete Interessengegensatz zwischen (z.B.) Kind und Eltern bestehen soll, dann ggf. Entzug der sonst gegebenen Vertretungsmacht zur Bekanntgabe der Genehmigung gem. §§ 1629 Abs. 3 Satz 2, 1796 BGB.

Verfahrensbeistand erhält lediglich Erstattung seiner Aufwendungen;[114] der berufsmäßige Verfahrensbeistand erhält immerhin 350,00 € pro Rechtszug (§ 158 Abs. 7 Satz 2 FamFG).

4394 Fehlt es an einer wirksamen Bekanntgabe an einen der vorgenannten Beteiligten, beginnt die 2-wöchige Beschwerdefrist erst 5 **Monate nach Erlass**[115] der Genehmigung zu laufen, § 63 Abs. 3 Satz 2 FamFG. Dies gilt nach richtiger, wenngleich umstrittener[116] Auffassung auch, wenn ein eigentlich zwingend Beteiligter (§ 7 Abs. 2 FamFG), z.B. der Betreute bei einer betreuungsgerichtlichen Genehmigung, gänzlich übergangen worden ist, also das Verfahren ohne seine Kenntnis durchgeführt wurde – auch dann kann er nur so lange anfechten, bis sie ggü. dem Letzten in der ersten Instanz tatsächlich beteiligt Gewesenen wirksam geworden ist.[117] Beschwerdeberechtigt ist allerdings wohl nur der Vertretene und der im Genehmigungsverfahren bestellte Vertreter (z.B. der Verfahrenspfleger des Betreuten gem. § 276 FamFG), nicht aber der tatsächliche gesetzliche Vertreter, da dieser durch Unterlassen der Mitteilung an den anderen Vertragsteil (bzw. durch Anweisung an den Notar, von der Doppelvollmacht keinen Gebrauch zu machen) das Geschäft verhindern kann.[118]

4395 Die Praxis bleibt demnach mit der Unsicherheit behaftet festzustellen, ob die 2-wöchige (§ 63 Abs. 2 Nr. 2 FamFG) – bzw., unter Einbeziehung der zulassungsgebundenen Sprungrechtsbeschwerde gem. § 75 FamFG – einmonatige **Beschwerdefrist** allseits wirksam in Gang gesetzt wurde.

(2) Beschwerdeverzicht

4396 Erklären alle Beteiligten, d.h. (1) die gesetzlichen Vertreter (Eltern, Vormund, Betreuer, Pfleger), ferner (2) der mindestens 14 Jahre alte Minderjährige und der Betreute auch selbst, schließlich (3) etwa durch das Gericht für Zustellungszwecke bestellte „Verfahrensvertreter", wobei diese Bestellung ergänzenden (Betreute, § 276 FamFG) oder zwingenden Charakter haben kann (geschäftsunfähige oder unter 14 Jahre alte Kinder), möglicherweise gar (4) bei einem Interessenkonflikt zwischen gesetzlichen Vertretern und Vertretenen (also Eltern und Kind bzw. Betreuer und Betreutem) ein zusätzlich zum „Verfahrensvertreter" bestellter Ergänzungspfleger,[119] dem Gericht ggü., auf Rechtsmittel (Beschwerde oder Sprungrechtsbeschwerde) zu verzichten, wird der Genehmigungsbeschluss sofort, bereits vor Ablauf der 2-Wochen-Frist, ein. Die in § 67 Abs. 1 FamFG Gesetz gewordene Fassung lässt den Beschwerdeverzicht erst nach Bekanntgabe des Beschlusses zu, sodass (entgegen der Gesetzesbegründung) ein Verzicht bereits in der Ur-

---

114 § 1835 Abs. 1 und Abs. 2 BGB i.V.m. §§ 158 Abs. 7, 277 Abs. 1 Satz 1 FamFG.
115 Also Übergabe an die Geschäftsstelle oder Verlesung der Beschlussformel (§ 38 Abs. 3 FamFG).
116 A.A. z.B. *Abicht* RNotZ 2010, 493, 505 sowie *Bolkart*, MittBayNot 2009, 268, 270, der eine gesetzgeberische Korrektur fordert.
117 *Harders*, DNotZ 2009, 725, 730 mit Hinweis auf den Auffangcharakter der Norm; *Unger*, in: Schulte-Bunert/Weinreich, FamFG-Kommentar, § 63 Rn. 19 ff.; BT-Drucks. 16/9733 v. 23.06.2008 S. 289; zum Streitstand Gutachten, DNotI-Report 2009, 145, 150 und *Kölmel* NotBZ 2010, 2, 10 f.
118 *Sonnenfeld*, NotBZ 2009, 295 (298).
119 Für die zusätzliche Bestellung *Musielak/Born* FamFG (2009) § 158 Rn. 2, *Sonnenfeld* NotBZ 2009, 295 (299), *Zorn* RPfleger 2009, 421, 425; vgl. hierzu Gutachten, DNotI-Report 2009, 145, 148. Ist ein Ergänzungspfleger bestellt, hält *Brambring* NotBZ 2009, 394, 396 daneben die Bestellung eines Verfahrensvertreters nicht mehr für erforderlich.

kunde nicht in Betracht kommt. Allerdings kann bereits im Vorhinein eine (stets widerrufliche) Vollmacht zum Verzicht auf Rechtsmittel erteilt werden, z.B. auch an den Notar.

(3) Rechtskraftzeugnis

Die Unsicherheit über den Beginn und den ereignislosen Ablauf der Beschwerdefrist ggü. allen Beteiligten (einschließlich bestellten „Verfahrensvertretern" also Verfahrenspflegern, Verfahrensbeiständen, Ergänzungspflegern) kann durch das nach ereignislosem[120] Ablauf der Beschwerdefristen (einschließlich der Sprungrechtsbeschwerdefrist zum BGH: einen Monat) auf einfachen Antrag zu erteilende gerichtliche **Rechtskraftzeugnis nach § 46 FamFG** nicht mit letzter Gewissheit *beseitigt* werden, da Letzterem keine konstitutive oder Gutglaubenswirkung zukommt (ist die Beschwerdefrist[121] also entgegen der Aussage des Rechtskraftzeugnisses noch nicht abgelaufen, bleibt das zu genehmigende Rechtsgeschäft weiterhin schwebend unwirksam – ähnlich § 706 ZPO bleibt der Nachweis der Unrichtigkeit der bezeugten Tatsache weiter zulässig, § 418 Abs. 2 ZPO). Der Notar sollte sich also vor haftungsträchtigen Verheißungen hüten, etwa in Gestalt einer Fälligkeitsvoraussetzung „*dass der Vertrag durch Erteilung der gerichtlichen Genehmigung rechtswirksam geworden ist*". Davon könnte er einigermaßen sicher nur dann ausgehen, wenn erst 5 Monate und 2 Wochen nach Erlass des Genehmigungsbeschlusses die Genehmigung aufgrund einer Doppelvollmacht für Eltern, Vormund, Pfleger usw. entgegengenommen, dem Dritten mitgeteilt und von Letzterem entgegengenommen wird, was jedoch für eine zügige Abwicklungspraxis inakzeptabel ist.

4397

Das Grundbuchamt wird allerdings das Rechtskraftzeugnis (und den Nachweis der Erfüllung der Voraussetzungen des § 1829 BGB nach Rechtskraft) als Grundlage seiner Eintragung genügen lassen müssen, wenn es nicht von seiner Unrichtigkeit überzeugt ist.[122] Auch der Notar sollte sich, schon mangels Kenntnis der Umstände des Genehmigungsverfahrens, nicht durch eine ungeschickte Fälligkeitsregelung in die Rolle eines „Gerichtskontrolleurs" drängen lassen, sondern vielmehr (jedenfalls außerhalb des Bauträgerrechts, wo § 3 Abs. 1 Nr. 1 MaBV den Notar nötigt, zu bescheinigen, dass „der Vertrag rechtswirksam ist")[123] auf die Mitteilung (§ 1829 BGB) der mit Rechtskraftzeugnis versehenen Genehmigung abstellen[124]

4398

dd) Weitergehende Mitwirkung des Notars?

Die Durchführung des Genehmigungsverfahrens wird erleichtert, wenn der Notar bereits bei der Urkundsabfassung und bei der Antragstellung Vorsorge trifft: So sollte z.B. vorgesehen werden, dass Erlöse, die dem Kind/dem Betreuten zustehen, auf ein eigenes Konto des Betroffenen über-

4399

---

120 Hierzu zählt wohl auch das Unterbleiben einer Sprungrechtsbeschwerde an den BGH, § 75 FamFG, einzulegen beim iudex ad quem.
121 Hinzu kommt, dass das Rechtskraftzeugnis ohne Abklärung, ob eine (zulassungsgebundene) Sprungrechtsbeschwerde zum BGH eingelegt wurde (Notfristzeugnis) erteilt wird, vgl. BGH, 09.12.2009 – XII ZB 215/09, FamRZ 2010, 284.
122 *Bolkart* MittBayNot 2009, 268 (272).
123 Diese Bescheinigung muss auf sorgfältigen Ermittlungen basieren, vgl. *Basty*, Der Bauträgervertrag, 6. Aufl., Rn. 273 ff.; *Landmann/Rohmer*, Gewerbeordnung, 53. Erg.Lfg. 2009, § 3 MaBV Rn. 8.
124 So im Ergebnis auch *Litzenburger* RNotZ 2009, 380 (382); *Kesseler* ZNotP 2009, 422; Formulierungsvorschlag zur Fälligkeitsregelung vgl. *Krauß*, Immobilienkaufverträge, Rn. 895.

Kapitel 12: Einkommensteuerrecht

wiesen werden. Bei der Antragstellung selbst sollten folgende weitere Informationen mitgeteilt werden:
- Angabe der Ansprechpartner samt Telefonnummer für Rückfragen zum Sachverhalt
- Angabe aller Sorgeberechtigten mit Adresse und Telefonnummer
- Angaben zu Verwandtschafts- bzw. Mandatsverhältnissen eines vorgeschlagenen Ergänzungs- oder Verfahrenspflegers zu den Eltern bzw. dem Vertragspartner
- Übermittlung dreier weiterer Abschriften des Vertrages für Ergänzungs- und Verfahrenspfleger
- Angaben zum Geschäftswert und dazu, wird die Kosten des gerichtlichen Genehmigungsverfahrens trägt

4400 Es entlastet die Beteiligten und beschleunigt die Abwicklung noch zusätzlich, wenn der Notar über das „Pflichtprogramm" hinaus weitere Beiträge erbringt. Eine Verpflichtung hierzu trifft ihn jedoch, auch bei entsprechendem Ansuchen der Beteiligten, nicht (§ 24 BNotO). In Betracht kommen insb. drei Maßnahmen[125] (einzeln, in Kombination oder in Gesamtheit):
- Die Anregung, eine namentlich vorgeschlagene Person[126] zum „Verfahrensvertreter" zu bestellen.
- Die Bestellung des Notars zum Empfangsbevollmächtigten der Beteiligten (also nicht des anderen Vertragsteils) i.R.d. Bekanntgabe des Genehmigungsbeschlusses
- Die Erteilung einer allseitigen[127] Vollmacht an den Notar, sodann dem Gericht ggü. auf Rechtsmittel zu verzichten, samt Ausübung dieser Vollmacht (Wird die Genehmigung dagegen den Beteiligten selbst zugestellt, dürfte der Notar von dieser Rechtsmittelverzichtsvollmacht erst Gebrauch machen, wenn ihm der Empfang angezeigt wurde, sodass keine weitere Beschleunigung ggü. der unmittelbaren Verzichtserklärung der Beteiligten selbst eintritt).

4401 Der Schutz des Betreuten/Pfleglings/Minderjährigen, dessen Wahrung die hierbei umgesetzten Verfahrensnormen dienen, gebietet jedoch den Hinweis an die Beteiligten, dass ein Widerruf der erteilten Empfangs- und Beschwerdeverzichtsvollmacht vor ihrer Ausübung dem Notar ggü. jederzeit erklärt werden kann und beachtet werden wird.

4402 Erschwert wird die Realisierung dieses „dienstleistungsorientierten" Ansatzes durch den Umstand, dass eine ins Gewicht fallende Verbesserung des Ablaufs dadurch nur erreicht wird, wenn *alle* Verfahrensbeteiligten an der Urkunde mitwirken und die erforderlichen Vollmachten erteilen. Dies bedeutet,
- dass wegen § 275 FamFG auch der Betreute selbst, sogar wenn er geschäftsunfähig ist, mitwirken müsste;

---

125 Vgl. hierzu *Vossius* notar 2009, 447 ff.
126 Der Notar, sein Sozius oder Notarmitarbeiter sind hierfür ungeeignet; sie vermögen kaum zutreffend zu beurteilen, ob das Rechtsgeschäft in finanzieller und persönlicher Hinsicht die für das Kind/den Betreuten optimale Lösung darstellt, und sind zudem wegen ihres Vollzugsbeschleunigungsinteresses befangen.
127 Erteilt auch der Verfahrensvertreter und/oder Ergänzungspfleger diese Vollmacht, wird aus der klassischen „Doppelvollmacht" sozusagen eine „Trippelvollmacht".

- ebenso das mindestens 14 Jahre alte Kind, das gem. § 159 Abs. 1 FamFG, § 60 Satz 2 FamFG selbst beschwerdeberechtigt ist;
- ebenso der vorgeschlagene – oder ein anderer vom Gericht bestellter – „Verfahrensvertreter" (Verfahrenspfleger gem. § 276 FamFG bei Betreuten, Verfahrensbeistand, § 158 FamFG, oder Ergänzungspfleger, § 1909 BGB, bei Minderjährigen), der zu diesem Zweck nach seiner Bestellung die Urkunde zu genehmigen hätte (wozu er freilich nicht verpflichtet werden kann).

Formulierungsvorschlag: „Umfassende Vollzugsbetreuung" durch den Notar bei der Einholung der gerichtlichen Genehmigung 4403

> Der gesetzliche Vertreter - sowie der mit erschienene Betreute / das mit erschiene, mindestens 14 Jahre alte Kind ..... und dessen etwa gerichtlich bestellter Vertreter im Genehmigungsverfahren (Verfahrensbeistand, Verfahrens- oder Ergänzungspfleger), letzterer im Wege der nachträglichen Genehmigung dieser Urkunde -, hinsichtlich d) auch der andere Vertragsteil, bevollmächtigen den Notar,
> a) für sie unter Übersendung einer Ausfertigung der Urkunde die betreuungs- bzw. familiengerichtliche Genehmigung zu beantragen und die Bestellung des XY zum „Verfahrensvertreter" anzuregen, sofern das Gericht eine solche für erforderlich hält – der Notar ersucht um Übersendung einer Kopie des Bestellungsbeschlusses, um den so bestellten Verfahrensvertreter um Genehmigung dieser Urkunde zu bitten – ;
> b) sodann den gerichtlichen Beschluss für alle am Genehmigungsverfahren Beteiligten entgegenzunehmen, sofern er die Genehmigung ohne Auflagen und Nebenbestimmungen ausspricht;
> c) sodann im Namen aller Verfahrensbeteiligten einen umfassenden Rechtsmittelverzicht zu erklären und das Rechtskraftzeugnis zu beantragen;
> d) und nach dessen Eingang die Genehmigung dem anderen Vertragsteil mitzuteilen, für diesen die Mitteilung in Empfang zu nehmen und hierüber für alle Beteiligten eine Eigenurkunde zu errichten.
>
> Der Notar stellt jedoch klar, dass er eine vorherige Weisung des gesetzlichen Vertreters, des Betroffenen oder des Verfahrensvertreters, von diesen Vollmachten ganz oder teilweisen keinen Gebrauch zu machen, ebenso einen vorherigen Widerruf der Vollmachten, beachten wird.
>
> Die Beteiligten vereinbaren angesichts der zu erwartenden längeren Verfahrensdauer ferner: Sollte der andere Vertragsteil den gesetzlichen Vertreter (Empfangsvollmacht an den Notar ist insoweit nicht erteilt) zur Mitteilung darüber auffordern, ob die Genehmigung erteilt ist, wird die gesetzliche Vier-Wochen-Frist in ihrem Lauf so lange gehemmt als das gerichtliche Genehmigungsverfahren noch betrieben wird.

d) „Doppelvollmacht"

Sofern – wie bei mehrseitigen Rechtsgeschäften möglich und die Regel – die Genehmigung erst 4404
nach Abschluss des Vertrags eingeholt wird, wird sie erst wirksam, wenn sie vom Vormund/den Eltern/dem Pfleger/dem Betreuer dem anderen Vertragsteil mitgeteilt wurde und dieser die Mit-

Kapitel 12: Einkommensteuerrecht

teilung in Empfang genommen hat. Diese Tatsachen sind, da sie (jedenfalls bei minderjährigem/ betreutem Veräußerer) für die Wirksamkeit der Auflassung maßgeblich sind, dem Grundbuchamt in der Form des § 29 GBO nachzuweisen (anders bei Grundpfandrechtsbestellungen wegen des nur formellen Konsens-Prinzips des § 19 GBO, Rdn. 4375).[128] Es hat sich eingebürgert, diese beschwerliche Verfahrensweise (Zustellung durch Postzustellungsurkunde etc.) im Interesse aller Beteiligten, die regelmäßig nicht an einer nochmaligen Überlegungsfrist interessiert sind, dadurch abzukürzen, dass der Notar nicht nur mit der Einholung der Genehmigung, sondern auch mit deren Entgegennahme, Mitteilung an den anderen Vertragsteil und Entgegennahme der Mitteilung beauftragt und bevollmächtigt wird (sog. **Doppelvollmacht**). Diese hat auch im Licht der zitierten Rechtsprechung des BVerfG Bestand.[129]

4405 **Hinweis:**

Allerdings kann es für den Notar in Ausnahmefällen geboten sein, von der Ausübung der Doppelvollmacht abzusehen oder zuvor eine erneute Anhörung der Beteiligten vorzunehmen, wenn nachträgliche Umstände den Vertrag in neuem Licht erscheinen lassen, etwa verwandtschaftliche oder freundschaftliche Beziehungen des Käufers mit dem Vormund.

Der Notar sollte auch klarstellen, dass er eine etwaige (allerdings nicht abzufragende, sondern unaufgefordert zu übermittelnde) Anweisung des Betreuers/Vormundes/Elternteils, von der Vollmacht keinen Gebrauch zu machen oder einen Widerruf der Vollmacht,[130] beachten wird, um die durch § 1829 BGB geschützte Entscheidungsfreiheit nicht faktisch zu beschneiden.

4406 Entsprechende Regelungen im Bereich des Vollzugsauftrags könnten etwa wie folgt lauten:

4407 **Formulierungsvorschlag: Vollzugsauftrag zur Einholung der gerichtlichen Genehmigung (vor Inkrafttreten des FamFG)**

Die Vertragsteile und deren gesetzliche Vertreter bevollmächtigen den Notar, für sie die vormundschafts- bzw. familiengerichtliche Genehmigung zu beantragen und entgegenzunehmen, sie dem anderen Vertragsteil mitzuteilen, für diesen die Mitteilung in Empfang zu nehmen und hierüber befreit von § 181 BGB eine Eigenurkunde zu errichten. Der Notar stellt jedoch klar, dass er eine vorherige Weisung des gesetzlichen Vertreters, von dieser Vollmacht keinen Gebrauch zu machen, oder einen vorherigen Widerruf der Vollmacht beachten wird.

Den Beteiligen ist bekannt, dass nach der Rechtsprechung des BVerfG gleichwohl möglicherweise Beschwerde gegen die an sich dann unanfechtbare Genehmigung eingelegt wer-

---

128 Materiell-rechtlich ist auch hier erforderlich, dass die (nachträgliche) Genehmigung dem gesetzlichen Vertreter zugegangen und von ihm dem Gläubiger mitgeteilt wurde. Da der grundbuchliche Nachweis hierzu nicht geführt werden muss, genügt die in der Grundschuld enthaltene Vollmacht des gesetzlichen Vertreters zur Entgegennahme und der Auftrag an den Notar, sie dem Gläubiger mitzuteilen, deren Eingang muss nicht durch eine „Doppelvollmacht" des anderen Teils belegt sein; vgl. *Ivo*, ZNotP 2004, 20.
129 Krit. allerdings *Kraiß*, BWNotZ 2000, 94; hiergegen umfangreich Gutachten, DNotI-Report 2001, 90 ff. Vgl. auch *Reiß*, RNotZ 2001, 203 ff.
130 Im Zweifel ist die „Doppelvollmacht" stets widerruflich, MünchKomm-BGB/*Schwab*, § 1829 Rn. 18; DNotI-Report 2002, 84.

den könnte, wenn kein Vorbescheid vorausgegangen ist. Ein solcher Vorbescheid bzw. die Ankündigung der beabsichtigten Entscheidung oder Schriftverkehr zur Bestellung eines Verfahrenspflegers sollen jedoch den Beteiligten selbst zugestellt werden; Abschrift an den Notar zur Kenntnis wird erbeten.

Die Beteiligten vereinbaren angesichts der zu erwartenden längeren Verfahrensdauer ferner: Sollte der andere Vertragsteil den gesetzlichen Vertreter (Empfangsvollmacht an den Notar ist insoweit nicht erteilt) zur Mitteilung darüber auffordern, ob die Genehmigung erteilt ist, wird die gesetzliche Vier-Wochen-Frist in ihrem Lauf so lange gehemmt als das gerichtliche Genehmigungsverfahren noch betrieben wird.

Die FamFG-Reform hat zu keinen materiell-rechtlichen Änderungen, etwa hinsichtlich des Kreises genehmigungsbedürftiger Rechtsgeschäfte bzw. des Erfordernisses der Mitteilung der dem gesetzlichen Vertreter erteilten Genehmigung an den anderen Vertragsteil (§ 1829 BGB) geführt. Das bewährte Verfahren der Herbeiführung dieser materiell-rechtlichen Wirksamkeitsvoraussetzungen durch den Notar („Doppelvollmacht") und ihres Nachweises ggü. dem Grundbuchamt durch Eigenurkunde kann also beibehalten werden, allerdings wegen § 40 Abs. 2 FamFG erst nach Eintritt der Rechtskraft[131] (d.h. angesichts der beschränkten Überprüfungsmöglichkeiten des Notars, ebenso wie i.R.d. Fälligkeitsregelung, nach Vorliegen des gerichtlichen Rechtskraftzeugnisses gem. § 46 FamFG). Hierzu nachfolgender Formulierungsvorschlag: 4408

Formulierungsvorschlag: Vollzugsauftrag zur Einholung der gerichtlichen Genehmigung (nach Inkrafttreten des FamFG) 4409

Die Vertragsteile und deren gesetzliche Vertreter bevollmächtigen den Notar, für sie die betreuungs- bzw. familiengerichtliche Genehmigung samt Rechtskraftzeugnis zu beantragen und entgegenzunehmen, sie dem anderen Vertragsteil mitzuteilen, für diesen die Mitteilung in Empfang zu nehmen und hierüber befreit von § 181 BGB eine Eigenurkunde zu errichten. Der Notar stellt jedoch klar, dass er eine vorherige Weisung des gesetzlichen Vertreters, von dieser Vollmacht keinen Gebrauch zu machen, oder einen vorherigen Widerruf der Vollmacht beachten wird.

Den Beteiligten ist bewusst, dass der Notar nicht mit zumutbaren Mitteln überprüfen kann, ob die Genehmigung tatsächlich unanfechtbar ist, sie beispielsweise allen Beteiligten wirksam bekannt gegeben wurde, erforderliche Verfahrensbeistände wirksam bestellt wurden, und wirksame Rechtsmittelverzichte aller Beteiligten vorliegen bzw. die gesetzlichen Rechtsmittelfristen abgelaufen sind. Sie begnügen sich daher mit der Vorlage des gerichtlichen Rechtskraftzeugnisses. Soweit rechtlich zulässig und soweit sie bereits an der heutigen Urkunde mitwirken, verzichten sie bereits heute auf Rechtsmittel gegen einen stattgebenden und nicht mit Nebenbestimmungen versehenen Beschluss; der Notar übermittelt diesen Verzicht durch Übersendung einer Ausfertigung der Urkunde an das Genehmigungsgericht.

---

131 Allein dies entspricht auch der Intention des Gesetzgebers, der aus diesem Grund die bisherige 2-Wochen-Frist des § 1829 Abs. 2 BGB um die weiteren 2 Wochen der Beschwerdefrist verlängert hat, vgl. *Kölmel*, NotBZ 2010, 4 m.w.N.

Kapitel 12: Einkommensteuerrecht

> Die Beteiligten vereinbaren angesichts der zu erwartenden längeren Verfahrensdauer ferner: Sollte der andere Vertragsteil den gesetzlichen Vertreter (Empfangsvollmacht an den Notar ist insoweit nicht erteilt) zur Mitteilung darüber auffordern, ob die Genehmigung erteilt ist, wird die gesetzliche Vier-Wochen-Frist in ihrem Lauf so lange gehemmt als das gerichtliche Genehmigungsverfahren noch betrieben wird.

4410 Die vom Notar aufgrund der vorstehenden „**Doppelvollmacht**" zu fertigende Eigenurkunde (die mit dem Kaufvertrag durch Schnur und Siegel verbunden, separat gesiegelt, jedoch nicht mit einer Urkundsnummer versehen wird) könnte etwa folgenden Wortlaut haben:

4411 **Formulierungsvorschlag: Eigenurkunde aufgrund Doppelvollmacht**

> Am heutigen Tag, habe ich, Notar, aufgrund der in §..... der diesamtlichen Urkunde, URNr. ....., vom ..... erteilten Vollmacht, die Genehmigung des AG – Vormundschaftsgericht (*in Verfahren ab dem 01.09.2009: Familiengericht/Betreuungsgericht*) – vom ....., Aktenzeichen ....., in Empfang genommen, sie dem anderen Vertragsteil mitgeteilt und für diesen die Mitteilung in Empfang genommen.
>
> Notar

4412 Hierüber ist dem Vormundschafts-/Betreuungs-/Familiengericht Mitteilung zu machen. Die Ausübung der Doppelvollmacht führt jedoch nur dann zur Wirksamkeit des Vertrags (und damit zur Schutzwirkung der sodann einzutragenden Vormerkung), wenn die Vollmachten noch Bestand hatten, d.h. nicht widerrufen waren und die Betreuung/Vormundschaft, aufgrund derer die Vollmacht erteilt wurde, noch bestand (also Betreuter/Mündel sowie Betreuer/Vormund noch am Leben waren, und dem Vormund/Betreuer keine Amtsenthebung und keine Aufhebung mitgeteilt worden waren).

> **Hinweis:**
>
> Vorsichtige Notare vergewissern sich hiervon durch Einsicht in die Vormundschafts-/Betreuungsakte vor Ausübung der Vollmacht bzw. vor Bescheinigung der Fälligkeit.[132]

4413 Die möglichst frühe, jedenfalls aber vor der Fälligkeitsmitteilung eintretende Genehmigungswirksamkeit rechtfertigt die Verwendung der notariellen Eigenurkunde unmittelbar nach Erhalt der gerichtlichen Genehmigung anstelle des – ebenfalls möglichen – Verfahrens, der Vorlage der Genehmigung mit den Endvollzugsdokumenten beim Grundbuchamt[133] die Wirkung einer Mitteilung und Empfangnahme beizumessen.

4414 Das Gericht benötigt zum Abschluss des dortigen Verfahrens zum einen die Mitteilung, wann das Genehmigung durch Mitteilung an den anderen Vertragsteil wirksam wurde (technisch am einfachsten durch Übersendung einer beglaubigten Kopie der Eigenurkunde unter Angabe des gerichtlichen Aktenzeichens) und sodann die Information darüber, wann das Rechtsgeschäft

---

132 Vgl. *Krauß*, Immobilienkaufverträge in der Praxis, Rn. 454 ff.
133 So *Fassbender/Grauel/Kemp/Ohmen/Peter*, Notariatskunde, Rn. 575; Formulierungsvorschlag bei *Grein*, RNotZ 2004, 137 l. Sp.

beim Grundbuchamt bzw. Handelsregister eingetragen wurde (durch Übersendung einer Kopie der Vollzugsmitteilung, ebenfalls unter Angabe des Aktenzeichens).

3. Exkurs: Ausschluss der elterlichen Vertretung durch Anordnung

In diesem Zusammenhang sei darauf hingewiesen, dass der Veräußerer bei Übertragung (oder Vererbung[134] sowie hinsichtlich der Geltendmachung des Pflichtteilsanspruchs[135] und des zu seiner Erfüllung Geleisteten)[136] an einen Minderjährigen gem. § 1638 BGB die Möglichkeit hat, die **Verwaltung durch die Eltern** auszuschließen oder – auch bei Übertragung an ein eigenes Kind – die Verwaltung durch den anderen Ehegatten auszuschließen;[137] gem. § 1638 Abs. 3 BGB vertritt dann der „verbleibende" Elternteil das Kind alleine. Über die Annahme der Zuwendung kann der benannte Vermögenssorgeberechtigte jedoch nicht entscheiden, da es sich insoweit nicht um einen Akt der Verwaltung handelt.[138] Der Ausschluss kann auch unter einer Zeitbestimmung oder Bedingung (Wiederverheiratung des verbleibenden Elternteils)[139] getroffen werden. Hat im Fall der Vererbung an einen Minderjährigen der Erblasser beide Eltern von der Vermögenssorge ausgeschlossen und die Verwaltung einem Testamentsvollstrecker übertragen, ist allerdings zur Wahrung der Rechte des Kindes ggü. dem Testamentsvollstrecker ein Ergänzungspfleger zu bestellen,[140] § 1909 BGB, dessen Person gem. § 1917 BGB vorgeschlagen werden kann. Er hat die Erträge aus dem verwalteten Vermögen und seinen Surrogaten (§ 1638 Abs. 2 BGB) für den laufenden Unterhalt des Kindes zur Verfügung zu stellen (§§ 1649 Abs. 1 Satz 1, 1602 Abs. 2 BGB).

4415

Formulierungsvorschlag: Ausschluss der Eltern von der Verwaltung

4416

> Der Erwerber ist minderjährig und steht derzeit unter der Vermögenssorge von ..... Der Veräußerer ordnet hiermit an, dass die genannten Eltern das heute übertragene Vermögen, hieraus gezogene Nutzungen sowie Ersatzgegenstände nicht verwalten dürfen (§ 1638 Abs. 1, 2 BGB). Diesen ist also die Verwaltung und damit Vertretung von Anfang an entzogen.
>
> Als Pfleger zur Verwaltung des Zugewendeten im vorgenannten Umfang wird für die Dauer der Minderjährigkeit
>
> wohnhaft in .....
>
> geb. am .....
>
> benannt.

---

134 Beispiel: OLG Karlsruhe, RNotZ 2004, 267.
135 OLG Hamm, FamRZ 1969, 663, OLG Düsseldorf FamRZ 2007, 2091; Gutachten, DNotI-Report 2009, 165; a.A. *Staudinger/Engler* BGB (2004), § 1638 Rn. 7, 16.
136 Wortlaut „Erwerb von Todes wegen"; es handelt sich dabei nicht um eine Beschränkung bzw. Beschwerung i.S.d. § 2306 BGB (*Staudinger/Haas*, BGB [2006], § 2306 Rn. 30).
137 RGZ 80, 217; vgl. auch *Müller/Güde*, ErbStB 2008, 189 zur Ausschlagungsbefugnis bei letztwilligem Entzug des Verwaltungsrechtes.
138 OLG Karlsruhe, FamRZ 1965, 573.
139 *Nieder/Kössinger*, Handbuch der Testamentsgestaltung, 3. Aufl. 2008, § 15 Rn. 318.
140 OLG Schleswig, 23.03.2007 – 8 WF 191/06, DNotZ 2008, 67; auch zur Verfügung über den Erbteil als Ganzes.

> Einen Ersatzpfleger will ich derzeit nicht benennen.
>
> Dem Pfleger wird gem. § 1917 Abs. 2, §§ 1852 bis 1854 BGB Befreiung gewährt. Er ist also etwa zur Rechnungslegung sowie zur Hinterlegung von Inhaber- oder Orderpapieren und zur Eintragung eines Vermerks im Bundesschuldenbuch nicht verpflichtet.

bzw.

4417 **Formulierungsvorschlag: Ausschluss des anderen Elternteils von der Verwaltung (§ 1638 BGB)**

> Der Erwerber ist das minderjährige Kind des Veräußerers; die Vermögenssorge steht damit an sich dem Veräußerer und dem anderen Elternteil gemeinsam zu. Der Veräußerer ordnet hiermit allerdings an, dass der andere Elternteil das heute übertragene Vermögen, hieraus gezogene Nutzungen sowie Ersatzgegenstände nicht verwalten darf (§ 1638 Abs. 3, 2 BGB). Die Verwaltung und damit Vertretung obliegt also allein dem Veräußerer (§ 1664 BGB). Von der Pflicht zur Erstellung eines Vermögensverzeichnisses ist dieser, soweit zulässig, gem. § 1640 Abs. 2 Nr 2 BGB befreit.

4418 Schließlich können auch den vermögensverwaltenden Eltern durch den Veräußerer Anordnungen nach § 1639 BGB erteilt werden:

4419 **Formulierungsvorschlag: Anordnungen zur Verwaltung gem. § 1639 BGB**

> Der Erwerber ist minderjährig und steht derzeit unter der Vermögenssorge von ..... Der Notar hat auf die Möglichkeit hingewiesen, den Eltern die Verwaltung des heute übertragenen Vermögens zu entziehen und dies einem Pfleger zu überantworten (§ 1638 BGB), was jedoch nicht gewünscht wird.
>
> Der Veräußerer trifft allerdings hinsichtlich der Verwaltung des Vermögens folgende Anordnungen gemäß § 1639 BGB:
>
> *(z.B. Bestimmung, dass Verkauf nur im Notfall erfolgen soll, Objekt an den Bruder vermietet werden soll etc.)*
>
> Die Eltern sind von der Pflicht zur Erstellung eines Vermögensverzeichnisses gem. § 1640 Abs. 2 Nr. 2 BGB befreit.

II. Ernsthaftigkeit der Vereinbarung und ihrer Durchführung

4420 Vereinbarungen unter nahen Angehörigen (zum Begriff vgl. Rdn. 4331) müssen klar (insb. unter Einschluss der wechselseitigen Hauptleistungspflichten[141]) formuliert, ernsthaft gewollt und tatsächlich auch in der vereinbarten Weise durchgeführt werden. Bei Geldschenkungen bedeutet dies auch, dass der Beschenkte den (z.B. auf Festgeldkonto angelegten) Betrag herausverlangen

---

[141] Diese müssen über dasjenige hinausgehen, was unter Familienangehörigen bereits gem. § 1619 BGB als Dienstleistung geschuldet ist.

kann.¹⁴² Auch die fehlende Einhaltung von Formvorschriften wird in der neueren Steuerrechtsprechung als Indiz gegen die Ernsthaftigkeit des Vertrages verstanden,¹⁴³ während die Finanzverwaltung bei bereits zivilrechtlich unwirksamer Vereinbarung stets die Anerkennung versagt, es sei denn der Fehler war für die Beteiligten nicht erkennbar und wurde sodann, nach Bekanntwerden, sofort behoben¹⁴⁴ (großzügiger die Sichtweise im Erbschaftsteuerrecht, Rdn. 3513).

Insb. die Umsetzung der Verträge wird von der Finanzverwaltung exakt geprüft; als Beweis genügt dabei nicht allein die eigene Schilderung der Abläufe durch die Beteiligten.¹⁴⁵ Zahlungen, die aus unterschiedlichem Rechtsgrund wechselseitig geschuldet sind (etwa i.R.d. Kombinationsmodells „dauernde Last und Mietvertrag"), dürfen nicht saldiert werden;¹⁴⁶ vereinbarte wiederkehrende Leistungen müssen regelmäßig und im wesentlichen pünktlich¹⁴⁷ (jedenfalls nicht lediglich „nach Kassenlage") erbracht werden; geschuldete Kaufpreise dürfen nicht aufgrund vorgefassten Plans nach Zahlung wieder zurückgeschenkt werden.¹⁴⁸ können aber durchaus nachträglich in ein i.Ü. fremdübliches Darlehen „umgewandelt" werden.¹⁴⁹

4421

Werden z.B. Teile einer Versorgungsabrede (etwa die Taschengeldzahlung) nicht erfüllt, **„infiziert"** dies auch die tatsächlich erbrachten Naturalleistungen, für die der Abzug versagt wird,¹⁵⁰ da der Rechtsbindungswille insgesamt gefehlt habe, sodass auch bei späterer Wiederaufnahme der Geldleistungen die Abzugsfähigkeit insgesamt versagt bleibt.¹⁵¹ Werden in einem Übergabevertrag vereinbarte Versorgungsleistungen ohne ausdrückliche (nach BFH:¹⁵² schriftliche) Vertragsänderung schlicht ausgesetzt, sind die nach Wiederaufnahme erbrachten Leistungen nicht mehr (als Sonderausgaben) absetzbar.¹⁵³ Gleiches soll gelten, wenn die Versorgungsleistungen reduziert werden, nachdem der Zahlungspflichtige das erworbene Vermögen in weniger ertragreiche Werte umgeschichtet hatte.¹⁵⁴ Allenfalls bei Nebenansprüchen sind „Nachlässigkeiten"

4422

---

142 OLG Saarbrücken, 28.12.2007 – 4 U 8/07-2 (Schenkung an minderjähriges Kind, um steuerliche Freibeträge zu nutzen).
143 BFH, 12.05.2009 – IX R 46/08, EStB 2009, 266 und BFH, 07.06.2006 – IX R 4/04, ZEV 2006, 519 im Anschluss an BFH, BStBl. 2000 II, S. 386 (gegen die frühere Rechtsprechung, welche die bürgerlich-rechtliche Wirksamkeit zur strengen Voraussetzung der steuerlichen Anerkennung von Verwandtengeschäften erhob; dieser Ansicht ist auch die Finanzverwaltung, s. folgende Fn.).
144 Nichtanwendungserlass des BMF v. 02.04.2007, DStR 2007, 805; ähnlich BFH, 22.02.2007 – IX R 45/06, DStR 2007, 986: Indizwirkung der Formunwirksamkeit.
145 BFH, 11.05.2010 – IX R 19/09 EStB 2010, 323: Ehegatten behaupten den Vollzug einer formwirksam vereinbarten Unterbeteiligung.
146 Allerdings ist es nach FG Stuttgart, DStRE 2006, 408 unschädlich, wenn sich gegenläufige Zahlungen (Darlehen und Miete) der Höhe nach entsprechen.
147 Nach BFH, 15.09.2010 – X R 10/09 notar 2011, 94 m. Anm. *Ihle* schadet allein die gelegentlich verspätete Überweisung der vereinbarten Monatsrente nicht.
148 FG Hannover, DStRE 2003, 741.
149 FG Stuttgart, DStRE 2006, 408.
150 BFH, 19.01.2005 – X R 23/04, MittBayNot 2006, 454, zum Folgenden vgl. krit. *Paus*, EStB 2011, 161 ff.
151 BFH, 15.09.2010 – X R 13/09, ZEV 2011, 98 m. Anm. *Geck* (a.A. *Schuster*, jurisPR-SteuerR 18/2005 Anm. 1: Wiederaufnahme bekräftigt ab dann den Rechtsbindungswillen).
152 BFH, 15.09.2010 – X R 13/09, ZEV 2011, 98 m. Anm. *Geck*; krit. dazu *Paus*, EStB 2011, 161, 164.
153 BFH, 15.09.2010 – X R 13/09, ZEV 2011, 98 m. Anm. *Geck*.
154 BFH, 18.08.2010 – X R 55/09, ZEV 2011, 269 m. Anm. *Spiegelberger*; krit. dazu *Paus*, EStB 2011, 161: erfolgte die Umschichtung (zur Schuldentilgung) aus wirtschaftlicher Not, ist sie kein Indiz für mangelnden Rechtsbindungswillen.

u.U. ohne schädliche Wirkung (z.B. Nichtausübung einer Inflationsanpassungsklausel[155] – allerdings nicht über einen langen Zeitraum, z.B. 18 Jahre[156] – oder eines Vorbehalts nach § 323 ZPO/§ 239 FamFG bei einer Versorgungsvereinbarung,[157] Zahlung am Monatsende statt, wie vereinbart, zum dritten Werktag eines Monats, wegen fehlender Kontodeckung).[158] Das Erfordernis der tatsächlichen wortlautgetreuen Umsetzung wird teilweise zum Anlass genommen für Empfehlungen, als ungünstig erkannte Verabredungen unter nahen Angehörigen dadurch steuerlich „außer Kraft zu setzen", dass sie schlicht nicht (mehr) erfüllt werden.

4423 Einer „Reparatur" sich als steuerlich ungünstig erweisender Vertragsgestaltungen mit Wirkung ex tunc steht (anders als bei der Rückabwicklung gescheiterter Verträge)[159] das **Rückwirkungsverbot** des § 38 AO entgegen. Bestätigt jedoch eine Nachtragsabrede bereits früher rechtswirksam abgeschlossene mündliche Vereinbarungen, wird sie anerkannt,[160] sofern nicht die äußeren Umstände oder der Wortlaut des ursprünglichen Vertrages dagegen sprechen.[161] Für die Zukunft können steuerwirksam Änderungen vereinbart werden, wobei jedoch die neue Rechtslage wiederum dem Fremdvergleich standzuhalten hat.[162]

III. Fremdvergleich

1. Grundsatz

4424 Rechtsgeschäfte unter nahen Angehörigen müssen schließlich inhaltlich wie unter fremden Dritten ausgestaltet sein, obgleich damit die besondere Natur des Innenverhältnisses unter Angehörigen wesenswidrig geleugnet wird.[163] Dieses am Äquivalenzprinzip ausgerichtete Prüfungskriterium erfasst jedoch naheliegenderweise in erster Linie solche Austauschverträge, die auf entgeltliche, üblicherweise unter kaufmännischen Gesichtspunkten abgewogene Leistungs-Gegenleistungs-Beziehungen ausgerichtet sind (z.B. Arbeitsverträge – Rdn. 4433 ff. -, Darlehensverträge – Rdn. 4426 ff. – und Kaufverträge: wird also z.B. ein Kaufvertrag unter Ehegatten aus einem Darlehen finanziert, das der Verkäufer als Gesamtschuldner weiterhin mitschuldet, liegt ein Gestaltungsmissbrauch i.S.d. § 42 AO vor).[164]

---

155 So soll es nach FG Münster, DStRE 2002, 1297 nicht als Indiz gegen die Ernsthaftigkeit der Vereinbarung gewertet werden können, dass der Begünstigte einer wertgesicherten Reallast die Betragssteigerung aufgrund der Geldentwertung nicht verlangt hat. War eine „automatische" Anpassung vereinbart, die jedoch unterblieben ist, kann vielleicht in der Vergangenheit mündlich eine Änderung der Vereinbarung (Aufhebung der Preisklausel) vereinbart worden sein.

156 BFH, 21.02.2008 – III R 70/05, bei Mietvertrag unter Ehegatten.

157 BFH, 03.03.2004 – X R 14/01, DStR 2004, 854.

158 BFH, 15.09.2010 – X R 10/09, notar 2011, 94 m. Anm. *Ihle*.

159 BFH, 28.10.2009 – IX R 17/09 (Rückabwicklung eines wegen Wegfalls der Geschäftsgrundlage gescheiterten Geschäftsanteilskaufvertrages).

160 BFH, 25.10.1960 – I 116/60, BStBl. 1961 III, S. 94.

161 So der Sachverhalt in BFH, 24.08.2006 – IX R 40/05, ErbStB 2006, 338 (Schenkungsvereinbarung wird in angeblich von Anfang an gewollte Übertragung gegen Schuldübernahme geändert; der klare Wortlaut der ersten Urkunde steht der Rückwirkung entgegen).

162 Beispiel: FG Köln, 27.09.2006 – 11 K 5823/04, DStRE 2007, 597 zur Änderung der Lastenverteilung beim Nießbrauch.

163 Vgl. *Kirnberger*, ErbStB 2007, 59, der für eigene gesetzliche Regelungen für Familiengesellschaften plädiert.

164 FG Stuttgart, NotBZ 2006, 291.

Dem Eigentümer eines Immobilienobjekts steht es dagegen frei, dies nach seiner Wahl entgeltlich, teilentgeltlich oder unentgeltlich zu übertragen und dementsprechend auch **Preiszuordnungen** für steuerrechtlich eigenständige Gebäudeteile (Wirtschaftsgüter) in Übereinstimmung mit dem Erwerber festzulegen (vgl. Rdn. 4441). Einzubeziehen in die Fremdvergleichsprüfung sind lediglich die Vereinbarungen zwischen den Beteiligten selbst,[165] entscheidend ist ferner die Gesamtschau aller Umstände, sodass einzelne Elemente der Abweichung (z.B. Verzicht auf Besicherung eines Kreditvertrages)[166] noch nicht die steuerrechtliche Unbeachtlichkeit rechtfertigen.

4425

2. Darlehen

Notwendige Voraussetzungen der Anerkennung sind nach Auffassung der Verwaltung[167] im Vorhinein getroffene Vereinbarungen über Laufzeit und Art und Zeitpunkt der Rückzahlung des Darlehens – schädlich wären demnach z.B. Rückzahlungsmodalitäten „je nach Liquiditätslage des Betriebs" oder ein gänzlicher Ausschluss des Rückzahlungsanspruchs zu Lebzeiten des Darlehensnehmers, wobei die Tilgungsmodalitäten nicht sicherstellen müssen, dass der Gläubiger die Tilgung voraussichtlich noch erleben wird[168] –, über die Entrichtung der Zinsen zu den Fälligkeitszeitpunkten und jedenfalls bei Angehörigendarlehen ab 4-jähriger Laufzeit die ausreichende Besicherung[169] des Rückzahlungsanspruchs. Eine Ausnahme gilt für Darlehensverträge zwischen volljährigen, voneinander unabhängigen Angehörigen zur Finanzierung der Anschaffung oder Herstellung von Vermögensgegenständen, wenn die Kreditmittel sonst bei Dritten aufgenommen werden müssten: in diesem Fall kommt es nur auf die Durchführung an, die Modalitäten der Darlehenstilgung und Besicherung brauchen dann nicht geprüft zu werden.[170]

4426

Besonderheiten gelten, wenn aus Betriebsvermögen Geldbeträge an nahe Angehörige (insb. Kinder) verschenkt werden und diese (oder deren Ehegatte)[171] sodann den Betrag als zinspflichtiges Darlehen an das Unternehmen zurückgewähren. Steht die Schenkung unter dem Junktim der Rückgewähr des Darlehens (Schenkung unter Auflage oder Schenkungsversprechen unter aufschiebender Bedingung der Rückgewähr als Darlehen), sind die Zinszahlungen steuerlich nicht abzugsfähig, vielmehr handelt es sich um eine modifizierte Schenkung mit aufgeschobenem Vollzug bis zur Rückzahlung des „Darlehens", zuzüglich der vermeintlichen Darlehenszinsen. Diese Abhängigkeit wird unwiderleglich vermutet, wenn Kapitalzuwendung und Darlehen in derselben Urkunde vereinbart sind.[172] Die Vermutung ist hingegen widerleglich in den Fällen, in

4427

---

165 Nicht also z.B. das Verhältnis zum finanzierenden Kreditinstitut im Rahmen eines Kaufvertrages zwischen Angehörigen, bei dem der Verkäufer weiter die Mithaftung für den Kredit übernimmt: BFH, ZNotP 2003, 271 m. Anm. *Reich*, 247.
166 BFH, 06.03.2003 – IV R 21/01, DStRE 2003, 1372. *Lotter*, MittBayNot 2005, 210 legt dar, dass Eigenheimzulage demnach auch dann zu gewähren ist, wenn der Kaufpreis durch ein Verkäuferdarlehen aufgebracht wird, das seinerseits nicht dem Fremdvergleich standhält.
167 BMF v. 23.12.2010, BStBl. 2011 I, S. 37; hierzu krit. *Paus*, EStB 2011, 262 ff.
168 FG Stuttgart, DStRE 2006, 408.
169 BFH, DStR 2000, 1049; bei kurzfristigen oder jederzeit kündbaren Darlehen kommt es auf die Umstände des Einzelfalls (Darlehenshöhe, Bonität etc.) an, vgl. die vorangehende Fußnote. BMF v. 23.12.2010, BStBl. 2011 I, S. 37 Tz. 6 erwähnt das Vierjahreskriterium nicht.
170 BFH, 25.01.2000 – VIII R 50/97, DStR 2000, 1049.
171 Die Finanzverwaltung stellt diesen Fall zur Missbrauchsvermeidung einer unmittelbaren Schenkung an den Darlehensgeber gleich, krit. *Paus*, EStB 2011, 262, 264.
172 BFH, DStR 2001, 479; BMF v. 23.12.2010, BStBl. 2011 I, S. 37 Tz 11.

denen eine Darlehenskündigung nur mit Zustimmung des Schenkers zulässig ist oder ein zuvor aus anderem Rechtsgrund geschuldeter Betrag in eine Darlehensschuld umgewandelt wird. Hat der Beschenkte jedoch tatsächliche Herrschaft über den Betrag erlangt und erfolgt die Darlehensrückgewähr erst bspw. einen Monat später aus neuem Entschluss, und zwar zu fremdüblichen Konditionen, ist die Gestaltung anzuerkennen.

> **Hinweis**
> Wirtschaftlich vergleichbare Resultate lassen sich durch die schenkweise Einräumung einer stillen Beteiligung erzielen, die – sofern der Beschenkte auch Verluste zu tragen hätte – (unabhängig von deren realer Wahrscheinlichkeit) grds. auch unter Verwandten steuerlich anerkannt wird.

3. Mietverträge

4428 Beim wichtigen Anwendungsfall des **Mietvertrags** über Wohnungen zu Wohnzwecken[173] erfährt der Fremdvergleichsgrundsatz eine Durchbrechung in Gestalt des § 21 Abs. 2 Satz 2 EStG (mindestens 56 – bis 31.12.2003: 50 % der ortsüblichen Marktmiete sind ausreichend für die volle Entgeltlichkeit, also den vollen Werbungskostenabzug bei Vermietung von Grundstücken im Privatvermögen). Wird dieser Prozentsatz (56) unterschritten, erfolgt eine Aufspaltung des Vertragsverhältnisses: der an 100 fehlende Teil der Entgeltlichkeit bildet eine unentgeltliche Wohnungsleihe, ohne Werbungskostenabzug (dann kann jedoch das insoweit nicht marktgerechte Verhalten des Steuerpflichtigen für die Prüfung seiner Einkünfteerzielungsabsicht i.R.d. entgeltlichen Teils keine Bedeutung mehr erlangen.)[174]

4429 Nach ständiger Rechtsprechung des BFH[175] bedarf es aber zusätzlich des Nachweises der Gewinnerzielungsabsicht: Bei einer Miete zwischen 56 und 75 % der Marktmiete sei eine Überschussprognose[176] notwendig; ist sie positiv, sind die Werbungskosten voll abzugsfähig, andernfalls nur hinsichtlich des entgeltlichen Anteiles.[177] Erst ab 75 % der ortsüblichen Miete könne bei Fehlen sonstiger Merkmale (Ferienobjekt; Rückerwerbsgarantie etc.) regelmäßig auf die Prüfung der Überschusserzielungsabsicht verzichtet werden. Das BMF hat sich (mit Anwendung ab dem 01.01.2004)[178] dieser Auffassung angeschlossen. Die Literatur[179] weist zu Recht darauf hin, dass §§ 557 ff. BGB, insb. die 20 %ige Kappungsgrenze für den Dreijahreszeitraum in § 558 Abs. 3 BGB, einer Anpassung von Mietverträgen, die durch langjährige Kulanz des Vermieters unter die 75 %ige Entgeltgrenze „gerutscht" sind, regelmäßig zivilrechtlich entgegenstehen und

---

173 § 21 Abs. 2 EStG gilt nicht bei Vermietung von Wohnungen etwa als Kanzlei, Büro etc: OFD Rheinland v. 18.12.2009, DB 2010, 139.
174 BFH, BStBl. 2003 II, S. 806.
175 BFH, 05.11.2002 – IX R 48/01, DStR 2003, 74 entgegen BFH, BStBl. 1993 II, S. 490 und BFH, BStBl. 1999 II, S. 826.
176 Maßgeblich ist ein Zeitraum von 30 Jahren, vgl. auch FG Düsseldorf, DStRE 2003, 1096; BFH, DStR 2003, 1742.
177 Erfolgt eine Aufspaltung, ist allerdings die Verbilligung (der „unentgeltliche Anteil") weder bei der Fremdvergleichsprüfung noch i.R.d. Prüfung der Einkünfteerzielungsabsicht zu berücksichtigen, vgl. BFH, 22.07.2003 – IX R 59/02, FR 2003, 1180 = EStB 2003, 415.
178 Im Erlass v. 29.07.2003 (FR 2003, 873; EStB 2003, 336).
179 *Wübbelsmann*, EStB 2003, 361.

einvernehmlich gleichwohl erfolgte Anhebungen gem. § 42 AO die steuerliche Anerkennung versagt werden könnte.[180]

Mietverträge mit eigenen Kindern stellen nach neuerer Rechtsprechung des BFH auch dann keinen Gestaltungsmissbrauch i.S.d. **§ 42 AO** (Rdn. 4436 ff.) dar, wenn die Mietzahlung nur aus elterlich gewährtem laufendem Barunterhalt erfolgen kann.[181] Unproblematisch sind auch Sachverhalte, in denen der Unterhaltsberechtigte die Miete aus den Erträgen des ihm zuvor vom Unterhaltsverpflichteten geschenkten Kapitals bestreiten kann.[182] Schädlich ist jedoch die Begleichung der Mietzahlung aus der Substanz des zugewendeten Kapitals, da die Geldschenkung dann lediglich eine Vorauszahlung auf künftige Unterhaltsansprüche sei.[183] 4430

Steuerrechtlich anerkannt werden auch Mietverträge mit dem geschiedenen Ehegatten, dem zuvor Barunterhalt gewährt wurde (§ 1585 Abs. 1 BGB),[184] oder mit den eigenen Eltern, welche die Miete aus Barunterhalt bestreiten (§ 1612 Abs. 1 Satz 1 BGB).[185] Die unentgeltliche Überlassung einer Wohnung zu Unterhaltszwecken an den geschiedenen oder getrennt lebenden Ehegatten (ohne „Anmietung") kann ihrerseits steuerrechtlich zum Sonderausgabenabzug (begrenztes Realsplitting, Anlage U) berechtigen i.H.d. objektiven Mietwerts.[186] 4431

Inhaltlich müssen im Mietvertrag zumindest die Hauptpflichten klar geregelt sein;[187] die Auslassung von Einzelheiten, etwa in Bezug auf die Nebenkosten, ist jedoch unschädlich.[188] Werden solche Details jedoch normiert, müssen sie entsprechend umgesetzt werden (Nebenkostenabrechnung!)[189] Gegen die Anerkennung spricht daher auch, wenn anstelle der vereinbarten bargeldlosen Mietzahlung die Miete in bar entrichtet wird,[190] sowie die zeitnahe Rücküberweisung des Mietbetrages ohne anderweitige Verpflichtung hierzu.[191] 4432

4. Arbeitsverträge

Ungeachtet des (allerdings nicht als Wirksamkeitserfordernis ausgestalteten) Schriftlichkeitsgebotes des Nachweisgesetzes kann die Anerkennung eines Arbeitsvertrags zwischen Angehörigen nicht allein mit Hinweis darauf versagt werden, der Vertrag sei nicht schriftlich abgefasst, es fehle eine Konkretisierung über Art und Umfang der zu erbringenden Leistung, es würden keine 4433

---

180 Vgl. FG München, EFG 1998, 305; *Sauren*, DStR 2004, 943. Großzügiger jedoch nunmehr OFD Münster v. 13.02.2004, DStR 2004, 957: Mieterhöhung über die Grenzen des § 558 Abs. 3 BGB hinaus allein genüge nicht zum Ausschluss der steuerlichen Anerkennung des Mietverhältnisses.
181 BFH, BStBl. 2000 II, S. 2223 und BStBl. 2000 II, S. 224. Anders zuvor noch BFH, BStBl. 1988 II, S. 604, da Eltern dem unverheirateten Kind ggü. die Form der Unterhaltsgewährung gem. § 1612 Abs. 2 Satz 1 BGB bestimmen können und dies durch die Wohnraumüberlassung bereits vorgenommen hätten.
182 BFH, BStBl. 1994 II, 694.
183 FG Berlin, DStRE 2001, 912.
184 BFH, BStBl. 1996 II, S. 214.
185 BFH, BStBl. 1997 II, S. 52.
186 BFH, DStR 2000, 1303.
187 FG Sachsen-Anhalt, DStRE 2001, 919.
188 BFH, DStR 1998, 761.
189 FG Düsseldorf, DStRE 2000, 686.
190 BFH, DStR 1997, 1117.
191 FG Düsseldorf, 25.06.2010 – 1 K 292/09 E, NWB 2010, 2196.

Stundenzettel geführt bzw. es fehle eine Regelung zum Urlaubsanspruch. Strenger sind die Anforderungen an **Ehegatten-Arbeitsverhältnisse**, wo die fehlende Schriftform faktisch zumeist zur Nichtanerkennung führt[192] und es sogar einer Entscheidung des BVerfG[193] bedürfte, um die Anerkennung solcher Arbeitsverhältnisse auch dann zu gewährleisten, wenn der Lohn auf ein sog. „Oder-Konto" entrichtet wird.[194] Ist die Vergütung unangemessen hoch, entfällt nicht die steuerliche Anerkennung insgesamt, sondern nur bzgl. des Übermaßes.[195] Ist der Betrieb Bestandteil des Gesamtgutes der ehelichen Gütergemeinschaft, scheiden steuerlich anerkennungsfähige Ehegattenarbeitsverhältnisse jedoch gänzlich aus.[196]

4434 Betriebliche Altersversorgungszusagen als Vergütungsbestandteil setzen neben der Angemessenheit (dem Grund und der Höhe nach)[197] auch voraus, dass die Altersversorgungszusage erfüllbar sein muss[198] und der Arbeitgeber-Ehegatte tatsächlich mit der Inanspruchnahme aus der Pensionszusage rechnet.[199] Direktversicherungen genügen nicht mehr dem Fremdvergleich, wenn der Aufwand für die Versicherungsbeiträge mehr als 30% der Arbeitsvergütung des Arbeitnehmer-Ehegatten umfasst,[200] wobei allein das Fehlen einer Rückdeckungsversicherung[201] die steuerliche Anerkennung nicht zwingend ausschließt.[202] (Zu Besonderheiten der Pensionszusage an Gesellschafter-Geschäftsführer vgl. Rdn. 2404 ff.).

4435 Die strengen Regelungen der Arbeitsverhältnisse mit Angehörigen bzw. Ehegatten sollen auch gelten, wenn eine Personengesellschaft oder Kapitalgesellschaft Arbeitgeber ist, diese jedoch durch den Verwandten/Angehörigen beherrscht wird (Beteiligung über 50%). Bei Kapitalgesellschaften sind jedoch die Regeln der verdeckten Gewinnausschüttung (auch zugunsten dem Anteilseigner nahestehenden Personen) vorrangig, Rdn. 4476, 2403 ff.

---

192 Überblick bei *Becker* NWB 2010, 3122 ff.; vgl. FG Rheinland-Pfalz, DB 1995, 503.
193 DStR 1995, 1908.
194 Für schädlich hielt dies noch BFG – GS 1/88, DB 1990, 1166.
195 BFH, BB 1983, 1835; Gleiches gilt bei der Bestimmung der Bemessungsgrundlage für das Arbeitslosengeld (§ 134 Abs. 2 Nr. 1 SGB III).
196 Da in diesem Fall eine Mitunternehmerschaft der Ehegatten angenommen wird und die Arbeitsvergütung Gewinnanteil i.S.d. § 15 Abs. 1 Nr. 2 EStG ist.
197 Dies ist zu prüfen zunächst nach dem internen Fremdvergleich (unter Heranziehung vergleichbarer anderer Arbeitnehmer des Betriebs), hilfsweise danach, ob eine hohe Wahrscheinlichkeit dafür spricht, dass der Arbeitgeber-Ehegatte auch fremdem Arbeitnehmer eine solche Versorgung eingeräumt haben würde, BFH, BStBl. 1993 II, 604.
198 Erforderlich ist also bspw. eine Rückdeckungsversicherung für den Fall der Einstellung oder Veräußerung des Unternehmens, BMF v. 04.09.1984, BStBl. 1984 I, 495, dort I Abs. 5.
199 Daran kann es insb. fehlen, wenn der versorgungsberechtigte Arbeitnehmer-Ehegatte wesentlich jünger ist als der versorgungsverpflichtete Ehegatte, sodass davon auszugehen ist, dass der Berechtigte den Verpflichteten überlebt und dadurch Vereinigung von Forderung und Schuld in einer Person eintritt, BFH, BStBl. 1994 II, S. 111, für eine Pensionszusage zwischen Eltern und Kind.
200 BFH, BStBl. 1989 II, S. 969.
201 Auch die Absicherung durch einen jederzeit liquiden Investmentfonds kommt in Betracht, BMF v. 15.09.1995, DStR 1995, 1633.
202 FG Niedersachsen, GmbHR 1998, 388.

IV. Exkurs: Gestaltungsmissbrauch/Gesamtplanrechtsprechung

Für die Veranlagungszeiträume 2008 und später wurde § 42 AO durch das Jahressteuergesetz 2008[203] dergestalt verschärft, dass jede „unangemessene rechtliche Gestaltung", die beim Steuerpflichtigen oder einem Dritten im Vergleich zu einer angemessenen Gestaltung zu einem gesetzlich nicht vorgesehenen Steuervorteil führt, als **Missbrauch** gewertet wird. Es obliegt dem Steuerpflichtigen, außersteuerliche Gründe nachzuweisen, die nach dem Gesamtbild der Verhältnisse beachtlich sind, um die sonst eintretende Rechtsfolge (Entstehen des Steueranspruchs so, wie er bei einer den wirtschaftlichen Vorgängen angemessenen rechtlichen Gestaltung sich berechnen würde) zu vermeiden. Spezialgesetzliche Missbrauchsregelungen sperren nicht die Anwendung des § 42 AO, vgl. dort Abs. 1 Satz 3. § 42 AO wird teilweise als „Einbruchsstelle der Gefühlsjurisprudenz" bezeichnet.

4436

Wenn auch nicht unmittelbar auf Geschäfte unter Angehörigen begrenzt, kann die in Ausgestaltung des zum 01.01.2008 – vgl. Rn. 4059 der Vorauflage – verschärften § 42 AO (Missbrauch steuerlicher Gestaltungsmöglichkeiten) sich seit etwa 2000[204] entwickelnde **Gesamtplanrechtsprechung** zu einer Versagung von Steuereffekten gerade im Kontext innerfamiliärer Übertragungen führen (vgl. etwa zur Kettenschenkung Rdn. 2796, zum Familienheim-Schaukelmodell Rdn. 2787, zum Nießbrauchsvorbehalt mit Sofortversteuerung und baldiger Aufgabe Rdn. 3969; zum „gestreckten Erwerbstatbestand" der Nießbrauchsablösung gegen Versorgungsrente vgl. Rdn. 3226, 4977, zur „zeitgleichen", jeweils für sich buchwertverknüpften, Übertragung des Sonderbetriebsvermögens und des Mitunternehmeranteils vgl. Rdn. 4706).

4437

Ein Gesamtplan ist dadurch gekennzeichnet,[205] dass mehrere in zeitlichem Zusammenhang stehende Teilschritte auf einem von Anfang an bestehenden in sich geschlossenen Konzept beruhen und jeder Teilschritt vom Steuerpflichtigen beherrschbar ist. Die beabsichtigten steuerlichen Konsequenzen wären nicht erreicht worden, wenn der Gesamtplan nicht in Teilschritte zergliedert worden wäre. Wie lange der „gefährliche Zeitraum" dauert, ist nach Maßgabe des Steuertatbestandes des letzten, steuerlich entscheidenden, Teilschrittes zu bemessen.[206] Das im BMF-Schreiben v. 03.03.2005 Tz. 6, 7 genannte Beispiel (Rdn. 4706) beläuft sich auf 4 Monate; beim Zwei-Stufen-Modell der Gründung/Erweiterung einer Sozietät nennt der BFH[207] ein Jahr. Die Obergrenze dürfte sich auf 5 Jahre belaufen,[208] wahrscheinlicher jedoch auf ca. zwei[209] bis drei[210] Jahre.

4438

Nicht förderlich ist daher sicherlich eine schriftliche Fixierung der einzelnen Teilschritte, etwa im Rahmen einer Präambel.

---

203 BStBl. 2008 I, S. 3171.
204 BFH, 06.09.2000 – IV R 18/99, BStBl. 2001 II, S. 229.
205 Nach *Spindler*, DStR 2005, 1 ff.; vgl. auch *Röhrig/Demant*, EStB 2011, 33 ff. und 77 ff. (zur Umstrukturierung von Personenunternehmen).
206 Vgl. *Strahl*, FR 2004, 929, 934, 935.
207 BStBl. 2004 II, S. 106.
208 *Spindler*, DStR 2005, 4.
209 BFH, 12.04.1989 – I R 105/85, BStBl. 1989 II, S. 653/655: „25 Monate ist die obere Grenze der für einheitliche Vorgänge noch denkbaren Zeitdauer".
210 BFH, 02.09.1992 – I R 26/91, BFH/NV 1993, 161/162: 3-jähriger Abstand zwischen erstem und letztem Übertragungsakt ist zu groß.

B. Unterscheidung Privat-/Betriebsvermögen

I. Selbstständige Wirtschaftsgüter

4439 Während ein **Gebäude** (abgesehen von Erbbaurechten, Scheinbestandteilen aufgrund dinglichen Nutzungsrechts, Gebäudeeigentum in den neuen Bundesländern) zivilrechtlich wesentlicher Bestandteil des Grundstücks ist, ist es **ertragsteuerlich verselbstständigt**, unabhängig ob es auf eigenem oder fremden Grund und Boden errichtet ist. Vom einheitlichen Gebäudebegriff umfasst sind weiterhin bestimmte Außenanlagen (lebende Umzäunung, Garage bei Wohngebäuden, Tore und Versorgungsanlagen außerhalb des Gebäudes), nicht aber sog. selbstständige Gebäudeteile, die nicht in einem einheitlichen Nutzungs- und Funktionszusammenhang mit dem Gebäude stehen. Diese können als bewegliche Teile zu klassifizieren sein (Ladeneinbauten, Gaststätteneinbauten, Mietereinbauten, Betriebsvorrichtungen)[211] oder als unbewegliche (Schaufenster, sonstige Außenanlagen und Zuwegungen).

4440 Die Unterscheidung wird bedeutsam i.R.d. **Abschreibung**: Das Grundstück selbst unterliegt keiner Abschreibung, Gebäude und die ihm zugehörigen unselbstständigen Gebäudeteile unterliegen der Abschreibung gem. § 7 Abs. 4 und 5 EStG, unbewegliche selbstständige Wirtschaftsgüter (wie z.B. Hofbefestigungen, Straßenzufahrten) unterliegen der linearen Abschreibung nach § 7 Abs. 1 EStG, bewegliche Wirtschaftsgüter, auch bewegliche selbstständige Gebäudeteile, unterliegen der Abschreibung gem. § 7 Abs. 1 und 2 EStG. Bei der **Aufteilung etwaiger Entgelte** (Rdn. 4858 ff., Rdn. 4872) in den Anteil für Grund und Boden einerseits, für Gebäude andererseits und schließlich für bewegliche Sachen folgt die **Finanzverwaltung** den zwischen den Beteiligten getroffenen, in der Urkunde wiedergegebenen Vereinbarungen, solange diese nachvollziehbar sind, andernfalls erfolgt die Aufteilung nach der Wertermittlungsverordnung (WertV 1988)[212] seit 01.07.2010 der **Immobilienwertermittlungsverordnung (ImmoWertV)**,[213] ergänzt durch die in den **Wertermittlungsrichtlinien**[214] enthaltenen Verwaltungsanweisungen.

4441 Auch die von den Beteiligten getroffene Zuordnung der Entgeltkomponenten auf die einzelnen Wirtschaftsgüter innerhalb eines Gebäudes (z.B. des gezahlten Gleichstellungsgeldes auf die fremd vermietete, nicht die vom Vorbehaltswohnungsrecht erfasste Wohnung im übergebenen Anwesen) ist durch das FA hinzunehmen.[215] Empfehlenswert ist bei Wirtschaftsgütern des Privatvermögens die Zuordnung auf solche Objekte, die (möglichst rasch) abschreibbar sind, also auf die Gebäude; bei Mischvermögen möglichst vorrangig auf die nicht steuerverstrickten Teile

---

211 § 68 Abs. 2 Nr. 2 BewG: Lastenaufzüge, Kräne, Kühlvorrichtungen.
212 BFH, BStBl. 2001 II, S. 183 ff.
213 BGBl. 2010 I 639, vgl. *Eisele/Schmitt*, NWB 2010, 2232 ff.
214 WertR 2006 v. 01.03.2006, BAnz. 2006, 4325 ff.
215 BFH, 27.07.2004 – IX R 54/02, DStRE 2005, 1379; die Finanzverwaltung hat sich dieser Sichtweise angeschlossen: OFD Münster v. 13.01.2006, ZEV 2006, 208 und BMF-Schreiben v. 26.02.2007, BStBl. 2007 I, S. 269 = ZEV 2007, 190 m. Anm. *Geck* (Änderung der Tz. 14 und 47 des BMF-Schreibens v. 13.01.1993 zur vorweggenommenen Erbfolge).

B. Unterscheidung Privat-/Betriebsvermögen

(§§ 17, 23 EStG!) des Privatvermögens.[216] Hinsichtlich des Betriebsvermögens empfiehlt sich, wenn Buchwertfortführung angestrebt ist, eine Entgeltausweisung unterhalb der Buchwerte.[217]

Eine weitere entscheidende Differenzierung liegt in der Zuordnung von Grundvermögen zum Betriebsvermögen oder Privatvermögen. Die **Abschreibungsmethodik** und **Abschreibungssätze** sind unterschiedlich; Mieteinnahmen sind im Privatvermögen als Einkünfte aus Vermietung und Verpachtung (nach Zufluss- und Abflussprinzip) zu ermitteln, im Betriebsvermögen durch Betriebsvermögensvergleich nach der wirtschaftlichen Zuordnung (z.B. ist die Dezembermiete also ggf. als Forderung einzubuchen) und unterliegen dort zusätzlich der Gewerbesteuer;[218] Gewinne aus der Veräußerung von Immobilien sind im Betriebsvermögen stets einkommens- bzw. körperschaftsteuer- und zusätzlich gewerbesteuerpflichtig, im Privatvermögen nur bei Vorliegen eines privaten Veräußerungsgeschäfts (§ 23 EStG, Rdn. 4929 ff.).

4442

1. Nutzungsbereiche

Die Zuordnung von Grundstücken zum Betriebs- oder Privatvermögen hängt von Art und Umfang der **Nutzung**, aber auch von Entscheidungen des Steuerpflichtigen ab (vgl. Abschnitt R 4.2 der Einkommensteuerrichtlinien = EStR 2005). Steuerlich ist zu unterscheiden zwischen der Nutzung zu

4443

- eigenen Wohnzwecken,
- eigenbetrieblichen Zwecken,
- fremden Wohnzwecken,
- fremdbetrieblichen Zwecken.

Bei **Nutzung zu eigenen Wohnzwecken** (oder unentgeltlicher Überlassung an Dritte zu Wohnzwecken) liegt (vorbehaltlich der Wahlrechte gem. Rdn. 4446) notwendiges Privatvermögen vor. Dies gilt auch für Wohnungen, die sich bisher im Betriebsvermögen befanden, jedoch mit Auslaufen der Übergangsbestimmungen zur 1987 abgeschafften Nutzungswertbesteuerung per 31.12.1998 samt zugeordnetem Grund und Boden[219] als steuerfrei entnommen galten (§ 52 Abs. 15 EStG) – mit Ausnahme von zu privaten Wohnzwecken dienenden Baudenkmalen in land- und forstwirtschaftlichem Vermögen (§ 13 Abs. 2 Nr. 2 EStG;[220] die Neuerrichtung einer selbst genutzten oder einer Altenteiler-Wohnung führt gem. § 13 Abs. 5 EStG stets zur steuerfreien Entnahme).

4444

---

216 *Geck*, ZEV 2007, 191.
217 Nach BMF v. 26.02.2007, BStBl. 2007 I, S., 269 sind vertraglich vereinbarte Einzelpreise für das gesamte Betriebsvermögen einerseits und für daneben übertragene einzelne Wirtschaftsgüter des Privatvermögens ebenfalls bis zur Grenze des Verkehrswertes anzuerkennen.
218 Vgl. *Krauß*, Immobilienkaufverträge in der Praxis, Rn. 2861 ff.
219 Hausgarten bis 1000 m² bzw. katastermäßig zugeordnetes, auch größeres, Grundstück.
220 § 13 Abs. 4 EStG erlaubt den (unwiderruflichen) Verzicht auf die Fortführung der Nutzungswertbesteuerung, wiederum mit der Folge der steuerfreien Entnahme der Wohnung samt zugehörigem Grund und Boden in das Privatvermögen.

4445 Im Fall der Nutzung **zu eigenbetrieblichen Zwecken** (für einen land- oder forstwirtschaftlichen Betrieb, freiberufliche Tätigkeit[221] oder einen Gewerbebetrieb) liegt notwendiges Betriebsvermögen vor (unabhängig davon, ob die Wirtschaftsgüter in der Buchführung bzw. Bilanz als solche auch erfasst sind). Bei einer Nutzung zu **fremden Wohnzwecken** (Vermietung zu Wohnzwecken) oder **fremdbetrieblichen Zwecken** (Vermietung für betriebliche oder berufliche Zwecke eines Dritten) liegt grds. Privatvermögen vor, es sei denn, der Steuerpflichtige hat die Gegenstände bei der Gewinnermittlung durch Betriebsvermögensvergleich in der Bilanz als gewillkürtes Betriebsvermögen behandelt.[222]

4446 Wird das Grundstück zu mindestens 10% auch eigenbetrieblich genutzt, ist die Bildung **gewillkürten Betriebsvermögens** für das gesamte Objekt, auch wenn die Restfläche durch Vermietung genutzt wird oder eigenen Wohnzwecken dient, nunmehr sowohl bilanzierenden Unternehmern als auch Einnahmen-Überschuss-Rechnern (§ 4 Abs. 3 EStG) möglich; erforderlich sind unmissverständliche, zeitnahe[223] Aufzeichnungen.[224] Voraussetzung ist weiter, dass der Grundbesitz in einem objektiven Zusammenhang mit dem Betrieb des Vermieters steht und ihn zu fördern bestimmt und geeignet ist.[225] Die lineare AfA erhöht sich auf 3% (§ 7 Abs. 4 Nr. 1 EStG), allerdings um den Preis zeitlich unbegrenzter Verhaftung der Wertsteigerung.[226]

4447 Innerhalb eines **einheitlichen Gebäudes** können **mehrere Nutzungsarten** verwirklicht sein; es liegen dann steuerlich so viele Wirtschaftsgüter vor, als Nutzungsarten vorhanden sind.[227] Auf einen getrennten Ansatz des eigenbetrieblich genutzten Gebäudeteils kann jedoch verzichtet werden, wenn dieser von untergeordneter Bedeutung ist (Wert unter 20% und unter 20.500,00 €),[228] etwa beim häuslichen Arbeitszimmer. Für die Zurechnung von Aufwendungen, die der Art nach mehrere Gebäudeteile betreffen (z.B. Schuldzinsen), ist abzustellen auf objektiv nachprüfbare, tatsächliche Zuordnungen, mit denen sodann die Schuldzinsen und sonstige Aufwendungen

---

221 Eine Wohnung, die aufgrund behördlicher Auflage durch einen Freiberufler als Ausgleich für die im eigenen Büro verwirklichte Zweckentfremdung angeschafft werden musste, ist deshalb noch kein notwendiges Betriebsvermögen: BFH, EStB 2005, 164.

222 Wobei allerdings bei der Bilanzierung verlustträchtiger (überfinanzierter) Mietwohngrundstücke als gewillkürtem Betriebsvermögen Grenzen bestehen, vgl. FG Hamburg, 15.06.2006 – 2 K 267/04, EFG 2006, 1652; *Hoffmann*, GmbH-StB 2007, 126.

223 Die Rspr. zu § 146 AO geht von 10 Tagen aus.

224 BFH, 02.10.2003 – IV R 13/03, DStR 2003, 2156 m. Anm. *Bischoff*, DStR 2004, 1280 (anders noch BFH, BStBl. 1983 II, S. 101), so auch die Finanzverwaltung (BMF v. 17.11.2004, FR 2005, 117). Bei unteilbaren, gemischt genutzten beweglichen Wirtschaftsgütern (z.B. einem Pkw, nicht aber Gebäudeteilen) kam zuvor für das Gesamtobjekt nur notwendiges Betriebsvermögen in Betracht bei einer betrieblichen Nutzung von mindestens fünfzig v.H. (BFH, BStBl. 1991 II, S. 798). Nunmehr kann das (bewegliche oder unbewegliche) Gesamtobjekt insgesamt, nur der betrieblich genutzte Teil oder das Gesamtobjekt gar nicht dem Betriebsvermögen zugeordnet werden.

225 Vgl. zu damit eröffneten umsatzsteuerlichen Gestaltungsmöglichkeiten *Krauß*, Immobilienkaufverträge in der Praxis, 4. Aufl. 2008, Rn. 1521.

226 Steuergünstig kann die Übernahme in das Betriebsvermögen sich auch bei Pkw – 1%-Regelung bei weit überwiegender privater Nutzung – und Wertpapieren mit hohem Währungs- oder Ausfallrisiko auswirken, vgl. *Kratzsch*, NWB 2004, 2861 = Fach 3, S. 13017.

227 Vgl. R 4.2 (4) Satz 1 EStR 2005.

228 R 4.2 (8) Satz 1 EStR 2005.

in wirtschaftlichen Zusammenhang zu bringen sind;[229] andernfalls erfolgt eine Aufteilung nach dem Verhältnis der Wohn-/Nutzflächen.[230] Es ist daher dem Steuerpflichtigen zu raten, bereits im Kaufvertrag auf eine Aufteilung der Anschaffungskosten zu drängen, in der Herstellungsphase getrennte Bau- und Darlehenskonten einzurichten und auf separate Rechnungstellung zu achten.

2. „Verdecktes Betriebsvermögen"

Ein besonders praxisrelevantes Problem liegt im Vorliegen „verdeckten Betriebsvermögens". Folgende Themenkreise sind hervorzuheben: 4448

a) Betriebsaufspaltung

aa) Anforderungen

Bei der **Betriebsaufspaltung** vermietet ein Besitzunternehmen (auch als nicht eingetragener „verdeckter Einzelkaufmann") eine wesentliche Betriebsgrundlage (Produktions- oder Verwaltungsgebäude) an ein Betriebsunternehmen. Voraussetzung ist eine enge sachliche und personelle Verflechtung zwischen Besitz- und Betriebsunternehmen: 4449

- **personelle Verflechtung** liegt vor, wenn eine Person oder eine Personengruppe[231] sowohl das Besitz- als auch das Betriebsunternehmen in der Weise beherrschen, dass sie in der Lage sind, in beiden Unternehmen einen einheitlichen Geschäfts- und Betätigungswillen durchzusetzen[232] (Beispiel: Gütergemeinschaft als Besitz"unternehmen", personelle Verflechtung gegeben bei Zugehörigkeit des GmbH-Geschäftsanteils zum Gesamtgut;[233] Gesellschafter-Geschäftsführer der Besitz-GbR ist zugleich alleiniger Geschäftsführer der von ihm beherrschten GmbH[234] oder Mehrheitsaktionär der Betriebs-AG;[235] zwei Personen sind alleinige Gesellschafter beider Unternehmen, wenn auch mit unterschiedlichen Mehrheiten;[236]

---

229 Grundlegend BMF v. 16.04.2004, BStBl. 2004 I, S. 464 m. Anm. *Kusterer*, EStB 2004, 423; dieselben Grundsätze gelten auch für die Verteilung der Schuldzinsen für ein Darlehen zur Finanzierung von Erhaltungsaufwand an einem gemischt genutzten Grundstück, OFD Koblenz, DStR 2005, 478 und OFD Frankfurt am Main v. 30.08.2006, EStB 2006, 453, ebenso für sonstige Renovierungsarbeiten, OFD München/Nürnberg v. 08.03.2005, EStB 2005, 179.
230 Vgl. BFH, 25.03.2003 – IX R 22/01, EStB 2003, 326: Erfolgt die Darlehensgutschrift auf einem Konto, von dem der Herstellungsaufwand sowohl des künftig eigengenutzten wie auch des zur Vermietung bestimmten Gebäudeteiles bezahlt wird, sind die Finanzierungskosten nur anteilig nach dem Flächenschlüssel zu berücksichtigen; ähnliche Konstellation in BFH, BStBl. 1999 II, S. 676. Noch weiter gehend BMF v. 10.12.1999, BStBl. 1999 I, S. 1130, das typisierend von einer Verwendung der Eigen- und Fremdmittel nach dem Verhältnis der Wohn-/Nutzflächen ausgeht.
231 Bei der umsatzsteuerlichen Organschaft hat BFH, 22.04.2010 – V R 9/09, GmbHR 2010, 823 die Personengruppentheorie aufgegeben; fraglich ist, ob dies auch für die Betriebsaufspaltungsfälle gelten wird, *Dehmer* DStR 2010, 1705.
232 BFH, 08.11.1971 – GrS 2/1971, BStBl. 1972 II, S. 63.
233 BFH, 19.10.2006 – IV R 22/02, DStR 2006, 2207.
234 BFH, 24.08.2006 – IX R 52/04, DStR 2007, 21.
235 BFH, 23.03.2011 – X R 45/09, EStB 2011, 281.
236 BFH, DStR 2000, 816.

schließlich die Fälle der weitgehend gleichen Beteiligungsverhältnisse[237] oder faktischer einheitlicher Beherrschung;[238] ebenso kann trotz satzungsmäßigem Einstimmigkeitserfordernisses bei einem Mehrheitsgesellschafter die zusätzliche Übernahme des Geschäftsführeramtes bereits genügen).[239] Das Handeln eines Testamentsvollstreckers ist den Erben zuzurechnen.[240] Die Herrschaft über das Betriebsunternehmen kann auch mittelbar, also über zwischengeschaltete Beteiligungsgesellschaften, ausgeübt werden.[241] Die personelle Verflechtung kann durch ein zuwiderlaufendes Erwerbsangebot unterbrochen werden, sie wird erst durch seine Annahme beendet.[242]

4450 „Institutionalisiert gesichert" wird der einheitliche Betätigungswille bei der „**Einheits-Betriebsaufspaltung**" (das Besitzunternehmen ist alleinige Gesellschafterin der Betriebs-Kapitalgesellschaft). Umgekehrt wird ein einheitlicher Betätigungswille vermieden beim sog. **Wiesbadener Modell**, bei welchem das Besitzunternehmen allein dem einen, das Betriebsunternehmen dem anderen Ehegatten gehört,[243] und durch Vereinbarung des Einstimmigkeitserfordernisses[244] bei der Besitzgesellschaft, wenn nur dort ein weiterer Gesellschafter beteiligt ist.[245]

4451 • die **sachliche Verflechtung** erfordert, dass die vermieteten Gebäudeteile „wesentliche Betriebsgrundlage" des Betriebsunternehmens darstellen, also – nach den insoweit immer stärker abgeschwächten Kriterien – für dieses von wirtschaftlich nicht nur geringer Bedeutung

---

237 Nach der vorherrschenden „Personengruppentheorie" genügt es, wenn mehrere Personen als Gruppe in der Lage sind, die Entscheidungen in beiden Unternehmen mit einheitlichem Betätigungswillen zu treffen (angesichts der quotalen Beteiligungsidentität wird Interessengleichklang unterstellt).

238 Diese ist nach BFH, 01.07.2003 – VIII R 24/01, BStBl. 2003 II, S. 757 (ungeachtet eines gesellschaftsvertraglichen Einstimmigkeitserfordernisses) gegeben, wenn z.B. in der Besitzgesellschaft einem Gesellschafter die alleinige Geschäftsführungs- und Vertretungsbefugnis übertragen wurde. Gleiches gilt, wenn ein Gesellschafter hinsichtlich beider Gesellschaften Alleingeschäftsführungsbefugnis mit Befreiung von § 181 BGB bzw. aufgrund seiner beherrschenden Stellung bewirken kann, dass hinsichtlich einer der beiden Gesellschaften ein anderer von ihm bestimmter Vertreter auftritt, BFH, 24.08.2006 – IX R 52/04, EStB 2007, 35.

239 BFH, 30.11.2005 – X R 56/04, BStBl. 2006 II, S. 415; vgl. *Wälzholz*, GmbH-StB 2008, 306.

240 BFH, 05.06.2008 – IV R 76/05, GmbH-StB 2008, 225, a.A. teilweise H 15.7. Abs. 6 EStH 2005.

241 Vgl. *Roser*, EStB 2009, 177 ff.; dies soll sogar gelten bei zwischengeschalteten, zu mehr als 50 % gehaltenen AG gelten: nicht jede Maßnahme der laufenden Geschäftsführung muss unmittelbar bestimmt werden können (was an den §§ 76, 111, 119 Abs. 2 AktG scheitern würde).

242 BFH, 14.10.2009 – X R 37/07, GmbHR 2010, 269.

243 Gemäß BFH, BStBl. 1986 II, S. 359 und 1987 II, S. 29 im Regelfall keine Betriebsaufspaltung; anders möglicherweise bei einer Verpflichtung zur Übertragung an den anderen Ehegatten im Scheidungsfall.

244 BFH, DStRE 2000, 412, sofern sich die Einstimmigkeitsvereinbarung auf alle Geschäfte des täglichen Lebens bezieht und nicht nur formaler Natur ist, also praktisch bedeutungslos sei (BMF v. 23.01.1989, BStBl. 1989 I, S. 39): Grundstück bleibt steuerliches Privatvermögen, dessen Verpachtung private Vermögensverwaltung darstellt. Bei Personengesellschaften entspricht das Einstimmigkeitserfordernis übrigens der gesetzlichen Regel, vgl. § 709 Abs. 1 BGB, § 119 Abs. 1 HGB.

245 Es sei denn, ein Gesellschafter hat hinsichtlich beider Gesellschaften Alleingeschäftsführungsbefugnis mit Befreiung von § 181 BGB bzw. kann aufgrund seiner beherrschenden Stellung bewirken, dass hinsichtlich einer der beiden Gesellschaften ein anderer von ihm bestimmter Vertreter auftritt, BFH, 24.08.2006 – IX R 52/04, EStB 2007, 35.

sind.²⁴⁶ Letzteres wird bejaht, wenn die Immobilie die räumliche und funktionale Grundlage der Geschäftstätigkeit der Betriebsgesellschaft bildet und es ihr ermöglicht, den Geschäftsbetrieb aufzunehmen und auszuüben.²⁴⁷ Eine branchenspezifische Herrichtung und Ausgestaltung ist hingegen nicht erforderlich, sodass auch reine Büro- und Verwaltungsgebäude²⁴⁸ genügen und sogar die Vermietung eines häuslichen Büroraumes im eigenen Einfamilienhaus („Allerweltsgebäude") an die eigene Dienstleistungs-GmbH ausreicht!²⁴⁹ Es genügt, wenn die Räumlichkeiten z.B. nur 10% der Nutzfläche des gesamten Unternehmens ausmachen (etwa bei einem Filialhandelsgeschäft).²⁵⁰ Möglicherweise scheidet jedoch bei der Vermietung des häuslichen Arbeitszimmers an die GmbH eine Betriebsaufspaltung aus, wenn ein Einzelgewerbetreibender als „Besitzunternehmer" den betreffenden Gebäudeteil nicht als Betriebsvermögen zu behandeln braucht und auch nicht als solchen behandelt (§ 8 EStDV: Wertanteil unter 1/5 des gemeinen Werts des Gesamtgrundstücks und unter 20.500,00 €).

bb) Erscheinungsformen

Eine Betriebsaufspaltung kann (als „echte") durch Aufspaltung eines bisher einheitlichen Unternehmens in Besitz- und Betriebsunternehmen oder durch Übertragung aller Aktiva²⁵¹ und Passiva mit Ausnahme der Immobilie auf eine neu gegründete Betriebsgesellschaft entstehen²⁵² (Gefahr verschleierter Sacheinlage, wenn die bar gegründete Betriebskapitalgesellschaft sodann das Vorratsvermögen „ankauft"!),²⁵³ oder auch (als „unechte") durch nachträgliche Verbindung zweier bestehender Unternehmen im Wege eines Pachtvertrages.

4452

cc) Folgen

Steuerrechtlich führen alle Varianten zum selben Ergebnis: Das Vermögen der Besitzgesellschaft bleibt/wird steuerliches Betriebsvermögen mit Buchwertfortführung, scheidet aber aus der Haftung für die **Risiken der Betriebsgesellschaft** (Sozialplan gem. § 112 BetrVG! Gewährleistungen! Gefährdungshaftungen!²⁵⁴ verschuldensunabhängige Produkthaftung gem. ProduktHaf-

4453

---

246 BFH, 23.01.2001 – VIII R 71/98, BFH/NV 2001, 894. Prozentual dürfte die Grenze bei etwa 10% liegen, vgl. BFH, BStBl. 2004 II, S. 985 zur Wesentlichkeit von Flächen bei landwirtschaftlichen Betrieben mit Parallelen zur Zuordnungsfähigkeit zum gewillkürten Betriebsvermögen, zu Vorsteuerabzug, zur schädlichen Nebentätigkeit bei der Gewerbesteuerkürzung gem. § 9 Nr. 1 Satz 2 GewStG. Ähnlich FG Köln DStR 200, 1254 (Az. BFH: VIII R 16/06): unwesentlich, wenn Grundstück hinsichtlich Ertrag, Umsatz und Größe weniger als 10% der Betriebsgesellschaft ausmacht.
247 BFH, 11.02.2003 – IX R 43/01, BFH/NV 2003, 910.
248 BFH, 19.03.2002 – VIII R 57/99, BStBl. 2002 II, S. 662; BMF v. 18.09.2001, BStBl. 2001 I, S. 634.
249 BFH, 13.07.2006 – IV R 25/05, EStB 2006, 396; *Wälzholz*, GmbH-StB 2008, 305; vermutlich wird die „Wesentlichkeit der Betriebsgrundlage" auch in anderem ertragsteuerlichem Kontext (Veräußerung/Aufgabe i.S.d. § 16 EStG, Einbringung i.S.d. §§ 20, 24 UmwStG) dann bejaht werden, sodass die betreffenden Räumlichkeiten mit einzubringen/zu veräußern wären, vgl. *Patt*, EStB 2006, 4546.
250 BFH, 19.03.2009 – IV R 78/06, GmbHR 2009, 724 m. krit. Anm. *Hoffmann*.
251 Mitübertragen ist der good will (Geschäftswert), BFH, 16.06.2004 – X R 34/03, BStBl. 2005 II, S. 378.
252 Umfangreiche Checkliste auch zu den praktischen Folgeschritten (Umstellung der Rechnungsformulare, Meldungen an das FA etc.) bei *Arens*, „Gestaltungsformen mittelständischer Unternehmen in der notariellen Praxis", Seminarskript Auditorium Celle 09.03.2007, S. 61 ff., samt Muster einer Arbeitnehmer-Übernahmevereinbarung.
253 Das MoMiG hat insoweit Erleichterungen gebracht (keine Nichtigkeit der Einlageverträge, Anrechnung des Einbringungswertes), vgl. *Mohr*, GmbH-StB 2009, 134 ff.
254 Z.B. gem. § 84 ArzneimittelG für fehlerhafte in Verkehr gebrachte Arzneimittel.

tungsG bis zu 85 Mio. €! Prospekthaftung!)²⁵⁵ aus. Hierin liegt das **zivilrechtliche Hauptmotiv** der Betriebsaufspaltung.

4454 Es wurde allerdings konterkariert durch die ausufernde Rechtsprechung des BGH²⁵⁶ zur **eigenkapitalersetzenden Nutzungsüberlassung** i.R.d. Generalklausel des § 32a Abs. 3 GmbHG a.F. (bis zum Inkrafttreten des MoMiG), vgl. auch Rdn. 2319. Sie kann vorliegen, wenn das Grundstück den Bedürfnissen des Unternehmens besonders angepasst ist oder die Betriebsgesellschaft nicht in der Lage wäre, die Investitionskosten für das Grundstück aufzubringen oder zu finanzieren. Wurde dann der Pachtvertrag in der beginnenden Krise nicht sofort zum nächstmöglichen Termin gekündigt, konnte der Insolvenzverwalter zum einen die Weiterüberlassung (auch zur Untervermietung!) pachtfrei²⁵⁷ i.d.R.²⁵⁸ mindestens so lange verlangen, wie ein außenstehender Dritter den Mietvertrag abgeschlossen hätte, und zum anderen die in der Vergangenheit unter Verletzung des Auszahlungsverbotes (**§ 30 GmbHG**) an den Gesellschafter²⁵⁹ ausbezahlten Pachten zurückverlangen. Das **MoMiG** schafft insoweit ab 01.11.2008 eine rechtsformneutrale Neuregelung in Gestalt des § 135 Abs. 3 InsO:

4455 Demnach²⁶⁰ steht nunmehr dem Überlassenden ab Eröffnung der Insolvenz über das Vermögen der benutzenden Gesellschaft ein **Aussonderungsrecht** (Herausverlangen des Objekts) zu; der Insolvenzverwalter kann, wenn der Gebrauch der Sache für die Fortführung des Unternehmens von erheblicher Bedeutung ist (§ 20 Abs. 2 Satz 1 Nr. 5 InsO), einen Aufschub um bis zu einem Jahr erlangen, allerdings gegen Zahlung eines Nutzungsentgelts i.H.d. Durchschnitts der im letzten Jahr vor Insolvenzeröffnung tatsächlich geleisteten (nicht nur lediglich geschuldeten!) Miete. Fraglich ist allerdings, ob die Miete auch dann als „geleistet" i.S.d. Durchschnittsberechnung gilt, wenn sie – etwa infolge einer Insolvenzanfechtung oder aufgrund Anwendung des § 30 GmbHG auf Mietzahlungen an den Gesellschafter vor Insolvenzeröffnung – wieder herauszugeben ist. Unklar ist auch, ob das Aussonderungsrecht dann nicht besteht, wenn der Insolvenzverwalter uneingeschränkt die vertragliche Mietzinszahlungspflicht zur Erfüllung verspricht.²⁶¹ Häufig gewährt ferner die Besitzgesellschaft der Betriebsgesellschaft Finanzhilfen, die wie Gesellschafterdarlehen behandelt werden (auch insoweit erfolgt seit Inkrafttreten des MoMiG allein eine

---

255 Ausgehend von § 13 VerkaufsprospektG und §§ 45 bis 48 BörsenG; hieraus entwickelt die zivilrechtliche Prospekthaftung für Bauherrenmodelle und Kapitalanlagen, vgl. *Krauß*, Immobilienkaufverträge in der Praxis, 5. Aufl. 2010, Rn. 1871 ff.

256 „Lagergrundstück III": BGH, ZIP 1994, 1265; „Lagergrundstück IV": BGH, ZIP 1994, 1441; „Lagergrundstück V": BGH, ZIP 1997, 1375.

257 Der Geldwert der Nutzungsüberlassung stellt gerade die kapitalersetzende Leistung des Gesellschafters dar. Auch ggü. einem Zessionar künftiger Mietzinsforderungen kann die Mietzinsfreiheit laufender Nutzung entgegengehalten werden (§ 404 BGB), auch wenn sie nach der Zession eintrat, BGH, 05.12.2007 – XII ZR 183/05, GmbHR 2008, 198.

258 Allerdings endet die Nutzungsüberlassungspflicht schon zuvor, wenn der Grundpfandgläubiger die Zwangsverwaltung betreibt, wegen Vorrangs der Rechte aus §§ 1123 ff. BGB: BGH, 31.01.2000 – II ZR 309/98, DStR 2000, 527 m. Anm. *Goette*; ebenso bei Insolvenz über das Vermögen des überlassenden Gesellschafters (BGH, 28.04.2008 – II ZR 207/06, NotBZ 2008, 339 m. Anm. *Vossius*), nicht jedoch bereits mit Pfändung der Pachtzinsforderung: BGH, 28.02.2005 – II ZR 103/03, ZInsO 2005, 653.

259 Bei Auszahlungen während einer noch aufschiebend bedingten Geschäftsanteilsabtretung haften Veräußerer und Erwerber gesamtschuldnerisch, BGH, 18.06.2007 – II R 86/06, n.v.

260 S. *Burg/Blasche*, GmbHR 2008, 1250 ff.

261 Verneinend etwa *K. Schmidt*, DB 2008, 1727, 1732.

B. Unterscheidung Privat-/Betriebsvermögen

insolvenzrechtliche Anknüpfung: Nachrang ggü. sonstigen Forderungen gem. § 39 Abs. 1 Nr. 5 InsO, Anfechtbarkeit von Tilgungsleistungen des vorangehenden Jahres gem. § 135 InsO).[262]

Arbeitsrechtlich übernimmt die Betriebsgesellschaft gem. § 613a BGB die Arbeitsverhältnisse und kann (mit neuem Rechtsformzusatz) die Firma des bisherigen Unternehmens gem. § 22 Abs. 2 HGB fortführen, allerdings mit der Haftungsfolge des § 25 HGB. Im Besitzunternehmen bestehen aufgrund der geringen Größe häufig keine Mitbestimmungsrechte oder Beteiligungs- bzw. Informationsrechte des Betriebsrates. Die Betriebskapitalgesellschaft wiederum ist als kleine Gesellschaft i.S.d. § 267 HGB i.d.R. nur eingeschränkt publizitätspflichtig. 4456

Ertragsteuerliche Vorteile treten demgegenüber weniger in den Vordergrund: Ausnutzung von Besteuerungsunterschieden durch gezielte Festlegung der Miethöhen und der Ausschüttungen, Inanspruchnahme von Investitionszulagen, die nur für gewerbliche Unternehmen gewährt werden, auch in der Besitzgesellschaft, Nutzung der Steuervorteile der (Betriebs-) kapitalgesellschaft (steuermindernde Pensionszusage, Dividendenbesteuerung erst bei Zufluss etc.) und der (Besitz-) Personengesellschaft (gewerbesteuerlicher Freibetrag und Anrechnung). Da die Betriebskapitalgesellschaftsanteile sich im (Sonder-) Betriebsvermögen II der Besitzgesellschaft befinden, können bei deren dauerhafter Wertminderung Teilwertabschreibungen vorgenommen werden (allerdings mit zwingendem Wertaufholungsgebot, § 6 Abs. 1 Nr. 1 Satz 4 EStG). 4457

Ist der durch die Betriebs-GmbH bezahlte Pachtzins überhöht,[263] geht die Finanzverwaltung von verdeckter Gewinnausschüttung[264] aus. Eine solche kann auch vorliegen, wenn die Betriebsgesellschaft „Pacht" leistet für den Kundenstamm, obwohl dieser (1) bereits (mit den Betriebsgrundlagen) auf sie übergegangen ist, oder obwohl dieser (2) als persönliche Eigenschaft des Unternehmers untrennbar mit diesem verbunden ist, sodass die GmbH für einen Vorteil zahlt, den sie gar nicht erhalten hat. Lediglich wenn es sich (3) beim Kundenstamm um ein eigenständiges Wirtschaftsgut handelt, und dieses beim Besitzunternehmen verbleibt, ist ein Pachtentgelt hierfür steuerlich anzuerkennen.[265] Umgekehrt soll ein zu geringer Pachtzins auf persönlichen Motiven beruhen, sodass die Betriebsausgaben des Besitzunternehmens anteilig zu kürzen sind (irrelevant ist diese Frage bei einem Ergebnisabführungsvertrag mit Verlustübernahmepflicht, wodurch allerdings die Haftungsbegrenzung vereitelt wird). 4458

Die negativen Folgen aus der steuerlichen Verstrickung des Besitzunternehmens lassen es häufig angeraten sein, zwar Besitz und Betrieb bei verschiedenen Eigentümern (Gesellschaften) zu trennen, die Umqualifizierung in gewerbliche Einkünfte und betriebliches Vermögen jedoch zu vermeiden, also gerade darauf zu achten, dass **keine Betriebsaufspaltung** vorliegt (etwa durch das Wiesbadener Modell, oben Rdn. 4450 a.E.). Die (oft ungewollte) Beendigung der personellen oder sachlichen Verflechtung führt zu Entnahmewirkungen (vgl. Rdn. 4503). 4459

---

262 Vgl. *Mohr*, GmbH-StB 2009, 134, 136.
263 Gemäß *Märkle*, BB 2000, Beilage zu Heft 31, S. 15 ist bei Grundstücken eine Verzinsung des eingesetzten Kapitals von 5 – 8 %, bei sonstigem Vermögen von 6 – 10 % angemessen; für die Verpachtung des Geschäftswertes eine weitere Umsatzpacht von 0,5 – 1 %.
264 I.S.d. Hinweises H 36 Abschn. V „Nutzungsüberlassungen" zu KStR 2004.
265 Zu diesen Differenzierungen BFH, 26.11.2009 – III R 40/07, EStB 2010, 84.

4460 Bedeutsamer sind die **gewerbesteuerlichen**[266] **Vorteile**, die allerdings ab 2008 für eigenkapitalfinanzierte Unternehmen mit hohen Mietzahlungen deutlich reduziert wurden:[267] Die Bezüge des Betriebs-GmbH-Gesellschafter-Geschäftsführers (und Pensionsrückstellungen zu seinen Gunsten) werden (anders als bei der GmbH & Co. KG, wo sie gewerbesteuerpflichtigen Vorausgewinn darstellen) als Betriebsausgaben gewerbesteuerfrei gestellt. Andererseits unterliegt auch das Besitzunternehmen der Gewerbesteuer. Der Gewerbeertrag des Betriebsunternehmens wurde bis Ende 2007 gem. § 8 Nr. 7 GewStG lediglich erhöht um die Hälfte derjenigen Pachtzinsen, die für die Überlassung nicht in Grundbesitz bestehender Wirtschaftsgüter (etwa von Maschinen) entrichtet wird; in gleichem Maße wird beim Besitzunternehmen der Gewerbeertrag gem. § 9 Nr. 4 GewStG gekürzt.[268] Daher sollte im Pachtvertrag der Zins bspw. für Grundstück, Maschinen und Firmenwert (good will) getrennt ausgewiesen werden. Ab 2008 erfasst die Hinzurechnung gem. § 8 Nr. 1a bis f GewStG 12,5 %, vor 2010: 16,25 % der Mietentgelte für Grundstücke und Gebäude (vgl. Rdn. 2447), sowie 5 % der Mietentgelte für bewegliche Sachen (wobei von der Summe der Entgelte, einschließlich der Schuldzinsen, 100.000,00 € Jahresfreibetrag abgezogen werden); die Kürzung beim Vermieter gem. § 9 Nr. 4 GewStG wurde aufgehoben. Daher ist zu überlegen, dem Mieter auch Instandsetzungskosten an Dach und Fach aufzubürden (triple-net-Verträge) und dafür die Miete zu reduzieren,[269] ferner die Miete für bewegliche Sachen (Betriebsvorrichtungen) nicht zu knapp auszuweisen.

4461 Des Weiteren bilden alle dem Besitzunternehmen zuzurechnenden Vermögenswerte gewerbliches Betriebsvermögen, also auch die Anteile an der Betriebskapitalgesellschaft (sog. „Sonderbetriebsvermögen II" der Besitzpersonengesellschafter: Wirtschaftsgüter, die der Stärkung der Beteiligung an der Besitzgesellschaft dienen).[270] Diese GmbH-Anteile nehmen daher auch **schenkungsteuerlich** unabhängig von der sonst gegebenen 25 % Grenze an der Privilegierung nach § 13a ErbStG teil (vgl. Rdn. 3986 ff.; zur Rechtslage bis Ende 2008, Rdn. 4077 zu § 13b Abs. 2 Satz 2 lit a ErbStG n.F.: Bereichsausnahme für Betriebsaufspaltung und Sonderbetriebsvermögen), ebenso wie die Anlagevermögensgegenstände des Besitzunternehmens, v.a. der Grundbesitz. Die Anteile an der Betriebskapitalgesellschaft bilden i.d.R. sogar **wesentliche Betriebsgrundlage** des Besitz(einzel)unternehmens, sodass keine privilegierte Betriebs- oder Teilbetriebsübertragung vorliegt, wenn lediglich das Besitzunternehmen ohne diese Anteile übergeht.[271]

---

266 Vgl. hierzu *Krauß*, Immobilienkaufverträge in der Praxis, Rn. 2861 ff.
267 Vgl. *Wesselbaum-Neugebauer*, GmbHR 2007, 1300 sowie *Wälzholz*, GmbH-StB 2008, 304 ff., sodass die GmbH & Co KG, wo es wegen der Transparenz nicht zu Hinzurechnungen kommt, geeigneter sein kann.
268 Die Praxis zeigt aber, dass die Besitzunternehmung die permanent steigenden vortragsfähigen Gewerbesteuerverluste nicht zur Steuerersparnis nutzen konnte.
269 Allgemein zur Mietreduzierung bei der Betriebsaufspaltung *Forst/Ginsburg*, EStB 2008, 33.
270 Vgl. Beck'sches Steuerlexikon (Online, 2011) s.v. „Betriebsaufspaltung" Rn. 17.
271 Vgl. BFH, 04.07.2007 – X R 49/06, GmbHR 2007, 1112; zu den Konsequenzen *Schulze zur Wiesche* GmbHR 2008, 238 ff. Anders kann es sich verhalten (Vorliegen je eines getrennten Teilbetriebes), wenn neben der Betriebsaufspaltung separate Vermietungstätigkeiten „als gesonderter Verwaltungskomplex" ausgeübt werden, oder bei der „Mehrfach-Betriebsaufspaltung", wenn räumlich abgrenzbare Gebäudeteile je eigenen Betriebsgesellschaften zuzordnen sind, vgl. BFH, 29.03.2006 – X R 59/00, GmbH-StB 2006, 193.

> **Hinweis:** 4462
>
> Die hohen „Mieten" i.R.d. Betriebsaufspaltung führten bis Ende 2008 zu weit höheren Bewertungen also etwa bei Grundbesitz, der im Gesamthandsvermögen (z.B. einer Einheits-GmbH & Co KG) gehalten wird – für Fabrikationsbetriebe lässt sich dann nicht einmal eine ortsübliche Miete ermitteln, sodass gem. § 147 BewG die Sonderbewertung in Ansatz kommt: Gebäude i.H.d. (meist abgeschriebenen) Buchwerts, Grundstücke nach der Bodenrichtwertkarte abzgl. 30%). Daher werden Betriebsaufspaltungen oft vor Vererbung oder Übertragung aufgelöst.[272] Auch i.R.d. seit 2009 anzustellenden Ertragswertbewertung sind „überhöhte" Mieten schädlich.

dd) Konkurrenzen

Sind Besitz- und Betriebsgesellschaft als Kapitalgesellschaft strukturiert, spricht man von einer „kapitalistischen Betriebsaufspaltung". Handelt es sich dagegen beim Besitz- und beim Betriebsunternehmen jeweils um eine Personengesellschaft (als „Schwestergesellschaften"), können gleichzeitig sowohl die Voraussetzungen einer (dann sog. **mitunternehmerischen**) **Betriebsaufspaltung** vorliegen als auch gem. § 15 Abs. 1 Satz 1 Nr. 2 EStG die Qualifikation der Anteile an den zur Nutzung überlassenen Wirtschaftsgütern als Sonderbetriebsvermögen I der Betriebsgesellschafter gegeben sein. Letztere Zuordnung ist jedoch nachrangig.[273] 4463

Demnach wird bei Beendigung der Nutzung aus dem überlassenen Vermögen nicht „automatisch" Privatvermögen unter Aufdeckung der stillen Reserven,[274] sondern es besteht das **Verpächterwahlrecht** zugunsten einer Aufrechterhaltung des Betriebsvermögensstatus (Rdn. 4469); ebenso erzielt die Besitzgesellschaft eigene Einnahmen, es handelt sich also nicht um Sonderbetriebseinnahmen der Betriebsgesellschaft.[275] Keine mitunternehmerische Betriebsaufspaltung liegt jedoch vor, wenn die Betriebsgesellschaft (etwa eine freiberufliche GbR) keine gewerblichen Einkünfte erzielt.[276] 4464

ee) Beendigung

Gefährlich ist die zwingend eintretende Betriebsaufgabe (mit der häufigen Folge der Auflösung stiller Reserven), wenn die sachliche und personelle Verflechtung wegfällt (z.B. das Einstimmigkeitserfordernis aufgehoben wird oder lediglich eines der beiden Unternnehmen übertragen wird)[277] oder das Betriebsunternehmen, etwa infolge Insolvenz, das Nutzungsverhältnis nicht mehr fortsetzt (vgl. Rdn. 4506). Zur „sicheren" geordneten **Beendigung** einer Betriebsaufspal- 4465

---

272 Vgl. *Vorwold*, BB 1999, 1300 ff.
273 BFH, 30.08.2007 – IV R 50/05, GmbH-StB 2008, 5: mit Wegfall der personellen Verflechtung tritt die Sonderbetriebsvermögenseigenschaft wieder in Erscheinung, vgl. *Gebhardt*, EStB 2007, 65.
274 BFH, 23.04.1996 – VIII R 13/95, BStBl. 1998 II, S. 325.
275 Die Mietzahlungen bilden bei der Betriebs-KG daher gewerbesteuerlichen Aufwand, und auch die Besitz-GbR nutzt die Gewerbesteuerfreiheit der „Miet"einnahmen aus der Nutzungsüberlassung eigenen Grundbesitzes, BFH, 22.11.1994 – VIII R 63/93, BStBl. 1996 II, S. 93.
276 BFH, 10.11.2005 – IV R 29/04, EStB 2006, 44.
277 Die bloße Abgabe eines unwiderruflichen Verkaufsangebotes genügt noch nicht (sie führt ggf. zu einer Unterbrechung der Betriebsaufspaltung); Beendigung tritt erst mit dem Übergang selbst ein: BFH, 14.10.2009 – X R 37/07, EStB 2010, 98.

tung empfiehlt sich die Begründung einer atypisch stillen Gesellschaft an der Betriebs-GmbH (keine Aufdeckung der stillen Reserven gem. § 20 UmwStG, anstelle der Betriebsaufspaltung gelten mitunternehmerische Grundsätze; die wesentliche Betriebsgrundlage wird Sonderbetriebsvermögen der Mitunternehmerschaft).[278]

b) Sonderbetriebsvermögen

4466 Sofern eine Immobilie oder ein sonstiges betriebsnotwendiges Wirtschaftsgut an eine gewerblich tätige, wohl auch an eine gewerblich geprägte,[279] Personengesellschaft (entgeltlich oder unentgeltlich, schuldrechtlich oder dinglich)[280] zur Nutzung überlassen wird, an der der Eigentümer des Grundbesitzes als Mitunternehmer beteiligt ist, zählt sie zum sog. **Sonderbetriebsvermögen** des Gesellschafters und damit zum steuerlichen Betriebsvermögen der Gesellschaft, auch wenn sie zivilrechtlich korrekt als Alleineigentum des Gesellschafters eingetragen ist. Damit wird der Mitunternehmer in Bezug auf den Umfang des Betriebsvermögens einem Einzelunternehmer, der betriebsnotwendige Wirtschaftsgüter ebenfalls nicht im steuerlichen Privatvermögen zurückbehalten kann, gleichgestellt.[281] Der Mitunternehmeranteil umfasst also den Anteil am Gesamthandsvermögen zuzüglich des Sonderbetriebsvermögens.

Sonderbetriebsvermögen kann auch von Todes wegen entstehen.

Beispiel:

Der Grundstückseigentümer erbt einen Mitunternehmeranteil der Gesellschaft, welcher das Grundstück verpachtet ist: Einlage zum Teilwert nach § 6 Abs. 5 Nr. 3 EStG.[282]

4467 Zum sog. „**Sonderbetriebsvermögen I**" im vorgenannten Sinn zählen alle Wirtschaftsgüter, die einem Mitunternehmer gehören und die dazu geeignet und objektiv bestimmt sind, dem Betrieb der Personengesellschaft zu dienen, zum sog. „**Sonderbetriebsvermögen II**" zählen die Wirtschaftsgüter, die der Beteiligung des Gesellschafters an der Personengesellschaft selbst dienen, also ein Mittel darstellen, um besonderen Einfluss auf die Personengesellschaft auszuüben und damit unmittelbar die dortige Stellung des Gesellschafters zu stärken.[283] Insb.[284] zählen hierzu die Anteile, die der Kommanditist einer GmbH & Co. KG an der Komplementär-GmbH hält, es sei denn

---

278 *Haense*, GmbHR 2002, 787; *Wälzholz*, GmbH-StB 2008, 309. Weniger sicher ist die Einbringung des Besitzunternehmens in die Betriebskapitalgesellschaft: gilt Tz. 20.11 des UmwSt-Erlasses v. 25.03.1998 auch für § 20 UmwStG n.F.?; beim Formwechsel der Betriebskapitalgesellschaft in eine GmbH & Co. KG werden die offenen Reserven versteuert, beim späteren Verkauf greift § 18 Abs. 3 UmwStG ein, Anschaffungskosten auf die GmbH-Anteile können verloren gehen etc.
279 Letzteres ist str., da der BFH die Geprägerechtsprechung aufgegeben hat (BFH, GrS BStBl. 1984 II, S. 751).
280 FG Berlin, 21.03.2006 – 7 K 4230/01, DStRE 2006, 1377 (auch Erbbaurechtsvertrag genügt als Nutzungsüberlassung).
281 BFH, 12.04.2000 – XI R 35/99, BStBl. 2001 II, S. 26, 27.
282 Erfolgt die Einlage binnen 3 Monaten nach der Anschaffung, ist der historische Anschaffungswert maßgeblich, § 6 Abs. 1 Nr. 5a EStG.
283 BFH, 30.03.1993 – VIII R 8/91, BStBl. 1993 II, S. 864.
284 Notwendiges Sonderbetriebsvermögen II kann aber auch vorliegen bei einer Vertriebskapitalgesellschaft, BFH, 13.02.2008 – I R 63/06, GmbH-StB 2008, 166, oder beim Halten von Anteilen an einer Vermietungs-GmbH, die Werkswohnungen bereit hält für die Arbeitnehmer einer KG: notwendiges Sonder-BV II der Kommanditisten dieser KG, BFH, 14.01.2010 – IV R 86/06, EStB 2010, 173.

- Letztere entfaltet eigenständige gewerbliche Tätigkeit von einiger Bedeutung, die nicht im Zusammenhang mit der KG steht,[285]
- bzw. die zwar im Zusammenhang mit der KG steht, aber aus deren Sicht nur von geringer Bedeutung ist,
- die GmbH übernähme die reine Komplementär- und Verwaltungsfunktion bei mehreren KG: SBV II – Eigenschaft nur bei der zuerst gegründeten KG.[286]

Auch Grundstücke können zum Sonderbetriebsvermögen II zählen, wenn sie durch einen Gesellschafter der Besitzpersonengesellschaft der Betriebs-GmbH zur Verfügung gestellt werden, sie also zwar nicht in den Verfügungsbereich der Personengesellschaft übergehen, der Gesellschafter sie aber für eine Tätigkeit benötigt, die er ausschließlich in deren Interesse ausübt[287] (Gleiches gilt, wenn der atypisch stille Gesellschafter einer GmbH & Still zugleich an der GmbH selbst beteiligt ist („Doppelgesellschafter", vgl. Rdn. 2298).

Aufgrund der ertragsteuerlich durch § 6 Abs. 3 Satz 2 EStG vollzogenen Lockerung der engen Verbindung zwischen Sonderbetriebsvermögen und Mitunternehmeranteil müssen beide bei teilweiser Veräußerung nicht mehr zur gleichen Quote übertragen werden (vgl. Rdn. 4712). Die im verbleibenden Sonderbetriebsvermögen enthaltenen stillen Reserven werden jedoch steuererhöhend aufgelöst, wenn die übrige Mitunternehmerstellung zur Gänze übertragen wird (vgl. Rdn. 4703 und 4613). Darüber hinaus kann die Komplementärbeteiligung sogar **wesentliche Betriebsgrundlage** der Kommanditistenbeteiligung sein (vgl. Rdn. 2325).

4468

c) Verpächterwahlrecht

Die Rechtsprechung räumt dem Verpächter bisherigen Betriebsvermögens das Wahlrecht ein, entweder die Betriebsaufgabe zu erklären (mit der Folge der Versteuerung sämtlicher stiller Reserven als begünstigtem Aufgabegewinn; die künftigen Pachtzahlungen führen zu Einnahmen aus Vermietung und Verpachtung) oder aber die verpachteten Wirtschaftsgüter weiterhin als Betriebsvermögen zu behandeln, sofern objektiv die Möglichkeit und subjektiv die Absicht besteht, das Unternehmen in dem Zustand wieder aufzunehmen, in dem es seine werbende Tätigkeit eingestellt hat.[288] Die Ausübung dieses Verpächterwahlrechtes[289] eröffnet die Chance, die Versteuerung der stillen Reserven auf einen künftigen Zeitpunkt, etwa nach Vollendung des 55. Lebensjahres wegen § 34 EStG, zu verschieben. In diesem Fall zählen die Pachteinnahmen weiter zu gewerblichen Betriebseinnahmen, es handelt sich um Betriebsvermögen. Für dieses gelten auch die erbschaftsteuerlichen Vergünstigungen (§§ 13a, 19a ErbStG). Die „Fortführungsoption"

4469

---

285 Vgl. BFH, 12.04.2000 – XI R 35/99, BStBl. 2001 II, S. 26, 27; OFD München v. 02.04.2001, GmbHR 2001, 684 Tz. 1.
286 OFD Münster v. 23.03.2011, DB 2011, 1302, sub V. 1.
287 BFH, 17.12.2008 – IV R 65/07, EStB 2009, 119; Indizien für diesen Veranlassungszusammenhang sind z.B.: Das Grundstück ist für die Betriebsgesellschaft unverzichtbar und nur an diese vermietbar, die Nutzungsüberlassung ist von der Dauer der Beteiligung an der Betriebs-GmbH abhängig; zeitlicher Zusammenhang zwischen Abschluss des Pachtvertrages über das Grundstück und Begründung der Betriebsaufspaltung.
288 BFH, 08.02.2007 – IV R 65/01, EStB 2007, 159: Zwangsaufgabe bei Umbau des verpachteten Fabrikgebäudes in einen Supermarkt.
289 Hierzu *Heidrich/Rosseburg*, NWB 2003, 3955 = Fach 3, S. 12699 ff.

ist weder bei einem werbenden noch bei einem gewerblich geprägten Betrieb hinsichtlich ihrer zeitlichen Reichweite „befristet".[290]

4470 Die endgültige Betriebsaufgabe kann für einen bis zu 3 Monate zurückliegenden Stichtag erklärt werden.[291] Verstirbt der Verpächter, geht das Wahlrecht (zur gemeinsamen Ausübung) auf die Erben über. Eine zwingende Betriebsaufgabe tritt jedoch ein, wenn der Verpächter wesentliche Teile des Betriebsvermögens an Dritte veräußert; die verbleibenden Wirtschaftsgüter sind dann ausschließlich dem Privatvermögen zuzurechnen.[292]

4471 Wurde jedoch der Betrieb entgeltlich erworben und sodann, ohne eigene Bewirtschaftung, sofort verpachtet, gewährt die Rechtsprechung[293] das Verpächterwahlrecht nicht, sodass Einkünfte aus Vermietung und Verpachtung, nicht z.B. aus landwirtschaftlicher Tätigkeit, erzielt werden.

d) Gewerblicher Grundstückshandel

4472 Häufig wird der Notar schließlich mit Fragen über die Abgrenzung zwischen privater Vermögensverwaltung und gewerblichem Grundstückshandel bzw. gewerblicher Grundstücksentwicklung konfrontiert. Diese zählen allerdings im Schwerpunkt zu entgeltlichen Immobilientransaktionen und werden daher getrennt behandelt.[294]

3. „Geborenes Betriebsvermögen" bei Gesellschaften

4473 Neben die oben (Rdn. 4442) erläuterte Differenzierung nach Nutzungsbereichen (mit der Folge notwendigen Betriebsvermögens z.B. bei der Nutzung zu eigenbetrieblichen Zwecken durch den Einzelunternehmer als Eigentümer) tritt bei **Gesellschaften als Eigentümern** eine weitere Differenzierung nach der Rechtsform und nach der Tätigkeitsform (also nicht des Wirtschaftsguts und seiner Nutzung):

a) Kapitalgesellschaften

4474 Inländische juristische Personen kennen keine „Privatsphäre", verwirklichen also stets Einkünfte aus Gewerbebetrieb und halten ausschließlich Betriebsvermögen. Der durch Betriebsvermögensvergleich (Bilanzierung) zu ermittelnde Gewinn unterliegt auf der Ebene der GmbH einer Definitivbesteuerung von 15 % (§ 23 Abs. 1 KStG) zuzüglich Solidaritätszuschlag. Ausschüttungen werden sodann (ab 2009) im Privatvermögen des Gesellschafters (als natürliche Person oder Personenhandelsgesellschaft) der Abgeltungsteuer von 25 % (bzw. einem niedrigeren individuellen Steuersatz) unterworfen, im Betriebsvermögen einer natürlichen Person/einer Personenhandelsgesellschaft werden sie gem. § 3 Nr. 40d EStG zu 60 % (bis Ende 2008: zu 50 %) besteuert, andererseits werden auch die Werbungskosten und Betriebsausgaben gem. § 3c Abs. 2 EStG nur zu 60 %, bis Ende 2008 nur zur Hälfte, anerkannt. Handelt es sich beim Gesellschafter um eine Kapitalgesellschaft, gilt gem. § 8b Abs. 5 EStG 5 % der im Grunde steuerfrei gestellten Gewinn-

---

290 BFH, 19.03.2009 – IV R 45/06, EStB 2009, 297.
291 Vgl. R 139 Abs. 5 Satz 6 EStR 2001.
292 BFH, BStBl. 2004 II, S. 10, 12.
293 BFH, BStBl. 1989 II, S. 863.
294 Vgl. *Krauß*, Immobilienkaufverträge in der Praxis, Rn. 2838 ff.

ausschüttung als nicht abziehbare Betriebsausgabe, sodass im Ergebnis Dividenden und sonstige Ausschüttungen sowie Veräußerungsgewinne wirtschaftlich i.H.v. 95% körperschaftsteuerfreigestellt werden.

Nach ausländischem Recht gegründete Kapitalgesellschaften (etwa die Limited, vgl. Rdn. 2383 ff.) unterliegen zwar hinsichtlich ihrer inländischen Einkünfte i.S.d. § 49 EStG jedenfalls der beschränkten Körperschaftsteuerpflicht (§ 2 Abs. 1 KStG) bzw. gar, wenn sich zumindest der Ort der Geschäftsleitung i.S.d. § 10 AO im Inland befindet, mit ihrem Welteinkommen der Körperschaftbesteuerung im Inland. Allerdings handelt es sich bei **grundstücksverwaltenden ausländischen Kapitalgesellschaften** nicht bereits gem. § 2 Abs. 2 Satz 1 GewStG um Gewerbebetriebe kraft Rechtsform. Auch handelt es sich beim inländischen Grundbesitz vermögensverwaltender ausländischer Kapitalgesellschaften nicht um Betriebsvermögen,[295] sodass für Gebäude nur die lineare AfA gem. § 7 Abs. 4 Nr. 2 EStG in Anspruch genommen werden kann, Teilwertabschreibungen bei dauernder Wertminderung gem. § 6 Abs. 1 Nr. 1 Satz 2 EStG nicht zulässig sind und stille Reserven auf Reinvestitionsgütern nach § 6b EStG nicht übertragen werden können. 4475

Da die Ermittlung des Einkommens der Kapitalgesellschaft ohne Rücksicht darauf erfolgt, ob dieses verteilt (ausgeschüttet) wird oder nicht, zählen auch sog. **verdeckte Gewinnausschüttungen** zum Einkommen, § 8 Abs. 3 Satz 2 KStG. Eine solche liegt vor, wenn bei der Kapitalgesellschaft eine Vermögensminderung oder verhinderte Vermögensmehrung eintritt, die durch das Gesellschaftsverhältnis veranlasst ist und nicht auf einem den gesellschaftsrechtlichen Vorschriften entsprechenden Gewinnverteilungsbeschluss beruht. Ob eine schädliche gesellschaftsrechtliche Veranlassung vorliegt, wird angesichts der Angemessenheit der Leistungsbeziehungen beurteilt, also nach dem mutmaßlichen Verhalten eines ordentlichen und gewissenhaften Geschäftsführers unter Berücksichtigung des Maßstabs des Fremdvergleichs (Rdn. 2403).[296] Demnach muss z.B. die Miete, welche die Gesellschaft für die Anmietung der Privatimmobilie eines Gesellschafters entrichtet, dem entsprechen, was ein ordnungsgemäß handelnder Geschäftsleiter mit einem fremden Dritten vereinbaren würde. Zu den steuerlichen Folgen „aufgedeckter" vGA vgl. Rdn. 2407. 4476

Zu den Änderungen aufgrund der Unternehmensteuerreform 2008 und der ab 2009 eingeführten Abgeltungsteuer vgl. Rdn. 2422 ff. 4477

b) Gewerbliche Personengesellschaft

aa) Gewerblich tätige Personengesellschaft

Eine Personengesellschaft kann inhaltlich auf ausschließliche Vermögensverwaltung ausgerichtet sein mit der Folge, dass Einkünfte aus Vermietung und Verpachtung (§ 21 EStG) aus „Privatvermögen" erzielt werden, solange die Grenze zur großgewerblichen Grundstücksvermietung oder zu einem gewerblichen Grundstückshandel (s. hierzu Verweisung in Rdn. 4472) nicht überschritten ist. Übt eine Personengesellschaft (OHG oder KG) jedoch gewerbliche Tätigkeit aus 4478

---

295 Vgl. OFD Münster v. 24.07.2008, GmbHR 2008, 1007 ff.
296 Vgl. BFH, DStR 2004, 1209; BFH/NV 2004, 817.

(was gem. § 105 HGB – Betrieb eines Handelsgewerbes – vermutet wird), erzielt sie ausschließlich gewerbliche Einkünfte, selbst wenn daneben die Verwaltung eigenen Vermögens oder freiberufliche Tätigkeit vorliegt (Bsp: Steuerberatungs-GbR mit Kapitalanlagenvermittlung; Tanzschule mit Getränkeverkauf, ärztliche Gemeinschaftspraxis mit angeschlossener gewerblicher Augenklinik,[297] möglicherweise auch beim Betrieb einer Strom einspeisenden Fotovoltaikanlage auf einem Mietshaus[298] etc.; sog. Obstkarren-Theorem: GbR, die ein Hochhaus vermietet und im Eingangsbereich Melonen feilbietet, erzielt Einkünfte aus Gewerbebetrieb).

4479 Diese sog. „Abfärbe-" oder „**Infektionswirkung**" des § 15 Abs. 3 Nr. 1 EStG tritt nur bei äußerst geringen Anteilen an originär gewerblicher Tätigkeit nicht ein (ca. 1 bis 2 %.)[299] Bereits die Beteiligung an einer gewerblich tätigen Personengesellschaft löst den Abfärbeeffekt aus.[300] In gleicher Weise geht die Qualifikation als freiberufliche Einkünfte (§ 18 EStG) verloren,[301] wenn auch nur ein Gesellschafter nicht Freiberufler ist,[302] sondern (und sei es auch kraft Rechtsform als Kapitalgesellschaft)[303] gewerbliche Einkünfte erzielt. Dies gilt auch[304] bei nur mittelbarer Beteiligung des Nicht-Freiberuflers (z.B. an einer GbR, die ihrerseits Gesellschafter der Freiberufergesellschaft ist), auch wenn diese Beteiligung nur 3,3 % umfasst, nicht jedoch bei bloßen Angestelltenverhältnissen[305] oder freier Mitarbeit. Unschädlich sind jedoch gewerbliche Einkünfte im Sondervermögensbereich eines Personengesellschafters.[306] Zur Vermeidung dieser Infektionswirkung empfiehlt sich die Gründung und separate Weiterführung einer (ggf. auch personenidentischen) Parallelgesellschaft.[307] Diese Lösung versagt jedoch, wenn eine wesentliche Betriebsgrundlage an die gewerblich tätige Gesellschaft vermietet wird und daneben personelle und wirtschaftliche Verflechtung vorliegt, sodass die Voraussetzungen einer **Betriebsaufspaltung** gegeben sind, vgl. oben Rdn. 4449 ff. Die Besitzgesellschaft erzielt hier stets originär gewerbliche Einkünfte.

---

297 Zur (empfehlenswerten) Ausgliederung auf eine personenidentische Schwestergesellschaft *Schlegel/Tillmanns* DStZ 2010, 287.
298 OFD Frankfurt, 21.10.2009 – S 2241 A-110-St 213.
299 Vgl. BFH, BStBl. 2000 II, S. 229; bei 2,8 % ernstlich zweifelhaft: BFH/NV 2004, 954; für Arztpraxen liegt die Schwelle gem. OFD Frankfurt v. 28.02.2007, DB 2007, 1282 bei 1,25 %); möglicherweise kann sonst zur Konkretisierung auch die Geringfügigkeitsgrenze des Freibetrags aus § 11 Abs. 1 Satz 3 Nr. 1 GewStG i.H.v. 24.500,00 € herangezogen werden, vgl. BFH/NV 2004, 954.
300 § 15 Abs. 3 Nr. 1 EStG und OFD Frankfurt v. 07.03.2007 – S 2241A-65-SZ 213, ebenso BMF v. 18.05.2005, BStBl. 2005 I, S. 698; a.A. zuvor BFH, 06.10.2004 – IX R 53/01, BStBl. 2005 II, S. 383.
301 *Siegmund/Ungemach*, DStZ 2009, 133 ff.
302 BFH, 04.07.2007 – VIII R 77/05, BFH/NV 2008, 53. Insolvenzverwalter, die selbst leitend und eigenverantwortlich tätig sind, üben auch bei Beschäftigung zahlreicher fachlich vorgebildeter Mitarbeiter keine gewerbliche Tätigkeit aus, BFH, 15.12.2010 – VIII R 50/09, EStB 2011, 131 (Aufgabe der sog. Vervielfältigungstheorie).
303 Selbst wenn an der Kapitalgesellschaft nur Freiberufler beteiligt sind (keine Übertragung der Grundsätze zur Zebragesellschaft – Rn. 1979 –, die nur für vermögensverwaltende Tätigkeiten gilt): BFH, 08.04.2008 – VIII R 73/05, GmbH-StB 2008, 191; vgl. auch *Wendt*, EStB 2008, 245 ff.: Haftungsbeschränkung demnach nur um den Preis der Gewerbesteuerpflicht.
304 BFH, 28.10.2008 – VIII R 69/06, EStB 2009, 120.
305 Entscheidend ist die persönliche Mitwirkung des Inhabers, unbeschadet der Eigenverantwortlichkeit (z.B. gem. § 57 StBerG); vgl. *Gebhardt*, EStB 2009, 284 (286).
306 BFH, 28.06.2006 – XI R 31/05, EStB 2006, 395.
307 BFH/NV 2002, 1554.

bb) Gewerblich geprägte Personengesellschaft

Als bereits aufgrund ihrer Struktur gewerblich tätig gilt auch eine Personengesellschaft, bei der lediglich eine oder mehrere (auch ausländische)[308] Kapitalgesellschaften persönlich haftende Gesellschafter sind und lediglich diese Kapitalgesellschaften oder dritte Personen, die ihrerseits nicht Gesellschafter sind, zur Geschäftsführung befugt sind,[309] sog. gewerblich geprägte Personengesellschaften i.S.d. § 15 Abs. 3 Nr. 2 EStG („GmbH & Co KG", jedenfalls ab der Eintragung beider Gesellschaften).[310] Eine solche gewerbliche Prägung kann also bspw. entfallen, wenn auch eine natürliche Person, die zugleich Kommanditist ist, zum Geschäftsführer bestellt ist (zur organschaftlichen Vertretung kann ein Kommanditist nicht berufen sein), vgl. Rdn. 2185. Die gewerbliche Prägung fingiert die Gewerblichkeit der Personengesellschaft, sodass diese ebenfalls notwendig **gewerbliches Betriebsvermögen** hält. Damit bietet sich die gewerblich geprägte Personengesellschaft stets an, wenn die Betriebsvermögenseigenschaft erwünscht, jedoch nicht bereits der Sache nach gegeben ist (Beispiel: Erhalt einer Investitionszulage, Aufschub der Versteuerung stiller Reserven durch Vermeidung einer Betriebsaufgabe oder der Entnahme ins Privatvermögen; Nutzung der Betriebsvermögensprivilegien – zumindest dem Grunde nach – bei der Erbschaft- und Schenkungsteuer).

4480

Zum Betriebsvermögen einer gewerblich tätigen oder gewerblich geprägten Personengesellschaft zählen auch als „verdecktes" Betriebsvermögen die oben Rdn. 4466 ff. erläuterten Wirtschaftsgüter des **Sonderbetriebsvermögens I und Sonderbetriebsvermögens II**. Im Bereich der Immobilienbesteuerung besonders tückisch sind im formalen „Privat"-Eigentum eines Gesellschafters stehende Grundstücke, die unmittelbar für betriebliche Zwecke der Personengesellschaft genutzt werden, und die – wären sie Gesamthandsvermögen – dem betrieblichen Bereich zuzuordnen wären. Vergütungen für die Überlassung solcher Wirtschaftsgüter zählen neben dem Gewinnanteil gemäß der Steuerbilanz der Gesellschaft zu den Einkünften des Gesellschafters aus Gewerbebetrieb, § 15 Abs. 1 Satz 1 Nr. 2 EStG, ebenso wie etwa Zinsen für die Hingabe von Darlehen oder Tätigkeitsvergütungen.

4481

Zur ab 2008 bei den Einkünften aus Gewerbebetrieb u.U. möglichen Thesaurierungsbegünstigung und zur Nachbesteuerung bei späteren Überentnahmen vgl. Rdn. 2420 und 2437.

c) Vermögensverwaltende Personengesellschaft

Davon zu differenzieren ist die ausschließlich vermögensverwaltende Personengesellschaft, die steuerlich „**Privatvermögen**" hält, und daher im Weg der gesonderten und einheitlichen Feststellung der Besteuerungsgrundlagen gem. § 180 Abs. 1 Nr. 2a AO Einkünfte aus Vermietung und Verpachtung den Gesellschaftern zuweist. Die bloße **Büro- oder Praxis-Gemeinschaft** ohne gemeinsame Gewinnerzielungsabsicht stellt demzufolge steuerrechtlich keine Mitunternehmer-

4482

---

308 Sofern nach rechtlichem Aufbau und wirtschaftlicher Gestaltung einer GmbH entsprechend (BFH, 14.03.2007 – XI R 15/05, EStB 2007, 199 zur liechtensteinischen GmbH).
309 Vgl. BFH, BStBl. 1996 II, S. 93.
310 BFH, 04.02.2009 – II R 41/07, ZEV 2009, 356, wegen der Gründerhaftung der natürlichen Person und § 176 Abs. 2 HGB; krit. hiergegen *Wachter*, ZEV 2009, 356: ungerechtfertigte Schlechterstellung der vermögensverwaltenden KG ggü. der gewerblich tätigen, sofort entstehenden KG.

schaft i.S.d. § 15 Abs. 1 Nr. 2 EStG dar,[311] selbst wenn sie berufsrechtlich unzulässig sich durch gemeinschaftliches Kanzleischild oder entsprechenden Briefkopf als Schein-Gemeinschaftspraxis geriert. Lediglich umsatzsteuerrechtlich ist die Bürogemeinschaft durch das gemeinsame Anmieten der Büroräume (und Überlassung an die Gesellschafter gegen Kostenersatz zur Nutzung) als solche Unternehmer i.S.d. § 2 Abs. 1 UStG, da hierfür bereits die Einnahmenerzielungsabsicht (nicht notwendig Gewinnerzielungsabsicht) genügt. Ebenso wenig erfüllt das schlichte Vermieten einzelner Wirtschaftsgüter (Fruchtziehung aus den Substanzwerten) für sich genommen den Tatbestand der Gewerblichkeit i.S.d. § 15 Abs. 2 EStG – anders, wenn diese Vermietung mit dem An- und Verkauf aufgrund eines einheitlichen Konzeptes verklammert ist, also bspw. von vornherein ein Verkauf vor Ablauf der gewöhnlichen Nutzungsdauer geplant ist oder die Erzielung eines Totalgewinns diesen Verkauf notwendig macht.[312]

4483 Schwierig ist bei vermögensverwaltenden Personengesellschaften die Besteuerung, wenn einzelne Gesellschafter einer solchen vermögensverwaltenden Personengesellschaft ihre Beteiligung (Mitunternehmerschaft) im Privatvermögen, andere im Betriebsvermögen halten, sog. **„Zebragesellschaften"** (Rdn. 2175). Die Finanzverwaltung ermittelt Gewinne oder Verluste auf der Ebene der Gesellschaft nach Privatvermögensgrundsätzen, nimmt jedoch auf der Ebene des betrieblich oder gewerblich beteiligten Gesellschafters eine Umqualifizierung vor (sodass bspw. Veräußerungserlöse oder -verluste, die auf der Gesellschaftsebene außerhalb von § 23 EStG – private Veräußerungsgeschäfte – unbeachtlich geblieben sind, nunmehr erfasst werden).[313] Dem ist der Große Senat des BFH gefolgt.[314]

II. Gewerbesteuer

1. Steuerobjekt und -subjekt

4484 **Steuerobjekt** der Gewerbesteuer[315] ist der Gewerbebetrieb i.S.d. § 2 Abs. 1 Satz 1 GewStG, sodass die Land- und Forstwirtschaft, die Ausübung eines freien Berufes sowie die reine Vermögensverwaltung ausgenommen sind. Gewerblich geprägte Personengesellschaften[316] (vgl. hierzu oben Rdn. 2735) – sofern an dieser nicht steuerlich nur ein Gesellschafter beteiligt ist, sog. Treuhandmodell[317] – sowie Kapitalgesellschaften gelten kraft ihrer Rechtsform stets und in vollem Umfang als Gewerbebetriebe (§ 2 Abs. 2 GewStG).

---

311 BFH, DStR 2005, 1602.
312 BMF v. 01.04.2009 – IV C 6 – S 2240/08/10008, EStB 2009, 165.
313 Vgl. BMF-Schreiben v. 08.06.1999, BStBl. 1999 I, S. 592.
314 BFH, 11.04.2005 – GrS 2/02, DStR 2005, 1274.
315 Vgl. hierzu *Schützeberg/Klein*, in: *Lambert-Lang/Tropf/Frenz*, Handbuch der Grundstückspraxis, S. 1471 ff.
316 Demzufolge liegt im Verkauf des Geschäftsbereichs einer GmbH & Co KG ein laufender Gewerbeertrag, wenn der Veräußerer das Betriebsgrundstück zurückbehält und an den Erwerber verpachtet (gewerbesteuerfreier Aufgabegewinn nur, wenn entweder die persönliche Steuerpflicht entfällt oder der Betrieb durch vollständige Veräußerung aller Grundlagen beendet wird), BFH, 17.03.2010 – IV R 41/07, GmbH-StB 2010, 161.
317 BFH, 03.02.2010 – IV R 26/07 (Hauptgesellschafter ist Komplementär, mit 99,99 % Beteiligung; die Kommanditbeteiligung von 0,01 % hält eine nur aus ihm bestehende GmbH treuhänderisch für ihn – damit werden organschaftliche Strukturen auch für Personengesellschaften ermöglicht, da die Konstruktion i.R.d. EStG, des KStG und des GewStG wie ein Einzelunternehmen bewertet wird, vgl. *Neumayer/Imschweiler*, EStB 2010, 345 ff.).

B. Unterscheidung Privat-/Betriebsvermögen

Steuerschuldner ist jedoch der Unternehmer selbst, vgl. § 5 Abs. 1 GewStG, und zwar auch bei Personengesellschaften nicht die Mitunternehmer, sondern die Gesellschaft als solche. Dies kann Abgrenzungsklauseln erforderlich machen, um den Gewerbesteueraufwand verursachungsgerecht zu verteilen, wenn er durch Ergebnisanteile aus Ergänzungs- oder Sonderbilanzen einzelner Gesellschafter generiert wurde, vgl. Rdn. 4744 ff.

4485

2. Bemessungsgrundlage

Bemessungsgrundlage ist der **Gewerbeertrag**, d.h. der nach den Vorschriften des Einkommen- oder Körperschaftsteuergesetzes ermittelte Gewinn aus Gewerbebetrieb (bspw. auch einem gewerblichen Grundstückshandel, Rdn. 4472), modifiziert durch Hinzurechnungen (Rdn. 4492 ff.) oder Kürzungen gem. §§ 7 ff. GewStG (vgl. Rdn. 4487 ff.). Bei der Ermittlung der Gewerbesteuer für eine Kapitalgesellschaft werden die steuerfrei gestellten Beteiligungserträge – d.h. bei natürlichen Personen oder Personenhandelsgesellschaften aufgrund des Halbeinkünfteverfahrens 50 %, bei Kapitalgesellschaften 95 % der Ausschüttung – gewerbesteuerlich hinzugerechnet, allerdings erst nach vollständigem Abzug der Betriebsausgaben, sofern nicht § 9 Nr. 2 Buchst. a) oder Nr. 7 GewStG erfüllt sind.

4486

> **Hinweis:**
>
> Beträgt z.B. die Beteiligung an der Kapitalgesellschaft mindestens 10 % (ab 2008 gem. § 9 Nr. 5 GewStG n.F.: 15 %), handelt es sich um sog. **Schachtel-Dividenden**, sodass eine Hinzurechnung (anders als bei Streubesitz) gem. § 9 Nr. 2a GewStG unterbleibt.

Bei Gewerbebetrieben mit Immobilienbesitz sind besonders die Vorschriften über eine pauschale **Kürzung des Ertrags** gem. § 9 Nr. 1 Satz 1 GewStG sowie über dessen erweiterte Kürzung gem. § 9 Nr. 1 Satz 2 bis 5 GewStG von Bedeutung, aber auch die hälftige Hinzurechnung von Dauerschulden, § 8 Nr. 1 GewStG:

4487

- Um eine Doppelbelastung mit Gewerbe- und Grundsteuer zu vermeiden, gestattet § 9 Nr. 1 Satz 1 GewStG die pauschale Kürzung des Betriebsgewinns um 1,2 % des Einheitswerts des inländischen Grundbesitzes, welch Letzterer zu diesem Zweck (und zur Bemessung der Grundsteuer selbst) weiterhin festzusetzen ist. Die Kürzung unterbleibt naturgemäß, wenn Grundsteuerbefreiung gewährt wurde.

- Alternativ können Unternehmen, deren Gegenstand sich ausschließlich[318] in der Verwaltung oder Nutzung eigenen Grundbesitzes und in lediglich unschädlichen Nebentätigkeiten[319] erschöpft, gem. § 9 Nr. 1 Satz 2 GewStG eine erweiterte Kürzung in Anspruch nehmen, nämlich um den gesamten Gewerbeertrag, der auf die **Verwaltung** und Nutzung dieses **eigenen Grundbesitzes** entfällt. Dies gilt unabhängig von der Gesellschaftsform[320] und erfasst auch

4488

---

318 Nach BFH, BStBl. 2003 II, S. 355 ist das Ausschließlichkeitsgebot bereits verletzt, wenn eine grundbesitzende Kapitalgesellschaft zugleich als Komplementärin an einer grundbesitzhaltenden Personengesellschaft beteiligt ist.
319 Eine solche liegt allerdings nicht mehr vor, wenn eine Wohnungsgenossenschaft ein Schwimmbad unterhält zur entgeltlichen Nutzung durch Mitglieder (anders bei Fremdvermietung des gesamten Schwimmbades), BFH, 05.03.2008 – I R 56/07, n.v.
320 Ursprünglich sollte diese erweiterte Kürzung Kapitalgesellschaften privilegieren, die tatsächlich lediglich Vermögensverwaltung ausüben, und sie den schlicht vermögensverwaltenden Personengesellschaften gleichstellen.

die „Sondervergütungen", welche eine solche Personengesellschaft ihrem Gesellschafter für die Überlassung von Grundbesitz gewährt.[321]

4489 Zur unschädlichen Vermögensverwaltung zählt auch die Veräußerung einzelner Grundstücke (Erzielung von Veräußerungsgewinnen), sofern die Grenzen zum gewerblichen Grundstückshandel (vgl. Rdn. 4472) nicht überschritten werden. Problematisch ist jedoch die Erbringung unüblicher Sonderleistungen, etwa von Bewachungsdiensten oder Reinigungsarbeiten im Bereich des Sondereigentums sowie die Ausübung von Vermietung und Verpachtung in solchem Umfang, dass eine Organisation nach Art eines Gewerbebetriebs erforderlich wäre. Unschädliche Nebentätigkeiten sind kraft Gesetzes die Betreuung von Wohnungsbauten, die Verwaltung und Nutzung eigenen Kapitalvermögens sowie die Errichtung und Veräußerung von Ein- oder Zweifamilienhäusern sowie Eigentumswohnungen (auch Bauträgertätigkeit), sogar wenn diese Nebentätigkeiten zum überwiegenden Teil ausgeübt werden. Die Erträge aus solchen „Nebentätigkeiten" unterliegen jedoch ihrerseits der Gewerbesteuerpflicht. Sie stehen also lediglich einer Anerkennung der erweiterten Kürzung gem. § 9 Nr. 1 Satz 2 ff. GewStG nicht im Wege, da dennoch von einer fiktiv „ausschließlichen" Vermögensverwaltung ausgegangen werden darf.

4490 Eine schädliche Nebentätigkeit, die insgesamt die Gewerbesteuerkürzung versagt, liegt allerdings im Halten einer Komplementärbeteiligung an einer anderen Gesellschaft: Hält und verwaltet die Komplementär-GmbH einer KG eigenen Grundbesitz, verliert diese „Obergesellschaft" aufgrund der schädlichen Nebentätigkeit die Begünstigung auch für ihren eigenen Grundbesitz, muss also Gewerbesteuer auf die Mieteinnahmen entrichten[322] (die aus der KG fließenden Ausschüttungseinkünfte gelten nicht als Verwaltungseinkünfte in Bezug auf eigenen Grundbesitz, die bloße wirtschaftliche Zurechnung genügt nicht). Eine grundbesitzende GmbH sollte also nicht zusätzlich Komplementärfunktionen übernehmen.

4491 Die erweiterte Kürzung ist gleichwohl ausgeschlossen, wenn der von einer vermögensverwaltenden Gesellschaft gehaltene Grundbesitz ganz oder z.T. dem Gewerbebetrieb eines der Gesellschafter dient. Die Erträge sollen also dann nicht begünstigt werden, wenn ohne die Einschaltung z.B. einer Besitz-Kapitalgesellschaft der Grundbesitz zum notwendigen Betriebsvermögen des Gewerbebetriebs eines Gesellschafters oder eines Unternehmers gehören würde, vgl. § 9 Nr. 1 Satz 5 GewStG.[323] Zur Gewerbesteuer bei der Betriebsaufspaltung vgl. Rdn. 4458.

4492 Bei der Ermittlung der Bemessungsgrundlage der Gewerbesteuer, bei der bis Ende 2007 der Gewinn um die Hälfte der zuvor vollständig abgezogenen Fremdfinanzierungskosten für sog. Dauerschulden erhöht wurde, wird ab 2008 anstelle dessen gem. § 8 Nr. 1a bis f GewStG eine **Hinzurechnung**[324] um folgende anteilige Entgelte vorgenommen, soweit ihre Summe 100.000,00 € (Freibetrag) übersteigt (Rdn. 2447):

- 25 % aller Entgelte für Schulden, aller Renten und dauernden Lasten, aller Gewinnanteile eines stillen Gesellschafters,

---

321 Seit der Einschränkung des § 9 Nr. 1 Satz 5 Nr. 1a GewStG durch das JStG 2009 gilt die Kürzung jedoch z.B. nicht mehr für Sondervergütungen, die der Gesellschafter für eine Darlehensgewährung erhält.
322 BFH, 19.10.2010 – I R 67/09, DB 2011, 455; *Heuel*, EStB 2011, 133.
323 Beispiel gem. BFH, 07.08.2008 – IV R 36/07, ZfIR 2009, 472: Verpachtung an die Komplementär-GmbH, auch wenn diese weder am Gewinn noch am Vermögen der Personengesellschaft beteiligt ist.
324 Hierzu FinMin NW v. 04.07.2008 – G 1422-95-VB 4, EStB 2008, 277.

- 5 % der Miete und Pacht für bewegliche Anlagegüter (z.B. Leasingraten),
- 12,5 % – vor 2010: 16,25 % – der Miete und Pacht, Erbbauzinsen, sowie Leasingraten für unbewegliche Anlagegüter (v.a. Grundstücke und Gebäude)[325] – dadurch verschlechtert sich die steuerliche Situation insb. in der (ohnehin margenschwachen) Bekleidungsfilialbranche mit zahlreichen Ladenlokalen in gehobenen Innenstadtlagen, sowie beim Bestehen von Haupt- und Untermietverhältnissen im Handelskonzern über dasselbe Objekt[326] – und
- 6,25 % der Zahlungen für Überlassung von Konzessionen, Lizenzen etc.

Diese Hinzurechnungsregelungen können insb. in Fällen der Betriebsaufspaltung zu erheblichen Mehrbelastungen führen (Rdn. 4460, 2448) und werden die steuerpolitisch unerwünschte Substanzbesteuerung verstärken.

3. Berechnung der Gewerbesteuer

Nach Abzug eines von der Unternehmensform abhängigen Freibetrags (bei natürlichen Personen und Personengesellschaften 24.500,00 €, sonst 3.900,00 €) gilt ab 2008 ein einheitlicher Tarif von 3,5 % (sog. Messzahl, die bestimmt, welcher Anteil des Ertrages der Gewerbesteuer unterliegt) – bis 2007 betrug diese Messzahl für Kapitalgesellschaften einheitlich 5 %, für gewerbliche Einzelunternehmen und Personengesellschaften existierte ein Staffeltarif zwischen 1 % und 5 %, sodass kleinere Betriebe im Vergleich zur früheren Lage tendenziell höher belastet werden.[327]

4493

Den sodann anzuwendenden **Hebesatz** kann jede Gemeinde selbstständig bestimmen, er muss jedoch mindestens bei 200 % liegen; i.d.R. schwankt er jedoch zwischen 350 % und 500 %. §§ 28 bis 34 GewStG zerlegen die Gesamtgewerbesteuer bei Betriebsstätten in mehreren Gemeinden. Aufgrund der parallelen Absenkung der Körperschaftsteuer und des Wegfalls der Abzugsfähigkeit der Gewerbesteuer als Betriebsausgabe (Rdn. 2446) steigt sie zur vielerorts bestimmenden Gesellschaftsteuer auf, sodass der Wettbewerb der Kommunen um abwanderungswillige Betriebe (v.a. im Umland von Großstädten: Eschborn ggü. Frankfurt, Grünwald ggü. München) in vollem Umfang entbrannt ist.

4494

4. Unternehmensteuerreform 2008

Bei der Ermittlung der Einkünfte aus Gewerbebetrieb und der eigenen Bemessungsgrundlage ist die Gewerbesteuer ihrerseits als Betriebsausgabe entgegen der Rechtslage bis Ende 2007[328] als Folge der Unternehmensteuerreform 2008[329] nicht mehr abzugsfähig.

4495

Um die Zusatzbelastung gewerblicher Einkünfte mit Gewerbesteuer ggü. nichtgewerblichen Einkünften zumindest für gewerbliche Einzelunternehmer und Mitunternehmer einer gewerblich tätigen oder gewerblich geprägten Personengesellschaft zu reduzieren, sieht § 35 EStG eine pau-

---

[325] Pauschalierter Zinsanteil von 20 % der Leasingraten bei beweglichen Wirtschaftsgütern, 50 % – vor 2010: 65 % – bei Immobilien, § 8 Nr. 1e GewStG, hieraus jeweils ein Viertel.
[326] Gestaltungsempfehlungen bei *Eisolt/Götte*, NWB 2008, 1755 = Fach 5, S. 1659 ff.: stille Gesellschaften sowie Organschaftslösungen.
[327] Krit. hierzu *Bergemann/Markl/Althof*, DStR 2007, 693 ff.
[328] Vgl. R 4.9 EStR 2005 zur näherungsweisen Berechnung der Gewerbesteuer.
[329] BGBl. 2007 I, S. 1912 ff.; vgl. *Fehling*, NWB 2007, 2459 = Fach 5, S. 1617 ff.

schale Anrechnung auf die ESt vor: Reduzierung um das 3,8-fache (bis Ende 2007: 1,8-fache) des festgesetzten Gewerbesteuermessbetrags. Diese Ermäßigungsbeträge können jedoch weder vor- noch zurückgetragen werden, gehen also bspw. ins Leere, wenn das zu versteuernde Einkommen durch den vertikalen Verlustausgleich mit anderen Einkünften bereits stark gemindert wurde (Unmaßgeblichkeit sog. „Anrechnungsüberhänge");[330] auch ist die Tarifermäßigung teilweise (etwa bei § 18 Abs. 3 UmwStG) ausgeschlossen.[331] Auch ein etwa bestehender Nießbrauch an Gesellschaftsanteilen bleibt unbeachtlich (Rdn. 1251).

4496 Eine vollständige Entlastung von der Gewerbesteuer ergibt sich dadurch künftig bis zu einem Hebesatz von höchstens 380 % (vor 2008: 341 %). Bei Kapitalgesellschaften führt die Senkung des Körperschaftsteuersatzes (Rdn. 2422) sowie die Nichtabzugsfähigkeit der Gewerbesteuer als Betriebsausgabe dazu, dass ab einem Hebesatz von 452 % die Gewerbesteuer einen höheren Anteil an der steuerlichen Gesamtbelastung der Kapitalgesellschaft hat als die Körperschaftsteuer (bei 490 %, wie etwa in München, 17,15 % GewSt ggü. 15 % KSt).[332]

---

330 BFH, 23.03.2008 – X R 32/06, EStB 2008, 308: keine negative ESt.
331 Vgl. krit. *Roser*, EStB 2010, 191, auch zur Zuordnung bei unterjährigem Gesellschafterwechsel und abweichendem Gewinnverteilungsschlüssel.
332 Vgl. die eingehenden Berechnungen bei *Weber*, NWB 2007, 3034 = Fach 18, S. 4512.

C. Steuerliche Folgen der Übertragung des Wirtschaftsguts selbst

Gefahrlos ist stets der unentgeltliche Übergang eines Wirtschaftsguts als Bestandteil eines Gesamtbetriebs oder Teilbetriebs, sodass die Buchwerte gem. § 6 Abs. 3 Satz 1 EStG nunmehr fortgeschrieben werden müssen (früher: Wahlrecht gem. § 7 EStDV). Werden im Rahmen einer unentgeltlichen Betriebsübertragung einzelne Wirtschaftsgüter zurückbehalten, ist dies nur in den Grenzen des § 6 Abs. 3 Satz 2 EStG unschädlich (Rückbehalt des Sonderbetriebsvermögens bei Übertragung eines Teiles einer Mitunternehmerschaft, allerdings mit 5-jähriger Behaltefrist für den Übernehmer, vgl. Rdn. 4712 ff.) 4497

Werden **im Betriebsvermögen gehaltene Grundstücke** (sei es als Teil des gesamt veräußerten Betriebs oder Teilbetriebes, sei es einzeln) **entgeltlich** veräußert, entsteht i.H.d. Differenz zum Buchwert ein Veräußerungsgewinn (§ 4 Abs. 1 Satz 1 EStG i.V.m. §§ 15, 18 EStG, Rdn. 4756 ff.). Dieser kann möglicherweise gem. § 6b (Rdn. 4512) oder §§ 16, 34 EStG begünstigt sein. Die entgeltliche Veräußerung im Privatvermögen gehaltener Grundstücke kann allenfalls nach § 23 EStG zur „Spekulationssteuer" führen (Rdn. 4929 ff.). 4498

Bei **unentgeltlicher Veräußerung im Betriebsvermögen gehaltener Grundstücke** entsteht i.H.d. Differenz zwischen Teilwert und Buchwert ein Entnahmegewinn gem. § 4 Abs. 1 Satz 2 EStG i.V.m. §§ 15, 18 EStG. Dieser ist nicht nach § 6b EStG, möglicherweise aber nach §§ 16, 34 EStG begünstigt. Unter strengen Voraussetzungen kommt die Buchwertfortführung gem. § 6 Abs. 5 Satz 3 Nr. 3 EStG (z.B. Rdn. 4662) oder § 6 Abs. 3 EStG (z.B. Rdn. 4666) in Betracht. 4499

I. Gefahr der Entnahme

Entnahmevorgänge liegen häufig unerkannt in der tatsächlichen Verwendung zu privaten Zwecken ohne Einkunftserzielung, etwa in der Bebauung eines Betriebsgrundstücks mit einem privaten Wohnhaus.[333] Lediglich im land- und forstwirtschaftlichen Bereich ist eine solche Maßnahme, sofern sie durch den Betriebsinhaber oder einen Altenteiler erfolgt, steuerfrei gestellt.[334] In der Bebauung mit Mietwohngebäuden liegt (sofern kein Erbbaurecht zwischengeschaltet 4500

---

[333] Das selbst bewohnte Haus kann seit 01.01.1987 nicht mehr notwendiges Betriebsvermögen sein, BFH v. 25.04.2003, BeckRS 2003, 25002295. Bei der Schenkungs-/Erbschaftsteuer wird jedoch das denkmalgeschützte Eigenheim gem. § 13a Abs. 4 Nr. 2 ErbStG, R 52 Abs. 3 Sätze 1, 5, 6 ErbStR 2003 wie Betriebsvermögen behandelt.

[334] § 52 Abs. 15 Satz 10 EStG a.F., § 13 Abs. 5 EStG n.F., sofern die Wohnung nach ihrer Fertigstellung tatsächlich von einem Altenteiler oder aber vom Betriebsinhaber genutzt wird, vgl. BFH, 13.10.2005 – IV R 33/04, EStB 2006, 11. Bereits zu Beginn der Baumaßnahme (= Entnahmehandlung) muss jedoch der Bauherr Eigentümer oder Altenteiler gewesen sein, es genügt also nicht, dass er dies durch Hofübergabe später wird (FG München, DStRE 2006, 655).

1517

wird)³³⁵ jedenfalls dann eine Entnahme,³³⁶ wenn die Nutzungsänderung mehr als 10% der landwirtschaftlichen Flächen ausmacht.³³⁷

1. Entnahmetatbestand

a) Grundfall

4501 Befinden sich Grundstücke im Betriebsvermögen einer selbstständigen Tätigkeit, eines Gewerbebetriebs oder der Land- und Forstwirtschaft oder eines gewerblichen Einzelunternehmens, führt die – entgeltliche oder unentgeltliche – Veräußerung ohne gleichzeitige Übertragung des Betriebes selbst, ebenso die sonstige Beendigung der betrieblichen Nutzung, insb. die Entnahme für private oder sonstige betriebsfremde Zwecke, zur Gewinnrealisierung im Zeitpunkt des Besitz-, sonst des Eigentumsübergangs (je nachdem welcher Zeitpunkt früher liegt),³³⁸ vgl. § 4 Abs. 1 Satz 2 EStG. Die Entnahme eines Wirtschaftsguts erhöht den Gewinn um die darin verkörperten stillen Reserven (Differenz zwischen Teilwert gem. § 6 Abs. 1 Nr. 1 Satz 3, Nr. 4 Satz 1 EStG einerseits und dem Buchwert andererseits).

b) „Verdecktes Betriebsvermögen"

4502 Ob es sich bei einem übertragenen Wirtschaftsgut ganz oder teilweise (z.B. hinsichtlich eines selbst genutzten Büros in einem sonst zu Wohnzwecken dienenden Gebäude) um Betriebsvermögen handelt, kann nur durch Befragen der Beteiligten ermittelt werden. Besonders gefährlich sind die oben (Rdn. 4448 ff.) erläuterten Tatbestände des „verdeckten" Betriebsvermögens, etwa in Bezug auf Sonderbetriebsvermögen, Betriebsaufspaltungen, oder ruhende Verpachtungsbetriebe. Wird bspw. Sonderbetriebsvermögen (auch schenkweise) übertragen an einen Erwerber, der nicht an der nutzenden Personengesellschaft beteiligt ist, liegt eine Entnahme vor mit der Folge einer Aufdeckung der stillen Reserven des Grundstücks (vgl. Rdn. 4613); enthält das Sonderbetriebsvermögen mindestens eine notwendige Betriebsgrundlage, findet gar eine Aufgabe des gesamten Mitunternehmeranteils statt. Außerdem werden, mangels Betriebsvermögenseigenschaft, die Privilegierungen der §§ 13a, 19a ErbStG nicht gewährt – bei der Entnahme in Bezug auf den betreffenden Gegenstand, bei der Aufgabe in Bezug auf den gesamten Mitunternehmeranteil. Bereits ein vorher erworbener „Mini-Anteil" an der Personengesellschaft genügt

---

335 BFH, BB 1970, 740. Voraussetzung ist, dass das Erbbaurechtsgebäude in einer objektiven Beziehung zum Betrieb steht, diesen (z.B. durch die Zinseinkünfte) fördert, und der Wert- und Einkommensvergleich zugunsten der Land- und Forstwirtschaft ausgeht: BFH, BStBl. 1993 II, S. 342. Dies gilt auch bei einem flächenmäßigen Umfang der Erbbaurechtsfläche bis zu 15–20% der landwirtschaftlichen Gesamtnutzfläche. Sofern übermäßige Erbbaurechtsbestellungen jedoch zu einer Entnahme führen würden, ist die Gründung einer GmbH & Co. KG und die Überführung der Grundstücke in das Sonderbetriebsvermögen dieser gewerblich geprägten Personengesellschaft ohne Rechtsträgerwechsel zu überlegen oder die Einbringung des gesamten landwirtschaftlichen Betriebes gem. § 24 UmwStG in eine GmbH & Co. KG.

336 Gem. BFH, EStB 2002, 346 setzt jedoch auch in diesem Fall die Entnahme eine von einem unmissverständlichen Entnahmewillen getragene Entnahmehandlung voraus, die nicht bereits in der Bebauung mit einem Miethaus als solcher liege, sodass „geduldetes Betriebsvermögen" entsteht (anders bei Bebauung zu eigenen Wohnzwecken, vgl. Schmidt/Heinicke, EStG, 25. Aufl., § 4 Rn. 360.

337 So OFD München v. 29.09.1997; ebenso BFH v. 25.11.2004, EStB 2005, 103: 13 Wohneinheiten, jedoch nur 0,5% der Fläche. Nach BFH, EStB 2003, 7 liegt sonst eine bloße Nutzungsänderung vor, jedoch weiter notwendiges Betriebsvermögen.

338 BFH, 18.05.2006 – III R 25/05, EStB 2006, 275.

C. Steuerliche Folgen der Übertragung des Wirtschaftsguts selbst

für die schenkungsteuerliche Privilegierung (s. Rdn. 3991) und ist auch einkommensteuerlich zur Vermeidung einer Entnahmewirkung ausreichend.[339]

Gleiches gilt bei der **Betriebsaufspaltung** (Rdn. 4449): Entfällt etwa[340] aufgrund der Übertragung der Inhaberschaft an lediglich einem der beiden Unternehmen die sachliche und/oder persönliche Verflechtung (dies kann auch eintreten im Todesfall durch gesellschaftsrechtliche Nachfolge im einen Unternehmen, erbrechtliche im anderen (Rdn. 4617); oder aber schlicht durch Aufhebung eines notwendigen Einstimmigkeitserfordernisses, möglicherweise auch dadurch, dass das Besitzunternehmen unter Nießbrauchsvorbehalt, das Betriebsunternehmen ohne einen solchen übertragen wird),[341] kommt es wegen der Entnahmewirkung zur ungewollten Versteuerung der „stillen Reserven", die sich im Besitzunternehmen gebildet haben[342] und der stillen Reserven in den Anteilen an der Betriebsgesellschaft! Der Aufstockungsgewinn am Betriebsgrundstück (Besitzunternehmen) ist ggf. gem. §§ 16, 34 EStG begünstigt (Freibetrag/Tarifermäßigung bei Überschreiten des 55. Lebensjahres oder dauernder Berufsunfähigkeit); der Aufgabegewinn bei der Betriebsgesellschaft unterliegt, sofern es sich (wie i.d.R.) um eine Kapitalgesellschaft handelt, regelmäßig lediglich dem Halbeinkünfteverfahren nach § 3 Nr. 40d EStG.

4503

Eine „versteckte" Entnahme bei der Betriebsgesellschaft kann sich schließlich auch ergeben, wenn im Rahmen einer dort durchgeführten Kapitalerhöhung Dritte Mitgesellschafter werden:[343]

4504

Beispiel:

A ist alleiniger Eigentümer eines der Betriebs-GmbH dauerhaft überlassenen, eine wesentliche Betriebsgrundlage bildenden Grundstücks. An der Betriebs-GmbH sind er zu 3/4 und seine Ehefrau zu 1/4 beteiligt. Es besteht also eine Betriebsaufspaltung mit der Folge, dass die Beteiligung des A an der Betriebs-GmbH zum Betriebsvermögen des Grundbesitz-Einzelunternehmens gehört (Sonderbetriebsvermögen II). Erhöht nun die Betriebs-GmbH das Stammkapital und tritt auf diese Weise gegen bloße Zahlung des Nennbetrags (also ohne Vergütung für die anteilig übergehenden stillen Reserven) der Sohn des A bei, erhält dieser einen nicht mehr betrieblich verstrickten „privaten" GmbH-Anteil. Derjenige Anteil an der GmbH, der infolge der Kapitalerhöhung auf den Sohn übergegangen ist, wurde zuvor aus dem Betriebsvermögen entnommen, sodass A die Differenz zwischen dem Verkehrswert des vom Sohn übernommenen Anteils an der GmbH und der durch ihn geleisteten (Nominal-) Einlage zu versteuern hat.

Zusätzlich ist zu beachten, dass der Übergang der stillen Reserven auf den Sohn infolge der Kapitalerhöhung zum Nennwert (ohne Aufgeld) Schenkungsteuer auslösen kann, Rdn. 3526.[344]

---

339 Allerdings mit der Einschränkung, dass die Übernahme von Verbindlichkeiten zu einer Gewinnrealisierung führt, vgl. § 6 Abs. 5 Satz 4 EStG.

340 Stellt die Betriebs-GmbH die Tätigkeit ein und vermietet die Besitz-Personengesellschaft die wesentlichen Betriebsgrundlagen ohne Umgestaltung an fremde Dritte, liegt bis zur Aufgabeerklärung dagegen zunächst nur eine Betriebsunterbrechung (ruhender Gewerbebetrieb) vor, vgl. BFH, 14.03.2006 – VIII R 80/03, EStB 2006, 235 und *Fichtelmann*, EStB 2006, 373.

341 FG Niedersachsen, 20.06.2007 – 2 K 562/05, EFG 2007, 1584; BFH, 18.08.2009 – X R 22/07, BFH/NV 2010, 208; krit. *Hoffmann*, GmbH-StB 2008, 24.

342 Vergleichbar dem ungewollt sich vollziehenden Anschaffungsvorgang bei der nichtparallelen Übertragung von Sonderbetriebsvermögen, Rn. 2746, sowie bei der Erbauseinandersetzung gegen Abfindung aus dem sonstigen Vermögen, Rn. 2723.

343 BFH, 17.11.2005 – III R 8/03, BB 2006, 365; hierzu *Slabon*, NotBZ 2006, 157/159.

344 Vgl. H 18 Nr. 3 ErbStR 2003, „Kapitalerhöhung gegen zu geringes Aufgeld".

Kapitel 12: Einkommensteuerrecht

4505 Erforderlich ist demnach die **gleichzeitige Übertragung von Grundbesitz und Betriebsunternehmen**, sofern nicht ausnahmsweise die Überlassung wesentlicher Betriebsgrundlagen die Voraussetzungen einer Betriebsverpachtung erfüllt und keine Betriebsaufgabe erklärt wird. Auf jeden Fall sind die Gesellschaftsverträge untereinander und im Verhältnis zur letztwilligen Verfügung abzustimmen.[345] Sind die Eigentums- und Beherrschungsverhältnisse bereits durch einen ohne Vorsorge eingetretenen Todesfall auseinandergefallen, kann u.U. deren „Wiederherstellung" durch Erbauseinandersetzung binnen 6 Monaten[346] eine rückwirkende Heilung herbeiführen.

4506 **Hinweis:**

Bei sachlicher Entflechtung kann jedoch die Betriebsaufgabe des Besitzunternehmens durch Ausübung des wieder auflebenden Verpächterwahlrechtes[347] verhindert werden oder aber bei Vorliegen einer bloßen Betriebsunterbrechung.[348] Andernfalls empfiehlt sich die rechtzeitige (grunderwerbsteuerfreie) Übertragung der Immobilie auf bzw. Umwandlung des Besitzunternehmens in eine gewerblich geprägte Personengesellschaft (GmbH & Co. KG, § 15 Abs. 3 Nr. 2 EStG, bzw. eine Kapitalgesellschaft zu Buchwerten nach § 20 UmwStG). Alternativ könnten die Anteile an der Betriebs-Kapitalgesellschaft in das Vermögen des Besitzunternehmens eingelegt werden (sog. **Einheitsbetriebsaufspaltung**).[349]

c) **Nießbrauchsvorbehalt**

4507 Diese Entnahmewirkung gilt (anders als im Umsatzsteuerrecht, Rdn. 4324) selbst dann,[350] wenn sich der zu **betriebsfremden Zwecken** veräußernde Unternehmer den **Nießbrauch am Grundstück** vorbehält: das im privaten Vermögensbereich entstandene Nutzungsrecht wird nachfolgend in das Betriebsvermögen eingelegt, und zwar unter Ansatz des auf das Gebäude entfallenden Entnahmewerts, welcher Bemessungsgrundlage für die anschließenden Abschreibungen des Vorbehaltsnießbrauchers bildet[351] (davon zu differenzieren ist jedoch der Nießbrauch am Gesamtbetrieb, der zur Entstehung mehrerer steuerlicher Betriebe führt [vgl. Rdn. 4520 ff.] bzw. bei Rückbehalt eines solchen Gesamtnießbrauchs zum Fortbestand des wirtschaftlichen Eigentums beim Nießbraucher, dem früheren Eigentümer).[352] Als ertragsteuerlich nicht übergeben (und da-

---

345 Vgl. *Carlé*, ErbStB 2006, 155 ff.
346 Tz. 3 und 8 des BMF-Schreibens v. 14.03.2006, BStBl. 2006 I, S. 253 bezieht diese Möglichkeit allerdings nur auf die Zurechnung der laufenden Einkünfte; nach *Carlé*, ErbStB 2006, 157 liegt es nahe, den Grundsatz auch auf die der Einkunftsart zugrunde liegende personelle Verflechtung anzuwenden.
347 Vgl. BFH, 15.03.2005 – X R 2/02 und unten Rdn. 1700; und zwar seit BFH, BStBl. 2002 II, S. 527 auch bei einer unechten Betriebsaufspaltung (bei der vor der Aufspaltung ein einheitliches Unternehmen nicht vorgelegen hat).
348 Nach BFH, 14.03.2006 – VIII R 80/03 sogar wenn wesentliche Betriebsgrundlagen an verschiedene Personen verpachtet und dort branchenfremd verwendet werden, vgl. *Steinhauff*, NWB 2007, 19 = Fach 3, S. 14321; bis zur Aufgabeerklärung liegt zunächst nur eine Betriebsunterbrechung (ruhender Gewerbebetrieb) vor, vgl. *Fichtelmann*, EStB 2006, 373.
349 Dies ist bei späterer Veräußerung der GmbH-Anteile nicht nachteilhaft, da auch im Betriebsvermögen gehaltene GmbH-Geschäftsanteile am Halbeinkünfteverfahren teilhaben, § 3 Nr. 40 Buchst. b) EStG.
350 Beispielsfall: FG Köln, 09.08.2007 – 10 K 5022/03, ZErb 2007, 467.
351 Vgl. BFH, BStBl. 1989 II, S. 763; BStBl. 1990 II, S. 368.
352 Sog. Winzerin-Entscheidung des BFH, BStBl. 1983 II, S. 631; gleichwohl ist die Übertragung aber i.S.d. § 9 ErbStG durchgeführt, BFH, BStBl. 1989 II. S. 1034.

C. Steuerliche Folgen der Übertragung des Wirtschaftsguts selbst

mit auch als nicht entnommen) gilt das Betriebsvermögen jedoch dann, wenn sich der Veräußerer hieran das jederzeitige beliebige Rückforderungsrecht zurückbehält (Rdn. 1810 ff.).

Eine **teilweise Entnahmewirkung** (nach h.M. bezogen auf den Nießbrauchswert, nicht das Grundstück)[353] tritt auch umgekehrt ein, wenn der Veräußerer das Grundstück zwar **im Rahmen einer Betriebsübertragung** dem Erwerber überträgt (notwendiges Betriebsvermögen), sich daran jedoch den **Nießbrauch zurückbehält**[354] (Nutzung zu betriebsfremden Zwecken, die gem. § 4 Abs. 1 Satz 2 i.V.m. § 6 Abs. 1 Nr. 4 EStG ähnlich einer Entnahme mit dem Teilwert zu bewerten ist)[355] und aufgrund dieses Nießbrauchs an den Betriebsinhaber vermietet: Letzterer nutzt dann als Mieter, nicht als Eigentümer, kann also keine Gebäudeabschreibungen geltend machen.[356]

4508

Zur steuerlich weniger problematischen Situation der Übertragung eines Mitunternehmeranteils samt Sonderbetriebsvermögen unter Rückbehalt des Nießbrauchs an Letzterem (Buchwertfortführung gem. § 6 Abs. 3 EStG dennoch gesichert) s. Rdn. 4705.

Wird umgekehrt an betrieblich genutzten Grundstücken einem Dritten ein Zuwendungsnießbrauch bestellt, ist zu differenzieren: In Gestalt der jährlichen Nutzungen liegt stets eine Entnahme vor (die Besteuerung erfolgt i.H.d. anteiligen Kosten der außerbetrieblichen Nutzung ohne fiktiven Vermietergewinnaufschlag, höchstens des Marktwerts).[357] Ob auch das Grundstück selbst entnommen ist, richtet sich danach, ob der betriebliche Zusammenhang für immer gelöst wird. Letzteres ist nicht der Fall bei der entgeltlich (zu mehr als 50 % des ortsüblichen Entgeltes) erfolgenden Nießbrauchszuwendung, ebenso bei einer kurzzeitig befristeten Zuwendung; das Grundstück bleibt dann Bestandteil des gewillkürten (nicht mehr notwendigen) Betriebsvermögens.[358]

4509

Erst recht liegt im **Rückbehalt des Eigentums** an einzelnen Gegenständen des früheren Betriebsvermögens durch den Veräußerer eine Entnahme in das Privatvermögen (mit der Folge der Einkommensversteuerung der Differenz zwischen Teilwert = Verkehrswert und betrieblichem, insb. bilanziellem Ansatzwert), sofern das zurückbehaltene Gut (wie etwa beim Bauernwald) nicht seinerseits wiederum einen Betrieb im steuerrechtlichen Sinne darstellt (vgl. Rdn. 343). Bei der landwirtschaftlichen Hofübergabe kann der Rückbehalt von Flächen, die aus Sicht des fast vollständig übergebenen Gesamtbetriebes unwesentlich sind, und auf denen der Veräußerer einen verkleinerten landwirtschaftlichen Betrieb weiterführt, einen solchen neuen Betrieb mit wesentlichen Betriebsgrundlagen begründen, für den das „Verpächterwahlrecht" analog gilt.[359]

4510

---

353 So wohl BFH, 01.03.1994 – VIII R 35/92, BStBl. 1995 II, S. 241: keine Entnahme eines zum Sonderbetriebsvermögen gehörenden Grundstücks durch Nießbrauchsbestellung am Grundstück und am Gesellschaftsanteil; vgl. auch efiv-Steuerseminar, April 2006, S. 27.

354 Dadurch kann auch eine Betriebsaufspaltung aufgelöst werden, wenn kein entsprechender Nießbrauch am Betriebsunternehmen besteht, vgl. FG Niedersachen, 20.06.2007 – 2 K 562/05, EFG 2007, 1584 m. krit. Anm. *Hoffmann*, GmbH-StB 2008, 24 (Az. BFH: X R 22/07).

355 In der Landwirtschaft erlaubt allerdings § 52 Abs. 15 EStG die steuerfreie Entnahme der Altenteilerwohnung bzw. die steuerfreie Nutzungsentnahme eines Wohnungsrechtes hieran.

356 BFH, BStBl. 1989 II, S. 872.

357 BFH, 19.12.2002 – IV R 46/00, DStRE 2003, 773.

358 BFH, 01.03.1994 – VIII R 35/92, BStBl. 1995 II, S. 241 ff.

359 BMF v. 20.05.2008 – IV C 2 – S 2230/08/0001, EStB 2008, 278.

d) Vermeidungsstrategien

4511 Die mit Beendigung der betrieblichen Nutzung stattfindende Entnahme lässt sich vermeiden durch Gründung einer GmbH & Co. KG und Überführung der Grundstücke in das Sonderbetriebsvermögen dieser gewerblich geprägten Personengesellschaft (Rdn. 2182) ohne Rechtsträgerwechsel (§ 6 Abs. 5 EStG) oder durch Einbringung des gesamten (z.B. landwirtschaftlichen) Betriebes gem. § 24 UmwStG in eine GmbH & Co KG, in bestimmten Grenzen auch durch entgeltliche Erbbaurechtsbestellung[360] oder entgeltliche Bestellung eines eigentumsähnlichen Dauerwohnrechtes.[361] Zur Vorsorge i.R.d. Betriebsaufspaltung vgl. Rdn. 4505 f.

4512 Nur bei der entgeltlichen Veräußerung (nicht bei der schlichten Entnahme zu betriebsfremden Zwecken oder der unentgeltlichen Veräußerung)[362] können Rücklagen gem. **§ 6b EStG** gebildet und auf Ersatzwirtschaftsgüter übertragen werden.[363] Danach können stille Reserven, die durch Veräußerung bspw. von Grund und Boden, Anteilen an Kapitalgesellschaften und langlebigen Wirtschaftsgütern aufgedeckt werden, ganz oder zur Hälfte auf andere Wirtschaftsgüter übertragen werden, indem sie von den dortigen Anschaffungs- oder Herstellungskosten abgezogen werden oder – sofern dies in demselben Wirtschaftsjahr nicht möglich ist – eine Gewinn mindernde Rücklage gebildet wird. Gleiches gilt gem. R 6.6 EStR 2005 für (gewohnheitsrechtlich geduldete) Rücklagen zur Ersatzbeschaffung für Wirtschaftsgüter, die aufgrund höherer Gewalt oder zur Vermeidung eines behördlichen Zugriffs aus dem Betriebsvermögen ausscheiden.

4513 Auch **land- und forstwirtschaftliche Grundstücke** sind[364] bei Veräußerung und Entnahme[365] der Bodengewinnbesteuerung unterworfen,[366] und zwar im Fall des Verkaufs als Hilfsgeschäft des land- und forstwirtschaftlichen Betriebs, nicht als Gegenstand eines eigenen gewerblichen Unternehmens.[367] Der Rückbehalt von Bauernwald genügt allerdings fast immer[368] zur weiteren Anerkennung eines forstwirtschaftlichen Betriebes.[369] Die Folgen einer Gewinnrealisierung lassen sich abmildern durch Reinvestitionen nach Maßgabe[370] der §§ 6b, 6c EStG und (bis zum 31.12.2006) durch den personenbezogenen Freibetrag von 61.800,00 € bei der Abfindung wei-

---

360 Vgl. hierzu *Krauß*, Immobilienkaufverträge in der Praxis, 4. Aufl. 2008, Rn. 1574.
361 Vgl. hierzu *Krauß*, Immobilienkaufverträge in der Praxis, 4. Aufl. 2008, Rn. 1422.
362 BFH, 27.08.1992 – IV R 89/90, BStBl. 1993 II, S. 225.
363 Vgl. ausführlich *Schützeberg/Klein*, in: Lambert-Lang/Tropf/Frenz, Handbuch der Grundstückspraxis, S. 1457 ff.
364 Seit dem 2. SteueränderungsG, BStBl. 1971 I, S. 373.
365 Die bloße Nutzungsänderung (Bebauung) führt (unabhängig von der Gewinnermittlungsart) allerdings nur dann zu einer Entnahme, wenn diese entweder eindeutig erklärt ist (durch Behandlung als Privatvermögen) oder es sich, wie bei der Nutzung zu eigenen Wohnzwecken, um notwendiges Privatvermögen handelt, BFH v. 14.05.2009 – IV R 44/06, EStB 2009, 301.
366 Land- und forstwirtschaftliche Grundstücke, die allerdings am 01.07.1979 vom Landwirt fremdverpachtet wurden, sind gewinnneutral aus dem landwirtschaftlichen Betriebsvermögen ausgeschieden.
367 Anders beim rasch aufeinanderfolgenden Verkauf landwirtschaftlicher Grundstücke mit Gewinnabsicht, die bereits in der Absicht der Weiterveräußerung erworben wurden, BFH, MittBayNot 1984, 275; FG Bremen, EFG 1988, 300.
368 Sofern sie mit echter Gewinnerzielungsabsicht bewirtschaftet werden können, was bereits bei wenigen Hektar Fläche angenommen werden kann, BFH, BStBl. 1985 II, S. 550.
369 Vgl. *Ochs*, MittBayNot 1985, 174; *Martin*, MittBayNot 1980, 145; *Leingärtner/Zaisch*, Die Einkommensbesteuerung der Land- und Forstwirtschaft, Rn. 1665 ff.
370 Bei der Gewinnermittlung nach § 4 Abs. 1 oder Abs. 3 EStG sowie nach Durchschnittssätzen nach § 13a EStG, also nicht bei Schätzungslandwirten.

chender Erben nach § 14a Abs. 4 EStG, ebenso durch Realisierung einer Betriebsaufgabe in den Grenzen der §§ 16, 34 EStG (Rdn. 4514 ff.).

e) Betriebsaufgabe

aa) Tatbestand

Eine über die Entnahmewirkung hinausgehende **Betriebsaufgabe** liegt vor, wenn der Inhaber aufgrund eigenen Entschlusses die bisher im Betrieb entfaltete Tätigkeit endgültig einstellt und zur konkreten Umsetzung[371] die wesentlichen Betriebsgrundlagen in einem einheitlichen Vorgang binnen kurzer Frist[372] (sonst Rdn. 4519) an verschiedene Erwerber entgeltlich veräußert und/oder in sein Privatvermögen überführt. Voraussetzung ist also die zusammengeballte Realisierung der stillen Reserven, insb. auch in allen wesentlichen Betriebsgrundlagen, die sich nach der funktional-quantitativen Betrachtungsweise definieren, also neben den funktional wichtigen auch solche Wirtschaftsgüter umfassen, die erhebliche stille Reserven beinhalten, auch wenn sie für den Betrieb des Gewerbes nicht von Relevanz sind. Einer Betriebsaufgabe abträglich wäre demnach die ertragsteuerneutrale Überführung einer wesentlichen Betriebsgrundlage in ein anderes Betriebsvermögen des Veräußerers, z.B. gem. § 6 Abs. 5 Satz 3 EStG, bzw. die Überführung eines zum Sonderbetriebsvermögen gehörenden Wirtschaftsguts in ein anderes Betriebsvermögen, da insoweit die Gesamtrealisierung aller stillen Reserven gerade nicht stattfindet. Unproblematisch ist es jedoch, nach dem Verkauf des Gesamtbetriebes als Arbeitnehmer oder als Berater für dieses weiter tätig zu sein.[373]

4514

bb) Privilegierungen

Bei einer Betriebsaufgabe kommt es definitionsgemäß zur Gesamtaufdeckung aller stillen Reserven (Differenz zwischen Buchwert und Teilwerten). Immerhin schaffen bei land- und forstwirtschaftlichen Vermögen bis zum 01.01.2006 § 14a Abs. 4 EStG (Freistellung bis zu 61.800,00 € bei Verwendung[374] zur Abfindung weichender Erben innerhalb eines Jahres), bei sonstigen Gewinneinkünften §§ 16, 34 EStG in ihrer durch das Steuersenkungsgesetz ab 2001 wieder eingeführten Form gewisse Privilegierungen hinsichtlich des Aufgabegewinns, der zudem nicht der **Gewerbesteuer** unterliegt, sofern alle wesentlichen Betriebsgrundlagen den Betrieb verlassen:[375]

4515

Gem. § 34 Abs. 1 EStG tritt bei außerordentlichen Einkünften eine „**Progressionsglättung**" dadurch ein, dass sich lediglich ein Fünftel der begünstigten, in einem Veranlagungszeitraum „zu-

4516

---

371 Insb. bei einem Eigentumsbetrieb muss der innere Entschluss tatsächlich umgesetzt werden, BFH, 30.08.2007 – IV R 5/06, EStB 2008, 8.
372 Auf jeden Fall akzeptabel ist ein Zeitraum von 9 Monaten: BFH, BStBl. 1990 II, S. 373; die absolute Obergrenze kann in Einzelfällen bei 36 Monaten liegen: BFH, 26.04.2001 – IV R 14/00, FR 2001, 944. Zur Anwendung der „Gesamtplanrechtsprechung" insoweit vgl. *Röhrig/Demant*, EStB 2011, 36 ff.
373 BFH, 17.07.2008 – X R 40/07, EStB 2008, 424; *Schoor*, NWB 2010, 54, 57 (nach Verkauf einer Freiberuflerpraxis).
374 Der Steuerpflichtige muss über den erzielten Veräußerungserlös frei verfügen können, FG Niedersachen, 02.03.2009 – 9 V 437/08, ErbStB 2009, 211.
375 BFH, 17.03.2010 – IV R 41/07, DB 2010, 986: dies ist nicht gegeben, wenn eine gewerblich geprägte GmbH & Co KG ihr gesamtes Betriebsvermögen mit Ausnahme des Betriebsgrundstücks veräußert.

sammengeballten" außerordentlichen Einkünfte progressionsverschärfend auswirkt. Liegt das Einkommen jedoch ohnehin in der höchsten Progressionsstufe, bleibt dieser Effekt wirkungslos.

4517 Gem. § 34 Abs. 3 EStG kann auf Antrag, sofern der Steuerpflichtige bei[376] Veräußerung/Aufgabe das 55. Lebensjahres vollendet hat oder dauernd berufsunfähig im sozialversicherungsrechtlichen Sinn ist, auf diese außerordentlichen Einkünfte bis zu einem maximalen Veräußerungsgewinn[377] oder Aufgabegewinn von 5 Mio. € lediglich ein **ermäßigter Steuersatz** von 56 %[378] des durchschnittlichen Steuersatzes erhoben werden. Diese Steuerermäßigung steht nur einmal im Leben zur Verfügung, allerdings auch dann, wenn bereits eine frühere Vergünstigung nach § 34 EStG a.F. in Anspruch genommen worden war.[379]

4518 Daneben gewährt § 16 Abs. 4 EStG unter denselben Voraussetzungen (55. Lebensjahr bzw. dauernde Berufsunfähigkeit/einmalige Gewährung) einmalig – und zwar übergreifend über alle Einkunftsarten[380] – einen **Freibetrag** von 45.000,00 €. Er ermäßigt sich um den Betrag, um den der Veräußerungsgewinn 136.000,00 € übersteigt, entfällt also völlig ab einem Veräußerungsgewinn von 181.000,00 €.

cc) Abgrenzung zur Betriebsabwicklung und Betriebsunterbrechung

4519 Die Freibetrags- und Tarifbegünstigung wird lediglich für den Betriebsaufgabe- oder Veräußerungsgewinn gewährt, nicht jedoch für denjenigen Gewinn, der durch eine **allmähliche Abwicklung** des Betriebs entsteht. Von Letzterem ist stets dann auszugehen, wenn die in Rdn. 4514 erwähnte „kurze Zeit" für die Überführung der wesentlichen Betriebsgrundlagen in das Privatvermögen des Steuerpflichtigen oder deren Veräußerung überschritten ist. Bis zur endgültigen Veräußerung oder Entnahme aller wesentlichen Betriebsgrundlagen besteht die Betriebsvermögenseigenschaft noch weiter.[381] Von der allmählichen Betriebsabwicklung und der Betriebsaufgabe wiederum zu unterscheiden ist die bloße **Betriebsunterbrechung**, die zu einem ruhenden Betrieb führt, solange die Möglichkeit zur jederzeitigen Wiederaufnahme der gewerblichen Tätigkeit fortbesteht (vergleichbar der Situation bei Bestellung eines Nießbrauchs [Rdn. 4520], sowie bei der Verpachtung [Rdn. 3985] oder als Auffangregelung zur Betriebsaufspaltung bei sachlicher Entflechtung [Rdn. 4465]).

2. Nießbrauchsbedingte Mehrheit von Betrieben

4520 Wird ein **land- und forstwirtschaftlicher Betrieb** im Ganzen übergeben und behält sich der Veräußerer am gesamten Betrieb den Nießbrauch zurück, entstehen – ebenso wie bei einem **Wirt-**

---

376 Zeitpunkt des steuerlichen Wirksamwerdens der Veräußerung, BFH, 28.11.2007 – X R 12/07, EStB 2008, 44.
377 Dieser erhöht sich bei einer nachträglichen Verkaufspreiserhöhung aufgrund Nachforderungsklausel, BFH, 31.08.2006 – IV R 53/04, DStRE 2006, 1482.
378 Bis zum Veranlagungszeitraum 2003: die Hälfte des durchschnittlichen Steuersatzes, mindestens jedoch 19,9 %.
379 Vgl. § 52 Abs. 47 letzter Satz EStG.
380 BFH, 21.07.2009 – X R 2/09, EStB 2009, 375 – daher sperrt die Inanspruchnahme für einen freiberuflichen Veräußerungsgewinn die spätere nochmalige Inanspruchnahme für einen gewerblichen Veräußerungsgewinn.
381 Allerdings liegt in der Veräußerung geerbter Kunstwerke keine Fortführung des „Kunstmalerei-Betriebes", BFH, 27.05.2009 – II R 53/07, ErbStB 2009, 372.

schaftsüberlassungsvertrag – zwei land- und forstwirtschaftliche Betriebe.[382] Es gelten also nicht die Grundsätze der Betriebsaufgabe, sondern diejenigen der Betriebsverpachtung, sodass in der Hand des Übernehmers ein ruhender Betrieb[383] besteht und ein weiterer, wirtschaftender, in der Hand des Nießbrauchers. Ohne Verpachtung würde allerdings die Übertragung sämtlicher landwirtschaftlicher Nutzflächen (selbst wenn das Hofgrundstück im Eigentum zurückbehalten wird) eine Betriebsaufgabe darstellen, da Grund und Boden eines Eigentumsbetriebs für dessen Fortführung unerlässlich sind.[384]

Ob Gleiches bei gewerblichen Betrieben gilt, ist höchstrichterlich noch nicht entschieden, wird jedoch von der herrschenden Meinung bejaht: Der Unternehmensnießbraucher ist i.S.d. § 15 EStG Unternehmer, sofern er (wie i.d.R.) Unternehmerinitiative entfalten kann und das Unternehmerrisiko trägt.[385] Anders als bei einem schlichten Ertragsnießbrauch und einem bloßen Quotennießbrauch bzw. der Beschränkung auf einzelne Nutzungen ist also der Unternehmensnießbrauch wie eine Verpachtung des Unternehmens zu bewerten (vgl. zur parallelen Frage der Mitunternehmerschaft des Nießbrauchers am Personengesellschaftsanteil Rdn. 1253, des Gesellschafters selbst Rdn. 2208). Noch unklar ist, ob auch der Eigentümer daneben Unternehmer sein kann, solange er die Aufgabe seines nießbrauchsbelasteten Unternehmens nicht erklärt hat (wohl bei der Zuwendung des Nießbrauches durch den früheren Unternehmer zu bejahen, nicht jedoch beim Erwerb seitens eines Nicht-Unternehmers unter Vorbehaltsnießbrauch); s.a. Rdn. 4782.

4521

Mitunter ist dem Nießbraucher zu empfehlen, sich lediglich Befugnisse unterhalb der Schwelle der Mitunternehmerschaft vorzubehalten, sodass er lediglich Einkünfte gem. § 22 Nr. 1 EStG erzielt,[386] nicht jedoch Einkünfte desselben Typus wie die Gesellschaft selbst (im Regelfall also gewerbliche Einkünfte, die der – allerdings überwiegend auf die ESt anrechenbaren – Gewerbesteuer unterliegen). Ungeklärt ist ferner, in welchem Umfang der mitunternehmerische Nießbraucher für Verluste der Gesellschaft mit herangezogen werden kann (Gleichlauf von Mitverwaltung und Mithaftung).

4522

II. Zurechnung des Wirtschaftsguts, AfA-Berechtigung

1. Zurechnung beim Erwerber

Werden mit dem übertragenen Wirtschaftsgut sog. „Überschusseinkünfte" gem. § 2 Abs. 2 Nr. 2 EStG (insb. also Einkünfte aus Vermietung und Verpachtung von unbeweglichem Vermögen) realisiert, geht der Einkunftstatbestand im steuerlichen Zeitpunkt der Veräußerung auf den Erwerber über. Voraussetzung ist jedoch der endgültige Übergang der Berechtigung. Wird bspw. Geldvermögen im Namen der Kinder angelegt, muss der Wille der Eltern, die Guthabenforde-

4523

---

382 Vgl. BFH, BStBl. 1988 II, S. 360, BFH/NV 2000, 1078; *Blümich*, EStG, 88. Aufl., § 13 Rn. 33 (Stand: 90. Erg. Lfg.).
383 Bei ihm können, da er bei unentgeltlicher Nießbrauchsbestellung keine laufenden Einnahmen hat, allenfalls Einkünfte aus der Veräußerung oder Entnahme einzelner Grundstücke oder einer Betriebsveräußerung anfallen, BFH/NV 2000, 1078. Erzielt er (bei einem Zuwendungsnießbrauch) aus einem Entgelt für die Nießbrauchsgewährung laufende Einkünfte, handelt es sich insoweit ebenfalls um land- und forstwirtschaftliche Einnahmen.
384 BFH, 25.09.2008 – IV R 16/07, BStBl. 2009 II 989; BFH, 16.12.2009 – IV R 7/07, EStB 2010, 88: das zurückbehaltene Hofgrundstück gilt als in das Privatvermögen überführt.
385 BFH, BStBl. 1981 II, S. 396, *Paus*, BB 1990, 1675.
386 Vgl. *von Sothen*, Münchner Anwaltshandbuch Erbrecht, 2. Aufl. 2007, Rz. 225.

rung den Kindern sofort zuzuwenden, bestehen und der Bank erkennbar geworden sein, z.B. durch Klarstellung, dass künftige Verfügungen nur auf dem elterlichen Sorgerecht, §§ 1626 ff. BGB, beruhen.[387]

a) Übergang der AfA-Befugnis

aa) Zeitpunkt der Anschaffung

4524 Bei Grundbesitz ist maßgeblich die Zuordnung von Immobilien zum „**wirtschaftlichen Eigentümer**" (vgl. § 39 Abs. 2 Nr. 1 Satz 1 AO), die auch bilanzielle Auswirkung hat. So wird bei Immobiliengeschäften der Übergang des wirtschaftlichen Eigentums auf den Zeitpunkt vorverlegt, in dem der Erwerber den Veräußerer rechtmäßig von der Einwirkung auf das Wirtschaftsgut ausschließen kann, also den Übergang von Besitz, Nutzungen und Lasten (Anschaffungszeitpunkt).[388] Ist jedoch bereits das Eigentum übergegangen, ist dieser Zeitpunkt der „juristischen Anschaffung" allein maßgeblich, auch wenn der Verkäufer noch Besitzer bleibt.[389] Der Erwerber ist dann nämlich bereits – wenn auch mittelbarer – Eigenbesitzer (§ 872 BGB), der frühere Eigentümer nutzt das Grundstück lediglich als Fremdbesitzer, etwa aufgrund eines schuldrechtlichen Nutzungsverhältnisses oder als Nießbraucher.

4525 Zweckmäßigerweise wird für diesen **Besitzübergang** bei Betrieben das Ende (bzw. der Beginn) eines Wirtschaftsjahres gewählt, um eine weitere Bilanz (§ 6 EStDV) zu vermeiden. Dies ist i.d.R. das Kalenderjahr, bei landwirtschaftlichen Marktfruchtbetrieben der Zeitraum von 01.07. bis 30.06., bei Grünlandbetrieben v. 01.05. bis 30.04 (§ 4a Abs. 1 Nr. 1 EStG); im Handelsregister eingetragene Gewerbetreibende[390] können[391] abweichende Wirtschaftsjahre bilden, § 4a Nr. 2 EStG.

> **Hinweis:**
> Wichtig ist insoweit die exakte Bezeichnung des Stichtages („01.01.2008"), zur Vermeidung von Zweifeln auch die Angabe, ob der Beginn oder das Ende dieses Tages oder eine dazwischen liegende Uhrzeit gemeint ist. Der BFH hat besagten „ersten Januar" im Wege der Auslegung durch „null Uhr" ergänzt.[392] Auch wenn die Zeitpunktpunkte chronologisch zusammenfallen, unterscheiden sich doch „31.12., 24 Uhr" und „01.01., null Uhr" dadurch, dass im ersteren Fall die Folgen noch im alten, sonst im neuen Jahr eintreten.

4526 Wird der Übergabevertrag nach dem **Stichtag** abgeschlossen, vereinbaren die Beteiligten regelmäßig, sich so zu stellen, als wäre das wirtschaftliche Eigentum bereits zu dem genannten Zeitpunkt übergegangen. Einkommensteuerlich wird eine solche Rückwirkung jedoch nur dann

---

387 Vgl. Verfügung der OFD Magdeburg, 26.01.2007 – S 2252-90-St 214.
388 Vgl. BFH, BStBl. 1972 II, S. 700; hierzu und zum folgenden *Everts* in: *Amann/Hertel/Everts*, Aktuelle Probleme der notariellen Vertragsgestaltung im Immobilienrecht 2006/2007 (DAI-Skript), S. 40 ff.
389 BFH, 18.05.2006 – III R 25/05, DStR 2006, 1359.
390 Also nicht z.B. eine im Handelsregister eingetragene Freiberufler-Personengesellschaft, vgl. BFH, 18.05.2000 – IV R 26/99, BStBl. 2000 II, S. 498.
391 Im Fall nachträglicher Abweichung vom Kalenderjahr jedoch nur mit Zustimmung des FA.
392 BFH, BStBl. 1993 II, S. 228.

anerkannt, wenn sie eine kurze Zeitspanne (bis etwa 3 Monate)[393] umfasst oder nur der technischen Vereinfachung der Besteuerung dient; darüber hinaus allenfalls durch niedrigere Steuerfestsetzung im Billigkeitswege.[394]

bb) Durchführung (Besitzübergabe)

Braucht (wie etwa bei einem vermieteten Objekt) nur der mittelbare Eigenbesitz übergeben zu werden, geschieht dies durch Abtretung des Herausgabeanspruchs (§§ 868, 870 BGB); bei unbebauten Grundstücken genügt die im Vertrag bereits (ggf. auf einen bestimmten Zeitpunkt aufschiebend befristet) eingeräumte Inbesitznahmemöglichkeit.

4527

Bei bebautem, unvermietetem Grundbesitz regelt der Überlassungsvertrag lediglich den Stichtags-Zeitpunkt, an dem die Besitzübertragung geschuldet ist. Die tatsächliche Übergabe des Besitzes gem. § 854 BGB bedarf an sich der physischen Überreichung der Schlüssel, Einweisung, Ablesung der Zählerstände etc. Um dem ggf. steuerrechtlich gefährlichen Vorwurf zu begegnen, die Besitzübergabe habe nicht tatsächlich am geschuldeten Zeitpunkt (z.B. am 31.12. um Mitternacht) stattgefunden, sodass der Anschaffungszeitpunkt ein anderer sei, kann der Erwerber bereits in der Übertragungsurkunde ermächtigt werden, sich am Tag der vereinbarten Besitzübergabe selbst in den Besitz des Objekts zu setzen, sodass auf eine förmliche Besitzübergabe bei Anwesenheit beider Beteiligten verzichtet wird.

4528

Eine ausführliche Formulierung unter Einschluss dieser Möglichkeit der „Selbstvornahme" könnte etwa, bezogen auf Betriebsvermögen, wie folgt lauten:

4529

Formulierungsvorschlag: Besitzübergang (Stichtagsregelung) für Betriebsübertragung (mit Selbstvornahmemöglichkeit)

4530

> Stichtag für die Übertragung der Aktiva und Passiva der vorgenannten betrieblichen Einheit (Grundbesitz samt Gebäude, Betriebsvorrichtungen, Maschinen, sonstiges Anlagevermögen und Warenvorräte, halbfertige Erzeugnisse und sonstiges Umlaufvermögen) ist der Ablauf des 31.12.2007. Zu diesem Zeitpunkt gehen Nutzungen und Lasten sowie die Gefahr einer zufälligen Verschlechterung oder Zerstörung der übertragenen Gegenstände auf den Erwerber über. Der Erwerber ist ermächtigt, sich zum Stichtag selbst in den Eigenbesitz der zu übertragenden Sachen zu setzen, auf eine körperliche Übergabe (§ 854 BGB) wird verzichtet. Befinden sich Sachen zum Stichtag im Fremdbesitz Dritter, wird der Herausgabeanspruch zum Stichtag an den Erwerber hiermit abgetreten (§§ 868, 870 BGB).
>
> Zum gleichen Zeitpunkt tritt der Erwerber in alle Berechtigungen, aber auch Verpflichtungen, die sich auf die übertragenen Vermögensgegenstände (Sachen und Forderungen) beziehen, ein. Er wird hiermit unwiderruflich ermächtigt, diesen Übergang, gegebenenfalls unter Vorlage einer beglaubigten Abschrift dieses Vertrags, anzuzeigen und etwa noch erforder-

---

393 Vgl. *Wollny*, Unternehmens- und Praxisübertragungen, 4. Aufl. 1996, Rn. 2766 ff.; BMF-Schreiben BStBl. 2002 I, S. 893 (900, Tz. 26). Abgesehen davon kann der Steuerpflichtige nicht auf einen entstandenen öffentlich-rechtlichen Steueranspruch rückwirkend Einfluss nehmen, vgl. BFH, BStBl. 1997 II, S. 581.

394 BFH, BStBl. 1983 II, S. 730.

liche Erklärungen rechtsgeschäftlicher Art auch für den Veräußerer abzugeben, befreit von § 181 BGB, über den Tod hinaus mit dem Recht zur Erteilung von Untervollmacht.

In gleicher Weise tritt der Erwerber mit Wirkung ab Übergabestichtag in sämtliche die übertragenen Gegenstände betreffenden Verträge ein, einschließlich aller Versicherungs-, Dienst-, Pacht-, Miet- und Arbeitsverträge. Er verpflichtet sich, den Übergeber insoweit von jeglicher Verpflichtung und Inanspruchnahme im Innenverhältnis ab dem Stichtag freizustellen und sich nach besten Kräften dafür einzusetzen, dass eine schuldbefreiende Übernahme auch im Außenverhältnis, unter Genehmigung des jeweiligen Vertragspartners, so rasch wie möglich zustande kommt. Wird letztere durch den anderen Vertragsteil verweigert, hat er die nächste ordentliche Kündigungsmöglichkeit wahrzunehmen, um sodann einen etwaigen Nachfolgevertrag im eigenen Namen abzuschließen.

cc) **Wirkungen**

4531 Der Erwerber führt ab diesem Zeitpunkt die **AfA-Reihe des Veräußerers** (im Privatvermögen gem. § 11d EStDV, im Betriebsvermögen gem. § 6 Abs. 3 EStG) weiter, soweit es sich um unentgeltliche Übertragungen handelt; soweit jedoch die vereinbarten „Gegenleistungen" **Entgeltlichkeitscharakter** haben (hierzu nachstehend C, Rdn. 4869), also etwa bzgl. geleisteter Abstandsgelder, übernommener Privatverbindlichkeiten und geleisteter Austauschrenten) und damit der Erwerber eigene Anschaffungskosten verwirklicht, setzt er diesbezüglich **eine neue AfA-Reihe** in Gang. Treffen beide Merkmale in einer **teilentgeltlichen** Übertragung zusammen, ist das Rechtsgeschäft – wie nachstehend Rdn. 4756 f., 4861 („Trennungstheorie") erläutert – in seine entgeltlichen und unentgeltlichen Teile prozentual aufzuspalten, soweit es sich um Privatvermögen oder einzelne Wirtschaftsgüter des Betriebsvermögens handelt (bei Betrieben, Teilbetrieben oder Mitunternehmeranteilen gilt dagegen die sog. „**Einheitstheorie**", d.h. diese sind entweder in vollem Umfang entgeltlich – sofern die Gegenleistungen das Kapitalkonto des Übergebers nach der Übergabe übersteigen –, sonst in vollem Umfang unentgeltlich, vgl. unten Rdn. 4670 f., Rdn. 4860).

4532 Mit der Zurechnung des Wirtschaftsguts an den Erwerber werden diesem auch evtl. Einkünfte steuerlich zugerechnet. Unterliegt er einem geringeren Grenzsteuersatz, sinkt die Gesamtsteuererbelastung der Familie („**Familiensplitting durch Einkünfteverlagerung auf Kinder**"). Bei Einkünften aus Kapitalvermögen können auf diese Weise bis zu 8.501,00 €/Jahr steuerfrei vereinnahmt werden.[395] Übersteigen allerdings die Einkünfte und Bezüge eines Kindes die Grenze des § 32 Abs. 4 Satz 5 EStG (derzeit 7.680,00 €/Jahr),[396] gehen das Kindergeld bzw. der Kinderfreibetrag verloren. Verfügt ein volljähriges Kind über höhere Einkünfte, kann umgekehrt die Verlagerung von Verlusten (aus Vermietung und Verpachtung) den Kinderfreibetrag/das Kindergeld retten. Bereits ab einem deutlich geringeren Gesamteinkommen i.S.d. § 16 SGB IV (derzeit

---

[395] Grundfreibetrag von 7.664,00 € zzgl. Sparerfreibetrag von 801,00 € und Sonderausgaben-Pauschbetrag von 36,00 € (dem Kreditinstitut muss dann eine NV-Bescheinigung vorgelegt werden).

[396] Zuzüglich Ausbildungskosten, jedoch ohne Unterbringung und Verpflegung, vgl. H 32.10 EStH 2005. Ab 2009 sind auch Kapitaleinkünfte i.H.d. Sparerfreibetrages von 801,00 € nicht mehr als „Bezug" zu berücksichtigen.

365,00 €/Monat) – hierzu zählen auch Einkünfte aus Kapitalvermögen[397] – entfällt ferner die beitragsfreie Familienmitversicherung der Kinder in der gesetzlichen Krankenversicherung.

b) Anerkennung von Fremdwerbungskosten

Mit dem Übergang der steuerlichen Einkunftsart und damit der AfA-Befugnis stellt sich möglicherweise ein „Inkongruenz-Problem" hinsichtlich der sonstigen **Werbungskosten**, wenn diese, z.B. aufgrund der bisherigen Verträge, weiterhin vom Veräußerer getragen werden. Thematisiert wird dies unter dem Gesichtspunkt der „**Anerkennung von Drittaufwand**". Zusammenfassend gilt: Ist der nunmehrige Nicht-mehr-Eigentümer alleiniger zivilrechtlicher Schuldner der Darlehensverbindlichkeiten, sind die von ihm auf seinen Darlehensvertrag bezahlten Schuldzinsen, auch wenn sie wirtschaftlich das vermietete Objekt entlasten, keine Werbungskosten des Eigentümers. Eine Zurechnung der vom Nichteigentümer bezahlten Schuldzinsen als für Rechnung des nunmehrigen Vermieters geleistet kann auch nicht über die sog. Theorie des abgekürzten Zahlungs- bzw. Vertragswegs erfolgen, da diese nur bei Bargeschäften des täglichen Lebens (z.B. Einkauf von Büromaterial) anerkannt wird, nicht aber bei Dauerschuldverhältnissen.[398] Allerdings sind diejenigen Schuldzinsen als Werbungskosten anzuerkennen, die der nunmehrige Eigentümer, obwohl er nicht Schuldner der Verbindlichkeit ist, aus eigenen Mitteln (z.B. aus den Mieteinnahmen) bezahlt (vgl. im Einzelnen Rdn. 2797 ff.).

2. Besonderheiten beim Nießbrauch

In bestimmten, gleichwohl praktisch bedeutsamen Ausnahmefällen des Vorbehalts wesentlicher Nutzungen durch den Veräußerer verbleibt allerdings die AfA-Befugnis bei ihm:

Grundlegend für die einkommensteuerliche Behandlung des Nießbrauchs (und des Wohnungsrechtes mit ausgeübter Überlassungsbefugnis, die ertragsteuerlich wie eine Vermietung behandelt wird)[399] ist der **Nießbrauchserlass** v. 24.07.1998[400] mit späteren Änderungen.

a) Unentgeltlich bestellter Nießbrauch

Der Nießbrauch im Rahmen eines Überlassungsvertrags ist regelmäßig „unentgeltlich bestellt" i.S.d. Tz. 13 und 40 des Nießbrauchserlasses (andernfalls s.u. Rdn. 4544). Demnach ist zu differenzieren zwischen

- dem **Vorbehaltsnießbrauch** zugunsten des Veräußerers selbst, d.h. einer Art Teilrückbehalt einer Eigentumsbefugnis, wobei dem Veräußerer der Schenker einer mittelbaren Grund-

---

397 Gem. BSG v. 22.05.2003, BSGE 91, 83 ff. ist dabei der Sparerfreibetrag abzuziehen; bis 2008 auch darüber hinausgehende höhere tatsächlich nachgewiesene Werbungskosten.
398 BFH, 24.02.2000 – IV R 75/98, EStB 2000, 197. BFH, 15.11.2005 – IX R 25/03, ErbStB 2006, 52 und BFH, 15.01.2008 – IX R 45/07, ErbStB 2008, 101 will außer bei Bargeschäften des täglichen Lebens den Abzug auch bei einer „abkürzenden" Geldschenkung zulassen, kommt dadurch allerdings in Kollision mit der Rechtsfigur der mittelbaren Grundstücksschenkung (daher Nichtanwendungserlass des BMF v. 09.08.2006, ErbStB 2006, 278).
399 Vgl. Tz. 49 i.V.m. Tz. 42 des Nießbrauchserlasses, DStR 1998, 1175, 1178.
400 BStBl. 1998 I, S. 914 ff.; auch abgedruckt in Beck-Loseblattwerk Steuererlasse Nr. I/21.2.

stücksgeldschenkung gleichgestellt ist, dem ein Nießbrauch an dem Grundstück bestellt wird,[401] sowie

- dem **Zuwendungsnießbrauch** zugunsten einer anderen Person als des ursprünglichen Eigentümers (z.B. auch zugunsten dessen Ehegatten, sofern dieser nicht Miteigentümer war).

Der BFH[402] hat in großzügiger Weise den Nießbrauch am angeschafften Ersatzobjekt, von dessen Bestellung die Nießbrauchsberechtigten ihre Löschung beim Verkauf abhängig gemacht hatten, in ertragsteuerlicher Hinsicht ebenfalls als „verlängerten" Vorbehalts-, nicht als Zuwendungsnießbrauch qualifiziert,[403] allerdings mit der Folge der Gewährung von AfA nur auf das Nießbrauchsrecht, nicht auf das Nießbrauchsgebäude, vgl. Rdn. 1090. Da die Finanzverwaltung im „Nießbrauchserlass" hierzu noch nicht Stellung bezogen hat, empfiehlt die Literatur, bereits bei der Nießbrauchseinräumung eine Verpflichtung zur Neubestellung am Ersatzobjekt bei Veräußerung des nießbrauchsbelasteten Wirtschaftsgutes einzugehen.[404] Zur schenkungsteuerrechtlichen Seite der Nießbrauchssurrogation vgl. Rdn. 3831.

4537   Zu prüfen sind in diesem Zusammenhang regelmäßig drei Aspekte:[405]

(aa) Die Zuordnung der steuerbaren Einnahmen folgt steuerrechtlich stets dem Zivilrecht, findet also zugunsten des Nießbrauchers statt. Dies gilt selbst beim widerruflich oder befristet bestellten Nießbrauch.[406] Selbst wenn ein befristetes Nutzungsrecht nach „Ablauf" schuldrechtlich ausdrücklich oder konkludent verlängert wurde, kann dies die weitere Zurechnung der Vermietungseinkünfte beim Nutzungsberechtigten rechtfertigen.[407]

4538   **(bb) Die Geltendmachung von Aufwendungen**, z.B. Erhaltungsaufwendungen, Schuldzinsen etc. folgt dem Korrespondenzprinzip (Kongruenz zwischen Einnahmenerzielung und Tragung der Werbungskosten). Die oben (Rdn. 2797 ff., 4533) dargestellte Rechtsprechung zur Behandlung sog. Drittaufwands wird in Nießbrauchsfällen noch strenger angewendet: Auch wenn der Nießbraucher aus eigenen Mitteln diese Aufwendungen erbringt, ohne hierzu rechtlich verpflichtet zu sein, können diese Aufwendungen nicht als Werbungskosten abgezogen werden.[408] Trägt der Eigentümer solche Aufwendungen, kann er sie nicht einmal unter dem Gesichtspunkt vorab entstandener Werbungskosten bei seinen (nach Beendigung des Nießbrauches) künftigen Einnahmen aus Vermietung und Verpachtung geltend machen,[409] außer die zeitnahe Aufhebung des Nießbrauchs war nachweisbar be-

---

401 Tz. 39 des Nießbrauchserlasses, DStR 1998, 1175, 1177; BFH, BStBl. 1992 II, S. 67.
402 BFH, NV 1995, 770.
403 Vgl. *Brambring*, DNotZ 2003, 569; zum Ganzen auch *Götz/Hülsmann*, DStR 2010, 2432 ff.
404 *Götz/Hülsmann*, DStR 2010, 2432, 2436.
405 Vgl. hierzu umfassend *Drosdzol*, NotBZ 2000, 398 ff.
406 Jedenfalls solange die Befristung/auflösende Bedingtheit nicht als Eingriff in die Dispositionsbefugnis des Nießbrauchers zu sehen sei, BFH v. 19.11.2003, ZEV 2004, 518 m. Anm. *Klose*.
407 BFH, 16.01.2007 – IX R 69/04, ZEV 2007, 400.
408 Nießbrauchserlass Tz. 21 u. 43, DStR 1998, 1175, 1176, 1178. Großzügiger in einem Einzelfall BFH, 24.06.2009 – IV R 20/07, BFH/NV 2010, 20, hierzu *Geck/Messner* ZEV 2010, 83 (bei allerdings mündlicher Absprache zur Übernahme der Kosten).
409 Dies gilt auch, wenn der Nießbrauchsberechtigte in vorgerücktem Alter ist, BFH, 14.11.2007 – IX R 51/06, EStB 2008, 314.

absichtigt und die Aufwendungen werden vom Eigentümer allein im eigenen (künftigen) Interesse getätigt.[410]

Hinweis:
Es ist also unbedingt erforderlich, den Nießbrauch zivilrechtlich so auszugestalten, dass solche Aufwendungen (insb. Instandhaltungs- und Instandsetzungslasten sowie Schuldzinsen) auch tatsächlich vom Nießbraucher zu tragen sind). Steuerrechtlich soll es allerdings genügen, die Kostentragungspflicht aus Anlass der Nießbrauchsbestellung mündlich zu vereinbaren.[411]

4539

(cc) **AfA-Befugnis:**[412] Errichtet ein Nießbraucher (gleich ob er früherer Eigentümer war oder nicht) ein neues Gebäude/eine neue Wohnung auf der Basis des Nießbrauches, erwirbt er gem. § 95 Abs. 1 Satz 2 BGB jedenfalls für die Dauer des Nießbrauches bürgerlich-rechtliches Eigentum hieran und ist demnach – sofern die sonstigen Voraussetzungen vorliegen, etwa bei Vermietung die Überschusserzielungsabsicht nicht wegen befristeter Laufzeit des Nießbrauches infrage steht, zur Geltendmachung der AfA bzw. bei Eigennutzung der (früheren) Eigenheimzulage berechtigt.[413]

4540

Fehlt ein solcher Investitionstatbestand, also bei bereits bestehendem Gebäude, ist jedoch zu differenzieren: Beim **Zuwendungsnießbrauch** geht die AfA-Befugnis dem Eigentümer (mangels Einkünfteerzielung) verloren; dem Zuwendungsnießbraucher steht sie ebenfalls nicht zu, da er nicht „wirtschaftlicher" Eigentümer der unbeweglichen Sache wird[414] (anders – wie ausgeführt – für nachträgliche Anlagen und Einrichtungen i.S.d. § 95 Abs. 1 Satz 2 BGB, die er in Ausübung des Rechtes errichtet hat). Im Ergebnis ist also im Fall der Vermietung eines Bestandsgebäudes keiner der Beteiligten beim Zuwendungsnießbrauch (der oft unerkannt anteilig vorliegt bei Nießbrauchsvereinbarung zugunsten des Alleinveräußerers und seines Ehegatten! Rdn. 2032) AfA-berechtigt.

4541

Dem **Vorbehaltsnießbraucher**, also dem früheren Eigentümer, bleibt die AfA-Befugnis für ein bereits bestehendes Gebäude jedoch erhalten;[415] er wird aufgrund der vorbehaltenen Nutzung als wesentlicher aus dem Eigentum fließenden Befugnis weiterhin wie ein „wirtschaftlicher Eigentümer" betrachtet. Dies gilt auch bei Betriebsvermögen (Rdn. 4783). Es ist daher Aufgabe der kautelarjuristischen Gestaltung, Zuwendungsnießbrauch-Tatbestände zu vermeiden. Sollen z.B. Erträge dem Veräußerer und dessen (Nichteigentümer-) Ehegatten zugutekommen, empfiehlt es sich,[416] zunächst lediglich einen Vorbehaltsnießbrauch zugunsten des Veräußerers und sodann, aufschiebend bedingt auf das Erlöschen dieses Nießbrauchs, einen Zuwendungsnießbrauch zu-

4542

---

410 BFH, 25.02.2009 – IX R 3/07, MittBayNot 2009, 492.
411 Pflicht des Nießbrauchers eines landwirtschaftlichen Betriebes, ein Wirtschaftsgebäude instand zu setzen, BFH, 24.06.2009 – IV R 20/07, NotBZ 2010, 69.
412 Vgl. zum folgenden umfassend *Drosdzol*, NotBZ 2000, 398 ff.
413 Vgl. *Mayer*, Übergabevertrag, 2. Aufl., Rn. 452 m.w.N.
414 BFH, BStBl. 1982 II, S. 454; BStBl. 1990 II, S. 888.
415 Nießbraucherlass Tz. 42; BFH, BStBl. II 1995, S. 281.
416 Wegen BFH, BStBl. II 1982, S. 380; differenzierend hierzu jedoch *Wegmann*, Grundstücksüberlassung, 2. Aufl. 2002, Rn. 298.

gunsten des Ehegatten (Schenkungsteuer beachten!)[417] zu vereinbaren, oder aber (zum Erhalt der AfA-Befugnis für beide Ehegatten) vorab einen Halbanteil an den Ehegatten zu übertragen.

4543 Löst der Eigentümer einen ihm auferlegten Nießbrauch entgeltlich ab, und erzielt er sodann Einkünften aus der Vermietung der Immobilie, handelt es sich bei dieser Ablösungszahlung um nachträgliche Anschaffungskosten, die eine neue AfA-Reihe in Gang setzen, soweit sie auf das Gebäude (und nicht auf das Grundstück) entfallen.[418]

b) Entgeltlich bestellter Nießbrauch

4544 Wurde der **Nießbrauch gegen Entgelt** bestellt, treten folgende weiteren steuerlichen Effekte ein:

- zum einen erlangt der Nießbraucher im Verhältnis zum Eigentümer seinerseits die Rechtsstellung eines Mieters, der bei Nutzung des Nießbrauches zu Fremdvermietungszwecken „untervermietet". Das von ihm an den Eigentümer entrichtete Entgelt hat Letzterer im Zuflussjahr als Einnahme i.S.d. § 21 Abs. 1 EStG zu versteuern; auf Antrag ist jedoch eine gleichmäßige Verteilung auf die Dauer des Nießbrauches, max. auf 10 Jahre, möglich.[419] Die vom Eigentümer vertragsentsprechend bzw. gem. §§ 1047, 1041, 1045 BGB getragenen Kosten sowie die AfA auf das Eigentum sind als Werbungskosten abzugsfähig (und zwar analog § 21 Abs. 2 EStG wohl ungekürzt, wenn das Entgelt mindestens 56 % des Kapitalwerts des Nießbrauchsrechtes beträgt,[420] andernfalls quotal gekürzt i.H.d. entgeltlich verbliebenen Anteils),

4545 - zum anderen ist der Nießbraucher berechtigt, Abschreibungen auf die Anschaffungskosten des entgeltlich erworbenen Nutzungsrechtes abzusetzen, wenn er dieses zur Einkünfteerzielung nutzt (linear verteilt auf dessen Laufzeit).[421] Bei entsprechend unterschiedlicher Progression zwischen Eigentümer (Vater) und entgeltlichem Nießbraucher (z.B. Sohn) ergibt sich ein „Familien-Splitting-Vorteil".[422]

c) Vermächtnisnießbrauch

4546 Wer durch Verfügung von Todes wegen einen Nießbrauch als Vermächtnisgegenstand zugewendet erhält, wird nunmehr (anders als in der früheren Rechtsprechung), getreu der zivilrechtlichen Betrachtung, einem Zuwendungsnießbraucher gleichgestellt mit der Folge, dass weder die Erben noch der Vermächtnisnehmer AfA-berechtigt sind.[423] Anders liegt es nur in dem Ausnahmefall, dass der Vermächtnisnehmer bereits ab dem Zeitpunkt des Anfalls des Vermächtnisses (Erbfall) als wirtschaftlicher Eigentümer der zugewendeten Nießbrauchsberechtigung anzusehen

---

[417] Erhält der Nichteigentümer-Ehegatte eine lebzeitige Mitberechtigung nach § 428 BGB, liegt in diesem Zuwendungsnießbrauch eine Schenkung seines Ehegatten, bei einer auf den Tod aufschiebend bedingten und befristeten Zuwendung reduziert sich der Steuerwert aufgrund des vorgerückten Alters, *Wälzholz*, NotBZ 2002, 94.
[418] BayLandesamt für Steuern, 28.01.2011 – S 2196.1.1-2/1 St 32, ZEV 2011, 215 (Beurteilung nach dem Verhältnis der Verkehrswerte Grund und Boden/Gebäude im Jahr der Ablösung); krit. hierzu *Meyer/Ball*, DStR 2011, 1211 ff.
[419] BMF-Schreiben v. 24.07.1998, BStBl. 1998 I, S. 914, Rn. 29.
[420] Vgl. *Langenfeld/Günther*, Grundstückszuwendungen zur lebzeitigen Vermögensnachfolge, 5. Aufl. 2005, Rn. 85.
[421] BMF-Schreiben v. 24.07.1998, BStBl. 1998 I, S. 914, Rn. 26.
[422] Berechnungsbeispiel bei *Günther* EStB 2010, 187.
[423] Vgl. BFH, BStBl. 1996 II, S. 440, 441.

ist,[424] oder wenn der Erbe die Erbschaft mit der Maßgabe ausschlägt, dass ihm ein lebenslanger unentgeltlicher Nießbrauch an den zum Nachlass gehörenden Wirtschaftsgütern (z.B. dem Betrieb) eingeräumt wird – in diesen Fällen wird er wirtschaftlich wie ein Vorbehaltsnießbraucher behandelt,[425] ist also AfA-berechtigt.

Abgesehen von diesen Sonderfällen geht jedoch beim Vermächtnisnießbrauch (wie beim Zuwendungsnießbrauch) die AfA-Berechtigung gänzlich verloren; beim Zuwendungsnießbrauch hinsichtlich eines Betriebs bilden sich wie bei der lebzeitigen Nießbrauchseinräumung an einem Unternehmen zwei Betriebe, ein ruhender Eigentümerbetrieb im Gesamthandsvermögen der Miterbengemeinschaft (bis zur Erklärung der Betriebsaufgabe) und ein wirtschaftender Betrieb in der Hand des Vermächtnis-Nießbrauchers[426] (vgl. Rdn. 4520 ff.), sowie zum Wahlrecht der Erbengemeinschaft (ähnlich dem Verpächterwahlrecht) Rdn. 3985. 4547

III. Eigenheimzulage/Eigenheimriesterförderung

1. Grundsätzliches

Für Objekte im Inland,[427] für die nach dem 31.12.1995 und vor dem 31.12.2005 ein Bauantrag gestellt bzw. Kaufvertrag abgeschlossen wurde, ersetzte das Eigenheimzulagengesetz (EigZulG)[428] als progressionsunabhängig ausgestalteter Subventionstatbestand die frühere Förderung nach § 10e (Eigenheim) bzw. § 10h EStG (unentgeltliche Überlassung an Angehörige). Die nachfolgende Darstellung gibt den bis 01.01.2006 (und auch weiterhin für Altfälle) maßgeblichen Stand wieder unter Berücksichtigung des Haushaltsbegleitgesetzes 2004,[429] der bis zum Auslaufen der bereits begründeten Förderansprüche (längstens bis Ende 2013) noch weiter von Bedeutung sein wird. 4548

Durch das „Gesetz zur Abschaffung der Eigenheimzulage" wird gem. § 19 Abs. 9 EigZulG für Neufälle ab 01.01.2006 die Eigenheimzulage nicht mehr gewährt. Maßgeblich ist in Anschaffungsfällen der Abschluss des notariellen Kaufvertrags,[430] in Herstellungsfällen der Beginn der Herstellung, der bereits mit der Stellung des Bauantrags[431] erfüllt ist. Alle bis zum 31.12.2005 von der Förderung erfassten Sachverhalte bleiben hiervon unberührt. Folgeobjekte i.S.d. § 7 Satz 2 EigZulG, für die nach dem 01.01.2006 mit der Herstellung begonnen (bzw. Bauantrag 4549

---

424 BFH, ZEV 1998, 274, 275.
425 BFH, DB 1996, 2367.
426 Vgl. BFH, BStBl. 1987 II, S. 772.
427 Diese Beschränkung war europarechtswidrig, sodass nunmehr auch für eigengenutzte Immobilien im EU-Ausland Eigenheimzulage nacherhoben werden kann (Verjährung 4 Jahre!).
428 Vgl. zum Folgenden BFM-Schreiben v. 10.02.1998, BStBl. I, S. 190 ff.; aktuelle Ergänzungen im BMF-Schreiben v. 21.12.2004, BStBl. 2005 I, S. 305.
429 Hierzu ausführlich *Krause*, NotBZ 2004, 53; zur zeitlichen Abgrenzung: OFD München v. 28.01.2005, DStR 2005, 559.
430 Schädlich ist eine erst in 2006 erteilte Nachgenehmigung eines vollmachtlos Vertretenen (anders im Fall der Bestätigung einer mündlich erteilten Vollmacht), ebenso wohl auch eines Ergänzungspflegers, sowie die erst 2006 erfolgende Annahme eines Angebots. Unschädlich dürften dagegen (wegen der bereits dem Grunde nach eingetretenen Bindung) Bedingungen und Zeitbestimmungen sein, ebenso die fehlende behördliche und (anders als bei § 23 EStG) vormundschaftsgerichtliche Genehmigung, vgl. *Everts*, ZNotP 2006, 48 ff.
431 Wohl auch durch den Noch-Nicht-Eigentümer (OFD München v. 28.01.2005, DStR 2005, 559, sub I.2), ebenso durch den Veräußerer, vgl. *Everts*, ZNotP 2006, 52 gegen *Heidinger*, ZNotP 2003, 26.

gestellt) oder der Kaufvertrag abgeschlossen wird, werden dagegen nicht mehr gefördert, da es sich um eigenständige Objekte i.S.d. § 2 EigZulG handelt.[432]

2. Keine Fortführung der Zulage durch den unentgeltlichen Erwerber

4550 Das System der Eigenheimförderung hat seit 1986 zwei systematische Umstellungen erfahren, deren Wiederholung für die Darstellung der Konsequenzen einer Vermögensübertragung selbst genutzter Immobilien hilfreich ist:

- Bis zum Steueränderungsgesetz 1986 wurde auch der Nutzungswert der Wohnung im eigenen Haus fiktiv i.R.d. Einkünfte aus Vermietung und Verpachtung steuerlich erfasst (§§ 21 Abs. 2, 21a EStG) mit der Folge, dass Werbungskosten, etwa Schuldzinsen und AfA, zumindest teilweise geltend gemacht werden konnten (§ 7b EStG). Diese AfA-Berechtigung ging nach § 11d EStDV ohne Weiteres auf den Erwerber über.
Mit Abschaffung der Nutzungswertbesteuerung zum 31.12.1986 (die diesbezügliche Optionsmöglichkeit zur weiteren Anwendung nach 1986 ist zum 31.12.1998 endgültig ausgelaufen) musste die gleichwohl politisch gewünschte Förderung selbst genutzten Wohnraums steuersystematisch umgestellt werden. Mangels Verwirklichung einer steuerlichen Einkunftsart kam die Gewährung von AfA jedoch nicht mehr in Betracht. Vielmehr wird für Objekte, die ab dem 01.01.1987 bis zum 31.12.1995 angeschafft wurden bzw. mit deren Herstellung in diesem Zeitraum begonnen wurde, gem. § 10e EStG die Geltendmachung von Anschaffungs- oder Herstellungsaufwendungen als Sonderausgaben (zeitlich und der Höhe nach beschränkt) zugelassen.

4551
- Für ab dem 01.01.1996 angeschaffte oder in der Errichtung begonnene Objekte erfolgt die Eigenheimförderung steuersystematisch richtiger in einem eigens hierfür geschaffenen Gesetz mit Beihilfe- bzw. Subventionscharakter, dem Eigenheimzulagengesetz (EigZulG). Da § 11d EStDV jedoch für Sonderausgaben nicht, auch nicht analog[433] gilt, und auch im Subventionsrecht der allgemeine Grundsatz, dass der Subventionstatbestand in der Person des jeweiligen Begünstigten direkt verwirklicht werden muss, im Eigenheimzulagengesetz keine Durchbrechung erfährt,[434] kann der Erwerber eines bisher selbst genutzten Objekts die Förderung des Veräußerers nicht bereits in seiner Eigenschaft als Rechtsnachfolger „zu Ende führen"; es müssen vielmehr in seiner Person die gesetzlichen Gewährungsvoraussetzungen hierfür vorliegen.

4552 **Hinweis:**

Aus diesem Grund sollten Überlassungen selbst genutzter Grundstücke vor Ablauf der Förderzeiträume des § 10e EStG bzw. EigZulG nicht ohne Not erfolgen; denkbar ist allerdings eine auf den Ablauf des Förderzeitraums aufschiebend bedingte Überlassung unter der Maßgabe, dass Besitz, Nutzungen und Lasten erst ab diesem Zeitpunkt übergehen.[435] Der Allein-

---

432 Bay. Landesamt für Steuern v. 23.01.2008, EStB 2008, 138.
433 BFH, MittBayNot 1992, 156.
434 BMF, BStBl. 1998 I, S. 190, Tz. 59; ausgenommen die Fortführung durch den Erben für den restlichen Förderzeitraum, sofern er selbst die personenbezogenen Voraussetzungen erfüllt, allerdings tritt damit bei ihm Objektverbrauch ein! Dem Erben wird also ausnahmsweise der Investitionstatbestand des Erblassers zugerechnet.
435 Vgl. *Wegmann*, Grundstücksüberlassung, Rn. 62.

erbe dagegen kann die Förderung nach dem EigZulG auch ohne eigene Anschaffung oder Herstellung für den restlichen Förderzeitraum in Anspruch nehmen, muss allerdings in seiner Person die weiteren persönlichen Voraussetzungen, insb. also eigene Nutzung, kein Objektverbrauch, Einhaltung der Einkunftsgrenze, erfüllen.[436] Dass durch die Fortführung der Förderung aus solchen „geerbten Anschaffungs- oder Herstellungsfällen" Objektverbrauch beim Erben eintritt, ist ohne Belang, da neue Eigenheimzulagenberechtigung ohnehin nicht mehr eintreten kann. Eine Pflicht des Notars, auf den möglichen Verlust der Eigenheimzulage als Folge einer Übertragung an die Kinder hinzuweisen, besteht nicht.[437]

3. Ausnahme beim Erwerb vom Ehegatten

Vorstehendes Ergebnis (unentgeltliche Übertragung vermittelt keine Fortführung der Eigenheimzulage) würde an sich in gleicher Weise auch für den **Erwerb vom Ehegatten** gelten, und zwar erweiternd auch für den Fall der entgeltlichen Übertragung, da gem. § 2 Satz 3 EigZulG jeglicher Erwerb vom Ehegatten nicht förderungsfähig war, wenn bei den Ehegatten im Zeitpunkt der Anschaffung die Voraussetzungen des § 26 Abs. 1 EStG (Zusammenveranlagung) vorlagen. Dies hätte zur Folge, dass für den Fall der Übertragung einer Immobilie oder eines Miteigentumsanteils hieran unter Ehegatten, sei es im Weg der entgeltlichen Verrechnung (etwa mit Zugewinnausgleichsansprüchen oder sonstigen Gegenpositionen) oder im Weg der schlichten Schenkung bzw. der ehebedingten Zuwendung, zum einen der Erwerber selbst keine neue Eigenheimzulagenberechtigung schaffen kann, und zum anderen der Veräußerer seinerseits die Eigenheimzulagenberechtigung aufgrund des Eigentumsverlustes für den übertragenen Anteil verliert (§ 11 Abs. 3 Satz 1 EigZulG).

4553

Auch eine Fortführung der Eigenheimzulagenberechtigung des veräußernden Ehegatten durch den erwerbenden Ehegatten ist dem Wortlaut nach nicht gegeben: Gem. § 6 Abs. 2 Satz 3 und Satz 5 EigZulG kommt dies nur beim Erwerb infolge Erbfalls in Betracht, ferner beim Hinzuerwerb von Miteigentumsanteilen, wenn während des Förderzeitraums die Voraussetzungen des § 26 Abs. 1 EStG wegfallen (also insb. bei Trennungs- oder Scheidungsvereinbarungen).

4554

Davon abweichend bejaht jedoch die **Finanzverwaltung** über § 6 Abs. 2 Satz 3 und 5 EigZulG hinaus eine Fortführungsmöglichkeit auch während bestehender Ehe, und zwar wiederum erweiternd nicht nur für den Erwerb von Miteigentumsanteilen, sondern auch für die Übertragung der gesamten Immobilie unter Ehegatten.[438] Die Literatur kritisiert diese Wohltat als nicht gesetzlich begründbar und weist darauf hin, dass das Eigenheimzulagengesetz zwar die gemeinsame Festsetzung der Zulage bei Ehegatten anordnet (§ 11 Abs. 6 Satz 3 EigZulG), jedoch keine § 26b EStG vergleichbare Vorschrift kennt, wonach die Ehegatten wie ein einziger Anspruchsberechtigter zu behandeln wären. Jeder Ehegatte muss also an sich alle Anspruchsvoraussetzungen jeweils in seiner Person individuell (ggf. quotal) erfüllen.[439] § 6 Abs. 2 EigZulG bewirke lediglich, dass Miteigentumsanteile von Ehegatten, welche die Zusammenveranlagung wählen können,

4555

---

436 Vgl. *Messner*, ZEV 2000, 225; BMF, BStBl. 1998 I, S. 190, Tz. 21.
437 LG Oldenburg, 23.04.2010 – 5 O 1353/10, ZEV 2010, 648.
438 Vgl. Tz. 15 Satz 1 u. 2 des Eigenheimzulagenerlasses v. 21.12.2004, BStBl. 2005 I, S. 305.
439 Vgl. *Wacker*, EigZulG, § 9 Rn. 50 ff., noch zum Vorläufer-Erlass v. 10.02.1998, BStBl. 1998 I, S. 190, Tz. 64, 80 u. 83, m.w.N.

nicht zu einem selbstständigen Objektverbrauch führen, enthalte jedoch keine Grundlage, vom Prinzip der Eigenständigkeit und damit des eigenständigen Anspruchsverlustes abzurücken. In diese Richtung scheint auch der BFH zu tendieren.[440] Für die FA ist gleichwohl der Eigenheimzulagenerlass und die darin großzügig normierte Fortsetzungsmöglichkeit bei entgeltlichem oder unentgeltlichem Erwerb vom Ehegatten verbindlich. Da es nicht um die Verwirklichung eines neuen Fördertatbestands geht, ist auch die Übertragung von Mit- oder Alleineigentum unter Ehegatten **nach dem 01.01.2006** unschädlich.[441] Dies dürfte weiterhin der aktuellen Verwaltungsauffassung entsprechen[442] (vgl. Rdn. 2794).

4. Verwirklichung eines eigenen Anschaffungstatbestands durch den Erwerber

4556 Da sonach der Grundstückserwerber einen Anschaffungstatbestand in seiner Person selbst verwirklichen muss (die Errichtung eines Gebäudes durch ihn, also der Herstellungstatbestand, birgt keine Besonderheiten ggü. der Errichtung auf einem ihm bereits gehörenden Grundstück), wird die nachstehend im Einzelnen dargestellte Differenzierung zwischen solchen Leistungen i.R.d. vorweggenommenen Erbfolge relevant, die steuerlichen Entgeltcharakter besitzen, (d.h. Einmalzahlungen an den Veräußerer, Abstandsgelder an weichende Geschwister,[443] Übernahme von Verbindlichkeiten, wiederkehrende Leistungen, soweit sie als Austauschrenten Gegenleistungscharakter haben) und solchen Vereinbarungen, die die Unentgeltlichkeit nicht beeinträchtigen, sondern allenfalls i.R.d. Sonderabgabenabzugs von Bedeutung sind (also vorbehaltene Nutzungen, Dienstleistungsversprechen, wiederkehrende Leistungen mit Versorgungs- oder Unterhaltscharakter). Nur soweit es sich um Leistungen mit Entgeltcharakter handelt, konnte der Erwerber einen Anschaffungstatbestand verwirklichen.

4557 Die Eigenheimzulage ist „wohnungsbezogen". Erwerben mehrere Miteigentümer eine Wohnung gemeinsam, ist jeder nur anteilig zur Inanspruchnahme der Eigenheimzulage berechtigt (§ 9 Abs. 2 Satz 3 EigZulG). Bei Ehegatten, die die Voraussetzungen der Zusammenveranlagung nach § 26 Abs. 1 EStG erfüllen, werden die Miteigentumsanteile jedoch zu einem Objekt zusammengerechnet. Erwirbt ein Ehegatte, etwa im Rahmen einer Scheidungsfolgevereinbarung, den Anteil des anderen Ehegatten hinzu, kann er (anders als bei normalen Miteigentümergemeinschaften) die Zulage für den hinzuerworbenen Anteil weiterhin in Anspruch nehmen, sofern er die Wohnung weiterhin zu eigenen Wohnzwecken nutzt und bei ihm noch kein Objektverbrauch eingetreten ist, etwa weil er bereits für ein vorangegangenes Objekt eine Zulage in Anspruch genommen hat, sodass der Anspruch auf Eigenheimzulage für das nunmehr von ihm allein in Anspruch genommene Objekt auf der Anspruchsberechtigung des früheren Anteilsmitinhabers beruht. Die bisherige Mitberechtigung führt noch zu keinem Objektverbrauch, da § 6 Abs. 2 Satz 3 EigZulG die Bewertung des Anteils als eigenes Objekt unter Ehegatten ausschließt.

4558 Bei Zwei- oder Mehrfamilienhäusern gewährte die Finanzverwaltung jedoch (allerdings nicht unmittelbar gestützt durch den Wortlaut des § 9 Abs. 2 Satz 3 EigZulG) den Fördergrundbetrag in

---

440 BFH/NV 2003, 1176, zur Vorgängernorm (§ 10e Abs. 5 Satz 2 i.V.m. Satz 3 EStG).
441 Vgl. ausführlich *Everts*, ZEV 2006, 152, 154.
442 Vgl. Bay. Landesamt für Steuern, Verfügung v. 09.01.2006, DB 2006, 129, wo die generelle Abschaffung der Eigenheimzulage ab 01.01.2006 für insoweit irrelevant erklärt wird.
443 Nicht jedoch Abfindungen für den Hinzuerwerb der Nacherbenanwartschaft durch den Vorerben, FG Köln, EFG 2006, 248.

vollem Umfang für jeden Miteigentümer, soweit der Wert der von ihm ausschließlich genutzten Wohnung den Wert des Miteigentumsanteils nicht übersteigt. Die Nutzungsabrede brauche dabei nicht gem. § 1010 BGB in das Grundbuch eingetragen werden.[444] Die Rechtsprechung folgt wegen des abweichenden Wortlautes des § 9 Abs. 2 Satz 3 EigZulG diesem Ansatz nicht mehr,[445] sodass die Literatur[446] zu Recht zur Vorsicht mahnt. Unstreitig zulässig ist die Mehrfachinanspruchnahme der vollen Eigenheimzulage bei Bildung von Wohnungseigentum.

Ein (hinsichtlich des eigengenutzten Gebäudeteiles) **teilentgeltlicher Erwerb** führte weder bei § 10e EStG[447] noch i.R.d. Eigenheimzulagengesetzes[448] zu einer Kürzung des Förderungshöchstbetrags, sodass dem Erwerber der volle Fördergrundbetrag des § 9 Abs. 2 Satz 3 EigZulG zusteht, wenn er nur aus eigenem Vermögen nachweisbar[449] zumindest 125.000,00 € Anschaffungsentgelt aufbringt, mag auch der Erwerb i.Ü. unentgeltlich sein (insoweit gilt also die sog. „Trennungstheorie" nicht).[450] Eine Kürzung der Bemessungsgrundlage trat allerdings gem. § 8 Satz 3 EigZulG ein, sofern Teile der Wohnung nicht zu eigenen Wohnzwecken genutzt werden, also etwa als häusliches Arbeitszimmer[451] dienen, an andere Personen als Angehörige unentgeltlich überlassen werden oder zwar an Angehörige i.S.d. § 15 AO überlassen sind, aber auf der Grundlage eines dinglichen oder schuldrechtlichen im Zusammenhang mit der Überlassung zugewendeten[452] oder vorbehaltenen Nutzungsrechtes und damit nicht „unentgeltlich".[453] Das Wohnungsrecht an einzelnen Räumen für die mit dem Erwerber einziehenden Eltern führt also zur Kürzung der Bemessungsgrundlage; verbleibt dem Eigentümer eine volle Wohnung zur Eigennutzung, ist nur der auf diese entfallende Anschaffungs- oder Herstellungsaufwand berücksichtigungsfähig. 4559

Nachträgliche Herstellungskosten wurden allerdings (erst im Jahr des Anfalls) nur anteilig, pro rata des entgeltlichen Erwerbs, berücksichtigt.[454] Gleiches dürfte gelten für die ab 2004 eingeführte Förderung der Instandsetzungs- und Modernisierungsmaßnahmen (nicht jedoch jährlich anfallender Erhaltungsarbeiten) innerhalb der ersten beiden Jahre nach Besitzübergang, die ebenfalls nur berücksichtigungsfähig sind, soweit sie auf die entgeltliche Übertragung entfallen, sodass bei teilentgeltlichem Erwerb eine anteilige Kürzung stattfindet.[455] 4560

---

444 BMF-Schreiben v. 10.02.1998, BStBl. 1998 I, S. 190, Rn. 66; *Krause*, NotBZ 2002, 369.
445 BFH v. 19.05.2004 – III R 29/03, anders noch BFH, DStR 2000, 1346.
446 *Wacker*, EigZulG, § 9 Rn. 38.
447 BFH, BStBl. 1998 II, S. 247.
448 Vgl. *Messner*, ZEV 2000, 224 m.w.N.
449 Der Nachweis der Voraussetzungen eines Erwerbsgeschäftes obliegt dem Antragsteller, FG Saarland v. 03.12.2003, ErbStB 2004, 140.
450 Vgl. BMF, BStBl. 1998 I, S. 190, Tz. 59.
451 Unabhängig davon, ob die hierauf entfallenden Aufwendungen gem. § 4 Abs. 5 Satz 1 Nr. 6b i.V.m. § 9 Abs. 5 EStG nicht mehr oder nur noch bis zur Höchstgrenze von 1.250,00 €/Jahr abgezogen werden können: FG Köln, EFG 1998, 1462; a.A. *Wagner*, DStR 1999, 441.
452 Wird allerdings ein Wohnungsrecht unabhängig von der Vermögensübertragung, also in deutlichem sachlichen und zeitlichen Abstand, tatsächlich zugewendet und beträgt die Gegenleistung weniger als 10% des Wertes des Rechtes, ist die Wohnungsgewährung als „unentgeltliche" i.S.v. § 4 Satz 2 EigZulG anzusehen, BMF, BStBl. 1998 I, S. 914 Tz. 10–13, 33, 35.
453 Vgl. BMF, BStBl. 1998 I, S. 190, Tz. 61; ausführlich *Große*, DStR 2004, 1201 ff.
454 BFH, BStBl. 1998 II, S. 248; die Erwerbsnebenkosten zählen jedoch zum entgeltlichen Teil.
455 Ausführlich *Krause*, NotBZ 2004, 56.

Kapitel 12: Einkommensteuerrecht

4561 Die für den Anschaffungstatbestand erforderlichen Geldzahlungen mussten aus eigenem Vermögen des Erwerbers stammen. Eine vorausgehende Geldschenkung[456] oder Darlehensgewährung[457] steht dem nicht entgegen; es handelt sich gleichwohl zivilrechtlich und steuerlich um eigene Geldmittel des Erwerbers. Gleiches gilt, wenn der Kaufpreis bezahlt wurde und einige Monate später ohne vorgefassten Plan als langfristiges, dem Fremdvergleich standhaltendes Darlehen wieder dem Käufer zur Verfügung gestellt wird,[458] während die von Anfang an besprochene Rückschenkung des Kaufpreises als Gestaltungsmissbrauch (§ 42 AO) zur Versagung der Eigenheimzulage führt,[459] ebenso wie die spätere Umwandlung des Kaufpreises in ein Darlehen, das dem Fremdvergleich nicht standhält.[460]

4562 Anders liegt es jedoch, wenn im Rahmen einer (schenkungsteuerlich vorteilhaften!) **mittelbaren Grundstücksschenkung** (Rdn. 4219) durch klare und eindeutige Schenkungsabreden eine zweckgebundene Geldzuwendung dergestalt vorliegt, dass eigentlicher Schenkungsgegenstand ein ganz bestimmtes Grundstück ist. Dieses ist nämlich dann i.R.d. Eigenheimzulagengesetzes unentgeltlich (schenkungsweise) erworben.[461] Wenn also der Beschenkte im Verhältnis zum Schenker zivilrechtlich nicht über das Geld, sondern erst über das Grundstück verfügen kann, sodass der tatsächlich um jenes Grundstück bereichert ist, mag auch der Gegenstand der Schenkung sich nicht wesensgleich im Vermögen des Schenkers befunden haben, werden die schenkungsteuerlichen Bewertungsvorteile bei selbst genutzten Immobilien mit dem Verlust der Eigenheimzulage des Erwerbers (aufgrund Wegfalls eines Anschaffungstatbestands) „erkauft".

5. Auswirkungen vorbehaltener Nutzung

4563 In vielen Fällen bewohnt der Veräußerer den übertragenen Gegenstand aufgrund schuldrechtlicher oder dinglich vorbehaltener Nutzung (Wohnungsrecht, Nießbrauch) weiter. In diesem Zusammenhang stellen sich drei Fragen:

- **Kann der Veräußerer die Eigenheimzulage weiter beanspruchen?**
  Die Rechtsprechung des BFH[462] verneint dies zu Recht aufgrund der Tatsache, dass es sich nicht mehr um eine „eigene Wohnung" handelt; der Vorbehaltsnießbrauch, mag er auch die AfA-Berechtigung des Veräußerers weiter rechtfertigen, führt zu keiner Gleichstellung des Nießbrauchbesitzes mit zivilrechtlichem Eigentum. Auch wirtschaftliches Eigentum gem. § 39 Abs. 2 Nr. 1 Satz 1 AO (ähnlich dem Bauen auf fremdem Grund und Boden, s. Rdn. 4567 ff.) bleibt dem eigennutzenden Nießbraucher nicht erhalten (allenfalls denkbar

---

[456] BMF, BStBl. 1998 I, S. 190, Tz. 9.
[457] FG Rheinland-Pfalz, DStRE 1999, 596. Gemäß FG Düsseldorf, DStRE 1999, 902, gilt dies auch dann, wenn das Darlehen später aufgrund eines neuen Willensentschlusses erlassen wird; die spätere Geldschenkung führt nicht zu einer Umqualifizierung der historisch bereits verwirklichten Anschaffungskosten.
[458] FG Niedersachsen, 05.09.2003 – 13 K 288/99, DStRE 2004, 518.
[459] BFH, 27.10.2005 – IX R 76/03, ErbStB 2006, 94.
[460] FG Sachsen-Anhalt, DStRE 2006, 532.
[461] BFH, BStBl. 1999 II, S. 779, zu § 10 EStG; zur Eigenheimzulage: BMF, BStBl. 1998 I, S. 190, Tz. 13.
[462] Vgl. etwa zu § 10e EStG: BFH v. 28.07.1999, DStR 1999, 1804.

erscheint dies bei Kombination mit einem jederzeitigen Rücktrittsrecht,[463] wobei teilweise nach dem Grad der tatsächlichen Wahrscheinlichkeit differenziert wird).[464]

- **Hinzutreten eines Herstellungs- oder Anschaffungsaufwandes beim Erwerber:** 4564
  Schafft der (auch unentgeltliche) Erwerber mit rechtzeitigem (Bauantrag vor 31.12.2005) Herstellungsbeginn eine weitere Wohnung[465] oder (auch durch tiefgreifend Umgestaltung) eine neue Wohnung[466] in dem Objekt, dessen Altbestand weiterhin vom Veräußerer aufgrund auf jenen Teil beschränkten Nutzungsrechts bewohnt wird, und zieht er in diese weitere Wohnung selbst ein, kann der Erwerber jedoch die Eigenheimzulage ohne Weiteres beanspruchen,[467] und zwar wohl auch, wenn er unter – sogar freiem – Rückforderungsvorbehalt steht (s.o. Rdn. 1815).

- (Nach dem bis 31.12.2003 geltenden Recht wurden auch Um- und Ausbauten an einer bereits vorhandenen und als einzige bestehenden Wohnung selbstständig gefördert;[468] allerdings wurde die Bemessungsgrundlage um den Anteil der wohnrechtsbelasteten Räume gekürzt,[469] sodass die Höchstförderung nur dann gewährt werden konnte, wenn die auf die unbelasteten Räume entfallenden Anschaffungskosten [Gleichstellungsgelder, Schuldübernahme etc.] oder Herstellungskosten 51.120,00 € erreichten.)[470] 4565
  Bloße nachträgliche Herstellungskosten (ohne zeitliches Limit) und seit 2004 zusätzlich Instandhaltungs- sowie Modernisierungskosten in den ersten 2 Jahren nach Anschaffung – also ohne Schaffung einer neuen oder weiteren Wohnung – sind zwar ebenfalls und weiterhin gefördert, aber nur soweit (d.h. in dem Verhältnis, in dem) ihnen ein entgeltlicher Erwerb vorausging.
  Maßgeblich für die zeitliche Abgrenzung der Förderungsmöglichkeit ist in Anschaffungsfällen der Abschluss des notariellen Kaufvertrags,[471] in Herstellungsfällen der Beginn der Herstellung, der bereits mit der Stellung des Bauantrags[472] erfüllt ist.

- **Vereinbarte Neuherstellung zur künftigen Selbstnutzung durch den Veräußerer** 4566
  Nicht selten wird im Rahmen einer Grundstücksüberlassung vereinbart, dass der Erwerber eine neue oder weitere Wohnung errichten oder durch Umbau der vorhandenen Bausubstanz

---

463 Hierfür plädiert *Fischl*, ZErb 2006, 268 unter Hinweis auf die Rspr. des BFH, 16.05.1989 – VIII R 196/84 zum Nichtübergang der Mitunternehmerschaft bei Abtretung eines KG-Anteils unter jederzeitigem Rückforderungsrecht.
464 *Fischer*, in: *Hübschmann/Hepp/Spitaler*, AO, § 39 Rn. 57: regelmäßig wird faktisch doch an Akte einer wie auch immer verstandenen Unbotmäßigkeit angeknüpft werden.
465 D.h. eine baulich abgeschlossene Einheit mit Kochgelegenheit, WC und Bad/Dusche, welche die Führung eines eigenen Hausstandes ermöglicht (vgl. *Krause*, NotBZ 2004, 54); Mindestfläche ca. 23 m².
466 Durch Ersetzen solcher verbrauchter Teile, die für die Nutzungsdauer bestimmend sind (Fundamente, tragende Wände, Geschossdecken, Dachkonstruktion); dies wird vermutet, wenn die Baukosten den Wert der Altbausubstanz überschreiten (BMF v. 31.12.1994, BStBl. 1994 I, S. 887 Rn. 14f.; *Wälzholz*, MittBayNot 2000, 208.
467 Vgl. *Wegmann*, Grundstücksüberlassung, 2. Aufl. 2002, Rn. 346.
468 § 2 Abs. 2 EigZulG in der bis 2004 geltenden Fassung.
469 Vgl. *Wacker*, EigZulG, § 8 Rn. 86f.
470 BMF, BStBl. 1998 I, S. 190 Rn. 61.
471 Schädlich ist eine erst in 2006 erteilte Nachgenehmigung eines vollmachtlos Vertretenen (anders im Fall der Bestätigung einer mündlich erteilten Vollmacht), ebenso wohl auch eines Ergänzungspflegers, sowie die erst 2006 erfolgende Annahme eines Angebots. Unschädlich dürften dagegen sein (wegen der bereits dem Grunde nach eingetretenen Bindung) Bedingungen und Zeitbestimmungen sein, ebenso die fehlende behördliche und (anders als bei § 23 EStG) vormundschaftsgerichtliche Genehmigung, vgl. *Everts*, ZNotP 2006, 48ff.
472 Wohl auch durch den Noch-Nicht-Eigentümer (OFD München v. 28.01.2005, DStR 2005, 559, sub I.2), ebenso durch den Veräußerer, vgl. *Everts*, ZNotP 2006, 52 gegen *Heidinger*, ZNotP 2003, 26.

schaffen soll, die aufgrund eines vorbehaltenen, durch Errichtung des Gebäudes aufschiebend bedingten Wohnungsrechts dem Veräußerer zur Verfügung gestellt werden soll. Zwar sind hier die Voraussetzungen des § 10h EStG bzw. des § 4 Satz 2 Eigenheimzulagengesetz (in der Variante der unentgeltlichen Nutzungsüberlassung an nahe Angehörige, die nicht unterhaltsberechtigt sein müssen) prima facie erfüllt, allerdings dürfte es am Merkmal der „unentgeltlichen"[473] Nutzungsüberlassung an den Angehörigen fehlen: Die Nutzungsüberlassung erfolgt nämlich aufgrund eines vorbehaltenen Wohnungsrechts und hat damit Gegenleistungscharakter.[474] Anders dürfte es jedoch liegen, wenn (dann tatsächlich unentgeltliche) Nutzungsüberlassung an den Angehörigen aufgrund eines neuen Willensentschlusses aus freien Stücken später erfolgt, also kein vorbehaltenes, sondern ein zugewendetes Wohnungsrecht vorliegt.[475] Die untergerichtliche Rechtsprechung lässt eine „ungesicherte Rechtsposition" genügen.[476]

6. Investitionen auf fremdem Grund und Boden?

4567 In mehreren Entscheidungen hat sich der BFH mit der oft als Alternative zur Grundstücksübertragung relevant werdenden Frage befasst, ob Eigenheimzulageberechtigung auch durch „wirtschaftliches Eigentum" i.R.d. Investition auf fremden Grundstücken geschaffen werden konnte: So ist es denkbar, dass bei Errichtung eines Gebäudes durch den Steuerpflichtigen auf einem ihm und seinem Vater je zur Hälfte gehörenden Grundstück wirtschaftliches Eigentum auch am Miteigentumsanteil des Vaters begründet wird, sofern der Steuerpflichtige die gesamten Kosten trägt und für den Zeitpunkt der Nutzungsbeendigung einen Anspruch gegen den Miteigentümer auf Ersatz des hälftigen Verkehrswerts des Gebäudes hat.[477]

4568 Der bloße Pächter ist jedoch nicht wirtschaftlicher Eigentümer, sofern der Pachtvertrag die Nutzungsdauer des Gebäudes unterschreitet und eine Erstattung des Werts durch den Verpächter nicht vorgesehen ist,[478] ebenso wenig der Nießbraucher (von atypischen Sachverhalten abgesehen).[479]

4569 Errichtet der Steuerpflichtige am Haus seiner Eltern einen Anbau, genügt jedoch das möglicherweise erlangte wirtschaftliche Eigentum am Anbau nicht, da der Steuerpflichtige zugleich zivilrechtlicher oder zumindest wirtschaftlicher Eigentümer der Hauptwohnung sein muss, an die er angebaut hat.[480]

---

473 Nach BFH, EStB 2001, 216 liegt sogar in der Gewährung eines zinslosen Darlehens des Nutzungsberechtigten an den Eigentümer für den Ausbau der Wohnung ein die Unentgeltlichkeit hindernder Umstand.
474 BFH, 14.10.1998 – X R 56/96, ZEV 1999, 160; FG Nürnberg, DStRE 2002, 1247, ebenso: FG Niedersachsen, 15.08.2001 – 2 K 516/98, DStRE 2002, 626 (Az. BFH: IX B 154/01); *Große*, DStR 2004, 1202.
475 Vgl. BMF v. 24.07.1998, BStBl. 1998 I, S. 914 Tz. 10–13, 33, 35. Gem. § 41 AO sind die Voraussetzungen des § 4 Satz 2 EigZulG aber nur dann anzuerkennen, wenn die Wohnungsrechtszuwendung nicht schon zuvor vereinbart wurde (dann zugleich Verstoß gegen die Pflicht zur vollständigen Beurkundung und möglicherweise Beihilfe zur Steuerstraftat, vgl. DNotI Gutachten Nr. 1369). Bei Aufspaltung in zwei Urkunden sind Verweise nötig.
476 FG Rheinland-Pfalz, 22.08.2006 – 2 K 2486/04, DStRE 2007, 223.
477 BFH, 18.07.2001 – X R27/00, n.v.
478 BFH, 18.07.2001 – X R69/00, n.v.
479 BFH, 24.06.2004 – III R 50/01, DStR 2004, 1874: Nießbraucher beteiligt sich verpflichtungsgemäß quotal an den Herstellungskosten des Gebäudes: anteilige Eigenheimzulage möglich.
480 BFH, 18.07.2001 – X R29/99, n.v.

Zusammenfassend dürfte nach der Rechtsprechung,[481] der sich die Finanzverwaltung weitgehend angeschlossen hat,[482] für die Eigenheimzulageberechtigung ausreichendes wirtschaftliches Eigentum durch Investition auf fremden Grund und Boden dann gegeben sein, wenn der Errichtende das Grundstück dauernd nutzen darf und ihm zu jedem Zeitpunkt, auch für den Fall einer vorzeitigen planwidrigen Beendigung des Nutzungsverhältnisses, ein vertraglicher oder gesetzlicher Anspruch nicht nur auf Ersatz seiner Aufwendungen, sondern auf den vollen Zeitwert des Gebäudes zusteht. Bei Errichtung eines Gebäudes auf dem Grundstück des Ehegatten genügt es möglicherweise, den vertraglich (wegen der sonst verdrängenden Wirkung des Zugewinnausgleichs)[483] zu vereinbarenden jederzeitigen Ausgleichsanspruch erst dann fällig werden zu lassen, wenn der Grundbesitz (samt dem zivilrechtlich zugehörigen Gebäude) veräußert, die Ehe geschieden oder vorzeitiger Zugewinnausgleich geltend gemacht wird, oder der Eigentümerehegatte verstirbt.[484]

4570

7. „Wohnriester"

Durch das Eigenheimrentengesetz[485] wurde ab 01.08.2008 die Einbeziehung der selbstgenutzten Wohnimmobilie in die sog. „Riester-Förderung" verbessert („Wohn-Riester"). Inhaltlich handelt es sich um einen Kompromiss zwischen dem seitens der CDU/CSU favorisierten „SoFA-Modell"[486] (verringerte Förderung/keine nachgelagerte Besteuerung) und dem sog. „Kanapee-Modell"[487] der SPD (systemgetreue Einbeziehung durch volle Förderung in der Ansparphase, jedoch nachgelagerte Besteuerung auf der Basis einer fiktiven Verrentung). Seit 2008 zählen auch Bezieher von Erwerbsunfähigkeitsrenten zum begünstigten Personenkreis.

4571

Der Kreis der begünstigten Anlageprodukte (Altersvorsorgebeiträge gem. § 82 Abs. 1 EStG) wurde um den Erwerb weiterer Genossenschaftsanteile an einer selbstgenutzten Genossenschaftswohnung erweitert, ferner um zertifizierte[488] Darlehensverträge, § 1 Abs. 1a Satz 1 AltZertG (dort Nr. 1: als reiner Darlehensvertrag ohne vorhergehenden Sparvorgang, Nr. 2: als Sparvertrag kombiniert mit einer Darlehensoption – Typus Bausparvertrag –, Nr. 3: als Kombination eines tilgungsfreien Vorfinanzierungsdarlehens i.V.m. einem Sparvertrag). Tilgungen zugunsten solcher Darlehensverträge gelten künftig als förderfähige Altersvorsorgebeiträge, wenn das Darlehen für eine nach dem 01.01.2008 vorgenommene wohnungswirtschaftliche Verwendung (i.S.d. § 92a

4572

---

481 Vgl. hierzu umfassend *Fischer*, DStR 2001, 2014 ff.
482 BMF v. 10.04.2002, BStBl. 2002 I, S. 525 = FR 2002, 802.
483 Vgl. *Rößler*, NJW 2004, 267. Der VIII. Senat (BFH, 14.05.2002 – VIII R 30/98, DStR 2002, 1569) stützt die Annahme wirtschaftlichen Eigentums auf §§ 951, 812 BGB; BGHZ 115, 132 plädiert allerdings unter Ehegatten für das Primat des Güterrechtes. Errichtet der Unternehmerehegatte auf dem Grundstück des anderen einen betrieblich genutzten Gebäudeteil, liegt hierin allerdings regelmäßig keine Entnahme (§ 4 Abs. 1 Satz 2 EStG), vgl. BFH, 25.06.2003 – X R 72/98, DStRE 2003, 1132.
484 Vgl. ausführlich (mit Formulierungsvorschlag) *Lohr*, RNotZ 2002, 478.
485 BGBl. 2008 I, S. 1509; vgl. hierzu als ersten Überblick *Myßen/Fischer*, NWB 2008, 2719 ff. = Fach 3 S. 15117 ff.; aus notarieller Sicht *Schaal/Mensch*, RNotZ 2011, 93 ff.
486 „sofort ohne Finanzamt".
487 „Kapitalstock zur Kalkulation der nachgelagerten persönlichen Einkommensbesteuerung".
488 Gem. § 14 Abs. 3 AltZertG kann die Zertifizierung solcher Darlehensverträge frühestens zum 01.11.2008 erfolgen.

Abs. 1 Satz 1 EStG)[489] genutzt wird; unterbleibt eine solche Verwendung, muss die Auszahlung demnach als lebenslange Altersleistung erfolgen.

4573 Werden also Tilgungsleistungen i.H.v. mindestens 4 % der maßgebenden Einnahmen (max. 2.100,00 € abzgl. Zulage) in diesen Altersvorsorge-Darlehensvertrag eingezahlt, wird zugunsten dieses Darlehensvertrages, also als zwingende Sondertilgung, die Zulage (Grundzulage i.H.v. 154,00 € sowie Kinderzulagen von je 185,00 € für vor dem 01.01.2008 geborene Kinder, 300,00 € für danach geborene Kinder; zuzüglich eines Berufseinsteigerbonus von 200,00 € bis zum 25. Lebensjahr) gewährt. Zahlungen auf Darlehenszinsen sind jedoch nicht förderungsfähig. Bei Vorfinanzierungsdarlehen gelten die Ansparbeiträge als Tilgungsleistungen. Die Förderung kann auch gewährt werden für Umschuldungen, die ihrerseits als zertifizierte Altersvorsorgedarlehensverträge nach dem 01.01.2008 einer wohnungswirtschaftlichen Verwendung dienen. Auf Antrag des Zulageberechtigten wird gem. § 10a EStG geprüft, ob der Sonderausgabenabzug für die Tilgungsleistungen einschließlich des Zulagenanspruchs (max. 2.100,00 €) günstiger ist; der verbleibende Steuervorteil wird im Rahmen der Einkommensteuerveranlagung gewährt.

4574 Die Möglichkeit der Entnahme aus gefördertem Altersvorsorgevermögen gem. § 92a EStG („zinsloser Kredit bei sich selbst") werden dahingehend erweitert, dass die betragsmäßige (Mindest- und Höchst)Begrenzung entfällt – die Entnahme darf allerdings nicht zwischen 75,01 % und 99,99 % des Altersvorsorgekapitals erfassen[490] – und keine Pflicht zur Rückzahlung des entnommenen Betrages mehr besteht. Demnach sind die früher diskutierten Formulierungsvorschläge zur Sicherung des Rückzahlungsanspruchs (im Interesse des für die Rückzahlung mithaftenden Anbieters) entbehrlich. Die Entnahme kann gem. § 92a Abs. 1 Satz 1 bis zum Beginn der Auszahlungsphase für die Anschaffung oder Herstellung einer Wohnung (Nr. 1), ferner zu Beginn der Auszahlungsphase zur Entschuldung einer Wohnung (Nr. 2), und ohne zeitliche Begrenzung für den Erwerb von Wohnungsgenossenschaftsanteilen (Nr. 3) erfolgen,[491] auch noch zu Beginn der Auszahlungsphase. Die Kapitalentnahme kann auch mit der Tilgungsförderung für dieselbe wohnungswirtschaftliche Verwendung kombiniert werden (z.B. bei Bausparverträgen). Sie erfasst seit 01.07.2010 auch Wohnimmobilien im EU-Ausland bzw. im EWR-Wirtschaftsraum.[492]

4575 Geförderte Tilgungsbeiträge sowie hierfür gewährte Leistungszulagen, ebenso wie entnommene Altersvorsorge-Eigenheimbeträge, werden zur Sicherung der sog. nachgelagerten Besteuerung in einem „Wohnförderkonto" (§ 92a Abs. 2 Satz 1 EStG) erfasst (buchhalterische Ermittlung des in der Immobilie gebundenen, steuerlich geförderten Kapitals). Zur Gleichstellung mit anderen Riester-Produkten (Ausgleich für die vorzeitige Nutzung) erhöht sich dieser Wohnförderkonto-Betrag in der Ansparphase um jährlich 2 %. Der Zulageberechtigte kann durch Einzahlungen auf einen zertifizierten Altersvorsorgevertrag den Stand des Wohnförderkontos verringern (ohne

---

489 Erfasst sind die Anschaffung oder Herstellung einer selbstgenutzten Wohnung, der Erwerb von Pflichtanteilen an einer eingetragenen Genossenschaft für die Selbstnutzung einer Genossenschaftswohnung sowie die Anschaffung eines eigentumsähnlichen bzw. lebenslänglichen Dauerwohnrechts. Es muss sich jeweils um eine Wohnung in Deutschland handeln, die den Hauptwohnsitz (i.S.d. Melderechts, § 92a Abs. 1 Satz 2 EStG i.d.F. des JStG 2009) bildet.
490 Dadurch soll verhindert werden, dass nur sehr geringes Kapital verbleibt, der Anbieter jedoch weiterhin die Informations- und Bescheinigungspflichten erfüllen muss.
491 Vgl. *Myßen/Fischer*, NWB 2008, 2728 ff. = Fach 3 S. 15126 ff.
492 Vgl. *Mensch/Schaal*, NotBZ 2011, 281, 282 f.

C. Steuerliche Folgen der Übertragung des Wirtschaftsguts selbst

hierfür zusätzliche Förderung zu erhalten, wirtschaftlich handelt es sich ja lediglich um einen Wechsel des Riester-Produkts).

Zu Beginn der Auszahlungsphase wird der verbleibende Saldo des Wohnförderkontos entweder[493] als Einmalbetrag (mit 30 %igem Abschlag)[494] oder[495] verteilt bis zum 85. Lebensjahr nachgelagert besteuert. Stirbt der Zulagenberechtigte, wird der verbleibende Stand des Wohnförderkontos beim Erblasser (zulasten der Erbengemeinschaft) sofort besteuert; eine Rückforderung der Zulagen erfolgt jedoch nicht. Die Besteuerung unterbleibt, wenn der früher zusammenveranlagte Ehegatte nach dem Tod die Wohnung selbst weiter nutzt.

4576

Dieselbe Sofortbesteuerung greift gem. § 22 Nr. 5 Satz 4 i.V.m. § 92a Abs. 3 Satz 2 EStG bei Aufgabe der Selbstnutzung (ausgenommen Fälle der Krankheit oder Pflegebedürftigkeit[496]) oder des Eigentums – auch als Folge einer Übertragung in vorweggenommener Erbfolge! –, es sei denn, der Zulagenberechtigte investiert einen Betrag i.H.d. erreichten Standes des Wohnförderkontos binnen vier Jahren nach Ablauf des Veranlagungszeitraums, in dem die Selbstnutzung aufgegeben wurde, in eine weitere förderfähige Wohnung[497] oder innerhalb eines Jahres nach dem Veranlagungszeitraum der Aufgabe der Selbstnutzung[498] in einen anderen zertifizierten Altersvorsorgevertrag oder der Ehegatte des zusammenveranlagten Zulageberechtigten nutzt die Wohnung aufgrund richterlicher Entscheidung weiterhin. Andernfalls führt jede[499] Veräußerung der selbstgenutzten Wohnung, auch die Schenkung an Abkömmlinge unter Nießbrauchsvorbehalt,[500] auch die Übertragung an den Ehegatten im Rahmen einer „Güterstandsschaukel" oder einer schenkungsteuerfreien Familienwohnheimübertragung gem. § 13 Abs. 1 Nr. 4a ErbStG,[501] ebenso wie ihre Vermietung, zur Versteuerung des „Auflösungsbetrages". Bei Trennungsvereinbarungen über Immobilien, die zur schädlichen Verwendung eines tilgungsgeförderten Darlehens führen, mag als Ausgleich die Verpflichtung zur Einzahlung des entsprechenden Kompensationsbetrages in einen anderen Altersvorsorgevertrag binnen eines Jahres nach Auszug verhandelt werden.[502]

4577

Stirbt der Zulagenberechtigte, liegt daraufhin keine Fehlverwendung der geförderten Wohnung vor, wenn der mit ihm zuletzt zusammen veranlagte, überlebende Ehegatte innerhalb eines Jah-

4578

---

493 Gem. § 22 Nr. 5 Satz 5 i.V.m. § 92a Abs. 2 Satz 6 EStG.
494 Gibt der Zulagenberechtigte die Selbstnutzung nach der privilegierten Sofortbesteuerung auf, muss er bis zum zehnten Jahr nach dem Beginn der Auszahlungsphase das Zweifache der noch nicht besteuerten 30 % des Wohnförderkontos versteuern, vom elften bis zum zwanzigsten Jahr den 30 %igen Betrag, danach nichts mehr. Im Fall des Todes erfolgt jedoch – unabhängig vom Zeitpunkt des Versterbens – keine Nachversteuerung des verschonten 30 %-Anteils.
495 Gem. § 22 Nr. 5 Satz 4 i.V.m. § 92a Abs. 2 Satz 4 Nr. 2 und Satz 5 EStG.
496 Ergänzung des § 92a Abs. 3 Satz 9 EStG durch das JStG 2009.
497 Gem. § 92a Abs. 3 Satz 9 Nr. 1 ff. EStG.
498 Ausgenommen sind Fälle befristeter Vermietung für einen beruflich bedingten Umzug, sofern die Selbstnutzung spätestens mit Vollendung des 67. Lebensjahres wieder aufgenommen wird.
499 Ausgenommen wohl die Einbringung in eine personen- und beteiligungsidentische Personengesellschaft, aufgrund ihrer einkommensteuerlichen Transparenz, *Mensch/Schaal*, NotBZ 2011, 281, 285.
500 Vgl. *Mensch/Schaal*, NotBZ 2011, 281, 286.
501 Vgl. *Mensch/Schaal*, NotBZ 2011, 281, 286 f. Werden nur Miteigentumsanteile übertragen, muss der verbleibende Anteil des Veräußerers an den Anschaffungskosten den Betrag seines geförderten Darlehensvertrages noch übersteigen. Eine Nachversteuerung kann im übrigen stets vermieden werden durch Reinvestition in ein Ersatzobjekt oder Einzahlung in einen Geld-Riestervertrag.
502 Vgl. im Einzelnen *Schaal/Mensch*, RNotZ 2011, 98 ff.

Kapitel 12: Einkommensteuerrecht

res nach dem Tod Alleineigentümer[503] der weiter vom Ehegatten dann selbst genutzten Wohnung wird.

> **Hinweis: Eigenheim-Rentenförderung beim Ableben des Zulageberechtigten**
>
> Demnach sollte, sofern die Wohn-Riester-Förderung in Anspruch genommen wird, durch Testament sichergestellt werden, dass der überlebende Ehegatte Alleineigentümer der geförderten Wohnung ist oder (infolge Teilungsanordnung bzw. Vermächtnis) spätestens innerhalb eines Jahres nach dem Tod wird.

4579 Ist der Steuerpflichtige an der Selbstnutzung der Wohnung aufgrund eines beruflich bedingten Umzugs verhindert, kann er auf Antrag die Folgen der Fehlverwendung gem. § 92a Abs. 4 EStG abwenden, wenn die Selbstnutzung spätestens mit Vollendung des 67. Lebensjahrs wieder aufgenommen wird.

> **Hinweis:**[504] **Beruflich bedingter Umzug bei „Wohn-Riester"-geförderter Wohnung**
>
> Kann der Zulagenberechtigte aufgrund eines beruflich bedingten Umzugs die nach dem Eigenheim-Rentengesetz geförderte Wohnung nicht mehr weiter selbst nutzen, ist das mit dem Dritten geschlossene Nutzungsverhältnis (Vermietung) so zu befristen, dass der Eigentümer spätestens mit Vollendung des 67. Lebensjahrs die Wohnung wieder selbst beziehen kann, um die Folgen einer Fehlverwendung abzuwenden.

IV. Ertragsteuerliche Folgen des Erbfalles und der Erbauseinandersetzung/Vermächtniserfüllung

1. Ertragsteuerliche Folgen des Erbfalls selbst: Grundsatz

4580 Seit dem Beschluss des Großen Senats des BFH v. 05.07.1990[505] bewertet das Steuerrecht, ebenso wie das Zivilrecht, den Erbfall und die Erbauseinandersetzung als getrennte Vorgänge. Der Erbfall selbst bleibt im Grundsatz ohne ertragsteuerliche Folgen (Buchwertfortführung beim Vermögensübergang auf die Erbengemeinschaft gem. § 6 Abs. 3 EStG für Betriebsvermögen – vgl. Rdn. 4666 ff. –, gem. § 11d EStDV für Privatvermögen; Zurechnung der aus einer Fortführung der bisherigen Tätigkeit erzielten Einnahmen in der Erbengemeinschaft gem. Rdn. 4646).

4581 Erbschaftsteuerlich gelten übrigens die Kosten einer Erbauseinandersetzung gem. § 10 Abs. 5 Nr. 3 ErbStG („Verteilung des Nachlasses") als abzugsfähige Nachlassverbindlichkeit.[506] Hierzu zählen neben den Kosten des schuldrechtlichen und dinglichen Vertrages auch die Kosten für Sachverständigengutachten zur Bewertung der Nachlassgegenstände, für anwaltliche Beratung und etwaige gerichtliche Auseinandersetzungen.

---

503 So die Gesetzesbegründung, BR-Drucks. 239/08, S. 48, sowie BMF-Schreiben v. 20.01.2009 zu § 93 Abs. 1 Satz 3 Buchst. c) EStG, Rn. 147.
504 Vgl. *Ihle*, notar 2009, 60.
505 GrS 2/89, BStBl. 1990 II, S. 847.
506 BFH, 09.12.2009 – II R 37/08, ErbStB 2010, 161.

2. Besonderheiten bei der „Vererbung" von Anteilen an einer Personengesellschaft

Bei der „Vererbung" von Anteilen an einer Personengesellschaft[507] ist allerdings wegen des Vorrangs des Handels- und Gesellschaftsrechts ggü. dem allgemeinen Erbrecht (Art. 2 Abs. 1 EGHGB) zivilrechtlich (s. Rdn. 123 ff. mit Blick auf das mögliche Vorliegen von Schenkungen), ertragsteuerlich und erbschaftsteuerlich zu differenzieren:[508] 4582

a) Auflösung (§ 727 BGB)

Der Tod eines Gesellschafters führt bei der GbR (§ 727 BGB) bei Fehlen einer abweichenden Regelung zur **Auflösung** (anders nunmehr beim Ableben eines OHG-Gesellschafters oder KG-Komplementärs: § 131 Abs. 3 Satz 1 Nr. 1 HGB sowie schon stets bei Versterben eines Kommanditisten: § 177 Abs. 1 HGB). Die Auflösung stellt steuerlich eine Betriebsaufgabe gem. § 16 Abs. 3 EStG dar in der Person der Erben (als Mitglieder der Liquidationsgesellschaft), die bei Vorliegen der Voraussetzungen gem. §§ 16, 34 EStG begünstigt sind – dies gilt jedoch nicht für den Entnahmegewinn bei Sonderbetriebsvermögen, das damit zu Privatvermögen wird.[509] 4583

b) Fortsetzungsklausel

aa) Zivilrecht

Im Fall der schlichten **Fortsetzungsklausel gegen Abfindung** setzen die anderen Gesellschafter die Gesellschaft fort (Unvererblichkeit des Gesellschaftsanteils,[510] daher ist vielleicht die Bezeichnung „Ausschlussklausel" treffender). Die Abfindung richtet sich im Zweifel nach dem Verkehrswert, ist jedoch typischerweise niedriger vereinbart (Rdn. 2236 ff.; i.d.R. liegt darin keine pflichtteilsergänzungsauslösende Schenkung, vgl. Rdn. 130 ff., 2244). Die schlichte Ausschlussklausel (ohne Ergänzung um eine Eintrittsklausel, Rdn. 4623 ff.) kommt z.B. in Betracht, wenn die prospektiven Nachfolger bereits Mitgesellschafter sind, sodass die Anwachsung – und zwar ohne Erhöhung der Haftsumme[511] – gewollt ist, oder aber keiner der prospektiven Erben/Vermächtnisnehmer geeignet erscheint, oder aber es sich um eine „verschworene Gemeinschaft" im strengen Sinne handelt. Die Fortsetzungsklausel greift auch, wenn die Mehrheit der Gesellschafter sterben (oder die Gesellschaft kündigen)[512] sollte. Ist nur ein weiterer Gesellschafter vorhanden, wachsen diesem alle Aktiva und Passiva an (liquidationslose Vollbeendigung der Personengesellschaft),[513] sodass er, auch wenn er bisher nur Kommanditist war, vollhaftender 4584

---

507 Anders bei der Kapitalgesellschaft, vgl. Rdn. 2360. Dies schafft Abstimmungsprobleme bei der GmbH & Co. KG, welche bei der Einheits-GmbH & Co. KG (Rdn. 2315 f.) zugunsten des Personengesellschaftsrechts gelöst sind.
508 Vgl. hierzu auch im Überblick *Ivo*, ZEV 2006, 302 ff.; *Horn*, NWB 2008, 2643 ff. = Fach 18, S. 4693 ff.; ferner *Sudhoff*, Unternehmensnachfolge, § 44.
509 Auch dieser Entnahmegewinn ist – mangels abweichender Anordnung durch vermächtnisweise Zuwendung eines Freistellungsanspruchs – vom Erben zu versteuern, nicht von demjenigen, der das frühere Sonderbetriebsvermögensgrundstück letztlich erhält.
510 Für den Kommanditisten ist damit § 177 HGB abbedungen, für den Komplementär entspricht die Unvererblichkeit jedoch § 131 Abs. 3 Satz 1 Nr. 1 HGB.
511 Es erhöhen sich lediglich die „festen Kapitalkonten", vgl. *Gutachten* DNotI-Report 2010, 23 ff.; anzumelden ist also nur das Ausscheiden des Verstorbenen.
512 BGH, 07.04.2008 – II ZR 3/06, ZNotP 2008, 411.
513 BGH, 07.07.2008 – II ZR 37/07, ZNotP 2008, 452 bei einer GbR.

Einzelunternehmer wird.⁵¹⁴ Zu seinem Schutz kann für diesen Fall die Auflösung mit Übernahmeoption vereinbart werden.⁵¹⁵ Die Formulierung ist denkbar einfach:

4585 **Formulierungsvorschlag: Fortsetzungsklausel bei Personengesellschaft mit Abfindung**

> Beim Tod eines Gesellschafters wird die Gesellschaft unter den verbleibenden Gesellschaftern fortgesetzt. Der Gesellschaftsanteil ist also nicht vererblich, sondern wächst den verbleibenden Gesellschaftern im Verhältnis ihrer bisherigen Beteiligung an. Verbleibt lediglich ein weiterer Gesellschafter, ist die Gesellschaft aufgelöst, der Verbleibende hat jedoch das Recht, binnen drei Monaten das Unternehmen mit allen Aktiva und Passiva zu übernehmen. Die Erben bzw. Vermächtnisnehmer des Verstorbenen erhalten eine Abfindung gem. § ..... dieser Satzung.

bb) Ertragsteuerrecht

4586 Bei der schlichten Fortsetzungsklausel realisiert der Erblasser⁵¹⁶ „auf dem Sterbebett" durch Aufgabe seines Mitunternehmeranteils (infolge Anwachsung) einen (möglicherweise nach §§ 16, 34 EStG begünstigten) Veräußerungsgewinn gem. § 16 Abs. 1 Nr. 2 bzw. Abs. 3 Satz 1 EStG i.H.d. Unterschieds zwischen dem Abfindungsanspruch und dem Buchwert seines Kapitalkontos.⁵¹⁷ Die bisherigen Mitgesellschafter erwerben entgeltlich (Anschaffungskosten i.H.d. Abfindung) – sofern die Abfindung unter dem Steuerwert des Gesellschaftsanteils liegt, verwirklicht der Erblasser einen einkommensteuerlichen Veräußerungsverlust (sodass die Buchwerte abzustocken sind).

4587 **Sonderbetriebsvermögen** des früheren Mitunternehmers (Erblassers) fällt jedoch an seine Eigenerben und wird damit (sofern die Erben nicht Mitgesellschafter sind) Privatvermögen;⁵¹⁸ die Differenz zwischen Buchwert und Teilwert gehört zum (ggf. tarifbegünstigten, aber regelmäßig nicht gewollten)⁵¹⁹ Veräußerungsgewinn des Erblassers; § 13a ErbStG findet auch insoweit keine

---

514 Wird bei einer GmbH & Co. KG mit nur einem Kommanditisten die Insolvenz über das Vermögen des Komplementärs eröffnet, ist allerdings nach BGH, ZIP 2004, 1047 die Haftung auf den Wert des übergehenden Vermögens beschränkt.
515 Vgl. *Peters*, RNotZ 2002, 425, 440.
516 Die Erben werden – anders als bei der Auflösungsklausel – nie Mitglied der Gesellschaft!
517 BFH, BStBl. 1998 II, S. 290; BMF v. 14.03.2006 Tz. 69, BStBl. 2006 I, S. 253 ff.; *Reich*, MittBayNot 2007, 183.
518 Die Buchwertfortführung ist wohl auch dann noch möglich, wenn das Grundstück in ein anderes Betriebsvermögen oder Sonderbetriebsvermögen der Erben (bei einer anderen Personengesellschaft) übergeht; das BMF-Schreiben v. 03.03.2005, ZEV 2005, 200 verhält sich hierzu nicht.
519 Anders allenfalls dann, wenn der Erblasser noch einen hohen Verlustvortrag i.S.d § 10d EStG hatte, der auf diese Weise genutzt werden soll unter gleichzeitiger Schaffung höherer Abschreibungsvolumina bei den übernehmenden Erben; dies erscheint insbes. sinnvoll, da der Verlustvortrag nicht vererblich ist, BFH, 17.12.2007 – GrS 2/04, BStBl. 2008 II, S. 608; vgl. von Proff zu Irnich, RNotZ 2008, 563; *Eich*, ErbStB 2008, 182 ff.; *Fischer*, NWB 2008, 1551 = Fach 3, S. 15045; im Hinblick auf die 1962 begründete abweichende Rspr. wird Vertrauensschutz für Sterbefälle bis zur Veröffentlichung im BStBl. (18.08.2008 – der BFH gewährte diesen Schutz nur bis zur Bekanntgabe des Beschlusses am 12.03.2008) gewährt. Zur neuen Rechtslage FinMin Schleswig-Holstein v. 23.03.2011, ZEV 2011, 335. Bestehen verrechenbare (und nicht nur ausgleichsfähige) Verluste i.S.d. § 15a EStG, sind diese allerdings weiter vererblich (bzw. gehen beim unentgeltlichen Anteilserwerb auf den Erwerber über, sofern stille Reserven vorhanden sind, die höher sind als das negative Kapitalkonto, andernfalls ist das negative Kapitalkonto im Zuge der Schenkung zu versteuern, vgl. *Wälzholz*, DStR 2008, 1769 ff; *Piltz*, ZEV 2008, 376 ff.).

Anwendung (daher empfiehlt sich rechtzeitige Beseitigung oder „Konservierung" vorhandenen Sonderbetriebsvermögens zu Lebzeiten, vgl. die Ausführungen zur qualifizierten Nachfolgeklausel, Rdn. 4613).[520]

War der **Abfindungsanspruch** (zulässigerweise) gesellschaftsvertraglich **ausgeschlossen** (s. Baustein Rdn. 4585), ist ertragsteuerlich zu differenzieren: Beruht der Ausschluss auf familiären Gründen, liegt in der Anwachsung an die verbleibenden Mitgesellschafter eine unentgeltliche Übertragung, für die § 6 Abs. 3 EStG die Buchwertfortführung eröffnet. War sie – als Vereinbarung unter Fremden, wie in Rdn. 4585 – betrieblich veranlasst, v.a. also bei allseitigem Abfindungsausschluss, entsteht in der Person des verstorbenen Gesellschafters ein Veräußerungsverlust. Die begünstigten Erwerber haben die Anteile des Erblassers am Gesellschaftsvermögen abzustocken oder die Buchwerte fortzuführen und i.H.d. Differenz einen laufenden Gewinn zu versteuern.

4588

Formulierungsvorschlag: Fortsetzungsklausel bei Personengesellschaft mit Abfindungsausschluss

4589

> Beim Tod eines Gesellschafters wird die Gesellschaft unter den verbleibenden Gesellschaftern fortgesetzt. Der Gesellschaftsanteil ist also nicht vererblich, sondern wächst den anderen Gesellschaftern im Verhältnis ihrer bisherigen Beteiligung an. Verbleibt lediglich ein weiterer Gesellschafter, ist die Gesellschaft aufgelöst, der Verbleibende hat jedoch das Recht, binnen drei Monaten das Unternehmen mit allen Aktiva und Passiva zu übernehmen. Eine Abfindung erhalten die Erben bzw. Vermächtnisnehmer des Verstorbenen nicht. Dieser Abfindungsausschluss beruht auf dem wechselseitigen, etwa gleich hohen Risiko des Vorversterbens und ist im Interesse des Fortbestehens des Unternehmens vereinbart, stellt also nach Einschätzung der Beteiligten keine Schenkung dar.

cc) Erbschaftsteuerrecht

Der schuldrechtliche Abfindungsanspruch der Erben des ausgeschiedenen Gesellschafters wird gem. § 3 Abs. 1 Nr. 1 ErbStG besteuert, § 13a ErbStG ist allerdings (mangels Betriebsvermögenseigenschaft des schuldrechtlichen Anspruchs, R 55 Abs. 2 Satz 5 ErbStR 2005) nicht anwendbar. Der Abfindungsempfänger „erbt" also, sofern er zugleich (Mit-)erbe des verstorbenen Gesellschafters ist, dessen Einkommensteuerschuld aus dem in der letzten Lebenssekunde verwirklichten Veräußerungsgewinn, und entrichtet zusätzlich auf die Abfindung (abzgl. der Einkommensteuerlast) Erbschaftsteuer in voller, nicht durch §§ 13a, 19a ErbStG privilegierter Höhe. Sofern die Anwachsungsempfänger, also die verbleibenden Gesellschafter, weniger Abfindung zu leisten haben als dem Steuerwert der anwachsenden Beteiligung entspricht, ist dieser Anwachsungserwerb gem. § 3 Abs. 1 Nr. 2 Satz 2 ErbStG steuerpflichtig, auch wenn ihnen das Bewusstsein der Unentgeltlichkeit fehlen sollte.[521] Letzterer Anwachsungserwerb ist jedoch, da Betriebsvermögen, begünstigt gem. §§ 13a Abs. 1 Satz 1 Nr. 1, 19a ErbStG.[522]

4590

---

520 Vgl. *Tiedtke/Hils*, ZEV 2004, 441; *Gluth*, ErbStB 2003, 122.
521 BFH, BStBl. 1992 II, S. 912.
522 Abschn. 2 Abs. 3 der Gleichlautenden Erlasse v. 25.06.2009, BStBl. 2009 I, S. 713; *Crezelius*, Unternehmenserbrecht, Rn. 285.

4591 Mit der Anhebung des steuerlichen Werts des „zugewendeten" Mitunternehmeranteils für alle Anwachsungsvorgänge ab 01.01.2009 gem. § 12 Abs. 1 ErbStG, § 9 Abs. 1 BewG auf den „gemeinen Wert" verschärft sich dieses Steuerbelastungsrisiko ganz erheblich, in extremster Form im Fall der schlichten Anwachsungsklausel mit vollständigem Abfindungsausschluss. Die gestiegene Steuerbelastung kann Abwägungsfaktor bei der Entscheidung darüber sein, ob den Gesellschaftern zivilrechtlich ein Festhalten an den bisherigen vertraglichen Regelungen weiterhin zumutbar ist oder ob eine Anpassung nach den Grundsätzen der Änderung der Geschäftsgrundlage (§ 313 BGB), geschuldet ist, insb. wenn bisher eine Abfindung vollständig ausgeschlossen oder lediglich auf den Buchwert begrenzt war.[523] Es kann nämlich in der Tat fraglich sein, ob die in Personengesellschaftsverträgen bisher häufig enthaltenen Buchwertklauseln bzw. die Verweise auf das Stuttgarter Verfahren in Kapital-Gesellschaftsverträgen noch dem Willen der Gesellschafter entsprechen, zumal sie die bisherige schenkung-/erbschaftsteuerliche Bewertung reflektiert haben. Sollten diese Klauseln nicht als Vereinbarung der damaligen oder der zuletzt gültigen Fassung der ErbStR 2005, sondern i.S.e. stillschweigenden „dynamischen Verweisung" auf den jeweiligen Steuerwert beabsichtigt gewesen sein, wäre eine **Anpassungsverpflichtung i.S.d. § 313 BGB** in Betracht zu ziehen.

4592 **Hinweis:**

Im Hinblick auf die Neuregelungen der §§ 199 ff. BewG sollten daher Abfindungs- und Einziehungsvergütungsregelungen in Gesellschaftsverträgen überprüft werden. Im Hinblick auf die Gefahr deutlich erhöhten Steueranfalls (§ 3 Abs. 1 Satz 1 Nr. 2 Satz 2, § 7 Abs. 7 ErbStG) bei geringen Abfindungsbeträgen ist das Entnahmerecht (Rdn. 2258) des Personengesellschafters über die bisher üblichen Einkommensteuerbeträge hinaus auch auf die Erbschaftsteuer zu erstrecken.[524]

4593 Dies gilt umso mehr, als bei der Ermittlung des gemeinen Werts „ungewöhnliche und persönliche Umstände" unberücksichtigt zu bleiben haben (§ 9 Abs. 2 Satz 3 BewG), wozu gem. § 9 Abs. 3 Satz 1 BewG insb. auch Verfügungsbeschränkungen gehören, die in der Person des Steuerpflichtigen oder eines Rechtsvorgängers begründet sind. Hierzu zählen also v.a. gesellschaftsvertragliche Beschränkungen in der Verfügung oder Vererbung von Gesellschaftsanteilen bzw. im Abfindungswert beim Ausscheiden. Sie haben nach Ansicht des BFH[525] auch dann ihren Rechtsgrund in der mitgliedschaftlichen Rechtsbeziehung zwischen Gesellschaftern und Gesellschaft und liegen daher „in der Person" des Gesellschafters begründet, wenn der Gesellschafter seine Mitgliedschaft erst später, rechtsgeschäftlich, erworben hat oder nur gering beteiligt ist. Solche **Verfügungsbeschränkungen** führen daher **nicht** zu einer **Reduzierung des steuerlichen Anteilswerts**, zumal – nach Ansicht des BFH – Vorzüge für die Familiengesellschaft gegenüberstünden, bspw. die Sicherung langfristiger Geschäftspolitik, strafferer Verwaltung und Erhaltung der inneren Stärke, und die Verfügungen jederzeit einvernehmlich wieder aufgehoben werden könnten.[526]

---

523 Vgl. *Casper/Altgen*, DStR 2008, 2319.
524 Vgl. *Milatz/Kämper*, GmbHR 2009, 476.
525 BFH, 17.06.1998 – II R 46/96, n.v.
526 BFH, 19.12.2007 – II R 22/06, n.v.; zum Ganzen vgl. *Schwind/Schmidt*, NWB 2009, 299.

c) Einfache Nachfolgeklausel

aa) Zivilrecht

Bei der **einfachen Nachfolgeklausel**, übernehmen die Erben (anteilig, s. Rdn. 4595) den Mitunternehmeranteil nebst Sonderbetriebsvermögen; das Gesellschaftsrecht räumt also dem (gewillkürten, sonst gesetzlichen) Erbrecht den Vorrang ein. Auch der Fiskus gehört in diesem Fall ggf. zu den gesetzlichen Erben letzter Ordnung.[527] Die Vererblichkeit des Gesamthandsanteils bedingt für den Komplementär § 131 Abs. 3 Satz 1 Nr. 1 HGB ab; sie entspricht § 177 Abs. 1 HGB für den Kommanditisten. Wer bei einer oHG oder KG in eine Vollhafterstellung nachfolgt, kann binnen 3 Monaten nach Kenntnis vom Erbfall verlangen, dass ihm die Stellung eines Kommanditisten eingeräumt wird (§ 139 Abs. 1 HGB),[528] erreicht also eine Befreiung von persönlicher Haftung (§§ 128, 130 Abs. 1 HGB) ohne Ausschlagung. § 139 HGB ist in der Satzung nicht abdingbar; allerdings kann dem Erben zur Auflage gemacht werden, von § 139 HGB keinen Gebrauch zu machen.

4594

Mehrere Erben treten im Fall einer einfachen Nachfolgeklausel allerdings nur in Bezug auf das Sonderbetriebsvermögen „als Erbengemeinschaft" ein (zu den ertragsteuerlichen Folgen dieser Differenzierung vgl. Rdn. 4600 ff). In Bezug auf den Gesellschaftsanteil des Verstorbenen erhalten sie im Wege der Sonderrechtsnachfolge je eine eigenständige anteilige Gesellschafterstellung[529] („vorweggenommene Erfüllung einer unterstellten Teilungsanordnung", sodass Verfügungen über einen Erbteil nicht per se den „ererbten" Personengesellschaftsanteil einschließen);[530] die Satzung kann jedoch insoweit gemeinschaftliche Vertretung vorschreiben:[531]

4595

Formulierungsvorschlag: Erfordernis einheitlicher Vertretung bei Nachfolge einer Personenmehrheit in Gesellschaftsanteil

4596

> Geht ein Gesellschaftsanteil an mehrere Erben oder Vermächtnisnehmer über, haben sich diese – auch wenn sie je Inhaber eines eigenen Anteils sind – durch einen gemeinsam Bevollmächtigten vertreten zu lassen. Solange keine solche Vollmacht erteilt ist und ausgeübt wird, ruht das Stimmrecht.

Ist der Nachfolger „nur" Vermächtnisnehmer,[532] bedarf es der Übertragung seitens der Erben zur Erfüllung des Vermächtnisses. In der Vereinbarung der schlichten Nachfolgeklausel dürfte bereits die Zustimmung der Mitgesellschafter zu dieser Übertragung auf den Vermächtnisnehmer liegen.[533]

---

527 BGH, 23.09.2002 – II ZR 299/01, DB 2002, 2526.
528 Fraglich ist, ob beim minderjährigen Erben eines Komplementärs diese Norm durch das Sonderkündigungsrecht des § 1629a BGB verdrängt wird, vgl. *Carlé*, ErbStB 2009, 195, sodass vorsorglich die Möglichkeit einer solchen Umwandlung im Gesellschaftsvertrag eröffnet werden sollte.
529 *Ivo*, ZEV 2004, 499; dies gilt auch nach Anerkennung der Teilrechtsfähigkeit der Außen-GbR weiter.
530 *Nieder/Kössinger*, Handbuch der Testamentsgestaltung, 3. Aufl. 2008, § 20 Rn. 20; Gutachten, DNotI-Report 2011, 10 (ungeachtet des Umstandes, dass der in Sonderrechtsnachfolge erworbene Gesellschaftsanteil nach BGHZ 98, 48 zwar nicht zum erbengemeinschaftlichen Vermögen, aber zum „Nachlass" gehört).
531 Vgl. *Heuking*, in: FS für *Lüer*, 2008, S. 231.
532 Vgl. hierzu *Ivo*, Der Fachanwalt für ErbR, 2005, 29.
533 Vgl. MünchKomm-HGB/*K. Schmidt*, 2004, § 139 Rn. 15.

4597 Formulierungsvorschlag mit diesbezüglicher Klarstellung:

Formulierungsvorschlag: Einfache Nachfolgeklausel bei Personengesellschaft

> Beim Tod eines Gesellschafters wird die Gesellschaft von den verbleibenden Gesellschaftern mit dem bzw. den Erben bzw. Vermächtnisnehmer(n) des Verstorbenen fortgesetzt, der Gesellschaftsanteil ist also uneingeschränkt vererblich. Zur Erfüllung eines angeordneten Vermächtnisses bzw. einer Teilungsanordnung bedarf es in diesem Fall keiner Zustimmung oder sonstigen Mitwirkung der verbleibenden Gesellschafter.

bb) Ertragsteuerrecht

4598 Da kein Veräußerungstatbestand vorliegt, werden die Buchwerte gem. § 6 Abs. 3 Satz 1 EStG analog[534] (bei mehreren Erben: § 6 Abs. 3 Satz 1 Halbs. 2 EStG: Übertragung eines Mitunternehmerteilanteils, Rdn. 4712 ff.) fortgeführt. Überträgt ein Miterbe sodann seinen Anteil auf einen anderen und erhält er hierfür eine Abfindung über seinem Buchkapital, verwirklicht dieser Miterbe sodann wiederum einen (ggf. tarifbegünstigten) Veräußerungsgewinn (§§ 16, 34 EStG).

4599 **Hinweis:**

> Die einfache Fortsetzungsklausel verkörpert zwar in Bezug auf den Gesellschaftsanteil selbst (zum Sonderbetriebsvermögen vgl. Rdn. 4600 ff) die **steuerliche Ideallösung**, wird aber wegen der Gefahr der Anteilszersplitterung[535] und des Eindringens familienfremder Nachfolger typischerweise nicht gewählt bzw. bedarf dann der Abhilfe durch obligatorische Gruppenvertretung (vergleichbar § 18 Abs. 1 GmbHG)[536] bzw. einen Schutzgemeinschaftsvertrag[537] oder die Verwendung einer (nunmehr teilrechtsfähigen) GbR. Erlaubt der Gesellschaftsvertrag gegen den eingetretenen Erben die Einziehung gegen Abfindung aufgrund Beschlusses der anderen Gesellschafter (oder sieht ein Ausscheiden gar zwingend nach gewisser, kurzer Zugehörigkeitszeit vor), stehen allerdings die steuerlichen Wohltaten der Fortsetzungsklausel unter dem Vorbehalt des § 42 AO[538] (Vergleich zur wirtschaftlich gewollten, jedoch einkommen- und erbschaftsteuerlich[539] extrem belastenden Fortsetzungsklausel mit Abfindung, oben Rdn. 4584 ff.).

---

[534] Dem Wortlaut nach wird nur die lebzeitige Übertragung erfasst, sie gilt jedoch auch für die Vererbung, vgl. z.B. *Herrmann/Heuer/Raupach/Graz*, EStG/KStG, § 6 EStG Rz. 1334 (Mai 2004) m.w.N.

[535] Hinzu kommt, wenn kein Stimmrecht nach Kapitalquoten vereinbart ist, die Gefahr der Majorisierung durch zahlreiche Erben als Sonderrechtsnachfolger (§ 119 Abs. 2 HGB: Stimmrecht nach Köpfen).

[536] Hierzu umfassend monografisch *Schörnig*, Die obligatorische Gruppenvertretung, 2001. Ihre Zulässigkeit ist für Abstimmungen, Mitverwaltungsrechte und reine Vermögensrechte unbestritten, jedoch fraglich im Kernbereich (Kündigungs-, Informationsrecht).

[537] Als Innen-GbR mit Regelungen zur Vertretung in der Hauptgesellschaft und zur Verhinderung der Beteiligung Dritter durch Anbietungspflichten und Erwerbsrechte im Kündigungsfall, vgl. *Langenfeld*, GbR, 6. Aufl., S. 67 ff.

[538] Hierzu *Piltz*, ZEV 2006, 205 ff.

[539] Scheidet der Gesellschafter gewordene Erbe vor Ablauf von 5 Jahren aus, entfällt zwar die Begünstigung der §§ 13a, 19a ErbStG, es bleibt allerdings bei der Bewertung des „geerbten" Anteils als Betriebsvermögen, nicht als Geldanspruch.

Bei einer **Mehrheit von Erben** können jedoch in Bezug auf **Sonderbetriebsvermögen** des Verstorbenen (Rdn. 4466 ff., v. a. an die Personengesellschaft verpachtete Grundstücke sowie den Anteil an der Komplementär-GmbH) erhebliche Komplikationen eintreten, da dieses in Erbengemeinschaft (Gesamthand), nicht in quotaler Einzelberechtigung, vererbt wird.[540] Diese Komplikationen ergeben sich aus zwei Umständen: (1) die „Erbengemeinschaft" als solche kann Besitzunternehmen[541] einer (mitunternehmerischen) Betriebsaufspaltung sein, die sich „automatisch" ggü. der eigentlichen Personengesellschaft als Betriebsunternehmern bildet. Die Finanzverwaltung[542] zerlegt dies zwei Schritte, nämlich die Universalsukzession des § 1923 BGB in der Sekunde des Todes, und sodann, eine logische Sekunde danach, die Einbringung des Sonderbetriebsvermögens in die Besitzpersonengesellschaft „Erbengemeinschaft" gegen Gewährung von Gesellschaftsrechten hieran, § 6 Abs. 5 Satz 3 EStG (zu den erbschaftsteuerlichen Folgen dieser Einbringung vgl. nachstehend Rdn. 4606). Damit bleibt jedenfalls die steuerliche Buchwertfortführung nur erhalten bei Einhaltung der Sperrfristen des § 6 Abs. 5 Satz 4 bis 6 EStG, vgl. Rdn. 4764 ff. Weitere Komplikationen treten ein (2) wenn auf dem Sonderbetriebsvermögen Verbindlichkeiten lasten (die in der Sonderbilanz des Verstorbenen passiviert waren); diese gehen auf das „Besitzunternehmen Erbengemeinschaft" über, bilden jedoch eine „Gegenleistung"; sodass insoweit die Einbringung i.S.d. § 6 Abs. 5 Satz 3 EStG nicht steuerneutral erfolgen kann, und damit stille Reserven zu versteuern sind[543] (die allerdings in Bezug auf die Komplementär-GmbH regelmäßig nicht bestehen).

4600

Das Problem tritt nicht auf bei der Vererbung an eine Person, ebenso wenig, wenn das Grundstück nicht an die Betriebspersonengesellschaft selbst verpachtet ist, sondern z.B. an ein Tochterunternehmen (und damit nicht Sonderbetriebsvermögen zur Mutter-Personengesellschaft darstellte, sondern Betriebsvermögen eines Ein-Personen-Besitzunternehmens des Verstorbenen in Bezug auf die Tochtergesellschaft als Betriebsgesellschaft einer mittelbaren[544] Betriebsaufspaltung: dieser Betrieb geht unmittelbar an die Gesamthand der Miterben über, es gilt § 6 Abs. 3 EStG, und auch erbschaftsteuerlich bleibt die Privilegierung erhalten, § 13b Abs. 2 Satz 2 Nr. 1 lit a ErbStG, Rdn. 4077 ff.). Zur Vermeidung stehen weiter die unten Rdn. 4614 ff. (zur Vermeidung einer Entnahmewirkung beim Sonderbtriebsvermögen) diskutierten Wege zur Verfügung.[545]

4601

cc) **Erbschaftsteuerrecht**

Die Erben bzw. Vermächtnisnehmer erhalten den entsprechenden Anteil des Betriebsvermögens (§ 12 Abs. 5 BewG) erbschaftsteuerlich gem. § 3 Abs. 1 Nr. 1 ErbStG, können aber die Steuervergünstigung der §§ 13a, 19a ErbStG in Anspruch nehmen, und zwar nach der bis Ende 2008 geltenden Rechtslage selbst dann, wenn i.R.d. dann folgenden Erbauseinandersetzung (sei es aufgrund letztwilliger Anordnung, sei es freiwillig) nur ein Miterbe den Mitunternehmeranteil

4602

---

540 Vgl. zum folgenden *Schwetlik*, GmbHR 2010, 1087 ff.
541 Vgl. *Levedag*, GmbHR 2010, 855, 857. Die personelle Verflechtung derselben Personengruppen (als Miterben bzw. Einzelpersonen) ergibt sich zwar nicht aus einem zielgerichteten Zusammenschluss, allerdings werden sie sich das bewusste Testieren (bzw. Nichttestieren) des Erblassers zurechnen lassen müssen.
542 BMF v. 03.03.2005, BStBl. 2005 I, S. 458 ff., Tz. 22.
543 Vgl. *Schwetlik*, GmbHR 2010, 1087, 1089.
544 Der Grundstückseigentümer ist mittelbar, über die Mutter-Personengesellschaft, am Tochterunternehmen beteiligt, sodass personelle Verflechtung vorliegt, vgl. BFH, 20.11.2007 – IV R 82/05, BStBl. 2008 II, S. 471.
545 Vgl. *Schwetlik*, GmbHR 2010, 1087, 1091.

übernahm. Im Ergebnis kamen die Begünstigungen teilweise den falschen Personen, die letztendlich kein betriebliches Vermögen behalten, zugute.[546]

4603 Gem. **§§ 13a Abs. 3 Satz 2 ErbStG**, 19a Abs. 2 Satz 2 ErbStG n.F. stehen ab 2009 demjenigen (Mit-) Erben, der i.R.d. Teilung des Nachlasses privilegiertes (Betriebs-) Vermögen auf einen anderen Miterben überträgt, weder der Verschonungsabschlag noch der Abzugsbetrag noch der Entlastungsbetrag zu (vgl. im Detail Rdn. 4185 ff.). Dies wirkt sich (und zwar zugunsten desjenigen, der letztendlich den Mitunternehmeranteil behält) unmittelbar bei der qualifizierten und der rechtsgeschäftlichen Nachfolgeklausel, aber auch bei der einfachen Nachfolgeklausel mit anschließender Erbauseinandersetzung aus.[547]

4604 Bei lediglich **treuhänderisch gehaltenen** Beteiligungen an Personengesellschaften verlangt allerdings die Finanzverwaltung, um die erbschaftsteuerlichen Betriebsnachfolgeprivilegien der §§ 13a, 19a ErbStG zu gewähren,[548] sowohl im Gesellschaftsvertrag als auch im formwirksam errichteten[549] Treuhandvertrag zu regeln, dass

- die Treuhandschaft beim Tod des Treugebers bzw. bei Übertragung des Anspruchs aus dem Treuhandvertrag ende und
- der Erbe bzw. Beschenkte unmittelbar in die Gesellschafterstellung des ehemaligen Treuhänders eintrete.

Offen ist, ob diese Voraussetzungen angesichts der seit September 2010 geltenden neuen Erlasslage[550] (Herausgabeanspruch gegen den Treuhänder ist Sachleistungsanspruch, steuerliche Behandlung richtet sich also nach der Vermögensart des Treuguts) weiterhin erforderlich sind, oder ob es nicht wie sonst genügt dass der Treuhänder im Innenverhältnis ausschließlich im Auftrag, für Rechnung und auf Weisung des Treugebers, also des Mitunternehmers, handelt.[551] – Sofern die Verfügung über Gesellschaftsanteile – wie i.d.R. – der Zustimmung der anderen Gesellschafter oder zumindest eines Quorums der anderen Gesellschafter bedarf, müsste vorsorglich für diesen Fall die freie Übertragbarkeit des Anteils eröffnet sein, etwa durch folgende Formulierung:[552]

---

546 Vgl. *Troll/Gebel/Jülicher*, ErbStG, § 13a Rn. 39.
547 Vgl. *Riedel*, ZErb 2009, 8.
548 Koordinierte Ländererlasse v. 28.06.2005, z.B. ZEV 2005, 341, Erlass Finanzministerium Baden-Württemberg v. 16.02.2007, ZErb 2007, 157, m. Anm. *Jülicher*, Verfügung OFD Rheinland und Münster v. 30.03.2007, ZEV 2007, 295.
549 Formlose Vereinbarungen sind allenfalls bei der Erwerbstreuhand (Auftrag zum Erwerb von Anteilen an einer noch zu gründenden GmbH) denkbar (BFH, 04.12.2007 – VIII R 14/05, GmbHR 2008, 558), andernfalls scheitert die steuerliche Anerkennung als Treuhandverhältnis i.S.d. § 39 Abs. 2 Nr. 1 Satz 2 AO unabhängig davon, ob die weiterhin notwendige wirtschaftliche und rechtliche Beherrschung durch den Treugeber vorliegt.
550 BayStMinFin, 16.09.2010 – 34 S 3811-035-38476/10, DStR 2010, 2084; FinMin Baden-Württemberg, 02.11.2010 – 3 S 3806/51, hierzu *Schmid/Leyh*, NWB 2011, 1071; ebenso FG Hannover, 28.07.2010 – 3 K 215/09, ErbStB 2010, 329 m. Anm. *Kirschstein*. Eine Übergangsregelung fehlt, vgl. *Carlé*, ErbStB 2011, 260, 261.
551 *Ihle*, notar 2011, 5, 15.
552 Vgl. *Wälzholz*, ZEV 2007, 370, auch zu entsprechenden Formulierungen im Treuhandvertrag.

Formulierungsvorschlag: Freier Anteilserwerb bei Beendigung eines Treuhandverhältnisses über Personengesellschaftsanteil

4605

> Abweichend von den Bestimmungen der vorstehenden Absätze bedarf es einer Zustimmung nicht, wenn ein Treuhandverhältnis über einen Gesellschaftsanteil als Folge einer unentgeltlichen Zuwendung im Sinn des § 7 Abs. 1 Nr. 1 ErbStG oder eines Erbfalls erlischt und der Erbe, Beschenkte oder Vermächtnisnehmer unmittelbar den Gesellschaftsanteil erwirbt.

In Bezug auf das **Sonderbetriebsvermögen** kann sich bei einer Mehrheit von Erben allerdings ein erbschaftsteuerliches Problem ergeben (zur einkommensteuerlichen Komplikation vgl. Rdn. 4600), wenn die Finanzverwaltung die Erbengemeinschaft als neue Besitzpersonengesellschaft einer Betriebsaufspaltung ansieht, in welche die Miterben ihre Gesamthandsanteile eine logische Sekunde nach dem Tod (unerkannt) eingebracht haben, Rdn. 4600 (ertragsteuerlich: § 6 Abs. 5 Satz 3 EStG). Der Verschonungsabschlag, der an sich auch dem Sonderbetriebsvermögen bzw. dem Besitzunternehmen einer Betriebsaufspaltung zugutekommt (§ 13b Abs. 2 Satz 2 Nr. 1 lit a ErbStG, Rdn. 4077 ff.) entfällt nämlich rückwirkend bei einer Veräußerung wesentlicher Betriebsgrundlagen binnen 5 Jahren, § 13a Abs. 5 Satz 1 Nr. 1 Satz 2 ErbStG, Rdn. 4127, und es ist nicht gesichert, dass die Fortführung des bisherigen SBV als Besitzunternehmen einer Betriebsaufspaltung als begünstigte „Reinvestition" i.S.d. § 13a Abs. 5 Satz 3 ErbStG darstellt.[553]

4606

d) Qualifizierte Nachfolgeklausel

aa) Zivilrecht

Bei der **qualifizierten Nachfolgeklausel** kann nicht jeder Erbe/Vermächtnisnehmer in die Gesellschafterstellung nachrücken. Beschränkungen können etwa bestehen hinsichtlich der Anzahl, des Verwandtschaftsverhältnisses bzw. der Zugehörigkeit zu einem bestimmten Stamm, der Eignung (abgeschlossenes Studium), des Alters etc. Zur Umsetzung der Beschränkung kann der zugelassene Nachfolger z.B. namentlich oder nach eindeutigen Kriterien („ältester männlicher Abkömmling", „Ehegatte")[554] benannt werden oder aber es wird dem Erblasser ein Bestimmungsrecht aus dem Kreis derer eingeräumt, welche die satzungsrechtlichen Anforderungen erfüllen. Damit ist wieder der Vorrang des Gesellschafts- vor dem Erbrecht hergestellt. Wird zumindest ein tauglicher Nachfolger auch letztwillig (oder kraft Gesetzes) zum Erben bestimmt, rückt er „eo ipso" im Wege der Sonderrechtsnachfolge in die Gesellschafterstellung ein.

4607

Sind daneben noch weitere (nicht qualifizierte) Miterben vorhanden, vollzieht sich „automatisch" eine „Teilungsanordnung". Der weichende Miterbe hat lediglich erbrechtlich einen quotalen Abfindungsanspruch gegen den qualifizierten Miterben,[555] dem der Anteil im Wege der Sonderrechtsnachfolge zufällt. Decken sich jedoch die Erbfolge einerseits und die Satzungsanforderungen andererseits in keiner Weise – die bloße Einsetzung eines qualifizierten Vermächt-

4608

---

553 Vgl. *Schwetlik*, GmbHR 2010, 1087, 1090.
554 Zur (Auslegungs-) Frage, ob auch eingetragene Lebenspartner als Ehegatten gelten können (wohl zu bejahen bei älteren Verträgen, wenn es erkennbar auf Personen ankam, die in rechtlich gesicherter Weise dem Gesellschafter besonders nahe stehen): *Gutachten* DNotI-Report 2011, 33 ff.
555 Nicht gegen die anderen Gesellschafter, da diesen der Anteil des Verstorbenen am Gesellschaftsvermögen nicht anwächst, vgl. *Ivo*, ZEV 2006, 304.

nisnehmers genügt nicht, sofern nicht zumindest ein nachfolgeberechtigter Erbe vorhanden ist, der als Sonderrechtsnachfolger das Vermächtnis erfüllen kann[556] – geht die Nachfolgeregelung ins Leere, es sei denn, sie lässt sich in eine Eintrittsklausel (Rdn. 4623 ff.) umdeuten[557] bzw. erlaubt, wenn zumindest nachfolgeberechtigte Vermächtnisnehmer vorhanden sind, den vorübergehenden Übergang auf nicht qualifizierte Erben zur Erfüllung des Vermächtnisses.[558]

4609 Soll die qualifizierte Nachfolgeklausel hilfsweise als Eintrittsklausel zugunsten „berechtigter", jedoch weder zum Erben noch zum Vermächtnisnehmer berufener Personen, bzw. als „Interimsklausel" bei Vorhandensein qualifizierter Vermächtnisnehmer aufrechterhalten werden, könnte sie etwa wie folgt lauten:[559]

4610 **Formulierungsvorschlag: Qualifizierte Nachfolgeklausel bei Personengesellschaften, hilfsweise als Eintrittsklausel für nachfolgeberechtigte Nicht-Erben**

> Beim Tod eines Gesellschafters wird die Gesellschaft durch die verbleibenden Gesellschafter und – anstelle des Verstorbenen – nachfolgeberechtigten Personen, die der Verstorbene durch letztwillige Verfügung oder durch lebzeitige schriftliche Erklärung benennt oder als gesetzliche Erben hinterlässt, fortgeführt. Nachfolgeberechtigt sind (***Anm.: Es folgen die Angaben der Kriterien, z.B.:*** *lediglich leibliche, eheliche Abkömmlinge mit abgeschlossener Berufsausbildung oder Studium in einem technischen, wirtschaftlichen oder juristischem Fach/lediglich Ehegatten oder Abkömmlinge/derjenige Abkömmling, der als erster seine akademische Ausbildung abschließt etc.*). Für diese qualifizierte Nachfolgeklausel gilt im Einzelnen:
>
> - Ist eine nachfolgeberechtigte Person Erbe oder zumindest Miterbe, geht der Anteil unmittelbar auf sie (ggf. auf mehrere nachfolgeberechtigte Erben im Weg der Sonderrechtsnachfolge) über; etwaige weitere, nicht nachfolgeberechtigte Miterben sind durch den Gesellschaftsanteils-Rechtsnachfolger nur abzufinden, soweit dies durch den Erblasser in einer letztwilligen Verfügung angeordnet wurde. Der Betriebsvermögensfreibetrag gemäß § 13a Abs. 1 Satz 1 Nr. 1 ErbStG steht allein den nachfolgeberechtigten Miterben zu.
>
> - Ist eine nachfolgeberechtigte Person lediglich zum Vermächtnisnehmer eingesetzt, wird die Gesellschaft auf die Dauer von maximal drei Monaten nach dem Erbfall zunächst mit den Erben des Verstorbenen fortgesetzt. Kommt es nicht binnen drei Monaten zur Übertragung des Gesellschaftsanteils an den nachfolgeberechtigten Vermächtnisnehmer oder wird innerhalb dieser Zeit zumindest hierauf gerichtete Klage erhoben, scheiden die Erben nach Ablauf von drei Monaten aus der Gesellschaft aus und die Beteiligung wächst den verbleibenden Gesellschaftern an. Letztere schulden in diesem Fall den ausscheidenden Erben eine Abfindung gemäß § ..... dieser Satzung; etwaige Ansprüche des Vermächtnisnehmers, der von seiner Nachfolgeberechtigung keinen Gebrauch gemacht hat, richten sich allein nach der letztwilligen Verfügung.

---

556 Vgl. *Kössinger*, in: Nieder/Kössinger, Handbuch der Testamentsgestaltung, 4. Teil, § 20 Rn. 33.
557 BGH, NJW 1978, 264.
558 Für eine solche Umdeutung *Reimann*, ZNotP 2006, 162, 173.
559 Vgl. *Ivo*, ZEV 2006, 304.

- Wird die nachfolgeberechtigte Person weder Erbe noch Vermächtnisnehmer, sondern ist sie lediglich durch lebzeitige Erklärung gegenüber der Gesellschaft benannt worden, hat sie das Recht, von den verbleibenden Gesellschaftern binnen drei Monaten nach dem Erbfall durch schriftliche Erklärung die Aufnahme in die Gesellschaft zu den Bedingungen der Mitgliedschaft des Verstorbenen zu verlangen. Die verbleibenden Gesellschafter halten den Gesellschaftsanteil bis zur Ausübung des Eintrittsrechts treuhänderisch und haben ihn sodann einschließlich des Kapitalanteils und der variablen Gesellschafterkonten unentgeltlich an den eintrittswilligen Nachfolgeberechtigten zu übertragen. Einen Ausgleich hat der Eintretende hierfür nicht zu leisten; etwaige Abfindungsansprüche der Erben richten sich allein nach der letztwilligen Verfügung. Macht der benannte Nachfolgeberechtigte von diesem hilfsweise eingeräumten Eintrittsrecht keinen Gebrauch, wird die Gesellschaft unter den übrigen Gesellschaftern unter Anwachsung des zunächst treuhänderisch gehaltenen Anteils fortgeführt; die Erben erhalten in diesem Fall durch die verbleibenden Gesellschafter eine Abfindung gemäß § ..... dieser Satzung.

Selten anzutreffen ist die verwandte **„qualifizierte Teilnachfolgeklausel"**, welche vorsieht, dass derjenige Gesellschaftsanteil, der – bemessen nach den Erbquoten – auf die nicht nachfolgeberechtigten Miterben entfällt, den verbleibenden Gesellschaftern nach Maßgabe ihrer bestehenden Beteiligung anwächst. Es handelt sich also um eine Kombination aus qualifizierter Nachfolgeklausel und Fortsetzungsklausel.[560]

4611

bb) Ertragsteuerrecht

Der „qualifizierte Erbe" erlangt, sofern er kraft Gesetzes oder letztwilliger Verfügung zumindest Miterbe wird („Deckungsgleichheit"), den Gesellschaftsanteil im Wege der Sonderrechtsnachfolge zivilrechtlich sofort und einkommensteuerlich unentgeltlich[561] gem. § 6 Abs. 3 EStG (trotz etwaiger Abfindungspflichten an nicht qualifizierte Miterben; solche Zahlungen führen also nicht zu Anschaffungskosten bzw. zu Veräußerungsgewinnen). Gefahren drohen jedoch, wenn Sonderbetriebsvermögen anders, also unmittelbar nach Maßgabe der letztwilligen Verfügung übergeht:

4612

Soweit **Sonderbetriebsvermögen** auf nicht qualifizierte Miterben entfällt, kommt es zu einer anteiligen, § 39 Abs. 2 Nr. 2 AO,[562] Entnahme (die Finanzverwaltung belässt es aus Billigkeitsgründen auch dann bei dieser auf den SBV-Bereich beschränkten Entnahme, ohne Auflösung der stillen Reserven im Gesamthandsanteil selbst, auch wenn das SBV, wie regelmäßig, wesentliche Betriebsgrundlage war).[563] Dieser anteilige Entnahmegewinn wird noch vom Erblasser realisiert, trifft also die Erbengemeinschaft – während der Entnahme- oder Veräußerungsgewinn, den der qualifizierte Miterbe bzw. der ausübende Eintrittsberechtigte später dadurch realisiert, dass er

4613

---

560 Vgl. MünchHdb-Gesellschaftsrecht/*Levedag*, Bd. 2, § 59 Rn. 72; *Carlé* ErbStB 2009, 358.
561 BFH, BStBl. 1992 II, S. 512; a.A. FG Saarland, EFG 2004, 1038. Etwaige Finanzierungsaufwendungen zur Begleichung der Abfindungszahlungen können damit ebenso wenig als Betriebsausgaben geltend gemacht werden, so BFH, BStBl. 1994 II, S. 625 unter Aufgabe der früheren „Sekundärfolgenrechtsprechung".
562 BMF-Schreiben v. 03.03.2005, BStBl. 2005 I, S. 458 Tz. 23, entgegen der Befürchtung von *Geck*, DStR 2000, 2031 (Totalentnahme).
563 Vgl. BMF-Scheiben v. 14.30.2006, BStBl. 2006 I, S. 253 Rn. 73; *Brandenberg*, NWB 2008, 4299 = Fach 3, S. 15329.

selbst den erworbenen Mitunternehmeranteil samt anteiligen Sonderbetriebsvermögens veräußert bzw. entnimmt, von ihm allein zu versteuern sein wird (diese „latenten" Steuern werden jedoch im Rahmen einer Erbauseinandersetzung rechtsgeschäftlich selten berücksichtigt).

4614   Zur **Vermeidung des Entnahmegewinns** beim Sonderbetriebsvermögen (d.h. zur Schaffung eines Gleichlaufs hinsichtlich der persönlichen Zuordnung und des Erwerbszeitpunktes) kann[564] **durch lebzeitige Maßnahmen** dieses aufschiebend bedingt auf den Todesfall dem qualifizierten Miterben geschenkt werden (die Auflassung wird bereits erklärt, der Notar wird angewiesen, Umschreibungsantrag nach dem Erbfall zu stellen.)[565] oder – noch sicherer, da das Grundstück nicht erst nach dem Tod ähnlich einem Vermächtnis übertragen wird – die Begründung einer (allerdings grunderwerbsteuerlich nachteiligen)[566] lebzeitigen **Treuhänderstellung**[567] eines qualifizierten Miterben für den prospektiven Erblasser (mit weiterer ertragsteuerlicher Zurechnung des Vermögens beim Treugeber, § 39 Abs. 2 Nr. 1 AO). Die Treuhandschaft endet (ohne dass es weiterer zivilrechtlicher Maßnahmen bedürfte), wenn der Treuhänder auch alleiniger Nachfolger des Gesellschaftsanteils wird, andernfalls wird sie für die gesellschaftsrechtlichen Sonderrechtsnachfolger als neue Treugeber[568] weitergeführt. Denkbar wäre auch eine lebzeitige Schenkung unter freiem, auf das Ableben des Schenkers befristetem Widerrufsvorbehalt: der Schenker bleibt zunächst ertragsteuerlich Mitunternehmer und vermeidet damit eine Sofortentnahme, damit genießt die Schenkung aber nicht die erbschaftsteuerlichen Privilegierungen der §§ 13a, 19a ErbStG (Rdn. 1807 ff.).

4615   Alternativ kann das Sonderbetriebsvermögen vor dem Erbfall in ein anderes Betriebsvermögen (**gewerblich geprägte GmbH & Co. KG** mit gleicher qualifizierter Nachfolgeklausel) nach § 6 Abs. 5 Satz 3 Nr. 2, 2. Alt. EStG zu Buchwerten überführt werden,[569] z.B. nach dem Modell der **mitunternehmerischen Betriebsaufspaltung**[570] (neu zu gründende Schwester-Personengesellschaft) oder durch Ausgliederung in eine gewerblich geprägte GmbH & Co. KG.[571] Die Übernahme von Verbindlichkeiten stellt allerdings dabei eine steuerpflichtige Gegenleistung dar (s. Rdn. 4705).[572] Sonderbetriebsvermögen einer Einzelperson bildete vielleicht schon bisher unerkannt Bestandteil eines Besitzeinzelunternehmens im Rahmen einer Betriebsaufspaltung und sollte dann auch steuerlich so deklariert werden.[573]

4616   In Betracht kommt weiter die lebzeitige **Überführung des Sonderbetriebsvermögens in das Gesamthandsvermögen der Personengesellschaft** unter entsprechender Anpassung der Ge-

---

564   Vgl. die Übersicht bei *Carlé*, ErbStB 2009, 290 f.
565   Dies genügt für den notwendigen Übergang des wirtschaftlichen Eigentums, die Grundsätze des IDW, Erbfolge, Tz. 506; *Schnitter*, EStB 2005, 30; ausführlich *Tiedtke/Hils*, ZEV 2005, 441.
566   Auch bei unentgeltlicher Begründung (zugunsten anderer Personen als Ehegatten oder Abkömmlingen) fällt trotz § 3 Nr. 2 GrEStG Grunderwerbsteuer an.
567   Vgl. *Reich*, MittBayNot 2007, 186 f.
568   Allerdings mit dem Nachteil behaftet, dass für den Erwerb des Treuhänderanspruchs nicht die Privilegierungen für Grundbesitz etc. gelten, vgl. Rdn. 3981 (Bewertung als Sachleistungsanspruch).
569   Nachteilig sind allerdings die beiden weiteren, für KG und GmbH erforderlichen Handelsbilanzen und die Publizitätpflichten.
570   BFH, DStR 1998, 238, *Tiedtke*, NotRV 2004, 143 ff.
571   *Schmidt*, EStG, 29. Aufl. 2010, § 15 Rn. 227.
572   *Geck*, ZEV 2001, 43; *Slabon*, ZErb 2006, 52.
573   Hinweis von *Schwetlik* GmbHR 2010, 1087, 1091.

sellschafterquoten, § 6 Abs. 5 Satz 3 EStG (allerdings wird es damit auch Bestandteil der Haftungsmasse, und die Übernahme von Sonderbetriebsverbindlichkeiten gälte als Gegenleistung, sodass diese im passiven Sonderbetriebsvermögen verbleiben müssten; schließlich gelten dann anschließend die Sperrfristen des § 6 Abs. 5 Satz 4 bis 6 EStG, Rdn. 4764 ff.). Sicherste und einfachste, allerdings psychologisch oft nicht zu vermittelnde Lösung ist die **Alleinerbeinsetzung des Personengesellschaftsanteilsnachfolgers** mit Vermächtnisanordnungen zugunsten der Geschwister/des überlebenden Ehegatten.[574] Ein bloßes Vorausvermächtnis hinsichtlich des Sonderbetriebsvermögens zugunsten des qualifizierten Miterben oder eine dahin gehende Teilungsanordnung kann allerdings, da nicht auf den Erbfall zurückwirkend, die Folgen der Entnahme nicht beseitigen.[575]

Noch dramatischer, nämlich auf eine **Totalbetriebsaufgabe** gerichtet, sind die Folgen bei der Entnahme **wesentlicher Betriebsgrundlagen**: Dieses Risiko realisiert sich häufig bei einer **Betriebsaufspaltung** (Rdn. 4519 ff.), wenn das Besitzunternehmen eine Personengesellschaft ist (samt dem zu dieser Mitunternehmerschaft zählenden Sonderbetriebsvermögen I = zur Nutzung überlassene Grundstücke sowie Sonderbetriebsvermögen II = Anteile an der Betriebskapitalgesellschaft). Fallen die Anteile an der Besitzgesellschaft aufgrund qualifizierter Nachfolgeklausel (oder Eintrittsklausel) an andere Personen als die Erben, welche in die Kapitalgesellschaftsanteile bei der Betriebsgesellschaft einrücken, wird die personelle Verflechtung und damit die Betriebsaufspaltung beendet. Die stillen Reserven werden dann noch in der Person des Erblassers „auf dem Sterbebett" aufgedeckt (Rdn. 4519), wirtschaftlich also zulasten der Erbengemeinschaft.[576]

4617

Ist die Entnahme im Zeitpunkt des Erbfalls bereits eingetreten, kann sie ebenso wenig durch eine Erbauseinandersetzung wieder „geheilt" werden, auch wenn diese sehr zeitnah erfolgen würde (die sechsmonatige Rückwirkung[577] gilt lediglich für die Zurechnung erzielter Einkünfte, Rdn. 4647). In bestimmten Konstellationen kommt eine kurzfristige Korrektur durch Ausschlagung seitens der nicht qualifizierten Erben in Betracht, sofern dadurch der qualifizierte Erbe (und nicht etwa andere Ersatzerben) nachrückt. Erfolgt diese allerdings gegen Abfindung, ist zu berücksichtigen, dass die Ausschlagung gegen Abfindung wie eine entgeltliche Veräußerung des Erbteils – bzw. genauer: die anteilige Veräußerung der in der Erbengemeinschaft vorhandenen Nachlassgegenstände – angesehen wird, sodass zwar der Entnahmegewinn in der Person des Erblassers verhindert wird, aber der Ausschlagende einen Veräußerungsgewinn erzielt (Rdn. 3580 ff.). Unproblematisch ist jedoch häufig eine Ausschlagung durch den überlebenden Ehegatten, wenn er dafür kraft Gesetzes einen ausreichend hohen familienrechtlichen Zugewinnausgleichsanspruch in Geld erhält, § 1371 Abs. 3 BGB.[578]

4618

---

574 Allerdings kann der Vermächtnisnehmer ausschlagen und seinen Pflichtteil verlangen, § 2307 Abs. 1 BGB; ferner drohen bei Sachvermächtnissen möglicherweise Verschlechterungen hinsichtlich der erbschaftsteuerlichen Bewertung.
575 BMF-Schreiben v. 14.03.2006, BStBl. 2006 I, S. 253 Tz. 67 ff.
576 Vgl. *Reich*, MittBayNot 2007, 185.
577 BMF-Schreiben v. 14.03.2006, BStBl. 2006 I, S. 253 Tz. 8.
578 Werden allerdings Sachobjekte wiederum an Erfüllungs statt für den Zugewinnausgleichsanspruch übertragen, realisiert sich auch ertragsteuerlich eine Veräußerung, Rdn. 63 ff., worauf *Reich*, MittBayNot 2007, 185 hinweist.

cc) Erbschaftsteuerrecht

4619 Wird die nachfolgeberechtigte Person Alleinerbe, liegt ein schlichter Erwerb der Gesellschaftsbeteiligung gem. § 3 Abs. 1 Nr. 1 ErbStG vor, mit Betriebsvermögensprivilegierung gem. §§ 13, 19a ErbStG. Sind jedoch weitere, nicht nachfolgeberechtigte Miterben vorhanden, begriff allerdings das Erbschaftsteuerrecht – anders als das Ertragsteuerrecht (oben Rdn. 4612) – diese Sondererbfolge bis Ende 2008 als eine gegenständlich beschränkte „automatische Erbauseinandersetzung" (sich selbst vollziehende Teilungsanordnung), sodass aufgrund des damaligen Grundsatzes der erbschaftsteuerrechtlichen Unbeachtlichkeit einer Erbauseinandersetzung eigenartiger Weise zunächst allen Miterben der Betriebsvermögensfreibetrag zugutekam (ohne dass insoweit zivilrechtlich Betriebsvermögen vorhanden wäre!) und Abfindungszahlungen nicht gem. § 10 Abs. 5 und 6 ErbStG abzugsfähig waren.[579] Es empfahl sich daher, dem Nachfolger-Miterben allein den Betriebsvermögensfreibetrag des § 13a ErbStG a.F. zuzuweisen.

4620 Die oben (Rdn. 4603) dargestellte Neuregelung der §§ 13a Abs. 3, 13b Abs. 3 ErbStG ist ausweislich der Gesetzesbegründung, der sich die Finanzverwaltung angeschlossen hat,[580] auch gemünzt auf die Fälle der qualifizierten Nachfolgeklausel, obwohl dort zivilrechtlich streng genommen gar kein Anteil erworben wird, der weiterübertragen werden könnte (offensichtlich stand hier die steuerrechtliche Sicht des BFH von der sich selbst vollziehenden gegenständlich beschränkten Erbauseinandersetzung Pate). Demzufolge kommt dem qualifizierten „Sonderrechtsnachfolger" die Betriebsprivilegierung vollständig zugute, wenn er nicht begünstigte Nachlassbestandteile zum Ausgleich des Mehrwertes, den er durch die Gesellschaftsnachfolge erfahren hat, hingibt. Erfolgt die Abfindung jedoch aus dem (nicht nachlassgebundenen) bisherigen Eigenvermögen des qualifizierten Nachfolgers, sind §§ 13a, 13b Abs. 3 ErbStG nicht einschlägig, es bleibt bei der bis Ende 2008 geltenden Rechtslage.[581]

4621 **§ 10 Abs. 10 ErbStG** bestimmt insoweit seit 01.01.2009, dass ein Erbe, der ein auf ihn von Todes wegen übergegangenes Mitgliedschaftsrecht an einer Personengesellschaft (oder Kapitalgesellschaft[582]), aufgrund einer im Todeszeitpunkt bereits bestehenden abschließenden Regelung im Gesellschaftsvertrag unverzüglich an Mitgesellschafter übertragen muss (beispielsweise i.S.d. vorstehend erwähnten „sich selbst vollziehenden Teilungsanordnung", einer Zwangsabtretungsklausel etc.) und hierfür eine Abfindung unter dem Steuerwert i.S.d. § 12 ErbStG (= gemeinen Wert) erhält, **allein diesen Abfindungsanspruch** zu versteuern hat, nicht den Steuerwert des Anteils als solchen. Er wird also erbschaftsteuerlich lediglich in der Höhe belastet, die ihm endgültig verbleibt. Die Literatur plädiert für eine analoge Anwendung auf den Fall der von der Gesellschafterversammlung statt einer Einziehung beschlossenen zwangsweisen Abtretung.[583] Die Steuerfolgen der §§ 3 Abs. 1 Nr. 2 Satz 2, 7 Abs. 7 ErbStG aufseiten der „Begünstigten" werden durch § 10 Abs. 10 ErbStG jedoch nicht eingeschränkt.

---

[579] BFH, BStBl. 1992 II, S. 671 und R 61 Abs. 2 ErbStR 2003; krit. *Hübner*, ZErb 2004, 37.

[580] Die qualifizierte Nachfolgeklausel ist nicht als Fall der „Weitergabeverpflichtung" genannt, Abschn. 7 Abs. 1 und Abs. 2 Satz 5 der Gleichlautenden Erlasse v. 25.06.2009, BStBl. 2009 I, S. 713.

[581] Nach *Wälzholz*, ZEV 2009, 120 müsste allerdings die Abfindungszahlung nun gem. § 10 Abs. 5 ErbStG abzugsfähig sein.

[582] Hierzu *Riedel*, ZErb 2009, 113, 116.

[583] Z.B. *Klose*, GmbHR 2010, 355 ff.

Die oben (Rdn. 4613 ff.) erläuterte Problematik der ertragsteuerlichen Entnahme von Sonderbetriebsvermögen (bzw. des Vermögens der Besitzgesellschaft bei Beendigung der personellen Verflechtung) hat auch erbschaftsteuerliche Konsequenzen, da die Privilegierungen der §§ 13a, 19a ErbStG nur bei fortbestehender Betriebsvermögenseigenschaft gewährt werden. Sie entfällt daher für das Sonderbetriebsvermögen und darüber hinaus gar insgesamt, wenn die (unfreiwillige) Entnahme eine wesentliche Betriebsgrundlage betraf.[584] Die Privilegierung wird allerdings gewährt, soweit SBV quotal auf den Anteilsnachfolger (als Mitglied der Erbengemeinschaft) übergeht;[585] nicht aber für diejenigen SBV-Teile, die später rechtsgeschäftlich zur „Wiederherstellung der Kongruenz" dem Anteilsnachfolger übertragen werden.[586]

4622

e) Eintrittsklausel

aa) Zivilrecht

Eine sog. **Eintrittsklausel** verleiht eintrittsberechtigten Personen (Erben oder auch Dritten; ggf. auch nur bei Erfüllung bestimmter Voraussetzungen) einen schuldrechtlichen Anspruch auf Aufnahme in die Gesellschaft, regelmäßig gestaltet als Vertrag zugunsten Dritter auf den Todesfall (§ 331 BGB).[587] Der Eintritt vollzieht sich also rechtsgeschäftlich mit den verbleibenden Gesellschaftern, nicht im Wege der „Sonderrechtsnachfolge" eo ipso. Komplexer ist die Situation hinsichtlich etwaiger Abfindungsansprüche: Sind in der Satzung Abfindungsansprüche der Erben des Verstorbenen gegen die verbleibenden Gesellschafter ausgeschlossen (Rdn. 2240), ist dem Eintrittsberechtigten regelmäßig auch der Kapitalanteil zugewendet, sodass er eine Einlage nicht zu leisten hat, auch nicht wenn es sich um einen Dritten (keinen Erben) handelt.

4623

Bestehen jedoch Abfindungsansprüche der Erben gegen die verbleibenden Gesellschafter, haben im Zweifel die verbleibenden Mitgesellschafter das Recht, vom Eintretenden im Aufnahmevertrag eine Einlage i.H.d. Abfindungssumme zu verlangen.[588] Wendet jedoch der Erblasser diesen Abfindungsanspruch dem Eintrittsberechtigten (Erben oder einem Dritten) als Vermächtnis (bzw. Vorausvermächtnis) zu, und macht Letzterer vom Eintrittsrecht Gebrauch, saldieren sich bei ihm Einlageschuld und Abfindungsanspruch, sodass im Ergebnis auch der Kapitalanteil „außerhalb des Nachlasses" übergeht (sog. „erbrechtliche Eintrittsklausel").

4624

In der Variante der **rechtsgeschäftlichen Eintrittsklausel** wiederum werden die verbleibenden Gesellschafter durch Vertrag zugunsten Dritter verpflichtet, die aus dem Gesellschaftsanteil sich ergebenden Vermögensrechte zunächst treuhänderisch für den Eintrittsberechtigten zu halten und sie nach Ausübung des Eintrittsrechtes an ihn zu übertragen, sei es ohne Einlageleistung oder gegen Einlage i.H.e. etwa an die Erben geschuldeten Abfindungszahlung.

4625

---

584 Vgl. *Jülicher*, in: Troll/Gebel/Jülicher, ErbStG, § 13a Rn. 41 m.w.N. (Stand: Oktober 2005).
585 *Crezelius*, Unternehmenserbrecht, Rn. 289; Abschnitt 20 Abs. 3 der Gleichlautenden Erlasse v. 25.06.2009, BStBl. 2009 I 713; *Levedag* GmbHR 2010, 635.
586 *Christ*, in: DAI, 61. Steuerrechtliche Jahresarbeitstagung Unternehmen, 2010, S. 573.
587 § 2301 Abs. 1 Satz 1 BGB gilt nicht, sodass solche gesellschaftsvertraglichen Klauseln formfrei wirksam sind, vgl. *Reimann/Bengel/Mayer*, Testament und Erbvertrag, § 2301 BGB Rn. 75.
588 Auslegungsergebnis gem. BGH, NJW 1978, 264, 266.

4626 Verwandt ist die sog. „**rechtsgeschäftliche Nachfolgeklausel**", wonach der Übergang ebenfalls (wie bei der Eintrittsklausel) außerhalb des Erbrechts zu Lebzeiten des Erblassers bindend festgelegt wird. Der rechtsgeschäftliche Nachfolger erhält den Anteil durch **Schenkung unter Lebenden auf den Todesfall** (§§ 2301 Abs. 2, 518 Abs. 2 BGB); der Rechtsübergang selbst ist aufschiebend befristet durch den Erbfall und auflösend bedingt durch das Vorversterben des Berechtigten (echte Überlebensbedingung). Der Nachfolger muss demnach bereits bei der Einräumung der rechtsgeschäftlichen Nachfolge mitwirken; einer Erbeinsetzung (und damit einer diesbezüglichen Abstimmung zum Gesellschaftsvertrag) bedarf es nicht mehr. An sich würden den Erben wiederum Abfindungsansprüche gegen die Gesellschafter bzw. die Gesellschaft (§ 738 Abs. 2 Satz 2 BGB) zustehen, die jedoch regelmäßig i.R.d. rechtsgeschäftlichen Nachfolgeklausel ausgeschlossen werden.

4627 **Formulierungsvorschlag: Rechtsgeschäftliche Nachfolgeklausel**

> Beim Tod des Gesellschafters X geht seine Mitgliedschaft auf dessen Sohn Y, der diesen Vertrag als künftiger Gesellschafter neben den übrigen Gesellschaftern zur Begründung seines unmittelbaren Eintritts kraft Rechtsgeschäft unter Lebenden unterzeichnet, über. Den Beteiligten ist bewusst, dass dem Nachfolger damit eine nicht mehr entziehbare Rechtsposition erwächst und der Anteil außerhalb des Nachlasses auf ihn ohne weitere Mitwirkung übergehen wird. Der aufschiebend bedingte Beitritt steht jedoch unter der Voraussetzung, dass der rechtsgeschäftliche Nachfolger den Gesellschafter X überlebt; die Position aus diesem Vertrag ist also nicht vererblich oder übertragbar. Eine Ausgleichszahlung ist gesellschaftsrechtlich weder an die Mitgesellschafter noch an die Erben des Gesellschafters X geschuldet. Die übrigen Mitgesellschafter stimmen der aufschiebend bedingten Übertragung bereits heute zu. X und Y werden dafür Sorge tragen, dass etwaiges Sonderbetriebsvermögen des X im Zeitpunkt seines Ablebens ebenfalls auf Y übergeht.

4628 Spiegelbildlich zur Eintrittsklausel verhält sich die „**Übernahmeklausel**", welche den verbleibenden Gesellschaftern das einseitige, binnen bestimmter Frist auszuübende Recht verleiht, den Anteil des verstorbenen Gesellschafters zu übernehmen, und zwar zu in der Klausel zu bestimmenden Konditionen. Zunächst sind die (auch steuerrechtlichen) Wirkungen denen der schlichten Nachfolgeklausel identisch (oben Rdn. 4594 ff.); wird das Übernahmerecht ausgeübt, verwirklichen die Erben (nicht der Erblasser) eine Veräußerung der Mitunternehmeranteils gem. § 16 EStG.[589] Hierzu

4629 **Formulierungsvorschlag: Gesellschaftsrechtliche Übernahmeklausel**

> Beim Tod des Gesellschafters X sind die verbleibenden Gesellschafter berechtigt, den Anteil des Verstorbenen nach Maßgabe der nachfolgenden Bestimmungen zu übernehmen. Das Übernahmerecht ist durch schriftliche Erklärung an die Erben des Verstorbenen auszuüben, die binnen drei Monaten zugehen muss, nachdem die Erbfolge i.S.d. § 35 GBO, also durch eröffnete notarielle Verfügung oder Erbschein, feststeht. Machen mehrere Mitgesellschafter vom Übernahmerecht Gebrauch, erwerben sie in dem Verhältnis, in dem ihre bisherigen

---

[589] *Carlé*, EStB 2009, 361.

> Beteiligungen zueinander stehen. Zugleich verpflichtet sich X mit Wirkung über seinen Tod hinaus gegenüber den übernehmenden Gesellschaftern, diesen in gleicher Quote etwaiges Sonderbetriebsvermögen, das ihm am Todestag zusteht, zu übereignen. Zug um Zug mit Vollzug der Übernahme ist den weichenden Erben durch die Übernehmenden als Gesamtschuldner eine Abfindung zu leisten, deren Höhe und Fälligkeit sich wie folgt berechnet: ..... Auf diese Abfindung sind etwaige Verbindlichkeiten anzurechnen, die mit dem Sonderbetriebsvermögen zu übernehmen sind.
>
> Die übrigen Mitgesellschafter stimmen der als Folge der Ausübung des Übernahmerechtes geschuldeten Übertragung bereits heute zu. X und Y werden dafür Sorge tragen, dass etwaiges Sonderbetriebsvermögen des X im Zeitpunkt seines Ablebens ebenfalls auf Y übergeht.

bb) Ertragsteuerrecht

Ertragsteuerlich ist je nach der Ausübung des Eintrittsrechtes zu differenzieren: Machen alle Berechtigten hiervon Gebrauch, gelten die Regelungen über die einfache Nachfolgeklausel, macht nur einer oder machen nur einige Personen hiervon Gebrauch, ist die Rechtsfolge identisch mit der einer qualifizierten Nachfolgeklausel,[590] macht keiner der Begünstigten Gebrauch, gelten die Grundsätze der Fortsetzungsklausel. Die Abfindung eines Eintrittsrechtes soll bei der Gesellschaft zu sofort abzugsfähigen Betriebsausgaben führen.[591] 4630

Der Eintrittsberechtigte kann also steuern, ob er die Steuerlast auf die stillen Reserven der Gemeinschaft aufbürdet (durch Nichtausübung des Eintrittsrechtes, sodass der anteilige Aufgabegewinn noch beim Erblasser auf dem Sterbebett entsteht, allerdings unter Preisgabe des Anteils an der Personengesellschaft selbst – diese Option wird er insb. wählen, wenn im Sonderbetriebsvermögen hohe stille Reserven schlummern, der Personengesellschaftsanteil jedoch geringwertig ist) oder ob er das Eintrittsrecht ausübt und damit (als Teil des Nachlasses) Sonderbetriebsvermögen und (kraft Sondererbfolge) Gesellschaftsanteil erwirbt, dann jedoch die latenten Steuern später selbst zu tragen hat. Darin liegt ein entscheidender Nachteil von Eintrittsrechten. 4631

I.d.R. wird zusätzlich dem Eintrittsberechtigten auch der Kapitalanteil des verstorbenen Gesellschafters zugewendet; die verbleibenden Gesellschafter halten ihn dann bis zu dessen Eintritt für ihn treuhänderisch, sodass ein Abfindungsanspruch noch nicht entstanden ist, jedenfalls dann nicht, wenn der Begünstigte rückwirkend auf den Tod des Verstorbenen eintrittsberechtigt ist,[592] nach großzügigerer Auffassung der Finanzverwaltung[593] sogar stets bei Ausübung des Eintrittsrechts durch alle Berechtigten binnen 6 Monaten nach dem Sterbefall, auch ohne ausdrückliche Anordnung einer treuhänderischen „Zwischenphase". 4632

---

590 BMF v. 14.03.2006 – IV B – S 2242 – 7/06, BStBl. 2006 I, S. 253 Tz. 70.
591 So *Jacobsen*, BB 2006, 2046 (während sie beim Zahlungsempfänger im Regelfall nicht einkommensteuerpflichtig sei).
592 Vgl. *Schmidt/Wacker*, EStG, 29. Aufl. 2010, § 16 Rn. 677 ff. – anders, wenn der Abfindungsanspruch in den Nachlass fiel und somit eine irreversible Gewinnrealisierung stattfand.
593 BMF-Schreiben v. 14.03.2006, BStBl. 2006 I, S. 253 Tz. 70.

cc) Erbschaftsteuerrecht

4633　Obwohl sich der Beitritt des Eintrittsberechtigten rechtsgeschäftlich durch Aufnahmevertrag vollzieht, wertet ihn das Erbschaftsteuerrecht als (mittelbaren) Erwerb von Todes wegen, und zwar unter Gewährung der Betriebsvermögensprivilegien der §§ 13a, 19a ErbStG.[594]

f) Einlage anlässlich des Erbfalls

4634　Zu berücksichtigen ist, dass als Folge des Erbfalls auch (Sonder-) Betriebsvermögen entstehen kann, etwa wenn eine Einzelperson dem späteren Erblasser Grundbesitz zur Nutzung überlassen hatte, und diese Einzelperson nunmehr mit dem Erbfall Mitgesellschafter wird: das weiter in seinem Eigentum stehende Grundstück wird nunmehr Sonderbetriebsvermögen. In ähnlicher Weise kann infolge des Erbfalls eine zuvor bewusst vermiedene Betriebsaufspaltung entstehen (etwa beim „Wiesbadener Modell", bei welchem der eine Ehegatte die Besitzgesellschaft, der andere die Betriebsgesellschaftsanteile innehat: haben sich die Ehegatten gegenseitig zum Erben eingesetzt, entsteht nunmehr zur sachlichen auch die personelle Verflechtung und damit eine Betriebsaufspaltung. Privatvermögen wird als nunmehriges Betriebsvermögen grds.[595] mit dem Teilwert angesetzt, § 6 Abs. 1 Nr. 5 EStG, § 10 Satz 2 BewG. Kommt es i.R.d. Erbauseinandersetzung zu einer neuerlichen Entnahme wiederum i.H.d. nunmehrigen, allerdings kaum veränderten, Teilwerts (Rdn. 4635), gilt dies als Anschaffung, die eine neue Spekulationsfrist in Gang setzt (§ 23 Abs. 1 Satz 2 EStG), allerdings kann das Gebäude vom Entnahmewert abgeschrieben werden („Step-up").[596]

3. Veräußerung von Nachlassgegenständen

4635　Anders als der Erbfall selbst ist die Vermögensübertragung i.R.d. nachfolgenden **Erbauseinandersetzung** in aller Regel von erheblicher, nachstehend kurz zu untersuchender, ertragsteuerlicher Relevanz; für die Praxis maßgebend ist der Erlass v. 14.03.2006.[597] Die Auseinandersetzung kann zivilrechtlich (vgl. Rdn. 223 ff.) erfolgen durch

- die (als gesetzlicher Regelfall ausgestaltete) Veräußerung von Nachlassgegenständen (Rdn. 4636),
- die Auseinandersetzung durch gegenständliche Zuordnung (Rdn. 4637),
- die Veräußerung eines Erbteils (Rdn. 4661),
- und das schlichte Ausscheiden eines Miterben, sog. „Abschichtung" (Rdn. 4662).

594　Vgl. R 55 Abs. 2 Satz 3 und 4 ErbStR 2003; vgl. hierzu *Hübner/Maurer*, ZEV 2009, 361, 364, auch zur Frage der Anwendbarkeit des § 3 Abs. 1 Nr. 2 Satz 2 ErbStG.

595　Ausnahme: Es handelt sich um eine Beteiligung i.S.d. § 17 EStG oder um ein in den letzten 3 Jahren angeschafftes bzw. hergestelltes Wirtschaftsgut: dieses wird mit den fortgeführten (AfA: § 6 Abs. 1 Nr. 5 Satz 2 EStG) Anschaffungs- oder Herstellungskosten eingelegt. Die spätere Entnahme zum Teilwert kann dann hohe stille Reserven auflösen (bei § 17 EStG allerdings immerhin nur nach dem Halbeinkünfteverfahren, vgl. das Beispiel bei *Reich*, MittBayNot 2007, 188).

596　R 7.3 Abs. 6 Satz 4 EStR 2005.

597　Vgl. im Einzelnen den „Erbauseinandersetzungserlass" des BMF v. 14.03.2006, BStBl. 2006 I, S. 253 ff. und Verfügung der OFD Karlsruhe, v. 13.11.2006; hierzu *Röhring/Doege*, DStR 2006, 969 ff. und *Rothenberger*, ErbStB 2007, 8; vgl. zur Übersicht auch *Steiner*, ErbStB 2004, 311 ff. und *Eversloh*, ZAP 2005, 719 ff. = Fach 12, S. 157 ff. sowie *Gragert*, NWB 2006, 1193 ff. = Fach 3, S. 13937 ff. Das BMF-Schreiben löst die Vorgängererlasse zur Erbauseinandersetzung v. 11.01.1993 (BStBl. 1993 I, S. 62) und v. 05.12.2002 (BStBl. 2002 I, S. 1392) ab.

C. Steuerliche Folgen der Übertragung des Wirtschaftsguts selbst

Die Veräußerung von Nachlassgegenständen oder des Nachlasses im Ganzen und anschließende Teilung des Erlöses gemäß der Erbquoten führt bei Privatvermögen nur dann zu steuerpflichtigen (den Miterben nach ihren Quoten zuzurechnenden) Gewinnen, wenn es sich um verstricktes Vermögen handelt (also wesentliche Beteiligungen gem. § 17 EStG, einbringungsgeborene Anteile gem. § 21 UmwStG a.F., einbringungsverstrickte Anteile nach SEStEG, Rdn. 4806) oder ein privates Veräußerungsgeschäft (§ 23 EStG) vorliegt. Die Veräußerung eines Gewerbebetriebs, Teilbetriebs oder Mitunternehmeranteils oder die Aufgabe des Betriebs durch Veräußerung einzelner Wirtschaftsgüter sind nach § 16 EStG steuerbar; je nach den persönlichen Verhältnissen der Erben kommen möglicherweise Freibetrag und Tarifbegünstigung nach §§ 16, 34 EStG in Betracht. 4636

Erbschaftsteuerlich relevant ist die Übertragung eines Wirtschaftsguts in unentgeltlicher Weise, etwa in Erfüllung eines Vermächtnisses oder als Abfindung für dessen Ausschlagung (vgl. hierzu Rdn. 3583).

4. Auseinandersetzung durch gegenständliche Zuordnung („Realteilung")

a) Anschaffungsvorgang?

Die „Realteilung"[598] durch **Übernahme von Wirtschaftsgütern des Nachlasses** entsprechend der Wertquote ist (gleichgültig ob frei vereinbart oder einer letztwilligen Teilungsanordnung folgend, und gleichgültig ob es sich um Privat- oder Betriebsvermögen handelt) ertragsteuerlich neutral, es entstehen also weder Anschaffungskosten noch Veräußerungserlöse, auch dann nicht, wenn die Wirtschaftsgüter des Privatvermögens steuerverstrickt sein sollten. Ein Spitzenausgleich durch unterschiedliche Aufteilung des im Nachlass vorhandenen Barvermögens ist unschädlich. Allerdings liegen Anschaffungskosten des erwerbenden Miterben insoweit vor, als er mehr erhält als seiner Wertquote entspricht, und er hierfür aus externen Mitteln „Zuzahlungen" leistet; in gleicher Höhe erzielt der abgebende Miterbe Veräußerungserlöse, vgl. Rdn. 4641. 4637

Erfolgt der Ausgleich jedoch durch überproportionale **Übernahme der im Nachlass befindlichen Schulden** – selbst wenn solche Schulden erst durch die Erbengemeinschaft aufgenommen wurden(!)[599] –, sieht die Finanzverwaltung[600] hierin ebenfalls keinen Anschaffungsvorgang. Für den Steuerpflichtigen ist dies einerseits von Vorteil, da die Auseinandersetzung keine ertragsteuerlichen Folgen zeitigt, andererseits aber von Nachteil, da überproportional übernommene Schulden nicht in einem Finanzierungszusammenhang mit Einkünften aus bei der Auseinandersetzung übernommenen Gütern stehen (es sei denn, bereits beim Erblasser wären die Verbindlichkeiten dem entsprechenden Wirtschaftsgut zugeordnet gewesen, sodass der „Erwerber-Erbe" diesen Finanzierungszusammenhang fortführt und damit zum Schuldzinsabzug berechtigt ist).[601] 4638

---

[598] „Realteilung" insoweit im traditionellen Sinne verstanden, wie im ersten BMF-Erlass zur Erbengemeinschaft und ihrer Auseinandersetzung v. 11.01.1993, BStBl. 1993 I, S. 62 Teil C ab Tz. 10 verwendet. Mittlerweile versteht das BMF unter Realteilung nur mehr die Aufteilung gemeinschaftlichen Betriebsvermögens einer Mitunternehmerschaft zur Erfüllung des Auseinandersetzungsanspruchs des Mitunternehmers, vgl. BMF-Erlass zur „Realteilung" v. 28.02.2006, BStBl. 2006 I, S. 228, hierzu Rdn. 4645.

[599] Damit bietet sich die Gestaltungsmöglichkeit, zur Vermeidung einer – Entgeltlichkeit auslösenden – externen Abfindungszahlung Darlehen durch die Erbengemeinschaft aufzunehmen und damit liquide, verteilbare Mittel zu schaffen, vgl. *Reich*, MittBayNot 2007, 282.

[600] Tz. 18 (Privatvermögen) bzw. Tz. 23 (Betriebsvermögen) des BMF-Erlasses v. 14.03.2006, BStBl. 2006 I, S. 253.

[601] Vgl. *Reich*, MittBayNot 2007, 282 ff.

Dem ist der 9. Senat des BFH[602] nicht gefolgt: die überquotale Schuldübernahme sei (jedenfalls bei in der Erbengemeinschaft entstandenen „Verwaltungsschulden") wie eine Ausgleichszahlung aus nachlassfremdem Vermögen zu bewerten (vgl. Rdn. 4641), führt also insoweit zu Anschaffungskosten;[603] Gleiches gelte für die Übernahme zusätzlicher Gemeinschaftsschulden zur alleinigen Tilgung, um eine Teilungsanordnung bereits vorzeitig umzusetzen.[604]

4639 Ist im Nachlass **Betriebsvermögen** und wird dieses ohne aus externen Mitteln stammende Abfindungszahlungen **geteilt**,[605] kann es allerdings gleichwohl zur Aufdeckung etwa vorhandener stiller Reserven kommen, und zwar in den Fällen der Entnahme oder der Betriebsaufgabe, es sei denn die Voraussetzungen einer Realteilung im engeren Sinne des § 16 Abs. 3 Satz 2 bis 4 EStG liegen vor (mit der Folge nunmehr zwingender Buchwertfortführung, allerdings rückwirkenden Ansatzes des gemeinen Werts, wenn in den 3 folgenden Jahren wesentliche Betriebsgrundlagen weiterveräußert oder entnommen werden), vgl. im Einzelnen Rdn. 4652. Gefährdet sind daher in erster Linie Vorgänge, bei denen einzelne Wirtschaftsgüter eines Betriebsvermögens, und sei es auch aufgrund eines Vermächtnisses, zu übertragen sind (Entnahmegewinn, der von den Erben zu versteuern ist, vgl. Rn. 60 des Erbauseinandersetzungserlasses v. 14.03.2006). Wird dagegen der ganze Betrieb mit allen Aktiva und Passiva ohne Zuzahlung übertragen, bleibt es bei der Buchwertfortführung durch den Übernehmer, § 6 Abs. 3 EStG, vgl. Rn. 61 des genannten Erlasses.

4640 **Zahlungen an Vermächtnisnehmer, Pflichtteilsberechtigte** oder (nach altem Recht) Erbersatzberechtigte gelten insoweit **nicht** als „Abfindung", sondern erfüllen private Verbindlichkeiten durch Geldleistung. Sie schaffen demnach auch keine Anschaffungskosten; Zinsen eines zu ihrer Finanzierung aufgenommenen Darlehens sind keine Werbungskosten/Betriebsausgaben[606] (Rdn. 4649, Rdn. 149). Gleiches gilt für die Tilgung von Abfindungsschulden nach der Höfeordnung und für Abfindungsverpflichtungen im Zusammenhang mit der „Vererbung" eines Personengesellschaftsanteils aufgrund einer qualifizierten Nachfolge- oder Eintrittsklausel.[607] Es handelt sich bei solchen **Erbfallschulden** niemals um Entgelt für das erbte Vermögen, da deren Entstehung dem Privatbereich zuzurechnen sei. Auch die Verrentung einer Vermächtnis- oder Pflichtteilsschuld ist (bis auf die Besteuerung des Zinsanteils beim Empfänger)[608] einkom-

---

602 BFH, 14.12.2004 – IX R 23/02, DStRE 2005, 383 = ZEV 2005, 223 – jedenfalls für steuerliches Privatvermögen – hierzu Nichtanwendungserlass der Finanzverwaltung v. 30.03.2006, DStR 2006, 652.
603 Sodass die betreffenden Schuldzinsen als Werbungskosten/Betriebsausgaben abzugsfähig sind, ebenso wie Kreditzinsen zur Finanzierung einer Abfindungszahlung (*Steiner*, ErbStB 2005, 190).
604 BFH, 19.12.2006 – IX R 44/04, DStR 2007, 668. Dort wird allerdings ausgeführt, allein die überquotale Schuldübernahme führe nicht zu Anschaffungskosten, sondern der Gesamtsaldo entscheide (vgl. *Geck*, ZEV 2007, 300). Da kein anderes Wirtschaftsgut entsteht, wird im Ergebnis die Abschreibungsdauer verlängert (kein Abzug als Werbungskosten, es sei denn, die Schulden-Mehrübernahme war Entschädigung für entgehende Mieteinnahmen: ErbStB 2007, 165).
605 Die Übernahme von Schulden über die Erbquote hinaus soll nach der Finanzverwaltung auch hier unschädlich sein, vgl. Tz. 18 des BMF-Erlasses v. 14.03.2006, BStBl. 2006 I, S. 253; der BFH dürfte auch hier die oben erläuterte abweichende Auffassung, Rdn. 4637 vertreten.
606 BFH, NV 2001, 1113 (es besteht jedoch die Möglichkeit der Begleichung solcher Ansprüche aus liquidem Betriebsvermögen und der anschließenden Aufnahme eines Darlehens für neue betriebliche Investitionen: Zinsabzug in den Grenzen des § 4 Abs. 4a EStG).
607 BFH, BStBl. 1994 II, S. 625.
608 Vgl. BFH v. 27.02.1992, BStBl. 1992 II, S. 612 und Rdn. 3134 ff.

mensteuerlich irrelevant. Werden allerdings Gegenstände (des Nachlasses odes des sonstigen Vermögens) „an Erfüllung Statt" für den entstandenen Pflichtteilsanspruch geleistet, handelt es sich nach neuerer Rechtsprechung des BFH[609] um einen Anschaffungs-/Veräußerungsvorgang (s. Rdn. 58).

Werden dagegen **Ausgleichszahlungen** aus dem nicht erbengemeinschaftlich gebundenen Vermögen[610] geleistet, führt die Zahlung für den Mehrerwerb beim weichenden Miterben zu einem Veräußerungserlös und beim Übernehmenden zu Anschaffungskosten (dies gilt auch, wenn diese Form der Ausgleichszahlung auf einer in der letztwilligen Verfügung enthaltenen Teilungsanordnung beruht oder aber als Vermächtnis mit Beschwerung als Unterverschaffungsvermächtnis).[611] Im Privatvermögen sind diese nur steuergefährlich, wenn die Voraussetzungen der §§ 17, 23 EStG oder des § 21 UmwStG a.F. vorliegen, sodass es sich dann empfehlen kann, die Erbengemeinschaft für Wirtschaftsgüter, die nach § 23 EStG steuerverstrickt sind, fortzuführen bis zum Ablauf der Spekulationsfrist.

4641

Beispiel:[612]

4642

Der A und B je zur Hälfte zustehende Nachlass besteht aus einem Gewerbebetrieb (Buchwert 300.000,00 €, Teilwert 1.500.000,00 €) und einem im Privatvermögen stehenden Mehrfamiliengrundstück (Verkehrswert 500.000,00 €). A erhält den Gewerbebetrieb, B das Mehrfamilienhaus und 500.000,00 € als Spitzenausgleich aus dem sonstigen Vermögen des A: Unter Berücksichtigung der Verkehrswerte wären A und B je zur Hälfte i.H.v. 1.000.000,00 € am Nachlass beteiligt. A erwirbt daher das Betriebsvermögen in dieser Höhe unentgeltlich (Buchwertfortführung i.H.v. 2/3, also 200.000,00 €, vgl. § 6 Abs. 3 EStG). Bzgl. des restlichen Drittels wird der Buchwert von 100.000,00 € auf 500.000,00 € (Ausgleichszahlung) aufgestockt. Bei B entsteht in dieser Höhe ein steuerpflichtiger Veräußerungsgewinn (400.000,00 €), der ggf. nach § 34 EStG tarifbegünstigt ist.[613]

Diese Grundsätze gelten auch für die **Teilerbauseinandersetzung**: erfolgt diese ohne Ausgleichszahlung aus externem Vermögen und damit erfolgsneutral, schadet es nicht, dass bei späteren Auseinandersetzung derselben Gemeinschaft Ausgleichszahlungen fließen. Werden umgekehrt „steuerwirksame" Ausgleichsleistungen erbracht, kann der dadurch ausgelöste Anschaffungsvorgang ausnahmsweise später durch „Rückzahlung", also gegenläufige Ausgleichszahlung, neutralisiert werden, wenn diese binnen 5 Jahren stattfindet und bereits bei der ersten Teilerbauseinandersetzung ins Auge gefasst war.[614]

4643

---

609 BFH, 16.12.2004 – III R 38/00, BStBl. 2005 II, S. 554; krit. hiergegen *Tiedtke/Langheim*, FR 2007, 368.
610 Die Finanzverwaltung erkennt keine Abfindungszahlung an, wenn der externen Zahlung die Übernahme liquider Nachlassmittel in gleicher Höhe gegenübersteht, vgl. Tz. 30 des BMF-Erlasses v. 14.03.2006, BStB 2006 I, S. 253. Als liquide Mittel gelten dabei Bargeld, Bankguthaben und Schecks, also bspw. keine Wertpapiere (in letzterem Fall liegt aber § 42 AO nahe; die Gemeinschaft könnte stattdessen die Wertpapiere veräußern, damit die Schulden tilgen und dadurch unstreitige externe Abfindungszahlungen ermöglichen).
611 Ähnliche ungewollte Anschaffungsvorgänge können sich vollziehen bei der nichtparallelen Übertragung von Sonderbetriebsvermögen – Rdn. 4703 – sowie bei der Beendigung einer Betriebsaufspaltung etwa infolge Wegfalls des einheitlichen Betätigungswillens, Rdn. 4519.
612 Nach *Steiner*, ErbStB 2004, 313.
613 Vgl. *Schmidt/Wacker*, EStG, 29. Aufl. 2010, § 16 Rn. 619 u. 630.
614 Vgl. BMF-Schreiben v. 14.03.2006, BStBl. 2006 I, S. 253 Tz. 58; *Geck*, ZEV 2007, 299.

4644 **Erbschaftsteuerrechtlich** sind die Kosten einer Erbauseinandersetzung gem. § 10 Abs. 5 Nr. 3 ErbStG als **Nachlassverbindlichkeiten abzugsfähig**, einschließlich etwaiger Kosten für die Bewertung der im Nachlass befindlichen Grundstücke durch Sachverständige.[615]

4645 Wird eine **Mitunternehmerschaft „real geteilt"** (sodass sie als solche untergeht – zum schlichten Ausscheiden eines Gesellschafters gegen Sachwertabfindung s. Rdn. 4773) und findet dabei ein Spitzenausgleich aus externem Vermögen der Beteiligten statt, liegen ebenfalls stets anteilige Anschaffungskosten/Veräußerungsgewinne vor. Im Gegensatz dazu kommt den betrieblichen Verbindlichkeiten keine Relevanz zu, sie bleiben unselbstständige Rechenposten (sog. Saldotheorie). Diese (zur damaligen Zeit noch nicht vollständig entwickelten) „Realteilungsgrundsätze im engeren Sinne" standen im Grunde Pate bei der bahnbrechenden Entscheidung des Großen Senat des BFH v. 05.07.1990[616] zur steuerlichen Behandlung der Erbauseinandersetzung: soweit das vom Erwerber zu entrichtende „Entgelt" den Buchwert der Personengesellschaftsbeteiligung übersteigt – vgl. Rdn. 4860 zur hier anwendbaren Einheitsmethode –, liegt die entgeltliche Übertragung einer Mitunternehmerschaft vor, die gem. § 16 Abs. 1 Nr. 2 EStG als Veräußerungsvorgang Teil des gewerblichen Gewinns ist.

> *Beispiel:*[617]
>
> *A und B sind je hälftige Mitunternehmer einer Personengesellschaft, die zwei Teilbetriebe hat (Teilbetrieb I: Wert 2 Mio. €, Teilbetrieb II: 1,6 Mio. €; Buchwert jeweils 1/10 davon). Erhält A bei der Realteilung den Teilbetrieb I und zahlt aus eigenen Mitteln 200.000,00 € Ausgleich an B, erwirbt er zu 1/10 (200.000,00 im Verhältnis zu 2 Mio. €) entgeltlich, muss also den anteiligen Buchwert hieraus (1/10 aus 200.000,00 = 20.000,00 €) um 180.000,00 € auf 200.000,00 € aufstocken. Dieses Ergebnis lasse sich jedenfalls nach Ansicht der Finanzverwaltung*[618] *nicht dadurch umgehen, dass zuvor aus Eigenmitteln die Beteiligungen auf den zur Vermeidung eines Spitzenausgleichs erforderlichen Stand gebracht werden („Scheineinlagen"). Hinsichtlich des entgeltlichen Teilerwerbs stehen die Vergünstigungen der §§ 16, 34 EStG (mangels Aufdeckung aller stiller Reserven) nicht zur Verfügung.*

Wird dagegen das Auseinandersetzungsgut wiederum in ein Betriebsvermögen des vormaligen Gesellschafters übernommen, ohne dass aus dem Eigenvermögen des Erwerbers Gegenleistungen erbracht werden, bleibt dies erfolgsneutral (Rdn. 4655; dort auch zur möglichen Nachversteuerung innerhalb der Sperrfristen). Dies gilt auch, wenn eine überquotale Zuweisung von Verbindlichkeiten i.R.d. Realteilung erfolgt (§ 16 Abs. 3 Satz 2 ff. EStG).

b) Zurechnung laufender Einkünfte und Schuldzinsen

4646 Davon zu unterscheiden ist die Frage der ertragsteuerlichen Zurechnung laufender Einkünfte aus einer **Fortführung** der bisherigen Tätigkeit. Die Erbengemeinschaft wird bis zu ihrer Auseinandersetzung steuerlich bei den Überschusseinkünften wie eine Bruchteilsgemeinschaft und bei den Gewinneinkünften als Mitunternehmerschaft behandelt, wobei nicht qualifizierte Miterben einer freiberuflichen Praxis (anders als bei Personengesellschaften, § 15 Abs. 3 Nr. 1 EStG) nicht zur schädlichen „Abfärbewirkung" führen.

---

615 BFH, 09.12.2009 – II R 37/08, NotBZ 2010, 431 (nur LS).
616 BFH v. 05.07.1990 – GrS 2/89, BStBl. 1990 II, S. 837.
617 Nach BMF-Schreiben v. 28.02.2006, BStBl. 2006 I, S. 228 („Realteilungserlass"), Bsp. zu Abschnitt VI.
618 Realteilungserlass, BMF-Schreiben v. 28.02.2006, BStBl. 2006 I, S. 228; großzügiger wohl der BFH, BStBl. 1994 II, S. 607.

C. Steuerliche Folgen der Übertragung des Wirtschaftsguts selbst

Häufig wird bei Erbauseinandersetzungen vereinbart (bei der Erfüllung eines Vermächtnisses oder einer Teilungsanordnung entspricht dies der gesetzlichen Regelung, §§ 2184, 2048 BGB), dass die Erträge rückwirkend auf den Todestag dem Übernehmer zustehen sollen. Die Finanzverwaltung[619] erkennt solche Rückwirkungen nur an, wenn die Vereinbarung unter den Miterben binnen 6 Monaten ab dem Erbfall getroffen wird (sei es auch im Weg einer bloßen Teilerbauseinandersetzung), sie klar und rechtlich bindend ist (Beurkundungspflicht bei Grundstücken und GmbH-Anteilen!) und auch tatsächlich durchgeführt wird (wobei die Schritte zur Wertfindung nach Ablauf der 6-Monats-Frist erfolgen können). Dogmatisch zutreffender dürfte es sein, den vermächtnis-/teilungsanordnungsbelasteten Erben – auch über die Sechs-Monats-Frist hinaus – als Treuhänder für den Vermächtnisnehmer anzusehen, analog § 39 Abs. 2 AO.[620]

4647

Handelt es sich nicht um eine „freie" Erbauseinandersetzung, sondern um die Erfüllung einer Teilungsanordnung oder eines (Voraus-) Vermächtnisses, hat die Finanzverwaltung[621] ihre Anforderungen etwas gelockert: Sofern ein (auch 6 Monate überschreitender), an den Umständen des Einzelfalls[622] orientierter Gesamtzeitraum eingehalten wird, kann die Rückwirkung auch später noch steuerlich anerkannt werden, sofern sich die Miterben bereits vor der Auseinandersetzung entsprechend der Teilungsanordnung/des Vermächtnisses verhalten haben (z.B. durch faktische Übernahme des zugeordneten Betriebs). Liegen diese Voraussetzungen nicht vor, hätten die Miterben die Einkünfte anteilig mitzuversteuern, obwohl sie u.U. zivilrechtlich verpflichtet sind, diese an den Übernehmer herauszugeben.[623]

4648

Hinsichtlich der Möglichkeit, **Schuldzinsen zur Finanzierung von Ausgleichszahlungen, Pflichtteils- oder Vermächtnisschulden** als Werbungskosten oder Betriebsausgaben geltend zu machen, postuliert der BFH seit etwa 1992[624] ein Junktim zwischen dem Vorliegen von Anschaffungskosten einerseits und der Schuldzinsenabzugsberechtigung andererseits. Demnach liege bei Vermächtnis- und Pflichtteilsforderungen ein privater Vorgang vor, sodass ein Schuldzinsenabzug ausscheide, selbst wenn ein Zusammenhang mit einkunftsrelevantem Vermögen bestehe. Dem ist die Finanzverwaltung gefolgt[625] (Rdn. 4640).

4649

Zuvor hatte der BFH i.R.d. sog. „**Sekundärfolgenrechtsprechung**" seit den Achtzigerjahren den Schuldzinsabzug dann zugelassen, wenn die Darlehensvaluta dazu benutzt wurde, Verbindlichkeiten zu erfüllen, die auf Vermögen zur Einkunftserzielung zurückzuführen sind (Beispiel: Darlehen zur Ablösung eines Pflichtteilsanspruchs sei insoweit eine betriebliche Verbindlichkeit, als der Pflichtteilsanspruch auf Betriebsvermögen des Nachlasses zurückzuführen war).[626]

---

619 BMF v. 14.03.2006, BStBl. 2006 I, S. 253 Tz. 3 bis 9. Dann werden die Einkünfte aus einer fortgeführten Freiberuflerpraxis auch weiterhin bspw. als freiberuflich (nicht gewerblich) qualifiziert.
620 Vgl. *Tiedtke/Peterek*, ZEV 2007, 349, 354.
621 Im Schreiben v. 14.03.2006, BStBl. 2006 I, S. 253 Tz. 8, 9; bereits zuvor im Schreiben v. 05.12.2002, BStBl. 2002 I, S. 1392.
622 So kann gem. BFH v. 23.09.2003, DStRE 2004, 381, auch eine 2-jährige Frist ausreichend sein, wenn ungeklärte Erbrechtsfragen die frühere Erfüllung vereitelt haben.
623 Vgl. *Steiner*, ErbStB 2005, 18 (mit Formulierungsvorschlag zur Erstattung des Steuerschadens der scheidenden Miterben in diesem Fall durch den Übernehmer).
624 BFH, BStBl. 1993 II, S. 275, 1993 II, S. 751; 1994 II, S. 619.
625 BMF v. 11.08.1994, BStBl. 1994 I, S. 603; gegen die Lit., z.B. *Seer*, ZEV 1994, 88.
626 BFH, BStBl. 1987 II, S. 621.

Kapitel 12: Einkommensteuerrecht

4650 **Hinweis:**

Reaktionsmöglichkeiten für die Gestaltungspraxis ergeben sich bspw. durch die Umwandlung von Pflichtteils- oder Vermächtnisansprüchen in stille Beteiligungen der Anspruchsberechtigten an Betriebsvermögen gem. § 230 Abs. 1 HGB (Gewinnausschüttungen, die wirtschaftlich damit an die Stelle der Zinszahlungen treten, sind dann stets als Betriebsausgaben nach § 4 Abs. 4 EStG abzugsfähig)[627] oder aber durch das Zwei-Konten-Modell bei Überschuss- und Gewinneinkünften (bei Letzteren allerdings beschränkt durch die Überentnahmeregelung des § 4 Abs. 4a EStG):[628] Zur Begleichung des Pflichtteilsanspruchs wird eine seit mehr als 10 Jahren vorhandene, im Nachlass befindliche Mietimmobilie veräußert und dafür eine neue Mietimmobilie kreditfinanziert angeschafft, bzw.: die Einnahmen aus Mietimmobilien des Nachlasses werden zur Rückführung eines Darlehens verwendet, das für Erbfallschulden aufgenommen wurde; parallel steigt der Kontokorrentkredit für laufende Instandhaltungs- und Verwaltungskosten der Mietimmobilien an.

4651 Noch zielgenauer sind allerdings Vorkehrungen bereits in der letztwilligen Verfügung selbst:

Beispiel:[629]

Das Unternehmen (einziger Nachlassgegenstand) des Erblassers hat einen Buchwert von 400, einen Verkehrswert von 1.000, und soll nach seinem Tod vom Sohn übernommen werden gegen (über Kredit zu finanzierende) Abfindungszahlung an die Tochter i.H.v. 400.

- *Würden die Kinder zu Miterben (4/10 – 6/10) mit Teilungsanordnung eingesetzt, liegt ein Veräußerungsvorgang i.H.v. 40 % vor, sodass ein zu versteuernder*[630] *Veräußerungsgewinn bei der Tochter i.H.v. 400 (anteiliger Buchwert: 40 % aus 400 = 240) entsteht. Für den Sohn erhöht sich der Buchwert des Unternehmens auf 640, sodass er künftig höhere Abschreibungen erhält; auch kann er die mit der Abfindung in Zusammenhang stehenden Darlehenszinsen als Betriebsausgaben absetzen.*
- *Würde stattdessen der Sohn zum Alleinerben eingesetzt und zugunsten der Tochter ein Geldvermächtnis ausgesetzt werden, liegt kein Veräußerungsvorgang vor, da der Sohn sofort Eigentümer des Unternehmens wurde. Die Finanzierungszinsen für das Geldvermächtnis sind allerdings nicht abzugsfähig, wirken sich also wirtschaftlich in fast doppelter Höhe aus.*
- *Würde stattdessen die Tochter zur Alleinerbin eingesetzt(!) und dem Sohn ein Kaufrechtsvermächtnis zum Erwerb des Unternehmens für einen Kaufpreis von 400 ausgesetzt, von dem Letzterer Gebrauch macht, liegt zwar bei der Tochter eine Veräußerung vor, allerdings ohne Gewinn (Kaufpreis entspricht dem Buchwert). Die Schuldzinsen für die zur Kaufpreiszahlung aufgenommenen Verbindlichkeiten kann der Sohn jedoch vollständig absetzen. Allerdings gehen die erbschaftsteuerlichen Privilegierungen für Betriebsvermögen verloren – auch die Allokation gem. § 13a Abs. 3 Satz 2 und § 13b Abs. 3 Satz 1 ErbStG u.F. setzt voraus, dass die Erbauseinandersetzung allein aus Nachlassmitteln erfolgt –; der Erwerb beläuft sich also für die Tochter auf 400, für den Sohn auf 600!*
- *In der ertrag- und schenkungsteuerlichen Gesamtbetrachtung noch günstiger kann sich hingegen die lebzeitige Übertragung auf den Sohn gegen Abfindungszahlung von 400 an die Tochter (und Zusage einer dauernden Last für den Veräußerer als Versorgungsrente) darstellen: Es liegt eine zwar zivilrechtlich teilentgeltliche Veräußerung vor, die jedoch zu keinem Gewinn führt, da die Summe*

---

627 BFH, BStBl. 1994 II, S. 622; wobei jedoch dieses Modell die Beteiligten längerfristig aneinander bindet!
628 Die Hinzurechnung von Überentnahmen ist gesellschafterbezogen auszulegen, BFH, 29.03.2007 – IV R 72/02, EStB 2007, 352; ebenso nun BMF v. 07.05.2008, GmbHR 2008, 244.
629 Nach *Reich*, MittBayNot 2007, 284.
630 Ist die Tochter über 55 Jahre oder erwerbsunfähig, führen §§ 16, 34 EStG zum „halben Steuersatz", vgl. BMF-Erlass v. 14.03.2006, BStBl. 2006 I, S. 253 Tz. 19.

der ertragsteuerlich anzuerkennenden Gegenleistungen (zu denen die Versorgungsrente nicht zählt, Rdn. 4906) den Buchwert beim Veräußerer zwar erreicht aber nicht übersteigt: Einheitstheorie gem. Rdn. 4670. Transfersteuerlich allerdings mindert auch die Versorgungsrente die Schenkungsteuer, die Betriebsvermögensprivilegien (Rdn. 3974 nach altem Recht, Rdn. 4011 nach neuem Recht) können bei Einhaltung der übrigen Voraussetzungen in Anspruch genommen werden.

c) Buchwertfortführung/Entnahme bei Betriebsvermögen (Realteilungsgrundsätze)

Von vorstehend diskutierter Frage wiederum zu trennen ist das **Schicksal „stiller Reserven"** im Fall der Erbauseinandersetzung/Vermächtniserfüllung, die dem zu Buch- und Steuerwerten[631] stattfindenden Erbfall nachfolgt: Auch wenn der Erbe sich – bildlich gesprochen – den Verbleib des Nachlasses durch die Erfüllung angeordneter Vermächtnisse „erkauft", stellen Letztere keine Anschaffungskosten dar (Darlehenszinsen zur Erfüllung von Vermächtnissen sind daher weder Betriebsausgaben noch Werbungskosten);[632] der Vermächtnisnehmer erzielt keinen Veräußerungserlös, er führt die bisherigen Steuerwerte fort.[633] Eine Gewinnrealisierung findet allerdings statt, sofern der Vermächtnisnehmer seinerseits mit Gegenleistungen beschwert ist.[634]   4652

Handelt es sich beim Vermächtnis- bzw. Auseinandersetzungsgut (im Fall der insoweit gleichzubehandelnden **Realteilung im engeren Sinne**,[635] also der Aufteilung gesamthänderischen Betriebsvermögens zur Erfüllung des Auseinandersetzungsanspruchs eines früheren Mitunternehmers bei einer nicht mehr fortbestehenden Personengesellschaft – s. im Einzelnen Rdn. 4775 ff. -) um **Betriebsvermögen**, ist jedoch zu differenzieren: Geht im Rahmen einer solchen Realteilung der gesamte Betrieb, Teilbetrieb – auch 100%ige Anteil an einer Kapitalgesellschaft –, Mitunternehmeranteil oder Teil eines Mitunternehmeranteils über in das (ggf. dadurch erst begründete) Betriebsvermögen des Erwerbers,[636] bleibt es bei der zwingenden Buchwertfortführung ohne Auflösung stiller Reserven.[637]   4653

Handelt es sich um ein **einzelnes**, in das **Privatvermögen** überführtes **Wirtschaftsgut**, das wesentliche Betriebsgrundlage darstellt oder dessen Übertragung die Voraussetzungen einer Betriebsaufspaltung entfallen lässt, liegt eine Betriebsaufgabe der Erbengemeinschaft (mit begünstigtem Veräußerungsgewinn[638] der Erbengemeinschaft, den Miterben mangels anderweitiger   4654

---

631 § 6 Abs. 3 EStG, § 11d EStDV.
632 BMF v. 11.08.1994, BStBl. 1994 I, S. 603.
633 Vgl. *Steiner*, ErbStB 2005, 20. Seit 01.01.2001 ist die Buchwertfortführung gem. § 16 Abs. 3 Satz 2 bis 4 EStG zwingend.
634 Tz. 71 des BMF-Schreibens zur Erbauseinandersetzung BStBl. 1993 I, S. 62.
635 Hierzu § 16 Abs. 3 Satz 2 bis 4 EStG (Abgrenzung zur Veräußerung/Aufgabe eines Mitunternehmeranteils; Realteilung; 3-jährige Sperrfrist für wesentliche Betriebsgrundlagen etc.) sowie BMF-Schreiben v. 28.02.2006, BStBl. 2006 I, S. 228 („Realteilungserlass") und *Gragert*, NWB Fach 3, S. 13887 = 2006, 743 ff., ebenso *Spiegelberger*, NWB 2006, 1585 ff., Fach 3, S. 14019 = 2006, 1585 ff. sowie *Heß*, DStR 2006, 777 ff.; *Neumann*, EStB 2006, 143; *Slabon*, ZErb 2006, 258.
636 Eine vorherige Betriebsaufgabe ist nicht erforderlich, *Stuhrmann*, DStR 2005, 1357.
637 Vgl. *Schmidt/Glanegger*, EStG, 29. Aufl. 2010, § 6 Rn. 142.
638 *Röhrig/Doege*, DStR 2006, 970 weisen darauf hin, dass die Anwendbarkeit der Steuervergünstigungen der §§ 16, 34 EStG nicht bei Überführung teils in das Betriebs-, teils in das Privatvermögen der Miterben gesichert ist, da andernfalls nicht alle stillen Reserven aufgedeckt werden, vgl. Rn. 13 des BMF-Schreibens v. 14.03.2006.

Vereinbarung[639] zuzurechnen nach Maßgabe ihrer Erbquote) vor. Handelt es sich um ein in das Privatvermögen überführtes einzelnes Wirtschaftsgut, das keine wesentliche Betriebsgrundlage darstellt, entsteht ein nicht begünstigter Entnahmegewinn, der dem Erben/der Erbengemeinschaft zuzurechnen ist (also nicht dem Erwerber!)[640]

4655 Erhält schließlich ein Miterbe als Vorausvermächtnis ein **Einzelwirtschaftsgut** des Betriebsvermögens und führt dieses in eigenes **Betriebsvermögen** über, ordnet § 6 Abs. 5 und § 16 Abs. 3 Satz 2 bis 4 EStG ab 01.01.2001[641] die zwingende Buchwertfortführung[642] an (unter entsprechender Aufstockung der Kapitalkonten des Erwerbers zur Sicherstellung der übergehenden stillen Reserven), allerdings mit folgenden Ausnahmen:

- Bei der unmittelbaren oder mittelbaren Übertragung auf eine (bisher nicht beteiligte) Körperschaft, Personenvereinigung oder Vermögensmasse – sogar, besonders misslich, eine beteiligungsidentische Schwestergesellschaft[643] – ist (wegen des Steuersatzgefälles zwischen Kapital- und Personengesellschaften) insoweit[644] zwingend der gemeine Wert anzusetzen,

4656
- ebenso (rückwirkend) bei Entnahme oder Veräußerung von Grund und Boden sowie Gebäuden des Anlagevermögens und wesentlichen Betriebsgrundlagen[645] innerhalb einer **3-jährigen Sperrfrist**, – §§ 6 Abs. 5 Satz 4 bis 6 und § 16 Abs. 3 Satz 3 EStG – beginnend mit der Abgabe der Steuererklärung für den Veranlagungszeitraum der Realteilung (Rdn. 4708). Der Erwerber hat es also in der Hand, innerhalb dieser Frist rückwirkend eine Gewinnrealisierung bei den Erben/beim Veräußerer auszulösen (sofern nicht, wie zu empfehlen, die Gewinnzu-

---

639 Die Finanzverwaltung erlaubt analog § 16 Abs. 3 Satz 4 EStG, durch eine im zeitlichen Zusammenhang der Erbauseinandersetzung schriftlich getroffene Vereinbarung den Gewinn ausschließlich dem entnehmenden Miterben zuzurechnen, *Gragert*, NWB 2006, 1194 = Fach 3, S. 13938.

640 BFH, Großer Senat, v. 05.07.1990, BStBl. 1990 II, S. 843. Selbst die Übertragung eines Wirtschaftsguts einer Mitunternehmerschaft in eine andere Mitunternehmerschaft, an der dieselben Realteiler beteiligt sind, ist nicht steuerneutral möglich (*Gragert*, NWB 2006, 750).

641 Zuvor hatte Richterrecht – BFH, BStBl. 1992 II, S. 946 – bei der Überführung der bisher einer Mitunternehmerschaft dienenden Wirtschaftsgüter in ein Betriebsvermögen des einzelnen, an der Realteilung teilnehmenden Mitunternehmers das Wahlrecht zwischen Buchwertfortführung und Aufdeckung stiller Reserven eingeräumt; das Steuerentlastungsgesetz 1999/2000/2002 sah (§ 16 Abs. 3 a.F. EStG) zwingend die Buchwertfortführung vor, allerdings beschränkt auf die Übernahme von Teilbetrieben und Mitunternehmeranteilen. Gingen einzelne Wirtschaftsgüter über in das Betriebsvermögen des Realteilers, lag ein laufender Gewinn vor, beim Übergang in das Privatvermögen konnten ggf. die Vergünstigungen der §§ 16, 34 EStG in Anspruch genommen werden.

642 Zuvor hatte § 6 Abs. 5 Satz 3 EStG 1999 eine zwingende Entnahme angeordnet, davor hatte das BMF-Schreiben v. 11.01.1993, BStBl. 1993 I, S. 62, Tz. 74, ein Wahlrecht des übernehmenden Miterben zwischen dem Teilwertansatz und der Buchwertfortführung vorgesehen.

643 Das BMF-Schreiben v. 28.02.2006, DStR 2006, 426 schließt auch dann eine Realteilung aus; *Spiegelberger*, NWB 2006, 1588 = Fach 3, S. 14022 plädiert dafür, die Buchwertfortführung zuzulassen, wenn die stillen Reserven vor und nach der Übertragung derselben Person zustehen. Durch die Finanzverwaltung toleriert wird jedoch die Überführung in das Sonderbetriebsvermögen einer anderen Mitunternehmerschaft (also auf den bisherigen Gesamthänder selbst, der es der neuen Mitunternehmerschaft zur Verfügung stellt), *Korn/Strahl*, NWB 2006, 4188 = Fach 2, S. 9144.

644 Geht auf die Körperschaft im Rahmen einer Realteilung ein Betrieb, Teilbetrieb oder Mitunternehmeranteil über, ist entsprechend § 20 UmwStG eine steuerneutrale Realteilung möglich.

645 Zur „wesentlichen Betriebsgrundlage" (in funktional-quantitativer Betrachtung), die nach der Realteilung weiterhin zum Betriebsvermögen mindestens eines Realteilers gehören muss, vgl. BFH v. 10.11.2005 – IV R 7/05, EStB 2006, 43.

ordnung allein beim entnehmenden Realteiler vereinbart ist[646] oder zumindest eine Erstattungspflicht besteht). Misslich ist, dass auch in der Einbringung des in der Realteilung erhaltenen Vermögens in eine neue Personengesellschaft eine solche Veräußerung liegen kann.[647]

- Gleiches gilt seit 01.01.2007, wenn im Zuge einer Realteilung Kapitalgesellschaftsanteile an eine Kapitalgesellschaft übertragen werden und Letztere sie binnen 7 Jahren veräußert, § 16 Abs. 5 EStG.[648]

Der Veräußerer wird sich dann vorsorglich die Erstattung der Steuerbelastung ausbedingen (zu anderen Sanktionsmöglichkeiten s. Rdn. 4713 i.R.d. § 6 Abs. 3 EStG, zur ähnlichen Formulierung bei Realteilung einer Personengesellschaft Rdn. 4780). 4657

Formulierungsvorschlag: Steuererstattungspflicht bei späterer Gewinnrealisierung nach Realteilung einer Erbengemeinschaft 4658

> Die Übertragung des Grundstücks samt Betriebsgebäude erfolgt im Weg einer Realteilung zu Buchwerten (§ 16 Abs. 3 Satz 2 EStG). Den Beteiligten ist bekannt, dass es nachträglich zur Versteuerung der „stillen Reserven" kommen kann, indem anstelle der Buchwerte die gemeinen Werte anzusetzen sind, etwa wenn der Erwerber das Grundstück und das Gebäude veräußert oder aus dem Betriebsvermögen entnimmt (§ 16 Abs. 3 Satz 3 EStG). Der Erwerber verpflichtet sich, solche Handlungen, die unmittelbar oder mittelbar zum Einsatz der gemeinen Werte führen könnten, weder vorzunehmen noch zu unterstützen oder zu dulden; andernfalls hat er die dem Veräußerer entstehende Steuerbelastung unverzüglich zu erstatten bzw. zu übernehmen. Die Beteiligten vereinbaren ferner gem. Tz. 13 des BMF-Erlasses vom 14.03.2006 zur ertragsteuerlichen Behandlung der Erbengemeinschaft und ihrer Auseinandersetzung, dass etwaige aufgrund § 16 Abs. 3 Satz 3 EStG entstehende Gewinne alleine dem entnehmenden Realteiler zuzurechnen sind.

Besonderes Augenmerk ist zu lenken auf die tückischen Folgen eines Auseinanderfallens der Erbwege zwischen Personengesellschaftsanteilen (Sonderrechtsnachfolge), einerseits, und Sonderbetriebsvermögen, andererseits (vgl. Rdn. 4582). Insb. bei der qualifizierten Nachfolgeklausel (mit Direkterwerb des Gesellschaftsanteils, allerdings Vererbung des **Sonderbetriebsvermögens** an alle Erben, Rdn. 4613) werden die Anteile der nicht nachfolgeberechtigten Personen zwingend Privatvermögen, sodass eine steuerpflichtige Entnahme stattfindet. Stellt das Sonderbetriebsvermögen eine wesentliche Betriebsgrundlage dar, kann sogar eine Beendigung der Mitunternehmerschaft insgesamt vorliegen, sodass alle stille Reserven steuerpflichtig aufzudecken wären und die Begünstigungen der §§ 13a, 19a ErbStG nicht gewährt werden können.[649] Durch Vorausvermächtnisse kann dies wegen des Durchgangserwerbs der Erbengemeinschaft nicht 4659

---

646 Gem. Abschnitt IX des BMF-Erlasses zur Realteilung v. 28.02.2006, BStBl. 2006 I, S. 228 und Tz. 13 des BMF-Erlasses v. 14.03.2006 zur ertragsteuerlichen Behandlung der Erbengemeinschaft, BStBl. 2006 I, S. 253. Interessant ist dies unter Wertungsaspekten (Zuordnung zum Veranlasser), aber auch zur Nutzung bestehender Verlustvorträge gem. § 10d EStG, vgl. *Reich*, MittBayNot 2007, 280, 281.
647 NMF v. 28.02.2006, BStBl. 2006 I S. 228.
648 Entspricht der Missbrauchsvorschrift des § 22 Abs. 1 Satz 6 Nr. 1 bis 6 UmwStG.
649 Vgl. *Koblenzer/Groß*, ErbStB 2003, 370; ablehnend *Tiedtke/Hils*, ZEV 2004, 446.

verhindert werden;⁶⁵⁰ in Betracht kommen die in Rdn. 4613, 4705 vorgeschlagenen Wege (auf den Todesfall aufschiebend bedingte lebzeitige Übertragung oder Überführung des Sonderbetriebsvermögens in Betriebsvermögen).

4660 Auch bei der **Realteilung einer Kapitalgesellschaft** im Wege des UmwG durch Spaltung (also durch Aufspaltung des Gesamtvermögens gem. § 123 Abs. 1 UmwG; Abspaltung unter Fortbestand des bisherigen Rechtsträgers gem. § 123 Abs. 2 UmwG oder Ausgliederung unter Gewährung von Anteilen an den übertragenden Rechtsträger = Entstehung von Konzernstrukturen gem. § 123 Abs. 3 UmwG) setzt die Buchwertfortführung (anders als hinsichtlich solcher Umwandlungsvorgänge bei Personengesellschaften)⁶⁵¹ voraus, dass ein Teilbetrieb übergeht, und das ggf. verbleibende Vermögen ebenfalls einen Teilbetrieb bilden muss. Auch dann entfällt jedoch die Buchwertfortführung gem. § 11 Abs. 1 UmwStG, wenn durch die Spaltung die Voraussetzungen für eine Veräußerung geschaffen werden, wovon auszugehen ist, wenn binnen 5 Jahren nach dem steuerlichen Umwandlungsstichtag mehr als 20% Anteil an der ursprünglichen Körperschaft übergehen (dabei bilden jedoch Erbfolge, vorweggenommene Erbfolge ohne Abstands- oder Gleichstellungsgelder, Erbauseinandersetzungen ohne Abstandszahlungen, und Realteilungen zum Buchwert keine schädliche Veräußerung).⁶⁵²

5. Erbteilsveräußerung

4661 Die entgeltliche Übertragung eines Erbanteils, sei es an einen Miterben oder einen Dritten,⁶⁵³ führt zu Anschaffungskosten des Erwerbers und zu einem Veräußerungserlös des übertragenden Erben. Dieser wird wirtschaftlich den einzelnen Gütern des Nachlasses nach dem Verhältnis ihrer Verkehrswerte zugerechnet,⁶⁵⁴ wobei einer durch die Beteiligten selbst vorgenommenen Aufteilung, sofern sie angemessen ist, zu folgen sei. Der Veräußerungsgewinn ist bzgl. des Privatvermögens nur unter den allgemeinen Regeln (§ 17 EStG, § 23 EStG, § 21 UmwStG a.F.) steuerpflichtig, bei Betriebsvermögen als Veräußerung eines Mitunternehmeranteils gem. § 16 Abs. 1 Nr. 2 EStG jedoch stets.

6. Ausscheiden durch Abschichtung

4662 Das schlichte Ausscheiden (zur zivilrechtlichen Seite: Rdn. 245 ff) ohne Abfindung führt zu unmittelbarem und unentgeltlichem Erwerb der verbleibenden Erben (Anwachsung). Wird eine Barabfindung erbracht, liegt wirtschaftlich der Verkauf eines Erbanteils vor (hierzu oben Rdn. 4661). Wird eine Sachwertabfindung durch Wirtschaftsgüter des Nachlasses erbracht, zerlegt die Finanzverwaltung diesen Vorgang in zwei Stufen: Zunächst findet eine anteilige Veräußerung der Privat- oder Betriebsvermögensteile durch den ausscheidenden Miterben statt (wie oben Rdn. 4635), sodann wird in der zweiten Stufe die Abfindungsschuld durch die verbliebenen Miterben beglichen, indem Wirtschaftsgüter entnommen werden. Nur bei Überführung der über-

---

650 Vgl. *Reimann*, ZEV 2002, 492.
651 BFH, BStBl. 1992 II, S. 385; *Herzig/Förster*, DB 1995, 242.
652 Vgl. Umwandlungsteuererlass BStBl. 1998 I, S. 268, 309.
653 Die sog. Abfärberegelung, § 15 Abs. 3 ErbStG, gilt für diesen Fall nicht: BMF v. 14.03.2006, ErbStB 2006, 120 ff. Tz. 47.
654 BFH, 20.04.2004 – IX R 54/02, ErbStB 2004, 444; dagegen *Tiedtke/Wälzholz*, ZEV 2004, 296; Tz. 42 des BMF-Schreibens v. 14.03.2006.

nommenen Güter in ein Betriebsvermögen des Ausscheidenden können die Buchwerte gem. § 6 Abs. 5 EStG fortgeführt werden[655] (Ausscheiden gegen Minderung von Gesellschaftsrechten).[656]

V. Ertragsteuerliche Fragen der Betriebsübergabe

Die auch ertragsteuerlich auf Optimierung bedachte Nachfolgeberatung ist gerade für mittelständische Unternehmen ein existenziell wichtiges Anliegen. Damit in Zusammenhang stehende Beratungs- und Notarkosten dürften als Betriebsausgaben abzugsfähig sein,[657] während sonst lediglich Steuerberatungskosten – soweit nicht auf den Mantelbogen entfallend – als Sonderausgaben anerkannt werden.[658]

4663

1. Haftung für Betriebsteuern (§ 75 AO)

Der Übernehmer eines Betriebs oder Teilbetriebes haftet gem. § 75 AO für die Betriebsteuern, also USt, Gewerbesteuer, Körperschaftsteuer, sowie die Steuerabzugsbeträge (etwa Lohnsteuer), und zwar beschränkt auf solche, die seit Beginn des Kalenderjahres vor dem Besitzübergang entstanden und bis spätestens ein Jahr nach Meldung des Betriebsübergangs festgesetzt worden sind. Eine Ausschlussmöglichkeit (wie etwa gem. § 25 Abs. 2 HGB) besteht nicht, allerdings ist die Haftung auf den Bestand des übernommenen Vermögens beschränkt und erstreckt sich nicht auf Erwerbe aus einer Zwangsversteigerung oder vom Insolvenzverwalter (§ 75 Abs. 2, 1. Alt. AO).[659] Die Haftung tritt unabhängig davon ein, ob der Erwerb entgeltlich oder unentgeltlich erfolgte, und ob der Erwerber die Steuerschulden kannte oder hätte erkennen können. Die Festsetzung erfolgt durch Haftungsbescheid, § 191 Abs. 1 Satz 1 AO, regelmäßig sogleich[660] mit einer Zahlungsaufforderung gem. § 219 AO verbunden. Mehrere Erwerber haften als Gesamtschuldner.[661]

4664

Nicht unter diese Haftungsvorschrift fallen Personensteuern, etwa die ESt des Übergebers, auch nicht, soweit diese auf dem Veräußerungsgewinn beruht. Soll der Erwerber eines Unternehmens die betrieblichen Steuern auch tatsächlich ohne Rückgriff gegen den Veräußerer schulden oder zusätzlich Personensteuern tragen, bedarf dies der Vereinbarung, wodurch sich jedoch der Veräußerungsgewinn des Übergebers erhöht oder (bei negativem Kapital des übergebenen Betriebs) ein solcher (in oft existenzbedrohender Höhe) erst geschaffen wird.

4665

---

655 Vgl. im Einzelnen *Eversloh*, ZAP 2005, 725 = Fach 12, S. 163 ff.
656 *Röhrig/Doege*, DStR 2006, 975 plädiert dafür, Sachabfindungen beim Ausscheiden eines Miterben stets analog § 6 Abs. 5 Satz 3 EStG zu behandeln, gleichgültig ob die Abfindung in das Privat- oder das Betriebsvermögen des Ausscheidenden gelangt.
657 FG Köln, EFG 2005, 433; *Götz*, DStR 2006, 548 (objektiv wirtschaftlich kausaler Zusammenhang besteht und ist ausreichend).
658 Nach FG Hannover, DStRE 2006, 794 sind Aufwendungen für die Erstellung einer Erbschaftsteuererklärung sogar zugleich als Kosten der Nachlassregelung i.R.d. Erbschaftsteuer und als Sonderausgaben i.R.d. ESt zu berücksichtigen.
659 Allerdings greift der Haftungsausschluss nicht, wenn die Eröffnung des Insolvenzverfahrens über das Vermögen des Verkäufers mangels Masse abgelehnt wurde, BFH, 11.05.1993 – VII R 86/92, BStBl. 1993 II 700.
660 Außer bei der (einzubehaltenden und abzuführenden) Lohnsteuer darf das Leistungsgebot nur ergehen, wenn die Vollstreckung in das bewegliche Vermögen des eigentlichen Steuerschuldners erfolglos geblieben oder aussichtslos ist.
661 BFH, 12.01.2011 – XI R 11/08, notar 2011, 204.

2. Übertragung eines Betriebes oder Teilbetriebes

4666 Neben der schenkungsteuerlichen Privilegierung ist es regelmäßig Gestaltungsziel der vorweggenommenen Erbfolge bei Betriebsvermögen, ertragsteuerlich die **Fortführung der Buchwerte** zu gewährleisten, indem eine § 6 Abs. 3 Satz 1 EStG (bis 1998: § 7 Abs. 1 EStDV) unterfallende unentgeltliche Übertragung eines Betriebes, Teilbetriebes oder Mitunternehmeranteils erfolgt. Dabei ist es gleichgültig, ob diese Übertragung „aus freien Stücken" oder etwa in Befolgung eines Vermächtnisanspruches stattfindet. Entscheidend ist jedoch,[662] dass alle **wesentlichen Betriebsgrundlagen** übergehen, zur Vermeidung der Folgen einer Betriebsaufgabe mit Gesamtrealisierung aller stillen Reserven; bei der Überführung unwesentlicher Betriebsvermögensbestandteile in das Privatvermögen liegt insoweit eine Entnahme (Rdn. 4497) vor mit der Folge einer Gewinnrealisierung der Differenz zwischen Buch- und Teilwert hinsichtlich dieses Gegenstandes (vgl. Rdn. 343 am Beispiel des Rückbehaltes bei der landwirtschaftlichen Übergabe).

4667 Auch beim entgeltlichen Verkauf von Betriebsvermögen (Rdn. 4716) sind alle wesentlichen Betriebsgrundlagen zu erfassen, andernfalls wird die Privilegierung gem. §§ 16, 34 EStG (halber Steuersatz!) versagt, Rdn. 4514, und es entsteht ein laufender Gewinn im allgemeinen Steuertarif. Ausnahmen vom Erfordernis der Übertragung aller wesentlichen Betriebsgrundlagen bestehen lediglich bei der unentgeltlichen Übertragung eines Teils eines Mitunternehmeranteils (Rdn. 4712) sowie bei der Aufnahme einer natürlichen Person in ein Einzelunternehmen (§ 6 Abs. 3 Satz 2 EStG, Rdn. 4681). Auch bei der Einbringung in eine Personengesellschaft gem. § 24 UmwStG reicht es aus, dass wesentliche Betriebsgrundlagen lediglich in das Sonderbetriebsvermögen (SBV) überführt werden.[663] Schließlich beschränkt die Finanzverwaltung aus Billigkeitsgründen bei der qualifizierten Nachfolgeklausel im Personengesellschaftsrecht die Entnahmewirkung auf das nicht mit dem Gesamthandsanteil „mitwandernde" Sonderbetriebsvermögen, sieht also keine Auflösung der stillen Reserven im Gesamthandsanteil, auch wenn das SBV wesentliche Betriebsgrundlage war (vgl. Rdn. 4613).

4668 Während i.R.d. Definition einer Betriebsaufgabe sowie i.R.d. entgeltlichen Betriebsveräußerung (für § 16 Abs. 3 EStG) die Wesentlichkeit eines Wirtschaftsguts nach Ansicht des BFH[664] auch dann zu bejahen ist, wenn es zwar funktional lediglich eine geringe Bedeutung hat, jedoch erhebliche stille Reserven aufweist (sog. **funktional-quantitative Betrachtungsweise**), entscheidet bei der Betriebsübergabe im Wege vorweggenommener Erbfolge und sonstigen Rechtsnachfolgesachverhalten unter Buchwertfortführung[665] lediglich die **funktionale Bedeutung** des Wirtschaftsguts:[666] Sie müssen zur Erreichung des Betriebszwecks erforderlich sein und ein besonderes wirtschaftliches Gewicht für die Betriebsführung besitzen.[667]

---

662 St. Rspr., vgl. BFH, 31.08.1995 – VIII B 21/93, BStBl. 1995 II, S. 890; BFH, 12.12.2000 – VIII R 10/99, BStBl. 2001 II, S. 282.
663 Tz. 24.06 des BMF-Schreibens v. 25.03.1998, BStBl. 1998 I, S. 268; dies gilt jedenfalls nach Verwaltungsauffassung auch nach Inkrafttreten des SEStEG weiter.
664 BFH, BStBl. 1996 II, S. 604, 612.
665 Z.B. nach Verwaltungsauffassung bei der Einbringung gem. §§ 20, 24 UmwStG, sofern Buchwertfortführung gewählt wird, während beim Ansatz des gemeinen Wertes die funktional-qualitative Betrachtung gilt, vgl. *Brandenberg*, NWB 2008, 4289 = Fach 3, S. 15319.
666 Vgl. BGH, BStBl. 1993 II, S. 710, 713, H 16 (8) EStR 2005.
667 BFH, 11.02.2003 – IX R 43/01, DStRE 2003, 787 m.w.N.

Betriebsgrundstücke sind im Regelfall wesentliche Betriebsgrundlagen, insb. wenn sie durch Lage, Größe und Grundriss bzw. Bauart auf den Betrieb zugeschnitten sind[668] – für Verwaltungs- und Dienstleistungszwecke reichen jedoch auch „Allerweltsgebäude" (Rdn. 4451) –, ebenso beim landwirtschaftlichem Betrieb die Grundstücke sowie die betriebsnotwendigen Wirtschaftsgebäude.[669] Bei Betriebsaufspaltungen bilden die Anteile an der Betriebskapitalgesellschaft wesentliche Betriebsgrundlage des Besitz(einzel)unternehmens, sodass keine privilegierte Betriebs- oder Teilbetriebsübertragung vorliegt, wenn diese Anteile nicht mit übergehen.[670] Das (lebende und tote) Inventar eines land- und forstwirtschaftlichen Betriebs kann jedoch in aller Regel problemlos wiederbeschafft werden, sodass dessen Rückbehalt nicht zur Betriebsaufgabe (und beim Erwerber zur neuerlichen Betriebseröffnung) führt. Gleiches gilt für Umlaufvermögen, zu dem auch bspw. die zum Verkauf bestimmten Objekte eines gewerblichen Grundstückshandels gehören können.[671] Bei Pachtbetrieben gelten abweichende Grundsätze.[672]

4669

Zur Frage, ob die Komplementärbeteiligung eine funktional wesentliche Betriebsgrundlage der Kommanditistenstellung (Mitunternehmerschaft) ist (GmbH & Co. KG), vgl. Rdn. 2325.

a) „Einheitstheorie" zur Feststellung der Unentgeltlichkeit

Bei Betrieben, Teilbetrieben[673] oder Mitunternehmer(teil)anteilen bzgl. gewerblich tätigen (nicht lediglich vermögensverwaltenden, Rdn. 4053) Unternehmen bemisst sich die Unentgeltlichkeit nach der sog. „**Einheitstheorie**" (Rdn. 4860), d.h. diese Übertragungen sind entweder in vollem Umfang entgeltlich – sofern die Gegenleistungen das Kapitalkonto des Übergebers nach der Übergabe übersteigen –, sonst in vollem Umfang unentgeltlich. Als entgelttaugliche Leistungskomponenten gelten die in Rdn. 4869 genannten, allerdings mit der Besonderheit, dass die Übernahme betrieblicher Verbindlichkeiten nicht als Gegenleistung zählt, sondern die übergehende Sachgesamtheit (Aktiva minus Passiva) definiert.

4670

> **Hinweis:**
>
> Wird also bei negativem Kapitalkonto ein (sei es auch geringes) Entgelt entrichtet (etwa durch Gleichstellungsgelder, die Übernahme privater Schulden oder bedingte Einkommensteuernachzahlungen – Rdn. 326 –), ist die gesamte Differenz zwischen Buchkapital (z.B. minus 1 Mio. €) und Verkehrswert der Gegenleistung (z.B. 1.000,00 €, also gesamt 1.001.000,00 €) einkommensteuerpflichtig[674] (zur bilanziellen Behandlung Rdn. 4711)! Dies verblüfft, zumal

4671

---

668 BFH, BStBl. 1996 II, S. 409, 412.
669 BFH, BStBl. 1995 II, S. 508.
670 Vgl. BFH, 04.07.2007 – X R 49/06, GmbHR 2007, 1112. Anders kann es sich verhalten (Vorliegen je eines getrennten Teilbetriebes), wenn neben der Betriebsaufspaltung separate Vermietungstätigkeiten „als gesonderter Verwaltungskomplex" ausgeübt werden, oder bei der „Mehrfach-Betriebsaufspaltung", wenn räumlich abgrenzbare Gebäudeteile je eigenen Betriebsgesellschaften zuzuordnen sind, vgl. BFH v. 29.03.2006 – X R 59/00, GmbHStB 2006, 193.
671 BFH, BStBl. 1992 II, S. 521.
672 Vgl. BFH, BStBl. 1999 II, S. 398, 400 m.w.N.
673 Gleiches gilt für eine freiberufliche „Teilpraxis" (Arbeitsmedizin – Allgemeinmedizin); abgestellt wird auf selbstständige EDV-Kreise, Telefonnummern, räumliche und ggf. auch personelle Trennung, BFH v. 04.11.2004, EStB 2005, 89; *Gebhardt*, EStB 2007, 26.
674 BFH, BStBl. 1999 II, S. 269; BFH, 28.07.1994 – IV R 53/91, BStBl. 1995 II, S. 112; s.a. unten Rdn. 4711 und Rdn. 4738.

die Übernahme betrieblicher Verbindlichkeiten in auch extremer Höhe, ebenso die Eingehung von Versorgungsrenten zugunsten des Veräußerers (nach Maßgabe des Sondertypus der Vermögensübergabe gegen wiederkehrende Leistungen, unten Rdn. 4955) nicht als Gegenleistung gewertet werden, also zu keinem Veräußerungsgewinn führen. Es empfiehlt sich daher bspw., Gleichstellungsgelder für Geschwister nicht im Zusammenhang mit der Übergabe des negativkapitaligen Betriebs/Teilbetriebs/Mitunternehmer(Teil)anteils zu erfassen, sondern z.B. als (gleichwohl allerdings unentgeltlich bleibende, s.o. Rdn. 52) Abfindung für einen getrennten Pflichtteilsverzicht.

b) (Teil-)betriebsübertragung gem. § 6 Abs. 3 EStG

4672 Bei der Übertragung eines gesamten **Betriebs** oder zumindest eines **Teilbetriebes** ist also die Buchwertfortführung gem. § 6 Abs. 3 EStG (auch bei negativem Kapitalkonto) gewährleistet, solange die Summe der ertragsteuerlichen Entgelte (Versorgungsleistungen und Übernahme betrieblicher Verbindlichkeiten zählen insoweit nicht) das Kapitalkonto nicht übersteigt.[675]

aa) Betrieb, Teilbetrieb

4673 Der in § 6 Abs. 3 EStG vorausgesetzte Begriff des „**Betriebs**" ist nicht gesetzlich definiert, anders als etwa der des „gewerblichen Unternehmens" als einer „selbständigen nachhaltigen Betätigung, die mit der Absicht, Gewinn zu erzielen, unternommen wird, und sich als Beteiligung am allgemeinen wirtschaftlichen Verkehr darstellt" (§ 15 Abs. 2 Satz 1 EStG). Erforderlich ist ein mit persönlichen und sachlichen Mitteln ausgestatteter „geschäftlicher Organismus", der die Summe aller Wirtschaftsgüter umfasst, die zur Erreichung des vom Unternehmer angestrebten wirtschaftlichen Erfolgs seines Unternehmens eingesetzt und benötigt werden.

4674 Ein Betrieb kann aus mehreren **Teilbetrieben**[676] bestehen, die für sich jeweils einen mit gewisser Selbstständigkeit ausgestatteten organisch geschlossenen Teil des Gesamtbetriebs darstellen, jedoch für sich betrachtet alle Merkmale eines Betriebs aufweisen, also für sich lebensfähig sind.

4675 Wie bereits i.R.d. Vorgängernorm (§ 7 Abs. 1 EStDV) setzt die steuerneutrale Übergabe eines Betriebs zu Buchwerten als ungeschriebenes Merkmal voraus, den Betrieb bzw. Teilbetrieb so übergehen zu lassen, dass er vom Erwerber als historische Wirtschafts- und Betriebseinheit, in seiner **originären Geschlossenheit** und gewachsenen organischen Struktur, fortgeführt werden kann. Es muss also das wirtschaftliche Eigentum an allen wesentlichen Betriebsgrundlagen (s. Rdn. 4668) einheitlich übertragen werden. Eine schrittweise Übertragung schadet dann nicht, wenn die zeitversetzte Übertragung auf einem einheitlichen Entschluss beruht und die Übertragungsakte im engen sachlichen und zeitlichen Zusammenhang stehen, was bis etwa max. 2 Jahre Gesamtzeit noch bejaht werden kann, zumindest wenn besondere persönliche Umstände (etwa Erkrankung des Übergebers)[677] hinzutreten. Bleiben nicht wesentliche Betriebsgrundlagen unerfasst, liegt insoweit eine Entnahme vor (Rdn. 4501), gehen wesentliche Betriebsgrundlagen nicht

---

675 Vgl. im Einzelnen BMF-Erlass zur vorweggenommenen Erbfolge v. 13.01.1993, BStBl. 1993 I, S. 80 ff.; ferner *Wälzholz*, MittBayNot 2006, 116.
676 Vgl. R 16 (3) Satz 1 ff., DStR 2005.
677 Vgl. BFH, DStR 1993, 854, 855.

mit über, führt dies gar zu einer Betriebsaufgabe in der Person des Veräußerers (Rdn. 4514) also keine steuerneutrale Betriebsübertragung hinsichtlich des entnommenen bzw. hinsichtlich aller Wirtschaftsgüter.

Nach bestrittener[678] Auffassung des FG Schleswig[679] ist § 6 Abs. 3 EStG nicht erfüllt, wenn zwar der Gesamthandsanteil an einer Mitunternehmerschaft unentgeltlich übertragen, das Sonderbetriebsvermögen aber zeitgleich (ebenfalls zu Buchwerten gem. § 6 Abs. 5 Satz 3 Nr. 2 EStG) in eine neu gegründete GmbH & Co. KG des Veräußerers überführt wird (die Literatur plädiert dagegen dafür, beide Normen, mit je identischer Rechtsfolge: Buchwertfortführung, nebeneinander anzuwenden). Bis zur Klärung durch den BFH sollte die Überführung des SBV in ein anderes Betriebsvermögen desselben Unternehmers deutlich vor der Übertragung des Gesamthandsanteils erfolgen. 4676

bb) Unentgeltlichkeit

Die für die Anwendung des § 6 Abs. 3 EStG weiter erforderliche „**Unentgeltlichkeit**" der Betriebs- oder Teilbetriebsübertragung wird nach Grundsätzen beurteilt, die deutlich vom Zivilrecht abweichen: Zum einen sind lediglich bestimmte Gegenleistungen (z.B. also nicht vorbehaltene Nutzungsrechte sowie Verpflichtungen zu persönlicher Dienstleistung, wie Wart- und Pflegeverpflichtungen) tauglich, als „Gegenleistungen" ertragsteuerlich Berücksichtigung zu finden (vgl. ausführlich unten Rdn. 4869 zum Kanon der insoweit anerkennungsfähigen Sachverhalte, insb. also der Kaufpreisrenten, Schuldübernahmen, Abstands- und Gleichstellungsgelder). Die Übernahme betrieblicher Verbindlichkeiten zählt zur Sachgesamtheit des übertragenen Vermögens, mindert also zwar den Wert des Übertragenen, zählt jedoch (anders als die Übernahme privater Schulden) nicht zur Gegenleistung. Auch unter fremden Dritten können unentgeltliche Übertragungen i.S.d. § 6 Abs. 3 EStG vorliegen,[680] sie werden allerdings nicht vermutet. 4677

Zum anderen wird bei der Übertragung von Betrieben, Teilbetrieben oder Mitunternehmeranteilen lediglich zwischen insgesamt und einheitlich entgeltlichen und insgesamt und einheitlich unentgeltlichen Transfervorgängen differenziert, die sog. „Einheitstheorie" (Rdn. 4670, Rdn. 4860) führt also dazu, dass es zwar eine zivilrechtlich teilentgeltliche Betriebsübertragung, nicht aber eine steuerrechtlich teilentgeltliche Betriebsübertragung geben kann. 4678

Nur wenn nach Maßgabe der Einheitstheorie eine ertragsteuerlich unentgeltliche Betriebsveräußerung vorliegt, sind Versorgungsrenten als Sonderausgaben abzugsfähig (vgl. unten Rdn. 4991). 4679

cc) Ausnahme: Aufstockung der Buchwerte

Von dem in Rdn. 4672 behandelten Grundfall des § 6 Abs. 3 EStG zu differenzieren sind Sachverhalte, in denen die Aufstockung des Buchwerts auf den Teilwert oder Zwischenwerte möglich ist oder gar, sofern kein abweichender Antrag[681] gestellt wird, unterstellt wird. Letzteres 4680

---

678 Korn, KÖSDI 2005, 14633 ff.; Geck/Messner, ZEV 2009, 238.
679 V. 15.11.2008 – 2 K 175/05, DStRE 2009, 395 (Az. BFH: IV R 52/08).
680 FG Düsseldorf, 19.01.2010 – 13 K 4281/07 F, ErbStB 2010, 165: Schenkung eines Einzelunternehmens mit negativem Kapitalkonto (aber von den Beteiligten angenommenem positivem good will).
681 Zu den formellen Aspekten der Antragstellung Honert/Fleischmann, EStB 2011, 265 ff.

findet bspw. statt bei der Einbringung eines Gewerbebetriebes in eine GmbH gegen Gewährung von Gesellschaftsrechten (sowie Einstellung in die Kapitalrücklage, ggf. auch gegen weitere Leistungen wie etwa Gewährung eines Darlehens), § 20 UmwStG mit dem Teilwert (der [auch gewerbesteuerpflichtige][682] Veräußerungsgewinn des Einbringenden wird um den Freibetrag nach § 16 Abs. 4 EStG[683] – ab 2004: 45.000,00 € – gemindert und ist nach § 34 EStG tarifbegünstigt; dem steht eine deutlich höhere künftige Steuerersparnis durch Schaffung von AfA-Potenzial ggü., insb. falls und soweit die stillen Reserven auf rasch abnutzbare Wirtschaftsgüter entfallen). Die GmbH-Anteile können sodann gegen Versorgungsleistungen (in einer die erzielbaren Ausschüttungen nicht übersteigenden Höhe) zu Buchwerten übertragen werden, sodass beide Formen in Kombination Anwendung finden.[684] Erfolgt die Einbringung zu Buchwerten, sodass die im eingebrachten Betrieb, Teilbetrieb, Mitunternehmeranteil oder den mehrheitsvermittelnden Kapitalgesellschaftsanteilen verkörperten stillen Reserven unversteuert auf die aufnehmende Kapitalgesellschaft übergehen, unterliegen die gewährten Anteile innerhalb der 7 folgenden Jahre der „Nachversteuerung" („einbringungsgeborene Anteile", seit 20.12.2006 – SEStEG – : sog. Einbringungsgewinn I in abschmelzender Höhe, s. Rdn. 4806); in ähnlicher Weise führt der Verkauf der eingebrachten Anteile durch die aufnehmende Gesellschaft binnen 7 Jahren zu einer Nachversteuerung beim Gesellschafter, sog. Einbringungsgewinn II gem. § 22 Abs. 2 UmwStG (Rdn. 4801).

3. Unentgeltliche Aufnahme einer natürlichen Person in ein Einzelunternehmen

4681 § 6 Abs. 3 Satz 1 Halbs. 2 EStG gilt auch bei **unentgeltlicher**[685] **Aufnahme einer natürlichen Person**[686] **in ein Einzelunternehmen**. Die Fortführung der Buchwerte ist zwingend.[687] Es liegt also kein Fall des § 24 UmwStG vor, der wahlweise die Buchwertaufstockung ermöglichen würde (etwa um Verlustvorträge zu beseitigen). Letzteres kann erreicht werden durch Gründung einer KG und Einbringung des Einzelunternehmens gegen Erhöhung des Kapitalanteils an der KG in diese.[688] Behält der bisherige Betriebsinhaber dabei einen Teil der Wirtschaftsgüter zum Alleineigentum zurück, ist dies unschädlich, solange die zurückbehaltenen Wirtschaftsgüter

---

682 Vgl. *Patt*, EStB 2010, 146 ff., auch zum Untergang gewerbesteuerlicher Verluste bei der Einbringung von (Teil-) Betrieben und Mitunternehmeranteilen in eine GmbH. Wird ein (Teil-) Betrieb in eine Personengesellschaft eingebracht, kann die einbringende GmbH ihre gewerbesteuerlichen Verlustvorträge im Rahmen ihrer Mitunternehmerstellung (vorbehaltlich § 10a Abs. 10 GewStG) jedoch weiterhin nutzen.

683 Dieser wird gem. BMF v. 20.12.2005 – IV B 2 S 2242 18/05, EStB 2006, 57 auch bei teilentgeltlichen Übertragungen in voller Höhe gewährt und demnach nicht quotal gekürzt, anders noch BMF v. 13.01.1993, BStBl. 1993 I, S. 80 Tz. 36.

684 *König*, NWB Fach 3, S. 13083 ff. schlägt zusätzlich vor, das durch die GmbH dem Einbringenden (späteren Veräußerer) gewährte Darlehen dem Erwerber zu schenken, sodass aus den Tilgungsleistungen der GmbH die Versorgungsleistungen de facto finanziert werden können.

685 Zur entgeltlichen Übertragung eines (Mit-) Unternehmensanteils vgl. Rdn. 4515.

686 Die Buchwertfortführung ist also nicht möglich bei unentgeltlicher Aufnahme einer Kapitalgesellschaft (darin kann eine Schenkung an den GmbH-Gesellschafter liegen, R 18 Abs. 3 ErbStR 2003!) oder (str.; für analoge Anwendung *Geck*, ZEV 2005, 196) einer Personengesellschaft in ein Einzelunternehmen. In Betracht kommt jedoch § 6 Abs. 5 Satz 3 EStG, wenn keine oder eine nur in der Gewährung von Gesellschaftsrechten bestehende Gegenleistung erbracht wird, oder aber der Verkauf an die KG mit anschließender Neutralisierung des Veräußerungsgewinns gem. § 6b EStG bei der Mitunternehmerschaft zugunsten des Verkäufers in Höhe seines dortigen Anteils.

687 Vgl. *Wendt*, FR 2005, 468.

688 *Geck*, ZEV 2005, 200; BFH, 12.10.2005 – X R 35/04 und *Korn/Strahl*, NWB 2006, 4182 = Fach 2, S. 9138.

Sonderbetriebsvermögen des Mitunternehmers bleiben und der „eintretende" Mitunternehmer seinen Anteil nicht binnen 5 Jahren veräußert oder aufgibt (§ 6 Abs. 3 Satz 2 EStG). Verletzt also der in das Unternehmen aufgenommene Erwerber die Frist, wird der Einbringende (der Veräußerer) steuerlich bestraft! Es empfiehlt sich daher z.B. der Vorbehalt eines Schenkungswiderrufs, sofern der Mitunternehmeranteil während der 5-jährigen Sperrzeit veräußert oder aufgegeben würde (vgl. Rdn. 4714, 3. Alt.).

Die „Sonderbetriebsvermögens-Lösung" wird häufig bei Grundstücken gewählt, die (zur Vermeidung der dadurch ausgelösten Grundbuch- und Notarkosten, auch angesichts der dann zwingenden Beurkundung des Gesellschaftsvertrages) der neu gegründeten Personengesellschaft lediglich zur Nutzung überlassen werden, dennoch aber Betriebsvermögen bleiben und daher bei der künftigen Übertragung des Gesamtbetriebes von diesen Privilegierungen profitieren können. Zu gesamthänderischem Eigentum eingebracht wird daher das Inventar, das Umlauf- und Geldvermögen zu Buchwerten, während der „Junior-Gesellschafter" (als nur bei Personengesellschaften taugliche Einlage i.S.d. § 718 Abs. 1 BGB) seine Arbeitskraft einbringt. Die Gegenstände und Verbindlichkeiten sind im Wege der Einzelrechtsnachfolge einzubringen; ein umgekehrter Haftungsausschluss der Gesellschafter für die Verbindlichkeiten des „Senior-Betriebes" bedarf der zeitnahen Eintragung und Bekanntmachung im Handelsregister (§ 28 Abs. 2 HGB). 4682

I.S.e. gleitenden Betriebsübergabe wird sodann der Gewinnverteilungsschlüssel (gem. § 734 BGB zugleich Liquidationsschlüssel), als Ausgleich für höhere Tätigkeitsbeiträge, zugunsten des Juniorpartners geändert und/oder ihm sukzessive Geschäftsanteile übertragen (Rdn. 3986), sodass insgesamt die Buchwerte fortgeführt werden. 4683

Anders ist die Interessenlage, wenn ein Einzelunternehmen in eine Personengesellschaft mit **familienfremden Beteiligten** eingebracht wird. Sind in einem Wirtschaftsgut (regelmäßig dem Betriebsgrundstück) besonders hohe stille Reserven vorhanden, wird der einbringende „Senior-Gesellschafter" häufig nicht wünschen, dass diese auch den familienfremden Mitgesellschaftern zugutekommen. Behält er das Betriebsgrundstück als sein Sonderbetriebsvermögen zurück, zählt dieses samt der darin enthaltenen stillen Reserven weiterhin allein zu seiner Mitunternehmerschaft. Wird es jedoch ins Gesamthandseigentum eingebracht, und soll der „Mehrwert" dem „Neu-Gesellschafter" nicht „entschädigungslos" zufließen, sind mehrere Gestaltungsalternativen denkbar: 4684

- Die Einbringung erfolgt in der Eröffnungsbilanz der Personengesellschaft gem. § 24 Abs. 2 Satz 1 UmwStG zu Teil- oder zumindest Zwischenwerten; die Sofortbesteuerung[689] der aufgedeckten stillen Reserven lässt sich durch eine negative Ergänzungsbilanz des Gesellschafters gem. § 24 Abs. 2 Satz 1 UmwStG, welche die Gesellschaftsbilanz selbst insoweit „zudeckt", vermeiden (Gleiches gilt gem. § 20 UmwStG auch bei der Einbringung eines Einzelunternehmens in eine Kapitalgesellschaft). 4685

- Erfolgt die Einbringung zu Buchwerten, können die stillen Reserven dadurch ausgeglichen werden, dass der Gewinnverteilungsschlüssel sich nicht nach der Höhe der Kapitalkonten 4686

---

[689] Gem. § 24 Abs. 3 Satz 3 UmwStG ist der Übertragungsgewinn nicht tarifbegünstigt und daher als gelaufener Gewinn zu versteuern, soweit der Einbringende selbst an der Personengesellschaft beteiligt ist, vgl. Rdn. 4687 f.

I (vgl. Rdn. 2216), sondern nach dem Verhältnis der Teilwerte des eingebrachten Gesellschaftsvermögens bemisst.

4687 • Alternativ kann schließlich im Fall der Übernahme zu Buchwerten zur Abgeltung der eingebrachten stillen Reserven ein „Gewinnvorab" für den Mehrwert im Umlauf- und Anlagevermögen gewährt werden (für die stillen Reserven im Anlagevermögen handelt es sich um Sondervergütungen i.R.d. einheitlichen gesonderten Gewinnfeststellung gem. § 180 Abs. 2 AO). Eine fixe Gewinn-Vorab-Regelung wird allerdings von der Finanzverwaltung mitunter[690] als ratenweise Zahlung eines Veräußerungsgewinns beurteilt, sodass ein variabler Gewinn-Vorab, z.B. gekoppelt an den Jahresgewinn oder in jährlich fallender Höhe, ratsam ist.

4. Entgeltliche Aufnahme einer natürlichen Person in ein Einzelunternehmen

4688 Die **entgeltliche** Einbringung eines Einzelunternehmens in eine Personengesellschaft vollzieht sich insb. im Rahmen einer **Sozietätsgründung durch Einbringung einer Einzelpraxis**[691] (zur unentgeltlichen Aufnahme einer natürlichen Person in ein Einzelunternehmen vgl. dagegen vorstehend Rdn. 4681 ff.). Sie kann in unterschiedlichen Gestaltungsvarianten mit je abweichenden Steuerfolgen durchgeführt werden:

a) Bargründung einer Personengesellschaft

4689 Leisten sowohl der „aufnehmende" als auch der „eintretende" Gesellschafter jeweils eine Bareinlage gemäß ihrer künftigen Beteiligungsquote und erwirbt sodann diese bar gegründete Personengesellschaft vom bisherigen Einzelunternehmer den Betrieb durch Bezahlung, liegt ein schlichtes Veräußerungsgeschäft vor, das beim Verkäufer zur Auflösung der stillen Reserven führt (Differenz der Buchwerte der anteilig veräußerten Wirtschaftsgüter zum darauf entfallenden Kaufpreis). Dieser Veräußerungsgewinn ist nicht gem. §§ 16, 34 EStG (Rdn. 4735 ff.) steuerbegünstigt: hinsichtlich desjenigen Anteils, zu dem er selbst an der erwerbenden Gesellschaft beteiligt ist, scheidet die Privilegierung gem. § 16 Abs. 2 Satz 3 EStG (bei Freiberuflern i.V.m. § 18 Abs. 3 Satz EStG) aus (keine Begünstigung der Veräußerung an sich selbst),[692] hinsichtlich des „tatsächlich veräußerten Anteils" deshalb, weil der Veräußerer seine (frei-)berufliche Tätigkeit im bisherigen örtlichen Wirkungskreis nicht eingestellt hat, sondern sie in der erwerbenden Gesellschaft weiterführt, sodass keine Betriebsaufgabe im Ganzen vorliegt.[693] Der Veräußerungsgewinn ist also zum vollen Steuersatz zu versteuern. Die Buchwertoption gem. § 24 UmwStG (Rdn. 4690) steht naturgemäß nicht zur Verfügung.

---

690 Gestützt etwa auf FG München, 30.11.1989, EFG 1990, 319.
691 Vgl. zum Folgenden umfassend *Schoor*, NWB 2010, 1916 ff.
692 BFH, 15.06.2004 – VIII R 7/01, BStBl. 2004 II, S. 754.
693 BFH, 29.05.2008 – VIII B 166/07, BFH/NV 2008, 1478.

b) Einbringungsvorgang gem. § 24 UmwStG

Erfolgt die Einbringung eines Unternehmens (bzw. einer freiberuflichen Einzelpraxis)[694] in eine Personengesellschaft gegen Gewährung (zumindest auch)[695] von Gesellschaftsrechten, ohne dass Zuzahlungen in das Privatvermögen des Einbringenden erbracht werden, eröffnet § 24 UmwStG – obwohl eigentlich ein veräußerungsähnliches Tauschgeschäft vorliegt – die Wahlmöglichkeit zur Einbringung zu Buch- oder Zwischenwerten anstelle des an sich anzusetzenden gemeinen Werts.

4690

Beispiel:

4691

Der bisherige Einzelunternehmer bringt sein Unternehmen als Sacheinlage ein, der „Beitretende" das Äquivalent seiner Beteiligung am künftigen Gesamtunternehmen in Geld (d.h. bei einem Wert des Einzelunternehmens 300.000,00 €: Einzahlung von ebenfalls 300.000,00 €, bei künftig je hälftiger Beteiligung beider): § 24 UmwStG ist erfüllt. Zahlt stattdessen bei den vorgenannten Wertverhältnissen der „Eintretende" lediglich 150.000,00 € in das Privatvermögen des Einbringenden (mit wirtschaftlich gleichem Ergebnis), ist § 24 UmwStG nicht erfüllt, s. zu dieser Alternative unten Rdn. 4699.

Sind die Voraussetzungen des § 24 UmwStG erfüllt, kann die Gesellschaft anstelle des nach § 24 Abs. 2 Satz 1 UmwStG grds. geltenden Ansatzes der Wirtschaftsgüter mit dem gemeinen Wert (Verkehrswert) alternativ die Fortführung der Buchwerte oder den Ansatz von Zwischenwerten wählen. Bei der Wahl des Verkehrswertes findet insgesamt, bei der Wahl eines Zwischenwertes z.T. eine Aufdeckung der stillen Reserven statt, da der Ansatz in der Bilanz der Personengesellschaft einschließlich der Ergänzungsbilanzen für die Gesellschafter für den Einbringenden als Veräußerungspreis gilt (§ 24 Abs. 3 Satz 1 UmwStG).

4692

Für den „Einbringungsgewinn" i.H.d. Differenz zwischen dem Kapitalkonto des Einbringenden nach der Einbringung (**Verkehrswerte**) und vor der Einbringung (Buchwert der Praxis) gilt die Steuerbegünstigung der §§ 16, 34 EStG, vgl. § 24 Abs. 3 Satz 2 UmwStG, ohne dass es auf die tatsächliche Aufgabe des Betriebs (Nichtfortführung der Tätigkeit, wie oben im Fall a) erforderlich) ankäme. Allerdings gilt gem. § 24 Abs. 3 Satz 3 UmwStG der vorerwähnte § 16 Abs. 2 Satz 3 EStG entsprechend, d.h. die Tarifbegünstigung entfällt für die Quote, in welcher der Einbringende an der aufnehmenden Personengesellschaft beteiligt ist (im vorstehenden Beispiel Rdn. 4691 also zur Hälfte). Dieser hälftige Einbringungsgewinn wird also wie ein laufender Gewinn besteuert. Für den begünstigten (im Beispiel hälftigen) Restanteil gilt wahlweise die Fünftel-Regelung des § 34 Abs. 1 EStG oder auf Antrag der reduzierte Tarif i.H.v. 56 % des durchschnittlichen Steuersatzes, mindestens jedoch 15 %, § 34 Abs. 3 EStG, sowie der Freibetrag nach § 16 Abs. 4 EStG (i.H.v. 45.000,00 €), vgl. Rdn. 4735 ff.

4693

Auch diejenigen Wirtschaftsgüter des bisherigen Einzelunternehmens, die bei der aufnehmenden Personengesellschaft lediglich Sonderbetriebsvermögen (vgl. Rdn. 4466 ff.) werden, müssen dann mit demselben (hier: gemeinen) Wert angesetzt werden; der dabei entstehende Einbringungsgewinn ist allerdings nicht tarifbegünstigt.[696]

4694

---

694 BFH, 05.04.1984 – IV R 88/80, BStBl. 1948 II, S. 518, selbst wenn Gewinnermittlung durch Einnahmen-Überschuss-Rechnung erfolgt.
695 Die Gewährung weiterer Leistungen stört gem. BFH, 24.06.2009 – VIII R 13/07, BStBl. 2009 II, S. 993, nicht, solange sie nicht in einer Zuzahlung in das Privatvermögen des Einbringenden besteht.
696 BFH, 21.09.2000 – IV R 54/99, BStBl. 2001 II, S. 178.

4695 Wurde der Gewinn bisher durch Einnahmen-Überschuss-Rechnung gem. § 4 Abs. 3 EStG ermittelt, muss nach Ansicht des BFH[697] und der Finanzverwaltung[698] für die Zwecke der Einbringung eine „Übergangsbilanz" gem. § 4 Abs. 1 EStG erstellt werden.

4696 Für die Anwendung des § 24 UmwStG ist es unschädlich, wenn Gegenstände, die nicht zu den wesentlichen Grundlagen des bisherigen Betriebs gehören, zurückbehalten werden, sei es als restliches Betriebsvermögen (sodass nachträgliche Praxiseinkünfte entstehen) oder als Privatvermögen. Nichtwesentliche Betriebsgrundlagen sind die übliche Büroeinrichtung und der Fuhrpark sowie die Forderungen und Verbindlichkeiten des bisherigen Betriebs, z.B. Forderungen aus erbrachten freiberuflichen Leistungen.[699] Wesentliche Betriebsgrundlagen sind jedoch typischerweise Grundbesitz sowie der Mandantenstamm/Goodwill.

4697 Wird stattdessen die Einbringung zu **Buchwerten** gewählt, entfällt die (ggf. gemilderte) Versteuerung eines Einbringungsgewinns, andererseits wird aber auch kein zusätzliches Abschreibungspotenzial geschaffen. Bilanziell kann entweder so vorgegangen werden, dass in der Steuerbilanz der Personengesellschaft die Buchwerte angesetzt werden, für den die Bareinlage einbringenden Gesellschafter jedoch eine positive Ergänzungsbilanz (Rdn. 2246) aufgestellt wird, oder aber der Ansatz der gemeinen Werte in der Steuerbilanz der Gesellschaft durch eine korrespondierende negative Ergänzungsbilanz für den die Praxis einbringenden Gesellschafter neutralisiert wird.[700]

4698 Wird schließlich der Ansatz zu einem **Zwischenwert** gewählt, etwa um eine optimale Verlustnutzung zu erreichen, ist allerdings der (entsprechend reduzierte) Veräußerungs- bzw. Einbringungsgewinn des bisherigen Einzelunternehmers in vollem Umfang und zum normalen Steuersatz steuerpflichtig, die Tarifvergünstigungen nach §§ 16, 34 EStG können hierfür nicht gewährt werden.[701]

c) **Einbringung außerhalb des § 24 UmwStG**

4699 Erfolgt die Einbringung ohne Einhaltung der Voraussetzungen des § 24 UmwStG, also insb. unter Leistung von Zuzahlungen in das Privatvermögen des Einbringenden, wird Letzterer so behandelt, wie wenn er einen rechnerischen Mitunternehmeranteil an der Personengesellschaft, die eine logische Sekunde vor der Weiterübertragung entstanden ist, entgeltlich veräußert hätte. Es entsteht demnach ein Veräußerungsgewinn i.H.d. Differenz zwischen der Zuzahlung in das Privatvermögen und den Buchwerten der anteilig übertragenen Wirtschaftsgüter des Betriebsvermögens (im Beispiel oben Rdn. 4691, bei einer Zuzahlung von 150.000,00 € und künftig je hälftiger Beteiligung an der Personengesellschaft, welcher Wirtschaftsgüter im Buchwert von gesamt 100.000,00 € zugutekommen, entsteht also ein Veräußerungsgewinn von 150.000,00 € minus 50.000,00 € = 100.000,00 €). Dieser Veräußerungsgewinn unterliegt stets dem regulären Steuersatz, da gem. § 16 Abs. 1 Satz 1 Nr. 2 EStG die Veräußerung eines Teil-Mitunternehmeran-

---

697 BFH, 05.04.1984 – IV R 88/80, BStBl. 1948 II, S. 518, selbst wenn Gewinnermittlung durch Einnahmen-Überschuss-Rechnung erfolgt.
698 R 4.5 Abs. 6 EStR.
699 BFH, 01.08.2007 – XI R 47/06, BStBl. 2008 II, S. 106, a.A. jedoch die Finanzverwaltung: OFD Karlsruhe, 08.10.2007.
700 Zu beiden Bilanzierungsmethoden mit Beispielen vgl. *Schoor*, NWB 2010, 1922 ff.
701 BFH, 26.02.1981 – IV R 98/79, BStBl. 1981 II, 568.

teils nicht begünstigt ist, sondern lediglich die Veräußerung des gesamten Mitunternehmeranteils (steuerlich wird er also so behandelt, wie wenn in der logischen Sekunde der Einbringung eine Ein-Personen-Personengesellschaft entstanden wäre).

Für den beitretenden Gesellschafter stellt die Zuzahlung jedoch Anschaffungskosten auf seinen erworbenen hälftigen Mitunternehmeranteil dar, den er abschreiben kann, je nachdem auf welche Wirtschaftsgüter der Kaufpreis entfällt (hinsichtlich des Goodwill erfolgt i.d.R. eine Abschreibung binnen 6 bis 10 Jahren,[702] da der bisherige Inhaber weiter mitarbeitet, andernfalls innerhalb von 3 bis 5 Jahren).[703] 4700

Buchungstechnisch wird der Mehrwert aufgrund der Zuzahlung in einer sog. „Ergänzungsrechnung" zur Einnahmen- und Überschussrechnung der Personengesellschaft (GbR/Partnerschaft) ausgewiesen bzw. in einer Ergänzungsbilanz (Rdn. 2246) im Fall der Bilanzierung.[704] 4701

5. Unentgeltliche Übertragung eines Mitunternehmeranteils

§ 6 Abs. 3 Satz 1 Halbs. 1 EStG[705] erlaubt schließlich die unentgeltliche[706] und damit zum Buchwert erfolgende Übertragung eines **Mitunternehmeranteils**, solange auch alle Wirtschaftsgüter des Sonderbetriebsvermögens, die für die Mitunternehmerschaft funktional wesentlich sind (also jedenfalls zur Nutzung dauerhaft überlassene Wirtschaftsgüter und der Komplementäranteil, vgl. Rdn. 5144), mitübertragen werden. 4702

Wird solches Sonderbetriebsvermögen (SBV) im Eigentum zurückbehalten oder im Erbwege anders als der Mitunternehmeranteil übertragen[707] und handelt es sich beim SBV um funktional wesentliche Betriebsgrundlagen (Rdn. 4668), liegt eine Aufgabe des gesamten Mitunternehmeranteils i.S.d. § 16 Abs. 3 Satz 1 EStG vor mit der katastrophalen Folge der Versteuerung aller stillen Reserven im Gesellschaftsanteil und im Sonderbetriebsvermögen (allenfalls, einmalig bei Erwerbsunfähigkeit oder Vollendung des 55. Lebensjahres, tarifbegünstigt gem. § 34 Abs. 2 EStG).[708] Diese schlimme Folge tritt oft von Todes wegen ein, wenn im KG-Vertrag eine unmittelbare oder eine qualifizierte Nachfolgeklausel enthalten ist, sodass Sonderrechtsnachfolge eintritt, während der im Privatvermögen stehende Grundbesitz in den allgemeinen Nachlass fällt:[709] 4703

---

702 BMF-Schreiben v. 15.01.1995, BStBl. 1995 I, S. 14; BFH, 24.02.1994 – IV R 33/93, BStBl. 1994 II, 590.
703 BFH, 28.09.1993 – VIII R 67/92, BStBl. 1994 II, 449.
704 Vgl. *Schoor*, NWB 2010, 1929, auch zur Frage, ob insoweit eine Übergangs- bzw. Einbringungsbilanz erforderlich ist, selbst wenn dann sofort wieder zu § 4 Abs. 3 EStG übergegangen wird (nach Ansicht der Finanzverwaltung ja, die Ansicht des BFH ist noch offen).
705 Vgl. hierzu insb. BMF-Schreiben v. 03.03.2005, BStBl. 2005 I, S. 458.
706 Die Übernahme von betrieblichen oder aus der Anschaffung des Sonderbetriebsvermögens herrührenden Verbindlichkeiten stellt keine Gegenleistung dar, ebenso wenig eine Übertragung gegen Versorgungsleistungen, Rdn. 4955.
707 Dies ist z.B. der Fall, wenn im KG-Vertrag eine unmittelbare bzw. eine qualifizierte Nachfolgeklausel enthalten ist, sodass Sonderrechtsnachfolge eintritt, während der im Privatvermögen stehende Grundbesitz in den allgemeinen Nachlass fällt. Diese Nachteile werden vermieden, wenn der kraft Gesellschaftsrecht zum Nachfolger Bestimmte zugleich Alleinerbe ist, oder wenn das Gesellschaftsrecht in Gestalt einer „einfachen Nachfolgeklausel" sich dem Erbrecht unterordnet.
708 Vergleichbar dem ungewollt sich vollziehenden Anschaffungsvorgang bei der Beendigung einer Betriebsaufspaltung, sowie bei der Erbauseinandersetzung gegen Abfindung aus dem sonstigen Vermögen, Rdn. 4641.
709 Vgl. Tz. 23 Satz 2 und Tz. 5 des BMF-Schreibens v. 03.03.2005, BStBl. 2005 I, S. 458.

anteilige Entnahme des Sonderbetriebsvermögens, sofern es auf nicht den Mitunternehmeranteil erwerbende Miterben fällt; diese Teilentnahme – steuerpflichtig in der Person des Erblassers – ist nicht i.S.d. §§ 16, 34 EStG tarifbegünstigt, aber auch nicht gewerbesteuerpflichtig.[710] Zur Vermeidung dieser Folgen vgl. Rdn. 4614 (Alleinerbenmodell etc.).

4704 Dieselbe Folge der (ungewollten) Auflösung aller stillen Reserven tritt aufgrund lebzeitiger Übertragungen ein, bspw. in der Land- und Forstwirtschaft, wenn der „Altbauer" lediglich seinen Anteil an der landwirtschaftlichen „Vater/Sohn-BetriebsGbR" überträgt, nicht jedoch den an diese verpachteten, land- und forstwirtschaftlichen Grundbesitz, also das SBV.[711] Es würde auch nicht helfen, das funktional wesentliche Sonderbetriebsvermögen gewinnneutral in eine andere Personengesellschaft einzubringen.[712] Sofern das weitere Erzielen von Erträgen durch Fortsetzung der Vermietung an die Personengesellschaft im Vordergrund steht, kann dem Übergeber möglicherweise die Übertragung des SBV unter Rückbehalt eines Nießbrauches[713] nahegebracht werden.

4705 Andernfalls kann die Situation ggf. gerettet werden als Betriebsverpachtung[714] des Vaters an den Sohn (R 139 Abs. 5 EStR: Verpächterwahlrecht bis zu einer ausdrücklichen und unmissverständlichen Aufgabehandlung: Rdn. 4784), oder der väterliche Grundbesitz kann zuvor gem. § 6 Abs. 5 EStG in ein neues Betriebsvermögen des Vaters überführt werden, entweder ohne Rechtsträgerwechsel (als SBV einer neuen Mitunternehmerschaft) oder z.B. durch Übertragung in eine gewerblich geprägte Personengesellschaft (Rdn. 4480) unter (zwingender) Buchwertfortführung nach § 6 Abs. 5 Satz 3 EStG (Modelle: mitunternehmerische Betriebsaufspaltung[715] sowie Ausgliederungsmodell).[716] **Aus Sonderbetriebsvermögen wird somit Betriebsvermögen** der gewerblich geprägten Personengesellschaft (s.a. Rdn. 4613). Ist das einzubringende Sonderbetriebsvermögen jedoch belastet, läge in der Übernahme dieser Verbindlichkeiten durch

---

710 BFH, 15.03.2000 – VIII R 51/98, ZEV 2000, 244; vgl. auch *Geck*, ZEV 2005, 196, 200.
711 Vgl. Schreiben des BMF v. 09.11.2005 zur Anwendung des BMF-Schreibens v. 03.03.2005 zu § 6 Abs. 3 EStG (BStBl. 2005 I, S. 458) in der Land- und Forstwirtschaft.
712 BFH, 06.05.2010 – IV R 52/08, ErbStB 2010, 259.
713 *B. Meyer/Hartmann*, INF 2006, 829. Anders als im Sachverhalt Rdn. 4508 (Rückbehalt eines Nießbrauchs bei der Übertragung eines unmittelbaren Betriebsgrundstücks) liegt wohl auch in der Nießbrauchsvereinbarung keine Entnahme zu betriebsfremden Zwecken, da das Wirtschaftsgut weiterhin im Funktionszusammenhang zum Betrieb steht und die Besteuerung der stillen Reserven beim Erwerber sichergestellt ist, vgl. BFH, 26.11.1998 – IV R 39/98, BStBl. 1998 II, S. 263. Stirbt der Nießbraucher, vollzieht sich dies in den Sonderbilanzen steuerneutral, BFH, 16.12.1988 – III R 113/85, BStBl. 1989 II, S. 763.
714 Nach Ansicht des BMF bestehen allerdings Bedenken am Bestand eines verpachteten, ruhenden Gewerbebetriebes, wenn sich in der auf den Sohn übertragenen GbR-Beteiligung ebenfalls wesentliche Betriebsgrundlagen (Maschinen) befanden.
715 BFH, DStR 1998, 238: zur Vermeidung der Entstehung von Sonderbetriebsvermögen wird dieses zu Lebzeiten in eine neu zu gründende Schwester-Personengesellschaft eingebracht zu Buchwerten gem. § 6 Abs. 5 Satz 3 Nr. 2, 2. Alt. EStG 2001: *Tiedtke*, NotRV 2004, S. 143 ff.; *Brandenberg*, NWB 2008, 4300 ff. = Fach 3, S. 15330 ff. Eine mitunternehmerische Betriebsaufspaltung bildet sich gem. BFH, 18.08.2005 – IV ZR 59/04, BStBl. 2005 II, S. 830 auch, wenn das Grundstück im Miteigentum von A und B gehalten wird, es ist damit Sonderbetriebsvermögen einer „besitzlosen Willensbildungs-GbR", die es ihrerseits der Betriebsgesellschaft (z.B. A-B oHG) im Rahmen einer Betriebsaufspaltung überlässt, vgl. BMF v. 07.12.2006, DStR 2006, 2314.
716 *Schmidt*, EStG, 27. Aufl. 2008, § 15 Rn. 227: Übertragung in das Gesamthandsvermögen einer gewerblich geprägten GmbH & Co. KG gegen Gewährung von Gesellschaftsrechten, § 6 Abs. 5 Satz 3 Nr. 1 EStG. Als solche gilt auch die Gutschrift auf einem Konto der aufnehmenden Gesellschaft, das keine Verzinsung aufweist, sondern Eigenkapitalcharakter hat: BMF v. 26.11.2004, BStBl. 2004 I, S. 1190; *Crezelius*, DB 2004, 397.

C. Steuerliche Folgen der Übertragung des Wirtschaftsguts selbst

die Gesellschaft eine Gegenleistung, da dem Einbringenden neben der Gewährung von Gesellschaftsrechten weitere Leistungen erbracht werden (mit der Folge eines insoweit entgeltlichen Vorgangs, also der Aufdeckung etwaiger stiller Reserven). In diesem Fall sollte lediglich der Aktivwert übergehen; die Verbindlichkeiten bleiben weiter in der Sonderbilanz passiviert[717] und berechtigen, da sie mit der Beteiligung im Zusammenhang stehen, weiterhin zum Schuldzinsabzug.

Wird sodann, nach buchwertbegünstigter Übertragung des Sonderbetriebsvermögens z.B. an eine GmbH & Co. KG desselben Beteiligten, zeitnah[718] allein der verbleibende Mitunternehmeranteil der „Zielgesellschaft" übertragen, sieht die Finanzverwaltung[719] in Anwendung (Verkennung?)[720] der „**Gesamtplanrechtsprechung**" (Rdn. 4437)[721] wirtschaftlich wiederum lediglich die Übertragung der unvollständigen Mitunternehmerstellung, sodass die stillen Reserven (allerdings nur im Gesellschaftsanteil, nicht im weiterhin steuerverhafteten früheren Sonderbetriebsvermögens-Wirtschaftsgut) zu versteuern sind, und zwar als laufender Gewinn (keine Betriebsaufgabe, daher keine Tarifermäßigung).   4706

Sollte der „Rückbehalt" in erster Linie der weiteren Versorgung des Eigentümers des Sonderbetriebsvermögens dienen (der Einkünfte aus der Vermietung z.B. dieser Immobilie erzielen möchte) könnte als Alternativstrategie auch die Übertragung des gesamten Mitunternehmeranteils (samt SBV) gegen Versorgungsrente erfolgen, oder es wird lediglich ein Teilmitunternehmeranteil übertragen, unter zulässigem Rückbehalt des SBV[722] (Rdn. 4712). Möglicherweise ist auch die Mitübertragung des SBV unter Nießbrauchsvorbehalt[723] ausreichend (das Erfordernis synchroner Mitübertragung des SBV dürfte erfüllt sein, obwohl nicht der neue Gesellschafter, sondern der Nießbraucher den Gebrauch überlässt;[724] andererseits findet wohl eine gewinnrealisierende Entnahme des Nutzungsrechtes durch den Veräußerer statt).[725]   4707

---

717   Handelsrechtlich werden die Kapitalkonten entsprechend der tatsächlichen Beiträge der Gesellschafter angepasst; steuerrechtlich wird, um eine zutreffende Darstellung der Beteiligung am Kapital zu gewährleisten, i.d.R. der Teilwert angesetzt und der Aufstockungsgewinn durch eine Ergänzungsbilanz neutralisiert.

718   Wohl bei weniger als einem Jahr, vgl. BFH, 16.09.2004 – IV R 11/03, BStBl. 2004 II, S. 1068; die Fünf-Jahres-Frist des § 6 Abs. 3 Satz 2 EStG ist sicherlich die Obergrenze.

719   BMF-Schreiben v. 03.03.2005, BStBl. 2005 I, S. 458 Tz. 7; zur Rechtslage vor § 6 Abs. 5 Satz 3 EStG auch BFH, 06.05.2010 – IV R 52/08, EStB 2010, 280 m. Anm. *Demuth*; a.A. *Geck*, ZEV 2005, 196.

720   Die Gesamtplandoktrin, Rdn. 4436 ff., wurde vom BFH (BStBl. 2001 II, S. 229) für entgeltliche Vorgänge entwickelt, vgl. *Fuhrmann*, ErbStB 2005, 124. Unklar ist ferner, warum die Buchwertfortführung versagt werden soll, wenn sowohl der vorgelagerte Ausgliederungsschritt gem. § 6 Abs. 5 Satz 3 Nr. 1 bzw. 2 EStG als auch die Übertragung des Mitunternehmeranteils gem. § 6 Abs. 3 EStG zwingend steuerneutral erfolgen.

721   Umfassende Darstellung des Meinungsstandes bei *Brandenberg*, NWB 2008, 4294 ff. = Fach 3, S. 15324 ff.

722   Davon abzuraten ist allerdings, das SBV ebenfalls teilweise (unterquotal) auf den Übernehmer zu übertragen: es entsteht eine mitunternehmerische Betriebsaufspaltung (das Grundstück ist als SBV nunmehr der „Besitzgesellschaft", z.B. einer Bruchteilsgemeinschaft, zugeordnet, nicht mehr der Betriebsgesellschaft), sodass § 6 Abs. 3 Satz 2 EStG nicht anwendbar ist und eine Zwangsrealisierung der im (Rest-) KG enthaltenen stillen Reserven stattfindet.

723   Vorausgesetzt der Nießbraucher bleibt Mitunternehmer (Rdn. 1253, Rdn. 4520 ff.); andernfalls stellen die Gewinnausschüttungen an den Nießbraucher (neben der Übernahme der im Betriebsvermögen vorhandenen Verbindlichkeiten) eine Gegenleistung dar, die – nachdem Verrechnung mit den Buchwerten stattgefunden hat – nach dem Zuflussprinzip zu versteuern sind, vgl. *Demuth* EStB 2010, 282.

724   *Binz/Mayer*, DB 2001, 2316, 2319.

725   Vgl. *Brandenberg*, NWB 2008, 4298 = Fach 3, S. 15328.

4708 Ferner ist die 3-jährige „Sperrfrist" des § 6 Abs. 5 Satz 4 EStG zu beachten (rückwirkender Teilwertansatz beim Einbringenden, sofern der Erwerber weiterveräußert oder entnimmt!), Rdn. 4767, sowie die Körperschaftsklausel des § 6 Abs. 5 Satz 5, 6 EStG binnen einer Überwachungsfrist von 7 Jahren zur Vermeidung unangemessener Vorteile aufgrund des Teileinkünfteverfahrens (§ 3 Nr. 40 EStG, Rdn. 4768).

4709 Der Rückbehalt funktional[726] **unwesentlichen (Sonder-) Betriebsvermögens** zwecks Überführung in das Privatvermögen oder in ein anderes Betriebsvermögen (§ 6 Abs. 5 EStG) ist unschädlich, § 6 Abs. 3 Satz 1 EStG bleibt also anwendbar.[727]

4710 Sind die Voraussetzungen des § 6 Abs. 3 EStG erfüllt (unentgeltliche Übertragung, d.h. kein zusätzliches Entgelt neben der Übernahme des negativen Kontos, das seinerseits geringer ist als der Anteil an den stillen Reserven einschließlich Geschäftswert),[728] geht auch das **negative Kapitalkonto** eines Kommanditanteils (§ 15a EStG[729] – also ausgleichs- und abzugsfähige Verlustanteile, aber auch lediglich verrechenbare Verlustanteile nach § 15a Abs. 2 oder Abs. 3 Satz 4 EStG)[730] auf den Erwerber über,[731] ebenso wie beim Übergang von Todes wegen.[732]

4711 Liegt eine **teilentgeltliche Übertragung** vor (da ein zusätzliches Entgelt, z.B. Gleichstellungszahlung – oben Rdn. 4671 – gezahlt wird, wobei jedoch negatives Konto und Entgelt in der Summe noch unter dem Anteil an den stillen Reserven samt Firmenwert bleiben), entstehen Veräußerungsgewinn bzw. Anschaffungskosten i.H.d. Differenz zwischen dem zusätzlichen Entgelt und dem negativen Kapitalkonto,[733] die in einer Ergänzungsbilanz (beim Erwerb durch alle Kommanditisten in der Steuerbilanz der KG) zu aktivieren sind. Ist das übernommene negative Kapitalkonto höher als die anteiligen stillen Reserven, plädiert die Literatur[734] dafür, lediglich i.H.d. anteiligen stillen Reserven eine unentgeltliche Übertragung zu sehen, sodass in der Übernahme des restlichen negativen Kontos ein Gewinn läge, der als Ausgleichsposten in der Ergänzungsbilanz zu aktivieren wäre.

6. Unentgeltliche Übertragung eines Teils eines Mitunternehmeranteils

4712 § 6 Abs. 3 Satz 1 Halbs. 2 EStG erlaubt schließlich (seit 2002) die unentgeltliche Übertragung eines **Teils eines Mitunternehmeranteils**. Behält der Veräußerer Sonderbetriebsvermögen zurück (unterquotale Übertragung), ist dies unschädlich, da er – wenn auch mit geringerer Quote – wei-

---

726 Anders als in §§ 16 Abs. 3, 18 Abs. 3 und 14 EStG gilt hier (wie auch im Umwandlungsteuerrecht) nicht die sog. funktional-quantitative Betrachtungsweise, die Höhe der enthaltenen stillen Reserven ist also unmaßgeblich, vgl. Tz. 3 des BMF-Schreibens v. 03.03.2005, DStR 2005, 475.
727 Tz. 8, 19 des BMF-Schreibens v. 03.03.2005, DStR 2005, 475.
728 Vgl. BMF, 11.03.2010 – IV C 3 – S 2221/09/10004, BStBl. 2010 I 227 Tz. 5.
729 Vgl. hierzu OFD Frankfurt am Main, 04.04.2007 – S 2241a A-11-St213, ESt-Kartei § 15a Karte 8; *Paus*, EStB 2010, 428 ff.
730 BFH, 10.03.1998 – VIII R 79/96, BStBl. 1999 II, S. 269.
731 Ausnahme seit dem JStG 2009: gewerbesteuerlicher Verlustvortrag einer Mitunternehmerschaft geht gem. § 10 Satz 10 Halbs. 2 GewStG i.V.m. § 8c KStG verloren, soweit an ihr unmittelbar oder mittelbar eine Kapitalgesellschaft beteiligt ist, vgl. *Honert/Obser*, EStB 2009, 404 ff.
732 Vgl., auch zum folgenden *Koblenzer*, ZEV 2006, 401.
733 Vgl. BFH, 28.07.1994 – IV R 53/91, BStBl. 1995 II, S. 112.
734 Vgl. *Schmidt/Wacker*, EStG, 27. Aufl. 2008, § 15a Rn. 232.

terhin Mitunternehmer geblieben ist (§ 6 Abs. 3 Satz 2 EStG).[735] Auch §§ 13a, 19a ErbStG sollen anwendbar bleiben.[736] Die Buchwertfortführung entfällt allerdings auch insoweit rückwirkend, wenn der Rechtsnachfolger den übernommenen Teil des Mitunternehmeranteils[737] innerhalb von 5 **Jahren** auch nur teilweise[738] entgeltlich veräußert[739] oder aufgibt[740] – damit sind rückwirkend beim damaligen Schenker die Teilwerte anzusetzen, sodass ein (mangels Komplettübertragung nicht tarifbegünstigter)[741] Veräußerungsgewinn bzgl. der stillen Reserven des übertragenen Gesellschaftsanteils in der Person des damaligen Schenkers entsteht, ebenso (bei der betroffenen Gesellschaft) Gewerbesteuer, § 7 Abs. 2 GewStG e contrario, während der damals Beschenkte rückwirkend davon profitiert, dass ihm Anschaffungskosten i.H.d. damaligen Teilwerts zugutekommen, sodass sich sein steuerlicher Weiterveräußerungsgewinn entsprechend reduziert. Der **damalige Schenker wird** also für ein von ihm an sich nicht beeinflussbares Verhalten des Beschenkten „**bestraft**". Der Erwerber eines Teils eines Mitunternehmeranteils sollte sich daher bei disquotaler Übertragung des Sonderbetriebsvermögens dazu verpflichten, Weiterübertragungen nur im Einvernehmen mit dem damaligen Veräußerer vorzunehmen, widrigenfalls die entstehende Steuerbelastung zu ersetzen.[742]

Formulierungsvorschlag: Verfügungsunterlassungs- und Nachzahlungspflicht bei Übertragung von Mitunternehmerteilanteilen

4713

Die Übertragung des Teils eines Kommanditanteils erfolgt nach Buchwerten gemäß § 6 Abs. 3 Satz 1 EStG, allerdings ohne das sog. Sonderbetriebsvermögen. Sofern der Erwerber den Anteil binnen fünf Jahren veräußert oder aufgibt, kommt es rückwirkend zu einer Gewinnrealisierung beim Veräußerer (§ 6 Abs. 3 Satz 2 EStG). Sofern infolgedessen nachträglich beim Veräußerer eine Steuerschuld entsteht, verpflichtet sich der Erwerber bereits heute, die zusätzlich anfallenden Steuerbeträge, einschließlich Kirchensteuer und Solidaritätszuschlag, in vollem Umfang zu übernehmen, also den Veräußerer insoweit von jeder

---

735 Vgl zum folgenden Überblick bei *Levedag*, GmbHR 2011, 855, 857 ff.
736 OFD Berlin, III B 15 S3812a – 3/01, ErbStB 2003, 10, auch zur abweichenden Literaturmeinung *Wendt*, FR 2002, 133 f. R 51 Abs. 3 ErbStR 2003 wurde entsprechend angepasst.
737 Für den Verbleib des beim Veräußerer etwa zurückbehaltenen Sonderbetriebsvermögens in der Restmitunternehmerschaft existiert jedoch keine zeitliche Mindestfrist, vgl. *Wendt*, FR 2005, 468.
738 BMF-Schreiben v. 03.03.2005, BStBl. 2005 I, S. 458 Tz. 11 (zweifelhaft; allerdings verwendet § 6 Abs. 3 Satz 2 EStG in der Tat das Wort „sofern", nicht „soweit").
739 Maßgeblich ist der Übergang von Besitz, Nutzungen und Lasten (*Wälzholz*, MittBayNot 2006, 119), sodass beim (empfehlenswerten) Rückforderungsvorbehalt für den Fall des Abschlusses eines Weiterveräußerungsgeschäftes durch rasche Durchsetzung der (steuerschädliche) Besitzübergang gar nicht erst eintreten sollte.
740 Gem. BMF-Schreiben v. 03.03.2005, BStBl. 2005 I, S. 458 Tz. 13, ebenso OFD Rheinland v. 18.12.2007, GmbHR 2008, 168 (sachliche Billigkeitsregelung) liegt ein solcher schädlicher Vorgang erfreulicherweise nicht in Einbringungsvorgängen, die unter das Umwandlungsteuergesetz fallen, sofern der Charakter des bisherigen Sonderbetriebsvermögens als Betriebsvermögen aber erhalten bleibt (also z.B. bei einer nunmehrigen GmbH, die kein Sonderbetriebsvermögen mehr kennt, durch vorherige Übertragung des Grundstücks in das Gesamthandsvermögen der GmbH & Co. KG oder durch eine Betriebsaufspaltung).
741 § 16 Abs. 1 Satz 2 i.V.m. Abs. 3 EStG.
742 Formulierungsvorschläge für Informations- und Nachzahlungsklausel: *Wachter*, ErbStB 2003, 69; allgemein zu den einschlägigen Sachverhalten steuerlicher „Sperrfristen" (§§ 6 Abs. 3 EStG: unentgeltliche Vermögensübertragungen – 5 Jahre; § 6 Abs. 5 EStG: Vermögensübertragung bei Mitunternehmerschaften – 3 bzw. 7 Jahre; § 16 Abs. 3 EStG: Realteilung – 3 Jahre; §§ 13a/19a ErbStG: 5 Jahre); *Wachter*, ErbStB 2003, 20 ff. sowie *Spiegelberger*, MittBayNot 2002, 356 ff.

Haftung freizustellen bzw. ihm diese gegen Nachweis zu erstatten. Auf Sicherung dieser Verpflichtung, etwa durch Bürgschaft oder Verpfändung des übertragenen Anteils, wird trotz Hinweises des Notars verzichtet.

4714 Hinsichtlich der Absicherung dieser Unterlassungspflicht sind verschiedene Alternativen denkbar:

Formulierungsvorschlag: „Sanktionen" bei Verstoß gegen ertragsteuerliche Sperrklausel

Sollte der Erwerber einer seiner vorstehenden Verpflichtungen zuwiderhandeln,

(**Alternative 1**) verpflichtet er sich bereits heute, dem Veräußerer jegliche steuerliche Zusatzbelastung, samt gegebenenfalls Kirchensteuer und Solidaritätszuschlag, in vollem Umfang und vorbehaltlos unverzüglich gegen Nachweis zu erstatten. Auf Sicherung dieser Erstattungspflicht, etwa durch Sicherungshypothek oder Stellung einer Bürgschaft, wird trotz Hinweises des Notars verzichtet.

(**Alternative 2, zusätzliche Sanktionen**) verpflichtet er sich zur Leistung einer Vertragsstrafe in Höhe von bis zu ..... €, sofern die Verletzung schuldhaft erfolgte. Die Höhe der Vertragsstrafe ist durch den Steuerberater des Veräußerers nach billigem Ermessen, insbesondere unter Berücksichtigung der Schwere der Pflichtverletzung festzusetzen. Das aufgrund der Vertragsstrafe Geleistete ist auf einen etwaigen vertraglichen Ausgleichs- bzw. Erstattungsanspruch anzurechnen, jedoch nicht auf diesen begrenzt.

(**Alternative 3**) ist der Veräußerer jederzeit berechtigt, die Rückübertragung des vertragsgegenständlichen Betriebsgrundstücks auf sich zu verlangen, sofern die Veräußerung oder Entnahme ohne vorherige schriftliche Zustimmung des Veräußerers stattgefunden hat.

(*Anm.: Es folgen Regelungen zur Ausgestaltung der Rückabwicklung und zur dinglichen Sicherung durch Vormerkung, ähnlich der Rückforderung bei unerlaubter Verfügung, Rdn. 1956*).

4715 Im umgekehrten Fall einer **überquotalen Übertragung von Sonderbetriebsvermögen** mit einem Teil des Mitunternehmeranteils (z.B. Personengesellschaftsbeteiligung wird zur Hälfte, Sonderbetriebsvermögen zu drei Vierteln übertragen)[743] ist die Buchwertfortführung bei Unentgeltlichkeit hinsichtlich des quotenentsprechenden Anteils gem. § 6 Abs. 3 EStG gesichert. Für den überquotalen Anteil ist die Buchwertfortführung gem. § 6 Abs. 5 Satz 3 EStG möglich, sofern keine Verbindlichkeiten übertragen werden (diese sollten also insgesamt beim Schenker zurückbleiben, der die Schuldzinsen auch weiterhin als Werbungskosten in voller Höhe absetzen kann). Dieser überquotale Anteil unterliegt einer abweichenden Haltefrist von 3 Jahren (§ 6 Abs. 5 Satz 4 EStG), die allerdings erst mit der Abgabe der Feststellungserklärung für die Mitunternehmerschaft im Jahr der Übertragung beginnt.

---

[743] Vgl. hierzu Tz. 16 ff. des BMF-Schreibens zu § 6 Abs. 3 EStG v. 03.03.2005, BStBl. 2005 I, S. 458.

7. Entgeltliche Veräußerung eines Einzelunternehmens oder Mitunternehmeranteils

a) Einkommensteuerbelastung des Veräußerers

aa) Veräußerungsgewinn

Die entgeltliche Veräußerung bietet den Reiz der Schaffung neuen Abschreibungspotenzials auf Erwerberseite (insb. soweit der Kaufpreis auf rasch abschreibbare Wirtschaftsgüter, etwa den good will – ca. 3 bis 5 Jahre bei Freiberuflerpraxen,[744] sonst gem. § 7 Abs. 1 Satz 3 EStG fünfzehn Jahre – entfällt). Auf Veräußererseite entsteht allerdings   4716

- gem. § 16 Abs. 1 Nr. 1 EStG beim Verkauf eines Einzelunternehmens, bzw.
- gem. § 16 Abs. 1 Nr. 2 EStG beim Verkauf eines Mitunternehmeranteils, bzw.
- gem. § 16 Abs. 1 Satz 2 EStG beim Verkauf eines Teils eines Mitunternehmeranteils (etwa in Gestalt des früheren Zweistufenmodells, Rdn. 4735)

ein steuerpflichtiger Veräußerungsgewinn (i.H.d. Veräußerungspreises abzgl. der Veräußerungskosten und des Buchwerts des [Anteils am] Betriebsvermögen – beim Mitunternehmeranteil einschließlich des Sonderbetriebsvermögens). Gleiches gilt für landwirtschaftliche und freiberufliche Verkäufe (§§ 14, 18 Abs. 4 EStG).

Der dabei von dem Veräußerungserlös und den Veräußerungskosten abzuziehende Buchwert bemisst sich aus der Summe der steuerlichen Gesamthands- und Sonderbilanz[745] sowie ggf. Ergänzungsbilanz des Veräußerers (vgl. zu diesen Begriffen Rdn. 2246). Vom steuerbaren Veräußerungsgewinn i.S.d. § 16 Abs. 2 EStG (Differenz aus Veräußerungspreis, Veräußerungskosten und steuerlichem Kapitalkonto des Veräußerers) ist ggf. ein steuerfreier Anteil nach § 3 Nr. 40 Buchst. b), § 3c Abs. 2 EStG abzuziehen (sofern z.B. der Anteil an der Komplementär-GmbH teurer als zu den aktivierten Anschaffungskosten veräußert wird: 40 % des darauf entfallenden steuerbaren Veräußerungsgewinns sind aufgrund des Teileinkünfteverfahrens steuerbefreit). Bei der Ermittlung der Tarifermäßigung nach § 34 EStG (unten bb Rdn. 4735) werden die dem Teileinkünfteverfahren unterliegenden Veräußerungsgewinne (auch hinsichtlich des steuerfreien Anteils) nicht berücksichtigt, § 34 Abs. 2 Nr. 1 EStG.[746]   4717

Besteht das Entgelt nicht in einer einmaligen Leistung, sondern in **wiederkehrenden Kaufpreisraten**, sind diese aufzuteilen in Tilgungsanteile (die beim Veräußerer zu steuerpflichtigem Veräußerungsgewinn führen) und Zinsanteile, aus denen der Veräußerer Kapitalerträge gem. § 20 Abs. 1 Nr. 7 EStG, ggf. gewerbliche Kapitalerträge gem. § 15 Abs. 1 Satz 1 Nr. 2 EStG, erzielt. Hinsichtlich der Versteuerung des Veräußerungsgewinns aus den Tilgungsanteilen kann der Veräußerer zwischen der Sofort- und der Zuflussversteuerung wählen, vgl. Rdn. 4923 ff. Die Begünstigung nach §§ 16, 34 EStG (hierzu unten bb) steht dem Veräußerer allerdings nur bei der Sofortversteuerung zur Verfügung. Die Zinsanteile unterliegen ab 2009 der Abgeltungsteuer (§ 32d EStG, vgl. Rdn. 2425).[747] Wählt der Veräußerer die Zuflussversteuerung, erzielt er nach-   4718

---

744 BFH, 24.02.1994 – IV R 33/93, BStBl. 1994 II, S. 590.
745 Dort sind bspw. die Anschaffungskosten des Anteils an der Komplementär-GmbH aktiviert.
746 Berechnungsbeispiel bei *Schultes-Schnitzlein/Keese*, NWB 2009, 399.
747 Vgl. *Schultes-Schnitzlein/Keese*, NWB 2009, 402, mit Berechnungsbeispiel.

trägliche Einkünfte aus Gewerbebetrieb i.S.v. § 15 EStG i.V.m. § 24 Nr. 2 EStG, sobald der in den Raten enthaltene summierte Tilgungsanteil das steuerliche Kapitalkonto zuzüglich der von ihm getragenen Veräußerungskosten übersteigt. Der in den Raten enthaltene Zinsanteil stellt bereits im Zeitpunkt des Zuflusses nachträgliche Betriebseinnahmen dar, R 16 Abs. 11 Satz 7 Halbs. 2, EStR 2005; auf diese gewerblichen Zinserträge findet die Abgeltungsteuer keine Anwendung, §§ 20 Abs. 8, 32d Abs. 1 Satz 1 EStG.[748]

4719   Liegt das Motiv der Vereinbarung von Ratenzahlungen nicht im Versorgungsinteresse des Veräußerers, sondern im Finanzierungsbedürfnis des Erwerbers, handelt es sich also um einen Ratenkauf ohne Versorgungscharakter, kommt für den Veräußerer nur die **Sofortversteuerung** des Veräußerungsgewinns in Betracht, die Wahl der Zuflussversteuerung scheidet aus.[749] Auch hier steht jedoch für die in den Kaufpreisraten enthaltenen Tilgungsanteile die Tarifbegünstigung nach § 34 EStG zur Verfügung, hinzu kommt die Abgeltungsteuer auf die in den Raten enthaltenen Zinsanteile, § 20 Abs. 1 Nr. 7 EStG, Letztere jeweils fällig beim Zufluss der Raten.

4720   Abzugrenzen hiervon ist die Veräußerung von Personengesellschaftsanteilen bzw. Betrieben gegen nicht kaufmännisch abgewogene, auf Lebenszeit gewährte **Versorgungsrenten**. Ertragsteuerlich liegt ein unentgeltlicher Vorgang vor, der bei Vorliegen der sonstigen Voraussetzungen beim Veräußerer zur Besteuerung in voller Höhe als sonstige Einkünfte nach § 22 Nr. 1 lit b EStG im Jahr des Zuflusses, beim Erwerber zur Abzugsfähigkeit in voller Höhe als Sonderausgaben gem. § 10 Abs. 1 Nr. 1a EStG im Jahr der Zahlung führt. Wird ein Mitunternehmerteilanteil (also nicht der gesamte Mitunternehmeranteil) unentgeltlich übertragen, löst dies jedoch die 5-jährige Haltefrist des § 6 Abs. 3 Satz 2 EStG aus, deren Verletzung zu einer rückwirkenden Veräußerungsgewinnbesteuerung des Veräußerers führt (vgl. Rdn. 4712)

(1) Kapitalgesellschaft als Verkäufer

4721   Der Gewinn aus der Veräußerung von Personengesellschaftsanteilen (Mitunternehmerschaften) durch Kapitalgesellschaften unterliegt der Körperschaftsteuer von (ab 2008) 15 %, zuzüglich Solidaritätszuschlag. Weiter fällt seit 2002 Gewerbesteuer an auf den Veräußerungsgewinn (anders gem. § 7 Satz 2 Nr. 2 GewStG nur, soweit die Veräußerung durch eine natürliche Person, also nicht eine Personen- oder Kapitalgesellschaft stattfindet; beim Verkauf durch eine natürliche Person fällt allerdings Gewerbesteuer an beim Verkauf eines Teils eines Mitunternehmeranteils), vgl. Rdn. 4739.

4722   Hält eine veräußernde Kapitalgesellschaft bisher Anteile an einer Personengesellschaft, wird sie daher bestrebt sein, zur Vermeidung der 25 %igen, ab 2008 15 %igen Körperschaftsteuerbelastung auf den kompletten Veräußerungsgewinn vor der Veräußerung diese Tochtergesellschaft in eine Kapitalgesellschaft **formwechselnd umzuwandeln** (Rdn. 4732).

4723   Veräußert die Muttergesellschaft sodann ihre Anteilsrechte an der „formgewechselten" Tochter-Kapitalgesellschaft, sind wiederum lediglich 5 % des Gewinns aus der Veräußerung körperschaft-

---

[748]   Berechnungsbeispiel bei *Schultes-Schnitzlein/Keese*, NWB 2009, 403: Die Gesamtsteuerbelastung ist bei der Zuflussbesteuerung stets deutlich höher, muss allerdings erst im Lauf der Jahre aufgebracht werden, erfordert also keine sofortige Liquidität wie bei der Sofortbesteuerung.
[749]   FG Köln, 14.08.2008 – 15 K 3288/06, H16 (11) EstH „Ratenzahlungen".

steuer- und gewerbesteuerpflichtig. Findet die Veräußerung allerdings innerhalb von 7 Jahren nach dem Formwechsel statt, kommt es zu einer Nachbesteuerung des **Einbringungsgewinns I** (Differenz zwischen dem gemeinen Wert des eingebrachten Betriebsvermögens und den bei der übernehmenden Gesellschaft angesetzten Werten, reduziert um ein Siebtel je abgelaufenem Geschäftsjahr). Der Einbringungsgewinn I unterliegt als Veräußerungsgewinn i.S.d. § 16 EStG der laufenden Besteuerung und erhöht zugleich nachträglich die Anschaffungskosten der ursprünglichen Einbringung (§ 22 Abs. 1 Satz 3 UmwStG).

Liegt der Formwechsel in die Kapitalgesellschaft (bzw. die modifizierte Anwachsung) jedoch mehr als 7 Jahre zurück, entsteht kein Einbringungsgewinn I mehr. Stets vorteilhaft ist der Formwechsel ferner dann, wenn der Wert des eingebrachten Vermögens nach dem (allein maßgeblichen) Einbringungsstichtag erheblich steigen wird. Allerdings ist zu berücksichtigen, dass aus Sicht des Käufers der Erwerb von Anteilen an einer Kapitalgesellschaft weniger attraktiv ist, was sich möglicherweise auch im Kaufpreis widerspiegeln wird. 4724

Im Grunde gilt Gleiches, wenn eine Kapitalgesellschaft mittelfristig plant, einen bisherigen Geschäftsbereich zu veräußern (**Spartenverkauf**). Bei der unmittelbaren Veräußerung der zu diesem Geschäftsbereich zählenden Wirtschaftsgüter würde Körperschaftsteuer i.H.v. 25 % bzw. (ab 2008) 15 %, zuzüglich Solidaritätszuschlag, anfallen, ferner Gewerbesteuer gem. Abschn. 40 Abs. 2 Satz 1 GewStR. Auch hier ist daher zu erwägen, den Geschäftsbereich, sofern er als Teilbetrieb zu qualifizieren ist, rechtlich in einer Tochter-Kapitalgesellschaft zu verselbstständigen. Dies kann erfolgen entweder durch Ausgliederung gem. § 123 Abs. 3 UmwG, also partielle Gesamtrechtsnachfolge, oder durch Einzelübertragung der Wirtschaftsgüter und Verbindlichkeiten gegen Gewährung von Gesellschaftsrechten, also als Sachgründung bzw. Sachkapitalerhöhung. Beides findet zum Buchwert, also ohne Aufdeckung stiller Reserven, statt (§ 20 Abs. 1 Satz 1 und Abs. 2 Satz 1 UmwStG), allerdings fällt ggf. Grunderwerbsteuer an. 4725

(2) Natürliche Person/Personengesellschaft als Verkäufer

Der Gewinn aus der Veräußerung von Anteilsrechten an einer gewerblichen Personengesellschaft (Mitunternehmerschaft) ist in voller Höhe steuerpflichtig (§§ 15 Abs. 1 Satz 1 Nr. 2, 16 Abs. 1 Satz 1 Nr. 2 EStG). Gewerbesteuer fällt seit 2002 an, außer bei Veräußerungen durch eine natürliche Person als unmittelbarem Mitunternehmer (§ 7 Satz 2 Nr. 2 GewStG, vgl. Rdn. 4739). Weiterhin ist **§ 18 Abs. 3 UmwStG** zu beachten, wonach der Aufgabe- oder Veräußerungsgewinn binnen 5 Jahren nach dem Formwechsel in eine Personengesellschaft bzw. einen einzelkaufmännischen Betrieb der Gewerbesteuer unterliegt, ohne Abzugsmöglichkeit gem. § 35 EStG, auch soweit dieser Gewinn auf Betriebsvermögen entfällt, das bereits vor der Umwandlung im Betrieb der übernehmenden Personengesellschaft/des einzelkaufmännischen Unternehmens vorhanden war.[750] 4726

Begünstigungen bestehen nur, soweit im Betriebsvermögen der betreffenden Mitunternehmerschaft sich Anteilsrechte an Kapitalgesellschaften befinden (der hierauf entfallende Veräuße- 4727

---

750 Letztere Ergänzung beruht auf dem Art. 4 Nr. 3 des Jahressteuergesetzes 2008 und gilt, wenn der Handelsregistervollzugsantrag nach dem 01.01.2008 gestellt wird (BGBl. 2007 I, S. 3168). Für davor verwirklichte Sachverhalte s. OFD Münster v. 18.03.2008, GmbHR 2008, 448; zur BFH-Rspr. *Brinkmeier*, GmbH-StB 2008, 202.

rungsgewinn ist nur zur Hälfte, ab 2009 zu 60%, zu besteuern);[751] ferner können der Freibetrag nach § 16 Abs. 4 EStG und der besondere Steuersatz des § 34 Abs. 1 EStG (Tarifglättung durch Fünftelregelung bzw. ermäßigter Steuersatz von 56% des durchschnittlichen Steuersatzes bei Berufsunfähigkeit oder Vollendung des 55. Lebensjahres) in Betracht kommen (vgl. Rdn. 4515).

4728 Nach Ansicht der Finanzverwaltung[752] unterliegt jedoch die Veräußerung von Teilen eines Mitunternehmeranteils durch eine natürliche Person stets der Gewerbesteuer, trotz § 7 Satz 2 Nr. 2 GewStG, Rdn. 4739. Steuerschuldner ist stets die Personengesellschaft, deren Anteilsrechte Gegenstand der Veräußerung sind (§ 5 Abs. 1 Satz 3 GewStG). Bei den Mitunternehmern kann eine Steuerermäßigung bei der ESt (Anrechnung) nach § 35 Abs. 1 Satz 1 Nr. 2 EStG erfolgen, häufig entstehen jedoch bei der Veräußerung von Mitunternehmeranteilen verlorene[753] Anrechnungsüberhänge, sodass die Steuerermäßigung teilweise leerläuft.

4729 Zur Reduzierung der Steuerbelastung für die Veräußerung von Gesellschaftsanteilen an einer gewerblichen Personengesellschaft durch persönliche Personen/Personengesellschaften ist in gleicher Weise wie bei der Veräußerung solcher Anteile durch Kapitalgesellschaften (s. Rdn. 4722) zu erwägen, die Tochter-Personengesellschaft rechtzeitig in eine Kapitalgesellschaft (formwechselnd oder durch erweiterte Anwachsung) umzuwandeln (Rdn. 4732). Der spätere Veräußerungsgewinn unterliegt dann dem Halbeinkünfteverfahren, ab 2009 dem 60%igen Teileinkünfteverfahren. Auch hier kommt es jedoch zu einer Nachbesteuerung der stillen Reserven, wenn die Veräußerung der Anteile an der Tochter-Kapitalgesellschaft vor Ablauf von 7 Jahren erfolgt, i.H.d. Differenz zwischen dem gemeinen Wert und dem Wert, mit dem die übernehmende Gesellschaft das eingebrachte Betriebsvermögen angesetzt hat, vermindert um ein Siebtel je abgelaufenem Geschäftsjahr. Dieser Einbringungsgewinn I gilt als voll zu besteuernder Veräußerungsgewinn i.S.d. § 16 EStG, erhöht jedoch nachträglich die Anschaffungskosten der bei der ursprünglichen Einbringung erhaltenen Anteile (§ 22 Abs. 1 Satz 3 UmwStG). Sind bereits mehr als 7 Jahre verstrichen, bleibt der Vorteil aus dem Teileinkünfte-Verkauf ungeschmälert erhalten, allerdings ist zu bedenken, dass aus Sicht des Käufers eine Kapitalgesellschaft als Zielobjekt nachteiliger ist (vgl. Rdn. 4814), was sich auf den Kaufpreis auswirken wird.

4730 Noch günstiger ist es aus Sicht des Verkäufers, zunächst die Gesellschaftsanteile an der Personengesellschaft in eine Kapitalgesellschaft einzubringen, also eine **Holding-Kapitalgesellschaft „zwischenzuschalten"**, und sodann die von jener Zwischen-Kapitalgesellschaft gehaltene Personengesellschaft (regelmäßig eine GmbH & Co. KG) formwechselnd ebenfalls in eine Kapitalgesellschaft umzuwandeln. Die Errichtung der Holding-Gesellschaft und die Übertragung der Gesellschaftsanteile an der Personengesellschaft in diese (als Sacheinlage gegen Kapitalerhöhung) ist auf Antrag ohne Aufdeckung stiller Reserven zu Buchwerten möglich (allerdings kann Grunderwerbsteuer anfallen), ebenso gelingt die Buchwertfortführung bei einem Formwechsel der Personen-Tochtergesellschaft in eine Kapital-Tochtergesellschaft. Bei der anschließenden Veräußerung der Anteile an der Tochter-Kapitalgesellschaft durch die Mutter-Kapitalgesellschaft werden wiederum lediglich 5% des Veräußerungserlöses der Kapital- und Gewerbesteuer unterworfen.

---

751 Vgl. § 3 Nr. 40 Satz 1b, § 3c Abs. 2 Satz 1 Halbs. 2, EStG.
752 BMF-Schreiben v. 15.05.2002, BStBl. 2002 I, S. 533, Tz. 10 ff.
753 BFH, 23.03.2008 – X R 32/06, EStB 2008, 308: keine negative ESt.

C. Steuerliche Folgen der Übertragung des Wirtschaftsguts selbst

Sind 7 Jahre seit dem Formwechsel der Tochter-Personengesellschaft in die Tochter-Kapitalgesellschaft noch nicht verstrichen, wird allerdings auch insoweit nachträglich ein Einbringungsgewinn I ermittelt (Differenz des gemeinen Werts des Betriebsvermögens im Formwechselzeitpunkt zum angesetzten Wert der übernehmenden Gesellschaft, regelmäßig also der Buchwert, abzgl. ein Siebtel für jedes abgelaufene Geschäftsjahr). Sind bereits 7 Jahre verstrichen, bleiben die stillen Reserven unversteuert. Allerdings ist der (nur zu 5 % versteuerte) Veräußerungserlös noch in der Holding-Kapitalgesellschaft „gefangen", bei Ausschüttung an die natürlichen Personen als deren Gesellschafter ergeben sich demnach zusätzliche Steuerbelastungen (im Jahr 2008: Halbeinkünfteverfahren, 2009: Abgeltungsteuer bei Privatvermögen, Teileinkünfteverfahren bei Betriebsvermögen). 4731

(3) Konsequenz aus Verkäufersicht: Formwechsel von der Personen- in die Kapitalgesellschaft

Aus Sicht einer veräußernden Personengesellschaft/einer natürlichen Person (Rdn. 4729), v.a. aber einer veräußernden Kapitalgesellschaft (Rdn. 4722) empfiehlt sich daher (wegen der bei Verkauf in den folgenden 7 Jahren drohenden anteiligen Nachversteuerung des Einbringungsgewinns I – § 22 Abs. 1 UmStG – rechtzeitige, Rdn. 4723 bzw. Rdn. 4729) **Formwechsel in eine Kapitalgesellschaft**. Dieses Ziel kann erreicht werden durch Formwechsel im eigentlichen Sinn gem. §§ 190 ff. UmwG, der zwar handelsrechtlich die Identität unberührt lässt (§ 202 Abs. 1 Nr. 2 UmwG),[754] steuerrechtlich jedoch wie eine Einbringung seitens der Mitunternehmer, also als Vermögensübergang, behandelt wird – § 25 Satz 1 UmwStG – und demnach gem. § 20 Abs. 1 Satz 1 und Abs. 2 Satz 1 UmwStG, da neue Anteile gewährt werden,[755] ohne Aufdeckung stiller Reserven auf Antrag möglich ist.[756] Besonderes Augenmerk ist darauf zu richten, dass es sich tatsächlich um ertragsteuerliche Mitunternehmeranteile handelt („-initiative und -risiko"), und dass diese komplett, insb. unter Einschluss des Sonderbetriebsvermögens, eingebracht werden; Letzteres muss also Betriebsvermögen der Körperschaft werden.[757] Wegen der steuerlichen Einbringungsfiktion ist eine steuerliche Schlussbilanz, zu Buchwerten, aufzustellen; die übernehmende Kapitalgesellschaft hat in ihrer Eröffnungsbilanz das Wahlrecht der Abweichung vom gemeinen Wert. 4732

---

754 Demnach sind handelsrechtlich keine Schluss-/Eröffnungsbilanz erforderlich, sodass auch die Rückwirkungsproblematik keine Rolle spielt. Musterfall mit handels- und steuerrechtlichen Erläuterungen bei *Schultes-Schnitzlein/Kaiser*, NWB 2009, 2500 ff., vgl. auch *Patt* EStB 2009, 354 ff.

755 Erfolgt eine tatsächliche Einbringung in eine bestehende Kapitalgesellschaft, darf daher nicht von der Möglichkeit des Verzichtes auf Kapitalerhöhung Gebrauch gemacht werden (§§ 54 Abs. 1 Satz 3, 68 Abs. 1 Satz 3 UmwG); eine Einbringung ohne Anteilsgewährung wäre verdeckte Einlage, die Einbringung gegen Gewährung bereits bestehender Anteile wäre ein unmittelbarer entgeltlicher Erwerb, vgl. *Stelzer*, MittBayNot 2009, 19. Nur bei Verschmelzungen unter Kapitalgesellschaften oder Auf- oder Abspaltungen einer Kapitalgesellschaft auf eine andere Kapitalgesellschaft kann auf die Anteilsgewährungspflicht verzichtet werden, da die Buchwertfortführung gem. §§ 11 Abs. 2 Satz 1 Nr. 3, 15 Abs. 1 UmwStG (anders als in 20 Abs. 1 UmwStG) auch möglich ist, wenn eine Gegenleistung nicht gewährt wird.

756 Voraussetzung ist, dass das übernommene Betriebsvermögen später bei der übernehmenden Körperschaft der Besteuerung mit Körperschaftsteuer unterliegt, also bspw. keine Befreiung gem. § 5 KStG vorliegt, ferner das übergehende Vermögen zumindest ausgeglichen ist, d.h. die Passiv-Posten des Betriebsvermögens die Aktiv-Posten ohne Berücksichtigung des Eigenkapitals nicht übersteigen dürfen – ggf. ist eine Aufdeckung der stillen Reserven bis zum gemeinen Wert notwendig – und das Besteuerungsrecht der BRD nicht ausgeschlossen oder beschränkt ist.

757 Bloße Nutzungsüberlassung genügt nicht, vgl. *Patt*, EStB 2009, 354, 357.

4733 Alternativ und ebenfalls ertragsteuerlich neutral kommt bei einer GmbH & Co. KG eine sog. „erweiterte Anwachsung"[758] zugunsten der Komplementärin in Betracht (Kapitalerhöhung bei Letzterer gegen Sacheinlage der Gesellschaftsanteile an der Personengesellschaft) – steuerlich handelt es sich auch insoweit nach herrschender Meinung[759] um eine Einbringung gem. § 20 UmwStG, die somit unter denselben Voraussetzungen und unter Inanspruchnahme der achtmonatigen Rückwirkung[760] zum Buchwert möglich ist, allerdings fällt ggf. Grunderwerbsteuer an.

4734 Mögliche bedeutsame Nachteile des Formwechsels in eine Kapitalgesellschaft:
- Werden nicht alle Bestandteile der Mitunternehmerschaft „eingebracht", findet hinsichtlich der nicht erfassten Vermögenswerte eine Entnahme statt; handelt es sich gar um funktional wesentliche Betriebsgrundlagen (die z.B. Sonderbetriebsvermögen = SBV bilden), droht die Auflösung aller stillen Reserven. Die (gesonderte) Übertragung des SBV muss in sachlichem und zeitlichem Zusammenhang erfolgen.[761] Problematisch ist dies bspw. für die Anteile an der Komplementär-GmbH beim Formwechsel einer GmbH & Co. KG,[762] sog. SBV II.
- Werden funktional wesentliche Betriebsgrundlagen vorab „ausgelagert" und damit nicht in die Kapitalgesellschaft eingebracht, kann dies nach der „Gesamtplanrechtsprechung" (Rdn. 4438) zur Versagung des § 20 UmwStG führen;[763]
- Untergang vortragsfähiger Gewerbeverluste wegen fehlender Mitunternehmeridentität,
- zwingende Aufdeckung stiller Reserven bei negativem Kapitalkonto (§ 20 Abs. 2 Satz 2 Nr. 2 UmwStG),
- die Einbringung bzw. der Formwechsel wird beim Verkauf der Kapitalgesellschaftsanteile innerhalb von 7 Jahren nach der Maßnahme rückwirkend (mit Abschmelzungskomponente) besteuert, § 22 Abs. 1 UmwStG – Einbringungsgewinn I – (Rdn. 4723 bzw. Rdn. 4729),
- Verstoß gegen Haltefristen denkbar, etwa gem. § 6 Abs. 5 Satz 6 EStG: 7 Jahre (vgl. Rdn. 4768).

bb) Verschonungen (§§ 16, 34 EStG)

4735 Für den Veräußerer wird zur Dämpfung der Steuerlast die Erfüllung der Voraussetzungen des § 34 Abs. 3 EStG (halber durchschnittlicher Steuersatz für „zusammengeballte Einkünfte")[764]

---

758 Vgl. *Werner*, NWB 2010, 2717, 2721 ff.
759 Vgl. *Haack*, NWB 2011, 208, 212; krit. *Ege/Klett*, DStR 2010, 2463: Die unmittelbare Wirkung der Anwachsung führe dazu, dass bei der Komplementär-GmbH gar keine KG-Anteile, sondern Einzelwirtschaftsgüter ankommen.
760 Vgl. *Ropohl/Freck*, GmbHR 2009, 1076, 1081 m.w.N.; anders bei der „schlichten Anwachsung" (z.B. Austritt des Kommanditisten mit oder ohne Abfindung), bei der steuerlich weder die Buchwertfortführung (Wertung wie eine verdeckte Einlage, vgl. H 40 KStR) noch die Rückbeziehung möglich sind.
761 Vgl. *Altendorf*, GmbH-StB 2011, 211. Das separat eingebrachte SBV erhöht den Buchwert des eingebrachten Betriebsvermögens und damit die Anschaffungskosten der gewährten neuen Anteile.
762 Tz. 20.12 und 20.11 des Umwandlungssteuererlasses 1998 billigte die Nichteinbringung „aus Billigkeitsgründen"; bis zu einer Klärung der Rechtslage unter Geltung des SEStEG sollte allerdings vorsorglich die Komplementärin zeitnah auf die aufnehmende Gesellschaft verschmolzen werden, vgl. *Weber*, NWB 2008, 3089 = Fach 2, S. 9861. Nach Ansicht der OFD Rheinland v. 23.03.2011, FR 2011, 489, ist die Nichteinbringung einer „echten Komplementär-GmbH", ohne weitere Tätigkeit, ungefährlich.
763 Tz 20.06 Satz 2 des Entwurfs zum UmwSt-Erlass 2011, vgl. *Altendorf*, GmbH-StB 2011, 212.
764 Nach BFH, 25.08.2009 – IX R 11/09, ESrB 2009, 421 ist es allerdings z.B. bei Abfindungszahlungen (§§ 24 Nr. 1, 34 Abs. 2 Nr. 2 EStG) unschädlich, dass ein kleiner Anteil (1,3 %) in einem anderen Veranlagungszeitraum bezahlt wird.

und des § 16 Abs. 4 EStG (Freibetrag) entscheidend sein. Insoweit gelten bei der Veräußerung eines Mitunternehmeranteils Beschränkungen:

Die entgeltliche Veräußerung des **gesamten Mitunternehmeranteils** (einschließlich Sonderbetriebsvermögen) bildet einen gem. §§ 16, 34 EStG begünstigten Veräußerungsvorgang.[765] Erforderlich ist allerdings, dass ein solcher Mitunternehmeranteil bereits bestand, sodass die entgeltliche Aufnahme z.B. eines Sozius in eine Einzelpraxis nicht steuerbegünstigt ist,[766] also hierdurch laufender Gewinn (und ggf. zusätzlich Gewerbesteuer) entsteht. Wird eine wesentliche Betriebsgrundlage zurückbehalten (wie sie bspw. in Gestalt des Sonderbetriebsvermögen bildenden Komplementär-GmbH-Anteils gegeben sein kann, Rdn. 2325) und wird diese sodann, wie i.d.R., zu Privatvermögen,[767] liegt eine Aufgabe des Mitunternehmeranteils vor, die gem. § 16 Abs. 3 EStG tarifbegünstigt ist, da alle wesentlichen Betriebsgrundlagen entweder veräußert oder in das Privatvermögen übernommen wurden (vgl. Rdn. 4514).

4736

Wird allerdings lediglich ein **Teil eines Mitunternehmeranteils** (mit oder ohne Sonderbetriebsvermögen) **entgeltlich** veräußert, liegt hierin laufender Gewinn, vgl. § 16 Abs. 1 Satz 2 EStG, bzw. Verlust (bei einer Veräußerung unter fremden Dritten unter dem Buchwert, ohne dass eine Zuwendungsabsicht gem. § 7 ErbStG feststellbar wäre).[768] Daher ist das vor dem 01.01.2002 praktizierte Hilfsmodell einer Zweistufenabwicklung (Veräußerung einer Zwergbeteiligung zum vollen Steuersatz, sodann nach Ablauf einer Schamfrist Übertragung des Restanteils unter Inanspruchnahme der Begünstigung des § 16 EStG) nicht mehr verwendbar. Möglicherweise bietet sich als Alternative,[769] um dem begünstigten Verkauf der Praxis eine „Vorphase" gemeinsamer Berufsausübung vorausgehen zu lassen, die Gründung einer GbR ohne Gesamthandsvermögen an (mit Einbringung der Praxis zur Nutzung), wobei die Praxis des bisherigen Inhabers Sonderbetriebsvermögen bildet, mit anschließendem Verkauf des gesamten Mitunternehmeranteils samt SBV.

4737

Die **teilentgeltliche Übertragung eines Mitunternehmeranteils** (etwa gegen Zahlung eines Gleichstellungsgeldes) führt aufgrund der Einheitstheorie (Rdn. 4670) zu Veräußerungsgewinnen, wenn das Entgelt den Buchwert übersteigt, und zwar i.H.d. Differenz. Bei einem negativen Kapitalkonto genügt bereits eine kleine Gegenleistung zur Entgeltlichkeit (i.H.d. Gegenleistung zuzüglich des negativen Kapitalkontos, Rdn. 4671 und 4711). Immerhin gewährt die Finanzver-

4738

---

765 Gem. OFD Koblenz v. 28.02.2007, DStR 2007, 992 erfasst die Begünstigung dann auch eine Mitunternehmerschaft, die zum Betriebsvermögen des Anteils der übertragenen Ober-Mitunternehmerschaft gehört („doppelstöckige Personengesellschaft"). Wird jedoch im Zusammenhang mit der Veräußerung eines Einzelunternehmens ein zu dessen Betriebsvermögen gehörender Mitunternehmeranteil veräußert, soll es sich um zwei Rechtsakte handeln, sodass der Freibetrag nur (nach Wahl des Steuerpflichtigen) bei einem Vorgang berücksichtigt werden kann.
766 Vgl. BFH, 18.10.1999 – GrS 2/98, BStBl. 2000 II, S. 123.
767 Anders, wenn die Beteiligung z.B. in einem gewerblichen Einzelunternehmen gehalten worden wäre, vgl. H 16 Abs. 4 EStH „Sonderbetriebsvermögen": der Gewinn aus dem verbleibenden Verkauf des Kommanditanteils ist dann laufender Gewinn aus Gewerbebetrieb, § 15 EStG; der resultierende Gewerbeertrag unterliegt der Gewerbesteuer.
768 BFH, ErbStB 2003, 44.
769 Vgl. hierzu *Vorwold*, ErbStB 2003, 24 ff.

waltung nun auch bei der teilentgeltlichen Veräußerung den Freibetrag des § 16 Abs. 4 EStG in voller Höhe.[770]

b) Einkommensbesteuerung des Erwerbers

aa) Nutzung der Anschaffungskosten

4739 Die Anschaffungskosten des Erwerbers werden aufgrund des für Mitunternehmerschaften geltenden Transparenzprinzips in der Steuerbilanz auf die Wirtschaftsgüter des erworbenen Unternehmens bzw. Mitunternehmeranteils einschließlich des übernommenen Sonderbetriebsvermögens verteilt. Dabei werden in der Gesamthandsbilanz der Personengesellschaft die Buchwerte der Wirtschaftsgüter fortgeführt und das unveränderte Kapitalkonto des Veräußerers auf den Erwerber umgebucht; die abweichenden Anschaffungskosten des Erwerbers werden also in einer Ergänzungsbilanz durch Aufstockung erfasst (vgl. Rdn. 2246).

4740 Der Käufer hat also den Mehrkaufpreis, der den Nennbetrag der steuerlichen Kapitalkonten des Verkäufers übersteigt, in einer positiven steuerlichen Ergänzungsbilanz zu erfassen und – je nach Struktur der Wirtschaftsgüter – abzuschreiben, und zwar mit Wirkung für die ESt, die Körperschaftsteuer und die Gewerbesteuer. Die AfA-Reihe in der Ergänzungsbilanz läuft neu an, auch wenn sie in der Gesamthandsbilanz bereits abgelaufen ist. Lief noch beim Verkäufer eine Ergänzungsbilanz, entfällt diese vollständig, der Käufer bildet also eine neue Ergänzungsbilanz i.H.d. Differenz zwischen dem Kaufpreis und dem Anteil des Verkäufers an der Gesamthandsbilanz.

4741 Hierzu sind die stillen Reserven in den bilanzierten Wirtschaftsgütern aufzudecken, soweit sie vom Erwerber mitbezahlt worden sind; darüber hinausgehende Kaufpreisteile sind auf den Geschäftswert (good will) auszuweisen (Letzterer wird in ca. 3 bis 5 Jahre bei Freiberuflerpraxen,[771] sonst gem. § 7 Abs. 1 Satz 3 EStG in 15 Jahren abgeschrieben). Im Einzelnen ist freilich vieles streitig (Beispiel: Handelt es sich beim Miterwerb der ärztlichen Praxiszulassung um die Anschaffung eines abnutzbaren Wirtschaftsguts oder um sofort abzugsfähige Betriebsausgaben?).[772]

4742 Im Fall der **Ratenzahlung** – gleich ob Kaufpreisteilzahlungen zur Erleichterung der Finanzierung des Erwerbers oder Ratenzahlungen mit Rücksicht auf das Versorgungsinteresse des Veräußerers vorliegen – schafft allein der Kapital(Tilgungs-)anteil der Raten Anschaffungskosten des Erwerbers, die auf die erworbenen Wirtschaftsgüter zu verteilen und in einer Ergänzungsbilanz zu aktivieren sind; die Zinsanteile bilden Betriebsausgaben im Rahmen seiner gewerblichen Einkünfte nach § 15 EStG.

bb) Abzugsfähigkeit der Finanzierungsaufwendungen

4743 Schuldzinsen für die Finanzierung des Kaufpreises der Personengesellschaft kann der Erwerber (in den Grenzen der Zinsschranke nach § 4h EStG) auch nach der Unternehmensteuerreform in voller Höhe als Sonderbetriebsausgaben steuerlich geltend machen.

---

770 BMF v. 20.12.2005, DStR 2006, 37.
771 BFH, 24.02.1994 – IV R 33/93, BStBl. 1994 II, S. 590.
772 Hierzu OFD Münster v. 11.02.2009, EStB 2009, 98.

c) Gewerbesteuer

Weiter fällt seit 2002 **Gewerbesteuer** (Rdn. 4484) an auf den Gewinn aus der Veräußerung eines Mitunternehmeranteils an einer gewerblich tätigen, gewerblich infizierten oder gewerblich geprägten Personengesellschaft (Rdn. 4478) allerdings gem. § 7 Satz 2 Nr. 2 GewStG[773] nur, 4744

- soweit die Veräußerung durch eine Personen- oder Kapitalgesellschaft stattfindet, sowie
- stets beim Verkauf eines Teils eines Mitunternehmeranteils,

also nicht bei der Veräußerung des gesamten Mitunternehmeranteils durch eine natürliche Person. Allerdings kann durch die Anteilsveräußerung ein evtl. vorhandener gewerbesteuerlicher Verlustvortrag gem. § 10a Satz 10 GewStG i.V.m. § 8c KStG untergehen[774] (vgl. Rdn. 4850).

Schuldner einer etwa anfallenden Gewerbesteuer ist stets die Personengesellschaft, deren Anteilsrechte Gegenstand der Veräußerung sind (§ 5 Abs. 1 Satz 3 GewStG). Daher wird die betroffene Gesellschaft bestrebt sein, vom Veräußerer die entsprechende **fremdbestimmte Steuerwirkung**[775] erstattet zu erhalten.[776]

Formulierungsvorschlag: § 7 Satz 2 Nr. 2 GewStG – Erstattung der Gewerbesteuerbelastung bei Veräußerung eines Personengesellschaftsanteils durch eine Kapitalgesellschaft 4745

> Durch die Veräußerung des Gesellschaftsanteils an der X-KG durch die Y-GmbH entsteht gemäß § 7 Satz 2 Nr. 2 GewStG Gewerbesteuer, deren Zahlung die X-KG selbst schuldet. Die veräußernde Kapitalgesellschaft verpflichtet sich daher gegenüber der genannten Gesellschaft, letzterer die entstehende Gewerbesteuermehrbelastung samt aller steuerlichen Nebenleistungen gegen Nachweis unverzüglich zu erstatten. Die durch § 35 EStG mit einer Gewerbesteuerbelastung möglicherweise verbundene Einkommensteuerentlastung bei den Gesellschaftern der X-KG bleibt hierbei außer Betracht.

Die fremdbestimmten, gewerbesteuererhöhenden Auswirkungen von Veräußerungsgewinnen eines Gesellschafters, auch aus der Veräußerung seines Sonderbetriebsvermögens, sind typischerweise Anlass für „Gewerbesteuerklauseln" bereits im Personengesellschaftsvertrag (Rdn. 4747);[777] fehlen solche, werden die Mitgesellschafter ihre Zustimmung zur Veräußerung von der Aufnahme einer Bestimmung, wonach der Verkäufer die entstehende Gewerbesteuer zu tragen habe, im Anteilsveräußerungsvertrag abhängig machen (Rdn. 4748). 4746

Formulierungsvorschlag: Gewerbesteuerklausel im Gesellschaftsvertrag 4747

> 1. Gewerbesteuerliche Mehrbelastungen, die durch einzelne Gesellschafter, also „fremdbestimmt" verursacht werden (beispielsweise als Folge einer Veräußerung oder Aufgabe

---

773 Abschnitt 39 Abs. 1 Satz 2 Nr. 1 Satz 12 f. GewStR.
774 Seit JStG 2009 (Ergänzung um Halbs. 2) auch, soweit an der Mitunternehmerschaft unmittelbar oder mittelbar eine Kapitalgesellschaft beteiligt ist, vgl. *Honert/Obser* EStB 2009, 404 ff.
775 *Levedag*, GmbHR 2009, 13; *Müller/Marchand*, ErbStB 2008, 278 ff.; zur insoweit erforderlichen „Schattenveranlagung" vgl. näher *Schaaf/Engler*, EStB 2009, 173, 174.
776 Vgl. *Stümper/Walter*, GmbHR 2008, 35.
777 Vgl. *Wollweber/Beckschäfer*, EStB 2010, 351; *Scheifele*, DStR 2006, 253.

eines Gesellschaftsanteils oder der Veräußerung von Sonderbetriebsvermögen), sind für den Veranlagungszeitraum ihrer steuerlichen Verwirklichung auf dem Kapitalkonto II des betreffenden Gesellschafters als Entnahme zu erfassen.

2. Als Mehrbelastungsbetrag ist dabei anzusetzen die Gewerbesteuer, die im jeweiligen Veranlagungszeitraum unter Außerachtlassung der Hinzurechnungen, Kürzungen und Freibeträge i. S. d. §§ 8, 9, 11 Abs. 1 GewStG auf denjenigen Gewinn entfällt, der durch den jeweiligen Geschäftsvorfall i. S. d. Nr. 1 verursacht wird. Abzuziehen sind zusätzlich die voraussichtlichen Einkommensteuerermäßigungen, die bei den anderen Gesellschaftern aufgrund des Gewerbesteuermehraufwands der Gesellschaft gemäß § 35 EStG eintreten.

3. Soweit durch einen Geschäftsvorfall i. S. d. Nr. 1 eine gewerbesteuerliche Minderbelastung entsteht, wird der dadurch geschaffene gewerbesteuerliche Verlust im Jahr seiner Verwirklichung auf Gewinne i. S. d. Nr. 2 desselben Veranlagungszeitraums angerechnet. Für den verbleibenden Verlust wird der gewerbesteuerliche Minderbetrag mit steuerlichen Nebenleistungen nach Maßgabe der Nr. 2 berechnet. Dieser Minderbelastungsbetrag wird für den Veranlagungszeitraum seiner steuerlichen Verwirklichung auf dem Kapitalkonto II des betroffenen Gesellschafters als Einlage erfasst.

4748 **Formulierungsvorschlag: Gewerbesteuerklausel im Kaufvertrag über einen Mitunternehmeranteil (Erfassung beim Verkäufer)**

1. Soweit durch diesen Anteilsverkauf Gewerbesteuer und steuerliche Nebenleistungen i. S. d. § 3 Abs. 4 AO auf den Veräußerungsgewinn bei der Gesellschaft anfallen, trägt der Verkäufer diese Gewerbesteuer nebst steuerlicher Nebenleistungen. Er ist verpflichtet, der Gesellschaft den entsprchenden Betrag für Rechnung des Erwerbers zu erstatten. Die Gesellschaft ist als Dritter gemäß § 328 BGB berechtigt, diese Erstattung zu verlangen. Bei der Berechnung des Erstattungsbetrag bleiben Hinzurechnungen, Kürzungen und Freibeträge i. S. d. §§ 8, 9, 11 Abs. 1 GewStG außer Betracht.

2. Soweit durch diesen Anteilsverkauf der gesamthänderische gewerbesteuerliche Verlust und/oder Verlustvortrag der Gesellschaft ganz oder teilweise verbraucht wird (Verlustverbrauchsbetrag), trägt der Verkäufer neben der gegebenenfalls tatsächlich durch den Verkauf verursachten Gewerbesteuer samt Nebenleistungen (Nr. 1) zusätzlich diejenige Gewerbesteuer, die unter Außerachtlassung der Hinzurechnungen, Kürzungen und Freibeträge i. S. d. §§ 8, 9, 11 Abs. 1 GewStG entstünde, wenn der Verlustverbrauchsbetrag im Veranlagungszeitraum der steuerlichen Erfassung des Verkaufs als gesamthänderische Einnahme der Gewerbesteuer unterläge.

3. Der Erstattungsbetrag nach Nr. 1 ist binnen ..... fällig, nachdem dem Verkäufer der Gewerbesteuerbescheid für denjenigen Veranlagungszeitraum versandt worden ist, in dem der Veräußerungsgewinn gewerbesteuerlich zu erfassen ist. Soweit Aussetzung der Vollziehung gewährt wird, wird der Erstattungsbetrag nach Nr. 1 fällig, sobald die Aussetzung der Vollziehung endet und dies dem Verkäufer schriftlich nachgewiesen ist. Während der Aussetzung der Vollziehung ist der Verkäufer jederzeit zur vorzeitigen Tilgung berechtigt. Im Fall der vorzeitigen Tilgung trägt er neben der Gewerbesteuer diejenigen

steuerlichen Nebenleistungen, die bis zum Zeitpunkt des Zahlungseingangs bei der Gesellschaft entstanden sind.

4. Der auf den Verlustverbrauchsbetrag entfallende Erstattungsbetrag nach Nr. 2 ist binnen ..... fällig, nachdem der Gewerbesteuermessbescheid des Veranlagungszeitraums, in dem Verkauf gewerbesteuerlich zu erfassen ist, versandt wurde.

Aus Sicht des **Erwerbers** eines Personengesellschaftsanteils bewirkt § 7 Satz 2 Nr. 2 GewStG, dass er mittelbar in Gestalt des erworbenen (Anteils am) Unternehmen die ggf. ausgelöste Gewerbesteuerbelastung selbst zu tragen hat. In Betracht kommt für ihn daher eine Kaufpreisminderungsklausel, etwa folgenden Wortlauts.[778]

4749

Formulierungsvorschlag: Kaufpreisminderung zur Zuordnung der Gewerbesteuerbelastung aus dem Verkauf eines Mitunternehmeranteils beim Veräußerer

4750

Soweit durch den Verkauf des Mitunternehmeranteils an der ..... KG Gewerbesteuer ausgelöst und gegen diese Gesellschaft festgesetzt wird, erfolgt ein Ausgleich der Belastung, die der Anteilskäufer hierdurch mittelbar als künftiger Mitgesellschafter erfährt, durch eine Kaufpreisminderung nach folgender Formel:

Der auf den Veräußerer entfallende Veräußerungspreis (vor der Gewerbesteuer auf den Veräußerungsgewinn) abzüglich des Kapitalkontos des Veräußerers (vor Gewerbesteuer auf Veräußerungsgewinn) laut Abschichtungsbilanz ergibt den Mehr-Gewerbeertrag aus der Veräußerung (vor Verlustverrechnung).

Nach Abzug der mit dem Veräußerungsgewinn verrechenbaren Verlustvorträge des Veräußerers nach § 10a GewStG verbleibt der Mehr-Gewerbeertrag aus der Veräußerung (nach Verlustverrechnung).

Hieraus errechnet sich unter Berücksichtigung des nach § 11 GewStG ermittelten Gewerbesteuermessbetrags und des Hebesatzes zum Zeitpunkt der Veräußerung die Mehr-Gewerbesteuer aus der Veräußerung, um welche der Kaufpreis gemindert wird.

d) Umsatz- und Grunderwerbsteuer

Die Veräußerung eines Mitunternehmeranteils an einer Personengesellschaft löst i.d.R. schon deshalb keine **Umsatzsteuer**belastung aus, weil der Veräußerer keine Unternehmereigenschaft hat. Selbst wenn die Veräußerung mit Wirkung für ein Betriebsvermögen des Verkäufers erfolgen würde, ist der Vorgang gem. § 4 Nr. 8 Buchst. f) UStG steuerfrei. Dies gilt auch bei der Veräußerung eines Teils einer Mitunternehmerschaft.

4751

Allerdings kann **Grunderwerbsteuer** anfallen, insb. gem. dem (vorrangigen) § 1 Abs. 2a GrEStG, bei der GmbH & Co. KG auch durch mittelbare Anteilsvereinigungen in einer Hand gem. § 1 Abs. 3 GrEStG (vgl. Rdn. 4301).

---

778 Vgl. – auch zum Schicksal gewerbesteuerlicher Verlustvorträge beim unterjährigen oder zum Jahresende stattfindenden Gesellschafterwechsel – *Neumayer/Obser*, EStB 2008, 445 ff.

8. Übertragung eines einzelnen Wirtschaftsguts des Betriebsvermögens

4752 Von der Rechtslage im Fall der Übertragung des Betriebs oder Teilbetriebs (oben Rdn. 4666) bzw. der Übertragung eines Mitunternehmeranteils (oben Rdn. 4702) oder eines Teils eines Mitunternehmeranteils (oben Rdn. 4712) zu unterscheiden ist die Übertragung **einzelner Wirtschaftsgüter** des Betriebsvermögens. Hierzu zählt auch die Beteiligung an einer Kapitalgesellschaft, sogar eine solche hundertprozentige Beteiligung im Betriebsvermögen: Sie ist jedenfalls im Regelungsbereich des § 6 Abs. 3 EStG (unentgeltliche Übertragung) sowie des § 6 Abs. 5 EStG als Einzelwirtschaftsgut zu betrachten. In einzelnen Kontexten ist sie jedoch gesetzlich einem Teilbetrieb gleichgestellt, so etwa in § 16 Abs. 1 Satz 1 und Abs. 3 Satz 1 EStG (fingierte Teilbetriebsveräußerung bzw. -aufgabe), § 16 Abs. 3 Satz 2 EStG (Zuteilung einer hundertprozentigen Beteiligung im Rahmen einer Realteilung gilt als Teilbetriebsübertragung) sowie § 16 Abs. 5 EStG, ebenso in § 15 UmwStG (fingierter Teilbetrieb bei Spaltung oder Teilübertragung von Körperschaften) und § 24 UmwStG i.d.F. des SEStEG. I.R.d. §§ 20, 21 UmwStG wird jedoch die hundertprozentige Beteiligung an einer Kapitalgesellschaft, die im Betriebsvermögen gehalten wird, systemkonform als Einzelwirtschaftsgut angesehen, sodass sie stets eine mehrheitsvermittelnde Beteiligung i.S.d. § 21 Abs. 1 Satz 2 UmwStG darstellt; Gleiches galt nach Auffassung des BFH auch bei § 24 UmwStG vor der Änderung durch das SEStEG.[779]

a) „Überführung" ohne Rechtsträgerwechsel

4753 Ein einzelnes Wirtschaftsgut kann von einem Betriebsvermögen in ein anderes Betriebsvermögen derselben Person (also ohne Rechtsträgerwechsel) überführt werden, z.B. vom Betriebsvermögen eines Einzelunternehmens in das Sonderbetriebsvermögen derselben Person an einer Personengesellschaft, an welche das Wirtschaftsgut nun dauerhaft zur Nutzung überlassen ist. Die Frage der Entgeltlichkeit oder Unentgeltlichkeit stellt sich nicht, da keine Übertragung auf einen „Dritten" stattfindet. § 6 Abs. 5 Satz 1 EStG ordnet die Buchwertfortführung („Wert, der sich nach den Vorschriften über die Gewinnermittlung ergibt") zwingend an, sofern die künftige Besteuerung der stillen Reserven (z.B. durch den Verbleib im Inland) gesichert ist. Gleiches gilt für die Überführung aus dem Betriebsvermögen in das Sonderbetriebsvermögen desselben Steuerpflichtigen (§ 6 Abs. 5 Satz 2 EStG) und für die Überführung zwischen den Sonderbetriebsvermögen derselben Person bei verschiedenen Personengesellschaften (§ 6 Abs. 5 Satz 2 Halbs. 2 EStG).

b) Mit Rechtsträgerwechsel

4754 Nicht mehr von § 6 Abs. 3 EStG gedeckt ist jedoch die Übertragung eines einzelnen, bisher zum Betriebsvermögen gehörenden **Wirtschaftsguts** an einen Dritten. Hierbei ist, sofern nicht Übertragungen zwischen Einzelunternehmen bzw. Sonderbetriebsvermögen einerseits und Gesamthandsvermögen andererseits bzw. zwischen mehreren Gesamthandsvermögen betroffen sind (§ 6 Abs. 5 Satz 3 EStG, unten Rdn. 4761), zu differenzieren:

---

[779] BFH, 17.07.2008 – I R 77/06, BFH/NV 2008, 1941; die Finanzverwaltung übernimmt diese Sichtweise mit Blick auf die nunmehrige Gesetzesänderung – § 4 Abs. 1 Satz 4 EStG i.d.F. des JStG 2010 – nicht, BMF-Schreiben v. 20.05.2009, NWB 2009, 2040 f.

C. Steuerliche Folgen der Übertragung des Wirtschaftsguts selbst

aa) Unentgeltlich

Erfolgt die Einzelübertragung **unentgeltlich**, liegt darin eine für betriebsfremde Zwecke erfolgende Entnahme (Rdn. 4497), die zur steuerpflichtigen Aufdeckung der Differenz zwischen Buch- und Teilwert als laufendem Gewinn führt (beruht die Übertragung auf einem Vermächtnis, verwirklicht sich die Entnahme in der Person des Erblassers,[780] beruht sie jedoch auf freier Entscheidung des Erben etwa zur Begleichung eines Pflichtteilsanspruchs, treffen die Entnahmefolgen den Erben).

4755

bb) Teilentgeltlich: Trennungstheorie

Erfolgt die Übertragung eines Einzelwirtschaftsguts (ebenso eines Kapitalgesellschaftsanteils: Rdn. 4793 ff.) **teilentgeltlich**, gilt insoweit nicht die Einheits-, sondern die **Trennungstheorie**[781] (Rdn. 4861) mit der Folge, dass

4756

- auch in der häufig gewollten[782] Übernahme objektbezogener (betrieblicher) Verbindlichkeiten ein Entgelt zu sehen ist und
- hinsichtlich des unentgeltlichen Anteils die Besteuerung der Differenz zwischen (anteiligem) Buch- und Teilwert, hinsichtlich des entgeltlichen Anteils die Besteuerung der Differenz zwischen anteiligem Buchwert und Entgelt stattfinden.

Folgendes Beispiel[783] mag dies verdeutlichen:

4757

Beispiel:

A ist Eigentümer eines Grundstücks, das Sonderbetriebsvermögen seiner hälftigen Beteiligung an einer GmbH & Co. KG darstellt. Der Buchwert betrage 200.000,00 €, die Verbindlichkeiten des Sonderbetriebsvermögens 400.000,00 €, der Verkehrswert 600.000,00 €. Wird dieses Grundstück unter Übernahme der Verbindlichkeiten in das Gesamthandsvermögen als einzelnes Wirtschaftsgut gem. § 6 Abs. 5 Satz 3 Nr. 2 EStG eingebracht, erfolgt dies i.H.v. zwei Dritteln (Verkehrswert der Gegenleistung, also der Schuldübernahme, 400.000,00 € zum Verkehrswert der Leistung: 600.000,00 €) entgeltlich. Zwei Dritteln des Buchwerts (also 133.333,00 €) ist demnach die Gegenleistung von 400.000,00 € gegenüberzustellen, sodass der Gewinn sich auf 266.666,00 € beläuft! Auch wenn die Höhe der zu übernehmenden Verbindlichkeiten unter dem Buchwert bliebe, z.B. sich nur auf 100.000,00 € belaufen würde, liegt Teilentgeltlichkeit vor, nunmehr allerdings nur i.H.v. einem Sechstel. Auch hier tritt Realisierung i.H.d. Differenz zwischen einem Sechstel des Buchwerts und der Gegenleistung (100.000,00 €) ein. (§ 6 Abs. 5 Satz 3 bis 5 EStG bzw. die Regelungen des früheren Mitunternehmererlasses gelten bei Teilentgeltlichkeit nicht).

cc) Vollentgeltlich

Die **vollentgeltliche** Veräußerung führt zur Besteuerung der Differenz zwischen Buchwert und Veräußerungserlös als laufendem Gewinn (§§ 4 Abs. 1 Satz 1 i.V.m. §§ 15, 18 EStG). Der Gewinn

4758

---

[780] Sodass die Erben für die entstehende Steuerschuld als Gesamtschuldner haften; eine Aufteilung nach Erbquoten kommt nicht in Betracht (arg. § 268 AO).
[781] BFH, BStBl. 2002 II, S. 420.
[782] Verbleiben die Verbindlichkeiten beim Veräußerer, geht der Finanzierungszusammenhang verloren, sodass die Schuldzinsen nicht mehr als Betriebsausgabe abgezogen werden können.
[783] Vgl. *Wälzholz*, MittBayNot 2006, 117.

kann ggf. durch eine Rücklage nach § 6b EStG[784] neutralisiert werden, und zwar auch soweit er auf der Veräußerung eines Mitunternehmeranteils beruht, da der einzelne Steuerpflichtige (und nicht die Personengesellschaft als solche, wie unter der Geltung des Lafontaine'schen Steuerentlastungsgesetzes 1999/2000/2002) anspruchsberechtigt ist und somit die Übertragung auf Reinvestitionen in das Sonderbetriebsvermögen dieses Gesellschafters oder in seine mitunternehmerische Beteiligung, etwa an einem gewerblichen Immobilienfonds, möglich ist.

c) Besonderheiten bei Kapitalgesellschaften

4759 Die **Übertragung eines einzelnen Wirtschaftsgutes aus dem Vermögen einer Kapitalgesellschaft** an Dritte löst ebenfalls einen laufenden Gewinn i.H.d. Differenz zwischen dem Buchwert und dem Teilwert (Entnahmewert) bzw. einem etwa höheren Veräußerungskaufpreis aus. Erfolgt die Übertragung unentgeltlich oder teilentgeltlich an einen Gesellschafter oder einen nahen Angehörigen eines Gesellschafters, führt sie i.H.d. unentgeltlichen Anteils zur verdeckten Gewinnausschüttung und damit nicht nur zur entsprechenden Erhöhung des Einkommens der Kapitalgesellschaft, sondern auch zur Versteuerung der verdeckten Gewinnausschüttung beim Anteilseigner.

4760 Überträgt eine juristische Person[785] ihre gesamten Aktiva und Passiva, also nicht nur einzelne Wirtschaftsgüter, im Wege eines Asset Deal, kann übrigens § 311b Abs. 3 BGB einschlägig sein, der (zur Vermeidung unheilbarer Nichtigkeit) bei der Übertragung oder Belastung des gesamten gegenwärtigen Vermögens einer natürlichen – wie auch einer juristischen – Person die notarielle Beurkundung verlangt. Die herkömmliche Auffassung geht jedoch davon aus, dass diese Beurkundungspflicht nur ausgelöst werde, wenn die schuldrechtliche Formulierung im Kaufvertrag ausdrücklich auf die Übertragung des Vermögens im Ganzen, also „in Bausch und Bogen" gerichtet ist, nicht bei einer Einzelaufführung der Objekte. Das OLG Hamm nimmt allerdings an, dass die pauschale Bezeichnung „Inventar und Inventurgegenstände", ebenso wie die Gesamtbezeichnung „alle Aktiva und Passiva" nicht genügen, die Beurkundungspflicht entfallen zu lassen, da der Übereignungsschutz auch hier geboten sei.

d) Besonderheiten bei Personengesellschaften

4761 Bei Grundstücken im Eigentum einer **Personengesellschaft** (einschließlich des zugehörigen Sonderbetriebsvermögens der Gesellschafter) sind sowohl

- Übertragungen innerhalb des Betriebsvermögens der Personengesellschaft (z.B. vom Sonderbetriebsvermögen in das Gesamthandsvermögen) als auch
- Übertragungen zwischen Betriebsvermögen der Personengesellschaft und Privatvermögen (eines Gesellschafters oder Dritten) als auch
- Übertragungen zwischen dem Betriebsvermögen der Personengesellschaft und einem anderen Betrieb des Gesellschafters

---

784 Nach FG Hannover, 03.06.2009 4 K 12096/05, EFG 2009, 1638 kann entgegen § 6b Abs. 4 Satz 2 EStG ein solcher Gewinn auch auf Wirtschaftsgüter eines landwirtschaftlichen Betriebes übertragen werden.
785 Vgl. OLG Hamm, 26.03.2010 – 19 U 145/09, NZG 2010, 1189; hierzu *Böttcher/Fischer*, NZG 2010, 1332.

denkbar. Hierbei („Mitunternehmererlass") ist intertemporal zu differenzieren (nachstehend 4337). Daneben treten die Grundsätze der Sachabfindung bei Ausscheiden aus einer i.Ü. Fortbestehenden Personengesellschaft (Rdn. 4773) und der Realteilung im engeren Sinne (nachstehend Rdn. 4775), also der Beendigung einer Personengesellschaft durch Zuweisung von Einzelwirtschaftsgütern in das Betriebsvermögen eines bisherigen Mitgesellschafters.

aa) „Mitunternehmererlass"[786]

(1) Rechtslage bis 31.12.1998

Übertragungsvorgänge innerhalb des Betriebsvermögens der Personengesellschaft sowie von einem anderen Betriebsvermögen des Gesellschafters in das Betriebsvermögen der Gesellschaft und zurück sind „ergebnisneutral", es findet Buchwertfortführung statt. Wird ein Grundstück aus dem Sonderbetriebsvermögen des Gesellschafters in das Gesamthandsvermögen der Gesellschaft übertragen gegen Gewährung von Gesellschaftsrechten (Erhöhung des Kapitalkontos des einbringenden Gesellschafters) oder aus dem Gesamthandsvermögen in das Sonderbetriebsvermögen eines Gesellschafters gegen entsprechende Minderung seiner Gesellschaftsrechte (Belastung seines Kapitalkontos), hatte der jeweils erwerbende Teil das Wahlrecht, das Grundstück mit dem Buchwert, einem Zwischenwert oder dem Teilwert anzusetzen (mit der Folge der Gewinnentstehung i.H.d. Unterschiedsbetrags zwischen Buchwert und angesetztem Wert).[787] Die unentgeltliche Grundstücksübertragung aus dem Sonderbetriebsvermögen eines Gesellschafters in das Sonderbetriebsvermögen eines anderen Gesellschafters bleibt ebenfalls ergebnisneutral (Buchwertfortführung).[788] Übertragungsvorgänge von und in das Privatvermögen (z.B. aus dem Sonderbetriebsvermögen eines Gesellschafters an einen Angehörigen, der nicht zugleich Mitgesellschafter ist) führten hingegen zur Entnahme oder Einlage.

4762

(2) Rechtslage in den Jahren 1999 und 2000

Das Steuerentlastungsgesetz 1999/2000/2002 sah in folgenden Fällen die zwingende Aufdeckung der „stillen Reserven" durch Ansatz des Teilwerts vor (§ 6 Abs. 5 Satz 3 EStG in der damaligen Fassung):

4763

- bei Übertragung des Grundstücks aus dem Betriebsvermögen des Gesellschafters in das Gesamthandsvermögen der Mitunternehmerschaft und umgekehrt (nun § 6 Abs. 5 Satz 3 Nr. 1 EStG),
- bei Übertragung aus dem Gesamthandsvermögen der Gesellschaft in das Sonderbetriebsvermögen eines Gesellschafters und umgekehrt (nun § 6 Abs. 5 Satz 3 Nr. 2 EStG), sowie
- bei Übertragung eines Grundstücks aus dem Sonderbetriebsvermögen eines Gesellschafters in das Sonderbetriebsvermögen eines anderen Gesellschafters (nun § 6 Abs. 5 Satz 3 Nr. 3 EStG).

---

786 V. 20.12.1977, BStBl. 1978 I, S. 8 ff.
787 Vgl. BFH, BStBl. 1986 II, S. 333: Die Gewinnreduzierung trat bei der Gesellschaft ein, auch wenn der erwerbende Gesellschafter das Wahlrecht ausübte.
788 BFH, BStBl. 1986 II, S. 713.

(3) Rechtslage seit 2001

4764 § 6 Abs. 5 Satz 3 bis 5 EStG hat für diese Sachverhalte die Regelungen des früheren „**Mitunternehmererlasses**" ab 01.01.2001 weitgehend wieder eingeführt: Die Bestimmung gilt für die unentgeltliche oder aber gegen Gewährung/Minderung von Gesellschaftsrechten erfolgende Übertragung von Einzelwirtschaftsgütern

- zwischen einem Einzelbetrieb des Mitunternehmers und dem Gesamthandsvermögen einer (nicht notwendig seiner) Mitunternehmerschaft und umgekehrt (§ 6 Abs. 5 Satz 3 Nr. 1 EStG),
- zwischen dem Sonderbetriebsvermögen und dem Gesamthandsvermögen derselben Mitunternehmerschaft und umgekehrt (§ 6 Abs. 5 Satz 3 Nr. 2, 1. Alt. EStG),[789]
- zwischen dem Sonderbetriebsvermögen eines Mitunternehmers und dem Gesamthandsvermögen einer anderen Mitunternehmerschaft, an welchem er beteiligt ist, und umgekehrt (§ 6 Abs. 5 Satz 3 Nr. 2, 2. Alt. EStG).

4765 Ferner gilt § 6 Abs. 5 Satz 3 Nr. 3 EStG für die unentgeltliche (allerdings nicht für die gegen Gewährung/Minderung von Gesellschaftsrechten erfolgende) Übertragung von Einzelwirtschaftsgütern zwischen den Sonderbetriebsvermögen verschiedener Mitunternehmer an derselben Mitunternehmerschaft.

4766 Die entgeltliche Übertragung von Einzelwirtschaftsgütern, auch zwischen Sonderbetriebs- und Gesamthandsvermögen etc., unterfällt demnach in keinem Fall § 6 Abs. 5 Satz 3 EStG und führt damit stets zu Veräußerungsgewinnen/Anschaffungskosten (Rdn. 4758); Gleiches gilt für die teilentgeltliche Übertragung gem. dem Beispiel in Rdn. 4757.

4767 Rechtsfolge des § 6 Abs. 5 Satz 3 EStG ist die zwingende Buchwertfortführung, allerdings unter zwei Vorbehalten:

- im Fall der Veräußerung oder Entnahme (durch den Erwerber!) innerhalb einer **3-jährigen „Sperrfrist"**[790] werden rückwirkend die stillen Reserven durch Ansatz des Teilwerts (beim Veräußerer!) nachversteuert (§ 6 Abs. 5 Satz 4 EStG).[791] Dies gilt nach Verwaltungsauffassung[792] auch bei Einbringung/Formwechsel nach §§ 20, 21, 24, 25 UmwStG, nicht aber im Fall des Ausscheidens des Wirtschaftsgutes als Folge höherer Gewalt. Bei Kettenübertragungen, die ihrerseits § 6 Abs. 5 Satz 3 EStG genügen, wird jeweils eine neue Sperrfrist ausgelöst (die bisher laufende jedoch nicht verletzt).

4768
- Der Teilwertansatz ist weiterhin zwingend erforderlich, soweit sich durch die Übertragung der Anteil einer Körperschaft oder Personenvereinigung an dem Wirtschaftsgut unmittelbar oder mittelbar erhöht (§ 6 Abs. 5 Satz 5 EStG, sog. **Körperschaftsklausel**) oder diese Erhöhung in den folgenden 7 Jahren – gleich aus welchem Grund – eintritt (§ 6 Abs. 5 Satz 6 EStG; auch

---

[789] Vgl. ausführlich *Neumayer/Obser*, EStB 2009, 445 ff. (Übertragungsvarianten, Wertansätze und Missbrauchsregelungen) sowie EStB 2010, 34 ff. (Sonderfälle: mehrstöckige und ausländische Personengesellschaften; Gewerbe-, Schenkung-, Umsatzsteuer).

[790] Die Frist endet 3 Jahre nach Abgabe der Steuererklärung des Übertragenden für den Übertragungszeitraum.

[791] Die Besteuerung kann gem. § 6 Abs. 5 Satz 4 EStG jedoch vermieden werden, indem die bisher entstandenen stillen Reserven durch Ergänzungsbilanz dem übertragenden Gesellschafter zugeordnet (und im Laufe der Jahre durch Abschreibung abgebaut) werden.

[792] Entwurf eines BMF-Schreibens zu § 6 Abs. 5 EStG, Stand Mai 2011.

dann wird also rückwirkend der Teilwert angesetzt). Der Übergang in das bisherige Halbeinkünfteverfahren, bei dem die stillen Reserven nur zur Hälfte steuerlich erfasst werden, soll auf diese Weise verhindert werden. Ein solcher Anteil einer Körperschaft am Wirtschaftsgut wird z.B. unmittelbar begründet, wenn die Komplementär-GmbH am Vermögen der an der Übertragung erwerbend beteiligten GmbH & Co. KG selbst beteiligt ist; oder mittelbar durch Formwechsel von der Personengesellschaft in eine (Objekt-) Kapitalgesellschaft.

Zur möglichen Versagung der Buchwertfortführung, wenn nach einer steuerneutralen Übertragung von Sonderbetriebsvermögen (z.B. auf eine GmbH & Co. KG) anschließend der verbleibende Mitunternehmeranteil übertragen wird, aufgrund der Gesamtplanprüfung der Finanzverwaltung vgl. Rdn. 4706. 4769

Nicht begünstigt durch den Wortlaut des § 6 Abs. 5 Satz 3 EStG ist ferner die Übertragung zwischen dem Betriebsvermögen von **Schwestergesellschaften**,[793] wobei jedoch der IV. Senat des BFH für eine verfassungskonforme Analogie dahin gehend plädiert, dass Überführungen von Wirtschaftsgütern zwischen zwei Betriebsvermögen desselben Steuerpflichtigen stets zu Buchwerten vorzunehmen sind.[794] Bis zu einer Klärung hilft in manchen Fällen das „§ 6b – Modell": Das Wirtschaftsgut wird zu fremdüblichen Bedingungen an die Schwestergesellschaft veräußert, der Gewinn in eine § 6b EStG-Rücklage eingestellt, und diese sodann auf das soeben übertragene Wirtschaftsgut als Reinvestitionsobjekt bei der Schwestergesellschaft übertragen,[795] oder aber das Wirtschaftsgut wird von der Personengesellschaft auf eine personengleiche Bruchteilsgemeinschaft übertragen, wobei die einzelnen Miteigentumsanteile SBV des übertragenden Gesellschafters darstellen (zwingende Buchwertfortführung gem. § 6 Abs. 5 Satz 3 Nr. 2 EStG; wegen des Erfordernisses der Unentgeltlichkeit müssen allerdings die an dem Wirtschaftsgut lastenden Verbindlichkeiten bei der übertragenden Gesellschaft verbleiben – der Schuldzinsabzug ist dadurch nicht gefährdet).[796] 4770

Die Einlage steuerverstrickten Privatvermögens, z.B. von Kapitalgesellschaftsanteilen über 1 %, in Personengesellschaften stellt jedoch nach Auffassung der Finanzverwaltung[797] einen entgeltlichen Vorgang dar, wenn sich dadurch das handelsbilanzielle Kapitalkonto des Gesellschafters verändert hat.[798] Ein Veräußerungsgewinn entsteht nicht im Fall einer Verbuchung auf dem gesamthänderischen Rücklagenkonto (Rdn. 2188). 4771

Sollen Unternehmensteile, die keinen Teilbetrieb i.S.d. Umwandlungsteuergesetzes darstellen, z.B. auf eine Tochtergesellschaft ausgegliedert werden, bietet sich auch das „**Treuhandmodell**" an: Dabei wird die Tochtergesellschaft als GmbH & Co KG errichtet, wobei sich die Muttergesellschaft als Komplementärin, und eine Beteiligungs-GmbH als Kommanditistin, aber wiede- 4772

---

[793] BMF v. 28.02.2006, BStBl. 2006 I, S. 228 unter IV.1.; BFH, 25.11.2009 – I R 72/08, BStBl. 2010 II 471 = GmbHR 2010, 317 m. Anm. *Suchanek*; *Schulze zur Wiesche*, DB 2010, 60.

[794] BFH, 15.04.2010 – IV B 105/09, ZEV 2010, 303 (in einem Verfahren über die Aussetzung der Vollziehung); hierzu *Siegmund/Ungemach*, NWB 2010, 2206 und *Suchanek*, GmbHR 2010, 725. Das BMF, 29.10.2010 – IV C 6 – S 2241/10/10002:001, BStBl. 2010 I 1206 bleibt bei seiner bisherigen Ablehnung, vgl. *Wißborn*, NWB 2010, 4275 f.

[795] Vgl. *Jarosch/Rund/Gluth*, StB-Sonderheft 2010/2011, S. 17 m.w.N.

[796] *Spiegelberger* MittBayNot 2011, 89; *Hoffmann*, GmbHR 2002, 290.

[797] BMF v. 26.11.2004, BStBl. 2004 I, S. 1190.

[798] Hierzu (Zwei-, Drei-, Vierkontenmodell) *Carlé*, ErbStB 2006, 46.

rum nur treuhänderisch für die vorgenannte Komplementärin, beteiligen. Zivilrechtlich lassen sich nun die Wirtschaftsgüter auf die „Tochtergesellschaft" übertragen, einkommensteuerlich ist sie dagegen (als „Ein-Personen-Personengesellschaft") nicht existent.[799]

bb) Ausscheiden gegen Sachabfindung

4773 Scheidet ein Mitunternehmer aus einer **i.Ü. fortbestehenden Mitunternehmerschaft** aus und erhält dafür eine Sachabfindung, liegt kein Fall der Realteilung i.S.d. § 16 Abs. 3 Satz 2 bis 4 EStG (unten cc) vor.[800] Gelangt die Sachabfindung in das Privatvermögen, erzielt der Ausscheidende aus der Differenz zwischen dem Buchwert seines Anteils (Kapitalkonto) und dem gemeinen Wert der Sachwertabfindung einen Erlös (§ 16 Abs. 1 Satz 1 Nr. 2 EStG), der ggf. nach §§ 16, 34 EStG begünstigt sein kann. Gelangt die Sachabfindung in das Betriebsvermögen des Ausscheidenden und handelt es sich um Einzelwirtschaftsgüter, gilt § 6 Abs. 5 Satz 3 Nr. 1 EStG – erfolgsneutraler Vorgang, auch wenn die Übertragung gegen Minderung der Gesellschaftsrechte erfolgt –, allerdings damit auch die Trennungstheorie (Rdn. 4756), sodass bei Übernahme von Verbindlichkeiten eine Teilaufdeckung stiller Reserven stattfindet.[801]

4774 Handelt es sich bei der Abfindung um einen Betrieb/Teilbetrieb/Mitunternehmeranteil, gilt weder § 6 Abs. 5 Satz 3 EStG (keine Einzelwirtschaftsgüter), noch § 6 Abs. 3 EStG (da keine unentgeltliche Übertragung, sondern eine Übertragung gegen Minderung der Gesellschaftsrechte[802] vorliegt) – beides würde zur Erfolgsneutralität führen – und auch eine „reziprok-analoge" Anwendung des § 24 UmwStG mit gleichem Ergebnis scheidet aus[803] („Ausbringung von Vermögen gegen Minderung von Gesellschaftsrechten"). Es bleibt also bei der Auflösung stiller Reserven, ggf. in zwei Stufen:

Beispiel:[804]

An der A-B-C GbR ist jeder Sozius gleich beteiligt (Buchwert je 100, Verkehrswert je 500, stille Reserven also gesamt 1.200). C scheidet aus und erhält hierfür einen im GbR-Vermögen befindlichen Personengesellschaftsanteil (Praxisbeteiligung, deren Buchwert 300, Verkehrswert 500 beträgt). In der ersten Stufe veräußert C seinen Mitunternehmeranteil an A und B, für 500 (Wert der Praxisbeteiligung), sodass er (C) einen Veräußerungsgewinn von 400 erzielt. A und B stocken demnach die Buchwerte des GbR-Vermögens auf, soweit darin stille Reserven enthalten sind (unterstellt, lediglich die Praxisbeteiligung enthalte auf der Aktivseite stille Reserven von 200, entfallen die verbleibenden stillen Reserven von 1.000 auf den good will – demnach wird der Praxiswert von 300 um 1/6 aus 400 auf 367 aufgestockt. Im zweiten Schritt veräußern A und B ihre Beteiligung an der Praxis gegen Wegfall des Abfindungsanspruchs von 500, also unter Entstehung eines Veräußerungsgewinns von gesamt 133.

---

799 *Forst/Kofmann/Pittelkow*, EStB 2011, 41; auch Gewerbesteuerpflicht wird nicht begründet: BFH, 03.02.2010 – IV R 26/07, EStB 2010, 160.
800 Vgl. BMF v. 28.02.2006, BStBl. 2006 I, S. 228 unter II, sowie SenFin Berlin v. 28.12.2009 – III B 2242- 1/2009, EStB 2010, 178; gegen eine Gleichbehandlung *Mitschke*, NWB 2009, 606 ff.
801 Vgl. *Röhrig*, EStB 2002, 231 und EStB 2010, 32 („der Fluch der Sachwertabfindung"); a.A. jedoch das Schrifttum jedenfalls bei Übertragung zwischen personenidentischen Schwestergesellschaften, vgl. *Slabon*, ZErb 2006, 260 m.w.N.
802 Darin liegt ein entgeltlicher Vorgang, BFH, 24.01.2008 – IV R 37/06, DStR 2008, 761.
803 *Dietel*, DStR 2009, 1352, jedenfalls seit Kodifizierung der Realteilungsgrundsätze in § 16 Abs. 3 Satz 2 ff. EStG.
804 Nach *Röhrig*, EStB 2010, 33.

cc) Realteilung im engeren Sinne

Wird schließlich eine Personengesellschaft beendet und gehen dabei Vermögenswerte des bisherigen Betriebsvermögens zur Erfüllung des Auseinandersetzungsanspruchs an die bisherigen Gesellschafter über, liegt eine **Realteilung im eigentlichen Sinne**[805] (§ 16 Abs. 3 Satz 2 bis 4 EStG) vor. Besteht die Personengesellschaft fort, scheidet also lediglich ein Mitunternehmer aus, gelten ähnliche Grundsätze. Die Grundsätze der Realteilung standen Pate bei der Leitentscheidung des Großen Senats des BFH v. 05.07.1990 zur Erbauseinandersetzung (vgl. Rdn. 4637).

4775

Demgemäß ist zu differenzieren: Geht im Rahmen einer solchen Realteilung der gesamte Betrieb, Teilbetrieb – auch 100 %ige Anteil an einer Kapitalgesellschaft –, Mitunternehmeranteil oder Teil eines Mitunternehmeranteils über in das (ggf. dadurch erst begründete) Betriebsvermögen des Erwerbers,[806] bleibt es bei der zwingenden Buchwertfortführung ohne Auflösung stiller Reserven.[807]

4776

Handelt es sich um ein **einzelnes**, in das **Privatvermögen** überführtes **Wirtschaftsgut, das wesentliche Betriebsgrundlage** darstellt oder dessen Übertragung die Voraussetzungen einer Betriebsaufspaltung entfallen lässt, liegt eine Betriebsaufgabe der Personengesellschaft (mit ggf. begünstigtem Veräußerungsgewinn,[808] den Mitunternehmern mangels anderweitiger Vereinbarung[809] zuzurechnen nach Maßgabe ihres Anteils) vor. Handelt es sich um ein in das Privatvermögen überführtes einzelnes Wirtschaftsgut, das keine wesentliche Betriebsgrundlage darstellt, entsteht ein nicht begünstigter Entnahmegewinn, welcher der Personengesellschaft zuzurechnen ist (also nicht dem Erwerber!)[810]

4777

Erhält schließlich ein Gesamthänder im Rahmen einer Realteilung ein **Einzelwirtschaftsgut** des Betriebsvermögens und führt dieses in eigenes **Betriebsvermögen** über, ordnet § 6 Abs. 5 und

4778

---

805 Abgrenzung zur Veräußerung/Aufgabe eines Mitunternehmeranteils; Realteilung; 3-jährige Sperrfrist für wesentliche Betriebsgrundlagen etc.; hierzu BMF-Schreiben v. 28.02.2006, BStBl. 2006 I, S. 228 („Realteilungserlass") und *Gragert*, NWB Fach 3, S. 13887 = 2006, 743 ff., ebenso *Spiegelberger*, NWB 2006, 1585 ff., Fach 3, S. 14019 = 2006, 1585 ff. sowie *Heß*, DStR 2006, 777 ff.; *Neumann*, EStB 2006, 143; *Slabon*, ZErb 2006, 258.
806 Eine vorherige Betriebsaufgabe ist nicht erforderlich, *Stuhrmann*, DStR 2005, 1357.
807 Vgl. *Schmidt/Glanegger*, EStG, 23. Aufl. 2004, § 6 Rn. 142.
808 *Röhrig/Doege*, DStR 2006, 970 weisen darauf hin, dass die Anwendbarkeit der Steuervergünstigungen der §§ 16, 34 EStG nicht bei Überführung teils in das Betriebs-, teils in das Privatvermögen der Miterben gesichert ist, da andernfalls nicht alle stillen Reserven aufgedeckt werden, vgl. Rn. 13 des BMF-Schreibens v. 14.03.2006.
809 Die Finanzverwaltung erlaubt analog § 16 Abs. 3 Satz 4 EStG, durch eine im zeitlichen Zusammenhang der Erbauseinandersetzung schriftlich getroffene Vereinbarung den Gewinn ausschließlich dem entnehmenden Miterben zuzurechnen, *Gragert*, NWB 2006, 1194 = Fach 3, S. 13938.
810 BFH, Großer Senat, v. 05.07.1990, BStBl. 1990 II, S. 843. Selbst die Übertragung eines Wirtschaftsguts einer Mitunternehmerschaft in eine andere Mitunternehmerschaft, an der dieselben Realteiler beteiligt sind, ist nicht steuerneutral möglich (*Gragert*, NWB 2006, 750).

§ 16 Abs. 3 Satz 2 bis 4 EStG ab 01.01.2001[811] die zwingende Buchwertfortführung[812] an (unter entsprechender Aufstockung der Kapitalkonten des Erwerbers zur Sicherstellung der übergehenden stillen Reserven), allerdings mit folgenden Ausnahmen:

- Bei der unmittelbaren oder mittelbaren Übertragung auf eine (bisher nicht beteiligte) Körperschaft, Personenvereinigung oder Vermögensmasse – sogar, besonders misslich, eine beteiligungsidentische Schwestergesellschaft[813] – ist (wegen des Steuersatzgefälles zwischen Kapital- und Personengesellschaften) insoweit[814] zwingend der gemeine Wert anzusetzen,

4779
- ebenso (rückwirkend) bei Entnahme oder Veräußerung von Grund und Boden sowie Gebäuden des Anlagevermögens und wesentlichen Betriebsgrundlagen[815] innerhalb einer **3-jährigen Sperrfrist**, – §§ 6 Abs. 5 Satz 4 bis 6 und § 16 Abs. 3 Satz 3 EStG – beginnend mit der Abgabe der Steuererklärung für den Veranlagungszeitraum der Realteilung (Rdn. 4708). Der Erwerber hat es also in der Hand, innerhalb dieser Frist rückwirkend eine Gewinnrealisierung beim Veräußerer auszulösen (sofern nicht, wie zu empfehlen, die Gewinnzuordnung allein beim entnehmenden Realteiler vereinbart ist[816] oder zumindest eine Erstattungspflicht besteht). Misslich ist, dass auch in der Einbringung des in der Realteilung erhaltenen Vermögens in eine neue Personengesellschaft eine solche Veräußerung liegen kann.[817]

Beispiel:

Der aus einer Freiberufler-Sozietät gegen Realteilung ausgeschiedene Berufsträger geht eine neue Berufsverbindung als Sozietät ein: die gesamten stillen Reserven der aufgelösten Sozietät werden nach-

---

811 Zuvor hatte Richterrecht – BFH, BStBl. 1992 II, S. 946 – bei der Überführung der bisher einer Mitunternehmerschaft dienenden Wirtschaftsgüter in ein Betriebsvermögen des einzelnen, an der Realteilung teilnehmenden Mitunternehmers das Wahlrecht zwischen Buchwertfortführung und Aufdeckung stiller Reserven eingeräumt; das Steuerentlastungsgesetz 1999/2000/2002 sah (§ 16 Abs. 3 a.F. EStG) zwingend die Buchwertfortführung vor, allerdings beschränkt auf die Übernahme von Teilbetrieben und Mitunternehmeranteilen. Gingen einzelne Wirtschaftsgüter über in das Betriebsvermögen des Realteilers, lag ein laufender Gewinn vor, beim Übergang in das Privatvermögen konnten ggf. die Vergünstigungen der §§ 16, 34 EStG in Anspruch genommen werden.

812 Zuvor hatte § 6 Abs. 5 Satz 3 EStG 1999 eine zwingende Entnahme angeordnet, davor hatte das BMF-Schreiben v. 11.01.1993, BStBl. 1993 I, S. 62, Tz. 74, ein Wahlrecht des übernehmenden Miterben zwischen dem Teilwertansatz und der Buchwertfortführung vorgesehen.

813 Das BMF-Schreiben v. 28.02.2006, DStR 2006, 426 schließt auch dann eine Realteilung aus; *Spiegelberger*, NWB 2006, 1588 = Fach 3, S. 14022 plädiert dafür, die Buchwertfortführung zuzulassen, wenn die stillen Reserven vor und nach der Übertragung derselben Person zustehen. Durch die Finanzverwaltung toleriert wird jedoch die Überführung in das Sonderbetriebsvermögen einer anderen Mitunternehmerschaft (also auf den bisherigen Gesamthänder selbst, der es der neuen Mitunternehmerschaft zur Verfügung stellt), *Korn/Strahl*, NWB 2006, 4188 = Fach 2, S. 9144. Krit. hiergegen (und für die Anwendbarkeit des § 24 UmwStG nicht nur in den, wohl unstreitigen, Fällen, dass die bisherige Sozietät fortbesteht, also kein eigentlicher Fall der Realteilung vorliegt) *Schwedhelm/Wollweber*, GmbH-StB 2011, 82 ff.

814 Geht auf die Körperschaft im Rahmen einer Realteilung ein Betrieb, Teilbetrieb oder Mitunternehmeranteil über, ist entsprechend § 20 UmwStG eine steuerneutrale Realteilung möglich.

815 Zur „wesentlichen Betriebsgrundlage" (in funktional-quantitativer Betrachtung), die nach der Realteilung weiterhin zum Betriebsvermögen mindestens eines Realteilers gehören muss, vgl. BFH v. 10.11.2005 – IV R 7/05, EStB 2006, 43.

816 Gem. Abschnitt IX des BMF-Erlasses zur Realteilung v. 28.02.2006, BStBl. 2006 I, S. 228 und Tz. 13 des BMF-Erlasses v. 14.03.2006 zur ertragsteuerlichen Behandlung der Erbengemeinschaft, BStBl. 2006 I, S. 253. Interessant ist dies unter Wertungsaspekten (Zuordnung zum Veranlasser), aber auch zur Nutzung bestehender Verlustvorträge gem. § 10d EStG, vgl. *Reich*, MittBayNot 2007, 280, 281.

817 NMF v. 28.02.2006, BStBl. 2006 I, S. 228.

träglich aufgedeckt! Die Realteilung ist also erfolgsneutral möglich, erschwert jedoch anschließende wirtschaftlich sinnvolle Verwertungen.

- Gleiches gilt seit 01.01.2007, wenn im Zuge einer Realteilung Kapitalgesellschaftsanteile an eine Kapitalgesellschaft übertragen werden und Letztere sie binnen 7 Jahren veräußert, § 16 Abs. 5 EStG.[818]

Der Veräußerer wird sich dann vorsorglich die Erstattung der Steuerbelastung ausbedingen (zu anderen Sanktionsmöglichkeiten s. Rdn. 4713 i.R.d. § 6 Abs. 3 EStG, zur ähnlichen Formulierung bei Realteilung einer Erbengemeinschaft vgl. Rdn. 4657). 4780

Formulierungsvorschlag: Steuererstattungspflicht bei späterer Gewinnrealisierung nach Realteilung einer Personengellschaft 4781

> Die Übertragung des Grundstücks samt Betriebsgebäude erfolgt im Weg einer Realteilung zu Buchwerten (§ 16 Abs. 3 Satz 2 EStG). Den Beteiligten ist bekannt, dass es nachträglich zur Versteuerung der „stillen Reserven" kommen kann, indem anstelle der Buchwerte die gemeinen Werte anzusetzen sind, etwa wenn der Erwerber das Grundstück und das Gebäude veräußert oder aus dem Betriebsvermögen entnimmt (§ 16 Abs. 3 Satz 3 EStG). Der Erwerber verpflichtet sich, solche Handlungen, die unmittelbar oder mittelbar zum Einsatz der gemeinen Werte führen könnten, weder vorzunehmen noch zu unterstützen oder zu dulden; andernfalls hat er die dem Veräußerer entstehende Steuerbelastung unverzüglich zu erstatten bzw. zu übernehmen.

9. Übertragung eines Unternehmens/Mitunternehmeranteils unter Nießbrauchsvorbehalt

Wird ein **Einzelunternehmen oder** ein **Gesellschaftsanteil unter Nießbrauchsvorbehalt** übertragen, handelt es sich gleichwohl um einen unentgeltlichen Übertragungsvorgang i.S.d. § 6 Abs. 3 EStG (der Vorbehaltsnießbrauch stellt auch als Betriebsvermögen keine Gegenleistung dar). Ertragsteuerlich entstehen – ähnlich einer Betriebsverpachtung im Ganzen[819] (Rdn. 4520) – zwei Betriebe: der ruhende Betrieb des Eigentümers und der aktive Gewerbebetrieb des Nießbrauchers. Für die Zuwendung des Unternehmens (unter Nießbrauchsvorbehalt) findet § 13a ErbStG Anwendung, da der Nießbrauchsbesteller wie ein Unternehmensverpächter behandelt wird, also Betriebsvermögen hält. Wird ein Gesellschaftsanteil an einer Personengesellschaft unter Nießbrauchsvorbehalt übertragen, spalten sich die Kompetenzen hinsichtlich der Ausübung der gesellschaftsrechtlichen Mitwirkungsrechte zwischen Gesellschafter und Nießbrauchberechtigtem vorübergehend auf (Beschlussstimmrecht beim Nießbraucher zu laufenden Angelegenheiten und zur Sicherung seines Fruchtziehungsrechts). Beide – Nießbraucher und Nießbrauchsbesteller – sind Mitunternehmer.[820] 4782

---

818 Entspricht der Missbrauchsvorschrift des § 22 Abs. 1 Satz 6 Nr. 1 bis 6 UmwStG.
819 BFH, NV 1999, 454.
820 BFH, BStBl. 1995 II, S. 241; *Gschwedtner*, NJW 1995, 1876; H 15.8 (1) EStR 2005. Bei vorsichtiger Gestaltung ist zu empfehlen, dem Nießbraucher nicht den gesamten Gewinn zuzuweisen (sondern z.B. durch Quotennießbrauch über 90 %) und das Stimmrecht beiden zur gemeinsamen Ausübung zuzuweisen. Dies mag sich auch empfehlen, um sowohl dem Mitgesellschafter als dem Nießbraucher die Privilegierung des § 13a ErbStG zu sichern, vgl. H 51 Satz 5 ErbStR 2003.

4783 Beim Vorbehaltsnießbrauch bleibt die AfA-Befugnis beim Nießbraucher als „wirtschaftlichem", sein früheres zivilrechtliches Eigentum weiterführenden Unternehmer (Rdn. 4542). Dies gilt nach Ansicht des BFH[821] auch dann, wenn der Vorbehaltsnießbraucher den „zurückbehaltenen" wirtschaftenden Betrieb an den nunmehrigen zivilrechtlichen Eigentümer zu fremdüblichen Bedingungen verpachtet: er bleibt AfA-berechtigt und versteuert die Pachtzahlungen als Einnahmen des ruhenden Verpachtungsbetriebes. Die Finanzverwaltung sieht darin einen Fall des § 42 AO, wenn sich durch Nießbrauchsrückbehalt und Verpachtung an der wirtschaftlichen Realität nichts verändert hat.[822]

Zu den steuerlichen Folgen der Ablösung eines (auch betrieblichen) Nießbrauchs gegen Versorgungsrente (vgl. Rdn. 1186), bzw. gegen Einmalzahlung (Rdn. 1189).

10. Betriebsverpachtung

4784 Während in der vorstehend (Rdn. 4782) behandelten Konstellation die Substanz des Unternehmens auf den Nachfolger übergeht, die aktive wirtschaftliche Betätigung aber aufgrund des vorbehaltenen Nießbrauchs weiter beim früheren Inhaber bleibt, erlaubt die **Betriebsverpachtung**[823] dem Veräußerer, sich umgekehrt zwar nicht von der Sachsubstanz, doch aber von der wirtschaftlich aktiven Betätigung zu trennen. Denkbar ist dies insb. in zwei Konstellationen:

- Der als Betriebsnachfolger vorgesehene Erwerber soll zunächst als Pächter beweisen, dass er das Unternehmen zu führen in der Lage ist, bevor dieses ihm tatsächlich zu Eigentum übertragen wird. Auch wenn sich die Verpachtung hier als „Vorstufe" zur geplanten Hofübergabe darstellt, muss der Pächter die steuerlichen Betriebsmerkmale erfüllen, z.B. eine positive Totalgewinnprognose auf die Dauer des Pachtverhältnisses belegbar sein.[824]
- Der als Nachfolger vorgesehene Erwerber ist noch nicht in der Lage, das Unternehmen zu führen (sondern z.B. noch in Ausbildung), der derzeitige Betriebsinhaber aber kann, etwa wegen Krankheit oder Alters, seine unternehmerische Aufgabe nicht mehr wahrnehmen, sodass eine vorübergehende Verpachtung an einen Dritten stattfinden muss.

4785 Die Unternehmenspacht erfasst in aller Regel zivilrechtlich (zum Steuerrecht Rdn. 4786) die unbeweglichen, beweglichen und immateriellen Betriebsgrundlagen als betrieblich und organisatorisch abgegrenzte Wirtschaftseinheit.[825] Bei vollkaufmännischen Strukturen wird der Pächter im Handelsregister eingetragen, 22 Abs. 2 HGB.[826] Die bestehenden Arbeitsverträge gehen gem. § 613a BGB zwingend auf den Pächter über, in die weiteren betriebsbezogenen Dauerschuldverhältnisse tritt er (im Weg der Erfüllungsübernahme, bei Genehmigung des anderen Vertragsteils

---

821 BFH, 03.03.2004 – X R 135/98, ZEV 2004, 342, 343 m.w.N.
822 „Nießbrauchserlass" des BMF, BStBl. 1998 I, S. 914, Tz. 17.
823 Überblick bei *Stinn*, NWB 2011, 440 ff.
824 BFH, 11.10.2007 – IV R 15/05, EStB 2008, 200.
825 Vgl. *Schorr*, DStR 1997, 1 ff.
826 Bei einer verpachteten GmbH werden Betriebspachtverträge jedoch im Handelsregister nur eingetragen, wenn es sich faktisch um einen Beherrschungs- und Gewinnabführungsvertrag handelt (LG Paderborn, NotBZ 2008, 352); bei der AG gilt jedoch § 292 Abs. 1 Nr. 3 AktG.

C. Steuerliche Folgen der Übertragung des Wirtschaftsguts selbst

im Weg der Schuldübernahme) ein. Für die Betriebsverpachtung gelten, auch bei Fehlen eines Betriebsgrundstücks, die §§ 581 ff. BGB entsprechend.[827]

Voraussetzung der steuerlichen Anerkennung einer Betriebsverpachtung ist, dass **alle wesentlichen Betriebsgrundlagen** mitumfasst sind (vgl. Rdn. 4667 ff.); maßgeblich ist dabei die funktionale Betrachtung im jeweiligen Einzelfall.[828] Auch ein Grundstück, das bisher als Sonderbetriebsvermögen die alleinige wesentliche Grundlage des Betriebs der Personengesellschaft war, kann demnach Gegenstand einer „Betriebsverpachtung" sein, wenn die Personengesellschaft liquidiert wurde.[829] Die Verpachtungsgegenstände müssen zur Erreichung des Betriebszwecks erforderlich sein und besonderes wirtschaftliches Gewicht für die Betriebsführung haben, unabhängig davon, ob in ihnen erhebliche stille Reserven stecken oder nicht. Bei Fabrikationsbetrieben, Handelsunternehmen sowie Hotel- und Gaststättenbetrieben zählen hierzu regelmäßig das Betriebsgrundstück sowie Maschinen- und Produktionsanlagen, ggf. auch nur das Betriebsgrundstück,[830] bei land- und fortwirtschaftlichen Betrieben die selbst bewirtschafteten Flächen sowie die Wirtschaftsgebäude. Kurzfristig wiederbeschaffbare Güter (auch lebendes und totes Inventar des land- und forstwirtschaftlichen Betriebs oder das Werkstattinventar eines Handwerksbetriebs)[831] zählen nicht hierzu (vgl. Rdn. 4668).

4786

Unterschieden wird auch nach dem Umfang der Instandhaltungs- und Ersatzpflicht: Denkbar ist alternativ

4787

- dass der Verpächter die übliche Abnutzung und das alterungsbedingte Funktionsunfähigwerden mitverpachteter Inventarstücke hinzunehmen hat,
- oder aber eine „einfache" Ersatzpflicht i.S.e. gegenständlichen Wiederbeschaffungspflicht für solche Inventarstücke, die während der Pachtzeit abgehen,
- bis hin zur Substanzwerterhaltungspflicht des Pächters i.S.e. „eisernen Verpachtung": Bei Letzterer wird das bei Pachtbeginn übergebene Inventar geschätzt, Minderbeträge des Gesamtschätzwerts bei Pachtende sind in Geld auszugleichen.

Sofern dem Verpächter objektiv die Möglichkeit verbleibt, den eingestellten Betrieb nach Ablauf der Pachtzeit wieder aufzunehmen und fortzuführen,[832] ist mit der Betriebsverpachtung nicht zwingend eine Betriebsaufgabe verbunden; vielmehr hat der Verpächter insoweit ein **Wahlrecht** (vgl. im Einzelnen Rdn. 3985). Der Verpächter kann also durch eindeutige Erklärung ggü. den Finanzbehörden steuern, wann etwaige im Pachtobjekt vorhandene stille Reserven steuerwirksam „aufgedeckt" werden sollen. Verstirbt der Verpächter, geht das Wahlrecht (zur gemeinsamen Ausübung) auf die Erben über. Eine zwingende Betriebsaufgabe tritt jedoch ein, wenn der Ver-

4788

---

827 Vgl. BFH, BStBl. 1993 II, S. 89, 90.
828 BFH, DStR 1997, 1880, 1883. Beispiel: BFH, 11.10.2007 – X R 39/04, EStB 2008, 83: bei einem Autohaus zählen das Betriebsgrundstück, nicht aber Werkzeuge und Geräte zu den wesentlichen Betriebsgrundlagen.
829 BFH, 06.11.2008 – IV R 51/07, EStB 2009, 84.
830 BFH, 20.02.2008 – X R 13/05 bei einer Bäckerei, die ohne Einrichtungsgegenstände und Maschinen verpachtet wurde.
831 BFH, 18.08.2009 – X R 20/06, EStB 2010, 6 (Verkauf des Inventars an den Pächter hindert nicht, dass i.Ü. noch eine Betriebsverpachtung im Ganzen vorliegt).
832 BFH, BStBl. 1998 II, S. 388 m.w.N.

pächter wesentliche Teile des Betriebsvermögens an Dritte veräußert; die verbleibenden Wirtschaftsgüter sind dann ausschließlich dem Privatvermögen zuzurechnen.[833]

4789 Der Verpächter ist (auch bei der eisernen Verpachtung) weiterhin zur Abschreibung berechtigt. Nach Ansicht des BFH[834] kann der „eiserne" Pächter die Verpflichtung zur Erneuerung der Pachtgegenstände und ggf. zur Zuzahlung in jährlich wachsender Höhe in seiner Bilanz passivieren, der Verpächter hat ihn zu aktivieren. Anstelle der vom BFH geforderten Ermittlung des Wiederbeschaffungswerts für jedes einzeln eisern gepachtete Inventargut zum jeweiligen Stichtag erlaubt die Finanzverwaltung[835] vereinfachend, dass der Pächter anstelle des Verpächters die ihm eisern verpachteten Inventargegenstände mit den Buchwerten des Verpächters fortführen darf.

4790 Gerade Pachtverträge zwischen Angehörigen, die als Vorstufe zur Betriebsübergabe ausgestaltet sind, entsprechen in ihren Konditionen nicht dem Fremdüblichen, sodass nach allgemeinen Grundsätzen (vgl. Rdn. 4424) die steuerliche Anerkennung versagt werden müsste. Der IV. Senat des BFH[836] hat daher zur einkommensteuerlichen Aufrechterhaltung solcher Verträge den Begriff des „**Wirtschaftsüberlassungsvertrags**" geprägt, bei dem es (ebenso wie bei der Überlassung des Eigentums, also der Sachsubstanz) auf die Fremdüblichkeit der Konditionen nicht ankomme. Hierfür gelten also, auch wenn nur aus dem Verwandtschaftsverhältnis erklärbare Leistungen (wie etwa Pflegeverpflichtungen) hinzutreten, uneingeschränkt die ertragsteuerlichen Grundsätze der Unternehmensverpachtung (vgl. oben Rdn. 4784 ff.). „Pate" war dabei die „gleitende Hofübergabe".

11. Übertragung von Kapitalgesellschaftsanteilen unter Lebenden und von Todes wegen

4791 Die zivilrechtlichen Fragen der Übertragung bzw. Vererblichkeit von Kapitalgesellschaftsanteilen (einschließlich möglicher Einschränkungen durch Vinkulierungs-, Einziehungs-, Abtretungs-, Vertretungs- und rechtsgeschäftliche Nachfolgeklauseln wurden in Rdn. 2350 ff. bereits dargestellt.

a) Einkommensteuer

aa) Trennungstheorie bei Teilentgeltlichkeit

4792 Einkommensteuerlich liegt in der **Erbauseinandersetzung**, gleich ob aus freien Stücken oder in Befolgung eines Vorausvermächtnisses oder einer Teilungsanordnung, kein Anschaffungs- bzw. Veräußerungsgeschäft, es sei denn, es würden zur Abfindung Zahlungen aus dem Privatvermögen aufgebracht werden. Der dann gegebene Veräußerungsgewinn aus Sicht des übertragenden Miterben unterliegt regelmäßig gem. § 3 Nr. 40c, j EStG dem Halbeinkünfteverfahren, ab 2009 der Abgeltungsteuer bzw. in Betriebsvermögen dem Teileinkünfteverfahren (vgl. Rdn. 2425).

---

833 BFH, BStBl. 2004 II, S. 10, 12.
834 BStBl. 1993 II, S. 89.
835 BMF-Schreiben v. 21.02.2002, BStBl. 2002 I, S. 262.
836 Vgl. BStBl. 1975 II, S. 772; 1976 II, S. 415.

C. Steuerliche Folgen der Übertragung des Wirtschaftsguts selbst

Für Anteile an Kapitalgesellschaften gilt – anders als bei Mitunternehmeranteilen an Personengesellschaften – nicht die Einheits-, sondern die **Trennungstheorie** (vgl. oben Rdn. 4756 f.). Sofern also der Erwerber Teilleistungen erbringt, die Gegenleistungscharakter haben (vgl. Rdn. 4869 ff.) – also nicht bspw. bei einer Vermögensübergabe gegen Versorgungsleistungen –, liegt ein **teilentgeltliches Geschäft** vor mit der Folge, dass der entsprechende Veräußerungsgewinnanteil 4793

- im **Betriebsvermögen** als betrieblicher Gewinn gem. § 4 EStG zu erfassen ist. Der unentgeltliche Anteil der Übertragung eines einzelnen Wirtschaftsguts in ein Betriebsvermögen führt (sofern keine Einlage i.S.d. § 4 Abs. 1 Satz 5 EStG vorliegt) gem. § 6 Abs. 4 EStG (vormals: § 7 Abs. 2 EStDV) beim Erwerber zum Ansatz des gemeinen Werts für das aufnehmende Betriebsvermögen als Anschaffungskosten; hinsichtlich des entgeltlichen Anteils entstehen dem Erwerber Anschaffungskosten i.S.d. § 6 Abs. 1 EStG. Einheits- und Trennungstheorie führen hier also zum selben Ergebnis. Wird das einzelne Wirtschaftsgut des Betriebsvermögens aus privatem Anlass teilentgeltlich erworben, erfolgt beim Erwerber hinsichtlich des unentgeltlichen Teils eine Einlage. 4794

- im **Privatvermögen** derzeit nur bei Vorliegen der sonstigen Voraussetzungen des §§ 17, 23 EStG oder bei einbringungsgeborenen Anteilen (§ 21 UmwStG a.F.) und einbringungsverstrickten Anteilen nach SEStEG (Rdn. 4806) steuerpflichtig ist. Hinsichtlich des jeweils unentgeltlich erworbenen Anteils setzt der Erwerber dagegen die Anschaffungskosten des Vorinhabers fort (§ 11d EStDV). 4795

Zählt der Anteil zum Privatvermögen, ist **§ 17 EStG** zu beachten (Rdn. 2431). War der Veräußerer in den letzten 5 Jahren zu mehr als ein vom Hundert am Kapital beteiligt (§ 17 Abs. 1 Satz 4 EStG), ist der – auch unentgeltlich erworbene – Anteil im Fall einer späteren Weiterveräußerung steuerverhaftet; in gleicher Weise kann der Hinzuerwerb auch eine bisher unter der Ein-Prozent-Schwelle verbleibende Beteiligung durch Überschreiten dieser Grenze insgesamt „steuerverstricken", § 17 Abs. 1 Satz 4 EStG. Bei einer GbR zählt jedoch („Transparenz") die mittelbare Beteiligung des einzelnen GbR-Gesellschafters an der Kapitalgesellschaft.[837] 4796

Ein dabei etwa entstehender Veräußerungsgewinn (verglichen mit den historischen Anschaffungskosten)[838] ist steuerpflichtig, allerdings nur nach Maßgabe des Halbeinkünfteverfahrens, § 3 Nr. 40 EStG, ab 2009 des **Teileinkünfteverfahrens** (Steuerpflicht demnach nur zu 40%). Auch eine **Einziehung** des Anteils infolge satzungsmäßig vorbehaltenen Rechtes (Rdn. 2365 ff.) gilt ertragsteuerlich (frühestens im Zeitpunkt ihrer zivilrechtlichen Wirksamkeit)[839] als Veräußerung i.S.d. § 17 Abs. 1 Satz 1 EStG,[840] führt also je nach der Höhe der Abfindung ggf. auch zu einem Verlust i.S.d. § 17 Abs. 2 EStG.[841] 4797

---

[837] BFH, BStBl. 2000 II, S. 686, 688.
[838] Demnach werden auch die stillen Reserven steuerpflichtig, die vor der Entstehung der Steuerverstrickung aufgelaufen sind, BFH, 01.03.2005 – VIII R 92/03, DB 2005, 917.
[839] BFH, 22.07.2008 – IX R 15/08, EStB 2008, 424.
[840] Die Mm. sieht darin jedoch eine Teilliquidation i.S.d. § 17 Abs. 4 EStG; hiergegen *Hörger*, in: Littmann/Bitz/Hellwig, EStG, § 17 Rn. 35 m.w.N.
[841] Und zwar frühestens im Zeitpunkt der zivilrechtlichen Wirksamkeit, BFH, 22.07.2008 – IX R 15/08, GmbHR 2008, 319.

Kapitel 12: Einkommensteuerrecht

4798 Steuerverstrickt können Anteile im Privatvermögen auch dann sein, wenn in der Person des Rechtsvorgängers (Veräußerers bzw. Erblassers) der Anteil aus der Einbringung eines Betriebs, Mitunternehmeranteils oder Teilbetriebs gegen Gewährung von Gesellschaftsrechten zum Buchwert entstanden ist, §§ 20, 21 UmwStG, sog. „**einbringungsgeborene Anteile**", bzw. „verschmelzungs- oder spaltungsgeborene Beteiligungen" (§§ 13, 15 UmwStG). Wird ein solcher Anteil binnen 7 Jahren nach Entstehung des Anteils veräußert, ist der Veräußerungsgewinn in voller Höhe, also ohne Anwendung des Halbeinkünfteverfahrens (§ 3 Nr. 40 Satz 3 u. 4 EStG), steuerpflichtig. Die Qualifikation als einbringungsgeborener Anteil ist ggü. § 17 EStG vorrangig. Für einbringungsverstrickte Anteile nach dem SEStEG mildert sich die Steuerbelastung mit jedem abgelaufenen Zeitjahr.

bb) Entgeltliche Übertragung: Überblick

4799 Soweit Kapitalgesellschaftsanteile **entgeltlich übertragen** werden, wird ein Veräußerungsgewinn oder Veräußerungsverlust[842] erzielt (Verkaufspreis minus Veräußerungsnebenkosten, abzgl. historische Anschaffungskosten), der (ggf. unter Berücksichtigung des Freibetrags gem. § 17 Abs. 3 EStG) bei Veräußerung von Anteilen über 1 % unter Anwendung des Teileinkünfteverfahrens zu 40 %, bis Ende 2008 unter Geltung des Teileinkünfteverfahrens zu 50 % steuerbefreit ist (§ 17 Abs. 1, § 3 Nr. 40 Buchst. c), § 3c Abs. 2 EStG). Die beim Erwerber entstehenden Anschaffungskosten unterliegen keiner Abschreibung; sie bilden die Grundlage für die Bemessung künftiger Veräußerungsergebnisse des Erwerbers. Darlehenszinsen zu ihrer Finanzierung sind allenfalls dann zu 60 % als Werbungskosten abziehbar, wenn der Erwerber die Abgeltungsteuer mittels Antrags abwählt, unter den Voraussetzungen des § 32b Abs. 2 Nr. 3 EStG, also die Anwendung der Abzugssperre des § 20 Abs. 9 EStG ausschließen kann.

cc) Einzelheiten: Besteuerung beim Verkäufer

(1) Kapitalgesellschaft als Verkäufer

4800 Seit dem Veranlagungszeitraum 2004 gehen lediglich **5 % des** um die Veräußerungskosten geminderten[843] **Veräußerungsgewinns** in die körperschaftsteuerliche Bemessungsgrundlage ein (er gilt in dieser Höhe gem. § 8b Abs. 3 Satz 1 KStG als eine nicht abziehbare Betriebsausgabe). Korrespondierend zur weitgehenden Steuerfreiheit des Gewinns, den eine Kapitalgesellschaft aus veräußerten Kapitalgesellschaftsanteilen erzielt, sind Verluste aus solchen Veräußerungen und Teilwertabschreibungen nicht anzuerkennen, § 8b Abs. 3 Satz 3 KStG. Vorstehendes gilt auch für die Gewerbesteuer.

4801 Handelt es sich jedoch bei den durch die Kapitalgesellschaft veräußerten Kapitalgesellschaftsanteilen um solche, die durch eine natürliche Person während der vorangehenden 7 Jahre übertragen (eingebracht) wurden, führt deren nunmehrige Veräußerung (unabhängig von der Höhe des Veräußerungserlöses) zu einer rückwirkenden Besteuerung des sog. „**Einbringungsgewinns II**" in der Person des damals Einbringenden. Zu dessen Ermittlung muss die Differenz zwischen

---

842 Und zwar auch bei ringweiser Anteilsveräußerung („Anteilsrotation"), BFH, 07.12.2010 – IX R 40/09, GmbHR 2011, 380.
843 § 8b Abs. 2 Satz 2 KStG.

dem gemeinen Wert der eingebrachten Anteile im Einbringungszeitpunkt und dem Betrag, mit dem die übernehmende Kapitalgesellschaft die eingebrachten Anteile angesetzt hat (z.B. auf Antrag dem Buchwert, wenn die Voraussetzungen des § 21 Abs. 1 Satz 2 UmwStG vorlagen),[844] gebildet werden; diese vermindert sich um jeweils ein Siebtel für jedes seit dem Einbringungszeitraum abgelaufene Zeitjahr. Der Einbringungsgewinn II unterliegt bei der damals einbringenden natürlichen Person dem Halbeinkünfteverfahren, wird also im Ergebnis nur zur Hälfte besteuert (ab 2009 unterliegt er dem Teileinkünfteverfahren, wird also zu 60 % besteuert). Er erhöht aus der Sicht der übernehmenden Kapitalgesellschaft nachträglich deren Anschaffungskosten für die übertragenen Anteile, was jedoch zu 95 % „verpufft". Der Einbringende kann sich gegen dieses Nachversteuerungsrisiko durch eine entsprechende Ausgleichsverpflichtungsklausel schützen:[845]

Formulierungsvorschlag: Pflicht zur Erstattung der Nachversteuerung beim Anteilstausch gem. § 22 Abs. 2 UmwStG 4802

Sollte der aufnehmende Rechtsträger, die B-GmbH, innerhalb von sieben Jahren seit dem steuerlichen Einbringungsstichtag diejenigen Geschäftsanteile veräußern, die durch A gegen Gewährung von Gesellschaftsrechten eingebracht wurden, hat der aufnehmende Rechtsträger dem Einbringenden oder dessen Rechtsnachfolgern die hieraus resultierende Steuerbelastung gegen Nachweis zu erstatten (sog. „Einbringungsgewinn II" gemäß § 22 Abs. 2 UmwStG). Der aufnehmende Rechtsträger ist weiterhin verpflichtet, dem Einbringenden rechtzeitig und unaufgefordert diejenigen Informationen und Nachweise zur Verfügung zu stellen, die der Einbringende benötigt, um der Nachweispflicht gemäß § 22 Abs. 3 Satz 1 UmwStG zu genügen. Kann dieser Nachweis aufgrund einer Pflichtverletzung des aufnehmenden Rechtsträgers nicht erbracht werden, sodass die Anteile gemäß § 22 Abs. 3 Satz 2 UmwStG als veräußert gelten, gilt obige Pflicht zur Erstattung des rückwirkend entstehenden Einbringungsgewinns II entsprechend.

Davon zu differenzieren ist der Sachverhalt, dass der Einbringende selbst Anteile veräußert, die er an der übernehmenden Kapitalgesellschaft für eingebrachte Wirtschaftsgüter („gegen Gewährung von Gesellschaftsanteilen") erhalten hat: Es entsteht in seiner Person ein Veräußerungsgewinn i.H.d. Differenz zwischen dem Veräußerungspreis und dem Wert, mit dem die übernehmende Kapitalgesellschaft die auf sie übertragenen Objekte in ihrer Bilanz angesetzt hat. Dieser Veräußerungsgewinn reduziert sich nicht (z.B. wie vorstehend um ein Siebtel pro Zeitjahr), sondern unterliegt in voller Höhe dem Halbeinkünfte-, ab 2009 dem Teileinkünfteverfahren. 4803

(2) Natürliche Person/Personengesellschaft als Verkäufer

Veräußert eine natürliche Person oder veräußern gewerbliche Personengesellschaften, deren Gesellschafter wiederum natürliche Personen sind, Anteile an einer Kapitalgesellschaft, gilt: Bei Veräußerung aus **Privatvermögen** kann sich eine Steuerpflicht aus § 17 Abs. 1 EStG (Beteili- 4804

---

844 Erforderlich ist ein sog. Qualifizierter Anteilstausch, d.h. die übernehmende Gesellschaft muss nach Einbringung aufgrund ihrer Beteiligung – demnach ohne Berücksichtigung von Stimmbindungsverträgen etc. – unmittelbar die Mehrheit der Stimmrechte an der Kapitalgesellschaft haben, bzgl. derer Anteile eingebracht wurden, vgl. *Stelzer*, MittBayNot 2009, 20.
845 Vgl. etwa *Stümper/Walter*, GmbHR 2008, 34.

gung ab 1%), aus § 23 Abs. 1 EStG (Besteuerung privater Veräußerungserlöse: Spekulationsfrist derzeit ein Jahr), ferner hinsichtlich altrechtlicher einbringungsgeborener Anteile sowie gem. § 21 Abs. 1 Satz 1 UmwStG i.V.m. § 16 Abs. 2 EStG (einbringungsverstrickte Anteile nach SEStEG) ergeben. Der Veräußerungsgewinn unterliegt dem Halbeinkünfte-, ab 2009 dem Teileinkünfteverfahren (60%).[846] Beteiligungen unter 1% unterliegen ab 2009 der Abgeltungsteuer, sofern sie nicht zuvor angeschafft wurden und demnach „Bestandsschutz" genießen (Rdn. 2433).

4805 Wird die Beteiligung im **Betriebsvermögen** gehalten und entsteht ein Veräußerungserlös, ist dieser stets steuerpflichtig, nach Maßgabe des Halbeinkünfteverfahrens (§ 3 Nr. 40 Satz 1 u. 2 EStG) – ab 2009 des Teileinkünfteverfahrens –, zusätzlich fällt Gewerbesteuer an.[847] Auch Verluste aus der Veräußerung von Anteilsrechten an einer Kapitalgesellschaft und Teilwertabschreibungen können (bei Betriebsvermögen) nur zur Hälfte (ab 2009 zu 60%) angesetzt werden (§ 3c Abs. 2 Satz 1 Halbs. 2, EStG).

4806 Der nachstehend zu erläuternden **Sonderbehandlung sog. „einbringungsverstrickter Anteile"** liegt folgende Überlegung zugrunde: Würden Gegenstände des Betriebsvermögens unmittelbar durch eine natürliche Person veräußert, wäre der Gewinn in voller Höhe steuerpflichtig. Gleiches würde gelten, wenn Wirtschaftsgüter (Betrieb oder Einzelgüter) gegen Gewährung von Gesellschaftsanteilen in eine Kapitalgesellschaft eingebracht und dort zum gemeinen Wert angesetzt werden: Bei Einzelrechtsnachfolge gelten sie dann als zum Zeitpunkt der Einlage zu diesem Preis angeschafft (§ 23 Abs. 4 UmwStG), bei Gesamtrechtsnachfolge gem. § 123 Abs. 3 UmwG erhöht sich ebenfalls die Bemessungsgrundlage für die Abschreibung (§ 23 Abs. 4, 2. Alt. I.V.m. Abs. 2 UmwStG) – beim Einbringenden würde dann gem. § 20 Abs. 4 Satz 1 UmwStG ein Einbringungsgewinn entstehen, der nach allgemeinen Vorschriften zu versteuern ist.[848] Wird jedoch ein Betrieb, Teilbetrieb oder Mitunternehmeranteil sowie mehrheitsvermittelnde[849] Kapitalgesellschaftsanteile[850] in eine Kapitalgesellschaft gegen „offene"[851] Gewährung von Gesellschaftsanteilen unterhalb des gemeinen Werts (d.h. i.d.R. zu Buchwerten) nach §§ 20 bis 23 Umwand-

---

846 Vgl. § 3 Abs. 40 Satz 1 Buchst. a), b), c) und j) i.V.m. § 3c Abs. 2 Satz 1 Halbs. 2 EStG.
847 Ab Erhebungszeitraum 2004 auch bei der Veräußerung durch eine gewerbliche Personengesellschaft, § 7 Satz 4 Halbs. 1, GewStG.
848 D.h. Einkommens-, ggf. Körperschafts- und Gewerbesteuer, sofern nicht der Einbringungsgewinn zugleich Betriebsaufgabegewinn ist oder § 7 Abs. 2 GewStG zur Anwendung gelangt.
849 § 21 Abs. 1 Satz 2 UmwStG: es genügt, wenn zusammen mit den schon vorhandenen Anteilen durch die eingebrachten Anteile (auch mehrere Einbringungen verschiedener Personen in einheitlichem Kapitalerhöhungsvorgang, Tz. 20.15 Umwandlungsteuererlass) die Mehrheit der Stimmrechte an der Kapitalgesellschaft, deren Anteile eingebracht wurden, vermittelt wird.
850 Anders als bei § 20 Abs. 1 UmwStG kann es sich hier auch um Anteile im Privatvermögen handeln, sofern sie „steuerverstrickt" sind (§ 17 und derzeit § 23 EStG: Beteiligung mindestens 1% bzw. vor Ablauf der bis 2009 noch 1-jährigen Spekulationsfrist). Handelt es sich um nicht steuerverstrickte Privatanteile, ist der „Anteiltausch" zum gemeinen Wert, den die aufnehmende Gesellschaft ansetzt, nach altem Recht steuerfrei, führt aber zu einem Anschaffungsvorgang, der eine neue Spekulationsfrist in Gang setzt. Ab 2009 fällt Abgeltungsteuer an.
851 Anders bei der „verdeckten Sacheinlage", also ohne Anteilsgewährung: die aufnehmende Gesellschaft hat die eingebrachten Werte, z.B. Anteile, mit dem Teilwert (§ 6 Abs. 6 Satz 2 EStG), innerhalb der Dreijahresfrist mit den Anschaffungskosten (§ 6 Abs. 6 Satz 3 EStG) anzusetzen. Beim Einbringenden entsteht ein Veräußerungsgewinn (im Betriebsvermögen der natürlichen Person/Mitunternehmerschaft: Halbeinkünfteverfahren, sofern keine einbringungsgeborenen Anteile: voller Gewinn, seit 20.12.2006 Abschmelzung pro Jahr um ein Siebtel; im Betriebsvermögen einer Kapitalgesellschaft: Körperschaftsteuer auf lediglich 5% des Gewinns gem. § 8b Abs. 2 und 3 KStG, sofern nicht einbringungsgeboren).

C. Steuerliche Folgen der Übertragung des Wirtschaftsguts selbst

lungsteuergesetz eingebracht (das Wahlrecht übt die aufnehmende Kapitalgesellschaft unter den Voraussetzungen des § 20 Abs. 2 Satz 2 Nr. 1 bis 3 UmwStG aus, ggf. auch nur beschränkt auf die Steuerbilanz),[852] gehen die stillen Reserven unversteuert auf die Kapitalgesellschaft über (diese tritt vollumfänglich in die steuerliche Rechtsstellung des Übertragers ein).[853] Für den Einbringenden gilt der durch die Kapitalgesellschaft gewählte Wertansatz zwingend[854] als Veräußerungspreis des Eingebrachten und als Anschaffungskosten für die dafür erhaltenen Kapitalgesellschaftsanteile, § 20 Abs. 3 Satz 1 UmwStG, sodass bei Wahl des Buchwerts ein Gewinn auch bei ihm nicht zu versteuern ist. Sodann könnten die gewährten, die stillen Reserven „verkörpernden" Anteile an dieser entsprechend ausgestatteten Kapitalgesellschaft zum Halbeinkünfteverfahren, künftig Teileinkünfteverfahren (falls im Betriebsvermögen gehalten oder im Privatvermögen 1% übersteigend) oder zur Abgeltungsteuer, veräußert werden.

Zur Vermeidung von Umgehungen sollen daher die stillen Reserven, die im Zeitpunkt der Einbringung in dem Betrieb, Teilbetrieb oder Mitunternehmeranteil enthalten waren, nachträglich („rückwirkend") versteuert werden, sofern der Einbringende innerhalb einer Sperrfrist von 7 Jahren die als Gegenleistung erhaltenen Kapitalgesellschaftsanteile veräußert[855] oder sonst einen Tatbestand i.S.d. § 22 Abs. 1 Satz 6 Nr. 1 bis 6 UmwStG[856] auslöst (sog. **„Einbringungsgewinn I"**), und zwar i.H.d. Differenz zwischen dem gemeinen Wert des eingebrachten Betriebsvermögens zum Einbringungszeitpunkt (ohne Rücksicht auf spätere Wertänderungen!) und den bei der übernehmenden Gesellschaft angesetzten Werten, regelmäßig den Buchwerten, reduziert für jedes abgelaufene Geschäftsjahr um ein Siebtel. An die Stelle der Steuerverstrickung der gewährten Anteile selbst ist also nach dem SEStEG für alle unter das neue Recht (seit 20.12.2006) fallenden Einbringungen die Steuerverstrickung der in den eingebrachten Wirtschaftsgütern z.Zt. der Einbringung vorhandenen stillen Reserven getreten. Dieser Einbringungsgewinn I gilt als Veräußerungserlös i.S.d. § 16 EStG, der in voller Höhe zu versteuern[857] ist, erhöht jedoch die historischen Anschaffungskosten der bei der ursprünglichen Einbringung erhaltenen Anteile (§ 22 Abs. 1 Satz 3 UmwStG), sodass sich der Veräußerungserlös, der dem Halbeinkünfteverfahren unterliegt, entsprechend reduziert.

4807

---

852 Nach altem Recht (vor dem 20.12.2006, SEStEG) war das Wahlrecht bei Geltung des Maßgeblichkeitsprinzips nach 5 Abs. 1 Satz 2 EStG in der Handelsbilanz auszuüben; diese Verknüpfung ist entfallen.

853 Etwa im Hinblick auf die Abschreibungen und den Gewinn mindernde Rücklagen, § 23 Abs. 1 i.V.m. § 12 Abs. 3 Halbs. 1 UmwG. Allerdings kann ein dem einbringenden verbliebener Verlustvortrag nach § 10d EStG von der übernehmenden GmbH nicht ausgenutzt werden.

854 Es findet keine Prüfung statt, ob dieser Wertansatz zutreffend ermittelt wurde, vgl. BGH, 19.12.2007 – I R 111/05, GmbHR 2008, 376.

855 Hierzu zählt neben dem Verkauf auch der Tausch bzw. tauschähnliche Vorgang, also die Verschmelzung/Spaltung auf eine Personen- oder Kapitalgesellschaft, der Formwechsel von einer Kapital- in eine Personengesellschaft oder umgekehrt, sowie die Einbringung in eine Kapital- oder Personengesellschaft – was bei den zu Buchwerten sich vollziehenden Vorgängen fraglich erscheint, vgl. *Forst/Schaaf*, EStB 2007, 458 m.w.N.

856 Insb. die verdeckte Einlage in eine Kapitalgesellschaft (oder eine Personengesellschaft, soweit an dieser Kapitalgesellschaften beteiligt sind), die Kapitalrückzahlung an den Einbringenden, Verlust der Ansässigkeitsvoraussetzungen gem. § 1 Abs. 4 UmwStG, vgl. *Forst/Schaaf*, EStB 2007, 458 ff.

857 Möglicherweise auch (anders als nach dem früheren Konzept der aufgeschobenen Besteuerung der stillen Reserven des Sacheinlagegegenstandes) gewerbesteuerpflichtig, vgl. *Patt*, EStB 2007, 413 ff.

4808 **Beispiel**[858]

X bringt sein Einzelunternehmen steuerneutral Ende 2008 in eine GmbH ein (Buchwert 100, gemeiner Wert 800). Im Jahr 2012 werden die erhaltenen Anteile für 975 veräußert. Der Einbringungsgewinn I beträgt 700 (800 minus 100) abzgl. 3/7 (wegen der drei verstrichenen Zeitjahre), sodass 400 verbleiben. Dieser unterliegt bei X der vollen Einkommensbesteuerung in der jeweiligen Einkunftsart (§§ 13, 15, 16, 17, 18, oder 23 EStG), ohne Freibetrag und Tarifvergünstigung gem. §§ 16, 34 EStG[859] (allerdings nicht der Gewerbesteuer, da dem Verkauf des gesamten Einzelunternehmens gleichgestellt). Die ursprünglich auf 100 sich belaufenden Anschaffungskosten der Anteile erhöhen sich damit um 400 auf 500, sodass (ggü. 975) ein Veräußerungsgewinn von 475 verbleibt, der dem Halbeinkünfteverfahren (ab 2009 dem Teileinkünfteverfahren: 60%) unterliegt, § 17 Abs. 6 i.V.m. § 3 Nr. 40 EStG. Demnach sind 400 voll, weitere 475 nach Halb-/Teileinkünfteverfahren zu versteuern. Die Gesellschaft kann auf Antrag steuerneutral die eingebrachten Wirtschaftsgüter um den Einbringungsgewinn I (also um 400) aufstocken, § 23 Abs. 2 Satz 1 und 2 UmwStG, sog. korrespondierende Hinzuaktivierung. Diese erfolgt wirtschaftsgutbezogen, und setzt voraus, dass der Einbringende die auf den Einbringungsgewinn entfallende Steuer entrichtet hat.

4809 Zur fiskalischen Erleichterung der Besteuerung enthält § 22 Abs. 3 UmwStG eine (nicht verlängerbare)[860] Nachweispflicht bis zum 31.05. des Folgejahres, dass die auf der Einbringung beruhenden Anteile zum Bilanzstichtag noch dem Einbringenden gehörten (Textbausteinvorschlag s. Rdn. 4802).

4810 Die Verstrickung der in den „einbringungsverstrickten Anteilen" verhafteten stillen Reserven kann auf neu geschaffene Anteile „überspringen" (Mitverstrickung gem. § 22 Abs. 7 UmwStG), wenn bei einer Kapitalerhöhung der den neuen Anteil Übernehmende (z.B. ein Familienangehöriger) keine oder eine unter dem gemeinen Wert liegende Einlage zu erbringen hat. Auch die historischen Anschaffungskosten spalten sich dann entsprechend ab.[861] Das „Überspringen der stillen Reserven" findet auch dann statt, wenn Gegenstände unter dem Teilwert in eine Kapitalgesellschaft eingebracht werden, sodass sich der innere Wert der Gesellschaft und damit aller Anteile erhöht hat. Demnach greift die Fiktion des § 22 Abs. 7 UmwStG (Veräußerung des Einbringungsgegenstandes durch den Inferenten im Einbringungszeitpunkt) auch dann, wenn ein anderer Gesellschafter seinen Anteil im Sieben-Monats-Zeitraum veräußert.[862]

4811 Für Einbringungsfälle, die nach dem vor dem 20.12.2006 geltenden UmwStG vollzogen wurden, gilt die bisherige Regelung zu einbringungsgeborenen Anteilen des § 21 UmwStG a.F. fort. Demnach ist der Gewinn, der aus der Veräußerung solcher Anteile binnen 7 Jahren seit der Einbringung folgt, voll steuerpflichtig, erst danach gilt das Halbeinkünfteverfahren bzw. die 5%ige Besteuerung nach § 8b Abs. 3 KStG.

---

858 Nach *Lange*, ErbStB 2007, 350.
859 § 22 Abs. 1 Satz 1 Halbs. 2 EStG.
860 Allerdings kann ein verspäteter Nachweis über das weitere Behalten des Anteils zu einer Änderung des Veranlagungsbescheides führen, solange dies verfahrensrechtlich (also bis zum Abschluss des Klageverfahrens) noch möglich ist, vgl. BMF-Schreiben v. 04.09.2007, GmbHR 2007, 1119.
861 Ebenso BFH, 28.11.2007 – I R 34/07, GmbH-StB 2008, 167 in Bestätigung des BMF v. 28.04.2003, BStBl. 2003 I, S. 292 Tz. 52 zur Rechtslage für einbringungsgeborene Altanteile i.S.d. § 21 UmwStG 1995; vgl. im Einzelnen *Langem*, ErbStB 2007, 379 ff.
862 *Widmann*, in: Widmann/Mayer, Umwandlungsrecht, § 22 UmwStG, Rn. 454 ff.

C. Steuerliche Folgen der Übertragung des Wirtschaftsguts selbst

Zur Reduzierung der Steuerbelastung aus dem Verkauf von Anteilen an einer Kapitalgesellschaft (Halbeinkünfteverfahren, zusätzlich auch Gewerbesteuer, falls die Beteiligung im Betriebsvermögen gehalten wird) in Richtung auf die 95 %ige Freistellung von Körperschaft- und Gewerbesteuer, die beim Verkauf von Kapitalgesellschaftsanteilen durch eine Kapitalgesellschaft anfallen würde, ist zu erwägen, ob nicht vor dem Verkauf eine **Holding-Kapitalgesellschaft** „zwischengeschaltet" wird, die dann ihrerseits die Anteile an der nunmehrigen Tochter-Kapitalgesellschaft (Zielgesellschaft) verkauft. Die durch Bargründung errichtete Holding-GmbH übernimmt im Weg der Sachkapitalerhöhung die Anteile an der zu veräußernden Kapitalgesellschaft, die somit Tochtergesellschaft wird, auf Antrag ohne Aufdeckung stiller Reserven, wobei jedoch Grunderwerbsteuer anfallen kann. 4812

Werden diese erworbenen Tochtergesellschafts-Anteile vor Ablauf von 7 Jahren veräußert, entsteht rückwirkend in der Person des Einbringenden (also der natürlichen Person als vormaligem Inhaber der Zielgesellschaftsanteile) ein **Einbringungsgewinn II** i.H.d. Differenz zwischen dem gemeinen Wert der eingebrachten Anteile im Einbringungszeitpunkt und den Anschaffungskosten der Holding-Gesellschaft, vermindert um ein Siebtel für jedes seitdem abgelaufene Zeitjahr (vgl. zum Einbringungsgewinn II oben Rdn. 4802). Sind bereits mehr als 7 Jahre verstrichen, bleibt es bei der Steuerfreiheit des Veräußerungsgewinns i.H.v. 95 %, wobei jedoch dieser begünstigte Veräußerungsgewinn zunächst bei der Holding-Gesellschaft „gefangen" ist. 4813

dd) Einzelheiten: Besteuerung beim Käufer

(1) Nutzung der Anschaffungskosten

Der Aufwand für den Erwerb von Kapitalgesellschaftsanteilen (Anschaffungskosten) kann nicht in Abschreibungsvolumen umgesetzt werden (allenfalls bei Insolvenz oder Liquidation können die Anschaffungskosten, ebenso wie nachträgliche Anschaffungskosten in Gestalt verwerteter Finanzierungshilfen [Darlehen, Bürgschaften] mit Eigenkapitalersatzcharakter,[863] den Auflösungsverlust erhöhen). Bisher hat der BFH Darlehen dann als nicht mehr durch das Darlehens-, sondern durch das Gesellschaftsverhältnis veranlasst angesehen und damit deren Uneinbringlichkeit als nachträgliche Anschaffungskosten i.R.d. § 17 EStG gewertet, wenn die Regeln des **zivilrechtlichen Eigenkapitalersatzes** eingriffen.[864] Dieses zivilrechtliche Schutzsystem beruhte bisher in der **ersten Stufe** auf den strengen Rechtsprechungsregeln aus §§ 30, 31 GmbHG: Wenn eine Unterbilanz vorlag (wobei stille Reserven anders als beim Überschuldungsstatus nach § 63 GmbHG unberücksichtigt blieben), hatte ein Gesellschafter Zins und Tilgung zurückerstatten[865] (mit 10-jähriger Verjährung, § 31 Abs. 5 GmbHG), bis die Unterbilanz beseitigt war (unabhängig von einer Insolvenzeröffnung). In der **zweiten Stufe** konnte der Gesellschafter gem. § 32a GmbHG ein gewährtes, aber noch nicht zurückgezahltes Darlehen bei der Insolvenz nur nachrangig beanspruchen, wenn es Eigenkapital ersetzend war bzw. wurde, also zu einem Zeitpunkt gewährt wurde, zu dem die Gesellschaft kreditunwürdig war. 4814

---

[863] BFH, 02.04.2008 – IX R 76/06, GmbH-StB 2008, 224: Der Eigenkapitalersatzcharakter beurteilt sich nach gesellschaftsrechtlichen Grundsätzen, Überblick bei *Hoffmann*, GmbH-StB 2009, 54; vgl. hierzu Rdn. 2431.
[864] Vgl. etwa BFH, 24.04.1997 – VIII R 23/93, BStBl. 1999 II, 342; ebenso BMF, 08.06.1999, BStBl. 1999 I, 545.
[865] In dieser Rückzahlung (Erfüllung der Erstattungspflicht aus § 31 GmbHG) konnte daher auch keine wirksame Bareinlageleistung auf eine Kapitalerhöhung liegen, BGH, 26.01.2009 – II ZR 217/07, ZNotP 2009, 202.

4815 Das MoMiG hat für alle ab 01.11.2008 verwirklichten Sachverhalte die Bestimmungen der §§ 32a, 32b GmbHG a.F. ebenso abgeschafft wie das auf dem Verbot der Rückzahlung von Stammkapital (§ 30 Abs. 1 GmbHG a.F.) basierende Rechtsprechungsrecht zum Eigenkapitalersatz. Es gilt vielmehr eine rein bilanzielle Betrachtungsweise, sodass das Auszahlungsverbot des § 30 Abs. 1 GmbHG nicht gilt, wenn der Rückzahlungsanspruch des Gesellschafters gegen die Gesellschaft voll werthaltig ist. An die Stelle des Eigenkapitalersatzrechts tritt eine rein insolvenzrechtliche Lösung durch einheitliche Behandlung aller Gesellschafterdarlehen und wirtschaftlich vergleichbarer Vorgänge (§§ 135, 143 InsO) dergestalt, dass Rückzahlungen innerhalb eines Jahres und Sicherheitsbestellungen durch die GmbH innerhalb von 10 Jahren vor Stellung des Insolvenzantrags ohne Prüfung einer Krisenlage anfechtbar sind und in der Insolvenz alle Gesellschafterdarlehen nachrangig sind mit Ausnahme derer, die unter das fortbestehende Sanierungs- und Kleinbeteiligungsprivileg fallen (§ 39 Abs. 4 u. 5 InsO). Bei der Überschuldungsprüfung gem. § 19 InsO sind **Gesellschafterdarlehen** gem. § 39 Abs. 2 i.V.m. § 19 Abs. 2 Satz 3 InsO dann nicht mehr zu berücksichtigen, wenn sie (**Musterformulierung:**) „dergestalt im Rang zurückgetreten sind, dass die Erfüllung des Anspruchs auf Tilgung und Verzinsung des Darlehens im Insolvenzverfahren erst nach den in § 39 Abs. 1 Nr. 1 bis 5 InsO bezeichneten Forderungen erfolgen darf". Darüber hinaus kann zum zusätzlichen Schutz der (schuldenden) Gesellschaft eine Besserungsabrede in dem Sinn beigegeben werden, dass „die Rückzahlung der Verbindlichkeit nur dann zu erfolgen hat, wenn der Schuldner dazu aus zukünftigen Gewinnen, aus einem Liquidationsüberschuss oder aus anderem, freiem Vermögen hierzu in der Lage ist".[866]

4816 Unklar ist nun, welchen Einfluss das Verschwinden des zivilrechtlichen Abgrenzungskriteriums für die ertragsteuerliche Frage der Anerkennung nachträglicher Anschaffungskosten nach § 17 EStG hat.[867] Denkbar wäre, (1) dass Gesellschafterdarlehen stets zu nachträglichen Anschaffungskosten führen[868] oder (2) dass die Prüfung des Wechsels des Veranlagungszusammenhangs vom Darlehensvertrag zum Gesellschaftsvertrag künftig nach eigenständigen Kriterien untersucht werden muss (z.B. durch Abstellen auf das Erreichen des Vermögensstatus, der eine Kündigung eines Darlehens nach § 490 BGB rechtfertigen könnte, sodass ein Stehenbleiben des Darlehens nach Erreichen dieser Phase zu nachträglichen Anschaffungskosten beim Verlust führt, oder anhand des Kriteriums der „planmäßigen Erfüllung der Funktion wirtschaftlichen Eigenkapitals", das jedenfalls bei Darlehensgewährung innerhalb des Einjahreszeitraums des § 135 Abs. 1 Nr. 2 InsO gegeben ist).[869]

---

866 Vgl. hierzu *Neumann*, GmbH-StB 2009, 192 ff.; steuerlich ist das Darlehen dennoch zu passivieren (die Sanierungsmaßnahme führt also nicht zu unerwünschten außerordentlichen Erträgen). Nach a.A. (*Haas*, DStR 2009, 326) müsse der Rangrücktritt, um in der Überschuldungsbilanz wirksam zu sein, sich auch auf die Zeit vor Insolvenzeröffnung beziehen, wie der sog. „qualifizierte Rangrücktritt" gem. BGH, 08.01.2001 – II ZR 88/99 vor Inkrafttreten des § 19 InsO: „Der Gesellschafter verlangt für seine Forderung Befriedigung erst nach Befriedigung sämtlicher Gesellschaftsgläubiger und – bis zur Abwendung der Krise – nicht vor, sondern nur zugleich mit den Einlagenrückgewähransprüchen" (also Rücktritt bis zur Ebene des Stammkapitals).
867 Kurzüberblick bei *Fuhrmann*, RNotZ 2010, 189.
868 So *Hölzle*, DStR 2007, 1185, 1192.
869 So *Wiese/Möller*, GmbHR 2010, 462, 466.

C. Steuerliche Folgen der Übertragung des Wirtschaftsguts selbst

Die **Finanzverwaltung** hat im BMF-Schreiben v. 21.10.2010[870] verfügt, dass dem Grunde nach weiterhin der Ausfall von Gesellschafterdarlehen bzw. der Ausfall des Rückgriffsanspruchs, wenn der Gesellschafter als Bürge für Verbindlichkeiten der Gesellschaft in Anspruch genommen wurde, zu nachträglichen Anschaffungskosten führen kann, wenn diese Forderungen zumindest abstrakt einer insolvenzrechtlichen Rückzahlungssperre unterliegen (was z.B. nicht der Fall ist bei Forderungen eines schlichten Gesellschafters, der mit 10% oder weniger beteiligt ist, vgl. §§ 135, 39 Abs. 5 InsO; BMF-Schreiben, Tz. 5). Heranzuziehen, auch zur Ermittlung der Höhe der Anschaffungskosten, seien weiterhin dieselben vier Fallgruppen, die bereits in der früheren Rechtsprechung, damals noch anknüpfend an den zivilrechtlichen Voraustatbestand des Eigenkapital ersetzenden Darlehens, entwickelt worden waren. Es handelt sich im Einzelnen

4817

a) um die **Hingabe eines Darlehens in der Krise** sowie – unabhängig vom Kriseneintritt – innerhalb der einjährigen Anfechtungsfrist des § 135 Abs. 1 Nr. 2 InsO, § 6 AnfG; anzusetzen beim Ausfall des Darlehens ist dann dessen Nennwert.

4818

b) Wurde ein Darlehen bereits vor Kriseneintritt gewährt, ohne dass eine Krisenbestimmungsabrede getroffen wäre, und blieb dieses nach Kriseneintritt stehen, sind zwar ebenfalls grds. nachträgliche Anschaffungskosten denkbar, allerdings regelmäßig nur i.H.v. null Euro, da der Wert des Darlehens im Zeitpunkt des **Stehenbleibens** vernachlässigbar sein wird. Gleiches gilt für Verluste aus stehen gelassenen Bürgschaften (Letztere liegen vor, wenn der Bürge nicht auf den – wirtschaftlich i.d.R. ohnehin ins Leere laufenden – Befreiungsanspruch nach § 775 Abs. 1 Nr. 1 BGB wegen Verschlechterung der Vermögensverhältnisse des Hauptschuldners verzichtet hat).

c) **Finanzplandarlehen**, die nach der Finanzplanung der Gesellschaft von vornherein die zur Aufnahme der Geschäfte notwendige Kapitalausstattung der Gesellschaft krisenunabhängig sichern sollen; diese Fallgruppe wurde schon bisher nicht in das Eigenkapitalersatzrecht, sondern an die durch die gemeinsame Finanzplanung herbeigeführten Bindungen der Gesellschafter angeknüpft (Tz. 3, Buchst. c) des BMF-Schreibens).

4819

d) Ebenfalls i.H.d. Nennwerts entstehen nachträgliche Anschaffungskosten beim Ausfall „**krisenbestimmter Darlehen**", bei denen bereits im Vorhinein zwischen Gesellschaft und Gesellschafter eine Abrede dergestalt getroffen wurde, diese Darlehen auch bei Eintritt der Krise stehen zu lassen (Verzicht auf das außerordentliche Kündigungsrecht nach § 490 BGB). Gleiches gilt für krisenbestimmte Bürgschaften, bei denen von vornherein auf den (wirtschaftlich ohnehin bedeutungslosen) Befreiungsanspruch nach § 775 Abs. 1 Nr. 1 BGB verzichtet wurde.

4820

> **Hinweis:**
>
> Im Zweifel ist also, wenn ohnehin mit dem Ausfall des Gesellschafterdarlehens bzw. der Gesellschafterbürgschaft gerechnet wird, zu empfehlen, zur steuerlichen Nutzung dieses Verlustpotenzials als nachträgliche Anschaffungskosten i.R.d. § 17 EStG eine ausdrückliche Krisenbestimmungsabrede zu treffen, und damit auf § 490 BGB bzw. § 775 Abs. 1 Nr. 1 BGB zu verzichten.

---

[870] BStBl. 2010 I, 832 ff.; hierzu *Fuhrmann*, NWB 2011, 356 ff. und *Fuhrmann/Strahl*, GmbHR 2011, 520 ff.; ähnlich OFD Frankfurt am Main, 20.08.2010, DStR 2010, 2306.

4821 Die früher gegebene Möglichkeit, im Anschluss an den Unternehmenskauf die Ziel-Kapitalgesellschaft in eine Personengesellschaft umzuwandeln, steht nicht mehr zur Verfügung. Nach altem Recht konnte der Übernahmeverlust, der sich wegen der höheren Anschaffungskosten für die Anteilsrechte an der Kapitalgesellschaft ggü. den Buchwerten des Eigenkapitals zum Übertragungsstichtag ergab, genutzt werden zu einer Aufstockung der Buchwerte bei der formgewechselten Personengesellschaft in einer Ergänzungsbilanz des Gesellschafters, sodass sich – je nach Struktur der Wirtschaftsgüter und ihrer Restnutzungsdauer – steuerlich erhöhte Abschreibungen ergaben (allerdings nicht mit Wirkung für die Gewerbesteuer, vgl. § 18 Abs. 2 Satz 2 UmwStG).

4822 Seit dem Veranlagungszeitraum 2001 ist diese Aufstockung der steuerlichen Buchwerte verschlossen, weil der Übernahmeverlust steuerlich gem. § 4 Abs. 6 UmwStG nicht mehr anzuerkennen ist. Die als Hilfskonstruktionen erörterten Alternativmodelle (z.B. der interne asset deal, sog. „Kombinationsmodell", sowie das Organschaftsmodell) sind nurmehr im Einzelfall vorteilhaft (insgesamt kommt es zu einer hälftigen Einkommensteuerbelastung auf die aufgedeckten stillen Reserven, denen künftige Mehrabschreibungen gegenüberstehen).

(2) Abzugsfähigkeit der Finanzierungsaufwendungen

(a) Privatvermögen

4823 Erwirbt eine natürliche Person oder Personengesellschaft (z.B. GbR) Anteile an einer Kapitalgesellschaft in das **Privatvermögen**, waren Zinsaufwendungen[871] bis Ende 2008 nur zur Hälfte als Werbungskosten bei den Einkünften aus Kapitalvermögen abziehbar, ebenso wie andere Aufwendungen im Zusammenhang mit der Beteiligung an der Kapitalgesellschaft (Beratungs- und Transaktionskosten), vgl. § 3c Abs. 2 Satz 1 EStG. Ab 2009 sind solche Aufwendungen durch den „Sparerfreibetrag" i.H.v. 801,00/1.602,00 € abgegolten und demnach gar nicht mehr abzugsfähig, vgl. § 20 Abs. 9 Satz 1 EStG, und zwar unabhängig davon, ob es sich um den Erwerb von Kapitalgesellschaftsanteilen unter 1 % (deren Veräußerung ebenfalls der Abgeltungsteuer unterläge) oder über 1 % (Teileinkünfteverfahren nach § 17 EStG) handelt, da Schuldzinsen im Finanzierungszusammenhang mit den Dividenden, nicht mit Veräußerungserlösen stehen: diese Dividenden unterliegen im Privatvermögen bis einschließlich 2008 dem Halbeinkünfteverfahren, ab 2009 der Abgeltungsteuer (Rdn. 2425: 25 % zuzüglich Solidaritätszuschlag und Kirchensteuer, allerdings mit Günstiger-Prüfung ggü. dem persönlichen Steuersatz auf Antrag).

4824 Das mit der Abgeltungsteuer einhergehende **Abzugsverbot** für die tatsächlichen Werbungskosten würde den kreditfinanzierten Ankauf von Kapitalgesellschaftsanteilen in das Privatvermögen gänzlich zum erliegen bringen, und damit auch den Erwerb von Anteilen an Berufsträgerkapitalgesellschaften (etwa durch Steuerberater an der „eigenen" GmbH) oder im Rahmen eines Management-Buy-Out durch die Unternehmensleitung treffen. Daher ermöglicht in solchen begrenzten Sachverhalten § 32d Abs. 2 Nr. 3 EStG in Gestalt der Jahressteuergesetzes 2008, zugunsten des Teileinkünfteverfahrens mit immerhin 60 %igem Abzug der Werbungskosten zu optieren, und dennoch die Anteile im Privatvermögen zu halten (vgl. im Einzelnen Rdn. 2438 ff.).

---

871 Nach BFH, 16.03.2010 – VIII R 20/08, GmbH-StB 2010, 252 sogar nach dem Verkauf des Anteils (nachträgliche Werbungskosten), jedenfalls für die Zeit ab 1999 (Herabsetzung der Schwelle des § 17 EStG auf 1 %).

Liegen die Optionsvoraussetzungen nicht vor, kann derselbe 60 %ige Werbungskostenabzug (unter Anwendung des Teileinkünfteverfahrens hinsichtlich der Einkünfte) erreicht werden, indem die Beteiligung in ein Betriebsvermögen übernommen wird (Einbringung in ein Einzelunternehmen zu den historischen Anschaffungskosten (§ 6 Abs. 1 Nr. 6b EStG), oder Einbringung in eine neu gegründete Personengesellschaft, eine GmbH & atypisch Still bzw. im Rahmen einer Betriebsaufspaltung.)[872] Noch weiter gehend könnte versucht werden, den Zinsaufwand vollständig in den betrieblichen Bereich zu verlagern, etwa durch das Zwei-Konten-Modell (mit der Folge, dass im Ergebnis ein anderer, betrieblicher bzw. bei Vermietungseinkünften anzusetzender Kredit aufgenommen wird, der die Anschaffung der GmbH-Anteile finanziert.)[873]

4825

(b) Betriebsvermögen einer natürlichen Person/Personengesellschaft

Auch wenn eine natürliche Person die Beteiligung an einer Ziel-Kapitalgesellschaft ins **Betriebsvermögen** (also als Kaufmann) erwirbt, sind Zinsaufwendungen derzeit nur zur Hälfte abziehbar bei den Einkünften aus Gewerbebetrieb, vgl. § 3c Abs. 2 Satz 1, § 3 Nr. 40 EStG. Sofern die Zielgesellschaft Gewinnausschüttungen vornimmt, um dem Käufer die Liquidität zu verschaffen, führt dies zu Einkünften aus Kapitalvermögen, die zur Hälfte steuerpflichtig sind (§ 20 Abs. 1 Nr. 1, Abs. 3 EStG, § 3 Nr. 40 Satz 1 Buchst. d) EStG); ab 2008 gilt anstelle des Halbeinkünfteverfahrens das **Teileinkünfteverfahren** (60 %ige Steuerpflicht und Abzugsfähigkeit). Dies gilt auch, wenn nicht eine natürliche Person, sondern eine gewerbliche Personengesellschaft, also eine GmbH & Co. KG, die Geschäftsanteile an der Zielgesellschaft erwirbt.

4826

Allerdings kann beim Erwerb ins Betriebsvermögen (anders als bei einem Erwerb in das Privatvermögen) im Anschluss an eine Gewinnausschüttung der Zielgesellschaft, sofern es sich um eine voraussichtlich dauernde Wertminderung handelt, eine **ausschüttungsbedingte Teilwertabschreibung** erfolgen, § 6 Abs. 1 Nr. 2 Satz 2 i.V.m. Nr. 1 Satz 3 EStG, welche die dem Halbeinkünfteverfahren unterliegende Gewinnausschüttung der Zielgesellschaft teilweise kompensiert. Dies gilt indes nicht mit Wirkung für die Gewerbesteuer (§ 8 Nr. 10 GewStG).

4827

Eine deutliche Verbesserung lässt sich für den erwerbenden Einzelkaufmann dadurch erreichen, dass er sein einzelkaufmännisches Unternehmen in die Zielgesellschaft **einbringt**, sodass die Darlehensverbindlichkeit samt der Zinsaufwendungen, einerseits, und das unternehmerische Ergebnis der Zielgesellschaft, andererseits, durch Verrechnung von Aufwendungen und Erträgen saldiert werden kann.

4828

Ein ähnliches Ergebnis, jedoch ohne Verschmelzung, lässt sich erreichen durch Abschluss eines **Ergebnisabführungsvertrags** zwischen dem einzelkaufmännischen Betrieb des Erwerbers und der Zielkapitalgesellschaft (zur Organschaft vgl. Rdn. 2413 ff.), sodass das zu versteuernde Einkommen und der Gewerbeertrag der Zielgesellschaft dem Einzelunternehmer zugerechnet werden, § 14 Abs. 1 Satz 1 KStG, § 2 Abs. 2 Satz 2 GewStG. Das Halbeinkünfteverfahren gilt nicht mehr, da es an einer Gewinnausschüttung fehlt, es kommt zur unmittelbaren Saldierung von Zinsaufwendungen und Erträgen. Nachteilig ist allerdings, dass aufgrund der Organschaft mit einer natürlichen Person als Organträger der Körperschaftsteuersatz von 25 %, künftig 15 %, auf

4829

---

872 Vgl. *Paus*, NWB 2008, 641 = Fach 3, S. 14967.
873 Vgl. *Paus*, NWB 2008, 640 = Fach 3, S. 14966.

der Ebene der Zielgesellschaft verloren geht, da nunmehr der individuelle Steuersatz des Organträgers[874] maßgeblich ist. Soll zusätzlich die persönliche Haftung des erwerbenden Kaufmanns vermieden werden, könnte anstelle des einzelkaufmännischen Betriebs eine gewerblich geprägte Personengesellschaft (GmbH & Co. KG) treten, die allerdings – um tauglicher Organträger zu sein – zusätzlich eine eigene gewerbliche Tätigkeit[875] von nicht nur geringem Umfang i.S.d. § 15 Abs. 1 Satz 1 Nr. 1 EStG entfalten muss.

4830 In Betracht käme weiter der Erwerb von Anteilen an der Zielkapitalgesellschaft durch eine zwischengeschaltete Kapitalgesellschaft (**Holding-Gesellschaft**), die ihrerseits hierfür Fremdkapital aufnimmt. In diesem Fall sind Zinsaufwendungen der Holding-GmbH im Zusammenhang mit der Beteiligung an der Zielgesellschaft in vollem Umfang als Betriebsausgaben abziehbar, auch wenn keine Gewinnausschüttung der Zielgesellschaft erfolgt. Voraussetzung ist jedoch, dass die Holding-Gesellschaft über positive Einkünfte verfügt, da sonst lediglich Verlustvorträge entstehen können. Da etwaige Gewinnausschüttungen (Dividenden) der Zielgesellschaft an die Holding-GmbH nur i.H.v. 5% versteuert werden (§ 8b Abs. 1 i.V.m. Abs. 5 Satz 1 KStG), kann nur in dieser Höhe eine Verrechnung mit Betriebsausgaben stattfinden, auch hinsichtlich der Gewerbesteuer (darüber hinaus greift die Kürzung des § 9 Nr. 2a GewStG). Wenn zusätzlich die Holding-GmbH ihre Fremdmittel nicht von dritter Seite, sondern durch ihren Gesellschafter (den erwerbenden Einzelkaufmann) zur Verfügung gestellt erhält, sind die Grenzen des Schuldzinsabzugs gem. § 8a Abs. 1 KStG, ab 2008 die sog. „Zinsschranke" (Rdn. 2450), zu berücksichtigen.

4831 Durch die Zwischenschaltung der Holding lässt sich also hinsichtlich der Abzugsfähigkeit der Schuldzinsen keine Besserstellung erreichen. Ein etwaiger künftiger Veräußerungsgewinn wäre jedoch i.H.v. 95% steuerfrei. Ein Veräußerungsverlust sowie eine Teilwertabschreibung auf die Beteiligung an der Zielgesellschaft ist jedoch steuerlich nicht anzuerkennen, § 8b Abs. 3 Satz 3 KStG. Hält hingegen der Gesellschafter der Holding-GmbH diese Beteiligung im Betriebsvermögen (sei es unmittelbar oder über eine gewerbliche Personengesellschaft), kann er bei voraussichtlich dauernder Wertminderung der Beteiligung an der Holding-GmbH eine Teilwertabschreibung gemäß Halb-/Teileinkünfteverfahren vornehmen (§ 3c Abs. 2 Satz 1 EStG).

4832 Optimiert wird das Modell noch dadurch, dass eine **Organschaft** (Ergebnisabführungsvertrag) zwischen der **Holding-GmbH** und der Zielgesellschaft geschlossen wird, sodass die Zinsaufwendungen steuerlich sofort durch Saldierung mit den Gewinnen der Zielgesellschaft kompensiert werden können. Dadurch übernimmt jedoch zugleich die Holding-Gesellschaft eine Verlustausgleichspflicht ggü. der Zielgesellschaft (§ 302 Abs. 1 AktG). Auch hier ist ein Gewinn aus der Veräußerung der Beteiligung an der Zielgesellschaft durch die Holding-Gesellschaft nur zu 5% steuerpflichtig, auch hinsichtlich der Gewerbesteuer. Allerdings kann ein Veräußerungsverlust sowie eine Teilwertabschreibung bei voraussichtlich dauernder Wertminderung nicht vorgenommen werden, es sei denn, die Beteiligung an der Holding-GmbH wird im Betriebsvermögen (unmittelbar oder über eine gewerblich geprägte Personengesellschaft) gehalten.

---

[874] Gleiches gilt bei einer gewerblichen Personengesellschaft mit lediglich natürlichen Personen als Gesellschafter.
[875] Hierfür genügt gem. BMF-Schreiben v. 10.11.2005, BStBl. 2005 I, S.1038, Tz. 17 ff., dass die Personengesellschaft Dienstleistungen ggü. einer oder mehreren Konzerngesellschaften erbringt.

C. Steuerliche Folgen der Übertragung des Wirtschaftsguts selbst

Als weitere Alternative bietet sich die **Verschmelzung der Zielgesellschaft auf die Holding-Gesellschaft** (**upstream merger**) an. Diese ist zu Buchwerten möglich (§ 11 Abs. 1 UmwStG). Der Übernahmeverlust, der bei der Holding-GmbH i.H.d. Differenz zwischen den höheren Anschaffungskosten und dem Buchwert des Eigenkapitals der Zielgesellschaft entsteht, ist jedoch steuerlich nicht nutzbar, bleibt also bei der Holding-Gesellschaft außer Ansatz (§ 12 Abs. 2 Satz 1 UmwStG). Es kommt dadurch also zu einer Vernichtung der hohen steuerlichen Anschaffungskosten für die Geschäftsanteile an der Zielgesellschaft. Da die historischen Anschaffungskosten bei der Holding-Gesellschaft jedoch typischerweise niedrig sind, erzielt der Gesellschafter bei einem späteren Verkauf der verschmolzenen Holding-Gesellschaft einen hohen Veräußerungsgewinn (Halbeinkünfte-/Teileinkünfteverfahren). Außerdem löst die Verschmelzung Grunderwerbsteuer aus.[876]

4833

Zur Vermeidung des steuerlich irrelevanten Übernahmeverlusts sollte die Holding-Gesellschaft als übernehmender Rechtsträger die Vermögenswerte und Verbindlichkeiten der Zielgesellschaft nicht zu Buchwerten, sondern zu Zwischenwerten oder mit den tatsächlichen Anschaffungskosten ansetzen (§ 24 UmwStG).

4834

In Betracht kommt schließlich eine Verschmelzung der Holding-Gesellschaft auf die Zielgesellschaft (downstream merger), die ebenfalls ertragsteuerlich neutral möglich ist und die Belastung mit Grunderwerbsteuer vermeidet.

4835

(c)   Betriebsvermögen einer erwerbenden Kapitalgesellschaft

Auch wenn eine Kapitalgesellschaft als Käufer der Anteile an einer anderen Kapitalgesellschaft (Zielgesellschaft) auftritt, können die Darlehensverbindlichkeiten und sonstigen Aufwendungen der erwerbenden GmbH und die Erträge aus der Zielgesellschaft nicht „verrechnet" werden. Allerdings werden Gewinnausschüttungen an die erwerbende Gesellschaft nur mit 5 % versteuert (auch für Zwecke der Gewerbesteuer), solange sie nicht bei der erwerbenden Gesellschaft weiter ausgeschüttet werden. Die Saldierungsmöglichkeit kann erreicht werden durch Organschaft mit dem Vorteil, dass anders als bei einer natürlichen Person als Organträger, der Körperschaftsteuersatz von 25 %, ab 2008 15 %, erhalten bleiben kann, also nicht der individuelle Steuersatz des Kaufmanns als Organträger maßgeblich ist.

4836

Die bloße Zwischenschaltung einer Holding-Kapitalgesellschaft zwischen der erwerbenden Kapitalgesellschaft und der Zielgesellschaft führt zu keiner Verbesserung hinsichtlich der Anrechnung der Darlehensverbindlichkeiten. Denkbar ist jedoch auch hier eine Verschmelzung auf die zwischengeschaltete Holding-Gesellschaft (als upstream merger oder downstream merger auf die Zielgesellschaft), vgl. hierzu die Ausführungen in Rdn. 4833, Rdn. 4835 (wo Gesellschafter der Holding-GmbH eine natürliche Person, Privat- oder Betriebsvermögen, ist).

4837

(3)   Konsequenz aus Käufersicht: Formwechsel von der Kapital- in die Personengesellschaft

Wie vorstehend ausgeführt, ist die Rechtsform der Kapitalgesellschaft für den Käufer insoweit nachteilig, als er seine Anschaffungskosten nicht mehr in steuerlich wirksame Abschreibungen

4838

---

876   Betriebsausgaben als Umwandlungskosten, vgl. Umwandlungserlass v. 25.03.1998, Tz. 04.43.

1625

umsetzen kann; bei einer Personengesellschaft könnte er den Kaufpreis, soweit er den Nennbetrag der steuerlichen Kapitalkonten des Verkäufers übersteigt, je nach Struktur der Wirtschaftsgüter in einer positiven steuerlichen Ergänzungsbilanz erfassen und abschreiben. Anzustreben ist daher der **Formwechsel in eine Personengesellschaft**, sofern der Verkäufer wegen der damit verbundenen Erhöhung des Kaufpreises bereit ist (trotz der Tatsache, dass der Veräußerungsgewinn beim Verkäufer dann nicht mehr i.H.v. lediglich 5% [Kapitalgesellschaft als Verkäufer] oder nach Halb-/Teileinkünfteverfahren [natürliche Personen/Personengesellschaft als Verkäufer im Betriebsvermögen] besteuert wird, sondern als laufender Gewinn mit 15% Körperschaft- und zusätzlicher Gewerbesteuer, oder aber gem. § 16 EStG, allenfalls mit Privilegierungen bei Betriebsaufgabe, Rdn. 4735 ff.).

4839 Ungeachtet der zivilrechtlichen Identität wird der Formwechsel ertragsteuerrechtlich wie eine Verschmelzung behandelt (§ 9 UmwStG) – samt der Rückwirkungsfiktion[877] von max. 8 Monaten für alle Gesellschafter, die nicht zwischen dem Umwandlungsstichtag und ihrer Eintragung im Handelsregister ausgeschieden sind[878] –, wobei die Rechtsfolgen auf der Ebene der Kapitalgesellschaft (§§ 3, 10 UmwStG) einerseits, auf der Ebene der „übernehmenden" Personengesellschaft und deren Gesellschafter andererseits (§§ 4 bis 8 UmwStG) zu unterscheiden sind. Dabei bestimmt der durch die Kapitalgesellschaft gewählte Wertansatz (als „Taktgeber")[879] die Ausgangsgröße für die Wertansätze der Personengesellschaft und die Einkünfte deren Gesellschafter (also das Übernahmeergebnis gem. § 4 Abs. 4 bis 7 UmwStG – fiktive Anteilsveräußerung – und die Bezüge nach § 7 UmwStG – fiktive Ausschüttung der offenen Rücklagen). Für nach dem 12.12.2006 (§ 27 Abs. 1 UmwStG), also unter Geltung des SEStEG, beantragte Umwandlungen gilt insoweit:

4840 Die **übertragende Kapitalgesellschaft** hat in ihrer auf den Übertragungsstichtag aufzustellenden Schlussbilanz die Wirtschaftsgüter grds. mit den gemeinen Werten anzusetzen, sogar selbst geschaffene immaterielle Wirtschaftsgüter (good will), § 3 Abs. 1 UmwStG. Der in der Differenz zu den Buchwerten realisierte Übertragungsgewinn unterliegt im Umwandlungsjahr der Körperschaft- und Gewerbesteuer; ein solcher „Step up" zur Schaffung neuen Abschreibungsvolumens[880] kann sich auch zur Verrechnung[881] mit Verlustvorträgen empfehlen, die sonst verfallen würden (§ 4 Abs. 4 Satz 2 UmwStG). Auf ausdrücklich zu stellenden, dann für alle Wirtschaftsgüter einheitlichen Antrag[882] kann in der Steuerbilanz stattdessen der Ansatz zu Buch- oder zu Zwischenwerten erfolgen, sofern die Voraussetzungen des § 3 Abs. 2 UmwStG (kein Verlust des deutschen Besteuerungsrechtes, keine oder eine nur in der Gewährung von Gesellschaftsrechten

---

877 Die Rückwirkung erstreckt sich steuerrechtlich auch auf die „Haftungsverfassung" der entstehenden Gesellschaft: für Zwecke z.B. des § 15a EStG gilt die künftige KG als bereits ab dem Übertragungsstichtag existent, vgl. BFH, 03.02.2010 – IV R 61/07, EStB 2010, 282.
878 § 2 UmwStG; BFH, 18.09.2008 – IV B 51/08, MittBayNot 2009, 409 m. Anm. Wälzholz; verkauft ein umwandlungsbeteiligter Gesellschafter zwischenzeitlich seine Beteiligung, handelt es sich noch um die Veräußerung des Kapitalgesellschaftsanteils. Die Gestaltungspraxis arbeitet mit aufschiebenden Wirksamkeitsbedingungen eine logische Sekunde nach Eintragung der Umwandlung.
879 *Stimpel*, GmbH-StB 2008, 74 ff.
880 Vgl. *Honert/Geimer*, EStB 2007, 425; anschließend ist die Restnutzungsdauer der aufgestockten Wirtschaftsgüter neu zu schätzen, vgl. BFH, 29.11.2007 – IV R 73/02, GmbH-StB 2008, 131.
881 Bis zur Grenze der Mindestbesteuerung.
882 Gem. BFH, 28.05.2008 – I R 98/06, EStB 2008, 383 ist das Wahlrecht mit Einreichung der Steuererklärung samt entsprechender Bilanz ausgeübt.

C. Steuerliche Folgen der Übertragung des Wirtschaftsguts selbst

bestehende Gegenleistung des übernehmenden Rechtsträgers) vorliegen. Werden weitere Gegenleistungen gewährt (z.B. ein Darlehenskonto eingeräumt), ist „insoweit", also im Prozentverhältnis des Darlehenskontos zum gemeinen Wert des übergehenden Betriebsvermögens, der Anteil an den stillen Reserven (gemeiner Wert minus Summe der Aktiva) als laufender Gewinn der Kapitalgesellschaft zu versteuern.

In der Handelsbilanz ist der Buchwertansatz gem. § 17 Abs. 2 Satz 2 UmwG ohnehin zwingend (Aufgabe des durch die Verwaltung[883] früher[884] behaupteten[885] sog. Maßgeblichkeitsgrundsatzes). Etwa vorhandene Körperschaftsteuerguthaben werden ausschüttungsunabhängig in den Jahren 2007 bis 2018 erstattet (§ 37 Abs. 4 Satz 2 KStG).[886]   4841

Die **übernehmende Personengesellschaft** hat gem. § 4 Abs. 1 Satz 1 UmwStG die Wertansätze der Schlussbilanz der Kapitalgesellschaft zu übernehmen; allerdings findet keine Rechtsnachfolge in körperschaftsteuerliche und gewerbesteuerliche Verlustvorträge statt (§ 4 Abs. 2 Satz 2 UmwStG). Die **Gesellschafter** jedoch versteuern ihren Anteil an den Gewinnrücklagen[887] gem. § 7 UmwStG als Kapitalerträge i.S.d. § 20 Abs. 1 Satz 1 EStG (handelt es sich beim Gesellschafter um eine Kapitalgesellschaft, ist diese „Ausschüttung" gem. § 8b Abs. 1 KStG nur zu 5 % steuerpflichtig, sonst unterliegt sie im Jahr 2008 dem Halbeinkünfteverfahren, ab 2009 im Privatvermögen der Abgeltungsteuer, im Betriebsvermögen dem Teileinkünfteverfahren). Es findet also eine „Zwangsnachversteuerung" der thesaurierten Gewinne statt.[888] Für steuerverstrickte Anteile an der Kapitalgesellschaft (Betriebsvermögen, § 17 EStG, § 21 UmwStG – also der Regelfall) ist ferner gem. § 4 Abs. 4 UmwStG ein Übernahmeergebnis zu ermitteln; sie gelten § 5 UmwStG als eingelegt. Ein Übernahmeverlust ist gem. § 4 Abs. 6 Satz 3 UmwStG nur bis zur Höhe des nach § 7 UmwStG versteuerten Betrages zur Hälfte abzugsfähig, es sei denn, der Anteil an der übertragenden Kapitalgesellschaft ist in den letzten 5 Jahren vor dem steuerlichen Übertragungsstichtag entgeltlich angeschafft worden („Missbrauchsregelung mit unklarem Regelungszweck").[889] Andernfalls verfällt der Umwandlungsverlust komplett, § 4 Abs. 6 Satz 1 UmwStG.   4842

Demnach ist der **Formwechsel** durchaus mit **Nachteilen** verbunden: 4843

- Zum einen gehen, wie geschildert, Verlustvorträge der übertragenden Kapitalgesellschaft (§§ 4 Abs. 2 Satz 2, 18 Abs. 1 UmwStG) sowie verrechenbare Verluste und nicht ausgegliche-

---

883   Im Umwandlungserlass, BMF-Schreiben v. 25.03.1998, BStBl. I, S. 1998, 258: Tz. 03.01, 11.01.
884   Dem BFH (folgende Fn.) nun folgend OFD Frankfurt am Main v. 13.03.2008, GmbH-StB 2008, 172.
885   Von der Lit. stets bestritten, durch den BFH, 19.10.2005 – I R 38/04, BStBl. 2006 II, S. 568 für den Formwechsel und durch BFH, 05.06.2007 – I R 97/06, DStR 2007, 1767 für die Verschmelzung abgelehnt.
886   Infolge der Aktivierung erhöht das KSt-Guthaben das steuerliche Eigenkapital der Kapitalgesellschaft und damit die Bezüge der Gesellschafter i.S.d. § 7 UmwStG (Liquiditätsnachteil im Hinblick auf die spätere Erstattung an die Personengesellschaft, *Stimpel*, GmbH-StB 2008, 76).
887   Genauer: dem ausschüttungsfähigen Gewinn i.S.d. § 27 Abs. 1 Satz 3 KStG.
888   Zur Berechnung, mit Beispielsfällen, *Ott*, GmbH-Steuerpraxis 2007, 201 ff.
889   § 4 Abs. 6 Satz 5 UmwStG, *Stimpel*, GmbH-StB 2008, 79.

ne negative Einkünfte im Zug der Umwandlung unter, ebenso bei der Einbringung in eine Personengesellschaft nach § 24 UmwStG.[890]

- Zum weiteren erhöht sich die Körperschaftsteuer der übertragenden Körperschaft gem. § 10 UmwStG i.V.m. § 38 KStG, so als wenn das in der Steuerbilanz ausgewiesene Eigenkapital 02 am steuerlichen Übertragungsstichtag ausgeschüttet worden wäre.
- Den Gesellschaftern der umgewandelten Kapitalgesellschaft werden als Folge der Umwandlung gem. § 7 UmwStG Einkünfte aus Kapitalvermögen i.H.d. auf sie entfallenden ausschüttbaren Gewinns der Kapitalgesellschaft (Eigenkapital) zugewiesen (vgl. § 29 Abs. 1 KStG).
- Übersteigen die Anschaffungskosten des umzuwandelnden Kapitalgesellschaftsanteils den anteiligen Buchwert des übernommenen Betriebsvermögens („Eigenkapital", rechts oben in der Bilanz ausgewiesen) abzgl. separat besteuerten Dividendenanteils, resultiert hieraus ein Übernahmeverlust, der jedoch gem. § 4 Abs. 6 Satz 1 UmwStG nicht steuerrelevant ist, sodass in diesem Fall steuerliche Anschaffungskosten des Gesellschafters der umgewandelten Kapitalgesellschaft aufgrund des Formwechsels „vernichtet" werden bzw. ungenutzt untergehen. Veräußert der Gesellschafter die erworbenen Personengesellschaftsanteile sodann zu seinem ursprünglichen Kapitalgesellschaftsanteils-Anschaffungspreis, erzielt er demnach hinsichtlich der Differenz zum jetzigen Buchwert einen steuerpflichtigen Veräußerungsgewinn.[891]
- Für den Übernahmegewinn gelten gem. § 4 Abs. 7 UmwStG die Regelungen des § 8b KStG (bei Kapitalgesellschaften) bzw. (bei natürlichen Personen/Personengesellschaften) das Halb- bzw. ab 2009 Teileinkünfteverfahren im Betriebsvermögen bzw. das Halbeinkünfteverfahren/die Abgeltungsteuer im Privatvermögen.
- Bei abgeschriebenen Kapitalgesellschaftsanteilen im Betriebsvermögen besteht die Gefahr der Wertaufholung (§ 4 Abs. 1 Satz 2 UmwStG).
- Ein Verstoß gegen Haltefristen nach altem Erbschaftsteuerrecht konnte dadurch ausgelöst werden (z.B. gem. § 13a Abs. 5 Nr. 4 letzte Alt. ErbStG; anders nunmehr Rdn. 4134).

---

[890] Gleiches galt schon nach vor dem SEStEG geltenden Recht bei der Einbringung in eine Kapitalgesellschaft, §§ 20 ff. UmwStG; die vor dem SEStEG bestehende begrenzte Möglichkeit der Verlustübertragung bei der Verschmelzung von Kapitalgesellschaften (§ 12 Abs. 3 Satz 2 UmwStG a.F.) ist zwischenzeitlich entfallen: § 12 Abs. 3 Halbs. 2 i.V.m. § 4 Abs. 2 Satz 2 UmwStG. Zu Ausweichgestaltungen zur Nutzung von Verlustvorträgen, auch auf Ebene der Anteilseigner am Beispiel von Schwestergesellschaften vgl. *Mensch*, notar 2010, 354 ff.: „Auflösungsmodell" (GmbH 1 überträgt ihren Geschäftsbetrieb auf GmbH 2 und erhält dafür Anteile an Letzterer [§ 20 UmwStG, Neutralisierung der Verlustvorträge durch höheren Wertansatz], sodann Liquidation der GmbH 1 durch Übertragung der erhaltenen Anteile an ihre Gesellschafter [ggf. Verluste auf Anteilseignerebene gem. § 17 Abs. 2 EStG, wenn die Anschaffungskosten höher waren]; „Up-Stream-Merger-Modell" (Gesellschafter der GmbH 1 bringen ihre Anteile im Wege der Sachkapitalerhöhung in die GmbH 2 ein [§ 21 Abs. 1 UmwStG: Verlustrealisierung bei den Anteilseignern, wenn Wertansatz über den Anschaffungskosten liegt], sodann Verschmelzung der neuen „Tochter" GmbH 1 auf die GmbH 2 [§ 24 UmwStG: Ausgleich eines Verlustvortrages durch Ansatz eines optimierten Zwischenwertes]); „Holdingmodell" (GmbH 1 überträgt ihren Geschäftsbetrieb auf die GmbH 2 gegen Anteilsgewährung [§ 20 UmwStG, Neutralisierung der Verlustvorträge durch höheren Wertansatz], sodann Einbringung der Anteile an der GmbH 1 in eine gewerblich geprägte Personengesellschaft, z.B. als verdeckte Einlage, also zu Buchwerten, Rdn. 2193 ff., schließlich Verschmelzung der GmbH 1, in der sich nur noch die Anteile an der GmbH 2 befinden, auf die Personengesellschaft, unter eventueller Kompensation von verbleibenden Verlustvorträgen durch Zwischenwertansatz).

[891] Instruktives Beispiel bei *Wälzholz*, MittBayNot 2009, 412.

Negativ ist weiter, dass der Veräußerungsgewinn bei einem Verkauf[892] des Mitunternehmeranteils binnen 5 Jahren nach dem Formwechsel der Gewerbesteuer unterliegt, § 18 Abs. 3 UmwStG;[893] diese bildet ab dem Veranlagungszeitraum 2008 keine Betriebsausgabe mehr.[894] Veräußert eine Kapitalgesellschaft den Mitunternehmeranteil, fällt in jedem Fall, unabhängig von dieser Frist, Gewerbesteuer gem. § 7 Satz 2 Nr. 2 GewStG an. Steuerschuldner ist stets die Personengesellschaft (§ 5 Abs. 1 Satz 3 GewStG, vgl. Rdn. 4739).

4844

Angesichts dieser gravierenden Nachteile für den Veräußerer und die zu veräußernde Personengesellschaft ist es fraglich, ob der zu erzielende höhere Kaufpreis für eine Personengesellschaft den gewünschten Formwechsel wirtschaftlich aus Sicht des Verkäufers rechtfertigt.

ee) Verrentung

Erfolgt der entgeltliche Verkauf nicht gegen Einmalzahlung, sondern gegen **Kaufpreisverrentung** in Form wiederkehrender Leistungen für einen mehr als 10-jährigen Zeitraum, kann der Veräußerer hinsichtlich des Veräußerungsgewinns zwischen der Sofortbesteuerung und der Zuflussversteuerung wählen (vgl. Rdn. 4923). Der Zinsanteil, der in den Kaufpreisraten enthalten ist, wird beim Veräußerer jedoch – unabhängig von der Wahl der Sofortversteuerung oder der Zuflussversteuerung – in gleicher Weise ermittelt,[895] § 20 Abs. 1 Nr. 7 EStG, und jeweils im Jahr des Zuflusses versteuert. Nach wohl richtiger Auffassung unterliegt dieser Zinsanteil der Abgeltungsteuer i.H.v. (samt Solidaritätszuschlag) 26,375 %, auch wenn die Übertragung innerhalb der Familie stattfindet, da es sich nicht um „nahestehende Personen" i.S.d. § 32d Abs. 2 Nr. 1 Buchst. a) EStG handelt.[896] Beim Erwerber bilden die Zinsanteile dem Grunde nach Werbungskosten bei den Einkünften aus Kapitalvermögen bzgl. der Dividenden, sind allerdings nur dann zu 60 % gem. § 3c Abs. 2 EStG abziehbar, wenn der Erwerber die Abgeltungsteuer auf Antrag „abwählt" (§ 32d Abs. 2 Nr. 3 EStG), wofür er im Antragsjahr zu mindestens 25 % an der betreffenden Kapitalgesellschaft beteiligt und zugleich deren Geschäftsführer sein muss.

4845

Bei der Kapitalgesellschaft selbst gehen durch entgeltliche Geschäftsanteilsübertragungen i.R.d. § 8c KStG möglicherweise körperschaftsteuerliche Verlustvorträge verloren (vgl. Rdn. 4850); Gleiches gilt für etwaige Zinsvorträge i.S.d. Zinsschranke gem. § 8a Abs. 1 Satz 3 KStG.

4846

Liegt ein „bloßer" entgeltlicher Ratenkauf (der nicht in mehr als zehn Jahresraten aufgespalten ist) vor, entfällt das Wahlrecht zwischen der Sofort- und der Zuflussversteuerung hinsichtlich des Kapital(tilgungs)anteils des Veräußerungsgewinns, i.Ü. gelten jedoch keine weiteren Besonderheiten.

4847

---

892 Ein solcher liegt nicht vor bei der Veräußerung gegen wiederkehrende Bezüge, die nach § 24 Nr. 2 EStG besteuert werden, vgl. *Neu/Hamacher*, DStR 2010, 1453.
893 Instruktiv BFH, 18.09.2008 – IV B 51/08, MittBayNot 2009, 409 m. Anm. *Wälzholz*.
894 § 4 Abs. 5b EStG; zuvor bestand u.U. Abzugsmöglichkeit als Veräußerungskosten: BFH, 16.12.2009 – IV R 22/08, EStB 2010, 89.
895 Dies geschieht dergestalt, dass der Kapitalwert am Anfang des Jahres und am Ende des Jahres (in Gestalt der Reduzierung des Multiplikators) ermittelt wird; die Differenz bildet den Tilgungsanteil, der verbleibende Betrag der Jahreszahlung den Zinsanteil.
896 Vgl. *Schultes-Schnitzlein/Keese*, NWB 2009, 70 m.w.N.: Der Begriff sei identisch verwendet wie in § 1 Abs. 2 KStG, d.h. der Zahlungspflichtige müsse ein eigenes Interesse an der Erzielung der Zinseinkünfte durch den Zinsempfänger haben, was hier nicht der Fall ist.

4848 Alternativ kann auch die einkommensteuerrechtlich unentgeltliche Übertragung des Kapitalgesellschaftsanteils gegen **Versorgungsrente** erfolgen (vgl. Rdn. 5000). Hierdurch wird zugleich vermieden, dass der Verlustvortrag bei der GmbH verloren geht.[897] Der Erwerber führt dann die Anschaffungskosten des Veräußerers fort, § 17 Abs. 2 Satz 5 EStG (Erwerbsnebenkosten stellen keine zusätzlichen Anschaffungskosten dar).[898] Der Veräußerer erzielt Einkünfte nach § 22 Nr. 1b EStG, der Erwerber kann die Zahlungen, wenn die sonstigen Voraussetzungen erfüllt sind, nach § 10 Abs. 1 Nr. 1a EStG als Sonderausgaben abziehen – beides allerdings nur, wenn auf Antrag die Veranlagungsbesteuerung gem. §§ 32d Abs. 2 Nr. 3, 43 Abs. 5 Satz 2 EStG anstelle der Abgeltungsbesteuerung erfolgt (andernfalls wäre das von § 10 Abs. 1 Nr. 1a EStG verlangte Kriterium nicht erfüllt, wonach die Sonderausgaben nicht mit Einkünften wirtschaftlich im Zusammenhang stehen dürfen, die bei der Veranlagung außer Betracht bleiben).[899] Abzugsfähig (und zu versteuern) sind jedoch dann stets lediglich 60% der Versorgungsleistungszahlungen (Rdn. 5014). Seit 2008 gilt dies unabhängig davon, ob die Versorgungsleistung der Höhe nach abänderbar ist (i.S.e. dauernden Last) oder nicht (vgl. Rdn. 1455).

4849 Werden die Gesellschaftsanteile durch den Erwerber später weiterverkauft, dürfte der „Zusammenhang mit einer begünstigten Vermögensübertragung" weiterhin bestehen bleiben, wenn (gemäß der bisherigen Rechtslage im 3. Rentenerlass, Tz. 28) zeitnah eine existenzsichernde und ausreichend Ertrag bringende Wirtschaftseinheit neu angeschafft wird.[900] Zu den Folgen einer Übertragung von Kapitalgesellschaftsanteilen gegen wiederkehrende Versorgungsleistungen, welche die Voraussetzungen des § 10 Abs. 1 Nr. 1a EStG nicht erfüllen (s.u. Rdn. 5016f. mit Berechnungsbeispiel).

b) Körperschaftsteuer

4850 Weiter sei darauf hingewiesen, dass bei einer nicht vollständig unentgeltlich bleibenden Übertragung eines Kapitalgesellschaftsanteils (anders als bei der Personengesellschaft,[901] § 6 Abs. 3 EStG – vgl. Rdn. 4710) der **körperschaftsteuerliche Verlustabzug** nach § 8c KStG untergehen kann, vgl. im Einzelnen Rdn. 2398 ff. Möglicher Gestaltungsbedarf ergibt sich dabei aus dem Umstand, dass ein Verhalten auf Gesellschafterebene (die nicht völlig unentgeltliche Übertragung von Kapitalgesellschaftsanteilen) zu einer Rechtsfolge auf Gesellschaftsebene (dem, ggf. anteiligen, Untergang des Verlustvortrags gem. § 8c KStG) führt und damit mittelbar alle Gesellschafter betrifft.[902] Dies mag Anlass sein – sofern nicht bereits geschehen –, die Abtretung von Anteilen zu „vinkulieren", also an die Zustimmung der Gesellschaft, der Mehrheit der Gesellschafter oder gar aller Gesellschafter zu binden (vgl. Rdn. 2350); die nachträgliche Einführung einer Vinkulierungsklausel bedarf jedoch der Zustimmung des betreffenden Gesellschafters. Es empfiehlt sich, bereits in der Satzung festzulegen, dass die Verweigerung der Zustimmung für den Fall, dass ein Verlustvortragsuntergang hierdurch ausgelöst wird, nicht gegen die gesell-

---

[897] BMF v. 04.07.2008, BStBl. 2008 I, S. 736, Tz. 4, vgl. Rdn. 2398.
[898] BMF-Schreiben v. 13.01.1993, BStBl. 1993 I, S. 80, Tz. 13.
[899] Vgl. *Röder*, DB 2008, 146, 149; *Schultes-Schnitzlein/Keese*, NWB 2009, 75.
[900] *Schultes-Schnitzlein/Keese*, NWB 2009, 77; a.A. *Wälzholz*, DStR 2008, 273, 277.
[901] Ausnahme seit dem JStG 2009: gewerbesteuerlicher Verlustvortrag einer Mitunternehmerschaft geht gem. § 10 Satz 10 Halbs. 2 GewStG i.V.m. § 8c KStG verloren, soweit an ihr unmittelbar oder mittelbar eine Kapitalgesellschaft beteiligt ist, vgl. *Honert/Obser*, EStB 2009, 404 ff.
[902] Vgl. *Carlé*, NWB 2009, 2967 ff.

schaftsrechtliche Treuepflicht verstößt, es sei denn, der veräußernde Gesellschafter stellt entsprechende Sicherheit zum Ausgleich des der Gesellschaft entstehenden Nachteils und verpflichtet sich zu deren Ausgleich.

Erschwerend wirkt dabei, dass im Zeitpunkt der Abtretungsgenehmigung nicht abzusehen ist, ob der Gesellschaft überhaupt ein Schaden entsteht, d.h. ob künftige Gewinne realisiert werden, die durch die Verlustvorträge hätten neutralisiert werden können. Hinzu kommt, dass vorangegangene Abtretungen durch andere Gesellschafter innerhalb des Fünf-Jahres-Zeitraums mit ursächlich dafür sein können, dass die nunmehrige Übertragung die relevante Schwelle von 25 % (bzw. die Schwelle von 50 %, die zum vollständigen Untergang des Anteils führt) überschreitet; der „Letzte in der Kette" würde es als ungerecht empfinden, dass nur er herangezogen wird. Schließlich ist zu beachten, dass auch Konzernsachverhalte vorliegen können.[903]

4851

Beispiel:

Das übergeordnete Unternehmen eines Gesellschafters veräußert dessen Beteiligung an Tochterunternehmen.[904]

Daher sind Formulierungsvorschläge mit großen Unsicherheiten behaftet:[905]

Formulierungsvorschlag: Vinkulierungsklausel mit Ausgleichspflicht bei Untergang von Verlustvorträgen (§ 8c KStG)

4852

Sofern und solange die Gesellschaft mehrere Gesellschafter hat, ist zur Verfügung über Geschäftsanteile oder Teile hiervon die Zustimmung der Mehrheit der verbleibenden Gesellschafter erforderlich. (*Ggf.: Entsprechendes gilt für Verpfändungen, Nießbrauchsbestellungen oder sonstige Belastungen, ebenso für Unterbeteiligungen, Treuhandverhältnisse und vergleichbare Vereinbarungen, die Dritten oder Mitgesellschaftern Rechte einräumen.*)

Die beabsichtigte Verfügung oder gleichgestellte Maßnahme ist der Gesellschaft mindestens drei Wochen vor dem beabsichtigten Abschluss der schuldrechtlichen Übertragungsvereinbarung schriftlich anzuzeigen; der Geschäftsführer ist unverzüglich zur Einberufung einer Gesellschafterversammlung zur Beschlussfassung hierüber verpflichtet.

Die Mehrheit der Gesellschafterversammlung kann ohne Verstoß gegen die gesellschaftsrechtliche Treuepflicht als Voraussetzung für die Genehmigung der Abtretung verlangen, dass der Abtretende sich der Gesellschaft gegenüber verpflichtet, den Schaden zu ersatzen, der durch den Untergang des körperschaftsteuerlichen und gewerbesteuerlichen Verlustvortrags sowie des anteiligen Zinsvortrags entstehen wird (unter Abzug der gem. § 8c Abs. 1 Sätze 6 bis 8 KStG anrechenbaren stillen Reserven) und hierfür eine selbstschuldnerische, unbedingte und unwiderrufliche Bankbürgschaft stellt. Die Bürgschaft kann auf solche Steuernachteile begrenzt sein, die auf die fünf der Übertragung folgenden Veranlagungszeiträume entfallen. Lösen mehrere Übertragungen innerhalb des 5-Jahres-Zeitraums des § 8c KStG

---

903 Vgl. *Sistermann/Brinkmann*, DStR 2008, 897.
904 Vgl. BMF v. 04.07.2008, BStBl. 2008 I, S. 736, Tz. 11.
905 Vgl. hierzu auch *Blumenberg/Benz*, Die Unternehmensteuerreform 2008, S. 194 f.; *Carlé*, NWB 2010, 836 ff.

den Untergang des Verlustvortrags aus, sind alle Abtretenden zum anteiligen Ausgleich der Steuernachteile verpflichtet, im Verhältnis der Höhe der abgetretenen Gesellschaftsanteile.

Im Fall eines (schädlichen) Erwerbs sämtlicher Anteile durch einen Erwerber kommen diese Bestimmungen nicht zur Anwendung.

c) Erbschaftsteuer

4853 Erbschaftsteuerlich wird der Anteilswert, soweit er nicht aus zeitnahen Verkäufen vor der Veräußerung ableitbar ist, gem. § 12 Abs. 2 Satz 1 ErbStG i.V.m. § 11 BewG **bis Ende 2008** nach dem sog. „**Stuttgarter Verfahren**" ermittelt (vgl. R 95 ff. ErbStR 2003); seither mit dem gemeinen Wert. War der Veräußerer/Erblasser mit mindestens 25,1 % am Kapital der Gesellschaft zum Zeitpunkt der Übertragung/des Erbfalls beteiligt, sind die Privilegierungen der §§ 13a, 19a ErbStG dem Grunde nach anwendbar (vgl. Rdn. 3995). Schulden bei fremdfinanzierten GmbH-Geschäftsanteilen sind allerdings nur unter anteiliger Kürzung (im Verhältnis zwischen dem Wert vor und nach Anwendung des § 13a ErbStG) abzugsfähig, vgl. § 10 Abs. 6 Satz 5 ErbStG. Möglicherweise ist dann von Vorteil, auf die Anwendung des § 13a ErbStG zu verzichten.

4854 Erbschaftsteuerlich steht den Miterben der **Betriebsvermögenfreibetrag samt Bewertungsabschlag** zu, sofern der Erblasser mit mehr als 25 % am Stammkapital beteiligt war (im Fall des Vermächtnisses allerdings stehen die Betriebsvermögenvergünstigungen allein dem Vermächtnisnehmer zu). Die Erbauseinandersetzung selbst ist erbschaftsteuerlich ohne Auswirkung.[906] Bei Einziehung findet lediglich bei Umsetzung der Abtretungsklausel (Verpflichtung zur Übertragung des geerbten Anteils aufgrund Satzung) ein Erwerb durch die anderen Gesellschafter statt, der nach §§ 13a, 19a ErbStG begünstigt sein kann.[907]

4855 Steuerbar ist im Fall der **Einziehung** wie auch der Abtretung die Differenz zwischen dem Steuerwert des Geschäftsanteils am Todestag (Stuttgarter Verfahren, ab 2009: gemeiner Wert) und der Einziehungs/Abtretungsvergütung, § 3 Abs. 1 Nr. 2 Satz 2 ErbStG. Erfasst wird also eine „Schenkung" des verstorbenen/durch Einziehung ausgeschiedenen Gesellschafters an die verbleibenden Gesellschafter, bezogen auf den tatsächlichen Anteilserwerb bzw., im Fall der schlichten Einziehung bei der GmbH gem. § 3 Abs. 1 Nr. 2 Satz 3 ErbStG, den Wertzuwachs bei den verbleibenden Anteilen. Im letzteren Fall (Wertzuwachs infolge Einziehung bei der GmbH) gewährt die Finanzverwaltung[908] (mangels Anteilsübergangs) bisher keine Privilegierung nach §§ 13a, 19a ErbStG (vgl. Rdn. 3548).

4856 **Hinweis: Einziehungsklauseln**

Unter schenkung-/erbschaftsteuerlichen Aspekten ist daher zu empfehlen, die Einziehungsklausel bei der GmbH[909] stets mit einer **Abtretungsklausel** zu kombinieren (wonach der Einziehungsbetroffene je nach Beschluss der Gesellschaft anstelle der Duldung der Ein-

---

906 Vgl. R 61 Abs. 2 Satz 1 ErbStR 2003.
907 Vgl. R 7 Abs. 3 Satz 9 ErbStR 2003. Die Abfindung, welche der Erbe hierfür erhält, ist allerdings nicht begünstigt.
908 R 7 Abs. 3 Satz 9 ErbStR 2003. Krit. *Schwind/Schmidt*, NWB 2009, 301 m.w.N.; a.A. auch *Klose*, GmbHR 2010, 300 ff. und *Ivens*, GmbHR 2011, 473.
909 Bei einer AG scheidet ein Abtretungszwang wegen § 55 AktG (Verbot von Nebenleistungspflichten) aus, vgl. *Ivens*, GmbHR 2011, 465.

C. Steuerliche Folgen der Übertragung des Wirtschaftsguts selbst

> ziehung verpflichtet sei, den Anteil an einen Mitgesellschafter oder einen benannten Dritten zu übertragen).[910] Auf diese Weise ist gewährleistet, dass der Abtretungsempfänger die Besteuerungsfolge zu tragen hat und hierfür die Betriebsvermögensprivilegien, sofern die übrigen Voraussetzungen erfüllt sind, in Anspruch nehmen kann. Ebenso kann der Dritte durch eine Kapitalerhöhung mit ungenügendem Aufgeld aufgenommen werden: auch dies löst Schenkungsteuer aus, die jedoch der Erweber zu tragen hat; außerdem liegt in einer Kapitalerhöhung keine begünstigungsschädliche Verfügung i.S.d. § 13a Abs. 5 Nr. 4 ErbStG n.F.[911] Erwägenswert ist ferner das Ausweichen auf die (z.B. kleine) **AG**, da § 3 Abs. 1 Nr. 2 Satz 3 ErbStG nur für die GmbH, nicht für andere Kapitalgesellschaften gilt.[912]

Erfolgt die Einziehung ererbter Anteile aufgrund satzungsrechtlicher Anordnung, gilt seit 2009 beim Erben allerdings allein die Abfindung als Vermögensanfall seitens des Verstorbenen (§ 10 Abs. 10 Satz 2 i.V.m. 1 Satz 2 ErbStG),[913] sodass er nicht zunächst den ererbten Anteil als solchen zu versteuern hat; die Differenz zwischen Anteilswert und Abfindung wird weiter beim Begünstigten besteuert. 4857

---

910 Vgl. *Ivo*, ZEV 2006, 252; *Schwind/Schmidt*, NWB 2009, 301; *Milatz/Kämper*, GmbHR 2009, 475; ausführlich auch zu den nicht unmittelbar erfassten Sachverhalten *Hübner/Maurer*, ZEV 2009, 428 ff.
911 *Riedel*, ZErb 2009, 113, 119.
912 Vgl. *Gürsching/Stenger*, BewG/ErbStG Kommentar, § 3 ErbStG, Rn. 201.
913 Vgl. *Ivens*, GmbHR 2011, 465, 471.

D. Überlassungsvereinbarungen mit Entgeltcharakter

I. Steuerliche Vorfragen

4858   Die nachfolgend anzustellende Prüfung, welche der in Vermögensübertragungsverträgen typischerweise vereinbarten Gegenleistungen ertragsteuerlich (nicht schenkungsteuerlich!) Entgeltcharakter haben, also die Unentgeltlichkeit im einkommensteuerlichen Sinn mindern, hat außerordentliche Bedeutung, je nach der Nutzung des übertragenen Gegenstands bzw. nach Maßgabe des zu prüfenden Steuertatbestandes.

1. Teilentgeltlichkeit (Einheits- versus Trennungsmethode)

4859   **In vollem Umfang entgeltlich** sind Übertragungen, die in Erfüllung eines schuldrechtlichen Verpflichtungsgeschäfts erfolgen, bei dem die Gegenleistung wie unter fremden Dritten kaufmännisch nach dem vollen Wert der Leistung bemessen ist; in gleicher Weise solche, bei denen trotz objektiver Ungleichwertigkeit die Beteiligten subjektiv von der Gleichwertigkeit ausgegangen sind.[914] Bei Vorgängen der vorweggenommenen Erbfolge liegen jedoch typischerweise teilentgeltliche Übertragungen vor, bei denen sich Leistung und Gegenleistung nicht wertmäßig ausgewogen gegenüberstehen und den Parteien dieser Umstand auch bewusst ist. Bei Vermögensübertragungen auf Abkömmlinge besteht eine nur in Ausnahmefällen widerlegbare[915] Vermutung dafür, dass die Übertragung nicht im Weg eines kaufmännisch abgewogenen Veräußerungsgeschäfts erfolgt, während umgekehrt bei fremden Dritten die nur in Ausnahmefällen widerlegbare Vermutung besteht, dass es sich um ein kaufmännisch ausgewogenes Veräußerungsgeschäft handele,[916] selbst bei symbolischen „Ein-Euro-Kaufpreisen" (Vermutung der Gleichwertigkeit der übernommenen Werte und Verpflichtungen).[917] Dies sollte sich auch in der Terminologie („Kaufpreis" bzw. „Käufer" einerseits – „Erwerber" bzw. „Abstandsgeld" andererseits) niederschlagen.

4860   **Teilentgeltliche Übertragungen** von Betrieben, Teilbetrieben oder Mitunternehmeranteilen an gewerblich tätigen oder geprägten (nicht lediglich vermögensverwaltenden, Rdn. 2179, Rdn. 3863) Gesellschaften stellen nach der sog. **Einheitsmethode**[918] (Rdn. 4670, Beispiel: Rdn. 4671) einen einheitlichen Vorgang dar, der entweder im steuerlichen Sinn vollständig entgeltlich oder vollständig unentgeltlich ist. Maßgebend ist das Kapitalkonto des Veräußerers, also der Unterschiedsbetrag zwischen Aktiva und Passiva. Übersteigt die steuerlich zu berücksichtigende Gegenleistung das buchmäßige Kapital des Veräußerers, handelt es sich um einen voll entgeltlichen Vorgang, andernfalls um eine voll unentgeltliche Übertragung. Maßgeblich ist das Kapitalkonto des Veräußerers nach der Übergabe (verbleiben also Betriebsschulden beim Veräußerer, werden diese bei der Ermittlung des Kapitals als Saldogröße nicht berücksichtigt, sodass das Kapital nach der Veräußerung höher ist als vorher, da weniger Passiva abzuziehen sind;

---

914 BFH, BStBl. II, 1992, S. 465. Eine Wertabweichung von z.B. 10%, welche die Beteiligten nicht als solche empfinden, ist gem. BFH, EStB 2004, 96 unschädlich.
915 Beispiel einer solchen Widerlegung: BFH, 30.07.2003 – X R 12/01, DStR 2004, 126.
916 Vgl. BFH, DStR 1998, 484.
917 Vgl. *Hoffmann* GmbH-StB 2010, 52.
918 Vgl. *Sudhoff*, Unternehmensnachfolge, 4. Aufl. 2000, S. 906, Fn. 60 m.w.N.

werden dagegen unwesentliche Wirtschaftsgüter des Betriebsvermögens zurückbehalten, ist das Kapital nach der Übergabe kleiner als vorher, da weniger Aktiva übertragen werden).

Demgegenüber werden Wirtschaftsgüter des Privatvermögens[919] oder einzelne Wirtschaftsgüter des Betriebsvermögens, die nicht einen Teilbetrieb darstellen, sowie Anteilsübertragungen an lediglich vermögensverwaltenden Personengesellschaften und die Übertragung von Kapitalgesellschaftsanteilen (Rdn. 4793 ff.) nach der sog. **Trennungsmethode** (Rdn. 4756, Beispiel: Rdn. 4757) aufgeteilt in einen voll unentgeltlichen und einen voll entgeltlichen Teil. Das Wertverhältnis der beiden Anteile bestimmt sich nach dem Prozentverhältnis der tatsächlich als Entgelt zu berücksichtigenden Gegenleistung zum Verkehrswert, wobei allerdings die Anschaffungsnebenkosten (z.B. Notar- und Gerichtskosten) in voller Höhe dem entgeltlichen Teil zugerechnet werden.[920]

4861

2. Steuerliche Bedeutung der Entgeltlichkeitsfrage

Die Feststellung, in welcher Höhe Gegenleistungen mit Entgeltcharakter vorliegen, ist insb. bedeutsam

4862

- bei vermieteten Grundstücken zur Ermittlung der dadurch beim Erwerber neu ermöglichten **Abschreibungsreihe** (aus der Bemessungsgrundlage des tatsächlichen steuerlich zu berücksichtigenden Entgelts; i.Ü. setzt der Erwerber gem. § 11d EStDV die Abschreibungsreihe des Veräußerers fort). Der entgeltliche Erwerb zu einem höheren als dem bisher erreichten Abschreibungsrestwert schafft also neues Abschreibungsvolumen;

- bei vom Erwerber eigengenutzten Immobilien zur Festsetzung der Bemessungsgrundlage für die für Neufälle bis 31.12.2005 gewährte **Eigenheimzulage** (wobei – wie ausgeführt – eine Kürzung des Maximal-Förderbetrags im Verhältnis des unentgeltlichen Anteils nicht stattfindet, sondern nominal das tatsächliche Entgelt bis zur Höchstgrenze von 125.000,00 € zugrunde gelegt wird);

4863

- zur Feststellung, ob und in welcher Höhe ein Veräußerungsfall vorliegt, der zur **Besteuerung privater Veräußerungsgewinne** gem. § 23 EStG führt (soweit es sich um eine unentgeltliche Übertragung handelt, liegt gem. § 23 Abs. 1 Satz 3 EStG keine Veräußerung vor; vielmehr ist die Eigentumszeit des Veräußerers derjenigen des Erwerbers hinzuzurechnen). Da die Besteuerung privater Veräußerungsgeschäfte bei vorweggenommener Erbfolge aufgrund des deutlich erweiterten Umfangs der Spekulationsbesteuerung in § 23 EStG in der Praxis oft nicht ausreichend wahrgenommen wird, wird diese nachstehend III, Rdn. 4929 ff., detaillierter untersucht.

4864

Im Detailkontext spielt schließlich die Höhe der Anschaffungskosten als Maßstab für bestimmte Schwellenwerte eine Rolle. Deutlich wird dies für sog. „**anschaffungsnahen Aufwand**", den die frühere Verwaltungsauffassung (R 157 Abs. 4 EStR 2003) und Rechtsprechung[921] und für ab

4865

---

919 Dies liegt (trotz Höfeordnung) auch vor beim privaten Wohnhaus, das im Rahmen einer Hofübergabe gegen Übernahme der darauf lastenden Verbindlichkeiten übernommen wird, vgl. FG Hannover, 01.03.2006 – 2 K 211/03, ZEV 2006, 424.
920 BFH, 10.10.1991 – XI R 51/83, BStBl. 1991 II, S. 793.
921 Wobei Untergerichte diese Rspr. schon bisher zunehmend infrage stellten und allein auf § 255 Abs. 2 HGB als Definition der Herstellungskosten verwiesen, etwa FG Münster, EFG 2000, 1316.

01.01.2004 begonnene Maßnahmen nunmehr auch das Gesetz (§§ 6 Abs. 1 Nr. 1a, 9 Abs. 5 Satz 2 EStG, vgl. R 6.4 Abs. 1 Satz 1 EStR 2005) zu aktivierungspflichtigem (und damit abschreibendem, nicht sofort ansetzbarem) Herstellungsaufwand umqualifiziert.[922] Dies ist der Fall, wenn innerhalb der ersten 3 Jahre nach Gebäudeerwerb (Übergang von Besitz, Nutzungen und Lasten) die Erhaltungsaufwendungen[923] (ohne USt) 15 % der Anschaffungskosten des Gesamtgebäudes[924] (samt Erwerbsnebenkosten; ohne Grunderwerb) übersteigen: Es handelt sich dann stets um Herstellungskosten, unabhängig davon, ob tatsächlich ein neues Wirtschaftsgut geschaffen oder ein vorhandenes in seiner Substanz wesentlich verbessert wurde. Nach Ablauf der Drei-Jahres-Frist gelten allerdings wieder die allgemeinen Kriterien zur Herstellung (eines neuen Wirtschaftsguts) oder zu nachträglichen Herstellungskosten (bei dessen wesentlicher Verbesserung).[925]

4866

> **Hinweis:**
>
> Plant der Erwerber Erhaltungsaufwendungen über der 15 %-Grenze binnen 3 Jahren, sollte noch der Veräußerer einen ausreichenden Anteil hiervon übernehmen und über den Kaufpreis abgelten lassen, damit der Erwerber wenigstens für die verbleibenden knapp 15 % der (erhöhten) Anschaffungskosten den Sofortabzug behält.

3. Entgeltverteilung bei Mehrheit von Wirtschaftsgütern

4867

Werden im übertragenen Anwesen verschiedene Nutzungen verwirklicht mit der Folge, dass ertragsteuerlich unterschiedliche Wirtschaftsgüter vorliegen (Beispiel: fremdvermietete Wohnung im Obergeschoss, aufgrund Wohnrechtsvorbehalts durch den Veräußerer weiter eigengenutzte Wohnung im Erdgeschoss), wurden nach früherer Rechtslage bei gemischten Schenkungen, also Teilentgeltlichkeit, die Anschaffungskosten einheitlich auf alle Wirtschaftsgüter in identischer Weise aufgeteilt[926] mit der Folge, dass bspw. auf die vermietete Wohnung nur ein Teil der Anschaffungskosten entfiel und demnach nur in entsprechender Höhe der Schuldzinsabzug eröffnet war.

4868

Der BFH hat in mehreren Entscheidungen allerdings die von den Vertragsparteien vorgenommene Aufteilung des Kaufpreises auf die einzelnen Wirtschaftsgüter zugrunde gelegt, auch wenn die Übertragung zwischen nahen Angehörigen erfolgt.[927] Dem ist die Finanzverwaltung nunmehr gefolgt (vgl. Rdn. 4440, Rdn. 4441).[928] Demnach steht es den Parteien frei, das Entgelt vollständig als auf die vermietete Wohnung entfallend zu deklarieren (sofern dadurch der Wert dieser

---

[922] Instruktiv *Wendt*, EStB 2004, 329; *Stuhrmann*, NWB 2004, 761 = Fach 3, S. 12765 ff.
[923] Ohne die „jährlich üblicherweise anfallenden Erhaltungsarbeiten", nach Ansicht der OFD Düsseldorf bspw. Streichen und Tapezieren, enger OFD München, v. 11.06.2004, NWB DokSt Nr. 03x47104: nur Kleinstreparaturen. Vgl. auch OFD Frankfurt, v. 16.09.2004, DB 2004, 2191: auch Kosten der Herstellung der Funktionsbereitschaft sind in die 15 %-Grenze des § 6 Abs. 1 Nr. 1a EStG einzubeziehen.
[924] OFD Frankfurt v. 31.01.2006, DStR 2006, 567 (anders bei selbstständigen Eigentumswohnungen).
[925] Vgl. OFD München v. 11.06.2004, NWB 2004, 2134.
[926] Hinsichtlich des mit dem Wohnrecht belasteten Wirtschaftsguts erfolgt Abzug gem. BMF-Schreiben v. 24.07.1998, BStBl. 1998 I, S. 914, Rn. 50.
[927] BFH, 09.07.2002 – IX R 65/00, BStBl. 2003 II, S. 389; BFH, 27.07.2004 – IX R 54/02, EStB 2005, 117; BFH, 01.04.2009 – IX R 35/08, BStBl. 2009 II 663; vgl. *Heuermann*, DB 2009, 1558 ff.
[928] BMF v. 16.04.2004, BStBl. 2004 I, S. 464.

Wohnung nicht überschritten ist) und die unter Wohnrechtsvorbehalt übertragene weitere Wohnung vollständig unentgeltlich zu übertragen.[929]

II. Gegenleistungen mit Entgeltcharakter im Einzelnen

Vor dem Beschluss des Großen Senats des BFH v. 05.07.1990[930] differenzierte die Steuerrechtsprechung nach dem Adressatenkreis der Begünstigung: Zur Entgeltlichkeit führe nur die direkte Abstandszahlung an den Veräußerer; Zahlungen an Dritte, z.B. nahe Angehörige, seien jedoch unentgeltlich. Diese Differenzierung wurde begründet durch die zivilrechtliche Unterscheidung zwischen gemischter Schenkung (mit der Folge der zivilrechtlichen Teilentgeltlichkeit, bei Zahlung an den Veräußerer) einerseits, und Schenkung unter Auflage (mit der zivilrechtlichen Folge der vollständigen Unentgeltlichkeit, bei Leistung an Dritte) andererseits. Dieses bei wertender Betrachtung für das Steuerrecht verfehlte Prüfungskriterium (maßgeblich sollte auch bei Zuwendungen an Dritte gem. §§ 328 ff. BGB das Deckungsverhältnis sein) wurde durch den genannten Beschl. v. 05.07.1990 aufgehoben.

4869

Die nunmehrige Rechtslage hinsichtlich der Einordnung von Leistungen hinsichtlich ihres steuerrechtlichen Entgelt (= Anschaffungskosten-) charakters ist wiedergegeben im BMF-Schreiben v. 13.01.1993 zur ertragsteuerlichen Behandlung der vorweggenommenen Erbfolge.[931] Die darin ertragsteuerlich anerkannten Positionen bleiben hinter demjenigen zurück, was zivilrechtlich zu einer Minderung der Unentgeltlichkeit führt (z.B. auch Dienstleistungs- und Zahlungspflichten mit Versorgungscharakter, vorbehaltene oder zugewendete Nutzungsrechte[932] etc.); auch die schenkungsteuerliche Differenzierung vollzieht sich nach anderen Grenzziehungen (gemischte Schenkung und Leistungsauflage einerseits, Duldungsauflage andererseits).

4870

Ertragsteuerlich sind nunmehr als zur Entgeltlichkeit führende „Gegenleistungen" zu berücksichtigen:

1. Abstandsgelder an den Veräußerer

Abstandsgelder an den Veräußerer, und zwar unabhängig, ob sie aus eigenem Vermögen des Erwerbers oder aus dem übernommenen Vermögen geleistet werden. Gleichgestellt sind sonstige geldwerte Maßnahmen, die dem Veräußerer geschuldet sind und erbracht werden, z.B. die Errichtung einer Wohnung für ihn durch den Erwerber[933] (steuerrechtlich liegt eine entgeltliche

4871

---

929 Vgl. *Günther*, EStB 2005, 117.
930 BStBl. II 1990, S. 847.
931 BStBl. 1993 I, S. 80 ff. = MittBayNot 1993, 100 ff.; Beck-Loseblattsammlung Steuererlasse I/§ 7.3 = Beck Online BeckVerw 026695 (mit Ergänzungen durch EStR 2005).
932 BFH, BStBl. 1982 II, S. 378 ff.
933 BFH, 08.05.2001 – IX R 63/98; dies führt zu Anschaffungskosten, die – sofern an der errichteten Wohnung ein schuldrechtliches oder dingliches Wohnungsrecht besteht – anteilig absetzbar sind, soweit sie auf die der Einkünfteerzielung dienenden Gebäudeteile entfallen. Soweit sie nicht zu einer über den ursprünglichen Zustand hinausgehenden wesentlichen Verbesserung gem. § 255 Abs. 2 Satz 1 HGB führen, liegen gar u.U. sofort abzugsfähige Erhaltungsaufwendungen vor.

Anschaffung des Grundstücks vor, nicht etwa die entgeltliche Überlassung einer Wohnung).[934] Zahlungen zur Ablösung vorbehaltener Nutzungsrechte an den Veräußerer können zu nachträglichen Anschaffungskosten führen, wenn der Steuerpflichtige erst dadurch die wirtschaftliche Verfügungsmöglichkeit über das Grundstück erlangt[935] (vgl. Rdn. 1185).

4872 Ist eine Geldleistung unverzinslich, jedoch später als ein Jahr nach dem Übergang von Besitz, Nutzungen und Lasten fällig, liegen Anschaffungskosten nicht i.H.d. Nennbetrags der Forderung, sondern i.H.d. nach den Vorschriften des § 12 Abs. 3 BewG zu zwingend (derzeit eher überhöhten!)[936] 5,5 % abgezinsten Gegenwartswerts vor[937] (der BFH hat demnächst Gelegenheit, zu seiner ständigen Rechtsprechung erneut Stellung zu nehmen).[938] Die verbleibende Differenz, der Zinsanteil, bildet beim Zuwendungsempfänger steuerpflichtige Einkünfte gem. § 20 Abs. 1 Nr. 7 EStG im Jahr des Zuflusses, die als Einkünfte aus Kapitalvermögen bei Überschreiten des Sparerfreibetrags zu versteuern sind;[939] der Übernehmer kann diesen Zinsanteil, soweit er das übernommene Vermögen zur Vermietung nutzt, als Werbungskosten gem. § 9 Abs. 1 Nr. 1 EStG sofort geltend machen.

4873 **Hinweis:**

Es kann sich hierbei schon bei relativ kurzen Stundungszeiten um erhebliche Beträge handeln: Wird bspw. ein Gutabstandsgeld i.H.v. 200.000,00 € erst 3 Jahre nach der Veräußerung fällig, spaltet sich dieser Betrag gem. § 12 Abs. 3 Bewertungsgesetz auf in einen Gegenwartswert von 170.140,00 € und einen Zinsanteil von 29.600,00 €!

4874 Die geschilderte Abzinsung, die übrigens seit 1999 auch i.R.d. bilanziellen Gewinnermittlung für Verbindlichkeiten (§ 6 Abs. 1 Nr. 3 Satz 1 EStG)[940] – auch eigenkapitalersetzende Darlehen[941] – und Rückstellungen (§ 6 Abs. 1 Nr. 3a Buchst. e) EStG) gilt,[942] findet statt bei

- Leistungspflichten mit bestimmter Fälligkeit bei Stundung von mehr als einem Jahr, ferner bei

---

934 BFH, DStR 1991, 472; der Nichtanwendungserlass der Finanzverwaltung DStR 1992, 1322 wurde durch BMF-Schreiben v. 29.05.2006, DStR 2006, 1086 aufgehoben und Rn. 33 des BMF-Schreibens v. 24.07.1998 (BStBl. 1998 I, S. 914) neu gefasst.
935 FG Hamburg, DStRE 2000, 1297; BFH, BStBl. 1998 II, S. 429; BFH, BStBl. 1992 II, S. 381 zur Ablösung eines Wohnungsrechtes; Tz. 57 des Nießbrauchserlasses BStBl. 1998 I, S. 914; FG Düsseldorf, 06.08.2010 – 1 K 2690/09 E, BeckRS 2010, 16030112: Ablöseentgelt für Nießbrauchslöschung führt zu nachträglichen Anschaffungskosten auf die erworbenen GmbH-Anteile gem. § 17 EStG. Dies gilt auch für die Ablösung eines bestellten, aber noch nicht eingetragenen Nießbrauchs: BFH, 22.02.2007 – IX R 25/05.
936 I.R.d. durch das BilMoG eingeführten Abzinsung von Rückstellungen mit einer Laufzeit über einem Jahr, § 253 Abs. 2 HGB, liegen die Werte (in Gestalt der sog. RückAbzinsV v. 18.11.2009, BGBl. 2009 I 3790) zwischen 3,85 und 5,43 %.
937 BFH, BStBl. 1981 II, S. 160; BFH, BStBl. 1993 II, S. 298; BFH/NV 1991, 382; BFH/NV 1997, 175; BMF-Erlass v. 13.01.1993, BStBl. 1993 I, S. 80 ff., Tz. 11, 19 ff.
938 BFH (Az. VIII B 70/09) aufgrund Beschwerde gegen FG Münster, 06.04.2009 – 12 V 446/09 E, ErbStB 2009, 209.
939 *Schmidt/Weber-Grellet*, EStG, 24. Aufl. 2005, § 20 Rn. 160; *von Beckerath*, in: Kirchhof, EStG, 5. Aufl. 2005, § 20 Rn. 301; vgl. auch *Wachter*, FR 2006, 42, 44.
940 Auch für Gesellschafterdarlehen; die bloße Zweckbindung des Darlehens steht der „Verzinslichkeit" nicht gleich, BFH, 27.01.2010 – I R 35/09, EStB 2010, 123; vgl. im Überblick *Binnewies/Zumwinkel* GmbH-StB 2011, 214 ff.
941 BFH, 06.10.2009 – I R 4/08, EStB 2010, 5.
942 Vgl. ausführlich BMF-Schreiben v. 26.05.2005, DStR 2005, 1005 ff.

- betagten Pflichten, d.h. solchen, bei denen die Fälligkeit von einem bestimmten, zeitlich ungewissen, der Art nach jedoch gewissen Ereignis, z.B. dem Versterben einer Person, abhängt.[943] Gleiches gilt (wohl)[944] auch für betagte Vermächtnisse, die demnach zwar erbschaftsteuerlich die Nutzung der Freibeträge für zwei Erbfälle erlauben, da es sich nicht um „beim Tode des Beschwerten fällige" Vermächtnisse i.S.d. § 6 Abs. 4 ErbStG handelt, aber, sofern unverzinslich, unter Besteuerung des fiktiven Zinsanteils.[945]
Wird jedoch in den Fällen der hinausgeschoben befristeten oder betagten Verpflichtungen eine Verzinsung vereinbart und gezahlt i.H.d. gesetzlichen Regelzinses von 5,5 % oder i.H.e. niedrigeren, angemessenen Zinses (nach Ansicht der Finanzverwaltung: 3 % p.a.),[946] tritt die Abzinsung nicht ein.
Die Abzinsung findet ferner nicht statt bei **bedingten** Leistungspflichten, bei denen ungewiss ist, ob die Leistungspflicht überhaupt eintritt. In diesem Fall fallen Anschaffungskosten erst in dem Moment an, in dem das Ereignis eintritt[947] (vgl. zu dieser feinen Unterscheidung Rdn. 4898 mit illustrativem Beispiel in Rdn. 4899). Sie findet ferner nicht statt bei Gesellschafterdarlehen einer Mitunternehmerschaft, da diese zwar in der Gesellschaftsbilanz zu passivieren, in der Sonderbilanz des Gesellschafters aber zu aktivieren sind und sich demnach in der Gesamtbilanz wie Eigenkapital darstellen.[948]

Die Abstandsleistung kann auch in Form der Überlassung von **Sachwerten** (zu bewerten mit dem gemeinen Wert des Wirtschaftsguts) erfolgen. Werden jedoch unter Verwandten wiederkehrende Leistungen lediglich auf Lebenszeit des Veräußerers in einer nicht kaufmännisch abgewogenen Höhe (kein Kauf auf Leibrente) geschuldet, handelt es sich trotz der Verwendung der Bezeichnung „Kaufpreis" im Vertrag nicht um Entgelt.[949]

4875

Anschaffungsnebenkosten (z.B. Notar- und Grundbuchkosten) werden bei teilentgeltlichen Erwerben in voller Höhe den Anschaffungskosten hinzugerechnet.[950] Die Schenkungsteuer zählt jedoch nicht zu den Anschaffungskosten (§ 12 Nr. 3 EStG).

4876

---

943 In ähnlicher Weise wird bzgl. der Erbschaftsteuer differenziert zwischen Ansprüchen, die zu einem bestimmten späteren Termin fällig werden (Sofortbesteuerung, allerdings in gem. § 12 Abs. 3 BewG abgezinster Höhe) und solchen, die zu einem nach ob und wann ungewissen Termin fällig werden (Steuer entsteht gem. § 9 Abs. 1 Nr. 1a ErbStG erst mit dem Anspruch), vgl. BFH, 27.08.2003 – II R 58/01, ZEV 2004, 35 ff. und Rdn. 3803, Rdn. 3853.
944 A.A. *Kaeser*, ZEV 1998, 210 ff.
945 *Mayer*, ZEV 1998, 55.
946 Offengelassen bei *Schlünder/Geißler*, NJW 2007, 486. Das BMF-Schreiben v. 26.05.2005, BStBl. 2005 I, S. 699 lässt i.R.d. Bilanzierung (§ 6 Abs. 1 Nr. 3 Satz 1 EStG) jede, auch geringe, vereinbarte Verzinsung genügen, um dem Abzinsungsgebot zu entgehen (bei lediglich z.B. 0,01 % droht aber § 42 AO, *Schwetlik* EStB 2010, 5). Erbschaftsteuerlich ist gem. R 109 Abs. 2 ErbStR 2003 eine Kapitalforderung nur dann abweichend vom Nennwert zu bemessen, wenn sie mit weniger als 3 % verzinst ist und die Kündbarkeit für mindestens 4 Jahre ausgeschlossen ist, vgl. auch Nr. 1.2.2. des Ländererlasses v. 07.12.2001, BStBl. 2002 I 112.
947 BMF-Schreiben v. 26.05.2005, DStR 2005, 1005 Rn. 19. Nach *Spiegelberger*, Vermögensnachfolge 1994, Rn. 49 soll die Abzinsung ferner dann nicht stattfinden, wenn die Zahlungspflicht zwar zunächst unter einer aufschiebenden Bedingung steht (Verkauf, Tod des Übergebers etc.), aber letztlich für diese Zahlung gleichwohl ein Endtermin vereinbart ist. Dies erscheint fraglich (*Mayer*, Übergabevertrag, Rn. 320).
948 *Schmidt/Wacker*, EStG, 27. Aufl. 2008, § 15 Rn. 540 m.w.N. und *Wacker*, NWB 2008, 3096 = Fach 3, S. 15186; BFH v. 24.01.2008 – IV R 37/06, GmbHR 2008, 548 m. Anm. *Hoffmann*.
949 BFH, 05.11.2003 – X R 55/99, EStB 2004, 197.
950 BFH, BStBl. II 1992, S. 239.

Kapitel 12: Einkommensteuerrecht

2. Verrechnung mit Geldersatzansprüchen ggü. dem Veräußerer

4877 Auch die Leistung einer Immobilie an Erfüllungs statt für tatsächlich bestehende Geldersatzansprüche des Erwerbers ggü. dem Veräußerer kann eine Aufwendung zum Erwerb eines Vermögensgegenstands i.S.d. § 255 Abs. 1 Satz 1 HGB und damit Anschaffungskosten darstellen, also zur Entgeltlichkeit führen. Die Finanzverwaltung hatte sich hierzu ohne weitere Einschränkungen bekannt;[951] die Rechtsprechung betont jedoch die bürgerlich-rechtlichen Voraussetzungen eines solchen Verwendungsersatzanspruchs:[952]

4878 Unproblematisch ist dies bei bestehenden, jedoch noch nicht erfüllten vertraglichen Ansprüchen (z.B. aus einem Arbeits- oder Dienstverhältnis oder hinsichtlich der noch nicht erfolgten Auszahlung des Liquidationsguthabens aus einer gekündigten, konkludent geschlossenen GbR).

Hat der künftige Erwerber bereits vor der Veräußerung Aufwendungen auf den nunmehr erworbenen Gegenstand erbracht, ist allerdings zu differenzieren:

4879 • Ein **Bereicherungsanspruch** gem. §§ 951, 812 BGB ist in jedem Fall beschränkt auf den Wertzuwachs, den der Eigentümer (Veräußerer) infolge des durch Verbindung oder Verarbeitung eintretenden Rechtsverlusts am verbauten Material erwirbt. Regelmäßig fehlt es jedoch am geforderten Kondiktionstatbestand:

– Eine **Leistungskondiktion** gem. § 812 Abs. 1 Satz 1, 1. Alt. BGB liegt nicht vor, da der Erwerber Kenntnis davon hatte, dass er zur Leistung nicht verpflichtet sei, sodass die Rückforderung des Geleisteten gem. § 814 BGB ausgeschlossen ist.

– Auch eine **Eingriffskondiktion**, in der Fallalternative des § 812 Abs. 1 Satz 2, 2. Alt. (condictio causa data causa non secuta), scheidet regelmäßig aus: Der typischerweise mit der Leistung verfolgte Zweck, nämlich die spätere Übereignung des Grundbesitzes ist ja gerade eingetreten, nicht weggefallen.[953] Dennoch sieht die Finanzverwaltung jedenfalls schenkungsteuerlich im „Verzicht" auf den Aufwendungsersatzanspruch eine „Gegenleistung" des Erwerbers und behandelt den Vorgang als gemischte Schenkung (d.h. unter Reduzierung auf den Wert, der sich ohne die Investitionen des Erwerbers ergeben hätte).[954]

4880 • Denkbar ist ein Verwendungsersatz- oder Ausgleichsanspruch – auf den im Zug der Übertragung mit entgeltlicher Wirkung verzichtet werden könnte oder mit dem eine Verrechnung der Übertragungsgegenstände stattfinden könnte – zivilrechtlich also nur dann, wenn bereits zum Zeitpunkt der Leistung eine Verknüpfung mit dem künftig abzuschließenden Übertragungsvorgang dergestalt vorlag, dass die Investitionen auf das Vertragsobjekt nur gegen

---

[951] Etwa im BMF-Schreiben v. 31.12.1994, BStBl. 1994 I, S. 1887 Tz. 17, 42; das BMF-Schreiben zur Eigenheimzulage v. 10.02.1998 erwähnt lediglich den Fall späteren Eigentumserwerbs am vorab auf fremdem Grund selbst errichteten Gebäude und erkennt die Förderung ab dann (bzw. der Bestellung eines Dauerwohnrechts, *Mayer*, Übergabevertrag, Rn. 346) an.
[952] Etwa in BFH v. 11.12.1996, BStBl. 1998 II, S. 100.
[953] Vgl. BFH, DStRE 1998, 126, mit Verweis auf BGHZ 108, 256.
[954] FinMin Baden-Württemberg v. 07.12.2000 – S 3806/33, krit. hierzu *Hartmann*, DStR 2001, 1545.

eine vereinbarte, jedoch nicht erfüllte Geldzahlung stattfinden sollten,[955] also die Verwendungen nicht im Hinblick auf die spätere Eigentumsübertragung erfolgte.[956] Gemäß OLG Düsseldorf[957] kann volle Entgeltlichkeit aufgrund Verrechnung mit früheren Zuwendungen, die nach dem Willen der Beteiligten nicht ohne Entschädigung bleiben sollten, auch dann in Betracht kommen, wenn der Ausgleich ursprünglich auf erbrechtlichem Weg und ohne Rechtsanspruch hergestellt werden sollte (also die Beteiligten bspw. eine testamentarische Einsetzung durch lebzeitige Zuwendung vorwegnehmen, also im Nachhinein eine frühere Zuwendung zur Erfüllungshandlung umqualifizieren), vgl. im Einzelnen Rdn. 123 ff. Beim bloßen Einsatz der eigenen Arbeitskraft dürften die Voraussetzungen jedoch selten gegeben sein.[958] Auch ist es nicht ausreichend, dass der Erwerber die Kosten für Aufwendungen übernimmt, die der Veräußerer noch in Auftrag gegeben hatte (da sie wohl im Hinblick auf die Übertragung getätigt wurden):[959] vorzuziehen ist die Begleichung durch den Veräußerer und Erstattung als Abstandsgeld durch den Erwerber.

Eine solche Verrechnung mit Ersatzansprüchen für ursprünglich entgeltlich intendierten Aufwendungen des Erwerbers könnte etwa folgenden Wortlaut haben: 4881

Formulierungsvorschlag: Entgeltlichkeit aufgrund Verrechnung mit Verwendungsersatzansprüchen 4882

> Der Erwerber hat im Jahre ..... auf dem bislang im Eigentum des Veräußerers stehenden Grundbesitz auf seine Kosten und Gefahr folgende Baumaßnahmen vorgenommen: .....
>
> Den Wert dieser Baumaßnahmen – ohne Anteil an Grund und Boden – beziffern die Beteiligten übereinstimmend auf ..... €. Nachrichtlich wird mitgeteilt, dass der Erweber hierfür Baumaterialien im Wert von ..... € auf seine Rechnung angeschafft und Bauhandwerkerrechnungen im Wert von ..... € bezahlt hat. Weiter hat er persönliche Arbeitsleistungen im Wert von ..... € (ca. ..... Stunden) erbracht.
>
> Bereits zum Zeitpunkt der Leistung lag nach Angabe der Beteiligten eine Abrede dergestalt vor, dass die Investitionen auf das Vertragsobjekt nur gegen eine vereinbarte, jedoch nicht erfüllte Geldzahlung stattfinden sollten, also die Verwendungen nicht im Hinblick auf die nunmehrige Eigentumsübertragung erfolgte.
>
> Die heutige Übertragung des in § 1 bezeichneten Grundbesitzes dient daher zugleich der
>
> **Verrechnung**
>
> mit den hieraus resultierenden Ansprüchen des Erwerbers gegenüber dem dies annehmenden Veräußerer, insbesondere mit Ansprüchen nach § 951 i.V.m. §§ 812 ff. BGB. Auch darüber

---

955 Dieser Nachweis gelingt selten; der BFH geht häufig im Gegenteil von einer stillschweigenden Abbedingung des Verwendungsersatzanspruchs aus (BFH/NV 2002, 761; BFH, BStBl. 2002 II, S. 741). Großzügiger der BGH (NJW 1992, 2566).
956 FG München, ErbStB 2004, 330.
957 NotBZ 2002, 151.
958 Hinzu kommt, dass der Einsatz eigener Arbeitskraft durch den Erwerber am eigenen Objekt keine Aufwendung i.S.d. § 9 EStG dargestellt hätte, sodass sie wohl auch keinen vorherigen Ausgleichsanspruch begründen kann.
959 FG München, ErbStB 2005, 330.

> hinaus sind mit dieser Überlassung alle sonstigen bisherigen Tätigkeiten oder Leistungen für den Veräußerer oder für den Vermögen vollständig abgegolten.

4883 Liegt nach dieser Differenzierung tatsächlich ein wirksamer Gegenanspruch vor, mit dem verrechnet wird, führt auch dies insoweit zur Entgeltlichkeit der Gegenleistung (und damit zu Anschaffungskosten). Häufig würde in diesen Fällen vor dem 31.12.2005 auch ohne die Übertragung eine Eigenheimzulagenberechtigung gegeben sein aufgrund der Rechtsprechung des BFH[960] zum „wirtschaftlichen Eigentum" bei Schaffung von Wohnraum auf fremdem Grund und Boden (Rdn. 4567 ff.): erforderlich ist insoweit, dass der Errichtende das Grundstück dauernd nutzen darf und ihm zu jedem Zeitpunkt, auch für den Fall einer vorzeitigen planwidrigen Beendigung des Nutzungsverhältnisses, ein vertraglicher oder gesetzlicher Anspruch nicht nur auf Ersatz seiner Aufwendungen, sondern auf den vollen Zeitwert des Gebäudes zusteht.

4884 Hat der Investor das Objekt bereits zuvor als Pächter betrieblich genutzt und Aufwendungen hierauf absprachegemäß getätigt in Erwartung des zugesagten späteren Eigentumsübergangs, kann es sich dagegen um Betriebsausgaben handeln, auch wenn gerade kein Erstattungsanspruch bestand: entscheidend ist die Veranlassung im eigenen betrieblichen Interesse.[961]

4885 **Schenkungsteuerlich** bleibt ein vom Beschenkten auf dem später ihm übertragenen Grundstück errichtetes Gebäude stets unberücksichtigt, da es an der Bereicherungsabsicht fehlt.[962] Dies gilt auch für Arbeitsleistungen.[963] Beim Erwerb von Todes wegen, bei welcher die objektive Unentgeltlichkeit kein Tatbestandsmerkmal ist, können die mit Vorleistungen verbundenen Kosten jedenfalls i.R.d. § 10 Abs. 5 Nr. 3 ErbStG, also bei vertraglich geschuldeten Leistungen (Pflegeleistungen darüber hinaus auch i.R.d. § 13 Abs. 1 Nr. 9 ErbStG) abgezogen werden.[964] Darüber hinaus entnimmt der BFH[965] und nunmehr auch die Finanzverwaltung dem[966] in § 10 Abs. 1 Satz 1 ErbStG verankerten Bereicherungsgrundsatz, dass stets diejenige Werterhöhung, die durch den nachmaligen (auch letztwilligen) Erwerber vor diesem Erwerb bewirkt worden sei, nicht der Erbschaftsteuer unterliege. Dies gilt bspw. für Aufwendungen des Nacherben auf ein Grundstück in Erwartung der Nacherbfolge. Zivilrechtlich steht dem Nacherben zwar regelmäßig kein Vergütungs-, Ersatz- oder Bereicherungsanspruch zu; dieser Umstand wird jedoch durch den Erbanfall erbschaftsteuerrechtlich „kompensiert". Allerdings sind die Aufwendungen nicht – wie bei unmittelbarer Anwendung des § 10 Abs. 3, Abs. 5 Nr. 3 ErbStG – als „Nachlassverbindlichkeit" mit ihrem vollen Wert anzusetzen, sondern anteilig herabgesetzt auf das „Steuerwertniveau", das sich jedoch i.R.d. Erbschaftsteuerreform dem Verkehrswertniveau weitestgehend angenähert hat.

---

960 Vgl. hierzu umfassend *Fischer*, DStR 2001, 2014 ff.
961 BFH, 13.05.2004 – IV R 1/02, EStB 2004, 399 (anders, wenn ein Erstattungsanspruch des Betriebsinhabers bestand, auf den aus privater Veranlassung verzichtet wird: BFH/NV 1995, 379).
962 Erlass des Saarländischen Finanzministeriums v. 21.11.2000, ZEV 2001, 18; ebenso H 17 Abs. 1 ErbStH 2003; *Hartmann*, ErbStB 2004, 206.
963 FG Rheinland-Pfalz, 17.04.2003 – 4 K 1172/03, n.v.
964 FG Rheinland-Pfalz, 31.07.2003 – 4 K 1046/03, RNotZ 2004, 53.
965 BFH, 01.07.2008 – II R 38/07, BStBl. 2008 II, S. 876; hierzu *Thouet*, ZNotP 2008, 446 und *Pahlke*, NWB 2009, 539 (anders jedoch beim unbebauten Grundstück: FG Hessen, 18.05.2009 – 1 K 1366/07, ErbStB 2009, 373).
966 Koordinierter Erlass FinMin Baden-Württemberg, 31.07.2009 – 3 -S 3806/33, ZEV 2009, 480: auch bei der lebzeitigen Übertragung wird daher entgegen H 17 (1) ErbStH 2005 der Wert der Bebauung nicht etwa als „Gegenleistung" angesetzt, sondern gar nicht besteuert.

3. Gleichstellungsgelder an Geschwister

Auch Einmalzahlungen an andere Personen als den Veräußerer werden wie die oben zu 1. behandelten Abstandsgelder behandelt, führen also zur Entgeltlichkeit (Anschaffungskosten bzw. Veräußerungsentgelt).[967] **Aufschiebend bedingte Gleichstellungsgelder** führen erst im Zeitpunkt des Bedingungseintritts zu nachträglichen Anschaffungskosten.[968] Werden erst nach dem Abschluss des Übertragungsvertrags Gleichstellungsgelder vereinbart, erhöht dies nicht mehr den Anschaffungsaufwand.[969] Erhält der Erwerber jedoch aus Anlass einer späteren Vermögensübertragung des Übergebers auf einen anderen Angehörigen von Letzterem seinerseits ein „umgekehrtes" Gleichstellungsgeld, mindert dies nachträglich die Anschaffungskosten, sofern zwischen beiden Vorgängen ein sachlicher Zusammenhang besteht.[970]

4886

Hat der Erwerber jedoch Ausgleichsleistungen in der Weise zu erbringen, dass er Sachmittel aus dem übertragenen Vermögen **weiter überträgt** (z.B. einzelne Grundstücke an Geschwister zu übereignen hat, mag die Verpflichtung auch bedingt oder nur befristet sein), schafft dies keine Anschaffungskosten.[971] Die Verpflichtung stellt im einkommensteuerlichen Sinn keine Gegenleistung dar, sondern mindert von vornherein das übertragene Vermögen. Ebenso wie ein durch ein Sachvermächtnis Begünstigter erwirbt auch der Dritte das Wirtschaftsgut unentgeltlich.

4887

Gleiches gilt, wenn der Erwerber – wie häufig – zur **Teilabführung künftigen Veräußerungsnettoerlöses** verpflichtet wird, sofern er den erworbenen Grundbesitz weiterveräußern sollte (Nachabfindungsvereinbarung – keine Anschaffungskosten).[972] Anders liegt es jedoch, wenn das weichende Geschwister einen aufschiebend bedingten unmittelbaren Anspruch auf Geldzahlung gegen den Erwerber erhält (Anschaffungskosten bei Eintritt der aufschiebenden Bedingung, nämlich der Weiterveräußerung).

4888

Bei **Betriebsvermögen** ist weiter die **Gefahr der Entnahme** zu beachten: Die Übertragung eines Bauplatzes auf Geschwister i.R.d. landwirtschaftlichen Übergabe stellt eine Betriebsentnahme dar; der dadurch entstehende Gewinn konnte gem. § 14a Abs. 4 Satz 1 EStG bei Veräußerungen vor dem 01.01.2006 an weichende Erben in sachlichem Zusammenhang mit einer Hofübernahme auf Antrag anteilig freigestellt werden, sofern die Einkommensgrenzen des § 14a Abs. 4 Satz 3 EStG nicht überschritten wurden.

4889

Gestaltungshinweis:

Löst der Übernehmer die Verpflichtung zur Überlassung eines ihm übertragenen Wirtschaftsguts an einen Angehörigen mit dessen Einverständnis durch Zahlung eines Geldbetrags ab, liegt darin jedoch die entgeltliche Anschaffung des Wirtschaftsguts durch den Übernehmer, ebenso wie bei unmittelbarer Zahlung von Gleichstellungsgeldern.[973] Steht dem begünstigten

4890

---

967 BFH, BStBl. 1990 II, S. 847.
968 Vgl. *Blümich*, EStG, 88. Aufl., § 6 Rn. 317.
969 Vgl. *Blümich*, EStG, 88. Aufl., § 6 Rn. 174.
970 Für Beschränkung auf 5 Jahre BMF v. 14.03.2006, BStBl. 2006 I, S. 253 Tz. 58.
971 BFH, BStBl. 1990 II, S. 853.
972 *Felix*, KÖSDI 1991, 8513.
973 Vgl. *Blümich*, EStG, 88. Aufl., § 6 Rn. 178.

> Dritten oder dem verpflichteten Übernehmer ein Wahlrecht zwischen Sach- oder Geldleistung zu, ist die tatsächlich getroffene Wahl für die steuerrechtliche Beurteilung maßgebend.

4891 Davon zu differenzieren ist jedoch die Erbringung von Geldleistungen aus dem eigenen Vermögen des Erwerbers (ebenso von Sachleistungen aus dessen vorhandenem anderen Vermögen), hierbei handelt es sich stets um Anschaffungskosten.[974]

4892 Im Geltungsbereich der **Höfeordnung** (Hamburg, Niedersachsen, Nordrhein-Westfalen, Schleswig-Holstein) sowie der **Landesanerbengesetze** (etwa in Hessen, ferner in Teilen von Baden-Württemberg bis 31.12.2000) – zu den zivilrechtlichen Aspekten s. Rdn. 3119 ff. – ist **ertragsteuerlich** zu differenzieren:[975]

- Geht der Hof zunächst auf die Erbengemeinschaft über und verleiht das Landesrecht lediglich dem Hofesübernehmer einen Übernahmeanspruch gegen Abfindung („Anerbenrecht", etwa nach dem Badischen Hofgütergesetz und der Hessischen Landgüterordnung), handelt es sich bei diesen Abfindungen um Entgelte (der Hofübernehmer hat mehr an land- und forstwirtschaftlichem Betriebsvermögen erhalten, als ihm nach seiner Erbquote zustand).

4893 - Fällt jedoch, bspw. gem. § 4 Höfeordnung und vergleichbaren Landes-Höferechten[976] der Hof als Teil der Erbschaft kraft Gesetzes nur einem der Erben zu und tritt an seine Stelle im Verhältnis der Miterben zueinander der Hofeswert, sodass die weichenden Miterben „gesetzlich angeordnete Vermächtnisse" in Gestalt schuldrechtlicher Abfindungsansprüche erhalten, ist diese Abfindung ertragsteuerlich nicht als Entgelt für die Aufgabe einer Erbquote am Hof zu werten, da eine solche nie bestand. Demnach sind auch Aufwendungen für die Finanzierung der Abfindung nicht als Betriebsausgaben abzugsfähig.

4894 - Soweit Wirtschaftsgüter des Betriebsvermögens nicht an der Sonderrechtsnachfolge teilnehmen (sog. „hofesfreies Vermögen"), sind sie jedoch steuerlich der Erbengemeinschaft zuzurechnen, sodass (für den nicht dem Hoferben zuzurechnenden Anteil an diesen Wirtschaftsgütern) eine Entnahme vorliegt. Sind umgekehrt Wirtschaftsgüter des Privatvermögens Bestandteil der Sonderrechtsnachfolge (etwa die Wohnung des Betriebsinhabers), findet ein unentgeltlicher Erwerb vom Erblasser statt, sodass die Abfindung ebenfalls nicht zu Anschaffungskosten führt.

4895 Zur Ermöglichung der Anordnung einer Pflichtteilsanrechnung nach § 2315 BGB und zur Verdeutlichung des Gegenleistungscharakters im Verhältnis zum Veräußerer sollte es sich um ein ihm gegebenes Versprechen (ggf. in abgekürzter Leistung unmittelbar an die Geschwister) handeln (s. ausführlich Rdn. 1578 ff., sowie i.R.d. Abfindung für einen gegenständlich beschränkten Pflichtteilsverzicht Rdn. 3255 f.).

4896 **Schenkungsteuerlich** wird diese Wertung ohnehin vollzogen: Die tatsächliche Erbringung eines Gleichstellungsgeldes durch den Erwerber mindert als Leistungsauflage den Wert der Zuwendung, im Verhältnis zum weichenden Geschwister wird sie jedoch als Schenkung des Veräuße-

---

974 Vgl. *Mundt*, DStR 1991, 398.
975 Vgl. zum folgenden Tz. 75 ff. des BMF-Schreibens v. 14.03.2006, BStBl. 2006 I, S. 253.
976 Z.B. gem. § 9 Abs. 1 des Bremischen Höfegesetzes, § 14 des Rheinland-pfälzischen Landesgesetzes über die Höfeordnung.

rers (nicht des Erwerbers, es droht also nicht die ungünstige Steuerklasse II unter Geschwistern!) erfasst.[977] Es handelt sich um eine (bereits mit Vertragsschluss vollzogene) Schenkung einer Forderung (auf Zahlung gegen den Erwerber oder auf Sachleistung, z.B. Übertragung eines Grundstücks) als unmittelbare Zuwendung eines Anspruchs zugunsten der Geschwister vonseiten des Veräußerers.[978] Die frühere Betrachtung, die Geschwister seien fiktiv Miteigentümer geworden und hätten ihre Anteile gegen Entgelt veräußert, wurde[979] aufgegeben.

> **Hinweis:**
>
> Soll also die Besteuerung der Geld- oder Sachleistungsforderungsschenkung (jeweils zum gemeinen Wert) unterbleiben – was gerade bei den steuerlichen Wert übersteigenden Leistungen (Grundstücken!) sinnvoll ist – müsste zivilrechtlich das Objekt tatsächlich den Geschwistern gemeinsam zugewendet werden und sodann ein entgeltlicher Erwerb der anderen Anteile erfolgen.[980] Erhält jedoch der Begünstigte nicht einen unmittelbaren Anspruch gegen den Versprechenden, sondern lediglich einen z.B. aufschiebend bedingten Anspruch, ist Gegenstand der Schenkung das, was aufgrund der Erfüllung der Bedingung erworben wird (§ 7 Abs. 1 Nr. 2 ErbStG – also ggf. Bewertung als Grundstück!); die Zuwendung ist ferner erst dann ausgeführt und wird erst dann besteuert (vgl. zur Differenzierung im Einzelnen Rdn. 3539 f.). Wird daher dem Geschwister ein Gleichstellungsgeldanspruch nach seiner Wahl in Geld oder durch Grundstücksübertragung zugewendet und wählt er Letzteres, ist der Bedarfswert maßgebend.[981]

4897

Die oben (Rdn. 4871 ff.) enthaltenen ertragsteuerlichen Erläuterungen, auch zur Aufgliederung hinausgeschobener Zahlungen in einen Zinsanteil und einen Kapitalanteil (Rdn. 4872 ff.), gelten entsprechend. Die dabei notwendige Unterscheidung zwischen bedingten Zahlungspflichten (**incertus an et quando** – keine Abzinsung) und betagten Zahlungspflichten (**incertus quando, certus an** – Abzinsung findet statt) kann im Einzelfall schwierig sein. Illustrativ ist der dem Schreiben der OFD München v. 13.12.1995[982] zugrunde liegende Sachverhalt:

4898

Beispiel:

4899

Eltern übertragen ihr Anwesen auf den Sohn mit der Verpflichtung, dass der Sohn nach dem Tod der Eltern Ausgleichszahlungen an seine Geschwister leisten solle. Soll die Zahlung an die Geschwister nur dann erbracht werden, wenn die Geschwister die Eltern überleben, ist ungewiss, ob die Leistungspflicht überhaupt entsteht. Demnach sind Veräußerungsentgelt bzw. Anschaffungskosten erst beim Eintritt des Ereignisses, und zwar dann in voller Höhe, anzusetzen. Hat jedoch der Erwerber die Ausgleichszahlung auch dann zu leisten, wenn die Geschwister die Eltern nicht überleben (dann zu entrichten an die Eige-

---

977 BFH, 23.10.2002 – II R 71/00, ZNotP 2003, 115.
978 Gemäß BFH, 20.01.2005 – II R 20/03, ZEV 2005, 216 wird der frei verfügbare Auszahlungsanspruch des Geschwisters als Dritten (§ 328 BGB) als Zuwendungsgegenstand bereits mit seiner Entstehung, nicht erst mit seiner Erfüllung schenkungsbesteuert (§ 7 Abs. 1 Nr. 1 ErbStG).
979 Bereits in BFH, BStBl. 1990 II, S. 847.
980 *Noll*, DStR 2003, 970; *Söffing/Thoma*, ErbStB 2004, 22.
981 *Kirschstein*, ErbStB 2005, 144.
982 S 2190-24/6 St 413; MittBayNot 1996, 134.

nerben der Geschwister), handelt es sich um unbedingte Ansprüche mit lediglich ungewiss befristeter Fälligkeit, sodass eine Abzinsung stattfindet.[983]

4. Schuldübernahme

4900 Die Übernahme von Verbindlichkeiten durch den lebzeitigen[984] Erwerber von Privatvermögen, Rdn. 1673 ff. (also nicht lediglich die dingliche Übernahme eines Grundpfandrechts zur Neuvalutierung oder zur Haftung für fremd bleibende Verbindlichkeiten bzw. die Übernahme sonstiger dinglicher Rechte, wie etwa Dienstbarkeiten,[985] Rdn. 1718 ff.) führt ebenfalls insoweit zur Entgeltlichkeit des Vorgangs und damit zu Anschaffungskosten. Es macht keinen Unterschied, ob der Erwerber an den Veräußerer ein Abstandsgeld entrichtet, mit welchem der Veräußerer die Verbindlichkeiten zurückbezahlt, oder ob er den Veräußerer durch Übernahme der Verbindlichkeiten entlastet. Dies gilt unabhängig davon, ob die Verbindlichkeiten in wirtschaftlichem oder rechtlichem Zusammenhang mit dem übernommenen Wirtschaftsgut stehen oder nicht, ferner ob sie überhaupt mit einer steuerlichen Einkunftsart in Zusammenhang stehen.[986] Erforderlich ist die Schuld befreiende Übernahme oder aber zumindest die Erfüllungsübernahme durch interne Freistellung, sofern sie tatsächlich eingehalten wird.

4901 **Hinweis:**

Die Übernahme privater Bankverbindlichkeiten schafft nicht nur Abschreibungsvolumen in Gestalt von Anschaffungskosten, sondern ermöglicht zugleich den Abzug der Schuldzinsen als Werbungskosten bei Einkünften aus Vermietung und Verpachtung, selbst wenn die Kredite zuvor rein privaten (z.B. Konsum-) Zwecken dienten. Sie wandeln sich dadurch – auch ohne Grundpfandrechtssicherung oder sonstige dingliche Beziehung zum übertragenen Objekt – in Anschaffungskredite.[987]

4902 Hingewiesen sei jedoch darauf, dass bei der Übertragung von Betriebsvermögen die Übernahme von betrieblichen Verbindlichkeiten keine Anschaffungskosten darstellt (und damit auch nicht zu einem Veräußerungsentgelt führt), da die Passiva in gleicher Weise zum übernommenen Betrieb, Teilbetrieb oder Mitunternehmeranteil gehören wie die Aktiva. Anders liegt es nur dann, wenn im Zusammenhang mit einer Betriebsübertragung private Verbindlichkeiten des Veräußerers übernommen würden. Dies sind dann, soweit sich aus ihrer Übernahme Anschaffungskosten des Betriebsvermögens ergeben, als Betriebsschulden zu passivieren.[988] Werden jedoch nicht ein Betrieb, Teilbetrieb oder Mitunternehmeranteil übertragen, sondern nur einzelne Wirtschafts-

---

983 Mit der Folge, das die Anschaffungskosten des Erwerbers gem. Tabelle 1 zu § 12 Abs. 3 BewG (Ländererlass v. 15.09.1997, BStBl. 1997 I, S. 832) gemindert werden; der Zahlungsempfänger erzielt i.H.d. Differenz Einkünfte aus Kapitalvermögen, der Erwerber kann diese als Werbungskosten geltend machen, sofern das Objekt der Vermietung und Verpachtung dient.

984 Diese liegt auch vor bei einer im Privatvermögen gehaltenen Wohnung, die zu einem Hof i.S.d. Höfeordnung gehört, trotz der Erbfallsfiktion des § 17 Abs. 2 HöfeO, BFH, 06.09.2006 – IX R 25/06, ErbStB 2007, 32.

985 Vgl. BFH, DStRE 2005, 326 – anders dann, wenn zu deren Ablösung Zahlungen erbracht werden, die dann als Anschaffungskosten zu werten sind (§ 255 Abs. 1 HGB: Versetzung in den gewünschten betriebsbereiten Zustand).

986 Vgl. BMF-Schreiben v. 07.08.1992, BStBl. I, S. 522; a.A. jedoch BFH, BStBl. 1992 II, S. 736, allerdings in einem obiter dictum.

987 Hierauf weist *Paus*, NWB 2006, 2651 = Fach 3, S. 14125 hin.

988 BFH, BStBl. 1991 II, S. 450.

güter des Betriebsvermögens, führt die Übernahme betrieblicher Verbindlichkeiten (wie bei der Zuwendung von belastetem Privatvermögen) zu Anschaffungskosten.[989]

Sollen bei der Übertragung eines Gegenstands des Privatvermögens zugleich Schulden übernommen werden, gleichgültig ob sie mit dem Objekt zusammenhängen oder nicht, ohne dass dies jedoch als Entgelt gewertet werden soll (z.b. um die sonst drohende Besteuerung privater Veräußerungsgewinne zu vermeiden), bietet sich folgende Ausweichgestaltung an: 4903

Ein Veräußerungsgeschäft liegt nicht vor, wenn im ersten Schritt der Gegenstand des Privatvermögens (z.b. die Immobilie) und die Schulden in eine vermögensverwaltende Gesellschaft eingebracht werden. Da die vermögensverwaltende Gesellschaft zunächst weiter schlichtes Privatvermögen hält, ergeben sich keine Wertänderungen. Aus dieser GbR bzw. KG wird sodann eine gewerblich geprägte GmbH & Co. KG (durch Eintragung in das Handelsregister), die kraft gesetzlicher Fiktion Betriebsvermögen hält. Werden später Anteile an dieser Betriebsvermögen haltenden Gesellschaft übertragen, handelt es sich um Betriebsvermögensschenkungen, sodass die übergehenden Passiva (Rdn. 4902) nicht als Gegenleistung zählen. 4904

In gleicher Weise kann auch im Nachlass ein ertragsteuerlicher „Finanzierungszusammenhang" zwischen positiven Vermögensgegenständen und Schulden, die mit dem betreffenden Objekt an sich nicht zusammenhängen, hergestellt werden, durch Einbringung in eine gewerblich geprägte GmbH & Co. KG. Selbst wenn diese Einbringung sich unmittelbar – als entgeltliche, Rdn. 2190 ff. – vollzieht, sodass bspw. AfA-Potenzial generiert wird, hat sie jedenfalls den weiteren positiven Nebeneffekt, dass das Darlehen im Betriebsvermögen die dortigen Einkünfte für die Ertragswertermittlung steuerlich wirksam mindert. 4905

5. „Austauschrenten" (wiederkehrende Leistungen mit Gegenleistungscharakter)

Besonders schwierig ist die Abgrenzung der sog. „Austauschrenten" einerseits ggü. den nachstehend (E, Rdn. 4955 ff.) zu behandelnden Versorgungsleistungen andererseits (mit der Folge des Sonderausgabenabzugs, umgekehrt der Versteuerung gem. § 22 EStG als sonstige Bezüge, allerdings ohne ertragsteuerliche Entgeltlichkeit auszulösen) und schließlich den Unterhaltsleistungen (die dem Abzugsverbot des § 12 Nr. 2 EStG unterliegen). 4906

Der sog. „Vierte Rentenerlass"[990] des BMF fasst die seit den BFH-Urteilen des Großen Senats im Jahr 1990 ergangene Rechtsprechung unter Berücksichtigung der Änderungen durch das Jahressteuergesetz 2008 übersichtlich zusammen; die nachstehend zitierten Tz. beziehen sich auf diesen Erlass. Hiernach können „Austauschrenten", also wiederkehrende Leistungen mit Gegenleistungscharakter, bei Übertragung von Privatvermögen in folgenden Fällen gegeben sein: 4907

---

[989] BMF, Schreiben v. 07.08.1992, BStBl. I, S. 522 Tz. 28.
[990] BMF-Schreiben betreffend die einkommensteuerliche Behandlung von wiederkehrenden Leistungen im Zusammenhang mit einer Vermögensübertragung, 11.03.2010, BStBl 2010 I, S. 227 ff. = ZEV 2010, 212 ff.; Vorgängererlasse: Dritter Rentenerlass v. 16.09.2004, BStBl. 2004 I, S. 922 = ZEV 2004, 415; Zweiter Rentenerlass v. 26.08.2002, BStBl. 2002 I, S. 1617, Erster Rentenerlass v. 23.12.1996, BStBl. 1996 I, S. 1508.

a) Vollentgeltliche Übertragung bei kaufmännisch abgewogener Rente

4908 Wenn die Beteiligten Leistung und Gegenleistung nach kaufmännischen Gesichtspunkten gegeneinander abgewogen haben und subjektiv von der Gleichwertigkeit der beiderseitigen Leistungen ausgehen[991] – orientiert an der voraussichtlichen Lebenserwartung des Veräußerers[992] – liegt tatsächlich ein „Kaufvertrag mit verrenteter Gegenleistung" vor. Es entstehen demnach Anschaffungskosten i.H.d. Barwerts der Rente oder dauernden Last, bei letzterer ist als Jahreswert der voraussichtlich im Durchschnitt der Jahre zu entrichtende Betrag zugrunde zu legen. Der Barwert der Rente („Anteil der Vermögensumschichtung") wird gem. §§ 12 ff. BewG (bei lebenslänglichen Leistungen nach der gem. § 14 Abs. 1 Satz 4 BewG jährlich neu erlassenen Tabelle) oder aber nach versicherungsmathematischen Grundsätzen[993] berechnet, Tz. 69 des IV. Rentenerlasses. Die Anschaffungskosten sind ihrerseits Bemessungsgrundlage für Abschreibungen, soweit sie auf ein der Einkünfteerzielung dienendes abnutzbares Wirtschaftsgut (z.B. vermietetes Gebäude) entfallen.

4909 Der Zinsanteil der Veräußerungsleibrenten[994] (und analog der Veräußerungs-Dauer-Lasten[995]) ist gemäß der Ertragsanteiltabelle des § 22 Nr. 1 Satz 3 Buchst. a), bb) EStG (ggf. i.V.m. § 55 EStDV) zu ermitteln oder aber (bei dauernden Lasten) nach finanzmathematischen Grundsätzen unter Verwendung eines Zinsfußes von 5,5 % auf die voraussichtliche Laufzeit nach der Allgemeinen Deutschen Sterbetafel.[996] Die Zinsanteile von Veräußerungsrenten/dauernden Lasten schaffen keine Anschaffungskosten beim Erwerber, können jedoch bei Einkünfteerzielung (z.B. Vermietung und Verpachtung, auch an den bisherigen Eigentümer als Sonderform des „Stuttgarter Modells", Rdn. 374) als Werbungskosten bzw. Betriebsausgaben abgezogen werden, und zwar i.H.d. jeweils in den einzelnen Zahlungen enthaltenen Anteile, sofern kein Abzugsverbot (wie etwa in § 20 Abs. 9 EStG: Abgeltungsteuer) greift.

4910 Beim Veräußerer (Rentenbezieher) entstehen in entsprechender Höhe Veräußerungsentgelte hinsichtlich des Barwerts der wiederkehrenden Leistungen (die z.B. bei der Ermittlung des Gewinns aus Spekulationsgeschäften von Bedeutung sind, vgl. Tz. 74: ein Gewinn aus privatem Veräußerungsgeschäft entsteht erstmals in dem Veranlagungszeitraum, in dem die die Summe der Veräußerungsentgelt-anteile die um die gezogene AfA geminderten Anschaffungs- bzw. Herstellungskosten zuzüglich der Veräußerungskosten übersteigt). Handelt es sich jedoch beim rentenfinanzierten Gegenstand um eine Kapitalgesellschaftsbeteiligung im Privatvermögen (§ 17 EStG), gilt ab 2009 (Abgeltungsteuer) die Abzugsbeschränkung des § 20 Abs. 9 EStG auf 801,00/1.602,00 €/Jahr (Einzel-/Zusammenveranlagung), sofern nicht die Optionsmöglichkeit

---

[991] Gemäß BFH (BStBl. 1997 II, S. 813) genügt allerdings die objektive Gleichwertigkeit der beiderseitigen Leistungen, auch wenn sie nicht vom subjektiven Tatbestand erfasst ist.

[992] Daher keine Austauschrente bei einem „Kaufpreis" von 122.500,00 DM, der bei einem 85-jährigen Veräußerer in Monatsraten von 500,00 DM getilgt werden soll: BFH, 05.11.2003 – X R 55/99, DStR 2004, 989.

[993] R 6.2 EStR 2005, H 6.2 „Rentenverpflichtung" EStH 2005; vgl. zum Folgenden umfassend *Brandenberg*, NWB 2006, 2489 ff. = Fach 3, S. 14091 ff.

[994] BFH, 25.11.1992 – X R 91/89, BStBl 1996 II 666; auch hinsichtlich der Erhöhungs- oder Mehrbeträge bei Leibrenten aufgrund einer Wertsicherungsklausel zählt nur der Ertragsanteil, BFH, 19.08.2008 – IX R 56/07, BStBl 2010 II 24.

[995] BFH, 09.02.1994 – IX R 110/90, Tz 61 des IV. Rentenerlasses.

[996] Aktuelle Sterbetafel des Statistischen Bundesamtes, kostenfrei zu beziehen unter www.destatis.de.

des § 32d Abs. 2 Nr. 3 EStG besteht und wahrgenommen wird, sodass die Beteiligung „wie Betriebsvermögen" gilt, vgl. Tz. 74 des IV. Rentenerlasses und Rdn. 4926.

Hinsichtlich des Zinsanteils gilt auf Veräußererseite: Der in Veräußerungsleibrenten enthaltene Ertragsanteil (der durch das Alterseinkünftegesetz deutlich herabgesetzt wurde) ist vom Rentenempfänger gem. § 22 Nr. 1 Satz 3 Buchst. a), bb EStG als sonstiger Bezug zu versteuern; der in Veräußerungs-Dauer-Lasten enthaltene Zinsanteil stellt wirtschaftlich ein Entgelt für die Stundung des Veräußerungspreises dar, das auf die Laufzeit der wiederkehrenden Leistungen zu verteilen ist und in dieser Höhe Einkünfte aus Kapitalvermögen gem. § 20 Abs. 1 Nr. 7 EStG darstellt (Tz. 75 des IV. Rentenerlasses), was wegen des Sparerfreibetrages zu Vorteilen führt.[997]

4911

b) Teilentgeltliche Übertragung

Eine **teilentgeltliche Vermögensübertragung** gegen wiederkehrende Austauschrente liegt vor, wenn die Beteiligten Leistungen und Gegenleistungen nach kaufmännischen Gesichtspunkten dergestalt gegeneinander abgewogen haben, dass – auch nach ihrem Bewusstsein – der Wert des übertragenen Vermögens höher ist als der Barwert der wiederkehrenden Leistungen. Hinsichtlich der Behandlung beim Verpflichteten (Anschaffungskosten bzw. Zinsanteil ggf. als Werbungskosten) und der Behandlung beim Berechtigten (Veräußerungsentgelt; Zinsanteil als Einkünfte aus Kapitalvermögen bzw. sonstige Einnahmen) gilt Gleiches wie oben Rdn. 4908 ff.

4912

c) „Überentgeltliche" Rente

In dem ggü. Rdn. 4912 inversen Fall einer kaufmännischen Abwägung von Leistung und Gegenleistung dergestalt, dass der Barwert der wiederkehrenden Leistungen den Wert des übertragenen Vermögens übersteigt, ist bzgl. des Kaufpreises bis zur Höhe des Vermögenswerts Vollentgeltlichkeit anzunehmen; der übersteigende Betrag stellt eine steuerlich irrelevante Unterhaltszuwendung gem. § 12 Nr. 2 EStG dar (übersteigt der Barwert der wiederkehrenden Leistungen gar den Wert des übertragenen Vermögens um mehr als 100%, liegt gem. Tz. 66 des IV. Rentenerlasses insgesamt eine steuerlich unbeachtliche Unterhaltszuwendung i.S.d. § 12 Nr. 2 EStG vor). Das folgende, der Tz. 49 des III. Rentenerlasses nachgebildete Beispiel erläutert die Behandlung einer „überentgeltlichen" Austauschrente nach altem Recht (Barwert der wiederkehrenden Leistungen beträgt zwischen 100 und 200% des übertragenen Vermögenswerts):

4913

Beispiel:

V überträgt seinem Sohn E im Jahr 2007 Wertpapiere im Kurswert von 200.000,00 € gegen eine lebenslängliche, die hieraus erzielbaren Erträge deutlich übersteigenden,[998] Rente i.H.v. monatlich 3.900,00 € (Jahresbetrag 46.800,00 €; Barwert 351.515,00 €). Zunächst ist der steuerlich irrelevante Unterhaltsanteil herauszurechnen: Der Barwert der Rente übersteigt den Verkehrswert des Vermögens um 151.515,00 €, d.h. um 43,1 % des Gesamtbarwerts der Rente i.H.v. 351.515,00 €. Die Jahreszahlung von 46.800,00 € ist also um die steuerlich nicht zu berücksichtigenden 43,1 % zu kürzen, sodass jährlich 26.630,00 € verbleiben. Diese sind in einen Tilgungs- und Zinsanteil zu zerlegen. Der gemäß Ertragsanteilstabelle des § 22 EStG ermittelte Zinsanteil der Veräußerungsleibrente (der Veräußerer sei bei Rentenbeginn 62 Jahre

4914

---

997 Der BFH (X R 32-33/01, BStBl. 2002 II, S. 183) hatte wegen dieser Ungleichbehandlung vergeblich das BVerfG angerufen, um den Abzug nicht verbrauchter Sparerfreibeträge auch für Veräußerungsleibrenten zu erlangen.

998 Daher keine Vermögensübergabe gegen Versorgungsleistungen. Am Erfordernis eines dem Grunde nach existenzsichernden Wirtschaftsguts fehlt es seit BFH, GrS 1/00, DStR 2003, 1696 nicht mehr.

alt) beträgt 21%, also 5.592,00 €; diesen Betrag kann E als Werbungskosten bei seinen Einkünften aus Kapitalvermögen abziehen; der Veräußerer hat ihn nach § 22 Nr. 1 Satz 3a EStG zu versteuern.

d) Zeitrenten

4915 Erfolgt eine Vermögensübertragung gegen wiederkehrende Leistungen

- auf bestimmte Zeit
- oder zwar auf Lebenszeit des Berechtigten, maximal jedoch auf eine bestimmte Zeit (sog. „abgekürzte Leibrente/dauernde Last")
- oder aber zwar auf Lebenszeit des Berechtigten, mindestens jedoch auf eine bestimmte Zeit (sog. „verlängerte Leibrente/dauernde Last", sofern die Mindestlaufzeit die allgemeine statistische Lebenserwartung des Berechtigten übersteigt[999]),

handelt es sich in aller Regel um Austauschrenten mit Entgeltcharakter, und zwar auch dann, wenn die Höhe von Leistungen und Gegenleistungen nicht wie unter fremden Dritten nach kaufmännischen Gesichtspunkten abgewogen wurde.

4916 Auch insoweit liegen

- Anschaffungskosten (bzw. aus Sicht des Übertragenden Veräußerungserlöse) i.H.d. (bei Mindestzeitrenten gem. § 13 Abs. 1 BewG i.V.m. Anlage 9a, bei abgekürzten Leibrenten nach § 13 Abs. 1 Satz 2 BewG i.V.m. § 14 BewG) zu ermittelnden Barwerts vor;
- beim Zinsanteil ist zu differenzieren: Handelt es sich um wiederkehrende Leistungen auf Lebenszeit (kaufmännisch abgewogene Leibrenten), abgekürzte Leibrenten oder abgekürzte dauernde Lasten, die nicht dem Typus von Kaufpreisraten entsprechen, ist der Zins- (=Ertrags)Anteil bei Leibrenten nach der Tabelle in § 22 Nr. 1 Satz 3 Buchst. a) bb) EStG, bei abgekürzten Leibrenten gemäß Tz. 79 des IV. Rentenerlasses in Anlehnung an die Ertragswerttabelle des § 55 Abs. 2 EStDV zu bestimmen; er führt beim Empfänger zu sonstigen Leistungen nach § 22 Nr. 1 Satz 3a EStG, beim Zahlenden allenfalls zu Werbungskosten/Betriebsausgaben je nach Vorliegen einer Einkunftsart (kein Abzug nach § 10 Abs. 1 Nr. 1a EStG als Sonderausgaben!).

4917 Liegen dagegen Zeitrenten oder abgekürzte Leibrenten oder Leibrenten mit Mindestlaufzeit vor, die eher dem Typus von Kaufpreisraten entsprechen (z.B. Leibrenten, deren Mindestlaufzeit höher ist als die statistische Lebensdauer, Tz. 79 des IV. Rentenerlasses) ist der Zinsanteil als Unterschiedsbetrag zwischen der Summe der jährlichen Zahlungen und der jährlichen Minderung des Barwerts zu ermitteln. Letzterer bestimmt sich nach § 13 Abs. 1 BewG, bei verlängerten Leibrenten oder dauernden Lasten nach § 13 Abs. 1 Satz 2 i.V.m. § 14 BewG, oder vereinfachend in Anlehnung an die Ertragswerttabelle des § 55 Abs. 2 EStDV. In dieser Höhe liegen dann beim Empfänger Einkünfte aus Kapitalvermögen nach § 20 Abs. 1 Nr. 7 EStG vor, während beim Zahlenden wiederum allenfalls Werbungskosten/Betriebsausgaben verwirklicht sein können (kein Sonderausgabenabzug).

---

[999] Andernfalls liegt insgesamt eine Kaufpreisleibrente (mit Abzug lediglich des Ertragsanteils) vor, d.h. keine Aufspaltung in eine Zeitrente und eine, auf deren Ablauf aufschiebend bedingte, Leibrente: BFH, 19.08.2008 – IX R 56/07, EStB 2009, 13.

Unter Geltung des III. Rentenerlasses konnten ausnahmsweise Versorgungsleistungen (nachstehend E, Rdn. 4955 ff.) in der Fallgruppe Rdn. 4915 ff. dann vorliegen, wenn die zeitliche Beschränkung dem erwarteten künftigen Wegfall des Versorgungsbedürfnisses des Berechtigten Rechnung trägt (z.B. wiederkehrende Leistungen bis zum erstmaligen Bezug der gesetzlichen Altersrente vereinbart sind, Tz 58 des III. Rentenerlasses[1000]). Tz 56 des IV. Rentenerlasses hat diese besondere Fallgruppe nicht fortgeführt, so dass nur bei Leistungen auf Lebenszeit des Empfängers Versorgungsrenten i.S.d. § 19 Abs. 1 Nr. 1a EStG gegeben sein können.

4918

e) „Ungewollte Austauschrenten"

"Ungewollte Austauschrenten" können entstehen bei Sachverhalten des vor dem III. Rentenerlass sog. „Typus 2", also bei der Vermögensübertragung gegen wiederkehrende Leistungen, deren Höhe sich zwar durchaus am Versorgungsbedarf des Veräußerers orientiert, jedoch nicht aus dem durchschnittlichen Ertrag des übertragenen Objekts (zzgl. Abschreibung) erwirtschaftet werden kann. Während vor der Entscheidung des Großen Senates des BFH[1001] das Vorliegen unzureichender Vermögenserträge nicht infrage stellte, dass gleichwohl dem Grunde nach Versorgungsrenten (und damit eine ertragsteuerlich unentgeltliche Übertragung) vorliegen – lediglich die für das Vorliegen einer dauernden Last erforderliche Abänderbarkeit musste ausdrücklich vereinbart sein, wurde also nicht vermutet – handelt es sich seit dem Dritten Rentenerlass[1002] i.H.d. kapitalisierten Werts der dauernden Last/Leibrente um Entgelt, also Anschaffungskosten/ Veräußerungserlöse handeln (s. hierzu Rdn. 4998 mit erläuterndem Beispiel Rdn. 4999).

4919

In gleicher Weise behandelt die Finanzverwaltung (unabhängig von den subjektiven Vorstellungen der Beteiligten, die regelmäßig nicht auf entgeltlichen Leistungsaustausch, sondern auf Versorgungsmotive gerichtet sind) solche wiederkehrenden Leistungen als Austauschrenten, die für eine nicht existenzsichernde und damit dem Grunde nach nicht für das Institut der „Vermögensübergabe gegen Versorgungsleistungen" taugliche Wirtschaftseinheit gewährt werden (etwa Objekte unter Totalvorbehaltsnießbrauch des Veräußerers), oder seit 2008 im Zusammenhang mit Vermögen stehen, das nicht i.S.d. § 10 Abs. 1 Nr. 1a EStG begünstigungsfähig ist, oder aber nicht auf Lebensdauer entrichtet werden, oder schließlich nicht aus den Erträgen des übertragenen Vermögens finanziert werden können (Tz. 57 des IV. Rentenerlasses), vgl. im einzelnen Rdn. 5014 ff.

4920

> **Hinweis:**
>
> Der Notar kann angesichts der ihm vorliegenden Unterlagen selten mit der erforderlichen Bestimmtheit prüfen, ob das i.d.R. erstrebte Ziel einer Vermögensübergabe gegen Versorgungsleistungen insb. in einem gefährdeten Kontext (wo ungewollte Austauschrenten zur Besteuerung von Veräußerungsgewinnen führen können) erreicht werden kann oder nicht. Er sollte daher in diesen Fallgestaltungen unbedingt empfehlen, zuvor den steuerlichen Be-

4921

[1000] Vgl. BFH, ZEV 1994, 187, und ZEV 1995, 1119; ferner *Trompeter*, DStR 1995, 973; krit. hierzu *Spiegelberger*, ZEV 2002, 446.
[1001] BFH, 12.05.2003 – GrS 1/00, BStBl. 2004 II, S. 95.
[1002] Tz. 49 des Dritten Rentenerlasses v. 16.09.2004 (DStR 2004, 1696, 1700) – Behandlung als Austauschleistungen, wenn keine existenzsichernde oder keine ausreichend ertragbringende Wirtschaftseinheit vorliegt.

rater zu konsultieren, der die erforderlichen Ertragsrechnungen, Kapitalisierungen und Berechnungen des möglichen Zahlbetrags einer Steuer vornehmen kann.

f) Kaufpreisrenten bei Betriebsvermögen

4922 Wird ein **Betrieb, Teilbetrieb, Mitunternehmeranteil oder eine Beteiligung an einer Kapitalgesellschaft** (Letztere i.S.d. § 17 EStG, obwohl zivilrechtliche Privatvermögen) gegen wiederkehrende Kaufpreisrenten i.S.d. Rdn. 4968 veräußert, entsteht ggf. ein **Veräußerungsgewinn** (zur erbschaftsteuerlichen Bewertung gem. § 23 ErbStG vgl. Rdn. 3969). Sofern die Kaufpreisratenzahlung auf Lebenszeit, mindestens jedoch während eines mehr als 10-jährigen Zeitraums[1003] zu entrichten ist[1004] (R 16 Abs. 11, R 17 Abs. 7 Satz 2 EStR 2005), kann der Veräußerer wählen zwischen

- der ermäßigten Sofortbesteuerung des entstehenden Aufgabegewinns (Barwert der Rente nach BewG – Zinssatz vorbehaltlich abweichender Vereinbarung 5,5% – abzgl. Veräußerungskosten und abzgl. Buchwert des steuerlichen Kapitalkontos; ggf. begünstigt nach §§ 16 Abs. 4, 34 Abs. 1 und 3 EStG). Die in den späteren Rentenzahlungen[1005] enthaltenen Ertragsanteile sind sonstige Einkünfte, die im Zuflusszeitraum nach § 22 Nr. 1 Satz 3 Buchst. a) EStG zu versteuern sind), oder aber

- der Zuflussbesteuerung bzw. Sukzessivbesteuerung, vgl. R 16 Abs. 11 EStR 2005 (Leibrenten, Zeitrenten und Kaufpreisraten mit mehr als 10-jähriger Laufzeit)[1006] sowie R 17 Abs. 7 Satz 2 EStR 2005 (bei der Veräußerung von Anteilen gem. § 17 EStG).[1007]

4923 Bei Wahl der Sukzessivbesteuerung ist wiederum zu differenzieren zwischen Veräußerungen vor dem 01.01.2004 und danach:

- Bei Veräußerungen vor dem 01.01.2004 stellten im Fall der Zuflussversteuerung die Rentenzahlungen in voller Höhe nachträgliche Betriebseinnahmen i.R.d. Einkünfte aus Gewerbebetrieb dar, die mit dem steuerlichen Kapitalkonto und den vom Veräußerer getragenen Veräußerungskosten zu verrechnen waren. Veräußerungsgewinn entstand erst dann, wenn die Rentenzahlungen das steuerliche Kapitalkonto zuzüglich etwaiger Veräußerungskosten überstiegen; der Freibetrag nach § 16 Abs. 4 EStG und steuerliche Vergünstigungen nach § 34 Abs. 1, Abs. 3 EStG sind nicht zu gewähren. Unter dem Regime des Halbeinkünfteverfahrens

---

[1003] Demnach kein Wahlrecht zur (nicht tarifbegünstigten) Besteuerung als nachträgliche Betriebseinnahmen bei Monatsrenten der öffentlichen Hand als Gegenleistung für die landwirtschaftliche Betriebsaufgabe (Vorruhestandsbeihilfe) mit einer Laufzeit von 5 Jahren, BFH, 11.11.2010 – IV R 17/08, EStB 2011, 92.

[1004] BFH, 20.07.2010 – IX R 45/09, EStB 2010, 402 verlangen zusätzlich, dass die Vertragsvereinbarung zu erkennen gebe, der Veräußerer wolle sich dadurch eine Versorgung schaffen.

[1005] Spätere Rentenerhöhungen aufgrund einer Wertsicherungsklausel lassen den (begünstigt versteuerten) Veräußerungsgewinn unverändert, erhöhen jedoch den Ertragsanteil der steuerpflichtigen Rentenbezüge. Auch die Anschaffungskosten des Erwerbers bleiben unverändert (BFH, BStBl. 1967 III, S. 699); der Erhöhungsbetrag ist jedoch zusätzlicher betrieblicher Aufwand (BFH, BStBl. 1984 II, S. 109).

[1006] H 16 Abs. 11 EStH 2005, Stichwort „Zeitrente".

[1007] Mit Einführung des Halbeinkünfteverfahrens (§ 3 Nr. 40 EStG) führte die Zuflussbesteuerung bei der Veräußerung von Kapitalgesellschaftsanteilen zu ungerechtfertigten Steuervorteilen, da die Zinsanteile (anders als bei der Sofortbesteuerung) ohne körperschaftsteuerliche Belastungen dem Halbeinkünfteverfahren unterliegen würden, daher hat BMF v. 03.08.2004, DStR 2004, 1428 (hierzu *Gragert*, NWB Fach 3, S. 13041 und *Patt*, EStB 2004, 410 ff.) das Wahlrecht entsprechend modifiziert.

D. Überlassungsvereinbarungen mit Entgeltcharakter

würden bei der Veräußerung von Anteilen an einer Kapitalgesellschaft gem. § 17 EStG auch die Zinsanteile dem Halb-Einkünfteverfahren unterliegen, was eine ungerechtfertigte Privilegierung darstellt. Daher wurde für solche Vorgänge der Besteuerungsmodus durch Erlass v. 03.08.2004[1008] modifiziert, sodass im Ergebnis der Zinsanteil bei Leibrenten als sonstige Einkünfte i.S.d. § 22 Nr. 1 Satz 3 Buchst. a) EStG, bei Kaufpreisraten als Einkünfte aus Kapitalvermögen (ggf. nach Abzug des Sparerfreibetrags) gem. § 20 Abs. 1 Nr. 7 EStG in vollem Umfang der Besteuerung unterliegt, während lediglich beim Tilgungsanteil das Halb-Einkünfteverfahren nach § 3 Nr. 40 Buchst. c) EStG anzuwenden ist.

- Bei Veräußerungen nach dem 01.01.2004 wurde durch den genannten Erlass bei Wahl der Zuflussbesteuerung das Besteuerungsverfahren in allen Fällen, gleichgültig, ob das Halb-, ab 2009 Teileinkünfteverfahren, zur Anwendung kommt oder nicht, geändert.[1009] Demnach erfolgt stets eine Aufspaltung in einen Zins- und einen Tilgungsanteil: 4924

Werden **Betriebe veräußert**, handelt es sich bei dem Zinsanteil um nachträgliche Einkünfte aus Gewerbebetrieb i.S.d. §§ 15, 24 Nr. 2 EStG, die stets in vollem Umfang im Jahr des Zuflusses der Besteuerung unterliegen, während der Tilgungsanteil erst ab dem Jahr, in dem der Buchwert des steuerlichen Kapitalkontos zuzüglich etwaiger Veräußerungskosten überschritten wird, als nachträgliche Einkünfte aus Gewerbebetrieb zu erfassen ist. Freibetrag nach § 16 Abs. 4 EStG und Tarifermäßigung nach §§ 34 Abs. 1, Abs. 3 EStG sind nicht zu gewähren. Gleiches gilt für Kaufpreisraten; die Aufteilung in Zins- und Tilgungsanteil erfolgt gem. Tabelle 2 zu § 12 Bewertungsgesetz oder – aus Vereinfachungsgründen – in Anlehnung an die Ertragswerttabelle des § 55 Abs. 2 EStDV. 4925

Werden **Anteile an Kapitalgesellschaften** i.S.d. § 17 EStG veräußert, handelt es sich beim Zinsanteil um sonstige Einkünfte i.S.d. § 22 Nr. 1 Satz 3 Buchst. a) EStG (im Fall von Kaufpreisraten: Zinsanteil steuerbar nach § 20 Abs. 1 Nr. 7 EStG, also ab 2009 zur Abgeltungsteuer), die in voller Höhe im Jahr des Zuflusses zu versteuern sind, beim Tilgungsanteil nach Verrechnung mit den Anschaffungskosten der Beteiligung und etwaigen Veräußerungskosten um nachträgliche Einkünfte aus Gewerbebetrieb i.S.d. §§ 17, 24 Nr. 2 EStG, die dem Halbeinkünfte-, ab 2009 dem Teileinkünfteverfahren nach § 3 Nr. 40 Buchst. c) EStG unterliegen. 4926

Für den **Erwerber eines Betriebs** sind die angeschafften Wirtschaftsgüter, einschließlich eines etwaigen Firmenwerts, mit dem kapitalisierten Barwert der Rentenverpflichtung als Anschaffungskosten zu bewerten (Barwertermittlung erfolgt nicht nach dem Bewertungsgesetz, sondern nach versicherungsmathematischen Grundsätzen). Zugleich ist dieser Barwert der Rentenverpflichtung zu passivieren. Die jährlichen Barwertminderungen werden als Ertrag behandelt, die Rentenzahlungen als Betriebsausgaben abgezogen. Gewinnwirksam ist demnach die Differenz zwischen den tatsächlichen Rentenzahlungen und der Barwertminderung als dem in den Rentenzahlungen enthaltenen Tilgungsanteil. Diese Konsequenz gilt unabhängig davon, ob der Veräußerer die Sofort- oder die Zuflussversteuerung wählt. 4927

Gewerbesteuerrechtlich werden Renten und dauernde Lasten, die wirtschaftlich mit dem Erwerb eines Betriebs, Teilbetriebs oder Mitunternehmeranteils zusammenhängen, dem Gewinn 4928

1008 BMF, BStBl. 2004 I, S. 1187 = EStB 2004, 363.
1009 Vgl. *Schnitter*, EStB 2005, 223 ff.

bei der Ermittlung des Gewerbeertrags wieder hinzugerechnet (§ 8 Nr. 2 GewStG), es sei denn, diese Beträge unterlägen beim Empfänger der Gewerbeertragsteuer.

Die hinzuzurechnenden Renten umfassen betriebliche Veräußerungsleibrenten und betriebliche Versorgungsrenten;[1010] bei Versorgungsleistungen an ausgeschiedene Mitunternehmer oder deren Rechtsnachfolger für frühere Tätigkeiten im Dienst der Gesellschaft liegt jedoch bereits einkommensteuerlich (und damit auch gewerbesteuerlich) Gewinn i.S.d. § 15 Abs. 1 Nr. 2, Abs. 1 Satz 2 EStG vor, sodass eine Hinzurechnung ausscheidet.

III. „Spekulationsbesteuerung" i.R.d. vorweggenommenen Erbfolge

1. Betroffene Objekte

4929 Wertsteigerungen bei dem zur Einkünfteerzielung eingesetzten Immobilienprivatvermögen sind grds. **steuerfrei**, es sei denn, zwischen Anschaffung und Weiterveräußerung[1011] des Grundstücks bzw. grundstücksgleichen Rechtes sind **weniger als 10 Jahre**[1012] vergangen („private Veräußerungsgeschäfte"). Abweichend von der bis 31.12.1998 geltenden Rechtslage (gesetzlich damals tatsächlich als „Spekulationsgeschäfte" bezeichnet) ist es ohne Bedeutung, ob bereits im Zeitpunkt der Anschaffung eine Veräußerungsabsicht vorlag. Seit 2009 erhöht sich die „Spekulationsfrist" für private Veräußerungsgeschäfte bei anderen Wirtschaftsgütern als Grundstücken, aus denen zumindest in einem Kalenderjahr steuerpflichtige Einkünfte erzielt werden, von einem auf ebenfalls 10 Jahre (z.B. für entgeltlich angeschaffte und veräußerte Nießbrauchsrechte, Anteile an Erbengemeinschaften etc.).

4930 War die Immobilie erst im Jahr der Veräußerung und den beiden vorangegangenen Jahren – sei es auch im ersten Jahr nur zu einem Tag – zu **eigenen Wohnzwecken**, also nicht z.B. als häusliches Arbeitszimmer,[1013] genutzt worden, liegt kein privates Veräußerungsgeschäft vor. Unschädlich ist demnach zwischenzeitlicher Leerstand vor der Veräußerung, wenn diese noch im Jahr der Nutzungsbeendigung erfolgt.[1014]

4931 Der zur Freistellung von der Spekulationsbesteuerung notwendigen eigenen Wohnnutzung steht allerdings nicht entgegen, dass der Eigentümer das Objekt gemeinsam mit Familienangehörigen oder gar Dritten nutzt, sofern Letztere unentgeltlich wohnen. Dem Eigentümer müssen jedoch Räume verbleiben, die den Wohnungsbegriff erfüllen.[1015] Ausreichen soll auch die unentgeltliche Überlassung zu Wohnzwecken an solche Kinder, für die Anspruch auf Kindergeld oder Freibetrag nach § 32 Abs. 6 EStG besteht. Die unentgeltliche Überlassung ausschließlich an andere

---

1010 Vgl. Abschn. 49 Abs. 2 Satz 1, GewStR 1998.
1011 Daher liegt in der Rückabwicklung als Folge von Vertragsstörungen keine „Veräußerung", BFH, 27.06.2006 – IX R 47/04, DStRE 2006, 1835, s.a. unten Rdn. 2840.
1012 Die „rückwirkende Verlängerung" auch für Objekte, bei denen der frühere 2-jährige Spekulationszeitraum bereits abgelaufen war, ist möglicherweise verfassungswidrig: BFH, 16.12.2003 – IX R 46/02, DStRE 2004, 199, anders für die Verlängerung der noch laufenden 2-Jahres-Frist: BFH, DStRE 2004, 1079.
1013 *Krauß*, Immobilienkaufverträge in der Praxis, 4. Aufl. 2008, Rn. 1872 ff.; BMF, BStBl. 2000 I, S. 1383 ff. Rn. 21, krit. hierzu *Korn/Carlé*, EStG, § 23 Rn. 40, für den Fall, dass das Arbeitszimmer nach § 8 EStDV kein eigenes Wirtschaftsgut darstellt.
1014 OFD München, DStR 2001, 1298, Tz. 2.1.2.1.
1015 Vgl. *Münch*, ZNotP 2005, 10.

Angehörige (auch den Ehegatten) verwirklicht jedoch keine Nutzung mehr zu eigenen Wohnzwecken, auch wenn die Angehörigen unterhaltsberechtigt sind.[1016]

Zieht also der Eigentümer-Ehegatte bei der Trennung aus und verbleibt der andere in der Wohnung, ohne Eigentümer zu sein, liegt keine Nutzung mehr zu eigenen Wohnzwecken vor. Die Literatur will jedoch die Freistellung aufrechterhalten für den Fall, dass der andere Ehegatte zusammen mit einem kindergeldberechtigten Kind im Gebäude verbleibt.[1017] Sind beide Ehegatten Miteigentümer und zieht einer von ihnen aus, ist die Nutzung zu eigenen Wohnzwecken für jeden Miteigentümer getrennt zu beurteilen. Steuernachteile nach § 23 EStG bei anschließender Veräußerung werden für den im Grundbuch (mit) eingetragenen Ehegatten nur dann vermieden, wenn er anstelle auszuziehen im eigenen bzw. gemeinsamen Anwesen getrennt lebt. 4932

> **Hinweis:**
> Zur Vermeidung der „Spekulationsbesteuerung" ist daher, wenn keine anderen Motive, etwa der Haftungsvermeidung, vorrangig sind, zu empfehlen, die Vermögensgüter zu Alleineigentum des Ehegatten zu erwerben, der sie bei einer späteren Auseinandersetzung auch behalten soll.

2. Steuerfreiheit bei fehlender Identität

Die Besteuerung privater Veräußerungsgeschäfte scheidet ferner dann aus, wenn zwischen angeschafftem Objekt und veräußertem Objekt keine wirtschaftliche Identität besteht. So ist bspw. die Ausgabe eines Erbbaurechtes mit dem Erwerb des dadurch belasteten Grundstücks nicht vergleichbar.[1018] Die wirtschaftliche Vergleichbarkeit wird jedoch nicht dadurch ausgeschlossen, dass zwischen Anschaffung und Veräußerung das Objekt bebaut wurde (§ 23 Abs. 1 Satz 1 Nr. 1 Satz 2 EStG) oder dass die später veräußerte Immobilie nicht als Grundstück, sondern als Restitutionsanspruch nach dem VermG entgeltlich erworben wurde.[1019] 4933

3. Anschaffungs- und Veräußerungsvorgänge

a) Betroffene Vorgänge

Die nach 01.01.1999 erfolgte[1020] **Entnahme eines Grundstücks** aus Betriebsvermögen oder Betriebsaufgabe mit Überführung in das Privatvermögen gilt gem. § 23 Abs. 1 Satz 2 EStG ebenfalls als Anschaffung. Die **Sacheinlage** eines Grundstücks in eine gewerblich tätige oder geprägte (§ 15 Abs. 3 Nr. 2 EStG), also Betriebsvermögen haltende – nicht lediglich vermögensverwaltende – Personengesellschaft (oder eine Kapitalgesellschaft) gegen Gewährung von Gesellschafts- 4934

1016 BMF, BStBl. 2000 I, S. 1383 ff. Rn. 22 f.
1017 *Wälzholz*, FamRB 2002, 384.
1018 BFH, BStBl. 1977 II, S. 384.
1019 BFH, 13.12.2005 – IX R 14/03, ZfIR 2006, 686 m. Kurzanm. *Naujok*.
1020 BFH, 18.10.2006 – IX R 5/06, DStR 2006, 2167, *Intemann*, NWB 2007, 601 = Fach 3, S. 14375; dem folgt nun auch die Finanzverwaltung: BMF v. 07.02.2007, DStR 2007, 393.

Kapitel 12: Einkommensteuerrecht

rechten gilt als tauschähnlicher Vorgang,[1021] als Veräußerung i.S.d. § 23 Abs. 1 Nr. 1 EStG auf der Seite des Einlegenden und als Anschaffung auf der Seite der übernehmenden Gesellschaft. Die verdeckte Einlage in eine Kapitalgesellschaft wird gem. § 23 Abs. 1 Satz 5 Nr. 2 EStG gleichfalls als Veräußerung fingiert, sodass bereits damit der Tatbestand des § 23 EStG verwirklicht wird.

4935 Auch die die verdeckte Einlage (zum Teilwert)[1022] in das Betriebsvermögen einer Personengesellschaft bzw. eines Einzelunternehmens gilt als Veräußerung – Letzteres allerdings nur, falls binnen 10 Jahren nach der Anschaffung (nicht der Einlage) eine Drittveräußerung[1023] dieses Wirtschaftsguts aus dem Betriebsvermögen nachfolgt (§ 23 Abs. 1 Satz 5 Nr. 1 EStG) und sodann beschränkt auf die außerhalb des Betriebsvermögens, also zwischen Anschaffung und Einlage, realisierte Wertsteigerung (§ 23 Abs. 3 Satz 7 EStG – damit wird der Einbringende belastet, obwohl die Personengesellschaft das eingebrachte Grundstück veräußert hat!).[1024] Wird das eingebrachte Grundstück wieder entnommen und sodann veräußert, liegen also möglicherweise zwei Anschaffungsvorgänge innerhalb des Zehn-Jahres-Zeitraums vor (auch die Entnahme gilt gem. § 23 Abs. 1 Satz 2 EStG als Anschaffung); nach Ansicht des BMF ist der erste Anschaffungsvorgang maßgeblich.[1025]

4936 Keine Veräußerung liegt jedoch vor bei der schlichten Rückabwicklung eines gescheiterten Kaufvertrages, auch im Fall der Direktübertragung an die finanzierende Bank gegen Enthaftung,[1026] ebenso wenig bei der wertentsprechenden Realteilung (Bruchteilsgemeinschaft an einem Grundstück wird durch Vermessung auseinandergesetzt[1027] – dagegen liegt wohl ein tauschähnlicher entgeltlicher Vorgang vor, wenn zwei Miteigentümergemeinschaften an zwei Wohnungen so auseinandergesetzt werden, dass jeder eine Wohnung alleine erhält).[1028]

4937 Die **Übertragung unmittelbarer oder mittelbarer Beteiligungen an Personengesellschaften** gilt als Übertragung der anteiligen Wirtschaftsgüter dieser Gesellschaft (§ 23 Abs. 1 Satz 4 EStG).[1029] Zählt also zum Vermögen der Gesellschaft ein Grundstück, das noch nicht 10 Jahre im

---

1021 BFH, 19.10.1998 – VIII R 69/95, DStR 1999, 366; BMF v. 05.10.2000, BStBl. 2000 I, S. 1383 Tz. 6; ebenso FG Münster, DStRE 2005, 1193 bei wertmäßiger Erfassung des Übertragungsvorgangs auf dem Kapitalkonto des Gesellschafters.
1022 § 6 Abs. 1 Nr. 5, § 6 Abs. 1 Nr. 1 Satz 3 EStG.
1023 Gleichgestellt ist die Einbringung als offene oder verdeckte Sacheinlage in eine Kapitalgesellschaft oder die Einbringung in eine Personengesellschaft gegen Gewährung von Gesellschaftsrechten oder die verdeckte Einlage in eine Kapitalgesellschaft ohne Gewährung von Gesellschaftsrechten, sowie die Überführung in das Privatvermögen oder Sonderbetriebsvermögen gegen Minderung von Gesellschaftsrechten vgl. BMF v. 05.10.2000, MittBayNot 2000, 581 (Tz. 4).
1024 *Reich*, ZNotP 2000, 479, 482 empfiehlt daher Rückforderungsrechte bei der Einbringung für diesen Fall.
1025 BMF v. 05.10.2000, MittBayNot 2000, 581 (Tz. 35); zur Vermeidung einer doppelten einkommensteuerlichen Erfassung der im Betriebsvermögen erzielten Wertsteigerung (Entnahme zum Teilwert) ist jedoch der Veräußerungsgewinn um diesen Anteil zu mindern.
1026 BFH, 27.06.2006 – IX R 47/04, EStB 2006, 404.
1027 Ähnlich der Erlass des BMF zur Auseinandersetzung einer Erbengemeinschaft v. 14.03.2006, BStBl. 2006 I, S. 253 Tz. 1 (Bruchteils- und Gesamthandsgemeinschaft sind im Hinblick auf § 39 Abs. 2 Nr. 2 AO identisch).
1028 *Reich*, ZNotP 2000, 375, 377; BFH, 21.03.2002 – IV R 1/01, BStBl. 2002 II, S. 519 (zur Auseinandersetzung gemeinsamen Privat- und Betriebsvermögens).
1029 Allerdings liegt gem. BFH, 18.10.2006 – IX R 7/04, DStR 2006, 2206 in der Kündigung einer Gesellschaftsbeteiligung und dem Vereinnahmen des Abfindungsguthabens keine Veräußerung dieser Beteiligung als Wirtschaftsgut selbst.

Bestand der Gesellschaft verblieben ist, löst dies die Steuerpflicht für den auf das Grundstück entfallenden Erlösanteil aus. Allerdings kann § 34 Abs. 2, Abs. 3 EStG bei Vorliegen der Voraussetzungen (Vollendung des 55. Lebensjahres oder Erwerbsunfähigkeit) auf (einmaligen) Antrag zur Anwendung eines reduzierten (56% des durchschnittlichen) Steuersatzes führen.[1030]

In Erweiterung dieses in § 23 Abs. 1 Satz 4 EStG enthaltenen Rechtsgedankens sieht der BFH[1031] im entgeltlichen **Erwerb eines Miterbenanteils** an einem Nachlass, zu dem ein Grundstück zählt, eine quotale Anschaffung auch dieses Grundstücks mit der Folge, dass eine Veräußerung des Grundstücks selbst innerhalb der 10-Jahres-Frist zur Besteuerung führe. Er begründet dies mit der Parallele zur Erbauseinandersetzung durch Realteilung mit Barauszahlung.[1032] Um einen Anschaffungsvorgang zu vermeiden, müsste also eine unentgeltliche Erbauseinandersetzung ohne bare Ausgleichszahlung (z.B. unter überproportionaler Übernahme von Verbindlichkeiten des Nachlasses) erfolgen oder aber der unentgeltliche Erwerb des Grundstücks durch Ausschlagung seitens der anderen Erben gegen Zahlung einer dauernden Last.[1033]

4938

b) Entgeltlichkeit

Soweit bei Übertragungsvorgängen keine vollentgeltlichen Rechtsgeschäfte vorliegen (wie bereits unter Rdn. 4869 ff. ausgeführt gelten Kaufpreisrenten, Abfindungszahlungen, Gleichstellungsgelder und Schuldübernahmen als Entgelte, ebenso tauschähnliche Vorgänge wie etwa die Anteilsgewährung bei einer Verschmelzung),[1034] führt der Erwerber die Haltefrist des Vorgängers fort; unentgeltliche Erwerbe verwirklichen also keinen Anschaffungsvorgang (§ 23 Abs. 1 Satz 3 EStG). Veräußert also der unentgeltliche Erwerber seinerseits die Immobilie weiter, ist zu prüfen, ob er zusammen mit seinem unentgeltlichen Veräußerer die Zehnjahresfrist bereits überschritten hat. Bei **gemischten Schenkungen** entstehen demnach unterschiedliche Anschaffungskosten und unterschiedliche Haltefristen für den entgeltlichen Teil und den unentgeltlichen Teil (bei dem die historischen Anschaffungskosten des Voreigentümers maßgeblich bleiben):

4939

Teilentgeltliche Vorgänge sind jedoch im Geltungsbereich der Trennungsmethode, (Rdn. 4756 f., Rdn. 4861) – also wenn weder Betriebe, Teilbetriebe, noch Mitunternehmeranteile betroffen sind – aufzuteilen.

4940

Beispiel:

Hat also bspw.[1035] der Veräußerer im Jahr 1992 ein Grundstück für 600.000,00 DM gekauft und im Jahr 1996 unter Erbringung erheblicher Eigenleistungen bebaut (nachweisbarer Herstellungsaufwand durch Zahlungen an Dritte 300.000,00 DM), sodass das bebaute Grundstück im Jahr 2000 einen Verkehrswert von 1,8 Mio. DM hat, und übergibt er dieses Mietshaus gegen entgeltliche Gegenleistungen von 900.000,00 DM an seine Tochter, liegt je zur Hälfte ein entgeltlicher und ein unentgeltlicher Vorgang vor. Hinsichtlich des entgeltlichen Vorgangs ist die Spekulationsfrist nicht eingehalten, sodass der „Spe-

---

1030 Vgl. *Höhmann*, NWB 2004, 2069 = Fach 3, S. 12925 ff., auch zur Zwischenschaltung ausländischer Gesellschaften.
1031 BFH, 20.04.2004 – IX R 5/02, ZEV 2004, 295, m. krit. Anm. *Tiedtke/Wälzholz*.
1032 BFH, BStBl. 1990 II, S. 837; Erlass des BMF zur Erbauseinandersetzung v. 11.01.1993, BStBl. 1993 I, S. 62 ff.
1033 BFH, ZEV 1996, 397.
1034 BFH, 19.08.2008 – IX R 71/07, GmbHR 2008, 1279: entgeltliche Anschaffung der seitens der übernehmenden Körperschaft gewährten Anteile.
1035 Fall nach *Tiedtke/Wälzholz*, ZEV 2000, 294.

Kapitel 12: Einkommensteuerrecht

kulationsgewinn" versteuert wird. Dieser bemisst sich wie folgt: Die gesamten Anschaffungs- und Herstellungskosten i.H.v. 600.000,00 DM und 300.000,00 DM, gesamt also 900.000,00 DM (die Eigenleistungen werden insoweit nicht berücksichtigt, führen also mittelbar zu einer Spekulationsbesteuerung!) werden um den unentgeltlichen Anteil, hier also 50%, gekürzt. Der verbleibende Restanschaffungs- und -herstellungsbetrag von 450.000,00 DM wird von dem tatsächlichen Veräußerungspreis (900.000,00 DM) in Abzug gebracht, sodass ein steuerpflichtiger Gewinn i.H.v. 450.000,00 DM entsteht!

4941 Die auf das Haus vorgenommenen Abschreibungen werden im geschilderten Fall von den Anschaffungskosten im vorliegenden Fall nicht abgezogen, da dies gem. § 52 Abs. 39 Satz 4 EStG nur dann gilt, wenn das Haus nach dem 31.07.1995 angeschafft wurde oder im Fall der Herstellung – wie hier – nach dem 31.12.1998 fertiggestellt worden ist. Bzgl. dieses hälftigen Anschaffungstatbestands (zugleich eine Veräußerung für den insoweit mit Spekulationsteuer belasteten Vater) beginnt also eine neue 10-jährige Spekulationsfrist in der Person der Tochter. Soweit es sich um eine unentgeltliche Übertragung handelt, also zur anderen Hälfte, läuft jedoch die vom Vater begonnene Spekulationsfrist weiter. Verkauft also die Tochter die gesamte Immobilie im Jahr 2003 (also mehr als 10 Jahre nach Anschaffung des Grundstücks!) für (nach Rückrechnung in DM) 1,95 Mio. DM weiter, wird hinsichtlich der unentgeltlich erworbenen Hälfte keine Spekulationsfrist verletzt, hinsichtlich der entgeltlich erworbenen Hälfte fällt erneute Spekulationsteuer an aus der Differenz zwischen 900.000,00 DM Anschaffungskosten aus der Übertragung, abzgl. zwischenzeitlich gezogener Abschreibungen, im Verhältnis zum tatsächlichen Veräußerungsteilpreis von 975.000,00 DM!

4942 Bei **mehrfach aufeinanderfolgenden vorweggenommenen Erbfolgen** mit teilentgeltlicher Veräußerung stellt sich die durch die Rechtsprechung noch nicht geklärte Frage, ob die Beteiligten in den Verträgen jeweils regeln können, dass bei Teilweiterübertragungen jeweils der spekulationsteuerlich „ungefährliche" Teil, der aus der 10-Jahres-Frist entlassen ist, entgeltlich weiter übertragen wird, der entgeltlich angeschaffte Teil (hinsichtlich dessen eine neue 10-Jahres-Frist zu laufen begann) jedoch unentgeltlich übertragen wird, sodass lediglich die Besitzzeiten zusammengerechnet werden. Dies dürfte jedoch möglich sein, analog der Rechtsprechung des BFH zur Veräußerung von Wertpapieren aus gemischten Wertpapierdepots, bei denen einzelne Wertpapiere noch der Besteuerung nach § 23 EStG (Jahresfrist) unterliegen.[1036]

4943 **Hinweis:**

Solche Zuordnungen klar nachzuvollziehen, stellt natürlich hohe Anforderungen an die Sachverhaltsaufklärung des Notars. Spekulationsteuerliche Fragen sind aus Haftungsgründen ein gefährliches Terrain, zumal der Notar nach allerdings umstrittener Rechtsprechung des BGH auf spekulationsteuerliche Gefahren hinzuweisen verpflichtet sein soll, wenn sich aus den vorgelegten Unterlagen (mögen sie auch nur dem Notariatsmitarbeiter vorgelegen haben, z.B. anhand der aus dem Grundbuch ersichtlichen Veräußerungsdaten) die Gefahr einer solchen Spekulationsverhaftung ergibt.[1037]

[1036] Gemäß BFH, BStBl. 1994 II, S. 591, ist davon auszugehen, dass der Steuerpflichtige immer zuerst diejenigen Wertpapiere veräußert, bei denen die Spekulationsfrist bereits abgelaufen ist.
[1037] BGH, NJW 1989, 586 m. abl. Anm. *Brambring*, EWiR 1989, 355.

D. Überlassungsvereinbarungen mit Entgeltcharakter

Lässt sich das Entstehen eines Spekulationsgewinns bei vermieteten Immobilien nicht vermeiden, kann die Steuerlast möglicherweise dadurch gemildert werden, dass die als Entgelt zu wertenden Gegenleistungen zeitlich auf mehrere Veranlagungszeiträume gestreckt werden. Maßgeblich für die Versteuerung ist nämlich das Zuflussprinzip gem. § 11 EStG. U.U. lassen sich einzelne Raten auch in Zeiträume verlegen, in denen die Steuerprogression des Veräußerers (z.B. wegen Rentenbezugs) deutlich niedriger ist. Die jährlichen Freigrenzen[1038] von Spekulationserträgen i.H.v. (ab 2008) 600,00 € (die sich um mögliche Spekulationsverluste, z.B. aus Wertpapierverkäufen, während dieses Jahres erhöhen!) können möglicherweise ebenfalls genutzt werden.

4944

> **Hinweis:**
>
> Zu beachten ist jedoch – wie bereits ausgeführt – die bei zinsloser Stundung entstehende Zinsbesteuerung gem. § 20 Abs. 1 Nr. 7 EStG, sofern der Sparerfreibetrag des § 20 Abs. 4 EStG bereits aufgebraucht ist (Rdn. 4872 ff.). Hier mag sich die Vereinbarung einer Stundungsverzinsung empfehlen, und zwar möglicherweise auch unter dem gesetzlichen Zinssatz von 5,5 %, da in diesem Fall – sofern angemessen – der vereinbarte niedrigere Zinssatz maßgeblich sein kann.

4945

Wird ein unter Nießbrauchsvorbehalt (keine „Gegenleistung" mit Entgeltcharakter, oben Rdn. 4871) stehendes oder gestelltes Objekt jedoch **vollentgeltlich** erworben oder veräußert (i.H.d. Kaufpreises, der angesichts der kapitalisierten Nießbrauchsbelastung verkehrswertgerecht ist), kann sich der Nießbrauchsvorbehalt steuerverschärfend oder -erleichternd auswirken:

4946

- Die Reduzierung des kapitalisierten Nießbrauchsabzugs mit fortschreitendem Lebensalter des Nießbrauchers führt eo ipso zu einer Anhebung des Weiterverkaufspreises und damit zu höherer Veräußerungsgewinnbesteuerung. Der statistisch „vorzeitige" Tod des Nießbrauchers führt gar zu einem veritablen Wertsprung.

- Umgekehrt kann die Veräußerung einer unbelastet erworbenen Immobilie zu verringertem Verkaufspreis unter zusätzlichem Rückbehalt des Nießbrauchs den „Spekulationsgewinn" senken bzw. vermeiden.[1039] Löst der Käufer den vorbehaltenen Nießbrauch später aufgrund neuen Entschlusses entgeltlich ab, liegen hierin zusätzliche Anschaffungskosten des Käufers[1040] (Rdn. 4871, Rdn. 1189), allerdings tritt keine nachträgliche Erhöhung des i.R.d. § 23 EStG zugrunde gelegten Verkaufspreises beim Veräußerer ein.[1041]

1038 Die Freigrenze ist vor Durchführung des Verlustrücktrages (§ 23 Abs. 3 Satz 9 EStG) zu berücksichtigen, BFH, DStR 2005, 515.
1039 Zu Vorstehendem vgl. *B. Meyer/Hartmann*, INF 2006, 789 ff.
1040 BFH, BStBl. 1992 II, S. 381 zur Ablösung eines Wohnungsrechtes; Tz. 57 des Nießbrauchserlasses BStBl. 1998 I, S. 914. Dies gilt auch für die Ablösung eines bestellten, aber noch nicht eingetragenen Nießbrauchs: BFH, 22.02.2007 – IX R 25/05, n.v.
1041 Kein rückwirkendes Ereignis i.S.d. § 175 Abs. 1 Satz 1 Nr. 2 AO: BFH v. 14.06.2005 – VIII R 14/04, ZEV 2005, 537 m. Anm. *Fleischer*.

c) Die „Spekulationsfalle": Immobilien zum Ausgleich des Zugewinns

4947 Vorsorglich sei im Hinblick auf die Verfügungen der OFD Frankfurt[1042] und der OFD München[1043] darauf hingewiesen, dass eine entgeltliche, die Besteuerung privater Veräußerungsgewinne auslösende Verfügung[1044] auch dann vorliegen kann, wenn ein vermietetes[1045] Objekt im Rahmen einer **Scheidungsvereinbarung** an einen Ehegatten zur Abgeltung entstandener[1046] Zugewinnausgleichsansprüche oder Unterhaltsansprüche an Erfüllungs statt übertragen wird – vgl. oben Rdn. 61 ff. – (die vom Großen Senat des BFH aufgestellten Grundsätze zur Möglichkeit gewinnneutraler Realteilung bei Erbauseinandersetzung eines sog. Mischnachlasses gelten nicht bei Auseinandersetzungen aus Anlass der Beendigung einer ehelichen Zugewinngemeinschaft unter Lebenden).[1047] Gleiches gilt bei der Übertragung anderweitig steuerverstrickten Privatvermögens (§ 17 EStG oder § 21 UmwStG a.F.) oder aber bei der Übertragung von Einzelwirtschaftsgütern des Betriebsvermögens, ebenso bei der Übertragung von Mitunternehmer(teil-)anteilen oder (Teil-) Betrieben, deren Buchwert unter dem Zugewinnausgleichsbetrag liegt, sodass § 6 Abs. 3 EStG keine Buchwertfortführung erlaubt.

4948 Dieses Ergebnis (Entgeltlichkeit) gilt nach Auffassung der Rechtsprechung unabhängig davon, ob die Übertragung des Grundstücks unmittelbar **an Erfüllungs Statt** stattfindet oder ob sie als **Gegenleistung** für einen vorher oder gleichzeitig erklärten Verzicht auf den bestehenden Pflichtteils-, Zugewinnausgleichs- oder Unterhaltsanspruch deklariert wird. Übersteigt der Wert der übertragenen Immobilie die Höhe des Gegenanspruchs, handelt es sich um einen teilentgeltlichen Vorgang, sodass auch die Anschaffungskosten aufzuteilen sind (vgl. Rdn. 4940).

4949 Als schlichte Schenkung (mit der Folge der ausschließlichen Besteuerung nach dem ErbStG) ist der Vorgang nur dann zu werten, wenn der Verzicht auf entstandene Ansprüche einerseits und die Grundstücksübertragung andererseits unabhängig gewollt sind.

[1042] RNotZ 2001, 414 m. Anm. 380 ff.

[1043] DStR 2001, 1298.

[1044] *Schröder*, FamRZ 2002, 1010 schlägt vor, die Besteuerung gem. § 23 EStG in solchen Fällen dadurch zu vermeiden, dass auf Antrag eine familiengerichtliche Anordnung der Übertragung des Grundstücks in Anrechnung auf die Ausgleichsforderung erfolge, da es dann am Tatbestandsmerkmal einer rechtsgeschäftlichen Veräußerung fehle. Allerdings steht bei § 1383 BGB das Interesse des Zugewinnausgleichsgläubigers im Vordergrund, nicht das des (steuerbelasteten) Schuldners; weiterhin führt der Richterspruch nicht zur tatsächlichen Grundstücksübertragung, sondern schafft nur eine diesbezügliche Verpflichtung, vgl. *Feuersänger*, FamRZ 2003, 647. *Sagmeister*, DStR 2011, 1589 ff. ist hinsichtlich aller „Vermeidungsstrategien" skeptisch.

[1045] War die Immobilie bisher zu eigenen Wohnzwecken genutzt und zieht eine der Ehepartner anlässlich der Trennung aus, hindert dies die Privilegierung aus § 23 Abs. 1 Nr. 1 Satz 3 EStG ebenso wenig wie ein vollständiger Leerstand vor einer anschließenden Veräußerung schaden würde, OFD München, DStR 2001, 1298, Tz. 2.1.2.1, *Hermanns*, DStR 2002, 1067; vorsichtiger *Söffing/Thoma*, ErbStB 2003, 319: Auszug muss im Zusammenhang mit der anschließenden Übertragung stehen. Ausreichend ist auch eine Nutzung durch einkommensteuerlich zu berücksichtigende Kinder, vgl. *Feuersänger*, FamRZ 2003, 646 m.w.N., nicht aber durch den getrenntlebenden Ehegatten, dem ggü. nur Barunterhalt geschuldet wird, BFH, BStBl. 1994 II, S. 544.

[1046] *Hollender/Schlütter*, DStR 2002, 1932 plädieren dafür, auch im Fall der Übertragung in Anrechnung auf einen etwa künftig entstehenden Zugewinnausgleichsanspruch Entgeltlichkeit ab dem Zeitpunkt des Entstehens dieser Forderung anzunehmen (Erstattung der bereits entrichteten Schenkungsteuer, § 29 Abs. 1 Nr. 3 ErbStG).

[1047] BFH, DStR 2002, 1209; ähnlich BFH, 31.07.2002 – X R 48/99, NWB Fach 1, S. 62: Geschiedene oder voneinander getrennt lebende Ehegatten pflegen einander nichts zu schenken. Sehen deren Vermögensauseinandersetzungen Übertragungen vor, haben diese zumeist Entgeltcharakter, so auch bei der Übertragung eines Gewerbebetriebes.

> **Hinweis:**
> Denkbar ist auch, eine ertragsteuerlich unentgeltliche Übertragung in vorweggenommener Erbfolge auf die Kinder anzustreben anstelle der gegenseitigen „entgeltlichen" (durch Verrechnung mit sonstigen Scheidungsfolgenansprüchen sich verwirklichenden) Zuwendung in der Trennungsauseinandersetzung.[1048] Steht der Ablauf der Veräußerungsfrist kurz bevor, können die Übertragungen entsprechend hinausgeschoben werden, unter gleichzeitiger Stundung der Zugewinnausgleichsforderung gem. § 1382 BGB.[1049] Möglicherweise genügt auch ein bindendes Angebot, das erst nach Ablauf der Veräußerungssperrfrist angenommen werden kann, allerdings ohne Vorwegnahme der wirtschaftlichen Eigentümerstellung etwa durch gleichzeitige Vermietung oder Bestellung dinglicher Rechte.[1050] Ein Antrag auf verbindliche Auskunft[1051] beim zuständigen[1052] FA mag sich empfehlen.

4. Ermittlung des Veräußerungsgewinns

§ 23 EStG ist eine Gewinnermittlungsvorschrift eigener Art, bei der Zufluss-/Abflussprinzip des § 11 EStG nicht gilt, sondern auf den Veräußerungszeitpunkt alle Vorgänge zu berücksichtigen sind, die im Zusammenhang mit der Veräußerung stehen. Bei Kaufverträgen ab dem 31.07.1995 bzw. in Herstellungsfällen ab dem 31.12.1998 sind demzufolge bei der Ermittlung des Gewinns oder Verlusts aus privaten Veräußerungsgeschäften von den Anschaffungs- oder Herstellungskosten die gezogenen Abschreibungen, erhöhten Absetzungen und Sonderabschreibungen abzuziehen. Dies führt bspw. bei Immobilien in den neuen Bundesländern dazu, dass Veräußerungsgewinne besteuert werden, selbst wenn der tatsächliche Verkaufserlös weit unter den historischen Anschaffungskosten liegt (seit 2009 wird gem. § 23 Abs. 3 Satz 4 EStG auch der Veräußerungsgewinn von Wirtschaftsgütern, mit denen bisher „sonstige Einkünfte" i.S.d. § 22 Nr. 3 EStG erzielt wurden [Container-Leasing] um die bisher gezogene AfA erhöht). Schuldzinsen mindern den Spekulationsgewinn nur, soweit sie auf den Zeitraum der Verkaufsabsicht entfallen.[1053] Als Veräußerungserlös kann auch der wirtschaftliche Vorteil aus einem Schuldenerlass gewertet werden, der dem Verkäufer bereits vor der Veräußerung durch die Bank gewährt wurde als Ausgleich für die Erteilung einer (dann eingesetzten) Verwertungsvollmacht.[1054]

Es besteht eine **Freigrenze** von jährlich (ab 2008) 600,00 €. Verluste aus privaten Veräußerungsgeschäften können nur mit Gewinnen aus anderen privaten Veräußerungsgeschäften desselben

---

1048 Vgl. *Münch*, ZNotP 2005, 11.
1049 *Karasek*, FamRZ 2002, 592.
1050 Vgl. *Münch*, ZNotP 2005, 12.
1051 § 89 Abs. 2 AO, zuvor BMF-Schreiben v. 29.12.2003, BStBl. 2003 I. S. 742, betreffend Auskunft mit Bindungswirkung nach Treu und Glauben (Beck online BeckVerw047219). Sie sind gem. § 89 Abs. 3 bis 5 AO seit 01.01.2007 gebührenpflichtig (abhängig vom Betrag der steuerlichen Auswirkung zwischen 121,00 und 91.456,00 €, sonst Zeitgebühr: 50,00 € je halbe Stunde, mindestens 100,00 €); vgl. BMF v. 12.03.2007, DStR 2007, 582 m. Anm. *Simon*, S. 557 ff. sowie Anwendungserlass zur Abgabenordnung 2008 Nr. 4 zu § 89 AO; BStBl. 2008 I, S. 26 ff.; Erläuterung bei *Baum*, NWB 2008, 1227 ff. = Fach 2, S. 9725 ff. Die Gebührenpflicht ist nach Ansicht des FG Baden-Württemberg v. 20.05.2008, notar 2008, 279 verfassungsgemäß.
1052 BMF-Schreiben v. 03.05.2007 – IV A 4 S 0224/07/0003, DStR 2007, 907; hierzu *Baum*, NWB 2007, 1681 = Fach 2, S. 9311.
1053 BFH, 16.06.2004 – X R 22/00, ZfIR 2004, 824.
1054 FG Hessen, 03.05.2010 – 3 K 299/10, ErbStB 2010, 327 („Schrott-Immobilie").

Veranlagungszeitraums verrechnet werden, nicht aber mit sonstigen Einkunftsarten (§ 23 Abs. 3 Satz 8 und Satz 9 EStG; diese Beschränkung des Verlustausgleichs ist verfassungsgemäß).[1055] Mit Inkrafttreten der Abgeltungsteuer können Verluste aus „Spekulationsgeschäften" aus der Zeit vor 2009, sofern sie im Jahr ihrer Entstehung in der Steuererklärung angegeben wurden, noch bis 2013 mit Gewinnen auch aus Aktien und anderen Wertpapieren verrechnet werden, ab dann nur noch mit Gewinnen aus dem privaten Veräußerungsgeschäften mit Immobilien, Gemälden oder Münzen (wobei Letztere Verrechnung ohnehin empfehlenswerter ist, da sie gegen den individuellen Steuersatz erfolgt, nicht gegen den Abgeltungsteuersatz von [einschließlich Solidaritätszuschlag] 26,375 %).

5. Entstehung und Entfallen der Steuer

4953 Die Verwirklichung der objektiven Merkmale führt zur Besteuerung, ohne dass eine Prüfung subjektiver Merkmale bzgl. der Einkünfteerzielungsabsicht erforderlich wäre.[1056] Maßgeblich für den **Zeitpunkt** der Anschaffung einerseits und der Veräußerung andererseits ist (anders als sonst im Steuerrecht) nicht der Übergang von Besitz, Nutzungen und Lasten, sondern der Abschluss des obligatorischen Rechtsgeschäfts (notariell beurkundeter Kaufvertrag bzw. dessen Genehmigung bei vollmachtloser Vertretung, da die zivilrechtliche Rückwirkung des § 184 BGB ohne steuerliche Relevanz ist,[1057] anders jedoch bei behördlichen Genehmigungen bzw. Zustimmungen Dritter, etwa gem. § 12 WEG, da die Beteiligten bereits gebunden sind. Bei noch erforderlichen vormundschafts-, gerichtlichen oder nachlassgerichtlichen Genehmigungen ist allerdings die Bindung erst mit Entgegennahme dieser Genehmigung eingetreten). Sofern jedoch auf andere Weise ein Zustand geschaffen wird, der bei wirtschaftlicher Betrachtungsweise das Ergebnis eines Verkaufs vorwegnimmt, kann der maßgebliche Zeitpunkt vorverlagert werden (bspw. bei einem bindenden Veräußererangebot, das mit sofortigem Nutzungsübergang verbunden ist).

4954 Die Wirkungen des § 23 EStG entfallen rückwirkend, wenn das Rechtsgeschäft vor Übergang des wirtschaftlichen Eigentums (Besitzübergang) oder – auch wenn das wirtschaftliche Eigentum[1058] bereits übergegangen ist – vor dem Übergang des zivilrechtlichen Eigentums (Grundbuchumschreibung) **aufgehoben** wird.[1059] Gleiches gilt, wenn infolge eines gesetzlichen Rücktrittsrechtes (etwa aufgrund Pflichtverletzung) der Anschaffungsvertrag aufgehoben wird, und zwar auch nach Eigentumswechsel: Es handelt sich um ein rückwirkendes Ereignis i.S.d. § 175 Abs. 1 Nr. 2 AO;[1060] im Rückabwicklungsjahr kann keine Abschreibung mehr in Anspruch genommen werden.[1061] Ohne Auswirkung auf ein bereits verwirklichtes „Spekulationsgeschäft" ist jedoch eine sonstige, aus freien Stücken (oder schlicht um die Wirkungen des § 23 EStG zu

---

1055 BFH, 18.10.2006 – IX R 28/05, EStB 2007, 38.
1056 BFH v. 22.04.2008 – IX R 29/06, EStB 2008, 271 zur Veräußerung eines Gebrauchtwagens innerhalb eines Jahres.
1057 BFH, DStRE 2002, 153.
1058 Vgl. *Krauß*, Immobilienkaufverträge in der Praxis, 4. Aufl. 2008, Rn. 1811.
1059 Vgl. *Blümich/Glenk*, EStG, § 23 Rn. 114 (Stand: März 2005).
1060 Vgl. ausführlich *Everts*, ZfIR 2008, 563, 564 f., a.A. OFD Frankfurt v. 12.07.2001, DStR 2001, 1753.
1061 BFH, 19.12.2007 – IX R 50/06, BStBl. 2008 II, S. 480; vgl. Bay. Landesamt für Steuern v. 17.06.2008 – S. 2256.1.1 – 1/3 St 32/St 33.

vermeiden) vorgenommene Rückabwicklung.[1062] Letztere „freiwillige" Rückabwicklung stellt allerdings zumindest ihrerseits nicht ein neues Veräußerungsgeschäft mit möglicherweise neuem Spekulationsgewinn dar.[1063]

[1062] Vgl. etwa BFH, BStBl. 1994 II, S. 748 f. zu § 16 EStG; FG Brandenburg, EFG 1998, 1585; a.A. FG Hessen, EFG 1988, 366; dabei dürfte wohl auch keine Rolle spielen, ob zum Zeitpunkt dieser „freiwilligen" Aufhebung der Kaufpreis bereits zugeflossen ist oder nicht, da § 11 EStG nur die Zuordnung des Einkommens zum jeweiligen Veranlagungszeitraum bestimmt.

[1063] BFH, 27.06.2006 – IX R 47/04, DStR 2006, 1835.

E. Versorgungsrenten

I. Sonderinstitut der Vermögensübergabe gegen Versorgungsleistungen

1. Entwicklung

a) Wesen der Versorgungsleistung

4955 Vor der ersten Entscheidung des Großen Senats des BFH zu wiederkehrenden Bezügen[1064] hat ein großer Teil der Literatur wiederkehrende Versorgungsleistungen im Zusammenhang mit Vermögensübertragungen ebenfalls als entgeltlichen Vorgang angesehen, in gleicher Weise wie dies bei einer Einmalzahlung an den Veräußerer der Fall gewesen wäre. Der BFH ist dem entgegengetreten und definiert die **Vermögensübergabe gegen Versorgungsleistungen** als eigenständiges Rechtsinstitut i.S.e. insgesamt unentgeltlichen Vorganges, der also weder Anschaffungskosten beim Erwerber generiert noch Veräußerungsgewinne[1065] beim Übertragenden (Rdn. 4908 ff.). Die Buchwerte werden also fortgeführt, es findet keine Versteuerung der stillen Reserven statt. Auch die Zuordnung eines zum übertragenen Betrieb gehörenden Wirtschaftsgutes zum Anlage- bzw. Umlaufvermögen ändert sich nicht; die Sechs-Jahres-Frist des § 6b Abs. 4 Satz 1 Nr. 2 EStG wird nicht unterbrochen.[1066] Diese „einkommensteuerliche Unentgeltlichkeit" der wiederkehrenden Zahlungen wird dogmatisch damit begründet, dass es sich der Sache nach um Vermögenserträge handele, die der Veräußerer sich wirtschaftlich vorbehalten habe, die allerdings nunmehr vom Erwerber zu erwirtschaften seien. Maßgeblich ist also ein Vergleich etwa zum Vorbehaltsnießbrauch: Die Substanz geht vollständig und unentgeltlich über, nicht jedoch die Erträge.

4956 Das (aus der klassischen Hofübergabe entwickelte) gesetzlich bis 2008 nicht geregelte **Sonderinstitut der „Vermögensübergabe gegen Versorgungsleistungen"** soll eine möglichst schonende Vermögensnachfolge ermöglichen, indem beim Erwerber ein Abzug von vertraglich vereinbarten[1067] und vertragskonform getätigten, Rdn. 5055, Aufwendungen – und zwar als Sonderausgaben, § 10 Abs. 1 Nr. 1a EStG – zugelassen wird, während der Veräußerer nach dem sog. „Korrespondenzprinzip" die Einnahmen als wiederkehrende Bezüge nach § 22 Nr. 1b EStG (für Altfälle vor 2008 ggf. als § 22 Nr. 1 Satz 3a EStG: Leibrenten) zu versteuern hat, im Regelfall lediglich unter Abzug des Werbungskosten-Pauschbetrages von 102,00 € (§ 9a Satz 1 Nr. 3 EStG). Da der Erwerber typischerweise[1068] einer höheren Steuerprogression unterliegen wird und der

---

[1064] Beschl. v. 15.07.1991 – GrS 1/90, BStBl. 1992 II, S. 78 ff.
[1065] Im Privatvermögen nur bei steuerlicher Verstrickung gem. § 17 EStG, § 23 EStG oder §§ 20, 21 UmwStG steuerbar. Der Zinsanteil der wiederkehrenden Leistung ist allerdings stets gem. § 20 Abs. 1 Nr. 7 (bzw. bei Veräußerungsleibrenten gem. § 22 Abs. 1 Nr. 3a bb) EStG zu versteuern, vgl. 3. Rentenerlass Tz. 57, DStR 2004, 1696, 1703.Bei Betriebsvermögen hat der Veräußerer gem. R 16 Abs. 11, R 17 Abs. 7 Satz 2 EStR 2005 die Wahl zwischen der sofortigen Erfassung des Kapitalanteils als Veräußerungsgewinn unter Nutzung der §§ 16 Abs. 4, 34 EStG oder aber der ratierlichen Erfassung als nachträgliche Einkünfte aus Gewerbebetrieb (der Zinsanteil ist jedoch seit 2004 in jedem Fall von Anfang an steuerpflichtig), Rdn. 4922 ff.
[1066] BFH, 09.09.2010 – IV R 22/07, BFH/NV 2011, 31.
[1067] Daher kein Abzug gem. § 10 EStG für Aufwendungen zur Abwehr des gesetzlichen Rückforderungsanspruches aus § 528 BGB: BFH, EStB 2001, 138. Auch mündliche Nebenabreden über zusätzliche Nebenleistungen werden nicht anerkannt: FG Köln, ZEV 2001, 128.
[1068] Jedoch nicht notwendigerweise, „Generation Praktikum".

Veräußerer zusätzlich durch die i.R.d. Steuerreform erhöhten Grundfreibeträge, Altersentlastungsbeträge etc. tariflich entlastet wird, ist per Saldo damit eine steuerliche Privilegierung der lebzeitigen Vermögensübertragung verbunden.

b) **Reform 2008**

aa) **Ziele**

Das auf Vorschlag des BMF, des „eigentlichen Steuergesetzgebers",[1069] verabschiedete **Jahressteuergesetz 2008** schaffte – auch als Reaktion auf die überbordende Verkomplizierung durch die Rechtsprechung des X. Senat des BFH[1070] und dem Beispiel des österreichischen Gesetzgebers i.R.d. dortigen Einkommensteuernovelle 2000 folgend – weitreichende Änderungen zum Sonderinstitut der „Vermögensübergabe gegen Versorgungsleistungen".[1071] Die für die Finanzverwaltung maßgebliche neue Rechtslage wurde erst deutlich später, im **IV. Rentenerlass v. 11.03.2010**, erläutert.[1072] Die dogmatische Konzeption der „ertragsteuerlich unentgeltlichen" Vermögensübergabe gegen Versorgungsleistungen als solche wird nicht infrage gestellt, diese Fiktion der Unentgeltlichkeit aber auch gesetzlich nicht kodifiziert.[1073] Immerhin wurden nunmehr normiert 4957

- die Begrenzung der Regelung auf lebenslange Zahlungen – damit dürften[1074] wohl entgegen der bisherigen Rechtsprechung (Rdn. 5043) abgekürzte Versorgungsrenten bis zum Erreichen des gesetzlichen Rentenbezugs vom Sonderausgabenabzug ausgeschlossen sein;
- das verschärfte Korrespondenzprinzip zwischen Sonderausgabenabzug und Rentenbesteuerung (vgl. Rdn. 5053); sowie
- die (für neue Gestaltungen ab 2008 gegebene) Unbeachtlichkeit der Unterscheidung zwischen (abänderbarer) dauernder Last und (gleichbleibender) Leibrente (vgl. Rdn. 1455 ff., Rdn. 4959).

§ 10 Abs. 1 Nr. 1a EStG erlaubt ab 01.01.2008 den Sonderausgabenabzug nur noch für Versorgungsleistungen, die im Zusammenhang stehen mit der Übertragung „betrieblichen Vermögens" (Rdn. 5000 ff.). Der Sonderausgabenabzug für die Übertragung von (vermieteten oder selbst genutzten) Immobilien, Wertpapiervermögen und vermögensverwaltenden Personengesellschaften etc. entfällt somit. Damit wurde das etwa 100 Jahre alte Institut der Vermögensübergabe gegen Versorgungsleistungen um ca. 90 % seines Anwendungsbereiches gebracht. Nicht mehr steuer- 4958

1069 *Spindler*, Stbg 2006, 1, 3.
1070 *Spiegelberger* DB 2008, 1063 ff.; der Bundesrechnungshof hatte 2004 gerügt, 90 % der Versorgungsrentenfälle würden fehlerhaft veranlagt.
1071 Vgl. hierzu erstaunlich wohlwollend („beseitigt Überdehnungen aufgrund der Beschlüsse des Großen Senates v. 12.5.2003") *Risthaus*, ZErb 2007, 314 ff.; zuvor bereits vom ihm vorgeschlagen in DB 2007, 240, 248.
1072 BMF-Schreiben v. 11.03.2011 – IV C 3-S 2221/09/10004, ZEV 2010, 212 ff. = BStBl. 2010 I 227 ff.; die Unterschiede zum vorangehenden, grundlegenden III. Rentenerlass, BMF-Schreiben v. 16.09.2004 – IV C 3 – S 2255–354/04, BStBl. 2004 I 922 sind durch Kursivschrift hervorgehoben. Hierzu Überblicksaufsätze z.B. von *Geck*, ZEV 2010, 161 ff.; *Spiegelberger* DStR 2010, 1822 ff. und 1880 ff.; *Risthaus*, DB 2010, 744 ff. und 803 ff.
1073 Dies bedauert *Kirnberger*, EStB 2008, 114, 116.
1074 A.A. *Wälzholz*, MittBayNot 2008, 96 und DStR 2008, 277: „lebenslange und wiederkehrende Leistungen" lasse auch andere wiederkehrende Versorgungsleistungen zu, die nicht auf Lebenszeit geschuldet seien.

lich attraktiv ist damit auch das sog. Stuttgarter Modell (Rdn. 1535 ff.) sowie die bisher mögliche steuerneutrale Umschichtung des übertragenen Vermögens (Rdn. 5026 ff.).

4959 Für Neufälle geht die bisherige Unterscheidung zwischen Renten und **dauernden Lasten** verloren, sodass – sofern die Voraussetzungen der Vermögensübergabe gegen Versorgungsleistungen überhaupt erfüllt sind – stets in voller Höhe eine sonderausgabenabzugsfähige Zahlung vorliegt.[1075] Die mit der bisher üblichen Vereinbarung einer abänderbaren dauernden Last verbundenen Belastungsrisiken können also nun ohne Nachteil vermieden werden. Andererseits erfordert § 10 Abs. 1 Nr. 1a EStG für Neufälle zwingend, dass die Versorgungsrente auf Lebenszeit zugesagt wird, sodass bisher in Ausnahmefällen mögliche Gestaltungen einer bis zum Erreichen des Sozialversicherungsbezugs befristeten Leistungsdauer nicht mehr zur Verfügung stehen.

4960 Diejenigen Versorgungsleistungen, die für ab 01.01.2008 vereinbarte Vermögensübertragungen mit Privatvermögen in Zusammenhang stehen und daher nicht mehr berücksichtigungsfähig sind, sind nicht als einkommensteuerlich unbeachtliche Unterhaltsrenten i.S.d. § 12 EStG zu werten,[1076] sondern als Austausch- bzw. Kaufpreisrenten, die zur möglicherweise ungewollten „Teilentgeltlichkeit" führen,[1077] vgl. im Einzelnen Rdn. 4920.

bb) Übergangsregelung

4961 Versorgungsleistungen, die auf vor dem 01.01.2008 vereinbarten Vermögensübertragungen beruhen, werden (entgegen erster Ankündigungen eines bis Ende 2012 befristeten Auslaufens) weiter nach bisherigem Recht behandelt (§ 52 Abs. 23e EStG). Demnach bleibt insoweit auch die Abgrenzung zwischen dauernder Last (volle Abzugsfähigkeit und Besteuerung), einerseits, und Leibrente (Abzugsfähigkeit und Besteuerung lediglich mit dem Ertragsanteil), andererseits, bestehen. Auch ist – wie bisher ohnehin – eine Änderung von dauernder Last in Leibrente oder umgekehrt möglich.[1078] Zur Abgrenzung in den Fällen der Ablösung eines „Alt"Nießbrauchs gegen Versorgungsleistungen vgl. Rdn. 4976 ff.

4962 Die Übergangsregelung in § 52 Abs. 23e Satz 2 EStG nimmt von dieser Fortgeltung des bisherigen Rechts für Altverträge jedoch solche Fälle aus, in denen das übertragene Vermögen nur deshalb einen ausreichenden Ertrag bringt, „weil ersparte Aufwendungen mit Ausnahme des Nutzungsvorteils eines zu eigenen Zwecken vom Vermögensübernehmer genutzten Grundstücks zu den Erträgen des Vermögens gerechnet werden". Damit sind die bisher möglichen Gestaltungsvarianten der Übertragung eines bereits vom Erwerber genutzten (z.B. bisher angemieteten) Objekts an den Erwerber zur Eigennutzung gegen Versorgungsleistungen weiter begünstigt, da der ersparte Mietvorteil ja ausdrücklich weiterhin zu den begünstigten, berücksichtigungsfähigen Erträgen zählt. Da die Finanzverwaltung schon bisher aufgrund von Nichtanwendungserlassen[1079] die vom Großen Senat des BFH propagierte erweiterte Berücksichtigung von ersparten

---

1075 Vgl. *Seltenreich/Kunze*, ErbStG 2007, 339.
1076 So aber *Seltenreich/Kunze*, ErbStG 2007, 349.
1077 So *Beck/Messner*, ZEV 2007, 373, sowie *Risthaus*, DB 2007, 240; Ähnliches befürchtet *Reimann*, FamRZ 2008, 22.
1078 Vgl. BFH, 03.03.2004 – X R 135/98, DStR 2004, 1206.
1079 V. 16.09.2004 (3. Rentenerlass, Tz. 21) sowie v. 19.01.2007 (BStBl. 2007 I, S. 188, gegen BFH v. 01.03.2005 – X R 45/03).

Aufwendungen, z.B. **ersparten Zinsaufwendungen**, nicht nachvollzogen hat, dürften solche Altfälle, die nun nicht mehr privilegiert sind, sehr selten sein.

2. Ertragsteuerliche Differenzierung (Rententypen)

Die ab Rdn. 4964 erläuterte Differenzierung zwischen Austausch-, Unterhalts-, betrieblichen Rentenverpflichtungen etc. ist, dies sei zur Klarstellung vorausgeschickt, weder für die zivilrechtliche Frage des Umfangs der Entgeltlichkeit noch für die schenkungsteuerliche Frage der Ermittlung der nach Abzug der „Leistungsauflage" verbleibenden Bereicherung i.S.d. § 7 ErbStG relevant: alle „Rentenarten" werden dabei in gleicher Weise berücksichtigt. Zivilrechtlich erfolgt die Kapitalisierung der wiederkehrenden Leistung nach überwiegender Auffassung (Rdn. 43) unter Zugrundelegung der aktuellen Sterbetafeln[1080] und Abzinsungsfaktoren (von derzeit ca. 3 %); schenkungsteuerlich handelt es sich bei allen Renten"typen" um Leistungsauflagen, die bei lebzeitigen Übertragungen den Wert der Zuwendung in kapitalisierter Höhe mindern (zugrunde zu legen ist der Vervielfältiger aus Anlage 9a zu § 13 BewG bzw. Anlage 9 zu § 14 BewG, abgezinst auf den Zeitpunkt der Schenkung gemäß Faktor aus Tabelle 1 zu § 12 Abs. 3 BewG,[1081] seit 2009 die Anlage zu § 14 Abs. 1 Satz 4 BewG, vgl. Rdn. 3852). Differiert der Steuerwert des Zugewendeten von dessen Verkehrswert, wird der Abzugsbetrag allerdings entsprechend gekürzt, vgl. Rdn. 3813. Das Abzugsverbot des § 25 ErbStG a.F. galt bei lebzeitigen gemischten Schenkungen für Rentenverpflichtungen als Leistungsauflagen ohnehin nicht (Rdn. 3826), allerdings bei letztwillig begründeten Renten zugunsten des Ehegatten des Erblassers.[1082]

4963

a) Austauschrenten

Die Versorgungsrenten i.S.d. nachstehenden Ausführungen sind zunächst abzugrenzen von **Austauschrenten**, die zu Anschaffungskosten/Veräußerungserlösen führen, bei typischen vorweggenommenen Erbfolgen jedoch selten vorkommen werden. Es handelt sich insb. („originäre Austauschrenten") um nach kaufmännischen Grundsätzen abgewogene Veräußerungsrenten, ferner um abgekürzte Zeitrenten (vgl. im Einzelnen oben Rdn. 4906 ff.). „Ungewollt" können ferner Versorgungsrenten nach der für Altfälle vor 2008 geltenden Rechtslage zu Gegenleistungszahlungen unabhängig von der Willensrichtung der Beteiligten qua jure umqualifiziert werden, wenn ihr Betrag den abstrakt erzielbaren Ertrag aus dem übergebenen Wirtschaftsgut übersteigt (früherer Typus 2, oben Rdn. 4919 ff.).[1083] Nach neuem Recht führen ferner „Versorgungsrenten",

4964

1080 Derzeit Sterbetafel 2008/2010 des Statistischen Bundesamtes, kostenfrei zu beziehen unter www.destatis.de unter dem Menüpunkt Bevölkerung/Geburten und Sterbefälle/Periodensterbetafeln und Lebenserwartung/aktuelle Sterbetafeln für Deutschland. Das Deutsche Zentrum für Altersfragen Berlin ermöglicht die Berechnung der durchschnittlichen Lebenserwartung zumeist nach neueren Sterbetabellen, www.gerostat.de.

1081 Im Einzelnen Erlass des Bay. Staatsministeriums der Finanzen v. 06.12.2002 – 34 S 3806 45/4 – 54702, RNotZ 2003, 206 ff., dem das Beispiel entnommen ist; ähnlich OFD Koblenz, ErbStB 2003, 80. Die genannte Tabelle ist veröffentlicht als Anlage 1 zum gleichlautenden Ländererlass v. 07.12.2001 (Bewertung von Kapitalforderungen und Kapitalschulden sowie von Ansprüchen/Lasten bei wiederkehrenden Nutzungen und Leistungen nach dem 31.12.1995 für Zwecke der Erbschaft- und Schenkungsteuer) BStBl. 2001 I, S. 1041, beck online Beck-Verw033092.

1082 Vgl. *Michael*, RNotZ 2007, 261 f.

1083 Tz. 49 des „Dritten Rentenerlasses" v. 16.09.2004, DStR 2004, 1702.

die im Zusammenhang mit der Übertragung (nicht mehr privilegierten) privaten Vermögens gewährt werden, zur Entgeltlichkeit ähnlich einer Austauschrente.[1084]

b) Unterhaltsrenten

4965   Die Versorgungsrenten sind ferner abzugrenzen von den steuerlich irrelevanten, da lediglich Vorgänge im Privatvermögen darstellenden, **privaten Unterhaltsrenten** (§ 12 Nr. 2 EStG).

Letztere liegen zum einen vor,
- wenn die Leistungen unabhängig von einer Vermögensübertragung (z.B. auch nachträglich) zugesagt werden;
- ferner – so der Große Senat – wenn es an einem Vermögensgegenstand im Rechtssinne mangelt, da (etwa aufgrund hoher Verschuldung) weder ein Substanz- noch ein den Unternehmerlohn übersteigender Ertragswert vorhanden ist;

4966
- steuerlich dem Abzugsverbot unterliegende Unterhaltsrenten sind des Weiteren gegeben, soweit im Fall kaufmännisch abgewogener Leistungs-/Gegenleistungsverhältnisse der Barwert der wiederkehrenden Leistungen höher ist als der Wert des zugewendeten Vermögens (dann unterliegt der den Vermögenswert übersteigende Barwertanteil dem Abzugsverbot des § 12 Nr. 2 EStG);

4967
- sofern jedoch der Barwert der wiederkehrenden Leistungen mehr als doppelt so hoch ist wie der Wert des übertragenen Vermögens, liegt insgesamt[1085] eine private Unterhaltszuwendung i.S.d. § 12 Nr. 2 EStG vor, da offensichtlich die Übertragung des Vermögens mit der Versorgungszusage in einem eher zufälligen Kontext steht und der Typus der vorbehaltenen, nunmehr vom Erwerber zu erwirtschaftenden Erträge nicht mehr gewahrt ist.

Werden solche im Rahmen einer – ertragsteuerlich unentgeltlich gebliebenen – Übertragung zugesagte Unterhaltsrenten nachträglich abgelöst, schafft die Ablösezahlung keine nachträglichen Anschaffungskosten.[1086]

c) Betriebliche Renten

4968   Von vorstehender Differenzierung gänzlich zu unterscheiden sind **betriebliche Versorgungsrenten**, die weder privat veranlasst sind noch Vergütung für überlassene Wirtschaftsgüter darstellen, sondern nachträgliche Gegenleistung für frühere Tätigkeit bilden (Betriebsausgaben beim Verpflichteten; nachträgliche Einkünfte aus Gewerbebetrieb gem. § 24 Nr. 2 EStG beim Bezieher).[1087] Die Finanzverwaltung stellt eher geringe Anforderungen an den Nachweis der betrieblichen Veranlassung.[1088]

1084   Tz. 57 des „Vierten Rentenerlasses" v. 11.03.2010, BStBl. 2010 I 227.
1085   Der Große Senat des BFH (GrS 2/00), MittBayNot 2004, 310 ff., hat offengelassen, ob an dieser Rspr. festzuhalten sei. Dagegen spricht nach *Reich*, DNotZ 2004, 13 die vergleichbare Auffassung des BFH bei der Prüfung der Angemessenheit von betrieblichen Versorgungsleistungen (BFH, BStBl. 1979 II, S. 403 ff.). Die Finanzverwaltung wendet allerdings weiter das „Alles-oder-Nichts"-Prinzip an (*Schwenke*, DStR 2004, 1686).
1086   BFH, 20.06.2007 – X R 2/06, EStB 2008, 439.
1087   BFH, BStBl. 1977 II, S. 603; BFH, BStBl. 1963 III, S. 592; *Spiegelberger*, DStR 2004, 1113.
1088   BFH, BStBl. 1979 II, S. 403: betriebliche Versorgungsrente für die Witwe des bisherigen Steuerkanzleiinhabers bei Aufnahme eines Schwiegersohns in die Praxis.

Weiter sind hiervon zu unterscheiden **betriebliche Kaufpreisraten**. Sofern der (abgezinste kapitalisierte) Wert der Raten das Kapitalkonto (Buchwert) übersteigt, hat der Veräußerer die Wahl,[1089] ob er den Veräußerungsgewinn in voller Höhe im Jahr des Betriebsübergangs versteuern will (die enthaltenen Zinsanteile sind dann sonstige Einkünfte nach § 22 Nr. 1 Satz 3 Buchst. a) EStG) oder aber ob er die Ratenzahlungen als nachträgliche Betriebseinnahmen nach § 15 i.V.m. § 24 Nr. 2 EStG behandeln möchte – dann entsteht der Veräußerungsgewinn erst, wenn die monatlichen Raten das steuerliche Kapitalkonto des Veräußerers abzgl. seiner Veräußerungskosten übersteigen (vgl. im Einzelnen Rdn. 4922 ff.)

4969

d) Letztwillige Renten

Parallel zu dem i.R.d. vorweggenommenen Erbfolge darzustellenden Sonderinstitut der „Vermögensübergabe gegen Versorgungsleistungen" existiert eine „**erbrechtliche Variante**", bei der die Versorgungsleistungen ihren Entstehungsgrund in einer letztwilligen Verfügung haben. Die Abzugsfähigkeit als Sonderausgabe gem. § 10 Abs. 1 Nr. 1a EStG setzt hier weiter voraus,[1090] dass

4970

- der Empfänger der wiederkehrenden Zahlung zum „Generationen-Nachfolge-Verbund" gehört, d.h. ggü. dem Erblasser bei dessen Ableben[1091] pflichtteils- oder zugewinnausgleichsberechtigt sein muss,[1092] mithin die Nichtgeltendmachung dieses Anspruchs als „eigenen Vermögenswert" aufwendet[1093] (vgl. nachstehend Rdn. 5047 ff.) – andernfalls wird beim Bezieher der enthaltene Zinsanteil besteuert, zusätzlich zur Erbschaftsteuer![1094] –
- es sich bei den Zahlungen nicht um die Verrentung des Erbteils handelt[1095]
- und die Rente aus den Erträgen des erebten Vermögens erwirtschaftet werden kann.

Entgegen früherer Rechtsprechung[1096] kommt es jedoch nicht darauf an, ob der Rentenempfänger „versorgungsbedürftig" ist, also seinerseits kein existenzsicherndes Vermögen aus der Erbmasse erhalten hat.[1097]

1089 R 16 Abs. 11 EStR 2005 i.V.m. H 16 Abs. 11 „Ratenzahlungen".
1090 BFH, BStBl. 1994 II, S. 633, sowie BStBl. 2004 II, S. 820 = ErbStB 2004, 104; FG Baden-Württemberg, ErbStB 2005, 85; FG Düsseldorf, DStRE 2006, 197; 3. Rentenerlass v. 16.09.2004, BStBl. 2004 I, S. 922, Tz. 40, 41.
1091 BFH, 11.10.2007 – X R 14/06, EStB 2008, 12: auch wenn der Empfänger z.Zt. der Errichtung des Testaments noch nicht pflichtteilsberechtigt war.
1092 Gegenbeispiel: transmortales Rentenversprechen an die Lebensgefährtin des Erblassers (FG Baden-Württemberg, 26.05.2009 – 4 K 1445/07, ErbStB 2010, 4; BFH, 20.07.2010 – IX R 29/09, EStB 2010, 454 = ZErb 2011, 159 m. Anm. *Riedel*).
1093 BFH, 07.03.2006 – X R 12/05, ZEV 2006, 327 m. krit. Anm. *Fleischer*.
1094 Beispiel: FG Düsseldorf v. 14.12.2006, ErbStB 2008, 198: für eine Jahresrente von 27.700,00 € werden gesamt 25.400,00 € Erbschaft- und ESt fällig! (Rev. Eingelegt, Az. BFH: VIII R 35/07). Der mit einer solchen Vermächtnisrente an eine nicht zum Generationenverbund gehörende Person belastete Erbe seinerseits kann diese weder als Anschaffungskosten der Wirtschaftsgüter des Nachlasses noch als Werbungskosten bei deren einkunftsrelevanter Nutzung abziehen.
1095 3. Rentenerlass des BMF, BStBl. 2004 II, S. 922, Tz. 40, 41, a.A. zuvor die strengere Rspr. des X. Senats des BFH, DB 1996, 1958, wonach der Sonderausgabenabzug bei einer testamentarisch angeordneten privaten Versorgungsrente nur gewährt werde, wenn die Rente anstelle des Erbteils gewährt wird, der Begünstigte also nicht Erbe bliebe, vgl. *Schwenk*, DStR 2004, 1679, 1685 und FG Münster, DStRE 2005, 495.
1096 BFH, 26.01.1994 – X R 54/92, BStBl. 1994 II, S. 633.
1097 BFH, 11.10.2007 – X R 147/06, EStB 2008, 12.

4971 Der „IV. Rentenerlass" begnügt sich insoweit (Tz. 2) mit der Aussage, eine auf einer Verfügung von Todes wegen fußende Übertragung sei dann begünstigt, wenn sie im Wege vorweggenommener Erbfolge zu Lebzeiten des Erblassers ebenfalls begünstigt gewesen wäre.[1098] Auf dieser Linie liegen auch die bisher zum neuen Recht ergangenen BFH-Urteile.[1099] Bei Todesfällen nach dem 31.12.2007 muss es sich aber beim letztwillig gegen Versorgungsrente übergehenden Vermögen um Betriebsvermögen i.S.d. Rdn. 5000 ff. handeln. Andernfalls sind die vermächtnisweise dem Erben auferlegten Rentenzahlungen bei diesem weder (als Sonderausgaben) absetzbar noch beim Bezieher zu versteuern.[1100]

e) Beitragserkaufte Renten

4972 Gänzlich zu unterscheiden von den in diesem Kapitel behandelten Renten durch Übertragung von Vermögen sind **Renten als Folge eigener Beitragszahlung** des Rentenberechtigten (z.B. Rürup-Rente, Riester-Rente) sowie Renten aus Beitragszahlungen des Arbeitgebers (Direktversicherung, Direktzusage, Pensionskasse, Unterstützungskasse, Pensionsfonds).[1101]

4973 Gem. § 10 Abs. 1b EStG[1102] sind Ausgleichszahlungen i.R.d. Versorgungsausgleichs nach den §§ 20, 21, 22 und 26 des Versorgungsausgleichsgesetzes (vgl. Rdn. 4974, sowie – nach altem Recht – §§ 1587f, 1587g und 1587i BGB sowie § 3a VersAusglHärteregelungsG) als Sonderausgaben abzugsfähig, sofern zum einen die dadurch erzielten Rentenbezüge ihrerseits einkommensteuerpflichtig sind, und zum anderen der Bezieher dieser Ausgleichsleistungen sie versteuert. Sobald Letztere Versteuerung entfällt (z.B. weil der Bezieher der Ausgleichsleistung ins Ausland verzogen ist), entfällt auch der Sonderausgabenabzug, sodass die Nettobelastung des Zahlungspflichtigen deutlich höher wird.

4974 Die Abzugsfähigkeit ist dem Grunde nach gegeben für schuldrechtliche Ausgleichsrente gem. § 20 VersAusglG, ferner für Leistungen, die aufgrund einer Abtretung von Versorgungsansprüchen nach § 21 VersAusglG an den Berechtigen erfolgen, und für Zahlungen zum Ausgleich eines noch nicht ausgeglichenen Anrechts auf Kapitalzahlung i.S.d. § 22 VersAusglG, z.B. betriebliche Anrechte oder Anrechte aus Altersvorsorge und Basisrentenverträgen, die eine (Teil-) Kapitalisierung vorsehen, ebenso Leistungen der Witwe/des Witwers an den ausgleichsberechtigen, geschiedenen Ehegatten des Verstorbenen gem. § 26 VersAusglG. Kein Sonderausgabenabzug ist möglich für Abfindungszahlungen, die als Ausgleich für den Ausschluss des Versorgungsausgleichs erbracht werden, ebenso wenig für Zahlungen zur Begründung eines neuen oder Ausbau eines bestehenden Anrechts an den Versorgungsträger, § 23 VersAusglG.

II. „Unentgeltlichkeit"

4975 Versorgungsrenten sind nur denkbar im Rahmen von Vermögensübertragungen, die **im ertragsteuerlichen Sinne unentgeltlich** sind. Dies gilt auch für Übertragungen unter nahen Angehö-

---

1098 BFH, 11.10.2007 – X R 14/06, BStBl. 2008 II 123 = ZEV 2008, 48 m. Anm. *Seifried*; krit. („Steuerfalle") *Horst/Streck*, DStR 2011, 959 ff.
1099 BFH, 09.03.2011 – X B 193/10, BFH/NV 2011, 980; BFH, 13.04.2011 – X B 69/10, BeckRS 2011, 95527.
1100 *Streck/Horst*, DStR 2011, 959 ff.
1101 Vgl. Übersicht bei *Worgulla*, ErbStB 2007, 137 ff.
1102 Vgl. hierzu *Wälzholz*, DStR 2010, 465.

rigen, bei denen die zunächst bestehende Vermutung der Unentgeltlichkeit (Tz. 5 des IV. Rentenerlasses) durch konkrete gegenteilige vertragliche Vereinbarungen widerlegt wird.[1103] Unter Fremden dagegen besteht umgekehrt eine nur in Ausnahmefällen widerlegliche Vermutung, dass bei der Übertragung von Vermögen Leistung und Gegenleistung zumindest subjektiv kaufmännisch gegeneinander abgewogen sind; anders kann es liegen, wenn der Erwerber aufgrund persönlicher, „familienähnlicher" Beziehung zum Veräußerer ein Interesse an dessen lebenslanger angemessener Versorgung hat.[1104]

III. „Vermögen"

1. Rechtslage für Altfälle bis 31.12.2007

a) Existenzsicherndes Vermögen

aa) Geeignete Wirtschaftsgüter

Vermögensübertragungen gegen Versorgungsleistungen, die bis zum 31.12.2007 – also vor Inkrafttreten des § 10 Abs. 1 Nr. 1a EStG – verwirklicht wurden, waren (und sind weiterhin, Rdn. 4961) nur begünstigungsfähig, wenn Wirtschaftsgüter übergeben wurden, die für eine generationenübergreifende dauerhafte **existenzsichernde und Ertrag bringende** Anlage geeignet und bestimmt sind, nicht also

4976

- ertragloses Vermögen (z.B. Hausrat, Kunstgegenstände, Sammlungen, nicht nutzbare Grundstücke als Brachland);
- Erb- bzw. Pflichtteilsverzichte, mögen sie auch zu einem Vermögensanfall führen;[1105]
- ferner Vermögen, dessen Gesamterträge sich der Übergeber durch Total-Vorbehaltsnießbrauch zurückbehält[1106] (**anders**, wenn die Ausübung des Nießbrauchs gem. § 1059 BGB dem Erwerber überlassen wird, der dingliche Vorbehalt des Nießbrauchsrechts also nur Sicherungszwecken dient, und auch anders bei Nutzungsrechten nur an Teilen des übertragenen Objektes: Rdn. 5073). Jedoch kann der **Nießbrauch** selbst im Fall seiner **Ablösung** durch Vereinbarung von Versorgungsleistungen im Rahmen einer „**zeitlich gestreckten**" **Übertragung**[1107] tauglicher Gegenstand sein, wenn die Ablösung in sachlichem Zusammenhang mit der Vermögensübertragung steht:

Der BFH[1108] sieht auch in einem zugewendeten **Nießbrauchsrecht** ein potenziell begünstigtes Wirtschaftsgut als Objekt einer Vermögensübergabe gegen Versorgungsleistungen, sofern die Ablösung (=Verzicht)[1109] – sei es bereits bei der Objektzuwendung, sei es bei der Nießbrauchs-

4977

1103 BFH, 18.05.2010 – X R 32-33/01, ErbStB 2010, 327.
1104 BFH, 16.12.1997 – IX R 11/94, ZEV 1998, 153.
1105 Daher keine Abzugsfähigkeit als dauernde Last von wiederkehrenden Leistungen als Ausgleich für einen Erbverzicht, BFH, 31.07.2002 – X R 39/01, BFH/NV 2002, 1575.
1106 Beispiel: FG München, ErbStB 2003, 281: auch bei Zuwendungsnießbrauch für die Enkel auf die voraussichtliche Lebensdauer der Großeltern bei Vermögensübertragung von Großeltern auf deren Sohn.
1107 BFH, DNotZ 1996, 1015, BFH, BStBl. 1993 II, S. 23; Tz. 18 des Dritten Rentenerlasses.
1108 BFH, 13.12.2005 – X R 61/01, ZEV 2006, 226 m. Anm. *Schönfelder*.
1109 Es ist unschädlich, dass der Nießbrauch nicht Gegenstand einer „Übertragung" im zivilrechtlichen Sinne sein kann, vgl. BGH, ZEV 2005, 226/227.

aufgabe – als Ersatz für die Aufgabe des Nießbrauchs (i.S.e. **gleitenden Vermögensübergabe**) vereinbart wird[1110] (vgl. auch Rdn. 1092). Der zulässige Betrag der Versorgungsleitungen orientiert sich an den Erträgen aus dem übertragenen Objekt (nicht dem Nießbrauch),[1111] bezogen aber auf den Zeitpunkt der Nießbrauchsablösung. Erfolgt die Ablösung jedoch zur Vorbereitung eines lastenfreien Weiterverkaufs, muss sich der Erwerber verpflichten, den Verkaufserlös wiederum in ein ausreichend Ertrag bringendes Wirtschaftsgut zu investieren (Rdn. 4981). Zur Rechtslage nach neuem Recht, ab 2008, vgl. Rdn. 5038.

4978 Handelt es sich bei der Ablösung nicht um eine Vermögensübergabe in vorweggenommener Erbfolge, sondern werden z.B. **Zuwendungsnutzungsrechte** abgelöst (z.B. Nießbrauchs- oder Wohnungsrechte für Geschwister des Erwerbers), ist zu differenzieren: Ablösezahlungen für ein ursprünglich unentgeltlich bestelltes Zuwendungsnießbrauchsrecht sind gem. § 12 Nr. 2 EStG nicht abzugsfähig und führen auch beim Nießbraucher nicht zu Einkünften, etwa aus Vermietung und Verpachtung.[1112] Beim entgeltlichen Zuwendungsnießbrauch hatte der Eigentümer bisher Einkünfte aus Vermietung und Verpachtung; erbringt er Zahlungen zur Ablösung dieser Einkunftsquelle, handelt es sich um negative Einnahmen aus Vermietung und Verpachtung. Die Finanzverwaltung sieht darin also einen Anschaffungsvorgang beim Zahlungspflichtigen (mit der Folge von Anschaffungskosten bei Einmalzahlung in voller Höhe, bei wiederkehrenden Leistungen i.H.d. Barwerts).[1113] Der bisherige Nutzungsberechtigte erzielt möglicherweise private Veräußerungsgewinne (für nach dem 01.01.2009 bestellte entgeltliche Zuwendungsnießbrauchsrechte ist die bisher einjährige Spekulationsfrist gem. § 23 Abs. 1 Satz 1 Nr. 2 EStG auf 10 Jahre verlängert worden.)

4979 Der BFH[1114] sah jedoch auch in einem **zugewendeten Nießbrauchsrecht** ein potenziell begünstigtes Wirtschaftsgut i.S.d. Sonderausgabenabzugs des § 10 Abs. 1 Nr. 1a EStG, sofern die Ablösung nicht i.S.e. Gesamtplanes von vornherein geplant war, allerdings begrenzt auf solche Ablösezahlungen, die aus dem Nießbrauch nach den Prognoseverhältnissen im Zeitpunkt der Nießbrauchseinräumung erwirtschaftbar waren (Rdn. 3840); darüber hinaus lägen steuerlich irrelevante Unterhaltsleistungen i.S.d. § 12 Nr. 2 EStG vor. Führt also der Pflegeheimaufenthalt des Veräußerers bei einer nicht kautelar „abgebremsten" Anwendbarkeit des § 323 ZPO (ab 01.09.2009: § 323a ZPO) zu einer Anhebung der dauernden Last über das erwirtschaftbare Niveau hinaus, handelt es sich bei den aus dem eigenen Einkommen zu leistenden Spitzenbeträgen um nicht abziehbare Unterhaltsleistungen.[1115] Seit 2008 gilt diese Ablösemöglichkeit jedoch nur mehr für entgeltliche Zuwendungsnießbrauchsrechte, die z.B. einen Teilbetrieb darstellen (Rdn. 5001 ff.), ist also faktisch ausgeschlossen.

4980 Entgegen der im III. Rentenerlass noch geäußerten, durch den Großen Senat des BFH überholten Verwaltungsauffassung konnten demnach bis Ende 2007 nicht nur bebaute Grundstücke und

---

1110 Spätere Zusage der „Versorgungsrente" (5 Monate nach Verzicht auf den Nießbrauch) unterbricht allerdings den Zusammenhang, BFH, 17.05.2006 – X R 2/05, ZEV 2006, 422 m. Anm. *Schönfelder*.
1111 BFH, BStBl. 2005 II, S. 130; BFH/NV 2006, 1824.
1112 Rn. 61 und 66 des Nießbrauchserlasses BStBl. 1998 I, S. 914.
1113 Vgl. Nießbrauchserlass, Rn. 62 = Steuerrichtlinien I/21.2 = BStBl. I 1998, S. 914, DStR 1998, 1175 ff.
1114 BFH, 13.12.2005 – X R 61/01, ZEV 2006, 226 m. Anm. *Schönfelder*.
1115 So schon BFH, 16.06.2004 – X R 50/01, ZEV 2005, 420 m. Anm. *Fleischer*: spätere Investitionen des Erwerbers, welche die Ertragskraft des übergebenen Vermögens gesteigert haben, bleiben unberücksichtigt.

E. Versorgungsrenten

Betriebe, Teilbetriebe, Mitunternehmeranteile oder Anteile an Kapitalgesellschaften taugliche Übertragungsobjekte darstellen, sondern auch Wertpapiere oder typische stille Beteiligungen.[1116] (Bar- oder nicht angelegtes[1117] Buch-) Geld sah die Finanzverwaltung[1118] allerdings auch weiterhin (in Abweichung vom Großen Senat des BFH) nicht als taugliches Vermögen zur Existenzsicherung an, sondern allenfalls als Durchgangsstadium zu einer verabredeten Umschichtung in Sachvermögen (nachstehend Rdn. 4981). Fehlt eine solche Abrede, sollen lediglich unbeachtliche Unterhaltsleistungen vorliegen.[1119] Der BFH ließ es dagegen ausreichen, dass übertragenes Geld absprachegemäß nicht nur zur Anschaffung, sondern auch (allein) zur Entschuldung von Wirtschaftsgütern eingesetzt wird, die ihrerseits Ertrag bringende Wirtschaftseinheiten sind (z.B. vermietete oder – i.H.d. Nutzungsvorteile – eigengenutzte Immobilien,[1120] also bspw. nicht zur Tilgung von Konsumentenkrediten): die für die Übertragung des Geldes ausbedungenen Versorgungsleistungen sind dann abzugsfähig (a.A. hingegen insoweit die Finanzverwaltung, die ersparte Kreditzinsen nicht als „Ertrag" akzeptiert, Rdn. 4988).

bb) Nachträgliche Umschichtung in geeignete Objekte

Liegt zunächst ungeeignetes – da bspw. ertragloses – Vermögen vor, erkennen Rechtsprechung[1121] und Finanzverwaltung[1122] für Altfälle den Sonderausgabenabzug dann an, wenn bereits im Übergabevertrag eine Verpflichtung zu dessen Veräußerung und zur Reinvestition („**Umschichtung**") in eine ausreichend Ertrag bringende Vermögensanlage **vereinbart** und diese zeitnah, d.h. binnen 3 Jahren,[1123] vorgenommen wird. Das Reinvestitionsobjekt muss (und sollte)[1124] dabei nur der Art nach, nicht hinsichtlich seiner tatsächlichen Identität bestimmt sein (also geringere Anforderungen als bspw. bei der Anerkennung einer mittelbaren Grundstücksschenkung).[1125] Da das zu erwerbende Ertrag bringende Vermögen bereits bisher im Eigentum von Familienangehörigen gestanden haben kann, lässt sich z.B. eine übertragene Kunstsammlung als vorausbestimmtes

4981

1116 Tz. 10 des Dritten Rentenerlasses.
1117 Festgeldkonten sind dagegen als Kapitalforderungen taugliches ertragbringendes Vermögen, Tz. 10 des Dritten Rentenerlasses; *Geck*, DStR 2005, 86. Die Zwischenanlage als Festgeld sollte auch verabredet sein, um bereits vor der Umschichtung in das vereinbarte Zielvermögen Versorgungsleistungen abziehen zu können: *Bauschatz*, KÖSDI 2005, 14602 f.
1118 Tz. 21 letzter Absatz des Dritten Rentenerlasses, ebenso BFH, 16.06.2004 – X R 22/99, DStR 2004, 1555; dagegen lässt sich anführen, dass Geld – sofern es angelegt wird – ertragbringender sein kann als etwa Immobilien – sofern sie vermietet werden.
1119 Dagegen *Paus*, EStB 2005, 219: Anschaffungskosten.
1120 BFH, 01.03.2005 – X R 45/03, DStR 2005, 1174; zuvor schon *Paus*, EStB 2005, 220; ebenso für einen „Altfall" FG Niedersachsen, 04.11.2009 – 2 K 277/07, ErbStB 2010, 62.
1121 BFH, GrS1/00 unter C II 6a; BFH, 16.06.2004 – XR 22/99, DStR 2004, 1555.
1122 Tz. 14, Beispiel 1 des Dritten Rentenerlasses (Umkehrschluss), DStR 2004, 1696, 1697.
1123 Systematisch richtiger wäre (wohl) gewesen, von der Fünf-Jahres-Frist des § 6 Abs. 3 Satz 2 EStG auszugehen, die zum Entfall der Buchwertfortführung eines übernommenen Mitunternehmeranteils führt.
1124 Damit Planänderungen nicht zu einem, sei es auch ggf. nur vorübergehenden, Abzugsverbot führen, vgl. *Geck*, DStR 2005, 85/86: Gattungsbezeichnung mit Einräumung des Rechtes zu vorübergehend anderweitiger Anlage genügt.
1125 BFH, 26.07.2006 – X R 1/04, ZEV 2006, 562: es genüge, dass die Vertragsparteien anlässlich der Übergabe „außerhalb der notariellen Urkunde" ihren übereinstimmenden Willen erklären, dass die Versorgungsleistungen aus einer der Art nach bestimmten und (in der Prognose) ausreichend ertragbringenden Wirtschaftseinheit gezahlt werden sollten (möglicherweise gelten allerdings strengere Maßstäbe für Übertragungen nach Veröffentlichung des Dritten Rentenerlasses).

Tauschobjekt für ein damit „beglichenes" Mehrfamilienhaus des Ehemannes einsetzen.[1126] (Wird geeignetes, also Ertrag bringendes, Vermögen dagegen nachträglich in anderes Ertrag bringendes Vermögen umgeschichtet,[1127] bedarf es jedoch nach Ansicht der Rechtsprechung weder einer vorherigen Gestattung im Übergabevertrag noch einer späteren gesonderten Abrede mit dem Übergeber).[1128]

4982 Bis zur Reinvestition handelt es sich um steuerlich unbeachtliche Unterhaltsleistungen i.S.d. § 12 Nr. 2 EStG; die Veranlagung erfolgt vorläufig nach § 165 AO.[1129] Unterbleibt die Umschichtung innerhalb des Dreijahreszeitraums, ist der Sonderausgabenabzug dauerhaft verwehrt, es liegt dann eine Kaufpreisrente vor (Tz. 16 des 3. Rentenerlasses).[1130] Erfolgt die Reinvestition rechtzeitig in ein taugliches, der Art nach vereinbartes Objekt, ist zur Prüfung, ob ausreichend Ertrag bringendes Vermögen vorliegt, auf die durchschnittlichen jährlichen Erträge des erworbenen Vermögens im Umschichtungs- und den beiden Folgejahren abzustellen.[1131] Wurde das Reinvestitionsobjekt zugleich aus anderen Mitteln finanziert, ist nur der anteilig aus dem umgeschichteten Vermögen erwirtschaftete Bruchteil der erzielbaren Einkünfte heranzuziehen.[1132]

4983 Die Finanzverwaltung[1133] hat diesen Grundsatz erweitert auf die im Übergabevertrag vereinbarte **nachträgliche Investition** des Erwerbers auf das zunächst noch nicht ausreichend Ertrag bringende Vermögen.

Beispiel:
Übertragen wird ein Rohbau, den jedoch der Erwerber fertigzustellen sich verpflichtet.

Für die steuerrechtliche Würdigung mache es keinen Unterschied, ob der ausreichend existenzsichernde und Ertrag bringende Charakter durch Investitionen in das übertragene Objekt oder aber durch eine verpflichtend vereinbarte, dadurch ermöglichte Ersatzanschaffung erreicht wird.

4984 Demnach konnte bis Ende 2007 auch eine **Kombination** aus den schenkungsteuerlichen Privilegien einer **mittelbaren Grundstücksschenkung** (Rdn. 4216 ff.) mit der ertragsteuerlichen Förderung der Vermögensübergabe gegen Versorgungsleistungen erreicht werden:[1134] Ein Geldbetrag wird rechtzeitig zweckgebunden geschenkt zum Erwerb/zur Errichtung einer bestimmten Immobilie gegen Gewährung einer dauernden Last: Die wirksame (§ 311b BGB!) Verpflichtung

---

1126 Vgl. *Reich*, DNotZ 2004, 17.
1127 Nach BFH, 08.12.2010 – X R 35/10, ErbStB 2011, 124 ist dafür stets die Anschaffung neuer Vermögensgegenstände erforderlich (nicht ausreichend ist die bloße Verwendung der Erlöse im eigenen Betrieb), vgl. *Geck/Messner*, ZEV 2011, 247.
1128 BFH, 17.03.2010 – X R 37/06, ZEV 2010, 427.
1129 Tz. 13 des 3. Rentenerlasses, DStR 2004, 1696, 1697; a.A. *Geck*, DStR 2005, 86: vorläufige Abzugsfähigkeit als Versorgungsleistungen.
1130 *Paus*, EStB 2005, 220 weist zu Recht krit. darauf hin, dass bei gänzlichem Fehlen einer Umschichtungsabrede (also nicht lediglich bei deren verspäteter Umsetzung) dagegen steuerlich unbeachtliche Unterhaltsleistungen vorliegen sollen (Tz. 28 des Erlasses).
1131 BFH, 17.03.2010 – X R 38/06, ZEV 2010, 427; hierzu *Schmidt*, NWB 2010, 3346 ff.
1132 Tz. 15 des 3. Rentenerlasses.
1133 Tz. 13, 15 u. 16 des 3. Rentenerlasses; vgl. *Schwenke*, DStR 2004, 1683.
1134 Vgl. *Amann*, in *Amann/Hertel/Everts*, Aktuelle Probleme der notariellen Vertragsgestaltung im Immobilienrecht 2006/2007 (DAI-Skript), S. 131 ff.

zur Umschichtung des (aus Sicht der Finanzverwaltung) ertraglosen Wirtschaftsguts „Geld" in das geeignete Wirtschaftsgut „Immobilie" (Ertrag: ersparte Eigenmiete/erzielbare Fremdmiete aus dem [geschenkten Anteil am] Objekt)[1135] erlaubt den Sonderausgabenabzug, sofern die dauernde Last unter dem erzielbaren Ertrag bleibt, ab dem Zeitpunkt der Gebäudeerstellung/ des -erwerbs, der jedoch nicht später als 3 Jahre nach der Geldzuwendung liegen darf. Würde stattdessen nachträglich Geld geschenkt zweckgebunden zur Tilgung bestehender Kredite auf der Immobilie, liegt weder eine mittelbare Grundstücksschenkung mehr vor noch gewährt die Finanzverwaltung (trotz anderslautender BFH-Rechtsprechung) den Sonderausgabenabzug, da ersparte Zinsen keine Erträge seien (Rdn. 4988).

Wurde eine vor dem 31.12.2007 vereinbarte Umschichtungsvepflichtung von ertraglosem in Ertrag bringendes Vermögen nicht vor Inkrafttreten des § 10 Abs. 1 Nr. 1a EStG (01.01.2008) erfüllt, gelten gem. Tz 87 des IV. Rentenerlasses nunmehr die neuen Regeln, d.h. nur noch Betriebsvermögen ist dem Grunde nach geeignet (anders als im Fall der tatsächlichen späteren Umschichtung von bereits anfänglich geeignetem Vermögen in anderes, Tz. 88 des IV. Rentenerlasses, unten Rdn. 5037). 4985

cc) **Sonderbehandlung von Betriebsvermögen?**

Der zweite Beschluss des Großen Senats v. 12.05.2003[1136] hatte schließlich eine weitere Fallgruppe aus Sicht der Rechtsprechung untauglicher Vermögensgegenstände geschaffen, wobei ihm jedoch die Finanzverwaltung insoweit nicht gefolgt ist:[1137] Es mangele an einem übergabefähigen „Vermögen", wenn ein Unternehmen **weder über einen positiven Substanzwert noch über einen positiven Ertragswert** verfüge. Künftige Gewinne eines wertlosen oder gar verschuldeten Betriebs seien nicht als Erträge des übergebenen Vermögens zu qualifizieren, sondern stellten Unternehmerlohn dar, also Ertrag der Arbeitsleistung des Übernehmers. Diese Rechtsprechung hätte dazu geführt, dass Pachtbetriebe sowie Einzelunternehmen im Dienstleistungsbereich mit geringem Substanzwert (z.B. Friseursalon) nicht mehr übergabefähig gewesen wären[1138] (bei land- und forstwirtschaftlichen Betrieben führt zwar die Kürzung um den Unternehmerlohn ebenfalls zum Wegfall eines Ertragswerts, allerdings liegt typischerweise ausreichender Substanzwert vor).[1139] Die Auffassung des Großen Senats hätte des Weiteren dazu geführt, dass die Finanzverwaltung bei jeder Betriebsübergabe eine Prüfung des Unternehmenswerts hätte vornehmen müssen;[1140] aus praktischen Erwägungen hat sich daher der Dritte Rentenerlass **gegen eine Sonderbehandlung von Betriebsvermögen** ausgesprochen: Wie bei allen anderen tauglichen Übergabeobjekten ist lediglich darauf abzustellen, ob sie ausreichend Ertrag bringend sind; der IV. Rentenerlass ist dem (in Tz. 31) gefolgt. 4986

1135 Allerdings unter Abzug etwaiger Vorbehaltswohnungsrechtsflächen des Zuwendenden: Rdn. 3226 dritter Anstrich, Tz. 12 des Dritten Rentenerlasses.
1136 BStBl. 2004 II, S. 100.
1137 Tz. 8 des 3. Rentenerlasses.
1138 *Spiegelberger*, Stbg 2001, 258; *Watrin/Middendorf/Wallbaum*, ErbStB 2004, 44.
1139 Vgl. *Spiegelberger*, DStR 2004, 1105.
1140 Und damit den im Beschl. 1/00 des Großen Senats v. 12.05.2003, BStBl. 2004 II, S. 95, entwickelten Grundsatz, bei der Übertragung eines Unternehmens sei bis zum Beweis des Gegenteils von einer positiven Ertragsprognose und ausreichend erwirtschaftbaren Erträgen auszugehen, widersprochen.

b) „Ausreichend ertragbringend"

aa) Ertragsprognose

4987 Entscheidendes Tauglichkeitskriterium ist demnach für die vor dem 01.01.2008 verwirklichten Fälle nicht mehr das Vorliegen „existenzsichernden",[1141] sondern „ausreichend ertragbringenden" Vermögens: dies rechtfertigt die Typusnähe zum Vorbehaltsnießbrauch. Nach überschlägiger Berechnung dürfen die zugesagten Versorgungsleistungen aus Sicht des Übertragungszeitpunktes – bei nachträglicher Umschichtung aus Sicht des Umschichtungszeitpunktes[1142] – nicht höher sein als der langfristig erzielbare Ertrag des Vermögens (bei Aktien und Wertpapieren lediglich unter Berücksichtigung der Dividenden/Zinsausschüttungen, also ohne Veräußerungsgewinne und Kursteigerungen;[1143] bei GmbH-Anteilen nach Maßgabe des Jahresergebnisses, also des erzielbaren Nettoertrags).[1144] Zu den Erträgen des Vermögens zählt nach damaliger Rechtslage auch der Nutzungswert (ersparte ortsübliche Miete) der vom Erwerber eigengenutzten Wohnung[1145] (nachstehend Rdn. 5074 ff.), nicht allerdings der Nutzungswert einer Wohnung, die der Veräußerer aufgrund vorbehaltenen Rechts weiterhin bewohnt (nachstehend Rdn. 5073 ff.).

4988 Aus Sorge vor Missbrauch akzeptierte die Finanzverwaltung bereits im III. Rentenerlass allerdings nur ersparte Wohnaufwendungen (im durch den Erwerb eigengenutzten Objekt – anders bei Objekten, die unentgeltlich an Angehörige überlassen werden)[1146] als „finanzmathematischen" Ertrag, jedoch – entgegen der Rechtsprechung, Rdn. 4980 – auch ersparte Zinsaufwendungen (etwa durch Tilgung eines Darlehens aus übertragenem Geldvermögen – die an den Zuwendenden zu leistenden Versorgungsbeträge wären sonst als Sonderausgaben abziehbar, auch wenn die ersparten Darlehenszinsen bei privater Verwendung nicht berücksichtigbar gewesen wären).[1147]

4989 Den tatsächlichen bzw. erzielbaren Erträgen (also ohne Abzug von Schuldzinsen oder Verwaltungskosten) sind die nach steuerlichen Regeln ermittelten Absetzungen für Abnutzung, erhöhten Absetzungen oder Sonderabschreibungen sowie außerordentlichen Aufwendungen hinzuzurechnen. Im Fall der **Eigennutzung** durch den Erwerber bildet allerdings lediglich die **ersparte**

1141 *Dhonau*, ZEV 2004, 22 weist zu Recht darauf hin, dass die Eigenschaft als „existenzsichernde Wirtschaftseinheit" auch i.R.d. Anerkennungsfähigkeit von auf letztwilligen Verfügungen beruhenden Versorgungsleistungen Bedeutung hatte: gem. Tz. 29 des zweiten Rentenerlasses BStBl. 2002 I, S. 893 und BFH, ZEV 1994, 187 scheidet der Sonderausgabenabzug jedenfalls aus, wenn der Empfänger der Versorgungsleistungen existenzsichernde Werte erhielt und damit nicht potenziell versorgungsbedürftig war. Es bleibt offen, ob das Merkmal insoweit noch maßgeblich bleibt.

1142 Beispiel: BFH, 18.08.2010 – X R 55/09, ZEV 2011, 269 m. Anm. *Spiegelberger*.

1143 BFH, 21.07.2004 – X R 44/01, DStR 2004, 1911; *Watrin/Middendorf/Wallbaum*, EStB 2004, 42.

1144 BFH, RNotZ 2005, 130.

1145 Großer Senat des BFH, ZEV 2003, 420 ff.; ebenso bereits Tz. 13 des Ersten Rentenerlasses (BMF-Schreiben v. 23.12.1996); a.A. BFH, 10.11.1999 – X R 10/99, BStBl. 2002 II, S. 653 mit der Folge, dass ein teilentgeltlicher Erwerb vorliege, sodass Eigenheimzulage auf den Barwert der wiederkehrenden Leistungen gewährt werde. Bei Vertragsabschluss vor dem 11.11.2002 konnte auf Antrag die Besteuerung nach der früheren Rechtslage erfolgen (Sonderausgabenabzug), vgl. OFD Hannover v. 07.02.2003, ZEV 2003, 240.

1146 BFH, 17.03.2010 – X R 38/06, ZEV 2010, 417: kein Ertrag.

1147 Tz. 21 des Dritten Rentenerlasses, DStR 2004, 1696, 1698 (anders nur für Vorgänge vor Veröffentlichung des Erlasses, Tz. 76, S. 1704), ausdrücklich bestätigt durch BMF v. 19.01.2007, DStR 2007, 534. Dogmatisch steht dahinter wohl die Erwägung, dass nur im Bereich einer Einkunftsart angesiedelte (ersparte) Zinsen als Ertrag anerkannt werden können. Krit. gegen den Nichtanwendungserlass *Geck/Messner*, ZEV 2007, 243.

E. Versorgungsrenten

Nettomiete (also ohne Erhöhung um die AfA) berücksichtigbaren Ertrag; es ist ungewiss, ob nicht möglicherweise gar die tatsächlichen Werbungskosten in diesem Fall abzuziehen sind.[1148]

Die Prognose ist zwar – in Anlehnung an R 99 ErbStR 2003 – gemäß dem durchschnittlichen Netto-Ertrag des Übergabejahres und der beiden vorangegangenen Jahre zu ermitteln[1149] (dadurch wird die schwierige Aufgabe des Beraters, über prophetische Gaben zu verfügen, etwas erleichtert). Der Übernehmer kann jedoch nachweisen, dass abweichend von dieser vergangenheitsbezogenen Prognose in seiner Person künftig ausreichend hohe Netto-Erträge zu erwarten seien (maßgeblich sind dann im Zeitpunkt der Übergabe bereits bestimmbare Umstände für das laufende und die beiden folgenden Jahre).[1150] Spätere Investitionen des Erwerbers, welche die Ertragskraft gesteigert haben, bleiben jedoch unberücksichtigt.[1151]

4990

bb) Teilentgeltliche Übertragungen

Soweit die Vermögensübergabe **teilentgeltlich** erfolgt (also z.B. Abstandsgelder an den Veräußerer oder Ausgleichszahlungen an weichende Geschwister vorliegen), ist zu prüfen, ob die Erträge, die auf den unentgeltlich bleibenden Anteil entfallen, zur Erbringung der Versorgungsleistungen ausreichen.

4991

Beispiel:[1152]

4992

V überträgt an E ein vermietetes Haus, Verkehrswert 1.000.000,00 €, gegen Übernahme von Verbindlichkeiten von 300.000,00 € und Zahlung eines Gleichstellungsgeldes an den weichenden Bruder i.H.v. 200.000,00 €. An den Veräußerer sind wiederkehrende Leistungen i.H.v. 18.000,00 € jährlich zu entrichten. Die durchschnittlichen echten Mieteinnahmen, zuzüglich Abschreibung, der letzten 3 Jahre betragen 39.250,00 € pro Jahr. Der auf den unentgeltlich übertragenen (hälftigen) Anteil des Vermögens entfallende hälftige Anteil der durchschnittlichen, korrigierten Erträge beläuft sich auf 19.625,00 €, ist somit also höher als die wiederkehrenden Leistungen von jährlich 18.000,00 €. Es liegt also die Übergabe ausreichend Ertrag bringenden Vermögens vor.

cc) Unternehmensübertragung

Bei der Übertragung von Unternehmen (einschließlich land- und forstwirtschaftlicher Betriebe oder freiberuflicher Praxen bzw. der rechtsgeschäftlichen Übertragung von Mitunternehmerschaften[1153] sowie von Kapitalgesellschaftsanteilen)[1154] gilt für Sachverhalte, die noch unter Geltung des früheren Rechtes, also bis 31.12.2007 verwirklicht wurden: Ein Unternehmerlohn

4993

1148 Hierauf weist *Fischer*, FR 2004, 718, hin.
1149 Danach wird das Jahr der Übergabe 3-fach, das vorangehende zweifach, und das vorvergangene Jahr einfach gewertet und die Summe durch 6 geteilt.
1150 BFH, 16.06.2004 – X R 50/01, ZEV 2004, 520 m. Anm. *Fleischer*.
1151 So schon BFH, 16.06.2004 – X R 50/01, ZEV 2005, 420 m. Anm. *Fleischer*.
1152 Nach Tz. 27 des Dritten Rentenerlasses, DStR 2004, 1699.
1153 Erforderlich ist die Einzelrechtsnachfolge, nicht etwa die Kombination von Eintritt eines neuen und Austritt eines bisherigen Gesellschafters; zu einem infolgedessen gescheiterten Modell BFH, 28.06.2000 – X R 48/98, EStB 2000, 423 m. Anm. *Hartmann*, EStB 2001, 188.
1154 Jedenfalls sofern sowohl der Veräußerer als auch der Erwerber als Geschäftsführer tätig waren bzw. sind.

ist bei der Ertragsprognose gem. Tz. 24 des Dritten Rentenerlasses nicht abzusetzen,[1155] ebenso wenig mindert bei Übertragung eines Anteils an einer GmbH das Gehalt des Gesellschafter-Geschäftsführers die auf der Grundlage der ausschüttungsfähigen (nicht der ausgeschütteten) Gewinne ermittelten Erträge. Ferner werden die Erträge nicht um die AfA, Sonderabschreibungen und außerordentliche Aufwendungen gekürzt (allerdings um die betrieblichen Zinsen).

4994 Es gilt bereits unter Geltung des III. Rentenerlasses eine Beweiserleichterung in Gestalt einer nur in seltenen Ausnahmefällen (z.B. bei mehrjährigen Verlusten) widerleglichen **Vermutung** dafür, dass die Beteiligten im Zeitpunkt der Übertragung zu Recht angenommen haben, der Betrieb werde auf Dauer ausreichende Gewinne erwirtschaften, um die wiederkehrenden Leistungen abzudecken.[1156] Voraussetzung ist allerdings, dass der Betrieb tatsächlich vom Erwerber fortgeführt wird. Dem Übernehmer bleibt es ferner unbenommen, nachzuweisen, dass für die Zukunft ausreichend hohe Nettoerträge zu erwarten sind (dieser Beweis gilt als geführt, wenn die durchschnittlichen Erträge des Jahres der Vermögensübergabe und der beiden folgenden Jahre ausreichen, um die wiederkehrenden Leistungen zu erbringen (Tz. 25 des Dritten Rentenerlasses). Werden allerdings wesentliche Teile eines übertragenen Betriebes veräußert, muss anhand einer neuen Ertragsprognose geprüft werden, ob die Versorgungsleistungen von den Nettoerträgen des verbleibenden Vermögens gedeckt werden; unschädlich ist dabei nach Ansicht des BFH ein Unterschreiten der Erträge um bis zu 10 %.[1157]

4995 Ob diese Beweiserleichterung auch bei der Übertragung eines landwirtschaftlichen Nebenerwerbsbetriebes gilt, dessen Inhaber seinen Lebensunterhalt i.d.R. überwiegend aus anderen Quellen deckt, ist allerdings offen.[1158] Allein die Ermittlung der Gewinne nach Durchschnittssätzen (§ 13a EStG) steht jedenfalls nach Ansicht der Finanzverwaltung[1159] der Beweiserleichterung nicht entgegen, allerdings müsse auch hier der gem. § 13a EStG ermittelte Gewinn (bereinigt um Sondergewinne nach § 13a Abs. 6 Nr. 2 und 4 EStG) den Jahreswert der vereinbarten wiederkehrenden Leistung übersteigen. Andernfalls bedarf es (ebenso wie im Fall einer Verpachtung des Betriebes durch den Erwerber) einer konkreten Ertragsprognose; ggf. einer Gewinnschätzung nach § 62 AO.

dd) Unzureichende Erträge: der frühere „Typus 2"

4996 Reichen die erzielbaren Erträge nur teilweise zur Abdeckung der Versorgungsleistungen aus, lag **nach früherer Verwaltungsauffassung** (2. Rentenerlass) eine sog. **Vermögensübergabe des Typus II** vor, allerdings nur unter der **zusätzlichen Voraussetzung**, dass der Kapitalwert der wiederkehrenden Leistungen nicht mehr als doppelt so hoch ist wie der Wert des übertrage-

---

[1155] Er spielt gemäß dem Beschluss des Großen Senats des BFH, GrS 2/00, DStR 2003, 1700, dem die Finanzverwaltung (Tz. 8 des Dritten Rentenerlasses, DStR 2004, 1696, 1697) glücklicherweise jedoch nicht folgt, nur bei übertragenem Betriebsvermögen eine Rolle, soweit zu beurteilen ist, ob das übergebene Unternehmen überhaupt „Vermögen" darstelle, also entweder über einen positiven Substanz- oder über einen (hier nach Abzug des Unternehmerlohnes verbleibenden) positiven Ertragswert verfügt.

[1156] Die Beweiserleichterung gilt allerdings nicht für verpachtete Betriebe und für gewerblich geprägte Personengesellschaften gem. § 15 Abs. 3 Nr. 2 EStG.

[1157] BFH, 17.03.2010 – X R 38/06, ZEV 2010, 427; hierzu *Schmidt*, NWB 2010, 3346 ff.

[1158] Im Urteil des BFH, 16.09.2004 – X R 7/04, ZEV 2005, 30 m. Anm. *Schönfelder*, kam es hierauf nicht an, da die Erträge zur Deckung der gewährten Wohn- und Energiekosten ausreichten.

[1159] OFD München/Nürnberg v. 04.04.2005, ZEV 2005, 300.

nen Vermögens (bei teilentgeltlichem Erwerb: des unentgeltlichen Anteils[1160] des übertragenen Vermögens) zum Zeitpunkt der Vermögensübertragung sei (andernfalls hätten Unterhaltsrenten vorgelegen).

Der Beschluss des Großen Senates des BFH v. 12.05.2003[1161] erkennt den Sonderausgabenabzug bei Übertragungen des Typus II nicht mehr an. Dieses aus dem Vergleich mit dem Vorbehaltsnießbrauch abgeleitete Ergebnis mag begrifflich etwas befremden, da der Sonderausgabenabzug gerade dann versagt wird, wenn tatsächlich ein Sonderopfer stattfindet, also eigene, nicht aus dem übergebenen Objekt erwirtschaftbare Mittel aufgewendet werden, aber gewährt wird, wenn lediglich die ermöglichten Erträge „zurückgereicht" werden.[1162] Für Übertragungsvorgänge bis zum Monatsersten nach Veröffentlichung des angepassten dritten Rentenerlasses (01.11.2004) können Veräußerer und Erwerber übereinstimmend gem. BMF-Schreiben v. 08.01.2004[1163] wählen zwischen der Anwendung der Grundsätze des Großen Senates oder aber des zweiten Rentenerlasses v. 22.08.2002 andererseits; treffen sie keine Wahl, gelten die Grundsätze des Großen Senates unter Vorbehalt der Nachprüfung gem. § 164 AO. 4997

Die Fälle des bisherigen „Typus II" gelten seitdem[1164] als **(teil-) entgeltliche Übertragungen**, d.h. sie generieren beim Erwerber Anschaffungskosten bzw. (bis 31.12.2005) Eigenheimzulagenpotenzial, schaffen aber beim Veräußerer u.U. (bei Betriebsvermögen sowie im Fall des § 23 EStG) steuerpflichtige Veräußerungserlöse (Rdn. 4919f.) Das Schrifttum wendet hiergegen ein, es sei unzutreffend, den Beteiligten auch dann den Willen zur (Teil-) Entgeltlichkeit zu unterstellen, wenn sie sich über die Wertrelationen des Objekts zur kapitalisierten Rente keinerlei Gedanken gemacht, vielmehr die Rentenhöhe tatsächlich am Versorgungsbedarf des Veräußerers orientiert haben: zumindest in solchen Fällen müsse die Rente in der noch erzielbaren Höhe als Versorgungsleistung anerkannt und hinsichtlich des übersteigenden Betrages als steuerlich unbeachtliche Unterhaltsrente qualifiziert werden mit der Folge, dass es sich weiterhin um eine ertragsteuerlich unentgeltliche Übertragung handele.[1165] 4998

Gerade bei bisher betrieblichem Vermögen kann nämlich sonst die (i.d.R. ungewollte), von der herrschenden Meinung vorgenommene Umqualifizierung von Versorgungsleistungen in „Kaufpreisrenten" zu schmerzhaften Konsequenzen führen. 4999

Beispiel:[1166]
Der Veräußerer betreibt auf dem zu übertragenden Grundbesitz eine „Frühstückspension". Der Bilanzwert des Grundbesitzes beläuft sich auf 300.000,00 €, der Verkehrswert auf 1.200.000,00 €. Der durchschnittliche jährliche Netto-Ertrag der letzten 3 Jahre (unter Hinzurechnung der AfA, ohne Abzug des

---

1160 Gem. Tz. 22 des Dritten Rentenerlasses v. 16.09.2004 (DStR 2004, 1696, 1699) ist bei der Ermittlung des Wertes ein vorbehaltenes Nutzungs- oder Nießbrauchsrecht wertmindernd zu berücksichtigen und nicht nach § 16 BewG zu begrenzen.
1161 ZEV 2003, 420 ff. m. Anm. *Fleischer*, 427; hierzu auch *Geck*, ZEV 2003, 441; *Kesseler*, ZNotP 2003, 424 ff.; *Kerpmann*, DStR 2003, 1736 ff.; *Krauß*, NotBZ 2003, 439 ff.; *Heinrichshofen/Henke*, ErbStB 2003, 384; *Reich*, DNotZ 2004, 6 ff.; *Spiegelberger*, MittBayNot 2004, 228 („Renaissance der vorweggenommenen Erbfolge").
1162 Hierauf weist *Spiegelberger*, in: FS 50 Jahre Deutsches Anwaltsinstitut, 2003, S. 427 ff. hin.
1163 IV C 3 S 2255 510/03, vgl. ErbStB 2004, 45.
1164 Tz. 49 des Dritten Rentenerlasses v. 16.09.2004 (DStR 2004, 1696, 1700).
1165 *Brandenberg*, NWB 2006, 2489 = Fach 3, S. 14091.
1166 Nach *Amann/Mayer*, Intensivkurs Überlassungsvertrag (DAI-Skript Mai 2006), S. 33.

Unternehmerlohns) beträgt 36.000,00 €. Übergibt der Veräußerer nun diesen Grundbesitz an seine Tochter gegen wiederkehrende Zahlungen auf Lebensdauer i.H.v. 54.000,00 € jährlich, liegt – unabhängig von dem erheblichen Substanzwert – eine nicht mehr als Versorgungsleistung zu qualifizierende Übergabe des früheren Typus 2 vor. Vielmehr handelt es sich um Entgelt, das in Barwert einerseits und Zinsanteil andererseits aufgespalten wird. Sofern der Barwert (kapitalisiert nach Anlage zu § 14 Abs. 1 Satz 4 BewG) bspw. die Hälfte des Verkehrswerts erreicht, liegt demnach in Höhe dieser Hälfte eine entgeltliche Veräußerung vor, i.ü. eine unentgeltliche. Bzgl. der (im Beispiel hälftigen) entgeltlichen Übertragung entsteht ein Veräußerungsgewinn von 450.000,00 € (halber Verkehrswert von 600.000,00 € minus halber Buchwert von 150.000,00 €), der möglicherweise (55. Lebensjahr; einmalige Inanspruchnahme) allerdings als Betriebsaufgabegewinn privilegiert ist. Bei der Tochter entstehen in dieser Höhe abschreibungsfähige Anschaffungskosten.

2. Rechtslage für Neufälle ab 2008

a) Beschränkung auf „Betriebsvermögen"

5000 Für alle ab 01.01.2008 vereinbarten Vermögensübertragungen beschränkt § 10 Abs. 1 Nr. 1a EStG i.d.F. des Jahressteuergesetzes 2008 (vgl. hierzu bereits oben Rdn. 4957 ff.) den Kreis tauglicher Vermögensgegenstände zum einen dadurch, dass diese in Deutschland steuerpflichtige Einkünfte erzielen müssen (wobei begrifflich fraglich ist, ob GmbH-Anteile angesichts der künftigen Abgeltungsteuer-/Teileinkünfteveranlagung ihrer Dividenden dieses Kriterium erfüllen),[1167] zum anderen durch gegenständliche Reduzierung auf den betrieblichen Bereich, wie nachstehend erläutert. Der weitaus größte Anwendungsbereich des bisherigen Rechtsinstituts, nämlich die Übertragung von Immobilienvermögen, oder sonstigen Ertrag bringenden Wirtschaftseinheiten (Wertpapiervermögen etc.) entfällt damit. Das „Stuttgarter Modell" (Rdn. 1535 ff.) sowie die Möglichkeit, ersparte Wohnaufwendungen durch die Übertragung des nun vom Erwerber selbst genutzten Eigenheims in Form von Versorgungsleistungen nutzbar zu machen, entfällt für Neufälle.

aa) Betriebe oder Teilbetriebe

5001 Betriebe, also die Übertragung aller funktional, also für die Betriebsfortführung, wesentlichen[1168] Betriebsgrundlagen wobei zum land- und forstwirtschaftlichen Betrieb[1169] aufgrund ausdrücklicher Regelung in § 10 Abs. 1 Nr. 1a Satz 3 EStG auch der Wohnteil zählt.[1170] Erfasst ist demnach auch der ruhende Verpachtungsbetrieb, sofern noch keine Betriebsaufgabeerklärung abgegeben wurde (Rdn. 4469).[1171]

1167 So *Schulze zur Wiesche*, BB 2007, 2379; a.A. *Heinrichshofen*, ErbStB 2008, 117: lediglich besonderer Steuertarif; ausgesondert werden sollten z.B. Einkünfte, die nach Doppelbesteuerungsabkommen in Deutschland steuerfrei sind, R 10.3 Nr. 1 EStR 2005, ebenso *Wälzholz*, GmbH-StB 2008, 213.

1168 Wie in § 6 Abs. 3 EStG: BMF v. 03.03.2005, BStBl. 2005 I, S. 458; nicht erforderlich ist also das Vorhandensein stiller Reserven (*Wälzholz*, DStR 2008, 275).

1169 Gleichgültig ob die Gewinnermittlung gem. § 13 EStG oder nach Durchschnittssätzen (§ 13a EStG) erfolgt, vgl. *Wälzholz*, DStR 2008, 274.

1170 Ertragsteuerlich handelt es sich dabei i.d.R. um Privatvermögen (nur bewertungsrechtlich liegt gem. § 160 Abs. 1 Nr. 3 BewG Betriebsvermögen vor).

1171 *Wälzholz*, GmbH-StB 2008, 210, und zwar auch, wenn die ruhende Verpachtung durch eine Personengesellschaft erfolgt und lediglich Mitunternehmeranteile hieran übertragen werden (obwohl § 10 Abs. 1 Nr. 1a Satz 2a) – anders als b) – auf das Ausüben einer Tätigkeit i.S.d. § 15 Abs. 1 Nr. 1 EStG abstellt.

Gleiches gilt für Teilbetriebe (vgl. Rdn. 4707), also einen einheitlichen, organischen und jedenfalls beim Erwerber selbstständig lebensfähigen Organismus. Die Finanzverwaltung fordert in Tz 13 des IV. Rentenerlasses, dass die Verselbstständigung des Teilbetriebs bereits beim Veräußerer bestanden haben muss, entgegen der herrschenden Meinung in der Literatur, die für die Anlegung gleicher Maßstäbe wie im Umwandlungsteuerrecht plädiert.[1172] Mit übertragen werden müssen alle wesentlichen Betriebsgrundlagen, nach funktionaler[1173] Betrachtungsweise, Rdn. 4668.

5002

bb) Mitunternehmeranteile

Privilegiert sind weiter Mitunternehmeranteile an einer Personengesellschaft, die landwirtschaftliche, gewerbliche oder freiberufliche Tätigkeit ausübt, und sei es zumindest in solchem Umfang, dass die gesamte Tätigkeit dadurch infiziert ist, Rdn. 4479 (also nicht an lediglich gewerblich geprägten oder gar schlicht vermögensverwaltenden Personengesellschaften,[1174] die der Sache nach Privatvermögen verwalten, vgl. zu dieser Differenzierung Rdn. 4474 ff.). Wenn sich im Gesamthands- oder im übertragenen Sonderbetriebsvermögen z.B. GmbH-Anteile befinden, stört es nicht, dass die weiteren Voraussetzungen, die bei isolierter Übertragung von GmbH-Anteilen gelten würden (nachstehender Spiegelstrich, z.B. 50% Quote), nicht erfüllt sind.[1175] Gleiches gilt bei Übertragung eines Gesamtanteils an einer Betriebsaufspaltung, auch wenn die Quote an der Betriebskapitalgesellschaft unter 50% beträgt.

5003

Erfasst ist (auch nach Ansicht der Finanzverwaltung: Tz. 8 des IV. Rentenerlasses) auch die Aufnahme einer natürlichen Person in ein Einzelunternehmen[1176] sowie – über den Wortlaut hinaus[1177] – die Übertragung eines Mitunternehmer**teil**anteils gegen Versorgungsleistungen.[1178] Zur Mitunternehmerschaft zählt neben dem Gesamthandsanteil auch das Sonderbetriebsvermögen, vgl. Rdn. 4466 ff.[1179] Wird nur ein Teil eines Mitunternehmeranteils übertragen, verlangt Tz 8 Satz 3 des IV. Rentenerlasses die Synchronübertragung derselben Quote des Sonderbetriebsvermögens, obwohl die unterquotale Mitübertragung i.R.d. § 6 Abs. 3 EStG unschädlich wäre (Rdn. 4712).[1180] auch hier unschädlich ist.[1181] (einschließlich Sonderbetriebsvermögen!)

5004

1172 *Wälzholz*, DStR 2008, 275 (und damit weniger großzügig als im Umwandlungsteuerrecht, § 1 Abs. 1a UStG, aber weniger streng als in §§ 14, 16, 18 Abs. 4 EStG).

1173 Also nicht funktional-quantitativ, es kommt also nicht darauf an, ob im Wirtschaftsgut wesentliche stille Reserven ruhen.

1174 Dies ergibt sich aus der Verweisung lediglich auf § 15 Abs. 3 Nr. 1, nicht auch Nr. 2 EStG. Ausreichend wäre jedoch eine zumindest geringfügige eigene gewerbliche Tätigkeit („gewerbliche Infektion").

1175 Vgl. *Wälzholz*, GmbH-StB 2008, 212; § 10 Abs. 1 Nr. 1a Satz 2a) ist ggü. c) vorrangig.

1176 *Wälzholz*, GmbH-StB 2008, 210, a.A. *Schmidt/Heinicke*, EStG, 27. Aufl. 2008, § 10 Rn. 60.

1177 Zumal in §§ 6 Abs. 3, 16 Abs. 1 EStG deutlich zwischen beiden Sachverhalten differenziert wird.

1178 *Wälzholz*, MittBayNot 2008, 94 und DStR 2008, 275 (anders als bei § 16 EStG kommt es nicht auf die zusammengeballte Versteuerung aller stillen Reserven an); bejahend auch *von Oertzen/Stein*, DStR 2009, 1117 ff.

1179 BFH, 06.05.2010 – IV R 52/08, GmbHR 2010, 877: identische Voraussetzungen wie in § 6 Abs. 3 EStG; vgl. hierzu *Levedag*, GmbHR 2011, 855, 859.

1180 Krit. hierzu *Spiegelberger*, DStR 2010, 1822, 1824, der zu Recht empfiehlt, Sonderbetriebsvermögen rechtzeitig vorher unter Buchwertfortführung gem. § 6 Abs. 5 Satz 3 Nr. 2 EStG in eine gewerblich geprägte GmbH & Co KG einzubringen.

1181 Bejahend *Schmidt/Heinicke*, EStG, 27. Aufl. 2008, § 10 Rn. 60, problematisch dürfte jedoch die überquotale Übertragung von Sonderbetrebsvermögen sein, *von Oertzen/Stein*, DStR 2009, 1117 ff.

5005 > **Hinweis:**
>
> Ausschließlich vermögensverwaltende Personengesellschaften, auch wenn gewerblich als GmbH & Co. KG geprägt, können ab 2008 nicht mehr Gegenstand einer Vermögensübergabe gegen Versorgungsleistung sein (anders nur, wenn aufgrund „Infektion" mit einer mehr als geringfügigen echt-gewerblichen Tätigkeit insgesamt § 15 Abs. 1 Satz 1 EStG als erfüllt gilt sowie wenn eine Besitz-GmbH & Co. KG im Rahmen einer **Betriebsaufspaltung**[1182] fungiert, da in diesem Fall originäre gewerbliche Einkünfte vorliegen – vgl. zu beidem Rdn. 4479). Ausreichend ist es schließlich auch, dass die Mitunternehmerschaft nur mehr einen ruhenden Gewerbebetrieb unterhält, also das aktive Vermögen insgesamt **verpachtet** hat (Tz. 11 des IV. Rentenerlasses).

cc) GmbH-Anteile

5006 Begünstigt im Rahmen einer Übertragung gegen Versorgungsleistungen sind ferner mindestens 50 %[1183] betragende Anteile an einer GmbH, sofern der Übergeber als Geschäftsführer tätig war und der Übernehmer diese Tätigkeit nach der Übertragung übernimmt. Wie das Vermögen der GmbH zusammengesetzt ist, spielt keine Rolle. Die rein vermögensverwaltende Kapitalgesellschaft wird demnach unter dem Aspekt des Versorgungsausgabenabzugs beim Erwerber bedeutsamer werden, auch wenn sie schenkungsteuerlich nicht die Betriebsvermögensprivilegien erlangen kann.

5007 Im Einzelnen besteht insoweit manche Unsicherheit. So ist z.B. fraglich, warum andere Kapitalgesellschaften (etwa kleine AG in Familienbesitz) ausgeschlossen sind,[1184] während ausländische GmbH-Äquivalente, etwa die Private Limited Company[1185] begünstigungsfähig sind. Möglicherweise sind daher zuvor formwechselnde Umwandlungen erforderlich, wobei eine Mindestexistenzzeit der zu übergebenden GmbH vom Gesetz nicht verlangt wird; Tz 23 des IV. Rentenerlasses unterstellt (allerdings bezogen auf den Formwechsel von der Personen- in die Kapitalgesellschaft) einen Gestaltungsmissbrauch i.S.d. § 42 AO, wenn weniger als ein Jahr verstrichen ist.

5008 Auch führt die **hohe Beteiligungsgrenze** (die auf den Anteil am Stammkapital, nicht auf Stimm- oder Gewinnbezugsrechte bezogen ist) zu einem eklatanten Wertungswiderspruch zwischen Ertragsteuer- und Erbschaftsteuerrecht (in Letzterem verbleibt es nach dem derzeitigen Reformentwurf bei der Beteiligungsgrenze von 25 %, vgl. § 13b Abs. 1 Nr. 3 Satz ErbStG-Entwurf, wobei eine Zusammenrechnung aufgrund Stimmrechtsbindungsvorgängen in Betracht kommt, sodass Familienstämme mit einheitlicher Beherrschung ebenfalls von der Erbschaftsteuerprivilegierung profitieren werden). Auch innerhalb des Einkommensteuerrechts klafft nun eine weite Lücke zwischen der „Wesentlichkeitsgrenze" des § 17 EStG (1 %) sowie der 50-%-Grenze des § 10 Abs. 1 Nr. 1a EStG. Zu Ausweichlösungen vgl. Rdn. 5024.

1182 Vgl. *Geck*, DStR 2011, 962 ff.; *Kratzsch*, NWB 2010, 1964, 1970 ff.

1183 Das wiederholt formulierte Ziel einer Rechtsformneutralität der Besteuerung ist also wiederum nicht gewahrt, da Mitunternehmeranteile ohne Rücksicht auf ihre Höhe gegen Gewährung von Versorgungsleistungen übertragen werden können!

1184 So eindeutig die Begründung BT-Drucks. 16/7036, S. 15 f.

1185 In deren Ausschluss liegt möglicherweise ein Verstoß gegen Art. 43, 48 EG; vgl. *Wälzholz*, MittBayNot 2008, 95.

Hinweis:

Anders als etwa i.R.d. bisherigen schenkungsteuerlichen Privilegierung von Kapitalanteilsübertragungen (§ 13a ErbStG) kommt es zur Wahrung des 50%-Kriteriums des § 10 Abs. 1 Nr. 1a Satz 2c EStG nicht mehr darauf an, dass der Veräußerer zu mindestens 50% an der Gesellschaft beteiligt war, sondern dass er einen solchen Anteil von 50% oder mehr überträgt. Soll eine geringere Quote gegen Versorgungsleistungen übertragen werden, ist ein vorheriger Formwechsel in eine Personengesellschaft, wo dieses Kriterium nicht mehr gilt, zu erwägen (allerdings scheiden dann schlicht vermögensverwaltende oder gewerblich geprägte Personengesellschaften aus dem Kreis tauglicher Übergabeobjekte aus). Der IV. Rentenerlass (Tz. 23 Satz 2) lässt diesen Formwechsel allerdings nur gelten, wenn er mindestens ein Jahr vor der Übertragung durchgeführt wurde. Weiter bleibt als Ausweichlösung die Einbringung der GmbH-Anteile in ein gewerblich tätiges Einzelunternehmen oder eine gewerblich tätige Personengesellschaft (nicht eine lediglich gewerblich geprägte, der Sache nach jedoch Privatvermögen verwaltende oder geschäftsleitende Holdingfunktion ausübende GmbH & Co. KG), am besten zur Vermeidung eines Anschaffungsvorgangs im Wege der verdeckten Einlage (Rdn. 2193). Des Weiteren könnte durch Überlassung mindestens einer wesentlichen Betriebsgrundlage an die GmbH eine **Betriebsaufspaltung** begründet werden, sodass der (auch unter 50% bleibende) Anteil an der Betriebs-GmbH zum Betriebsvermögen des Besitzunternehmens wird und zusammen mit diesem gegen Sonderausgabenabzug übertragen werden kann.[1186] In ähnlicher Weise könnte eine atypisch-stille Gesellschaft (Mitunternehmerschaft) mit der Ziel-GmbH begründet und sodann der GmbH-Anteil mit dem Mitunternehmeranteil gegen Versorgungsleistungen übertragen werden. Sollen mehrere Personen Anteile unter 50% erwerben, bietet möglicherweise (wegen § 39 Abs. 2 Satz 2 AO zweifelhaft) die Übertragung an eine aus diesen Personen bestehende GbR als „einen Erwerber" eine Alternative. Daneben bleibt die Möglichkeit der unentgeltlichen Übertragung auf eine Familienstiftung, die ihrerseits sodann die Versorgung übernimmt.[1187] Sollen 50% oder mehr übertragen werden, ohne damit die Kontrolle abzugeben (was vom Gesetz nicht verlangt wird), könnte dem Veräußerer hinsichtlich des bei ihm verbleibenden Anteils ein Mehrstimmrecht eingeräumt bzw. die Satzung dergestalt geändert werden, dass Beschlüsse gegen das Veto des verbleibenden Gesellschafters, mag er auch lediglich 50% oder weniger innehaben, nicht möglich sind.

Die Finanzverwaltung lässt es (Tz. 18 Satz 2 des IV. Rentenerlasses) genügen, dass der Erwerber, der nach der Anteilsübertragung zum Geschäftsführer bestellt sein muss, bereits zuvor Geschäftsführer war. Unschädlich ist auch (Tz. 18 Sätze 3 und 6 des IV. Rentenerlasses), dass der Veräußerer noch in beratender oder dienstvertraglicher Weise, nicht aber als Geschäftsführer,[1188] für das Unternehmen tätig ist. Der Gesetzeswortlaut verlangt keine Mindestzeit hinsichtlich der Fortführung der zu übernehmenden Geschäftsführertätigkeit des Erwerbers, die Finanzverwal-

---

1186 Vgl. *Wälzholz*, MittBayNot 2008, 95. Die Voraussetzungen des § 10 Abs. 1 Nr. 1a Satz 2 Buchst. c) EStG müssen also nicht neben denen des Buchst. a) vorliegen. Die Jahresfrist der Tz 23 des IV. Rentenerlasses zur Vermeidung des § 42 AO gilt jedoch auch hier.
1187 *Von Löwe*, in: FS Spiegelberger (2009), S. 1370.
1188 Vorsorglich sollte nicht nur die Organstellung, sondern auch der Anstellungsvertrag beendet werden, *Geck*, ZEV 2010, 161, 165.

tung wertet jedoch die fortlaufend erbrachten Versorgungsleistungen ab dem Zeitpunkt, in dem der Erwerber nicht mehr Geschäftsführer ist, als nicht abziehbare (aber auch beim Empfänger nicht mehr gem. § 22 Nr. 1b EStG zu versteuernde) Unterhaltszahlungen, Tz. 18 Satz 1 des IV. Rentenerlasses. Allerdings muss es (wohl) genügen, dass der Erwerber – neben anderen – Mitgeschäftsführer ist, auch wenn er vom operativen Geschäft fernhält.

5011 Das Risiko des späteren Wegfalls der steuerlichen Abzugsfähigkeit wird sich (ähnlich Rdn. 5053: Wegzugsrisiko des Veräußerers, „Mallorca-Klausel") in der Vereinbarung der Rentenhöhe widerspiegeln:[1189]

5012 **Formulierungsvorschlag: Anpassung der Versorgungsrente bei späterem Wegfall des Sonderausgabenabzugs nach Übertragung von GmbH-Anteilen**

(*Anm.*: *im Anschluss an die Vereinbarung der Versorgungsrente als solche:*)

Vorstehender Monatsbetrag, der als steuerlicher „Netto-Betrag" kalkuliert wurde, erhöht sich um die Einkommensteuerersparnis des Zahlungspflichtigen, solange die Abzugsfähigkeit der Rente als Versorgungsleistung im Rahmen der Sonderausgaben beim Erwerber gewährleistet bleibt, und zwar nach Maßgabe folgender Vereinbarungen: Für jeden Monat, in dem dem Zahlungspflichtigen die Reduzierung der Einkommensteuerbelastung rechtlich zur Verfügung stünde, erhöht sich die dauernde Last um ein Zwölftel der ersparbaren Jahressteuer, die unter Ansatz eines Durchschnittssteuersatzes von 35 % zu ermitteln ist. Weist der Zahlungspflichtige nach, dass tatsächlich eine geringere Steuerersparnis zu erzielen ist, oder weist der Zahlungsempfänger nach, dass eine höhere Steuerersparnis zu erzielen ist, wird der niedrigere bzw. höhere Ersparnisbetrag monatlich zusätzlich geschuldet; der Zahlungspflichtige hat den Steuerbescheid auf Verlangen vorzulegen. Ausdrücklich wird klargestellt, dass es für die Erhöhung allein darauf ankommt, dass die Steuerersparnis rechtlich gewährt würde (unabhängig davon, ob sie der Zahlungspflichtige tatsächlich in seiner Jahressteuererklärung berücksichtigt), dass aber andererseits auch das Entfallen der Steuerbegünstigung unabhängig davon berücksichtigt wird, ob sie aufgrund einer Gesetzesänderung oder aufgrund eines Verhaltens des Zahlungsempfängers (etwa infolge Wegzugs ins Ausland) oder in Folge eines Verhaltens des Zahlungspflichtigen (etwa Niederlegung der übernommenen Geschäftsführerstellung, Einbringung der erworbenen Anteile in einer Aktiengesellschaft etc) nicht mehr gewährt werden kann.

5013 Ertragsteuerlich tritt seit Inkrafttreten der Abgeltungsbesteuerung eine weitere Komplikation hinzu: Der Erwerber kann bei wortlautgemäßer Anwendung die Zahlungen nur dann nach § 10 Abs. 1 Nr. 1a EStG als Sonderausgaben abziehen, wenn auf Antrag bei ihm die Veranlagungsbesteuerung gem. §§ 32d Abs. 2 Nr. 3, 43 Abs. 5 Satz 2 EStG anstelle der Abgeltungsbesteuerung erfolgt (andernfalls wäre das von § 10 Abs. 1 Nr. 1a EStG verlangte Kriterium nicht erfüllt, wonach die Sonderausgaben nicht mit Einkünften wirtschaftlich im Zusammenhang stehen dürfen, die bei der Veranlagung außer Betracht bleiben.[1190] Abzugsfähig [und zu versteuern] wären dann jedoch stets lediglich 60 % der Versorgungsleistungszahlungen [vgl. Rdn. 4848]. Die Finanzver-

---

[1189] Vgl. *Ihle*, notar 2011, 21.
[1190] Vgl. *Röder*, DB 2008, 146, 149; *Schultes-Schnitzlein/Keese*, NWB 2009, 75.

waltung steht jedoch zugunsten des Steuerpflichtigen in Tz. 49 des IV. Rentenerlasses großzügigerweise auf dem Standpunkt, dass die Abgeltungsteuer der Abziehbarkeit der Versorgungsleistungen nicht entgegenstehe.

dd) „Versorgungsrenten" bei „ungeeignetem" Vermögen

Die „Reform" (im überwiegenden Sinn: Beseitigung) des Instituts der Vermögensübergabe gegen Versorgungsleistungen ließ zunächst offen, wie solche wiederkehrenden Leistungen ertragsteuerlich zu bewerten sind, die in Neufällen ab 2008 nicht mehr unter den Anwendungsbereich des § 10 Abs. 1a EStG fallen. Während es für die bis Ende 2007 verwirklichten Sachverhalte wohl bei der bisherigen Einteilung in ertragsteuerrechtlich unbeachtliche Unterhaltsrenten, zu Anschaffungskosten führende Veräußerungsrenten und zum Sonderausgabenabzug berechtigende Versorgungsrenten (vgl. Rdn. 4963 ff.) bleibt, war bei der Neuvereinbarung von wiederkehrenden Leistungen im Zusammenhang mit Übertragungen, also für Sachverhalte ab 2008, zunächst unklar, ob sie – sofern der verbleibende geringe Anwendungsbereich des Sonderausgabenabzugs verschlossen bleibt – als Entgelt, mithin als Anschaffungskosten, zu werten sind, oder ob es sich um ertragsteuerlich unbeachtliche, den Unterhaltsrenten ähnliche Leistungen handelt.

5014

Die Finanzverwaltung[1191] und der überwiegende Teil der Literatur[1192] sehen in ihnen Entgelt.[1193] Demnach läge bei der Übertragung von Privatvermögen oder Einzelgegenständen des Betriebsvermögens nach der sog. Trennungstheorie (Rdn. 4756, Rdn. 4859) Teilentgeltlichkeit (im Verhältnis einer Aufteilung des Verkehrswerts zum kapitalisierten Wert der Rente) vor, die bei steuerverstricktem Privatvermögen etwa in den Fällen der §§ 17, 23 EStG zu unliebsamen Steuerkonzequenzen führen kann – vgl. das Beispiel in Rdn. 5017 –, bei vermieteten Immobilien jedoch neues AfA-Potenzial generiert. Handelt es sich um Betriebsvermögen, das gegen nicht privilegierte Versorgungsleistungen, mithin gegen wiederkehrende Entgeltzahlungen, übertragen wird (etwa eine lediglich gewerblich geprägte, nicht gewerblich tätige GmbH & Co. KG), findet jedoch die Einheitstheorie Anwendung (Rdn. 4670, Rdn. 4860), sodass eine insgesamt unentgeltliche Übertragung i.S.d. § 6 Abs. 3 EStG mit Buchwertfortführung vorliegt, wenn der Kapitalwert der Rente unter dem Buchwert des Kapitalkontos verbleibt. Andernfalls (wenn also der Barwert der kapitalisierten Versorgungsleistung das Kapitalkonto des Veräußerers übersteigt), entsteht i.H.d. Differenz ein Veräußerungsgewinn, der ggf. unter den Voraussetzungen des § 16 Abs. 4 EStG um einen Freibetrag von 45.000,00 € gemindert und gem. § 34 Abs. 3 EStG einem ermäßigten Steuersatz unterliegen kann (vgl. Rdn. 4515 ff.); der Erwerber erzielt Anschaffungskosten auf die den Mitunternehmeranteil repräsentierenden Wirtschaftsgüter i.H.d. kapitalisierten Rentenwerts.

5015

1191 Jedenfalls in Fortschreibung der Auffassung in Tz. 7 des 3. Rentenerlasses.
1192 Etwa *Röder*, DB 2008, 146; *Risthaus*, ZErB 2007, 314, *Heinrichshofen*, ErbStB 2008, 116, *Wälzholz*, MittBayNot 2008, 97; a.A. *Fleischer*, ZEV 2007, 478; *Seitenreich/Kunze*, ErbStB 2007, 338; *Spiegelberger*, DB 2008, 1063 ff.
1193 Hierfür spricht auch die Begründung im nicht verwirklichten Änderungsantrag der Fraktion „Bündnis 90/Die Grünen" v. 27.11.2007, BT-Drucks. 16/7329, wonach auch die Übertragung von vermieteten Grundstücken weiterhin Gegenstand einer Vermögensübergabe gegen Versorgungsleistung darstellen solle.

5016 *Beispiel zur Übertragung von GmbH-Anteilen im Privatvermögen (§ 17 EStG) gegen nicht privilegierte Versorgungsleistungen:*

Der Gesellschafter V überträgt im Jahr 2008 an seinen Sohn S 40 % der GmbH-Anteile gegen Gewährung einer „Versorgungsrente". Die historischen Anschaffungskosten des Anteils mögen 20.000,00 € betragen haben, der Barwert der Rente belaufe sich auf 60.000,00 €, der gemeine Wert des GmbH-Anteils bei Übertragung 100.000,00 €. § 10 Abs. 1 Nr. 1a EStG kommt, da die 50 %-Grenze nicht erreicht wird, nicht zur Anwendung. Es handelt sich also (Übertragung eines Gegenstandes des Privatvermögens, Trennungstheorie) um einen zu 60 % entgeltlichen, zu 40 % unentgeltlichen Vorgang. V erzielt demnach einen Veräußerungsgewinn von 60.000,00 € abzgl. des anteiligen Buchwerts von (60 % aus 20.000,00 € =) 12.000,00 €, also von 48.000,00 €, der nach dem Halbeinkünfteverfahren (§§ 3 Nr. 40, 3c Abs. 2 EStG), also i.H.v. 24.000,00 €, besteuert wird (ab 2009 nach dem Teileinkünfteverfahren i.H.v. 60 %, Rdn. 2431).

Für S erhöht der Barwert der Rente die Anschaffungskosten auf 60.000,00 €; i.Ü. (also für 40 % aus 20.000,00 = 8.000,00 €) führt er die Buchwerte des V fort.

Der Zinsanteil der Rentenzahlungen, der gem. § 22 Nr. 1 Satz 3a bb) EStG zu ermitteln ist (ist V 60 Jahre alt, z.B. 22 % des Jahresbetrages), kann als Werbungskosten ggü. den künftigen Ausschüttungen aus der GmbH (Einkünfte aus Kapitalvermögen) geltend gemacht werden; während V diesen Ertragsanteil als sonstigen Bezug zu versteuern hat. Ab 2009 unterliegen die Gewinnausschüttungen aus dem erworbenen GmbH-Anteil der Abgeltungsteuer, sodass der Abzug des Zinsanteils als Werbungskosten gem. § 20 Abs. 9 EStG bei 801,00 €/Jahr (im Fall der Zusammenveranlagung bei 1.602,00 €/Jahr) gekappt ist. Hier könnte es sich für S empfehlen, von der Optionsmöglichkeit des § 32d Abs. 2 Nr. 3 EStG Gebrauch zu machen, sodass auch für Dividenden das Teileinkünfteverfahren gelten würde (also Besteuerung der Ausschüttung zu 60 %, allerdings Werbungskostenabzug des Zinsanteils der Rente ebenfalls i.H.v. 60 %).

5017 Scheitert die Anerkennung als Versorgungsleistungen jedoch daran, dass der Bezieher nicht zum Generationennachfolgeverbund gehört oder aber der Versorgungsvertrag nicht vereinbarungsgemäß durchgeführt wird, sei nach Ansicht der Finanzverwaltung im Einzelfall zu prüfen, ob nichtabziehbare Unterhaltsrenten oder aber Austauschrenten vorliegen, Tz 58 des IV. Rentenerlasses.

ee) Umschichtung in „geeignetes Vermögen"

5018 Anders als nach bisherigem Recht (Rdn. 4981 ff.) scheidet eine nachträgliche steuerneutrale Umschichtung des übertragenen, nicht begünstigten, Vermögens in geeignete Werte aus – ab 2008 muss also die zu übergebende Vermögenseinheit ggf. zuvor durch den Veräußerer selbst erworben werden, es genügt nicht mehr, dem Erwerber Geld mit der Auflage der Umschichtung zu schenken (Tz 36 des IV. Rentenerlasses). Dies gilt auch, wenn vor 2008 eine (damals gem. Tz 13 des III. Rentenerlasses akzeptierte) Umschichtungsverpflichtung in „geeignetes" Vermögen eingegangen wurde, diese jedoch nicht mehr vor dem 31.12.2007 erfolgt ist: Abzugsfähigkeit ist nur mehr gegeben, wenn die geschuldete Umschichtung sich in auch nach neuem Recht geeignetes (Betriebs-) Vermögen vollzieht (Tz. 87 des IV. Rentenerlasses).

ff) Gestaltungsalternativen für „nunmehr ungeeignetes" Vermögen

5019 Für den nunmehr nicht mehr von § 10 Abs. 1a EStG erfassten Bereich, insb. die Übertragung von Immobilien, bieten sich folgende Gestaltungsalternativen an:[1194]

[1194] Vgl. hierzu auch *Spiegelberger*, DStR 2010, 1880 ff.

- die Lösung über den Nießbrauchsvorbehalt, der nunmehr (da § 25 ErbStG a.F. seit 2009 entfallen ist) in gleicher Weise wie der Kapitalisierungsbetrag einer wiederkehrenden Leistung zur Reduzierung der Schenkungsteuer führt, und weiterhin, wie bisher Versorgungsleistungen, ertragsteuerlich als unentgeltlich gilt. Hinsichtlich der Absicherungswirkung für den Begünstigten bleibt sie jedoch deutlich hinter den wiederkehrenden Leistungen zurück, zumal der Nießbraucher die Erträge selbst zu erwirtschaften hat und gegen wirtschaftliche Einbrüche (Leerstandsrisiken etc.) nicht gefeit ist. Der Nießbrauch an Betriebsvermögen führt ferner dazu, dass der Veräußerer nicht – wie gewünscht – sich aus der unternehmerischen Mitwirkung zurückzieht. Auch bestehen weiterhin Unterschiede im Hinblick auf das Anlaufen der Frist des § 2325 BGB (Rdn. 1199 ff.).
- In Betracht kommt ferner, insb. größere Vermögensgegenstände des Privatvermögens, z.B. Immobilien, in eine GmbH einzubringen, deren Geschäftsanteile sodann unter gleichzeitigem Geschäftsführungswechsel übertragen werden, oder dasselbe Ergebnis (grunderwerbsteuerfrei) durch Formwechsel einer (kurzzeitig als oHG angemeldeten) Grundbesitz-GbR in eine GmbH erreicht werden.
- In ähnlicher Weise können Immobilien in eine gewerblich tätige Einzelunternehmung oder Personengesellschaft eingebracht werden (eine nur gewerblich geprägte, jedoch tatsächlich lediglich vermögensverwaltende oder lediglich geschäftsleitende Holding-Personengesellschaft genügt hierfür nicht, da § 10 Abs. 1 Nr. 1a Buchst. a) EStG nur für tatsächlich gewerbliche Mitunternehmerschaften den Sonderausgabenabzug eröffnet). Zur Vermeidung einer Gewinnrealisierung sollte die Übertragung unentgeltlich, also im Wege der verdeckten Einlage gegen Buchung auf einem gesamthänderischen Rücklagenkonto und nicht gegen Gewährung von Gesellschaftsrechten, vorgenommen werden (vgl. Rdn. 2193).
- In Betracht kommt weiter der sog. „Familienkredit",[1195] der zum ertragsteuerlich unbeachtlichen Rückfluss von Tilgungsleistungen führt, jedoch nicht an geänderte Versorgungsbedürfnisse des Übergebers angepasst werden kann.

b) Ausreichende Ertragsprognose

Dem Konzept der „vorbehaltenen Erträge", die nunmehr allerdings vom Erwerber zu erwirtschaften sind, folgend, liegen Versorgungsrenten nur vor, wenn bei überschlägiger Berechnung die wiederkehrenden Leistungen nicht höher sind als der langfristig erzielbare Ertrag des übergebenen Vermögens. Die Finanzverwaltung gewährt insoweit in Tz. 29 des IV. Rentenerlasses (wie bereits zuvor im III. Rentenerlass: Rdn. 4994) eine **Beweiserleichterung** dahin gehend, dass grds. von ausreichenden Erträgen auszugehen sei, wenn eines der in § 10 Abs. 1 Nr. 1a EStG genannten (betrieblichen) Objekte übergeht, selbst wenn kein nennenswerter Unternehmenswert übergeht (das gegenteilige Judikat des Großen Senat des BFH findet also zugunsten des Steuerpflichtigen keine Anwendung).[1196]

Die Beweiserleichterung greift jedoch **nicht**

- bei (überwiegend) verpachteten Unternehmen, ebenso wenig

1195 Vgl. *Fleischer*, ZEV 2007, 475; *Spiegelberger*, DStR 2010, 1880, 1881.
1196 Tz. 31 des IV. Rentenerlasses, gegen BFH, 12.05.2003 – GrS 2/00, ZEV 2003, 424 m. Anm. *Fleischer*.

- bei nachträglicher Umschichtung des (bisher privilegierten) Vermögens (Rdn. 5033 ff.); es fehlt aus Sicht des Rentenbeziehers an Erfahrungswerten in Bezug auf das neue Vermögen.[1197] Gleiches gilt
- wenn im Rahmen einer einheitlichen Übertragung begünstigtes und nicht begünstigtes Vermögen übertragen wird (Tz. 30 des IV. Rentenerlasses). Es empfiehlt sich also,[1198] zunächst allein das begünstigte Vermögen gegen volle Rentenübernahme zu übertragen, und in ausreichendem zeitlichen Abstand z.B. den Grundbesitz.
- Schließlich ist die Vermutung ausreichenden Ertrags dann erschüttert, wenn vor der Übertragung mehrjährige Verluste oder im Verhältnis zu den wiederkehrenden Leistungen nur geringe Gewinne vorlagen. Der Übernehmer kann dann jedoch (Tz. 35 des IV. Rentenerlasses) positiv nachweisen, dass für die Zukunft ausreichende Nettoerträge zu erwarten sind; dies wird anhand der Resultate im Jahr der Vermögensübertragung und den beiden folgenden Jahren beurteilt (solange erfolgt die Veranlagung vorläufig gem. § 165 AO).

5023 Greift die Beweiserleichterung nicht, bedarf es einer konkreten Bedarfsermittlung, und zwar auf den Zeitpunkt der Übergabe (beim zweiten Akt einer „gestreckten Vermögensübertragung", also der Ablösung eines vorbehaltenen Nutzungsrechtes gegen Versorgungsrente, auf den Zeitpunkt der Ablösung, bei der nachträglichen Umschichtung in anderes geeignetes Vermögen auf diesen Zeitpunkt). Aus Vereinfachungsgründen genügt es, die Verhältnisse im Jahr der Übertragung und den beiden vorangehenden Jahren zu prüfen (Tz. 34 des IV. Rentenerlasses). Auszugehen ist vom steuerlichen Gewinn, unter Hinzurechnung der Abschreibungen und größerer Erhaltungsaufwendungen, die üblicherweise nicht jährlich anfallen, und ohne Abzug eines Unternehmerlohns (sodass das Gesellschafter-Geschäftsführer-Gehalt bei der Übertragung von GmbH-Anteilen zum ausschüttungsfähigen Gewinn zu addieren ist).

IV. „Behaltensdauer"; Umschichtungen innerhalb geeigneten Vermögens

5024 Die Folgen späterer Umschichtungen des übertragenen Vermögens, sofern dies zunächst als tauglicher Gegenstand der Vermögensübergabe i.S.d. Rdn. 4976 ff./Rdn. 5000 ff. anzusehen war, unterlagen einem deutlichen Wandel. Unstreitig ist stets geblieben, dass der erforderliche sachliche Zusammenhang der wiederkehrenden Leistungen mit der Erstübertragung dann nicht ende, wenn der Übernehmer das übernommene Vermögen im Weg **vorweggenommener Erbfolge** weiter überträgt: Empfänger von Versorgungsleistungen kann nämlich auch sein, wer ggü. dem Übergeber (Weiterveräußerer) Anspruch auf Versorgungsleistungen aus dem übernommenen Vermögen hat, also die Großeltern im Verhältnis zu den Enkeln[1199] (vgl. Rdn. 5048 f.).

5025 Auch die Einbringung übernommenen Vermögens in eine Kapital- oder Personengesellschaft i.S.d. §§ 20, 24 UmwStG ist unschädlich, ebenso Formwechsel, Verschmelzung und Realteilung übertragener Gesellschaften.[1200]

[1197] Vgl. *Reddig*, ErbStB 2011, 221, 224.
[1198] Vgl. *Kratzsch*, NWB 2010, 1964, 1972 f.
[1199] BFH, DStRE 1997, 361; Tz. 29 des Dritten Rentenerlasses, DStR 2004, 1696, 1700.
[1200] Vgl. Rn. 14, 15, 31, 32 des Dritten Rentenerlasses, DStR 2004, 1696, 1697 f., 1700; *Everts*, MittBayNot 2005, 16.

I.Ü. unterlagen Umschichtungen des tauglich übergebenen Objekts jedoch in zeitlicher Abschichtung außerordentlich unterschiedlichen steuerrechtlichen Konsequenzen:

1. Erster Rentenerlass

Nach Auffassung des ersten Rentenerlasses v. 23.12.1996 schadete die Veräußerung nicht, soweit auch das neue Vermögen tauglicher Vermögensübergabegegenstand sein kann (z.B. Veräußerung eines vermieteten Objekts und Anschaffung eines neuen Mietobjekts). Sofern jedoch eine Umschichtung in nicht privilegiertes Vermögen (z.B. Geld) stattfindet, war dies nach Verwaltungsauffassung nur dann unschädlich, wenn der Weiterveräußerungsvertrag nach Ablauf von mehr als 5 Jahren seit der Übergabe (und damit auf der Grundlage eines vermuteten neuen Entschlusses) erfolgte, andernfalls war der bereits gewährte Sonderausgabenabzug nachträglich auch für die Vergangenheit gem. § 175 Abs. 1 Satz 1 Nr. 2 AO zu stornieren.

5026

Die Rechtsprechung des X. Senates[1201] ließ jedoch bei Veräußerungen unabhängig davon, ob die 5-jährige Frist abgelaufen war und ob eine Surrogation in weiterhin „privilegierte" Vermögensgegenstände stattfindet, den Abzug weiterhin gewährter wiederkehrender Leistungen als Sonderausgaben mit Wirkung für die Zeit nach der Veräußerung nicht mehr zu,[1202] beließ sie allerdings für die Vergangenheit uneingeschränkt.[1203]

5027

2. Zweiter Rentenerlass

Dem schloss sich der „2. Rentenerlass" in Gestalt des BMF-Schreibens v. 26.08.2002, Tz. 20 bis 21.13[1204] an: Der sachliche Zusammenhang der wiederkehrenden Leistungen mit der Vermögensübergabe ende stets mit der Veräußerung des Vermögens. Von besonderer Brisanz ist allerdings dann die Behandlung der wiederkehrenden Leistungen für die Zukunft: Zahlungen sind nach der Umschichtung als Kaufpreisraten zu behandeln, sodass die Grundsätze der entgeltlichen Vermögensübertragung Anwendung finden. Der entgeltlich bzw. unentgeltlich erworbene Teil des Wirtschaftsguts wird nach dem Verhältnis des Kapital-/Barwerts der künftigen Zahlungen zum Verkehrswert des Wirtschaftsguts im Zeitpunkt der (ersten!) Vermögensübergabe bewertet. Demnach stellt die Veräußerung an den Dritten u.U. ein privates Veräußerungsgeschäft i.S.d. § 23 EStG dar, wenn sie innerhalb der Zehnjahresfrist dieser Bestimmung erfolgt. Die Weiterveräußerung an den Dritten bewirkt zugleich möglicherweise ein privates Veräußerungsgeschäft des ursprünglichen Übergebers, wenn dieser das Wirtschaftsgut innerhalb der Fristen des § 23 Abs. 1 Satz 1 EStG vor der nunmehr als Verkauf zu qualifizierenden Übertragung an den „Zwischenerwerber" angeschafft (z.B. Anschaffung Juni 1995; Übertragung Januar 1996: damalige Zweijahresfrist nicht eingehalten) oder aus einem Betriebsvermögen in das Privatvermögen überführt

5028

1201 BFH, DStRE 1999, 12.
1202 BFH, DStR 1998, 1505 ff.
1203 BFH, ZEV 1998, 399.
1204 Vgl. BStBl. 2002 I, S. 893 ff.

hatte.[1205] Der Veräußerungsgewinn wird nach dem Zuflussprinzip (§ 11 EStG) versteuert.[1206] In ähnlicher Weise veränderte die Weiterveräußerung bei **Betriebsvermögen** die Rechtsnatur der vorweggenommenen Erbfolge in einen Unternehmens-"kaufvertrag".[1207]

5029 Die verschärfte Auffassung der Finanzverwaltung führte zu einer der Vertragspraxis bisher fremden zeitlich unbegrenzten „Nachverfolgung und Überwachung" vorweggenommener Erbfolgen und möglicherweise zu einer nachträglichen Belastung Dritter (der Eltern als Erstveräußerer), wenn der Übernehmer – und sei es auch vertragswidrig – das erworbene Vermögen weiterverkauft (Besteuerung eines Veräußerungserlöses!). Die Praxis behalf sich

- mit schuldrechtlichen Veräußerungsverboten, gesichert durch Eigentumsverschaffungsvormerkung,
- mit Nachabfindungszahlungen für den Fall einer Veräußerung (z.B. gesichert durch Sicherungshypotheken).[1208]

Durch Rückbehalt einer geringen Beteiligung von bspw. 1 % als GbR-Anteil. Darin liegt jedoch erhebliches Konfliktpotenzial und – v.a. bei hochbetagten Veräußerern – ein Einfallstor für die Beteiligung von Betreuern und Vormundschaftsgericht mit den dadurch bedingten Schwerfälligkeiten.[1209]

3. Dritter Rentenerlass

5030 Erfreulicherweise hat die Finanzverwaltung im **Dritten Rentenerlass**[1210] – einem Zweifelsvermerk des Großen Senats im Beschluss[1211] folgend – eine Abkehr von der vorstehend referierten Einschätzung vollzogen. Abgestellt wird nunmehr (ähnlich wie in der Fallgruppe der von vornherein vereinbarten Umschichtung ertraglosen Vermögens in Ertrag bringendes: Rdn. 4981) darauf, ob mit dem Erlös aus der Veräußerung des übertragenen, seinerseits Ertrag bringenden Vermögens „**zeitnah**" eine existenzsichernde und ausreichend Ertrag bringende Wirtschaftsein-

---

1205 Sofern, wie im nunmehr nicht mehr weiter verfolgten Entwurf des Steuervergünstigungsabbaugesetzes angekündigt, die Zehnjahresfrist des § 23 EStG künftig wegfallen würde, wird wohl der Rückgriff auf den Erstveräußerer entfallen, während der Verkauf durch den Vermögensübernehmer zeitlich unbefristet als steuerpflichtiges Veräußerungsgeschäft erfasst wird, vgl. *Spiegelberger*, ErbStB 2003, 14.
1206 Fortwährende Rentenzahlungen – nunmehr Kaufpreisraten – sind in einen Kapital- und einen Ertragsanteil aufzuspalten; der Veräußerungsgewinn ist erstmals zu besteuern, sobald die Summe der Kapitalanteile höher ist als die Anschaffungskosten (ggf. abzgl. AfA) und die Veräußerungskosten. Der Ertragsanteil ist beim Veräußerer nach § 22 Nr. 1 Satz 3a EStG zu versteuern, beim Erwerber als Werbungskosten abziehbar (str.).
1207 Sodass der Erstübergeber den fiktiven Veräußerungsgewinn versteuern musste, um den der Kapital-/Barwert der wiederkehrenden Leistungen im Zeitpunkt des Weiterverkaufs an Dritte zusammen mit gezahlten Abstandszahlungen, Gleichstellungsgeldern, übernommenen privaten Verbindlichkeiten und nach Abzug der Veräußerungskosten das steuerliche Kapitalkonto bei Vermögensübergabe übersteigt. Erreicht das Kapitalkonto die genannten fiktiven Veräußerungserlöse nicht, sollte allerdings umgekehrt kein Veräußerungsverlust entstehen. Beim Erstübernehmer liegen ab dem Zeitpunkt der Weiterübertragung demnach Anschaffungskosten i.H.d. Kapital-/Barwerts der noch offenen wiederkehrenden Leistungen zum Zeitpunkt des Weiterverkaufs (ggf. zusammen mit den bereits gezahlten Abstandszahlungen, Gleichstellungsgeldern und übernommenen privaten Verbindlichkeiten) vor. Die Rentenverpflichtung wurde ab diesem Zeitpunkt eine betriebliche Verbindlichkeit, der jeweilige Zinsanteil ist als nachträgliche Betriebsausgabe gem. § 24 Nr. 2 i.V.m. § 15 Abs. 1 Satz 1 Nr. 1 EStG zu behandeln.
1208 Vgl. etwa *Röhrig*, EStB 2003, 186; 189.
1209 Vgl. *Spiegelberger*, ErbStB 2003, 16.
1210 Tz. 28 bis 33, vgl. *Schwenke*, DStR 2004, 1683 f.
1211 1/00 v. 12.05.2003, MittBayNot 2004, 306 ff.

heit erworben oder hergestellt werde. Die „Zeitnähe" bezieht sich nicht (wie der Fünfjahreszeitraum oben Rdn. 5028) auf den Abstand zum Ersterwerb, sondern auf die Wiederverwendung des Erlöses, dürfte also unter dem Dreijahreszeitraum der Finanzverwaltung bei Umschichtung ertraglosen Vermögens liegen, möglicherweise bei einem Jahr.[1212] Die neuerliche Ertragsprognose ist anzustellen im Zeitpunkt der Neuanschaffung, nicht der zwischenzeitlichen Anlage des Geldes aus dem Ersterlös.

Nach Auffassung der **Finanzverwaltung** ist es weiter unschädlich, wenn **nicht der gesamte Erlös** aus der Veräußerung der alten Wirtschaftseinheit für die Anschaffung oder Herstellung des neuen Wirtschaftsguts verwendet, also beispielsweise ein Teil des Verkaufspreises „konsumiert" wird und ebenso umgekehrt unschädlich, wenn aus sonstigem Vermögen zusätzliche Beiträge erbracht werden müssen, um die Reinvestition zu tätigen. Abzustellen ist jedoch stets auf den Ertrag, den der reinvestierte Veräußerungserlös (ggf. anteilig) generieren wird. Eine Sonderstellung soll der **Reinvestition übertragener Geldanlagen** (Wertpapiere, Fondsanteile etc.) zukommen: Dort endet der sachliche Zusammenhang mit den wiederkehrenden Leistungen stets mit dem Zeitpunkt der Endfälligkeit der Geldanlage, sodass eine Neuanlage der ausgezahlten Gelder nicht mehr tauglich ist. Es muss also rechtzeitig vor der Fälligkeit eine Umschichtung in existenzsichernde und ausreichend Ertrag bringende Wirtschaftseinheiten stattfinden. 5031

Offen war, ob in den Fällen, in denen es an einer tauglichen Reinvestition mangelt, also bspw. Geld zur Schuldentilgung eingesetzt wird, nachträglich eine Umqualifizierung der Vermögensübertragung zu einem entgeltlichen Geschäft (wie oben Rdn. 5030 f. nach 2. Rentenerlass) stattfindet oder aber, ob es sich um ein weiterhin unentgeltliches Rechtsgeschäft handelt mit der Folge, dass die wiederkehrenden Leistungen als steuerlich irrelevante Unterhaltszahlungen zu qualifizieren sind. Letzteres entsprach der bis 2007 herrschenden Auffassung.[1213] 5032

4. Vierter Renterlass

a) Umschichtungsfälle

Auch nach Tz 37 ff. des IV. Rentenerlasses endet der sachliche Zusammenhang der wiederkehrenden Leistungen mit der Vermögensübertragung jedenfalls dann nicht, wenn der Übernehmer seinerseits im Wege **vorweggenommener Erbfolge** weiter überträgt und sich dabei den Nießbrauch zurückbehält, sodass er aus diesem die Versorgungsleistungen weiter erbringen kann und erbringt.[1214] Nicht behandelt wird der häufigere Fall, dass der Zweiterwerber des (weiterhin privilegierten) Vermögens die Versorgungslast „schuldbefreiend" übernimmt und nun seinerseits aus dem Vermögen leistet; auch dies dürfte unschädlich sein.[1215] 5033

1212 Großzügiger *Everts*, MittBayNot 2005, 16: je nach Nutzungsdauer des Anlagevermögens bis zu 6 Jahre.
1213 So der X. Senat des BFH, 31.03.2004 – XR 66/98, DStR 2004, 857, und wohl auch die Finanzverwaltung (Tz. 28 des 3. Rentenerlasses).
1214 Bei solchen Mehrgenerationenfällen dürfte in Bezug auf GmbH-Anteile nicht mehr der Grundsatz aus Tz. 18 des IV. Rentenerlasses gelten, dass der (Erst) Erwerber auf ewige Zeit weiter Geschäftsführer bleiben müsse.
1215 Ebenso *Schmidt/Wacker*, EStG, 28. Aufl. 2009, § 16 Rz. 68; *Ihle*, notar 2011, 22.

> **Hinweis:**
> Allerdings stellt auch die (ertragsteuerlich „unentgeltliche") Weiterübertragung von Betriebsvermögen gegen Versorgungsleistungen einen Verstoß gegen die Behaltenspflichten i.R.d. schenkung-/erbschaftsteuerlichen Privilegierung des betroffenen Betriebsvermögens dar, vgl. Rdn. 4132. Ungefährlich ist insoweit die Weiterübertragung unter Vorbehaltsnießbrauch.

5034 Ebenso wenig ist der Zurechnungszusammenhang unterbrochen durch Einbringung in eine Personen- (§ 24 UmwStG) oder Kapitalgesellschaft (§ 20 UmwStG) bzw. durch Anteilstausch (§ 21 UmwStG), ohne Rücksicht darauf, ob diese zum Buchwertansatz erfolgen oder nicht. Entscheidend ist lediglich, dass anschließend weiterhin geeignetes Vermögen vorliegt. Gleiches gilt hinsichtlich der Zuteilungs"ergebnisse" einer Realteilung, vgl. Tz. 42 und 43 des IV. Rentenerlasses. Über den Wortlaut des Erlasses hinaus sollten dieselben Grundsätze greifen bei Formwechsel oder Verschmelzungen von Kapitalgesellschaften (§§ 3 ff., 11 ff. UmwStG) sowie bei Umstrukturierungen mittels Anwachsung.

5035 Wird nur ein Teil des begünstigt gegen Versorgungsrente übertragenen Vermögens an Dritte (auch entgeltlich) weiterveräußert, erfüllt jedoch das verbleibende Vermögen weiterhin die Anforderungen des § 10 Abs. 1 Nr. 1a EStG, und wirft es weiterhin ausreichend Erträge ab zur Finanzierung der Versorgungsleistungen, ist der künftige Sonderausgabenabzug ebenso wenig gefährdet (Tz. 40 des IV. Rentenerlasses).

5036 Auch nach Tz 41 des IV. Rentenerlasses endet der sachliche Zusammenhang der wiederkehrenden Leistungen mit der Vermögensübertragung jedenfalls dann nicht, wenn der Übernehmer das begünstigt übernommene Vermögen veräußert und den Erlös sodann „zeitnah" in geeignetes Vermögen reinvestiert. Entscheidend ist, dass die Erträge aus dem mit dem Erlös neu angeschafften Vermögen die Versorgungsleistungen weiterhin abdecken. Maßgebend ist die Prognose z.Zt. der Reinvestition (Rdn. 5020) Für die Finanzverwaltung gilt der Nachweis als erbracht, wenn die Erträge des Umschichtungsjahres und der beiden Folgejahre ausreichen.

5037 Tz 88 des IV. Rentenerlasses bestimmt als **Übergangsregelung**, dass Umschichtungen aus vor dem 31.12.2007 begünstigt erworbenem Vermögen (z.B. Immobilien) auch nach dem 01.01.2008 weiterhin in Vermögenswerte erfolgen können, die nach altem Recht begünstigt waren.[1216]

b) Gleitende Vermögensübergabe

5038 Die Finanzverwaltung stuft für Neufälle seit 2008 den **zugewendeten Nießbrauch**, gleichgültig ob an Betriebsvermögen eingeräumt oder nicht, als nicht mehr taugliches Übertragungssubstrat ein, Tz 21 des IV. Rentenerlasses, wendet also die jedenfalls zur früheren Rechtslage großzügigere Rechtsprechung des BFH (Rdn. 4979) nicht mehr an. Auch bei der Übertragung eines Betriebs zur bloßen Nutzung, ohne Übergang des Eigentums, also etwa einer schlichten Verpachtung oder einem landwirtschaftlichen Wirtschaftsüberlassungsvertrag, selbst wenn er als Vorstufe zur Betriebsübertragung gedacht ist, kommt deshalb ein Sonderausgabenabzug für die

---

[1216] Vgl. *Geck*, DStR 2011, 1215 ff.

E. Versorgungsrenten

„im Gegenzug" gewährten „Versorgungs"leistungen nicht mehr statt, es handelt sich (ungewollt) um Austauschrenten, Rdn. 5015, Rdn. 4976 ff.

Anders verhält es sich gem. Tz 25 des IV. Rentenerlasses beim **vorbehaltenen Nießbrauch**, der im Zuge der Übertragung geeigneten Vermögens bestellt wurde. Handelte es sich dabei um einen Totalvorbehaltsnießbrauch, waren etwa parallel gewährte Versorgungsleistungen während des Bestehens des Nießbrauchs nicht abzugsfähig, da solange (noch) kein Ertrag bringendes Wirtschaftsgut vorliegt (Rdn. 4976), es sei denn, der Nießbrauch wäre nur zu Sicherungszwecken bestellt (Rdn. 1081), und der Übergeber überlässt seine Ausübung dem Vermögenserwerber, solange die gesicherte Verbindlichkeit „bedient" wird, § 1059 BGB (Rdn. 1133 ff.). 5039

Die Ablösung eines an (**nach neuem Recht geeignetem**) Vermögen bestellten Nießbrauches, gleich ob die Bestellung vor oder ab 2008 erfolgte, durch die lebenslange Gewährung von Versorgungsleistungen kann für diese Leistungen den Sonderausgabenabzug eröffnen, der Zusammenhang zur bereits in der Vergangenheit erfolgten Vermögensübertragung ist also nicht „abgeschnitten". Auch der IV. Rentenerlass erkennt also in Tz. 25 die Rechtsfigur der **zeitlich gestreckten „gleitenden" Vermögensübergabe** an (Zivilrecht: Rdn. 1186 ff.; Rechtslage vor 2008: Rdn. 4977 ff.). Dies gilt unabhängig davon, ob das „Rentenwahlrecht" bereits bei der Übergabe vereinbart war (Muster: Rdn. 1188), oder aber später, „ad hoc", einvernehmlich im Zuge der Ablösung des Nießbrauchs umgesetzt wird (vgl. aber Rdn. 5041 zum Übergangsrecht). 5040

Allerdings spielt die Frage, ob die Ablösung bereits dem Grunde nach bei der Vermögensübertragung selbst vorbehalten war oder nicht, nach Ansicht der Finanzverwaltung (Tz. 85 des IV. Rentenerlasses) eine Rolle für „Altfälle", also vor dem 31.12.2007 vorbehaltene Nießbrauchsrechte. Werden diese ab 2008 gegen lebenslange Rentenzahlung abgelöst, gelten hierfür grds. die Anforderungen des neuen Rechtes, es muss sich also um „Betriebsvermögen" i.S.d. Rdn. 5000 ff. handeln. War jedoch die Ablösung bereits vor Ende 2007 verbindlich vereinbart, gelten weiter die früheren Anforderungen des III. Rentenerlasses (Rdn. 4977 ff.), ohne Beschränkung auf Betriebsvermögen, auch wenn die Ablösung selbst erst ab 2008 stattfindet. 5041

Wird ohne einen solchen Vorbehalt ein **Nießbrauch an Privatvermögen** ab 2008 gegen wiederkehrende Leistungen abgelöst, handelt es sich also um eine entgeltliche Ablösung i.S.d. Rdn. 1185. Der Kapitalanteil der wiederkehrenden Leistungen erhöht demnach die Anschaffungskosten (und damit die AfA-Basis), soweit es sich nicht um unbeachtliche Unterhaltsaufwendungen (§ 12 Nr. 2 EStG) handelt;[1217] der Zinsanteil (§ 55 EStDV) ist beim Zahlungspflichtigen ggf. als Werbungskosten, etwa bei Einkünften aus Vermietung und Verpachtung, abzugsfähig, beim Empfänger jedoch gem. § 20 Abs. 1 Nr. 7 EStG zu versteuern. Es handelt sich jedoch nicht um ein rückwirkendes Ereignis, das die ursprünglich i.S.d. EStG unentgeltliche Übertragung in eine entgeltliche „umfunktioniert",[1218] Rdn. 4946. 5042

1217 Also soweit der kapitalisierte Barwert der Rente höher ist als der Wert des Nießbrauchs; ist der kapitalisierte Wert der Rente mehr als doppelt so hoch wie der Wert des Nießbrauchs, ist der Abzug insgesamt ausgeschlossen, vgl. Rdn. 4965.
1218 BFH, 14.06.2005 – VIII R 14/04, BStBl. 2006 II, S. 15.

V. „Lebenszeit"

5043 Versorgungsleistungen sind, ihrem Absicherungszweck gemäß, als wiederkehrende Leistungen auf Lebenszeit des Empfängers zu vereinbaren. Zeitlich abgekürzte Renten wurden durch die Finanzverwaltung ausnahmsweise in Altfällen (Übertragungen vor 31.12.2007) dann als Versorgungsleistungen anerkannt (vgl. Tz. 58 des III. Rentenerlasses), wenn zum Ablaufdatum der Rente das Versorgungsbedürfnis entfällt (z.B. wegen des dann einsetzenden Bezugs gesetzlicher Altersbezüge). Die ab 2008 geltende Neuregelung des § 10 Abs. 1 Nr. 1a EStG stellt allerdings ausschließlich auf Lebenszeitleistungen ab, sodass Tz. 56 des IV. Rentenerlasses diese Ausnahme nicht mehr kennt.

5044 Der BFH und die Finanzverwaltung lehnen die Anerkennung von Mindestlaufzeitrenten als Versorgungsleistungen ab, da bei derartigen Vereinbarungen das Motiv des wertmäßigen Ausgleichs für die empfangene Leistung im Vordergrund stünde,[1219] es handelt sich um Austauschrenten (Rdn. 4915 ff.).

5045 Löst der Übernehmer die versprochenen wiederkehrenden Leistungen durch Einmalzahlung ab, handelt es sich um einen privaten Vorgang, der weder zum Abzug als Sonderausgaben nach § 10 Abs. 1 Nr. 1a EStG berechtigt noch Anschaffungskosten generiert noch beim Übergeber steuerpflichtig wäre (s. Rdn. 5070).[1220]

VI. Destinatäre

1. Vermögensempfänger

5046 Empfänger einer Vermögensübergabe gegen Versorgungsleistungen können Abkömmlinge sowie alle sonstigen gesetzlich erbberechtigten Personen sein, gem. Tz. 4 des IV. Rentenerlasses (ähnlich bereits Tz. 35 des III. Rentenerlasses) auch „nahe stehende Dritte" wie etwa Schwiegerkinder, Neffen und Nichten, sofern die Vertragsbedingungen allein nach dem Versorgungsbedürfnis des Übergebers und der Leistungsfähigkeit des Übernehmers vereinbart werden. Die Rechtsprechung[1221] und nunmehr auch die Verwaltung (Tz. 4 des IV. Rentenerlasses) erkennt jedoch in Ausnahmefällen auch Vermögensübergaben an sonstige Dritte an, sofern weder kaufmännisch abgewogene Leistungs-/Gegenleistungsbeziehungen (für die allerdings dann die Vermutung spricht!) noch eine private Unterhaltsrente vorliegen.

2. Versorgungsleistungsempfänger

5047 **Empfänger der Versorgungsleistungen** können der Veräußerer, dessen Ehegatte[1222] (seit dem Lebenspartnerschaftsgesetz auch der eingetragene Lebenspartner,[1223] nicht aber der schlichte

---

1219 BFH, 21.10.1999 – X R 75/97, DStR 2000, 147; BFH, 31.08.1994 – X R 44/93, BStBl. 1996 II, S. 676.
1220 Vgl. BFH, NJW 2004, 3000.
1221 BFH, MittBayNot 1999, 102 f.
1222 Auch wenn der Zahlungspflichtige nur Stiefkind des Ehegatten des Veräußerers ist, FG Köln, 30.06.2011 – 10 K 1682/08, JurionRS 2011, 20495.
1223 Vgl. *Wälzholz*, MittBayNot Sonderheft 2001, 52; so jetzt auch Tz. 50 des IV. Rentenerlasses.

Lebensgefährte)¹²²⁴ und alle weiteren im Verhältnis zum Veräußerer (bzw. zum Erblasser bei testamentarischen Versorgungsrenten) pflichtteilsberechtigten Personen sein („Angehörige des **Generationenverbundes**", die an sich vorrangig hätten versorgt werden müssen und mit ihren Pflichtteilsansprüchen die Übergabe stören könnten). Nicht hierzu zählen also Geschwister¹²²⁵ oder gar Lebensgefährten¹²²⁶ des Veräußerers, allerdings – jedenfalls nach Verwaltungsauffassung in Leibgedingsfällen – Geschwister des Erwerbers.¹²²⁷ Letzteres wird durch ein einschränkendes Urteil des X. Senates des BFH¹²²⁸ jedoch für Sachverhalte außerhalb des eigentlichen Leibgedings infrage gestellt: bei wiederkehrenden Leistungen an weichende Geschwister liege regelmäßig ein Vorgang auf der Privatebene des Erwerbers vor (zeitlich gestreckte Pflichtteils- oder Gleichstellungsauszahlung).¹²²⁹

Zusätzlich erkennen BFH und Finanzverwaltung (Tz. 50 des IV. Rentenerlasses, Tz. 36 des III. Rentenerlasses) – jedenfalls in Leibgedingsfällen – auch Leistungen an Großeltern als Versorgungsrenten an, wenn diese bereits zulasten der Eltern begründet worden waren und nunmehr vom Enkel bei Übertragung des Hofes übernommen werden.¹²³⁰ Damit ergeben sich mehrere Möglichkeiten zur Vermögensübergabe unter **Einbeziehung mehrerer Generationen**¹²³¹ (zu Enkelfondsmodellen vgl. Rdn. 2157): 5048

Zum einen kann die Übergabe „Schritt für Schritt" (von den Großeltern „A" an die Kinder „B", von dort an die Enkel „C") erfolgen, und zwar entweder unter stufenweiser Zahlung der Versorgungsleistungen (die Weiterübertragung in vorweggenommener Erbfolge von B an C ist für den Sonderausgabenabzug der weiter fließenden Zahlungen von B an A ungefährlich, Rdn. 5026), oder aber unter Übernahme der Verpflichtungen B – A durch C¹²³² (es handelt sich nicht um eine Schuldübernahme im strengen Sinne, sodass B – C ein ertragsteuerlich unentgeltlicher Vorgang bleibt). 5049

Ist die Enkelgeneration („C") noch nicht in der Lage, die Erträge zur Bedienung der Versorgungsleistungen selbst zu erwirtschaften, kann B sich bei der Übergabe an C den Nießbrauch zurückbehalten und die Verpflichtungen ggü. A hieraus weiter erfüllen.

Denkbar ist weiter die unmittelbare Übertragung „A" an „C", wobei Versorgungsleistungen steuerlich wirksam an „A" wie auch an „B", also die übersprungene Mittelgeneration, zugesagt 5050

1224 Gerichtsbescheid des BFH, 17.12.2003 – X R 31/00 gegen FG München, DStRE 2000, 966; vgl. *Fleischer*, ZEV 2004, 167. Auch handelt es sich bei vermächtnisweise auferlegten Versorgungszahlungen an den Lebensgefährten nicht um Werbungskosten in Bezug auf die aus der Erbschaft erzielten Einnahmen, BFH, 20.07.2010 – IX R 29/09, ErbStB 2010, 357.
1225 BFH, 26.11.2003 – X R 11/01, ZEV 2004, 163 m. Anm. *Fleischer* (auch für wiederkehrende Leistungen aufgrund eines Vermächtnisses).
1226 BFH, 17.12.2003 – X R 2/01, ErbStB 2004, 204.
1227 Es besteht allerdings die (widerlegliche) Vermutung, dass diese nicht versorgt, sondern gleichgestellt werden sollen: BFH, BStBl. 2000 II, S. 602 und FG Münster, 29.10.2009 – 8 K 5237/06 E, BeckRS 2009, 26028481.
1228 BFH, DStR 2000, 519.
1229 Gemäß BFH, ZEV 2002, 81 sind Versorgungsleistungen an Stiefgeschwister in keinem Fall abziehbar.
1230 BFH, BStBl. 1997 II, S. 458.
1231 Vgl. (mit Blick auf BFH, 26.07.2006 – X R 1/04, ZEV 2006, 562), *Wartenburger*, MittBayNot 2007, 290.
1232 So der Sachverhalt in BFH, BStBl. 1997 II, 458.

werden können (Rdn. 5047). Möglich ist sogar eine zeitliche Staffelung der Zahlungsempfängerstellung.[1233]

Problematisch dürfte aber sein, die Vermögenssubstanz an die Enkelgeneration („C") und einen Nießbrauch an die Mittelgeneration („B") zuzuwenden, Letzteren gegen Versorgungsrente. Der Dritte Rentenerlass[1234] sieht nur im Vorbehaltsnießbrauch eine existenzsichernde Wirtschaftseinheit (i.R.d. gleitenden Vermögensübergabe, bei welcher sich der Veräußerer zunächst den Nießbrauch zurückbehält und diesen sodann gegen Zahlung einer Versorgungsrente ablöst, Rdn. 1063), nicht aber im Zuwendungsnießbrauch (vgl. Rdn. 1075, auch zur großzügigeren Auffassung des BFH).

5051 Die Anknüpfung an das Vorliegen einer Pflichtteilsberechtigung als Voraussetzung dafür, dass ein mit dem Veräußerer/Erblasser nicht identischer Dritter tauglicher Empfänger der Versorgungsleistung sein kann, beruht auf der Vorstellung, dass auch dieser Dritte einen „eigenen Vermögenswert" aufwenden müsse, und zwar in Gestalt der Nichtgeltendmachung seines Pflichtteils- (oder Zugewinnausgleichs-) Anspruchs. Hat der Destinatär einer testamentarischen Versorgungsleistung demnach früher ggü. dem Erblasser auf sein **Pflichtteilsrecht insgesamt verzichtet**, scheidet er aus dem „Generationennachfolge-Verbund" aus und kann damit nicht mehr tauglicher Empfänger abzugsfähiger Versorgungsleistungen sein; es handelt sich um nicht steuerbare Unterhaltsrenten.[1235] Anders verhält es sich, wenn im Gegenzug für den Pflichtteilsverzicht z.B. ein erbvertraglich bindendes (Nießbrauchs-)Vermächtnis ausgesetzt wird, das später gegen Versorgungsleistungen übertragen wird.[1236]

5052 Ob die Versorgungsleistungen objektiv erforderlich sind, ihr Empfänger also auf diese angewiesen ist oder nicht, spielt für ihre Anerkennung – ausgehend von der Rechtsfigur der vorbehaltenen Erträge – keine Rolle.[1237]

VII. Korrespondenzprinzip

5053 Das Jahressteuergesetz 2008 führte ein **strenges Korrespondenzprinzip** dergestalt ein, dass auch die Abzugsfähigkeit als Sonderausgaben ihrerseits daran geknüpft ist, dass die Leistungen beim Empfänger als „sonstige Bezüge" gem. § 22 Nr. 1b EStG der Besteuerung unterliegen, er also unbeschränkt einkommensteuerpflichtig ist (europarechtlich wohl unzulässig!)[1238] oder in einem Mitgliedsland der EU/des EWR residiert, in welchem die Versorgungsleistungen eben-

---

[1233] BFH, 26.07.2006 – X R 1/04, ZEV 2006, 562: Zahlungspflicht an die Großeltern ruht solange, als Zahlungen an den Vater erbracht werden.
[1234] BMF-Schreiben v. 16.09.2004, BStBl. 2004 I, S. 922 Tz. 11.
[1235] BFH, 07.03.2006 – X R 12/05, ZEV 2006, 327 m. krit. Anm. *Fleischer*.
[1236] FG Köln, 30.06.2011 – 10 K 1682/08, ErbStB 2011, 276 (Az. BFH: X R 34/11).
[1237] Vgl. *Everts*, MittBayNot 2005, 15.
[1238] Es verstößt gegen die Kapitalverkehrsfreiheit des Art. 63 AEUV, den Sonderausgabenabzug (den der EuGH einer Betriebsausgabe gleichstellt) gem. § 50 Abs. 1 Satz 3 EStG auf Leistungserbringer zu beschränken, die in Deutschland nur mit lokalen Einkünften, also beschränkt, steuerpflichtig sind, vgl. EuGH, 31.03.2011 C-450/09 „Schröder", DStR 2011, 66; vgl. *Geck*, ZEV 2011, 450 ff.

falls steuerpflichtig sind.[1239] Das neu eingeführte strenge Junktim[1240] zwischen Besteuerung der Bezüge und Abzugsfähigkeit der dauernden Last hat zur Folge, dass ein einseitiges Verhalten des Begünstigten („Wegzug nach Mallorca") zum Entfallen des Sonderausgabenabzugs beim Erwerber führt und damit wirtschaftlich die Last der Aufbringung dieser wiederkehrenden Zahlungen allein auf seinen Schultern, ohne Beteiligung „des Finanzamts", belässt; es handelt sich insoweit um nicht abziehbare Unterhaltsleistungen i.S.d. § 12 Nr. 2 EStG, vgl. Tz. 53 des IV. Rentenerlasses. Es liegt nahe, dass – jedenfalls unter Geltung des neuen Rechts – der Vermögenserwerber darauf drängen wird, Versorgungsleistungen lediglich als „Netto-Beträge" zu schulden, die sich – solange ihm der Sonderausgabenabzug gewährt wird – um die ersparte ESt erhöhen.

Eine solche Formulierung könnte etwa[1241] wie folgt lauten: 5054

Formulierungsvorschlag: Versorgungsrente als Netto-Betrag, „Wegzugs-Klausel"

> (**Anm.:** *im Anschluss an die Vereinbarung der Rente als solche:*)
>
> Vorstehender Monatsbetrag, der als steuerlicher „Netto-Betrag" kalkuliert wurde, erhöht sich um die Einkommensteuerersparnis des Zahlungspflichtigen, etwa infolge der Abzugsfähigkeit der Rente als Versorgungsleistung im Rahmen der Sonderausgaben oder aber als Betriebsausgabe, nach Maßgabe folgender Vereinbarungen:
>
> Für jeden Monat, in dem dem Zahlungspflichtigen die Reduzierung der Einkommensteuerbelastung rechtlich zur Verfügung stünde, erhöht sich die Rente um ein Zwölftel der ersparbaren Jahressteuer, die unter Ansatz eines Durchschnittssteuersatzes von 35 % zu ermitteln ist. Weist der Zahlungspflichtige nach, dass tatsächlich eine geringere Steuerersparnis zu erzielen ist, und weist der Zahlungsempfänger nach, dass (nach seinem Grenzsteuersatz) eine höhere Steuerersparnis zu erzielen ist, wird der niedrigere bzw. höhere Ersparnisbetrag monatlich zusätzlich geschuldet; der Zahlungspflichtige hat den Steuerbescheid auf Verlangen vorzulegen. Ausdrücklich wird klargestellt, dass es für die Erhöhung allein darauf ankommt, dass die Steuerersparnis rechtlich gewährt würde (unabhängig davon, ob sie der Zahlungspflichtige tatsächlich in seiner Jahressteuererklärung berücksichtigt), dass aber andererseits auch das Entfallen der Steuerbegünstigung unabhängig davon berücksichtigt wird, ob sie aufgrund einer Gesetzesänderung oder aufgrund eines Verhaltens des Zahlungsempfängers (etwa infolge Wegzugs ins Ausland) nicht mehr gewährt werden kann.

VIII. Formale Anforderungen

Wie allgemein bei Geschäften unter Verwandten, setzt die Anerkennung des Übertragungsvertrages voraus, dass die gegenseitigen Rechte und Pflichten klar, eindeutig und rechtswirksam vereinbart und ernsthaft gewollt sind und wie vereinbart auch tatsächlich erbracht werden, Tz. 59 5055

1239 Dies wurde zur Vermeidung europarechtswidriger Diskriminierung eingefügt, § 1a Abs. 1 Nr. 1a EStG, *Wälzholz*, DStR 2008, 277.
1240 Indem auch umgekehrt die Besteuerung beim Empfänger gem. § 22 Nr. 1b EStG n.F. nur stattfindet, „soweit die Versorgungsleistungen beim Zahlungsverpflichteten nach § 10 Abs. 1 Nr. 1a EStG als Sonderausgaben abgezogen werden können".
1241 Im Anschluss an *Thouet*, RNotZ 2007, 477. *Wälzholz*, MittBayNot 2008, 94 empfiehlt zur Dämpfung der Begünstigung des Schuldners insgesamt lediglich den Ansatz des Durchschnittsteuersatzes.

des IV. Rentenerlasses. Änderungen sind steuerrechtlich nur zu berücksichtigen, wenn sie durch ein langfristig verändertes Versorgungsbedürfnis des Berechtigten und/oder durch veränderte wirtschaftliche Leistungsfähigkeit des Verpflichteten veranlasst sind; Rückwirkungen sind dabei nur für kurze Zeiträume möglich, Tz 60 des IV. Rentenerlasses. Der BFH[1242] verlangt weiter (über § 761 BGB hinaus) für solche Änderungen die Schriftform. Hierzu kann im Einzelnen auf Rdn. 4420 ff. verwiesen werden.

5056 Haben die Beteiligten im Übergabevertrag die Gewährung von Leistungen ausgeschlossen, sobald der Veräußerer in ein Pflegeheim übersiedeln muss („Leistungsbegrenzungsklauseln", Rdn. 1386 ff.), leistet der Vermögenserwerber dann jedoch gleichwohl weiter, handelt es sich um nicht abziehbare freiwillige Unterhaltsleistungen i.S.d. § 12 Nr. 2 EStG. Gleiches gilt, wenn die ab Heimunterbringung erhöhten (nicht vertraglich ausgeschlossenen) Leistungen nicht mehr aus dem Ertrag des Vermögens erwirtschaftet werden können, in Bezug auf diese weiteren Leistungen,[1243] Tz. 61 des IV. Rentenerlasses.

IX. Umfang der absetzbaren Sonderausgaben/der zu besteuernden wiederkehrenden Bezüge

5057 Versorgungsleistungen aufgrund gesetzlicher Unterhaltspflicht[1244] – also ohne vertragliche Grundlage – wären nur in beschränktem Maß als außergewöhnliche Belastungen gem. § 33a Abs. 1 EStG abzugsfähig. Das Institut der Vermögensübergabe gegen Versorgungsleistungen eröffnet jedoch – bei Einhaltung der weiteren Voraussetzungen – den weder gedeckelten noch gekürzten Abzug als Sonderausgaben gem. § 10 Abs. 1 Nr. 1a EStG. Dadurch lassen sich Steuervorteile erzielen, wenn der Erwerber einer höheren Progression unterliegt als der Veräußerer, bei dem die korrespondierende Besteuerung nach § 22 Nr. 1b EStG greift.[1245]

5058 Wird begünstigtes (Betriebs-) und nicht begünstigtes (z.B. Grundbesitz- oder Finanz-)vermögen („**Mischvermögen**") einheitlich[1246] gegen Versorgungsleistungen übertragen, erkennt die Finanzverwaltung großzügigerweise (in Tz. 47 des IV. Rentenerlasses) die von den Beteiligten im Vertrag vorgenommene Zuordnung der Rente allein zum begünstigten Vermögen an. Anderes gelte nur dann, wenn die Erträge des privilegierten Vermögens nur gering seien. Dann (ebenso in den Fällen, in denen keine Vereinbarung getroffen wurde) sei eine Aufteilung im Verhältnis der Erträge der einzelnen Vermögenswerte geboten.

> **Hinweis:**
> Wird „Mischvermögen" (betriebliches und nicht betriebliches Vermögen) gemeinsam gegen Versorgungsrente übertragen, sollte die Rente als „Gegenleistung" ausdrücklich nur für das betriebliche Vermögen vereinbart werden. Gleiches gilt bei der Ausschlagung einer Erb-

---

1242 BFH, 15.09.2010 – X R 13/09, ZEV 2011, 98 m. Anm. *Geck*; krit. dazu *Paus*, EStB 2011, 161, 164.
1243 BFH, 13.12.2005 – X R 61/01, BStBl. 2008 II 16.
1244 Wobei gem. BFH, 18.05.2006 – III R 26/05, EStB 2006, 410 für die steuerrechtliche Prüfung lediglich das Bestehen einer Unterhaltspflicht dem Grunde nach, nicht die zivilrechtliche Höhe des Anspruchs bewiesen zu werden braucht.
1245 Vgl. die vergleichenden Berechnungsbeispiele bei *Fürwentsches/Schulz*, NWB 2010, 3563 ff.
1246 Entgegen der Empfehlung Rdn. 5022, vgl. dort zum Wegfall der Beweiserleichterung zur Frage ausreichenden Ertrags in diesen „Mischfällen".

schaft gegen Versorgungsleistungen: die Rente soll auf die begünstigten Nachlassbestandteile entfallen.[1247]

Anders als im Bereich der Betriebsausgaben und der Werbungskosten (dort §§ 4 Abs. 4, 9 Abs. 1 Satz 1 EStG) enthält § 10 Abs. 1 EStG für die Sonderausgaben keine allgemeine Öffnungsklausel dergestalt, dass alle in Veranlassungszusammenhang mit privilegierten Sonderausgaben stehenden, auch mittelbaren, Aufwendungen abzugsfähig wären. Daher sind z.B. die Kosten eines Rechtsstreites, der im Zusammenhang mit einer sonderausgabenfähigen Rentenlast steht, ihrerseits keine Sonderausgaben,[1248] ebenso wenig Schuldzinsen für einen Kredit, der zur Begleichung wiederkehrender Leistungen aufgenommen wurde.[1249] Dem Empfänger der Versorgungsleistungen steht immerhin i.R.d. Besteuerung gem. § 22 Nr. 1b EStG der Werbungskostenpauschbetrag des § 9a Satz 1 Nr. 3 EStG zur Verfügung (durch das JStG 2010 klargestellt, in Tz. 52 des IV. Rentenerlasses bereits vorweg genommen).

1. Nichtgeldleistungen

Sofern wiederkehrende Leistungen, die ausreichend bestimmbar sein müssen,[1250] nicht in Geldzahlungen bestehen, z.B. Sachleistungen, Dienstleistungen oder die Übernahme von Aufwendungen (oder damit ihrer Natur nach stets veränderliche Leistungen) zum Gegenstand haben, ist zu berücksichtigen, dass die Erbringung persönlicher Arbeit nicht als Versorgungsleistung erfasst werden kann. Stellt der Verpflichtete dagegen fremde Arbeitskräfte, liegen Versorgungsleistungen i.H.d. Lohnaufwands vor. Unbare Zuwendungen als Altenteilsleistungen (z.B. Verpflegung; Heizung und Beleuchtung) können gemäß Erlass des Bayerischen Landesamtes für Steuern[1251] nach dem Maßstab der Sachbezugsverordnung, ab 2007: SozialversicherungsentgeltVO, geschätzt werden. Die Nichtbeanstandungsgrenze für unbare Altenteilsleistungen liegt damit für einen Altenteiler im Veranlagungszeitraum 2011 (2010) [2009] bei 2.604,00 € (2.580,00 €) [2.520,00 €] – für Ehegatten: 5.208,00 € (5.160,00 €) bzw. [5.040,00 €] – hinsichtlich des Vollverpflegungsaufwandes und bei 580,00 € (574,00 €) [560,00 e] – für Ehegatten das Doppelte – für sonstigen unbaren Aufwand wie Heizung, Beleuchtung, und andere Nebenkosten, gesamt also auf 3.184,00 € (3.154,00 €) [3.080,00 €] bzw. 6.368,00 € (6.308,00 €) [6.160,00 €]. Belegmäßig nachgewiesene – und zwischen Wohn- und Wirtschaftsteil konkret trennbare – Altenteilsleistungen sind jedoch ebenfalls anzuerkennen.[1252]

[1247] In entsprechender Anwendung des BMF-Schreibens v. 26.02.2007, BStBl. 2007 I 269. Formulierungsvorschlag bei *Wälzholz* NWB 2010, 1360 ff.
[1248] BFH, BStBl. 1957 III, S. 191.
[1249] BFH, 14.11.2001 – X R 120/98, DStR 2002, 77.
[1250] Die Rspr. ist dabei großzügig: nach BFH, 16.09.2004 – X R 7/04, MittBayNot 2005, 342 genüge sogar die Vereinbarung eines „freien Altenteilsrechtes", das demnach Wohnungsrecht und freie Verpflegung umfasse.
[1251] Bescheid v. 11.03.2011 – S 2221.1.1 – 10/15 St 32, ZEV 2011, 336 = BeckVerw 249744, zuvor Bescheid v. 12.02.2010 – S 2221.1.1 – 10/08 St 32, BeckVerw 235058.
[1252] FG Niedersachen, 31.03.2010 – 4 K 18/08, EFG 2010, 1610; die Finanzverwaltung folgt diesem Ansatz: OFD Hannover, 17.06.2010 – S 2230 – 12 – St 282, ZEV 2010, 600.

5061 Da nach Herkommen, Grundbuchrecht[1253] und i.R.d. landesrechtlichen Ausführungsgesetze zum Leibgedingsrecht[1254] die Kosten des standesgemäßen Begräbnisses (ebenso wie der Grabpflege)[1255] zu den typischen Versorgungsleistungen zählen, sind sie in angemessener Höhe, auch wenn nicht auf wiederkehrende Verpflichtungen im strengen Sinne gerichtet, ebenfalls als Sonderausgaben abzugsfähig,[1256] es sei denn, der Vermögensübernehmer ist zugleich Erbe und hätte diese Kosten ohnehin gem. § 1968 BGB zu tragen.[1257] Der entlastete Erbe hat diese Beträge gem. § 24 Nr. 2 i.V.m. § 22 Nr. 1 Satz 1 EStG zu versteuern. Seit 2008 dürfte allerdings die Abzugsfähigkeit solcher einmaliger Aufwendungen wegen des insoweit eindeutigen Gesetzeswortlautes („lebenslange, wiederkehrende Leistungen") ausgeschlossen sein.

2. Insb. Nutzungsüberlassung

5062 Bei Nutzungsüberlassungen (z.B. Gewährung von Wohnungsrecht) sind seit Abschaffung der Nutzungswertbesteuerung (§ 52 Abs. 1 EStG 1998) in gleicher Weise nur die tatsächlich mit der Wohnungsrechtsgewährung zusammenhängenden Aufwendungen anzusetzen (Sachleistungen wie Strom-, Heizungs- und Instandhaltungskosten,[1258] soweit sich der Erwerber hierzu verpflichtet hat – nicht jedoch außergewöhnliche Verbesserungsmaßnahmen über die Erhaltung der Wohnung im vertragsgemäßen Zustand bei Übergabe hinaus,[1259] ferner nicht die den Eigentümer ohnehin treffenden Kosten wie Grundsteuer, Brandversicherungsprämie etc.).

5063 Aufgrund einer möglicherweise missverstandenen Entscheidung des BFH[1260] wurde empfohlen, zu übernehmende Instandhaltungsaufwendungen nicht zum Bestandteil des Wohnungsrechts zu erklären, sondern in eine getrennte Bestimmung aufzunehmen.[1261] Diesem Missverständnis ist die Finanzverwaltung zwischenzeitlich entgegengetreten: Eine separate Vereinbarung als Re-

---

1253 Begräbniskosten können Teil einer Reallast sein, OLG Hamm, NJW-RR 1988, 1101.
1254 Basierend auf § 96 EGBGB.
1255 Übliche Grabpflegekosten sind ferner gem. § 10 Abs. 5 Nr. 3 Satz 1 ErbStG abzugsfähig (FG Thüringen, 17.03.2010 – 4 K 856/08), darüber hinaus nur, wenn sie letztwillig auferlegt sind (dann Erbfallschuld gem. § 10 Abs. 5 Nr. 2 ErbStG), vgl. *Halaczinsky*, ZErb 2011, 147 ff.
1256 BFH, 15.02.2006 – X R 5/04, DStR 2006, 697 (anders noch BFH, BStBl. 1985 II, S. 43); die Finanzverwaltung dürfte dem nicht folgen, da Empfänger dieser Versorgungsleistung nicht mehr der Übergeber bzw. sein Ehegatte ist (Tz. 36 des Dritten Rentenerlasses).
1257 BFH, 19.01.2010 – X R 32/09, ZEV 2010, 329.
1258 Bei entsprechender Vereinbarung sind also z.B. erfasst alle Aufwendungen für die regelmäßige Wartung, Pflege und Ausbesserung des Gebäudes, Maßnahmen zur Verhinderung oder Ausbesserung von Schäden und zum Schutz vor natürlicher Abnutzung und Alterung, auch die Kosten der Installation einer neuen Heizöltankanlage: FG Münster, EFG 2002, 671, ferner Schönheitsreparaturen: OFD München v. 15.01.2001, DStR 2001, 1117 unter Nr. 3; nicht aber die Erneuerung von Fenstern: BFH, 25.08.1999 – X R 38/95, MittBayNot 2000, 147.
1259 Sonderausgabenfähig sind gem. BFH, DStR 1999, 2111 nur Aufwendungen, die der Erhaltung des im Zeitpunkt der Übergabe vertragsgemäßen Zustandes der Wohnung dienen. Ebenso Tz. 46 des IV. Rentenerlasses, ebenso zuvor BMF v. 21.07.2003 – IV C 4 S 2221 81/03 (MittBayNot 2004, 218 m. Anm. *Sauer*, 162) und OFD München v. 01.10.2004, DStR 2005, 27: darüber hinausgehende Leistungen des Erwerbers werden in seinem eigenen überwiegenden Interesse an der Werterhöhung des Vermögens erbracht. Es ist hingegen unschädlich, wenn eine zur Erhaltung erforderliche Maßnahme zugleich eine zeitgemäße Modernisierung bewirkt (BFH, BStBl. 2000 II 21; Beispiele nach OFD München v. 01.10.2004, DStR 2005, 28: Ersatz defekter einfach verglaster Fenster durch Isolierfenster; Ersatz einer Heizanlage, deren Abgaswerte nicht mehr der EnEV entsprechen).
1260 BStBl. 1983 II, S. 660: Die Geltendmachung laufender Reparaturen war nicht möglich, da sie gem. §§ 1093, 1041 BGB bereits Inhalt des vorbehaltenen dinglichen Wohnungsrechts gewesen seien.
1261 Vgl. etwa *Spiegelberger*, Münchener Vertragshandbuch, 4. Aufl. 1998, Bd. 4.2, Formular VII.3, §§ 5 und 6.

allast ist nicht mehr erforderlich; es genügt, dass die Verpflichtungen schuldrechtlich oder als dinglicher Inhalt des Wohnungsrechts selbst wirksam vereinbart sind,[1262] nicht ausreichend ist eine spätere Abrede bzw. eine „weiche Verpflichtung", deren Erfüllung in das Ermessen des Erwerbers gestellt wird.[1263]

Der reine Nutzungswert ist nur mehr bei Baudenkmalen im landwirtschaftlichen Bereich (§ 13 Abs. 2 Nr. 2 und Abs. 4 EStG) als Sonderausgabe (dauernde Last) abzugsfähig bzw. als wiederkehrender Bezug zu besteuern.   5064

AfA und Schuldzinsen können nicht abgezogen werden, auch nicht öffentliche Lasten des Grundstücks, zu denen der Erwerber als Eigentümer verpflichtet ist (insoweit kommt auch ein Abzug i.H.d. auf das Wohnungsrecht entfallenden Anteils nicht in Betracht).[1264]   5065

3. Geldleistungen

Hinsichtlich Geldleistungen ist **in Altfällen, die bis Ende 2007 verwirklicht wurden**, zu differenzieren (vgl. Rdn. 1456 ff.): Sie können (Ausnahme: Rdn. 5067) in vollem Umfang als Sonderausgaben abgezogen werden (müssen allerdings dann beim Empfänger in vollem Umfang versteuert werden), wenn sie als „dauernde Lasten" abänderbar sind. Diese Abänderbarkeit ergibt sich für Versorgungsleistungen – auch ohne Bezugnahme auf § 323 ZPO/seit 01.09.2009: § 239 FamFG bzw. § 323a ZPO (analog)[1265] – aus der Natur der Vermögensübergabe; bei Geldleistungen aus der Wahl der Bemessungsanknüpfung.[1266] Auch ein ausreichend weit von der abänderbaren Regelleistung entfernter Sockelbetrag schadet (wohl) bereits.[1267] Erforderlich ist weiterhin, dass die Änderung dem ursprünglichen Maßstab folgt, sich also nicht etwa als Vertragsänderung darstellt.[1268] Die Wiederaufnahme der Zahlungen nach längerer Unterbrechung führt z.B. zu einer solchen Vertragsänderung.[1269]   5066

Wiederkehrende Versorgungsleistungen, die kraft Vereinbarung oder Bemessungsanknüpfung ihrer Höhe nach unabänderlich sind oder lediglich der Anpassung an die Geldentwertung unterliegen, berechtigen als „Versorgungsleibrenten" nur zum Abzug hinsichtlich des Ertragsanteils als Sonderausgaben; beim Empfänger ist entsprechend nur dieser Ertragsanteil gem. § 22 Nr. 1 Satz 3a EStG zu versteuern. Mit Wirkung für die Zukunft kann eine Leibrentenvereinbarung in eine dauernde Last durch Vereinbarung „umgewandelt" werden[1270] (vgl. Rdn. 1462).   5067

1262 Schreiben oder OFD Münster v. 08.01.2002, DB 2002, 177; ebenso nunmehr Tz. 34 des „Zweiten Rentenerlasses" v. 26.08.2002.
1263 BFH, 28.02.2002 – IV R 20/00, DStRE 2002, 808; ähnlich FG Hannover, DStRE 2006, 1445: ohne klare vertragliche Regelung keine dauernde Last.
1264 BFH, BStBl. 1992 II, S. 1012.
1265 § 239 FamFG regelt seit 01.09.2009 die Anpassung von Unterhaltstiteln in vollstreckbaren Urkunden, § 323a ZPO die Anpassung anderer wiederkehrender Leistungen als Unterhaltsansprüche in vollstreckbaren Urkunden (§ 238 FamFG wiederum erfasst die Anpassung gerichtlicher Unterhaltstitel).
1266 Beispiel: Abhängigkeit vom Grad der Pflegebedürftigkeit des Leistungsempfängers, FG Köln, 18.03.2009 – 7 K 4902/07, ErbStB 2009, 242.
1267 BFH, BStBl. 1980 II, S. 575; Tz. 48 des Dritten Rentenerlasses.
1268 FG Niedersachsen, 19.08.2008 – 8 K 183/07, ErbStB 2009, 210.
1269 FG Niedersachsen, 28.08.2008 – 3 K 219/06, ErbStB 2009, 211.
1270 BFH, 03.03.2004 – X R 135/98, DStR 2004, 1206.

5068 Der Vorbehalt des § 323 ZPO a.F./§ 239 FamFG/§ 323a ZPO garantiert jedoch nicht die Abzugsfähigkeit von Zahlungen gleich welcher Höhe. Wegen des Erfordernisses eines „ausreichend ertragbringenden Wirtschaftsguts" (Rdn. 4987 ff.) ist die Grenze dort zu ziehen, wo nach der Prognose z.Zt. der historischen Vermögensübertragung die Erwirtschaftbarkeit nicht mehr zu erwarten war.[1271] Wird diese Grenze deutlich überstiegen, dürfte der abzugsfähige Betrag auf die tatsächlichen Erträgnisse beschränkt sein.[1272]

> **Hinweis:**
> Daher wird teilweise empfohlen, im Überlassungsvertrag auch zivilrechtlich die Anpassung einer dauernden Last auf den erzielbaren Nettoertrag des übertragenen Vermögens zu begrenzen.[1273]

5069 Schuldzinsen für die Finanzierung einer als Sonderausgabe abziehbaren privaten Versorgungsrente führen ihrerseits nicht zu abziehbaren Sonderausgaben.[1274]

5070 Wird eine als Sonderausgaben abziehbare Verpflichtung zu wiederkehrenden Versorgungsleistungen aufgrund späterer Vereinbarung (etwa bei Weiterveräußerung des erhaltenen Wirtschaftsguts) durch eine Einmalzahlung abgelöst, handelt es sich nach Ansicht des BFH[1275] um einen privaten Vorgang ohne Bezug auf die Sphäre der Einkünfteerzielung. Die Unentgeltlichkeit der Vermögensübergabe gegen Versorgungsleistungen wirkt bei ihrer Ablösung fort mit der Folge, dass weder nachträgliche Anschaffungskosten generiert werden, noch die Ablösezahlung selbst als dauernde Last abziehbar wäre, und sie auch nicht als Veräußerungskosten zu einer Minderung eines etwaigen steuerpflichtigen Gewinns aus der Weiterveräußerung des Wirtschaftsguts führt.

5071 Bis zur Veröffentlichung des Beschlusses des Großen Senates des BFH[1276] wurde nur in diesem Zusammenhang, also zur Differenzierung zwischen dauernder Last und Leibrente, die Unterscheidung zwischen ausreichend Ertrag bringenden Wirtschaftseinheiten (sog. „Typus I") und existenzsichernden Einheiten ohne ausreichende Erträge (früher sog. „Typus II") relevant: bei Letzteren bedurfte es einer ausdrücklichen Bezugnahme auf § 323 ZPO zur Qualifizierung als dauernde Last, bei ersteren nicht. Die Aberkennung der Sonderausgabenberechtigung bei Typus II – Übergaben (mit der in Rdn. 4996 ff. geschilderten Folge) macht diese Prüfung nunmehr entbehrlich. Da nach dem Beschluss des Großen Senates die Unterscheidung zwischen Typus I und II keine Bedeutung mehr hat, sollte die Abänderbarkeit künftig stets ausdrücklich vereinbart werden,[1277] wie es vorsichtiger Vertragsgestaltung schon bisher entsprach (vgl. Rdn. 1459).

5072 In **Neufällen**, die **ab 2008** unter der Geltung des § 10 Abs. 1 Nr. 1a EStG verwirklicht werden, spielt die Unterscheidung zwischen Leibrente und dauernder Last keine Rolle mehr: Geldleis-

---

1271 BFH, 13.12.2005 – X R 61/01, ZEV 2006, 226 m. Anm. *Schönfelder* = MittBayNot 2006, 536 m. Anm. *Hipler* (zur Ablösung eines Nießbrauchs gegen Gewährung einer dauernden Last).
1272 *Dötsch*, INF 2006, 283.
1273 *Amann*, in: *Amann/Hertel/Everts*, Aktuelle Probleme der notariellen Vertragsgestaltung im Immobilienrecht 2006/2007 (DAI-Skript), S. 127.
1274 BFH, 14.11.2001 – X R 120/98, DStR 2002, 77.
1275 BFH, 31.03.2004 – X R 66/98, ZEV 2004, 253.
1276 ZEV 2003, 420 ff. m. Anm. *Fleischer*, 427.
1277 *Reich*, DNotZ 2004, 20.

tungen sind, sofern die übrigen, insb. hinsichtlich der Art tauglicher Vermögensübertragungsobjekte deutlich enger gewordenen, Voraussetzungen (Rdn. 5000) erfüllt sind, stets in voller Höhe als Sonderausgaben abzugsfähig, vgl. Rdn. 4935.

4. Sonderausgabenabzug bei vorbehaltenem Wohnungsrecht des Veräußerers nach altem Recht?

Der „klassische Normalfall" der Vermögensübertragung nach altem Recht war der Übergang eines weiterhin vom Veräußerer bewohnten Eigenheims. Behielt er sich Wohnungs- oder Nießbrauchsrecht am gesamten Objekt zurück, lag schon begrifflich kein existenzsicherndes Vermögen vor, Rdn. 4976. Sofern sich das Wohnungsrecht jedoch nur auf eine von mehreren abgeschlossenen Wohnungen im Haus bezieht und die weitere Einheit entweder vom Erwerber vermietet werden kann oder aber von Letzterem selbst bewohnt wird, lag bereits nach der Verwaltungsauffassung des **ersten Rentenerlasses**[1278] eine dem Grunde nach Ertrag bringende Wirtschaftseinheit vor; die Höhe der möglichen Erträge richtet sich nach dem Mietwert der dem Erwerber zur Selbstnutzung oder zur Vermietung zur Verfügung stehenden Wohnung, zuzüglich der Abschreibungen.

5073

5. Sonderausgabenabzug bei Selbstnutzung durch Erwerber nach altem Recht?

Der X. Senat des BFH hat zunächst in Fortführung seiner ggü. dem Institut der „Vermögensübergabe gegen Versorgungsleistungen" kritischen Rechtsprechung wiederkehrende Leistungen, die der Erwerber für eine ausschließlich von **ihm selbst genutzte Immobilie** an den Veräußerer leistet, vom Sonderausgabenabzug ausgenommen.[1279] Der Mietwert der selbst genutzten Wohnung habe keine ertragsteuerliche Bedeutung mehr und könne daher nicht mehr zu den Erträgen des übergebenen Vermögens zählen. Nur wenn der Erwerber den nicht vom Veräußerer genutzten Teil der Immobilie vermietet, kann demnach noch eine Vermögensübergabe gegen Versorgungsleistungen vorliegen.

5074

Die **Finanzverwaltung** hat, dem folgend, ihre im ersten Rentenerlass[1280] noch gegenteilig geäußerte Meinung entsprechend revidiert.[1281] Damit lag nicht nur, sofern keine (ausreichenden) sonstigen Erträge erwirtschaftet werden, kein Anwendungsfall des früheren Typus 2 vor, vielmehr wird i.H.d. Barwerts der wiederkehrenden Leistungen ein teilentgeltlicher Erwerb verwirklicht, der möglicherweise (bei Vorliegen der weiteren Voraussetzungen) Eigenheimzulageberechtigung gewährte (der Förderhöchstbetrag war bei teilentgeltlichem Erwerb nach § 9 Abs. 2 Eigenheimzulagengesetz nicht zu kürzen).

5075

Der große Senat des BFH hatte hierzu eine für die Praxis bedeutsame Kehrtwende eingeleitet:[1282] Abweichend von Tz. 13 des 2. Rentenerlasses sei auch ein Nutzungsvorteil des Übernehmers bei

5076

1278 Tz. 11, 13 und 14 des I. Rentenerlasses, BStBl. 1996 I, S. 1510.
1279 BFH, FR 2000, 399; vgl. auch EStB 2000, 123.
1280 BStBl. 1996 I, S. 1508.
1281 OFD Hannover v. 31.10.2001, FR 2001, 1307.
1282 ZEV 2003, 420 ff. m. Anm. *Fleischer*, 427; hierzu auch *Geck*, ZEV 2003, 441; *Kesseler*, ZNotP 2003, 424 ff.; *Kerpmann*, DStR 2003, 1736 ff.; *Krauß*, NotBZ 2003, 439 ff.; *Heinrichshofen/Henke*, ErbStB 2003, 384; *Reich*, DNotZ 2004, 6 ff.

selbst genutztem Wohnraum als Einkommen im finanzwirtschaftlichen Sinn (i.H.d. ersparten Netto-Miete) anzusetzen, kann also zur Anwendbarkeit des Typus I und damit zur Abzugsfähigkeit der gewährten Versorgungsleistungen führen. Gleiches gilt, wenn der Übernehmer Geldvermögen zur Tilgung von Schulden verwendet und dadurch Zinsaufwendungen erspart, die nicht geringer sind als die zugesagten Versorgungsleistungen. Dem ist der 3. Rentenerlass v. 16.09.2004 insoweit gefolgt, als Nutzungsvorteile aus ersparten Mietaufwendungen des Selbstnutzers zwar als „Ertrag" anerkannt werden (Tz. 21), nicht jedoch ersparte Zinsaufwendungen aus bestimmungsgemäß getilgten Darlehen (vgl. Rdn. 4980: Geld sei kein taugliches Übergabeobjekt, sondern allenfalls Durchgangsstadium zur Umschichtung in taugliche Ertrag bringende Wirtschaftsgüter. Der BFH lässt es allerdings genügen, dass übertragenes Geld absprachegemäß zur Entschuldung eines Ertrag bringenden Wirtschaftsguts, etwa eines eigengenutzten oder vermieteten Objekts, eingesetzt wird).[1283]

5077 Die Anerkennung erwerbergenutzter Immobilien als taugliche Gegenstände für die Vermögensübergabe gegen Versorgungsleistungen **bis Ende 2007** (Rdn. 5000) erlaubte hinsichtlich solcher Objekte die Wahl zwischen der entgeltlichen Nutzung durch Anmietung (Vorbehaltsnießbrauch beim Veräußerer) einerseits, und der schlichten Eigennutzung durch den Erwerber als Eigentümer andererseits. Für den Erwerber ist die letztgenannte Alternative günstiger, führt sie doch dazu, dass die an den Veräußerer zu leistenden Zahlungen (sofern sie nur unter dem Mietwert zuzüglich Abschreibungen verbleiben) als Sonderausgaben absetzbar sind. Für den Veräußerer jedoch ist typischerweise die Vermietung günstiger: Zwar sind die erhaltenen Zahlungen in beiden Fällen zu versteuern – sei es als Einkünfte aus Vermietung und Verpachtung, sei es als sonstige Bezüge i.S.d. § 22 EStG –, allerdings mindern sich Mieteinnahmen um Werbungskosten (wie etwa Abschreibung bei Vorbehaltsnießbrauch, ggf. auch um von ihm zu tragende Schuldzinsen). Da eine bestimmte Mindestbehaltensfrist vor der Vermögensübergabe nicht verlangt wird, kann das „Eigennutzungsmodell" auch gewählt werden bei Immobilien, die dem Veräußerer noch gar nicht gehören: Er überträgt dem Sohn einen Festgeldbetrag (z.B. aus der Veräußerung der sonst zu übertragenden, jedoch „am falschen Ort stehenden" Immobilie) mit der Auflage, hieraus ein eigenzunutzendes Objekt zu erwerben.[1284] Durch dieses Modell lassen sich zugleich Progressionsunterschiede zwischen „Veräußerer" und „Erwerber" nutzen, bei dem sich die Abzugsfähigkeit der Sonderausgaben typischerweise günstiger auswirkt.

5078 Damit standen bis 31.12.2005 für die Übertragung eines beim Erwerber selbst genutzten Objekts innerhalb der Familie in ertragsteuerlicher/subventionsrechtlicher Hinsicht zwei alternative Modelle zur Verfügung: zum einen der „Verwandtschaftskauf", der bei Vereinbarung und Entrichtung von Gegenleistungen bis zu einer Höhe von 125.000,00 € (Kaufpreis; Abstandsgelder; Ausgleichszahlungen an weichende Geschwister; Schuldübernahmen; in engen Grenzen auch die Verrechnung mit tatsächlich entstandenen Verwendungsersatzansprüchen) bei Vorgängen vor dem 31.12.2005 zum Erhalt der Eigenheimzulage berechtigte.

5079 Daneben tritt das (ertragsteuerlich im Bereich der unentgeltlichen Anschaffung verbleibende) Modell der Übergabe gegen Versorgungsleistungen, sofern nur die Höhe der zugesagten und erbrachten Versorgungsleistungen hinter der Höhe der ersparten Miete zurückbleibt: Sonder-

---

1283 BFH, 01.03.2005 – X R 45/03, DStR 2005, 1174.
1284 Vgl. *Kesseler*, ZNotP 2004, 471.

ausgabenabzug (bei Abänderbarkeit vergleichbar § 323 ZPO a.F. in voller Höhe); allerdings um den Preis der Versteuerung der Versorgungsleistungen beim Veräußerer als sonstige Bezüge (das Entgeltmodell kann jedoch zur Besteuerung privater Veräußerungsgewinne führen!). Die zweitgenannte Alternative ist damit aus Sicht des Erwerbers der „dritten Möglichkeit" überlegen, die Selbstnutzung des Erwerbers als „Miete" (oberhalb der 56%-Grenze des § 21 Abs. 2 EStG und der 75%-Grenze der Rechtsprechung zur Vermutung der Einkünfteerzielungsabsicht) darzustellen: während Mietzahlungen als Ausgaben der privaten Lebensführung nicht berücksichtigbar sind, führen Versorgungsleistungen bis knapp unter die Grenze der ortsüblichen Miete zum Sonderausgabenabzug. Aus Sicht des Veräußerers sind beiderlei Einkünfte zu versteuern (wobei bei den Einkünften aus Vermietung und Verpachtung höhere Werbungskosten, z.B. die AfA, geltend gemacht werden können).

Kapitel 13: „Behinderten- bzw. Bedürftigentestament"

		Rn.
A.	**Ziel und Anwendungsbereich**	5080
I.	Motive	5080
II.	„Enterbungslösung"	5088
B.	**„Auflagenlösung" als mittelbare Zuwendung**	5094
I.	Auflage	5094
II.	Insb.: Stiftungen	5096
III.	Risiko: Überleitung des Pflichtteilsanspruchs	5098
C.	**Unmittelbare Zuwendung an den Destinatär: Vermächtnislösungen**	5104
I.	Reiz des Vermächtnisses	5104
II.	Vermächtnistyp	5109
III.	Insb.: Vor- und Nachvermächtnis	5113
	1. Ausgestaltung	5113
	2. Bedenken	5115
	a) Nachvermächtnisvollstreckung?	5116
	b) Verhältnis zur sozialrechtlichen Nachlasshaftung	5117
	c) Ausschlagung (§ 2307 BGB)	5122
	d) Analogie zu § 102 SGB XII?	5123
	e) Analogie zu § 2385 Abs. 1 BGB?	5124
IV.	Vermächtnisgegenstand	5127
V.	Der seidene Faden aller Gestaltung: Überleitungsfähigkeit des Ausschlagungsrechtes	5134
	1. Überleitung	5134
	2. Aufforderung zur Selbsthilfe	5138
D.	**Erbschaftslösungen**	5142
I.	Das „klassische Behindertentestament": Destinatär als Mitvorerbe, Testamentsvollstreckung	5142
	1. Regelungsziel	5142
	2. Konstruktionselemente	5145
	a) Vorerbschaft	5145
	b) Testamentsvollstreckung	5149
	3. Gefährdungen	5156
	a) § 2338 BGB als Vorkehrung?	5157
	b) § 2306 Abs. 1 Satz 1 BGB	5161
	aa) Werttheorie als Folge früherer Zuwendungen	5165
	bb) Mehrere pflichtteilsberechtigte Nacherben	5179
	cc) Ausschlagung durch überlebenden Ehegatten	5182
	c) § 2306 Abs. 1 Satz 2 BGB	5186
	d) § 2306 Abs. 2 BGB	5195
	e) § 2325 BGB	5208
	f) § 2216 Abs. 2 Satz 2 BGB	5212
	g) Person des Testamentsvollstreckers	5219
	h) Ungeplante Entwicklungen	5229
	i) Änderungen der Rechtslage	5235
	4. Erleichterung der Rechtsposition anderer Beteiligter	5238
	a) Teilungsanordnung	5238
	b) Trennungslösung?	5243
	c) Herausgabevermächtnis auf den Überrest?	5248
	5. Sozialfürsorgerechtliche Wertung	5249
	6. § 138 BGB?	5255
	a) Subsidiaritätsverstoß?	5255
	b) Sättigungsgrenze?	5259
	c) Sittenwidrigkeit ggü. dem Behinderten?	5262
	d) Sittenwidrigkeit der Erbschaftsannahme?	5264
	7. § 134 BGB i.V.m. § 14 HeimG?	5265
II.	Destinatär als alleiniger Vorerbe	5268
III.	Destinatär als Mitnacherbe	5278
E.	**Bedürftigentestament**	5283
I.	Unterschiede und Gemeinsamkeiten zum „Behindertentestament"	5284
	1. „Standardkonstruktion"	5284
	2. „Vermächtniskonstruktion"	5291
II.	Die Wirkungsweise der Konstruktionselemente	5299
	1. Vor- und Nacherbfolge	5300
	2. Testamentsvollstreckung	5311
III.	Aufhebung der Beschränkungen	5325

		Rn.
1.	Durch den Erblasser selbst	5326
2.	Durch die Erben	5327
3.	Durch Vorkehrung in der letztwilligen Verfügung selbst	5331
	a) Ermöglichung der Anfechtung?	5332
	b) Auflösend bedingte bzw. befristete Vorerbenstellung?	5339
	c) Aufschiebend bedingte Befreiung des Vorerben?	5347
	d) Befristete Testamentsvollstreckung?	5351
	e) Gestufte Ausschlagung?	5353
	f) Auflage?	5357

A. Ziel und Anwendungsbereich

I. Motive

5080 Die in Rdn. 499 ff. dargestellten Regressgefahren bei Übertragung von Immobilien (oder sonstigen Wertgegenständen) betreffen naturgemäß Vorgänge, in denen der Veräußerer (bereits während der Übertragung oder im Anschluss daran) sozialhilfebedürftig wird. Sozialrechtliche Fragestellungen bei der Gestaltung von Verfügungen von Todes wegen selbst betreffen hingegen umgekehrt in erster Linie Sachverhalte, in denen der potenzielle Vermögensempfänger („Destinatär"), z.B. ein Abkömmling des Erblassers, sozialhilfebedürftig ist oder jedenfalls ab dem Zeitpunkt sein wird, in dem der Erblasser nicht mehr für ihn persönlich sorgen kann.

5081 Die **umgekehrte** (der vorweggenommenen Erbfolge unmittelbar vergleichbare) **Konstellation**, dass ein **Sozialhilfebedürftiger** über das ihm verbliebene Schonvermögen **testiert**, ist von weitaus geringerer Bedeutung, zumal jedenfalls mit dem Ableben des sozialhilfebedürftigen Testators die ggf. bis zu diesem Zeitpunkt bestehenden Schonvermögenseigenschaften wegfallen und damit der Nachlass i.R.d. § 102 SGB XII der geschilderten Erbenhaftung unterliegt, was jedenfalls nicht durch bloße Vermächtnisanordnungen etc. (Rdn. 527), und wohl auch nicht durch Schaffung lebzeitiger Schenkungsversprechen auf den Todesfall als Erblasserschulden „unterlaufen" werden kann.[1]

5082 Die **Gestaltung letztwilliger Verfügungen zugunsten (potenziell) sozialleistungsbedürftiger Destinatäre** betrifft häufig HbL-Leistungen und ist dann in der Anwendung weitgehend deckungsgleich mit dem Vorhandensein körperlich und/oder geistig behinderter Abkömmlinge. Denkbar ist jedoch auch eine HLU-Leistungsbedürftigkeit des Destinatärs oder dessen Bezug von Grundsicherungsleistungen für Arbeitsuchende (SGB II), etwa infolge chronischer Überschuldung des Abkömmlings, die auch mit (Regel- oder Verbraucher-) Insolvenz einhergehen kann. Es handelt sich dann um einen Sonderfall der testamentarischen Regelungsmöglichkeiten mit dem Ziel, einem Hinterbliebenen Vermögenswerte letztwillig zuzuwenden, ohne damit den Eigengläubigern des Hinterbliebenen Zugriffsmöglichkeiten zu eröffnen (z.B. beim Testament

---

[1] Vgl. hierzu *Krauß*, ZErb Beilage „Fachanwalt für Erbrecht" zu Heft 10/2005, S. 24 bis 29.

überschuldeter Erben).² Wird testamentarische Vorsorge versäumt und fällt daher dem überschuldeten Abkömmling zumindest eine Miterbenstellung an, ist nach der bereits kritisch referierten (oben Rdn. 862), in Inhalt und Ergebnis bedenklichen Entscheidung des OLG Stuttgart³ und des OLG Hamm⁴ zu befürchten, dass **nachträgliche „Rettungsversuche"** (Ausschlagung gegen ergänzende Versorgungsleistungen) wegen angeblichen Verstoßes gegen die guten Sitten nicht mehr betreuungs- (vor dem 01.09.2009 vormundschafts-)gerichtlich genehmigungsfähig und damit endgültig versperrt sind.

Bei der soeben erwähnten Fallgruppe des „Behindertentestaments" (Rdn. 5082) im eigentlichen Sinn, d.h. der **Regelung letztwilliger Verfügungen zugunsten von Nachkommen, die HbL-Leistungen beziehen werden**, steht regelmäßig im Vordergrund des Bemühens der testierenden Eltern, den behinderten Abkömmling (bzw. den behinderten Ehegatten des Testators) möglichst durch letztwillige Verfügung **besser zu stellen**, als er stehen würde, wenn er lediglich auf die „staatlichen Leistungen" verwiesen wäre. 5083

Aus diesem Grund ist das wesentliche Augenmerk der Erblasser bei **kleinen oder mittleren Vermögen** darauf gerichtet, Vermögensbestandteile zwar dem behinderten Hinterbliebenen tatsächlich zukommen zu lassen, jedoch in einer Weise, die **nicht zu einer Kürzung** der i.Ü. zu gewährenden staatlichen nachrangigen Unterstützungsleistungen (HbL-Zuwendungen etwa i.R.d. Eingliederungshilfe für Behinderte oder der Hilfe zur Pflege) führen. 5084

Bei **größerem Vermögen** steht jedoch erfahrungsgemäß weniger die Vermeidung des Regress- oder Überleitungsrisikos vonseiten des Sozialleistungsträgers im Vordergrund als vielmehr die Sicherstellung einer möglichst optimalen Versorgung, d.h. der persönlichen, seelischen und wirtschaftlichen Betreuung des Hinterbliebenen durch private Vorsorge. Einer „versteckten" Besserstellung des **Heiminsassen** durch letztwillige Zuwendungen an das Heim steht bereits § 14 HeimG entgegen (Rdn. 5265). 5085

In letzterer Konstellation stellt sich also die „klassische" Konfliktsituation des Behindertentestaments nicht (es erscheint auch durchaus wahrscheinlich, dass die unreflektierte Anwendung des Instrumentariums des „Behindertentestaments" auf große Vermögen zur Unwirksamkeit gem. § 138 BGB führen würde [s. Rdn. 5259], da in diesem Fall nicht der Wunsch der Erblasser, den Hinterbliebenen besser zu stellen, ein anerkennenswertes Motiv darstellt, sondern allein die Entziehung des Privateigentums aus seiner Sozialpflichtigkeit begehrt wird, sodass der verfas- 5086

---

2 Vgl. hierzu und zum Folgenden umfassend *Engelmann*, Letztwillige Verfügungen zugunsten Verschuldeter oder Sozialhilfbedürftiger, 1999 und *Engelmann*, MittBayNot 1999, 509 ff.; *Settergren*, Das „Behindertentestament" im Spannungsfeld zwischen Privatautonomie und sozialhilferechtlichem Nachrangprinzip, 1999; *Juchem*, Vermögensübertragung zugunsten behinderter Menschen durch vorweggenommene Erbfolge und Verfügung von Todes wegen, Diss. 2002; Muster in: Münchner Vertragshandbuch Bd. 6, Formular XVI.19; *Bengel*, in: Münchener Anwaltshandbuch Erbrecht, § 13; *J. Mayer*, ZErb 1999, 60 und ZErb 2000, 16; *Ruby*, ZEV 2006, 66 sowie *Brambring/Mutter*, in: Beck'sches Formularbuch Erbrecht, Teil F I (Behindertentestament, Tersteegen) und F II (Bedürftigentestament, Kleensang).
3 NJW 2001, 3484, a.A. nun LG Aachen, ZEV 2005, 130.
4 OLG Hamm, 16.07.2009 – I-15 Wx 85/09, ZEV 2009, 471 m. zust. Anm. *Leipold*: zwar schaffte das Nachrangprinzip keine Verpflichtung Dritter, dem Bedürftigen zu helfen (Behindertentestament!), es richte sich aber an den Bedürftigen selbst; vgl. auch *Krauß*, NotBZ 2009, 457.

sungsrechtliche Schutz der Testierfreiheit hinter den sozialstaatlichen Grundsatz des Nachrangs steuerfinanzierter Sozialleistungen zurückzutreten hätte).

5087 In keiner der möglichen Sachverhaltsvarianten der Gestaltung letztwilliger Verfügungen bei Vorhandensein behinderter oder bedürftiger Abkömmlinge dürfte allerdings – abgesehen von extremen menschlichen Konfliktfällen – das Motiv einer möglichst weitgehenden Schlechterstellung des Behinderten ggü. etwaigen Geschwistern im Vordergrund stehen (was auch im Hinblick auf § 138 BGB bedenklich wäre, Rdn. 5262); etwaige Beschränkungen der Verfügungsbefugnis des behinderten oder bedürftigen Hinterbliebenen erfolgen i.d.R. in der **wohlmeinenden Absicht**, den Destinatär dadurch besser zu stellen, als er bei gesetzlicher Erbfolge oder aber bei völliger Enterbung stünde.

II. „Enterbungslösung"

5088 Vorweg sei betont, dass nicht immer Anlass zu hoch komplizierten Gestaltungen besteht. In der Beratungspraxis kommt durchaus auch die „**schlichte Enterbungslösung**" in Betracht, bei der das bedürftige Kind weder Erbe wird noch ein Vermächtnis erhält: Das Entstehen des überleitungsfähigen Pflichtteils kann

- bei voraussichtlichem Eintreten der Sozialleistungsbedürftigkeit erst nach dem zweiten Sterbefall,[5]
- bei kleinem Vermögen,
- bei Vorhandensein zahlreicher Abkömmlinge und gesetzlichem Güterstand,
- bei geringer Pflichtteilslast (z.B. wegen § 2312 BGB: Landgut),
- oder beim Erstversterben des mit geringerem Vermögen ausgestatteten Ehegatten

häufig in Kauf genommen werden. Ist der **überlebende Ehegatte** bereit, auf die **volle lebzeitige Verfügungsmöglichkeit** auch im Bereich unentgeltlicher Zuwendungen zu verzichten, wird eine Pflichtteilsreduzierung dadurch erreicht, dass der überlebende Ehegatte zum befreiten Vorerben und das nicht behinderte/bedürftige Kind zum Nacherben bestimmt wird – auf diese Weise fällt der Pflichtteil nicht zweimal aus wirtschaftlich identischem Vermögen an.

5089 Denkbar sind weiter Sachverhalte, in denen der Betroffene bereits wirksam auf **Pflichtteilsansprüche verzichtet** hat (Rdn. 3232 ff.) oder diese durch lebzeitige, anrechnungspflichtige (Rdn. 3145) oder rechtzeitig zur Anrechnung bestimmte, Zuwendungen weitgehend erledigt sind. Dass ein solcher Pflichtteilsverzicht – durch einen geschäftsfähigen Behinderten selbst abgegeben – sogar auf dem Sterbebett während des Bezugs von Sozialhilfeleistungen abgegeben werden kann, ohne gegen die guten Sitten zu verstoßen, hat der BGH[6] zwischenzeitlich bekräftigt.

5090 Besteht jedoch der überlebende Ehegatten auf der Vollerbenstellung („Berliner Testament") und wünscht er für den zweiten Sterbefall eine sog. „**Pflichtteilsstrafklausel**", ist klarzustellen, ob diese auch für den Fall der Geltendmachung des Pflichtteils durch den Sozialleistungsträger

---

[5] Z.B. da das Kind zu Lebzeiten Beider daheim versorgt werden soll, vgl. *Limmer*, Erbrechtsberatung 2007, S. 43, 63.
[6] BGH, Urt. v. 19.01.2011 – IV ZR 7/10, FamRZ 2011, 472 = NotBZ 2011, 168 m. Anm. *Krauß*.

A. Ziel und Anwendungsbereich

gelten soll oder ob sie lediglich an ein rechtliches Verhalten des Berechtigten selbst oder seines rechtsgeschäftlichen/gesetzlichen Vertreters (Bevollmächtigten/Betreuers) bzw. lediglich an die „höchstpersönliche" Entscheidung des Berechtigten selbst anknüpft.

Soll für den zweiten Sterbefall eine pflichtteilsvermeidende Konstruktion (durch Nacherbfolge und Testamentsvollstreckung belasteter Erbteil, bei Sterbefällen bis Ende 2009 oberhalb der Grenze des § 2306 Abs. 1 Satz 1 BGB a.F.) erhalten bleiben, darf die Enterbungswirkung nicht an die Entscheidung des Sozialleistungsträgers anknüpfen, sonst könnte Letzterer auf dem Umweg über die „Automatik" der Pflichtteilsstrafklausel das erreichen, was ihm bei § 2306 Abs. 1 Satz 2 BGB a.F. (bei Sterbefällen ab 2010 stets) mangels Überleitbarkeit des Ausschlagungsrechtes verwehrt bliebe (Formulierungsvorschlag s. Rdn. 5194). Ferner sollte deutlich werden, dass ein „einvernehmliches" Verlangen des Pflichtteilsanspruchs (etwa zur Nutzung eines weiteren erbschaftsteuerlichen Freibetrages, s. Rdn. 3565) ebenfalls nicht zur Enterbung auf den zweiten Sterbefall führt. 5091

Beide Probleme werden vermieden, wenn der betroffene Abkömmling einen **Pflichtteilsverzicht** zu leisten rechtlich imstande und bereit ist, da dieser sozialhilferechtlichen Angriffen (wohl) standhält (vgl. Rdn. 88). 5092

Im Folgenden soll – in gebotener Kürze – zunächst (Rdn. 5094 ff.) untersucht werden, welche Möglichkeiten einer mittelbaren Zuwendung von Vermögenswerten an überschuldete oder HbL-sozialleistungsbedürftige Destinatäre bestehen, sodann (Rdn. 5104 ff.) die Risiken einer unmittelbaren erbrechtlichen (Vermächtnis-) Zuwendung an solche Hinterbliebenen beleuchtet werden und schließlich (Rdn. 3366 ff.) hieraus die klassischen Bestandteile des „Behindertentestaments" und mögliche Alternativen diskutiert werden. 5093

B. „Auflagenlösung" als mittelbare Zuwendung

I. Auflage

5094 Denkbar wäre zunächst, den Zugriff der Eigengläubiger bzw. des Sozialleistungsträgers gegen den Hinterbliebenen dadurch auszuschließen, dass Vermögenswerte nicht an diesen selbst, sondern an nahestehende natürliche oder juristische Personen übertragen werden, die dann zusätzliche Vorteile hieraus für den Hinterbliebenen zu gewähren haben. In Betracht kommt bspw. die **Zuwendung an einen dem Hinterbliebenen nahestehenden Dritten** unter einer den ersteren begünstigenden **Auflage (§ 1940 BGB)**. Eine solche Auflage ist für Gläubiger oder Sozialleistungsträger weder pfändbar noch überleitbar, da der Begünstigte selbst keinen eigenen Anspruch auf Vollziehung hat (dieser steht gem. § 2194 BGB nur bestimmten dritten Personen zu). Allerdings hätte auch gem. §§ 2203, 2208 Abs. 2 BGB ein etwa hierfür eingesetzter Testamentsvollstrecker einen Anspruch auf Vollziehung.[7] Seine Haftung ggü. dem Auflagebegünstigten ist jedoch auf deliktische Anspruchsgrundlagen beschränkt.[8] Vollziehungsberechtigt dürfte freilich auch der Sozialleistungsträger als öffentliche Behörde sein, sofern durch die Leistung der Auflage nachrangige Sozialhilfegewährung reduziert wird, § 2194 Satz 2 BGB.

5095
> **Hinweis:**
> Hinzuweisen ist allerdings darauf, dass der beim Nahestehenden „geparkte" Nachlass zwar dem Zugriff der Gläubiger des Auflagebegünstigten entzogen ist, nicht jedoch dem Zugriff etwaiger Gläubiger des mit der Auflage beschwerten Erben oder Vermächtnisnehmers. In sozialhilferechtlicher Sicht ist zu bedenken, dass Zuwendungen an nahestehende Dritte, die dem Hilfebedürftigen ggü. gesetzlich zu Unterhaltsleistungen verpflichtet sind oder gar mit ihm in einer Einsatz- und Bedarfsgemeinschaft gem. § 19 Abs. 1 oder 3 SGB XII verbunden sind, zu keiner Besserstellung führen, da der zugewendete Gegenstand entweder unmittelbar (Einsatz- und Bedarfsgemeinschaft) oder aber mittelbar infolge der dadurch eintretenden Erhöhung der Leistungsfähigkeit i.R.d. gesetzlich geschuldeten Unterhalts, der gem. § 94 SGB XII kraft Gesetzes auf den Sozialleistungsträger übergeht, sich leistungskürzend auf die Sozialhilfegewährung auswirkt.

II. Insb.: Stiftungen

5096 In ähnlicher Weise ist bei **größeren Vermögen** zu erwägen, diese im Rahmen eines **Stiftungsgeschäfts gem. § 83 BGB** an eine rechtsfähige Stiftung zu übertragen, die dann die Sicherung des Begünstigten zum Ziel hat. Die staatliche Anerkennung dürfte durch eine solche Zielsetzung nicht gefährdet werden (vgl. Rdn. 2577 f.). Allerdings ergeben sich erbschaftsteuerliche Nachteile (§§ 1 Abs. 1 Nr. 4, 15 Abs. 2 ErbStG).[9] Bei kleineren und mittleren Vermögen wird allenfalls

---

[7] Vgl. hierzu *Bengel*, ZEV 1994, 30.
[8] Vgl. MünchKomm-BGB/*Zimmermann*, § 2219 Rn. 8 m.w.N.
[9] Gemeinnützig kann eine Familienstiftung nur dann sein, wenn sie weniger als ein Drittel ihrer Erträge zum Unterhalt nächster Angehöriger des Stifters verwendet, § 58 Nr. 5 AO.

die Zuwendung an eine bestehende Stiftung als Treuhänder (Zustiftung, Rdn. 2579 ff.) in Betracht kommen; es handelt sich um Erbeinsetzung bzw. Vermächtnis unter Auflage.[10]

Demgegenüber wird die Zuwendung von Vermögen an einen **Idealverein** mit der Auflage der Begünstigung des eigentlichen Destinatärs kaum relevant werden, da Änderungen des Zwecks und der Satzung der Disposition der Mitglieder nicht entzogen werden können und eine Staatsaufsicht fehlt. 5097

III. Risiko: Überleitung des Pflichtteilsanspruchs

Allen vorgenannten Lösungen eigen ist jedoch, dass der Pflichtteilsanspruch des überschuldeten oder sozialhilfebedürftigen Destinatärs neben einer begünstigenden Auflage in voller Höhe bestehen bleibt, da jener weder Erbe noch Vermächtnisnehmer ist und eine Erweiterung der Pflichtteilsanrechnungsvorschriften der §§ 2305 und 2307 BGB nicht in Betracht kommt und auch eine Ausschlagung nicht möglich ist.[11] 5098

Der sonach ungeschmälert zustehende **Pflichtteilsanspruch**, der von keinem Gestaltungsakt des Hilfeempfängers oder überschuldeten Hinterbliebenen abhängig ist, ist zwar gem. § 852 Abs. 1 ZPO der **Pfändung** nur dann unterworfen, wenn er durch Vertrag anerkannt oder rechtshängig geworden ist (die persönliche Entscheidung des abstrakt Pflichtteilsberechtigten, ob er den Willen des Erblassers hinnimmt oder sich hiergegen zur Wehr setzen möchte, wird also respektiert). Ein „Verzicht" (durch Nichtgeltendmachung oder Erlassvertrag) auf den materiellrechtlich bereits entstandenen Pflichtteil verwehrt also Eigengläubigern[12] und dem Insolvenzverwalter[13] endgültig den Zugriff hierauf (auch in der Verbraucherinsolvenz ist – ebenso wie beim vorherigen Pflichtteilsverzicht nach § 2346 BGB[14] – die RSB nicht gefährdet), s. im Einzelnen Rdn. 76 ff. Ein nach Entstehen des Anspruchs, jedoch in Kenntnis des Sozialleistungsbezugs, geschlossener Erlassvertrag dürfte wegen Verstoßes gegen die guten Sitten gem. § 138 Abs. 1 BGB dagegen regelmäßig nichtig sein[15] (vgl. Rdn. 99 ff.). 5099

Die **Zugriffsmöglichkeiten des Sozialfürsorgeträgers** auf den Pflichtteilsanspruch sind jedoch erweitert, da eine Überleitung durch Sozialverwaltungsakt gem. § 93 Abs. 1 Satz 4 SGB XII, bzw. ein gesetzlicher Forderungsübergang gem. § 33 Abs. 1 am Ende SGB II ausdrücklich be- 5100

---

10 Vgl. MünchKomm-BGB/*Reuter*, vor § 80 Rn. 43 m.w.N.
11 Seit RG, JW 1928, 907, st. Rspr., vgl. auch MünchKomm-BGB/*Lange*, § 2307 Rn. 10.
12 BGH, NJW 1997, 2384.
13 *Klumpp*, ZEV 1998, 127; der Pflichtteilsanspruch zählt jedoch wohl zur Insolvenzmasse mit allerdings durch § 852 Abs. 1 ZPO aufschiebend bedingter Verwertbarkeit (vgl. *Mayer*, in: Bamberger/Roth, BGB, § 2317 Rn. 10). Die bloße Nichtgeltendmachung ist auch nicht anfechtbar (Staudinger/*Haas*, BGB [2006], § 2317 Rn. 57).
14 Bloße Möglichkeiten eines Erwerbs fallen nicht unter § 295 Abs. 1 Nr. 2 InsO (*Döbereiner*, Die RSB nach der InsO, 1997, S. 167); auch unterliegt der Vertrag keiner Anfechtung (*Huber*, § 1 AnfG Rn. 26) und bedarf – da etwaiges künftiges Vermögen umfassend – keiner Mitwirkung eines Insolvenzverwalters (*Reul*, MittRhNotK 1997, 374).
15 Vgl. hierzu VGH Baden-Württemberg, NJW 1993, 2953 ff.; *Köbl*, ZfSH/SGB 1990, 459, unter entsprechender Anwendung der obergerichtlichen Rechtsprechung zur Sittenwidrigkeit von Verzichten auf nachehelichen Unterhalt, oben Rdn. 841 ff. Die Abtretung des Pflichtteilsanspruchs kann entgegen § 400 BGB gem. § 2317 Abs. 2 BGB bereits vor Anerkennung oder Rechtshängigkeit stattfinden; nicht mehr jedoch, wenn bereits eine Pfändung des noch nicht anerkannten Pflichtteilsanspruchs erfolgt ist (vgl. BGH, NJW 1993, 2876 ff.).

reits dann möglich ist, wenn der Anspruch noch unpfändbar i.S.d. § 852 Abs. 1 ZPO ist,[16] sodass ein anschließend erklärter Verzicht ohnehin ins Leere gehen würde. Lediglich bei sehr geringen Pflichtteilsansprüchen kann § 93 Abs. 1 Satz 3 i.V.m. § 90 Abs. 2 Nr. 9 SGB XII der Überleitung entgegenstehen (nämlich wenn auch bei Leistung des Geldpflichtteils keine Sozialkürzung einträte, da insgesamt der kleine Barbetrag als „Notgroschen" nicht überschritten ist. Im Bereich des § 12 Abs. 2 Nr. 1 SGB II – 150,00 € multipliziert mit den Lebensjahren des Grundsicherungsempfängers und seines Partners – kann der Schutz u.U. weiterreichen, soweit der Vermögensfreibetrag nicht bereits, wie häufig, anderweit aufgefüllt ist; steht der Freibetrag noch ungeschmälert zur Verfügung, ist er vom Pflichtteilsbetrag abzuziehen). In Einzelfällen kann ferner ggü. dem Pflichtteilsverpflichteten (z.B. der Mutter eines arbeitslosen Hartz IV – Empfängers) eine unbillige Härte i.S.d. § 12 Abs. 3 Satz 1 Nr. 6 SGB II vorliegen, etwa wenn sie dadurch das selbst genutzte angemessene Eigenheim verlieren würde, das sie auch als Leistungsbezieherin verteidigen könnte,[17] oder wenn eine Kreditaufnahme zur Auszahlung des Pflichtteilsanspruchs angesichts des sonst vorhandenen Einkommens dem Erben weniger Einkommen belassen würde, als er gem. § 9 Abs. 5 SGB II i.V.m. §§ 1 Abs. 2 und 4 Abs. 2 ALG II-Verordnung (Leistungsfähigkeit von Angehörigen) verteidigen könnte (doppelte Regelleistung – 728,00 € – zuzüglich der Hälfte des darüber hinaus vorhandenen Einkommens zuzüglich der Kosten für Unterkunft und Heizung).[18]

5101 Der untergerichtlich geäußerte Ansatz,[19] die Geltendmachung[20] des übergeleiteten Pflichtteilsanspruches verstoße gegen die guten Sitten und sei daher auch dem Sozialhilfeträger verwehrt – Analogie zu § 2306 Abs. 1 Satz 2 BGB a.F. –, sofern eine „automatische **Pflichtteilsstrafklausel**"[21] (s. Rdn. 5193 f.) dann auch beim zweiten Sterbefall der Eltern den behinderten Abkömmling nur

---

16 Vgl. etwa BGH, 08.12.2004 – IV ZR 223/03, RNotZ 2005, 176 m. Anm. *Litzenburger*, 162; ebenso bereits zuvor *Karpen*, MittRhNotK 1988, 148; VGH Hessen, RdLH 1995, 34 f. Anders möglicherweise BayObLG, 18.09.2003 – 3Z 167/03, DNotI-Report 2003, 189 (obiter dictum).
17 LSG NRW, 24.11.2008 – Az.: L 20 AS 92/07, notar 2009, 115 m. Anm. *Odersky*; ähnlich BSG, 06.05.2010 – B 14 AS 2/09 R, ZEV 2010, 585.
18 BSG, 06.05.2010 – B 14 AS 2/09 R, ZEV 2010, 585, Tz. 31.
19 LG Konstanz, MittBayNot 2003, 398 mit der Begründung, die Enterbungsfolge auf den zweiten Sterbefall führe dazu, dass das Pflichtteilsverlangen nach dem ersten Sterbefall wie eine Ausschlagung wirke (§ 2306 Abs. 1 Satz 2 BGB analog), die aber dem Sozialleistungsträger verwehrt sei. Ähnlich OLG Frankfurt am Main, ZEV 2004, 24 (aufgehoben durch BGH, 19.10.2005 – IV ZR 235/03, FamRZ 2006, 194); a.A. jedoch zu Recht *Spall*, MittBayNot 2003, 356; OLG Karlsruhe, DNotI-Report 2004, 37 – durch BGH, 08.12.2004 – IV ZR 223/03, RNotZ 2005, 176 m. Anm. *Litzenburger*, 162, nunmehr bestätigt.
20 Zur Auslegung des Merkmals des „Geltendmachens" bzw. „Verlangens" z.B. OLG München, ZErb 2006, 203: hochverzinsliche Stundung des Pflichtteils steht dem Verlangen gleich.
21 Beispiel einer automatischen Pflichtteilsklausel: „Verlangt einer der Schlusserben beim Tode des Erstversterbenden von uns gegen den Willen des Längerlebenden (damit sollen „einvernehmliche Pflichtteilsverlangen zur Erbschaftssteuerreduzierung" ausgefiltert werden!) seinen Pflichtteil, so fallen er und seine Abkömmlinge als Schlusserben weg. Auch die Bindungswirkung des Erbvertrages wird bzgl. dieses Schlusserbanteils aufgehoben.".

auf den Pflichtteil setze, wurde entsprechend der hieran geäußerten Kritik[22] vom BGH verworfen.[23] Eine „Automatik" i.S.e. erbvertraglich bindenden Enterbungsfolge besteht ohnehin nicht.[24]

Das **„klassische Berliner Testament mit automatischer Pflichtteilsstrafklausel"** kann demnach nicht als Instrument zur Vermeidung eines Zugriffs des Sozialleistungsträgers empfohlen werden.[25] Die Strafklausel sollte sich ausdrücklich dazu verhalten, ob sie auch für den Fall einer solchen „fremdbestimmten" Geltendmachung gemeint sei (mit der Folge, dass möglicherweise die „zweite Stufe" eines kunstvoll geschaffenen Behindertentestamentes entfällt)[26] oder – wie i.d.R. empfehlenswert, Rdn. 5091 – nicht.[27] (Formulierungsvorschlag im Sinne dieser zweiten Alternative s. nachstehend Rdn. 5193). 5102

Wegen der Durchsetzungsschwäche der lediglich mittelbaren Zuwendungen an den überschuldeten oder HbL-sozialhilfebedürftigen Nachkommen, insb. aber wegen der uneingeschränkten sozialhilferechtlichen Überleitbarkeit des dadurch ungeschmälert entstehenden Pflichtteilsanspruchs, verbieten sich i.d.R. also mittelbare Zuwendungen an nahestehende Personen. 5103

---

22   Fraglich ist bereits die Analogie zur Ausschlagung, ist doch die Enterbungswirkung hier vom Erblasser bewusst rechtsgeschäftlich provozierte, nicht gesetzlich angeordnete Folge des Pflichtteilsverlangens. Unterstellt man die Vergleichbarkeit der Sachverhalte (und das Vorliegen einer planwidrigen Regelungslücke), ist darauf hinzuweisen, dass auch bei einer Ausschlagung zwar nicht das Gestaltungsrecht (mangels Anspruchs-Qualität) übergeleitet werden kann, allerdings der Sozialleistungsträger in den Grenzen des § 26 SGB XII den Hilfeempfänger auf die Geltendmachung des Rechtes verweisen, sofern dieses durchgesetzt werden kann (was bei der Ausschlagung regelmäßig mangels gerichtlicher Genehmigungsfähigkeit ausscheidet, während die Geltendmachung des gesetzlichen Pflichtteilsanspruchs keiner Genehmigung bedarf). Schließlich würde die Geltendmachung des Pflichtteils durch den Enterbten selbst kaum wegen Verstoßes gegen § 242 BGB unbeachtlich sein, sodass bei Geltendmachung durch den Sozialleistungsträger nach Überleitung kaum etwas anderes gelten wird (§ 404 BGB).

23   BGH, 08.12.2004 – IV ZR 223/03, ZEV 2005, 117 m. abl. Anm. *Muscheler*: die Entscheidung privilegiere den rechtlich gut Beratenen, der das Entstehen eines Pflichtteilsanspruchs verhindert durch die klassischen Varianten des „Bedürftigentestaments" (das Ausschlagungsrecht nach §§ 2306, 2307 BGB ist nicht überleitbar, Rdn. 5110). Außerdem könne der Pflichtteilsanspruch des enterbten Überschuldeten gem. § 2338 BGB unter Vollstreckung gestellt und damit dem Einzelzugriff entzogen werden, nicht aber der Pflichtteilsanspruch des – mangels Erstattungsanspruchs – nicht überschuldeten, Rdn. 5158 – Sozialleistungsbeziehers. Schließlich sei zu bedenken, dass § 852 Abs. 1 ZPO nach neuer Auffassung eine in der Verwertung aufschiebend bedingte Pfändung nicht verhindert, BGH, NJW 1993, 2876 – diese Schranke brauche also durch § 93 Abs. 1 Satz 4 SGB XII nicht überwunden zu werden. Der Schutz der Höchstpersönlichkeit der Geltendmachungsentscheidung müsse aber auch ggü. dem Sozialleistungsträger gelten.

24   Unzutreffend daher der Ansatz des OLG Frankfurt am Main, ZEV 2004, 24 m. Anm. *Spall*, wonach die Enterbung im gemeinschaftlichen Testament wechselbezüglich angeordnet sein könne, vgl. *Kornexl*, Nachlassplanung bei Problemkindern, Rn. 296. Die Pflichtteilsstrafklausel ist auch keiner Belastung i.S.d. § 2306 Abs. 1 BGB gleichzusetzen.

25   Ebenso bereits *Spall*, MittBayNot 2003, 356 f. sowie ZEV 2004, 28; sowie OLG Karlsruhe, ZEV 2004, 26: – durch BGH, 08.12.2004 – IV ZR 223/03, RNotZ 2005, 176 m. Anm. *Litzenburger*, 162, bestätigt.

26   Vgl. *Eberl-Borges/Schüttloffel*, FamRZ 2006, 596 Fn. 118.

27   Fehlt eine ausdrückliche Regelung, hält der BGH, 08.12.2004 – IV ZR 223/03, ZEV 2005, 117 dieses Auslegungsergebnis für naheliegend.

C. Unmittelbare Zuwendung an den Destinatär: Vermächtnislösungen

I. Reiz des Vermächtnisses

5104 Die nachstehend unter Rdn. 5142 ff. vorgestellte „klassische Konstruktion" des Behindertentestaments erweist sich in der praktischen Handhabung insb. insoweit als nachteilig, als der behinderte/bedürftige Abkömmling schon beim ersten Sterbefall gesamthänderisch am Nachlass zu beteiligen ist, mag auch diese im Einzelfall durch Teilungsanordnung in eine gegenständliche Zuweisung von Geld „umgemünzt" werden können. Mit zunehmender Lebenserwartung auch behinderter Nachkommen[28] wird diese Belastung den Beteiligten deutlicher bewusst.

5105 Weiterhin unterliegt auch die **Testamentsvollstreckung Verfügungsbeschränkungen** (z.B. bei Bestellung eines Grundpfandrechtes am gesamthänderischen Grundstück der Erbengemeinschaft zur Sicherung eines nicht dem Nachlass zuzurechnenden Kredites: unentgeltliche Verfügung i.S.d. § 2205 Satz 3 BGB, die nur durch Mitwirkung aller Nachlassbeteiligten [Miterben, Vermächtnisnehmer, sowie des Nacherben][29] überwunden werden kann. Bei Geschäftsunfähigkeit können die gesetzlichen Vertreter wegen §§ 1641, 1804 BGB diese für den Vorerben ebenfalls nicht erteilen.)[30]

5106 Ist der überwiegende Miterbe (z.B. die überlebende Ehefrau) in Personenidentität zugleich Testamentsvollstrecker über den nicht befreiten Vorerbenanteil des behinderten Abkömmlings und dessen Betreuer oder sonstiger gesetzlicher Vertreter, kann ferner die Bestellung eines familienfremden Dauerergänzungsbetreuers bzw. -pflegers erforderlich sein (vgl. Rdn. 3439 ff.).

5107 Befinden sich im Nachlass schließlich Anteile an einer **Personengesellschaft**, wird das behinderte Kind als Mit-Vorerbe aufgrund der Sonderrechtsnachfolge[31] unmittelbar Mitgesellschafter, wenn keine gesellschaftsvertraglichen Vorkehrungen dagegen getroffen wurden (Rdn. 123 ff., zu den ertragsteuerlichen Folgen Rdn. 4582 ff). Allerdings soll der Nacherbe und Testamentsvollstrecker über den behinderten Mitvorerben, der mit Billigung des Betreuungsgerichts die Immobilie eigengenutzt, eine so starke Stellung innehaben, dass er als „wirtschaftlicher Eigentümer" eigenheimzulageberechtigt sei.[32]

5108 Aus diesem Grunde sind „Vermächtnislösungen" von besonderem kautelarem Reiz, und zwar auch als unmittelbare Vermächtnislösungen (lediglich mit Dauertestamentsvollstreckung gem. § 2209 BGB versehen, jedoch ohne Nachvermächtniselement, mithin in der Erwartung, der Vermächtnisgegenstand werde zu Lebzeiten des Vermächtnisnehmers ohnehin vollständig für ihn aufgebraucht):[33] Zur Stärkung des Nutzungszugriffs des sozialleistungsbedürftigen (z.B. behinderten oder überschuldeten) Hinterbliebenen könnte erwogen werden, ihm vermächtnisweise

---

28 Die Lebenserwartung von Kindern mit Down-Syndrom war früher i.d.R. auf die Pubertät beschränkt, worauf *Grziwotz*, NotBZ 2006, 153, zu Recht hinweist.
29 BGH, NJW 1971, 1805; wohl nicht des Ersatznacherben, vgl. *Zimmermann*, Die Testamentsvollstreckung, Rn. 488; *Reimann*, ZEV 2007, 262.
30 Vgl. DNotI-Report 2002, 155.
31 BGHZ 98, 51.
32 So zumindest BFH, ZEV 2004, 344 m. krit. Anm. *Spall*.
33 *Littig*, in: FS für *Damrau*, 2007, S. 201.

unmittelbar Gegenstände zuzuwenden, vorzugsweise solche, die zum sozialhilferechtlichen Schonvermögen oder Schoneinkommen zählen. Hierdurch würde zugleich eine Anrechnung auf den Pflichtteil und damit eine Reduzierung des überleitungsfähigen Pflichtteilsrestanspruchs erreicht.

II. Vermächtnistyp

Der schuldrechtliche, vermächtnisweise zugewendete Anspruch auf das zu Leistende ist nur pfändbar bzw. gem. § 93 SGB XII überleitbar, wenn es der zugewendete Gegenstand selbst ist,[34] also z.B. nicht bei einem Wohnungsrechtsvermächtnis.[35] Allerdings verbleibt dem Sozialleistungsträger die Überleitung und Verwertung des Pflichtteilsrestanspruchs gem. § 2307 Abs. 1 Satz 2 BGB, soweit der Wert des Vermächtnisses hinter dem Wert des Pflichtteils zurückbleibt. Um dies zu vermeiden, empfiehlt sich die Anordnung eines **Quotenvermächtnisses**, das sich zumindest auf den Pflichtteilsbruchteil beläuft.[36] (Muster s. Rdn. 5133).

5109

Auch soweit die Zuwendung die Höhe des Pflichtteils übersteigt, könnte der pflichtteilsberechtigte Vermächtnisempfänger gem. § 2307 Abs. 1 Satz 1 BGB ausschlagen und stattdessen den Pflichtteil geltend machen. Die Ausschlagung des Vermächtnisses ist, anders als die Ausschlagung des Erbes gem. §§ 2180 Abs. 3, 1944 Abs. 1 BGB, nicht fristgebunden, allerdings besteht die Möglichkeit einer Fristsetzung gem. § 2307 Abs. 2 BGB[37] (zur – zu verneinenden – Frage der Überleitbarkeit des Ausschlagungsrechtes s. nachstehend Rdn. 5134 ff.). Um einen geschäftsfähigen Vermächtnisnehmer von der Ausschlagung abzuhalten, sollte der Vermächtnisgegenstand von besonderem affektivem oder beruflichem Interesse sein.[38]

5110

> **Hinweis:**
>
> Zu **warnen** ist vor **aufschiebend bedingten oder aufschiebend befristeten Vermächtnissen**. In der Literatur[39] wird zu dieser höchstrichterlich noch nicht entschiedenen Frage teilweise vertreten, ein solches Vermächtnis sei bis zum Eintritt der Bedingung bzw. bis zu ihrem Unmöglichwerden[40] wie eine Enterbung zu behandeln, sodass ein sofort fälliger Pflichtteilsanspruch entstünde, der unmittelbar übergeleitet werden könnte, ohne dass es einer Ausschlagung bedürfte.[41]

5111

---

34 Stöber/*Zeller*, ZPO, § 847 Rn. 1.
35 Das jedoch nur sinnvoll ist, wenn der Berechtigte es auch in Anspruch nehmen können wird.
36 Eine sichere Prognose zum Wert des künftigen Nachlasses wird kaum möglich sein; vgl. hierzu *Nieder*, NJW 1994, 1265.
37 Gemäß dem OLG Köln, 05.12.2006 – 2 U 103/05, FamRZ 2007, 169, muss die Aufforderung zur Erklärung über das Vermächtnis einen Hinweis auf die Rechtsfolgen des Ablaufs der Frist enthalten. Es bleibt offen, ob es auch an einen Minderjährigen gerichtet werden kann.
38 *Keim*, NJW 2008, 2075.
39 Z.B. *Schlitt*, NJW 1992, 28 ff.; MünchKomm-BGB/*Lange*, § 2307 Rn. 8 m.w.N.; *Bestelmeyer*, Rpfleger 2007, 1 ff., differenziert weiter zwischen aufschiebend bedingten Vermächtnissen und auflösend bedingten Nachvermächtnisanordnungen einerseits (§ 2307 BGB nicht anwendbar) und auflösend bedingten Vermächtnissen (§ 2307 BGB anwendbar, also Pflichtteilsanspruch erst nach Ausschlagung).
40 So OLG Bamberg (17.12.2007 – 4 U 33/07, ZEV 2008, 389): je nach Auslegung im Einzelfall wird nicht nur die Bedingung, sondern die gesamte Anordnung unwirksam, vgl. *Litzenburger*, ZEV 2008, 369 ff. (der dafür plädiert, im Regelfall die Anordnung als unbedingt fortbestehen zu lassen).
41 Vgl. hierzu ausführlich Gutachten, DNotI-Report 1996, 180 ff.; Gutachten, DNotI-Report 1999, 151.

5112 Zu warnen ist weiterhin davor, die **Fälligkeit** des Vermächtnisses zur Erhöhung der Dispositionsfreiheit des überlebenden Ehegatten (der typischerweise zum Alleinerben eingesetzt sein wird) **hinauszuschieben bis zu dessen Ableben.** Erbschaftsteuerlich geht gem. § 6 Abs. 4 ErbStG dadurch der Freibetrag des Vermächtnisnehmers nach dem Erstverstorbenen verloren (da aufgrund gesetzlicher Fiktion der Zweitverstorbene als beschwert gilt – es fehlt an einer wirtschaftlichen Belastung, Rdn. 3460); zivilrechtlich[42] wird der Druck zur Ausschlagung eines solchen in vage Zukunft gerückten Vermächtnisses enorm erhöht (bis hin zu einer Ermessensreduzierung auf Null zur Vermeidung einer Schadensersatzpflicht des ggf. vorhandenen Betreuers).

III. Insb.: Vor- und Nachvermächtnis

1. Ausgestaltung

5113 Der Gegenstand eines Vermächtnisses ist vor dem Verwertungszugriff (der zivilrechtlicher Einzelgläubiger, des Insolvenzverwalters, als auch des Sozialleistungsträgers) gem. § 2214 BGB durch Anordnung einer Dauertestamentsvollstreckung zu schützen (Rdn. 5149; Rdn. 5311 ff.). Um diesen Zugriffsschutz auch über die Lebenszeit des Vermächtnisnehmers hinaus zu verlängern, bietet sich – als gedachte Parallele zur Vor- und Nacherbfolge – die Wahl eines **Vor- und Nachvermächtnisses**[43] an. Diese wird aufgrund der praktischen Vorteile, welche die Ausgrenzung des behinderten Abkömmlings aus dem Kreis der Erben mit sich bringt (Rdn. 5104 ff.), zwischenzeitlich auch von der „Bundesvereinigung Lebenshilfe für Menschen mit geistiger Behinderung e.V." empfohlen.[44]

5114 Es handelt sich um eine Sonderform des Untervermächtnisses (§§ 2186 ff. BGB), das zugleich bedingtes Vermächtnis ist (§§ 2179 ff. BGB), sodass in der Schwebezeit zwischen Erbfall und Anfall des Nachvermächtnisses (i.d.R. Tod des Vorvermächtnisnehmers, der damit belastet ist) §§ 158 ff. BGB, v.a. § 160 BGB als Schadensersatznorm zum Schutz gegen beeinträchtigende Verfügungen[45] und als Quelle für die Pflicht zur ordnungsmäßigen Verwaltung[46] gelten. Ein Anspruch auf Vormerkungssicherung des Nachvermächtnisanspruchs besteht wohl nur, sofern im Testament vorgesehen.[47] Die Position des Nachvermächtnisnehmers berechtigt auch nicht zur Drittwiderspruchsklage gem. § 771 ZPO gegen Pfändungen beim Vorvermächtnisnehmer;[48] fällt Letzterer in Insolvenz, ist der Nachvermächtnisanspruch bloße Insolvenzforderung.[49] In einer Nachlassinsolvenz nach dem Tod des (z.B. überschuldeten) Vorvermächtnisnehmers ist

---

[42] Im Nachlass des verstorbenen Beschwerten – mit dessen Tod das Vermächtnis fällig wird – dürfte es jedoch ggü. Pflichtteilsberechtigten gem. § 2311 BGB als Erblasserschuld abzugsfähig sein, vgl. *Keim*, NJW 2008, 2076 und oben Rdn. 5117.

[43] Hierzu Überblick bei *Muscheler*, AcP 2008, 69 ff.

[44] *Heinz-Grimm/Krampe/Pieroth*, Testamente zugunsten von Menschen mit geistiger Behinderung, S. 232 ff.

[45] Nach h.M. gilt jedoch nicht § 161 BGB mit der Folge der Unwirksamkeit beeinträchtigender Zwischenverfügungen, da keine aufschiebend bedingte „Verfügung" vorliegt, vielmehr das Nachvermächtnis lediglich schuldrechtliche Wirkung hat, vgl. *Baltzer*, Das Vor- und Nachvermächtnis in der Kautelarjurisprudenz, Rn. 49 ff.

[46] BGHZ 114, 16, 21.

[47] BGH, DNotZ 2001, 805 zu einem vermachten Ankaufsrecht.

[48] In Betracht kommt allenfalls eine einstweilige Verfügung gem. §§ 936, 916 Abs. 2, 938 ZPO, und zwar bereits vor Anfall des Nachvermächtnisses, vgl. *Baltzer*, ZEV 2008, 116; allerdings wird es regelmäßig an Informationen über die bevorstehende Pfändung fehlen.

[49] Bis zum Bedingungseintritt erfolgt Hinterlegung durch den Insolvenzverwalter, §§ 191 Abs. 1 Satz 2, 198 InsO.

der Nachvermächtnisnehmer allerdings (wie bei § 2311 BGB, Rdn. 5119) gleichberechtigt[50] und dem Pflichtteilsanspruch ggü. vorrangig.[51]

Wegen der geringen gesetzlichen Regelungsdichte sind zudem detaillierte Ausgestaltungen erforderlich.[52]

2. Bedenken

Gegen diese Alternativlösung, zu der noch keine höchstrichterliche Rechtsprechung veröffentlicht ist, werden insb. **fünf Überlegungen** ins Feld geführt: 5115

a) Nachvermächtnisvollstreckung?

Wenn auch der Vor-Vermächtnisnehmer selbst einer Dauervollstreckung (etwa durch den Alleinerben)[53] unterliege, ende diese mit dessen Tod, sodass die den Gläubiger abschirmende Wirkung gem. § 2214 BGB entfalle.[54] Dieses ungewollte Ergebnis ließe sich dadurch vermeiden, dass die **Vermächtnisvollstreckung über den Tod des Vorvermächtnisnehmers hinaus** angeordnet ist.[55] Es ist allerdings umstritten, ob diese kontinuitätswahrende Vollstreckung erreicht werden kann: § 2223 BGB zählt zwar die Erfüllung der einem Vermächtnisnehmer auferlegten Beschwerungen zu den Aufgaben eines (Abwicklungs-) Vollstreckers, enthält jedoch keine Aussage zur transmortalen Fortdauer, sodass vorsichtige Stimmen deren Zulässigkeit gegen die bisherige Auffassung[56] über den Vorvermächtniszeitraum hinaus verneinen,[57] auch wenn bei der Vor- und Nacherbfolge überwiegend vertreten wird, eine Dauervollstreckung könne auch auf den Tod des Nacherben als Erben i.S.d. § 2210 Satz 2 BGB fortdauernd angeordnet werden.[58]   5116

---

50 Vgl. *Randt*, BWNotZ 2001, 76 m.w.N.
51 Vgl. *Baltzer*, ZEV 2008, 116, 117; § 327 Abs. 1 Nr. 2 InsO betrifft nur ein vom Erblasser (=Vorvermächtnisnehmer) angeordnetes Vermächtnis.
52 Vgl. im Einzelnen *Baltzer*, Das Vor- und Nachvermächtnis in der Kautelarjurisprudenz, S. 109 ff.; AnwK-BGB/*J. Mayer*, § 2179 Rn. 22.
53 Dies ist zulässig (Gutachten, DNotI-Report 2008, 172 f.); die Beschränkungen der Einsetzung des Alleinerben zum Vollstrecker in Belastung der Erbenstellung selbst (die allenfalls gem. BGH, ZEV 2005, 505, m. Anm. *Adams* zum sofortigen Vollzug von Vermächtnissen denkbar ist) gelten hier nicht.
54 *Damrau*, ZEV 1998, 3.
55 Grds. wirkt eine (z.B. auf 30 Jahre) befristete Testamentsvollstreckung im Fall der Erbfolge auch für die Erbeserben, vgl. § 2210 Satz 2 BGB e contrario und Gutachten, DNotI-Report 2007, 3.
56 Zusammengefasst von *Spall*, ZEV 2002, 5 ff.; vgl. auch *Kornexl*, Nachlassplanung bei Problemkindern, Rn. 328.
57 Gegen die Fortdauer einer Testamentsvollstreckung über ein Vorvermächtnis auch auf die Zeit nach dem Vermächtnisfall insb. *Damrau*, in: FS für A. Kraft, 1998, S. 37; vgl. auch *Damrau/J. Mayer*, ZEV 2001, 294. Dieser Befund verbietet es auch, den Ausweg darin zu suchen, dass der Nachvermächtnisfall nicht im Tod des Vorvermächtnisnehmers, sondern in einem anderen Ereignis, z.B. dem Erreichen eines bestimmten Lebensjahres, liegt: Mit Eintritt des Nachvermächtnisfalls ist der Gegenstand nicht mehr unter dem Schutz der Testamentsvollstreckung, sondern müsste durch den Vorvermächtnisnehmer, ggf. vertreten durch den Betreuer, übertragen werden. In diesem Zeitpunkt aber kann der Sozialhilfeträger auf den Gegenstand als solchen zugreifen. Außerdem würden in diesem Fall dem behinderten Vorvermächtnisnehmer die durch den Vollstrecker zu gewährenden Früchte des Vermächtnisses möglicherweise zu früh entzogen werden.
58 Allerdings kann nicht unbegrenzt bei Wegfall eines Vollstreckers ein Nachfolger ernannt werden; die Vollstreckung endet mit dem Tod des letzten Vollstreckers, der 30 Jahre nach dem Erbfall (z.B. durch eine ermächtigte Person i.S.d. § 2198 BGB) ernannt war: BGH, 05.12.2007 – IV ZR 275/06, MittBayNot 2008, 301, m. Anm. *Weidlich*, 263 („ein" i.S.d. § 2210 Satz 2 BGB ist ein unbestimmter Artikel, kein Zahlwort); dies ist verfassungsgemäß: BVerfG, 25.03.2009 – 1 BvR 909/08, ZEV 2009, 390.

Es dürfte jedoch möglich sein, unmittelbar im Anschluss an die Dauervermächtnisvollstreckung (§ 2209 BGB) eine Abwicklungsvollstreckung (§ 2223 BGB),[59] auch durch dieselbe Person, folgen zu lassen.[60]

b) Verhältnis zur sozialrechtlichen Nachlasshaftung

5117 Der **Anspruch des Nachvermächtnisnehmers**, der sich ja nicht (wie der Anfall des Vermögens vom Vorerben auf den Nacherben) „von selbst" erfüllt, sondern einen schuldrechtlichen Anspruch auf Auskehr des Nachvermächtnisses gegen den Erben des Vorvermächtnisnehmers darstellt (§ 2191 BGB), **kollidiere mit der sozialhilferechtlichen Nachlasshaftung** der Erben des behinderten Vorvermächtnisnehmers aus § 102 SGB XII. Beide seien gleichrangige Verpflichtungen, die den Wert des Nachlasses ausschöpften.[61]

5118 Die Prämisse der **Gleichrangigkeit** wird jedoch **bestritten**: Der „Wert des Nachlasses", auf den gem. § 102 Abs. 2 SGB XII die sozialhilferechtliche Erbehaftung beschränkt ist, ist identisch mit dem Begriff „Wert des Nachlasses" in § 2311 BGB, umfasst also den Nachlass nach Abzug bestimmter Nachlassverbindlichkeiten[62] (vgl. im Einzelnen Rdn. 527 ff.). Hieraus folgt, dass Erbfallschulden wie Pflichtteilsansprüche, Vermächtnisauflagen nicht in Abzug gebracht werden können,[63] zumal diese auch in einer Nachlassinsolvenz nachrangig zu befriedigen wären (§ 327 Abs. 1 Nr. 1 u. 2 InsO).

5119 Zu solchen „Vermächtnissen" zählt jedoch nicht der Anspruch auf Erfüllung des Nachvermächtnisses, der vom ersten Erblasser dem Vorvermächtnisnehmer aufgebürdet worden ist und demnach eine echte Erblasserschuld darstellt. Dies, sowie der Umstand, dass nur die Nachvermächtnisbelastung, nicht jedoch die Verwertungspflicht des § 102 SGB XII schon zu Lebzeiten des Vorvermächtnisnehmers auf dem Schonvermögensgegenstand latent haftete,[64] spricht dafür, den Nachvermächtnisanspruch bei der Berechnung des „Wertes des Nachlasses" i.S.d. § 102 Abs. 2 SGB XII vorab in Abzug zu bringen,[65] ebenso wie bei einem auf den Tod befristeten **Herausgabevermächtnis**, mit dem der Erbe seinerseits, wenn auch ohne Lästigkeit, beschwert war, Rdn. 5248.[66] (Etwas anderes dürfte auch dann nicht gelten, wenn – wie häufig – der Nachvermächtnisnehmer zugleich Erbe des Behinderten ist und daher der Nachvermächtnisanspruch

---

59 Und sodann ggf. sogar eine Nachvermächtnisvollstreckung, wenngleich unter Schutzgesichtspunkten nicht mehr erforderlich.
60 *Baltzer*, Das Vor- und Nachvermächtnis in der Kautelarjurisprudenz, S. 130.
61 So etwa *Damrau*, ZEV 1998, 3; *Damrau/J. Mayer*, ZEV 2001, 295 f.; Staudinger/*Otte*, BGB (2003), vor §§ 2064 ff. Rn. 173 (wirtschaftlich handele es sich jeweils um Eigenschulden).
62 BVerwGE 90, 251.
63 DNotI-Report 1999, 150.
64 Dies betont *Muscheler*, AcP 2008, 70, 96 f.; sowie *Sarres*, Vermächtnis, Rn. 99.
65 *Hartmann*, ZEV 2001, 93; Gutachten, DNotI-Report 1999, 150 f und 2010, 22.; *Spall*, MittBayNot 2001, 252; *Weidlich*, ZEV 2001, 96 f.; *Joussen*, NJW 2003, 1853; *Baltzer*, Das Vor- und Nachvermächtnis in der Kautelarjurisprudenz, S. 102 ff.; *Baltzer*, ZEV 2008, 116, 119; derzeit wohl h.M.
66 Gegen die h.M. kritisch *J. Mayer*, ZEV 2000, 1, 9 – mit der Empfehlung, das Vermächtnis ausdrücklich bereits mit dem Erbfall anfallen zu lassen und lediglich die Fälligkeit auf den Tod des Erben abzustellen (betagtes Vermächtnis), abgeschwächt allerdings nun in *Bamberger/Roth/Mayer* § 2311 BGB Rn. 8. Bedenklicher dürfte die Situation beim Verschaffungsvermächtnis sein, mit dem ein externer, ursprünglich nicht nachlasszugehöriger Gegenstand beschwert zugewendet wurde, ähnlich der Annahme einer überschuldeten Erbschaft, vgl. Gutachten DNotI-Report 2010, 23.

durch Konfusion erlischt. Für die Zwecke der Nachlasshaftung – wie auch für die Zwecke der Pflichtteilsberechnung gem. § 2311 BGB – wird man den Nachvermächtnisanspruch fiktiv als nicht erloschen zu betrachten haben).[67]

Gegen diesen formellen **Vorrang** der Erblasserschuld (**Nachvermächtnis**) ggü. der Erbfallschuld (Ersatzanspruch gem. § 102 SGB XII) wird jedoch eingewendet, dass – sofern das Nachvermächtnis mit dem Tod des Vorvermächtnisnehmers geschuldet wird – es erst zu diesem Zeitpunkt anfällt und damit entsteht (§ 2176 BGB), also zeitgleich mit dem Kostenersatzanspruch gem. § 102 SGB XII. Auch sei generell zu bezweifeln, dass Erblasserschulden ihrem Wesen nach stets vorrangig zu berücksichtigen seien, sonst könnte § 102 SGB XII schlicht dadurch „ausgehebelt" werden, dass ein (nicht geistig behinderter oder unter Betreuung stehender) Sozialhilfeempfänger über sein noch ihm gehörendes, bis zum Tod geschontes Vermögen, etwa das selbst genutzte Eigenheim, ein auf den Tod befristetes notariell beurkundetes Schenkungsversprechen abgibt[68] (bei einer nicht vollzogenen Schenkung auf den Todesfall unter der Bedingung des Überlebens des Beschenkten würden bereits gem. § 2301 Abs. 1 BGB erbrechtliche Grundsätze gelten, sodass sie – wie jede Verfügung von Todes wegen des Leistungsbeziehers – zu keiner Reduzierung des „Wertes des Nachlasses" i.S.d. § 102 SGB XII führen würde). Mangels anderer Wertungsgesichtspunkte seien möglicherweise Nachvermächtnisanspruch und sozialrechtlicher Kostenersatz doch gleichrangig, ähnlich wie es sich im Nachlassinsolvenzverfahren verhalten würde.[69] *Otte*[70] wiederum meint, § 102 SGB XII sei lediglich eine Haftungsbeschränkung für eine bestimmte Schuld, aus der nicht auf den Rang dieser Schuld im Verhältnis zu anderen Schulden geschlossen werden könne, was ebenfalls für die Gleichrangigkeit spreche. Als schlichte Haftungsbegrenzungsnorm hätte es des § 102 SGB XII (neben §§ 1967 ff. BGB) jedoch nicht mehr bedurft.[71]

5120

Die Position des Nachvermächtnisnehmers, insb. der nur schuldrechtliche Schutz gegen beeinträchtigende Verfügungen des Vorvermächtnisnehmers, gegen Pfändungen und in der (Nachlass-) Insolvenz lässt sich jedoch durch eine **„vorgezogene", aufschiebend befristete Erfüllung** des Nachvermächtnisanspruchs (also eine i.S.d. § 161 BGB geschützte, bedingte Verfügung) hinsichtlich beweglicher Sachen bzw. eine aufschiebend befristete Abtretung von Rechten verstärken. Hierbei wird der Vermächtnisgegenstand zunächst an den Vorvermächtnisnehmer übertragen, der ihn sodann an den Nachvermächtnisnehmer unter Vereinbarung eines entsprechenden Besitzkonstituts zu übereignen hat.[72] Bei Grundstücken verstärkt eine Vormerkung, sofern testamentarisch Anspruch auf diese Sicherung vermacht ist, die Position i.S.e. Quasi-Verdinglichung.

5121

---

67 Staudinger/*Haas*, BGB (2006), § 2311 Rn. 37; *Weidlich*, ZEV 2001, 97; Gutachten, DNotI-Report 2010, 22 (Gesamtanalogie zu §§ 1976, 1991 Abs. 2, 2143, 2175, 2377 BGB).
68 Vgl. hierzu *Krauß*, ZErb Beilage „Fachanwalt für Erbrecht" zu Heft 10/2005, S. 24 bis 29.
69 *Damrau/J. Mayer*, ZEV 2001, 296.
70 Staudinger/*Otte*, BGB (2003), § 2191 Rn. 8; ähnlich *Muscheler*, AcP 2008, 70, 96 f.
71 Widerlegung der Argumentation *Ottes* bei *Baltzer*, ZEV 2008, 116, 120: seit der Neufassung des § 92c Abs. 2 Satz 2 BSHG schuldet der Erbe auch, wenn er den Gegenstand nach dem Erbfall weggibt, was nicht mehr als bloße Haftungsnorm verstanden werden kann.
72 Vgl. *Baltzer*, Das Vor- und Nachvermächtnis in der Kautelar-Jurisprudenz, S. 121; auch wenn dem Vorvermächtnisnehmer hier nur wirtschaftlich die Nutzungen verbleiben, ist das Nachvermächtnis gem. § 2307 Abs. 1 Satz 2 Halbs. 2 BGB nicht zum Abzug zu bringen, also das vollständige Vorvermächtnis den Pflichtteilsanspruch mindert.

Die nachstehenden Bausteinvorschläge zum Vor- und Nachvermächtnis beim „Behinderten-Testament" (Rdn. 5131, Rdn. 5133: Quotengeldvermächtnis mit Ersetzungsbefugnis als Vor- und Nachvermächtnis) sowie beim „Bedürftigen-Testament" (Rdn. 5293) enthalten daher die entsprechende Anordnung an den Vorvermächtnis-Testamentsvollstrecker, eine solche aufschiebend auf den Nachvermächtnisfall befristete Erfüllung des Nachvermächtnisses vorzunehmen, um die Position des Nachvermächtnisnehmers in der möglichen Nachlassinsolvenz des Vorvermächtnisnehmers zu stärken, also gem. § 161 BGB quasi zu verdinglichen.

c) Ausschlagung (§ 2307 BGB)

5122 Auch bei der Vor- und Nachvermächtnislösung stellt sich die Problematik, dass der (Vor-) Vermächtnisnehmer nach § 2307 Abs. 1 BGB das **Vermächtnis ausschlagen** kann, um den ungekürzten Pflichtteil zu erlangen. Hierfür gilt keine generelle Ausschlagungsfrist (§ 2180 Abs. 3 BGB verweist nicht auf § 1944 BGB!),[73] vielmehr müsste der Erbe ihm eine Frist gem. § 2307 Abs. 2 BGB setzen. Unterbleibt dies, ist das „Ausschlagungsfenster" deutlich länger geöffnet als bei der Vor- und Nacherbfolge gem. § 2306 Abs. 1 Satz 2 BGB (wobei zu beachten ist, dass die Annahme des Vermächtnisses, und damit das Erlöschen des Ausschlagungsrechts, eine höchstpersönliche Erklärung ist, die der Testamentsvollstrecker des Vorvermächtnisnehmers nicht für diesen abgeben kann!)[74] Der Sozialfürsorgeträger ist daher deutlich länger versucht, den behinderten Vorvermächtnisnehmer darauf zu verweisen, er verfüge ja über einsatzfähiges Vermögen in Gestalt der Ausschlagungsposition (hierzu Rdn. 5138 ff.; das Ausschlagungsrecht selbst kann allerdings – Rdn. 5134 ff. – nicht gem. § 93 SGB XII auf ihn übergeleitet werden, da es sich nicht um einen Anspruch handelt. Bei der Vermächtnislösung ist dies allerdings teilweise bestritten, Rdn. 5136).

d) Analogie zu § 102 SGB XII?

5123 Vereinzelt wird vertreten, der Nachvermächtnisnehmer unterfalle im Verhältnis zum Vorvermächtnisnehmer unmittelbar oder in analoger Anwendung der Erbenhaftung des § 102 SGB XII, da er nicht Rechtsnachfolger von Todes wegen nach dem ursprünglichen Erblasser, sondern nach dem Vorvermächtnisnehmer sei bzw. weil typischerweise der Nachvermächtnisnehmer zugleich Eigenerbe des Vorvermächtnisnehmers ist. Dies ist jedoch ebenso abzulehnen, wie eine zivilrechtliche Erbenhaftung gem. § 1967 BGB zulasten des Nachvermächtnisnehmers nicht greift.[75]

e) Analogie zu § 2385 Abs. 1 BGB?

5124 Ebenso wenig tragfähig ist eine mögliche Haftung des Nachvermächtnisnehmers für Nachlassverbindlichkeiten des Vorvermächtnisnehmers aufgrund einer Analogie zu §§ 2385 Abs. 1, 2382 BGB[76] (Haftung des Erbschaftskäufers für Nachlassverbindlichkeiten; eine Verkörperung des Rechtsgedankens des zwischenzeitlich außer Kraft getretenen § 419 BGB). Es mag durchaus sein, dass aufgrund der Aufzehrung des sonstigen Vermögens des Vorvermächtnisnehmers der

---

73 BGH, 12.01.2011 – IV ZR 230/09, NotBZ 2011, 170.
74 *Damrau/J. Mayer*, ZEV 2001, 297.
75 *Hartmann*, ZEV 2001, 93.
76 Hierzu *Muscheler*, RNotZ 2009, 74 ff.

C. Unmittelbare Zuwendung an den Destinatär: Vermächtnislösungen

Nachvermächtnisgegenstand den gesamten Nachlass darstellen wird, sodass faktisch ein Tatbestand vorliegt, der dem „Universalvermächtnis"⁷⁷ gleicht, für das §§ 2382 f., 2385 Abs. 1 BGB nach verbreiteter Auffassung analog gelten.⁷⁸

Zu diesen Nachlassverbindlichkeiten würde auch die Haftung aus § 102 SGB XII gehören (dort Abs. 2 Satz 1). Im Ergebnis würde über diesen argumentativen Umweg der Wortlaut des § 102 SGB XII („Erbe") auf den Erbschaftskäufer und damit den Universal-Nachvermächtnisnehmer ausgedehnt.⁷⁹ Der Analogie zum Erbschaftskauf ist jedoch wegen der unterschiedlichen Haftungsgrundlage (schuldrechtlicher Vertrag zwischen Veräußerer und Erwerber – beim Vermächtnis jedoch allein der Wille des Erblassers) entgegenzutreten.

5125

> **Hinweis:**
>
> Wegen der vorgetragenen Bedenken kann die Vor- und Nachvermächtnislösung (noch) nicht uneingeschränkt empfohlen werden;⁸⁰ sie bleibt insgesamt noch mit erheblichen Unsicherheiten belastet. Ein für die Praxis schwerwiegender Nachteil liegt insb. darin, dass der Deutsche Verein für öffentliche und private Fürsorge, dessen Empfehlungen die Sozialhilfeträger in aller Regel folgen, für das Vor- und Nachvermächtnis (anders als für die Vor- und Nacherbfolge) rät,⁸¹ Sozialhilfe nur darlehensweise zu gewähren, bis der Vorvermächtnisnehmer den Pflichtteil durch Ausschlagung realisiert habe (!).

5126

IV. Vermächtnisgegenstand

Im Hinblick auf die möglichst umfassende und lebenslange Unterstützung des Hinterbliebenen bei gleichzeitiger flexibler Ausschöpfung der jeweiligen Pfändungs- und sozialrechtlichen Überleitungsgrenzen wird eine vollständige Konkretisierung der Vermächtnisgegenstände durch abschließende Aufzählung kaum in Betracht kommen. Denkbar ist allerdings ein Zweckvermächtnis gem. § 2156 BGB, dem zufolge der Erblasser einem Dritten die zweckmäßige Bestimmung der Vermächtnisleistung überlässt.

5127

Inhalt der vermächtnisweisen Zuwendung können insb. Sach- oder Geldzuwendungen sein, die bei Erfüllung Schoneinkommen oder Schonvermögen darstellen (z.B. gerichtet auf ein Wohnungsrecht, allerdings ergänzt um Aufstockungsansprüche zur Erreichung der intendierten bzw. erforderlichen Nachlassquote). Hierzu wird auf die Ausführungen zum sozialhilferechtlichen

5128

---

77   Zu praktischen Anwendungsfällen z.B. *Schlitt*, ZErb 2006, 226: Bestimmungsrecht des Erben oder eines Dritten gem. § 2151 BGB zur Überwindung des § 2065 Abs. 2 BGB; aufschiebend bedingte Universalvermächtnisse zur Erzielung ähnlicher Wirkungen wie bei der Vor-/Nacherbfolge jedoch ohne lebzeitige Beschränkungen; Ermöglichung der längeren Ausschlagungsfrist des § 2307 BGB. Auch die Aussetzung eines Universal-Vorausvermächtnisses zugunsten des Alleinerben kann u.U. zur Ermöglichung längerer Ausschlagungszeiten gem. § 2307 BGB hilfreich sein, ebenso für den Fall, dass ausländische Rechtsordnungen (z.B. Frankreich) die Alleinerbeneinsetzung des Ehegatten zwar nicht gestatten, aber Vermächtnisse zu seinen Gunsten erlauben.
78   Staudinger/*Olshausen*, BGB (2004), § 2385 Rn. 13 m.w.N.; § 2378 BGB betrifft nur das Innenverhältnis zum Verkäufer, vgl. *Damrau/J. Mayer*, ZEV 2001, 393.
79   Hiergegen, auch mit Hinweis auf den seiner Ansicht nach abschließenden Wortlaut, *Baltzer*, Das Vor- und Nachvermächtnis in der Kautelarjurisprudenz, 106; *Ruby/Schindler/Wirich*, Das Behindertentestament, § 2 Rn. 53 ff.
80   A.A. insb. *Baltzer*, Das Vor- und Nachvermächtnis in der Kautelarjurisprudenz, S. 180 ff. im Gesamtvergleich aller Modelle in Form einer Matrix mit Punktewertung.
81   In den „Empfehlungen für den Einsatz von Einkommen und Vermögen in der Sozialhilfe", 2002, Rn. 152.

Schoneinkommen (Rdn. 476 ff.) und Schonvermögen (Rdn. 424 ff.) – ebenso zum Schoneinkommen (Rdn. 635 ff.) und Schonvermögen (Rdn. 644 ff.) i.R.d. SGB II – verwiesen.

5129 **Hinweis:**
Sollte das dem sozialhilfebedürftigen Empfänger vermächtnisweise Zugewendete nicht bis zu dessen Tod aufgezehrt sein, hat der Sozialhilfeträger gem. § 102 SGB XII Anspruch auf Kostenerstattung aus dem an die Eigenerben des Vermächtnisnehmers hinterbliebenen Nachlass, vgl. im Einzelnen Rdn. 509 ff.; allenfalls kann die Konkurrenz zu einem angeordneten Nachvermächtnis, oben Rdn. 5113 ff., eine Kürzung bewirken.

5130 Des Weiteren wird diskutiert,[82] als Gegenstand des Vermächtnisses, etwa des Vor- und Nachvermächtnisses, **Leibrentenzahlungen** zuzuwenden, über die Testamentsvollstreckung angeordnet wird (sodass die Einkommensschongrenze des § 85 SGB XII nicht einzuhalten ist, sondern wohl entsprechend § 850b Abs. 1 Nr. 3 ZPO Unpfändbarkeit besteht);[83] das Risiko einer Inanspruchnahme der Erben des behinderten Vorvermächtnisnehmers nach dessen Ableben beschränkt sich hier auf die noch nicht bestimmungsgemäß vom Testamentsvollstrecker verbrauchten „Rücklagen". Auch hier kann im Testament kaum ein bestimmter Monatsbetrag ausgesetzt, sondern allenfalls der Berechnungsmechanismus geregelt werden, der einen ausreichenden Abstand zur Höhe des Pflichtteils sicherstellen soll, um den Betreuer von einer Ausschlagung gem. § 2307 Abs. 1 Satz 1 BGB abzuhalten. Dies könnte etwa[84] wie folgt formuliert sein:

5131 **Formulierungsvorschlag: Vor- und Nachvermächtnis beim „Behindertentestament"**

1.

Ich

vermache

meinem behinderten Sohn L eine lebenslange Leibrente, die ihm von dem oder den Erben zu zahlen ist, und die ihm aus Fürsorge fortlaufende Einkünfte im Sinne des § 850 b Abs. 1 Nr 3 ZPO sichern soll[85]

Ausgangswert für die Rente ist der Reinwert von drei Vierteln des fiktiven gesetzlichen Erbteils meines Sohnes L. Der so ermittelte Betrag ist unter Berücksichtigung eines Rechnungszinses von 4 % jährlich auf der Grundlage der an meinem Todestag geltenden Sterbetafel auf Lebzeit des Berechtigten zu verrenten.

Die so errechnete Rente ist von dem oder den Erben in monatlichen Raten von je einem Zwölftel des errechneten Jahresbetrags zu zahlen. Die erste Rate ist zahlbar ab dem vollen Monat, der auf die Testamentseröffnung folgt. Die Zahlung hat jeweils am ersten Werktag eines jeden Monats im Voraus zu erfolgen.

---

82 *Spall*, MittBayNot 2001, 254 f., von dem auch der nachstehend wiedergegebene Formulierungsvorschlag stammt.
83 So jedenfalls OLG Frankfurt am Main, ZEV 2001, 156; a.A. MünchKomm-BGB/*Zimmermann*, § 2214 Rn. 4: Anspruch auf Auszahlung von Nachlasserträgen ist pfändbar.
84 Vgl. *Spall*, MittBayNot 2001, 255.
85 Zur Reichweite des § 850b Abs. 1 Nr 3 ZPO vgl. *Gutbell*, ZEV 2001, 262.

Zur Abtretung des Anspruchs bedarf es der Zustimmung des oder der Erben. Ein Kapitalwahlrecht besteht nicht.

Der Beschwerte hat sich auf erstes Anfordern wegen der Zahlungsverpflichtung der sofortigen Zwangsvollstreckung zu unterwerfen. (**Alt.:** *Dem Nachvermächtnisnehmer wird im Wege eines Untervermächtnisses auferlegt, eine Sicherung seines Anspruchs nicht zu verlangen.*)

Eine Wertsicherung der Rente oder ein Anpassungsvorbehalt wird nicht angeordnet. Ersatzvermächtnisnehmer werden nicht bestimmt.

2.

Hinsichtlich dieses Vermächtnisses wird ein

Nachvermächtnis

angeordnet. Nachvermächtnisnehmer sind die Abkömmlinge meines Sohnes zu gleichen Stammanteilen, ersatzweise seine Geschwister bzw deren Abkömmlinge untereinander nach den Regeln der gesetzlichen Erbfolge. Das Anwartschaftsrecht ist nicht vererblich und nicht übertragbar. Nachvermächtnisfall ist der Tod meines Sohnes L. Vermacht ist dasjenige, was von der Substanz der L. zugeflossenen Rentenbeträge samt Erträgnissen hieraus und Surrogaten beim Nachvermächtnisfall noch vorhanden ist. Der Vorvermächtnisnehmer ist nicht verpflichtet, Ersatz für die gezogenen Nutzungen oder für Substanzminderungen zu leisten, hat jedoch keinen Anspruch auf Erstattung von ihm getätigter Verwendungen, auch notwendiger oder nützlicher Verwendungen, auf das Vermächtnisgut. Es wird klargestellt, dass sich durch das Nachvermächtnis die Verpflichtung zur Zahlung der Rente nicht verlängert.

3.

Zum Zweck der dauernden Verwaltung des meinem Sohn L Zugewendeten, einschließlich der Erträgnisse hieraus, wird

Testamentsvollstreckung

in Form der Dauertestamentsvollstreckung angeordnet.

(**Anm.:** *Es folgt die übliche Anordnung der Dauertestamentsvollstreckung beim Behindertentestament insb. des Vermächtnisses*)

Die Testamentsvollstreckung erstreckt sich außerdem auf den Vollzug des Vermächtnisses zugunsten des Nachvermächtnisnehmers (Abwicklungsvollstreckung nach § 2223 BGB und Nachvermächtnisvollstreckung bis zur Erfüllung des Nachvermächtnisses).

Soll die Hebung des Lebensstandards des Behinderten über Sozialhilfeniveau nicht durch laufende, rentenartige Zahlungen, sondern durch eine **Einmalzuwendung** erfolgen, wird angesichts der Ungewissheit über die künftige Zusammensetzung des Nachlasses regelmäßig ein Quotenvermächtnis (zumindest knapp oberhalb der Pflichtteilsquote) ausgesetzt sein. Dieses ist grds. in Geld bemessen, sollte jedoch dem Testamentsvollstrecker die Möglichkeit der Ersetzung belassen, zur Schonung der Liquidität und zur Vermeidung unwirtschaftlicher Kreditaufnahmen andere Gegenstände (Immobilien, Aktien etc.) zu substituieren (**Quotengeldvermächtnis mit Ersetzungsbefugnis**).[86] Hierzu[87] der folgende

5133 **Formulierungsvorschlag: Quotengeldvermächtnis mit Ersetzungsbefugnis (als Vor- und Nachvermächtnis beim Behindertentestament)**

> Unserem behinderten Kind ..... steht beim Ableben eines jeden von uns ein barer Geldbetrag zu in Höhe von ..... % beim Tod des Erstversterbenden, bzw. von ..... % beim Tod des länger Lebenden des Wertes des jeweiligen Nachlasses nach Abzug aller Nachlassverbindlichkeiten.
>
> Der Beschwerte ist jedoch berechtigt, das Vermächtnis nach seiner Wahl ganz oder teilweise auch durch die Übertragung anderer Wirtschaftsgüter (Immobilien, Aktien etc) zu erfüllen. Diese sind in Höhe ihres seinerzeitigen Verkehrswertes auf das Vermächtnis anzurechnen (Ersetzungsbefugnis). Im Streitfall entscheidet über den Wert des Nachlasses und des Ersetzungsobjektes sowie über die Verteilung seiner Kosten (analog §§ 91 ff. ZPO) ein durch die örtlich zuständige IHK zu benennender Sachverständiger des jeweiligen Fachgebietes als Schiedsgutachter gem. § 317 BGB. Bis zur endgültigen Ermittlung sind angemessene Vorschüsse zu leisten. Sofern für den Beschwerten Testamentsvollstreckung angeordnet ist, übt der Testamentsvollstrecker die Ersetzungsbefugnis aus und ermittelt die angemessene Höhe etwaiger Vorschüsse.
>
> Überträgt der Beschwerte ersetzungsweise nur Bruchteile von Vermögensgegenständen, kann er einen (bei Immobilien dinglich zu sichernden) Aufhebungsausschluss nach § 749 BGB verlangen.
>
> Hinsichtlich dieses Vermächtnisses wird ein
>
> **Nachvermächtnis**
>
> angeordnet. Nachvermächtnisnehmer sind die Abkömmlinge unseres behinderten Kindes ..... zu gleichen Stammanteilen, ersatzweise seine Geschwister bzw deren Abkömmlinge untereinander nach den Regeln der gesetzlichen Erbfolge. Das Anwartschaftsrecht ist nicht vererblich und nicht übertragbar. Nachvermächtnisfall ist der Tod unseres behinderten Kindes ..... Vermacht ist dasjenige, was von der Substanz des an den Vorvermächtnisnehmer Geleisteten samt Erträgnissen hieraus und Surrogaten beim Nachvermächtnisfall noch vorhanden ist. Der Vorvermächtnisnehmer ist nicht verpflichtet, Ersatz für die gezogenen Nutzungen oder für Substanzminderungen zu leisten, hat jedoch keinen Anspruch auf Erstattung von ihm getätigter Verwendungen, auch notwendiger oder nützlicher Verwendungen, auf das Vermächtnisgut.
>
> Dem Vorvermächtnisnehmer wird ferner (im Wege der Erfüllung durch den Vorvermächtnisvollstrecker, nachstehend 3.) auferlegt, nach Anfall des Vorvermächtnisses die Erfüllung des

---

86 Dieses vermittelt, da der Quotengeldvermächtnisnehmer einem Miterben wirtschaftlich nahe steht, nach *Kornexl*, Der Zuwendungsverzicht, Rn. 175 den Schutz des § 2287 BGB analog (nicht des § 2288 BGB) gegen lebzeitige beeinträchtigende Schenkungen. Die in § 2288 BGB genannten Sachverhalte des „Zerstörens, Beiseiteschaffens oder Beschädigens" können beim Quotenvermächtnis mangels konkreten Bezugsobjektes nicht eintreten.

87 In Anlehnung an *Kornexl*, Nachlassplanung bei Problemkindern, Rn. 330.

(Ersatz-) Nachvermächtnisses in geeigneter Weise, etwa durch aufschiebend auf den Nachvermächtnisanfall befristete bzw. bedingte Abtretung/Übereignung bzw. durch Eintragung einer Vormerkung, zu sichern; dieser Sicherungsanspruch ist dem Nachvermächtnisnehmer zusätzlich vermacht.

3.

Zum Zweck der dauernden Verwaltung des unserem behinderten Kind ..... Zugewendeten, einschließlich der Erträgnisse hieraus, wird

Testamentsvollstreckung

in Form der Dauertestamentsvollstreckung angeordnet.

(***Anm.***: *Es folgt die übliche Anordnung der Dauertestamentsvollstreckung beim Behindertentestament insb. des Vermächtnisses.*)

Die Testamentsvollstreckung erstreckt sich außerdem auf den Vollzug des Vermächtnisses zugunsten des Nachvermächtnisnehmers (***Anm.***: *Abwicklungsvollstreckung nach § 2223 BGB und Nachvermächtnisvollstreckung bis zur Erfüllung des Nachvermächtnisses*).

V. Der seidene Faden aller Gestaltung: Überleitungsfähigkeit des Ausschlagungsrechtes

1. Überleitung

Auch soweit die Zuwendung die Höhe des Pflichtteils übersteigt, könnte der pflichtteilsberechtigte Vermächtnisempfänger gem. § 2307 Abs. 1 Satz 1 BGB ausschlagen und stattdessen den Pflichtteil geltend machen (die Vermächtniserfüllung sollte daher erst erfolgen, wenn eine Ausschlagung wegen vorheriger Annahme des Vermächtnisses ausscheidet). Eine risikovermeidende Annahme der künftigen Erbschaft bzw. des künftigen Vermächtnisses bereits vor dem Erbfall ist gem. § 1946 BGB nicht möglich,[88] ebenso wenig eine diesbezügliche vertragliche Verpflichtung.[89] Ist der „Behinderte" selbst geschäftsfähig, wird er die postmortale Ausschlagung unterlassen, verlöre er doch dadurch die Chance auf eine Besserung seiner Lebensstellung aus ergänzenden, zugriffsfreien Zuwendungen. Jedwede letztwillige Gestaltung, auch die klassische Erbschaftslösung, steht jedoch (Letztere wegen § 2306 Abs. 1 Satz 2 BGB, bei Sterbefällen ab 2010 in beiden Varianten des § 2306 BGB) unter dem Vorbehalt, dass nicht der Sozialleistungsträger diese Entscheidung (und zwar dann im fiskalischen Sinne zugunsten des Pflichtteilsverlangens) an sich zieht.

5134

---

88   Vgl. BGH, 08.10.1997 – IV ZR 236/96, DNotZ 1998, 830.
89   Gutachten, DNotI-Report 2007, 132, auch nicht als Erbschaftsvertrag gem. § 311b Abs. 5 BGB. Möglich ist nur der umgekehrte vertragliche Zuwendungsverzicht, § 2352 BGB.

5135 Das Ausschlagungsrecht selbst ist allerdings **als Gestaltungsrecht nicht** durch Sozialverwaltungsakt gem. § 93 SGB XII („Anspruch") **überleitbar**[90] bzw. geht nicht durch Legalzession gem. § 33 SGB II über – es wäre wohl auch rechtsgeschäftlich nicht abtretbar[91] und seine Ausübung könnte nicht einem Dritten überlassen werden[92] –; aus eigenen Stücken wird der lediglich körperlich Behinderte nicht ausschlagen, da er hierdurch schlechter gestellt würde (ihm entginge der anrechnungsfreie Vermächtniserwerb, stattdessen erhielte er eine schlichte Geldforderung, die nach Überleitung gem. § 93 Abs. 1 Satz 4 SGB XII den öffentlichen Sozialleistungshaushalt entlastet, ihm jedoch keine zusätzlichen Leistungen sichert). Gleiches gilt für den Betreuer eines etwa geistig Behinderten, der die Ausschlagung bei einer allein am Wohl des Betreuten orientierten Entscheidung nicht vornehmen wird bzw. dessen Ausschlagungserklärung durch das Betreuungsgericht (vor 01.09.2009: Vormundschaftsgericht) nicht genehmigt werden wird, sofern er durch die dadurch ermöglichten ergänzenden Zuwendungen besser gestellt wird.[93]

5136 Ebenso wenig ist das Ausschlagungsrecht des Vermächtnisnehmers (§ 2307 BGB) mangels Anspruchsqualität überleitbar. *Van de Loo* sieht jedoch in dieser Ausschlagung dogmatisch eine Art Ausübungserklärung einer Wahlschuld (mit Ausübungsberechtigung entgegen § 262 BGB beim Gläubiger, nicht beim Schuldner) zwischen Vermächtnis einerseits und Pflichtteilsanspruch andererseits. Wenn aber das Ergebnis beider Anspruchsvarianten (Vermächtnisanspruch bzw. Pflichtteilsanspruch) ihrerseits pfändbar/überleitbar sei (wie hier), könne der Pfändende[94]/ Überleitungsberechtigte auch das „Wahlrecht" zwischen beiden Varianten ausüben,[95] also ausschlagen, und sodann den entstehenden Pflichtteilsanspruch verwerten. Die These vom Wahlschuldcharakter der Ausschlagung führt jedoch nicht dazu, der „Ausübungserklärung" ihrerseits „Anspruchscharakter" i.S.d. § 93 Abs. 1 SGB XII/§ 33 SGB II zu verleihen, sodass diese Hürde nicht genommen wird.

5137 Offen ist in diesem Zusammenhang ferner die sich anschließende Frage, ob es nicht in jedem Fall bei betreuten Vermächtnisbegünstigten der betreuungs- oder familiengerichtlichen (vor 01.09.2009: vormundschaftsgerichtlichen) Genehmigung zur Ausschlagung bedürfe, § 1822

---

90 BGH, 19.01.2011 – IV ZR 7/10, ZEV 2011, 258 m. Anm. *Zimmer* = NotBZ 2011, 168 m. Anm. *Krauß* (obiter, auch mit Hinweis auf die bewusste Untätigkeit des Gesetzgebers); OLG Stuttgart, NJW 2001, 3484; OLG Frankfurt am Main, ZEV 2004, 24; jetzt allgemeine Meinung, vgl. *Nieder*, NJW 1994, 1266; *Krampe*, AcP 1991, 532; *J. Mayer*, DNotZ 1994, 355; *van de Loo* hält seine Meinung in MittRhNotK 1989, 249 im Fall des § 2306 Abs. 1 Satz 2 BGB („Nebenrecht i.S.d. § 401 BGB zu einem seiner Ansicht bei solchen Beschränkungen bereits ab Erbfall latent vorhandenen Pflichtteilsanspruch") nicht mehr aufrecht, vgl. ZEV 2006, 471 ff., beachte aber unten Rdn. 5136. RiBGH *Wendt* hatte bereits in ZNotP 2008, 12 prognostiziert, der Senat werde die Überleitung nicht zulassen, da die Erbfolge auf einer grds. nicht mehr umzustoßenden Grundlage stehen müsse.
91 Vgl. AnwK-BGB/*Ivo*, § 1942 Rn. 20; das Ausschlagungsrecht ist lediglich gem. § 1952 Abs. 1 BGB vererblich.
92 OLG Zweibrücken, 13.11.2007 – 3 W 198/07, NJW 2008, 1007, auch nicht durch transmortale Vorsorgevollmacht, a.A. richtigerweise *Schmidt*, ZNotP 2008, 301 und *Keim*, ZErb 2008, 260 (Vertretung ist gem. § 1945 Abs. 3 BGB zulässig, allerdings führt die postmortale Ausschlagung nicht zur Aufhebung der Bindung aus einem entgegenstehenden gemeinschaftlichen Testament).
93 So ausdrücklich OLG Köln, 29.06.2007 – 16 Wx 112/07, ZEV 2008, 196: keine vormundschaftsgerichtliche Genehmigung zur Ausschlagung für einen zum nicht befreiten Vorerben eingesetzten Behinderten.
94 Für die Pfändung h.M.: *Stöber*, Forderungspfändung, Rn. 32.
95 Anders als bei § 2306 BGB, da die (Vor-)erbenstellung mangels Anspruchsqualität nicht gem. § 93 SGB XII/§ 33 SGB II übergeleitet werden kann; die auch dem Sozialfürsorgegläubiger mögliche Pfändung des Erbteils stellt ihn jedoch, da § 93 Abs. 1 Satz 4 SGB XII nicht gilt, nicht besser als jeden anderen Pfändenden, sie erfasst insb. nicht das Ausschlagungsrecht (da § 401 BGB nicht gilt).

Nr. 2 BGB.⁹⁶ Bei Sozialhilfebezug wird *van de Loo's* Ansatz ferner deshalb regelmäßig ins Leere gehen, weil die pflichtteilsberechtigten Erben dem Vermächtnisnehmer eine Entscheidungsfrist nach § 2307 Abs. 2 BGB setzen werden, während deren Lauf der Sozialleistungsträger (schon mangels Kenntnis hiervon) kaum beide „Anspruchsvarianten der Wahlschuld" überleiten wird (wogegen gem. § 33 Abs. 1 SGB II der Grundsicherungsträger bereits unmittelbar Inhaber beider Ansprüche wäre, sodass die Fristsetzung ihm ggü. erfolgen müsste).

2. Aufforderung zur Selbsthilfe

Denkbar ist allenfalls, dass der Sozialhilfeträger den Vermächtnisnehmer (oder Erben im Fall des § 2306 Abs. 1 Satz 2 und Abs. 2 BGB, bei Sterbefällen ab 2010 in allen Varianten des § 2306 BGB) bzw. dessen gesetzlichen Vertreter (Betreuer) **auffordert**, im Weg der **Selbsthilfe** die Ausschlagung zu erklären (bzw. bei bereits vor Beginn der besonderen Ausschlagungsfrist erfolgter Erbschaftsannahme diese anzufechten),⁹⁷ um seinen Lebensunterhalt bis zur Aufzehrung von den zu erbringenden Pflichtteilszahlungen zu bestreiten. Eine solche Verweisung auf eine zur Verfügung stehende Einkommens- oder Vermögensquelle ist zwar sozialhilferechtlich ohne Weiteres denkbar (bereites Mittel i.S.d. § 2 SGB XII),⁹⁸ jedenfalls solange die Ausschlagungsfrist noch läuft (§ 1944 BGB bzw. im Vermächtnisfall bis zu dessen – daher rasch herbeizuführender – Annahme oder zur Herbeiführung der Ausschlagungsfiktion über Fristsetzung gem. § 2307 Abs. 2 BGB);⁹⁹ ein Verstoß gegen die Aufforderung des Sozialleistungsträgers wird jedoch nur in seltenen Fällen des § 26 Abs. 1 Satz 1 Nr. 1 SGB XII zu einer Leistungskürzung oder -einstellung führen.

5138

Eine hierbei vorausgesetzte willentliche Vermögensminderung in der **Absicht des Sozialleistungsbezugs** ist nämlich dann nicht anzunehmen, wenn der Bedürftige oder HbL-Bezieher von der letztwilligen Zuwendung erkennbar Vorteile erhält, indem diese in Teilbereichen die staatlichen Sozialhilfeleistungen durch qualitativ bessere oder zusätzliche Leistungen ersetzt oder ergänzt.¹⁰⁰ Ein Verweis des Sozialleistungsträgers auf das Selbsthilfegebot ist ferner nur statthaft, wenn es sich um „bereite" Mittel handelt, die Ansprüche also alsbald realisierbar sind¹⁰¹ und deren Einsatz der leistungsberechtigten Person auch zumutbar ist. Die Überführung des BSHG in das SGB XII hat trotz dieser bekannten Diskussion nicht zu einer Verschärfung des Leistungskürzungsrechtes des Sozialleistungsträgers geführt.

5139

Steht der Hilfeempfänger unter Betreuung, wird eine Kürzung nach § 26 Abs. 1 Satz 1 Nr. 1 SGB XII regelmäßig ausscheiden, da es sich mangels Genehmigungsfähigkeit der Ausschlagung um kein „bereites Mittel" i.S.d. Rdn. 5139 handelt (vgl. Rdn. 5135); selbst wenn eine solche

5140

---

96 Bejahend *Eberl-Borges/Schüttlöffel*, FamRZ 2006, 596 sowie *Wicke*, DNotZ 2006, 498; verneinend *van de Loo*, ZEV 2006, 478.
97 OLG Hamm, MittBayNot 2004, 456.
98 BVerwGE 38, 309 f.
99 Erst dann wird die Vermächtniserfüllung, ggf. durch den Testamentsvollstrecker, vorgenommen werden.
100 Gegen eine Kürzung insb. *Lamprecht*, Der Zugriff des Sozialhilfeträgers auf den erbrechtlichen Erwerb, S. 134 ff.; *Engelmann*, Letztwillige Verfügungen zugunsten Verschuldeter oder Sozialhilfeberechtigter, S. 48 f.; *Kübler*, Das sog. Behindertentestament, S. 135; dafür *Raiser*, MDR 1995, 238; die Möglichkeit der Kürzung immerhin andeutend BGHZ 123, 379.
101 BVerwGE 67, 163.

Genehmigung zu erlangen wäre, müsste sich der Betreute das Verhalten seines gesetzlichen Vertreters **nicht zurechnen** lassen.[102] Faktisch geht die Aufforderung jedenfalls zur Ausschlagung der Erbschaft häufig ohnehin ins Leere, da die 6-Wochen-Frist des § 1944 BGB (jedenfalls bei Inlands-Sachverhalten) bereits verstrichen sein wird, wenn der Sozialleistungsträger vom Sterbefall erfährt.

5141 Problematischer ist allerdings die Wertung in schlichten **Überschuldungs** - bzw. Grundsicherungsfällen (SGB II), in denen aus dem geschützten Vermögen keine zusätzlichen, das staatliche Existenzsicherungsangebot ergänzende Naturalleistungen (wie Urlaubsfahrten mit einem Betreuer etc) erbracht werden. Die untergerichtliche Rechtsprechung (SG Mannheim, Rdn. 5264) behauptet in solchen Fällen durchaus eine Obliegenheit zur Ausschlagung mit der Folge, dass Sozialleistungen lediglich als Darlehen zu gewähren seien. Dem ist entgegenzutreten:[103] weder führt die Nichtausschlagung zu einer Verminderung des Einkommens oder Vermögens i.S.d. § 31 Abs. 4 Nr. 1 SGB II, noch liegt darin sozialwidriges Verhalten i.S.d. § 34 Abs. 1 Satz 1 SGB II. Auch § 35 SGB II (Ersatzpflicht des Erben) und § 33 Abs. 1 Satz 1 SGB II (Übergang von Ansprüchen – nicht Rechten –) erfassen den Sachverhalt nicht.

---

[102] Gutachten, DNotI-Report 1996, 48/53; *Ivo*, FamRZ 2003, 9; *Settergren*, Das „Behindertentestament" im Spannungsfeld zwischen Privatautonomie und sozialhilferechtlichem Nachrangprinzip, S. 128.

[103] *Angermaier*, Soziale Sicherung 2010, 194, 198.

D. Erbschaftslösungen

I. Das „klassische Behindertentestament": Destinatär als Mitvorerbe, Testamentsvollstreckung

1. Regelungsziel

Der „Urtypus" dieser Verfügung von Todes wegen bei Vorhandensein eines geistig und/oder körperlich behinderten Abkömmlings geht zurück auf ein durch Herrn Kollegen Prof. Dr. *Bengel*, Fürth, etwa im Jahr 1976 beurkundetes gemeinschaftliches Testament, das in der Folgezeit insb. durch Organisationen der Behindertenfürsorge (Lebenshilfe e.V.) in anonymisierter Form übernommen sowie bundesweit „empfohlen" und nur geringfügig verändert Gegenstand der bekannten Grundsatzentscheidung des BGH[104] wurde. Das „Behindertentestament" ist daher ein relativ junges Kind der letztwilligen Gestaltung; insb. mangelt es an praktischer Bewährung nach dem Tod der Erblasser.

5142

Ziel der testierenden Elterngeneration ist es hierbei (positives Gestaltungsziel), den behinderten Abkömmling nach ihrem Ableben durch ergänzende Zuwendungen aus dem Nachlass besser zu stellen als er hypothetisch stünde, wenn er lediglich die gesetzlichen Leistungen nach dem Pflegeversicherungsgesetz (SGB XI) und die Ansprüche nach dem SGB XII (Hilfe zur Pflege oder Eingliederungshilfe für Behinderte) geltend machen könnte.

5143

Dies setzt allerdings voraus, dass der Nachlass – auch soweit er im gesamthänderischen oder Alleineigentum des erbenden, behinderten Abkömmlings steht – von einer Verwertungspflicht verschont bleibt (Abwehrziel als notwendiges Mittel zum Zweck), da diese lediglich zum teilweisen Ausgleich des fiskalischen Defizits der Sozialleistungsträger führt, den Behinderten jedoch in keiner Weise besser stellt. So läge es etwa, wenn unter Zugrundelegung des klassischen „Berliner Testaments" bereits beim ersten Sterbefall ein Pflichtteilsanspruch des behinderten Abkömmlings entsteht, den der Sozialleistungsträger als nicht mehr von Gestaltungserklärungen irgendwelcher Art abhängigen Geldanspruch (§ 2317 Abs. 1 BGB) gem. § 93 Abs. 1 Satz 1 und 4 SGB XII ohne Weiteres durch Verwaltungsakt auf sich überleiten kann und geltend machen wird, s. Rdn. 5134 f. Daher liegt in der Vermeidung eines originären Pflichtteilsanspruchs ein notwendiges „Zwischenziel" des Behindertentestamentes.

5144

2. Konstruktionselemente

a) Vorerbschaft

Zur Pflichtteilsvermeidung und gleichzeitigen Immunisierung des dem Hilfebedürftigen zugedachten Nachlasses (§ 2115 BGB; s. Rdn. 5300 ff.) weitverbreitet ist die Einsetzung des „behinderten" Abkömmlings zum bloßen **Miterben** bereits auf den ersten Sterbefall, und zwar als **Vorerbe**. Nacherbe sei bspw.

5145

---

104 MittBayNot 1990, 245 m. Anm. *Reimann*; ähnlich (für etwas größere Vermögen) BGH, ZEV 1994, 35 = NJW 1994, 248.

- der weitere, nicht bedürftige Abkömmling (zu Problemen im Zusammenhang mit § 2306 Abs. 2 BGB bei mehreren Nacherbengeschwistern vgl. jedoch unten Rdn. 5179 ff.), oder
- der überlebende Ehegatte, oder
- etwaige (auch künftige) Abkömmlinge des Vorerben (zugleich zur Entkräftung der regelmäßig nicht gewollten Wegfallsvermutung der Vorerbschaft insgesamt gem. § 2107 BGB), oder
- weiter ersatzweise ein Verein/eine Stiftung der Behindertenhilfe. Ist letztere Körperschaft als endgültiger Destinatär nicht (etwa gem. § 13 Abs. 1 Nr. 16 ErbStG) wegen Gemeinnützigkeit oder Mildtätigkeit von der Erbschaftsteuer befreit, und würde sie lediglich als Ersatznacherbe (nach etwaigen Abkömmlingen des Vorerben) eingesetzt, fiele wegen § 6 Abs. 1 ErbStG sowohl beim Vorerbfall als auch beim Nacherbfall Erbschaftsteuer an.

5146 Ist ohnehin wahrscheinlicher, dass der Behinderte kinderlos versterben wird, also der Ersatznacherbfall eintritt, kann demnach[105] die Behindertenorganisation als (dann befreiter) Vorerbe und die etwaigen Abkömmlinge des Behinderten (dessen Tod den Nacherbfall auslöst) als Nacherben eingesetzt werden. Sind solche nicht vorhanden, wird der Vorerbe mit dem Tod des Behinderten Vollerbe, was keine neue Steuer auslöst. Zur Besserstellung des Behinderten (und zugleich zur Pflichtteilsvermeidung) wird ihm ein Quotengeldvermächtnis mit Ersetzungsbefugnis ausgesetzt, das unter Dauertestamentsvollstreckung gem. §§ 2209, 2223 BGB (dann regelmäßig durch die Behindertenorganisation) steht und als Vor- und Nachvermächtnis ausgestaltet ist (Muster s. Rdn. 5133), sowie ergänzend ein Quotenvermächtnis an den Erträgen des Nachlasses, ebenfalls unter vorgenannter Testamentsvollstreckung.

5147 I.Ü. ist zu empfehlen, den Vorerben jedenfalls von §§ 2133, 2134 BGB **nicht zu befreien**:[106] Da der befreite Vorerbe lediglich den beim Nacherbfall noch vorhandenen Nachlass herauszugeben hat und i.Ü. Schadensersatz nur bei Benachteiligungsabsicht schuldet (§ 2138 BGB), könnten Sozialleistungsträger ihn darauf verweisen, seinen Unterhalt aus der Substanz des Nachlassanteils zu bestreiten (§ 2 Abs. 2 SGB XII)[107] und in diesem Umfang gegen den Testamentsvollstrecker auf Freigabe zu klagen (§ 2217 Abs. 1 BGB); diesen Anspruch könnte der Sozialleistungsträger auf sich überleiten – sofern keine geeigneten, vorrangigen, Verwaltungsanordnungen erteilt sind (Rdn. 5148).

5148 Ist der Vorerbe vom Verbot entgeltlicher Verfügungen (§§ 2113,[108] 2114 BGB) und der Einhaltung weiterer Verfügungsbeschränkungen (§§ 2116 bis 2118 BGB) befreit, führt dies zwar zur Fortsetzung der Nacherbenbindungen am Surrogat (§ 2111 BGB),[109] allerdings kann der Testamentsvollstrecker dadurch gehalten sein, das liquide gewordene Vermögen rascher und umfassender einzusetzen. Ist der Testamentsvollstrecker zugleich Nacherbe, besteht ebenfalls kein

---

105 Vgl. *Kornexl*, Nachlassplanung bei Problemkindern, Rn. 334, mit Formulierungsvorschlag Rn. 335.
106 Ausführlich hierzu *Spall*, in: FS 200 Jahre Notarkammer Pfalz, 2003, S. 140 ff.
107 *Otte*, JZ 1990, 1027; a.A. OVG Sachsen, NJW 1997, 2898; zum Ganzen vgl. Gutachten, DNotI-Report 1996, 48 ff.
108 Verfügungen sind dann jedoch mit Zustimmung der Nacherben (nicht der Ersatznacherben: BGH, 01.03.2005 – VI ZB 47/03, NJW-RR 2005, 956) möglich. Letztere können durch Genehmigungsvermächtnis verpflichtet werden, bestimmten Verfügungen zuzustimmen (falls sie beim Eintritt des Nacherbfalls Erben werden).
109 Wird während der Vorerbschaft nach einem vor dem 29.09.1990 verstorbenen Erblasser ein Grundstück aufgrund des VermG restituiert, fällt dieses gem. § 2111 BGB sodann an den Nacherben, BGH, 17.03.2010 – IV ZR 144/08, ZEV 2010, 247.

D. Erbschaftslösungen

Bedarf an einer Befreiung vom Verfügungsverbot, da er in seiner Eigenschaft als Nacherbe zustimmen kann.[110] Von §§ 2119, 2123 (dauerhafte Geldanlage; Waldwirtschaftsplan) kann jedoch sicherlich Befreiung erteilt werden, auch von Auskunftsansprüchen und der Pflicht zur Stellung von Sicherheiten (§§ 2127 bis 2129 BGB).

Werden einzelne Gegenstände (z.B. Finanzvermögen) von der Beschränkung durch Vor- und Nacherbfolge (und Testamentsvollstreckung) ausgenommen, unterliegen sie naturgemäß dem Sozialhilfezugriff.[111]

b) Testamentsvollstreckung

Zusätzlich[112] wird **Dauertestamentsvollstreckung** (§ 2209 BGB) angeordnet über die Vorerbschaft und insb. die hieraus zu gewinnenden Erträgnisse, die ja gem. §§ 2124, 2130, 100 BGB sonst[113] freies Eigenvermögen des Vorerben werden, verbunden mit klaren Verwaltungsanweisungen an den Testamentsvollstrecker (§ 2216 Abs. 2 BGB), die den staatlichen Leistungskatalog ergänzende Zuwendungen aus den Erträgnissen dem behinderten Vorerben sichern.[114] Die hiervon betroffenen Vermögenswerte sind wegen § 2211 BGB dem Zugriff des Erben und wegen § 2214 BGB (bereits ab dem Sterbefall, nicht erst mit dem Amtsantritt des Vollstreckers!) dem Zugriff seiner Eigengläubiger entzogen, was zur „Unverwertbarkeit" der im Nachlass vorhandenen Vermögensgegenstände i.S.d. § 90 Abs. 1 SGB XII führt[115] (s. Rdn. 424 ff.). 5149

Der Testamentsvollstrecker über den nicht befreiten Vorerben kann nach h.M. nicht mehr Rechte haben als der Vorerbe ohne Testamentsvollstreckung selbst, unterliegt also nicht nur den seinem Amt immanenten Beschränkungen, sondern auch insb. den Verfügungsbeschränkungen der §§ 2113, 2114 BGB, die zum Schutz des Nacherben angeordnet sind und bleiben.[116] Ist allerdings 5150

---

110 BGHZ 40, 115, *Wegmann*, ZErb Beilage Fachanwalt Erbrecht 2005, 33.
111 OVG Nordrhein-Westfalen, 18.07.2008 – 12 A 2471/06, ZEV 2009, 402.
112 Eine „reine Testamentsvollstreckerlösung" eröffnet den postmortalen Zugriff gem. § 102 SGB XII – was die Beteiligten bei nur einem Abkömmling ohne weitere Nachkommenshoffnung in Kauf nehmen mögen – und erscheint auch wegen der noch offenen Schwächen, unten Rdn. 5212, nicht empfehlenswert, ebenso *Spall*, MittBayNot 2007, 70 zur Entscheidung des OVG Saarland, MittBayNot 2007, 65.
113 Grds. gebühren dem Vorerben die vollen Nutzungen der Erbschaft, der Erblasser kann allerdings das Fruchtziehungsrecht, z.B. auf die „Reinerträgnisse", beschränken: OLG München, 02.09.2009 – 20 U 2151/09, ZEV 2009, 622.
114 Seit Inkrafttreten des Grundsicherungsgesetzes empfiehlt sich, nicht mehr nur von „Sozialhilfeleistungen", sondern von „Sozialleistungen" zu sprechen; die Eingliederung des GSiG in §§ 41 ff. SGB XII hat die Thematik allerdings entschärft, *Littig*, in: FS für Damrau, 2007, S. 185.
115 So ausdrücklich (zu einem Sachverhalt ohne gleichzeitige Vor- und Nacherbfolge, in welchem also nach dem Tod des Bedürftigen § 102 SGB XII die Verwertung seines Nachlasses ermöglicht, was die Beteiligten bei nur einem Kind in Kauf nahmen) OVG Saarland, 17.03.2006 – 3 R 2/05 (rk.), MittBayNot 2007, 65 m. Anm. *Spall* (durch Auslegung wurden die im Testament der Großmutter zugunsten der behinderten Enkelin enthaltenen Anweisungen an den Testamentsvollstrecker dahin gehend konkretisiert, dass eine Substanzverwertung zugunsten der Heimkosten nicht in Betracht komme), ebenso zuvor VGH Baden-Württemberg, NJW 1993, 152; VGH Hessen, NDV 1989, 210.
116 *Bengel/Reimann*, Handbuch der Testamentsvollstreckung, 4. Kap., Rn. 198; *Mayer/Bonefeld/Wälzholz/Weidlich*, Testamentsvollstreckung, § 22 Rn. 22; a.A. OLG Stuttgart, BWNotZ, 1980, 92 und *Nieder/Kössinger*, Handbuch der Testamentsgestaltung, § 10 Rn. 98, nach deren Ansicht die Verfügungsbeschränkungen des Vorerben nur das Verhältnis zum Nacherben betreffen. Vgl. auch Gutachten, DNotI-Report 2007, 36. Auf die Auslegung der Verfügung von Todes wegen abstellen will *Schaal*, notar 2010, 431, 434.

der Testamentsvollstrecker zugleich über die Rechte des Nacherben vor Eintritt des Nacherbfalls eingesetzt – § 2222 BGB[117] –, oder ist er selbst Nacherbe (wie im Regelfall der überlebende Ehegatte), kann er auch bei nicht befreiter Vorerbschaft frei – allerdings nur entgeltlich, § 2205 Satz 2 BGB, Rdn. 5107, 5239 – verfügen[118] und dabei auch i.R.d. Verwaltungsanordnungen (§ 2216 BGB) Substanzeingriffe vornehmen. Die Testamentsvollstreckung setzt sich jedenfalls bei der (wie hier) gegebenen Dauervollstreckung nach h.M. am Surrogat fort (§ 2041 BGB analog), was gleichwohl zur Klarstellung ausdrücklich angeordnet werden mag.

5151 Derselbe Testamentsvollstrecker kann über die Vorerbschaft und die Rechte des Nacherben eingesetzt sein.[119] Ist der Testamentsvollstrecker nicht ohnehin zugleich Nacherbe, ist zu erwägen, ihn auch hierüber zum Vollstrecker zu bestimmen, um eine möglichst deckungsgleiche Umsetzung der Verwaltungsanordnungen zu ermöglichen (und zudem bei minderjährigen Nacherben dem Erfordernis familiengerichtlicher [vor 01.09.2009 vormundschaftsgerichtlicher] Genehmigung zu entgehen).

5152 Zur Wahl der „richtigen Person" des Testamentsvollstreckers s.u. Rdn. 5219 ff.; zur möglicherweise erforderlichen „Dauerergänzungsbetreuung" s. Rdn. 5106 und Rdn. 5220 ff., zu den Anordnungen an den Vollstrecker Rdn. 5212 ff.

5153 Um den Eindruck einer unzulässigen Nachrangvereinbarung nicht aufkommen zu lassen, empfiehlt es sich, die **Verwaltungsanordnungen** für den Testamentsvollstrecker positiv zu formulieren und damit die (auch aus Sicht des BGH) anerkennenswerten Motive der Testatoren (Rdn. 5143) anklingen zu lassen: Die Anordnungen sollen zu einer Verbesserung der Lebensqualität des Behinderten/Bedürftigen führen, indem ihm Leistungen zugewendet werden, die er durch den Standard der Sozialfürsorgeleistungen nicht bekäme.[120]

5154 Daher ist entscheidend, dass die der Testamentsvollstreckung unterliegenden Werte zuvörderst der **Finanzierung ergänzender Hilfeleistungen** dienen, die Übernahme der Heimkosten selbst also erst dann zu erfolgen hat, wenn dies ohne Gefährdung vorrangiger Ziele aus den Erträgen (je nach Anordnung auch aus der Substanz, allerdings unter Vermeidung vorzeitigen Aufbrauchs) möglich ist.[121] Im Regelfall wird die Befugnis zur **Verwertung der Substanz** beschränkt sein auf Zuwendungen, welche den Lebensstandard des Destinatärs über die staatliche „Grundversorgung" hinaus verbessern.[122] Solche ausdrückliche Anordnungen gehen dem sonst auf Her-

---

117 Dies ist bei Vorhandensein minderjähriger oder noch ungeborener Nacherben ohnehin unabdingbar!
118 BGHZ 40, 115, 119, LG Köln, MittRhNotK 1981, 140; Gutachten, DNotI-Report 2007, 36, dort auch zu den möglichen, hier nicht einschlägigen, Funktionsverbindungen (BayObLG, NJW 1976, 1692: Mitvorerbe kann Vollstrecker über die Vorerbschaft und die Nacherbenrechte sein, wenn Vollstreckung durch ein Kollegium ausgeübt wird; möglicherweise kann auch ein Mitvorerbe zum alleinigen Nacherbenvollstrecker benannt werden.
119 Vgl. BGHZ 127, 360; *Schubert*, JR 1996, 60.
120 Vgl. *Ivo*, Erbrecht effektiv 2004, 44.
121 Das OVG Saarland, ZErb 2006, 275 hat zur Aufrechterhaltung des Gewollten diese Konkretisierung der Anweisung (§ 2216 BGB) durch Auslegung, gestützt auch auf eine Stellungnahme des beurkundenden Notars, gewonnen.
122 *Kornexl*, Nachlassplanung bei Problemkindern, Rn. 301.

ausgabe der Erträge gerichteten (überleitungsfähigen und pfändbaren) Anspruch vor,[123] sofern die Anordnung nicht wegen § 2216 Abs. 2 Satz 2 BGB unwirksam sein sollte, vgl. Rdn. 5212 ff. Teilweise hat die Rechtsprechung diese Befugnis zum Substanzeingriff und ihre Beschränkung aus dem Sinn und Zweck der Verwaltungsanordnung erschlossen.[124]

Selbst in den Fällen, in denen die dem Testamentsvollstrecker erteilten Anweisungen (§ 2216 BGB) nicht eindeutig ausweisen, dass der Vermögensstamm nicht für den privaten Lebensunterhalt des der Vollstreckung Unterworfenen (Erben oder Vermächtnisnehmers) zur Verfügung stehen soll, hilft die sozialgerichtliche Rechtsprechung durch Heranziehung auch außerhalb des Testaments liegender Umstände i.R.d. Auslegung, einen entsprechenden Erblasserwillen herauszuarbeiten und umzusetzen. Damit kann der Betroffene ggü. dem Testamentsvollstrecker nicht im Weg der Selbsthilfe Teile der Vermächtnis- bzw. Erbschaftssubstanz zur Finanzierung des allgemeinen Lebensunterhalts einfordern, sodass kein verwertbares Vermögen i.S.d. § 12 Abs. 1 SGB II vorliegt,[125] wobei eine ausdrückliche diesbezügliche Festlegung stets vorzuziehen ist.[126] Dabei wird auch betont, dass in der Anordnung der Testamentsvollstreckung selbst keine sittenwidrige Schädigung des Grundsicherungs-/Sozialhilfeträgers liege, da/soweit sie einer sittlichen Verpflichtung des Erblassers zum Schutz des Wohls des Kindes entspreche, diese insb. in seiner gesundheitlichen Situation begründet sei (sodass beim sog. Bedürftigentestament insoweit eine andere Wertung denkbar ist, vgl. Rdn. 5311).

5155

3. Gefährdungen

Die o.g. Beschränkungen entfallen u.U., sofern nicht § 2338 BGB eingreift (nachstehend 4699 ff.) kraft Gesetzes gem. § 2306 Abs. 1 Satz 1 BGB a.F. bei Sterbefällen bis Ende 2009 (nachstehend Rdn. 5161 ff.); andernfalls könnte der behinderte/überschuldete Erbe die Lösung ggf. durch Erbausschlagung und Pflichtteilsverlangen gem. § 2306 Abs. 1 Satz 2 BGB (bei Sterbefällen ab 2010 in allen Varianten des § 2306 BGB) vereiteln (nachstehend Rdn. 5185 ff.); Gleiches gilt für den etwa zum Nacherben eingesetzten „Behinderten" (§ 2306 Abs. 2 BGB, nachstehend Rdn. 5195 ff.).

5156

a) § 2338 BGB als Vorkehrung?

Diese Risiken eines Wegfalls der notwendigen Beschränkungen würden gebannt im Fall einer **Pflichtteilsbeschränkung ggü. Abkömmlingen in guter Absicht** gem. § 2338 BGB: Sie soll Gläubiger des betroffenen Abkömmlings von dessen Nachlassbeteiligung fernhalten und die Vermögenssubstanz seinen gesetzlichen Erben erhalten. Hierfür bedient sie sich der „klassischen" Gestaltungsmittel der Testamentsvollstreckung und der Vor-/Nachvermächtnis- bzw. -erbschaftsbindung: Wurde der betroffene Abkömmling enterbt, unterliegt die Substanz des

5157

---

123 MünchKomm-BGB/*Zimmermann*, § 2216 Rn. 15; *Hartmann*, ZEV 2001, 89, 90; zweifelnd *Limmer*, Erbrechtsberatung 2007, S. 43, 64 f., da der Testamentsvollstrecker gem. § 2220 BGB nicht von der Verpflichtung der ordnungsgemäßen Verwaltung befreit werden kann.
124 BGHZ 123, 368, 373.
125 So ausdrücklich LSG Baden-Württemberg, 09.10.2007 – L 7 AS 3528/07, ZFSH/SGB 2007, 669 ff. = ZEV 2008, 147, Tz. 10.
126 *Tersteegen*, ZEV 2008, 121, 123.

Pflichtteilsanspruchs der Verwaltungsvollstreckung;[127] ferner kann ein Nachvermächtnis zugunsten der gesetzlichen Erben angeordnet werden. Findet (wie in der Konstellation des Behinderten-/Bedürftigentestaments) keine Enterbung statt, bleiben die in § 2306 Abs. 1 BGB genannten Beschränkungen trotz Einsetzung nur i.H.d. Pflichtteils bzw. trotz Ausschlagung angeordnet. § 2289 Abs. 2 BGB erlaubt bei einem Erbvertrag (auch ohne Anpassungs- oder Rücktrittsvorbehalt) die nachträgliche „einseitige" Anordnung der Pflichtteilsbeschränkung. Gleiches gilt gem. § 2271 Abs. 3 BGB für das gemeinschaftliche Testament.

5158 Die wohlmeinende Pflichtteilsbeschränkung eines überschuldeten Abkömmlings durch Nacherbfolge und Testamentsvollstreckung gem. § 2338 BGB, die nur bei Eintritt der kumulativen Voraussetzungen des Gesetzes möglich ist, kommt allerdings nicht in Betracht bei der oben geschilderten Konstellation des Bezugs von HbL-Sozialleistungen, weil im Zeitpunkt der Testamentserrichtung ggü. dem Behinderten als künftigem Erben Aufwendungsersatzansprüche gem. § 92 SGB XII nicht vorliegen werden, da gegenwärtiges Einkommen oder Vermögen des Behinderten nicht vorhanden sind. Die von § 2338 BGB vorausgesetzte gegenwärtige Überschuldung bei Errichtung der beschränkenden Verfügung ist also (noch) nicht gegeben.

5159 Weiterhin hat die Gestaltung über § 2338 BGB den immanenten Nachteil, dass die Anordnungen gem. § 2338 Abs. 2 BGB automatisch unwirksam werden, wenn die Überschuldung vor (nicht nach)[128] dem Eintritt des Erbfalls entfällt, sowie dass als Nacherben oder Nachvermächtnisnehmer nur die Gesamtheit seiner gesetzlichen Erben, die zum Zeitpunkt des Todes des Abkömmlings vorhanden sein werden, und nur gem. der gesetzlichen Erbquoten eingesetzt werden können.[129] § 2338 BGB bietet daher i.R.d. „Behindertentestamentes" regelmäßig keinen Ausweg.[130] In dauerhaften „schlichten Überschuldungsfällen" kommt sie allerdings zur Anwendung:

5160 **Formulierungsvorschlag: Pflichtteilsbeschränkung in wohlmeinender Absicht bei überschuldeten Kindern**

> Mein Sohn ..... ist überschuldet/*ist verschwendungssüchtig, was sich aus folgenden Umständen ergibt:*..... Dadurch ist der Bestand seines künftigen erbrechtlichen Erwerbs erheblich gefährdet. Ich ordne daher gemäß § 2338 BGB folgende Beschränkung seines Pflichtteils in wohlmeinender Absicht an:
>
> a) Soweit mein genannter Sohn nach meinem Tod seinen gesetzlichen Pflichtteil verlangen und erhalten sollte, fallen die an ihn geleisteten Vermögenswerte nach seinem Tod an seine gesetzlichen Erben als Nachvermächtnisnehmer im Verhältnis ihrer gesetzlichen Erbteile. Gleiches gilt für etwaige Vermögenswerte, die zur Erfüllung gesetzlicher Pflichtteilsergänzungs-ansprüche geleistet wurden.

---

[127] Lediglich die jährlichen Reinerträge gebühren ihm, § 2338 Abs. 1 Satz 2 BGB (auch die Erträge können der Vollstreckung unterstellt werden, wenn der Anwendungsbereich des § 2306 BGB eröffnet ist und der Betroffene die Beschränkung akzeptiert, vgl. *J. Mayer*, in: Mayer/Süß/Tanck/Bitter/Wälzholz, Handbuch Pflichtteilsrecht, § 8 Rn. 102.

[128] Insoweit müsste mit auflösender Bedingung gearbeitet werden, vgl. AnwK-BGB/*Herzog*, § 2338 Rn. 15, was allerdings aufgrund der dadurch begründeten Anwartschaft auf Vollerbenstellung ein neues potenzielles Pfändungsziel schafft.

[129] Vgl. DNotI-Gutachten, Faxabruf-Nr. 12122 v. 20.05.2005.

[130] Formulierungsvorschlag bei *Kornexl*, Nachlassplanung bei Problemkindern, Rn. 643.

b) Weiterhin bestimme ich, dass die ihm zugefallenen Vermögenswerte einer Verwaltungs-Testamentsvollstreckung nach § 2209 BGB unterliegen. Er ist von § 181 BGB befreit und in der Eingehung von Verbindlichkeiten nicht beschränkt. Aufgabe des Vollstreckers ist die dauerhafte Verwaltung der Vermögenswerte, die zur Erfüllung des Pflichtteils oder von Pflichtteilsergänzungsansprüchen geleistet wurden, einschließlich der daraus erzielten Erträge, und die Freigaben dieser Werte nur in solchem Maß, dass mein Sohn sie sinnvoll zur Verbesserung seiner Lebensumstände einsetzen kann; ich gehe dabei aus von einer monatlichen Summe von ..... € zur freien Verfügung. Der Vollstrecker hat auch das Nachvermächtnis zu erfüllen.

Als Testamentsvollstrecker benenne ich: ..... Der Vollstrecker erhält neben der Erstattung seiner Auslagen eine jährliche Vergütung in Höhe von einem Prozent des Wertes des verwalteten Vermögens.

b) § 2306 Abs. 1 Satz 1 BGB

Die Quote, zu welcher der behinderte Vorerbe bereits auf den ersten Sterbefall eingesetzt wird, musste bei Sterbefällen bis Ende 2009 auf jeden Fall höher sein als dessen Pflichtteilsquote, da sonst die vorerwähnten Beschränkungen der Nacherbschaft und der Testamentsvollstreckung als nicht angeordnet gelten (§ 2306 Abs. 1 Satz 1 BGB a.F.), mithin also eine schlichte Miterbeinsetzung vorliegt, die den Weg zu einem Regress des Sozialleistungsträgers durch Verwertung dieses einsatzpflichtigen Vermögens im Weg der Auseinandersetzungsversteigerung eröffnet (§§ 90 Abs. 1, 93 Abs. 1 SGB XII). Die mathematisch korrekte Bestimmung der Pflichtteilsquote erfordert genaue Kenntnis des Sachverhaltes einschließlich des Güterstandes der Beteiligten.

5161

Hinweis:

Selbst eine „rechnerisch richtige" Quotenermittlung kann jedoch ungewollt und häufig auch unerkannt zur Anwendung des § 2306 Abs. 1 Satz 1 BGB a.F. führen, und zwar zum einen als Folge vorangegangener Zuwendungen (nachstehend Rdn. 5165 ff., zum weiteren bei Einsetzung mehrerer pflichtteilsberechtigter Nacherben aufgrund § 2306 Abs. 2 BGB (unten Rdn. 5179 ff., und schließlich als Folge einer postmortalen Veränderung der Erbquoten infolge Ausschlagung durch den überlebenden Ehegatten (nachstehend Rdn. 5182 ff.).

5162

Aufgrund der Änderung des **Pflichtteilsrechts** nach Maßgabe des RefE v. 16.03.2007[131] und des RegE v. 30.01.2008[132] in Gestalt der Stellungnahmen v. 24.04.2008[133] entfallen für Sterbefälle ab 2010 (Art. 229 § 21 Abs. 4 EGBGB) die nachstehend geschilderten Probleme des „automatischen" Wegfalls der Beschränkungen und Beschwerungen im Fall des § 2306 Abs. 1 Satz 1 BGB, verbunden mit dem schwer lösbaren Abgrenzungsproblem, was unter der „Hälfte des gesetzlichen Erbteils" im Sinn dieser Vorschrift zu verstehen sei, vgl. Rdn. 3010. Damit erledigt sich

5163

---

131 Abrufbar unter www.bmj.bund.de, vgl. hierzu *Spall*, ZErb 2007, 272 und *Bonefeld/Lange/Tanck*, ZErb 2007, 292 ff. sowie notar 2007, 148 ff.

132 BR-Drucks. 96/08, veröffentlicht z.B. unter www.zev.de, vgl. *Bonefeld*, ZErb 2008, 67; *Progl*, ZErb 2008, 78; *Keim*, ZEV 2008, 161 ff.; *Herrler/Schmied*, ZNotP 2008, 178; *Schindler*, ZEV 2008, 187; *Schaal/Grigas*, BWNotZ 2008, 2 ff.

133 BT-Drucks. 16/8954.

auch das bis Ende 2009 noch durch § 2306 Abs. 2 BGB heraufbeschworene Risiko der „automatischen Quotenreduzierung" bei zu geringen Nacherbanteilen. Unter Geltung des neuen Rechtes werden (wie bereits durch die erste Kommission zum BGB im Jahr 1888 vorgeschlagen) die Beschränkungen oder Beschwerungen stets nur durch Ausschlagung zu beseitigen sein; bleibt der (beschwerte) Erbteil hinter dem Pflichtteil zurück und schlägt der Erbe nicht aus, steht ihm ein Pflichtteilsrestanspruch nach § 2305 BGB zu (der allerdings den Wert der bestehen bleibenden Beschwerung nicht zusätzlich ausgleicht).[134] Die Erbschaftslösung wird demzufolge gestärkt, da der viel beschworene „Super-Gau" des automatischen Entfallens der Beschränkungen nicht mehr eintreten kann.[135]

5164 Damit ist auch künftig davon abzuraten, die Erbteilsquote des Vorerben zu klein zu wählen, da der Pflichtteilsrestanspruch des § 2305 BGB weder den Vorerbschafts- noch den Vollstreckungsbeschränkungen unterliegt. Entscheidend für die Gestaltung von Behindertentestamenten bleibt dann – gleich ob der beschwerte Erbteil höher oder geringer als die Pflichtteilsquote ist –, dass der „Damm" der Nichtüberleitbarkeit eines Ausschlagungsrechts noch „hält". Für den Betroffenen erleichtert sich die Situation nach dem Erbfall insoweit, als in allen Fällen der Pflichtteilsanspruch nur durch Ausschlagung (nicht wie bisher entweder durch Ausschlagung: § 2306 Abs. 1 Satz 2 BGB oder durch Annahme: § 2306 Abs. 1 Satz 1 BGB) des beschwerten Erbteils erlangt werden kann; allerdings verbleibt die rein tatsächliche Schwierigkeit, in der knappen Frist des § 1944 BGB zu ermitteln, ob der Erbteil abzgl. z.B. der angeordneten Vermächtnisse oder aber der unmittelbare Pflichtteil einen höheren Wert repräsentieren. Gerade der nicht beratene Erbe wird die Anfechtungsfrist versäumen und damit auf dem beschwerten Erbteil „sitzen bleiben", der durch den Pflichtteilsrestanspruch wegen § 2305 Satz 2 BGB nur „aufgestockt" wird, wenn bereits die Erbquote als solche (ohne Berücksichtigung der Beschwerung) hinter der Pflichtteilsquote zurückbleibt.

aa) Werttheorie als Folge früherer Zuwendungen

5165 Der Anwendungsbereich des § 2306 Abs. 1 Satz 1 BGB a.F. konnte eröffnet sein, und zwar wenn bei der Prüfung des § 2306 Abs. 1 BGB (wie auch des § 2305 BGB) nicht die „Quotentheorie" (Vergleich lediglich mit der Bruchteilsgröße des zugewendeten Anteils am Gesamtnachlass)[136] zugrunde gelegt wird, sondern die sog. „**Werttheorie**" („Quantum statt Quote"); vgl. hierzu auch Rdn. 3005 ff. sowie Rdn. 3076 ff. zu den ähnlichen Konsequenzen im Bereich des § 2326 BGB, jeweils mit Berechnungsbeispielen.

5166 Diese Werttheorie existiert in drei „Spielarten":
- Die nur vereinzelt vertretene sog. „eingeschränkte" Werttheorie[137] plädiert nur dann für deren Anwendung, wenn der Erbe selbst zur Anrechnung oder Ausgleichung verpflichtet ist.

---

[134] Wie bei § 2307 Abs. 1 Satz 2 Halbs. 2 BGB wird auch i.R.d. § 2305 BGB dann die Beschwerung außer Betracht bleiben müssen, ebenso bereits die Ursprungsfassung der ersten Kommission zum BGB, § 1981 Abs. 2 des 1. Entwurfs: „Bei der Berechnung des Pflichtteilsrestanspruchs kommt der nicht ausgeschlagene Erbteil als nicht beschränkt, nicht beschwert und nicht belastet in Rechnung." Der am 30.01.2008 verabschiedete RegE nimmt diese Klarstellung in § 2305 Satz 2 BGB auf.
[135] So auch die Einschätzung von *Odersky*, notar 2008, 125.
[136] Staudinger/*Haas*, BGB (1998), § 2306 Rn. 5.
[137] Vertreten z.B. durch OLG Celle, ZEV 1996, 308; tendenziell zustimmend *Weidlich*, ZEV 2001, 96.

D. Erbschaftslösungen

- Eine weitere, im Vordringen befindliche, Mm.[138] sieht in Gegenposition hierzu „erweiterten" Raum für die Anwendung der Werttheorie, wenn aufgrund früherer Zuwendungen an Dritte Anrechnungs- und/oder Ausgleichspflichten (§§ 2315, 2316 BGB) zu einer Veränderung des ordentlichen Pflichtteils führen, aber auch dann, wenn der belastete (Mit)erbe (allein oder zusätzlich auch) pflichtteilsergänzungsberechtigt (§ 2325 BGB) ist. Maßgebend ist demnach der Wertvergleich zwischen dem hinterlassenen Erbteil[139] einerseits und dem Gesamtpflichtteil des belasteten Miterben andererseits (als der Summe aus dem ggf. nach §§ 2315, 2316 BGB korrigierten ordentlichen Pflichtteil und dem Ergänzungspflichtteil).

5167

- Die überwiegende, vermittelnde, Ansicht[140] legt die Werttheorie nur zugrunde beim Vorhandensein von Anrechnungs- und Ausgleichspflichten, also Veränderungen des ordentlichen Pflichtteils gem. § 2315 und/oder § 2316 BGB, bezieht also nur diesen in den Wertvergleich ein. Die Ergänzung des Pflichtteils bleibe auch dem beschwerten Erben daneben erhalten (vgl. § 2326 BGB), sodass es eines Rückgriffes auf die Werttheorie insoweit nicht bedürfe.

5168

Sowohl nach der herrschenden (auf den ordentlichen Pflichtteil beschränkten) Ansicht als auch nach der erweiterten (die Pflichtteilsergänzung mit einbeziehenden) Sichtweise ist demnach die Werttheorie zugrunde zu legen, wenn in der Vergangenheit anrechnungspflichtige (§ 2315 BGB) oder ausgleichungspflichtige (§ 2316 BGB) Schenkungen/Ausstattungen stattgefunden haben. Diese müssen, sofern sie den Betrag des ordentlichen Pflichtteilsanspruchs zugunsten des belasteten Miterben erhöhen, durch eine Erhöhung der (Vor-) Miterbenquote berücksichtigt werden, deren Berechnung jedoch schwerfällt (Rdn. 5171); flexibler hilft wohl ein ergänzendes Voraus-Vermächtnis, das als Vor- und Nachvermächtnis unter Testamentsvollstreckung gestellt sein wird, sofern im Wertvergleich die Summe aus (belastetem) Erbteil und (belastetem) Vermächtnis berücksichtigt werden darf (s.u. Rdn. 5173 ff.; Muster in Rdn. 5178).

5169

Kommen zusätzlich (bei Schenkungen innerhalb der, bei Sterbefällen ab 2010 abschmelzenden, Frist des § 2325 Abs. 3 BGB) Pflichtteilsergänzungsansprüche dazu, führen die beiden Ansichten jedoch zu unterschiedlichen Ergebnissen:

5170

Beispiel:[141]

Der verwitwete Erblasser hinterlässt den behinderten Sohn S als Vorerben zu 2/7 (nach dem Modell des „klassischen Behindertentestaments") und die Tochter T zu 5/7 als Miterbin; der Nachlass beträgt 250.000,00 €. 3 Jahre zuvor hatte T weitere 550.000,00 € schenkweise erhalten. Die herrschende Ansicht, die nur bei Betragsveränderungen des ordentlichen Pflichtteils auf die Werttheorie abstellt, sieht in Anwendung der Quotentheorie wegen Überschreitens der 1/4-Pflichtteilsquote hinsichtlich des S das „rettende Ufer" des § 2306 Abs. 1 Satz 2 BGB erreicht. Neben dem Vorerbenanteil am Nachlass (2/7 aus 250.000,00 € = 71.428,57 €) hat S einen Pflichtteilsergänzungsanspruch gem. §§ 2325, 2326 Satz 2 BGB

---

138 Z.B. *Bleifuß*, Beschränkungen und Beschwerungen des pflichtteilsberechtigten Erben (§ 2306 BGB), S. 125 ff.; *Schindler*, Pflichtteilsberechtigter Erbe und pflichtteilsberechtigter Beschenkter, Rn. 138, 880 sowie ZErb 2006, 186 ff.

139 Dabei werden unstreitig die auf dem Erbteil ruhenden Beschränkungen und Belastungen beim Wertvergleich nicht berücksichtigt, vgl. schon RGZ 113, 48.

140 V.a. *J. Mayer*, in: Mayer/Süß/Tanck/Bitter/Wälzholz, Handbuch Pflichtteilsrecht, § 3 Rn. 52 ff.; *Weidlich*, ZEV 2001, 96; *Kerscher/Riedel/Lenz*, Pflichtteilsrecht, § 6 Rn. 43; ebenso OLG Celle, ZEV 1996, 308.

141 Nach *J. Mayer*, in: Mayer/Süß/Tanck/Bitter/Wälzholz, Handbuch Pflichtteilsrecht, § 2 Rn. 58; *Schindler*, ZErb 2006, 188.

(zwingende Anrechnung des mehr Hinterlassenen) i.H.v. 200.000,00 € (1/4 aus dem um die Vorschenkung erweiterten Nachlass von 800.000,00 €) minus 71.428,57 € = 128.571,43 €.

Die erweiternde Ansicht[142] *hingegen vergleicht den belasteten Vorerbanteil mit dem Gesamtpflichtteil (200.000,00 €) und verbleibt demnach im Anwendungsbereich des § 2306 Abs. 1 Satz 1 BGB, sodass die Vorerbschaftsbeschränkungen und die Testamentsvollstreckung bei Sterbefällen bis zum 31.12.2009 als nicht angeordnet gelten – plastisch bezeichnet als der „Super-GAU" des Behindertentestaments.*[143]

5171 Legt man letzteren, erweiternden Ansatz zum Anwendungsbereich der Werttheorie zugrunde (welcher allerdings noch der Mm. entsprechen dürfte), bestünde eine Möglichkeit der Vorsorge wiederum darin, den behinderten/bedürftigen Abkömmling zu einer solch hohen Erbteilsquote einzusetzen, dass der Gesamtpflichtteil dadurch angemessen überschritten wird.[144] Dies ist jedoch kaum umsetzbar:

- die Schenkungswerte und ihre Indexierung auf das (z.Zt. der Testamentserrichtung noch nicht bekannte) künftige Sterbedatum sind nicht genau bezifferbar;
- neue Schenkungen kommen hinzu;
- alte werden mit Erreichen des Zehnjahreszeitraumes des § 2325 Abs. 3 BGB gegenstandslos bzw. erfahren bei Sterbefällen ab 2010 für jedes abgelaufene Zeitjahr eine Minderung um 10 % (sofern die Frist angelaufen ist);
- schließlich kann auch das Vorliegen einer Schenkung in Abgrenzung zur Ausstattung fraglich sein;
- die Lösung versagt schließlich gänzlich bei weitgehend entleerten Nachlässen und hohen Vorschenkungen.

5172 Auch Vertreter der erweiterten Werttheorie gestehen jedoch zu, dass in dem zur Abgrenzung zwischen § 2306 Abs. 1 Satz 1 BGB a.F. einerseits und Satz 2 a.F. andererseits (ebenso wie nun i.R.d. § 2305 BGB) anzustellenden Wertvergleich die Summe aus hinterlassenem Erbteil[145] und etwa ausgesetzten Vermächtnissen auf der einen und der Gesamtpflichtteil auf der anderen Seite zu erfassen seien. Bei dieser Zusammenschau mit einem Vermächtnis (§ 2307 BGB) kann auch das Vermächtnis belastet sein, da dessen Belastung (etwa mit Testamentsvollstreckung) beim Wertvergleich gem. § 2307 Abs. 1 Satz 2 Halbs. 2 BGB nicht zu berücksichtigen ist.

5173 Daher bietet sich an,[146] dem Behinderten/Bedürftigen neben dem belasteten Erbteil (berechnet nach der Quotentheorie) ein **durch die Existenz von Vorschenkungen bedingtes Vorausvermächtnis** (ausgestaltet als Vor- und Nachvermächtnis, der Testamentsvollstreckung unterworfen) auszusetzen, das den isolierten Pflichtteilsergänzungsanspruch angemessen übersteigt (vgl. das Muster in Rdn. 5178). Nach der erweiternden Auffassung wird damit (unter Anwendung der Werttheorie) verhindert, dass die Gefahrenzone des (für Sterbefälle bis Ende 2009 geltenden, Art. 229 § 21 Abs. 4 EGBGB) § 2306 Abs. 1 Satz 1 BGB a.F. erreicht wird; nach der herrschenden Auffassung (welche die Quotentheorie anwenden würde) wird vermieden, dass ein schlicht

---

142 So ausdrücklich *Schindler*, ZErb 2006, 191.
143 *J. Mayer*, in: Mayer/Süß/Tanck/Bitter/Wälzholz, Handbuch Pflichtteilsrecht, § 12 Rn. 9.
144 *Trilsch-Eckardt*, ZEV 2001, 229.
145 Ohne wertmäßige Berücksichtigung der Belastung/Beschränkung, vgl. Rdn. 5167.
146 Gemäß dem Vorschlag von *Weidlich*, ZEV 2001, 96.

überleitbarer und auf Geldzahlung gerichteter Pflichtteilsergänzungsanspruch entsteht – das Vermächtnis könnte zwar gem. § 2307 Abs. 1 Satz 1 BGB ausgeschlagen werden; dies wird jedoch kaum stattfinden, da der Vermächtnisgegenstand zwar belastet ist und unter Testamentsvollstreckung steht, jedoch den Anspruch aus § 2325 BGB übersteigt.

Ist allerdings der Pflichtteilsergänzungsanspruch größer als der noch vorhandene Nachlass, müsste dem Miterben ein Verschaffungsvermächtnis auferlegt werden, das ihn zur Begleichung aus seinem Eigenvermögen nötigt. Beruft sich der Miterbe hiergegen analog § 1992 BGB auf die Überschwerung des Erbteils, sodass dieses Vermächtnis aufgrund der Haftungsbegrenzung nicht durchsetzbar und damit wertlos wäre, dürfte es auch in den Wertvergleich zur Aufstockung des belasteten Erbteils keinen Eingang mehr finden, sodass wiederum § 2306 Abs. 1 Satz 1 BGB a.F. eröffnet wäre. In solchen Konstellationen können daher die Konstruktionselemente des „Behindertentestaments" nur aufrechterhalten werden, wenn die (im Übermaß, jedoch zu spät, vorab beschenkten) Miterben sich in den teilweisen Rückgriff in ihr Eigenvermögen fügen.[147]

5174

> **Hinweis:**
> Ein solches durch die Existenz von Vorschenkungen bedingtes Vorausvermächtnis als Vor- und Nachvermächtnis sollte prophylaktisch (auch mit Blick auf erst noch entstehende Pflichtteilsergänzungsansprüche) in jedes Behinderten-/Bedürftigentestament aufgenommen werden.

5175

Sofern die in Rdn. 5172 referierte Auffassung (der Vertreter der erweiterten Werttheorie), dass im Wertvergleich der Gesamterwerb (aus belastetem Erbteil und Vermächtnis) maßgebend sei, ganz allgemein für die Anwendung der Werttheorie zutreffend ist, also auch in deren unstreitig eröffnetem Kernbereich, eignet sich dieses „komplettierende Vermächtnis" auch als Instrument der Gegensteuerung bei vorausgegangenen Ausgleichungspflichten, also zur **Kompensation der Pflichtteilserhöhungswirkung des § 2316 BGB** (und damit zur Beseitigung der Gefahr, dass wegen Unterschreitens des solchermaßen erhöhten Pflichtteils § 2306 Abs. 1 Satz 1 BGB a.F. eröffnet war).

5176

Ein solcher Textbaustein zur Kompensation von Pflichtteilsergänzungs- und Ausgleichspflichtteilsansprüchen (sowohl hinsichtlich ihrer unheilvollen potenziellen Wirkung i.R.d. Werttheorie zur Unterschreitung der Grenze von § 2306 Abs. 1 Satz 2 BGB a.F. zu dessen Satz 1, als auch zur Vermeidung des Entstehens freier, überleitbarer Zahlungsansprüche) könnte etwa folgenden Wortlaut haben, wobei „C" der behinderte/bedürftige Abkömmling ist, „A" bzw. „B" dessen Geschwister:

5177

---

147 *Schindler*, ZErb 2006, 194.

5178 Formulierungsvorschlag: Bedingtes Vorausvermächtnis (als Vor- und Nachvermächtnis) beim „Behindertentestament" (als Vorsorge gegen die Werttheorie sowie gegen überleitbare Pflichtteilsansprüche)

Bedingtes Vorausvermächtnis

a) **Beschwerter**

Der länger lebende Ehegatte wird als Miterbe des erstversterbenden Ehegatten zugunsten des gemeinsamen Kindes C mit folgendem

bedingten Vorausvermächtnis

beschwert:

Soweit durch lebzeitige Zuwendungen des erstverstorbenen Ehegatten dem C Pflichtteilsergänzungsansprüche gegen den Nachlass oder den Beschenkten zustehen würden, hat der Länger lebende diesem einen baren Geldbetrag in Höhe von 110% dieser Ansprüche zu verschaffen. Bei deren betragsmäßiger Berechnung ist so vorzugehen, als ob der Vorausvermächtnisnehmer vollständig enterbt worden wäre, sodass eine Anrechnung im Sinne des § 2326 Satz 2 BGB nicht stattfindet. Übersteigt der Vermächtnisbetrag den Nachlassanteil, handelt es sich insoweit um ein Verschaffungsvermächtnis.

Entsprechendes gilt, soweit durch ausgleichungspflichtige Zuwendungen des erstverstorbenen Ehegatten der ordentliche Pflichtteilsanspruch des C erhöht worden ist (Ausgleichungspflichtteil gem. § 2316 BGB); der Geldanspruch besteht in Höhe von 110% der Pflichtteilserhöhung.

Das jeweilige Vermächtnis entfällt, wenn C das ihm in dieser Urkunde Zugewendete ausschlägt, ebenso wenn er oder ein (gesetzlicher bzw. gewillkürter) Vertreter oder Überleitungsberechtigter den Pflichtteilsergänzungsanspruch selbst geltend macht (auflösende Bedingung).

b) **Nachvermächtnis**

C ist jedoch hinsichtlich jedes Vermächtnisses nur

Vorvermächtnisnehmer.

Nachvermächtnisnehmer sind seine Abkömmlinge, ersatzweise die oben genannten anderen Schlusserben A und B gemäß den dort getroffenen Verteilungsgrundsätzen. Die Nachvermächtnisanwartschaftsrechte sind nur an den Vorerben veräußerlich, im Übrigen jedoch unvererblich und unveräußerlich.

Das Nachvermächtnis fällt an mit dem Tod des Vorvermächtnisnehmers.

Die bis dahin zu ziehenden Nutzungen stehen dem Vorvermächtnisnehmer zu. Sie dürfen jedoch nur in derselben Weise verwendet werden, wie die Erträge seines Miterbenanteils.

c) Vermächtnisvollstreckung

Der erstversterbende Ehegatte ordnet zur Sicherung der vorstehenden Nutzungsverwendung hinsichtlich des jeweiligen Vermächtnisses

Vorvermächtnisvollstreckung

an, für welche die unten getroffenen Bestimmungen über die Testamentsvollstreckung am Miterbenanteil von C, auch hinsichtlich der Person des Vermächtnisvollstreckers, entsprechend gelten.

Der Beschwerte ist berechtigt, nach seiner Wahl das Vermächtnis auf seine Kosten durch die Verschaffung von Immobilienvermögen zu erfüllen.

Macht er hiervon Gebrauch, ist der Anspruch des Nachvermächtnisnehmers bei Erfüllung des Vorausvermächtnisses durch Eintragung einer Vormerkung zu sichern.

d) Bedingtes Vorausvermächtnis beim zweiten Sterbefall

Auch der länger Lebende beschwert die Miterben des C zu dessen Gunsten mit dem oben a bis c geregelten Vor- und Nachvermächtnis als Vorausvermächtnis, ggf. zugleich Verschaffungsvermächtnis, für den Fall, dass aufgrund lebzeitiger Zuwendungen des Länger Lebenden unserem Kind C Pflichtteilsergänzungsansprüche gegen den Nachlass oder den Beschenkten zustehen würden, oder eine Erhöhung seines ordentlichen Pflichtteilsanspruchs gem. § 2316 BGB eingetreten ist, und ordnet insoweit Vorvermächtnis-Testamentsvollstreckung an. Es gelten die in Bezug genommenen Regelungen. Testamentsvollstrecker ist der Vorerbenvollstrecker auf den Schlusserbfall.

bb) Mehrere pflichtteilsberechtigte Nacherben

In den meisten Fällen soll (in weitestgehender Annäherung an das Regelungsmodell des „Berliner Testamentes") der überlebende Ehegatte einen möglichst hohen zur „freien Verfügung" stehenden Erbteil erhalten – selbstredend unter der naturgegebenen Beschränkung der erbengemeinschaftlichen Bindung, die allerdings durch eine Teilungsanordnung erleichtert werden kann (vgl. unten Rdn. 5238). So wird teilweise gar empfohlen, das behinderte/bedürftige Kind nur mit einem einzigen Prozentpunkt über der arithmetischen Pflichtteilsquote einzusetzen. Abgesehen davon, dass bereits geringe Vorschenkungen bei Anwendung der Werttheorie dann zur Unterschreitung der Pflichtteilswertgrenze führen (oben Rdn. 5165 ff.), kann auch § 2306 Abs. 2 BGB unheilvolle Wirkung zeitigen, und zwar dann, wenn nicht nur ein, sondern mehrere Geschwister als Nacherben eingesetzt sind (vgl. auch Rdn. 3001 bis 3003):

5179

Beispiel:

5180

Ehegatten haben drei gemeinsame Kinder A, B und C, wobei C sozialleistungsbedürftig (behindert/überschuldet) ist: Die Pflichtteilsquote des C beträgt bei gesetzlichem Güterstand auf den ersten Sterbefall 1/12 = 8,5%, sodass er beim Ableben des Erstversterbenden z.B. zu 1/11 = 9,09% als Vorerbe eingesetzt werden soll, der überlebende Ehegatte zu 10/11 als Vollmiterbe. Ist Nacherbe nicht (wie im nachstehenden Muster Rdn. 5385) der überlebende Ehegatte, ebenso wenig nur eines der Geschwister, sondern sind beide Geschwister A und B eingesetzt, sind diese mithin zu je 1/22 als Nacherben berufen. Da sie demnach Nacherben (§ 2306 Abs. 2 BGB) zu weniger als ihrer Pflichtteilsquote sind, gilt ihre Nacherben-

position gem. § 2306 Abs. 1 Satz 1 BGB, auf den § 2306 Abs. 2 BGB verweist, als nicht angeordnet, d.h. sie sind zu je 1/22 Vollmiterben. C bliebe an sich, da sein Anteil von 1/11 noch über der Pflichtteilsquote liegt, weiter Vorerbe, wobei die Ersatznacherben in die Nacherbenstellung einrücken). Damit würden gesamt 12/11-Anteile nach dem Tod des ersten Ehegatten zu verteilen sein, sodass (s. Rdn. 3001 ff.) alle Erbteile quotal gekürzt werden, also der Nenner der Brüche arithmetisch auf die Summe aller Zähler-Beträge (12) erhöht wird. Damit ist aber C nur mehr zu 1/12 als Vorerbe eingesetzt und damit exakt in der Höhe seiner Pflichtteilsquote (A und B daneben zu je 1/24 und der überlebende Ehegatte zu 10/12 je als Vollerben). Damit aber ist der unmittelbare Anwendungsbereich des § 2306 Abs. 1 Satz 1 BGB eröffnet, d.h. C ist Vollmiterbe zu 1/12, ohne Beschränkungen aus der Nacherbfolge oder der Testamentsvollstreckung, und sein Erbteil unterliegt uneingeschränkter Vermögensheranziehung bzw. dem Gläubigerzugriff (bis hin zur erzwungenen Auseinandersetzung durch Teilungsversteigerung).

5181

> **Hinweis:**
>
> Diese ungewollte Folge tritt bei Sterbefällen bis Ende 2009 (Art. 229 § 21 Abs. 4 EGBGB) stets dann ein, wenn mehrere Geschwister des behinderten/bedürftigen Abkömmlings zu seinen Nacherben eingesetzt werden (der Vorerbe überspringt zwar die Pflichtteilsschwelle, die Nacherben unterschreiten sie allerdings wegen der neuerlichen Halbierung, Drittelung etc. ihrer Quote), und der Vorerbanteil (als Bruch aus natürlichen Zahlen ausgedrückt) nur um einen Nenner-punkt geringer ist als die Pflichtteilsquote (also z.B. 1/11 bei einem Pflichtteil von 1/12 beträgt) – die durch die zusätzliche Miterbenstellung der Nacherben (§§ 2306 Abs. 2 i.V.m. § 2306 Abs. 1 Satz 1 BGB a.F.) notwendig werdende Schrumpfung aller Erbquoten um dieses 1/11 führt zu einer Herabsetzung der Vorerbenquote um exakt diesen Nennerpunkt auf 1/12 und damit unmittelbar zur Anwendung des § 2306 Abs. 1 Satz 1 BGB a.F., also zum ungewollten Entfall der Nacherbenbeschränkungen und der Testamentsvollstreckeranordnungen.

cc) Ausschlagung durch überlebenden Ehegatten

5182

Weitere Gefahren drohen schließlich gem. § 1371 Abs. 2 Halbs. 2 BGB: Schlägt nämlich der zum überwiegenden Vollerben eingesetzte überlebende Ehegatte nach dem ersten Sterbefall aus und verlangt stattdessen den „kleinen Pflichtteil" (berechnet also aus dem nicht gem. §§ 1931, 1371 BGB um ein Viertel erhöhten Erbteil) zuzüglich des konkret ermittelten „familienrechtlichen" Zugewinnausgleichs auf den Todestag, § 1371 Abs. 3 BGB, berechnen sich die Erb- und Pflichtteilsquoten der anderen Erben ebenfalls ohne das Erhöhungsviertel des Ehegatten, § 1371 Abs. 2 Halbs. 2 BGB.[148]

5183

Beispiel:

Der im gesetzlichen Güterstand lebende Ehegatte ist zu 5/6 zum Miterben eingesetzt, das behinderte/bedürftige Kind zu 1/6 als Vorerbe, sein einziges Geschwister als Nacherbe. Arithmetisch ist damit die Pflichtteilsquote des Vorerben überschritten, sodass die Klippe des § 2306 Abs. 1 Satz 1 BGB überwunden zu sein scheint. Schlägt jedoch der überlebende Ehegatte aus (weil er z.B. nicht in einer Erbengemeinschaft verbleiben möchte) und verlangt den unbelasteten kleinen Pflichtteil zuzüglich der Auszahlung des konkret ermittelten Zugewinnausgleichs, beläuft sich der gesetzliche Erbteil jedes Kindes gem. § 1371 Abs. 2 Halbs. 2 BGB auf 3/8, die Pflichtteilsquote auf 3/16, sodass die Einsetzung zu 1/6 unversehens unterhalb dieser Schwelle verbleibt.

---

148 Hierauf weisen *Mundanjohl/Tanck*, ZErb 2006, 180 zu Recht hin.

Die Beschränkungen würden demnach als nicht angeordnet gelten, es sei denn, die „frei gewordene" Miterbenquote des ausschlagenden Ehegatten würde dem Vorerben zumindest in einem solchen Umfang zugutekommen, dass die erhöhte Pflichtteilsquote nicht nur „wieder eingeholt", sondern überschritten wird. Bei Fehlen einer ausdrücklichen Ersatzerbanordnung finden weder die Auslegungsregel des § 2097 BGB noch die des § 2102 Abs. 1 BGB auf diesen Sachverhalt Anwendung. Es bedarf also der ergänzenden Testamentsauslegung, die regelmäßig dazu führen wird, dass die als Schlusserben Eingesetzten in gleichem Quotenverhältnis und in gleichem Status (als Vor- bzw. als Vollerbe) zugleich Ersatzerben des aufgrund Ausschlagung weggefallenen überlebenden Ehegatten sind,[149] also die Schlusserbfolge sich für den frei gewordenen Erbteil bereits früher verwirklicht.

5184

> **Hinweis:**
> Zur Vermeidung solcher Unsicherheit ist natürlich eine ausdrückliche Regelung der Ersatzerbfolge nach dem ausschlagenden Ehegatten ratsam.

5185

c) § 2306 Abs. 1 Satz 2 BGB

Wird der behinderte Vorerbe daher zu einer Quote eingesetzt, die höher als die (nach Quote oder Quantum ermittelte) Pflichtteilsquote ist – selbst wenn er zum alleinigen Vorerben eingesetzt ist[150] –, besteht zwar das abstrakte Risiko einer frist-[151] und zugangsgebundenen[152] **Ausschlagung** ab Kenntnis vom Vorliegen der tatsächlichen Umstände des § 2306 Abs. 1 Satz 2 BGB[153] mit der wiederum unerwünschten Folge[154] eines (ohne Vorteil für den Bedürftigen) überleitbaren

5186

---

149   *J. Mayer*, ZEV 1998, 50 spricht sogar von einem Erfahrungssatz, jedenfalls für den Fall der Ausschlagung. Dieser kann jedoch für den Fall der Erbunwürdigkeit nicht unbesehen übernommen werden (entgegen OLG Frankfurt am Main, ZEV 1995, 457: bei einem „Berliner Testament" mit Schlusserbeinsetzung der Tochter des Ehemannes tötet der Ehemann seine Frau und wird demnach wegen Unwürdigkeit nicht Erbe. Wird seine Tochter, die Schlusserbin, gleichwohl Ersatzerbin?).

150   OLG Karlsruhe, 10.10.2007 – 7 U 114/07, ZEV 2008, 39.

151   Ist der Miterbe im Fall des § 2306 Abs. 1 Satz 2 BGB mit einer Teilungsanordnung belastet, die – wie sich erst später herausstellt – für ihn so nachteilig ist, dass sie nicht einmal den Pflichtteil abdeckt, und hat er die Ausschlagungsfrist versäumt, verbleibt ihm nur der durch das Vermächtnis des Wertüberschusses weitgehend entwertete Erbteil, sodass im Ergebnis die Verjährungsfrist für den Pflichtteilsanspruch sich auf die sechswöchige Ausschlagungsfrist des § 1944 BGB verkürzt (OLG Celle, ZEV 2003, 365 m. Anm. *Keim*, 358 ff.). Die Anwendung der Werttheorie auf die Fälle übergroßer Vermächtnisbelastung (also nicht nur für die Fälle der Anrechnungs- und Ausgleichspflichten oder der Nachlassentleerung durch das Bestehen von Pflichtteilsergänzungsansprüchen) wird von der überwiegenden Meinung abgelehnt, sodass § 2306 Abs. 1 Satz 1 BGB nicht anwendbar ist. In Betracht kommen allenfalls Anfechtungen der Fristversäumung bzw. der Verkennung der Rechtsfolgen der Annahme wegen Inhaltsirrtums.

152   Gem. § 344 Abs. 7 FamFG ist (über § 73 FGG a.F. hinaus) stets auch das Nachlassgericht am Wohnsitz des Ausschlagenden zuständig, auch bei Anwendung ausländischen Sachrechts (Aufgabe der Gleichlauftheorie), vgl. *Heinemann*, ZErb 2008, 293 ff.

153   D.h. beim Vorliegen einer Ausgleichspflicht i.S.d. §§ 2316, 2050 Abs. 3 BGB muss der Miterbe wissen, ob der Wert des Erbteils den unter Berücksichtigung der Ausgleichspflicht zukommenden Pflichtteil übersteigt oder nicht, OLG Zweibrücken, 03.08.2006 – 4 U 114/05, RNotZ 2006, 546.

154   Ist unsicher, ob ein Fall des § 2306 Abs. 1 Satz 2 BGB vorliegt, kann nach h.M. (vgl. im Einzelnen *Keim*, 4. Jahresarbeitstagung des Notariats 2006, DAI-Skript, S. 66) die Ausschlagung auch unter dem rechtlichen Vorbehalt der Erlangung des Pflichtteils erklärt werden.

Pflichtteilsanspruchs (§ 2306 Abs. 1 Satz 2 BGB).[155] Bei Sterbefällen ab 01.01.2010 (Art. 229 § 21 Abs. 4 EGBGB) besteht dieses Risiko in allen Varianten des § 2306 BGB, unabhängig von der Höhe des beschwerten Erbteils. Der lediglich körperlich Behinderte wird jedoch diese Ausschlagung bei bewusster Abwägung der Alternativen nicht erklären (eine Überleitung des Ausschlagungsrechts selbst als Gestaltungserklärung auf den Sozialleistungsträger kann i.R.d. auf Ansprüche beschränkten § 93 Abs. 1 SGB XII nicht erfolgen[156] und findet ebenso wenig kraft Gesetzes gem. § 33 Abs. 1 SGB II statt – Rdn. 5110 ff. –); der für den geistig behinderten Vorerben bestellte (oder gem. §§ 1944 Abs. 2 Satz 3, 203, 206 BGB zur Ingangsetzung der Frist zu bestellende) Betreuer und das zur Genehmigung einer etwaigen Ausschlagung berufene Betreuungsgericht, vor 01.09.2009: Vormundschaftsgericht (§ 1822 Nr. 2 BGB) werden ebenfalls nicht ausschlagen, da hierbei lediglich die wohlverstandenen Interessen des Betreuten, nicht jedoch die fiskalischen Interessen des Sozialleistungsträgers an der Umsetzung des sozialrechtlichen Subsidiaritätsprinzips Maßstab sein dürfen.

5187   Die ausdrückliche Annahme der Erbschaft (mit der Folge des Erlöschens des Ausschlagungsrechtes) kann auch durch einen für Vermögensangelegenheiten bestellten Betreuer erfolgen,[157] und zwar (anders als im Fall der Ausschlagung) ohne Genehmigung des Betreuungsgerichts. Selbst wenn der Betreuer selbst Miterbe ist, greift (mangels Vorliegens einer empfangsbedürftigen Willenserklärung) kein Vertretungsverbot in Gestalt eines unzulässigen In-Sich-Geschäfts.[158]

5188   Der Schutz der höchstpersönlichen autonomen Entscheidung über den Behalt eines angefallenen Nachlass(Teil)es mit allen damit verbundenen Verstrickungen gebietet es nach richtiger Ansicht, das Unterlassen einer Ausschlagung auch nicht zum Anlass einer Leistungskürzung nach § 26 Abs. 1 Satz 1 Nr. 1 SGB XII oder nach § 103 SGB XII zu nehmen.[159] Das weiter denkbare Anliegen des Sozialleistungsträgers, die weitere Hilfegewährung als solche von der vorherigen Ausschlagung abhängig zu machen (Subsidiaritätsgrundsatz des § 2 SGB XII: „Verpflichtung zur Selbsthilfe"),[160] scheitert i.d.R. bereits praktisch daran, dass die Behörde regelmäßig erst nach Ablauf der 6-Wochen-Frist vom Erbfall erfährt; vgl. i.Ü. Rdn. 5138 ff.

5189   **Hinweis:**
Um den Ausschlagungsdruck nicht zu erhöhen, muss vor Anordnungen gewarnt werden, die dem Behinderten/Bedürftigen zum Nachteil gereichen: So sollte die aus der Enterbung des gesunden Kindes resultierende Pflichtteilslast, der Auslegungsregel des § 2320 Abs. 2

---

155 Bei der sog. cautela socini ist der Ausschlagende dagegen für diesen Fall erneut zum unbelasteten Miterben i.h.d. Pflichtteiles oder knapp darüber eingesetzt (was beim Behinderten-/Bedürftigentestament wegen der Zugriffsmöglichkeit hierauf nicht gewollt ist), vgl. Rdn. 3013.
156 OLG Stuttgart, NJW 2001, 3483; OLG Frankfurt am Main, ZEV 2004, 24, ganz h.M., obiter auch bestätigt in BGH, Urt. v. 19.01.2011 – IV ZR 7/10, FamRZ 2011, 472 = NotBZ 2011, 168 m. Anm. *Krauß*.
157 LG Berlin, RPfleger 1976, 60, 61.
158 Gutachten, DNotI-Report 2010, 47.
159 Gutachten, DNotI-Report 1996, 53; *Juchem*, Vermögensübertragung zugunsten behinderter Menschen durch vorweggenommene Erbfolge und Verfügung von Todes wegen, Diss. 2002, S. 89 ff.; a.A. jedoch wohl der *Deutsche Verein für öffentliche und private Fürsorge*, der in Rn. 152 seiner Empfehlungen für den Einsatz von Vermögen und Einkommen in der Sozialhilfe v. 18.08.2002 rät, Sozialhilfe bis zur Realisierung des Pflichtteils durch Ausschlagung nur darlehensweise zu gewähren.
160 VGH Baden-Württemberg, NJW 2000, 376; vgl. *Ruby*, ZEV 2006, 66.

D. Erbschaftslösungen

BGB folgend, beim dadurch profitierenden überlebenden Ehegatten bleiben (keine abweichende Anordnung nach § 2324 BGB). Auch sollte die Last etwaiger angeordneter weiterer Vermächtnisse entgegen § 2148 BGB den Behinderten/Bedürftigen nicht anteilig treffen. Der Vollstrecker sollte nicht berechtigt sein, die Nutzung von Nachlassgegenständen (Eigenheim), an denen der Behinderte/Bedürftige beteiligt ist, unentgeltlich anderen Miterben (dem überlebenden Ehegatten) zuzuwenden.[161] Sofern notwendig, ist zu erwägen, den Vollstrecker auch zu Eingriffen in die Substanz des Erbanteils zu ermächtigen, wo keine ausreichenden Erträge erwirtschaftet werden können. Die Testamentsvollstreckervergütung[162] kann hingegen jedenfalls ab Durchführung einer Erbbauseinandersetzung/Teilungsanordnung allein zulasten des verwalteten Anteils gehen, auch wenn sie an sich von allen Miterben geschuldet würde, mag auch lediglich ein Miterbenanteil der Verwaltung unterliegen.[163]

Bei einem **weitgehend ertraglosen Nachlass(anteil)** ist allerdings die Ausschlagung durch den Hilfeempfänger selbst oder den Betreuer möglicherweise erzwingbar bzw. gerichtlich genehmigungsfähig, da eine Aufrechterhaltung der Schutzelemente „Vorerbschaft" und „Testamentsvollstreckung" zu keiner spürbaren Besserstellung des Hilfeempfängers führen würde.[164]

5190

Führt eine solche Ausschlagung durch den Betreuer (nach bisherigem Recht gem. § 2306 Abs. 1 Satz 2 BGB a.F., nach ab 2010 geltendem Recht in allen Varianten) zur Pflichtteilsgewährung auf den ersten Sterbefall, oder leitet der Sozialleistungsträger einen dem behinderten Abkömmling zustehenden Pflichtteilsergänzungsanspruch über und macht ihn geltend, ist es nicht sachgerecht, die bei Vorhandensein einer „**automatischen Pflichtteilsstrafklausel**" hieran geknüpften Folgen (bedingte Enterbung[165] auf den zweiten Sterbefall, § 2075 BGB,[166] möglicherweise mit neuerlich bindender Einsetzung von Ersatzschlusserben)[167] eintreten zu lassen, und damit die kunstvoll errichtete Konstruktion ohne Not preiszugeben. Es sollte daher[168] klargestellt werden,

5191

---

161 *J. Mayer*, ZErb 2000, 21.
162 Zuzüglich USt (BFH, 07.03.2006 – V R 6/05, ZEV 2007, 45 m. Anm. *Kronthaler*), sofern nicht die Kleinunternehmerbefreiung des § 19 UStG greift. Monografisch: *Lieb*, Die Vergütung des Testamentsvollstreckers, 2004.
163 BGH, ZEV 1997, 118. Weitere Hinweise und Formulierungsvorschläge bei *Kornexl*, Nachlassplanung bei Problemkindern, Rn. 374.
164 *J. Mayer*, ZErb 2000, 21; DNotI-Gutachten, Faxabruf-Nr. 1297 v. 27.01.2004.
165 Setzt die „Pflichtteilsstrafklausel" die illoyalen Kinder „auf den Pflichtteil" und handelt es sich dabei um Stiefkinder, kann die Auslegung ergeben, dass den Stiefkindern nach dem zweiten Sterbefall ein Geldvermächtnis i.H.d. fiktiven Pflichtteils nach dem Stiefelternteil zukommen soll, OLG Celle, 12.11.2009 – 6 W 142/09 ZErb 2010, 86 (fragwürdig; vermutlich lag ein Rechtsirrtum über das Pflichtteilsrecht von Stiefkindern vor).
166 Die Rspr. (OLG München v. 29.03.2006, MittBayNot 2007, 62 m. krit. Anm. *J. Mayer*, 19 ff.) sieht in der automatischen Pflichtteilsstrafklausel als solcher ferner eine bindende stillschweigende Schlusserbeneinsetzung der Kinder (die mit Pflichtteilsverlangen entfällt).
167 Die Enterbungswirkung selbst kann nicht wechselbezüglich i.S.d. § 2270 Abs. 3 BGB sein, *Ivo*, ZEV 2004, 205, allerdings die möglicherweise stillschweigend damit verbundene positive Einsetzung der Ersatzerben.
168 Trotz der in diese Richtung gehenden, großzügigen Auslegung des BGH, ZEV 2005, 117.

Abkömmlinge[178] – damit würde bei Sterbefällen bis Ende 2009 [Art. 229 § 21 Abs. 4 EGBGB] auch die Quote des Vorerben unter die kritische Schwelle des § 2301 Abs. 1 Satz 1 BGB absinken!) proportional gekürzt (rechnerisch am einfachsten so darzustellen, dass der Nenner aller Teile auf die Summe der Zähler angepasst wird – im Beispiel also 9/11 für den Ehegatten, 1/11 für den Vorerben, je 1/22 für jeden der nunmehr zum Vollerben aufgestiegenen bisherigen Nacherben (denen daneben ein Pflichtteilsrestanspruch zukommt).

5196 Die **Beschränkungen des Vorerben durch (Testamentsvollstreckung und) Nacherbfolge** bleiben jedoch erhalten; da § 2306 Abs. 1 Satz 1 BGB a.F. im Beispielsfall den Vorerben nicht befreit und auch § 2306 Abs. 1 Satz 2 BGB a.F. nicht eingreift, solange der Vorerbe nicht ausschlägt; allerdings treten an die Stelle der (zu Voll-Miterben aufgewerteten) bisherigen Nacherben-Geschwister die Ersatznacherben, deren Person sich durch Anordnung oder Auslegung ergibt.[179] Damit lässt sich die Regelungsintention des „Behindertentestamentes" weiterhin umsetzen, wenn auch mit breiterem Miterbenkreis und anderer Quotelung als anfänglich kalkuliert. Gravierend sind die Rechtsfolgen jedoch, wenn durch die Verwässerungswirkung des § 2306 Abs. 2 BGB (das Hinzutreten weiterer Voll-Miterben) der Vorerbe, der zuvor nur knapp über der Pflichtteilsquote eingesetzt war, unter diese sinkt, und damit „automatisch" zum unbelasteten Voll-Miterben wird (s. Rdn. 5181).

5197 Ist demgegenüber (wie wohl der Regelfall bei gemeinschaftlicher Gestaltung) der **überlebende Ehegatte zum Nacherben** berufen, stellt sich diese verfälschende Wirkung des § 2306 Abs. 2 BGB nicht ein: seine Nacherbenquote ist mit der (in aller Regel ausreichend hohen) Quote der Einsetzung als Voll-Miterbe zusammenzurechnen, sodass kein „automatischer Entfall" der Vorerbschaftsbeschränkung eintritt; auch eine Ausschlagung i.S.d. § 2306 Abs. 2 i.V.m. Abs. 1 Satz 2 BGB a.F. scheidet aus Rechtsgründen jedenfalls beim gemeinschaftlichen Testament oder Erbvertrag aus, weil in der gemeinsamen Verfügung ein konkludenter Pflichtteilsverzicht jedenfalls im Hinblick auf § 2306 BGB liegt.[180]

5198 Zu beleuchten ist schließlich die Situation, dass der **überlebende Ehegatte zum Nacherben eingesetzt** ist, **Ersatznacherben** jedoch etwaige **Abkömmlinge des Vorerben** sind (womit zugleich die in diesem Kontext schädliche Vermutung des § 2107 BGB – Wegfall der Nacherbschaftsbeschränkung bei späterer Geburt eines Abkömmlings – entkräftet wird), und weitere (oder auch unmittelbare) Ersatznacherben die Geschwister des Behinderten. § 2306 Abs. 2 BGB gilt (noch) nicht für den bloßen Ersatznacherben, sondern lediglich für denjenigen, der zum Nacherben (so der Wortlaut) „eingesetzt ist".[181]

---

178 So *Kessel*, MittRhNotK 1991, 137, 141 unter Hinweis auf §§ 2093, 2091 BGB.
179 *Spall*, ZEV 2006, 345.
180 OLG Düsseldorf, ZEV 2000, 32.
181 Str. ist bspw., ob dies beim aufschiebend bedingt eingesetzten Nacherben bereits gegeben ist, Staudinger/*Haas*, BGB (1998), § 2306 Rn. 18 ff.

Fällt jedoch der eigentlich eingesetzte Nacherbe vor dem Eintritt der Nacherbfolge weg, ist ab diesem Zeitpunkt der Ersatznacherbe „eingesetzt", sodass nach h.M.[182] ggf. die oben geschilderten Konsequenzen eintreten (nachträgliche weitere Miterbenstellung dieser Ersatznacherben, zusätzlicher Restpflichtteil abzgl. des bereits ggf. auf den Pflichtteil nach dem Erblasser Erhaltenen). Sind zunächst etwaige (derzeit noch ungeborene) Abkömmlinge des Vorerben als Ersatznacherben benannt, gelten nach Wegfall des eigentlichen Nacherben die Geschwister erst dann als „eingesetzt", wenn der Vorerben keine Abkömmlinge mehr hinterlassen kann, bei Adoptionsmöglichkeit oder männlichen Vorerben also möglicherweise erst mit deren Tod. 5199

Diese **störenden Wirkungen des § 2306 Abs. 2 BGB** a.F. (Nahwirkung: Hinzutreten der weiteren Geschwister als Vollmiterben, Verwässerung der Quoten; problematischer jedoch die ggf. eintretende Fernwirkung: dadurch eintretendes Unterschreiten der Schwelle des § 2306 Abs. 1 Satz 1 BGB durch den Vorerben und demnach gänzlicher Wegfall der Anordnungen der Nacherbfolge und Testamentsvollstreckung) lassen sich vor dem ersten Sterbefall wie folgt vermeiden:[183] 5200

- Königsweg ist sicherlich der Pflichtteilsverzicht der Geschwister jedenfalls auf den ersten Sterbefall (§ 2346 Abs. 2 BGB) mit Wirkung auch ggü. Abkömmlingen, welcher von der Einhaltung des § 2306 Abs. 2 BGB dispensiert. 5201

- "Gesteuerte" Vorwegnahme: Die anderen Abkömmlinge werden von vornherein zu Miterben in ausreichender, pflichtteilsüberschreitender Höhe berufen. Werden sie allerdings (zur Eindämmung der Gefahren der Erbengemeinschaft) der Testamentsvollstreckung durch den überlebenden Ehegatten unterworfen, droht Ausschlagung nach § 2306 Abs. 1 Satz 2 BGB. 5202

- Überschreitung der Pflichtteilsquote auf Nacherbenebene: lediglich eines der beiden weiteren Geschwister wird zum Nacherben eingesetzt und mit Vermächtnissen zugunsten des anderen Geschwisters belastet: für Letzteren gilt lediglich § 2307 BGB, der keine „Automatik" bei Unterschreiten der Pflichtteilsquote kennt. 5203

- Anderweitige Aufstockung der Nacherbenquoten der Geschwister: ihnen werden weitere Vermächtnisse ausgesetzt, die im Verbund mit dem Wert der Nacherbanteile (vorbehaltlich unzutreffender Prognose) die Pflichtteilsquote übersteigen.[184] Allerdings könnte das Geschwister das Vermächtnis ausschlagen (§ 2307 BGB) und somit wieder § 2306 Abs. 2 BGB eröffnen. 5204

- Dogmatisch reizvoll ist schließlich die Überlegung,[185] den überlebenden Ehegatten zum Nacherben einzusetzen, nicht jedoch die Geschwister des „Behinderten" zu Ersatz- (oder Ersatzersatz-) nacherben. Vielmehr solle die Nacherbenanwartschaft vererblich gestellt werden, § 2108 Abs. 2 Satz 1 BGB. Tritt die Vererbung ein, leiten die Geschwister ihre „Einsetzung" nicht vom Erblasser, sondern vom zunächst bestimmten Nacherben ein, sodass § 2306 Abs. 2 BGB nicht einschlägig ist. Allerdings käme dann auch dem „Behinderten" ein Teil der vererbten Nacherbenanwartschaft zu, sodass sich bei ihm Vor- und Nacherbenstellung 5205

---

182 *Spall*, ZEV 2006, 346; a.A. *Schindler*, ZErb 2007, 383: § 2306 BGB erfasse den Ersatznacherben in keiner Konstellation; habe er bereits beim Vorerbfall als „Enterbter" den Pflichtteil erhalten, müsse er diesen gem. § 812 Abs. 1 Satz 2, 1. Alt. BGB (späterer Wegfall des rechtlichen Grunde, condictio ob causam finitam) herausgeben, wenn er beim Nacherbfall als „Nachrücker" doch Nacherbe werde.
183 Vgl. *Spall*, ZEV 2006, 347.
184 Vgl. *Dittmann/Reimann/Bengel*, Testament und Erbvertrag, 5. Aufl. 2005, Formularteil Rn. 79.
185 *Spall*, ZEV 2006, 347 m.w.N.

teilweise vereinigen und damit wohl insoweit erlöschen würden.[186] Eine solche teilweise freie Vollerbenstellung (und die damit verbundene Verwertungsgefahr) zu vermeiden, ist jedoch notwendiges Gestaltungsziel des „Behindertentestaments".

5206 Ist der Nacherbe nicht rechtzeitig in die Konzeption des „Behindertentestamentes" eingebunden worden oder trägt er diese jedenfalls zum Zeitpunkt des Nacherbfalls nicht mehr mit, können Gefährdungen auch daraus entstehen, dass er die Nacherbenstellung ausschlägt (nach derzeitiger Gesetzesfassung steht ihm diese Option nur zur Verfügung, wenn das Hinterlassene die Hälfte des gesetzlichen Erbteils übersteigt, nach künftiger Gesetzesfassung stets). Es empfiehlt sich, Ersatznacherben einzusetzen, bei denen mit einer konsekutiven Ausschlagung nicht zu rechnen ist (also nicht lediglich die Abkömmlinge des Nacherben-Geschwisters, die dem Beispiel ihres Elternteils folgen bzw. für die das Elternteil seinerseits ebenfalls ausschlagen wird).

5207 Hingewiesen sei schließlich darauf, dass die Vermächtnislösung des Behindertentestamentes von vornherein nicht den Weg über § 2306 Abs. 2 zu dessen Abs. 1 Satz 1 BGB a.F. eröffnen kann, da § 2306 Abs. 2 BGB nur auf Erbteile Anwendung findet.

e) § 2325 BGB

5208 Wenn zu Lebzeiten des Erblassers, jedoch noch innerhalb der (bei Sterbefällen ab 2010 abschmelzenden, Art. 229 § 21 Abs. 4 EGBGB) Pflichtteilsergänzungsfrist des § 2325 BGB (die bei Vorbehalt wesentlicher Nutzungsrechte bzw. bei Übertragung an den Ehegatten noch nicht zu laufen beginnt!) Schenkungen an Dritte stattgefunden haben, entstehen Pflichtteilsergänzungsansprüche (§ 2325, 2329 BGB) des behinderten Abkömmlings, auch wenn der ordentliche Pflichtteil mangels Ausschlagung gem. § 2306 Abs. 1 Satz 2 BGB a.F., bei Sterbefällen ab 2010 in allen Varianten des § 2306 BGB, nicht eröffnet ist. Diese kann der Sozialhilfeträger ohne Weiteres gem. § 93 SGB XII auf sich überleiten und verwerten bzw. sie entstehen gem. § 33 Abs. 1 SGB II kraft Legalzession unmittelbar beim Träger der Grundsicherung für Arbeitsuchende entstehen, vgl. Rdn. 103 ff. Die Pflichtteilserhöhungswirkung von ausgleichungspflichtigen Vorerwerben (Ausstattungen oder kraft Anordnung – ohne Zeitbegrenzung! – auszugleichenden Schenkungen gem. § 2050 BGB an Geschwister) tritt jedoch nur i.R.d. Ermittlung des allgemeinen Pflichtteils ein.

5209 Es ist daher zu empfehlen, für den Fall lebzeitiger Vermögensübertragungen an Dritte zugunsten des behinderten Abkömmlings ein Geldvermächtnis auszusetzen, das knapp über dem gesetzlichen Pflichtteilsergänzungsanspruch liegt, als Vorvermächtnis ausgestaltet ist und der Testamentsvollstreckung unterworfen wird, sodass die Verfügungsbefugnis des Behinderten und die Verwertungsbefugnis der Gläubiger dadurch genommen wird (§ 2214 BGB), vgl. den Formulierungsvorschlag in Rdn. 5178. Wird gleichwohl der Pflichtteilsergänzungsanspruch geltend gemacht, ist das Vermächtnis gem. § 2326 Satz 2 BGB darauf anzurechnen, führt also nicht zu einer doppelten Begünstigung. Um auch insoweit keinen Anreiz zur Ausschlagung (§ 2307 BGB) mit der Folge des Entstehens eines überleitungsfähigen bzw. (SGB II) übergeleiteten Pflichtteils-

---

186 Möglicherweise tritt diese Folge jedoch nicht ein, wenn der „Behinderte" – wie i.d.R. – auch nach dem längerlebenden Ehegatten, dessen vererbliche Nacherbenanwartschaft er übernimmt, lediglich als Vorerbe eingesetzt war, sodass trotz teilweiser Vereinigung in einer Hand die Nacherbenbeschränkungen (zugunsten der Nacherben auf den zweiten Sterbefall) weiter bestehen.

D. Erbschaftslösungen

anspruchs zu geben, sollte das Geldvermächtnis den tatsächlichen Anspruch geringfügig (Vorschlag: 10 %) übersteigen,[187] dann aber insgesamt auflösend bedingt sein, falls das Verlangen gestellt wird (gem. § 2326 Satz 2 BGB würde sonst noch ein Restvermächtnis von 10 % verbleiben, was geradezu zur Ausschlagung einlädt). Das Regelungsthema, die Pflichtteilsergänzung in Gestalt eines geschützten Vermächtnisses dem behinderten Abkömmling nutzbar werden zu lassen und den Überrest an den Nachvermächtnisnehmer zu überantworten, stellt sich nach beiden Sterbefällen.

Ein solches **bedingtes Vorausvermächtnis** empfiehlt sich auch, wie in Rdn. 5176 dargestellt, zur Kompensation der (zumindest nach der erweiterten Werttheorie eintretenden) schädlichen Wirkungen von Pflichtteilsergänzungsansprüchen i.R.d. Abgrenzung des § 2306 Abs. 1 Satz 2 zu dessen Satz 1 BGB a.F. Im Hinblick darauf sollte es auch auf die Erhöhung des ordentlichen Pflichtteils durch die Ausgleichungswirkung des § 2316 BGB erstreckt werden, die nach einhelliger Auffassung i.R.d. Wertvergleichs nach der Werttheorie („Quantum statt Quote") zu berücksichtigen ist. Ein Formulierungsvorschlag ist oben Rdn. 5178 vorgestellt worden.

5210

> **Hinweis:**
>
> Auf jeden Fall ist bei behinderten Abkömmlingen eine rechtzeitige Vermögensübertragungsplanung anzuraten, damit die Zehnjahresfristen des § 2325 BGB und des § 528 BGB (in Gestalt des Rückforderungsanspruchs der Eltern gegen den Erwerber, falls sie während der folgenden 10 Jahre ihren gesetzlichen Unterhaltsansprüchen ggü. dem behinderten Abkömmling aufgrund der Übertragung in verringertem Umfang nachkommen können) bereits abgelaufen sind; auch letztere Ansprüche könnten nämlich gem. § 93 Abs. 1 Satz 1 SGB XII bei der Gewährung von HbL-Leistungen übergeleitet werden, obwohl die Eltern selbst keine Hilfeempfänger sind!

5211

f) § 2216 Abs. 2 Satz 2 BGB

Zentrales Steuerungsinstrument zur Sicherung des positiven Gestaltungszieles (der Besserstellung des Hinterbliebenen durch Ergänzung des staatlichen Leistungsangebotes) sind die Verwaltungsanordnungen an den Testamentsvollstrecker gem. § 2216 Abs. 2 BGB. Die (dort Abs. 1 geregelte) subsidiäre gesetzliche Verpflichtung zur „ordnungsgemäßen Verwaltung" ist in keinem Fall ausreichend.[188] § 2216 Abs. 2 Satz 2 BGB eröffnet allerdings dem Nachlassgericht die Befugnis, solche Anordnungen auf Antrag außer Kraft zu setzen, wenn ihre Befolgung „den Nachlass ernstlich gefährden würde". Als solche Beeinträchtigung wird auch die wirtschaftliche

5212

---

187 Alternativ kann auch so vorgegangen werden, dass der Pflichtteilsergänzungsanspruch nicht nach der tatsächlichen Pflichtteilsquote, sondern nach der ihm als Vorerbe zugedachten Quote ermittelt wird, ihm also dasselbe „Mehr" zugutekommt wie hinsichtlich der gesamthänderischen Beteiligung (so etwa *Ruby*, ZEV 2006, 68). Diese Quote ist jedoch möglicherweise infolge der Werttheorie bei § 2306 BGB – oben aa (Rdn.) – „überhöht", z.B. aus Rücksicht auf sicherlich zu berücksichtigende ausgleichspflichtige Zuwendungen (§ 2316 BGB).

188 Wobei sich das dabei zugrunde gelegte Leitbild seit Inkrafttreten des BGB bereits erheblich gewandelt hat, vom „guten Hausvater" und „kaufmännischer Vorsicht" hin zum „umsichtigen, soliden aber zugleich dynamischen Kaufmann", vgl. *Tolksdorf*, ErbStB 2008, 54 ff., 86 ff. und 118 ff.; zur unternehmerischen Entscheidungsverantwortung *Illiou*, ZErb 2008, 96 ff.

1753

Gefährdung der am Nachlass beteiligten Personen verstanden[189] (hier: des Behinderten, der sonst die Vermögenswerte für den eigenen Konsum verwenden könnte).

5213 Allerdings ist der Sozialleistungsträger selbst nicht antragsberechtigt[190] (er könnte allenfalls den Behinderten darauf verweisen, einen solchen Antrag als „bereites Mittel" zu stellen). Auch materiell-rechtlich dürfte dem Erblasserwillen der Vorrang gebühren; die Zweckbindung der Erträge ist geradezu Wesensinhalt der Gesamtkonstruktion. Die ganz überwiegende Literatur sieht daher in § 2216 Abs. 2 Satz 2 BGB keine Gefährdung für den Bestand solcher Vollstreckeranweisungen, die den Behinderten „in wohlmeinender Absicht" beschränken.[191]

5214 Darüber hinausgehend stellt die (noch untergerichtliche) Rechtsprechung zumindest in obiter dicta die Frage nach möglicher Sittenwidrigkeit beschränkender Vollstreckungsanweisungen, wenn der Nachlassanteil (bei Verbrauch auch der Substanz bis zur voraussichtlichen Lebenserwartungsgrenze) nicht nur die ausdrücklichen, ergänzenden Versorgungsleistungen sondern auch die Heimkosten selbst tragen könnte (vgl. im Einzelnen Rdn. 5259 ff.). Die Literatur diskutiert demgegenüber eher die mögliche Treuwidrigkeit von Weisungen, die einer ordnungsgemäßen Verwaltung widersprechen, wobei die Grenze im Hinblick auf das Verbot eines vollständigen Ausschlusses der Ertragsnutzung (§ 2220 BGB) sehr unterschiedlich gezogen wird:

5215
- die Früchte des Nachlasses seien stets der freien Verfügung des Erben anheimzustellen,[192]
- aus den Erträgen sei zumindest dasjenige freizustellen, was für den eigenen angemessenen Unterhalt und die Erfüllung gesetzlicher Unterhaltspflichten benötigt werde,[193]
- eine vollständige Thesaurierung sei unzulässig; wenn Erträge für die „Zusatzversorgung" bereitgestellt werden, müsse der Ertragsrest auch der allgemeinen Unterbringung zur Verfügung stehen,[194]
- zulässig sei eine „Sperranordnung" des Inhaltes, dass Erträge nur in Gestalt von Naturalverpflegung zu verwenden seien,[195]
- zulässig sei der „weitgehende Ausschluss" des Erben von den Erträgen dann, wenn er im „wohlverstandenen Interesse" des Erben liege.[196]

5216 Der BGH hat lediglich in allgemeiner Form darauf hingewiesen, bei der Auskehrung der Nutzungen seien sowohl das Interesse des Nacherben an der Substanzerhaltung als auch das Interesse des Vorerben an den Nutzungen, die an sich ihm gebühren, zu berücksichtigen.[197]

---

[189] AnwK-BGB/*Weidlich*, § 2216 Rn. 24; Soergel/*Damrau*, BGB, § 2216 Rn. 12.
[190] BayObLGZ 1982, 459, 461 f.; a.A. nur *Krampe*, AcP 1991, 537.
[191] Vgl. *J. Mayer*, in: *Bamberger/Roth*, BGB, § 2216 Rn. 35 f m.w.N.; a.A. nur *Krampe*, AcP 1991, 537.
[192] *Otte*, JZ 1990, 1028.
[193] *Nieder*, NJW 1994, 1266 unter Berufung auf RG, LZ 1918, 1267.
[194] In diese Richtung *J. Mayer*, DNotZ 1994, 358.
[195] Staudinger/*Reimann*, BGB (2003), § 2209 Rn. 20.
[196] *OLG Bremen*, FamRZ 1984, 213.
[197] BGH, NJW-RR 1988, 386.

> **Hinweis:**
>
> Vorsichtige Gestalter raten daher,[198] die Umsetzung der Verwendungsanweisungen durch eine Auflage abzusichern, die den Behinderten davon abhalten soll, bei etwaiger Unwirksamkeit oder Aufhebung der Vollstreckeranweisungen (bzw. dem Fehlen eines Vollstreckers) die Mittel schlicht für den eigenen Konsum einzusetzen. Sie verleiht jedoch den Vermögenswerten keine Immunität gegen Gläubigerzugriffe (wofür es gem. § 2214 BGB der Testamentsvollstreckung bedarf), ist also allenfalls flankierender Natur:

Formulierungsvorschlag: Vorsorgliche Auflage zur Absicherung der Testamentsvollstreckeranordnungen beim „Behindertentestament"

(*Anm.: im Anschluss an die Anordnungen, z.B. gemäß nachstehendem Baustein:*)

Sollten vorstehende Verwaltungsanordnungen unwirksam oder außer Kraft gesetzt sein, beschwert jeder von uns vorsorglich unser behindertes Kind ..... mit der bedingten Auflage, Substanz und Erträge seiner Nachlassbeteiligung nur unter Einhaltung dieser Verwaltungsanordnungen einzusetzen.

g) Person des Testamentsvollstreckers

Der Testamentsvollstrecker haftet persönlich für Schäden aus schuldhafter Verletzung von Pflichten, die ihm dem Erben bzw. Vermächtnisnehmer ggü. obliegen (§ 2219 BGB), insb. der Pflicht zur ordnungsgemäßen Verwaltung (§ 2216 BGB). Er hat Rechnung zu legen (§ 2218 BGB – Verjährung früher erst nach 30 Jahren!;[199] seit 01.01.2010 mit Streichung des § 197 Abs. 1 Nr. 2 BGB ebenfalls binnen 3 Jahren nach Ablauf des jährlichen Rechnungslegungsturnus, ohne letztwillige Verlängerungsmöglichkeit)[200] und ein Nachlassverzeichnis aufzustellen (§ 2215 BGB). Die Wahrnehmung dieser Kontroll- und Überwachungsrechte des Betroffenen ggü. dem Testamentsvollstrecker erfolgt beim minderjährigen oder sonst nicht voll Geschäftsfähigen an sich durch seinen gesetzlichen Vertreter. Auf Antrag eines Beteiligten,[201] kann das Nachlassgericht den Testamentsvollstrecker entlassen (§ 2227 BGB).

Besteht (etwa in Gestalt des länger lebenden Ehegatten) Personenidentität als Testamentsvollstrecker über den nicht befreiten Vorerbenanteil[202] des behinderten Abkömmlings und als des-

---

198 Vgl. *Kornexl*, Nachlassplanung bei Problemkindern, Rn. 281 mit Formulierungsvorschlag.
199 BGH, 18.04.2007 – IV ZR 279/05, ZErb 2007, 260.
200 Der Testamentsvollstrecker als „neutrale Person" könnte mit einem Vermächtnis zugunsten der Erben, eine vertragliche Verjährungsverlängerung zu vereinbaren, nicht belastet werden, außer er ist ausnahmsweise zugleich Miterbe oder Vermächtnisnehmer bzw. seine Ernennung ist durch den Abschluss einer solchen Vereinbarung aufschiebend bedingt, *J. Mayer* ZEV 2010, 1, 7.
201 Auch des Pflichtteilsberechtigten (BayObLG, FamRZ 1997, 905; KG, FamRZ 2005, 1595); a.A. *Muscheler*, ZErb 2009, 54; jedoch wohl nicht auf Entscheidung eines testamentarisch eingesetzten Schiedsgerichtes gem. § 1066 ZPO, *Selzener* ZEV 2010, 285.
202 Ist der Nacherbenvollstrecker (§ 2222 BGB) zugleich gesetzlicher Vertreter des Nacherben, gilt wohl Gleiches für die Erfüllung der Auskunftspflichten ggü. dem Nacherben, *Keim*, ZErb 2008, 6. Ist er zugleich gesetzlicher Vertreter des Vorerben, bedarf es zur Entgegennahme der Zustimmung eines Ergänzungspflegers (außer die Genehmigung wird nach § 182 BGB ggü. dem Vertragspartner erteilt und als Nacherbenvollstrecker ist er von § 181 BGB befreit).

sen gesetzlicher Vertreter (qua Elternschaft, Ergänzungspflegschaft[203] bzw. Betreuung) forderte die Rechtsprechung[204] überwiegend[205] wegen des Interessenkonfliktes i.S.d. § 1629 Abs. 2 Satz 3 i.V.m. § 1796 BGB (also nicht gegründet auf § 1795 Abs. 2 i.V.m. § 181 BGB)[206] eine Dauerergänzungspflegschaft oder (bei Volljährigen) Dauerergänzungsbetreuung für den Teilbereich „Überwachung des Testamentsvollstreckers"[207] durch eine familienfremde Person, wobei stets die Umstände des Einzelfalls entscheiden.[208] Dem Vollstrecker steht gegen die Anordnung und Auswahl des Ergänzungspflegers kein Beschwerderecht zu.[209]

5221 Gleiches soll gelten, wenn ein Dritter sowohl zum Vormund als auch zum Testamentsvollstrecker für ein minderjähriges Kind benannt ist,[210] sodass es ratsamer sein mag, in zunächst nur gem. § 1777 BGB zum Vormund, und ab Volljährigkeit, aufschiebend bedingt, zum Vollstrecker einzusetzen.[211] Bereits eine Nähebeziehung zwischen Betreuer und Testamentsvollstrecker (Zugehörigkeit beider zur „Kernfamilie") soll gem. §§ 1908i, 1796 Abs. 2 BGB einen familienfremden Ergänzungsbetreuer erforderlich machen.[212]

5222 Die Literatur wendet ein, dass der gesetzliche Vertreter jedenfalls während der Dauer der elterlichen Gewalt, solange kein Missbrauch des Vermögenssorgerechtes i.S.d. §§ 1666 f. BGB vorliegt, dem Gericht ggü. nicht rechenschaftspflichtig ist,[213] und weist ferner darauf hin, dass der betreffende Elternteil nach dem Erbfall ohnehin gem. § 1640 Abs. 1 BGB verpflichtet ist, ein Verzeichnis des von Todes wegen erworbenen Vermögens zu fertigen, dessen „Entgegennahme" durch den Testamentsvollstrecker keinen rechtsgeschäftlichen Charakter hat, sodass § 181 BGB (von dem der gesetzliche Vertreter nicht befreit werden kann) nicht einschlägig ist.

5223 Im Ergebnis hat nunmehr auch der BGH[214] betont, es sei tatrichterlich jeweils im Einzelfall zu entscheiden, ob eine Ergänzungspflegschaft/Ergänzungsbetreuung zur Wahrnehmung der Rechte ggü. dem Testamentsvollstrecker angeordnet werden müsse. Wenn sich aufgrund der bishe-

---

203 Vgl. Rdn. 4415 und OLG Schleswig, 23.03.2007 – 8 WF 191/06, DNotZ 2008, 67 = ZFE 2007, 440.
204 LG Frankfurt am Main, RPfleger 1990, 207; OLG Hamm, MittBayNot 1994, 53; OLG Nürnberg, MittBayNot 2002, 403 m. krit. Anm. *Kirchner*, MittBayNot 2002, 368.
205 A.A. OLG Zweibrücken, 21.12.2006 – 5 UF 190/06, RNotZ 2007, 157: nur bei konkret vorgetragener Konfliktlage.
206 Es handelt sich nicht um eine rechtsgeschäftliche Tätigkeit i.S.d. § 181 BGB, vgl. *Werner*, GmbHR 2008, 934 (unabhängig davon könnte zwar der Testamentsvollstrecker, nicht aber der Betreuer von § 181 BGB befreit werden).
207 Der (auch einzige) Nacherbe kann jedoch (sofern nicht zugleich Betreuer oder gesetzlicher Vertreter) zugleich Testamentsvollstrecker des Vorerben sein; vgl. insgesamt Gutachten, DNotI-Report 2003, 145 f.
208 Also keine Ergänzungspflegschaft, wenn bisher kein Grund zur Annahme besteht, der Vollstrecker werde unbeschadet seiner eigenen Interessen die Belange des Kindes nicht in gebotenem Maße wahren: BGH, 05.03.2008 – XII ZB 2/07, ZNotP 2008, 284. Ebenso bereits zuvor *Bonefeld*, ZErb 2007, 2; *Schlüter*, ZEV 2002, 158.
209 OLG München, 22.01.2008 – 16 UF 1666/07, MittBayNot 2009, 235 m. Anm. *Weidlich*, insb. nicht gem. § 57 Nr. 9 FGG.
210 BGH, 05.03.2008 – XII ZB 2/07, ZNotP 2008, 284; OLG Hamm, FamRZ 1993, 1122; OLG Nürnberg, ZEV 2002, 158 m. Anm. *Schlüter*.
211 Nach *Hartmann*, RNotZ 2008, 150 gilt während der Vormundschaftszeit § 2111 BGB analog, sodass bei Verfügungen des Vormundes der Erlös weiterhin nachlasszugehörig und damit ab dem 18. Lebensjahr der Vollstreckung unterworfen bleibt.
212 OLG Zweibrücken, ZEV 2004, 161 m. Anm. *Spall*.
213 Vgl. *Bonefeld*, ZErb 2007, 2.
214 BGH, 05.03.2008 – XII ZB 2/07, NotBZ 2008, 344.

D. Erbschaftslösungen

rigen Erfahrungen und des engen persönlichen Verhältnisses zwischen Testamentsvollstrecker und Minderjährigem bzw. Betreutem keinerlei Anlass zu der Annahme ergebe, der Vollstrecker werde unbeschadet seiner eigenen Interessen die Belange des Betroffenen nicht in gebotenem Maß wahren und fördern, sei nicht bereits aufgrund des bloßen „typischen Interessengegensatzes" ein betreuungs- oder familien- (vor 01.09.2009 vormundschafts-)gerichtliches Eingreifen erforderlich.

Hinweis: 5224

Die Bestellung einer außenstehenden Dritten Person zum Testamentsvollstrecker, etwa eines Steuerberaters,[215] eines Vermögensverwalters oder einer Bank,[216] kann sich auch menschlich empfehlen, um z.B. das nicht behinderte Kind, falls dieses im Schlusserbfall zugleich Testamentsvollstrecker als auch Nacherbe und Miterbe ist, von einer sonst eintretenden Interessenkollision zu entlasten: Je weniger Zuwendungen er dem „ohnehin behinderten Geschwister" freigibt, desto mehr wird für ihn bleiben. Zu regeln ist dann allerdings auch die Frage der Vergütung und deren Zuordnung zum verwalteten Nachlass.[217] Zu denken ist ebenso an die (gem. § 2197 BGB zulässige) **Einsetzung einer Kapitalgesellschaft als Testamentsvollstrecker**, am besten einer neu gegründeten Zweckkapitalgesellschaft mit einem starken Beirat, der den Geschäftsführer (eigentlichen Vollstrecker) von den Weisungen bzw. der Abberufung durch die Gesellschafterversammlung abschirmt und zugleich geeignete Nachfolger durch Einsetzung zum Geschäftsführer „bestimmen" kann.[218] Auf jeden Fall ist eine ausdrückliche Benennung (oder Benennungsbefugnis) anzuraten: Wählt das Nachlassgericht gem. § 2200 BGB selbst einen „nicht genehmen" Vollstrecker, ist der Rechtsschutz hiergegen beschränkt.[219]

Der (auch einzige) Nacherbe kann (sofern nicht zugleich Betreuer oder gesetzlicher Vertreter) zugleich Testamentsvollstrecker des Vorerben sein, vgl. Rdn. 5151.[220]

Wollen die Beteiligten verhindern, dass ein völlig fremder Ergänzungsbetreuer als „Aufpasser" bestellt wird, ist zu erwägen, einen Mit-(„Neben")testamentsvollstrecker[221] einzusetzen bzw. 5225

---

215 Kein Verstoß gegen das Rechtsberatungsgesetz: BGH, 11.11.2004 – I ZR 182/02, NJW 2005, 968.
216 I.d.R. kein Verstoß gegen das Rechtsberatungsgesetz: BGH, 11.11.2004 – I ZR 213/01, NJW 2005, 969; umfassend hierzu *Müller/Tolksdorf*, ErbStB 2006, 284. Banken dürfen jedoch keine Testamentsentwürfe fertigen, OLG Karlsruhe, 09.11.2006 – 4 U 174/05, ZErb 2007, 49 m. Anm. *Römermann*; hieran hat sich auch unter dem RDG nichts geändert, *Römermann/Kusiak*, ZErb 2008, 270. Zu den Vor- und Nachteilen der Testamentsvollstreckung durch Banken umfassend *Zimmermann*, ZErb 2007, 278 ff. (auch zur Interessenkollision bei der Geldanlage, § 31 Abs. 1 Nr. 2, Abs. 2 Satz 1 Nr. 1 und 2 WpHG). Zu den (erweiterten) Werbemöglichkeiten von nichtanwaltlichen Testamentsvollstreckern *Grunewald*, ZEV 2010, 69 ff.
217 Da sonst gesamtschuldnerische Haftung aller Miterben besteht, und zwar für Vergütung (BGH, ZEV 1997, 116) und Aufwendungsersatz (BGH, ZEV 2003, 413).
218 Vgl. *Kirnberger*, ErbStG 2008, 212 ff., der auf den Aspekt hinweist, dass „überhöhte" Testamentsvollstreckervergütungen steuergünstig in der GmbH thesauriert werden können, wenn sie nicht vollständig an den Geschäftsführer abfließen, sodass daran gedacht werden mag, die Erben zu Gesellschaftern der Zweckkapitalgesellschaft zu bestimmen.
219 OLG Hamm, 22.01.2008 – 15 W 334/07, MittBayNot 2008, 390 m. Anm. Reimann.
220 Vgl. insgesamt Gutachten, DNotI-Report 2003, 145 f.
221 Vorzuziehen ggü. einem Ersatzvollstrecker (dafür *Kirchner*, MittBayNot 1997, 203), bei welchem der ursprüngliche Vollstrecker die vollständige Amtsführung verliert.

durch den „Hauptvollstrecker" gem. § 2199 BGB bestimmen zu lassen,[222] dessen abweichender Aufgabenbereich (§ 2224 Abs. 1 Satz 3 BGB) sich auf die Überwachung des Hauptvollstreckers beschränkt, § 2208 BGB.[223] Die betreffende Formulierung könnte lauten:

5226 **Formulierungsvorschlag: Nebenvollstreckung bei Personenidentität zwischen Hauptvollstrecker und Betreuer/Elternteil**

> Der Testamentsvollstrecker ist gem. § 2199 Abs. 1 BGB ermächtigt, einen Mitvollstrecker zu ernennen, jedoch gemäß §§ 2208, 2224 Abs. 1 Satz 3 BGB beschränkt auf die Aufgaben, an deren Wahrnehmung der Testamentsvollstrecker aufgrund Interessenkollision gehindert ist.

5227 Stattdessen könnte sich der überlebende Elternteil dafür entscheiden, lediglich die Elternfunktion/die Funktion eines Betreuers auszuüben, und stattdessen einer anderen geeigneten Person die Testamentsvollstreckung zu überlassen. Er sollte daher befugt sein,[224] seinen Nachfolger zu benennen (§ 2199 BGB) bzw. bei anfänglicher Nichtannahme des Amtes den Vollstrecker als Dritter zu bestimmen (§ 2198 BGB). Folgt das Familien- oder Betreuungsgericht (vor dem 01.09.2009: Vormundschaftsgericht) der oben skizzierten Auffassung, dass nicht nur Personenidentität, sondern auch die gemeinsame Zugehörigkeit zur Kernfamilie[225] einen fremden Überwachungs-Ergänzungsbetreuer erforderlich mache, sollte er dieses Bestimmungsrecht in Abstimmung mit dem Gericht zugunsten eines der Familie vertrauten Dritten (Freund, Steuerberater etc.) ausüben.

5228 **Formulierungsvorschlag: Dauertestamentsvollstreckung über den Vorerbenanteil beim „Behindertentestament"**

> **a) Testamentsvollstreckung bei beiden Erbfällen**
>
> Unser gemeinsames Kind ..... ist wegen seiner Behinderung nicht in der Lage, seine Angelegenheiten selbst zu besorgen. Es wird daher die ihm beim jeweiligen Erbfall als Vorerbe zugewendeten Erbteile nicht selbst verwalten können.
>
> Sowohl der erstversterbende als auch der länger lebende Ehegatte ordnen deshalb hinsichtlich des unserem behinderten Sohn jeweils zufallenden Erbteils
>
> **Testamentsvollstreckung**
>
> in Form einer Dauertestamentsvollstreckung gemäß § 2209 BGB an.

---

222 Wobei das Nachlassgericht einwenden könnte, der Minderjährigenschutz sei aufgrund dieser Benennung durch den Überwachenden selbst nicht gewahrt, vgl. *Scherer/Lehmann*, ZEV 2007, 318, 320.
223 *Reimann*, MittBayNot 1994, 56; *Bonefeld*, ZErb 2007, 3.
224 Diese Ermächtigung gilt aber im Zweifel dann nicht mehr, wenn der Testamentsvollstrecker wegen Pflichtverletzungen bei der Ausübung seines Amtes entlassen wird, vgl. OLG München, 09.07.2008 – 31 Wx 003/08, ZErb 2008, 285.
225 Im Fall des OLG Zweibrücken, ZEV 2004, 161: Mutter des Behinderten war Nacherbin und Testamentsvollstreckerin auf den ersten Sterbefall, die Schwester des Behinderten war dessen Betreuerin (und Nacherbin auf den zweiten Sterbefall).

b) Person des Testamentsvollstreckers

Zum Testamentsvollstrecker wird ernannt:

- beim Tod des Erstversterbenden der länger lebende Ehegatte
- beim Schlusserbfall das gemeinsame Kind ......

Der jeweilige Testamentsvollstrecker wird ermächtigt, jederzeit einen Nachfolger zu benennen (§ 2199 BGB) bzw, sofern er das Amt nicht antritt, als Dritter gem. § 2198 BGB den Vollstrecker zu bestimmen. Kann oder will er dies nicht, ist ..... als Ersatzvollstrecker für den ersten und den zweiten Sterbefall berufen, dem wiederum die Benennungsmöglichkeiten gem. § 2198, 2199 BGB entsprechend zustehen. Hilfsweise soll der Vollstrecker gemäß § 2200 BGB durch das Nachlassgericht ernannt werden. Wir empfehlen, im Fall einer Kollision zwischen dem Amt des Betreuers/gesetzlichen Vertreters und des Testamentsvollstreckers, die zur möglicherweise nicht gewollten Bestellung eines fremden Ergänzungs-Überwachungsbetreuers führen würde, das Amt des Betreuers/gesetzlichen Vertreters anzunehmen und im Wege der §§ 2198, 2199 bzw. hilfsweise § 2200 BGB einen anderen, geeigneten Vollstrecker zu bestimmen.

Das Amt des für den ersten Sterbefall eingesetzten Testamentsvollstreckers endet mit dem Schlusserbfall. An seine Stelle tritt der für den Schlusserbfall eingesetzte Testamentsvollstrecker, der dann die Miterbenanteile von (Behinderter) am Nachlass beider Elternteile verwaltet.

c) Aufgabe des Vollstreckers

Aufgabe des jeweiligen Testamentsvollstreckers ist die Verwaltung des Erbteils unseres behinderten Sohnes ..... und damit die Verwaltung des Nachlasses gemeinsam mit dem weiteren Miterben. Der jeweilige Testamentsvollstrecker hat alle Verwaltungsrechte auszuüben, die unserem genannten Sohn als (Mit-) Vorerbe zustehen. Er ist zur Verwaltung des Nachlasses in Gemeinschaft mit den weiteren Miterben berechtigt und verpflichtet. Nach Teilung des Nachlasses setzt sich die Testamentsvollsteckung an den dem Vorerben zugefallenen Vermögenswerten fort, ebenso an allen Surrogaten.

Aufgabe des Vollstreckers ist ferner die Durchführung der vorstehend Ziffer ..... getroffenen Teilungsanordnungen.

Der Testamentsvollstrecker ist von den Beschränkungen des § 181 BGB befreit.

Sowohl der zuerst Versterbende als auch der Überlebende von uns beiden trifft folgende, für den jeweiligen Testamentsvollstrecker verbindliche Verwaltungsanordnung gemäß § 2216 Abs. 2 BGB:

Die nachstehenden Anordnungen sollen zu einer Verbesserung der Lebensqualität unseres Sohnes führen, indem ihm Leistungen zugewendet werden, die er durch den Standard der Sozialhilfe nicht bekäme. Der jeweilige Testamentsvollstrecker hat daher unserem genannten Sohn die ihm gebührenden anteiligen jährlichen Reinerträgnisse (Nutzungen) des Nachlasses, wie beispielsweise etwaige anteilige Miet- und Pachtzinsen, Zinserträge, Dividenden- und Gewinnanteile und etwaige sonstige Gebrauchsvorteile und Früchte von Nachlassgegenständen, zuzuwenden und dabei sich an folgenden Maßgaben („Regelbeispielen") zu orientieren:

- Geschenke zum Geburtstag und Namenstag, zu Weihnachten, Ostern und Pfingsten;
- Zuwendungen zur Befriedigung von individuellen Bedürfnissen geistiger und künstlerischer Art sowie in Bezug auf die Freizeitgestaltung, insbesondere Hobbys;
- Finanzierung von Freizeiten und Urlaubsaufenthalten, einschließlich der dafür notwendigen Materialien und Ausstattungsgegenstände, und gegebenenfalls Bezahlung einer erforderlichen, geeigneten Begleitperson;
- Aufwendungen für Besuche bei Verwandten und Freunden;
- Aufwendungen für ärztliche Behandlungen, Heilbehandlungen, Therapien und Medikamente, die von der Krankenkasse nicht (vollständig) gezahlt werden, z.B. Brille, Zahnersatz usw.;
- Anschaffung von Hilfsmitteln und Ausstattungsgegenständen, die von der Krankenkasse nicht (vollständig) bezahlt werden; dabei sollen die Hilfsmittel von der Qualität so bemessen und ausgewählt werden, dass sie dem Kind optimal dienlich sind;
- Aufwendungen für zusätzliche Betreuung, z.B. bei Spaziergängen, Theater- und Konzertbesuchen, Einkäufen und ähnlichem, entsprechend den Wünschen des Kindes
- Aufwendungen für Güter des persönlichen Bedarfs des Kindes, z.B. (modische) Kleidung oder Einrichtung seines Zimmers.

Für welche der genannten Leistungen die jährlichen Reinerträgnisse verwendet werden sollen, ob diese also auf sämtliche Leistungen gleichmäßig oder nach einem bestimmten Schlüssel verteilt werden oder ob diese in einem Jahr nur für eine oder mehrere der genannten Leistungen verwendet werden, entscheidet der jeweilige Testamentsvollstrecker nach billigem Ermessen, wobei er allerdings immer auf das Wohl des behinderten Abkömmlings bedacht sein muss.

Werden die jährlichen Reinerträgnisse in einem Jahr nicht in voller Höhe in Form der bezeichneten Leistungen unserem behinderten Abkömmling zugewendet, sind die entsprechenden Teile vom jeweiligen Testamentsvollstrecker gewinnbringend anzulegen.

Sind größere Anschaffungen für unseren Sohn wie beispielsweise der Kauf eines Gegenstandes zur Steigerung des Lebensstandards unseres genannten Sohnes (z.B. die Anschaffung eines Pkw kleiner oder mittlerer Klasse) oder eine größere Reise oder Ähnliches, beabsichtigt, hat der jeweilige Testamentsvollstrecker entsprechende Rücklagen zu bilden.

Im Übrigen gelten für die Testamentsvollstreckung die gesetzlichen Bestimmungen.

d) **Vergütung**

Für seine Tätigkeit erhält ein etwa durch das Nachlassgericht bestimmter Ersatztestamentsvollstrecker (§ 2200 BGB) neben dem Ersatz seiner notwendigen Auslagen eine Vergütung in angemessener Höhe (§ 2221 BGB), deren Bemessung sich an den Richtlinien des Deutschen Notarvereins e.V. in ihrer jeweils geltenden Fassung orientiert (vgl. z.B. Zeitschrift „notar", Jahrgang 2000, S. 2 ff.). Andere Personen haben nur Anspruch auf Aufwendungsersatz gemäß § 2218 BGB, wobei jedoch Tätigkeiten im jeweiligen Beruf oder Gewerbe des Testamentsvollstreckers gesondert zu vergüten sind. Die Vergütung geht zulasten des verwalteten Erbteils.

h) Ungeplante Entwicklungen

In noch stärkerem Maß, als ohnehin empfehlenswert, sollte bei der Gestaltung des „Behinderten-Testaments" Vorsorge vor unerwarteten Entwicklungen getroffen werden.

5229

Zu denken ist dabei etwa an folgende Aspekte:

- **Stirbt der behinderte Abkömmling (Vorerbe) vor dem ersten Elternteil**, vermutet § 2102 Abs. 1 BGB den Nacherben als Ersatzerben. Handelt es sich dabei um eine andere Person als den überlebenden Ehegatten (z.B. das andere Kind oder einen Träger der Behindertenhilfe), ist dies regelmäßig nicht gewollt, vielmehr soll dann der überlebende Ehegatte Alleinerbe (und zwar als Vollerbe) sein.

- **Stirbt der Nacherbe** vor Eintritt des Nacherbfalles, sollte sich das Testament dazu verhalten, ob Ersatznacherbfolge (z.B. analog § 2104 BGB) eintritt (sodass der Vermögensstamm auch nach dem Tod des Vorerben weiter geschützt bleibt) oder ob der Vorerbe zum Vollerben wird (der allerdings weiterhin zu Lebzeiten durch die Testamentsvollstreckung vor einem Verwertungszugriff geschützt ist).

5230

- Es kann sich nachträglich der Wunsch einstellen, den behinderten Vorerben zum Vollerben werden zu lassen, etwa weil an den Vorerbschaftsbeschränkungen (mangels Sozialhilferegressrisikos) kein Bedarf mehr besteht. Im praktischen Ergebnis lässt sich dies **durch Übertragung der Nacherbenanwartschaften auf den Vorerben** erreichen. (Mit Eintritt des Nacherbfalls wird der Vorerbe Vollerbe, sofern auch der Nacherbe zu diesem Zeitpunkt eine volle Erbenstellung erhalten hätte). Haben jedoch nicht alle Ersatznacherben zugestimmt oder ihre diesbezüglichen Anwartschaften ebenfalls mitübertragen, würde der Vorerbe seine „Vollerbenstellung" in dem Zeitpunkt wieder verlieren, in dem der Nacherbe sie an den Ersatznacherben verloren hätte. Um die **Mitwirkung der Ersatznacherben** entbehrlich zu machen, sollte die Ersatznacherbenanwartschaft dadurch auflösend bedingt sein, dass der Nacherbe seinerseits seine Anwartschaft auf den Vorerben überträgt.[226]

5231

- Noch bedeutsamer erscheint es, den überlebenden Ehegatten möglichst weitgehend (möglicherweise allerdings beschränkt auf den Kreis der gemeinsamen Abkömmlinge) von der erbvertraglichen Bindungswirkung bzw. der Reichweite wechselbezüglicher Verfügungen im gemeinschaftlichen Testament gem. § 2271 Abs. 2 BGB zu befreien.

5232

Alle vorstehenden „Anpassungsoptionen" sind im nachstehend (Kap. 14, Muster 15) wiedergegebenen Gesamt-Erbvertragsmuster enthalten.

Regelungstechnisch schwierig ist dagegen die Anpassung für den Fall, dass der **behinderte Abkömmling dauerhaft wieder „genesen"** und damit nicht mehr auf Eingliederungsleistungen nach dem SGB XII angewiesen ist. Abgesehen vom Rückfallrisiko oder dem Risiko gleichwohl fortbestehenden, nicht jedoch an den Gesundheitszustand anknüpfenden Sozialfürsor-

5233

---

226 OLG Schleswig, 01.04.2010 – 3 Wx 80/90, ZEV 2010, 574 m. Anm. *Hartmann*.

geleistungsbezugs (Grundsicherung für Arbeitsuchende, SGB II!) und der kaum in eindeutige Kriterien zu fassenden Beschreibung des auslösenden Sachverhalts würde es wohl auch inhaltlich nicht ausreichen, lediglich die Vorerbenstellung auflösend zu bedingen (i.S.e. aufschiebend bedingten Vollerbschaft unter Beendigung der Testamentsvollstreckung), ohne gleichzeitig den anderen Geschwistern für diesen jetzt dauerhaften Rechtszuwachs einen Ausgleich zu bieten (etwa durch vorzeitige Fälligkeit des unten Rdn. 5247 erläuterten, zu deren Gunsten ausgesetzten Ausgleichsvermächtnisses).[227] Bei der Anwartschaft auf die künftige Vollerbschaft handelt es sich sozialrechtlich wohl um kein derzeit einsatzpflichtiges Vermögen jedenfalls solange der Eintritt der Bedingung in absehbarer Zeit nicht zu erwarten ist.[228]

5234 Es erscheint sachgerechter, diese Anpassung der „freihändigen" rechtsgeschäftlichen Anpassung der Beteiligten selbst zu überlassen (etwa in Gestalt der Übertragung der Nacherbenanwartschaftsrechte auf den Vorerben und Niederlegung der Testamentsvollstreckung ohne Benennung eines Nachfolgers, Zug um Zug gegen vorzeitige Erbringung zumindest eines Teils des Ausgleichsvermächtnisses an die anderen Geschwister). Zur noch praxisbedeutsameren Parallelfrage der Anpassung im Fall späterer wirtschaftlicher Erholung (Entschuldung) des Betroffenen beim „Bedürftigentestament" s.u. Rdn. 5325 ff.

i) **Änderungen der Rechtslage**

5235 Selbst wenn die tatsächlichen Verhältnisse und die Gestaltungswünsche der Beteiligten sich nach Errichtung der letztwilligen Verfügung nicht (mehr) ändern sollten – hierzu oben Rdn. 5229 ff. – droht dem „Behindertentestament" Unbill, wenn sich entweder die rechtliche Würdigung der Zugriffsvermeidungsinstrumente (Testamentsvollstreckung/Vor- und Nacherbfolge bzw. Vor- und Nachvermächtnis) im Lichte des § 138 BGB, etwa aufgrund knapper Kassen, ändern sollte, oder aber (insb. aufgrund einer Änderung des Wortlautes des § 93 SGB XII: „Recht" statt „Anspruch") das Ausschlagungsrecht nach § 2306 Abs. 1 Satz 2 BGB a.F. bzw. bei Sterbefällen ab 2010 in allen Varianten des § 2306 BGB (ähnlich bei den nachfolgend II und III beschriebenen Modellen: nach § 2306 Abs. 2 BGB bzw. nach § 2307 Abs. 1 BGB) durch den Sozialleistungsträger übergeleitet und ausgeübt werden könnte. In letzterem Fall entstünde ein Pflichtteilsanspruch (den die nachrückenden Ersatzbegünstigten zu erfüllen hätten), der – ohne Vorteil für den Behinderten – zur Besserstellung des Fiskus eingezogen würde; in ersterem Fall träte gar gesetzliche Erbfolge ein (sofern kein abweichender Erblasserwille ausdrücklich erklärt oder durch erhaltende Auslegung ermittelt werden kann), sodass der gesamte Erbteil durch Teilungsauseinandersetzung zugunsten des Fiskus verwertet werden könnte.

5236 Kann der Erblasser auf eine solche Änderung der Rechtslage (etwa mangels Testierfähigkeit) nicht mehr reagieren, vermag nur eine von Anfang an „beigegebene Ersatzlösung" das Schlimmste zu verhindern. Sie wird im Regelfall eine Enterbung des behinderten Abkömmlings bezwecken (um ihn aus der gesamthänderischen Nachlassmasse fernzuhalten), möglicherweise aber

---

227 Formulierungsvorschlag etwa bei *Ruby*, ZEV 2006, 71, wobei jedoch der auslösende Sachverhalt „nicht Bezug von Sozialleistungen, die ihre eigentliche Ursache in der Behinderung haben, während eines vollen Jahres" sich nicht mit der Freiheit von regressbehafteten Sozialfürsorgeleistungen begrifflich deckt.

228 So jedenfalls die Wertung des BSG, 06.12.2006 – B 14/7b AS 46/06 R, MittBayNot 2008, 239 (vgl. Rdn. 435); vgl. *Ruby/Schindler/Wirich*, Das Behindertentestament, § 3 Rn. 68; zweifelnd *Limmer*, Erbrechtsberatung 2007, S. 43, 66.

durch Auflagen (mit Durchsetzung durch den eigentlich vorgesehenen Vollstrecker) zu seinen Gunsten eine die staatlichen Leistungen ergänzende Versorgung bezwecken (allerdings nicht für den Fall, dass der Betroffene selbst ausgeschlagen hat, zumal sonst im Fall einer Betreuung auch das Betreuungsgericht [vor dem 01.09.2009: Vormundschaftsgericht] versucht sein könnte, bei Abwägung beider Varianten doch die Ausschlagung genehmigen zu wollen). Hierzu[229] folgender

Formulierungsvorschlag: Hinweise und vorsorgende Hilfslösung beim Behindertentestament

5237

Zusatzbestimmungen; hilfsweise getroffene Verfügungen

1.

Der amtierende Notar hat uns aus Anlass der heutigen Beurkundung unseres gemeinschaftlichen Testaments noch auf Folgendes hingewiesen:

Es kann nicht ausgeschlossen werden, dass zufolge künftiger Rechtsprechung die heutigen Vereinbarungen im Hinblick auf das Nachrangprinzip der Sozialhilfe gegen § 138 BGB verstoßen, obwohl wir mit den heutigen Vereinbarungen lediglich Regelungen treffen, die auch dem wohlverstandenen Interesse unseres behinderten Sohnes dienen, oder dass eine Sozialleistungsbehörde gesetzliche Ausschlagungsrechte unseres behinderten Sohnes an sich ziehen und für ihn ausüben könnte mit der Folge, dass unsere wohlmeinenden Anordnungen die Wirkung verlieren.

2.

Sollte dieses gemeinschaftliche Testament wegen Verstoßes gegen § 134 oder § 138 BGB beim jeweiligen Erbfall unwirksam sein, ordnen wir an: Wir setzen uns durch vertraglich bindende Verfügung gegenseitig zum Alleinerben ein. Schlusserben sind unsere beiden Kinder A und B zu gleichen Teilen, ersatzweise deren Abkömmlinge zu gleichen Stammanteilen.

3.

Sollten die Belastungen, mit denen die Ziele dieses „Behindertentestamentes" erreicht werden sollen (Verwaltungsvollstreckung; Vor- und Nacherbfolge) unwirksam sein wegen Verstoßes gegen § 134 oder § 138 BGB oder aufgrund Ausschlagung durch die Sozialleistungsbehörde mit Wirkung für ihn oder sollte unser behinderter Sohn aufgrund des Hilfstestamentes gemäß Ziffer 2 lediglich den Pflichtteil erhalten, so gilt:

Die anstelle unseres behinderten Sohnes Berufenen sind dann mit einer **Auflage** zu seinen Gunsten beschwert, für die folgende Bestimmungen gelten:

- Von den Erträgen des Vermögens, welches den Ersatzberufenen – nach Abzug der von ihnen jeweils zu tragenden Pflichtteilslast – verbleibt, sind auf Lebzeiten unseres Sohnes jeweils 90 % an diesen auszuhändigen.
- Die Vollziehung der Auflage ist Aufgabe des Testamentsvollstreckers, der bei Nichteintritt der Bedingung die betroffene Nachlassbeteiligung unseres Sohnes verwaltet hätte.

---

229 In Anlehnung an *Kornexl*, Nachlassplanung bei Problemkindern, Rn. 390 ff.

> Erst danach endet sein Amt. Für die an unser behindertes Kind auszuhändigenden Erträge gilt die in dieser Verfügung von Todes wegen angeordnete Verwaltungsanweisung entsprechend.
> - Neben dem Testamentsvollstrecker steht die Vollziehungsberechtigung für die Auflage sämtlichen Personen zu, die bei Eintritt der Bedingung Ersatzberufene sind, und zwar jeweils in Bezug auf die übrigen Auflagebeschwerten. Für alle anderen Personen, die nach § 2194 BGB die Vollziehung der Auflage verlangen könnten, wird die Vollziehungsberechtigung hiermit ausgeschlossen.
> - Unter Ausschluss anderslautender Auslegungs- und Ergänzungsregeln entfällt die Auflage, wenn unser behinderter Sohn sie nicht annehmen kann oder will.

4. Erleichterung der Rechtsposition anderer Beteiligter

a) Teilungsanordnung

5238 Die **gesamthänderische Bindung des Nachlasses bereits beim Ableben des ersten Ehegatten** (aufgrund der Mit-Vorerbenstellung des „Bedürftigen") wird gemeinhin als Nachteil empfunden werden. Zu deren Vermeidung ist – und zwar nach beiden Sterbefällen – an eine **Teilungsanordnung** zu denken, die dem Mit-Vorerben anstelle des Anteils am gesamten Nachlass (Reinnachlass ohne Abzug von Vermächtnissen) z.B. Geldwerte zuweist, die ihrerseits (als Surrogat) wiederum den Vor-/Nacherbenbeschränkungen unterliegen.

5239 Die **Erfüllung**[230] dieser Teilungsanordnung ist (auch hinsichtlich des Zeitpunktes) in das **billige Ermessen des Testamentsvollstreckers** gestellt (§ 2048 Abs. 1 Satz 2 BGB); dieser wird der Anordnung insb. nachkommen, falls und sobald im Nachlass genügend liquide Geldmittel vorhanden sind. Allerdings kann das Verbot unentgeltlicher Verfügungen (§ 2205 Satz 3 BGB), das nur durch Handeln aller Miterben überwunden werden kann, eine sachgerechte Auseinandersetzung beeinträchtigen.

5240 Auch bei **Grundbesitz** bedarf es zur Auseinandersetzung, sofern diese auf einer Teilungsanordnung beruht, keiner Zustimmung des Nacherben.[231] Der Vorerbe bzw. sein Testamentsvollstrecker handelt insoweit lediglich in Erfüllung einer Nachlassverbindlichkeit (ähnlich der Erfüllung eines Vermächtnisses).[232]

5241 Nach der Mm. bedarf es auch hier der **Zustimmung des Nacherben**, dieser sei jedoch analog § 2120 BGB zu deren Erteilung verpflichtet.[233] Der in Vollzug dieser teilungsangeordneten Erbauseinandersetzung dem behinderten Vorerben zufließende Geldbetrag, an dem sich Testamentsvollstreckung und Nacherbenbeschränkungen fortsetzen (§ 2111 BGB), ist tunlicherweise

---

[230] Muster eines solchen Auseinandersetzungsvertrages bei *Ruby*, ZEV 2006, 67, sowie *Ruby/Schindler/Wirich*, Das Behindertentestament, § 5 Rn. 5.

[231] OLG Hamm, ZEV 1995, 336 = NJW-RR 1995, 1289; ebenso wenig liegt darin ein Verstoß gegen das Schenkungsverbot des § 2113 Abs. 2 BGB, da der Vorerbteil wertgleich durch Geld ersetzt wird (Fortsetzung der Beschränkungen am Surrogat).

[232] Nach anderer, zum selben Ergebnis führender dogmatischer Konstruktion liegt darin eine partielle Befreiung von § 2113 BGB durch den Erblasser.

[233] MünchKomm-BGB/*Grunsky*, § 2113 Rn. 13.

auf einem entsprechend gekennzeichneten Konto zu verwahren, was jedoch in der Bankenpraxis noch auf Umsetzungsschwierigkeiten stößt.[234]

Formulierungsvorschlag: Teilungsanordnung beim „Behindertentestament"

5242

Der erstversterbende wie auch der längerlebende Ehegatte bestimmen im Wege der Teilungsanordnung, dass ..... (behindertes Kind) auf seinen jeweiligen Vorerbteil Geld erhalten soll in Höhe seines rechnerischen Anteils am Reinnachlass, jedoch ohne Abzug angeordneter Vermächtnisse. Auch zur Erfüllung dieser Teilungsanordnung ist die Testamentsvollstreckung gemäß Abschnitt ..... angeordnet; es ist gem. § 2048 Satz 2 BGB in das billige Ermessen des Vollstreckers gestellt, ob und wann er die Teilungsanordnung – insbesondere mit Blick auf die Zusammensetzung und Liquidität des Nachlasses – durchführt.

b)   Trennungslösung?

Üblicherweise wird der überlebende Ehegatte zum Miterben hinsichtlich der neben dem bedürftigen Abkömmling verbleibenden Erbquote eingesetzt, und zwar gemeinhin zum Vollerben, um ihm den höchstmöglichen Grad an lebzeitiger und letztwilliger Freiheit einzuräumen. Ohne den behinderten Abkömmling hätten die Ehegatten häufig das Berliner Testament in Reinform (Einheitslösung) gewählt. Es ist jedoch deutlich darauf hinzuweisen, dass diese (zumindest hinsichtlich des überwiegenden, verbleibenden Miterbanteils verwirklichte) Einheitslösung den tatsächlichen Umfang der Beteiligung des behinderten/bedürftigen Abkömmlings beim Schlusserbfall deutlich vergrößert, da sich die ihm sodann notwendigerweise erneut einzuräumende Vorerbschaftsquote (bei Sterbefällen bis Ende 2009 oberhalb der Grenze des § 2306 Abs. 1 Satz 1 BGB a.F.) auf das (noch vorhandene) kombinierte Vermögen beider Ehegatten bezieht.

5243

Hinweis:

Auch wenn die tatsächlichen Folgen der gesamthänderischen Mitbeteiligung durch eine Teilungsanordnung, die dem Mitvorerbteil lediglich einen Geldbetrag zuweist, gemildert werden können (vgl. hierzu Rdn. 5238 ff.), steigt doch auf diese Weise deutlich die hierfür aufzuwendende Summe zulasten der Schlussmiterben (im Regelfall also der Geschwister).

5244

Dem könnte gegengewirkt werden durch die Wahl der sog. „**Trennungslösung**", d.h. durch Einsetzung des überlebenden Ehegatten hinsichtlich seiner Quote ebenfalls lediglich als Vorerben, allerdings als in höchstmöglichem Umfang befreiten Vorerben. Nacherben werden die anderen (nicht behinderten) Kinder bzw. deren Abkömmlinge, nicht jedoch der behinderte/bedürftige Geschwister, auch nicht als Ersatznacherbe.[235] Damit begibt sich jedoch der überlebende Ehegatte der Möglichkeit, über das ihm nach der Teilungsanordnung Zufallende (an dem sich diese Vorerbenbeschränkung surrogatweise fortsetzt) ohne Mitwirkung der Nacherben unentgeltlich zu verfügen oder insoweit letztwillig Veränderungen hinsichtlich der Nacherbfolge vorzunehmen. Er bezahlt also mit einem Minus an eigenen, lebzeitigen und letztwilligen Verfügungsmöglichkei-

5245

---

234   Vgl. *Ruby*, ZEV 2006, 67, der folgenden Kontovermerk vorschlägt: „Kontoinhaber X als Vorerbe, Nacherbe Y, Vorerbenkonto unter Testamentsvollstreckung, Vollstrecker ist Z".

235   So die Empfehlung von *Ruby*, ZEV 2006, 67.

ten für eine Entlastung hinsichtlich des baren Aufwandes, den die nicht behinderten/bedürftigen Abkömmlinge zur Bedienung des Mitvorerbteils ihres betroffenen Geschwisters aufzuwenden haben.

5246 Eine andere (im nachstehenden Kapitel Muster Rdn. 5385 verwendete) Möglichkeit besteht darin,

- zur rechtzeitigen „wirtschaftlichen Entleerung" des Nachlasses bereits vor dem zweiten Sterbefall
- sowie zur Ausnutzung der sonst verschenkten Freibeträge der anderen Kinder nach dem ersten Sterbefall

den nicht behinderten/nicht bedürftigen Abkömmlingen Vermächtnisse in Höhe ihres gesetzlichen Erbteils auszusetzen, die ausreichend lang nach dem ersten Sterbefall (z.B. 20 Jahre danach) – wegen § 6 Abs. 4 ErbStG jedoch nicht erst mit dem Eintritt des zweiten Sterbefalls, es fehlt sonst an einer wirtschaftlichen Belastung[236] – fällig werden. Auch dadurch wird der „wirtschaftliche" Anteil des behinderten/bedürftigen Abkömmlings beim zweiten Sterbefall (Wert seines Mit-Vorerbanteils) geschmälert, nicht jedoch der Wert seiner Beteiligung am Nachlass des Erstversterbenden (ebenso wenig wie solche Vermächtnisse bei der Pflichtteilsberechnung, § 2311 BGB, abzuziehen wären).

5247 **Formulierungsvorschlag: Ausgleichsvermächtnis für die nicht behinderten Geschwister**

> Der Längerlebende als Miterbe des erstversterbenden Ehegatten wird mit folgendem
>
> **Vermächtnis**
>
> zugunsten der gemeinsamen Kinder A und B beschwert:
>
> **a)** **Vermächtnisgegenstand**
>
> Jedes der gemeinschaftlichen Kinder mit Ausnahme von C (= Behinderter) erhält einen baren Geldbetrag, der seinem gesetzlichen Erbteil am Nachlass des erstversterbenden Elternteils entspricht. Der Beschwerte ist berechtigt, das Vermächtnis durch Übereignung von Immobilien oder anderer Sachwerte zu erfüllen.
>
> **b)** **Fälligkeit**
>
> Die Vermächtnisse fallen jeweils mit dem Tod des Erstversterbenden an, sind jedoch erst zwanzig Jahre nach ihrem Anfall ohne Beilage von Zinsen zur Zahlung fällig. Vor Fälligkeit kann dingliche Sicherung nicht verlangt werden.

---

[236] BFH, 27.06.2007 – II R 30/05, DStR 2007, 1435 bei Abfindungsleistung für die Nichtgeltendmachung des Pflichtteilsanspruchs, vgl. hierzu *Berresheim*, ZNotP 2007, 520 und ZErb 2007, 439; krit. *Everts*, NJW 2008, 557, auch zur (vom BFH offengelassenen, jedoch zu bejahenden) Frage der Abzugsfähigkeit bei fehlender Konfusion, etwa da nicht alle Mitglieder der Schlusserbengemeinschaft den Pflichtteilsanspruch/die Abfindung geltend gemacht haben.

c) Ersatzvermächtnisnehmer

Ersatzvermächtnisnehmer sind jeweils die Abkömmlinge der Vermächtnisnehmer zu unter sich gleichen Stammanteilen. Entfällt ein Vermächtnisnehmer vor dem Anfall des Vermächtnisses ohne Hinterlassung von Abkömmlingen, entfällt auch das zu seinen Gunsten angeordnete Vermächtnis.

c) Herausgabevermächtnis auf den Überrest?

Nicht vom Testamentsvollstrecker verbrauchte Erträge, die ja Eigenvermögen des Vorerben wurden, fallen nach dessen Tod in seinen unmittelbaren Nachlass und unterliegen demnach dem in Rdn. 509 ff. erläuterten Zugriff des § 102 SGB XII (bzw. § 35 SGB II), vgl. Rdn. 5253. Es wird daher vorgeschlagen, durch ein den behinderten Vorerben beschwerendes, bei seinem Tod fällig werdendes **Herausgabevermächtnis auf den Überrest** diese „thesaurierten Erträge" innerhalb der verbleibenden Familie weiterzuleiten. Der Vorrang eines solchen (nicht, wie beim Nachvermächtnis [Rdn. 5118 f.] auf die Substanz bezogenen) Vermächtnisses ggü. dem sozialrechtlichen Kostenersatzanspruch des § 102 SGB XII ist jedoch allenfalls wortlautorientiert, nicht wertungsbasiert zu begründen[237] (vergleichbar der noch nicht beendeten Diskussion zur Pflichtteilsfestigkeit aufschiebend bedingter Universalherausgabevermächtnisse, mit denen der Erbe belastet wird, falls Gegenstände aus dem Nachlass des Erblassers oder Surrogate mit dem Tod des Erben durch weitere Erbfolge oder Vermächtnisse an „unliebsame" Personen fallen oder Grundlage einer Pflichtteilsberechnung würden).[238] Zudem droht die sozialrechtliche Anerkennung zu „kippen", da dieser verlängerte Zugriffsschutz keinerlei positive Wirkung zugunsten des Behinderten zeitigt (vielmehr zur Thesaurierung einlädt) und nicht auf unmittelbarer gesetzlicher Anordnung (wie in Bezug auf die Freistellung der Nacherbschaft gem. § 102 SGB XII) beruht. Von solchen Gestaltungen ist daher eher abzuraten.

5248

5. Sozialfürsorgerechtliche Wertung

Die Regressfestigkeit des vorstehend skizzierten „Grundmodells" des Behindertentestaments stützt sich – dargestellt am SGB XII als wichtigstem Anwendungsfall subsidiärer, staatsfinanzierter Sozialfürsorgeleistungen – auf zwei Gesetzesbegriffe:

5249

- das Wort „**verwertbar**" in § 90 Abs. 1 SGB XII/§ 12 Abs. 1 SGB II und
- das Wort „**Erbe**" in § 102 SGB XII/§ 35 SGB II.

---

237 Für Nachrangigkeit ggü. § 102 SGB XII *Kornexl*, Nachlassplanung bei Problemkindern, Rn. 361 Fn. 165; für Vorrang *Ruby/Schindler/Wirich*, Das Behindertentestament, § 2 Rn. 57 mit Hinweis auf die Pflichtteilsfestigkeit des Herausgabevermächtnisses i.R.d. § 2311 BGB.

238 Vgl. *Hölscher*, ZEV 2009, 212, 215 mit Formulierungsvorschlag, S. 219 (als Alternative zur befreiten Vor- und Nacherbfolge, außerhalb der Behindertentestaments-Situation). Wegen der im Vergleich zur Vor- und Nacherbfolge geringeren Regelungsdichte sind alledings nähere Bestimmungen etwa zur Surrogation, Ersatzvermächtnisnehmerstellung, Substanzerhaltungspflicht etc erforderlich. Die Pflichtteilsfestigkeit des Herausgabevermächtnisses ist jedenfalls weniger gefährdet, wenn es bereits mit dem Tod des ersten Ehegatten anfällt, jedoch erst mit dem Tod des Längerlebenden fällig wird. Bedenklicher dürfte die Situation beim Verschaffungsvermächtnis sein, mit dem ein externer, ursprünglich nicht nachlasszugehöriger Gegenstand beschwert zugewendet wurde, ähnlich der Annahme einer überschuldeten Erbschaft, vgl. Gutachten, DNotI-Report 2010, 23. *Schwarz*, ZEV 2011, 292 ff. erweitert die Einsatzmöglichkeiten des Herausgabevermächtnisses (i.V.m. einer Auflage, wegen § 2193 Abs. 1 BGB) durch eine der sog. Dieterle-Klausel entsprechende Verknüpfung: Einsetzung der Person(en) als Bedachter, die der Beschwerte als seine Erben einsetzt, vgl. Formulierungsvorschlag S. 295.

5250 Zu **Lebzeiten** des behinderten Vorerben ist die **Vermögenssubstanz** aus Rechtsgründen unverwertbar i.S.d. § 90 Abs. 1 SGB XII, da der Vorerbe zu einer Verfügung (Veräußerung oder Belastung), die auch bei Eintritt der Nacherbfolge wirksam bleibt, nur mit Zustimmung des Nacherben befähigt ist und zudem – sofern sich die Testamentsvollstreckung auch auf die Vermögenssubstanz erstreckt – das Verwaltungsrecht des Testamentsvollstreckers gem. § 2205 BGB die eigene Verwertung durch den Hilfeempfänger hindert.

5251 Der **Vermögensertrag** des Vorerbenanteils wird zwar – wie dargestellt – Eigenvermögen des Behinderten, ist jedoch ebenfalls nicht verwertbar i.S.d. § 90 Abs. 1 SGB XII, da auch insoweit das Verwaltungsrecht des Testamentsvollstreckers eine eigene Verwertung durch den Hilfeempfänger hindert und dieser keinen auf den Sozialleistungsträger überleitbaren Anspruch gegen den Testamentsvollstrecker auf Herausgabe der Erträgnisse zur Unterhaltssicherung hat, da die klaren Verwaltungsanweisungen gem. § 2216 Abs. 2 BGB der Pflicht zur ordnungsgemäßen Verwaltung i.S.d. § 2216 Abs. 1 BGB vorgehen.[239]

5252 **Nach dem Tod** des Vorerben, d.h. mit Eintritt des Nacherbfalls, unterliegt das frühere Vorerbengut der **Substanz** nach ebenfalls nicht dem Regresszugriff, da dieser gem. § 102 Abs. 1 SGB XII nur den „Erben" des Hilfeempfängers trifft. Erbe im zivilrechtlichen Sinn ist bekanntlich nicht der Nacherbe im Verhältnis zum Vorerben (§ 2139 BGB), sondern im Verhältnis zum ursprünglichen Erblasser, der jedoch keine Sozialleistungen bezogen hat (Erbe i.S.d. § 102 Abs. 1 SGB XII ist übrigens auch nicht der Begünstigte aus Drittzuwendungen auf den Todesfall gem. §§ 331, 2301 BGB!)

5253 Lediglich die **akkumulierten Erträgnisse** aus dem früheren Vorerbschaftsvermögen, die der Testamentsvollstrecker (z.B. wegen fortschreitender Gebrechlichkeit des Behinderten) nicht mehr bestimmungsgemäß verwenden konnte, unterliegen als dessen Eigenvermögen dem Erbenregress (Kostenersatzanspruch) ggü. den Eigenerben des Vorerben (i.d.R. also dessen gesetzlichen Erben), die jedoch gem. § 102 Abs. 2 Satz 2 SGB XII auch ohne Erhebung der Dürftigkeitseinrede des § 1990 BGB nur beschränkt auf den Nachlass haften.

5254 Das OVG Sachsen[240] nimmt in wünschenswerter Klarheit (bei einer allerdings missglückten Fallgestaltung) zur sozialhilferechtlichen „Unbedenklichkeit" Stellung und bestätigt hierbei die oben getroffene Prognose. Da der Nacherbfall noch nicht eingetreten war, spielte in casu der Zentralbegriff „Erbe" in § 102 SGB XII (noch) keine Rolle; im Mittelpunkt stand also die Auseinandersetzung mit dem zweiten zentralen Kriterium, nämlich der fehlenden „Verwertbarkeit" gem. § 90 Abs. 1 SGB XII. Zum gleichen Ergebnis kommt das OVG Saarland[241] zu einer eben-

---

239 Die Verwaltungsanordnung wird vom Erblasser ja gerade in Kenntnis der Bedürftigkeit des Kindes getroffen (§ 2216 Abs. 2 Satz 2 BGB soll den mutmaßlichen Erblasserwillen verwirklichen helfen und nicht dessen Beschneidung dienen); a.A. jedoch *Krampe*, AcP 191, 526, 545 ff. Umfassend zur (zu verneinenden) Frage, ob dem behinderten Vorerben ein unentziehbarer Anspruch auf die Nachlassfrüchte zustehe: *Spall*, in: FS 200 Jahre Notarkammer Pfalz, 2003, S. 138 ff.; *Reimann*, ZEV 2010, 8 ff., sieht den Testamentsvollstrecker, sofern keine abweichende letztwillige Festlegung getroffen ist, in der Pflicht jedenfalls die für den angemessenen Unterhalt, zur Erfüllung seiner gesetzlichen Unterhaltspflicht und zur Begleichung fälliger Steuerschulden nötigen Erträge freizugeben.
240 MittBayNot, 1998, 127 m. Anm. *Krauß*, 130.
241 OVG Saarland, 17.03.2006 – 3 R 2/05 (rk.), MittBayNot, 2007, 65 m. Anm. *Spall*; ähnlich bereits zuvor VGH Baden-Württemberg, 22.01.1992 – 6 S 384/90, NJW 1993, 152.

falls allein auf die Testamentsvollstreckung abstellenden Konstruktion und gewinnt dabei durch wohlwollende Auslegung eine Konkretisierung der Vollstreckeranweisungen (§ 2216 BGB) dahin gehend, dass die Mittel nicht zur Deckung der Heimkosten aufzubringen seien. Damit bestätigt sich: Was das Erbrecht zur Abwehr von Nachlassbegehrlichkeiten anderer zulässt, gilt auch ggü. dem Sozialleistungsträger, sofern nicht zwingende sozialrechtliche Regelungen dies untersagen.[242] Die SG folgen dieser Rechtsprechung.[243]

6. § 138 BGB?

a) Subsidiaritätsverstoß?

Der BGH[244] und ihm folgend die Instanzgerichte[245] haben das vorstehend skizzierte Gestaltungsmodell des Behindertentestaments zivilrechtlich vom Vorwurf der **Sittenwidrigkeit (§ 138 BGB)** jedenfalls dem Grunde nach freigestellt. Maßgeblich hierfür war zum einen die Erwägung, dass der gesetzliche Nachrang der Sozialfürsorgeleistung (§ 2 SGB XII) gerade beim Bezug von Leistungen der Hilfe in besonderen Lebenslagen (etwa der Hilfe zur Pflege) deutlich abgeschwächt ist: So wird etwa eigenes Einkommen des Hilfeempfängers und der weiteren Mitglieder der Einsatzgemeinschaft des § 19 Abs. 1 oder 3 SGB XII (d.h. des nicht getrennt lebenden Ehegatten/des Verpartnerten bzw. des nichtehelichen Lebensgefährten gem. § 20 SGB XII) geschont, solange es die allgemeine Einkommensgrenze des § 85 SGB XII[246] nicht übersteigt. Selbst das darüber hinausgehende Einkommen ist gem. § 87 Abs. 1 SGB XII nur in angemessenem Umfang einzusetzen. Auch das Vermögen der Mitglieder der Einsatzgemeinschaft erfährt in § 90 Abs. 2 SGB XII eine über das bürgerliche Unterhaltsrecht deutlich hinausgehende Schonung (wobei insoweit die weitere Privilegierung der Leistungen zur Hilfe in besonderen Lebenslagen lediglich noch in Gestalt erhöhter Freibeträge für Ersparnisse gem. § 90 Abs. 2 Nr. 9 SGB XII in Erscheinung tritt). Hinzu kommt die deutlich gedämpfte Heranziehung jedenfalls der Eltern eines volljährigen behinderten Kindes, § 94 Abs. 2 SGB XII, mit der eine „postmortale" Pflicht zur Entlastung des Staates durch solches privilegiertes Eltern- bzw. Familienvermögens (wie sie durch die Nichtbeachtung einer auf Erhalt gerichteten Nachlassplanung mittelbar geschaffen würde) schwerlich zu vereinbaren wäre.

5255

---

242 *Wendt*, ZNotP 2008, 2, 3.
243 LSG Niedersachsen-Bremen, 29.09.2009 – L 8 SO 177/09 B ER, BeckRS 2010, 65824.
244 BGH, MittBayNot 1990, 245 und DNotZ 1992, 241, jeweils m. Anm. *Reimann*, und erneut ZEV 1994, 35 m. Anm. *Bengel*, ZEV 1994, 29 ff.; sowie MittBayNot 1994, 49 ff. m. Anm. *Reimann*.
245 Z.B. OLG Köln, 09.12.2009 – 2 U 46/09 ZEV 2010, 85 m. krit. Anm. *Armbrüster* einerseits und zu Recht zust. Anm. *Bengel/Spall*, ZEV 2010, 195 andererseits, zust. auch *v. Proff zu Irnich*, ZErb 2010, 206 ff. und *Vaupel*, RNotZ 2010, 141 ff. Das LG Konstanz hat (FamRZ 1992, 360 m. abl. Anm. *Kuschinke*, FamRZ 1992, 363 ff.) dabei allerdings vertreten, die Einsetzung des Bruders des behinderten Kindes zum Nacherben (im BGH-Sachverhalt war eine anerkannte Behindertenorganisation zum Nacherben eingesetzt) verstoße gegen § 138 BGB, da die aus § 102 SGB XII sich ergebende Haftung des Nachlasses dadurch in unvertretbarerweise vereitelt werde: Der Nacherbe ist nicht Erbe nach dem behinderten Vorerben, sondern nach dem Testator.
246 Vor dem 31.12.2004 ab Pflegebedürftigkeit der Stufe I oder stationärer Pflege gar die erhöhte besondere Einkommensgrenze des § 81 Abs. 1 und bei Bezug von Pflegegeld für Schwerstpflegefälle gar die nochmals erhöhte Einkommensgrenze des § 81 Abs. 2 BSHG; seit 01.01.2005 gem. § 86 SGB XII nur bei Ausübung des landesrechtlichen Vorbehaltes.

5256 In wertender Hinsicht stützt die zivilrechtliche Rechtsprechung die Zulässigkeit des Behindertentestaments jedoch maßgeblich auf die Erwägung, das durch die Erblasser verfolgte Ziel bestehe gerade nicht in der Umkehrung des sozialrechtlichen Subsidiaritätsprinzips um seiner selbst willen, sondern in der verfassungsrechtlich (Testierfreiheit) anzuerkennenden Besserstellung des Behinderten durch eine verantwortungsvolle Gestaltung von Todes wegen, die allerdings zur Vermeidung frühzeitiger Erschöpfung des Nachlasses als notwendigen Reflex die Zurückdrängung sozialhilferechtlicher Verwertungspflichten zur Folge haben muss, indem die Tatbestandsvoraussetzungen der verschiedenen in Betracht kommenden Regressalternativen jedenfalls eines Elements („verwertbar", „Erbe") nicht eintreten. Der BGH führt hierzu[247] aus, die Eltern behinderter Kinder müssten sich „geradezu fragen, ob sie nicht sittlich gehalten sind, auch für den Fall vorzusorgen, dass die öffentliche Hand ihre Leistungen für Behinderte nicht mehr auf dem heute erreichten hohen Stand halten kann."

5257 Auch die außerordentlich umfangreiche Literatur[248] teilt mit wenigen Ausnahmen[249] diese Einschätzung, dass § 138 BGB jedenfalls unter dem Gesichtspunkt der „Sittenwidrigkeit gegenüber der Allgemeinheit" keine regelmäßige Gefährdung der vorgestellten letztwilligen Gestaltung bildet. Dies deckt sich mit der veröffentlichten Einschätzung von BGH-Richtern.[250] Die Wertung ist auch insoweit konsequent, als der BGH[251] dem Schenker freigestellt hat, keine Rücksicht auf die eigene Versorgung bei später eintretender Hilfebedürftigkeit nehmen zu müssen (Rdn. 1389 ff) – dies muss dann erst recht gelten, wenn es um die Hilfebedürftigkeit anderer geht. Anders mag es allenfalls liegen, wenn der Behinderte (etwa im Dauerkoma) gar nicht zu einer Lebensführung imstande ist, die einen aus dem zugriffsgeschützten Vermögen zu generierenden Zusatzbedarf begründen könnte.[252]

5258 Zu bedenken ist allerdings, dass nach wohl herrschender Auffassung[253] der Zeitpunkt des Erbfalls, nicht der Testamentserrichtung für die Beurteilung der Sittenwidrigkeit maßgebend ist, sodass Vorsorge gegen sich wandelnde Einschätzungen des „Anstandsgefühls aller billig und gerecht Denkenden" getroffen werden sollte (s. Rdn. 5237).

b) Sättigungsgrenze?

5259 Diese zivilrechtliche Unbedenklichkeit des Behindertentestaments gilt jedenfalls dann und so lange, als nicht allein aus der Vorerbschaft die Versorgung des Behinderten ohne Inanspruchnahme nachrangiger Sozialleistungen auf Dauer gesichert werden kann (vgl. auch Rdn. 5214 zur möglichen Treuwidrigkeit entgegenstehender Vollstreckeranweisungen). Insb. bei größeren (oder künftig größeren) Vermögen empfiehlt sich daher zur Vermeidung gesetzlicher Erbfolge die Ergänzung des „Behindertentestaments" um eine weitere, für den Fall dessen Unwirksamkeit

---

247 DNotZ 1992, 244 = MittBayNot 1990, 247.
248 Vgl. etwa *Smid*, NJW 1990, 409; *Otte*, JZ 1990, 1027; *van de Loo*, NJW 1990, 2852; *Krampe*, AcP 191, 526; *Schubert*, JR 1991, 106; *Pieroth*, NJW 1993, 173 ff.; *Nieder*, NJW 1994, 126 ff.
249 *Köbl*, ZfSH/SGB 1990, 449 ; *Raiser*, MDR 1995, 238; wohl auch MünchKomm-BGB/*Armbrüster*, § 138 Rn. 45.
250 RiBGH *Wendt* auf der Gründungsveranstaltung des Rheinischen Instituts für Notarrecht am 04.11.2006 in Bonn, vgl. *Gsänger*, DNotZ 2007, 7, und erneut ZNotP 2008, 2, 5 sowie ZErb 2010, 45, 48.
251 BGH, 06.02.2009 – V ZR 130/08, ZEV 2009, 254 m. Anm. *Litzenburger*.
252 *Wendt*, ZNotP 2008, 2, 5; *Ruby/Schindler/Wirich*, Das Behindertentestament, § 3 Rn. 52.
253 Vgl. im Einzelnen *Gebhardt*, RPfleger 2008, 622 ff.

geltende Regelung (z.B. **Auffanglösung** durch Ersatzregelung auf der Basis des Berliner Testaments, oben Rdn. 5237).

Das geschilderte Ergebnis der erbrechtlichen und bürgerlich rechtlichen Unbedenklichkeit des „klassischen Behindertentestaments" – abgesehen von Fällen hohen Vermögens, in denen bereits der dem Bedürftigen sonst gebührende Pflichtteil dessen Versorgung auf Lebenszeit sicherstellen würde[254] – wird in der Literatur unter Hinweis auf § 242 BGB teilweise eingeschränkt, soweit die Anordnung der Vorerbschaft und der Dauertestamentsvollstreckung den Zugriff des Sozialhilfeträgers auch auf den Nachlass i.H.d. Pflichtteils verschließe.[255]

5260

Dem ist jedoch nicht zu folgen; es fehlt bereits an einem Treueverhältnis zwischen Erbe und sozialleistungspflichtiger „Allgemeinheit";[256] eine abweichende Beurteilung des „klassischen Behindertentestaments" kann allenfalls durch eine Änderung des SGB II bzw. SGB XII herbeigeführt werden. Auch Verfassungsrecht (Art. 3 Abs. 3 Satz 2 GG: „Niemand darf wegen seiner Behinderung benachteiligt werden") nötigt zu keiner anderen Wertung; ebenso wenig das einfachgesetzliche AGG (Allgemeines Gleichbehandlungsgesetz), das in testamentarische (nicht vertragliche) Regelungen nicht eingreift, § 19 Abs. 4 AGG.[257]

5261

c) Sittenwidrigkeit ggü. dem Behinderten?

Ebenso wenig lässt sich ein Sittenwidrigkeitsvorwurf auf das Verhältnis zum behinderten Kind selbst stützen. Die neuere Rechtsprechung thematisiert allerdings (noch in obiter dicta) die Frage, ob beschränkende Weisungen an den Testamentsvollstrecker i.S.d. § 2216 BGB, z.B. nicht die laufenden Heimkosten zu übernehmen oder zu bezuschussen, sondern lediglich den staatlichen Leistungskatalog ergänzende Hilfestellungen zu finanzieren, nicht ihrerseits sittenwidrig und damit unbeachtlich sein können. Dies wird v.a. durch Vergleich zum Wert des vererbten Nachlass(anteils) geprüft. Zu berücksichtigen ist zum einen die erzielbare Rendite, zum anderen der Wertverlust durch Inflation, schließlich die Kosten der Testamentsvollstreckung und der getroffenen Anordnungen – nur wenn die Heimkosten zusätzlich übernommen werden könnten und dennoch kein Totalverzehr des Nachlassanteils vor Erreichen der statistischen Lebenserwartungsgrenze eintreten würde, sei in eine Missbrauchsabwägung einzutreten.[258]

5262

Beispiel nach OVG Saarland:[259]

5263

Nachlasswert 145.000,00 €, 4,5 % Rendite = 6.525,00 €/Jahr; Kosten der Testamentsvollstreckung 1.250,00 €/Jahr, ausdrücklich angeordnete Verwendungsauflagen: 1.200,00 €/Jahr, zu prüfende Heimunterbringungskosten 8.400,00 €/Jahr, um ca. 2 % jährlich steigend, würden bei einer derzeit 19-jährigen

---

254 OVG Saarland, ZErb 2006, 275 = DNotI-Report 2006, 99, spricht in einem obiter dictum von einer (in casu abgelehnten) Missbrauchsgrenze, allerdings wohl zu Unrecht orientiert am Wert des Nachlasses insgesamt, dessen Aufbrauch vor Erreichen der Lebenserwartung allerdings nicht zugemutet werden könne.
255 So etwa *Wietek*, Verfügungen von Todes wegen zugunsten behinderter Menschen, S. 160; ähnlich MünchKomm-BGB/*Armbruster*, § 138 Rn. 45: wegen Umgehung des sozialhilferechtlichen Nachrangprinzips.
256 So auch *Bandel*, MittBayNot 1988, 88.
257 Vgl. *Kornexl*, Nachlassplanung bei Problemkindern, Rn. 271; vorsichtiger *J. Mayer*, ZEV 2004, 299 f.
258 Strenger SG Mannheim, 20.12.2006 – S 12 AS 526/06, n.v., das bereits bei Sicherung des Unterhalts über 11 Jahre die Unwirksamkeit eines „Bedürftigentestamentes" diskutiert, letztlich jedoch dahingestellt sein lässt, s. Rdn. 5264.
259 17.03.2006 – 3 R 2/05, ZErb 2006, 275.

Behinderten zum Verbrauch in weniger als zwanzig Jahren führen. Die Frage nach einer möglichen Sittenwidrigkeit der Anordnung, lediglich die Nachlasserträge einzusetzen und mit diesen nicht die Heimunterbringungskosten selbst zu fördern, ist also in casu nicht weiter zu vertiefen.

d) Sittenwidrigkeit der Erbschaftsannahme?

5264 In Fortführung (und unter Anführung) der oben Rdn. 860 ff. erläuterten Rechtsprechung zur angeblichen Sittenwidrigkeit von Einzelakten im Rahmen eines Vermögenstransfers (VG Gießen: Ausübung eines vorbehaltenen Rückforderungsrechtes bei Verwertung; OLG Stuttgart: Ausschlagung gegen Abfindung zur Vermeidung gesetzlicher Erbfolge) wertet das SG Mannheim in einem unveröffentlichten Urteil[260] die (dort ausdrückliche) Annahme der mit Testamentsvollstreckung belegten Vorerbschaft (in einem Bedürftigentestamentsfall) als sittenwidrig, äußert sich jedoch nicht dazu, ob auch die gesetzliche Annahmefiktion gem. § 1943 BGB am Ende dann nicht eintreten solle (jedenfalls verweist es den Arbeitslosen auf die seiner Ansicht nach noch mögliche Ausschlagung als „bereites Mittel"). Die Entscheidung verkennt die Höchstpersönlichkeit und Wertneutralität der Annahme/Ausschlagungserklärung, s.o. Rdn. 862 ff.

7. § 134 BGB i.V.m. § 14 HeimG?

5265 Sind weitere Familienmitglieder nicht vorhanden, entspricht es häufig dem Wunsch der Erblasser, eine Organisation der Behinderten-Hilfe, bspw. die Stiftung „Lebenshilfe für Menschen mit geistiger Behinderung e.V.", als Nacherben einzusetzen und zugleich vorzusehen, dass das behinderte Kind nach dem Tod der Eltern, möglicherweise auch bereits vorher, in einem Heim untergebracht werden möge, das von dieser Organisation betrieben wird. Das in **§ 14 Abs. 1 HeimG**[261] bzw. den entsprechenden **landesrechtlichen Normen**[262] enthaltene, verfassungsrechtlich bedenkliche,[263] Verbot des Versprechen- bzw. Gewährenlassens von Geld- oder sonstigen Zuwendungen durch Heimbewohner oder Bewerber um einen Heimplatz, möglicherweise auch durch deren nahe Angehörige,[264] richtet sich an den **Träger eines Heims** sowie an dessen Mitarbeiter (§ 14 Abs. 5 HeimG). Als Heim gilt gem. § 1 Abs. 1 Satz 2 HeimG jede Einrichtung, die (1) dem Zweck dient, ältere Menschen oder pflegebedürftige bzw. behinderte Volljährige auf-

---

260 20.12.2006 – S 12 AS 526/06.
261 Im Hinblick auf die Föderalismusreform neu gefasst ab 01.01.2009 durch BGBl. I 2009, S. 2319.
262 Vgl. umfassend *Karl*, ZEV 2009, 544 ff. § 14 LHeimG Baden-Württemberg (seit 01.07.2008) – vgl. hierzu *Schaal*, BWNotZ 2008, 114; Art. 8 BayPflWoqG (in Kraft seit 01.08.2008) und § 28 SchleswigHolsteinisches Selbstbestimmungsstärkungsgesetz (ab 01.08.2009) als Folge der Förderalismusreform ist das Heimrecht gem. Art. 74 Abs. 1 Nr. 7 GG Sache der Länder (wobei fraglich ist, ob § 14 HeimG nicht eine zivilrechtliche Regelung darstellt, vgl. *Karl*, ZEV 2009, 545). Abweichend von vorstehenden Bestimmungen enthält § 10 Wohn- und Teilhabegesetz NRW (GVBl. NW 2008, 738, in Kraft seit 10.12.2008) ein Verbot mit gesetzlich geregelten Ausnahmen (ohne weiteren Erlaubnisvorbehalt), vgl. DNotI-Report 2009, 30 und *Tersteegen*, RNotZ 2009, 222 ff.; allerdings kann eine Zuwendung als „Spende" wirksam sein (*Spall*, MittBayNot 2010, 9, 15). Weitere landesrechtliche Heimgesetze sind zwischenzeitlich in Kraft in Berlin (Wohnteilhabegesetz, seit 01.07.2010), Brandenburg (Pflege- und Betreuungswohngesetz, seit 01.01.2010), Hamburg (Wohn- und Betreuungsqualitätsgesetz, seit 01.01.2010), Rheinland-Pfalz (Landesgesetz über Wohnformen und Teilhabe, seit 01.01.2010), Saarland (Landesheimgesetz, seit 19.06.2010), Sachsen-Anhalt (Wohn- und Teilhabegesetz, seit 26.02.2011, auch für betreute Wohngruppen und fremdorganisierte ambulant betreute Wohngemeinschaften, was bei der Testamentsgestaltung nur schwer feststellbar ist) vgl. unter www.dnoti.de/Gesetzesänderungen/Erbrecht.
263 Vorlage an den BGH durch OLG Karlsruhe, 09.12.2010 – 11 Wx 120/09, NotBZ 2011, 375.
264 Zuwendung der Eltern eines Insassen an Mitarbeiter und an Angehörige des Heimleiters: OLG Düsseldorf, ZEV 1997, 459; OLG Frankfurt am Main, ZEV 2001, 364.

zunehmen, ihnen Wohnraum zu überlassen sowie Betreuung und Verpflegung zur Verfügung zu stellen und (2) die in ihrem Bestand von Wechsel und Zahl der Bewohner unabhängig ist und (3) entgeltlich betrieben wird (Einrichtungen des Betreuten Wohnens zählen seit 01.01.2002 nicht mehr dazu). Landesrechtliche Normen greifen demgegenüber darüber hinaus und schließen auch „Service-Wohnen" etc. ein.[265]

Das Zuwendungsverbot, das als Verbotsgesetz (mit Erlaubnisvorbehalt) i.S.d. § 134 BGB zum Schutz legitimer Gemeinwohlziele ausgestaltet ist,[266] gilt erweiternd auch für (richtiger Auffassung nach auch vor dem 01.01.1975 errichtete)[267] letztwillige Verfügungen; aus der Formulierung „Gewährenlassen" wird jedoch geschlossen, dass Nichtigkeit der testamentarischen Zuwendung (des Heimbewohners selbst oder eines Dritten im Interesse des Heimbewohners[268] – Standardsituation des „Behindertentestamentes") zugunsten eines Heimträgers oder Heimmitarbeiters dann nur eintritt bei einem Einvernehmen zwischen dem Testierenden und dem Bedachten. Erlangt also der Heimträger von einer einseitigen testamentarischen Zuwendung zu seinen Gunsten erst nach dem Tod des Erblassers Kenntnis, ist dies nach h.M. unschädlich.[269] Es genügt jedoch bereits die Kenntnis einer Person, die den Heimträger ggü. den Heimbewohnern repräsentiert, also auch des Pflegepersonals[270] sowie des Leiters der Nachlassabteilung des Heimträgers (einer Stiftung).[271] Eine analoge Anwendung des § 14 Abs. 1 HeimG für den Fall, dass Betreiber des Heims eine selbstständige organisatorische Einheit ist, die mit dem begünstigten Nacherben lediglich mittelbar verbunden ist, sodass die Zuwendung an den Nacherben nicht dem Heimträger selbst zugutekommt, wird jedoch überwiegend abgelehnt.[272] Ebenso wenig erfasst sind abstrakte Zuwendungen an die Stadt mit der Auflage, den Erlös den „in der Stadt lebenden Armen" zugutekommen zu lassen.[273]

5266

Offen ist weiter, ob als „Heimbewerber" nur jemand gilt, dessen Aufnahmewunsch bereits nach außen erkennbar in Erscheinung getreten ist (durch Heimbesichtigung oder Informationsgespräche mit dem Heimleiter) oder ob bereits die Situation eines potenziellen Heimbewohners[274] genügt; in der Literatur wird teilweise gar vertreten, dass wirksame testamentarische Verfügungen später unwirksam werden können, wenn es im weiteren Verlauf zu einer Heimaufnahme

5267

---

265 Vgl. *Karl*, ZEV 2009, 547 ff, auch zu Entwürfen in anderen Bundesländern.
266 BVerfG, DNotZ 1999, 56.
267 Entgegen OLG Stuttgart, 24.06.2010 – 8 W 241/10, ZEV 2011, 78 m. abl. Anm. *Bartels* (richtigerweise ist allein entscheidend, dass der Heimträger zu Lebzeiten des Erblassers Kenntnis vom Testament erlangt hat).
268 § 14 Abs. 5 HeimG, vgl. *Spall*, MittBayNot 2010, 9, 11.
269 Vgl. BayObLG, DNotZ 1992, 258; BayObLG, DNotZ 1993, 453; OLG Karlsruhe, 09.12.2010 – 11 Wx 120/09 ZEV 2011, 424 (n. rkr, Az BGH: IV ZB 33/10) - anders jedoch teilweise OLG München, 20.06.2006 – 33 Wx 119/06, DNotZ 2006, 933, bei einer testamentarischen Zuordnung eines Dritten, der im Interesse des Heimbewohners (des Behinderten) zugunsten des Heimes testiert hat; ablehnend *Tersteegen*, ZErb 2007, 414 ff. und *Ruby/Schindler/Wirich*, Das Behindertentestament, § 3 Rn. 112.
270 OLG Karlsruhe, ZEV 1996, 146, m. Anm. *Rossak*.
271 KG, ZEV 1998, 437.
272 BayObLG, ZEV 2003, 462 bei einer Stiftung, die sogar Vermieter des Heimträgers war, a.A. VG Würzburg, v. 03.06.2008, notar 2008, 225, zum Verhältnis zwischen der Stiftung „Lebenshilfe e.V." und der „Lebenshilfe Wohnstätten gGmbH".
273 BayObLG, MittBayNot 2000, 447.
274 So etwa VG Würzburg, 03.06.2008 – W 1 K 08.638, ZEV 2008, 601 m. Anm. *Limmer*.

kommt[275] – sofern nicht eine Ausnahmegenehmigung gem. § 14 Abs. 6 HeimG erteilt wird, die nicht nur vom Heimträger, sondern auch vom Erblasser[276] beantragt werden kann. Die regionale Genehmigungspraxis ist sehr unterschiedlich.[277] Ratsam ist auf jeden Fall, einen nicht mit dem Heimträger verbundenen Dritten als Ersatznacherben einzusetzen.

II. Destinatär als alleiniger Vorerbe

5268 Die oben 1 (Rdn.) vorgestellte „klassische Konstruktion" des Behindertentestaments erweist sich in der praktischen Handhabung insb. insoweit als nachteilig, als der behinderte Abkömmling schon beim ersten Sterbefall gesamthänderisch am Nachlass zu beteiligen ist. Wird der Destinatär auf den ersten Sterbefall enterbt, etwa durch gegenseitige Alleinerbeinsetzung der Ehegatten („Berliner Testament", § 2269 BGB), entsteht in seiner Person ein Pflichtteilsanspruch gem. § 2303 Abs. 1 BGB, der ohne Weiteres gem. § 93 Abs. 1 (vgl. S. 4) SGB XII auf den Sozialhilfeträger übergeleitet werden kann bzw. gem. § 33 Abs. 1 SGB II in der Person des Trägers der Grundsicherung für Arbeitsuchende entsteht. Bei seiner gerichtlich nur eingeschränkt überprüfbaren Ermessensentscheidung, ob der Pflichtteil auch tatsächlich geltend gemacht wird, hat der Sozialhilfeträger auch die Wirkung sog. „Pflichtteilsstrafklauseln" zu berücksichtigen, wonach ein „Verlangen"[278] des Pflichtteils zur Enterbung auch für den zweiten Sterbefall führt (zur sachgerechten Formulierung einer solchen Pflichtteilsstrafklausel vgl. jedoch Rdn. 5193 f.). Allerdings hindert allein dieser Umstand die Überleitung des Pflichtteilsanspruchs nicht, mag sie auch im Ergebnis wie eine (per se nicht überleitbare!) Ausschlagung auf den zweiten Sterbefall wirken, Rdn. 5101.

5269 **Hinweis:**

Zur Vermeidung solcher Pflichtteilsansprüche, die lediglich zu einer für den Behinderten konsequenzlosen Entleerung des Nachlasses führen, könnte daher der **sozialhilfebedürftige Abkömmling zum Alleinerben** eingesetzt werden, und zwar als nicht befreiter Vorerbe und mit Testamentsvollstreckung belastet.[279] Für den überlebenden Ehegatten und den nicht behinderten Abkömmling werden Vermächtnisse ausgesetzt, deren Erfüllung dem Testamentsvollstrecker überantwortet ist, z.B. gerichtet auf Übertragung des Familienheims (sog. „**umgekehrte Vermächtnislösung**"). Dadurch soll die gesamthänderische Bindung wesentlicher Teile des Nachlasses vermieden werden.

---

275 So etwa *Rastätter*, Der Einfluss des § 14 HeimG auf Verfügungen von Todes wegen, S. 106.
276 Gestützt auf BVerfG, DNotZ 1999, 56, 59.
277 *Spall*, MittBayNot 2010, 9, 13. Chance auf Genehmigung besteht v.a., wenn der Heimträger lediglich als Ersatzerbe, Ersatznacherbe oder Ersatzvermächtnisnehmer eingesetzt ist.
278 Nach OLG Karlsruhe, ZEV 2004, 26 sei allerdings eine solche Klausel regelmäßig dahin gehend auszulegen, dass ein Verlangen durch den Sozialhilfeträger nicht die Sanktion auslöse.
279 Für eine solche Lösung plädiert *Grziwotz*, ZEV 2002, 409 (mit Textvorschlag S. 410, ebenso NotBZ 2006, 155. Der nachstehende Formulierungsvorschlag folgt Letzterem).

D. Erbschaftslösungen

Formulierungsvorschlag: „umgekehrte Vermächtnislösung" beim „Behindertentestament", lediglich Abkömmlinge 5270

Ich setze hiermit mein (*behindertes*) Kind A zum – lediglich von den Beschränkungen der §§ 2133, 2134 BGB ausdrücklich nicht befreiten – Vorerben ein. Der Nacherbfall tritt ein mit dem Tod des Vorerben, Nacherbe ist sein (*nicht behinderter*) Bruder B, ersatzweise dessen Abkömmlinge zu gleichen Stammanteilen. Die Nacherben sind zugleich Ersatzerben.

Mein Sohn B, ersatzweise dessen Abkömmlinge zu gleichen Stammanteilen, erhält vermächtnisweise einen Geldbetrag in Höhe von ..... (*hier z.B. 65*) vom Hundert des Netto-Werts des Nachlasses (Aktiva abzgl. Nachlassverbindlichkeiten) als Quotenvermächtnis. Dem Testamentsvollstrecker wird das Wahlrecht eingeräumt, anstelle der Vermächtniserfüllung in Geld auch Grundbesitz, Rechte und sonstige Vermögensgegenstände in Anrechnung auf das Quotenvermächtnis in Höhe des jeweiligen Verkehrswerts an den Vermächtnisnehmer zu übertragen, jedoch ausdrücklich ausgenommen ..... (*Anm.: den Gegenstand, der zur Versorgung des behinderten Vorerben Erträge unter Verwaltung des Testamentsvollstreckers generieren soll*). Das Vermächtnis fällt bei meinem Tod an und ist unverzüglich auf Kosten des Vermächtnisnehmers zu erfüllen.

Da mein Kind A aufgrund der Behinderung seine Vermögensangelegenheiten nicht selbst wahrnehmen kann, ordne ich bis zu seinem Ableben Dauertestamentsvollstreckung an (§ 2209 BGB). Die Vollstreckung umfasst auch die Erfüllung des vorstehend angeordneten Vermächtnisses. Vollstrecker ist ....., ersatzweise .....; der jeweilige Testamentsvollstrecker wird ermächtigt, jederzeit Nachfolger zu ernennen.

Der Vollstreckung unterliegen das Vorerbschaftsvermögen und die daraus erwachsenden Erträge. Gemäß § 2216 Abs. 2 BGB ordne ich an, dass die jährlichen Reinerträge meinem Kind A so zugewendet werden sollen, dass sie staatliche Leistungen ergänzen, etwa durch Geschenke zu üblichen Festen, Zuzahlungen zur Urlaubsfinanzierung und Freizeitgestaltung sowie als Geldzuwendungen in der Höhe, in der nach sozialrechtlichen Vorschriften einem Behinderten Geldbeträge zur freien Verfügung zustehen können. Auf die Bedürfnisse und Wünsche des Kindes ist Rücksicht zu nehmen. Im Übrigen entscheidet der Testamentsvollstrecker nach billigem Ermessen; er ist auch berechtigt, Erträge zur künftigen Verwendung zu thesaurieren.

Der Vollstrecker erhält neben der Erstattung seiner Auslagen folgende Vergütung: .....

Das abstrakte Ausschlagungsrisiko des § 2306 Abs. 1 Satz 2 BGB a.F. (bei Sterbefällen ab 2010 in allen Varianten des § 2306 BGB) im Fall der Aushöhlung des Nachlasses aufgrund der Vermächtnisse besteht allerdings auch hier; ferner müssen sich im Nachlass außer den Vermächtnisgegenständen noch so viele Werte befinden, dass der Pflichtteil des behinderten Kindes überstiegen wird, damit die Vermächtnisse ungekürzt erfüllt werden können.[280] Dies ist allenfalls bei konstanten Vermögensverhältnissen gewährleistet (Risiko der Prognose über die künftige Nach- 5271

---

[280] Vgl. *Bengel* auf der ZEV-Jahrestagung in Berlin 30.01.2004, MittBayNot 2004, 343 Die Lösung versagt also, wenn das Eigenheim/der Betrieb den Nachlass im Wesentlichen ausmachen (dann bedarf es allerdings auch bei der klassischen Nacherbenlösung und der Vermächtnislösung einer gemeinsamen Beteiligung am einzigen gewichtigen Nachlassgegenstand).

lasszusammensetzung). Der Gefahr einer solchen Fehlprognose kann jedoch entgegengetreten werden, wenn anstelle gegenständlicher Vermächtnisinhalte mit **Quotengeldvermächtnissen** gearbeitet wird, und dem Beschwerten die Möglichkeit einer Ersetzung durch Sachzuwendungen eröffnet ist[281] (Muster vgl. Rdn. 5133 – dort mit schiedsrichterlichen Befugnissen gem. § 317 BGB und weiteren Festlegungen bei der Übereignung von Miteigentumsanteilen – sowie obiger, kürzerer, Formulierungsvorschlag Rdn. 5270).

5272 Ist der überlebende Ehegatte (auch) Vermächtnisnehmer, werden ihm ferner (ohne Anrechnung) die Hausratsgegenstände des gemeinsamen Haushaltes zugewendet sein. In diesem Fall sind zugunsten etwaiger weiterer „gesunder" Abkömmlinge sowohl auf den ersten als auch auf den zweiten Sterbefall Quotengeldvermächtnisse mit Ersetzungsbefugnis anzuordnen, wobei i.d.R. lediglich das Vermächtnis zugunsten des Ehegatten wechselbezüglich/erbvertraglich bindend sein wird. Die Gestaltung wird dann regelmäßig ergänzt durch das vorsorgliche Voraus-Vor- und Nachvermächtnis zugunsten des behinderten Kindes, falls diesem Ansprüche aus §§ 2325, 2329 BGB zustehen sollten (s. Rdn. 5173 ff.; Formulierungsvorschlag in Rdn. 5178).

5273 **Formulierungsvorschlag: „umgekehrte Vermächtnislösung" beim „Behindertentestament"; Ehegatten und mehrere Abkömmlinge**

> Unser (*behindertes*) Kind A ist – lediglich von den Beschränkungen der §§ 2133, 2134 BGB ausdrücklich nicht befreiter – Vorerbe des Erstversterbenden. Der Nacherbfall tritt ein mit dem Tod des Vorerben, Nacherbe ist der Längerlebende von uns, ersatzweise etwaige leibliche eheliche Abkömmlinge des Vorerben, weiter ersatzweise sein (*nicht behinderter*) Bruder B, weiter ersatzweise dessen Abkömmlinge zu gleichen Stammanteilen. Die Nacherben sind zugleich Ersatzerben.
>
> Unser (*behindertes*) Kind A ist weiterhin – lediglich von den Beschränkungen der §§ 2133, 2134 BGB ausdrücklich nicht befreiter – Vorerbe des Längerlebenden von uns beiden. Der Nacherbfall tritt ein mit dem Tod des Vorerben, Nacherben sind etwaige leibliche eheliche Abkömmlinge des Vorerben, weiter ersatzweise sein (*nicht behinderter*) Bruder B, weiter ersatzweise dessen Abkömmlinge zu gleichen Stammanteilen. Die Nacherben sind zugleich Ersatzerben.
>
> Jeder beschwert seinen Vorerben mit folgenden Vermächtnissen:
>
> a) der Längerlebende von uns erhält vermächtnisweise alle Hausratsgegenstände des gemeinsamen Haushalts zu Alleineigentum, weiter einen Geldbetrag in Höhe von ..... (*hier z.B. 30*) vom Hundert des Netto-Werts des Nachlasses (Aktiva abzgl. Nachlassverbindlichkeiten) als Quotenvermächtnis mit der nachstehend erläuterten Ersetzungsbefugnis des Testamentsvollstreckers.
>
> b) Unser weiterer Sohn B, ersatzweise dessen Abkömmlinge zu gleichen Stammanteilen, erhält vermächtnisweise einen Geldbetrag in Höhe von ..... (*hier z.B. 30*) vom Hundert des Netto-Werts des Nachlasses (Aktiva abzgl. Nachlassverbindlichkeiten) auf den ersten Sterbefall, und von ..... (*hier z.B. 65*) vom Hundert des Netto-Werts des Nachlasses (Aktiva abzgl. Nachlassverbindlichkeiten) auf den zweiten Sterbefall, jeweils als Quo-

---

281 *Vgl. Kornexl*, Nachlassplanung bei Problemkindern, Rn. 343.

tenvermächtnis mit der nachstehend erläuterten Ersetzungsbefugnis des Testamentsvollstreckers.

c) Unser (behinderter) Sohn A erhält – sofern ihm Pflichtteilsergänzungsansprüche gem. §§ 2325, 2329 BGB zustehen würden, ein bedingtes Vorausvermächtnis als Vor- und Nachvermächtnis in Höhe von 110 % dieses Anspruchs ..... (*Anm.: folgt Regelung gem. Formulierungsvorschlag Rdn. 5178*).

Dem nachstehend eingeräumten Testamentsvollstrecker wird das Wahlrecht eingeräumt, anstelle der Vermächtniserfüllung in Geld auch Grundbesitz, Rechte und sonstige Vermögensgegenstände in Anrechnung auf das Quotenvermächtnis in Höhe des jeweiligen Verkehrswerts an den Vermächtnisnehmer zu übertragen, jedoch ausdrücklich ausgenommen ..... (*Anm.: den Gegenstand, der zur Versorgung des behinderten Vorerben Erträge unter Verwaltung des Testamentsvollstreckers generieren soll*).

Jedes Vermächtnis fällt jeweils bei meinem Tod an und ist unverzüglich auf Kosten des Vermächtnisnehmers zu erfüllen.

Da unser Kind A aufgrund der Behinderung seine Vermögensangelegenheiten nicht selbst wahrnehmen kann, ordnet jeder von uns bis zu dessen Ableben Dauertestamentsvollstreckung an (§ 2209 BGB). Die Vollstreckung umfasst auch die Erfüllung der vorstehend angeordneten Vermächtnisse und Nachvermächtnisse. Vollstrecker ist ....., ersatzweise .....; der jeweilige Testamentsvollstrecker wird ermächtigt, jederzeit Nachfolger zu ernennen.

Der Vollstreckung unterliegen das Vorerbschaftsvermögen und die daraus erwachsenden Erträge. Gemäß § 2216 Abs. 2 BGB ordne ich an, dass die jährlichen Reinerträge meinem Kind A so zugewendet werden sollen, dass sie staatliche Leistungen ergänzen, etwa durch Geschenke zu üblichen Festen, Zuzahlungen zur Urlaubsfinanzierung und Freizeitgestaltung sowie als Geldzuwendungen in der Höhe, in der nach sozialrechtlichen Vorschriften einem Behinderten Geldbeträge zur freien Verfügung zustehen können. Auf die Bedürfnisse und Wünsche des Kindes ist Rücksicht zu nehmen. Im Übrigen entscheidet der Testamentsvollstrecker nach billigem Ermessen; er ist auch berechtigt, Erträge zur künftigen Verwendung zu thesaurieren.

Der Vollstrecker erhält neben der Erstattung seiner Auslagen folgende Vergütung: .....

Lediglich das Vermächtnis zugunsten des länger Lebenden Ehegatten (oben Punkt a) ist wechselbezüglich/erbvertraglich angeordnet; alle anderen Verfügungen können vom jeweiligen Erblasser jederzeit einseitig widerrufen oder abgeändert werden.

Sollen dem überlebenden Ehegatte an den Vermögenswerten, welche die „nicht behinderten" Abkömmlinge bereits beim ersten Sterbefall in Erfüllung des Quotengeldvermächtnisses mit Ersetzungsbefugnis erhalten, zur eigenen Versorgung weiterhin die Nutzungen zustehen, kann dem überlebenden Ehegatten ein Nießbrauchsuntervermächtnis[282] hieran bestellt werden: 5274

---

282 Hierzu *Kornexl*, Nachlassplanung bei Problemkindern, Rn. 349.

Kapitel 13: „Behinderten- bzw. Bedürftigentestament"

5275 **Formulierungsvorschlag: „umgekehrte Vermächtnislösung" beim „Behindertentestament"; zusätzliches Nießbrauchsuntervermächtnis für den Längerlebenden**

> Unser (*nicht behindertes*) Kind ..... ist hinsichtlich der Vermögensgegenstände, die er in Erfüllung des ihm ausgesetzten Quotengeldvermächtnisses mit Ersetzungsbefugnis beim ersten Sterbefall erhält, mit folgendem Untervermächtnis zugunsten des längerlebenden Ehegatten beschwert: Dem Längerlebenden von uns ist auf Verlangen an diesen Vermögenswerten auf Lebenszeit der
>
> Nießbrauch
>
> – bei Immobilien als beschränkt dingliches Recht – einzuräumen, für den die gesetzlichen Bestimmungen gelten sollen mit der Abweichung, dass der Nießbraucher auch die außerordentlichen, als auf den Stammwert der Sache gelegt anzusehenden Lasten sowie die Tilgung bestehender Verbindlichkeiten trägt. Ebenso trägt der Nießbraucher auch Ausbesserungen und Erneuerungen, die über die gewöhnliche Unterhaltung der Sache hinausgehen. Dem Nießbraucher stehen keine Verwendungsersatzansprüche und Wegnahmerechte zu, während umgekehrt der Eigentümer keine Sicherheitsleistung (§ 1051 BGB) verlangen kann. Die gesamten Lasten und Kosten sowie die Verkehrssicherungspflicht trägt demnach der Nießbraucher.
>
> Die Kosten für die Vermächtniserfüllung und einer etwaigen Löschung gehen zulasten des Längerlebenden.

5276 Die Kosten der Vermächtniserfüllung, sofern es sich nicht um Geldvermächtnisse handelt, sind allerdings nicht zu vernachlässigen.[283]

5277 Schließlich wird der länger lebende Elternteil typischerweise zugleich Nacherbe und Verwaltungstestamentsvollstrecker (und u.U. Betreuer) des sozialhilfebedürftigen Vorerben sein, sodass die Bestellung eines familienfremden Dauerergänzungspflegers für den Teilbereich „Überwachung des Vollstreckers" erforderlich werden kann.[284] Bereits eine Nähebeziehung zwischen Betreuer und Testamentsvollstrecker (Zugehörigkeit beider zur „Kernfamilie") kann gem. § 1908i, 1796 Abs. 2 BGB einen familienfremden Ergänzungsbetreuer erforderlich machen.[285] (s. Rdn. 5220 ff.).

---

283 Krit. daher *Spall*, in: FS 200 Jahre Notarkammer Pfalz, 2003, S. 136. Da beim Quotengeldvermächtnis mit Ersetzungsbefugnis kein unmittelbarer klagbarer Anspruch auf ein bestimmtes Objekt besteht, ist auch beim öffentlichen Testament oder Erbvertrag § 38 Abs. 2 Nr. 6a KostO nicht erfüllt; vielmehr fällt die allgemeine Vertragsgebühr des § 36 Abs. 2 KostO an.

284 OLG Hamm, MittBayNot 1994, 53; OLG Nürnberg, MittBayNot 2002, 403 m. krit. Anm. *Kirchner*, MittBayNot 2002, 368, sofern der gesetzliche Vertreter zugleich Testamentsvollstrecker des Erben ist: Dauerergänzungspflegschaft für den Teilbereich „Überwachung des Testamentsvollstreckers". Der (auch einzige) Nacherbe kann jedoch (sofern nicht zugleich Betreuer oder gesetzlicher Vertreter) zugleich Testamentsvollstrecker des Vorerben sein; vgl. insgesamt Gutachten, DNotI-Report 2003, 145 f.

285 OLG Zweibrücken, ZEV 2004, 161 m. Anm. *Spall*.

D. Erbschaftslösungen

III. Destinatär als Mitnacherbe

In gleicher Weise, wie die vorstehend II, Rdn. 5268 ff. referierte Einsetzung des sozialhilfebedürftigen Destinatärs zum Alleinvorerben (sog. umgekehrte „Vermächtnislösung"), vermeidet die gegenseitige Einsetzung der Eltern zu befreiten Vorerben („Trennungsmodell") die gesamthänderische Bindung des Nachlasses bereits nach dem ersten Sterbefall. Der sozialhilfebedürftige Destinatär wird in diesem Fall zum (Mit-)nacherben eingesetzt, und zwar wiederum seinerseits als den gesetzlichen Beschränkungen unterworfener Vorerbe, welcher der Dauer-Testamentsvollstreckung unterliegt. Mit Beendigung dieser Dauer-Testamentsvollstreckung (bzw. Entscheidung eines Gerichts, dass sie ganz oder teilweise unwirksam sei) oder Ableben des Vorerben wird z.B. sein nicht sozialhilfebedürftiger Bruder Nach-Nacherbe.

5278

Bereits beim Tod des Erstverstorbenen können wesentliche Vermögensteile wie z.B. der selbst genutzte Grundbesitz als Vorausvermächtnis dem überlebenden Ehegatten frei von den lebzeitig wirkenden (Schenkungsverbot!) Vorerbschaftsbindungen zugeordnet werden (während ein Vorbehalt zu abweichender letztwilliger Zuordnung, also der Benennung eines anderen „Nacherben", am Drittbestimmungsverbot des § 2065 BGB scheitern dürfte).[286] Beim zweiten Sterbefall greift die „klassische Lösung" (Destinatär als Mitvorerbe des überlebenden Ehegatten).

5279

Auch diese Erbschaftslösung[287] unterliegt dem Risiko, dass durch den Mit-Nacherben selbst oder einen ihm beigeordneten Betreuer eine Ausschlagung stattfindet (nunmehr gestützt auf § 2306 Abs. 2 BGB, nicht auf § 2306 Abs. 1 Satz 2 BGB a.F. wie beim „klassischen Behindertentestament", oben Rdn. 5142 ff; bei Sterbefällen ab 2010, Art. 229 § 21 Abs. 4 EGBGB, besteht dieses Risiko in allen Varianten des § 2306 BGB). Diese Ausschlagung kann bereits vor dem Nacherbfall erfolgen, die Ausschlagungsfrist beginnt jedoch erst mit Eintritt des Nacherbfalls (also Ableben des längerlebenden Ehegatten) zu laufen. (Bei der Einsetzung zum Mit-Vorerben, oben Rdn. 5145 ff., endet dieser Zeitraum bereits 6 Wochen ab Kenntnis des Destinatärs bzw. des Betreuers vom Erbanfall selbst.) Der Pflichtteilsanspruch allerdings verjährt in 3 Jahren ab Kenntnis vom Erbfall: §§ 195, 199 BGB (bis Ende 2009: § 2332 Abs. 1 u. 3 BGB), sodass faktisch die Ausschlagung innerhalb dieser Frist zu erfolgen hat.

5280

> **Hinweis:**
> Diese „Trennungslösung" vermeidet zwar die Beschränkungen aus der gesamthänderischen Bindung einer Erbengemeinschaft im ersten Sterbefall, belastet andererseits aber den überlebenden Ehegatten mit den nicht beseitigbaren Vorerbschaftsbeschränkungen, etwa dem Verbot der Schenkung, auch im Weg der vorweggenommenen Erbfolge. Auch ist zu bedenken, dass der Ausübungszeitraum für die Ausschlagung durch den Destinatär bzw. seinen Betreuer deutlich länger ist als beim „klassischen Behindertentestament" – angesichts der Verjährung des Sekundärpflichtteils jedenfalls 3 Jahre nach dem ersten Sterbefall –, und zudem das Ausschlagungsrecht vererblich ist. Dieser längere Unsicherheitszeitraum führt insb. dann zu schwierigen Abwägungen, wenn der Behinderte z.Zt. noch nicht auf Sozialhilfe angewiesen ist. Der Betreuer hat dann den Vorteil des sofort verfügbaren Geldpflicht-

5281

---

286 *Kanzleiter*, ZNotP 2003, 127 ff.; *Ivo*, DNotZ 2002, 260 ff.
287 Empfohlen von *Litzenburger*, RNotZ 2004, 138/145 ff. und *Kleensang*, RNotZ 2007, 22; Letzterer mit Formulierungsvorschlag, S. 26 f.

> teils – als lediglich künftiger Nacherbe ist er ja ohne Ausschlagung bis zum Nacherbfall vollständig von der Erbschaft und ihren Nutzungen abgeschnitten – gegen die möglichen künftigen Nachteile (Verlust der größeren Nacherbschaft) abzuwägen, und kann sich nicht auf die Überlegung zurückziehen, angesichts des bereits gegebenen Sozialhilfebedarfs würde eine Ausschlagung wegen der Verwertung dieses Betrags durch den Sozialhilfeträger zu keiner Besserstellung des Destinatärs führen. Möglicherweise ist er gar zur Vermeidung einer Schadensersatzhaftung zur Ausschlagung genötigt. Vorteilhaft ggü. der „umgekehrten Vermächtnislösung" oben Rdn. 5268 ff. ist allerdings, dass die Nachlassabwicklung mit erheblich geringerem Aufwand und niedrigeren Kosten verbunden ist.

5282 Zur Reduzierung des Ausschlagungsdrucks angesichts der derzeit ertraglosen Stellung des Nacherben könnte auch erwogen werden, ihm zusätzlich ein unter Testamentsvollstreckung gestelltes Vermächtnis (etwa im Umfang der bei der Vorerbschaftslösung durch die Anweisungen gem. § 2216 BGB gesicherten Erträge) zukommen zu lassen, das allerdings auflösend bedingt ist durch die Ausschlagung der Nacherbschaft[288] (die bis dahin bereits erhaltenen Zuwendungen sind auf den Pflichtteilsanspruch gem. § 2307 Abs. 1 Satz 2 BGB stets anzurechnen). Im Vermächtnisrecht galt § 2306 Abs. 1 Satz 1 BGB a.F. nicht, sodass die Testamentsvollstreckung, sofern das Vermächtnis nicht insgesamt ausgeschlagen wird, auch bei einem Vermächtnis unter der Pflichtteilsschwelle angeordnet blieb.

---

[288] Vgl. *Kleensang*, RNotZ 2007, 25.

E. Bedürftigentestament

Bereits i.R.d. **Schenkungsbegriffs** (Rdn. 87 ff.) wurde untersucht, ob und mit welchem „Erfolg" ein nachträglicher Verzicht auf bereits angefallene erbrechtliche Positionen möglich ist trotz (oder eher: angesichts) des Vorhandenseins zivilrechtlicher Gläubiger, eines Insolvenzverwalters, des Treuhänders während der Wohlverhaltensphase in Erwartung der RSB oder eines Sozialleistungsträgers nach SGB II oder SGB XII. Aus kautelarjuristischer Sicht sind solche „Reparaturversuche" lediglich die zweite Wahl ggü. dem vorherigen Verzicht auf sonst anfallende erbrechtliche Positionen (etwa dem Pflichtteilsverzicht nach § 2346 Abs. 2 BGB, oben Rdn. 3232 ff.; hinsichtlich seiner „Gläubigerresistenz" s.o. Rdn. 88 ff.), einerseits, und – in noch stärkerem Maße – der nachstehend zu behandelnden vorsorgenden Testamentsgestaltung andererseits, die – wie das „Behindertentestament" – das negative Ziel der Regressabwehr verbindet mit dem positiven Ziel der Verbesserung der Lebenssituation des Bedürftigen. Im Anschluss an *Kornexl*[289] hat sich für diese Gestaltung letztwilliger Verfügungen bei Vorhandensein potenziell überschuldeter Destinatäre der Begriff „Bedürftigentestament" eingebürgert.

5283

I. Unterschiede und Gemeinsamkeiten zum „Behindertentestament"

1. „Standardkonstruktion"

Die geschilderten Gestaltungselemente der Vor- und Nacherbfolge, einerseits, sowie der Dauertestamentsvollstreckung, andererseits, gewährleisten zugleich einen **Schutz des Nachlasses gegen Zugriff von Eigengläubigern des Erben** bzw. Miterben auch außerhalb sozialhilferechtlichen Kontextes (wo die entscheidende Absicherung gegen Zugriff bzw. Überleitung durch die geschilderten Kriterien der „Verwertbarkeit" in § 90 Abs. 1 SGB XII einerseits, des „Erben" in § 102 SGB XII, andererseits, gewährleistet wird).

5284

Erleichternd ggü. der Gestaltungsaufgabe des Behindertentestaments wirkt sich jedoch aus, dass eine Betreuung für den Bedürftigen nicht erforderlich sein wird, sodass der überlebende Ehegatte ohne Weiteres zum Testamentsvollstrecker des bedürftigen Mit-Vorerben (und zusätzlich des Nacherben, § 2222 BGB)[290] bestellt werden kann. Der (stets geschäftsfähige) Bedürftige wird jedoch – anders als in der Standardkonstellation des „Behindertentestamentes" – das Wirken des ihm aufgebürdeten Testamentsvollstreckers mit kritischer Distanz begleiten können und wollen, sodass bei der Auswahl des Vollstreckers neben der charakterlichen und fachlichen Qualifikation auch darauf zu achten ist, dass zwischen beiden „die Chemie stimmt"[291] (ggf., kann sogar der Betroffene selbst ermächtigt werden, die Entlassung des Vollstreckers zu verlangen, wenn er zugleich einen neuen, dann vom Gericht zu berufenden, geeigneten Vollstrecker benennt).[292] Hierzu[293] der Folgende

5285

---

289 Auf der zweiten Jahresarbeitstagung des Notariats in Würzburg (DAI-Veranstaltung) am 23.09.2004.
290 MünchKomm-BGB/*Zimmermann*, § 2222 Rn. 4; *Everts*, ZErb 2005, 354; *Keim*, ZErb 2008, 6 ff.
291 *Litzenburger*, ZEV 2009, 278.
292 Der Erbe kann sogar ermächtigt werden, einen Vollstrecker auszuwählen, *J. Mayer*, in: Bamberger/Roth, § 2198 Rn. 2.
293 Vgl. *Litzenburger*, ZEV 2009, 278, 280.

5286 **Formulierungsvorschlag: Einfluss des bedürftigen Erben auf die Person des Testamentsvollstreckers**

> Zum Testamentsvollstrecker berufe ich .....
>
> Auf Antrag des Vorerben, der keiner Begründung bedarf, hat das Nachlassgericht den jeweiligen Testamentsvollstrecker zu entlassen und durch einen vom Vorerben vorgeschlagenen Nachfolger zu ersetzen, wenn der Ernennung des letzteren keine der in § 2201 BGB genannten Gründe entgegensteht. Benennt der Vorerbe sich selbst als Testamentsvollstrecker, ist dies jedoch unbeachtlich.

5287 Des weiteren ist zu berücksichtigen, dass der Status der Überschuldung (anders als i.d.R. der Status der Behinderung, also mangelnder Erwerbsfähigkeit überhaupt) seiner Natur nach nur vorübergehend ist, sodass Wege zu suchen sind, die Beschränkungen auf den notwendigen Zeitraum (des Bezugs von Fürsorgeleistungen bzw. bis zum Eintritt der RSB) zu begrenzen, vgl. Rdn. 5325 ff.

5288 Im Verhältnis zu Gläubigern weist die Situation des „schlicht überschuldeten" Abkömmlings ggü. demjenigen, der steuerfinanzierte Sozialfürsorgeleistungen bezieht, einen wichtigen Wertungsunterschied insoweit auf, als eine Möglichkeit zur Überleitung etwa entstandener Pflichtteilsansprüche (etwa bei der schlichten Enterbungslösung) für den normalen Gläubiger wie auch für den Insolvenzverwalter nicht besteht (§ 852 Abs. 1 ZPO, § 36 InsO). Gleiches gilt für Bedürftige, die sich in der „Wohlverhaltensphase" auf dem Weg zur RSB befinden, trotz des insoweit nicht eindeutigen Wortlautes des § 295 Abs. 1 Nr. 2 InsO;[294] bezieht der Bedürftige allerdings während der Verjährungsphase des Pflichtteilsanspruchs Grundsicherung für Arbeitsuchende (ALG II gemäß SGB II), geht der Pflichtteilsanspruch gem. § 33 SGB II in voller Höhe ohne Weiteres kraft Legalzession auf den Sozialleistungsträger über.

5289 Vor diesem möglichen Risikohintergrund zielt auch das Bedürftigentestament darauf ab, das „automatische" Entstehen von Pflichtteilsansprüchen zu verhindern. Allerdings darf nicht übersehen werden, dass der Bedürftige selbst in höherem Maße als ein Behinderter bzw. dessen Betreuer (dem die vormundschafts-, ab 01.09.2009 betreuungsgerichtliche Genehmigung hierfür verweigert werden müsste) versucht sein könnte, die auch in seinem Interesse geschaffene Konstruktion z.B. durch Ausschlagung gem. § 2306 Abs. 1 Satz 2 BGB a.F. (bei Sterbefällen ab 2010 in allen Varianten des § 2306 BGB n.F., Art. 229 § 21 Abs. 4 EGBGB) zu Fall zu bringen, stattdessen den unbelasteten Pflichtteil zu verlangen, und diesen zur Schuldentilgung (oder als Langzeitarbeitsloser zum sofortigen Konsum, sofern sein Vermögensfreibetrag nicht überschritten ist) einzusetzen. Erstere Gefahr kann insb. bestehen, wenn ein hoher Nachlass des Erblassers auf überschaubare Verschuldung des Erblassers trifft, sodass ihm nach der Tilgung noch freie Werte verbleiben.

5290 Des weiteren ist nicht zu verkennen, dass die oben Rdn. 5255 ff. begründete grds. Unbedenklichkeit des „Behindertentestamentes" unter dem Blickwinkel eines zur **Sittenwidrigkeit** führenden Subsidiaritätsverstoßes auf das schlichte „Bedürftigentestament" nicht ohne Weiteres übertragen werden kann, wenn steuerfinanzierte Sozialfürsorgeleistungen bezogen werden (Grundsiche-

---

[294] BGH, 25.06.2009 – IX ZB 196/08, MittBayNot 2010, 52 m. Anm. *Menzel*, vgl. Rdn. 120.

rung für Arbeitsuchende = SGB II, Grundsicherung im Alter oder Hilfe zum Lebensunterhalt: drittes und viertes Kapitel des SGB XII). Das „positive Gestaltungsziel" ergänzender postmortaler Versorgungsleistungen an das behinderte Kind, tritt tendenziell zurück hinter das „negative Gestaltungsziel" der Zugriffsabwehr; Letztere ist nicht mehr allein notwendiges Mittel zum Zweck weiterer Unterstützung, sondern wird Selbstzweck. Daher wird in der untergerichtlichen Rechtsprechung (konstruktiv allerdings verfehlt) gar teilweise bereits die Annahme einer (in seinem Interesse) beschwerten (und somit an sich unverwertbaren) Erbschaft durch einen bedürftigen Erben als sittenwidrig angesehen (Rdn. 5264).

2. „Vermächtniskonstruktion"

Die beim „Behindertentestament" diskutierte Vor- und Nachvermächtnislösung ist beim „Bedürftigentestament" wenig empfehlenswert: Zwar kann die Testamentsvollstreckung über das Vorvermächtnis gem. § 2214 BGB den Zugriff von Eigengläubigern des Vorvermächtnisnehmers abwehren (allein die Vor- und Nachvermächtniskonstruktion genügt hierfür nicht, da § 2191 Abs. 2 BGB nicht auf § 2115 BGB verweist). Stirbt aber der **überschuldete Vorvermächtnisnehmer**, nimmt der Nachvermächtnisnehmer in der zu erwartenden Nachlassinsolvenz über das Vermögen des verarmt verstorbenen Vorvermächtnisnehmers als gewöhnlicher Gläubiger teil, der Nachvermächtnisanspruch wird also nur i.H.d. vernachlässigbaren Quote erfüllt werden.[295] Während der Nacherbe den ersten Erblasser beerbt, beschwert das Nachvermächtnis nämlich den Vorvermächtnisnehmer und dessen Nachlass, § 2191 Abs. 1 BGB.

5291

§ 2214 BGB schützt nur vor Eigengläubigern, nicht vor Nachlassgläubigern, etwa aus der vom Vorvermächtnisnehmer herrührenden Schuld der Herausgabe des Nachvermächtnisses, § 2191 Abs. 1 BGB, § 1967 Abs. 2 BGB. Auch § 2223 BGB (Vollstreckung zur Erfüllung des Nachvermächtnisses) hilft deshalb nicht weiter, da die zivilrechtlichen Verbindlichkeiten des Vorvermächtnisnehmers dessen Nachlass aushöhlen (während beim lediglich behinderten Vorvermächtnisnehmer nicht notwendig eine lebzeitige Überschuldung vorlag, sondern allenfalls die Heranziehung als einsatzpflichtiges Vermögen drohte, und lediglich § 102 SGB XII den Zugriff auf den Nachlass eröffnet, wenn auch in rechtlicher Qualifikation einer Nachlassverbindlichkeit, § 102 Abs. 2 Satz 1 SGB XII). Allerdings könnte die Stellung des Nachvermächtnisnehmers in der Nachlassinsolvenz des Vorvermächtnisnehmers dadurch entscheidend verbessert werden, dass der Vorvermächtnisnehmer bereits zu Lebzeiten eine aufschiebend auf den eigenen Tod befristete Erfüllung des Nachvermächtnisses vornimmt, § 161 BGB.[296] Damit ließen sich die Schwächen der Vorerbschaftslösung (Gesamthandsbindung und Pfändbarkeit des abstrakten Erbteils) möglicherweise umgehen.

5292

Hierzu der folgende Formulierungsvorschlag.[297]

---

295 Vgl. *Everts*, ZErb 2005, 355; MünchKomm-InsO/*Siegmann*, § 327 Rn. 6; *Watzek*, MittRhNotK 1999, 37.
296 So die Empfehlung von *Baltzer*, Das Vor- und Nachvermächtnis in der Kautelar-Jurisprudenz, S. 200, Formulierungsvorschlag auf S. 219.
297 In Anlehnung an *Baltzer*, Das Vor- und Nachvermächtnis in der Kautelar-Jurisprudenz, S. 219 ff.

5293 Formulierungsvorschlag: Vor- und Nachvermächtnis beim Bedürftigen-Testament; Sicherung durch aufschiebend befristete Erfüllung

> Unserem überschuldeten Kind ..... steht beim Ableben eines jeden von uns ein barer Geldbetrag zu in Höhe von ..... % beim Tod des Erstversterbenden, bzw. von ..... % beim Tod des länger Lebenden des Wertes des jeweiligen Nachlasses nach Abzug aller Nachlassverbindlichkeiten.
>
> Der Beschwerte ist jedoch berechtigt, das Vermächtnis nach seiner Wahl ganz oder teilweise auch durch die Übertragung anderer Wirtschaftsgüter (Immobilien, Aktien etc.) zu erfüllen. Diese sind in Höhe ihres seinerzeitigen Verkehrswertes auf das Vermächtnis anzurechnen (Ersetzungsbefugnis). Im Streitfall entscheidet über den Wert des Nachlasses und des Ersetzungsobjektes sowie über die Verteilung seiner Kosten (analog §§ 91 ff. ZPO) ein durch die örtlich zuständige IHK zu benennender Sachverständiger des jeweiligen Fachgebietes als Schiedsgutachter gem. § 317 BGB. Bis zur endgültigen Ermittlung sind angemessene Vorschüsse zu leisten. Sofern für den Beschwerten Testamentsvollstreckung angeordnet ist, übt der Testamentsvollstrecker die Ersetzungsbefugnis aus und ermittelt die angemessene Höhe etwaiger Vorschüsse.
>
> Überträgt der Beschwerte ersetzungsweise nur Bruchteile von Vermögensgegenständen, kann er einen (bei Immobilien dinglich zu sichernden) Aufhebungsausschluss nach § 749 BGB verlangen.
>
> Hinsichtlich dieses Vermächtnisses wird ein
>
> **Nachvermächtnis**
>
> angeordnet. Nachvermächtnisnehmer sind die Abkömmlinge unseres überschuldeten Kindes ..... zu gleichen Stammanteilen, ersatzweise sein Bruder ..... bzw. dessen Abkömmlinge nach den Regeln der gesetzlichen Erbfolge. Das Anwartschaftsrecht ist nicht vererblich und nicht übertragbar. Nachvermächtnisfall ist der Tod der Vorvermächtnisnehmer. Vermacht ist dasjenige, was von der Substanz des an den Vorvermächtnisnehmer Geleisteten samt Erträgnissen hieraus und Surrogaten beim Nachvermächtnisfall noch vorhanden ist. Der Vorvermächtnisnehmer ist nicht verpflichtet, Ersatz für die gezogenen Nutzungen oder für Substanzminderungen zu leisten, hat jedoch keinen Anspruch auf Erstattung von ihm getätigter Verwendungen, auch notwendiger oder nützlicher Verwendungen, auf das Vermächtnisgut.
>
> Dem Vorvermächtnisnehmer wird ferner (im Wege der Erfüllung durch den Vorvermächtnisvollstrecker, nachstehend 3.) auferlegt, nach Anfall des Vorvermächtnisses die Erfüllung des (Ersatz-) Nachvermächtnisses, in geeigneter Weise, etwa durch aufschiebend auf den Nachvermächtnisanfall befristete bzw. bedingte Abtretung/Übereignung bzw. durch Eintragung einer Vormerkung, zu sichern; dieser Sicherungsanspruch ist dem Nachvermächtnisnehmer zusätzlich vermacht.
>
> 3.
>
> Zum Zweck der dauernden Verwaltung des unserem überschuldeten Kind ..... Zugewendeten, einschließlich der Erträgnisse hieraus, wird

Testamentsvollstreckung

in Form der Dauertestamentsvollstreckung angeordnet.

Testamentsvollstrecker ist unser anderer Sohn ....., ersatzweise nach dem ersten Sterbefall der überlebende Ehegatte, weiter ersatzweise sowie ersatzweise nach dem zweiten Sterbefall eine durch das Nachlassgericht zu benennende Person, welch letztere eine Vergütung nach den Richtlinien des deutschen Notarvereins sowie die Erstattung der Auslagen erhält. Der Testamentsvollstrecker hat neben den weiter in diesem Testament ..... Aufgaben insbesondere die Gegenstände des Vorvermächtnisses sowie die hieraus erzielten Erträge und Surrogate dauerhaft zu verwalten und – zuvörderst aus den Erträgen, jedoch wenn nötig auch aus der Substanz des ..... Vollstreckungsguts – unserem überschuldeten Sohn ..... Geldzuwendungen zur Ergänzung etwa vorhandener Einkünfte bis zur Pfändungsgrenze sowie Sachzuwendungen zur Befriedigung persönlicher Bedürfnisse (Urlaubsreisen, Freizeitgestaltung, Ausflüge, Hobbys, Güter des persönlichen Bedarfs ohne besonderen Verwertungswert) zuzuwenden sowie ihm Wohnung und Versorgung mit Lebensmitteln zu gewähren. Es ist unser Ziel, auf diese Weise das Los unseres überschuldeten Kindes angenehmer zu gestalten. Wir beabsichtigen also den Schutz unserer Nachlasswerte, um ihm einen Lebensunterhalt zu verschaffen, der über das Niveau der staatlichen Grundversorgung hinausgeht.

Soweit unserem Kind Pflichtteilsansprüche zustehen sollten, gelten Nachvermächtnisanordnungen und Testamentsvollstreckungsanordnungen gemäß § 2338 BGB auch für diese Pflichtteilsansprüche.

Die Testamentsvollstreckung erstreckt sich außerdem auf den Vollzug des Vermächtnisses zugunsten des Nachvermächtnisnehmers (Abwicklungsvollstreckung nach § 2223 BGB und Nachvermächtnisvollstreckung bis zur Erfüllung des Nachvermächtnisses).

Denkbar wäre weiter ein schlichtes Vermächtnis zugunsten des Bedürftigen, das dieser so lange als notwendig (d.h. zumindest während der Wohlverhaltensphase einer Insolvenz und solange Gläubigerzugriffe Dritter auf den dann zu erlangenden Vermächtnisgegenstand drohen) „**in der Schwebe hält**", also weder annimmt noch ausschlägt, § 2180 BGB (eine Ausschlagungsfrist besteht bei Vermächtnissen bekanntlich nicht).[298] Da auch eine stillschweigende Annahme oder Ausschlagung erfolgen kann, ist strikte Untätigkeit unerlässlich. Solange der Erben einen pflichtteilsberechtigten[299] Vermächtnisnehmer nicht unter angemessener Fristsetzung gem. § 2307 Abs. 2 BGB zur Annahme auffordert, besteht die Schwebezeit seit 2010 (mit Inkrafttreten der Erbrechtsreform: Streichung des § 197 Abs. 1 Nr. 2 BGB) allerdings nur mehr 3 Jahre lang ab Kenntnis,[300] bei Grundstücksvermächtnissen 10 Jahre lang gem. § 196 BGB (sofern keine verjährungsverlängernden Abreden i.S.d. § 202 BGB getroffen sind, was, – anders als bei der Verlängerung der Pflichtteilsverjährung[301] – auch testamentarisch erfolgen kann).[302] Zuvor betrug die Verjährungsfrist dreißig Jahre.

5294

---

298 BGH, 12.01.2011 – IV ZR 230/09 NotBZ 2011, 170.
299 Ein begleitender Pflichtteilsverzicht beseitigt daher dieses Risiko, zu Unzeit unter Zugzwang gesetzt zu werden, sodass nur die Ausschlagung gewählt werden kann.
300 Hierauf weist *Keim*, ZEV 2008, 161, 169 hin.
301 *Lange*, ZEV 2003, 433 ff.; MünchKomm-BGB/*Grothe*, § 202 Rn. 4.
302 *Odersky*, notar 2009, 366; Bamberger/Roth/*Henrich*, BGB, § 202 BGB Rn. 5.

5295 Stirbt er während der Schwebezeit, fällt das (gleichwohl bereits nach § 2176 BGB angefallene) Vermächtnis in den Nachlass des verstorbenen Vermächtnisnehmers; dessen Erben sind (auch in einem Nachlassverwaltungs[303] – oder gar Nachlassinsolvenzverfahren) wegen § 83 InsO weiterhin zur Entscheidung über Annahme oder Ausschlagung befugt. Erfolgt die Ausschlagung nach Ablauf der Dreijahresfrist des § 2332 BGB (ab 2010: der Dreijahresfrist der §§ 195, 199 BGB), ist der dadurch entstehende Pflichtteilsanspruch (§ 2307 Abs. 1 Satz 1 BGB) verjährt, § 2332 Abs. 2 BGB.

5296 Nach der bereits in der Literatur überwiegend vertretenen,[304] nun vom BGH bestätigten[305] Auffassung trifft den Bedürftigen weder im Verhältnis zum „normalen Gläubiger" eine anfechtungsrechtliche noch im Verhältnis zum Insolvenzverwalter eine insolvenzrechtliche Verpflichtung bzw. auf dem Weg zur RSB eine aus § 295 Abs. 1 Nr. 2 InsO[306] zu schöpfende Obliegenheit, das Vermächtnis anzunehmen. Auch eine Anfechtung scheidet aus, da (anders als bei der Erbschaft) kein „von-selbst-Erwerb" eintritt, der durch die Ausschlagung beseitigt werden würde; das Recht zur Annahme bzw. Ausschlagung des Vermächtnisses kann ferner nicht von der Vermächtnisnehmerstellung getrennt werden,[307] ist also nicht durch Pfändung überweisbar (§ 851 Abs. 1 ZPO) und – mangels Anspruchsqualität, § 93 Abs. 1 SGB XII/§ 33 SGB II – auch nicht auf den Sozialleistungsträger überleitbar. Allerdings hat der „schwebend Bedachte" weder Zugriff auf Substanz noch auf Erträge des Vermächtnisgegenstandes. Weiter ist zu bedenken, dass mögliche Gläubiger des mit dem Vermächtnis belasteten Erben durch Pfändung und Verwertung die Leistung des Vermächtnisses vereiteln könnten; hiergegen bedürfte es der Testamentsvollstreckung über die Erbschaft, § 2214 BGB.

5297 Die später, nach Ausspruch der RSB, erklärte Annahme des Vermächtnisses führt wohl nicht zu einer Nachtragsverteilung i.S.d. § 203 InsO, da (anders als im Fall des nachträglich geltend gemachten Pflichtteilsanspruchs, Rdn. 102, oder der nachträglich durch Anfechtung, also mit zivilrechtlicher Rückwirkung, unbeschwert angefallenen Erbschaft, Rdn. 5336) während der Regelinsolvenz- und während der Wohlverhaltensphase kein tatsächlicher oder rechtlicher Vermögenswert vorhanden war (zwar wirkt die Ausschlagung eines Vermächtnisses zurück, § 2180 Abs. 3 i.V.m. § 1953 BGB, nicht aber die Annahme, unbeschadet des rechtlichen Anfalls eines Vermächtnisses mit dem Erbfall, § 2176 BGB, die eben unter dem Vorbehalt der Ausschlagung oder Annahme steht).

5298 Anders dürfte es sich allerdings verhalten bei aufschiebend bedingten oder befristeten Vermächtnissen, für welche § 2179 BGB für die Zeit zwischen Erbanfall und Eintritt der Bedingung/Befristung auf § 161 BGB verweist, sodass ab dem Erbfall eine „Vermächtnisanwartschaft" besteht, die gepfändet werden kann.[308] Wird also das Vermächtnis ausdrücklich so gestaltet, dass es erst mit Ausspruch der Restschuldbefreiung oder Ablauf des Insolvenzverfahrens anfällt, liegt nahe, dass mit Eintritt dieser Bedingung eine Nachtragsverteilung gem. § 203 Abs. 1 Nr. 3 InsO statt-

---

303 Vgl. hierzu im Überblick *Carlé*, ErbStB 2007, 252 ff.
304 *Everts*, ZErb 2005, 355; *Limmer*, ZEV 2004, 136; *Hartmann*, ZNotP 2005, 86.
305 BGH, 10.03.2011 – IX ZB 168/09, NotBZ 2011, 212 m. Anm. *Krauß*.
306 BGH, 10.03.2011 – IX ZB 168/09, NotBZ 2011, 212; MünchKomm-InsO/*Ehricke*, § 295 Rn. 57 m.w.N. (auch zur Gegenansicht) in Fn. 168: § 295 InsO setzt nicht an am „Ob" des Erwerbs, sondern setzt diesen voraus.
307 MünchKomm-BGB/*Lange*, § 2317 Rn. 16.
308 *Müller-Christmann*, BeckOK, § 2179 Rn. 7 m.w.N.

findet.[309] Empfehlenswerter ist daher ein schlichtes Vermächtnis, das „in der Schwebe" gehalten wird.

II. Die Wirkungsweise der Konstruktionselemente

Zur „Pfändungsabwehr" i.R.d. letztwilligen „asset protection" sind die beiden bereits vorgestellten Konstruktionselemente[310] des „Behindertentestamentes" vorzüglich geeignet: 5299

1. Vor- und Nacherbfolge

Gem. § 2115 BGB sind nämlich gegen den Vorerben ausgebrachte Zwangsverfügungen – gleich ob er von gesetzlichen Beschränkungen hinsichtlich rechtsgeschäftlicher Verfügungen befreit ist oder nicht und unabhängig vom betroffenen Nachlassgegenstand – stets[311] und absolut insoweit unwirksam, als sie das Recht des Nacherben bei Eintritt des Nacherbfalls vereiteln oder beeinträchtigen würden. Der Beitreibung von Nachlassverbindlichkeiten muss der Nacherbe jedoch zustimmen, sodass ein solcher Gläubiger (ohne Duldungstitel gegen den Nacherben) gem. § 2115 Satz 2 BGB verwerten kann. 5300

Der **Vollstreckungsschutz der Vor- und Nacherbschaft** durch § 2115 BGB wird ergänzt durch die Bestimmungen des § 773 ZPO (keine Veräußerung oder Überweisung im Weg der Zwangsvollstreckung)[312] und des § 83 Abs. 2 InsO (Verfügungsverbot zulasten des Insolvenzverwalters, wenn die Verfügung bei Eintritt der Nacherbfolge dem Nacherben ggü. unwirksam ist).[313] Etwa begründete Pfandrechte sind für die Dauer der Vorerbschaft wirksam, ebenso die Beschlagnahmewirkung der Insolvenzeröffnung; deren Rechtswirkungen sind jedoch durch den Eintritt des Nacherbfalls auflösend bedingt (ähnlich wie in § 2113 BGB). Sie würden allerdings voll wirksam aufrechterhalten bleiben, wenn der Nacherbfall endgültig ausfällt, ebenso wenn der Gegenstand endgültig aus der Nacherbschaftsbindung ausscheidet, etwa als Folge vorzeitiger Übertragung an den Nacherben,[314] von der daher in solchen Fällen dringend abzuraten ist.[315] 5301

Die **Nutzungen der Erbschaft** verbleiben dem Vorerben jedoch ohnehin (sie unterliegen nicht der Surrogation gem. § 2111 Abs. 1 Satz 1 BGB), sodass der Nacherbe insoweit nicht schutzbedürftig ist. Der Vorerbe erwirbt sie (mit der Einschränkung des § 2133 BGB) zum eigenen Vorteil; sie werden Bestandteil seines freien Eigenvermögens und unterliegen daher dem nicht durch § 2115 BGB beschränkten Zugriff seiner Eigengläubiger. Zu diesen Nutzungen gehören neben 5302

---

309 Zweifelnd, jedoch hierzu tendiered, *Menzel*, MittBayNot 2011, 374, mit Formulierungsvorschlag S. 375.
310 *Wendt*, ZNotP 2009, 463 ff., behandelt sie im Rahmen eines „Kataloges erbrechtlicher Folterwerkzeuge" als Mittel zum „Regieren aus dem Grab".
311 Der Erblasser kann den Vorerben hiervon nicht befreien, da § 2115 BGB in § 2136 BGB nicht erwähnt ist. Auch gutgläubige Überwindung der Pfändungssperre ist nicht möglich, MünchKomm-BGB/*Grunsky*, § 2115 Rn. 11 m.w.N.
312 Möglich ist allerdings die Eintragung einer Zwangshypothek, ebenso die Zwangsverwaltung, vgl. §§ 2128, 2129 BGB.
313 Verwertungsakte sind jedoch aufgrund der Vorwirkung der §§ 773 ZPO, 83 Abs. 2 InsO schon vor Eintritt des Nacherbfalls unzulässig (Grundsatz der Halbvollstreckung).
314 Gutachten, DNotI-Report 2011, 17 ff.
315 *Möller*, EE 2011, 104.

den Erträgen eines Rechtes bzw. einer Sache (Miete) auch die vermittelten Gebrauchsvorteile (Grundstücksnutzung durch Selbstbewohnen, i.H.d. ersparten ortsüblichen Miete).[316]

5303 Demnach können wegen der **Sperrwirkung des § 83 Abs. 2 InsO** auch beim Anfall der Vorerbschaft während des Insolvenzverfahrens (Neuerwerb i.S.d. § 35 InsO) nur diese Nutzungen für die Masse verwertet werden;[317] in gleicher Weise unterliegen sie außerhalb des Insolvenzverfahrens im Verhältnis zu „normalen Gläubigern" dem Pfändungszugriff (Pfändung von Mietzinsforderungen nach §§ 829, 835 ZPO bzw. Anordnung der Zwangsverwaltung über ein Nachlassgrundstück).[318] Hat der Insolvenzschuldner nach Aufhebung des Insolvenzverfahrens (§ 289 Abs. 2 Satz 2 InsO) die Abtretungserklärung zugunsten des Treuhänders abgegeben, um nach Ablauf der Wohlverhaltensphase die RSB zu erlangen, muss er entsprechend (lediglich) die Hälfte der Nutzungen der Erbschaft (§ 100 BGB) an den Treuhänder abführen (Obliegenheit gem. § 295 Abs. 1 Nr. 2 InsO).[319]

5304 Eine Obliegenheit zur Herausgabe des hälftigen, der Nacherbfolge unterliegenden „Erbschaftsstammes" scheidet auf jeden Fall aus, wenn der Vorerbe nicht von den Beschränkungen des § 2136 BGB befreit ist (sodass die Praxis unter dem Gesichtspunkt der „asset protection" stets zur nicht befreiten Vorerbschaft rät bzw. nur von den eher bürokratischen Bestimmungen der §§ 2116, 2118, 2119 BGB befreit).[320] Wäre der Vorerbe von § 2136 BGB befreit, könnte er auch die Nachlasssubstanz zur Tilgung von Eigenschulden verbrauchen, ohne gegen das dingliche Schenkungsverbot[321] zu verstoßen, sodass wohl auch hinsichtlich des Stammes eine hälftige Herausgabeobliegenheit i.S.d. § 295 Abs. 1 Nr. 2 InsO besteht (auch wenn er dadurch in höherem Maße verpflichtet ist als während der Laufzeit des Regelinsolvenzverfahrens, wo er lediglich die Nutzungen, diese allerdings zur Gänze, herauszugeben hatte!).[322] Die Nacherbenanwartschaft ihrerseits, sofern sie während der Wohlverhaltensperiode anfällt und nicht gem. §§ 2142 i.V.m. 1942 BGB ausgeschlagen wurde, unterliegt freilich uneingeschränkt der hälftigen Herausgabepflicht.[323]

5305 Wie verwirklicht sich der (trotz § 2115 BGB, § 83 Abs. 2 InsO demnach mögliche) Zugriff auf die Nutzungen für den Fall der Selbstnutzung, also des Ziehens von Gebrauchsvorteilen? I.R.d. Einzelzwangsvollstreckung kann die Zwangsverwaltung angeordnet werden, sodass dem Schuldner gem. § 148 Abs. 2 ZVG die Benutzung und Verwaltung des Grundstücks entzogen wäre. Aus sozialer Rücksichtnahme (und zur Vermeidung höherer Kosten für die Allgemeinheit)

---

316 BGH, FamRZ 1990, 989; BGH, NJW 1992, 892; AnwK-BGB/*Ring*, § 100 Rn. 18.
317 *Uhlenbruck*, InsO, § 83 Rn. 17.
318 *Gutbell*, ZEV 2001, 261.
319 *Döbereiner*, Die RSB nach der InsO, S. 165; *Damrau*, MDR 2000, 256.
320 *Everts*, ZErb 2005, 358.
321 Keine unentgeltliche Verfügung i.S.d. § 2113 Abs. 2 BGB bei Tilgung von Eigenschulden mit Nachlassmitteln, vgl. Soergel/*Harder/Wegmann*, BGB, § 2113 Rn. 19.
322 *Hartmann*, ZNotP 2005, 85 plädiert daher für eine analoge Anwendung des § 83 Abs. 2 InsO. Bis zu einer höchstrichterlichen Klärung in diesem Sinne ist jedoch auf jeden Fall zur nicht befreiten Vorerbschaft zu raten, vgl. Gutachten, DNotI-Report 2006, 103.
323 Vgl. DNotI-Gutachten Nr. 101 345 v. 07.04.2010; eine spätere Ausschlagung scheidet aus, weil in der Abtretung bereits die Annahme liegen dürfte. Überträgt der Nacherbe die Anwartschaft komplett auf einen Dritten – was rechtlich wirksam ist, da während der Wohlverhaltensperiode keine Verfügungsbeschränkungen bestehen –, hat er sich die spätere RSB unmöglich gemacht.

belässt ihm allerdings § 149 Abs. 1 ZVG, sofern er bei Beschlagnahme das Grundstück bereits selbst nutzt, die für seinen Hausstand unentbehrlichen Räume, und zwar ohne Entrichtung einer Nutzungsentschädigung (also lediglich gegen Tragung der Nebenkosten des Bewohnens, etwa des Verbrauches und der Instandhaltung).[324]

Im Rahmen eines Insolvenzverfahrens dürfte Ähnliches gelten: zwar gehen die Bestimmungen der InsO einem bei seiner Eröffnung bereits angeordneten Zwangsverwaltungsverfahren vor,[325] andererseits beschränken §§ 35, 36 InsO den Zugriff des Insolvenzverwalters auf die auch bei Einzelverwertung möglichen Pfändungswege.[326] Während der Wohlverhaltensphase in der RSB ist der Schuldner zwar grds. zur Herausgabe des hälftigen Wertes der gezogenen Nutzungen verpflichtet, kann allerdings wohl analog § 149 ZVG[327] die für seinen Hausstand unentbehrlichen Räume in dem Sinne „verteidigen", dass er die Nutzungszahlung hierfür ohne nachteilige Konsequenzen verweigern darf. 5306

Damit wird bei **Selbstnutzung durch den Vorerben** die Verwertungsfreistellung in- und außerhalb der Insolvenz in ähnlicher Weise gewährleistet wie bei der schlichten (z.B. vermächtnisweisen) Zuwendung eines nicht an Dritte zur Ausübung überlassbaren Wohnungsrechtes (§ 1093 BGB, § 35 InsO). Der Schutz bleibt jedoch einerseits dahinter insoweit zurück, als er auf die „unentbehrlichen Räume" beschränkt bleibt, geht jedoch andererseits insoweit darüber hinaus, als die Vorerbschaftslösung aufgrund § 2115 BGB auch den Erbschaftsstamm gegen Einzelzugriffe und (aufgrund § 83 Abs. 2 InsO) in der Regelinsolvenz sowie (wegen § 295 Abs. 1 Nr. 2 InsO allerdings nur bei nicht befreiter Vorerbschaft) während der Wohlverhaltensphase auf dem Weg zur RSB verteidigt. 5307

Bei einem der Vor- und Nacherbfolge unterliegenden **Miterben** erfasst das an die Gläubiger des Vorerben gerichtete Verwertungsverbot des § 2115 BGB nur die einzelnen zu einer Erbschaft gehörenden Sachen und Rechte, nicht aber den Miterbenanteil selbst, über den der Miterbe verfügen könnte, sodass die Gläubiger diesen nach § 859 Abs. 2 ZPO bis zur Auseinandersetzung pfänden könnten.[328] Die angeordnete Pfändung des Vorerbteils erlischt allerdings mit Eintritt des Nacherbfalls, da der Nacherbe nicht Schuldner des Pfändungsgläubigers wird (§§ 2100, 2139, 2144 Abs. 1 BGB). 5308

Ein Auseinandersetzungsverbot mit Absicherung durch Testamentsvollstreckung (s. nachstehend) bietet flankierenden Schutz. Ist allerdings (s. nachstehend Rdn. 5319 f.) die Nacherbfolge auflösend bedingt auf den „Wegfall der Bedürftigkeit", wird der gepfändete Erbteil des früher Bedürftigen frei verwertbar, da der Nacherbfall nicht mehr eintreten kann. Hierin liegt ein wesentliches Argument gegen diese Gestaltungsalternative zur Anpassung des „Bedürftigentestamentes" bei späterer wirtschaftlicher Gesundung. 5309

---

324 Vgl. im Einzelnen *Böttcher*, ZVG, § 149 Rn. 4; *Stöber*, ZVG, § 149 Rn. 2.3.
325 BGH, NJW 1985, 1082.
326 Vgl. Gutachten, DNotI-Report 2006, 103.
327 Der Schutz des § 149 ZVG greift nicht mehr, wenn über die bisher selbst genutzten Räume ein Mietvertrag mit dem Zwangsverwalter geschlossen wird, vgl. LG Dessau, NJW-Spezial 2007, 146.
328 Vgl. *van de Loo*, NJW 1990, 2853.

5310 Auch die **Einsetzung des Bedürftigen zum Mitnacherben**, seinerseits wiederum als Vorerbe (entsprechend der Rdn. 5278 ff. erläuterten Gestaltung) wird diskutiert.[329] Nachteilig ist allerdings, dass in Gestalt der Nacherbanwartschaft, selbst wenn die Übertragung ausgeschlossen ist, ein pfändbarer Gegenstand zur Verfügung steht (s.u. Rdn. 5343 ff.) Tritt die Nacherbfolge (und damit zugleich die Vorerbschaftsbeschränkung) bereits mit einer solchen Pfändung ein, verliert der Ehegatte als Vorerbe die ihm angedachte Verfügungsmöglichkeit vorzeitig. Die Sachlage weicht insoweit ab vom schlichten Sozialfürsorgebezug, wo eine Überleitung der Nacherbenanwartschaft (mangels Anspruchs-Charakters) nicht möglich ist, verwertbares Vermögen des Leistungsbeziehers mangels eigener Verfügungsmacht nicht gegeben ist, und das Problem der dennoch gegebenen Pfändbarkeit sich nicht stellt, da der rechtmäßige Bezug einer Sozialfürsorgeleistung keine Verbindlichkeiten schafft, also nicht Darlehenscharakter hat (Ausnahme: § 91 SGB XII, also bei Vorhandensein an sich einsatzpflichtigen Vermögens).

2. Testamentsvollstreckung

5311 Gem. § 2214 BGB ist der Zugriff von Eigengläubigern des Erben auf der Verwaltung des Testamentsvollstreckers unterliegende Nachlassgegenstände bereits dem Grunde nach (nicht nur hinsichtlich der Verwertung, wie in § 2115 BGB) verhindert (allerdings nicht aufgrund per se eintretender Nichtigkeit; es bedarf also des aktiven Einschreitens im Wege der Vollstreckungserinnerung, § 766 ZPO). Diese Schutzwirkung der Testamentsvollstreckung gegen Einzelverwertungsmaßnahmen – soweit sie nicht auf dinglichen Rechten beruhen – zulasten des **Alleinerben**[330] gilt auch in der Insolvenz des Erben: Im Rahmen seiner Befugnisse kann er weiter über Nachlassgegenstände verfügen; diese sind für den Zeitraum der Testamentsvollstreckung dem Zugriff des Insolvenzverwalters zugunsten der Erbengläubiger entzogen und bilden eine Sondermasse, aus der lediglich die Nachlassgläubiger zu befriedigen sind.[331]

5312 Gegen die gesetzlich eindeutig normierte Pfändungsschutzwirkung lässt sich allenfalls einwenden, die Anordnung der Testamentsvollstreckung selbst verstoße gegen die **guten Sitten**, wenn sie nicht (wie beim „Behindertentestament") in der gesundheitlichen Situation des Kindes be-

---

329 Muster von *Kleensang*, in: Beck'sches Formularbuch Erbrecht, F II 3.
330 Denkbar ist allerdings eine Pfändung des Erbanteils als solchem, wobei jedoch hierdurch der Testamentsvollstrecker nicht an der Verfügung über einzelne Nachlassgegenstände gehindert wird. Auch die Auskunfts- und Verwaltungsrechte nach §§ 2027, 2028, 2038, 2057 BGB stehen dem Pfändungsgläubiger nicht zu (BGH, NJW-RR 2005, 369 für den Sozialhilfeträger). Die Haftung des Nachlasses ggü. Nachlassgläubigern bleibt jedoch in jedem Fall unberührt.
331 BGH, 11.05.2006 – IX ZR 42/05, ZEV 2006, 405 m. Anm. *Siegmann* = RNotZ 2006, 470 m. Anm. *Kesseler* (der unter Testamentsvollstreckung stehende Erbe, gegen den Pflichtteilsansprüche tituliert wurden, fällt sodann in Insolvenz); *Limmer*, ZEV 2004, 137 f.; OLG Köln, ZEV 2005, 307: Sondervermögen, auf das die Insolvenzgläubiger erst nach Wegfall der Testamentsvollstreckung zugreifen können. Die zwangsweise Geltendmachung von Pflichtteilsansprüchen erfordert dann neben dem Zahlungstitel gegen den Insolvenzverwalter (anstelle des Erben, § 2213 Abs. 1 Satz 3 BGB – letztere Bestimmung gilt analog für Pflichtteilsvermächtnisse: *Gergen*, ZErb 2006, 404) einen Duldungstitel gegen den Testamentsvollstrecker, 748 Abs. 3 ZPO. Anders wohl, wenn über das Vermögen des nachmaligen Erben bereits die Insolvenz eröffnet war, bevor ihm die unter Dauervollstreckung stehende Erbschaft zufiel: gem. § 38 InsO wohl keine Passivlegitimation des Insolvenzverwalters für Pflichtteilsansprüche, sondern Titel gegen den Erben persönlich notwendig.

gründet sei,³³² wie dies teilweise untergerichtlich bereits vertreten wird.³³³ Richtig ist insoweit, dass allenfalls die Abschirmung der Erträgnisse bedenklich sein mag, erstreckt sich doch die gesetzliche Schutzbestimmung (Pflichtteilsbeschränkung in wohlmeinender Absicht) bei überschuldeten Personen darauf gerade nicht, § 2338 Abs. 1 Satz 2 letzter Halbs. BGB. I.Ü. aber liegt in der Anordnung der Dauertestamentsvollstreckung ein legitimer Gebrauch der Testierfreiheit, mag sich dieser auch zum Nachteil von Gläubigern auswirken (Rechtsgedanke der §§ 2100, 2191, 2197, 2338 BGB).³³⁴

Ferner ist der Anspruch des Erben gegen den Vollstrecker nach § 2217 Abs. 1 BGB auf **Überlassung von Nachlassgegenständen**, derer er zur Erfüllung der Vollstreckerobliegenheiten nicht bedarf, pfändbar und verwertbar, nach h.M. auch der Anspruch des Erben auf Herausgabe von Nachlasserträgen i.R.d. geschuldeten Verwaltung gem. § 2216 BGB.³³⁵ Pfändungsbeschränkungen können sich insoweit ergeben

- aus § 863 Abs. 1 Satz 2 i.V.m. Satz 1 ZPO, sofern die Anordnung der Testamentsvollstreckung eine Pflichtteilsbeschränkung in wohlmeinender Absicht (§ 2338 BGB) darstellt, i.H.d. für den standesgemäßen Unterhalt des Betroffenen selbst und die Erfüllung seiner Unterhaltspflichten notwendigen Beträge;

- ferner (häufiger) aus § 850b Abs. 1 Nr. 3 ZPO, sofern dem Begünstigten aus Fürsorge und Freigiebigkeit ein fortlaufendes (nicht notwendig regelmäßiges) Einkommen ausgesetzt ist;³³⁶ bei Erschöpfung des sonstigen beweglichen Vermögens genießen solche „Renten" immerhin noch denselben Schutz wie Arbeitseinkünfte (§ 850b Abs. 2 i.V.m. § 850c ZPO: von 985,00 bis 2.182,00 € monatlich), wobei eine Zusammenrechnung mit sonstigen Einkünften (Mieteinnahmen, Zinsen etc, oder mit Versorgungsleistungen aus Übergabevertrag nach § 850e Abs. 2 ZPO) nach h.M. nicht stattfindet.³³⁷ (Textvorschlag eines Geldvermächtnisses nach § 850b Abs. 1 Nr. 3 ZPO s.o. Rdn. 5131);

- schließlich wird vertreten, eine auch auf die Erträge angeordnete Testamentsvollstreckung gehe stets vor;³³⁸ das durch § 2214 BGB vermittelte Zugriffsverbot schließt also die bei alleiniger Vor- und Nacherbfolge verbleibende wesensimmanente Lücke (Verwertung der Nutzungen nach § 100 BGB).

Der **Zugriffsschutz auf den Vermögensstamm** nach § 2214 BGB schließt ebenso etwaige Lücken, die hinsichtlich der hälftigen Herausgabeobliegenheit (§ 295 Abs. 1 Nr. 2 InsO) des

---

332 In diese Richtung LSG Baden-Württemberg, 09.10.2007 – L 7 AS 3528/07, NotBZ 2008, 82, Tz. 10 (Vollstreckungsanordnung „jedenfalls" nicht sittenwidrig, wenn sie angesichts der gesundheitlichen Situation des Erben einer sittlichen Pflicht entspricht).

333 SG Dortmund, 25.09.2009 – S 29 AS 309/09 ER ZEV 2010, 54 m. teilw. krit. Anm. *Keim*, bei einer Erbschaft i.H.v. 240.000,00 €. Zu Unrecht sieht *Roth*, NJW-Spezial 2009, 760 damit auch „das Behindertentestament wieder auf dem Prüfstand", vgl. *Wendt*, ZErb 2010, 45, 48 und *Tersteegen*, MittBayNot 2010, 105 ff. sowie *Ihrig*, NotBZ 2011, 345, 351.

334 So zu Recht LSG Baden-Württemberg, ZEV 2008, 147 (bei einem alkoholkranken Kind); *Tersteegen*, MittBayNot 2010, 105, 107.

335 Staudinger/*Reimann*, BGB (2003), § 2214 Rn. 4.

336 OLG Frankfurt am Main, ZEV 2001, 156 m. Anm. *Gutbell*; a.A. jedoch (es fehle an der Freigiebigkeit) MünchKomm-BGB/*Zimmermann*, § 2214 Rn. 4.

337 OLG Frankfurt am Main, JurBüro 1991, 725.

338 BayObLG, ZEV 1995, 368.

Erbschaftsstammes bestehen, wenn nach Aufhebung des ordentlichen Insolvenzverfahrens die Schutzzone des § 83 Abs. 2 InsO verlassen ist und der Vorerbe, sofern er von § 2136 BGB befreit wäre, über den Stamm zur Tilgung seiner Eigenschulden verfügen könnte. Gleiches gilt für die Vermögenserträge: wegen des verdrängenden Verfügungsrechtes des Testamentsvollstreckers gem. §§ 2205, 2211 BGB trifft den Bedürftigen allenfalls nach § 295 Abs. 1 Nr. 2 InsO die Obliegenheit, die Hälfte derjenigen Erträgnisse herauszugeben, die der Vollstrecker nach § 2216 BGB herauszugeben hätte oder gem. § 2217 BGB freigibt.[339]

5318 Beim Miterben ist jedoch zu berücksichtigen, dass der Eigengläubiger trotz Testamentsvollstreckung dessen Erbteil zusammen mit dem Anspruch auf Auseinandersetzung (§ 2042 BGB) pfänden kann; diese Pfändung kann sogar ohne Zustimmung des Testamentsvollstreckers im Grundbuch zugehöriger Grundstücke als Verfügungsbeschränkung eingetragen werden[340] (in gleicher Weise kann der unter Testamentsvollstreckung stehende Miterbe seinerseits den Miterbenanteil veräußern,[341] allerdings unterliegt auch der Erwerber der Testamentsvollstreckung, während der Alleinerbe nur über die Einzelgegenstände verfügen könnte, also bereits hieran durch die Dauervollstreckung gehindert wird). Die Pfändung des Erbteils hindert jedoch nicht den Vollstrecker an einer Verfügung über die Nachlassgegenstände; nach dem Vollzug der Verfügung ist der Pfändungsvermerk als gegenstandslos im Grundbuch zu löschen.[342]

5319 Ein vom Erblasser gem. § 2044 BGB angeordnetes Auseinandersetzungsverbot (auf die Dauer von bis zu 30 Jahren oder, ohne Zeitlimit, bis zum Eintritt der Nacherbfolge) oder die Verknüpfung der Auseinandersetzung mit bestimmten Verteilungsanordnungen bindet zwar per se nicht den Pfändungsgläubiger (§ 2044 Abs. 1 Satz 2 i.V.m. § 751 Satz 2 BGB), ebenso wenig den Insolvenzverwalter (§ 84 Abs. 2 Satz 2 InsO); ist aber zusätzlich Testamentsvollstreckung angeordnet, kann auch der Gläubiger nach Pfändung eines Erbteils vom Testamentsvollstrecker nicht mehr verlangen als der Miterbe selbst, also jedenfalls nicht die vorzeitige Auseinandersetzung der Erbengemeinschaft – das Verbot ist demnach auch ggü. dem Pfändungsgläubiger durchsetzbar.[343] Auch die Teilungsversteigerung kann durch einen Gläubiger, der den Erbteil gepfändet hat, nicht betrieben werden; sie ist einer „Verfügung" i.S.d. § 2211 BGB gleichzustellen,[344] die unwirksam ist, wenn die Auseinandersetzung des Nachlasses dem Testamentsvollstrecker übertragen ist.[345]

---

339 *Damrau*, MDR 2000, 256; *Everts*, ZErb 2005, 356.
340 Staudinger/*Reimann*, BGB (2003), § 2215 Rn. 8.
341 Vgl. *Kesseler*, NJW 2006, 3672. Diese Option der „Versilberung" kann zeitlich verkürzt werden, indem der Vollstrecker möglichst rasch die Auseinandersetzung herbeiführt (auf die Mitwirkung daran erstreckt sich die Mitwirkung des Erbteilsvollstreckers stets, OLG Hamm, 15.02.2011 – I-15 W 461/10, ZErb 2011, 210), sodass er Einzelgegenstände im Alleineigentum weiter verwaltet, oder aber wirtschaftlich „vergällt" werden, indem der Erwerber vermächtnisweise zur Entrichtung von Zahlungen (etwa i.H.d. Differenz zwischen vergünstigtem Kaufpreis und tatsächlichem Wert des Erbteils) verpflichtet wird. Das weitere Risiko der Erbschaftsausschlagung gegen (nicht der Vollstreckung unterliegende) Abfindungszahlung des Ersatzerben lässt sich bannen durch Einsetzen solcher Personen zu Ersatzerben, die wirtschaftlichen Verlockungen widerstehen.
342 KG, DNotZ 1941, 127; BayObLGZ 1982, 459, 462, BGH, 14.05.2009 – V ZB 176/08, DNotZ 2010, 64, Tz. 16.
343 *Reul/Heckschen/Wienberg*, Insolvenzrecht in der Kautelarpraxis, S. 310 m.w.N.
344 Sie ist die einzige Handlung, seitens des Miterben notwendig ist, um den (dann hoheitlichen) Eigentumswechsel herbeizuführen (und gilt daher auch als Verfügung i.R.d. § 1365 BGB).
345 BGH, 14.05.2009 – V ZB 176/08, DNotZ 2010, 64. Vgl. *Damrau*, MittBayNot 2010, 137 zur Frage, welche Möglichkeiten einem Gläubiger, der den Erbteil gepfändet hat, bei bestehender Testamentsvollstreckung zur Verfügung stehen (Pfandverkauf des Erbteils selbst, Pfändung des Anspruchs des Erben auf Auskehrung der Früchte).

Formulierungsvorschlag: Auseinandersetzungsverbot bei Testamentsvollstreckung (mit Surrogatwirkung)

5320

Als Vermächtnis zugunsten des jeweils anderen Miterben ordne ich bis zum Eintritt der Nacherbfolge ein

Auseinandersetzungsverbot

gem. § 2044 BGB dergestalt an, dass die Auseinandersetzung der Erbengemeinschaft, auch in Bezug auf einzelne Nachlassgegenstände, nur mit Zustimmung des jeweils anderen Miterben (während der Dauer der Testamentsvollstreckung mit Zustimmung dieses Vollstreckers anstelle des betroffenen Miterben) zulässig ist. Die Überwachung des Auseinandersetzungsverbotes, also Geltendmachung des Vermächtnisses, obliegt ebenfalls dem Testamentsvollstrecker.

Nach durchgeführter Erbbauseinandersetzung, die der Testamentsvollstrecker auch bei gepfändetem Erbanteil vornehmen könnte, sofern diese nicht unentgeltlich ist (§ 2205 Satz 3 BGB),[346] würde der erworbene Vermögensgegenstand wiederum der alleinigen Dauertestamentsvollstreckung unterliegen und damit durch § 2214 BGB geschützt sein. Erhält ein Miterbe dabei wertmäßig mehr als seiner Quote entspricht, sind drei Konsequenzalternativen denkbar, deren zwei i.R.d. Bedürftigensituation kontraproduktiv, die dritte zumindest mit praktischen Schwierigkeiten behaftet ist:

5321

Wird der „**Mehrwert**" durch Vorausvermächtnis[347] zugewendet und stünde dies dem Bedürftigen zu, müsste wiederum zur Vermeidung eines Gläubigerzugriffs Testamentsvollstreckung angeordnet werden (§ 2214 BGB) – nach dem Tod des Vorausvermächtnisnehmers wäre es jedoch, auch wenn es sich um ein Vor- und Nachvermächtnis handelt, dem Zugriff der Gläubiger des Vorvermächtnisnehmers (Erblasserschulden) ausgesetzt (s.a. Rdn. 5116). Wird dagegen der Mehrwert ausgeglichen durch eine Verpflichtung, aus dem eigenen Vermögen Werte zuzuwenden (Verschaffungsvermächtnis), kann der Bedürftige, sofern er zur Leistung verpflichtet ist, dies nicht erfüllen; sofern er Leistungsempfänger ist, unterliegt das zu Leistende und das Geleistete der Pfändung seiner Gläubiger. Am sachgerechtesten erscheint[348] zur Vermeidung zugriffsgefährdeter Positionen der Vorschlag von Nieder,[349] im Fall einer Verschiebung die Erbquoten anzupassen, auch wenn die endgültige Feststellung der Erbquoten in diesen Fällen mit erheblicher Unsicherheit behaftet ist (was insb. im Rahmen eines Erbscheinsverfahrens störend ist). Ähnlich operiert das sog. „Frankfurter Testament",[350] wonach ein Testamentsvollstrecker die

5322

---

346 Zu den Konsequenzen für die Nacherbenvollstreckung, § 2222 BGB (Freigabe des Gegenstands aus der Nacherbenbindung nur gegen adäquate Gegenleistung; Freigabe aus der Vollstreckung analog § 2217 BGB unabhängig davon) vgl. *Keim*, ZErb 2008, 9.
347 Zur Abgrenzung zwischen Vorausvermächtnis und Teilungsanordnung (Vermögensvorteil und Begünstigungswille einerseits; rechtsfolgenbezogene Kriterien andererseits) vgl. *Gergen*, ZErb 2006, 362 ff.
348 Vgl. *Reul/Heckschen/Wienberg*, Insolvenzrecht in der Kautelarpraxis, S. 319.
349 *Nieder/Kössinger*, Handbuch der Testamentsgestaltung, § 8 Rn. 9 ff.; vgl. auch BGH v. 06.12.1989 – IVa ZR 59/88, WM 1990, 854 zur „Erbeinsetzung nach Vermögensgruppen". Selbst wenn die Teilungsanordnung zufolge § 2306 Abs. 1 Satz 1 BGB nicht als angeordnet gilt, bleibt sie insoweit bestehen, als sie die Erbquote bestimmt (RG, LZ 1932 Spalte 1050).
350 Vorschlag von *Felix*, KÖSDI 11/90-8265.

Vermögensgruppen „Privatvermögen" und „Betriebsvermögen" zu bewerten habe und hieraus ein Abfindungsvermächtnis für das „weichende Geschwister" berechnet wird.

5323 **Formulierungsvorschlag: Teilungsanordnung bei Testamentsvollstreckung im Bedürftigentestament (mit Surrogatwirkung)**

> Der Testamentsvollstrecker hat ferner die Aufgabe die Teilung des Nachlasses entsprechend der nachfolgenden Teilungsanordnung möglichst rasch durchzuführen.
>
> (**Anm.**: *folgt Zuordnung der Nachlassgegenstände zu den Miterben*)
>
> Die Vorerbenbeschränkung und die Testamentsvollstreckung setzen sich an den infolge der Teilungsanordnung übertragenen Gegenständen fort (Surrogat).
>
> Falls ein Miterbe aufgrund der vorstehenden Teilungsanordnung mehr erhält als ihm nach seinem oben genannten, „vorläufigen" Erbanteil bruchteilsmäßig zusteht, handelt es sich weder um ein Vorausvermächtnis noch ist der „Begünstigte" zum Wertausgleich aus seinem sonstigen Vermögen verpflichtet (Verschaffungsvermächtnis), vielmehr sind die Miterben in diesem Fall tatsächlich zu den Quoten eingesetzt, die sich aus den Verkehrswerten der jeweils zugewendeten Gegenstände (nach Abzug der zu übernehmenden Verpflichtungen) im Verhältnis zum Gesamtnachlass ergeben (Erbeinsetzung nach Vermögensgruppen).

5324 Die Tatsache, dass der Miterbenanteil trotz Testamentsvollstreckung der Verfügung des Miterben nach § 2033 BGB nicht entzogen ist, würde i.R.d. **RSB nach § 295 InsO** dazu führen, dass die Herausgabe an den Treuhänder zur Hälfte verlangt werden könnte, obwohl im Fall der Alleinerbenbestellung eine solche Herausgabe ausgeschlossen wäre, da er selbst keine Zugriffsmöglichkeit hat.[351] Dieser eklatante Wertungswiderspruch lässt sich möglicherweise dadurch beheben, dass der Wert des Anteils bei angeordneter Nacherbfolge und Testamentsvollstreckung gegen Null tendiert. Kautelarjuristisch ist daher zu erwägen, den überschuldeten Erben zum Alleinerben einzusetzen und andere Personen durch Vermächtnisse zu bedenken, anstelle einer Miterbenbestellung des überschuldeten Destinatärs.

III. Aufhebung der Beschränkungen

5325 Zur späteren „Aufhebung" der zum Schutz des überschuldeten Destinatärs angeordneten Beschränkungen, sobald sie nicht mehr „benötigt" werden, bedarf es – anders als bei den eher strukturellen Rahmenbedingungen des Behindertentestaments („Fehlen von Erwerbsmöglichkeiten" anstelle eines „Fehlens der Erwerbsfähigkeit") der Störfallvorsorge.

1. Durch den Erblasser selbst

5326 Lebt der Erblasser noch und ist er testierfähig, wird er die erforderlichen Anpassungen selbst vornehmen, muss sich allerdings hierfür von erbrechtlichen Bindungen (etwa durch Abänderungsvorbehalte oder die Vereinbarung eines Rücktrittsrechtes nach § 2293 BGB beim Erbver-

---

351 *Limmer*, ZEV 2004, 139; *Damrau*, MDR 2000, 256; *J. Mayer/Bonefeld/Wälzholz/Weidlich*, Testamentsvollstreckung, Rn. 578 (str.).

E. Bedürftigentestament

trag, Vermeidung wechselbezüglicher Verfügungen beim gemeinschaftlichen Testament) freihalten bzw. von diesen (durch Ausschlagung nach dem ersten Erbfall) befreien.

2. Durch die Erben

Daneben besteht die Möglichkeit, „händisch" unter rechtsgeschäftlicher Mitwirkung der Nacherben die Beschränkungen wirtschaftlich entfallen zu lassen, sobald nach Eintritt der RSB hierfür kein „Bedarf" mehr besteht. Dies kann entweder dadurch erfolgen, dass alle Nacherben einschließlich aller (ggf. noch ungeborenen!) gem. § 2096 BGB bestimmten bzw. gem. § 2069 BGB im Zweifel berufenen Ersatznacherben[352] die Nacherbschaft ausschlagen und dadurch dem Vorerben nach Maßgabe des § 2142 Abs. 2 BGB die unbeschränkte Erbschaft verschaffen. Daneben können alle Nacherben einschließlich der Ersatznacherben (sofern die Ersatznacherbenstellung nicht durch Übertragung auf den Vorerben auflösend bedingt ist) ihre Nacherbenanwartschaften auf den Vorerben übertragen (§ 2033 Abs. 1 BGB analog), sodass dieser – da die Nacherben ihrerseits Vollerben geworden wären – im Zeitpunkt des Nacherbfalls Vollerbe wird.

5327

Allein mit Zustimmung des Nacherben (also ohne Mitwirkung der Ersatznacherben) allerdings lassen sich wenigstens für **Einzelgegenstände** die Beschränkungen aufheben (wie dies auch durch Zustimmung im Rahmen einer Übertragung an Dritte möglich gewesen wäre, § 2113 Abs. 1 BGB); wobei die rechtliche Begründung schwankt: Auseinandersetzungsvertrag zwischen Vor- und Nacherbe analog § 2042 BGB;[353] Theorie der Doppelübereignung zwischen Vor- und Nacherbe;[354] In-Sich-Verfügung des Vorerben mit Zustimmung des Nacherben;[355] oder echte „Freigabe" durch den Nacherben.[356]

5328

Bei der Pflichtteilsbeschränkung in guter Absicht gem. § 2338 BGB (Rdn. 5157 ff.) ist jedoch erforderlich, dass alle Personen, die im Zeitpunkt des Nacherbfalls gesetzliche Erben des überschuldeten Abkömmlings geworden wären, diese Nacherbenanwartschaft übertragen haben. Kommen also durch Geburt oder Heirat weitere gesetzliche Erben hinzu oder fallen gesetzliche Erben durch Scheidung oder Vorversterben weg, ist die Aufstufung des Vorerben zum Vollerben (noch) nicht geglückt, sofern nicht auch die weiteren gesetzlichen Erben mitwirken (was bei minderjährigen weiteren Kindern wegen der erforderlichen Mitwirkung des Vormundschafts-, ab 01.09.2009 FamGs kaum realisierbar sein dürfte).

5329

Eine nicht mehr „benötigte" Testamentsvollstreckung kann „händisch" durch schlichte Niederlegung des Amtes, auch durch etwaige Ersatzvollstrecker, bzw. Unterlassen des Antrags auf Bestellung eines Ersatzvollstreckers, beseitigt werden. Eine schuldrechtliche Zusage des Testamentsvollstreckers, sein Amt unter bestimmten Umständen niederzulegen, soll sogar einen im

5330

---

352 Die betreuungsgerichtliche Genehmigung für eine solche durch einen Pfleger gem. § 1911 BGB zu erklärende Ausschlagung ist aber kaum zu erlangen, vgl. *Zawar*, NJW 2007, 2356.
353 *Maurer*, DNotZ 1981, 223, 229.
354 *Maurer*, DNotZ 1981, 223, 224 m.w.N.
355 *Keim*, DNotZ 2003, 822.
356 BGH, NJW-RR 2001, 217; BayObLG, NJW-RR 2005, 956; *Ivo*, Erbrecht Effektiv 2006, 73; *Zawar*, NJW 2007, 2356; *Hartmann* ZEV 2009, 107 (ohne Mitwirkung der Ersatznacherben möglich).

Zivilprozess durchsetzbaren Anspruch begründen,[357] wogegen jedoch erhebliche Bedenken bestehen.[358] Denkbar ist auch eine auflösende Befristung, Rdn. 5351.

3. Durch Vorkehrung in der letztwilligen Verfügung selbst

5331 Rechnen die Beteiligten damit, dass der Erblasser nicht mehr selbst die Anpassung vornehmen kann (da bereits vorverstorben, testierunfähig, oder endgültig gebunden), und wollen sie sich nicht auf die Freiwilligkeit der „händischen" Aufhebung (vorstehend 2, Rdn. 5327 ff.) verlassen, ist an folgende Vorkehrungen in der letztwilligen Verfügung selbst zu denken:

a) Ermöglichung der Anfechtung?

5332 Zum einen empfiehlt sich im Testament die Angabe des Motivs für die Verfügungsbeschränkungen zulasten des überschuldeten Erben, um diesem binnen eines Jahres nach Eintritt der Schuldenfreiheit die Möglichkeit einer Anfechtung durch den Erben ggü. dem zuständigen Nachlassgericht zu ermöglichen (§§ 2080 Abs. 1, 2081 Abs. 1, 2078 Abs. 2 BGB). Das Anfechtungsrecht selbst ist gem. § 857 Abs. 1, 851 ZPO unpfändbar und zählt analog § 83 InsO nicht zur Insolvenzmasse.[359]

5333 Zwar wären die nach Anfechtung künftig unbelastet und damit verwertbar zustehenden Vermögenspositionen möglicherweise als künftige Ansprüche pfändbar (§§ 844, 857 ZPO), allerdings handelt es sich (trotz der Ex-tunc-Wirkung der Anfechtung) nicht um bei Eröffnung oder während des Verfahrens erworbenes Vermögen, sodass auch insoweit eine Insolvenzverwertung ausscheiden dürfte. Gefährdet ist das später real durch Anfechtung Erworbene jedoch durch Maßnahmen solcher Gläubiger, deren Ansprüche die RSB überstehen, etwa von Absonderungsberechtigten (§ 301 Abs. 2 InsO) und von Opfern vorsätzlicher unerlaubter Handlungen (§ 302 Nr. 1 InsO), sodass in solchen Fällen die Ausübung des Anfechtungsrechtes unterbleiben wird.

5334 Fraglich ist allerdings sowohl das Bestehen eines Irrtums als auch die Kausalität des Willensmangels, rechnet doch der Erblasser, wie aus der Formulierung ersichtlich, gerade mit der wirtschaftlichen „Genesung", sodass er (wie durch vorrangige Auslegung zu ermitteln sei) eigentlich eine (schädliche, da die Pfändbarkeit eröffnende) auflösende Bedingung im Sinn habe.[360] Hiergegen wird ins Feld geführt, das „Motiv für die Angabe des Motives" sei unmaßgeblich; ein Motivirrtum entfalle nicht durch Veranschaulichung der Grundlage seiner Entstehung.[361]

5335 Noch wenig diskutiert ist die Gefahr, die sich aus der Rückwirkung einer solchen Anfechtung (§ 142 Abs. 1 BGB) ergibt. Das Anfechtungs"gestaltungs"recht selbst ist unpfändbar, §§ 857 Abs. 1, 851 ZPO.[362] Allerdings ist unsicher, ob nicht das Recht, das durch die Anfechtung erworben wird, schon vor der erfolgten Anfechtung als künftiger Anspruch gepfändet werden kann

---

357 OLG Hamm, 11.12.2007 – 15 W 242/07, ZErb 2008, 203.
358 *Muscheler*, NJW 2009, 2081 ff; abgeschwächt zuvor *Reimann* NJW 2005, 789 zur Unzulässigkeit jedenfalls verdeckter Kündigungsvereinbarungen. Praxisnaher Überblick „wie man einen Testamentsvollstrecker los wird" bei *Werner*, ZEV 2010, 126 ff.
359 Staudinger/*Otte*, BGB (2002), § 2080 Rn. 17.
360 I.d.S. *Hartmann*, ZNotP 2005, 87 und *J. Mayer*, ZEV 2005, 178.
361 *Everts*, ZErb 2005, 357.
362 Vgl. Staudinger/*Otte*, BGB (2002), § 2080 Rn. 17.

(§§ 857, 844 ZPO). In die Insolvenzmasse gehört es jedoch wohl nicht, wenn die Anfechtung erst nach Abschluss des Insolvenzverfahrens und nach Durchführung des Restschuldbefreiungsverfahrens erfolgt (§ 35 InsO).[363]

Fraglich ist jedoch weiterhin, ob nicht nach § 203 Abs. 1 Nr. 3 InsO eine Nachtragsverteilung nach Beendigung des Insolvenzverfahrens in Betracht kommt, da der mit Rückwirkung angefallene Erbteil (ohne die durch Anfechtung beseitigten Belastungen) als „nachträglich ermittelter Massegegenstand" gelten könnte. Die bisherigen Anwendungsfälle der Nachtragsverteilung betreffen in erster Linie verschwiegene, versteckte, beiseitegeschaffte, übersehene oder nachträglich wieder zugänglich gewordene (Vermögen in der ehemaligen DDR) Werte, während die Rückwirkung der Anfechtung zwar de iure ex post wirkt, jedoch de facto während des Insolvenzverfahrens real nicht vorhanden bzw. nicht verwertbar war.[364] Allerdings spricht die Vergleichbarkeit zur vom BGH[365] angeordneten Nachtragsverteilung bei späterer Anerkennung eines bereits während der Insolvenz-/Wohlverhaltensphase bestehenden (hier: durch die Rückwirkung der Anfechtung ex tunc geschaffenen), jedoch (noch) nicht pfändbaren/verwertbaren Pflichtteilsanspruchs für die Anwendung des § 203 InsO, vgl. auch Rdn. 102.   5336

Das Anfechtungsrecht nach § 2079 BGB sollte i.Ü. (wie stets) ausgeschlossen bleiben. Hierzu[366] der folgende   5337

Formulierungsvorschlag: Motivangabe beim Bedürftigentestament zur Ermöglichung der Anfechtung nach § 2078 BGB bei wirtschaftlicher Erholung   5338

> Die vorstehenden Beschränkungen unseres Sohnes A durch die Anordnung von Nacherbfolge und Testamentsvollstreckung erfolgen, um unseren Nachlass vor dem Zugriff der Eigengläubiger von A zu schützen und um ihm zugleich ein regelmäßiges Einkommen für seinen Lebensunterhalt zu verschaffen, das über das Niveau einer staatlichen Grundversorgung hinausgeht. Es handelt sich hierbei um das bestimmende Motiv, allerdings nicht um eine Rechtsbedingung für die gewählte Gestaltung. Unabhängig hiervon würden wir die vorstehenden letztwilligen Verfügungen auch dann treffen, falls wir dabei Pflichtteilsberechtigte übergangen hätten, die uns nicht bekannt sind oder erst in Zukunft pflichtteilsberechtigt oder geboren werden.

b) Auflösend bedingte bzw. befristete Vorerbenstellung?

Im Hinblick auf den zeitlichen Ablauf des Restschuldbefreiungsverfahrens nach § 300 InsO ist zu erwägen, ob die belastenden testamentarischen Anordnungen (Testamentsvollstreckung, Vor- und Nacherbfolge) nicht durch die rechtskräftige Erteilung der RSB und Ablauf der Frist des § 303 Abs. 2 InsO oder aber durch eine gutachtliche Bescheinigung eines RA über die Tilgung oder Verjährung der derzeit bekannten Verbindlichkeiten **auflösend bedingt** bzw. auf einen nach   5339

---

363 Es existiert jedoch eine gewisse Rechtsunsicherheit im Hinblick auf § 301 Abs. 2 Satz 1 InsO bei absonderungsberechtigten Gläubigern.
364 Eher gegen die Anwendbarkeit des § 203 Abs. 1 Nr. 3 InsO auch *Reul/Heckschen/Wienberg*, Insolvenzrecht in der Kautelarpraxis, S. 326 f.
365 BGH, 02.12.2010 – IX ZB 184/09, ZEV 2011, 87 m. Anm. *Reul*.
366 Nach *Everts*, ZErb 2005, 360.

der als sicher erwarteten RSB liegenden Zeitpunkt **auflösend befristet** sein sollten[367] (ähnlich der Einsetzung von Nacherben unter der auflösenden Bedingung, dass der Vorerbe anderweit über sein eigenes Vermögen verfügt).[368]

5340 Hiergegen spricht allerdings, dass der aufschiebend bedingt/befristet eingesetzte Vollerbe zugleich wie ein Nacherbe (konstruktive Nacherbfolge) zu behandeln ist,[369] sodass den Gläubigern ein weiterer, übertragbarer und vererblicher Vermögenswert, nämlich die Nacherbenanwartschaft, zur Verfügung stehen würde. Daher muss in diesen Fällen die Vererblichkeit und auch die Übertragbarkeit des Anwartschaftsrechts gem. § 2108 Abs. 2 Satz 1 BGB ausgeschlossen werden.

5341 Str. ist jedoch, ob dies auch die **Pfändbarkeit**[370] der Nacherbenanwartschaft hindern würde.[371] Hält man (mit der zutreffenden Ansicht) eine Pfändung gem. § 851 Abs. 2 ZPO für möglich[372] setzt sich das Pfändungspfandrecht nach Bedingungseintritt an allen Nachlassgegenständen fort (§ 1287 BGB analog) und fällt auch im späteren Insolvenzverfahren in die Nachlassmasse (§ 35 InsO). Die Gefahr eines Direktzugriffs auf einzelne Nachlassgegenstände besteht allerdings nur bis zur Eröffnung des Insolvenz- oder Restschuldbefreiungsverfahrens wegen der dann eintretenden Einzelvollstreckungssperre.

5342 Aufgrund der stets bestehenden Pfändbarkeit des Anwartschaftsrechtes des aufschiebend bedingt eingesetzten Erben handelt es sich allerdings bei dieser um einen Bestandteil der bereits derzeit verwertbaren Insolvenzmasse (§ 35 InsO: Vermögen, das während der Insolvenzeröffnung vorhanden ist oder während des Verfahrens erlangt wird und das ferner nicht gem. § 36 Abs. 1 InsO als „unpfändbar" ausscheidet).[373] Dabei ist es im ordentlichen Insolvenzverfahren gleichgültig, ob der Vermögenswert für den Inhaber selbst verwertbar ist oder nicht (als Folge der Unübertragbarkeit der Anwartschaft, die analog § 2108 Abs. 2 Satz 1 BGB – Unvererblichkeit – nach h.M. angeordnet werden kann), ausreichend ist die (stets gegebene) Pfändbarkeit. In der Insolvenz des

---

367 So etwa noch *Nieder*, Handbuch der Testamentsgestaltung, 2. Aufl. 2000, Rn. 52.
368 Durch Erbeinsetzung oder Vermächtnis, vgl. *Nieder/Kössinger*, Handbuch der Testamentsgestaltung, § 10 Rn. 70, ggf. auch nur innerhalb vorgegebener Grenzen, z.B. durch Auswahl unter mehreren Nacherben, vgl. DNotI-Gutachten Nr. 96580, jeweils mit der Folge, dass mit Eintritt der auflösenden Bedingung feststeht, dass der Vorerbe von Anfang an Vollerbe war, sodass die Abschirmwirkungen der Vorerbfolge rückwirkend entfallen. Nach zutreffender h.M. nicht zulässig wäre es jedoch, dem Vorerben die Möglichkeit einzuräumen, unter Aufrechterhaltung der Vor- und Nacherbfolge andere Nacherben einzusetzen, da § 2065 Abs. 2 BGB entgegensteht [OLG Hamm DNotZ 1967, 315], kein argumentum a maiore ad minus, vgl. auch *J. Mayer* ZEV 2000, 1 ff.
369 Vgl. *Limmer*, ZEV 2004, 140.
370 Zur Umsetzung (Zustellung des Pfändungsbeschlusses über das Nacherbenanwartschaftsrecht an den Vorerben, nicht an den Nacherben): LG Stuttgart, 28.12.2009 – 1 T 96/09 ZEV 2010, 578.
371 Bejahend *Kessel*, MittRhNotK 1991, 138; ablehnend *Stöber*, Forderungspfändung, Rn. 1656 sowie Gutachten, DNotI-Report 2009, 65.
372 Diese lässt sich auch nicht durch vermeiden, dass man die Anwartschaft als durch ihre Pfändung auflösend bedingt ausgestaltet (*Hartmann*, ZNotP 2005, 82 ff.; Formulierungsvorschlag von *Kleensang*, in: Beck'sches Formularbuch Erbrecht, Muster F II 4), da diese Abrede als Gläubigerbenachteiligung unwirksam sein dürfte, *J. Mayer*, ZEV 2005, 178. Außerdem bleibt er dann dauerhaft beschränkter Vorerbe.
373 *Reul/Heckschen/Wienberg*, Insolvenzrecht in der Kautelarpraxis, S. 323; a.A. *Limmer*, ZEV 2004, 140. Die Marktgängigkeit einer solchen aufschiebend bedingten Erbenstellung ist freilich fraglich, vgl. *Kesseler*, RNotZ 2003, 562.

Nacherben wird auch die Zustimmung des Nacherben zu einer Verfügung des Vorerben (§ 2113 BGB) allein durch den Insolvenzverwalter wirksam erteilt.[374]

Lediglich während der Wohlverhaltensphase wird die (Un)übertragbarkeit bedeutsam für § 295 Abs. 1 Nr. 2 InsO – ist die rechtsgeschäftliche Übertragbarkeit des Anwartschaftsrechts ausgeschlossen, besteht (wohl) auch keine Obliegenheit zur Herausgabe des hälftigen Wertes. Wird also die Anwartschaft auf die (aufschiebend bedingte) Erbschaft erst während der Wohlverhaltensphase erworben, besteht keine (hälftige) Herausgabeobliegenheit, und auch die Einzelpfändung ist durch die Abschirmwirkung des Insolvenzverfahrens (auch während der Wohlverhaltensphase, § 294 Abs. 1 BGB) ausgeschlossen, ebenso wenig kann die nach Erlangung der RSB durch Eintritt der Bedingung eintretende Vollerbenstellung „nachträglich" herangezogen werden.[375] 5343

Hinzu kommt folgendes weiteres Risiko: Bei einem der Vor- und Nacherbfolge unterliegenden Miterben erfasst das an die Gläubiger des Vorerben gerichtete Verwertungsverbot des § 2115 BGB nur die einzelnen zu einer Erbschaft gehörenden Sachen und Rechte, nicht aber den Miterbenanteil selbst, über den der Miterbe verfügen könnte, sodass die Gläubiger diesen nach § 859 Abs. 2 ZPO bis zur (i.d.R. „verbotenen", s. Rdn. 5319 f.) Auseinandersetzung pfänden könnten. Die angeordnete Pfändung des Vorerbteils würde an sich mit Eintritt des Nacherbfalls erlöschen, da der Nacherbe nicht Schuldner des Pfändungsgläubigers wird (§§ 2100, 2139, 2144 Abs. 1 BGB). Ist allerdings die Nacherbfolge auflösend bedingt auf den „Wegfall der Bedürftigkeit", wird der gepfändete Erbteil des früher Bedürftigen frei verwertbar, da der Nacherbfall nicht mehr eintreten kann. 5344

I.R.d. **Vermächtnislösung** greifen ähnliche Risiken: mit Eintritt der auflösenden Bedingung entfallen Testamentsvollstreckung und Nachvermächtnisverpflichtung, sodass der vormals Bedürftige einen Herausgabeanspruch gegen den Testamentsvollstrecker hat (§ 2218 i.V.m. § 667 BGB),[376] der bereits vorab gepfändet werden kann. Auch der Ratschlag an den Bedürftigen, das zu seinen Gunsten ausgesetzte Vorvermächtnis zunächst noch nicht anzunehmen (wird er wieder leistungsfähig und ist demnach auf das Vermächtnis endgültig nicht angewiesen, ist jedenfalls bei eingetretener RSB keine insolvenzrechtliche Nachtragsverteilung i.S.d. § 203 Abs. 1 Nr. 3 InsO mehr möglich),[377] begegnet Bedenken: gem. § 2307 Abs. 2 BGB kann durch Fristsetzung die Ausschlagungsfiktion herbeigeführt werden, sodass ein überleitbarer/übergeleiteter Pflichtteilsanspruch entsteht. 5345

Nicht zu verwechseln mit dieser (problembehafteten) auflösenden Bedingtheit/Befristetheit der Beschränkungen als solchen ist jedoch eine nach dem Datum des Sterbefalles differenzierende Alternativgestaltung: tritt der Sterbefall während eines Zeitraumes ein, in dem mutmaßlich die RSB (Erfüllung der Obliegenheiten in der Wohlverhaltensphase vorausgesetzt) bereits ausgesprochen wurde, ist der Destinatär zum schlichten Erben oder Vermächtnisnehmer eingesetzt, 5346

---

[374] Gutachten, DNotI-Report 2009, 65, 67; ebenso muss bei einer Pfändung der Nacherbenanwartschaft auch der Pfändungsgläubiger mitwirken, neben der Zustimmung des Nacherben selbst, vgl. *Stöber* Forderungspfändung, Rn. 1659.
[375] *Limmer*, ZEV 2004, 140; Gutachten, DNotI-Report 2009, 65, 68 m.w.N.
[376] Dieser Anspruch unterlag gemäß OLG Karlsruhe, ZEV 2006, 317 m. Anm. *Baldus/Roland* nicht der erbrechtlichen (30 Jahre gem. § 197 Abs. 1 Nr. 2 BGB), sondern der Regelverjährung des § 195 BGB.
[377] *Dittmann/Reimann/Bengel*, Testament und Erbvertrag, Teil E Rn. 70.

ohne weitere Kautelen – tritt der Sterbefall jedoch in einem „voraussichtlich ungünstigen" Zeitpunkt ein, gelten die Vorsorgeregelungen eines Bedürftigentestamentes. Dadurch wird lediglich eine sonst durch Testamentsänderung notwendig werdende Anpassung vor dem Sterbefall vorweggenommen, nicht jedoch die Beseitigung bereits (aufgrund Versterbens im „Gefahrenzeitraum") in Kraft getretener Erbschaftsbeschränkungen erreicht.

c) Aufschiebend bedingte Befreiung des Vorerben?

5347   Die vorstehend beschriebenen Schwächen der „großen Bedingungslösung" (Entstehen verwertbarer Anwartschaftsrechte in Gestalt der aufschiebend bedingten Vollerbenstellung) werden vermieden, wenn nicht die Vorerbschaft als solche auflösend bedingt ist, sondern lediglich die Anordnung der Beschränkungen, sodass mit Eintritt der aufschiebenden Bedingung aus dem „nichtbefreiten Vorerben" ein „befreiter Vorerbe" mit erweiterten Verfügungsmöglichkeiten wird. Zur Erlangung möglichst weitgehender Verfügungsrechte muss zudem für diesen Fall auch die Dauertestamentsvollstreckung auflösend bedingt sein.[378]

5348   Besonderes Augenmerk ist bei beiden „Bedingungslösungen" auf die exakte Definition des Umstandes zu legen, mit dessen Verwirklichung die Bedingung eintritt. Es sollte sichergestellt sein, dass nicht bereits eine kurzzeitige Unterbrechung des Leistungsbezugs zum Wegfall der Vorerbenstellung (oben b, Rdn. 5339 f.) bzw. der Vorerbenbeschränkungen (c, Rdn. 5347 f.) führt, sondern erst eine nachhaltige, aller Voraussicht nach dauerhafte Aufrechterhaltung des Lebensunterhalts ohne Inanspruchnahme staatlicher Fürsorgeleistungen. Darüber hinaus ist zu erwägen, neben objektiven Umständen (also bspw. dem Nichtbezug von Grundsicherungsleistungen über einen zusammenhängenden Zeitraum von mindestens einem Jahr) auch protestative Elemente (also z.B. diesbezügliche Erklärungen des Betroffenen) zum Bedingungsinhalt zu erheben, um dem derzeit noch Bedürftigen die Chance zu geben, durch Nichtabgabe dieser Willenserklärung die Beschränkungen (bzw. die Fortgeltung überhaupt) der Vorerbenstellung vorsichtshalber noch aufrechtzuerhalten.

5349   *Litzenburger* macht sich in seinem Gestaltungsvorschlag[379] daher geschickterweise zunutze, dass mit dem Wegfall der Vorerbenbeschränkungen ohnehin ein neuer Erbschein zu erteilen ist, sodass das protestative Element in der Abgabe einer entsprechenden eidesstattlichen Versicherung über den ausreichend langen Nichtbezug von Fürsorgeleistungen liegen könnte:

5350   **Formulierungsvorschlag: Bedingte Befreiung von den Vorerbschaftsbeschränkungen und bedingter Wegfall der Testamentsvollstreckung beim Bedürftigentestament**

> Mit dem Eintritt beider nachstehend genannter Umstände erlangt ..... [bedürftiger Erbe] die Rechtsstellung eines von allen gesetzlichen Beschränkungen – soweit zulässig – befreiten Vorerben, d.h. die zunächst angeordneten Beschränkungen fallen weg unter Aufrechterhaltung der Vorerbenstellung als solcher. Zugleich endet die Testamentsvollstreckung mit dem Eintritt der nachstehenden Umstände ersatzlos.

---

378   So der Vorschlag von *Litzenburger*, ZEV 2009, 278, 280.
379   ZEV 2009, 278, 281.

Vorstehende Wirkungen (Befreiung von den Vorerbenbeschränkungen und Beendigung der Testamentsvollstreckung) treten ein, wenn

a) der Vorerbe mindestens ein Jahr lang ununterbrochen keine staatlichen Fürsorgeleistungen nach SGB II oder SGB XII erhalten und solche auch nicht beantragt hat

b) und er dies gegenüber dem Nachlassgericht eidesstatttlich versichert.

Sollten die Bestimmungen des vorstehenden Absatzes nicht wirksam sein oder aus rechtlichen Gründen nicht zu einem Wegfall der Vorerbenbeschränkungen bzw. der Dauertestamentsvollstreckung führen, verbleibt es bei der bisherigen Rechtsstellung des Vorerben.

d) Befristete Testamentsvollstreckung?

Entscheidendes Schutzinstrument des Bedürftigen- (wie auch des Behinderten-) Testaments ist die Dauertestamentsvollstreckung (§ 2214 BGB, Rdn. 5311 ff.); die Vor- und Nacherbfolge „verlängert" den Vermögensschutz über die Lebenszeit des Bedürftigen/Behinderten hinaus. Die auflösende Befristung der Vorerbenstellung schafft, wie oben unter Rdn. 5339 ff. dargestellt, in Gestalt der Vollerbenanwartschaft bereits zuvor verwertbare Positionen. Legen die Beteiligten auf den postmortalen Schutz keinen entscheidenden Wert, ist es ratsam, sich auf die Dauertestamentsvollstreckung zu beschränken, und diese so zu befristen, dass sie nach Ablauf der Gefährdungslage endet (anstatt darauf zu vertrauen, dass die Beteiligten von sich aus die nicht mehr benötigte Testamentsvollstreckung beenden, Rdn. 5330). Eine zugriffsgefährdete „Anwartschaft" wird dadurch nicht begründet, wie sich aus § 2210 BGB ergibt: da keine Testamentsvollstreckung ewig währen kann, liefe § 2214 BGB sonst leer.[380] Hierzu

5351

Formulierungsvorschlag: Befristete Testamentsvollstreckung beim Bedürftigentestament

5352

Die Testamentsvollstreckung in Bezug auf ...... endet, wenn innerhalb eines Jahres nach Erteilung der Restschuldbefreiung kein Gläubigerantrag auf deren Widerruf gem. § 303 InsO gestellt wurde, andernfalls mit rechtskräftiger Zurückweisung dieses Antrags.

e) Gestufte Ausschlagung?

Ist nicht abzusehen, ob der Destinatär zum Zeitpunkt des Erbfalls tatsächlich überschuldet sein wird (etwa wegen Eventualverbindlichkeiten aus Haftpflichtprozessen), kann auch auf die flexible Ausschlagungslösung nach Empfehlung von *Tönnies*[381] zurückgegriffen werden: In Erweiterung des § 1951 Abs. 3 BGB (Teilbarkeit der Ausschlagung) kann der Erblasser den Erben durch Verfügung von Todes wegen gestatten, bei mehrfacher Einsetzung zum Alleinerben unter unterschiedlicher Ausgestaltung seiner Erbenstellung (zum einen als unbeschränkter Alleinerbe, als bloßer Vorerbe, als nicht befreiter Vorerbe etc.) die verschiedenen Erbenstellungen gesondert auszuschlagen oder anzunehmen.

5353

Demnach würde also bspw. der potenziell überschuldete Abkömmling zunächst zum „normalen" Erben (bzw. Miterben), ersatzweise zum nicht befreiten, mit Testamentsvollstreckung belasteten

5354

---

380 Vgl. *Tersteegen*, ZErb 2011, 234, 236.
381 ZNotP 2003, 92.

(Mit-) erben eingesetzt sein oder aber ersatzweise zum schlichten Nacherben eingesetzt sein, wobei der Nacherbfall mit dem Tod des Vorerben bzw. zuvor nach Ablauf einer ausreichend langen Zeit, in welcher die Entschuldung erwartet werden kann, eintritt.

5355 Problematisch ist zum einen, ob § 1951 Abs. 3 BGB (Möglichkeit der Ausschlagung eines einzelnen von mehreren zugewendeten Erbteilen) analog auf die „gestufte" Erbeinsetzung in unterschiedlicher Qualität anzuwenden ist,[382] was nicht unumstritten ist.[383] Ist (wie im Vorschlag von Tönnies) der potenziell überschuldete Destinatär ersatzweise zum Nacherben eingesetzt, kommen weitere Probleme hinzu: die mit Ausschlagung entstehende Nacherbenanwartschaft unterliegt (auch wenn ihre Abtretbarkeit ausgeschlossen ist, § 851 ZPO) der Pfändung. Die Pfändungsschutzwirkung des § 2214 BGB wird ggü. Eigengläubigern des Nacherben wohl nur erreicht, wenn nicht nur Nacherbentestamentsvollstreckung i.S.d. § 2222 BGB angeordnet ist, sondern auch unmittelbare Vollstreckung über die dem Nacherben anfallenden Werte nach Eintritt des Nacherbfalls.[384]

5356 Damit unterläge aber der „vormals Bedürftige" auch nach Eintritt des Nacherbfalls, der erst nach Wegfall der Überschuldung erfolgen soll, der Vollstreckung, und ist wiederum darauf angewiesen, dass der Vollstrecker von sich aus das Amt niederlegt. Darüber hinaus ist fraglich, ob das mit der Ausschlagung entstehende Nacherbenanwartschaftsrecht vor seinem Anfall, also vor Eintritt des Nacherbfalls (der erst nach Erreichen der RSB stattfinden soll) nach § 295 Abs. 1 Nr. 2 InsO hälftig an den Treuhänder herauszugeben ist. Jedenfalls wenn die Übertragbarkeit der Anwartschaft ausgeschlossen ist, dürfte dies zu verneinen sein – Wert i.S.d. § 295 Abs. 1 Nr. 2 InsO ist dasjenige, was durch Veräußerung erzielt werden kann, abzgl. Kosten und Belastungen.[385]

f) Auflage?

5357 *Kornexl*[386] schlägt schließlich vor, den Nacherbfall (bzw. die Fälligkeit des Nachvermächtnisses) mit Wegfall der Bedürftigkeit nicht etwa entfallen, sondern eintreten zu lassen (also keine aufschiebend bedingte Vollerbenstellung!). Sofern der Nacherbfall/Nachvermächtnisfall durch den Wegfall der Bedürftigkeit/Überschuldung ausgelöst wurde, sind die dadurch Begünstigten jedoch mit der Auflage beschwert, bestimmte Werte (oder Nachlassquoten) dem nicht mehr Bedürftigen zuzuwenden; zu deren Erfüllung ist Testamentsvollstreckung angeordnet (sollte der Begünstigte selbst zum Kreis der Vollziehungsberechtigten nach § 2194 BGB gehören, sollte diese Berechtigung ausgeschlossen werden).

5358 Da der Begünstigte somit weder einen eigenen künftigen/bedingten Leistungsanspruch (§ 1940 BGB) hat noch verfügungsberechtigt ist, scheidet ein Zugriff Dritter (d.h. eines Pfändungsgläubigers, des Insolvenzverwalters, oder des Sozialleistungsträgers) hierauf aus. Diese auf den ersten Blick etwas paradoxe Empfehlung erscheint derzeit die sicherste „Störfallvorsorge". Allerdings ist fraglich, ob nicht dasjenige, was nach Erfüllung der Auflage (also mehrfach bedingt) dem derzeit Bedürftigen zukommen wird, als künftige Vermögensposition mit Vorauswirkung und

---

[382] In diesem Sinne BayObLG, ZEV 1996, 425; *Seidl*, in: Bamberger/Roth, BGB, § 1951 Rn. 7.
[383] Z.B. *Edenhofer*, ZEV 1996, 427.
[384] Vgl. *Reul/Heckschen/Wienberg*, Insolvenzrecht in der Kautelarpraxis, S. 315 f.
[385] *Limmer*, ZEV 2004, 133, 140.
[386] Nachlassplanung bei Problemkindern, Rn. 423 ff.

Surrogationswirkung bei Erfüllung durch Erbbauseinandersetzung gepfändet werden könnte[387] – hinsichtlich der Auflagenposition selbst droht dies, mangels Anspruchsqualität, jedenfalls nicht.

Als Formulierung schlägt *Kornexl*[388] vor:

Formulierungsvorschlag: Bedürftigentestament; Vorsorge bei späterem Wegfall der Bedürftigkeit (Auflagenlösung)

a) Bedingungseintritt, Auflage zu ihrer Feststellung

Die nachfolgenden Verfügungen sind aufschiebend bedingt. Sie gelten nur, falls die Bedürftigkeit von ..... (*Name des Bedürftigen*) vor oder nach dem Erbfall weggefallen sein sollte.

Die Bedingung gilt **ausschließlich** dann als eingetreten, wenn sämtliche Erben und Vermächtnisnehmer – einschließlich ..... (*Name des Bedürftigen*) – dies durch schriftliche Erklärung gegenüber dem Nachlassgericht festgestellt haben. Die Abgabe dieser Erklärung wird hiermit im Weg der **Auflage** zugunsten von ..... (*Name des Bedürftigen*) angeordnet. Die Erklärung kann auch durch einen Stellvertreter abgegeben werden.

b) Rechtsfolgen bei Bedingungseintritt

Sämtliche Nacherben und Nachvermächtnisnehmer sind dann mit einer **Auflage** zugunsten von ..... (*Name des Bedürftigen*) beschwert, für die folgende Bestimmungen gelten:

aa) Vom Wert des Vermögens, welches an sie als Folge des Bedingungseintritts durch den Testamentsvollstrecker herauszugeben wäre, haben sie einen Anteil von **90 %** sofort wieder an den Auflagebegünstigten herauszugeben.

bb) Die **Vollziehungsberechtigung** für die Auflage steht sämtlichen Personen zu, die bei Eintritt der Bedingung Nacherben und Nachvermächtnisnehmer werden, und zwar jeweils in Bezug auf die übrigen Auflagebeschwerten. Außerdem ist diejenige Person vollziehungsberechtigt, die bei Bedingungseintritt als Testamentsvollstrecker die Nachlassbeteiligung des ..... (*Name des Bedürftigen*) verwaltet hat. Für alle anderen Personen, die nach § 2194 BGB die Vollziehung der Auflage verlangen könnten, wird die Vollziehungsberechtigung hiermit ausgeschlossen.

Formulierungsvariante (bei der „Erbschaftslösung" und der „umgekehrten Vermächtnislösung"):

Gleichzeitig mit der aufschiebenden Bedingung tritt der Nacherbfall ein und das Nachvermächtnis, mit welchem ..... (Name des Bedürftigen) beschwert worden ist, fällt an.

Formulierungsvariante (bei der „Vermächtnislösung"):

Gleichzeitig mit der aufschiebenden Bedingung fallen die Nachvermächtnisse, mit welchen ..... (Name des Bedürftigen) beschwert worden ist, an.

---

[387] In diese Richtung *Everts*, ZErb 2005, 358; *Stöber*, Forderungspfändung, Rn. 30; BGH, NJW 1969, 1347.
[388] *Kornexl*, Nachlassplanung bei Problemkindern, Rn. 434.

c) Kein Ersatzbegünstigter

Unter Ausschluss anderslautender Auslegungs- und Ergänzungsregeln entfällt die Auflage, wenn ..... (*Name des Bedürftigen*) sie nicht annehmen kann oder will.

Kapitel 14: Vertragsmuster

A.	Lebzeitige Übertragung von Grundbesitz („Überlassung")/Merkblatt für Veräußerer, Erwerber und Geschwister	5361
B.	Merkblatt: Das Erbschaftsteuerreformgesetz 2009/2010	5362
C.	Fragebogen und Datenerfassung zu einer Hausübergabe	5363
D.	Fragebogen zur Übergabe eines landwirtschaftlichen Anwesens	5364
E.	Übertragung eines städtischen Anwesens auf Abkömmlinge unter Nutzungs- und Verfügungsvorbehalt	5365
F.	Muster einer Bauplatzübertragung als Ausstattung mit Ausgleichspflichtteilsverzicht eines weichenden Geschwisters	5366
G.	Teilungserklärung im Eigenbesitz und Übertragung des Sondereigentums zum Eigenausbau	5367
H.	Landwirtschaftlicher Übergabevertrag (mit weiteren Erläuterungen)	5368
I.	Ehebedingte Zuwendung eines Halbanteils an einer Immobilie	5369
J.	Ehebedingte Übertragung von Grundbesitz in das künftige Alleineigentum eines Ehegatten	5370
K.	Übertragung in Verrechnung mit Zugewinnausgleichsansprüchen	5371
L.	„Familienpool" in Form einer vermögensverwaltenden KG (Gründung und Einbringung des Grundbesitzes mit Schuldübernahme und Verfügungs„sperre")	5372
M.	„Familienpool" in Form einer GbR (Gründung und Einbringung des Grundbesitzes mit Nießbrauchsvorbehalt und Verfügungs„sperre")	5373
N.	Schenkung eines Kommanditanteils im Wege vorweggenommener Erbfolge	5374
O.	Schenkung einer atypischen Unterbeteiligung an einem Kommanditanteil	5375
P.	Abtretung eines GmbH-Geschäftsanteils im Wege vorweggenommener Erbfolge	5376
I.	Muster	5376
II.	Notarbescheinigte Liste der Gesellschafter	5377
Q.	„Stuttgarter Modell" (Überlassung mit Mietvertrag; Vereinbarung einer dauernden Last)	5378
R.	Übertragung eines einzelkaufmännischen Gewerbebetriebes mit Grundbesitz	5379
I.	Übergabe eines einzelkaufmännischen Gewerbebetriebes (mit Grundbesitz)	5379
II.	Anmeldung zum Handelsregister	5380
S.	Erbschaftsvertrag nach § 311b Abs. 5 BGB	5381
T.	Schenkung eines Erbteils	5383
U.	Abschichtung gegen Abfindung	5384
V.	Muster eines „klassischen" Behindertentestamentes (als Erbvertrag)	5385
W.	Einzeltestament bei überschuldetem Abkömmling	5386

Die nachfolgenden Arbeitshilfen und Vertragsmuster erfassen typische Ausgangsfälle und verdeutlichen das Zusammenspiel der Einzelbausteine dieses Buches. Zur unreflektierten Übernahme sind sie naturgemäß nicht geeignet.

A. Lebzeitige Übertragung von Grundbesitz („Überlassung")/Merkblatt für Veräußerer, Erwerber und Geschwister

Inhaltsverzeichnis		
I.	**Einige Grundbegriffe**	Seite (.....)
II.	**Motive und Fallgruppen**	Seite (.....)
	1. Grundstücksübertragung zur Vorwegnahme der Erbfolge	Seite (.....)
	2. „Ehebedingte Zuwendung"	Seite (.....)
	3. Veräußerer mit wirtschaftlich risikobehafteter Tätigkeit	Seite (.....)
	4. Reduzierung von Pflichtteilsansprüchen	Seite (.....)
	5. „Versorgungsvertrag"	Seite (.....)
III.	**Objekte der Überlassung**	Seite (.....)
IV.	**„Gegenleistungen" und Vorbehalte**	Seite (.....)
	1. Nießbrauch	Seite(.....)
	2. Wohnungsrecht	Seite (.....)

	3.	Wiederkehrende Geldzahlungen	Seite (….)
	4.	Naturalleistungen	Seite (….)
	5.	Mehrere Berechtigte	Seite (….)
V.		**Rückforderungsvorbehalt und „Verfügungssperren"**	Seite (….)
	1.	Gesetzliche Rückforderungstatbestände	Seite (….)
	2.	Vertragliche Rückforderungstatbestände	Seite (….)
	3.	Detailausgestaltung	Seite (….)
VI.		**„Weichende Geschwister", pflichtteilsrechtliche Fragen**	Seite (….)
	1.	Das Pflichtteilsrecht des Erwerbers	Seite (….)
	2.	Gesetzliche Ausgleichsansprüche	Seite (….)
	3.	Vertragliche Ausgleichsregelungen	Seite (….)
VII.		**Einige steuerrechtliche Hinweise**	Seite (….)
	1.	Schenkungsteuer	Seite (….)
	2.	Einkommensteuer	Seite (….)

I. Einige Grundbegriffe

Die Bezeichnung „Überlassung", die im BGB selbst keine Verwendung findet, hat sich eingebürgert zur Umschreibung der lebzeitigen Übertragung von Vermögen (also nicht im Weg der gesetzlichen oder testamentarischen Erbfolge „von Todes wegen") zu Bedingungen, die nicht wie unter fremden Dritten kaufmännisch ausgewogen sind (also nicht im Weg beispielsweise eines Kaufvertrags gegen Entgelt). Sie findet im Regelfall – jedoch nicht notwendigerweise – unter nahen Angehörigen, z.B. im Verhältnis zwischen Ehegatten oder zwischen Eltern und Kindern statt.

Die wirtschaftliche Lebensleistung einer Familie verkörpert sich regelmäßig in einer Immobilie, insbesondere im selbstgenutzten Eigenheim, oder beispielsweise in einer Eigentumswohnung zu Vermietungszwecken, die aus finanzieller Vorsorge für das Alter erworben wurde. Die Entscheidung, eine solche Immobilie bereits zu Lebzeiten zu übertragen, sollte daher wohlüberlegt getroffen sein. Das vorliegende Merkblatt soll Ihnen hierbei Hilfestellungen geben. Es möchte Ihnen zugleich einige Regelungsmöglichkeiten nahebringen, die im Rahmen von Überlassungsverträgen zum Schutz vor unerwarteten Entwicklungen aufgenommen werden können. Die kurze Übersicht kann natürlich nicht die persönliche Beratung im Einzelfall ersetzen, die Ihnen der Berufsstand der Notare zur Vorbereitung von Überlassungsurkunden bietet und den Sie auf jeden Fall in Anspruch nehmen sollten, um den Besonderheiten Ihres Einzelfalls gerecht zu werden. Gerade bei Überlassungen gilt angesichts der Vielzahl zu berücksichtigender persönlicher, zivilrechtlicher, sozialrechtlicher und steuerrechtlicher Momente, dass maßgeschneiderte Einzellösungen erforderlich sind, die sicherstellen, dass alle Beteiligten – Veräußerer, Erwerber, dessen Geschwister etc. – mit der Übertragung selbst und ihrem Ergebnis auch Jahrzehnte später noch zufrieden sind. Scheuen Sie sich daher nicht, einen Besprechungstermin wahrzunehmen und auch nach Erhalt eines Entwurfs sowie während der Beurkundung Ihre Fragen zu stellen!

Die folgenden Erläuterungen gliedern sich in sechs Abschnitte:
- Zunächst sollen die verschiedenen Anlässe einer Übertragung und die daraus entwickelten „Vertragstypen" kurz dargestellt werden (nachstehend II).
- Es folgt eine kurze Übersicht zu den möglichen Objekten der Zuwendung (nachstehend III), insbesondere bezüglich der Abgrenzung von Grundstücks- bzw. Geldzuwendung.
- Der anschließende Abschnitt IV widmet sich den vorbehaltenen bzw. versprochenen „Gegenleistungen", seien sie auf Zahlung von Geldrenten, auf Naturalleistung (Versorgungspflichten) oder auf Duldung des weiteren Bewohnens oder der Ausübung eines Nießbrauchs gerichtet.
- Abschnitt V beschäftigt sich mit „Verfügungssperren", also dem regelmäßig vereinbarten Zustimmungsvorbehalt des Veräußerers bezüglich Belastungen, Veräußerungen oder Rückforderungsrechten für den Fall einer Scheidung, des Vorversterbens etc. In diesem Zusammenhang werden auch mögliche gesetzliche Rückforderungsrechte (z.B. wegen späterer Verarmung des Veräußerers bzw. infolge Heimunterbringung) erörtert.
- Abschnitt VI beleuchtet einige Aspekte im Verhältnis zu weichenden Geschwistern (Ausgleichspflichten, Anrechnungspflicht auf den Erbteil sowie die Anrechnung auf den eigenen Pflichtteil des Erwerbers).
- Im Schlussabschnitt VII werden einige wenige Hinweise auf die schenkungs- bzw. grunderwerbsteuerrechtlichen Aspekte sowie die einkommensteuerrechtliche Behandlung gegeben, die jedoch eingehendere Konsultationen mit dem Steuerberater oder die Einholung einer verbindlichen Auskunft seitens des Finanzamts in komplizierter gelagerten Fällen nicht ersetzen können.

Die Übertragung von Betriebsvermögen ist nicht Gegenstand dieses Merkblattes, obwohl die dort auftretenden Fragestellungen sich teilweise mit den hier behandelten decken.

II. Motive und Fallgruppen

Je nach den in erster Linie verfolgten Zielen einer Grundstücksübertragung – die sich häufig in Kombination nebeneinander finden – sind fünf besonders wichtige Fallgruppen zu unterscheiden:

1. Die Grundstücksübertragung zur Vorwegnahme der Erbfolge

Im Sinn einer zeitlich gestaffelten Vermögensübertragung sollen die schenkungsteuerlichen Freibeträge (400.000,00 € je Elternteil und Kind), die alle zehn Jahre erneut zur Verfügung stehen, mehrfach ausgenutzt werden. Häufig handelt es sich bei dem „überlassenen" Grundstück um das bisher und künftig selbst genutzte Eigenheim der Veräußerer, so dass die Beteiligten besonderes Augenmerk darauf legen, an den bisherigen Nutzungsverhältnissen und der bisherigen Lastentragung nichts zu ändern. Im Grund soll „nur der Name im Grundbuch ausgetauscht" werden. Dies kann erreicht werden durch einen umfassenden Nießbrauchsvorbehalt der Veräußerer, gepaart mit schuldrechtlichen Verfügungsverboten (beides wird nachstehend erläutert). Allerdings muss den Veräußerern deutlich werden, dass zwar der Erwerber (noch) nicht eigenmächtig über das Anwesen verfügen kann, allerdings auch die Veräußerer selbst dazu nicht mehr in der Lage sind, so dass z.B. ein Verkauf oder eine Beleihung (Eintragung von Grundpfandrechten) nur im Zusammenwirken von Veräußerer und Erwerber möglich sind. Wenn mehrere Abkömmlinge vorhanden sind und das Anwesen nicht allen gemeinsam übertragen wird (als Miteigentümer oder in Gesellschaft des bürgerlichen Rechts, damit künftige Quotenverschiebungen zwischen den Geschwistern grunderwerbsteuerfrei möglich sind), sondern ein Abkömmling das Anwesen allein übernehmen soll, ist zugleich das Verhältnis zu den „weichenden Geschwistern" zu regeln (hierzu nachstehend VI).

2. „Ehebedingte Zuwendung"

Die „ehebedingte Zuwendung" soll zur Verwirklichung der ehelichen Lebens- und Wirtschaftsgemeinschaft „paritätische" Eigentumsverhältnisse herstellen. Das Schenkungssteuerrecht privilegiert diese insofern, als die Übertragung eines selbstgenutzten „Familienheims" (oder von Anteilen hieran) gänzlich steuerfrei gestellt wird, also auf den (immerhin 500.000,00 € umfassenden) Freibetrag der Übertragung zwischen Ehegatten nicht angerechnet wird, und zwar ohne weitere einschränkende Voraussetzungen (im Falle der Vererbung muss der Witwer/die Witwe die betreffende Immobilie mindestens zehn Jahre selbst bewohnen, um Steuerfreiheit zu erlangen). Entscheidendes (und nicht immer leicht zu lösendes) Regelungsthema in solchen Fällen ist das Schicksal der Zuwendung für den Fall einer Trennung oder Ehescheidung: Soll die Überlassung weiter Bestand haben und allenfalls als Vorausleistung auf einen etwa geschuldeten Zugewinnausgleichsanspruch gelten (§ 1380 BGB), oder soll dem Zuwendenden ein Recht auf Rückforderung zustehen mit der Folge, dass der andere Ehegatte an etwaigen Wertsteigerungen z.B. über das Zugewinnausgleichsverfahren beteiligt wird oder aber dass (aufgrund ehevertraglicher Vereinbarung) lediglich dessen tatsächliche Eigeninvestitionen abgegolten werden sollen? Ein allgemeines „gesetzliches" Rückforderungsrecht bei Scheitern der Ehe besteht (abgesehen von den immer streitbehafteten Fällen des „groben Undanks") nicht, so dass hierzu eine vertragliche Lösung gefunden werden sollte.

3. Veräußerer mit wirtschaftlich risikobehafteter Tätigkeit

Veräußerer mit wirtschaftlich risikobehafteter Tätigkeit (Unternehmer, Freiberufler mit Haftungsrisiken, Existenzgründer mit hohem Finanzierungsbedarf etc.) sind häufig bestrebt, wichtige Vermögensteile vor einem etwaigen künftigen Zugriff der Gläubiger „in Sicherheit zu bringen". Solche Übertragungen sind allenfalls erfolgversprechend, wenn sie deutlich vor Eintritt der Krise stattfinden (bei späterer Insolvenz oder erfolglosen Pfändungsversuchen eines Gläubigers besteht eine maximal vierjährige Anfechtungsfrist). Ferner muss in diesem Fall das Augenmerk darauf gelenkt werden, dass nicht der Veräußerer sich seinerseits pfändbare „Gegenleistungen" vorbehält, wie etwa in Gestalt von Rentenzahlungen oder einem Nießbrauchsrecht; ungefährlich ist jedoch der Vorbehalt eines nicht übertragbaren Wohnungsrechts.

4. Reduzierung von Pflichtteilsansprüchen

In ähnlicher Weise werden Überlassungen vorgenommen mit dem Ziel, **Pflichtteilsansprüche zu reduzieren**: Durch rechtzeitiges Ausscheiden aus dem Nachlass sollen sich die Ansprüche pflichtteilsberechtigter anderer Personen (hierzu zählen Eltern, Ehegatten und

Kinder, auch und insbesondere nichteheliche oder erstehliche Kinder) nur noch auf das „Restvermögen" beziehen, das beim Ableben noch vorhanden ist. Die „Wartefrist" beträgt hier gem. § 2325 BGB nicht nur vier, sondern zehn Jahre, und auch diese lange Frist beginnt nicht zu laufen, solange sich der Veräußerer wesentliche Nutzungen (etwa in Gestalt eines Nießbrauchs) vorbehalten hat, sowie wenn der Veräußerer Vermögenswerte an seinen Ehegatten übertragen hat (aus Sicht des Gesetzgebers wirtschaften Ehegatten „aus einem Topf"). Die „pflichtteilssichere" Formulierung der Gegenleistungen erfordert genaue Beratung durch den Notar, die dieser naturgemäß nur leisten kann, wenn ihm die Übertragungsmotive offengelegt werden. Außerdem kann eine Schenkung auch zur Reduzierung des künftigen Pflichtteilsanspruchs des Beschenkten selbst gegenüber dem Schenker eingesetzt werden (wobei diese Anrechnung spätestens bei der Zuwendung offengelegt werden muss; Pläne, die nachträgliche einseitige Anordnung der Anrechnung durch Testament zu gestatten, wurden nicht umgesetzt).

5. „Versorgungsvertrag"

Schließlich sei als Grundtypus der **„Versorgungsvertrag"** (früher auch: „Verpfründungsvertrag") genannt: Im Vordergrund steht hier die finanzielle Versorgung des Veräußerers, insbesondere durch regelmäßige Geldzahlungen des Erwerbers („Rente"), die jedoch – anders als bei einem Kaufvertrag auf Rentenbasis – nicht in kaufmännischer Weise mit dem realen Wert des überlassenen Anwesens abgewogen sind, sondern auf Lebenszeit oder aber bis zum Renteneintritt des Veräußerers geschuldet werden und sich der Höhe nach entweder nicht verändern („Leibrente") oder aber an persönlichen Faktoren wie der Leistungsfähigkeit des Erwerbers oder dem Bedarf des Veräußerers orientieren („dauernde Last"). In diesem Zusammenhang ist die Kenntnis der steuerlichen Erfordernisse für die Abzugsfähigkeit solcher wiederkehrender Leistungen beim Erwerber (nachstehend VII, Sondertypus der „Vermögensübertragung gegen Versorgungsleistungen") von besonderer Bedeutung. In seiner Verfügung über den Gegenstand ist der Erwerber jedoch typischerweise frei; er schuldet die Versorgungsleistungen häufig auch dann weiter, wenn er aus dem überlassenen Gegenstand keine Einkünfte (mehr) erzielt oder diesen bereits veräußert hat.

III. Objekte der Überlassung

Mögliche Gegenstände lebzeitiger Vermögensübertragung in Bezug auf Grundstücke können Grundstücke (dann samt allen darauf stehenden Baulichkeiten), Eigentumswohnungen, Erbbaurechte (d.h. lediglich das Gebäude unter Eintritt in den Erbbaurechtsvertrag) sowie Teilflächen von Grundstücken sein; in letzterem Fall muss jedoch vor einer Umschreibung im Grundbuch die wegzumessende Fläche (die auch alle darauf stehenden Gebäude mit umfasst) durch Vermessung abgetrennt werden. Eine einzelne Wohnung in einem Gebäude kann nur dann Gegenstand der Überlassung sein, wenn sie nach den Bestimmungen des Wohnungseigentumsgesetzes als getrenntes Eigentum in einem eigenen Grundbuchblatt gebucht wird, andernfalls kann nur das gesamte Anwesen übertragen werden und beispielsweise an einer bestimmten Wohnung ein Wohnungsrecht „zurückbehalten" werden.

Nicht selten wird nicht Grundbesitz unmittelbar übertragen, sondern Geldmittel mit der unmittelbaren Auflage, diese zweckgebunden zum Erwerb einer bestimmten Immobilie oder

Kapitel 14: Vertragsmuster

zur Errichtung eines bestimmten Anwesens zu verwenden. Man spricht in diesem Fall von einer „mittelbaren Grundstücksschenkung", d.h. beim „Schenker" fließt zwar Geld ab, beim Erwerber kommt allerdings nicht Geld, sondern ein Grundstück oder ein errichtetes Gebäude an. In schenkungssteuerlicher Hinsicht war diese Variante bis Ende 2008 vorteilhaft, weil sie wie die Schenkung einer Immobilie bewertet wird und damit günstiger war als eine unmittelbare Geldschenkung, die stets zum vollen Nominalbetrag angesetzt wird. Da ab 2009 auch bei Immobilien die vollen Verkehrswerte angesetzt werden (siehe hierzu das Merkblatt „Erbschaftsteuer"), sind mittelbare Schenkungen nur noch begrenzt attraktiv (immerhin führen sie bei vermieteten Immobilien zu einer Reduzierung um 10 v.H., da dort ein Verschonungsabschlag in dieser Höhe gewährt wird).

IV. „Gegenleistungen" und Vorbehalte

In den seltensten Fällen handelt es sich um eine „glatte" Schenkung ohne jede Auflage, Gegenleistung oder sonstigen Vorbehalt. Viel häufiger wird sich der Veräußerer Nutzungsrechte (Nießbrauch, nachstehend 1, bzw. Wohnungsrecht, nachstehend 2), Geldzahlungen (nachstehend 3) oder Dienstleistungen (nachstehend 4) vorbehalten. Wenn diese Rechte mehreren Personen zustehen, ist deren Gemeinschaftsverhältnis näher auszugestalten (nachstehend 5).

1. Nießbrauch

Der Nießbraucher „genießt den Gebrauch" (daher der Name) der überlassenen Sache weiterhin, d.h. er ist zur umfassenden Selbstnutzung oder Vermietung auf eigene Rechnung berechtigt. Der Nießbrauch wird im Grundbuch eingetragen; er ist nicht vererblich und (mit Ausnahmen) nicht übertragbar. Der Vorbehalt der Nutzung erstreckt sich in der Regel auf das gesamte Anwesen samt Gebäude; es können zwar einzelne Grundstücksteile (mit darauf stehenden Baulichkeiten) ausgenommen werden, nicht jedoch einzelne Gebäudeteile (z.B. Wohnungen). Der Nießbrauch und die aus ihm fließenden Erträge (insbesondere Mietzinsen bei Fremdvermietung des Anwesens) sind pfändbar. Hinsichtlich der mit dem Objekt verbundenen Lasten sieht das Gesetz vor, dass der Nießbraucher die gewöhnliche Unterhaltung und die „Kleinreparaturen" trägt, ferner die Verzinsung bestehender Schulden, während der Eigentümer für die Tilgung dieser Verbindlichkeiten, für die außerordentliche Abnutzung sowie für „Großreparaturen" (z.B. Dach, Heizung etc.) verantwortlich ist. Die laufenden öffentlichen Lasten (z.B. Grundsteuer, Brandversicherungsprämie) trägt der Nießbraucher, die außerordentlichen Lasten (z.B. Erschließungskosten) trägt der Eigentümer. Aus steuerlichen Gründen wird häufig von dieser Verteilung abgewichen, damit im Fall der Fremdvermietung der Nießbraucher alle Lasten, die er als Werbungskosten absetzen kann, auch tatsächlich zu tragen hat. Beim sog. „Vorbehaltsnießbrauch" zugunsten des Veräußerers, der bei der Übertragung „zurückbehalten" wird, kann der Veräußerer sogar weiterhin die Gebäudeabschreibung geltend machen, obwohl er nicht mehr Eigentümer ist! Wenn eine abweichende Tragung aller Kosten zu Lasten des Nießbrauchers vereinbart wird, bleibt „wirtschaftlich" alles beim alten.

2. Wohnungsrecht

Das **Wohnungsrecht** bleibt insoweit hinter dem Nießbrauch zurück, als es grundsätzlich nur zur Selbstnutzung (samt Gästen, Angehörigen etc., soweit nicht anders vereinbart) berechtigt. Anders als der Nießbrauch kann das Wohnungsrecht auf bestimmte Teile eines Gebäudes beschränkt werden; dies ist sogar die Regel. Die zur ausschließlichen Nutzung vorgesehenen Räume und die zum gemeinsamen Gebrauch bestimmten Bereiche (Küche, Keller, Garten etc.) müssen im Vertrag genau bezeichnet werden. Der Erwerber schuldet grundsätzlich nur die Duldung des Wohnens, jedoch kein aktives Tun (anders, wenn er im Vertrag zugleich zur Erhaltung des Anwesens in gut bewohnbarem und beheizbarem Zustand verpflichtet wird). Typischerweise trägt der Wohnungsberechtigte seine Verbrauchskosten und die Schönheitsreparaturen (neue Tapete, neuer Teppich etc.) in seinem Bereich selbst, alle anderen Lasten, insbesondere auch die hausbezogenen Kosten (Grundsteuer etc.) trägt der Eigentümer. Dankbar ist jedoch auch, dass der Wohnungsberechtigte (aufgrund schuldrechtlicher Vereinbarung) eine mietähnliche „Nutzungsgebühr" entrichtet, häufig endet dann das Wohnungsrecht bei höheren Zahlungsrückständen. Wenn nicht anders geregelt, ist eine Untervermietung oder Weitervermietung durch den Wohnungsberechtigten ausgeschlossen; der Berechtigte kann aber seinen Ehegatten, Lebensgefährten und Gäste aufnehmen (es sei denn dieses Recht wäre ebenfalls in der Urkunde abbedungen). Das seiner Natur nach somit höchstpersönliche Wohnungsrecht ist nicht pfändbar und auch nicht auf den Sozialleistungsträger überleitbar. Es endet spätestens mit dem Tod, ferner bei endgültigem Auszug, wenn keine Rückkehr mehr denkbar ist, nicht aber bei vorübergehendem Verlassen der Wohnungsräume.

3. Wiederkehrende Geldzahlungen

Wiederkehrende Geldzahlungen sind häufig in Überlassungsverträgen vorgesehen, die zugleich der Versorgung der Veräußerer dienen sollen. Der Vertrag muss in diesem Fall genau regeln, in welchem Rhythmus die Zahlungen fällig werden (monatlich, quartalsweise etc.), ob diese ihrer Höhe nach unabänderlich sind oder aber sich beispielsweise an die Inflationsrate anpassen (sogenannte „Indexierung" gem. der Gesamt-Lebenshaltungskosten aller privaten Haushalte in Deutschland) oder aber ob eine angemessene Anpassung verlangt werden kann, wenn z.B. der Bedarf der Veräußerer steigt oder aber die Leistungsfähigkeit des Erwerbers sinkt (sog. „Vorbehalt des § 323 ZPO"). Solche Regelungen müssen allerdings hinsichtlich ihrer **tatsächlichen Auswirkungen** genauer geprüft werden (bei einem späteren Heimaufenthalt der Veräußerer erhöht sich z.B. deren Bedarf um das Vielfache!), ebenso hinsichtlich der **steuerlichen Auswirkungen**: Unter bestimmten, für neue Sachverhalte ab 2008 deutlich verschärften, Voraussetzungen können solche Zahlungen vom Erwerber abgesetzt werden, müssen dann aber vom Veräußerer auch versteuert werden (siehe Abschnitt VII. 2) Zu regeln ist schließlich, ob zur **Sicherung** der Zahlungsverpflichtung Eintragungen im Grundbuch (z.B. eine Grundschuld, die bei Einstellung der Zahlungen zur Verwertung der Immobilie berechtigt) erfolgen sollen.

4. Naturalleistungen

Naturalleistungen werden insbesondere im Rahmen eines sog. „Leibgedings" oder „Altenteils" in Form von Dienstleistungen und Handreichungen vereinbart. Es handelt sich beispielsweise um Besorgungen und Fahrdienste, hauswirtschaftliche Verrichtungen (Säubern der Wohnung, Zurichten der Wäsche, Zubereitung der Mahlzeiten) sowie um Versorgungs- und Pflegeleistungen, die körperlich unmittelbar „an der Person" zu verrichten sind (Körperpflege, Grund-Krankenpflege ohne medizinische Verrichtungen). Auf staatliche Leistungen nach dem Pflegeversicherungsgesetz, die ja durch Beitragszahlungen erkauft sind, wirken sich solche vertraglichen Dienstleistungsansprüche nicht negativ aus; anders verhält es sich möglicherweise bei Bezügen nachrangiger Sozialleistungen, etwa im Bereich der Hilfe zur Pflege nach dem SGB XII (früher Sozialhilfegesetz). Im Einzelnen sollte hier nach persönlicher Beratung mit dem Notar eine allen Seiten gerecht werdende Formulierung gefunden werden. Da die staatlichen Leistungen im Pflegefall nach dem Pflegeversicherungsgesetz erst ab Pflegestufe I (d.h. durchschnittlich mindestens 1,5 Stunden täglicher Pflegebedarf) beginnen, andererseits die körperliche und zeitliche Belastung des Erwerbers auch im Hinblick auf dessen eigene Familie und etwaige Berufstätigkeit nicht über Gebühr in Anspruch genommen werden soll, wird im Regelfall die Verpflichtung zur Erbringung von Pflege- und Krankenleistungen im eigentlichen Sinn auf 1,5 Stunden pro Tag beschränkt.

5. Mehrere Berechtigte

Bei einer **Mehrheit von Berechtigten**, also wenn beispielsweise Ehegatten das Anwesen gemeinsam übertragen und sich die vorstehenden Leistungen oder Nutzungen „gemeinsam" vorbehalten wollen, oder aber wenn das Anwesen im Alleineigentum eines Ehegatten steht, dieser aber seinen Ehepartner ebenfalls mit absichern will, muss schließlich geklärt werden, in welchem Berechtigungsverhältnis beide zueinander stehen. Dabei sind auch steuerrechtliche und sozialrechtliche Aspekte zu beachten. (Beispiel: Werden Geldrenten zugleich an den Ehegatten erbracht, kann es sein, dass dieser dadurch die zulässige Einkommensgrenze von 340,00 € (bzw. bei Minijob-Regelung 400,00 €) pro Monat überschreitet, so dass seine beitragsfreie Familienmitversicherung in der gesetzlichen Krankenversicherung endet.) Relevant wird das Berechtigungsverhältnis auch, wenn es zu Streitigkeiten zwischen den beiden Berechtigten oder zwischen dem Berechtigten und dem Erwerber kommen sollte. (Beispiel: Steht der Anspruch beiden als „Gesamtberechtigten nach § 428 BGB" zu, kann der Erwerber mit schuldbefreiender Wirkung auch an einen der beiden allein leisten; der andere Ehegatte geht zunächst leer aus und muss sich im Innenverhältnis an den Leistungsempfänger halten. Weiteres Beispiel: Wem soll das Wohnungsrecht zustehen, wenn sich die gemeinsam berechtigten Ehegatten scheiden lassen? Schließlich: Soll sich die Monatsrente verringern oder der Wohnungsbereich verkleinern, wenn einer der beiden Berechtigten verstirbt?) Auch wenn die Befassung mit diesen Themen nicht immer angenehm ist, müssen solche Aspekte im Notarvertrag, der sich ja gerade in der Krise bewähren muss, mitgeregelt werden.

V. Rückforderungsvorbehalt und „Verfügungssperren"

Häufig soll die Grundstücksübertragung nicht unter allen Umständen und für jeden Fall eine endgültige sein. Vielmehr will sich der Veräußerer für bestimmte Fälle zumindest die Möglichkeit aufrechterhalten, das Grundstück samt Gebäude wieder zurückzuverlangen, zumal die gesetzlichen Rückforderungstatbestände (nachstehend 1) nur sehr lückenhaft sind. Mit solchen Rückforderungsvorbehalten versucht der Veräußerer zugleich, auf bestimmte unliebsame Entwicklungen (z.B. Weiterverkauf, Vorversterben des Erwerbers, dessen Ehescheidung etc.) zu reagieren (nachstehend 2). Die nähere inhaltliche Ausgestaltung (nachstehend 3) erfordert einige Überlegung (nachstehend 3).

1. Gesetzliche Rückforderungstatbestände

Gesetzliche Rückforderungstatbestände umfassen insbesondere den sog. „groben Undank (§ 530 BGB)" sowie spätere Verarmung des Schenkers (§ 528 BGB).

Ein Widerruf wegen groben Undanks kommt nur innerhalb eines Jahres nach einer „schweren Verfehlung", die der Beschenkte sich gegenüber dem Schenker hat zuschulden kommen lassen und die zugleich auf eine „subjektiv tadelnswerte Gesinnung" schließen läßt, in Betracht. Ohne viel Phantasie lässt sich nachvollziehen, dass solche Fälle fast immer vor Gericht ausgestritten werden. (Beispiel: Die Eltern schenken eine Immobilie an die Tochter und den Schwiegersohn. Der Schwiegersohn „bricht aus der intakten Ehe aus". Liegt hierin ein grober Undank nur gegenüber der Ehefrau oder auch gegenüber den Schwiegereltern?) Die **Rückforderung wegen Verarmung des Schenkers** (§ 528 BGB) hat eine weitaus größere Bedeutung. Sie wird regelmäßig vom Sozialhilfeträger geltend gemacht, wenn der Veräußerer binnen zehn Jahren nach der Schenkung sich nicht mehr selbst unterhalten kann und nachrangige Sozialleistungen in Anspruch nimmt. (Der Rückforderungsanspruch, den der Veräußerer selbst gegen seine Kinder kaum geltend machen wird, geht dann auf den Sozialleistungsträger bzw. die Stelle zur Gewährung des Arbeitslosengeldes II über). Ein solcher Sachverhalt tritt zumeist ein, wenn der Veräußerer wegen Verschlechterung seines Gesundheitszustands dauerhaft in einem Heim untergebracht werden muss. Der Anspruch ist nicht auf Rückgabe des zugewendeten Anwesens in Natur gerichtet, sondern auf monatliche Zahlung der „Unterhaltslücke" durch den Beschenkten, so lange bis der Netto-Wert der Zuwendung aufgezehrt ist. Der Beschenkte kann sich dabei nicht darauf berufen, dass er zur Erbringung der monatlichen Zahlung nicht genügend leistungsfähig sei. Der Rückforderungsanspruch bzw. die Wertausgleichszahlung, die in dessen Erfüllung geschuldet werden, gehen gesetzlichen Unterhaltstatbeständen vor: Zunächst also wird die Zuwendung „von Staats wegen rückabgewickelt", erst dann werden gegebenenfalls andere Geschwister aufgrund ihres Einkommens herangezogen.

Der Rückforderungsanspruch kann nicht durch Vertrag ausgeschlossen werden. Es dürfte aber möglich sein, ihn in der Überlassungsurkunde dahingehend zu modifizieren, dass dem Beschenkten ein Wahlrecht eingeräumt wird zwischen der monatlichen Zahlung der Unterhaltsrente, einerseits, und der Rückgabe des zugewendeten Gegenstands selbst gegen Erstattung der von ihm erbrachten Investition, andererseits.

2. Vertragliche Rückforderungstatbestände

Die Aufnahme **vertraglicher Rückforderungstatbestände** wird aufgrund der nur sehr begrenzten gesetzlichen Regelung (oben 1) häufig gewünscht sein. Dies ermöglicht es zugleich, den Erwerber in gewisser Hinsicht zu „disziplinieren" und zugleich die „Geschäftsgrundlage" der Übertragung festzuschreiben. Schenkungsteuerlich wird im Fall der Ausübung sowohl die Steuer für den historischen Schenkungsvorgang rückerstattet als auch für die Rückabwicklung selbst keine neue Steuer erhoben (§ 29 ErbStG). Ein jederzeitiges, freies Widerrufsrecht ist unüblich geworden, es ist ohne weitere Voraussetzungen (sonst nur eingeschränkt) pfändbar und bei Betriebsvermögen und bei vermieteten Immobilien wohl auch steuerschädlich. Häufig vereinbarte Sachverhalte, die dem Veräußerer zumindest ein Recht zur Rückforderung der Immobilie geben, sind beispielsweise

a) die Veräußerung des Anwesens ohne schriftliche Zustimmung des Übergebers (Da der Erwerber ja als Eigentümer im Grundbuch eingetragen wird, könnte er theoretisch am nächsten Tag die Immobilie, allerdings unter Fortbestand der vorbehaltenen Rechte und Nutzungen, weiterverkaufen!)

b) die sonstige Weiterveräußerung, auch Schenkung, der Immobilie ohne Zustimmung des Übergebers

c) die Belastung der Immobilie ohne Zustimmung des Übergebers (Damit soll verhindert werden, dass sich der Erwerber finanziell „übernimmt" und das Anwesen daher später versteigert werden muss.)

d) die Pfändung der Immobilie von dritter Seite (Dadurch können allerdings nur Zwangsversteigerungen abgewendet werden, die nicht aus einem schon derzeit eingetragenen Grundpfandrecht stattfinden.)

e) das Versterben des Erwerbers vor dem Veräußerer (Die überlassene Immobilie fällt in den Nachlass und steht damit denjenigen Erben zu, die der Erwerber in seinem Testament gegebenenfalls benannt hat, andernfalls den gesetzlichen Erben, z.B. seiner Ehefrau und den Kindern. Wenn der Übergeber damit nicht einverstanden ist, insbesondere also vermeiden möchte, dass die Schwiegertochter/der Schwiegersohn z.B. nach Wiederheirat anderweitig über das Objekt verfügt, kann er mit Hilfe der Rückforderungsklausel das Objekt wieder aus dem Nachlass an sich ziehen.)

f) Auch wenn die Ehe des Erwerbers geschieden wird und nicht z.B. durch Ehevertrag sichergestellt ist, dass der Schwiegerpartner im Rahmen des Zugewinnausgleichs keine Ansprüche auf die Wertsteigerung der Immobilie erhebt, sondern allenfalls die tatsächlich von ihm getätigten Investitionen zurückerhält, kann eine Rückforderungsklausel hilfreich sein; sie schützt in diesem Fall den Erwerber vor den Risiken seiner eigenen Ehe.

g) Die Rückforderung kann ferner z.B. vorbehalten werden für den Fall, dass für die Übertragung Schenkungsteuer anfällt, bzw. für den Fall, dass zu einem künftigen Zeitpunkt für die Übertragung keine Steuer mehr anfallen würde, etwa weil das Schenkungsteuerrecht infolge Verfassungswidrigkeit nicht mehr angewendet werden darf

h) Im Übrigen kommen zahlreiche weitere Rückforderungstatbestände in Betracht, die jeweils im Einzelfall erörtert werden sollten. (Beispiele: Der Erwerber bricht eine Berufsausbildung ab, er wird Mitglied einer verfassungsfeindlichen Organisation oder einer Sekte, er bewohnt das Anwesen nicht mehr selbst, er wird geschäftsunfähig etc.)

3. Detailausgestaltung

Die Detailausgestaltung der Modalitäten und Konsequenzen einer Ausübung des Rückforderungsrechts muss ebenfalls festgelegt werden. Im Regelfall handelt es sich um ein höchstpersönliches Recht, das binnen einer gewissen Frist nach Kenntnis vom auslösenden Umstand ausgeübt werden muss. Bei Rückabwicklung sind sodann nur die vom Erwerber tatsächlich getätigten werterhöhenden Investitionen mit ihrem noch vorhandenen Zeitwert rückzuvergüten, soweit sie mit Zustimmung des Übergebers vorgenommen wurden, nicht jedoch beispielsweise laufende Aufwendungen und „aufgedrängte Luxussanierungen". Der bedingte Anspruch auf Rückforderung sollte auf jeden Fall im Grundbuch durch eine **Vormerkung** gesichert werden, damit der Anspruch gegebenenfalls auch gegen Rechtsnachfolger (etwa im Fall des abredewidrigen Verkaufs an einen Dritten) durchgesetzt werden kann. Wichtig ist in diesem Rahmen auch der Rang der Vormerkung, insbesondere im Verhältnis zu Grundpfandrechten. Vor einem Rangrücktritt sollte daher auf jedem Fall die Beratung eines Notars in Anspruch genommen werden.

VI. „Weichende Geschwister"; pflichtteilsrechtliche Fragen

Überlassungen dienen häufig der Vorwegnahme der Erbfolge. Es stellt sich die Frage, ob der Veräußerer dadurch im Übrigen frei wird, wie er mit seinem Restbesitz verfährt (also das Problem des möglichen Pflichtteilsrechts des Erwerbers, nachstehend 1). Wenn andere Geschwister des Erwerbers vorhanden sind, ist häufig von Interesse, ob diese kraft Gesetzes Ausgleichsansprüche gegen den Erwerber geltend machen können (nachstehend 2) bzw. wie eine mögliche vertragliche Ausgleichspflicht gestaltet sein könnte (nachstehend 3).

1. Das Pflichtteilsrecht des Erwerbers

Eltern, Ehegatten und Abkömmlinge sind beim Tod einer Person pflichtteilsberechtigt, wenn sie entweder nicht zum Erben eingesetzt sind, oder aber wenn durch lebzeitige Schenkungen während der letzten zehn Jahre (bei Vorbehalt eines Nießbrauchs auch länger, vgl. oben II.4) der Nachlass um mehr als die Hälfte gemindert wurde. Regelmäßig wollen Veräußerer aufgrund der Überlassung in der Lage sein, mit ihrem restlichen Vermögen, z.B. den Ersparnissen, frei zu verfügen, also beispielsweise den überlebenden Ehegatten als Erben einzusetzen. Es empfiehlt sich dann, einen ausdrücklichen Pflichtteilsverzicht des Erwerbers gegenüber dem Veräußerer, gegebenenfalls auch gegenüber dessen Ehegatten, in die Urkunde aufzunehmen oder aber zumindest zu vermerken, dass die Zuwendung als „Vorausleistung" auf etwaige künftige Pflichtteilsansprüche zu werten ist, so dass diese regelmäßig dadurch „aufgezehrt" werden.

2. Gesetzliche Ausgleichsansprüche

Gesetzliche Ausgleichsansprüche von weichenden Geschwistern bestehen nur in sehr engen Grenzen: Die Frage eines „Zwangsausgleichs" stellt sich gesetzlich erst nach dem Ableben des Veräußerers, und zwar allenfalls dann, wenn dieser nicht mehr zehn Jahre ab der Zuwendung gelebt hat. (Die Zehnjahresfrist verlängert sich – wie oben II.4 vermerkt – bei Vorbehalt wesentlicher Nutzungsrechte, etwa eines Nießbrauchs.) Unter Umständen können dann weichende Geschwister innerhalb von drei Jahren nach dem Ableben des Veräußerers sogenannte „Pflichtteilsergänzungsansprüche (§ 2325 BGB)" geltend machen, sofern nämlich durch die lebzeitige Vorwegübertragung, die in den letzten zehn Jahren vor dem Tod des Veräußerers stattgefunden hat, ihr Anteil am Nachlass um mehr als die Hälfte geschmälert wurde. Der Anspruch richtet sich darauf, zumindest den Pflichtteil (also die Hälfte des gesetzlichen Erbanteils) aus dem Nachlass zu erhalten, der fiktiverweise bestehen würde, wenn die frühere Schenkung dem tatsächlichen Nachlass hinzugerechnet wird. Bei Sterbefällen ab dem 01.10.2010 reduziert sich dieser Anspruch für jedes Jahr, das seit der Übertragung verstrichen ist, um 1/10, so dass die rechtzeitige Übertragung deutliche Vorteile gewährt. Der Anspruch richtet sich gegen den Erben, bei Erschöpfung des Nachlasses gegen den

Beschenkten. Diese ungewisse, insbesondere auch von der Lebensdauer des Veräußerers abhängende Rechtslage besteht allerdings nur dann, wenn keine ausdrückliche einvernehmliche Regelung getroffen wird. Bei intakten Familienverhältnissen wird es sich häufig so verhalten, dass die Geschwister mit der Überlassung, die im Familienkreis besprochen wurde, einverstanden sind und daher mit Wirkung auch für ihre Abkömmlinge in der notariellen Urkunde auf ihre Pflichtteilsergänzungsansprüche bezüglich des Vertragsobjekts verzichten können (sog. „gegenständlich beschränkter Pflichtteilsverzicht"). Dieser kann nur in notarieller Urkunde erfolgen. Er gibt dem Erwerber Gewissheit, dass er nicht später mit „Nachforderungsansprüchen" seiner Geschwister konfrontiert wird.

3. Vertragliche Ausgleichsregelungen

Vertragliche Ausgleichsregelungen sind insbesondere dann häufig, wenn mehrere Geschwister vorhanden sind und nur eine Immobilie zur Verteilung zur Verfügung steht. Denkbar sind z.B. Ausgleichszahlungen, die bereits zu Lebzeiten des Veräußerers fällig werden (deren Höhe in der Regel frei vereinbart wird, jedoch deutlich unter dem anteiligen Verkehrswert der Immobilie liegt und deren Fälligkeit in der Regel auf mehrere Raten gestundet ist). Teilweise werden solche Ausgleichsansprüche zwar dem Grunde nach vereinbart, ihre Fälligkeit aber von bestimmten Krisenumstanden abhängig gemacht (Scheidung des Bruders, Verlust des Arbeitsplatzes etc.) Schließlich kann sich der Veräußerer auch damit begnügen, im Verhältnis unter mehreren Abkömmlingen als gesetzlichen Miterben eine erbrechtliche Ausgleichspflicht zu schaffen (untechnisch gesprochen: „Anrechnung auf den Erbteil"), so dass bei der Verteilung des Restnachlasses zunächst die Geschwister zum Zug kommen, bis alle Kinder untereinander gleichgestellt sind. Sollte allerdings kein ausreichender Restnachlass mehr zur Verfügung stehen, wäre der Erwerber der Immobilie gegenüber den Geschwistern nicht zum „Nachschlag" verpflichtet.

VII. Einige steuerrechtliche Hinweise

Die nachstehende kurze Übersicht kann die detaillierte Beratung durch den Notar oder einen Steuerberater naturgemäß nicht ersetzen!

1. Schenkungsteuer

Die Schenkungsteuer fällt grundsätzlich in gleicher Höhe an, wie sie bei der Vererbung erhöhen würde (Erbschaftsteuer), allerdings stehen die persönlichen Freibeträge alle zehn Jahre erneut zur Verfügung. Durch Verteilung der Vermögensübergabe auf mehrere Zeitabschnitte kann also deutlich Steuer gespart werden! Die persönlichen Freibeträge belaufen sich ab 2009 für Ehegatten und gleichgeschlechtlich Verpartnerte („Homo"- oder „lesbische Ehen") auf 500.000.00,00 €, für Kinder (gegenüber jedem Elternteil) auf je 400.000,00 €. für Enkel (gegenüber jedem der vier Großelternteile!) auf je 200.000,00 €, und für Eltern auf je 100.000,00 €; für Geschwister und sonstige, entfernter oder nicht verwandte Personen auf 20.000,00 €.

Immobilien werden nicht mehr (wie bis Ende 1995) mit dem Einheitswert, ebenso wenig (wie bis Ende 2008) mit dem Bedarfswert (grob gesprochen dem 12,5-fachen Jahresmietwert abzüglich Altersabschlägen) bewertet, sondern mit dem Verkehrswert („gemeinen

Wert"). Dies bedeutet beispielsweise, dass unbebaute Grundstücke vom Finanzamt nach der sog. „Bodenrichtwertkarte" eingewertet werden; bei bebauten Immobilien wird der Verkehrswert für Ein- oder Zwei-Familien-Häuser sowie Eigentumswohnungen nach dem Vergleichswertverfahren, hilfsweise dem Sachwertverfahren, hingegen für Mietwohn-, Geschäfts- oder gemischt genutzte Immobilien nach dem Ertragswertverfahren ermittelt; der Steuerpflichtige kann jedoch stets durch ein Sachverständigengutachten den abweichenden tatsächlichen Wert nachweisen. Auch bei Betriebsvermögen gilt das Vergleichswertverfahren, ersatzweise das Ertragswertverfahren, wobei jedoch mindestens das Ergebnis des Sachwertverfahrens anzusetzen ist.

Belastungen (Schulden, aber auch etwa gewährte bzw. vorbehaltene Nutzungs- oder Nießbrauchsrechte etc.) werden abgezogen. (Bei Zuwendungen der Jahre 2008 und früher war dies beim vorbehaltenen Nießbrauch regelmäßig nicht der Fall; es wurde lediglich eine Stundung des darauf entfallenden Steueranteils bis zum Erlöschen des Nießbrauchsrechts gewährt.) Im Einzelnen sind dies sehr komplexe und streitanfällige Bewertungsvorgänge.

Grunderwerbsteuer würde zwar anfallen für diejenigen Gegenleistungen und Vorbehalte, die bei der Schenkungssteuer als Minderung berücksichtigt wurden; da jedoch Übertragungen an Verwandte in gerader Linie, also an Kinder sowie an Ehegatten, grunderwerbsteuerfrei sind, scheidet eine solche Besteuerung bei der Überlassung typischerweise aus.

2. Einkommensteuer

In einkommensteuerlicher Hinsicht stellt sich eine ganze Reihe von teilweise sehr schwierigen Fragen:

a) Handelt es sich bei dem überlassenen Grundstück um Betriebsvermögen einer selbständigen Tätigkeit, eines Gewerbebetriebs oder einer Land- und Forstwirtschaft (dies kann auch beispielsweise hinsichtlich eines freiberuflich genutzten Büros in einem sonst zu Wohnzwecken dienenden Gebäude der Fall sein oder bei sogenanntem Sonderbetriebsvermögen von Gesellschaftern einer OHG oder Kommanditgesellschaft), liegt in der privat motivierten Überlassung außerhalb der Betriebsübergabe eine sogenannte „Entnahme", die zur Erhöhung des Gewinns durch die regelmäßig im Grundbesitz verkörperten stillen Reserven führt.

b) Häufig wird ebenfalls übersehen, dass eine Grundstücksübertragung mit Gegenleistungen (Abstandszahlungen an den Veräußerer, Gleichstellungsgelder an weichende Geschwister, Schuldübernahmen) auch im Hinblick auf die „Spekulationsbesteuerung" (Besteuerung privater Veräußerungsgeschäfte gem. § 23 EStG) von Bedeutung sein kann. Die maßgebliche Frist zwischen Anschaffungs- und Veräußerungsvorgang wurde bekanntlich rückwirkend auf zehn Jahre verlängert. Hinsichtlich des entgeltlichen Anteils einer Übertragung liegt bei vermieteten Immobilien, wenn der Zeitraum noch nicht abgelaufen ist, ein anteiliges Spekulationsgeschäft vor; hinsichtlich des unentgeltlichen Teils der Übertragung läuft die bisher vom Veräußerer zurückgelegte Frist jedoch weiter. Lediglich bei vermieteten Immobilien, die vollständig unentgeltlich übertragen werden, oder solchen, die schon länger als zehn Jahre im Eigentum des Veräußerers standen, ferner bei Immobilien, die im Jahr der Veräußerung und in den beiden vorangegangenen Jahren selbst genutzt waren, stellt sich dieses Problem mit Sicherheit nicht. Eigenheimzulage für entgeltliche Erwerbe zur Eigennutzung wird bekanntlich für Neufälle seit 2006 nicht mehr gewährt. Erzielt der Erwerber aus der übertragenen Immobilie Einkünfte aus Vermietung und Verpachtung (die Immobilie wird auch dann als in vollem Umfang vermietet anerkannt, wenn die Miete über 56% der ortsüblichen Miete beträgt [§ 21 Abs. 2 Satz 2 EStG]; über 75% wird auch die Einkünfteerzielungsabsicht stets vermutet!), kann er neben den sonstigen Werbungskosten, z.B. Schuldzinsen, Erhaltungsaufwendungen etc., die Abschreibung (AfA) geltend machen. Er führt insoweit bei rein unentgeltlichem Erwerb die AfA des Vorgängers fort; bei einem teilentgeltlichen Erwerb verwirklicht er eigene Anschaffungskosten, für die er eine neue AfA-Reihe in Gang setzt. Gegenleistungen mit Entgeltcharakter in diesem Sinn sind z.B. Einmalzahlungen an den Veräußerer, die Übernahme auf dem Objekt ruhender Schulden, Gleichstellungsgelder an Geschwister sowie Rentenzahlungen an den Veräußerer, wenn es sich um sogenannte „Austauschrenten" handelt, die nach kaufmännischen Gesichtspunkten mit der Leistung abgewogen wurden, oder um „Zeitrenten", die nicht auf Lebenszeit, sondern auf einen bestimmten, befristeten Zeitraum geschuldet sind.

c) Von der Frage der Entgeltlichkeit (und damit dem Entstehen von Anschaffungskosten beim Erwerber, gegebenenfalls eines Veräußerungserlöses bei betrieblichem Vermögen in Gestalt des Veräußerers) zu unterscheiden sind wiederkehrende Leistungen, die unter bestimmten Voraussetzungen beim Erwerber in voller Höhe als Sonderausgaben gem. § 10 Abs. 1 Nr. 1a EStG abgezogen werden können, jedoch nach dem „Korrespondenzprinzip" beim Veräußerer zu versteuern sind. Da der Erwerber typischerweise einer höheren Steuerprogression unterliegt, ist per Saldo damit eine steuerliche Privilegierung der lebzeitigen Vermögensübertragung verbunden. Die Rechtsprechung der Finanzgerichte hat insoweit in großzügiger Weise das Sonderinstitut der „Vermögensübergabe gegen Versorgungsleistungen" geschaffen, dessen Anwendungsbereich jedoch durch das Jahressteuergesetz 2008 deutlich reduziert wurde.

Es muss sich um die lebzeitige Übertragung von Wirtschaftsgütern handeln,

– die (ggf. nach Umstrukturierung) für eine generationenübergreifende dauerhafte Anlage geeignet und bestimmt sind. Ab 2008 sind für Neufälle jedoch nur noch Betriebe, Teilbetriebe, Anteile an gewerblich tätigen Personengesellschaften, sowie mindestens 50%ige Anteile an Kapitalgesellschaften zugelassen, so dass Vermögensübergaben gegen Versorgungsleistungen bei Privatvermögen ausscheiden.

– die vom Erwerber weiter gehalten werden (bei Weiterveräußerung können sich schädliche Nachversteuerungen ergeben!) – bei der Übertragung von Kapitalgesellschaftsanteilen müssen Veräußerer und Erwerber als Geschäftsführer für diese Gesellschaft tätig sein.

– und bezüglich derer der Veräußerer oder dessen Ehegatte sich auf Lebenszeit Versorgungsleistungen (Geld oder Naturalzuwendungen) vorbehalten haben, die der Höhe nach geringer sind als der aus dem Objekt erwirtschaftbare Ertrag. Auch die bei Eigennutzung des Erwerbers ersparten Mietkosten gelten bei Übertragungen bis Ende 2007 als Ertrag.

Im Einzelnen ist jedoch, wenn diese einkommenssteuerlichen Aspekte eine wichtige Rolle spielen, eine detaillierte Prüfung notwendig, insbesondere zur Abgrenzung zu den steuerlich unbeachtlichen privaten Unterhaltsrenten (§ 12 Nr. 2 EStG) und zu Kaufpreisrenten.

Ich bedanke mich für das in meine Kanzlei gesetzte Vertrauen und stehe für ergänzende Erläuterungen gern zur Verfügung.

Ihr

.....

(Notar)

B. Merkblatt: Das Erbschaftsteuerreformgesetz 2009/2010

Das Erbschaftsteuerreformgesetz 2009/2010

I.			**Freibeträge und Tarif**	Seite (.....)
	1.		Persönliche Freibeträge, § 16 Abs. 1	Seite (.....)
	2.		Sachliche Steuerbefreiungen	Seite (.....)
		a)	Freibeträge	Seite (.....)
		b)	Selbstgenutzte Immobilie	Seite (.....)
	3.		Steuertarif	Seite (.....)
II.			**Bewertung**	Seite (.....)
	1.		Grundvermögen	Seite (.....)
		a)	unbebaute Grundstücke	Seite (.....)
		b)	bebaute Grundstücke	Seite (.....)
			aa) Ein- und Zweifamilienhäuser	Seite (.....)
			bb) Mietwohn- und Geschäftsgrundstücke	Seite (.....)
			cc) Sonderfälle	Seite (.....)
		c)	Ermittlungsverfahren	Seite (.....)
			aa) Vergleichswertverfahren	Seite (.....)
			bb) Ertragswertverfahren	Seite (.....)
			cc) Sachwertverfahren	Seite (.....)
			dd) Erbbaurechte	Seite (.....)
			ee) Gebäude auf fremdem Grund und Boden	Seite (.....)
		d)	Konsequenzen	Seite (.....)
	2.		Personenunternehmen	Seite (.....)
	3.		Anteile an Kapitalgesellschaften	Seite (.....)
	4.		Land- und forstwirtschaftliches Vermögen	Seite (.....)
	5.		Sonstige Vermögensgegenstände	Seite (.....)
III.			**Verschonung bei Grundvermögen**	Seite (.....)
IV.			**Verschonung bei Betriebsvermögen**	Seite (.....)
	1.		Erfasstes Vermögen	Seite (.....)
	2.		Steuerklassenprivileg	Seite (.....)
	3.		Sockel-Sofortbesteuerung, Freigrenze	Seite (.....)
	4.		Modifizierte Abschmelzungsregelung	Seite (.....)
		a)	Optionsmöglichkeit des Steuerpflichtigen	Seite (.....)
		b)	Verschonungsausnahme: Verwaltungsvermögen	Seite (.....)
		c)	Lohnsummenkriterium	Seite (.....)
		d)	Nachversteuerung bei Verstoß gegen die Vermögensbindung	Seite (.....)

	5. Berechnungs- und Besteuerungsverfahren	Seite (.....)
V.	In-Kraft-Treten, Wahlrechte	Seite (.....)
VI.	Gestaltungsüberlegungen	Seite (.....)
VII.	Annex: Weitere Regelungen außerhalb des Bewertungs- und Verschonungsrechtes	Seite (.....)

Obwohl die Ergebnisse der sogenannten „Koch/Steinbrück-Arbeitsgruppe" durch das BMF bereits am 7. November 2007 in ihren Grundzügen veröffentlicht wurden, enthielt erst die am 31.12.2008 ausgelieferte Ausgabe des Bundesgesetzblattes (2008 I, S. 3018 ff.) das am folgenden Tag in Kraft tretende Erbschaftsteuerreformgesetz. Politischen Bekundungen zufolge soll das gegenwärtige Steueraufkommen der Länder (ca. 4 Mrd. € pro Jahr), allerdings unter abweichender Belastung der einzelnen Steuerpflichtigen, erhalten bleiben, ebenso die absolute Prozentzahl der zu besteuernden Erb- und Schenkungsfälle (ca. 10%). Möglicherweise führt diese Beschränkung auf wenige Steuerfälle ihrerseits wiederum zur Verfassungswidrigkeit (Verstoß gegen das Prinzip der allgemeinen Besteuerung). Das Wachstumsbeschleunigungsgesetz 2010 hat erste Milderungen gebracht.

Die wichtigsten Änderungen im Überblick:

I. Freibeträge und Tarif

1. Persönliche Freibeträge, § 16 Abs. 1 ErbStG

Zur Umsetzung des verfassungsrechtlichen Gebots der Freistellung des „Familiengebrauchsvermögens" angesichts dessen höheren, verkehrswertorientierten Wertansatzes (nachstehend II) werden die persönlichen Freibeträge – mit Ausnahme des Versorgungsfreibetrags nach § 17 ErbStG – angehoben, und zwar

- für Ehegatten sowie (erstmals) für eingetragene (gleichgeschlechtliche) Lebenspartner auf 500.000,00 €
- für Kinder sowie für Kinder verstorbener Kinder auf 400.000,00 €
- für Enkel auf 200.000,00 €
- für sonstige Personen der Steuerklasse I (etwa Eltern beim Erwerb von Todes wegen) auf 100.000,00 €
- für Personen der Steuerklassen II (Eltern bei lebzeitigem Erwerb, ferner Geschwister und Geschwisterkinder) und III auf 20.000,00 €
- für beschränkt Steuerpflichtige auf 2.000,00 €.

Ins Auge fällt die „Vervierfachung" des Freibetrags, den Enkelkinder genießen – dies wird nach Inkrafttreten des neuen Rechts sicherlich Anlass für vermehrte Direktzuwendungen unter Überspringung einer Generation sein, insbesondere bei wirtschaftlich prekären Verhältnissen der unmittelbaren Kinder (Verbraucherinsolvenz, Sozialleistungsbezug etc.) Auch die nun – jedenfalls im Erbschaft- und Schenkungsteuerrecht – sich vollziehende Gleichstellung eingetragener Lebenspartner (wohl auch bei solcher Verpartnerung im Ausland, jedenfalls sofern unbeschränkte Steuerpflicht im Inland besteht), die wirtschaftlich eine

Verhundertfachung des Freibetrags bedeutet, wird die „offizielle Registrierung" dauerhafter gleichgeschlechtlicher Beziehungen beflügeln, zumal den gesteigerten zivilrechtlichen Pflichten nun auch entsprechende Begünstigungen gegenüberstehen. Insoweit verliert, unter Lebenspartnern wie auch unter Ehegatten, das Güterstandsschaukel-Modell als Verfahren zur Vermeidung unentgeltlicher Übertragungen (und damit der Schenkungsbesteuerung) etwas an Gewicht, wobei jedoch die Privilegierung in § 5 ErbStG, einschließlich der besonders attraktiven, auch rückwirkende Gestaltungen ermöglichenden, Freistellung des güterrechtlichen Zugewinnausgleichs in § 5 Abs. 2 ErbStG, erhalten bleibt.

2. Sachliche Steuerbefreiungen

a) Freibeträge

Die sachliche Steuerbefreiung für Hausrat durch Personen der Steuerklasse I (41.000,00 €) bleibt erhalten, die für andere bewegliche körperliche Gegenstände erhöht sich nur gering von 10.300,00 € auf 12.000,00 €.

Bei Personen der Steuerklasse II und III wird der Gesamtfreibetrag für Hausrat, einschließlich aller sonstigen beweglichen körperlichen Gegenstände, ebenfalls maßvoll von 10.300,00 € auf 12.000,00 € angehoben.

b) Selbstgenutzte Immobilie

Die besonders praxiswichtige sachliche Steuerbefreiung der **lebzeitigen Übertragung des selbstgenutzten „Familienheims"**[1] **unter Ehegatten (§ 13 Abs. 1 Nr. 4a ErbStG)** bleibt erhalten und wird sogar auf Verpartnerte und auf innerhalb der Europäischen Union bzw. des europäischen Wirtschaftsraums (EWR) belegene Objekte ausgedehnt. Weiterhin unterliegt diese Freistellung keinen weiteren Einschränkungen, kann also für Objekte beliebiger Größe, und im Laufe der Ehe mehrmals, in Anspruch genommen werden; auch eine Mindestzeit der Selbstnutzung nach der Übertragung ist nicht erforderlich. Die Freistellung gilt naturgemäß auch, wenn ein Ehegatte Herstellungs- oder Erhaltungsaufwand trägt für das im Eigentum des anderen stehende Eigenheim. Neu gegenüber der vor 2009 geltenden Gesetzesfassung ist auch, dass die Fremdvermietung eines Teils des Gebäudes nicht mehr den gesamten Privilegierungstatbestand entfallen lassen würde, sondern lediglich zu einer entsprechenden Reduzierung der Freistellung führt.

§ 13 Abs. 1 Nr. 4b ErbStG erweitert die Freistellung des Familienheims auf die **letztwillige Zuwendung an den Ehegatten**, als Erbschaft oder Vermächtnis bzw. Ergebnis einer Teilungsanordnung oder einer freiwilligen Nachlassteilung, jedoch unter der zusätzlichen Voraussetzung, dass das Familienheim innerhalb von zehn Jahren nach dem letztwilligen Erwerb nur mehr zu eigenen Wohnzwecken (als solche gilt wohl auch die unentgeltliche Überlassung an Angehörige) genutzt werden darf. Eine vorzeitige Aufgabe dieser Nutzung (sei es durch Vermietung, durch Verkauf oder durch Leerstehenlassen) ist nur dann unschädlich, wenn sie aus „zwingenden Gründen" erfolgt. Ausweislich der Gesetzesbegründung sollen nur objektive Gründe maßgeblich sein, die das selbständige Führen eines Haushalts in dem erworbenen Familienheim unmöglich machen, z. B. Pflegebedürftigkeit oder Tod.

---

[1] Erfasst ist natürlich auch die selbst genutzte Eigentumswohnung, ebenso Teile einer selbst genutzten Immobilie.

Fehlen solche „zwingenden Gründe", führt die Vermietung oder der Verkauf der Immobilie innerhalb von zehn Jahren nach der Erbschaft zu einer Nachversteuerung, und zwar in vollem Umfang, selbst wenn die schädliche Verwendung kurz vor Ablauf des Zehn-Jahres-Zeitraums erfolgte.

§ 13 Abs. 1 Nr. 4c ErbStG schließlich erweitert die Freistellung des Familienheims auf den **letztwilligen (allerdings nicht den lebzeitigen!) Erwerb durch ein Kind** oder durch Kinder (bzw Enkel, sofern das unmittelbare Kind bereits verstorben ist), soweit der Erblasser darin bis zum Erbfall eine Wohnung zu eigenen Wohnzwecken genutzt hat oder aus zwingenden Gründen an der Selbstnutzung gehindert war und sie vom erbenden bzw. vermächtnisbegünstigten Kind unverzüglich zur Selbstnutzung zu eigenen Wohnzwecken bezogen wird, allerdings unter noch stärker einschränkenden Voraussetzungen: Die Freistellung wird nämlich nur gewährt, soweit die Wohnfläche 200 m^2 nicht übersteigt (bei einer Gesamtwohnfläche von 300 m^2 wären also zwei Drittel steuerfrei, ein Drittel steuerpflichtig). Weiterhin ist – wie beim letztwilligen Erwerb durch den Ehegatten – die Selbstnutzung innerhalb von zehn Jahren nach dem Erwerb vorgeschrieben, es sei denn, aus zwingenden Gründen ist der Erwerber an der Selbstnutzung gehindert. Wie beim letztwilligen Ehegattenerwerb sind Vererbung, Vermächtniszuwendung, Teilungsanordnung und freiwillige Teilung des Nachlasses gleichgestellt.

Die Privilegierung wird sowohl auf Seiten des überlebenden Ehegatten als auch auf Seiten erbender selbstnutzender Kinder durch eine deutliche Beschränkung der Handlungsmöglichkeiten, also erhöhte Immobilität bzw. die faktische Vereitelung der Wahrnehmung von Marktchancen vor Ablauf der 10-Jahres-Frist, erkauft. Möglicherweise wird unter Kindern der „Kampf ums Haus" anbrechen. Soweit lediglich eine Immobilie zur Verfügung steht, wird künftig bei der Bemessung der Abfindung derjenige Miterbe, der nicht privilegiertes Vermögen (Barvermögen oder vermietete Immobilien) erhält, auf eine höhere Abfindung pochen, so dass die Steuerfreistellung sich als Malus im Rahmen der Erbauseinandersetzung auswirkt.

3. Steuertarif

Die Tarifstufen werden geglättet und dabei nach oben angepasst (die Grenzbeträge, ab deren Überschreiten der nächsthöhere Prozentsatz der betreffenden Steuerklasse insgesamt anzuwenden ist, von derzeit 52.000,00/256.000,00/512.000,00/5.113.000,00 etc. € werden künftig lauten: 75.000,00/300.000,00/600.000,00/6.000.000,00 €. Die Vomhundertsätze bleiben in der Steuerklasse I gleich (aufgrund der etwas gespreizten Tarifstufen reduzieren sie sich insgesamt faktisch), steigen aber in Steuerklasse II und III deutlich an: An die Stelle der bisherigen Vomhundertsätze der Steuerklasse II (von 12 auf 40 Prozent progressiv steigend) treten für Erwerbe ab 2010 Steuersätze zwischen 15 und 43 % (in 2009 betrug der Steuersatz bis 6 Mio € einheitlich 30 %, darüber 50 %). In Steuerklasse III beträgt der Steuersatz seit 2009 einheitlich 30 % für Erwerbe bis 6 Mio €, für darüber hinaus gehende Erwerbe 50 %. Die Angehörigen der Steuerklassen II und III („Erbtante"), insbesondere also Familien ohne Kinder, gehören damit zu den eindeutigen Verlierern der Reform.

Es ist schon jetzt zu beobachten, dass die „Flucht in die Steuerklasse I", insbesondere durch Adoptionen, auch im Erwachsenenalter, infolge dessen deutlich zunimmt.

II. Bewertung

Dem Auftrag des Bundesverfassungsgerichts folgend, stand die Ermittlung des „gemeinen Werts" im Zentrum der Reform. § 12 ErbStG verweist insoweit auf das Bewertungsgesetz, insbesondere dessen neu eingefügten Sechsten Abschnitt (§§ 157 ff. BewG). Im Einzelnen ist demnach zu differenzieren:

1. Grundvermögen

a) Unbebaute Grundstücke

Maßgeblich hierfür[2] ist der Bodenrichtwert, § 196 BauGB, also die Richtwertkarte, allerdings künftig ohne den bisherigen 20prozentigen Bewertungsabschlag des § 145 Abs. 3 BewG, vgl. § 179 BewG. Damit steigt die Bewertung unbebauter Flächen gegenüber dem bis Ende 2008 geltenden Rechtszustand jedenfalls um 20 Prozent.

b) Bebaute Grundstücke

In Anlehnung an einen Gesetzesentwurf des Landes Schleswig-Holstein von 2004 wird zwischen verschiedenen Grundstücksarten unterschieden (näher definiert in § 181 BewG):

aa) Bei **Ein- und Zweifamilienhäusern, Wohnungseigentum und Teileigentum** ist das Vergleichsverfahren (§ 183 BewG) anzuwenden. Hierfür wird der gemeine Wert aus den tatsächlich realisierten Kaufpreisen von anderen Grundstücken vergleichbarer Lage, Nutzung, Bodenbeschaffenheit, Zuschnitt und sonstiger Beschaffenheit ermittelt. Hierin liegt eine deutliche Abkehr vom bisherigen Recht, das die erzielbaren Netto-Nutzungsentgelte zugrunde legte. Falls Vergleichswerte fehlen, findet hilfsweise das Sachwertverfahren Anwendung, § 182 Abs. 4 Nr. 1 BewG.

bb) Mietwohngrundstücke und Geschäftsgrundstücke sowie gemischt genutzte Grundstücke sind jedoch nach dem Ertragswertverfahren (§§ 184 bis 188 BewG) zu taxieren. Zugrunde zu legen ist der nachhaltig erzielbare Ertrag (also nicht mehr wie bisher die tatsächlich am Besteuerungsstichtag erzielte Nettokaltmiete). Der Bodenwert ist hierfür separat vom Gebäudewert zu ermitteln (siehe unten c). Hilfsweise – falls übliche Nutzungsentgelte nicht ermittelt werden können – gilt auch hier das Sachwertverfahren, das auf den Substanzwert abstellt, also die Summe aus dem Herstellungswert der auf dem Grundstück vorhandenen baulichen und nichtbaulichen Anlagen, und dem Bodenwert.

cc) Sonderfälle

Erbbaurechte, Gebäude auf fremdem Grund und Boden und Grundstücke im Zustand der Bebauung werden wie bisher getrennt erfasst, §§ 192 bis 196 BewG. Beim Erbbaurecht sind die Werte für das Erbbaurecht und das belastete Grundstück jeweils gesondert zu ermitteln, unter Berücksichtigung der Restlaufzeit des Erbbaurechts und der Höhe des Erbbauzinses sowie der Höhe der Gebäudeentschädigung, wobei Einzelheiten auch hier sich aus einer Rechtsverordnung ergeben sollen. Grundstücke im Zustand der Bebauung (also nach Beginn der Bauarbeiten, beispielsweise der Abgrabungen) werden durch Addition des reinen

---

[2] Die Abgrenzung zu bebauten Grundstücken wird geringfügig modifiziert, in Anlehnung an §§ 72, 74 BewG.

Bodenwerts und der bisherigen Herstellungskosten taxiert. Zivilschutzräume, die im Frieden nur geringfügig genutzt werden können, bleiben außer Betracht.

c) Ermittlungsverfahren

Die §§ 176 ff. BewG (welche auch denjenigen Regelungsinhalt enthalten, der ursprünglich in Verordnungen ausgegliedert weden sollte) stellen ein in sich geschlossenes, vereinfachtes System der Wertermittlung dar; die in § 198 Satz 2 BewG zitierten „aufgrund des § 199 Abs. 1 des Baugesetzbuchs erlassenen Vorschriften", also die Wertermittlungsverordnung (WertV) und die ergänzenden Wertermittlungsrichtlinien 2006,[3] kommen statt dessen nur dann zum Zug, wenn es um den stets vorbehaltenen Nachweis des niedrigeren gemeinen Werts geht.

Demnach gilt:

aa) Vergleichswertverfahren, § 183 BewG

Für Wohnungs- und Teileigentum sowie Ein- und Zweifamilienhäuser ist die Vergleichswertmethode heranzuziehen, d. h. es sind Kaufpreise für Immobilien zu ermitteln, die hinsichtlich der ihren Wert beeinflussenden Merkmale mit dem zu bewertenden Objekt hinreichend übereinstimmen. Basis ist insoweit regelmäßig die Kaufpreissammlung des Gutachterausschusses gemäß § 195 BauGB. Während jedoch § 14 WertV Anpassungen der Ausgangsgröße durch Zu- und Abschläge wegen Abweichungen des Bewertungsobjekts von den wertbeeinflussenden Merkmalen des Vergleichsgrundstücks vorsieht, schränkt § 183 Abs. 3 BewG dies dahingehend ein, dass insbesondere die den Wert beeinflussenden Belastungen privatrechtlicher und öffentlich-rechtlicher Art unberücksichtigt bleiben. Wertminderungen durch Nießbrauchs- oder Wohnungsrechte muss also der Steuerpflichtige im Wege des Einzelnachweises des niedrigeren gemeinen Werts geltend machen, § 198 BewG.

bb) Ertragswertverfahren, §§ 184 bis 188 BewG

Für Mietwohn-, Geschäfts- und gemischt genutzte Grundstücke ist im Rahmen des gesetzlich dafür vorgeschriebenen Ertragswertverfahrens eine getrennte Ermittlung des Bodenwerts, einerseits, und der baulichen Anlage, andererseits, vorzunehmen:

(1) Der Bodenwert bestimmt sich dabei nach dem Bodenrichtwert gemäß Gutachterausschuss (ohne 20prozentigen Abschlag, § 184 Abs. 2 i.V.m. § 179 BewG).

(2) Hinsichtlich des Gebäudeertragswerts (dieser erfasst auch die Außenanlagen) sieht das Bewertungsgesetz folgende Rechenschritte vor: Der Rohertrag (§ 186 BewG) ist zu mindern um die Bewirtschaftungskosten (§ 187 BewG) und ergibt den Reinertrag des Grundstücks. Letzterer ist zu mindern um die enthaltene Bodenwertverzinsung (§ 188 BewG); es bleibt der Gebäudereinertrag i. S. d. § 185 Abs. 3 BewG, der mit dem in Anlage 21 enthaltenen Vervielfältiger den Gebäudeertragswert ergibt.

Dabei bedeutet der Rohertrag gemäß § 186 Abs. 1 BewG die „übliche Miete" im Sinn des weiterhin geltenden § 146 BewG, d. h. das nach den am Bewertungsstichtag geltenden vertraglichen Vereinbarungen für einen Jahreszeitraum zu entrichtende Benut-

---

3 Bundesanzeiger Nr. 108 v. 10.06.2006.

zungsentgelt ohne Betriebskostenumlagen. Mieten, die mehr als 20 Prozent von der üblichen Miete abweichen, sind durch die übliche Miete zu ersetzen; letztere gilt auch bei eigengenutzten oder unentgeltlich überlassenen Objekten. Die sodann abzusetzenden Bewirtschaftungskosten umfassen die nachhaltigen Verwaltungs-, Betriebs- und Instandhaltungskosten sowie das Mietausfallwagnis. Sie sind zu bemessen nach „Erfahrungswerten", die durch die Gutacherausschüsse zu ermitteln sind, hilfsweise nach pauschalen Prozentsätzen, die in Anlage 23 zum BewG bestimmt sind. Sie bewegen sich in der Praxis bei etwa einem Viertel des Rohertrags. Der bei der Bodenwertverzinsung anzusetzende Liegenschaftszins ist ebenfalls vorrangig durch den Gutachterausschuss zu ermitteln; hilfsweise sieht § 188 Abs. 2 BewG pauschal 5 Prozent für Mietwohngrundstücke, 6,5 Prozent bei reinen[4] Geschäftsgrundstücken vor. Ist das Grundstück wesentlich größer als der derzeitigen Nutzung angemessen und ist eine zusätzliche Verwertung der unbebauten Teilfläche möglich, wird der Bodenwert dieser Teilfläche bei der Berechnung des Verzinsungsbetrags nicht angesetzt (§ 185 Abs. 2 Satz 3 BewG).

Der Vervielfältiger, mit dem der sich sodann ergebende Gebäudereinertrag zu multiplizieren ist (Anlage 21), bestimmt sich maßgebend nach dem Liegenschaftszins und der Restnutzungsdauer des Gebäudes. Letztere wird ermittelt aus der wirtschaftlichen Gesamtnutzungsdauer gemäß Anlage 22 zum BewG und dem Baujahr des Gebäudes, muss jedoch gegebenenfalls verlängert werden, wenn größere Modernisierungen stattgefunden haben. In jedem Fall soll jedoch die Restnutzungsdauer eines noch genutzten Gebäudes mindestens 30 Prozent der wirtschaftlichen Gesamtnutzungsdauer betragen, was insbesondere bei älteren Gebäuden in der Regel weitere Prüfungen entbehrlich macht. Auch wenn sich durch Abzug der Bodenwertverzinsung ein negativer Gebäudereinertrag ergibt (vgl. § 20 WertV, Liquidationsverfahren), bleibt es doch zumindest beim Ansatz des reinen Bodenwerts eines unbebauten Grundstücks, ein Abzug für abbruchreife Gebäude findet also nicht statt (§ 184 Abs. 3 Satz 2 BewG).

(3) Die Summe von Bodenwert und Gebäudeertragswert bildet sodann den Grundstückswert, sofern nicht der Steuerpflichtige einen niedrigeren gemeinen Wert, § 198 BewG, nachweist.

cc) Sachwertverfahren, §§ 189 bis 191 BewG

Für Wohnungs- und Teileigentum sowie Ein- und Zwei-Familien-Häuser, für die kein Vergleichswert vorliegt, sowie für Geschäftsgrundstücke und gemischt genutzte Grundstücke, für die sich keine ortsübliche Miete ermitteln lässt, und für sonstige bebaute Grundstücke ist das Sachwertverfahren heranzuziehen.

Hierfür wird der reine Bodenwert wiederum gemäß § 179 BewG nach Maßgabe des Bodenrichtwerts (ohne 20prozentigen Abschlag) ermittelt und diesem der Gebäudesachwert, § 190 BewG, hinzuaddiert. Grundlage des Gebäudesachwerts (der auch Außenanlagen einschließt, sofern sie nicht besonders aufwändig gestaltet sind) sind die Gebäuderegelherstellungskosten, also die gewöhnlichen Herstellungskosten je Flächeneinheit, die sich aus Anlage 24 zum BewG ergeben.

---

[4] Beträgt der gewerbliche Anteil unter 50%, beläuft sich der Liegenschaftszins auf 5,5 v. H.; beträgt der gewerbliche Anteil über 50%, auf 6 v. H.

Bezugsgröße ist hierbei die Brutto-Grundfläche (BGF) des Gebäudes, also die Summe der Grundflächen aller Grundrissebenen mit Nutzungen und deren konstruktiver Umschließungen, also nach den Außenmaßen des Gebäudes. Das Tabellenwerk der Anlage 24 enthält die Regelherstellungskosten je Quadratmeter Brutto-Grundfläche, gegliedert nach Gebäudeklassen („Ein- und Zwei-Familien-Häuser mit Keller, Dachgeschoss ausgebaut"), Baujahresgruppen und Ausstattungsstandard (einfach, mittel, gut; letztere Einordnung lässt der subjektiven Wertung des Finanzbeamten weiten Raum).[5] Eine regionale Abstufung der Regelherstellungskosten findet aus Vereinfachungsgründen nicht statt. Die Multiplikation der Gebäuderegelherstellungskosten mit der Brutto-Grundfläche des Gebäudes ergibt den Gebäuderegelherstellungswert.

Von diesem ist sodann eine Alterswertminderung vorzunehmen, die wiederum sich aus dem Alter des Gebäudes und der wirtschaftlichen Gesamtnutzungsdauer gemäß der bereits vorerwähnten Anlage 22 zum BewG ergibt (bei reinen Wohngrundstücken beträgt diese z. B. 80 Jahre). Auszugehen ist dabei von einer gleichmäßigen (linearen) jährlichen Wertminderung, der verbleibende Gebäudewert darf aber im Regelfall 40 Prozent der Gebäuderegelherstellungskosten nicht unterschreiten.

Die Summe aus Bodenwert und Gebäudesachwert (Gebäuderegelherstellungswert abzüglich Alterswertminderung) ergibt den vorläufigen Sachwert des Gesamtobjekts, der jedoch gemäß § 191 BewG noch mit einer Wertzahl zu multiplizieren ist. Es handelt sich dabei um die von den Gutachterausschüssen für das Sachwertverfahren bei der Verkehrswertermittlung abgeleiteten Marktanpassungsfaktoren; fehlen solche, sind die in Anlage 25 zum BewG geregelten Wertzahlungen anzuwenden. Diese sind nach der Höhe des vorläufigen Sachwerts und dem Bodenpreisniveau gestaffelt und sollen berücksichtigen, dass mit zunehmender Höhe der Grundstücksinvestitionen zur Abbildung des gemeinen Werts ein wachsender Abschlag vom vorläufigen Sachwert vorgenommen werden muss.

Für freistehende Garagen wird ein eigener Gebäudeherstellungswert ermittelt und addiert.

dd) Erbbaurechte, §§ 192 bis 194 BewG

Nur in seltenen Fällen werden für ein **Erbbaurecht** Vergleichskaufpreise zur Verfügung stehen, so dass im Regelfall wiederum auf die Addition von Bodenwertanteil und Gebäudewertanteil zurückgegriffen werden muss (§ 193 Abs. 2 BewG).

(1) Der Bodenwertanteil wird ermittelt aus der angemessenen Verzinsung des Bodenwerts des unbelasteten Grundstücks, abzüglich des vertraglich vereinbarten jährlichen Erbbauzinses; die Differenz ist über die Restlaufzeit des Erbbaurechtes mit dem Vervielfältiger nach Anlage 21 des BewG zu multiplizieren.

Das Ergebnis (Bodenwertanteil des Erbbaurechts) drückt den wirtschaftlichen Vorteil aus, den der Erbbauberechtigte dadurch hat, dass er nach dem Erbbaurechtsvertrag eine geringere als die volle Bodenwertverzinsung zu erbringen hat. Ist jedoch der vereinbarte Erbbauzins höher als der nunmehr übliche, kann dieser Bodenwertanteil auch negativ sein. Sofern

---

5   Ausgangsmaterial waren die Normherstellungskosten 2000, die Bestandteil der Wertermittlungsrichtlinien 2006 sind; soweit die Normherstellungskosten 2000 lediglich Raummieterpreise enthalten, wurden diese in Flächenpreise umgerechnet.

der Gutachterausschuss keinen Liegenschaftszins mitteilen kann, gelten gem. § 193 Abs. 4 Satz 2 BewG pauschale Zinssätze (z. B. drei Prozent für Ein- und Zwei-Familien-Häuser, fünf Prozent für Mietwohngrundstücke und Wohnungseigentum, 6,5 Prozent für reine Geschäftsgrundstücke bzw. Teileigentum). Der Vervielfältiger, mit dem der Unterschiedsbetrag zu multiplizieren ist, berücksichtigt die Restlaufzeit des Erbbaurechts und den jeweiligen, gegebenenfalls pauschalen Liegenschaftszins.

(2) Hinzu kommt der Gebäudewertanteil, der im Ertragswertverfahren (§ 185 BewG) oder im Sachwertverfahren (§ 190 BewG) zu ermitteln ist, und der sich gegebenenfalls um den Gebäudewertanteil des Erbbaugrundstücks mindert, wenn nach den vertraglichen Regelungen der bei Ablauf des Erbbaurechts verbleibende Gebäudewert nicht oder nur teilweise zu entschädigen ist (§ 194 Abs. 4 BewG).

(3) Die Summe beider ergibt sodann den Wert des Erbbaurechts, sofern nicht der Steuerpflichtige einen niedrigeren gemeinen Wert gemäß § 198 BewG nachweist.

Da auch für das **erbbaubelastete Grundstück selbst** Vergleichswerte selten zur Verfügung stehen (§ 183 Abs. 1 BewG), sind in der Regel drei Berechnungsschritte erforderlich:

(1) Der Bodenwert eines unbelasteten Grundstücks (Bodenrichtwert mal Grundstücksfläche) ist über die Restlaufzeit des Erbbaurechts abzuzinsen (§ 194 Abs. 3 BewG); die Abzinsungsfaktoren ergeben sich aus Anlage 26 des BewG und sind je nach der Höhe des angemessenen Liegenschaftszinses (z. B. bei 1- und 2-Familien-Häusern drei Prozent) unterschiedlich.

(2) Zu addieren ist der kapitalisierte Wert des Erbbauzinsanspruchs; der Vervielfältiger ergibt sich wiederum aus Anlage 21 zum BewG, ebenfalls unter Berücksichtigung des Liegenschaftszinses.

(3) Das Ergebnis ist gegebenenfalls um einen Gebäudewertanteil zu erhöhen, wenn das Erbbaugebäude vom Grundstückseigentümer bei Ablauf nicht oder nur teilweise zu entschädigen ist (§ 194 Abs. 4 BewG); der entschädigungslos zufallende (anteilige) Gebäudewert ist auf den Bewertungsstichtag nach den Faktoren der Anlage 26 zum BewG abzuzinsen.

ee) Gebäude auf fremdem Grund und Boden, § 195 BewG

Diese werden nach Ertragswert- (§ 185 BewG), sonst Sachwertverfahren (§ 190 BewG), bewertet; ist das Gebäude bei Ablauf des Nutzungsrechts zu beseitigen, darf beim Vervielfältiger (Anlage 21) nach § 185 Abs. 3 BewG bzw. bei der Alterswertminderung nach § 190 Abs. 2 BewG nur die tatsächliche Nutzungsdauer, nicht die wirtschaftliche Lebenszeit, zugrunde gelegt werden.

Der Wert des mit einem fremden Gebäude belasteten Grundstücks wird (ähnlich wie beim erbbaubelasteten Grundstück) ermittelt durch Addition des auf den Bewertungsstichtag abgezinsten Bodenwerts (Anlage 26 zum BewG) und des kapitalisierten Nutzungszinses (Anlage 21 zum BewG).

d) Konsequenzen: Die Finanzverwaltung geht davon aus, dass die Bewertung von Grundstücken nach neuem Recht eine durchschnittliche Anhebung der steuerlichen Bemessungsgrundlage um 66 Prozent zur Folgen haben wird (bei Eigentumswohnungen plus 59 Prozent, für Mietwohngrundstücke plus 71 Prozent, für Geschäftsgrundstücke und gemischt genutzte Grundstücke plus 78 %). Besonders deutlich wird der Anstieg ausfallen für Objekte mit hohem Grund- und Bodenwert, jedoch relativ geringem bisherigem Mietertrag.

2. Personenunternehmen

Einzelunternehmen sowie personengesellschaftsrechtliche Beteiligungen (Mitunternehmerschaften) wurden bis Ende 2008 gemäß § 12 Abs. 5 ErbStG, § 109 Abs. 1 BewG nach den Steuerbilanzwerten, unter vollem Abzug der Verbindlichkeiten, taxiert. Auch insoweit ist nunmehr der gemeine Wert maßgeblich, § 109 Abs. 1 BewG. Stille Reserven, Firmenwerte usw. werden also in die Bewertung einbezogen. Die Ermittlung des gemeinen Werts soll zuvörderst aus Verkäufen unter Fremden, die im Jahr vor dem steuerlichen Stichtag durchgeführt wurden, erfolgen, hilfsweise (und dies wird die Regel sein) „aufgrund der Ertragsaussichten oder einer anderen anerkannten, auch im gewöhnlichen Geschäftsverkehr für nichtsteuerliche Zwecke üblichen Methode" (§ 11 Abs. 2 BewG, auf den § 109 Abs. 1 Satz 2 BewG verweist), also auf der Basis von Vergangenheitserträgen, oder nach vergleichsorientierten Methoden bzw. nach der Multiplikatorenmethode, mindestens jedoch nach dem Substanzwert i.S.d §§ 98a, 103 BewG (§ 11 Abs. 2 Satz 3 BewG). Soll die Gesellschaft nicht weiter betrieben werden, bildet der Liquidationswert (als besondere Ausprägung des Substanzwertes) die Untergrenze (richtig wäre gewesen, stets den Liquidationswert, also die fiktiven Nettoerlöse der Liquidation abzüglich der Liquidationskosten, als Untergrenze anzusetzen).

Mangels Vergleichskaufpreisen im vorangehenden Jahr und bei Fehlen „anerkannter üblicher Methoden" der betroffenen Verkehrskreise wird regelmäßig allein die „Wertermittlung unter Berücksichtigung der Ertragsaussichten" in Betracht kommen, „sofern diese nicht zu offensichtlich unzutreffenden Ergebnissen führt" (darin liegt faktisch eine Öffnungsklausel für auf eigene Initiative erstellte Unternehmenswertgutachten[6]). Als Standardbewertung, in der Praxis aber insbesondere für kleinere Betriebe[7] und Freiberuflerpraxen, sieht §§ 199 bis 203 BewG ein sog. „**vereinfachtes Ertragswertverfahren**" vor. Der dabei zugrundegelegte Kapitalisierungszins (für 2011: 7,93 %, für 2010 8,48 %, für 2009 8,11 vH) wurde schon früh als unter Marktaspekten zu gering kritisiert;[8] er führt zu einer Bewertung in Höhe des 12,61 fachen (2010: 11,79-fachen; 2009: 12,33-fachen - 100 dividiert durch 7,93 bzw. 8,48 bzw. 8,11) der erzielbaren Zukunftserträge, was in vielen Branchen überhöht ist. Bei Personenunternehmen ist dabei jedoch der angemessene Unternehmerlohn abzusetzen, der bei Kapitalgesellschaften als Betriebsausgabe berücksichtigt würde.

---

6 Eine ausdrückliche Öffnungsklausel (wie §§ 165 Abs. 3, 167 Abs. 4 BewG für land- und forstwirtschaftliches sowie § 198 BewG für Immobilienvermögen) enthält das Gesetz zu Betriebsvermögen allerdings nicht.

7 § 1 Abs. 3 des Entwurfes einer Betriebsanteilsbewertungsverordnung sah insoweit noch vor, dass das vereinfachte Ertragswertverfahren keine Anwendung finde bei Großbetrieben der Klasse G1 gem. § 3 Betriebsprüfungsordnung vom 15.03.2000 (BStBl. 2000 I 368), also bei einem Jahresumsatz von über 32 Mio. €. Das Gesetz hat diese Abgrenzung nicht übernommen.

8 Je nach Branche sind am deutschen Bewertungsmarkt zwischen 13 und 15 % realistisch (als Maßstab der Renditeerwartung eines Investors), sodass sich das ca. 6-8-fache des Jahresertrages ergeben würde. Damit würden schon Unternehmen mit Jahreserträgen von ca. 40.000,00 € den persönlichen Freibetrag eines Kindes übersteigen.

Kapitel 14: Vertragsmuster

Die Verfahrensmodalitäten stellen sich im Überblick wie folgt dar:

Zunächst normiert § 200 Abs. 2 bis 4 BewG eine separate Behandlung (1) nicht betriebsnotwendigen Vermögens, (2) von („Unter"-)Beteiligungen sowie (3) von Einlagen innerhalb der letzten zwei Jahre vor dem Bewertungsstichtag.[9] Für diese muss also der gemeine Wert separat ermittelt werden; die damit zusammenhängenden Erträge und Aufwendungen sind aus der Ermittlung des Jahresertrags auszuscheiden. Für den verbleibenden Unternehmensbereich ist der gemeine Wert des Unternehmens zukunftsbezogen anhand der nachhaltig erzielbaren Jahreserträge zu ermitteln und mit einem Kapitalisierungsfaktor zu multiplizieren.

Beurteilungsgrundlage für die Schätzung des künftigen Jahresertrags ist dabei der in der Vergangenheit tatsächlich erzielte[10] Durchschnittsertrag (§ 201 Abs. 1 Satz 1 BewG), insoweit angelehnt an die Ermittlung des Ertragshundertsatzes im Rahmen des bisherigen Stuttgarter Verfahrens, R 99 ErbStR 2003. Der Durchschnitt der letzten drei Jahre[11] (der nicht – wie bisher beim Stuttgarter Verfahren – gewichtet wird, so dass jedes vorangegangene Jahr gleich stark in die Bewertung einfließt) zielt dabei ab auf den steuerlichen Bilanzgewinn (also den Unterschiedsbetrag i. S. d. § 4 Abs. 1 Satz 1 EStG). Dieser ist gemäß § 202 Abs. 1 Satz 2 BewG um solche Vermögensminderungen und – mehrungen zu korrigieren, die einmalig sind oder jedenfalls nicht den künftig nachhaltig erzielbaren Jahresertrag beeinflussen (also beispielsweise zu erhöhen um Sonderabschreibungen, Absetzungen auf den Geschäfts- und Firmenwert, einmalige Veräußerungsverluste, und zu reduzieren um gewinnerhöhende Auflösungsbeträge auf steuerfreien Rücklagen, einmalige Veräußerungsgewinne, den angemessenen Unternehmerlohn, soweit er in der bisherigen Ergebnisrechnung nicht berücksichtigt ist, sowie einmalige Investitionszulagen etc.)

Die sodann sich ergebende Zwischensumme ist um 30 Prozent zu kürzen zur pauschalen Abgeltung des Ertragsteueraufwands („latente Steuerlast", vgl. § 202 Abs. 3 BewG); die Differenz bildet das „bereinigte Betriebsergebnis".

Erfolgt eine Gewinnermittlung nach § 4 Abs. 3 EStG, ist anstelle des steuerlichen Bilanzgewinns vom Überschuss der Betriebseinnahmen über die Betriebsausgaben auszugehen, die Korrekturregelungen gelten hier entsprechend (§ 202 Abs. 2 BewG).

Dieser künftig nachhaltig erzielbare Jahresertrag ist mit einem Kapitalisierungsfaktor gemäß § 203 BewG zu multiplizieren. Letzterer setzt sich zusammen aus dem (variablen) Basiszinssatz und einem (Risiko-)Zuschlag von 4,5 Prozentpunkten. Als Basiszinssatz gilt der aus den Zinsstrukturdaten der Deutschen Bundesbank ermittelte Zinssatz, der für den ersten Börsentag eines Jahres errechnet wird und die prognostizierte Rendite für langfristig laufende Anleihen darstellt; er wird jeweils durch das BMF im Bundessteuerblatt veröffentlicht und gilt im Rahmen der Wertermittlung für das gesamte Kalenderjahr. Für 2010 beträgt er 3,98 %, für 2009 3,61 %. (Der Leitfaden der OFD Rheinland und Münster zur Bewertung

---

9 Diese Maßnahme der „Missbrauchsvermeidung" ist gerichtet gegen die Einlage von Wirtschaftsgütern mit hohem gemeinem Wert und geringer Rendite kurz vor dem Stichtag.

10 Hierin liegt eine besondere Schwäche des vereinfachten Ertragswertverfahrens, da es keine Prognoseelemente enthält (man denke an die Folgen der aktuellen Finanz- und Wirtschaftskrise!).

11 Bei nachhaltigen Veränderungen im Dreijahreszeitraum, etwa durch Umwandlung, Aufspaltung oder Einbringung von Betrieben, ist ein entsprechend verkürzter Ermittlungszeitraum zugrunde zu legen.

von Anteilen an Kapitalgesellschaften geht übrigens derzeit von einem allgemein angemessenen Zuschlag von lediglich drei Prozentpunkten aus; vom Kapitalisierungszins ist dort eine Ertragsteuerbelastung von 35 Prozent in Abzug zu bringen.) Der Kapitalisierungsfaktor entspricht gemäß § 203 Abs. 3 BewG dem Kehrwert des Kapitalisierungszinssatzes, bei einem Kapitalisierungszins von derzeit gesamt 8,48 Prozent also dem **11,79-fachen**.

Beim Betriebsvermögen einer Personengesellschaft ist zu berücksichtigen, dass das vereinfachte Ertragswertverfahren lediglich den Gesamthandsanteil erfasst, nicht das zivilrechtlich den Gesellschaftern gehörende Sonderbetriebsvermögen. Letzteres wird ohnehin nur für den denjenigen Gesellschafter einbezogen, dessen Anteil erbschaftsteuerlicher bzw. schenkungsteuerlicher Zuwendungsgegenstand ist.

Der DIHK geht davon aus, dass der gemeine Wert bei Personengesellschaften durchschnittlich das 3,61fache des Steuerbilanzwerts beträgt; besonders krass wird die Anstieg bei ertragsstarken, jedoch substanzschwachen Mittelstandsbetrieben ausfallen.

Als mittelbare Konsequenz aus dem deutlich höheren Steuerwert werden **gesellschaftsrechtliche Anwachsungsklauseln**, die hinter dem Verkehrswert zurückbleiben, über § 3 Abs. 1 Nr. 2 Satz 2 und § 7 Abs. 7 ErbStG künftig sehr viel stärkere Steuerrelevanz erhalten. Dies gilt um so mehr, als die Vinkulierung von Anteilen an Familiengesellschaften nach Ansicht des BFH nicht zu einer Minderung des Steuerwertes führt, da „persönliche Umstände" unberücksichtigt bleiben müssen (§ 9 Abs. 2 Satz 3, Abs. 3 Satz 1 BewG). Immerhin ist durch § 13a Abs. 3 Satz 2 ErbStG nun sichergestellt, dass bei qualifizierten Nachfolgeklauseln bzw. entsprechender Erbauseinandersetzung stets nur derjenige Miterbe (und zwar vollständig) in den Genuss der Betriebsvermögensprivilegien kommt, der den Anteil erhält.

3. Anteile an Kapitalgesellschaften

Auch insoweit ist (wie bisher, § 11 Abs. 2 Satz 1 BewG) der gemeine Wert zugrunde zu legen, so dass es rechtsformbezogene Unterschiede zwischen Personen- und Kapitalgesellschaften nicht mehr geben wird. Maßgeblich ist die Ableitung aus Verkäufen unter fremden Dritten im vorangehenden Jahr, hilfsweise (wie in der Regel) „aufgrund der Ertragsaussichten oder einer anderen anerkannten, auch im gewöhnlichen Geschäftsverkehr für nichtsteuerliche Zwecke üblichen Methode". Maßgeblich ist jedoch stets mindestens der Substanzwert. Die Ermittlung „aufgrund der Ertragsaussichten" soll auch insoweit nach der oben dargestellten „vereinfachten Ertragswertmethode" erfolgen, sofern diese nicht zu offensichtlich unzutreffenden Ergebnissen führt.

Auch bei Kapitalgesellschaftsanteilen wird die Besteuerung des Einziehungserwerbs spürbarer werden; um insoweit wenigstens in den Genuss der Betriebsvermögensfreistellungen zu kommen, sind Abtretungsklauseln der schlichten Einziehung vorzuziehen (privilegiert ist nämlich nur der Anteilserwerb, nicht der schlichte relative Wertzuwachs).

Bei allen nicht börsennotierten Anteilen an Kapitalgesellschaften ist aufgrund der Abkehr vom bisherigen Stuttgarter Verfahren mit einer deutlichen Anhebung zu rechnen sein, interne Berechnungen des BMF gehen von durchschnittlich 64 Prozent Steigerung aus, während Wirtschaftsverbände ein Mehrfaches der bisherigen Steuerwerte (den bis zu 10fachen Betrag) befürchten.

4. Land- und forstwirtschaftliches Vermögen

Da ein funktionierender Markt für land- und forstwirtschaftliche Vermögen (zur Definition §§ 158 bis 160 BewG) sich nicht herausgebildet hat, findet gemäß § 161 ff. BewG ein standardisiertes Ertragswertverfahren Anwendung. Demnach gliedert sich ein Betrieb der Land- und Forstwirtschaft (LuF) in den Wohnteil, die Betriebswohnungen und den Wirtschaftsteil. Für die beiden erstgenannten Komponenten samt Umgriff[12] gelten gem. § 167 BewG die oben 1 dargestellten Bestimmungen zur Bewertung von Grundvermögen, allerdings mit einem Abschlag von 15 vH zur Berücksichtigung der Nachteile, die sich aus der Nähe zum Betrieb ergeben (wobei auch hier dem Steuerpflichtigen der Nachweis eines geringeren gemeinen Wertes durch Gutachten eröffnet ist).

Die Bewertung des (im Vordergrund stehenden) Wirtschaftsteils wiederum erfordert die pauschalierte Ermittlung der Ertragsfähigkeit der eigentlichen „LuF-Nutzungen", der Nebenbetriebe, sowie des Abbau-, Geringst- und Unlandes, unter der Prämisse der Fortführung (Wirtschaftswerte gem. § 163 BewG), wobei jedoch der Mindestwert des § 164 BewG (kapitalisierter Pachtpreis des Grund und Bodens zuzüglich kapitalisiertem Wert des Besatzkapitals abzüglich der Verbindlichkeiten) nicht unterschritten werden darf. Werden wesentliche Wirtschaftsgüter oder gar der Betrieb selbst binnen 15 Jahren nach dem Bewertungsstichtag veräußert und der Erlös nicht binnen eines halben Jahres re-investiert, ist vorrangig vor dem Wirtschaftswert bzw. dem Mindestwert der Liquidationswert (§ 166 BewG) anzusetzen: Bodenrichtwerte nach Richtwertkarte für den Grund und Boden, gemeine Werte für die sonstigen Wirtschaftsgüter, jeweils abzüglich 10 vH für die Liquidationskosten.

Die Wirtschaftswerte (§ 163 BewG) bestimmen sich nach dem „gemeinhin und nachhaltig" (§ 163 Abs. 2 Satz 3 BewG: nach dem Durchschnitt der letzten fünf Jahre) „erzielbaren Reingewinn", also nach dem ordentlichen Ergebnis abzüglich eines angemessenen Lohnanteils für die Arbeitsleistung des Betriebsinhabers und der Zinsaufwendungen. Bei landwirtschaftlicher Nutzung bemisst sich der Reingewinn nach Region (36 Gebiete), Betriebsform und Betriebsgröße[13] in Spalte 4 der Anlage 14 zum BewG[14] als (bei kleinen Betrieben oft negativer) Eurobetrag pro Hektar. Für Betriebe der Forstwirtschaft, Weinbau, Gärtnereien, Hopfen/Spargel/Tabak (§ 163 Abs. 4 bis 7 BewG) etc existieren vergleichbare Anlagen 15 bis 18 zum BewG, die den Reingewinn in €/Hektar nach unterschiedlichen Differenzierungskriterien (Baumart etc) ausweisen; für Geringstland beträgt der Reingewinn 5,40 € je Hektar, für Unland Null € (§ 163 Abs. 9 und 10 BewG). Die Anlagen 14 bis 18 können durch das BMF turnusmäßig im Verordnungswege an die Erhebungen nach § 2 LandwirtschaftsG angepasst werden. Für Nebenbetriebe und Abbaubetriebe ist der Reingewinn im Einzelertragsverfahren zu ermitteln (§ 163 Abs. 8 BewG).

Die Summe der Reingewinnbeträge ist mit einem Kapitalisierungszins von 5,5 vH[15] (also einem Multiplikator von 18,6) zu kapitalisieren (§ 163 Abs. 11 BewG) und das Ergebnis mit der Hektaranzahl der jeweiligen Nutzung zu multiplizieren (§ 163 Abs. 12 BewG).

---

12 Maximal das Fünffache der jeweils bebauten Fläche.
13 Eingeteilt nach europäischen Größeneinheiten (EGE), vgl. § 163 Abs. 3 Satz 2 ff. BewG.
14 Diese umfasst allein 15 DIN A-4 Seiten (BGBl. 2008 I, S. 3043 bis 3059).
15 Basiszinssatz von 4,5 % zzgl. Risikozuschlag von einem Prozentpunkt.

Zur Bemessung des an der Einzelertragsfähigkeit sämtlicher Wirtschaftsgüter orientierten Mindestwertes (§ 164 BewG) ist hinsichtlich des Grund und Bodens der Pachtpreis je Hektar zu ermitteln, und zwar (nach Nutzung, Nutzungsteil, Nutzungsart, und Betriebsgröße) aus der vorletzten (vierten bzw. fünften) Spalte der Anlage 14 bis 18 zum BewG, der Wert des sog. Besatzkapitals (z.B. der Betriebsgebäude) aus der letzten Spalte dieser Anlagen, für die Forstwirtschaft aus Anlage 15a. Der Kapitalisierungsfaktor beträgt auch hier 18,6 (§ 164 Abs. 3 bzw. 5 BewG). Abzuziehen sind die Verbindlichkeiten, die bei hoch verschuldeten Betrieben mitunter den kapitalisierten Pacht- und Besatzkapitalpreis vollständig neutralisieren; das Mindestergebnis ist allerdings Null (§ 164 Abs. 6 Satz 2 BewG).

Erste Vergleichsberechnungen ergeben, dass häufig der zusammengesetzte Mindestwert aus Einzelertragswert des Grund und Bodens und Einzelertragswert des Besatzkapitals, sofern er nicht durch Verbindlichkeiten überstiegen wird, maßgeblich ist. Allenfalls bei land- und forstwirtschaftlichen Großbetrieben (mit mehr als 100 europäischen Größeneinheiten), die mit hohem Fremdkapitaleinsatz arbeiten, wird demnach der kapitalisierte Reingewinn noch maßgeblich bleiben. Gegenüber der bisherigen Bewertung nach der Summe der Ertragsmesszahlen, multipliziert mit im Regelfall 0,35 € (§ 142 Abs. 1 Nr. 1a BewG), ergibt sich zwar eine deutliche Anhebung, die jedoch noch immer spürbar unter dem Verkehrswert bleibt. Auch insoweit werden bereits erste verfassungsrechtliche Bedenken (versteckte Verschonungsmaßnahme) laut.

5. Sonstige Vermögensgegenstände

Änderungen ergeben sich insbesondere hinsichtlich der Bewertung noch nicht fälliger Ansprüche aus Lebens-, Kapital- oder Rentenversicherungen: Zugrunde zu legen sind nicht mehr zwei Drittel der eingezahlten Prämien (wie derzeit in § 12 Abs. 4 BewG), sondern der Rückkaufswert, so dass diese Steuerreduzierungsmöglichkeit deutlich unattraktiver wird.

III. Verschonung bei Grundvermögen

Ausschließlich selbstgenutzte Immobilien sind (bei der lebzeitigen Übertragung an Ehegatten uneingeschränkt, im Falle der Vererbung an den Ehegatten bzw. der Vererbung an Kinder mit Einschränkungen – siehe oben I. 2 b) durch sachliche Befreiungsvorschriften privilegiert.

Für vermietete Wohnimmobilien in der EU/dem EWR, die nicht zu einem Betriebsvermögen gehören, wird ein Abschlag von 10 Prozent der Bemessungsgrundlage gewährt (§ 13c ErbStG), zumal das Bundesverfassungsgericht die Belange der Bau- und Wohnungswirtschaft als gewichtige Gemeinwohlgründe akzeptiert hat. Auch damit zusammen hängende Schulden sind dann nur zu 90% abziehbar (§ 10 Abs. 6 Satz 5 ErbStG). Eine Nachversteuerung bei vorzeitiger Beendigung der Vermietung während eines Beobachtungszeitraums findet nicht statt.

IV. Verschonung bei Betriebsvermögen

Während der Entwurf eines Unternehmensfortführungserleichterungsgesetzes (§§ 28, 28a ErbStG-E) noch von einem Stundungs- und Erlassmodell ausging, wurde nach zähem Ringen schließlich ein modifiziertes Abschmelzungsmodell realisiert. Die im Vorfeld diskutierte

Gewährung eines zusätzlichen Unternehmensfreibetrags als Ersatz für den vollständig wegfallenden zusätzlichen Freibetrag des § 13a ErbStG (225.000,00 €) sowie für den bisherigen weiteren Bewertungsabschlag von 35 Prozent haben keinen Eingang gefunden.

Auch sind Schulden und Lasten, die mit begünstigtem Vermögen wirtschaftlich im Zusammenhang stehen, naturgemäß nur anteilig abzugsfähig (im Verhältnis der Werte nach und vor dem Ansatz der Privilegierung des § 13a ErbStG), vgl. § 10 Abs. 6 Satz 4 ErbStG). Dies gilt nun, nach Streichung des § 25 ErbStG, auch für den vorbehaltenen Nießbrauch.

§ 13 b Abs. 3 ErbStG stellt (wenngleich in nicht eindeutig formulierter Weise) sicher, dass die Betriebsvermögensverschonung stets demjenigen zugute kommt, der im Rahmen einer Erbauseinandersetzung den Betrieb übernimmt (ähnlich einem Vermächtnisnehmer oder Alleinerben); insgesamt zu versteuern hat er aber zunächst den ererbten Anteil am Gesamtvermögen, auch wenn er in der Erbauseinandersetzung weniger erhält.

1. Erfasstes Vermögen

§ 13b Abs. 1 ErbStG definiert das begünstigte Betriebsvermögen ähnlich der bisherigen Gesetzeslage (§ 13a Abs. 4 ErbStG a.F.), jedoch räumlich bezogen auf Belegenheiten (Nr. 1), Betriebsstätten (Nr. 2) bzw. Sitz (Nr. 3, also unabhängig von der Belegenheit) in allen Mitgliedsstaaten der Europäischen Union (EU) oder des Europäischen Wirtschaftsraumes (EWR):

- Nr. 1: land- und forstwirtschaftliches Vermögen,
- Nr. 2: Betriebsvermögen i. S.d. §§ 95 ff. BewG. Zu letzterem zählen Gewerbebetriebe, Teilbetriebe, freiberufliche Mitunternehmeranteile gemäß § 18 Abs. 4 EStG, der Anteil eines persönlich haftenden Gesellschafters einer KGaA sowie Mitunternehmeranteile nach § 15 Abs. 1 Satz 1 Nr. 1 und Abs. 3 EStG (insoweit also unter Einschluss der Anteile an einer lediglich gewerblich geprägten Personengesellschaft i.S.d. § 15 Abs. 3 Nr. 2 EStG). Die gerade im Mittelstand typischen Darlehen des Gesellschafters an „seine" Gesellschaft zählen jedoch nicht zum privilegierten Betriebsvermögen.
- Nr. 3: Anteile an Kapitalgesellschaften von mehr als 25 Prozent – wobei mehrere, durch Gebot einheitlicher Verfügung und Stimmrechtsbindung („Poolvereinbarung") gebündelte Beteiligungen zusammen zu zählen sind (Minderheitsgesellschafter, die unter Missachtung gewachsener gesellschaftsrechtlicher Strukturen aus Gründen der Erbschaftsteuerersparnis auf solche Stimmrechtsbindungsverträge angewiesen sind, werden erpressbar! Möglicherweise führen solche Poolvereinbarungen auch zum Untergang von Verlustvorträgen.). Kapitalgesellschaftsrechtliche Beteiligungen, die zu einem Betriebsvermögen gehören, dürften jedoch über § 13b Abs. 1 Nr. 2 EStG unmittelbar, unabhängig von der Höhe der Beteiligungsquote, erfasst sein.

2. Steuerklassenprivileg

§ 19a ErbStG, wonach beim Erwerb von privilegiertem Betriebsvermögen durch Personen der Steuerklassen II und III ebenfalls die Steuersätze der Steuerklasse I Anwendung finden, bleibt erhalten, und zwar ohne die bisherige Beschränkung auf 88 Prozent. Eine Adoption des Unternehmenserwerbers wirkt sich also „nur" hinsichtlich des persönlichen Freibetrages positiv aus.

3. Sockel-Sofortbesteuerung, Freigrenze

Gemäß § 13b Abs. 4 ErbStG werden lediglich 85 Prozent des begünstigten Vermögens tatsächlich freigestellt, die verbleibenden 15 Prozent werden als nichtbetriebsnotwendiges Vermögen fingiert, so dass sie wie Privatvermögen besteuert werden. Diese gesetzlich zwingende Abgrenzung tritt an die Stelle der im Entwurf des nicht realisierten Unternehmensfortführungserleichterungsgesetzes geplanten Differenzierung nach „produktivem" und „unproduktivem" Vermögen. Wählt allerdings der Steuerpflichtige gem. § 13a Abs. 8 ErbStG unwiderruflich die „ambitioniertere" Variante der Freistellung (mit verschärften Anforderungen und Fortführungsauflagen), entfällt die 15%ige Sofortbesteuerung – werden alle gesetzlichen Auflagen auf die Dauer von sieben (ursprünglich: zehn) Jahren eingehalten, winkt am Ende die 100%ige Freistellung.

§ 13a Abs. 2 ErbStG enthält einen gleitenden Abzugsbetrag hinsichtlich des nichtbegünstigten 15-Prozent-Anteils des Betriebsvermögens: Beträgt dieser nicht mehr als 150.000,00 €, entfällt die Besteuerung insoweit vollständig. Wird der Wert überschritten, mindert sich der Abzugsbetrag um 50 Prozent des die Freigrenze (nicht den Freibetrag) von 150.000,00 € übersteigenden Betrags, so dass die Freigrenze ab 450.000,00 € wirkungslos wird. Der Abzugsbetrag steht für alle Betriebsvermögenserwerbe, die vom selben Veräußerer herrühren, nur einmal alle zehn Jahre zur Verfügung (§ 13a Abs. 2 Satz 3 ErbStG).

4. Modifizierte Abschmelzungsregelung

§ 13a ErbStG gewährt eine im Optimalfall vollständige Steuerbefreiung des erfassten Betriebsvermögens (ggf., sofern der Steuerpflichtige sich nicht für die „ambitionierte Variante" entscheidet – nachstehend a –, mit Ausnahme des 15%igen Sofortversteuerungsanteils) sofern keine Ausnahmen von der Begünstigung vorliegen (nachstehend b) sowie der Verschonungsparameter der Lohnsumme (nachstehend c) eingehalten und kein Nachversteuerungstatbestand ausgelöst wird (nachstehend d).

a) Optionsmöglichkeit des Steuerpflichtigen

Bis zur Bestandskraft des Schenkung- oder Erbschaftsteuerbescheides kann der Erwerber gem. § 13a Abs. 8 ErbStG unwiderruflich sich für die „ambitionierte Variante" der Freistellungsregelung entscheiden. Dadurch eröffnet sich die Möglichkeit einer vollständigen, auch den „Sofortbesteuerungsabschlag" erfassenden, Freistellung, allerdings unter verschärften Anforderungen, die jeweils bei den einzelnen Voraussetzungen (nachstehend b bis d) dargestellt sind.

b) Verschonungsausnahme: Verwaltungsvermögen, § 13b Abs. 2 ErbStG

Das gesamte (verbleibende) privilegierte Betriebsvermögen verliert den Begünstigungsanspruch, wenn der darin enthaltene Anteil am „Verwaltungsvermögen" 50 Prozent des Gesamtbetriebsvermögens überschreitet (§ 13b Abs. 2 Satz 1 ErbStG). Wählt der Steuerpflichtige gar die „ambitionierte Variante", verliert das gesamte Betriebsvermögen insgesamt die Privilegierungsmöglichkeit, wenn der Verwaltungsvermögensanteil mehr als zehn vom Hundert beträgt. Daher sollte der Steuerpflichtige von dieser Option nur Gebrauch machen, wenn er sich absolut sicher ist, die Verwaltungsvermögenshürde zu nehmen, da sonst die sofortige Gesamtversteuerung eintritt, gleichgültig wie sklavisch die Fortführungsauflagen eingehalten werden.

Während also dem Grunde nach gewerblich geprägte Personengesellschaften aufgrund der einkommensteuerrechtlichen Anknüpfung des § 13a ErbStG noch von der Begünstigung erfasst sind (oben 1), sollen Sachverhalte, in denen überwiegend Privatvermögen, insbesondere Grundstücke oder Wertpapiere, durch Einbringung in eine gewerblich geprägte GmbH & Co. KG „umfunktioniert" wurde, herausgefiltert werden.

Als sogenanntes „Verwaltungsvermögen" sind zu werten (§ 13b Abs. 2 Satz 2 ErbStG)

- Nr. 1: Dritten zur Nutzung überlassene Grundstücksteile und Gebäude(teile), wobei jedoch die Fälle der Betriebsaufspaltung (§ 13b Abs. 2 Satz 2 Nr. 1 Satz 2 lit a) 1. Alt.), des Sonderbetriebsvermögens – lit a) 2. Alt. –, bestimmte Betriebsverpachtungen (lit. b) Konzernsachverhalte (lit. c), gewerbliche Wohnungsvermietungsgesellschaften (lit d) und im Ganzen erfolgende land- und forstwirtschaftliche Verpachtungen (lit. e) nicht zum Verwaltungsvermögen zählen.
- Nr. 2: Anteile an Kapitalgesellschaften im Streubesitz (nmittelbare Beteiligung am Nennkapital unter 25 Prozent, wobei stimmrechtsgebundene Beteiligungen wiederum zusammen zu zählen sind). Ausgenommen sind solche Kleinbeteiligungen in der Hand von Kredit- oder Finanzdienstleistungsinstituten.
- Nr. 3: Beteiligungen an Kapitalgesellschaften über 25 % (die demnach nicht unter Nr. 2 fallen), sowie sonstige Beteiligungen an Personengesellschaften, sofern bei der gehaltenen Beteiligungsgesellschaft der Verwaltungsvermögensanteil über 50 vH beträgt (NB: hat die Beteiligungsgesellschaft unter 50 % Verwaltungsvermögen, zählt die Beteiligung nicht zum Verwaltungsvermögen der Obergesellschaft, so dass dort sogar der 10%-Test bestanden werden kann!)
- Nr. 4: Wertpapiere und vergleichbare (also verbriefte) Forderungen (außer in der Hand von Banken, Finanzdienstleistungs- und Versicherungsinstituten); Bargeldbestände sowie Geldforderungen gegenüber Kreditinstituten sowie Kundenforderungen zählen wohl also nicht zum Verwaltungsvermögen.
- Nr. 5: Kunstgegenstände, Münzen, Edelmetalle, Edelsteine u. ä., sofern Handel oder Verarbeitung solcher Gegenstände nicht Hauptzweck des Gewerbebetriebs ist.

Beträgt der Anteil des Verwaltungsvermögens im vorstehenden Sinne am gesamten Betragsvermögen unter 50 (bzw bei der „ambitionierten Variante" 10) Prozent, wird dasjenige „Verwaltungsvermögen", das dem Betrieb seit weniger als zwei Jahren zuzurechnen ist, von der Begünstigung dennoch ausgenommen (§ 13a Abs. 2 Satz 3 ErbStG). Damit soll die kurzfristige „Aufstockung" durch Hereinnahme von Privatvermögen bis knapp unter die 50- (bzw. 10-)Prozent-Grenze vereitelt werden. Faktisch trifft den Unternehmer demnach eine insgesamt maximal neun- bzw. zwölfjährige Behaltensfrist. Der ggf. verbleibende Anteil unter 50 vH (bzw. 10 vH) nimmt jedoch an der Privilegierung teil.

Die Prozentanteile des Verwaltungsvermögens werden allein nach dem Verhältnis der erbschaftsteuerlichen Bewertungsansätze (gemeiner Wert) ermittelt – sie stehen demnach oft erst nach einer Betriebsprüfung samt Einigung über die Unternehmensbewertung mit der Finanzverwaltung oder einer finanzgerichtlichen Entscheidung fest –, und zwar ohne Berücksichtigung abzuziehender Verbindlichkeiten. Die Zinslasten, die mit hohen Finanzierungsbelastungen des Verwaltungsvermögens verbunden sind, mindern allerdings den nach dem Ertragswertverfahren zu ermittelnden Wert des Gesamtunternehmens, so dass die Gefahr sich erhöht, den 50-(bzw. 10-)Prozent-Test nicht zu bestehen. Richtiger wäre, die mit dem Verwaltungsvermögen verknüpften Schulden allein dort zu berücksichtigen.

Vorstehende Regelungen enthalten eine deutliche Verschärfung gegenüber dem bis Ende 2008 geltenden Rechtszustand, der beispielsweise dadurch gekennzeichnet war, dass es auf die Zusammensetzung des Vermögens an einer Kapitalgesellschaft, an der 25 Prozent oder mehr übertragen wurden, nicht ankam. Personengesellschaften, die nicht gewerblich tätig sind, sondern lediglich kraft ihrer gewerblichen Prägung (GmbH & Co KG) Betriebsvermögen halten, sind daher ab 2009 nicht mehr taugliche Vehikel zur Inanspruchnahme der Betriebsvermögensbegünstigung.

c) Lohnsummenkriterium, § 13a Abs. 1 Satz 2 i. V. m. Abs. 4 ErbStG

Die Gewährung des vollen Bewertungsabschlags für die maximal freigestellten 85% (bei Wahl der „ambitionierten Variante" gemäß oben a: 100%) des unternehmerischen Vermögens setzt voraus, dass über einen Beobachtungszeitraum (sog. Lohnsummenfrist) von fünf Jahren nach dem Erwerb die Summe der maßgeblichen jährlichen Lohnsummen des Betriebs (bei Personen- oder Kapitalgesellschaftsbeteiligungen des Betriebs, den die Gesellschaft führt), 400 Prozent der Ausgangslohnsumme nicht unterschreitet. Ausgangslohnsumme ist der Durchschnitt der letzten fünf Wirtschaftsjahre vor der Übertragung/Vererbung des Betriebes. Ausgenommen sind lediglich Betriebe ohne oder mit weniger als zwanzig Arbeitnehmern.

Die im Einzelnen sehr komplexe Berechnung der Lohnsumme regelt § 13a Abs. 4 ErbStG; sie umfasst auch Bestandteile, auf die die Unternehmen selbst keinen unmittelbaren Einfluss haben (Sozialabgaben etc). Einzubeziehen sind die anteiligen Lohnsummen bei anderen Unternehmen im Inland, in der EU bzw. im EWR, an denen der übergebene Betrieb bzw. die Gesellschaft, hinsichtlich derer Anteile übertragen wurden, zu mehr als 25 vH beteiligt ist. Verlegung von Lohnaufwand in Länder außerhalb der EU/des EWR ist also schädlich.

Unterschreitet – über die gesamte Lohnsummenfrist betrachtet – die Summe der Lohnsummen den Mindestwert von 400 Prozent (also 80% bezogen auf den Jahresdurchschnitt), entfällt die zunächst vorläufig gewährte Verschonung mit Wirkung für die Vergangenheit im Verhältnis des Zurückbleibens (Beispiel: beträgt die Gesamtlohnsumme über fünf Jahre lediglich 320 Prozent, also zwanzig vH weniger als die geschuldeten 400 Prozent), entfällt die Freistellung rückwirkend für 20vH der zunächst freigestellten 85 Prozent des Betriebsvermögens, so dass zusätzlich zum Sofortbesteuerungsanteil von 15 vH weitere 20vH von 85 Prozent, also weitere 17 vH besteuert werden, und demnach insgesamt 32 vH des Betriebsvermögens zu gemeinen Werten versteuert werden. Für diese nachzuversteuernden Anteile steht die Freigrenze von 150.000,00 € (oben 3) nicht zur Verfügung.

Die deutlich schärfere Fassung des Regierungsentwurfes wurde in Gestalt des Wachstumsbeschleunigungsgesetzes (und zwar rückwirkend ab 2009) demgemäß in dreierlei Hinsicht abgemildert: (1) zum einen genügt es bereits, im Durchschnitt etwas mehr als 80 Prozent der Ausgangslohnsumme zu halten (5 x 80 = 400 Prozent), zum weiteren (2) wird die Ausgangslohnsumme nicht indexiert, und schließlich (3) erlaubt die Gesamtbetrachtung, einzelne Jahre unterdurchschnittlicher Lohnsumme später wieder zu kompensieren. Auch die entschärfte Lohnsummenklausel wird jedoch dazu führen, dass bereits lange im Vorfeld der Übertragung die Stammbelegschaft durch Entlassung, durch Outsourcing bzw. durch den Einsatz von Leih- und Zeitarbeitnehmern oder durch Verlagerung der Produktion ins außereuropäische Ausland bzw. durch Beschäftigung von Arbeitnehmern bei außerhalb der EU angesiedelten Tochterunternehmen reduziert wird.

Wählt der Erwerber die „ambitionierte Variante" (oben a), muss er strengeren Anforderungen hinsichtlich der Lohnsumme genügen: Die Beobachtungsfrist verlängert sich auf sieben Jahre, und die Gesamtlohnsumme erhöht sich auf 700 Prozent. Vollständige Freistellung ist also nur dann zu erlangen, wenn im Durchschnitt die Ausgangslohnsumme permanent gehalten wird.

Es fällt nicht schwer vorauszusagen, dass die Lohnsummenregelung Konflikte zwischen dem Management, das auf Kostensenkung bedacht ist, und beschenkten bzw. geerbt habenden Gesellschaftern, welche auf die Einhaltung der Schwellenwerte bedacht sind, heraufbeschwört. Andererseits treten die steuerverschärfenden Folgen einer Lohnsummenunterschreitung ein, auch wenn der (Minderheits-)Gesellschafter sie rechtlich gar nicht verhindern konnte!

d) Nachversteuerung bei Verstoß gegen die Vermögensbindung, § 13a Abs. 5 ErbStG

Ähnlich der bisherigen Regelung in § 13a Abs. 5 ErbStG a.F. fallen der Abzugsbetrag nach § 13a Abs. 2 ErbStG (150.000,00 €, oben 3.) sowie der Verschonungsabschlag von maximal 85 vH (bzw. in der „ambitionierten Variante" 100vH) des Betriebsvermögens mit Wirkung für die Vergangenheit (§ 175 Abs. 1 Satz 1 Nr. 2 AO) weg, sobald und soweit der Erwerber binnen fünf (bei der ambitionierten Variante binnen sieben) Jahren einen gesetzlichen Schädlichkeitstatbestand erfüllt.

Zu Recht werden gegen diese lange Frist (fast zwei bzw zweieinhalb Legislaturperioden!) erhebliche politische Vorbehalte angemeldet. Sie bedeutet eine Verschärfung gegenüber der bisherigen fünfjährigen Bindungsfrist. In größeren Familiengesellschaften mit mehreren Stämmen wird mindestens einer der Gesellschafter sich jeweils in der Sieben- (bzw. Zehn)-Jahres-Frist befinden und Umstrukturierungsmaßnahmen gegenüber sehr zurückhaltend sein („der Fiskus sitzt immer mit am Tisch"). Kritisch ist weiter zu beleuchten, dass auch solche Gesellschaftsanteilserwerber durch „Nichtprivilegierung" bestraft werden, die wegen geringer Stimmrechte auf die Entscheidungen der Gesellschaft keinerlei Einfluss nehmen konnten – daher werden in Gesellschaftsverträge künftig weit häufiger als bisher Vetoklauseln gewünscht werden zum Schutz von Minderheitsbeteiligten gegen den Eintritt solcher Nachversteuerungstatbestände. Aus Sicht des Veräußerers stellt sich das Risiko noch extremer dar: er haftet gem. § 20 ErbStG für die entstehende Schenkungsteuer als Gesamtschuldner mit, auch wenn er auf die Entscheidungen des Erwerbers (z.B. den Betrieb stillzulegen) keinen Einfluss nehmen konnte (allerdings will das BMF angeblich in diesen Fällen durch entsprechende Verwaltungsrichtlinien das Haftungsrisiko des Veräußerers verringern).

Schädlich ist zum einen gem. § 13a Abs. 5 Satz 1 Nr. 1 Satz 1 ErbStG die Veräußerung oder Aufgabe eines Betriebes, Teilbetriebes, oder Gesellschaftsanteils, ebenso (§ 13a Abs. 5 Satz 1 Nr. 1 Satz 2 ErbStG) die Veräußerung bzw. Entnahme wesentlicher Betriebsgrundlagen[16] sowie die Veräußerung von Kapitalgesellschaftsanteilen, die für eine Sacheinlage gem. § 20 Abs. 1 UmwStG gewährt wurden, und die Veräußerung von Personengesellschaftsanteilen, die für die Einbringung von Betriebsvermögen in eine Personengesellschaft gem. § 24 Abs. 1 UmwStG gewährt wurden. Bei land- und forstwirtschaftlichem Vermögen (Nr. 2) schadet vergleichbar die Veräußerung, Betriebsaufgabe oder der Übergang zur Stückländerei.

Schädlich sind des weiteren gem. Nr. 3 „Überentnahmen" durch den Inhaber des Gewerbe(teil)betriebes, des Personen- oder (das ist neu) Kapitalgesellschaftsanteils, welche die Summe der Einlagen und der ihm zuzurechnenden Gewinn(anteile) während der Sieben-Jahres-Frist um mehr als 150.000,00 € übersteigen.

Gemäß Nr. 4 schadet bei Kapitalgesellschaftsanteilen deren ganze oder teilweise Veräußerung (als solche gilt auch die verdeckte Einlage der Anteile in eine Kapitalgesellschaft), die Auflösung oder Kapitalherabsetzung der Kapitalgesellschaft selbst, die Veräußerung wesentlicher Betriebsgrundlagen sowie die Verteilung von Vermögen an die Gesellschafter. Allein in der Umwandlung der Kapital- in eine Personengesellschaft liegt (abweichend von der bis 2008 geltenden Rechtslage) keine schädliche Verwendung mehr, sondern erst in der Veräußerung der dafür erhaltenen Anteile (Nr. 4 Satz 2 i.V.m. Nr. 1 Satz 2).

Schließlich schadet gem. Nr. 5 die Aufhebung der Stimmrechtsbündelung oder der Verfügungsbeschränkung, welche die Zusammenrechnung mehrerer Anteile zur Überschreitung der 25 % Schwelle bei Kapitalgesellschaften erlaubte. Beim Stimmrechtspool handelt es sich um eine BGB-Gesellschaft; das außerordentliche Kündigungsrecht (§ 314 BGB) kann insoweit gar nicht, das ordentliche nur eingeschränkt (§ 723 Abs. 3 BGB) ausgeschlossen werden.

Veräußerungen des Betriebes, der Anteile oder wesentlicher Betriebsgrundlagen sind jedoch gem. § 13a Abs. 5 Satz 3 und 4 ErbStG dann unschädlich, wenn der Erlös binnen sechs Monaten in neues Betriebsvermögen, das kein Verwaltungsvermögen sein darf, re-investiert wird.

Finden, über den Gesamtbeobachtungszeitraum saldiert, „Überentnahmen" statt (Nr. 3), scheitert die erbschaftsteuerliche Verschonung insgesamt[17] und unabhängig davon, wodurch diese Überentnahmen ausgelöst bzw. ob sie im ersten oder im letzten Jahr der Bindungsphase vorgenommen wurden. In den Fällen der schädlichen (und nicht re-investierten) Veräußerung des Betriebes, Anteils, bzw. wesentlichen Betriebsvermögens, der Betriebsaufgabe, Kapitalherabsetzung, Auflösung des Poolvertrages etc. entfällt die vorläufig gewährte Frei-

---

16 Beispiel: ein Schiffsbeteiligungsfonds veräußert das gehaltene Schiff.
17 Nach anderer Lesart folgt aus dem Wortlaut „soweit", dass Überentnahmen lediglich im Umfang ihres Verhältnisses zu den gesamt entnahmefähigen Gewinnen zum Wegfall der Verschonung führen, d.h. die Steuer wird nach der sich ergebenden höheren Bemessungsgrundlage (unter Hinzurechnung der Übernahme) rückwirkend neu festgesetzt.

stellung für die Vergangenheit nur anteilig im Verhältnis der verbleibenden Behaltensfrist (einschließlich des Jahres des Verstoßes selbst) zur gesamten Behaltensfrist (findet bei siebenjähriger Frist der Verstoß im fünften Jahr statt, also um drei siebtel). Der noch im Regierungsentwurf vorgesehene „Fallbeileffekt" ist also einer pro-rata-Lösung gewichen (ausgenommen den Tatbestand der Überentnahme). Wird sowohl gegen die Behaltensfrist als auch gegen die Lohnsummenklausel verstoßen, ist derzeit unklar, ob der zeitlich frühere Verstoß gegen die Behaltensfrist den späteren Verstoß verdrängt oder ob die Kürzung des Verschonungsabschlags kumuliert erfolgt Die Finanzverwaltung vertritt hierzu derzeit die Auffassung, die entfallenden Verschonungsabschläge wegen der Verfügung über das begünstigte Vermögen (§ 13a Abs. 5 ErbStG) und wegen Unterschreitens der Mindestlohnsumme (§ 13a Abs. 1 Satz 5 ErbStG) seien gesondert zu berechnen; der höhere der sich hierbei ergebenden Beträge werde bei der Kürzung angesetzt

5. Berechnungs- und Besteuerungsverfahren

§ 13a Abs. 6 ErbStG sieht eine Anzeigepflicht des Steuerpflichtigen (jedoch nicht mehr, wie im Regierungsentwurf noch enthalten, die Selbstberechnung der Steuer) vor, so dass die Bürokratiepflichten der Unternehmen während des Nachverhaftungs- und Lohnsummenprüfungszeitraums ganz erheblich erhöht werden.

V. In-Kraft-Treten; Wahlrechte

Gemäß § 37 Abs. 1 ErbStG gilt das neue Recht immer dann, wenn die Steuer nach dem 31.12.2008 entsteht.

Für Erwerbsvorgänge von Todes wegen (nicht jedoch für Schenkungen unter Lebenden), die vom 01.01.2007 bis zum 31.12.2008 stattgefunden haben, kann auf Antrag, der bis zum 30.06.2009 gestellt werden konnte, bereits die Geltung des neuen Rechts (dann allerdings in allen seinen Bestandteilen, also unter Einschluss der höheren Bewertung) gewählt werden. Auch in diesem Fall bleibt es jedoch bei den bisherigen Freibeträgen, da § 16 ErbStG von der Anwendung ausdrücklich ausgenommen ist. Für Schenkungen gilt stets das Recht, das bei Ausführung der Schenkung, § 9 Abs. 1 Nr. 2 ErbStG, maßgeblich war (vgl. Art. 3 des ErbStReformG, BGBl 2008 I 3081).

Grundsätzlich bestünde die Möglichkeit, bei lebzeitigen Schenkungen durch eine Steuerklausel (Rückforderungsmöglichkeit für den Fall, dass nach neuem Recht eine niedrigere oder gar keine Steuer festzusetzen ist) über § 29 Abs. 1 Nr. 1 ErbStG eine steuerneutrale Rückabwicklung vorzunehmen. Wegen § 37 Abs. 3 ErbStG gilt dies jedenfalls uneingeschränkt nur für Privatvermögen, und für solches Betriebsvermögen, das nach dem 01.01.2007 durch Schenkung übertragen wird (da vor dem 1.1.2007 geschenktes Betriebsvermögen, das aufgrund eines nach dem 11.11.2005[18] vereinbarten Rückforderungsrechts herausgegeben wurden musste, bis zum 1.1.2011 bei der neuerlichen Übertragung nicht die Privilegierungen genießen kann. § 37 Abs. 3 ErbStG umfasst dem Wortlaut nach (entgegen der verfolgten Sanktion) auch die Rückforderung wegen anderer, durchaus sinnvoller Rückfallgründe, etwa den Fall der Scheidung, des Vermögensverfalls oder ähnliches (ausgenommen ist lediglich

---

18 Datum der Regierungserklärung, in der die Begünstigungen zur Unternehmensnachfolge angekündigt wurden.

der Fall der Vorversterbens des Erwerbers). Fraglich ist, ob die Ausweichgestaltung einer auflösenden Bedingung hilft.

VI. Gestaltungsüberlegungen

Insbesondere im Hinblick auf die strengen Anforderungen an die schenkungsteuerliche Privilegierung von Betriebsvermögen bieten sich folgende Gestaltungsüberlegungen an:

- Um Betriebsvermögen in Drittstaaten (außerhalb der EU/des EWR) bzw. Beteiligungen an dort ansässigen Gesellschaften begünstigt übertragen zu können, ist die Zwischenschaltung einer Kapitalgesellschaft mit Sitz im Inland/EU/EWR-Ausland ratsam
- Die „Eingangslohnsumme" wird durch „Auslagerung" von Arbeitsplätzen in Zeit- und Leiharbeitsunternehmen, durch Entlassung, durch Outsourcing bzw. durch Verlagerung der Produktion in das außereuropäische Ausland sowie. durch Beschäftigung von Arbeitnehmern bei außerhalb der EU angesiedelten Tochterunternehmen reduziert.
- Zur Erreichung der 25% Quote bei Kapitalgesellschaftsanteilen werden Poolverträge geschlossen werden; ggf. reicht auch die Aufnahme entsprechender Nachfolgeklauseln und Verfügungsbeschränkungen im Gesellschaftsvertrag
- Sofern das Verwaltungsvermögen deutlich unter 50% bleibt, kann rechtzeitig (mehr als zwei Jahre vor der Übertragung, § 13b Abs. 2 Satz 3 ErbStG) zusätzliches Privatvermögen eingelegt werden oder aber es können (ohne Einhaltung einer Frist) Wirtschaftsgüter eines Betriebsvermögens in ein anderes übertragen werden, zB gem. § 6 Abs. 5 EStG bzw innerhalb eines Konzerns
- Um den 50% – Test hinsichtlich des Anteils an Verwaltungsvermögen (in der Regel Immobilien) zu bestehen, wird letzteres kurz vor dem Vermögensübergang in eine zweite Gesellschaft eingebracht, zumindest in einem solchen Umfang, dass auch dort die 50% Grenze unterschritten wird
- Oder Gegenstände des Verwaltungsvermögens werden vor dem Stichtag (allerdings um den Preis der entnahmebedingten Besteuerung stiller Reserven) in das Privatvermögen übernommen
- Auslagerung von Verwaltungsvermögen in Tochtergesellschaften, sofern dort weniger als 50% Verwaltungsvermögen verbleibt (die Beteiligung selbst zählt dann nicht zum Verwaltungsvermögen der Obergesellschaft, so dass letztere gar den verschärften 10%-Test der „ambitionierten Variante" bestehen kann)
- Umschichtung von Anleihen oder anderen Wertpapieren vor dem Stichtag in Fest- oder Tagesgelder.
- Sofern es (wortlautgemäß) zutrifft, dass Bar- und Buchgeld nicht zum Verwaltungsvermögen zählt, könnten solche Mittel in eine gewerblich geprägte GmbH & Co KG eingebracht werden (die Zweijahresfrist ist hierfür nicht einzuhalten), sodann steuerfrei übertragen und zehn Jahre gehalten werden, wonach die Gesellschaft liquidiert wird. Ggf. kann sogar (unter Einhaltung der Zwei-Jahres-Frist) schädliches Verwaltungsvermögen bis zur 10% bzw 50% Grenze „beigepackt" werden.
- Ist das Verwaltungsvermögen hoch belastet, empfiehlt sich gar darüber hinaus, dieses mitsamt der darauf lastenden Verbindlichkeiten möglichst vollständig auszugliedern:die

"Verwaltungsvermögensgesellschaft" ist dann zwar nicht privilegiert, wird aber aufgrund der hohen Verbindlichkeiten nur mit geringen Nettowerten veranschlagt.

- Zur Sicherung des Schenkers vor dem gesamtschuldnerischen Risiko (§ 20 ErbStG) einer Nachversteuerung aufgrund eines Verstoßes während des 7- bzw 10jährigen Überwachungszeitraums sollte ein Rückforderungsrecht gem. § 29 ErbStG, anknüpfend an die Nachversteuerungstatbestände, vorbehalten werden.
- Bei der erbrechtlichen Gestaltung kann sich die zeitlich befristete Einsetzung eines Testamentsvollstreckers empfehlen, um die Einhaltung der Behaltensfristen und die steuergerechte Verwendung des Unternehmensvermögens sicherzustellen.

Positiv zu nennen sind die erweiterten Möglichkeiten des Generationensprunges, etwa durch Übertragung an Enkel, sowie die steuermindernde Wirkung des § 25 ErbStG neuer Fassung, die zu einer Renaissance des Nießbrauchs führen wird. Für Zuwendungen in Steuerklasse II oder III ist an eine (Erwachsenen-)Adoption zu denken; bei Verheirateten unterbleibt die oft nicht gewollte Änderung des Ehenamens, wenn der Ehegatte nicht zustimmt, so dass lediglich der Geburtsname sich anpasst. Hierzu informiert sie das Merkblatt „Adoptionen".

VII. Annex: Weitere Änderungen außerhalb des Bewertungs- und Verschonungsrechtes

- Das Erbschaftsteuerreformgesetz enthält weitere, punktuelle Änderungen, die zum Teil erhebliche Relevanz aufweisen § 25 ErbStG (Abzugsverbot für Nutzungsvorbehalte zugunsten des Veräußerers oder seines Ehegatten) wurde aufgehoben. Demnach werden Leistungs- und Duldungsauflagen künftig gleichgestellt: sie mindern den steuerpflichtigen Erwerb Dies hat erhebliche Bedeutung und begünstigt die erbschaftsteuerliche Attraktivität des Nießbrauchs gegenüber den bisherigen Rentenzahlungsmodellen.
- Zu nennen ist weiter die „auf der Zielgeraden" auf Vorschlag des Finanzausschusses aufgenommene Bestimmung des § 35b EStG (Renaissance des bis 1998 geltenden § 35 EStG a.F.), um die doppelte Belastung mit Erb- und Einkommensteuer zu vermeiden, sofern infolge Veräußerung, Entnahme oder Aufgabe die erbschaftsteuerlichen Vorteile entfallen und zugleich die enthaltenen stillen Reserven einkommensteuerlich erfasst werden. Die tariflich festgesetzte Einkommensteuer soll dann um Teilbeträge der geleisteten Erbschaftsteuer ermäßigt werden, allerdings nur begrenzt (1) auf vorangegangene nach dem 31.12.2008 erfolgte Erbfälle, nicht Schenkungen, die (2) im laufenden oder den vier vorangehenden Veranlagungszeiträumen stattgefunden haben, und nur sofern (3) die Gewinne einkommensteuerlich beim Erben erfasst werden (beim entgeltlichen Ausscheiden aus einer Personengesellschaft aufgrund einer Fortsetzungsklausel handelt es sich hingegen um einen noch vom Erblasser „auf dem Sterbebett" realisierten Geschäftsvorfall i.S.d § 16 EStG).

Meine Mitarbeiter und ich stehen Ihnen für ergänzende Informationen und eine auf Ihren Einzelfall bezogene Beratung jederzeit gern zur Verfügung.

Mit freundlichen Grüßen

Ihr

.....

(Notar)

Kapitel 14: Vertragsmuster

C. Fragebogen und Datenerfassung zu einer Hausübergabe

Fragebogen und Datenerfassung zu einer Hausübergabe

A. Persönliche Daten

Übergeber (derzeitiger Eigentümer)

Familienname: .....
Vorname: ..... geb. am .....
☐ ledig ☐ verheiratet (Güterstand .....) ☐ verwitwet ☐ geschieden
tagsüber telefonisch erreichbar unter Tel. Nr. .....

Ehegatte (Mitübergeber bzw. Zustimmender)

Familienname (ggf. Geburtsname): .....
Vorname: ..... geb. am .....

Übernehmer

Familienname: .....
Vorname: ..... geb. am .....
☐ ledig ☐ verheiratet (Güterstand .....) ☐ verwitwet ☐ geschieden
tagsüber telefonisch erreichbar unter der Tel. Nr. .....
wohnhaft in: .....

ggf. Ehegatte (falls dieser miterwerben soll)

Familienname (ggf. Geburtsname): .....
Vorname: ..... geb. am .....

Geschwister des Übernehmers

Familienname (ggf. Geburtsname): .....
Vorname: ..... geb. am: ....., Güterstand: .....
wohnhaft in .....
Familienname (ggf. Geburtsname): .....
Vorname: ..... geb. am: ....., Güterstand: .....
wohnhaft in .....
Familienname (ggf. Geburtsname): .....
Vorname: ..... geb. am: ....., Güterstand: .....
wohnhaft in .....

B. Gegenstand der Übergabe

Übergeben wird folgendes Anwesen (ggf. Flurstücksnummer oder Grundbuchstelle angeben, soweit etwa aus früheren Verträgen bekannt). Bitte Nebenflächen auf anderen Flurstücken (Garagen, Anteile an gemeinschaftlichen Hofflächen etc.) nicht vergessen!

.....

.....

C. Zeitpunkt der Übergabe

Übergang von Besitz, Nutzung, Lasten erfolgen mit Wirkung ab ..... auf den Übernehmer

Das Vertragsanwesen

☐ wird – auch künftig – nur vom Übergeber genutzt

☐ wird – auch künftig – nur vom Übernehmer genutzt

☐ wird – auch künftig – von Übergeber und Übernehmer genutzt

☐ ist (teilweise) vermietet

D. Gegenleistungen, Vorbehaltene Rechte

1. Übernahme von Verbindlichkeiten

☐ Das Anwesen wird schuldenfrei übergeben

☐ Bestehende Verbindlichkeiten werden weiter durch den Übergeber abbezahlt

☐ Der Übernehmer hat mir Wirkung ab Besitzübergang folgende Verbindlichkeiten bei nachfolgenden Banken zu übernehmen

Bank: .....
derzeitiger Schuldenstand ..... €   derzeitiger Zinssatz: ..... %

Bank: .....
derzeitiger Schuldenstand ..... €   derzeitiger Zinssatz: ..... %

☐ Sonstige Verbindlichkeiten (z.B. gestundete Erschließungskosten etc): .....

2. Wohnungsrecht oder Nießbrauch?

Zur Absicherung der künftigen Nutzung durch den Übergeber wird in der Regel am Vertragsanwesen entweder ein Wohnungsrecht oder ein Nießbrauch bestellt. Der **Nießbrauch** ist das umfassendere Recht; wird ein Nießbrauch eingeräumt, kann sich der Übergeber sämtliche Nutzungen des Vertragsgegenstandes, insbesondere auch Mieterträge vorbehalten (Selbst- oder Fremdnutzung); der Nießbrauch ist durch Gläubiger des Übergebers pfändbar. Durch ein **Wohnungsrecht** wird in erster Linie die dauerhafte Nutzung des Vertragsanwesens als Wohnung des Übergebers selbst gesichert; es ist nicht übertragbar und soll in der Regel auch grundbuchlich erlöschen, wenn es dauerhaft nicht mehr ausgeübt wird bzw. (etwa wegen Pflegebedürftigkeit) werden kann. Nähere Erläuterungen wird der Notar gerne bei einer etwa gewünschten Besprechung des Vertrages geben.

Es soll vereinbart werden:

- ☐ Wohnungsrecht (nachstehend a)
- ☐ Nießbrauch (nachstehend b)
- ☐ nichts von beiden

a) **Wohnungsrecht wird vereinbart**

alleinige Benützung durch den Übergeber hinsichtlich folgender Räumlichkeiten

(nach Möglichkeit genaue Beschreibung des/der Zimmer – z.B.: „Schlafzimmer im 1. Obergeschoß, dritte Türe links, gelegen")

.....

.....

.....

Mitbenützung durch den Übergeber (also gemeinschaftliche Benützung von Übergeber und Übernehmer) von:

☐ Wohnzimmer	☐ Küche	☐ Bad/WC
☐ Keller	☐ Speicher	☐ Werkstatt
☐ Sonstiges	☐ Garage	

Die für das Wohnen entstehenden laufenden Kosten wie für Heizung, Strom, Wasser, Kanalgebühren (soweit solche erhoben werden), Gebühren für Müllabfuhr und Kaminkehrer trägt

- ☐ der Übernehmer (hinsichtlich der aufs gesamte Haus bezogenen Kosten anteilig nach der Wohnfläche)
- ☐ insgesamt der Übergeber

Anfallende Schönheitsreparaturen der Austragswohnung trägt

- ☐ der Übernehmer
- ☐ der Übergeber

Stehen größere Renovierungs- Um- oder Ausbauarbeiten an?

- ☐ nein
- ☐ ja; die Kosten hierfür trägt .....

b) Nießbrauch wird vereinbart

☐ für den Nießbrauch gelten die gesetzlichen Bestimmungen, (der Nießbraucher trägt dann nur die mit der Nutzung des Vertragsanwesens verbundenen Kosten, z.B. die Schuld **zinsen** für Hausdarlehen, nicht aber den **Tilgungs**anteil, „normale" Unterhaltungsaufwendungen, nicht aber „größere Reparaturen, wie z.B. eine Erneuerung des Daches o. dergl.)

☐ für den Nießbrauch wird in Abweichung von den gesetzlichen Bestimmungen vereinbart, dass der Nießbraucher alle mit dem Anwesen zusammenhängenden Aufwendungen trägt, also z.B. auch Schuldtilgung und größere Reparaturen (**Hinweis**: Letzteres ist sinnvoll für die Einkommensteuer, da nur der Nießbraucher solche Beträge bei Fremdvermietung absetzen kann!)

3. Wart und Pflege

Der Übernehmer ist zur Wart und Pflege des Übergebers in dessen alten und kranken Tagen auf dem Vertragsanwesen verpflichtet

☐ Nein

☐ ja,

　　☐ allerdings nur bis zu 1,5 Std./Tag (Regelfall, auch um Reduzierung von Sozialleistungen zu vermeiden)

　　☐ Pflegegeld erhält die pflegende Person

4. Laufende Geldzahlungen durch den Übernehmer

☐ der Übernehmer hat an den Übergeber als Gegenleistung laufende (monatliche) Zahlungen i.H.v. ..... € zu erbringen. (Soweit solche laufenden Zahlungen erbracht werden sollen, sollte neben der rechtlichen Beratung durch den Notar ggfls. auch steuerliche Beratung eingeholt werden.)

☐ laufende Geldzahlungen werden nicht vereinbart

5. An Geschwister des Übernehmers zu erbringende (Gegen)-Leistungen

☐ Gegenleistungen an Geschwister werden derzeit nicht vereinbart

☐ Der Übernehmer ist verpflichtet, an seine nachgenannten Geschwister folgende Geldbeträge hinauszahlen

　　an (Name, Vorname) ..... einen Geldbetrag von ..... € zur Zahlung fällig spätestens am ..... und bis dahin

　　☐ Unverzinslich

　　☐ verzinslich mit ..... % jährlich

　　☐ an (Name, Vorname) ..... einen Geldbetrag von ..... € zur Zahlung fällig spätestens am ..... und bis dahin

　　☐ Unverzinslich

☐ verzinslich mit ..... % jährlich

6. Verfügungsverbote/Rückforderungsrechte

Durch mit einem Rückforderungsrecht für den Übergeber verbundene Verfügungsverbote kann verhindert werden, dass der Übernehmer als neuer Eigentümer das Vertragsanwesen (zu Lebzeiten des Übergebers) weiterveräußert, belastet, oder dass es durch Gläubiger zur Versteigerung gelangt; bzw. kann das Anwesen, falls der Übernehmer vor dem Übergeber versterben sollte, zurückgefordert werden. Der Inhalt eines solchen Rückforderungsrechtes im Einzelnen wird anlässlich der Vertragsbesprechung durch den Notar erläutert.

☐ Ein Rückforderungsrecht soll vereinbart werden (Regelfall). Dieses wird dann im Grundbuch durch Vormerkung gesichert

☐ Ein Rückforderungsrecht wird nicht gewünscht, der Übernehmer wird also freier Eigentümer der Immobilie.

E. Erbrechtliche Bestimmungen

1. Berücksichtigung des Erwerbs beim Übernehmer

☐ Es soll (nur) eine Anrechnung auf den Pflichtteil vorgenommen werden

☐ Es soll auch eine Anrechnung auf den Erbteil erfolgen (bei Eintritt gesetzlicher Erbfolge nach dem Übergeber muss also der Erwerber im Verhältnis zu seinen Geschwistern sich den Netto-Wert der Zuwendung anrechnen lassen) (Regelfall, wenn nicht schon aus Anlass der Übertragung ein Ausgleich gegenüber den Geschwistern erfolgt)

☐ Der Übernehmer verzichtet zusätzlich gegenüber dem Veräußerer auf seinen Pflichtteil am restlichen Vermögen des Veräußerers (d.h. wenn der Übergeber den restlichen Nachlass durch Testament oder Übertragung den Geschwistern vermacht, muss der heutige Übernehmer dies hinnehmen)

Soweit erforderlich wird der Notar bei Sachbesprechung die unterschiedlichen Rechtsfolgen der vorstehenden erbrechtlichen Erklärungen erläutern.

2. Verhältnis zu weichenden Geschwistern

☐ Weichende Geschwister sollen auf ihren Pflichtteil bezüglich des übertragenen Objektes verzichten (so dass später nach dem Ableben des Übergebers keine Nachforderungen mehr beim Übernehmer gestellt werden können)

  ☐ Geschwister erscheinen im Termin mit

  ☐ Folgende ortsabwesende Geschwister werden bei einem anderen Notar nachgenehmigen: .....

☐ Eine Beteiligung der weichenden Geschwister erfolgt nicht.

3. Abschluss von Erbverträgen zwischen Übergeber und Ehegatten bzw. Übernehmer und Ehegatten

Sind Übernehmer/Übergeber an der Errichtung eines notariellen Testaments bzw. eines Erbvertrages interessiert?

☐ Nein

☐ ja (wenn ja, dann wird vor allem aus Kostenersparnisgründen empfohlen, einen Erbvertrag der Übernehmer vor und einen Erbvertrag der Übergeber nach Abschluss des Übergabevertrages zu schließen; der Ehegatte des Übernehmers sollte dann zum Besprechungstermin mitkommen).

F. Etwaige Weiterübertragung an den Ehegatten des Übernehmers

Beabsichtigt der Übernehmer, den erworbenen Besitz (mit Zustimmung des Übergebers, jedoch nicht durch unmittelbaren Erwerb aus deren Hand) an seinen Ehegatten – in der Regel dann zur Hälfte – weiterzuübertragen (Kettenschenkung)?

☐ Nein

☐ ja (Ehegatte muß dann mitkommen bzw. nachgenehmigen).

Falls ja, übernimmt der Ehegatte die eingegangenen Verpflichtungen als weiterer Gesamtschuldner auch persönlich☐ oder nur im Grundbuch zur Haftung☐ ?

Soll ein Recht des Übernehmers zur Rückforderung bei Scheidung seiner Ehe aufgenommen werden?

   ☐ Nein

   ☐ ja. Falls ja, wie soll vermögensrechtlich bei Rückforderung verfahren werden?

   ☐ Ehegatten haben sich so zu stellen, als hätte Halbanteilsübertragung nie stattgefunden (Regelfall; Ausgleich erfolgt dann über Zugewinnausgleich)

   ☐ Ehepartner erhält **nur** Ausgleich der von ihm getätigten Investitionen gegen Nachweis, kein zusätzlicher Zugewinnausgleich

   ☐ Ehepartner erhält sowohl Ausgleich der von ihm getätigten Investitionen gegen Nachweis, als auch – bezüglich sonstiger Wertsteigerungen – den Zugewinnausgleich

G. Hinweise

- Die Erhebung und Speicherung **personenbezogener Daten** erfolgt nach § 12 ff. Bundesdatenschutzgesetz zu dienstlichen Zwecken; in diese wird eingewilligt.
- Zur Beurkundung müssen alle Beteiligten, soweit sie nicht bereits im Notariat Kunde waren, einen gültigen **Personalausweis oder Reisepass** mitbringen. Sind Namensänderungen (etwa durch Heirat) hierin nicht vermerkt, sind auch hierüber amtliche Urkunden (z.B. Heiratsurkunde) vorzulegen.
- Erforderliche Erbscheine sind ausschließlich in **Ausfertigung** einzureichen.

- Sofern der veräußerte Grundbesitz im Grundbuch eines anderen Amtsgerichts als ..... vorgetragen ist, wird gebeten, zur Terminsvorbereitung in ihrem Besitz befindliche beglaubigte **Grundbuchauszüge** jüngeren Datums einzureichen.
- Fertigt der Notar auftragsgemäß den Entwurf eines Vertrages, so fallen hierfür Gebühren an, auch wenn später keine Beurkundung erfolgt (**§ 145 Kostenordnung**). Bei späterer Beurkundung im selben Notariat werden die Entwurfsgebühren mit den Beurkundungsgebühren verrechnet, fallen also nicht gesondert an.
- Bei Rückfragen wenden Sie sich bitte an die **Sachbearbeiter** (Tel. Durchwahl .....).
- Zur Vereinbarung eines **Beurkundungstermins**, den Sie bitte auch mit den weiteren Beteiligten abstimmen wollen, wählen Sie die Rufnummer ..... Bitte haben Sie dafür Verständnis, dass die Vergabe von Beurkundungsterminen grundsätzlich erst **nach** Rücksendung des vollständig ausgefüllten Fragenbogens möglich ist.

H. Auftrag an den Notar

Zum Zwecke der Terminsvorbereitung wird der Notar beauftragt:

- ☐ einen unbeglaubigten Grundbuchauszug einzuholen
- ☐ einen Entwurfes zu erstellen bis spätestens zum ..... *(Datum)*
- ☐ den Entwurf zur Prüfung zu übersenden
  - ☐ per Post   ☐ per Fax ..... an
  - ☐ alle Beteiligten   ☐ nur Erwerber   ☐ nur Veräußerer
  - ☐ .....
- ☐ wegen einer telefonischen Vorbesprechung den
  - ☐ Veräußerer   ☐ Erwerber am ..... um ca. ..... Uhr anzurufen unter der Telefonnummer: ..... / .....
- ☐ Sonstiges/Bemerkungen: .....

....., den ....

Unterschrift(en)

D. Fragebogen zur Übergabe eines landwirtschaftlichen Anwesens

Fragebogen zur Übergabe eines landwirtschaftlichen Anwesens

Lage: (PLZ, Ort, Straße, Hs.Nr.) .....

mit einer Größe von insgesamt ca. ..... ha Eigenfläche

in der/den Gemarkung(en) .....

A. Persönliche Daten

Übergeber:

Familienname: .....

Vorname: ..... geb. am .....

☐ ledig ☐ verheiratet (Güter- stand .....) ☐ verwitwet ☐ geschieden

tagsüber telefonisch erreichbar unter der Tel. Nr. .....

Ehegatte

Familienname (ggf. Geburtsname): .....

Vorname: ..... geb. am .....

Übernehmer

Familienname: .....

Vorname: ..... geb. am .....

☐ ledig ☐ verheiratet (..... Güterstand) ☐ verwitwet, ☐ geschieden

tagsüber telefonisch erreichbar unter der Tel. Nr. .....

Ehegatte

Familienname (ggf. Geburtsname): .....

Vorname: ..... geb. am .....

Liegt ein Ehevertrag und/oder Erbvertrag des Übergebers bzw. Übernehmers vor?

Liegt ein Testament des Übergebers oder ein Übergabeverpflichtungsvertrag vor?

– Falls ja, bitte entsprechende Unterlagen zum Besprechungstermin mitbringen –

Ist der Übernehmer an der Errichtung eines notariellen Testaments oder eines Ehe- und/oder Erbvertrages interessiert

☐ Nein
☐ ja (wenn ja, dann wird vor allem aus Kostenersparnisgründen empfohlen, dieses Testament bzw. den Ehe- und/oder Erbvertrag vor Abschluss des Übergabevertrages zu schließen; der Ehegatte des Übernehmers sollte dann zum Besprechungstermin mitkommen).

B. Gegenstand der Übergabe

Übergeben wird der Gesamtgrundbesitz samt Betrieb mit dem lebenden und toten Inventar und mit den Betriebskonten

ausgenommen jedoch Wohnungseinrichtung und privates Geldvermögen des Übergebers

ferner a u s g e n o m m e n

☐ Pkw des Übergebers Marke .....

amtliches Kennzeichen .....

sämtliche mit seinem Pkw zusammenhängenden Betriebskosten, Steuern und Versicherungen trägt künftig

☐ der Übergeber

☐ der Übernehmer

☐ Grundstück FlNr .....

(**Hinweis**: bei Rückbehalt von Grundstücken unbedingt steuerliche Beratung vornehmen und bei landwirtschaftliche Alterskasse klären, ob Bezug des Altersgeldes dadurch nicht gefährdet wird; falls nur eine erst noch zu vermessende Teilfläche zurückbehalten wird, bitte Lageplan mitbringen)

☐ Sonstige nicht mitübergebene Gegenstände .....

.....

Ist ein Flurbereinigungsverfahren, ein freiwilliger Landtausch oder eines ähnliches Verfahren derzeit anhängig?

☐ Nein

☐ ja – welches Verfahren .....,

welche Grundstücke sind einbezogen FlNr. .....

Sind derzeit unvollzogene Grundstückserwerbs – und/oder Veräußerungsverträge geschlossen (z.B. Kauf, Tausch-, Straßengrundabtretungsverträge)?

☐ Nein

☐ ja – Falls ja, bitte entsprechende Unterlagen zum Besprechungstermin mitbringen -

C. Zeitpunkt der Übergabe

Übergang von Besitz, Nutzung, Lasten erfolgen mit Wirkung ab ..... auf den Übernehmer

Das Vertragsanwesen ist
- ☐ weder ganz noch teilweise verpachtet
- ☐ an den Übernehmer verpachtet
- ☐ ist ganz/teilweise fremdverpachtet
- ☐ ist teilweise vermietet

(Hinweis: Bei „Zupachtverträgen" des Übergebers, in die der Übernehmer eintritt, ist der Verpächter unverzüglich schriftlich zu benachrichtigen)

D. Übernahme von Schulden

- ☐ Das Anwesen wird schuldenfrei übergeben
- ☐ Der Übernehmer hat mir Wirkung ab Besitzübergang folgende Verbindlichkeiten bei nachfolgenden Banken zu übernehmen

Bank: .....
derzeitiger Schuldenstand ..... €   derzeitiger Zinssatz: ..... %

Bank
derzeitiger Schuldenstand ..... €   derzeitiger Zinssatz: ..... %

- ☐ Sonstige Schulden: .....

Bestehen Wohn- oder Leibgedingsrechte (z.B. Geschwister und/oder Eltern des Übergebers)
- ☐ Nein
- ☐ ja (falls ja, bitte entsprechende Urkunde(n) (z.B. alten Übergabevertrag) zur Besprechung mitbringen)

E. Leibgedingsleistungen

Wohnungsrecht

alleinige Benützung durch den Übergeber hinsichtlich folgender Räumlichkeiten

(nach Möglichkeit genaue Beschreibung des/der Zimmer – z.B.: „Schlafzimmer im 1. Obergeschoß, dritte Türe links, an der Süd-Ost-Ecke des Wohnhauses gelegen")

Mitbenützung durch den Übergeber (also gemeinschaftliche Benützung von Übergeber und Übernehmer) von:
- ☐ Wohnzimmer
- ☐ Küche
- ☐ Bad/WC
- ☐ Keller
- ☐ Speicher
- ☐ Werkstatt

- ☐ Sonstiges
- ☐ Garage – falls ja, Beschreibung der Garage (z.B. der von der Zufahrt her gesehen linken Hälfte der Doppelgarage)

Oder

- ☐ für den Fall, dass sich der Übergeber noch selbst einen Pkw hält, darf dieser auf dem Anwesen angemessen untergestellt werden;
- ☐ freie Bewegung auf dem gesamten Anwesen, auch in den Wirtschafts- und Nebengebäude sowie mit dem Recht auf Mitbenützung des Hausgartens;

Der Übergeber erhält:

- ☐ freie Beheizung, freien Strom. freies Wasser, Freiheit von den Kanalgebühren (soweit solche erhoben werden), Freiheit von den Gebühren für Müllabfuhr und Kaminkehrer, jeweils in Ausübung des Wohnungsrechtes, sowie Freiheit von den mit dem Vertragsanwesen verbundenen Steuern, sonstigen Abgaben und Gebühren:

freie Telefonmitbenützung,

- ☐ Ja
- ☐ Nein

folgende Kosten werden vom Übergeber weiterhin selbst bezahlt (z.B. auch Telefon, Fernseh- und Rundfunkgebühren) – hier bitte im Einzelnen aufführen:

- ☐ .....
- ☐ .....
- ☐ .....

Anfallende Schönheitsreparaturen der Austragswohnung trägt

- ☐ der Übernehmer
- ☐ der Übergeber

Stehen Renovierungs-, Um- oder Ausbauarbeiten an der Austragswohnung an?

- ☐ Nein
- ☐ Ja

Plant der Übernehmer in nächster Zeit einen Wohnhausneubau

- ☐ Nein
- ☐ ja (falls ja, bitte Bauplan, soweit schon vorhanden, zur Besprechung mitbringen)

Verköstigung

der Übergeber erhält, sofern eigene Versorgung nicht mehr gewährleistet ist, die volle und freie Verköstigung am Tische des Übernehmers

- ☐ Nein
- ☐ Ja
  - ☐ anstelle der vollen und freien Verköstigung nach Wahl des Übergebers einen monatlichen Geldbetrag i.H.v. ..... € welcher sich jedoch mit dem Ableben eines Übergebers auf ..... € vermindert;
  - ☐ nein, ein derartiges Wahlrecht wird nicht vereinbart;

Wart und Pflege

Der Übernehmer ist zur Wart und Pflege des Übergebers in dessen alten und kranken Tagen auf dem Vertragsanwesen verpflichtet

- ☐ Nein
- ☐ ja,
  - ☐ allerdings nur bis zu 1,5 Std/Tag (Regelfall, auch um Reduzierung von Sozialleistungen zu vermeiden)
  - ☐ Pflegegeld erhält die pflegende Person

Pkw-Mitbenützung durch den Übergeber

(Recht des Übergebers einen vorhandenen Pkw des Übernehmers mitzubenützen, soweit der Übernehmer nicht selbst einen eigenen Pkw hält)

- ☐ Ja
- ☐ Nein

Altenteilslast (Taschengeld)

- ☐ es wird eine monatliche, stets am Monatsersten im voraus zu zahlende Altenteilslast vereinbart welche durch den Lebenhaltungskostenindex wertgesichert sein soll, und zwar i.H.v. ....., € welche sich nach dem Ableben eines Leibgedingsberechtigten auf
  - ☐ € vermindert;
  - ☐ nicht vermindert;
- ☐ es wird keine Altenteilslast für den Übergeber vereinbart

Regelungen für den Fall des Wegzugs des Übergebers vom Anwesen

- ☐ sollen nicht getroffen werden
- ☐ werden wie folgt getroffen:

  für den Fall des Wegzuges des Übergebers vom Vertragsanwesen erhält der Übergeber vom Übernehmer anstelle der vorstehenden Austragsleistungen (einschließlich des vereinbarten Taschengeldes) einen monatlich im voraus zu zahlenden Geldbetrag von ..... €

  welcher sich nach dem Ableben eines Leibgedingsberechtigten
  - ☐ auf ..... € vermindert.

☐ nicht vermindert.

Anwendbarkeit des § 239 FamFG

Erläuterung: Wenn die Höhe der Austragszahlungen sich bei einer Veränderung der Leistungsfähigkeit des Übernehmers (z.B. der Erträge aus dem Hof) bzw. des Bedarfs des Übergebers (z.B. im Fall der Unterbringung in einem Pflegeheim) anpassen sollen, kann auch dies (ähnlich wie bei Unterhaltsleistungen) vereinbart werden. Anders als bis Ende 2007 ist diese Variationsmöglichkeit jedoch nicht mehr Voraussetzung dafür, dass die Rente vom Übernehmer in voller Höhe steuerlich abgesetzt werden kann (andererseits aber vom Übergeber in voller Höhe zu versteuern ist).

Anwendbarkeit des § 239 FamFG:

☐ ja, ohne Höchst- oder Mindestbetrag

☐ ja, aber nur bis maximal ..... €/Monat bzw. minimal ..... €/Monat

☐ Nein

F. Beerdigung und Grabpflege

Die Kosten der standesgemäßen Beerdigung des Übergebers sollen (soweit die zur Auszahlung kommenden Sterbegelder nicht ausreichen) bezahlt werden

☐ vom Übernehmer

☐ aus dem Nachlass des Übergebers – soweit ausreichend – ansonsten vom Übernehmer

Der Übernehmer ist zur Pflege des elterlichen Grabes auf seine Kosten

☐ Verpflichtet

☐ nicht verpflichtet

G. Vorbehalt von Nutzungsrecht (Nießbrauch) für Übergeber an Grundstücken (z.B. Wald)

☐ Nein

☐ ja und zwar am Grundstück FlNr. ..... (falls nur die Teilfläche eines Grundstückes vom Nutzungsrecht betroffen sein soll, bitte einen Lageplan beim Besprechungstermin vorlegen)

H. Gutabstandsgeld für Übergeber

Gutsabstandsgeld für den Übergeber

(damit kann für den Übergeber eine zusätzliche Sicherheit in Geld vereinbart werden)

☐ wird nicht vereinbart

☐ wird vereinbart i.H.v. ..... €.

was beim Tode des Übergebers aus dem Gutsabstandsgeld vom Übergeber nicht zur Zahlung abgerufen wurde ist

- ☐ nicht vererblich (da das Gutsabstandsgeld nur zur Sicherung des Übergebers dienen soll);
- ☐ vererblich.

I. Veräußerungsregelungen

(bedingte Nachzahlung an den Übergeber und/oder die Geschwister des Übernehmers falls der Übernehmer das Anwesen oder Teile davon innerhalb einer bestimmten Frist veräußert)

- ☐ werden nicht vereinbart (der Übernehmer soll also zu keinerlei Nachzahlung an den Übergeber und/oder seine Geschwister verpflichtet sein. falls er Grundbesitz veräußert)
- ☐ ja, sollen festgelegt werden;

J. Leistungen an Geschwister des Übernehmers

Weitere Kinder des Übergebers – Geschwister des Übernehmers (weichende Erben):

......

(Name, Vorname, Geburtsdatum, Wohnort)

......

(Name, Vorname, Geburtsdatum, Wohnort)

......

(Name, Vorname, Geburtsdatum, Wohnort)

......

(Name, Vorname, Geburtsdatum, Wohnort)

Wohnungsrechte

die Geschwister des Übernehmers erhalten

- ☐ kein Wohnungsrecht
- ☐ ein Wohnungsrecht und zwar folgende Geschwister
  (Namen) ......
  ......

(**Hinweis**: Gewöhnlich werden Wohnungsrechte für Geschwister bis zur Verheiratung, längstens jedoch bis Vollendung eines bestimmten Lebensjahres des Wohnungsberechtigten eingeräumt; ferner wäre zu klären, ob die in Ausübung des Wohnungsrechtes verbrauchsabhängigen Kosten z.B. Strom, Wasser, Heizung, der Übernehmer oder der Wohnungsberechtigte trägt)

Kapitel 14: Vertragsmuster

Weitere Gegenleistungen an Geschwister

- ☐ Die sämtlichen Geschwister des Übernehmers sind vollständig abgefunden und erhalten anlässlich der Übergabe nichts mehr
- ☐ Der Übernehmer ist verpflichtet, an seine nachgenannten Geschwister folgende Geldbeträge hinauszahlen

  an (Name, Vorname) ..... einen Geldbetrag von ..... € zur Zahlung fällig spätestens am ..... und bis dorthin
  - ☐ Unverzinslich
  - ☐ verzinslich mit ..... % jährlich

  an (Name, Vorname) ..... einen Geldbetrag von ..... € zur Zahlung fällig spätestens am ..... und bis dorthin
  - ☐ Unverzinslich
  - ☐ verzinslich mit ..... % jährlich

Sonstige Leistungen an Geschwister (z.B. Grundstücksübertragungen, Bauholz)

- ☐ Nein
- ☐ ja – hier welche Geschwister, welche Leistungen

  .....

  .....

(**Hinweis**: Insbesondere bei Grundstücksübertragungen steuerliche Beratung einholen wegen der Gefahr einer Entnahme; falls Grundstücksteilflächen betroffen sind, bitte Lageplan zum Besprechungstermin mitnehmen)

K. Einheitswert

Der Einheitswert des übergebenen Anwesens beträgt ..... €.

(bitte Einheitswertbescheid zum Termin mitbringen)

L. Sonstiges; Hinweise

- Die Erhebung und Speicherung **personenbezogener Daten** erfolgt nach § 12 ff. Bundesdatenschutzgesetz zu dienstlichen Zwecken; in diese wird eingewilligt.
- Zur Beurkundung müssen alle Beteiligten, soweit sie nicht bereits im Notariat Kunde waren, einen gültigen **Personalausweis oder Reisepass** mitbringen. Sind Namensänderungen (etwa durch Heirat) hierin nicht vermerkt, sind auch hierüber amtliche Urkunden (z.B. Heiratsurkunde) vorzulegen.
- Erforderliche Erbscheine sind ausschließlich in **Ausfertigung** einzureichen.
- Sofern der veräußerte Grundbesitz im Grundbuch eines anderen Amtsgerichts als ..... vorgetragen ist, wird gebeten, zur Terminsvorbereitung in ihrem Besitz befindliche beglaubigte **Grundbuchauszüge** jüngeren Datums einzureichen.

- Fertigt der Notar auftragsgemäß den Entwurf eines Vertrages, so fallen hierfür Gebühren an, auch wenn später keine Beurkundung erfolgt (**§ 145 Kostenordnung**). Bei späterer Beurkundung im selben Notariat werden die Entwurfsgebühren mit den Beurkundungsgebühren verrechnet, fallen also nicht gesondert an.
- Bei Rückfragen wenden Sie sich bitte an die **Sachbearbeiter** – ..... oder ..... – (Tel. .....).
- Zur Vereinbarung eines **Beurkundungstermins**, den Sie bitte auch mit den weiteren Beteiligten abstimmen wollen, wählen Sie die Rufnummer ...... Bitte haben Sie dafür Verständnis, dass die Vergabe von Beurkundungsterminen grundsätzlich erst **nach** Rücksendung des vollständig ausgefüllten Fragenbogens möglich ist.

M. Auftrag an den Notar

Zum Zwecke der Terminsvorbereitung wird der Notar ....., beauftragt:

☐ einen unbeglaubigten Grundbuchauszug einzuholen

☐ einen Entwurfes zu erstellen bis spätestens zum ..... (Datum)

☐ den Entwurf zur Prüfung zu übersenden ☐ per Post ☐ per Fax ..... an

☐ alle Beteiligten ☐ nur Erwerber ☐ nur Veräußerer ☐ .....

☐ wegen einer telefonischen Vorbesprechung den ..... / ..... ☐ Übergeber ☐ Übernehmer am ..... um ca. ..... Uhr anzurufen unter der Telefonnummer:

☐ Sonstiges/Bemerkungen: .....

....., den .....

.....
(Unterschrift[en] des Übergebers und des Übernehmers)

E. Übertragung eines städtischen Anwesens auf Abkömmlinge unter Nutzungs- und Verfügungsvorbehalt

URNr. ....../2011

Übertragung in vorweggenommener Erbfolge

Heute, den ..... zweitausendelf

– ..... 2011 –

erschienen vor mir,

.....

Notar in .....,

in meinen Amtsräumen in .....:

1. Herr .....,
   geb. am .....,
   wohnhaft: .....,
   nach Angabe .....,
   ausgewiesen durch gültigen deutschen Personalausweis
2. dessen einziger Sohn,
   Herr .....,
   geb. am .....,
   wohnhaft: .....,
   nach Angabe .....,
   ausgewiesen durch gültigen deutschen Personalausweis

Der Notar fragte nach einer Vorbefassung im Sinne des § 3 Abs. 1 Nr 7 BeurkG; sie wurde von den Beteiligten verneint.

Die Erschienenen waren gleichzeitig vor mir anwesend. Auf Ansuchen beurkunde ich ihren Erklärungen gemäßihren Erklärungen gemäß, was folgt:

§ 1

Grundbuch- und Sachstand

Das Grundbuch des Amtsgerichts ..... für ..... Band ..... Blatt ..... wurde am ..... eingesehen.

Dort ist im Eigentum von .....

folgender Grundbesitz eingetragen:

FlNr. .....

Dieser Grundbesitz ist im Grundbuch wie folgt belastet:

Abteilung II:

.....

Abteilung III:

.....

§ 2

Überlassung

.....

– im Folgenden „der Veräußerer" genannt –

überlässt den in § 1 bezeichneten Grundbesitz mit allen Rechten und dem gesetzlichen Zubehör

an

.....

– im Folgenden „der Erwerber" genannt –

zum Eigentum

Der Notar hat erläutert, dass eine Eigentumsverschaffungsvormerkung im Grundbuch gegen anderweitige Veräußerung oder Belastung, Pfändung oder Insolvenz während der Abwicklungsphase dieses Vertrages schützen würde. Gleichwohl verzichten die Beteiligten darauf, eine solche Vormerkung zur Eintragung zu bewilligen und zu beantragen.

Die Beteiligten sind über den vereinbarten Eigentumsübergang in dem angegebenen Erwerbsverhältnis einig. Der Veräußerer bewilligt und der Erwerber beantragt, den Eigentumsübergang gemäß dieser

Auflassung

in das Grundbuch einzutragen.

Die Überlassung erfolgt in Anrechnung auf das gesetzliche Pflichtteilsrecht des Erwerbers nach dem Veräußerer, sowie unter Beachtung der nachstehend § 3 geregelten Vorbehalte, im übrigen jedoch unentgeltlich im Wege vorweggenommener Erbfolge.

§ 3

Vorbehaltene Rechte

a)

Der Veräußerer – nachstehend „der Berechtigte" genannt – behält sich am gesamten übertragenen Vertragsbesitz ein

Nießbrauchsrecht

vor (Vorbehaltsnießbrauch), für das die gesetzlichen Bestimmungen gelten sollen mit der Abweichung, dass der Nießbraucher auch die außerordentlichen, als auf den Stammwert der Sache gelegt anzusehenden Lasten sowie die Tilgung bestehender Verbindlichkeiten trägt.

Ebenso trägt der Nießbraucher auch Ausbesserungen und Erneuerungen, die über die gewöhnliche Unterhaltung der Sache hinausgehen. Dem Nießbraucher stehen keine Verwendungsersatzansprüche und Wegnahmerechte zu, während umgekehrt der Eigentümer keine Sicherheitsleistung (§ 1051 BGB) verlangen kann. Die gesamten Lasten und Kosten des Vertragsbesitzes sowie die Verkehrssicherungspflicht verbleiben demnach beim Nießbraucher.

Eine Vollmacht zur Revalutierung bestehender oder zur Bestellung neuer Grundpfandrechte zur Finanzierung der vom Nießbraucher zu tragenden Lasten und Kosten wird nicht gewünscht. Der Nießbraucher kann und darf jederzeit sein Recht durch Löschung im Grundbuch einseitig aufgeben.

Die Überlassung der Ausübung des Nießbrauches an einen anderen (z.B. Übertragung der Vermieterstellung [§ 1059 Satz 2 BGB]) ist ausgeschlossen.

Die Eintragung des Nießbrauchsrechts zugunsten des Berechtigten – für mehrere Personen als Gesamtberechtigte gem. § 428 BGB – am Vertragsbesitz wird

bewilligt und beantragt,

mit dem Vermerk, dass zur Löschung des Rechts der Nachweis des Todes des Berechtigten genügen soll, was hiermit vereinbart wird. Das Recht erhält nächstoffene Rangstelle.

b)

Jeder Erwerber und seine Gesamtrechtsnachfolger im Eigentum sind gegenüber dem Veräußerer verpflichtet, den Vertragsbesitz zurückzuübertragen, wenn und soweit ein Rückforderungsgrund eintritt und die Rückforderung vertragsgemäß, d.h. binnen zwölf Monaten nach Kenntnis vom Rückforderungstatbestand und in notariell beglaubigter Form erklärt wird. Das Rückforderungsrecht ist nicht vererblich oder übertragbar und kann nicht durch einen gesetzlichen Vertreter oder sonstigen Sachwalter, der mit Wirkung für fremde Vermögen Erklärungen abzugeben berechtigt ist, ausgeübt werden. Es kann sich auch lediglich auf Teile des Vertragsbesitzes erstrecken.

Macht zu Lebzeiten beider Veräußerer nur einer der Veräußerer das Rückforderungsrecht geltend, oder ist der andere Veräußerer verstorben, ist nur an den verbleibenden Veräußerer aufzulassen, der auch die Verpflichtungen alleine übernimmt. Andernfalls ist an beide zu je hälftigem Miteigentum unter gesamtschuldnerischer Übernahme der Verpflichtungen aufzulassen.

Ein Rückforderungsgrund tritt jeweils ein, sobald der jeweilige Eigentümer

a) den Vertragsbesitz ganz oder teilweise ohne schriftliche Einwilligung des Veräußerers (bzw. seines gesetzlichen Vertreters oder Bevollmächtigten) veräußert oder sonst das Eigentum daran verliert, es in das Gesamtgut einer Gütergemeinschaft einbringt, belastet oder eingetragene Belastungen revalutiert, oder vermietet,

b) von Zwangsvollstreckung oder Zwangsverwaltung in den Grundbesitz betroffen ist, sofern die Maßnahme nicht binnen zwei Monaten aufgehoben wird,

c) in Insolvenz fällt, die Eröffnung des Verfahrens mangels Masse abgelehnt wird, oder er die Vermögenserklärung abgibt

d) vor dem Berechtigten verstirbt
e) von seinem (künftigen) Ehegatte/Lebenspartner getrennt lebt im Sinne des § 1567 BGB oder Klage auf vorzeitigen Zugewinnausgleich erhoben wird, es sei denn, durch vertragliche Vereinbarung ist sichergestellt, dass der Vertragsbesitz im Rahmen des Zugewinn- bzw. Vermögensausgleiches nicht berücksichtigt wird, sondern allenfalls tatsächlich getätigte Investitionen oder Tilgungsleistungen zu erstatten sind
f) der Drogen- oder Alkoholsucht verfällt, oder
g) Mitglied einer im Sektenbericht des Bundestages aufgeführten Sekte oder einer unter Beobachtung des Verfassungsschutzes stehenden Vereinigung ist
h) geschäftsunfähig wird.
i) Der Veräußerer ist zur Rückforderung ferner dann berechtigt, wenn für die heutige Übertragung Schenkungsteuer anfällt oder wenn sich das Schenkungsteuerrecht oder seine Anwendung in einer Weise ändert, dass sich nach dieser Änderung für die heutige Übertragung im Vergleich zum geltenden Recht eine geringere Steuerbelastung, eine spätere Fälligkeit der Steuer oder die Möglichkeit ihrer Vermeidung bei Eintritt zusätzlicher Bedingungen ergibt

Bei mehreren Eigentümern genügt der Eintritt bei einem von ihnen.

Der Veräußerer hat die im Grundbuch eingetragenen Rechte und Grundpfandrechte dinglich zu übernehmen, soweit sie im Rang vor der nachstehend bestellten Auflassungsvormerkung eingetragen sind.

Aufwendungen aus dem Vermögen des Rückübertragungsverpflichteten werden – maximal jedoch bis zur Höhe der noch vorhandenen Zeitwerterhöhung – gegen Rechnungsnachweis erstattet bzw. durch Schuldübernahme abgegolten, soweit sie nicht nur der Erhaltung des Anwesens im derzeitigen Zustand, sondern dessen Verbesserung oder Erweiterung gedient haben und mit schriftlicher Zustimmung des Berechtigten oder seines Vertreters durchgeführt wurden. Im Übrigen erfolgt die Rückübertragung unentgeltlich, also insbesondere ohne Ausgleich für geleistete Dienste, wiederkehrende Leistungen, Tilgungen, geleistete Zinsen, Arbeitsleistungen, oder die gezogenen Nutzungen. Hilfsweise gelten die gesetzlichen Bestimmungen zum Rücktrittsrecht.

Die Kosten der Rückübertragung hat der Anspruchsberechtigte zu tragen. Mit Durchführung der Rückübertragung entfällt die ggf. angeordnete Anrechnung der Zuwendung auf den Pflichtteilsanspruch des heutigen Erwerbers sowie ein etwa mit ihm in dieser Urkunde vereinbarter Pflichtteilsverzicht (auflösende Bedingung).

Zur Sicherung des bedingten Rückübertragungsanspruchs nach wirksamer Ausübung eines vorstehend eingeräumten Rückforderungsrechtes oder des gesetzlichen Widerrufs gem. § 530 BGB („grober Undank") bestellt hiermit jeder Erwerber zugunsten des vorgenannten Veräußerers – sofern es sich um mehrere Personen handelt, als Gesamtberechtigte gem. § 428 BGB – eine

Eigentumsvormerkung

am jeweiligen Vertragsbesitz und

bewilligt und beantragt

deren Eintragung im Grundbuch. Die Vormerkung ist als Sicherungsmittel auflösend befristet. Sie erlischt mit dem Tod des jeweiligen Veräußerers.

Die Vormerkung erhält nächstoffene Rangstelle, jedoch Rang nach dem Nießbrauch (§ 3 a).

§ 4

Besitzübergang

Der mittelbare Besitz geht sofort über – Lasten, Haftung, Verkehrssicherung und Gefahr jedoch nur, soweit der Nießbrauch nicht entgegen steht -; der unmittelbare Besitz und die Nutzungen jedenfalls erst mit dessen Beendigung. Der Erwerber trägt Erschließungs- und Anschlusskosten, die ab Beendigung des Nießbrauches durch Bescheid oder Rechnung angefordert werden.

Der Vertragsbesitz unterliegt keiner Wohnungsbindung.

Er ist nicht vermietet oder verpachtet. Den Beteiligten ist bewusst, dass etwaige durch den Nießbraucher abgeschlossene Mietverträge grundsätzlich den Eigentümer auch nach Beendigung des Nießbrauches binden; er hat im Verhältnis zum Veräußerer (Vorbehaltsnießbraucher) diesen „Rechtsmangel" hinzunehmen

§ 5

Rechtsmängel

Der Veräußerer gewährleistet, dass der Erwerber ungehinderten Besitz und lastenfreies Eigentum erhält, soweit in dieser Urkunde nichts anderes vereinbart ist.

Die in Abteilungen II und III des Grundbuches eingetragenen Belastungen übernimmt der Erwerber zur weiteren Duldung mit allen sich aus der Eintragungsbewilligung ergebenden Verpflichtungen. Das aus der dinglichen Haftung für Fremdverbindlichkeiten erwachsende Risiko ist ihm bekannt. Einschränkungen der Zweckvereinbarungen für bestehende Grundpfandrechte werden nicht gewünscht.

Eigentümerrechte und Rückgewährsansprüche des Veräußerers an bestehenden Grundpfandrechten werden an den Erwerber abgetreten, der die Abtretung annimmt. Persönliche Vollstreckungsunterwerfungen sind nicht erforderlich.

Die bisherigen Darlehensbeziehungen bleiben unverändert, so dass Schuldübernahmegenehmigungen etc. nicht einzuholen sind. Mit Erlöschen des Nießbrauches übernimmt der Erwerber unter vollständiger Entlastung der bisherigen Darlehensschuldner bzw. deren Erben die noch bestehenden Verbindlichkeiten zur weiteren Verzinsung und Tilgung. Sofern die durch den Erwerber einzuholenden Schuldübernahmegenehmigungen nach § 415 BGB nicht erteilt werden, erfolgt die Freistellung der Erben im Wege interner Befreiungsverpflichtung.

Allen zur Lastenfreistellung erforderlichen Freigaben und Löschungen wird mit dem Antrag auf Vollzug im Grundbuch zugestimmt, auch soweit weiterer Grundbesitz betroffen ist.

§ 6

Sachmängel

Der Erwerber übernimmt den Vertragsbesitz im gegenwärtigen, ihm bekannten Zustand. Rechte des Erwerbers wegen Mängeln sind (bis auf Fälle des Vorsatzes oder der Arglist) ausgeschlossen.

§ 7

Hinweise des Notars

Eine steuerliche Beratung hat der Notar nicht übernommen, im Übrigen über die rechtliche Tragweite der abgegebenen Erklärungen belehrt und abschließend nochmals auf folgendes hingewiesen:

- das Eigentum geht mit der Umschreibung im Grundbuch auf den Erwerber über. Die Umschreibung kann erst erfolgen, wenn die Unbedenklichkeitsbescheinigung wegen der Grunderwerbsteuer vorliegt;
- unabhängig von den rein schuldrechtlichen Vereinbarungen der Beteiligten in dieser Urkunde haften kraft Gesetzes der Vertragsbesitz für Rückstände an öffentlichen Abgaben und Erschließungsbeiträgen und beide Vertragsteile für die etwa anfallende Grunderwerbsteuer und die Kosten als Gesamtschuldner,
- sofern sich der Veräußerer Nutzungsrechte am Vertragsbesitz vorbehalten hat, beginnt die Zehnjahresfrist des § 2325 Abs. 3 BGB, nach deren Ablauf die heutige Zuwendung bei der Berechnung von Pflichtteilsergänzungsansprüchen nicht mehr zu berücksichtigen ist, nicht zu laufen;
- das gesetzliche Rückforderungsrecht wegen Verarmung des Schenkers (§ 528 BGB) und die Möglichkeiten einer Anfechtung durch Gläubiger oder für den Fall späterer Insolvenz des Schenkers können nicht abbedungen werden; auf diese – insbesondere die geltenden Fristen – wurde hingewiesen. Die Beteiligten vereinbaren hierzu:
Sollte sich der Erwerber von einer etwa bestehenden Pflicht zur Leistung von Wertersatz in Geld durch Rückauflassung des Vertragsbesitzes selbst befreien wollen, erfolgt diese unmittelbar an den Veräußerer Zug um Zug gegen Ausgleich der durch Investitionen des Erwerbers geschaffenen Werterhöhung sowie seiner an den Veräußerer oder weichende Geschwister aufgrund Vertrages erbrachten Zahlungen.
- es ist erforderlich, dass alle Vereinbarungen richtig und vollständig beurkundet werden, damit die Wirksamkeit der Urkunde und aller Vereinbarungen gewährleistet ist.
- die Übertragung bisher betrieblich gehaltenen Grundbesitzes kann zur Besteuerung dadurch aufgelöster stiller Reserven führen

§ 8

Vollzugsauftrag

Alle Beteiligten beauftragen und bevollmächtigen den amtierenden Notar, seinen amtlichen Vertreter oder Nachfolger im Amt,

- sie im Grundbuchverfahren uneingeschränkt zu vertreten
- die zur Wirksamkeit und für den Vollzug dieser Urkunde erforderlichen Genehmigungen und Erklärungen anzufordern und (auch gem. § 875 Abs. 2 BGB) entgegenzunehmen.

Anfechtbare Bescheide und Zwischenbescheide zur Fristverlängerung sind jedoch den Beteiligten selbst zuzustellen; Abschrift an den Notar wird erbeten.

Die Vertragsteile bevollmächtigen die Angestellten an dieser Notarstelle – welche der Amtsinhaber zu bezeichnen bevollmächtigt wird – je einzeln und befreit von § 181 BGB, Erklärungen, Bewilligungen und Anträge materiell- oder formellrechtlicher Art zur Ergänzung oder Änderung des Vertrages abzugeben, soweit diese zur Behebung behördlicher oder gerichtlicher Beanstandungen zweckdienlich sind.

§ 9

Kosten, Abschriften

Im Hinblick auf § 34 ErbStG und § 8 ErbStDV machen die Beteiligten ergänzend folgende Angaben:
- Der Verkehrswert des Anwesens beträgt ..... €
- Der letzte Einheits- bzw. Grundbesitzwert beträgt ..... €
- Der Valutastand der übernommenen Verbindlichkeiten beträgt ..... €
- Der Jahreswert des Nießbrauchs- bzw. Wohnungsrechtes wird mit ..... € angegeben.

Die Kosten dieser Urkunde und ihres Vollzuges sowie eine etwa anfallende Grunderwerbsteuer und Schenkungsteuer trägt der Erwerber.

Die Kosten der Lastenfreistellung trägt der Erwerber.

Von dieser Urkunde erhalten:

Ausfertigungen:
- die Vertragsteile und das Grundbuchamt

einfache Abschriften:
- die Grunderwerbsteuerstelle

beglaubigte Abschriften:
- die Schenkungsteuerstelle

Vorgelesen vom Notar, von den Beteiligten

genehmigt, und eigenhändig unterschrieben:

.....

F. Muster einer Bauplatzübertragung als Ausstattung mit Ausgleichspflichtteilsverzicht eines weichenden Geschwisters

URNr. ....../2011

Grundstücksübertragung als Ausstattung

Heute, den ..... zweitausendelf

– ..... 2011 –

erschienen vor mir,

.....

Notar in .....,

in meinen Amtsräumen in .....:

1. Herr .....,
   geb. am .....,
   wohnhaft: .....,
   nach Angabe .....,
   ausgewiesen durch gültigen deutschen Personalausweis
   als „Veräußerer"

2. dessen Sohn,
   Herr .....,
   geb. am .....,
   wohnhaft: .....,
   nach Angabe .....,
   ausgewiesen durch gültigen deutschen Personalausweis
   als „Erwerber"
   hier handelnd
   a) eigenen Namens
   b) sowie vorbehaltlich nachträglicher **Genehmigung in öffentlich beglaubigter Form** für seine Schwester

   .....

   als „weichendes Geschwister"

Der Notar wird auf Kosten des nicht Erschienenen beauftragt und allseits bevollmächtigt, den Entwurf der Nachgenehmigung zu fertigen, diese anzufordern, für alle Beteiligten entgegenzunehmen und den dann zu erteilenden Ausfertigungen beizufügen. Eine Frist gem. § 177 Abs. 2 BGB soll er jedoch erst auf schriftliche Weisung der Erschienenen stellen. Sollte die Nachgenehmigung nicht erteilt werden, bleiben die zwischen Veräußerer und Erwerber getroffenen Vereinbarungen auch hinsichtlich ihres Vollzuges unberührt mit Ausnahme der Bestimmungen in § 3, die in diesem Fall auch nicht als Vereinbarungen zugunsten Dritter im Sinne des § 328 BGB aufrechterhalten bleiben.

Der Notar fragte nach einer Vorbefassung im Sinne des § 3 Abs. 1 Nr 7 BeurkG; sie wurde von den Beteiligten verneint.

Die Erschienenen waren gleichzeitig vor mir anwesend. Auf Ansuchen beurkunde ich ihren Erklärungen gemäß, was folgt:

§ 1

Grundbuch- und Sachstand

Das Grundbuch des Amtsgerichts für ..... Blatt ..... wurde am ..... eingesehen.

Dort ist folgender Grundbesitz eingetragen:

Flst.Nr.

Als Eigentümer ist vermerkt:

Dieser Grundbesitz ist im Grundbuch wie folgt belastet:

Abteilung II:

Abteilung III:

Der Grundbesitz ist unbebaut.

§ 2

Ausstattung

– im Folgenden „der Veräußerer" genannt –

überträgt den in § 1 bezeichneten Grundbesitz mit allen Rechten und dem gesetzlichen Zubehör

an

– im Folgenden „der Erwerber" genannt –

zum Eigentum.

Der Notar hat erläutert, dass eine Eigentumsverschaffungsvormerkung im Grundbuch gegen anderweitige Veräußerung oder Belastung, Pfändung oder Insolvenz während der Abwicklungsphase dieses Vertrages schützen würde. Gleichwohl verzichten die Beteiligten darauf, eine solche Vormerkung zur Eintragung zu bewilligen und zu beantragen.

Die Beteiligten sind über den vereinbarten Eigentumsübergang in dem angegebenen Erwerbsverhältnis einig. Der Veräußerer bewilligt und der Erwerber beantragt, den Eigentumsübergang gem. dieser

Auflassung

in das Grundbuch einzutragen.

Nutzungs- und über das Gesetz hinausgehende Rückforderungsvorbehalte sind nicht vereinbart.

F. Muster einer Bauplatzübertragung als Ausstattung mit Ausgleichspflichtteilsverzicht

Es handelt sich um eine **Ausstattung** im Sinne des § 1624 BGB an ein Kind (*mit Rücksicht auf seine Verheiratung/zur Erlangung einer selbständigen Lebensstellung/zur Begründung oder Erhaltung der Wirtschaft*), die das den Umständen entsprechende Maß, insbesondere gemessen an den Vermögensverhältnissen der Eltern, nicht übersteigt (***Alt.:*** *Wir sind übereinstimmend der Auffassung, dass angesichts der Vermögensverhältnisse der Eltern ein Übermaß vorliegt hinsichtlich eines Wertes von ..... €, für den Schenkungsrecht gilt; im Übrigen handelt es sich um eine Ausstattung*). Der Notar hat auf die Rechtsfolgen der Ausstattung hingewiesen, insbesondere darauf, dass Schenkungsrecht (auch das Recht auf Rückforderung bei Verarmung) nicht anwendbar ist und die Übertragung nicht der Pflichtteilsergänzung unterliegt (§ 2325 BGB). Sie unterliegt nicht der vierjährigen, regelmäßig aber der zweijährigen Gläubigeranfechtung (entgeltliche Verträge mit nahestehenden Personen).

Die Ausgleichung gegenüber Geschwistern bei Eintritt gesetzlicher Erbfolge ist im Zweifel angeordnet (§ 2050 Abs. 1 BGB), was der Veräußerer jedoch ausdrücklich ausschließt. Die Zuwendung ist allerdings auf das gesetzliche Pflichtteilsrecht des Erwerbers nach dem Veräußerer anzurechnen.

Der Notar hat weiter darauf hingewiesen, dass sich aufgrund der Ausstattung der Pflichtteilsanspruch der anderen Abkömmlinge erhöhen kann, da gem. § 2316 Abs. 3 BGB der nach § 2050 Abs. 1 BGB zulässige Ausschluss der Ausgleichungspflicht, **auch für Ausstattungen**, im Rahmen der Pflichtteilsberechnung unbeachtlich ist. Die Erhöhung der Ausgleichspflichtteile der Geschwister könnte durch gegenständlich beschränkte Pflichtteilsverzichte „rückgängig gemacht" werden (siehe § 3)

§ 3
Weichendes Geschwister

1.

Der Erwerber verpflichtet sich gegenüber dem Veräußerer/Erblasser, als weitere Gegenleistung einen Abfindungsbetrag (Gleichstellungsgeld) i.H.v. ..... €, fällig am ..... und bis zu diesem Zeitpunkt zinslos gestundet, zu entrichten.

(*Ggf., bei Befristung über länger als ein Jahr: Den Beteiligten ist bekannt, dass aufgrund dieser zinslosen Befristung über länger als ein Jahr der Abfindungsbetrag einkommensteuerlich zerlegt wird in eine Kapitalsumme und [fiktive, i.H.v. 5,5 % jährlich angenommene], steuerpflichtige Zinsen. Der Verzichtende hat diesen Zinsanteil im Jahr des Erhalts als Einkünfte aus Kapitalvermögen zu versteuern; der Leistende [Erwerber] verwirklicht Anschaffungskosten lediglich in Höhe des Kapitalbetrags, kann jedoch bei Einkünfteerzielung gegebenenfalls den Zinsanteil als Werbungskosten geltend machen*).

Der Anspruch auf die Abfindungsleistung ist abtretbar und vererblich. Auf Wertsicherung (Anpassung an die Geldentwertung) und dingliche Sicherung (Bestellung eines Pfandrechts oder Grundpfandrechts) wird verzichtet.

Der Erwerber unterwirft sich wegen dieser Zahlungsverpflichtung der Zwangsvollstreckung aus dieser Urkunde in sein gesamtes Vermögen mit der Maßgabe, dass vollstreckbare Ausfertigung nach Fälligkeit auf Antrag dem Gläubiger (d.h. dem Abtretungsempfänger oder dessen Rechtsnachfolger) ohne weitere Nachweise erteilt werden kann.

Der Veräußerer/Erblasser tritt hiermit an den dies annehmenden Verzichtenden (weichendes Geschwister) den Anspruch auf Erbringung dieser Abfindungsleistung mit sofortiger Wirkung ab, ohne jedoch für dessen Erfüllung einzustehen.

2.

..... (Verzichtender)

verzichtet

hiermit für sich und seine Abkömmlinge auf sein Pflichtteilsrecht am Nachlass des Veräußerers in der Weise, dass der Vertragsgegenstand gem. gegenwärtiger Urkunde und die darauf derzeit lastenden Verbindlichkeiten bei der Berechnung seines Pflichtteilsanspruchs als nicht zum Vermögen oder Nachlass des Veräußerers gehörend angesehen und aus der Berechnungsgrundlage für den Pflichtteilsanspruch, den Ausgleichspflichtteil (§ 2316 BGB), den Pflichtteilsrestanspruch und den Pflichtteilsergänzungsanspruch ausgeschieden werden.

Der Veräußerer nimmt diesen **gegenständlich beschränkten Pflichtteilsverzicht** entgegen und an. Er kann nach Wirksamwerden nur unter Mitwirkung des Erwerbers wieder aufgehoben werden (Vereinbarung gem. § 328 BGB).

Die Vertragsbeteiligten wurden darauf hingewiesen, dass der gegenständlich beschränkte Pflichtteilsverzicht die gesetzliche Erbfolge und den Pflichtteil am Restvermögen des Veräußerers unberührt lässt.

3.

Der vorstehend geschlossene Pflichtteilsverzichtsvertrag ist aufschiebend bedingt. Aufschiebende Bedingung ist die Erfüllung der vorstehend eingegangenen Verpflichtung zur Abfindungsleistung in Haupt- und Nebensache, also einschließlich etwaiger Verzugszinsen ab Fälligkeitstermin in gesetzlicher Höhe (5 Prozentpunkte über dem jeweiligen Basiszins), oder aber die Erteilung einer schriftlichen Bestätigung des Verzichtenden bzw. seiner Rechtsnachfolger, die jeweils geschuldete Leistung vollständig erhalten zu haben. Die Bedingung ist ausgefallen, wenn die geschuldete Leistung in Haupt- und Nebensache trotz einer nach Eintritt der Fälligkeit schriftlich zu setzenden Nachfrist von mindestens zwei Monaten nicht vollständig erbracht wurde. Der Eintritt der Bedingung ist nicht auf den Tod des Erblassers endbefristet; bis zum Eintritt der Bedingung wird die Verjährung des Pflichtteilsanspruchs hiermit erbvertraglich verlängert (§§ 2301, 202 Abs. 2 BGB). Teilleistungen sind aufgrund hiermit getroffener und hingenommener Anordnung auf den noch fortbestehenden Pflichtteilsanspruch des Verzichtenden anzurechnen (§ 2315 BGB). Veräußerer und weichendes Geschwister vereinbaren diese Anrechnung von Teilleistungen so, als ob die tatsächlich erhaltene Teilleistung (und nicht lediglich der Anspruch hierauf) unmittelbar vom Veräußerer gestammt hätte.

§ 4

Besitzübergabe, Erschließung

Die Übergabe von Besitz und Nutzungen erfolgt ebenso wie der Übergang von Lasten, Verkehrssicherungspflichten, Haftung und Gefahr mit dem heutigen Tage. Alle ab heute erstmals geltend gemachten Kosten, Gebühren und Beiträge für Erschließungs-, Ausbau- und Aufschließungsanlagen aller Art, auch soweit diese bereits hergestellt sind, trägt im Verhältnis der Vertragsteile der Erwerber, gleich wann und wem die Zahlungsaufforderung zugeht. Der derzeitige Stand der Erschließung ist den Vertragsteilen bekannt.

§ 5

Rechtsmängel

Der Veräußerer ist verpflichtet, dem Erwerber ungehinderten Besitz und lastenfreies Eigentum zu verschaffen, soweit in dieser Urkunde nichts anderes vereinbart ist.

Die in Abteilung II des Grundbuches eingetragenen Belastungen übernimmt der Erwerber zur weiteren Duldung mit allen sich aus der Eintragungsbewilligung ergebenden Verpflichtungen. Der Vertragsbesitz ist frei von Belastungen in Abt. III des Grundbuchs zu übertragen. Miet- und Pachtverträge bestehen nicht.

Die Vertragsteile stimmen der Löschung aller nicht übernommenen Belastungen sowie allen Rangänderungen mit dem Antrag auf Vollzug zu; bei Gesamtrechten auch hinsichtlich aller übrigen in den Mithaftvermerken genannten Grundbuchstellen.

§ 6

Sachmängel

Der Erwerber übernimmt den Vertragsbesitz im gegenwärtigen, ihm bekannten Zustand. Ansprüche und Rechte des Erwerbers wegen Mängeln sind (bis auf Fälle des Vorsatzes oder der Arglist) ausgeschlossen

§ 7

Hinweise des Notars und weitere Vereinbarungen

Eine steuerliche Beratung hat der Notar nicht übernommen, im Übrigen über die rechtliche Tragweite der abgegebenen Erklärungen belehrt und abschließend nochmals auf folgendes hingewiesen:

- das Eigentum geht mit der Umschreibung im Grundbuch auf den Erwerber über.
- unabhängig von den rein schuldrechtlichen Vereinbarungen der Beteiligten in dieser Urkunde haften kraft Gesetzes der Vertragsbesitz für Rückstände an öffentlichen Abgaben und Erschließungsbeiträgen und beide Vertragsteile für die etwa anfallende Schenkung- und Grunderwerbsteuer und die Kosten als Gesamtschuldner.
- es ist erforderlich, dass alle Vereinbarungen richtig und vollständig beurkundet werden, damit die Wirksamkeit der Urkunde und aller Vereinbarungen gewährleistet ist.

§ 8

Vollzugsauftrag

Alle Beteiligten beauftragen und bevollmächtigen den amtierenden Notar, seinen amtlichen Vertreter oder Nachfolger im Amt,

- sie im Grundbuchverfahren uneingeschränkt zu vertreten
- die zur Wirksamkeit und für den Vollzug dieser Urkunde erforderlichen Genehmigungen und Erklärungen anzufordern und (auch gem. § 875 Abs. 2 BGB) entgegenzunehmen.

Anfechtbare Bescheide und Zwischenbescheide zur Fristverlängerung sind jedoch den Beteiligten selbst zuzustellen; Abschrift an den Notar wird erbeten.

Die Vertragsteile bevollmächtigen die Angestellten an dieser Notarstelle – welche der Amtsinhaber zu bezeichnen bevollmächtigt wird – je einzeln und befreit von § 181 BGB, Erklärungen, Bewilligungen und Anträge materiell- oder formellrechtlicher Art zur Ergänzung oder Änderung des Vertrages abzugeben, soweit diese zur Behebung behördlicher oder gerichtlicher Beanstandungen zweckdienlich sind.

§ 9

Schlussbestimmungen, Kosten und Abschriften

Im Hinblick auf § 34 ErbStG und § 8 ErbStDV machen die Beteiligten ergänzend folgende Angaben:

- Der Verkehrswert des Vertragsbesitzes beträgt ..... €
- Der letzte Einheits- bzw. Grundbesitzwert beträgt ..... €

Die Kosten dieser Urkunde und ihres Vollzuges sowie eine etwa anfallende Grunderwerbsteuer und Schenkungsteuer trägt der Erwerber.

Die Kosten der Lastenfreistellung trägt der Erwerber.

Von dieser Urkunde erhalten:

Ausfertigungen:

- die Vertragsteile
- das Grundbuchamt

einfache Abschriften:

- die Grunderwerbsteuerstelle
- nicht erschienene Beteiligte zur Nachgenehmigung

beglaubigte Abschriften:

- die Schenkungsteuerstelle

F. Muster einer Bauplatzübertragung als Ausstattung mit Ausgleichspflichtteilsverzicht

Vorgelesen vom Notar, von den Beteiligten genehmigt, und eigenhändig unterschrieben:

.....

G. Teilungserklärung im Eigenbesitz und Übertragung des Sondereigentums zum Eigenausbau

URNr. ....../2011

Teilungserklärung nach § 8 WEG

und

Überlassung

zum Eigenausbau

Heute, den ..... zweitausendelf

– ..... 2011 –

erschienen vor mir,

.....

Notar in .....,

in meinen Amtsräumen in .....:

1. Herr .....,
   geb. am .....,
   wohnhaft: .....,
   nach Angabe .....,
   ausgewiesen durch gültigen deutschen Personalausweis
2. dessen einziger Sohn,
   Herr .....,
   geb. am .....,
   wohnhaft: .....,
   nach Angabe .....,
   ausgewiesen durch gültigen deutschen Personalausweis

Der Notar fragte nach einer Vorbefassung im Sinne des § 3 Abs. 1 Nr 7 BeurkG; sie wurde von den Beteiligten verneint.

Die Erschienenen waren gleichzeitig vor mir anwesend. Auf Ansuchen beurkunde ich ihren Erklärungen gemäß, was folgt:

Teil A

Grundbuch- und Sachstand

1.
Das Grundbuch des Amtsgerichts für .....Blatt ..... wurde am ..... eingesehen.

Dort ist folgender Grundbesitz eingetragen:

Flst.Nr.

Als Eigentümer ist vermerkt:

Dieser Grundbesitz ist im Grundbuch wie folgt belastet:

Abteilung II:

Abteilung III:

2.

Auf dem vorstehend bezeichneten Grundbesitz ist bereits ein Einfamilienhaus errichtet. Nunmehr sollen an dieses Haus weitere Räume als eigenständige Wohnung angebaut werden. Diesen Anbau wird der Erwerber selbst errichten; er soll daher das Eigentum am Anbau erhalten.

Zu diesem Zweck wird das Wohnhaus (nach Maßgabe seines geplanten, erweiterten Bestandes) in insgesamt zwei separate Einheiten aufgeteilt (nachstehend B) und sodann das den Anbau repräsentierende Sondereigentum an den Erwerber übertragen (Teil C).

Teil B

Teilungserklärung im Eigenbesitz

§ 1

Teilungserklärung

1.

Der Grundstückseigentümer teilt hiermit das vorstehend bezeichnete Grundstück gem. § 8 WEG in der Weise auf, dass mit jedem zu bildenden Miteigentumsanteil das Sondereigentum an einer in sich abgeschlossenen Raumeinheit des Gebäudes verbunden ist.

Im Einzelnen ergibt sich die Aufteilung aus der mitverlesenen Anlage 1, auf welche verwiesen wird.

Die Raumeigentumseinheiten sind in sich im Sinne des § 3 Abs. 2 WEG abgeschlossen. Der Aufteilung liegt der dieser Urkunde als Anlage beigefügte vorläufige Aufteilungsplan zu Grunde, auf welchen verwiesen wird. Der Plan wurde dem Grundstückseigentümer zur Durchsicht vorgelegt, mit ihm erörtert und von ihm genehmigt.

oder:

Die Bauordnungsbehörde der Stadt/Gemeinde ..... hat am ..... unter dem Aktenzeichen ..... gem. § 7 Abs. 4 WEG die Abgeschlossenheit bescheinigt und diese Bescheinigung mit den eingereichten Aufteilungsplänen verbunden. Der Beteiligte verweist auf diese öffentliche Urkunde, die heute in Urschrift vorliegt und macht sie so zum Gegenstand seiner Erklärungen. Er erklärt, dass ihm ihr Inhalt bekannt ist. Auf Verlesen und Vorlage zur Durchsicht wird verzichtet. Ein Exemplar der Aufteilungspläne samt Abgeschlossenheitsbescheinigung ist dem Grundbuchamt zum Vollzug der Teilungserklärung einzureichen.

2.

Sondereigentum sind gem. gesetzlicher Definition die in der Teilungserklärung bezeichneten Räume und die zu diesen Räumen gehörenden Bestandteile des Gebäudes, die verändert, beseitigt oder eingefügt werden können, ohne dass dadurch das gemeinschaftliche Eigentum oder fremdes Sondereigentum über das nach § 14 WEG zulässige Maß hinaus beeinträchtigt werden, oder die äußere Gestaltung des Gebäudes verändert wird.

Zum Sondereigentum gehören insbesondere

a) die nichttragenden Zwischenwände innerhalb der Wohnungen,

b) die nichttragenden Wände, die einzelne Wohnungen voneinander abgrenzen in der Weise, dass diese Wände im Miteigentum der angrenzenden Sondereigentümer stehen,

c) der Innenbelag und die sonstigen Innenteile der Wohnungen, ggf. auch der Balkone und Loggien, sowie die von einem Sondereigentümer allein benutzten Versorgungs- und Wasserleitungen bis zu deren Einmündung in die gemeinschaftlich benutzten Hauptstränge.

Gemeinschaftliches Eigentum sind das Grundstück und diejenigen Gebäudeteile, Anlagen und Einrichtungen, die nicht im Sondereigentum oder im Eigentum eines Dritten stehen, insbesondere der Flur und die Gemeinschaftsräume im Keller, sowie das Treppenhaus.

Die Teile eines Gebäudes, die zu dessen Bestand und zu dessen Sicherheit erforderlich sind, und die Anlagen und Einrichtungen, die dem gemeinschaftlichen Gebrauch dienen, sind gemeinschaftliches Eigentum, auch wenn sie sich innerhalb der Räume eines Sondereigentums befinden.

Zum gemeinschaftlichen Eigentum gehören insbesondere:

a) alle tragenden Wände und diejenigen nichttragenden Wände, die Sondereigentum vom gemeinschaftlichen Eigentum trennen,

b) die Bodenplatten und Abschlussmauern oder Gitter von Balkonen,

c) die Fenster und Fensterrahmen, die Rolläden und Jalousien und die Wohnungsabschlusstüren,

d) der Treppenaufgang,

e) der Spitzboden,

f) alle Räume und Gebäudeteile, die nicht zum Sondereigentum erklärt sind.

Zum Gemeinschaftseigentum gehört auch das jeweils vorhandene Verwaltungsvermögen.

§ 2
Gemeinschaftsordnung

Zur Regelung des Verhältnisses der künftigen Eigentümergemeinschaft legt der aufteilende Eigentümer die als mitverlesene Anlage 2 beigefügte Gemeinschaftsordnung fest, auf welche verwiesen wird.

§ 3
Verwalterbestellung

Ein Verwalter soll vorerst nicht bestellt werden.

Den Beteiligten ist bekannt, dass die Bestellung eines Verwalters jederzeit verlangt werden kann.

Soweit in dieser Teilungserklärung und in der Gemeinschaftsordnung Rechte und Pflichten für und gegen den Verwalter bestehen, bestehen diese, solange ein Verwalter nicht bestellt ist, für und gegen die anderen Sondereigentümer.

§ 4
Grundbuchanträge

Es wird

bewilligt und beantragt

in das Grundbuch einzutragen:

a) die Aufteilung in Sondereigentum gem. der Teilungserklärung in B § 1 mit Anlage 1 dieser Urkunde,

b) die Gemeinschaftsordnung gem. Anlage 2 zu dieser Urkunde als Inhalt des Sondereigentums.

Der für das Grundbuchamt bestimmten Ausfertigung dieser Urkunde werden bei Vorlage als Anlagen beigefügt:

1. der Aufteilungsplan gem. § 7 Abs. 4 Nr. 1 WEG,
2. die Bescheinigung der Baubehörde gem. § 7 Abs. 4 Nr. 2 WEG,
3. der Lageplan, der wesentlicher Bestandteil dieser Urkunde bildet. Die Pläne wurden zur Durchsicht vorgelegt; auf sie wird verwiesen.

Teil C:

Überlassung

§ 1

Überlassung

.....

– im Folgenden „der Veräußerer" genannt –

überlässt von den aus dem in § 1 bezeichneten Grundbesitz gebildeten Wohnungseigentumseinheiten die **Einheit Nr. .....** mit allen Rechten und dem gesetzlichen Zubehör

an

.....

– im Folgenden „der Erwerber" genannt –

zum Alleineigentum.

Den Beteiligten ist bekannt, diese Übertragung erst nach Bildung des entsprechenden Wohnungseigentums im Grundbuch vollzogen werden kann.

Der Notar hat erläutert, dass eine Eigentumsverschaffungsvormerkung im Grundbuch gegen anderweitige Veräußerung oder Belastung, Pfändung oder Insolvenz während der Abwicklungsphase dieses Vertrages schützen würde. Gleichwohl verzichten die Beteiligten darauf, eine solche Vormerkung zur Eintragung zu bewilligen und zu beantragen.

Die Beteiligten sind über den vereinbarten Eigentumsübergang in dem angegebenen Erwerbsverhältnis einig. Der Veräußerer bewilligt und der Erwerber beantragt, den Eigentumsübergang gem. dieser

Auflassung

in das Grundbuch einzutragen.

Der Erwerber hat sich den Wert der Zuwendung, soweit er die Gegenleistungen übersteigt, auf seinen künftigen Pflichtteilsanspruch am Nachlass des Veräußerers anrechnen zu lassen.

§ 2

Vorbehaltene Rechte

Jeder Erwerber und seine Gesamtrechtsnachfolger im Eigentum sind gegenüber dem Veräußerer verpflichtet, den Vertragsbesitz zurückzuübertragen, wenn und soweit ein Rückforderungsgrund eintritt und die Rückforderung vertragsgemäß, d.h. binnen zwölf Monaten nach Kenntnis vom Rückforderungstatbestand und in notariell beglaubigter Form erklärt wird. Das Rückforderungsrecht ist nicht vererblich oder übertragbar und kann nicht durch einen gesetzlichen Vertreter oder sonstigen Sachwalter, der mit Wirkung für fremde Vermögen Erklärungen abzugeben berechtigt ist, ausgeübt werden. Es kann sich auch lediglich auf Teile des Vertragsbesitzes erstrecken.

Ein Rückforderungsgrund tritt jeweils ein, sobald der jeweilige Eigentümer

a) den Vertragsbesitz ganz oder teilweise ohne schriftliche Einwilligung des Veräußerers (bzw. seines gesetzlichen Vertreters oder Bevollmächtigten) veräußert oder sonst das Eigentum daran verliert, es in das Gesamtgut einer Gütergemeinschaft einbringt, belastet oder eingetragene Belastungen revalutiert,

b) von Zwangsvollstreckung in den Grundbesitz betroffen ist, sofern die Maßnahme nicht binnen zwei Monaten aufgehoben wird,

c) in Insolvenz fällt, die Eröffnung des Verfahrens mangels Masse abgelehnt wird, oder er die Vermögenserklärung abgibt

d) vor dem Berechtigten verstirbt

e) von seinem (künftigen) Ehegatte/Lebenspartner getrennt lebt im Sinne des § 1567 BGB oder Klage auf vorzeitigen Zugewinnausgleich erhoben wird, es sei denn, durch vertragliche Vereinbarung ist sichergestellt, dass der Vertragsbesitz im Rahmen des Zugewinn- bzw. Vermögensausgleiches nicht berücksichtigt wird, sondern allenfalls tatsächlich getätigte Investitionen oder Tilgungsleistungen zu erstatten sind

f) der Erwerber nicht gem. der in § ..... enthaltenen Bauverpflichtung innerhalb von drei Jahren ab heute den Bau bezugsfertig errichtet hat.

Der Veräußerer hat die im Grundbuch eingetragenen Rechte und Grundpfandrechte dinglich zu übernehmen, soweit sie im Rang vor der nachstehend bestellten Auflassungsvormerkung eingetragen sind.

Aufwendungen aus dem Vermögen des Rückübertragungsverpflichteten werden – maximal jedoch bis zur Höhe der noch vorhandenen Zeitwerterhöhung – gegen Rechnungsnachweis erstattet bzw. durch Schuldübernahme abgegolten, soweit sie nicht nur der Erhaltung des Anwesens im derzeitigen Zustand, sondern der Verbesserung oder Erweiterung des Anwesens gedient haben und mit schriftlicher Zustimmung des Berechtigten oder seines Vertreters durchgeführt wurden. Im Übrigen erfolgt die Rückübertragung unentgeltlich, also insbesondere ohne Ausgleich für geleistete Dienste, wiederkehrende Leistungen, Tilgungen, geleistete Zinsen, Arbeitsleistungen, oder die gezogenen Nutzungen. Hilfsweise gelten die gesetzlichen Bestimmungen zum Rücktrittsrecht.

Die Kosten der Rückübertragung hat der Anspruchsberechtigte zu tragen. Mit Durchführung der Rückübertragung entfällt die ggf. angeordnete Anrechnung der Zuwendung auf den Pflichtteilsanspruch des heutigen Erwerbers sowie ein etwa mit ihm in dieser Urkunde vereinbarter Pflichtteilsverzicht (auflösende Bedingung).

Zur Sicherung des bedingten Rückübertragungsanspruchs nach wirksamer Ausübung eines vorstehend eingeräumten Rückforderungsrechtes oder des gesetzlichen Widerrufs gem. § 530 BGB („grober Undank") bestellt hiermit der Erwerber zugunsten des vorgenannten Veräußerers eine

Auflassungsvormerkung

am jeweiligen Vertragsbesitz und

bewilligt und beantragt

deren Eintragung im Grundbuch. Die Vormerkung ist als Sicherungsmittel auflösend befristet. Sie erlischt mit dem Tod des jeweiligen Veräußerers.

Die Vormerkung erhält nächstoffene Rangstelle.

Die Bestellung weiterer Rechte für den Veräußerer, insbesondere ein Nießbrauchs- oder Wohnungsrecht, wird nicht gewünscht.

§ 3

Besitzübergabe

Die Übergabe des Besitzes und der Nutzungen sowie der Übergang von Lasten, Verkehrssicherungspflichten, Haftung und Gefahr erfolgt mit dem heutigen Tage.

Der Vertragsbesitz unterliegt keiner Wohnungsbindung.

Er ist nicht vermietet oder verpachtet.

§ 4

Rechtsmängel

Der Veräußerer ist verpflichtet, dem Erwerber ungehinderten Besitz und lastenfreies Eigentum zu verschaffen, soweit in dieser Urkunde nichts anderes vereinbart ist. Für die Freiheit des Grundstücks von öffentlichen Abgaben und Erschließungsbeiträgen haftet der Veräußerer nicht.

Hinsichtlich der Belastungen in Abt. III ist Freigabe einzuholen. Rechte in Abt. II werden unter Eintritt in die zugrundeliegenden Verbindlichkeiten übernommen.

Eigentümerrechte und Rückgewährsansprüche des Veräußerers an bestehenden Grundpfandrechten werden an den Erwerber abgetreten, der die Abtretung annimmt. Persönliche Vollstreckungsunterwerfungen sind nicht erforderlich.

Die Vertragsteile (also Veräußerer und Erwerber) stimmen der Löschung aller nicht übernommenen Belastungen sowie allen Rangänderungen mit dem Antrag auf Vollzug zu; bei Gesamtrechten auch hinsichtlich aller übrigen in den Mithaftvermerken genannten Grundbuchstellen.

§ 5

Sachmängel

Der Erwerber übernimmt den Vertragsbesitz im gegenwärtigen, ihm bekannten Zustand. Ansprüche und Rechte des Erwerbers wegen Mängeln sind (bis auf Fälle des Vorsatzes oder der Arglist) ausgeschlossen.

§ 6

Bauverpflichtung des Erwerbers

Der Erwerber verpflichtet sich gegenüber dem Veräußerer, den geplanten Anbau (**Einheit Nr.......**) gem. der Pläne, die der Abgeschlossenheitsbescheinigung zugrunde liegen, innerhalb von *drei* Jahren ab heute bezugsfertig auf eigene Kosten zu errichten. Er ist dabei verpflichtet, den Anbau nach den Regeln einer ordnungsgemäßen Bauausführung durchzuführen. Auf die Anlagen wird verwiesen.

Teil D

Schlussbestimmungen

§ 1

Hinweise des Notars und weitere Vereinbarungen

Eine steuerliche Beratung hat der Notar nicht übernommen, im Übrigen über die rechtliche Tragweite der abgegebenen Erklärungen belehrt und abschließend nochmals auf folgendes hingewiesen:

- das Eigentum geht mit der Umschreibung im Grundbuch auf den Erwerber über. Die Umschreibung kann erst erfolgen, wenn das Sondereigentum im Grundbuch gebildet ist;
- unabhängig von den rein schuldrechtlichen Vereinbarungen der Beteiligten in dieser Urkunde haften kraft Gesetzes der Vertragsbesitz für Rückstände an öffentlichen Abgaben und Erschließungsbeiträgen und beide Vertragsteile für die etwa anfallende Grunderwerbsteuer und die Kosten als Gesamtschuldner.
- das gesetzliche Rückforderungsrecht wegen Verarmung des Schenkers (§ 528 BGB) und die Möglichkeiten einer Anfechtung durch Gläubiger oder für den Fall späterer Insolvenz des Schenkers können nicht abbedungen werden; auf diese – insbesondere die geltenden Fristen – wurde hingewiesen. Die Beteiligten vereinbaren hierzu:
Sollte sich der Erwerber von einer etwa bestehenden Pflicht zur Leistung von Wertersatz in Geld durch Rückauflassung des Vertragsbesitzes selbst befreien wollen, erfolgt diese unmittelbar an den Veräußerer Zug um Zug gegen Ausgleich der durch Investitionen des Erwerbers geschaffenen Werterhöhung sowie seiner an den Veräußerer oder weichende Geschwister aufgrund Vertrages erbrachten Zahlungen.
- die Übertragung bisher betrieblich gehaltenen Grundbesitzes kann zur Besteuerung dadurch aufgelöster stiller Reserven führen
- es ist erforderlich, dass alle Vereinbarungen richtig und vollständig beurkundet werden, damit die Wirksamkeit der Urkunde und aller Vereinbarungen gewährleistet ist.

§ 2

Vollzugsauftrag

Alle Beteiligten beauftragen und bevollmächtigen den amtierenden Notar, seinen amtlichen Vertreter oder Nachfolger im Amt,

- sie im Grundbuchverfahren uneingeschränkt zu vertreten
- die zur Wirksamkeit und für den Vollzug dieser Urkunde erforderlichen Genehmigungen und Erklärungen anzufordern und (auch gem. § 875 Abs. 2 BGB) entgegenzunehmen.

Anfechtbare Bescheide und Zwischenbescheide zur Fristverlängerung sind jedoch den Beteiligten selbst zuzustellen; Abschrift an den Notar wird erbeten.

Die Vertragsteile bevollmächtigen die Angestellten an dieser Notarstelle – welche der Amtsinhaber zu bezeichnen bevollmächtigt wird – je einzeln und befreit von § 181 BGB, Erklärungen, Bewilligungen und Anträge materiell- oder formellrechtlicher Art zur Ergänzung oder Änderung des Vertrages abzugeben, soweit diese zur Behebung behördlicher oder gerichtlicher Beanstandungen zweckdienlich sind, hinsichtlich der Teilungserklärung insbesondere weitere oder geänderte Pläne zum Gegenstand der Teilungserklärung zu machen sowie die Miteigentumsanteile und die Positionierung von etwa eingeräumten Sondernutzungsrechten zu ändern.

§ 3

Schlussbestimmungen, Kosten und Abschriften

Im Hinblick auf § 34 ErbStG und § 8 ErbStDV machen die Beteiligten ergänzend folgende Angaben:
- Der Verkehrswert des Anwesens beträgt ..... €
- Der letzte Einheits- bzw. Grundbesitzwert beträgt ..... €

Die Kosten dieser Urkunde und ihres Vollzuges, die Kosten der Planfertigung und der Erteilung der Abgeschlossenheitsbescheinigung, ebenso eine etwa anfallende Grunderwerbsteuer und Schenkungsteuer trägt der Erwerber. Er trägt auch die Kosten der Lastenfreistellung.

Von dieser Urkunde erhalten:

Ausfertigungen:
- die Vertragsteile
- das Grundbuchamt

jeweils mit Plänen

einfache Abschriften:
- die Grunderwerbsteuerstelle zur Kenntnis

beglaubigte Abschriften:
- die Schenkungsteuerstelle

Vorgelesen vom Notar, von den Beteiligten

genehmigt, und eigenhändig unterschrieben:

.....

G. Teilungserklärung im Eigenbesitz und Übertragung des Sondereigentums zum Eigenausbau

Anlage 1 zur Urkunde (Teilungserklärung)

Miteigentumsanteil in 1/1.000	Bezeichnung im Aufteilungsplan	Nutzungsart
600	1	Wohnungseigentum
400	2	Wohnungseigentum

Zu den Wohnungen gehört jeweils ein im Aufteilungsplan mit derselben Nummer bezeichneter Kellerraum, zu der Wohnungen Nr. ..... zudem ein Balkon.

Der Dachboden reicht bis unter den First. Ein begehbarer Spitzboden ist nicht vorhanden.

*(**Alt.**: Der im Gemeinschaftseigentum stehende, begehbare Spitzboden ist vom Gemeinschaftseigentum aus zugänglich.*

Der begehbare Spitzboden ist in ....., voneinander baulich getrennte Abteile eingeteilt. Zu den Einheiten Nr. 1 und 2 gehört der jeweils darüber befindliche Spitzbodenanteil; er ist jeweils von der Einheit aus zugänglich.)

Ausdrücklich wird klargestellt, dass der tatsächliche räumliche Umfang des jeweiligen Sondereigentums durch die Plankennzeichnung definiert wird, nicht durch vorstehende schlagwortartige Umschreibung der Lage des Vertragsobjektes.

Anlage 2 zur Urkunde (Teilungserklärung)

GEMEINSCHAFTSORDNUNG

für das Zweifamilienhaus ..... *(Anschrift)*

Für das Verhältnis der Sondereigentümer untereinander gelten die Bestimmungen der §§ 10-29 WEG mit den folgenden Änderungen und Ergänzungen, die für Teileigentum in gleicher Weise wie für Wohnungseigentum gelten:

1. Das gesamte Anwesen ist ausschließlich für Wohnzwecke bestimmt. Jede Änderung dieses Bestimmungszweckes bedarf der einstimmigen Vereinbarung aller Wohnungseigentümer. Dies gilt auch für eine Nutzung als Büro, Praxis und ähnlich.

2. Der jeweilige Eigentümer der Sondereigentumseinheit 1 erhält das Sondernutzungsrecht an der seiner Wohnung vorgelagerten Terrassenfläche, die im Grundrissplan als solche gekennzeichnet ist, sowie am Grundstücksbereich, der im Sondernutzungsrechtsflächenplan mit „SNR 1" gekennzeichnet ist. Die jeweiligen Eigentümer der Einheit 2 erhält das Sondernutzungsrecht am Stellplatz, der im Lageplan mit „SP 2" gekennzeichnet ist. Kosten und Lasten der Unterhaltung, Instandhaltung und Instandsetzung, Verkehrssicherung und Haftung trägt der jeweilige Sondernutzungsberechtigte.

3. Der jeweilige Eigentümer der Sondereigentumseinheit 1 erhält das Sondernutzungsrecht an Dach und Fassade des Altgebäudes, der jeweilige Eigentümer der Sondereigentumseinheit 2 das Sondernutzungsrecht an Dach und Fassade des Neubaus. Dies umfasst auch das Gemeinschaftseigentum im Bereich des der jeweiligen Wohnung vorgelagerten Balkons. Kosten und Lasten der Unterhaltung, Instandhaltung und Instandsetzung, Ver-

kehrssicherung und Haftung trägt der jeweilige Sondernutzungsberechtigte, wie wenn es sich um Sondereigentum handeln würde.

4. Die Wohnungseigentümer dürfen bauliche Veränderungen am Sondereigentum nur mit vorheriger schriftlicher Zustimmung der anderen Wohnungseigentümer ausführen, wenn und soweit Einwirkungen auf das gemeinschaftliche Eigentum oder auf fremdes Sondereigentum nicht von vornherein ausgeschlossen werden können.

5. Zur Veräußerung des Sondereigentums ist die Zustimmung des anderen Eigentümers erforderlich. Dies gilt nicht im Falle der Veräußerung an den Ehegatten, Verwandte in gerader Linie oder Verwandte zweiten Grades in der Seitenlinie sowie an Schwiegerkinder oder Schwiegereltern oder bei der Veräußerung im Wege der Zwangsvollstreckung durch den Insolvenzverwalter oder durch einen Grundpfandrechtsgläubiger, welcher das Sondereigentum erworben hat.

6. Für das Sonder- und Gemeinschaftseigentum sind, soweit nicht schon geschehen, eine Gebäudefeuerversicherung (unter Einschluss von Sturmschäden) sowie eine Haftpflichtversicherung abzuschließen und zu unterhalten.

7. Für die Instandhaltung und Instandsetzung des Sondereigentums und der Sondernutzungsrechten unterliegenden Grundstücksteile kommen die jeweiligen Eigentümer/Nutzungsberechtigten auf. Dies gilt entsprechend für die Außenseiten des Balkons, die Fenster, Fensterrahmen, Rollläden, Jalousien und die Wohnungsabschlusstür.

8. Die Wohnungseigentümer haben die Lasten des gemeinschaftlichen Eigentums, die Kosten der Instandhaltung und Verwaltung, die Kosten der Benutzung der gemeinschaftlichen Einrichtungen im Verhältnis ihrer Miteigentumsanteile zu tragen. Dies gilt nicht, falls laufende Kosten durch Messeinrichtungen oder auf andere Weise einwandfrei getrennt festgestellt werden können; die so festgestellten Kosten trägt der betreffende Wohnungseigentümer allein. Sollte die Verbrauchsregistrierung der Beheizung und Warmwasserversorgung durch Wärme- und Warmwassermesser an den Heizkörpern erfolgen, so werden die Kosten der Beheizung und Warmwasserversorgung zu 30 v.H. von den Eigentümern im Verhältnis ihrer Miteigentumsanteile getragen, zu 70 v.H. nach dem Verbrauch.

9. Auf Miteigentümerversammlungen gefasste Beschlüsse sind schriftlich niederzulegen. Jeder 1/100 Miteigentumsanteil gewährt eine Stimme. Sondernutzungsrechte bleiben unberücksichtigt.
Jeder Eigentümer kann sich in der Wohnungseigentümerversammlung durch einen mit schriftlicher Vollmacht versehenen Bevollmächtigten vertreten lassen. Wird ein Wohnungseigentümer durch seinen Ehegatten vertreten, so muss dieser seine Vertretungsbefugnis nicht durch eine Vollmachtsurkunde nachweisen, solange keine Zweifel an seiner Vertretungsmacht bestehen.

H. Landwirtschaftlicher Übergabevertrag (mit weiteren Erläuterungen)

URNr. ...../2011

Hofübergabe

*(**Anm.**: Der Übergang land- oder forstwirtschaftlicher Betriebe erfolgt regelmäßig im Weg vorweggenommener Erbfolge in Gestalt des Vertragstypus der „Hofübergabe", welche die Versorgung des Veräußerers (auch durch Gewährung von Natural- und Dienstleistungen) sicherstellt und zugleich etwaige Ansprüche weichender Geschwister zur Vermeidung späterer Pflichtteilsergänzungsansprüche festlegt. Die (dingliche) Abgabe des Betriebs, einschließlich aller notwendigen Betriebsgrundlagen, ist gem. § 21 ALG Voraussetzung für den Bezug des Altersgeldes für Landwirte.*

Im Geltungsbereich der Höfeordnung (d.h. in den ehemalig der Britischen Zone angehörigen Ländern Hamburg, Niedersachsen, Nordrhein-Westfalen und Schleswig-Holstein) erfolgt die Hoferbenbestimmung außer durch Übergabevertrag auch durch Übertragung der Bewirtschaftung oder durch Beschäftigung auf dem Hof gem. § 7 Abs. 1 und 2 HöfeO. Die Hofeigenschaft kann durch Willensakt des Eigentümers (Löschung des Hofvermerks im Grundbuch gem. § 1 Abs. 4 HöfeO aufgrund Erbrechtswahl) beendet werden. Hinsichtlich der Rechtsnachfolge von Todes wegen bestimmt § 4 HöfeO im Weg einer gesetzlichen Teilungsanordnung, dass der Hof außerhalb des Nachlasses unmittelbar einem Erben zufällt (Ausnahme von der Universal-Sukzession); die weichenden Miterben erhalten lediglich schuldrechtliche Abfindungsansprüche, die sich aus dem sog. Hofeswert (eineinhalbfaches des zuletzt festgestellten Einheitswerts) errechnen. Ähnliche Bestimmungen enthalten § 14 des Rheinland-Pfälzischen Landesgesetzes für die Höfeordnung sowie § 9 Abs. 1 des Bremischen Höfegesetzes. Das Badische Hofgütergesetz und die Hessische Landgüterordnung lassen hingegen die Universal-Sukzession bei der Erbengemeinschaft unberührt, räumen dem Anerben jedoch einen Erbauseinandersetzungsanspruch zu privilegierten Bedingungen ein.

Besonderheiten der Höfeordnung sind im nachfolgend wiedergegebenen Textmuster nicht berücksichtigt.)

Heute, den ..... zweitausendelf

erschienen vor mir,

.....,

Notar in .....,

in meinen Amtsräumen in .....:

1. Herr .....,
   geboren am .....,
   wohnhaft in .....,
   ausgewiesen durch gültigen deutschen Personalausweis,

sowie dessen ebendort wohnhafte Ehefrau,

2. Frau ....., geb. .....,
    geboren am .....,
    nach Angabe in Gütergemeinschaft verheiratet,
    ausgewiesen durch gültigen deutschen Reisepass,

– nachfolgend auch „der Veräußerer" oder „der Übergeber" genannt, selbst wenn es sich um mehrere Personen handelt –

ferner deren Kinder,

3. Herr .....,
    geboren am .....,
    wohnhaft in .....,
    nach Angabe im gesetzlichen Güterstand verheiratet,

Der Genannte zu 3. konnte sich heute nicht ausweisen, versprach jedoch, gültige Ausweispapiere unverzüglich nachzureichen. Alle Beteiligten baten um sofortige Beurkundung, weisen den Notar jedoch an, das Urkundsgeschäft erst dann durchzuführen, wenn Ausweispapiere ordnungsgemäß nachgereicht wurden.

– nachfolgend auch „der Erwerber" oder „der Übernehmer" genannt –

4. Herr .....,
    geboren am .....,
    wohnhaft in .....,
    nach Angabe .....,

– nachfolgend auch „weichendes Geschwister" genannt – .

Die Erschienenen waren gleichzeitig vor mir anwesend. Auf Ansuchen beurkunde ich ihren Erklärungen gemäß, was folgt:

I.   Grundbuch- und Sachstand

Das Grundbuch des Amtsgerichts ..... für ..... Blatt ..... wurde am ..... eingesehen. Dort ist im Eigentum der Veräußerer in Gütergemeinschaft folgender Grundbesitz eingetragen:

Flst.Nr. .....

Flst.Nr. .....

Dieser Grundbesitz ist im Grundbuch wie folgt belastet:

Abteilung II:

lastend an Flst.Nr. ......:

Auflassungsvormerkung hinsichtlich ca. ..... qm für die Bundesrepublik Deutschland (Bundesstraßenveraltung) gem. Bewilligung vom ....., Notar ....., URNr. .....; eingetragen am .....

(Anm.: Bei umfangreichem landwirtschaftlichen Grundbesitz sind noch nicht vollzogene Wegmessungen für die Veräußerung von Straßenfläche oder ähnlichem häufig; sachgerechter weise wird die Auflassung nach Vermessung in diesem Fall vom Erwerber auf den Straßenbaulastträger erklärt. Im Hofübergabevertrag ist jedoch zu regeln, wer eine gegebenen-

falls noch nicht ausgekehrte Vergütung für die Straßenfläche samt Nebenentschädigungen [Ausgleich für Flächenabschneidung, Ernteausfall etc.] erhält.)

Abteilung III:

.....

II. Hofübertragung

Der eingangs genannte Übergeber

überträgt den in § 1 bezeichneten Grundbesitz mit allen Rechten und dem gesetzlichen Zubehör

an

den gemeinsamen Sohn, Herrn .....

zum Alleineigentum.

Der Übergeber bewilligt, der Erwerber beantragt jedoch derzeit **nicht** – Eintragungsantrag soll durch den insoweit über § 15 GBO hinaus bevollmächtigten Notar nur aufgrund ausdrücklicher Weisung gestellt werden – zur Sicherung des Anspruchs des Erwerbers auf Übertragung des Eigentums an dem Vertragsobjekt eine

Vormerkung

an dem in § 1 bezeichneten Grundbesitz in das Grundbuch einzutragen. Der Übernehmer bewilligt für den Fall ihrer Eintragung, die Vormerkung bei der Eigentumsumschreibung wieder zu löschen, vorausgesetzt, dass nachrangig keine Eintragungen bestehen bleiben, denen er nicht zugestimmt hat.

Die Beteiligten sind über den vereinbarten Eigentumsübergang einig. Der Veräußerer bewilligt und der Erwerber beantragt, den Eigentumsübergang gem. dieser

Auflassung

in das Grundbuch einzutragen.

An den Erwerber mitübergeben wird das gesamte beim landwirtschaftlichen Anwesen vorhandene lebende und tote landwirtschaftliche Inventar, Ein- und Vorrichtungen, Maschinen und die gesamten Wirtschaftsvorräte, der Hausrat und alle Rechte, insbesondere alle etwa dazugehörenden Gemeinde- und Nutzungsrechte und Genossenschaftsanteile sowie sonstige hier nicht aufgeführte Grundstücke, Miteigentumsanteile oder Rechte, die zum Vertragsanwesen gehören.

Ausgenommen von der Übergabe sind die in der Austragswohnung des Veräußerers befindlichen Wohnungseinrichtungsgegenstände und der Hausrat sowie der im Eigentum des Veräußerers stehende Pkw der Marke „VW-Golf" mit dem amtlichen Kennzeichen .....

Offene Forderungen, die zum landwirtschaftlichen Betrieb gehören, bestehen nach Kenntnis der Beteiligten derzeit nicht; vorsorglich werden diese jedoch an den dies annehmenden Erwerber abgetreten.

Insbesondere werden folgende Rechte/Anteile an den Erwerber mitübergeben und abgetreten:

- die Milchreferenzmengen gem. § 21 Abs. 1 und § 22 Abs. 1 der MilchabgabenVO v. 7.3.2007. Die Beteiligten werden die Anzeige bei der zuständigen Landesstelle selbst vornehmen und die zur Vorlage bei der Molkerei erforderliche Übertragungsbescheinigung einholen. Ihnen ist bekannt, dass eine Weiterveräußerung der erworbenen Milchquote binnen zwei Quotenjahren grundsätzlich zu deren ersatzloser Einziehung führt.
  (Anm.: Die sog. „Milchquoten" [Anlieferungsrechte bei der Molkerei] gingen bis zum 31.3.2000 unter der Geltung der „Milch-Garantiemengen-VO" flächengebunden über, werden jedoch nunmehr nach Maßgabe der Milchabgabenverordnung [MilchAbgV, zuvor: der ZAVO] grundsätzlich über sog. Übertragungsstellen „West" und „Ost" zu festgesetzten Terminen und Preisen [„Gleichgewichtspreis", § 17 MilchAbgV] innerhalb West- bzw. Ostdeutschlands übertragen [„Börsenpflicht"].
  Außerhalb dieser Börse ist eine Übertragung von Milchreferenzmengen möglich
    - *in Verbindung mit der [entgeltlichen oder unentgeltlichen] Veräußerung oder Verpachtung des gesamten[19] Milcherzeugungsbetriebes [§ 22 Abs. 1 MilchAbgV]*
    - *ferner im Wege der vorweggenommenen Erbfolge [§ 21 Abs. 1 MilchAbgV] als dauerhafte Übertragung, wobei rechtlich zulässige Vorbehalte die Dauerhaftigkeit nicht hindern*
    - *sowie durch schriftliche Vereinbarung zwischen Ehegatten, Verpartnerten bzw. Verwandten in gerader Linie [§ 21 Abs. 2 MilchAbgV]*
    - *schließlich bei Einbringung eines Betriebes in eine Gesellschaft, sofern der Einbringende dort zwei Jahre lang mitarbeitet [§ 23 MilchAbgV] und im Rahmen der Auflösung von Gesellschaften bei der Verteilung ihrer Vermögenswerte an die Gesellschafter [§ 25 MilchAbgV]).*
- Ansprüche auf Agrarförderung, auch auf flächenbezogene und betriebsindividuelle Zahlungen im Sinne der EU-Agrarreform 2003; es handelt sich um eine vorweggenommene Erbfolge im Sinne des Art. 33 Abs. 1 lit b) der VO(EG) 1782/2003
- ..... Tonnen A-Rüben- und ..... Tonnen B-Rüben-Lieferrechte bei der Südzucker AG. Der Veräußerer verpflichtet sich, die Übertragung mit Wirkung für das laufende Zuckerwirtschaftsjahr dem Erzeuger anzuzeigen.
- Genossenschaftsanteile an der Trocknungsgenossenschaft ....., an der Milchversorgung ..... e.G. und an der Besamungsgenossenschaft .....
  (Anm.: Gegenstand der Hofübergabe sind in der Regel alle zum landwirtschaftlichen Betriebsvermögen zählenden Wirtschaftsgüter, also Grundstücke samt Gebäuden sowie das landwirtschaftliche Inventar, Vieh, Gerätschaften und die landwirtschaftlichen Erzeugnisse auf dem Feld sowie nach Aberntung. Im Weg der Einzelaufführung werden in der Regel lediglich die Grundstücke [wegen des sachenrechtlichen Bestimmtheitsprinzip]) sowie übergehende Gesellschaftsanteile aufgeführt; im Übrigen erfolgt negative Abgrenzung der nicht übertragenen

---

19 Bei Übertragungen zwischen Verwandten in gerader Linie oder auf den Ehegatten genügt gem. § 7 Abs. 2 Satz 5 ZAVO auch die Übertragung eines Betriebsteiles.

Gegenstände des Betriebs- oder Privatvermögens des Veräußerers [z.B. der bisher betriebliche Pkw, Mobiliar in der Austragswohnung]. Die Entnahme bisheriger betrieblicher Gegenstände, z.B. von Grundstücken, führt allerdings zu Entnahmegewinnen. Sofern nicht ausgeschlossen werden kann, dass weiterer landwirtschaftlicher Grundbesitz zum Beispiel abweichender Gemarkung, der auf einem anderen Grundbuchblatt oder gar im Bezirk eines anderen Grundbuchamts vorgetragen ist, vorhanden ist, empfiehlt sich eine [transmortale] Vollmacht an den Erwerber, solche „übersehenen" Grundstücke, befreit von § 181 BGB, unter Erstreckung der in der Urkunde vereinbarten Versorgungsleistungen und Vorbehalte auf sich aufzulassen.)

Im Hinblick auf die EU-Agrarreform 2003 legen die Beteiligten als Geschäftsgrundlage zugrunde, dass der Hofübernehmer als Bewirtschaftender auf seinen Antrag hin die Zahlungsansprüche zugewiesen erhält, und zwar sowohl hinsichtlich des flächenbezogenen Betrags als auch hinsichtlich des betriebsindividuellen Betrags. Die Beteiligten verpflichten sich, alle Erklärungen abzugeben und Anträge zu stellen, die noch erforderlich sind, um dieses Ergebnis herbeizuführen.

Der landwirtschaftliche Betrieb wird zum Ertragswert übergeben.

*(**Anm.:** Die Vereinbarung einer Ertragswertklausel gem. §§ 2049, 2312 BGB setzt das Bestehen eines „Landgutes" voraus, d.h. einer zum selbständigen Betrieb der Landwirtschaft, einschließlich Viehzucht oder Forstwirtschaft, geeignete und bestimmte Wirtschaftseinheit mit den nötigen Wohn- und Wirtschaftsgebäuden, die eine gewisse Größe erreichen und für den Inhaber eine selbständige Quelle zur Erwirtschaftung des Lebensunterhalts darstellt. Der Erwerber muss Gewähr bieten, die Bewirtschaftung in der bisherigen Weise fortzuführen).*

Die Übergabe erfolgt mit schuldrechtlicher und steuerlicher Wirkung zum 1.07.2011.

*(**Anm.:** Die Wahl der Stichtagsregelung erscheint im Hinblick auf das abweichende landwirtschaftliche Steuerjahr sachgerecht.*

*Die Hofübergabe im Weg vorweggenommener Erbfolge stellt **einkommensteuerrechtlich** keine Gewinnrealisierung dar. Anders liegt es beim Veräußerer dann, wenn dieser sich bei der Übertragung Grundstücke [als „Notpfennig"] zurückbehält; diese werden Bestandteil des Privatvermögens aufgrund gewinnrealisierender Teilbetriebsaufgabe, die zugleich die Buchwertfortführung beim Erwerber gefährdet, sofern nicht alle wesentlichen Betriebsgrundlagen übergehen. Ungefährlich ist allerdings in der Regel der Rückbehalt von Bauernwaldgrundstücken, die allein wegen des jährlichen Holzzuwachses in der Regel im Rahmen eines forstwirtschaftlichen Betriebs weiter steuerverhaftet bleiben können.*

Einkommensteuerrechtlich hat der BFH [in Fortführung der Argumentationslinien des RFH] (zunächst speziell für die landwirtschaftliche Betriebsübergabe) einen Sonderrechtstypus „Vermögensübergabe gegen Versorgungsleistungen" entwickelt, um unerwünschte Entgeltlichkeit von Betriebsübergaben aufgrund der regelmäßig vereinbarten „Gegenleistungen" zu vermeiden. Würden nämlich die in der Regel vereinbarten Versorgungsleistungen steuerlich als Anschaffungskosten qualifiziert werden, wäre die [allerdings tarifbegünstigte] Besteuerung von Veräußerungsgewinnen beim Hofübergeber unvermeidlich, sobald der Bar-

wert der übernommenen Versorgungsleistungen und der Wert der einmaligen Zuwendungen des Erwerbers an Dritte [etwa an weichende Geschwister] den Buchwert des übergebenen landwirtschaftlichen Betriebs übersteigen würden.

Gegenleistungen mit „Entgeltcharakter", die zu Anschaffungskosten führen, liegen allerdings vor bei der Übernahme privater Schulden des Übergebers [die Übernahme betrieblicher Schulden bildet als „negatives Wirtschaftsgut" lediglich ein Pendant zu den übernommenen Aktiva] und bei Abfindungsleistungen an weichende Erben [allerdings lediglich außerhalb der §§ 12, 13 HöfeO, dort handelt es sich um außersteuerliche, aus privater Veranlassung geschuldete gesetzliche Vermächtnisse].

Wiederkehrende Versorgungsleistungen führen hingegen weder zu Veräußerungsentgelten beim Übergeber noch zu Anschaffungskosten beim Erwerber, sondern berechtigen den Übernehmer zum Sonderausgabenabzug [§ 10 Abs. 1 Nr. 1a EStG], verpflichten aber den Übergeber zur Versteuerung als wiederkehrender Bezug [§ 22 Nr. 1 EStG] zugewiesen, soweit es sich nicht ganz ausnahmsweise um echte Veräußerungsrenten mit Austauschcharakter oder aber um steuerrechtlich unbeachtliche Unterhaltsleistungen [§ 12 Nr. 2 EStG] handelt). Anschaffungskosten/Veräußerungsgewinne können jedoch vorliegen bei wiederkehrenden Leistungen an familienfremde Dritte.

Die Möglichkeit des Sonderausgabenabzugs [und umgekehrt die Pflicht zur Versteuerung als wiederkehrende Bezüge] besteht für alle Hofübergaben seit 2008 in voller Höhe, auch wenn die Versorgungsleistungen ihrer Höhe nach nicht schwankend vereinbart sind (so dass sog. Dauernde Lasten, also abänderbare Versorgungsleistungen, nicht mehr aus nur steuerlichen Motiven gewählt werden sollten).

Schenkungsteuerrechtlich *werden sowohl Einmalzahlungen, als auch wiederkehrende Leistungen, und der Vorbehalt von Nutzungsrechten abgezogen. Bei sieben- bzw. zehnjähriger Fortführung des Betriebes besteht die Möglichkeit einer Steuerfreistellung zu 85 % oder gar 100 %. Hierüber informiert Sie ein gesondertes Merkblatt.*

III. Gegenleistungen

*(**Anm.:** Die Vereinbarung umfangreicher Verpflichtungen des Erwerbers [Geldleistung, Dienstleistung und Duldung] ist „klassischer" Bestandteil des Vertragstypus „Hofübergabe" und wird auch nach Einführung des landwirtschaftlichen Altersgeldes angesichts dessen geringer, standardisierter Höhe weiterhin geradezu vorausgesetzt. Grundbuchrechtlich handelt es sich um beschränkt persönliche Dienstbarkeiten, Reallasten, gegebenenfalls auch Nießbrauchsrechte, die unter dem Sammelbegriff des Leibgedings [auch Altenteil, Auszug, Leibzucht] zusammengefasst werden [Buchungserleichterung gem. § 49 GBO].*

1. Wohnungs- und Mitbenutzungsrecht

Der Erwerber übernimmt gegenüber dem Veräußerer als Gesamtberechtigte in ehelicher Gütergemeinschaft unentgeltlich auf Lebensdauer des Länger lebenden folgende Verpflichtungen:

*(**Anm.:** Hinsichtlich des Berechtigungsverhältnisses für die im Leibgeding zusammengefassten dinglichen Ansprüche bildet die Gesamtgläubigerschaft gem. § 428 BGB die Regel,*

die Einräumung einer Berechtigung nach Bruchteilen würde nach dem Versterben eines Berechtigten zu einer lediglich quotalen Inhaberstellung führen. Die Eintragung mehrerer gleichrangiger Leibgedingsrechte führt zu einer unerwünschten Verdoppelung der Grundbuchkosten. Lebt der Veräußerer allerdings in Gütergemeinschaft und bildete das landwirtschaftliche Anwesen Bestandteil des Gesamtguts, fallen auch die „Gegenleistungen" wieder in das Gesamtgut der Gütergemeinschaft.)

Ein **Wohnungsrecht** in dem übergebenen Austragshaus (Flst.Nr. ...... der Gemarkung ......). Dieses besteht in dem Recht der ausschließlichen Benützung der im 1. Stock, vom Treppenaufgang links gelegenen Räume (Schlafzimmer, Wohnzimmer sowie des Abstellraumes)

– unter Ausschluss des Eigentümers –

und dem Recht auf Mitbenützung der zum gemeinsamen Gebrauch der Hausbewohner bestimmten Anlagen, Einrichtungen und Räume, **insbesondere** der Küche, des Kellers, der Toilette/Bad, der Werkstatt, des Speichers, des Hofraumes und des Gartens.

(Anm.: Das Wohnungsrecht als beschränkt persönliche Dienstbarkeit gem. § 1093 BGB sichert den weiteren Verbleib des Veräußerers in der „Austragswohnung". Die Verpflichtung zur Übernahme der Nebenkosten ist ebenfalls dinglicher Bestandteil des Wohnungsrechts. Soll allerdings darüber hinaus ein Anspruch auf „Wohnungsgewährung", z.B. auch auf Wiederaufbau des Gebäudes nach dessen Zerstörung, eingeräumt werden, bedarf es einer „Wohnungsreallast".)

Der Eigentümer ist verpflichtet, die dem Wohnungsrecht unterliegenden Räume auf eigene Kosten in gut bewohnbarem und beheizbarem Zustand zu halten.

Anstelle der freien Beheizung hat der Veräußerer das Recht auf Entnahme des Heizmaterials aus den Vorräten beim Anwesen zur Deckung des Eigenbedarfs.

Nach dem Ableben eines der Berechtigten bleibt dem Überlebenden dieses Recht ungeschmälert.

Der Erwerber trägt sämtliche Kosten, die für das Anwesen und die dem Wohnungsrecht unterliegenden Räume anfallen, insbesondere die Kosten der Schönheitsreparaturen, die Kosten für Wasser und Abwasser, Beheizung, Strom und Gas, Kaminkehrer und Müllabfuhr.

Eine Übertragung der Ausübung des Wohnungsrechts ist dem Berechtigten nicht gestattet, eine Vermietung oder Untervermietung somit nicht möglich.

(Anm.: Es verbleibt also bei der Vermutung des § 1092 Satz 2 BGB. Dies empfiehlt sich auch deshalb, da bei Einräumung der Möglichkeit einer Überlassung des Wohnungsrechts zur Ausübung an Dritte [„Wohnungsbesetzungsrecht"] die Gefahr einer Überleitung durch den Sozialhilfeträger gem. § 93 SGB XII bei Heimunterbringung des Veräußerers besteht, so dass das Wohnungsrecht einem Nießbrauchsrecht angenähert würde.)

Ein Geldersatz hinsichtlich des Wohnungsrechtes steht dem Veräußerer im Falle seines dauerhaften Wegzugs nur zu, wenn der Erwerber diesen gem. Art. 20, 21 BayAGBGB veranlasst hat; andernfalls werden Ersatzansprüche aus jedem Rechtsgrund, insbesondere nach Art. 18 BayAGBGB (auch i.V.m. Art. 19 Satz 2 BayAGBGB) wegen der damit verbundenen besonderen Beschwernis für den Übernehmer, ausgeschlossen. Der Inhalt der einschlägigen Bestimmungen des bayerischen Landesrechts wurde mit den Beteiligten erörtert.

*(**Anm.:** Nach den landesrechtlichen Leibgedingsvorschriften tritt an die Stelle des nicht mehr zu erfüllenden Wohnungsrechts eine „billige Entschädigung in Geld", die als Zahlungsanspruch des Veräußerers gem. § 93 SGB XII durch Verwaltungsakt auf den Sozialleistungsträger übergeleitet werden kann, wenn der Veräußerer das Anwesen auf Dauer verlässt. Die Höhe der Ersatzrente bemisst sich am Aufwand für anderweitige Ersatzbeschaffung, wenn der Erwerber den Wegzug schuldhaft verursacht hat [z.B. durch Schaffung unzumutbarer Lebensumstände für den Veräußerer], einerseits, bzw. nach dem Wert, um den der Erwerber durch das Freiwerden von Verpflichtungen bereichert ist, wenn dem Erwerber kein Verschulden vorgeworfen werden kann [etwa bei medizinisch indizierter Unterbringung in einem Alten- oder Pflegeheim], andererseits. Beide Geldersatzvarianten können durch Vertrag zwischen Veräußerer und Erwerber abbedungen werden, was auch gegenüber dem Sozialleistungsträger nicht gegen § 138 BGB verstößt, da hierdurch lediglich eine mit Geldzahlung sonst verbundene Leistungserschwerung im Vergleich zur bloßen Duldungsverpflichtung verhindert wird.*

Aus disziplinierenden Gründen wird vorstehend allerdings empfohlen, die Geldersatzrente „poenalen Charakters" bei verschuldetem Wegzug des Veräußerers aufrechtzuerhalten, zumal sonstige Leistungsstörungsrechte des Veräußerers bei Schlechterfüllung durch die landesrechtlichen Leibgedingsvorschriften weitestgehend ausgeschlossen sind und auch vollstreckungsrechtliche Erzwingungsmöglichkeiten im Bereich der personalen Ansprüche kaum bestehen.)

Der Wohnungsberechtigte wurde vom Notar darüber belehrt, dass sein Wohnungsrecht entschädigungslos untergehen kann, wenn Grundpfandrechte seinem Wohnungsrecht vorgehen und aus diesen die Zwangsvollstreckung betrieben wird.

2. Wart und Pflege

Ferner sind erforderlichenfalls die folgenden wiederkehrenden hauswirtschaftlichen und Pflegeleistungen zu erbringen:

*(**Anm.:** Es empfiehlt sich – insoweit der Differenzierung des § 14 Abs. 4 Nr. 1 bis 3, einerseits, und Nr. 4 SGB XI, andererseits, folgend – zwischen hauswirtschaftlichen Leistungen [„Leistungen für eine Person"] und Pflegeleistungen [„Leistungen an einer Person"] zu unterscheiden, insbesondere aufgrund des Sonderstatus der Ansprüche auf häusliche Pflege. Vertraglicher Regelungsgegenstand im Bereich der letztgenannten Pflegeleistungen im eigentlichen Sinn ist regelmäßig nur die sogenannte „Grundpflege", d.h. diejenigen Dienstleistungen und Handreichungen, die ohne medizinische Vorkenntnisse auch von Laien – gegebenenfalls nach kurzer Anleitung – verrichtet werden können im Unterschied zur „Behandlungspflege". Die Grundpflege wiederum lässt sich gem. der gesetzlichen Definition kategorisieren in Dienstleistungen im Bereich der Körperpflege [Waschen, Duschen, Baden, Zahnpflege, Darmentleerung etc.], der Ernährung [mundgerechte Zubereitung und Aufnahme der Nahrung] sowie der Mobilität [Aufstehen, Ankleiden, Treppensteigen, Verlassen und Wiederaufsuchen der Wohnung].*

Auch die Eingruppierung in Pflegestufen bedient sich dieses begrifflichen Instrumentariums. So zählen Personen, die bei der Körperpflege, Ernährung oder Mobilität für wenigstens zwei Verrichtungen mindestens einmal täglich der Hilfe bedürfen und zusätzlich mehrfach in der Woche Unterstützung bei der hauswirtschaftlichen Versorgung benötigen, zur Pflegestufe I [diese beginnt nach den Einstufungsrichtlinien der Pflegekassen bei etwa 90 Minuten täglichen Zeitaufwands für Grundpflege und anteilige hauswirtschaftliche Versorgung]. Pflegestufe II erfordert einen mindestens dreimaligen Pflegeeinsatz pro Tag (in zeitlicher Gewichtung ab etwa 180 Minuten pro Kalendertag), Pflegestufe III eine latente Grundpflegebedürftigkeit rund um die Uhr [entspricht etwa fünf Stunden täglichen Zeitaufwands].

Beitragserkaufte Leistungen für Pflegebedürftige nach dem SGB XI [Pflegeversicherungsgesetz] setzen mindestens eine [gegebenenfalls durch den medizinischen Dienst der Krankenkassen festzustellende] Pflegebedürftigkeit der Stufe I voraus; staatsfinanzierte Hilfen zur Pflege im Bereich der Sozialhilfe werden auch für einen darunter liegenden Pflegebedarf gewährt [insbesondere Aufwendungsersatz und Erstattung der Kosten besonderer Pflegekräfte gem. § 65 Abs. 1 Satz 1 bzw. 2 SGB XII].)

Soweit der Veräußerer hierzu nicht mehr selbst in der Lage ist, hat der Erwerber persönlich oder durch Angehörige auf Verlangen unentgeltlich dessen Haushalt zu führen, also insbesondere die Mahlzeiten zuzubereiten, die Wohnung sauber zu halten, Wäsche zu reinigen, sowie auf Kosten des Veräußerers Besorgungen und Fahrdienste zu erledigen.

*(**Anm.:** Vordringliches Regelungsziel vertraglicher Pflegevereinbarungen sollte eine möglichst exakte Umschreibung des geschuldeten Inhalts sein. Die eher vage gehaltenen Formulierungen in traditionellen früheren Vertragsmustern [„Wart und Pflege in alten und kranken Tagen"] werden nämlich von der Rechtsprechung nicht in Richtung auf das tatsächlich Gewollte „reduziert". Eine exakte Umschreibung dient nicht nur einer realistischen Einschätzung von Veräußerer und Erwerber über die zu erwartenden bzw. zu leistenden Dienste, sondern ist auch grundbuchrechtlich [Bestimmtheit der Reallast] erforderlich und sozialhilferechtlich notwendige Voraussetzung für die negative Abgrenzung des Pflegebereichs, für den [mangels privatvertraglicher Bedarfsdeckung] Aufwendungsersatz zur Finanzierung externer Pflegekräfte gem. § 65 Abs. 1 Satz 2 SGB XII verlangt werden kann. Häufige Eingrenzungskriterien hinsichtlich der im vorstehenden Absatz behandelten hauswirtschaftlichen Verrichtungen sind die Nachrangigkeit gegenüber möglicher eigenständiger Haushaltsführung, die Erbringung lediglich durch den Erwerber und gegebenenfalls dessen Angehörige – also nicht durch externe Haushaltshilfen – sowie die Aufbringung der Einkäufe aus Mitteln des Veräußerers.)*

Soweit der Erwerber selbst oder durch Angehörige hierzu – insbesondere ohne Inanspruchnahme fremder Pflegekräfte – zumutbarer weise in der Lage ist, hat er bei Krankheit und Gebrechlichkeit des Veräußerers ferner dessen häusliche Pflege zu übernehmen. Dauerpflege ist nur in dem Umfang zu erbringen, der mit den notwendigen hauswirtschaftlichen Verrichtungen nach dem Urteil des Hausarztes des Veräußerers einem durchschnittlichen täglichen Zeitaufwand von insgesamt nicht mehr als eineinhalb Stunden entspricht.

*(**Anm.:** Die vorstehend erfassten Leistungen der sog. „Grundpflege" bedürfen aus den nämlichen Gründen besonders exakter Umgrenzung. Sie wird erreicht durch den Grundsatz*

der Vorrangigkeit der Unterhaltsverpflichtungen gegenüber der eigenen Familie (z.B. den Kindern des Erwerbers), des weiteren durch die Beschränkung auf Pflegeleistungen, die vom Erwerber (gegebenenfalls und dessen Ehegatten) ohne Zuhilfenahme fremder Pflegekräfte erbracht werden können, und schließlich durch eine zeitliche Abgrenzung. Letztere ist nicht als „dynamische Verweisung" auf die jeweilige Zeitschwelle der Pflegestufe I des SGB XI ausgestaltet, sondern als statische Fixierung auf einen durchschnittlichen täglichen Zeitaufwand von 90 Minuten, so dass durch die vertraglichen Pflegeverpflichtungen derzeit derjenige Pflegeaufwand abgedeckt ist, der unterhalb der Einsatzschwelle des Pflegeversicherungsgesetzes verbleibt.

Dieser „Sockel" an personenbezogener Dienstleistung besteht, wie sich aus dem Wortlaut „soweit" statt „solange" ergibt, unabhängig davon, wie hoch der tatsächliche, gegebenenfalls darüber hinausgehende Pflegebedarf ist. In Zeiten der Krankheit ist allerdings auch Pflegeleistung über 90 Minuten täglich hinaus geschuldet, wie sich aus dem Begriff der „Dauerpflege" ergibt. Im Streitfall soll das Urteil über die Einhaltung des bei der Abgrenzung im Vordergrund stehenden zeitlichen Kriteriums durch eine Vertrauensperson des Veräußerers, dessen Hausarzt, getroffen werden. Hierdurch wird dem Umstand Rechnung getragen, dass der Veräußerer im Zeitpunkt seiner Leistungsbedürftigkeit kaum mehr in der Lage sein wird, seine Interessen selbst wahrzunehmen, so dass auch angesichts der weitgehenden Sanktionslosigkeit leibgedingsrechtlicher Vereinbarungen aufgrund landesrechtlicher Vorschriften sich die Einführung eines schiedsgutachterähnlichen Moments empfiehlt.

Die Beschränkung der Pflicht zur Pflegeleistung auf den Zeitumfang vor Erreichen der Pflegestufe I gewährleistet zugleich, dass eine Kürzung des Pflegegeldes nach dem SGB XII, welches ja gem. § 64 Abs. 1 SGB XII erst ab Erreichen der Pflegestufe I gewährt wird, nicht in Betracht kommt. [Würde die vertragliche Pflegeverpflichtung auch den Umfang miterfassen, für den das Pflegegeld gewährt wird, käme dessen Kürzung um bis zu zwei Dritteln gem. § 66 Abs. 2 Satz 2 SGB XII in Betracht.] Das Pflegegeld nach dem SGB XI ist – da es sich um eine beitragserkaufte Leistung der Sozialversicherung handelt – wie alle weiteren Leistungen des Gesetzes im Bereich der ambulanten oder stationären Pflege vom Umfang privatvertraglicher oder sonstiger anderweitiger Bedarfsdeckung unabhängig.)

Vorstehende Verpflichtungen ruhen, soweit Pflegesachleistungen im Rahmen gesetzlicher Ansprüche, etwa auf Haushaltshilfe, häusliche Krankenpflege oder häusliche Pflegehilfe erbracht werden. Die Verpflichtungen sind nicht vererblich, bestehen jedoch auch bei Verlust des Eigentums fort.

(Anm.: Wollte man, wie seitens der Beteiligten immer häufiger gewünscht, einen generellen Nachrang der vertraglichen Verpflichtung zur Pflege und hauswirtschaftlichen Versorgung gegenüber Ansprüchen aus Sozialleistungsgesetzen vereinbaren, käme dies einem völligen Verzicht auf die vertragliche Pflegeverpflichtung als solche gleich, da jedenfalls die subsidiären Sozialhilfeleistungen gem. § 2 Abs. 1 SGB XII ihrerseits wiederum nachrangig gegenüber privater Bedarfsdeckung sind.

Die Regelung von Prioritätsverhältnissen gegenüber staatlichen Sozialleistungsansprüchen kann also allenfalls Platz greifen gegenüber beitragserkauften Leistungen der Sozialversicherung [z.B. der Pflegeversicherung], die naturgemäß unabhängig von anderen, vor allem vertraglichen Ansprüchen gewährt werden. Auch insoweit verbietet sich jedoch eine undifferenzierte Anordnung über das „Ruhen" der vertraglichen Verpflichtungen gegenüber Ansprüchen aus dem Pflegeversicherungsgesetz, da die Pflegegeldleistung [§ 37 SGB XI] hinsichtlich ihrer Voraussetzungen ausdrücklich nur dann gewährt wird, wenn die tatsächliche Durchführung der Pflege auch gesichert ist, also gerade kein „Ruhen" stattfindet. Denkbar ist also nur eine Nachrangvereinbarung gegenüber den Pflegesachleistungen aus Sozialversicherungsverhältnissen [Pflegeversicherung, Unfallversicherung, Krankenversicherung], wie in der kommentierten Klausel angeordnet.)

Soweit dem Veräußerer künftig wegen Pflegebedürftigkeit Geldleistungen nach sozialrechtlichen Vorschriften oder aus Versicherungsverträgen zustehen, kann die Übernahme der Pflege, für welche diese Geldleistung gewährt wird, davon abhängig gemacht werden, dass der Anspruch auf Auszahlung des Betrages insoweit an die pflegende Person abgetreten oder die Beträge insoweit an sie ausgekehrt werden.

(*Anm.*: *Pflegegeldzuwendungen sollen den Pflegebedürftigen in die Lage versetzen, durch Zuwendung des Pflegegeldes die Motivation der pflegenden Person zu erhalten und zu fördern. Die vorstehende Vertragsbestimmung setzt diese gesetzgeberische Intention um, indem sie die tatsächliche Übernahme der Pflege an den Erhalt des dafür vorgesehenen Pflegegeldes knüpft. Der Anspruch steht der tatsächlich pflegenden Person, in der Regel also der Ehefrau des Erwerbers, zu. Nach den weiter in diesem Vertrag getroffenen Vereinbarungen [Begrenzung auf 90 Minuten Dauerpflege durchschnittlich pro Kalendertag] besteht allerdings eine Verpflichtung zur Übernahme der Pflegeleistung ab Erreichen der Pflegestufe I [und damit Bestehen eines Anspruchs auf Gewährung von Pflegegeld dem Grunde nach] nicht mehr.*)

Krankheitskosten oder Kosten von Versicherungen für den Berechtigten muss der Erwerber nicht tragen. Der Mehrbedarf des Berechtigten, der sich aus einer etwaigen Übersiedlung in ein Altersheim, Alterspflegeheim oder eine ähnliche Einrichtung ergibt, ist durch diese Vereinbarung vom Verpflichteten also nicht übernommen worden.

(*Anm.*: *Die Regelung hat klarstellenden Charakter; die Unentgeltlichkeit der versprochenen Pflegeleistungen und hauswirtschaftlichen Verrichtungen bezieht sich lediglich auf die manuelle Dienstleistung als solche [auch im Sinn eines Verzichts auf Erstattung entgangener Einnahmen aus nicht mehr möglicher Berufstätigkeit oder eines Ausgleichs für Sachabnutzung, etwa verschmutzte Kleidung], nicht jedoch auf die Pflege- und Heilmittel selbst. Die finanziellen Risiken, die aus einer Pflegebedürftigkeit resultieren, die über die vertraglich geschuldete Stufe hinausgeht, treffen den Erwerber [auch im Verhältnis zu etwa weichenden Geschwistern] demnach lediglich nach Maßgabe des allgemeinen Unterhaltsrechts [§§ 1601 ff. BGB, gegebenenfalls i.V.m. § 94 SGB XII].*)

3. Beköstigung

Der Erwerber verpflichtet sich, den Veräußerer auf Lebenszeit unentgeltlich am gemeinschaftlichen Tisch zu beköstigen, sobald diesem die eigene Zubereitung der Mahlzeiten nicht mehr möglich ist. Die Berechtigten können verlangen, dass ihnen Speise und Trank in ihre Wohnung gebracht wird. Im Krankheitsfalle ist ihnen Diät- oder Schonkost zu reichen. Die Kosten der Lebensmittel trägt der Erwerber.

(Anm.: Die Beköstigung bildet neben der Haushaltsführung und der Grundpflege regelmäßig den dritten Bereich übergabebedingter Dienstleistungen. Die in früheren Zeiten einer umfassenden Nahrungsmittelversorgung „aus dem Hof selbst" üblichen Deputate [„zwei Eier täglich, wöchentlich ein Pfund Butter, eine Gans zu Martini ....."] treten überwiegend zugunsten der mit der Zubereitung der Mahlzeit verbundenen Dienstleistungen in den Hintergrund. Allerdings wird [wegen der Schwierigkeit getrennter Ermittlung] in der Regel der Erwerber den damit verbundenen Materialaufwand tragen.)

4. Taschengeld

Der Erwerber verpflichtet sich gegenüber dem Veräußerer – als Gesamtberechtigte in ehelicher Gütergemeinschaft – an diesen auf Lebenszeit wiederkehrende Zahlungen i.H.v. monatlich

200,00 €

– i.W. zweihundert Euro –

zu zahlen.

Die Zahlung erfolgt bar im voraus, falls vom Übernehmer gewünscht, gegen Quittung, spätestens am dritten Werktag eines jeden Kalendermonats, erstmals (rückwirkend) für den Monat Juli 2011.

Bei Versterben eines Berechtigten vermindert sich der geschuldete Betrag um ein Drittel. Die Verpflichtung zur Zahlung der dauernden Last erlischt mit dem Tode des längst Lebenden.

(Anm.: Während der Duldungsumfang beim Wohnungsrecht in der Regel ungeschmälert bleibt beim Ableben eines der veräußernden Eheleute, wird die Herabsetzung des Bedarfs häufig durch eine Reduzierung der beim Tod des ersten Ehegatten geschuldeten Summe berücksichtigt.)

Hinsichtlich der Zahlungsverpflichtungen bleibt die entsprechende Anwendung des § 239 FamFG vorbehalten: Sofern durch eine Änderung der wirtschaftlichen Verhältnisse der standesgemäße Unterhalt des Veräußerers oder des Erwerbers nicht mehr gewährleistet ist, kann sowohl der Veräußerer wie auch der Erwerber eine Abänderung dieser Leistungen in entsprechender Anwendung des § 239 FamFG verlangen. Ein Mehrbedarf, der dadurch entsteht, dass der Veräußerer das übergebende Anwesen – gleich aus welchem Grund – verlässt, berechtigt jedoch nicht zu einem solchen Abänderungsverlangen.

(Anm.: Die Abänderbarkeit der regelmäßigen Geldleistungen analog § 239 FamFG (vormals: § 323 ZPO) ist für Übertragungen ab 2008 nicht mehr Voraussetzung der vollen steuerlichen Absetzbarkeit beim Erwerber.

Erforderlich ist stets, das Kriterium bzw. die Kriterien anzugeben, die zu einem [schuldrechtlichen] Anpassungsverlangen führen können. Hierbei ist davor zu warnen, undifferenziert auf die Ertragskraft des Hofes abzustellen, da diese bei Aufgabe der aktiven Landwirtschaft auf ein regelmäßig geringes Pachtgeld herabsinkt, so dass die Versorgung des Veräußerers gefährdet würde und gerade in diesem Fall, für den die vertragliche Versorgung geschaffen wurde, auch aus der eingetragenen Reallast eine Beitreibung in nur sehr geringer Höhe erfolgen könnte. Denkbar sind solche Maßstäbe also allenfalls bei Vereinbarung garantierter Mindestbeträge, die jedoch die steuerliche Berücksichtigungsfähigkeit als dauernde Last unter Umständen infrage stellen können. Stets ist zu bedenken, dass für den Fall einer Überleitung des Geldzahlungsanspruchs gem. § 93 SGB XII auf den Sozialleistungsträger dieser auch berechtigt ist, das Erhöhungsverlangen für die Zukunft geltend zu machen.)

Auf Vollstreckungsunterwerfung wird trotz Hinweises des Notars ausdrücklich verzichtet.

*(**Anm.:** Denkbar wären Vollstreckungsunterwerfungserklärungen gem. § 794 Abs. 1 Nr. 5 ZPO sowohl bezüglich der schuldrechtlichen Zahlungspflicht als auch bezüglich des persönlichen Anspruchs aus der Reallast gem. § 1108 Abs. 1 BGB [letzterer wirkt gegen den jeweiligen Eigentümer, so dass bei Veräußerung eine Klauselumschreibung gegen den neuen Eigentümer gem. § 727 ZPO erfolgen kann]. Eine dingliche Vollstreckungsunterwerfung gem. § 800 ZPO ist jedoch nicht möglich, ebenso wenig [mangels Bestimmbarkeit] eine „Vorratsunterwerfung" bezüglich der sich aus etwaigen berechtigten Anpassungsverlangen ergebenden künftigen Mehrbeträge.)*

5. Grundbucherklärungen

Der Erwerber bestellt zugunsten seiner Eltern als Gesamtberechtigten in ehelicher Gütergemeinschaft zur Sicherung des vorstehend unter Abschnitt III Ziff. 2 bis 4 vereinbarten Wohnungs- und Mitbenutzungsrecht an Flst.Nr. ...... der Gemarkung ..... eine beschränkte persönliche Dienstbarkeit sowie zur Sicherung der vorstehend unter Abschnitt III. Ziff. 2. und 4. vereinbarten wiederkehrenden Leistungen eine entsprechende Reallast an demselben Flurstück und

bewilligt und beantragt

die Eintragung **als Leibgeding** an nächstoffener Rangstelle im Grundbuch mit dem Vermerk, dass zur Löschung der Nachweis des Todes des jeweiligen Berechtigten genügen soll, was hiermit vereinbart wird.

*(**Anm.:** Der Leibgedingsbegriff im Sinn des Grundbuchrechts [§ 49 GBO] ermöglicht eine erleichterte Eintragung im Grundbuch durch Sammelbezeichnung verschiedener Duldungs- und Leistungsverpflichtungen, die anlässlich der Übergabe vereinbart wurden. Das Grundbuchamt hat dabei nicht zu prüfen, ob auch ein Leibgedingsvertrag im materiellen Sinn vorliegt, also nach der ständigen Rechtsprechung des BGH zu Art. 96 EGBGB eine die Existenz des Erwerbers wenigstens teilweise begründende Wirtschaftseinheit durch sozial motivierten Versorgungsvertrag an die nachrückende Folgegeneration übergeht, wobei der Charakter eines gegenseitigen Vertrags mit beiderseits gleichwertigen Leistungen nicht im Vordergrund stehen darf.)*

6. Fahrdienste

Soweit der Veräußerer keinen eigenen Pkw mehr besitzt oder alters- oder gesundheitsbedingt nicht mehr in der Lage ist, selbst zu fahren, ist der Erwerber verpflichtet, Fahrten für den

Übergeber zu erledigen (z.B. Arzt, Apotheke, Kirche etc.) im Umkreis von maximal 20 km bis monatlich maximal 80 km. Diese Forderung darf vom Veräußerer jedoch nicht zur Unzeit gestellt werden. Treibstoffkosten werden dem Erwerber für diese Fahrten nicht erstattet.

*(**Anm.:** Häufig finden sich in Übergabeverträgen weitere Dienstleistungsverpflichtungen, die jedoch mangels hinreichender Bestimmbarkeit und aufgrund der Tatsache, dass ihre etwaige oder behauptete Verletzung nicht zu den Sanktionen des Reallastrechts Anlass geben soll, lediglich schuldrechtlich vereinbart sind. Gleichwohl ist zu empfehlen, solche schuldrechtlichen Verpflichtungen, mögen sie auch den Beteiligten selbstverständlich erscheinen, in die Urkunde aufzunehmen, um den Grad der Unentgeltlichkeit – etwa im Hinblick auf die Gefahr der Rückforderung bei späterer Verarmung des Schenkers [§ 528 BGB] – zu verringern.)*

7. Telefonbenutzung; Benutzung von Haushaltsgeräten u.a.

Dem Veräußerer steht das Recht zur Mitbenutzung des Telefons des Erwerbers zu. Die hierfür anfallenden Kosten trägt der Erwerber bis zu einem Betrag i.H.v. 20,00 € je Monat.

Ferner steht dem Veräußerer das unentgeltliche Recht zur Mitbenutzung transportabler Elektrogeräte und sämtlicher Werkzeuge zu, auch wenn sie sich im Haushalt des Erwerbers befinden.

*(**Anm.:** Hierdurch sollen Neuanschaffungen, die allein durch die Haushaltstrennung bedingt sind, verhindert werden.*

Die monatlichen Telefonkosten von je 20,00 € sind einkommenssteuerlich beim Erwerber ebenfalls gem. § 10 Abs. 1 Nr. 1 EStG als wiederkehrende Leistung absetzbar.)

8. Haftpflichtversicherung

Mit der Hofübergabe erlischt für den Veräußerer der im Rahmen der Betriebshaftpflichtversicherung bestehende private Haftpflichtversicherungsschutz. Aus dem vorgenannten Grund verpflichtet sich der Erwerber, für den Veräußerer einen entsprechenden privaten Haftpflichtversicherungsschutz abzuschließen.

Die hierfür anfallenden Prämien zahlt der Erwerber.

*(**Anm.:** Ähnliche Überlegungen stellen sich häufig hinsichtlich des Unfallversicherungsschutzes, da mit dem Erlöschen der Unternehmereigenschaft des Veräußerers auch dessen Absicherung über die landwirtschaftliche Berufsgenossenschaft erlischt.)*

9. Krankheitskosten

Für den Veräußerer besteht ein gesetzlicher Krankenversicherungsschutz bei der LKK Ingolstadt.

Die Beiträge für diese Krankenversicherung sowie etwaige weitergehende Arzt- bzw. Arzneikosten trägt der Veräußerer.

*(**Anm.:** Gerade bei landwirtschaftlichen Übergaben ist wichtig zu ermitteln, ob der Veräußerer in der landwirtschaftlichen Krankenkasse oder [z.B. als bloßer Nebenerwerbsland-*

wirt mit zusätzlich abhängiger Beschäftigung aus einem Lohnarbeitsverhältnis] in der allgemeinen gesetzlichen Krankenversicherung krankenversichert ist. Die Unterscheidung ist insbesondere im Hinblick den Familienversicherungsschutz des Veräußerer-Ehegatten maßgeblich: Während bei der allgemeinen gesetzlichen Krankenversicherung diese beitragsfreie Mitversicherung erlischt, sobald der Veräußerer selbst Einkünfte von mindestens 1/7 der Bezugsgröße [im Jahr 2011: 365,00 €/Monat] erhält, was bei Addition aller im Übergabevertrag zugewendeter Geld- und Naturalansprüche sowie Dienstleistungsberechtigungen rasch erreicht wird, berücksichtigt die Krankenversicherung der Landwirte die besonderen Umstände der Hofübergabe dadurch, dass gem. § 7 Abs. 1 Satz 3 KVLG 1989 Leistungen aus dem früheren landwirtschaftlichen Betrieb nicht erfasst werden.*

Soll bei einem etwa in der AOK versicherten Veräußerer die beitragsfreie Familienmitversicherung des Ehegatten nicht gefährdet werden, empfiehlt es sich also, die Zuwendungen zunächst allein dem Veräußerer gegenüber einzugehen und lediglich für den Fall der Scheidung oder dessen Vorversterbens [also aufschiebend bedingt] dessen Ehegatten zuzuwenden. Falls Veräußerer und Ehegatte in Gütergemeinschaft leben, so dass die Zuwendungen beiden zum Gesamtgut zustehen [mit der steuerlichen Folge je hälftiger Berücksichtigung], empfiehlt sich die ehevertragliche Vereinbarung von Vorbehaltsgut.)

10. Begräbnis, Grab, Grabpflege

Der Erwerber hat dem Veräußerer ein standesgemäßes christliches Begräbnis zu bereiten. Alle Kosten trägt der Erwerber. Dafür erhält er das etwaige Sterbegeld in voller Höhe.

Das Grab des Veräußerers hat der Erwerber, solange es besteht, der örtlichen Sitte gem. zu pflegen und zu schmücken. Eine dingliche Sicherung erfolgt nicht.

*(**Anm.:** Die dingliche Sicherung solcher Grabpflegeverpflichtungen [durch Reallast im Rahmen des Leibgedings] empfiehlt sich vor allem deshalb nicht, weil sonst die Löschung der Leibgedingsreallast mit dem Ableben des Berechtigten durch Vorlage einer Sterbeurkunde nicht erfolgen könnte, was Verfügungen über den Grundbesitz naturgemäß erheblich erschweren würde.)*

11. Veräußerungsklausel, Nachabfindung

Veräußert der Erwerber oder seine Erben den übergebenen Hof ganz oder teilweise, vom Tag der Beurkundung an gerechnet innerhalb einer Frist von zehn Jahren, so hat er 50 % – fünfzig vom Hundert – des Nettoveräußerungserlöses (abzüglich anteiliger Steuern) an die Geschwister des Erwerbers zu gleichen Teilen, ersatzweise an deren Abkömmlinge, zu erstatten.

Dies gilt auch bei Veräußerung von solchen Grundstücken, die für veräußerte Grundstücke eingetauscht oder mit dem daraus erzielten Erlös erworben wurden.

*(**Anm.:** Einen allgemeinen Nachabfindungsanspruch zugunsten der weichenden Geschwister kennen die landesrechtlichen Bestimmungen zu Leibgedingsverträgen [gestützt auf Art. 96 EGBGB] nicht; ein solcher ist allerdings in § 13 Höfeordnung enthalten. Durch solche bedingten Pflichten zur quotalen Auskehr des Erlöses soll eine nachträgliche Korrektur der regelmäßig sehr niedrigen Abfindungszahlungen an Geschwister ermöglicht werden, die*

nur dann gerechtfertigt sind, wenn der Erwerber die Landwirtschaft im bisherigen Umfang aktiv weiterführt und nicht Gewinnmitnahmen [z.B. durch Baulandausweisung] realisiert.)

Eine Nachabfindungspflicht besteht nicht:
- bei Eintausch gleichwertiger land- und forstwirtschaftlicher Grundstücke zum Betrieb;
- bei Verwendung des Veräußerungserlöses zur Abdeckung betrieblicher Schulden, die trotz ordnungsgemäßer Bewirtschaftung entstanden sind oder welche bei Übergabe bereits bestanden und vom Erwerber im Rahmen der heutigen Übergabe zur weiteren Tilgung und Verzinsung übernommen werden;
- bei Einräumung von Gütergemeinschaft des Erwerbers mit seinem Ehegatten, bei Vererbung an den Ehegatten oder einen Abkömmling des Erwerbers und soweit im Zusammenhang mit einer Scheidung der Erwerber zur Abfindung der Ansprüche des einheiratenden Ehegatten zwingend einzelne betriebliche Grundstücke – nicht jedoch den gesamten Hof – veräußern muss;
- bei unentgeltlicher Überlassung an den Ehegatten oder an Kinder des Erwerbers, wenn diese in die vorstehenden Verpflichtungen eintreten.

Auf dingliche Sicherung wird trotz Hinweises des Notars verzichtet.

(Anm.: Eine dingliche Sicherung wäre z.B. möglich durch Höchstbetrags-Sicherungshypotheken in zu beziffernder Höhe, die allerdings die gegebenenfalls erforderliche Beleihung des Grundbesitzes für andere Zwecke in der Regel ausschließen.)

12. Weitere Vorbehalte

Im Übrigen erfolgt die Hofübergabe unentgeltlich; insbesondere werden keine Zustimmungsvorbehalte bei künftiger Beleihung oder Veräußerung und kein Vorbehaltsnießbrauch vereinbart.

*(**Anm.:** Angesichts der unter Ziff. 11 vereinbarten bedingten Nachabfindung wird regelmäßig auf eine zusätzliche „schuldrechtliche Verfügungssperre" zugunsten des Veräußerers verzichtet. Diese könne etwa dahingehend ausgestaltet sein, dass der Veräußerer berechtigt ist, die Rückübertragung des Grundbesitzes zu verlangen, soweit der Erwerber gegen bestimmte Verpflichtungen verstößt [z.B. ohne Zustimmung weiterveräußert, belastet], der Erwerber in Vermögensverfall gerät, die Ehe des Erwerbers geschieden wird und Zugewinnausgleichsansprüche bezüglich der Wertsteigerung des Hofs erhoben werden oder der Erwerber vor dem Veräußerer verstirbt und der Vertragsbesitz an nicht familienangehörige Fremde fällt. Sofern solche Rückübertragungsverpflichtungen getroffen werden, sind die Person des Berechtigten, die Frage der Übertragbarkeit und Vererblichkeit, Form und Frist der Ausübung, der Ersatz etwaiger Aufwendungen oder Tilgungsleistungen des Erwerbers, die Rückerstattung etwaiger Abfindungen an weichende Erben sowie die dingliche Absicherung durch Vormerkung im Grundbuch exakt zu regeln.*

Zu bedenken ist allerdings, dass jedenfalls umfangreiche Rückforderungsvorbehalte die Genehmigungsfähigkeit nach § 9 GrdStVeG gefährden, da sie die Kreditfähigkeit und objektive Wirtschaftsfähigkeit des Hofes beeinträchtigen.)

IV. Vereinbarungen mit dem weichenden Geschwister des Erwerbers; gegenständlich beschränkter Pflichtteilsverzicht

1.

Der Erwerber ist verpflichtet, an den eingangs genannten weichenden Geschwister

als Elterngut einen Betrag von ..... €

– Euro: ..... –

zu zahlen.

Der vorgenannte Betrag ist am ..... zur Zahlung fällig. Eine frühere Zahlung ist dem Erwerber jederzeit gestattet.

Der Erwerber unterwirft sich wegen der in dieser Urkunde eingegangenen Zahlungsverpflichtungen, die eine bestimmte Geldsumme zum Gegenstand haben, der sofortigen Zwangsvollstreckung aus dieser Urkunde in sein gesamtes Vermögen.

Vollstreckbare Ausfertigungen dieser Urkunde sind dem weichenden Geschwister auf dessen Antrag ab dem genannten Fälligkeitstermin ohne Nachweis weiterer Tatsachen zu erteilen.

Auf Verzinsung und dingliche Sicherstellung wird verzichtet.

*(**Anm.:** Eine auch vom weichenden Geschwister mitunterzeichnete Abfindungsvereinbarung beseitigt – gepaart mit einem gegenständlich beschränkten Pflichtteilsverzicht [hierzu nachstehend 2] – die Gefahr, dass der Geschwisterteil nach dem Ableben des Veräußerers seinen Pflichtteilsergänzungsanspruch gem. § 2325 BGB gegen den Erben bzw. gegebenenfalls den Anspruch gem. § 2329 BGB gegen den Erwerber geltend macht. Die Höhe der in der Praxis vereinbarten Abfindungszahlungen bleibt in der Regel hinter dem Betrag zurück, der tatsächlich als Pflichtteilsergänzung verlangt werden könnte, da die bereits zeitlich frühere Fälligkeit durch Abzinsung zu berücksichtigen ist, ferner die Tatsache, dass gegebenenfalls der weichende Geschwister bei Ableben des Veräußerers erst mehr als zehn Jahre nach dinglicher Umschreibung im Grundbuch gänzlich leer ausgehen könnte [die bloße Vereinbarung von Versorgungsansprüchen hindern das Anlaufen der Zehnjahresfrist des § 2325 Abs. 3 BGB nicht, der Vorbehalt eines Wohnungsrechts hindert dieses Anlaufen allenfalls bezüglich der erfassten Räume]. Bei der Berechnung ist ferner zu berücksichtigen, ob die Übergabe zum Ertragswert erfolgt [§ 2312 BGB].)*

2.

..... (Verzichtender)

verzichtet

hiermit für sich und seine Abkömmlinge auf sein Pflichtteilsrecht am Nachlass des Veräußerers in der Weise, dass der Vertragsgegenstand gem. gegenwärtiger Urkunde bei der Berechnung seines Pflichtteilsanspruchs als nicht zum Nachlass des Veräußerers gehörend angesehen und aus der Berechnungsgrundlage für den Pflichtteilsanspruch, die Ausgleichspflicht und den Pflichtteilsergänzungsanspruch ausgeschieden wird.

Der Veräußerer nimmt diesen gegenständlich beschränkten Pflichtteilsverzicht entgegen und an.

Die Vertragsschließenden wurden darauf hingewiesen, dass der gegenständlich beschränkte Pflichtteilsverzicht die gesetzliche Erbfolge und den Pflichtteil am Restvermögen des Veräußerers unberührt lässt.

(Anm.: Die vorstehend wiedergegebene weite Formulierung des sog. „gegenständlich beschränkten Pflichtteilsverzichts" gewährleistet auch, dass Ausgleichspflichtteile gem. § 2316 BGB aus der Zuwendung nicht resultieren können. Bei Aufnahme eines Pflichtteilsverzichts ist persönliche Anwesenheit des Erblassers [Veräußerer] zwingend vorgeschrieben [keine Vertretung, § 2347 Abs. 2 Satz 1 BGB].

Denkbar ist auch, zur weiteren Absicherung des weichenden Geschwisters, den gegenständlich beschränkten Pflichtteilsverzicht aufschiebend bedingt auf den Erhalt der vereinbarten Abfindung auszugestalten. Umstritten ist jedoch, ob solche Zahlungen auch noch nach dem [z.B. plötzlichen] Tod des Veräußerers zum Bedingungseintritt führen können. Jedenfalls sollte dann geregelt werden, dass bereits erhaltene Teilleistungen gem. § 2315 BGB auf den [noch bestehenden] Pflichtteilsanspruch des Verzichtenden anzurechnen sind.)

3.
Jedes Geschwister hat einen eigenen Anspruch auf Erbringung der vorstehenden Leistungen an den Veräußerer, deren Umfang nur mit Genehmigung des weichenden Geschwisters herabgesetzt werden kann.

(Anm.: Es handelt sich also um eine Vereinbarung gem. § 328 BGB. Dadurch wird der psychologischen Tatsache Rechnung getragen, dass der Veräußerer selbst, wenn er auf die versprochenen Versorgungsleistungen angewiesen ist, der schwächste aller am Rechtsgeschäft Beteiligten ist, während andererseits die Geschwister ein virulentes Interesse an der ordnungsgemäßen Erbringung der Leistungen haben, um nicht verfrüht aus ihrer gesetzlichen Unterhaltsverpflichtung gegenüber dem Veräußerer [§§ 1601 ff. BGB, § 94 SGB XII] in Anspruch genommen zu werden. Ferner stehen dem Veräußerer selbst die üblichen Leistungsstörungsrechte bei Schlechterfüllung aufgrund der landesrechtlichen Ausschlussbestimmungen in der Regel nicht zu.)

Sollte das weichende Geschwister zur gesetzlichen Unterhaltsleistung oder zur Rückzahlung erhaltener Abstandsgelder herangezogen werden, hat der Erwerber ihn hiervon freizustellen, bis der unentgeltliche Anteil der heutigen Zuwendung, den die Beteiligten übereinstimmend mit ..... € beziffern, durch Übernahme von Barunterhaltszahlungen an die Eltern aufgezehrt ist.

(Anm.: Interne Freistellungsverpflichtungen unter den Kindern sind häufige Vorkehrungen zur Verteilung der Unterhaltslasten der Eltern. Sie erscheinen erforderlich angesichts der Tatsache, dass bei mehreren Zuwendungsvorgängen [Hofübergabe an den Erwerber, Abfindungszahlungen an die Geschwister] mehrere gleichzeitig Beschenkte als Gesamtschuldner haften, d.h. im Innenverhältnis im Zweifel nach Köpfen gem. § 426 BGB verpflichtet sind [vgl. BGH, DNotZ 1992, 102], während doch – jedenfalls nach dem moralischen Verständnis der Beteiligten – der Hofübernehmer zumindest einen Gutteil der elterlichen Lasten

tragen sollte (Prinzip des Generationenvertrags). Die gesetzliche Unterhaltspflicht der Kinder gegenüber den Eltern trifft diese gem. § 1606 Abs. 3 Satz 2 BGB im Verhältnis ihrer Leistungsfähigkeit, d.h. – da es sich um eine nicht gesteigerte Unterhaltspflicht handelt – in erster Linie gem. dem Verhältnis der Einkommen zueinander, wobei jedoch auch hier der Sozialleistungsträger mehrere gleichrangig Verpflichtete hinsichtlich der gem. § 94 SGB XII kraft Gesetzes übergegangenen Ansprüche in unterschiedlichem Maße heranziehen kann [Geltendmachungsermessen].

Die im Vertragsentwurf enthaltene Formulierung verpflichtet demgegenüber den Hoferwerber, seine Geschwister zunächst bis zum Erreichen des Betrags freizustellen, der ihm [unter Abzug aller Gegenleistungen, Versorgungsansprüche und Abfindungsgelder] unentgeltlich zugewendet wurde. Die Betragsfestsetzung dient der Rechtssicherheit, erleichtert aber dem Sozialleistungsträger die Durchsetzung des gegebenenfalls bestehenden Rückforderungsanspruchs bei späterer Verarmung des Veräußerers [§ 93 SGB XII i.V.m. § 528 BGB, gerichtet auf Wertersatz in Geld in Höhe des unentgeltlichen Anteils, § 818 Abs. 1 BGB].)

Auf dingliche Sicherung dieser Freistellungsverpflichtung oder Unterwerfung unter die Zwangsvollstreckung bezüglich eines abstrakt anzuerkennenden Betrags wird verzichtet.

(**Anm.:** *Wie stets im Zusammenhang mit internen Freistellungsverpflichtungen kann nicht deutlich genug darauf hingewiesen werden, dass diese nur so viel Wert sind, wie die Bonität des Verpflichteten reicht. Dingliche Sicherheiten [Höchstbetragshypotheken] können sich daher im Einzelfall empfehlen.*)

V. Besitzübergang

Der Übergang von Besitz, Nutzungen, Lasten, Verkehrssicherungspflichten, Haftung und Gefahr erfolgt mit schuldrechtlicher Wirkung zum 1. Juli 2011. Soweit der Veräußerer nach dem ersten Juli bereits Lasten getragen hat, sind ihm diese vom Erwerber zu erstatten.

Die Erschließungsbeiträge, die aufgrund des Baugesetzbuches oder anderer Rechtsvorschriften in Rechnung gestellt und noch nicht bezahlt sind oder künftig angefordert werden, hat der Erwerber zu tragen.

Der Vertragsbesitz unterliegt keiner Wohnungsbindung.

Er ist nicht vermietet oder verpachtet.

(**Anm.:** *Übergabestichtag ist regelmäßig der Beginn des landwirtschaftlichen Steuerjahrs, was eine eindeutige Zuordnung bei den Einkünften gem. § 13 EStG ermöglicht.*)

VI. Schuldübernahme

Der Erwerber übernimmt an Stelle des Veräußerers mit schuldbefreiender Wirkung die in § 1 bezeichneten Grundpfandrechte samt den zugrundeliegenden Schuldverpflichtungen von derzeit ca. ...... € insgesamt ab dem Tag des Besitzübergangs.

Der Erwerber anerkennt – mehrere als Gesamtschuldner – den jeweiligen Grundpfandrechtsgläubigern einen Geldbetrag in Höhe des Nennbetrags und der Zinsen samt Nebenleistungen in der Weise zu schulden, dass dieses Anerkenntnis die Zahlungsverpflichtung selbständig begründet.

Er unterwirft sich hierwegen der sofortigen Zwangsvollstreckung aus dieser Urkunde in sein gesamtes Vermögen mit der Maßgabe, dass es zur Erteilung einer vollstreckbaren Ausfertigung dieser Urkunde nicht des Nachweises der die Fälligkeit begründenden Tatsachen bedürfen soll. Über den Inhalt der persönlichen Vollstreckungsunterwerfung wurde eingehend belehrt.

Vollstreckbare Ausfertigungen der heutigen Urkunde sind dem jeweiligen Gläubiger erst dann zu erteilen, wenn dem amtierenden Notar eine Bestätigung des jeweiligen Gläubigers vorliegt, dass der Veräußerer aus einer etwa übernommen persönlichen Haftung entlassen ist. Im Übrigen soll die Erteilung ohne den Nachweis der Tatsachen erfolgen, von denen die Entstehung oder die Fälligkeit des Anspruches abhängen.

Der Veräußerer tritt alle Rechte und Ansprüche, die ihm am Tage der Eigentumsumschreibung an den vom Erwerber übernommenen Grundpfandrechten zustehen, an den Erwerber ab, der die Abtretung annimmt. Er bewilligt, die Abtretung der Eigentümerrechte in das Grundbuch einzutragen.

(Anm.: Die schuldbefreiende Übernahme von Verbindlichkeiten bildet angesichts der immer kapitalintensiveren Bewirtschaftungsweise in der Landwirtschaft regelmäßigen Bestandteil auch solcher Übergabeverträge. Soweit es sich dabei um betriebliche Verbindlichkeiten handelt, wird steuerlich lediglich der Wert der Zuwendung gemindert; handelt es sich um private Verbindlichkeiten des Veräußerers, liegen jedoch in der Person des Erwerbers Anschaffungskosten [und beim Veräußerer gegebenenfalls ein Veräußerungsgewinn gegenüber dem Buchwert] vor.)

Auf § 415 ff. BGB wurde hingewiesen. Die Beteiligten bitten den Notar, die Mitteilung der Schuldübernahme vorzunehmen und die Gläubigergenehmigung hierzu einzuholen, ferner die Entlassung des Veräußerers aus dessen persönlichem Schuldanerkenntnis in der Vollstreckungsunterwerfung zu bewirken und die bestehende Zweckerklärungen bezüglich der Grundpfandrechte dahingehend anzupassen, dass diese nurmehr für die derzeit bestehenden und künftig durch den Erwerber aufgenommenen Verbindlichkeiten haften.

Sollte die Schuldübernahme vom Gläubiger nicht genehmigt werden, gilt sie im Verhältnis der Beteiligten als interne Befreiungsverpflichtung des Erwerbers gegenüber dem Veräußerer.

(Anm.: Diese Variante birgt naturgemäß Gefahren für den Veräußerer. Soll dessen Inanspruchnahme völlig ausgeschlossen werden, müsste der Erwerber bei Nichtgenehmigung der schuldbefreienden Übernahme durch den Gläubiger im Vertrag verpflichtet werden, die Verbindlichkeiten binnen beispielsweise einer Frist von zwei Monaten vollständig durch eigene Darlehensaufnahme abzulösen. Häufiger ist allerdings bei Hofübergaben die vorgeschlagene Variante deshalb anzutreffen, weil regelmäßig zinsbegünstigte Darlehen in Anspruch genommen wurden, die nicht neuerlich zur Verfügung stehen, oder es sich um langfristige Verbindlichkeiten handelt, deren vorzeitige Tilgung zu hohen Vorfälligkeitsentschädigungen führt.)

VII. Ansprüche bei Rechts- und Sachmängeln

1.

Der Veräußerer verpflichtet sich dem Erwerber ungehinderten Besitz und lastenfreies Eigentum zu verschaffen, soweit in dieser Urkunde nichts anderes vereinbart ist.

Die in Abteilung II des Grundbuches eingetragenen, in Abschnitt I dieser Urkunde bezeichneten Belastungen übernimmt der Erwerber zur weiteren Duldung mit allen sich aus der Eintragungsbewilligung ergebenden Verpflichtungen, insbesondere die an dem Grundstück Flst.Nr. ...... eingetragene Auflassungsvormerkung samt zugrundeliegender Verpflichtung hinsichtlich der Veräußerung einer Teilfläche zu ca. ..... qm an ..... gem. Bewilligung vom .....

Veräußerer und Erwerber erteilen sich hiermit gegenseitig, und zwar jedem für sich allein, unter Befreiung vom Verbot des Selbstkontrahierens

Vollmacht

zur Vertretung bei dem Antrag über die Vermessung der Vertragsfläche, bei der Beurkundung des Nachtrages über die Messungsanerkennung und Auflassung sowie zur Abgabe aller Erklärungen und Stellung von Anträgen, die damit zusammenhängen und zum Vollzug dieser Urkunde, der Nachtragsurkunde und des einschlägigen Veränderungsnachweises erforderlich und zweckdienlich sind.

*(**Anm.:** Solche nicht vollzogenen Teilflächenveräußerungen sind gerade bei landwirtschaftlichen Übergaben häufig anzutreffen (Straßengrundabtretungen, deren Vermessung und Abmarkung erst nach vollständigem Abschluss der Baumaßnahme erfolgen wird). Allein die Übernahme der in Abteilung II regelmäßig eingetragenen Teilflächenerwerbsvormerkung regelt noch nicht das Schicksal des bereits geschlossenen schuldrechtlichen Vertrags und die Verpflichtung bzw. Berechtigung des Erwerbers zur Mitwirkung am dinglichen Vollzug.)*

2.

Eigentümerrechte und Rückgewährsansprüche des Veräußerers an bestehenden Grundpfandrechten werden an den Erwerber abgetreten, der die Abtretung annimmt.

Allen zur Lastenfreistellung erforderlichen Freigaben und Löschungen wird mit dem Antrag auf Vollzug im Grundbuch zugestimmt, auch soweit weiterer Grundbesitz betroffen ist.

3.

Der Erwerber übernimmt den Vertragsbesitz im gegenwärtigen, ihm bekannten Zustand. Ansprüche und Rechte des Erwerbers wegen Mängeln sind ausgeschlossen; Schadensersatzansprüche nur soweit der Veräußerer nicht vorsätzlich gehandelt hat.

Der Veräußerer haftet auch nicht für verborgene Mängel. Er versichert aber, dass ihm verborgene Mängel nicht bekannt sind.

Vertragliche Ansprüche aus dieser Urkunde, etwa auf Übertragung des Eigentums, auf Begründung, Übertragung Aufhebung oder Änderung eines dinglichen Rechtes sowie Ansprüche auf Gegenleistungen auch an Dritte, verjähren in dreißig Jahren ab dem gesetzlichen

Verjährungsbeginn. Für gesetzliche Ansprüche, etwa aus § 528 BGB, verbleibt es bei der gesetzlichen Verjährung.

Der Veräußerer tritt alle Gewährleistungsansprüche, die ihm hinsichtlich des Vertragsbesitzes und der mitveräußerten Gegenstände zustehen, mit Wirkung zum Tag des Besitzüberganges an den Erwerber ab, der die Abtretung annimmt.

VIII. Vollzugsanweisung

Die Vertragsteile beauftragen und bevollmächtigen den Notar, die zu dieser Urkunde erforderlichen Genehmigungen und Erklärungen anzufordern und entgegenzunehmen, auch den Teilvollzug dieser Urkunde zu betreiben und Anträge, die die Beteiligten gestellt haben, ganz oder teilweise zurückzunehmen.

Die Vollzugsmitteilungen des Grundbuchamtes sind für alle Beteiligten dem Notar zu erteilen.

Die zu dieser Urkunde erforderlichen Genehmigungen sollen mit dem Eingang beim Notar allen Beteiligten gegenüber als mitgeteilt gelten und rechtswirksam sein.

Die Vertragsteile bevollmächtigen die Angestellten des amtierenden Notars – welche der amtierende Notar zu bezeichnen bevollmächtigt wird – je einzeln und befreit von § 181 BGB, Erklärungen, Bewilligungen und Anträge materiell- oder formellrechtlicher Art zur Ergänzung oder Änderung des Vertrages abzugeben, soweit diese zur Behebung behördlicher oder gerichtlicher Beanstandungen zweckdienlich sind.

(Anm.: Im Rahmen des Vollzugs ist insbesondere das Erfordernis der Genehmigung nach dem Grundstücksverkehrsgesetz zu beachten, die allerdings gem. § 8 GrdstVeG zwingend zu erteilen ist, wenn der gesamte Betrieb an Abkömmlinge übertragen wird. In der Praxis der Genehmigungsbehörden (Landratsämter bzw. kreisfreie Städte) erfolgt eine vorherige Anfrage bei der örtlichen Geschäftsstelle des Bauernverbands.)

IX. Hinweise des Notars

Eine steuerliche Beratung hat der Notar nicht übernommen, im übrigen über die rechtliche Tragweite der abgegebenen Erklärungen belehrt und abschließend nochmals auf folgendes hingewiesen:

- Das Eigentum geht mit der Umschreibung im Grundbuch auf den Erwerber über. Die Umschreibung kann erst erfolgen, wenn die Unbedenklichkeitsbescheinigung wegen der Grunderwerbsteuer vorliegt.
- Unabhängig von den rein schuldrechtlichen Vereinbarungen der Beteiligten in dieser Urkunde haften kraft Gesetzes der Vertragsbesitz für Rückstände an öffentlichen Abgaben und Erschließungsbeiträgen und beide Vertragsteile für die etwa anfallende Grunderwerbsteuer und die Kosten als Gesamtschuldner.
- Sofern sich der Veräußerer Nutzungsrechte am Vertragsbesitz vorbehalten hat, beginnt die Zehnjahresfrist des § 2325 Abs. 3 BGB, nach deren Ablauf die heutige Zuwendung bei der Berechnung von Pflichtteilsergänzungsansprüchen nicht mehr zu berücksichtigen ist, nicht zu laufen.

(Anm.: Ein auf Lebenszeit des Übergebers vorbehaltener Nießbrauch hindert das Anlaufen der Zehnjahresfrist stets, der Vorbehalt eines Wohnungsrechts an lediglich einzelnen Räumen dagegen nicht. Der Vorbehalt des Wohnungsrechts an einer abgeschlossenen Wohnung dürfte zum Nichtanlaufen der Frist für den in dieser Wohnung verkörperten Wert führen. Die gesamte Thematik kann naturgemäß vernachlässigt werden, wenn – wie im vorliegenden Muster – mit dem weichenden Geschwister eine gegenständlich beschränkte Pflichtteilsverzichtsvereinbarung getroffen wurde.)

- Das gesetzliche Rückforderungsrecht wegen Verarmung des Schenkers (§ 528 BGB) und die Möglichkeiten einer Anfechtung durch Gläubiger oder für den Fall späterer Insolvenz des Schenkers können nicht abbedungen werden; auf diese – insbesondere die geltenden Fristen – wurde hingewiesen. Die Beteiligten vereinbaren hierzu:

Sollte sich der Erwerber von einer etwa bestehenden Pflicht zur Leistung von Wertersatz in Geld durch Rückauflassung des Vertragsbesitzes selbst befreien wollen, erfolgt diese unmittelbar an den Veräußerer Zug um Zug gegen Ausgleich der durch Investitionen des Erwerbers geschaffenen Werterhöhung sowie seiner an den Veräußerer oder weichende Geschwister aufgrund Vertrages erbrachten Zahlungen

(Anm.: Auf die durch das Einführungsgesetz zur Insolvenzordnung verlängerten Anfechtungsfristen bei unentgeltlicher oder teilunentgeltlicher Übertragung [vier Jahre] ist besonders hinzuweisen.

Die zu § 528 BGB vorgeschlagene Klausel modifiziert die vom BGH im Urteil vom 19.12.2010 (Rn. 869) anerkannte gesetzliche „umgekehrte Ersetzungsbefugnis" (anstelle der bei unteilbaren Gegenständen geschuldeten Wertersatzzahlung in Geld, § 818 Abs. 2 BGB, den geschenkten Gegenstand selbst zurückzugeben) in zweierlei Hinsicht: zum einen legt sie fest, dass die Rückübertragung an den Schenker (bzw. dessen Erben), nicht an den Sozialleistungsträger erfolgen soll, zum weiteren ordnet sie hinsichtlich gewährter Gegenleistungen und erbrachter Investitionen die Anwendung der Saldotheorie an, solange dies noch nicht durch Rechtsprechung belegt ist, vgl. Rn. 881 f.f

- Sofern der Veräußerer Anspruch auf Förderung selbstgenutzten Wohneigentums hat, entfällt diese Förderung trotz Vorbehalt von Nutzungsrechten; auch der Erwerber hat bezüglich dieser Räume keinen Anspruch auf Förderung.
- Es ist erforderlich, dass alle Vereinbarungen richtig und vollständig beurkundet werden, damit die Wirksamkeit der Urkunde und aller Vereinbarungen gewährleistet ist.

X. Kosten, Abschriften

Im Hinblick auf § 34 ErbStG und § 8 ErbStDV machen die Beteiligten ergänzend folgende Angaben:

- Der Verkehrswert des Anwesens beträgt ..... €
- Der Valutastand der übernommenen Verbindlichkeiten beträgt, wie oben bezeichnet ..... €
- Der Jahreswert des Nießbrauchs- bzw. Wohnungsrechtes wird mit ..... € angegeben.

Die Kosten dieser Urkunde und ihres Vollzuges sowie eine etwa anfallende Grunderwerbsteuer und Schenkungsteuer trägt der Erwerber.

(Anm: Gemäß § 19 Abs. 4 KostO ist die Überlassung eines land- oder forstwirtschaftlichen Betriebes mit Hofstelle zur Fortführung durch den Erwerber insoweit gebührenrechtlich begünstigt, als der Wert des übertragenen Grundbesitzes mit dem vierfachen steuerlichen Einheitswert gleichgesetzt wird. Allerdings ist bei Austauschverträgen zu berücksichtigen, dass die Summe der versprochenen Gegenleistungen und Vorbehalte höher sein kann und dann maßgeblich ist [§ 39 Abs. 2 KostO].)

Die Kosten der Lastenfreistellung bzw. Schuldübernahme trägt der Erwerber.

Von dieser Urkunde erhalten:

Ausfertigungen:
- die Vertragsteile
- das Grundbuchamt

einfache Abschriften:
- das Finanzamt ..... – Grunderwerbsteuerstelle –
- der Erwerber sofort zwei einfache Abschriften

beglaubigte Abschriften:
- das Finanzamt ..... – Schenkungsteuerstelle –
- das Landratsamt ..... zur Erteilung der Genehmigung nach dem GrdStVG
- zum Zwecke der Genehmigung der Schuldübernahme:
  der eingetragene Grundpfandrechtsgläubiger

Vorgelesen vom Notar, von den Beteiligten

genehmigt, und eigenhändig unterschrieben:

.....

I. Ehebedingte Zuwendung eines Halbanteils an einer Immobilie

URNr. ...../2011

Ehebedingte Zuwendung eines Halbanteils an Grundbesitz

Heute, den ..... zweitausendelf

– ..... 2011 –

erschienen vor mir,

.....

Notar in .....,

in meinen Amtsräumen in .....

1. Herr .....,
   geb. am .....,
   wohnhaft: .....,
   nach Angabe verheiratet *im gesetzlichen Güterstand*
   ausgewiesen durch gültigen deutschen Personalausweis
2. dessen ebendort wohnhafter Ehegatte
   Frau ....., geb. .....
   geb. am .....,
   ausgewiesen durch gültigen deutschen Personalausweis

Der Notar fragte nach einer Vorbefassung im Sinne des § 3 Abs. 1 Nr. 7 BeurkG; sie wurde von den Beteiligten verneint.

Die Erschienenen waren gleichzeitig vor mir anwesend. Auf Ansuchen beurkunde ich ihren Erklärungen gemäß, was folgt:

§ 1

Grundbuch- und Sachstand

Das Grundbuch des Amtsgerichts ..... für ..... Blatt ..... wurde am ..... eingesehen.

Dort ist im Eigentum von Herrn .....

folgender Grundbesitz eingetragen:

Flst.Nr. ..... zu ..... m²

Dieser Grundbesitz ist im Grundbuch wie folgt belastet:

Abteilung II:

.....

Abteilung III:

.....

§ 2

Überlassung

Herr .....

– im Folgenden „der Veräußerer" genannt –

überlässt einen Halbanteil an dem in § 1 bezeichneten Grundbesitz mit allen Rechten und dem gesetzlichen Zubehör

an seine Ehefrau

.....

– im Folgenden „der Erwerber" genannt –

zum Alleineigentum, so dass künftig die Ehegatten ..... Miteigentümer zu gleichen Teilen des obigen Grundbesitzes und etwa jetzt oder künftig aufstehender Gebäude sind.

Die Eintragung einer Auflassungsvormerkung wird trotz Hinweises auf den Sicherungszweck nicht gewünscht.

Die Beteiligten sind über den vereinbarten Eigentumsübergang in dem angegebenen Erwerbsverhältnis einig. Der Veräußerer bewilligt und der Erwerber beantragt, den Eigentumsübergang gemäß dieser

Auflassung

in das Grundbuch einzutragen.

§ 3

Wesen der Grundbesitzübertragung; Vorbehalte; Hinweise

Die vorstehende Übertragung erfolgt als ehebedingte Zuwendung zur Verwirklichung der ehelichen Lebens- und Wirtschaftsgemeinschaft. Der Notar hat insbesondere auf folgendes hingewiesen:

- die Zuwendung kann grundsätzlich auch im Falle der Ehescheidung nicht widerrufen werden, es sei denn, Rückforderungsrechte werden ausdrücklich vereinbart.
- Etwaige Pflichtteils- und Pflichtteilsergänzungsansprüche – etwa von Kindern des weiterüberlassenden Ehegatten – berechnen sich im Falle dessen Vorversterbens aus dem Wert des gesamten Grundbesitzes, also auch aus der weiterüberlassenen Hälfte; die Zehnjahresfrist des § 2325 Abs. 3 BGB, nach deren Ablauf eine Pflichtteilsergänzung ausgeschlossen ist, beginnt nicht vor Auflösung der Ehe.
- Auch im Hinblick auf etwaige Anfechtungen der Übertragung durch Gläubiger oder im Falle der Insolvenz wird sie wie eine freie Schenkung behandelt.

Rückforderungsrechte für den Falle der Scheidung oder bei Eintritt sonstiger Umstände (etwa Veräußerung oder Belastung des Miteigentumsanteils ohne Zustimmung des Veräußerers) – gesichert durch Rückübertragungsvormerkung im Grundbuch – werden trotz Hinweises des Notars auf diese Möglichkeiten nicht gewünscht.

Im Sterbefall ist der Wert der Zuwendung auf einen etwaigen Pflichtteilsanspruch des Erwerbers gegenüber dem Veräußerer anzurechnen. Ferner bleibt § 530 BGB vorbehalten.

Sofern bei Scheidung der Ehe die Zuwendung dem Erwerber verbleibt, ist ihr Wert gem. § 1380 BGB auf einen etwaigen Zugewinnausgleichsanspruch des Empfängers der Schenkung anzurechnen bzw., soweit eine Anrechnung nicht möglich ist, dem Endvermögen des Beschenkten zuzurechnen. Den Beteiligten ist allerdings bekannt, dass eine – sei es auch nur hälftige – Wertbeteiligung des Veräußerers durch die Bestimmungen des gesetzlichen Zugewinnausgleichs nicht sicher gewährleistet ist, etwa bei einer Saldierung mit anderen Negativposten.

(*Anm.:* *Sofern eine Erweiterung der Zugewinnausgleichswirkung der Ehegattenzuwendung über § 1380 BGB hinaus gewünscht wird/Ergänzung:*

Soweit der heutige Wert der Zuwendung, den die Beteiligten übereinstimmend auf ..... € beziffern, bei einem Verbleiben des Gegenstands beim Erwerber nicht oder nicht in voller Höhe gem. § 1380 BGB auf einen Ausgleichsanspruch des Zuwendungsempfängers anzurechnen ist, hat dieser die Differenz zwischen der tatsächlichen Minderung der Zugewinnausgleichslast und dem Wert in bar zu zahlen; die Zahlung ist fällig binnen zwei Monaten nach Rechtskraft der Scheidung. Der Anspruch und seine Erfüllung sind im Rahmen des Zugewinnausgleichs im Endvermögen keines der beiden Ehegatten zu berücksichtigen, was hiermit ehevertraglich vereinbart wird.)

Die Vertragsteile wurden weiter auf die gesetzlichen Regelungen hinsichtlich des Miteigentums hingewiesen. Vereinbarungen hierzu (z.B. Nutzungsregelung, teilweiser Ausschluß des Versteigerungsrechtes, gegenseitige Vorkaufsrechte) werden nicht gewünscht.

§ 4

Besitzübergabe

Die Übergabe von Besitz und Nutzungen sowie der Übergang von Lasten, Verkehrssicherungspflichten, Haftung und Gefahr erfolgen anteilig mit dem heutigen Tage.

Die Erschließungsbeiträge, die aufgrund des Baugesetzbuches oder anderer Rechtsvorschriften in Rechnung gestellt und noch nicht bezahlt sind oder künftig angefordert werden, hat der Erwerber anteilig zu tragen.

Der Vertragsbesitz unterliegt keiner Wohnungsbindung. Er ist nicht vermietet oder verpachtet. Der Vertragsbesitz wird von den Vertragsteilen genutzt.

§ 5

Sach- und Rechtsmängel

Der Veräußerer ist verpflichtet, dem Erwerber ungehinderten Besitz und lastenfreies Eigentum zu verschaffen, soweit in dieser Urkunde nichts anderes vereinbart ist. Der Erwerber übernimmt den Vertragsbesitz im gegenwärtigen, ihm bekannten Zustand. Rechte des Erwerbers wegen Mängeln sind ausgeschlossen (Schadensersatzansprüche nur soweit der Veräußerer nicht vorsätzlich gehandelt hat). Verborgene Mängel sind dem Veräußerer nicht bekannt. Bestehende Erfüllungs- und Gewährleistungsansprüche gegen Dritte werden an den dies annehmenden Erwerber abgetreten.

Die Vertragsteile (also Veräußerer und Erwerber) stimmen der Löschung aller nicht übernommenen Belastungen sowie allen Rangänderungen mit dem Antrag auf Vollzug zu; bei Gesamtrechten auch hinsichtlich aller übrigen in den Mithaftvermerken genannten Grundbuchstellen.

(Anm.: Die in Abteilung II und III des Grundbuches eingetragenen, in § 1 näher bezeichneten Belastungen übernimmt der Erwerber zur weiteren Duldung mit allen sich aus der Eintragungsbewilligung ergebenden Verpflichtungen. Das aus der dinglichen Haftung für Fremdverbindlichkeiten erwachsende Risiko ist ihm bekannt. Einschränkungen der Zweckvereinbarungen für bestehende Grundpfandrechte werden nicht gewünscht.

Eigentümerrechte und Rückgewähransprüche des Veräußerers an bestehenden Grundpfandrechten werden an Veräußerer und Erwerber in Gesellschaft des bürgerlichen Rechtes abgetreten, Grundbucheintragung wird bewilligt. Persönliche Vollstreckungsunterwerfungen sind nicht erforderlich.

Die bisherigen Darlehensbeziehungen bleiben unverändert. Eine Zwangsvollstreckungsunterwerfung des Erwerbers ist nicht erforderlich, da diese bereits erklärt wurde.)

§ 6

Vollmacht; Vollzug

Alle Beteiligten beauftragen und bevollmächtigen den amtierenden Notar, seinen amtlichen Vertreter oder Nachfolger im Amt,

- sie im Grundbuchverfahren uneingeschränkt zu vertreten
- die zur Wirksamkeit und für den Vollzug dieser Urkunde erforderlichen Genehmigungen und Erklärungen anzufordern und (auch gem. § 875 Abs. 2 BGB) entgegenzunehmen.

Anfechtbare Bescheide und Zwischenbescheide zur Fristverlängerung sind jedoch den Beteiligten selbst zuzustellen; Abschrift an den Notar wird erbeten.

Die Vertragsteile bevollmächtigen die Angestellten an dieser Notarstelle – welche der Amtsinhaber zu bezeichnen bevollmächtigt wird – je einzeln und befreit von § 181 BGB, Erklärungen, Bewilligungen und Anträge materiell- oder formellrechtlicher Art zur Ergänzung oder Änderung des Vertrages abzugeben, soweit diese zur Behebung behördlicher oder gerichtlicher Beanstandungen zweckdienlich sind.

§ 7

Hinweise des Notars und weitere Vereinbarungen

Eine steuerliche Beratung hat der Notar nicht übernommen, im Übrigen über die rechtliche Tragweite der abgegebenen Erklärungen belehrt und abschließend nochmals auf folgendes hingewiesen:

- das Eigentum geht mit der Umschreibung im Grundbuch auf den Erwerber über.
- unabhängig von den rein schuldrechtlichen Vereinbarungen der Beteiligten in dieser Urkunde haften kraft Gesetzes der Vertragsbesitz für Rückstände an öffentlichen Abgaben und Erschließungsbeiträgen und beide Vertragsteile für die etwa anfallende Grunderwerbsteuer und die Kosten als Gesamtschuldner,
- Solange die Ehegatten nicht getrennt leben, ist das Vermögen und Einkommen beider zur Vermeidung einer Sozialhilfebedürftigkeit einzusetzen. Das gesetzliche Rückforderungsrecht wegen Verarmung des Schenkers (§ 528 BGB) und die Möglichkeiten einer Anfechtung durch Gläubiger oder für den Fall späterer Insolvenz des Schenkers können nicht abbedungen werden; auf diese – insbesondere die geltenden Fristen – wurde hingewiesen. Eine die Anfechtungsfrist verkürzende entgeltliche Übertragung (etwa zum Ausgleich des Zugewinns bei Wechsel des Güterstandes) wird nicht gewünscht.
- die Übertragung bisher betrieblich gehaltenen Grundbesitzes kann zur Besteuerung dadurch aufgelöster stiller Reserven führen
- es ist erforderlich, dass alle Vereinbarungen richtig und vollständig beurkundet werden, damit die Wirksamkeit der Urkunde und aller Vereinbarungen gewährleistet ist.

§ 8

Kosten und Abschriften

Die Kosten dieser Urkunde und ihres Vollzuges, etwa entstehende Kosten für die Verwalterzustimmung sowie eine etwa anfallende Grunderwerbsteuer und Schenkungsteuer trägt der Erwerber, ebenso die Kosten einer etwaigen Lastenfreistellung.

Im Hinblick auf § 34 ErbStG und § 8 ErbStDV machen die Beteiligten ergänzend folgende Angaben:

- Der Verkehrswert des übertragenen Halbanteils beträgt ..... €
- Der letzte Einheits- bzw. Grundbesitzwert beträgt (halbiert) ..... €
- Der Valutastand der übernommenen Verbindlichkeiten beträgt ..... €

Von dieser Urkunde erhalten:

Ausfertigungen:

- die Vertragsteile und das Grundbuchamt

einfache Abschriften:

- die Grunderwerbsteuerstelle zur Kenntnis

beglaubigte Abschriften:
- die Schenkungsteuerstelle

Vorgelesen vom Notar, von den Beteiligten
genehmigt, und eigenhändig unterschrieben:

.....

J. Ehebedingte Übertragung von Grundbesitz in das künftige Alleineigentum eines Ehegatten

URNr. ...../2011

Grundbesitzübertragung

in das künftige Alleineigentum eines Ehegatten

Heute, den ..... zweitausendelf

– ..... 2011 –

erschienen vor mir,

.....

Notar in .....,

in meinen Amtsräumen in .....

1. Herr .....,
   geb. am .....,
   wohnhaft: .....,
   nach Angabe verheiratet *im gesetzlichen Güterstand*
   ausgewiesen durch gültigen deutschen Personalausweis
2. dessen ebendort wohnhafter Ehegatte
   Frau ....., geb. .....
   geb. am .....,
   ausgewiesen durch gültigen deutschen Personalausweis

Der Notar fragte nach einer Vorbefassung im Sinne des § 3 Abs. 1 Nr. 7 BeurkG; sie wurde von den Beteiligten verneint.

Die Erschienenen waren gleichzeitig vor mir anwesend. Auf Ansuchen beurkunde ich ihren Erklärungen gemäß, was folgt:

§ 1

Grundbuch- und Sachstand

Die Ehegatten ..... und ..... sind Miteigentümer zu je ein Halb des im Grundbuch des Amtsgerichts ..... für Blatt ..... als

Flst.Nr.

vorgetragenen Grundbesitzes.

Dieser Grundbesitz ist wie folgt belastet:

Abteilung II:

.....

Abteilung III:

.....

Das Grundbuch wurde am ..... eingesehen.

§ 2

Überlassung

Herr

– im Folgenden „der Veräußerer" genannt –

überträgt seinen Halbanteil an dem in § 1 bezeichneten Grundbesitz mit allen Rechten und dem gesetzlichen Zubehör

an

seine Ehefrau

– im Folgenden „der Erwerber" genannt –

zum Alleineigentum, so dass Frau künftig Alleineigentümerin des obigen Grundbesitz ist.

Die Eintragung einer Auflassungsvormerkung wird trotz Hinweises auf den Sicherungszweck nicht gewünscht.

Die Beteiligten sind über den vereinbarten Eigentumsübergang in dem angegebenen Erwerbsverhältnis einig. Der Veräußerer bewilligt und der Erwerber beantragt, den Eigentumsübergang gemäß dieser

Auflassung

in das Grundbuch einzutragen.

Die vorstehende Überlassung erfolgt als ehebedingte Zuwendung zur Verwirklichung der ehelichen Lebens- und Wirtschaftsgemeinschaft. Der Notar hat insbesondere auf folgendes hingewiesen:

- Die Zuwendung kann grundsätzlich auch im Falle der Ehescheidung nicht widerrufen werden, es sei denn, Rückforderungsrechte werden (wie nachstehend) ausdrücklich vereinbart.
- Etwaige Pflichtteils- und Pflichtteilsergänzungsansprüche – etwa von Kindern des weiterüberlassenden Ehegatten – berechnen sich im Falle dessen Vorversterbens aus dem Wert des gesamten Grundbesitzes, also auch aus der weiterüberlassenen Hälfte; die Zehnjahresfrist des § 2325 Abs. 3 BGB, nach deren Ablauf eine Pflichtteilsergänzung ausgeschlossen ist, beginnt nicht vor Auflösung der Ehe.
- Auch im Hinblick auf etwaige Anfechtungen der Übertragung durch Gläubiger oder im Falle der Insolvenz wird sie wie eine freie Schenkung behandelt.

§ 3

Vorbehaltene Rechte

a) Mitbenutzungs- und Wohnungsrecht

Die Beteiligten vereinbaren zugunsten des Veräußerers unentgeltlich auf dessen Lebensdauer:

Ein **Mitbenutzungsrecht** in dem übergebenen Grundbesitz. Dieses besteht in dem Recht der Mitbenützung sämtlicher Räume samt Einrichtungen, und Außen- sowie Nebenanlagen. Der Berechtigte hat sich an den gesamten laufenden Lasten und Kosten des Anwesens - auch den außergewöhnlichen Kosten - hälftig zu beteiligen.

Sobald das Eigentum an dem Vertragsbesitz auf jemanden anderen als den Erwerber übergehen sollte, oder Veräußerer und Erwerber länger als sechs Monate getrennt leben sollten im Sinne des § 1567 BGB, erstarkt dieses Mitbenutzungsrecht (aufschiebend bedingt auf den Zeitpunkt des Eigentumsübergangs auf einen Dritten bzw. des Ablaufes des Getrenntlebenszeitraumes) zu einem **Wohnungsrecht** mit folgendem Inhalt:

Der Wohnungsberechtigte ist zur ausschließlichen Benützung des gesamten Anwesens berechtigt

- unter Ausschluss des Eigentümers -

und dem Recht auf Mitbenützung der zum gemeinsamen Gebrauch der Hausbewohner bestimmten Anlagen, Einrichtungen und Räume, insbesondere der Außen- und Nebenanlagen.

Der Eigentümer ist verpflichtet, die dem Wohnungsrecht unterliegenden Räume auf eigene Kosten in gut bewohnbarem und beheizbarem Zustand zu halten.

Der Wohnungsberechtigte hat die Schönheitsreparaturen für die dem Wohnungsrecht unterliegenden Räume und die hierfür anfallenden, gesondert erfassten Verbrauchsgebühren allein zu tragen.

Die Kosten für Kaminkehrer, Müllabfuhr und Abwasser sowie die nicht gesondert erfaßten Verbrauchsgebühren sind ebenfalls vom Wohnungsberechtigten zu tragen.

Eine Übertragung der Ausübung des Wohnungsrechts ist dem Berechtigten nicht gestattet, eine Vermietung oder Untervermietung somit nicht möglich.

Das Wohnungsrecht erlischt auch dinglich, wenn es voraussichtlich auf Dauer nicht mehr ausgeübt werden kann; der Berechtigte ist dann zur Bewilligung der Löschung verpflichtet. Geldersatzansprüche werden aus jedem Rechtsgrund ausgeschlossen, es sei denn der Eigentümer hat den Wegzug zu vertreten.

Der Wohnungsberechtigte wurde vom Notar darüber belehrt, dass sein Wohnungsrecht (u.U. entschädigungslos) untergehen kann, wenn aus im Grundbuch an besserer Rangstelle eingetragenen Grundpfandrechten die Zwangsvollstreckung betrieben würde.

Der Erwerber bestellt hiermit das Mitbenutzungsrecht als beschränkte persönliche Dienstbarkeit sowie das aufschiebend bedingte Wohnungsrecht an dem in § 1 beschriebenen (gesamten) Grundbesitz zugunsten des Berechtigten und

bewilligt und beantragt

deren Eintragung an nächstoffener Rangstelle im Grundbuch, das Mitbenutzungsrecht vor dem aufschiebend bedingten Wohnungsrecht.

b)

Vereinbarungsgemäß hat der Erwerber weiter den Vertragsbesitz (erworbenen Halbanteil) auf höchstpersönliches Verlangen des Veräußerers an diesen zurückzuübertragen und rückaufzulassen, wenn

- er ihn ohne Zustimmung des Veräußerers (bzw seines Vertreters) weiterveräußert, vermietet oder belastet,
- bzgl. des Vertragsbesitzes das Insolvenz- oder Zwangsversteigerungs- bzw. Zwangsverwaltungsverfahren eröffnet wird oder eine Sicherungshypothek eingetragen wird,
- eingetragene Grundpfandrechte (re-)valutiert werden ohne Zustimmung des Veräußerers,
- der Erwerber vor dem Veräußerer verstirbt - sofern der Veräußerer dann Alleinerbe ist, ist die heutige Übertragung für diesen Fall sogar auflösend bedingt -
- der Erwerber dem Veräußerer nicht zumindest den Mitbesitz einräumt,
- das Finanzamt für die heutige Übertragung Schenkungsteuer festsetzen sollte oder
- die Beteiligten länger als sechs Monate getrennt leben im Sinne des § 1567 BGB. Wird in diesem Fall das Rückübertragungsverlangen nicht spätestens bis zur Rechtskraft der Scheidung gestellt, entfällt die Rückforderungsmöglichkeit auch aus allen anderen Gründen; die etwa zur Sicherung des bedingten Rückforderungsanspruchs bewilligte Vormerkung ist auf Kosten des Erwerbers zu löschen.

Erwerber und Veräußerer sind bei Ausübung des Rückforderungsrechtes im Zuge eines etwaigen Zugewinnausgleichsverfahrens bei Scheidung so zu stellen, als habe die Überlassung in dieser Urkunde nie stattgefunden, so dass eine etwa eingetretene Werterhöhung des Vertragsbesitzes während der Ehezeit, auch soweit diese durch die Tilgung von Verbindlichkeiten oder durch Investitionen – gleich von welcher Seite – eintritt, sich bei beiden Ehegatten zu gleichen Teilen auswirkt.

In jedem der vorgenannten Fälle hat die Übertragung und Auflassung unverzüglich auf Verlangen des Berechtigten zu erfolgen. Der Berechtigte hat die im Grundbuch eingetragenen Rechte in Abt. II und III dinglich zu übernehmen, soweit sie im Rang vor der nachstehend bestellten Auflassungsvormerkung eingetragen sind. Im Übrigen erfolgt die Rückübertragung unentgeltlich, eine direkte Erstattung etwaiger Investitionen oder Tilgungsbeiträge des Erwerbers ist also nicht geschuldet. Die Kosten der Rückauflassung hat jedoch der Anspruchsberechtigte zu tragen.

Die Beteiligten stellen klar, dass die Berechtigungen aus a) und b) (zum Wohnungsrecht erstarkte Nutzungsberechtigung oder Rückforderungsrecht), sofern die Tatbestände deckungsgleich sind (Veräußerung / Scheidung) nach Wahl des Berechtigten unabhängig nebeneinander stehen.Die Vertragsteile sind sich über die Einräumung des bedingten Anspruchs einig. Der Anspruch ist nicht vererblich und nicht übertragbar und erlischt somit mit dem Ableben des Berechtigten, wenn er nicht vorher geltend gemacht wurde.

Zur Sicherung des vorstehend eingeräumten, bedingten Anspruchs auf Rückübertragung bestellt hiermit der Erwerber zugunsten des vorgenannten Berechtigten eine Vormerkung am Vertragsbesitz (übertragenen Halbanteil) und

bewilligt und beantragt

deren Eintragung im Grundbuch, im Rang nach den Rechten oben a). Die Vormerkung ist als Sicherungsmittel auflösend befristet. Sie erlischt mit dem Tod des Berechtigten.

§ 4

Besitzübergabe

Die Übergabe von Besitz und Nutzungen sowie der Übergang von Lasten, Verkehrssicherungspflichten, Haftung und Gefahr erfolgen anteilig mit dem heutigen Tage.

Der Vertragsbesitz unterliegt keiner Wohnungsbindung. Er ist nicht vermietet oder verpachtet, sondern wird von den Vertragsteilen bewohnt.

§ 5

Rechts- und Sachmängel

Der Veräußerer ist verpflichtet, dem Erwerber ungehinderten Besitz und lastenfreies Eigentum zu verschaffen, soweit in dieser Urkunde nichts anderes vereinbart ist. Der Erwerber übernimmt den Vertragsbesitz im gegenwärtigen, ihm bekannten Zustand. Ansprüche und Rechte des Erwerbers wegen Mängeln sind ausgeschlossen; Schadensersatzansprüche nur soweit der Veräußerer nicht vorsätzlich gehandelt hat. Im Hinblick auf den Vertragsbesitz bestehende Ansprüche gegen Dritte werden an den dies annehmenden Erwerber abgetreten.

Die jeweils in Abteilung III des Grundbuches eingetragenen, unter § 1 dieser Urkunde näher bezeichneten Grundpfandrechte übernimmt der Erwerber auch bezüglich des erworbenen Halbanteils zur dinglichen Haftung. Eigentümerrechte und Rückgewährsansprüche des Veräußerers werden auf die Dauer des Bestandes der oben bewilligten Vormerkung an Veräußerer und Erwerber in Gesellschaft des bürgerlichen Rechtes, ab deren Erlöschen an den Erwerber alleine abgetreten, Grundbucheintragung wird bewilligt. Die persönliche Vollstreckungsunterwerfung hat der Erwerber bereits erklärt.

An Verzinsung und Tilgung der bestehenden Verbindlichkeiten soll sich nichts ändern. Dies gilt auch bei Geltendmachung eines etwaigen Rückforderungsrechtes.

Die Vertragsteile stimmen der Löschung aller nicht übernommenen Belastungen sowie allen Rangänderungen mit dem Antrag auf Vollzug zu; bei Gesamtrechten auch hinsichtlich aller übrigen in den Mithaftvermerken genannten Grundbuchstellen.

§ 6

Vollmacht, Vollzug

Alle Beteiligten beauftragen und bevollmächtigen den amtierenden Notar, seinen amtlichen Vertreter oder Nachfolger im Amt,
- sie im Grundbuchverfahren uneingeschränkt zu vertreten
- die zur Wirksamkeit und für den Vollzug dieser Urkunde erforderlichen Genehmigungen und Erklärungen anzufordern und (auch gem. § 875 Abs. 2 BGB) entgegenzunehmen.

Anfechtbare Bescheide und Zwischenbescheide zur Fristverlängerung sind jedoch den Beteiligten selbst zuzustellen; Abschrift an den Notar wird erbeten.

Die Vertragsteile bevollmächtigen die Angestellten an dieser Notarstelle – welche der Amtsinhaber zu bezeichnen bevollmächtigt wird – je einzeln und befreit von § 181 BGB, Erklärungen, Bewilligungen und Anträge materiell- oder formellrechtlicher Art zur Ergänzung oder Änderung des Vertrages abzugeben, soweit diese zur Behebung behördlicher oder gerichtlicher Beanstandungen zweckdienlich sind.

§ 7

Hinweise des Notars

Eine steuerliche Beratung hat der Notar nicht übernommen, im Übrigen über die rechtliche Tragweite der abgegebenen Erklärungen belehrt und abschließend nochmals auf folgendes hingewiesen:
- das Eigentum geht mit der Umschreibung im Grundbuch auf den Erwerber über. Die Umschreibung kann erst erfolgen, wenn die Unbedenklichkeitsbescheinigung wegen der Grunderwerbsteuer vorliegt,
- unabhängig von den rein schuldrechtlichen Vereinbarungen der Beteiligten in dieser Urkunde haften kraft Gesetzes der Vertragsbesitz für Rückstände an öffentlichen Abgaben und Erschließungsbeiträgen und beide Vertragsteile für die etwa anfallende Grunderwerbsteuer und die Kosten als Gesamtschuldner,
- Solange die Ehegatten nicht getrennt leben, ist das Vermögen und Einkommen beider zur Vermeidung einer Sozialhilfebedürftigkeit einzusetzen. Das gesetzliche Rückforderungsrecht wegen Verarmung des Schenkers (§ 528 BGB) und die Möglichkeiten einer Anfechtung durch Gläubiger oder für den Fall späterer Insolvenz des Schenkers können nicht abbedungen werden; auf diese – insbesondere die geltenden Fristen – wurde hingewiesen. Eine die Anfechtungsfrist verkürzende entgeltliche Übertragung (etwa zum Ausgleich des Zugewinns bei Wechsel des Güterstandes) wird nicht gewünscht.
- die Übertragung bisher betrieblich gehaltenen Grundbesitzes kann zur Besteuerung dadurch aufgelöster stiller Reserven führen,
- es ist erforderlich, dass alle Vereinbarungen richtig und vollständig beurkundet werden, damit die Wirksamkeit der Urkunde und aller Vereinbarungen gewährleistet ist.

§ 8

Kosten und Abschriften

Die Kosten dieser Urkunde und ihres Vollzuges, etwa entstehende Kosten für die Verwalterzustimmung sowie eine etwa anfallende Grunderwerbsteuer und Schenkungsteuer trägt der Erwerber, ebenso die Kosten einer etwaigen Lastenfreistellung.

Im Hinblick auf § 34 ErbStG und § 8 ErbStDV machen die Beteiligten ergänzend folgende Angaben:
- Der Verkehrswert des übertragenen Halbanteils beträgt ..... €
- Der letzte Einheits- bzw. Grundbesitzwert beträgt (halbiert) ..... €
- Der Valutastand der übernommenen Verbindlichkeiten beträgt ..... €

Von dieser Urkunde erhalten:

Ausfertigungen:
- die Vertragsteile und das Grundbuchamt

einfache Abschriften:
- die Grunderwerbsteuerstelle

beglaubigte Abschriften:
- die Schenkungsteuerstelle

Vorgelesen vom Notar, von den Beteiligten

genehmigt, und eigenhändig unterschrieben:

.....

K. Übertragung in Verrechnung mit Zugewinnausgleichsansprüchen

URNr. ....../2011

Ehevertrag und Vermögensübertragung

zum Ausgleich des Zugewinns

Heute, den ..... zweitausendelf

– ..... 2011 –

erschienen vor mir,

.....

Notar in .....,

in meinen Amtsräumen in .....:

1. Herr .....,
   geb. am .....,
   wohnhaft: .....,
   nach Angabe verheiratet *im gesetzlichen Güterstand*
   ausgewiesen durch gültigen deutschen Personalausweis
2. dessen ebendort wohnhafter Ehegatte
   Frau ....., geb. .....
   geb. am .....,
   ausgewiesen durch gültigen deutschen Personalausweis

Der Notar fragte nach einer Vorbefassung im Sinne des § 3 Abs. 1 Nr. 7 BeurkG; sie wurde von den Beteiligten verneint.

Die Erschienenen waren gleichzeitig vor mir anwesend. Auf Ansuchen beurkunde ich ihren Erklärungen gemäß, was folgt:

I. Vorbemerkung, Sachstand, persönliche Verhältnisse

§ 1

Persönliche Verhältnisse

Wir haben am ..... in ..... geheiratet.

Güterrechtliche Bestimmungen haben wir nicht getroffen *(bzw: wir haben durch Ehevertrag vom ..... URNr. ..... des Notars ..... in ..... die Durchführung des Zugewinnausgleichs im Falle der Scheidung sowie den Anspruch auf vorzeitigen Ausgleich ausgeschlossen, nicht jedoch den Zugewinnausgleich bei Vereinbarung eines anderen Güterstandes und im Erbfall).* Wir sind beide ausschließlich deutsche Staatsangehörige.

Ich, der Ehemann, wurde am ..... in ..... (Standesamt ..... Nr. .....) als Sohn der Ehegatten ..... und ....., letztere geb. ..... geboren.

Ich, die Ehefrau, wurde am ..... in ..... Kreis ..... (Standesamt ..... Nr. ...) als Tochter der Ehegatten ..... und ....., letztere geb. ..... geboren.

§ 2

Grundbuch- und Sachstand

Im Grundbuch des Amtsgerichts ..... für ..... Blatt ..... ist im Miteigentum je zur Hälfte der Ehegatten ..... folgender Grundbesitz eingetragen:

Flst.Nr. ..... Gebäude- und Freifläche zu ..... qm

Dieser Grundbesitz ist im Grundbuch wie folgt belastet:

Abteilung II:

.....

Abteilung III:

.....

II. **Vermögensauseinandersetzung und weitere Vereinbarungen**

§ 3

Vereinbarung der Gütertrennung

Wir heben hiermit den gesetzlichen Güterstand auf und vereinbaren als künftigen Güterstand für unsere Ehe die

Gütertrennung.

Wir sind darüber unterrichtet,

a) dass damit jeder Ehegatte völlig frei über sein Vermögen verfügen kann,
b) dass im Falle einer Ehescheidung der Zugewinn während der Ehe nicht ausgeglichen werden,
c) dass sich das Erbrecht des längerlebenden Ehegatten dadurch verringern und seine Erbschaftssteuer erhöhen kann,

Die Eintragung der Gütertrennung im Güterrechtsregister und die Veröffentlichung wird vorerst nicht gewünscht. Jeder Vertragsteil ist jedoch berechtigt, diese Eintragung jederzeit einseitig zu beantragen.

Durch den Wechsel des Güterstandes ist der gesetzliche Güterstand beendet und der Zugewinnausgleich durchzuführen. Die Beteiligten beziffern übereinstimmend das Anfangsvermögen des Ehemannes mit ....., das der Ehefrau mit ..... €, das Endvermögen des Ehemannes mit ..... €, das der Ehefrau mit ..... € (Werte jeweils inflationsbereinigt und nach Abzug der Verbindlichkeiten). Demnach schuldet der Ehemann eine Zugewinnausgleichszahlung i.H.v. ..... €.

Zum Ausgleich dieser Zugewinnausgleichsschuld vereinbaren die Beteiligten übereinstimmend an Erfüllungs statt und in Anrechnung hierauf in Höhe des Wertes des übertragenen Vermögenswertes, den die Beteiligten (unter Berücksichtigung des nachstehend § 4 Nr. 2 vorbehaltenen Rechtes) mit ..... € beziffern:

§ 4
Regelung der Rechtsverhältnisse am Grundbesitz

1. Übertragung des Grundbesitzes

Herr .....

– im Folgenden „der Veräußerer" genannt –

überträgt

an

seine Ehefrau .....

– im Folgenden „der Erwerber" genannt –

seinen hälftigen Miteigentumsanteil an dem in § 2 dieser Urkunde bezeichneten Grundbesitz mit allen Rechten, Pflichten und dem gesetzlichen Zubehör, so dass der Erwerber künftig Alleineigentümer des gesamten Grundbesitzes ist.

Die Eintragung einer Auflassungsvormerkung wird trotz Hinweises auf den Sicherungszweck nicht gewünscht.

Die Beteiligten sind über den vereinbarten Eigentumsübergang in dem angegebenen Erwerbsverhältnis einig. Der Veräußerer bewilligt und der Erwerber beantragt, den Eigentumsübergang gemäß dieser

Auflassung

in das Grundbuch einzutragen.

2. Vorbehaltene Rechte

Die Beteiligten vereinbaren zugunsten des Veräußerers auf dessen Lebensdauer:

Ein Mitbenutzungsrecht in dem Anwesen. Dieses besteht in dem Recht der Mitbenützung sämtlicher Räume des Anwesens samt Einrichtungen und Garten sowie Nebenanlagen mit dem Eigentümer. Der Berechtigte hat sich an den gesamten laufenden Lasten und Kosten des Anwesens – auch den außergewöhnlichen Kosten – hälftig zu beteiligen sowie Zins und Tilgung hälftig zu tragen. Darüber hinaus gehende gesetzliche Verpflichtungen (etwa aus Unterhaltsrecht) bleiben unberührt.

Das Mitbenutzungsrecht erlischt auch dinglich, wenn es voraussichtlich auf Dauer nicht mehr ausgeübt werden kann; der Berechtigte ist dann zur Bewilligung der Löschung verpflichtet. Geldersatzansprüche werden aus jedem Rechtsgrund ausgeschlossen, es sei denn der Eigentümer hat den Wegzug zu vertreten.

Der Mitbenutzungsberechtigte wurde vom Notar darüber belehrt, dass sein Recht (u.U. entschädigungslos) untergehen kann, wenn aus im Grundbuch an besserer Rangstelle eingetragenen Grundpfandrechten die Zwangsvollstreckung betrieben würde.

Der Erwerber bestellt hiermit das Mitbenutzungsrecht als beschränkte persönliche Dienstbarkeit an dem in § 2 beschriebenen Grundbesitz zugunsten des Veräußerers und

bewilligt und beantragt

deren Eintragung an nächstoffener Rangstelle im Grundbuch.

Rückforderungsrechte, etwa für den Fall der Scheidung oder bei Eintritt anderer Umstände (etwa Veräußerung ohne Zustimmung des Erwerbers etc.) werden trotz Hinweises des Notars auf diese Möglichkeiten nicht gewünscht.

3. Besitz, Nutzen, Lasten, Erschließung

Übergabe von Besitz und Nutzungen sowie Übergang von Lasten, Haftung, Verkehrssicherungspflichten und Gefahr auf den Erwerber erfolgen anteilig mit dem heutigen Tage.

Der Veräußerer hat sämtliche Erschließungsbeiträge, Anliegerbeiträge und Kostenerstattungsansprüche aufgrund des Baugesetzbuches oder anderer Rechtsvorschriften für Straßenbaukosten und Abwasserleitungen noch anteilig zu tragen, für die bis zum heutigen Tage ein Beitragsbescheid zugegangen ist und zwar unabhängig vom künftigen Bestand der Leistungsbescheide. Der Veräußerer versichert, dass er alle bisher angeforderten Beträge im obigen Sinne (anteilig) bezahlt hat.

Forderungen aus künftig zugestellten Bescheiden hat allein der Erwerber zu tragen, auch wenn sie Maßnahmen aus früherer Zeit betreffen; der Notar hat zu Erkundigungen bei den Erschließungsträgern geraten. Baukostenzuschüsse und Hausanschlußkosten oder Nacherhebungen auf Erschließungskosten, die nur anläßlich einer künftigen Bebauung des Vertragsbesitzes angefordert werden, hat in jedem Fall der Erwerber zu tragen, soweit sie noch nicht bezahlt sind.

Der Vertragsbesitz ist nicht vermietet oder verpachtet.

4. Sach- und Rechtsmängel

Der Veräußerer ist verpflichtet, dem Erwerber ungehinderten Besitz und lastenfreies Eigentum an dem Grundbesitz zu verschaffen, soweit in dieser Urkunde nichts anderes vereinbart ist.

Die in Abteilung II und III des Grundbuches eingetragenen Belastungen übernimmt der Erwerber zur weiteren Duldung mit allen sich aus der Eintragungsbewilligung ergebenden Verpflichtungen. Das aus der dinglichen Haftung für Fremdverbindlichkeiten erwachsende Risiko ist ihm bekannt. Einschränkungen der Zweckvereinbarungen für bestehende Grundpfandrechte werden nicht gewünscht.

Eigentümerrechte und Rückgewährsansprüche des Veräußerers an bestehenden Grundpfandrechten werden an den Erwerber abgetreten, der die Abtretung annimmt. Persönliche Vollstreckungsunterwerfungen sind nicht erforderlich.

Die bisherigen Darlehensbeziehungen bleiben unverändert, so dass Schuldübernahmegenehmigungen etc. nicht einzuholen sind. Im Falle des Vorversterbens des letzten Darlehensschuldners vor dem Erwerber übernimmt letzterer unter vollständiger Entlastung der Erben des Darlehensschuldners die noch bestehenden Verbindlichkeiten zur weiteren Verzinsung und Tilgung. Sofern die durch den Erwerber dann einzuholenden Schuldübernahmegenehmigungen nach § 415 BGB nicht erteilt werden, erfolgt die Freistellung der Erben im Wege interner Befreiungsverpflichtung.

Allen zur Lastenfreistellung bewilligten Löschungen oder Rangänderungen wird mit dem Antrag auf Vollzug zugestimmt, auch soweit weiterer Grundbesitz betroffen ist.

Im Übrigen übernimmt der Erwerber den Vertragsbesitz im gegenwärtigen, ihm bekannten Zustand. Ansprüche und Rechte des Erwerbers wegen Mängeln sind (bis auf Fälle des Vorsatzes und der Arglist) ausgeschlossen.

5. Vollzug

Alle Beteiligten beauftragen und bevollmächtigen den amtierenden Notar, seinen amtlichen Vertreter oder Nachfolger im Amt,
- sie im Grundbuchverfahren uneingeschränkt zu vertreten
- die zur Wirksamkeit und für den Vollzug dieser Urkunde erforderlichen Genehmigungen und Erklärungen anzufordern und (auch gem. § 875 Abs. 2 BGB) entgegenzunehmen.

Anfechtbare Bescheide und Zwischenbescheide zur Fristverlängerung sind jedoch den Beteiligten selbst zuzustellen; Abschrift an den Notar wird erbeten.

Die Vertragsteile bevollmächtigen die Angestellten an dieser Notarstelle – welche der Amtsinhaber zu bezeichnen bevollmächtigt wird – je einzeln und befreit von § 181 BGB, Erklärungen, Bewilligungen und Anträge materiell- oder formellrechtlicher Art zur Ergänzung oder Änderung des Vertrages abzugeben, soweit diese zur Behebung behördlicher oder gerichtlicher Beanstandungen zweckdienlich sind.

6. Hinweise des Notars

Der Notar hat insbesondere auf folgendes hingewiesen:
- Das Eigentum geht mit der Umschreibung im Grundbuch auf den Erwerber über.
- Unabhängig von den rein schuldrechtlichen Vereinbarungen der Beteiligten in dieser Urkunde haften kraft Gesetzes der Vertragsbesitz für Rückstände an öffentlichen Abgaben und Erschließungsbeiträgen und beide Vertragsteile für die etwa anfallende Grunderwerbsteuer und die Kosten als Gesamtschuldner.
- Es ist erforderlich, dass alle Vereinbarungen richtig und vollständig beurkundet werden, damit die Wirksamkeit der Urkunde und aller Vereinbarungen gewährleistet ist.

- Der Notar hat vorsorglich auf die Bestimmungen des Anfechtungsgesetzes und der Insolvenzanfechtung hingewiesen.
- Sofern eine vermietete Immobilie vor Ablauf der zehnjährigen Spekulationsfrist zur Abgeltung von Zugewinnausgleichs- oder Unterhaltsansprüchen übertragen wird, kann ein entgeltlicher Vorgang vorliegen und daher eine Besteuerung nach § 23 EStG eintreten. In diesem Fall mag sich ein entschädigungsloser Verzicht auf solche Ansprüche und die schenkweise Übertragung der Immobilie empfehlen.

Eine sonstige steuerliche Beratung hat der Notar nicht übernommen.

III. Schlussbestimmungen, Sonstiges

1.

Sollten einzelne Bestimmungen dieser Urkunde unwirksam sein oder werden, so soll die Wirksamkeit der übrigen Bestimmungen dadurch nicht berührt werden. Die Vertragsteile verpflichten sich, an Stelle der unwirksamen Bestimmungen eine wirksame Vereinbarung zu treffen, die dem beabsichtigten Zweck möglichst nahe kommt.

2.

Die Beteiligten geben den Wert ihres Reinvermögens mit ..... € an.

Die Kosten dieser Urkunde und ihres Vollzuges tragen sie gemeinsam.

3.

Von dieser Urkunde erhalten:

Ausfertigungen:
- die Vertragsteile
- das Grundbuchamt

beglaubigte Abschriften:
- das Finanzamt – Schenkungsteuerstelle – unter Hinweis auf § 13 Nr. 4a und § 5 Abs. 2 ErbStG

einfache Abschriften:
- das Finanzamt – Grunderwerbsteuerstelle –

Vorgelesen vom Notar, von den Beteiligten

genehmigt, und eigenhändig unterschrieben:

.....

L. „Familienpool" in Form einer vermögensverwaltenden KG (Gründung und Einbringung des Grundbesitzes mit Schuldübernahme und Verfügungs„sperre")

URNr. ....../2011

Gründung einer vermögensverwaltenden Kommanditgesellschaft

Einbringung von Grundbesitz

Heute, den ..... zweitausendelf

– .....2011 –

erschienen vor mir,

.....

Notar in .....,

in meinen Amtsräumen in .....

1. Herr A,
   geb. am
   wohnhaft in
   nach Angabe,
   ausgewiesen durch gültigen deutschen Personalausweis,

– nachstehend auch als „Veräußerer" bezeichnet –

sowie dessen Kinder

2./3. B und C

– nachstehend auch als „Erwerber" bezeichnet, auch wenn es sich um mehrere Personen handelt –

Der Notar fragte nach einer Vorbefassung im Sinne des § 3 Abs. 1 Nr. 7 BeurkG; sie wurde von den Beteiligten verneint.

Die Erschienenen waren gleichzeitig vor mir anwesend. Auf Ansuchen beurkunde ich ihren Erklärungen gemäß, was folgt:

A. Grundbuch- und Sachstand

Im Grundbuch des Amtsgerichts ..... Blatt ..... ist

Herr A .....

als Alleineigentümer des nachbezeichneten, in der Gemarkung ..... gelegenen Grundbesitzes eingetragen:

FlNr. .....

Der Grundbesitz ist im Grundbuch wie folgt belastet:

Abteilung II:

.....

Abteilung III:

.....

Der Veräußerer beabsichtigt, dieses Grundstück in eine vermögensverwaltende Kommanditgesellschaft bestehend aus ihm als Veräußerer sowie seinen Kindern als Erwerbern einzubringen; deren Einlagen sind Gegenstand einer Zuwendung im Wege der vorweggenommenen Erbfolge.

B.   Errichtung einer Kommanditgesellschaft

Herr A und seine Söhne B und C errichten hiermit eine Kommanditgesellschaft. Für diese gilt der dieser Urkunde als Anlage beigefügte Gesellschaftsvertrag, der verlesen und genehmigt wurde.

Die Gesellschaft führt die Firma ..... KG. Sie ist zum Handelsregister des Amtsgerichts ..... anzumelden.

Die Gesellschaft beginnt mit der Eintragung im Handelsregister.

Sitz der Gesellschaft ist .....

C.   Einbringung

I.   Grundsatz

Herr A

– nachfolgend „Veräußerer" genannt –

bringt das in Abschnitt A genannte Grundstück in

die Kommanditgesellschaft .....

– nachfolgend „KG" oder „Kommanditgesellschaft" genannt –

gegen Gewährung von Gesellschaftsrechten mit Stichtag zum ..... *(Einbringungsstichtag)* ein.

II.   Weitere Vereinbarungen

Für die Einbringung gelten weiter folgende Vereinbarungen:

1.

Die Zuwendung der Kommanditanteile an die Söhne B und C in diesem Vertrag erfolgt, soweit sie die Gegenleistung übersteigt, unentgeltlich. Sie ist auf den Pflichtteil nach dem Veräußerer anzurechnen; der Anrechnungswert wird jeweils übereinstimmend mit ..... € angegeben.

2.

Die KG übernimmt mit Wirkung von heute an – vorausgesetzt, dass sie Eigentümerin des Vertragsobjekts wird – die durch die Grundschuld zu ..... abgesicherte Verbindlichkeit des Veräußerers i.H.v. ..... € zur weiteren Verzinsung und Tilgung.

Die Zins- und Zahlungsbestimmungen der übernommenen Verbindlichkeit sind der KG bekannt. Sie tritt in alle Verpflichtungen aus dem zugrundeliegenden Darlehensvertrag ein. Das genannte Grundpfandrecht bleibt bestehen und wird in dinglicher Haftung übernommen. Soweit aus diesem Grundpfandrecht bisher Rechte auf den Eigentümer übergegangen sind, werden diese mit Wirkung ab Eigentumsumschreibung auf die KG übertragen und die Umschreibung im Grundbuch bewilligt. Die KG wird ermächtigt, über die entstandenen und bis zur Umschreibung des Eigentums auf die KG entstehenden Eigentümerrechte im eigenen Namen zu verfügen. Der Veräußerer tritt weiter seinen Anspruch auf Rückgabe der übernommenen Grundschuld an die KG ab.

Auf die anlässlich einer Schuldübernahme zu beachtenden Bestimmungen wurden die Beteiligten vom amtierenden Notar hingewiesen. Die erforderliche Genehmigung werden die Beteiligten selbst einholen. Ihnen ist bekannt, dass durch die Veräußerung die Belastung fällig gestellt werden kann und der Gläubiger für die Genehmigung der Schuldübernahme eine Gebühr berechnen kann. Diese Gebühr hat die KG zu tragen.

Die Beteiligten wurden darauf hingewiesen, dass sie die Zweckbestimmung hinsichtlich der übernommenen Grundschuld dahin ändern lassen müssen, dass die Grundschuld nur noch für Verbindlichkeiten der KG dient. Die Beteiligten werden die Änderung der Zweckbestimmung selbst veranlassen; sie verpflichten sich hierzu.

Bis zur Erteilung der Schuldübernahmegenehmigung durch den Gläubiger oder im Fall der Verweigerung oder im Fall der Unwirksamkeit der Schuldübernahme gilt diese als Erfüllungsübernahme. Die KG ist verpflichtet, den Veräußerer im Innenverhältnis von jeder Inanspruchnahme durch den Gläubiger aus den übernommenen Verbindlichkeiten freizustellen.

3.

Die KG ist gegenüber dem Veräußerer verpflichtet, den jeweils betroffenen Grundbesitz zurückzuübertragen, wenn und soweit ein Rückforderungsgrund eintritt und die Rückforderung vertragsgemäß, d.h. binnen zwölf Monaten nach Kenntnis vom Rückforderungstatbestand und in notariell beglaubigter Form erklärt wird. Das Rückforderungsrecht ist nicht vererblich oder übertragbar und kann nicht durch einen gesetzlichen Vertreter oder sonstigen Sachwalter, der mit Wirkung für fremde Vermögen Erklärungen abzugeben berechtigt ist, ausgeübt werden. Es kann sich auch lediglich auf Teile des Vertragsbesitzes erstrecken.

Ein Rückforderungsgrund tritt jeweils ein, sobald der jeweilige Eigentümer

a) den Vertragsbesitz ganz oder teilweise ohne schriftliche Einwilligung des Veräußerers (bzw. seines gesetzlichen Vertreters oder Bevollmächtigten) veräußert oder sonst das Eigentum daran verliert, belastet oder eingetragene Belastungen revalutiert,

b) von Zwangsvollstreckung in den Grundbesitz betroffen ist, sofern die Maßnahme nicht binnen zwei Monaten aufgehoben wird,

c) in Insolvenz fällt, die Eröffnung des Verfahrens mangels Masse abgelehnt wird, oder er die Vermögenserklärung abgibt

Der Veräußerer hat die im Grundbuch eingetragenen Rechte und Grundpfandrechte dinglich zu übernehmen, soweit sie im Rang vor der nachstehend bestellten Auflassungsvormerkung eingetragen sind.

Aufwendungen aus dem Vermögen des Rückübertragungsverpflichteten werden – maximal jedoch bis zur Höhe der noch vorhandenen Zeitwerterhöhung – gegen Rechnungsnachweis erstattet bzw. durch Schuldübernahme abgegolten, soweit sie nicht nur der Erhaltung des Anwesens im derzeitigen Zustand, sondern der Verbesserung oder Erweiterung des Anwesens gedient haben und mit schriftlicher Zustimmung des Berechtigten oder seines Vertreters durchgeführt wurden. Im Übrigen erfolgt die Rückübertragung unentgeltlich, also insbesondere ohne Ausgleich für geleistete Dienste, wiederkehrende Leistungen, Tilgungen, geleistete Zinsen, Arbeitsleistungen, oder die gezogenen Nutzungen. Hilfsweise gelten die gesetzlichen Bestimmungen zum Rücktrittsrecht.

Zur Sicherung des bedingten Rückübertragungsanspruchs nach wirksamer Ausübung eines vorstehend eingeräumten Rückforderungsrechtes bestellt hiermit die KG zugunsten des vorgenannten Veräußerers eine

Auflassungsvormerkung

am jeweiligen Vertragsbesitz und

bewilligt und beantragt

deren Eintragung im Grundbuch. Die Vormerkung ist als Sicherungsmittel auflösend befristet. Sie erlischt mit dem Tod des Veräußerers.

4.

Das Vertragsobjekt ist vermietet. Die KG tritt in alle Rechte und Pflichten der Mietverhältnisse ab heute ein.

III. Besitzübergang

Der unmittelbare Besitz, Nutzen und die laufenden Lasten und die Verkehrssicherungspflicht gehen auf die KG ab Eintragung der Gesellschaft im Handelsregister über.

IV. Rechte der KG bei Mängeln

1.

Der Veräußerer haftet für ungehinderten Besitz- und Eigentumsübergang und für Freiheit von im Grundbuch eingetragenen Rechten Dritter außer solchen, die die KG übernommen hat. Soweit keine Übernahme erfolgt, verpflichtet sich der Übergeber zur unverzüglichen Lastenfreistellung. Die Beteiligten stimmen den hierzu erforderlichen Erklärungen (unter Einschluß von etwa erforderlichen Rangrücktrittserklärungen) zu. Der Übergeber beantragt den Vollzug im Grundbuch. Der Veräußerer garantiert, dass für den Vertragsgegenstand keine Rückstände an Steuern und sonstigen öffentlichen Lasten und Abgaben bestehen.

2.

Der Vertragsgegenstand wird in seinem derzeitigen Zustand veräußert. Ansprüche und Rechte der KG wegen Sachmängeln jeder Art werden hiermit ausgeschlossen. Dies gilt auch für alle Ansprüche auf Schadenersatz. Unberührt bleibt jedoch eine Haftung für Vorsatz oder Arglist.

V.   Einigung, Vorbehalt

1.

Die Vertragsteile sind sich über den vereinbarten Eigentumsübergang an dem Grundbesitz nach Abschnitt A auf die ..... KG einig und **bewilligen und beantragen** die Eintragung der Rechtsänderung in das Grundbuch Zug um Zug (§ 16 Abs. 2 GBO) mit den zugunsten des Veräußerers vereinbarten Rechten

2.

Auf die Eintragung einer Eigentumsvormerkung wird trotz Belehrung durch den Notar verzichtet.

3.

Die beschenkten Gesellschafter B und C sind gegenüber dem dies jeweils verlangenden Veräußerer A verpflichtet, den wirtschaftlich überlassenen Gesellschaftsanteil zurück zu übertragen, wenn in der Person dieses Gesellschafters ein Rückforderungsgrund eintritt und die Rückforderung vertragsgemäß, d.h. binnen zwölf Monaten nach Kenntnis vom Rückforderungstatbestand und in notariell beglaubigter Form erklärt wird. Das Rückforderungsrecht kann nicht durch einen gesetzlichen Vertreter ausgeübt werden. Es steht nach dem Ableben eines Veräußerers dem verbleibenden Veräußerer zu, ist jedoch i.Ü. nicht übertragbar und nicht vererblich.

Ein Rückforderungsgrund tritt jeweils ein, sobald der betroffene Gesellschafter

1. seine Gesellschaftsbeteiligung ohne schriftliche Zustimmung des Veräußerers ganz oder teilweise veräußert oder belastet, gleichgültig, ob im Weg eines Rechtsgeschäfts oder im Weg der Zwangsvollstreckung,
2. in Insolvenz fällt, die Eröffnung des Verfahrens mangels Masse abgelehnt wird oder er die Vermögenserklärung abgibt,
3. vor dem Berechtigten verstirbt,
4. von seinem (künftigen) Ehegatten/Lebenspartner getrennt lebt i.S.d. § 1567 BGB, es sei denn, durch vertragliche Vereinbarung ist sichergestellt, dass der Gesellschaftsanteil i.R.d. Zugewinn- bzw. Vermögensausgleichs nicht berücksichtigt wird, sondern allenfalls tatsächlich getätigte Einlagen, die über die Entnahmen hinaus gehen, zu erstatten sind,
5. die Gesellschaft kündigt, gleich aus welchem Grunde, auch bei Erreichen der Volljährigkeit,
6. aus der Gesellschaft aus wichtigem Grund (analog § 133 Abs. 1 HGB) ausgeschlossen wird

7. an einer Änderung des Gesellschaftsvertrages mitwirkt, die nicht mit schriftlicher Zustimmung des Veräußerers erfolgt
8. der Drogen- oder Alkoholsucht verfällt,
9. Mitglied einer im Sektenbericht des Bundestages aufgeführten Sekte oder einer unter Beobachtung des Verfassungsschutzes stehenden Vereinigung ist oder
10. geschäftsunfähig wird.
11. sowie für den Fall, dass die heutige Beurkundung Schenkungsteuer auslöst.

Aufschiebend bedingt auf die Ausübung des berechtigten Rückübertragungsverlangens tritt der zur Rückübertragung verpflichtete Gesellschafter seinen Anteil an der Gesellschaft an den Veräußerer ab (§ 161 BGB). Der aufschiebend bedingten Abtretung wird allseits zugestimmt.

Für die aufschiebend bedingte Übertragung ist keine Gegenleistung zu erbringen, es sei denn, der Gesellschafter hätte aus eigenem Vermögen über seine Entnahmen hinaus Einlagen in die Gesellschaft getätigt; in diesem Fall ist die Entschädigung begrenzt auf die anteilige noch vorhandene Erhöhung des Gesellschaftsvermögens als Folge dieser Übereinlagen. Der abtretende Gesellschafter ist allerdings auf den Zeitpunkt des Bedingungseintritts von der persönlichen Haftung für Verbindlichkeiten der Gesellschaft freizustellen.

D. Schlussbestimmungen

I. Bestimmungen über Wirksamkeit und Vollzug

1.

Es wird gebeten, den Beteiligten und dem Notar Vollzugsmitteilung zu geben.

2.

Mitbeteiligte Ehegatten stimmen den Erklärungen in dieser Urkunde zu. Ist nur ein Ehegatte beteiligt und lebt er im gesetzlichen Güterstand, versichert er, dass das beurkundete Rechtsgeschäft nicht im wesentlichen sein ganzes Vermögen erfaßt.

3.

Alle Beteiligten beauftragen und bevollmächtigen den amtierenden Notar, seinen amtlichen Vertreter oder Nachfolger im Amt,
- sie im Grundbuchverfahren uneingeschränkt zu vertreten
- die zur Wirksamkeit und für den Vollzug dieser Urkunde erforderlichen Genehmigungen und Erklärungen anzufordern und (auch gem. § 875 Abs. 2 BGB) entgegenzunehmen.

Anfechtbare Bescheide und Zwischenbescheide zur Fristverlängerung sind jedoch den Beteiligten selbst zuzustellen; Abschrift an den Notar wird erbeten.

Die Vertragsteile bevollmächtigen die Angestellten an dieser Notarstelle – welche der Amtsinhaber zu bezeichnen bevollmächtigt wird – je einzeln und befreit von § 181 BGB, Erklärungen, Bewilligungen und Anträge materiell- oder formellrechtlicher Art zur Ergänzung oder Änderung des Vertrages abzugeben, soweit diese zur Behebung behördlicher oder gerichtlicher Beanstandungen zweckdienlich sind.

4.

Alle behördlichen und rechtsgeschäftlichen Genehmigungen sollen mit ihrem Eingang beim Notar allen Vertragsteilen gegenüber als mitgeteilt gelten und rechtswirksam sein. Dies gilt nicht für die Versagung von Genehmigungen oder deren Erteilung unter Bedingungen oder Auflagen.

II.   Hinweise

Die Beteiligten wurden über den Zeitpunkt des Eigentumsübergangs und die Voraussetzungen hierfür belehrt, weiter über die Haftung des Vertragsgrundbesitzes für Rückstände an öffentlichen Lasten und die Gesamthaftung der Beteiligten für die Kosten und Steuern sowie über das Erfordernis der Erteilung der steuerlichen Unbedenklichkeitsbescheinigung und über die Notwendigkeit der Aufnahme aller Vertragsvereinbarungen in diese Urkunde. Private Veräußerungsgeschäfte und Veräußerungen aus einem Betriebsvermögen können der Einkommensteuer unterliegen. Auf die Erbschaft- und Schenkungsteuer hat der Notar hingewiesen. Eine Steuerberatung ist durch den Notar nicht erfolgt.

III.   Kosten und Steuern

Die Kosten dieser Urkunde und der Genehmigungen und alle sonstigen Kosten, die infolge der Beurkundung entstehen, trägt die Kommanditgesellschaft, ebenso die Kosten des Vollzugs im Grundbuch. Etwa anfallende Schenkungsteuer trägt der jeweilige erwerbende Gesellschafter.

IV.   Abschriften

Von dieser Urkunde erhalten

beglaubigte Abschrift

- jeder Vertragsteil
- das Grundbuchamt
- das Finanzamt – Schenkungsteuerstelle –

unbeglaubigte Abschrift

- das Finanzamt – Grunderwerbsteuerstelle –

E.   Anlage zur Urkunde:

Gesellschaftsvertrag

§ 1

Firma und Sitz

1. Die Firma der Gesellschaft lautet:
   .....

2. Sitz der Gesellschaft ist .....

§ 2

Zweck

1. Zweck der Gesellschaft ist der Erwerb und die Verwaltung von Vermögen ausschließlich im eigenen Namen und für eigene Rechnung.
2. Die Gesellschaft darf andere Unternehmen gleicher oder ähnlicher Art erwerben oder sich an ihnen beteiligen. Sie darf ferner Zweigniederlassungen errichten.

§ 3

Gesellschafter

1. Komplementär der Gesellschaft ist Herr A. Er hat einen Festkapitalanteil im Nennwert von 25.000,00 €.
2. Kommanditisten sind
   a) Herr B: Er übernimmt eine Kommanditeinlage und einen Festkapitalanteil i.H.v. 10.000,00 €.
   b) Herr C: Er übernimmt eine Kommanditeinlage und einen Festkapitalanteil i.H.v. 10.000,00 €.

   Die Kommanditeinlagen und der Festkapitalanteil des Komplementärs im Gesamtnennwert von 45.000,00 € bilden das Festkapital (Kapitalkonto I) der Gesellschaft im Sinn dieses Vertrags.
3. Die Kapitalanteile (Kapitalkonto I) der Komanditisten sind als ihre Haftsummen in das Handelsregister einzutragen.
4. Die Einlagen aller Gesellschafter sind durch die Einbringung des Grundstücks ..... durch Herrn A in die Gesellschaft erbracht.

§ 4

Gesellschafterkonten

(1) Für jeden Gesellschafter werden ein Festkapitalkonto, ein gesamthänderisch gebundenes Rücklagenkonto, ein Verlustvortragskonto, ein Privatkonto und ein Darlehenskonto geführt.

(2) Kapitalkonten

(a) Auf dem **Festkapitalkonto** wird für jeden Gesellschafter der in §..... festgelegte Einlagebetrag gebucht. Die Festkapitalkonten werden als im Verhältnis zueinander unveränderliche Festkonten geführt, mit welchen die mitgliedschaftlichen Rechte und Pflichten der Gesellschafter, insbesondere der Anteil am Ergebnis und an den stillen Reserven verbunden sind. Das Kapitalkonto ist unverzinslich. Verlustanteile und Entnahmen verringern im Verhältnis der Kommanditisten untereinander nicht die Höhe der Kapitalkonten.

(b) Auf dem **Rücklagenkonto** werden die dem Gesellschafter zustehenden, jedoch nicht entnahmefähigen Gewinne sowie über die Hafteinlage hinausgehende Zuzahlungen, die der Gesellschafter in das Eigenkapital leistet, gebucht. Sie dienen zur Stärkung des Eigenkapitals der Gesellschaft durch Pflichteinlagen und weisen keine Forderungen der Gesellschaft aus; sie werden nicht verzinst. Von dem Rücklagenkonto sind etwaige Verluste anteilig abzubuchen. Die Gesellschafterversammlung kann mit einer Mehrheit von 75% der gültig abgegebenen Stimmen beschließen, dass Guthaben auf den Rücklagenkonten um einen für alle einheitlichen Prozentsatz auf das Privatkonto umgebucht werden.

(c) Stehen auf dem Rücklagenkonto keine Beträge mehr zur Verfügung, um einen Verlust voll abbuchen zu können, so ist ein weitergehender Verlust zunächst auf das **Verlustvortragskonto** zu buchen und durch Gewinngutschriften folgender Jahre vorab auszugleichen. Erst nach einem solchen Ausgleich können Gewinne wieder auf dem Privatkonto gutgeschrieben werden.

(3) Forderungskonten

(a) Auf dem Privatkonto werden alle sonstigen Forderungen und Verbindlichkeiten zwischen Gesellschaft und Gesellschafter gebucht (mit Ausnahme von Darlehensverbindlichkeiten, nachstehend b). Dies gilt insbesondere für Gewinngutschriften, soweit diese nicht zum Ausgleich eines Verlustvortragskonto benötigt werden oder auf dem Rücklagenkonto zu verbuchen sind, Zinsen aus den Darlehenskonten sowie sonstige Einlagen, sofern es sich dabei nicht um Zuzahlungen auf das Rücklagenkonto oder Gewährung von Darlehen handelt, sowie für Steuerentnahmen und sonstige Entnahmen nach Maßgabe von §..... Das Privatkonto wird im Soll und Haben mit ..... Prozentpunkten über dem zu Beginn eines jeden Kalenderjahres geltenden Basiszinssatz (§ 247 BGB) p.a. verzinst. Bemessungsgrundlage für die Zinsen ist der Stand der Privatkonten zum Ende eines jeden Kalendermonats. Die Zinsen auf den Privatkonten stellen im Verhältnis zu den Gesellschaftern Aufwand bzw. Ertrag dar. Die Gesellschaft ist zur Rückzahlung von Guthaben auf den Privatkonten an die Gesellschafter jederzeit berechtigt; Forderungen der Gesellschaft oder der Gesellschafter sind vorbehaltlich abweichender Vereinbarung jederzeit fällig.

(b) Auf dem Darlehenskonto werden die von den Gesellschaftern gewährten Darlehen verbucht. Die Verzinsung der Gesellschafterdarlehen wird im Einzelfall durch einen mit einfacher Mehrheit zu fassenden Beschluss festgelegt. Die Zinsen werden unbeschadet der steuerlichen Behandlung wie Aufwand behandelt und dem Privatkonto gutgebracht. Guthaben auf dem Darlehenskonto sind unter Einhaltung einer Frist von ..... Monaten auf das Ende des Geschäftsjahres kündbar; die Gesellschaft kann, solange ihre finanzielle Lage es erfordert, die Tilgung sodann in gleichen Quartalsraten in einem Zeitraum von bis zu drei Jahren vornehmen.

§ 5

Geschäftsführung und Vertretung

Zur Geschäftsführung und Vertretung ist der Komplementär allein berechtigt und verpflichtet. Er ist für Rechtsgeschäfte mit der Gesellschaft von den Beschränkungen des § 181 BGB befreit.

§ 6

Vergütung des Komplementärs

Die Komplementärin hat Anspruch auf Ersatz aller ihr durch die Geschäftsführung erwachsenden Aufwendungen, erhält aber keine Vergütung.

§ 7

Gesellschafterbeschlüsse

1. Die von den Gesellschaftern in den Angelegenheiten der Gesellschaft zu treffenden Bestimmungen erfolgen durch Beschlußfassung.
2. Soweit in diesem Vertrag oder gesetzlich nichts anderes geregelt ist, werden Gesellschafterbeschlüsse mit einfacher Mehrheit gefaßt.
3. Je 50,00 € des Betrages der Hafteinlage ergeben eine Stimme. Entsprechendes gilt für die Beteiligung des Komplementärs. Stimmenthaltung zählen als nicht abgegebene Stimmen. Bei Stimmengleichheit gilt der Antrag als abgelehnt. Die Gesellschafter, die von dem Beschluß betroffen sind, haben kein Stimmrecht.

§ 8

Gesellschafterversammlungen

1. Gesellschafterbeschlüsse können nur in einer Gesellschafterversammlung gefaßt werden. Außerhalb von Gesellschafterversammlungen können Beschlüsse, soweit nicht gesetzlich eine andere Form vorgeschrieben ist, durch schriftliche, telefonische oder mündliche Abstimmung oder Abstimmung per Telefax oder E-mail oder in einer anderen elektronischen Form gefaßt werden, wenn alle Gesellschafter einverstanden sind.
2. Die Gesellschafterversammlung ist mindestens einmal jährlich als ordentliche Versammlung innerhalb der ersten acht Monate nach Beginn eines neuen Geschäftsjahres einzuberufen; außerordentliche Versammlungen sind bei wichtigen Gründen einzuberufen.
3. Die geschäftsführenden Gesellschafter sind zur Einberufung einer Gesellschafterversammlung verpflichtet, wenn Gesellschafter, deren Anteile am Festkapital zusammen 10 % erreichen, die Einberufung schriftlich unter Angabe des Zwecks und der Gründe verlangen. Wird diesem Verlangen nicht unverzüglich entsprochen, können die Gesellschafter die Einberufung selbst bewirken.
4. Wird die Gesellschafterversammlung nicht notariell beurkundet, ist eine schriftliche Niederschrift anzufertigen, die vom Vorsitzenden zu unterzeichnen ist und die Beschlußgegenstände und den Inhalt des Beschlusses protokollieren muß. Jeder Gesellschafter hat Anspruch auf Übersendung einer Abschrift. Jeder Gesellschafter kann die notarielle Beurkundung der Gesellschafterversammlung verlangen.
5. Die Einberufung einer Gesellschafterverammlung erfolgt schriftlich durch die geschäftsführenden Gesellschafter der persönlich haftenden Gesellschafterin, wobei jeder allein einberufungsberechtigt ist, mit eingeschriebenem Brief an jeden Gesellschafter mit einer Frist von zwei Wochen unter Mitteilung der Tagesordnung an die von dem Gesellschafter zuletzt mitgeteilte Adresse. Bei Eilbedürftigkeit kann die Einberufung mit angemessener

Frist erfolgen. Der Ort der Versammlung ist der Sitz der Gesellschaft, soweit nicht durch die Gesellschafter einstimmig anderes beschlossen wird. Der Lauf der Frist beginnt mit dem der Aufgabe zur Post folgenden Tag. Der Tag der Versammlung wird bei der Fristberechnung nicht mitgezählt. Auf die Einberufung der Versammlung finden §§ 49 bis 51 GmbHG im Übrigen entsprechende Anwendung.

6. Die Gesellschafterverammlung ist beschlußfähig, wenn 75 % des Festkapitals vertreten sind. Ist eine Gesellschafterversammlung nicht beschlussfähig, ist durch den oder die Geschäftsführer innerhalb von zwei Wochen eine neue Gesellschafterversammlung mit der gleichen Tagesordnung einzuberufen. Diese Versammlung ist ohne Rücksicht auf die Zahl der vertretenen Stimmen beschlußfähig; hierauf ist in der Einladung hinzuweisen.

7. Ein Gesellschafter kann sich in der Gesellschafterversammlung durch seinen Ehegatten, einen Abkömmling, einen Mitgesellschafter, einen zur Berufsverschwiegenheit verpflichteten Dritten oder durch einen aufgrund einer notariellen Vorsorgevollmacht i.S.d. § 1896 BGB Bevollmächtigten vertreten und das Stimmrecht durch ihn ausüben lassen. Die Vertretungsvollmacht ist schriftlich nachzuweisen.

8. Die Versammlung wird durch den Vorsitzenden geleitet, der von den anwesenden Gesellschaftern mit einfacher Mehrheit zu wählen ist. Erhält keiner der Gesellschafter die erforderliche Mehrheit, wird die Gesellschaft von dem anwesenden Gesellschafter mit der höchsten Beteiligung, bei Beteiligungsgleichheit von dem ältesten Gesellschafter geleitet.

§ 9

Geschäftsjahr, Überschussrechnung

1. Geschäftsjahr ist das Kalenderjahr. Das erste Geschäftsjahr endet am 31. Dezember des Jahres, in dem die Gesellschaft begonnen hat.

2. Die Ermittlung der Einkünfte der Gesellschaft erfolgt durch Überschussrechnung

§ 10

Ergebnisverteilung, Vorwegvergütung

1. Der Gewinn der Gesellschaft verteilt sich auf die Gesellschafter im Übrigen im Verhältnis ihrer festen Kapitalkonten.

2. Die Gewinnanteile werden auf den Verrechnungskonten gutgeschrieben, soweit sich aus den vorstehenden Bestimmungen nicht anderes ergibt und sofern keine Kapitalverlustkonten aufzufüllen sind.

3. Ein etwaiger Jahresfehlbetrag ist entsprechend den festen Kapitalkonten unter den Gesellschaftern zu verteilen.

§ 11

Entnahmen

1. Die Kosten der Geschäftsführung des Komplementärs können von diesem zum jeweiligen Fälligkeitszeitpunkt entnommen werden.

2. Die Gesellschafter können die Auszahlung von Guthaben auf ihren Verrechnungskonten jederzeit verlangen.

§ 12

Rechtsgeschäftliche Verfügungen

1. Rechtsgeschäftliche Verfügungen eines Gesellschafters über seinen Gesellschaftsanteil bedürfen zu ihrer Wirksamkeit der Zustimmung sämtlicher Gesellschafter.
2. Gleiches gilt für die Belastung (z.B. durch Nießbrauch oder Verpfändung) eines Gesellschaftsanteils oder die Unterbeteiligung.

§ 13

Tod eines Gesellschafters

1. Durch den Tod eines Gesellschafters wird die Gesellschaft nicht aufgelöst, sondern mit seinen in Ansehung des Gesellschaftsanteils nachfolgeberechtigten Erben oder Vermächtnisnehmern oder – falls solche nicht vorhanden sind – unter den verbleibenden Gesellschaftern fortgesetzt. Für die Übertragung des Gesellschaftsanteils von Erben auf nachfolgeberechtigte Vermächtnisnehmer bedarf es nicht der Zustimmung der anderen Gesellschafter.
2. Nachfolgeberechtigt sind nur andere Gesellschafter, Ehegatten und/oder Abkömmlinge von Gesellschaftern. Werden mehrere Erben oder Vermächtnisnehmen eines Gesellschafters Kommanditisten, die bislang noch nicht an der Gesellschaft beteiligt waren, ist ihnen die Ausübung der Gesellschafterechte, soweit nicht zwingend gesetzlich etwas anderes gilt, nur durch einen gemeinsamen Bevollmächtigten gestattet. Gemeinsamer Vertreter kann nur ein Gesellschafter oder ein kraft Gesetzes zur Verschwiegenheit verpflichtetes Mitglied des rechts-, wirtschafts- oder steuerberatenden Berufs sein. Bis zur Benennung des Bevollmächtigten ruht das Stimmrecht aus den Gesellschaftsanteilen, die auf die nachfolgeberechtigten Personen übergegangen sind.
3. Wird die Gesellschaft von den verbliebenen Gesellschaftern allein fortgesetzt, erhalten die Erben des verstorbenen Gesellschafters eine Abfindung nach Maßgabe dieses Gesellschaftsvertrags.
4. Hat ein verstorbener Gesellschafter Testamentsvollstreckung hinsichtlich seiner Beteiligung angeordnet, werden die Rechte des in die Gsellschaft eintretenden Erben bzw. Vermächtnisnehmers in seinem Namen durch den Testamentsvollstrecker ausgeübt. Der Bestellung eines Bevollmächtigten gem. Abs. 3 bedarf es in diesem Fällen erst mit dem Ende der Testamentsvollstreckung.

§ 14

Dauer der Gesellschaft, Kündigung

1. Die Gesellschaft beginnt mit der Eintragung im Handelsregister. Sie ist für unbestimmte Zeit eingegangen.

2. Die Gesellschaft kann von jedem Gesellschafter mit einer Frist von sechs Monaten zum Ende des Geschäftsjahres gekündigt werden, erstmals allerdings erst nach Ablauf von zwanzig Jahren ab heute bzw. zehn Jahre nach Ausscheiden des Gesellschafters A, je nachdem welcher Zeitpunkt früher liegt. Das Recht auf außerordentliche Kündigung bleibt unberührt.

3. Kündigt ein Gesellschafter die Gesellschaft nach Absatz 2, ist jeder der übrigen Gesellschafter berechtigt, auch seinerseits mittels Anschlusskündigung die Gesellschaft auf denselben Zeitpunkt zu kündigen. Die Anschlusskündigung muss innerhalb einer Frist von zwei Monaten nach Eingang der Kündigung bei der Gesellschaft erklärt werden.

4. Jede Kündigung bedarf der Schriftform. Sie ist gegenüber der Gesellschaft zu Händen der Geschäftsführung zu erklären, die jeden Gesellschafter unverzüglich zu unterrichten hat. Für die Rechtzeitigkeit der Kündigung ist der Eingang bei der Gesellschaft maßgebend.

5. Durch die Kündigung wird die Gesellschaft nicht aufgelöst, sondern von den verbleibenden Gesellschaftern fortgesetzt.

6. Der kündigende Gesellschafter scheidet mit Ablauf der Kündigungsfrist aus der Gesellschaft aus, es sei denn, die Gesellschaft tritt zu diesem Zeitpunkt aus zwingenden gesetzlichen Gründen in Liquidation oder die übrigen Gesellschafter beschließen mit 75 % ihrer Stimmen oder der alleinverbleibende Gesellschafter erklärt zu diesem Zeitpunkt, dass die Gesellschaft mit Ablauf der Kündigungsfrist aufgelöst sein soll, in diesem Fall nimmt der kündigende Gesellschafter an der Liquidation teil.

7. Kündigt ein Privatgläubiger eines Gesellschafters die Gesellschaft, scheidet der Gesellschafter mit Wirksamwerden der Kündigung aus der Gesellschaft aus. Ziff. 6 und 7 gelten im Übrigen entsprechend.

§ 15

Ausschließung

1. Wird über das Vermögen eines Gesellschafters das Insolvenzverfahren eröffnet oder die Eröffnung mangels Masse abgelehnt oder die Zwangsvollstreckung in den Geschäftsanteil eines Gesellschafters oder in sein Auseinandersetzungsguthaben oder ein sonstiges Gesellschafterrecht betrieben und wird die Vollstreckungsmaßnahme nicht innerhalb von zwei Monaten nach Erlass des Pfändungsbeschlusses aufgehoben, können die übrigen Gesellschafter seinen Ausschluss beschließen.

2. Liegt ein wichtiger Grund i.S.d. § 723 Abs. 1 BGB vor, kann der Gesellschafter, in dessen Person der Grund eintritt, aus der Gesellschaft ausgeschlossen werden.

3. Der Ausschluss bedarf der Mehrheit der Stimmen der verbleibenden Gesellschafter und wird mit der schriftlichen Bekanntgabe des Beschlusses wirksam.

§ 16

Ausscheiden, Abfindung

1. Scheidet ein Gesellschafter aus der Gesellschaft aus, wird die Gesellschaft von den verbleibenden Gesellschaftern unter der bisherigen Firma fortgesetzt. Verbleibt nur noch ein Gesellschafter, geht das Vermögen der Gesellschaft ohne Liquidation mit Aktiva und Passiva und dem Recht, die Firma fortzuführen, auf diesen über.

2. In allen Fällen des Ausscheidens eines Gesellschafters ist dem betroffenen Gesellschafter eine Abfindung zu gewähren. Die Höhe der Abfindung beträgt 75 % des Werts des Anteils, den dieser noch im Zeitpunkt des Ausscheidens hat. Im Fall der außerordentlichen Kündigung oder der Kündigung durch einen Privatgläubiger oder im Fall des Ausscheidens nach Ziff. 15 beträgt der Abfindungswert nur 50 % des Werts des Anteils. Die Abfindung ist innerhalb eines Jahres nach Ausscheiden des Gesellschafters zu zahlen. Sie ist nicht zu verzinsen. Sie ist auf Antrag des Gesellschafters durch die selbstschuldnerische Bürgschaft einer deutschen Bank zu sichern.

3. Das Verrechnungskonto bleibt bei der Bestimmung der Abfindung außer Betracht. Es ist auf den Tag des Ausscheidens auszugleichen.

4. Die Abfindungsforderung des ausgeschiedenen Gesellschafters ist wie folgt zu erfüllen: Die Abfindungsraten sind in drei gleichen Jahresraten an den ausgeschiedenen Gesellschafter zu zahlen, erstmals am auf das Ausscheiden folgenden 31. Dezember. Der ausstehende Betrag ist mit drei Prozentpunkten über dem Basissatz gem. § 247 BGB zu verzinsen.

5. Der ausscheidende Gesellschafter kann wegen der noch ausstehenden Abfindungssumme keine Sicherheit verlangen.

6. Der Wert des Gesellschaftsanteils ist von einem Wirtschaftsprüfer oder Steuerberater als Schiedsgutachter festzustellen, falls sich die Beteiligten über den Wert des Geschäftsanteils nicht einigen. Bei fehlender Einigung über seine Person wird der Wirtschaftsprüfer oder Steuerberater auf Antrag eines der Beteiligten von der für die Gesellschaft zuständigen Industrie- und Handelskammer benannt.

7. Ändert sich der für die Abfindung maßgebende Jahresabschluss infolge einer steuerlichen Außenprüfung der Gesellschaft oder durch anderweitig veranlasste Änderungen oder Veranlagungen, ist die Abfindung der Änderung entsprechend anzupassen.

§ 18

Liquidation

1. Die Liquidation der Gesellschaft erfolgt durch den Komplementär, soweit die Gesellschafterversammlung nichts Abweichendes beschließt.

2. Das nach Befriedigung der Gläubiger verbleibende Vermögen der Gesellschaft ist im Verhältnis der Kapitalkonten unter die Kommanditisten zu verteilen.

§ 19

Salvatorische Klausel

Sollten einzelne Bestimmungen dieses Vertrags ganz oder teilweise unwirksam sein oder werden oder sollte sich in dem Vertrag eine Lücke befinden, soll hierdurch die Gültigkeit der übrigen Bestimmungen nicht berührt werden. Anstelle der unwirksamen Bestimmung oder zur Ausfüllung der Lücke ist eine angemessene Regelung zu vereinbaren, die soweit rechtlich möglich der am nächsten kommt, die die Gesellschafter gewollt haben oder nach dem Sinn und Zweck des Vertrags gewollt haben würden, wenn sie den Punkt bedacht hätten.

§ 20

Schlussbestimmungen

Änderungen und Ergänzungen dieses Vertrags bedürfen zur Wirksamkeit der Schriftform, soweit nicht im Gesetz eine notarielle Beurkundung vorgeschrieben ist.

M. „Familienpool" in Form einer GbR (Gründung und Einbringung des Grundbesitzes mit Nießbrauchsvorbehalt und Verfügungs„sperre")

URNr. ...../2011

Gründung einer Gesellschaft des bürgerlichen Rechtes;

Einbringung von Grundbesitz

Heute, den ..... zweitausendelf

– .....2011 –

erschienen vor mir,

.....

Notar in .....,

in meinen Amtsräumen in .....:

1. .....,
   geb. am
   wohnhaft in
   nach Angabe,
   ausgewiesen durch gültigen deutschen Personalausweis,

– nachstehend auch als „Veräußerer" bezeichnet –

sowie dessen Kinder

2./3./4. .....,

– nachstehend auch als „Erwerber" bezeichnet, auch wenn es sich um mehrere Personen handelt –

Der Notar fragte nach einer Vorbefassung im Sinne des § 3 Abs. 1 Nr. 7 BeurkG; sie wurde von den Beteiligten verneint.

Die Erschienenen waren gleichzeitig vor mir anwesend. Auf Ansuchen beurkunde ich ihren Erklärungen gemäß, was folgt:

A. Grundbuch- und Sachstand

1.

Im Grundbuch des Amtsgerichts ..... Blatt ..... ist

Herr A .....

als Alleineigentümer des nachbezeichneten, in der Gemarkung ..... gelegenen Grundbesitzes eingetragen:

FlNr. .....

Der Grundbesitz ist im Grundbuch wie folgt belastet:

Abteilung II:

.....

Abteilung III:

.....

2.

Beide Veräußerer beabsichtigen, ihren jeweils vorstehend bezeicheten Grundbesitz in eine nachstehend B gegründete (Familien-)Gesellschaft bürgerlichen Rechts bestehend aus ihnen und ihren Kindern als Erwerbern, unter Nießbrauchs- und Rückforderungsvorbehalt einzubringen (nachstehend C) und dabei die Einlagen der Übernehmer diesen als Zuwendung im Wege der vorweggenommenen Erbfolge zuzuwenden, wobei die Gesellschaftsanteile über Rückforderungsvorbehalt (B III) übertragen sind. Die Stimmrechte verbleiben beim Veräußerer, die Beteiligung am Vermögen ist bereits überwiegend beim Erwerber (sog. reziproker Familienpool).

B. Errichtung einer BGB-Gesellschaft

I.

Der Veräußerer und die Erwerber errichten hiermit eine BGB-Gesellschaft. Für diese gilt der dieser Urkunde als Anlage beigefügte Gesellschaftsvertrag, der mit verlesen und genehmigt wurde.

II.

Sitz der Gesellschaft ist .....

III.

Die wirtschaftlich nach Maßgabe der Prozentquoten von C II 1 beschenkten Erwerber sind gegenüber dem dies jeweils verlangenden Veräußerer verpflichtet, den (wirtschaftlich) überlassenen Gesellschaftsanteil zurückzuübertragen, wenn in der Person dieses Gesellschafters ein Rückforderungsgrund eintritt und die Rückforderung vertragsgemäß, d.h. binnen zwölf Monaten nach Kenntnis vom Rückforderungstatbestand und in notariell beglaubigter Form erklärt wird. Das Rückforderungsrecht kann nicht durch einen gesetzlichen Vertreter ausgeübt werden. Es steht nach dem Ableben eines Veräußerers dem verbleibenden Veräußerer auch hinsichtlich der wirtschaftlich vom verstorbenen Veräußerer stammenden Anteile, ist jedoch i.Ü. nicht übertragbar und nicht vererblich.

Ein Rückforderungsgrund tritt jeweils ein, sobald der betroffene Gesellschafter

1. seine Gesellschaftsbeteiligung ohne schriftliche Zustimmung des Veräußerers ganz oder teilweise veräußert oder belastet, gleichgültig, ob im Weg eines Rechtsgeschäfts oder im Weg der Zwangsvollstreckung,

2. in Insolvenz fällt, die Eröffnung des Verfahrens mangels Masse abgelehnt wird oder er die Vermögenserklärung abgibt, oder sein Gesellschaftsanteil gepfändet wird von dritter Seite, ohne dass die Pfändung binnen zweier Monate wieder aufgehoben wurde
3. vor dem Berechtigten verstirbt,
4. von seinem (künftigen) Ehegatten/Lebenspartner getrennt lebt i.S.d. § 1567 BGB, es sei denn, durch vertragliche Vereinbarung ist sichergestellt, dass der Gesellschaftsanteil i.R.d. Zugewinn- bzw. Vermögensausgleichs nicht berücksichtigt wird, sondern allenfalls tatsächlich getätigte Einlagen, die über die Entnahmen hinaus gehen, zu erstatten sind,
5. die Gesellschaft kündigt, gleich aus welchem Grunde, auch bei Erreichen der Volljährigkeit,
6. aus der Gesellschaft aus wichtigem Grund (analog § 133 Abs. 1 HGB) ausgeschlossen wird,
7. an einer Änderung des Gesellschaftsvertrages mitwirkt, die nicht mit schriftlicher Zustimmung des Veräußerers erfolgt,
8. der Drogen- oder Alkoholsucht verfällt,
9. Mitglied einer im Sektenbericht des Bundestages aufgeführten Sekte oder einer unter Beobachtung des Verfassungsschutzes stehenden Vereinigung ist oder
10. geschäftsunfähig wird.

Aufschiebend bedingt auf die Ausübung des berechtigten Rückübertragungsverlangens tritt der zur Rückübertragung verpflichtete Gesellschafter seinen Anteil an der Gesellschaft an den jeweiligen Veräußerer ab (§ 161 BGB). Der aufschiebend bedingten Abtretung wird allseits zugestimmt.

Für die aufschiebend bedingte Übertragung ist keine Gegenleistung zu erbringen, es sei denn, der Gesellschafter hätte aus eigenem Vermögen über seine Entnahmen hinaus Einlagen in die Gesellschaft getätigt; in diesem Fall ist die Entschädigung begrenzt auf die anteilige noch vorhandene Erhöhung des Gesellschaftsvermögens als Folge dieser Übereinlagen. Der abtretende Gesellschafter ist allerdings auf den Zeitpunkt des Bedingungseintritts von der persönlichen Haftung für Verbindlichkeiten der Gesellschaft freizustellen

Es wird klargestellt, dass dieses Rückforderungsrecht, bezogen auf die Gesellschaftsanteile, neben das Rückforderungsrecht in Bezug auf den eingebrachten Grundbesitz tritt, wie nachstehend C II 3 vereinbart, auch wenn die das Rückforderungsrecht auslösenden Tatbestände identisch sind.

C. Einbringung

I. Grundsatz

Herr A

– nachfolgend „Veräußerer" genannt –

bringt das in Abschnitt A genannte Grundstück in

die vorstehend B gegründete BGB-Gesellschaft, bestehend aus .....

gegen Gewährung von Gesellschaftsrechten ein.

II. Weitere Vereinbarungen

1. Rechtsgrund

Soweit der Wert des eingebrachten Grundbesitzes die Beteiligung des Veräußerers am Gesellschaftsvermögen (von ..... %) übersteigt, handelt es sich um eine unentgeltliche Übertragung im Weg vorweggenommener Erbfolge unter Anrechnung auf das gesetzliche Pflichtteilsrecht des Erwerbers nach dem jeweiligen Veräußerer.

In Anbetracht der von den Beteiligten zugrundegelegten aktuellen Verkehrswerte von ..... € für den Grundbesitz liegt demnach eine Zuwendung in Höhe von wirtschaftlich je ..... % der Gesellschaftsbeteiligung durch den Veräußerer an jedes seiner drei Kinder vor. Hierzu wird klargestellt, dass die Einbringungswerte ohne Abzug der auf den Objekten lastenden Verbindlichkeiten berechnet wurden, da diese Verbindlichkeiten als Folge des auf den Grundstücken ruhenden Nießbrauchsvorbehalts weiter von den Veräußerern verzinst und getilgt werden; sollte als Folge des Erlöschens des Nießbrauchs (aufgrund vorzeitigen Verzichtes oder aufgrund Ablebens aller Nießbrauchsberechtigten des jeweiligen Objektes) die Restverbindlichkeiten auf die erwerbende GbR übergehen, reduzieren diese den Zuwendungswert, auch in schenkungsteuerlicher Hinsicht, nachträglich.

2. Nießbrauchsvorbehalt am Grundbesitz

Der jeweilige Veräußerer – nachstehend „der Berechtigte" genannt – behält sich am gesamten jeweils von ihm übertragenen Vertragsbesitz ein

Nießbrauchsrecht

(also ein Recht zur Eigennutzung oder Vermietung) vor, das jedoch nicht an Dritte überlassen werden kann. Abweichend vom Gesetz trägt der Nießbraucher auch die Tilgung bestehender Verbindlichkeiten sowie außerordentliche Lasten, Ausbesserungen und Erneuerungen, auch wenn sie über die gewöhnliche Unterhaltung der Sache hinausgehen. Dem Nießbraucher stehen keine Verwendungsersatzansprüche und Wegnahmerechte zu, während umgekehrt der Eigentümer keine Sicherheitsleistung (§ 1051 BGB) verlangen kann.

Für Sonder- und Teileigentum gilt ferner: Der Nießbraucher trägt während der Dauer des Nießbrauches ferner das an die Eigentümergemeinschaft zu entrichtende Hausgeld einschließlich der Zuführungen zur Instandhaltungsrücklage, auch wenn diese nicht (mehr) zur Finanzierung der von ihm zu tragenden Lasten Verwendung finden sollte, sowie sonstige Pflichten, die an sich den Eigentümer als Mitglied des Verbandes der Wohnungseigentümer treffen, etwa gem. § 10 Abs. 8 WEG. Ab Erlöschen des Nießbrauches übernimmt der Erwerber alle Rechte und Pflichten gegenüber der Eigentümergemeinschaft und dem Verwalter einschließlich etwaiger nach diesem Zeitpunkt fälliger Umlagen und Nachzahlungen; auch etwaige Rückerstattungen stehen ihm dann alleine zu.

Die gesamten Lasten und Kosten des Vertragsbesitzes sowie die Verkehrssicherungspflicht verbleiben demnach beim Nießbraucher. Dieser ist zur vorzeitigen Aufgabe des Nießbrauchs berechtigt.

Die Eintragung des Nießbrauchsrechts – bei mehreren Berechtigten (also derzeitigen Eigentümern) gemäß § 428 BGB – am jeweiligen Vertragsbesitz wird

bewilligt und beantragt,

wobei zur Löschung der Nachweis des Todes des Berechtigten genügen soll. Das Recht erhält nächstoffene Rangstelle.

Schuldrechtlich gilt in Bezug auf Wohnungs- oder Teileigentum weiter: Der Erwerber bevollmächtigt den Nießbraucher hiermit und auf Verlangen in getrennter Urkunde i.S.d. § 172 BGB, für die Dauer des Nießbrauches das Stimmrecht in der Versammlung der Sondereigentümer wahrzunehmen; falls aus Rechtsgründen erforderlich, wird der Eigentümer sein Stimmrecht nach Weisung des Nießbrauchers ausüben. Dem Eigentümer sind Protokollabschriften zu übermitteln.

3. Vorbehalt der Rückforderung in Bezug auf den eingebrachten Grundbesitz

Die Gesellschaft bürgerlichen Rechts (GbR) ist gegenüber jedem Veräußerer verpflichtet, dessen eingebrachten Grundbesitz zurückzuübertragen, wenn in Bezug auf den betroffenen Grundbesitz ein Rückforderungsgrund eintritt und die Rückforderung vertragsgemäß, d.h. binnen zwölf Monaten nach Kenntnis vom Rückforderungstatbestand und in notariell beglaubigter Form erklärt wird. Das Rückforderungsrecht ist nicht vererblich oder übertragbar und kann nicht durch einen gesetzlichen Vertreter ausgeübt werden.

(**Anm.**: *Soweit ein Objekt derzeit beiden Veräußerern gehört, gilt: Macht zu Lebzeiten beider Veräußerer nur einer der Veräußerer das Rückforderungsrecht geltend, oder ist der andere Veräußerer verstorben, ist nur an den verbleibenden Veräußerer aufzulassen, der auch die Verpflichtungen alleine übernimmt. Andernfalls ist an beide im derzeitigen Miteigentumsverhältnis unter gesamtschuldnerischer Übernahme der Verpflichtungen aufzulassen.*)

Ein Rückforderungsgrund tritt jeweils ein, sobald

1. der eingebrachte Grundbesitz ohne Zustimmung des Veräußerers weiterveräußert, oder belastet wird
2. Zwangsvollstreckungsmaßnahmen in den eingebrachten Grundbesitz ausgebracht werden, die nicht binnen zweier Monate wieder aufgehoben wurden
3. die GbR in Insolvenz fällt oder die Eröffnung mangels Masse abgelehnt wird.

Der Veräußerer hat die im Grundbuch eingetragenen Rechte und Grundpfandrechte dinglich zu übernehmen, soweit sie im Rang vor der nachstehend bestellten Auflassungsvormerkung eingetragen sind.

Aufwendungen aus dem Vermögen der GbR werden – maximal jedoch bis zur Höhe der noch vorhandenen Zeitwerterhöhung und unter Kürzung des Anteils, in welchem der die Rückforderung verlangende Veräußerer an Gewinn und Verlust beteiligt war (45 %) – gegen Rechnungsnachweis erstattet bzw. durch Schuldübernahme abgegolten, soweit sie nicht nur der Erhaltung des Anwesens im derzeitigen Zustand, sondern der Verbesserung oder Erweiterung des Anwesens gedient haben und mit schriftlicher Zustimmung des Berechtigten oder seines Vertreters durchgeführt wurden. Im Übrigen erfolgt die Rückübertragung unentgeltlich, also insbesondere ohne Ausgleich für geleistete Dienste, wiederkehrende Leistungen, Tilgungen, geleistete Zinsen, Arbeitsleistungen, oder die gezogenen Nutzungen. Hilfsweise gelten die gesetzlichen Bestimmungen zum Rücktrittsrecht.

Die Kosten der Rückübertragung hat der Anspruchsberechtigte zu tragen.

Zur Sicherung des bedingten Rückübertragungsanspruchs hinsichtlich des jeweils eingebrachten Objektes bestellt hiermit die GbR zugunsten des jeweils vorgenannten Veräußerers eine

Eigentumsvormerkung,

am Vertragsbesitz und bewilligen und beantragen deren Eintragung im Grundbuch. Jede Vormerkung ist als Sicherungsmittel auflösend befristet. Sie erlischt mit dem Tod des Veräußerers.

Nach dem Ableben des jeweiligen Veräußerers steht dasselbe Rückforderungsrecht, bezogen auf den vom Verstorbenen eingebrachten Grundbesitz, dem anderen Veräußerer (seinem Ehegatten) zu. Die Beteiligten sind über die Einräumung dieses bedingten Anspruchs einig, und bewilligen die Eintragung einer weiteren Vormerkung für den anderen Ehegatten; Antrag auf Eintragung wird jedoch derzeit nicht gestellt.

4. Übernahme der Grundschuld und der (aufschiebend bedingt) der Verbindlichkeiten; Eigentümerrechte und Rückgewähransprüche

Die derzeitigen Darlehensbeziehungen bleiben unverändert, so dass Schuldübernahmegenehmigungen etc. nicht einzuholen sind. Ab dem Erlöschen der Nießbrauchsrechte übernimmt der Erwerber diese etwa noch bestehenden Verbindlichkeiten zur weiteren Verzinsung und Tilgung; er hat sich nach besten Kräften darum zu bemühen, die Entlassung der Erben des Veräußerers durch Genehmigung des Gläubigers (§ 415 BGB) herbeizuführen.

III. Besitzübergang; Sach- und Rechtsmängel

Besitz, Nutzungen und Lasten, Haftung, Verkehrssicherung und Gefahr gehen zum Stichtag 01. ...... 2011 auf die GbR über.

Der Veräußerer haftet für ungehinderten Besitz- und Eigentumsübergang und für Freiheit von im Grundbuch eingetragenen Rechten Dritter außer solchen, die die BGB-Gesellschaft übernommen hat. Soweit keine Übernahme erfolgt, verpflichtet sich der Veräußerer zur unverzüglichen Lastenfreistellung.

Die Beteiligten stimmen den hierzu erforderlichen Erklärungen (unter Einschluss von etwa erforderlichen Rangrücktrittserklärungen) zu. Der Veräußerer beantragt den Vollzug im Grundbuch. Der Veräußerer garantiert, dass für den Vertragsgegenstand keine Rückstände an Steuern und sonstigen öffentlichen Lasten und Abgaben bestehen.

Der Vertragsgegenstand wird in seinem derzeitigen Zustand veräußert. Die BGB-Gesellschaft erwirbt ihn, wie er liegt und steht. Rechte der BGB-Gesellschaft wegen Sachmängeln jeder Art werden hiermit ausgeschlossen. Dies gilt auch für alle Ansprüche auf Schadenersatz. Unberührt bleibt jedoch eine Haftung für Vorsatz oder Arglist. Garantien oder Beschaffenheitsvereinbarungen bestehen nicht.

IV. Einigung, Vorbehalt

Die Vertragsteile sind sich über den vereinbarten Eigentumsübergang an dem Grundbesitz nach Abschnitt A vom Veräußerer auf die vorgenannte BGB-Gesellschaft, bestehend aus allen im Urkundseingang genannten Personen einig und bewilligen und beantragen die Eintragung der Rechtsänderung in das Grundbuch Zug um Zug (§ 16 Abs. 2 GBO) mit den zugunsten des Veräußerers vereinbarten Rechten.

Auf die Eintragung einer Auflassungsvormerkung gem. § 883 BGB wird trotz Belehrung durch den Notar verzichtet.

D. Schlussbestimmungen

I. Vollzug

Alle Beteiligten beauftragen und bevollmächtigen den amtierenden Notar, seinen amtlichen Vertreter oder Nachfolger im Amt,

- sie im Grundbuchverfahren uneingeschränkt zu vertreten
- die zur Wirksamkeit und für den Vollzug dieser Urkunde erforderlichen Genehmigungen und Erklärungen anzufordern und (auch gem. § 875 Abs. 2 BGB) entgegenzunehmen.

Anfechtbare Bescheide und Zwischenbescheide zur Fristverlängerung sind jedoch den Beteiligten selbst zuzustellen; Abschrift an den Notar wird erbeten.

Die Vertragsteile bevollmächtigen die Angestellten an dieser Notarstelle – welche der Amtsinhaber zu bezeichnen bevollmächtigt wird – je einzeln und befreit von § 181 BGB, Erklärungen, Bewilligungen und Anträge materiell- oder formellrechtlicher Art zur Ergänzung oder Änderung des Vertrages abzugeben, soweit diese zur Behebung behördlicher oder gerichtlicher Beanstandungen zweckdienlich sind.

Vollzugsmitteilung an die Beteiligten und den Notar wird erbeten.

II. Hinweise

Eine steuerliche Beratung hat der Notar nicht übernommen, im Übrigen über die rechtliche Tragweite der abgegebenen Erklärungen belehrt und abschließend nochmals auf folgendes hingewiesen:

- das Eigentum geht mit der Umschreibung im Grundbuch auf den Erwerber über. Die Umschreibung kann erst erfolgen, wenn die Unbedenklichkeitsbescheinigung wegen der Grunderwerbsteuer vorliegt;
- unabhängig von den rein schuldrechtlichen Vereinbarungen der Beteiligten in dieser Urkunde haften kraft Gesetzes der Vertragsbesitz für Rückstände an öffentlichen Abgaben

und Erschließungsbeiträgen und beide Vertragsteile für die etwa anfallende Grunderwerbsteuer und die Kosten als Gesamtschuldner,
- das gesetzliche Rückforderungsrecht wegen Verarmung des Schenkers (§ 528 BGB) und die Möglichkeiten einer Anfechtung durch Gläubiger oder für den Fall späterer Insolvenz des Schenkers können nicht abbedungen werden; auf diese – insbesondere die geltenden Fristen – wurde hingewiesen.
- sofern der Veräußerer Anspruch auf Förderung selbstgenutzten Wohneigentums hat, entfällt diese Förderung trotz Vorbehalt von Nutzungsrechten; auch der Erwerber hat insoweit keinen Anspruch auf Förderung;
- es ist erforderlich, dass alle Vereinbarungen richtig und vollständig beurkundet werden, damit die Wirksamkeit der Urkunde und aller Vereinbarungen gewährleistet ist.

III. Kosten und Steuern

Die Kosten dieser Urkunde und der Genehmigungen und alle sonstigen Kosten, die infolge der Beurkundung entstehen, trägt die BGB-Gesellschaft, ebenso die Kosten des Vollzugs im Grundbuch sowie eine etwa anfallende Steuer.

IV. Abschriften

Von dieser Urkunde erhalten

Ausfertigung
- jeder Vertragsteil
- das Grundbuch

beglaubigte Abschrift

das Finanzamt – Schenkungsteuerstelle –

einfache Abschrift

das Finanzamt – Grunderwerbsteuerstelle –

Vorgelesen vom Notar samt Anlage,

von den Beteiligten genehmigt und eigenhändig unterschrieben:

.....

Anlage zur Urkunde:

Gesellschaftsvertrag

§ 1

Rechtsform, Name und Sitz

1. Die Gesellschaft ist eine Gesellschaft bürgerlichen Rechts.

2. Sie führt den Namen:
..... Familienpool GbR. Im Grundbuchverkehr tritt sie gem. § 47 Abs. 2 GBO unter Nennung des Vor- und Zunamens sowie Geburtsdatums aller Gesellschafter auf.
3. Sitz der Gesellschaft ist .....

§ 2

Zweck

Zweck der Gesellschaft ist das Halten und Verwalten von Grundbesitz und anderen Vermögensgegenständen.

§ 3

Dauer der Gesellschaft, Rechnungsjahr

1. Die Dauer der Gesellschaft ist unbestimmt.
2. Das Rechnungsjahr ist das Kalenderjahr.

§ 4

Gesellschafter, Anteile, Gewinnbeteiligung

1. Gesellschafter sind, mit Beteiligungen in nachstehender Höhe nach Abschluss aller Einbringungsvorgänge:

Der Veräußerer, A   zu ..... %
ferner dessen Kinder .....
                      zu jeweils ..... %.

2. Die Anteile sind auch maßgebend für die Beteiligung am Auseinandersetzungsguthaben und am Erlös aus der Veräußerung von Gesellschaftsvermögen
3. Die Gesellschaftsanteile sind unveränderlich, so dass sich der Anteil jedes Gesellschafters, insbesondere nicht durch Gewinne oder Verluste, Einlagen oder Entnahmen, verändert.

§ 5

Einlagen

Die Einlagen aller Gesellschafter sind durch Erwerb des Grundbesitzes gemäß Abschnitt A der Einbringungsurkunde vom ..... des Notars ..... erbracht und werden für die Gesellschafter zu obigen Anteilen verbucht.

§ 6

Geschäftsführung und Vertretung

1. Zur uneingeschränkten Geschäftsführung und uneingeschränkten Vertretung der Gesellschaft ist auf die Dauer seiner Zugehörigkeit zur Gesellschaft Herr A, sodann auf die Dauer ihrer Zugehörigkeit zur Gesellschaft Frau A berechtigt und verpflichtet, unabhän-

gig von der Höhe der jeweiligen (Rest-) Beteiligung). Er bzw. sie ist einzelvertretungsberechtigt und von den Beschränkungen des § 181 BGB befreit. Er bzw sie haftet nur für Vorsatz und grobe Fahrlässigkeit.

2. Führt der/die Vorgenannte die Geschäfte nicht mehr, haben die Gesellschafter durch Beschluss aus ihrer Mitte jeweils einen neuen Geschäftsführer zu bestellen, der wiederum allein und uneingeschränkt zur Vertretung der Gesellschaft berechtigt ist.

3. Dem Geschäftsführer und Vertreter ist auf Verlangen eine öffentlich beglaubigte Vollmacht zu erteilen.

4. Von der Geschäftsführung ausgeschlossene Gesellschafter können jederzeit Auskunft verlangen und die schriftlichen Unterlagen der Gesellschaft einsehen.

§ 7
Gesellschafterbeschlüsse

1. Die Gesellschafter entscheiden über die ihnen nach dem Gesetz oder diesem Gesellschaftsvertrag zugewiesenen Angelegenheiten durch Beschluss.

2. Beschlüsse der Gesellschaft erfolgen mit der Mehrheit der abgegebenen Stimmen. Folgende Beschlüsse können nur einstimmig gefasst werden: Änderung des Gesellschaftsvertrags, Auflösung der Gesellschaft, Aufnahme neuer Gesellschafter.

3. Das Stimmrecht der Anteile eines jeden Gesellschafters ist (unabhängig von der Höhe der noch vorhandenen Beteiligung) wie folgt bemessen:

a) für den Anteil des Herrn A, auch nach dessen Übergang an Rechtsnachfolger zB gem. § 15.1, ... Stimmen

b) für den Anteil der derzeit allen weiteren drei Gesellschaftern jeweils zusteht je ..... Stimmen

4. Bei nießbrauchsbelasteten Gesellschaftsanteilen wird das Stimmrecht durch den Nießbraucher ausgeübt.

§ 8
Überschussrechnung

1. In den ersten zwei Monaten nach dem Ende eines jeden Rechnungsjahres haben die Gesellschafter einen Rechnungsabschluss über das Ergebnis des abgelaufenen Rechnungsjahres als Überschussrechnung aufzustellen.

2. Kommt eine Einigung über diesen Rechnungsabschluss nicht zustande, ist er durch einen von der zuständigen Industrie- und Handelskammer zu bestimmenden Schiedsgutachter mit verbindlicher Wirkung für die Gesellschafter auf Kosten der Gesellschaft zu fertigen.

§ 9
Verwaltung

1. Aufgrund des Rechnungsabschlusses des abgelaufenen Rechnungsjahres ist ein Wirtschaftsplan für das laufende Rechnungsjahr aufzustellen.

2. Sind die Rückstellungen zur Deckung der Kosten nicht ausreichend, sind die Gesellschafter zu Zuschüssen entsprechend ihrer Beteiligung verpflichtet.

§ 10

Überschussverteilung, Entnahmen, Vorab

1. Der nach Abzug der Vorabentnahmen und der Instandhaltungsrücklage sowie der Betriebskostenrückstellung verbleibende und festgestellte Jahresüberschuss kann von den Gesellschaftern voll entnommen werden. Den Beteiligten ist bewusst, dass ein solcher erst entstehen wird, wenn und soweit die Nießbrauchsrechte nicht mehr bestehen.
2. Die Überschussverteilung erfolgt sodann im Verhältnis der Beteiligung an der Gesellschaft gem. § 4 (*Alternativ, aber eher ungebräuchlich, da die Liquiditatsinteressen durch den Nießbrauch berücksichtigt sind: nach dem Verhältnis der Stimmrechte gem. § 7*).
3. Der Gesellschafter A kann monatliche Überschussvorausentnahmen auf der Grundlage des Rechnungsabschlusses des vorausgegangenen Rechnungsjahres beschließen.

§ 11

Kündigung der Gesellschaft

1. Die Gesellschaft kann von jedem Gesellschafter auch ohne wichtigen Grund unter Einhaltung einer Frist von sechs Monaten auf das Ende eines Kalenderjahres gekündigt werden, erstmals allerdings erst nach Ablauf von zwanzig Jahren ab heute bzw. zehn Jahre nach Ausscheiden des Gesellschafters A, je nachdem welcher Zeitpunkt früher liegt. Weitergehende gesetzliche Kündigungsrechte bleiben unberührt.
2. Die Kündigung hat durch eingeschriebene Briefe an die Mitgesellschafter zu erfolgen. Für die Rechtzeitigkeit der Kündigung kommt es auf das Datum des Postabgangsstempels an.
3. Eine Kündigung hat nicht die Auflösung der Gesellschaft, sondern lediglich das Ausscheiden des kündigenden Gesellschafters zur Folge. Die Gesellschaft wird zwischen den verbleibenden Gesellschaftern fortgesetzt. Verbleibt nur noch ein Gesellschafter, hat er das Recht auf Übernahme des Gesellschaftsvermögens im Weg der Gesamtrechtsnachfolge.
4. Ebenso scheidet ein Gesellschafter bei Fortsetzung der Gesellschaft aus, wenn ein Gläubiger nach § 725 BGB kündigt, wenn über sein Vermögen die Insolvenz eröffnet oder mangels Masse nicht eröffnet wird oder wenn er nach § 737 BGB ausgeschlossen wird. Das Übernahmerecht des alleinigen verbleibenden Gesellschafters besteht auch in diesem Fall.

§ 12

Ausschließung

1. Wird die Zwangsvollstreckung in den Geschäftsanteil eines Gesellschafters oder in sein Auseinandersetzungsguthaben oder ein sonstiges Gesellschafterrecht betrieben und wird die Vollstreckungsmaßnahme nicht innerhalb von zwei Monaten nach Erlass des Pfän-

dungsbeschlusses aufgehoben, können die übrigen Gesellschafter seinen Ausschluss beschließen.
2. Liegt ein wichtiger Grund i.S.d. § 723 Abs. 1 BGB vor, kann der Gesellschafter, in dessen Person der Grund eintritt, aus der Gesellschaft ausgeschlossen werden.
3. Gesellschafter kann nur werden bzw. bleiben, wer mit seinem Ehegatten den Güterstand der Gütertrennung nach Maßgabe der Bestimmungen des BGB vereinbart oder mit diesem modifizierte Zugewinngemeinschaft mit dem Inhalt vereinbart, dass der Gesellschaftsanteil aus einem Zugewinnausgleich im Fall der Scheidung der Ehe und im Fall des Versterbens aufgrund eines beschränkten Pflichtteilsverzichts aus dem Ehegattenpflichtteilsrecht ausscheidet. Nach fruchtloser Fristsetzung zur Nachholung von Vorstehendem kann die Gesellschaft die Ausschließung des betroffenen Gesellschafters beschließen. Die Gesellschafter Herr und Frau A sind für ihre bestehende Ehe von dieser Regelung ausgenommen.
4. Der Ausschluss wird mit der schriftlichen Bekanntgabe des Beschlusses, unabhängig von der Ermittlung und Entrichtung der Abfindung, wirksam.

§ 13

Abfindung

1. Wenn ein Gesellschafter die Gesellschaft kündigt oder sonst gem. §§ 11 oder 12 dieses Vertrags ausscheidet, erhält er eine Abfindung.
2. Die Abfindung eines ausscheidenden Gesellschafters bestimmt sich nach den gesetzlichen Vorschriften der §§ 738 ff. BGB. Scheidet ein Gesellschafter aufgrund Ausschließung aus der Gesellschaft aus, erhält er als Abfindung 2/3 des Werts seiner Beteiligung.
3. Der Abfindungsstatus ist für alle Beteiligten verbindlich durch einen öffentlich bestellten Grundstücksschätzer aufzustellen, dessen Person die zuständige Industrie- und Handelskammer bestimmt. Die hierdurch entstehenden Kosten trägt die Gesellschaft.
4. Das Abfindungsguthaben ist in drei gleichen, unmittelbar aufeinanderfolgenden Jahresraten auszuzahlen und mit jährlich 2% – zwei vom Hundert – zu verzinsen. Die erste Rate ist fällig ein Jahr nach dem Ausscheiden des Gesellschafters. Sicherstellung kann nicht gefordert werden.

§ 14

Abtretung und Belastung

1. Zur Abtretung oder Belastung eines Gesellschaftsanteils ist die Zustimmung von ..... *(Stimmrechtsquote des Veräußerergesellschafters)* % der Stimmen aller vorhandenen Gesellschafter erforderlich.
2. Jeder Gesellschafter ist jedoch berechtigt, Ehegatten oder Abkömmlingen Nießbrauchsrechte an dem Gesellschaftsanteil mit dem Recht zu bestellen, dass diese auch das Stimmrecht ausüben dürfen.

§ 15

Tod eines Gesellschafters

Beim Tod eines Gesellschafters wird die Gesellschaft nicht aufgelöst, sondern nach Maßgabe der nachstehenden Regelungen fortgesetzt:

1. Stirbt ..... *(Veräußerer)*, wird die Gesellschaft mit den verbliebenen Gesellschaftern fortgesetzt.
2. Im Übrigen gilt:
   Durch den Tod eines Gesellschafters wird die Gesellschaft nicht aufgelöst, sondern mit seinen in Ansehung des Gesellschaftsanteils nachfolgeberechtigten Erben oder Vermächtnisnehmern oder – falls solche nicht vorhanden sind – unter den verbliebenen Gesellschaftern fortgesetzt. Für die Übertragung des Gesellschaftsanteils von Erben auf nachfolgeberechtigte Vermächtnisnehmer bedarf es nicht der Zustimmung der anderen Gesellschafter.
3. Nachfolgeberechtigt sind nur andere Gesellschafter, Ehegatten und/oder Abkömmlinge von Gesellschaftern. Werden mehrere Erben oder Vermächtnisnehmen eines Gesellschafters Gesellschafter, die bislang noch nicht an der Gesellschaft beteiligt waren, ist ihnen die Ausübung der Gesellschafterrechte, soweit nicht zwingend gesetzlich etwas anderes gilt, nur durch einen gemeinsamen Bevollmächtigten gestattet. Gemeinsamer Vertreter kann nur ein Gesellschafter oder ein kraft Gesetzes zur Verschwiegenheit verpflichtetes Mitglied des rechts-, wirtschafts- oder steuerberatenden Berufs sein. Bis zur Benennung des Bevollmächtigten ruht das Stimmrecht aus den Gesellschaftsanteilen, die auf die nachfolgeberechtigten Personen übergegangen sind.
4. Wird die Gesellschaft von den verbliebenen Gesellschaftern allein fortgesetzt, erhalten die Erben des verstorbenen Gesellschafters eine Abfindung nach Maßgabe dieses Gesellschaftsvertrags.
5. Hat ein verstorbener Gesellschafter durch Verfügung von Todes wegen Testamentsvollstreckung angeordnet, ist der Testamentsvollstrecker zur Wahrnehmung der Gesellschafterrechte und – pflichten berechtigt.

§ 16

Schriftform

Änderungen und Ergänzungen dieses Vertrags bedürfen der Schriftform. Dies gilt auch für einen Verzicht auf das Schriftformerfordernis. Etwaige weitergehende gesetzliche Formvorschriften bleiben unberührt.

§ 17

Salvatorische Klausel

1. Soweit in diesem Gesellschaftsvertrag keine besondere Regelung getroffen ist, gelten die gesetzlichen Bestimmungen.

2. Etwaige Nichtigkeit einzelner Bestimmungen berühren die Wirksamkeit des Gesellschaftsvertrags im Übrigen nicht. Die Beteiligten sind verpflichtet, anstelle der unwirksamen Bestimmung eine dem Vertragsgedanken entsprechende Neuregelung zu treffen. Sofern eine Neuregelung nicht erfolgt, gelten die für die entsprechende Regelungslücke bestehenden gesetzlichen Bestimmungen.

Ende der Anlage

N. Schenkung eines Kommanditanteils im Wege vorweggenommener Erbfolge

URNr. ...../2011

Übertragung eines Kommanditanteils im Wege vorweggenommener Erbfolge

Heute, den .....

– ..... 2011 –

erschienen vor mir,

.....,

Notar in .....,

in meinen Amtsräumen in .....:

1. Herr .....
   geb. am .....
   wohnhaft: .....
   - im Folgenden „**Veräußerer**" genannt –
   Sowie dessen Ehegatte ....., Frau ....., geb. .....
   geb. am .....
   ebendort wohnhaft

Und die Söhne des Veräußerers, die einzigen Kinder,

2. Herr .....
   geb. am .....
   wohnhaft: .....

3. Herr .....
   geb. am .....
   wohnhaft: .....

– im Folgenden jeweils „**Erwerber**" genannt –

Die Erschienenen sind dem Notar von Person bekannt/wiesen sich aus durch .....

Der Notar fragte die Erschienenen, ob er oder eine der mit ihm beruflich verbundenen Personen in einer Angelegenheit, die Gegenstand dieser Beurkundung ist, außerhalb des Notaramts tätig war oder ist. Die Frage wurde verneint.

Die Erschienenen baten um Beurkundung der nachstehenden vorweggenommenen Erbfolgeregelung durch Übertragung von Teilkommanditanteilen.

§ 1
Beteiligungsverhältnisse

Der Veräußerer ist an der ..... KG mit dem Sitz in ....., eingetragen im Handelsregister des AG ..... unter HR A ..... mit einem Kapitalanteil in Höhe von nominal ..... (im Handelsregister eingetragene Haftsumme) beteiligt.

Die Kapitaleinlage ist erbracht und wurde in der Vergangenheit nicht an den Kommanditisten zurückbezahlt, so dass den Kommanditisten keine Haftung für Verbindlichkeiten der Gesellschaft trifft.

Sonderbetriebsvermögen besteht nicht, insbesondere ist der Veräußerer nicht auch an der Komplementär-GmbH beteiligt; auch hat er der Gesellschaft keine Wirtschaftsgüter des Privatvermögens durch Pacht- oder sonstige Nutzungsverträge langfristig zur Verfügung gestellt.

Vertragsgegenstand ist der vorbezeichnete Geschäftsanteil des Veräußerers zu ..... €, der in vorweggenommener Erbfolge unter Vorbehalt des Nießbrauchs für den Veräußerer an jeden der Erwerber zur Hälfte (mithin in Höhe eines Kapitalanteils von je ..... €) übertragen wird.

§ 2
Veräußerung, Abtretung

1.

Der Veräußerer veräußert je die Hälfte des vorbezeichneten Geschäftsanteils an jeden der vorbezeichneten Erwerber zur alleinigen Berechtigung und tritt den Teil-Geschäftsanteil an ihn ab. Für beide Übertragungen gilt:

Der Erwerber nimmt die Abtretung an.

Die Übertragung erfolgt samt allen Ansprüchen und Verbindlichkeiten, die am heutigen Tag auf dem Kapitalkonto I (festes Kapitalkonto), dem Kapitalkonto II (variables Kapitalkonto) und dem Darlehens- sowie dem Verlustvortragskonto in Soll oder Haben ausgewiesen sind. Mit übertragen sind alle vermögensrechtlichen Ansprüche (§ 717 Satz 2 BGB), insbesondere Gewinnanteile und Ansprüche auf den Liquidationserlös, soweit der nachstehend vereinbarte Nießbrauch nicht entgegensteht.

Die Abtretung erfolgt mit sofortiger schuldrechtlicher Wirkung, dinglich jedoch unter der aufschiebenden Bedingung der Eintragung der Erwerber als Kommanditisten in Sonderrechtsnachfolge, zur Vermeidung einer unbeschränkten Haftung der Eintretenden gem. § 173 HGB.

2.

Jeder der beschenkten Gesellschafter ist gegenüber dem dies jeweils verlangenden Veräußerer verpflichtet, den überlassenen Gesellschaftsanteil zurückzuübertragen, wenn in der Person dieses Gesellschafters ein Rückforderungsgrund eintritt und die Rückforderung vertragsgemäß, d.h. binnen zwölf Monaten nach Kenntnis vom Rückforderungstatbestand und in notariell beglaubigter Form erklärt wird. Das Rückforderungsrecht kann nicht durch einen gesetzlichen Vertreter ausgeübt werden. Es ist nicht übertragbar und nicht vererblich.

Ein Rückforderungsgrund tritt in folgenden Fällen ein:

a) Einleitung von Einzelvollstreckungsmaßnahmen in den Geschäftsanteil oder daraus sich ergebende schuldrechtliche Ansprüche, etwa auf Gewinnausschüttung,

b) Eröffnung des Insolvenzverfahrens über das Vermögen des Erwerbers; Ablehnung eines solchen Antrages wegen Masseamut, Versicherung der Vollständigkeit seines Vermögensverzeichnisses durch den Erwerber an Eides statt,

c) Versterben des Erwerbers vor dem Veräußerer,

d) Getrenntleben des Erwerbes und seines (ggf. künftigen) Ehegatten/Lebenspartners im Sinne des § 1567 BGB, es sei denn, durch vertragliche Vereinbarung ist sichergestellt, dass der Geschäftsanteil im Rahmen des Zugewinn- bzw. Vermögensausgleiches nicht berücksichtigt wird.

e) Ein Rückforderungstatbestand tritt ferner ein, wenn

aa) das zuständige Finanzamt für den heutigen Übertragungsvorgang Schenkungsteuer festsetzt, unabhängig vom Zeitpunkt der Fälligkeit der Steuer, oder

bb) wenn der Veräußerer als Zweitschuldner auf Schenkungsteuer in Anspruch genommen wird, oder

cc) wenn sich das Schenkungsteuerrecht oder seine Anwendung (etwa hinsichtlich der Rechtsvorschriften zum maßgeblichen Wertansatz bzw. hinsichtlich des konkreten Wertansatzes des Anteils selbst aufgrund der künftigen wirtschaftlichen Verhältnisse) nach dieser Zuwendung in einer Weise ändert, dass sich nach dieser Änderung für die heutige Übertragung im Vergleich zum geltenden Recht eine geringere Steuerbelastung, eine spätere Fälligkeit der Steuer oder die Möglichkeit ihrer Vermeidung bei Eintritt zusätzlicher Bedingungen ergibt.

Aufschiebend bedingt auf die Ausübung eines berechtigten Rückübertragungsverlangens tritt der zur Rückübertragung verpflichtete Gesellschafter seinen Anteil an der Gesellschaft an den dies annehmenden Veräußerer hiermit ab (§ 161 BGB). Der aufschiebend bedingten Abtretung wird allseits zugestimmt.

Für die aufschiebend bedingte Übertragung ist keine Gegenleistung zu erbringen, es sei denn, der Gesellschafter hätte aus eigenem Vermögen über seine Entnahmen hinaus Einlagen in die Gesellschaft getätigt; in diesem Fall ist die Entschädigung begrenzt auf die anteilige noch vorhandene Erhöhung des Gesellschaftsvermögens als Folge dieser Übereinlagen. Der abtretende Gesellschafter ist allerdings auf den Zeitpunkt des Bedingungseintritts von der persönlichen Haftung für Verbindlichkeiten der Gesellschaft freizustellen.

Mit dem Tod des Veräußerers fällt die auflösende Bedingung endgültig aus.

3.

Jeder Erwerber hat sich jedoch den Wert der Zuwendung, soweit er die Gegenleistungen übersteigt, auf seinen künftigen Pflichtteilsanspruch am Nachlass des Veräußerers anrechnen zu lassen (§ 2315 BGB).

4.

Darüber hinaus schenkt der Veräußerer beiden Kindern den für den Schenkungsvorgang anfallenden Schenkungsteuerbetrag, ebenso die weiteren Vollzugsnebenkosten, insbesondere bei Notar und Grundbuchamt. Die Beschenkten wiederum treten den Anspruch auf etwaige künftige Rückerstattung der Schenkungsteuer (§ 29 ErbStG) an den dies annehmenden Veräußerer ab.

5.

Der mit erschienene Ehegatte stimmt dieser Übertragung und der Schenkung gem. § 2 b) hiermit umfassend zu. Dies geschieht, ggf. vorsorglich,

- *zur Mitwirkung bei der schuld- und sachenrechtlichen Übertragung, falls außerhalb des Grundbuches der Ehegatte am Eigentum mitbeteiligt sein sollte*
- *als Zustimmung zu der Schenkung, auch wenn dadurch seine etwa bindend angeordnete Stellung als späterer Erbe oder Vermächtnisnehmer beeinträchtigt werden sollte (§§ 2287, 2288 BGB)*
- *im Wege eines hiermit vereinbarten Verzichtes auf Pflichtteilsergänzungsansprüche des Ehegatten bezüglich des übertragenen Objektes*
- *im Bewusstsein, dass aufgrund des vorgenannten Verzichtes sich die Haftung der Erben des Veräußerers für dessen etwaige künftige nacheheliche (also nach einer Scheidung bestehende) Unterhaltspflichten reduzieren kann (§ 1586b BGB).*

§ 3

Nießbrauch

Der Veräußerer behält sich an den übertragenen Kommandit-Teilanteilen jeweils das Nießbrauchs-recht auf Lebensdauer, wie nachstehend ausgestaltet, vor:

1.

Dem Nießbraucher stehen die auf den Anteil entfallenden Gewinne zu, einschließlich der Verzinsung der Gesellschafterkonten, jedoch nur, soweit diese Gewinne nach den Bestimmungen des Gesellschaftsvertrags entnommen werden können.

Außerordentliche Erträge aus der Verwertung der Vermögenssubstanz der Gesellschaft stehen ausschließlich dem Gesellschafter zu.

Bei Erhöhungen des Festkapitals der Gesellschaft aus Gesellschaftermitteln erstrecken sich die Rechte des Nießbrauchers auch auf die auf den Gesellschafter entfallenden neuen Anteile. Erfolgt die Kapitalerhöhung hingegen durch Einlagen der Gesellschafter, stehen die aus der Kapitalerhöhung resultierenden Gewinnanteile und sonstige Nutzungen insoweit dem Gesellschafter zu.

Änderungen der Jahresabschlüsse sind für die Beteiligten verbindlich und verpflichten sie zum unverzüglichen Ausgleich eines sich hiernach ergebenden Mehr- oder Minder-Ergebnisses.

Endet der Nießbrauch im Lauf eines Geschäftsjahres, steht der für dieses Geschäftsjahr entnahmefähige Gewinnanteil Nießbraucher und Gesellschafter zeitanteilig zu, unabhängig davon, wann der Gewinn der Gesellschaft zugeflossen oder angefallen ist, wann er festgestellt wurde und wann der Beschluss über die Gewinnverwendung getroffen wurde.

2.

Die mit der geschenkten Beteiligung verbundenen Verwaltungsrechte, insbesondere das Stimmrecht, stehen dem Gesellschafter zu. Der Gesellschafter wird bei der Ausübung der Verwaltungsrechte auf die Interessen des Nießbrauchers, insbesondere auf das durch den Nießbrauch gesicherte Versorgungsinteresse, angemessen Rücksicht nehmen.

Der Gesellschafter verpflichtet sich, Verwaltungsrechte, die die laufenden Angelegenheiten der Gesellschaft betreffen, nach Weisung des Nießbrauchers auszuüben.

Bei außerordentlichen Angelegenheiten werden sich Nießbraucher und Gesellschafter über die Ausübung der Verwaltungsrechte verständigen. Kommt eine Einigung nicht zustande, ist für den Gesellschaftsanteil mit Stimmenthaltung abzustimmen.

Nicht zu den laufenden Angelegenheiten zählen insbesondere:
1. die Kündigung der Gesellschaft oder die Übertragung der Beteiligung,
2. die Erhebung der Auflösungsklage,
3. das außerordentliche Kontrollrecht nach § 166 Abs. 3 HGB,
4. die Umwandlung der Gesellschaft,
5. die Auflösung der Gesellschaft,
6. die Veräußerung des Unternehmens im Ganzen,
7. Änderungen und Ergänzungen der Bestimmungen des Gesellschaftsvertrags,
8. der Beschluss über die Auflösung von Rücklagen zugunsten entnahmefähiger Konten.

3.

Erwerben die Gesellschafter für die geschenkte Beteiligung einen Anspruch gegen die Gesellschaft, der an die Stelle der Beteiligung tritt (Surrogat), setzt sich der Nießbrauch am Surrogat automatisch fort. Zu solchen Surrogaten zählen insbesondere Ansprüche auf

- Auszahlung eines Auseinandersetzungsguthabens bei Auflösung der Gesellschaft oder bei Ausscheiden aus der Gesellschaft,
- eine sonstige Abfindung bei Ausscheiden aus der Gesellschaft,
- die Rückzahlung von Einlagen oder Nachschüssen,

- die Ausschüttung außerordentlicher Erträge, die aus der Verwertung der Vermögenssubstanz der Gesellschaft resultieren, z.B. bei Veräußerung von Anlagevermögen,
- eine Barabfindung nach dem Umwandlungsgesetz.

Zu den Surrogaten gehören auch die gewährten Anteile an dem übernehmenden Rechtsträger im Fall der Umwandlung der Gesellschaft oder der Einbringung der Beteiligung gegen Gewährung von Gesellschaftsrechten. Ein durch eine Veräußerung der Beteiligten erzielter Veräußerungserlös zählt ebenfalls zu den Surrogaten.

Falls sich der Nießbrauch nicht kraft Gesetzes automatisch auf das Surrogat erstreckt, verpflichten sich die Parteien, alles zu tun, was zu einer Einräumung des Nießbrauchs am jeweiligen Surrogat erforderlich sein sollte, insbesondere zur Abgabe sämtlicher hierfür erforderlichen Erklärungen.

Soweit Anfall oder Auszahlung des Surrogats beim Gesellschafter eine Steuerlast auslösen, z.B. weil es sich um einen steuerbaren Veräußerungsgewinn handelt, erstreckt sich der Nießbrauch nicht auf den zur Ablösung der Steuer erforderlichen Betrag.

4.

Jeder Erwerber wird auf Aufforderung durch den Schenker unverzüglich Auskunft über die Angelegenheiten der Gesellschaft, insbesondere über die wirtschaftlichen Verhältnisse der Gesellschaft, erteilen.

5.

Sollte der Veräußerer vor seinem derzeitigen Ehegatten versterben, ist dieser Ehegatte, sofern die Ehe bis zum Tod noch (ohne Scheidungsantrag) bestand, berechtigt, binnen sechs Monaten nach dem Tod des Veräußerers die Bestellung eines Nießbrauchsrechts zu seinen Gunsten auf die weitere Lebensdauer zu gleichen Bedingungen zu verlangen. Übt sie dieses Verlangen nicht aus, entfällt diese weitere aufschiebende (Potestativ-)bedingung endgültig, auch im Sinne des § 517 BGB.

§ 4

Haftung

Der Veräußerer garantiert, dass der Geschäftsanteil mit dem angegebenen Betrag ordnungsgemäß einbezahlt ist und dass eine unberechtigte Rückgewähr von Stammeinlagen nicht erfolgt ist. Er garantiert ferner dass keine Nachschuss- oder Erstattungsverpflichtungen bestehen und steht dafür ein, dass der Anteil nicht mit Rechten Dritter belastet ist und er über ihn frei verfügen kann. Er versichert, dass der Geschäftsanteil nicht sein ganzes oder überwiegendes Vermögen darstellt.

Darüber hinaus leistet der Veräußerer keine Garantie und übernimmt keine Haftung, insbesondere nicht für den Wert und die Ertragsfähigkeit des abgetretenen Geschäftsanteils bzw. der Gesellschaft.

§ 5

Zustimmungen, Anzeige

Den Beteiligten ist bekannt, dass gem. § ..... des Gesellschaftsvertrages die Zustimmung des persönlich haftenden Gesellschafters (.....) und der Gesellschafterversammlung erforderlich ist. Sie werden diese selbst herbeiführen.

§ 6

Eintragung im Handelsregister

Die Beteiligten erteilen sich gegenseitig Vollmacht, die erforderliche Eintragung der Sonderrechtsnachfolge im Handelsregister der KG unverzüglich herbeizuführen, befreit von den Beschränkungen des § 181 BGB, über den Tod hinaus und mit dem Recht zur Erteilung von Untervollmacht. Ihnen ist bekannt, dass hierzu die Mitwirkung aller anderen Gesellschafter erforderlich ist, sofern keine diesbezüglichen Vollmachten erteilt wurden. Nach ihrer Angabe hat jeder Kommanditist, auch die Erwerber als bereits eingetretene Kommanditisten, entsprechende Vollmacht an den Komplementär erteilt.

§ 7

Schlussbestimmungen, Abschriften

Die Kosten dieser Urkunde trägt der Erwerber (je zur Hälfte), ebenso jeder die für seinen Erwerb etwa anfallende Schenkungsteuer.

Von dieser Urkunde erhalten

Ausfertigungen:

- die Gesellschaft und die Beteiligten

Beglaubigte Abschrift erhält die zuständige Schenkungsteuerstelle mit dem Hinweis, dass der Wert der Gesamtbeteiligung derzeit etwa ..... € betragen dürfte.

Die Gesellschaft hat Grundbesitz in der Gemarkung ....., so dass die Grunderwerbsteuerstelle ..... eine Abschrift als Anzeige gem. § 20 GrEStG erhält.

Vorgelesen vom Notar, von den Beteiligten

genehmigt, und eigenhändig unterschrieben:

.....

O. Schenkung einer atypischen Unterbeteiligung an einem Kommanditanteil

URNr. ...../2011

Schenkung einer atypischen Unterbeteiligung an einem Kommanditanteil

Heute, den .....

– ..... 2011 –

erschienen vor mir,

.....,

Notar in .....,

in meinen Amtsräumen in .....:

1. Herr .....
   geb. am .....
   wohnhaft: .....

   – im Folgenden „**Hauptbeteiligter**" genannt –

2. dessen Sohn, Herr .....
   geb. am .....
   wohnhaft: .....

   – im Folgenden „**Unterbeteiligter**" genannt –

Die Erschienenen sind dem Notar von Person bekannt/wiesen sich aus durch .....

Der Notar fragte die Erschienenen, ob er oder eine der mit ihm beruflich verbundenen Personen in einer Angelegenheit, die Gegenstand dieser Beurkundung ist, außerhalb des Notaramts tätig war oder ist. Die Frage wurde verneint.

Die Erschienenen baten um Beurkundung der nachstehenden vorweggenommenen Erbfolgeregelung durch Einräumung von Unterbeteiligungen.

I. Einräumung von Unterbeteiligungen

§ 1

Präambel

(1) Der Hauptbeteiligte ist an der Kommanditgesellschaft in Firma ..... mit dem Sitz in ....., eingetragen im Handelsregister des Amtsgerichts ..... unter HRA ....., nachfolgend „Hauptgesellschaft" genannt, als Kommanditist mit einem festen Kommanditanteil von ..... € (..... Euro), verbucht auf dem Kapitalkonto (§ ..... des Gesellschaftsvertrags der Hauptgesellschaft), beteiligt. Dieser Betrag entspricht seiner im Handelsregister eingetragenen Haftsumme.

Für ihn werden zum 31.12. ..... geführt

a) das Festkapitalkonto mit einem Stand von ..... €
b) das Privatkonto mit einem Stand von ..... €,
c) das Verlustkonto mit einem Stand von ..... €

Der Gesellschaftsvertrag der Hauptgesellschaft i.d.F. vom ..... ist dem Unterbeteiligten bekannt.

(2) Zur Vorbereitung einer Betriebsübertragung in vorweggenommener Erbfolge und zur Förderung unternehmerischen Handelns beim Unterbeteiligten nach Eintritt seiner Volljährigkeit, zugleich zivilrechtlich als Ausstattung gemäß § 1624 BGB zur Erlangung einer selbständigen Lebensstellung begründen die Erschienenen eine Unterbeteiligung, die steuerliche Mitunternehmerschaft vermitteln soll.

§ 2

Errichtung der Unterbeteiligungsgesellschaft

(1) Der Hauptbeteiligte räumt dem Unterbeteiligten an dem in § 1 Abs. 1 genannten Kommanditanteil mit schuldrechtlicher Wirkung vom ..... (Übertragungsstichtag) eine Unterbeteiligung ein. Die Unterbeteiligung beträgt ..... € (..... Euro), entsprechend ..... % (... Prozent) des in § 1 Abs. 1 genannten Kommanditanteils. Der im laufenden Geschäftsjahr der Hauptgesellschaft erwirtschaftete Gewinn steht anteilig dem Unterbeteiligten zu.

(2) Von der Übertragung erfasst sind ebenfalls die weiteren Konten des Hauptbeteiligten im Verhältnis der geschenkten Beteiligung. Durch die Einräumung der Unterbeteiligung entsteht eine Gesellschaft nur im Innenverhältnis der Gesellschafter (Innengesellschaft).

(3) Eine etwaige Schenkungsteuer trägt der Hauptbeteiligte.

(4) Der Unterbeteiligte hat sich die Ausstattung auf seinen Pflichtteilsanspruch anrechnen zu lassen und sie, der gesetzlichen Vermutung entsprechend, beim Eintritt gesetzlicher Erbfolge bzw. testamentarisch bestätigter gesetzlicher Erbfolge im Verhältnis zu Geschwistern zur Ausgleichung zu bringen (Anrechnung auf den Erbteil).

§ 3

Auflösende Bedingung/Rückforderung

(1) Die Schenkung erfolgt unter der auflösenden Bedingung, dass

- über das Vermögen des Unterbeteiligten das Insolvenzverfahren eröffnet oder dessen Eröffnung mangels Masse abgelehnt wird bzw.,
- dass in Gesellschafterrechte des Unterbeteiligten die Zwangsvollstreckung betrieben wird, es sei denn, die Pfändungsmaßnahmen werden innerhalb von zwei Monaten wieder vollständig aufgehoben bzw.,
- dass der Unterbeteiligte vor dem Hauptbeteiligten kinderlos verstirbt.

(2) Der Hauptbeteiligte ist berechtigt, die unentgeltliche Rückübertragung der übertragenen Unterbeteiligungen einschließlich der übertragenen Guthaben auf Gesellschafterkonten ganz oder teilweise auf sich selbst zu verlangen, wenn die Belastung mit Schenkungsteuer durch

diesen Vertrag sich aufgrund geänderter Gesetzeslage oder Rechtsprechung, insbesondere durch eine Entscheidung des Bundesverfassungsgerichts wesentlich erhöht; als wesentlich gilt jede Erhöhung, die ..... % höher ist als die nach heutigem Recht zu ermittelnde Zahllast.

Das Rückübertragungsverlangen ist mittels eingeschriebenen Briefs an den Unterbeteiligten bzw. dessen Rechtsnachfolger zu stellen. Der Anspruch erlischt ersatzlos, wenn er nicht binnen sechs Monaten ab Eintritt der ihn begründenden Tatsachen und deren Kenntnis gestellt wird. Der Anspruch ist ausdrücklich auf die Lebenszeit des Hauptbeteiligten beschränkt. § 346 Abs. 1 und Abs. 2 BGB gelten entsprechend.

II. Unterbeteiligungsvertrag

§ 1

Verhältnis zur Hauptgesellschaft

(1) Der Unterbeteiligte steht in unmittelbarer Rechtsbeziehung zum Hauptbeteiligten, nicht dagegen zu der Hauptgesellschaft.

(2) Der Hauptbeteiligte ist durch die Unterbeteiligung im Verhältnis zur Hauptgesellschaft nicht gehindert, seine Gesellschafterrechte in der Hauptgesellschaft selbständig in vollem Umfang geltend zu machen; er behält sich somit die Ausübung seiner Gesellschafterrechte nach eigenem Ermessen in der Hauptgesellschaft auch bei Grundlagengeschäften vor.

(3) Die dem Unterbeteiligten im Verhältnis zum Hauptbeteiligten einzuräumenden Rechte und die ihm obliegenden Pflichten finden ihre Grenzen in dem Gesellschaftsvertrag der Hauptgesellschaft im gleichen Umfang, wie dieser für den Hauptbeteiligten verbindlich ist, in der jeweils gültigen Fassung.

(4) Sollte zwischen den Rechten und Pflichten, die dem Hauptbeteiligten aus seiner Beteiligung an der Hauptgesellschaft erwachsen und den Bestimmungen dieses Gesellschaftsvertrages ein Widerspruch bestehen oder entstehen, so ist dieser Gesellschaftsvertrag so anzupassen, dass er mit den für die Hauptgesellschaft geltenden Bestimmungen übereinstimmt.

§ 2

Kapital

(1) Der Unterbeteiligte ist nur im Innenverhältnis an dem Kapitalkonto und den übrigen Konten des Hauptbeteiligten beteiligt.

(2) Wird das Kapitalkonto des Hauptbeteiligten aus seinen übrigen Gesellschafterkonten verändert, ändert sich die Beteiligung des Unterbeteiligten an dem Kapitalkonto durch Umbuchung im gleichen Verhältnis, soweit seine Konten über das erforderliche Guthaben verfügen. Reichen die Guthaben des Unterbeteiligten nicht aus, ist er berechtigt, eine entsprechende Einlage zur Teilnahme an der Kapitalerhöhung zu leisten. Leistet der Unterbeteiligte die Einlage nicht bis zu dem Termin, an dem die Kapitalerhöhung wirksam wird, nimmt er insoweit nicht an der Kapitalerhöhung teil.

(3) Findet bei der Hauptgesellschaft eine Kapitalerhöhung nicht aus Gesellschaftsmitteln, sondern durch Einlagen der Gesellschafter statt, steht es im Ermessen des Hauptbeteiligten, ob und inwieweit er sich an dieser beteiligt. Nimmt der Hauptbeteiligte an der Kapitalerhöhung teil, kann der Unterbeteiligte die seiner Unterbeteiligungsquote entsprechende Einlage auf die Kapitalerhöhung leisten.

§ 3

Dauer/Kündigung

(1) Das Unterbeteiligungsverhältnis wird für die Dauer der Beteiligung des Hauptbeteiligten an der Hauptgesellschaft vereinbart. Scheidet der Hauptbeteiligte aus der Hauptgesellschaft ganz oder teilweise aus oder wird diese aufgelöst oder veräußert der Hauptbeteiligte seine Beteiligung an der Hauptgesellschaft ganz oder zum Teil, ist der Unterbeteiligte im Innenverhältnis an der Abfindung des Hauptbeteiligten bzw. dessen Anteil am Liquidationserlös bzw. an dem erzielten Veräußerungserlös in Höhe der Unterbeteiligungsquote beteiligt.

(2) Schon vor Beendigung der Unterbeteiligung nach Abs. 1 Satz 1 ist die Kündigung der Unterbeteiligung mit der um drei Monate verlängerten Frist, mit der die Hauptgesellschaft gekündigt werden kann, zu jedem Termin zulässig, zu dem der Hauptbeteiligte die Hauptgesellschaft kündigen kann.

(3) Das Recht, das Unterbeteiligungsverhältnis aus wichtigem Grund zu kündigen, bleibt durch die vorstehende Regelung unberührt.

§ 4

Geschäftsführung

(1) Geschäftsführer der Innengesellschaft ist nur der Hauptbeteiligte. Er wird innerhalb eines Monats nach Feststellung des Jahresabschlusses der Hauptgesellschaft einen Jahresabschluss der Innengesellschaft aufstellen und dem Unterbeteiligten zuleiten.

(2) Der Hauptbeteiligte wird den Unterbeteiligten anhören, ehe er für die Hauptgesellschaft Handlungen von besonderer Bedeutung vornimmt. Das Gleiche gilt, wenn der Hauptbeteiligte für die Innengesellschaft Handlungen vornehmen will, die über den Bereich der gewöhnlichen Geschäftsführung hinausgehen, insbesondere wenn er die Hauptgesellschaft kündigen will oder wenn Änderungen des Gesellschaftsvertrages der Hauptgesellschaft in Rede stehen.

(3) Der Geschäftsführer erhält keine Vergütung für seine Geschäftsführertätigkeit im Rahmen der Innengesellschaft.

§ 5

Gewinn- und Verlustbeteiligung

(1) Im Verhältnis der Gesellschafter zueinander ist als verteilungsfähiger Gewinn sowie als Verlust derjenige Gewinn oder Verlust anzusehen, der sich nach Maßgabe der folgenden Bestimmungen ergibt:

a) Auszugehen ist von dem Gewinn- oder Verlustanteil, der nach der Handelsbilanz der Hauptgesellschaft dem Hauptbeteiligten in der Hauptgesellschaft zukommt. Werden, z.B. aufgrund einer steuerlichen Außenprüfung, andere Ansätze verbindlich als die im ursprünglichen Jahresabschluss enthaltenen, so sind diese auch für die Innengesellschaft maßgeblich.

b) Abzusetzen ist eine Tätigkeitsvergütung in angemessener Höhe für die Tätigkeit des Hauptbeteiligten in der Hauptgesellschaft, wenn die Tätigkeitsvergütung im Gewinn- oder Verlustanteil des Hauptbeteiligten aus der Handelsbilanz enthalten ist. Die Gesellschafter sind sich darüber einig, dass unter den gegebenen Verhältnissen eine Tätigkeitsvergütung von monatlich ..... € angemessen ist.

c) Abzusetzen sind die Zinsen, die einem Gesellschafter auf sein Privatkonto zu vergüten sind.

d) Hinzuzusetzen sind die Zinsen, die ein Gesellschafter auf sein Privatkonto zu vergüten hat.

(2) Der so berechnete verteilungsfähige Gewinn oder Verlust der Innnengesellschaft wird unter die Gesellschafter im Verhältnis ihrer Kapitalkonten verteilt. Die Verlustbeteiligung ist durch den Kontenstand auf den Kapitalkonten begrenzt, auf denen nach dem Gesellschaftsvertrag der Hauptgesellschaft Verluste verrechnet werden. Eine Nachschusspflicht des Unterbeteiligten besteht nicht.

(3) Die Gesellschafter sind nicht zu Nachschüssen verpflichtet.

§ 6

Entnahmen

Die Entnahmerechte gemäß dem Gesellschaftsvertrag der Hauptgesellschaft für den Hauptbeteiligten stehen im Innenverhältnis dem Unterbeteiligten im Verhältnis seiner Beteiligung zu. Der Hauptbeteiligte ist auf Anforderung des Unterbeteiligten verpflichtet, von seinem Entnahmerecht in der Hauptgesellschaft mindestens in dem Umfang Gebrauch zu machen, wie der Unterbeteiligte entsprechend seiner Beteiligungsquote zu Entnahmen berechtigt ist.

§ 7

Information des Unterbeteiligten

Der Hauptbeteiligte wird den Unterbeteiligten über die Geschäftslage der Hauptgesellschaft unterrichten und den Jahresabschluss der Hauptgesellschaft sowie die ihm zugänglichen, der Erläuterung dienenden Unterlagen vorlegen und erläutern, soweit diese nicht aufgrund gesetzlicher oder vertraglicher Bestimmungen geheim zu halten sind. Er wird den Unterbeteiligten unter Wahrung der ihm obliegenden Geheimhaltungspflicht auch über Änderungen der rechtlichen Verhältnisse der Hauptgesellschaft unterrichten.

§ 8

Tod eines Gesellschafters

(1) Stirbt der Hauptbeteiligte, so wird die Innengesellschaft mit denjenigen fortgesetzt, auf die der Anteil des Hauptbeteiligten an der Hauptgesellschaft kraft Erbganges oder Vermächtnisses übergeht.

(2) Stirbt der Unterbeteiligte, so wird die Innengesellschaft mit denjenigen fortgesetzt, auf die die Unterbeteiligung kraft Erbganges oder Vermächtnisses übergeht, soweit es sich um seinen Ehegatten oder um eheliche Abkömmlinge des Unterbeteiligten handelt. In allen anderen Fällen scheiden die Erben oder Vermächtnisnehmer sechs Monate nach dem Tod des Unterbeteiligten aus. Innerhalb dieses Zeitraumes können sie die ihnen zufallende Unterbeteiligung an solche Personen übertragen, die gemäß Satz 1 nachfolgeberechtigt sind.

(3) Hat ein verstorbener Gesellschafter Testamentsvollstreckung bezüglich der von ihm hinterlassenen Beteiligung angeordnet, ist der Testamentsvollstrecker, soweit nicht zwingende gesetzliche Vorschriften entgegenstehen, zur Wahrnehmung aller Rechte zugelassen, die den Rechtsnachfolgern des verstorbenen Gesellschafters aus der Beteiligung zustehen, soweit es sich bei dem Testamentsvollstrecker um einen Rechtsanwalt, Wirtschaftsprüfer, Steuerberater oder den Ehegatten des verstorbenen Gesellschafters handelt. Der Testamentsvollstrecker kann die Beteiligung für die Dauer der Testamentsvollstreckung auch als Treuhänder übernehmen oder die Rechte der Rechtsnachfolger aufgrund einer vom Erblasser oder von seinen Rechtsnachfolgern erteilten Vollmacht ausüben.

§ 9

Auflösung des Unterbeteiligungsverhältnisses

(1) Mit der Rechtskraft des Beschlusses, durch den über das Vermögen des Unterbeteiligten das Insolvenzverfahren eröffnet oder dessen Eröffnung mangels Masse abgelehnt wird, scheidet der Unterbeteiligte aus der Gesellschaft aus. Das Gleiche gilt im Falle von Zwangsvollstreckungsmaßnahmen in Gesellschafterrechte des Unterbeteiligten, wenn diese nicht innerhalb von zwei Monaten aufgehoben worden sind.

(2) Das Unterbeteiligungsverhältnis wird aufgelöst:
a) wenn und soweit der Unterbeteiligte durch Übergang der Hauptbeteiligung Gesellschafter der Hauptgesellschaft wird,
b) wenn es ordentlich oder aus wichtigem Grund gekündigt wird,
c) wenn der Hauptbeteiligte seine Beteiligung an der Hauptgesellschaft veräußert oder sonstwie aus der Hauptgesellschaft ausscheidet,
d) wenn die Hauptgesellschaft aufgelöst wird.

§ 10

Abfindung des Unterbeteiligten

Dem ausscheidenden Unterbeteiligten steht eine Abfindung zu, die dem Saldo aus dem Stand des Kapitalkontos, des Privatkontos und des Verlustkontos, je ermittelt auf den Tag des Ausscheidens, entspricht. Erfolgt das Ausscheiden nicht zum Ende eines Geschäftsjahres, bemisst sich die Abfindung nach den aus der letzten Jahresbilanz sich ergebenden Werten. An Gewinnen und Verlusten aus schwebenden Geschäften der Hauptgesellschaft nimmt der Ausscheidende nicht teil. Die Abfindung ist in drei aufeinander folgenden gleich bleibenden Jahresraten auszuzahlen, deren erste sechs Monate nach dem Ausscheiden fällig wird, und in Höhe des Basiszinssatzes gemäß § 247 BGB zu verzinsen. Die Zinsen werden mit den Jahresraten fällig. Ergibt sich ein negativer Auszahlungssaldo, ist dieser vom Ausscheidenden sodann auszugleichen, wenn er seine Ursache in Belastungen des Privatkontos hat.

§ 11

Änderung der Rechtsform der Hauptgesellschaft

Sollte die Beteiligung des Hauptbeteiligten an der Hauptgesellschaft durch Umwandlung, Verschmelzung oder ähnliche Vorgänge eine rechtliche Umformung erfahren, werden die Gesellschafter eine Regelung treffen, durch die das Unterbeteiligungsverhältnis in möglichst enger Anlehnung an die in diesem Vertrag getroffenen Bestimmungen auf die neue Beteiligung des Hauptbeteiligten erstreckt wird.

§ 12

Abtretung und sonstige Verfügung über die Rechte aus der Unterbeteiligung

Der Unterbeteiligte kann seine Beteiligung an der Innengesellschaft oder einzelne sich daraus ergebende Rechte nur mit Zustimmung des Hauptbeteiligten abtreten oder anderweitig darüber verfügen.

III. Schlussbestimmungen

§ 1

Anpassungspflicht

Der Unterbeteiligungsvertrag beruht auf den derzeit gegebenen steuerlichen und wirtschaftlichen Verhältnissen. Im Fall einer Änderung dieser Vertragsgrundlage soll im gegenseitigen Einverständnis eine Änderung erfolgen.

§ 2

Salvatorische Klausel

Sollten eine oder mehrere Bestimmungen oder sollte ein wesentlicher Teil dieses Vertrags ganz oder teilweise nichtig sein oder werden oder sollte der Vertrag lückenhaft sein, wird dadurch die Wirksamkeit der übrigen Bestimmungen des Vertrags nicht berührt.

An die Stelle der nichtigen Teile soll eine Regelung treten, die dem Sinn und Zweck der nichtigen Teile entspricht oder ihnen am nächsten kommt. Beruht die Unwirksamkeit einer Bestimmung auf einem darin festgelegten Maß der Leistung oder der Zeit, so ist das der Bestimmung am nächsten kommende rechtlich zulässige Maß anstelle der unwirksamen Bestimmung zu vereinbaren. Andere Vertragslücken sind nach billigem Ermessen auszufüllen. Kommt innerhalb einer Frist von einem Monat eine Einigung der Parteien über die Ersetzung nicht zustande, entscheidet ein fachkundiger Schiedsgutachter, der, soweit sich die Parteien nicht innerhalb einer Frist von einem weiteren Monat über die Person eines Dritten einigen, auf Antrag der einen oder anderen Partei auf jeweils hälftige Kosten von der örtlich zuständigen Industrie- und Handelskammer zu benennen ist.

§ 3

Schriftformklausel; Kosten und Abschriften

Änderungen dieses Vertrages einschließlich dieser Bestimmung bedürfen der Schriftform, sofern nicht notarielle Beurkundung erforderlich ist.

Der Hauptbeteiligte trägt die Kosten der Beurkundung und etwaige Verkehrssteuern. Von dieser Urkunde erhalten die Beteiligten je eine Ausfertigung, das Finanzamt – Schenkungsteuerstelle – beglaubigte Abschrift.

Vorgelesen vom Notar, von den Beteiligten

genehmigt und eigenhändig unterschrieben:

.....

P. Abtretung eines GmbH-Geschäftsanteils im Wege vorweggenommener Erbfolge

I. Muster

URNr. ...../2011

Abtretung eines GmbH-Geschäftsanteils

im Wege vorweggenommener Erbfolge

Heute, den ..... zweitausendelf

– ..... 2011 –

erschienen vor mir,

....,

Notar in ....,

in meinen Amtsräumen in .....:

1. Herr,
   geboren am,
   wohnhaft in
   ausgewiesen durch gültigen deutschen Personalausweis,

- nachstehend „der Veräußerer" genannt -

sowie *dessen Sohn*

2. Herr,
   geboren am,
   wohnhaft in
   ausgewiesen durch gültigen deutschen Personalausweis

– nachstehend „der Erwerber" genannt – .

Die Erschienenen waren gleichzeitig vor mir anwesend. Auf Ansuchen beurkunde ich ihren Erklärungen gemäß, was folgt:

§ 1

Beteiligungsverhältnisse

Der Veräußerer

ist an der GmbH in Firma – nachstehend „Gesellschaft" genannt – mit dem Sitz in

(Stammkapital nominal DM/€)

mit einem Geschäftsanteil in Höhe von nominal DM/€

– Deutsche Mark/Euro: tausend –

beteiligt.

Der Anteil wurde erworben ..

Der Geschäftsanteil ist voll/zur Hälfte einbezahlt.

Die Beteiligten und der Notar haben die im Handelsregister eingestellte Gesellschafterliste zur Kenntnis genommen. Diese besteht hinsichtlich des Veräußerers seit mindestens drei Jahren unverändert; ein Widerspruch ist der Liste oder dem Eintrag des Veräußerers nicht zugeordnet. Der Notar hat auf die Möglichkeiten und Grenzen des gutgläubigen Erwerbs von Geschäftsanteilen hingewiesen, insbesondere, dass der Erwerb nicht bestehender Geschäftsanteile oder der gutgläubige Wegerwerb von Belastungen nicht möglich ist.

Vertragsgegenstand ist der vorbezeichnete Geschäftsanteil des Veräußerers zu ...... €, *welcher in der Gesellschafterliste mit der lfd. Nr. ...... gekennzeichnet ist.*

§ 2

Veräußerung, Abtretung

Der Veräußerer veräußert den vorbezeichneten Geschäftsanteil

an

den vorbezeichneten Erwerber

zur alleinigen Berechtigung und tritt den Geschäftsanteil an ihn ab.

Der Erwerber nimmt die Abtretung an.

Mitveräußert und mit abgetreten ist der aufgrund von Ausschüttungsbeschlüssen entstehende Gewinnanspruch für das laufende Geschäftsjahr und für frühere Geschäftsjahre, soweit der GewinnverwendungsbeschlussGewinnverwendungsbeschluß erst künftig gefasst wird.

Die Abtretung erfolgt mit sofortiger schuldrechtlicher und dinglicher Wirkung, allerdings unter der nachstehend (§ 3) vereinbarten auflösenden Bedingung.

Den Beteiligten ist bekannt, dass der Erwerber seine Gesellschafterrechte gegenüber der Gesellschaft erst dann wirksam ausüben kann, wenn er in die im Handelsregister aufgenommene Gesellschafterliste eingetragen ist. Der Veräußerer erteilt dem Erwerber unabhängig vom Eingang der Gesellschafterliste beim Handelsregister ab sofort unwiderruflich, mit Wirkung über seinen Tod hinaus und unter Befreiung von den Beschränkungen des § 181 BGB Vollmacht, sämtliche Gesellschafterrechte aus den vertragsgegenständlichen Geschäftsanteilen im vollen Umfang und uneingeschränkt auszuüben.

§ 3

Gegenleistung und Vorbehalte

Der Erwerber hat sich den Wert der Zuwendung, soweit er die Gegenleistungen übersteigt, auf seinen künftigen Pflichtteilsanspruch am Nachlass des Veräußerers anrechnen zu lassen (§ 2315 BGB).

Er hat ihn ferner im Verhältnis zu den übrigen Abkömmlingen des Schenkers beim Eintritt gesetzlicher Erbfolge oder im Falle des § 2052 BGB beim Tod des Veräußerers auszugleichen, es sei denn, die übrigen Geschwister hätten zu Lebzeiten vom Veräußerer noch gleichwertige Zuwendungen erhalten. Andernfalls ist also unentgeltliche Anteil der heutigen Übertragung voweg aus dem Nachlass an die anderen Abkömmlinge auszukehren, sofern und solange der Nachlass nicht erschöpft ist.

Alternativ: *Eine Pflicht zur Ausgleichung gegenüber etwaigen Geschwistern des Erwerbers besteht jedoch weder zu Lebzeiten noch von Todes wegen aus dem restlichen Nachlass des Veräußerers; die Zuwendung ist also nicht auf den Erbteil des Erwerbers anzurechnen.*

Die Abtretung ist auflösend bedingt. Auflösende Bedingung ist die Ausübung eines höchstpersönlichen Rückübertragungsverlangens des Veräußerers in notariell beglaubigter Form aufgrund eines der nachstehenden – vom beglaubigenden Notar nicht zu prüfenden – Rückforderungsgründe:

a) Abschluss eines schuldrechtlichen und/oder dinglichen Vertrags zur Weiterübertragung des Geschäftsanteiles ohne vorherige schriftliche Zustimmung des Veräußerers

b) Einleitung von Einzelvollstreckungsmaßnahmen in den Geschäftsanteil oder daraus sich ergebende schuldrechtliche Ansprüche, etwa auf Gewinnausschüttung,

c) Eröffnung des Insolvenzverfahrens über das Vermögen des Erwerbers; Ablehnung eines solchen Antrages wegen Massearmut, Versicherung der Vollständigkeit seines Vermögensverzeichnisses durch den Erwerber an Eides statt

d) Versterben des Erwerbers vor dem Veräußerer

e) Getrenntleben des Erwerbers und seines (künftigen) Ehegatten/Lebenspartners im Sinne des § 1567 BGB, es sei denn, durch vertragliche Vereinbarung ist sichergestellt, dass der Geschäftsanteil im Rahmen des Zugewinn- bzw. Vermögensausgleiches nicht berücksichtigt wird

f) Ein Rückforderungstatbestand tritt ferner ein, wenn

   aa) das zuständige Finanzamt für den heutigen Übertragungsvorgang Schenkungsteuer festsetzt, unabhängig vom Zeitpunkt der Fälligkeit der Steuer, oder

   bb) der Veräußerer als Zweitschuldner auf Schenkungsteuer in Anspruch genommen wird, oder

   cc) sich das Schenkungsteuerrecht oder seine Anwendung (etwa hinsichtlich der Rechtsvorschriften zum maßgeblichen Wertansatz bzw. hinsichtlich des konkreten Wertansatzes des Anteils selbst aufgrund der künftigen wirtschaftlichen Verhältnisse) nach dieser Zuwendung in einer Weise ändert, dass sich nach dieser Änderung für die heutige Übertragung im Vergleich zum geltenden Recht eine geringere Steuerbelastung, eine spätere Fälligkeit der Steuer oder die Möglichkeit ihrer Vermeidung bei Eintritt zusätzlicher Bedingungen ergibt.

g) *ein Rückforderungsrecht tritt schließlich ein, wenn Anteile des Mehrheitsgesellschafters auf Dritte übergehen, es sei denn im Erbwege oder in vorweggenommener Erbfolge*

h) *weitere Tatbestände, z.B. vom Erwerber ausgehende Beendigung einer ganztägigen Tätigkeit für die Gesellschaft; Scheitern einer Berufsausbildung etc. zB: der Erwerber oder dessen Ehegatte nicht mehr für die Gesellschaft mindestens durchschnittlich gesamt drei Stunden pro Arbeitstag tätig ist, es sei denn, die Beteiligten sind in vollem Umfang erwerbsunfähig im Sinne der rentenrechtlichen Vorschriften.*

Wechselt die Inhaberschaft am Anteil, kommt es für den Eintritt der Rückforderungsgründe auf die Person, das Verhalten, oder die sonstigen Verhältnisse der Rechtsnachfolger bzw. Erben an; bei mehreren genügt der Eintritt bei einem von ihnen. Bei Vermischung des Anteiles mit anderen beziehen sich die Verpflichtungen und Bedingung schuldrechtlich auf den durch Teilung zu bildenden Anteil in übertragener Höhe.

Die Rückübertragung erfolgt unentgeltlich, und ohne Ausgleich für die gezogenen Nutzungen. Die gesetzlichen Rücktrittsvorschriften gelten nicht. Ein Anspruch auf Befreiung von zusätzlich geleisteten Gesellschafterdarlehen besteht nicht.

Mit dem Tod des Veräußerers fällt die auflösende Bedingung endgültig aus.

2.

a) Der Veräußerer behält sich ferner den lebenslänglichen, unentgeltlichen **Nießbrauch** mit Wirkung zum Stichtag an der schenkweise übertragenen GmbH-Beteiligung vor.

b) Bei Ausscheiden des Beschenkten aus der Gesellschaft bzw. bei Liquidation der Gesellschaft besteht der Nießbrauch am Veräußerungserlös, Abfindungsguthaben, bzw. Liquidationserlös fort. Hilfsweise verpflichtet sich der Beschenkte, dem Schenker am Veräußerungserlös, Abfindungsguthaben bzw. Liquidationserlös einen entsprechenden lebenslänglichen und unentgeltlichen Nießbrauch zu bestellen. Bei einer Kapitalerhöhung aus Gesellschaftsmitteln setzt sich der Nießbrauch an den für den belasteten Geschäftsteil neu ausgegebenen Geschäftsanteilen bzw. dem erhöhten Geschäftsanteil fort. Dies gilt auch, wenn das Kapital gegen Einlagen erhöht wird. Der Nießbraucher kann in diesem Fall aber von dem auf den erhöhten Anteil entfallenden Gewinn nur denjenigen Betrag beanspruchen, der dem Verhältnis des Verkehrswerts des Anteils vor Kapitalerhöhung zum dem eingelegten Betrag entspricht.

c) Der Schenker darf die Ausübung des Nießbrauchs nicht einem Dritten überlassen.

d) Die mit der Beteiligung verbundenen Mitgliedschaftsrechte, insbesondere die Stimmrechte stehen dem Beschenkten zu. Der Beschenkte verpflichtet sich jedoch, alles zu unterlassen, was den Nießbrauch an der Beteiligung beeinträchtigen oder vereiteln könnte. Sofern der Veräußerer nicht mehr Inhaber der Mehrheit der Gesellschaftsanteile ist, verpflichtet sich der Inhaber des Gesellschaftsanteils ferner, für die Dauer des Nießbrauchs an Beschlüssen mitzuwirken, die die volle Ausschüttung der Gewinne ermöglichen.

e) In folgenden Angelegenheiten darf der Beschenkte jedoch sein Stimmrecht nicht ohne vorherige Zustimmung des Schenkers ausüben:

– ordentliche Kündigung des Gesellschafterstellung

– Thesaurierung des Jahresergebnisses

– Auflösung und Umwandlung der Gesellschaft

– Änderungen des Gesellschaftsvertrages, die die Rechtsstellung des Nießbrauchers beeinträchtigen.

f) Der Beschenkte wird auf Aufforderung durch den Schenker unverzüglich Auskunft über die Angelegenheiten der Gesellschaft, insbesondere über die wirtschaftlichen Verhältnisse der Gesellschaft, erteilen.

§ 4

Haftung

Der Veräußerer garantiert, dass der Geschäftsanteil mit dem angegebenen Betrag ordnungsgemäß einbezahlt ist und dass eine unberechtigte Rückgewähr von Stammeinlagen nicht erfolgt ist. Er garantiert ferner dass keine NachschussNachschuß- oder Erstattungsverpflichtungen bestehen und steht dafür ein, dass der Anteil nicht mit Rechten Dritter belastet ist und er über ihn frei verfügen kann. Er versichert, dass der Geschäftsanteil nicht sein ganzes oder überwiegendes Vermögen darstellt.

Darüber hinaus leistet der Veräußerer keine Garantie und übernimmt keine Haftung, insbesondere nicht für den Wert und die Ertragsfähigkeit des abgetretenen Geschäftsanteils bzw. der Gesellschaft.

§ 5

Zustimmungen; Anzeige

Den Beteiligten ist bekannt, dass im Verhältnis zur Gesellschaft gemäß § 16 Absatz 1 GmbHG bei einer Anteilsabtretung nur derjenige als Gesellschafter gilt, wer als solcher in der im Handelsregister aufgenommenen Gesellschafterliste eingetragen ist.

§ 6

Anzeige an das Registergericht

Der Notar hat darauf hingewiesen, dass er verpflichtet ist, anstellean Stelle der Geschäftsführer dem Registergericht die heutige Abtretung gem. § 40 Abs. 2 GmbHG nach ihrem Wirksamwerden anzuzeigen durch Übersendung einer mit seiner Bescheinigung versehenen Liste der Gesellschafter.

§ 7

Hinweise

Die Beteiligten wurden über die rechtliche Bedeutung der von ihnen abgegebenen Erklärungen belehrt und abschließend insbesondere auf Folgendesfolgendes hingewiesen:

1. Ein gutgläubiger Erwerb von Anteilen an einer GmbH ist nur begrenzt möglich. Nicht geschützt ist beispielsweise der Erwerb nicht vorhandener Gesellschaftsanteile, der Erwerb trotz bestehender Veräußerungsbeschränkungen oder der gutgläubig lastenfreie Erwerb; ebenso wenig ist der gute Glaube an die Vollständigkeit der Einlageleistung geschützt.
2. Die Abtretung bewirkt den sofortigen Rechtsübergang, wenn die erforderlichen Genehmigungen erteilt sind. Auf die Möglichkeit satzungsrechtlicher Vinkulierungen gem.

§ 15 Abs. 5 GmbHG (z.B. Erfordernis der Zustimmung der Gesellschaft oder weiterer Gesellschafter) wurde hingewiesen.

3. Der Veräußerer haftet auch nach der Geschäftsanteilsabtretung für die bei der Anmeldung bereits fälligen Einzahlungs-, Nachschuss- und Erstattungsverpflichtungen, und zwar für die eigenen Rückstände uneingeschränkt und für die Rückstände anderer Gesellschafter gemäß den Bestimmungen der §§ 24, 28 und 31 GmbHG. Er haftet weiterhin als Rechtsvorgänger gem. § 22 GmbHG für künftig fällig werdende Einzahlungsverpflichtungen hinsichtlich des abgetretenen Geschäftsanteils.

4. Der Erwerber haftet für alle auf das Stammkapital der Gesellschaft noch nicht geleisteten Einzahlungen, Nachschüsse und Erstattungen gemäß den Bestimmungen der §§ 16, 24, 28 und 31 GmbHG unabhängig davon, ob die Leistungen erst künftig fällig werden oder bereits fällig sind.

5. Wird mit der Abtretung eine Gesellschaft ohne laufenden Geschäftsbetrieb wieder reaktiviert,
   - ist dies offenzulegen,
   - sind die Vorschriften über die Neugründung der GmbH zu beachten,
   - können, wenn dies nicht beachtet wird, die Beteiligten gegebenenfalls auch noch nach Jahren **persönlich** haften

6. Eine steuerliche Beratung hat der Notar nicht übernommen. Insoweit haben sich die Beteiligten selbst informiert. Sie wurden jedoch auf die folgenden ertragssteuerlichen Vorschriften hingewiesen:
   a) § 20 Abs. 5 EStG, demzufolge künftig beschlossene Ausschüttungen unabhängig von der zivilrechtlichen Vereinbarung vom heutigen Erwerber zu versteuern sind, selbst wenn die Ausschüttung vergangene Geschäftsjahre oder das laufende Geschäftsjahr betrifft
   b) auf die Bestimmungen des Bewertungsgesetzes sowie des Schenkungsteuergesetzes einschließlich möglicher Nachbesteuerungen (§§ 13a, b ErbStG).

7. Der Notar hat auf das gesetzliche Rückforderungsrecht wegen Verarmung des Schenkers (§ 528 BGB) und die Möglichkeiten einer Anfechtung durch Gläubiger oder für den Fall späterer Insolvenz des Schenkers – insbesondere die geltenden Fristen – hingewiesen. Die Beteiligten vereinbaren hierzu:
Sollte sich der Erwerber von einer etwa bestehenden Pflicht zur Leistung von Wertsatz in Geld durch Rückauflassung des Vertragsbesitzes selbst befreien wollen, erfolgt diese unmittelbar an den Veräußerer Zug um Zug gegen Ausgleich der durch Investitionen des Erwerbers geschaffenen Werterhöhung sowie seiner an den Veräußerer oder weichende Geschwister aufgrund Vertrages erbrachten Zahlungen.

§ 8

Schlussbestimmungen; Abschriften

Die Kosten dieser Urkunde trägt der Erwerber, ebenso etwa anfallende Schenkungsteuer.

Von dieser Urkunde erhalten

Ausfertigungen:
- die Gesellschaft,
- der Veräußerer,
- der Erwerber.

Das Finanzamt – Körperschaftsteuer – erhält gleichzeitig gem. § 54 EStDV unter Angabe der Steuernummer der Gesellschaft, welche die Beteiligten noch nachreichen werden, eine beglaubigte Abschrift,

ferner das Registergericht auf Verlangen zum Nachweis des Rechtsübergangs,

ebenso die zuständige Schenkungsteuerstelle.

Die Gesellschaft hat keinen Grundbesitz, sodass eine Anzeige bei der Grunderwerbsteuerstelle nicht erforderlich ist.

Vorgelesen vom Notar, von den Beteiligten

genehmigt, und eigenhändig unterschrieben:

.....

II. Notarbescheinigte Liste der Gesellschafter

UR.Nr. ....../2011

Notarbescheinigte Liste der Gesellschafter der

..... GmbH

in .....

Amtsgericht ....., HRB .....

Gesellschafter	Wohnort/Sitz	Geburtsdatum/ Gericht, HR-Nr.	Geschäftsanteile in €	Lfd. Nrn. der Anteile
Max Mustermann	Musterdorf	01.01.1950	12.500 Geschäftsanteile à 1,00 €	1 – 12.500
Julia Mustermann	Musterdorf	01.01.1951	12.500 Geschäftsanteile à 1,00 €	12.501 – 25.000
Summe:			25.000,00	

Die vorstehende Liste enthält die Veränderungen, die sich aufgrund meiner Urkunde vom _____ UR.Nr. _____/2011 ergeben und stimmt ansonsten mit den Eintragungen der zuletzt im Handelsregister aufgenommenen Liste überein.

....., den .....

.....,

Notar

Q. „Stuttgarter Modell" (Überlassung mit Mietvertrag; Vereinbarung einer dauernden Last)

URNr. ...../2011

Überlassung gegen dauernde Last;

Abschluss eines Mietvertrags

Heute, den ..... zweitausendelf

– ..... 2011 –

erschienen vor mir,

.....

Notar in .....,

in meinen Amtsräumen in .....

1. Herr .....,
   geb. am .....,
   wohnhaft: .....,
   nach Angabe .....
   ausgewiesen durch gültigen deutschen Personalausweis

– nachstehend „der Veräußerer" genannt –

2. sowie dessen Sohn, das einzige Kind,
   Herr .....
   geb. am .....,
   wohnhaft: .....
   ausgewiesen durch gültigen deutschen Personalausweis

– nachstehend „der Erwerber" genannt

Der Notar fragte nach einer Vorbefassung im Sinne des § 3 Abs. 1 Nr. 7 BeurkG; sie wurde von den Beteiligten verneint.

Die Erschienenen waren gleichzeitig vor mir anwesend. Auf Ansuchen beurkunde ich ihren Erklärungen gemäß, was folgt:

§ 1

Grundbuch- und Sachstand

Das Grundbuch des Amtsgerichts für ..... Blatt ..... wurde am ..... eingesehen.

Dort ist folgender Grundbesitz eingetragen:

Flst.Nr.

Als Eigentümer ist vermerkt:

Dieser Grundbesitz ist im Grundbuch wie folgt belastet:

Abteilung II:

Abwasserkanalrecht für .....

Abteilung III:

lastenfrei

§ 2

Überlassung

.....

– im Folgenden „der Veräußerer" genannt –

überlässt den in § 1 bezeichneten Grundbesitz mit allen Rechten und dem gesetzlichen Zubehör

an

.....

– im Folgenden „der Erwerber" genannt –

zum Eigentum

Der Notar hat erläutert, dass eine Eigentumsverschaffungsvormerkung im Grundbuch gegen anderweitige Veräußerung oder Belastung, Pfändung oder Insolvenz während der Abwicklungsphase dieses Vertrages schützen würde. Gleichwohl verzichten die Beteiligten darauf, eine solche Vormerkung zur Eintragung zu bewilligen und zu beantragen.

Die Beteiligten sind über den vereinbarten Eigentumsübergang in dem angegebenen Erwerbsverhältnis einig. Der Veräußerer bewilligt und der Erwerber beantragt, den Eigentumsübergang gemäß dieser

Auflassung

in das Grundbuch einzutragen.

Der Erwerber hat sich den Wert der Zuwendung, soweit er die Gegenleistungen übersteigt, auf seinen künftigen Pflichtteilsanspruch am Nachlass des Veräußerers anrechnen zu lassen.

§ 3

Dauernde Last

Als Gegenleistung verpflichtet sich der Erwerber gegenüber dem Veräußerer, an diesen auf dessen Lebenszeit eine dauernde Last i.H.v. monatlich

..... €

– ..... Euro –

Q. „Stuttgarter Modell" (Überlassung mit Mietvertrag; Vereinbarung einer dauernden Last)

zu zahlen, zahlbar jeweils monatlich im voraus, erstmals am ...... Er soll hierdurch fortlaufende Einkünfte im Sinne des § 850b Abs. 1 Nr. 3 ZPO erhalten. Der Anfangsbetrag der dauernden Last liegt unter dem derzeitigen Mietwert des übertragenen Anwesens, den die Beteiligten mit monatlich ..... € beziffern.

Der Betrag der dauernden Last soll nicht unmittelbar wertgesichert, also an die Entwicklung der Lebenshaltungskosten gekoppelt werden. Bei einer wesentlichen Veränderung der heutigen Verhältnisse, insbesondere der Bedürftigkeit des Veräußerers, der Kaufkraft des Geldes oder der Leistungsfähigkeit des Erwerbers, ist jeder Vertragsteil gem. § 239 FamFG berechtigt, eine entsprechende Anpassung der monatlichen Zahlungen zu verlangen, jedoch unter Einhaltung einer Obergrenze von ..... und einer Untergrenze von ..... €.

Verlässt der Veräußerer das übergebene Anwesen, gleich aus welchem Grund, führt etwaiger Mehrbedarf in seiner Person jedoch zu keiner Anpassung der dauernden Last

Der Erwerber unterwirft sich wegen dieser Zahlungsverpflichtung sowie wegen des dinglichen und persönlichen Anspruchs aus der nachstehend bestellten Reallast jeweils in Höhe des Ausgangsbetrages von ..... € der sofortigen Zwangsvollstreckung aus dieser Urkunde in sein gesamtes Vermögen. Vollstreckbare Ausfertigung darf ohne weitere Nachweise erteilt werden. Eine Umkehr der Beweislast ist damit nicht verbunden.

Der Erwerber bestellt dem Veräußerer zur Sicherung der vorstehend vereinbarten Zahlungspflicht in Höhe des heute vereinbarten Ausgangsbetrages eine entsprechende

Reallast

am gesamten übergebenen Grundbesitz im Rang nach den oben genannten derzeitigen Belastungen. Die Vertragsteile **bewilligen und beantragen**, diese Reallast in das Grundbuch einzutragen mit dem Vermerk, dass zur Löschung der Nachweis des Todes des Veräußerers genügt. Der Abänderungsvorbehalt ist für Zwecke des Grundbuchrechtes (Bestimmtheit der Reallast) nur schuldrechtlich vereinbart.

§ 3
Mietverhältnis, Wohnungsrecht

1. Mietvertrag

Der Erwerber vermietet mit Wirkung zum heutigen Tag folgende Räume im vorstehend bezeichneten Grundbesitz an den Veräußerer:

......

Die Vertragsteile vereinbaren hierzu:
a) Das Mietverhältnis beginnt mit dem heutigen Tag.
b) Die ordentliche Kündigung durch den Vermieter ist auf Lebensdauer des Veräußerers als Mieter ausgeschlossen, mit Ausnahme einer Kündigung bei vertragswidrigem Gebrauch oder bei einem Rückstand des Mieters mit mindestens vier Monatsnettomieten. Der Mieter ist zur Kündigung gemäß den gesetzlichen Bestimmungen berechtigt.

c) Die Miete beträgt monatlich ..... € (..... Euro). Darin sind die gesetzlich auf den Mieter umlegbaren Betriebskosten *noch nicht/bereits* enthalten, *wohl aber/ebenso* die Grundsteuer. Auf diese Betriebskosten hat der Mieter angemessene Vorauszahlungen zu leisten, zunächst i.H.v. ..... €. Für diese und deren Abrechung gelten die gesetzlichen Bestimmungen der Betriebskostenverordnung.

d) Das Recht des Vermieters, die Miete gemäß den gesetzlichen Bestimmungen der ortsüblichen Vergleichsmiete anzupassen, bleibt unberührt.

e) Eine Kaution braucht der Mieter nicht zu leisten.

Jede der Vertragsparteien kann verlangen, dass diese Vereinbarungen und weitere Einzelheiten des Mietverhältnisses, die der Erwerber nach billigem Ermessen (§ 315 BGB) festlegen darf, unter Verwendung eines gebräuchlichen Mietvertragsformulars schriftlich niedergelegt werden.

2. Anspruch auf Bestellung eines Wohnungsrechtes

Sofern das Recht zum Besitz aus dem Mietvertrag endet aus Gründen, die nicht vom Mieter zu vertreten sind (etwa Eigenkündigung oder Kündigung des Eigentümers wegen Nichterfüllung seiner vertraglichen Pflichten), kann der Mieter vom Eigentümer die Einräumung und Eintragung eines lebenslangen Wohnungsrechts nach § 1093 BGB zur ausschließlichen Nutzung der Mieträume und Mitnutzung der zum gemeinschaftlichen Gebrauch bestimmten Anlagen verlangen; die schuldrechtlichen Entgeltabreden bleiben unberührt. Zur Sicherung dieses bedingten Anspruchs wird die Eintragung einer Vormerkung zugunsten des Veräußerers im Rang nach der Reallast

bewilligt und beantragt.

Eine ertragssteuerliche Beratung hat der Notar nicht übernommen, jedoch darauf hingewiesen, dass der Mietvertrag wie unter fremden Dritten abgeschlossen und durchgeführt werden sollte, wobei allerdings eine Unterschreitung der ortsüblichen Marktmiete unschädlich ist, solange an der Einkünfteerzielungsabsicht keine Zweifel bestehen und die Grenzen des § 21 Abs. 2 EStG eingehalten sind.

§ 4

Besitzübergabe

Die Übergabe des mittelbaren Besitzes erfolgt mit dem heutigen Tage, die Übergabe des unmittelbaren Besitzes und der Nutzungen sowie der Übergang von Lasten, Verkehrssicherungspflichten, Haftung und Gefahr hinsichtlich der vermieteten Räume mit Beendigung des Wohnungsrechtes, im Übrigen mit dem heutigen Tag.

Der Vertragsbesitz unterliegt keiner Wohnungsbindung.

§ 5
Rechtsmängel

Der Veräußerer ist verpflichtet, dem Erwerber ungehinderten Besitz und lastenfreies Eigentum zu verschaffen, soweit in dieser Urkunde nichts anderes vereinbart ist. Für die Freiheit des Grundstücks von öffentlichen Abgaben und Erschließungsbeiträgen haftet der Veräußerer nicht.

Die in Abteilungen II des Grundbuches eingetragenen Belastungen übernimmt der Erwerber zur weiteren Duldung mit allen sich aus der Eintragungsbewilligung ergebenden Verpflichtungen.

§ 6
Sachmängel, Verjährung

Der Erwerber übernimmt den Vertragsbesitz im gegenwärtigen, ihm bekannten Zustand. Ansprüche und Rechte des Erwerbers wegen Mängeln sind ausgeschlossen; Schadensersatzansprüche nur soweit der Veräußerer nicht vorsätzlich gehandelt hat.

Der Veräußerer haftet auch nicht für verborgene Mängel. Er versichert aber, dass ihm verborgene Mängel nicht bekannt sind.

§ 7
Hinweise des Notars und weitere Vereinbarungen

Eine steuerliche Beratung hat der Notar nicht übernommen, im Übrigen über die rechtliche Tragweite der abgegebenen Erklärungen belehrt und abschließend nochmals auf folgendes hingewiesen:

- Das Eigentum geht mit der Umschreibung im Grundbuch auf den Erwerber über.
- Unabhängig von den rein schuldrechtlichen Vereinbarungen der Beteiligten in dieser Urkunde haften kraft Gesetzes der Vertragsbesitz für Rückstände an öffentlichen Abgaben und Erschließungsbeiträgen und beide Vertragsteile für die etwa anfallende Grunderwerbsteuer und die Kosten als Gesamtschuldner.
- Sofern sich der Veräußerer Nutzungsrechte am Vertragsbesitz vorbehalten hat, beginnt die Zehnjahresfrist des § 2325 Abs. 3 BGB, nach deren Ablauf die heutige Zuwendung bei der Berechnung von Pflichtteilsergänzungsansprüchen nicht mehr zu berücksichtigen ist, nicht zu laufen;
- Das gesetzliche Rückforderungsrecht wegen Verarmung des Schenkers (§ 528 BGB) und die Möglichkeiten einer Anfechtung durch Gläubiger oder für den Fall späterer Insolvenz des Schenkers können nicht abbedungen werden; auf diese – insbesondere die geltenden Fristen – wurde hingewiesen. Die Beteiligten vereinbaren hierzu:
  Sollte sich der Erwerber von einer etwa bestehenden Pflicht zur Leistung von Wertsatz in Geld durch Rückauflassung des Vertragsbesitzes selbst befreien wollen, erfolgt diese unmittelbar an den Veräußerer Zug um Zug gegen Ausgleich der durch Investitionen des

Erwerbers geschaffenen Werterhöhung sowie seiner an den Veräußerer oder weichende Geschwister aufgrund Vertrages erbrachten Zahlungen
- Sofern der Veräußerer Anspruch auf Förderung selbstgenutzten Wohneigentums hat, entfällt diese Förderung trotz Vorbehalt von Nutzungsrechten; auch der Erwerber hat insoweit keinen Anspruch auf Förderung.
- Die Übertragung bisher betrieblich gehaltenen Grundbesitzes kann zur Besteuerung dadurch aufgelöster stiller Reserven führen.
- Es ist erforderlich, dass alle Vereinbarungen richtig und vollständig beurkundet werden, damit die Wirksamkeit der Urkunde und aller Vereinbarungen gewährleistet ist.

§ 8

Vollzugsauftrag

Alle Beteiligten beauftragen und bevollmächtigen den amtierenden Notar, seinen amtlichen Vertreter oder Nachfolger im Amt,
- sie im Grundbuchverfahren uneingeschränkt zu vertreten
- die zur Wirksamkeit und für den Vollzug dieser Urkunde erforderlichen Genehmigungen und Erklärungen anzufordern und (auch gem. § 875 Abs. 2 BGB) entgegenzunehmen.

Anfechtbare Bescheide und Zwischenbescheide zur Fristverlängerung sind jedoch den Beteiligten selbst zuzustellen; Abschrift an den Notar wird erbeten.

Die Vertragsteile bevollmächtigen die Angestellten an dieser Notarstelle – welche der Amtsinhaber zu bezeichnen bevollmächtigt wird – je einzeln und befreit von § 181 BGB – Erklärungen, Bewilligungen und Anträge materiell- oder formellrechtlicher Art zur Ergänzung oder Änderung des Vertrages abzugeben, soweit diese zur Behebung behördlicher oder gerichtlicher Beanstandungen zweckdienlich sind.

§ 9

Schlußbestimmungen, Kosten und Abschriften

Im Hinblick auf § 34 ErbStG und § 8 ErbStDV machen die Beteiligten ergänzend folgende Angaben:

Der Verkehrswert des Anwesens beträgt ..... €

Der letzte Einheits- bzw. Grundbesitzwert beträgt ..... €

Die Kosten dieser Urkunde und ihres Vollzuges sowie eine etwa anfallende Grunderwerbsteuer und Schenkungsteuer trägt der Erwerber.

Von dieser Urkunde erhalten:

Ausfertigungen:
- die Vertragsteile
- das Grundbuchamt

einfache Abschriften:
- die Grunderwerbsteuerstelle zur Kenntnis

beglaubigte Abschriften:
- die Schenkungsteuerstelle

Vorgelesen vom Notar, von den Beteiligten
genehmigt, und eigenhändig unterschrieben:

.....

R. Übertragung eines einzelkaufmännischen Gewerbebetriebes mit Grundbesitz

I. Übergabe eines einzelkaufmännischen Gewerbebetriebes (mit Grundbesitz)

URNr. ...../2011

Übergabe eines einzelkaufmännischen Gewerbebetriebs (mit Grundbesitz)

Heute, den ..... zweitausendelf

– ..... 2011 –

erschienen vor mir,

.....

Notar in .....,

in meinen Amtsräumen in .....:

1. Herr .....,
   geb. am .....,
   wohnhaft: .....,
   nach Angabe .....
   ausgewiesen durch gültigen deutschen Personalausweis

– nachstehend „der Veräußerer" genannt –

sowie dessen Ehegatte, ...

2. ferner deren Sohn, das einzige Kind,
   Herr .....
   geb. am .....,
   wohnhaft: .....
   ausgewiesen durch gültigen deutschen Personalausweis

– nachstehend „der Erwerber" genannt –

Der Notar fragte nach einer Vorbefassung im Sinne des § 3 Abs. 1 Nr. 7 BeurkG; sie wurde von den Beteiligten verneint.

Die Erschienenen waren gleichzeitig vor mir anwesend. Auf Ansuchen beurkunde ich ihren Erklärungen gemäß, was folgt:

I. Vorbemerkung; Grundbuch- und Sachstand

1.

Im Grundbuch des Amtsgerichts .....

..... **Band**..... **Blatt**.....

ist folgender Grundbesitz eingetragen:

Gemarkung .....

FlNr. ....straße, ... zu ..... m²

Abteilung I (Eigentümer):

.....

Abteilung II (Belastungen):

.....

Abteilung III (Grundpfandrechte):

.....

2.

Der Veräußerer betreibt auf dem vorgenannten Grundstück *sowie in gemieteten Räumen in ....., ...straße .....,* ein Einzelunternehmen, das ..... zum Gegenstand hat. Herr/Frau ..... ist im Handelsregister des Amtsgerichts ..... unter der Nummer HRA ..... mit der Firma

.....

sowie in der Handwerksrolle eingetragen.

Der vorgenannte Grundbesitz bildet ausschließlich betriebliches Vermögen. (**Alt.:** *Auf dem vorgenannten Grundbesitz befindet sich neben betrieblichen Gebäuden auch das Wohnhaus des Veräußerers.*

Ggf.: Die oben näher bezeichnete Buchgrundschuld zu ..... € sichert nach Angabe der Beteiligten nur ein Darlehen bei dem Gläubiger der Grundschuld, das zur Finanzierung des Baues der Betriebsgebäude gedient hat und das zur Zeit noch mit ca. ..... € valutiert ist. Nach Angabe handelt es sich demnach um eine betriebliche Verbindlichkeit.)

Der Veräußerer beabsichtigt, den vorgenannten Grundbesitz sowie den dort eingerichteten und ausgeübten Gewerbebetrieb an den Erwerber *unentgeltlich/teilentgeltlich (falls Gegenleistungen vereinbart sind)* im Wege der vorweggenommenen Erbfolge zu übertragen. Der Erwerber wird den Betrieb *unter Beibehaltung der bisherigen Firma mit/ohne Anfügung eines Nachfolge- bzw. Inhaberzusatzes/unter neuer Firma* weiterführen.

(Bei Handwerk: Die erforderliche Umschreibung in der Handwerksrolle wird von den Beteiligten selbst veranlasst.)

II. Überlassung

Herr/Frau .....

– in dieser Urkunde auch „Veräußerer" genannt –

überlässt

den in Ziff. I Nr. 1 beschriebenen Grundbesitz mit allen Rechten und Pflichten, den wesentlichen Bestandteilen, dem Zubehör und mit dem darauf unter der Firma ..... ausgeübten Gewerbebetrieb mit allen Aktiven und Passiven – soweit in dieser Urkunde nicht anderes vereinbart ist –

an

.....

– in dieser Urkunde auch „Erwerber" genannt –

zum Alleineigentum.

Die Übertragung erfolgt mit Wirkung zum 01.01. ..... (Übergabestichtag).

Maßgebend für den Umfang und den Bestand des übergebenen Gewerbebetriebes (Aktiva und Passiva) ist die mit dem uneingeschränkten Bestätigungsvermerk zu versehende Schlußbilanz zum 31.12. ....., die unverzüglich nach Ablauf des Geschäftsjahres durch einen Steuerberater/Wirtschaftsprüfer aufzustellen ist. Der Bestand an Vorräten und Handelswaren wird durch eine auf den Bilanzstichtag vorzunehmende zeitnahe Inventur (R 30 Abs. 1 EStR) ermittelt.

Trotz Hinweises des Notars wird auf eine nähere Bestimmung der Aktiva und Passiva in dieser Urkunde verzichtet.

*Der Erwerber hat das Recht, das Unternehmen auch unter der bisherigen Firma ohne die Beifügung eines Nachfolgezusatzes oder eines Inhaberzusatzes fortzuführen. Beide Vertragsteile verpflichten sich zur entsprechenden Mitwirkung bei der erforderlichen Anmeldung des Betriebsübergangs zur Eintragung im Handelsregister (**Achtung:** mit/ohne Haftungsausschluss je nach vertraglicher Regelung bzgl. Verbindlichkeiten).*

Die Überlassung erfolgt unentgeltlich, soweit nicht in dieser Urkunde Rechte vorbehalten werden oder Gegenleistungen des Erwerbers vereinbart sind. Sie dient der Vorwegnahme der Erbfolge.

Der Erwerber hat sich den Wert der Zuwendung, soweit er die Gegenleistungen übersteigt, auf seinen künftigen Pflichtteilsanspruch am Nachlass des Veräußerers anrechnen zu lassen

Die Überlassung unterliegt nicht der Umsatzsteuer (§ 1 Abs. 1a UStG).

III. Gemeinsame Bestimmungen zur Übertragung der Aktiva und Passiva

1. Übergabe der Geschäftsunterlagen, Auskunftspflicht

Der Veräußerer ist verpflichtet, dem Erwerber sämtliche Unterlagen zu übergeben, die mit dem übertragenen Geschäftsbetrieb in Zusammenhang stehen.

In die übertragenen Geschäfts- und Betriebsgeheimnisse ist der erforderliche Einblick zu verschaffen.

2. Übergabe von Besitz und Nutzungen, Übergang der Lasten

Stichtag für die Übergabe von Besitz und Nutzungen sowie den Übergang von Lasten, wirtschaftliche Verfügungsmacht, Haftung, Verkehrssicherung und Gefahr ist der 01.01. ....., auch wenn die Eigentumsumschreibung bezüglich des Grundbesitzes zu einem anderen Zeitpunkt erfolgen sollte.

Dieser Zeitpunkt ist zugleich maßgeblich für die Pflicht zur Übertragung der Besitzsteuern sowie öffentlicher Lasten (z.B. Grundsteuer und Erschließungskosten nach BauGB sowie einmalige Abgaben nach dem Kommunalabgabengesetz im weitesten Sinne, wobei hinsichtlich letzterer unabhängig vom Baufortschritt der Erschließungsanlagen auf den Zugang des Gebühren- oder Beitragsbescheides abzustellen ist). Vorausleistungen werden an den Erwerber abgetreten und sind mit dessen endgültiger Beitragsschuld zu verrechnen, auch dann, wenn überschüssige Vorausleistungen erstattet werden.

Die Energielieferungsverträge mit öffentlichen Versorgungsunternehmen sind ebenfalls zu diesem Stichtag auf den Erwerber umzustellen.

Bis zum Übertragungsstichtag werden Veränderungen der einzubringenden Gegenstände und Sachgesamtheiten zwischen Veräußerer und Erwerber einvernehmlich abgestimmt.

3. Rechts- und Sachmängel

Der Veräußerer versichert, dass er Alleineigentümer aller übertragenen Gegenstände ist und diese Gegenstände frei von Rechten Dritter sind, soweit nicht etwas anderes ausdrücklich genannt ist.

Der Veräußerer ist zur ungehinderten Besitz- und lastenfreien Eigentumsübergang auf den Erwerber verpflichtet, soweit in dieser Urkunde nichts anderes bestimmt ist. Er haftet jedoch nicht für Freiheit von aus dem Grundbuch nicht ersichtlichen Belastungen.

Der Erwerber übernimmt den Vertragsgegenstand im gegenwärtigen, ihm bekannten Zustand. Rechte des Erwerbers wegen Mängeln sind ausgeschlossen; Schadensersatzansprüche jedoch nur, soweit der Veräußerer nicht vorsätzlich gehandelt hat. Für die Bonität der übertragenen Forderungen wird nicht gehaftet, im Hinblick auf den Vertragsgegenstand bestehende Ansprüche gegen Dritte werden jedoch an den Erwerber abgetreten.

Die Vertragsteile stimmen der Löschung aller nicht übernommenen Belastungen sowie allen Rangänderungen mit dem Antrag auf Vollzug zu; bei Gesamtrechten auch hinsichtlich aller übrigen in den Mithaftvermerken genannten Grundbuchstellen.

Das in Abteilung III des Grundbuches eingetragene und in Ziff. I aufgeführte Grundpfandrecht sowie die in Abteilung II eingetragenen Beklastungen werden vom Erwerber zur weiteren Duldung übernommen. Eventuelle Eigentümerrechte und Rückgewähransprüche in bezug auf dieses Grundpfandrecht, zum Beispiel auf Abtretung, Verzicht oder Aufhebung oder auf den Mehrerlös bei einer Verwertung, werden aufschiebend bedingt auf den Erwerber abgetreten, bei mehreren im angegebenen Gemeinschaftsverhältnis. Bedingungseintritt ist die Eigentumsumschreibung auf den Erwerber. Die Umschreibung im Grundbuch wird bewilligt.

Der Vertragsgegenstand ist nicht vermietet oder verpachtet. Er wird frei von Miet- oder Pachtverhältnissen übergeben.

Für Sachmängel haftet der Veräußerer nicht. Insbesondere übernimmt der Veräußerer auch keine Garantien, z.B. für Umsatz oder Ertrag.

Gerichtliche Verfahren sind derzeit nicht anhängig.

Der Veräußerer verpflichtet sich, das Unternehmen und alle Gegenstände des übergebenen Betriebsvermögens in einem ordnungsgemäßen Zustand zu erhalten und bis zur Übergabe ohne Zustimmung des Erwerbers keine ungewöhnlichen Geschäfte vorzunehmen und keine größeren Investitionen zu tätigen.

4. Eintritt in die Vertragsverhältnisse (Vertragsübernahme)

Sämtliche Rechte und Pflichten aus den am Übergabestichtag bestehenden betrieblichen Vertragsverhältnissen oder aus bis zu diesem Tag angebahnten Vertragsbeziehungen (Verhandlungsergebnisse) sollen wirtschaftlich und – soweit möglich – auch rechtlich auf den Erwerber übergehen und werden von diesem übernommen. Dies gilt insbesondere für alle betrieblichen Dauerschuldverhältnisse, wie Miet-, Leasing-, Wartungs- und Versicherungsverträge. Die Verträge sind dem Erwerber bekannt.

Der Erwerber tritt mit Wirkung zum vorgenannten Zeitpunkt anstelle des Veräußerers in sämtliche Verpflichtungen des Veräußerers aus diesen Schuldverhältnissen ein mit der Verpflichtung, den Veräußerer von jeglicher Inanspruchnahme freizustellen.

Zum schuldbefreienden Übergang der Verbindlichkeiten bzw. zur vollständigen Vertragsübernahme ist gem. § 415 BGB die Zustimmung des Gläubigers erforderlich. Der Veräußerer wird nach besten Kräften darauf hinwirken, dass die jeweils andere Vertragspartei dem Übergang auf den Erwerber zustimmt. Die Zustimmung werden die Vertragsteile selbst einholen.

Auch die Umschreibung des Mietvertrages für die Räume in ....., auf den Erwerber werden die Beteiligten selbst veranlassen.

Verweigert einer der Vertragspartner die erforderliche Genehmigung, ist der Veräußerer berechtigt, das Vertragsverhältnis ordentlich zum nächstmöglichen Zeitpunkt zu kündigen.

(Alternative für den Fall, dass alle Dauerschuldverhältnisse beendet werden und nicht übernommen werden:

Der Veräußerer erklärt und steht dafür ein, dass hinsichtlich der vorstehend § 1 veräußerten Sachgesamtheit keine objektbezogenen Dauerschuldverhältnisse bestehen, die auf den Erwerber übergehen [z.B. Darlehen, Versicherungsverträge, betriebliche Wartungsverträge, Leasingverträge etc.]. Er hat gegebenenfalls den Erwerber hiervon freizustellen und selbst für die Beendigung solcher Verträge zu sorgen, sofern der Erwerber nicht eine Übernahme wünscht.)

5. Arbeitnehmer

Die zum Übergabezeitpunkt bestehenden Arbeitsverhältnisse zwischen dem Veräußerer und den Arbeitnehmern gehen auf den Erwerber über und werden von diesem unverändert mit allen Rechten und Pflichten übernommen (§ 613a BGB). Die Vertragsinhalte, insbesondere die Gehaltshöhe, sind dem Erwerber bekannt; er hat Vertragsabschriften bereits erhalten. Der Wechsel auf Arbeitgeberseite werden die Beteiligten den Arbeitnehmern gemeinsam frühzeitig mitteilen. Die Löhne der vorgenannten Arbeitnehmer bis zum Stichtag des Übergangs hat der Veräußerer zeitanteilig zu entrichten.

Über die Bestimmung des § 613a BGB (Betriebsübernahme) einschließlich des Widerspruchsrechts der Arbeitnehmer wurden die Beteiligten durch den Notar belehrt. Danach haftet der bisherige Arbeitgeber neben dem neuen Betriebsinhaber für bis zum Übergang entstandene Verpflichtungen ggf. gesamtschuldnerisch weiter. Eine Kündigung von Arbeitsverhältnissen wegen des Betriebsübergangs ist unwirksam.

(Alternative bzw. Zusatz für den Fall, dass keine oder nur teilweise Arbeitnehmer übernommen werden:

Der Veräußerer erklärt und steht dafür ein, dass er im Übrigen sämtlichen Arbeitnehmern wirksam gekündigt bzw. die bestehenden Arbeitsverhältnisse durch Aufhebungsverträge beendet hat, so dass der Erwerber diese nicht, auch nicht gem. § 613a BGB, übernimmt.

Sollte – etwa aufgrund erfolgreicher arbeitsgerichtlicher Kündigungsschutzklage eines Arbeitnehmers – sich wider Erwarten herausstellen, dass die Arbeitsverhältnisse nicht wirksam beendet wurden, hat der Veräußerer den Erwerber von den daraus erwachsenden Verpflichtungen freizustellen, sofern und soweit der Erwerber das Arbeitsverhältnis nicht zu übernehmen wünscht. Dieselbe Freistellungsverpflichtung gilt für sämtliche Folgeansprüche, die aus den früheren Arbeitsverhältnissen entstehen könnten [etwa hinsichtlich Nachzahlung von Nebenkosten, Sozialversicherungsabgaben etc.].)

6. Kassenbestand, Rechnungsabgrenzung

Der Kassenbestand zum Stichtag wird auf den Erwerber übertragen. Die den Rechnungsabgrenzungsposten zugrundeliegenden Ansprüche (inkl. Damnum) gehen ebenfalls zu diesem Stichtag auf den Erwerber über.

7. Verbindlichkeiten (Schuldübernahme)

Die im Betrieb des Veräußerers entstandenen Verbindlichkeiten werden nach Maßgabe der nachstehenden Regelungen vom Erwerber schuldbefreiend übernommen. Für ab heute begründete Schulden gilt dies nur, wenn der Erwerber ihnen zustimmt oder wenn diese im Rahmen eines ordnungsgemäßen Geschäftsganges begründet werden.

Über sämtliche auf den Erwerber übergehenden Verbindlichkeiten wird zum Übergabestichtag eine Kreditorenliste angefertigt. Alle darin sowie in der maßgeblichen Bilanz ausgewiesenen Verbindlichkeiten werden vom Erwerber übernommen. In die Kreditorenliste werden folgende zum Übergabestichtag bestehenden Verbindlichkeiten übernommen:

- Verbindlichkeiten gegenüber Kreditinstituten,

- erhaltene Anzahlungen auf Bestellungen,
- Verbindlichkeiten aus Lieferungen und Leistungen,
- Verbindlichkeiten aus der Annahme gezogener Wechsel und der Ausstellung eigener Wechsel,
- sonstige Verbindlichkeiten.

Der Erwerber übernimmt insbesondere das Darlehen des Veräußerers bei der ......- Bank (Darlehens-Nr. ......), das durch die in I. dieser Urkunde näher bezeichnete Grundschuld abgesichert ist, zur weiteren Verzinsung und Tilgung. Die Darlehensschuld beträgt derzeit ca. ...... €.

Die Schuldübernahme erfolgt mit Wirkung zum Übergabestichtag und unabhängig vom genauen Schuldenstand zu diesem Tag.

Die vom Veräußerer in seiner Bilanz zum Übertragungsstichtag unter dem Posten „Sonstige Rückstellungen" ausgewiesenen Verbindlichkeiten gehen ebenfalls auf den Erwerber über. Es handelt sich dabei um diejenigen Rückstellungen, die nach § 249 HGB unter Beachtung der Grundsätze ordnungsmäßiger Buchführung zu bilden sind.

Die jeweilige Schuldübernahme wird in Abstimmung zwischen den Beteiligten den Gläubigern angezeigt unter gleichzeitigem Ersuchen, der befreienden Übernahme durch den Erwerber gem. § 415 BGB zuzustimmen.

Diese Schuldübernahmen werden die Beteiligten selbst einholen, *ebenso eine Erklärung des Grundpfandgläubigers, dass der Veräußerer aus seiner persönlichen Haftung entlassen wird. Der Notar hat ferner auf die Bedeutung der Zweckbestimmungserklärung bezüglich der übernommenen Grundschuld hingewiesen. Die Kosten der Schuldübernahme trägt der Erwerber.*

Der Erwerber übernimmt in Höhe des Betrages der übernommenen Grundschuld nebst Zinsen und etwaigen Nebenleistungen gegenüber dem Darlehensgeber die persönliche Haftung und unterwirft sich deswegen der sofortigen Zwangsvollstreckung in sein gesamtes Vermögen. Vollstreckbare Ausfertigung kann jederzeit ohne Nachweise erteilt werden.

Klargestellt wird, dass der Erwerber keine privaten Verbindlichkeiten des Veräußerers übernimmt.

8. Forderungen; Wechsel; dingliche Rechte

Der Veräußerer ist Inhaber der in seinem Betrieb entstandenen Forderungen. Diese umfassen im Einzelnen die Forderungen aus Lieferungen und Leistungen, Bankguthaben sowie etwaige sonstige Forderungen (z.B. gegenüber Arbeitnehmern oder aus der Sozialversicherung, Rückdeckungsansprüche aus Lebensversicherungen).

Der Bestand wird zum Übergabestichtag in einer Debitorenliste erfasst und bewertet. Übertragen sind alle Forderungen, die am Übertragungsstichtag – auch bedingt oder befristet – entstanden waren, selbst wenn sie in der Bilanz zum Übergabestichtag oder in der Debitorenliste nicht enthalten sind.

Die in der Bilanzposition „Forderungen aus Lieferungen und Leistungen" erfaßten Besitzwechsel sowie die diesen zugrundeliegenden Forderungen gehen ebenfalls auf den Erwerber über.

Soweit der Veräußerer Gläubiger übertragbarer dinglicher Rechte an fremden Grundstücken (z.B. von Grundschulden oder Hypotheken) ist, werden auch diese sowie alle weiteren Ansprüche aus den der jeweiligen Grundpfandrechtsbestellung zugrundeliegenden Urkunden abgetreten, insbesondere etwaige Ansprüche aus persönlichen Schuldanerkenntnissen samt Vollstreckungsunterwerfung, an den Erwerber übertragen.

Die Umschreibung im Grundbuch wird bewilligt und beantragt. Evtl. Grundpfandrechtsbriefe sind dem Erwerber zum Stichtag zu übergeben. Die unter Ziff. V. erteilte Vollmacht berechtigt auch dazu, die von der Übertragung etwa erfaßten dinglichen Rechte grundbuchmäßig zu bezeichnen.

(Alternative für den Fall, dass Forderungen und Verbindlichkeiten zum Stichtag beim Veräußerer verbleiben:

Forderungen und Verbindlichkeiten

Sämtliche aus dem Geschäftsbetrieb bis einschließlich 31.12. ..... erwachsenden Forderungen stehen noch dem Veräußerer zu und sind durch diesen einzuziehen. Die Handkasse wird zum 31.12. ..... [Zeitpunkt des Geschäftsschlusses] auf Null gestellt; das dort befindliche Guthaben steht dem Verkäufer zu.

Auch die mit Einrichtung und Ausübung des Handwerksbetriebs verbundenen Verbindlichkeiten, z.B. Bankverbindlichkeiten zur Anschaffung der Betriebsmittel, verbleiben beim Veräußerer; deren Tilgung aus Mitteln des Kaufpreises unterliegt dessen freier Entscheidung, die eingetragenen Grundpfandrechte sind jedoch aus dem Kaufpreis abzulösen. Eine Übernahme von Krediten unter Auswechslung des Schuldners zur Finanzierung des Erwerbs findet nicht statt; die Finanzierung des Erwerbs ist ausschließlich Angelegenheit des Erwerbers.

Betriebliche Girokonten gehen nicht über. Der Erwerber richtet neue Konten ein.)

7. Haftung aus Pflichtverletzung/Betriebsprüfungsrisiko

In der für die Übergabe maßgeblichen Schlußbilanz werden die betriebsüblichen Rückstellungen für Haftungen aus Pflichtverletzung ausgewiesen. Mit Wirkung zum Übergabestichtag ist der Erwerber verpflichtet, die dann bestehenden Ansprüche aus Pflichtverletzungen anstelle des Veräußerers zu erfüllen und ihn aus jeder Inanspruchnahme hieraus freizustellen. Dies gilt insbesondere auch für zur Zeit nicht bekannte Risiken aus Pflichtverletzungen.

Wenn eine Betriebsprüfung zu einer Erhöhung der betrieblichen Steuern oder zu einer *höheren persönlichen Steuer* aus betrieblichen Einkünften für den Veräußerer für den Zeitraum bis zum Übergabestichtag führt, hat diese im Verhältnis zwischen Veräußerer und Erwerber *der Erwerber allein* zu tragen und den Veräußerer von jeder Inanspruchnahme durch die Finanzverwaltung freizustellen. Abschlußzahlungen hinsichtlich der vorgenannten Steuern, die sich aufgrund der Veranlagungen bis zum Übergabestichtag ergeben, werden vom Erwerber getragen.

IV. Übereignung und Abtretung

1. Grundbucherklärungen

Die Vertragsteile sind über den Eigentumsübergang hinsichtlich des überlassenen Grundbesitzes entsprechend Ziff. II dieser Urkunde auf den Erwerber einig.

Der Veräußerer **bewilligt** und der Erwerber **beantragt**, die Eigentumsumschreibung im Grundbuch aufgrund dieser

Auflassung

zu vollziehen.

Zur Sicherung des Anspruchs uf Verrschaffung des Eigentums am Vertragsgegenstand **bewilligt** der Veräußerer die Eintragung einer

Vormerkung

gem. § 883 BGB in das Grundbuch zugunsten des Erwerbers im angegebenen Berechtigungsverhältnis an nächstoffener Rangstelle. Deren Eintragung wird jedoch trotz Belehrung durch den Notar derzeit **nicht beantragt**; der Erwerber behält sich dies vor.

Vollzugsnachricht wird für die Beteiligten an den Notar erbeten.

2. Einigung

Die Vertragsteile sind ferner darüber einig, dass die zum übergebenen Betriebsvermögen gehörenden beweglichen Sachen in das Eigentum des Erwerbers übergehen, und zwar zum Übergabestichtag.

3. Abtretung, Indossament

Ferner tritt der Veräußerer die im Betrieb bis zum Übergabestichtag begründeten und übertragenen Forderungen, vertraglichen Ansprüche und dinglichen Rechte gegen Dritte mit Wirkung zu diesem Zeitpunkt an den Erwerber ab. Evtl. erfaßte Besitzwechsel werden indossiert.

Der Erwerber nimmt die Abtretungen an.

Die nach dem Gesetz erforderliche Anzeige dieser Abtretung an die jeweiligen Schuldner werden die Vertragsteile selbst gemeinsam vornehmen.

4. Regelungen für den Fall der Nichtübertragbarkeit der Aktiva und Passiva

Soweit einzelne Gegenstände zu Sicherungszwecken übereignet sind, tritt der Veräußerer alle Rechte aus den Sicherungsverträgen an den Erwerber ab. Die Vertragsparteien werden erforderlichenfalls die Sicherungsnehmer über die Abtretung unterrichten und deren Zustimmung hierzu einholen.

Sollten Forderungen ihrer Natur nach oder wegen wirksamer Vereinbarungen nach § 399 BGB nicht abtretbar sein, ist der Veräußerer zur Einziehung für Rechnung und auf Kosten des Erwerbers verpflichtet, welchem auch der Erlös auszukehren ist.

Sollte die beabsichtigte befreiende Übernahme eines Vertrages oder von Verbindlichkeiten den jeweiligen Gläubigern nicht angezeigt werden oder sollten diese im Einzelfall ihre Zustimmung verweigern bzw. von einer wesentlichen Änderung des Schuldverhältnisses oder Vertrages zum Nachteil eines Beteiligten abhängig machen, gilt:

Im Innenverhältnis zwischen Veräußerer und Erwerber gilt die Vereinbarung als Verpflichtung zur Befreiung von den übernommenen Verbindlichkeiten, im Außenverhältnis zum Gläubiger als gesamtschuldnerischer Schuldbeitritt des Erwerbers; hinsichtlich im Innenverhältnis übernommener Vertragsverhältnisse übt der Veräußerer im Außenverhältnis zur anderen Vertragspartei die bestehenden vertraglichen Rechte und Verpflichtungen für Rechnung und nach Weisung des Erwerbers aus.

V. Verpflichtungen des Erwerbers zur Versorgung des Veräußerers

1. Wohnungsrecht

Der Veräußerer und sein Ehegatte behalten sich als Gesamtberechtigte nach § 428 BGB ein Wohnungsrecht, das dem Überlebenden von ihnen in vollem Umfang allein zusteht, unter Ausschluß des Eigentümers an folgenden Räumen im Vertragsanwesen vor:

abgeschlossene Wohnung im ..... des auf dem übergebenen Grundbesitz befindlichen Anwesens (Wohnhaus).

Der Wohnungsberechtigte ist befugt, die zum gemeinschaftlichen Gebrauch der Bewohner dienenden Anlagen und Einrichtungen einschließlich des Gartens mitzubenutzen.

Der Eigentümer hat die dem Wohnungsrecht unterliegenden Räume auf seine Kosten in gut bewohnbarem und beheizbarem Zustand zu erhalten. Die laufenden Verbrauchskosten hat der Berechtigte zu tragen.

2. Leibrente

Der Erwerber verpflichtet sich, an den Veräußerer und dessen Ehegatten als Gesamtberechtigte nach § 428 BGB auf deren Lebensdauer eine monatliche Rente i.H.v. ...€,

– Euro ..... –

zu bezahlen.

Die Zahlungen haben monatlich im voraus zu erfolgen und müssen je bis zum Dritten eines jeden Monats beim Veräußerer eingegangen sein. Die Zahlung hat erstmals für den auf die Beurkundung folgenden Monat zu erfolgen.

Die Leibrente soll unabhängig von einer Änderung der wirtschaftlichen Verhältnisse sein. § 239 FamFG ist **nicht** anwendbar. Durch den Tod eines der Berechtigten vermindert sich die Rente nicht.

Die Leibrente soll wertgesichert sein. Die Vertragsteile vereinbaren daher, dass sich die einzelnen monatlichen Zahlungsbeträge um denselben Prozentsatz erhöhen oder vermindern, um den der vom Statistischen Bundesamt festgestellte monatliche Verbraucherpreisindex in Deutschland, bezogen auf das jeweils aktuelle Basisjahr, von dem gleichen Index für den Monat ..... abweicht.

Eine Erhöhung oder Verminderung tritt jedoch erst ein, wenn die Indexveränderung zu einer Veränderung des zu zahlenden Betrages um mindestens fünf Prozent führt. Die zu zahlenden Beträge ändern sich jeweils ab dem Monat, der dem Monat der maßgeblichen Indexfeststellung folgt. Ist danach eine Veränderung der Rente erfolgt, so gelten diese Bestimmungen für alle weiteren Änderungen entsprechend.

3. Reallast; Leibgeding

Zur Absicherung des oben eingeräumten Wohnungsrechtes bestellt der Erwerber den Veräußerern als Gesamtberechtigten nach § 428 BGB am Vertragsbesitz eine

beschränkte persönliche Dienstbarkeit nach § 1093 BGB

und zur Absicherung der wertgesicherten Rentenzahlungsverpflichtung eine

Reallast

am Vertragsbesitz.

Die Zahlungen aus der schuldrechtlichen Rentenverpflichtung und den dinglichen Ansprüchen aus der Reallast sind jeweils gegeneinander anzurechnen. Dem Rentenverpflichteten und dem Grundstückseigentümer steht ein Leistungsverweigerungsrecht als Einrede zu, wenn der Rentenbetrag aus einer dieser Verpflichtungen geleistet wurde. Die Eintragung dieser Einrede in das Grundbuch bei der Reallast wird **bewilligt und beantragt**.

Die Beteiligten vereinbaren vorsorglich, dass das sogenannte „Stammrecht der Leibrente" erst 30 Jahre nach gesetzlichem Beginn bzw. Neubeginn der Verjährung verjährt; für die Einzelleistungen bleibt es bei der gesetzlichen Verjährungsfrist von drei Jahren.

Es wird **bewilligt und beantragt**, die vorstehend bestellten Rechte unter der zusammenfassenden Bezeichnung „Leibgeding" in das Grundbuch einzutragen, mit dem Vermerk, dass zur Löschung des Rechtes der Nachweis des Todes der Berechtigten genügt.

4. Zwangsvollstreckungsunterwerfung; Verfallklausel mit Grundschuld; Hinweise

Der Erwerber unterwirft sich wegen des dinglichen und wegen des persönlichen Anspruchs aus dieser Reallast sowie wegen der vorstehend vereinbarten schuldrechtlichen Zahlungspflicht in Höhe des Ausgangsbetrages von ..... € monatlich und der vereinbarten Änderungen, die sich aus der Entwicklung des Verbraucherpreisindex für Deutschland ergeben, der sofortigen Zwangsvollstreckung aus dieser Urkunde in sein Vermögen mit der Maßgabe, dass vollstreckbare Ausfertigung auf Antrag des Gläubigers ohne weitere Nachweise erteilt werden kann.

Wenn über das Vermögen des Grundstückseigentümers das Insolvenzverfahren eröffnet oder mangels Masse dessen Eröffnung abgelehnt wurde, die Zwangsversteigerung oder Zwangsverwaltung in den betroffenen Grundbesitz eröffnet wird oder ein Zahlungsrückstand von mehr als sechs Monatsbeträgen entsteht, kann der jeweils Zahlungsberechtigte anstelle der Reallast einen Ablösebetrag in einer Summe verlangen.

Deren Höhe ist zu ermitteln als Gegenwartswert der künftigen Leistungen auf Lebenszeit (wobei abweichend von den Bestimmungen des Bewertungsgesetzes die Lebenserwartung nach den jeweils neusten allgemeinen Sterbetafeln und der Abzinsungsprozentsatz mit zwei Prozentpunkten über dem seinerzeitigen Basiszins gem. § 247 BGB zu bewerten ist) zuzüglich etwaiger Rückstände.

Zur Sicherung dieses Ablösebetrags wird die Eintragung einer zinslosen **Buchgrundschuld über .....** € für den Reallastberechtigten im Rang nach dem Leibgeding bewilligt und beantragt. Der jeweilige Grundstückseigentümer unterwirft sich wegen dieses Grundschuldbetrags der sofortigen Zwangsvollstreckung aus dieser Urkunde gegen den jeweiligen Eigentümer, was hiermit vereinbart und zur Eintragung bewilligt und beantragt wird (§ 800 ZPO).

Die Reallast ihrerseits ist auflösend bedingt durch Erhalt des Ablösebetrags, was zur Eintragung bei der vorbestellten Reallast **bewilligt und beantragt** wird.

Der Notar hat den Gläubiger weiter auf folgendes hingewiesen: Sollte er künftig aus dem dinglichen Recht der Reallast die Zwangsversteigerung in das Grundstück betreiben, geht die Reallast unter; an ihre Stelle tritt eine Beteiligung am Versteigerungserlös in Höhe maximal des 25fachen Jahresbetrages. Vorsorgemöglichkeiten (wie etwa die Vereinbarung eines Anspruchs auf Neubestellung von Reallasten und dessen Sicherung durch eine vorrangige Vormerkung im Grundbuch; Bestellung eines nachrangigen weiteren Grundpfandrechtes, aus dem die Versteigerung betrieben würde) wurden erörtert, jedoch nicht gewünscht.

VI. Genehmigungen

Der Ehegatte des Veräußerers stimmt der Überlassung gem. § 1365 BGB zu und verzichtet zugleich ihm gegenüber für sich in der Weise auf das gesetzliche Pflichtteilsrecht am künftigen Nachlass des Veräußerers, dass der übergebene Besitz bei der Berechnung des Pflichtteilsanspruchs als nicht zum Nachlass gehörend angesehen und somit aus der Berechnung für den Pflichtteilsanspruch ausgeschlossen wird. Der Veräußerer nimmt diesen Verzicht hiermit an.

(Alt.: Der Veräußerer versichert, in dieser Urkunde nicht über den ganzen oder überwiegenden Teil seines Vermögens zu verfügen, so dass eine Zustimmung seines Ehegatten gem. § 1365 BGB nicht erforderlich ist.)

VII. Ermächtigung des Notars

Der Notar wird beauftragt, alle zu diesem Vertrag erforderlichen Genehmigungen, Negativzeugnisse und zur Lastenfreistellung erforderlichen Erklärungen einzuholen und für die Beteiligten in Empfang zu nehmen. Sie sollen mit ihrem Eingang beim Notar allen Beteiligten zugegangen und ihnen gegenüber wirksam sein.

Kapitel 14: Vertragsmuster

Dies gilt jedoch nicht für die Versagung von Genehmigungen und die Erteilung unter Bedingungen oder Auflagen. Diese Erklärungen können nur gegenüber den Beteiligten selbst ergehen. An den Notar wird eine Abschrift erbeten.

Der Notar wird ermächtigt, alle Erklärungen zur Durchführung und zum Vollzug dieses Vertrages abzugeben und entgegenzunehmen, ferner alle Anträge – auch teilweise und eingeschränkt – zu stellen, zu ergänzen, abzuändern oder zurückzunehmen, ohne Beschränkung auf § 15 GBO.

VIII. Hinweise des Notars

Der Notar hat die Beteiligten insbesondere auf folgendes hingewiesen:

- Der Erwerber wird erst mit der Eintragung im Grundbuch Eigentümer. Diese kann der Notar erst beantragen, wenn erforderliche Genehmigungen, soweit erforderlich die steuerliche Unbedenklichkeitsbescheinigung und die Lastenfreistellungs-erklärungen, vorliegen.
- Die Beteiligten haften gesamtschuldnerisch für die durch diese Beurkundung ausgelösten Kosten und Steuern.
- Der Vertragsgegenstand haftet dinglich für Rückstände an öffentlichen Lasten und Abgaben und für Erschließungsbeiträge.
- In dieser Urkunde nicht wiedergegebene Vereinbarungen sind nichtig und stellen die Wirksamkeit des gesamten Vertrages infrage.
- Für Abkömmlinge, Ehegatten und gegebenenfalls für Eltern bestehen gesetzliche Pflichtteilsrechte und im Hinblick auf die heutige Überlassung unter Umständen Pflichtteilsergänzungsansprüche.
- Der Erwerber haftet nach § 25 Abs. 1 HGB und § 75 AO für Verbindlichkeiten des Veräußerers, wenn die gesetzlichen Voraussetzungen hierfür vorliegen.
- Das gesetzliche Rückforderungsrecht wegen Verarmung des Schenkers (§ 528 BGB) und die Möglichkeiten einer Anfechtung durch Gläubiger oder für den Fall späterer Insolvenz des Schenkers können nicht abbedungen werden; auf diese – insbesondere die geltenden Fristen – wurde hingewiesen. Die Beteiligten vereinbaren hierzu:
Sollte sich der Erwerber von einer etwa bestehenden Pflicht zur Leistung von Wertersatz in Geld durch Rückauflassung des Vertragsbesitzes selbst befreien wollen, erfolgt diese unmittelbar an den Veräußerer Zug um Zug gegen Ausgleich der durch Investitionen des Erwerbers geschaffenen Werterhöhung sowie seiner an den Veräußerer oder weichende Geschwister aufgrund Vertrages erbrachten Zahlungen.

X. Kosten und Steuern; Abschriften

Die Kosten dieser Urkunde, ihres Vollzuges, etwaige Katasterfortführungsgebühren, Kosten erforderlicher Genehmigungen und Bescheinigungen sowie etwa anfallende Grunderwerb- und/oder Schenkungsteuer trägt der Erwerber.

Die Kosten der Lastenfreistellung trägt .....

Von dieser Urkunde erhalten:
- jeder Vertragsteil eine Ausfertigung
- das Grundbuchamt eine Ausfertigung
- das zuständige Finanzamt – Grunderwerbsteuerstelle – eine einfache Abschrift
- das zuständige Finanzamt – Schenkungsteuerstelle – eine beglaubigte Abschrift
- *Grundpfandgläubiger eine beglaubigte Abschrift (z.H. des Veräußerers).*

Vorgelesen vom Notar, von den Beteiligten

genehmigt und eigenhändig unterschrieben:

.....

II.   Anmeldung zum Handelsregister

URNr./2011

5380

An das

Amtsgericht

– Registergericht –

.....

– durch elektronische Übermittlung –

HR A.....

..... mit dem Sitz in .....

Zur Eintragung in das Handelsregister wird angemeldet:

Der unterzeichnende bisherige Geschäftsinhaber, Herr ....., hat das von ihm unter der obigen *nicht im Handelsregister eingetragenen* Firma betriebene Geschäft mit dem Recht, die Firma mit oder ohne Beifügung eines das Nachfolgeverhältnis andeutenden Zusatzes fortzuführen, an

.....

geboren am .....,

wohnhaft in .....

übertragen.

Diese führt das Geschäft unter der bisherigen Bezeichnung mit Beifügung eines Nachfolgezusatzes wie folgt fort:

..... e.K. Inhaber .....

Die Geschäftsräume befinden sich weiterhin in .....

..... stimmt der Namensfortführung ausdrücklich zu.

(Falls einschlägig [i.d.R. bei Verbleib von Forderungen und Verbindlichkeiten zum Stichtag beim Veräußerer lt. Vertrag]:

Die Haftung des Erwerbers für die im Betrieb des Geschäfts begründeten Verbindlichkeiten des bisherigen Inhabers sowie der Übergang der in dem Betriebe begründeten Forderungen auf den Erwerber ist ausgeschlossen.

Falls Prokura besteht:

Die Prokura von ..... ist erloschen.)

Die Beteiligten bevollmächtigen die Angestellten des amtierenden Notars – welche der amtierende Notar zu bezeichnen bevollmächtigt wird – je einzeln und befreit von § 181 BGB, Erklärungen, Bewilligungen und Anträge materiell- oder formellrechtlicher Art zur Ergänzung oder Änderung der Anmeldung abzugeben, soweit diese zur Behebung behördlicher oder gerichtlicher Beanstandungen zweckdienlich sind.

Die Kosten dieser Handelsregisteranmeldung und ihres Vollzuges bei Gericht und Notar trägt die Gesellschaft.

Eintragungsnachricht wird auch an den unterschriftsbeglaubigenden Notar erbeten.

....., den .....

*(**Anm.:** Es folgt Unterschriftsbeglaubigung.)*

S. Erbschaftsvertrag nach § 311b Abs. 5 BGB

Die Beteiligten sind Geschwister. Sie gehen davon aus, dass sie aufgrund gesetzlicher Erbfolge je zur Hälfte Erben nach ihrer Mutter werden und dass vorgenannter Grundbesitz sich im Nachlass unverändert befinden wird. Sie beabsichtigen, ihre künftige Beteiligung am Nachlass der Mutter durch Erbschaftsvertrag gemäß § 311b Abs. 5 BGB unter gesetzlichen Erben bereits heute dergestalt zu regeln, dass der Grundbesitz an das Geschwister A, aller sonstiger Nachlass dem Geschwister B zugutekommt (vgl. Rdn. 2967 ff.). Die für den späteren dinglichen Vollzug notwendigen Erklärungen werden ebenfalls mit abgegeben.

URNr. ...../2011

Erbschaftsvertrag unter künftigen gesetzlichen Erben

Heute, den ..... zweitausendelf

– ..... 2011 –

erschienen vor mir,

.....

Notar in .....,

in meinen Amtsräumen in .....:

1. Herr A,
   geb. am .....,
   wohnhaft: .....,
   nach Angabe .....
   ausgewiesen durch gültigen deutschen Personalausweis
2. Herr B.
   wohnhaft in .....
   geb. am .....,
   ausgewiesen durch gültigen deutschen Personalausweis

Der Notar fragte nach einer Vorbefassung im Sinne des § 3 Abs. 1 Nr. 7 BeurkG; sie wurde von den Beteiligten verneint.

Die Erschienenen waren gleichzeitig vor mir anwesend. Auf Ansuchen beurkunde ich ihren Erklärungen gemäß, was folgt:

§ 1

Sachstand

Die Erschienenen sind Geschwister. Ihre – nicht mehr testierfähige – Mutter ist Eigentümerin der Immobilie Flurstück .....,

vorgetragen im Grundbuch des Amtsgerichts ..... für ..... Blatt .....

und derzeit in Abteilung II und Abteilung III wie folgt belastet:

.....

Die Beteiligten gehen davon aus, dass sie aufgrund gesetzlicher Erbfolge je zur Hälfte Erben nach ihrer Mutter werden und dass vorgenannter Grundbesitz sich im Nachlass unverändert befinden wird. Sie beabsichtigen, ihre künftige Beteiligung am Nachlass der Mutter durch Erbschaftsvertrag gemäß § 311b Abs. 5 BGB unter gesetzlichen Erben bereits heute dergestalt zu regeln, dass der Grundbesitz an das Geschwister A, aller sonstiger Nachlass dem Geschwister B zugute kommt.

A hat an B zusätzlich eine „Aufzahlung" zur Herstellung gleicher Wertverhältnisse zu entrichten.

Die zur Grundbesitzübertragung erforderlichen dinglichen Erklärungen sollen bereits in heutiger Urkunde abgegeben werden.

§ 2

Aufteilung des Nachlasses

1.

A und B als künftige Miterben sind einig, dass der vorstehend in § 1 genannte Grundbesitz nach dem Ableben der Mutter an A übertragen werden soll; dieser nimmt die Übereignungsverpflichtung hiermit an.

Auf Eintragung einer Vormerkung nach dem Ableben der Mutter zur Sicherung dieser Übertragungspflicht wird verzichtet.

A hat alle beim Erbfall bestehenden Eintragungen in Abteilung II und Abteilung III des Grundbuchs in dinglicher Hinsicht zu übernehmen, ebenso die zugrundeliegenden Verbindlichkeiten, soweit sie bereits heute (zur Zeit des Abschlusses des Erbschaftsvertrags) bestehen und soweit sie zwar später hinzugekommen sind, jedoch zur Tragung von Verwendungen jeder Art in bezug auf den Grundbesitz gedient haben, einschließlich umfassender Um- und Ausbaumaßnahmen. Die Übernahme dieser Verbindlichkeiten hat für B schuldbefreiend zu erfolgen, sie bedarf also der Zustimmung des Gläubigers.

Im Übrigen wird für Sach- und Rechtsmängel nicht gehaftet; diesbezügliche Ansprüche sind daher – soweit sie nicht auf Vorsatz, Arglist oder Garantie beruhen – ausgeschlossen

2.

A hat des Weiteren eine Aufzahlung in Höhe von ..... € zu entrichten, fällig binnen ..... Tagen, nachdem

- beide Beteiligten als Miterben je zur Hälfte im Grundbuch an dem in § 1 genannten Grundbesitz eingetragen sind – den Beteiligten ist bekannt, dass hierfür bei gesetzlicher Erbfolge die Erteilung eines Erbscheins erforderlich ist –
- und die Schuldübernahmegenehmigung hinsichtlich der Übernahme aller Verbindlichkeiten, die in Abteilung III des Grundbuchs dann abgesichert sind, schriftlich vorliegt.

A unterwirft sich wegen dieser Verpflichtung zur Zahlung des Ausgleichsbetrags gegenüber seinem Bruder B der Zwangsvollstreckung aus dieser Urkunde in sein Vermögen mit der Maßgabe, dass vollstreckbare Ausfertigung durch den Notar auf Antrag ohne weitere Nachweise erteilt werden kann, sobald A und B im Grundbuch gemäß § 1 als Erben eingetragen sind, also ohne Nachweis der Schuldübernahmegenehmigung, die die Beteiligten selbst beibringen werden.

3.

Als weitere Gegenleistung für die Grundbesitzübertragung verpflichtet sich A, mit Fälligkeit des vorgenannten Ausgleichsbetrags seinen künftigen Erbteil zu 1/2 am Nachlass der Mutter frei von Rechten Dritter auf seinen Bruder B zu übertragen.

Sollten ihm weitere Ansprüche gegen den Nachlass nach der Mutter M zustehen, etwa Pflichtteilsergänzungsansprüche, ist er auch verpflichtet, diese an seinen Bruder B abzutreten.

Die Übertragungsverpflichtung erfasst den Erbteil in seinem künftigen Bestand, nicht jedoch solche Erbanteile, die über 1/2 hinausgehen.

A ist verpflichtet, die Erbschaft anzunehmen und daran mitzuwirken, dass der Erbschein zur Berichtigung des Grundbuchs gemäß § 1 erteilt wird.

§ 3
Dingliche Erklärungen zum Vollzug der Grundbesitzübertragung

Die Beteiligten sind sich einig, dass das Eigentum an dem in § 1 bezeichneten Grundbesitz auf A übergeht.

Diese Erklärung der **Auflassung** enthält jedoch weder die Eintragungsbewilligung noch den Eintragungsantrag. Die Beteiligten erteilen dem Notar, seinem Vertreter oder Nachfolger im Amt unbedingte und unwiderrufliche, über den Tod hinauswirkende Vollmacht, die Eintragungsbewilligung gegenüber dem Grundbuchamt durch Eigenurkunde zu erklären und die Umschreibung zu beantragen. Der Notar wird gemäß § 53 BeurkG im Innenverhältnis unwiderruflich angewiesen, von dieser Vollmacht erst Gebrauch zu machen, wenn

(1) A und B im Grundbuch als Miterben eingetragen sind und

(2) ihm B schriftlich bestätigt oder A durch Bankbeleg nachgewiesen hat, dass der Ausgleichsbetrag gemäß § 2 Nr. 2 gezahlt ist, sowie

(3) B dem Notar schriftlich bestätigt hat oder A durch Vorlage der Notarurkunde nachgewiesen hat, dass der Erbteil gemäß § 2 Nr. 3 übertragen wurde.

Die Beschaffung der zur Schuldübernahme und Entlastung der Erbengemeinschaft gemäß § 2 Nr. 2 erforderlichen Gläubigererklärungen werden die Beteiligten selbst vornehmen; der Vollzug der Auflassung ist davon nicht abhängig, allerdings die Fälligkeit der Abfindungsvergütung, deren Begleichung ihrerseits der Umschreibungsüberwachung unterliegt.

§ 4

Aufschiebende Bedingung

Die schuldrechtlichen Erklärungen in diesem Erbschaftsvertrag stehen unter der aufschiebenden Bedingung, dass sich der Grundbesitz gemäß § 1 im Nachlass der Mutter befinden wird und A und B deren Erben, gleich zu welcher Erbquote und gleichgültig ob aufgrund gesetzlicher oder testamentarischer Erbfolge, sind. Wertveränderungen oder Änderungen in der Zusammensetzung des Nachlasses begründen keine Anpassungsansprüche.

Die Rechte und Pflichten aus diesem Vertrag sind beiderseits vererblich, die Rechte abtretbar.

§ 5

Hinweise

Den Beteiligten ist bewusst, dass dieser Erbschaftsvertrag lediglich verpflichtende Wirkungen hat, also noch der Erfüllung bedarf durch Vollzug der Eigentumsübertragung, Übertragung des Erbteils, Einholung der Schuldübernahmegenehmigung etc.

Die Beteiligten verpflichten sich, unverzüglich nach dem Erbfall alle erforderlichen Erklärungen abzugeben und Anträge zu stellen, die hierfür notwendig sind, insbesondere den Erbschein zu beantragen und alle dafür notwendigen Nachweise zu beschaffen.

Die in dieser Urkunde erklärte Auflassung bezieht sich auf den künftigen Grundbesitz, wird also gemäß § 185 Abs. 2 Satz 1, 2. Alternative, BGB erst wirksam, wenn A und B Eigentümer des Grundbesitzes geworden sind.

Eine steuerliche Beratung hat der Notar nicht übernommen, jedoch auf entstehende Schenkungsteuer hingewiesen, ebenso auf das Erfordernis der grunderwerbsteuerlichen Unbedenklichkeitsbescheinigung zum Vollzug der Auflassung. Die Auseinandersetzung einer Erbengemeinschaft über Grundbesitz ist nach derzeitiger Rechtslage grunderwerbsteuerfrei.

§ 6

Vollzug, Vollmacht

Der Notar ist nicht verpflichtet, die Akte „offenzuhalten", um die Umschreibung des Grundbuchs sowie die noch vorzunehmende Beurkundung der Erbteilsabtretung durchzuführen. Es ist vielmehr Aufgabe der Beteiligten, dem Notar den Eintritt der Erbfolge sowie die weiteren zum Vollzug der Auflassung erforderlichen Umstände nachzuweisen.

A erteilt B hiermit – befreit von § 181 BGB und über seinen Tod hinaus – unwiderrufliche Vollmacht, die Erbschaft nach dem Tod der Mutter anzunehmen, alle Erklärungen zur Erlangung eines Erbscheins abzugeben, die Grundbuchberichtigung zu beantragen, Antrag auf Gläubigerzustimmung zur Genehmigung der befreienden Schuldübernahme zu stellen sowie die Beurkundung der Erbteilsübertragung vorzunehmen.

Letztere Vollmacht zur Beurkundung der Erbteilsübertragung kann nur vor dem amtierenden Notar, seinem Vertreter oder Nachfolger im Amt ausgeübt werden. Der Notar wird angewiesen, aufgrund dieser Vollmacht eine Erbteilsübertragung erst dann zu beurkunden, wenn ihm die durch die Beteiligten zu beschaffenden Schuldübernahmegenehmigungen bezüglich aller im Grundbuch nach dem Erbfall eingetragenen Gläubiger vorliegen.

§ 7

Schlussbestimmungen

Die Kosten dieser Urkunde tragen A und B unbeschadet ihrer gesamtschuldnerischen Haftung je zur Hälfte.

Von dieser Urkunde erhalten

Ausfertigung:
- die Beteiligten
- das Grundbuchamt ..... zum Vollzug der Auflassung bei Vorlagereife

beglaubigte Abschrift:
- das für den Erblasser zuständige Erbschaftsteuerfinanzamt gemäß § 34 ErbStG, § 8 ErbStDV
- die Beteiligten in von ihnen zu bestimmender Zahl zur Einholung der Gläubigergenehmigungen für die Schuldübernahmen, § 2 Nr. 2

einfache Abschrift:
- das Finanzamt – Grunderwerbsteuerstelle – mit Veräußerungsanzeige, sobald die Beteiligten den Notar über den Eintritt der aufschiebenden Bedingungen gemäß § 4 verständigt haben unter Hinweis darauf, dass es sich um die erstmalige Auseinandersetzung der Erbengemeinschaft bezüglich des betreffenden Grundbesitzes handelt.

Vorgelesen vom Notar, von den Beteiligten

genehmigt und eigenhändig unterschrieben:

.....

T. Schenkung eines Erbteils

URNr. ...../2011

Schenkung eines Erbteils

Heute, den ..... zweitausendelf

– ..... 2011 –

erschienen vor mir,

.....

Notar in .....,

in meinen Amtsräumen in .....:

1. Frau ...., geb. .....
   geb. am ....
   nach Angabe verwitwet
   wohnhaft in ......

als „Veräußerer"

2. deren Sohn
   Herr ....,
   geb. am ....
   wohnhaft in ......

als „Erwerber"

beide ausgewiesen durch gültige deutsche Personalausweise.

Der Notar fragte nach einer Vorbefassung im Sinne des § 3 Abs. 1 Nr 7 BeurkG; sie wurde von den Erschienenen verneint.

Auf Ansuchen beurkunde ich ihren Erklärungen gemäß was folgt:

I.

Vorbemerkungen

1. Erbfolge

Der Erblasser .... ist .... in .... verstorben.

Der Erblasser wurde aufgrund gesetzlicher Erbfolge gemäß Erbschein des Amtsgerichts ....(Geschäftszeichen: ....)

b e e r b t

von:

- seiner Ehefrau zu ½
- seinen Kindern A, B, C zu je 1/6.

Eine Ausfertigung des Erbscheins lag heute vor und ist dieser Urkunde in beglaubigter Abschrift beigefügt.

2. Grundbesitz

Zur Erbschaft gehört folgender Grundbesitz:

Das Grundbuch des Amtsgerichts ...... für .... Blatt .... wurde am .... eingesehen. Dort ist folgender Grundbesitz eingetragen:

Flst.Nr. ....

Als Eigentümer sind vermerkt:

Die Erschienenen in Erbengemeinschaft

Dieser Grundbesitz ist im Grundbuch wie folgt belastet:

Abteilung II:

Wohnungs- und Mitbenutzungsrecht auf Lebensdauer für .... Die Löschung wird unter Vorlage der Sterbeurkunde auf Kosten des Erwerbers beantragt.

Abteilung III:

Grundschuld ohne Brief zu Euro .... für ...., die nach Angabe der Beteiligten nicht mehr valutiert ist.

Dieses Recht bleiben bestehen; der Erwerber übernimmt es zur Neuvalutierung.

Weitere Vermögenswerte der Erbengemeinschaft sind nicht (mehr) vorhanden. Den Beteiligten ist gleichwohl bekannt, dass die Erbteilsübertragung den gesamten Nachlass erfasst, mögen die noch vorhandenen Aktiva und Passiva bekannt sein oder nicht.

3. Vertragsgegenstand

Heutiger Vertragsgegenstand ist der vorbezeichnete

E r b t e i l

des Veräußerers am Nachlass des vorgenannten Erblassers.

II.

Erbteilsveräußerung

Der Veräußerer veräußert hiermit den vorbezeichneten Erbteil mit allen Rechten und Pflichten

a n

den Erwerber zur alleinigen Berechtigung. Dieser nimmt die Übertragung an. Für die Erbteilsveräußerung gelten folgende Vereinbarungen:

1. Anrechnung; Ausgleich; Vorbehalte

a)

Der Erwerber hat sich den Wert der Zuwendung, soweit er die Gegenleistungen übersteigt, auf seinen künftigen Pflichtteilsanspruch am Nachlass des Veräußerers anrechnen zu lassen.

Eine Pflicht zur Ausgleichung gegenüber etwaigen Geschwistern des Erwerbers besteht jedoch weder zu Lebzeiten noch von Todes wegen aus dem restlichen Nachlass des Veräußerers; die Zuwendung ist also nicht auf den Erbteil des Erwerbers anzurechnen.

b)

Der Veräußerer - nachstehend „der Berechtigte" genannt - behält sich am gesamten übertragenen Erbteil ein

Nießbrauchsrecht

vor (Vorbehaltsnießbrauch), für das die gesetzlichen Bestimmungen gelten sollen mit der Abweichung, dass der Nießbraucher auch die außerordentlichen, als auf den Stammwert der Sache gelegt anzusehenden Lasten sowie die Tilgung bestehender Verbindlichkeiten trägt. Ebenso trägt der Nießbraucher auch Ausbesserungen und Erneuerungen, die über die gewöhnliche Unterhaltung des Rechtes hinausgehen. Die gesamten Lasten und Kosten des Vertragsbesitzes verbleiben demnach beim Nießbraucher.

Die Überlassung der Ausübung des Nießbrauches an einen anderen zur Ausübung (z.B. Übertragung der Vermieterstellung, § 1059 Satz 2 BGB) ist ausgeschlossen.

Der Veräußerer

beantragt

die Grundbuchberichtigung durch Eintragung des bestellten Nießbrauchsrechtes als Verfügungsbeschränkung des Erbteils im Grundbuch mit der Maßgabe, dass zur Löschung des Rechtes der Todesnachweis genügt.

c)

Die Abtretung des Erbteiles ist auflösend bedingt. Auflösende Bedingung ist die Ausübung eines höchstpersönlichen Rückübertragungsverlangens des Veräußerers in notariell beglaubigter Form aufgrund eines der nachstehenden – vom beglaubigenden Notar nicht zu prüfenden – Rückforderungsgründe. Die Rückforderung kann nicht durch gesetzliche Vertretung oder Insolvenzverwalter erfolgen:

a) Abschluss eines schuldrechtlichen und/oder dinglichen Vertrags zur Weiterübertragung des jeweiligen Erbteils

b) Einleitung von Einzelvollstreckungsmaßnahmen in den Erbteil

c) Eröffnung des Insolvenzverfahrens über das Vermögen des Erwerbers; Ablehnung eines solchen Antrages wegen Massearmut, Versicherung der Vollständigkeit seines Vermögensverzeichnisses durch den Erwerber an Eides statt

d) Versterben des Erwerbers vor dem Veräußerer

e) Getrenntleben des Erwerber und seines (künftiger) Ehegatten / Lebenspartners im Sinne des § 1567 BGB, es sei denn, durch vertragliche Vereinbarung ist sichergestellt, dass der Vertragsbesitz im Rahmen des Zugewinn- bzw. Vermögensausgleiches nicht berücksichtigt wird, sondern allenfalls tatsächlich getätigte Investitionen oder Tilgungsleistungen zu erstatten sind

f) der Erwerber verfällt der Drogen- oder Alkoholsucht oder wird Mitglied einer im Sektenbericht des Bundestages aufgeführten Sekte oder einer unter Beobachtung des Verfassungsschutzes stehenden Vereinigung oder er wird geschäftsunfähig.

g) Festsetzung von Schenkungsteuer für die heutige Erbteilsübertragung.

Wechselt die Inhaberschaft am Anteil, kommt es für den Eintritt der Rückforderungsgründe auf die Person, das Verhalten, oder die sonstigen Verhältnisse der Rechtsnachfolger bzw. Erben an; bei mehreren genügt der Eintritt bei einem von ihnen. Bei Vermischung des Anteiles mit anderen beziehen sich die Verpflichtungen und Bedingung schuldrechtlich auf den durch Teilung zu bildenden Anteil in übertragener Höhe.

Die Rückübertragung erfolgt unentgeltlich, und ohne Ausgleich für die gezogenen Nutzungen. Die gesetzlichen Rücktrittsvorschriften gelten nicht.

Mit dem Tod des Veräußerers fällt die auflösende Bedingung endgültig aus.

Um den Veräußerer bis zum Wegfall der auflösenden Bedingung durch den nach § 161 Abs. 3 BGB durch gutgläubigen Erwerb möglichen Verlust seiner Rechtsposition zu schützen,

b e w i l l i g t u n d b e a n t r a g t

der Erwerber, gleichzeitig mit Vollzug der vorbeantragten Grundbuchberichtigung die in der auflösenden Bedingung liegende

Verfügungsbeschränkung

des Erwerbers dergestalt in Abt. II des Grundbuchs einzutragen, dass dort vermerkt wird, dass die heute erfolgte Erbteilsübertragung des Veräußerers auf den Erwerber auflösend bedingt ist und die Bedingung mit Ausübung eines höchstpersönlichen Rückübertragungsverlangens des Veräußerers in notariell beglaubigter Form aufgrund eines der vorstehenden – vom beglaubigenden Notar nicht zu prüfenden – Rückforderungsgründe eintritt.

3. Nutzungen, Lasten, Gefahrenübergang

Die Übergabe des mittelbaren Besitzes erfolgt mit dem heutigen Tage, die Übergabe des unmittelbaren Besitzes und der Nutzungen sowie der Übergang von Lasten, Verkehrssicherungspflichten, Haftung und Gefahr mit Beendigung des Nießbrauches.

Der Veräußerer verzichtet auf Ersatz aller von ihm auf die Erbschaft gemachten Aufwendungen, erfüllten Verbindlichkeiten, Abgaben und außerordentlichen Lasten. Bezüglich einer evtl. Erbschaftsteuerpflicht des Veräußerers aufgrund seiner Erbfolge wird vereinbart, dass die Erbschaftsteuer allein der Veräußerer zu tragen hat.

4. Mängelhaftung, Garantien

Der Veräußerer garantiert

- die Verschaffung und Lastenfreiheit des Erbteils, insbesondere dass er den Erbteil nicht anderweitig veräußert oder verpfändet hat und er auch nicht gepfändet oder mit sonstigen Rechten Dritter belastet ist,
- dass der vorbezeichnete Grundbesitz sowie etwa in dieser Urkunde ausdrücklich bezeichnete Gegenstände zum Nachlass gehören,
- dass keine weiteren als die in dieser Urkunde aufgeführten Nachlassverbindlichkeiten bestehen,
- dass die Erbschaftssteuer bereits bezahlt ist,
- dass zwischen den Erben auch schuldrechtlich kein Auseinandersetzungsvertrag abgeschlossen wurde.

Darüber hinaus beschränkt sich die Haftung des Veräußerers für Rechtsmängel darauf,

- dass ihm das Erbrecht zusteht
- dass das Erbrecht nicht durch das Recht eines Nacherben oder durch die Ernennung eines Testamentsvollstreckers beschränkt ist
- dass nicht Vermächtnisse, Auflagen, Pflichtteilslasten, Ausgleichspflichten und Teilungsanordnungen bestehen
- dass nicht unbeschränkte Haftung gegenüber den Nachlassgläubigern oder einzelnen von ihnen eingetreten ist.

Rechte des Erwerbers wegen Mängeln einzelner Nachlassgegenstände sind ausgeschlossen. Garantien werden im Übrigen nicht übernommen. Ansprüche des Erwerbers aus den übernommenen Garantien sollen in dreißig Jahren ab dem gesetzlichen Verjährungsbeginn verjähren.

Der Veräußerer ist nicht verpflichtet, das was er vor der Veräußerung aufgrund eines zur Erbschaft gehörenden Rechtes oder als Ersatz für die Zerstörung, Beschädigung oder Entziehung eines Erbschaftsgegenstandes oder durch ein Rechtsgeschäft, das sich auf die Erbschaft bezog, erlangt hat, an den Erwerber mitzuübertragen.

Soweit Erbschaftsgegenstände in der Zeit bis zur Veräußerung verbraucht, unentgeltlich veräußert oder unentgeltlich belastet wurden, ist der Veräußerer nicht verpflichtet, entsprechenden Wertersatz zu leisten.

III.

Dingliche Übertragung, Grundbuchberichtigung

1. Übertragung, Bedingung

Der Veräußerer überträgt hiermit den veräußerten Erbteil mit sofortiger dinglicher Wirkung an den Erwerber.

Der Erwerber nimmt die Übertragung des Erbteils hiermit an.

Auf Sicherung des Veräußerers durch die Vereinbarung von aufschiebend- bzw. auflösend bedingten Übertragungen, gesichert durch die Eintragung entsprechender Widersprüche und ggf. Verfügungsbeschränkungen im Grundbuch, wird allseits verzichtet.

2. Grundbuchberichtigung

Durch die vorbezeichnete Erbteilsübertragung ist das Grundbuch unrichtig geworden.

Der Erwerber

beantragt

hiermit die Berichtigung des Grundbuchs zufolge der vorbezeichneten Erbteilsübertragung.

Vollzugsmitteilung an die Vertragsteile und den Notar wird beantragt.

IV.

Hinweise, Belehrungen

Die Vertragsteile wurden vom Notar insbesondere auf folgendes hingewiesen:

1. Sämtliche im Zusammenhang mit der Erbteilsveräußerung getroffenen Verein-barungen müssen notariell beurkundet sein, da sie ansonsten wegen Formmangels nichtig sind und die Nichtigkeit des gesamten Vertrages zur Folge haben können.
2. Der Erwerber wird nicht (Mit-)Erbe des Erblassers; er hat lediglich einen schuld-rechtlichen Anspruch, wirtschaftlich wie ein (Mit-)Erbe gestellt zu werden.
(Mit-)Erbe bleibt weiterhin der Veräußerer; deshalb wird der Erwerber auch nicht im Erbschein aufgeführt oder der Erbschein berichtigt.
3. Der Erwerber wird in seinem Vertrauen an die unbeschränkte und unbelastete Erbenstellung des Veräußerers und die Zugehörigkeit des genannten Grundbesitzes zur Erbschaft nicht geschützt und ist insoweit auf die Richtigkeit der Angaben des Veräußerers angewiesen.
4. Mit der dinglichen Übertragung des Erbteiles gehen alle (noch) im ungeteilten Nachlass befindlichen Vermögenswerte automatisch anteilsmäßig auf den Erwerber über.
5. Der Erwerber haftet - unbeschadet der Vereinbarungen in diesem Vertrag - den Nachlassgläubigern ab sofort neben dem weiterhin haftenden Veräußerer für alle etwaigen Nachlassverbindlichkeiten.
6. Beide Vertragsteile haften - unbeschadet der Vereinbarungen in diesem Vertrag - gesamtschuldnerisch für die Vertragskosten und die Grunderwerbsteuer.
7. Die Veräußerung des Erbteiles und der Name des Erwerbers sind nach § 2384 Abs. 1 BGB unverzüglich dem Nachlassgericht anzuzeigen.
8. Die beantragte Grundbuchberichtigung kann erst erfolgen, wenn die Unbedenklichkeitsbescheingung des Finanzamts (wegen der Grunderwerbsteuer) vorliegt.

V.
Schlussbestimmungen

1. Vollzugsantrag und Vollmacht an den Notar

Die Vertragsteile

beauftragen und bevollmächtigen

hiermit den jeweiligen Inhaber der Notarstelle und dessen amtlich bestellten Vertreter, alle zur Rechtswirksamkeit und zum Vollzug des in dieser Urkunde niedergelegten Vertrags erforderlichen und zweckdienlichen Erklärungen und Genehmigungen einzuholen und entgegenzunehmen.

Genehmigungen sollen mit dem Eingang in den Amtsräumen des Notariats allen Beteiligten gegenüber als mitgeteilt gelten und rechtswirksam sein.

Der beurkundende Notar und dessen amtlich bestellter Vertreter werden insbesondere beauftragt und bevollmächtigt, dem Nachlassgericht die Veräußerung gem. § 2384 BGB durch Übersendung einerbeglaubigten Abschrift dieser Urkunde mitzuteilen.

2. Kosten und Steuern

Die Kosten dieser Urkunde, des grundbuchamtlichen Vollzugs sowie die Kosten der erforderlichen Genehmigungen und Erklärungen sowie etwa anfallende Schenkungsteuer trägt der Erwerber.

3. Ausfertigungen und Abschriften

Von dieser Urkunde erhalten

Ausfertigungen:
- Amtsgericht – Grundbuchamt –
- die Beteiligten

beglaubigte Abschriften:
- das Nachlassgericht als Anzeige gem. § 2384 BGB (im Auszug)
- FA – Schenkungsteuerstelle –

einfache Abschriften:
- das Finanzamt - Grunderwerbsteuerstelle – zur Kenntnis.

Vorgelesen vom Notar, von den Beteiligten

genehmigt, und eigenhändig unterschrieben:

......

U. Abschichtung gegen Abfindung

Abschichtungsvereinbarung

zwischen

1. Herr ....,
   geb. am ....
   Wohnhaft in ......

   als „Veräußerer"

2.
   Herr ....,
   geb. am ....
   wohnhaft in ......
   sowie
   Frau ....., geb. .....
   Geb. am ....
   Wohnhaft in ......

- beide als „der Erwerber" bezeichnet, auch wenn es sich um mehrere Personen handelt

Sie erklären und vereinbaren:

I.

Sachstand

Die Beteiligten sind gemäß Erbschein des AG ...... Az ....die einzigen Miterben nach dem am .... in .... verstorbenen ..... . Zum Nachlass gehört jedenfalls folgender Grundbesitz:

FlSt ...., vorgetragen im Grundbuch des AG .... für ..... Blatt ....., belastet wie folgt: ...... Die zugrundeliegenden Darlehen in Höhe von ca ..... € stellen Nachlassverbindlichkeiten dar.

Des weiteren befinden sich im Vermögen der Erbengemeinschaft jedenfalls die auf der als Anlage 1 beigefügten Liste aufgeführten Konten.

Der Veräußerer möchte aus der Erbengemeinschaft gegen Abfindung und Befreiung von den gesamthänderischen Verbindlichkeiten ausscheiden. Die Beteiligten schließen daher folgenden

II.

Abschichtungsvertrag

1. Der Veräußerer scheidet aus der genannten Erbengemeinschaft aus, und zwar unter der aufschiebenden Bedingung

(a) der Erbringung der nachstehend 2. vereinbarten Abfindungszahlungen durch beide Erwerber

(b) des Vorliegens einer schriftlichen Genehmigung der Gläubiger ... und ... zur schuldbefreienden Übernahme der dort bestehenden Verbindlichkeiten durch die Erwerber als Mitglieder der verbleibenden Erbengemeinschaft (nachstehend 3).

Für Grundbuchzwecke gilt die aufschiebende Bedingung ferner mit Abgabe der nachstehend III. genannten Bewilligung durch den dort bevollmächtigten Notar als eingetreten.

2. Jeder Erwerber schuldet dem Veräußerer eine bare Entschädigung in Höhe von je .... Euro, fällig binnen ....Bankarbeitstagen ab Vorliegen der in 3. genannten Schuldübernahmegenehmigungen, zur Zahlung auf das Konto ..... des Veräußerers.

3. Die Erwerber verpflichten sich, den Veräußerer von allen bestehenden Nachlassverbindlichkeiten und Ausgleichsansprüchen freizustellen. Sie haben dafür Sorge zu tragen, dass die Hauptgläubiger, nämlich ... und ....,schriftlich den Veräußerer aus der (sonst fortbestehenden) Haftung für die ihnen gegenüber bestehenden Nachlassverbindlichkeiten auch im Außenverhältnis entlassen, jedenfalls für den Fall des Eintritts der aufschiebenden Bedingung für die Abschichtung.

4. Der Veräußerer steht lediglich i.S.d. § 2376 Abs. 1 BGB dafür ein, dass ihm der Erbteil zusteht, er insbesondere nicht anderweit veräußert, gepfändet oder verpfändet wurde. Die durch den Erbfall ausgelöste Erbschaftsteuer ist bezahlt. Erstattung für bisherige Aufwendungen zugunsten des Nachlasses kann er nicht verlangen; diese Ansprüche sind durch die Gegenleistungen für die Abschichtung abgegolten.

5. Für Art, Umfang und Beschaffenheit der zum ungeteilten Nachlass gehörenden Gegenstände haftet der Veräußerer nicht; diese sind dem Erwerber als Miterben bekannt.

6. Mit dem Eintritt der aufschiebenden Bedingung sind alle wechselseitigen Ansprüche zwischen den Beteiligten in ihrer Eigenschaft als Miterben nach dem genannten Erblasser erledigt.

III.

Grundbuchberichtigung; Vollzug

Mit Eintritt der aufschiebenden Bedingung wird das Grundbuch unrichtig. Die Beteiligten bevollmächtigen den die Unterschriften unter dieser Abschichtungsvereinbarung beglaubigenden Notar, dessen Vertreter oder Nachfolger im Amt, die

Bewilligung

zur Berichtigung des Grundbuches für alle Beteiligten durch Eigenurkunde abzugeben und den Antrag auf Berichtigung auf Kosten der Erwerber zu stellen, sobald ihn entweder der Veräußerer hierzu schriftlich anweist oder aber sobald die Zahlung der Abfindungsleistungen II. 2 durch Bankbestätigung nachgewiesen und die Gläubigergenehmigungen II.3 dem genannten Notar schriftlich vorgelegt wurden.

Der unterschriftsbeglaubigende Notar soll ferner die für die Grundbuchberichtigung erforderliche grunderwerbsteuerliche Unbedenklichkeitsbescheinigung beschaffen; etwa anfallende Steuern tragen die Erwerber. Die Beteiligten gehen jedoch davon aus, dass es sich um eine gem. § 3 Nr. 3 GrEStG steuerfreie Erbauseinandersetzung handelt.

Der unterschriftsbeglaubigende Notar soll ferner die Abschichtung der Schenkungsteuerstelle unter Übersendung einer beglaubigten Abschrift anzeigen. Entstehende Schenkungsteuer hat jeder Erwerber zu tragen.

An den im Zusammenhang mit den erbengemeinschaftlichen Konten erforderlichen Änderungen hat der Veräußerer durch Erteilung einer Vollmacht mitzuwirken, sobald die aufschiebende Bedingung eingetreten ist.

.........., den ....

(Unterschriften mit – wegen § 29 GBO - notarieller Unterschriftsbeglaubigung)

V. Muster eines „klassischen" Behindertentestamentes (als Erbvertrag)

URNr. ...../2011

Erbvertrag

Heute, den ..... zweitausendelf,

– ..... 2011 –

erschienen vor mir,

.....,

Notar in .....,

in meinen Amtsräumen in .....:

Herr .....,

geb. am .....

und

dessen Ehefrau, Frau ....., geb. .....

geb. am .....

beide wohnhaft: .....

nach Angabe im gesetzlichen Güterstand verheiratet,

ausgewiesen durch gültigen deutschen Personalausweis.

Die Erschienenen erklärten, einen Erbvertrag errichten zu wollen. Nach meiner, aus der Verhandlung gewonnenen Überzeugung, sind sie voll geschäftsfähig.

Einen Erbvertrag oder ein gemeinschaftliches Testament, an das sie bei ihren letztwilligen Verfügungen gebunden wären, haben sie nach Angabe bisher noch nicht errichtet.

Es war weder gesetzlich geboten, noch von den Beteiligten gewünscht worden, Zeugen oder einen zweiten Notar hinzuzuziehen.

Der Notar fragte nach einer Vorbefassung im Sinne des § 3 Abs. 1 Nr. 7 BeurkG; sie wurde vom Beteiligten verneint.

Die Erschienenen erklärten sodann mir, dem Notar, bei gleichzeitiger Anwesenheit, mündlich zur Beurkundung, was folgt:

I. Vorbemerkungen

1. Abstammung

..... wurde am ..... in ..... als Sohn von ..... und ....., geb. ....., geboren.

..... wurde am ..... in ..... als Tochter von ..... und ....., geb. ....., geboren.

2. Eheschließung

Die für den Ehemann und die Ehefrau jeweils erste Ehe wurde standesamtlich am ..... in ..... geschlossen.

3. Kinder

Aus dieser Ehe sind *drei* Kinder hervorgegangen:
- A, geb. am .....
- B, geb. am .....

Das weitere gemeinsame Kind C ist geistig behindert. Weitere Kinder hat keiner der Ehegatten.

4. Staatsangehörigkeit; Auslandsvermögen; Vorerwerbe; Pflichtteilsrecht

Die Beteiligten erklären, beide deutsche Staatsangehörige zu sein. Sie erklären weiter, kein im Ausland gelegenes Vermögen zu besitzen.

Keines der Kinder hat bisher seitens der Beteiligten Ausstattungen oder Schenkungen erhalten, die ausgleichungspflichtig wären oder die bei einem derzeitigen Sterbefall Pflichtteilsergänzungsansprüche auslösen würden.

Mit keinem unserer Kinder besteht ein Pflichtteilsverzichtsvertrag.

5. Frühere Verfügungen von Todes wegen

Etwaige frühere Verfügungen von Todes wegen werden hiermit vollinhaltlich widerrufen.

Sämtliche Verfügungen in diesem Erbvertrag gelten ohne Rücksicht auf gegenwärtige oder künftige Pflichtteilsberechtigte und vorrangig gegenüber anderslautenden gesetzlichen Auslegungs-, Vermutungs- und Ergänzungsregelungen.

II. Vertragsmäßige Verfügungen

In vertragsmäßiger, also einseitig nicht widerruflicher Weise, vereinbaren die Beteiligten folgendes:

1. Erbfolge nach dem Erstversterbenden

a) Erbquoten

Erben des erstversterbenden Ehegatten werden der länger lebende Ehegatte zu 11/12 und das gemeinsame Kind C zu 1/12.

Ersatzerbe anstelle von C ist der länger lebende Ehegatte, weiter ersatzweise die anderen Kinder zu gleichen Stammanteilen, jeweils als Vollerben.

Ersatzerben des länger lebenden Ehegatten sind die nachstehend benannten Schlusserben gemäß den dort getroffenen Verteilungsgrundsätzen, also A und B zu je 5/12 als Vollerben, C zu 2/12 als Vorerbe.

b) Nacherbfolge

Unser Kind C ist jedoch nur

Vorerbe.

Er ist von den gesetzlichen Beschränkungen der §§ 2113 ff. BGB lediglich hinsichtlich §§ 2119 (Pflicht zur dauerhaften Geldanlage), 2123 (Waldwirtschaftsplan), und 2127 bis 2129 BGB (Auskunftsanspruch und Stellung von Sicherheiten) befreit.

Der Nacherbfall tritt mit dem Tod des Vorerben ein.

Nacherbe ist der länger lebende Ehegatte. Die Nacherbenanwartschaftsrechte sind nur an den Vorerben veräußerlich, im Übrigen jedoch unvererblich und unveräußerlich.

Ersatznacherben sind etwaige Abkömmlinge des Vorerben, weiter ersatzweise das Geschwister B, weiter ersatzweise das Geschwister A. Wird B Nacherbe, ist er zugunsten des A oder dessen Abkömmlingen, wird C Nacherbe, ist er zugunsten etwaiger Abkömmlinge des C mit dem Vermächtnis beschwert, die Hälfte des Nachlasswertes in Geld herauszugeben, wobei der Beschwerte berechtigt ist, das Vermächtnis durch Übereignung von Immobilien oder anderer Sachwerte zu erfüllen *(Hinweis: bei Sterbefällen seit 2010 können auch A und B gemeinsam als Ersatznacherben eingesetzt werden, da § 2306 Abs. 2 i.V.m. Abs. 1 Satz 1 BGB a.F. dann nicht mehr gilt)*.

Die Einsetzung der Ersatznacherben ist für den Fall auflösend bedingt, dass die Nacherbenanwartschaftsrechte auf den Vorerben übertragen werden.

2. Vermächtnisse

Der Längerlebende als Miterbe des erstversterbenden Ehegatten wird mit folgendem

Vermächtnis

zugunsten der gemeinsamen Kinder A und B beschwert:

a) Vermächtnisgegenstand

Jedes der gemeinschaftlichen Kinder mit Ausnahme von C erhält einen baren Geldbetrag, der seinem gesetzlichen Erbteil am Nachlass des erstversterbenden Elternteils entspricht. Der Beschwerte ist berechtigt, das Vermächtnis durch Übereignung von Immobilien oder anderer Sachwerte zu erfüllen.

b) Fälligkeit

Die Vermächtnisse fallen jeweils mit dem Tod des Erstversterbenden an, sind jedoch erst *zwanzig* Jahre nach ihrem Anfall ohne Beilage von Zinsen zur Zahlung fällig. Vor Fälligkeit kann dingliche Sicherung nicht verlangt werden.

c) Ersatzvermächtnisnehmer

Ersatzvermächtnisnehmer sind jeweils die Abkömmlinge der Vermächtnisnehmer zu unter sich gleichen Stammanteilen. Entfällt ein Vermächtnisnehmer vor dem Anfall des Vermächtnisses ohne Hinterlassung von Abkömmlingen, entfällt auch das zu seinen Gunsten angeordnete Vermächtnis.

3. Bedingtes Vorausvermächtnis

a) Beschwerter

Der länger lebende Ehegatte wird als Miterbe des erstversterbenden Ehegatten zugunsten des gemeinsamen Kindes C mit folgendem

bedingten Vorausvermächtnis

beschwert:

Soweit durch lebzeitige Zuwendungen des erstverstorbenen Ehegatten dem C Pflichtteilsergänzungsansprüche gegen den Nachlass oder den Beschenkten zustehen würden, hat der Länger lebende diesem einen baren Geldbetrag i.H.v. 110% dieser Ansprüche zu verschaffen. Bei deren betragsmäßiger Berechnung ist so vorzugehen, als ob der Vorausvermächtnisnehmer vollständig enterbt worden wäre, so dass eine Anrechnung im Sinne des § 2326 Satz 2 BGB nicht stattfindet. Übersteigt der Vermächtnisbetrag den Nachlassanteil, handelt es sich insoweit um ein Verschaffungsvermächtnis.

Entsprechendes gilt, soweit durch ausgleichungspflichtige Zuwendungen des erstverstorbenen Ehegatten der ordentliche Pflichtteilsanspruch des C erhöht worden ist (Ausgleichungspflichtteil gem. § 2316 BGB); der Geldanspruch besteht i.H.v. 110 v.H. der Pflichtteilserhöhung.

Das jeweilige Vermächtnis entfällt, wenn C das ihm in dieser Urkunde Zugewendete ausschlägt, ebenso wenn er oder ein (gesetzlicher bzw. gewillkürter) Vertreter oder Überleitungsberechtigter den Pflichtteilsergänzungsanspruch selbst geltend macht (auflösende Bedingung).

b) Nachvermächtnis

C ist jedoch hinsichtlich jedes Vermächtnisses nur

Vorvermächtnisnehmer.

Nachvermächtnisnehmer sind seine Abkömmlinge, ersatzweise die oben genannten anderen Schlusserben A und B gemäß den dort getroffenen Verteilungsgrundsätzen. Die Nachvermächtnisanwartschaftsrechte sind nur an den Vorerben veräußerlich, im Übrigen jedoch unvererblich und unveräußerlich.

Das Nachvermächtnis fällt an mit dem Tod des Vorvermächtnisnehmers.

Die bis dahin zu ziehenden Nutzungen stehen dem Vorvermächtnisnehmer zu. Sie dürfen jedoch nur in derselben Weise verwendet werden, wie die Erträge seines Miterbenanteils.

c) Vermächtnisvollstreckung

Der erstversterbende Ehegatte ordnet zur Sicherung der vorstehenden Nutzungsverwendung hinsichtlich des jeweiligen Vermächtnisses

Vorvermächtnisvollstreckung

an, für welche die unten getroffenen Bestimmungen über die Testamentsvollstreckung am Miterbenanteil von C, auch hinsichtlich der Person des Vermächtnisvollstreckers, entsprechend gelten.

Der Beschwerte ist berechtigt, nach seiner Wahl das Vermächtnis auf seine Kosten durch die Verschaffung von Immobilienvermögen zu erfüllen.

Macht er hiervon Gebrauch, ist der Anspruch des Nachvermächtnisnehmers bei Erfüllung des Vorausvermächtnisses durch Eintragung einer Vormerkung zu sichern.

4. Erbfolge nach dem Längerlebenden

a) Erbquoten

Schlusserben, also Erben des Letztversterbenden und Erben im Fall eines durch dasselbe Ereignis bedingten (annähernd) gleichzeitigen Versterbens, sind

- A und B zu je 5/12 als Vollerben und
- C zu 2/12

Gesetzliche Ausgleichungspflichten der Abkömmlinge wegen lebzeitiger Vorabzuwendungen werden im Wege des Vorausvermächtnisses erlassen.

Ersatzschlusserben sind jeweils die Abkömmlinge der Schlusserben zu unter sich gleichen Stammanteilen. Sind solche nicht vorhanden, tritt bei den übrigen Schlusserben Anwachsung gem. § 2094 BGB ein.

b) Nacherbfolge

C ist jedoch auch beim Schlusserbfall nur

Vorerbe.

Er ist von den gesetzlichen Beschränkungen der §§ 2113 ff. BGB lediglich hinsichtlich §§ 2119 (Pflicht zur dauerhaften Geldanlage), 2123 (Waldwirtschaftsplan), und 2127 bis 2129 BGB (Auskunftsanspruch und Stellung von Sicherheiten) befreit.

Nacherben sind die Abkömmlinge des Vorerben. Ersatznacherben sind die anderen Schlusserben A und B gemäß den dort getroffenen Verteilungsgrundsätzen. Die Einsetzung der Ersatznacherben ist für den Fall auflösend bedingt, dass die Nacherbenanwartschaftsrechte auf den Vorerben übertragen werden.

Der Nacherbfall tritt mit dem Tod des Vorerben ein.

c) Bedingtes Vorausvermächtnis

Auch der länger Lebende beschwert die Miterben des C zu dessen Gunsten mit dem oben 3 a-c geregelten Vor- und Nachvermächtnis als Vorausvermächtnis, ggf. zugleich Verschaffungsvermächtnis, für den Fall, dass aufgrund lebzeitiger Zuwendungen des Länger Lebenden unserem Kind C Pflichtteilsergänzungsansprüche gegen den Nachlass oder den Beschenkten zustehen würden, oder eine Erhöhung seines ordentlichen Pflichtteilsanspruchs gem. § 2316 BGB eingetreten ist, und ordnet insoweit Vorvermächtnis-Testamentsvollstreckung an. Es gelten die in Bezug genommenen Regelungen. Testamentsvollstrecker ist der Vorerbenvollstrecker auf den Schlusserbfall.

5. Abänderungsbefugnis

In Abweichung von der gesetzlichen erbvertraglichen Bindungswirkung gilt folgende

Abänderungsbefugnis:

Der Längerlebende ist befugt, die nach ihm geltende Erbfolge **innerhalb der gemeinsamen Abkömmlinge** einseitig abzuändern oder zu ergänzen. Er kann insbesondere

- die Erbquoten der Schluss- und Ersatzschlusserben verändern,
- eine für den Schlusserbfall angeordnete Nacherbfolge ändern oder aufheben,
- andere gemeinsame Abkömmlinge, insbesondere Enkelkinder, anstelle der oder neben den oben genannten Schlusserben einsetzen oder ihnen Vermächtnisse zuwenden,
- einzelne Abkömmlinge enterben und ihnen, bei Vorliegen eines gesetzlichen Grundes, den Pflichtteil entziehen,
- die für den Schlusserbfall angeordnete Testamentsvollstreckung aufheben,
- die Folgen der Pflichtteilsstrafklausel verändern,
- das bedingte Vorausvermächtnis verändern und aufheben.

Anderen Personen darf er von Todes wegen nur Vermögenswerte zuwenden, die er nach dem Ableben des Erstversterbenden hinzuerworben hat, soweit sie nicht wirtschaftlich Ersatz oder Ertrag des beim ersten Erbfall vorhandenen Vermögens sind. Wurden durch solche hinzuerworbenen Vermögenswerte Verbindlichkeiten getilgt, die bereits beim Tod des Erstversterbenden vorhanden waren, dürfen auch Vermächtnisse in Höhe dieser Beträge ausgesetzt werden.

Auf Verlangen eines Schluss- oder Ersatzschlusserben ist beim Tod des Erstversterbenden ein Vermögensverzeichnis zu erstellen.

6. Nicht bedachte Pflichtteilsberechtigte

Vorstehende Verfügungen werden hiermit gegenseitig als vertragsmäßig angenommen. Sie sollen ausdrücklich auch Bestand behalten, wenn beim Tod eines der Ehegatten nicht bedachte Pflichtteilsberechtigte, insbesondere aus einer Wiederverheiratung des Länger lebenden, vorhanden sein sollten.

Insoweit verzichten die Beteiligten auf ihr gesetzliches Anfechtungsrecht.

III. Einseitige Verfügungen und Bestimmungen

1. Teilungsanordnung

Der erstversterbende wie auch der längerlebende Ehegatte bestimmen im Wege der Teilungsanordnung, dass C auf seinen jeweiligen Vorerbteil Geld erhalten soll in Höhe seines rechnerischen Anteils am Reinnachlass, jedoch ohne Abzug angeordneter Vermächtnisse.

Auch zur Erfüllung dieser Teilungsanordnung ist die Testamentsvollstreckung gemäß III. 2 angeordnet; es ist gem. § 2048 Satz 2 BGB in das billige Ermessen des Vollstreckers gestellt, ob und wann er die Teilungsanordnung – insbesondere mit Blick auf die Zusammensetzung und Liquidität des Nachlasses – durchführt.

2. Testamentsvollstreckung

a) Testamentsvollstreckung bei beiden Erbfällen

Unser gemeinsames Kind C ist wegen seiner Behinderung nicht in der Lage, seine Angelegenheiten selbst zu besorgen. Es wird daher die ihm beim jeweiligen Erbfall zugewendeten Erbteile nicht selbst verwalten können.

Sowohl der erstversterbende als auch der länger lebende Ehegatte ordnen deshalb hinsichtlich des unserem Kind C jeweils zufallenden Erbteils

Testamentsvollstreckung

in Form einer Dauertestamentsvollstreckung gem. § 2209 BGB an.

b) Person des Testamentsvollstreckers

Zum Testamentsvollstrecker wird ernannt:
- beim Tod des Erstversterbenden der länger lebende Ehegatte
- beim Schlusserbfall das gemeinsame Kind *A oder B*.

Der jeweilige Testamentsvollstrecker wird ermächtigt, jederzeit einen Nachfolger zu benennen (§ 2199 BGB) bzw, sofern er das Amt nicht antritt, als Dritter gem. § 2198 BGB den Vollstrecker zu bestimmen. Kann oder will er dies nicht, ist ..... als Ersatzvollstrecker für den ersten und den zweiten Sterbefall berufen, dem wiederum die Benennungsmöglichkeiten gem. § 2198, 2199 BGB entsprechend zustehen. Hilfsweise soll der Vollstrecker gem. § 2200 BGB durch das Nachlassgericht ernannt werden. Wir empfehlen, im Falle einer Kollision zwischen dem Amt des Betreuers/gesetzlichen Vertreters und des Testamentsvollstreckers, die zur möglicherweise nicht gewollten Bestellung eines fremden Ergänzungs-Überwachungsbetreuers führen würde, das Amt des Betreuers/gesetzlichen Vertreters anzunehmen und im Wege der §§ 2198, 2199 bzw hilfsweise § 2200 BGB einen anderen, geeigneten Vollstrecker zu bestimmen.

Das Amt des für den ersten Sterbefall eingesetzten Testamentsvollstreckers endet mit dem Schlusserbfall. An seine Stelle tritt der für den Schlusserbfall eingesetzte Testamentsvollstrecker, der dann die Miterbenanteile von *(Behinderter)* am Nachlass beider Elternteile verwaltet.

c) Aufgabe des Vollstreckers

Aufgabe des jeweiligen Testamentsvollstreckers ist die Verwaltung des Erbteils unseres Kindes C und damit die Verwaltung des Nachlasses gemeinsam mit dem weiteren Miterben. Der jeweilige Testamentsvollstrecker hat alle Verwaltungsrechte auszuüben, die unserem genannten Sohn als (Mit-)Vorerbe zustehen. Er ist zur Verwaltung des Nachlasses in Gemeinschaft mit den weiteren Miterben berechtigt und verpflichtet. Nach Teilung des Nachlasses setzt sich die Testamentsvollsteckung an den dem Vorerben zugefallenen Vermögenswerten fort, ebenso an sonstigen Surrogaten.

Aufgabe des Vollstreckers ist ferner die Durchführung der vorstehend 1 getroffenen Teilungsanordnungen.

Der Testamentsvollstrecker ist von den Beschränkungen des § 181 BGB befreit.

Sowohl der zuerst Versterbende als auch der Überlebende von uns beiden trifft folgende, für den jeweiligen Testamentsvollstrecker verbindliche Verwaltungsanordnung gem. § 2216 Abs. 2 BGB:

Die nachstehenden Anordnungen sollen zu einer Verbesserung der Lebensqualität unseres Sohnes führen, indem ihm Leistungen zugewendet werden, die er durch den Standard der Sozialhilfe nicht bekäme. Der jeweilige Testamentsvollstrecker hat daher unserem genannten Sohn die ihm gebührenden anteiligen jährlichen Reinerträgnisse (Nutzungen) des Nachlasses, wie beispielsweise etwaige anteilige Miet- und Pachtzinsen, Zinserträge, Dividenden- und Gewinnanteile und etwaige sonstige Gebrauchsvorteile und Früchte von Nachlassgegenständen, in einer Weise zuzuwenden, welche nicht zu einer Anrechnung auf staatliche Sozialleistungen führt, und dabei sich an folgenden Maßgaben („Regelbeispielen") zu orientieren:

- Geschenke zum Geburtstag und Namenstag, zu Weihnachten, Ostern und Pfingsten,
- Zuwendungen zur Befriedigung von individuellen Bedürfnissen geistiger und künstlerischer Art sowie in bezug auf die Freizeitgestaltung, insbesondere Hobbys,
- Finanzierung von Freizeiten und Urlaubsaufenthalten, einschließlich der dafür notwendigen Materialien und Ausstattungsgegenstände, und gegebenenfalls Bezahlung einer erforderlichen, geeigneten Begleitperson,
- Aufwendungen für Besuche bei Verwandten und Freunden,
- Aufwendungen für ärztliche Behandlungen, Heilbehandlungen, Therapien und Medikamente, die von der Krankenkasse nicht (vollständig) gezahlt werden, z.B. Brille, Zahnersatz usw.,
- Anschaffung von Hilfsmitteln und Ausstattungsgegenständen, die von der Krankenkasse nicht (vollständig) bezahlt werden; dabei sollen die Hilfsmittel von der Qualität so bemessen und ausgewählt werden, dass sie dem Kind optimal dienlich sind,
- Aufwendungen für zusätzliche Betreuung, z.B. bei Spaziergängen, Theater- und Konzertbesuchen, Einkäufen und ähnlichem, entsprechend den Wünschen des Kindes,
- Aufwendungen für Güter des persönlichen Bedarfs des Kindes, z.B. (modische) Kleidung oder Einrichtung seines Zimmers.

Für welche der genannten Leistungen die jährlichen Reinerträgnisse verwendet werden sollen, ob diese also auf sämtliche Leistungen gleichmäßig oder nach einem bestimmten Schlüssel verteilt werden oder ob diese in einem Jahr nur für eine oder mehrere der genannten Leistungen verwendet werden, entscheidet der jeweilige Testamentsvollstrecker nach billigem Ermessen, wobei er allerdings immer auf das Wohl des behinderten Abkömmlings bedacht sein muss.

Werden die jährlichen Reinerträgnisse in einem Jahr nicht in voller Höhe in Form der bezeichneten Leistungen unserem behinderten Abkömmling zugewendet, sind die entsprechenden Teile vom jeweiligen Testamentsvollstrecker gewinnbringend anzulegen.

Sind größere Anschaffungen für unseren Sohn wie beispielsweise der Kauf eines Gegenstandes zur Steigerung des Lebensstandards unseres genannten Sohnes (z.B. die Anschaffung eines Pkw kleiner oder mittlerer Klasse) oder eine größere Reise oder ähnliches, beabsichtigt, hat der jeweilige Testamentsvollstrecker entsprechende Rücklagen zu bilden.

Im Übrigen gelten für die Testamentsvollstreckung die gesetzlichen Bestimmungen.

Sollten vorstehende Verwaltungsanordnungen unwirksam oder außer Kraft gesetzt sein, beschwert jeder von uns vorsorglich unser behindertes Kind C mit der bedingten Auflage, Substanz und Erträge seiner Nachlassbeteiligung nur unter Einhaltung dieser Verwaltungsanordnungen einzusetzen.

d) Vergütung

Für seine Tätigkeit erhält ein etwa durch das Nachlassgericht bestimmter Ersatztestamentsvollstrecker (§ 2200 BGB) neben dem Ersatz seiner notwendigen Auslagen eine Vergütung in angemessener Höhe (§ 2221 BGB), deren Bemessung sich an den Richtlinien des Deutschen Notarvereins e.V. in ihrer jeweils geltenden Fassung orientiert (vgl. z.B. Zeitschrift „notar", Jahrgang 2000, S. 2 ff). Andere Personen haben nur Anspruch auf Aufwendungsersatz gem. § 2218 BGB, wobei jedoch Tätigkeiten im jeweiligen Beruf oder Gewerbe des Testamentsvollstreckers gesondert zu vergüten sind. Die Vergütung geht zu Lasten des verwalteten Erbteils.

3. Benennung eines Vormunds; Betreuung

Sollte beim Ableben des Längerlebenden eines der gemeinsamen Kinder noch minderjährig sein, benennt der Längerlebende hiermit gem. § 1777 Abs. 3 BGB als Vormund Herrn/Frau/Ehegatten ..... Wir regen ferner an, sofern erforderlich, Herrn/Frau ..... zum Betreuer unseres Kindes C nach unser beider Ableben zu bestellen. Sollte er zugleich Testamentsvollstrecker für ihn sein oder in einer schädlichen Nähebeziehung zu ersterem stehen, empfehlen wir ihm, das Betreueramt anzunehmen und gem. §§ 2198, 2199 und hilfsweise § 2200 BGB einen anderen geeigneten Testamentsvollstrecker zu bestimmen/bestimmen zu lassen.

4. Pflichtteilsstrafklausel

Verlangt einer unserer Abkömmlinge nach dem Tod des zuerst Versterbenden von uns gegen den Willen des länger Lebenden, sofern dieser das Verlangen erlebt, seinen Pflichtteil (ggf. nach Ausschlagung) in verzugsbegründender Weise, entfällt jede in dieser Urkunde oder späteren Änderungen zu seinen Gunsten und zugunsten seiner Abkömmlinge getroffene letztwillige Verfügung. Der frei gewordene Erbanteil wächst mangels abweichender Verfügung des länger Lebenden den anderen eingesetzten Erben – nicht jedoch unserem Kind C – an. Ein Verlangen im Sinn dieser Bestimmung setzt weder vorwerfbares Verhalten noch

Kenntnis dieser Bestimmung voraus, liegt jedoch nur vor, wenn der Abkömmling oder ein durch ihn rechtsgeschäftlich Bevollmächtigter selbst – nicht also ein gesetzlicher Vertreter oder ein Rechtsnachfolger infolge Überleitung – (ausschlägt und) das Verlangen stellt.

IV. Belehrungen

Die Vertragsteile wurden vom Notar über die rechtliche Tragweite ihrer Erklärungen belehrt, insbesondere über

- das Pflichtteilsrecht; sie wurden dabei besonders auf das Ausschlagungsrecht eines Pflichtteilsberechtigten gem. § 2306 BGB aufgrund ihn belastender Beschränkungen hingewiesen,
- das Recht der Pflichtteilsergänzung,
- das Wesen der Vor- und Nacherbfolge sowie der Testamentsvollstreckung,
- die Einschränkung der Testierfreiheit durch die vertragsmäßigen Verfügungen,
- den Grundsatz des freien lebzeitigen Verfügungsrechts, seine Einschränkungen und deren Auswirkungen,
- das durch diese Urkunde eingeschränkte Anfechtungsrecht gem. den §§ 2078, 2079 BGB.

V. Schlussbestimmungen

1. Verteiler

Die Vertragsteile beantragen,

- jedem Beteiligten eine Ausfertigung dieser Urkunde zu erteilen,
- die Urschrift in die besondere amtliche Verwahrung beim Amtsgericht zu bringen,
- eine beglaubigte Abschrift unverschlossen in der Urkundensammlung aufzubewahren.

2. Kosten

Den Reinwert ihres Vermögens geben die Vertragsteile gesondert an. Sie erklären, die Kosten dieser Urkunde sowie die der amtlichen Verwahrung gemeinsam zu tragen.

VI. Zusatzbestimmungen; hilfsweise getroffene Verfügungen

1.

Der amtierende Notar hat uns aus Anlass der heutigen Beurkundung unseres gemeinschaftlichen Testaments noch auf folgendes hingewiesen:

Es kann nicht ausgeschlossen werden, dass zufolge künftiger Rechtsprechung die heutigen Vereinbarungen im Hinblick auf das Nachrangprinzip der Sozialhilfe gegen § 138 BGB verstoßen, obwohl wir mit den heutigen Vereinbarungen lediglich Regelungen treffen, die auch dem wohlverstandenen Interesse unseres behinderten Sohnes dienen, oder dass eine Sozialleistungsbehörde gesetzliche Ausschlagungsrechte unseres behinderten Sohnes an sich ziehen und für ihn ausüben könnte mit der Folge, dass unsere wohlmeinenden Anordnungen die Wirkung verlieren.

2.

Sollte dieses gemeinschaftliche Testament wegen Verstoßes gegen § 134 oder § 138 BGB beim jeweiligen Erbfall unwirksam sein, ordnen wir an: Wir setzen uns durch vertraglich bindende Verfügung gegenseitig zum Alleinerben ein. Schlusserben sind unsere beiden Kinder A und B zu gleichen Teilen, ersatzweise deren Abkömmlinge zu gleichen Stammanteilen.

3.

Sollten die Belastungen, mit denen die Ziele dieses „Behindertentestamentes" erreicht werden sollen (Verwaltungsvollstreckung; Vor- und Nacherbfolge) unwirksam sein wegen Verstoßes gegen § 134 oder § 138 BGB oder aufgrund Ausschlagung durch die Sozialleistungsbehörde mit Wirkung für ihn oder sollte unser behinderter Sohn aufgrund des Hilfstestamentes gem. Ziff. 2 lediglich den Pflichtteil erhalten, so gilt:

Die anstelle unseres behinderten Sohnes Berufenen sind dann mit einer **Auflage** zu seinen Gunsten beschwert, für die folgende Bestimmungen gelten:

- Von den Erträgen des Vermögens, welches den Ersatzberufenen – nach Abzug der von ihnen jeweils zu tragenden Pflichtteilslast – verbleibt, sind auf Lebzeiten unseres Sohnes jeweils 90 % an diesen auszuhändigen.
- Die Vollziehung der Auflage ist Aufgabe des Testamentsvollstreckers, der bei Nichteintritt der Bedingung die betroffene Nachlassbeteiligung unseres Sohnes verwaltet hätte. Erst danach endet sein Amt. Für die an unser behindertes Kind auszuhändigenden Erträge gilt die in dieser Verfügung von Todes wegen angeordnete Verwaltungsanweisung entsprechend.
- Neben dem Testamentsvollstrecker steht die Vollziehungsberechtigung für die Auflage sämtlichen Personen zu, die bei Eintritt der Bedingung Ersatzberufene sind, und zwar jeweils in bezug auf die übrigen Auflagebeschwerten. Für alle anderen Personen, die nach § 2194 BGB die Vollziehung der Auflage verlangen könnten, wird die Vollziehungsberechtigung hiermit ausgeschlossen.

Vorgelesen vom Notar, von den Beteiligten

genehmigt, und eigenhändig unterschrieben:

.....

W. Einzeltestament bei überschuldetem Abkömmling

URNr. ...../2011

Testament

Heute, den ..... zweitausendelf

– ..... 2011 –

erschien vor mir,

.....,

Notar in .....,

in meinen Amtsräumen in .....:

Herr/Frau .....,

geboren am .....,

wohnhaft in .....,

nach Angabe .....,

mir, Notar, persönlich bekannt.

Die/Der Erschienene erklärte, ein Testament errichten zu wollen. Nach meiner, aus der Verhandlung gewonnenen Überzeugung, besteht uneingeschränkte Geschäfts- und Testierfähigkeit.

Einen Erbvertrag oder ein gemeinschaftliches Testament, das bei letztwilligen Verfügungen Bindungswirkung entfalten würde, besteht nach Angabe bisher nicht.

Es war weder gesetzlich geboten, noch gewünscht worden, Zeugen oder einen zweiten Notar hinzuzuziehen.

Der Notar fragte nach einer Vorbefassung im Sinne des § 3 Abs. 1 Nr. 7 BeurkG; sie wurde vom Beteiligten verneint.

Gemäß der vor mir, dem Notar, mündlich abgegebenen Erklärungen beurkunde ich, was folgt:

I. Persönliche Verhältnisse

Ich, wurde am ..... in ..... (Standesamt ..... Nr. .....) als Kind von ..... und ....., letztere geb. ....., geboren.

Ich habe am ..... vor dem Standesbeamten mit meinem Ehemann/meiner Ehefrau ....., geboren am ....., die erste und einzige Ehe geschlossen. Mein Ehemann/meine Ehefrau ist am ..... verstorben.

Aus der Ehe sind zwei Kinder hervorgegangen, *Sohn A und Tochter B*

Weitere Kinder habe und hatte ich nicht, weder eheliche, nichteheliche noch adoptierte.

Ich habe ausschließlich die deutsche Staatsangehörigkeit. Ich habe kein im Ausland belegenes Vermögen.

Etwaige frühere Verfügungen von Todes wegen werden hiermit ihrem gesamten Inhalt nach widerrufen.

Sämtliche Verfügungen in diesem Testament gelten ohne Rücksicht auf gegenwärtige oder künftige Pflichtteilsberechtigte und vorrangig gegenüber anderslautenden gesetzlichen Auslegungs-, Vermutungs- und Ergänzungsregelungen.

II. Erbeinsetzung

Ich setze hiermit meine vorgenannten Kinder zu gleichen Teilen zu meinen Erben ein.

(Alt.: meinen Sohn A zur Quote in Höhe der Hälfte seines gesetzlichen Erbteils, die Tochter B auf die verbleibende Quote).

Ersatzerben sind dessen/deren jeweilige Abkömmlinge zu unter sich gleichen Teilen nach Stämmen. Sollten keine Abkömmlinge vorhanden sein oder sollten diese die Erbschaft ausschlagen, so bestimme ich zum Ersatzerben ....., wiederum ersatzweise den .....

III. Vor- und Nacherbschaft

Soweit mein Sohn ..... Erbe wird, ist er/sie nur Vorerbe.

Nacherben sind seine Abkömmlinge zu unter sich gleichen Teilen nach Stämmen. Sollten keine Abkömmlinge vorhanden sein oder sollten sämtliche Abkömmlinge die Nacherbschaft ausschlagen, so ist Ersatznacherbe ....., wiederum ersatzweise .....

Die Nacherbfolge tritt ein mit dem Tod des Vorerben *sowie mit dem Eintritt der Bedingung gemäß Abschnitt V.*

Der Vorerbe ist ausschließlich von den Beschränkungen der §§ 2116, 2118 und 2119 BGB befreit (also insbesondere hinsichtlich der Hinterlegung von Wertpapieren und der mündelsicheren Geldanlage)

Die Nacherbenanwartschaftsrechte sind nur an den Vorerben veräußerlich, im Übrigen jedoch unvererblich und unveräußerlich. Die Einsetzung der Ersatznacherben ist für den Fall auflösend bedingt, dass die Nacherbenanwartschaftsrechte auf den Vorerben übertragen werden.

Ohne das Ermessen der Nacherben hinsichtlich der Verfügung über ihr Anwartschaftsrecht in irgendeiner Weise einzuschränken oder einen Anspruch des Vorerben auf Übertragung des Nacherbenanwartschaftsrechts zu begründen, gehe ich davon aus, dass die jeweiligen Nacherben ihr Anwartschaftsrecht auf den Vorerben übertragen, sobald dieser in gesicherten Vermögensverhältnissen lebt, wovon ich bei einem Vorerben, der ein Verbraucherinsolvenzverfahren beantragt hat, spätestens ein Jahr nach rechtskräftiger Erteilung einer Restschuldbefreiung ausgehe.

IV. Testamentsvollstreckung und weitere Anordnungen

1. Dauervollstreckung

Soweit mein Sohn ..... Erbe wird, ordne ich Testamentsvollstreckung an.

Zum Testamentsvollstrecker ernenne ich ....., geboren am .....

Sollte der Testamentsvollstrecker sein Amt – gleich aus welchem Grund – nicht annehmen (ggf.: oder sollte die Ehe zwischen dem Testamentsvollstrecker und dem Vorerben geschieden werden), so endet das Amt dieses Vollstreckers. In diesem Fall ernenne ich ..... als Ersatztestamentsvollstrecker.

Der Testamentsvollstreckung unterliegt der jeweilige Erbanteil meiner Söhne. (Ggf: Nach der Auseinandersetzung der Erbengemeinschaft setzt sich die Testamentsvollstreckung an den einzelnen Nachlassgegenständen fort.) Der Testamentsvollstrecker hat die Aufgabe, den Nachlass zu verwalten. Es handelt sich um eine Dauervollstreckung nach § 2209 BGB, die sich an den Surrogaten fortsetzt.

Substanz und Erträge hat der Testamentsvollstrecker nur für wirtschaftlich und in der Lebensplanung vernünftige Zwecke einzusetzen. Ich weise den Testamentsvollstrecker gem. § 2216 Absatz 2 BGB verbindlich an, *unserem Sohn A* die diesem gebührenden jährlichen Reinerträge der verwalteten Nachlasswerte ausschließlich so zuzuwenden, dass sein standesgemäßer Unterhalt durch regelmäßige Zuwendungen nach § 850b Abs. 1 Nr. 3 ZPO oder auch durch einmalige Sachzuwendungen bzw. die Übernahme von Beiträgen zur Altersvorsorge etc. gesichert ist und zugleich hierdurch keine Versagung oder Kürzung von etwa durch den Erben bezogenen staatlichen Leistungen, insbesondere von bedarfsorientierter Grundsicherung oder Sozialhilfe, eintritt. Mit dieser Weisung soll erreicht werden, dass die wirtschaftliche Stellung von A durch das ihm von Todes wegen Zugewendete verbessert wird. Die Erträge des jeweils erebten Vermögens sollen deshalb solche Aufwendungen finanzieren, für die eine staatliche Beihilfe nicht gewährt wird, die aber anrechnungsfrei verbleiben, etwa die Anschaffung eines angemessenen selbstgenutzten Eigenheims, eines angemessenen Kraftfahrzeuges, sowie von Beiträgen in geschützten Altersvorsorgeverträgen.

Soweit dem Erben seitens seiner Gläubiger Zwangsvollstreckungsmaßnahmen drohen, wird das Entscheidungsermessen des Testamentsvollstreckers weiter dahingehend eingeschränkt, dass er dem Erben Erträge des Nachlasses nur bis zur Höhe der jeweiligen Pfändungsfreigrenze zuwenden kann, soweit diese nicht schon durch anderweitiges Einkommen des Erben ausgeschöpft ist. Gleiches gilt für einzelne Gegenstände des Nachlasses. Das Recht des Erben gem. § 2217 Abs. 1 BGB die Herausgabe von Nachlassgegenständen zu verlangen wird dementsprechend eingeschränkt.

*(**Fakultativ**: Sollten die vorstehend beschriebenen Anordnungen allein aus den – vorrangig heranzuziehenden – Erträgnissen der Nachlassvermögenswerte nicht in angemessener Weise erfüllt werden können, darf die Nachlasssubstanz hierfür bis zur Höhe des Vorerbteils von A verwendet werden. Die hierfür erforderlichen Vermögenswerte sind insofern – gegebenenfalls anteilig – ebenfalls vermächtnisweise zugewandt, um A ein dauerhaftes angemessenes Einkommen über dem Sozialleistungsniveau zu verschaffen, § 850b Abs. 1 Nr. 3 ZPO.)*

Der Testamentsvollstrecker ist in der Eingehung von Verbindlichkeiten (§ 2207 BGB) nicht beschränkt.

Von den Beschränkungen des § 181 BGB ist der Testamentsvollstrecker jeweils befreit.

Im Übrigen hat der Testamentsvollstrecker die gesetzlichen Rechte und Pflichten.

Neben der Erstattung seiner Auslagen erhält der Testamentsvollstrecker keine Vergütung.

2. Nacherbenvollstreckung

Ferner ordne ich Nacherbenvollstreckung nach § 2222 BGB an.

Nacherbenvollstrecker ist der Vorerbenvollstrecker.

Der Nacherbenvollstrecker hat bis zum Eintritt des Nacherbfalles die Rechte der Nacherben auszuüben und deren Pflichten zu erfüllen.

Von den Beschränkungen des § 181 BGB ist der Nacherbenvollstrecker befreit.

Auch der Nacherbenvollstrecker erhält neben der Erstattung seiner Auslagen keine besondere Vergütung.

Ggf: 3. Teilungsanordnung

Der Testamentsvollstrecker hat die Aufgabe die Teilung des Nachlasses entsprechend der nachfolgenden Teilungsanordnung möglichst rasch durchzuführen.

.....

Die Vorerbenbeschränkung und die Testamentsvollstreckung setzen sich an den infolge der Teilungsanordnung übertragenen Gegenständen fort (Surrogat).

(Anm.: Falls ein Miterbe aufgrund der vorstehenden Teilungsanordnung mehr erhält als ihm nach seinem oben genannten, „vorläufigen" Erbanteil bruchteilsmäßig zusteht, handelt es sich weder um ein Vorausvermächtnis noch ist der „Begünstigte" zum Wertausgleich aus seinem sonstigen Vermögen verpflichtet [Verschaffungsvermächtnis], vielmehr sind die Miterben in diesem Fall tatsächlich zu den Quoten eingesetzt, die sich aus den Verkehrswerten der jeweils zugewendeten Gegenstände [nach Abzug der zu übernehmenden Verpflichtungen] im Verhältnis zum Gesamtnachlass ergeben [Erbeinsetzung nach Vermögensgruppen].

Alt.:

Als Vermächtnis zugunsten des jeweils anderen Miterben ordne ich bis zum Eintritt der Nacherbfolge ein

Auseinandersetzungsverbot

gem. § 2044 BGB dergestalt an, dass die Auseinandersetzung der Erbengemeinschaft, auch in Bezug auf einzelne Nachlassgegenstände, nur mit Zustimmung des jeweils anderen Miterben [während der Dauer der Testamentsvollstreckung mit Zustimmung dieses Vollstreckers an Stelle des betroffenen Miterben] zulässig ist. Die Überwachung des Auseinandersetzungsverbotes, also Geltendmachung des Vermächtnisses, obliegt ebenfalls dem Testamentsvollstrecker.)

V. Vorsorge bei späterem Wegfall der Bedürftigkeit

1.

Die nachfolgenden Verfügungen sind aufschiebend bedingt. Sie gelten nur, falls die Bedürftigkeit meines Sohnes ..... (*Name des Bedürftigen*) vor oder nach dem Erbfall weggefallen sein sollte.

Die Bedingung gilt ausschließlich dann als eingetreten, wenn sämtliche Erben und Vermächtnisnehmer – einschließlich ..... (*Name des Bedürftigen*) – dies durch schriftliche Erklärung gegenüber dem Nachlassgericht festgestellt haben. Die Abgabe dieser Erklärung wird hiermit im Weg der Auflage zugunsten von ..... (*Name des Bedürftigen*) angeordnet. Die Erklärung kann auch durch einen Stellvertreter abgegeben werden.

2. Rechtsfolgen bei Bedingungseintritt

Sämtliche Nacherben sind dann mit einer Auflage zugunsten von ..... (*Name des Bedürftigen*) beschwert, für die folgende Bestimmungen gelten:

aa) Vom Wert des Vermögens, welches an sie als Folge des Bedingungseintritts durch den Testamentsvollstrecker herauszugeben wäre, haben sie einen Anteil von 90 % sofort wieder an den Auflagebegünstigten herauszugeben.

bb) Die Vollziehungsberechtigung für die Auflage steht sämtlichen Personen zu, die bei Eintritt der Bedingung Nacherben werden, und zwar jeweils in bezug auf die übrigen Auflagebeschwerten. Außerdem ist diejenige Person vollziehungsberechtigt, die bei Bedingungseintritt als Testamentsvollstrecker die Nachlassbeteiligung des .....(*Name des Bedürftigen*) verwaltet hat. Für alle anderen Personen, die nach § 2194 BGB die Vollziehung der Auflage verlangen könnten, wird die Vollziehungsberechtigung hiermit ausgeschlossen.

Gleichzeitig mit der aufschiebenden Bedingung tritt der Nacherbfall ein, mit welchem ..... (*Name des Bedürftigen*) beschwert worden ist.

Unter Ausschluss anders lautender Auslegungs- und Ergänzungsregeln entfällt die Auflage, wenn ..... (*Name des Bedürftigen*) sie nicht annehmen kann oder will.

VI. Hinweis, Kosten, Abschriften

Ich wurde vom Notar auf das gesetzliche Erb- und Pflichtteilsrecht hingewiesen sowie über den Inhalt der testamentarischen Regelungen belehrt.

Mir ist bekannt, dass Drittbegünstigungen im Todesfall (z.B. bei Sparkonten und Lebensversicherungen) durch diese Urkunde unberührt bleiben. Soweit Beteiligungen an Gesellschaften zum Nachlass gehören, können die Bestimmungen des Gesellschaftsvertrages dem gewünschten Erfolg entgegenstehen.

Mir ist bekannt, dass ich das Testament jederzeit auch durch privatschriftliche Verfügung von Todes wegen widerrufen kann.

Den Wert des Nachlasses beziffere ich auf ..... €.

Ich trage die Kosten dieses Testamentes und bitte um Erteilung einer beglaubigten Abschrift. Der Notar ist berechtigt, eine beglaubigte Abschrift für seine Urkundensammlung zu fertigen. Das Testament wird beim Amtsgericht ..... verwahrt.

Vorgelesen vom Notar, von der Beteiligten

genehmigt, und eigenhändig unterschrieben:

.....

Stichwortverzeichnis

Die Zahlen verweisen auf die Randnummern.

A

Abfindung, Bewertung, Pflichtteilsanspruch 3034
– Erbverzicht 3213 ff.
– Pflichtteilsverzicht 3241 ff.
Abfindungsanspruch, Gesellschaftsvertrag 2236 ff.
Abfindungserwerb, Erbschaftsteuer 3544 ff.
Absichtsanfechtung 71, 180
Abgeltung, Pflichtteilsgeldanspruch 58 ff.
Abgeltungsteuer 2425 ff.
Abstandsgeld 4871 ff.
Abtretbarkeit, GmbH-Geschäftsanteile 2360 ff.
Abtretung, Nießbrauch 1135
AfA-Befugnis, Anerkennung von Fremdwerbungskosten 4533
– Vermächtnisnießbrauch 4546 ff.
AfA-Berechnung 4523 ff.
Agrarförderung, landwirtschaftliche Übergabe 358 ff.
Aktien, Hartz IV 650
ALG II 677 ff.
Altenhilfe, Hilfe zum Lebensunterhalt 417
Altenteilslasten 3390
Altersgeld, landwirtschaftliche Übergabe 338
Alterssicherung, Schonvermögen, unbillige Härte 460
Altersvorsorgeunterhalt, Wirksamkeits-/Ausübungskontrolle 845
Altersvorsorgevermögen, Hartz IV 666 ff.
Anerbengesetz 3122
Anerkennung, Stiftung 2577 f.
Anfechtung, Absichtsanfechtung 71, 180
– allgemeine Voraussetzungen 173 ff.
– Anfechtungsgegner 176
– Anfechtungstatbestände 179 ff.
– Beurkundungsrecht 186
– unentgeltliche Leistung 182
Anfechtungsrecht, Schenkung 172 ff.

Anlagen, kursabhängige, Hartz IV 650
Anrechnungslösung 2338
Anspruchsüberleitung, Grundsicherung 607
Anstalt liechtensteinischen Rechts 2546 ff.
– Auflösung 2551
Anstandsschenkung 153
– Pflichtteilsergänzungsanspruch 3133
– spätere Verarmung des Veräußerers 953 ff.
Asset protection 188 ff.
– Pfändungserleichterungsvorschriften 190
– Pfändungsschutzkonto 190
– Pflichtverletzung, bei Organtätigkeit 188
– – berufliche 188
– private Verpflichtungen 188
– Rückforderungsvorbehalt 192
– Schenkung 188 ff.
– Stiftung 2554, 2639 ff.
– unpfändbare Vermögenswerte 190
– Vertrag zugunsten Dritter, Lebensversicherung 2940
– zivilrechtliche Überfinanzierung 188
– Zuwendung von Vermögen, Verfügung von Todes wegen 193
Aufhebung, Pflichtteilsverzicht 3260 ff.
Aufhebungssperre, Pflichtteilsverzicht 3260 ff.
Auflage, Bedürftigentestament 5094 ff.
– Behindertentestament 5357 ff.
– Definition 155
– Erbschaftsteuer 3539 ff.
– Schenkung, neue Rechtslage 3870 ff.
Auflagenschenkung, Schadensersatz statt der Leistung 1755
– Unerreichbarkeit 1755
– Unmöglichkeit der Auflagenerfüllung 1755
– Unzumutbarkeit 1755
– vertragliche Rückforderungsrechte 1755 ff.
Auflassung, Nachweis der Entgeltlichkeit 171
– vertragliches Rückforderungsrecht, Rückabwicklung 1939

2033

Auflösung, Anstalt liechtensteinischen Rechts	2551	– umlegungsverhaftetes Grundstück	3417
Ausgleichspflichtteil	3168 ff.	**Bausparvertrag**, Hartz IV	650
– Berechnung	3174 ff.	**Bedarfsgemeinschaft**, Elternunterhalt	748 f.
– Bewertung	3174 ff.	– Hartz IV	621
– Kombination, Ausgleichung und Anrechnung	3178 ff.	**Bedingung**, Erbschaftsteuer	3539 ff.
		Bedürftigentestament	5283 ff.
– Pflichtteilsfernwirkung	3168 ff.	– Aufhebung der Beschränkung	5327 ff.
– Verjährung	3041 ff.	– – durch den Erblasser selbst	5326
– Voraussetzung der Ausgleichung	3173	– – durch die letztwillige Verfügung selbst	5331 ff.
Ausgleichungsanordnung	1610 ff.	– – durch Erben	5327 ff.
Ausgleichungspflicht, geborene	1611 ff.	– Auflage	5357 ff.
– gekorene	1621	– gestufte Ausschlagung	5353 ff.
– nachträgliche Änderung	1626 ff.	– Standardkonstruktion	5284 ff.
Auskunftsanspruch, Pflichtteilsanspruch	3016	– Testamentsvollstreckung	5311 ff.
		– Vermächtniskonstruktion	5291 ff.
– – Inhalt	3019	– Vorerbfolge	5300 ff.
Auskunftspflicht der Erben	3016 ff.	**Bedürftigkeit**, selbstverschuldete	507
Ausländische Stiftung	2544 ff.	**Beerdigungskosten**	3469
Auslandsvermögen, Bewertung	3807	**Befriedigung geistiger Bedürfnisse**, Schonvermögen	445
Ausschlagung, Erbschaft	3570 ff.		
– Erbschaftsteuer	3572, 3583 ff.	**Behaltensregelung**, Aufhebung einer Prüfvereinbarung	4138 ff.
– Ertragsteuerrecht	3580 ff.	– Kapitalgesellschaftsvorgänge	4134
– Schenkung	94 ff.	– Nachversteuerung	4143
Ausstattung	196 ff.	– Überentnahmen	4135
– Angemessenheitskriterium	196	– Veräußerung	4127 ff.
– Ausgleichung, gesetzliche Erbfolge	201	**Behindertentestament**	5080 ff.
– Ausstattungsfähigkeit	197	– Änderung der Rechtslage	5235 ff.
– Beteiligte	196	– Ausschlagung durch überlebenden Ehegatten	5182 ff.
– Pflichtteilsergänzung	201	– Destinatär, als alleiniger Vorerbe	5268 ff.
– Rückforderungsvorbehalt	200	– – als Nacherbe	5278 ff.
– Zuwendungszweck	196	– Erbschaftslösung	5142 ff.
Austauschrente	4906 ff., 4964	– Gefährdung	5156 ff.
B		– Herausgabevermächtnis	5248
Bankguthaben, Nießbrauch	1223	– klassisches	5142 ff.
Bargeld, Nießbrauch	1223	– mehrere pflichtteilsberechtigte Nacherben	5179 ff.
Bauernwald, Nießbrauch	1099	– Pflichtteilsanspruch	5098 ff.
BauGB, Flurbereinigungsverfahren	3419	– sozialfürsorgliche Verwertung	5249 ff.
– Fremdenverkehrsgebiet	2048, 3409	– Stiftung	5096 f.
– Genehmigung	3400 ff.	– Teilungsanordnung	5238 ff.
– – Sanierungsverfahren	3410 ff.	– Testamentsvollstrecker	5219 ff.
– – Umlegungsverfahren	3413 ff.		
– Teilungsgenehmigung	3400 ff.		

Stichwortverzeichnis

– Testamentsvollstreckung 5149 ff.
– Trennungslösung 5243 ff.
– ungeplante Entwicklung 5229 ff.
– Vermächtnisgegenstand 5127 ff.
– Vermächtnislösung 5104 ff.
– Vorerbschaft 5145 ff.
Belastungsgegenstand, grundbuchrechtlicher 1280 ff.
Belehrung, vertragliches Rückforderungsrecht, Sicherung durch Vormerkung 1991 ff.
Belehrungspflichten, Grundpfandrechtsübernahme 1724
Berechtigte, Nießbrauch 1102 ff.
– Wohnungsrecht 1286 ff.
Berliner Testament, Ausgleich von Todes wegen, weichende Geschwister 1651 ff.
– Erbschaftsteuer 3565
Berufsausübung, Schonvermögen 444
Besteuerung, Nutzungsrecht 3794 ff.
– Rente zu Lebzeiten 3799
– Stiftungen des liechtensteinischen Rechts 2553
Bestimmungsvermächtnis 3586
Beteiligungsträgerstiftung 2512
Betriebliche Rente 4968
Betriebsabspaltung, Einkommensteuer 4449 ff.
Betriebsabwicklung 4519
Betriebsaufgabe, Abgrenzung, Betriebsabwicklung 4519 ff.
– – Betriebsunterbrechung 4519
– Privilegierung 4515
– Tatbestand 4514
Betriebsfortführungsvollmacht, Notfallvorsorge 314
Betriebsübergabe, Aufstockung, Buchwert 4680 ff.
– ertragsteuerliche Fragen 4663 ff.
– – Betriebsgrundstück 4669
– – Teilbetrieb 4666 ff.
– Haftung, Betriebssteuer 4664
– Teilbetriebsübertragung 4672 ff.

– – Unentgeltlichkeit 4677 ff.
Betriebsunterbrechung 4519
Betriebsvermögen, Abschreibung 4442
– Abzugsbeschränkung 4010
– Abzugsbetrag 4053 ff.
– Ausschluss der Begünstigung, Verwaltungsvermögen 4065 ff.
– begünstigtes Vermögen 4016 ff.
– Begünstigung 3974 ff.
– – Lohnsummenkriterium 4109 ff.
– Begünstigung nach neuem Recht 4011 ff.
– Bestehen der Lohnsummenkontrolle 4170 ff.
– Bestehen des Verwaltungsvermögenstests 4156 ff.
– Bewertung 3742 ff.
– – Einzelbewertungsverfahren 3777 ff.
– – Feststellungsverfahren 3788
– – Gesamtbewertungsverfahren 3779 ff.
– – Gesellschaftsbeteiligung 3758
– – junge Wirtschaftsgüter 3759
– – Liquidationswert 3771
– – Mischbewertungsverfahren 3778
– – nicht betriebsnotwendiges Vermögen 3757 ff.
– – Sonderbetriebsvermögen 3760 ff.
– – Substanzwert 3765 ff.
– ehebedingte Zuwendung, Steuerrecht 2801
– einheitliche Stimmrechtsausübung 4039
– Entnahme 4652 ff.
– Ertragsteuerrecht, Zugewinnausgleichsanspruch 76
– Gestaltung im Rahmen der Bewertung 4149 ff.
– Gestaltungsmöglichkeiten ab 2009 4148 ff.
– Gestaltungssicherung der Verschonung 4153 ff.
– gewerblich geprägte GmbH & Co. KG 2185 ff.
– gewerbliche GmbH & Co. KG 2183
– junge Verwaltungsvermögen 4167
– Kapitalgesellschaftsanteil 4024 ff.
– Kaufpreisrente 4922 ff.

2035

– land- und forstwirtschaftliches Vermögen 3993 ff.
– Nachlassgegenstand, Veräußerung 4639
– Nachversteuerung 4005
– Nutzungsbereiche 4443 ff.
– Poolvereinbarung 4026 ff.
– Privilegierung, Erwerb 3974 ff.
– Schaffung begünstigten Vermögens 4154 ff.
– Schenkungsteuer, Anteile an einer Kapitalgesellschaft 3995 ff.
– – erfasste Vorgänge 3996 ff.
– – Erwerb von Todes wegen 3997
– – gemischte Schenkung 3864
– – lebzeitiger Erwerb 4000 ff.
– – Zuordnung des Freibetrags 4002
– Sonderbetriebsvermögen 4466 ff.
– Tarifbegrenzung 4059
– Umfang, land- und forstwirtschaftlicher Betrieb 3719 ff.
– verdecktes 4448 ff., 4502 ff.
– vereinfachtes Ertragswertverfahren 3745 ff.
– Verschonungsabschlag 4053 ff.
– Versorgungsrente 4955 ff.
– Verwaltungsvermögensquote, unschädliche 4166 ff.
– Verwaltungsvermögenstest, Verwaltungsvermögensquote 4157 ff.
Betriebsverpachtung, Ertragsteuer 4784 ff.
Beurkundungsrecht, Anfechtung 186 ff.
Bewertung, Auslandsvermögen 3807
– Erbbaugrundstück 3692 ff.
– Erbbaurecht 3683 ff.
– Gebäude, auf fremden Grund und Boden 3697 ff.
– land- und forstwirtschaftlicher Betrieb 3715 ff.
– – Betriebswohnung 3722 ff.
– – Liquidationswert 3736 ff.
– – Mindestwirtschaftswert 3730 ff.
– – Obergrenze Verkehrswert 3735
– – Umfang des Betriebsvermögens 3719 ff.
– – Wirtschaftsteil 3723 ff.
– – Wohnteil 3722
– Nießbrauch 1198 ff.

– sonstiges Inlandsvermögen 3805 f.
– Unternehmen 3035
Blindenhilfe 414
Bodenrichtwert, abweichende Geschossflächenzahl 3624 ff.
– abweichender Erschließungszustand 3627
– Anpassung 3623 ff.
– Bauerwartungsland 3619
– Bauland, erschließungsbeitragsfreies 3621
– – erschließungsbeitragspflichtiges 3621
– bebautes Grundstück 3630 ff.
– Grundstück, Zustand der Bebauung 3628
– Grundstückstiefe 3626
– Rohbauland 3620
– Übergröße 3626
Bruchteilsberechtigung, Risiken 2025
– Vorteile 2025
Bruchteilsnießbrauch, Fristbeginn 1201
Bruchteilsvorbehaltsnießbrauch 1095
Bruchteilszuwendungsnießbrauch 1096
Bruttonießbrauch 1160
Buchwert, Aufstockung 4680 ff.
Bürgerstiftung 2524

D

Darlehen, Grundpfandrecht 1183
– Nießbrauch 1224 f.
Darlehensrückzahlung, Familienkapitalgesellschaft 2344
Dauernde Last, Kombination mit Mietvertrag 1535
– – zivilrechtliche Erwägungen 1552 ff.
Dauerwohnrecht 1279
Doppelstiftung 2525
– Betriebsfortführungskapitalgesellschaft 2529
– GmbH & Co. KG 2527
Duldungsrecht, Besteuerung 3794 ff.
Durchgriffshaftung, gesellschaftsrechtliche 2346

E

Ehebedingte Zuwendung, Betriebsvermögen 2801
– Eigenheimzulage 2794 f.

– Ermöglichung steuergünstiger Vermögensverteilung 2669
– Fallgruppen 2648 ff.
– Kettenschenkung 2802 ff.
– – mehrere Rückforderungsverhältnisse 2823 ff.
– – Schenkungsteuer 2805 ff.
– – Vorsorge für den Scheidungsfall 2814 ff.
– Miteigentümergemeinschaft, Auseinandersetzung 2702 f.
– Motivationslage 2668 ff.
– negative Abgrenzung 2648 ff.
– positive Abgrenzung 2663 ff.
– private Altersvorsorge 2669
– rechtliche Besonderheiten 2671 ff.
– reine Ehegattenschenkung 2674 ff.
– Rückabwicklung, grober Umgang 2693
– Rückforderung gem. § 313 BGB 2694 ff.
– – Fortbestand der Ehe als Geschäftsgrundlage 2694 ff.
– – Verjährung 2701
– Scheitern der Ehe 2679 ff.
– – besonderer familienrechtlicher Vertrag 2691
– – Ehegatteninnengesellschaft 2684
– – Gemeinschaft bürgerlichen Rechts 2687 ff.
– – Gesellschaftsrecht 2682 ff.
– – Innengesellschaft bürgerlichen Rechts 2682 ff.
– – Kondiktionsrecht 2681
– – Rückabwicklung 2692 ff.
– – Rückforderung gem. § 313 BGB 2694 ff.
– – Wegfall der Geschäftsgrundlage 2694 ff.
– Schenkungsteuer 2780 ff.
– – Familienheim-Schaukelmodell 2787
– – Kettenschenkung 2805 ff.
– – Rechtslage ab 2009 2789 ff.
– – Rechtslage bis Ende 2008 2780 ff.
– – Schwiegelternzuwendung 2704 ff.
– – Steuerrecht 2780 ff.
– – Betriebsvermögen 2801
– – Unterhaltsrecht, Berücksichtigung 2763 ff.
– – Übertragung von Unterhaltsabgeltung 2766 ff.
– – Wohnvorteil 2763 ff.
– Vermietung 2796 ff.
– Verpachtung 2796 ff.
– vertragliche Rückforderungsvorbehalte 2710 ff.
– – Abstimmung mit Zugewinnausgleichsregelung 2717 ff.
– – Übertragung des Familienheims 2712 ff.
– Wegfall der Geschäftsgrundlage 2694 ff.
– Wohnvorteil 2763 ff.
– Zugewinnausgleich, Anrechnung gem. § 1380 BGB 2740 ff.
– Zuwendung, an Schwiegereltern 2709
– – durch Schwiegereltern 2738 f.
Ehegatte, Pflichtteilsverzicht 3257 ff.
– Zustimmung 3444 ff.
Ehegatteninnengesellschaft, Scheitern der Ehe 2684
Ehegattenschenkung, Behandlung im Zugewinnausgleich 2678
– Rückabwicklung 2676
Ehegattenunterhalt, Leistungsfähigkeit Kinder, Elternunterhalt 768 ff.
Ehegattenzuwendung 6
Eigenbedarf, Leistungsfähigkeit Kinder, Elternunterhalt 776 ff.
Eigenheimzulage, Anschaffungstatbestand durch den Erwerber 4556 ff.
– Auswirkungen vorbehaltener Nutzung 4563 ff.
– ehebedingte Zuwendung 2794 f.
– Erwerb vom Ehegatten 4553 ff.
– Investition auf fremden Grund und Boden 4567 ff.
– mittelbare Grundstücksschenkung 4219 ff.
– unentgeltlicher Erwerber 4550 ff.
Eigentümer, vertragliches Rückforderungsrecht 1905 ff.
– – Ableben 1911 ff.
– – Scheidung 1905
– – Vermögensverfall 1896 ff.
Eigentümergrundschuld, Nießbrauch 1181
Eigentumsanteil, Hartz IV 654
Eigenurkunde, Vollzug 3374 ff.

Einheits-GmbH & Co. KG 2314 ff.
Einkommen, absetzbare Beträge 473 ff.
– allgemeine Einkommensgrenze 478 ff.
– – Grundbetrag 478
– – Unterkunftskosten 479
– Einkommensgrenze, Einsatz 489 ff.
– Einkommensschongrenze 476 ff.
– einkommensunabhängige Leistungen 488
– einmalige Zahlungen 466
– Einsatz unter Einkommensgrenze 494 ff.
– Elternunterhalt, Leistungsfähigkeit Kinder 750 ff.
– erhöhter Grundbetrag 485
– fiktive Einnahmen 467
– gepfändete Einkommensteile 467
– reduzierte Einkommensanrechnung, Leistung für Behinderte 486 f.
– Sachbezug 470 ff.
– – freie Unterkunft 470
– – freie Verpflegung 470
– – freie Wohnung 471
– Schmerzensgeld 468
– Sozialhilfe 462 ff.
– Verluste 469
Einkommensbegriff 462 ff.
– Dienstleistungen 463
– Sachbezüge 463
Einkommensschonung, Elternunterhalt 744
Einkommensteuer, Anstalt liechtensteinischen Rechts 2549
– Betriebsvermögen 4439 ff.
– – gewerblich geprägte Personengesellschaft 4480 ff.
– – gewerblich tätige Personengesellschaft 4478 ff.
– – gewerbliche Personengesellschaft 4478 ff.
– – gewerblicher Grundstückshandel 4472
– – Nutzungsbereiche 4443 ff.
– – Pächterwahlrecht 4469 ff.
– – vermögensverwaltende Versorgungsgesellschaft 4482 ff.
– Doppelbelastung 4203 ff.
– eigenbetriebliche Zwecke 4445
– Familienkapitalgesellschaft 2418 ff.
– fremdbetriebliche Zwecke 4445
– fremde Wohnzwecke 4445
– Fremdvergleich 4428 ff.
– Gesamtplanrechtsprechung 4437 ff.
– gewillkürte Betriebsvermögen 4446
– GmbH & Co. KG 2324 ff.
– Gütergemeinschaft 112 ff.
– Minderjährige 4332
– – Ausschluss der elterlichen Vertretung 4415 ff.
– – Bestellung eines Pflegers 4340
– – Bestellungsurkunde des Pflegers 4331
– – Genehmigungsverfahren/FamFG 4379 ff.
– – gerichtliche Genehmigung 4360 ff.
– – Vertretungshindernisse 4332 ff.
– Nießbrauch, Kapitalgesellschaft 1262
– Nutzung zu eigenen Wohnrechten 4444
– Privatvermögen 4439 ff.
– – Nutzungsbereiche 4443 ff.
– selbstständige Wirtschaftsgüter 4439 ff.
– Sonderbetriebsvermögen 4466 ff.
– Stiftung, Gemeinnützigkeit 2613 ff.
– – steuerliche Förderung des Spenders 2620 ff.
– – steuerliche Förderung des Stifters 2620 ff.
– Veräußerung, Einzelunternehmen 4716 ff.
– – Mitunternehmeranteil 4716 ff.
– verdecktes Betriebsvermögen 4448 ff.
– – Betriebsabspaltung 4449
Einkommensteuerrecht, Betriebsaufgabe 4514 ff.
– Eigenheimzulage 4548 ff.
– Gefahr der Entnahme 4500 ff.
– landwirtschaftliche Übergabe 343
Einsatzgemeinschaft, Elternunterhalt 748 f.
– Hilfe zum Lebensunterhalt 405
– Hilfe in besonderen Lebenslagen 418
Eintrittsklausel, Personengesellschaft 125
Einzelrechtsnachfolge, lebzeitige Unternehmensübertragung 324 ff.
– – Arbeitsrecht 325
– – Dauerschuldverhältnis 324
– – gewerbliche Schutzrechte 324
– – Grundstück 324

– – Handelsregister 326
– stufenweise Nachfolge 329
– unentgeltliche Aufnahme einer
   natürlichen Person 4681 ff.
– Veräußerung, Abzugsfähigkeit der
   Finanzierungsaufwendung 4743
– – Einkommensteuer des Erwerbers 4739 ff.
– – Gewerbesteuer 4744 ff.
– – Verschonungen 4735 ff.
– vertragliche Rückforderungsrechte 1860 ff.
Elternunterhalt, Ausschlusstatbe-
   stände 811 ff.
– – grobe Vernachlässigung der eige-
      nen Unterhaltspflicht 813
– – schwere Verfehlung gegenüber
      dem Kind 814
– – sittliches Verschulden der Eltern 812
– – Verwirkung nach § 242 BGB 815 f.
– Bedarf 731 ff.
– Bedarfsgemeinschaft 748 f.
– Bedürftigkeit 733 ff.
– – Einkommenseinsatz 734 ff.
– – frühere Zuwendungen 740
– – Veräußerung des Familienheims 737
– – Vermögenseinsatz 736 ff.
– bürgerlich-rechtlicher Unterhaltsrang 729 ff.
– dauernde Heimunterbringung 746
– Einkommen, Leistungsfähigkeit Kinder 750
– Einkommensschonung 744
– – dauernde Heimunterbringung 746
– – Hilfe in besonderen Lebenslagen 744
– Einsatzgemeinschaft 748
– Grundlagen 727 f.
– Heranziehung aus Vermögen 795 ff.
– – Geldmittel zur privilegierten Rück-
      lagenbildung 802
– – selbstgenutztes Eigenheim 803
– – Vermögensstamm 797
– – Zwangsverwertung auf die Zukunft 800 ff.
– laufender Bedarf 731
– Lebensstellung der Eltern 732
– Leistungsfähigkeit Kinder 750 ff.
– – Altersvorsorge 758
– – Altverpflichtungen 760

– – Ehegattenunterhalt 768 ff.
– – Eigenbedarf 776 ff.
– – Einkommensbereinigung 756
– – Erwerb eines Familienheims 759
– – Geschiedenenunterhalt 767
– – Kindesbarunterhalt 764
– – Kindesnaturalunterhalt 765
– – Kranken- und Pflegeversicherung 759
– – Minderung der Leistungsfähigkei-
      ten 762 ff.
– – Mindestselbstbehalt 776 ff.
– – Steuerlast 757
– – Umgangskosten 760
– – Unterhaltsverpflichtungen gegen-
      über Kindern 769
– Leitentscheidungen 720 ff.
– Mehrbedarf 731
– Sonderbedarf 731
– Sozialfürsorgerecht 718 ff.
– sozialhilferechtliche Besonderheiten 743 ff.
– Strategien zur Vermeidung einer
   Heranziehung 830 ff.
– Verhältnis Unterhaltspflichtige 816 f.
– – Haftungsverhältnis mehrerer
      gleichzeitig Beschenkter 824 f.
– – Rangabstufungen 816 ff.
– – Regelungsbedarf 826 f.
– – sozialrechtliche Reaktionen 828 ff.
– – Verteilung im Gleichrang 820 ff.
– Vermögensschonung 747
– Verwandtschaftsunterhalt, Bemessung 730
Enkelfondsmodell 2157
Entgeltlichkeit, Abfindung für einen
   Erbverzicht 55
Entnahme, Nießbrauchsvorbehalt 4507 ff.
– Tatbestand 4501
– verdecktes Betriebsvermögen 4502 ff.
Erbbaugrundstück, Bewertung 3692 ff.
Erbbaurecht, Bewertung 3683 ff.
Erbenhaftung, Grundsicherung 606
– Sozialhilfe 499 ff.
– – ersatzpflichtiger Personenkreis 514 ff.
– – zu ersetzende Leistung 510 ff.
– unselbstständige 507 f., 976

2039

Erbenregress, Geltendmachung,
  Sozialhilfe 534 ff.
– Hartz IV 695 ff.
– Sozialhilfe, Auswahlermessen 536
– – Erbenhaftung 534 ff.
– – selbstgenutztes Eigenheim 537
Erbfall, ertragsteuerliche Folgen 4580 ff.
Erbfolge, Vorweggenommene 3
Erbrechtsreform, Pflichtteils-/
  Pflichtteilsergänzungsanspruch 3010 ff.
Erbschaft, Ausschlagung 95
Erbschaftsteuer, Auflage 3539 ff.
– Ausscheiden eines Gesellschafters 3548
– Ausschlagung 3583 ff.
– Bedingung 3539 ff.
– Bereicherung, Gütergemeinschaft 3541 ff.
– Berliner Testament 3565
– Bewertung, nach altem Recht 3606 ff.
– Buchwertabfindung 3547
– Erbschaft, Ausschlagung 3570
– freigiebige Zuwendungen 3516 ff.
– gesellschaftsrechtliche Vorgänge 3547 ff.
– Grundsatz 3513 ff.
– Kaufrechtsvermächtnis 3589
– Nacherbenerwerb, Abfindungserwerb 3544 ff.
– österreichische Privatstiftung 2559
– Pflichtteilsanspruch, Geltendmachung 3557
– – unterlassene 3556
– – Verzicht 3560 ff.
– Pflichtteilsrecht 3552 ff.
– steuerbare Vorgänge 3516 ff.
– Stiftung, Gemeinnützigkeit 2613 ff.
– Stiftungserwerb 3546
– übermäßige Gewinnbeteiligung 3549 ff.
– Vermächtnis 3583 ff.
– Verschaffungsvermächtnis 3587
– Vertrag zugunsten Dritter, auf den
  Todesfall 2933 ff.
– Wahlvermächtnis 3586
Erbstücke, Schonvermögen 445
Erbteilsveräußerung 4661
Erbverzicht 3182 ff.
– Abkömmling 3189

– Entgeltlichkeit der Abfindung 55 ff.
– Form 3200 ff.
– gegen Abfindung 3213
– Grundgeschäft 3210
– Muster 3228 ff.
– Pflichtteilserhöhung 3183
– Seitenverwandte 3189
– Störung der Geschäftsgrundlage 3218 ff.
– Varianten 3186 ff.
– Vorversterbensfiktion 3183
– Wirkung 3182 ff.
– Zustandekommen 3204 ff.
Erfüllungsübernahme, Ausgestaltung 1702 ff.
Ertragsteuer, Betriebsverpachtung 4784 ff.
– mittelbare Grundstücksschenkung 4219 ff.
– österreichische Privatstiftung 2562
– vertragliches Rückforderungsrecht 1809 ff.
Ertragsteuerrecht, Zugewinnausgleichsanspruch, Betriebsvermögen 79
– – Privatvermögen 77
– – Übertragung eines Grundstücks 80
Ertragswertverfahren, vereinfachtes,
  Betriebsvermögen 3745 ff.
Erwerbsrechte, nichteheliche Lebensgemeinschaft 2860 ff.
Erwerbstätigkeit, Schonvermögen 444
Escape-Klausel, Verfahren 3700 ff.
Existenzaufbau, Schonvermögen 440
Existenzsicherung, Schonvermögen 440

F

Fälligkeit, Pflichtteilsanspruch 3050 ff.
Familiengesellschaft, Gesellschaftsvertrag, Detailausgestaltung 2206 ff.
– – Einlageverpflichtung 2213 ff.
– – Gesellschafterkonten 2216 ff.
– Grundbesitz 2152 ff.
– Unterbeteiligung 2300
Familien-GmbH & Co. KG, Gesellschaftsvertrag, Detailausgestaltung 2206 ff.
Familienheim, ehebedingte Zuwendung 2712 ff.
Familienheim-Schaukelmodell 2787

Stichwortverzeichnis

Familien-Kapitalgesellschaft	2328 ff.
– Darlehensrückzahlung	2344
– eigenkapitalersetzende Darlehen	2343
– Einkommensteuer	2418
– ertragsteuerrechtliche Grundzüge	2396 ff.
– Geschäftsanteile, Einziehung des Anteils	2367
– – Nachweis der Erbfolge	2364
– – Teilung	2358
– – Vererblichkeit	2363 ff.
– Geschäftsführerhaftung	2332 ff.
– Gesellschafterhaftung	2336 ff.
– Gesellschafterrecht	2372 ff.
– Gesellschaftsgläubiger	2334
– gesellschaftsrechtliche Durchgriffshaftung	2346
– Gewerbesteuer	2412
– GmbH-Geschäftsanteil, Abtretbarkeit	2360 ff.
– Haftung	2332 ff.
– – Anrechnungslösung	2338
– – Geschäftsführer	2332 ff.
– – Gesellschafter	2336
– körperschaftliche Struktur	2328 f.
– Körperschaftsteuer	2396 ff.
– – Geschäftsführergehalt	2407
– – Gewinnausschüttung	2406
– – Mantelkauf	2397
– – Mietentgelte	2409
– – Pachtentgelt	2409
– – verdeckte Gewinnausschüttung	2403
– Limited	2386 ff.
– Offenlegung	2377 ff.
– Rechnungslegung	2377 ff.
– Übertragbarkeit der Anteile	2350 ff.
– Unternehmensteuerreform	2421
Familienplanung, Hilfe zum Lebensunterhalt	410
Familienrecht, wiederkehrende Geldleistung	1471
Familienstiftung	2518
– Regelung des Zwecks	2521
Familienstücke, Schonvermögen	445
Familienverfassung	317
Flurbereinigungsplan	3419
Flurbereinigungsverfahren	3419
Förderstiftung	2509
Forderungsübergang, Überleitung Unterhaltsansprüche, Sozialhilfe	551
Form, Erbverzicht	3200 ff.
– Pflichtteilsanspruch, Auskunftsanspruch	3020
– Schenkung	136 ff.
– vertragliches Rückforderungsrecht, Rückabwicklung	1938
Fortsetzungsklausel, Personengesellschaft	124
Frankfurter Testament	276 ff.
– Steuerausgleichsvermächtnis	280
Freiberufler-Gesellschaft, Nachfolge	300 ff.
Freiberufler-Kapitalgesellschaft, Nachfolgeklausel	302
Freibetrag, Betriebsvermögen, Schenkungsteuer	4002 ff.
Fremdenverkehrsgebiet, BauGB	2048, 3409
Fremdvergleich, Einkommensteuer	4428 ff.
Frist, Wohnungsrecht, Pflichtteilsergänzungsanspruch	1331 ff.
Fristbeginn, Bruchteilsnießbrauch	1201 ff.
– Quotennießbrauch	1201

G

GbR, als Erwerbende	2103 ff.
– als Verfügende	2085 ff.
– als Verpflichtete	2094 ff.
– Auflösung	2151
– Bezeichnung, bei Veräußerung und Auflassung	2053
– Erwerb	2053 ff.
– Existenz	2114 ff.
– Familien-GbR	220
– Gesellschafter	
– – Ausschluss	2138
– – Austritt	2137
– – Insolvenz	2145 ff.
– – Tod	2139 ff.
– Gesellschaftsanteilsabtretung	2132 ff.
– Grundbuchfähigkeit	2053 ff.

– – gesetzliche Neuregelung 2070 ff.
– Grundbuchberichtigung 2084
– – Nachweise 2126 ff.
– Grundbuchberichtigungszwang 2078
– Grundbuchverfahrensrecht 2079
– Namens-GbR 2120 ff.
– Sitzverlegung 2150
– Vertretungsnachweis 2118
– WEG-Verwalter 3433
Gebäude, auf fremden Grund und Boden 3697 ff.
Gegenfinanzierung, Unternehmensteuerreform 2450
Gegenleistung, Verhältnis mehrerer Berechtigter 2021 ff.
– vertragliches Rückforderungsrecht, Rückabwicklung 1941 ff.
Geld, langfristig angelegtes, Hartz IV 650
Geldschenkungsversprechen, schuldhaft verzögerte Erfüllung 145
Geldvermögen, Nießbrauch 1223 ff.
– Steuerrecht, Nießbrauch 1227 f.
Gemeinnützige Stiftung, Familienbegünstigung 2534 f.
Gemeinnützigkeit, Stiftung 2613 ff.
Gemeinschaftsstiftung 2524
Gemischte Schenkung, Lastenfreistellung 207
– Parteiwille 206
– Rückforderung, grober Undank 208
– – Verarmung 208
– Schenkungsteuer, Betriebsvermögen 3864
– – lebzeitige Übertragung 3869
– – Pflichtteilsanspruch 3866
– vertragliche Rückforderungsrechte 1763 ff.
Genehmigung, BauGB 3400 ff.
– behördliche 3372
– Grundstücksverkehrsordnung 3398 ff.
– Vollzugstätigkeit 3366 ff.
Genehmigungsfreistellung, Grundstücksverkehrsgesetz 3384 ff.
Gesamtgläubigerschaft, Risiken 2026
– Vorteile 2027
Gesamthand, Erwerb 2153

– – Vor- und Nachteile 2153 ff.
Gesamtplanrechtsprechung 4437 ff.
Gesamtrechtsnachfolge, vertragliches Rückforderungsrecht, Rückübertragungsverpflichteter 1858 ff.
Geschäftsführer, Familienkapitalgesellschaft 2332 ff.
Geschäftsleitung, Ausland 2393
Geschäftswert, Notarkosten 3455 ff.
Geschiedenenunterhalt, Leistungsfähigkeit Kinder, Elternunterhalt 767
Geschossflächenzahl, abweichende 3624 ff.
Geschwister, Verarmung, Pflichtteilsergänzungsanspruch 595
– – Sozialhilfe 590 ff.
– weichende 1556 ff.
Gesellschafter, Ausscheiden, Erbschaftsteuer 3548
– Haftung, Familienkapitalgesellschaft 2336 ff.
– KG, Tod 2171
Gesellschafterrecht, Familienkapitalgesellschaft 2372 ff.
Gesellschafterwechsel, Grunderwerbsteuer 4298 ff.
Gesellschaftsbeteiligung, lebzeitige Unternehmensübertragung 331 f.
Gesellschaftslösung, Beteiligung der Veräußerer 2152 ff.
Gesellschaftsrecht, Abfindungsanspruch 2236 ff.
– Beteiligung Minderjähriger 2261 ff.
– Eintrittsrecht 2272 ff.
– Entnahmeberechtigung 2258
– Entnahmen 2246 ff.
– enumeratives Rückforderungsrecht 2001
– Ergänzungsbilanzen 2248
– Familien-Kapitalgesellschaft 2328 ff.
– Geschäftsführung 2222 ff.
– Gewinn- und Verlustverteilung 2246 ff.
– Gewinnverteilungsabrede 2250 ff.
– Haftungsrisiko 2259 f.
– Hinauskündigungsmöglichkeit 2231 ff.
– Nießbrauch 2255

Stichwortverzeichnis

– Öffnungsklausel für Nachgeborene 2272 ff.
– Risiko eigener Kündigung 2234
– Rückforderung, Schicksal von
   Gegenleistung 2010 ff.
– – Sicherung 2014 ff.
– Rückforderungsrecht 1998 ff.
– – Abfindung 2010 ff.
– – Durchführung 2014 ff.
– – voraussetzungsloses 2000
– Rückforderungsvorbehalt 2233
– Sonderbetriebseinnahmen 2256 f.
– Sonderbilanzen 2249
– Stimmrecht 2227
– Tod von Gesellschaftern 2230
– Vertragsänderung durch Mehrheitsbeschluss 2228
– Vertretung 2222 f.
– Verwaltung 2222
– vorzeitige Gesellschaftsbeendigung 2276 ff.
Gesellschaftsrechtliche Durchgriffshaftung 2346
Gesellschaftsvertrag, GmbH und Still 2297
Gesundheitshilfe, vorbeugende, Hilfe
   zum Lebensunterhalt 409
Gewerbesteuer 4484 ff.
– Bemessungsgrundlage 4486 ff.
– – Gewerbeertrag 4486 ff.
– Familienkapitalgesellschaft 2412
– Steuerobjekt 4484
– Steuerschuldner 4485 ff.
– Steuersubjekt 4484 ff.
– Stiftung, Gemeinnützigkeit 2616
– Unternehmensteuerreform 2446, 4495 ff.
– Veräußerung eines Einzelunternehmens 4744 ff.
Gewerbesteuerpflicht, KG 2177
Gläubiger, Nießbrauch 1138 ff.
– Pflichtteilsergänzung 3076 ff.
Gläubigerzugriff, Doppelpfändung 1789
– Rückforderungsrecht 1788 ff.
Gleichstellungsgeld 4886 ff.
GmbH-Anteil, Nießbrauch 1259 ff.
GmbH & Co. KG, Einheit 2314
– Einkommensteuer 2324 ff.

– gewerblich geprägte, Betriebsvermögen 2185
– – Privatvermögen 2190 ff.
– gewerbliche 2182 ff.
– – gewerbliches Betriebsvermögen 2183
– Haftung 2318 ff.
– Nutzungsüberlassung 2320
– personengleiche 2313
– Schenkungsteuer 2327
– Steuern 2324 ff.
– Varianten 2310 ff.
GmbH und Still 2295 ff.
– Gesellschaftsvertrag 2297
GmbH-Geschäftsanteil, Bewertung,
   Pflichtteilsanspruch 3032
Grabpflegekosten 3469
Grabpflegeversicherung 460
Grober Undank 1921, 1998, 2001
– Rückabwicklung gem. §§ 528 ff.
   BGB 740, 2693
– Schenkung, Rückforderung 208
– – Widerruf 151 ff., 161
– unbestimmter Rechtsbegriff 1961
Großelternhaftung 724
Grundbesitz, Familiengesellschaft 2152 ff.
Grundbesitzübertragung, Sittenwidrigkeit 850 ff.
Grundbuchberichtigungsanspruch 851, 3431, 3444
Grundbuchfähigkeit, GbR 2053 ff.
Grundbuchgebühren 3477 ff.
Grundbuchrecht, Leibgeding 1436 ff.
Grunderwerbsteuer, Anzeigepflichten 4320
– Bemessung 4316
– Gesellschafterwechsel 4298 ff.
– Stiftung, Gemeinnützigkeit 2615
– Veräußerung eines Einzelunternehmens 4751 f.
– Vorrang der Schenkungsteuer 4293 ff.
Grundpfandrecht, Nießbrauch 1176 ff.
– Schonvermögen 455
– Übernahme 1672 ff., 1718 ff.
Grundpfandrechtsübernahme 1718 ff.
– Abtretung der Grundschuld 1719

2043

– Aufhebung	1719
– Bedeutung der Rückgewähransprüche	1719 ff.
– Belehrungspflichten	1724
– stehenbleibende Grundpfandrechte beim Nießbrauchsvorbehalt	1745 ff.
– Verzicht	1719
Grundsicherung	597 ff.
– Arbeitsuchende	367
– bei Erwerbsminderung	597 ff.
– Hartz IV, Regress	693 ff.
– – Sozialgeld	687 ff.
– im Alter	597 ff.
– Leistungsansprüche	602 ff.
– Leistungsbezieher	598 ff.
– Pflegebedingter Mehraufwand	603
– Regress	605
– – Anspruchsüberleitung	607
– – Erbenhaftung	606
– – Unterhaltsregress	608 ff.
Grundstück, bebautes	3630 ff.
– Altlastenwertminderung	3676 ff.
– Bodenrichtwert	3619 ff.
– Bodenwert	3632 ff.
– Ertragswertverfahren	3638 ff.
– Sachwertverfahren	3666 ff.
– Vergleichsfaktorverfahren	3636
– Vergleichspreisverfahren	3633
– Vergleichswertverfahren	3632 ff.
– Bewertung, Pflichtteilsanspruch	3029
– Nießbrauch	1093
– Übertragung, Zugewinnausgleichsanspruch	61
– unbebautes, Grundvermögen	3616 ff.
– verpachtetes	346
– zugepachtetes	346
Grundstücksgleiches Recht, Nießbrauch	1093
Grundstücksschenkung, mittelbare, Schenkungsteuer	4205 ff.
Grundstücksüberlassung, pflegefallspezifische Ansprüche	1045 ff.
– – häusliche Pflege	1002 ff.
– Schenkung, Verarmungsrisiko	956 ff.
– – Verarmungstatbestand	875 ff.
– Sittenwidrigkeit	840 ff.
– sozialrechtliche Fragen	834 ff.
– spätere Verarmung des Veräußerers	866 ff.
– Verstoß gegen sozialrechtliches Nachrangprinzip	840 ff.
Grundstücksübertragung, Verrechnung, Pflichtteilsanspruch	50 ff.
– – Unterhaltsanspruch	50 ff.
– – Zugewinnausgleichsanspruch	50 ff.
Grundstücksverkehrsgesetz, Genehmigung, Verfahren	3392 ff.
– Genehmigungserfordernis	3382 ff.
– Genehmigungsfreistellung	3384 ff.
– Genehmigungsvoraussetzungen	3389 ff.
Grundstücksverkehrsordnung, Genehmigung	3398 f.
Grundvermögen	3610 ff.
– Begriff	3611 ff.
– Bewertungsgrundsatz	3614 f.
– Bodenrichtwert, Ermittlung	3619 ff.
– unbebautes Grundstück	3616 f.
Gütergemeinschaft, Abgrenzung, Schenkung	109 ff.
– Abschluss eines Ehevertrags	109
– Ehegattenerbquote	111
– einkommensteuerliche Wirkung	112
– Erbschaftsteuer, Bereicherung	3541
– fortgesetzte	114
– Nießbrauchsrecht	1102
– Rückforderungsberechtigte	1818
– Vereinbarungen zum Zugewinnausgleich	115
– Wohnungsrecht	1289

H

Haftung, GmbH & Co. KG	2318 ff.
Handelsregister, lebzeitige Unternehmensübertragung, Einzelunternehmen	326
Handschenkung, auf den Todesfall	2878 f.
Hartz IV, Aktien	650
– Anspruchsberechtigung	617 ff.
– Ausblick	709 ff.
– Auszubildende	619

– Bausparvertrag	650	– – Sozialgeld	687 ff.
– Bedarfsgemeinschaft	621	– – Übernahme von Beiträgen	682
– Checkliste	708	– – Unterkunft und Heizung	678
– eheähnliche Gemeinschaft	625 ff.	– Grundsicherung für Arbeitsuchende	611 ff.
– – Prüfungskriterien	626	– Hausgrundstück	652
– Eingliederungsleistung	671 ff.	– Haushaltsgemeinschaft	629
– – Einstiegsgeld	671	– Hilfebedürftigkeit	632 ff.
– – Gründungszuschuss	672	– kursabhängige Anlage	650
– Einkommen, Altenheimzulage	636	– lebenspartnerschaftliche Gemein-	
– – altersabhängiger Grundfreibetrag	664	schaft, Prüfungskriterien	626 ff.
– – Altersvorsorgevermögen	666 ff.	– lebenspartnerschaftsähnliche	
– – angemessener Hausrat	662	Gemeinschaft	625 ff.
– – angemessener Kfz	662	– Regress	693 ff.
– – Bausparvertrag	650	– – Ahndung von Vermögensübertra-	
– – Darlehen	660	gung	705 ff.
– – Ein-Euro-Jobs	636	– – Erbenregress	695
– – Gesamthandseigentum	654	– – Tatbestände	693 ff.
– – Grundstücksgröße	659	– – Überleitungsregress	696 ff.
– – Kindergeld	636	– – Verschuldensregress	694
– – langfristig angelegtes Geld	650	– Schonvermögen	652
– – Miteigentumsanteil	654	– Überleitungsregress, Hartz IV-Fort-	
– – Nebeneinkünfte	636	entwicklungsgesetz	704
– – Pflegegeld	636	– – Unterhaltsschuldner	702
– – selbstständige Tätigkeit	637	– Wohnfläche	653
– – unangemessen großes Anwesen	657	– Wohngemeinschaft	629
– – Verlustausgleich	641 ff.	**Hauserhaltung**, Schonvermögen	442
– – vorbehaltene Nutzung	655	**Hausgrundstück**, angemessenes,	
– – Werbungskostenpauschale	637	Schonvermögen	446
– – Wohnfläche	653	**Haushalt**, Hilfe zur Weiterführung	415
– – Zusatzfreibeträge	638	**Haushaltsgemeinschaft**, Hartz IV	629
– erwerbsfähige Hilfsbedürftige	621	– Hilfe zum Lebensunterhalt	406
– Erwerbsfähigkeit	632 ff.	**Hausrat**, angemessener, Schonvermögen	443
– – Einkommen	636 ff.	**Heilungsvollmacht**	3363
– – Vermögen	644 ff.	**Heizungskosten**, Hilfe zum Lebens-	
– – Zumutbarkeit	634	unterhalt	402
– – Zumutbarkeitskriterien	634	**Herausgabevermächtnis**, Behinder-	
– finanzielle Leistung	674 ff.	tentestament	5248 ff.
– – ALG II	677 ff.	**Hilfe zum Lebensunterhalt**	396 ff.
– – Allgemeines	674 ff.	– Altenhilfe	417
– – angemessene Wohnungsgröße	680	– Bedarfsgemeinschaft	404 ff.
– – Kinderzuschlag	689 ff.	– Blindenhilfe	414
– – Leistung von Mehrbedarf	678	– eheähnliche Gemeinschaft	407
– – Meldeversäumnisse	692	– Eingliederungshilfe für behinderte	
– – Sanktionen	691 f.	Menschen	411

– Einsatzgemeinschaft 404 ff.
– erweiterte 403
– Haushaltsgemeinschaft 406
– Hilfe bei Mutterschaft 410
– Hilfe bei Schwangerschaft 410
– Hilfe in besonderen Lebenslagen 408 ff.
– Hilfe zur Familienplanung 410
– Krankenhilfe 409
– Mehrbedarf 401
– Regelbedarf 397 ff.
– volljährige Leistungsberechtigte 400
– – Taschengeld 400
– vorbeugende Gesundheitshilfe 409
– Weiterführung, Haushalt 415
– Zusatzbedarf 402 ff.
– – Heizungskosten 402
– – Unterhaltskosten 402
Höfeordnung, landwirtschaftliche Übergabe 339
– Pflichtteilsergänzungsanspruch 3119
Hofübergabe, Wart und Pflege 1335 ff.

I

Idealkollation 1642
Immobilie, selbstgenutzte, Rückerwerbsrecht 1815
Immobilienwertermittlungsverordnung 4440
Indexgleitklausel, schwellenabhängige 1486
– verlangensabhängige 1486
– zeitabhängige 1485
Inlandsvermögen, Bewertung, sonstiges 3805 f.
Insolvenz 87 ff., 129, 176 ff., 188, 192, 200
– GbR-Gesellschafter 2145 ff.

J

Jahressteuer, Nutzung 3969 ff.
– wiederkehrende Leistung 3969 ff.

K

Kapitalgesellschaft, Bestellung eines Nießbrauchs 1259 ff.
– Familie 2328 ff.
– geborenes Betriebsvermögen 4474 ff.

– Steuersatz 2422
– Unternehmenssteuerreform 2422 ff.
Kapitalgesellschaftsausschüttung, Besteuerung 2459 ff.
Kaufkraftschwund 1642
Kaufrechtsvermächtnis 3589
Kettenschenkung, ehebedingte Zuwendung 2802 ff.
– – mehrere Rückforderungsverhältnisse 2823 ff.
– Schenkungsteuer 2805 ff.
– Weiterübertragung des Erworbenen an den Ehegatten 2804 ff.
– Weiterübertragung eines Halbanteils 2812
KG, Einzelvertretungsbefugnis 2171
– Gewerbesteuerpflicht 2177
– Konzentration der Geschäftsführung 2171
– Privatvermögen 2175
– Tod eines Gesellschafters 2171
– vermögensverwaltende 2168 ff.
– Wirksamwerden der Kommanditanteilsübertragung 2169
– Zebra-Gesellschaft 2175
Kinderzuschlag, Hartz IV 689 ff.
Kindesbarunterhalt, Leistungsfähigkeit, Kinder, Elternunterhalt 764
Kindesbetreuungsunterhalt, Wirksamkeits-/Ausübungskontrolle 845
Kindesnaturalunterhalt, Leistungsfähigkeit Kinder, Elternunterhalt 765
Körperschaftsteuer, Anstalt liechtensteinischen Rechts 2550
– Familienkapitalgesellschaft 2396 ff.
– Stiftung, Gemeinnützigkeit 2616 ff.
Krankenhilfe, Hilfe zum Lebensunterhalt 409
Krankenunterhalt, Inhalts-/Ausübungskontrolle 845

L

Landesrecht, Leibgeding 1442 ff.
Landgutprivileg, Pflichtteilsergänzungsanspruch 3119

Stichwortverzeichnis

Landwirtschaftliche Übergabe,	
Agrarförderung	358 ff.
– Altersgeld	338
– Besonderheiten	337 ff.
– Einkommensteuerrecht	343
– Erhaltung des Betriebs als wirtschaftliche Einheit	337
– Höfeordnung	339
– Milchquote	348
– Milchreferenzmenge	348
– Nießbrauchbestellung	344
– Rheinische Hofübergabe	345
– Rückbehalt	340 ff.
– – Ertragswertprivilegien	341
– – Grundstück bei Veräußerung	340
– – Grundstücksverkehrsgesetz	341
– – Zehn-Jahres-Frist	341
– Sozialhilferecht	342
– Übertragungsumfang	346 ff.
– – Liefervertrag	347
– – Übernahme von Mitgliedschaften	347
– – verpachtete Grundstücke	346
– – zugepachtete Grundstücke	346
– Zuckerrübenlieferungsrecht	354 ff.
Land- und forstwirtschaftlicher Betrieb, Begriff	3717 ff.
– Bewertung	3715 ff.
Lasteneintragung, Nießbrauch	1147 ff.
Lebenspartnerschaft, Steuerbefreiung	3942
– Steuerklasse	4224
– vertragliches Rückforderungsrecht	1907
Lebensversicherung, auf den Todesfall	27
– Insolvenz Versicherungsnehmer	2904
– liechtensteinische	2941 ff.
– Vertrag zugunsten Dritter, asset protection	2940 ff.
– – auf den Todesfall	2897 ff., 2922 ff.
Leibgeding	1432 ff.
– Definition	1433 ff.
– Grundbuchrecht	1436 ff.
– – Eintragungsbewilligung	1439
– – Löschungserleichterungsklausel	1440
– Landesrecht	1442 ff.
– Zugewinnausgleich	1449 ff.
Leibrente, Altfälle vor 2008	1456 ff.
– Begriff, schuldrechtlicher	1466 ff.
– dauernde Last	1458
– Lebzeit des Begünstigten	1457
– Neufälle ab 2008	1463
– steuerrechtliche	1472
– wiederkehrende Geldleistung	1456 ff.
– zivilrechtliche	1472
Leibrentenstammrecht, Verjährungsverlängerung	1533
Leistungsbestimmungsvorbehalt, Wertsicherungsvereinbarung	1474
Leistungsfähigkeit der Kinder, fiktive Einkommensbeträge	754
Leistungsort, Wart und Pflege	1352
Leistungsverpflichtung, bedingte	45
– Pflegeverpflichtung	45
Letztwillige Verfügung, pflichtteilsrechtliche Anknüpfungspunkte	2992 ff.
Liechtensteinische Lebensversicherung	2941 ff.
Liefervertrag, landwirtschaftliche Übergabe	347
Limited	2383 ff.
– annual account	2390
– Bericht der Geschäftsführung	2389
– Eintragungsverfahren	2385
– Gründungskosten	2386
– Ort der Geschäftsleitung	2393
– verletzende Vorlageverpflichtung	2391
– Zweigniederlassung	2386
Lohnsummenkriterium, Betriebsvermögen, Begünstigung	4109 ff.
Löschungserleichterungsklausel, Leibgeding	1440
LuF-Vermögen, Begriff	3717 ff.

M

Mantelkauf, Familienkapitalgesellschaft, Körperschaftsteuer	2397
Miete, Wohnungsrecht	1327 ff.
Mietverhältnis, Nießbrauch	1128 ff.
Mietvertrag, Kombination mit dauernder Last	1535 ff.

2047

– – sozialrechtliche Erwägung 1555 f.
– – zivilrechtliche Erwägung 1552
Milchquote 348 ff.
– Pfändung 350
Milchreferenzmenge, landwirtschaftliche Übergabe 348 ff.
Minderjährige, Ausgleich von Todes wegen, weichende Geschwister 1670 ff.
– Beteiligung am Gesellschaftsvertrag 2261 ff.
– Einkommensteuerrecht 4332 ff.
– Erwerb von Gesellschaftsanteilen 2262 ff.
– gerichtliche Genehmigung, Abschluss eines Gesellschaftsvertrags 2266
– – Erwerb von Gesellschaftsanteilen 2267 ff.
– – satzungsändernde Beschlüsse einer Kapitalgesellschaft 2271
– – Veräußerung von Gesellschaftsimmobilien 2270
– Gesellschaftsbeschlüsse 2264
– Gesellschaftsvertrag, gerichtliche Genehmigung 2266 ff.
Mindestselbstbehalt, Leistungsfähigkeit Kinder, Elternunterhalt 776 ff.
Miteigentümer, Ausschluss des Versteigerungsrechts 2049
Miteigentümervereinbarung, nichteheliche Lebensgemeinschaft 2857 ff.
Miterbe, Erbenhaftung, Sozialhilfe 515
Mitgläubigerschaft 2035 ff.
– Sukzessivberechtigung 2039
Mittelbare Grundstücksschenkung, Begriff 4205 ff.
– Eigenheimzulage 4219 ff.
– Ertragsteuern 4219 ff.
– Schenkungsteuer 4216 ff.
– Tatbestandvoraussetzung 4205 ff.
– zivilrechtliche Aspekte 4210 ff.
Mitunternehmeranteil, unentgeltliche Übertragung 4702 ff.
Mitunternehmerschaft, Unternehmensnachfolge 292 ff.
– Vermächtniserfüllung 294

N

Nacherbe, Erbenhaftung, Sozialhilfe 515
Nacherbenerwerb, vorzeitiger, Erbschaftsteuer 3544 ff.
Nacherbenzustimmung 3439 ff.
– Testamentsvollstrecker 3441
Nacherbschaft, Ausschlagung 95
Nachfolge, stufenweise, Einzelunternehmen 329
Nachfolgeklausel, erbrechtliche, Personengesellschaft 126
– Pflichtteilsrecht 128
– qualifizierte erbrechtliche, Personengesellschaft 126
– rechtsgeschäftliche, Personengesellschaft 126
Nachgenehmigung, weichende Geschwister 1570
Nachlass, ersatzpflichtiger, Sozialhilfe 519 ff.
– Versicherungsanspruch 2915 ff.
– Wert, Sozialhilfe 527
Nachlassgegenstand, Veräußerung, Betriebsvermögen 4639
Nachrangprinzip, sozialrechtliches 840 ff.
Nachtragsverteilung 102, 5297 f., 5336, 5345
Nachvermächtnis 5113 ff.
Nachversteuerung, Betriebsvermögen 4005
Nahbereichsbürgschaft 2042
Negativattest 3380, 3400, 4361
Nettonießbrauch 1171
Nettowohnungsrecht 1325
Nichteheliche Lebensgemeinschaft, auf den Todesfall 2843 f.
– Darlehen 2846 ff.
– Ehefiktion 2845
– Erwerbsrechte 2860 ff.
– Miteigentümervereinbarung 2857 ff.
– Schenkung, auf den Todesfall 2843 f.
– – unter Lebenden 2842
– Zuwendung 2833 ff.
– – Ansprüche Dritter 2866 ff.
– – Außengesellschaft bürgerlichen Rechts 2865

– – Bereicherungsrecht	2837
– – Erwerbsrechte	2860 ff.
– – Gestaltungsalternativen	2842 ff.
– – Innengesellschaft	2835 ff., 2864
– – Miteigentümervereinbarung	2857 ff.
– – Schenkungsteuer	2840 f.
– – Wegfall der Geschäftsgrundlage	2838 f.
– – Wohnungsleihe	2855 f.
– – zivilrechtliche Rückabwicklung	2834
Nichterbe, Auskunftsanspruch	3016
– Pflichtteilsberechtigter	3016
Nießbrauch, Ablösung	1186 ff.
– – Einmalzahlung	1189 ff.
– – wiederkehrende Leistungen	1186 ff.
– Abtretung	1135
– Abwehrrecht	1125 f.
– an einem Unternehmen	1230
– Ausbesserung, außergewöhnliche	1165
– Ausschluss einzelner Nutzungsarten	1114 ff.
– – Fremdvermietungsverbot	1116
– – Leerstandsverbot	1116
– Ausübungsüberlassung	1136
– Bankguthaben	1223
– Bargeld	1223
– Bauernwald	1099
– bedingtes Abstandsgeld	1185
– begrenzte Rangrücktrittsvollmacht	1194
– begrenzte Rücktrittsverpflichtung	1193
– Begriff	1078 ff.
– Belastungsgegenstand	1093 ff.
– – Grundstück	1093
– – grundstücksgleiches Recht	1093
– – Wohnungseigentum	1094
– Berechtigter	1102 ff.
– – Mehrheit von Berechtigten	1101 ff.
– – Nießbrauchsrecht in Gütergemeinschaft	1102
– – Quotenvorbehaltsnießbrauch	1105
– – Sukzessivberechtigung	1109 ff.
– – Zuwendungsquotennießbrauch	1107
– Besitzrechte	1125 ff.
– bestehende Grundpfandrechte	1176
– Bewertung	1198 ff.
– Bruttonießbrauch	1160
– Darlehen	1224 f.
– dinglich entgeltlicher	1173
– eigenübliche Sorgfalt	1150
– Einzelunternehmen	1235 ff.
– entgeltlich bestellter	4544
– Entstehung	1081 ff.
– – dingliches Recht	1082 f.
– Erlöschen	1084 ff.
– – Fristablauf	1084 ff.
– – Kündigungsrecht	1085
– – Löschungserleichterungsklausel	1087
– – Tod	1084 ff.
– Erneuerung, außergewöhnliche	1165
– Finanzierung der Lasten	1175
– Fristbeginn	1199 ff.
– Geldvermögen	1223 ff.
– – Steuerrecht	1227
– Gesellschaftsvertrag	2255
– Gläubigerzugriff	1138
– – Pfändung	1138
– – Zwangsversteigerung	1141 f.
– – Zwangsverwaltung	1143 f.
– GmbH-Anteil	1259 ff.
– Grundpfandrecht, bestehendes	1176 ff.
– – Darlehensverhältnis	1183
– – künftiges	1180 ff.
– Höchstpersönlichkeitscharakter	1133
– Kapitalgesellschaft	1259 ff.
– – Bestellung	1259 ff.
– – Einkommensteuer	1262
– Kosten	1154 ff.
– – öffentliche Lasten	1154
– künftiges Grundpfandrecht, Eigentümergrundschuld	1181
– Lasteneintragung	1147 ff.
– Mietverhältnis	1128 ff.
– nachträglicher Verzicht	1221
– Nettonießbrauch	1171
– örtlich beschränkter	1120
– örtliche Begrenzung	1119 ff.
– Personengesellschaft	1239
– – ertragsbezogene Rechte	1247 ff.
– – Mitwirkungsrecht des Nießbrauchers	1252 ff.

2049

– – Surrogation	1257 ff.
– – Zulässigkeit	1245
– Personengesellschaftsanteil	1239 ff.
– Pfändung	1138 ff.
– Pflichtteilsergänzung	1198 ff.
– privatrechtliche Lasten	1155
– Quotennießbrauch	1105 ff.
– Rechtsinhalt	1113 ff.
– Rechtsnachfolger	1133
– Rechtsnatur	1078 ff.
– Rentenwahlrecht	1186 ff.
– Rentenwahlrecht des Nießbrauchers	1188
– Schenkungsteuer	1170
– Sicherungsnießbrauch	1117 ff.
– Sonderausgabenabzug	1187
– Sondereigentum	1124
– Tilgung bestehender Verbindlichkeiten	1169
– Überleitung auf den Sozialfürsorgeträger	1146
– Übertragung zur Ausübung	1133 ff.
– Unterhaltung der Sache	1148 ff.
– – gewöhnlicher	1148
– Verfügungsvollmachten	1192 ff.
– Vermietung durch Nießbraucher	1129
– Verzicht	1088 ff.
– – Einkommensteuer	1090
– – nachträglicher	1221
– – Schenkungsteuer	1091 ff.
– Vorabbestellung	1133
– Vorbehaltsnießbrauch, Bewertung	1208 ff.
– Wertpapiere	1224 f.
– Wertpapiervermögen	1223 ff.
– – Steuerrecht	1227 f.
– Wohnungseigentum	1122 f.
– Ziehung von Nutzung	1128
– Zivilrecht, Sicherung der Beteiligten	1226 f.
– Zugewinn, Bewertung	1215 ff.
– Zurechnung, Besonderheiten	4534 ff.
– zusätzliche Belastung	1164
– Zuwendungsnutzungsrecht	1190
– Zwangsversteigerung	1141 ff.
– Zweitberechtigter	1133
Nießbrauchbestellung, landwirtschaftliche Übergabe	344
Nießbrauchsvorbehalt, Entnahme	4507 ff.
– Übertragung, Mitunternehmensanteil	4782 f.
– – Unternehmen	4782 ff.
– Verwendung stehenbleibender Grundpfandrechte	1745 ff.
Notar, Hinweispflicht	16
– Warnpflicht	187, 3511, 4330,
Notarkosten	3454 ff.
– Bewertung, Erwerberleistung	3463 ff.
– Geschäftswert	3455 ff.
– – Verkehrswert	3455 ff.
Notbedarf, Rückforderung, Schenkung	150
Nutzung, Jahressteuer	3969
Nutzungsrecht, Besteuerung	3794 ff.

O

Öffentliche Lasten, Nießbrauch	1154
Österreichische Privatstiftung, deutsches Schenkungsrecht	2559
– Erbschaftsteuerrecht	2559

P

Patronatserklärung	121
Personengesellschaft, Aufnahme	134
– Betriebsvermögen, geborenes	4478 ff.
– Betriebsvermögenseinbringung	2198 ff.
– Bewertung, Pflichtteilsanspruch	3033
– Eintrittsklausel, Nachlassgegenstand, Veräußerung	4635 ff.
– erbrechtliche Nachfolgeklausel	126
– gewerbliche	4478 ff.
– Nachfolgeklausel, Pflichtteilsrecht	128
– Nachfolgeregelung	123 ff.
– – Eintrittsklausel	125
– – Fortsetzungsklausel	124
– Nießbrauch	1239 ff.
– qualifizierte erbrechtliche Nachfolgeklausel	126
– rechtsgeschäftliche Nachfolgeklausel	126
– – Auflösung	4583 ff.
– – Erbschaftsteuerrecht	4602 ff.
– – Ertragsteuerrecht	4598, 4612 ff.
– – Fortsetzungsklausel	4584 ff.
– – qualifizierte Nachfolgeklausel	4607 ff.

– Vererbung, Erbschaftsteuerrecht	4590 ff.	– – Aktiva und Passiva	3028 ff.
– – Ertragsteuerrecht	4586 ff.	– – GmbH-Geschäftsanteil	3032
– vermögensverwaltende	4482 f.	– – Grundstück	3029
– Vierkontenmodell	2221	– – Personengesellschaft	3033

Personengesellschaftsanteil, Nießbrauch 1239 ff.

– – Unternehmen 3035
– – Wertpapier 3031

Pfändung, Milchquote 350
– Nießbrauch 1138
– Wohnungsrecht 1302 f.

– Erbschaftsteuer, Geltendmachung 3557
– – unterlassene Geltendmachung 3556
– Fälligkeit 3050 ff.

Pfändungsschutzkonto, Asset protection 190

– Grundwertung 2994

Pflegegeld, Voraussetzungen 1008 ff.
– Wart und Pflege 1419 ff.

– Höhe, Wertbestand des Nachlasses 2989 ff.
– Nichtgeltendmachung 99 ff.

Pflegeleistung, in der Vergangenheit erbrachte 41

– Neuregelung durch Erbrechtsreform 3010 ff.

Pflegeverpflichtung, Schenkung 45

– Sozialleistungsträger 103 ff.

Pflichtschenkung 153

– Verjährung 3041 ff.

– Pflichtteilsergänzungsanspruch 3132 ff.
– spätere Verarmung des Veräußerers, Rückforderungsanspruch 953 ff.

– – abweichende Vereinbarung 3048 ff.
– Verrechnung, Grundstücksübertragung 50 ff.
– Vollzug 3050 ff.

Pflichtteil, Anrechnung von Zuwendungen 2932 ff.
– Schenkung, den Vertragserben beeinträchtigende 3328 ff.

– weitere Auskunftsansprüche 3023 ff.

Pflichtteilsergänzung, Abzug von Eigengeschenken 3085 ff.

Pflichtteilsanrechnung 3138 ff.
– Anrechnungsbestimmung 3145 ff.
– Berechnung des Pflichtteils 3153 ff.
– – Grundsätze 3153 ff.
– fehlgeschlagene Gleichstellungszahlung 3166 ff.
– lebzeitige freigiebige Zuwendung des Erblassers 3144
– Pflichtteilsreform 3146 ff.
– Problemfälle 3165 ff.
– Streit bei Tod des nichtveräußernden Ehegatten 3165
– Voraussetzungen 3144 ff.

– – Anrechnung 3087 ff.
– Ausschluss 3097
– Beschenkter, Haftung 3111 ff.
– Bewertung mit der Schenkung 3098
– Haftung des Beschenkten 3111
– Nießbrauch 1198 ff.
– Schenkung 3058 ff.
– – Abzug von Eigengeschenken 3085 ff.
– – Ermittlungsschritte 3081 ff.
– – Gläubigerstellung 3076 ff.
– – Voraussetzungen 3061 ff.
– Schuldner 3103
– Voraussetzungen, Zeitpunkt der Leistung 3069 ff.

Pflichtteilsanspruch, Allgemeines 2994 ff.
– Auskunftsanspruch 3016 ff.
– – Form 3020
– – Inhalt 3019
– – Wertermittlungsanspruch 3026 ff.
– Auskunftsverpflichtete 3018
– Behindertentestament 5098 ff.
– Bewertung, Abfindung 3034

Pflichtteilsergänzungsanspruch 3233
– Abfindungsanspruch gem. § 12 Höfeordnung 3128
– Allgemeines 2994 ff.
– anderweitige Entleerung des Nachlasses 3134 ff.
– Anerbengesetz 3122

– Anstandsschenkung 3132 f.
– Ausschluss 3097
– Ausstattung 3132 f.
– berechtigte, Gläubiger 3076 ff.
– Flucht in ausländische Sachwerte 3130 ff.
– Höfeordnung 3118 ff.
– Konkurrenz zu § 2316 BGB 3136 ff.
– Konsum für den Eigenbedarf 3117
– Landgutprivileg 3118 ff.
– Minderung des anzusetzenden Werts 3118 ff.
– Pflichtschenkung 3132 f.
– Reduzierung der Pflichtteilsquote 3135
– Schleichwege 3116 ff.
– Schuldner 3103
– Vertrag zugunsten Dritter, auf den Todesfall 2925 ff.

Pflichtteilsgeldanspruch, Abgeltung 58
Pflichtteilslast, Erbschaftsteuer, Verzicht auf den Pflichtteil 3553 ff.
– Verteilung 3053 ff.
– – Innenverhältnis 3053 ff.
– – Miterbe 3056
– – pflichtteilsberechtigter Vermächtnisnehmer 3055
– – vermächtnisbedachter Pflichtteilsberechtigter 3056
– Vertrag zugunsten Dritter, auf den Todesfall 2922 ff.

Pflichtteilsrestanspruch 3233
– Geltendmachung 2994
– Verjährung 3041 ff.

Pflichtteilsstrafklausel 595

Pflichtteilsverzicht, Abfindung, bedingter Verzicht 3243 ff.
– Aufhebung 3260 ff.
– Aufhebungssperre 3260 ff.
– beschränkter 3272 ff.
– – Rechtliche Teile des Gesamtpflichtteils 3273 ff.
– Beschränkung, Neutralisierung von Einzelgeschäften 3281 ff.
– – pflichtteilserhöhende Wirkung einer Zuwendung 3277 ff.

– Betragsbegrenzung 3285 ff.
– Bewertungsabschläge 3285 ff.
– Ehegatte 3257 ff.
– erster Sterbefall 3309 f.
– gegen Abfindung 3241 f.
– Höfeordnung 3315 ff.
– – Abfindungsanspruch 3316 ff.
– Inhaltskontrolle 3268 ff.
– Pflichtteilsergänzungsanspruch 3233
– Pflichtteilserhöhungswirkung 3233
– Pflichtteilsrestanspruch 3233
– Stundung 3296 ff.
– Verfolgungsanspruch gegen den Beschenkten 3233
– weichende Geschwister 1568
– Wirkung des § 2315 BGB 3292 ff.
– Wirkungen 3232 ff.
– Wunsch des Beschwerten 3311

Pflichtteilsverzichtsvertrag, Restschuldbefreiung 90
– Schenkung 88 ff.
– Sozialhilfeträger 91

P-Konto 191

Privatrechtliche Lasten, Nießbrauch 1155

Privatvermögen, Einbringung, in gewerblich geprägte GmbH & Co. KG 2190 ff.
– – in Personengesellschaft 2198 ff.
– Einkommensteuer 4439 ff.
– Ertragsteuerrecht 77
– Steuerpflicht bei Veräußerung 320

Privatstiftung, liechtensteinische 2553
– österreichische 2548, 2557 ff.

Q

Quotennießbrauch, 1105 ff.
– Fristbeginn 1201
Quotenvorbehaltsnießbrauch 1105

R

Realkollation 1642
Reallast 1452 ff.
– wiederkehrende Geldleistung, dingliche Sicherung 1506 ff.

Stichwortverzeichnis

Rechtsgeschäft unter Lebenden auf den Tod 2873 ff.
Rechtsgeschäft unter Lebenden auf den Tod eines Dritten 2953 ff.
Rechtsmangel, Haftung bei Schenkung 146
Regelinsolvenz 89, 95, 100 ff., 5297, 5307
Regress, Hartz IV 693 ff.
– Sozialhilfe 499 ff.
Rente, betriebliche 4968 f.
– schenkungsweise Zuwendung 143
Rentenwahlrecht, Ablösung des Nießbrauchs 1186 ff.
Restschuldbefreiung 87, 90, 96, 101, 1595, 5099, 5283, 5287 f., 5296 f., 5303, 5306 f., 5324, 5327, 5333, 5339, 5343 ff., 5356
Rheinische Hofübergabe 345
Riester-Rente 441, 666, 2903, 4972
Risikolebensversicherung 2931
Rom IV-Verordnung 2986
Rückabwicklung, ehebedingte Zuwendung 2692 ff.
– – spätere Verarmung 2692
– Einkünfte, gewerbliche 1810 ff.
– – Kapitalvermögen 1813
– – Vermietung 1814
– – Verpachtung 1814
– jederzeitiges, ertragsteuerliche Erwägung 1809
– – schenkungsteuerliche Folgen 1807
– land- und forstwirtschaftliche Einkünfte 1810
– Risiken 1805
– selbstgenutzte Immobilie 1815
Rückauflassung 540, 932, 965, 1904, 1941
Rückauflassungsvormerkung 1890, 1954, 1960, 1964
Rückforderungsanspruch, Gläubigerzugriff 1796
– spätere Verarmung des Veräußerers 866 ff.
Rückforderungsberechtigter, Rückforderungsrecht 1816 ff.
Rückforderungsrecht, Ausgestaltungsvarianten 1816 ff.
– – Mitgläubigerschaft 1820

– – Übergang auf den überlebenden Mitberechtigten 1828 ff.
– ehebedingte Zuwendung, Scheitern der Ehe 2679 ff.
– Erlöschen bei Schweigen nach Aufforderung des Eigentümers 1802
– Gesellschaftsrecht 1998 ff.
– – Abfindung 2010 ff.
– – enumeratives Rückforderungsrecht 2001
– – mögliche Rückforderungstatbestände 1998 ff.
– – voraussetzungsloses Rückforderungsrecht 2000
– Gläubigerzugriff 1788 ff.
– – auf den Rückforderungsanspruch 1796
– – Scheidung 1790
– – Trennung 1790
– – Vorversterben 1790
– Risiken des jederzeitigen Rückerwerbsrechts 1805
– Rückabwicklung, Auflassung 1939
– – Ausübungsfrist 1936
– – betroffene Gegenstände 1933 ff.
– – Ersetzungsbefugnis 1957 ff.
– – Form 1938
– – Gegenleistung 1941 ff.
– – Gleichstellungsgelder an Geschwister 1952
– – Gutabstandsgeld 1950
– – Rentenzahlung 1950
– – Schuldendienst 1953
– – übergebender Betrieb 1934
– Rückforderungsberechtigter 1816 ff.
– – generelle Abtretbarkeit 1849 ff.
– – Gütergemeinschaft 1818
– – Höchstpersönlichkeit 1853 ff.
– – Übergang auf einen bisher nicht Beteiligten 1833 ff.
– Rückforderungsvorbehalt wegen Vermögensverfall 1792
– Rückübertragungsverpflichteter, Gesamtrechtsnachfolge 1858 ff.
– Sicherung durch Vormerkung 1960 ff.
– – Belehrungen 1991 ff.

2053

– – Löschungserleichterung 1969 ff.
– – Notwendigkeit 1960 ff.
– – Rang 1960 ff.
– – Vormerkung bei Weitergabeverpflichtung 1987 ff.
– Vermögensverfall des Eigentümers 1896 ff.
– vertragliches 1753 ff.
– – Durchführung der Rückabwicklung 1933 ff.
Rückforderungsvorbehalt, Schenkungsteuer 3887
Rürüp-Rente 2903, 4972

S

Sachdeputate 1452
Sachmangel, Haftung, Schenkung 148
Schadensersatzpflicht, Schenker 144
Schaukelmodell 74
Scheidung, vertragliches Rückforderungsrecht, Eigentümer 1905 ff.
Scheidungsfall, ehebedingte Zuwendung, Kettenschenkung 2814 ff.
Scheitern der Ehe, ehebedingte Zuwendung 2679 ff.
Schenkung, Abgrenzung, familienrechtliche Verträge 109 ff.
– – gesellschaftsrechtliche Vereinbarungen 121 ff.
– – Gütergemeinschaft 109 ff.
– Anfechtungsrecht 172 ff.
– Anrechnung gem. § 1380 BGB 116
– asset protection 188 ff.
– auf den Todesfall 2873 ff.
– – Handschenkung 2878 f.
– – Vergleich mit erbrechtlichen Lösungen 2888 ff.
– – Versprechensschenkung 2880 ff.
– Ausschlagung 94 ff.
– bedingte Leistungsverpflichtungen 45
– Begriff 21 ff.
– Bereicherung, Empfänger 23 ff.
– – Zuwendung 25
– Beseitigung erbrechtlicher Positionen 87 ff.
– Bestandsschwäche 161 ff.

– – Verhältnis zu Dritten 162 ff.
– Beteiligung an Personengesellschaften 138
– bewegliche Sachen 137
– dingliche Schenkungsverbote 170
– Einigung 35 ff.
– – Missverhältnis der Leistungen 36
– Entgeltlichkeit, nachträgliche Vereinbarung 42
– entstandene Pflichtteilsansprüche 99 ff.
– familienrechtliche Verträge, Zugewinnausgleich 115
– Form 136 ff.
– Formnichtigkeit 136
– – fehlende notarielle Beurkundung 136
– gemischte 206
– – neue Rechtslage 3862 ff.
– – vertragliche Rückforderungsrechte 1763 ff.
– Gläubigerzugriff, Beseitigung erbrechtlicher Positionen 87
– Grundstücksüberlassung, spätere Verarmung des Veräußerers 866 ff.
– Haftung, Rechtsmängel 146
– – Sachmangel 148
– Insolvenz des Erklärenden 87
– Lebensversicherung auf den Todesfall 27
– Leistung, bereits erbrachte 38 ff.
– Patronatserklärung 121
– Pflegeverpflichtung 45
– Pflichtteilsergänzung 3058 ff.
– – Bewertung 3098 ff.
– Pflichtteilsergänzungsanspruch 2925 ff.
– Pflichtteilsverzichtsvertrag 88 ff.
– Privilegierung 158 f.
– – des Schenkers 141 ff.
– redlicher Besitzer 164
– Restschuldbefreiung 87
– Rückforderung, Notbedarf 150
– rückwirkende Vereinbarung der 117 ff.
– Schadensersatzpflicht des Schenkers 144
– Schenkungsteuer, alte Rechtslage 3810 ff.
– Schenkungsteuerrecht 49
– schuldhafte verzögerte Erfüllung 145
– schuldrechtliche Verfügungssperren 46

2054

– Schweigen 141
– spätere Verarmung des Veräußerers,
 Fortbestehen des Rückforderungsanspruchs 888 ff.
– – Immunität gegenüber Konfusion 895 ff.
– – transmortales Fortbestehen 890 ff.
– unentgeltliche Verfügung, Berechtigungsschuldner 163
– – Nichtberechtigter 162
– unentgeltliche, Arbeitsleistung 26
– – Dienstleistung 26
– unter Auflagen 155 ff.
– – neue Rechtslage 3870 ff.
– Verarmungstatbestand 875 ff.
– Verrechnung, Pflichtteilsanspruch 50 ff.
– – Unterhaltsanspruch 50 ff.
– – Zugewinnausgleichsanspruch 50 ff.
– Vollziehung der Auflage 157
– vollzogene, spätere Verarmung des Veräußerers 871 ff.
– Voraussetzungen 22 ff.
– Widerruf wegen groben Undanks 151 ff., 161
– Wohnraum, kostenlose Gewährung 41
– zu erbringende Leistungen 43 ff.
– zu erduldende Vorbehalte 43 ff.
– zulasten des Vertragserben 165
– zulasten eines Pflichtteilsberechtigten 168
– Zuwendung, Unentgeltlichkeit 28 ff.
Schenkung auf den Todesfall 2873 ff.
Schenkung unter Auflage 155 ff., 3870 ff.
– steuerfrei zu übertragende Immobilien 3879
– Vollziehung 157
Schenkungsrecht, Besonderheiten 141 ff.
– österreichische Privatstiftung 2559
Schenkungsteuer 3483 ff.
– Anstalt liechtensteinischen Rechts 2547
– Auslandssachverhalte 4254 ff.
– begünstigtes Betriebsvermögen 3981 ff.
– Behaltensregelung 4126 ff.
– Besteuerungsverfahren 4254 ff.
– – Anzeigepflichten 4262 ff.
– – Erhebungsverfahren 4275 ff.

– Betriebsvermögen, Abzugsbeschränkung 4010
– – Anteile an einer Personengesellschaft 3986
– – Begriff 3981
– – begünstigtes 3981 ff.
– – Begünstigung nach neuem Recht 4011 ff.
– – land- und forstwirtschaftliches Vermögen 3993 ff.
– – Nießbrauch 3982
– – Privilegierung des Erwerbs 3974 ff.
– Doppelbelastung 4203 ff.
– ehebedingte Zuwendung 2673, 2780 ff.
– Entstehen 3590 ff.
– Erbauseinandersetzung, neues Recht 4183 ff.
– gemischte Schenkung, alte Rechtslage 3810 ff.
– – neue Rechtslage 3862 ff.
– GmbH & Co. KG 2327
– Kettenschenkung 2805 ff.
– mittelbare Grundstücksschenkung 4205 ff.
– nichteheliche Lebensgemeinschaft, Zuwendung 2840 f.
– Nießbrauch 1170
– persönliche Steuerpflicht 4254 ff.
– Position des Notars 3510 ff.
– Rechtsgrundlagen 3484 ff.
– Rückforderungsvorbehalt 3887
– Schuldübernahme 1673
– Schwiegerelternzuwendungen 2707
– Steuerklasse 4222 ff.
– Steuertarif 4222 ff.
– Überlassungsvereinbarung, Gleichstellungsgeld 4896
– Übernahme, durch Schenker 3605 f.
– Vorrang, Grunderwerbsteuer 4293 ff.
– Zugewinnausgleichsanspruch 63 ff.
– Zuwendung, nichteheliche Lebensgemeinschaft 2840 f.
Schenkungsteuerrecht, Schenkung 49
Schenkungsversprechen 136
– auf den Tod 2880 ff.
– – Überlebensbedingung 2884 ff.

2055

– Beteiligung an Personengesellschaften 138
Schiedsgerichtsvereinbarung 3452
Schiedsverfahren 3452
Schlichtungsverfahren 3452
Schmerzensgeld, Einkommen 468
Schonvermögen, Existenzaufbau 440
– Existenzsicherung 440
– Grabpflegeversicherung 460
– Grundstücksgröße 452
– – Grundpfandrecht 455
– – Kombinationstheorie 454
– – Wertgrenze 453
– Hartz IV 652
– Heimunterbringung 447
– Miteigentumsanteil 451
– Riesterrente 441
– unbillige Härte 459 ff.
– – Alterssicherung 460
– Wertgrenze 453
– Wohnstatt 448
Schuldanerkenntnis, abstraktes 1684 ff.
Schuldner, Pflichtteilsergänzungsanspruch 3103
Schuldübernahme, abstraktes Schuldanerkenntnis 1684 ff.
– Abwicklung 1676 ff.
– Genehmigung 1679 ff.
– – Sicherungsvereinbarung 1692 ff.
– – überraschende Klausel 1692
– – Zustimmung 1676 ff.
– – Zweckbestimmung 1692 ff.
– aufgeschobene 1675
– Erfüllungsübernahme 1697 ff.
– – Formvorschriften 1697
– – Kündigungsbeschränkungen 1697
– – Rücktrittsbeschränkungen 1697
– – Sonderregelungen 1697
– – Wechselverbot 1697
– – Widerrufs- und Rückgaberecht 1697
– – Zinsbeschränkungen 1697
– – Tilgungsanrechnungsgebote 1697
– Genehmigung 1679 ff.
– persönliche Vollstreckungsunterwerfung 1686

– Schuldübernahmegenehmigung 1679 ff.
– Sicherungsgrundpfandrecht 1692
– Verwertungszugriff auf Immobilie 1685
– Vollstreckungsunterwerfung 1684 ff., 1696
– Zeitpunkt 1673 ff.
– – Schenkungsteuer 1673
Schwarzgeld 4273
Schweigen, Zustimmung zur Schenkung 141
Schwiegereltern, Zuwendung durch 2704 ff.
Schwiegerelternzuwendung, ehebedingte Zuwendung 2704 ff.
Selbstverschuldete Bedürftigkeit 507
Sicherungsnießbrauch 1117 ff.
Sittenwidrigkeit, Grundstücksüberlassung 840 ff.
– – Annahme einer Erbschaft 862 ff.
– – Ausschlagung einer Erbschaft 862 ff.
– – Rückforderungsverlangen 861
Sonderausgabenabzug 4957 ff.
Sonderbetriebsvermögen 4466 ff., 4497, 4502, 4583, 4587, 4597, 4600, 4606, 4612 ff., 4622, 4631, 4659, 4676, 4702 ff., 4732 ff.
Sonderbetriebsvermögen I 4463, 4467, 4481, 4617
Sonderbetriebsvermögen II 4461, 4467, 4481, 4617
Sondereigentum, Nießbrauch 1124
Sozialfürsorge 367
Sozialfürsorgerecht 365 ff.
– Elternunterhalt 718 ff.
– Hilfe zum Lebensunterhalt 396 ff.
– Nießbrauch, Überleitung 1146
Sozialgeld, Bedarfsgemeinschaft, nicht erwerbsfähige Angehörige 687
Sozialhilfe 367, 369 ff.
– Arten der Hilfegewährung 374 ff.
– Aufwendungsersatz 505 ff.
– – bei erwarteter Hilfe 500
– Definition 374
– Einkommen 462 ff.
– – absetzbare Beträge 473 ff.
– – allgemeine Einkommensgrenze 478 ff.
– Erbenhaftung 499 ff.
– – Erbregress 534

– – ersatzpflichtiger Nachlass	519 ff.
– – ersatzpflichtiger Personenkreis	514 ff.
– – Miterbe	514
– – Nacherbe	515
– – Vermächtnisnehmer	516
– – Vorerbe	515
– – zu ersetzende Leistung	510 ff.
– Erschleichen von Sozialleistungen	502
– Grundbegriffe	374 ff.
– Inanspruchnahme bei Verarmung von Geschwistern	590 ff.
– Kostenersatz	505 ff.
– Leistungskürzung, § 25 SGB XII	500
– Regress	499 ff.
– Rückforderungsanspruch, allgemeines Sozialverwaltungsrecht	500
– Schonvermögen, unbillige Härte	459 ff.
– Sittenwidrigkeit des Übertragungsvertrags	500
– Übergang von Unterhaltsansprüchen, gesetzlicher Forderungsübergang	554
– – sozialrechtliche Differenzierung	567 ff.
– Übergang von Unterhaltsleistung, Gegenstand des Übergangs	561 ff.
– Überleitung	499 ff.
– Überleitung von Ansprüchen	539 ff.
– – folgende Überleitung	550
– – Forderungsübergang	551 ff.
– – getrenntlebende Ehegatten	542
– – Überleitungsbetroffener	542
– – Überleitungsverfahren	549 f.
– – Überleitungsvoraussetzung	544 ff.
– Vermögen und Einkommen	419 ff.
– – Begriff	419 ff.
– – unverwertbares	424 ff.
– Vermögensschonung	419 ff.
– – angemessener Hausrat	443
– – angemessenes Hausgrundstück	446
– – Befriedigung geistiger Bedürfnisse	445
– – Berufsausübung	444
– – Erwerbstätigkeit	444
– – Familien– und Erbstücke	445
– – Mittel zur Hausbeschaffung	442
– – Mittel zur Hauserhaltung	442
– – Riesterrente	441
– – Schonvermögen	439 ff.
– Wert des Nachlasses	527
Sozialhilferecht, landwirtschaftliche Übergabe	342
Sozialhilfeträger, Pflichtteilsverzichtsvertrag	91, 104
Sozialleistung, Erschleichen	502
Sozialleistungsträger, Pflichtteilsanspruch	103 ff.
Sozialversicherung	366
Sozialversorgung	366
Sozialverwaltungsrecht, allgemeines, Rückforderungsrecht	502 ff.
Spannungsklausel, Wertsicherungsvereinbarung	1476 f.
Spätere Verarmung des Veräußerers, Konkurrenzverhältnis, mehrere gleichzeitig Beschenkte	939 ff.
– Rückforderung, gesetzliche Ersetzungsbefugnis	912
– Rückforderungsanspruch, Ausschlusstatbestände	943 ff.
– – Entreicherung	916
– – Herbeiführung der Bedürftigkeit	946
– – Rückforderungsobjekt	917
– – umgekehrte Ersetzungsbefugnis	918 ff.
– – Verarmungsrisiko	956 ff.
– – Verjährung	954
– – Zehn-Jahres-Frist	944 f.
Spekulationsbesteuerung, Anschaffungs- und Veräußerungsvorgänge	4934 ff.
– Entstehen und Entfallen der Steuer	4953 f.
– Ermittlung des Veräußerungsgewinns	4951
– Steuerfreiheit bei fehlender Identität	4933
– vorweggenommene Erbfolge	4929 ff.
Spender, Stiftung	2620 ff.
Steuerbefreiung	3888 ff.
– persönliche	3952 ff.
– – alte Rechtslage	3952
– – neue Rechtslage	3955
– – Rechtslage ab 2009	3955 ff.
– – Rechtslage bis 31.12.2008	3952 ff.
– sachliche	3908 ff.

– – begünstigte Immobilie 3923
– – ehebedingte Zuwendung 3911
– – Erwerb durch erwerbsunfähige
    Personen 3943
– – Hausrat 3908
– – Kunstgegenstände 3908 ff.
– – Leistungen für Pflege 3944
– – Rückvererbung des geschenkten
    Vermögens 3945
– – selbstgenutztes Familienheim 3911
– – sonstige Steuerbefreiungen 3946
– – Vererbung des Familienheims an
    Abkömmlinge 3932 ff.
– – Vererbung des Familienheims an
    den Ehegatten 3912 ff.
– Verschonung bei Grundvermögen 3949 ff.
– Zugewinnausgleich 3888 ff.
Steuerbegünstigung 3888 ff.
Steuerklasse, Steuertarif 4222 ff.
Steuern, Erstattung bereits entrichteter 3967
– Freibeträge 3952 ff.
– GmbH & Co. KG 2324 ff.
– Nießbrauch, Geldvermögen 1227 f.
– – Wertpapiervermögen 1227 f.
– Stiftung 2597 ff.
– – nicht gemeinnützige 2630 ff.
Steuerstorno 3957 ff.
– Erstattung bereits entrichteter Steuer 3967
– gesetzliche Rückforderungsrechte 3957 ff.
– vertragliche Rückforderungsrechte 3960 ff.
Steuertarif, Berücksichtigung früherer Erwerbe 4240 ff.
– Steuerklassen 4222 ff.
Stifter, steuerliche Förderung 2620 ff.
– steuerliche Beurteilung 2532
Stiftung, Anerkennung 2577 f.
– Anstalt liechtensteinischen Rechts 2546 ff.
– anwendbares Recht 2485 ff.
– asset protection 2639 ff.
– ausländische 2544 ff.
– Ausstattung 2569 ff.
– Bedürftigentestament 5096 f.
– Besteuerung der nicht gemeinnützigen 2630 ff.

– Buchwertprivileg 2626
– Bürgerstiftung 2524
– Doppelstiftung 2525
– Dotation 2624 f.
– Errichtung 2569 ff.
– Ersatzform der rechtsfähigen 2536 ff.
– Familienstiftung 2518
– Förderstiftung 2509
– gemeinnützige, Familienbegünstigung 2534
– Gemeinnützigkeit 2597 ff.
– – Erbschaftsteuer 2613
– – Grundsteuer 2619
– Gemeinschaftsstiftung 2524
– Grundsteuer 2619
– kirchliche 2507
– Kombinationsmodelle 2525
– kommunale 2507
– liechtensteinischen Rechts 2552
– öffentliche 2508
– öffentlich-rechtliche 2507
– operative 2509
– Organisation 2498 ff.
– österreichische Privatstiftung 2557 ff.
– private 2508
– Reform des Stiftungszivilrechts 2511
– Satzung, Zustiftung 2585
– steuerliche Förderung, Spender 2620 ff.
– – Stifter 2620 ff.
– Steuerrecht 2597 ff.
– – Beteiligung an anderen Gesellschaften 2609
– – Einkommensteuer 2614
– – Gemeinnützigkeit 2597 ff., 2613 ff.
– – Gewerbesteuer 2616 ff.
– – Grunderwerbsteuer 2615
– – Körperschaftsteuer 2616 ff.
– – Selbstlosigkeit 2602 ff
– Stiftung & Co. KG 2530 ff.
– Stiftungsaufsicht 2591 ff.
– Stiftungsgeschäft 2569 ff.
– Stiftungsverbund 2517
– Stiftungsvermögen 2491 ff.
– Stiftungszweck 2490 ff.
– Tätigkeitsform 2509 ff.

– Trusts	2544 ff., 2563
– Übersicht	2483 ff.
– Umsatzsteuer	2619
– unselbstständige	2536
– – Treuhänder	2536
– – Vorgaben des Gemeinnützigkeitsrechts	2539
– unternehmensverbundene	2510 ff.
– Vermögen	2513
– Verwaltung	2569
– von Todes wegen	2495, 2574 ff.
– – Errichtung	2576
– Vorratsstiftung	2496
– Zustiftung	2579
Stiftung des liechtensteinischen Rechts, Besteuerung	2553
Stiftung & Co. KG	2530 ff.
Stiftungsaufsicht, Aufgaben	2591 ff.
– Satzungsänderung	2593 ff.
– Umwandlung von Stiftung	2593 ff.
Stiftungsaufsichtsbehörden	2499
Stiftungserwerb, Erbschaftsteuer	3546
Stiftungsgeschäft, unter Lebenden	2570 ff.
Stiftungskapital	2542
Stiftungsorganisation, Beschlussfassung	2501
– Destinatär	2503, 2506
– Mitarbeiter	2503
– Organe	2498
– Organmitgliedschaft	2500
– Rechnungslegung	2505
– Schaffung von Mitbestimmungsrechten	2503
– Spender	2503
– Stiftungsaufsichtsbehörden	2499
– Zustifter	2503
Stiftungsverbund	2517
– Bündelung der Sponsorenaktivitäten	2517
– Mittelbeschaffung	2517
Stiftungsverein	2542
Stiftungsvermögen	2491 ff.
– Begriff	2494
– dauerhafte Vermögenslosigkeit einer Stiftung	2494
– Zustiftung	2494
Stiftungszweck	2490 ff.
– dauerhafte Verfolgung	2495
Stille Gesellschaft, Entstehung	2281 ff.
– Gesellschaftsvertrag, Entstehung	2281 ff.
– Gewinne aus der Veräußerung	2290
– GmbH und Still	2295 ff.
– Innengesellschaft	2279 ff.
– Rechte und Pflichten	2283 ff.
– – Einlage	2283 ff.
– – Gewinn	2284
– steuerliche Anerkennung	2285 ff.
– steuerliche Konsequenzen	2287 ff.
Stundung, Pflichtteilsverzicht	3296 ff.
Stuttgarter Modell	1535 ff.

T

Teilflächenerwerb, Belehrungshinweis	3403
Teilungsanordnung, Behindertentestament	5238 ff.
Teilungsgenehmigung	3400 ff.
Testamentsvollstrecker, Behindertentestament	5219 ff.
– Nacherbenzustimmung	3441
Testamentsvollstreckung, Bedürftigentestament	5311 ff.
Todesfall, Handschenkung	2878 f.
– Schenkung	2873 ff.
Treuhänder, unselbstständige Stiftung	2536
Trusts	2544 ff., 2563 ff.

U

Übergabevertrag, Sittenwidrigkeit	500
Überlassung, Unternehmen	255 ff.
Überlassungsvereinbarung, Abstandsgeld, Veräußerer	4871
– Austauschrenten	4906 ff.
– Eigenheimzulage, steuerliche Bedeutung	4863
– Entgeltcharakter	4858 ff.
– – Gegenleistungen	4869 ff.
– – Mehrheit von Wirtschaftsgütern	4867 ff.
– – steuerliche Bedeutung	4862 ff.
– Gleichstellungsgeld, Geschwister	4886 ff.
– – Schenkungsteuer	4896

– Kaufpreisrente, Betriebsvermögen 4922 ff.
– Schuldübernahme 4900 ff.
– Teilentgeltlichkeit 4859 ff.
– – Übertragung 4912
– überentgeltliche Rente 4913 ff.
– ungewollte Austauschrente 4919 ff.
– – Geldersatzanspruch 4877 ff.
– Zeitrente 4915 ff.
Überleitung, Sozialhilfe 499 ff.
Überleitungsregress, Hartz IV 696 ff.
– – Forderungsübergang 699 ff.
– – mehrere Leistungsträger 698
Übernahme, Grundpfandrecht 1672 ff.
Übertragung, Nießbrauch 1133 ff.
Umsatzsteuer 4322 ff.
– Stiftung, Gemeinnützigkeit 2619
– Veräußerung eines Einzelunternehmens 4751 ff.
Unbillige Härte, Schonvermögen 459 ff.
Undank, grober *s. Grober Undank*
Unerreichbarkeit, Auflagenschenkung 1757
Unselbstständige Stiftung 2536
Unterbeteiligung 2299 ff.
– Beteiligung an Tätigkeitsvergütung 2305
– schenkungsweise Einräumung 2301
Unterbeteiligungsvertrag, innerliche Ausgestaltung 2304
Unterhaltsanspruch 83 ff.
– Verrechnung, Grundstücksübertragung 50 ff.
Unterhaltsregress, Grundsicherung 608
Unterhaltsrente 4965 ff.
Unterkunftskosten, Hilfe zum Lebensunterhalt 402
Unternehmen, Besonderheiten bei der Überlassung 255 ff.
– Bewertung 3035
– Nachfolgeplanung 266 ff.
– – Form 266 ff.
– – Testament 267 ff.
– – Unternehmensnachfolge von Todes wegen 266 ff.
– Nießbrauch an einem 1230 ff.
– Überlassung, Finanzierungshilfen 265

– – Interessenlage 258 ff.
Unternehmensnachfolge, Alleinerben-Vermächtnisnehmer-Modell 269 ff.
– Dauervollstreckungslösung 306 ff.
– Eintrittsklausel 298
– Erbengemeinschaft, Vermeidung 269
– Frankfurter Testament 276 ff.
– Mitunternehmerschaft 292 ff.
– Nachfolge in Freiberufler-Gesellschaften 300 ff.
– Nachfolgeklausel, Freiberufler-Kapitalgesellschaft 302
– qualifizierte Nachfolgeklausel 296
– Schlusserbenlösung mit Änderungsvorbehalt 286 ff.
– Verwaltungsvollstreckung, Einzelunternehmen 309
– – GmbH-Geschäftsanteil 308
– von Todes wegen, Dauervollstreckungs-Modell 310
– Wahlvermächtnismodell 282 ff.
– zu Lebzeiten 314 ff.
– – Betriebsfortführungsvollmacht 314
– – Übertragung auf den Todeszeitpunkt 321
– – Umstrukturierung des Privatvermögens 320
– – Vorbereitung und Absicherung 314 ff.
– – Vorteile 323
Unternehmensnachfolge von Todes wegen 266 ff.
Unternehmensnießbrauch 1235 ff.
Unternehmensteuerreform 2421 ff.
– Abgeltungsteuer, Auswirkungen 2441
– – Erhebungsverfahren 2440
– – verdeckte Gewinnausschüttung 2442
– Besteuerungsvergleich 2453 ff.
– Erhebungsverfahren 2440
– Gegenfinanzierung 2450
– Gewerbesteuer 2446
– Kapitalgesellschaft 2422 ff.
– Verlustabzug 2434 ff.
– Werbungskosten 2434
Unternehmensübertragung, lebzeitige, Änderung der Rechtsform 334 ff.

Stichwortverzeichnis

– – Gesellschaftsbeteiligung	331 ff.
– – Möglichkeiten	324 ff.
Unternehmensverkauf	264
Unternehmertestament	271
Unzumutbarkeit, Auflagenschenkung	1757

V

Verarmung des Veräußerers, Rückforderungsanspruch, Anstandsschenkung	953 ff.
– – Gefährdung des eigenen Unterhalts	947 ff.
– – Pflichtschenkung	953 ff.
Verarmung, gemischte Schenkung	208
Verarmungsrisiko, Schenkung, Grundstücksüberlassung	956 ff.
Veräußerung, Einzelunternehmen	4716 ff.
– Mitunternehmensanteil	4716 ff.
– Nachlassgegenstand	4635 ff.
Veräußerungsgewinn, Ermittlung	4951 f.
Verbindlichkeiten, Übernahme	1672 ff.
Verdeckte Gewinnausschüttung	2403, 2442
Verdeckte Sacheinlage	2337
Verfügungsvollmacht, Nießbrauch	1192 ff.
Verjährung, Ausgleichspflichtteil	3041 ff.
– – Rückforderung gem. § 313 BGB	2701
– Pflichtteilsanspruch	3041
– – abweichende Vereinbarung	3048 ff.
– Pflichtteilsrestanspruch	3041
– spätere Verarmung des Veräußerers, Rückforderungsanspruch bei Schenkung	954
Verkehrssicherungspflicht, Nießbrauch	1166
Verkehrswertnachweis, Escape-Klausel	3700 ff.
Vermächtnis, Ausschlagen	5122 ff.
– Ausschlagung	95
– Behindertentestament	5104 ff.
– Erbschaftsteuer	3583 ff.
– – Kaufrechtsvermächtnis	3589
– – Verschaffungsvermächtnis	3587
– Nachvermächtnisvollstreckung	5116 ff.
– Überleitungsfähigkeit des Ausschlagungsrechts	5134 ff.
– Verhältnis zur sozialrechtlichen Nachlasshaftung	5117 ff.
– Vermächtnisgegenstand	5127 ff.
– Wahlvermächtnis	282 ff., 3586, 3920, 4297
Vermächtniserfüllung	4580 ff.
Vermächtnisgegenstand, Bedürftigentestament	5127 ff.
– Behindertentestament	5127 ff.
Vermächtnisnehmer, Erbenhaftung, Sozialhilfe	516
Vermächtnisnießbrauch	4546 ff.
– AfA-Befugnis	4546 ff.
Vermietung, ehebedingte Zuwendung, Einkünfte	2796 ff.
– enumeratives Rückforderungsrecht	1814
– jederzeitige Widerruflichkeit	1814
– Begriff	419
– – Verwertbarkeit	435
Vermögen, unternehmensverbundene Stiftung	2513
– unverwertbares, rechtliche Gründe	426 ff.
Vermögensnachfolge, Ausstattung eines Kindes	5
– Ehegattenzuwendungen	6
Vermögensschonung, Ausschluss der Verwertbarkeit aus rechtlichen Gründen	426
– Begriff der Verwertbarkeit	435
– Belastungsverbot	430
– fehlende Übertragbarkeit	427
– Schonvermögen	439 ff.
– schuldrechtliches Veräußerungsverbot	430
– Sozialhilfe	419 ff.
– Unverwertbarkeit dem Grunde nach	435
– Verlust der Verfügungsbefugnis	428
– Vermögen, unverwertbares	424 ff.
– wirtschaftliche Unverwertbarkeit	425
Vermögensübertragung, Grundstücksüberlassung, sozialrechtliche Fragen	850 ff.
– Hartz IV, Regress	705 ff.
Vermögensverwaltende KG	2168 ff.

Verpachtung, ehebedingte Zuwendung, Einkünfte 2796 ff.
– enumeratives Rückforderungsrecht 1814
– jederzeitige Widerruflichkeit 1814
Verpfründungsvertrag 211
Verschaffungsvermächtnis, Erbschaftsteuer 3587
Verschuldensregress, Hartz IV 694 ff.
Versicherungsanspruch, Nachlassbestandteil 2915 ff.
Versorgungsrente 4955 ff.
– Austauschrente 4964
– Behaltensdauer 5024 ff.
– beitragserkaufte Rente 4972 ff.
– Beschränkung, auf Betriebsvermögen 5000 ff.
– betriebliche Rente 4968 f.
– Destinatär 5046
– Entwicklung 4958 ff.
– ertragsteuerliche Differenzierung 4963 ff.
– Geldleistungen 5066 ff.
– Lebzeit 5043
– letztwillige Renten 4970
– Nichtgeldleistung 5061
– Nutzungsüberlassung 5062
– Umfang, absetzbare Sonderausgaben 5055 ff.
– – zu besteuernde wiederkehrende Bezüge 5055 ff.
– Unentgeltlichkeit 4975
– Unterhaltsrente 4965
– Vermögen 4976 ff.
– – Ertragsprognose 4987 ff.
– – existenzsicherndes 4976 ff.
– – geeignete Wirtschaftsgüter 4976 ff.
– – nachträgliche Umschichtung 4981 ff.
– – Sonderbehandlung von Betriebsvermögen 4986 f.
– – teilentgeltliche Übertragung 4991
– – Unternehmensübertragung 4993 ff.
– Vermögen, unzureichende Erträge 4996 ff.
– Vermögensempfänger 5046
– Vermögensübergabe 4955 ff.
– Versorgungsleistungsempfänger 5047 ff.

Versorgungsvertrag 211
Versteigerungsrecht, Ausschluss unter Miteigentümern 2049
Vertrag zugunsten Dritter, auf den Todesfall, Bezugsberechtigung 2903 ff.
– Erbschaftsteuer 2933 ff.
– Lebensversicherung 2922 ff., 2940 ff.
– Lebensversicherungsvertrag 2897 ff.
– liechtensteinische Lebensversicherung 2941 ff.
– Pfändungsschutz zur Altersvorsorge 2946 ff.
– Pflichtteilsrecht 2922 ff.
– Schenkungsteuer 2933 ff.
– Versicherungsanspruch 2915 ff.
– weichende Geschwister 1571 ff.
Vertragliche Rückforderungsrechte 1753 ff.
– alternative Regelungsmöglichkeiten 1781 ff.
– Anwendungsbereich 1753 ff.
– Auflagenschenkung 1755 ff.
– Durchführung der Rückabwicklung 1933 ff.
– Funktion und Wirkung 1770 ff.
– gemischte Schenkung 1763 ff.
– Gesellschaftsrecht 1998 ff.
– – Durchführung und Sicherung 2014 ff.
– kautelarjuristische Vorsorge 1766 ff.
– Mehrheit von Erwerbern 1866 ff.
– Rückforderungsberechtigte, Ableben des Eigentümers 1911 ff.
– Scheidung des Eigentümers 1905 ff.
– schuldrechtliche Verfügungsbeschränkung 1888 ff.
– Sicherung durch Vormerkung 1960 ff.
– Vermögensverfall des Eigentümers 1896 ff.
Vertretung, Minderjährige, Einkommensteuerrecht 4332 ff.
Verwalterzustimmung 3426 ff.
Verwaltungsvermögen, Ausschluss, Betriebsvermögensbegünstigung 4065 ff.
Vollmacht, Angestelltenvollmacht 3364 f.
– Heilungsvollmacht 3363
– Vollzug 3358 ff.
Vollstreckungsunterwerfung, Schuldübernahme 1684 ff.

Stichwortverzeichnis

Vollstreckungsunterwerfung,
   Schuldübernahme   1696
– wiederkehrende Geldleistung, Sicherung   1500 ff.
Vollzug, Auftrag   3358 ff.
– Eigenurkunde   3374 ff.
– Pflichtteilsanspruch   3050 ff.
– Schiedsverfahren   3452
– Schlichtungsverfahren   3452
– Vollmacht   3358 ff.
– Vollzugsnachricht   3379
– wichtige Genehmigungserfordernisse   3380 ff.
Vollzugsnachricht   3379
Vollzugsvollmacht, allgemeine   3360 ff.
Vorbehalt, Ausgestaltung, Anpassungsmaßstab   1488 f.
– – Anpassungsmechanismus   1492 ff.
– – Maßgeblichkeitsgrenze   1491
– – Schutz gegen atypische Entwicklung   1490
– Verhältnis mehrerer Berechtigter   2021 ff.
Vorbehaltsnießbrauch, Bewertung   1208 ff.
– – Abzugsbetrag   1210 ff.
– – Bewertungsstichtag   1209 ff.
– – Kapitalisierungsfaktor   1213
– Verwendung bestehen bleibender Grundpfandrechte   1178
Vorerbe, Behindertentestament   5268 ff.
– Erbenhaftung, Sozialhilfe   515
Vorratsstiftung   2496
Vorvermächtnis   5113 ff.
– Ausgestaltung   5113 ff.
Vorweggenommene Erbfolge, der richtige Zeitpunkt   11 ff.
– Rahmenbedingungen   7
– Rolle des Notars   14 ff.
– Vorüberlegungen   9 ff.

W

Wahlvermächtnis,   282 ff., 3586, 3920, 4297
Wart und Pflege   1335 ff.
– Auskehr des Pflegegelds   1420
– Ausübung des Sozialleistungsbezugs   1419 ff.
– Ruhen ortsgebundener Rechte bei Abwesenheit   1392
– Umfang der geschuldeten Leistung   1347 ff.
– – auslösender Tatbestand   1351
– – hauswirtschaftliche Verrichtung   1349
– – Inhalt der Tätigkeit   1349 ff.
– – Leistungsort   1352
– – personenbezogene Verrichtungen   1349
– – Pflegeansprüche als Einkommensersatz   1373
– – pflegefallbedingter hauswirtschaftlicher Bedarf   1349
– – Zumutbarkeitsgrenzen   1353 ff.
– verbotener Vertrag zulasten Dritter   1342 ff.
– vertragliche Pflegeversicherung   1341
– Wegfall auf Geld gerichteter Surrogationsansprüche   1382 ff.
– Wegfall nicht ortsbezogener Leistungspflichten   1398
– Wegfall ortsbezogener Naturalleistungen   1381
– Wegfall von Leistung, sozialleistungsverdächtiger Kontext   1379 ff.
– Wegzug des Veräußerers, Vermeidung von Leistungserhöhung   1374 ff.
– weichende Geschwister   1399 ff.
– – Besicherung   1415 ff.
– – Freistellungsvereinbarung   1402 ff.
– – Konkurrenz mehrerer Beschenkter   1412 ff.
– – Schaffung eigener Forderungsrechte   1400 f.
WEG, Grundbuchberichtigungsanspruch   3431
– Verwalter, Bearbeitungsgebühr   3437
– – GbR   3433
– – Kostenerstattungsanspruch   3438
– Verwalterzustimmung   3426 ff.
– – Versagung   3436 ff.
Weichende Geschwister, Ausgleich von Todes wegen   1609 ff.
– – Anschaffungskosten   1609
– – Ausgleichsanordnung   1610 ff.
– – Berliner Testament   1651 ff.
– – Erfüllung der Pflichtteilslast   1609

2063

– – Minderjährigkeit 1670 ff.
– – Pflichtteilsverzicht bei Minderjährigen 1671
– – private Erbfallschuld 1609
– Ausgleichsmotive 1556 ff.
– Ausgleichswege 1562 ff.
– bedingte Leistungspflicht 1590 ff.
– lebzeitige Ausgleichspflicht 1585
– lebzeitiger Ausgleich 1575 ff.
– – zulasten des Erwerbers 1578 ff.
– – zulasten des Veräußerers 1575 ff.
– Nachgenehmigung 1570
– nicht weichendes Geschwisterteil 1565 ff.
– – Nachgenehmigung 1565 ff.
– Pflichtteilsverzicht 1568
– Rahmenbedingung 1556 ff.
– Vertrag zugunsten Dritter 1571 ff.
– Vorbehalt späterer Leistungsanordnung 1603 ff.
Weiterleitungsklausel 1807, 3964
Werbungskostenpauschale, Hartz IV, Einkommen 637
Wertermittlung, § 10 ErbStG 3601
Wertermittlungsanspruch, Pflichtteilsanspruch 3026 f.
Wertermittlungsrichtlinien 4440
Wertpapier, Bewertung, Pflichtteilsanspruch 3031
– Nießbrauch 1224 f.
Wertpapiervermögen, Nießbrauch 1223 ff.
– Steuerrecht, Nießbrauch 1227 f.
Wertsicherungsklausel, Wertsicherungsvereinbarung 1478 ff.
Wertsicherungsvereinbarung, Leistungsbestimmungsvorbehalte 1474 ff.
– Spannungsklausel 1476 ff.
– – Zahlungsverpflichtung 1476
– Wertsicherungsklausel 1478
– zeitabhängige Indexgleitklausel 1484
Widerruf, grober Undank 151 ff.
Wiederkehrende Geldleistung 1452 ff.
– Ausgestaltung des Vorbehalts 1487 ff.
– Austauschrente 1455
– Beteiligtenmehrheit 1468

– dauernde Last, Kombination mit Mietvertrag 1535 ff.
– Detailausgestaltung 1464 ff.
– Fälligkeit der Leistung 1467
– Familienrecht 1471
– Kombination von Mietvertrag und dauernder Last, steuerliche Bedenken 1545
– Leibrente 1456 ff.
– Mietvertrag, Kombination mit dauernder Last 1535 ff.
– Reallast, Modifikation 1521 ff.
– – Verfallvereinbarung 1529 ff.
– Sicherung 1500 ff.
– – dingliche Sicherung durch Reallast 1506 ff.
– – Erlöschen des Stammrechts 1522 ff.
– – persönlicher Reallastanspruch 1518 ff.
– – Vollstreckungsunterwerfung 1500 ff.
– Sicherungsreallast 1509
– steuerrechtliche Differenzierung 1455 ff.
– Stuttgarter Modell 1535 ff.
– Unterhaltsrente 1455
– Versorgungsrente 1455
– Wertsicherungsvereinbarung 1473
– zivilrechtliche Differenzierung 1464 ff.
Wirtschaftsgut, Übertragen, steuerliche Folgen 4497 ff.
– Zurechnung 4523 ff.
– – Besonderheiten beim Nießbrauch 4534 ff.
Wohlverhaltensphase 73, 90, 96, 101 f., 52283, 5288, 5294, 5297, 5303, 5306 f., 5336, 5343, 5346
Wohnfläche, Hartz IV 652
Wohngemeinschaft, Hartz IV 629
Wohnraum, kostenlose Gewährung 41
Wohnriester 4571 ff.
Wohnungseigentum, Nießbrauch 1094, 1122 ff.
Wohnungsgewährungsreallast 1272 ff.
Wohnungsleihe, nichteheliche Lebensgemeinschaft 2855 f.
Wohnungsrecht, Abgrenzung, ähnliche Rechtsinstitute 1265 ff.
– – Dauerwohnrecht 1279

– – Wohnungsgewährungsreallast 1272 ff.
– Abwehrrechte 1300 ff.
– Beendigung 1309 ff.
– Begriff 1265 ff.
– Berechtigter 1286 ff.
– dinglicher Ausübungsbereich 1284 ff.
– – Entsorgungsanlagen 1285
– – Versorgungsanlagen 1285
– dinglicher Inhalt 1291 ff.
– Gläubigerzugriff 1302 ff.
– – Pfändung 1302 f.
– – sozialrechtliche Anrechnung 1307 ff.
– – sozialrechtliche Überleitung 1304 ff.
– grundbuchlicher Belastungsgegenstand 1280 ff.
– Gütergemeinschaft 1289
– Herausgabeanspruch 1300
– Lastentragung, allgemeine Hauskosten 1320
– – Entsorgung 1319
– – Erhaltung 1314 ff.
– – Kosten des Wohnens 1319 ff.
– – Miete 1327
– – Versorgung 1319
– Nettowohnungsrecht 1325
– Pflichtteilsergänzungsanspruch 1330 ff.
– – Fristbeginn 1331
– – Wertanrechnung 1334
– Rechtsinhalt 1265 ff.
– Tod des Begünstigten 1309
– Überlassung zur Ausübung 1293 ff.
– Wohnnutzung 1291
Wohnvorteil, ehebedingte Zuwendung 2763 ff.

Z

Zebra-Gesellschaft 2175
Zuckerrübenlieferungsrecht 354 ff.
Zugewinn, Nießbrauch, Bewertung 1215 ff.
Zugewinnausgleich, deutsch-französischer Wahlgüterstand 3038
– ehebedingte Zuwendung, Anrechnung gem. § 1380 BGB 2740 ff.
– – Schwiegereltern 2738 f.
– – teleologische Reduktion des § 1374 Absatz 2 BGB 2736 f.

– Ehegattenschenkung 2678
– erbrechtlicher 3889 ff.
– fiktiver 3889
– güterrechtlicher 3037, 3897
– Leibgeding 1449 ff.
– Modifizierung 1220
– Steuerbefreiung 3888 ff.
– Vereinbarungen, Gütertrennung 115 ff.
Zugewinnausgleichsanspruch 61 ff.
– Ertragsteuerrecht 76 ff.
– – Betriebsvermögen 79
– – Privatvermögen 77
– – Übertragung eines Grundstücks 80
– Schenkungsteuer 63
– Veräußerung durch entgeltlichen Erwerb 69
– Verrechnung, Grundstücksübertragung 50 ff.
Zugewinngemeinschaft, Zugewinngemeinschaft, rückwirkende Vereinbarung 117
Zustiftung 2579 ff.
– Lenkungsrecht des Zustifters 2586 f.
– Schenkung mit Auflage 2580
– Stiftungssatzung 2585
– Stiftungsvermögen 2494
Zustimmung, des Ehegatten 3444 ff.
Zuwendung, Erbschaftsteuer 3516 ff.
– nichteheliche Lebensgemeinschaft 2833 ff.
– – Bereicherungsrecht 2837
– – Erwerbsrechte 2860 ff.
– – Innengesellschaft 2835, 2864
– – Miteigentümervereinbarung 2857 ff.
– – Schenkungsteuer 2840 f.
– – Wegfall der Geschäftsgrundlage 2838 f.
– – Wohnungsleihe 2855 f.
– Unentgeltlichkeit 28 ff.
Zuwendungsbruchteilsnießbrauch 1096
Zuwendungsnießbrauch, Fristbeginn, Ehegatten 1204 ff.
Zuwendungsquotennießbrauch 1107
Zuwendungsversprechen, gegenseitiges, auf den Todesfall 213 ff.
Zuwendungsverzicht 3194 ff.
Zweckvermächtnis 3586